INCLUS : Profitez dès maintenant des versions numériques de votre Mémento

Sur tablette ou smartphone :
Téléchargez l'application «iMemento» sur l'Apple Store (iPhone & iPad) ou sur Google Play (Androïd)

Sur votre ordinateur :
RDV sur abonnes.efl.fr

Les avantages des versions numériques :

> Un contenu actualisé en permanence à chaque connexion.

> Des fonctionnalités pratiques : moteur de recherche, copier-coller, marque-page, notes, favoris...

?

COMMENT ÇA MARCHE

Vous disposez déjà de votre login et mot de passe ?

Votre login et votre mot de passe restent identiques.

Si vous avez perdu vos codes d'accès, vous pouvez contacter notre Service Relation Clients au **01 83 10 10 10** (du lundi au vendredi, de 9h à 18h).

Vous n'avez pas d'identifiant ?

Rendez-vous sur : www.efl.fr/activation

Et utilisez le code personnel d'activation ci-dessous :

16202292JI

MF24

LA RÉDACTION DES ÉDITIONS FRANCIS LEFEBVRE

Responsabilité éditoriale

Sylvie Loyer

Rédacteurs

Delphine de Badts
Caroline Barde
Isabelle Beaune
Marion Cabrera
Marie-Paule Chavarot
Marie-Béatrice Chicha
Caroline Dancoisne
Sophie Didier
Jérémie Dumez
Jean-Pierre Dupré
Astrid Étienne
Sophie Ginoux
Stéphane Glogowski
Grégory Henriot
Véronique Jacq
Françoise Jenoudet
Sophie Koncina
Isabelle Larcher
Guillaume Larzul
Philippe Millan
Patrice Muller
Guy Neulat
Pascale Oblekowski
Corentine Préel
Julie Rouchon
Sandrine Segaud
Julia Trang
Clémentine Viel
Stéphanie Viutti

ÉDITIONS FRANCIS LEFEBVRE
Tour Lefebvre Dalloz, 10 place des Vosges CS 80357, 92072 Paris La Défense Cedex

ISBN 978-2-36893-681-8 © Éditions Francis Lefebvre 2024

MÉMENTO PRATIQUE

FISCAL 24

À jour au 1er février 2024

EDITIONS
FRANCIS LEFEBVRE

Présentation et mode d'emploi

Il ne saurait être question d'exposer dans un ouvrage de ce volume tous les détails du système fiscal français. Notre seule ambition est d'énoncer aussi clairement que possible les principes qui régissent ce système et de fournir le maximum de renseignements concrets aux lecteurs, afin de leur permettre :
– de retrouver rapidement les principales règles d'assiette, les tarifs et les modalités de paiement des différents impôts et taxes (dont la liste détaillée est donnée nº 97550) ;
– de connaître la source exacte des solutions citées (loi, jurisprudence, doctrine administrative) ;
– de remplir en temps utile les nombreuses formalités auxquelles ils sont assujettis ;
– de vérifier utilement les avis d'imposition qu'ils reçoivent ;
– de présenter une réclamation dans les formes légales lorsqu'ils se trouvent surtaxés.

Le Mémento comprend dix parties. Pour en faciliter la consultation, celles-ci sont distinguées par des bandes de couleur qui apparaissent sur la tranche de l'ouvrage.
– **1e** partie **(blanche)** : **impôt sur le revenu** ;
– **2e** partie **(grise)** : **impôts sur les bénéfices des sociétés** ;
– **3e** partie **(blanche)** : **impôts directs locaux** ;
– **4e** partie **(couleur)** : **taxe sur la valeur ajoutée** ;
– **5e** partie **(blanche)** : **droits d'enregistrement** ;
– **6e** partie **(grise)** : **impôt sur la fortune immobilière** ;
– **7e** partie **(blanche)** : **taxes diverses** ;
– **8e** partie **(couleur)** : **dispositions communes** ;
– **9e** partie **(blanche)** : **régimes spéciaux** ;
– **10e** partie **(couleur)** : **dossiers thématiques** (création d'une entreprise, mise en société d'une entreprise individuelle, etc.).

Une **annexe (grise)** regroupe les **tableaux de calcul de l'impôt sur le revenu et divers renseignements chiffrés.**

À la fin se trouve une **table alphabétique** qui couvre bien entendu les dix parties et l'annexe du Mémento.

Dans le but de rendre les recherches plus aisées, le Mémento comporte des **paragraphes numérotés** qui figurent dans la marge et auxquels sont faits tous les **renvois,** notamment ceux de la table alphabétique.

Le numérotage des paragraphes est **discontinu.** Ce système, qui consiste à garder des numéros en réserve, est destiné à permettre, d'une année à l'autre, l'intégration des mesures nouvelles ou la création de nouvelles rubriques sans bouleverser le numérotage des rubriques.

Le Mémento a un double objet :
– permettre au lecteur d'avoir constamment à sa disposition un « condensé » embrassant l'ensemble de la **réglementation applicable** ;
– guider ses **recherches** dans notre **documentation** experte pour l'étude complète d'une question.

On y trouvera donc directement tous les renseignements courants, tandis que les points trop spéciaux pour y être traités font l'objet de renvois à cette documentation qui se lisent comme suit :
« BIC-X-3300 s » signifie que la question est traitée dans la Série BIC, Division X, n°s 3300 s. (la lettre « s » signifie que l'étude de la question se prolonge sur le ou les numéros suivants).
Le présent Mémento tient compte de tous les **textes intervenus jusqu'au 1er février 2024.** Il est mis à jour et réécrit en fonction de l'actualité selon les modalités indiquées en bas de page.

Toutes les nouveautés en un clin d'œil !
Un **cahier central** de couleur recense les principales nouveautés applicables en 2024 avec pour chacune un renvoi aux paragraphes correspondants dans le Mémento.

Votre Mémento numérique à jour en continu !

À jour au 1er février 2024, votre Mémento papier est assorti d'une version numérique (web, mobile, tablette) mise à jour en continu et **réécrite tous les trois mois**. Munis de vos codes d'accès (voir mode d'emploi en page de garde), il vous suffit de **télécharger l'application « iMemento »** sur votre mobile ou tablette ou de vous rendre sur **www.memento.efl.fr**

Plan général

Les chiffres renvoient aux paragraphes

PARTIE 1

Impôt sur le revenu

CHAPITRE 1

Règles générales

SECTION 1
PERSONNES IMPOSABLES 100
A. Personnes physiques 300
B. Territorialité de l'impôt sur le revenu 420

SECTION 2
BASE D'IMPOSITION 700
A. Notions générales 725
B. Détermination des revenus nets catégoriels 780
C. Imputation des déficits 800
D. Charges déductibles du revenu global 1075
E. Abattements applicables sur le revenu global 1480

SECTION 3
CALCUL DE L'IMPÔT SUR LE REVENU 1600
A. Quotient familial 1700
B. Calcul proprement dit des impositions 2090
C. Réductions ou crédits d'impôt 2500

SECTION 4
MODALITÉS DE PERCEPTION DE L'IMPÔT SUR LE REVENU 3540
A. Établissement de l'impôt 3650
B. Prélèvement à la source de l'impôt 3740

SECTION 5
RÉGIMES SPÉCIAUX 4020
A. Revenus exceptionnels ou différés 4150
B. Taxation forfaitaire d'après les « signes extérieurs » 4220
C. Imposition des personnes non domiciliées en France 4280
D. Autres dispositions spéciales 4685

SECTION 6
PLAFONNEMENT GLOBAL DE CERTAINS AVANTAGES FISCAUX 4840

SECTION 7
CONTRIBUTION EXCEPTIONNELLE SUR LES HAUTS REVENUS 5100

CHAPITRE 2

Bénéfices industriels et commerciaux

SECTION 1
DÉFINITION 7010

SECTION 2
DÉTERMINATION DU BÉNÉFICE IMPOSABLE 7250
A. Règles générales 7250
B. Stocks et productions en cours 7675
C. Produits 7850
D. Charges 8140
E. Amortissements 9090
F. Provisions 9660

SECTION 3
RÉGIMES SPÉCIAUX 10250

SECTION 4
RÈGLES D'IMPOSITION DU RÉSULTAT 10780

SECTION 5
SITUATION EN FIN D'EXPLOITATION 11400

CHAPITRE 3

Bénéfices non commerciaux

A. Définition 13150
B. Détermination du résultat 13245
C. Modalités d'imposition 13450
D. Régimes spéciaux 13715
E. Sociétés spécifiques aux professions libérales 13855

CHAPITRE 4

Bénéfices agricoles

SECTION 1
DÉFINITION 15155

SECTION 2
RÉGIMES D'IMPOSITION 15300
A. Champ d'application des régimes 15500
B. Régime micro-BA 15700
C. Régimes réels d'imposition 15790
D. Changement de régime d'imposition 16100

SECTION 3
RÉGIMES SPÉCIAUX 16225

SECTION 4
SOCIÉTÉS ET GROUPEMENTS AGRICOLES 16425

CHAPITRE 5

Plus-values et moins-values professionnelles

A. Notions générales 17700
B. Entreprises soumises à l'impôt sur le revenu 17870
C. Entreprises soumises à l'IS 18650
D. Régimes spéciaux 19285
E. Transmissions d'entreprises 19490

CHAPITRE 6

Traitements, salaires, pensions et rentes viagères

SECTION 1
TRAITEMENTS ET SALAIRES 21200
A. Définition des salaires imposables 21350
B. Détermination du montant imposable 21800
C. Obligations des employeurs 22180
D. Cas particuliers 22250

SECTION 2
PENSIONS ET RENTES VIAGÈRES 22340

CHAPITRE 7

Rémunérations des dirigeants

A. Examen par catégorie de sociétés 23550
B. Contrôle des rémunérations 23690
C. Règlement de dettes sociales 23760

CHAPITRE 8

Revenus des capitaux mobiliers

SECTION 1
RÈGLES GÉNÉRALES 24155

SECTION 2
DIVIDENDES ET AUTRES DISTRIBUTIONS 24265
A. Distributions régulières 24450
B. Autres distributions 24740
C. Produits distribués à des non-résidents ou payés dans un État non coopératif 24845

SECTION 3
PRODUITS DES PLACEMENTS À REVENU FIXE 24980
A. Règles générales d'imposition 25100
B. Règles propres à chaque catégorie de placement 25550

SECTION 4
RÉGIMES SPÉCIAUX 26000

SECTION 5
MESURES DE CONTRÔLE 26700

CHAPITRE 9

Revenus fonciers

A. Champ d'application 27065
B. Détermination du revenu imposable 27120
C. Imputation des déficits fonciers 27530
D. Obligations déclaratives et contrôle 27585
E. Régimes spéciaux et cas particuliers 27620

CHAPITRE 10

Fiscalité immobilière

A. Profits immobiliers 30150
B. Organismes de placement collectif immobilier 30480
C. Sociétés immobilières 30700
D. Bail à construction 31030
E. Taxes d'urbanisme et assimilées 31090
F. Taxes annuelles sur les bureaux en Île-de-France et en Provence-Côte d'Azur 31380
G. Taxes sur les cessions de terrains devenus constructibles 31430

CHAPITRE 11

Plus-values réalisées par les particuliers

A. Plus-values immobilières 32000
B. Plus-values sur biens meubles 32740
C. Plus-values sur valeurs mobilières et droits sociaux 32805
D. Profits sur instruments financiers à terme 33400
E. Plus-values de cession d'actifs numériques 33600

CHAPITRE 12

CSG et autres prélèvements sociaux

A. CSG et CRDS sur les revenus d'activité et de remplacement 34350
B. CSG et autres contributions sur les revenus du capital 34430

PARTIE 2

Impôts sur les bénéfices des sociétés

CHAPITRE 1

Sociétés relevant de l'impôt sur les sociétés

A. Champ d'application de l'IS 35600
B. Détermination du bénéfice imposable 35800
C. Report déficitaire 35890
D. Calcul de l'IS 35990
E. Établissement de l'IS 36200
F. Paiement de l'IS 36460
G. Contribution sociale 36690
H. Régimes particuliers 36950

CHAPITRE 2

Sociétés de personnes et assimilées

A. Champ d'application du régime 37565
B. Imposition des bénéfices sociaux 37600
C. Régime des cessions de droits sociaux 37715
D. Particularités 37775

CHAPITRE 3

Transformations de sociétés, changements d'activité ou de régime fiscal 38500

CHAPITRE 4

Régime spécial des fusions de sociétés et opérations assimilées

A. Conditions d'application du régime spécial 39200
B. Portée du régime spécial 39340

CHAPITRE 5

Groupes de sociétés

I. Régime d'intégration fiscale 40150
II. Régime des sociétés mères et filiales 40850
III. Imposition minimale mondiale des groupes « Pilier 2 » 41100
A. Champ d'application de l'imposition minimale 41130
B. Détermination du taux effectif d'imposition 41170
C. Liquidation de l'impôt complémentaire 41320

D. Modalités de collecte de l'impôt complémentaire 41350
E. Règles transitoires 41400
F. Obligations déclaratives, paiement, sanctions et contrôle 41440

PARTIE 3
Impôts directs locaux

CHAPITRE 1
Taxes foncières
A. Règles communes 41650
B. Taxe foncière sur les propriétés bâties 41900
C. Taxe foncière sur les propriétés non bâties 42500

CHAPITRE 2
Taxe d'habitation 43000

CHAPITRE 3
Contribution économique territoriale
SECTION 1
COTISATION FONCIÈRE DES ENTREPRISES 43520
A. Champ d'application de la CFE 43520
B. Base d'imposition 43660
C. Montant de la CFE 43710
D. Établissement de la CFE 43740
E. Paiement de la CFE 43770
F. Contrôle et contentieux 43800
SECTION 2
COTISATION SUR LA VALEUR AJOUTÉE DES ENTREPRISES 43850
A. Champ d'application de la CVAE 43855
B. Montant de la CVAE 43885
C. Établissement et paiement de la CVAE 44030
D. Contrôle et contentieux 44060
SECTION 3
PLAFONNEMENT EN FONCTION DE LA VALEUR AJOUTÉE 44100

CHAPITRE 4
Taxes assimilées 45500

PARTIE 4
Taxe sur la valeur ajoutée

CHAPITRE 1
Champ d'application de la TVA
SECTION 1
RÈGLES GÉNÉRALES 46300
A. Opérations effectuées à titre onéreux par un assujetti 46450
B. Opérations imposables en vertu d'une disposition spéciale 46560
C. Opérations exonérées 46580
D. Opérations imposées sur option 46600
SECTION 2
EXPOSÉS CATÉGORIELS 46680

CHAPITRE 2
Territorialité
SECTION 1
OPÉRATIONS PORTANT SUR DES BIENS 48900
A. Cas d'imposition en France 48950
B. Échanges intracommunautaires de biens 49030
C. Échanges extracommunautaires de biens 49460
D. Ventes à distance de biens (VAD) 49760
SECTION 2
PRESTATIONS DE SERVICES 49840
A. Cas d'imposition en France 49845
B. Services liés aux échanges extracommunautaires de biens 50110
C. Transports internationaux 50180
SECTION 3
DISPOSITIONS DIVERSES 50400

CHAPITRE 3
Calcul et paiement de la TVA
SECTION 1
BASE D'IMPOSITION DE LA TVA 52200
SECTION 2
FAIT GÉNÉRATEUR ET EXIGIBILITÉ DE LA TVA 52500
SECTION 3
TAUX DE LA TVA 52760
A. Taux normal 52900
B. Taux réduit 52930
C. Taux intermédiaire 53050
SECTION 4
OBLIGATIONS DES ASSUJETTIS ET PAIEMENT DE LA TVA 53320
A. Déclarations administratives et numéro d'identification 53385
B. Obligations d'ordre comptable 53440
C. Obligations tenant à la facturation 53500
D. Déclaration des opérations et paiement 53700
E. Récupération de la taxe en cas d'opérations résiliées, annulées ou impayées 54400

CHAPITRE 4
Déductions TVA
SECTION 1
PRINCIPES GÉNÉRAUX DE DÉDUCTION 55200
SECTION 2
DÉTERMINATION DU MONTANT DE TAXE DÉDUCTIBLE 55360
A. Coefficient d'assujettissement 55500
B. Coefficient de taxation 55540
C. Coefficient d'admission 55860
D. Secteurs d'activité distincts 56030

SECTION 3
CONDITIONS D'EXERCICE
DU DROIT À DÉDUCTION 56250

SECTION 4
MODALITÉS DE RÉCUPÉRATION
DE LA TAXE DÉDUCTIBLE 56480

SECTION 5
RÉGULARISATIONS 56800
A. Régularisations applicables aux immobilisations 56950
B. Régularisations applicables aux biens autres que les immobilisations et aux services 57490

CHAPITRE 5
Régimes particuliers

SECTION 1
OPÉRATIONS IMMOBILIÈRES 58700

SECTION 2
AGRICULTURE 59420
A. Régime de la TVA dans l'agriculture 59550
B. Régime du remboursement forfaitaire 60040

SECTION 3
OPÉRATIONS BANCAIRES ET FINANCIÈRES 60300
A. Champ d'application de la TVA 60300
B. Modalités de taxation 60415

SECTION 4
BIENS D'OCCASION, ŒUVRES D'ART,
OBJETS DE COLLECTION OU D'ANTIQUITÉ 60540

SECTION 5
AUTRES RÉGIMES PARTICULIERS 61250

PARTIE 5
Droits d'enregistrement

CHAPITRE 1
Réglementation générale des droits d'enregistrement
A. Formalité de l'enregistrement 63550
B. Calcul et paiement des droits d'enregistrement 63865

CHAPITRE 2
Baux 65000

CHAPITRE 3
Cessions de fonds de commerce et opérations assimilées
A. Cessions de fonds de commerce et de clientèles 65485
B. Conventions de successeur 65580
C. Cessions de droit au bail et assimilées 65610
D. Cessions d'offices publics ou ministériels et opérations assimilées 65665

CHAPITRE 4
Ventes d'immeubles
A. Champ d'application 66150
B. Calcul du droit de vente 66185
C. Régimes de faveur 66260

CHAPITRE 5
Droits d'enregistrement intéressant les sociétés
A. Caractéristiques communes 66500
B. Droits exigibles lors de la formation des sociétés 66710
C. Droits exigibles durant l'existence des sociétés 66970
D. Droits exigibles en fin de société 67060
E. Droits exigibles sur les cessions de droits sociaux 67130
F. Régimes spéciaux et particularités 67190
G. Tableau récapitulatif des droits intéressant les sociétés 67240

CHAPITRE 6
Droits de succession et de donation

SECTION 1
SUCCESSIONS 67700
A. Détermination de l'actif successoral taxable 67850
B. Assiette et calcul 68290
C. Déclaration et paiement 68700

SECTION 2
DONATIONS 69040

CHAPITRE 7
Conventions diverses
A. Partages et opérations assimilées 70250
B. Échanges 70500

PARTIE 6
Impôt sur la fortune immobilière

CHAPITRE 1
Champ d'application
A. Personnes imposables 71085
B. Actifs imposables 71140
C. Exonérations 71400

CHAPITRE 2
Assiette et calcul de l'impôt
A. Évaluation des actifs imposables 71750
B. Déduction du passif 71810
C. Calcul de l'impôt 71840

CHAPITRE 3
Déclaration et paiement 72300

CHAPITRE 4
Actifs professionnels
A. Actifs affectés à une exploitation individuelle 72650
B. Actifs affectés à l'activité d'une société 72730

PARTIE 7
Taxes diverses

CHAPITRE 1
Taxes et participations sur les salaires
SECTION 1
TAXE SUR LES SALAIRES 73350
A. Personnes imposables 73350
B. Calcul de la taxe 73465
C. Paiement de la taxe 73530
SECTION 2
INVESTISSEMENT OBLIGATOIRE DANS LA CONSTRUCTION 74300

CHAPITRE 2
Contribution sur les revenus locatifs 74800

CHAPITRE 3
Contribution sociale de solidarité des sociétés 75000

CHAPITRE 4
Taxes sur l'affectation des véhicules de tourisme à des fins économiques 75100

CHAPITRE 5
Taxe générale sur les activités polluantes 75200

CHAPITRE 6
Autres taxes 75900

PARTIE 8
Dispositions communes

CHAPITRE 1
Paiement et recouvrement de l'impôt
A. Créance du Trésor 76515
B. Paiement de l'impôt 76650
C. Poursuites en recouvrement 76900
D. Garanties de recouvrement du Trésor 77080

CHAPITRE 2
Contrôle de l'impôt
SECTION 1
DÉLAI D'ACTION DE L'ADMINISTRATION 77700
A. Délais de reprise 77710
B. Prorogation des délais de reprise 77760
C. Interruption de la prescription 77780
SECTION 2
MODALITÉS D'EXERCICE DU CONTRÔLE 77860
A. Demandes d'éclaircissements ou de justifications 78000
B. Droit de communication 78030
C. Examen contradictoire de la situation fiscale personnelle 78090
D. Vérification de comptabilité 78110
E. Examen de comptabilité 78190
F. Mesures particulières de contrôle 78210
SECTION 3
PROCÉDURES DE RECTIFICATION 78480
A. Procédure de rectification contradictoire 78600
B. Procédure d'imposition d'office 78920
C. Procédures spéciales 79175
SECTION 4
DROITS ET GARANTIES DES CONTRIBUABLES 79280
A. Rescrit fiscal 79370
B. Garanties prévues en cas de contrôle sur pièces 79380
C. Garanties prévues en cas de vérification 79400
D. Garantie contre les changements de doctrine 79530
E. Déduction en cascade 79590
SECTION 5
SANCTIONS 79700
A. Pénalités fiscales 79850
B. Sanctions pénales 80250
C. Sanctions particulières 80310

CHAPITRE 3
Recours des contribuables
I. Recours contentieux 81650
A. Réclamations préalables 81800
B. Saisine du juge de l'impôt 81990
II. Recours gracieux 82270
III. Dégrèvements et restitutions d'office 82310
IV. Modèles pratiques 82340

CHAPITRE 4
Conventions fiscales internationales
A. Lecture des conventions 82600
B. Contenu des conventions 82700
C. Annexe : Tableaux pratiques 83300

PARTIE 9
Régimes spéciaux

CHAPITRE 1
Régime de l'auto-entrepreneur 85100

CHAPITRE 2
Entrepreneurs individuels : statut et option pour l'IS 87200

CHAPITRE 3
Direction des grandes entreprises 87400

CHAPITRE 4
Organismes de gestion agréés
A. Centres de gestion agréés 87765
B. Associations agréées 87865
C. Organismes mixtes de gestion agréés 87920
D. Avantages fiscaux liés à l'adhésion à un organisme de gestion agréé 87990

CHAPITRE 5

Guichet unique électronique des formalités d'entreprises 88200

CHAPITRE 6

Participation financière et actionnariat des salariés 88400

CHAPITRE 7

Associations et organismes sans but lucratif

A. Cas d'exonération des impôts commerciaux 89400
B. Modalités d'imposition des activités lucratives 89615
C. Imposition des revenus patrimoniaux 89700

CHAPITRE 8

Autres régimes

SECTION 1
AGRÉMENTS FISCAUX 90200

SECTION 2
LOCATION EN MEUBLÉ 90420
A. Impôts directs 90485
B. TVA 90615
C. Autres impôts 90670

SECTION 3
FIDUCIE 90780
A. Impôt sur le revenu et impôt sur les sociétés 90800
B. Droits d'enregistrement et IFI 90920
C. TVA 91045
D. Impôts directs locaux 91140
E. Contrôle fiscal 91180

SECTION 4
OUTRE-MER 91280
A. Régime fiscal 91450
B. Investissements outre-mer 91710

SECTION 5
CORSE 92140
A. Impôts directs 92260
B. TVA 92360
C. Droits d'enregistrement 92430

SECTION 6
AMÉNAGEMENT DU TERRITOIRE (ZONES PRIORITAIRES) 92540

SECTION 7
RÉGLEMENTATION EUROPÉENNE DES AIDES D'ÉTAT 92605

PARTIE 10

Dossiers thématiques

Création d'une entreprise 95010
Achat d'une entreprise individuelle 95500
Mise en société d'une entreprise individuelle 95550
Création de succursales ou de filiales 95800
Location-gérance d'une entreprise 95950
Transmission d'une entreprise, Comment la préparer ? Quelles conséquences fiscales ? 96150
Vente d'une entreprise individuelle 96450
Plans d'épargne retraite (PER) 96580

Annexes

Tableaux pratiques de calcul de l'impôt (revenus 2023) 97100
Prélèvement à la source de l'impôt sur le revenu 97110
Cours des monnaies étrangères 97120
Intérêts déductibles des comptes d'associés 97140
Barèmes des frais de carburant 97165
Barèmes kilométriques 97200
Avantage en nature logement 97220
Taux d'abattements sur les plus-values immobilières des particuliers 97230
Taux horaire du Smic 97240
Plafond de calcul des cotisations de sécurité sociale 97260
Médecins conventionnés 97280
Droits départementaux de vente d'immeubles 97290
Abattement sur l'assiette du droit de vente d'immeubles d'habitation 97300
Exonérations facultatives de droits d'enregistrement 97320
Contribution de sécurité immobilière 97350
Tarifs réglementés des notaires (extrait) 97370
Majoration des rentes viagères 97430
Tableau des coefficients de réévaluation des immobilisations 97470
Régime fiscal et social des salaires et retraites 97490
Règles générales d'arrondissement pour la liquidation des impôts et taxes 97510
Tableau récapitulatif des impôts, droits et taxes 97550
Tableau des déclarations fiscales 97560

Principales abréviations

AN	Assemblée nationale (Journal officiel)
Art.	Article
BA	Bénéfices agricoles
BIC	Bénéfices industriels et commerciaux
BNC	Bénéfices non commerciaux
Bofip (BOI)	Bulletin officiel des finances publiques – Impôts
CA	Cour d'appel
CAA	Cour administrative d'appel
CASF	Code de l'action sociale et des familles
C.envir.	Code de l'environnement
Cass.	Cour de cassation
CCH	Code de la construction et de l'habitation
C. com.	Code de commerce
CE	Conseil d'État
CET	Contribution économique territoriale
CFE	Cotisation foncière des entreprises
CGCT	Code général des collectivités territoriales
CGI	Code général des impôts
CIBS	Code des impositions sur les biens et services
CJUE	Cour de justice de l'Union européenne
CRDS	Contribution au remboursement de la dette sociale
CRPA	Code des relations entre le public et l'administration
CSG	Contribution sociale généralisée
CSS	Code de la sécurité sociale
C. trav.	Code du travail
CVAE	Cotisation sur la valeur ajoutée des entreprises
C. urb.	Code de l'urbanisme
DGE	Direction des grandes entreprises
DGFiP	Direction générale des finances publiques
EEE	Espace économique européen
IR	Impôt sur le revenu
IS	Impôt sur les sociétés
IFI	Impôt sur la fortune immobilière
LPF	Livre des procédures fiscales
Rép.	Réponse ministérielle
RJF	Revue de jurisprudence fiscale Francis Lefebvre
Sén.	Sénat (Journal officiel)
TA	Tribunal administratif
TGI	Tribunal de grande instance

Abréviations utilisées dans la table alphabétique : voir en tête de celle-ci.

PARTIE 1

Impôt sur le revenu

1 L'impôt sur le revenu frappe, à un taux progressif, le revenu annuel des personnes physiques. Il s'agit d'un impôt sur le revenu net global obtenu en additionnant les revenus de toutes catégories.

Les personnes physiques sont par ailleurs soumises, sur l'ensemble de leurs revenus, à des prélèvements sociaux : contribution sociale généralisée (CSG), contribution au remboursement de la dette sociale (CRDS) et, pour les revenus du capital financier et immobilier, prélèvement de solidarité (voir nos 34200 s.).

CHAPITRE 1 RÈGLES GÉNÉRALES

SOMMAIRE

SECTION 1
PERSONNES IMPOSABLES 100
A. Personnes physiques 300
1. Principe 300
2. Règle de l'imposition par foyer fiscal 325
B. Territorialité de l'impôt sur le revenu 420
1. Personnes ayant leur domicile fiscal en France 485
2. Personnes n'ayant pas leur domicile fiscal en France 530

SECTION 2
BASE D'IMPOSITION 700
A. Notions générales 725
B. Détermination des revenus nets catégoriels 780
C. Imputation des déficits 800
1. Principes 950
2. Règles particulières 980
D. Charges déductibles du revenu global 1075
1. Pensions alimentaires 1200
2. Frais d'accueil des personnes âgées de plus de 75 ans 1350
3. Cotisations sociales 1370
4. Déductions diverses 1425
E. Abattements applicables sur le revenu global 1480

SECTION 3
CALCUL DE L'IMPÔT SUR LE REVENU 1600
A. Quotient familial 1700
1. Enfants à charge 1850
2. Personnes à charge autres que les enfants 1960
3. Nombre de parts à retenir au titre du quotient familial 1985
B. Calcul proprement dit des impositions 2090
1. Impôt brut 2130
2. Corrections à apporter à l'impôt brut 2185
3. Méthodes pratiques de calcul 2350
C. Réductions ou crédits d'impôt 2500
1. Souscription au capital de PME 2600
2. Souscription de parts de fonds d'investissement 2660
3. Souscription au capital de sociétés foncières solidaires 2685
4. Souscription au capital d'entreprises de presse 2700
5. Souscription au capital de Sofica 2730
6. Intérêts d'emprunt pour la reprise d'une PME 2770
7. Investissements « Duflot » et « Pinel » 2805
8. Investissements « Denormandie ancien » 2820
9. Dispositif « Loc'Avantages » 2830
10. Investissements « Scellier » 2890
11. Opérations de restauration immobilière « Malraux » 2900
12. Investissements forestiers 2930
13. Dépenses d'équipement du logement 3045
14. Dons et subventions 3170
15. Emploi d'un salarié à domicile 3230
16. Autres réductions ou crédits d'impôt 3315

SECTION 4
MODALITÉS DE PERCEPTION DE L'IMPÔT SUR LE REVENU 3540
A. Établissement de l'impôt 3650
1. Lieu d'imposition 3650
2. Déclarations annuelles de revenus 3660
3. Rôle et avis d'imposition 3705
4. Contrôle des déclarations 3715
B. Prélèvement à la source de l'impôt 3740
1. Champ d'application du PAS 3750
2. Assiette du PAS 3770
3. Taux du prélèvement 3790
4. Actualisation du prélèvement 3820
5. Application du prélèvement 3840
6. Règlement définitif de l'impôt 3860

SECTION 5
RÉGIMES SPÉCIAUX 4020
A. Revenus exceptionnels ou différés 4150
B. Taxation forfaitaire d'après les « signes extérieurs » 4220
C. Imposition des personnes non domiciliées en France 4280
1. Règles générales 4320
2. Retenues à la source et prélèvements 4540
D. Autres dispositions spéciales 4685

SECTION 6
PLAFONNEMENT GLOBAL DE CERTAINS AVANTAGES FISCAUX 4840

SECTION 7
CONTRIBUTION EXCEPTIONNELLE SUR LES HAUTS REVENUS 5100

MÉCANISME GÉNÉRAL DE L'IMPÔT SUR LE REVENU

10 CGI art. 1er A L'impôt sur le revenu (en **abrégé : IR**) présente, pour l'essentiel, les caractéristiques suivantes.

a. Il est dû par les personnes physiques telles qu'elles sont définies par la loi (nos 100 s.).

b. La base d'imposition est constituée, en principe, par le revenu net global dont dispose chaque année le contribuable. Elle s'obtient en déterminant d'abord les revenus nets des diverses catégories selon des règles propres à chacune d'elles, puis en retranchant du total de ces revenus catégoriels les déficits, charges et abattements à déduire du revenu global (nos 700 s.).

c. Calculé par application d'un barème progressif, l'impôt représente une fraction d'autant plus importante du revenu imposable que celui-ci est plus élevé ; cependant, le système du « quotient familial » permet d'aménager la progressivité de l'impôt en fonction de la situation et des charges de famille de chaque contribuable (nos 1600 s.).

Par ailleurs, le montant de l'impôt peut être allégé par l'application de réductions ou de crédits d'impôt (nos 2500 s.), octroyés pour compenser certaines dépenses ou certains investissements réalisés par les contribuables.

d. Impôt « déclaratif », l'IR est établi et recouvré par voie de rôle, au vu de déclarations annuelles des revenus souscrites par les contribuables et soumises au droit de contrôle de l'administration (nos 3650 s.). Son paiement donne lieu pour les revenus d'activité et de remplacement ainsi que les revenus fonciers à un prélèvement à la source (nos 3740 s.).

e. À l'égard de certains contribuables ou de certains revenus, la loi prévoit des régimes spéciaux qui apportent des dérogations aux règles de droit commun (nos 4020 s.).

f. La déduction, l'imputation ou la restitution de certains avantages fiscaux accordés au foyer fiscal au titre d'une même année ne peut pas entraîner globalement une réduction du montant de l'impôt dû supérieure à un certain montant (nos 4840 s.).

Notons qu'en sus de l'impôt sur le revenu ainsi déterminé, les contribuables les plus aisés sont redevables d'une **contribution exceptionnelle** assise sur le revenu fiscal de référence (nos 5100 s.).

SECTION 1 PERSONNES IMPOSABLES

100 IRPP-I-400 s Sauf exonérations, l'impôt sur le revenu frappe les personnes physiques, dans des conditions qui diffèrent selon qu'elles ont, ou non, leur domicile fiscal en France.

A. Personnes physiques

1. PRINCIPE

300 Seules les personnes physiques sont soumises à l'impôt sur le revenu. L'imposition peut englober plusieurs personnes en vertu de la règle d'imposition par foyer fiscal (nos 325 s.).

L'impôt sur le revenu peut s'appliquer aux bénéfices réalisés par certaines **personnes morales,** mais il est alors établi au nom de leurs membres et non de la société elle-même. Ce régime est celui des sociétés de personnes et assimilées, dont les associés personnes physiques sont personnellement passibles de l'impôt sur le revenu pour la part des bénéfices sociaux, même non distribués, correspondant à leurs droits dans la société (nos 37500 s.).

Les personnes morales (sociétés et autres collectivités) autres que les sociétés de personnes et assimilées relèvent, lorsqu'elles sont imposables, de l'impôt sur les sociétés (nos 35550 s.). C'est le cas des sociétés anonymes et autres sociétés de capitaux, sachant que les associés ou actionnaires de ces sociétés, lorsque ce sont des personnes physiques, sont passibles de l'impôt sur le revenu, au titre des revenus des capitaux mobiliers, à raison des bénéfices sociaux qui leur sont distribués (nos 24265 s.).

2. RÈGLE DE L'IMPOSITION PAR FOYER FISCAL

DÉFINITION

La règle de l'imposition par foyer consiste à cumuler, pour les soumettre à une **imposition unique,** l'ensemble des bénéfices et revenus de toutes catégories réalisés par le contribuable lui-même ou, lorsqu'il s'agit de personnes mariées ou pacsées, par les deux époux ou partenaires (nos 330 s.), ainsi que par les enfants et autres personnes fiscalement considérés comme étant à leur charge (nos 1850 s. et 1960 s.). 325 CGI art. 6, 1 et 7 IRPP-I-5000 s

Le foyer fiscal peut se limiter à une seule personne, lorsqu'il s'agit de célibataires, veufs, divorcés (ou séparés) sans personne à charge.

> Précisions a. Exception faite des revenus du capital (revenus fonciers pour la détermination desquels il est fait masse des revenus bruts et des charges correspondant à l'ensemble des propriétés imposables, revenus de capitaux mobiliers, plus-values sur valeurs mobilières et droits sociaux, etc.), les **revenus de chaque membre** du foyer fiscal sont d'abord déterminés distinctement selon les règles propres à la catégorie dont ils relèvent. Après avoir été ainsi déterminés, les revenus catégoriels sont ensuite cumulés en vue de leur imposition globale dans le cadre du foyer fiscal.

b. Prise en compte des revenus perçus par des **enfants** mineurs **résidant en alternance** au domicile de leurs parents séparés : voir n° 1865.

c. Cas où certains membres seulement du foyer ont leur **domicile fiscal** en France : voir n° 500, précision b.

Personnes mariées ou pacsées En application de la règle de l'imposition par foyer, les deux époux, quel que soit leur régime matrimonial, et les partenaires d'un Pacs sont soumis à une **imposition commune** à raison tant des revenus réalisés par chacun d'eux que de ceux des enfants et autres personnes fiscalement à leur charge. 330 IRPP-I-5450 s

C'est seulement dans des cas limitativement fixés par la loi que les époux ou les partenaires d'un Pacs font l'objet d'une **imposition séparée** (voir nos 355 et 370).

Des règles particulières sont prévues pour l'imposition des revenus de l'année du **mariage** ou du **Pacs,** du **divorce** ou de la **séparation** (voir nos 365 s.) et de celle du **décès** de l'un des époux ou partenaires de Pacs (voir n° 4770).

> Précisions Les **partenariats civils** conclus régulièrement **à l'étranger** et non contraires à l'ordre public international emportent les mêmes effets en matière d'impôt sur le revenu que ceux d'un Pacs (BOI-IR-CHAMP-20-10 nos 80 s.).

L'égalité de droits est reconnue aux deux époux pour la souscription de la **déclaration d'ensemble** des revenus du foyer, qui doit en principe être conjointement signée par eux (CGI art. 170, 1 bis). La signature conjointe est également exigée des partenaires de Pacs, qui établissent la déclaration à leurs deux noms. 335 IRPP-V-1570 s, 2620 s CF-I-1750 s

Chacun des époux ou des partenaires d'un Pacs a qualité pour suivre les **procédures** relatives à l'impôt dû à raison de l'ensemble des revenus du foyer. Les déclarations, les réponses aux demandes de l'administration ou aux diverses notifications, les actes de procédure dans leur ensemble, faits par l'un des conjoints ou partenaires ou notifiés à l'un d'eux, sont opposables de plein droit à l'autre (LPF art. L 54 A). Toutefois, en cas d'imposition distincte des intéressés à la date de la notification des cotisations supplémentaires relatives à la période d'imposition commune (**divorce, séparation ou dissolution du Pacs**), celui qui n'a pas été destinataire de l'avis d'imposition et qui a informé l'administration de son changement de situation dispose d'un délai propre de réclamation qui court à compter du premier acte de recouvrement forcé qui lui est adressé (Cons. const. 4-12-2015 n° 2015-503 QPC : RJF 2/16 n° 174).

Par ailleurs, les époux et les partenaires de Pacs soumis à une imposition commune sont tenus solidairement au **paiement de l'impôt** sur le revenu ; en cas de divorce ou de séparation, chacun d'eux peut demander, sous certaines conditions, à être déchargé de cette obligation (voir n° 77280, c).

> Précisions a. La **déclaration** souscrite par voie **électronique** est, **en pratique,** signée par un seul des époux ou partenaires mais chacun d'entre eux peut, à partir de son espace fiscal personnel en ligne, consulter en temps réel la déclaration transmise à l'administration et souscrire une déclaration rectificative le cas échéant.

b. Les avis de situation déclarative et les **avis d'imposition** relatifs à l'IR sont établis au nom des deux époux ou des deux partenaires.

c. Par exception à la présomption de représentation mutuelle des époux ou partenaires :

– les déclarations spéciales relatives aux revenus provenant d'une **activité professionnelle non salariée** (BIC, BNC, BA) sont souscrites par le titulaire de ces revenus (conjoint ou partenaire concerné, selon le cas);

– seule la personne titulaire de tels revenus (ainsi que de rémunérations visées à l'article 62 du CGI : gérants majoritaires de SARL, notamment ; nos 23605 s.) est habilitée à suivre les actes de procédure relatifs à ces différentes catégories de revenus (fixation des bases d'imposition, rectification des déclarations). Il n'en va différemment qu'en présence de bénéfices provenant d'une société de personnes (CE 10-12-2008 n° 296836 : RJF 3/09 n° 254).

Les procédures suivies à l'égard de l'exploitant ou assimilé produisent toutefois directement effet pour la détermination du revenu global.

340 IRPP-III-880 s et 6950 s **Personnes vivant en union libre (concubinage)** La règle de l'imposition par foyer ne s'appliquant pas en pareil cas, chaque membre du couple est imposable séparément. Il est donc tenu de souscrire une déclaration de ses revenus personnels, dans laquelle il doit faire état, selon le cas, de sa situation de célibataire, de divorcé(e), de séparé(e) ou de veuf(ve), et prendre en compte les enfants mineurs dont il assume la charge d'entretien à titre exclusif ou principal ou dont il partage la charge pour moitié avec l'autre parent dans le cadre d'une résidence alternée (CGI art. 193 ter et 194, I).

> Précisions **a.** Les **enfants communs** des concubins dont la **charge d'entretien** est **partagée** et dont aucun des parents ne justifie assumer cette charge à titre principal sont, à défaut d'accord entre les parents, réputés être à la charge égale de chacun d'eux. Ils ouvrent droit, pour chaque parent, à une majoration de quotient familial égale à la moitié de celle qui leur serait accordée si ces enfants étaient à leur charge exclusive ou principale, cette majoration étant déterminée selon les modalités définies n° 2000, a (CE 20-12-2017 n° 397650 : RJF 3/18 n° 243).

b. Celui des parents qui ne compte pas à charge le ou les enfant(s) conserve la possibilité, s'il verse une **pension alimentaire,** de déduire de son revenu global cette pension, étant entendu que cette pension entre alors dans le revenu imposable de celui qui a fiscalement la charge du ou des enfant(s).

IMPOSITION DISTINCTE D'ENFANTS MINEURS

345 CGI art. 6, 2 IRPP-I-5900 s Par dérogation à la règle de l'imposition par foyer, la loi reconnaît au contribuable la **faculté** de réclamer des impositions distinctes pour ses enfants mineurs célibataires (pour l'un ou plusieurs d'entre eux), à la double condition :

– qu'il formule à cet effet une option expresse (pour chaque enfant et, le cas échéant, chaque année) ;

– et que le ou les enfants concernés aient des **revenus personnels** tirés de leur propre travail ou d'une fortune indépendante de la sienne. Dans ce dernier cas, non seulement le contribuable ne doit disposer d'aucun droit sur le patrimoine du ou des enfants, mais il ne doit également pas pouvoir disposer des produits de ce patrimoine (CE 12-10-2011 n° 325173 : RJF 1/12 n° 3).

> Précisions **a.** Lorsqu'elle est demandée, l'imposition distincte couvre nécessairement l'année entière et l'enfant cesse, corrélativement, d'être considéré comme à charge (quotient familial) au titre de la même année. En contrepartie, l'établissement d'impositions distinctes peut permettre de limiter l'imposition aux taux les plus élevés ou, dans certains cas, de profiter de mesures prévues en faveur des contribuables de condition modeste (exonération, décote, abattements, notamment). Pour apprécier si l'imposition distincte **peut ou non être avantageuse,** il faut donc calculer pour chaque cas particulier le montant total des impôts qui seraient exigibles dans chacune des hypothèses.

b. L'imposition distincte doit être **demandée** par le contribuable en même temps qu'il souscrit sa déclaration de revenus. L'administration admet cependant qu'un contribuable qui a omis de demander l'imposition distincte d'un enfant lors du dépôt de sa déclaration, alors qu'il y aurait eu avantage, peut obtenir, au plan gracieux, le dégrèvement de l'impôt excédentaire (sauf si la demande fait suite à des rectifications impliquant un manquement délibéré des intéressés) (BOI-CTX-GCX-10-30-30-60 n°s 240 et 260).

CAS D'IMPOSITION SÉPARÉE DES ÉPOUX ET PARTENAIRES D'UN PACS

355 CGI art. 6, 4 et 7 IRPP-I-6360 s Les **époux** font l'objet d'impositions distinctes dans les trois cas suivants (cas limitatifs) :

– lorsqu'ils sont séparés de biens (ou mariés sous le régime de la participation aux acquêts : BOI-IR-CHAMP-20-20-10 n° 67) et ne vivent pas sous le même toit. Les deux conditions – séparation de biens (ou régimes équivalents) et vie séparée – doivent être remplies simultanément ; dès lors que les deux conditions sont réalisées, il n'y a pas lieu de rechercher si la rupture de la vie commune provient de dissentiment entre les intéressés ou d'une cause indépendante de leur volonté (BOI-IR-CHAMP-20-20-10 n° 50) ;

– lorsque, étant en instance de séparation de corps ou de divorce, ils ont été autorisés à avoir des résidences séparées ;

– lorsque, en cas d'abandon du domicile conjugal par l'un ou l'autre des époux, chacun dispose de revenus distincts. Les deux conditions – rupture du foyer et disposition de revenus distincts (professionnels ou patrimoniaux) – doivent être remplies simultanément. L'habitation séparée doit résulter d'une rupture effective du foyer et non de l'éloignement temporaire et accidentel des intéressés (BOI-IR-CHAMP-20-20-10 n° 80).

À l'instar des couples mariés, les **partenaires d'un Pacs** sont, eux aussi, imposés séparément dans les deux situations suivantes :

– lorsqu'ils sont placés sous le régime de droit commun de la séparation des biens (Pacs conclus depuis le 1-1-2007) ou sous un régime conventionnel (Pacs conclus antérieurement) et qu'ils résident séparément ;

– lorsque l'un ou l'autre des partenaires a abandonné le domicile commun et que chacun d'eux dispose de revenus distincts.

> Précisions **a.** L'imposition séparée s'applique de plein droit dès l'année (et pour l'ensemble de l'année) où se réalise l'une des conditions susvisées selon les modalités définies n° 375. Inversement, dès que l'une de ces **conditions cesse d'être remplie en cours d'année,** les époux ou partenaires (dont le mariage ou le Pacs n'est pas juridiquement dissous) sont soumis à une imposition commune sur l'ensemble de leurs revenus selon les modalités définies n° 330 (CGI art. 196 bis, al. 1).

b. En ce qui concerne :
– le **quotient familial** à retenir en cas d'imposition séparée des époux ou partenaires d'un Pacs, voir n° 2010 ;
– les **pensions alimentaires** versées en cas de divorce, de séparation ou d'instance en séparation de corps ou de divorce, voir n°s 1275 s. ;
– le cas particulier des époux ou partenaires d'un Pacs qui **optent** pour l'imposition séparée de leurs revenus l'**année** de leur **mariage** ou de la **conclusion** du **pacte,** voir n° 370.

REVENUS DE L'ANNÉE OÙ SURVIENT UN CHANGEMENT DE SITUATION MATRIMONIALE

365 CGI art. 6, 5, 6, 6 et 196 bis IRPP-I-7800 s

Les époux et les partenaires d'un **Pacs** sont soumis à une imposition commune pour les revenus dont ils ont disposé pendant l'année du **mariage** ou de la conclusion du pacte. Ils peuvent toutefois opter pour l'imposition distincte de ces revenus.

L'année du **divorce,** de la **séparation** ou de la **dissolution** du Pacs, l'imposition distincte des revenus est obligatoire.

ATTENTION

Des règles particulières d'imposition sont également prévues pour l'année du **décès** de l'un des époux ou partenaires d'un Pacs (voir n° 4770). Par ailleurs, en cas de **changements successifs** de situation au cours de l'année d'imposition, voir n° 380, a.

370

Année du mariage ou du Pacs L'année du mariage ou du Pacs, les époux ou partenaires sont, en **principe,** soumis à une **imposition commune** pour l'**année entière.** Ils souscrivent alors une déclaration commune pour l'ensemble des revenus dont ils ont disposé pendant l'année. L'imposition correspondante est établie en tenant compte de leur situation au 31 décembre (soit celle de mariés ou de pacsés) et de leurs charges de famille au 1er janvier (ou au 31 décembre si ces charges ont augmenté en cours d'année). Le quotient familial qui leur est applicable est déterminé selon les règles de droit commun définies n° 1990.

Ils peuvent également **opter pour une imposition distincte** de leurs revenus de l'année. Chacun des époux ou partenaires souscrit alors une déclaration dans laquelle il fait état des revenus dont il a personnellement disposé pendant toute l'année ainsi que de la quote-part justifiée des revenus communs lui revenant ou, à défaut de justification de cette quote-part, de la moitié des revenus communs (voir n° 380, b). En dépit de sa situation juridique au 31 décembre, chacun des intéressés est fiscalement assimilé à un contribuable célibataire pour la détermination de son quotient familial. Toutefois, il ne peut bénéficier de la majoration prévue n° 2000, b ou de celle prévue n° 2030, a que s'il vit seul au 31 décembre de l'année d'imposition (situation, en pratique, exceptionnelle) (BOI-IR-CHAMP-20-10 n° 50).

> Précisions **a.** L'**option** est **irrévocable.** Elle est **formulée** par chaque époux ou partenaire sur sa déclaration d'ensemble des revenus.

b. L'option n'est pas ouverte aux nouveaux époux déjà partenaires d'un **Pacs conclu au titre d'une année antérieure** (sauf dissolution de ce pacte), ni aux époux ou partenaires qui demandent leur **rattachement** au foyer fiscal des parents de l'un ou l'autre d'entre eux (BOI-IR-CHAMP-20-20-20 n° 30).

c. En cas d'imposition séparée, les **enfants** (enfants communs du couple ou enfants issus d'une précédente union) ne doivent être comptés à charge que par un seul des parents selon les principes définis n°s 340, 1880 et 1905. L'autre parent peut, le cas échéant, déduire une pension alimentaire (BOI-IR-CHAMP-20-10 n° 50).

d. En cas de **remariage** ou de conclusion d'un **nouveau Pacs l'année** même du **décès** du conjoint ou du partenaire, l'imposition commune ou distincte ne recouvre que la période postérieure au décès, le conjoint ou le partenaire survivant faisant l'objet, pour la période antérieure, d'une imposition commune avec son conjoint ou partenaire décédé selon les principes définis n° 4770 (BOI-IR-CHAMP-20-10 n° 30 ; BOI-IR-CHAMP-20-20-20 n° 20).

375 **Année de la séparation ou du divorce** L'année où survient l'un des événements entraînant l'imposition séparée des époux ou partenaires d'un Pacs (nº 355), chaque époux ou partenaire est imposé **distinctement** sur les revenus dont il a disposé pendant l'année ainsi que sur la quote-part justifiée des revenus communs lui revenant ou, à défaut de justification de cette quote-part, sur la moitié des revenus communs (voir nº 380, b).

L'imposition de chacun des intéressés est établie en retenant un quotient familial de base d'une part et les charges de famille existant au 1er janvier, ou au 31 décembre si ces charges ont augmenté en cours d'année. Ces charges doivent être réparties entre les conjoints ou partenaires selon les principes définis nºs 1865, 1880 et 1905.

Le cas échéant, chacun peut bénéficier, s'il vit seul au 31 décembre, de la majoration de quotient familial prévue nº 2000, b ou de celle prévue nº 2030, a (BOI-IR-CHAMP-20-20-10 nº 165).

Ces règles sont également applicables en cas de divorce ou de dissolution du Pacs au cours de l'année d'imposition (sauf si la séparation des époux ou partenaires a déjà entraîné leur imposition séparée à compter d'une date antérieure au divorce ou à la dissolution du pacte).

380 **Remarques communes** **a.** Lorsque **plusieurs changements** de situation se produisent **au cours de la même année,** il n'est tenu compte pour chaque contribuable que de la situation résultant du dernier changement le concernant. Ainsi, un contribuable qui divorce et se remarie dans la même année fait l'objet d'une imposition commune avec son nouveau conjoint sur l'ensemble de l'année (sauf option de chacun d'eux pour une imposition distincte de leurs revenus) (nº 370). Si son ex-conjoint demeure célibataire, celui-ci est imposé distinctement toute l'année selon les modalités définies nº 375.

b. Pour l'**assiette des impositions séparées,** les revenus fonciers, les revenus de capitaux mobiliers et les gains de cessions de valeurs mobilières dont le couple a disposé au cours de l'année de l'événement sont réputés communs, sauf justification de la propriété exclusive de l'(ex-) époux ou (ex-) partenaire sur les biens ou sommes à l'origine de ces revenus ou profits ou d'une répartition réelle différente (preuve pouvant résulter, notamment, d'un acte authentique). Les traitements et salaires, les pensions et rentes viagères, les bénéfices professionnels et les rémunérations allouées aux gérants et associés de certaines sociétés constituent des revenus personnels.

En ce qui concerne les **déficits antérieurs** subis par les (ex-) époux ou (ex-) partenaires et non encore imputés sur les déclarations antérieures à leur changement de situation, voir nº 970.

B. Territorialité de l'impôt sur le revenu

420 CGI art. 4 A s IRPP-I-700 s

Pour apprécier leur situation au regard de l'IR, il faut distinguer selon que les personnes physiques ont leur domicile fiscal en France ou hors de France. Alors que, dans le premier cas, leur **obligation fiscale** est en principe **« illimitée »** (nºs 485 s.), elle est seulement **« restreinte »** dans le second (nº 530).

> **Précisions** **a.** La **nationalité** est en principe sans incidence : les règles sont les mêmes pour les étrangers et pour les Français (voir nº 485).
> **b.** Certaines personnes ayant leur domicile fiscal à l'étranger mais tirant l'essentiel de leurs revenus de la France peuvent demander à être imposées selon les règles applicables aux personnes fiscalement domiciliées en France (**non-résidents Schumacker** : nº 4280, précision b).

1. PERSONNES AYANT LEUR DOMICILE FISCAL EN FRANCE

ÉTENDUE DE L'IMPOSITION

485 CGI art. 4 A, al. 1 et 4 B IRPP-I-900 s

Quelle que soit leur nationalité, les personnes dont le domicile fiscal (défini nº 495) est situé en France (métropole ou départements et régions d'outre-mer), sont en principe passibles de l'IR en France sur l'ensemble de leurs **revenus de source française ou étrangère.**

Sur les modalités particulières d'imposition applicables aux contribuables domiciliées dans les départements et régions d'outre-mer, voir nºs 91460 s.

> **Précisions** **a.** Des dispositions particulières sont prévues à l'égard :
> – des **fonctionnaires en service à l'étranger** (voir nº 4685) ;
> – des **agents diplomatiques et consulaires de nationalité étrangère** exerçant leur activité en France (voir nº 4690) ;
> – des **salariés détachés à l'étranger** (voir nºs 4695 s.) ou des **impatriés détachés en France** (voir nºs 4715 s.).

b. Des explications sont données par ailleurs en ce qui concerne :
- le mode de **détermination des revenus de source étrangère** (n° 785, a) ;
- le **quotient familial** des contribuables étrangers (n° 1710) ;
- le cas de **transfert du domicile** de l'étranger en France ou inversement (n° 4735).

DÉFINITION DU DOMICILE FISCAL

Une personne est considérée comme ayant en France son domicile fiscal lorsqu'elle se trouve dans l'un des **quatre cas** indiqués ci-après. 495

a. La personne a son **foyer** en France.

D'une manière générale, le foyer s'entend du lieu où la personne ou sa famille habite normalement, c'est-à-dire du lieu de la résidence habituelle, sans qu'il soit tenu compte des séjours effectués temporairement ailleurs en raison des nécessités de la profession ou de circonstances exceptionnelles (CE sect. 3-11-1995 n° 126513 : RJF 12/95 n° 1332).

Pour l'appréciation de ce critère de domiciliation, la famille s'entend du conjoint, des enfants (en principe mineurs : CE 22-6-2016 n° 386131 : RJF 10/16 n° 786) ou encore du (ou de la) concubin(e) (CE 27-1-2010 n° 319897 : RJF 4/10 n° 310). Elle n'englobe pas, en revanche, les autres proches (parents, frères et sœurs). Aussi, lorsque le contribuable est **célibataire** et **sans charge de famille,** le foyer est déterminé à partir du lieu où l'intéressé habite normalement en dehors de ses déplacements professionnels et a le centre de sa vie personnelle (CE 17-3-2010 n°s 299770 et 300090 : RJF 6/10 n° 555).

b. La personne a son **lieu de séjour principal** en France.

Contrairement au premier critère, on retient uniquement ici le lieu de séjour de la personne elle-même (quelles que soient les conditions de ce séjour : vie à l'hôtel, par exemple), sans s'attacher au lieu de séjour de sa famille.

En règle générale, il suffit qu'une personne ait séjourné en France plus de 183 jours au cours d'une même année pour qu'elle soit réputée avoir eu son séjour principal dans notre pays au titre de l'année en cause.

c. La personne exerce une **activité professionnelle** en France.

Ce critère s'applique aux personnes qui exercent en France une activité professionnelle, salariée ou non, à moins qu'elles ne justifient que cette activité y est exercée à titre accessoire.

ATTENTION

À moins qu'ils ne rapportent la preuve contraire, sont considérés comme exerçant en France leur activité professionnelle à titre principal les **dirigeants** des entreprises dont le siège est situé en France et qui y réalisent un chiffre d'affaires annuel supérieur à 250 millions d'euros. Sont visés le président du conseil d'administration, lorsqu'il assume la direction générale de la société, le directeur général, les directeurs généraux délégués, le président et les membres du directoire, les gérants et autres dirigeants ayant des fonctions analogues. Le chiffre d'affaires à prendre en compte pour les sociétés contrôlant d'autres sociétés dans les conditions définies à l'article L 233-16 du Code de commerce (obligation de dépôt de comptes consolidés) est obtenu en faisant la somme du chiffre d'affaires de la société et de celui des sociétés contrôlées.

d. La personne a le **centre de ses intérêts économiques** en France.

Il s'agit du lieu où l'intéressé a effectué ses principaux investissements, où il possède le siège de ses affaires, d'où il administre ses biens. Ce peut être également le lieu où il a le centre de ses activités professionnelles ou d'où il tire la majeure partie de ses revenus, telle une pension de retraite (CE 17-6-2015 n° 371412 : RJF 10/15 n° 751).

> Précisions **a.** On observera que les deux premiers critères visés n° 495 sont d'ordre personnel, le troisième étant d'ordre professionnel et le quatrième d'ordre économique. Il suffit de répondre à l'**un de ces critères** pour être imposable en tant que contribuable domicilié en France. Toutefois, le deuxième critère (lieu de séjour principal) ne peut déterminer le domicile fiscal que dans l'hypothèse où le contribuable ne dispose pas de foyer (CE 3-11-1995 n° 126513 : RJF 12/95 n° 1332).

b. Dans le cas des contribuables mariés ou pacsés, si l'**un des époux ou partenaires** seulement répond aux critères de domiciliation en France, l'obligation fiscale du couple ne porte que sur l'ensemble des revenus de l'époux ou du partenaire domicilié en France et sur les revenus de source française (n° 530) de l'autre époux ou partenaire. De même, si l'un des **enfants** ou l'une des personnes à charge ne répond pas aux mêmes critères, seuls ses revenus de source française sont compris dans l'imposition commune. 500

INCIDENCES DES CONVENTIONS INTERNATIONALES

Les conventions internationales relatives aux doubles impositions peuvent avoir pour effet, dans un certain nombre de cas, d'apporter des **dérogations** aux dispositions de la loi interne définissant le champ d'application de l'impôt sur le revenu. 510

Un exposé spécial étant consacré à ces conventions nos 82500 s., on se bornera ici à signaler les points suivants.

a. Lorsqu'une personne est considérée pour l'application d'une convention comme **« résidente » de l'autre État,** elle ne peut pas être regardée comme fiscalement domiciliée en France, même si elle répond à l'un des critères définis n° 495. Par exemple, les salaires de source française perçus par un salarié qui a, en vertu d'une convention, la qualité de résident de l'autre État (et qui, par conséquent, ne peut pas être considéré comme domicilié fiscalement en France) doivent être soumis à la retenue à la source examinée nos 4595 s.

b. Pour les personnes fiscalement domiciliées en France, les conventions internationales apportent dans certains cas une **exception au principe de l'imposition** en France de l'**ensemble des revenus** de source française ou étrangère. Par exemple, certaines conventions réservent le droit d'imposer les revenus fonciers à l'État où est situé l'immeuble, ce qui a pour effet d'exclure l'imposition dans l'État du domicile du propriétaire.

Si les revenus ainsi exonérés en France par l'effet d'une convention sont exclus de la base d'imposition à l'IR, la règle dite du « taux effectif » conduit cependant à les prendre en considération pour déterminer le taux de l'impôt applicable aux autres revenus du contribuable (voir n° 83060).

c. Les revenus dont l'**imposition** est **attribuée à la France** par une convention internationale doivent être effectivement soumis à l'impôt français (CGI art. 4 bis). Il en est ainsi même dans l'hypothèse (en fait très exceptionnelle) où cette imposition ne serait pas exigible si l'on s'en tenait aux seules règles de droit interne.

2. PERSONNES N'AYANT PAS LEUR DOMICILE FISCAL EN FRANCE

530 Les personnes qui n'ont pas en France leur domicile fiscal au sens défini n° 495 sont néanmoins susceptibles d'être soumises à l'impôt français lorsqu'elles disposent de **revenus de source française** : voir nos 4280 s.

CGI art. 4 A, al. 2
IRPP-VII-13000 s

SECTION 2 BASE D'IMPOSITION

700 La base de l'impôt sur le revenu est constituée par le revenu dit imposable, dont le contribuable a disposé au cours de l'année considérée. La détermination de ce revenu exige plusieurs opérations successives.

A. Notions générales

DÉFINITION ET CARACTÈRES GÉNÉRAUX DU REVENU IMPOSABLE

725 La loi ne donne pas de définition générale du revenu en droit fiscal. C'est dans le cadre de chaque « catégorie » (voir sur cette notion nos 780 s.) que les revenus (ou bénéfices) sont définis. Cependant, les articles 12, 13, 1 et 156, al. 1 du CGI permettent de dégager les caractères généraux du revenu imposable : c'est un revenu global, un revenu net, un revenu annuel et un revenu disponible.

CGI art. 12, 13, 1 et 156, al. 1
IRPP-I-10500 s

730 **Revenu global** Le revenu imposable embrasse, en principe, la totalité des revenus et gains de toute sorte, quelle que soit leur provenance, c'est-à-dire qu'ils aient leur source en France ou hors de France. Ce principe comporte toutefois des exceptions, qui résultent soit d'exonérations, soit de régimes spéciaux ou encore de mesures de tempérament.

> **Précisions** Les **revenus encaissés hors de France** et exprimés dans une **monnaie autre que l'euro** doivent être retenus pour leur contre-valeur en euros calculée selon le cours de change de la monnaie considérée à Paris, au jour de leur encaissement ou de leur inscription au crédit d'un compte à l'étranger. À titre de règle pratique, il est toutefois admis que les revenus encaissés au titre d'une année soient convertis sur la base du cours moyen annuel en euros de la devise considérée, déterminé à partir des taux de change au 31 décembre de l'année précédente arrêtés par la Banque de France (BOI-IR BASE-10-10-10-10 n° 20).

732

Revenus de la co-consommation

L'administration admet, sous certaines conditions, de ne pas imposer les revenus perçus au titre du **partage de frais** dans le cadre d'activités dites de « co-consommation » tels notamment le **covoiturage, le cocooking** (organisation de repas) ou **les sorties de plaisance en mer,** que ces prestations soient réalisées ou non via des plateformes Internet (BOI-IR-BASE-10-10-10-10 nos 40 à 150) :

– la prestation doit être fournie entre particuliers ; le prestataire ne doit pas agir dans le cadre de son entreprise ou de son activité professionnelle et doit également bénéficier de la prestation qu'il fournit ;

– le revenu perçu par le prestataire ne doit pas excéder le montant des coûts directs engagés à l'occasion de la prestation, déduction faite de sa quote-part, soit les frais de carburant et de péage (covoiturage), de nourriture et de boisson partagés entre les convives (cocooking) et les frais de carburant, de nourriture et d'amarrage lors de l'expédition (sorties en mer). Pour le covoiturage, le contribuable peut, à titre de règle pratique, appliquer le barème kilométrique forfaitaire (n° 97200) pour évaluer le coût de sa prestation (cette évaluation est exclusive de tout autre frais).

Si le revenu excède le montant du partage de frais, celui-ci est imposable au premier euro. Dans tous les cas, le contribuable doit être en mesure de présenter, à la demande de l'administration, les éléments et pièces de nature à justifier le bien-fondé de l'exonération.

Revenu net Les revenus bruts doivent être diminués des « **dépenses** effectuées en vue de l'acquisition ou de la conservation du revenu » (CGI art. 13, 1). 735

Ces dépenses s'entendent essentiellement de celles qui grèvent spécialement chacune des **catégories de revenus** (bénéfices industriels et commerciaux, revenus fonciers, etc.). Il est tenu compte de ces dépenses pour la détermination du revenu net de la catégorie considérée et suivant les règles qui lui sont propres. Lorsque les charges déductibles excèdent le revenu correspondant, un déficit apparaît ; en pareil cas, une compensation est opérée, sous réserve de certaines exceptions, entre ce déficit et les autres revenus (nos 800 s.).

Indépendamment des charges grevant chaque catégorie de revenus, la loi admet que certaines charges limitativement énumérées soient prises en compte sous la forme, selon le cas, d'une **déduction du revenu global** (nos 1075 s.) ou d'une **réduction** ou d'un **crédit d'impôt** (nos 2500 s.).

Revenu annuel Le contribuable est imposé chaque année au titre de l'année précédente, d'après les revenus qu'il a réalisés au cours de cette dernière année. 740

En principe, c'est le revenu de l'**année civile** qui est imposable. Toutefois, lorsqu'un industriel ou un commerçant (ou encore un exploitant agricole placé sous le régime du réel) arrête ses **exercices comptables** à une date autre que le 31 décembre, l'intéressé doit inclure dans le revenu imposable d'une année déterminée les bénéfices de l'exercice clos au cours de ladite année.

EXEMPLE

Un commerçant qui dresse chaque année son bilan le 30 avril est imposable en 2024 au titre de 2023 d'après le total des bénéfices commerciaux de l'exercice 1er mai 2022-30 avril 2023 et de ses autres revenus (mobiliers, fonciers, etc.) de l'année civile 2023.

Revenu disponible L'impôt porte sur les revenus dont le contribuable a eu la disposition au cours de l'année d'imposition, **quel que soit l'usage** qu'il en fait et même s'il choisit de ne pas les percevoir effectivement ou d'en différer l'encaissement. 745

ILLUSTRATIONS

Une somme payée par **chèque** est réputée disponible dès la date de remise du chèque lorsque celle-ci est effectuée directement au bénéficiaire, même si l'intéressé ne le porte pas immédiatement au crédit de son compte bancaire. De même, les revenus portés au crédit d'un **compte courant** et, lorsqu'elles sont dues à un dirigeant, les sommes inscrites à un compte de **charges à payer** sont imposables, sauf si le bénéficiaire peut établir qu'il a été dans l'impossibilité juridique ou matérielle de les retirer ou de les prélever (CE 24-2-2021 n° 434129 : RJF 5/21 n° 480). Ainsi, le gérant d'une Selarl n'est pas imposable au titre de la rémunération exceptionnelle inscrite à son profit en charges à payer dans les comptes de la société mais qui n'a pas été approuvée par l'assemblée générale des actionnaires à la date de clôture de l'exercice (CE 5-11-2014 n° 368196 : RJF 1/15 n° 1), tout comme le gérant d'une SARL au titre des salaires inscrits à son compte courant qu'il n'a pu percevoir en raison de la situation de trésorerie de la société (CE 3-7-1985 n° 47921 : RJF 10/85 n° 1249). Toutefois, **l'abandon** par le titulaire d'un compte courant d'associé au profit de la société d'une partie des sommes inscrites au crédit de ce compte caractérise un acte de disposition du revenu, quelle que soit la situation de trésorerie de l'entreprise (CE 31-7-2009 n° 301191 : RJF 11/09 n° 905).

750 Un revenu acquis au contribuable mais **non encore disponible** n'est en principe pas imposable. Tel est le cas par exemple pour des salaires ou des loyers d'immeubles non payés à la date d'échéance. Par exception, les entreprises industrielles ou commerciales, les exploitants agricoles placés sous un régime réel et les titulaires de bénéfices non commerciaux ayant opté pour la détermination de leur résultat imposable à partir d'une comptabilité d'engagement sont imposables sur les produits provenant de **créances acquises,** même si le paiement du prix n'est pas encore intervenu.

> Précisions Le contribuable qui **donne** à un tiers le droit de percevoir des **dividendes** d'actions dont il est propriétaire est imposable à l'impôt sur le revenu sur ces dividendes dont il a conservé la disposition, dès lors que les actions n'ont pas fait l'objet d'un démembrement de propriété (CE 12-2-2014 n° 361867 : RJF 5/14 n° 424).

PROCESSUS DE DÉTERMINATION DE LA BASE D'IMPOSITION

755 CGI art. 13, 2 IRPP-II-1 s

Pour obtenir la base d'imposition, il faut procéder **successivement** aux opérations suivantes :

a. On détermine tout d'abord le résultat net de chacune des catégories de revenus (autrement dit, les **revenus nets catégoriels**) en se conformant aux règles prévues pour la catégorie envisagée (nos 780 s.).

b. On totalise les revenus nets catégoriels, en prenant en compte, s'il y a lieu, le montant des **déficits** susceptibles d'être imputés sur le revenu global (nos 800 s.). On dégage ainsi un revenu brut global.

c. Il y a lieu ensuite de retrancher du revenu brut global certaines **charges** énumérées par la loi (nos 1075 s.). La différence représente le revenu net global.

d. Le revenu imposable s'obtient enfin en retranchant du revenu net global les **abattements** spéciaux qui, dans certains cas expressément prévus par la loi, peuvent être pratiqués sur le montant du revenu global (nos 1480 s.). Il est évidemment égal au revenu net global pour les contribuables qui ne bénéficient pas d'un abattement spécial. C'est sur son montant qu'est ensuite calculé, selon les règles exposées nos 1600 s., l'impôt exigible.

B. Détermination des revenus nets catégoriels

780 CGI art. 13, 3 IRPP-II-200 s

L'impôt sur le revenu est établi en principe d'après les résultats d'ensemble obtenus par le contribuable. Le revenu imposable embrasse donc la totalité des bénéfices ou revenus de toutes sortes que l'intéressé a réalisés ou dont il a disposé au cours de l'année de l'imposition.

Mais, en raison de la diversité même des activités génératrices de bénéfices ou de revenus, la loi a prévu des **règles d'évaluation propres à chaque catégorie de bénéfices ou de revenus.**

Certains de ces bénéfices ou revenus font d'ailleurs l'objet d'exonérations, totales ou partielles, permanentes ou temporaires, de l'impôt sur le revenu. Ils peuvent également donner lieu à des abattements qui diminuent d'autant le revenu ou à des déductions forfaitaires pour la prise en compte de certaines charges déductibles.

785 **> Précisions** **a.** Le montant imposable des diverses catégories de **revenus de source étrangère** (convertis, le cas échéant, en euros : n° 730, précisions) est déterminé comme pour les revenus de source française.

Cependant, en ce qui concerne les entreprises et exploitations situées hors de France, il ne peut pas être fait application des régimes d'imposition forfaitaire (CGI art. 158, 1-al. 2).

b. Les **revenus exceptionnels ou différés** sont déterminés selon les règles de droit commun applicables à la catégorie de revenus dont ils relèvent. C'est seulement ensuite, au stade du calcul de l'impôt, qu'ils sont traités selon le système du « quotient » (voir nos 4150 s.).

c. En cas de résultat négatif dans une catégorie de revenus, le sort de ce **déficit** est réglé dans les conditions indiquées nos 800 s.

Lorsqu'il existe **plusieurs sources** de revenus relevant de la **même catégorie** (exemple : époux exploitant chacun un commerce distinct), on fait la somme algébrique des résultats correspondants ; si certains de ces résultats sont négatifs (déficit), il s'établit donc une compensation automatique avec les résultats positifs (bénéfice). En cas de solde négatif, ce reliquat déficitaire est également traité selon les règles indiquées nos 800 s.

C. Imputation des déficits

800 Le système d'imputation des déficits sur le revenu global permet, en principe, une compensation d'ensemble des résultats bénéficiaires ou déficitaires obtenus par le contribuable dans les différentes catégories de revenus ainsi que, s'il y a lieu, l'imputation des déficits non encore déduits des six années antérieures (nos 950 s.).

Mais ce principe comporte plusieurs exceptions qui résultent des règles particulières prévues à l'égard de certains déficits (nos 980 s.).

> Précisions **a.** En ce qui concerne les **sociétés passibles de l'impôt sur les sociétés** (sociétés anonymes, SARL, etc.), l'imputation des déficits sociaux est effectuée dans le cadre de cet impôt, selon les modalités indiquées nos 35890 s.
Les membres de ces sociétés ne peuvent pas, pour l'établissement de leur impôt personnel, imputer sur leur revenu global une quote-part du déficit social.

b. La situation est différente pour les déficits subis par les **sociétés de personnes et assimilées** (sociétés en nom collectif, sociétés de fait, etc.).
En pareil cas, chaque **associé** peut, en principe, imputer sur son revenu global, dans les conditions indiquées n° 37645, la **quote-part** du déficit social correspondant à ses droits dans la société.

1. PRINCIPES

Le déficit constaté pour une année dans une catégorie de revenus est **imputé,** à due concurrence, sur le revenu global de la même année. 950 CGI art. 156, I IRPP-II-1000 s
Si ce revenu global n'est pas suffisant pour que l'imputation puisse être intégralement opérée, l'excédent du déficit est **reporté** successivement sur le revenu global des années suivantes, jusqu'à la sixième année inclusivement.

EXEMPLE

Soit un contribuable qui, au cours de l'exercice de l'année N, a subi dans son entreprise commerciale un déficit de 10 000 € et qui a disposé par ailleurs au cours de la même année de revenus d'autres catégories (revenus fonciers, revenus mobiliers, salaires, etc.) s'élevant au total à 50 000 €.
Compte tenu de l'imputation de son déficit, il n'est imposable, au titre de l'année N (imposition établie en N + 1), que sur la base de : 50 000 € – 10 000 € = 40 000 €.
Supposons maintenant que, le déficit commercial étant toujours de 10 000 €, les autres revenus réalisés au cours de l'année N par le contribuable n'aient été au total que de 5 000 €, au lieu de 50 000 €. Après compensation, il reste donc pour cette année N un reliquat déficitaire de 5 000 € (10 000 € – 5 000 €). Dans cette hypothèse, l'intéressé n'est pas imposable au titre de l'année N. Quant à l'excédent du déficit, il sera reporté sur le revenu global de l'année N + 1 ; si celui-ci est lui-même insuffisant pour absorber le reliquat déficitaire de 5 000 €, l'excédent sera reporté sur le revenu global de N + 2 et ainsi de suite jusqu'en l'an N + 6 inclusivement ; mais le report ne pourra plus, en tout état de cause, se faire sur le revenu de N + 7, le délai de six ans étant alors expiré.

Lorsqu'on est en présence de **déficits successifs** (non encore atteints par le délai de six ans), le report se fait en commençant par les déficits les plus anciens.

> Précisions L'application de certaines sanctions pour **manquements graves** entraîne l'impossibilité d'imputer les déficits (voir n° 79880).

Le déficit imputable est le déficit « fiscal », **déterminé** suivant les règles propres à la catégorie de revenus considérée. 955
L'administration peut évidemment utiliser son droit de **contrôle** pour vérifier et, le cas échéant, rectifier le montant du déficit imputé par le contribuable sur son revenu global. Il en est ainsi même lorsque le déficit remonte à une année prescrite (n° 77700), du moment qu'il est imputé sur le revenu global d'une année non atteinte elle-même par la prescription.

> Précisions **a.** En raison de leur nature, les traitements et **salaires** ainsi que les **rémunérations des dirigeants** d'entreprises enregistrent moins souvent que d'autres catégories de revenus des résultats déficitaires. Mais, lorsque cette hypothèse se présente, l'imputation du déficit peut se faire selon les règles ordinaires. 960
Ce peut être le cas, par exemple, lorsque, un salarié ayant demandé la déduction de ses frais professionnels réels, le montant de ces frais excède la rémunération brute (voir également nos 23760 s., à propos des versements consécutifs à un engagement de caution ou à une condamnation en comblement du passif social).
b. En principe, seul l'**exploitant qui a personnellement subi les déficits** peut exercer le droit au report déficitaire.
C'est ainsi que les déficits subis par un exploitant ne peuvent pas, en cas de **cession du fonds,** être reportés sur les bénéfices réalisés, après cette cession, par le cessionnaire. En revanche, ils peuvent éventuellement être reportés, dans la limite du délai légal, sur les revenus réalisés par l'ancien exploitant au cours des années suivant la cession.
De même, les **héritiers** qui continuent l'exploitation ne peuvent pas faire état, pour l'établissement de leur impôt, du déficit précédemment subi par le défunt.
c. Lorsque, au cours de la même année, le contribuable a enregistré des **déficits** dans certaines catégories de revenus **et** supporté des **charges déductibles du revenu global** (nos 1075 s.), il convient de procéder d'abord à la

compensation entre les bénéfices et déficits enregistrés dans les diverses catégories de revenus, puis de déduire du chiffre ainsi déterminé les charges susvisées. Si cette seconde opération dégage un solde négatif, ce déficit ne peut pas être reporté sur le revenu global des années suivantes, seule la première opération pouvant dégager un déficit net reportable.

d. Le revenu global sur lequel s'imputent les déficits catégoriels s'entend de la somme des **revenus** soumis au barème progressif, à l'exclusion de ceux **taxés à un taux forfaitaire** (CE 20-10-2000 n° 178106 : RJF 1/01 n° 1). Sur la possibilité d'imputer des déficits d'exploitation sur des plus-values professionnelles à long terme, voir toutefois n° 18105.

970 **Changement de situation matrimoniale en cours d'année**

Lorsqu'un changement dans la situation de famille survient durant l'année d'imposition, le sort des **déficits antérieurs** doit être réglé comme suit (étant précisé que le délai de report de six ans doit être calculé à compter non de l'année de ce changement, mais de l'année au cours de laquelle le déficit a été subi) :

– en cas de **mariage,** le ménage peut tenir compte, sur la déclaration commune de revenus, des déficits encore reportables, affectant, antérieurement au mariage, les biens, entreprises et activités de chacun des conjoints. En cas d'option pour une imposition distincte de leurs revenus (n° 370), chacun des conjoints peut déduire les déficits reportables provenant de ses propres biens, de son entreprise ou de son activité professionnelle ;

– en cas de **divorce,** de **séparation** ou de **décès de l'un des conjoints,** chacun des ex-époux imposable distinctement, de même que l'époux survivant au titre de son imposition personnelle, peut déduire les déficits catégoriels reportables issus de la gestion de ses biens propres ou de son activité personnelle ainsi que la moitié des autres déficits catégoriels (ou, sur justifications, une quote-part différente) et des déficits globaux afférents aux biens communs.

Les mêmes règles s'appliquent en cas de conclusion ou de dissolution d'un **Pacs.**

2. RÈGLES PARTICULIÈRES

980 Par dérogation aux principes exposés n°s 950 s., des règles particulières ont été expressément prévues par la loi à l'égard de certains déficits.

DÉFICITS FONCIERS

990 Les déficits fonciers ne peuvent en principe être imputés que sur les revenus fonciers des années suivantes. L'imputation sur le revenu global est toutefois possible pour les déficits résultant de certaines dépenses. Pour plus de précisions, voir n°s 27530 s.

DÉFICITS AGRICOLES

1000
CGI art. 156, I-1°
BA-IV-12900 s

Les déficits agricoles ne peuvent pas être admis en déduction du revenu global **lorsque** le total des **revenus nets d'autres catégories** dont dispose le contribuable **excède** une limite, fixée à **125 419** € pour l'imposition des revenus de 2023, quelle que soit sa situation de famille.

Dans ce cas, les déficits agricoles peuvent seulement être reportés sur les bénéfices agricoles des années suivantes jusqu'à la sixième inclusivement.

> Précisions **a.** Pour **apprécier** si le plafond est ou non atteint, on tient compte de tous les revenus nets non agricoles du foyer fiscal. L'administration admet qu'il ne soit pas tenu compte des plus-values immobilières relevant du régime des plus-values privées (BOI-BA-BASE-40 n° 10).

b. Doit seul être pris en considération le montant des **revenus non agricoles de l'année** où est enregistré le déficit agricole :

– dès lors que ces revenus dépassent le plafond, l'imputation du déficit agricole ne peut se faire que sur les bénéfices agricoles des six années suivantes, quel que soit le montant des revenus non agricoles réalisés au cours de ces six années (et même si ce montant n'atteint pas le plafond) ;

– inversement, si les revenus non agricoles de l'année où est enregistré le déficit agricole n'excèdent pas le plafond, ce déficit est imputable sur le revenu global de ladite année et, en cas d'insuffisance de ce dernier, sur le revenu global des six années suivantes, quel que soit le montant des revenus non agricoles réalisés au cours de ces six années (et même si ce montant excède le plafond).

c. Pour les déficits provenant des **activités non agricoles accessoires** : voir n° 15200.

DÉFICITS NON COMMERCIAUX

1010
CGI art. 156, I-2°
BNC-II-26100 s

Seuls peuvent être admis en déduction du revenu global les déficits provenant d'une activité libérale (n°s 13160 s.) ou ceux issus des charges et offices dont les titulaires n'ont pas la qualité de commerçant (voir n° 13195), à condition que le contribuable qui les déclare exerce effectivement une activité professionnelle (CE 21-10-2016 n° 386796 : RJF 1/17 n° 3). Les déficits subis à l'occasion de l'exercice d'une autre activité non commerciale (n° 13205) ne sont pas déductibles du revenu global du contribuable, même si cette activité est exercée à titre professionnel (CE 8-7-2009 n° 304815 : RJF 11/09 n° 906 à propos de déficits tirés de la sous-location d'immeubles nus). Ces déficits peuvent seulement être imputés sur les bénéfices tirés d'activités semblables, durant la même année ou les six années suivantes.

Cas des déficits subis par les **inventeurs non professionnels** qui proviennent des frais de prise de brevet et des frais de maintenance : voir n° 13800.

DÉFICITS D'ACTIVITÉS COMMERCIALES À CARACTÈRE NON PROFESSIONNEL

Les déficits provenant, directement ou indirectement, d'activités non professionnelles relevant du régime des BIC ne sont pas déductibles du revenu global du contribuable. Ils peuvent seulement être imputés sur les bénéfices tirés d'activités semblables durant la même année ou les six années suivantes. **1020** CGI art. 156, I-1° bis BIC-XIV-14470 s

Par **exception,** les contribuables conservent le droit d'imputer sur leur revenu global les déficits (ou fractions de déficits) provenant d'une activité non professionnelle faisant l'objet d'une procédure de **liquidation judiciaire,** non encore reportés à la date d'ouverture de la procédure (BIC-XIV-16330 s.). Il en va de même des déficits provenant des **activités créées ou reprises avant le 1er janvier 1996,** sauf pour la fraction des déficits provenant soit d'**extensions ou adjonctions,** à compter de cette date, d'activités non professionnelles (dont le résultat doit être déterminé dans une comptabilité séparée), soit d'**investissements nouveaux** réalisés à compter de cette même date dans le cadre d'une activité non professionnelle préexistante (par voie d'acquisition, création, location ou toute autre convention). Dans ce dernier cas, la fraction du déficit correspondante est calculée forfaitairement en fonction de la valeur nette comptable de ces investissements par rapport au total des valeurs nettes comptables des immobilisations.

> Précisions a. Pour l'application de ce dispositif, **on entend par « activités industrielles et commerciales non professionnelles »** les activités qui ne comportent pas la participation personnelle, directe et continue de l'un des membres du foyer fiscal à l'accomplissement des actes qui lui sont nécessaires. **1025**

Tel est le cas, notamment :

– lorsque la gestion de l'activité est confiée, en droit ou en fait, à une personne qui n'est pas membre du foyer fiscal par l'effet d'un mandat, d'un contrat de travail ou de toute autre convention ;

– lorsque les associés d'une société de personnes (ou les membres de leur foyer) n'interviennent pas dans l'exploitation, ces associés « passifs » perdant alors le droit d'imputer sur leur revenu global la quote-part du déficit social leur revenant.

En pratique, sont principalement visés les simples placements dans lesquels l'acquéreur n'assume pas les risques inhérents à l'exploitation (BOI-BIC-DEF-10 n° 190).

b. Cas particulier des **loueurs en meublé** : voir n° 90560.

AUTRES RÈGLES PARTICULIÈRES

Les **moins-values** provenant de la cession de biens font l'objet de dispositions spéciales qui varient selon qu'il s'agit : **1035**

– de moins-values subies dans le cadre d'une activité professionnelle (voir nos 17500 s.) ;

– ou de moins-values subies par les particuliers lors de la cession de biens faisant partie de leur patrimoine (voir n° 32265 pour les immeubles, n° 33065 pour les valeurs mobilières ou droits sociaux, n° 33610 pour les actifs numériques).

Des règles particulières d'imputation sont également prévues en ce qui concerne :

– les déficits constatés dans la catégorie des **revenus mobiliers** (n° 24195, précision b) ;

– les pertes sur cession de **titres de créances négociables ou non négociables** (nos 25655, précision c et 25705) ;

– les pertes en capital en cas de **non-remboursement d'un prêt** ou d'un **minibon** consenti dans le cadre d'un financement **participatif** (minibon souscrit avant le 10 novembre 2023) (n° 25655, précision d) ;

– les pertes consécutives à l'**annulation de valeurs mobilières ou de droits sociaux** dans le cadre d'une procédure collective de redressement ou de liquidation judiciaire ou à la suite d'une réduction de capital social motivée par des pertes (n° 33067) ;

– les pertes sur **instruments financiers à terme** (nos 33405 et 33415 s.).

D. Charges déductibles du revenu global

DÉFINITION

1075 IRPP-II-4100 s La loi permet la déduction de certaines charges sous la forme d'une **imputation directe sur le revenu global.** Ces charges se distinguent des charges déductibles au niveau de chaque catégorie de revenus et de celles qui sont prises en compte, non pour la détermination du revenu imposable, mais au stade ultérieur du calcul de l'impôt sous la forme de réductions ou de crédits d'impôt. L'imputation s'opère sur le « revenu brut global », qui correspond au total des revenus nets catégoriels, éventuellement diminués des déficits déductibles ou reportables. On obtient ainsi le « revenu net global ».

Les charges directement déductibles du revenu global sont les suivantes :

Liste des charges	Commentaires (n^os^)
Pensions alimentaires	1200 s.
Frais d'accueil de personnes âgées de plus de 75 ans	1350
Cotisations sociales	1370 s.
Versements pour la retraite mutualiste du combattant	1425
Intérêts des prêts consentis aux rapatriés	1435
Arrérages de certaines rentes	1445 s.
Charges foncières des immeubles historiques et assimilés	28350 s.
CSG afférente à certains revenus du patrimoine et produits de placement (déductibilité partielle)	34525

1080 Les charges susceptibles de venir en déduction du revenu global doivent remplir simultanément les quatre **conditions** suivantes :

– figurer expressément parmi les charges déductibles prévues par la loi ; l'énumération légale étant limitative, aucune autre charge n'est susceptible d'être prise en compte au niveau du revenu global ;

– n'avoir pas déjà été prises en compte pour la détermination des revenus nets catégoriels ;

– être payées au cours de l'année de l'imposition ;

– faire l'objet des précisions requises à l'appui de la déclaration des revenus, le contribuable pouvant en outre être appelé à fournir des justifications sur demande de l'administration.

1085 **> Précisions** **a.** La plupart des dépenses dont la déduction sur le revenu global est autorisée par la loi ne constituent pas, à proprement parler, des « charges » au sens de l'article 13, 1 du CGI, c'est-à-dire des « dépenses effectuées en vue de l'acquisition ou de la conservation du revenu ». Elles correspondent plutôt à un **emploi** de ce **revenu.** C'est d'ailleurs ce qui explique le caractère limitatif de l'énumération légale.

b. Lorsqu'une **charge** est **exclue de la déduction** pour la détermination des **revenus catégoriels,** elle n'est pas pour autant susceptible d'être directement retranchée du revenu global (sauf, bien sûr, si elle figure expressément dans l'énumération légale). Par exemple, l'impôt sur le revenu lui-même, qui ne peut pas être déduit au niveau des revenus catégoriels (CGI art. 153), ne peut pas l'être davantage au niveau du revenu global.

c. Les charges afférentes à des **revenus exonérés** de l'IR ne sont déductibles ni des revenus catégoriels ni du revenu global.

d. Lorsque le montant des **charges déductibles** du revenu brut global **excède** le montant dudit **revenu,** cet excédent ne peut pas être regardé comme un déficit reportable sur les revenus des années suivantes (voir n° 960, d).

e. Situation des **personnes non domiciliées en France** au regard des charges déductibles du revenu global : voir n°s 4370 et 4420, a.

1. PENSIONS ALIMENTAIRES

1200 CGI art. 156, II-2° IRPP-II-6600 s Les pensions alimentaires dont le versement incombe à un contribuable sont déductibles de son revenu global, sous certaines conditions et limites, dans les cas limitativement énumérés par la loi.

a. Pensions alimentaires versées à des ascendants ou descendants

PRINCIPES

1205 IRPP-II-6700 s Les articles 205 à 207 du Code civil prévoient une **obligation alimentaire réciproque,** en cas de besoin, entre ascendants et descendants ; il en est de même entre gendre et belle-fille et beaux-parents, sauf lorsque celui des époux qui produisait l'affinité et les enfants issus de son union avec l'autre époux sont décédés. L'obligation comprend non seulement la nourriture et le logement, mais aussi tout ce qui est nécessaire à la vie (exemples : habillement, frais d'études, frais de maladie). Elle s'étend même aux frais funéraires lorsqu'il n'existe pas d'actif successoral permettant l'imputation de ces frais (Rép. Krabal : AN 4-6-2019 n° 7287).

Les **pensions** allouées, **en espèces ou en nature,** en exécution de cette obligation alimentaire (quelle que soit la date à laquelle celle-ci a pris naissance, et même s'il n'y a pas un engagement écrit ou une décision de justice) sont déductibles en principe du revenu imposable du débiteur, dans la mesure où, conformément à l'article 208 du Code civil, le montant de la pension correspond aux besoins de celui qui la perçoit et à la fortune de celui qui la doit.

Sont également déductibles, sous les mêmes conditions :

– les pensions versées en exécution de l'obligation alimentaire réciproque prévue à l'article 364 du Code civil entre adoptant et adopté, en cas d'**adoption simple** ;

– les pensions versées par la succession de l'époux prédécédé au **conjoint successible** en application de l'article 767 du même Code ;

– les pensions versées au titre du **devoir d'entretien** (n° 1225, précision a).

> Précisions **a.** L'état de besoin du créancier d'aliments résulte des circonstances de fait. Il est tenu compte à la fois de ses revenus nets et de son patrimoine. Mais l'état de besoin d'une mère doit être apprécié indépendamment de la donation consentie préalablement et sans contrepartie à son fils débiteur de la pension, sauf fraude à la loi (CE 28-3-2012 n° 321315 : RJF 6/12 n° 555).

b. Ne fait pas obstacle à la déductibilité le fait que **le créancier d'aliments réside à l'étranger** et que l'obligation alimentaire ne soit pas déterminée par le droit civil français, dès lors que la pension répond aux conditions fixées par ce dernier (pour un créancier domicilié en Algérie, CE 10-1-2007 n° 264821 : RJF 4/07 n° 384).

c. Aucune déduction n'est possible, en principe, pour les pensions versées à des **collatéraux** (frères, sœurs, oncles, tantes, neveux, etc.) ou à des **tiers** sans lien de parenté avec le contribuable, puisque l'obligation alimentaire édictée par le Code civil ne joue pas à leur égard. Il en va ainsi même si le versement est susceptible de se transformer en obligation civile (CE 28-3-2012 n° 323852 : RJF 6/12 n° 554).

Cependant une possibilité de déduction est spécialement prévue pour les avantages en nature consentis à des personnes âgées de plus de 75 ans vivant sous le toit du contribuable (voir n° 1350).

PENSIONS VERSÉES À DES ASCENDANTS

Lorsque l'obligation alimentaire envers un ascendant est remplie **en nature,** le contribuable doit, en principe, être en mesure d'apporter les justifications utiles au sujet du montant des dépenses qu'il a réellement supportées. **1215** IRPP-II-7800 s

Toutefois, lorsque le contribuable a **recueilli sous son toit** un **ascendant sans ressources** ou **âgé de plus de 75 ans** et titulaire d'un revenu imposable n'excédant pas le plafond de ressources fixé pour l'octroi de l'allocation de solidarité aux personnes âgées (Aspa) (voir n° 1350, précision b), l'administration admet que le contribuable puisse déduire :

– sans avoir à fournir aucune justification, les dépenses de nourriture et de logement pour un **montant forfaitaire** fixé, pour 2023, à 3 968 € par ascendant ;

– et les autres dépenses pour leur montant réel et justifié (BOI-IR-BASE-20-30-20-10 n°s 150 à 180).

S'il estime insuffisante l'évaluation forfaitaire des dépenses de nourriture et de logement, le contribuable conserve la possibilité de déduire le montant effectif des dépenses supportées ; mais il doit alors être en mesure d'apporter toutes **justifications utiles** au sujet du montant de ces dépenses.

> Précisions **a.** Sont déductibles, dans la mesure où elles résultent de l'obligation alimentaire, les sommes versées à une **maison de retraite** ou à un **établissement hospitalier** en l'acquit d'un ascendant.

b. Lorsqu'un contribuable met gratuitement (ou pour un loyer réduit) un **appartement** lui appartenant **à la disposition** d'un ascendant dans le besoin, il peut déduire, à titre de pension alimentaire, l'avantage en nature dont la valeur est celle du loyer qu'il pourrait tirer de cet appartement en le louant à un tiers (ou la différence entre ce loyer et le loyer réduit). En outre, il peut déduire, le cas échéant, le montant des charges locatives qu'il règle au lieu et place de l'ascendant (mais non les dépenses qui incombent normalement au propriétaire du logement).

c. Cas où l'**ascendant** vivant sous le toit du contribuable est titulaire de la **CMI-invalidité** (ou de la carte d'invalidité) : voir n°s 1960 s.

Cas où le débiteur de la pension bénéficie d'un **crédit d'impôt pour l'emploi d'un salarié au domicile d'un ascendant** remplissant les conditions d'octroi de l'allocation personnalisée d'autonomie : voir n° 3230, précision b.

PENSIONS VERSÉES À DES ENFANTS MINEURS

Seule est autorisée la déduction des pensions alimentaires versées au profit d'enfants mineurs qui ne sont pas pris en compte pour la détermination du quotient familial du contribuable. **1225** IRPP-II-9480 s

En pratique, sont donc déductibles les pensions alimentaires versées en cas de divorce ou d'imposition séparée des époux ou des partenaires pour des enfants que le contribuable ne compte pas à charge (voir n°s 370, précision c et 1275 s.).

De même sont déductibles les pensions versées spontanément par les personnes non mariées, vivant en concubinage ou séparément, et par les personnes ayant rompu un Pacs à ceux de leurs enfants « naturels » qu'elles ne comptent pas à charge.

> Précisions **a.** Les pensions alimentaires déductibles s'entendent indifféremment de celles versées au titre du **devoir d'entretien** des parents ou de celles qui procèdent de l'obligation alimentaire visée n° 1205 (CE 14-10-2009 n° 301709 : RJF 1/10 n° 1).

b. Les pensions versées au profit d'un **enfant « naturel »** ne sont déductibles que si la filiation est légalement établie, même si, sur le plan civil, la reconnaissance comporte un effet déclaratif (CE plén. 30-3-1987 n° 52489 : RJF 5/87 n° 534).

c. Pension alimentaire versée à un **enfant qui atteint sa majorité** : voir n°s 1280, e et 1870.

PENSIONS VERSÉES À DES ENFANTS MAJEURS

1235 IRPP-II-10620 s

Conformément aux principes exposés n° 1205, les pensions alimentaires versées à un enfant majeur dans le besoin (par exemple, parce qu'il poursuit ses études, ou parce qu'il est infirme, ou encore parce qu'il est au chômage ou à la recherche d'un premier emploi, etc.) sont déductibles du revenu global du contribuable concerné.

Cette déduction comporte cependant deux importantes **restrictions,** examinées n°s 1240 s.

1240 **Plafond de déduction** La déduction des pensions alimentaires versées à des enfants majeurs (qu'ils soient ou non célibataires) est limitée au montant de l'abattement unitaire applicable en cas de rattachement d'enfants mariés, pacsés ou chargés de famille au foyer fiscal de leurs parents (n° 1915). Pour l'imposition des revenus de 2023, cette limite de déduction est ainsi fixée à 6 674 € **par enfant** (Loi 2023-1322 du 29-12-2023 art. 2, I-A).

Lorsqu'il s'agit d'**enfants mariés** ou **pacsés,** la limite de déduction reste fixée à ce même chiffre pour chacune des familles des jeunes conjoints ou partenaires. Cependant la limite est doublée (soit 13 348 €) au profit des parents qui justifient participer seuls à l'entretien du jeune couple. L'existence éventuelle d'enfants du jeune ménage n'entraîne pas un relèvement de la limite de 6 674 € ou de 13 348 € (contrairement à ce qui se passe en cas de rattachement : n° 1915).

Lorsque le contribuable participe seul à l'entretien d'un **enfant majeur, célibataire,** veuf ou divorcé, qui est lui-même **chargé de famille,** la limite de déduction est également doublée (soit 13 348 €), cela quel que soit le nombre de petits-enfants.

La limite de déduction est réduite prorata temporis (tout mois commencé étant retenu entièrement) lorsque l'obligation alimentaire n'est exécutée qu'une partie de l'année (BOI-IR-BASE-20-30-20-20 n° 170).

> Précisions **a.** Conformément à la règle générale, le contribuable qui verse une pension alimentaire à un enfant majeur doit, en principe, pouvoir apporter les **justifications** permettant d'établir :

– d'une part, qu'il s'agit effectivement d'une pension alimentaire ;

– d'autre part, que ces versements ont bien été effectués.

L'administration admet (BOI-IR-BASE-20-30-20-20 n°s 220 à 250) que, lorsque l'**enfant majeur vit sous le toit** du contribuable, ce dernier peut déduire, dans la limite légale :

– sans avoir à fournir aucune justification, les dépenses de nourriture et de logement pour un montant forfaitaire fixé pour l'imposition des revenus de 2023 à 3 968 € pour un enfant majeur hébergé chez ses parents durant toute l'année. Ce forfait annuel est réduit prorata temporis (tout mois commencé étant compté pour un mois entier) lorsque l'hébergement ou l'état de besoin de l'enfant ne porte que sur une fraction de l'année civile ;

– et les autres dépenses (frais de scolarité, par exemple) pour leur montant réel et justifié.

Lorsque l'enfant majeur réside sous le toit de ses **parents vivant en concubinage,** chaque parent peut déduire la moitié du montant forfaitaire (dépenses de nourriture et de logement) et le montant des autres dépenses pour leur montant réel et justifié. Toutefois, le total des avantages ainsi consentis par les deux parents est retenu dans la limite du plafond légal (BOI-IR-BASE-20-30-20-30 n° 30).

b. Les pensions alimentaires versées à un enfant majeur sont **soumises à l'impôt** sur le revenu **dans les limites admises pour leur déduction** (CGI art. 80 septies). Par conséquent, lorsque la pension versée en 2023 excède la limite légale de 6 674 € (ou de 13 348 €, en cas de doublement), elle ne sera considérée comme un revenu imposable, pour le bénéficiaire, qu'à concurrence de ce montant de 6 674 € (ou de 13 348 €).

Si l'enfant n'est pas rattaché à un autre foyer fiscal et ne dispose pas d'autres revenus que la pension, il ne sera pas redevable de l'impôt sur le revenu, compte tenu du faible montant de son revenu.

Non-cumul entre déduction et rattachement Les **enfants majeurs** qui sont âgés 1245
de moins de 21 ans, ou de moins de **25 ans** s'ils poursuivent leurs études, peuvent, dans les conditions exposées nos 1880 s. et 1905 s., être rattachés au foyer fiscal de leurs parents, ce rattachement entraînant soit leur prise en compte au titre du quotient familial (enfants célibataires non chargés de famille), soit l'application d'un abattement sur le revenu imposable (enfants mariés, pacsés ou chargés de famille).

Dans cette situation, le contribuable ne peut pas, au titre d'une même année et pour un même enfant, bénéficier à la fois de la déduction d'une pension alimentaire et du rattachement. Autrement dit, le contribuable doit **choisir entre le rattachement et la déduction** d'une pension alimentaire (pour les éléments d'appréciation à retenir en vue de ce choix : voir n° 1895).

Des dispositions analogues, également destinées à éviter le cumul de deux avantages, sont prévues pour les **enfants majeurs infirmes** (voir n° 1935, précision a) et pour les **enfants atteignant 18 ans** au cours de l'année d'imposition (voir n° 1870).

› Précisions a. La règle du non-cumul entre le rattachement et la déduction de la pension alimentaire s'apprécie **par année et par enfant.** De même, elle concerne **chaque contribuable** considéré **isolément.** Ainsi, lorsqu'un même enfant est susceptible d'ouvrir droit à un avantage fiscal pour deux contribuables (enfant dont les parents sont divorcés ou séparés ou enfant marié ou pacsé), l'un peut choisir, par exemple, la déduction de la pension versée et l'autre le rattachement.

b. Pour les **enfants non « rattachables »** (étudiants de plus de 25 ans par exemple), seule est possible la déduction d'une pension alimentaire (à condition, bien entendu, qu'ils se trouvent dans le besoin).

b. Pensions alimentaires versées en cas de divorce ou de séparation des époux

VERSEMENTS DESTINÉS À L'ENTRETIEN DES ENFANTS

En cas de divorce ou d'imposition séparée des époux (n° 355), le parent qui verse une pension 1275 IRPP-II-9530 s
alimentaire pour l'entretien de ses enfants mineurs peut déduire cette pension de son revenu global à **condition** qu'il ne prenne pas en compte les enfants pour la détermination de son quotient familial (n° 1865).

En pratique, les situations suivantes doivent être distinguées :

– les époux **séparés de fait** font l'objet d'une imposition séparée : la pension alimentaire est déductible dans la mesure où elle n'est pas excessive ;

– une **décision de justice** est intervenue ou une **convention de divorce par consentement mutuel** a été déposée au rang des minutes d'un notaire : la déduction peut porter sur la totalité de la pension fixée par le juge ou la convention, y compris, le cas échéant, la revalorisation résultant de la clause d'indexation prévue par le jugement ou la convention. En cas de révision amiable de la pension, les sommes qui complètent la pension initiale sont également déductibles, sous réserve que leur montant demeure compatible avec les ressources du débiteur et les besoins de l'enfant au profit duquel elles sont servies. Ces versements doivent, en outre, revêtir le caractère d'aliments au sens de l'article 208 du Code civil. À cet égard, il peut s'agir de dépenses en nature (prise en charge de frais de cantine, de scolarité ou de dépenses médicales, par exemple), de l'attribution au profit de l'enfant d'un droit d'usage et d'habitation ou encore de la constitution d'une rente (voir n° 1280, c), mais non de subsides correspondant à des cadeaux ou à des aides ponctuelles de quelque sorte que ce soit (BOI-IR-BASE-20-30-20-50 nos 50 et 60).

› Précisions a. La déduction ne s'étend pas aux frais exposés pour l'exercice du **droit de visite.** 1280

b. Dès lors que la déduction des pensions alimentaires est limitée au cas où l'enfant n'est pas pris en compte pour la détermination du quotient familial, le parent d'un enfant en **résidence alternée** ne peut pas déduire la pension alimentaire qu'il verse à l'autre parent (Cons. const. 14-5-2021 n° 2021-907 QPC : RJF 8-9/21 n° 838).

c. Lorsque, conformément à la possibilité prévue à l'article 373-2-3 du Code civil, le contribuable verse **un capital en vue de constituer une rente** au profit de ses enfants mineurs, l'intéressé est en droit de déduire annuellement de son revenu imposable, dans la limite de 2 700 € pour chaque enfant, la somme obtenue en divisant ce capital par le nombre d'années sur lequel doit s'échelonner le versement de la rente.

Lorsque la pension est revalorisée sous forme de rente, la limite de 2 700 € s'applique globalement pour l'ensemble des versements effectués, que ceux-ci résultent de l'instance judiciaire ou de la convention fixant le montant initial de la pension alimentaire ou du versement spontané (BOI-IR précité n° 60).

d. Le **bénéficiaire** de la pension est imposable à hauteur des sommes (y compris, le cas échéant, les revalorisations) qui peuvent être déduites par le débiteur.

e. La pension que le contribuable continue à verser **après la majorité** de son enfant peut être déduite dans les conditions et limites indiquées nos 1235 s. La déduction ainsi pratiquée ne fait pas obstacle à ce que l'intéressé bénéficie, s'il vit seul, n'a aucune personne à charge fiscalement et a supporté à titre exclusif ou principal la charge de cet enfant pendant au moins cinq années au cours desquelles il vivait seul, de la demi-part supplémentaire de quotient familial prévue en faveur des contribuables célibataires, divorcés, séparés ou veufs ayant élevé seuls un enfant (n° 2030, a) ; cette majoration du quotient familial intervient dès l'année au cours de laquelle l'enfant a atteint ses 18 ans.

VERSEMENTS AUTRES QUE CEUX DESTINÉS À L'ENTRETIEN DES ENFANTS

1290 IRPP-II-12300 s **Pensions alimentaires** Les pensions alimentaires versées en vertu d'une décision de justice en cas de **divorce** (pour les divorces antérieurs à 2005) ou de **séparation de corps,** ou en cas d'**instance en séparation de corps ou en divorce** lorsque les époux font l'objet d'une imposition séparée (n° 355), sont déductibles du revenu global du débiteur.

Il en va de même, en cas de **séparation de fait** et à condition que les époux fassent l'objet d'une imposition séparée (n° 355), des versements effectués au titre de la contribution aux charges du mariage prévue à l'article 214 du Code civil, que ces versements résultent ou non d'une décision de justice ou d'une convention de divorce par consentement mutuel.

> Précisions a. Lorsque le jugement ou la convention de divorce comporte une **clause d'indexation,** la déduction peut porter sur la totalité de la pension ainsi revalorisée. En cas de **revalorisation spontanée** de la pension par le débiteur, la déduction s'opère sous les conditions exposées n° 1275.

b. Lorsque l'ordonnance de non-conciliation oblige le contribuable à mettre **gratuitement** à la disposition exclusive de son conjoint le **logement familial,** l'intéressé peut déduire de son revenu global l'avantage en nature correspondant, qui correspond à la valeur locative de ce logement lorsque l'époux qui en abandonne la jouissance en est seul propriétaire (CE 8-12-1986 n° 56882 : RJF 2/87 n° 129) et à une fraction de la valeur locative, à proportion des droits de propriété détenus par l'intéressé, en cas d'indivision (CE 27-7-1988 n° 79333 : RJF 11/88 n° 1181).

En revanche, l'administration considère que l'**impôt sur le revenu** des deux conjoints qui a été mis à la charge de l'un d'eux par l'ordonnance ne peut pas être admis en déduction du revenu imposable de celui qui doit en supporter la charge (BOI-IR-BASE-20-30-20-40 n° 80).

c. La pension alimentaire (y compris, le cas échéant, les revalorisations) ou la contribution aux charges du mariage déduite par le débiteur constitue un revenu imposable **pour le bénéficiaire.** En revanche, ce dernier n'est pas imposé sur les sommes que le débiteur n'a pas pu déduire.

1295 **Prestations compensatoires** Comme les pensions alimentaires, les prestations compensatoires en cas de divorce versées sous forme de **rente** en application des articles 276, 278 ou 279-1 du Code civil sont déductibles du revenu global du débiteur.

Sont également déductibles de ce revenu les prestations compensatoires en **capital** versées sous forme d'argent en application de l'article 275 du Code civil lorsque les versements sont effectués sur une **période supérieure à douze mois** à compter de la date à laquelle le jugement de divorce (que celui-ci résulte ou non d'une demande conjointe) est passé en force de chose jugée ou la convention de divorce par consentement mutuel a acquis force exécutoire.

> Précisions a. Les versements sur une période supérieure à douze mois ne peuvent s'entendre que de ceux effectués conformément aux modalités de paiement fixées par le juge (CE 14-10-2020 n° 421028 : RJF 1/21 n° 5). Ainsi, lorsque le débiteur libère le capital, en tout ou partie, au-delà du délai de douze mois, alors que le **jugement** ou la convention de divorce prévoyait le **versement intégral** de ce capital **dans un délai de douze mois,** l'intégralité de la prestation compensatoire est non déductible (BOI-IR-RICI-160-10 n° 150). Les versements opérés n'ouvrent pas davantage droit à réduction d'impôt (voir n° 3335, précision b).

b. Les prestations compensatoires (y compris, le cas échéant, les revalorisations) déduites par le débiteur constituent un revenu imposable **pour le bénéficiaire.** Lorsque la prestation compensatoire en capital est acquittée en **un seul versement** au-delà de la période de douze mois, ce versement est assimilé à un revenu exceptionnel et bénéficie, sur demande du contribuable, du système du quotient, sous réserve que la condition afférente à son montant soit remplie (nos 4150 s.) (BOI-IR précité n° 130).

Le bénéfice du système du quotient peut également être demandé en cas de **libération anticipée,** au-delà de la période de douze mois, d'une prestation compensatoire en capital fixée suivant des versements périodiques (BOI-IR-RICI-160-20 n° 230).

c. En ce qui concerne les prestations compensatoires en capital versées sur une **période inférieure ou égale à douze mois** et les **prestations compensatoires mixtes,** voir n° 3335.

1300 **Dommages-intérêts** Les sommes versées à titre de dommages-intérêts en cas de divorce ou de séparation ne sont pas déductibles.

c. Majoration du montant déductible de certaines pensions

1320 CGI art. 158, 7-3° IRPP-II-6640

Le montant des pensions alimentaires versées en vertu d'une **décision de justice devenue définitive avant le 1er janvier 2006** est, pour le calcul de l'impôt, majoré de 25 %.

Cette majoration ne modifie toutefois ni la **limite de déduction** des pensions versées à des enfants majeurs (n° 1240), ni celle concernant le versement d'un capital pour la constitution d'une rente au profit des enfants mineurs (n° 1280, c).

2. FRAIS D'ACCUEIL DES PERSONNES ÂGÉES DE PLUS DE 75 ANS

1350 CGI art. 156, II-2° ter IRPP-II-18500 s

Le contribuable peut déduire de son revenu global les **avantages en nature** consentis sans contrepartie à des personnes âgées de plus de 75 ans envers lesquelles il n'a aucune obligation alimentaire (collatéraux ou tiers sans lien de parenté) qui vivent (en permanence) sous son toit et dont le revenu imposable n'excède pas le plafond de ressources fixé pour l'octroi de l'allocation de solidarité aux personnes âgées (Aspa).

Les avantages en nature (logement, nourriture, etc.) sont déductibles pour leur montant réel **dans la limite** de 3 968 €, par personne recueillie, pour l'imposition des revenus de 2023.

> Précisions **a.** L'administration admet que le droit à déduction est ouvert pour la première fois au titre de l'année au cours de laquelle la personne recueillie atteint l'**âge** de 75 ans (BOI-IR-BASE-20-60-30 n° 20).

b. Le **plafond de ressources** à retenir pour 2023 s'élève à 11 533,02 € pour une personne seule et 17 905,06 € pour un couple marié ou pacsé. La condition relative au revenu imposable de la personne recueillie est remplie si ce revenu – déduction faite de l'abattement de 10 % sur les pensions et retraites et de l'abattement accordé aux personnes âgées (n° 1500) – n'excède pas ce plafond.

c. La limite de déduction n'a pas à être réduite prorata temporis lorsque les avantages en nature n'ont été consentis qu'une **partie de l'année** ou ont été consentis à une personne ayant atteint l'âge de 75 ans en cours d'année.

d. Dès lors qu'ils constituent des libéralités et non des pensions alimentaires, les avantages en nature déduits par le contribuable ne sont pas imposables au nom du **bénéficiaire.**

e. Lorsque la personne recueillie est titulaire de la **CMI-invalidité** (ou de la carte d'invalidité), la déduction des avantages en nature ne peut pas se cumuler avec la majoration du quotient familial visée nos 1960 s. Le contribuable doit donc choisir entre les deux mesures.

f. Pour les contribuables qui recueillent des personnes envers lesquelles ils ont une **obligation alimentaire** (ascendants, notamment), voir nos 1205 s.

3. COTISATIONS SOCIALES

1370

Dans la plupart des cas, les cotisations de sécurité sociale et assimilées sont prises en compte au niveau des revenus catégoriels. Certaines cotisations peuvent toutefois être déduites du revenu global. Il s'agit de cotisations qui ne sont pas prises en compte au niveau des revenus catégoriels et des cotisations versées sur un plan épargne retraite.

COTISATIONS D'ÉPARGNE RETRAITE

1375 CGI art. 163 quatervicies DC-VIII-40000 s

Versements déductibles Chaque membre du foyer fiscal peut déduire du revenu net global, dans certaines limites :

– les versements volontaires aux **plans d'épargne retraite** (plans individuels ou plans d'entreprise) (voir nos 96600 s.) ;

– les versements effectués sur un plan d'épargne retraite populaire, dit **Perp** (souscrit avant le 1er octobre 2020) ;

– les cotisations versées, à titre individuel et facultatif, sur un plan d'épargne retraite d'entreprise (**Pere**) ou à un régime de retraite supplémentaire obligatoire d'entreprise (**régime de retraite supplémentaire « article 83 »**) ;

– les versements à certains régimes de retraite complémentaire des agents de la fonction publique (**Préfon, Corem, CRH**), même s'ils sont effectués par des non-fonctionnaires en ce qui concerne le régime Corem.

> Précisions En contrepartie de la **déduction** des cotisations, les prestations de retraite servies sous forme de rentes ou de capital sont **imposables** comme des pensions (nos 22340 s.).

1380

Limite de déduction Les sommes versées sont déductibles dans le cadre d'une **enveloppe globale annuelle** qui prend également en compte certaines cotisations de retraite déduites par ailleurs des revenus professionnels.

Pour chaque membre du foyer fiscal, la limite globale de déduction est égale au **plus élevé des deux montants** suivants :

– 10 % des revenus professionnels de l'année précédente, retenus dans la limite de huit fois le plafond annuel de la sécurité sociale de l'année en cause (soit une déduction maximale de 32 909 € pour les versements effectués en 2023 et 35 194 € pour les versements effectués en 2024) ;

– ou 10 % du plafond annuel de la sécurité sociale de l'année précédente (soit 4 114 € pour les versements effectués en 2023 et 4 399 € en 2024).

Pour déterminer le montant effectivement imputable sur le revenu global, cette limite doit ensuite être **diminuée de certaines cotisations** ou **primes** déduites, l'année précédente, des revenus professionnels du souscripteur (ou du revenu global si c'est un agriculteur relevant du micro-BA). Il s'agit :

– pour un salarié : des cotisations ou primes versées à un régime obligatoire de retraite supplémentaire, y compris la part patronale (n° 21915) ;

– pour un non-salarié : des cotisations ou primes (sauf la fraction correspondant à la marge de déduction calculée à 15 %) versées au titre des contrats « Madelin », des régimes facultatifs de retraite de sécurité sociale, de la part des cotisations aux régimes obligatoires des professions libérales excédant la cotisation minimale obligatoire (nos 8680 s.) ou des contrats d'assurance groupe des exploitants agricoles (n° 15985).

Les sommes versées par l'employeur ou le salarié sur un plan d'épargne pour la retraite collectif qui sont exonérées d'impôt sur le revenu (nos 21630 et 88700), ainsi que les sommes versées aux plans d'épargne retraite qui sont exonérées d'impôt sur le revenu, viennent également en déduction de la limite globale.

Si la marge de déduction disponible ainsi déterminée n'est pas utilisée intégralement au cours d'une année, le **solde inemployé** peut être reporté et utilisé au cours de l'une des trois années suivantes. Si, à l'inverse, les sommes versées excèdent la limite, l'**excédent** n'est pas reportable sur les années suivantes.

Plafond de déduction pour les **nouveaux résidents** : voir n° 1390.

1385 **> Précisions** **a.** Les **revenus professionnels** à prendre en compte pour le calcul du plafond de déduction sont, en principe, les revenus imposables nets de frais. Il faut y ajouter les bénéfices exonérés en application de certains dispositifs spéciaux (CGI art. 44 sexies à 44 nonies et 44 terdecies à 44 septdecies), les revenus des micro-entreprises soumis au versement forfaitaire libératoire de l'impôt sur le revenu, diminués de l'abattement forfaitaire, ainsi que les bénéfices faisant l'objet d'un abattement en application des articles 73 B et 93, 9 du CGI (jeunes agriculteurs et jeunes artistes de la création plastique). Mais les plus-values et les moins-values professionnelles à long terme ne sont pas prises en compte.

b. Le plafond de déduction est en principe propre à chaque membre du foyer fiscal et ne peut donc être utilisé que par l'intéressé pour la déduction de ses propres cotisations et primes d'épargne retraite, mais non pour la déduction des cotisations ou primes des autres **membres du foyer fiscal**. Par exception à cette règle, les couples mariés ou pacsés, soumis à imposition commune, peuvent toutefois déduire leurs versements dans une limite annuelle égale au total des montants déductibles pour chaque époux ou chaque partenaire. Ainsi, un contribuable marié ou pacsé qui a effectué au cours d'une année des versements excédant son plafond individuel de déduction peut déduire la fraction excédentaire de ces versements à concurrence de la différence entre le plafond individuel de déduction de son conjoint ou partenaire et le montant des versements effectués par ce dernier.

c. L'**imputation des cotisations versées au cours d'une année** est opérée en priorité sur le plafond de déduction de l'année en cause puis, le cas échéant, sur les soldes non utilisés des plafonds de déduction des trois années précédentes, en commençant par le plus ancien (CGI ann. III art. 41 ZZ ter).

1390 **Cas particulier** Pour les personnes qui n'étaient **pas fiscalement domiciliées en France** au cours des **trois années civiles précédant** celle au cours de laquelle elles s'y domicilient, les éléments à prendre en compte pour le calcul du plafond de déduction de l'année de leur domiciliation en France (revenus professionnels, plafond annuel de la sécurité sociale et cotisations déduites des revenus professionnels ou du revenu global pour les agriculteurs relevant du micro-BA) sont ceux afférents à l'année même de domiciliation.

En outre, ces personnes bénéficient, au titre de ladite année, d'un plafond complémentaire de déduction égal au triple du plafond ainsi déterminé. Cet avantage n'est toutefois pas accordé aux personnes qui étaient domiciliées à l'étranger pour des raisons qui sont liées à la mise en œuvre de procédures judiciaires, fiscales ou douanières à leur encontre.

AUTRES COTISATIONS

a. Dans le cas (assez peu fréquent dans la pratique) où il n'en a pas déjà été tenu compte pour la détermination des revenus catégoriels, les versements faits à titre de **cotisations de sécurité sociale** sont, en principe, directement déductibles du revenu global. Il en est de même pour les cotisations d'assurance maladie-maternité des travailleurs non salariés des professions non agricoles, ainsi que pour les primes ou cotisations accidents du travail et maladies professionnelles des non-salariés de l'agriculture. 1400 CGI art. 156, II-4°, 10°, 11° et 13° DC-VIII-5500 s, 5800 s, 16400 s et 26400 s

Sont par **exemple** directement déductibles du revenu global les cotisations de sécurité sociale versées au titre de l'assurance personnelle ou volontaire (le plus souvent par des personnes dont la profession échappe à l'assurance sociale obligatoire), les versements effectués par un salarié après sa cessation d'activité au titre de rachats de cotisations au régime de base de l'assurance vieillesse et à des régimes complémentaires légalement obligatoires. S'agissant de rachats effectués l'année du départ à la retraite, il a été jugé que le déficit catégoriel provenant de la déduction des rachats des traitements et salaires peut générer un déficit imputable sur le revenu global, reportable le cas échéant sur les années suivantes (CAA Paris 28-11-2000 n° 97-2347 : RJF 4/01 n° 486).

b. Les **cotisations** versées (en dehors des régimes légaux de protection sociale et des régimes d'épargne retraite volontaire visés n° 1375) à une **mutuelle,** à une **compagnie d'assurance** ou à un **organisme de prévoyance,** en vertu de contrats d'adhésion facultative destinés à compléter les prestations des régimes légaux, ne sont pas déductibles du revenu global, qu'il s'agisse de salariés ou de non-salariés. Les versements effectués par les agriculteurs relevant du régime du micro-BA au titre de certains contrats d'assurance groupe souscrits en vue de la constitution d'une retraite complémentaire sont toutefois déductibles dans la limite du plafond visé n° 8695.

c. Par dérogation à la règle générale, les particuliers ne peuvent pas déduire de leur revenu global les cotisations patronales de sécurité sociale versées pour leurs **employés de maison.** Sont également exclues de la déduction les cotisations patronales d'assurance chômage.

Mais les contribuables peuvent bénéficier, le cas échéant, d'un crédit d'impôt sur le revenu au titre de l'emploi d'un salarié à domicile (n°s 3230 s.).

4. DÉDUCTIONS DIVERSES

VERSEMENTS POUR LA RETRAITE MUTUALISTE DU COMBATTANT

Qu'ils soient faits à capital aliéné ou à capital réservé, les versements effectués par des contribuables fiscalement domiciliés en France sont déductibles du revenu global, dans la mesure où ils sont **destinés** à la constitution d'une **rente donnant lieu à une majoration de l'État.** Les versements complémentaires éventuellement effectués en vue de la constitution d'une rente mutualiste ordinaire ne sont pas déductibles. 1425 CGI art. 156, II-5° IRPP-II-20100 s

Le montant **maximum de la rente** bénéficiant d'une majoration de l'État est fixé, y compris la majoration, à 1 954 € pour l'imposition des revenus de 2023 et à 1 988 € pour l'imposition des revenus de 2024.

> **› Précisions** Le montant maximum de la rente majorable ne constitue pas un plafond de déduction des versements. Ceux-ci sont intégralement déductibles, quel que soit leur montant, tant que la rente pour la constitution de laquelle ils sont opérés n'excède pas le plafond majoré par l'État.

INTÉRÊTS DES PRÊTS CONSENTIS AUX RAPATRIÉS

Les intérêts des emprunts contractés, au titre des dispositions relatives aux **prêts de réinstallation ou de reconversion,** par des Français rapatriés ou rentrant de l'étranger ou d'États ayant accédé à l'indépendance sont déductibles du revenu global lorsqu'ils n'ont pas déjà été pris en compte pour la détermination des revenus catégoriels. 1435 CGI art. 156, II-1° IRPP-II-20600 s

ARRÉRAGES DE CERTAINES RENTES

Indépendamment des pensions alimentaires (n°s 1200 s.), les arrérages de rentes payés à titre obligatoire et gratuit **constituées avant le 2 novembre 1959** par un contribuable sont également déductibles du revenu global, une telle situation étant par hypothèse rarissime. 1445 CGI art. 156, II-2° IRPP-II-21300 s

Cas particuliers. Les **rentes** servies à un ascendant en exécution d'une clause d'un **partage d'ascendant,** les rentes résultant de la **conversion** en rente viagère **de l'usufruit du conjoint survivant** et les **rentes** servies en exécution d'une clause de **donation entre vifs** et à titre de charge imposée au donataire sont déductibles pour la fraction de la rente présentant un caractère alimentaire. Tel est le cas lorsque la somme versée dépasse le montant de la rente 1450 IRPP-II-8640 s qui aurait normalement pu être obtenue d'un acquéreur à titre onéreux (la fraction excédentaire est alors déductible si elle répond par ailleurs aux conditions prévues par les articles 205 à 211 du Code civil : voir nº 1205).

> Précisions Les rentes servies à un ascendant en exécution d'une clause d'un partage d'ascendant et les rentes résultant de la conversion en rente viagère de l'usufruit du conjoint survivant sont déductibles lorsqu'elles ont été **constituées avant le 1er janvier 1961.**

E. Abattements applicables sur le revenu global

1480 IRPP-II-26000 s La loi prévoit deux abattements spéciaux susceptibles d'être pratiqués sur le montant du revenu net global, lui-même obtenu après imputation des charges déductibles du revenu global. Lorsqu'ils sont applicables, ces abattements sont directement retranchés du revenu net global. On obtient ainsi le « revenu net imposable », sur lequel est ensuite calculé le montant de l'impôt exigible (nos 1600 s.).

ATTENTION

Il existe d'**autres abattements** (plus nombreux) qui s'appliquent non au niveau du revenu global, mais au niveau des **revenus catégoriels.** Pour ce motif, ces différents abattements sont étudiés avec la catégorie de bénéfices ou de revenus qu'ils concernent.

ABATTEMENT LIÉ AU RATTACHEMENT D'ENFANTS MARIÉS, PACSÉS OU CHARGÉS DE FAMILLE

1490 Les enfants mariés ou pacsés sont, en principe, imposables sous leur propre responsabilité. Cependant, lorsque l'un des conjoints ou partenaires du Pacs est âgé de moins de 21 ans, ou de moins de 25 ans s'il poursuit ses études, ou, quel que soit son âge, s'il est atteint d'une infirmité, le ménage peut demander son **rattachement au foyer fiscal des parents** de l'un ou l'autre des conjoints ou partenaires. En pareil cas, l'avantage fiscal accordé au parent bénéficiaire du rattachement se traduit, non par une majoration du quotient familial, mais par un abattement sur le revenu imposable.

Ce régime s'applique également, sous les mêmes conditions, aux enfants célibataires, veufs, divorcés ou séparés qui sont chargés de famille.

Les conditions d'application et de calcul de l'abattement sont exposées nos 1905 s.

ABATTEMENT EN FAVEUR DES PERSONNES ÂGÉES OU INVALIDES DE SITUATION MODESTE

1500 CGI art. 157 bis IRPP-II-26300 s Les personnes âgées ou invalides de situation modeste sont autorisées à pratiquer un abattement spécial sur leur revenu net global. Sont concernées par cette mesure :

– d'une part, les personnes âgées de **plus de 65 ans** au 31 décembre de l'année d'imposition (c'est-à-dire par exemple, pour les revenus de 2023, les personnes nées avant le 1er janvier 1959) ;

– d'autre part, quel que soit leur âge, les personnes qui sont titulaires soit d'une pension militaire d'**invalidité** pour une invalidité d'au moins 40 %, soit d'une pension d'invalidité pour accident du travail d'au moins 40 %, soit de la **CMI-invalidité** (ou de la carte d'invalidité).

Le **montant de l'abattement,** qui dépend de l'importance du revenu net global du contribuable, est ainsi fixé pour l'imposition des revenus de 2023 :

Revenu net global	Montant de l'abattement	
	Abattement simple [1]	Abattement double [2]
N'excédant pas 17 200 €	2 746 €	5 492 €
Compris entre 17 200 € et 27 670 €	1 373 €	2 746 €
Supérieur à 27 670 €	néant	néant

1. Le contribuable ou un seul des membres du couple soumis à une imposition commune est âgé de plus de 65 ans ou invalide.
2. Les deux membres du couple soumis à une imposition commune sont âgés de plus de 65 ans ou invalides.

> Précisions a. Le **revenu net global** à prendre en considération pour la détermination du montant de l'abattement s'entend après déduction, s'il y a lieu, des déficits des années antérieures et des charges du revenu global mais avant application de l'abattement accordé au titre du rattachement d'enfants mariés, pacsés ou chargés de famille (nº 1915). Les revenus imposés selon un système de quotient (nos 4150 s.) sont pris en compte pour leur montant net total (avant division par le quotient).

b. Le bénéfice de la mesure est réservé aux contribuables **fiscalement domiciliés en France** ou qui y sont assimilés (**non-résidents Schumacker** : n° 4280, précision b).

c. Les invalides peuvent bénéficier de l'abattement pour **l'année** au cours de laquelle ils ont demandé la **CMI-invalidité** à la maison départementale des personnes handicapées (MDPH) de leur domicile (sous réserve qu'ils l'aient ensuite obtenue).

SECTION 3

CALCUL DE L'IMPÔT SUR LE REVENU

L'impôt sur le revenu est calculé selon un barème progressif dont les taux s'élèvent par paliers successifs correspondant chacun à une « tranche » de revenu. Cependant, le système du « quotient familial » permet d'aménager la progressivité de l'impôt en fonction de la situation et des charges de famille de chaque contribuable. **1600** CGI art. 193 s IRPP-III-1 s

Une fois connu le montant du revenu imposable du contribuable, il convient donc :

– en premier lieu, de déterminer le quotient familial de l'intéressé, compte tenu de sa situation et de ses charges de famille (nos 1700 s.) ;

– ensuite, de procéder au calcul proprement dit de l'imposition (nos 2090 s.). Ce calcul donne lieu, dans certains cas, à l'application de réductions ou crédits d'impôt (nos 2500 s.).

A. Quotient familial

Le système dit du « quotient familial » consiste à diviser le revenu imposable de chaque contribuable en un certain **nombre de parts** (nos 1985 s.), qui est fonction de sa **situation de famille** (célibataire, marié ou pacsé, séparé ou divorcé, veuf) et du nombre de **personnes** fiscalement considérées comme étant **à sa charge.** Ces personnes à charge s'entendent : **1700** IRPP-III-200 s

– d'une part, des enfants entrant dans l'une des catégories définies par la loi (nos 1850 s.) ;

– d'autre part, de certaines personnes invalides (nos 1960 s.).

L'**objet du quotient familial** est de proportionner le montant de l'impôt aux facultés contributives de chaque foyer, étant observé que, pour un même revenu, la faculté contributive varie suivant le nombre de personnes qui doivent partager ce revenu.

EXEMPLE

Un couple marié (soumis à une imposition commune) ayant trois enfants mineurs (quotient familial : 4 parts) et dont le revenu global est de 72 000 € paiera un impôt égal à la somme des impôts payés par quatre célibataires (quotient familial : 1 part) ayant chacun un revenu de 18 000 €, ou par deux couples mariés (soumis à une imposition commune) sans enfant (quotient familial : 2 parts) ayant chacun un revenu de 36 000 €.

Mais la **portée** de ce système se trouve **limitée** par les dispositions prévoyant :

– un plafonnement des effets du quotient familial au-dessus de certains seuils de revenus (nos 2200 s.) ;

– un mécanisme de décote différencié selon la situation de famille, en deçà de certains seuils de revenus (n° 2235).

Date à retenir pour apprécier situation et charges de famille Cette date s'entend, en principe, du **1er janvier** de l'année de l'imposition, c'est-à-dire de l'année de réalisation des revenus. **1705** CGI art. 196 bis IRPP-III-5700 s

Toutefois, en cas d'**augmentation** des **charges de famille** en cours d'année, il est fait état de la situation au **31 décembre** (ou à la date du décès, s'il s'agit d'une imposition visée n° 4765).

Ainsi, pour l'imposition des revenus de 2023 à établir en 2024, on retient soit la situation au 1er janvier 2023, soit la situation au 31 décembre 2023 si cette dernière est plus avantageuse pour le contribuable (augmentation des charges de famille au cours de 2023).

> **Précisions a.** Des explications particulières sont données nos 365 s. et 4765 s. à propos du quotient familial à retenir pour l'année du **mariage** ou du **Pacs,** du **divorce** ou de la **séparation** des époux ou partenaires d'un Pacs et pour l'année du **décès.**
> **b.** L'administration admet (bien qu'il n'ait figuré dans les charges de famille ni au 1er janvier ni au 31 décembre) qu'un **enfant né au cours d'une année** et **décédé avant la fin de la même année** soit retenu dans le quotient familial de l'année considérée dès lors que sa naissance a été enregistrée à l'état civil. Il en va de même d'un enfant pour lequel un **acte d'enfant sans vie** a été établi par l'officier de l'état civil (BOI-IR-LIQ-10-10-20 no 80).

1710 CGI art. 199 IRPP-III-230 s

Contribuables étrangers Le quotient familial est applicable quelle que soit la **nationalité** du contribuable.

> **Précisions** En principe réservé aux citoyens français, aux personnes originaires des collectivités territoriales d'outre-mer et aux ressortissants de pays ayant conclu avec la France un traité de réciprocité, le bénéfice du quotient familial est accordé par l'administration à tous les étrangers soumis à l'impôt sur le revenu en France (**présomption de réciprocité de fait**). Des dispositions appropriées pourraient néanmoins être prises par l'administration dans le cas où certains États soumettraient les Français à des mesures discriminatoires (BOI-IR-LIQ-10-10-10-40 no 10).
> Bénéficient également du quotient familial les **réfugiés** et les **apatrides,** au sens des conventions visant ces deux catégories de personnes.

1. ENFANTS À CHARGE

1850 Les **enfants du contribuable** sont considérés comme étant à sa charge dans des conditions différentes selon leur âge et leur situation.

Les enfants célibataires **mineurs** (nos 1860 s.), comme les enfants **infirmes** (no 1935), sont pris en compte de plein droit.

En revanche, la prise en compte d'enfants célibataires **majeurs** est subordonnée à leur « rattachement » au foyer fiscal de leurs parents (nos 1880 s.).

Ce « rattachement » est également nécessaire pour les enfants **mariés, pacsés** ou **chargés de famille,** étant précisé qu'en pareil cas l'avantage accordé aux parents consiste non dans une majoration du quotient familial, mais dans un abattement applicable au revenu imposable (nos 1905 s.).

> **Précisions** Le contribuable peut également prendre en compte les **enfants** qu'il a **recueillis à son propre foyer,** qu'il ait ou non des liens de parenté avec eux. Les enfants recueillis sont considérés comme étant à sa charge dans les mêmes conditions que ses propres enfants, sous réserve, en principe, qu'ils aient été recueillis avant l'âge de 18 ans.

ENFANTS CÉLIBATAIRES MINEURS

1860 CGI art. 193 ter, 194, I et 196 IRPP-III-500 s

Les enfants mineurs sont pris en compte **de plein droit** pour l'application du quotient familial. Le fait qu'ils disposent de **ressources personnelles** ne prive pas les parents du droit de les compter à charge. Mais, dans ce cas, les parents doivent, pour le calcul de l'impôt, ajouter à leurs revenus ceux de ces enfants (dans la mesure où il s'agit de revenus imposables). Les parents peuvent cependant demander l'**imposition distincte** de leur enfant lorsqu'il a des revenus personnels ; mais, en pareil cas, il ne peut plus être compté à charge (voir no 345).

En ce qui concerne :

– les enfants de **parents séparés ou divorcés,** voir no 1865 ;

– les **enfants communs** de parents vivant ensemble sans être ni mariés ni pacsés (couples vivant en **concubinage** ou dans le cadre d'une union de fait), voir no 340 ;

– les enfants mineurs **chargés de famille,** voir no 1925.

> **Précisions** Lorsqu'un **enfant, encore mineur** au 31 décembre de l'année de l'imposition, a **commencé à travailler** au cours de ladite année, les revenus qu'il a perçus sont imposables, pour l'année entière, au nom de ses parents. Il ne peut en être autrement que si ceux-ci demandent une imposition distincte pour leur enfant ; mais, dans ce dernier cas, la demande couvre nécessairement l'année entière, et l'enfant ne peut pas être compté pour la détermination du quotient familial des parents (no 345).

1865 IRPP-III-1050 s

Parents séparés ou divorcés En cas de divorce, d'imposition séparée des époux ou partenaires d'un Pacs (no 355), de rupture du Pacs ou de séparation de fait de parents non mariés, les enfants mineurs sont considérés, jusqu'à preuve contraire, comme étant à la charge du parent chez lequel ils **résident à titre principal.** Les revenus éventuellement perçus par les enfants sont imposables pour la totalité de leur montant au nom du parent bénéficiaire de la majoration de quotient familial. L'autre parent ne peut pas compter à charge les enfants mais, s'il verse une pension alimentaire pour leur entretien, il peut déduire cette pension de son revenu imposable dans les conditions indiquées nos 1225 et 1275 s.

En cas de **résidence alternée** au domicile de chacun des parents, les enfants mineurs sont réputés être à la charge égale de l'un et de l'autre parent, sauf disposition contraire dans la convention de divorce, la décision judiciaire ou, le cas échéant, l'accord entre les parents. Cette **présomption de charge partagée** peut être écartée si l'un des parents établit qu'en réalité il assume la charge principale des enfants. Cette preuve peut notamment résulter de factures ou d'un compte de dépenses faisant apparaître les contributions respectives de chaque parent, mais non du versement d'une pension alimentaire, même si cette pension n'est pas déductible du revenu global (Cons. const. 14-12-2018 n° 2018-753 QPC : RJF 3/19 n° 287). Les revenus éventuellement perçus par les enfants réputés à charge égale de leurs parents sont, sauf preuve contraire, réputés également partagés entre les parents et doivent donc être inclus dans le revenu imposable de chacun d'eux pour la moitié de leur montant (CGI art. 6, 1).

> Précisions Lorsque la **résidence habituelle de l'enfant** n'est **pas fixée** par le juge ou la convention des parties, homologuée ou non, la majoration de quotient familial est, à défaut d'accord entre les parents lors de la déclaration de revenus, attribuée au parent qui a les revenus les plus élevés (BOI-IR-LIQ-10-10-10-10 n° 220).

Enfant atteignant sa majorité 1870

Lorsqu'un enfant à charge atteint l'âge de **18 ans au cours de l'année d'imposition,** les parents peuvent au titre de ladite année :

– soit continuer à **compter à charge** cet enfant en qualité d'enfant mineur. Ils incluent alors dans leur déclaration les revenus perçus par l'enfant du 1er janvier à la date de la majorité. De son côté, l'enfant déclare uniquement les revenus qu'il a perçus depuis la date de sa majorité. À noter que l'enfant a la faculté de demander son rattachement au foyer fiscal de ses parents (nos 1880 s.) pour la période postérieure à sa majorité. Dans ce cas, les parents doivent inclure dans leur déclaration les revenus perçus par l'enfant durant l'année entière, sans pouvoir prétendre pour autant au bénéfice d'une deuxième demi-part supplémentaire. Mais si l'enfant poursuit des études secondaires ou supérieures au 31 décembre, ils pourront bénéficier de la réduction d'impôt pour frais de scolarisation (n° 3325) ;

– soit, s'ils y ont intérêt, renoncer à prendre en compte cet enfant dans leur quotient familial et **déduire** de leur revenu imposable, dans les conditions et limites indiquées nos 1235 s., le montant des dépenses ayant le caractère d'une **pension alimentaire.** Cette déduction ne peut porter que sur les dépenses exposées au cours de la période de l'année postérieure à la majorité de l'enfant et entraîne la perte du bénéfice de la majoration du quotient familial pour l'année entière.

Pour l'imposition des revenus de 2023, un enfant à charge est considéré comme ayant atteint l'âge de 18 ans s'il est né durant l'année 2005.

ENFANTS CÉLIBATAIRES MAJEURS

Les enfants célibataires âgés de plus de 18 ans sont, en principe, imposables sous leur propre responsabilité. 1880 CGI art. 6, 3 et 196 B, al. 1 IRPP-III-2720 s

Cependant, ils ont la possibilité de demander à être rattachés au foyer fiscal de leurs parents lorsqu'ils remplissent l'une des deux conditions suivantes :

- être âgés de **moins de 21 ans** ;
- être âgés de **moins de 25 ans,** s'ils justifient de la poursuite de leurs **études.**

Le rattachement est possible, que l'enfant dispose ou non d'un revenu et qu'il vive ou non au domicile de ses parents.

Le rattachement se fait au foyer fiscal dont l'enfant faisait partie avant sa majorité. Toutefois, lorsque les **parents** sont **imposés séparément,** le rattachement peut, pour les années qui suivent celle au cours de laquelle l'enfant a atteint sa majorité, être demandé à l'un ou l'autre d'entre eux. Pour le rattachement d'un enfant majeur **l'année du décès de l'un de ses parents,** voir n° 4770, précision b.

> Précisions a. Lorsqu'ils n'ont pas eux-mêmes d'enfant à charge, les **enfants veufs, divorcés ou séparés** sont assimilés aux enfants célibataires.
En ce qui concerne :
– le cas où l'**enfant** est **lui-même chargé de famille,** voir n° 1925 ;
– le cas où l'enfant a **atteint** l'âge de **18 ans au cours de l'année** considérée, voir n° 1870.
b. Les **enfants recueillis** ne peuvent, en principe, donner lieu à rattachement que s'ils ont été recueillis avant l'âge de 18 ans par le foyer au profit duquel le rattachement est demandé. Par exception, toutefois, les

enfants devenus **orphelins** de père et de mère **après leur majorité** peuvent demander leur rattachement au foyer fiscal qui les a recueillis après le décès de leurs parents. Selon l'administration, ce rattachement suppose que ces enfants vivent sous le même toit que le contribuable et que celui-ci assume demanière effective, exclusive ou principale, l'ensemble de leurs besoins matériels (BOI-IR-LIQ-10-10-10-20 n° 30).

c. L'enfant majeur dont les **parents** sont **séparés** ne peut être rattaché qu'au foyer fiscal de l'un de ses parents même s'il continue, comme avant sa majorité, à vivre **alternativement au domicile de chacun d'eux** (Rép. Dirx : AN 31-12-2019 n° 10785).

1885 **Modalités du rattachement** L'**option** pour le rattachement doit être formulée par l'enfant dans le délai de déclaration, et elle doit, pour être valable, être acceptée par le parent concerné.

Celle-ci est, **en principe, irrévocable** pour l'année considérée. Cependant, il peut arriver soit que, les conséquences du rattachement ayant été mal appréciées par les intéressés, il se révèle finalement désavantageux pour eux, soit, au contraire, que le rattachement n'ait pas été demandé alors qu'il aurait été avantageux pour le foyer. Dans ces deux situations, l'administration admet la **possibilité** pour les intéressés, **de revenir sur leur choix initial** et d'obtenir, au plan gracieux, le dégrèvement de l'impôt excédentaire (BOI-IR-LIQ-10-10-10-20 n° 150).

> Précisions La circonstance selon laquelle la déclaration de revenus souscrite à titre personnel par un enfant majeur qui a demandé par ailleurs son rattachement l'a été par **erreur** et que celui-ci n'a jamais eu l'intention de renoncer au rattachement au foyer fiscal de ses parents est susceptible de priver de portée la déclaration de revenus souscrite par cet enfant si l'erreur a été commise de bonne foi (CE 21-6-2022 n° 439846 et 439848 : RJF 10/22 n° 819).

1890 **Conséquences du rattachement** Le parent qui accepte le rattachement peut compter l'enfant à charge pour l'application du **quotient familial.** Il ne peut pas demander en même temps la **déduction de la pension alimentaire** éventuellement versée pour l'entretien de cet enfant (n° 1245).

Celui-ci doit inclure dans son revenu imposable les **revenus** éventuellement perçus par l'enfant pendant toute l'année considérée ; cette règle s'applique même lorsque, au cours de ladite année, l'enfant a atteint 21 ans, ou 25 ans s'il est étudiant, ou a achevé ses études (avant 25 ans).

> Précisions À défaut de rattachement (soit que celui-ci n'ait pas été demandé par l'enfant ou accepté par le parent, soit encore que, les parents étant imposés séparément, l'enfant se soit rattaché au foyer fiscal de l'autre parent), le **parent qui n'est pas bénéficiaire du rattachement** ne peut pas compter l'enfant à charge pour l'application du quotient familial. Mais, s'il verse une pension alimentaire pour l'entretien de l'enfant, il peut déduire cette pension de son revenu imposable dans les conditions et limites indiquées n° 1235 s.

1895 **Quels sont les éléments d'appréciation à retenir avant d'opter pour le rattachement d'un enfant majeur ?**

Si l'enfant ne dispose d'**aucun revenu** et si le foyer auquel le rattachement est envisagé ne lui sert **pas de pension alimentaire,** le rattachement sera plus avantageux pour ce foyer.

En revanche, lorsque l'enfant dispose de **revenus personnels** ou si le foyer auquel le rattachement est envisagé pourvoit en tout ou partie à ses besoins en lui **versant une pension alimentaire,** il est nécessaire de comparer :

– d'une part, le montant total des impôts qui seraient dus par les parents et par l'enfant en cas de déclarations distinctes de leurs revenus ;

– d'autre part, le montant de l'impôt calculé en cumulant les revenus des parents et de l'enfant, compte tenu de la majoration du quotient familial résultant du rattachement.

Par ailleurs, en cas d'option pour le rattachement, l'enfant rattaché ouvre droit aux **majorations** prévues pour les **plafonds de dépenses** retenues pour certaines **réductions ou** certains **crédits d'impôt** sur le revenu (dépenses d'équipement pour personnes âgées ou handicapées dans l'habitation principale, emploi d'un salarié à domicile, primes des contrats de « rente-survie » et d'« épargne handicap »), et il est pris en compte pour la détermination du revenu fiscal de référence (n° 42332) en considération duquel le foyer fiscal peut bénéficier de certains avantages fiscaux (en matière de taxe foncière notamment) ou de certaines prestations sociales. En outre, si l'enfant poursuit des études, le foyer de rattachement peut bénéficier de la réduction d'impôt pour frais de scolarisation examinée n° 3325.

ENFANTS MARIÉS, PACSÉS OU CHARGÉS DE FAMILLE

Quel que soit leur âge, les **enfants mariés ou pacsés** doivent être considérés comme ayant fondé un foyer distinct et sont donc, en principe, imposables sous leur propre responsabilité. **1905** CGI art. 6, 3 et 196 B, al. 2 IRPP-III-3950 s

Cependant, ils ont la possibilité de demander à être rattachés au foyer fiscal des parents de l'un ou l'autre des conjoints ou partenaires, lorsqu'ils remplissent l'une des deux conditions suivantes :

- être âgés de **moins de 21 ans** ;
- être âgés de **moins de 25 ans** s'ils justifient de la poursuite de leurs **études.**

Le rattachement est **global** : il est demandé au nom du **ménage** par l'un des époux ou partenaires (Pacs) et englobe les deux conjoints ou partenaires et, le cas échéant, leurs enfants. Il suffit, pour qu'il soit valable, que l'un ou l'autre des deux époux ou partenaires remplisse l'une des conditions indiquées ci-dessus.

Le rattachement est possible même si le jeune ménage ne dispose d'aucun revenu et qu'il vive ou non au domicile des parents.

Le **rattachement** peut s'exercer auprès de la **famille de l'un ou l'autre** des conjoints ou partenaires. Si les **parents** sont **imposés séparément,** le rattachement peut être effectué au profit de l'un ou l'autre de ces parents.

Modalités du rattachement L'option pour le rattachement doit être formulée dans le délai de déclaration, et elle doit, pour être valable, être acceptée par le foyer fiscal concerné. **1910**

Celui-ci doit alors inclure dans son revenu imposable les **revenus** éventuellement perçus par le jeune ménage pendant toute l'année considérée ; cette règle s'applique même lorsque, au cours de ladite année, l'enfant (ou son conjoint ou partenaire, suivant le cas) a atteint 21 ans, ou 25 ans s'il est étudiant, ou a achevé ses études (avant 25 ans).

Le contribuable bénéficiaire du rattachement ne peut pas demander en même temps la **déduction de la pension alimentaire** éventuellement versée pour l'entretien du jeune ménage (n° 1245).

Conséquences du rattachement Contrairement à ce qui se passe pour les enfants célibataires (autres que ceux visés n° 1925), l'avantage fiscal accordé au parent bénéficiaire du rattachement se traduit non pas par une majoration du quotient familial, mais par un **abattement sur le revenu imposable.** **1915**

Pour l'imposition des revenus de 2023, le montant de cet abattement est fixé à **6 674 € par personne prise en charge** (Loi 2023-1322 du 29-12-2023 art. 2, I-A).

EXEMPLE

Soit un contribuable marié ayant, d'une part, un enfant mineur et, d'autre part, une fille mariée à un étudiant âgé de 23 ans. Le jeune ménage, qui a lui-même un enfant de 2 ans, a demandé son rattachement (soit 3 personnes) au foyer fiscal des parents de la jeune femme. Le revenu net global de ces parents (y compris, le cas échéant, les revenus du jeune ménage) s'élève pour 2023 à 50 000 €. Compte tenu de l'abattement de 20 022 € (soit 3 × 6 674 €), le revenu imposable se trouvera ramené à : 50 000 € – 20 022 € = 29 978 €. L'impôt sera calculé sur cette base, en tenant compte seulement d'un quotient familial de 2,5 parts (marié avec un enfant mineur à charge).

> Précisions **a.** Les **parents qui ne sont pas bénéficiaires du rattachement** ne peuvent pas compter à charge leurs enfants mariés ou pacsés. Mais, s'ils versent une **pension alimentaire** pour l'entretien du jeune ménage, ils peuvent déduire cette pension de leur revenu imposable dans les conditions et limites indiquées n°s 1235 s. **1920**

b. Bien qu'ils ne donnent pas droit à une majoration du quotient familial, les enfants mariés ou pacsés qui se sont rattachés ont la **qualité d'enfant à charge** au regard de la loi fiscale (BOI-IR-BASE-40 n° 220). Ils ouvrent donc droit aux majorations prévues pour les plafonds de dépenses prises en compte pour certaines réductions ou certains crédits d'impôt sur le revenu (dépenses d'équipement pour personnes âgées ou handicapées dans l'habitation principale, emploi d'un salarié à domicile, primes des contrats de « rente-survie » et d'« épargne handicap »). En outre, s'ils poursuivent des études, le foyer de rattachement peut bénéficier de la réduction d'impôt pour frais de scolarisation examinée n° 3325.

c. Les enfants mariés ou pacsés qui demandent leur rattachement au foyer fiscal des parents de l'un d'entre eux l'année de leur **mariage** ou de la conclusion du **Pacs** ne peuvent pas opter pour l'imposition distincte de leurs revenus : n° 370, précision b.

d. En ce qui concerne la **possibilité de revenir sur** la demande (ou sur l'absence de demande) de rattachement lorsque **le choix initial** se révèle désavantageux pour les intéressés, voir n° 1885.

1925 **Cas des enfants non mariés chargés de famille** Le régime exposé nos 1905 s. pour les enfants mariés ou pacsés est susceptible de s'appliquer également aux **enfants célibataires, veufs, divorcés ou séparés** qui sont **chargés de famille** et remplissent à titre personnel les conditions pour pouvoir être comptés à charge. Dans ce cas, le rattachement est demandé au foyer fiscal des parents ou de l'un d'eux seulement si ceux-ci sont imposés séparément.

> Précisions Le montant de l'abattement visé n° 1915 est divisé par deux pour les **enfants de la personne rattachée** réputés à charge égale de leurs parents (nos 340 et 1865).

ENFANTS INFIRMES

1935 CGI art. 6, 3 et 196 IRPP-III-4600 s

Par « enfants infirmes », il convient d'entendre les enfants qui, en raison de leur invalidité, sont hors d'état de subvenir à leurs besoins, qu'ils soient ou non titulaires de la **CMI-invalidité** (ou de la carte d'invalidité) (BOI-IR-LIQ-10-10-10-20 n° 480). Il y a toutefois lieu de distinguer :

– les enfants célibataires infirmes **mineurs** : le régime qui leur est applicable est identique à celui prévu pour les autres enfants mineurs (nos 1860 s.). La seule différence tient au fait qu'ils ouvrent droit à une majoration supplémentaire de quotient familial lorsqu'ils sont titulaires de la CMI-invalidité (n° 2025) ;

– les enfants célibataires infirmes **majeurs** : quel que soit leur âge (et sauf déclaration personnelle), ces enfants sont considérés comme étant à la charge de leurs parents, sans qu'il soit besoin pour cela d'une demande de rattachement. Ils sont donc pris en compte dans le quotient familial des parents (avec d'ailleurs une majoration supplémentaire de quotient familial lorsqu'ils sont titulaires de la CMI-invalidité : n° 2025) ;

– les enfants infirmes **mariés ou pacsés** : les ménages dans lesquels l'un des époux ou partenaires (Pacs) est infirme (ou les deux) peuvent demander leur rattachement au foyer fiscal de l'un des parents, auquel cas le foyer bénéficiaire du rattachement a droit à l'abattement visé n° 1915. Le rattachement est possible quel que soit l'âge des conjoints ou partenaires.

> Précisions **a.** S'agissant des **enfants majeurs infirmes,** le contribuable a la possibilité, s'il estime y avoir intérêt, de **renoncer** au bénéfice du **rattachement** (majoration du quotient familial si l'enfant est célibataire ou abattement s'il est marié ou pacsé), afin de déduire de son revenu imposable le montant des dépenses ayant le caractère d'une **pension alimentaire.** Cette pension n'est toutefois déductible que dans la limite visée n° 1240.

b. Les enfants majeurs infirmes **recueillis** par le contribuable à son propre foyer ne peuvent être comptés à charge que s'ils ont été recueillis avant l'âge de 18 ans (CE 2-12-1988 n° 65998 : RJF 2/89 n° 142), sauf cas particulier de ceux devenus orphelins de père et mère après leur majorité qui peuvent demander leur rattachement (voir n° 1880, précision b).

En tout état de cause, ces enfants peuvent ouvrir droit à une part entière de quotient familial lorsqu'ils sont titulaires de la CMI-invalidité et vivent sous le toit du contribuable (nos 1960 s.).

2. PERSONNES À CHARGE AUTRES QUE LES ENFANTS

1960 CGI art. 196 A bis IRPP-III-5150 s

En principe, seuls les enfants visés n° 1850 sont susceptibles d'être comptés à charge pour la détermination du quotient familial.

Cependant, à **condition** de vivre sous le toit du contribuable, toute personne **titulaire de la CMI-invalidité** (ou de la carte d'invalidité) peut être prise en compte au titre du quotient familial, que des liens de parenté existent ou non entre le contribuable et la personne invalide, et quels que soient l'âge et le montant des revenus du contribuable et de la personne invalide.

ILLUSTRATIONS

Si, pour l'administration, les personnes invalides doivent vivre en permanence sous le toit du contribuable (BOI-IR-LIQ-10-10-10-30 n° 40), la cour administrative d'appel de Lyon a admis qu'un contribuable puisse compter à charge un invalide résidant dans sa **résidence secondaire** dès lors qu'il existe une communauté de vie suffisante entre les intéressés (CAA Lyon 9-3-2006 n° 01-1880 : RJF 10/06 n° 1142).

Les **personnes mariées** vivant sous le toit du contribuable peuvent être comptées à charge à condition que chacun des époux soit titulaire de la carte d'invalidité. Lorsque cette condition n'est remplie que par un seul des époux, celui-ci peut être pris en compte s'il est imposé séparément de son conjoint (n° 355) (CE 26-10-2001 n° 224141 : RJF 1/02 n° 5).

Le contribuable doit ajouter à son propre revenu imposable celui de l'invalide compté à charge. Par ailleurs, s'agissant par hypothèse de personnes titulaires de la carte d'invalidité, chacune ouvre droit à **une part** entière de quotient familial (n° 2025).

Remarque : La prise en compte de la personne invalide constitue une simple faculté pour le contribuable. Celui-ci peut donc y **renoncer,** auquel cas la personne invalide est imposable séparément sur ses revenus personnels. Ainsi, s'il s'agit d'un ascendant, le contribuable peut, s'il renonce au bénéfice du quotient familial et si cet ascendant est dans le besoin, déduire une pension alimentaire selon les règles de droit commun (nos 1205 s.).

> Précisions a. Les personnes invalides peuvent être comptées à charge au titre de **l'année** au cours de laquelle elles ont **demandé la CMI-invalidité** (ou la carte d'invalidité) à la maison départementale des personnes handicapées (MDPH) de leur domicile (BOI-IR-LIQ-10-10-10-30 n° 30).

b. Même s'il est infirme et vit au foyer du contribuable, un ascendant **non titulaire de la CMI-invalidité** ne peut pas être pris en compte au titre du quotient familial. Mais, si cet ascendant se trouve dans le besoin, le contribuable peut retrancher de son revenu une pension alimentaire dans les conditions indiquées nos 1205 s. (voir notamment les explications données n° 1215, à propos du cas où l'obligation alimentaire est remplie en nature).

c. La majoration du quotient familial n'est pas **cumulable** avec la déduction des frais d'accueil des personnes de plus de 75 ans (n° 1350).

3. NOMBRE DE PARTS À RETENIR AU TITRE DU QUOTIENT FAMILIAL

RÈGLES GÉNÉRALES

1985 CGI art. 194 IRPP-III-6500 s

Le nombre de parts à retenir au titre du quotient familial dépend à la fois de la **situation de famille** du contribuable (célibataire, marié ou pacsé soumis à une imposition commune, séparé ou divorcé, veuf) et du nombre de **personnes à sa charge** (enfants célibataires mineurs : nos 1860 s. ; enfants célibataires majeurs « rattachés » : nos 1880 s. ; enfants célibataires infirmes : n° 1935 ; personnes invalides vivant sous le toit du contribuable : nos 1960 s.).

> Précisions a. Le **partenaire survivant d'un Pacs** est assimilé à un veuf pour la détermination de son quotient familial.

b. Les **enfants mariés, pacsés ou chargés de famille « rattachés »** ne sont pas pris en compte au titre du calcul des parts puisque ces enfants ouvrent droit non à une majoration du quotient familial, mais à un abattement sur le revenu imposable (nos 1905 s.).

c. Chaque membre d'un couple de **concubins** fait l'objet d'une imposition séparée en qualité, selon le cas, de célibataire, séparé, divorcé ou veuf, le quotient familial à retenir pour l'établissement de cette imposition étant fonction du nombre de personnes à sa charge (n° 340).

d. Lorsque le revenu imposable excède un certain montant, l'avantage en impôt résultant du jeu du **quotient familial** est soumis à un **plafonnement**. Cette mesure, qui n'affecte pas la détermination du nombre de parts mais seulement, à l'étape suivante, le calcul de l'impôt, est examinée nos 2200 s.

1990 IRPP-III-6700, 7600 s

Contribuables mariés ou pacsés, soumis à une imposition commune Ils bénéficient de deux parts, auxquelles s'ajoutent s'il y a lieu :
- une demi-part pour chacune des deux premières personnes à charge ;
- une part entière pour chaque personne à charge à compter de la troisième.

EXEMPLE

Pour des contribuables mariés ou pacsés (soumis à une imposition commune) ayant à leur charge un, deux, trois ou quatre enfants, le quotient familial sera respectivement de 2,5 (un enfant), de 3 (deux enfants), de 4 (trois enfants) ou de 5 (quatre enfants).

> Précisions a. Lorsqu'une **personne à charge** est titulaire de la **CMI-invalidité** (ou de la carte d'invalidité), elle ouvre droit à une majoration supplémentaire de quotient familial (n° 2025).

b. Lorsque parmi les personnes prises en compte au titre du quotient familial figurent un ou plusieurs **enfants mineurs issus d'une précédente union** et dont la charge est réputée partagée de manière égale avec l'autre parent dans le cadre d'une **résidence alternée** (n° 1865), les majorations accordées au titre des personnes à charge sont déterminées selon les règles exposées au a. du n° 2000.

c. Les contribuables mariés ou pacsés peuvent bénéficier d'une majoration spéciale du quotient familial :
- lorsque l'un des conjoints ou partenaires du Pacs (ou les deux) est (ou sont) **invalide(s)** au sens défini par la loi (n° 2040) ;
- lorsqu'un conjoint ou partenaire est âgé de **plus de 74 ans** et titulaire de la **carte du combattant** ou d'une **pension militaire d'invalidité** (n° 2045).

d. Pour le cas d'**imposition séparée** des époux ou partenaires d'un Pacs, voir n° 2010.

1995 IRPP-III-6630 s, 7060 s et 7230

Célibataires, divorcés ou veufs, sans personnes à charge Ils n'ont droit, en principe, qu'à une seule part de quotient familial.

Cependant, ils bénéficient d'une demi-part supplémentaire (soit un quotient familial de 1,5) lorsqu'ils se trouvent placés dans l'une des situations visées n° 2030.

Pour le cas particulier de l'**année du veuvage** : voir n° 4770.

2000
IRPP-III-7650 s

Célibataires ou divorcés, ayant une ou plusieurs personnes à charge Le quotient familial de ces contribuables est déterminé selon les règles suivantes.

a. Lorsque les intéressés **vivent en couple,** les personnes dont ils assument la **charge exclusive ou principale** ouvrent droit à :

– une demi-part pour chacune des deux premières ;

– une part entière pour chaque personne à compter de la troisième.

Les **enfants mineurs** réputés **à charge égale de l'un et l'autre de leurs parents** (nos 340 et 1865) ouvrent droit, pour chacun des parents, à :

– un quart de part pour chacun des deux premiers et à une demi-part à compter du troisième, lorsque par ailleurs le contribuable n'assume la charge exclusive ou principale d'aucune personne ;

– un quart de part pour le premier et une demi-part à compter du deuxième, lorsque par ailleurs le contribuable assume la charge exclusive ou principale d'une personne ;

– une demi-part pour chacun des enfants, lorsque par ailleurs le contribuable assume la charge exclusive ou principale d'au moins deux personnes.

b. Lorsque les intéressés **vivent seuls** (parents isolés), la distinction suivante doit être opérée.

1. Ils supportent **à titre exclusif ou principal la charge d'au moins une personne.** Dans ce cas, les personnes dont ils assument la **charge exclusive ou principale** ouvrent droit à :

– une part entière pour la première ;

– une demi-part pour la deuxième ;

– une part entière pour chaque personne à compter de la troisième.

Les **enfants mineurs** en résidence alternée réputés **à charge égale de l'un et l'autre de leurs parents** (no 1865) ouvrent droit, pour chacun des parents, à :

– un quart de part pour le premier et à une demi-part à compter du deuxième, lorsque par ailleurs le contribuable assume la charge exclusive ou principale d'une personne ;

– une demi-part pour chacun des enfants, lorsque par ailleurs le contribuable assume la charge exclusive ou principale d'au moins deux personnes.

2. Ils entretiennent **uniquement des enfants mineurs en résidence alternée dont la charge est réputée également partagée** avec l'autre parent. Dans ce cas, chacun de ces enfants leur ouvre droit à une demi-part.

EXEMPLE

Un contribuable divorcé **vivant en couple** a trois enfants mineurs.

1e **hypothèse** Les trois enfants sont à la charge principale de l'intéressé. Son quotient familial est déterminé comme suit.

Quotient de base : 1 part.
1er enfant : 0,5 part.
2e enfant : 0,5 part.
3e enfant : 1 part.
Total : 3 parts.

2e **hypothèse** Les trois enfants sont réputés être à la charge égale de chacun de leurs parents divorcés. Le quotient familial du contribuable est déterminé comme suit.

Quotient de base : 1 part.
1er enfant : 0,25 part.
2e enfant : 0,25 part.
3e enfant : 0,5 part.
Total : 2 parts.

3e **hypothèse** Deux des enfants sont réputés être à la charge égale de chacun de leurs parents divorcés. Le troisième est à la charge exclusive du contribuable. Son quotient familial est déterminé comme suit.

Quotient de base : 1 part.
Enfant à la charge exclusive : 0,5 part.
1er enfant dont la charge est réputée également partagée : 0,25 part.
2e enfant dont la charge est réputée également partagée : 0,5 part.
Total : 2,25 parts.

4e **hypothèse** Un des enfants est réputé être à la charge égale de chacun de ses parents divorcés. Les deux autres sont à la charge exclusive du contribuable. Son quotient familial est déterminé comme suit.

Quotient de base : 1 part.
1er enfant à la charge exclusive : 0,5 part.
2e enfant à la charge exclusive : 0,5 part.
Enfant dont la charge est réputée également partagée : 0,5 part.
Total : 2,5 parts.
Si l'on suppose maintenant que le contribuable **vit seul**, son quotient familial sera respectivement de 3,5 parts (1e hypothèse), 2,5 parts (2e hypothèse), 2,75 parts (3e hypothèse) et 3 parts (4e hypothèse).

Lorsqu'une **personne à charge** est titulaire de la **CMI-invalidité** (ou de la carte d'invalidité), elle ouvre droit à une majoration supplémentaire de quotient familial (n° 2025). Le **contribuable** peut, par ailleurs, bénéficier d'une demi-part supplémentaire lorsqu'il est **lui-même invalide** au sens défini par la loi (n° 2035).

> Précisions a. Les contribuables vivant **seuls** s'entendent de ceux qui ne vivent pas en concubinage au sens de l'article 515-8 du Code civil (BOI-IR-LIQ-10-20-20-10 n° 160). Sauf cas visés nos 370 et 375, cette situation s'apprécie au 1er janvier de l'année d'imposition (CE 17-11-2000 n° 210953 : RJF 2/01 n° 136 ; BOI-IR-LIQ-10-20-20-10 nos 150 et 160).
b. La majoration supplémentaire de quotient familial prévue à l'égard des **parents isolés** s'applique nonobstant la perception éventuelle d'une **pension alimentaire** versée en vertu d'une convention de divorce par consentement mutuel déposée au rang des minutes d'un notaire ou d'une décision de justice.

2005 IRPP-III-7280 s

Veufs (ou veuves) ayant une ou plusieurs personnes à charge Ces contribuables bénéficient du même quotient familial que les contribuables mariés (soumis à une imposition commune) ayant à leur charge le même nombre de personnes (n° 1990), que les personnes à charge comprennent ou non des enfants issus du mariage avec le conjoint décédé. Sur le quotient familial applicable l'**année du veuvage,** voir n° 4770.

> Précisions a. Lorsqu'une **personne à charge** est titulaire de la **CMI-invalidité** (ou de la carte d'invalidité), elle ouvre droit, dans les deux cas, à une majoration supplémentaire de quotient familial (n° 2025).
b. Le **contribuable veuf (ou veuve) et le partenaire survivant d'un Pacs** peuvent bénéficier d'une demi-part supplémentaire lorsqu'ils sont **eux-mêmes invalides** au sens défini par la loi (n° 2035). Cette majoration de quotient familial ne saurait se cumuler avec celle prévue, dans le même type de situation, pour les contribuables mariés ou pacsés (n° 2040).

2010 IRPP-III-6720, 6750 s et 7650 s

Époux ou partenaires d'un Pacs imposés séparément En cas d'imposition séparée (n° 355), chaque époux ou partenaire d'un Pacs est considéré comme un **célibataire** ayant à charge les **enfants** mineurs qui résident à titre principal ou en alternance chez lui (n° 1865) ainsi que les enfants majeurs célibataires qui se sont « rattachés » à lui (n° 1880).

Ainsi, lorsqu'une ou plusieurs personnes sont fiscalement à la charge de l'intéressé, son quotient familial est déterminé comme indiqué n° 2000. Dans le cas contraire, la situation est celle visée n° 1995.

Pour le cas des époux ou partenaires d'un Pacs qui **optent** pour l'imposition séparée de leurs revenus l'**année** de leur **mariage** ou de la conclusion du **Pacs,** voir n° 370.

DISPOSITIONS PARTICULIÈRES

2020

Par dérogation aux principes énoncés nos 1985 s., des **majorations du nombre de parts** de quotient familial sont spécialement prévues par la loi dans les cas examinés ci-après (la liste de ces cas est limitative).

2025 CGI art. 195, 2 IRPP-III-8240 s, 8420 et 8510

Personnes à charge invalides Chaque personne à charge **titulaire de la CMI-invalidité** (ou de la carte d'invalidité) ouvre droit à une **majoration supplémentaire** de quotient familial.

Cette mesure concerne :

– tout **enfant** à charge titulaire de ladite carte, qu'il soit **mineur ou majeur** célibataire (un enfant infirme non titulaire de la carte peut être compté à charge, mais sans donner droit à la majoration supplémentaire : n° 1935) ;

– toute **personne autre** que les enfants remplissant les conditions indiquées nos 1960 s., dès lors que, pour pouvoir être comptée à charge, elle doit précisément être titulaire de la CMI-invalidité.

La majoration est **en principe** d'une demi-part pour chaque personne à charge titulaire de la carte. Cependant, lorsque la personne titulaire de la carte est un **enfant mineur** réputé à charge égale de ses parents (nos 340 et 1865), la majoration est, pour chacun des parents, d'un quart de part.

EXEMPLES

1. Un contribuable marié (soumis à une imposition commune) ayant à charge exclusive ou principale deux enfants, dont un titulaire de la CMI-invalidité a droit à 3,5 parts (au lieu de 3). S'il avait trois enfants à charge exclusive ou principale dont un titulaire de la carte, il aurait droit à 4,5 parts (au lieu de 4).

2. Un célibataire ayant à charge exclusive ou principale un enfant titulaire de la carte a droit à 2,5 parts (au lieu de 2) ou 2 parts (au lieu de 1,5) selon qu'il vit seul ou en couple (nº 2000). Il en serait de même si, au lieu d'un enfant, ce contribuable avait à sa charge une personne visée nºs 1960 s.

2030 CGI art. 195, 1 IRPP-III-8750 s

Célibataires, divorcés ou veufs, sans personnes à charge Ces contribuables qui, en principe, n'ont droit qu'à une seule part (nº 1995) bénéficient cependant d'une **demi-part supplémentaire** (soit un quotient familial de 1,5) lorsqu'ils se trouvent placés dans l'une des situations visées aux a, b ou c ci-après (le bénéfice de la majoration du quotient familial n'est accordé qu'une seule fois, même si le contribuable entre dans plusieurs des cas visés ci-après).

a. Ils **vivent seuls,** au sens défini nº 2000, précision a, au 1er janvier de l'année d'imposition (31 décembre dans les cas visés nºs 370 et 375) et :

– soit ont un ou plusieurs **enfants majeurs ou** faisant l'objet d'une **imposition distincte.** Sont visés les **propres enfants** du contribuable, à l'exclusion des enfants recueillis (sauf adoption) et, pour les contribuables veufs ou divorcés, des enfants nés d'un premier mariage du conjoint décédé ou de l'ex-conjoint (BOI-IR-LIQ-10-20-20-10 nº 120) ;

– soit ont eu un ou plusieurs enfants qui sont **décédés après** l'âge de **16 ans** ou par suite de **faits de guerre** ;

– soit ont adopté un **enfant.** En cas d'adoption après l'âge de 10 ans, l'enfant doit avoir été à la charge de l'adoptant comme enfant recueilli depuis l'âge de 10 ans. Par ailleurs, en aucun cas, l'enfant adopté ne doit être décédé avant d'avoir atteint l'âge de 16 ans.

La majoration du quotient familial est réservée aux contribuables ayant supporté **à titre exclusif ou principal** la **charge** de l'un des enfants susvisés **pendant au moins cinq années** (de manière continue ou discontinue) au cours desquelles ils vivaient **seuls.** Selon le Conseil d'État, pour le décompte de ces cinq années, il y a seulement lieu de retenir la période au titre de laquelle l'enfant à charge était mineur ou infirme, à condition qu'il n'ait pas disposé de revenus imposés distinctement (CE 22-11-2017 nº 407217 : RJF 2/18 nº 135). Mais l'administration, de son côté, admet d'intégrer également dans ce décompte la période durant laquelle l'enfant majeur rattaché au foyer fiscal de son parent vivant seul a ouvert droit à une majoration de quotient familial (BOI-IR-LIQ-10-20-20-10 nº 260).

b. Ils sont titulaires :

– soit d'une **pension d'invalidité** pour **accident du travail** de 40 % au moins (ou, par assimilation, d'une **rente pour maladie professionnelle** : BOI-IR-LIQ-10-20-20-20 nº 60) ;

– soit, pour une invalidité de 40 % au moins, ou à titre de veuve, d'une pension prévue par le Code des **pensions militaires d'invalidité** et des victimes de guerre ;

– soit de la **CMI-invalidité** (ou de la carte d'invalidité).

c. Ils sont âgés de **plus de 74 ans** (au 31 décembre de l'année d'imposition) **et** titulaires de la **carte du combattant ou** d'une **pension** servie en vertu du Code des pensions **militaires d'invalidité et des victimes de guerre.**

La demi-part supplémentaire est également accordée aux **conjoints survivants** âgés de plus de 74 ans d'une personne susvisée, sous réserve toutefois que celle-ci ait bénéficié de l'avantage fiscal de son vivant (BOI-IR-LIQ-10-20-20-20 nº 170 ; CE 22-7-2016 nº 400496 : RJF 12/16 nº 1053) et aux veuves et aux veufs de plus de 74 ans dont le conjoint était titulaire de a carte du combattant au moment de son décès.

2032 **> Précisions** **a.** En cas de **pluralité d'enfants,** la durée minimale de cinq années visée au a du nº 2030 s'apprécie séparément pour chaque enfant, mais il suffit qu'elle soit atteinte pour l'un au moins d'eux (BOI-IR-LIQ-10-20-20-10 nº 230).

b. La demi-part supplémentaire prévue en faveur des parents d'**enfants adoptifs** n'est applicable que lorsque l'enfant est devenu majeur ou fait l'objet d'une imposition distincte (CE 17-6-1991 nº 73119 : RJF 8-9/91 nº 1034).

c. En cas d'**invalidités multiples** ou successives, provenant d'**accidents du travail** ou de maladies professionnelles, les taux de ces invalidités peuvent se cumuler pour apprécier si le taux de 40 % est atteint. En revanche, les taux d'invalidité militaire et d'invalidité du travail ne peuvent pas être cumulés (BOI-IR-LIQ-10-20-20-20 nº 60).

d. Les **pensions militaires** d'invalidité portant la **mention « hors guerre »** et les pensions servies en raison d'infirmités résultant d'accidents éprouvés par le fait ou à l'occasion du **service militaire** ouvrent également droit à la demi-part supplémentaire lorsque le taux d'invalidité est de 40 % au moins.

e. Lorsqu'une personne âgée de plus de 74 ans avant son décès remplissait toutes les conditions pour bénéficier de la demi-part supplémentaire au titre de la détention de la **carte d'ancien combattant** mais n'en bénéficiait pas de manière effective car elle bénéficiait par ailleurs d'une **demi-part supplémentaire au titre de son invalidité,** la veuve âgée de plus de 74 ans de cette personne peut bénéficier du maintien d'une demi-part supplémentaire (Rép. Louwagie : AN 31-12-2019 n° 17319 ; Rép. Chasseing : Sén. 2-1-2020 n° 8715).

Célibataires, divorcés ou veufs, invalides et ayant une ou plusieurs personnes à charge Ces contribuables bénéficient d'une **demi-part supplémentaire** lorsqu'ils remplissent l'une des conditions d'invalidité indiquées au b du n° 2030. **2035** CGI art. 195, 5 IRPP-III-9760 s

EXEMPLE

Un célibataire invalide ayant à charge exclusive ou principale un enfant a droit à 2,5 parts (au lieu de 2) ou 2 parts (au lieu de 1,5) selon qu'il vit seul ou en couple (n° 2000).

Cette demi-part supplémentaire peut se cumuler, le cas échéant, avec la majoration supplémentaire de quotient familial prévue à l'égard des **personnes à charge** titulaires de la **CMI-invalidité** (ou de la carte d'invalidité) (n° 2025).

EXEMPLE

En reprenant les données de l'exemple ci-dessus, le nombre de parts serait, si l'enfant était lui-même invalide, porté à 3 ou 2,5 selon que le contribuable vit seul ou en couple.

Conjoint(s) ou partenaire(s) d'un Pacs invalide(s) Le quotient familial des contribuables mariés ou pacsés (soumis à une imposition commune) est augmenté d'**une demi-part** supplémentaire lorsque **l'un ou l'autre** des conjoints ou partenaires remplit l'une des conditions d'**invalidité** indiquées au b du n° 2030. Lorsque **les deux** conjoints ou partenaires remplissent la condition d'**invalidité,** la majoration est d'**une part** entière. **2040** CGI art. 195, 3 et 4 IRPP-III-9760 s

Lorsqu'ils n'ont pas de charges de famille, ces ménages d'invalides ont donc un quotient familial de 2,5 parts si un seul des conjoints ou partenaires est invalide et de 3 parts si chacun d'eux est invalide.

Lorsque les intéressés ont des personnes à charge, leur quotient familial est majoré en conséquence : il est, par exemple, de 3,5 parts avec un enfant à charge exclusive ou principale, si les deux conjoints ou partenaires sont invalides (il serait de 4 parts si l'enfant était également titulaire de la **CMI-invalidité**).

Conjoint ou partenaire d'un Pacs âgé de plus de 74 ans, titulaire de la carte du combattant ou d'une pension militaire Les contribuables mariés ou pacsés (soumis à une imposition commune) bénéficient d'une **demi-part supplémentaire** de quotient familial lorsque l'un des conjoints ou partenaires est âgé de plus de 74 ans et est titulaire de la carte du combattant ou d'une pension servie en vertu du Code des pensions militaires d'invalidité et des victimes de guerre. **2045** CGI art. 195, 6 IRPP-III-10200 s

Lorsqu'ils bénéficient de la mesure, ces contribuables ont ainsi droit à 2,5 parts, étant bien entendu que, s'ils ont des personnes à charge, ce nombre est majoré en conséquence.

› Précisions a. Les **deux conditions** requises – d'une part, être âgé de plus de 74 ans (cet âge s'appréciant au 31 décembre de l'année d'imposition) et, d'autre part, être titulaire de la carte du combattant ou d'une pension militaire – doivent être remplies **par le même conjoint ou partenaire.** Lorsque les deux conjoints ou partenaires remplissent chacun les deux conditions requises, l'avantage reste limité à une demi-part.

b. Cette demi-part supplémentaire ne peut pas se **cumuler** avec la majoration du quotient familial visée n° 2040 et applicable en cas d'invalidité de l'un ou des deux époux ou partenaires.

TABLEAU RÉCAPITULATIF

Le tableau ci-après fait apparaître le **nombre de parts** à retenir au titre du **quotient familial,** compte tenu des règles indiquées nos 1985 s. **2055**

Dans ce tableau, les **« personnes à charge »** s'entendent des personnes visées au n° 1985.

Situation et charges de famille	Nombre de parts
Célibataire, divorcé ou veuf, sans personnes à charge	1
Célibataire, divorcé ou veuf, sans personnes à charge et entrant dans l'un des **cas** visés au n° 2030	1,5
Marié ou **pacsé,** soumis à une **imposition commune, sans personnes à charge**	2
Célibataire ou divorcé, ayant **1 personne** à charge	1,5

Situation et charges de famille	Nombre de parts
Marié ou **pacsé,** soumis à une **imposition commune** ou veuf, ayant **1 personne** à charge	2,5
Célibataire ou divorcé, ayant **2 personnes** à charge	2
Marié ou **pacsé,** soumis à une **imposition commune** ou veuf, ayant **2 personnes** à charge	3
Célibataire ou divorcé, ayant **3 personnes** à charge	3
Marié ou **pacsé,** soumis à une **imposition commune** ou veuf, ayant **3 personnes** à charge	4
Célibataire ou divorcé, ayant **4 personnes** à charge	4
Marié ou **pacsé,** soumis à une **imposition commune** ou veuf, ayant **4 personnes** à charge	5
Célibataire ou divorcé, ayant **5 personnes** à charge	5
Marié ou **pacsé,** soumis à une **imposition commune** ou veuf, ayant **5 personnes** à charge	6
Et ainsi de suite, en augmentant d'une part pour chaque personne supplémentaire à charge	

Cas particuliers a. Le tableau ci-dessus vise le cas général où toutes les personnes prises en compte au titre du quotient familial sont à la charge exclusive ou principale du contribuable. Lorsque parmi les personnes prises en compte figurent un ou plusieurs enfants mineurs réputés à charge égale de chacun des parents (nos 340 et 1865), la détermination du quotient familial obéit à des règles particulières (no 2000).

b. Les personnes à charge titulaires de la CMI-invalidité ouvrent droit à une majoration supplémentaire de quotient familial (no 2025).

c. Bénéficient d'une majoration spéciale du quotient familial :

– les célibataires, divorcés ou veufs, invalides et ayant une ou plusieurs personnes à charge (no 2035) ;

– les contribuables mariés ou pacsés, lorsqu'un (ou les) conjoint(s) ou partenaire(s) est (ou sont) invalide(s) (no 2040) ;

– les contribuables mariés ou pacsés, lorsqu'un conjoint ou partenaire est âgé de plus de 74 ans et titulaire de la carte du combattant ou d'une pension militaire (no 2045).

d. En ce qui concerne les célibataires ou divorcés ayant une ou plusieurs personnes à charge, le tableau ci-dessus vise le cas où les intéressés vivent en couple. Lorsque, au contraire, ils vivent seuls, ils bénéficient d'une majoration spéciale du quotient familial (no 2000, b).

e. En ce qui concerne les veufs sans personnes à charge, le tableau vise le cas où le décès du conjoint (ou partenaire d'un Pacs) est intervenu avant le 1er janvier de l'année d'imposition. Pour le quotient familial applicable aux veufs dont le conjoint (ou partenaire d'un Pacs) est décédé au cours de l'année d'imposition, voir no 4770.

f. Cas des époux ou partenaires d'un Pacs imposés séparément : nos 370 et 2010.

B. Calcul proprement dit des impositions

2090 CGI art. 193 et 197 IRPP-III-15000 s

Le calcul des impositions s'effectue en deux étapes :

– il s'agit tout d'abord de calculer le montant de l'impôt brut résultant de l'application du barème légal (nos 2130 s.) ;

– il faut ensuite apporter, s'il y a lieu, à cet impôt brut diverses corrections, au terme desquelles on obtient le montant de l'impôt réellement dû (nos 2185 s.).

1. IMPÔT BRUT

2130 IRPP-III-15150 s

Le calcul de l'impôt brut est effectué à partir du revenu net imposable, déterminé dans les conditions indiquées nos 700 s.

Le **mécanisme légal de calcul** est le suivant.

a. Le revenu net imposable (arrondi à l'euro le plus proche) est divisé par le nombre de parts correspondant au **quotient familial** dont bénéficie le contribuable (nos 1985 s.).

b. Au chiffre ainsi obtenu, c'est-à-dire au montant de chaque part de revenu, on applique le **barème** de l'impôt prévu pour une part de revenu.

Ce barème comporte plusieurs tranches dont chacune est soumise à un taux différent qui s'élève progressivement en fonction de l'importance des revenus.

L'application du barème donne le montant de l'impôt correspondant à chaque part de revenu.

c. Le chiffre obtenu est multiplié par le **nombre de parts,** pour aboutir au montant total de l'impôt brut (qui est, s'il y a lieu, arrondi à l'euro le plus proche).

C'est sur ce montant que sont ensuite opérées les diverses **corrections** visées nos 2185 s.

ATTENTION

Une majoration de 25 % (soit un coefficient multiplicateur de 1,25) s'applique sur le montant imposable de certains **revenus distribués** ou réputés distribués (nos 23700 s., 24760, 24775, 24785 et 78285) et sur le montant déductible des **pensions alimentaires,** de la contribution aux charges du mariage en cas de séparation de fait des époux et des arrérages de certaines rentes (nos 1320 et 1445).

BARÈME POUR UNE PART DE REVENU (REVENUS DE 2023)

Pour l'imposition des revenus de 2023, le barème applicable à chaque part de revenu imposable est fixé comme suit (Loi 2023-1322 du 29-12-2023 art. 2, I-B-1°). 2140 CGI art. 197, I-1

Fraction du revenu imposable (une part)	Taux (en %)
N'excédant pas 11 294 €	0
De 11 294 € à 28 797 €	11
De 28 797 € à 82 341 €	30
De 82 341 € à 177 106 €	41
Supérieure à 177 106 €	45

RÉGIMES PARTICULIERS DE CALCUL DE L'IMPÔT

À l'égard de **certains contribuables ou** de **certains revenus,** la loi prévoit des dispositions spéciales qui dérogent aux règles générales de calcul de l'impôt sur le revenu. 2155

Malgré leur diversité, ces mesures particulières peuvent, compte tenu de leur mode de fonctionnement, être rangées en deux groupes.

Le premier groupe concerne des revenus qui sont effectivement soumis à l'**impôt progressif** sur le revenu, **mais** pour lesquels le calcul de cet impôt comporte des **particularités** pouvant se traduire, selon les cas, par une diminution ou par une augmentation de cet impôt. 2160

Lorsqu'elles trouvent leur application, ces dispositions spéciales sont mises en œuvre dès le début du processus de calcul, car elles affectent directement le montant de l'impôt brut.

En pareil cas, les méthodes pratiques décrites nos 2350 s. ne sont donc pas utilisables telles quelles puisque, étant fondées exclusivement sur les règles de droit commun, elles ne peuvent évidemment tenir compte de l'incidence desdites dispositions spéciales.

Ces dernières sont mentionnées ci-après, avec, pour chacune, la référence aux numéros correspondants du Mémento.

Situations visées	Règles particulières d'imposition	Nos
Contribuables domiciliés dans les **Drom**	Application d'une réduction spéciale sur l'impôt progressif résultant du barème général	91470
Contribuables domiciliés à l'étranger percevant des revenus de source française [1]	Application de taux minima d'imposition ou, sur justification et si ce taux est inférieur, d'un taux moyen d'imposition	4410 et 91480
Salariés détachés à l'étranger bénéficiant des mesures d'exonération prévues à l'article 81 A du CGI	Application de la règle dite du « taux effectif » pour le calcul de l'impôt afférent aux autres revenus imposables	4695 s.
Contribuables disposant de **revenus exonérés** en France par l'effet d'une **convention internationale**		83060
Exploitants ayant opté pour le régime de l'**auto-entrepreneur**		85220
Revenus exceptionnels ou différés	Application d'un système de quotient en vue d'atténuer les effets de la progressivité de l'impôt	4150 s.

1. Autres que les non-résidents « Schumacker » visés n° 4280, précision b.

Les dispositions spéciales du second groupe concernent des **plus-values** ou **gains** qui (à la différence du premier groupe) font l'objet non pas de la taxation calculée selon le barème progressif, mais d'une imposition séparée à l'impôt sur le revenu calculée à un **taux proportionnel.** 2165

Ce mode particulier de taxation est applicable dans les cas exposés ci-dessous.

Plus-values ou gains concernés	Nos
Plus-values professionnelles à long terme réalisées par les entreprises (industrielles, commerciales, agricoles ou non commerciales) relevant de l'impôt sur le revenu	18100
Produits issus de certains **droits de la propriété intellectuelle**	10420 s. et 13790 s.
Plus-values de **cession de valeurs mobilières et droits sociaux réalisées** par les particuliers ainsi qu'aux gains, profits et distributions relevant du régime des plus-values mobilières privées [1]	33220 s.
Revenus mobiliers (dividendes, produits des placements à revenu fixe, certains produits d'assurance-vie, etc.) [1]	24170 s.
Gains réalisés en cas de retrait sur un **PEA** avant cinq ans [1] [3]	26170
Gains tirés par les salariés ou les dirigeants de la levée d'**options de souscription ou d'achat d'actions** attribuées du 20 septembre 1995 au 27 septembre 2012 [2]	88785
Gains réalisés lors de la cession de titres acquis en exercice de **BSPCE**	88805
Avantage tiré par les salariés et les mandataires sociaux de l'acquisition gratuite d'actions (**AGA**) attribuées avant le 28 septembre 2012 [2]	88825
Plus-values de **cessions de titres en report d'imposition** au titre d'opérations réalisées entre le 14 novembre et le 31 décembre 2012	33311

1. Sauf option globale pour le barème progressif.
2. Sauf option pour le régime des traitements et salaires.
3. Pour les gains réalisés en cas de retrait d'obligations remboursables en actions (ORA) d'un PEA « PME-ETI », voir nº 26180.

Lorsque, en plus de son revenu « courant » taxable selon les règles de droit commun, un contribuable a réalisé des plus-values, ou gains de la nature visée ci-dessus, il doit, pour chiffrer sa charge fiscale totale, procéder à **deux calculs distincts** :

– le premier, qui porte seulement sur l'impôt progressif applicable au revenu courant, est effectué selon les règles générales, avec d'ailleurs la possibilité d'utiliser à cet effet les méthodes pratiques visées nos 2350 s. ;

– le second calcul consiste à appliquer aux plus-values ou gains relevant d'un régime d'imposition proportionnelle le taux qui leur est applicable.

Les deux chiffres ainsi obtenus sont ensuite totalisés à l'occasion des corrections mentionnées sur la liste du nº 2185 (voir ligne 4 de cette liste).

ATTENTION

a. Outre l'impôt sur le revenu proprement dit, les plus-values et gains susvisés sont également soumis aux **prélèvements sociaux** (nos 34430 s.).

b. En plus des dispositions exposées ci-dessus, on signale le régime particulier de taxation immédiate, à un taux proportionnel (auquel s'ajoutent les prélèvements sociaux), des **plus-values immobilières** et des **plus-values sur biens meubles** (nos 32000 s. et 32740 s.).

2. CORRECTIONS À APPORTER À L'IMPÔT BRUT

2185 De nombreuses corrections, se traduisant soit par un allégement de l'impôt sur le revenu, soit au contraire par son alourdissement, sont susceptibles d'être apportées au montant de l'impôt brut résultant du barème légal.

La **liste** ci-après récapitule les diverses catégories de corrections avec, pour chacune, la référence aux numéros correspondants du Mémento.

Ordre d'application	Nature des corrections	Nos
1	Plafonnement des effets du quotient familial	2200 s.
2	Décote	2235
3	Réductions d'impôt	2255 s.
4	Impôt sur les plus-values ou profits à taux proportionnel	2165
5	Reprises de réductions ou de crédits d'impôt	2280
6	Impositions additionnelles	2290
7	Imputations diverses	2300 s.
8	Plafonnement global de certains avantages fiscaux	2315

ATTENTION

L'**ordre d'application** indiqué dans cette liste n'est pas purement formel. Le montant de l'impôt finalement dû ne peut en effet être déterminé avec exactitude que si cet ordre est rigoureusement suivi.

En appliquant à l'impôt brut les diverses corrections visées n° 2185, on obtient le montant de l'**impôt réellement dû.** 2190

Cependant, lorsque le montant de l'impôt n'atteint pas un certain montant (minimum de perception), il n'est pas mis en recouvrement, l'intéressé bénéficiant ainsi d'une **franchise** (n° 2335).

PLAFONNEMENT DES EFFETS DU QUOTIENT FAMILIAL

L'avantage fiscal résultant de l'application du quotient familial est limité pour chaque **demi-part ou quart de part « additionnel »,** cette expression s'entendant des demi-parts ou quarts de part qui s'ajoutent au nombre de parts suivant : 2200 CGI art. 197, I-2 IRPP-III-15550 s

– deux parts pour les contribuables mariés ou pacsés faisant l'objet d'une imposition commune ainsi que les veufs dont le conjoint ou le partenaire (Pacs) est décédé au cours de l'année d'imposition ;

– une part pour les autres contribuables : époux ou partenaires d'un Pacs faisant l'objet d'une imposition séparée, célibataires (ou assimilés : n° 370), divorcés et veufs dont le conjoint ou le partenaire (Pacs) est décédé avant le 1er janvier de l'année d'imposition.

Le **mécanisme du plafonnement** consiste à comparer deux termes :

– **1er terme** : impôt calculé en fonction du quotient familial réel de l'intéressé, sans plafonnement ;

– **2e terme** : impôt calculé sur la base d'un quotient familial de deux parts ou d'une part selon la situation dont relève l'intéressé, la somme ainsi obtenue étant ensuite diminuée du montant du plafond correspondant à l'ensemble des majorations du quotient familial.

Si le premier terme est inférieur au second, le plafonnement est applicable, et l'impôt à retenir est celui correspondant au second terme. Dans le cas contraire, le plafonnement n'est pas applicable, et le montant de l'impôt à retenir est celui correspondant au premier terme.

Le **plafond** attaché à chaque demi-part (ou quart de part) diffère selon les critères en fonction desquels la majoration du quotient familial est accordée (charges de famille, prise en compte d'une invalidité, de la qualité d'ancien combattant, etc.), ces critères se combinant eux-mêmes, dans certains cas, avec d'autres éléments (vie en couple ou non pour les contribuables célibataires, divorcés ou séparés ayant des enfants à charge, année du décès du conjoint ou du partenaire du Pacs pour les contribuables veufs chargés de famille). La loi différencie ainsi cinq niveaux de plafonnement, fixés comme indiqué nos 2205 s. pour l'imposition des revenus de 2023 (Loi 2023-1322 du 29-12-2023 art. 2, I-B-2°-a).

ATTENTION

Le plafonnement ne concerne évidemment pas tous les **contribuables,** mais seulement ceux **dont le revenu excède** un montant tel que, à défaut du plafonnement, l'avantage en impôt afférent aux majorations de quotient familial dépasserait la limite impartie.

Ces **seuils de revenu** varient selon que le contribuable est soit marié ou pacsé, soit veuf, soit enfin célibataire (ou assimilé : n° 370), divorcé ou séparé et, à l'intérieur de ces différentes catégories, en fonction du plafond attaché à chaque majoration. Par ailleurs, dans chaque catégorie, le seuil est généralement d'autant plus élevé que le quotient familial est lui-même plus élevé.

Plafonnement général Pour l'imposition des revenus de 2023, le plafond de l'avantage en impôt est fixé à : 2205

– 1 759 € pour chaque **demi-part additionnelle** ;

– 880 € pour chaque **quart de part additionnel.**

Parents isolés Pour les contribuables **célibataires** (ou assimilés : n° 370), **divorcés ou séparés vivant seuls** qui supportent **à titre exclusif ou principal la charge d'au moins un enfant,** l'avantage en impôt procuré par la part entière accordée au titre du premier enfant à charge (n° 2000, b-1) est limité, pour l'imposition des revenus de 2023, à 4 149 €. Pour ceux qui entretiennent **uniquement des enfants dont la charge est réputée également partagée** avec l'autre parent dans le cadre d'une résidence alternée (n° 2000, b-2), l'avantage fiscal procuré par la demi-part accordée au titre de chacun des deux premiers enfants à charge est limité à 2 075 €. 2210

Le plafond ainsi fixé est augmenté du plafond général pour les autres majorations dont bénéficient, le cas échéant, ces contribuables, soit 1 759 € pour chaque demi-part et 880 € pour chaque quart de part (sauf cas particulier visé nº 2220).

EXEMPLE

Pour un célibataire vivant seul et ayant 1 enfant à charge exclusive ou principale (QF : 2), l'avantage ne peut pas excéder 4 149 € ; pour un divorcé vivant seul et ayant 1 enfant à charge exclusive ou principale et 1 enfant dont la charge est réputée également partagée avec son ex-épouse dans le cadre d'une résidence alternée (QF : 2,25), l'avantage ne peut pas excéder : 4 149 € + 880 € = 5 029 € ; pour un divorcé vivant seul et ayant 3 enfants dont la charge est réputée également partagée avec son ex-épouse dans le cadre d'une résidence alternée (QF : 2,5), l'avantage ne peut pas excéder 2 075 € + 2 075 € + 1 759 € = 5 909 €.

Ce n'est pas ce plafonnement spécifique qui est applicable lorsque le célibataire, divorcé ou séparé a à sa charge non des enfants, mais une ou plusieurs personnes visées nºs 1960 s. (titulaires de la **CMI-invalidité** vivant sous le toit du contribuable). En pareil cas, l'intéressé bénéficie, pour la première personne à charge, d'un avantage maximal en impôt de 7 030 €, soit 1 759 € pour chacune des deux premières demi-parts additionnelles (plafonnement général) et 3 512 € pour la demi-part liée à l'invalidité de la personne à charge (plafonnement spécifique visé nº 2220).

2215 **Personnes seules ayant élevé des enfants** L'avantage en impôt procuré par la demi-part supplémentaire dont bénéficient les contribuables **célibataires** (ou assimilés : nº 370), **divorcés, séparés ou veufs sans personnes à charge,** vivant **seuls** et **ayant élevé seuls pendant au moins cinq années un ou plusieurs enfants** (nº 2030, a) est plafonné à 1 050 € pour l'imposition des revenus de 2023.

ATTENTION

Les **contribuables** susvisés qui sont **invalides,** pensionnés de guerre ou anciens combattants (et qui n'ont droit en tout état de cause qu'à une seule demi-part supplémentaire : nº 2030) bénéficient du plafonnement de 3 512 € visé nº 2220, qu'ils vivent seuls ou en couple.

2220 **Invalides et anciens combattants** L'avantage en impôt accordé aux foyers fiscaux qui bénéficient d'une ou, le cas échéant, de plusieurs majorations de quotient familial (demi-part ou quart de part) à raison des situations visées nºs 2025, 2030, b et c et 2035 à 2045 (**invalidité** personnelle, de leur conjoint ou partenaire ou d'une personne à charge, qualité de **pensionné** de guerre ou d'**ancien combattant**) est plafonné, pour l'imposition des revenus de 2023, à :
– 3 512 € par demi-part ;
– 1 756 € par quart de part.

› Précisions Le plafond susvisé (3 512 € ou 1 756 €) résulte de l'application successive du plafond général de 1 759 € ou 880 € et d'un **avantage en impôt complémentaire** de 1 753 € ou 877 € au maximum. Mais l'effet cumulé de ces deux mesures est strictement identique à celui d'un plafond global de 3 512 € (ou 1 756 €).

2225 **Veufs chargés de famille** L'avantage fiscal attaché à la **part supplémentaire** dont bénéficient les contribuables veufs dont le conjoint ou le partenaire du Pacs est **décédé avant 2023** et ayant **au moins un enfant ou une personne à charge** (part accordée au titre du maintien du quotient conjugal : nº 2005) est plafonné à 5 476 €, pour l'imposition des revenus de 2023.

Le plafond ainsi fixé est augmenté du plafond de droit commun pour les autres majorations dont bénéficient ces contribuables, soit 1 759 € pour chaque demi-part et 880 € pour chaque quart de part (sauf cas particulier visé nº 2220).

› Précisions Le plafond de 5 476 € correspond à l'application du plafond général pour chacune des deux demi-parts supplémentaires et d'un **avantage fiscal complémentaire** de 1 958 €.

DÉCOTE

2235 En deçà d'un certain montant, l'impôt brut résultant du barème progressif fait l'objet d'une décote, *différenciée* selon la situation de famille.

CGI art. 197, I-4-a
IRPP-III-16230 s

Au titre de l'imposition des revenus de 2023, la décote est applicable aux contribuables dont l'**impôt brut** est **inférieur à** 1 929 € (célibataires, divorcés, séparés ou veufs) ou à 3 191 € (couples mariés ou pacsés, soumis à une imposition commune), et son montant est égal à la différence entre respectivement 873 € ou 1 444 € et 45,25 % du montant de la cotisation d'impôt brut (Loi 2023-1322 du 29-12-2023 art. 2, I-B-3°).

EXEMPLE

1. Cotisation d'impôt brut d'un **célibataire** (QF : 1) dont le revenu imposable s'élève au titre de l'année 2023 à 25 000 € : 1 508 €.
Décote : 873 € – (1 508 € × 45,25 %) = 191 €.
Impôt après décote : 1 508 € – 191 € = 1 317 €.
2. Cotisation d'impôt brut d'un **couple marié** soumis à imposition commune avec deux enfants à charge (QF : 3) dont le revenu imposable s'élève au titre de 2023 à 45 000 € : 1 223 €.
Décote : 1 444 € – (1 223 € × 45,25 %) = 891 €.
Impôt après décote : 1 223 € – 891 € = 332 €.
C'est à partir de ce montant (1 317 € ou 332 €) que s'effectuera la suite du processus de calcul de l'impôt réellement dû.

RÉDUCTIONS D'IMPÔT

2255 CGI art. 197, I-5 IRPP-III-16690 s

Les réductions d'impôt (dont on trouvera une liste n° 2260) s'imputent sur le montant brut de l'**impôt progressif** déterminé compte tenu du plafonnement des effets du quotient familial (lorsque ce plafonnement joue : n° 2200 s.), et après application, le cas échéant, de la décote (n° 2235). Elles ne peuvent pas s'imputer sur les **impositions à taux proportionnel** (n° 2165).

Dans le cas où le montant des réductions d'impôt excède celui de l'impôt brut, la fraction non imputée de ces réductions est, en principe, perdue. Toutefois, dans certains cas limitativement prévus par la loi, l'**excédent** de réduction d'impôt peut, selon l'avantage fiscal considéré, soit donner lieu à **report** sur l'impôt dû au titre des années ou exercices suivants (nos 2890, 2906, 90595, 91900 et 92083), soit être affecté au **paiement de l'impôt** dû au titre des années ou exercices suivants (n° 10700). Voir également le cas particulier des réductions d'impôt pour souscription au capital des PME (nos 2635 s.) et des sociétés foncières solidaires (n° 2693, précision b).

En ce qui concerne l'impossibilité d'imputer les réductions d'impôt sur les droits donnant lieu à une **majoration pour manquements graves,** voir n° 79880.

> **Précisions** **a.** Pour les contribuables qui bénéficient de **plusieurs réductions d'impôt,** l'imputation est opérée par ordre décroissant des taux de réduction, puis par plafond décroissant, enfin par montant forfaitaire décroissant. Les réductions d'impôt reportables sur les années suivantes sont opérées en fin de liste en suivant le même ordre de classement.
> **b.** Par exception à l'ordre d'imputation des réductions et crédits d'impôt défini n° 2185, le **crédit d'impôt conventionnel** attaché à certains revenus de source étrangère (nos 26515 et 83070 s.) s'impute avant les réductions d'impôt dont l'imputation est répartie sur plusieurs années ou qui font l'objet d'un report (BOI-IR-RICI n° 35).

2260 Les situations pouvant donner lieu à des réductions d'impôt sont énumérées ci-après avec, pour chacune, un renvoi aux commentaires qui lui sont consacrés :

Situations ouvrant droit à une réduction d'impôt	Nos
Souscription au capital de **PME**	2600 s.
Souscription de parts de **fonds d'investissement**	2660 s. et 92075
Souscription au capital de **sociétés foncières solidaires**	2685 s.
Souscription au capital d'**entreprises de presse**	2700 s.
Souscription au capital de **Sofica**	2730
Intérêts des **emprunts** contractés pour la **reprise d'une PME**	2770 s.
Investissements **« Duflot »** et **« Pinel »**	2805 s. et 92065
Investissements **« Denormandie ancien »**	2820 s. et 92065
Dispositif **« Loc'Avantages »**	2830 s. et 92067
Investissements **« Scellier »**	2890 et 92070 s.
Opérations de **restauration immobilière « Malraux »**	2900 s.
Dons et subventions	3170 s. et 10695 s.
Frais de **scolarisation** des enfants à charge	3325

Situations ouvrant droit à une réduction d'impôt	N^{os}
Prestations compensatoires	3335 s.
Primes des contrats de **« rente-survie »** et d'**« épargne handicap »**	3345 s.
Dépenses d'**accueil** dans un **établissement pour personnes dépendantes**	3360
Cotisations versées pour la **prévention des incendies de forêt**	3430
Travaux de **conservation** ou de **restauration d'objets classés** monuments historiques	3440
Frais de tenue de comptabilité et d'adhésion supportés par les **adhérents de centres de gestion,** associations ou organismes mixtes de gestion **agréés**	87990 s.
Investissements locatifs non professionnels dans des **résidences meublées** (dispositif « Censi-Bouvard »)	90575 s.
Prêt à taux zéro pour l'acquisition de véhicules peu polluants (« **PTZ mobilités** »)	10640
Investissements **outre-mer**	91850 s., 92010 s. et 92080 s.

AUTRES CORRECTIONS

2270 En plus des diverses corrections mentionnées ci-après, on rappelle celle résultant de l'impôt sur les plus-values ou gains à taux proportionnel (nº 2165).

2280 **Reprises de réductions ou de crédits d'impôt** **a. Réductions ou crédits d'impôt antérieurs indûment obtenus** : le bénéfice des réductions et des crédits d'impôt est souvent subordonné au respect de certaines obligations ou de certains engagements (par exemple, conservation des titres ou location de l'immeuble pendant une durée minimale). Sauf circonstances particulières expressément prévues par la loi ou la doctrine, le non-respect de ces obligations ou engagements entraîne la reprise de l'avantage fiscal obtenu antérieurement. Ces cas de reprise sont précisés au sein des développements consacrés dans le présent Mémento à l'étude des divers crédits et réductions d'impôt.

Lorsqu'elle est encourue, la reprise est opérée au titre de l'**année** au cours de laquelle survient l'**événement** qui la motive. Calculée d'après le taux qui a été appliqué pour le calcul de l'avantage fiscal considéré, elle est **ajoutée** au montant de l'impôt de ladite année, tel qu'il se présente après application des corrections visées aux lignes 1 à 4 de la liste du nº 2185.

b. Avances perçues sur réductions et crédits d'impôt : les réductions ou crédits d'impôt attachés à certaines dépenses donnent lieu en début d'année au versement d'un **acompte** égal, en principe, à 60 % du montant des avantages obtenus l'année précédente au titre des dépenses de même nature (nº 3805). Lors de la liquidation de l'impôt, l'avantage fiscal est calculé d'après les dépenses réelles du foyer fiscal déclarées au titre de l'année d'imposition et donne lieu à imputation selon les modalités définies nºs 2255 et 2300. Corrélativement, l'administration opère la reprise de l'avance versée précédemment en ajoutant la somme correspondante au montant de l'impôt tel que défini au a. ci-dessus.

2290 **Impositions additionnelles** En même temps que l'impôt sur le revenu proprement dit qui frappe leur revenu net global, certains contribuables peuvent être redevables sur le même rôle, à titre obligatoire ou facultatif, d'autres impositions. Tel est le cas :

– des **agents généraux d'assurances** soumis à une taxe spécifique en contrepartie de l'exonération des **indemnités compensatrices** perçues des compagnies d'assurances lors de leur **départ en retraite** (nº 13725, Précisions) ;

– des contribuables bénéficiaires de **prestations de retraite versées sous forme de capital** qui **optent** pour le prélèvement libératoire visé nº 22460 ;

– des contribuables dont le **revenu fiscal de référence** au titre de l'année d'imposition excède **250 000 €** (contribuables célibataires, divorcés, séparés ou veufs) ou **500 000 €** (contribuables mariés ou pacsés, soumis à imposition commune) qui doivent s'acquitter de la contribution exceptionnelle sur les hauts revenus visée nºs 5100 s.

Le montant de ces diverses impositions, individualisé sur l'avis d'imposition, s'ajoute à celui de l'impôt sur le revenu déterminé après application des corrections des lignes 1 à 5 de la liste du nº 2185.

Imputations diverses Le terme « imputations » utilisé ici recouvre pour l'essentiel les différents **crédits d'impôt** dont bénéficient les contribuables en contrepartie de certaines dépenses, de certains investissements ou encore d'un impôt déjà supporté (à l'étranger, notamment) ainsi que les **prélèvements et retenues à la source** opérés sur certaines sommes soumises au barème progressif et qui ne sont **pas libératoires de l'impôt** sur le revenu mais valent seulement paiement anticipé de cet impôt. 2300

Ces sommes d'origines diverses (dont on trouvera la liste n° 2305) doivent être retranchées de l'impôt obtenu après application éventuelle des corrections visées aux lignes 1 à 6 de la liste du n° 2185.

Les **crédits d'impôt excédentaires** sont, en règle générale, restituables (à condition d'excéder 8 € : CGI art. 1965 L). Toutefois, certains sont reportables sur un certain nombre d'années et restituables à l'expiration du délai de report (n° 92280) ou constituent une créance sur l'État à valoir pour le paiement de l'impôt des années suivantes ou dans certains cas immédiatement remboursable (nos 10495 et 10515). D'autres ne donnent lieu ni à restitution ni à report.

Les crédits d'impôt, prélèvements forfaitaires et retenues à la source non restituables s'imputent avant les crédits d'impôt, prélèvements forfaitaires et retenues à la source restituables. Sous cette réserve, l'imputation s'opère prioritairement sur la cotisation d'impôt sur le revenu, puis sur les impositions additionnelles dans leur ordre figurant n° 2290 et la reprise de l'avance sur réductions et crédits d'impôt (n° 2280, b).

Les diverses sommes imputables sur l'impôt (selon les modalités visées n° 2300) sont énumérées ci-après selon leur nature avec, pour chacune, un renvoi aux commentaires qui lui sont consacrés : 2305

I. Crédits d'impôt	Nos
a. Crédits d'impôt accordés aux particuliers	
Investissements **forestiers**	2930 s.
Dépenses en faveur de l'installation de **systèmes de charges des véhicules électriques**	3045 s.
Dépenses en faveur de la **protection des personnes** réalisées dans l'habitation principale	3110 s.
Emploi d'un **salarié à domicile**	3230 s.
Frais de **garde des jeunes enfants**	3315
Cotisations syndicales	3370
Produits des **contrats d'assurance-vie de plus de huit ans** attachés à des primes versées avant le 27-9-2017	26055, précision b
Certains **revenus de source étrangère** en application d'une **convention internationale** pour éviter une double imposition (revenus mobiliers, notamment) [1]	26515 et 83070 s.
Indemnités parlementaires des **députés européens** afin d'éviter la double imposition	22280
b. Crédits d'impôt accordés aux entreprises et exploitants individuels relevant de l'impôt sur le revenu	
Dépenses de **recherche** et d'**innovation**	10470 s.
Dépenses en faveur de la **recherche collaborative**	10515
Investissements dans l'**industrie verte**	10520
Dépenses pour la **rénovation énergétique** des **locaux professionnels**	10525
Métiers d'art	10535
Formation du chef d'entreprise	10545
Famille	10555
Prêts à taux zéro (« PTZ + », « éco-PTZ » et « PAMTZ »)	10630 s.
Dépenses de **remplacement pour congés de l'exploitant agricole**	16350
Agriculture biologique	16355
Exploitations agricoles **certifiées** de haute valeur environnementale (**HVE**)	16360
Entreprises agricoles **n'utilisant pas de glyphosate**	16362
Investissements productifs **outre-mer**	91995 s.
Investissements en **Corse**	92260 s.

1. Pour le cas où le contribuable bénéficie parallèlement de réductions d'impôt dont l'imputation est répartie sur plusieurs années ou qui font l'objet d'un report : voir n° 2255, précision b.

II. Prélèvements et retenues à la source non libératoires	Nos
a. Prélèvements forfaitaires	
Dividendes et distributions assimilées perçus par les personnes physiques fiscalement domiciliées en France	24570 s.
Produits de **placement à revenu fixe**	25250 s.
Produits des **contrats d'assurance-vie** (et bons de capitalisation) attachés à des primes versées à compter du 27-9-2017 ou du 10-10-2019 en ce qui concerne les contrats souscrits avant le 1-1-1983	26030 et 26035
b. Retenues à la source	
Produits d'obligations et autres titres d'**emprunts négociables émis avant le 1-1-1987** ou de **bons de caisse** perçus par des **personnes morales**	25610 et 25730
Sur certains revenus réalisés par des **contribuables non domiciliés en France**	4560 s., 4595 s., 4640 s., 25610, 25730, 88790 et 88830

III. Autres imputations	N°
Versements libératoires des **auto-entrepreneurs** qui sortent du régime micro	85255

PLAFONNEMENT GLOBAL DE CERTAINS AVANTAGES FISCAUX

2315 La cotisation d'impôt sur le revenu des foyers fiscaux bénéficiant, du fait de certains avantages fiscaux (**déductions, réductions ou crédits d'impôt**), d'une **économie totale d'impôt supérieure** à un certain montant fait l'objet, à concurrence de la somme excédant ce plafond, d'une **majoration.**

En ce qui concerne cette mesure, on se reportera nos 4840 s. et, plus particulièrement, n° 4865 pour les modalités de calcul du supplément d'impôt exigible.

FRANCHISE (MINIMUM DE PERCEPTION)

2335 CGI art. 1657, 1 bis IRPP-III-17070 s

Les **cotisations d'impôt** sur le revenu ne sont pas mises en recouvrement lorsque leur montant, **avant** imputation des **crédits d'impôt** et autres sommes visés n° 2305, est **inférieur** à 61 €. Ce seuil de non-recouvrement s'apprécie en prenant en compte les impositions additionnelles visées n° 2290 (BOI-IR-LIQ-20-20-40 n° 60).

> **Précisions** **a.** Sont visées uniquement les « cotisations initiales ». Les **impositions supplémentaires** (notamment celles consécutives à une rectification opérée par l'administration) sont donc mises en recouvrement, même si (après déduction de l'imposition initiale) leur montant n'atteint pas les sommes susvisées.
> **b.** La franchise ne présente **pas légalement** le caractère d'une véritable « **exonération** ». Autrement dit, le contribuable qui bénéficie de la franchise demeure en théorie « passible » de cet impôt, dont le paiement ne lui est simplement pas réclamé. Il s'ensuit notamment que, s'il bénéficie d'un **crédit d'impôt,** la restitution qui lui sera faite à ce titre correspondra seulement à la différence entre le montant de ce crédit d'impôt et le montant de l'impôt non mis en recouvrement.
> **c.** À défaut d'entrer dans le champ de la mesure susvisée, les contribuables dont les cotisations d'impôt sur le revenu **après imputation** des crédits d'impôt et autres sommes visés n° 2305 deviennent inférieures à 12 € par article de rôle peuvent bénéficier de la franchise prévue pour l'ensemble des impôts directs recouvrés par voie de rôle (n° 76522, précision b).

3. MÉTHODES PRATIQUES DE CALCUL

2350 Si c'est à l'administration qu'il appartient, au vu de la déclaration de revenus du contribuable (et compte tenu, le cas échéant, des rectifications apportées à cette déclaration), de calculer le montant de l'impôt effectivement dû (le détail de ces calculs apparaissant sur l'avis d'imposition adressé à l'intéressé), le contribuable peut sans attendre le moment de la déclaration annuelle des revenus évaluer de son côté le montant de son impôt.

Comme indiqué nº 2090, l'utilisation du barème légal à l'état brut nécessite des calculs multiples, et ce barème ne tient compte d'aucune des corrections à apporter à l'impôt brut. Aussi avons-nous élaboré deux méthodes pratiques permettant aux contribuables de calculer plus facilement et plus rapidement le montant de leur impôt :

– une **formule générale** de calcul (nº 2360), utilisable dans tous les cas de figure et qui donne le montant de l'impôt brut **avant** plafonnement éventuel des effets du quotient familial et avant application des autres corrections ;

– des **tableaux pratiques** (nº 2370), utilisables dans la plupart des cas, qui permettent de connaître le montant de l'impôt après plafonnement éventuel des effets du quotient familial.

ATTENTION

Destinées à la généralité des contribuables, ces méthodes pratiques tiennent compte **exclusivement** des **règles de droit commun** gouvernant le calcul de l'impôt sur le revenu. Pour ce qui concerne les contribuables ou revenus qui relèvent (pour tout ou partie) de **régimes particuliers de calcul** de l'impôt, on se reportera aux explications données nºs 2155 s.

FORMULE GÉNÉRALE DE CALCUL

La formule ci-après permet de calculer rapidement le montant de l'**impôt brut.** 2360

Cette formule est valable en principe pour toutes les situations de famille. Mais, **en pratique,** elle ne présente de l'intérêt que pour les contribuables qui ne peuvent pas utiliser les tableaux pratiques (nº 2370).

Dans cette formule, **N** représente le nombre de parts de quotient familial et **R** le montant global du revenu imposable (avant division en parts).

Valeur du quotient R/N	Montant de l'impôt brut
N'excédant pas 11 2947 €	0
De 11 294 € à 28 797 €	(R × 0,11) - (1 242,34 × N)
De 28 797 € à 82 341 €	(R × 0,30) - (6 713,77 × N)
De 82 341 € à 177 106 €	(R × 0,41) - (15 771,28 × N)
Supérieure à 177 106 €	(R × 0,45) - (22 855,52 × N)

Le montant de l'impôt brut afférent aux revenus de 2023 s'obtient en appliquant la formule correspondant au rapport R (revenu global imposable) sur N (nombre de parts). Bien entendu, sur le montant de l'impôt brut ainsi obtenu, il faut ensuite opérer, s'il y a lieu, les diverses **corrections** visées dans la liste du nº 2185, en commençant, lorsqu'elle est applicable, par celle concernant le **plafonnement des effets du quotient familial** (nºs 2200 s.).

EXEMPLE

Soit un contribuable marié ayant 5 enfants à charge exclusive dont le revenu imposable de 2023 (R) est de 120 000 € et dont le nombre de parts (N) est de 6.

La valeur du quotient R/N, soit 120 000 € / 6 = 20 000 €, est comprise entre 11 294 € et 28 797 €.

L'utilisation de la formule correspondante donne le montant de l'**impôt brut** :

(120 000 € × 0,11) – (1 242,34 € × 6) = 5 144 €.

TABLEAUX PRATIQUES

Les tableaux pratiques figurant nº 97100 permettent jusqu'à un **quotient familial de 5,5 parts ou 6 parts,** quelle que soit la situation de famille des contribuables (mariés, pacsés, célibataires, séparés, divorcés, veufs), de connaître le montant de l'impôt brut compte tenu (lorsqu'il est applicable) du **plafonnement des effets du quotient familial.** 2370

Au montant de l'impôt donné par le tableau, il suffit d'appliquer ensuite (s'il y a lieu) les **autres corrections** visées aux lignes 2 à 8 de la liste du nº 2185.

Les tableaux pratiques sont regroupés en **quatre séries,** chaque série comprenant elle-même trois tableaux distincts (soit au total douze tableaux).

Chaque série correspond à une situation de famille donnée (voir l'intitulé au-dessus du tableau). Au sein de chaque série, le premier tableau vise le cas où le quotient familial du contribuable ne comprend aucune demi-part additionnelle liée à une invalidité ou à la qualité d'ancien combattant. Le deuxième tableau s'adresse aux contribuables dont le quotient familial comprend une **demi-part** additionnelle liée à une **invalidité** ou à la qualité d'**ancien combattant.** Le troisième tableau, enfin, vise les contribuables dont le quotient familial comprend **deux demi-parts** additionnelles pour invalidité (ou, le cas échéant, une demi-part liée à la qualité d'ancien combattant et une demi-part liée à l'invalidité d'une personne à charge).

Ces distinctions sont rendues nécessaires par le fait que les règles concernant le plafonnement des effets du quotient familial (intégrées dans chacun des tableaux) sont différentes selon la situation et les charges de famille du contribuable (nos 2200 s.).

ATTENTION

Même si leur quotient familial n'excède pas 5,5 ou 6 parts, les foyers fiscaux comprenant **plus de deux invalides** tels que définis nos 2025, 2030, b et c, et 2035 à 2045 ne peuvent pas utiliser les tableaux pratiques et doivent nécessairement recourir à la formule générale de calcul du no 2360. Doivent également utiliser cette formule générale de calcul les contribuables ayant parmi les personnes qu'ils prennent en compte au titre du quotient familial un ou plusieurs **enfants mineurs réputé(s) à charge égale de chacun des parents** (nos 340 et 1865).

C. Réductions ou crédits d'impôt

2500 La réalisation de **dépenses** ou **d'investissements** peut, dans certains cas limitativement énumérés par la loi, ouvrir droit à **réduction** ou à **crédit d'impôt,** dès lors que les frais correspondants n'ont pas déjà été pris en compte pour la détermination des revenus nets catégoriels.

En principe, ces avantages sont réservés aux contribuables fiscalement domiciliés en France.

Ils **s'imputent sur le montant de l'impôt sur le revenu** des intéressés dans les conditions exposées no 2255 (réductions d'impôt) et no 2300 (crédits d'impôt). Certains de ces avantages donnent lieu à la perception d'un **acompte** : voir no 3805.

Dans tous les cas, les contribuables doivent pouvoir **justifier** des charges qu'ils portent sur leurs déclarations de revenus, sous peine de remise en cause des avantages obtenus et d'application des pénalités visées nos 80000 s.

Remarque : Outre ceux examinés ci-après, plusieurs **autres réductions et crédits d'impôt** sont susceptibles de s'appliquer aux contribuables soumis à l'impôt sur le revenu : voir les listes figurant nos 2260 et 2305.

1. SOUSCRIPTION AU CAPITAL DE PME

2600 CGI art. 199 terdecies-0 A, I à V, et IX IRPP-IV-44000 s

Une réduction d'impôt est accordée aux personnes physiques, fiscalement domiciliées en France au sens de l'article 4 B du CGI, qui effectuent des versements au titre de la souscription **en numéraire** au **capital initial** ou aux **augmentations de capital** de certaines sociétés non cotées (« réduction Madelin »). Les conditions d'application de l'avantage fiscal, dont l'octroi définitif est subordonné notamment à la conservation des titres pendant cinq ans, diffèrent selon que les souscriptions sont effectuées **directement** ou indirectement par l'intermédiaire d'une **société holding.**

Les versements reçus par les entreprises bénéficiaires présentent le caractère d'**aides d'État** au sens de la réglementation européenne, dont les règles d'**encadrement** sont exposées no 92680.

> Précisions **a.** Les souscriptions doivent conférer aux souscripteurs les seuls **droits résultant de la qualité d'actionnaire ou d'associé,** à l'exclusion de toute autre contrepartie, notamment sous la forme de garantie en capital, de tarifs préférentiels ou d'accès prioritaire aux biens produits ou aux services rendus par la société.

b. Les souscriptions réalisées par un redevable dans les douze mois suivant le **remboursement** (total ou partiel) **de ses apports précédents** par la société n'ouvrent pas droit à la réduction d'impôt.

c. L'avantage fiscal est applicable aux souscriptions effectuées par des personnes physiques en **indivision.** Tel peut être le cas d'un club d'investissement constitué sous cette forme.

d. Les souscriptions aux **augmentations de capital** sont, en principe, réservées aux redevables qui ne sont ni associés, ni actionnaires. Une exception est toutefois prévue pour les souscriptions qui constituent un **investissement de suivi,** même après la période de sept ou dix ans visée no 2610, à condition que le redevable ait bénéficié d'une réduction d'impôt au titre de son premier investissement au capital de la société bénéficiaire, que de possibles investissements de suivi aient été prévus dans le plan d'entreprise de la société bénéficiaire et que cette société ne soit pas devenue liée à une autre au sens de la réglementation européenne.

e. S'agissant des versements au titre de la souscription au capital de **jeunes entreprises**

innovantes ayant réalisé des dépenses de recherche représentant au moins 30 % de leurs charges visées nº 2610, précision c, le bénéfice de la réduction d'impôt est subordonné au respect de la **réglementation européenne** concernant les aides de minimis : voir nºs 92660 s.

2605 IRPP-IV-49470 s

Règles de non-cumul La réduction d'impôt ne peut pas se cumuler, au titre de la même fraction de versements, avec les **réductions d'impôt** prévues en cas de souscription au capital d'entreprises de presse (nºs 2700 s.), de souscription d'un emprunt pour la reprise d'une PME (nºs 2770 s.), de souscription au capital de Sofica (nº 2730), de sociétés foncières solidaires (nºs 2685 s.) ou de certaines sociétés investissant outre-mer (nºs 91850 s.), ni avec la déduction des intérêts d'emprunts contractés pour souscrire au capital d'une société nouvelle ou d'une Scop (dispositif applicable aux emprunts contractés jusqu'au 31-12-2016 : nº 21970) ou pour souscrire au capital d'une société dans laquelle le contribuable exerce son activité principale (nº 23620).

La réduction d'impôt ne peut pas concerner des titres figurant dans un **plan d'épargne en actions** (nºs 26155 s.), un **compte PME innovation** (nºs 26210 s.), un **plan d'épargne salariale** (nºs 88680 s.), un **plan d'épargne retraite** (nºs 96580 s.) ou un **plan d'épargne avenir climat** (nºs 26190 s.).

SOUSCRIPTIONS DIRECTES

2610

La société bénéficiaire des versements doit remplir les conditions suivantes :

– répondre à la **définition européenne des PME** (nº 92650) ;

– ne **pas** être qualifiable d'**entreprise en difficulté** au sens de la réglementation européenne ;

– avoir son **siège de direction effective** dans un État membre de l'Union européenne, en Norvège, en Islande ou au Liechtenstein ;

– ne **pas** être **cotée** sur un marché réglementé ou sur un système multilatéral de négociation français ou étranger, sauf s'il s'agit d'un système multilatéral où la majorité des instruments négociés sont émis par des PME ;

– **exercer exclusivement** une activité industrielle, commerciale, artisanale, agricole ou libérale. Sont toutefois **exclues** les activités de gestion de patrimoine mobilier, les activités financières (y compris les activités de courtage et de change), les activités procurant des revenus garantis en raison d'un tarif réglementé de rachat de la production ou bénéficiant d'un contrat offrant un complément de rémunération, les activités immobilières ainsi que les activités de construction d'immeubles en vue de leur vente ou de leur location ;

– être soumise à l'**impôt sur les bénéfices** dans les conditions de droit commun (ou y être soumise dans les mêmes conditions si l'activité était exercée en France) ;

– compter au moins deux **salariés** à la clôture de l'exercice qui suit la souscription ou un salarié si la société est soumise à l'obligation de s'inscrire à la chambre des métiers et de l'artisanat.

Ses **actifs** ne doivent pas être constitués de façon prépondérante de métaux précieux, d'œuvres d'art, d'objets de collection, d'antiquités, de chevaux de course ou de concours, ou, sauf si l'objet même de l'activité consiste en leur consommation ou leur vente au détail, de vins ou d'alcools.

La société doit, **lors de l'investissement initial,** n'exercer son activité sur aucun marché, ou exercer son activité sur un marché depuis **moins de sept ans** après sa première vente commerciale ou encore avoir besoin d'un investissement en faveur du financement des risques qui, sur la base d'un plan d'entreprise établi en vue d'intégrer un nouveau marché géographique ou de produits, est supérieur à 50 % de son chiffre annuel moyen des cinq années précédentes. À compter du 1er janvier **2024,** la société doit, lors de l'investissement initial, n'exercer son activité sur aucun marché, ou exercer son activité sur un marché depuis **moins de dix ans** après son enregistrement ou **moins de sept ans** après sa première vente commerciale, ou encore avoir besoin d'un investissement initial qui, sur la base d'un plan d'entreprise établi en vue d'une nouvelle activité économique, est supérieur à 50 % de son chiffre annuel moyen des cinq années précédentes (Loi 2023-1322 du 29-12-2023 art. 48, I).

Enfin, le **montant total des versements** reçus au titre des souscriptions (directes et indirectes ou via un fonds d'investissement visé nº 2660) et des aides au titre du financement des risques sous la forme d'investissement en fonds propres ou quasi-fonds propres, de prêts, de garanties ou d'une combinaison de ces instruments ne doit pas excéder 15 millions d'euros (montant apprécié sur la durée de vie de la société).

› Précisions a. Les souscriptions effectuées au capital de **sociétés holdings animatrices de leur groupe** ouvrent droit à la réduction d'impôt si l'ensemble des conditions exposées ci-dessus sont remplies et si la société est constituée et contrôle au moins une filiale depuis au moins **douze mois.** Pour l'application de cette règle, une société holding animatrice s'entend d'une société qui, outre la gestion d'un portefeuille de participations, participe activement à la conduite de la politique de son groupe et au contrôle de ses filiales et rend, le cas échéant et à titre purement interne, des services spécifiques, administratifs, juridiques, comptables, financiers et immobiliers.

b. La réduction d'impôt est applicable aux souscriptions au capital des **entreprises solidaires d'utilité sociale (Esus)** (visées à l'article L 3332-17-1 du Code du travail) qui remplissent les conditions exposées ci-dessus, sous les réserves suivantes (CGI art. 199 terdecies-0 AA) :

– les **activités** financières, immobilières ou de construction d'immeubles ne sont pas exclues du dispositif. Toutefois, les activités immobilières ou de construction d'immeubles ne peuvent être exercées que par des entreprises de gestion immobilière à vocation sociale ;

– la condition tenant au stade de développement de l'activité est applicable aux Esus, mais l'entreprise doit exercer son activité sur un marché depuis **moins de dix ans** à compter de la date d'ouverture de l'exercice suivant celui au titre duquel le chiffre d'affaires hors taxe excède pour la première fois le seuil de 250 000 € (CGI ann. III art. 46 AI quinquies A) ;

c. La réduction d'impôt est également applicable aux souscriptions, réalisées entre le 1er janvier 2024 et le 31 décembre 2028, au capital des entreprises qui, à la date de la souscription :

– sont qualifiées de **jeunes entreprises innovantes** en application de l'article 44 sexies-0 A du CGI (nº 10400) (CGI art. 199 terdecies-0 A bis, issu de l'article 48, I-2º de la loi 2023-1322 du 29-12-2023) ;

– ou remplissent les conditions mentionnées à l'article 44 sexies-0 A précité et ont réalisé des **dépenses de recherche** représentant au moins **30 %** de leurs charges fiscalement déductibles, (CGI art. 199 terdecies-0 A ter, issu de l'article 48, I-2º de la loi précitée).

Si l'entreprise bénéficiaire des versements répond aux conditions posées par chacun des deux dispositifs, le contribuable doit opérer un choix, les deux dispositifs n'étant pas cumulables au titre d'une même fraction de versements.

d. Les sociétés doivent délivrer des **états individuels** aux souscripteurs (CGI ann. III art. 46 AI bis), que ces derniers doivent être en mesure de produire à la demande de l'administration.

SOUSCRIPTIONS PAR L'INTERMÉDIAIRE D'UNE SOCIÉTÉ HOLDING

2615 La souscription peut être effectuée au capital d'une société holding agissant en tant que société interposée (holding pure ou passive) qui a pour **objet** exclusif de détenir des **participations** dans des sociétés exerçant une des activités éligibles visée nº 2610.

La société holding doit satisfaire à l'ensemble des conditions mentionnées nº 2610, à l'exception de celles tenant à la nature de son activité, au stade de développement de son activité lors de l'investissement initial, au nombre de salariés et au montant total des versements.

La société holding doit, en outre, n'avoir pour **mandataires sociaux** que des personnes physiques et ne pas être associée ou actionnaire des sociétés dans lesquelles elle réinvestit (excepté en cas d'investissement de suivi remplissant les conditions visées nº 2600, précision d).

› Précisions La société holding doit communiquer à chaque investisseur, avant la souscription des titres, un **document d'information** précisant notamment la période de conservation des titres, les modalités prévues pour assurer la liquidité de l'investissement au terme de cette période, les risques de l'investissement, les modalités de calcul et la décomposition des frais et commissions, ainsi que le nom des prestataires de services d'investissement plaçant les titres. Elle doit en outre informer **annuellement** l'investisseur du montant détaillé des **frais et commissions** qu'il supporte.

Par ailleurs, la société holding doit adresser chaque année à l'administration fiscale un **état récapitulatif** des sociétés financées, des titres détenus et des montants investis.

Le non-respect de ces obligations est sanctionné par des amendes (CGI art. 1763 C).

MONTANT DE LA RÉDUCTION D'IMPÔT

2620 IRPP-IV-48200 s **Règles générales** La réduction d'impôt est en principe égale à 18 % du montant des versements effectués au titre de l'ensemble des souscriptions éligibles. Toutefois, le **taux** de la réduction d'impôt a été porté à 25 % pour les versements effectués du 10 août au 31 décembre 2020, du 9 mai au 31 décembre 2021, du 18 mars au 31 décembre 2022, du 12 mars au 31 décembre 2023.

Les versements sont retenus dans la **limite** annuelle de 50 000 € pour les contribuables célibataires, veufs ou divorcés, ou de 100 000 € pour les contribuables mariés ou pacsés, soumis à une imposition commune.

La **fraction** des investissements **excédant la limite** annuelle ouvre droit à la réduction d'impôt dans les mêmes conditions au titre des quatre années suivantes.

› Précisions **a.** En cas de souscription à une **augmentation de capital**, le montant retenu pour le calcul de la réduction d'impôt est égal à la valeur nominale des titres souscrits, augmentée, le cas échéant, de la **prime d'émission** unitaire (BOI-IR-RICI-90-10-10 nº 40).

b. En cas d'introduction en bourse sur un marché non réglementé comprenant à la fois une **augmentation de capital** et une **cession de titres existants,** seule est prise en compte dans l'assiette de la réduction d'impôt la part du versement affectée à l'augmentation de capital (BOI-IR-RICI-90-20-10 n° 10).

c. Le montant des **frais et commissions** directs et indirects imputés au titre d'un même versement par les sociétés holdings ou par les intermédiaires exerçant une activité de conseil ou de gestion est soumis, sous peine d'amende, à un **plafond** tenant compte du montant et de l'ancienneté du versement (Arrêté ECOT1811759A du 11-6-2018).

d. Le taux de la réduction d'impôt est maintenu à 25 % pour les versements effectués au titre de la souscription au capital des **Esus,** à compter d'une date fixée par décret et jusqu'au 31 décembre **2025** (Loi 2023-1322 du 29-12-2023 art. 49, I et III).

e. Les souscriptions au capital des **jeunes entreprises innovantes** ouvrent droit à une réduction d'impôt égale à 30 % des versements, retenus dans la limite annuelle de 75 000 € (personne seule) et de 150 000 € (couple). Celles en faveur des jeunes entreprises innovantes ayant réalisé des dépenses de recherche représentant au moins 30 % de leurs charges ouvrent droit à une réduction d'impôt égale à 50 % des versements, retenus dans la limite annuelle de 50 000 € (personne seule) et de 100 000 € (couple). Les versements excédant ces plafonds n'ouvrent pas droit à réduction d'impôt au titre des années suivantes. En outre, la réduction d'impôt maximale pouvant être obtenue sur la période du 1er janvier 2024 au 31 décembre 2028 au titre de l'un ou l'autre ou des deux dispositifs est limitée à 50 000 € (Loi précitée art. 48, I-2°).

f. Le montant des versements ouvrant droit à la présente réduction d'impôt « Madelin » vient en diminution du **plafond** applicable, la même année, à la réduction d'impôt afférente aux investissements dans les **sociétés foncières solidaires** (n° 2693).

Souscriptions au capital d'une société holding En cas de souscription au capital d'une société holding, le montant des versements du contribuable pris en compte pour l'assiette de la réduction d'impôt est **proportionnel** aux versements effectués par la société holding, avant la date de clôture de l'exercice au cours duquel le contribuable a versé sa souscription, au titre des souscriptions au capital de sociétés remplissant l'ensemble des conditions prévues pour le bénéfice de l'avantage fiscal. Les souscriptions à retenir sont celles effectuées avec les capitaux reçus par la société holding lors de la constitution de son capital initial ou de l'augmentation de capital à laquelle le contribuable a souscrit. 2630

La réduction d'impôt est en principe accordée au titre de l'année de la clôture de l'exercice de la société holding au cours duquel le contribuable a procédé au versement de sa souscription. Toutefois, lorsque cet exercice ne coïncide pas avec l'année civile, le contribuable peut en bénéficier au titre de l'année de son versement si les deux conditions suivantes sont remplies :

– la société holding investit au capital de sociétés éligibles, avant la fin de ladite année, la totalité des capitaux reçus au titre de l'opération à laquelle le contribuable a participé ;

– et les versements du contribuable et de la société holding interviennent au cours du même exercice (BOI-IR-RICI-90-20-10 n° 90).

Combinaison avec le plafonnement global La réduction d'impôt est prise en compte dans le calcul du plafonnement global des avantages fiscaux décrit nos 4840 s., sauf lorsqu'elle concerne des versements au profit des jeunes entreprises innovantes. Le **montant de la réduction d'impôt qui excède le plafond global** des avantages fiscaux peut être reporté sur l'impôt sur le revenu dû au titre des cinq années suivantes. 2635 IRPP-IV-48940 s

Cet excédent s'apprécie en tenant compte des versements effectués au cours de l'année en cause, des reports des versements excédant le plafond de la réduction d'impôt, ainsi que des reports de réductions d'impôt des années antérieures. En revanche, les avantages fiscaux (qu'ils soient soumis ou non au plafonnement global) dont le contribuable peut bénéficier par ailleurs ne sont pas pris en compte pour la détermination de cet excédent (BOI-IR-RICI-90-20-10 n° 220).

EXEMPLE

Au titre des revenus de l'année 2023, un contribuable marié bénéficie de la réduction d'impôt pour souscription au capital de PME pour un montant de 18 000 €. Le total des avantages fiscaux ne pouvant pas procurer une réduction de l'impôt supérieure à 10 000 € (n° 4860), le montant de la réduction d'impôt qui peut être imputé au titre de l'imposition des revenus de 2023 est de 10 000 €. Le montant (8 000 €) excédant celui du plafonnement global pourra être imputé sur l'impôt sur le revenu dû au titre des années 2024 à 2028.

Autre hypothèse : au titre des revenus de cette même année, ce contribuable réalise, en outre, des dépenses lui ouvrant droit, d'une part, au crédit d'impôt pour emploi d'un salarié à domicile d'un montant de 6 000 €, d'autre part, à la réduction d'impôt pour versement de dons d'un montant de 4 000 €. Dans ce cas, le montant de la réduction d'impôt pour souscription au capital de PME étant supérieur à celui du plafonnement global de 10 000 €, l'excédent reportable est déterminé sans tenir compte des autres réductions d'impôt : il est égal à 8 000 € (18 000 € – 10 000 €).

2637 Pour l'imposition des revenus de **2021,** une règle particulière s'est appliquée prenant en compte, pour le calcul du plafonnement global, le montant cumulé de la réduction d'impôt pour souscription au capital d'**entreprises solidaires d'utilité sociale** (Esus : n° 2610, précision b) et de la réduction d'impôt pour souscription au capital de **sociétés foncières solidaires** (n°s 2685 s.). Le montant de ces réductions d'impôt reportable sur l'impôt sur le revenu dû au titre des années 2022 à 2026 en est corrélativement affecté (Loi 2020-1721 du 29-12-2020 art. 112 ; Décret 2021-559 du 6-5-2021). Pour plus de précisions sur cette règle particulière, voir Mémento fiscal 2022 n° 2637.

REMISE EN CAUSE DE LA RÉDUCTION D'IMPÔT

2640 Le bénéfice de la réduction d'impôt est subordonné à la **conservation des titres** par le redevable, ainsi que par la société holding en cas de souscription indirecte, jusqu'au 31 décembre de la cinquième année suivant celle de la souscription. En outre, certaines **conditions d'éligibilité** au dispositif (absence de contrepartie pour les souscripteurs : n° 2600, précision a ; nature de l'activité, composition des actifs et localisation du siège social : n° 2610) doivent être satisfaites, de manière continue, pendant toute cette période.

En cas de **cession des titres,** ou si l'une de ces conditions cesse d'être remplie, avant l'expiration du délai de cinq ans, l'avantage fiscal obtenu fait l'objet d'une reprise au titre de l'année au cours de laquelle le redevable ou la société cesse de respecter l'engagement de conservation des titres ou l'une des conditions d'éligibilité.

Le **remboursement d'apports** aux souscripteurs avant le 31 décembre de la septième année suivant celle de la souscription entraîne également la remise en cause de l'avantage fiscal.

› Précisions a. La **date de la souscription** à retenir pour le décompte du délai de cinq ou sept ans s'entend de la date de souscription effective, c'est-à-dire celle à laquelle elle est effectivement libérée. Ainsi, lorsqu'une souscription donne lieu à plusieurs libérations partielles du capital, chacune de ces libérations doit être considérée comme une souscription distincte.

b. En cas de souscription par des personnes physiques en **indivision,** la cession de titres avant l'achèvement du délai d'indisponibilité entraîne la reprise des réductions d'impôt accordées à chacun des coïndivisaires (BOI-IR-RICI-90-10 n° 20).

c. En cas de **cession partielle** des titres par le contribuable ou la société holding, ou de **remboursement partiel** à ce contribuable ou à cette société, la réduction d'impôt n'est reprise que partiellement, à hauteur des titres cédés ou remboursés (BOI-IR-RICI-90-30 n° 180).

2645 **Exceptions** La réduction d'impôt n'est pas remise en cause dans les cas suivants :

– cession ou remboursement par suite d'**invalidité** relevant de la 2e ou de la 3e des catégories prévues par l'article L 341-4 du Code de la sécurité sociale, **décès ou licenciement** du souscripteur ou de son conjoint ou partenaire d'un Pacs soumis à une imposition commune. À cet égard, la rupture conventionnelle du contrat de travail n'est pas assimilée à un licenciement (BOI-IR-RICI-90-30 n° 70) ;

– **donation** des titres à une personne physique si le donataire reprend l'obligation de conservation des titres transmis et ne bénéficie pas du remboursement des apports avant le terme du délai légal. À défaut, la reprise de la réduction d'impôt est effectuée au nom du donateur ;

– **fusion ou scission** si les titres reçus en contrepartie sont conservés jusqu'au terme du délai de conservation des titres d'origine. La société issue de l'opération doit en outre respecter jusqu'au même terme les conditions d'éligibilité qui doivent être satisfaites en continu (n° 2640) ;

– annulation des titres pour cause de pertes ou de liquidation judiciaire, cession de titres réalisée dans le cadre d'une procédure de **redressement ou** de **liquidation judiciaire,** remboursement des apports à la suite d'une liquidation judiciaire ;

– **cession** des titres d'un associé minoritaire rendue **obligatoire** par un **pacte d'actionnaires ou d'associés** ou **procédure de retrait obligatoire** à l'issue d'une **offre publique,** si le cédant remploie, dans les douze mois, le prix de vente (diminué des impôts et taxes générés par cette cession) en souscrivant au capital de PME remplissant les conditions visées n° 2610, étant précisé que cette nouvelle souscription n'ouvre pas droit à réduction d'impôt. Les titres ainsi souscrits doivent être conservés jusqu'au terme du délai de conservation applicable aux titres cédés ;

– **offre publique d'échange** (OPE) lorsque les titres reçus lors de l'échange sont des titres de PME remplissant les conditions visées n° 2610. En cas de soulte d'échange, celle-ci (diminuée des impôts et taxes générés par son versement) doit être intégralement réinvestie dans les douze mois en souscription de titres de PME également éligibles, étant précisé que cette nouvelle souscription n'ouvre pas droit à réduction d'impôt. Les titres reçus lors de l'échange ou souscrits en remploi doivent être conservés jusqu'au terme du délai de conservation applicable aux titres échangés. En revanche, l'apport des titres à une **offre publique d'achat** (OPA) avant l'expiration du délai de conservation entraîne la remise en cause de la réduction d'impôt (BOI-IR-RICI-90-30 n° 90) ;

– **cession** des titres **plus de trois ans après la souscription,** quelle que soit la cause de cette cession, si le prix de vente (diminué des impôts et taxes générés par la cession) est intégralement **réinvesti** dans les douze mois dans des titres de PME remplissant les conditions visées n° 2610, étant précisé que cette nouvelle souscription n'ouvre pas droit à réduction d'impôt. Les titres souscrits en remploi doivent être conservés jusqu'au terme du délai de conservation des titres cédés.

2. SOUSCRIPTION DE PARTS DE FONDS D'INVESTISSEMENT

Les versements effectués par des personnes physiques, fiscalement domiciliées en France au sens de l'article 4 B du CGI, pour la souscription en **numéraire** de parts de fonds communs de placement dans l'innovation (**FCPI**) mentionnés à l'article L 214-30 du Code monétaire et financier ou de fonds d'investissement de proximité (**FIP**) mentionnés à l'article L 214-31 du même Code ou d'**organismes similaires** établis dans un État membre de l'**Union européenne,** en Islande, en Norvège ou au Liechtenstein peuvent ouvrir droit à réduction d'impôt. **2660** CGI art. 199 terdecies-0 A, VI et VII **IRPP-IV-160000 s**

> Précisions a. L'avantage fiscal ne s'applique pas aux souscriptions de parts, attribuées en fonction de la qualité de la personne, donnant lieu à des **droits différents** sur l'actif net ou sur les produits du fonds (parts dites de « carried interest »).

b. Les réductions d'impôt prévues au titre des souscriptions de parts de FCPI, de FIP, de FIP situés en Corse ou de FIP situés outre-mer (n° 92075) sont exclusives les unes des autres, pour les souscriptions dans un même fonds. Par ailleurs, les règles de **non-cumul avec d'autres avantages fiscaux** visées n° 2605 sont applicables à la présente réduction d'impôt.

CONDITIONS D'APPLICATION DE LA RÉDUCTION D'IMPÔT

L'octroi du bénéfice de l'avantage fiscal est soumis aux conditions suivantes : **2665**

– le contribuable doit s'engager à **conserver les parts** du fonds jusqu'au 31 décembre de la cinquième année suivant celle de la souscription ;

– le contribuable, son conjoint ou son partenaire de Pacs soumis à une imposition commune et leurs ascendants et descendants ne doivent **pas détenir** ensemble **plus de 10 % des parts** du fonds ni, directement ou indirectement, **plus de 25 % des droits dans les bénéfices** des sociétés dont les titres figurent à l'actif du fonds (ou avoir détenu ce pourcentage des droits à un moment quelconque au cours des cinq années précédant la souscription des parts du fonds) ;

– les versements doivent concerner des **fonds qui investissent** à hauteur de **70 % au moins** dans des sociétés remplissant les conditions prévues pour l'octroi de la réduction d'impôt au titre de la souscription directe au capital des PME (n° 2610), étant toutefois précisé que la limite d'ancienneté de l'exercice sur un marché est fixée à moins de dix ans après sa première vente commerciale s'agissant des investissements via des FCPI. L'actif des fonds doit en outre être constitué pour 40 % au moins de titres reçus en contrepartie de souscriptions au capital, de titres reçus en remboursement d'obligations ou de titres reçus en contrepartie d'obligations converties de sociétés respectant les conditions définies pour le quota d'investissement de 70 %.

> Précisions a. Les sociétés éligibles au **quota d'investissement** des fonds doivent respecter les règles d'encadrement communautaire des **aides d'État** (voir n° 92680).

Le quota d'investissement doit être atteint à hauteur de 50 % au moins **au plus tard** quinze mois à compter de la clôture de la période de souscription et à hauteur de 100 % au plus tard le dernier jour du quinzième mois suivant. La date de clôture de la période de souscription, fixée dans le prospectus complet du fonds, ne peut excéder quatorze mois à compter de la constitution du fonds. En cas de **non-respect** de ces délais, la société gestionnaire du fonds est redevable d'une amende (CGI art. 1763 C).

b. Les **souscripteurs** doivent être en mesure de produire, sur demande de l'administration, une copie de l'**engagement de conservation** des parts et l'**état individuel** délivré par la société de gestion du fonds ou le dépositaire des actifs du fonds attestant la réalité de la souscription (CGI ann. III art. 46 AI quater et 46 AI quinquies).

c. Les **fonds** doivent fournir chaque année à l'AMF, qui transmet ensuite les informations aux ministres chargés de l'économie et du budget, un **état récapitulatif** des sociétés financées, des titres détenus ainsi que des montants investis durant l'année (C. mon. fin. art. L 214-30-1 et L 214-32-1).

MONTANT DE LA RÉDUCTION D'IMPÔT

2670 La réduction d'impôt est en principe égale à 18 % du montant des versements effectués au cours de l'année d'imposition au titre de l'ensemble des souscriptions de parts de fonds. Toutefois, le **taux** de la réduction d'impôt a été porté à 25 % pour les versements effectués du 9 mai au 31 décembre 2021, du 18 mars au 31 décembre 2022 et du 12 mars 2023 au 31 décembre 2023.

En ce qui concerne les versements effectués au titre des souscriptions de parts de **FIP** dont l'actif est constitué d'au moins 70 % de titres de sociétés exerçant leur activité exclusivement en **Corse** (FIP Corse), le taux de la réduction d'impôt est égal à 30 %.

Les versements pour chacune des catégories (FCPI, FIP, FIP Corse) sont retenus, après imputation des droits ou frais d'entrée, dans la **limite annuelle** de 12 000 € pour les contribuables célibataires, veufs ou divorcés, ou de 24 000 € pour les contribuables mariés ou pacsés, soumis à une imposition commune. En outre, ces versements sont retenus à proportion du quota d'investissement visé n° 2665 que le fonds s'engage à atteindre.

La réduction d'impôt obtenue est prise en compte dans le calcul du **plafonnement global** des avantages fiscaux décrit n°s 4840 s.

> **Précisions** Le montant des **frais et commissions** directs et indirects imputés au titre d'un même versement par les gérants des fonds d'investissement ou les dépositaires des actifs de ces mêmes fonds, ou encore par les intermédiaires exerçant une activité de conseil ou de gestion est soumis, sous peine d'amende, à un **plafond** tenant compte du montant et de l'ancienneté du versement (Arrêté ECOT1811759A du 11-6-2018).
> Par ailleurs, l'investisseur doit être **informé chaque année** du montant détaillé de tous les frais et commissions, directs et indirects, qu'il supporte et des conditions dans lesquelles ces frais sont encadrés. Le non-respect de cette obligation est sanctionné par une amende (CGI art. 1763 C).

REMISE EN CAUSE DE LA RÉDUCTION D'IMPÔT

2680 Le bénéfice de la réduction d'impôt est subordonné à la conservation des parts de fonds par le redevable jusqu'au 31 décembre de la cinquième année suivant celle de la souscription. En outre, les autres conditions requises pour l'octroi de l'avantage fiscal (plafond de détention de parts, respect du quota d'investissement par le fonds) doivent être satisfaites, de manière continue, pendant toute cette période. La reprise est effectuée au titre de l'année au cours de laquelle le manquement est constaté.

> **Précisions** Aucune remise en cause n'est effectuée dans le cas où la rupture de l'engagement de conservation des parts résulte d'un **décès**, d'une **invalidité** ou d'un **licenciement** : voir n° 2645. Il en est de même en cas de **donation** des parts dont la souscription a ouvert droit à la réduction d'impôt, l'obligation de conservation étant transférée au donataire (BOI-IR-RICI-100 n° 260).

3. SOUSCRIPTION AU CAPITAL DE SOCIÉTÉS FONCIÈRES SOLIDAIRES

2685 *CGI art. 199 terdecies-0 AB* *IRPP-IV-56000 s*

Une réduction d'impôt est accordée aux personnes physiques fiscalement domiciliées en France au sens de l'article 4 B du CGI qui effectuent des versements au titre de la **souscription en numéraire** au **capital initial** ou aux **augmentations de capital** de certaines sociétés immobilières, dites « sociétés foncières solidaires », exerçant leur activité dans le domaine du logement social ou à vocation agricole, en faveur d'un public fragile.

Les versements reçus par les entreprises bénéficiaires présentent le caractère d'**aides d'État** au sens de la réglementation européenne, dont les règles d'**encadrement** sont exposées n° 92720).

> **Précisions** **a.** L'avantage fiscal est applicable aux souscriptions effectuées par des personnes physiques en **indivision**.
> **b.** Les souscriptions doivent conférer aux souscripteurs les seuls **droits résultant de la qualité d'actionnaire ou d'associé**, à l'exclusion de toute autre contrepartie, notamment sous la forme de garantie en capital, de tarifs préférentiels ou d'accès prioritaire aux biens produits ou aux services rendus par la société.
> **c.** Le contribuable doit être en mesure de présenter, à la demande de l'administration fiscale, un **récépissé de sa souscription,** attestant de son montant, de la date du versement et du respect, par l'entreprise au capital de laquelle il souscrit, des conditions prévues n°s 2689 à 2691 pour l'exercice au cours duquel est effectuée la souscription.

2687 **Règles de non-cumul** La réduction d'impôt ne peut pas se cumuler, au titre de la même fraction de versements, avec les **réductions d'impôt** prévues en cas de souscription d'un emprunt pour la reprise d'une PME (n°s 2770 s.), de souscription au capital de PME (n°s 2600 s.) ou de certaines sociétés investissant outre-mer (nos 91850 s.), ni avec la déduction des intérêts d'emprunts contractés pour souscrire au capital d'une société dans laquelle le contribuable exerce son activité principale (no 23620).

La réduction d'impôt ne peut pas concerner des titres figurant dans un **plan d'épargne en actions** (nos 26155 s.), un **compte PME innovation** (nos 26210 s.), un **plan d'épargne salariale** (nos 88680 s.) ou un **plan d'épargne retraite** (nos 96580 s.) ou un **plan d'épargne avenir climat** (nos 26190 s.).

CONDITIONS REQUISES DES SOCIÉTÉS BÉNÉFICIAIRES DES SOUSCRIPTIONS

La société foncière bénéficiaire de la souscription doit être **agréée** « **entreprise solidaire d'utilité sociale** » (Esus), conformément à l'article L 3332-17-1 du Code du travail. 2689

Elle doit exercer à titre principal :

– soit l'**activité** de maîtrise d'ouvrage d'opérations d'acquisition, de construction ou de réhabilitation de logements, ou de structures d'hébergement en tant que propriétaire ou preneur de bail à construction, emphytéotique ou de bail à réhabilitation, ou l'activité d'intermédiation locative et de gestion locative sociale (activités mentionnées au 1° ou au 3° de l'article L 365-1 du CCH) ;

– soit une activité d'acquisition et de gestion par bail rural de biens ruraux bâtis et non bâtis dans le respect de certaines conditions tenant à l'activité elle-même (absence d'activité d'exploitation, poursuite d'objectifs de protection du milieu naturel ou forestier et de l'agriculture...), aux baux conclus (preneurs en situation de fragilité, clauses environnementales) et à l'engagement de la société de ne pas céder à titre onéreux les biens acquis pendant une durée minimale de vingt ans, sauf circonstances exceptionnelles.

Elle doit rendre aux **personnes en situation de fragilité** du fait de leur situation économique ou sociale un **service d'intérêt économique général** (au sens de la réglementation européenne : no 92720) en mettant à leur disposition les biens et services fonciers visés ci-dessus pour un **tarif** inférieur à celui du **marché de référence** dans lequel elle intervient et en favorisant l'accès de ses bénéficiaires en situation de fragilité économique ou sociale à ces biens et services fonciers, par un accompagnement spécifique.

Les missions effectuées par l'entreprise bénéficiaire pour l'exécution de ce service, ainsi que les obligations correspondantes, sont décrites par une **convention** conclue avec l'autorité publique qui tient lieu de mandat au sens de la réglementation européenne. Cette convention est conclue pour une **durée** n'excédant pas dix ans et est reconductible par périodes de dix ans.

> Précisions a. Les sociétés foncières solidaires concernées interviennent dans trois **secteurs d'activité** :

– le secteur des services sociaux et d'insertion relatifs au logement social, visant à l'insertion dans des logements dits « très sociaux » de personnes précarisées (**foncières de logement et d'insertion**) ;

– le secteur des services sociaux relatifs à l'hébergement social de personnes âgées, dépendantes ou en perte d'autonomie (**foncières pour personnes dépendantes**) ;

– le secteur des services visant à installer ou maintenir des agriculteurs respectant les exigences des systèmes de production agroécologiques (**foncières solidaires agricoles**).

Les critères de définition des **personnes en situation de fragilité** économique ou sociale, en fonction de leur niveau de ressources, le **marché de référence** à considérer et les modalités de calcul de l'écart requis entre, d'une part, les **tarifs** pratiqués par la société foncière solidaire et, d'autre part, les tarifs moyens observés sur le marché de référence sont fixés distinctement pour chacun de ces secteurs d'activité (Décret 2020-1186 du 29-9-2020). De même, la fraction minimale que les personnes fragiles doivent représenter au sein de l'ensemble des bénéficiaires de la foncière solidaire est définie en fonction du secteur d'activité (Arrêtés ECOT2015762A, ECOT2015763A et ECOT2015766A du 29-9-2020).

b. La société foncière solidaire doit délivrer au souscripteur qui lui en fait la demande le **récépissé** visé no 2685 et lui communiquer, avant la souscription, un **document d'information** précisant notamment la période de conservation à respecter, les conditions de revente des titres ou parts au terme de la période de conservation, les conditions de remboursement des apports, les risques engendrés par l'opération, ainsi que les modalités de calcul et la décomposition de tous les frais et commissions, directs et indirects.

Elle doit également tenir un **registre des souscriptions** ayant donné lieu à délivrance d'un récépissé.

Elle doit enfin transmettre chaque année avant le 31 janvier, à l'autorité publique signataire de la convention, une **déclaration** certifiant du respect de la fraction minimale de publics en situation de fragilité et comportant les éléments de justification du plafond de collecte visé no 2691 (Décret précité du 29-9-2020 art. 13 et 16)

Caractéristiques des titres souscrits

Les titres financiers ou parts sociales ayant fait l'objet des souscriptions ouvrant droit à la réduction d'impôt sont soumis aux règles suivantes : 2690

– l'entreprise ne doit pas procéder à la distribution de dividendes ;

– les titres ou parts souscrits ne peuvent pas être cédés à un prix excédant leur valeur d'acquisition, majorée d'un taux de rendement annuel : ce taux est plafonné à la somme du taux du livret A en vigueur au premier jour du mois de la date de la cession et, le cas échéant, d'une majoration fixée à 0,75 % (Arrêté ECOT2015765A du 29-9-2020) ;

– les statuts de l'entreprise peuvent prévoir des modalités de revalorisation des titres ou parts.

2691 **Plafonnement du montant des souscriptions ouvrant droit à réduction d'impôt** Le montant total des versements ouvrant droit au bénéfice de la réduction d'impôt au titre de l'exercice de souscription est **plafonné,** selon le cas, à **40 millions d'euros** (entreprises de maîtrise d'ouvrage ou d'intermédiation locative et de gestion locative sociale) ou à **15 millions d'euros** (entreprises exerçant leur activité en matière de biens ruraux) ou, s'il est **inférieur** à ces sommes, à un **montant spécifique** à la société foncière solidaire prenant en compte notamment le service rendu, le surcoût lié à l'accompagnement spécifique des personnes en situation de fragilité et le montant des aides publiques.

La condition de plafonnement est appréciée sur toute la durée de la convention visée n° 2689 (Décret 2020-1186 du 29-9-2020 art. 11) et il doit en être justifié sur la déclaration visée n° 2689, précision b.

MONTANT DE LA RÉDUCTION D'IMPÔT

2693 La réduction d'impôt est en principe égale à **18 %** du montant des versements effectués au titre de l'ensemble des souscriptions éligibles. Toutefois, le taux de la réduction d'impôt est porté à **25 %** pour les versements effectués jusqu'au 31 décembre **2025** (Loi 2023-1322 du 29-12-2023 art. 49, II).

Les versements sont retenus dans la **limite** annuelle d'un montant de 50 000 € pour les contribuables célibataires, veufs ou divorcés, ou de 100 000 € pour les contribuables mariés ou pacsés, soumis à une imposition commune, diminué du montant des versements ouvrant droit à la réduction d'impôt « Madelin » (nos 2600 s.).

La **fraction** des investissements **excédant la limite** annuelle ouvre droit à la réduction d'impôt dans les mêmes conditions au titre des quatre années suivantes.

La réduction d'impôt est accordée au titre de l'**année** de la clôture de l'exercice de l'entreprise bénéficiaire des versements.

› Précisions **a.** En cas de souscription en **indivision,** chaque membre de l'indivision peut bénéficier de la réduction d'impôt à concurrence de la fraction de la part de sa souscription représentative de titres reçus en contrepartie de souscriptions au capital des entreprises répondant aux conditions énoncées nos 2689 à 2691.

b. La réduction d'impôt est prise en compte dans le calcul du **plafonnement global** des avantages fiscaux décrit nos 4840 s. Le montant de la réduction d'impôt qui **excède le plafond** global des avantages fiscaux peut être reporté sur l'impôt sur le revenu dû au titre des cinq années suivantes. Cet excédent s'apprécie en tenant compte des versements effectués au cours de l'année en cause, des reports des versements excédant le plafond de la réduction d'impôt, ainsi que des reports de réductions d'impôt des années antérieures.

Pour l'imposition des revenus de **2021,** ce dispositif s'est appliqué suivant des modalités particulières susceptibles d'affecter les **reports** de réductions d'impôt sur l'impôt sur le revenu dû au titre des années 2022 à 2026 (voir n° 2637).

REMISE EN CAUSE DE LA RÉDUCTION D'IMPÔT

2695 Le bénéfice de la réduction d'impôt est subordonné à la **conservation des titres** par le redevable jusqu'au 31 décembre de la cinquième année suivant celle de la souscription.

Le **remboursement d'apports** au souscripteur avant le 31 décembre de la septième année suivant celle de la souscription entraîne également la remise en cause de l'avantage fiscal, sauf si le remboursement fait suite à la liquidation judiciaire de l'entreprise.

La **reprise** est effectuée au titre de l'année au cours de laquelle le manquement est constaté.

› Précisions **a.** Les mêmes conditions de conservation et de non-remboursement d'apports s'appliquent à l'**indivision.** Le non-respect de l'engagement de conservation par l'un des coïndivisaires ou le remboursement d'apports à l'un d'eux entraîne la remise en cause de la réduction d'impôt pour l'indivision.

b. Aucune remise en cause n'est effectuée dans le cas où la rupture de l'engagement de conservation des titres résulte d'un **décès,** d'une **invalidité** ou d'un **licenciement** : voir n° 2645. Il en est de même en cas de **donation** des parts dont la souscription a ouvert droit à la réduction d'impôt, l'obligation de conservation étant transférée au donataire.

c. Lorsque le non-respect de la condition de conservation résulte d'une **fusion** ou d'une **scission,** l'avantage fiscal n'est pas remis en cause si les titres reçus en contrepartie sont conservés jusqu'au même terme.

d. La réduction d'impôt n'est pas remise en cause lorsque la condition de conservation n'est pas respectée par suite d'une **annulation des titres** pour cause de pertes ou de liquidation judiciaire ou d'une **cession** réalisée dans le cadre d'une procédure de **redressement ou** de **liquidation judiciaire.**

e. La réduction d'impôt étant subordonnée au respect de la réglementation européenne (n° 2685), elle est également susceptible d'être remise en cause en cas de **non-respect, par l'entreprise bénéficiaire** des souscriptions, des conditions visées nos 2689 à 2691. Le souscripteur peut toutefois se retourner contre l'entreprise à l'origine de l'erreur ou de la fraude par la voie d'une action récursoire en contentieux civil indemnitaire (en ce sens, débats AN 14-12-2019 n° 1036).

4. SOUSCRIPTION AU CAPITAL D'ENTREPRISES DE PRESSE

Une réduction d'impôt est accordée aux personnes physiques fiscalement domiciliées en France au sens de l'article 4 B du CGI qui effectuent des versements au titre de la **souscription directe en numéraire** au **capital initial** ou aux **augmentations de capital** de sociétés soumises à l'impôt sur les sociétés dans les conditions de droit commun éditant une ou plusieurs publications ou services de presse en ligne d'information politique et générale ou une ou plusieurs publications ou services de presse en ligne consacrés pour une large part à l'information politique et générale. **2700** CGI art. 199 terdecies-0 C IRPP-IV-15000 s

Cette réduction d'impôt s'applique également lorsque les versements en cause sont effectués au bénéfice de sociétés dont l'objet statutaire exclusif est de détenir des participations au capital de sociétés de presse telles que définies ci-dessus et qui regroupent exclusivement des actionnaires individuels (**sociétés « d'amis » ou de « lecteurs »**).

L'avantage fiscal concerne les versements effectués **jusqu'au 31 décembre 2024.**

> Précisions **a.** La réduction d'impôt ne s'applique pas aux titres figurant dans un **plan d'épargne** en actions (nos 26155 s.), un **compte PME innovation** (nos 26210 s.), un plan d'épargne entreprise ou interentreprises, ou un plan d'épargne pour la retraite collectif (nos 88680 s.).

En outre, elle **ne peut se cumuler,** au titre de la même fraction de versements, avec les **réductions d'impôt** prévues en cas de souscription au capital d'une PME (nos 2600 s.), de souscription d'un emprunt pour la reprise d'une PME (nos 2770 s.) ou de souscription au capital de certaines sociétés investissant outre-mer (nos 91850 s.).

b. Le **souscripteur** doit être en mesure de produire, sur demande de l'administration, l'**état individuel** délivré par la société bénéficiaire de la souscription ainsi que les **justificatifs** relatifs à la durée de détention des titres. En cas de souscription indirecte, le contribuable doit également pouvoir produire l'**attestation de réinvestissement** délivré par la société « d'amis » ou de « lecteurs » (CGI ann. III art. 46 AI septies).

c. Le bénéfice de la réduction d'impôt est subordonné au respect, par la société bénéficiaire de la souscription, de la **réglementation européenne** concernant les aides de minimis : voir nos 92660 s.

MONTANT DE LA RÉDUCTION D'IMPÔT

Règles générales La réduction d'impôt est calculée sur la base des sommes effectivement versées au cours de l'année d'imposition au titre des souscriptions, retenues dans une **limite annuelle** égale à 10 000 € pour les contribuables célibataires, veufs ou divorcés, ou à 20 000 € pour les contribuables mariés ou pacsés soumis à une imposition commune. **2703**

Le taux de la réduction d'impôt est en principe égal à **30 %.** Il est porté à **50 %** lorsque la société bénéficiaire de la souscription a un statut d'entreprise solidaire de presse d'information.

Le montant de la réduction d'impôt est pris en compte dans le calcul du **plafonnement global** des avantages fiscaux (nos 4840 s.).

Souscriptions indirectes Le montant des versements du contribuable au capital d'une société intermédiaire (société « d'amis » ou de « lecteurs ») pris en compte pour l'assiette de la réduction d'impôt est **proportionnel** aux versements effectués par la société intermédiaire au titre des souscriptions au capital de sociétés de presse, lors de l'exercice au cours duquel le contribuable a procédé aux versements correspondant à sa souscription, par rapport à l'ensemble des versements reçus par la société intermédiaire au cours de ce même exercice et afférents à la même souscription. Les versements ainsi calculés sont retenus dans la limite annuelle mentionnée n° 2703. La réduction d'impôt est accordée au titre de l'année de la clôture de l'exercice de la société intermédiaire au cours duquel le contribuable a procédé au versement de sa souscription, au taux de **30 %,** porté à **50 %** lorsque la société intermédiaire a pour objet exclusif de détenir des participations dans des entreprises solidaires de presse d'information. **2706**

> Précisions Les versements pris en compte pour le calcul de la fraction éligible sont ceux reçus par la société intermédiaire au titre des apports réalisés par l'ensemble des souscripteurs, soit dans le cadre de la souscription au capital initial, soit à raison d'une augmentation de capital donnée à laquelle le contribuable a participé (BOI-IR-RICI-370 n° 139).

REMISE EN CAUSE DE LA RÉDUCTION D'IMPÔT

2710 Lorsque tout ou partie des titres souscrits directement ou indirectement par le contribuable et ayant donné lieu à réduction d'impôt est cédé avant le 31 décembre de la cinquième année suivant celle de la souscription, la réduction d'impôt obtenue donne lieu à **reprise** au titre de l'année de **cession.**

Toutefois, il n'est procédé à **aucune** reprise en cas de :

– décès ou invalidité relevant de la 2e ou de la 3e des catégories prévues par l'article L 341-4 du Code de la sécurité sociale ou licenciement du contribuable (ou de l'un des époux ou partenaires d'un Pacs, soumis à une imposition commune) ;

– annulation des titres suite à une liquidation judiciaire ou pour cause de perte (BOI-IR-RICI-370 n° 240) ;

– fusion, scission ou offre publique d'échange (OPE) si les titres reçus en contrepartie sont conservés jusqu'au terme du délai de conservation des titres d'origine (BOI-IR-RICI-370 n° 250).

5. SOUSCRIPTION AU CAPITAL DE SOFICA

2730 Les personnes physiques fiscalement domiciliées en France au sens de l'article 4 B du CGI qui effectuent **jusqu'au 31 décembre 2026** des **souscriptions en numéraire** au capital initial ou aux augmentations de capital de sociétés pour le financement d'œuvres cinématographiques ou audiovisuelles (Sofica) agréées par le ministère de la culture bénéficient d'une réduction d'impôt, à condition que le capital de la Sofica ait été préalablement agréé par le ministère du budget.

CGI art. 199 unvicies et 238 bis HE
IRPP-IV-68000 s

Cette **réduction d'impôt** est **égale à 30 %** des sommes effectivement versées au titre des souscriptions au cours de l'année d'imposition, retenues dans la double limite de 25 % du revenu net global et de 18 000 € (soit une réduction d'impôt maximale annuelle de 5 400 €). Le taux est porté **à 36 %** (soit une réduction d'impôt maximale annuelle de 6 480 €) lorsque la société bénéficiaire de la souscription s'engage à réaliser au moins 10 % de ses investissements directement dans le capital de sociétés de réalisation avant le 31 décembre de l'année suivant celle de la souscription.

Il est porté **à 48 %** (soit une réduction d'impôt maximale annuelle de 8 640 €) lorsque, d'une part, la société bénéficiaire de la souscription réalise au moins 10 % de ses investissements directement dans le capital de sociétés de réalisation avant le 31 décembre de l'année suivant celle de la souscription et, d'autre part, s'engage à consacrer dans le délai d'un an à compter de sa création :

– soit au moins 10 % de ses investissements à des dépenses de développement d'œuvres audiovisuelles de fiction, de documentaire et d'animation sous forme de séries, effectuées par les sociétés de réalisation au capital desquelles la société a souscrit ;

– soit au moins 10 % de ses investissements à des versements en numéraire réalisés par contrats d'association à la production, en contrepartie de l'acquisition de droits portant exclusivement sur les recettes d'exploitation des œuvres cinématographiques ou audiovisuelles à l'étranger.

Le montant de la réduction d'impôt est pris en compte dans le calcul du **plafonnement global** des avantages fiscaux (nos 4840 s.).

Lorsque tout ou partie des **titres** ayant donné lieu à réduction d'impôt est **cédé** avant le 31 décembre de la cinquième année suivant celle du versement effectif, la réduction d'impôt obtenue donne lieu à **reprise** au titre de l'année de cession (sauf si la cession résulte du décès de l'un des époux ou partenaires d'un Pacs soumis à imposition commune).

> Précisions **a.** Le **dispositif**, qui devait prendre fin le 31 décembre 2023, a été **prorogé** jusqu'au 31 décembre 2026 par l'article 13 de la loi 2023-1322 du 29 décembre 2023.

b. Les **investissements** réalisés par les Sofica peuvent prendre la forme de souscriptions au capital de sociétés de **réalisation** d'œuvres cinématographiques (CGI art. 238 bis HG, a), de versement en numéraire par contrat d'association à la **production** d'œuvres cinématographiques (CGI art. 238 bis HG, b) ou par contrat d'association à la **distribution** de ces œuvres (CGI art. 238 bis HG, c).

c. Pour **l'appréciation de la limite de 25 %**, le revenu net global s'entend de l'ensemble des revenus nets catégoriels (y compris les revenus imposés selon un système de quotient, pour leur montant total avant division par le quotient), sous déduction éventuelle des déficits globaux antérieurs reportables, de la part déductible de la CSG sur les revenus du patrimoine et de l'ensemble des charges du revenu global. Ne sont pris en compte ni les plus-values taxées à un taux proportionnel, ni l'abattement accordé aux personnes âgées ou invalides de situation modeste, ni l'abattement octroyé aux parents rattachant à leur foyer fiscal des enfants mariés, pacsés ou chargés de famille (BOI-IR-RICI-180-20 n° 140).

d. La fraction des versements effectués au titre de souscriptions ayant donné lieu à la réduction d'impôt ne peut pas ouvrir droit à la **réduction d'impôt** prévue en cas de souscription au capital d'une PME (nos 2600 s.). De même, les titres dont la souscription a ouvert droit à la réduction d'impôt ne peuvent pas figurer sur un **plan d'épargne en actions** (nos 26155 s.) ni dans un **compte PME innovation** (nos 26210 s.).

e. Le **souscripteur** doit être en mesure de produire, sur demande de l'administration, le **relevé** de souscription délivré par la Sofica, ainsi que, en cas d'application du taux majoré, une copie de l'annexe à la décision d'agrément du capital de la Sofica sur laquelle figurent les **engagements** pris par celle-ci (CGI ann. III art. 46 quindecies E).

6. INTÉRÊTS D'EMPRUNT POUR LA REPRISE D'UNE PME

Les personnes physiques, fiscalement domiciliées en France au sens de l'article 4 B du CGI, peuvent bénéficier d'une réduction d'impôt à raison des intérêts des **emprunts** qu'elles ont **contractés avant le 1er janvier 2012** pour acquérir, dans le cadre d'une opération de reprise, une fraction du capital d'une société non cotée. **2770** CGI art. 199 terdecies-0 B IRPP-IV-17400 s

La réduction d'impôt s'applique aussi longtemps que ces personnes supportent la charge d'intérêts, pour autant que les conditions requises par la loi sont respectées.

CONDITIONS D'APPLICATION DE LA RÉDUCTION D'IMPÔT

Ouvrent droit à la réduction d'impôt les intérêts des emprunts contractés jusqu'au 31 décembre 2011 pour acquérir, dans le cadre d'une opération de reprise, des titres d'une société, lorsque les conditions suivantes sont remplies : **2780**

a. l'acquéreur a pris l'**engagement de conserver les titres** de la société reprise jusqu'au 31 décembre de la cinquième année suivant celle de l'acquisition ;

b. les parts ou actions acquises dans le cadre de l'opération de reprise ont conféré à l'acquéreur **25 % au moins des droits** de vote et des droits dans les bénéfices sociaux de la société reprise. Ce pourcentage est apprécié en tenant également compte, lorsque ces personnes ont participé à la même opération de reprise, des droits détenus par le conjoint de l'acquéreur ou son partenaire de Pacs, ainsi que leurs ascendants et descendants et, si l'acquéreur est un salarié, les autres salariés de cette même société ;

c. depuis l'acquisition, l'acquéreur ou l'un des autres associés mentionnés au b ci-dessus exerce effectivement dans la société reprise l'une des **fonctions de direction** (gérant, président, directeur général, etc.) énumérées n° 72820, et dans les conditions prévues n° 72825 ;

d. les **titres** de la société reprise n'étaient pas, à la date d'acquisition, admis aux négociations sur un **marché** réglementé français ou étranger ;

e. la société reprise a son **siège social** dans un État membre de l'Union européenne, en Islande, en Norvège ou au Liechtenstein et est soumise à l'**impôt sur les sociétés** dans les conditions de droit commun ou y serait soumise dans les mêmes conditions si l'activité était exercée en France ;

f. la société reprise répondait, à la date à laquelle le seuil de 25 % mentionné au b a été franchi, à la **définition européenne des PME** (n° 92650) ;

g. la société reprise exerce une **activité** commerciale, industrielle, artisanale, libérale ou agricole. La reprise d'une société ayant pour activité la gestion de son propre patrimoine mobilier ou immobilier est exclue, sauf si cette activité de gestion présente un caractère accessoire (BOI-IR-RICI-130-10 n° 520).

› Précisions **a.** Lorsque le **contribuable détenait déjà une participation** dans la société reprise, la condition de détention minimale du capital social s'apprécie en tenant compte des seuls nouveaux titres de la société reprise acquis par le contribuable (BOI-IR-RICI-130-10 n° 100).

b. L'exercice d'une **profession libérale** dans la société reprise (société constituée sous la forme d'une société anonyme, d'une société à responsabilité limitée ou d'une société en commandite par actions) est assimilé, pour l'application de la réduction d'impôt, à l'exercice d'une fonction de direction (BOI-IR-RICI-130-10 n° 180).

c. La réduction d'impôt ne peut pas concerner des titres figurant dans un **plan d'épargne** en actions, un plan d'épargne entreprise ou interentreprises, ou un plan d'épargne pour la retraite collectif (nos 88680 s.), ni la fraction des versements effectués au titre de souscriptions ayant ouvert droit à la **réduction d'impôt** liée aux investissements dans les **PME** (nos 2600 s.) ou aux souscriptions au capital des **sociétés foncières solidaires** (nos 2685 s.).

En outre, les intérêts ouvrant droit à la présente réduction d'impôt ne peuvent pas ouvrir droit à la **déduction** des intérêts des emprunts contractés pour souscrire au capital d'une Scop (n° 21970) ou au capital d'une société dans laquelle le contribuable exerce son activité principale (n° 23620).

d. Les contribuables doivent être en mesure de produire, sur demande de l'administration, l'**état individuel** délivré par la société reprise et les **justificatifs** relatifs au montant des intérêts retenus chaque année et à la durée de détention des titres.

MONTANT DE LA RÉDUCTION D'IMPÔT

2790 La réduction d'impôt est égale à **25 %** du montant des intérêts payés au cours de l'année d'imposition à raison des emprunts contractés pour reprendre la société.

Les intérêts sont retenus dans une **limite annuelle** de 20 000 € pour les contribuables célibataires, veufs ou divorcés, et de 40 000 € pour les personnes mariées ou pacsées, soumises à une imposition commune.

REMISE EN CAUSE DE LA RÉDUCTION D'IMPÔT

2800 Les réductions d'impôt obtenues font l'objet d'une reprise lorsque le contribuable ne respecte pas son engagement de conservation des titres de la société pendant cinq ans ou lorsque l'un des événements suivants survient **dans les cinq ans** suivant l'année d'acquisition des titres : remboursement des apports, perte de la détention d'au moins 25 % des droits de vote et des droits dans les bénéfices sociaux, cessation d'exercice des fonctions de direction dans les conditions requises, transfert du siège de la société hors de la zone géographique visée n° 2780, e, cessation d'assujettissement à l'impôt sur les sociétés, exercice d'une activité autre qu'une activité commerciale, industrielle, artisanale, libérale ou agricole. Dans ces différents cas, la reprise est effectuée au titre de l'année au cours de laquelle l'événement se produit.

En cas de cession des titres ou de survenance de l'un des événements précités **au-delà du 31 décembre de la cinquième année** suivant celle de l'acquisition, les réductions d'impôt déjà obtenues ne sont pas remises en cause, mais le contribuable ne peut plus bénéficier de l'avantage fiscal à compter du 1er janvier de l'année au cours de laquelle se produit l'événement.

› Précisions a. En cas de **cession partielle des titres** ou de **remboursement partiel des apports** survenant dans les cinq ans qui suivent l'année d'acquisition des titres, les réductions d'impôt précédemment obtenues ne sont reprises que partiellement, à hauteur du nombre de titres cédés ou remboursés (BOI-IR-RICI-130-20 n° 230). Lorsque la cession partielle ou le remboursement partiel surviennent au-delà de ce délai de cinq ans, le contribuable peut continuer à bénéficier de la réduction d'impôt à hauteur des intérêts payés à raison de l'emprunt contracté pour l'acquisition des titres qui sont toujours en sa possession (BOI-IR-RICI-130-20 n° 290).

b. Il n'est procédé à aucune reprise des avantages obtenus lorsque la rupture de l'engagement de conservation des titres de la société, le remboursement des apports ou le non-respect des conditions tenant à l'acquisition d'une fraction minimale du capital social et à l'exercice d'une fonction de direction dans la société résulte de l'**invalidité** de l'acquéreur relevant de la 2e ou de la 3e des catégories prévues par l'article L 341-4 du Code de la sécurité sociale ou du **décès** de l'acquéreur. De même, aucune reprise n'est opérée lorsque la rupture de l'engagement de conservation des titres de la société ou le remboursement des apports intervient à la suite d'une annulation de ces titres pour cause de **pertes** ou de **liquidation judiciaire,** ou à la suite d'une **fusion** ou d'une **scission,** et si les titres reçus en contrepartie de ces opérations sont conservés par l'acquéreur jusqu'au terme du délai initial de cinq ans.

7. INVESTISSEMENTS « DUFLOT » ET « PINEL »

2805 CGI art. 199 novovicies IRPP-IV-111000 s Les particuliers qui acquièrent, depuis 2013, des logements neufs ou assimilés destinés à la location dans le secteur intermédiaire peuvent bénéficier d'une **réduction d'impôt,** répartie sur la durée de l'engagement de location.

Cette réduction d'impôt, initialement appelée dispositif **« Duflot »** pour les investissements réalisés du 1er janvier 2013 au 30 août 2014, a été aménagée et renommée dispositif **« Pinel »** pour les investissements réalisés depuis le 1er septembre 2014. Par ailleurs, l'avantage fiscal a été étendu, depuis 2019, à certains investissements réalisés dans les logements anciens (dispositif dit **« Denormandie ancien »** : voir nos 2820 s.).

Remarque : Pour certains investissements réalisés jusqu'au 31 mars 2013, les contribuables ont pu choisir entre le dispositif « Duflot » et le **dispositif « Scellier »** (voir n° 2890) (sans cumul possible des deux régimes pour un même investissement).

BÉNÉFICIAIRES

2806 IRPP-IV-111100 s La réduction d'impôt « Duflot » ou « Pinel » bénéficie aux **personnes physiques fiscalement domiciliées en France** au sens de l'article 4 B du CGI qui achètent un logement directement ou par l'intermédiaire d'une société de personnes non soumise à l'impôt sur les sociétés (associés de SCI notamment). Elle profite également aux personnes qui souscrivent des parts de sociétés civiles de placement immobilier (SCPI).

Pour les investissements réalisés depuis 2019, les contribuables qui changent de domiciliation fiscale après leurs investissements conservent le bénéfice de l'avantage fiscal pendant la durée de l'engagement de location.

> Précisions **a.** Pour les **investissements réalisés avant 2019,** le bénéfice de la réduction d'impôt est réservé aux personnes fiscalement domiciliées en France et imposées à raison des revenus de l'immeuble dans la catégorie des revenus fonciers pendant toute la durée de l'engagement de location.

b. L'avantage fiscal n'est pas applicable aux titulaires de droits démembrés (**nu-propriétaire, usufruitier**). Une exception est toutefois prévue en cas de décès de l'un des conjoints (voir nº 2817).

c. En cas de réalisation d'un investissement en **indivision,** chaque indivisaire peut bénéficier du dispositif à hauteur de sa quote-part, sous réserve du respect des engagements prévus.

INVESTISSEMENTS CONCERNÉS

Hormis les périodes de réalisation qui se succèdent (nº 2805), les investissements ouvrant droit aux dispositifs « Duflot » et « Pinel » sont de même nature. Sont concernés : **2807** IRPP-IV-111300 s

– les **logements** acquis **neufs** entre le 1er janvier 2013 et le 31 décembre 2024. La réduction d'impôt s'applique si l'acte authentique d'achat est signé entre le 1er janvier 2013 et le 31 décembre 2024, quelle que soit la date de la promesse de vente, de la réservation ou encore de la demande de permis de construire (BOI-IR-RICI-360-10-10 nos 40 et 50) ;

– les **logements** acquis **en l'état futur d'achèvement** entre le 1er janvier 2013 et le 31 décembre 2024 à condition que l'achèvement intervienne dans les trente mois qui suivent la date de la déclaration d'ouverture de chantier ou la date de la signature de l'acte authentique d'acquisition selon que l'acquisition a lieu avant ou à compter du 1er septembre 2014 ;

– les **logements que le contribuable fait construire** et qui font l'objet d'un dépôt de demande de permis de construire entre le 1er janvier 2013 et le 31 décembre 2024 à condition que la construction soit achevée dans les trente mois de la date d'obtention du permis.

Les investissements relevant de l'une des trois catégories précitées, réalisés depuis le 1er janvier 2021, ouvrent droit à réduction d'impôt uniquement s'ils concernent des logements situés dans des **bâtiments d'habitation collectifs.**

Sont également concernés :

– les **logements** acquis entre le 1er janvier 2013 et le 31 décembre 2024 et **qui font ou qui ont fait l'objet** de **travaux concourant à la production** ou à la livraison **d'un immeuble neuf** au sens de l'article 257, I-2-2º du CGI (nº 58800) ;

– les **locaux** affectés à un usage autre que l'habitation (locaux commerciaux ou professionnels, bureaux, granges, hangars…) acquis entre le 1er janvier 2013 et le 31 décembre 2024 et **qui font ou qui ont fait l'objet de travaux de transformation en logements** ;

– les **logements vétustes** acquis entre le 1er janvier 2013 et le 31 décembre 2024 et **qui font ou qui ont fait l'objet de travaux de réhabilitation** leur permettant d'acquérir des performances techniques voisines de celles des logements neufs.

L'administration ajoute à cette liste les acquisitions de **locaux inachevés,** sous réserve que le logement soit achevé au plus tard le 31 décembre de la deuxième année qui suit celle de l'acquisition (BOI-IR-RICI-360-10-10 nos 500 à 550).

Ouvrent droit également à la réduction d'impôt les **souscriptions de parts de SCPI** réalisées entre le 1er janvier 2013 et le 31 décembre 2024 dont 95 % du produit servent exclusivement à financer un des investissements mentionnés ci-dessus. Le produit de la souscription annuelle doit être intégralement investi dans les dix-huit mois qui suivent la clôture de celle-ci.

> Précisions **a.** Les **locaux** doivent être **affectés à l'habitation.**

Les locaux à **usage mixte** peuvent cependant ouvrir droit à l'avantage fiscal sous réserve que les trois quarts au moins de leur superficie soient affectés à l'habitation, le bénéfice de la mesure étant alors réservé à la seule fraction louée à usage d'habitation principale (BOI-IR-RICI-360-10-30 nº 1).

b. Les **logements neufs** s'entendent de ceux qui n'ont jamais été ni habités ni utilisés avant leur acquisition (BOI-IR-RICI-360-10-10 nº 20).

c. Ne constituent pas des **bâtiments d'habitation collectifs** les villas individuelles construites au sein d'une copropriété et les villas construites de manière jumelée, voire en bande (BOI-RES-IR-000079).

d. Les **logements vétustes** sont les logements qui ne satisfont pas aux caractéristiques de décence définies par le décret 2002-120 du 30 janvier 2002 (CGI ann. III art. 2 quindecies B, I). Les **travaux de réhabilitation** à réaliser s'entendent des travaux réalisés sur le logement et éventuellement sur les parties communes, qui permettent de donner au logement au moins six des performances techniques fixées par l'arrêté BUDF0320070A du 19 décembre 2003 (CGI ann. III art. 2 quindecies B, II).

e. Pour les logements qui font l'objet de **travaux après l'acquisition,** ces derniers doivent être achevés au plus tard le 31 décembre de la deuxième année qui suit celle de l'acquisition. Les logements qui ont fait l'objet de **travaux avant** leur **acquisition** par le contribuable ne doivent pas avoir été utilisés ou occupés à quelque titre que ce soit depuis l'achèvement des travaux.

f. Les **monuments historiques** et assimilés qui bénéficient du régime fiscal foncier particulier exposé nos 28350 s. pendant la période d'engagement de location n'ouvrent pas droit à la réduction d'impôt (BOI-IR-RICI-360-30-20 no 200).

g. Les **souscriptions de parts de SCPI** doivent être réalisées en numéraire. Elles peuvent être effectuées lors de la constitution de la société ou à l'occasion d'une augmentation de capital.

h. Le contribuable peut bénéficier de la réduction d'impôt à raison de l'acquisition, de la construction ou de la transformation de **deux logements au plus** au titre d'une **même année** d'imposition, tous dispositifs confondus (« Pinel » et « Denormandie ancien »). Le nombre de souscriptions de parts de SCPI n'est pas limité.

i. Par exception, en raison de la crise sanitaire liée à l'épidémie de Covid-19, les **délais d'achèvement des logements ou des travaux** qui étaient en cours au 12 mars 2020 sont prorogés d'une durée de douze mois. En outre, le point de départ des délais qui auraient dû commencer à courir entre le 12 mars 2020 et le 11 mars 2021 inclus est reporté au 12 mars 2021 (BOI-RES-IR-000101).

2808 IRPP-IV-113700 s **Performance énergétique des immeubles (écoconditionnalité)** Les **logements** doivent respecter les conditions fixées par l'article 46 AZA octies-0 A de l'annexe III au CGI.

Le contribuable doit être en mesure de fournir à l'administration, sur sa demande, l'**attestation** délivrée par une personne ou un organisme de certification habilité permettant de justifier que le logement concerné respecte cette écocondition.

Sur l'application de cette écocondition aux **investissements** réalisés **outre-mer,** voir no 92065.

Remarque : Pour le bénéfice du dispositif **« Pinel + »**, les logements doivent satisfaire à des conditions supplémentaires en matière de performance énergétique (voir no 2814).

2809 IRPP-IV-113200 s **Localisation des immeubles** Les immeubles doivent être situés en **France** (métropole ou DOM) ou dans une **collectivité d'outre-mer** (voir no 92065).

Ils doivent en outre être situés dans des communes classées par arrêté dans les **zones géographiques** se caractérisant par un déséquilibre important entre l'offre et la demande de logements ou dans des communes dont le territoire est couvert par un **contrat de redynamisation de site de défense** (investissements réalisés depuis 2017) ou l'a été dans un délai de huit ans précédant l'investissement (investissements réalisés depuis 2018).

> Précisions **a.** Les **zones géographiques se caractérisant par un déséquilibre important entre l'offre et la demande de logements** sont les zones A bis, A et B1 telles que mentionnées à l'annexe I de l'arrêté ETLL1417102A du 1er août 2014 modifié. Pour les investissements réalisés avant le 1er octobre 2014, les zones A et B1 étaient fixées par l'arrêté LOGU0907606A du 29 avril 2009 et la zone A bis par l'arrêté DEVL1026928A du 22 décembre 2010. Des dispositions transitoires ont été prévues pour les communes déclassées de la zone A à la zone B1 ou de la zone B1 en zone B2.

b. Pour les investissements réalisés jusqu'au 31 décembre 2017 (ou jusqu'au 15 mars 2019 si une demande de permis de construire a été déposée au plus tard le 31 décembre 2017 : Loi 2017-1837 du 30-12-2017 art. 68, I-1°-c modifié), étaient également éligibles les immeubles situés dans des **communes** caractérisées par des **besoins particuliers en logement locatif,** classées en zone B2 et C par les arrêtés précités et ayant fait l'objet d'un agrément (CGI ann. III art. 2 terdecies E).

c. En **Bretagne,** à titre expérimentl et par dérogation aux dispositions de l'article 199 novovicies du CGI, les communes ou parties de communes éligibles à la réduction d'impôt ainsi que les plafonds de loyer et de ressources du locataire pour chaque commune ou partie de commune éligible et par type de logement sont fixés par un arrêté de la préfète de la région du 19 mars 2020 publié au recueil des actes administratifs n° R53-2020-026 le 26 mars 2020 (Loi 2019-1479 du 28-12-2019 art. 164). Cette expérimentation s'applique aux acquisitions de logement et aux demandes de permis de construire réalisées du 1er avril 2020 au 31 décembre 2024 (sauf contrat préliminaire de réservation, promesse d'achat ou promesse synallagmatique de vente signés au plus tard le 31 mars 2020) (BOI-IR-RICI-360-70 nos 70 s. ; Loi 2021-1900 du 30-12-2021 art. 92).

ENGAGEMENT DES INVESTISSEURS

2810 IRPP-IV-114300 s Le propriétaire du logement doit prendre l'engagement de le donner en **location nue** à titre d'habitation principale à une personne autre qu'un membre de son foyer fiscal (ou autre qu'un ascendant ou à un descendant pour les investissements réalisés avant le 1er janvier 2015).

Pour les **investissements « Duflot »,** l'engagement de location doit être pris pour une durée fixe de neuf ans.

Pour les **investissements « Pinel »,** la durée minimale de l'engagement de location est fixée sur option irrévocable de l'investisseur à **six ou neuf ans.** À l'issue de cette période, l'engagement peut être **prorogé** de trois ans renouvelables une fois en cas d'engagement initial de six ans. Il peut ainsi s'étaler sur une durée de douze ans.

Lorsque le logement est la propriété d'une **société non soumise à l'impôt sur les sociétés,** l'engagement est pris par cette dernière, la location ne pouvant pas être conclue avec un associé ou un membre de son foyer fiscal (ou encore, pour les investissements réalisés avant le 1er janvier 2015, un de ses ascendants ou descendants). L'associé qui entend bénéficier de la réduction d'impôt doit, en outre, s'engager à conserver la totalité de ses titres jusqu'à l'expiration de la période couverte par l'engagement de location.

Lorsque le logement est la propriété d'une **SCPI,** l'engagement est pris par celle-ci, la location ne pouvant pas être conclue avec un associé ou un membre de son foyer fiscal. En revanche, il n'existe aucune restriction quant à la location aux ascendants ou descendants des associés de la SCPI (BOI-IR-RICI-360-20-10 n° 20). L'associé doit s'engager, de son côté, à conserver la totalité de ses titres jusqu'à l'expiration de la période couverte par l'engagement de location.

La location doit prendre effet dans les douze mois de l'acquisition ou de l'achèvement de la construction ou des travaux. Elle doit être effective et continue.

> Précisions **a.** Les logements loués en tant que **résidence secondaire** ou **saisonnière** ne peuvent pas ouvrir droit au bénéfice de la réduction d'impôt.
b. La réduction d'impôt est susceptible de s'appliquer aux logements loués nus situés dans des **résidences de retraite,** dans des maisons d'accueil pour personnes âgées dépendantes ou dans des **résidences pour étudiants** (BOI-IR-RICI-360-20-20 n° 20).
c. Le **logement** peut être **loué à un organisme** public ou privé qui le donne en sous-location nue à usage d'habitation principale du sous-locataire à la condition que cet organisme ne fournisse aucune prestation hôtelière ou parahôtelière (telles que définies n° 90620 : BOI-IR-RICI-360-20-20 n° 130) et que le sous-locataire ne soit pas un membre du foyer fiscal et, pour les investissements réalisés jusqu'au 31 décembre 2014, un ascendant ou un descendant du propriétaire ou de l'associé.
d. Lorsqu'une même souscription de parts de **SCPI** est affectée à **plusieurs logements,** chacun d'entre eux doit faire l'objet d'un engagement de location de la part de la SCPI. Par ailleurs, la période d'engagement de conservation des parts expire au terme de celle couverte par l'engagement de location afférent au dernier des logements acquis au moyen de la souscription et mis en location par la société (BOI-IR-RICI-360-20-10 nos 20 et 70).
e. La **durée de location** de six ou neuf ans est calculée de date à date à compter de celle de la prise d'effet du bail initial.
f. En cas de **congé du locataire,** un délai de vacance d'un an au maximum est admis pour conclure un nouveau bail (BOI-IR-RICI-360-20-20 n° 20).
g. En cas de cession du logement ou démembrement du droit de propriété dû au **décès** de l'un des époux ou partenaires liés par un Pacs, soumis à imposition commune, le conjoint survivant, attributaire du bien ou titulaire de son usufruit, peut reprendre l'engagement de location à sa charge et bénéficier de la réduction d'impôt, dans les mêmes conditions et selon les mêmes modalités, pour la période restant à courir. En cas de **modification du foyer fiscal** (mariage, divorce, conclusion ou rupture d'un Pacs, séparation, etc.), l'attributaire du bien peut également demander le maintien du dispositif à son profit (BOI-IR-RICI-360-20-10 n° 60).

Conditions de location

Pour bénéficier de la réduction d'impôt, le bailleur doit s'engager à ce que le montant des loyers ne soit pas supérieur à un plafond relevé chaque année (CGI ann. III art. 2 terdecies D). Ce plafond doit être respecté pendant toute la période de l'engagement de location. Il varie en fonction de la zone dans laquelle le logement est donné en location. 2811 IRPP-IV-115500 s

Les **plafonds de loyer** mensuel par mètre carré, charges non comprises, sont ainsi fixés pour **2024** aux montants suivants :

– en zone A bis : 18,89 € ;
– en zone A : 14,03 € ; 13,83 € en Corse ;
– en zone B1 : 11,31 € ; 11,15 € en Corse ;
– en zone B2 ou C : 9,83 € ; 9,69 € en Corse.

À ces plafonds de loyer, il est ensuite appliqué un **coefficient multiplicateur** calculé selon la formule suivante : 0,7 + 19/S, dans laquelle S est la surface du logement. Le coefficient ainsi obtenu est arrondi à la deuxième décimale la plus proche et ne peut excéder 1,2.

> Précisions **a.** En ce qui concerne le **zonage,** voir n° 2809. Pour les logements situés dans les communes dont le territoire est couvert par un contrat de redynamisation de site de défense, le plafond de loyer applicable correspond à celui de la zone dans laquelle le logement est situé.

b. La **surface prise en compte** s'entend de la surface habitable, augmentée de la moitié de celle des annexes (caves, balcons, remises, etc.) dans la limite de 8 m^2 par logement et à l'exclusion des garages. Pour les maisons individuelles, l'administration fixe forfaitairement à 12 m^2 la partie des annexes à usage de stationnement (BOI-IR-RICI-360-20-30 n° 30).

c. Les **plafonds** de loyer peuvent être **réduits** par le représentant de l'État dans la région après avis du comité régional de l'habitat, afin d'être adaptés aux particularités des marchés locatifs locaux.

d. Des plafonds spécifiques sont prévus pour les logements situés en **Bretagne** (n° 2809, précision c) et **outre-mer** (n° 92065).

2812 IRPP-IV-116200 s Les ressources du locataire ne doivent pas excéder un plafond relevé chaque année (CGI ann. III art. 2 terdecies D). Ce plafond s'apprécie à la date de signature du bail. Il varie en fonction de la zone dans laquelle le logement est donné en location.

Pour les baux conclus ou renouvelés en **2024,** les **plafonds** annuels de **ressources** des locataires sont les suivants :

Composition du logement	Lieu de situation du logement			
	Zone A bis (en euros)	Zone A (en euros)	Zone B1 (en euros)	Zone B2 ou C (en euros)
Personne seule	43 475	43 475	35 435	31 892
Couple	64 976	64 976	47 321	42 588
Personne seule ou couple ayant une personne à charge [1]	85 175	78 104	56 905	51 215
Personne seule ou couple ayant deux personnes à charge [1]	101 693	93 556	68 699	61 830
Personne seule ou couple ayant trois personnes à charge [1]	120 995	110 753	80 816	72 735
Personne seule ou couple ayant quatre personnes à charge [1]	136 151	124 630	91 078	81 971
Majoration par personne à charge [1] supplémentaire à partir de la cinquième	+ 15 168	+ 13 886	+ 10 161	+ 9 142

1. Au sens des articles 196 à 196 B du CGI.

> Précisions **a.** Les ressources à prendre en compte s'entendent du **revenu fiscal de référence** (tel que défini n° 42332), figurant sur l'avis d'impôt sur le revenu établi au titre de l'avant-dernière année précédant celle de la signature du contrat de location. Par exception, si les ressources du locataire de l'année précédant celle de la signature du contrat de location sont inférieures à celles de l'année de référence, ce sont celles-ci qui sont retenues pour l'appréciation du plafond (BOI-IR-RICI-360-20-30 n° 250).

b. Lorsque la location est consentie à un organisme public ou privé qui le **sous-loue**, les plafonds s'apprécient en tenant compte des ressources du sous-locataire (BOI-IR-RICI-360-20-30 n° 260).

c. En ce qui concerne le **zonage**, voir n° 2809. Pour les logements situés dans les communes dont le territoire est couvert par un contrat de redynamisation de site de défense, les plafonds de ressources applicables correspondent à ceux de la zone dans laquelle le logement est situé.

d. Les mêmes plafonds s'appliquent pour l'expérimentation en **Bretagne** (n° 2809, précision c). Des plafonds spécifiques sont prévus pour les logements situés **outre-mer** (n° 92065).

MONTANT DE LA RÉDUCTION D'IMPÔT

2813 IRPP-IV-116900 s **Base de calcul** La réduction d'impôt est calculée sur le **prix de revient d'au plus deux logements** (voir n° 2807, précision h), retenu dans la **limite** de 5 500 € **par mètre carré** de surface habitable (CGI ann. III art. 46 AZA octies B), sans pouvoir dépasser globalement **300 000 €.**

S'agissant des souscriptions de **parts de SCPI,** la réduction d'impôt est calculée sur 100 % (95 % pour les souscriptions dont la date de clôture est intervenue avant le 1er septembre 2014) du montant des **versements** retenu dans la limite de **300 000 €.**

En outre, le montant total des dépenses retenu au titre, d'une part, de l'achat ou de la construction d'un ou deux logements (directement ou par l'intermédiaire d'une société) et, d'autre part, de la souscription de parts d'une ou de plusieurs SCPI ne peut excéder **globalement 300 000 €** par contribuable et pour une même année d'imposition. Pour l'appréciation de ce plafond, il y a lieu de prendre en compte à la fois les investissements « Pinel » et les investissements « Denormandie ancien » (nos 2820 s.).

> Précisions **a.** Le **prix de revient** d'un logement est constitué par le prix d'acquisition majoré des frais accessoires.
Pour les **immeubles construits, remis à neuf, transformés ou réhabilités,** il faut prendre en compte le prix et les frais d'acquisition du terrain ou local, selon le cas, auxquels s'ajoute le montant des travaux. Pour les immeubles construits sur un terrain acquis à titre gratuit (succession ou donation), la base de calcul de la réduction comprend la valeur du bien lors de la transmission (BOI-IR-RICI-360-30-10 n° 170).

b. Pour les contrats signés depuis le 1er avril 2020, le montant des **frais et commissions** directs et indirects imputés, au titre d'une même acquisition de logement, par les **intermédiaires de l'immobilier** ne peut excéder 10 % du prix de revient du logement (Décret 2019-1426 du 20-12-2019). Le non-respect de cette règle est sanctionné par une amende dont le montant ne peut excéder dix fois les frais indûment perçus.

c. En ce qui concerne la **surface habitable** à prendre en compte, voir n° 2811, précision b.

d. En cas d'acquisition par une **SCI** ou par une **indivision,** chaque associé ou indivisaire bénéficie de la réduction d'impôt dans la limite de la quote-part du prix de revient du logement correspondant à ses droits dans la société ou l'indivision. Dans ce cas, le plafonnement s'effectue au niveau du logement (et non au niveau de chaque associé ou indivisaire).

Taux de la réduction d'impôt

2814 IRPP-IV-117800 s

Le taux de la réduction d'impôt est de **18 %** pour les investissements « **Duflot** ».

Pour les investissements « **Pinel** », les taux applicables, qui varient selon la durée initiale de l'engagement et la date de l'investissement, sont les suivants :

	investissements réalisés jusqu'au 31/12/2022			investissements réalisés en 2023			investissements réalisés en 2024		
	période initiale	1re prorogation triennale	2nde prorogation triennale	période initiale	1re prorogation triennale	2nde prorogation triennale	période initiale	1re prorogation triennale	2nde prorogation triennale
engagement initial de 6 ans	12 %	6 %	3 %	10,5 %	4,5 %	2,5 %	9 %	3 %	2 %
engagement initial de 9 ans	18 %	3 %	N/A	15 %	2,5 %	N/A	12 %	2 %	N/A

ATTENTION

Les taux 2022 restent applicables aux investissements réalisés en 2023 et 2024 lorsqu'ils portent sur des logements situés dans un quartier prioritaire de la politique de la ville (QPPV) ou qui respectent un niveau de qualité, en particulier en matière de performance énergétique et environnementale, supérieur à la réglementation, dont les critères sont définis par le décret 2022-384 du 17 mars 2022 (**dispositif « Pinel + »**).
En ce qui concerne les logements situés **outre-mer**, voir n° 92065.

Imputation et étalement

2815 IRPP-IV-118100 s

La réduction d'impôt est répartie, par parts égales, sur **neuf années** pour les investissements « Duflot » et sur **six ou neuf ans** en fonction de la durée initiale de l'engagement de location (n° 2811) pour les investissements « Pinel ».

Elle est accordée au titre de l'année d'achèvement du logement (ou des travaux) ou de son acquisition si elle est postérieure ou encore de la souscription des parts de SCPI. Elle est imputée sur l'impôt sur le revenu dû au titre de cette même année puis sur l'impôt dû au titre de chacune des huit années suivantes pour les investissements « Duflot » et des cinq ou huit années suivantes, en fonction de la durée initiale de l'engagement pour les investissements « Pinel ». En cas de **prorogation** de l'engagement, la réduction est imputée, par période triennale, à raison d'un tiers de son montant sur l'impôt dû au titre de l'année au cours de laquelle l'engagement est prorogé et des deux années suivantes.

Le **solde** de la réduction d'impôt qui, au titre d'une année d'imposition, excède l'impôt dû par le contribuable ne peut pas être imputé sur l'impôt sur le revenu dû au titre des années suivantes.

> Précisions **a.** La réduction d'impôt **ne peut pas se cumuler,** pour un même logement, avec l'une des réductions d'impôt prévues dans le secteur du logement en outre-mer (nos 92010 s.) ou dans le cadre des dispositifs « Loc'Avantages » (nos 2830 s.), « Scellier » (n° 2890) et « Malraux » (nos 2900 s.). Elle ne peut pas non plus se cumuler avec le prêt locatif social, la déduction « Cosse » (no 27850) ou avec le « Borloo ancien » (no 28260).

b. Un contribuable ne peut pas, pour un **même logement,** bénéficier à la fois de la réduction d'impôt **« Pinel »** et de la réduction d'impôt **« Denormandie ancien »** (nos 2820 s.). En particulier, en cas d'acquisition d'un logement issu de la transformation d'un local affecté à un usage autre que l'habitation ou d'acquisition d'un local en vue de le transformer en logement, le contribuable doit **opter** pour l'un ou l'autre de ces dispositifs (BOI-IR-RICI-365-30 no 210).

c. Les dépenses de travaux retenues pour le calcul de la réduction d'impôt ne peuvent pas faire l'objet d'une déduction pour la détermination des **revenus fonciers.**

d. La réduction d'impôt est prise en compte pour le calcul du **plafonnement global** des avantages fiscaux (nos 4840 s.).

OBLIGATIONS DÉCLARATIVES

2816 IRPP-IV-118900 s

Les contribuables personnes physiques et les sociétés doivent joindre à leur déclaration de revenus ou de résultats de la première année d'application du régime l'**engagement de location** et, le cas échéant, l'**engagement de conservation des parts,** ainsi que différents **justificatifs** : notamment, copies du bail, de la demande de permis de construire et de l'avis d'imposition ou de non-imposition du locataire. Pour les investissements « Pinel », les mêmes documents sont à joindre à la déclaration, en cas de prorogation de l'engagement de location, l'année du terme de l'engagement initial (pour une première prorogation) et l'année du terme de la première période triennale (pour une seconde prorogation) (CGI ann. III art. 46 AZA undecies à 46 AZA quaterdecies).

Les sociétés doivent en outre délivrer chaque année à leurs associés, au plus tard le deuxième jour ouvré suivant le 1er mai, une **attestation** dont un exemplaire doit être joint à leur déclaration de résultats et l'autre à chaque déclaration de revenus des associés (CGI ann. III art. 46 AZA terdecies et 46 AZA quaterdecies).

› Précisions a. Pour les **logements vétustes** que le contribuable acquiert en vue de les **réhabiliter,** le contribuable doit également être en mesure de présenter, sur demande, un état descriptif du logement et l'attestation établis par un professionnel avant et après la réalisation des travaux.

b. En cas de **location à un organisme** public ou privé **qui le donne en sous-location** nue à usage de résidence principale du sous-locataire, les contribuables doivent joindre à leur déclaration des revenus de l'année d'achèvement de l'immeuble ou de son acquisition si elle est postérieure une copie du bail conclu avec l'organisme locataire et une copie du contrat de sous-location faisant apparaître le montant de la redevance payée par le sous-locataire.

c. Les contribuables ayant investi en **Bretagne** (no 2809, précision c) doivent remplir les obligations déclaratives générales. Ils doivent en outre souscrire chaque année une déclaration complémentaire spécifique no 2041-PB par logement, comportant les éléments permettant d'identifier le logement donné en location, le niveau de ressources du locataire à la conclusion ou au renouvellement du bail ainsi que le montant des loyers perçus au cours de l'année (Décret 2021-289 du 15-3-2021). Lorsque le logement n'est pas loué au moment du dépôt de la déclaration no 2041-PB, ils doivent adresser les mêmes informations en précisant les montants prévisionnels du loyer mensuel hors charges et des charges mensuelles et la date prévisionnelle de la première mise en location (BOI-IR-RICI-360-70 no 220).

d. Sur les **assouplissements** apportés à l'obligation de joindre les **justificatifs** à la déclaration de revenus voir no 3675, précision b.

REPRISE DE LA RÉDUCTION D'IMPÔT

2817 IRPP-IV-119600 s

Le non-respect de l'une des conditions d'application du régime entraîne la reprise de la réduction d'impôt.

Les **principaux cas** de reprise sont les suivants :

– non-respect de l'**engagement de location** du logement à usage d'habitation principale du locataire, dans les conditions légales (dépassement des plafonds de loyer ou de ressources autorisés, location à un membre du foyer fiscal, interruption de la location, etc.) ;

– **cession** (vente, démembrement de propriété, etc.) du logement ou des parts au cours de la période d'engagement de la location ;

– non-respect des conditions relatives à la souscription des **parts de SCPI** (défaut d'affectation du montant de la souscription dans le délai de dix-huit mois, par exemple).

Toutefois, aucune réintégration n'est effectuée en cas d'**invalidité** (classée en 2e ou 3e catégorie), de **licenciement** ou de **décès** de l'un des époux soumis à imposition commune.

› Précisions La **modification du foyer fiscal** (mariage, divorce, conclusion ou rupture d'un Pacs, séparation, etc.) entraîne la reprise de la réduction d'impôt, sauf si le nouvel attributaire du bien reprend l'engagement de location (no 2810, précision g) ou si, en cas de divorce, les ex-époux conservent en indivision le bien acquis au cours de leur mariage (BOI-IR-RICI-360-20-10 no 60).

8. INVESTISSEMENTS « DENORMANDIE ANCIEN »

Les particuliers qui réalisent certains investissements dans les logements anciens bénéficient d'une réduction d'impôt appelée « Denormandie ancien ». Cette réduction d'impôt est une extension du dispositif « Pinel » (nos 2805 s.) dont elle partage les principales caractéristiques. 2820 CGI art. 199 novovicies IRPP-IV-124000 s

BÉNÉFICIAIRES

La réduction d'impôt bénéficie aux **personnes physiques fiscalement domiciliées en France** au sens de l'article 4 B du CGI dans les mêmes conditions que celles exposées no 2806 pour le dispositif « Pinel ». 2821 IRPP-IV-124100 s

INVESTISSEMENTS CONCERNÉS

Ouvrent droit à la réduction d'impôt les **logements** acquis entre le 1er janvier 2019 et le 31 décembre 2026 **qui font ou ont fait l'objet de travaux d'amélioration** (travaux de rénovation pour les investissements réalisés en 2019) ainsi que les **locaux affectés à un usage autre que l'habitation** que le contribuable acquiert entre le 1er janvier 2019 et le 31 décembre 2026 et qui **font ou ont fait l'objet de travaux de transformation en logement.** 2822 IRPP-IV-124200 s

Le montant de ces travaux, facturés par une entreprise, doit représenter au moins 25 % du coût total de l'opération.

Ouvrent droit également à la réduction d'impôt les **souscriptions de parts de SCPI** dont 95 % du produit servent exclusivement à financer un des investissements mentionnés ci-dessus. Le produit de la souscription annuelle doit être intégralement investi dans les dix-huit mois qui suivent la clôture de celle-ci.

> Précisions **a.** Le **dispositif,** qui devait prendre fin le 31 décembre 2023, a été **prorogé** jusqu'au 31 décembre 2026 par l'article 72 de la loi 2023-1322 du 29 décembre 2023.

b. Les **travaux d'amélioration** s'entendent de tous travaux, à l'exception de ceux portant sur des locaux ou des équipements d'agrément, ayant pour objet la création de surfaces habitables nouvelles ou de surfaces annexes, la modernisation, l'assainissement ou l'aménagement des surfaces habitables ou des surfaces annexes ainsi que les travaux destinés à réaliser des économies d'énergie pour l'ensemble de ces surfaces (CGI ann. III art. 2 quindecies B, III). Pour les investissements réalisés en 2019, la notion de travaux de **rénovation** était quasiment identique, à l'exception de la création de surfaces habitables qui ne pouvait être réalisée qu'à partir de l'aménagement de surfaces annexes.

c. Les précisions a, e, f, g, h et i du no 2807 s'appliquent également au dispositif « Denormandie ancien ».

Performance énergétique des immeubles (écoconditionnalité) Les logements qui font ou qui ont fait l'objet de travaux d'amélioration (ou rénovation) en métropole doivent atteindre une consommation conventionnelle en énergie primaire du logement, après travaux, de moins de 331 kWh/m²/an (pour le chauffage, la production d'eau chaude sanitaire et le refroidissement) et vérifier l'une des conditions suivantes (CGI ann. III art. 46 AZA octies-0 A, 3°) : 2823 IRPP-IV-125200 s

– la diminution de la consommation conventionnelle en énergie primaire doit, après travaux, représenter au moins 30 % pour les logements individuels (20 % pour les logements en habitat collectif) ;

– ou au moins deux des cinq catégories de travaux (isolation de la toiture, des murs extérieurs ou des parois vitrées donnant sur l'extérieur, systèmes de chauffage, système de production d'eau chaude sanitaire) respectent les exigences de performance énergétique définies par l'arrêté LOGL1903827 du 26 mars 2019 art. 3 à 8.

> Précisions **a.** Le contribuable doit être en mesure de fournir à l'administration, sur sa demande, l'**attestation** délivrée par une personne ou un organisme de certification habilité permettant de justifier que le logement concerné respecte cette écocondition.

b. Sur l'application de cette écocondition aux **investissements** réalisés **outre-mer,** voir no 92065.

Localisation des immeubles Les immeubles doivent être situés en **France** (métropole ou DOM) ou dans une **collectivité d'outre-mer** (voir no 92065). 2824 IRPP-IV-125100 s

Ils doivent en outre être situés dans des communes dont le besoin de **réhabilitation de l'habitat en centre-ville** est particulièrement marqué ou qui ont conclu une **convention d'opération de revitalisation de territoire.** Les logements peuvent être situés indifféremment en tout lieu sur le territoire des communes éligibles (au centre de ces communes pour les investissements réalisés en 2019). La liste des **communes** concernées par le dispositif est fixée par l'arrêté LOGL1903826A du 26 mars 2019.

ENGAGEMENT DES INVESTISSEURS

2825 IRPP-IV-125600 s Le propriétaire du logement doit prendre l'engagement de le donner en **location nue** à titre d'habitation principale à une personne autre qu'un membre de son foyer fiscal.

La durée minimale de l'engagement de location est fixée sur option irrévocable de l'investisseur à **six ou neuf ans.** À l'issue de cette période, l'engagement peut être **prorogé** de trois ans renouvelables une fois en cas d'engagement initial de six ans. Pour plus de précisions sur les conditions de cet engagement de location, voir nº 2810.

Les conditions de **plafonds des loyers et des ressources des locataires** sont les mêmes que celles du dispositif « Pinel » (nº 2811 et nº 2812).

MONTANT DE LA RÉDUCTION D'IMPÔT

2826 IRPP-IV-126200 s Le **taux** de la réduction d'impôt est de 12 % ou 18 % selon que l'engagement initial de location est pris pour une durée de six ou neuf ans (Loi 2023-1322 du 29-12-2023 art. 72 pour les investissements réalisés via une SCPI). En cas de prorogation de l'engagement (nº 2825), le taux varie en fonction de la durée initiale de l'engagement :

– 6 % pour la première période triennale et 3 % pour la seconde période triennale si l'engagement initial est de six ans ;

– 3 % pour la période triennale si l'engagement initial est de neuf ans.

Pour le reste, les règles de calcul de la réduction d'impôt « Denormandie ancien » sont identiques à celles du dispositif « Pinel » (voir ainsi nº 2813 pour la **base de calcul** et nº 2815 pour l'**imputation et** l'**étalement** de la réduction d'impôt).

En ce qui concerne les logements situés **outre-mer,** voir nº 92065.

OBLIGATIONS DÉCLARATIVES

2827 IRPP-IV-118900 s Les contribuables qui réalisent des investissements « Denormandie ancien » sont soumis aux mêmes **obligations** déclaratives que ceux réalisant des investissements **« Pinel »** (nº 2816).

Ils doivent en outre joindre à leur déclaration une **note** récapitulant les **travaux** réalisés ainsi que leur montant (CGI ann. III art. 46 AZA undecies, I-4º).

REPRISE DE LA RÉDUCTION D'IMPÔT

2828 IRPP-IV-119600 s Le non-respect de l'une des conditions d'application du dispositif « Denormandie ancien » entraîne la reprise de la réduction d'impôt, dans les mêmes conditions que celles décrites nº 2817 pour le dispositif « Pinel ».

9. DISPOSITIF « LOC'AVANTAGES »

2830 CGI art. 199 tricies IRPP-IV-159000 Les propriétaires de logements donnés en location dans le cadre d'une **convention** avec l'Agence nationale de l'habitat (**Anah**) peuvent, lorsque la **demande** de conventionnement a été enregistrée par l'Anah **entre le 1er mars 2022 et le 31 décembre 2024,** bénéficier d'une réduction d'impôt dont le taux varie selon que la convention est conclue dans le secteur intermédiaire ou dans le secteur social ou très social.

ATTENTION

Pour les **demandes de conventionnement** enregistrées par l'Anah **jusqu'au 28 février 2022,** les propriétaires relèvent du dispositif « Cosse » décrit nº 27850 (déduction spécifique sur les revenus fonciers).

BÉNÉFICIAIRES

2840 La réduction d'impôt bénéficie aux **personnes physiques fiscalement domiciliées en France** au sens de l'article 4 B du CGI propriétaires, **directement** ou par l'intermédiaire d'une **société** non soumise à l'impôt sur les sociétés, de logements donnés en location.

IMMEUBLES ET LOCATIONS CONCERNÉS

2850 Ouvrent droit à la réduction d'impôt les **logements neufs ou anciens** situés en **France** (métropole ou DOM), loués **nus** et affectés à l'**habitation principale** du locataire. La location ne peut pas être conclue avec un membre du foyer fiscal, un ascendant ou un descendant du contribuable ou une personne occupant déjà le logement, sauf à l'occasion du renouvellement du bail. Si le logement est la propriété d'une société, il ne peut pas être donné en location à l'un de ses associés ou un membre du foyer fiscal, un ascendant ou un descendant d'un associé.

Le logement doit être loué pendant toute la durée de la convention (nº 2855). En outre, lorsque le logement est détenu par une société, les associés doivent conserver leurs parts pendant la même durée.

> Précisions **a.** Le dispositif est également applicable aux logements donnés en mandat de gestion ou en location à un organisme d'intermédiation locative ou de gestion locative sociale public ou privé et agréé à ce titre, et destinés à l'hébergement de personnes défavorisées (que ce soit sous forme de location, de sous-location ou de mises à disposition). Cette **location « solidaire »** est possible aussi bien dans le secteur social (ou très social) que dans le secteur intermédiaire. Le logement doit être occupé à titre de résidence principale et ne peut pas être loué au propriétaire du logement, aux membres de son foyer fiscal ou à ses descendants ou ascendants. L'organisme ne doit, par ailleurs, fournir aucune prestation hôtelière ou parahôtelière.

b. La réduction d'impôt est applicable aux immeubles détenus en **indivision.**

c. Les **immeubles historiques** et assimilés visés n° 28350 ne peuvent pas bénéficier du dispositif.

Performance énergétique des logements (écoconditionnalité) Le contribuable doit être en mesure de justifier : **2852** CGI ann. IV art. 18-0 bis E

– pour les logements disposant d'une évaluation énergétique réalisée avant le 30 juin 2021 en cours de validité, d'une consommation conventionnelle en énergie primaire du logement inférieure à 331 kWh/m^2/an, évaluée sur les usages de l'énergie pour le chauffage, la production d'eau chaude sanitaire et le refroidissement ;

– pour les autres logements, d'un niveau de performance minimal correspondant à la **classe E** au sens de l'article L 173-1-1 du CCH.

> Précisions **a.** Les justificatifs (**évaluation énergétique** ou **DPE**) sont à produire sur simple demande de l'administration.

b. Pour les **baux conclus ou renouvelés à compter du 1er janvier 2028,** le contribuable devra justifier d'un niveau de performance minimal correspondant à la **classe D** au sens de l'article L 173-1-1 du CCH.

c. Des exigences particulières sont prévues pour les logements situés dans les départements d'**outre-mer** : voir n° 92067.

Convention avec l'Anah La réduction d'impôt est réservée aux logements donnés en location dans le cadre d'une convention conclue avec l'Anah soit dans le **secteur intermédiaire** (CCH art. L 321-4), soit dans le secteur **social ou très social** (CCH art. L 321-8). **2855**

La **durée** de la convention est de six ans.

Conditions de location Pendant toute la durée de la convention (n° 2855), le **loyer** et les **ressources du locataire** ne doivent pas excéder des **plafonds** revalorisés annuellement. Ces plafonds varient en fonction de la localisation du logement et de son affectation à la location intermédiaire (Loc 1), sociale (Loc 2) ou très sociale (Loc 3). Ils s'apprécient à la date de conclusion du bail. **2860** CGI ann. III art. 2 terdecies H

> Précisions **a.** Lorsque le logement est loué dans le cadre d'une **« location solidaire »** (n° 2850, précision a), les plafonds de loyer et de ressources du locataire s'apprécient en tenant compte du montant :

– du loyer payé au bailleur par l'organisme locataire ;

– du loyer payé le cas échéant à cet organisme par la personne occupant le logement ;

– des ressources de la personne occupant le logement.

b. Des plafonds spécifiques sont prévus pour les logements situés dans les départements d'**outre-mer,** voir n° 92067.

Les **plafonds de loyer** mensuel par mètre carré, charges non comprises (définis par commune ou, pour Paris, Lyon et Marseille, par arrondissement) sont publiés chaque année par arrêté conjoint des ministres chargés du logement et de l'économie (Arrêté TREL2335049A du 28-12-2023 pour les plafonds applicables en 2024). **2861**

À ces plafonds de loyer, il est appliqué un **coefficient multiplicateur** calculé selon la formule suivante : 0,7 + 19/S, dans laquelle S est la surface du logement. Le coefficient ainsi obtenu est arrondi à la deuxième décimale la plus proche et ne peut excéder 1,2.

> Précisions **a.** Les modalités de détermination de la **surface prise en compte** sont identiques à celles prévues pour les dispositifs « Duflot » et « Pinel » : voir n° 2811, précision b.

b. Par dérogation aux règles d'encadrement des loyers applicables en zones tendues en cas de changement ou de renouvellement de bail, le propriétaire du logement peut, **au terme de la convention,** fixer librement le loyer (Loi 89-462 du 6-7-1989 art. 18-1).

2862 **a.** Pour les logements donnés en location dans le cadre d'une convention à **loyer intermédiaire (Loc 1),** les plafonds annuels de ressources des locataires sont égaux à ceux fixés pour l'application du dispositif « Cosse » qui sont eux-mêmes égaux à ceux des dispositifs « Duflot » et « Pinel » : voir n° 2812.

b. Pour les logements donnés en location dans le cadre d'une convention à **loyer social (Loc 2),** les plafonds annuels de ressources des locataires sont les suivants pour les baux conclus en **2024** :

Composition du foyer locataire	Lieu de situation du logement			
	Zone A bis	Zone A	Zone B1	Zone B2 ou C
Personne seule	31 827 €	31 827 €	25 942 €	23 347 €
Couple	47 570 €	47 570 €	34 645 €	31 180 €
Personne seule ou couple ayant une personne à charge [1]	62 357 €	57 180 €	41 661 €	37 495 €
Personne seule ou couple ayant deux personnes à charge [1]	74 451 €	68 494 €	50 296 €	45 266 €
Personne seule ou couple ayant trois personnes à charge [1]	88 581 €	81 083 €	59 166 €	53 250 €
Personne seule ou couple ayant quatre personnes à charge [1]	99 681 €	91 247 €	66 682 €	60 014 €
Majoration par personne à charge [1] à partir de la cinquième	+ 11 108 €	+ 10 168 €	+ 7 439 €	+ 6 694 €

1. Au sens des articles 196 à 196 B du CGI (n° 1850 s. et 1960).

c. Pour les logements donnés en location dans le cadre d'une convention à **loyer très social (Loc 3),** les plafonds annuels de ressources des locataires sont les suivants pour les baux conclus en **2024** :

Composition du foyer locataire	Lieu de situation du logement			
	Zone A bis	Zone A	Zone B1	Zone B2 ou C
Personne seule	17 504 €	17 504 €	14 268 €	12 840 €
Couple	28 543 €	28 543 €	20 788 €	18 708 €
Personne seule ou couple ayant une personne à charge [1]	37 415 €	34 309 €	24 997 €	22 497 €
Personne seule ou couple ayant deux personnes à charge [1]	41 172 €	37 877 €	27 813 €	25 033 €
Personne seule ou couple ayant trois personnes à charge [1]	48 721 €	44 598 €	32 544 €	29 289 €
Personne seule ou couple ayant quatre personnes à charge [1]	54 825 €	50 186 €	36 675 €	33 008 €
Majoration par personne à charge [1] à partir de la cinquième	+ 6 108 €	+ 5 591 €	+ 4 090 €	+ 3 681 €

1. Au sens des articles 196 à 196 B du CGI (n° 1850 s. et 1960).

› Précisions Les ressources du locataire à prendre en compte s'entendent du **revenu fiscal de référence** au sens de l'article 1417, IV-1° du CGI (n° 42332), figurant sur l'avis d'impôt sur le revenu établi au titre de l'avant-dernière année précédant celle de la signature du contrat de location.

MONTANT DE LA RÉDUCTION D'IMPÔT

2870 La réduction d'impôt est calculée sur le montant des **revenus bruts** tiré de la **location** du logement conventionné.

ATTENTION

Lorsque le logement est détenu par une **société** ou une **indivision,** chaque associé ou indivisaire bénéficie de la réduction d'impôt dans la limite de sa quote-part dans les revenus bruts correspondant à ses droits dans la société ou dans l'indivision.

La réduction d'impôt est calculée aux **taux** suivants, uniformes sur tout le territoire : 2875

Conventionnement	Droit commun	Location « solidaire »
Secteur intermédiaire	15 %	20 %
Secteur social	35 %	40 %
Secteur très social	-	65 %

La réduction d'impôt s'applique à compter de la date de prise d'effet de la convention et pendant toute la **durée** de la convention. À l'échéance de la convention, le bénéfice de la réduction d'impôt est maintenu jusqu'à la date fixée pour le renouvellement ou la reconduction du bail tant que le même locataire reste en place et que toutes les conditions d'application du dispositif sont remplies.

> **Précisions** La date de **prise d'effet de la convention** correspond à la date de prise d'effet du premier bail conclu pour son application, qui intervient au plus tôt dans les deux mois précédant la date d'enregistrement de la demande de conventionnement (CCH art. D 321-24).

La réduction d'impôt s'**impute** sur l'impôt dû au titre des revenus de chacune des années d'application du dispositif. 2880

En cas de **transfert du domicile fiscal** du contribuable **hors de France** pendant cette période, elle s'impute sur l'impôt établi dans les conditions prévues n°s 4400 s., avant imputation des prélèvements ou retenues non libératoires.

> **Précisions a.** Le dispositif ne peut **pas**, en principe, se **cumuler**, pour un même logement, avec un autre régime fiscal prévu en faveur de l'investissement locatif. Aucune exclusion n'est toutefois prévue avec la réduction d'impôt applicable aux opérations de restauration immobilière « Malraux » (n°s 2900 s.).
Il est par ailleurs incompatible avec l'application du **micro-foncier** (n°s 27465 s.).
b. Le montant de la réduction d'impôt est pris en compte pour la détermination du **plafonnement global** des avantages fiscaux visé n°s 4840 s.

OBLIGATIONS DÉCLARATIVES

La déclaration des revenus (personnes physiques) et, le cas échéant, de résultats (sociétés) de la première année d'application du régime doit être accompagnée de différents **justificatifs** (copie de la convention Anah signée, du bail, de l'avis d'imposition ou de non-imposition du locataire ou du sous-locataire et éventuellement document faisant mention du montant du loyer payé par l'occupant du logement) ainsi que, le cas échéant, de l'**engagement de conservation des parts**. 2882 CGI ann. III art. 46 AZA quindecies à 46 AZA septdecies

Les sociétés doivent en outre délivrer chaque année à leurs associés, au plus tard le deuxième jour ouvré suivant le 1er mai, une **attestation** (détaillant notamment le calcul de la réduction d'impôt correspondant aux droits des associés) que l'associé doit joindre à sa déclaration de revenus. Un exemplaire de cette attestation doit également être joint par la société à sa déclaration de résultats.

> **Précisions a.** En cas de **changement de locataire** au cours de la période d'engagement de location au titre de la convention, le contribuable doit joindre à l'appui de sa déclaration de revenus de l'année de signature du nouveau bail une copie de ce dernier et une copie de l'avis d'imposition ou de non-imposition du locataire.
En cas de **renouvellement du bail,** seule la copie du bail renouvelé doit être produite.
b. Si le logement est donné en location dans le cadre d'une « **location solidaire** », les contribuables doivent joindre à leur déclaration des revenus de l'année au titre de laquelle le bénéfice de la réduction d'impôt est demandé pour la première fois une copie de la convention Anah signée, du bail conclu avec l'organisme locataire et, le cas échéant, de l'avis d'impôt sur le revenu du sous-locataire ou de l'occupant du logement ainsi qu'un document mentionnant le montant du loyer payé par la personne occupant le logement.
c. Sur les **assouplissements** apportés à l'obligation de joindre les **justificatifs** à la déclaration de revenus, voir n° 3675, précision b.

REMISE EN CAUSE DE LA RÉDUCTION D'IMPÔT

Le **non-respect de l'engagement de location** au titre de la convention ou des conditions de mise en location ou la **cession du logement** (ou de titres) pendant la période d'engagement de location (ou de conservation) entraîne la remise en cause de l'avantage fiscal. 2885

La reprise est effectuée au titre de l'année de l'évènement entraînant la déchéance du régime.

> **Précisions** Aucune réintégration n'est effectuée en cas d'**invalidité** (en 2e ou 3e catégorie), de **licenciement** ou de **décès** de l'un des époux soumis à imposition commune. Le transfert du domicile fiscal hors de France durant cette période n'entraîne pas la remise en cause de la réduction d'impôt.

10. INVESTISSEMENTS « SCELLIER »

2890 CGI art. 199 septvicies IRPP-IV-85000 s

Les particuliers fiscalement domiciliés en France au sens de l'article 4 B du CGI ayant acquis à titre onéreux entre le 1er janvier 2009 et le 31 décembre 2012 (ou, par exception, le 31 mars 2013) des logements neufs ou assimilés destinés à la location peuvent bénéficier d'une réduction d'impôt dite « Scellier » répartie sur neuf ans. Il en va de même de ceux ayant souscrit des parts de SCPI servant à financer de tels investissements.

Ils peuvent en outre bénéficier d'avantages fiscaux complémentaires (sous forme de déduction spécifique ou de complément de réduction d'impôt), notamment lorsque la location est consentie dans le secteur intermédiaire.

Le tableau ci-après résume les conditions et les modalités d'application de ce dispositif, qui avait pris le relais de l'amortissement « Robien » (n° 28270).

Remarque : La réduction d'impôt « Scellier » est prise en compte pour le calcul du **plafonnement global** des avantages fiscaux (nos 4840 s.).

En ce qui concerne les investissements « Scellier » réalisés dans les départements ou collectivités d'**outre-mer,** voir nos 92070 s.

	Scellier « classique »	Scellier « intermédiaire »
Date des investissements	Du 1-1-2009 au 31-12-2012 (ou au 31-3-2013 si justification de l'engagement de réaliser l'investissement au plus tard le 31-12-2012). Remarque : Pour les investissements réalisés en 2009, choix entre la réduction « Scellier » et l'amortissement « Robien », sans cumul possible pour un même investissement. Pour les investissements réalisés en 2013, choix entre la réduction « Scellier » et la réduction « Duflot » (nos 2805 s.) sans cumul possible pour un même investissement. L'**achèvement** du logement ou des travaux de réhabilitation ou de transformation doit intervenir **au plus tard le 1er juillet 2025** (Loi 2023-1322 du 29-12-2023 art. 110).	
Investissements concernés	Acquisitions de logements neufs ou assimilés. Acquisitions de logements vétustes à réhabiliter. Souscriptions de parts de SCPI.	
Affectation du logement	Location nue – Résidence principale.	
Engagements des investisseurs	Engagement de location de 9 ans pris par le propriétaire du logement, éventuellement engagement de l'associé de conserver ses parts jusqu'à l'expiration de la période couverte par l'engagement de location.	
		Pour bénéficier de la réduction d'impôt supplémentaire : engagement de location prolongé de trois ans renouvelables une fois (soit 15 ans au total).
Plafonds de loyers (par m², mensuels, charges non comprises)	Pour 2024 : – Investissements réalisés en 2009 ou 2010 : Zone A : 25,96 € ; 25,58 € en Corse Zone B1 : 18,05 € ; 17,79 € en Corse Zone B2 : 14,77 € ; 14,55 € en Corse La liste des communes relevant des zones A, B1 et B2 a été fixée par l'arrêté BUDF0620458A du 10-8-2006 et par l'arrêté LOGU0907606A du 29-4-2009 ; – Investissements réalisés à partir de 2011 : Zone A bis : 25,81 € Zone A : 19,14 € ; 18,86 € en Corse Zone B1 : 15,43 € ; 15,21 € en Corse Zone B2 : 12,60 € ; 12,41 € en Corse Zone C : 8,76 € La liste des communes relevant des zones A bis, A, B1, B2 et C a été fixée par l'arrêté DEVL1026928A du 22-12-2010. Les communes de la zone C sont exclues du dispositif sauf agrément spécial du ministre du logement.	Pour 2024 : – Investissements réalisés en 2009 ou 2010 : Zone A : 20,77 € ; 20,46 € en Corse Zone B1 : 14,44 € ; 14,23 € en Corse Zone B2 : 11,82 € ; 11,64 € en Corse La liste des communes relevant des zones A, B1 et B2 a été fixée par l'arrêté BUDF0620458A du 10-8-2006 et par l'arrêté LOGU0907606A du 29-4-2009 ; – Investissements réalisés à partir de 2011 : Zone A bis : 20,65 € Zone A : 15,31 € ; 15,09 € en Corse Zone B1 : 12,35 € ; 12,17 € en Corse Zone B2 : 10,08 € ; 9,93 € en Corse Zone C : 7 € La liste des communes relevant des zones A bis, A, B1, B2 et C a été fixée par l'arrêté DEVL1026928A du 22-12-2010. Les communes de la zone C sont exclues du dispositif sauf agrément spécial du ministre du logement.

2890 (suite)

<table>
<tr><th></th><th>Scellier « classique »</th><th>Scellier « intermédiaire »</th></tr>
<tr><td>Plafonds de ressources des locataires</td><td>Aucun.</td><td>Plafonds de ressources identiques à ceux du « Borloo neuf », étant précisé qu'aucun agrément n'a été accordé en zone C pour les investissements réalisés en 2009 et 2010 : nº 28280.</td></tr>
<tr><td>Location à un enfant ou à un parent</td><td>Possible à condition que l'enfant ou le parent ne fasse pas partie du foyer fiscal du propriétaire ou de l'associé.</td><td>Non (mais possibilité d'une suspension temporaire de l'engagement dans ce but).</td></tr>
<tr><td>Location à un associé (ou à un membre de son foyer fiscal)</td><td colspan="2">Non autorisée.</td></tr>
<tr><td>Délai de vacance en cas de changement de locataire</td><td colspan="2">1 an.</td></tr>
<tr><td>Base de la réduction d'impôt</td><td colspan="2">Prix de revient du logement ou montant total des versements pour les parts de SCPI, dans la limite de 300 000 €.
Pour les investissements (autres que les souscriptions de parts de SCPI) réalisés à compter du 8 mars 2012, prix de revient retenu également dans la limite de plafonds par mètre carré :
Zone A bis et A : 5 000 €
Zone B1 : 4 000 €
Zone B2 : 2 100 €
Zone C : 2 000 €</td></tr>
<tr><td>Taux, imputation et étalement de la réduction</td><td colspan="2">La réduction est répartie par parts égales sur neuf années, dès l'année d'achèvement du logement ou de son acquisition si elle est postérieure.
Si, au titre d'une année, elle excède l'impôt dû, le solde peut être imputé sur l'impôt dû au titre des années suivantes jusqu'à la sixième inclusivement, à condition que l'immeuble soit maintenu en location pendant lesdites années.
Le taux diffère selon l'année d'acquisition ou de construction du logement et sa performance thermique :
– Logements acquis ou construits en 2009 ou 2010 : 25 % ;
– Logements BBC acquis ou construits en 2011 : 22 % (25 % si contrat de réservation signé devant notaire ou enregistré au plus tard le 31-12-2010 et acte authentique signé au plus tard le 31-3-2011) ;
– Logements non BBC acquis ou construits en 2011 : 13 % (25 % si contrat de réservation signé devant notaire ou enregistré au plus tard le 31-12-2010 et acte authentique signé au plus tard le 31-1-2011 ; 15 % si condition de réservation remplie et acte authentique signé entre le 1-2-2011 et le 31-3-2011) ;
– Logements BBC acquis ou construits en 2012 : 13 % (22 % si contrat de réservation signé devant notaire ou enregistré au plus tard le 31-12-2011 et acte authentique signé au plus tard le 31-3-2012) ;
– Logements non BBC acquis ou construits en 2012 (seulement si dépôt du permis de construire au plus tard le 31-12-2011 ; si dépôt du permis en 2012, réduction inapplicable) : 6 % (13 % si contrat de réservation signé devant notaire ou enregistré au plus tard le 31-12-2011 et acte authentique signé au plus tard le 31-3-2012) ;
– Logements acquis par acte authentique entre le 1-1-2013 et le 31-3-2013 (seulement si contrat de réservation signé devant notaire ou enregistré au plus tard le 31-12-2012) : 13 % pour logements BBC et 6 % pour logements non BBC pour lesquels permis de construire déposé au plus tard le 31-12-2011.</td></tr>
<tr><td></td><td></td><td>La réduction supplémentaire est répartie par parts égales sur trois ans renouvelables une fois (soit six ans au maximum), dès l'année suivant l'engagement initial de neuf ans.
Le taux diffère selon l'année d'acquisition ou de construction du logement :
– Logements acquis ou construits en 2009 ou 2010 : 6 % par période triennale (12 % max.) ;</td></tr>
</table>

2890 (suite)

	Scellier « classique »	Scellier « intermédiaire »
		– Logements acquis ou construits en 2011 : 5 % par période triennale (10 % max.) (6 % par période triennale si contrat de réservation signé devant notaire ou enregistré au plus tard le 31-12-2010 et acte authentique signé au plus tard le 31-3-2011) ; – Logements acquis ou construits en 2012 : 4 % par période triennale (8 % max.) (5 % par période triennale si contrat de réservation signé devant notaire ou enregistré au plus tard le 31-12-2011 et acte authentique signé au plus tard le 31-3-2012) ; – Logements acquis par acte authentique entre le 1-1-2013 et le 31-3-2013 (seulement si contrat de réservation signé devant notaire ou enregistré au plus tard le 31-12-2012) : 4 % par période triennale (8 % max.).
Autres avantages fiscaux	Déduction spécifique de 26 % des revenus bruts fonciers dès lors que le logement est situé dans une zone de revitalisation rurale pendant les 9 ans de l'engagement de location (« **Scellier ZRR** »).	Déduction spécifique de 30 % des revenus bruts fonciers pendant la durée de l'engagement de location (soit 9, 12 ou 15 ans).
Articulation avec d'autres dispositifs fiscaux	Non-cumul avec d'autres réductions d'impôt (investissements dans le secteur du tourisme, dans le secteur du logement outre-mer, dans le cadre des dispositifs « Malraux », « Duflot », « Pinel », « Denormandie » et « Loc'Avantages »). Non-cumul avec les dispositifs « Cosse » et « Borloo ancien ».	
Déficits fonciers	Imputation dans la limite annuelle de 10 700 €.	
Remise en cause des avantages fiscaux	**Principaux événements** entraînant une remise en cause : – Non-respect de l'engagement de location, des conditions de loyers (ou de ressources des locataires pour le Scellier intermédiaire), location à un membre du foyer fiscal (ou à un parent ou enfant pour le Scellier intermédiaire, sous réserve d'un dispositif de suspension temporaire de l'engagement), location à un associé de la SCPI propriétaire du bien, vacance trop longue entre deux locataires ; – Cession (vente, démembrement, apport, échange, donation) du logement ou des parts sociales ; – Inscription du logement ou des parts à l'actif d'une entreprise individuelle ; – Modification du foyer fiscal (mariage, divorce, conclusion ou rupture d'un Pacs, séparation...) sauf si le nouvel attributaire du bien reprend l'engagement de location (ou si, en cas de divorce, le bien reste en indivision). Même solution en cas de décès d'un conjoint ; – Défaut d'affectation du produit de la souscription des parts de SCPI dans le délai de 18 mois. Pas de remise en cause en cas d'invalidité, de licenciement ou de décès du contribuable (propriétaire ou associé) ou de son conjoint. **Conséquences** : – En cas de non-respect des conditions initiales : l'IR des années au titre desquelles la réduction d'impôt a été pratiquée est majoré du montant de cette réduction. Le cas échéant, lorsqu'une déduction spécifique de 26 % ou 30 % (Scellier ZRR ou Scellier intermédiaire) a été pratiquée, le revenu foncier des années au titre desquelles la déduction spécifique a été déduite est majoré du montant de cette déduction ; – En cas de non-respect des conditions au cours de la période d'engagement de location : l'IR de l'année au cours de laquelle intervient l'événement entraînant la déchéance de l'avantage fiscal est majoré du montant total de la réduction d'impôt obtenue. Le cas échéant, lorsqu'une déduction spécifique de 26 % ou 30 % (Scellier ZRR ou Scellier intermédiaire) a été pratiquée, le revenu foncier de l'année au cours de laquelle intervient l'événement entraînant la déchéance de la déduction spécifique est majoré du montant de l'ensemble des déductions pratiquées au cours de la période initiale d'engagement. Lorsque le logement est la propriété d'une **SCPI,** il est admis que la location à l'un des associés ou à un membre de son foyer fiscal n'entraîne la reprise de la réduction de l'avantage fiscal qu'à l'égard du seul associé concerné. Lorsque ce sont les conditions spécifiques des avantages fiscaux supplémentaires (Scellier ZRR et Scellier intermédiaire) qui ne sont pas respectées, seuls ces avantages sont remis en cause.	

11. OPÉRATIONS DE RESTAURATION IMMOBILIÈRE « MALRAUX »

Les particuliers qui investissent dans des opérations de restauration immobilière dans certains quartiers urbains (opérations dites « loi Malraux ») peuvent bénéficier d'une **réduction d'impôt** lorsque les immeubles sont destinés à la location. 2900 CGI art. 199 tervicies IRPP-IV-108000 s

BÉNÉFICIAIRES

La réduction d'impôt bénéficie aux **personnes physiques** qui procèdent à des opérations de restauration immobilière **directement** ou par l'intermédiaire d'une **société de personnes** non soumise à l'impôt sur les sociétés. Elle profite également aux personnes qui souscrivent des parts de sociétés civiles de placement immobilier (**SCPI**) lorsque le montant de la souscription sert en partie à financer de telles opérations. 2901 IRPP-IV-108080 s

Ces personnes doivent être **domiciliées fiscalement en France** et imposées à raison des revenus de l'immeuble restauré, dans la catégorie des revenus fonciers.

> **Précisions** **a.** Le dispositif n'est pas applicable aux titulaires de droits démembrés (**usufruitier, nu-propriétaire**). Une exception est toutefois prévue en cas de démembrement de propriété consécutif au décès de l'un des conjoints (voir n° 2910).
> **b.** Lorsque l'immeuble est détenu en **indivision**, chaque indivisaire est susceptible de bénéficier de la réduction d'impôt à raison de sa quote-part.

OPÉRATIONS CONCERNÉES

L'opération doit être réalisée en vue de la restauration complète d'un immeuble bâti situé soit dans un **site patrimonial remarquable** (SPR), soit dans un **quartier ancien dégradé,** soit dans un **quartier présentant une concentration élevée d'habitat ancien dégradé,** et elle doit être déclarée **d'utilité publique** (sauf si l'immeuble est situé dans un SPR couvert par un plan de sauvegarde et de mise en valeur (PSMV) approuvé ou par un plan de valorisation de l'architecture et du patrimoine (PVAP) approuvé). 2902 IRPP-IV-108300 s

La restauration peut être effectuée sur un **immeuble à usage d'habitation** ou à **usage professionnel.** La restauration peut aussi porter sur **tout immeuble destiné, après travaux, à l'habitation** (réaffectation à usage d'habitation de locaux affectés à un autre usage).

Remarque : Pour les opérations portant sur des immeubles situés dans des quartiers anciens dégradés ou présentant une concentration élevée d'habitat ancien dégradé, la réduction d'impôt s'applique aux dépenses supportées **jusqu'au 31 décembre 2024** (Loi 2023-1322 du 29-12-2023 art. 14).

> **Précisions** **a.** Les sites patrimoniaux remarquables (SPR) se sont substitués, depuis le 8 juillet 2016, aux secteurs sauvegardés, aux zones de protection du patrimoine architectural, urbain et paysager (ZPPAUP) et aux aires de mise en valeur de l'architecture et du patrimoine (Avap) (Loi 2016-925 du 7-7-2016 art. 112).
> La **liste** des quartiers bénéficiaires du programme national de requalification des **quartiers anciens dégradés** est fixée par le décret 2009-1780 du 31 décembre 2009. Celle des **quartiers** prioritaires de la politique de la ville **présentant une concentration élevée d'habitat ancien dégradé** est fixée par l'arrêté TERV1706701A du 19 janvier 2018.
> **b.** L'application de la réduction d'impôt aux quartiers présentant une concentration élevée d'habitat ancien dégradé étant conditionnée à la conclusion par la commune avec l'Agence nationale pour la rénovation urbaine (Anru) d'une **convention pluriannuelle de renouvellement urbain** dans le cadre du Nouveau programme national de renouvellement urbain (NPNRU), seules les dépenses réalisées à compter de la signature par la commune d'une telle convention ouvrent droit au bénéfice de la réduction d'impôt (BOI-IR-RICI-200-10 n° 115).
> **c.** Sont exclus du champ d'application de la réduction les travaux qui ne permettent qu'une **restauration partielle** de l'immeuble. Mais les travaux peuvent ne porter que sur les parties de l'immeuble qui nécessitent une intervention.

DÉPENSES OUVRANT DROIT À RÉDUCTION D'IMPÔT

Ouvrent droit à la réduction d'impôt : 2903 IRPP-IV-108700 s

– les **travaux imposés ou autorisés par l'autorité publique,** y compris les travaux de transformation en logement de tout ou partie d'un immeuble d'habitation réalisés ou non dans le volume bâti existant (travaux ayant pour effet de rendre habitables des combles, des greniers ou des parties communes, extension de superficies habitables, etc.) ;

– les **charges foncières habituelles** : les dépenses de réparation et d'entretien (n° 27340), les primes d'assurance (n° 27400), les dépenses d'amélioration (n° 27350), les impositions (n° 27410), les frais de gestion (n° 27390) ainsi que la fraction des provisions pour dépenses de travaux de

copropriété pour le montant effectivement employé par le syndic pour le paiement desdites dépenses ;
– et les **frais d'adhésion** à une **association foncière urbaine** de restauration.
Les dépenses prises en compte sont celles supportées à compter de la date de délivrance du permis de construire ou de l'expiration du délai d'opposition à la déclaration préalable, jusqu'au 31 décembre de la troisième année suivante. Les contribuables peuvent donc bénéficier d'un avantage fiscal **pendant quatre années** d'imposition au maximum. Cette période d'éligibilité peut toutefois être prolongée lorsque les travaux sont interrompus ou ralentis par l'effet de la force majeure ou de découverte de vestiges archéologiques.
Ouvrent droit également à la réduction d'impôt les **souscriptions de parts de SCPI** dont 65 % au minimum servent exclusivement à financer des dépenses éligibles (mentionnées ci-dessus) et 30 % au minimum servent à financer l'acquisition d'immeubles éligibles (nº 2902). Le montant de la souscription doit être intégralement affecté dans les dix-huit mois qui suivent la clôture de celle-ci.

> **Précisions** **a.** La réduction d'impôt est calculée sur le montant des dépenses effectivement supportées par le contribuable. Il y a donc lieu de déduire, le cas échéant, les **aides ou subventions** accordées pour la réalisation des travaux.
> **b.** Lorsque les travaux sont réalisés dans le cadre d'un **contrat de vente d'immeuble à rénover,** le montant des dépenses ouvrant droit à la réduction d'impôt est celui correspondant au prix des travaux devant être réalisés par le vendeur et effectivement payés par l'acquéreur selon l'échéancier prévu au contrat.
> **c.** Lorsque le contribuable bénéficie de la réduction d'impôt, les dépenses correspondantes ne peuvent faire l'objet d'aucune déduction pour la détermination des **revenus fonciers** (pas de double avantage). En revanche, les charges qui n'entrent pas dans la base de calcul de la réduction d'impôt, tels les intérêts d'emprunt, sont déductibles des revenus fonciers dans les conditions de droit commun (nºs 27325 s.).

AFFECTATION DE L'IMMEUBLE À LA LOCATION

2904 IRPP-IV-109000 s Le propriétaire doit prendre l'**engagement** de louer l'immeuble pendant neuf ans. Lorsque la restauration porte sur un immeuble d'habitation, le contribuable prend l'engagement de le louer nu, à usage d'habitation principale du locataire.
Lorsque l'immeuble est la propriété d'une société, les associés doivent en outre s'engager à conserver leurs parts jusqu'au terme de l'engagement de location pris par la société. Il en va de même lorsque l'immeuble est la propriété d'une SCPI.
La location doit prendre **effet** dans les douze mois de l'achèvement des travaux. Elle doit être effective et continue pendant toute la durée de l'engagement.

> **Précisions** **a.** L'engagement de location doit prévoir que le locataire est une **personne autre qu'un membre du foyer fiscal,** un ascendant ou un descendant du contribuable. Lorsque l'immeuble est la propriété d'une société, le locataire doit être une personne autre que l'un des **associés** ou un membre de son foyer fiscal, un ascendant ou un descendant de celui-ci.
> **b.** Lorsqu'une même **souscription de parts de SCPI est affectée à la restauration de plusieurs immeubles,** la période d'engagement de conservation des parts expire au terme de celle couverte par l'engagement de location afférent au dernier des logements acquis au moyen de la souscription et mis en location par la société (BOI-IR-RICI-200-20 nº 60).
> **c.** En cas de **congé du locataire,** un délai de vacance d'un an au maximum est admis pour conclure un nouveau bail (BOI-IR-RICI-200-20 nº 140).

MONTANT DE LA RÉDUCTION D'IMPÔT

2905 IRPP-IV-109550 s Les dépenses ouvrant droit à la réduction d'impôt sont prises en compte dans la **limite** de 400 000 € sur la **période** de quatre ans définie nº 2903.
Cette limite est **globale** : elle s'apprécie en tenant compte, au titre d'une période de quatre années consécutives, à la fois des dépenses de travaux éligibles (réalisés directement ou par l'intermédiaire d'une société) et des souscriptions de parts de SCPI.

> **Précisions** Pour les opérations pour lesquelles une **demande de permis de construire ou** une **déclaration préalable** a été déposée **jusqu'au 31 décembre 2016** ou pour les souscriptions au capital de SCPI dont la date de clôture est intervenue au plus tard à cette date, les dépenses étaient retenues dans une limite annuelle de 100 000 €.

2906 IRPP-IV-109680 s et IRPP-IV-109720 s Le **taux** de la réduction d'impôt est de :
– 30 % du montant des dépenses éligibles pour les immeubles situés dans le périmètre d'un **SPR couvert par un PSVM approuvé,** dans un **quartier ancien dégradé** ou dans un **quartier présentant une concentration élevée d'habitat ancien dégradé** ;

– 22 % dans les **autres cas** (immeubles situés dans le périmètre d'un SPR couvert par un PVAP approuvé ou opération de restauration déclarée d'utilité publique).

Les mêmes taux sont applicables aux souscriptions de parts de SCPI, la réduction d'impôt étant calculée sur la fraction du montant de la souscription affectée au financement desdites dépenses (à l'exclusion de la quote-part de souscription correspondant à l'acquisition d'immeubles et aux frais de collecte, de recherche et d'investissement : BOI-IR-RICI-200-30 n° 120).

La réduction d'impôt est accordée au titre de l'**année** du paiement des dépenses ou de la réalisation de la souscription de parts de SCPI.

Lorsque la fraction de la réduction d'impôt imputable au titre d'une année d'imposition excède le montant de l'impôt dû au titre de cette année, elle est **reportable** sur l'impôt dû au titre des trois années suivantes.

> Précisions **a.** La réduction d'impôt **ne peut pas se cumuler** pour un même logement (ou une même souscription) avec les réductions d'impôt au titre des investissements réalisés outre-mer (nos 92010 s.) ni avec les réductions d'impôt « Duflot », « Pinel », « Denormandie » (nos 2805 s.) ou avec l'ancien « Scellier » (n° 2890).
b. Pour les opérations pour lesquelles une **demande de permis de construire ou** une **déclaration préalable** a été déposée **jusqu'au 8 juillet 2016** (ou pour les souscriptions au capital de SCPI dont la date de clôture est intervenue jusqu'à cette même date), les **taux** étaient fixés à 30 %, pour les immeubles situés en secteur sauvegardé, et 22 % pour les immeubles situés en ZPPAUP ou dans des Avap.
c. Pour les opérations pour lesquelles une **demande de permis de construire ou** une **déclaration préalable** a été déposée **jusqu'au 31 décembre 2016** (ou pour les souscriptions au capital de SCPI dont la date de clôture est intervenue au plus tard à cette date), dans le cas où le montant de la réduction d'impôt excédait le montant de l'impôt brut, la **fraction non imputée de** cette **réduction** ne donnait pas lieu à remboursement ou à report sur l'impôt dû au titre des années suivantes.

REPRISE DE LA RÉDUCTION D'IMPÔT

La réduction d'impôt fait l'objet d'une reprise en cas de **rupture de l'engagement de location** ou de conservation des parts. Par **exception,** il n'est procédé à aucune reprise en cas d'invalidité (2e ou 3e catégorie), de licenciement ou du décès du contribuable ou de l'un des membres du couple soumis à imposition commune. **2910** IRPP-IV-110100 s

La réduction d'impôt fait également l'objet d'une reprise en cas de **démembrement de la propriété** de l'immeuble ou des parts, **sauf** lorsque le démembrement du droit de propriété ou le transfert de la propriété du bien résulte du **décès** de l'un des membres du couple soumis à imposition commune et que le conjoint survivant reprend les engagements courants.

OBLIGATIONS DÉCLARATIVES

La déclaration de revenus (personnes physiques) et, le cas échéant, de résultats (sociétés) de la première année d'application du régime doit être accompagnée de l'**engagement de location** et, le cas échéant, de l'**engagement de conservation des parts.** Elle doit également être appuyée de certains **justificatifs** : copie du bail, déclaration d'utilité publique, autorisation d'urbanisme, déclaration d'achèvement des travaux, factures, etc. **2915** CGI ann. III art. 46 AZC IRPP-IV-109850 s

Les sociétés sont quant à elles tenues de délivrer chaque année à leurs associés, au plus tard le deuxième jour ouvré suivant le 1er mai, une **attestation** (fournissant notamment le détail de calcul de la réduction d'impôt correspondant aux droits des associés) dont un exemplaire est joint à leur déclaration de résultats et un autre à transmettre aux associés.

Lorsque l'immeuble appartient à une SCPI, les porteurs de parts doivent également déposer leurs parts sur un **compte spécial** de la société dans les trente jours suivant la date limite de dépôt de la déclaration de revenus de l'année de souscription. Pendant toute la période d'application du régime, ils doivent joindre à leur déclaration de revenus un **état** fournissant le détail de calcul de la réduction d'impôt.

> Précisions Sur les **assouplissements** apportés à **l'obligation de joindre les justificatifs à la déclaration,** voir n° 3675, précision b.

12. INVESTISSEMENTS FORESTIERS

Les personnes physiques fiscalement domiciliées en France au sens de l'article 4 B du CGI qui, dans le cadre de la **gestion** de leur **patrimoine privé,** réalisent jusqu'au 31 décembre 2027 certaines opérations forestières peuvent bénéficier d'un crédit d'impôt (Loi 2023-580 du 10-7-2023 art. 34 et Loi 2023-1322 du 29-12-2023 art. 128). **2930** CGI art. 200 quindecies IRPP-IV-25000 s

Le crédit d'impôt s'impute sur le montant de l'impôt sur le revenu selon les modalités décrites n° 2300.

Il est pris en compte dans le calcul du **plafonnement global** visé nos 4840 s.

Les versements reçus par les entreprises bénéficiaires au titre des opérations forestières sont soumis à la réglementation européenne sur les **aides d'État de minimis,** dont les règles d'**encadrement** sont exposées nos 92605 s.

ACQUISITIONS

2935 Le crédit d'impôt s'applique aux acquisitions de **terrains** en nature de bois et forêts ou de terrains nus à boiser (dans un délai de trois ans) lorsque la superficie de l'unité de gestion après acquisition est d'au moins 4 hectares.

L'acquéreur doit s'engager à **conserver** les terrains pendant quinze ans et à leur appliquer, pendant la même durée, un plan simple de gestion agréé par le centre régional de la propriété forestière (ou, selon la surface totale des terrains possédés par l'intéressé, un autre document de gestion durable prévu par le Code forestier).

Le crédit d'impôt concerne également les souscriptions ou acquisitions en numéraire de **parts de groupements forestiers ou de sociétés d'épargne forestière** qui ont pris l'engagement de gérer pendant quinze ans les bois et forêts dont ils sont propriétaires conformément à un plan simple de gestion agréé ou à un règlement type de gestion approuvé. Ces parts doivent être conservées jusqu'au 31 décembre de la huitième année suivant la date de leur souscription ou acquisition.

> **Précisions a.** Pour les **acquisitions** de terrains réalisées **entre le 1er janvier et le 11 juillet 2023**, l'unité de gestion, après acquisition, devait être comprise entre 4 et 25 hectares.
> **b.** Les souscriptions de parts prises en compte s'entendent aussi bien de celles réalisées lors de la constitution du **capital initial** du groupement ou de la société que de celles intervenues lors d'une **augmentation de** son **capital.**
> **c.** Le contribuable qui entend bénéficier de l'avantage fiscal au titre de l'**acquisition de terrains** doit être en mesure de présenter à la demande de l'administration une note comportant notamment l'engagement relatif à la conservation des terrains et à leur gestion (CGI ann. III art. 46 AGH, I-f). En cas de **souscription ou d'acquisition de parts,** le contribuable doit tenir à la disposition de l'administration l'engagement de conservation des parts et l'attestation délivrée par le groupement ou la société et relative à l'engagement de gestion (CGI ann. III art. 46 AGI).

2936 Le crédit d'impôt est accordé au titre de l'année de réalisation de l'investissement.

Il est égal à **25 %** du prix d'acquisition ou de souscription pour les terrains et les parts de groupements forestiers et d'une fraction égale à 60 % du prix d'acquisition ou de souscription pour les parts de société d'épargne forestière.

Les dépenses réalisées sont globalement retenues dans la limite d'un **plafond annuel** de 6 250 € pour une personne célibataire, veuve ou divorcée, et de 12 500 € pour des personnes mariées ou pacsées, soumises à une imposition commune.

Une **reprise** de cet avantage est opérée lorsque le contribuable, le groupement ou la société ne respecte pas ses engagements (de conservation ou de gestion). Il en est de même en cas de dissolution du groupement forestier ou de la société d'épargne forestière, ou lorsque cette dernière n'exerce pas une activité conforme à son objet. La reprise est effectuée au titre de l'année au cours de laquelle le manquement est intervenu.

> **Précisions a.** Le **prix d'acquisition** du terrain englobe les frais accessoires tels honoraires de notaire, commissions aux intermédiaires, droits de mutation, etc. S'agissant de l'acquisition de terrains situés dans un massif de montagne, la base de l'avantage fiscal est constituée par le prix d'acquisition de ces terrains et celui des acquisitions de terrains en nature de bois et forêts ou de terrains nus à boiser réalisées dans les trois années précédentes pour constituer l'unité de gestion concernée.
> **b.** Les **aides publiques** reçues à raison des investissements forestiers réalisés sont déduites des bases de calcul du crédit d'impôt. Elles s'entendent des soutiens financiers, remboursables ou non, accordés par une entité publique (institutions européennes, État, collectivités territoriales, établissements publics) pour le financement des opérations forestières (BOI-IR-RICI-60-20-20 n° 85). La déduction s'opère avant le plafonnement des dépenses.
> **c. Aucune reprise** n'est pratiquée :
> – en cas de décès ou d'invalidité relevant de la 2e ou de la 3e des catégories prévues par l'article L 341-4 du Code de la sécurité sociale ou licenciement du contribuable (ou de l'un des époux ou partenaires d'un Pacs, soumis à une imposition commune) ;
> – lorsque le contribuable, après une durée minimale de détention de deux ans, apporte les

terrains à un groupement forestier ou à une société d'épargne forestière, à la condition qu'il s'engage à conserver les parts sociales reçues en contrepartie, pour la durée de détention restant à courir à la date de l'apport ;
– en cas de donation des terrains ou des parts, sous réserve que les donataires reprennent les engagements souscrits par le donateur pour la durée de détention restant à courir à la date de la donation.
Il en va de même lorsque le terrain acquis fait l'objet d'une expropriation pour cause d'utilité publique, d'un aménagement foncier ou d'une interdiction de reboisement postérieure à l'acquisition, ainsi qu'en cas de mariage, divorce ou séparation du contribuable (BOI-IR-RICI-60-20-20 n° 310).

TRAVAUX FORESTIERS

Le crédit d'impôt s'applique aux travaux forestiers **payés par le contribuable** à condition qu'il s'engage à conserver la parcelle concernée jusqu'au 31 décembre de la huitième année suivant celle des travaux et à lui appliquer, pendant la même durée, l'une des garanties de gestion durable prévues par les articles L 124-1 et L 124-3 du Code forestier ou, pour les travaux réalisés à compter du 12 juillet 2023, s'il a fait approuver un programme de coupes et de travaux par le Centre national de la propriété forestière, d'adhérer au code des bonnes pratiques sylvicoles visé à l'article L 124-2 du Code forestier. **2940**

Le crédit d'impôt s'applique également aux travaux forestiers **payés par un groupement forestier ou une société d'épargne forestière** dont le contribuable est membre **ou par** un groupement d'intérêt économique et environnemental forestier (**GIEEF**) dont le contribuable est membre, directement ou indirectement par l'intermédiaire d'un groupement forestier ou d'une société d'épargne forestière sous les conditions suivantes :

– le contribuable prend l'engagement de conserver les parts du groupement ou de la société jusqu'au 31 décembre de la quatrième année suivant celle des travaux et, le cas échéant, le contribuable, le groupement forestier ou la société d'épargne forestière s'engage à rester membre du GIEEF pendant la même période ;

– le, contribuable, le groupement ou la société prend l'engagement de conserver la parcelle concernée jusqu'au 31 décembre de la huitième année suivant celle des travaux et de lui appliquer, pendant la même durée, une des garanties de gestion durable prévues aux articles L 124-1 et L 124-3 du Code forestier.

> Précisions a. Les **travaux forestiers** concernés s'entendent des travaux de plantation, de reconstitution, de renouvellement, de sauvegarde et d'amélioration des peuplements et des travaux de création et d'amélioration des dessertes (CGI ann. III art. 46 AGK). Il peut s'agir également de travaux de régénération naturelle (BOI-IR-RICI-60-10 n° 300).
Les **plantations** doivent être effectuées avec des graines et des plants forestiers conformes aux prescriptions des arrêtés régionaux relatifs aux aides de l'État à l'investissement forestier.
b. Les dépenses ne doivent pas être **payées** par prélèvement sur un Céaf ou un Cifa.
c. Les **obligations déclaratives** incombant aux investisseurs sont celles exposées n° 2935, précision c.

Le crédit d'impôt est accordé au titre de l'année du paiement des travaux. **2941**

Il est égal à **25 %** du montant de ces travaux (ou de la fraction de ce montant correspondant aux droits du contribuable dans le groupement ou la société qui a réalisé les travaux).

Les dépenses réalisées sont retenues dans la limite d'un **plafond annuel** de 6 250 € pour une personne célibataire, veuve ou divorcée, et de 12 500 € pour des personnes mariées ou pacsées, soumises à une imposition commune.

La **fraction excédentaire** des dépenses peut être reportée sur les quatre années (ou huit années en cas de sinistre forestier) suivant celle du paiement des travaux et dans la même limite.

> Précisions a. Sur la prise en compte des **aides publiques,** voir n° 2936, précision b.
b. Le crédit d'impôt fait l'objet d'une **reprise** dans les cas visés n° 2936.

COTISATIONS D'ASSURANCE

Le crédit d'impôt s'applique aux cotisations versées par le contribuable, par un groupement forestier ou par une société d'épargne financière dont le contribuable est membre dans le cadre d'un contrat d'assurance couvrant des bois et forêts, notamment contre le **risque de tempête ou d'incendie**. **2950**

Le crédit d'impôt est égal à **76 %** des sommes versées par le contribuable ou de la fraction de la cotisation payée par le groupement forestier ou la société d'épargne forestière correspondant aux droits que le contribuable détient dans ces derniers.

Les dépenses en cause sont retenues dans la **double limite** de 15 € par hectare assuré et d'un **plafond annuel** de 6 250 € pour une personne célibataire, veuve ou divorcée, et de 12 500 € pour des personnes mariées ou pacsées, soumises à une imposition commune.

> Précisions **a.** Les cotisations d'assurance **payées** par prélèvement sur un Céaf ou sur un Cifa sont exclues du dispositif.
b. Sur la prise en compte des **aides publiques,** voir nº 2936, précision b.
c. Les contribuables doivent être en mesure de présenter, à la demande de l'administration fiscale, une **attestation d'assurance** certifiant que leurs propriétés de bois et forêts sont couvertes contre le risque de tempête ou d'incendie (CGI ann. III art. 46 AGH, II-a).

13. DÉPENSES D'ÉQUIPEMENT DU LOGEMENT

a. Dépenses d'installation de systèmes de charge des véhicules électriques

3045 CGI art. 200 quater C IRPP-IV-158000

Les contribuables qui supportent, jusqu'au **31 décembre 2025**, des dépenses pour équiper leurs logements en systèmes de charge pour véhicules électriques peuvent bénéficier d'un crédit d'impôt.

BÉNÉFICIAIRES

3050 Le crédit d'impôt bénéficie aux contribuables domiciliés en France au sens de l'article 4 B du CGI, qu'ils soient **propriétaires, locataires** ou **occupants à titre gratuit** de leur logement (quelle que soit son ancienneté), qu'ils affectent à leur **habitation principale** ou à leur **résidence secondaire** exclusivement (ce qui exclut sa mise en location, même saisonnière : BOI-IR-RICI-285 nº 130). Toutefois, dans ce dernier cas, le crédit d'impôt ne s'applique qu'à raison de l'équipement d'une seule résidence secondaire par contribuable.

> Précisions **a.** Les **propriétaires-bailleurs** ne bénéficient pas du dispositif mais peuvent déduire les dépenses d'équipement qu'ils exposent de leurs revenus fonciers dans les conditions visées nºs 27325 s.
b. Les locataires bénéficient du crédit d'impôt à raison des dépenses éligibles qu'il acquittent directement ou qui sont mises à leur charge par le propriétaire mais en aucun cas à raison des sommes payées au titre de **majorations de loyers** (BOI précité nº 30).
c. Lorsque les équipements s'intègrent aux **parties communes** d'un immeuble collectif, chacun des occupants de l'immeuble peut faire état de sa quote-part des dépenses éligibles correspondant au logement qu'il occupe. L'administration considère en revanche que les dépenses réalisées sur des parties communes qui font l'objet d'une occupation privative au profit d'une personne autre que le contribuable (tel le concierge ou le gardien) n'ouvrent pas droit au crédit d'impôt (BOI précité nº 70).

DÉPENSES ÉLIGIBLES

3060 Le crédit d'impôt est octroyé à raison des dépenses effectuées pour l'**acquisition** et la **pose** d'un système de charge pour véhicules électriques, qu'il s'agisse d'une première installation ou d'un remplacement. Pour les dépenses payées depuis le 1er janvier 2024, seules sont éligibles au crédit d'impôt les bornes de recharge qui sont pilotables (Loi 2023-1322 du 29-12-2023 art. 18, I).

Les dépenses doivent être impérativement facturées par l'**entreprise** qui procède à la fourniture et à l'installation ou qui, pour la fourniture seule ou la fourniture et l'installation, recourt à une entreprise sous-traitante. Ne sont donc pas éligibles au crédit d'impôt les équipements, matériaux ou appareils acquis **directement par le contribuable**, même si la pose ou leur installation est effectuée par un professionnel (BOI-IR-RICI-285 nº 210).

> Précisions **a.** Les **équipements** éligibles s'entendent des bornes de recharge pour véhicules électriques dont les types de prise respectent la **norme** NF EN 62196-2 (ou, sous réserve d'équivalence, la norme EN 62196-2 : BOI précité nº 180) ainsi que le **décret** 2017-26 du 12 janvier 2017 modifié relatif aux infrastructures de recharge pour véhicules électriques et portant diverses mesures de transposition de la **directive** 2014/94/UE du Parlement européen et du Conseil du 22 octobre 2014 sur le déploiement d'une infrastructure pour carburants alternatifs (CGI ann. IV art. 18 ter A).
b. Les contribuables qui justifient de l'acceptation d'un devis et du versement d'un acompte au cours de l'année 2023 pour l'installation d'une **borne** de recharge électrique **non pilotable** peuvent, par exception, bénéficier du crédit d'impôt pour les dépenses payées en 2024, crédit d'impôt toutefois plafonné à 300 € par système de charge (voir nº 3080) (Loi 2023-1322 du 29-12-2023 art. 18, II).

3070 Pour un même logement, le **nombre de systèmes de charge** ouvrant droit au crédit d'impôt est **limité** à un seul pour une personne célibataire, divorcée ou veuve, et à deux pour un couple soumis à imposition commune. Un contribuable peut donc, en pratique, bénéficier du crédit d'impôt à la fois pour sa résidence principale (à raison d'un ou de deux systèmes selon sa situation de famille) et pour sa résidence secondaire (à raison d'un ou de deux systèmes également).

> **Précisions** a. Lorsqu'un **même logement** (résidence principale ou secondaire) est occupé par **plusieurs contribuables** (cas des concubins par exemple), chacun d'entre eux peut prétendre au bénéfice du crédit d'impôt (BOI-IR-RICI-285 n° 160).
> b. En cas de **changement de résidence** (principale ou secondaire) pendant la période d'application du dispositif (dépenses payées entre le 1er janvier 2021 et le 31 décembre 2025), le contribuable peut bénéficier de nouveau du crédit d'impôt alors même qu'il en a déjà bénéficié pour son ancienne résidence (BOI précité n° 150).

MODALITÉS D'APPLICATION

Le crédit d'impôt s'applique pour le calcul de l'impôt sur les revenus de l'année au titre de laquelle la dépense a été payée. **3080**

Il est égal à **75 %** des dépenses engagées, sans pouvoir excéder 500 € par système de charge pour les dépenses payées depuis le 1er janvier 2024 (Loi 2023-1322 du 29-12-2023 art. 18, I ; 300 € pour les dépenses payées avant cette date).

Le crédit d'impôt s'impute sur le montant de l'impôt sur le revenu, dans les conditions indiquées n° 2300.

Il est soumis au **plafonnement global** des avantages fiscaux (nos 4840 s.).

> **Précisions** a. Le crédit d'impôt est calculé sur le coût des **pièces et fournitures** destinées à s'intégrer ou à constituer, une fois réunies, le système de charge pour véhicule électrique et le coût des **travaux liés à sa pose** (raccordement au réseau électrique, modification du tableau électrique, etc.), sous déduction des éventuelles **primes ou aides** accordées au contribuable. Les frais administratifs et financiers annexes (**frais de dossier, intérêts d'emprunt**, etc.) ne sont pas pris en compte (BOI-IR-RICI-285 n° 210).
> b. Les dépenses ouvrant droit au crédit d'impôt ne sont pas déductibles comme charges pour la détermination d'un **revenu catégoriel**.
> c. Cas particulier d'application du **plafond** de 300 € pour des dépenses payées en 2024 : voir n° 3060, précision b.

Le contribuable doit être en mesure de présenter à l'administration fiscale, sur sa demande, une **facture,** autre que les factures d'acomptes, **mentionnant** (outre les mentions obligatoires visées n° 53625) : **3085**

– le lieu de réalisation des travaux ;

– la nature, la désignation et le montant des travaux ; le cas échéant, les caractéristiques techniques des équipements installés.

À **défaut,** le montant du crédit d'impôt injustifié est **repris** au titre de l'année d'imputation.

REPRISE EN CAS DE REMBOURSEMENT DES DÉPENSES

Si le bénéficiaire du crédit d'impôt est remboursé, dans un **délai de cinq ans,** de tout ou partie du montant des dépenses qui lui ont ouvert droit à l'avantage fiscal, il fait l'objet, au titre de l'année de remboursement et dans la limite du crédit obtenu, d'une reprise égale à la différence entre le montant du crédit initial et celui calculé sur les dépenses effectivement supportées. **3100**

Aucune reprise n'est pratiquée lorsque le remboursement fait suite à un **sinistre** survenu après que les dépenses ont été payées.

b. Dépenses en faveur de la protection des personnes

ÉQUIPEMENTS POUR PERSONNES ÂGÉES OU HANDICAPÉES

Bénéficiaires et dépenses éligibles Les contribuables, **propriétaires, locataires** ou **occupants à titre gratuit** de leur habitation principale (au sens défini n° 3112) située en France et dont les revenus respectent les seuils visés n° 3115, bénéficient d'un crédit d'impôt sur le revenu au titre des dépenses d'**installation** ou de **remplacement** des équipements suivants : **3110** CGI art. 200 quater A **IRPP-IV-1000 s**

– équipements permettant l'adaptation des logements à la perte d'autonomie ou au handicap, à condition que l'un des membres du foyer fiscal soit en situation de perte d'autonomie ou de handicap au sens défini précision a ;

– jusqu'au 31 décembre 2023 (Loi 2023-1322 du 29-12-2023 art. 71, III), équipements spécialement conçus pour l'accessibilité des logements aux personnes âgées et handicapées.

Sont visés les équipements payés jusqu'au 31 décembre 2025 dans le cadre de travaux réalisés dans un **logement achevé**, les équipements intégrés à un logement **acquis neuf** au plus tard le 31 décembre 2025 ou intégrés à un logement acquis en l'**état futur d'achèvement** ou que le contribuable **fait construire,** achevé au plus tard le 31 décembre 2025 (Loi 2023-1322 du 29-12-2023 art. 71, III).

› Précisions a. Les personnes en **perte d'autonomie** s'entendent des personnes âgées de plus de 60 ans (Loi 2023-1322 du 29-12-2023 art. 71, III, applicable aux dépenses payées depuis le 1er janvier 2024 ; auparavant, cette condition d'âge n'était pas expressément prévue par le texte) dont l'état de dépendance entraîne le classement au sein des quatre premiers groupes iso-ressources (GIR). En pratique sont visées les personnes éligibles à l'allocation personnalisée d'autonomie (APA), même si elles ne bénéficient pas effectivement de cette prestation (BOI-IR-RICI-290-10 n° 46).

Les personnes en situation de **handicap** s'entendent des personnes présentant un taux d'incapacité supérieur ou égal à 50 % déterminé par décision de la commission des droits et de l'autonomie des personnes handicapées (CDAPH) (Loi 2023-1322 du 29-12-2023 art. 71, III, applicable aux dépenses payées depuis le 1er janvier 2024). En pratique sont visées les personnes pouvant bénéficier de l'allocation d'éducation de l'enfant handicapé (AEEH) ou de l'allocation aux adultes handicapés (AAH) ou encore de la carte « mobilité inclusion » avec un taux d'incapacité supérieur ou égal à 50 %. Pour les dépenses réalisées jusqu'au 31 décembre 2023, sont également concernées les personnes titulaires d'une pension d'invalidité prévue par le Code des pensions militaires d'invalidité et des victimes de guerre ou pour accident du travail pour une invalidité de 40 % au moins, ainsi que les personnes titulaires de la carte « mobilité inclusion » avec un taux d'incapacité inférieur à 50 %.

b. La **liste** (limitative) des équipements ouvrant droit au crédit d'impôt est fixée à l'article 18 ter de l'annexe IV au CGI. Elle regroupe des installations et équipements sanitaires ou de sécurité à perpétuelle demeure. Sont **notamment** visés :

– s'agissant de l'adaptation des logements à la perte d'autonomie ou au handicap : les éviers et lavabos fixes utilisables par les personnes à mobilité réduite, les cabines de douche intégrales pour personnes à mobilité réduite, les bacs à douche extra-plats et portes de douche, les systèmes de motorisation de volets, de portes d'entrée et de garage, de portails, les volets roulants électriques et les revêtements de sols antidérapants (y compris ceux situés sur les chemins d'accès à l'habitation principale ou à ses dépendances immédiates et nécessaires : BOI précité n° 235) ;

– s'agissant de l'accessibilité des logements aux personnes âgées ou handicapées (pour les dépenses payées jusqu'au 31 décembre 2023) : les éviers et lavabos à hauteur réglable, les sièges de douche muraux, les w.-c. surélevés, les appareils élévateurs verticaux comportant une plate-forme aménagée, les mains courantes, les rampes fixes et les barres de maintien et d'appui).

c. Les **équipements** doivent être **fournis** et **installés** par une même **entreprise** et donner lieu à l'établissement d'une facture (ou d'une attestation délivrée par le vendeur ou le constructeur du logement). Ne sont donc pas éligibles les équipements ou matériaux acquis directement par le contribuable, même si leur pose ou leur installation est effectuée par une entreprise (BOI précité n° 320).

3112 L'**habitation principale** s'entend, d'une manière générale, du logement où résident habituellement et effectivement les membres du foyer fiscal et où se situe le centre de leurs intérêts professionnels et matériels. Lorsque le ou les membres du foyer fiscal exercent une profession qui les oblige à de fréquents déplacements, l'habitation principale s'entend du logement où la famille réside en permanence.

› Précisions a. Le logement s'entend des pièces d'habitation proprement dites et des dépendances immédiates et nécessaires telles que les **garages.** Il peut s'agir d'une maison individuelle, d'un appartement et même d'un **bateau** ou d'une péniche aménagés en local d'habitation, lorsque ceux-ci sont utilisés en un point fixe et soumis à la taxe d'habitation (BOI-IR-RICI-290-10 nos 210 s.).

b. Les fonctionnaires ou salariés occupant un **logement de fonction** sont considérés comme ayant dans ce logement leur habitation principale et ne peuvent donc pas, en principe, faire état de dépenses afférentes à un autre logement. Toutefois, lorsque le conjoint et les enfants du titulaire du logement de fonction résident effectivement et en permanence dans une autre habitation, cette dernière peut être considérée comme constituant l'habitation principale du foyer (BOI précité n° 270).

c. Lorsqu'un immeuble n'est que **partiellement affecté à l'habitation principale** (le surplus étant utilisé pour l'exercice d'une profession ou donné en location), seules les dépenses se rapportant à la fraction des locaux utilisée pour l'habitation principale peuvent ouvrir droit à crédit d'impôt. Cette répartition doit être opérée forfaitairement au regard des superficies affectées à chacun des usages (BOI précité n° 300).

d. Dans les **immeubles collectifs,** chacun des contribuables peut faire état de la quote-part des dépenses (d'équipements et de travaux) se rapportant aux **parties communes** qu'il a effectivement payée pour le logement occupé à titre d'habitation principale. Cette quote-part est justifiée par une attestation du syndic.

Toutefois, d'après l'administration, les travaux réalisés sur des parties communes faisant l'objet d'une occupation privative par une personne autre que le contribuable (loge de concierge, par exemple) n'ouvrent pas droit à avantage fiscal (BOI précité n° 290).

e. En cas de **changement de résidence principale,** quelle qu'en soit la cause, le contribuable peut bénéficier du crédit d'impôt pour sa nouvelle résidence, même s'il a déjà bénéficié de cet avantage pour son ancienne résidence et même si le précédent occupant a obtenu un crédit d'impôt pour le même logement. En revanche, il ne peut plus bénéficier de l'avantage fiscal pour son ancienne résidence (BOI précité n° 260).

Condition de ressources Pour les dépenses payées **depuis le 1er janvier 2024**, le bénéfice de l'avantage fiscal est réservé aux ménages dont les **revenus annuels** respectent certains seuils, planchers et plafonds (Loi 2023-1322 du 29-12-2023 art. 71, III). 3115

Les **seuils planchers** sont fixés aux montants suivants :

Nombre de personnes composant le ménage	Île-de-France (en €)	Autres régions (en €)
1	28 657	21 805
2	42 058	31 889
3	50 513	38 349
4	58 981	44 802
5	67 473	51 281
Par personne supplémentaire	+ 8 486	+ 6 462

Le **plafond** est fixé à 31 094 € pour la première part de quotient familial, majoré de 9 212 € pour chacune des deux demi-parts suivantes et de 6 909 € pour chaque demi-part supplémentaire à compter de la troisième. Les majorations sont divisées par deux pour les quarts de part.

> Précisions **a.** Les revenus à prendre en compte s'entendent du **revenu fiscal de référence** de l'avant-dernière année précédant celle du paiement de la dépense ou, lorsque ce revenu est supérieur ou égal au plafond ou inférieur ou égal au plancher, du revenu fiscal de référence de la dernière année précédant celle du paiement.

b. Ces seuils seront **révisés** au 1er janvier 2025 en fonction de l'évolution de l'indice des prix à la consommation hors tabac, appréciée entre le 1er septembre 2023 et le 1er septembre 2024 et arrondis au nombre entier supérieur.

Modalités d'application du crédit d'impôt Le crédit d'impôt s'applique au titre de l'année de paiement des dépenses ou au titre de l'année d'achèvement du logement ou de son acquisition, si elle est postérieure. 3120

Le crédit d'impôt est calculé au **taux de 25 %**.

Pour un **même logement**, le montant des dépenses ouvrant droit au crédit d'impôt ne peut pas excéder, au titre d'une période de **cinq années consécutives**, la somme de **5 000 €** pour une personne célibataire, veuve ou divorcée, et de **10 000 €** pour un couple marié ou pacsé, soumis à une imposition commune. Ce plafond pluriannuel est majoré de 400 € par personne à charge au sens des articles 196 à 196 B du CGI (nos 1850 s. et 1960) (200 € lorsqu'il s'agit d'un enfant réputé à charge égale de l'un et l'autre des parents).

Le crédit d'impôt s'impute sur le montant de l'impôt sur le revenu, dans les conditions indiquées no 2300.

Il n'est pas soumis au **plafonnement global** des avantages fiscaux (nos 4840 s.).

> Précisions **a.** Le crédit d'impôt s'applique à la somme du **prix d'achat** des matériaux et des frais divers de **main-d'œuvre** correspondant à la réalisation des travaux, toutes taxes comprises, tels qu'ils résultent de la facture délivrée par l'entreprise ou de l'attestation fournie par le vendeur ou le constructeur du logement. Dans tous les cas ne sont pas pris en compte les **frais annexes** comme les frais administratifs (frais de dossier par exemple) ou les frais financiers (intérêts d'emprunt notamment). De même, les dépenses sont prises en compte sous déduction du montant des **primes** ou **subventions** se rapportant aux travaux.

b. Les dépenses ouvrant droit au crédit d'impôt ne sont pas déductibles comme charges pour la détermination des **revenus catégoriels** (revenus fonciers, BIC, BA, etc.).

Le crédit d'impôt est par ailleurs exclusif de la **subvention « MaPrimeAdapt' »** versée par l'Anah (Loi 2023-1322 du 29-12-2023 art. 71, III, applicable aux dépenses payées à compter du 1er janvier 2024).

Justificatifs à fournir Pour bénéficier du crédit d'impôt, le contribuable doit être en mesure de présenter, à la demande de l'administration, les factures des entreprises comportant (outre les mentions obligatoires visées no 53625) : 3125

– l'adresse de réalisation des travaux ;

– la nature des travaux ;

– la désignation et le prix unitaire des équipements ;

– le cas échéant, la date du paiement de la somme due au principal et, selon le cas, des différents paiements effectués au titre d'acomptes ;

– s'agissant des **logements** acquis **neufs,** en l'**état futur d'achèvement** ou que le contribuable **fait construire,** ce dernier doit en outre être en mesure de présenter l'attestation fournie par le vendeur ou le constructeur du logement. Cette attestation doit comporter, outre les noms et adresses du vendeur et de l'acquéreur, l'adresse du logement auquel s'intègrent les équipements ainsi que la désignation et le montant de ces équipements.

Les personnes ayant délivré une facture comportant des **mentions fausses,** de complaisance ou dissimulant l'identité du bénéficiaire (par exemple, mention de travaux non réalisés) sont passibles de l'amende visée n° 80205.

3130 **Reprise en cas de remboursement des dépenses** En cas de remboursement dans un **délai de cinq ans** de tout ou partie du montant des dépenses qui ont ouvert droit au crédit d'impôt, celui-ci fait l'objet, au titre de l'année de remboursement, d'une reprise égale au montant de l'avantage fiscal accordé à raison de la somme qui a été remboursée.

Il en est ainsi **notamment** lorsque le remplacement d'un équipement trouve son origine dans un sinistre qui donne lieu à une indemnisation ou lorsqu'un locataire ayant effectué de telles dépenses en obtient le remboursement par son propriétaire. En revanche, la **reprise** d'impôt **n'est pas pratiquée** lorsque le remboursement fait suite à un sinistre survenu après l'exécution des travaux ou le paiement des dépenses.

TRAVAUX DE PROTECTION CONTRE LES RISQUES TECHNOLOGIQUES

3135 Les contribuables, **propriétaires** de logements situés en France, achevés avant l'approbation du plan de prévention des risques technologiques, qu'ils affectent à leur **habitation principale** (au sens défini n° 3112) ou qu'ils **louent** ou s'engagent à louer pendant cinq ans, à titre d'habitation principale, à des personnes autres que leur conjoint ou un membre de leur foyer fiscal, bénéficient d'un crédit d'impôt au titre des dépenses payées jusqu'au 31 décembre 2026 (Loi 2023-1322 du 29-12-2023 art. 17) pour la réalisation de travaux prescrits par un **plan de prévention** des risques technologiques (PPRT) et de **diagnostics préalables** à la réalisation de ces travaux.

Les diagnostics préalables et les travaux doivent être effectués par une **entreprise** et donner lieu à l'établissement d'une **facture.** Ils doivent être réalisés dans un **délai** de onze ans à compter de l'approbation du PPRT ou, pour les plans approuvés avant 2016, avant le 1er janvier 2027 (C. envir. art. L 515-16-2, I et art. L 515-19, I, modifiés par l'article 17 de la loi 2023-1322 du 29-12-2023).

Le crédit d'impôt, accordé au titre de l'année du paiement des dépenses, est égal à **40 %** du montant de ces dépenses.

Pour un **même logement,** le montant des dépenses ouvrant droit au crédit d'impôt et payées dans les délais impartis ne peut pas excéder **20 000 €**.

Le crédit s'impute selon les modalités décrites n° 3120. S'agissant des **justificatifs** à fournir, voir n° 3125, étant précisé que les factures doivent mentionner la désignation et le prix unitaire des prestations réalisées au titre des travaux de prévention des risques technologiques éligibles et, le cas échéant, des diagnostics préalables à ces mêmes travaux.

> **Précisions** **a.** Sur la nature des **sommes** à prendre en compte, voir n° 3120, précision a, étant précisé que les participations versées par les exploitants des installations à risque et les collectivités territoriales n'ont pas à être déduites.
> **b.** La durée de l'**engagement de location** s'apprécie à compter de la date de réalisation des dépenses, ou lorsque le logement n'est pas loué à cette date, à compter de la mise en location qui doit prendre effet, pour chaque logement concerné, dans les douze mois qui suivent la réalisation des dépenses.
> **c.** Le ou les crédits d'impôt obtenus font l'objet d'une **reprise** au titre de l'année au cours de laquelle l'engagement de location cesse d'être respecté. Il en est de même en cas de remboursement, dans un délai de cinq ans, de tout ou partie des dépenses, sauf si le remboursement fait suite à un sinistre après l'exécution des travaux ou résulte des participations versées par les exploitants des installations à risque et les collectivités territoriales.
> **d.** Sur les règles de **non-cumul**, voir n° 3120, précision b.

14. DONS ET SUBVENTIONS

3170 CGI art. 200 IRPP-IV-9000 s Les dons ou subventions effectués par les contribuables domiciliés en France au sens de l'article 4 B du CGI, au profit d'organismes ayant un **intérêt général** ou reconnus d'**utilité publique,** ouvrent droit à une **réduction d'impôt** sur le revenu. Il en va de même des dons effectués au titre du **financement de la vie politique.**

> **Précisions** Les **contribuables qui exploitent une entreprise** industrielle, commerciale, artisanale, agricole ou non commerciale ont, pour la plupart des versements, le **choix** entre la réduction d'impôt pour dons aux organismes d'intérêt général ou d'utilité publique prévue par l'article 200 du CGI et celle prévue par l'article 238 bis du CGI (mécénat d'entreprise), dont le régime est exposé nos 10695 s.

a. Champ d'application de la réduction d'impôt

DONS AUX ORGANISMES D'INTÉRÊT GÉNÉRAL OU RECONNUS D'UTILITÉ PUBLIQUE

Organismes bénéficiaires des dons La réduction d'impôt s'applique aux dons et versements effectués au profit : 3175

– d'œuvres ou organismes d'**intérêt général** ou de fondations ou associations reconnues d'**utilité publique,** à condition que ces organismes présentent un **caractère philanthropique, éducatif, scientifique, social, humanitaire, sportif, familial, culturel** ou concourent à l'égalité entre les femmes et les hommes (pour ce qui concerne les dons effectués à compter du 1-1-2023 : Loi 2023-1322 du 29-12-2023 art. 16), à la mise en valeur du patrimoine artistique, notamment à travers des souscriptions ouvertes pour financer l'achat d'objets ou d'œuvres d'art destinés à rejoindre les collections d'un musée de France accessibles au public, à la défense de l'environnement naturel ou à la diffusion de la culture, de la langue et des connaissances scientifiques françaises ;

– des **établissements d'enseignement supérieur** ou **artistique** publics ou privés, d'intérêt général et à but non lucratif ;

– des **établissements d'enseignement supérieur consulaire** mentionnés à l'article L 711-17 du Code de commerce pour leurs activités de formation professionnelle initiale et continue ainsi que de recherche ;

– des **fondations universitaires ou partenariales** qui présentent un des caractères exigés pour les organismes d'intérêt général ;

– des **fondations d'entreprise** qui présentent un des caractères exigés pour les organismes d'intérêt général et à condition que les versements soient effectués par les salariés, mandataires sociaux, sociétaires, adhérents et actionnaires de l'entreprise fondatrice ou des entreprises membres du groupe fiscalement intégré auquel appartient l'entreprise fondatrice ;

– des **organismes** agréés ayant pour objet exclusif le **financement de PME** par des aides à l'investissement relevant de l'article 17 du règlement 651/2014 (nº 92645) ou par d'autres aides, sous réserve, dans ce dernier cas, du respect de la réglementation « de minimis » (nºs 92660 s.), ou la fourniture à celles-ci de prestations d'accompagnement, ainsi que des fédérations ou unions de ces organismes, elles-mêmes agréées (CGI art. 238 bis, 4) ;

– des **associations** d'intérêt général exerçant des actions concrètes en faveur du **pluralisme de la presse** ;

– de **communes, de syndicats intercommunaux ou mixtes de gestion forestière, de groupements syndicaux forestiers** exerçant des activités d'intérêt général concourant à la défense de l'environnement naturel, d'opérations d'entretien, de renouvellement ou de reconstitution des bois et forêts ou encore d'acquisition de bois et forêts destinés à être intégrés dans un périmètre d'aménagement ;

– des **associations cultuelles ou de bienfaisance,** ainsi que des établissements publics des **cultes reconnus** d'Alsace-Moselle ;

– des organismes publics ou privés à gestion désintéressée ayant pour activité principale la **présentation au public d'œuvres** dramatiques, lyriques, musicales, chorégraphiques, cinématographiques, audiovisuelles et de cirque ou l'organisation d'**expositions d'art contemporain** ;

– sous certaines conditions, de la **Fondation du patrimoine,** des fondations ou associations abritées par celle-ci ainsi que de certaines associations ou fondations reconnues d'utilité publique et agréées par le ministre chargé du budget, en vue de la **restauration de monuments historiques privés,** qu'il s'agisse d'immeubles bâtis ou non bâtis ;

– des organismes ayant pour mission la sauvegarde, contre les effets d'un **conflit armé,** des **biens culturels** mentionnés à l'article 1er de la convention pour la protection des biens culturels en cas de conflit armé du 14 mai 1954, dite « convention de La Haye » ;

– et des **fonds de dotation** qui exercent une activité d'intérêt général présentant un des caractères exigés pour les organismes d'intérêt général ou, à défaut, dont la gestion est désintéressée et qui reversent les revenus tirés de la capitalisation des dons reçus à l'un (ou plusieurs) des organismes susvisés.

Le **bénéfice de l'avantage fiscal** peut être **suspendu** en cas de non-conformité entre les objectifs poursuivis et les dépenses engagées par l'organisme bénéficiaire des dons ou en cas de refus de certification des comptes par le commissaire aux comptes, ou encore en cas de condamnation définitive pour certaines infractions pénales (voir nº 10695, précision e).

3180 **> Précisions** **a.** Pour être considéré comme d'**intérêt général**, l'organisme bénéficiaire des versements ne doit pas fonctionner au profit d'un cercle restreint de personnes ni exercer d'activité lucrative et doit avoir une **gestion désintéressée** (sur ces deux dernières conditions, voir nos 89400 s.). Si l'organisme a procédé à la **sectorisation** d'activités lucratives (nos 89640 s.), les versements peuvent ouvrir droit à réduction d'impôt s'ils sont affectés directement et exclusivement au secteur non lucratif.

b. Hormis pour les organismes dépendants de l'ONU (Unesco, Unicef...), les sommes doivent être versées à des organismes dont le **siège** est situé en France ou dans un État membre de l'Union européenne, en Norvège, en Islande ou encore au Liechtenstein. Si les organismes dont le siège est situé hors de France ne sont pas préalablement agréés par l'administration fiscale, le donateur doit présenter des pièces justificatives attestant qu'ils poursuivent des objectifs et présentent des caractéristiques similaires aux organismes dont le siège est situé en France. Pour les organismes ayant pour mission la sauvegarde, contre les effets d'un conflit armé, des biens culturels, voir ci-après g.

c. Les **organismes** reconnus d'**utilité publique** peuvent, lorsque leurs statuts ont été approuvés à ce titre par décret en Conseil d'État, recevoir des **versements pour le compte d'autres organismes** d'intérêt général.

d. Sont considérées comme des associations d'utilité publique les associations régies par la loi locale maintenue en vigueur dans les départements du **Bas-Rhin**, du **Haut-Rhin** et de la **Moselle**, lorsque leur mission est reconnue d'utilité publique.

e. Les dons effectués au profit des **fondations d'entreprise** par les mandataires sociaux, sociétaires, actionnaires et adhérents de l'entreprise fondatrice ou des entreprises du groupe auquel l'entreprise fondatrice appartient sont retenus dans la limite de 1 500 €.

f. Les **dons en faveur de la presse** doivent permettre la prise de participations minoritaires, l'octroi de subventions ou de prêts bonifiés au profit d'entreprises de presse exploitant un journal quotidien ou bien une publication ou un service de presse en ligne d'information politique et générale. Les dons versés par les particuliers sont éligibles à la réduction d'impôt même lorsque les activités exercées par l'association ou le fonds de dotation sont lucratives et que leur gestion n'est pas désintéressée (BOI-IR-RICI-250-10-20-50 nos 30 et 60).

g. Les organismes ayant pour mission la sauvegarde, contre les effets d'un **conflit armé**, des **biens culturels** mentionnés à l'article 1er de la convention de La Haye doivent :

– avoir leur **siège** dans un État membre de l'Union européenne ou dans un autre État ayant conclu avec la France une convention d'assistance administrative en vue de lutter contre la fraude et l'évasion fiscales (formule qui vise non seulement la Norvège, l'Islande et le Liechtenstein, mais également la Suisse) ;

– comporter un **représentant de l'État français**, disposant d'une voix délibérative, au sein de leurs instances dirigeantes.

h. Le statut d'**association cultuelle** est soumis à une déclaration spécifique et à l'absence d'opposition du préfet (Loi du 9-12-1905 art. 19-1 issu de la loi 2021-1109 du 24-8-2021 art. 69 et dont les modalités d'application sont fixées par les articles 32-1 s. du décret du 16-3-1906, modifié par le décret 2021-1844 du 27-12-2021).

3182 **Versements ouvrant droit à la réduction d'impôt** Les versements n'ouvrent en principe droit à réduction d'impôt que s'ils sont consentis sans **contrepartie** au profit du donateur. Toutefois, les **cotisations** versées à une association peuvent être prises en compte lorsque leur versement ne procure à l'adhérent qu'un avantage statutaire (droit de vote, éligibilité...) ou symbolique (distinction honorifique...) ou encore qu'une contrepartie matérielle dont le montant n'excède pas une valeur unitaire actuellement fixée à 73 € par l'article 28-00 A de l'annexe IV au CGI (BOI-IR-RICI-250-20 n° 90).

Les dons sont effectués soit par **versements directs,** soit par **abandon** exprès de **revenus ou de produits,** tels que des loyers, des droits d'auteur ou des produits de placements solidaires ou caritatifs.

Les **frais engagés dans le cadre d'une activité bénévole** et en vue strictement de la réalisation de l'objet social de l'organisme bénéficiaire peuvent être pris en compte lorsque ces frais, dûment justifiés, ont été constatés dans les comptes de l'organisme et que le contribuable a renoncé expressément à leur remboursement. Les frais de véhicule peuvent être évalués forfaitairement sur le fondement du barème kilométrique applicable aux frais de déplacement des salariés, présenté n° 97200.

FINANCEMENT DE LA VIE POLITIQUE

3185 *La réduction d'impôt s'applique également :*

– aux dons versés en vue du **financement d'une campagne électorale** à une association de financement électoral ou à un mandataire financier (personne physique) qui sont inscrits au compte de campagne d'un candidat ou d'une liste. Sont prises en compte toutes les élections, à l'exclusion des élections sénatoriales et des élections municipales dans les circonscriptions de moins de 9 000 habitants ;

– aux dons versés à une association de **financement d'un parti politique,** agréée par la commission nationale des comptes de campagne et des financements politiques, ou au mandataire financier désigné par un parti à la préfecture de son siège ;

– aux **cotisations** versées aux partis et groupements politiques, par l'intermédiaire de leur mandataire.

Les versements doivent être consentis à titre définitif et **sans contrepartie.** Seuls sont pris en compte les versements effectués par **chèque,** par **virement,** par **prélèvement automatique** ou **carte bancaire.**

> Précisions a. Une même personne physique ne peut pas **verser annuellement** plus de 4 600 € par élection (C. électoral art. L 52-8) et plus de 7 500 € (hors cotisations versées par les titulaires de mandats électifs nationaux ou locaux) aux partis et groupements politiques (Loi 88-227 du 11-3-1988 art. 11-4).
Les **dons et cotisations** versés aux **partis et groupements politiques** sont retenus dans la **limite de 15 000 € par foyer fiscal.** Les dons versés pour le financement des campagnes électorales ne sont pas concernés par cette limite.
b. Lorsque la commission nationale des comptes de campagne et des financements politiques constate qu'un parti ou groupement politique **manque à ses obligations comptables,** elle peut le priver temporairement du droit à réduction d'impôt au titre des dons et cotisations versés à son profit (CGI art. 1378 nonies). Mention en est faite sur le reçu délivré aux donateurs.

b. Modalités de la réduction d'impôt

MONTANT DE LA RÉDUCTION D'IMPÔT

Dons aux organismes d'aide aux personnes en difficulté Les versements effectués au profit d'organismes sans but lucratif qui procèdent à la **fourniture gratuite de repas** à des personnes en difficulté, qui contribuent à favoriser leur **logement** ou qui procèdent, à titre principal, à la fourniture gratuite de **soins** à des personnes en difficulté (soins visés nos 47120 s.) ouvrent droit à une réduction d'impôt égale à **75 %** du montant de ces versements, retenus dans la **limite** de 1 000 € pour l'imposition des revenus de chacune des années 2023 à 2026 (Loi 2023-1322 du 29-12-2021 art. 15). **3195**

> Précisions La réduction d'impôt est accordée indépendamment de celle prévue pour l'ensemble des **autres dons,** en ce sens que les 1 000 premiers euros versés pour l'aide aux personnes en difficulté ne sont pas pris en compte pour apprécier la **limite de 20 % du revenu imposable.** Mais l'excédent des versements par rapport à ce plafond ouvre droit à la réduction d'impôt de droit commun, dans la limite de 20 % du revenu imposable (n° 3200).
La réduction d'impôt au titre des dons versés aux organismes d'aide aux personnes en difficulté est également indépendante de celle prévue pour les dons au profit du patrimoine religieux, qui sont retenus dans une limite propre (n° 3198).

Dons pour la sauvegarde du patrimoine religieux Les dons et versements effectués entre le 15 septembre 2023 et le 31 décembre 2025, au profit de la **Fondation du patrimoine,** en vue d'assurer la conservation et la restauration du patrimoine immobilier religieux appartenant à des **personnes publiques** et situé dans de **petites communes** (moins de 10 000 habitants en France métropolitaine et moins de 20 000 habitants en outre-mer) ouvrent droit à réduction d'impôt au taux de **75 %.** Ces versements sont retenus dans la limite de 1 000 € par an. Il n'en est pas tenu compte pour l'appréciation de la **limite** de 20 % du revenu imposable applicable à la généralité des dons. Mais les dons consentis avant le 15 septembre 2023 ou excédant la limite de 1 000 € ouvrent droit à la réduction d'impôt de droit commun, dans la limite de 20 % du revenu imposable (n° 3200) (Loi 2023-1322 du 29-12-2023 art. 30). **3198**

Autres dons La réduction d'impôt est égale à **66 %** du montant **des sommes versées,** retenues dans la **limite de 20 % du revenu imposable** tel que défini n° 2730, précision b. Lorsque les dons excèdent cette limite, l'**excédent** est reporté successivement sur les cinq années suivantes et ouvre droit à réduction d'impôt dans les mêmes conditions. **3200**

Sont concernés :

– les dons versés aux œuvres et organismes d'intérêt général définis nos 3175 et 3180, à l'exclusion de la fraction des dons ayant ouvert droit, le cas échéant, à la réduction d'impôt sur la fortune immobilière visée nos 72100 s. ;

– les dons versés aux organismes d'aide aux personnes en difficulté ou pour la sauvegarde du patrimoine religieux, pour la part excédant le cas échéant les plafonds spécifiques visés nos 3195 et 3198 ;

– les sommes versées pour le financement de la vie politique, au sein desquelles les dons et cotisations aux partis politiques sont retenus dans la limite de 15 000 € par an (n° 3185).

EXEMPLE

Un contribuable dont le revenu imposable s'élève à 15 200 € a effectué en 2023 les dons suivants :
– association ayant pour objet de soigner gratuitement les personnes en difficulté : 1 200 € ;
– fondation : 1 500 € ;
– association d'intérêt général : 1 370 € ;
– cotisation à un parti politique : 460 €.

La réduction d'impôt à laquelle le donateur peut prétendre, au titre de l'imposition des revenus de 2023, s'établit ainsi :

1. Réduction d'impôt au taux de 75 % pour les dons effectués au profit de l'association d'aide aux **personnes en difficulté** :
Versement : 1 200 €.
Montant plafonné ouvrant droit à la réduction d'impôt de 75 % : 1 000 €.
Soit une réduction d'impôt égale à : 1 000 € × 75 % = 750 €.
L'excédent de versement, soit 200 €, ouvre droit à une réduction de 66 % dans la limite du plafond de 20 % du revenu imposable.

2. Réduction d'impôt au taux de 66 % :
Plafond autorisé pour l'ensemble des dons (autres que ceux ouvrant droit à la réduction d'impôt au taux de 75 %) : 15 200 € × 20 % = 3 040 €.
Versements effectués : 200 € + 1 500 € + 1 370 € + 460 € = 3 530 €.
Versement retenu compte tenu du plafond autorisé : 3 040 €.
Soit une réduction d'impôt égale à : 3 040 € × 66 % = 2 006,4 € arrondis à 2 006 €.

3. Total des réductions d'impôt :
750 € + 2 006 € = 2 756 €.
Au titre de l'imposition des revenus de 2024, l'excédent des versements effectués en 2023 (3 530 € – 3 040 € = 490 €) ouvrira droit à une réduction d'impôt de 323,4 arrondis à 323 € (490 € × 66 %).

JUSTIFICATIFS À PRODUIRE

3210 Les versements ouvrent droit à réduction d'impôt sous réserve que le contribuable soit en mesure de présenter, à la demande de l'administration, les **reçus** délivrés par les organismes bénéficiaires des versements (bénéficiaires finaux en cas de dons à des fondations dites « abritées ») et, en cas de versements à des organismes étrangers, les pièces justificatives visées n° 3180, précision b.

La production des reçus est **obligatoire** quels que soient le montant des dons et les circonstances dans lesquelles ils ont été consentis (quêtes publiques, par exemple).

> **Précisions** **a.** Les reçus doivent être conformes à un **modèle fixé par l'administration** et attester du montant et de la date des versements ainsi que de l'identité des bénéficiaires. En cas de **délivrance irrégulière** de reçus, les organismes bénéficiaires s'exposent à l'amende visée n° 80205, sauf s'ils ont obtenu une habilitation tacite de l'administration dans les conditions exposées n° 79565.
> **b.** S'agissant de l'**obligation déclarative** qui pèse sur les **organismes bénéficiaires** délivrant des reçus fiscaux, voir n° 10701.

15. EMPLOI D'UN SALARIÉ À DOMICILE

3230 CGI art. 199 sexdecies IRPP-IV-28000 s Les contribuables, domiciliés en France au sens de l'article 4 B du CGI, qui supportent des dépenses au titre de la rémunération de **services à la personne** rendus à leur **résidence** (principale ou secondaire) ou, sous certaines conditions, à celle de leurs ascendants, situées en France, bénéficient d'un **crédit d'impôt.**

> **Précisions** **a.** Les occupants de **résidences du troisième âge** ou de **résidences-services** peuvent bénéficier de l'avantage fiscal s'ils ont personnellement la qualité d'employeur ou sont effectivement débiteurs de l'organisme prestataire de services et que les travaux effectués ont un objet strictement personnel (BOI-IR-RICI-150-10 n° 70).
> **b.** Les contribuables qui rémunèrent un salarié au domicile d'un **ascendant** ne peuvent bénéficier de l'avantage fiscal que si cet ascendant remplit les conditions d'octroi de l'**allocation personnalisée d'autonomie** (APA). Le bénéfice de l'avantage fiscal implique la renonciation, pour l'année d'imposition concernée, à toute déduction d'une pension alimentaire versée à l'ascendant (déclaration de renonciation à établir sur papier libre).

SERVICES CONCERNÉS

3240 Le crédit d'impôt s'applique aux sommes versées en rémunération des **services à la personne à domicile** définis aux articles L 7231-1 et D 7231-1 du Code du travail : **garde d'enfants,**

soutien scolaire, assistance aux personnes âgées ou handicapées, garde-malade (à l'exclusion des soins), entretien de la maison et **travaux ménagers,** petits travaux de **jardinage,** travaux de petit **bricolage** dits « hommes toutes mains », prestations d'**assistance informatique et Internet,** etc.

Certains services, définis à l'article D 7231-1 du Code du travail, rendus à l'**extérieur du domicile** sont également éligibles au crédit d'impôt lorsqu'ils sont **compris dans un ensemble de services** incluant des activités effectués à cette même résidence. Sont concernés : l'**accompagnement des enfants** dans leurs déplacements en dehors de leur domicile, l'**accompagnement des personnes âgées, handicapées** ou atteintes de pathologies chroniques et des personnes qui ont besoin temporairement d'une aide personnelle à leur domicile dans leurs déplacements en dehors du domicile, les prestations de **conduite du véhicule personnel** de ces mêmes personnes, la **livraison** de repas à domicile, la collecte et la livraison à domicile de linge repassé, la livraison de courses à domicile, la **téléassistance** et la **visioassistance. Par exception,** lorsqu'elles sont souscrites au profit de personnes âgées, handicapées ou ayant besoin d'une aide personnelle à leur domicile ou d'une aide à la mobilité dans l'environnement de proximité (C. trav. art. L 7231-1, 2°), les prestations de téléassistance et de visioassistance liées à la détection d'accidents à domicile sont éligibles au crédit d'impôt alors même qu'elles ne sont pas comprises dans un ensemble de services.

Les services doivent être rendus :

– soit par un salarié dont le contribuable est l'**employeur direct** ;

– soit par une **association,** une **entreprise** ou un **organisme déclaré** auprès du préfet du département et qui, sauf dérogation (C. trav. art. L 7232-1-2), rend **exclusivement** des services à la personne (associations intermédiaires, régies de quartier, centres communaux ou intercommunaux d'action sociale, entreprises privées prestataires de services aux personnes et entreprises d'insertion assurant ce type de services) ;

– soit par un **organisme à but non lucratif** ayant pour objet l'aide à domicile et **habilité** au titre de l'aide sociale **ou conventionné** par un organisme de sécurité sociale (associations d'aide à domicile conventionnées, établissements ou services d'aide par le travail, entreprises adaptées...).

› Précisions a. Les **travaux de petit bricolage** s'entendent de tâches élémentaires et occasionnelles n'appelant pas de qualification particulière. La durée d'une intervention ne doit pas excéder deux heures (C. trav. art. D 7233-5).

b. Le **salarié** ne peut pas être un membre du foyer fiscal du contribuable (BOI-IR-RICI-150-20 n° 20). Sous cette réserve, l'avantage fiscal est applicable quelle que soit l'**importance de l'aide** à domicile (c'est-à-dire même si les personnes concernées ne recourent aux services d'un employé de maison que quelques heures par semaine ou par mois).

c. Sont **exclus** du bénéfice de l'avantage fiscal les services rendus par :

– les salariés embauchés dans le cadre de l'activité professionnelle de l'employeur ou de son prolongement (jardiniers affectés à l'exploitation agricole, notamment) ;

– les stagiaires aides familiaux venus de l'étranger et accueillis temporairement au sein d'une famille en contrepartie de prestations, à la différence des employés au pair exerçant leur activité dans le cadre d'un contrat de travail relevant de la convention collective nationale des salariés du particulier employeur (BOI-IR-RICI-150-10 n° 180) ;

– les gardiens, concierges et personnels d'immeubles collectifs embauchés par le propriétaire ou le syndicat des copropriétaires.

d. Pour ouvrir droit à l'avantage fiscal, les **sommes facturées** par une association ou une entreprise déclarée (ou agréée) doivent être **acquittées** soit par carte de paiement, prélèvement, virement, titre universel ou interbancaire de paiement, ou par chèque, soit par chèque emploi-service universel (C. trav. art. D 7233-3).

MONTANT DU CRÉDIT D'IMPÔT

Le crédit d'impôt est égal à **50 %** du montant des dépenses effectivement supportées, retenues dans une limite fixée à : 3250

– **12 000 €** dans le **cas général.** Cette limite est majorée de 1 500 € par enfant à charge et par membre du foyer fiscal âgé de plus de 65 ans, sans toutefois pouvoir excéder 15 000 € (soit un avantage maximal de 7 500 €).

Ces plafonds de dépenses sont respectivement portés à 15 000 € et 18 000 € pour l'année d'imposition au cours de laquelle le contribuable emploie pour la **première fois** à titre direct un salarié à son domicile ;

– **20 000 €** (soit un avantage maximal de 10 000 €) pour les contribuables qui, étant eux-mêmes **invalides** ou ayant à leur charge une personne invalide, sont dans l'obligation d'avoir recours à l'assistance d'une tierce personne. Cette limite ne peut faire l'objet d'aucune majoration.

Au sein de ces plafonds, les dépenses correspondant aux travaux de petit bricolage, aux petits travaux de jardinage et aux prestations d'assistance informatique sont prises en compte dans les limites respectives de 500 €, 5 000 € et 3 000 € par an et par foyer fiscal.

Le crédit d'impôt s'impute selon les modalités décrites nº 2300.

Le montant de l'avantage fiscal est pris en compte pour le calcul du **plafonnement global** visé nºs 4840 s.

› **Précisions a.** La base de calcul de l'avantage fiscal comprend le **salaire** net ainsi que les **cotisations sociales** salariales et patronales effectivement versées par l'employeur. S'y ajoutent, le cas échéant, la prise en charge par l'employeur des frais de déplacement du salarié entre son domicile et son lieu de travail et les frais de gestion facturés par un organisme déclaré au titre du placement du salarié chez l'employeur (BOI-IR-RICI-150-20 nº 70).

En cas d'emploi indirect, l'avantage est calculé sur le montant des **sommes facturées** par l'organisme au titre de la prestation de services, à l'exclusion de toute fourniture de marchandises (BOI-IR-RICI-150-20 nº 80).

En principe doivent être **déduites** du montant à retenir les allocations ou indemnités de toute origine versées au contribuable pour l'aider à supporter les frais d'emploi d'un salarié. Toutefois, le montant de l'aide au financement des services à la personne mentionnée à l'article L 133-5-12, II-5º du Code de la sécurité sociale (aide dite « **avance immédiate** »), qui constitue un acompte du crédit d'impôt et qui s'impute sur son montant total, n'est **pas déduit** de la base de calcul de l'avantage fiscal. Lorsque le montant de cet acompte excède celui du crédit d'impôt, l'excédent est régularisé lors de la liquidation de l'impôt (CGI art. 1665 ter, I).

b. Les **enfants à charge** donnant droit à la **majoration de 1 500 €** s'entendent de l'ensemble de ceux définis nºs 1850 à 1935 (y compris donc les enfants majeurs, mariés, pacsés ou chargés de famille « rattachés » au foyer fiscal). Cette majoration est divisée par deux pour les enfants réputés à charge égale de leurs parents.

Par ailleurs, la majoration de 1 500 € est également applicable lorsque le contribuable rémunère un salarié au domicile d'un **ascendant** bénéficiaire de l'**allocation personnalisée d'autonomie** lorsque ce dernier est âgé de plus de 65 ans.

c. Sont concernés par le plafond de 20 000 € les contribuables **invalides** mentionnés à l'article L 341-4, 3º du Code de la sécurité sociale ainsi que les contribuables qui ont à leur charge une personne invalide vivant sous leur toit et remplissant les conditions prévues par cet article ou un enfant donnant droit au complément d'allocation spéciale prévu par l'article L 541-1, al. 2 du Code de la sécurité sociale.

En pratique, ces plafonds s'appliquent lorsque l'un des membres du foyer fiscal est titulaire de la **carte d'invalidité** (ou de la CMI-invalidité) d'au moins 80 % prévue à l'article L 241-3 du CASF ou d'une **pension d'invalidité** de 3ᵉ catégorie, ou lorsque le contribuable perçoit un complément d'**allocation d'éducation spéciale** pour l'un de ses enfants à charge. L'administration admet que le plafond de 20 000 € s'applique pour l'imposition des revenus de l'année au cours de laquelle la carte d'invalidité a été demandée (sous réserve qu'elle soit ensuite obtenue) (BOI-IR-RICI-150-20 nº 180).

JUSTIFICATIFS À PRODUIRE

3260 Les sommes versées au titre de l'emploi d'une aide à domicile ouvrent droit à crédit d'impôt, sous réserve que le contribuable indique sur sa déclaration de revenus la nature des services au titre desquels les sommes ouvrant droit à réduction d'impôt ont été exposées et soit en mesure de présenter, à la demande de l'administration, l'**attestation annuelle** établie selon le cas par l'Urssaf, la caisse de la mutualité sociale agricole, le centre national de traitement du Cesu ou le centre national de la Pajemploi s'il s'agit d'un emploi direct, ou par l'association, l'entreprise ou l'organisme prestataire dans les autres cas.

Lorsque l'**emploi** est **exercé à la résidence d'un ascendant,** le contribuable doit, en outre, pouvoir produire l'attestation délivrée par le conseil général justifiant que le bénéficiaire remplit les conditions pour bénéficier de l'APA et, le cas échéant, joindre à sa déclaration annuelle de revenus la déclaration de renonciation visée nº 3230, précision b (sauf s'il souscrit sa déclaration en ligne : nº 3675).

16. AUTRES RÉDUCTIONS OU CRÉDITS D'IMPÔT

FRAIS DE GARDE DES JEUNES ENFANTS

3315 CGI art. 200 quater B IRPP-IV-31000 s

Quelle que soit leur situation de famille et qu'ils exercent ou non une activité professionnelle, les contribuables domiciliés en France au sens de l'article 4 B du CGI peuvent bénéficier d'un crédit d'impôt au titre des dépenses qu'ils supportent pour la garde, **à l'extérieur de leur domicile,** de leurs **enfants âgés de moins de 6 ans** au 1ᵉʳ janvier de l'année d'imposition (soit, pour l'imposition des revenus de 2023, leurs enfants nés entre le 1-1-2017 et le 1-1-2023).

La garde doit être assurée :

– soit par un(e) **assistant(e) maternel(le) agréé(e)** en application de l'article L 421-3 du Code de l'action sociale et des familles ;

– soit par un **établissement de garde** relevant du contrôle sanitaire prévu à l'article L 2324-1 du Code de la santé publique : crèches, garderies (y compris les garderies scolaires assurant la garde des enfants en dehors des heures de classe), haltes-garderies, jardins d'enfants, jardins maternels, centres de loisirs sans hébergement, syndicats interscolaires ;

– soit par des personnes ou établissements établis dans un autre État membre de l'**Union européenne** ou de l'Espace économique européen (Norvège, Islande, Liechtenstein), en Suisse ou à Monaco, qui satisfont à des réglementations équivalentes (BOI-IR-RICI-300 nos 90 à 110).

Les dépenses ouvrant droit à l'avantage fiscal s'entendent de celles ayant donné lieu à un **règlement définitif** (à l'exclusion donc des acomptes) afférent à une **prestation réalisée. Doivent être déduites** de ces dépenses les aides reçues des organismes publics ou privés (complément de libre choix du mode de garde : voir Mémento social nos 33510 s.), des autorités étrangères et, le cas échéant, de l'employeur ou du comité social et économique (chèque emploi-service universel).

Le crédit d'impôt est égal à **50 %** des dépenses, effectivement supportées au cours de l'année d'imposition, retenues dans la **limite annuelle** de 3 500 € par enfant, soit un avantage fiscal maximal de 1 750 € par enfant. Il s'impute dans les conditions indiquées n° 2300. Le montant du crédit d'impôt est pris en compte dans le calcul du **plafonnement global** des avantages fiscaux (nos 4840 s.).

> Précisions a. Lorsque la **garde** est assurée **au foyer du contribuable,** les dépenses sont prises en compte, quel que soit l'âge de l'enfant, dans le cadre de l'aide à l'emploi d'un salarié à domicile (nos 3230 s.).

b. Les **enfants** qui ouvrent droit au crédit d'impôt sont ceux que le contribuable compte à sa **charge** pour l'établissement de l'impôt sur le revenu (nos 1850 à 1870 et 1935). Les **grands-parents** qui assument la charge du ou des enfant(s) de leur propre enfant majeur rattaché à leur foyer fiscal peuvent également bénéficier de l'avantage fiscal (BOI-IR-RICI-300 n° 20).

c. Lorsque la garde est assurée par un(e) **assistant(e) maternel(le),** le crédit d'impôt porte également, dans la limite de 2,65 € par journée d'accueil, sur les indemnités connexes destinées à couvrir certains frais engagés par l'assistant(e) maternel(le) (achat de jeux, part de consommation d'eau, d'électricité, de chauffage...) facturées aux parents (BOI-IR-RICI-300 n° 150).

d. Les sommes payées pour une prestation non encore effectuée au 31 décembre de l'année de leur versement ouvrent droit au crédit d'impôt au titre de l'année de réalisation de la prestation. Si l'enfant atteint l'âge de **six ans l'année du paiement** de la prestation alors que celle-ci a été réalisée l'année précédente, il est admis que le crédit d'impôt puisse être accordé au titre de l'année de réalisation de la prestation (BOI-IR-RICI-300 n° 130).

e. Lorsque la garde de l'enfant ne s'étend que sur une **partie de l'année,** la limite de 3 500 € ne fait l'objet d'aucune réduction prorata temporis. Il en va de même lorsque l'enfant atteint l'âge de six ans en cours d'année.

En ce qui concerne les enfants réputés à charge égale de leurs parents séparés ou divorcés en cas de **résidence alternée,** la limite est divisée par deux pour chacun des parents.

f. Le montant de l'aide au financement des services à la personne mentionnée à l'article L 133-5-12, II-6° du Code de la sécurité sociale (aide dite « **avance immédiate** »), qui constitue un acompte du crédit d'impôt et qui s'impute sur son montant total, n'est pas déduit de la base de calcul de l'avantage fiscal. Lorsque le montant de cet acompte excède celui du crédit d'impôt, l'excédent est régularisé lors de la liquidation de l'impôt (CGI art. 1665 ter, I).

g. Le contribuable doit mentionner les nom et adresse de la personne ou de l'établissement assurant la garde de l'enfant sur sa **déclaration** de revenus. S'il s'agit d'un(e) assistant(e) maternel(le), il doit en outre être en mesure de présenter, à la demande de l'administration, l'attestation établie à son nom par la caisse d'allocations familiales ou la caisse de mutualité sociale agricole dont il relève ou délivrée par la personne ou l'établissement situés hors de France.

FRAIS DE SCOLARISATION

Les contribuables qui ont leur domicile fiscal en France bénéficient d'une réduction d'impôt lorsque les enfants qu'ils ont à leur charge poursuivent des **études secondaires ou supérieures** durant l'année scolaire en cours au 31 décembre de l'année d'imposition (soit au 31-12-2023 pour l'imposition des revenus de 2023). **3325** CGI art. 199 quater F IRPP-IV-33000 s

Le montant de la réduction d'impôt est fixé forfaitairement à :

– **61** € par enfant fréquentant un **collège** ;

– **153** € par enfant fréquentant un **lycée** d'enseignement général et technologique ou un lycée professionnel ;

– **183** € par enfant suivant une formation d'**enseignement supérieur.**

› Précisions **a.** Les **enfants** qui ouvrent droit à la réduction d'impôt sont ceux que le contribuable compte **à sa charge** pour l'établissement de l'impôt sur le revenu (nos 1850 à 1935). Il s'agit donc non seulement des enfants mineurs célibataires mais aussi des enfants majeurs, mariés, pacsés ou chargés de famille « rattachés » au foyer fiscal des parents au 31 décembre de l'année d'imposition ; pour le cas où l'enfant atteint l'âge de 18 ans au cours de l'année d'imposition, voir n° 1870.

Les enfants réputés à charge égale de leurs parents ouvrent droit, pour chacun de ceux-ci, à une réduction d'impôt dont le montant est divisé par deux.

b. La réduction d'impôt est subordonnée à la condition que, dans le cadre de leurs études, les élèves ne soient ni rémunérés ni liés par un contrat de travail et qu'ils soient libres de tout engagement pendant et à la fin de ces études. Ainsi, l'avantage fiscal n'est pas accordé pour des enfants en **apprentissage,** en **congé formation** ou en **contrat d'étude** avec leur employeur. Toutefois, les **boursiers** ainsi que les élèves qui perçoivent des indemnités au cours d'un **stage** effectué en complément obligatoire de leur formation demeurent dans le champ de la réduction d'impôt (BOI-IR-RICI-30 n° 50). Il en va de même des élèves ou étudiants qui exercent une **activité salariée** pendant l'année scolaire ou universitaire ou durant leurs **congés scolaires ou universitaires** (BOI-RSA-CHAMP-20-50-50 n° 290).

c. L'**enseignement par correspondance** dispensé par le Centre national d'enseignement à distance (**Cned**) entre dans le champ de l'avantage fiscal mais à raison seulement de la poursuite, en formation initiale, d'études secondaires ou supérieures (BOI-IR-RICI-30 n° 50).

PRESTATIONS COMPENSATOIRES

3335 CGI art. 199 octodecies **IRPP-IV-42000 s**

Ouvrent droit à **réduction d'impôt,** lorsqu'elles proviennent d'une personne domiciliée en France au sens de l'article 4 B du CGI :

– les prestations compensatoires en capital versées sous forme d'**argent** ;

– les prestations compensatoires en capital versées sous forme d'**attribution de biens** en propriété ou d'un **droit temporaire** ou **viager** d'usage, d'habitation ou d'usufruit ;

– les versements en capital (en argent ou en nature) **se substituant,** sur décision judiciaire, **à des rentes.**

Les prestations doivent être versées en une seule fois ou de façon échelonnée, sur une période maximale de douze mois, décomptée à partir de la date à laquelle le jugement (de divorce ou de conversion) est passé en force de chose jugée ou la convention de divorce par consentement mutuel déposée chez un notaire a acquis force exécutoire.

› Précisions **a.** Le règlement d'une prestation compensatoire en compensation d'une **soulte** dans les douze mois du jugement ouvre droit à la réduction d'impôt (BOI-IR-RICI-160-20 n° 20). De même, en cas de **prestation « mixte »** (versée pour partie sous forme de capital libéré dans les douze mois du jugement ou de la convention de divorce et pour partie sous forme de rente), les versements en capital ouvrent droit à réduction d'impôt (BOI-IR-RICI-160-20 n° 110). En outre, le débiteur peut déduire de son revenu imposable le montant de la rente versée, selon les modalités définies n° 1295.

En revanche, les sommes correspondant à la **libération anticipée** du **solde** d'un capital prévu sous forme de versements périodiques n'ouvrent pas droit à la réduction d'impôt (BOI-IR-RICI-160-20 n° 240).

b. Les versements effectués sur une période supérieure à douze mois ne peuvent s'entendre que de ceux qui l'ont été conformément aux modalités de paiement **fixées par le juge** (CE 14-10-2020 n° 421028 : RJF 1/21 n° 5). Les prestations compensatoires en capital payées sur une **période supérieure** au délai de **douze mois** fixé par le jugement ou la convention de divorce n'ouvrent pas droit à la réduction d'impôt, y compris les versements partiels intervenus dans le délai de douze mois (BOI-IR-RICI-160-10 n° 150).

Les prestations compensatoires en capital versées sur une période supérieure à douze mois, conformément au jugement ou à la convention de divorce, ainsi que les prestations compensatoires versées sous forme de **rente** sont, pour leur part, déductibles du revenu imposable du débiteur : voir n° 1295.

3340 **Montant de la réduction d'impôt** La réduction d'impôt est en principe égale à **25 %** du montant des versements effectués, des biens ou des droits attribués par le jugement de divorce ou la convention de divorce par consentement mutuel, retenus dans la **limite** de 30 500 € pour l'ensemble de la période de 12 mois (soit une réduction d'impôt maximale de 7 625 €).

Lorsque les versements sont répartis **sur deux années civiles,** le plafond applicable au titre de la première année s'obtient en multipliant le plafond global de 30 500 € par le rapport entre le montant des versements effectués cette année et le montant total des versements prévus.

Toutefois, pour les **versements en capital se substituant à des rentes,** l'assiette de la réduction d'impôt est limitée pour tenir compte des rentes antérieurement versées qui ont été déduites du revenu du débiteur. Le capital dû à la date de la conversion est majoré de la somme des rentes déjà versées, revalorisées en fonction de l'indice moyen annuel des prix à la consommation entre l'année de versement et celle de la conversion. L'assiette de la réduction d'impôt est égale au capital ainsi reconstitué, retenu dans la limite de 30 500 €, auquel est appliqué le rapport existant entre le capital dû et le capital reconstitué.

EXEMPLES

1. Par un jugement passé en force de chose jugée le 30 novembre 2023, une prestation compensatoire d'un montant de 45 760 € a été fixée, à verser en dix mensualités de 4 576 €. Un premier versement de 4 576 € est effectué en décembre 2023, le reste de la somme (41 184 €) étant versé en 2024.

Le plafond applicable au titre de l'imposition des revenus de 2023 est égal à :

$$30\,500\text{ €} \times \frac{4\,576\text{ €}}{45\,760\text{ €}}\text{, soit } 3\,050\text{ €}$$

Le débiteur peut donc bénéficier au titre de cette année d'une réduction d'impôt égale à 25 % de 3 050 €, soit 763 €.

Au titre de l'imposition des revenus de 2024, la réduction d'impôt est égale à 25 % de 27 450 €, soit 6 863 €.

2. Une rente est convertie en 2023 en un capital de 30 000 € alors que 5 000 € de rentes (après revalorisation) ont déjà été versés et déduits.

Le capital reconstitué s'élève à : 30 000 € + 5 000 € = 35 000 €. L'assiette de la réduction d'impôt est de :

$$30\,500\text{ €} \times \frac{30\,000\text{ €}}{35\,000\text{ €}} = 26\,143\text{ €}$$

La réduction d'impôt est égale à 25 % de 26 143 €, soit 6 536 €, au titre de l'imposition des revenus de 2023.

PRIMES DES CONTRATS DE « RENTE-SURVIE » ET D'« ÉPARGNE HANDICAP »

Les primes afférentes aux contrats de « rente-survie » et d'« épargne handicap » versées par les contribuables, domiciliés en France au sens de l'article 4 B du CGI, ouvrent droit à réduction d'impôt sur le revenu. **3345** CGI art. 199 septies IRPP-IV-37000 s

Les **contrats de « rente-survie »** s'entendent des contrats d'assurance garantissant, en cas de décès de l'assuré, le versement d'un capital ou d'une rente viagère à un enfant ou à tout autre parent en ligne directe ou collatérale jusqu'au troisième degré de l'assuré, ou à toute personne réputée à charge de celui-ci au sens de l'article 196 A bis du CGI (nos 1960 s.), lorsque ces bénéficiaires sont atteints d'une infirmité qui les empêche soit de se livrer à une activité professionnelle dans des conditions normales de rentabilité, soit d'acquérir une instruction ou une formation professionnelle d'un niveau normal et ce, quel que soit leur âge (Loi 2023-1322 du 29-12-2023 art. 12).

À ces contrats sont assimilés les **contrats d'« épargne handicap** », c'est-à-dire les contrats d'assurance-vie d'une durée effective d'au moins 6 ans qui garantissent le versement d'un capital ou d'une rente viagère à un assuré atteint, lors de la conclusion du contrat, d'une infirmité qui l'empêche de se livrer, dans des conditions normales de rentabilité, à une activité professionnelle.

› Précisions a. S'agissant des **contrats de « rente-survie »**, la réduction d'impôt s'applique, plus précisément, lorsque le contrat est **souscrit au profit** :

– d'un descendant (enfant, petit-enfant ou arrière-petit-enfant) ou d'un ascendant (père, mère, grand-père ou grand-mère, arrière-grand-père ou arrière-grand-mère) ;

– d'un frère, d'une sœur, d'un oncle, d'une tante, d'un neveu ou d'une nièce ;

– d'une personne sans lien de parenté avec l'assuré, ou dont le lien de parenté excède le troisième degré (cousin germain, etc.), qui est titulaire de la carte d'invalidité (ou de la CMI-invalidité) et vit en permanence sous le toit du contribuable.

S'agissant des **contrats d'« épargne handicap »**, l'administration **exclut du champ** de l'avantage fiscal les contrats souscrits par des personnes ayant déjà obtenu la liquidation de leurs droits à la retraite (BOI-IR-RICI-40 n° 140).

b. Les primes peuvent être prises en compte, qu'il s'agisse de **contrats individuels** ou de contrats **collectifs (assurance groupe)**. Toutefois, les primes ne doivent pas avoir été déduites d'un revenu catégoriel (voir nos 8685 et 8690).

c. Le souscripteur doit être en mesure de présenter, à la demande de l'administration, le **certificat** (conforme à un modèle publié par l'administration) délivré par son assureur (CGI ann. IV art. 17 E). Ce certificat peut exceptionnellement être remplacé par la copie intégrale des conditions particulières du contrat, par un duplicata des quittances de paiement des primes ou encore par l'avis d'échéance de chaque prime (BOI-IR-RICI-40 n° 280).

La **délivrance irrégulière** d'un certificat est passible de l'amende visée n° 80205.

3350 **Montant de la réduction d'impôt** La réduction d'impôt est égale à **25 %** du montant total des primes versées pris dans la **limite annuelle** de 1 525 € majorée de 300 € par personne à charge. Cette limite s'applique à l'ensemble des contrats de « rente-survie » et d'« épargne handicap » souscrits par les membres du foyer fiscal.

› Précisions Les personnes donnant droit à la majoration du plafond des primes s'entendent de l'ensemble des enfants à charge définis nos 1850 à 1935 (y compris donc les enfants majeurs, mariés, pacsés ou chargés de famille « rattachés » au foyer fiscal), ainsi que, à compter de l'imposition des revenus de 2023, des personnes à charge visées no 1960 (Loi 2023-1322 du 29-12-2023 art. 12) .
La majoration est divisée par deux pour les enfants réputés à charge égale de leurs parents.

DÉPENSES D'ACCUEIL DANS UN ÉTABLISSEMENT POUR PERSONNES DÉPENDANTES

3360 CGI art. 199 quindecies IRPP-IV-35000 s

Les contribuables, domiciliés en France au sens de l'article 4 B du CGI, accueillis dans un **établissement** ou un service **assurant l'hébergement des personnes âgées dépendantes** ou dans une **section de soins de longue durée** d'un établissement de santé bénéficient d'une réduction d'impôt.

La réduction d'impôt porte, pour l'ensemble des contribuables concernés, sur les **dépenses** effectivement supportées au titre tant de la **dépendance** que de l'**hébergement.**

Elle est égale à **25 %** de ces dépenses, retenues dans la **limite annuelle** de 10 000 € par personne hébergée (soit une réduction d'impôt maximale de 2 500 € ou 5 000 € pour un couple dont chacun des conjoints est hébergé).

› Précisions a. La réduction d'impôt bénéficie également (sous réserve qu'elles soient fiscalement domiciliées en France) aux personnes accueillies dans des établissements situés dans un autre État membre de l'**Union européenne**, en **Islande**, en **Norvège** ou au **Liechtenstein**, qui fournissent des prestations de nature et de qualité comparables à celles des établissements situés en France.

b. Les **dépenses afférentes à la dépendance** correspondent aux prestations d'aide et de surveillance nécessaires à l'accomplissement des actes essentiels de la vie, qui ne sont pas liées aux soins (surcoûts résultant des interventions relationnelles, d'animation et d'aide à la vie quotidienne et sociale, prestations de services hôteliers et fournitures diverses concourant directement à la prise en charge de l'état de dépendance). Les **dépenses d'hébergement** correspondent aux prestations d'administration générale, d'accueil hôtelier, de restauration, d'entretien et d'animation de la vie sociale de l'établissement non liées à l'état de dépendance.

La réduction d'impôt s'applique lorsque les deux types de dépenses sont supportés ensemble mais également lorsque sont seules supportées des dépenses de dépendance (BOI-IR-RICI-140 no 150) ou d'hébergement (CAA Nantes 15-9-2016 no 15NT01050 : RJF 1/17 no 5).

Ces dépenses sont prises en compte sous déduction, le cas échéant, du montant de l'**allocation personnalisée d'autonomie,** de l'aide sociale du département et de l'allocation logement perçues par le contribuable au cours de l'année d'imposition.

c. Les personnes souffrant de la **maladie d'Alzheimer** qui ne sont accueillies dans un établissement que pour une ou plusieurs journées par semaine, voire une demi-journée, ont néanmoins droit à la réduction d'impôt, laquelle couvre dans ce cas les dépenses d'accueil de jour et les frais de transport supportés conjointement (BOI-IR-RICI-140 nos 50 et 135).

d. Le **plafond** de 10 000 € ne fait l'objet d'aucune réduction prorata temporis lorsque les dépenses n'ont été exposées qu'une partie de l'année.

COTISATIONS SYNDICALES

3370 CGI art. 199 quater C IRPP-IV-43000 s

Les cotisations versées aux organisations syndicales représentatives de **salariés** ou de **fonctionnaires** au sens de l'article L 2121-1 du Code du travail ainsi qu'aux associations professionnelles nationales de **militaires** au sens de l'article L 4126-8 du Code de la défense ouvrent droit à un crédit d'impôt.

Ce crédit d'impôt est égal à **66 %** des sommes versées au cours de l'année d'imposition, prises dans la **limite de 1 %** du revenu brut relevant de la catégorie des traitements, salaires, pensions et rentes viagères à titre gratuit, déduction faite des cotisations sociales.

Il s'impute sur le montant de l'impôt sur le revenu dans les conditions indiquées no 2300.

› Précisions a. Pour les **bénéficiaires de traitements et salaires ayant opté** pour la déduction de leurs **frais réels,** les cotisations syndicales constituent des frais professionnels déductibles sans limitation : voir no 22155.

b. Le crédit d'impôt est accordé aux **salariés involontairement privés d'emploi** qui perçoivent des allocations de chômage ainsi qu'aux **retraités qui adhèrent ou continuent d'adhérer** à un syndicat représentatif de salariés ou de fonctionnaires (BOI-IR-RICI-20 no 10).

c. Les contribuables doivent être en mesure de présenter, à la demande de l'administration, le **reçu** du syndicat ou de l'association professionnelle nationale de militaires mentionnant le montant et la date des versements.

La **délivrance irrégulière** de reçus entraîne l'application de l'amende visée no 80205.

COTISATIONS VERSÉES POUR LA PRÉVENTION DES INCENDIES DE FORÊT

Une réduction d'impôt est accordée au titre des cotisations versées aux **associations syndicales autorisées** qui ont pour objet de réaliser des travaux de prévention contre les incendies sur des terrains inclus dans les **bois classés** en application de l'article L 132-1 du Code forestier ou dans les **massifs forestiers** visés aux articles L 133-1 et L 133-2 du même Code. **3430** CGI art. 200 decies A IRPP-IV-64000 s

La réduction d'impôt est égale à **50 %** du montant des cotisations versées, retenu dans la **limite annuelle** de 1 000 € par foyer fiscal (soit une réduction d'impôt maximale annuelle de 500 €).

Le contribuable doit être en mesure de présenter, à la demande de l'administration, la **quittance de versement** de la cotisation visée par le comptable public de la commune ou du groupement de communes concerné.

TRAVAUX DE CONSERVATION OU DE RESTAURATION D'OBJETS CLASSÉS

Les propriétaires privés d'**objets mobiliers classés monuments historiques,** domiciliés en France au sens de l'article 4 B du CGI, bénéficient d'une réduction d'impôt à raison des dépenses qu'ils supportent au titre des travaux de conservation ou de restauration de ces objets. **3440** CGI art. 199 duovicies IRPP-IV-75000 s

Les **travaux** doivent être **autorisés** par l'autorité administrative compétente et **exécutés sous** le **contrôle** scientifique et technique des services de l'État chargés des monuments historiques.

L'**objet** doit, dès l'achèvement des travaux et pendant au moins les cinq années suivantes, être **exposé au public** (exposition dans un musée de France, des bibliothèques relevant de l'État ou placées sous son contrôle, comme des services publics d'archives).

La réduction d'impôt est égale à **18 %** des sommes effectivement versées et restant à la charge du propriétaire (c'est-à-dire hors montant couvert par des subventions), retenues dans la **limite annuelle** de 20 000 € par contribuable (soit une réduction d'impôt maximale de 3 600 €).

Le montant de la réduction d'impôt est pris en compte dans le calcul du **plafonnement global** des avantages fiscaux (n°s 4840 s.).

En cas de non-respect de l'une des conditions susvisées ou en cas de cession de l'objet dans les cinq ans suivant l'achèvement des travaux, la réduction d'impôt fait l'objet d'une **reprise** au titre de l'année de réalisation de l'un de ces événements. Il en va de même lorsque la propriété de l'objet est démembrée ou que celui-ci est inscrit à l'actif d'une entreprise individuelle pendant la période d'exposition au public.

> **› Précisions** Aucune reprise n'est opérée lorsque le démembrement du droit de propriété de l'objet fait suite à un changement de situation matrimoniale du contribuable ou au décès de celui-ci ou de l'un des conjoints ou partenaires du Pacs soumis à imposition commune, ou lorsque la cession de l'objet a lieu après l'échéance du délai minimum de cinq années pendant lequel l'objet doit être exposé au public mais avant le 31 décembre de la même année (BOI-IR-RICI-190 n° 360).

SECTION 4

MODALITÉS DE PERCEPTION DE L'IMPÔT SUR LE REVENU

L'impôt sur le revenu est établi et recouvré par voie de rôle, d'après les éléments portés sur les déclarations annuelles de revenus souscrites par les contribuables (n°s 3650 s.). **3540**

Pour la majorité des revenus, il est acquitté par voie de prélèvement à la source (n°s 3740 s.).

A. Établissement de l'impôt

1. LIEU D'IMPOSITION

L'impôt sur le revenu est établi au lieu de la **résidence** du contribuable ou, en cas de pluralité de résidences en France, au lieu de son **principal établissement.** **3650** CGI art. 10 et 11 IRPP-V-100 s

En cas de **changement** de résidence ou de principal établissement, les impôts dus pour l'année en cours et les années antérieures peuvent être établis au lieu d'imposition correspondant à la nouvelle situation.

En ce qui concerne le lieu d'imposition des contribuables **non domiciliés en France,** voir n° 4440.

› Précisions **a.** Le choix du lieu de résidence ou du principal établissement est sans influence sur le montant de l'impôt, sauf si ce choix doit être exercé entre un département métropolitain et un **département d'outre-mer** (Drom), compte tenu des règles spéciales de calcul prévues pour ces départements (nº 91470).
b. Si une **contestation** relative au lieu d'imposition à l'impôt sur le revenu ne peut en aucun cas entraîner l'annulation de l'imposition (LPF art. L 206), la situation est différente lorsque cette contestation met en cause le principe même ou le montant de l'imposition. Tel est le cas lorsque le litige porte sur la domiciliation fiscale d'un contribuable en France, en métropole ou dans un Drom.

2. DÉCLARATIONS ANNUELLES DE REVENUS

3660 CGI art. 170 à 175, 1649 quater B ter et 1649 quater B quinquies IRPP-V-1500 s

Les déclarations annuelles de revenu doivent être **souscrites par** les personnes imposables ou disposant de certains éléments de train de vie (nº 3670) soit **en ligne,** soit au moyen d'**imprimés** « papier » (nºs 3671 s.), dans des **délais impératifs** fixés par l'administration (nºs 3685 s.). Des déclarations spécifiques sont prévues en matière de **bénéfices professionnels** (nº 3695).

PERSONNES TENUES DE SOUSCRIRE UNE DÉCLARATION

3670 En vue de l'établissement de l'impôt sur le revenu, toute **personne imposable** en France (nº 495) doit souscrire chaque année une déclaration détaillée de ses revenus et bénéfices, ainsi que de ses charges de famille.

Sont également tenues de souscrire cette déclaration, quel que soit le montant de leur revenu, les personnes fiscalement domiciliées en France au sens indiqué nºs 495 s. (CE 29-6-2011 nº 317426 : RJF 10/11 nº 1026) et qui disposent de l'un des **éléments de train de vie** suivants : résidence principale dont la valeur locative annuelle excède 150 € à Paris et dans un rayon de 30 km autour de Paris, 114 € dans les autres localités, résidence secondaire, employé de maison, voiture ou avion de tourisme, bateau de plaisance, chevaux de course.

› Précisions Les personnes qui ne sont pas imposables (faute d'un revenu suffisant) et qui ne disposent pas de l'un des éléments de train de vie visés ci-dessus ne sont pas soumises à l'obligation de souscrire une déclaration de revenus. Elles peuvent cependant avoir intérêt à la **souscrire volontairement** afin de recevoir de l'administration un avis de situation déclarative à l'impôt sur le revenu **(avis de non-imposition)** pouvant être présenté comme justificatif de ressources.

MODALITÉS DE DÉCLARATION

3671 Sauf pour les contribuables qui peuvent bénéficier du dispositif dit de la « déclaration automatique », la déclaration est souscrite en ligne ou, par exception, sous forme « papier ».

3672 **Déclaration automatique** Dans le cadre du dispositif de la déclaration automatique, la déclaration prend la forme d'une simple **validation tacite** des éléments déjà connus de l'administration. Les contribuables qui n'apportent aucun complément ou rectification avant la date limite de déclaration sont réputés avoir souscrit leur déclaration.

L'administration détermine elle-même les contribuables éligibles au dispositif au regard des éléments dont elle dispose et de ceux utilisés pour le calcul de l'impôt de l'année précédente ; aucune démarche particulière n'est donc à effectuer pour en bénéficier. Sont toutefois expressément **exclus** du dispositif et doivent donc obligatoirement souscrire une déclaration selon les règles de droit commun (nº 3675) les contribuables non imposés l'année précédente ou mal identifiés, les titulaires de bénéfices professionnels (BIC, BNC ou BA), de revenus fonciers, de pensions alimentaires ou des revenus imposés suivant des régimes particuliers (agents généraux d'assurance et auteurs imposés dans la catégorie des traitements et salaires, gérants et associés de sociétés visés à l'article 62 du CGI, etc.), les personnes fiscalement domiciliées hors de France, celles disposant de comptes financiers à l'étranger ou ayant souscrit des contrats de capitalisation auprès d'organismes établis à l'étranger, les redevables de l'impôt sur la fortune immobilière, les contribuables ayant perçu des produits de contrats d'assurance-vie ou de capitalisation de plus de huit ans afférents à des primes versées depuis le 27 septembre 2017 ou ayant effectué des versements sur un plan d'épargne retraite individuel (Peri) ou encore les personnes ayant déclaré à l'administration un changement d'adresse ou de situation (mariage, séparation ou divorce, conclusion ou rupture d'un Pacs, décès de l'un des conjoints ou partenaires d'un Pacs soumis à une imposition commune) (CGI ann. III art. 46-0 A).

> **Précisions** a. Les contribuables éligibles au dispositif sont avertis par courriel, **au plus tard un mois avant la date limite** de souscription de la déclaration, qu'un document récapitulant les informations connues de l'administration est disponible dans leur espace personnel du site impots.gouv.fr (et sur l'application mobile impots.gouv) ou reçoivent dans le même délai à leur domicile une déclaration n° 2042 K AUTO récapitulant les informations connues de l'administration.
> b. Si les informations connues de l'administration sont **erronées ou incomplètes**, une déclaration de revenus doit être souscrite, avant l'expiration du délai de déclaration, dans les conditions exposées n° 3675.

Télédéclaration et déclaration papier Les contribuables tenus de déposer une déclaration de revenus doivent en **principe** la souscrire par voie électronique. Toutefois, cette obligation de télédéclaration ne s'applique ni aux contribuables dont la résidence principale n'est pas équipée d'un accès à internet ou qui ne sont pas en mesure de souscrire leur déclaration en ligne ni, jusqu'au 31 décembre 2024, aux contribuables qui résident dans des zones où aucun service mobile n'est disponible (« zones blanches »). 3675

La télédéclaration s'effectue sur internet, directement sur le **site** impots.gouv.fr ou, par l'intermédiaire d'un partenaire professionnel, via la **procédure EDI-IR.** La déclaration effectuée en ligne est signée électroniquement.

La déclaration de revenus papier est rédigée sur des **imprimés** fournis par l'administration ou édités au moyen de logiciels privés (BOI-IR-DECLA-20-10-10 n° 230). Les imprimés sont généralement adressés au domicile des contribuables et préidentifiés. Les contribuables nouveaux et ceux qui n'ont pas reçu ou ont égaré leurs déclarations préidentifiées peuvent se procurer les imprimés de déclaration notamment auprès des centres des finances publiques ou sur le site impots.gouv.fr. La déclaration papier, signée, doit être **déposée** ou **adressée** au centre des finances publiques du lieu d'imposition (n° 3650).

> **Précisions** a. Le **non-respect de l'obligation de télédéclaration** entraîne l'application d'une amende forfaitaire de 15 € par déclaration ou annexe à compter de la deuxième année au cours de laquelle ce manquement est constaté (CGI art. 1738, 4).
> b. Les contribuables qui télédéclarent leurs revenus sont dispensés d'adresser à l'administration l'ensemble des **pièces justificatives** normalement exigées.
> Les contribuables qui souscrivent une déclaration papier sont dispensés de joindre les pièces, établies par des tiers, justifiant des avantages fiscaux dont ils bénéficient (factures, reçus de dons, etc.) mais doivent joindre les documents qu'ils ont établis eux-mêmes et qui complètent, précisent ou explicitent les éléments portés sur la déclaration (mentions expresses, états détaillés des frais réels, engagements à prendre pour bénéficier d'un avantage fiscal, etc.) (BOI-IR-DECLA-20 n° 1).
> Dans tous les cas (télédéclaration ou déclaration papier), les contribuables doivent conserver, jusqu'à l'expiration du délai de reprise, les pièces concernées par les dispenses susvisées afin d'être en mesure de les présenter à l'administration à sa demande.
> c. Lorsqu'ils sollicitent le bénéfice de certaines déductions du revenu global, réductions ou crédits d'impôt, les contribuables peuvent charger un **« tiers de confiance »** de conserver et de transmettre à l'administration fiscale, sur sa demande, les pièces justificatives des charges correspondantes et de télédéclarer leurs revenus. Ce tiers doit être choisi parmi les personnes membres des professions réglementées d'avocat, de notaire ou d'expert-comptable ayant signé avec l'administration une convention individuelle.
> d. Signature de la déclaration par les **personnes mariées ou pacsées** : voir n° 335.

SUPPORTS DE DÉCLARATION

La **déclaration d'ensemble** est établie sur le formulaire n° 2042, auquel s'ajoutent, le cas échéant, les déclarations complémentaires n° 2042 C et/ou n° 2042 C PRO, la déclaration n° 2042 IOM (pour les investissements outre-mer), la déclaration n° 2042 RICI (pour la plupart des réductions et crédits d'impôt) et la déclaration 2042 NR (pour les contribuables qui ont transféré leur domicile en France ou hors de France). Les déclarations n° 2042 envoyées au domicile des contribuables et celles mises en ligne sur le site impots.gouv.fr, dans l'espace personnel du contribuable, sont **préidentifiées** (nom, adresse et personnes à charge) et **préremplies** des principaux revenus dont l'administration a eu connaissance par les employeurs, les organismes sociaux ou Pôle emploi, les caisses de retraite et les établissements financiers qui en assurent le paiement (salaires, pensions de retraite, revenus de capitaux mobiliers, etc.). Si nécessaire, les contribuables doivent **corriger** ou **compléter** ces données. 3680

Les **déclarations annexes** devant être jointes à la déclaration d'ensemble sont souscrites sur les formulaires suivants :

– n° 2044 ou n° 2044 spéciale pour la déclaration des revenus fonciers réels (n° 27585) ;

– n° 2047 pour la déclaration des revenus de toute nature encaissés hors de France (métropole et départements d'outre-mer), qui doivent être déclarés séparément sous peine d'être réputés avoir été omis ;

– n° 2074 pour les plus-values de cession de valeurs mobilières et droits sociaux et les profits assimilés (n° 33260) ;

– n° 2086 pour les plus-values de cession d'actifs numériques (n° 33620) ;

– n° 3916-3916 bis concernant les comptes financiers ouverts, détenus utilisés ou clos à l'étranger et les contrats de capitalisation souscrits auprès d'organismes établis à l'étranger (n° 78305) ;

– n° 2062 pour les contrats de prêts (n° 26925).

Pour les déclarations spéciales de bénéfices professionnels à produire indépendamment de la déclaration d'ensemble, voir ci-après n° 3695.

S'agissant, par ailleurs, de la déclaration n° 2042-IFI à joindre, s'il y a lieu, à la déclaration d'ensemble, voir n° 72300.

Nous publions chaque année, dans nos Feuillets rapides, des **guides spéciaux** consacrés à l'établissement des diverses déclarations.

DÉLAI DE DÉCLARATION

3685 La **date limite de dépôt** de la déclaration d'ensemble des revenus est **annoncée** chaque année par voie de communiqué de presse, au début de la période de déclaration. Elle est généralement fixée à la fin du mois de mai.

Les contribuables qui souscrivent leur **déclaration par internet** bénéficient généralement d'un délai supplémentaire qui dépend du lieu où ils sont domiciliés au 1er janvier de l'année de souscription de la déclaration.

DÉFAUT OU RETARD DE DÉCLARATION

3690 Pour les contribuables tenus de souscrire une déclaration d'ensemble, le défaut de production ou la production tardive de cette déclaration est susceptible d'entraîner :

– l'application de l'intérêt de retard et d'une **majoration** des droits dus (nos 80075 s.) ;

– le cas échéant, la **taxation d'office** de l'intéressé, si celui-ci n'a pas régularisé sa situation dans les 30 jours d'une mise en demeure (nos 79060 s.).

> **Précisions** Les contribuables bénéficiant du dispositif de déclaration automatique (n° 3672) ne peuvent en aucun cas encourir de pénalités pour défaut de production de déclaration dès lors qu'ils sont réputés avoir accompli leur obligation déclarative. En revanche, ils demeurent passibles, le cas échéant, des sanctions prévues en cas d'inexactitudes ou omissions dans les déclarations (nos 80000 s.).

DÉCLARATIONS SPÉCIALES DE BÉNÉFICES PROFESSIONNELS

3695 En plus de la déclaration d'ensemble et de ses annexes (nos 3670 s.), les contribuables doivent souscrire, s'il y a lieu, en vue de l'évaluation ou du contrôle de leurs bénéfices professionnels, des déclarations spéciales concernant :

– les **bénéfices industriels et commerciaux** : déclaration n° 2031 pour les exploitants relevant du régime réel normal (nos 10965 s.) ou du régime réel simplifié (n° 11145) ;

– les **bénéfices agricoles** : déclaration n° 2143 pour les exploitants relevant du régime réel normal ou déclaration n° 2139 pour ceux relevant du régime réel simplifié (nos 16050 s.) ;

– les **bénéfices non commerciaux** : déclaration n° 2035 pour les contribuables relevant du régime de la déclaration contrôlée (n° 13495).

> **Précisions** **a.** Le fait qu'un contribuable ait produit une déclaration spéciale ne le dispense pas de souscrire la **déclaration d'ensemble,** même s'il ne dispose que d'une seule catégorie de revenus.
>
> **b.** Sur le cas où l'un des **époux** ou l'un des **partenaires d'un Pacs,** soumis à une imposition commune, exerce une activité professionnelle non salariée, voir n° 335, précision c.

3. RÔLE ET AVIS D'IMPOSITION

3705 L'impôt sur le revenu fait l'objet d'un rôle établi par l'administration, qui constitue le titre exécutoire permettant au comptable public de réclamer le paiement de l'impôt et d'en poursuivre le recouvrement.

LPF art. L 170, 3 et L 253
IRPP-V-5500

Au moment de la **mise en recouvrement du rôle,** le contribuable reçoit un avis d'imposition. Cet avis comporte le décompte détaillé du revenu imposable faisant apparaître notamment le montant des revenus catégoriels, celui des déductions pratiquées, des charges retranchées du revenu global et de celles donnant lieu à réduction et crédits d'impôt ainsi que le montant des minorations correspondantes. Il mentionne également le montant total de l'impôt dû, le montant des sommes déjà versées au titre du prélèvement à la source, le montant du solde restant à payer ainsi que le taux moyen d'imposition (au sens défini nos 3790 s.) et le taux marginal d'imposition du foyer fiscal.

> Précisions a. Les contribuables peuvent choisir de recevoir leur **avis d'imposition sous forme dématérialisée** (option sur le site www.impots.gouv.fr). Dans ce cas, ils sont informés par courriel de la mise en ligne de celui-ci dans leur espace personnel.
b. Les contribuables qui ont télédéclaré leurs revenus (n° 3675) peuvent **rectifier en ligne** (« télécorrection ») leur déclaration s'ils constatent une erreur ou une omission affectant leurs revenus, leurs charges et les personnes à charge au moment de la réception de leur avis d'imposition. Un avis d'impôt correctif leur est ensuite adressé.

4. CONTRÔLE DES DÉCLARATIONS

La loi confère à l'administration fiscale le pouvoir de **vérifier** et, s'il y a lieu, de **rectifier** les déclarations de revenus souscrites par les contribuables. L'ensemble des règles applicables en cette matière est exposé nos 77500 s. **3715** CGI art. 175 A IRPP-V-5550

Les rectifications découlant de ce contrôle peuvent donner lieu à l'application des **sanctions** fiscales et éventuellement pénales, examinées nos 79700 s.

Comme les impositions primitives, les **suppléments d'impôt et les pénalités** résultant des rectifications opérées sont établis et perçus par voie de **rôle.** Ils peuvent également être recouvrés par voie d'avis de mise en recouvrement.

S'il estime que les rectifications sont partiellement ou totalement injustifiées, le contribuable peut, après la mise en recouvrement du rôle, présenter une **réclamation contentieuse** dans les conditions exposées nos 81650 s.

B. Prélèvement à la source de l'impôt

Le prélèvement à la source (PAS) constitue le **régime de droit commun** du paiement de l'impôt sur le revenu (et des prélèvements sociaux). Il consiste à collecter l'impôt dès la mise à disposition ou la réalisation du revenu. **3740** CGI art. 204 A à 204 N IRPP-VI-10000 s

Le prélèvement, qui concerne la plupart des revenus imposables, est, en principe, opéré selon le taux déterminé par l'administration pour chaque foyer fiscal d'après la dernière déclaration de revenus souscrite. Il s'impute sur l'impôt sur le revenu dû au titre de l'année au cours de laquelle il a été effectué.

> Précisions Lorsque le PAS n'est pas applicable (nos 3765 s.), l'impôt est, en principe, **recouvré en totalité au moment de la liquidation définitive** de l'impôt sur le revenu. Il en va ainsi, par exemple, des plus-values professionnelles à long terme (n° 18110) ou des plus-values de cession de valeurs mobilières et de droits sociaux (nos 33220 s.).
Certains revenus peuvent toutefois faire l'objet (obligatoirement ou sur option du contribuable) de **retenues à la source** ou de **prélèvements spécifiques.** Tel est le cas notamment des dividendes (nos 24540 s.) et des produits de placement à revenu fixe (nos 25100 s.).

1. CHAMP D'APPLICATION DU PAS

Les revenus soumis au PAS s'entendent, sauf exceptions, de l'ensemble des **revenus imposables à l'impôt sur le revenu** suivant les règles applicables aux revenus d'activité et de remplacement ainsi qu'aux revenus fonciers. **3750** CGI art. 204 A, 1 et 2 IRPP-VI-10100 s

Selon la nature du revenu, son origine et la domiciliation du bénéficiaire, le PAS prend la forme soit d'une **retenue à la source** opérée par le débiteur des sommes en cause, soit d'un **acompte** liquidé et prélevé directement par l'administration sur le compte bancaire du contribuable.

a. Revenus relevant de la retenue à la source

Les revenus imposés selon les règles applicables aux **salaires, pensions et rentes viagères à titre gratuit** sont, en principe, soumis à la retenue à la source. Sauf exclusions visées n° 3766, il s'agit pour l'essentiel des revenus suivants : **3755** CGI art. 204 B IRPP-VI-10200 s

– rémunérations versées aux salariés, traitements publics, indemnités, primes, allocations et gratifications et avantages en argent ou en nature ;

– sommes versées immédiatement aux salariés au titre de la participation ou de l'intéressement aux bénéfices de l'entreprise ;

– gains (rabais excédentaires, gains de levée ou d'acquisition) issus d'options sur titres ou d'actions gratuites qui n'ouvrent pas droit aux régimes spécifiques d'imposition qui leur sont propres ;

– rémunérations perçues par les dirigeants de sociétés autres que ceux relevant de l'article 62 du CGI ;

– indemnités de chômage et allocations de préretraite ;

– indemnités ou allocations journalières versées en cas de maladie, accident ou maternité ;

– pensions de retraite, y compris les prestations de retraite versées en capital, et pensions d'invalidité ;

– allocations versées par les régimes de prévoyance ou les régimes complémentaires obligatoires et prestations servies sous forme de rentes.

Par dérogation, certains revenus, quoiqu'imposables selon les règles applicables aux salaires, pensions et rentes viagères à titre gratuit, donnent toutefois lieu au prélèvement d'un acompte (n°s 3762 s.).

b. Revenus relevant de l'acompte

3760 CGI art. 204 C IRPP-VI-10630 s Donnent lieu à l'application de l'acompte, sauf exclusions visées n° 3766, les revenus suivants :

– revenus imposables dans la catégorie des **BIC**, des **BNC** ou des **BA** selon un régime réel ou micro ;

– **revenus fonciers,** qu'ils soient déterminés selon le régime réel ou le régime du « micro-foncier » (y compris les revenus fonciers distribués par un fonds de placement immobilier : BOI-IR-PAS-10-10-20 n° 70) ;

– **rémunérations versées aux gérants de sociétés** et assimilés visés à l'article 62 du CGI (y compris les indemnités journalières : BOI-IR-PAS-10-10-20 n° 90) ;

– les **indemnités et pensions** versées aux **parlementaires ou anciens parlementaires européens,** mentionnées à l'article 199 quater du CGI ;

– **pensions alimentaires** et **prestations compensatoires** ;

– **rentes viagères à titre onéreux.**

> **Précisions** Les revenus fonciers, les rentes viagères constituées à titre onéreux ainsi que les BIC, BNC et BA issus d'une activité exercée à titre non professionnel donnent également lieu au prélèvement d'un acompte de **prélèvements sociaux** calculé en appliquant les taux de ces prélèvements (n° 34515) à l'assiette déterminée pour l'acompte d'impôt sur le revenu (n°s 3775 s.).

CAS PARTICULIERS

3762 **Honoraires, commissions et droits d'auteur** Quelles que soient les règles selon lesquelles ils sont imposés (BNC ou traitements et salaires), les revenus suivants donnent lieu au paiement de l'acompte : honoraires versés aux **fonctionnaires chercheurs,** commissions versées aux **agents généraux d'assurance** et **droits d'auteur.**

3763 **Activités exercées ponctuellement en France pour un employeur étranger** Par dérogation au principe énoncé n° 3755, les **traitements et salaires** de **source française** imposables en France donnent lieu au prélèvement d'acomptes lorsque ces revenus sont versés :

– par un **débiteur établi hors de France** dans un État membre de l'Union européenne ou dans un autre État ou territoire ayant conclu avec la France une convention d'assistance administrative en vue de lutter contre la fraude et l'évasion fiscales ainsi qu'une convention d'assistance mutuelle en matière de recouvrement ayant une portée similaire à celle prévue par la directive 2010/24/UE du Conseil du 16 mars 2010 concernant l'assistance mutuelle en matière de recouvrement des créances relatives aux taxes, impôts, droits et autres mesures, y compris si celle-ci est limitée au recouvrement de l'impôt sur le revenu dû au titre de ces traitements et salaires, et qui n'est pas un État ou territoire non coopératif au sens de l'article 238-0 A du CGI ;

– à des **salariés** qui, par application de l'article 13 du règlement (CE) n° 883/2004 du Parlement européen et du Conseil du 29 avril 2004 portant sur la coordination des systèmes de sécurité sociale, ne sont pas à la charge, pour les périodes au titre desquelles ces revenus sont versés, d'un régime obligatoire français de sécurité sociale ou à des salariés qui sont à la charge, d'un régime obligatoire français de sécurité sociale en application des dispositions de l'article L 380-3-1, I du CSS.

> Précisions **a.** La mesure dérogatoire vise, en pratique, les rémunérations versées aux salariés résidents de France qui n'y sont pas soumis à un régime de sécurité sociale obligatoire dès lors que l'activité qu'ils y exercent représente moins de 25 % de leur temps de travail total (**activité « non substantielle »** au sens des règlements européens (CE) 883/2004 art. 13 et 987/2009). Selon l'administration, la mesure dérogatoire concerne en particulier les rémunérations versées par des employeurs établis au **Royaume-Uni** à des salariés affiliés à la sécurité sociale britannique avant le 1er janvier 2021 et qui le sont demeurés ensuite sans interruption (visés à l'article 30 de l'accord de retrait entre l'UE et le Royaume-Uni du 17-10-2019) (Communiqué de presse n° 550 du 30-1-2023).

Elle concerne en principe également les rémunérations versées à des salariés résidents de France travaillant en **Suisse** mais ayant opté pour le régime français de sécurité sociale et qui acquittent eux-mêmes leurs cotisations sociales en France (CSS art. L 380-3-1, I) mais, dès lors que la Suisse n'a pas conclu avec la France une convention d'assistance mutuelle en matière de recouvrement, la mesure dérogatoire est en pratique inapplicable, les employeurs suisses restant tenus de prélever la retenue à la source (via la déclaration Pasrau visée n° 3845).

b. Les **débiteurs** des revenus concernés doivent **déclarer** chaque année à l'administration fiscale, pour chaque bénéficiaire, les montants nets imposables versés, avant déduction des frais professionnels (CGI art. 87-0 A bis). En pratique, cette déclaration est faite via la déclaration Pasrau (n° 3845) du mois de janvier.

Les manquements à cette obligation sont sanctionnés par une **amende** qui, sans pouvoir être inférieure à 500 € ni supérieure à 50 000 € par déclaration, est égale à 5 % des sommes qui auraient dû être déclarées, en cas d'omissions ou d'inexactitudes et à 10 % des sommes qui auraient dû être déclarées, en cas de non-dépôt de la déclaration dans les délais prescrits (CGI art. 1736, XII). L'amende n'est pas applicable en cas d'absence d'infraction à l'obligation déclarative au cours des trois années précédant celle au cours de laquelle la déclaration devait être souscrite et à condition que l'intéressé ait réparé son erreur spontanément avant la fin de la même année.

c. Les **bénéficiaires** des revenus en cause sont soumis aux **obligations** des débiteurs de l'acompte (nos 3850 s.).

c. Revenus exclus du PAS

Sont **hors du champ d'application** du PAS les revenus catégoriels et gains suivants : **3765** IRPP-VI-11470 s

- revenus de capitaux mobiliers ;
- plus-values immobilières ;
- plus-values de cession de biens meubles corporels ;
- gains provenant de la cession de valeurs mobilières et de droits sociaux ainsi que les produits et gains assimilés ;
- plus-values professionnelles à long terme ;
- rémunérations exonérées des personnels des organisations internationales et des agents diplomatiques et consulaires.

Bien qu'ils entrent par nature dans le champ du PAS, certains revenus en sont néanmoins **expressément exclus.** Il s'agit : **3766** CGI art. 151-0 et 204 D

- des indemnités perçues au titre d'un préjudice moral (pour leur montant excédant un million d'euros) ;
- des gains issus de l'actionnariat salarié imposables dans les conditions prévues aux articles 80 bis, I et II, 80 quaterdecies, I et 163 bis G du CGI ;
- des distributions et gains afférents à des parts de fonds mentionnés à l'article 80 quindecies du CGI ;
- de la part des prestations de retraite versées en capital qui correspond aux produits accumulés sur un plan d'épargne retraite pendant la durée du contrat ;
- des revenus des micro-entrepreneurs ayant opté pour le versement libératoire de l'impôt sur le revenu ;
- des revenus de source française versés à des bénéficiaires fiscalement domiciliés hors de France et soumis aux retenues à la source prévues aux articles 182 A, 182 A bis, 182 A ter et 182 B du CGI ;
- des revenus de source étrangère ouvrant droit, en application d'une convention internationale, à un crédit d'impôt égal à l'impôt français correspondant à ces revenus.

3767

Règles de territorialité

Lorsqu'ils sont effectivement imposables en France, les **salaires** versés à un contribuable fiscalement domicilié en France en contrepartie d'une activité exercée en France donnent lieu à l'application de la retenue à la source même si l'employeur est établi hors de France (voir toutefois n° 3763). Il en va de même, sous réserve des conventions internationales, des salaires versés par un employeur établi en France à un contribuable fiscalement domicilié en France en contrepartie d'une activité (mission temporaire par exemple) exercée à l'étranger (BOI-IR-PAS-10-10-10 nos 60 et 90). En revanche, les salaires versés par un employeur établi hors de France à un contribuable fiscalement domicilié en France en contrepartie d'une activité exercée à l'étranger (frontaliers, notamment) donnent lieu, sous réserve des conventions internationales, au versement de l'acompte (BOI-IR-PAS-10-10-20 n° 100).

Donnent également lieu au versement de l'acompte, sous réserve des conventions internationales, les revenus de source étrangère versés par un débiteur établi hors de France et imposables en France selon les règles des **pensions et rentes viagères,** y compris s'ils ouvrent droit à un crédit d'impôt égal à l'impôt étranger (BOI-IR-PAS-10-10-20 n° 100). Il en va de même des autres revenus – tels les **revenus fonciers** et les **revenus des travailleurs indépendants** – de source étrangère perçus par des contribuables fiscalement domiciliés en France et ouvrant droit, le cas échéant, en application d'une convention internationale, à un crédit d'impôt égal à l'impôt étranger (BOI-IR-PAS-10-10-20 n° 110).

2. ASSIETTE DU PAS

a. Assiette de la retenue à la source

3770
CGI art. 204 F
IRPP-VI-12100 s

La retenue à la source est appliquée aux salaires, pensions et rentes viagères à titre gratuit pour leur montant net imposable après déduction des cotisations sociales et de la part déductible de la CSG, avant déduction des **frais professionnels** (salaires), de l'**abattement** de 10 % (pensions et rentes viagères à titre gratuit) et des abattements dont bénéficient les assistantes maternelles et les journalistes.

› Précisions Les **dispositifs optionnels visant à atténuer la progressivité de l'impôt,** tels que ceux applicables aux revenus exceptionnels ou différés (système du quotient : nos 4150 s.) et aux salaires des artistes du spectacle et des sportifs (imposition selon une moyenne pluriannuelle : nos 13750 s.) n'ont pas d'incidence sur l'assiette de la retenue à la source.

b. Assiette de l'acompte

3775
CGI art. 204 G
IRPP-VI-12750 s

Déterminée par l'administration fiscale, l'assiette de l'acompte est constituée par le montant des bénéfices ou revenus nets imposables (après prise en compte, le cas échéant, des frais professionnels et abattements spécifiques déductibles) soumis au **barème progressif** de l'impôt sur le revenu de la dernière année pour laquelle l'impôt a été établi au nom du contribuable.

Dans la majorité des cas, les acomptes prélevés de **janvier à août** de l'année N sont donc liquidés d'après les bénéfices ou revenus nets imposables de l'année N - 2, ceux prélevés de **septembre à décembre** de l'année N le sont d'après les bénéfices ou revenus nets imposables de l'année N - 1.

› Précisions a. Lorsque le **résultat** de l'une des catégories de revenus soumis à l'acompte est **déficitaire,** il est retenu pour une valeur nulle.

b. Les revenus soumis à l'impôt à un **taux proportionnel** ne sont pas compris dans l'assiette de l'acompte.

c. Les **revenus exceptionnels ou différés** ayant fait l'objet d'une imposition selon le **système du quotient** (nos 4150 s.) ne sont pas retenus.

RÈGLES D'ASSIETTE PROPRES AUX BIC, BNC ET BA

3780
IRPP-VI-12920 s

L'assiette de l'acompte est constituée par le **résultat de l'exercice** clos au cours de l'année de référence. En cas d'application d'un régime réel d'imposition, l'assiette de l'acompte s'entend *du bénéfice net* déterminé dans les conditions de droit commun visées nos 7250 s. (BIC), 13250 s. (BNC) et 15850 s. (BA). En cas d'imposition selon le régime « micro », il s'agit du bénéfice imposable déterminé, pour la période de référence, après application de l'abattement forfaitaire prévu pour chaque catégorie de revenu (voir respectivement nos 11280 s., 13590 s. et 15710 s.).

L'assiette de l'acompte est diminuée des éventuels **déficits catégoriels antérieurs** imputables uniquement sur les revenus de même catégorie des années suivantes.

› Précisions a. Si le résultat de l'année de référence est afférent à une **période de moins de douze mois**, il est ajusté prorata temporis sur une année.
b. Les **revenus exceptionnels** (résultats provenant de cession d'éléments de l'actif immobilisé ayant la nature de plus ou moins-values, subventions d'équipement, indemnités d'assurance compensant la perte d'un élément de l'actif immobilisé) sont exclus de l'assiette de l'acompte.
Lorsque l'imposition d'une **plus-value à court terme** fait l'objet d'un étalement sur trois ans (n° 18075), seule la fraction annuelle comprise dans le résultat fiscal est toutefois exclue de l'assiette. Il en va de même des **subventions d'équipement** dont l'imposition a été étalée dans les conditions prévues n° 8040 s. (BOI-IR-PAS-20-10-20-20 n° 30).
c. L'assiette de l'acompte est réduite, le cas échéant, des **abattements** prévus en faveur des **entreprises nouvelles** par les articles 44 sexies à 44 sepdecies du CGI (n° 10260 s.), applicables au titre de l'année de paiement de l'acompte.

RÈGLES D'ASSIETTE PROPRES AUX REVENUS FONCIERS

3785 IRPP-VI-13340 s

L'assiette de l'acompte est constituée du total des revenus nets fonciers de l'année de référence (déterminés selon les règles définies n° 27250 s. en cas d'application du régime réel d'imposition ou n° 27475 en cas d'application du « micro-foncier »), diminués, le cas échéant, des **déficits fonciers antérieurs** imputables.

› Précisions Les **amortissements** antérieurement déduits **réintégrés** dans le revenu net foncier, lorsque le contribuable n'a pas respecté ses engagements de location ou de conservation des parts (dispositifs Robien, Borloo neuf, etc.), qui donnent lieu à l'application du système du quotient (n° 4150 s.), ne sont pas retenus dans l'assiette de l'acompte (BOI-IR-PAS-20-10-20-30 n° 20).

3. TAUX DU PRÉLÈVEMENT

a. Taux de droit commun

3790

Le taux du prélèvement à la source est en principe calculé par l'administration, pour chaque **foyer fiscal,** sur la base des éléments figurant sur les dernières déclarations d'ensemble des revenus. Ce taux s'applique, sauf option des contribuables mariés ou pacsés pour l'individualisation du taux (n° 3800), à l'ensemble des revenus du contribuable soumis au PAS (sur les revenus des personnes à charges ou rattachées, voir toutefois n° 3812).

CALCUL DU TAUX

3792 CGI art. 204 H, I IRPP-VI-13780 s

Le taux de droit commun est égal au **quotient** suivant :

$$\frac{\text{impôt afférent aux revenus dans le champ du PAS – crédits d'impôt étrangers}}{\text{total des revenus soumis au PAS}}$$

L'impôt sur le revenu et les revenus pris en compte sont ceux de l'**avant-dernière année** pour les prélèvements opérés de janvier à août de l'année concernée, et ceux de l'**année précédente** pour les prélèvements opérés de septembre à décembre.

› Précisions a. L'impôt afférent aux revenus soumis au PAS figurant au **numérateur** correspond à l'impôt sur le revenu, avant imputation des réductions et crédits d'impôt, multiplié par le rapport existant entre le total des revenus nets imposables dans le champ du PAS (les déficits étant retenus pour une valeur nulle) et le total des revenus nets catégoriels du foyer soumis au barème progressif (donc après déduction des frais professionnels, réels ou forfaitaires, pour les salaires et de l'abattement de 10 % pour les pensions et rentes viagères à titre gratuit).
En revanche, les revenus figurant au **dénominateur** sont retenus, sous réserve de certaines particularités, pour leur montant correspondant à l'assiette de la retenue à la source ou de l'acompte (soit avant déduction des frais professionnels et abattements pour les salaires, pensions et rentes viagères à titre gratuit).
Les **crédits d'impôt étrangers** s'entendent du montant des crédits d'impôt égal à l'impôt acquitté à l'étranger correspondant aux revenus inclus dans le champ d'application du PAS et retenu dans la limite de l'impôt français.
b. Dans le **cas où l'impôt sur le revenu de l'avant-dernière année ou de la dernière année n'a pas pu être établi,** l'impôt sur le revenu et les revenus pris en compte pour le calcul du taux sont ceux de la dernière année pour laquelle l'impôt a été établi à la date du calcul de l'acompte par l'administration ou de la transmission du taux au débiteur des revenus (voir toutefois n° 3812, le cas où la dernière année pour laquelle l'impôt a été établi est antérieure à l'antépénultième année).

3793 EXEMPLE

Soit un contribuable célibataire ayant déclaré les revenus suivants.
Année N – 2 : un salaire net imposable (après déduction des frais professionnels) de 16 200 € et un déficit BIC professionnel de 18 200 €.
Année N – 1 : un salaire de 24 000 €, soit 21 600 € imposables après déduction des frais professionnels, un déficit BIC professionnel de 2 000 € ainsi qu'un déficit global reportable de 2 000 €, né au cours de l'année N – 2 (18 200 € – 16 200 €).
Au titre de l'année N – 2, l'impôt sur le revenu de ce contribuable était nul. Au titre de l'année N – 1, il était égal à 586 €.
Pour effectuer les prélèvements de la période allant de janvier à août de l'année N, l'administration établit le taux de prélèvement d'après les derniers éléments connus, soit ceux de l'année N – 2. Au cas particulier, celui-ci sera nul puisque aucun impôt n'était dû par le contribuable au titre de l'année N – 2.
Pour effectuer les prélèvements de la période allant de septembre à décembre de l'année N, l'administration établit le taux de prélèvement d'après les derniers éléments connus, soit ceux de l'année N – 1. Au cas particulier, celui-ci sera déterminé comme suit, les déficits étant neutralisés (0) et aucun crédit d'impôt n'étant déductible :
[586 × ((21 600 + 0) / (21 600 + 0)) – 0] / [24 000 + 0] = 2,4 %.

3795 CGI art. 204 H, II IRPP-VI-14100 s

Par dérogation, le **taux** du PAS est **nul** pour les contribuables qui remplissent les deux conditions suivantes :
– l'impôt sur le revenu, avant imputation du PAS, mis en recouvrement au titre des revenus des deux dernières années d'imposition connues est nul ;
– le montant du revenu fiscal de référence (au sens défini n° 42332) de la dernière année d'imposition connue est inférieur à 27 473 € par part de quotient familial pour la détermination du taux applicable entre le 1er janvier et le 31 août 2024 et à 28 792 € par part de quotient familial pour la détermination du taux applicable entre le 1er septembre et le 31 décembre 2024.

› Précisions Sur le cas où la dernière année pour laquelle l'impôt a été établi (ou la plus ancienne des deux dernières années) est antérieure à l'antépénultième année, voir n° 3812.

INDIVIDUALISATION DU TAUX DE DROIT COMMUN

3800 CGI art. 204 E et M IRPP-VI-14240 s

Le taux du PAS peut, sur **option,** être individualisé pour chacun des conjoints ou partenaires liés par un Pacs soumis à imposition commune. Les taux individualisés s'appliquent sur les seuls **revenus personnels** de chacun des conjoint ou partenaire (salaires, pensions et rentes viagères, rémunérations des gérants et associés, BIC, BNC et BA), les autres revenus demeurant soumis au taux du foyer.

L'option, qui peut être exercée à tout moment, prend **effet** au plus tard le troisième mois suivant celui de la demande. Sauf dénonciation, elle est **tacitement reconduite.**

› Précisions a. L'option est **formulée** par voie électronique (sur le site impots.gouv.fr) pour les contribuables dont la résidence principale est équipée d'un accès à internet et qui sont en mesure de le faire. Dans les autres cas, les contribuables utilisent les autres moyens mis à leur disposition (courrier, guichet des centres des finances publiques, etc.) (CGI art. 204 N).
b. L'option pour l'individualisation ne fait obstacle ni à l'**option** pour l'application du **taux par défaut** (n° 3814) ni à la **modulation** du PAS à la baisse ou à la hausse (nos 3830 s.).
c. À compter du **1er septembre 2025,** le taux individualisé s'appliquera de plein droit aux revenus personnels des couples mariés ou liés par un Pacs, l'application du taux unique du foyer à l'ensemble des revenus du foyer devenant optionnelle (Loi 2023-1322 du 29-12-2023 art. 19).

3805 CGI art. 1665 bis IRPP-IV-500 s.

Incidence des réductions et crédits d'impôt

Le taux de PAS ne tient pas compte des réductions et crédits d'impôt. Par suite, pour les contribuables qui bénéficient de manière récurrente de tels avantages fiscaux, le montant de l'impôt prélevé peut être supérieur au montant de l'impôt réellement dû, la différence n'étant restituée que lors de la liquidation de l'impôt.
Toutefois, pour certaines de ces réductions et crédits d'impôt, le contribuable perçoit, **au plus tard** le 1er mars de l'année de la liquidation de l'impôt afférent aux revenus de l'année précédente, un **acompte** égal à **60 %** du montant des avantages éligibles qui lui ont été accordés au titre de l'imposition des revenus de l'avant-dernière année. Une régularisation est ensuite opérée lors de la liquidation de l'impôt (n° 2280, b).
Sont **éligibles** les réductions et crédits d'impôt visés nos 2805 s. (investissements « Duflot-Pinel »), 2820 s. (investissements « Denormandie ancien »), 2830 s. (dispositif « Loc'Avantages »), 2890 (investissements « Scellier »), 3170 s. (dons et subventions), 3230 s. (frais d'emploi d'un salarié à domicile), 3315 (frais de garde des jeunes enfants), 3360 (dépenses d'accueil dans un

établissement pour personnes dépendantes), 3370 (cotisations syndicales) et 90575 s. (dispositif « Censi-Bouvard ») ainsi que n°s 92010 s., 92065, 92067 et 92070 s. (investissements outre-mer).
Remarques : a. Pour les contribuables relevant du **taux nul** du PAS, l'acompte est égal à 60 % du montant de la restitution opérée au titre des avantages éligibles.
b. L'acompte n'est pas versé lorsqu'il est **inférieur à 8 €.**
c. Le montant de l'acompte est, le cas échéant, réduit du montant des **aides spécifiques au financement** des **services à la personne** fournis à domicile et de la **garde des enfants** en dehors du domicile prévues à l'article L 133-5-12, II-5° et 6° du Code de la sécurité sociale perçues au cours des huit premiers mois de l'année précédant celle du versement de l'acompte. Cette réduction s'opère dans la limite de la fraction de l'acompte correspondant aux crédits d'impôt accordés au titre des frais d'emploi d'un salarié à domicile et des frais de garde des enfants.
d. Les contribuables peuvent **demander,** avant le 1er décembre de l'année précédente, à percevoir un montant d'**acompte inférieur** à celui qui doit en principe leur être versé.

b. Taux par défaut

Dans certains cas, il est fait application, de plein droit ou sur option, d'un taux, dit « taux par défaut » (ou « **taux neutre** »). Ce taux est déterminé au moyen des **grilles** reproduites n° 97110. **3810**

APPLICATION OBLIGATOIRE

Le taux par défaut s'applique de plein droit dans les cas suivants : **3812** CGI art. 204 H, III IRPP-VI-14580 s

– le **taux de droit commun** n'est **pas calculé.** Il en va ainsi notamment lorsque le contribuable n'a jamais souscrit de déclaration de revenus ou lorsque les dernières informations déclarées sont afférentes à une année d'imposition antérieure à l'antépénultième année par rapport à l'année de prélèvement ;

– le taux de droit commun n'est **pas transmis** au débiteur de la retenue à la source (retard ou défaut de déclaration du débiteur, échec d'identification, etc.) ou est transmis tardivement (les taux sont valides jusqu'à la fin du deuxième mois qui suit celui de leur transmission : CGI art. 1671, 2).

Par ailleurs, par dérogation au principe d'application du taux de droit commun du foyer fiscal, le taux par défaut s'applique de plein droit aux revenus des **personnes à charge ou rattachées** au foyer fiscal (au sens défini n°s 1850 s. et 1960).

> Précisions Les contribuables pour lesquels aucun taux propre n'a été calculé par l'administration et qui sont de plein droit soumis au taux par défaut, par exemple les personnes qui s'installent en France, peuvent **demander** le calcul d'**un taux propre** sans attendre le dépôt de la déclaration de leurs revenus l'année suivante (BOI-IR-PAS-20-30-20-10 n° 20). Cette demande s'effectue soit dans leur espace personnel sur le site impots.gouv.fr, soit, pour ceux d'entre eux qui ne disposent d'aucun numéro fiscal, au moyen du formulaire n° 2043 disponible sur ce site.

APPLICATION SUR OPTION

Sur option du contribuable, le taux par défaut est appliqué aux **traitements et salaires** soumis à la retenue à la source. **3814** CGI art. 204 H, IV IRPP-VI-15200 s

L'option, qui peut être exercée à tout moment (selon les modalités définies n° 3800, précision a), prend **effet** au plus tard le troisième mois suivant celui de la demande. Sauf dénonciation, elle est **tacitement reconduite.**

> Précisions a. Pour les **couples mariés ou liés par un Pacs** soumis à une imposition commune, l'option peut être exercée par l'un des conjoints ou partenaires ou par les deux (BOI-IR-PAS-20-20-30-20 n° 20).
b. L'option n'a pas d'incidence sur le montant de l'**acompte** éventuellement dû par le contribuable au titre de ses autres revenus dans le champ du prélèvement (revenus des travailleurs indépendants, revenus fonciers, etc.). Elle ne fait obstacle ni à l'option pour le **taux individualisé** (n° 3800), ni à la **modulation** du PAS à la baisse ou à la hausse (n°s 3830 s.).

Lorsque le montant de la retenue à la source résultant de l'application du taux par défaut est inférieur à celui qui aurait résulté de l'application du taux propre calculé par l'administration fiscale (taux propre au foyer visé n° 3792 – éventuellement modifié à la suite d'un changement de situation ou à la suite d'une modulation (n°s 3820 s.) – ou taux individualisé visé n° 3800), le contribuable acquitte un **complément de retenue à la source** égal à la différence entre ces deux montants. **3816**

Ce complément est **calculé** en appliquant au revenu imposable défini n° 3770 un taux égal à la différence entre le taux de droit commun et le taux par défaut (BOI-IR-PAS-20-20-30-20 n° 100). Il doit être déclaré et **versé** au plus tard le dernier jour du mois suivant la perception du revenu.

> Précisions a. La **déclaration** du complément de retenue à la source est effectuée selon les modalités définies n° 3800, précision a. Quant au **paiement**, le contribuable effectue l'ordre de versement tous les mois via le service en ligne dédié (BOI-IR-PAS-20-20-30-20 n° 180).
b. Tout retard dans le paiement donne lieu à l'application d'une **majoration** de 10 % des sommes non acquittées dans les délais prescrits. Toutefois, lorsque le versement du complément de retenue à la source s'avère inférieur de plus de 30 % au montant du complément qui aurait dû être versé, le taux de cette majoration est égal à la moitié de la différence entre le montant du complément dû et celui du complément acquitté, rapportée à ce premier montant (CGI art. 1729 G, 1).
À défaut de paiement, le **recouvrement forcé** de l'acompte est assuré et poursuivi selon les mêmes modalités que l'impôt sur le revenu.
c. Lorsque le montant de la retenue à la source résultant de l'application du taux par défaut est supérieur à celui qui aurait résulté de l'application du taux propre (taux propre à son foyer ou taux individualisé), la différence entre la retenue à la source effectuée et celle qui aurait été effectuée en l'absence d'option est **restituée** lors de la liquidation de l'impôt afférent aux revenus de l'année considérée (BOI-IR-PAS-20-20-30-20 n° 90).

4. ACTUALISATION DU PRÉLÈVEMENT

a. Changements de situation familiale

3820 CGI art. 204 I IRPP-VI-15780 s

Les changements de situation familiale, qui sont **déclarés** à l'administration dans un **délai de soixante jours** (selon les modalités définies n° 3800, précision a), entraînent une actualisation du taux du PAS et, le cas échéant, du montant de l'acompte dû.

Sont visés le mariage, la conclusion d'un Pacs, le décès de l'un des conjoints ou partenaires d'un Pacs soumis à une imposition commune, le divorce, la rupture d'un Pacs, les événements entraînant l'imposition séparée des époux ou partenaires d'un Pacs et l'augmentation des charges de famille (naissance, adoption ou recueil d'un enfant mineur).

> Précisions L'absence de **déclaration** du changement de situation ne donne lieu à aucune sanction, mais prive le contribuable de la possibilité de demander une modulation du PAS (n° 3830, précision a).

3822 L'actualisation du prélèvement est opérée par l'administration fiscale d'après la déclaration effectuée par le contribuable. Le **nouveau taux entre en vigueur** selon les modalités figurant dans le tableau ci-dessous.

Événement	Entrée en vigueur du taux actualisé
Mariage ou conclusion d'un Pacs	Au plus tard le troisième mois suivant celui de la déclaration du mariage ou de la conclusion du Pacs ou, sur option, le 1er janvier de l'année suivant celle de l'événement.
Décès de l'un des conjoints ou partenaires d'un Pacs	**Année du décès** : au plus tard le troisième mois suivant celui de la déclaration du décès et jusqu'au 31 décembre de l'année. **Années suivant celle du décès** : du 1er janvier de la première année suivant celle du décès au 31 août de la deuxième.
Divorce, rupture d'un Pacs ou séparation	Au plus tard le troisième mois suivant celui de la déclaration du divorce, de la rupture du Pacs ou de la séparation.
Naissance, adoption, recueil d'un mineur	Au plus tard le troisième mois suivant celui de la déclaration de la naissance, de l'adoption ou du recueil du mineur.

b. Variation des revenus

3830 CGI art. 204 J IRPP-VI-17900 s

Sur demande du contribuable, le PAS peut être modulé à la **baisse** ou à la **hausse** pour tenir compte de l'évolution de ses revenus ou de sa situation au titre de l'année en cours (exemples : reconnaissance d'un handicap ouvrant droit à une demi-part supplémentaire de quotient familial, changement du lieu de résidence d'un enfant mineur entraînant une modification du quotient familial de ses parents divorcés).

La **demande** de modulation, qui peut être formulée à tout moment (selon les modalités définies n° 3800, précision a), prend **effet** au plus tard le troisième mois suivant celui au cours duquel elle est présentée.

> Précisions **a.** Lorsque l'un des **changements de situation familiale** mentionnés n° 3820 est intervenu, aucune demande de modulation (à la baisse ou à la hausse) ne peut être présentée tant que cet événement n'a pas été déclaré. En pratique, le contribuable concerné doit donc d'abord

déclarer l'événement puis demander une modulation de son prélèvement tenant compte du changement de sa situation et de l'évolution de ses revenus (BOI-IR-PAS-20-30-20-10 n° 40).
b. La modulation de l'assiette de l'acompte d'impôt sur le revenu entraîne automatiquement, le cas échéant, celle de l'acompte de **prélèvements sociaux** (n° 3760).

MODULATION À LA BAISSE

3833 CGI art. 204 J, III IRPP-VI-18030 s

La modulation à la baisse du prélèvement n'est possible que si le montant du prélèvement estimé par le contribuable au titre de sa situation et de ses revenus de l'année en cours est inférieur de plus de 5 % au montant du prélèvement qu'il supporterait en l'absence de cette modulation.

› Précisions **a.** La modulation à la baisse ne peut pas être utilisée pour anticiper le bénéfice de **réductions** ou de **crédits d'impôt** ou de l'application du **taux nul.**
b. Lorsque le prélèvement réellement pratiqué s'avère inférieur de plus de 10 % à celui qui aurait dû être opéré, une **majoration** de 10 % s'applique à la différence entre ces deux montants. Lorsque l'écart s'élève à plus de 30 %, le taux de la pénalité est égal à la moitié de la différence positive entre les deux montants rapportée au second montant. Cette majoration ne s'applique pas lorsque le contribuable justifie que l'estimation erronée a été, en tout ou partie, réalisée de bonne foi à la date de sa demande de modulation ou provient d'éléments difficilement prévisibles à cette date (CGI art. 1729 G, 2 et 3).

MODULATION À LA HAUSSE

3836 CGI art. 204 J, II IRPP-VI-18000

Le contribuable peut choisir librement de moduler à la hausse soit le taux (y compris lorsqu'il est individualisé) du PAS, soit l'assiette de l'acompte, soit ces deux éléments à la fois.
En pratique, le contribuable peut fournir à l'administration une **estimation** de l'ensemble de ses revenus de l'année en cours et une déclaration de la situation de son foyer et se voir proposer un taux et/ou des acomptes modulés tenant compte de ces éléments. Si le taux et/ou l'acompte proposé sont effectivement supérieurs à ceux calculés sur la base de la dernière déclaration des revenus connue de l'administration, le contribuable peut retenir l'un et/ou l'autre (BOI-IR-PAS-20-30-20-10 n° 70).

› Précisions En cas de **modulation du taux du PAS,** le taux augmenté s'applique aux revenus soumis à la retenue à la source et à l'assiette de l'acompte. En cas de **modulation de l'assiette de l'acompte,** le taux du PAS reste inchangé pour tous les revenus, y compris ceux soumis, le cas échéant, à la retenue à la source (BOI-IR-PAS-20-30-20-10 n° 60).

5. APPLICATION DU PRÉLÈVEMENT

a. Application du PAS sous forme de retenue à la source

3840 CGI art. 87-0 A, 87 A, 89 A et 1671 IRPP-VI-21620 s

La retenue à la source est effectuée par la personne physique ou morale qui verse les revenus soumis à cette retenue (« **collecteurs** » : employeur lorsque les revenus versés sont des salaires, organisme de retraite lorsqu'il s'agit de pensions de retraites, etc.).
Lorsque cette personne n'est domiciliée ni en France, ni dans un autre État de l'Union européenne, ni dans un État non membre de l'Union européenne ayant conclu avec la France une convention d'assistance au recouvrement des créances fiscales (n° 50635), elle est tenue de faire accréditer auprès de l'administration un **représentant en France,** qui s'engage à remplir les formalités lui incombant et, le cas échéant, à acquitter les prélèvements à sa place.

› Précisions Le **recours à des experts-comptables** pour effectuer, au nom et pour le compte d'un employeur, les opérations de liquidation et de versement de la paie, incluant le calcul, le précompte, la déclaration et le paiement de la retenue à la source, est sans incidence sur la définition de la personne tenue d'effectuer la retenue, qui juridiquement reste l'employeur (BOI-IR-PAS-30-10-10 n° 20).

OBLIGATION DES COLLECTEURS

Les collecteurs **appliquent** aux revenus concernés, avant leur versement au bénéficiaire, le taux de prélèvement (éventuellement nul : n° 3795) établi et transmis chaque mois par l'administration, d'après les listes nominatives qu'ils lui ont préalablement communiquées. Si aucun taux n'est transmis pour un contribuable, le collecteur applique les taux de prélèvement par défaut (n° 3812). 3845
Les sommes prélevées doivent être **déclarées** selon un procédé informatique et **versées** par téléréglement à l'administration.
La déclaration doit être effectuée :
– via la déclaration sociale nominative (**DSN** : n° 22200),

– ou, pour les collecteurs ne relevant pas de la DSN (débiteurs de revenus de remplacement, employeurs étrangers dont les salariés résidents de France n'y sont pas affiliés au régime de sécurité sociale obligatoire, notamment), au moyen de la déclaration dite « passage des revenus autres » (**Pasrau**), au plus tard le 10 du mois suivant celui au cours duquel ont eu lieu les prélèvements.

Pour les employeurs relevant de la DSN, le versement des sommes prélevées doit intervenir le mois suivant la période de travail au titre de laquelle les rémunérations sont dues, au plus tard le 5 de ce mois s'ils emploient au moins 50 salariés et ne pratiquent pas le décalage de la paie ou le 15 de ce mois dans les autres cas.

Pour les collecteurs relevant de la déclaration Pasrau, le versement doit être effectué au plus tard le 10 du mois suivant celui au cours duquel les sommes ont été prélevées.

Par dérogation, les employeurs dont l'effectif est inférieur à onze salariés peuvent opter pour un versement au plus tard le 15 du premier mois du trimestre suivant celui au cours duquel ont eu lieu les prélèvements.

> **Précisions** **a.** Seule l'**absence de communication de taux** personnalisé déclenche l'obligation pour le collecteur de pratiquer la retenue à la source en recourant aux taux de prélèvement par défaut. En revanche, la **communication d'un taux nul** le dispense de toute retenue sur le revenu qu'il verse au contribuable concerné.
> **b.** En ce qui concerne les **particuliers employeurs,** la retenue à la source est opérée et reversée à l'administration selon les modalités prévues par le Cesu ou Pajemploi.

SANCTIONS

3847 La retenue à la source est **recouvrée et contrôlée** selon les mêmes modalités et sous les mêmes garanties et sûretés que la TVA.

Le **paiement tardif** de la retenue entraîne l'application de l'intérêt de retard (nos 79860 s.) et d'une majoration de 5 % du montant des sommes dont le paiement a été différé (CGI art. 1727 et 1731, 4). Les **infractions à l'obligation d'effectuer la retenue et aux obligations déclaratives** incombant aux collecteurs sont sanctionnées par une amende fiscale dont le montant varie de 5 % à 80 % des retenues qui auraient dû être effectuées ou déclarées (CGI art. 1759-0 A). Le défaut de versement et de déclaration des retenues effectuées peut également donner lieu à l'application de sanctions pénales (CGI art. 1771 A). Il en va de même des **manquements à l'obligation de secret professionnel** auxquels sont soumis les collecteurs en ce qui concerne les taux de prélèvement communiqués par l'administration (LPF art. L 288 A).

> **Précisions** En cas de **défaut de reversement** de la retenue à la source effectivement **prélevée,** les montants retenus sont cependant imputés sur le montant de l'impôt dû par le contribuable. En cas d'**absence de prélèvement effectif et de reversement,** le montant de l'impôt est intégralement dû lors de la liquidation définitive de celui-ci, aucune pénalité de retard n'étant appliquée au contribuable.

b. Application du PAS sous forme d'acompte

3850
CGI art. 1663 C
IRPP-VI-40000 s

L'acompte calculé par l'administration est prélevé, sur le **compte bancaire** désigné par le contribuable, **par douzièmes,** au plus tard le 15 de chaque mois.

Sur **option** du contribuable, l'acompte est prélevé **par quarts** au plus tard les 15 février, 15 mai, 15 août et 15 novembre. L'option, formulée selon les modalités définies n° 3800, précision a, est exercée **au plus tard** le 1er octobre de l'année qui précède celle au cours de laquelle elle s'applique. Elle est tacitement reconduite, sauf **dénonciation** par le contribuable dans le même délai que celui de l'exercice de l'option.

> **Précisions** a. Lorsqu'elle constate qu'un acompte est impayé (défaut de désignation de compte bancaire ou rejet du prélèvement quel qu'en soit le motif), l'administration adresse au contribuable un avis de rejet de prélèvement. Le contribuable dispose d'un délai de trente jours calendaires à compter de l'envoi ou de la mise à disposition de cet avis pour procéder à la **régularisation.** À défaut, le recouvrement forcé de l'acompte est assuré et poursuivi selon les mêmes modalités que l'impôt sur le revenu.
> b. Tout retard de paiement des sommes dues au titre de l'acompte donne lieu à l'application d'une **majoration** de 10 % des sommes non acquittées dans les délais prescrits (CGI art. 1729 G, 1).

REPORT DU PAIEMENT DE L'ACOMPTE

3854
CGI
art. 1663 C, 5
IRPP-VI-40580 s

Les titulaires de **BIC, BNC et BA** ainsi que les fonctionnaires chercheurs, les agents généraux d'assurance et les écrivains, compositeurs et artistes (imposés selon les règles prévues en matière de traitements et salaires) peuvent demander le report d'au maximum trois échéances sur l'échéance suivante en cas de paiement mensuel, ou d'une échéance sur la suivante en cas d'option pour le paiement trimestriel, sans que ce report puisse conduire à reporter l'année suivante une partie des versements dus lors de l'année civile en cours.

La **demande,** formulée (selon les modalités définies nº 3800, précision a), est **prise en compte** pour l'échéance qui suit le mois au cours duquel elle a été formulée.

ANTICIPATION DE L'ACOMPTE

Le contribuable peut spontanément déclarer un montant d'acompte au titre de l'année de **début de perception d'un revenu** relevant d'une catégorie de bénéfices ou de revenus soumis à l'acompte ou au titre de l'année suivante. **3856** CGI art. 204 K IRPP-VI-21050 s

En pratique, il **déclare,** selon les modalités définies nº 3800, précision a, l'estimation du montant de bénéfice ou du revenu qu'il attend entre la date de début de perception de ce bénéfice ou revenu et le 31 décembre de la même année ainsi que le nombre de mois séparant ces deux dates (BOI-IR-PAS-20-30-30 nº 50).

Le montant d'acompte correspondant est **prélevé** sur son compte bancaire dans les conditions de droit commun jusqu'à la première déclaration de revenus permettant à l'administration de calculer l'acompte correspondant au nouveau revenu.

> **Précisions** Le montant d'acompte dû l'**année suivant celle du début de la perception** du revenu est égal au montant de l'acompte payé au titre de cette première année, ajusté le cas échéant prorata temporis sur douze mois, et ce jusqu'à la première déclaration de revenus déposée par le contribuable.

ARRÊT DE L'ACOMPTE

Lorsque l'un des membres du foyer fiscal cesse d'être titulaire de revenus ou de bénéfices relevant de l'une des catégories de revenus soumises à l'acompte au titre de l'année en cours, le foyer peut demander à ne plus verser l'acompte correspondant à ces revenus ou bénéfices. **3858** CGI art. 204 L IRPP-VI-21300 s

La **demande,** formulée selon les modalités définies nº 3800, précision a, est **prise en compte** à compter du versement qui suit le mois au cours duquel elle est présentée.

> **Précisions** **a.** La demande n'a aucune incidence sur le **taux de PAS** applicable, le cas échéant, aux autres revenus du foyer ni sur l'**acompte** éventuellement dû au titre des **autres revenus** perçus (BOI-IR-PAS-20-30-30 nº 100).
> **b.** S'agissant des **BIC, BNC ou BA,** les **acomptes déjà acquittés** à la date à laquelle l'imposition immédiate provisoire consécutive à la cession ou cessation d'activité est établie (nºs 11400 s., 13640 s. et 16065) s'imputent sur cette imposition.

6. RÈGLEMENT DÉFINITIF DE L'IMPÔT

L'année qui suit celle de leur perception, l'impôt sur les revenus est établi sur la base des éléments portés sur la déclaration d'ensemble (nº 3660 s.). **3860** CGI art. 204 A, 3 et 1663 B IRPP-VI-43000

Les **retenues à la source** opérées et les **acomptes** versés l'année de perception des revenus **s'imputent** sur le montant ainsi établi.

Si cette liquidation fait apparaître un **solde** à régler, celui-ci est, en principe, prélevé en une fois sur le compte bancaire du contribuable. Toutefois, lorsque son montant excède 300 €, le solde est recouvré par prélèvements mensuels d'égal montant à partir du deuxième mois qui suit la mise en recouvrement du rôle jusqu'en décembre.

Si, au contraire, cette liquidation fait apparaître un **excédent de versement,** celui-ci est restitué au contribuable.

> **Précisions** **a.** Le prélèvement en une fois est effectué le **25 du mois** de la date limite de paiement *mentionnée* sur l'avis d'imposition. Les prélèvements étalés jusqu'en décembre sont opérés le 25 de chacun des mois concernés. Lorsque le 25 coïncide avec un samedi, un dimanche ou un jour férié, le prélèvement est reporté au premier jour ouvrable suivant.
> **b.** Les contribuables redevables d'un **solde inférieur ou égal à 300 €** peuvent, sur option exercée au plus tard le dernier jour ouvré du mois précédant celui de la date limite de paiement, refuser le prélèvement de ce solde. En cas d'exercice de l'option, ils doivent régler le solde par tout moyen de paiement autorisé (nº 76720).
> Les contribuables redevables d'un **solde supérieur à 300 €,** quant à eux, peuvent demander, au plus tard avant la date limite de paiement, le prélèvement en une seule fois de ce solde (Rép. Vignon : AN 18-1-2022 nº 41595 ; Rép. Sorre : AN 18-1-2022 nº 41596).

SECTION 5 RÉGIMES SPÉCIAUX

4020 Nous examinons ici divers régimes spéciaux qui, à l'égard de certains revenus ou de certains contribuables, apportent des **dérogations aux règles générales** d'imposition.

Ces régimes spéciaux sont essentiellement ceux dont l'application ne se limite pas à une seule catégorie de revenus. Les autres régimes spéciaux sont étudiés dans le chapitre consacré à la catégorie de revenus qu'ils concernent. C'est ainsi, par exemple, que sont traités :

– dans le chapitre 8 (nos 24000 s.) les nombreux régimes spéciaux se rapportant à des revenus de capitaux mobiliers ;

– dans le chapitre 11 (nos 32000 s.) tous les régimes d'imposition des plus-values réalisées par les particuliers, y compris lorsqu'ils comportent des modalités de taxation spécifique.

A. Revenus exceptionnels ou différés

4150 CGI art. 163-0 A IRPP-VII-200 s Pour éviter que la progressivité de l'impôt n'aboutisse à soumettre à une imposition excessive les revenus exceptionnels et ceux dont la perception est différée, la loi prévoit un système particulier d'imposition (**système du quotient**). Ce système consiste à calculer l'impôt correspondant au revenu exceptionnel ou différé en divisant le montant de ce revenu par un certain coefficient, en ajoutant au revenu net global « courant » le chiffre résultant de cette division, puis en multipliant par le même coefficient la cotisation supplémentaire ainsi obtenue.

CHAMP D'APPLICATION DU SYSTÈME DU QUOTIENT

4160 Le système du quotient s'applique aux revenus exceptionnels ou différés imposés d'après le **barème progressif** de l'impôt sur le revenu.

4165 **Revenus exceptionnels** Il s'agit des revenus qui, par leur **nature,** ne sont pas susceptibles d'être recueillis annuellement comme, par exemple, l'indemnité de pas-de-porte perçue par un propriétaire.

Le revenu exceptionnel ne peut donner lieu à l'application du système du quotient que si son **montant** dépasse la moyenne des revenus nets d'après lesquels le contribuable a été imposé au titre des trois dernières années.

Si, par **exemple,** un contribuable dont les revenus imposables de trois années (2021, 2022 et 2023) se sont élevés respectivement à 46 000 €, 51 000 € et 53 000 € (soit une moyenne de 50 000 €) réalise en 2024 un revenu exceptionnel, l'application du système du quotient ne sera possible que si ce revenu dépasse 50 000 €.

› Précisions **a.** Les revenus réalisés dans le **cadre normal d'une activité professionnelle** ne sont pas susceptibles d'être qualifiés d'exceptionnels, même si cette activité produit des revenus dont le montant varie fortement d'une année sur l'autre.

Cependant, comme on l'indique ci-après (n° 4175, b), certains de ces revenus peuvent bénéficier de dispositions spécifiques permettant d'atténuer les effets de la progressivité de l'impôt.

b. Selon l'administration, pour la **comparaison** à faire entre le montant du revenu exceptionnel et la moyenne des revenus imposables des trois dernières années, le revenu exceptionnel à retenir s'entend du revenu mis à la disposition du contribuable, soit, par exemple, dans le cas des traitements et salaires, avant application de la déduction de 10 % au titre des frais professionnels (BOI-IR-LIQ-20-30-20 n° 140).

c. Par **dérogation** à la règle générale, certains revenus exceptionnels peuvent bénéficier du régime du quotient **quel que soit leur montant** (même s'il n'atteint pas la moyenne des revenus des trois dernières années). Tel est le cas notamment pour les revenus agricoles soumis au régime de l'étalement prévu à l'article 75-0 A du CGI (nos 16300 s.), les avances sur fermages perçues par les bailleurs de biens ruraux en cas de bail conclu avec de jeunes agriculteurs bénéficiaires d'aides à l'installation (n° 28605), la prime de mobilité ou de mutation versée à titre exceptionnel à des salariés lors d'un changement du lieu de travail (n° 21730), la fraction imposable des indemnités de licenciement (n° 21665), des indemnités de rupture conventionnelle du contrat de travail (n° 21690) ou des indemnités de départ volontaire à la retraite, de mise à la retraite ou de départ en préretraite (n° 21675), ainsi que les primes de départ volontaire (n° 21695).

4170 **Revenus différés** Ces revenus sont ceux dont le contribuable, par suite de circonstances indépendantes de sa volonté, a eu la disposition au cours d'une année, mais qui, par leur date normale d'échéance, se rapportent à **une ou plusieurs années antérieures.** Exemples : rappels de salaires ou de pensions ; loyers ou intérêts arriérés perçus en une seule fois.

Contrairement aux revenus exceptionnels, les revenus différés peuvent bénéficier du système du quotient, **quel que soit leur montant.**

4175 **Exclusions** **a.** Les **revenus taxés à un taux proportionnel** (n° 2165) sont exclus du système du quotient.

b. Le système du quotient ne s'applique pas non plus, en principe, à des revenus qui sont déjà susceptibles de bénéficier de régimes d'imposition atténuée (**régimes spécifiques de quotient** ou **d'étalement,** imposition selon une **moyenne pluriannuelle**).

Tel est le cas notamment pour les plus-values professionnelles à court terme réalisées en cours d'exploitation (n° 18075).

Il en est de même, en principe, pour les revenus tirés de la production littéraire, scientifique, artistique ou de la pratique d'un sport pouvant bénéficier du régime spécial prévu à l'article 100 bis du CGI (nos 13750 s.). Toutefois, l'attribution d'un prix littéraire à un écrivain peut conférer le caractère de revenu exceptionnel aux droits d'auteur tirés de la vente de l'ouvrage primé.

Pour les bénéfices agricoles relevant du régime de la moyenne triennale, voir n° 16325.

FONCTIONNEMENT DU SYSTÈME DU QUOTIENT

4185 La mise en œuvre de ce système conduit à distinguer, dans le revenu net global imposable, les parts qui correspondent respectivement au revenu exceptionnel ou différé et au revenu « ordinaire » (c'est-à-dire au revenu courant).

Le calcul de l'impôt résultant de l'application du barème progressif s'effectue ensuite, pour l'année au cours de laquelle a été réalisé le revenu exceptionnel ou différé, en réalisant, dans l'ordre, les opérations suivantes :

1. On calcule d'abord l'impôt résultant de l'application du barème progressif au seul **revenu « ordinaire »** net.

2. On effectue le même calcul sur le revenu « ordinaire » net majoré du **quotient.**

Le quotient est obtenu en divisant le montant des revenus exceptionnels ou différés nets par un coefficient.

Pour les **revenus exceptionnels,** ce coefficient est fixé à quatre.

Pour les **revenus différés,** il est égal au nombre d'années civiles correspondant aux échéances normales de versement augmenté de un.

EXEMPLE

a. Un contribuable perçoit en 2024 des arriérés de loyers afférents à l'année 2023. Le coefficient applicable à ces revenus différés est égal à 2 (soit l'année civile correspondant à l'échéance normale de versement + 1).

b. Un contribuable salarié perçoit en 2024 des arriérés de salaires afférents aux années 2018, 2019, 2020 et 2023. Le coefficient applicable à ces revenus est égal à 5 (soit 4 années civiles correspondant aux échéances normales de versement + 1).

3. La différence entre le chiffre 2 (impôt afférent au revenu « ordinaire » net majoré du quotient) et le chiffre 1 (impôt afférent au seul revenu « ordinaire » net) est multipliée par le coefficient indiqué ci-dessus. Le résultat, chiffre 3, donne la **cotisation supplémentaire** correspondant au seul revenu exceptionnel ou différé net.

4. On fait l'addition des chiffres 1 (impôt afférent au seul revenu « ordinaire » net) et 3 (impôt afférent au seul revenu exceptionnel ou différé net). On obtient ainsi le **montant total de l'impôt** (avant application, s'il y a lieu, des diverses corrections prévues par la loi : plafonnement des effets du quotient familial, décote, réductions d'impôt, etc. : voir n° 2185).

> Précisions Le revenu exceptionnel ou différé net s'entend après imputation, le cas échéant, du **déficit** constaté dans la même catégorie de revenu, du déficit global ou du revenu net global négatif (déficit global augmenté des charges et abattements spéciaux déductibles du revenu global : nos 1075 s. et 1480 s.).

4190 EXEMPLE

Un contribuable marié, sans enfant à charge (quotient familial : 2), a perçu de son employeur en 2023 un salaire « ordinaire » de 55 000 €, plus une prime de mobilité de 16 000 € qui constitue un revenu exceptionnel (n° 4165, précision c). On suppose qu'il n'a pas d'autres revenus que ses revenus salariaux et qu'il n'a aucune correction susceptible d'être appliquée à son impôt brut.

Si l'intéressé a demandé l'application du quotient pour la prime de mobilité, les calculs seront les suivants :
Salaire brut total : 55 000 € (salaire ordinaire) + 16 000 € (prime de mobilité) = 71 000 €.
Salaire net imposable (après application de la déduction forfaitaire de 10 %) : 63 900 €, qui se décompose comme suit :
– salaire ordinaire : 49 500 € ;
– prime de mobilité : 14 400 €.
Impôt calculé sur le seul salaire ordinaire (49 500 €) : 2 960 €.
Impôt calculé sur le salaire ordinaire (49 500 €) majoré du quart de la prime de mobilité (3 600 €) : 3 356 €.
Différence : 396 €.
Impôt afférent à la prime de mobilité : 396 € × 4 = 1 584 €.
Montant total de l'impôt brut dû au titre de 2023 : 2 960 € + 1 584 € = 4 544 €.
Si l'intéressé ne demandait pas l'application du quotient, son impôt s'élèverait à 5 742 €, soit une surcharge de 1 198 € (5 742 € – 4 544 €).

4200 **Demande d'application du quotient** S'agissant d'une simple faculté que l'intéressé est libre d'utiliser ou non, l'application du système du quotient est subordonnée à une demande expresse du contribuable.

Cette demande est formulée **dans la déclaration** annuelle des revenus.

Cependant, si la demande n'a pas été formulée dans la déclaration, le contribuable conserve la possibilité de la présenter ultérieurement par voie de **réclamation** adressée au service des impôts dans le délai légal (n°s 81825 s.).

› Précisions a. Le quotient ayant pour effet d'atténuer les effets de la progressivité de l'impôt, le contribuable a **intérêt** à en demander l'application, à moins qu'il ne puisse bénéficier d'un régime d'imposition atténuée plus favorable.
b. Lorsque le revenu exceptionnel ou différé, n'ayant pas été régulièrement déclaré, est **imposé à la suite d'une rectification** opérée par l'administration, le contribuable conserve la possibilité de demander l'application du quotient, soit dans sa réponse à la proposition de rectification, soit par voie de réclamation présentée dans le délai légal.
c. Lorsqu'un contribuable a **demandé à tort** l'application du quotient sur sa déclaration de revenus, l'administration procède à la requalification des revenus au moyen d'une proposition de rectification.

B. Taxation forfaitaire d'après les « signes extérieurs »

4220 CGI art. 168 IRPP-VII-3000 s En cas de disproportion marquée entre le train de vie du contribuable et les revenus qu'il déclare, l'administration a, sous certaines conditions, la possibilité de substituer au revenu déclaré une évaluation forfaitaire plus élevée, déterminée en appliquant à certains éléments de ce train de vie un barème fixé par la loi. C'est le système de la taxation d'après les « signes extérieurs ».

Deux dispositifs de taxation forfaitaire sont prévus par la loi :
– un **dispositif général** (CGI art. 168), exposé ci-après ;
– un **dispositif spécifique** (CGI art. 1649 quater-0 B ter), qui s'inscrit dans le cadre de la **lutte contre les activités illicites.** Ce dispositif est étudié n° 78398.

CONDITIONS D'APPLICATION DE LA TAXATION

4230 Pour que la taxation forfaitaire d'après les signes extérieurs prévue par l'article 168 du CGI soit applicable, il faut que les deux conditions suivantes soient réunies :

1. La **base forfaitaire** résultant de l'application du barème doit au moins être égale à un certain chiffre, fixé à 52 867 € pour l'imposition des revenus de l'année 2023 ;

2. Il doit exister une **disproportion marquée** entre le train de vie du contribuable et ses revenus. Cette disproportion est réputée établie lorsque la base forfaitaire excède d'au moins un tiers, pour l'année d'imposition, le montant du revenu net global déclaré, y compris les revenus exonérés ou taxés selon un taux proportionnel ou libérés de l'impôt par l'application d'un prélèvement.

En l'absence de déclaration de revenus pour une année, le contribuable est considéré comme ayant déclaré un revenu égal à zéro.

BARÈME DE TAXATION

Le barème forfaitaire d'évaluation des revenus figurant à l'article 168 du CGI, présenté ci-après de manière simplifiée, comprend une liste limitative de douze éléments. 4240

Les **éléments** à prendre en compte sont ceux dont les membres du **foyer fiscal** ont disposé directement ou indirectement pendant l'année d'imposition, en France ou à l'étranger, à quelque titre que ce soit : propriétaire, locataire, occupant à titre gratuit, etc.

Éléments du train de vie	Base forfaitaire imposable
Résidence principale et **résidences secondaires**	Cinq fois la valeur locative cadastrale
Employés de maison au service exclusif et permanent de l'employeur ou de sa famille (à l'exclusion des femmes de ménage). Il n'est pas tenu compte du premier employé	4 600 € ou 5 700 € par employé (base réduite de moitié pour les personnes employées principalement pour l'exercice d'une profession)
Voitures automobiles servant au transport des personnes (à l'exclusion des voitures de plus de 10 ans)	Valeur à neuf avec abattement de 50 % après 3 ans d'usage (base réduite de moitié pour une voiture affectée principalement à la profession)
Motocyclettes de plus de 450 cm^3	
Yachts ou bateaux de plaisance, à voiles ou à moteur	Tarif variable selon le tonnage, la puissance et l'âge du bateau
Avions de tourisme	69 € par cheval-vapeur (puissance réelle)
Chevaux de course âgés de 2 ans au moins au sens de la réglementation concernant les courses	4 600 € par cheval pur sang, 2 700 € par trotteur ou autre cheval
Chevaux de selle âgés de 2 ans au moins	1 370 € par cheval, à compter du second
Droits de chasse	Deux fois le montant des loyers ou des participations versées lorsqu'il dépasse 4 600 €
Clubs de golf	Deux fois le montant des sommes versées lorsqu'il dépasse 4 600 €

> Précisions **a.** Lorsque le contribuable n'a disposé d'un élément donné que **pendant une partie de l'année,** la base d'imposition forfaitaire correspondant à cet élément doit être réduite au prorata du nombre de mois compris dans cette période. 4245

b. Pour les éléments dont **plusieurs personnes** disposent conjointement, la base est fixée proportionnellement aux droits de chacune d'elles.

c. Ni les **charges** ni les **déficits** habituellement imputables sur le revenu global ne peuvent être retranchés de la base d'imposition forfaitaire.

PROCÉDURE D'IMPOSITION

La mise en œuvre de la taxation forfaitaire prévue par l'article 168 du CGI s'effectue obligatoirement selon la procédure de rectification contradictoire (nos 78600 s.). Elle doit être décidée par un **agent** ayant au moins le grade d'inspecteur divisionnaire, qui vise à cet effet la proposition de rectification de la base d'imposition (LPF art. L 63 et R 63-1). 4255

À chaque étape de la procédure, l'intéressé peut **contester** l'existence, la consistance ou l'évaluation des éléments de train de vie retenus par l'administration. Il peut également apporter la preuve que son train de vie a pu être assuré grâce à ses revenus, à l'utilisation de son capital, ou encore à des emprunts qu'il a contractés, y compris auprès de parents. Enfin, il peut prouver que le financement des éléments de patrimoine qu'il détient n'implique pas la possession des revenus définis forfaitairement (Cons. const. 21-1-2011 n° 2010-88 QPC, Boisselier : RJF 4/11 n° 482). Bien entendu, après la mise en recouvrement de l'imposition, il a le droit de présenter une réclamation contentieuse (nos 81650 s.).

C. Imposition des personnes non domiciliées en France

Quelle que soit leur nationalité (française ou étrangère), les personnes dont le domicile fiscal (tel qu'il est défini nos 495 s.) n'est pas situé en France ne sont passibles de l'impôt sur le revenu français que si elles disposent de **revenus de source française** et à raison de ces seuls revenus. 4280 CGI art. 4 A, al. 2 IRPP-VII-13000 s

Nous exposons ci-après nos 4320 s. le régime d'imposition de ces personnes.

Une rubrique particulière est consacrée aux retenues à la source et prélèvements applicables à plusieurs catégories de revenus de source française perçus par des personnes domiciliées hors de France (nos 4540 s.).

› Précisions **a.** Des dispositions particulières sont prévues :
– à l'égard des **fonctionnaires en service à l'étranger** (n° 4685) ;
– à l'égard des **agents diplomatiques et consulaires de nationalité étrangère** (n° 4690) ;
– à l'égard des **salariés détachés à l'étranger** (n°s 4695 s.) ;
– à l'égard des **impatriés** (n°s 4715 s.) ;
– pour le cas de **transfert du domicile** de l'étranger en France ou inversement (n° 4735).
b. Les personnes fiscalement domiciliées dans un autre État de l'Union européenne, au Royaume-Uni, en Islande, en Norvège ou au Liechtenstein et qui tirent l'essentiel de leurs revenus de la France peuvent, sous certaines conditions, demander lors de la souscription de leur déclaration de revenus à être imposées selon les règles applicables aux personnes fiscalement domiciliées en France (**non-résidents dits « Schumacker »**). Dans ce cas, les règles dérogatoires prévues à l'égard des non-domiciliés en ce qui concerne les charges et abattement déductibles du revenu global (n° 4370) et le calcul de l'impôt (n°s 4400 s.) ne leur sont pas applicables. De même, les retenues à la source et prélèvements visés n°s 4540 s. ne s'appliquent pas aux revenus et profits qu'ils perçoivent (BOI-IR-DOMIC-40).

INCIDENCES DES CONVENTIONS INTERNATIONALES

4290 Les conventions internationales relatives aux doubles impositions (n°s 82500 s.) apportent dans différents cas des **dérogations** aux dispositions de la loi interne, y compris à celles concernant la situation des personnes domiciliées hors de France.

C'est ainsi, notamment, que les conventions peuvent aboutir à retirer à la France le droit d'imposer certains revenus présentant pourtant le caractère de revenus de source française au sens défini n°s 4320 s. L'inverse est également possible (CGI art. 4 bis et 165 bis) : voir n° 510, c.

Les conventions peuvent aussi avoir pour effet de conférer la qualité de non-résident à certains contribuables qui, si l'on s'en tenait au droit interne, seraient considérés comme domiciliés en France : voir n° 510, a.

1. RÈGLES GÉNÉRALES

DÉFINITION DES REVENUS DE SOURCE FRANÇAISE

4320 CGI art. 164 B IRPP-VII-13250 s

Il existe deux groupes de revenus de source française : le premier comprend des revenus provenant de biens, de droits ou d'activités localisés en France ; le second englobe des revenus versés par un débiteur domicilié ou établi en France.

4330 **Premier groupe** Le premier groupe de revenus de source française comprend les revenus suivants :

a. Revenus d'**immeubles** sis en France ou de droits relatifs à ces immeubles (tels que droits indivis, usufruit, actions ou parts de sociétés immobilières…) ;

b. Revenus de valeurs mobilières françaises à revenu variable (qu'elles soient déposées en France ou hors de France) et revenus de tous autres **capitaux mobiliers** placés en France (parts sociales, placements à revenu fixe tels que fonds d'État, obligations, créances, etc.) ;

c. Revenus d'**exploitations** agricoles, industrielles, commerciales ou artisanales sises en France ;

d. Revenus d'**activités professionnelles, salariées ou non,** exercées en France (en particulier : salaires rétribuant une activité exercée en France ; rémunérations de dirigeants de sociétés françaises ; sommes perçues en rémunération d'une activité déployée en France dans l'exercice d'une profession indépendante) ; revenus tirés d'**opérations de caractère lucratif** au sens de l'article 92 du CGI (n° 13205) et réalisées en France ;

e. Sommes, y compris les salaires, correspondant à des **prestations artistiques ou sportives** fournies ou utilisées en France ;

f. Plus-values immobilières et profits immobiliers professionnels et assimilés, définis par l'article 164 B, I du CGI, paragraphes e, e bis et e ter, et portant sur des biens situés en France, des droits s'y rapportant ou des titres de sociétés ou d'organismes dont l'actif est constitué principalement par ces biens ou droits. Les sociétés ou organismes visés sont : pour les profits immobiliers (notion examinée n°s 30150 s.), les sociétés non cotées ; pour les plus-values (n°s 32000 s.), *les sociétés de personnes* françaises et groupements assimilés relevant des articles 8 à 8 ter du CGI et les sociétés et organismes divers cités n° 32640 (FPI, SIIC, Sppicav, etc.) ;

g. Plus-values de cession de **droits sociaux** de sociétés soumises à l'impôt sur les sociétés et ayant leur siège en France ;

h. Plus-values distribuées par certains **placements collectifs** lorsque ces distributions sont prélevées sur des plus-values de cession d'éléments d'actif situés en France ;

i. Répartitions d'actifs réalisées par les **fonds communs de placement à risques,** les fonds professionnels spécialisés ou les fonds professionnels de capital investissement et afférentes à des éléments d'actif situés en France.

Second groupe Les revenus ou rémunérations énumérés ci-après sont considérés comme revenus de source française lorsque leur **débiteur** a son domicile **en France** ou est, s'il s'agit d'une personne morale, établi en France : 4340

a. Pensions et rentes viagères, quel que soit le pays où ont été rendus les services que la pension rémunère ;

b. Produits définis à l'article 92 du CGI (n° 13210) perçus par les écrivains ou compositeurs et par leurs héritiers ou légataires au titre des **droits d'auteur,** ainsi que par les **inventeurs** ou leurs héritiers (voir ci-dessous les précisions concernant la propriété industrielle) ; produits perçus par les **obtenteurs** de nouvelles variétés végétales (n° 15160) ; tous les produits tirés de la **propriété industrielle ou commerciale** ou de droits assimilés ; s'agissant de la propriété industrielle, sont concernés tous les produits perçus par les inventeurs, par les héritiers, ou par toute autre personne physique ou morale, au titre de la cession ou de la concession de licences d'exploitation des brevets, de la cession ou de la concession de marques de fabrique, de procédés techniques ou formules de fabrication ;

c. Sommes payées à des personnes physiques, sociétés ou autres personnes morales qui ne possèdent pas d'installation fixe d'affaires dans notre pays, en rémunération des **prestations de toute nature** matériellement fournies ou effectivement utilisées en France. Une prestation est considérée comme **fournie en France** si elle y est matériellement exécutée (exemples : réparation ou entretien en France d'un matériel, études de toute nature réalisées en France, assistance technique fournie en France, prospection commerciale effectuée en France). Elle est considérée comme **utilisée en France** si le lieu d'utilisation effective de la prestation se situe en France (exemples : fourniture d'informations d'ordre industriel, commercial ou scientifique ou d'études techniques dont les résultats sont effectivement utilisés en France, location d'un matériel ou autre bien meuble effectivement utilisé en France).

Remarques a. L'**énumération** donnée par la loi étant **limitative,** les revenus qui n'y figurent pas ne sont pas considérés comme des revenus de source française. C'est ainsi notamment que les contribuables domiciliés hors de France ne sont pas imposables à raison des plus-values de cession de biens meubles (bateaux de plaisance, chevaux de course, etc.) (n° 32750). 4350

b. Certains des revenus relevant de la définition des revenus de source française donnent lieu, lors de leur réalisation ou de leur versement, à des **retenues à la source ou prélèvements** spécifiques qui constituent, selon le cas, soit un acompte à imputer sur le montant de l'impôt sur le revenu, soit, au contraire, un versement définitif libératoire de l'impôt (nos 4540 s.).

DÉTERMINATION DE LA BASE D'IMPOSITION

La base d'imposition des contribuables domiciliés hors de France est constituée par les **revenus de source française** définis nos 4320 s. 4370 CGI art. 164 A **IRPP-VII-14550 s**

Il y a lieu toutefois d'en **exclure** ceux pour lesquels le droit d'imposer est retiré à la France par une convention internationale (n° 4290), ainsi que ceux ayant fait l'objet d'un prélèvement ou d'une retenue libératoire de l'impôt sur le revenu (n° 4550).

Les revenus de source française à inclure dans la base d'imposition sont **déterminés** selon les règles applicables aux revenus de même nature perçus par les personnes domiciliées en France. Ils doivent donc être retenus pour leur montant net, celui-ci ne pouvant être déterminé forfaitairement que dans les cas prévus par la loi.

Les intéressés peuvent, dans les mêmes conditions que les contribuables domiciliés en France (nos 800 s.), imputer sur leurs revenus de source française les **déficits** de source française.

En revanche, pour tenir compte du fait que les revenus taxés en France ne représentent qu'une partie de ceux dont ils disposent, les contribuables domiciliés hors de France ne peuvent pas, sauf exception (n° 4420, a), opérer de déduction au titre des **charges du revenu global** (nos 1075 s.). Pour la même raison, ils ne peuvent pas bénéficier de l'**abattement** en faveur des **personnes âgées ou invalides** de situation modeste visé n° 1500. Pour les charges ouvrant droit à des réductions ou crédits d'impôt, voir n° 4420, b.

> **Précisions a.** En ce qui concerne les **pensions** publiques ou privées (et les rentes viagères à titre gratuit) versées **à des personnes domiciliées dans certaines collectivités territoriales d'outre-mer,** voir la particularité signalée n° 4605, b. 4380

b. Les contribuables domiciliés hors de France mais imposables sur leurs revenus de source française peuvent se voir adresser des **demandes d'éclaircissements ou de justifications** et être taxés d'office en cas de défaut de réponse (nos 78000 s.). Ces contribuables peuvent également faire l'objet d'un **examen contradictoire de la situation fiscale personnelle** (no 78095, a).

CALCUL DE L'IMPÔT

4400 CGI art. 197 A IRPP-VII-14800 s

Comme pour les personnes domiciliées en France, l'impôt sur le revenu dû par les contribuables non domiciliés (qu'ils soient français ou étrangers) est calculé en appliquant à la base d'imposition définie nos 4370 s. le **barème progressif** et le système du **quotient familial,** y compris les règles de plafonnement des effets de ce dernier (nos 1600 s.), mais sans appliquer le mécanisme de la **décote** (no 2235) (BOI-IR-DOMIC-10-20-10 no 350).

4410 En vertu d'une disposition particulière, l'impôt ainsi calculé ne peut être inférieur à un montant calculé en appliquant un taux de 20 % à la fraction du revenu net imposable inférieure ou égale à une certaine limite, fixée à 28 797 € pour les revenus de 2023, et un taux de 30 % à la fraction supérieure à cette limite (taux réduits dans les DOM : voir no 91480).

Cependant, cette **imposition minimale** n'est pas applicable si le contribuable justifie qu'elle est supérieure à l'imposition calculée en appliquant à ses revenus de source française le taux moyen qui résulterait de la taxation en France de l'ensemble de ses revenus de sources française et étrangère. En pareil cas, c'est l'imposition ainsi calculée qui est exigible.

Bien entendu, si les intéressés sont domiciliés dans un pays lié à la France par une convention fiscale, l'imposition minimale ne s'applique qu'aux seuls revenus effectivement imposables en France en vertu de la convention.

Enfin, lorsque l'imposition minimale n'excède pas 305 €, elle n'est pas mise en recouvrement (BOI-IR-DOMIC-10-20-10 no 370).

4420 **> Précisions** **a.** Les **pensions alimentaires** versées par le contribuable sont, pour le calcul du **taux moyen,** déductibles sous les conditions et limites exposées nos 1200 s. lorsqu'elles sont imposables entre les mains de leur bénéficiaire en France et que leur prise en compte n'est pas de nature à minorer l'impôt dû par le contribuable dans son État de résidence.

b. À l'exception des cas visés nos 2806, 2821, 2880, 3135, 3370, 3430 et 87990 s., la loi réserve expressément le bénéfice des **réductions** ou **crédits d'impôt** auxquels ouvrent droit certaines dépenses ou certains investissements aux contribuables fiscalement domiciliés en France.

c. Sur le montant de l'impôt dû par les contribuables domiciliés hors de France, il convient d'**imputer,** le cas échéant, les **retenues** qui ont été appliquées à certains revenus de source française, lorsqu'elles ne sont pas libératoires de l'impôt sur le revenu (no 4550).

On se reportera à ce propos aux précisions données no 4575 pour la retenue sur certains revenus non salariaux, no 4630 pour la retenue sur les traitements, salaires, pensions ou rentes viagères et no 4645 pour la retenue sur les revenus des artistes.

d. Lorsqu'un contribuable domicilié hors de France dispose, parmi ses revenus de source française, de **revenus exceptionnels ou différés,** il peut bénéficier, pour le calcul de l'impôt correspondant, du système du quotient exposé nos 4150 s.

LIEU D'IMPOSITION

4440 CGI art. 10, al. 3 IRPP-VII-15850

Pour les contribuables n'ayant pas leur domicile fiscal en France, le lieu d'imposition est fixé au service des impôts des particuliers non résidents, 10, rue du Centre, TSA 10010, 93465 Noisy-le-Grand Cedex.

DÉCLARATIONS

4460 IRPP-VII-15920 s

Les contribuables domiciliés hors de France qui disposent de revenus de source française doivent souscrire, chaque année, une déclaration de leurs revenus.

Celle-ci doit **mentionner** les éléments nécessaires à l'établissement de leur imposition, c'est-à-dire :

– les renseignements relatifs à l'identité, la situation et les charges de famille du contribuable ;

– ses différents revenus de source française (la déclaration d'ensemble doit être accompagnée des déclarations spéciales ou annexes nécessaires).

La déclaration doit, quel que soit le lieu de résidence hors de France, être souscrite selon les **modalités** et dans le **délai** exposés nos 3675 et 3685. Lorsqu'elle est souscrite sur support papier, elle doit être remise ou adressée au service des impôts des particuliers non résidents (no 4440).

En l'**absence de déclaration,** l'intéressé est susceptible d'être taxé d'office (nos 79060 s.).

DÉSIGNATION D'UN REPRÉSENTANT EN FRANCE

4480 CGI art. 164 D IRPP-VII-16030 s

Les contribuables qui n'ont pas leur domicile fiscal en France mais qui y exercent des activités ou y possèdent des biens sont tenus, à la demande de l'administration, de désigner un représentant en France pour recevoir les communications relatives à l'assiette, au recouvrement et au contentieux de l'impôt.

Cette disposition ne s'applique ni aux personnes qui perçoivent seulement des pensions ou des revenus mobiliers de source française (BOI-IR-DOMIC-10-20-30 n° 100) ni à celles qui ont leur domicile fiscal dans l'Union européenne, en Islande ou en Norvège.

La désignation du représentant doit être faite dans les quatre-vingt-dix jours de la réception de la demande.

À défaut, l'administration a la faculté de taxer d'office les contribuables concernés (LPF art. L 72).

2. RETENUES À LA SOURCE ET PRÉLÈVEMENTS

4540 En principe, l'impôt sur le revenu dû par les personnes non domiciliées en France est, selon le processus habituel, établi et recouvré par voie de rôle. Cependant, en vue notamment de prémunir l'administration fiscale contre le risque de non-recouvrement, certains revenus de source française perçus par les non-domiciliés doivent donner lieu, lors de leur réalisation ou de leur versement, à une retenue à la source ou à un prélèvement spécifique.

TABLEAU RÉCAPITULATIF

4550 Le tableau ci-après donne la liste des retenues et prélèvements, ainsi que les références aux commentaires correspondants du Mémento.

Certains de ces prélèvements ou retenues sont **libératoires** de l'impôt sur le revenu et sont donc acquittés à titre définitif. D'autres, non libératoires, constituent un simple acompte : les revenus correspondants doivent donc être inclus dans la base de l'impôt progressif sur le revenu ; mais la retenue déjà supportée s'impute alors sur le montant de cet impôt.

Remarque : Ce lien entre les retenues à la source ou prélèvements et l'impôt progressif sur le revenu ne concerne évidemment que les **personnes physiques** qui, seules, relèvent de cet impôt. Mais, comme on le verra dans les commentaires auxquels renvoie le tableau ci-après, ces retenues et prélèvements sont susceptibles de s'appliquer également à des sommes versées à certaines sociétés ou autres **personnes morales.**

Nature des revenus soumis à retenue ou prélèvement	Commentaires (nos)
Revenus non salariaux visés à l'article 182 B du CGI	4560 s.
Traitements, salaires, pensions et rentes viagères	4595 s.
Revenus des artistes	4640 s.
Dividendes et autres revenus distribués	24845 s.
Produits de placements à revenu fixe	25445 s., 25610 et 25735
Produits et gains de cession de bons ou de contrats de capitalisation ou d'assurance-vie	26120
Plus-values de cession de certains droits sociaux	32945 s.
Profits immobiliers habituels	30155
Plus-values immobilières occasionnelles	32625 s.
Gains d'options sur actions et dispositifs assimilés	88790, 88805, précision b et 88830

RETENUE À LA SOURCE SUR CERTAINS REVENUS NON SALARIAUX ET ASSIMILÉS

4560 CGI art. 182 B IRPP-VII-16700 s

Exigibilité Sous réserve des conventions internationales relatives aux doubles impositions (nos 82920 s.), une retenue à la source est applicable lorsque les **trois conditions** suivantes sont simultanément remplies :

a. Le **débiteur** des sommes concernées exerce une activité en France ;

b. Les sommes sont versées à un **bénéficiaire** (personne physique, société ou autre personne morale) relevant de l'impôt sur le revenu (ou de l'impôt sur les sociétés) et n'ayant pas en France d'installation professionnelle permanente. Il est indifférent qu'il soit ou non effectivement soumis à l'impôt en France (CE 30-6-1997 n° 169179 : RJF 8-9/97 n° 771) ;

c. Il s'agit de sommes entrant dans l'une des **catégories** ci-après :

1. Sommes versées en rémunération d'une activité déployée en France dans l'exercice de l'une des professions mentionnées à l'article 92 du CGI. Sont visées les activités dont les bénéfices relèvent de la catégorie des bénéfices non commerciaux (nos 13150 s.), qu'il s'agisse des bénéfices des professions libérales ou des charges et offices ou de ceux de toutes occupations, exploitations lucratives et sources de profits ne se rattachant pas à une autre catégorie de bénéfices ou revenus (CE 22-11-2019 n° 423698 : RJF 2/20 n° 90). Il doit s'agir d'activités déployées en France (par exemple, la retenue n'a pas à être opérée sur les commissions versées à des représentants à l'étranger qui se bornent à recueillir des commandes dans le pays de leur résidence) ;

2. Produits perçus par les inventeurs ou au titre de droits d'auteur (qu'il s'agisse des inventeurs et auteurs eux-mêmes ou de leurs héritiers) ; produits perçus par les obtenteurs de nouvelles variétés végétales ; tous produits tirés de la propriété industrielle ou commerciale ou de droits assimilés (voir à ce sujet les précisions données n° 4340, b) ;

3. Sommes payées en rémunération des prestations de toute nature fournies ou utilisées en France (voir à ce sujet les précisions données n° 4340, c) ;

4. Sommes, y compris les salaires, correspondant à des prestations sportives fournies ou utilisées en France (voir n° 4570, b).

> Précisions Les **personnes morales** bénéficiaires de versements concernés peuvent, sous certaines conditions, être exonérées de la retenue à la source lorsqu'elles sont en **liquidation judiciaire** ou lorqu'elles sont en état de cessation des paiements et ne peuvent pas être redressées : voir n° 24892.

4565 **Montant** La **base imposable** est constituée par le montant des sommes ou produits versés, hors taxes sur le chiffre d'affaires lorsqu'elles sont exigibles.

Le **taux** de la retenue est en principe fixé à 25 %. Il est ramené à 15 % pour les rémunérations des prestations sportives. Ces taux sont portés à 75 % lorsque les sommes en cause sont payées à des personnes domiciliées ou établies dans un **État ou territoire non coopératif** au sens indiqué n° 78310, 1° et 2°, sauf si le débiteur apporte la preuve que ces sommes correspondent à des opérations réelles n'ayant pas principalement pour objet et effet de permettre leur localisation dans un tel État ou territoire.

4570 **> Précisions** **a.** La retenue est, en principe, opérée sur le **montant brut** des sommes ou produits versés.
Par exception, un **abattement représentatif de charges** égal à 10 % des sommes ou produits versés s'applique lorsque le bénéficiaire des versements est une **personne morale** ou un **organisme** dont les résultats ne sont pas imposés à l'impôt sur le revenu entre les mains d'un associé et dont le siège ou l'établissement stable dans le résultat duquel les sommes ou produits sont inclus est situé dans un État membre de l'Union européenne, en Islande, au Liechtenstein ou en Norvège. Lorsque le montant des charges réellement supportées pour l'acquisition et la conservation des sommes ou produits s'avère supérieur au montant de l'abattement de 10 %, les personnes morales et organismes concernés peuvent, sous certaines conditions, obtenir la restitution de la différence entre la retenue à la source opérée et l'imposition calculée à partir d'une base nette des charges réelles : voir n° 24893.

b. S'agissant des **prestations sportives** :
– elles relèvent de la retenue sur les revenus non salariaux même lorsqu'il s'agit de salaires ; corrélativement, la retenue sur les salaires prévue à l'article 182 A du CGI (nos 4595 s.) ne leur est pas applicable ;
– pour que la retenue soit exigible, il faut que la prestation sportive soit fournie (c'est-à-dire matériellement exécutée) en France ou, dans le cas contraire, effectivement utilisée en France ;
– le taux majoré de 75 % ne s'applique pas aux sommes ayant le caractère de salaires.

c. Les **prestations artistiques** relèvent d'une retenue à la source spécifique (voir nos 4640 s.).

d. La **prise en charge par la partie versante** de la retenue à la source constitue un avantage supplémentaire lui-même imposable (CE 22-11-2019 n° 423698 : RJF 2/20 n° 90). Par suite, le débiteur qui prend en charge la retenue à la source doit verser au service des impôts 25/75e (au lieu de 25 % seulement) de la somme effectivement payée au bénéficiaire (ou 15/85e et 300 % de cette somme, lorsque le taux légal est respectivement de 15 % et 75 %).

4575 **Imputation de la retenue** La retenue à la source au **taux de 25 % ou 15 %** s'impute sur le montant de l'**impôt sur le revenu** dû par le bénéficiaire des versements. Lorsqu'elle excède ce montant, le contribuable peut demander le **remboursement** de l'**excédent** de retenue opéré.

CGI art. 182 B, II et III et 219 quinquies
IRPP-VII-17800 s

En revanche, la retenue à la source au **taux de 75 %** est libératoire de l'impôt sur le revenu et n'est pas remboursable.

Lorsque les sommes ont été versées à une **personne morale** soumise à l'**impôt sur les sociétés** à raison de ses revenus de source française, la retenue à la source s'impute sur le montant de cet impôt.

Les **personnes morales déficitaires** ayant perçu des sommes soumises à la retenue à la source peuvent, sous certaines conditions, demander la restitution de la retenue : voir nos 24889 s.

Obligations de la partie versante et sanctions Le débiteur est tenu : 4580 CGI art. 1671 A IRPP-VII-17630 s
– d'**opérer la retenue** sur le montant des sommes payées (quelle que soit la forme de ce paiement : versement en numéraire, inscription au crédit d'un compte, virement bancaire...) ;
– de **verser** le montant de cette retenue au service des impôts du lieu de son domicile ou du siège de l'établissement. Ce versement doit intervenir au plus tard le 15 du mois suivant le trimestre civil au cours duquel a eu lieu le paiement des sommes soumises à retenue. Il doit être accompagné d'une déclaration n° 2494 faisant apparaître, outre l'identité et l'adresse à l'étranger du bénéficiaire des revenus, le montant brut des sommes soumises à retenue, le taux et le montant de cette retenue.

Toutefois, la retenue à la source n'a pas à être opérée ni versée lorsque son **montant n'excède pas 8 € par mois** pour un même bénéficiaire.

Les sommes payées doivent en outre figurer sur la **déclaration** des commissions, honoraires, droits d'auteur et d'inventeur ou des salaires et pensions (nos 78355 à 78365, 22200 et 22585) ; cette déclaration mentionne, outre les indications habituelles, le montant de la retenue effectuée.

4585 CGI art. 1771 IRPP-VII-19370 s. et CF-VIII-53850 s
Le débiteur qui n'a **pas opéré la retenue à la source** (ou l'a opérée de manière insuffisante) ou ne l'a **pas versée** (ou a effectué des versements insuffisants) est tenu, en cas de contrôle, de verser le montant de la retenue éludée auquel s'ajouteront les pénalités de droit commun (nos 79850 s.).

En outre, le débiteur qui n'a pas versé dans les délais prescrits la retenue opérée ou n'a effectué que des versements insuffisants est passible, si le retard excède un mois, d'une **amende pénale** de 9 000 € et d'une peine d'emprisonnement de cinq ans.

RETENUE À LA SOURCE SUR LES TRAITEMENTS, SALAIRES, PENSIONS ET RENTES VIAGÈRES

Exigibilité Sous réserve des conventions internationales relatives aux doubles impositions (nos 82880 s. et 82900 s.), une retenue à la source est applicable sur les sommes versées à des personnes qui ne sont pas fiscalement domiciliées en France, à titre : 4595 CGI art. 182 A IRPP-VII-18200 s
– soit de traitements ou **salaires** rémunérant une activité professionnelle salariée exercée en France ;
– soit de **pensions** de toute nature (retraites, pensions alimentaires...) ou de **rentes viagères,** lorsque le débiteur de ces pensions ou rentes est domicilié ou établi en France.

> **› Précisions** Les salaires versés à des **artistes ou sportifs domiciliés hors de France** sont passibles non de la retenue sur les salaires, mais d'une retenue à la source spécifique pour les artistes (voir nos 4640 s.) et de la retenue sur certains revenus non salariaux pour les sportifs (voir n° 4570, b).

Base de la retenue La base de la retenue est constituée par le montant net imposable, déterminé conformément aux règles applicables en matière d'impôt sur le revenu (nos 21800 s. et nos 22530 s.). 4600

a. En ce qui concerne les **salaires,** on doit donc retenir l'ensemble des sommes et avantages en argent ou en nature alloués au salarié à l'occasion ou en contrepartie de son travail, à l'exception des allocations pour frais exonérées. Les salaires sont pris en compte pour leur montant net après application de la déduction forfaitaire de 10 % pour frais professionnels (n° 22050). En revanche, l'employeur ne peut pas opter pour la déduction des frais réels, cette possibilité étant formellement exclue par la loi pour le calcul de la retenue.

b. Les **pensions** et les **rentes viagères à titre gratuit** sont prises en compte pour leur montant net, après application, s'il y a lieu, de l'abattement spécial de 10 % (nos 22535 s.).

c. Les **rentes viagères à titre onéreux** ne sont retenues que pour la fraction de leur montant *qui est considérée comme un revenu pour l'établissement de l'impôt.* On applique donc les pourcentages indiqués n° 22550.

4605
> **› Précisions** **a.** Selon les règles applicables en matière d'impôt sur le revenu, le montant de la **déduction forfaitaire** et de **l'abattement** mentionnés n° 4600, a et b doit, s'il y a lieu, être plafonné pour les revenus excédant des **limites** fixées par la loi ; en sens inverse, des minima de déduction ou d'abattement sont prévus pour les revenus d'un faible montant. Cependant, pour le calcul de la base de la retenue à la source, il est fait abstraction de ces diverses limites qui ne peuvent s'apprécier qu'au niveau de la déclaration annuelle de revenus. Une régularisation est opérée par la suite, lors de l'établissement de l'impôt sur le revenu dû au titre de l'année considérée (ou, au besoin, par voie de réclamation).
> **b.** Une particularité doit être signalée en ce qui concerne les **pensions** (publiques ou privées)

et **rentes** viagères à titre gratuit servies par un débiteur établi ou domicilié en France métropolitaine à des personnes ayant leur domicile fiscal en **Polynésie française,** aux **îles Wallis-et-Futuna** ou dans les **Terres australes et antarctiques françaises** : pour le calcul tant de l'impôt sur le revenu que de la retenue à la source, une réfaction de 40 % est pratiquée sur le montant brut de ces pensions ou rentes (CGI art. 83 A). Cette réfaction particulière est pratiquée avant application de l'abattement de 10 % prévu en faveur de l'ensemble des pensions et rentes viagères à titre gratuit.

On précise enfin que les pensions versées aux résidents de **Nouvelle-Calédonie,** de **Saint-Martin** et de **Saint-Pierre-et-Miquelon** ne sont, en vertu des conventions signées avec ces collectivités, pas soumises à la retenue à la source.

4610 **Calcul de la retenue** La retenue à la source est calculée suivant un **barème à trois tranches,** auxquelles correspondent les taux de 0 %, 12 % et 20 % (taux réduits dans les DOM : voir n° 91480).

Le tarif à utiliser pour l'application de la retenue aux **revenus de l'année 2024** est le suivant :

Limites des tranches selon la période à laquelle se rapportent les paiements (en euros)					
Taux	Année	Trimestre	Mois	Semaine	Jour ou fraction de jour
0 % applicable jusqu'à	16 820	4 205	1 402	323	54
12 % applicable au-delà de	16 820	4 205	1 402	323	54
jusqu'à	48 790	12 198	4 066	938	156
20 % applicable au-delà de	48 790	12 198	4 066	938	156

EXEMPLE

Soit un salarié non domicilié, ayant travaillé à temps complet au cours du mois considéré (donc : application du barème mensuel). Rémunération nette mensuelle (cotisations sociales déduites) : 5 000 €.

Base de la retenue (après déduction de 10 % pour frais professionnels) : 5 000 € × 90 % = 4 500 €.

Calcul de la retenue :

(4 066 € – 1 402 €) × 12 % = 319,68 €.

(4 500 € – 4 066 €) × 20 % = 86,80 €.

Retenue totale : 319,68 € + 86,80 € = 406,48 € (arrondis à 406 €, euro le plus proche).

4615 **› Précisions a.** Lorsque les traitements, salaires, pensions et rentes viagères passibles de la retenue sont payés par **trimestre, au mois,** à la **semaine** ou à la **journée,** les limites des tranches du tarif annuel sont divisées respectivement par 4, par 12, par 52 ou par 312.

En ce qui concerne le **choix du barème** à appliquer, les directives de l'administration (BOI-IR-DOMIC-10-20-20-10 n°s 190 et 200) sont les suivantes :

– traitements et **salaires** : appliquer le barème mensuel ou hebdomadaire, lorsque le salarié a travaillé à temps complet au cours de la période considérée ; dans les autres cas (travail à temps incomplet, ou rémunération non payée au mois ou à la semaine), appliquer le barème journalier au montant de la rémunération divisée par le nombre de jours de travail (les journées de travail à temps partiel étant comptées pour un jour) ;

– **pensions et rentes viagères** : appliquer les barèmes annuel, trimestriel, mensuel ou hebdomadaire en fonction de la durée de la période à laquelle se rapportent les paiements. À cet effet, cette période est décomposée, s'il y a lieu, en trimestres, mois et semaines, les fractions de période inférieures à sept jours étant comptées pour une semaine.

b. En cas de **pluralité de débiteurs** (notamment pensionnés recevant des retraites de plusieurs caisses), il peut être nécessaire, par la suite, de régulariser les retenues opérées (les taux les plus bas du tarif ayant été appliqués plusieurs fois). Ces régularisations sont opérées par voie de rôle.

4625 **Obligations de la partie versante et sanctions** En matière de retenue à la source sur les traitements, salaires, pensions et rentes viagères, les obligations de la partie versante (application et versement de la retenue, sous réserve d'une franchise de 8 €...), ainsi que les sanctions correspondantes, sont les mêmes que pour la retenue sur certains revenus non salariaux (voir n°s 4580 s.).

À noter toutefois la possibilité offerte aux **exploitants agricoles** employant des **travailleurs saisonniers** *domiciliés* à l'étranger de verser la retenue à la source au plus tard le 10 du second mois du trimestre suivant celui du paiement des salaires (BOI-IR-DOMIC-10-20-20-10 n° 230).

4630 **Imputation de la retenue** La retenue à la source est **libératoire** de l'impôt sur le revenu
CGI art. 197 B
IRPP-VII-19480 s
pour la **fraction** imposable, taxée à 12 %, qui n'excède pas la limite au-delà de laquelle le taux de 20 % est applicable (soit 48 790 € pour 2024). Cette fraction n'est pas prise en compte pour le calcul de l'impôt sur le revenu et la retenue correspondante n'est pas imputable.

En revanche, la fraction imposable des revenus considérés qui excède la limite susvisée doit être prise en compte pour le calcul de l'impôt sur le revenu. La partie correspondante de la retenue est imputable sur le montant de cet impôt.

Lorsque la totalité de la retenue à la source excède le montant de l'impôt sur le revenu qui résulterait de l'application, dans les conditions exposées nos 4400 s., du barème progressif à la totalité de la rémunération, le contribuable peut demander le **remboursement** de l'**excédent** de retenue opérée.

> Précisions a. Le texte légal (CGI art. 197 B) réserve le bénéfice du **caractère partiellement libératoire** de la retenue aux seuls contribuables de **nationalité** française. Mais cet avantage doit être étendu aux autres contribuables en présence d'un accord comportant une clause de non-discrimination en fonction de la nationalité (notamment une convention fiscale ; la doctrine administrative ne fait d'ailleurs pas référence à cette condition de nationalité).

b. Bien que la fraction soumise à la retenue au taux de 12 % soit à exclure de la base d'imposition à l'impôt sur le revenu, l'intégralité des traitements, salaires, pensions ou rentes de source française dont les contribuables ont eu la disposition au cours de l'année d'imposition, ainsi que le montant total de la retenue à laquelle ces revenus ont donné lieu, doivent figurer sur la déclaration annuelle des revenus (n° 4460). Ces renseignements sont en effet nécessaires pour permettre de procéder aux régularisations de retenue visées n° 4605, a et n° 4615, b.

RETENUE À LA SOURCE SUR LES REVENUS DES ARTISTES

4640 CGI art. 182 A bis IRPP-VII-19800 s

Exigibilité, montant et paiement Sous réserve des conventions internationales relatives aux doubles impositions (n° 82930), donnent lieu à une retenue à la source spécifique les sommes payées, y compris les salaires, en contrepartie de prestations artistiques fournies ou utilisées en France, par un débiteur qui exerce une activité en France à des personnes ou sociétés qui n'ont pas dans ce pays d'installation professionnelle permanente.

La **base** de cette retenue est constituée par le montant brut des sommes versées, déduction faite d'un abattement (non plafonné) de 10 % au titre des frais professionnels.

Le **taux** de la retenue est fixé à 15 %. Ce taux est porté à 75 % pour les sommes, autres que les salaires, versées à des personnes domiciliées ou établies dans un **État ou territoire non coopératif** au sens indiqué n° 78310, 1° et 2°, sauf si le débiteur apporte la preuve que ces sommes correspondent à des opérations réelles n'ayant pas principalement pour objet et effet de permettre leur localisation dans un tel État ou territoire.

Les **obligations** de la **partie versante** (application et versement de la retenue, sous réserve d'une franchise de 8 €...), ainsi que les sanctions correspondantes, sont les mêmes que pour la retenue à la source sur certains revenus non salariaux (voir nos 4580 s.).

> Précisions a. Sont visées les sommes versées aux **artistes du spectacle** (acteurs de cinéma, artistes lyriques, dramatiques et chorégraphiques, artistes de variétés, musiciens-interprètes, chansonniers, artistes de complément, chefs d'orchestre et, pour l'exécution matérielle de leur conception artistique, les metteurs en scène...), qu'elles soient versées directement à l'artiste ou à un mandataire (manager).

b. Les **personnes morales** bénéficiaires de versements concernés peuvent, sous certaines conditions, être exonérées de la retenue à la source lorsqu'elles sont en **liquidation judiciaire** ou lorsqu'elles sont en état de cessation des paiements et ne peuvent pas être redressées : voir n° 24892.

c. Les **personnes morales et organismes** bénéficiaires de versements concernés dont les résultats ne sont pas imposés à l'impôt sur le revenu entre les mains d'un associé et dont le siège ou l'établissement stable dans le résultat duquel les sommes sont incluses est situé dans un État membre de l'Union européenne, en Islande, au Liechtenstein ou en Norvège peuvent, sous certaines conditions, obtenir la restitution de la différence entre la retenue à la source opérée et l'imposition calculée à partir d'une base nette des **charges réellement supportées** pour l'acquisition et la conservation des sommes lorsque le montant de ces charges s'avère supérieur au montant de l'abattement de 10 % : voir n° 24893.

4645 CGI art. 182 A bis, IV, V et VI, 197 B et 219 quinquies IRPP-VII-20500 s

Imputation de la retenue La retenue à la source au **taux de 15 %** est **libératoire** de l'impôt sur le revenu, pour la **fraction** de ces revenus, retenus après l'abattement de 10 % visé n° 4640, qui n'excède pas une certaine limite, fixée à 48 790 € pour les revenus de 2024. Cette fraction n'est pas prise en compte pour le calcul de l'impôt sur le revenu et la retenue correspondante n'est pas imputable.

En revanche, la fraction des revenus des artistes qui excède la limite susvisée doit être prise en compte dans le calcul de l'impôt sur le revenu. Pour ce calcul, le revenu net imposable est déterminé dans les conditions de droit commun (par exemple, application de la déduction forfaitaire de 10 % pour frais professionnels visée nº 22050 et non de l'abattement de 10 % visé nº 4640). La partie correspondante de la retenue est imputable sur le montant de cet impôt.

Lorsque la totalité de la retenue à la source excède le montant de l'impôt sur le revenu qui résulterait de l'application, dans les conditions exposées nºs 4400 s., du barème progressif à la totalité des revenus des artistes, le contribuable peut demander le **remboursement** de l'**excédent** de retenue opérée.

La retenue à la source au **taux de 75 %,** quant à elle, est libératoire de l'impôt sur le revenu et n'est pas remboursable.

Lorsque les sommes ont été versées à une **personne morale** soumise à l'**impôt sur les sociétés** à raison de ses revenus de source française, la retenue à la source s'impute sur le montant de cet impôt.

Les **personnes morales déficitaires** ayant perçu des sommes soumises à la retenue à la source peuvent, sous certaines conditions, demander la restitution de la retenue : voir nºs 24889 s.

D. Autres dispositions spéciales

FONCTIONNAIRES EN SERVICE À L'ÉTRANGER

4685 CGI art. 4 B, 2 IRPP-VII-26100 s

Les agents de l'État, des collectivités territoriales et de la fonction publique hospitalière qui exercent leurs fonctions ou sont chargés de mission dans un pays étranger sont considérés comme ayant leur **domicile fiscal en France** lorsqu'ils ne sont pas soumis, dans leur pays d'affectation, à un impôt personnel sur l'ensemble de leurs revenus.

En pareil cas, les intéressés sont donc imposables en France sur la totalité de leurs revenus. Cependant, en ce qui concerne leur **rémunération,** on retient seulement les sommes que le fonctionnaire aurait perçues s'il était resté en France ; les suppléments liés à l'expatriation (notamment prime d'éloignement et indemnités destinées à couvrir des dépenses spéciales) sont exonérés, sous réserve toutefois de répondre aux conditions définies nº 4705.

› Précisions **a.** Pour **échapper à ce régime** fiscal, le fonctionnaire doit prouver qu'il supporte effectivement à l'étranger un impôt personnel sur l'ensemble des éléments de sa rémunération qui seraient normalement taxables selon la législation française.

b. Les fonctionnaires en service à l'étranger peuvent également être considérés comme domiciliés en France lorsqu'ils répondent à la définition générale donnée nºs 495 s. ; il en est ainsi lorsqu'ils ont conservé leur **foyer en France.** Les règles exposées nºs 4695 s. pour les salariés détachés à l'étranger trouvent alors à s'appliquer (à l'exception toutefois des exonérations visées nº 4700, b et c).

c. Le **lieu d'imposition** des fonctionnaires en service à l'étranger est fixé au service des impôts des particuliers non résidents, 10, rue du Centre, TSA 10010, 93465 Noisy-le-Grand Cedex (CGI art. 10, al. 3).

Les intéressés peuvent être invités par l'administration à **désigner un représentant en France** selon les modalités et sous les sanctions exposées nº 4480. Cette disposition ne s'applique pas aux fonctionnaires qui exercent leurs fonctions ou sont chargés de mission dans l'Union européenne, en Islande ou en Norvège (CGI art. 164 D).

AGENTS DIPLOMATIQUES ET CONSULAIRES DE NATIONALITÉ ÉTRANGÈRE

4690 CGI art. 5, 3º INT-GENA-37800 s

Les ambassadeurs et agents diplomatiques, les consuls et agents consulaires de nationalité étrangère sont exonérés de l'impôt sur le revenu, dans la mesure où les pays qu'ils représentent concèdent des avantages analogues aux agents diplomatiques et consulaires français.

› Précisions Les intéressés sont exonérés pour leurs **rémunérations officielles** et pour leurs **revenus privés de source étrangère.** En revanche, leurs **revenus privés de source française** sont imposables en France dans les conditions édictées par les conventions internationales bilatérales.

SALARIÉS DÉTACHÉS À L'ÉTRANGER

4695 CGI art. 81 A et 197 C IRPP-VII-22100 s

Les salariés fiscalement domiciliés en France au sens de l'article 4 B du CGI (nºs 495 s.), envoyés par un employeur dans un État autre que la France et que celui du lieu d'établissement de cet employeur, sont susceptibles d'être exonérés, en France, sur tout ou partie des salaires perçus en rémunération de leur activité.

L'**employeur** doit être établi en France, dans un autre État membre de l'Union européenne, en Islande, en Norvège ou au Liechtenstein.

Peu importe que la **rémunération** soit versée en France ou à l'étranger et qu'elle soit supportée par l'employeur ou par l'un de ses établissements ou l'une de ses filiales à l'étranger.

› Précisions **a.** Les mesures d'exonération bénéficient également aux **mandataires sociaux,** titulaires d'un contrat de travail à raison de fonctions techniques, pour les rémunérations perçues au titre de l'exercice de ces fonctions à l'étranger (BOI-RSA-GEO-10-10 n° 70).
Elles ne sont, en revanche, pas applicables aux **travailleurs frontaliers.**

b. Lorsque les conditions d'exonération ne sont pas remplies au moment de leur paiement, les rémunérations versées au salarié expatrié supportent le **prélèvement à la source** de l'impôt sur le revenu (nos 3740 s.). Dans le cas contraire, il est admis que l'employeur n'applique pas la retenue aux sommes exonérées (BOI-IR-PAS-20-10-10 n° 40).

Exonération totale La rémunération de l'activité à l'étranger est totalement exonérée de l'impôt français dans les **cas** suivants : 4700

a. Lorsqu'elle est soumise, dans l'État où s'exerce l'activité, à un **impôt** sur le revenu **au moins égal aux deux tiers** de celui qu'elle supporterait en France ;

b. Lorsqu'elle est versée en contrepartie de l'exercice à l'étranger, pendant une **durée** supérieure à 183 jours au cours d'une période de douze mois consécutifs, d'une activité se rapportant aux **secteurs suivants** :
– chantiers de construction (au sens de chantiers de tous travaux publics) ou de montage, installation et mise en route d'ensembles industriels, exploitation et ingénierie (études préliminaires notamment) y afférentes ;
– recherche (y compris la prospection) ou extraction de ressources naturelles (produits du sol et du sous-sol) ;
– navigation à bord de navires armés au commerce et immatriculés au registre international français (quelle que soit la fonction exercée à bord par le marin) ;

c. Lorsqu'elle se rapporte à des **activités de prospection commerciale** exercées à l'étranger pendant une **durée** supérieure à 120 jours au cours d'une période de douze mois consécutifs. Sont visées les activités dédiées au développement de l'activité d'exportation de l'entreprise ou en relation directe avec l'essor de l'entreprise à l'étranger, qui se traduisent par des actions concrètes dans les États étrangers (visites, réunions, salons...).

En cas d'application de l'une des trois exonérations visées ci-dessus, l'impôt dû en France sur les **revenus autres que la rémunération** exonérée est calculé au taux correspondant à l'ensemble des revenus, imposables et exonérés, du contribuable (règle dite du « **taux effectif** » : n° 83060).

› Précisions **a.** La doctrine administrative accorde le bénéfice de l'exonération visée au b aussi bien aux **personnels** techniques qu'aux personnels administratifs qui les accompagnent, que ces personnels soient employés par les entreprises qui réalisent le chantier ou par des **entreprises sous-traitantes** (BOI-RSA-GEO-10-20 n° 140). Toutefois, le Conseil d'État considère que l'exonération ne s'étend pas aux salariés d'une entreprise sous-traitante assurant la restauration et l'hébergement des personnels (CE 19-11-2008 n° 298761, Héraut : RJF 2/09 n° 121).

b. La **durée** de l'activité exercée à l'étranger s'apprécie en tenant compte du temps de transport (entre le premier départ et le retour définitif), des jours de repos hebdomadaire, des congés de récupération, des congés payés et des congés pour accident du travail ou maladie (même si ces congés sont pris en France ou placés sur un compte épargne-temps). Pour les navigants, la période d'activité à l'étranger correspond au temps effectivement passé à bord.

Exonération partielle Lorsque l'intéressé ne peut pas bénéficier d'une exonération totale, la rémunération perçue pour l'activité à l'étranger n'est cependant imposable en France qu'à concurrence de celle que le bénéficiaire aurait eue en France pour la même activité. 4705

Les **suppléments de rémunération** directement liés à l'exercice de la profession à l'étranger (majorations de salaires ou de commissions, primes ou indemnités journalières destinées à compenser les sujétions liées à l'éloignement familial ou aux difficultés de travail dans certains pays) ne sont pas imposés, sous réserve de respecter les **conditions** suivantes :
– être versés en contrepartie de séjours effectués dans l'intérêt direct et exclusif de l'employeur. Répondent à cette condition les déplacements au sein du groupe auquel appartient l'entreprise employant le salarié (BOI-RSA-GEO-10-30-10 n° 60) ;
– être justifiés par un déplacement nécessitant une résidence d'une durée effective d'au moins 24 heures dans un autre État ;
– être déterminés dans leur montant préalablement aux séjours dans un autre État (soit dans les ordres de mission, en cas de déplacements ponctuels de courte durée, soit dans le contrat de travail ou l'avenant au contrat) ;
– être en rapport, d'une part, avec le nombre, la durée et le lieu de ces séjours et, d'autre part, avec la rémunération (hors suppléments de salaires susvisés) versée au salarié, sans excéder

40 % de cette rémunération. Ce plafond est calculé à partir du montant global de la rémunération annuelle hors suppléments, sans qu'il soit nécessaire de rapporter ce montant de rémunération au nombre de jours passés à l'étranger (CE 10-4-2015 nº 365851 : RJF 7/15 nº 593).

Les suppléments de rémunération exonérés d'impôt sont retenus pour le calcul du « **taux effectif** » (nº 83060) auquel sont soumis les autres revenus imposables du contribuable.

Précisions **a.** En cas de **déplacements inter-États,** la durée de séjour est décomptée à partir de l'arrivée dans le premier État et s'achève au départ du dernier État (BOI-RSA-GEO-10-30-10 nº 80).

b. Les **marins pêcheurs** exerçant leur activité hors des eaux territoriales françaises (au-delà de la limite des 12 milles) bénéficient de l'exonération partielle selon des modalités particulières (BOI-RSA-GEO-10-30-20).

c. Pour le cas où le salarié détaché à l'étranger relève également du dispositif prévu en faveur des **impatriés,** voir nº 4727.

IMPATRIÉS

4715 CGI art. 155 B IRPP-VII-27000 s

Les salariés ainsi que certains dirigeants de sociétés venant exercer leur **activité professionnelle en France** bénéficient de mesures temporaires d'exonération d'impôt sur le revenu à la **double condition** :

– de ne pas avoir été fiscalement domiciliés en France au sens de l'article 4 B du CGI (nºs 495 s.) ou résidents de France au sens des conventions fiscales internationales de façon ininterrompue au cours des cinq années civiles précédant celle de leur prise de fonctions en France ;

– de fixer en France leur domicile fiscal au sens des a à c du nº 495 (et leur résidence au sens des conventions internationales : BOI-RSA-GEO-40-10-10 nº 220) à compter de leur prise de fonctions en France.

Précisions **a.** La **prise de fonctions** s'entend de la date à laquelle commence effectivement l'exécution du contrat, soit de travail, soit de mandat social (BOI-RSA-GEO-40-10-10 nº 150). Compte tenu des contraintes professionnelles ou familiales de l'impatrié et de son conjoint, l'installation en France du foyer peut être **différée** d'un délai raisonnable de quelques mois (BOI-RSA-GEO-40-10-10 nº 240).

b. Parallèlement à ce dispositif, les impatriés ont la possibilité de déduire de leur rémunération imposable les **cotisations sociales** versées dans leur pays d'origine (voir nº 21885, précision b et nº 21900, précision b). En ce qui concerne les mesures dont ils peuvent également bénéficier, le cas échéant, en matière d'**impôt sur la fortune immobilière,** voir nº 71100.

c. Les personnes appelées de l'étranger pour exercer des **fonctions salariées** au sein de la **Chambre de commerce internationale de Paris** bénéficient, sous certaines conditions, d'une exonération temporaire d'impôt sur le revenu sur la totalité de leurs rémunérations. Ce dispositif spécifique est exclusif du dispositif étudié ci-après (CGI art. 81 D).

4720 **Contribuables visés** Le dispositif concerne les **salariés** et **dirigeants de sociétés de capitaux** soumis au régime fiscal des salariés (nº 23665) appelés de l'étranger à occuper pendant une période limitée un emploi dans une entreprise établie en France, que ces personnes soient **recrutées directement à l'étranger** par l'entreprise établie en France ou qu'elles soient appelées par une entreprise étrangère auprès de l'entreprise établie en France (salariés détachés dans le cadre d'une **mobilité intragroupe**).

Précisions Selon l'admistration, le dispositif ne s'applique pas aux salariés et dirigeants venant exercer un emploi en France de leur **propre initiative** (BOI-RSA-GEO-40-10-10 nº 80).

4725 **Mesures d'allégement** Les intéressés sont **exonérés** partiellement d'impôt sur le revenu à la fois sur leurs **revenus d'activité** et sur **certains revenus patrimoniaux de source étrangère.**

L'exonération est dans les deux cas accordée au titre des années de domiciliation fiscale en France, jusqu'au 31 décembre de la **huitième année** civile suivant celle de la prise de fonctions en France (durée applicable aux personnes dont la prise de fonctions est postérieure au 5 juillet 2016).

L'exonération est maintenue lorsque, au cours de cette période, l'intéressé **change de fonctions** au sein de l'entreprise pour laquelle il s'est installé en France ou **change d'entreprise** au sein du même groupe, pour exercer ou non des fonctions similaires. Elle est également maintenue lorsqu'une entreprise étrangère met fin au détachement d'un salarié et que ce *dernier signe un* contrat de travail ou un mandat social avec l'entreprise établie en France dans laquelle il exerce ses fonctions (BOI-RSA-GEO-40-10-10 nºs 250 et 260).

4727 **Revenus d'activité.** L'exonération porte :

– d'une part, sur les suppléments de la rémunération directement liés à l'exercice de l'**activité professionnelle en France** (prime d'impatriation). Ces suppléments de rémunération sont, en principe, exonérés pour leur montant réel. Toutefois, les personnes recrutées directement à l'étranger, ainsi que les personnes appelées en France par une entreprise étrangère et dont la prise de fonctions est postérieure au 15 novembre 2018, peuvent opter pour l'évaluation forfaitaire de ceux-ci. En cas d'option, les suppléments de rémunérations exonérés sont réputés égaux à 30 % de la rémunération nette totale (hors avantages liés aux dispositifs d'épargne salariale ou d'actionnariat salarié). Dans tous les cas, la part de la rémunération imposable en France doit rester comparable à la rémunération servie au titre de fonctions analogues dans la même entreprise ou, à défaut, dans des entreprises similaires établies en France. À défaut, la différence est réintégrée dans la rémunération imposable ;

– d'autre part, sur la fraction de rémunération (salaire de base et, éventuellement, suppléments de rémunération) correspondant à l'**activité exercée,** le cas échéant, **à l'étranger** à la condition que les séjours réalisés à l'étranger soient effectués dans l'intérêt direct et exclusif de l'employeur. Cette **exonération** n'est **pas cumulable** avec l'exonération des suppléments de rémunération (prime d'expatriation) exposée n° 4705 : lorsque l'impatrié remplit les conditions d'application de ces deux exonérations, il doit **opter** pour l'une ou l'autre de celles-ci au plus tard lors du dépôt de la déclaration des revenus souscrite au titre de la prise de fonctions ou de la première année d'application du régime. Cette option est irrévocable (BOI-RSA-GEO-40-10-20 n° 270).

Au choix des intéressés, soit l'exonération globalement accordée au titre de l'activité exercée en France et à l'étranger est limitée à 50 % de la rémunération totale, soit la fraction de la rémunération perçue au titre de l'activité exercée à l'étranger n'est exonérée qu'à hauteur de 20 % de la rémunération imposable au titre de l'activité exercée en France. La rémunération de référence prise en compte pour ce plafonnement s'entend hors avantages liés aux dispositifs d'épargne salariale ou d'actionnariat salarié.

> Précisions **a.** Les salariés susceptibles de bénéficier au titre de certaines indemnités du présent régime et de celui attaché aux **quartiers généraux** et centres de logistique des groupes internationaux (n° 35775) doivent **opter,** au plus tard lors du dépôt de la déclaration annuelle de revenus souscrite au titre de la première année de mise en œuvre du dispositif, pour l'un ou l'autre de ces régimes. L'option est irrévocable (BOI-RSA-GEO-50 n° 70).

b. La **comparaison** avec des **rémunérations servies au titre de fonctions analogues** s'effectue sur des rémunérations annuelles imposables nettes, hors avantages liés aux dispositifs d'épargne salariale ou d'actionnariat salarié (BOI-RSA-GEO-40-10-20 n° 140).

Revenus patrimoniaux. L'exonération porte sur la **moitié** du montant des revenus suivants : **4730**

– **revenus de capitaux mobiliers,** quel que soit leur régime d'imposition (revenus distribués, produits de placement à revenu fixe, produits des contrats d'assurance-vie et de capitalisation) ;

– **produits de droits d'auteur** perçus par les intéressés et leurs héritiers ou légataires, produits de cession ou de concession de droits de la **propriété industrielle** (brevets, procédés, marques...) perçus par les inventeurs ainsi que les produits perçus par les créateurs de logiciels indépendants ;

– **plus-values de cession de valeurs mobilières et de droits sociaux** lorsque le dépositaire des titres, ou à défaut la société dont les titres sont cédés, est établi hors de France. Corrélativement, les moins-values éventuellement constatées sur ces titres sont comptabilisées à hauteur de 50 % de leur montant.

Le **paiement** de ces sommes doit avoir été effectué par une **personne établie hors de France** dans un État ou territoire ayant conclu avec la France une **convention fiscale** qui contient une **clause d'assistance administrative** en vue de lutter contre la fraude ou l'évasion fiscale.

> Précisions **a.** Les contribuables remplissant les conditions d'application du dispositif bénéficient de l'exonération des revenus patrimoniaux, même s'ils ne perçoivent **pas de revenus d'activité exonérés** (CE 21-10-2020 n° 442799 : RJF 1/21 n° 4).

b. L'exonération partielle des **produits de la propriété intellectuelle ou industrielle** porte sur le montant brut des produits perçus, avant déduction des **abattements** d'assiette éventuellement applicables (BOI-RSA-GEO-40-10-30-20 n° 110). De même, l'exonération partielle des **plus-values de cession de valeurs mobilières et de droits sociaux** s'applique sur le montant des plus-values avant déduction, le cas échéant, de l'abattement pour durée de détention (BOI-RPPM-PVBMI-20-20-20-10 n° 40 ; BOI-RPPM-PVBMI-20-40-20 n° 30). L'exonération partielle des **revenus de capitaux mobiliers,** quant à elle, est, en cas d'option pour l'imposition au barème progressif de l'impôt sur le revenu, calculée sur la base nette, après déduction des dépenses effectuées en vue de l'acquisition ou de la conservation des revenus, tels les frais d'encaissement et droits de garde (BOI-RSA-GEO-40-10-30-20 n° 240).

c. L'exonération partielle ne se cumule pas avec le régime de taxation des gains réalisés et des distributions perçus par les impatriés au titre de parts ou actions de **« carried interest »** (n° 26445).

TRANSFERT DU DOMICILE DE L'ÉTRANGER EN FRANCE OU INVERSEMENT

4735 CGI art. 166 et 167 IRPP-VII-30300 s

a. Lorsqu'un contribuable précédemment domicilié à l'étranger transfère son domicile **en France,** les revenus dont l'imposition est entraînée par l'établissement du domicile en France ne sont comptés que du jour de cet établissement.

b. Le contribuable domicilié en France qui transfère son domicile **à l'étranger** est passible de l'impôt sur le revenu à raison des revenus dont il a disposé pendant l'année de son départ jusqu'à la date de celui-ci, des bénéfices industriels et commerciaux, et des bénéfices agricoles imposés d'après le régime du bénéfice réel, qu'il a réalisés depuis la fin du dernier exercice taxé, et de tous les revenus qu'il a acquis sans en avoir la disposition antérieurement à son départ. Les mêmes règles sont applicables en cas d'abandon de toute habitation en France.

Le transfert du domicile à l'étranger entraîne également, sous certaines conditions, l'imposition des plus-values latentes constatées sur les droits sociaux ou valeurs détenus par le contribuable, des plus-values de cession ou d'échange de droits sociaux ou de valeurs en report d'imposition ainsi que de la valeur des créances trouvant leur origine dans une clause d'« earn out » (nos 33360 s.).

CESSION OU CESSATION D'ENTREPRISE OU DE PROFESSION

4755 **a.** En cas de cession ou de cessation, en totalité ou en partie, d'une **entreprise industrielle, commerciale ou artisanale,** les bénéfices réalisés et non encore taxés sont immédiatement imposés, au titre de l'année de la cession ou de la cessation, à l'impôt sur le revenu. Cette imposition spéciale présente un caractère provisoire. Elle vient en déduction du total de l'impôt sur le revenu établi ultérieurement sur l'ensemble des revenus ou bénéfices réalisés par l'intéressé au cours de l'année de la cession ou de la cessation. Voir, sur ce régime, les explications détaillées figurant nos 11400 s.

b. En cas de cessation de l'exercice d'une **profession non commerciale,** il est fait application, en principe, des mêmes règles que dans le cas de cession ou cessation d'une entreprise industrielle ou commerciale (voir nos 13640 s.).

Il en est de même en cas de cession ou de cessation d'une **exploitation agricole** (voir nos 15760 et 16065).

DÉCÈS DU CONTRIBUABLE

4765 CGI art. 6, 8 et art. 7 et 204 IRPP-VII-31750 s

Règles particulières d'imposition

Dans le cas du décès d'un contribuable, l'impôt est établi à raison des **revenus** dont il a disposé pendant l'année de son décès ainsi que des bénéfices industriels et commerciaux, et des bénéfices agricoles imposés d'après le régime du bénéfice réel, qu'il a réalisés depuis la fin du dernier exercice taxé.

L'impôt porte également sur les revenus dont la distribution ou le versement résulte du décès du contribuable s'ils n'ont pas été précédemment imposés et sur ceux qu'il a acquis sans en avoir la disposition antérieurement à son décès. Toutefois, les revenus appartenant à ces deux catégories font l'objet d'une imposition distincte lorsqu'ils ne devaient normalement échoir qu'au cours d'une année postérieure à celle du décès (cette modalité est applicable même lorsque les revenus concernés sont des bénéfices professionnels).

La situation et les charges de famille à retenir pour l'application du **quotient familial** sont celles existant soit au 1er janvier de l'année du décès, soit à la date du décès lorsque cette seconde solution est plus avantageuse (no 1705).

La **déclaration** des revenus imposables doit être souscrite par les ayants droit du défunt dans les délais de droit commun (no 3685). Le cas échéant, elle peut être souscrite par le notaire chargé de la succession, à la demande des ayants droit, si la succession n'est pas liquidée à la date de souscription de la déclaration.

› Précisions **a.** La déclaration doit faire état de l'ensemble des revenus imposables. Mais les revenus dont la disposition résulte du décès du contribuable ou que ce dernier a acquis sans en avoir la disposition avant son décès, lorsqu'ils doivent être imposés distinctement, font l'objet d'une **note annexe** indiquant leur montant et leur nature, et appuyée des justifications nécessaires.

b. L'imposition du contribuable décédé est établie au nom de la succession sous le **libellé** suivant : « M. X..., décédé, par M. Y... et consorts, héritiers ».

c. Les **demandes d'éclaircissements ou de justifications** ainsi que les **propositions de rectification** peuvent être valablement adressées à l'un quelconque des ayants droit ou des signataires de la déclaration de succession.

d. Pour le cas du décès d'un **associé d'une société de personnes,** voir nos 37660 s.

Décès de l'un des conjoints ou partenaires d'un Pacs L'établissement des impositions en cas de décès appelle des précisions complémentaires lorsque, pour les contribuables mariés ou pacsés, il s'agit du décès de l'un des époux ou partenaires du Pacs. 4770

Les revenus de l'année du décès de l'un des conjoints ou partenaires font l'objet de **deux impositions** distinctes :

1. Une imposition **commune** est établie sur l'ensemble des revenus du foyer (conjoints ou partenaires, personnes à charge) pour la période allant du 1er janvier jusqu'à la date du décès. Cette imposition est assise, calculée et établie conformément aux règles particulières fixées par l'article 204 du CGI et exposées n° 4765.

2. Une imposition **personnelle** est établie au nom du **conjoint ou partenaire survivant,** à raison de ses revenus propres (et de ceux des personnes à charge) pour la période allant de la date du décès jusqu'au 31 décembre.

Cette imposition personnelle est établie selon les règles de droit commun.

Conformément au principe général (n° 1705), la situation de famille du conjoint ou partenaire survivant est appréciée au 1er janvier de l'année d'imposition. Celui-ci conserve ainsi pour l'établissement de son imposition personnelle le bénéfice du **quotient familial** appliqué au couple avant le décès, y compris s'il y a lieu la demi-part supplémentaire attachée à la situation d'invalidité (n° 2040) ou à la qualité d'ancien combattant (n° 2045) du défunt.

Les charges de famille retenues sont celles existant au 1er janvier de l'année d'imposition ou, en cas d'augmentation de celles-ci en cours d'année, au 31 décembre.

Cas où le conjoint ou le partenaire survivant **se remarie** ou conclut un **nouveau Pacs l'année** même du **décès** : voir n° 370.

> Précisions a. La **répartition des revenus** entre la période d'**imposition commune et** la période d'**imposition distincte** du conjoint ou partenaire survivant s'effectue en fonction de la date de mise à disposition de ces revenus entre les mains de leurs titulaires. Ce principe appelle quelques précisions :

1. En ce qui concerne les **revenus fonciers ou mobiliers,** les **salaires, pensions** ou rentes (ainsi que les rémunérations des dirigeants visés à l'article 62 du CGI : gérants majoritaires de SARL, notamment), la répartition s'effectue en fonction de la date d'encaissement des revenus. Les charges afférentes à ces revenus se répartissent en fonction de leur date de paiement.

2. Les **bénéfices industriels et commerciaux, agricoles et non commerciaux** (ainsi que les parts de bénéfices dans les sociétés de personnes) doivent, en principe, être rattachés en totalité à la période comprenant la date de leur mise à disposition, c'est-à-dire la date de clôture de l'exercice (BIC réel, BA réel, parts de bénéfices dans les sociétés de personnes) ou le 31 décembre dans les autres cas.

Toutefois, l'administration admet, sur demande, que les revenus en question mis à la disposition de leur titulaire après la date du décès soient répartis prorata temporis en fonction de la date du décès (BOI-IR-CESS-10 n° 260).

3. Les **charges** qui sont déductibles du revenu global (nos 1075 s.) ou qui ouvrent droit à une réduction ou à un crédit d'impôt (nos 2500 s.) sont réparties en tenant compte de la date de leur paiement.

b. L'année du **décès de l'un de ses parents,** un **enfant majeur** ne peut être **rattaché** pour l'année entière qu'à un seul foyer fiscal : le foyer commun de ses parents ou le foyer du parent survivant (CE 28-3-2014 n° 351408 : RJF 6/14 n° 537).

c. En ce qui concerne les **déficits antérieurs** subis par les époux et non encore imputés sur les revenus réalisés jusqu'au décès, voir n° 970.

VICTIMES DU TERRORISME ET FORCES DE L'ORDRE DÉCÉDÉES EN MISSION

Il est prévu une **décharge de paiement** de l'impôt sur le revenu en faveur des ayants droit des personnes suivantes : 4775 CGI art. 1691 ter, 2° **IRPP-VII-34500**

- personnes décédées du fait d'actes de terrorisme ;
- militaires morts dans l'accomplissement de leur mission ;
- sapeurs-pompiers, policiers, gendarmes ou agents des douanes décédés dans des circonstances ayant entraîné une citation à l'ordre de la Nation.

La décharge de paiement porte sur les **cotisations** d'impôt sur le revenu et les autres impositions figurant sur le même article de rôle restant **dues à la date du décès ou à devoir** au titre des revenus perçus ou réalisés par le défunt au cours de l'année du décès et de l'année précédente.

Les ayants droit sont dispensés de **déclarer les revenus** du défunt couverts par la décharge de paiement.

Les ayants droit peuvent renoncer au bénéfice de la décharge de paiement et **opter pour les règles de droit commun** relatives à la déclaration des revenus et à l'établissement de l'impôt. 4777
Dans le cas où le montant de l'impôt, au titre des revenus perçus ou réalisés par le défunt,

s'avère inférieur au montant des prélèvements et acomptes versés avant le décès au titre des mêmes revenus, la différence est restituée. Dans le cas contraire, les intéressés peuvent révoquer leur option et bénéficier ainsi de la décharge de paiement.

PREMIÈRE CESSION À TITRE ONÉREUX D'UN USUFRUIT « TEMPORAIRE »

4780 CGI art. 13, 5 IRPP-VII-33400 s

Par **dérogation aux** dispositions régissant les **plus-values** (professionnelles : n°s 17500 s. ; des particuliers : n°s 32000 s.), le produit de la première cession à titre onéreux d'un même usufruit temporaire est imposé à l'impôt sur le revenu dans la catégorie de revenus à laquelle se rattache le revenu procuré ou susceptible d'être procuré par le bien ou le droit sur lequel porte l'usufruit temporaire cédé.

4785 **Champ d'application** **a.** Le **cédant** doit être un contribuable assujetti à l'impôt sur le revenu, quel que soit son domicile fiscal. Sont ainsi concernés les personnes physiques (simples particuliers ou entrepreneurs individuels imposés dans la catégorie des BIC, BNC ou BA) et les sociétés ou groupements mentionnés aux articles 8 à 8 ter du CGI. Peu importe, en revanche, la qualité du **cessionnaire.**

b. Sont visées les **cessions à titre onéreux,** c'est-à-dire toutes les transmissions qui comportent une contrepartie en faveur du cédant (ventes proprement dites, échanges, apports en société notamment). La cession doit porter sur un usufruit consenti pour une **durée fixe.** Seule la **première cession** à titre onéreux du **même usufruit** est concernée.

c. Le dispositif s'applique quelles que soient la **nature** et l'**affectation des biens** ou droits objets de l'usufruit cédé.

› Précisions Le dispositif trouve à s'appliquer tant à la cession à titre onéreux, par le propriétaire d'un bien ou droit, d'un usufruit portant sur celui-ci qu'à la première cession à titre onéreux, par son titulaire, d'un **usufruit préconstitué,** dans le cas où le cessionnaire bénéficie du droit d'usufruit pour une période qui n'est pas exclusivement déterminée par la durée de la vie humaine (CE 31-3-2022 n° 458518 : RJF 6/22 n° 524).

Sont, en revanche, **hors du champ** du dispositif notamment :

– les cessions par des sociétés soumises de droit ou sur option à l'impôt sur les sociétés ;

– les cessions sans terme fixe d'usufruits viagers (BOI-IR-BASE-10-10-30 n° 80) ;

– les mutations à titre gratuit d'usufruits, même à durée fixe ;

– l'usufruit locatif social (CCH art. L 253-1 s.) lorsqu'il s'agit d'une acquisition séparée ab initio de la nue-propriété par un investisseur privé et de l'usufruit de logements par des bailleurs, notamment sociaux (Rapport AN n° 465).

4790 **Modalités d'imposition** **a. Catégorie d'imposition.** L'imposition s'effectue dans la catégorie à laquelle se rattachent ou se rattacheraient, au jour de la cession, les revenus procurés ou susceptibles d'être procurés par le bien ou le droit sur lequel porte l'usufruit cédé. Exemples : en cas de cession de l'usufruit pour une durée fixe d'un immeuble loué nu, imposition dans la catégorie des revenus fonciers ; en cas de cession de l'usufruit pour une durée fixe des titres d'une société soumise à l'impôt sur les sociétés et procurant ou pouvant procurer des dividendes, imposition dans la catégorie des revenus distribués.

Lorsque l'usufruit temporaire cédé porte sur des biens ou droits procurant ou susceptibles de procurer des **revenus relevant de différentes catégories,** l'imposition est répartie entre ces catégories de revenus en fonction de la valeur vénale respective des différents biens ou droits (règle de prorata).

À défaut de pouvoir déterminer, au jour de la cession, **une catégorie de revenus,** la cession est taxée :

– dans la catégorie des revenus fonciers (sans qu'il puisse être fait application de l'exonération des logements dont le propriétaire se réserve la jouissance : n° 27090), lorsque l'usufruit temporaire cédé est relatif à un **bien immobilier ou** à des **parts de sociétés à prépondérance immobilière** ;

– dans la catégorie des revenus de capitaux mobiliers, lorsque l'usufruit temporaire cédé est relatif à des **valeurs mobilières, droits sociaux, titres** ou droits s'y rapportant, ou à des titres représentatifs des mêmes valeurs, droits ou titres, mentionnés à l'article 150-0 A du CGI ;

– dans la catégorie des bénéfices non commerciaux, dans tous les **autres cas.**

b. Assiette. L'imposition porte sur le **prix stipulé dans l'acte de vente** ou, si elle est supérieure, sur la **valeur vénale** de l'usufruit. Les **charges** venant en déduction de l'assiette sont appréciées suivant les règles de droit commun propres à chaque revenu catégoriel.

c. Taxation. Lorsque le produit de la cession de l'usufruit temporaire est imposé au barème progressif de l'impôt sur le revenu, celui-ci peut bénéficier du système du quotient (n°s 4150 s.) s'il répond à la définition du **revenu exceptionnel** (BOI-IR-BASE-10-10-30 n° 220).

d. Obligations déclaratives. Le produit de la cession doit être porté sur la déclaration annuelle de revenus nº 2042. Une déclaration spéciale doit être souscrite pour certaines catégories de revenus (par exemple, la déclaration nº 2044 des revenus fonciers).

> Précisions Les produits résultant de la première cession d'un usufruit temporaire qui se rattachent à la catégorie des **revenus de capitaux mobiliers** sont soumis au **prélèvement forfaitaire unique** ou imposables sur option globale du contribuable au **barème progressif** de l'impôt sur le revenu (nos 24000 s.).

SECTION 6

PLAFONNEMENT GLOBAL DE CERTAINS AVANTAGES FISCAUX

CGI art. 200-0 A IRPP-III-18300 s

Le montant cumulé de certains avantages fiscaux (déductions, réductions ou crédits d'impôt) accordés au foyer fiscal ne peut pas procurer une réduction du montant de l'impôt sur le revenu supérieure à une certaine somme. **4840**

L'excédent éventuel est, sauf exception, ajouté à la cotisation d'impôt du contribuable.

AVANTAGES FISCAUX CONCERNÉS

Sont visés, d'une manière générale, les avantages accordés en contrepartie d'un investissement ou du paiement d'une prestation dont bénéficie le contribuable. Entrent à ce titre dans le champ du dispositif : **4850**

a. L'avantage en impôt procuré par les déductions au titre des **amortissements** « Robien » (nº 28270) et « Borloo neuf » (nº 28280).

b. Les **réductions d'impôt** sur le revenu, **y compris,** le cas échéant, pour leur **montant** acquis au titre d'une année antérieure et **reporté** ou **étalé,** accordées à raison des opérations suivantes :

- souscriptions au capital de PME (nos 2600 s.) ;
- souscriptions au capital d'entreprises solidaires d'utilité sociale (nº 2610, précision b) ;
- souscriptions de parts de fonds d'investissement (nos 2660 s. et 92075) ;
- souscriptions au capital de sociétés foncières solidaires (nos 2685 s.) ;
- souscriptions au capital d'entreprises de presse (nos 2700 s.) ;
- souscriptions au capital de Sofica (nº 2730) ;
- investissements « Duflot », « Pinel » et « Denormandie ancien » (nos 2805 s., 2820 s. et 92065) ;
- location de logements dans le cadre du dispositif « Loc'Avantages » (nos 2830 s. et 92067) ;
- investissements « Scellier » (nos 2890 et 92070 s.) ;
- travaux de conservation ou de restauration d'objets mobiliers classés (nº 3440) ;
- investissements locatifs non professionnels dans des résidences meublées (nos 90575 s.) ;
- investissements outre-mer (nos 91850 s., 92010 s. et 92080 s.) (prise en compte après application du plafonnement spécifique visé au nº 91895).

c. Les **crédits d'impôt** sur le revenu accordés à raison des dépenses suivantes :

- investissements forestiers (nos 2930 s.) ;
- installation de systèmes de charge des véhicules électriques (nos 3045 s.) ;
- emploi d'un salarié à domicile (nos 3230 s.) ;
- frais de garde des jeunes enfants (nº 3315).

Sont expressément **exclus** les réductions et crédits d'impôt accordés à raison d'investissements ou de dépenses autres que ceux visés ci-dessus, les avantages fiscaux liés à la situation personnelle du contribuable (réduction d'impôt résultant de l'application du quotient familial, de la décote ou de la domiciliation dans un département d'outre-mer), ainsi que le crédit d'impôt conventionnel attaché à certains revenus de source étrangère.

Échappent également, par nature, au plafonnement les exonérations de revenus catégoriels, les abattements appliqués sur ces revenus ainsi que l'avantage en impôt procuré par la déduction du revenu global des déficits et des charges visées n° 1075 (pensions alimentaires, charges foncières afférentes aux immeubles historiques...) et par les retenues à la source et prélèvements libératoires de l'impôt sur le revenu.

> Précisions a. Pour les **associés de sociétés de personnes** non soumises à l'impôt sur les sociétés, le plafonnement porte sur la quote-part des avantages fiscaux dont bénéficient les intéressés à proportion de leurs droits dans la société (BOI-IR-LIQ-20-20-10-10 n° 20).

b. L'avantage en impôt tiré des dispositifs d'**amortissement « Robien » et « Borloo neuf »** est calculé sur la base de la différence entre le résultat net foncier déclaré (prenant en compte les amortissements) et le résultat net foncier tel qu'il aurait été sans ces déductions. En cas de **déficit foncier** excédant la limite d'imputation sur le revenu global de 10 700 € ou 15 300 € (nos 27540 et 27545), la base de l'avantage en impôt à retenir est limitée à la part du déficit imputé dans ces limites (CGI ann. III art. 46-0 B).

c. Pour les **investissements outre-mer** en faveur des entreprises ou du logement social donnant lieu à rétrocession d'une partie de l'avantage fiscal à l'exploitant (nos 91885 et 92083), la réduction d'impôt (ou le report de réduction d'impôt) n'est retenue, pour l'application du plafonnement, qu'à concurrence de la fraction de son montant qui n'est pas rétrocédée.

MODALITÉS DU PLAFONNEMENT

4860 **Montant** **Depuis** l'imposition des revenus de **2013,** le montant global des avantages fiscaux relevant du plafonnement ne doit pas excéder, de manière générale, **10 000 €.** Toutefois, ce plafond est **majoré** de 8 000 € (soit un plafond de **18 000 €**) si le contribuable bénéficie de réductions d'impôt au titre d'investissements outre-mer visées nos 91850 s., 92010 s., 92080 s., de souscriptions au capital de Sofica, d'investissements « Denormandie ancien » outre-mer ainsi que, à compter de l'imposition des revenus de 2015, d'investissements « Pinel » outre-mer réalisés à compter du 1er septembre 2014.

Ces plafonds concernent les avantages fiscaux octroyés au titre des dépenses payées, des investissements réalisés ou des aides accordées à compter du 1er janvier 2013. Par exception, les avantages fiscaux attachés aux investissements suivants effectivement réalisés à compter de cette date demeurent soumis au plafond de 2012 lorsque ces investissements ont été initiés, au sens défini précision a, en 2012 : investissements « Scellier », investissements locatifs non professionnels dans des résidences meublées et investissements outre-mer visés nos 91850 s., 92010 s., 92080 s.

De même ne sont pas concernées par ces plafonds les **déductions** liées aux amortissements « Robien » et « Borloo neuf » correspondant à des dépenses engagées en 2009 ainsi que les **fractions de réduction d'impôt reportées** pour imputation sur les revenus des années 2013 et suivantes à raison de dépenses payées, d'investissements réalisés ou d'aides accordées au titre d'années antérieures. Ces déductions ou fractions de réductions d'impôt restent soumises au plafond de l'année d'acquisition de l'avantage fiscal, soit :

– pour les réductions d'impôt acquises en 2012, un plafond de 18 000 € et 4 % du revenu imposable 2012 (**plafond 2012**) ;

– pour les réductions d'impôt acquises en 2011, un plafond de 18 000 € et 6 % du revenu imposable 2011 (**plafond 2011**) ;

– pour les réductions d'impôt acquises en 2010, un plafond de 20 000 € et 8 % du revenu imposable 2010 (**plafond 2010**) ;

– pour les réductions d'impôt ou déductions acquises en 2009, un plafond de 25 000 € et 10 % du revenu imposable 2009 (**plafond 2009**).

> Précisions a. Pour la détermination des différents plafonds, les avantages fiscaux octroyés au titre des investissements « Scellier », des investissements locatifs non professionnels dans des résidences meublées et des investissements outre-mer visés nos 91850 s., 92010 s., 92080 s. dont la réalisation effective est intervenue au cours de l'année N, mais pour lesquels le contribuable a pris une **décision d'investissement** au cours de l'**année N – 1** (signature de la promesse d'achat ou de la promesse synallagmatique, déclaration d'ouverture de chantier, versement d'acomptes, etc., selon la nature des investissements en cause : IRPP-III-19350 s.) sont soumis au plafond de l'année N – 1.

b. Le **revenu imposable** pris en compte pour la détermination des plafonds 2009 à 2012 (part proportionnelle) s'entend du revenu net global soumis au **barème progressif** de l'impôt sur le revenu (c'est-à-dire hors les revenus taxés à un taux proportionnel).

Les revenus soumis à l'impôt sur le revenu, sur option, selon une **base moyenne ou fractionnée** (voir notamment nos 13750 s., 16300 s. et 16325 s.) sont pris en compte pour leur montant soumis à l'impôt selon le barème progressif. Les revenus soumis à l'impôt sur le revenu selon le **système du quotient** sont, quant à eux, pris en compte pour leur montant soumis au barème progressif avant multiplication de la cotisation supplémentaire obtenue. Sont principalement concernés les revenus exceptionnels ou différés (nos 4150 s.) (CGI ann. III art. 46-0 B bis).

Lorsqu'un **déficit** global a été dégagé au titre de l'année d'imposition, il convient de retenir un revenu imposable nul (BOI-IR-LIQ-20-20-10-20 n° 270).

Calcul et imputation L'administration opère le plafonnement en procédant à une **double liquidation de l'impôt** sur le revenu du foyer fiscal : 4865

– tout d'abord, liquidation de l'impôt dans les conditions de droit commun définies nos 2090 s., tous avantages fiscaux pris en compte ;
– puis, liquidation, dans les mêmes conditions, d'une **cotisation théorique** d'impôt, hors avantages fiscaux entrant dans le champ du plafonnement.

La **différence** entre ces deux cotisations fait apparaître l'avantage global en impôt résultant des avantages fiscaux entrant dans le champ du plafonnement. La part d'économie excédant le plafond visé n° 4860 est ajoutée à la cotisation d'impôt qui aurait dû être versée en l'absence de plafonnement. Toutefois, ce schéma de calcul est aménagé lorsque le foyer fiscal bénéficie simultanément, au titre de la même année d'imposition, d'avantages fiscaux relevant de plafonds différents (BOI-IR-LIQ-20-20-10-30 nos 120 et 130).

> Précisions **a.** Lorsqu'un contribuable bénéficie **à la fois** d'avantages fiscaux relevant du **plafond de 10 000 €** et d'autres pour lesquels le **plafond de 18 000 €** est applicable (n° 4860), il convient d'appliquer successivement les deux plafonds comme suit :
– le total des avantages fiscaux relevant du plafond de 10 000 € (A1) est comparé à ce montant. L'excédent éventuel (A1 > 10 000 €) est ajouté à l'impôt dû par le contribuable ;
– le total des avantages fiscaux relevant du plafond A1, retenu dans la limite de 10 000 €, est ajouté au total des avantages fiscaux relevant du plafond de 18 000 €. La somme ainsi calculée (A2) est comparée à ce montant de 18 000 €. L'excédent éventuel (A2 > 18 000 €) est ajouté à l'impôt dû par le contribuable (BOI-IR-LIQ-20-20-10-30 n° 110).

b. Par **exception,** la fraction des réductions d'impôt accordées au titre des **souscriptions au capital de PME,** d'**entreprises solidaires d'utilité sociale** et **de sociétés foncières solidaires** qui excède le plafond global peut être reportée : voir nos 2635 s. et 2693, précision b.

SECTION 7

CONTRIBUTION EXCEPTIONNELLE SUR LES HAUTS REVENUS

CGI art. 223 sexies
IRPP-III-21500 s

Pour les contribuables les plus aisés, une contribution exceptionnelle s'ajoute à l'impôt sur le revenu. 5100

PERSONNES CONCERNÉES

Sont soumis à la contribution les **contribuables passibles de l'impôt sur le revenu** dont le **revenu fiscal de référence** visé n° 5120 excède la **limite** de : 5110 IRPP-III-21600 s

– 250 000 €, s'il s'agit de contribuables célibataires, veufs, séparés ou divorcés ;
– 500 000 € s'il s'agit de contribuables mariés ou pacsés, soumis à imposition commune.

Comme en matière d'impôt sur le revenu (nos 325 s.), l'imposition est établie par **foyer fiscal.**

> Précisions **a.** Sous réserve de l'application des conventions fiscales internationales, la contribution est susceptible de concerner non seulement les **personnes fiscalement domiciliées en France** qui disposent de revenus de source française ou étrangère entrant dans la composition du revenu fiscal de référence, mais aussi les **non-résidents** qui disposent de revenus de source française entrant dans la composition du revenu fiscal de référence (BOI-IR-CHR n° 30).
b. La **limite** d'assujettissement à la contribution, fixée en fonction de la situation matrimoniale du contribuable, ne fait l'objet d'aucune majoration pour personnes à charge.

BASE DE LA CONTRIBUTION

La contribution est assise sur le **revenu fiscal de référence** du foyer fiscal de l'année d'imposition, tel que défini n° 42332. Toutefois ne sont pas prises en compte les **plus-values d'apport de titres** à une société contrôlée par l'apporteur dont le report d'imposition expire, ces 5120 IRPP-III-22000 s plus-values étant imposées à la contribution selon les modalités particulières exposées n° 5147. Par ailleurs, les **revenus exceptionnels ou différés** sont pris en compte sans qu'il soit fait application du système du quotient visé n°s 4150 s. (ces revenus sont susceptibles de bénéficier du dispositif spécifique de quotient décrit n°s 5135 s.).

> Précisions **a.** Les **revenus exonérés** d'impôt en France en application d'une **convention fiscale internationale,** y compris ceux pris en compte pour le calcul du taux effectif, sont exonérés de la contribution exceptionnelle (BOI-IR-CHR n° 280). Mais ils peuvent être inclus dans le revenu fiscal de référence pour la détermination du taux de la contribution exceptionnelle appliqué aux revenus qui y sont soumis en France lorsque la convention le permet (CE 10-7-2019 n° 412624 : RJF 11/19 n° 1017).
b. En cas de **changement de situation matrimoniale** en cours d'année, les modalités d'imposition à la contribution obéissent aux mêmes règles qu'en matière d'impôt sur le revenu (BOI-IR-CHR n° 70). À cet égard, voir n°s 370 (mariage ou conclusion d'un Pacs), 375 (séparation ou divorce) et 4770 (décès de l'un des conjoints ou partenaires du Pacs).

CALCUL DE LA CONTRIBUTION

5130 IRPP-III-22300 s **Règle générale** La contribution est calculée selon le barème suivant, le montant obtenu étant arrondi à l'euro le plus proche :

Fraction du revenu fiscal de référence	Taux applicable	
	Contribuable célibataire, veuf, séparé ou divorcé	Contribuable marié ou pacsé, soumis à imposition commune
Inférieure ou égale à 250 000 €	0 %	0 %
Comprise entre 250 001 € et 500 000 €	3 %	
Comprise entre 500 001 € et 1 000 000 €	4 %	3 %
Supérieure à 1 000 000 €		4 %

EXEMPLE

1. Un contribuable **célibataire** dont le revenu fiscal de référence est de 350 000 € sera redevable d'une contribution égale à 3 000 € [(350 000 € – 250 000 €) × 3 %].
2. Un contribuable **marié** dont le revenu fiscal de référence est de 1 250 000 € sera redevable d'une contribution égale à 25 000 € [(1 000 000 € – 500 000 €) × 3 % + (1 250 000 € – 1 000 000 €) × 4 %].

5135 **Mécanisme de quotient** Un mécanisme spécifique permet d'atténuer l'imposition des contribuables qui franchissent le seuil d'imposition en raison de la perception d'un **revenu exceptionnel.** Ce mécanisme s'applique si les trois **conditions** suivantes sont remplies :

– le revenu fiscal de référence de l'année d'imposition doit être supérieur ou égal à une fois et demie la moyenne des revenus fiscaux de référence des deux années précédentes ;

– le revenu fiscal de référence de chacune des deux années précédant celle de l'imposition doit être inférieur ou égal au seuil d'assujettissement à la contribution (250 000 € ou 500 000 €, selon le cas : n° 5110) ;

– le contribuable doit avoir été passible de l'impôt sur le revenu au titre des deux années précédant celle de l'imposition pour plus de la moitié de ses revenus de source française ou étrangère de même nature que ceux entrant dans la composition du revenu fiscal de référence (revenu de référence dit « mondial »).

Lorsque ces conditions sont réunies, la **liquidation** de la contribution s'opère de la manière suivante. La fraction du revenu fiscal de référence de l'année d'imposition supérieure à la moyenne des revenus fiscaux de référence des deux années précédentes est divisée par deux. Puis, le montant ainsi déterminé est ajouté à cette même moyenne. La cotisation supplémentaire ainsi obtenue est alors multipliée par deux.

> Précisions Pour l'application de la troisième condition, le contribuable qui souhaite bénéficier du quotient doit justifier qu'au titre de chacune des deux années visées le montant de ses revenus passibles de l'impôt sur le revenu en France a excédé la moitié de son « revenu fiscal de référence mondial ». À cet égard, les **revenus passibles de l'impôt sur le revenu** s'entendent des revenus nets catégoriels soumis au barème progressif, des revenus et gains taxés à un taux proportionnel ou soumis à une retenue ou à un prélèvement libératoire et des revenus entrant dans le champ de l'impôt sur le revenu mais qui en sont expressément exonérés. Quant au « **revenu fiscal de référence mondial** », il correspond à la somme du revenu fiscal de référence calculé dans les conditions de droit commun et des revenus de source étrangère qui seraient inclus dans le revenu fiscal de référence s'ils étaient de source française (BOI-IR-CHR nos 150 à 170).

EXEMPLE 5140

Un contribuable marié, domicilié fiscalement en France, a perçu en 2023 un revenu fiscal de référence (RFR) égal à 4 000 000 €, alors que son RFR 2021 était égal à 350 000 € et son RFR 2022 à 450 000 € (soit une moyenne des RFR 2021 et 2022 égale à 400 000 €).
Les **conditions d'application du mécanisme de lissage** au titre de 2023 sont remplies :
– le RFR 2023 (4 000 000 €) est supérieur ou égal à 600 000 € (1,5 × 400 000 €) ;
– le RFR 2021 (350 000 €) et le RFR 2022 (450 000 €) sont chacun inférieur ou égal à 500 000 € ;
– la condition d'imposition à l'IR 2021 et à l'IR 2022 pour plus de la moitié du RFR « mondial » est supposée remplie (domicile fiscal en France).
Base de la contribution = [(4 000 000 € – 400 000 €) / 2] + 400 000 € = 2 200 000 €.
Application du barème de la contribution = [(1 000 000 € – 500 000 €) × 3 % + (2 200 000 € – 1 000 000 € × 4 %)] = 63 000 €.
Contribution lissée à la charge du contribuable au titre de 2023 = 126 000 € (63 000 € × 2).
En l'absence de lissage, la contribution aurait été égale à 135 000 € [(1 000 000 € – 500 000 €) × 3 % + (4 000 000 € – 1 000 000 € × 4 %)].

En cas de **changement de situation matrimoniale,** le mécanisme de quotient s'applique selon des modalités particulières, sur réclamation déposée dans le délai indiqué nos 81825 ou 81830 et accompagnée des éléments de calcul nécessaires. 5145

En cas d'**union au cours de l'année d'imposition ou des deux années antérieures,** les revenus fiscaux de référence retenus pour l'application du mécanisme de quotient sont les revenus fiscaux du couple et des foyers fiscaux auxquels les conjoints ou partenaires ont appartenu au cours de ces mêmes années.

En cas de **divorce,** de **séparation** ou de **décès au cours de l'année d'imposition ou des deux années antérieures,** ou en cas d'**union au cours de l'année d'imposition avec option pour la déclaration séparée,** les revenus fiscaux de référence retenus pour l'application du mécanisme de quotient sont les revenus fiscaux du contribuable et des foyers fiscaux auxquels le contribuable a appartenu au cours de ces mêmes années. Le seuil d'assujettissement à la contribution (no 5110) reste cependant déterminé en fonction de la situation matrimoniale du contribuable au titre de l'année d'imposition.

Cas particulier Des modalités particulières d'imposition à la contribution sont prévues pour les **plus-values d'apport de titres** à une société contrôlée par l'apporteur (nos 33310 s.) dont le **report d'imposition expire** (CGI art. 200 A, 2 ter-b). Ainsi, ces plus-values, retenues pour leur montant avant application de l'abattement pour durée de détention visé nos 33075 s. et 33100 s., sont imposables au **taux** égal au rapport entre les deux termes suivants : 5147
– le numérateur, constitué par le résultat de la différence entre, d'une part, le montant de la contribution qui aurait résulté, au titre de l'année de l'apport, de l'application du barème visé no 5130 au revenu fiscal de référence, majoré du montant de l'ensemble des plus-values d'apport de titres en report d'imposition réalisées au titre de la même année et, d'autre part, le montant de la contribution due le cas échéant dans les conditions de droit commun ;
– le dénominateur, constitué par l'ensemble des plus-values d'apport de titres en report d'imposition retenues au numérateur.

MODALITÉS D'APPLICATION DE LA CONTRIBUTION

La contribution est **déclarée, contrôlée et recouvrée** selon les mêmes règles et sous les mêmes garanties et sanctions qu'en matière d'impôt sur le revenu. 5150 IRPP-III-22800 s et 23000

Elle est mentionnée sur le même **rôle** que l'impôt sur le revenu. Cependant, elle n'est pas prise en compte pour le calcul du taux du prélèvement à la source.

CHAPITRE 2

BÉNÉFICES INDUSTRIELS ET COMMERCIAUX

SOMMAIRE

SECTION 1

DÉFINITION 7010

SECTION 2

DÉTERMINATION DU BÉNÉFICE IMPOSABLE 7250

A. Règles générales 7250

1. Période d'imposition 7325
2. Définition du résultat imposable 7340
3. Actif commercial 7450
   - a. Distinction entre actif commercial et patrimoine privé 7455
   - b. Composition de l'actif immobilisé 7495
   - c. Prix de revient des immobilisations 7550

B. Stocks et productions en cours 7675

1. Définitions 7675
2. Évaluation 7690

C. Produits 7850

1. Produits d'exploitation 7850
2. Produits financiers 7950
3. Produits exceptionnels 8035

D. Charges 8140

1. Frais d'établissement 8300
2. Achats 8320
3. Services extérieurs et autres charges de gestion courante 8340
4. Impôts et taxes 8525
5. Charges de personnel 8560
6. Charges financières 8740
7. Charges exceptionnelles et pertes diverses 8880
   - a. Créances irrécouvrables 8895
   - b. Pénalités et amendes 8905
   - c. Aides et avantages accordés à des tiers 8920
   - d. Prix de transfert avec les sociétés étrangères liées 8965
   - e. Dons et subventions 8980
8. Contrôle et limitation de la déduction des frais et charges 8990
   - a. Exclusion des charges « somptuaires » 9000
   - b. Relevé détaillé de frais généraux 9050

E. Amortissements 9090

1. Règles générales 9165
2. Méthodes d'amortissement 9250
   - a. Amortissement linéaire 9300
   - b. Amortissement dégressif 9320
3. Conditions et modalités de déduction 9425
4. Amortissements exceptionnels 9500
5. Régimes spéciaux 9550
6. Déductions exceptionnelles 9600

F. Provisions 9660

1. Conditions de déduction 9720
2. Sort des provisions 9755
3. Provisions pour dépréciation 9780
4. Provisions pour risques et charges 9850
5. Provisions réglementées 9990

SECTION 3

RÉGIMES SPÉCIAUX 10250

1. Exonérations et abattements sur les bénéfices 10250
2. Propriété industrielle et logiciels protégés par le droit d'auteur 10420
3. Imposition forfaitaire des entreprises de transport maritime 10450
4. Crédits ou réductions d'impôt 10470
   - a. Crédit d'impôt recherche 10470
   - b. Crédit d'impôt en faveur de la recherche collaborative 10515
   - c. Autres crédits d'impôt 10520
   - d. Prêts à taux zéro 10630
   - e. Mécénat d'entreprise 10695
   - f. Mise à disposition d'une flotte de vélos 10715
   - g. Souscription au capital des entreprises de presse 10720

SECTION 4

RÈGLES D'IMPOSITION DU RÉSULTAT 10780

1. Régime réel normal 10850
2. Régime réel simplifié 11050
3. Régime micro-BIC 11190
   - a. Contribuables concernés 11200
   - b. Imposition des bénéfices d'exploitation 11280
   - c. Imposition des plus-values 11300
   - d. Obligations comptables 11330
   - e. Obligations déclaratives 11350
4. Tableaux récapitulatifs des seuils applicables 11370

SECTION 5

SITUATION EN FIN D'EXPLOITATION 11400

- a. Cas d'imposition immédiate 11400
- b. Base de l'imposition immédiate 11460
- c. Obligations déclaratives 11490
- d. Établissement et paiement de l'imposition immédiate 11505
- e. Contribuables relevant du régime micro-BIC 11520

GÉNÉRALITÉS

Les bénéfices industriels et commerciaux (en abrégé, BIC) constituent l'une des catégories de revenus passibles de l'impôt sur le revenu. 7000

Après avoir été déterminés suivant les règles exposées dans le présent chapitre, ces bénéfices sont totalisés avec les autres revenus du contribuable pour former le revenu global qui sera soumis à l'impôt.

SECTION 1 DÉFINITION

L'impôt sur le revenu frappe, dans la catégorie des BIC, les bénéfices qui proviennent d'une profession commerciale ou d'une activité assimilée, lorsque cette profession ou activité est exercée par une personne physique ou une société ne relevant pas de l'impôt sur les sociétés. Il peut, le cas échéant, s'appliquer à des bénéfices réalisés hors de France. 7010 BIC-II-1 s

ACTIVITÉS IMPOSABLES

Activités commerciales par nature Sont considérés comme des bénéfices industriels et commerciaux, pour l'application de l'impôt sur le revenu, les bénéfices réalisés par des personnes physiques et provenant de l'exercice d'une **profession commerciale, industrielle ou artisanale.** L'accomplissement à titre professionnel d'opérations ayant le caractère d'**actes de commerce** en application de l'article L 110-1 du Code de commerce caractérise l'exercice d'une activité commerciale au sens de l'article 34 du CGI (CE 29-4-2002 n° 234133 : RJF 7/02 n° 769 ; BOI-BIC-CHAMP-10-10 n° 10). La notion de profession suppose l'accomplissement des opérations par des personnes agissant à titre habituel, pour leur propre compte et dans un but lucratif. 7015 CGI art. 34, al. 1 et 3 BIC-II-335 s

Par **exemple,** constituent des activités imposables dans la catégorie des BIC :

– pour les **activités commerciales** : l'achat de matières ou de marchandises en vue de la revente en l'état ou après transformation, l'achat d'objets en vue de les louer, la fourniture de logement ou de nourriture (hôtellerie, restauration...), l'agence d'affaires (publicité, voyages...), la sous-traitance, les opérations d'intermédiaires de commerce (commissionnaires et courtiers), les activités financières (banque) et les assurances (BOI précité n° 10) ;

– pour les **activités industrielles** : les industries de transformation, les industries extractives (y compris l'exploitation de carrières) ou minières, l'industrie du transport, les entreprises de manutention et de magasinage, la production et la vente d'énergie par des personnes physiques (BOI précité n° 30).

› Précisions a. S'agissant de la rémunération des artisans-**pêcheurs** et des pêcheurs associés d'une société de pêche artisanale qui exploite un navire dont elle a la propriété ou qu'elle affrète, il convient de distinguer entre la **rémunération « à la part »**, assimilée à des salaires, et la rémunération de l'**armateur**, imposable dans la catégorie des BIC.
b. Les activités d'**agent immobilier** et de **marchand de biens** exercées à titre professionnel constituent une activité commerciale par nature au sens de l'article 34 du CGI dès lors qu'elles sont mentionnées à l'article L 110-1 du Code de commerce (CE 29-4-2002 précité et CAA Paris 22-11-2002 n° 99PA03902 : RJF 3/03 n° 266). L'administration a étendu cette analyse fondée sur la primauté de la législation commerciale pour la qualification des activités de **lotisseur** (BOI-BIC-CHAMP-10-10 n° 10).
c. L'activité de production et de vente d'**électricité d'origine photovoltaïque** constitue une activité industrielle et commerciale par nature (CE 4-10-2023 n°s 462030 et 464969 : RJF 12/23 n° 887).
d. Les contribuables peuvent demander à l'administration de se prononcer sur la **qualification de leur activité** professionnelle (voir n°s 79560 s.).
e. Intermédiaires en opérations de banque : voir n° 13165.

Activités réputées commerciales Le CGI rattache certaines opérations à la catégorie des BIC, bien qu'elles ne présentent pas toutes un caractère commercial sur le plan juridique. Ce sont : 7020 CGI art. 34, al. 2 et 35, I BIC-II-2980 s

a. Les bénéfices réalisés par les concessionnaires de **mines,** les amodiataires et sous-amodiataires de concessions minières, les titulaires de permis d'exploitation de mines et les explorateurs de mines de pétrole et de gaz combustibles (CGI art. 34, al. 2) ;

b. Certains **profits « immobiliers »** (CGI art. 35, I-1° à 4°), notamment les profits provenant des opérations de construction (nos 30390 s.) ;

c. Les **locations d'établissements industriels ou commerciaux** équipés (CGI art. 35, I-5° : n° 7025, d) ;

d. Les **locations ou sous-locations en meublé** de locaux d'habitation (CGI art. 35, I-5° bis : n° 7025, c) ;

e. Les bénéfices réalisés par les **adjudicataires,** concessionnaires ou fermiers de droits communaux (CGI art. 35, I-6°) ;

f. Les bénéfices réalisés par les membres des **copropriétés de navires** (CGI art. 35, I-7° : n° 37870) ;

g. Les **profits sur instruments financiers à terme** réalisés par des opérateurs professionnels qui optent pour le régime des BIC (CGI art. 35, I-8° : n° 33420).

7025 BIC-II-9050 s **Locations** **a.** De façon générale, l'achat de **biens mobiliers** en vue de les louer (matériel, outillage, autres objets mobiliers) constitue une activité commerciale relevant des BIC. Sur les locations d'**actions** ou de **parts sociales** : voir n° 18485.

b. Les revenus tirés de la location d'**immeubles nus** entrent en principe dans la catégorie des revenus fonciers. Ils relèvent toutefois des BIC dans deux cas :

– lorsque les immeubles loués figurent à l'actif d'une entreprise (n° 7915) ; sur le cas des immeubles non utilisés pour l'exercice de l'activité professionnelle de l'exploitant, voir n° 7345 ;

– lorsque la location – consentie à une entreprise commerciale – constitue en fait pour le bailleur le moyen de participer effectivement à la gestion ou aux résultats de l'entreprise locataire, compte tenu notamment du mode de fixation du loyer (notamment CE 28-11-1984 n° 42499 : RJF 2/85 n° 212 ; a contrario CE 18-6-1990 n° 61022-61023 : RJF 8-9/90 n° 1028).

La **sous-location** d'immeubles nus constitue une activité imposable dans la catégorie des BNC (n° 13205).

c. La location ou sous-location en **meublé** de locaux d'habitation (maisons, chambres ou appartements) relève des BIC (sur le régime des loueurs en meublés, voir nos 90420 s.). Il en est de même des produits distribués par un fonds de placement immobilier issus des actifs immobiliers loués meublés : voir n° 30520, b.

d. Les personnes qui donnent en location (ou sous-location) un **établissement industriel ou commercial muni du mobilier ou du matériel** nécessaire à son exploitation sont taxables au titre des BIC (CGI art. 35, I-5°). Pour cela, il n'est pas indispensable que la totalité du matériel soit fournie, l'essentiel suffit (notamment CE 1-10-1986 n° 22846 : RJF 11/86 n° 960 ; CE 16-5-2012 n° 323079 : RJF 8-9/12 n° 791).

e. La location de **boxes** ou emplacements pour le **garage** de voitures relève :

– des revenus fonciers, si elle ne s'accompagne d'aucun service ou d'aucune prestation (autre qu'un simple gardiennage) ;

– des bénéfices commerciaux si elle est assortie de certaines prestations (par exemple : lavage, entretien, distribution d'essence) (BOI-BIC-CHAMP-60-20 nos 390 et 400).

f. La location-gérance (ou gérance libre) de **fonds de commerce** constitue un mode particulier d'exploitation d'un actif commercial et obéit donc au même régime.

FORME DE L'EXPLOITATION

7035 BIC-XVII-1050 Outre les **exploitants individuels,** sont passibles de l'impôt sur le revenu au titre des BIC les **membres des sociétés de personnes** et assimilées, lorsque ces sociétés exercent une activité commerciale, industrielle ou artisanale (ou une activité regardée comme telle par la loi fiscale). Peuvent ainsi être taxés dans la catégorie des BIC, chacun pour la part qui lui revient dans les bénéfices sociaux, les membres de sociétés en nom collectif, sociétés en commandite simple, sociétés en participation, sociétés de fait, entreprises unipersonnelles à responsabilité limitée, copropriétés de navires, groupements d'intérêt économique. Sont également concernés les membres des SA, SAS et SARL qui ont opté pour le régime fiscal des sociétés de personnes (nos 36950 s.).

› Précisions **a.** Si un ou plusieurs **associés** sont des sociétés **relevant de l'impôt sur les sociétés,** leur part de bénéfices de la société de personnes est soumise à cet impôt, à leur nom (nos 37630 s.).

C'est aussi l'impôt sur les sociétés (établi au nom de la société en commandite simple ou au nom du gérant connu des tiers de la société en participation), et non l'impôt sur le revenu, qui frappe la part de bénéfices correspondant aux droits des **commanditaires** dans les sociétés en commandite simple et, dans les **sociétés en participation,** aux droits des associés inconnus de l'administration ou qui ne sont pas indéfiniment responsables (nos 37775 et 37805).

b. L'impôt sur les sociétés est par ailleurs applicable :

– aux **sociétés de capitaux** (SA, SCA, SAS et SARL), quelle que soit la nature de leur activité (nos 35550 s.) ;

– aux **sociétés de personnes qui ont opté** pour leur assujettissement à cet impôt (nos 37575 s.) ;
– aux **sociétés civiles** exerçant une activité présentant fiscalement un caractère industriel ou commercial, sous réserve de certaines exceptions (no 37785) ;
– aux **entrepreneurs individuels** et aux **EIRL ayant opté** pour leur assimilation aux EURL (nos 87200 s.).

TERRITORIALITÉ

Conformément aux règles générales relatives à la territorialité de l'impôt sur le revenu (nos 420 s.), deux situations doivent être distinguées : **7050** BIC-III-1 s

– si l'intéressé a son **domicile fiscal en France,** il est en principe imposable en France sur l'ensemble des bénéfices industriels et commerciaux qu'il réalise, qu'ils soient de source française ou étrangère, à moins que l'activité ne soit exercée par l'intermédiaire d'un établissement stable situé dans un État lié à la France par une convention fiscale (voir no 82820).

Lorsqu'ils sont imposables en France, les résultats des exploitations étrangères doivent être déclarés séparément (no 3680) et déterminés selon un régime de bénéfice réel (CGI art. 158, 1) ;

– lorsque le contribuable est domicilié **hors de France,** il est en principe imposable en France sur les résultats des exploitations industrielles, commerciales ou artisanales sises en France (voir nos 4280 s.).

Les règles de territorialité sont différentes en matière d'**impôt sur les sociétés** : voir nos 35720 s.

> **Précisions** **a.** Les mesures particulières suivantes destinées à lutter contre l'**évasion fiscale internationale** s'appliquent en matière de BIC : les transferts indirects de bénéfices à l'étranger entre entreprises dépendantes ou vers des entreprises établies dans un paradis fiscal (CGI art. 57 : nos 78265 s.) ; les transferts d'actifs hors de France (CGI art. 238 bis-0 I : no 78275) ; certains paiements à des résidents de paradis fiscaux ou versements assimilés (CGI art. 238 A : no 78295) ; les sommes perçues par des personnes domiciliées ou établies à l'étranger en rémunération de services rendus par d'autres personnes en France (CGI art. 155 A : no 78290).
> **b.** Sous réserve de l'application des conventions internationales, les sommes allouées en rémunération de prestations fournies ou utilisées en France sont soumises à une **retenue à la source** lorsqu'elles sont versées à des personnes ou sociétés n'ayant pas en France d'installation professionnelle permanente (nos 4560 s.).

SECTION 2

DÉTERMINATION DU BÉNÉFICE IMPOSABLE

A. Règles générales

Le bénéfice imposable dans la catégorie des BIC est un bénéfice net, égal à la différence entre les produits perçus par l'entreprise et les charges supportées par elle. La détermination de ce bénéfice (ou du déficit si l'activité de l'entreprise se traduit par un résultat négatif) met en œuvre un certain nombre de règles ou de notions générales. **7250**

Les indications ci-après sont valables pour toutes les entreprises imposées d'après leur **bénéfice réel** (normal ou simplifié), sous réserve de quelques allégements dans le cadre de la comptabilité super-simplifiée (no 11135).

Les modalités de détermination du bénéfice imposable des contribuables soumis au régime **micro-BIC** sont exposées nos 11280 s.

1. PÉRIODE D'IMPOSITION

En vertu du principe de l'annualité de l'impôt, les contribuables font l'objet chaque année d'une imposition établie au titre de l'année précédente. **7325** CGI art. 36 et 37 BIC-IV-200 s

Lorsque l'**exercice comptable** coïncide avec l'**année civile,** l'imposition est assise sur les bénéfices réalisés au cours de l'année au titre de laquelle cette imposition est établie. Le contribuable est par exemple imposé en 2024, au titre de 2023, d'après les bénéfices réalisés au cours de l'année 2023.

Lorsque l'exercice comptable **ne coïncide pas avec l'année civile,** on retient les résultats de l'exercice clos au cours de l'année.

EXEMPLE

Si le bilan est arrêté au 30 juin, le contribuable est imposé en 2024, au titre de 2023, d'après les résultats de l'exercice 1er juillet 2022-30 juin 2023.

7330 Lorsqu'il est dressé des **bilans successifs** au cours d'une **même année,** les résultats en sont totalisés pour l'assiette de l'impôt dû au titre de ladite année.

Si **aucun bilan** n'a été dressé **au cours de l'année,** une imposition doit néanmoins être établie. Elle porte sur les résultats réalisés depuis la clôture du dernier exercice (ou, s'il s'agit d'une entreprise nouvelle relevant de l'impôt sur le revenu, depuis le début de l'exploitation), jusqu'au 31 décembre de l'année en cause.

EXEMPLE

Dans le cas d'un exercice arrêté habituellement au 30 juin de chaque année, si aucun bilan n'a été dressé au cours de l'année 2023, le contribuable fait l'objet d'une imposition en 2024, au titre de 2023, d'après les résultats réalisés du 1er juillet 2022 au 31 décembre 2023.

Le bénéfice provisoire ainsi imposé vient ultérieurement en déduction des résultats du bilan dans lequel il se trouve compris. Selon la cour de Paris, une entreprise ne peut s'opposer à l'imposition des bénéfices de l'année civile au motif que leur montant excède le résultat réalisé en définitive au cours de l'exercice (CAA Paris 8-7-2004 n° 00PA03706 : RJF 12/04 n° 1222).

> Précisions **a.** Les **entreprises nouvelles** passibles de l'**impôt sur les sociétés** qui ne dressent pas de bilan au cours de leur première année civile d'activité n'ont pas à produire de déclaration provisoire. Elles sont imposées sur les résultats de la période écoulée depuis leur début d'activité jusqu'à la date de clôture du premier exercice et, au plus tard, jusqu'au 31 décembre de l'année suivant celle de leur création (CGI art. 209, I-al. 2).

b. Sont dispensées de déposer une déclaration provisoire au 31 décembre de l'année de leur création les **sociétés de personnes** soumises à l'impôt sur le revenu dont les associés arrêtent leurs comptes **en cours d'année** à la même date qu'elles ou à une date postérieure. Il n'en va autrement qu'en cas de changement d'associés entre le 1er janvier de l'année suivant la création et la date de clôture du premier exercice (BOI-BIC-DECLA-30-50 n° 110).

2. DÉFINITION DU RÉSULTAT IMPOSABLE

BÉNÉFICE « NET »

7340 CGI art. 38 BIC-IV-2100 s Le bénéfice imposable dans la catégorie des bénéfices industriels et commerciaux est le bénéfice net déterminé d'après les résultats de l'ensemble des **opérations de toute nature** effectuées par l'entreprise, y compris notamment les cessions d'éléments quelconques de l'actif soit en cours, soit en fin d'exploitation (sur la définition de l'actif : voir nos 7450 s.). Il est constitué par la différence entre les valeurs de l'**actif net à la clôture et à l'ouverture** de la période dont les résultats doivent servir de base à l'impôt, diminuée des suppléments d'**apports** et augmentée des **prélèvements** effectués au cours de cette période par l'exploitant ou par les associés.

L'**actif net** s'entend de l'excédent des valeurs d'actif sur le total formé au passif par les créances des tiers, les amortissements et les provisions justifiés.

Par son caractère très général, cette définition permet d'inclure dans le bénéfice imposable – sauf exonération expresse – les profits et pertes de toute origine réalisés par l'entreprise, non seulement ceux qui trouvent leur source dans l'**activité** déployée par celle-ci, mais également ceux qui proviennent d'événements indépendants de sa volonté (exemples : plus-values réalisées à la suite d'une éviction ou d'une expropriation, extinction ou remise de dette).

> Précisions **a.** Lorsque la nue-propriété d'un bien est inscrite à l'actif, la **reconstitution de la pleine propriété** du bien avant le terme normal de l'usufruit en raison de la **renonciation** de l'usufruitier à son droit de jouissance se traduit par l'acquisition de droits nouveaux par le nu-propriétaire et donc par une augmentation de son actif net (CE 14-10-2019 n° 417095 : RJF 1/20 n° 4).

b. Le supplément d'apport résultant de l'**émission** d'actions à bons de souscription d'actions (Absa), dont la valeur est acquittée en numéraire par les acquéreurs, n'entraîne aucune variation de l'actif net susceptible d'entrer dans la base d'imposition de l'émetteur, à supposer même que la **valeur de la composante bons de souscription d'actions (BSA)** des Absa aurait été **sous-estimée** (CE 21-10-2020 n° 429626 : RJF 1/21 n° 21). Il n'en irait autrement que si l'article 38, 8-3° du CGI était applicable, c'est-à-dire dans la situation où les BSA ne sont pas exercés et sont frappés de caducité, les sommes reçues lors de l'émission devant alors être comprises dans les résultats imposables de l'exercice de péremption des droits.

c. Les dettes inscrites au bilan d'une société envers une EURL ne peuvent être regardées comme un passif injustifié au motif que la liquidation anticipée et la radiation du RCS de cette dernière au cours de l'exercice auraient entraîné l'**extinction** de ces dettes dès lors qu'il résulte des dispositions de l'article 1844-5 du Code civil et de l'article L 237-2 du Code de commerce que l'**ancien associé unique,** personne physique, d'une société unipersonnelle dissoute et dont la liquidation a été clôturée peut se prévaloir d'un droit **propre et personnel sur la créance** dont il est devenu titulaire (CE 1-4-2022 n° 445634 : RJF 6/22 n° 531).

Opérations sans lien avec l'activité Les produits et charges qui se rapportent à des **biens inscrits au bilan mais non utilisés pour l'exercice de l'activité** professionnelle sont écartés pour la détermination du bénéfice imposable des **exploitants individuels** et des résultats des **sociétés de personnes** soumis à l'impôt sur le revenu. Le bénéfice net est ainsi diminué du montant des produits qui ne proviennent pas de l'activité exercée à titre professionnel et augmenté du montant des charges déductibles (amortissement, charges financières, etc.) qui ne sont pas nécessitées par l'exercice d'une telle activité. Ce dispositif concerne notamment les biens purement patrimoniaux tels que des immeubles de rapport ou des valeurs mobilières sans lien avec l'exercice de l'activité professionnelle. Les opérations afférentes aux éléments d'actif étrangers à l'activité donnent lieu à la détermination d'un **résultat distinct** imposable dans la catégorie correspondant à leur nature (revenus fonciers, revenus de capitaux mobiliers, bénéfices industriels et commerciaux non professionnels). **7345** CGI art 155, II et III BIC-IV-7220 s

ATTENTION

Compte tenu du principe de **séparation des patrimoines professionnel et personnel** de l'exploitant qui est posé sur le plan juridique par le Code de commerce (n° 87210), ce dispositif devrait à notre avis avoir une portée limitée.

Restent toutefois compris dans le résultat professionnel :

– les revenus issus d'**activités agricoles ou non commerciales accessoires** au sens de l'article 155, I du CGI (n° 7925) ;

– et, sur option expresse de l'exploitant, les **produits ne provenant pas de l'activité** qui n'excèdent pas **5 %** de l'ensemble des produits de l'exercice (y compris ceux relatifs aux activités accessoires visées ci-dessus mais à l'exception des plus-values de cession). Ce montant est porté à **10 %** si la condition de 5 % était satisfaite au titre de l'exercice précédent. Mais, même si ces seuils sont respectés, les charges afférentes à un élément d'actif non professionnel ne sont déductibles du résultat qu'à concurrence du montant des produits générés par cet élément.

> Précisions a. Les **revenus et profits exclus** du résultat professionnel sont, pour leur imposition, réputés avoir été perçus ou réalisés à la date de clôture de l'exercice (ou de la période d'imposition).

b. Ne sont pas pris en compte dans le résultat les produits et charges afférents aux actifs non utilisés pour l'exercice de l'**activité professionnelle,** même s'ils se situent dans son **prolongement.** Exemples : produits de placement de la trésorerie professionnelle (n° 7985) ; parts détenues dans une société ayant une activité complémentaire à celle de l'exploitant mais à laquelle il ne participe pas (BOI-BIC-BASE-90 n° 210).

c. Les produits et charges afférents à des **éléments d'actif à usage mixte** doivent être ventilés afin que la fraction correspondant à l'usage non professionnel soit extournée du résultat professionnel imposable (BOI précité n° 220).

Plus-values (ou moins-values) d'actif Les plus ou moins-values provenant de la cession d'éléments de l'actif utilisés pour l'exercice de l'activité professionnelle soit en cours, soit en fin d'exploitation, doivent être retenues pour la détermination du bénéfice imposable. Elles relèvent du régime des plus-values professionnelles. Certaines d'entre elles peuvent bénéficier de règles particulières, pour partie réservées aux entreprises relevant de l'impôt sur le revenu (exonération des plus-values des petites entreprises, taxation à taux réduit des plus-values à long terme). En outre, il existe des règles spécifiques en cas de cession de biens inscrits à l'actif mais non utiles à l'activité (nos 18460 s.). **7350**

CRÉANCES ACQUISES ET DETTES CERTAINES

Comme en comptabilité, le bénéfice imposable est le bénéfice réalisé au cours de la période d'imposition. Cela signifie que le résultat d'une opération est pris en compte dès que cette opération donne naissance à une créance ou à une dette certaine dans son principe et déterminée dans son montant, quelle que soit la date des encaissements ou décaissements correspondants. **7355** BIC-IV-3450 s

Le principe des créances acquises et dettes certaines permet de déterminer l'**exercice** (ou la période) **de rattachement** des produits et des charges de l'entreprise. Il doit toutefois être combiné avec les règles précises de rattachement des « **produits** correspondant à des créances sur la clientèle ou à des versements reçus à l'avance en paiement du prix », fixées par la loi (voir nos 7870 s.). En ce qui concerne l'exercice de déduction des **charges** : voir no 8165.

7360 Si une **créance** (ou une **dette**) demeure **incertaine** dans son principe ou son montant à la clôture d'un exercice, elle ne doit pas être retenue pour déterminer les résultats de cet exercice. Elle ne pourra être prise en compte que dans les résultats de l'exercice au cours duquel le principe en aura été reconnu ou le montant fixé. Mais si une dette, sans être certaine, présente un degré suffisant de probabilité, l'entreprise peut constituer une provision déductible, sauf exception, de ses résultats.

Lorsque le recouvrement de créances inscrites à l'actif paraît compromis, pour quelque raison que ce soit, une **provision** peut également être constituée pour faire face à ce risque. On parle alors de **créances « douteuses »** ou « litigieuses ».

› Précisions **a.** La créance correspondant à des **sommes placées sous séquestre** doit être considérée comme certaine et doit être prise en compte au titre de l'exercice au cours duquel les sommes ont été versées, même si elles n'ont pas été perçues (CE 19-5-1999 no 159136 : RJF 7/99 no 868).

b. « **L'indétermination** » **du montant** d'une créance s'oppose à sa prise en compte même s'il s'agit d'une créance certaine dans son principe. Exemples : montant d'une indemnité d'expropriation n'ayant pu être fixé par accord amiable (CE 4-2-1972 no 79721 ; BOI-BIC-PDSTK-10-30-20 no 80) ; redevances à percevoir dont tous les éléments de calcul ne sont pas disponibles à la clôture de l'exercice (CE 18-3-1992 nos 94061-95794 : RJF 5/92 no 636).

En revanche, le fait que le **prix** d'un bien ou d'un service ait un caractère **provisoire** et puisse être ultérieurement modifié n'empêche pas que la créance correspondante soit considérée comme déterminée et doive être prise en compte (CE 29-11-1978 no 8313 : RJF 1/79 no 5).

c. La comptabilisation à l'actif d'un **impôt différé** reste sans incidence sur le résultat imposable, dès lors qu'il représente une économie potentielle d'impôt et n'a pas la nature d'une créance acquise.

7365 BIC-IV-30000 s

Évaluation des créances et dettes

En application du principe du nominalisme monétaire en vigueur tant sur le plan comptable que fiscal, les créances et dettes **libellées en euros** sont prises en compte pour leur valeur nominale, cette valeur s'entendant d'une manière générale de la somme inscrite sur le titre matérialisant la créance ou la dette.

ATTENTION

La règle du nominalisme interdit la constitution de provisions pour dépréciation de **créances à long terme** non productives d'intérêts, dès lors qu'il n'est fait état d'aucune circonstance rendant probable leur cession avant l'échéance pour un prix inférieur à leur valeur nominale, ou leur perte de valeur définitive (CE 17-1-1994 no 115512 : RJF 3/94 no 241). Mais elles peuvent faire l'objet d'une provision lorsque leur recouvrement est douteux ou litigieux.

7370 CGI art. 38, 4 BIC-IV-30200 s

Les avoirs en devises ainsi que les créances et dettes **libellées en monnaies étrangères** doivent être évalués à la clôture de chaque exercice en fonction du dernier cours de change. Les écarts de change et de conversion (perte ou profit) ressortant de ces évaluations par rapport aux montants initialement comptabilisés sont pris en compte pour la détermination du résultat imposable de l'exercice.

Le cours des monnaies étrangères au 31 décembre 2023, à prendre en compte pour les exercices clos à cette date, est indiqué no 97120.

› Précisions **a.** En **comptabilité**, les gains potentiels de change ne sont pas compris dans le résultat et les pertes latentes donnent lieu à constitution d'une provision. Cette divergence nécessite des rectifications extra-comptables du résultat (voir Mémento comptable nos 40390 s.).

b. Le principe de prise en compte des écarts de change dans le résultat imposable peut être écarté, sur option irrévocable, pour les **prêts** (ne faisant pas l'objet d'une opération de couverture) consentis pour une durée initiale au moins égale à trois ans par des entreprises autres que des établissements de crédit et des entreprises d'investissement à des **filiales** ou sous-filiales implantées hors de la zone euro dont elles détiennent plus de la moitié du capital pendant toute la durée du prêt.

c. Contrats à terme ayant pour objet la **couverture d'un risque de change** : voir no 8010, précision a.

d. Perte de change sur un **dividende** soumis au **régime des sociétés mères et filiales** : voir no 40970.

INDÉPENDANCE DES EXERCICES

7380 BIC-IV-4600 s

Les produits et les charges ne peuvent être rattachés qu'aux résultats de la période d'imposition à laquelle ils se rapportent, déterminée selon les principes exposés ci-avant. Il en résulte notamment que les événements survenus postérieurement à la clôture de l'exercice ne peuvent influer sur les résultats de celui-ci.

La **rétroactivité** des actes ou conventions est susceptible d'affecter les résultats de l'exercice au cours duquel ils ont été conclus, mais ses conséquences ne peuvent remonter à une date antérieure à l'ouverture dudit exercice (CE 12-7-1974 n° 81753 ; CE 6-5-2015 n° 375880 : RJF 7/15 n° 560). S'agissant de la portée de la rétroactivité des actes de **fusion** ou d'**apport partiel d'actif** : voir nos 39470 s.

Les engagements pris au nom d'une **société en formation** sont réputés avoir été souscrits dès l'origine par la société dès lors que celle-ci les reprend après avoir été régulièrement constituée et immatriculée (C. com. art. L 210-6). Fiscalement, ces engagements peuvent en principe être pris en considération pour la détermination du bénéfice imposable de la société (BOI-BIC-BASE-10-10 n° 90). Mais cette prise en compte rétroactive ne peut produire d'effet à une date antérieure à l'ouverture de l'exercice au cours duquel la société est immatriculée et celle-ci ne peut être imposée au titre d'opérations réalisées au cours d'exercices précédant celui de son immatriculation. La société nouvelle ne peut pas par ailleurs être regardée comme une **société de fait** avant son immatriculation, dès lors que les critères constitutifs d'une telle société ne sont pas réunis (CE 28-2-1997 nos 141459-150985 : RJF 4/97 n° 313). **7385** BIC-IV-4885 s

En vertu du principe d'indépendance des exercices, l'**annulation d'une opération** postérieurement à la clôture d'un exercice n'est pas de nature à remettre en cause les conséquences qui en ont été tirées pour la détermination des résultats imposables dudit exercice (voir n° 17775, le cas d'annulation ou de résolution de la vente d'un élément d'actif immobilisé). **7390**

RÉSULTAT COMPTABLE ET RÉSULTAT FISCAL

Le bénéfice imposable dans la catégorie des BIC est déterminé à partir du résultat comptable de l'entreprise (sur la détermination de ce résultat : voir Mémento comptable, titre II). **7395** BIC-IV-5800 s

Mais, pour l'assiette de l'impôt, il convient d'apporter au résultat comptable des **rectifications extra-comptables** pour tenir compte des règles fiscales spécifiques. Ces corrections apparaissent dans le tableau de « détermination du résultat fiscal », qui doit être joint à la déclaration annuelle des résultats. Elles peuvent être positives ou négatives.

> Précisions **a.** Les corrections positives, ou **réintégrations,** ont essentiellement pour objet d'ajouter au résultat comptable des charges comptabilisées alors qu'elles ne sont pas déductibles du point de vue fiscal. Exemples : amortissement des véhicules de tourisme excédant un certain prix ou, pour les voitures prises en location de longue durée ou en crédit-bail, part du loyer correspondant à cet amortissement, impôt sur les bénéfices, intérêts des comptes courants d'associés excédant la limite de déduction, etc. Elles peuvent également résulter du régime spécial des plus-values : étalement, dans certains cas, des plus-values à court terme, non-déductibilité des moins-values à long terme.

b. Les corrections négatives, ou **déductions,** consistent à retrancher du résultat comptable des éléments non imposables, ou déjà imposés, ou soumis à un régime spécial. Exemples : produits des filiales, investissements outre-mer, plus-values à long terme, etc.

c. Dans les **entreprises relevant de l'impôt sur le revenu,** les produits et charges afférents à des éléments d'actif sans lien avec l'exercice de l'activité professionnelle doivent donner lieu à des corrections extra-comptables (n° 7345).

ABATTEMENTS ET DÉDUCTIONS

Le bénéfice industriel ou commercial calculé selon les règles précédentes n'est soumis à l'impôt, dans certains cas, qu'après application d'un abattement spécial. **7405**

EXEMPLES

Sont notamment concernées, sous réserve du respect de certaines conditions, les **entreprises nouvelles** implantées dans certaines zones du territoire (voir nos 10260 s.), les entreprises situées dans les **zones franches urbaines – territoires entrepreneurs** (voir nos 10335 s.) ou dans les **zones franches d'activités outre-mer** (voir nos 91491 s.) et les **jeunes entreprises** innovantes créées jusqu'au 31 décembre 2023 (voir nos 10400 s.).

Dans certaines conditions, les titulaires de BIC peuvent bénéficier du dispositif prévu dans les **zones France Ruralités Revitalisation** ou les zones France Ruralités Revitalisation plus (nos 10360 s.).

INCIDENCES DE LA TVA

Le compte de résultat doit être présenté « hors taxe ». En pratique, les entreprises doivent donc comptabiliser leurs opérations de gestion et leurs stocks hors taxe. Les immobilisations sont comptabilisées abstraction faite de la TVA récupérable qui a grevé leur acquisition (n° 7610). La méthode de **comptabilisation hors taxe** est prévue par le plan comptable (Mémento comptable nos 46500 s.) : elle assure la neutralité de la TVA qui, normalement, n'intervient pas dans la détermination du bénéfice imposable. **7415** CGI ann. III art. 38 A BIC-IV-16200 s

> Précisions Une dérogation est admise pour les ventes au comptant ne donnant pas lieu à facturation (**commerce de détail**). Les entreprises peuvent enregistrer ces ventes TVA comprise, mais elles doivent ensuite procéder, pour chaque période d'imposition à la TVA, à une régularisation rétablissant leurs comptes de ventes hors TVA (voir n° 53460, précision a et Mémento comptable n° 47060). Elles peuvent ainsi présenter « hors taxe » leur compte de résultat, conformément à la règle générale.

IMPUTATION OU REPORT DES DÉFICITS

7425 Lorsque les opérations de l'exercice font ressortir un résultat fiscal déficitaire, le sort de ce déficit est réglé comme suit.

a. Si l'entreprise relève de l'**impôt sur le revenu,** le déficit est déductible du revenu global de la même année et, en cas d'insuffisance de ce revenu, du revenu global des années suivantes, jusqu'à la sixième inclusivement (voir n°s 800 s.).

Toutefois, sauf exception, l'imputation du déficit qui provient d'une activité non professionnelle ne peut s'opérer que sur les bénéfices retirés d'activités semblables durant la même année ou les six années suivantes (voir n°s 1020 s.).

Pour le cas des déficits subis par les loueurs en meublé non professionnels : voir n° 90560.

b. Si l'entreprise relève de l'**impôt sur les sociétés,** elle a le choix entre le report en avant et le report en arrière de ses déficits : voir n°s 35890 s.

3. ACTIF COMMERCIAL

7450 Dès lors que les résultats imposables des entreprises s'expriment par différence entre les valeurs d'actif net qui ressortent respectivement des bilans de clôture et d'ouverture de la période d'imposition (n° 7340), il est nécessaire, pour déterminer ces résultats, de savoir à quoi correspond l'actif de l'entreprise qui comprend divers éléments, parmi lesquels on trouve les « immobilisations » ou « éléments d'actif immobilisé ».

a. Distinction entre actif commercial et patrimoine privé

ENTREPRISE INDIVIDUELLE

7455 BIC-IV-7150 s Sur le plan fiscal, les exploitants individuels relevant du régime réel, normal ou simplifié, doivent distinguer, à l'intérieur de leur patrimoine, les éléments qui forment l'actif commercial de l'entreprise et ceux qui composent leur patrimoine « privé ». Les exploitants disposent d'une **liberté d'inscription** de leurs biens à l'actif de leur bilan. Le critère de l'inscription ou non au bilan n'a cependant pas une valeur absolue.

ATTENTION

L'article L 526-22 du Code de commerce qui définit le **statut unique de l'entrepreneur individuel** prévoit sur le plan juridique la séparation des patrimoines professionnel et personnel de l'exploitant. Le patrimoine professionnel comprend les biens utiles à l'exercice de l'activité (n° 87220 s.). Les biens inscrits au bilan sont présumés appartenir au patrimoine professionnel (C. com. art. R 526-26, II).

Si les produits et charges qui se rattachent aux biens utiles à l'activité et figurant au bilan de l'exploitant individuel (Mémento comptable n° 60256) sont pris en compte pour la détermination du revenu professionnel imposable, les effets de l'inscription de biens **sans lien avec l'exercice de l'activité** professionnelle sont neutralisés. Les produits et les charges afférents à ces biens sont, sauf exception, exclus de la détermination du résultat professionnel imposable (n° 7345). Mais les cas d'application pratique de cette règle devraient à notre avis être limités compte tenu du principe de séparation des patrimoines professionnel et personnel de l'exploitant (voir n° 87210).

À l'inverse, les **biens affectés par nature** à l'exploitation font obligatoirement partie de l'actif immobilisé même s'ils ne sont pas inscrits au bilan. Sont concernés les biens qui ne peuvent être utilisés que pour l'exercice d'une profession et plus particulièrement les **éléments incorporels du fonds** de commerce (CE 10-6-1970 n° 75161 ; BOI-BIC-PVMV-10-10-10 n° 370) : clientèle et achalandage, droit au bail (notamment CE 17-10-1990 n° 56991 : RJF 12/90 n° 1434) et indemnité versée pour l'acquisition de droits supplémentaires à ce bail (CE 27-1-2017 n° 391817 : RJF 4/17 n° 298), ou licence de débit de boissons (CE 28-12-2007 n° 271895 : RJF 3/08 n° 266).

Certains **biens maintenus dans le patrimoine privé** peuvent être affectés à l'activité professionnelle lorsqu'ils sont **utilisés pour les besoins de l'exploitation.** Ils font alors partie du patrimoine professionnel de l'exploitant sur le plan juridique (n° 87210). La déduction des charges afférentes à ces biens est possible à l'exclusion des charges de la propriété (frais d'acquisition, impôt foncier, amortissement). Les immeubles professionnels maintenus dans le patrimoine privé peuvent ainsi donner lieu à la déduction d'un loyer (voir nº 8345, précision d). L'article R 526-26 du Code de commerce prévoit que la partie de la résidence principale de l'exploitant utilisée pour l'exercice de l'activité fait partie du patrimoine professionnel.

ATTENTION

L'administration considère que les **brevets, marques** et autres droits de propriété industrielle dont l'exploitant est propriétaire font obligatoirement partie de l'actif lorsqu'ils ont été créés dans le cadre de l'activité ou lorsque leur exploitation est l'objet même de l'entreprise (BOI-BIC-PVMV-10-10-10 nº 310).

La **cession** d'éléments de l'actif utilisés pour l'exercice de l'activité relève du régime des plus-values professionnelles, tandis que la cession des biens « privés » donne ouverture, s'il y a lieu, au régime des plus-values des particuliers. La cession d'éléments d'actif étrangers à l'activité obéit, quant à elle, à des règles particulières (nºs 18460 s.). 7460

Le **transfert** d'un bien de l'actif commercial dans le patrimoine privé (retrait d'actif) équivaut à une cession génératrice de plus-value ou moins-value (nº 17730). L'opération inverse, consistant à transférer un bien du patrimoine privé à l'actif de l'entreprise, correspond à un apport (sur la valeur d'inscription du bien : voir nº 7592, g).

ENTREPRISE EXPLOITÉE EN SOCIÉTÉ

La délimitation de l'actif professionnel ne peut guère soulever de difficultés pour les sociétés. 7470
Leur actif se confond normalement avec le **patrimoine social,** lequel est juridiquement distinct du patrimoine des associés. BIC-IV-8350 s

Il faut cependant signaler deux particularités en ce qui concerne les **sociétés de personnes** (et sociétés ou groupements assimilés) :

– lorsqu'une telle société détient des biens non affectés à l'activité professionnelle, le résultat social imposable à l'impôt sur le revenu doit en principe être déterminé en extournant les produits et charges afférents à ces biens (voir nº 7345) ;

– lorsqu'un contribuable exerce son activité professionnelle au sein d'une société de personnes, les droits ou parts qu'il détient sont considérés fiscalement comme des éléments d'actif affectés à l'exercice de la profession. Ils suivent le régime de tout actif professionnel, au point de vue de la déduction des charges qui le grèvent ou de l'imposition des plus-values résultant de la cession des éléments qui le composent (voir nºs 37715 s.).

b. Composition de l'actif immobilisé

DÉFINITION GÉNÉRALE

Les immobilisations peuvent être soit corporelles (terrains, immeubles, matériel, mobilier), soit incorporelles (fonds commercial, droit au bail, brevets, titres de sociétés). 7495
BIC-IV-8430 s

La loi fiscale ne donne pas de définition des immobilisations, renvoyant de ce fait aux **règles comptables** (CGI ann. III art. 38 quater). Selon cette réglementation, un actif s'entend d'un élément identifiable du patrimoine ayant une valeur économique positive pour l'entité, c'est-à-dire un élément générant une ressource que l'entité contrôle du fait d'événements passés et dont elle attend des avantages économiques futurs (PCG art. 211-1 ; Mémento comptable nºs 25105 s. et 30105 s.).

ATTENTION

La définition générale des actifs ne concerne ni les **biens donnés en location,** qui restent inscrits à l'actif du bailleur, ni les **concessions de marques et de brevets.**

Cette définition repose sur trois **critères** :

1. Élément identifiable : pour satisfaire à cette condition, un **élément incorporel** doit soit être séparable des activités de l'entité, c'est-à-dire susceptible d'être vendu, transféré, loué ou échangé de manière isolée ou avec un contrat, un autre actif ou passif, soit être issu d'un droit légal ou contractuel même si ce droit n'est pas transférable ou séparable de l'entité ou des autres droits (PCG art. 211-5).

2. Contrôle de l'élément : ce critère, qui suppose que l'entité ait la maîtrise des avantages en résultant et qu'elle assume tout ou partie des risques y afférents, est généralement satisfait lorsque l'entreprise détient un **droit de propriété** sur l'élément concerné. Mais la qualité de propriétaire n'est pas obligatoirement requise et il peut y avoir contrôle sans détention du droit de propriété (et inversement). Certains biens dont l'entreprise n'est pas propriétaire devraient ainsi figurer au bilan si celle-ci exerce sur eux un pouvoir de contrôle qui, selon l'administration, peut être attesté par les éléments suivants : maîtrise technique de l'élément, prise en charge de son entretien et de la responsabilité en cas de dommage causé aux tiers (BOI-BIC-CHG-20-10-10 nº 40).

3. Élément porteur d'avantages économiques futurs : pour figurer à l'actif, un bien ou un droit doit être susceptible de contribuer directement ou indirectement à des flux nets de trésorerie au bénéfice de l'entreprise (PCG art. 211-2).

> **Précisions** Constituent des **éléments incorporels** qui doivent être individualisés à l'actif :
> – une **marque,** même si pour des raisons juridiques elle ne peut être cédée isolément (CE 28-12-2007 nos 284899 et 285506 : RJF 3/08 no 269) ;
> – la **clientèle d'une entreprise membre d'un réseau** commercial dès lors que cette entreprise exerce son activité de façon autonome et à ses risques, même si elle bénéficie de services d'assistance à la gestion fournis par sa société mère (CE 17-2-2010 no 311953 : RJF 5/10 no 463).

7500 **Critère de la durée d'utilisation** Une immobilisation est également définie comme un actif destiné à servir de façon durable à l'activité de l'entreprise (C. com. art. R 123-181), c'est-à-dire un élément dont l'entreprise attend qu'il soit utilisé au-delà de l'exercice en cours pour la production ou la fourniture de biens ou de services, pour être loué à des tiers ou encore à des fins de gestion interne (PCG art. 211-6 ; Mémento comptable no 20400).

Ce critère lié à la durée d'utilisation est également retenu par la jurisprudence (notamment CE 24-7-1987 no 47321 : RJF 11/87 no 1084 ; CE 18-5-1998 no 132260 : RJF 7/98 no 777). Il ne concerne pas toutefois les **biens donnés en location** (voir no 7515).

ENJEUX DE LA QUALIFICATION

7505 La qualification d'une dépense en immobilisation, et non en stocks (voir nos 7515 s.) ou en frais généraux (voir nos 7530 s.), revêt une grande importance pratique, notamment pour les raisons suivantes.

Dès lors qu'il se traduit par une augmentation de la valeur de l'actif, le **prix d'acquisition** d'une immobilisation ne constitue pas, en principe, une charge immédiatement déductible pour l'entreprise.

Les immobilisations dont l'usage attendu par l'entreprise est limité dans le temps en raison de critères physiques, techniques ou juridiques, donnent lieu à la déduction d'un **amortissement** selon les règles exposées nos 9090 s. Tel est le cas notamment des immeubles, du matériel et des brevets. Les immobilisations qui ne se déprécient pas de manière irréversible peuvent, le cas échéant, faire l'objet de **provisions** motivées par des circonstances particulières (voir nos 9790 s.).

En cas de **cession** d'immobilisations, il est fait application du régime spécial des **plus-values** (ou moins-values) professionnelles. Cependant, dans les sociétés passibles de l'impôt sur les sociétés, le régime de faveur des plus-values à long terme ne concerne pour l'essentiel que les titres de participation (ou certains titres assimilés) (voir nos 18670 s.).

DISTINCTION ENTRE IMMOBILISATIONS ET STOCKS

7515
BIC-IV-8700 s
À l'inverse des immobilisations, les stocks constituent des éléments qui, compte tenu de l'activité de l'entreprise, sont destinés à la vente en l'état ou au terme d'un processus de production (voir nos 7675 s.).

La prise en compte de l'objet de l'**activité de l'entreprise** peut conduire à ce qu'un élément de même nature intrinsèque soit considéré comme une immobilisation pour telle entreprise et comme un stock pour telle autre. Par exemple, alors que les immeubles et fonds de commerce constituent des immobilisations pour la généralité des entreprises, ils font partie des stocks pour une entreprise ayant la qualité de « marchand de biens » ou assimilé.

Les **biens donnés en location** constituent toujours des immobilisations lorsque la location est l'objet même de l'entreprise, quelle que soit la durée de la location (BOI-BIC-CHG-20-10-10 no 60 et, pour les loueurs de véhicules, Lettre du CNC à la CNCC du 19-1-2006).

7520 **Cas particuliers** **a. Emballages** (CGI ann. III art. 38 ter) : les **emballages perdus** (c'est-à-dire destinés à être livrés avec leur contenu, sans consignation ni reprise) constituent des stocks. Toutefois, si leur montant est peu important (cas, par exemple, des sacs destinés à transporter les produits), il est admis qu'ils soient enregistrés directement parmi les charges, les achats non consommés en fin d'exercice constituant dans ce cas des charges payées ou comptabilisées d'avance (BOI-BIC-CHG-40-10 no 10).

Les ***emballages récupérables,*** qui sont susceptibles d'être provisoirement conservés par la clientèle et que le livreur s'engage à reprendre dans des conditions déterminées, constituent normalement des immobilisations. Ils ne peuvent être rangés dans les stocks que s'ils ne sont pas commodément identifiables et à condition, selon le Conseil d'État, que ce classement corresponde à leur nature véritable, ce qui implique que leur durée moyenne d'utilisation, déterminée statistiquement, n'excède pas un an (CE plén. 3-2-1984 no 27227 : RJF 4/84 no 407).

L'administration laisse toutefois aux entreprises une entière liberté de choix pour inscrire les emballages récupérables non commodément identifiables à un compte d'immobilisations ou à un compte de stocks (BOI-BIC-CHG-20-10-20 n° 310).

b. Pièces de rechange : aux termes de l'article 213-21 du PCG, les pièces de rechange et de sécurité ainsi que le **matériel d'entretien** sont habituellement inscrits en stocks et comptabilisés dans le résultat lors de leur consommation. Doivent toutefois être immobilisées au plan comptable comme au plan fiscal (BOI-BIC-AMT-10-20 n° 210) :

– toutes les **pièces spécifiques** (c'est-à-dire non interchangeables), quel que soit leur coût, ainsi que les **pièces de rechange principales** dès lors que l'entreprise compte les utiliser pendant plus d'un exercice (BOI-BIC-CHG-20-10-20 n° 290). Les pièces de rechange principales destinées à remplacer ou à être intégrées à un composant sont amorties à compter du remplacement sur la durée résiduelle d'amortissement du composant ;

– et, en cas d'utilisation supérieure à douze mois, les **pièces de sécurité** qui s'entendent des pièces principales d'une installation, acquises pour être utilisées en cas de panne ou de casse accidentelle afin d'éviter une interruption longue du cycle de production ou un risque en matière de sécurité. Ces pièces sont amorties dès l'acquisition de l'immobilisation à laquelle elles sont destinées, sur une durée identique.

c. Matériels de démonstration : les matériels affectés à l'**activité de négoce** sont des stocks s'ils sont utilisés pendant une période inférieure à un an. Tel est le cas des **voitures** de démonstration utilisées par les négociants en automobiles (CE 20-6-1969 n° 75064 ; BOI-BIC-PDSTK-20-10 n° 270).

Si leur durée d'utilisation est supérieure à la durée de l'exercice, ils constituent des immobilisations (CE 12-3-2012 n° 341879 : RJF 6/12 n° 562 pour des véhicules militaires et CAA Bordeaux 13-3-2006 n° 02BX01094 : RJF 8-9/06 n° 986 pour des matériels d'exposition d'un fabricant de cuisines). En revanche, lorsque des véhicules de démonstration sont affectés exclusivement à l'activité de **promotion d'une marque** automobile, ils constituent des immobilisations, alors même qu'ils seraient revendus moins d'un an après leur l'acquisition (CE 22-11-2022 n° 456405 : RJF 2/23 n° 81).

d. Carrières et biens assimilés (ardoisières, sablières, tourbières) : le terrain de carrière est constitué du gisement, à comptabiliser en stock, et du tréfonds, défini comme une immobilisation (PCG art. 617-2).

e. Investissements forestiers : l'ensemble du boisement d'une forêt appartenant à une exploitation forestière (bois arrivés à maturité ou en cours de croissance) a le caractère d'un stock, tandis que le sol constitue une immobilisation dès lors qu'il n'est pas acquis en vue de la revente (CE 30-12-1998 n° 136430 : RJF 2/99 n° 130 ; BOI-BIC-PDSTK-20-30 n° 120). BIC-VI-16400 s

DISTINCTION ENTRE IMMOBILISATIONS ET FRAIS GÉNÉRAUX

Règles générales Pour être admises en déduction des résultats, les dépenses engagées par une entreprise doivent se traduire par une diminution de son actif net. Ne constituent donc pas des charges immédiatement déductibles les dépenses qui se traduisent par l'**entrée d'un nouvel élément** dans l'actif de l'entreprise, destiné à être utilisé durablement comme moyen d'exploitation. **7530** BIC-IV-10250 s

Il n'est pas possible de passer en charges le prix d'acquisition du fonds de commerce et des autres éléments, corporels ou incorporels, d'actif : terrains, constructions, matériels, outillages, droit au bail, brevets et marques (pour le cas particulier des **biens de faible valeur,** voir n° 7540).

Ne font pas davantage partie des charges déductibles :

– les dépenses qui entraînent normalement une **augmentation de la valeur** pour laquelle un élément de l'actif immobilisé figure au bilan ;

– et celles qui ont pour effet de prolonger d'une manière notable la **durée** probable **d'utilisation** d'un élément d'actif immobilisé.

L'immobilisation est également la règle pour toute dépense de **remplacement d'un composant.**

S'agissant des conditions de déduction des **coûts d'entretien et de réparation** effectués sur des immobilisations, voir nos 8365 s.

Par ailleurs, certaines charges peuvent, au choix, être immobilisées ou déduites immédiatement : **frais de recherche et de développement** (nos 8405 s.) ; frais de conception de **logiciels** (n° 8420) ; dépenses de création de **sites Internet** (n° 8430).

> Précisions **a.** Une entreprise qui acquiert les **éléments d'un fonds de commerce** doit les inscrire à l'actif, même si cette acquisition vise uniquement à **agrandir ses locaux** et non pas à poursuivre l'activité du fonds acquis (CE 26-2-2016 n° 383930 : RJF 5/16 n° 400).

b. Les sommes versées pour l'acquisition d'un droit d'**emplacement** sur un **marché d'intérêt national** (assorti du droit de présentation du successeur) ne sont pas déductibles des résultats (CE 26-2-1990 n° 84156 : RJF 4/90 n° 378).

7532 BIC-IV-11420 s **Engagements de non-concurrence** Un engagement de non-concurrence ne constitue un **élément incorporel** de l'actif immobilisé pour son bénéficiaire que si, eu égard à son ampleur, à sa durée et au degré de protection qu'il implique, il a pour effet d'accroître la valeur de l'actif incorporel de l'entreprise, notamment par le gain de parts de marché (CE 3-11-2003 n° 232393 : RJF 1/04 n° 5). Tel est le cas lorsque les sommes versées pour son obtention ont pour contrepartie une augmentation de la clientèle ou de la valeur du fonds (notamment CE 15-6-2001 n° 212180 : RJF 10/01 n° 1186 ; CAA Paris 1-3-2001 n°s 97PA02017 et 97PA02666 ; CE (na) 6-2-2002 n°s 233639 : RJF 6/02 n° 610).

En revanche, les **sommes** versées dans un cadre défensif sont **déductibles** des résultats imposables. Relèvent par exemple de ce cas de figure un engagement de non-concurrence qui a pour seul effet de protéger l'entreprise pendant une **durée limitée** contre un risque de diminution de sa clientèle provenant du départ d'un ancien salarié (CE 3-11-2003 n° 232393 précité) et un **accord de non-belligérance** qui a pour seul objet de maintenir la protection juridique de la marque dont l'entreprise est déjà titulaire (CE 20-2-2002 n° 221437 : RJF 5/02 n° 472). Est également déductible l'indemnité transactionnelle versée en cas d'**utilisation abusive d'une marque,** dès lors que cette indemnité ne vise qu'à réparer le préjudice subi par le propriétaire de la marque en termes d'image (CE 19-6-2006 n° 268940 : RJF 10/06 n° 1151).

7535 BIC-IV-10950 s, 11910 s et 12520 s **Droits incorporels attachés à certains contrats (ou autorisations)** Il peut arriver – exceptionnellement – que des charges normalement déductibles, telles les redevances de concession de brevets ou de marques, soient considérées comme génératrices d'éléments incorporels d'actif. C'est en principe le cas, selon la jurisprudence, des dépenses qui permettent à l'entreprise d'acquérir des droits constituant une source régulière de profits, dotés d'une pérennité suffisante et susceptibles de faire l'objet d'une cession (CE 21-8-1996 n° 154488 : RJF 10/96 n° 1137). Le critère de cessibilité n'est toutefois pas obligatoirement requis, compte tenu de la définition générale des actifs (n° 7495), lorsque les droits acquis ont pour origine une protection juridique résultant d'un droit légal ou contractuel. Mais il demeure applicable pour les concessions de marques et de brevets qui sont hors du champ d'application de cette définition.

Les redevances versées pour la **concession** de droits de la propriété industrielle (licences de **brevets,** de **marques** ou de **procédés de fabrication**) ne doivent ainsi être immobilisées que si le contrat de concession présente cumulativement les trois caractéristiques suivantes : exclusivité, pérennité suffisante et cessibilité des droits concédés (notamment CE 12-2-1988 n° 62547 : RJF 4/88 n° 383 ; CE 15-6-2016 n° 375446 : RJF 10/16 n° 797 ; a contrario CE 25-10-1989 n° 65009 : RJF 12/89 n° 1413). La **condition de pérennité** s'apprécie au regard des facultés de résiliation offertes au concédant (CE 24-9-2014 n° 348214 : RJF 12/14 n° 1078). Satisfait par exemple cette condition un contrat conférant le droit exclusif d'exploiter une marque pendant cinq ans et tacitement reconductible (CE 23-12-2011 n° 341217 : RJF 3/12 n° 213). Le **critère de cessibilité** n'est quant à lui pas satisfait lorsque le contrat contient une clause d'agrément qui confère au concédant le pouvoir discrétionnaire de s'opposer à la cession (CE 16-10-2009 n° 308494 : RJF 1/10 n° 4).

Les droits attachés à certains **contrats** (de **distribution,** de **fourniture,** etc.) peuvent également être assimilés à des éléments de l'actif incorporel s'ils représentent une source régulière de profits et si l'entreprise peut, dès l'origine, escompter la poursuite des relations contractuelles pendant une assez longue période. Tel n'est pas le cas des contrats de distribution exclusive conclus pour une période d'un an et renouvelables par tacite reconduction, dès lors qu'ils peuvent prendre fin à chaque échéance annuelle à la seule initiative du cocontractant et sans indemnité, même si en pratique ils font l'objet de nombreuses reconductions ; l'indemnité amiable perçue lors de leur résiliation constitue alors une recette ordinaire et non une plus-value à long terme (notamment CE 8-7-1985 n° 41276 : RJF 10/85 n° 1256 ; CE 26-2-2001 n° 221351 : RJF 5/01 n° 586). Il en va de même pour un contrat de distribution d'une durée de cinq ans dont le renouvellement est soumis à des conditions strictes et qui comporte diverses hypothèses de résiliation anticipée (CE 12-12-2012 n° 334516 : RJF 3/13 n° 258). Peut en revanche être qualifié d'immobilisation incorporelle un contrat de distribution exclusive qui, eu égard à la nature des matériels concernés, la durée indéterminée du contrat et la longueur du préavis prévu en cas de résiliation, a pour objet d'établir des relations commerciales de longue durée (CE 16-2-2011 n° 315625 : RJF 5/11 n° 547).

> Précisions **a.** Les **droits d'utilisation d'un nom de domaine sur Internet** ne constituent des éléments incorporels d'actif que s'ils constituent une source régulière de profits, sont dotés d'une pérennité suffisante et susceptibles de faire l'objet d'une cession (CE 7-12-2016 n° 369814 : RJF 3/17 n° 212).

b. Les **coûts liés à l'enregistrement** d'une **substance chimique** réalisé en application du règlement européen **Reach** constituent un élément de l'actif incorporel lorsque l'entreprise acquiert la majorité des tests nécessaires à la constitution du dossier technique (voir Mémento comptable n° 30770). Lorsque les tests sont réalisés par l'entreprise (ou sous-traités), les dépenses de constitution des dossiers techniques constituent des frais de développement (voir n° 8405) (Avis CNC 2009-13 du 1-10-2009 et Lettre de la DLF au Medef du 31-5-2010).

c. Dans le cas où un **contrat de fortage** prévoit le paiement d'un **prix d'acquisition du droit** d'occuper et **d'exploiter les terrains,** indépendamment du prix des matériaux, seul le prix versé pour l'acquisition de ce droit, si celui-ci est doté d'une pérennité suffisante, doit être immobilisé à l'actif (CE 30-5-2012 n° 323004 : RJF 8-9/12 n° 794). Les **redevances** versées par le concessionnaire constituent des charges déductibles du résultat imposable au fur et à mesure de l'extraction des matériaux. À la clôture de l'exercice, le coût des matériaux extraits non utilisés pour la production est comptabilisé en stocks (BOI-BIC-CHG-20-10-20 n° 175 ; CAA Nancy 19-4-2012 n° 10NC00201 : RJF 12/12 n° 1101).

Biens de faible valeur Par mesure de simplification, l'administration autorise les entreprises à passer directement en charges déductibles, lorsque leur valeur unitaire n'excède pas un montant fixé à 500 € hors taxe, le prix d'acquisition des biens suivants : matériels et outillages, matériels et mobiliers de bureau, logiciels. La valeur d'un bien composé de plusieurs éléments s'apprécie en prenant en considération le prix global de l'ensemble des éléments (BOI-BIC-CHG-20-30-10 n°s 20 s.). **7540** BIC-IV-10660 s

Cette solution ne s'applique aux dépenses d'acquisition de **meubles meublants** de bureau ou de **mobilier de magasins** commerciaux que s'il s'agit d'achats destinés au renouvellement courant du mobilier installé, limités à un petit nombre d'unités (ou d'achats dont le montant total au cours de l'exercice n'excède pas la limite de 500 €). La déduction immédiate des dépenses est subordonnée à leur **inscription comptable** effective en frais généraux.

ATTENTION

La déduction est écartée pour les biens de faible valeur dont l'utilisation constitue pour l'entreprise l'**objet** même de son **activité** : c'est le cas, par exemple, des biens proposés à leurs clients par les entreprises de location (vélos, skis, téléviseurs, etc.) (BOI-BIC-CHG-20-10-20 n° 280).

c. Prix de revient des immobilisations

Les immobilisations doivent être inscrites à l'actif pour leur valeur d'origine qui s'entend différemment selon qu'il s'agit de biens acquis à titre onéreux ou à titre gratuit, de biens créés par l'entreprise, reçus en apport ou acquis par voie d'échange. **7550** CGI ann. III art. 38 quinquies BIC-IV-13500 s

La valeur d'origine est prise en compte pour le calcul des plus-values ou moins-values en cas de cession ultérieure du bien. Dans le cas des immobilisations amortissables, elle sert en principe de base de calcul des amortissements.

Sur la possibilité de **réévaluer** les éléments d'actif, voir n°s 19390 s.

IMMOBILISATIONS ACQUISES À TITRE ONÉREUX

La valeur d'origine des immobilisations acquises à titre onéreux s'entend, au plan comptable comme au plan fiscal, du coût d'acquisition, c'est-à-dire du **prix d'achat,** y compris les droits de douane et taxes non récupérables, **minoré** des remises, rabais commerciaux et escomptes de règlements obtenus, et **augmenté** des coûts directement engagés pour mettre l'actif en place et en état de fonctionner selon l'utilisation prévue par la direction (PCG art. 213-8 et CGI ann. III art. 38 quinquies). **7555** BIC-IV-13550 s

Le prix d'achat s'entend hors **TVA** déductible (n° 7610).

Les **frais d'acquisition** et les **frais financiers** intercalaires peuvent être incorporés au coût d'acquisition, sur option de l'entreprise : voir n°s 7570 et 7580.

Les différents frais incorporables, obligatoirement ou sur option, au coût de revient d'une **immobilisation décomposable** peuvent, par mesure de simplification, être répartis au prorata de la valeur de chaque élément (BOI-BIC-CHG-20-20-10 n° 250).

> Précisions a. Lorsque le **prix d'achat** fait l'objet d'une **révision,** la valeur inscrite au bilan doit être ajustée à la hausse ou à la baisse pour tenir compte du prix définitif (BOI-BIC-CHG-20-20-10 n° 10). De même, si une **réduction** intervient au cours d'un exercice postérieur à celui de l'acquisition, le coût d'entrée doit être diminué d'autant à la clôture de cet exercice. Lorsque le bien concerné est amortissable, les annuités d'amortissement antérieures doivent être rectifiées en conséquence (BOI-BIC-PVMV-40-40-20 n° 210).

b. En cas d'achat de titres assorti d'une **garantie de passif,** l'indemnité versée par le cédant ne peut venir en diminution du prix de revient des titres mais doit être comprise dans les résultats imposables (CE 24-6-2013 n° 350451 : RJF 10/13 n° 905).

c. Le **prix d'acquisition** pour lequel une immobilisation doit être inscrite à l'actif s'entend du prix de vente convenu entre les parties et mentionné dans l'**acte notarié** (CE 9-7-2009 n° 296048 : RJF 11/09 n° 908), les éléments de détermination du prix de cession (produits constatés d'avance ou provision pour congés payés) étant sans incidence sur la valeur d'inscription d'une clientèle acquise à l'actif (CE 12-6-2019 n° 403413 : RJF 11/19 n° 1007).

7560 BIC-IV-13800 s **Coûts de mise en état d'utilisation** Les coûts de mise en état d'utilisation à inclure dans le coût d'acquisition comprennent notamment les frais de **livraison** et de manutention, les frais de **transport,** d'**installation** et de montage, ainsi que les coûts de réalisation de **tests de fonctionnement** (BOI-BIC-CHG-20-20-10 n° 30).

La **période d'acquisition** (ou de production) au cours de laquelle ces frais doivent être engagés pour être inclus dans le prix de revient débute à la date à laquelle la direction a pris la décision d'acquérir le bien et démontre qu'il générera des avantages économiques futurs. Elle prend fin lorsque le rendement initial attendu par l'entreprise est atteint (PCG art. 213-10 et 213-12 ; BOI précité n° 40), c'est-à-dire en pratique lorsque l'immobilisation est en état d'atteindre ce rendement.

Les **frais engagés après la période d'acquisition** constituent en principe des charges (à l'exception toutefois de certaines dépenses d'entretien et de réparation : voir n°s 8365 s.).

ATTENTION

Les coûts supportés lorsque l'**immobilisation** est en état de fonctionner (conformément à l'utilisation prévue par l'entreprise) mais n'est **pas encore mise en production** ou fonctionne **en dessous de sa pleine capacité** sont passés en charges (BOI précité n° 50).

7565 Les **dépenses** qui ne peuvent être considérées comme des coûts directement engagés pour la mise en état de fonctionnement de l'immobilisation sont **exclues du prix de revient** et constituent des charges déductibles. Tel est le cas des coûts de **transport** et d'**installation** chez le locataire de **matériels donnés en location** (Mémento comptable n° 26220). Sont également déductibles, selon l'administration : les **coûts d'ouverture** d'une nouvelle installation ; les **coûts d'introduction sur le marché** d'un nouveau produit ou service (incluant les coûts de publicité et de promotion) ; les **coûts de relocalisation** d'une affaire dans un nouvel emplacement ou avec une nouvelle catégorie de clients (incluant le coût de la formation du personnel) ; le **coût des rémunérations** et autres avantages attribués au personnel non affecté directement à l'acquisition de l'immobilisation (BOI-BIC-CHG-20-20-10 n° 50).

ATTENTION

Sur le plan comptable, les **frais** externes **de formation** nécessaires à la mise en service de l'immobilisation peuvent, au choix de l'entreprise, être inclus dans le coût d'acquisition de l'immobilisation ou être comptabilisés en charges (PCG art. 213-8 ; Mémento comptable n° 26262). Lorsque l'option comptable pour l'immobilisation de ces frais est exercée, elle ne produit pas d'effet sur le plan fiscal. Cette divergence donne donc lieu à une déduction extra-comptable.

Dans les autres cas, les frais de formation constituent comptablement et fiscalement, des charges déductibles.

Les **coûts administratifs** et **autres frais généraux** sont exclus du prix de revient, à l'exception de ceux afférents aux structures dédiées, tels les coûts d'une équipe dédiée exclusivement à l'acquisition d'une nouvelle structure de production.

> Précisions Le prix de revient des **véhicules** ne comprend pas le coût de la carte grise qui est immédiatement déductible ainsi que les frais de transport qui peuvent être portés en frais généraux s'il résulte des conditions de vente que l'acquéreur peut prendre livraison du véhicule à la sortie des chaînes de fabrication sans que de tels frais lui soient facturés. En revanche, les frais de mise à disposition figurant sur la facture d'achat doivent être inclus dans le prix de revient (BOI-BIC-AMT-10-30-30-10 n° 20).

Les frais de réparation d'un véhicule acheté d'**occasion** nécessaires à sa mise en état d'utilisation font également partie de son prix de revient (CE 2-3-1990 n° 67828 : RJF 4/90 n° 380 ; BOI-BIC-CHG-20-20-20 n° 130).

7570 BIC-IV-14320 s **« Frais d'acquisition » des immobilisations** Les « frais d'acquisition » s'entendent des **droits de mutation** et d'enregistrement, des **honoraires** (notaires, conseils...), des **commissions** versées à des intermédiaires et des **frais d'actes** (ils comprennent, selon l'administration, les frais d'insertion et d'affiches et les frais d'adjudication : BOI-BIC-CHG-20-20-10 n° 150). Ils peuvent être, au **choix,** soit inclus dans le prix de revient de l'immobilisation, soit compris dans les charges immédiatement déductibles (PCG art. 213-8 et CGI ann. III art. 38 quinquies). L'option exercée en comptabilité détermine le traitement fiscal. Irrévocable, elle vaut en principe pour toutes les immobilisations. Une option distincte peut toutefois être exercée pour les titres, étant précisé qu'une règle fiscale particulière est prévue pour les titres de participation acquis par des sociétés soumises à l'IS (voir n° 7575).

7575 CGI art. 209, VII BIC-IV-15150 s Au plan fiscal, les frais engagés par des **sociétés soumises à l'IS** pour acquérir des **titres de participation** (au sens fiscal) sont obligatoirement incorporés au prix de revient des titres. Mais ils peuvent être amortis sur cinq ans, la première annuité d'amortissement étant le cas échéant réduite prorata temporis. Lorsque les frais sont intégrés au coût d'entrée sur le plan comptable, la déduction fiscale prend la forme d'un amortissement dérogatoire. Lorsqu'ils sont comptabilisés en charges, des corrections extra-comptables doivent être opérées pour, d'une part, réintégrer la charge déduite et, d'autre part, déduire les amortissements (BOI-IS-BASE-30-10 n°s 160 s.).

> **Précisions** **a.** Les **frais concernés,** qui comprennent notamment les droits de mutation et les commissions et honoraires versés à des intermédiaires, s'entendent, selon l'administration, des frais d'acquisition de titres définis par la réglementation comptable (Mémento comptable n° 35620) (BOI précité n°s 30 s.).
> **b.** **Cession des titres** avant l'expiration du délai de cinq ans : voir n° 18850.
> **c.** Sort de la déduction étalée en cas d'**annulation des titres** : voir n° 39530, précision b.

Frais financiers intercalaires Les coûts d'emprunt supportés pour l'acquisition ou la production d'une immobilisation jusqu'à la date d'acquisition ou de réception définitive peuvent être, au **choix,** soit inclus dans le coût d'origine du bien, soit déduits en charges, conformément aux règles comptables (PCG art. 213-9, 1). Cette option concerne les éléments d'actif qui exigent une **période de préparation ou de construction** longue (soit en principe plus de douze mois) avant de pouvoir être utilisés. Elle est irrévocable et s'applique à tous les frais financiers engagés pendant cette période. À défaut d'option, les frais financiers sont déduits en charges selon les règles décrites n°s 8740 s. Selon l'administration, le choix opéré en comptabilité détermine le traitement fiscal de ces frais (BOI-BIC-CHG-20-20-10 n° 130). **7580** CGI ann. III art. 38 undecies BIC-IV-14110 s

L'incorporation des **frais d'émission d'emprunt** au prix de revient ne peut être réalisée que si l'entreprise a opté pour leur déduction étalée selon les modalités exposées n° 8780 (BOI précité n° 90).

Prix de revient des ensembles immobiliers Lorsqu'une entreprise fait construire ou acquiert un immeuble, elle doit distinguer le **prix de revient du terrain** et celui des **constructions,** ces dernières pouvant seules être amorties. Le prix de revient des constructions doit ensuite être réparti entre la structure et les différents composants identifiés par l'entreprise (voir n° 9185). **7585** BIC-IV-14550 s

L'administration peut contester la **ventilation** opérée entre terrain et constructions en respectant la **méthode définie par le Conseil d'État** (CE 15-2-2016 n°s 367467 et 380400 : RJF 5/16 n° 398) qui lui impose de s'appuyer :

– en priorité, sur les achats de terrains nus réalisés à des dates proches dans la même zone géographique ;

– à défaut, sur le coût de reconstruction de l'immeuble à la date de son entrée au bilan, corrigé pour tenir compte de sa vétusté et de son état d'entretien ;

– et, en cas d'impossibilité de retenir les méthodes précédentes, sur la ventilation opérée par d'autres entreprises pour des immeubles comparables acquis à des dates proches dans la même zone.

Le contribuable peut critiquer la méthode retenue ou justifier sa propre évaluation en se référant à d'autres données, mais il ne peut recourir à d'autres méthodes que celles préconisées par le Conseil d'État.

Les **dépenses supportées à l'occasion de l'acquisition** d'un ensemble immobilier peuvent être incluses, en fonction de leur nature, dans le prix de revient du terrain ou des constructions. **7587**

a. Les **honoraires d'architecte** ou de **bureaux d'études** engagés à compter de la date à laquelle la décision de construire ou d'acquérir l'immeuble a été prise par la direction doivent être compris dans le prix de revient des constructions (CE 21-12-1983 n° 41613 : RJF 2/84 n° 122 ; BOI-BIC-AMT-10-30-30-10 n° 20). En revanche, les dépenses relatives à des études préalables à la prise de décision d'investir sont déductibles en charges.

b. Les **participations financières** à des **travaux d'équipement public,** parfois versées aux collectivités territoriales lors de l'implantation de nouveaux établissements, constituent, selon les circonstances :

– un élément du prix de revient des constructions si leur versement conditionne l'obtention du permis de construire ou s'il se substitue à une taxe d'urbanisme elle-même incluse dans le prix de revient (CE 17-2-1992 n° 74272 et n°s 81690-82782 : RJF 4/92 n° 433) ;

– un élément du prix de revient du terrain si les clauses de l'acte de vente du terrain par la collectivité permettent de le considérer comme tel (CE 3-10-1973 n° 84265 ; BOI-BIC-CHG-20-10-20 n° 190).

Dans les autres situations, ces dépenses devraient constituer des charges immédiatement déductibles lorsqu'elles concourent au financement d'immobilisations dont l'entreprise n'a ni la propriété (CE 16-5-1990 n° 68479 : RJF 7/90 n° 801) ni le contrôle.

c. Les **dépenses de raccordement aux réseaux publics** (eau, gaz, électricité, téléphone) constituent des charges immédiatement déductibles dès lors que l'entreprise n'a ni la propriété (CE 25-5-1983 n° 33520 : RJF 7/83 n° 852) ni le contrôle des ouvrages réalisés.

d. L'indemnité versée pour l'achat d'un **droit de commercialité** nécessaire pour transformer des locaux d'habitation en locaux commerciaux entre dans le prix de revient de l'immeuble (CE 21-7-2017 n° 395457 : RJF 11/17 n° 1075) et plus précisément, selon les règles comptables, dans celui du terrain (Mémento comptable n° 26440).

BIC-IX-63790 s **e.** Le prix d'achat et les **frais de démolition d'un immeuble** acquis en vue de sa reconstruction immédiate sont un élément du prix de revient des constructions (CE 4-5-1977 n° 2137 : RJF 7-8/77 n° 383 ; BOI-BIC-CHG-20-10-20 n°s 220 et 230). En revanche, si l'immeuble à démolir était inscrit précédemment à l'actif de l'entreprise, sa valeur comptable résiduelle peut être passée en charge exceptionnelle (CE 16-6-1999 n° 177954 : RJF 8-9/99 n° 971 ; BOI-BIC-CHG-60-20-10 n° 20). Toutefois, dans le cas où un ensemble immobilier a été acquis dans le but de réaliser une opération de restructuration et d'agrandissement nécessitant la démolition d'une partie des bâtiments, sa valeur comptable résiduelle doit être incorporée au prix de revient de la construction édifiée sur son terrain d'assise (CE 16-6-1999 n° 177954 précité ; BOI précité n° 20 ; CE 5-5-2008 n°s 290382 et 290383 : RJF 8-9/08 n° 933).

f. S'agissant des **taxes d'urbanisme** à inclure dans le coût d'acquisition du terrain ou des constructions : voir n° 8527.

CGI art. 236 ter BIC-IX-66200 s **g.** Même si elles sont immobilisées en comptabilité, les dépenses engagées à l'occasion d'**études préalables ou de fouilles archéologiques** peuvent faire l'objet d'une déduction fiscale immédiate, extra-comptable. Les sommes déduites sont ensuite réintégrées aux résultats au rythme de l'amortissement de l'immobilisation concernée.

7590 CGI art. 39 ter C BIC-X-11400 s Les **coûts de démantèlement d'installations ou de remise en état d'un site,** résultant d'une obligation légale, réglementaire ou contractuelle encourue ou formalisée dès l'acquisition ou en cours d'utilisation du bien font l'objet d'une provision pour charges futures comptabilisée au passif et non déductible. En contrepartie, ils sont inscrits à l'actif comme complément du coût de revient de l'installation ou du site et sont amortis selon le mode linéaire sur la durée d'utilisation de l'installation ou du site. Cette règle ne s'applique qu'aux coûts qui incombent à l'entreprise en raison de la **dégradation dite immédiate** du site, résultant du seul fait d'installer l'exploitation sur le site concerné, indépendamment de l'activité déployée. Il en est ainsi, par exemple, des dépenses de décontamination de site, de démantèlement de plates-formes pétrolières ou de centrales nucléaires... (BOI-BIC-PROV-60-100-10 n°s 60 et 70).

Les dépenses engagées pour faire face aux **dégradations progressives** d'un site résultant de son exploitation (ex. : exploitation d'une carrière) ne sont pas concernées et peuvent faire l'objet d'une provision déductible (voir n° 9905, précision c).

> **Précisions** **a.** L'inscription des coûts de démantèlement à l'actif est sans incidence sur la valeur locative servant de base à la **taxe foncière** (BOI-BIC-PROV-60-100-20 n° 200) et à la **cotisation foncière des entreprises.**
> **b.** En cas de **variation** ultérieure du **montant estimé** des coûts de démantèlement, le montant de la provision et la valeur nette comptable de l'installation sont rectifiés à due concurrence et l'entreprise procède à une modification prospective du plan d'amortissement.

7592 BIC-IV-15560 s **Cas particuliers** **a.** Les éléments d'actif acquis moyennant le **paiement d'une rente viagère** sont inscrits au bilan pour le prix stipulé dans l'acte ou, à défaut, la valeur réelle du bien estimée au jour de l'acquisition (CGI ann. III art. 38 quinquies). Les écarts éventuels entre le coût d'entrée et le montant total des arrérages versés en définitive constituent soit une charge financière immédiatement déductible, soit un produit financier imposable (CE 23-11-1983 n° 41631 : RJF 1/84 n° 8 ; BOI-BIC-AMT-10-30-30-10 n°s 220, 230 et n°s 290 à 330). Peuvent ainsi être déduites les sommes payées sous forme de rente viagère ou de soulte, en exécution d'un acte de donation portant sur des biens ou droits présentant, par nature, un caractère professionnel, pour leur montant qui excède la valeur stipulée dans l'acte (CE 2-2-1998 n°s 133844 et 133845 : RJF 3/98 n° 263 ; CE 21-10-2013 n° 358061 : RJF 1/14 n° 26).

b. La valeur à retenir pour un élément acquis moyennant un prix payable par **annuités indexées** correspond au **prix stipulé dans l'acte d'acquisition.** Les **écarts** éventuels entre ce *prix et les sommes* effectivement payées constituent une charge financière déductible ou un produit financier imposable (CE plén. 28-6-1991 n° 47656 : RJF 8-9/91 n° 1048 ; BOI précité n°s 260 et 330).

c. Les immobilisations acquises pour un **prix libellé en devises étrangères** doivent être inscrites à l'actif pour leur contre-valeur en euros au jour de l'opération (BOI précité n°s 280 et 310). Les variations de cours entre la date d'acquisition et la date de paiement sont prises en compte dans les résultats de chaque exercice (n° 7370).

d. La valeur d'acquisition des biens, et en particulier des **brevets,** acquis moyennant le **versement de redevances annuelles** se compose, d'une part, de la somme fixe prévue au contrat et, d'autre part, de la valeur estimée des redevances à verser (CE 10-11-1982 n° 15890 : RJF 1/83 n° 17). Le Conseil d'État a jugé que les redevances peuvent être portées en charges lorsqu'elles viennent à excéder l'estimation initiale (CE 14-10-2005 n° 262219 : RJF 1/06 n° 2). Pour l'administration, au contraire, l'évaluation initiale des versements ne constitue qu'une estimation provisoire, à modifier en fonction du montant effectif des redevances versées (BOI-BIC-CHG-20-20-10 n° 10).

e. La valeur d'origine d'une immobilisation correspond au prix d'achat convenu entre les parties, sans qu'il y ait lieu de déduire la **participation d'une collectivité publique** à son financement figurant dans l'acte de vente (CE 5-2-2009 n°s 291627 et 307658 : RJF 5/09 n° 463).

f. Biens acquis par crédit-bail : voir n°s 19330 et 19350.

g. Lorsqu'un exploitant inscrit au bilan, en cours d'exploitation, un **élément** qui était **compris** jusqu'alors dans son **patrimoine privé,** cette inscription doit être effectuée en principe à la valeur réelle du bien à cette date (CE 17-3-1976 n° 91621 : RJF 5/76 n° 220). L'administration estime toutefois que les éléments, autres que les immeubles, qui ont été affectés à l'exploitation dès leur acquisition doivent être portés au bilan pour leur prix de revient (BOI-BIC-PVMV-10-20-30-10 n° 250). Mais cette position ne se justifie, à notre avis, que pour des éléments « affectés par nature » à l'exploitation.

IMMOBILISATIONS ACQUISES À TITRE GRATUIT OU PAR VOIE D'ÉCHANGE

Les immobilisations acquises à titre gratuit sont inscrites au bilan pour leur **valeur vénale,** laquelle, au plan comptable, s'entend nette des coûts de sortie (voir notre Mémento comptable n° 26895) mais, au plan fiscal, est évaluée abstraction faite de ces coûts. En l'absence de contrepartie au passif, un profit imposable doit être constaté. **7595** CGI ann. III art. 38 quinquies **BIC-IV-16450 s**

Les biens acquis par voie d'échange sont inscrits au bilan pour la valeur vénale des biens remis en échange. **BIC-IV-16570 s**

IMMOBILISATIONS CRÉÉES PAR L'ENTREPRISE

Les immobilisations créées par l'entreprise sont portées à l'actif pour leur coût de production, constitué par le coût d'acquisition des matières et fournitures consommées, augmenté de toutes les charges directes ou indirectes de production. Les **frais administratifs** ne sont pas pris en compte, à l'exception du coût des structures dédiées visées n° 7565. Les **frais financiers** sont, au choix de l'entreprise, incorporés au coût de production de l'immobilisation ou passés en charges : voir n° 7580. **7600** CGI ann. III art. 38 quinquies **BIC-IV-16600 s**

> Précisions a. Les **frais de dépôt de brevets,** ainsi que les dépenses engagées en vue d'obtenir l'**autorisation de mise sur le marché** (AMM) de nouvelles spécialités pharmaceutiques, constituent le prolongement indissociable des opérations de recherche exposées pour mettre au point l'invention (brevet ou médicament). En application de l'article 236, I du CGI (n° 8405), ces dépenses présentent donc le caractère soit de charges déductibles, soit d'immobilisations, selon le traitement comptable retenu par l'entreprise pour les frais de recherche (CE 30-10-1995 n°s 142319 et 154403 : RJF 12/95 n°s 1353 et 1354).

b. Les **frais de recherche d'antériorité** et les **frais de dépôt à l'Inpi** ainsi que les frais de **renouvellement de marques** créées par l'entreprise constituent des charges déductibles (BOI-BIC-CHG-20-30-30 n° 130) tout comme les frais de renouvellement de marques acquises (CE 7-11-2012 n° 328670 : RJF 2/13 n° 189). Les **frais de défense et de surveillance** des marques font également partie des charges déductibles (CE 30-12-2009 n° 305449 : RJF 3/10 n° 205).

IMMOBILISATIONS REÇUES À TITRE D'APPORTS

Les immobilisations reçues à la suite d'un apport sont portées à l'actif pour leur valeur d'apport. *Celle-ci est en principe égale à leur valeur vénale.* En outre, dans certains cas, les fusions, scissions et apports partiels d'actif doivent obligatoirement être transcrits d'après les valeurs comptables des éléments transférés dans les comptes de la société apporteuse (voir n°s 39490 s.). **7605** CGI ann. III art. 38 quinquies **BIC-IV-17000 s**

Les **dépenses nécessaires à l'utilisation** des biens supportées par le bénéficiaire de l'apport, tels les frais de transport et de montage, font partie du coût de revient (CE 26-12-2008 n°s 295943 et 296462 : RJF 3/09 n° 223).

INCIDENCE DE LA TVA

Les **biens ouvrant droit à** la **déduction** de la TVA sont inscrits à l'actif pour leur prix d'achat ou de revient diminué de la déduction à laquelle ils donnent droit, même si l'entreprise n'a pas effectivement utilisé son droit à déduction. **7610** CGI ann. II art. 209, II **BIC-IV-16200 s**

Les biens **n'ouvrant pas droit à déduction** de TVA sont inscrits pour leur valeur taxe comprise. Lorsqu'une entreprise a calculé à tort l'amortissement sur une base hors taxe, l'insuffisance d'amortissement peut ne pas être récupérable du fait des dispositions de l'article 39 B du CGI relatives à l'amortissement minimal obligatoire (n° 9455).

> Précisions a. Les immobilisations en cours d'utilisation que les **entreprises nouvellement assujetties** détiennent à la date de leur assujettissement et pour lesquelles elles bénéficient d'un droit à déduction partiel (nos 57365 s.) sont amorties, à compter de cette date, d'après leur valeur d'origine diminuée du crédit de TVA récupérable (BOI-BIC-AMT-10-30-30-10 n° 110).

b. Cession d'une immobilisation entraînant un reversement partiel de la TVA : voir n° 17835, b.

7612 **Régularisations** Les régularisations qui peuvent affecter la déduction initiale de taxe à la suite des **variations du coefficient de déduction** qui est déterminé pour chaque bien (nos 55365 s.) restent sans incidence sur la valeur comptable des biens si l'écart de variation entre le coefficient provisoire et le coefficient définitif n'excède pas cinq points. Elles sont alors opérées par le crédit ou le débit du compte de résultat (BOI-TVA-DED-20-10-40 n° 10). De même, les régularisations annuelles liées à la variation des coefficients d'assujettissement et de taxation qui résulte de l'évolution de l'utilisation du bien restent sans incidence sur la valeur d'inscription des immobilisations à l'actif (nos 57205 s.) (BOI-TVA-DED-60-10 n° 1).

EXEMPLE

Coefficient provisoire de déduction : 60 % ; TVA ayant grevé le prix de revient des immobilisations acquises au cours de l'année : 50 000 € ; TVA déduite : 50 000 × 60 % = 30 000 €. Si le coefficient définitif est de 57 %, le reversement de déduction, égal à 1 500 €, peut être comptabilisé au débit du compte de résultat. Si le coefficient définitif est de 53 %, le reversement de déduction, égal à 3 500 €, est porté en augmentation de la valeur amortissable des immobilisations.

CONTRÔLE DES VALEURS D'INSCRIPTION

7625 BIC-IV-17300 s L'administration peut contester la valeur des éléments d'actif, voire le principe de l'inscription à l'actif, même si l'opération qui lui paraît anormale a été réalisée au cours d'un **exercice prescrit** dès lors qu'elle entend remettre en cause les conséquences de cette inscription au cours d'un exercice non prescrit (CE plén. 26-7-1982 nos 2533 et 19645 : RJF 10/82 n° 903). Elle peut utiliser son droit de contrôle, par exemple, pour refuser la déduction des amortissements, des provisions ou des moins-values constatés au titre d'exercices non prescrits, à concurrence du montant correspondant à la **part excessive du prix** de l'élément d'actif. Mais elle n'est pas en droit de rehausser les bases de l'impôt du seul fait de l'inscription à l'actif d'une immobilisation acquise pour un prix excessif, dès lors qu'aucune diminution d'actif net à la clôture de l'exercice d'acquisition n'a été constatée au sens de l'article 38, 2 du CGI (CE 27-4-2001 n° 212680 : RJF 7/01 n° 905).

Lorsque le **prix d'acquisition** d'une immobilisation volontairement **minoré** par rapport à sa valeur vénale dissimule une libéralité, l'administration peut substituer la valeur vénale au prix d'acquisition de l'élément et réintégrer dans le résultat de l'acquéreur la libéralité consentie par le cédant (CE 5-1-2005 n° 254556 : RJF 3/05 n° 213). Il en est de même lorsque la **valeur d'apport** des immobilisations a été volontairement **minorée** pour dissimuler une libéralité : dans ce cas, l'administration peut substituer à la valeur d'origine de ces immobilisations leur valeur vénale (CE plén. 9-5-2018 n° 387071 : RJF 7/18 n° 726).

> Précisions a. Pour constater l'existence d'un écart significatif entre la rémunération convenue pour un **apport** et la valeur vénale des **titres** apportés, il y a lieu de prendre en compte le contexte dans lequel l'opération s'est déroulée, lequel peut avoir une incidence sur l'évaluation des titres (CE 21-10-2020 n° 434512 : RJF 1/21 n° 11). Cette jurisprudence a été transposée dans le cas d'une cession d'un fonds à prix minoré (CAA Nantes 28-1-2021 n° 19NT01225 : RJF 6/21 n° 555).

b. La contestation par l'administration du prix d'acquisition d'éléments d'actif (**brevet**, par exemple) ne peut être fondée que sur les données dont l'entreprise disposait à la date de la transaction, et en aucun cas sur les profits que son exploitation a effectivement procurés (CE 16-3-1990 n° 41059 : RJF 5/90 n° 513). L'administration peut ainsi se fonder sur le chiffre d'affaires des trois années précédant une fusion pour remettre en cause la valeur attribuée à des marques à l'occasion de cette opération (CE 7-11-2012 n° 328670 : RJF 2/13 n° 189).

c. Pour évaluer l'**usufruit de titres non cotés** selon la méthode des flux de trésorerie actualisés, l'administration doit se fonder non pas sur les résultats imposables prévisionnels de la société, mais sur ses distributions prévisionnelles (CE 30-9-2019 nos 419855 et 419860 : RJF 12/19 n° 1123), le cas échéant en prenant en compte l'intégralité des bénéfices distribuables non plafonnés à la trésorerie disponible lorsque la politique de distribution passée de la société le justifie (CE 20-5-2022 n° 449385 : RJF 8-9/22 n° 700).

B. Stocks et productions en cours

1. DÉFINITIONS

7675 CGI ann. III art. 38 ter BIC-VI-200 s
Au plan fiscal, le stock est constitué par l'ensemble des marchandises, des matières premières, des matières et fournitures consommables, des productions en cours, des produits intermédiaires, des produits finis, des produits résiduels et des emballages non destinés à être récupérés, qui sont la propriété de l'entreprise à la date de l'inventaire et dont la vente en l'état ou au terme d'un processus de production à venir ou en cours permet la réalisation d'un bénéfice d'exploitation.

La **définition fiscale** des stocks est fondée sur le seul **critère juridique de propriété** et non sur la notion de contrôle retenue en comptabilité (voir n° 7495) (BOI-BIC-PDSTK-20-10 n°s 10 et 90).

> Précisions **a.** Les **productions en cours** sont les biens ou les services en cours de formation au travers d'un processus de production. Il s'agit, en principe, des travaux inachevés à la clôture de l'exercice, c'est-à-dire des travaux ou prestations de services qui n'ont ni fait l'objet, en totalité ou en partie, d'une réception provisoire ni été mis à la disposition du maître d'œuvre. Les prestations de recouvrement de créances en cours à la clôture d'un exercice doivent être inscrites à l'actif du bilan en tant que travaux en cours pour leur prix de revient, même dans le cas où leur rémunération est aléatoire (CE 26-7-2011 n° 316081 : RJF 11/11 n° 1128). Constituent aussi des productions en cours les immeubles acquis par une société de promotion immobilière qui a déposé, à la clôture de l'exercice, les demandes de permis de démolir les bâtiments existants et les dossiers de demande de permis de construire de nouveaux immeubles (CE 1-10-2018 n° 408594 : RJF 12/18 n° 1210).

b. Les **produits intermédiaires** sont les produits qui, ayant atteint un stade d'achèvement, sont destinés à entrer dans une nouvelle phase du cycle de production. Le Conseil d'État les définit comme « les produits parvenus à un stade intermédiaire du cycle de production qui se déroule au sein de l'entreprise » (CE 15-10-1997 n° 161620 : RJF 12/97 n° 1107).

c. Les **produits finis** sont ceux qui ont atteint un stade d'achèvement définitif dans le cycle de production.

d. Les **produits résiduels** sont constitués par les déchets et rebuts de fabrication.

e. Les biens vendus avec une **clause de réserve de propriété** font partie des stocks de l'acquéreur (n° 7875).

f. Sur la distinction entre les stocks et les **immobilisations,** notamment pour les emballages et les pièces de rechange ou de sécurité, voir n°s 7515 s.

g. Les **quotas d'émission de gaz à effet de serre** constituent des stocks (voir Mémento comptable n°s 20560 s.).

INVENTAIRE DES STOCKS

7680 BIC-VI-12720 s
La loi impose aux **commerçants** d'effectuer un inventaire physique de leurs stocks au moins une fois par an (C. com. art. L 123-12). Le document d'inventaire – état détaillé et estimatif des différentes catégories de produits en stock – doit être communiqué au service des impôts à sa demande (n° 11010).

> Précisions Selon l'administration, l'inventaire doit être établi à la clôture de l'exercice ou à une **date** antérieure relativement proche (BOI-BIC-PDSTK-20-10 n° 310). Mais le Conseil d'État a admis qu'une entreprise tenant un inventaire permanent (en l'occurrence un grand magasin) peut effectuer l'inventaire physique deux mois avant la clôture de l'exercice et évaluer de façon statistique la perte correspondant à la démarque inconnue des deux derniers mois, à condition que cette évaluation soit précise et suffisamment détaillée par catégories de produits (CE 26-7-1991 n° 112906 : RJF 10/91 n° 1203).

2. ÉVALUATION

RÈGLES GÉNÉRALES

7690 CGI art. 38, 3 et 39, 1-5° et ann. III art. 38 decies BIC-VI-2600 s
Il faut distinguer les stocks proprement dits (marchandises, matières premières, matières et fournitures consommables, produits intermédiaires, produits finis, emballages), les productions en cours et, enfin, les produits résiduels.

a. À la clôture de chaque exercice, les **stocks proprement dits** doivent être évalués :

– à leur coût de revient, c'est-à-dire à leur coût réel (n°s 7700 s.) ;

– ou d'après le cours du jour à la date de l'inventaire (n° 7720), si ce cours est inférieur au coût de revient. Dans cette hypothèse, l'entreprise doit constituer, à due concurrence, des provisions pour dépréciation. Malgré son irrégularité comptable, la prise en compte au plan fiscal de la dépréciation constatée par voie de décote directe est admise par le Conseil d'État (notamment CE 9-11-1990 n° 88765 : RJF 12/90 n° 1447) et l'administration (BOI-BIC-PDSTK-20-20-10-20 n° 60).

b. Les **productions en cours** (de biens ou de services) sont évaluées au coût de revient (déterminé comme indiqué nos 7705 s.), sans que la notion de cours du jour intervienne ici.

Lorsqu'une opération s'avère déficitaire à la clôture de l'exercice, une provision pour perte sur travaux en cours peut être constituée, mais son montant déductible est limité sur le plan fiscal (no 9960).

c. Les **produits résiduels** (déchets et rebuts de fabrication) sont évalués au cours du marché au jour de l'inventaire ou, à défaut de cours, à leur valeur probable de réalisation (BOI-BIC-PDSTK-20-20-10-10 no 160).

› Précisions **a.** L'évaluation du coût de revient est obligatoirement effectuée hors TVA (no 7415).

b. Un mécanisme correcteur est prévu pour tenir compte, sous forme de **provisions,** des **hausses de prix** des matières, produits et approvisionnements de toute nature (nos 10000 s.).

MÉTHODES D'ÉVALUATION

7695 BIC-VI-6700 s

Les coûts à retenir sont fournis par la **comptabilité analytique** ou, à défaut, déterminés par des calculs ou **évaluations statistiques** (Mémento comptable nos 20715 s.).

Si l'entreprise, faute d'identification précise des produits en stock lors de l'inventaire, ne peut connaître avec exactitude leur coût de revient réel, elle peut recourir à une évaluation approchée en appliquant soit la méthode du **coût de revient moyen pondéré,** soit la **méthode Fifo** (premier entré, premier sorti), conformément aux règles comptables.

EXEMPLE

Soit un stock de marchandises comprenant 1 000 unités à la clôture de l'exercice.
Durée de rotation : 4 mois.
Achats des quatre derniers mois :
– 2 500 unités acquises le 7 novembre à 120 € = 300 000 € ;
– 1 500 unités achetées le 3 décembre à 100 € = 150 000 €.
1. Évaluation au coût moyen pondéré.
Prix de revient unitaire moyen : (300 000 + 150 000) / 4 000 = 112,5 €.
Valeur des stocks à la clôture : 112,5 × 1 000 = 112 500 €.
2. Méthode Fifo.
1 000 × 100 = 100 000 € (au cas particulier, cette méthode minore le résultat de 12 500 €).

En revanche, la **méthode Lifo** (dernier entré, premier sorti) n'est pas admise en comptabilité. Fiscalement, l'administration en refuse également l'application, sauf si elle correspond aux modalités effectives de stockage et de sortie des stocks (BOI-BIC-PDSTK-20-20-10-10 no 140).

Dans le cadre de la **comptabilité super-simplifiée,** les entreprises peuvent retenir une méthode forfaitaire d'évaluation des stocks et travaux en cours (no 11135).

COMPOSANTES DU COÛT D'ACQUISITION

7700 CGI ann. III art. 38 nonies BIC-VI-4700 s

Pour les produits **acquis à titre onéreux,** le coût de revient est constitué, au plan comptable (PCG art. 213-31) et fiscal, par le prix d'achat, minoré des remises, rabais commerciaux et escomptes de règlement obtenus, et majoré des frais de transport, de manutention et autres coûts directement engagés pour l'acquisition des biens ainsi que, sur option, des coûts d'emprunt (no 7715, précision d). Les coûts administratifs sont en revanche exclus (no 7715).

Le coût de revient des biens **acquis à titre gratuit** s'entend de leur valeur vénale à la date de l'acquisition, sur le plan comptable (PCG art. 213-4) et sur le plan fiscal (CE 9-12-2009 no 302059 : RJF 3/10 no 207).

› Précisions **a.** Doivent être incluses dans le coût de revient les **commissions** calculées en pourcentage du montant des achats versées par une entreprise de distribution à une **centrale d'achat** (CE 27-7-1984 no 34580 : RJF 10/84 no 1126), mais non les frais de fonctionnement d'un **service d'achat interne** (CAA Paris 21-11-1996 no 95PA03463 : RJF 3/97 no 201).

b. Les frais de **déplacement** des marchandises **d'un local à l'autre** de la même entreprise ne font pas partie des frais accessoires de transport inclus dans le coût de revient (CE 20-12-1972 no 83877 ; BOI-BIC-PDSTK-20-20-10-10 no 40).

c. Lorsque le stock comprend des matières ou marchandises achetées moyennant un **prix libellé en devises** étrangères et non encore réglé à la clôture de l'exercice, il convient, en cas de variation du cours de la devise, de maintenir le prix de revient initial et de comptabiliser directement dans les résultats la perte ou le profit de change (no 7370). Lorsqu'une opération de couverture a été réalisée, il convient de retenir le taux de la couverture. En cas d'achat, au même terme, de matières premières ou marchandises payables en monnaie étrangère et des devises correspondantes, le prix de revient des produits peut être fixé à partir du taux de change retenu pour l'acquisition à terme des moyens de paiement en devises. Les différences de change restent alors sans incidence sur le bénéfice imposable (BOI précité no 90).

d. L'**éco-contribution** versée par les distributeurs d'équipements électriques et électroniques aux producteurs de ces biens lors de leur acquisition est un élément du coût de revient des stocks (Avis CU CNC 2007-A du 10-1-2007).
e. Les sommes perçues par une société au titre des **marges arrière,** qui sont la contrepartie de prestations de services rendues au profit de ses fournisseurs, ne peuvent être regardées comme des rabais ou remises commerciaux et sont donc exclues de la détermination du coût de revient des stocks alors même qu'elles sont calculées en pourcentage du prix unitaire net des produits auxquels elles se rapportent (CE 4-2-2015 n° 365815 : RJF 5/15 n° 386).

COMPOSANTES DU COÛT DE PRODUCTION

Pour les biens produits par l'entreprise (produits finis, produits intermédiaires, emballages, productions en cours), le coût de revient s'entend, au plan comptable (PCG art. 213-30 et 213-32) et fiscal, du coût de production, lequel comprend les coûts directement engagés pour la production et les frais indirects de production variables ou fixes, ainsi que, sur option, les frais financiers. **7705** BIC-VI-5460 s

Charges directes de production Le coût de production des stocks comprend les charges directes de production qui s'entendent des coûts directement liés aux unités produites, tels que la main-d'œuvre directe et les coûts des matières premières et fournitures consommées (Mémento comptable n°s 21075 s.). **7710**

Le coût de la **main-d'œuvre** de production est constitué des salaires, charges sociales et droits à congés payés acquis, même lorsque ces derniers ne sont déduits qu'au moment de leur versement (n° 9885), et des compléments de rémunération, quel que soit leur mode de calcul (CE 20-10-2000 n° 180798 : RJF 1/01 n° 9).

> Précisions **a.** Les sommes versées dans le cadre de la **participation des salariés** sont exclues du coût de revient des stocks. Il en va de même des sommes versées dans le cadre de l'**intéressement,** sauf lorsque leur versement est fonction de la productivité (CAA Nantes 12-5-1993 n° 91NT00787 : RJF 8-9/93 n° 1113).
b. Les **frais de conception** de modèles de collection de vêtements par une société qui en maîtrise le processus de fabrication sont des éléments du prix de revient des stocks et produits en cours, alors même que les vêtements seraient fabriqués lors de l'exercice suivant (CE 23-5-2003 n° 234100 : RJF 8-9/03 n° 953).
c. Bien qu'elles constituent des charges de production, les **redevances de fabrication** versées à raison d'une concession de brevets n'ont pas à être incorporées dans le coût de revient des stocks lorsque, calculées sur le chiffre d'affaires, elles sont dues lors de la vente des produits (notamment CE 10-11-1993 n° 89415 : RJF 1/94 n° 13).
d. Les **coûts de développement** engagés à l'occasion de **commandes spécifiques de tiers** (par exemple, en sous-traitance) doivent être inclus dans le coût de revient des commandes (CE 11-7-2011 n° 340202 : RJF 11/11 n° 1129 ; BOI-BIC-PDSTK-20-20-10-10 n° 140).

Charges indirectes de production Le coût de production des stocks comprend également les charges indirectes de production. Sont ainsi pris en compte systématiquement les **frais généraux de production fixes,** qui demeurent constants indépendamment du volume de production, tels que les **amortissements pour dépréciation** des bâtiments, de l'équipement industriel et des machines utilisés pour le cycle de production, y compris, le cas échéant, l'amortissement des coûts de démantèlement. Les amortissements dérogatoires (n°s 9430 s.) sont en revanche exclus. La quote-part d'amortissement des **coûts de développement portés à l'actif** et des autres immobilisations incorporelles (logiciels, brevets, procédés, dessins et modèles) est incorporée de manière systématique au coût de production (BOI-BIC-PDSTK-20-20-10-10 n° 140). **7715**

ATTENTION

Lorsque l'entreprise opte pour la déduction immédiate des dépenses de **recherche et de développement** ou de conception de **logiciels** (n°s 8405 s.), elles ne sont pas prises en compte pour *l'évaluation des stocks (voir toutefois n° 7710, précision d).*

Les **coûts administratifs** ne sont pas à prendre en compte, à l'exception toutefois des frais d'administration et de gestion des sites de production (« structures dédiées »). De même, les **frais de commercialisation** sont exclus du coût de production des stocks (CE 10-12-1990 n° 61347 : RJF 1/91 n° 27 ; BOI-BIC-PDSTK-20-20-10-10 n° 190).

> Précisions **a.** Au regard de la position retenue pour la **taxe professionnelle** (CE 3-11-2003 n° 248888 : RJF 1/04 n° 8) et la **taxe foncière** (CAA Paris 11-7-2003 n° 98-1676 : RJF 12/03 n° 1354), la **contribution économique territoriale** ne devrait pas être incorporée au coût de revient des stocks.
b. Sont exclus du coût de revient les **pertes et gaspillages exceptionnels.** Tel n'est pas le cas de pertes inhérentes au processus de fabrication qui ne présentent pas un caractère accidentel (notamment pour un producteur de vins, CE 31-10-1990 n° 97720 : RJF 12/90 n° 1443 et BOI-BIC-PDSTK-20-20-10-10 n° 50).

c. Dans le cas où l'entreprise est en situation de **sous-activité,** la part des charges fixes non imputable à la production doit être exclue de l'évaluation des stocks. Elle constitue une charge déductible au titre de l'exercice au cours duquel la sous-activité est constatée (CE 27-6-1994 n° 121748 : RJF 8-9/94 n° 888). La sous-activité s'apprécie, au plan comptable comme au plan fiscal, d'après la capacité normale de l'entreprise, c'est-à-dire la production moyenne que l'on s'attend à réaliser sur un certain nombre d'exercices ou de saisons dans des circonstances normales (PCG art. 213-32 et BOI précité n° 240).

d. Les **coûts d'emprunt** (notamment charges financières et amortissement de primes d'émission ou de remboursement) engagés jusqu'à la date d'acquisition ou de réception définitive pour l'acquisition ou la production d'un stock peuvent être déduits en charge ou incorporés au coût de revient des stocks (CGI ann. III art. 38 undecies : voir n° 7580).

ÉVALUATION AU COURS DU JOUR

7720 BIC-VI-8100 s Lorsque le cours du jour des produits en stock à la clôture de l'exercice, ou d'une catégorie d'entre eux, est inférieur au coût de revient, l'entreprise constitue une provision pour dépréciation. Le cours du jour à retenir correspond au prix auquel les produits considérés seraient vendus sur le marché à la date de l'inventaire. Il résulte, en général, des **tarifs** en vigueur à la date de l'inventaire ou des **mercuriales** publiées à la même date ou à la date la plus rapprochée de celle de l'inventaire (BOI-BIC-PDSTK-20-20-10-20 n° 1).

ILLUSTRATIONS

Le **cours du jour** s'entend, pour les marchandises dont l'entreprise fait le commerce, du prix auquel elle peut normalement escompter vendre les biens dans les conditions de son exploitation (notamment CE 28-6-1991 n° 79339 : RJF 8-9/91 n° 1054). La jurisprudence refuse la référence systématique à des cotations professionnelles si elle ne reflète pas la situation réelle de l'entreprise (notamment CE 8-1-1997 n° 153394 : RJF 2/97 n° 113).

Les **marchandises qui ne font pas l'objet d'un marché régulier** et pour lesquelles il n'existe pas de cours notoirement connu ne peuvent être, en principe, évaluées au-dessous du prix de revient que si elles ont subi une dépréciation certaine, par suite de circonstances telles que détériorations matérielles, changements de mode ou pertes de débouchés (BOI-BIC-PDSTK-20-20-10-20 n° 1).

Il convient de retenir le prix du marché à la date de l'inventaire pour les **marchandises achetées afin d'être incorporées aux produits fabriqués** (CE 15-10-1997 n° 161620 : RJF 12/97 n° 1107), ainsi que pour les **produits intermédiaires qui peuvent être revendus en l'état,** même si l'entreprise ne les destine pas à une telle revente (CE 17-10-2007 n° 284054 : RJF 1/08 n° 11). L'entreprise peut se référer aux cours constatés à la clôture de l'exercice ou aux environs de cette date, mais elle ne peut ni se fonder sur l'ensemble des cours constatés entre la date de clôture et l'arrêté des comptes ni retenir des évaluations de prix différentes selon la date de mise sur le marché des produits finis (CE 21-5-2012 n° 332090 : RJF 8-9/12 n° 798).

Ce n'est qu'**à défaut de prix de marché** que les produits intermédiaires sont évalués par référence au prix de vente du produit fini (CE 30-12-2009 n° 304516 : RJF 3/10 n° 208), étant précisé que cette solution s'écarte de la règle comptable (Mémento comptable n° 21785).

En comptabilité, les stocks sont évalués à leur **valeur de réalisation nette,** c'est-à-dire au prix du marché diminué de la totalité des frais restant à supporter jusqu'à la vente (Mémento comptable n° 21490), alors que l'article 39, 1-5° -al. 1 du CGI interdit la prise en compte des **dépenses** non encore engagées nécessaires à la **commercialisation** ultérieure des produits : frais de remise en état, de commercialisation, de publicité...

MÉTHODES STATISTIQUES OU PARTICULIÈRES D'ÉVALUATION

7725 BIC-VI-9465 s La jurisprudence admet que les entreprises appliquent des méthodes statistiques pour évaluer la dépréciation subie par un stock de matières premières ou de produits, à condition que cette évaluation présente un caractère d'**approximation suffisant.** Le recours à de telles méthodes peut être justifié par le grand nombre de produits commercialisés, leur prix unitaire faible ou leur variété. L'évaluation doit toutefois être fondée sur des critères précis tenant à la nature des biens, à l'obsolescence qu'ils subissent ou à leurs conditions de commercialisation. Le caractère probant du calcul peut résulter de l'exploitation de données statistiques tirées de l'expérience propre à l'entreprise (CE 3-2-1989 n° 57456 : RJF 3/89 n° 280 ; CE 25-9-1989 n° 62934 : RJF 11/89 n° 1204).

ILLUSTRATIONS

La **jurisprudence** considère en principe que les entreprises doivent procéder à des calculs distincts pour les différentes catégories de produits en stock (CE 20-1-1984 n° 34784 : RJF 3/84 n° 272). Est notamment admise l'application à des **catégories de produits préalablement différenciés** d'un coefficient de dépréciation tenant compte de leur durée de vie estimée et de leur ancienneté dans les stocks (CE 8-7-2009 n° 305776 : RJF 11/09 n° 911) ou de l'évolution de la mode (CE 18-11-1985 n° 43321 : RJF 1/86 n° 31). Des calculs statistiques peuvent également justifier une dépréciation des stocks résultant de l'évolution des technologies (CE 21-12-2007 n° 288099 : RJF 3/08 n° 276).

Dans le cas d'une **dépréciation homogène** de stocks à rotation lente du fait de leur obsolescence technique, un calcul statistique sans distinction des différentes catégories de produits a été admis (CE 13-11-2023 n° 466464 : RJF 2/24 n° 115).
Un **taux global de dépréciation** est admissible dans certaines situations, lorsqu'il est certain que la vente des produits sera extrêmement difficile, en raison de motifs précis tenant par exemple de leur obsolescence technique (CE 18-3-1983 n° 27832 : RJF 5/83 n° 608).
L'**administration** estime de son côté que les méthodes statistiques doivent rester exceptionnelles, notamment dans les entreprises importantes disposant de moyens techniques (informatique, etc.) leur permettant de faire une évaluation précise à partir d'éléments réels (BOI-BIC-PDSTK-20-20-10-20 n° 90).

L'administration accepte des modalités particulières d'évaluation des stocks dans le secteur de l'**édition** et autorise un calcul forfaitaire des provisions pour risque de mévente dans ce secteur et chez les **libraires** (BOI-BIC-PDSTK-20-30 n°s 1 s. : BIC-VI-15100 s.).

C. Produits

1. PRODUITS D'EXPLOITATION

Les produits d'exploitation comprennent principalement les ventes (ou les recettes provenant des travaux ou prestations de services). S'y ajoutent tous les revenus ou profits accessoires réalisés à l'occasion de la gestion commerciale de l'entreprise ainsi que ceux provenant de la mise en valeur de certains éléments de l'actif. **7850**

VENTES OU RECETTES

Les ventes ou recettes sont constituées par le prix total des marchandises ou produits finis vendus, des travaux effectués ou des services fournis par l'entreprise. Elles doivent normalement être comptabilisées hors TVA (n° 7415). **7860** BIC-V-300 s BIC-IX-30920 s

› Précisions a. Les **réductions** accordées sur ventes (ristournes, rabais et remises) viennent en diminution de celles-ci, à la différence des **escomptes** de règlement qui constituent des frais financiers. Pour le traitement comptable des réductions sur ventes, voir Mémento comptable n° 11830.
b. Les ventes dont le prix est libellé en **devises** étrangères sont comptabilisées au jour de l'opération pour leur contre-valeur en euros. Les fluctuations du cours de la devise n'entraînent aucune modification du total des ventes. S'agissant des conséquences sur les résultats imposables des écarts de changes constatés sur les créances en devises, voir n° 7370.
c. Les **pourboires** doivent normalement être inclus dans les ventes, même lorsqu'ils sont directement encaissés par le personnel (auquel cas l'employeur doit les évaluer). En contrepartie, ils constituent une charge déductible (frais de personnel) (CE 21-10-1987 n° 57499 : RJF 12/87 n° 1257 ; BOI-BIC-CHG-10-20-20 n° 90).
d. L'**éco-contribution** facturée par le **producteur** d'équipements électriques et électroniques au distributeur lors de la vente de l'équipement est comprise dans son chiffre d'affaires. Sa refacturation au client final constitue également pour le **distributeur** un élément du prix de vente à comptabiliser en chiffre d'affaires au même titre que l'équipement vendu ou dans un sous-compte spécifique des ventes (Avis CU CNC 2007-A du 10-1-2007).

EXERCICE DE RATTACHEMENT

La loi fixe des règles précises de rattachement des produits correspondant à des **créances sur la clientèle** ou à des **versements reçus à l'avance** en paiement du prix. Ces règles sont différentes selon qu'il s'agit de ventes, de prestations de services ou de travaux d'entreprise donnant lieu à réception. Bien entendu, conformément au principe général énoncé n° 7355, ces produits ne peuvent être pris en compte que s'ils se rapportent à une opération ayant donné naissance, au cours de la période d'imposition, à une créance acquise. **7870** CGI art. 38, 2 bis BIC-V-1400 s

› Précisions a. Tant que le produit d'une opération n'est pas rattaché au résultat imposable de l'exercice, les dépenses exposées pour sa réalisation ne sont pas déductibles. Leur inscription en charge doit être compensée par la constitution d'un poste d'actif (**productions en cours**) d'égal montant (n°s 7675 s.).
b. Il n'existe aucune définition des « produits correspondant à des créances sur la clientèle ». La référence à la clientèle paraît exclure les produits ne correspondant pas aux **opérations courantes** de l'entreprise, en particulier les **plus-values d'actif** pour lesquelles le transfert de propriété est le fait générateur de l'imposition (n° 17755). Selon nous, cette référence ne limite pas en revanche le champ d'application du régime aux opérations se rattachant à l'objet principal de l'entreprise : les **produits accessoires** (loyers, par exemple) ou les **produits financiers** devraient être également concernés, dès lors qu'ils sont pris en compte dans le résultat fiscal au même titre que les produits d'exploitation.
c. En ce qui concerne les **productions agricoles mises en dépôt** chez un tiers, voir n° 15870.

7875 BIC-V-1700 s **Ventes** Pour les ventes, l'exercice de rattachement est celui au cours duquel intervient la **livraison** des biens, définie par référence à la notion civiliste de **délivrance** (CE 4-3-1991 n° 97595 : RJF 4/91 n° 431). Il s'agit du transport du bien « en la puissance et possession de l'acheteur » (C. civ. art. 1604).

La délivrance s'opère pour les effets mobiliers : « ou par la remise de la chose ; ou par la remise des clefs des bâtiments qui les contiennent ; ou même par le seul consentement des parties, si le transport ne peut pas s'en faire au moment de la vente, ou si l'acheteur les avait déjà en son pouvoir à un autre titre » (C. civ. art. 1606). En ce qui concerne les immeubles (qui, pour les marchands de biens notamment, constituent l'objet du négoce), elle consiste dans la remise des clefs s'il s'agit d'un bâtiment ou dans la remise des titres de propriété (C. civ. art. 1605).

ATTENTION

Lorsque la vente est assortie d'une **clause de réserve de propriété**, la livraison s'entend de la remise matérielle du bien. Les biens vendus cessent alors de faire partie des stocks et le bénéfice correspondant est imposable sans attendre le transfert de propriété, qui est différé jusqu'au paiement intégral du prix. L'acquéreur est appelé à supporter l'éventuelle dépréciation des biens entre le moment de la livraison et celui du transfert de propriété, sans que le prix à payer puisse en être diminué.

7880 Les créances correspondant aux **ventes sous condition suspensive** (ventes à l'essai, par exemple) sont rattachées aux résultats de l'exercice au cours duquel la condition se réalise, alors que les créances afférentes aux ventes sous **condition résolutoire** (ventes avec faculté de rachat, par exemple) sont prises en compte dès la livraison du bien (BOI-BIC-PDSTK-10-10-10 n°s 60 à 110).

7885 BIC-V-2450 s **Prestations de services (cas général)** Les fournitures de services sont génératrices d'un produit imposable au titre de l'exercice au cours duquel intervient l'**achèvement** des prestations. Cette règle vaut pour toutes les prestations (réparations, opérations de façon ou de commission, transports, etc.) qui ne constituent ni des prestations continues (n° 7890) ni des prestations discontinues à échéances successives (n° 7895). La détermination de la date d'achèvement est une question de fait qui dépend de l'étendue exacte des obligations du prestataire, telles qu'elles sont fixées par contrat ou, dans certains cas, telles qu'elles résultent des usages.

› Précisions a. Les **commissions** perçues par des **intermédiaires** (courtiers, par exemple) ne sont imposables que lorsque prend fin la mission impartie par les usages ou par contrat aux intéressés. Suivant les cas, leur prise en compte peut ainsi intervenir : dès la conclusion de la commande ou de la facturation de la marchandise par le vendeur (CE 6-5-1996 n° 156015 : RJF 6/96 n° 706) ; à la date d'achèvement des opérations concourant à l'exécution du marché (CE 6-7-1994 n° 116079 : RJF 8-9/94 n° 885) ; lors du règlement du prix par le client (CE 13-2-1995 n° 137490 : RJF 4/95 n° 449).

b. Les **commissions pour frais de dossier** perçues par un **établissement bancaire** à l'occasion de l'octroi de prêts à sa clientèle rémunèrent la prestation d'instruction du dossier de demande de prêt, qui prend fin à la date de la proposition de prêt. Elles doivent dès lors être rattachées à l'exercice au cours duquel elles sont perçues (CE 4-12-2019 n° 420414 : RJF 3/20 n° 201).

c. Dans le cas d'un **contrat à long terme** constituant une **prestation unique** (prestation d'ingénierie), la cour de Versailles a jugé, dans un arrêt devenu définitif, que les produits doivent être rattachés à l'exercice d'**achèvement** de la prestation, la méthode de comptabilisation à l'avancement n'étant pas compatible avec l'article 38, 2 bis du CGI (CAA Versailles 20-7-2017 n° 15VE01900 : RJF 11/17 n° 1019). Sur la notion de contrat à long terme, voir Mémento comptable n°s 10760 s. Application de la méthode à l'avancement par les entreprises du secteur du bâtiment et travaux publics et de la construction navale : voir n° 7900.

7890 BIC-V-2520 s **Prestations continues** Le CGI définit les prestations continues comme les prestations « rémunérées notamment par des **intérêts** ou des **loyers** ». Les produits de ces prestations dont l'exécution se prolonge sur plusieurs exercices doivent être pris en compte au fur et à mesure de l'exécution (locations, prêts d'argent, contrats d'assurance...). Toutefois, la circonstance qu'une prestation soit continue n'implique pas qu'elle soit fournie avec une intensité constante pendant la durée du contrat et que sa rémunération doive être rattachée de manière linéaire aux résultats. Les **échéances contractuelles inégales** sont réputées refléter l'inégalité dans la valeur de la prestation réalisée.

Les sommes perçues en rémunération d'une **prestation spécifique** et **ponctuelle** en lien avec la prestation continue sont rattachées en totalité à l'exercice de leur achèvement (CAA Nantes 29-5-2007 n° 06NT00887 : RJF 11/07 n° 1209 ; CE (na) 13-10-2008 n° 308291 : RJF 5/09 n° 430 à propos de prestations d'installation d'un bien accessoires à une location).

ILLUSTRATIONS

Dans le cas de transactions impliquant **plusieurs partenaires,** le Conseil d'État privilégie une **approche économique** globale et considère comme des prestations continues :
– l'ensemble des prestations délivrées aux **utilisateurs d'une carte bancaire** (CE 24-5-2000 n° 193817 : RJF 7-8/00 n° 887) ;
– les **prestations de garantie sous-traitées par le vendeur** de matériels audiovisuels, en raison de la permanence des obligations qui pèsent sur l'entreprise, même si elle n'a aucune relation contractuelle directe avec les acquéreurs (CE 7-6-2000 n° 199344 : RJF 9-10/00 n° 1049) ;
– les opérations de **crédit gratuit** accordé par les grands magasins à leur clientèle : les sommes représentant le coût du crédit qui sont versées par le vendeur à l'établissement bancaire rémunèrent une prestation continue de prêt qui se poursuit sur toute la durée de celui-ci (CE 7-6-2000 n° 208935 : RJF 9-10/00 n° 1051) ;
– les opérations de **cautionnement,** car l'obligation contractée par l'organisme de caution s'étend sur toute la durée couverte par le contrat, et alors même que l'octroi d'une caution permet à son bénéficiaire de réaliser l'opération concernée dès sa délivrance (CE 8-3-2002 n° 199468 : RJF 5/02 n° 471).
La jurisprudence qualifie également comme des prestations continues :
– les **contrats de garantie et d'entretien** d'installations de chauffage : les redevances annuelles sont imposables au fur et à mesure des échéances, avec possibilité de constituer des provisions pour renouvellement du matériel dans les conditions exposées n°s 9910 s. (CE 21-6-1995 n° 144450 : RJF 8-9/95 n° 954) ;
– les opérations de **location avec option d'achat** : le versement initial qui ne rémunère pas une prestation distincte est réparti linéairement sur la durée du contrat, dès lors que cette répartition est celle qui rend le mieux compte des avantages économiques rendus au locataire (CE 29-11-2000 n°s 192100 et 192109 : RJF 2/01 n° 149) ;
– les contrats d'**approvisionnement exclusif** : la somme perçue par un débitant de boissons en contrepartie d'un engagement d'approvisionnement exclusif auprès d'un brasseur pendant **dix ans** doit être rattachée chaque année à ses produits d'exploitation au prorata des achats de bière effectués au cours de la même période (CE 20-6-2006 n° 266796 : RJF 10/06 n° 1152) ;
– les contrats permettant aux partenaires participant au financement d'une course nautique autour du monde d'**utiliser les marques déposées** pour la course (CE 28-12-2012 n° 339927 : RJF 3/13 n° 263).

7895 BIC-V-2600 s **Prestations discontinues à échéances successives** Il s'agit des prestations qui comportent des phases d'exécution séparées dans le temps et échelonnées sur plusieurs exercices (exemples : contrats d'entretien de matériel ou d'installations prévoyant un nombre d'interventions limité, contrats d'abonnement, cours par correspondance, etc.). Il n'est pas nécessaire que les prestations effectuées successivement soient de nature identique (CE 19-6-1989 n° 58246-59828 : RJF 8-9/89 n° 928).

Les produits de ces prestations doivent être pris en compte au fur et à mesure de l'exécution. Selon l'administration, la **notion d'échéances successives** a trait au seul fractionnement des prestations dans le temps et non aux modalités de paiement du prix (BOI-BIC-BASE-20-10 n° 160). Le Conseil d'État considère, pour sa part, que l'existence de **paiements ou de facturations fractionnés** constitue un indice utile, mais non une condition nécessaire, pour qualifier une prestation comme étant discontinue à échéances successives (CE 10-1-2005 n° 253490 : RJF 4/05 n° 298). Le rattachement des produits en fonction des échéances contractuelles peut être écarté lorsqu'il ne rend pas compte correctement des avantages économiques procurés aux bénéficiaires des prestations (CE 28-12-2012 n° 339927 : RJF 3/13 n° 263).

ILLUSTRATIONS

La jurisprudence a retenu la qualification de prestation discontinue à échéances successives pour des contrats subdivisés en phases successives donnant lieu à des facturations et des règlements distincts :
– contrats d'**ingénierie immobilière** (CE 19-6-1989 précité) ;
– **marchés d'études** et de développement (CAA Paris 21-11-1991 n° 89PA02415 : RJF 2/92 n° 175) ;
– travaux exécutés par une **société d'expertise comptable** (CE 10-1-2005 précité) ;
– mandats de **gestion immobilière** (CAA Bordeaux 16-1-2006 n° 01BX01447 : RJF 6/06 n° 661).

7900 BIC-V-3800 s **Travaux d'entreprise** L'exercice de rattachement des produits relatifs aux travaux d'entreprise donnant lieu à **réception** complète ou partielle est celui au cours duquel intervient la réception, même si elle est provisoire ou faite avec réserve, ou la mise à la disposition du maître de l'ouvrage si celle-ci est effectuée à une date antérieure à celle de la réception. Cette règle vaut notamment pour les travaux de bâtiment, les travaux publics, les constructions navales et aéronautiques et les travaux de construction d'usines clefs en main.

L'administration autorise toutefois les **entreprises de construction, de travaux publics** et de **construction navale** à inclure dans les produits d'exploitation le montant des créances devenues exigibles au cours de l'exercice, telles qu'elles apparaissent sur les « **situations de travaux** » établies avant la date de clôture de l'exercice, à condition que les travaux soient exclus du poste « travaux en cours » (BOI-BIC-PDSTK-10-10-10 nos 170 et 180 ; BOI-BIC-PDSTK-20-10 no 30). Sur l'incidence de cette méthode de rattachement des travaux sur le régime des provisions constituées par le constructeur, voir no 9960, précision b.

› Précisions a. Si une entreprise fait une application inexacte de la doctrine administrative relative à l'imposition des créances figurant sur les **situations de travaux,** l'administration ne peut procéder à un redressement qu'en appliquant la règle légale de rattachement des produits à l'exercice de réception des travaux, et non en invoquant le non-respect des modalités d'application de ladite doctrine (CAA Lyon 29-5-2007 no 03LY01541 : RJF 12/07 no 1380 ; CAA Lyon 27-4-2017 no 15LY02950 : RJF 11/17 no 1020).

b. La **retenue de garantie** pratiquée, le cas échéant, par le maître de l'ouvrage fait partie du prix et est imposable en même temps que ce dernier ; mais l'entreprise peut constituer une provision pour faire face aux charges supplémentaires liées au marché qui peuvent être tenues pour probables (CE 8-7-1988 no 65659 : RJF 10/88 no 1064).

PRODUITS ACCESSOIRES D'EXPLOITATION

7910 BIC-V-5900 s Sont notamment considérés comme des produits accessoires d'exploitation les commissions et courtages, les redevances de concession de licences d'exploitation de brevets, procédés ou marques, les revenus des immeubles donnés en location (no 7915). Sur le plan fiscal, les bénéfices agricoles ou non commerciaux accessoires à l'exploitation commerciale sont également rattachés à celle-ci (no 7925).

On notera que le résultat net de concession (ou sous-concession) de licence d'exploitation portant sur certains droits de la propriété industrielle (brevets, certificats d'utilité, logiciels protégés par le droit d'auteur...) peut, sur option et sous certaines conditions, bénéficier d'un régime de taxation spécifique (nos 10420 s.).

› Précisions Dans les entreprises relevant de l'impôt sur le revenu, les **profits de consignation** réalisés lorsque les clients ne restituent pas les **emballages** consignés sont imposables soit comme des bénéfices d'exploitation ordinaires, soit comme des plus-values d'actif (nos 17500 s.), selon que les emballages non restitués font partie des stocks ou des immobilisations (voir no 7520, a). Le Conseil d'État permet aux entreprises de recourir à l'utilisation de méthodes statistiques pour calculer le nombre d'emballages non restitués au cours de chaque exercice. Ces emballages sont présumés provenir de tous les lots d'emballages acquis à des dates et des prix différents encore inscrits à l'actif ; la fraction aliénée de chaque lot est donc calculée à proportion du nombre d'emballages réputés vendus par rapport au nombre total des emballages inscrits à l'actif (CE plén. 27-11-1981 no 16814 : RJF 1/82 no 7).

Si la mise à disposition de l'emballage s'analyse non pas comme une opération de consignation, mais comme une **location,** le contrat prévoyant la restitution de la consignation sous déduction d'un droit de location proportionnel à la durée de conservation de l'emballage, les prélèvements mensuels sur la consignation versée constituent des produits de location qui doivent être pris en compte selon la règle du couru (CE plén. 25-11-1981 no 10959 : RJF 1/82 no 16).

7915 BIC-V-4300 s **Revenus des immeubles** Les loyers et autres revenus des immeubles **figurant à l'actif** des entreprises (directement ou par l'intermédiaire d'une société immobilière « transparente » : nos 30770 s.) constituent un élément du bénéfice imposable au même titre que les autres revenus réalisés par l'entreprise. Ces revenus doivent être compris dans les bénéfices de l'entreprise pour leur montant réel.

Les loyers sont rattachés à l'exercice au cours duquel ils ont « couru », sans considération ni de la date d'échéance ni de celle du paiement (no 7890). Cette règle concerne aussi les **loyers payés d'avance,** qui doivent normalement être échelonnés sur la durée du bail (BOI-BIC-PDSTK-10-10-20 no 245).

Pour les **entreprises individuelles** et les **sociétés de personnes** relevant de l'impôt sur le revenu, ces produits ne sont à prendre en compte pour la détermination du résultat imposable dans la catégorie des BIC que lorsqu'ils proviennent d'immeubles inscrits à l'actif et utiles à l'activité professionnelle, ou en cas d'option expresse lorsque leur montant est marginal (no 7345).

› Précisions a. Les **droits d'entrée** ou pas-de-porte sont en principe imposables de manière étalée sur la durée du bail, lorsqu'ils sont considérés comme des **suppléments de loyers** (notamment CE 17-6-1985 no 44509 : RJF 8-9/85 no 1153), ou lorsqu'ils rémunèrent une **prestation continue rendue au locataire** sur cette durée (CE 14-4-2008 no 293577 : RJF 7/08 no 777 ; BOI-BIC-PDSTK-10-30-20 no 30). Dans certains cas, ils sont regardés comme représentant le **prix de vente d'un élément d'actif du bailleur** (CE 28-9-1984 no 38704 : RJF 11/84 no 1332).

Lorsque le droit d'entrée rémunère une **prestation ponctuelle au profit du preneur,** telle

que, selon l'administration, la réalisation de **travaux avant la prise à bail,** il est rattaché à l'exercice au titre duquel il est réputé acquis au bailleur en vertu du contrat (BOI précité n° 30). Enfin, si le droit d'entrée consiste en la **réalisation de travaux par le locataire** qui s'échelonnent **sur plusieurs exercices,** l'administration considère que le bailleur est imposable au titre de chaque exercice à hauteur des frais engagés (BOI précité n° 30).
b. Lorsque le bail met à la charge du locataire des **travaux de construction ou d'aménagement** qui doivent revenir **sans indemnité au bailleur en fin de bail,** l'augmentation de valeur vénale de l'immeuble correspondant à ces améliorations est imposable au titre de l'exercice au cours duquel le propriétaire recouvre la disposition des locaux (CE 5-12-2005 n° 263505 : RJF 3/06 n° 238 ; CE 16-11-1981 n° 16111 : RJF 1/82 n° 9 ; BOI-BIC-PDSTK-10-10-20 n° 260). Si les **travaux de rénovation n'ont pas la nature d'actif immobilisé,** un produit imposable est constaté à hauteur de la différence constatée le cas échéant entre la valeur réelle des actifs rénovés et leur valeur d'origine lorsqu'ils ont eu pour conséquence un prolongement notable de la durée probable d'utilisation du local (Rép. Villaumé : AN 30-6-2015 n° 51475).
c. Une entreprise, membre d'une **société immobilière** non passible de l'impôt sur les sociétés et ayant pour objet la location d'un patrimoine immobilier, est imposable à raison de la quote-part qui lui revient dans les bénéfices de la société. Sur la détermination de cette quote-part, voir n° 37630.
d. Voir aussi n°s 31030 s. pour le **bail à construction** et n°s 90485 s. pour les **locations meublées.**

Lorsqu'un immeuble figurant à l'actif est affecté à l'**habitation de l'exploitant** (ou affecté gratuitement à l'habitation d'un associé d'une société de personnes), le montant du loyer qui aurait dû être demandé à l'intéressé relève, en principe, des règles applicables en matière de revenus fonciers exposées n° 27090 (BOI-BIC-PDSTK-10-10-20 n° 220). **7920**

> Précisions Lorsqu'une société passible de l'**impôt sur les sociétés** met un immeuble à la disposition d'un **associé dirigeant,** le loyer non perçu constitue un avantage en nature qui n'a pas à être rapporté au résultat imposable si le montant total de la rémunération du dirigeant n'est pas excessif (voir n° 23740).

Bénéfices agricoles et bénéfices non commerciaux accessoires Lorsqu'une entreprise industrielle ou commerciale effectue des opérations dont les résultats entrent normalement dans la catégorie des bénéfices agricoles ou dans celle des bénéfices non commerciaux, il est tenu compte de ces résultats pour la détermination des bénéfices industriels et commerciaux si les opérations agricoles ou non commerciales sont une **simple extension** de l'activité industrielle et commerciale. **7925** CGI art. 155, I-1 BIC-V-32300 s

> Précisions a. La jurisprudence subordonne la prise en compte des profits agricoles ou non commerciaux accessoires aux deux **conditions cumulatives** suivantes :
– l'existence d'un **lien étroit** entre l'activité commerciale et l'activité agricole ou non commerciale. S'agissant d'une activité agricole, ce lien est établi, par exemple, lorsqu'une proportion importante des produits de l'exploitation agricole est absorbée par l'activité commerciale ;
– la **prépondérance** de l'**activité commerciale.** La comparaison du volume des affaires réalisées permet le plus souvent d'apprécier l'importance respective des deux activités, mais d'autres critères (critères physiques comme, par exemple, le nombre d'animaux achetés et revendus par des négociants-éleveurs) sont parfois utilisés.
Lorsque ces conditions sont réunies relèvent par **exemple** des BIC pour l'ensemble de leurs activités :
– les marchands de bestiaux ou les bouchers exerçant également une activité d'éleveur (notamment CE 6-2-1981 n°s 17584 et 18369 : RJF 4/81 n° 299 ; CE 3-6-1988 n° 54007 : RJF 8-9/88 n° 953) ;
– les entrepreneurs de parcs et jardins se livrant accessoirement à une activité de pépiniériste (CE 5-2-1986 n° 35298 : RJF 4/86 n° 346) ;
– les entrepreneurs de bâtiment réalisant des études préalables (CE 24-6-1985 n° 21522 : RJF 8-9/85 n° 1213).
En revanche, un laboratoire d'analyses médicales ne constitue pas le prolongement naturel d'une pharmacie (CE 10-5-1991 n° 64021 : RJF 7/91 n° 896).
b. Ne constituent pas un obstacle à l'imposition au titre des BIC des profits agricoles ou non commerciaux accessoires :
– l'**antériorité de l'activité** non commerciale ou agricole (notamment CE 7-4-1986 n° 45260 : RJF 6/86 n° 568 ; CE 18-12-1991 n° 65850 : RJF 2/92 n° 173) ;
– l'exercice de l'activité non commerciale ou agricole dans le cadre d'une **société civile,** lorsque celle-ci est entièrement contrôlée par l'exploitant commercial (CE plén. 9-11-1990 n° 64965 : RJF 1/91 n° 20), ou dans le cadre d'une **indivision** dont les membres sont les associés de la SARL de famille exploitant l'activité commerciale (CAA Nantes 30-5-2000 n° 96NT00807 : RJF 11/00 n° 1204) ;
– l'exercice de l'activité accessoire par le **conjoint,** lorsque les deux activités constituent en réalité, compte tenu de leurs liens, une entreprise unique (CAA Nantes 14-6-1995 n° 91NT00307 : RJF 11/95 n° 1232).

2. PRODUITS FINANCIERS

Les produits financiers, ou revenus mobiliers, perçus par l'entreprise doivent, en principe, être compris dans les bénéfices imposables. Mais les règles applicables diffèrent selon la nature des produits. **7950** BIC-V-9000 s

REVENUS DU PORTEFEUILLE-TITRES

7955 BIC-V-9160 s **Dividendes** **Comptablement,** en principe, les dividendes sont enregistrés en produits dès la date de l'assemblée ayant pris la décision de distribuer (Mémento comptable n° 36315).

Il en est, en principe, de même **au plan fiscal** (CAA Paris 27-6-2017 n° 15PA04635 ; CE (na) 16-5-2018 n° 412801 : RJF 8-9/18 n° 827 ; CAA Paris 28-6-2023 n° 21PA03000-21PA04456 : RJF 11/23 n° 793). Toutefois, l'administration autorise la prise en compte des dividendes dans les résultats imposables de l'entreprise à la date de leur perception, qui correspond d'une façon générale à la date de détachement du coupon (Inst. 4 K-1-83 n° 25, non reprise dans Bofip).

7956 Afin de pouvoir utiliser les **crédits d'impôt** afférents à des revenus mobiliers (notamment ceux attachés aux revenus de source étrangère), les **sociétés passibles de l'impôt sur les sociétés** qui appliquent la règle comptable sont autorisées à retrancher extra-comptablement les dividendes correspondants non encore encaissés à la clôture de l'exercice et à les ajouter au résultat imposable de l'exercice de leur perception (Comité MOA 7-3-1978, solution non reprise dans Bofip). Ce régime d'imputation est étudié n°s 36115 s.

7957 CGI art. 223 B, al. 2 Sont retranchés du bénéfice net à hauteur de 99 % de leur montant les **produits n'ouvrant pas droit au régime mère-fille** (BOI-IS-BASE-10-15 n° 10), perçus par une **société non membre d'un groupe intégré,** à raison d'une participation dans une filiale soumise à un impôt équivalent à l'impôt sur les sociétés dans un **État de l'Union européenne, en Islande, en Norvège ou au Liechtenstein** sous réserve que ces deux sociétés satisfassent, depuis plus d'un exercice conformément à l'exigence issue de l'article 52 de la loi 2023-1322 du 29 décembre 2023 (applicable pour la détermination des résultats des exercices clos à compter du 31 décembre 2023), les conditions pour appartenir à un groupe fiscalement intégré autres que l'assujettissement à l'impôt sur les sociétés. L'article 52 précité a supprimé, pour la détermination des résultats des exercices clos à compter du 31 décembre 2023, la condition selon laquelle cette neutralisation ne s'appliquait pas si la non-appartenance de la société française à un groupe était uniquement due à l'absence des options et des accords à formuler pour le régime de l'intégration fiscale.

La fraction neutralisée de 99 % est calculée d'après le montant des produits de participation, crédit d'impôt compris, lorsque la société bénéficiaire les a ainsi comptabilisés (BOI précité n° 10). Le taux de détention du capital de la société distributrice est calculé abstraction faite des actions détenues en propre ou dans le cadre de boucles d'autocontrôle (BOI précité n° 20). Le dispositif anti-abus prévu pour les sociétés intégrées en cas de non-conservation des titres pendant un délai de deux ans ou de moins-value dégagée lors de cessions de titres de sociétés à prépondérance financière (n° 40522) s'applique également aux produits dont le montant est ainsi retranché du bénéfice net.

Exonération conditionnelle des dividendes versés par les filiales : voir n°s 40850 s., et plus particulièrement des produits versés par des filiales européennes à des sociétés non intégrées : voir n° 40970.

7958 Les dividendes inclus dans le résultat d'une **entreprise passible de l'impôt sur le revenu** sont ensuite déduits de ce résultat et déclarés dans la catégorie des revenus mobiliers par l'exploitant ou, dans les sociétés de personnes, par les associés au prorata de leurs droits. Les personnes physiques peuvent ainsi bénéficier des modalités d'imposition qui régissent les revenus mobiliers (n°s 24540 s.). Cette règle concerne les dividendes ne provenant pas de l'exercice de l'activité professionnelle, mais ne s'applique pas en cas d'option expresse pour les BIC lorsque leur montant est marginal (voir n° 7345) (BOI-BIC-PDSTK-10-20-10 n° 1).

7959 En ce qui concerne les modalités spéciales de prise en compte ou d'imposition :
- de la quote-part de résultat dans des **sociétés de personnes** : voir n°s 37600 s. ;
- des distributions effectuées par des sociétés de **capital-risque** : voir n°s 26380 s. ;
- des produits de titres d'**OPCVM** : voir n° 19005.

7960 BIC-V-10000 s **Produits de titres à revenu fixe** Les produits de titres à revenu fixe doivent être rattachés aux résultats imposables de l'**exercice** au cours duquel ils ont couru. C'est notamment le cas des intérêts des titres suivants : obligations, titres participatifs, effets publics, bons de caisse, bons du Trésor sur formule (BOI-BIC-PDSTK-10-20-20 n°s 1 s.).

Cette règle concerne tant les entreprises soumises à l'impôt sur le revenu que celles assujetties à l'impôt sur les sociétés.

Mais, comme les dividendes (n° 7957), les intérêts sont déduits du résultat des **entreprises relevant de l'impôt sur le revenu** pour être déclarés au titre des revenus mobiliers par l'exploitant ou les associés (sous réserve de l'option expresse pour les BIC lorsque leur montant est marginal : voir nº 7345), ce qui permet, en pratique, d'imputer les crédits d'impôt qui leur sont attachés.

Primes de remboursement Lorsqu'elles sont attachées à des **obligations,** titres assimilés, **titres de créances négociables, titres** ou contrats d'emprunt ou de capitalisation **non négociables** – français ou étrangers – **émis, conclus ou démembrés depuis le 1er janvier 1993,** les primes de remboursement s'entendent de la différence entre les sommes ou valeurs à recevoir (à l'exception des intérêts linéaires versés annuellement) et celles versées lors de l'acquisition ou de la souscription. **7970** CGI art. 238 septies E **BIC-V-12000 s**

Cette définition très large vise notamment : les obligations à **coupon unique** versé à l'échéance en même temps que le remboursement du nominal ; les obligations à **coupon zéro** qui ne comportent aucun intérêt et dont la rémunération est assurée par une forte prime de remboursement ; les titres dont la valeur d'émission est inférieure au nominal (on parle alors de « **prime d'émission** »). La prime de remboursement englobe également les **intérêts partiellement capitalisés,** les intérêts **payés d'avance** et les **plus-values** provenant du **remboursement** d'obligations acquises au-dessous du prix d'émission.

Lorsque la prime de remboursement excède 10 % du prix d'acquisition du titre ou du droit et qu'elle s'attache à un titre dont le prix moyen à l'émission n'excède pas 90 % de la valeur de remboursement, elle fait l'objet d'une **imposition étalée.** **7975**

Elle est imposable pour sa fraction courue au cours de l'exercice, estimée à partir d'une répartition actuarielle selon la méthode des intérêts composés.

Lorsque tous les éléments de la rémunération sont connus, la fraction de la prime et des intérêts à rattacher aux résultats imposables de chaque exercice jusqu'au remboursement est déterminée en appliquant au prix d'acquisition le taux d'intérêt actuariel déterminé à la date d'acquisition. Le prix d'acquisition est majoré de la fraction de la prime et des intérêts capitalisés à la date anniversaire de l'emprunt ou du titre, de telle sorte que le montant des annuités imposables est progressif.

Lorsque l'une des conditions de l'imposition étalée n'est pas satisfaite, la prime est imposable lors du remboursement.

> **Précisions a.** Lorsque le contrat comporte une clause de rémunération rendant **aléatoire** la détermination de la valeur de remboursement, la prime est déterminée forfaitairement en retenant comme taux actuariel 105 % du dernier taux mensuel des emprunts d'État à long terme connu lors de l'acquisition ou de la souscription, sauf si cette prime (diminuée des intérêts linéaires annuels) est inférieure à 10 % de la valeur d'émission. Les titres comportant une **clause d'indexation** ont un régime propre qui n'impose pas que le montant de la prime soit supérieur à 10 % de la valeur d'émission (CE 12-7-2017 nº 400834 : RJF 11/17 nº 1022).
> **b.** En cas de **cession** des titres, le résultat réalisé est calculé sous déduction des fractions de prime et d'intérêts antérieurement prises en compte dans les résultats imposables, mais non effectivement perçues.
> **c.** Titres à revenu fixe détenus par les **entreprises d'assurances** et les **banques** : voir nº 19090.

PRODUITS DE CRÉANCES

Les intérêts, arrérages et autres produits des **créances, dépôts, cautionnements et comptes courants** perçus par une entreprise sont compris dans ses bénéfices imposables sans aucune réfaction. **7985** **BIC-V-10930 s**

Ils doivent être rattachés aux résultats de l'exercice au cours duquel ils ont **couru,** quelle que soit l'échéance (nº 7890). Les intérêts perçus d'avance sont traités comme des primes de remboursement. Par exception à ce principe, l'administration considère que les produits de placement des recettes professionnelles d'une entreprise individuelle ou d'une société de personnes relevant de l'impôt sur le revenu (placement de la trésorerie ou compte courant notamment) constituent des revenus générés sans l'implication personnelle, directe et continue de l'exploitant, exclus du résultat professionnel et imposés dans la catégorie des revenus mobiliers (BOI-BIC-PDSTK-10-20-30 nº 25). Toutefois, sur option expresse, ces produits peuvent être pris en compte pour la détermination du résultat imposable dans la catégorie des BIC lorsque leur montant est marginal (nº 7345).

Comme pour les produits de même nature perçus par les particuliers, ces produits sont en principe soumis à un prélèvement forfaitaire non libératoire qui constitue un acompte d'impôt sur le revenu (voir nºs 25250 s.).

> **Précisions a.** Les mêmes règles sont applicables aux produits des **titres de créances négociables** sur un marché réglementé. Les gains et les pertes réalisés en cas de cession des titres en question sont compris dans les résultats imposables au taux de droit commun, quelle que soit la durée de détention des titres. Toutefois, pour les entreprises individuelles et

les sociétés de personnes relevant de l'impôt sur le revenu, ces produits qui ne proviennent pas de l'activité professionnelle ne sont pas pris en compte dans le résultat professionnel, sauf option expresse lorsque leur montant est marginal (BOI-BIC-PDSTK-10-20-40 n° 20) (n° 7345).

b. Les produits des parts de **fonds communs de titrisation** sont imposables dans les conditions et taux de droit commun. Sur les modalités spéciales d'évaluation des parts pour les sociétés passibles de l'impôt sur les sociétés, voir n° 19005.

c. Les intérêts sur les **créances douteuses** des entreprises du **secteur bancaire**, déclassées en encours douteux compromis, ne sont pas pris en compte dans le résultat imposable de l'exercice au cours duquel ces intérêts sont acquis (BOI-BIC-BASE-20-10 n° 320).

PÉNALITÉS POUR PAIEMENT TARDIF

7995 CGI art. 237 sexies BIC-V-11600 s

Les produits correspondant aux pénalités pour paiement tardif de **factures** mentionnées aux articles L 441-9 et L 441-10, II du Code de commerce sont rattachés à l'exercice de leur encaissement par le fournisseur. Corrélativement, les charges supportées à ce titre par le débiteur sont déductibles de l'exercice de leur versement. Les pénalités en cause sont normalement exigibles le jour suivant la date de règlement figurant sur la facture, sans qu'un rappel soit nécessaire.

› Précisions Sont également concernés par cette mesure les **intérêts moratoires** prévus par le Code des **marchés publics** et les **indemnités forfaitaires pour frais de recouvrement** en cas de retard de paiement dans les transactions commerciales instituées par l'article 121 de la loi 2012-387 du 22 mars 2012 (BOI-BIC-BASE-20-10 n° 230).

CONTRATS À TERME D'INSTRUMENTS FINANCIERS

8005 CGI art. 38, 6 BIC-V-13700 s

Les profits et pertes constatés lors du dénouement de ces contrats sont normalement pris en compte dans le résultat, mais la déduction des pertes est différée lorsqu'elles ont pour contrepartie un gain latent sur une position symétrique (voir n° 8010, précision b).

Le résultat doit aussi prendre en compte en principe les gains et pertes latents sur les contrats **en cours à la clôture** de l'exercice, déterminés en fonction des cours du marché sur lequel le contrat a été conclu à cette date. Cette règle comporte toutefois deux exceptions relatives, l'une aux gains latents réalisés dans le cadre d'une opération de couverture, l'autre aux pertes latentes compensées par un profit latent sur une position symétrique (voir n° 8010, précisions a et b).

Les instruments financiers concernés par cette réglementation sont les contrats, options et autres instruments financiers à terme conclus en France ou à l'étranger qui sont cotés sur une bourse de valeurs ou traités sur un marché ou par référence à un marché.

8010 **› Précisions** **a. Opérations de couverture.** L'imposition du profit latent constaté sur un contrat à terme en cours à la clôture de l'exercice est reportée au dénouement du contrat lorsqu'il a pour objet exclusif de compenser le risque d'une opération de l'un des deux exercices suivants, traitée sur un marché de nature différente.

En outre, les profits sur des contrats à terme ayant pour seul objet la couverture du **risque de change** d'opérations futures sont imposés au titre du ou des mêmes exercices que les opérations couvertes, à condition que ces dernières soient identifiées dès l'origine par un acte ou un engagement précis et mesurable pris à l'égard d'un tiers.

b. Positions symétriques. Une position s'entend de la détention directe ou indirecte de contrats à terme d'instruments financiers, de valeurs mobilières, de devises, de titres de créances négociables, de prêts ou d'emprunts, ou d'un engagement portant sur ces éléments. Lorsqu'une entreprise a pris des positions symétriques (définies comme des positions subissant des variations de valeur ou de rendement corrélées et de sens inverse, sans qu'il soit nécessaire qu'elles soient de même nature, prises sur la même place ou aient la même durée), la **perte** subie sur une de ces positions n'est déductible que pour la fraction de son montant qui excède les gains non encore imposés sur les positions prises en sens inverse. Le montant des gains non encore imposés sur contrat d'option s'entend de la marge bénéficiaire qui résulterait de l'option, compte non tenu de la prime payée en contrepartie de l'acquisition de cette option (CE 19-12-2019 n° 431066 : RJF 3/20 n° 209). La déduction de la fraction restante de la perte est reportée jusqu'à la date d'imposition du profit sur l'autre position.

Lorsque les **gains non encore imposés** concernent un actif ou un passif financier dont la valeur ou le rendement est lié aux taux d'intérêt (emprunts, prêts, créances négociables...), leur montant est fonction de la durée de vie restant à courir de l'actif en cause. Le montant non imposé à la clôture de l'exercice est alors égal à la valeur actualisée du différentiel d'intérêt supporté en moins par l'entreprise (emprunt) ou acquis en plus à l'entreprise (prêt) (BOI-BIC-PDSTK-10-20-70-30 n° 90).

Les positions symétriques prises au cours de l'exercice et celles qui sont en cours à la clôture sont mentionnées sur un **document** spécifique qui doit être remis ou adressé sur demande à l'administration (BOI-FORM-000056 et BOI-FORM-000057). À défaut, la perte sur une position n'est pas déductible.

c. Des dispositions spécifiques s'appliquent aux contrats d'échange de taux d'intérêt ou de devises conclus par les **établissements de crédit,** les sociétés de financement et les entreprises d'investissement (CGI art. 38 bis C).

d. Les **principes comptables** applicables aux instruments financiers à terme et aux opérations de couverture sont fixés aux articles 628-1 à 628-18 du PCG (Mémento comptable nos 41430 s.). Les divergences entre les principes comptables et fiscaux entraînent des retraitements extra-comptables pour la détermination du résultat fiscal.

3. PRODUITS EXCEPTIONNELS

SUBVENTIONS

En principe, les subventions et dons reçus par l'entreprise constituent un produit imposable de l'**exercice** au cours duquel ils sont acquis (la date d'acquisition coïncidant avec celle de la décision d'octroi de l'aide). Cette règle vaut notamment pour les subventions d'équilibre ou de fonctionnement perçues, quelle qu'en soit l'origine : aides publiques ou subventions interentreprises. **8035** BIC-V-20100 s

Mais certaines subventions bénéficient de régimes spéciaux. Le principal d'entre eux est le dispositif d'étalement des subventions publiques d'équipement (nos 8040 s.).

> Précisions **a.** Les subventions doivent être distinguées des **prêts** et des **avances** remboursables qui n'affectent pas le résultat. Malgré leur dénomination, les subventions de l'État en faveur de la recherche-développement, remboursables en cas de succès, sont assimilables à des prêts et n'ont donc pas à être comprises dans le résultat au moment de leur attribution (BOI-BIC-PDSTK-10-30-10-10 n° 30).

b. Les subventions accordées aux **filiales** peuvent être exonérées, sous certaines conditions, lorsqu'elles ne sont pas déductibles des résultats de la société mère (voir n° 8955).

Subventions d'équipement Peuvent bénéficier d'une imposition échelonnée les subventions d'équipement (« subventions d'investissement » dans la terminologie comptable) accordées par l'**Union européenne** ou versées par des organismes créés par les institutions de l'Union européenne, quelles que soient leurs modalités de financement ou de gouvernance (BOI-BIC-PDSTK-10-30-10-20 n° 30). Sont également éligibles celles de l'**État,** des **collectivités publiques** ou tout **organisme public,** ainsi que celles versées par les **groupements professionnels** agréés de rationalisation et de conversion. **8040** CGI art. 42 septies BIC-V-20630 s

ILLUSTRATIONS

Les organismes publics s'entendent de l'ensemble des établissements publics et, plus généralement, des structures dépendant de l'État, des collectivités territoriales ou des institutions européennes agissant dans le cadre d'une mission de service public. Sont notamment susceptibles de bénéficier du régime d'étalement les subventions d'équipement octroyées par le Fonds européen de développement régional (Feder), les caisses régionales d'assurance maladie (Cram), l'Association nationale pour la gestion du fonds pour l'insertion professionnelle des handicapés (Agefiph), l'Agence nationale pour l'amélioration de l'habitat (Anah), les organismes de droit privé qui agissent, dans le cadre d'un mandat, pour le compte de l'État (BOI-BIC-PDSTK-10-30-10-20 n° 30).

Le régime d'étalement est réservé aux subventions utilisées pour la création, l'acquisition ou le financement par crédit-bail « d'immobilisations déterminées », c'est-à-dire identifiées dans la décision d'octroi de l'aide. Il revêt un caractère **optionnel** et les entreprises peuvent, si elles y ont intérêt (situation déficitaire, par exemple), rattacher les subventions aux résultats de l'exercice en cours à la date de leur attribution. Le choix effectué constitue une décision de gestion opposable.

> Précisions **a. Nature des opération subventionnées** Suivant une doctrine administrative énoncée à propos des titulaires de BNC, qui devrait également s'appliquer aux titulaires de BIC, les aides accordées à raison de l'acquisition d'une voiture peu polluante (BOI-BNC-BASE-20-20 n° 530) peuvent également bénéficier de l'étalement. Peuvent également en bénéficier les sommes perçues dans le cadre du dispositif des certificats d'économie d'énergie visés à l'article L 221-7 du Code de l'énergie (BOI-BIC-PDSTK-10-30-10-20 nos 28, 45 et 50). Par ailleurs, selon l'administration, ne peuvent bénéficier du dispositif les aides destinées à **atténuer les charges salariales** supplémentaires dues à la création d'emploi (BOI précité n° 50).

b. Identification des immobilisations financées Il suffit, en pratique, que la décision d'octroi de la subvention ou le contrat portant sur les opérations permettant la réalisation d'économies d'énergie mentionne la nature du projet financé et les différents comptes d'immobilisations corporelles concernés. En cas de financement partiel de plusieurs immobilisations, la répartition de la subvention entre celles-ci doit aussi être indiquée. À défaut, la subvention est répartie proportionnellement au prix de revient des immobilisations (BOI précité n° 50).

c. Octroi de subventions indirectes La cession d'un terrain communal à une entreprise pour un prix très inférieur à sa valeur réelle, sous réserve qu'elle édifie une construction, est constitutive d'une subvention d'équipement égale à la réduction de prix consentie, dont l'imposition est étalée sur la durée d'amortissement de l'immeuble (BOI précité n° 25).

d. Lorsque les **biens** sont **financés par crédit-bail,** le **crédit-preneur** peut pratiquer l'étalement (sur la durée du contrat) si la subvention lui est accordée directement ou si elle est octroyée au crédit-bailleur avec l'obligation de lui rétrocéder immédiatement la totalité de son montant. Lorsque la rétrocession est indirecte, sous forme de diminution des loyers ou du prix de levée d'option, l'étalement est pratiqué par le **crédit-bailleur** (BOI précité nos 70 et 80).

8045 Une fois adopté, l'échelonnement s'effectue obligatoirement de la façon suivante (sans possibilité de réintégration anticipée des sommes perçues).

Si la subvention sert à financer une **immobilisation amortissable,** elle doit être rapportée aux bénéfices imposables au rythme de l'amortissement de cette immobilisation, déterminé, pour chaque exercice, par le rapport existant entre la dotation annuelle aux amortissements pratiquée (amortissements techniques et dérogatoires) et le prix de revient de l'immobilisation.

Si le financement porte sur un **élément non amortissable,** la subvention est réintégrée par parts égales sur les années pendant lesquelles le bien est inaliénable ou, à défaut de clause d'inaliénabilité, sur une période de dix ans suivant l'année de son attribution.

Ces modalités d'étalement sont, pour l'essentiel, les mêmes que celles prévues par le plan comptable général (Mémento comptable nos 56495 s.).

> Précisions a. Lorsqu'une subvention est affectée au financement d'un **bien décomposé** (voir n° 9185), elle est rapportée au résultat sur la durée moyenne pondérée d'amortissement fiscal de ses composants et de la structure, compte tenu de leurs valeurs respectives par rapport à la valeur totale du bien et du mode d'amortissement retenu. Aucune réintégration anticipée n'a lieu d'être opérée en cas de remplacement d'un composant, tant que le bien considéré dans son ensemble n'est pas cédé (BOI-BIC-PDSTK-10-30-10-20 n° 100).

b. La **rectification,** à l'occasion d'un **contrôle,** des **dotations aux amortissements** pratiquées sur des biens financés au moyen d'une subvention d'équipement entraîne une modification corrélative de la quote-part de cette subvention réintégrée aux résultats imposables (CAA Nantes 15-2-2006 n° 03NT00752 : RJF 7/06 n° 823).

8047 EXEMPLES

1. Une entreprise perçoit en 2024 une subvention d'équipement de 200 000 € qui lui a été attribuée en 2023 par une collectivité publique pour le financement d'une immobilisation amortissable acquise 800 000 € HT. L'immobilisation (non décomposée) est amortie selon le mode linéaire sur 5 ans à compter du 1er juillet 2023, date de sa mise en service.

Exercice	Amortissements pratiqués	Fraction de la subvention à réintégrer
2023	800 000 × 20 % × 6 / 12 = 80 000 €	200 000 × 80 000 / 800 000 = 20 000 €
2024	800 000 × 20 % = 160 000 €	200 000 × 160 000 / 800 000 = 40 000 €
2025	800 000 × 20 % = 160 000 €	200 000 × 160 000 / 800 000 = 40 000 €
2026	800 000 × 20 % = 160 000 €	200 000 × 160 000 / 800 000 = 40 000 €
2027	800 000 × 20 % = 160 000 €	200 000 × 160 000 / 800 000 = 40 000 €
2028	800 000 × 20 % × 6 / 12 = 80 000 €	200 000 × 80 000 / 800 000 = 20 000 €

Reprise des données de l'exemple précédent en supposant que la subvention a été octroyée pour financer une immobilisation non amortissable, sans clause d'inaliénabilité.

La subvention est réintégrée par parts égales sur une durée de 10 ans à compter de l'exercice suivant celui au cours duquel elle a été attribuée, soit à partir de l'exercice 2024. Ainsi sera réintégré aux résultats imposables des exercices 2024 à 2033 un montant de 20 000 € (200 000 € / 10).

8050 En cas de **cession** des immobilisations subventionnées, la fraction des subventions non encore réintégrée est comprise dans le résultat de l'exercice de cession et imposée dans les conditions de droit commun. Il en va de même en cas de cession ou de résiliation d'un contrat de crédit-bail portant sur une immobilisation financée par une subvention donnant lieu à étalement chez le crédit-preneur. S'agissant des immobilisations **décomposées** : voir n° 8045, précision a.

ATTENTION

En cas de **fusion** ou opération assimilée placée sous le régime de faveur ou, quel que soit leur régime fiscal, d'**apport en société d'une entreprise individuelle** défini par l'article 151 octies, I, du CGI, ou de restructuration de SCP ou de SCA définie à l'article 151 octies A du CGI, l'imposition de la fraction de la subvention non encore rapportée aux résultats peut, sur **option** exercée dans l'acte d'apport ou le traité de fusion, être mise à la charge de la société absorbante ou bénéficiaire des apports. Cette société réintègre alors la fraction non encore imposée, par parts égales, sur la durée d'amortissement des biens subventionnés ou, s'il s'agit d'immobilisations non amortissables, sur la période d'étalement restant à courir à la date de l'opération. Lorsque le bien apporté est un contrat de crédit-bail, le solde de la subvention non encore imposé est rapporté aux résultats, par parts égales, sur la durée restant à courir jusqu'à l'échéance du contrat.

Autres régimes spéciaux **a.** Les **aides affectées** au financement de dépenses de **recherche** que l'entreprise décide d'immobiliser (au lieu de les déduire immédiatement comme elle en a la possibilité : n° 8405) sont rattachées aux résultats imposables au rythme de l'amortissement des immobilisations correspondantes (CGI art. 236, I bis : BIC-V-21860 s.). Sont visées les aides à la recherche allouées par l'État, les collectivités territoriales, les établissements publics spécialisés dans l'aide à la recherche scientifique ou technique, l'Union européenne et les organismes créés par ses institutions. 8055

b. Il faut également signaler l'existence de deux dispositifs qui concernent :

– les sommes perçues, au titre de l'**aide à l'industrie cinématographique,** par les exploitants de salles de cinéma et par les industries techniques pour l'équipement et la modernisation des studios et des laboratoires de développement et de tirage des films, qui ne peuvent corrélativement prétendre au régime général des subventions d'équipement (CGI art. 39 sexies : BIC-V-22000 s.) ;

– les subventions des employeurs aux **organismes collecteurs** de la **participation-construction** (CGI art. 210 quinquies : BIC-V-22120 s.).

INDEMNITÉS

Les indemnités perçues par une entreprise en réparation d'un préjudice constituent des produits imposables dès lors qu'elles ont pour objet de compenser des charges ou des pertes déductibles par nature, des pertes de recettes taxables, la perte ou la dépréciation d'éléments d'actif. 8065 BIC-V-22500 s

Selon la nature du préjudice subi, les indemnités sont imposées comme des produits d'exploitation ou des plus-values d'actif si elles sont perçues en contrepartie de la perte d'un élément d'actif. Toutefois, les indemnités perçues par les entreprises passibles de l'impôt sur les sociétés sont toujours imposables dans les conditions de droit commun, à l'exception de certaines indemnités d'assurances et des indemnités d'expropriation qui bénéficient d'un régime d'étalement (n° 19285).

› Précisions Une indemnité perçue en réparation d'un préjudice générateur d'une **charge** ou d'une **perte non déductible** du résultat fiscal n'est pas imposable (cas, par exemple, des sommes perçues en réparation d'une erreur du comptable de l'entreprise ayant entraîné l'application de pénalités fiscales : CE plén. 12-3-1982 n° 17074 : RJF 4/82 n° 334). Il en est de même des sommes perçues en application d'une clause de garantie de passif compensant une charge non déductible (Rép. Grau : AN 9-2-2021 n° 28652). Toutefois, ces solutions ne s'appliquent pas lorsque les sommes perçues au titre du remboursement de charges non déductibles n'ont pas le caractère de réparation d'un préjudice mais découlent de l'application d'un accord conventionnel (CE 20-4-2021 n° 430561 : RJF 7/21 n° 745).

Indemnités d'assurances Les indemnités d'assurances de **dommages** (sinistre, vol) sont imposables dans les conditions de droit commun si elles compensent la disparition de stocks. Si elles concernent des éléments d'actif immobilisé, le régime des plus-values d'actif est applicable, selon les modalités particulières examinées nos 19285 s. 8070 BIC-V-22860 s

Lorsqu'une entreprise a contracté une **assurance-vie,** décès, invalidité ou incapacité, sur la tête d'un **dirigeant** ou d'une personne jouant un rôle déterminant dans le fonctionnement de l'exploitation (**homme clé**), l'indemnisation du **préjudice économique** qu'elle subit du fait de la réalisation du risque fait naître un profit imposable. 8075 BIC-V-22580 s

Dans cette hypothèse, le profit peut toutefois être réparti extra-comptablement par parts égales sur l'année de sa réalisation (exercice ou période d'imposition) et sur les quatre années suivantes (CGI art. 38 quater).

Bénéficient de l'étalement l'indemnisation résultant d'un contrat d'assurance-vie souscrit sur la tête d'un dirigeant en garantie d'un emprunt contracté pour les besoins de l'exploitation ainsi que les sommes perçues en exécution d'un contrat d'assurance « homme clé ». Dans ce dernier cas, il n'y a pas lieu de distinguer selon que l'indemnisation est fixée forfaitairement ou en fonction de la perte de recettes.

Le profit en sursis devient immédiatement imposable en cas de cession ou de cessation d'entreprise.

› Précisions **a.** En cas de **transmission à titre gratuit d'une entreprise** individuelle dans le cadre de l'article 41 du CGI (nos 19810 s.), les héritiers qui poursuivent l'activité peuvent bénéficier de l'étalement visé ci-dessus à condition de s'engager à effectuer les réintégrations correspondantes dans leurs résultats (BOI-BIC-CHG-40-20-20 no 210).

b. Exceptionnellement, il peut arriver que l'annulation de la dette résultant de l'indemnisation du prêteur par la compagnie d'assurance ne dégage aucun profit taxable si elle a pour contrepartie l'obligation de reverser les sommes en cause à un tiers, une **caution** par exemple (CE 10-11-1982 no 26375 : RJF 1/83 no 63).

8080 BIC-V-23100 s Les **indemnités** servies à titre de **revenus de remplacement** à l'exploitant individuel relevant d'un régime réel et à son conjoint collaborateur, dans le cadre des contrats « Madelin » d'**assurance groupe** et des régimes facultatifs de **sécurité sociale** définis nos 8680 s. (indemnités journalières de maladie, par exemple), sont prises en compte pour la détermination du revenu professionnel imposable du contribuable (CGI art. 154 bis A, al. 1), peu importe que les cotisations versées aient ou non été déduites (BOI-BNC-BASE-40-60-50-10 no 540). Le caractère imposable vaut également (sauf si une option pour la non-déduction des versements avait été formulée lors de ces versements : voir no 96630) pour les prestations servies, à titre de revenus de remplacement, sous forme de rente ou pour perte d'emploi subie, à raison des **plans d'épargne retraite** (Pereco ou plan d'épargne retraite individuel) étudiés nos 96580 s. Il en va de même pour l'ensemble des prestations de sécurité sociale allouées en espèces aux intéressés en cas de **maternité,** ainsi que pour les indemnités journalières de sécurité sociale versées dans certains cas aux **artisans** ou aux commerçants (BOI-BIC-PDSTK-10-30-20 nos 250 et 260). Par exception, les indemnités journalières versées par les organismes de sécurité sociale aux exploitants atteints d'une **affection de longue durée** sont exonérées (CGI art. 154 bis A, al. 2). Il en est de même pour les **versements en capital** (autorisés en cas de liquidation judiciaire ou d'invalidité) et les **prestations en nature** (BOI-RSA-PENS-10-20-20 no 210).

Sur les prestations servies en cas de **cessation d'activité,** voir no 8690, précision g.

Sur les indemnités journalières allouées aux artisans ou commerçants relevant du **régime micro,** voir no 11280.

8085 BIC-V-23300 s **Autres indemnités** **a.** En cas d'**expropriation,** le régime des plus-values d'actif est applicable, selon les modalités particulières examinées nos 19285 s., à l'indemnité principale qui représente le prix du bien exproprié. Certaines indemnités accessoires bénéficient du même régime (indemnités pour troubles d'exploitation définitifs ou pour préjudice commercial destinées à compenser la dépréciation durable infligée au fonds de commerce par l'expropriation). Les indemnités de remploi (frais exposés pour acquérir un bien de même nature), de transfert ou remontage des installations, de manque à gagner sont comprises quant à elles dans le bénéfice imposable au taux de droit commun (notamment CE plén. 18-7-1973 no 86950 ; CE 11-6-1975 no 93269 : RJF 9/75 no 400).

Les indemnités d'expropriation sont taxables au titre de l'**exercice** en cours à la date du jugement qui en fixe le montant (y compris s'il s'agit d'une indemnité provisionnelle accordée dans le cadre de la procédure d'expropriation d'urgence : CE 3-6-2022 no 452708 : RJF 8-9/22 no 703) ; l'appel dirigé contre ce jugement n'a pas pour effet de retarder le rattachement au bénéfice, mais peut justifier éventuellement la constitution d'une provision (notamment CE 6-11-1974 no 93547 : RJF 1/75 no 6).

RM-VII-31500 s **b.** Les indemnités allouées à la suite de **nationalisation ou d'expropriation à l'étranger** ne sont pas imposables (CGI art. 238 bis C, I).

BIC-V-24950 s **c.** Les **indemnités d'éviction** ou de résiliation de bail perçues par des entreprises relevant de l'impôt sur le revenu bénéficient du régime des plus-values dans la mesure où elles compensent la perte d'éléments de l'actif immobilisé (il s'agit, la plupart du temps, du droit au bail). En revanche, la fraction de leur montant destinée à couvrir les frais de déménagement et de réinstallation de l'entreprise, les frais et droits de mutation, ou encore un manque à gagner momentané, constitue une recette d'exploitation ordinaire (notamment BOI-BIC-PDSTK-10-30-20 no 110 ; CE 27-5-1983 no 27921 : RJF 7/83 no 854 ; CE 9-12-1991 no 65544 : RJF 2/92 no 174).

d. En ce qui concerne le régime applicable aux indemnités perçues en cas de **résiliation** d'un **contrat de distribution** : voir no 7535.

REMISES DE DETTES ET SUPPLÉMENTS D'APPORTS

8095 BIC-V-28500 s Le remboursement d'une dette est fiscalement neutre pour l'entreprise. En revanche, les remises de dettes (ou abandons de créances) consenties par les créanciers se traduisent normalement par un profit imposable, car elles entraînent une diminution du passif exigible et donc une augmentation de l'actif net de l'entreprise débitrice (no 7340). C'est ainsi que sont imposables les remises dont bénéficient les entreprises en difficulté dans le cadre des procédures de conciliation et de sauvegarde ou de redressement judiciaire. Il en va de même des abandons de créances accordés par les sociétés mères à leurs filiales en difficulté financière, sauf pour la partie de l'aide non déductible par la société versante lorsque la filiale s'engage à augmenter son capital (voir nos 8945 s.). La plupart du temps, ces opérations n'entraînent toutefois aucune imposition effective, compte tenu de la situation déficitaire des entreprises concernées.

ATTENTION

L'abandon de créances consenti par les créanciers d'une **entreprise placée en redressement judiciaire** est imposable dès l'exercice d'homologation du plan de redressement lorsque le tribunal a donné acte des remises et des délais acceptés par les créanciers en application de l'article L 626-18 du Code de commerce (CE 21-11-2011 n° 340319 : RJF 2/12 n° 101). En revanche, lorsque les créanciers ont exercé le choix d'un paiement dans un délai plus bref assorti d'une réduction du montant de leur créance, conformément à l'article L 626-19 du Code de commerce, la réduction de la créance n'est définitivement acquise qu'après versement de la dernière échéance prévue par le plan (CAA Lyon 11-10-2007 n° 04LY00063 : RJF 4/08 n° 406).

Par exception, la disparition d'une dette du passif du bilan ne dégage aucun profit taxable lorsqu'elle est compensée par un **supplément d'apport,** soit que le créancier ait renoncé à sa créance en contrepartie de l'acquisition de droits sur les résultats de l'entreprise, soit que l'exploitant se soit trouvé substitué au créancier par l'effet d'une transmission à titre gratuit (dont il convient d'apporter la preuve, par exemple par production d'un acte notarié), soit que l'exploitant ait décidé de reprendre à titre personnel la charge de la dette (CE plén. 19-11-1976 nos 97386 et 97391 : RJF 1/77 n° 8).

> Précisions a. Dans le cas des **sociétés,** l'abandon par les associés de sommes en compte courant en contrepartie d'une augmentation de capital constitue un supplément d'apport non imposable. L'opération connue sous le nom de « **coup d'accordéon** » (augmentation de capital libérée par prélèvement sur le compte courant des associés, suivie d'une réduction de capital par imputation des pertes) est sans effet sur le résultat de la société, car l'accroissement d'actif net qui en résulte est la contrepartie d'un supplément d'apport (CE 20-3-1989 n° 56087 : RJF 5/89 n° 548). L'opération n'absorbe donc pas les déficits antérieurs de la société qui demeurent reportables. Elle n'engendre pas de recettes taxables à la TVA.

b. Le repreneur qui **rachète à une valeur décotée** auprès d'un tiers **une créance** détenue sur une société cible puis l'incorpore au capital de cette dernière est imposé sur l'écart entre la valeur réelle des **titres de participation** reçus **en contrepartie** et la valeur de rachat de la créance. L'écart avec le produit constaté en **comptabilité,** égal à la différence entre la valeur nominale des titres et la valeur de rachat de la créance (Mémento comptable n° 37690), doit être neutralisé sur le tableau n° 2058-A-SD. Ce dispositif, qui concerne les sociétés soumises à l'**impôt sur les sociétés,** s'applique dès lors que ni la société débitrice ni le repreneur n'ont de **liens de dépendance,** au sens de l'article 39, 12 du CGI (n° 10425, précision a), avec le créancier initial au cours des douze mois qui précèdent et qui suivent la date d'acquisition des titres (CGI art. 209, VII bis). La condition d'absence de liens entre le créancier initial et la société débitrice n'est pas exigée lorsque l'augmentation de capital est effectuée dans le cadre d'un protocole de conciliation constaté ou homologué dans les conditions prévues à l'article L 611-8 du Code de commerce ou d'un plan de sauvegarde ou de redressement. Ne sont pas concernés par ce dispositif les **titres exclus** du régime des plus et moins-values à long terme et ceux qui bénéficient de ce régime sans relever du régime de l'article 219, I-a quinquies (BOI-IS-BASE-10-30 n° 40). La **cession ultérieure des titres** peut entraîner l'application du dispositif de limitation de la moins-value déductible prévu à l'article 39 quaterdecies, 2 bis du CGI (n° 19078) (BOI précité n° 170).

AUTRES PRODUITS EXCEPTIONNELS

Il y a lieu notamment d'inclure dans le bénéfice imposable dans les conditions de droit commun : 8105 BIC-V-29700 s

– les **dégrèvements** sur des **impôts** antérieurement déduits des bénéfices imposables qui constituent un profit de l'exercice au cours duquel ils constituent une créance acquise (ceux portant sur des impôts non déductibles n'étant pas imposables). En ce qui concerne le sort des intérêts moratoires perçus, voir n° 81915, précision g ;

– les **bénéfices de change** sur des opérations commerciales (profits résultant de l'évaluation, à la clôture de chaque exercice, des créances et dettes en monnaies étrangères : voir n° 7370) ;

– les **dons et legs** reçus par l'entreprise qui se traduisent par un accroissement de l'actif net.

Les **plus-values** résultant de la **cession d'éléments de l'actif** immobilisé sont soumises à un régime spécial exposé nos 17500 s.

> Précisions a. Les **dons** perçus par une **entreprise victime d'une catastrophe naturelle** ou d'un **événement ayant des conséquences dommageables** mentionné par l'arrêté BUDF0300004A du 21 mars 2003 ne sont pas imposables (CGI art. 237 quater).

b. Les produits afférents à des biens ou sommes reçus en exécution d'une **donation** ou d'un **legs** ne sont pas pris en compte dans le résultat professionnel des entreprises individuelles ou des sociétés de personnes relevant de l'impôt sur le revenu s'ils ne proviennent pas de l'activité professionnelle, sauf en cas d'option expresse lorsque leur montant est marginal (BOI-BIC-PDSTK-10-30-30 n° 10) (n° 7345). Il en est de même pour les **bénéfices de change** issus de placements en devises étrangères effectués au moyen de fonds de l'entreprise (BOI précité n° 55).

c. Les **aides** reçues jusqu'au 31 décembre 2023 (y compris les avantages en nature : BOI-BNC-BASE-20-20 n° 745) par les lauréats au titre du **concours « French Tech Tremplin »** sont exonérées.

d. Le produit tiré de la **cession,** dans les conditions de la loi **Dailly,** d'une **créance de restitution d'un impôt non déductible, enregistrée en comptabilité** dans le respect des prescriptions des règles comptables n'est pas imposable. Si une telle créance a été cédée sans qu'**aucune créance** n'ait été **constatée à ce titre en comptabilité,** le produit reçu n'est pas imposable au titre de l'exercice au cours duquel il a été perçu. Après que le montant d'impôt non déductible remboursable par l'État a été déterminé, la part du produit de cession reçu par la société cédante, net des sommes versées le cas échéant au cessionnaire au titre de la garantie solidaire, n'est pas imposable à hauteur de ce montant. La part du produit net excédant, le cas échéant, ce même montant constitue en revanche une recette entrant dans la détermination du bénéfice imposable de la société cédante (CE 14-4-2023 n° 461811 : RJF 7/23 n° 531).

D. Charges

DÉFINITION DES CHARGES DÉDUCTIBLES

8140 CGI art. 39, 1-1° BIC-IX-1 s

Les charges déductibles pour la détermination du bénéfice imposable comprennent :
– les **achats** de matières et marchandises ou produits assimilés (n° 8320) ;
– les dépenses que le CGI désigne sous l'appellation globale de « **frais généraux** ». Dans la terminologie du plan comptable, elles correspondent aux dépenses suivantes : services extérieurs ; impôts, taxes et versements assimilés ; charges de personnel ; autres charges de gestion courante ; charges financières ; charges exceptionnelles. Elles sont examinées en détail n°s 8340 s. ;
– les **amortissements** (n°s 9090 s.) ;
– les **provisions** (n°s 9660 s.).

CONDITIONS GÉNÉRALES DE DÉDUCTION

8150 BIC-IX-200 s

Pour être admis en déduction des bénéfices imposables, les frais généraux doivent, d'une manière générale, remplir les trois conditions suivantes :
– se traduire par une **diminution de l'actif net** de l'entreprise, ce qui conduit à distinguer frais généraux et coût d'acquisition des immobilisations (voir n°s 7530 s.) ;
– être exposés dans l'intérêt de l'exploitation, autrement dit se rattacher à une **gestion normale** (voir n° 78150 l'étendue du pouvoir de contrôle de l'administration en la matière) ;
– être régulièrement **comptabilisés** en tant que tels et appuyés de **pièces justificatives** suffisantes.

Pour les entreprises individuelles et les sociétés de personnes relevant des BIC, les charges afférentes à des **actifs** qui ne sont **pas nécessaires** ou **pas utilisés** pour l'exercice de l'activité professionnelle ne peuvent pas être prises en compte dans le résultat professionnel, sauf en cas d'option expresse prévue à l'article 155, II du CGI lorsque le montant des produits de l'activité non professionnelle est marginal (n° 7345).

Les frais généraux font par ailleurs l'objet de mesures spéciales, qui tendent à assurer le **contrôle** de certaines charges, à en freiner la progression et à interdire la déduction de frais excessifs ou injustifiés (voir n°s 8990 s.).

Enfin, la **déduction** de certains frais est expressément **interdite par la loi.** C'est le cas, par exemple, de certains impôts (n° 8525 s.) et pénalités (n° 8905), des aides à caractère autre que commercial lorsqu'elles ne sont pas consenties à une entreprise en difficulté financière (n°s 8960 s.), ainsi que des charges qualifiées de « somptuaires » (n°s 9000 s.). Lorsque de telles dépenses figurent en comptabilité, leur montant doit donc être rapporté aux bénéfices imposables, de façon extra-comptable (n° 7395).

8155 **> Précisions** **a.** Exemples de **charges** non déductibles, car **étrangères à une gestion normale** :
– **dépenses personnelles** de l'exploitant ou des associés : loyers, impôts, frais de déplacement, etc. ;
– sommes facturées à l'entreprise pour des **prestations fictives** (notamment CE 2-3-1988 n°s 45625 et 71877 : RJF 4/88 n° 412 ; CE 27-9-1989 n°s 62178 et 62179 : RJF 11/89 n° 1199 ; CE 10-2-1993 n° 71485 : RJF 4/93 n° 518) ;

– dépenses supportées dans l'intérêt des **dirigeants** lorsqu'elles ne peuvent pas être considérées comme un complément de rémunération (par exemple pour des frais de déplacement et de réceptions privés : CE 9-1-1985 n° 40589 : RJF 3/85 n° 369 ; CE 11-12-1991 n° 71147 : RJF 2/92 n° 185) ;

– prise en charge sans contrepartie de frais incombant à des **entreprises tierces** (par exemple pour des frais de personnel : CE 18-11-1985 n°s 51321 et 51322 : RJF 1/86 n° 16) ; pour l'appréciation du caractère normal ou anormal des **aides** et avantages à caractère commercial accordés à des tiers, voir n°s 8920 s. ;

– dépenses, quelle que soit leur nature, dont le montant est **excessif** (voir, par exemple, n° 8500, précision a, pour l'appréciation du montant normal des redevances de concession et n° 8580 s'agissant des rémunérations).

b. Une dépense peut résulter d'un **acte illicite** sans pour autant relever d'une gestion anormale. Exemples : cadeaux illicites (CE 11-7-1983 n° 33942 : RJF 10/83 n° 1109) ; dommages et intérêts versés à un fournisseur à la suite d'une condamnation (CE 7-1-2000 n° 186108 : RJF 2/00 n° 162) ; sommes versées dans le cadre d'un prêt illicite de main-d'œuvre (CE 30-7-2003 n° 232004 : RJF 11/03 n° 1273) ; loyer rehaussé en contravention avec la législation en vigueur (CE 3-10-1984 n° 33567 : RJF 12/84 n° 1406). Symétriquement, la renonciation d'un loueur à une clause d'indexation illicite du loyer n'est pas un acte anormal de gestion (CE 13-2-2015 n° 360339 : RJF 5/15 n° 385).

c. Les pertes consécutives aux **opérations décidées** dans l'intérêt de l'entreprise **par les dirigeants** sont déductibles, sans que l'administration ait à se prononcer sur l'opportunité des choix de gestion opérés et notamment pas sur l'ampleur des risques pris pour améliorer les résultats de l'entreprise (CE 13-7-2016 n° 375801 : RJF 11/16 n° 937). Sont également déductibles les pertes liées à des **opérations menées par un salarié** conformément à l'objet social mais traduisant un risque excessif qu'une carence du contrôle interne n'a pas permis d'éviter, sous réserve du cas où les dirigeants auraient sciemment accepté une telle prise de risque par une absence totale d'encadrement et de contrôle de l'activité du salarié (Avis CE sect. des finances 24-5-2011 n° 385088 : RJF 8-9/12 n° 800).

d. Pour caractériser l'anormalité d'une **cession d'un élément de l'actif circulant à prix minoré,** l'administration doit établir, d'une part, l'existence d'un écart significatif entre la valeur vénale du bien cédé et son prix de vente et, d'autre part, l'intention de l'entreprise d'agir contre son intérêt (CE 4-6-2019 n° 418357 : RJF 8-9/19 n° 753). Preuve de l'anormalité d'une cession d'un élément de l'**actif immobilisé** à prix minoré : voir n° 17815.

e. Le caractère normal d'une charge est apprécié compte tenu des **obligations juridiques** résultant du droit applicable tel qu'interprété par la jurisprudence, en vigueur à la **date de sa comptabilisation** (CE 28-5-2003 n° 237967 : RJF 8-9/03 n° 955).

f. L'administration n'exclut pas systématiquement les **dépenses qui ne peuvent être justifiées** par des documents formant preuve certaine, dès lors qu'elles sont en rapport avec la nature et l'importance des obligations professionnelles. Cette **tolérance** vaut pour les menues acquisitions de produits consommables ainsi que pour les frais de voyage, de représentation et de réception du chef d'entreprise (BOI-BIC-CHG-10-20-20 n°s 40 et 50). Voir aussi n° 8320, précision c, pour les achats.

g. Dans le cadre de la **comptabilité super-simplifiée,** les contribuables peuvent procéder à une évaluation forfaitaire de certaines dépenses pour lesquelles ils n'ont donc pas à fournir de pièces justificatives (n° 11135).

h. Si, au titre d'un exercice, l'entreprise omet, par erreur, de comptabiliser certaines charges, elle peut demander la **correction** de cet **oubli,** soit par voie de réclamation dans le délai prévu à cet effet (n°s 81800 s.), soit, le cas échéant, par compensation avec des rectifications opérées par l'administration sur la période concernée (n°s 81940 s.). En revanche, elle n'est pas autorisée à déduire les frais omis des résultats d'un exercice ultérieur, sauf dans le cas particulier où ces frais sont effectivement acquittés au cours de l'exercice alors qu'ils ont été engagés au cours d'un exercice prescrit (n° 78170, f).

EXERCICE DE DÉDUCTION

Les frais généraux doivent en principe être déduits des résultats de l'exercice au cours duquel ils sont engagés, c'est-à-dire dès qu'ils présentent pour l'entreprise le caractère d'une **dette certaine** dans son principe et dans son montant, quelle que soit la date de paiement ou d'exigibilité de celle-ci (n° 7355). L'exploitant n'est pas en droit de déplacer les charges à son gré d'un exercice sur un autre. **8165** BIC-IX-2200 s

L'application de ce principe entraîne notamment les conséquences suivantes :

– *les **charges** engagées au cours* de l'exercice et qui restent **à payer** à la date de clôture de l'exercice doivent être prises en compte, dès lors qu'il s'agit de dettes certaines dans leur principe et leur montant ;

– les charges enregistrées au cours de l'exercice mais qui correspondent à des achats de biens ou de services dont la fourniture ou la prestation doit intervenir ultérieurement – **charges constatées d'avance** – doivent être soustraites des charges de l'exercice par l'intermédiaire d'un compte de régularisation (Mémento comptable n°s 15120 et 15465). Exemple : fraction d'un loyer ou d'une prime d'assurance exigible d'avance qui concerne l'exercice suivant ;

– dès lors qu'elles ne répondent pas à la définition des charges constatées d'avance, les charges doivent être rattachées aux résultats de l'exercice au cours duquel elles sont engagées, alors même qu'elles produisent leurs **effets sur le chiffre d'affaires** et le bénéfice **d'exercices**

suivants (notamment CE 20-2-2002 nº 221437 : RJF 5/02 nº 472 au sujet des frais exposés pour la création de modèles de collection ; CE 17-10-2003 nº 247532 : RJF 1/04 nº 9 à propos des frais de réservation d'un emplacement à un salon professionnel).

> **Précisions** **a.** Dans le cadre de la **comptabilité super-simplifiée,** certaines charges à caractère répétitif peuvent être déduites au moment de leur paiement (voir nº 11135).
> **b.** La **définition comptable des charges à payer** est plus large que la définition fiscale (voir nº 9850).
> **c.** Pour le cas particulier des **frais d'établissement,** voir nº 8300.
> **d.** La loi autorise expressément l'étalement des **frais d'émission d'emprunt** (nº 8780).
> **e.** **Pénalités** versées en raison du **paiement tardif des dettes** commerciales : voir nº 7995.
> **f.** Au nombre des charges constatées d'avance figurent les **charges correspondant à des achats de prestations de services continues ou discontinues mais à échéances successives** (nºs 7890 s.), pour la partie de ces prestations fournie au cours d'exercices ultérieurs. Le caractère de charge correspondant à des achats de telles prestations s'apprécie au regard de la nature et de la portée des obligations mises à la charge du prestataire (CE 10-3-2021 nº 423983 : RJF 5/21 nº 453).

1. FRAIS D'ÉTABLISSEMENT

8300 BIC-IX-4000 s La **réglementation comptable** définit les frais d'établissement comme les dépenses engagées à l'occasion d'opérations qui conditionnent l'existence ou le développement de l'entreprise mais dont le montant ne peut être rapporté à des productions de biens et de services déterminés (Mémento comptable nºs 45110 s.). Ces frais comprennent :

– les frais de constitution (droits d'enregistrement sur les apports, honoraires, coût des formalités légales de publication) ;

– les frais de premier établissement, répartis entre frais de prospection et frais de publicité (à l'exclusion des dépenses rattachables à des produits fabriqués par l'entreprise) ;

– les frais d'augmentation de capital et d'opérations diverses (fusions, scissions, apports, transformations).

Les frais d'établissement peuvent être déduits, au **choix** de l'entreprise :

– soit pour la totalité de leur montant au titre des charges de l'exercice au cours duquel ils ont été engagés, lorsqu'ils n'ont pas été inscrits à l'actif du bilan au poste « Frais d'établissement » ;

– soit, de manière échelonnée, sur une période maximale de cinq ans suivant un plan d'amortissement linéaire : les dotations annuelles aux amortissements doivent être au minimum d'un cinquième et au maximum de la moitié du montant des frais en cause.

> ATTENTION
>
> L'administration estime que le **traitement fiscal** des frais d'établissement dépend du mode de déduction retenu en comptabilité (BOI-BIC-CHG-20-30-20 nºs 20 s.). Mais la cour administrative d'appel de Bordeaux a qualifié de **décision de gestion** la déduction immédiate, lors de la détermination du résultat fiscal, des sommes dont la déduction comptable a été échelonnée selon le régime des frais d'établissement (CAA Bordeaux 3-12-2002 nº 99-1656 : RJF 2/04 nº 128 ; CE (na) 16-2-2004 nº 253815 : RJF 8-9/04 nº 858).

2. ACHATS

8320 BIC-IX-8000 s Les achats à prendre en considération sont ceux qui ont été **effectués au cours de l'exercice,** même si leur prix n'était pas encore payé à la clôture (voir nº 7355).

Le **montant** des achats doit être comptabilisé hors **TVA** récupérable. Il comprend le prix d'achat et les frais accessoires d'acquisition (transport, manutention, assurance des marchandises, dédouanement, etc.). Il doit être diminué des **réductions** obtenues : ristournes, rabais, remises (pour le traitement comptable de ces réductions, voir Mémento comptable nº 15590).

> **Précisions** **a.** Ne peuvent être déduits des résultats d'un exercice des **achats** qui ne sont **ni définitivement conclus ni livrés** avant la clôture de l'exercice (CE 20-1-1992 nº 61235 : RJF 3/92 nº 300).
> **b.** Le montant des achats doit être diminué, le cas échéant, du prix de revient des **marchandises prélevées par l'exploitant** pour son usage personnel ou celui de sa famille (BOI-BIC-CHG-40-10 nº 40).
> **c.** En principe, il ne peut être tenu compte des **achats sans facture** (CE 18-1-1984 nº 19303 : RJF 3/84 nº 276) ou appuyés de **fausses factures** ou factures de complaisance. Dans les **reconstitutions de résultats** qu'elle effectue, l'administration doit néanmoins tenir compte, dans la mesure du possible, d'un montant d'achats compatible avec la productivité apparente de l'entreprise (BOI-BIC-CHG-10-20-20 nº 30 : RIE-III-10210). Lorsque les fournisseurs du contribuable sont dispensés d'établir des factures, ce dernier doit néanmoins pouvoir justifier ses achats, notamment en indiquant les dates, le détail et le prix de chaque achat à chaque fournisseur (CE 3-6-1988 nº 57990 : RJF 8-9/88 nº 1023). Cette règle vaut par exemple pour les commerçants qui s'approvisionnent directement à la culture ou sur les marchés (BOI précité nº 60). **Sanctions** des infractions aux règles de facturation, voir nº 80195.

3. SERVICES EXTÉRIEURS ET AUTRES CHARGES DE GESTION COURANTE

Le **plan comptable** range sous la rubrique des « Charges externes » autres que les achats (compte 61, « Services extérieurs », et compte 62, « Autres services extérieurs ») des charges telles que les loyers, les frais d'entretien et de réparation, les primes d'assurances, les frais d'études et recherches, les rémunérations d'intermédiaires et les honoraires, les frais de publicité, de transport, de déplacements, missions et réceptions, etc. **Fiscalement,** ces catégories, auxquelles nous joignons les « Autres charges de gestion courante » (compte 65), par exemple les redevances de concession de brevets, appellent les précisions ci-après. 8340

FRAIS DE LOCATION

Loyers et charges locatives Les loyers des locaux professionnels, du matériel ou du mobilier sont normalement déductibles, dans la mesure où ils n'excèdent pas la valeur locative réelle des biens loués. 8345 BIC-IX-10150 s

La déduction s'opère en principe au titre de l'exercice au cours duquel les loyers ont **couru,** sans considération de leur date de paiement. Toutefois, l'administration admet la déduction des loyers payables d'avance à leur date d'échéance (BOI-BIC-CHG-40-20-10 n° 140).

› Précisions a. Le montant déductible des **loyers des voitures particulières** est plafonné (voir n° 9035).

b. Les règles de déduction des loyers de **crédit-bail** immobilier comportent certaines restrictions, voir n° 19340.

c. Les sommes versées à titre de **dépôt de garantie** restent sans incidence sur le bénéfice imposable tant qu'elles ne sont pas définitivement acquises au bailleur (CE 4-12-1991 n° 86382 : RJF 1/92 n° 119).

d. Un contribuable qui conserve dans son **patrimoine privé** un **immeuble** utilisé à titre **professionnel** est en droit de s'allouer un loyer déductible de ses résultats ; ce loyer est corrélativement imposable entre ses mains dans la catégorie des revenus fonciers (CE 8-7-1998 n° 164657 : RJF 8-9/98 n° 903 ; BOI-BIC-CHG-40-20-10 n° 180).

e. Frais d'**entretien** et de **réparation** supportés par le locataire : voir n° 8372. **Constructions** et aménagements sur sol d'autrui : voir n° 9585.

f. En cas de location de **biens mobiliers entre entreprises liées** au sens de l'article 39, 12 du CGI (voir n° 10425, précision a), la déduction des loyers versés par une entreprise soumise à l'impôt sur les sociétés est, le cas échéant, limitée par application de la règle exposée n°s 35830 s.

g. Les entreprises qui tiennent une **comptabilité super-simplifiée** sont autorisées à déduire les loyers lors de leur paiement (voir n° 11135).

Droit d'entrée Le droit d'entrée (ou pas-de-porte) versé au propriétaire présente en principe le caractère d'un **supplément de loyer,** dont la déduction doit être répartie sur une période au moins égale à la durée du bail. Il peut cependant être assimilé au prix d'un **élément incorporel du fonds** de commerce dans la mesure où il forme, avec le loyer stipulé (et compte tenu, s'il y a lieu, des avantages offerts par le propriétaire en sus du droit de jouissance), un total excédant le loyer normal du local (notamment CE 25-7-1980 n° 18189 : RJF 11/80 n° 862 ; CE 27-5-1987 n° 50819 : RJF 7/87 n° 797 ; CE 20-4-1988 n° 49791 : RJF 6/88 n° 705). Dans ce cas, il peut être amorti s'il rémunère un avantage temporaire indépendant du caractère renouvelable du contrat (n° 9171). 8350 BIC-IX-11200 s

› Précisions a. L'**indemnité de « déspécialisation »** réclamée par le bailleur en cas de modification de la nature de l'activité exercée par le locataire est soumise au même régime que le droit d'entrée (CE 20-12-1982 n° 25362 : RJF 2/83 n° 178 ; CE 2-10-1985 n° 41539 : RJF 11/85 n° 1407).

b. Le **pas-de-porte versé au précédent locataire,** qui ne peut être considéré comme un supplément de loyer, n'est pas déductible (CE 8-2-1965 n°s 61730 et 61731 ; BOI-BIC-CHG-20-10-20 n° 70).

Redevances de location-gérance Les redevances versées au propriétaire par le gérant libre d'un fonds de commerce sont déductibles dans la mesure où leur montant n'est pas excessif et où elles ne dissimulent pas une cession du fonds. 8355 BIC-IX-12200 s

FRAIS D'ENTRETIEN ET DE RÉPARATION

Les dépenses d'entretien et de réparation ont pour objet de conserver ou de remettre en bon état d'utilisation les immobilisations. On peut distinguer quatre catégories de dépenses dont le régime de déduction dépend : 8365 BIC-IX-12500 s

– en premier lieu, des décisions prises par l'entreprise quant à la décomposition de l'élément d'actif concerné dans le cadre de la méthode d'**amortissement par composants** (voir n° 9185) ;

– en second lieu, du point de savoir si les coûts engagés à raison de l'élément considéré (bien non décomposé ou composant identifié) ont pour effet d'augmenter sa **valeur** ou sa **durée réelle d'utilisation** (CE 29-1-1975 n° 92198 : RJF 4/75 n° 172).

8370 **a.** Les **dépenses courantes d'entretien et de réparation** sont immédiatement déductibles lorsqu'elles n'aboutissent pas au remplacement d'un composant et que, conformément aux critères dégagés par la jurisprudence (CE 17-1-1975 n° 86610 : RJF 3/75 n° 86), elles n'ont pas d'autre effet que de maintenir le bien ou le composant en état d'usage et de fonctionnement sans augmenter ni sa valeur ni sa durée d'utilisation, appréciées à la date de leur engagement (BOI-BIC-CHG-20-20-20 n° 140). Tel est le cas, par exemple, de travaux périodiques de **peinture,** de **nettoyage** et de réfection partielle de **plomberie** et d'**électricité** (CE 8-7-1987 n°s 72701 et 72702 : RJF 10/87 n° 967).

b. Les **dépenses de remplacement** d'un composant identifié à l'origine sont, conformément à l'article 213-20 du PCG, obligatoirement inscrites à l'actif de manière séparée en tant que composant. Ce dernier est amorti selon les règles décrites n° 9185. La valeur nette comptable du composant remplacé ou renouvelé est comptabilisée en charges (CGI ann. III art. 38 quinquies, 2). Sa valeur d'origine doit être sortie de l'actif du bilan. Cette règle exclut la possibilité de constituer des **provisions pour gros entretien** destinées à faire face aux dépenses de remplacement. Sont notamment concernées les dépenses engagées pour la réalisation d'**échanges standard** de pièces maîtresses de gros équipement (exemple : remplacement d'un moteur), ces pièces répondant par leur nature à la définition d'un composant. Il en est de même des travaux de réfection d'une **toiture** ou des dépenses engagées pour le remplacement des **installations techniques** d'un immeuble d'exploitation (ascenseur, électricité, climatisation, plomberie...), lorsque ces éléments ont été inscrits distinctement à l'actif lors de l'acquisition du bien. En revanche, les **dépenses de gros entretien** qui ne consistent pas en un remplacement d'éléments existants peuvent faire l'objet de provisions pour gros entretien ou grandes révisions, voir n° 9905.

c. L'obligation d'immobiliser les dépenses de remplacement en tant que composant s'applique également en cas de remplacement des éléments qui répondent par nature à la définition d'un **composant,** mais que l'entreprise n'a **pas identifiés** comme tels **à l'origine** (exemple : remplacement d'un élément en cas de panne accidentelle). En revanche, les dépenses engagées pour le remplacement d'un **élément** qui, **à juste titre, n'a pas été comptabilisé comme composant** sont des charges d'exploitation si elles n'ont pas pour effet d'augmenter la valeur du bien ni d'en prolonger la durée d'utilisation (BOI-BIC-CHG-20-20-20 n° 150). Dans le cas contraire, elles sont immobilisées.

d. Les **dépenses** qui ont pour objet la réalisation de **nouveaux agencements, l'aménagement ou la transformation d'installations existantes** ont pour effet, en règle générale, de faire entrer un ou plusieurs éléments à l'actif du bilan. Conformément à la jurisprudence, elles sont immobilisables et amorties dans les conditions décrites n°s 9090 s. Tel est le cas, par exemple, des travaux de transformation d'un appartement en bureaux (CE 31-7-1992 n° 42280 : RJF 10/92 n° 1310) ou encore des travaux d'aménagement intérieur ou de décoration (CE 16-3-1977 n° 89010 : RJF 5/77 n° 273).

8372 Une **entreprise locataire** peut déduire les **dépenses courantes** d'entretien et de réparation qui lui incombent. Les **réparations importantes** effectuées sur des immeubles pris à bail sont également déductibles à condition que leur montant, ajouté à celui du loyer, ne soit pas excessif par rapport à la valeur locative réelle des immeubles. Mais les travaux qui, par leur importance, excèdent les simples dépenses d'entretien ou de réparation doivent être portés à l'actif du bilan du locataire et amortis dans les conditions exposées n° 9585.

8375 Les dépenses de **mise aux normes** ne doivent être immobilisées que lorsqu'elles ont pour effet de prolonger la durée effective d'utilisation du bien concerné, appréciée indépendamment de l'évolution de la réglementation, ou d'en augmenter la valeur vénale (pour des aménagements mineurs : CE 23-12-2011 n° 327077 : RJF 3/12 n° 223 ; pour des travaux nécessitant une réfection très importante de l'installation électrique existante : CAA Marseille 9-1-2007 n° 04MA00008 : RJF 10/07 n° 1016).

Au plan comptable, comme au plan fiscal, doivent être immobilisées les dépenses d'acquisition, de production ou d'améliorations d'**immobilisations corporelles** imposées par des dispositions légales ou réglementaires obligatoires dans le domaine de la **sécurité** ou de l'**environnement,** *lorsque leur défaut de réalisation entraînerait l'***arrêt** immédiat ou différé de l'activité ou de l'installation de l'entreprise et non pas l'application de sanctions pécuniaires (PCG art. 212-4 ; BOI-BIC-CHG-20-20-20 n° 220).

Les dépenses de **désamiantage** de locaux professionnels sont déductibles immédiatement dès lors que les opérations ne requièrent pas l'arrêt total de l'activité de l'entreprise en cas de non-engagement de ces dépenses (BOI précité n° 230).

PRIMES D'ASSURANCES

Assurances de dommages Font partie des charges déductibles les primes d'assurances de dommages qui ont pour objet de garantir l'entreprise contre la perte des éléments d'actif (vol, incendie, bris de glace, inondations, etc.), les risques encourus du fait de sa responsabilité ou encore les pertes d'exploitation dues à certains événements (grèves...). 8385 BIC-IX-15400 s

> **Précisions** L'exercice de **déduction** des primes est en principe celui au cours duquel elles ont couru : les primes acquittées d'avance qui se rapportent à un exercice ultérieur doivent donc être extournées des charges de l'exercice (nº 8165). L'administration admet toutefois la déduction à leur date d'échéance des primes afférentes aux contrats pour perte de bénéfices après **incendie** et aux contrats pour risque de **grèves** et **émeutes** (BOI-BIC-CHG-40-20-20 nº 120), ainsi que des primes d'assurances de dommages ou de pertes de bénéfices (BOI-BIC-PDSTK-10-30-20 nº 190). Les entreprises individuelles qui tiennent une **comptabilité super-simplifiée** sont autorisées à déduire les primes lors de leur paiement (nº 11135).

Assurance-vie ou décès sur la tête des dirigeants Les cotisations versées au titre des contrats d'assurance-vie ou décès souscrits sur la tête des dirigeants sont prises en compte dans les conditions suivantes. 8390 BIC-IX-15600 s

a. Si un contrat d'assurance décès est conclu pour garantir le **remboursement d'un emprunt,** deux situations doivent être distinguées.

1. Lorsque la **souscription** du contrat est **imposée par le prêteur** en vertu d'une stipulation expresse du contrat de prêt (cas le plus fréquent), les primes sont déductibles du résultat au fur et à mesure des échéances. Peu importe que les membres de la famille du dirigeant soient désignés comme bénéficiaires subsidiaires du capital décès (CE 10-7-1992 nº 110213 : RJF 8-9/92 nº 1249).

2. Si l'**assurance** est **souscrite librement** par l'entreprise, le montant total des primes ne peut être déduit, globalement, qu'au moment du décès de l'assuré ou, en cas de survie de ce dernier, lors de l'expiration du contrat. De plus, si l'entreprise décide, comme elle y est légalement autorisée (nº 8075), d'étaler sur cinq ans la taxation du profit résultant du remboursement de l'emprunt par la compagnie d'assurance, elle doit échelonner sur la même durée, et par fractions égales, la déduction du montant global des primes (CGI art. 38 quater).

b. Des contrats d'assurance, dits « **homme-clé** », peuvent également être souscrits pour prémunir l'entreprise contre le risque de pertes de recettes d'exploitation lié à la disparition ou à l'incapacité du chef d'entreprise ou de toute autre personne jouant un rôle déterminant dans l'exploitation. Les primes versées à ce titre sont immédiatement déductibles sans distinguer selon les modalités d'indemnisation fixées – capital forfaitaire ou indemnité calculée en fonction de la perte d'exploitation effective (CE 29-7-1998 nº 108244 : RJF 8-9/98 nº 908). En présence d'un **contrat d'assurance mixte** (combinant assurance décès et assurance-vie), seule la fraction de la prime afférente au risque de décès est déductible, pourvu que la société soit en mesure d'en justifier le montant (CE 31-3-2017 nº 387209 : RJF 6/17 nº 534). Sur la faculté d'étalement des produits perçus, voir nº 8075.

c. Les contrats d'**assurance-vie** qui n'ont pas pour objet la couverture d'un risque et prévoient le versement d'un capital à une date certaine ont le caractère de **placements** financiers. Les primes correspondantes ne sont déductibles que globalement lors du versement du capital par la compagnie d'assurance (BOI-BIC-CHG-40-20-20 nº 110). S'agissant des **contrats mixtes,** cette règle ne vaut pas pour la fraction de la prime afférente au risque décès (voir ci-dessus).

Assurances à caractère social Les primes d'assurances à caractère social sont en principe déductibles : 8395 BIC-IX-16400 s

– primes des contrats d'assurance-vie ou décès et des contrats destinés à assurer une protection sociale supplémentaire, souscrits au profit des membres du personnel et des dirigeants, qui constituent un élément de la rémunération des bénéficiaires (BOI-BIC-CHG-40-40-30 nºs 690 et 700) ;

– cotisations d'assurance garantissant le paiement de pensions de retraite ou le versement d'indemnités de licenciement ou de départ à la retraite aux salariés (nºs 8615 s. et 8635).

FRAIS DE RECHERCHE ET DE DÉVELOPPEMENT

Les dépenses de fonctionnement exposées dans des opérations de recherche scientifique ou technique peuvent, au **choix** de l'entreprise, être immobilisées ou immédiatement déduites des résultats de l'exercice au cours duquel elles ont été exposées. L'option pour la déduction immédiate de ces dépenses permet d'éviter leur prise en compte pour l'évaluation des stocks 8405 CGI art. 236, I BIC-IX-16900 s (voir n° 7715). Il résulte de l'**alignement** du traitement fiscal de ces dépenses **sur la règle comptable** que cette option est irréversible, sauf changement exceptionnel de situation du contribuable ou modification des règles comptables, et doit s'appliquer à l'ensemble des dépenses des projets de recherche de l'entreprise qui satisfont aux critères d'immobilisation prévus à l'article R 123-186 du Code de commerce (CE 26-7-2023 n° 466493 : RJF 11/23 n° 796).

> Précisions **a.** C'est le mode de comptabilisation qui détermine le régime fiscal de ces dépenses (BOI-BIC-CHG-20-30-30 n° 70). Conformément à l'article 212-3 du PCG, les **frais de recherche** (qui couvrent les opérations de recherche fondamentale et certaines opérations de recherche appliquée) sont obligatoirement portés en charges. Les **frais de développement** (qui couvrent une partie de la recherche appliquée et le développement expérimental) peuvent être portés à l'actif à compter de la date à laquelle il est considéré qu'ils se rapportent à des projets nettement individualisés ayant de sérieuses chances de réussite technique et de rentabilité commerciale. Tel est le cas lorsqu'ils concernent des projets que l'entreprise a l'intention et les moyens d'achever en vue d'une utilisation ou d'une vente de l'immobilisation qui en résultera, de telle sorte qu'elle en retirera des avantages économiques futurs (BOI précité n° 60) (voir Mémento comptable n° 30890). L'option relative au traitement des coûts de développement (inscription en charges ou en immobilisations) s'applique de manière globale à tous les projets. L'option pour l'inscription à l'actif de ces coûts est irrévocable (BOI précité n° 70).

b. Les **dépenses de fonctionnement** ouvrant droit à la déduction immédiate sont celles qui n'ont pas pour effet l'acquisition, la construction ou l'amélioration d'une immobilisation. Peu importe qu'elles augmentent la valeur de l'actif sur lequel elles sont réalisées (CE 10-6-2010 n° 312377 : RJF 10/10 n° 878).

c. Les dépenses engagées à la suite d'une **commande** ferme passée par un **tiers** doivent obligatoirement être comptabilisées en charges (CE 11-7-2011 n° 340202 : RJF 11/11 n° 1129).

8410 **Immobilisation des frais de recherche et développement** Lorsque l'immobilisation de ces frais est décidée, les règles suivantes s'appliquent :

– l'**inscription à l'actif** porte nécessairement sur toutes les dépenses de fonctionnement engagées (y compris les frais éventuels de dépôt de brevets et d'autorisation de mise sur le marché de médicaments, voir n° 7600, précision a) ;

– conformément à l'article R 123-187 du Code de commerce, l'**amortissement** des frais immobilisés est pratiqué sur la durée d'utilisation estimée des projets. Si cette durée ne peut pas être déterminée de manière fiable, l'amortissement est échelonné sur une durée maximale de 5 ans. Le point de départ de l'amortissement est constitué par le début de l'utilisation du résultat des développements (BOI-BIC-CHG-20-30-30 n° 70).

CONCEPTION DE LOGICIELS

8420 CGI art. 236, I BIC-IX-17400 s Les frais de conception de logiciels sont soumis à un régime fiscal identique à celui des dépenses de recherche. Les entreprises ont donc le **choix** entre leur déduction immédiate et leur immobilisation, y compris lorsqu'il s'agit de logiciels intégrés dans des opérations de développement (BOI-BIC-CHG-20-30-30 n° 80). Ce choix est exercé distinctement pour chaque logiciel (Inst. 9-3-1999, 4 E-2-99 n° 8, non reprise dans Bofip). L'amortissement comptable est échelonné sur leur durée probable d'utilisation, étant précisé qu'il ne peut débuter que lorsque les logiciels sont achevés.

Lorsque les frais de conception de logiciels ou d'amélioration des applications informatiques existantes sont immobilisés en comptabilité (Mémento comptable n°s 30400 s.) et que l'entreprise opte pour leur déduction immédiate sur le plan fiscal, la déduction est opérée par la constatation d'**un amortissement dérogatoire** dès l'exercice de leur inscription à l'actif (BOI-BIC-CHG-20-30-30 n° 80).

ATTENTION

Selon l'administration, les **dépenses concernées** sont celles supportées pendant la période qui s'étend de la phase de l'analyse fonctionnelle jusqu'à celle des tests de contrôle préalables, soit à la fabrication et à la commercialisation des logiciels, soit à leur utilisation par l'entreprise elle-même (BOI-BIC-CHG-20-30-30 n° 50).

CRÉATION D'UN SITE INTERNET

8430 BIC-IX-17700 s Les dépenses engagées lors de la phase de développement et de mise en production d'un site web (hors frais d'obtention et d'immatriculation du nom de domaine) suivent le régime prévu pour les frais de conception de logiciel (n° 8420). L'option fiscale, exercée distinctement pour chacun des sites créés, est autonome du mode de comptabilisation retenu. Les coûts relatifs à l'obtention et l'immatriculation d'un nom de domaine sont inscrits à l'actif lorsque l'entreprise a choisi d'inscrire à l'actif en tant qu'immobilisation incorporelle l'ensemble des coûts éligibles engagés au titre de la phase de développement et de production (BOI-BIC-CHG-20-30-30 n° 210). Les autres dépenses de création du site (exposées durant les phases de recherche préalable et d'exploitation du site) sont des charges immédiatement déductibles (BOI précité n° 160).

> Précisions **a.** Les dépenses de création de **sites de présentation** ne participant pas aux systèmes d'information ou commerciaux de l'entreprise (« sites passifs »), qui s'apparentent en réalité à des dépenses de publicité, doivent en principe être comptabilisées en charges. Elles peuvent toutefois être activées lorsque les revenus publicitaires générés par de tels sites sont suffisants pour les considérer comme rentables ou lorsqu'ils sont liés à des sites « actifs » (voir Mémento comptable n° 30905).

b. Dépenses d'**acquisition** d'un **nom de domaine** : voir n° 7535, précision a.

COMMISSIONS, COURTAGES ET HONORAIRES

Les commissions, courtages et honoraires versés par l'entreprise font partie des charges déductibles dès lors qu'ils correspondent à des prestations effectuées dans l'intérêt de l'entreprise et relèvent d'une gestion normale. Ils doivent être déclarés dans les conditions exposées n°s 78355 s. **8440** BIC-IX-18000 s

> Précisions **a.** Des honoraires de **révision comptable** sont déductibles même si une partie des travaux est effectuée principalement à l'intention de la société mère (CE 12-1-1983 n° 32728 : RJF 3/83 n° 362).

b. Selon l'administration, les honoraires de **commercialisation** des **promoteurs constructeurs** engagés dans le cadre des opérations de promotion immobilière sont déductibles du résultat de l'exercice au cours duquel ils constituent une dette certaine dans son principe et dans son montant (BOI-BIC-CHG-10-30-10 n° 140). La règle comptable est différente (voir Mémento comptable n° 10920).

c. Les **rémunérations occultes** et les commissions versées pour l'obtention de marchés, notamment à l'étranger, sont déductibles si l'entreprise établit la réalité du versement (attestations, échange de correspondance, écritures comptables...) et apporte la preuve du résultat de l'intervention de l'intermédiaire (augmentation du chiffre d'affaires, signature de commandes...), qui doit être en rapport avec le montant des sommes versées (BOI-BIC-CHG-40-20-30 n° 140).

d. S'agissant des **commissions à l'exportation,** est interdite la déduction des sommes versées ou des avantages octroyés, directement ou par des intermédiaires, au profit d'un **agent public** ou d'un tiers pour que cet agent agisse ou s'abstienne d'agir dans l'exécution de fonctions officielles, en vue d'obtenir ou de conserver un marché ou un autre avantage indu dans des transactions commerciales internationales (CGI art. 39, 2 bis : BIC-IX-19150 s.). Peu importe que les sommes versées pour le compte d'une société aient été détournées de leur objet à son insu et qu'elle ne puisse être regardée comme ayant eu une **intention de corruption** (CE 4-2-2015 n° 364708 : RJF 5/15 n° 387). Les faits de corruption de l'agent public peuvent être établis par un faisceau d'indices (CAA Nantes 26-2-2015 n° 13NT02541 : RJF 6/15 n° 468). En ce qui concerne les commissions versées à des résidents étrangers soumis à un **régime fiscal privilégié** ou établis dans un **État ou territoire non coopératif,** voir n°s 78295 et 78310.

e. Les commissions ou courtages constitutifs de frais inhérents à la **vente** d'une **immobilisation** viennent directement en diminution du prix de vente pour le calcul de la plus-value (n° 17810) et doivent corrélativement être exclus des charges déductibles.

f. Commissions versées à l'occasion de l'**achat** d'une **immobilisation** : voir n° 7570.

g. Pour les **honoraires d'architecte,** voir n° 7587, a.

PUBLICITÉ ET RELATIONS PUBLIQUES

Frais de publicité Les frais de publicité sont normalement déductibles, à l'exception des dépenses afférentes aux publicités prohibées par les articles L 3323-2, L 3323-4 et L 3323-5 du Code de la santé publique (CGI art. 237). Les entreprises sont libres de décider de l'ampleur des dépenses de promotion qu'elles souhaitent engager pour leurs produits (CE 23-1-2015 n° 369214 : RJF 4/15 n° 300). **8450** BIC-IX-20100 s

> Précisions **a.** Les frais de réalisation de **films publicitaires,** qui par nature ne sont pas destinés à servir de façon durable à l'activité de l'entreprise, constituent des charges d'exploitation immédiatement déductibles (CE 5-6-1996 n° 143819 : RJF 7/96 n° 870).

b. D'un point de vue **comptable** (Mémento comptable n° 15970), certains frais de publicité, qui conditionnent l'existence ou le développement de l'entreprise, peuvent être portés en frais d'établissement, ce qui permet d'étaler leur déduction dans les conditions exposées n° 8300. Dans les autres situations, les frais de publicité sont déduits immédiatement.

Dépenses de parrainage La loi admet expressément la déduction des dépenses de parrainage, qualifié aussi de « sponsoring », engagées dans le cadre de manifestations de caractère philanthropique, éducatif, scientifique, social, humanitaire, sportif, familial, culturel **8455** CGI art. 39, 1-7° BIC-IX-20300 s ou concourant à la mise en valeur du patrimoine artistique, à la défense de l'environnement naturel ou à la diffusion de la culture, de la langue et des connaissances scientifiques françaises.

Ces dépenses peuvent prendre différentes **formes** : reversement à une association humanitaire d'une fraction du prix de vente de certains produits (CE 15-2-2012 n° 340855 : RJF 5/12 n° 446) ; versements aux organisateurs des manifestations parrainées ; charges de toute nature supportées à l'occasion de ces manifestations ; rémunérations ou remboursements de frais versés aux personnalités du monde sportif, culturel ou artistique participantes. Elles doivent être exposées dans l'**intérêt** direct **de l'entreprise,** ce qui implique, selon l'administration, que l'identification de l'entreprise entendant promouvoir son image de marque soit assurée et que les dépenses engagées soient en rapport avec l'avantage attendu (BOI-BIC-CHG-40-20-40 n° 220). Sur la distinction avec les dépenses de mécénat, voir n° 10695.

8460 CGI art. 39, 5 BIC-IX-19810 s

Cadeaux Les cadeaux d'entreprise, même illicites, sont déductibles lorsqu'ils sont effectués dans l'intérêt direct de l'entreprise et que leur valeur n'est pas excessive. Ils font partie des dépenses qui doivent figurer sur le **relevé des frais généraux** (n° 9050).

> Précisions a. Les **échantillons** et menus objets publicitaires sont déductibles (BOI-BIC-CHG-40-20-40 n° 250). Toutefois, s'il s'agit d'articles de même nature que ceux fabriqués ou revendus en l'état par l'entreprise, ils doivent être inclus dans les stocks, sauf s'ils comportent des caractéristiques ou marques permanentes les rendant impropres à la commercialisation (BOI-BIC-PDSTK-20-10 n° 280).

b. Les **pourboires** d'usage versés à des livreurs sont déductibles lorsque leur réalité est établie (BOI-BIC-CHG-40-20-40 n° 230). Pour les contribuables tenant une comptabilité super-simplifiée, voir n° 11135.

c. L'absence d'**intérêt de l'entreprise** à engager les dépenses de cadeaux concernées suffit à faire obstacle à leur déduction même si leur montant n'est pas excessif (CE 11-2-2011 n° 316500 : RJF 5/11 n° 554).

FRAIS DE VOYAGE ET DE DÉPLACEMENT

8470 BIC-IX-20710 s

Les frais de voyage et de déplacement sont déductibles dans la mesure où ils ont effectivement un caractère professionnel et sont assortis de justifications suffisantes. Lorsqu'ils sont exposés par les personnes les mieux rémunérées de l'entreprise, ils doivent figurer sur le **relevé de frais généraux** joint à la déclaration de résultat (n° 9050).

Les entreprises doivent également joindre à leur déclaration un état indiquant l'affectation des **voitures de tourisme** inscrites à l'actif ou dont elles ont assumé les frais d'entretien au cours de l'exercice (n° 11000).

8475

> Précisions a. Les **frais de transport domicile-lieu de travail** supportés par l'exploitant sont toujours déductibles lorsque la distance n'excède pas **40 kilomètres.** Au-delà, la déduction suppose que l'exploitant justifie l'éloignement par des circonstances particulières (BOI-BIC-CHG-40-20-40 n° 60).

b. Les **frais de voiture et de deux-roues de l'exploitant** ne peuvent pas être évalués forfaitairement sur la base du barème kilométrique de l'administration (n° 97200) (Rép. Moreau : AN 19-2-2013 n° 7824). Une évaluation kilométrique des frais de carburant (nos 97165 s.) est toutefois admise dans le cadre de la comptabilité super-simplifiée (n° 11135). Les frais de **véhicules à usage mixte** inscrits à l'actif sont déductibles au prorata de l'utilisation professionnelle du véhicule. Si le véhicule n'est pas inscrit à l'actif, la quote-part de frais afférente à son utilisation professionnelle (prime d'assurance, entretien et réparation, essence et carburant) est déductible (Rép. Liot : Sén. 12-2-1974 n° 13733, non reprise dans Bofip).

c. En cas de **covoiturage**, seuls les frais qui demeurent à la charge de l'exploitant une fois le partage effectué sont déductibles, qu'il s'agisse du trajet domicile-travail (BOI-IR-BASE-10-10-10-10 n° 150) ou d'un déplacement professionnel (BOI-BIC-CHG-40-20-40 n° 55).

d. Les frais de déplacement remboursés aux **dirigeants** et **salariés** au titre de l'utilisation professionnelle de leurs **véhicules personnels** sont déductibles, sous réserve de la justification du kilométrage parcouru à titre professionnel. Ils peuvent être évalués d'après le barème kilométrique fourni chaque année par l'administration (n° 97200), sans perdre pour autant leur caractère de frais réels (n° 23715, précision a). Lorsque les remboursements ne sont pas calculés sur la base du barème kilométrique, la fraction des allocations correspondant au prix d'acquisition du véhicule qui excède la limite prévue à l'article 39, 4 du CGI (n° 9020) n'est pas déductible (BOI-BIC-AMT-20-40-50 n° 190). Associés des **sociétés de personnes** : voir n° 37690.

e. Déclaration au titre des **avantages en nature** des véhicules mis à la disposition des dirigeants ou des salariés pour leur usage personnel : voir n° 10950, précision c.

f. Pour apprécier le caractère déductible des frais exposés pour les besoins de **déplacement d'un dirigeant depuis son domicile vers le lieu du siège social** de la société **ou vers d'autres lieux,** il convient de rechercher si ces déplacements interviennent pour les besoins de l'exercice des fonctions de dirigeant (auquel cas les frais sont intégralement déductibles) ou s'ils ont la nature de déplacements personnels de celui-ci pour se rendre au lieu du siège de l'entreprise (il s'agit alors d'avantages en nature déductibles s'ils ont été effectivement inscrits comme tels en comptabilité et ne conduisent pas à une rémunération excessive) (CE 29-11-2021 n° 452705 : RJF 2/22 n° 118).

g. Les frais de **voyages de stimulation** organisés dans l'intérêt de l'entreprise et dans un but de promotion commerciale sont déductibles. Exemple : voyages offerts aux lauréats d'un concours ouvert au personnel d'un réseau commercial et à des tiers les accompagnant. Ces voyages ne constituent ni des cadeaux ni des gratifications (CE plén. 31-7-1992 nos 82802 et 114895 : RJF 8-9/92 nos 1124 et 1127). Ils ne revêtent à aucun titre le caractère de revenu imposable pour leurs bénéficiaires (CE 21-6-1995 n° 111865 : RJF 8-9/95 n° 938).

FRAIS DE RÉCEPTION ET DE REPRÉSENTATION

Les frais de réception et de représentation sont déductibles lorsqu'ils sont exposés dans l'intérêt de l'entreprise et sont assortis de justifications suffisantes, à moins qu'ils ne fassent partie des dépenses, qualifiées de « somptuaires », dont la déduction est interdite par la loi (nos 9000 s.). **8485** BIC-IX-21700 s

› Précisions **a.** Les **repas d'affaires** font partie des charges déductibles lorsqu'ils sont justifiés et sont dans un rapport normal avec l'activité et l'avantage attendu (BOI-BNC-BASE-40-60-60 n° 10).

b. Les **frais supplémentaires de repas** pris sur le **lieu de travail** sont déductibles lorsque la distance entre ce lieu et le domicile, qui doit bien entendu conserver un caractère normal, fait obstacle à ce que le repas soit pris à domicile et à condition que le montant de ces dépenses soit justifié (BOI-BIC-CHG-10-10-10 n° 80 ; BOI-BNC-BASE-40-60-60 nos 40 à 170). En pratique n'est admise en déduction que la **fraction du prix** du repas comprise entre le montant forfaitaire représentatif du repas pris à domicile (5,35 € pour 2024) et le seuil au-delà duquel la dépense est considérée comme exagérée (20,70 € pour 2024), soit une **déduction maximale de 15,35 €** au titre de 2024. La fraction des frais de repas qui excède cette limite n'est déductible que si le contribuable peut justifier de circonstances exceptionnelles nécessaires pour l'exercice de son activité.

CHARGES DIVERSES DE GESTION

Sont notamment déductibles à ce titre : **8495** BIC-IX-22200 s

– les **redevances** versées pour la **concession** de droits de propriété intellectuelle (sur le montant déductible, voir n° 10435) ; exceptionnellement, ces redevances peuvent constituer le prix de revient d'un élément incorporel d'actif et doivent alors être immobilisées, voir n° 7535 ;

– les **frais** de fonctionnement des **organes sociaux** (pour les jetons de présence, voir n° 23585) ;

– les **frais d'administration générale** : frais de bureau, de documentation, de correspondance, de télécommunication ;

– les dépenses engagées auprès d'entreprises de gardiennage pour assurer la **surveillance et la sécurité** des locaux professionnels (Rép. Bourdouleix : AN 11-8-2015 n° 68064) ;

– les **cotisations** versées aux organismes de représentation professionnelle (**syndicats,** chambres syndicales, ordres professionnels).

› Précisions **a.** Les **redevances de concession** de droits de propriété intellectuelle ne sont déductibles que dans la mesure où leur **montant** est en rapport avec le chiffre d'affaires tiré de l'exploitation des droits concédés (notamment CE 24-5-1978 nos 1609 et 1610 : RJF 9/78 n° 339) ou les pratiques suivies dans le secteur d'activité considéré (CAA Paris 12-7-1994 n° 92PA01392 : RJF 2/95 n° 227). Mais aucune redevance ne peut être déduite à raison de l'exploitation d'un **brevet** tombé dans le **domaine public** (CE 30-9-2002 n° 221030 : RJF 12/02 n° 1351). **8500**

b. L'administration admet la déduction des dépenses liées à l'**activité syndicale** de l'exploitant, lorsqu'elles ne sont pas excessives eu égard à l'importance de l'entreprise (BOI-BIC-CHG-10-10-10 n° 20).

c. Le Conseil d'État admet que les avantages qu'une entreprise retire de son **appartenance à un réseau** justifient le versement de cotisations pour le financement d'actions générales au sein de ce réseau, même s'ils ne découlent pas d'engagements contractuels formels et n'ont pas de contrepartie directe (CE 6-3-2006 n° 281034 : RJF 5/06 n° 502). De même sont déductibles les frais liés à l'appartenance à un réseau **mondial,** même s'ils concernent des activités auxquelles la société ne participe pas dès lors que les avantages retirés de l'appartenance à ce réseau nécessitent le financement de telles dépenses (CE 21-11-2012 nos 348864 et 348865 : RJF 2/13 n° 131).

d. L'**indemnité d'éviction** versée par une entreprise propriétaire à un locataire, pour non-renouvellement du bail de locaux dont elle veut reprendre la disposition, par exemple pour les louer à des conditions plus avantageuses, est en principe considérée comme une charge déductible lorsque son montant n'est pas exagéré.

L'indemnité d'éviction doit être exclue des charges déductibles lorsque son versement se traduit par un accroissement de la valeur de l'actif immobilisé de l'entreprise versante. Tel est le cas :

– lorsqu'elle représente le prix d'acquisition du fonds de commerce du locataire, dont le bailleur reprend l'activité (notamment CE 9-10-2015 n° 373654 : RJF 1/16 n° 4 ; CE 31-3-1989 n° 80712 : RJF 5/89 n° 539) ;

– lorsqu'elle est versée pour permettre la vente de l'immeuble (notamment CE 5-10-1988 n° 61841 :

RJF 12/88 n° 1298) ou sa démolition suivie de la vente du terrain nu (Rép. Bouvard : AN 22-11-1982 n° 14938, non reprise dans Bofip) ; elle constitue alors un élément du prix de revient de l'immeuble ou du terrain ;

– lorsque, versée à l'occasion de l'acquisition de l'immeuble, elle fait partie du coût de revient (notamment CE plén. 19-12-1975 n° 96829 : RJF 2/76 n° 94) (BIC-IX-22600 s.).

e. Les **groupements d'employeurs** peuvent déduire de leurs résultats imposables de chaque exercice une somme forfaitaire de 10 000 € ou 2 % de leur masse salariale, à condition d'inscrire une somme équivalente à un compte spécial destiné à être utilisé au cours des cinq exercices suivants dans le cadre de la responsabilité solidaire des membres pour le paiement des dettes salariales (CGI art. 214, 1-8° : BIC-IX-33900 s.).

4. IMPÔTS ET TAXES

IMPÔTS DÉDUCTIBLES

8525 CGI art. 39, 1-4°, 4° bis, 6° et 6° bis, 153 et 213 BIC-IX-25000 s

Les entreprises peuvent déduire tous les impôts, droits ou taxes à leur charge dont la déduction n'est pas expressément interdite par la loi. Les impôts qui frappent les bénéfices (impôt sur le revenu ou impôt sur les sociétés) sont notamment exclus des charges déductibles.

L'**impôt acquitté à l'étranger** conformément à une convention fiscale ne peut pas non plus être déduit des résultats, quelles que soient les stipulations de la convention. En revanche, lorsqu'il est acquitté en contradiction avec une convention fiscale, il constitue une charge déductible (CE 20-11-2002 n° 230530 : RJF 2/03 n° 153 ; BOI-BIC-CHG-40-30 n° 30), dont le montant n'est pas limité au seul bénéfice résultant des activités menées dans l'État étranger (CE 20-12-2017 n° 398258 : RJF 4/18 n° 355). Il en est de même des impôts prélevés dans un État avec lequel la France n'a pas conclu de convention fiscale (BOI précité n° 30).

Les **impôts non déductibles** doivent être réintégrés au résultat imposable lorsque leur montant a diminué le bénéfice comptable.

8527 Nous présentons ci-dessous un **tableau** indiquant le régime applicable aux principaux impôts ou taxes (la lettre D désigne les impôts déductibles, les lettres ND ceux qui ne le sont pas).

En ce qui concerne les **pénalités** fiscales, voir n°s 8905.

Contribution économique territoriale (CET) [1] [2]	D
Contributions indirectes [3]	D
Contribution sociale généralisée (CSG) [4]	D
Contribution au remboursement de la dette sociale (CRDS : n° 34400) + prélèvement de solidarité (n° 34525)	ND
Contribution sociale de solidarité des sociétés (C3S) (n°s 75000 s.)	D
Contribution sociale (n°s 36690 s.)	ND
Contribution sociale sur les options sur actions et actions gratuites (Mémento social n°s 34675 s. et 34750)	D
Contribution sur les indemnités de mise à la retraite (Mémento social n° 69050)	D
Contribution des producteurs d'équipements électriques et électroniques au financement de la collecte des déchets	D
Contribution sur les revenus locatifs (n°s 74800 s.)	D
Contribution sur les régimes de retraite « chapeaux » (CSS art. L 137-11) (Mémento social n°s 59540 s.)	D
Droits d'enregistrement et de timbre	D
Forfait social (Mémento Social n°s 84300 s.)	D
Impôt sur le revenu	ND
Impôt sur les sociétés	ND
Impôt complémentaire dû dans le cadre de l'imposition minimale mondiale des groupes d'entreprises (« Pilier 2 ») (n°s 41100)	ND
Taxe à l'immatriculation sur les émissions de dioxyde de carbone des véhicules de tourisme (ancien malus : n°s 76042 s.)	D
Participation-construction (cotisation de 2 % : n° 74370)	D
Contributions à la formation (CFP et CFP-CDD : Mémento social n°s 38750 s. et 38900)	D
Prélèvement dû par les SIIC en cas de distribution (n° 30980)	ND
Prélèvement relatif à la construction navale	D
Redevance communale et départementale des mines	D
Taxe et redevance d'archéologie préventive (n°s 31340 s.)	ND
Taxe pour création de bureaux en Île-de-France [5] (n°s 31315 s.)	ND
Taxe d'aménagement [6] (n°s 31100 s.)	ND

Taxe annuelle de 3 % sur les immeubles (nos 75965 s.)	ND
Taxe pour le financement du fonds de soutien aux collectivités territoriales (no 76024)	ND
Taxe d'apprentissage et contribution supplémentaire (Mémento social nos 38660 s. et 38800 s.)	D
Taxe sur la publicité diffusée au moyen de documents imprimés (no 76170)	D
Taxes sur le chiffre d'affaires (voir également no 7415)	D
Taxe foncière et taxes accessoires afférentes aux immeubles de l'actif	D
Taxe sur les services de communications électroniques (no 76135)	D
Taxe sur les services d'accès à des contenus audiovisuels à la demande (no 76140)	D
Taxe sur les vidéogrammes (no 76130)	D
Taxe sur certains services numériques (no 76150)	D
Taxe sur les exploitants de plateformes de mise en relation par voie électronique en vue de fournir certaines prestations de transport (no 76145)	D
Taxe sur les surfaces commerciales (nos 75900 s.)	D
Taxe sur les excédents de provisions des assurances (no 76020)	ND
Taxe sur les salaires (nos 73350 s.)	D
Taxe sur les bureaux, les locaux commerciaux, de stockage et les surfaces de stationnement en Île-de-France et en Provence-Côte d'Azur (nos 31380 s. et 31420 s.)	ND
Taxe additionnelle sur les surfaces de stationnement en Île-de-France (no 31415)	D
Taxes sur l'affectation des véhicules de tourisme à des fins économiques (nos 75100 s.)	ND
Taxe sur les véhicules lourds de transport de marchandises (ancienne taxe à l'essieu)	D
Taxe sur les conventions d'assurances (nos 76000 s.)	D
Versement mobilité (Mémento social nos 84000 s.)	D

1. Lorsque la contribution économique territoriale a donné lieu à plafonnement en fonction de la valeur ajoutée (nos 44100 s.), la cotisation foncière des entreprises n'est déductible que dans la limite du montant plafonné (CGI art. 39, 1-4°). En cas de cession en cours d'année, si l'acquéreur a remboursé au cédant une fraction de la contribution, chacun d'eux déduit normalement la fraction de contribution qu'il a supportée.
2. Y compris, le cas échéant, les taxes spéciales d'équipement (no 45510).
3. Sauf cotisation sur les boissons alcoolisées.
4. CSG sur le bénéfice déductible partiellement (no 34400). CSG sur les plus-values à long terme non déductible (no 34525).
5. Élément du prix de revient du terrain, donc non amortissable (CGI art. 302 septies B, I), même lorsque l'entreprise n'est pas propriétaire du terrain.
6. Élément du prix de revient de l'ensemble immobilier, donc amortissable (CGI art. 302 septies B, II). La taxe afférente à un immeuble sorti des stocks peut néanmoins être déduite au titre de l'exercice au cours duquel elle est mise en recouvrement (CE 14-4-2023 no 459464 : RJF 7/23 no 528).

Transmission à titre gratuit d'une entreprise individuelle Conformément à la jurisprudence, les droits de mutation à titre gratuit dus par les héritiers, donataires ou légataires d'une entreprise à raison des biens ou droits affectés par nature à l'exploitation sont portés en déduction du résultat imposable dès leur exigibilité (CE 19-2-2003 no 229373 : RJF 5/03 no 573 ; Rép. Grau : AN 3-11-2020 no 28659). Il en est de même des intérêts versés au Trésor en cas de paiement différé ou fractionné des droits. La déduction des droits afférents à la transmission des autres éléments inscrits au bilan et affectés à l'exploitation devrait être acceptée. 8530 BIC-IX-26830 s

À notre avis, les **honoraires de notaire** et la **taxe de publicité foncière** acquittés à raison de la transmission à titre gratuit de biens affectés à l'exploitation devraient suivre le même régime que les droits de mutation proprement dits.

EXERCICE DE DÉDUCTION

Lorsqu'ils sont déductibles, les **impôts** doivent, en règle générale, être déduits des résultats de l'exercice au cours duquel ils ont été **mis en recouvrement** ou sont devenus **exigibles.** Pour les impôts ou taxes ne faisant pas l'objet d'un rôle ou d'un avis de mise en recouvrement, l'exercice d'imputation est celui au cours duquel l'impôt ou la taxe revêt pour l'entreprise le caractère d'une dette certaine dans son principe et déterminée dans son montant (CE 20-4-1984 no 33194 : RJF 6/84 no 711 ; BOI-BIC-CHG-40-30 no 40). C'est ainsi que les droits d'enregistrement sont en principe déductibles lors du dépôt ou de l'enregistrement de l'acte concerné, même en cas de paiement fractionné. 8540 BIC-IX-27400 s

Certains impôts peuvent également être déduits par avance, par voie de **provision** (voir no 9860).

> Précisions **a.** En cas de **rectification**, les impositions supplémentaires mises à la charge de l'entreprise sont déduites, dans la mesure où il s'agit d'un impôt déductible :
– soit de l'exercice au cours duquel l'entreprise se reconnaît débitrice de ces sommes, c'est-à-dire accepte le redressement ;
– soit de l'exercice en cours à la date du visa de l'avis de mise en recouvrement, si l'entreprise conteste le redressement (ce qui n'interdit pas de constituer une provision si cela se justifie, voir n° 9860, précision a) (BOI-BIC-CHG-40-30 n° 230).

b. Lorsque le contribuable renonce au bénéfice de la **« déduction en cascade »** (voir n°s 79590 s.), le **rappel de TVA** n'est déductible, conformément à la règle de droit commun, que des résultats de l'exercice au cours duquel il est mis en recouvrement (CE 23-3-1992 n° 50776 : RJF 5/92 n° 623). En ce qui concerne les rappels de TVA afférente à des opérations d'autoliquidation, voir n° 79600, précision c.

c. En ce qui concerne les **dégrèvements** d'impôt antérieurement déduits, voir n° 8105.

5. CHARGES DE PERSONNEL

8560 BIC-IX-30000 s

Les charges de personnel déductibles incluent les rémunérations, les charges sociales et les dépenses diverses supportées dans l'intérêt des salariés (et, lorsque l'entreprise relève de l'impôt sur les sociétés, des dirigeants : n°s 8580 s.).

Dans les entreprises relevant de l'impôt sur le revenu ne sont en revanche déductibles ni les appointements du chef d'entreprise exploitant à titre individuel ni ceux des associés des sociétés de personnes et groupements assimilés (n° 8655). En ce qui concerne le salaire du conjoint de l'exploitant ou des associés, voir n° 8660.

SALAIRES ET AUTRES RÉMUNÉRATIONS

8570 CGI art. 39, 1-1° BIC-IX-30040 s

Les salaires versés au **personnel** font partie des charges déductibles, de même que les rémunérations versées à ses **dirigeants** par une société relevant de l'impôt sur les sociétés.

La déduction de ces rémunérations n'est toutefois possible que dans la mesure où elles correspondent à un travail effectif et ne sont pas excessives eu égard à l'importance du service rendu. Cette règle s'applique indistinctement aux salaires et appointements proprement dits et à leurs différents accessoires : avantages en espèces ou en nature, primes et participations aux bénéfices, allocations et indemnités diverses, remboursements forfaitaires de frais, etc.

Sont également déductibles les indemnités de **congés payés** ainsi que les sommes versées et les charges supportées au titre des différents **régimes légaux de participation ou d'intéressement** des salariés.

> Précisions **a.** Les rémunérations, remboursements de frais et avantages attribués aux personnes les mieux rémunérées de l'entreprise doivent figurer sur le **relevé détaillé de frais généraux** (n° 9050). Un état des **avantages en nature** accordés au personnel doit également être tenu par l'entreprise (n° 10950, précision c).

b. En ce qui concerne la **règle du « non-cumul »** des allocations forfaitaires pour frais d'emploi allouées aux dirigeants ou aux cadres et des remboursements de frais, voir n° 23730.

c. La déduction des **jetons de présence** alloués aux administrateurs fait l'objet d'une limitation (n° 23585).

d. Les salaires versés à des **personnes non fiscalement domiciliées en France,** à raison d'une activité professionnelle exercée dans notre pays, sont soumis – sauf exception – à une retenue à la source (n°s 4595 s.).

e. Les indemnités qu'une entreprise verse aux **volontaires internationaux en entreprise** placés auprès d'une de ses filiales ou succursales étrangères sont déductibles, dans la limite du montant légal applicable à ces indemnités (BOI-BIC-CHG-40-20-30 n° 20).

f. L'**abondement** versé au **chef d'entreprise** au titre des versements volontaires qu'il peut effectuer, en vertu de l'article L 3332-2 du Code du travail, sur le plan d'épargne mis en place dans son entreprise est déductible. Cas où l'**intéressement** versé à l'**exploitant individuel** est affecté à un **plan d'épargne salariale** : voir n° 88740.

g. Déduction fiscale pour **émissions d'actions attribuées aux salariés** : voir n°s 88690, précision b, 88780 et 88820.

h. Les **honoraires** versés par une société à une autre dans le cadre d'une **convention de management** pour la réalisation, par leur **dirigeant** commun, de ses fonctions de direction, sont déductibles si la société versante établit que ses organes sociaux compétents ont délibérément voulu, par le versement de ces honoraires, **rémunérer indirectement** son dirigeant (CE 4-10-2023 n° 466887 : RJF 12/23 n° 874).

8575 CGI art. 39, 1-1°-al. 3

Prêt de main-d'œuvre à but non lucratif L'entreprise qui met temporairement à disposition un salarié, dans les conditions de l'article L 8241-3 du Code du travail (Mémento social n° 33037), peut déduire les salaires, charges sociales y afférentes et frais professionnels remboursés à ce salarié, même si ces **coûts** ne sont **refacturés que partiellement** à l'entreprise bénéficiaire de la mise à disposition. Peuvent également être déduits les frais de gestion dès lors qu'ils sont modérés et justifiés (BOI-BIC-CHG-40-40-20 n° 240).

La déduction de la part excédant la refacturation est toutefois subordonnée au respect de la **réglementation de minimis** (n°s 92660 s.).

> **Précisions** La circonstance que la société utilisatrice du salarié prêté bénéficie d'une **refacturation à un prix minoré** est sans incidence sur son résultat. Il en est de même lorsque les **dépenses** sont **incorporées aux coûts de revient** d'une **immobilisation** (BOI-BIC-CHG-40-40-20 nº 270).

Rémunérations exagérées Ces rémunérations ne sont pas déductibles à hauteur de la fraction de leur montant qui présente un caractère excessif. Bien que le droit de contrôle de l'administration puisse s'exercer en principe quel que soit le bénéficiaire des rémunérations, il porte essentiellement sur les rémunérations versées aux **dirigeants** de sociétés (nºs 23700 s.). 8580 BIC-IX-30135 s

L'administration n'entend remettre en cause le montant des salaires du **personnel non dirigeant** que dans des situations exceptionnelles. Tel est le cas lorsque les rémunérations versées sont manifestement exagérées par rapport au service rendu, ou lorsque les circonstances de fait permettent de présumer que l'avantage consenti n'a pas été accordé dans l'intérêt direct de l'exploitation, mais notamment en raison de liens affectifs ou d'intérêts unissant les bénéficiaires à des personnes possédant le contrôle de l'entreprise (BOI-BIC-CHG-40-40-10 nº 100).

> **Précisions** La **fraction non déductible** des rémunérations versées par une personne morale passible de l'impôt sur les sociétés est considérée comme un revenu mobilier pour l'imposition du bénéficiaire (CGI art. 111, d). Elle est imposée sur une base majorée de 25 % (CGI art. 158, 7-2º). Cette majoration n'est pas soumise aux prélèvements sociaux (nº 34570, précision b). Si l'entreprise relève de l'impôt sur le revenu, cette fraction est imposable au nom du bénéficiaire dans la catégorie des bénéfices non commerciaux (CAA Paris 21-11-1991 nº 89PA02836 : RJF 3/92 nº 331).

Rémunérations différées Les rémunérations différées consenties par les sociétés anonymes cotées sur un marché réglementé à leurs présidents, directeurs généraux, directeurs généraux délégués ou à un membre de leur directoire sont admises en déduction du bénéfice net dans la limite de trois fois le plafond annuel de la sécurité sociale par bénéficiaire (soit 139 104 € pour 2024). Sont visés par cette limitation les rémunérations, indemnités ou avantages visés à article L 22-10-9, I-4º du Code de commerce, parmi lesquels les « **parachutes dorés** » versés lors du départ de l'entreprise et les indemnités de non-concurrence ou encore les indemnités de retraite (notamment celles versées dans le cadre de régimes « chapeaux »). 8585 CGI art. 39, 5 bis BIC-IX-30200 s

Exercice de déduction Les rémunérations doivent être déduites des résultats de l'exercice au cours duquel elles présentent pour l'entreprise le caractère de dettes certaines dans leur principe et leur montant, même si elles ne sont pas effectivement versées au cours dudit exercice. 8590 BIC-IX-30700 s

La déduction des **rémunérations restant à régler à la clôture** d'un exercice est opérée soit sous la forme de provision si tous les éléments nécessaires à leur calcul ne sont pas encore connus, soit sous la forme de charges à payer si leur montant est exactement déterminé (voir nºs 9875).

Les **rappels de salaires** alloués à raison du travail accompli au cours d'années antérieures sont déductibles des résultats de l'exercice au cours duquel la décision de versement a été prise par les organes sociaux (notamment CE 28-7-1999 nº 172200 : RJF 10/99 nº 1140).

Les **avances ou acomptes** au personnel ne sont pas déductibles des résultats de l'exercice au cours duquel ils ont été consentis (BOI-BIC-CHG-40-40-10 nº 180).

En ce qui concerne l'exercice de déduction des indemnités de **congés payés,** voir nº 9885.

CHARGES SOCIALES

Les charges sociales liées aux rémunérations du personnel sont en principe déductibles. Tel est le cas, notamment, des cotisations patronales d'assurances sociales, d'allocations familiales, d'accidents du travail, du régime complémentaire de retraite et de prévoyance des cadres et non-cadres, du régime d'assurance chômage. 8605 DC-VIII-4000 s

> **Précisions** Les **cotisations** patronales de sécurité sociale restant **dues à la clôture** de l'exercice à raison des salaires payés au cours de cet exercice peuvent figurer, à titre de frais à payer, dans les charges déductibles dudit exercice. Il en est de même des charges sociales afférentes aux salaires dus au titre de l'exercice, lorsque ceux-ci ne sont payés qu'au cours de l'exercice suivant (BOI-BIC-CHG-40-40-40 nº 10).
> Cette solution vaut également, dans les **entreprises du bâtiment** et de travaux publics, pour les cotisations de **congés payés** afférentes aux salaires de l'exercice et non encore acquittées à la fin de cet exercice (BIC-IX-31010).
> En ce qui concerne l'exercice de déduction des **charges sociales** et fiscales **afférentes aux indemnités de congés payés,** voir nº 9885.

INDEMNITÉS DE LICENCIEMENT

8610 BIC-IX-31500 s Les entreprises peuvent déduire les indemnités de licenciement dues aux **salariés** ainsi que les indemnités de **congédiement** qu'elles sont parfois tenues de verser à leurs **dirigeants,** notamment en cas de révocation abusive, dès lors que ces versements ne procèdent pas d'une décision de gestion anormale.

En règle générale, les indemnités de licenciement constituent une charge de l'exercice au cours duquel elles sont versées. Mais elles peuvent être passées en charges à payer si elles sont dues à la clôture de l'exercice à raison de licenciements notifiés au cours de l'exercice (Mémento comptable n° 16925). En ce qui concerne les **provisions** constituées pour faire face aux charges de licenciements ultérieurs probables, voir n° 9890.

> Précisions **a.** Les indemnités de rupture de contrat versées aux **représentants** peuvent constituer des charges déductibles. Tel est le cas :
– de l'**indemnité de clientèle** versée à un représentant de commerce salarié, dans les conditions prévues par les articles L 7313-13 s. du Code du travail (Mémento social n°s 61380 s.), ou de celle allouée à un représentant non salarié pour le rachat de sa carte (BOI-BIC-CHG-40-40-20 n° 120) ;
– de l'indemnité versée à un **agent commercial** à l'occasion de la cessation de son activité (CE 23-12-1981 n° 16561 : RJF 2/82 n° 127).

b. Les **primes d'assurances** destinées à garantir le versement des indemnités de licenciement sont en principe déductibles (n° 8635).

PENSIONS DE RETRAITE

8615 BIC-IX-31810 s **Régimes de retraite « supplémentaires »** Les entreprises peuvent créer librement des régimes de retraite supplémentaires au profit de l'ensemble de leurs salariés ou de certaines catégories d'entre eux (cadres, dirigeants...), en vue de compléter les prestations des régimes obligatoires. La déduction des **cotisations** nécessaires au paiement des prestations prévues ou celle des sommes directement versées aux salariés à titre de pensions (lorsque le régime a été créé avant 2010 et que l'entreprise avait choisi de le gérer en interne) est, selon le Conseil d'État, soumise à une double condition :

– les versements effectués doivent résulter d'un véritable **engagement juridique,** né le cas échéant d'un usage, opposable à l'employeur ;

– cet engagement doit présenter un caractère général et impersonnel, c'est-à-dire concerner l'ensemble du **personnel** ou une ou plusieurs **catégories** déterminées de celui-ci (CE 31-10-1975 n° 94157 : RJF 12/75 n° 546 ; CE 9-11-1990 n° 88765 : RJF 12/90 n° 1447).

Lorsque le **service** des retraites est **confié à un organisme tiers** (obligatoire depuis 2010), la déductibilité des cotisations et primes versées est soumise à deux conditions supplémentaires spécifiques : le fonds de retraite ou la compagnie d'assurance bénéficiaire des cotisations doit posséder une personnalité distincte de celle de l'entreprise, et cette dernière ne doit conserver ni la propriété ni la disposition des sommes versées (BOI-BIC-CHG-40-40-50 n° 50 ; CE 21-3-1975 n° 84955 : RJF 5/75 n° 237).

Versements effectués par les **sociétés anonymes cotées** sur un marché réglementé en faveur de leurs dirigeants, voir n° 8585.

> Précisions **a.** Il convient normalement d'entendre par « **catégories de personnel** » les catégories retenues pour l'application du droit du travail (ouvriers, employés, agents de maîtrise, ingénieurs et cadres). Mais d'autres catégories peuvent être retenues, si elles sont déterminées à partir de critères objectifs, non restrictifs, clairement définis par les usages et accords collectifs en vigueur dans la profession (BOI-BIC-CHG-40-40-50 n° 20). Forment notamment une catégorie de personnel : les mandataires sociaux et salariés dont la rémunération globale dépasse le double du plafond du régime de retraite des cadres (CAA Paris 21-5-1991 n° 90PA00542 : RJF 7/91 n° 904), les « cadres de direction » ou les « cadres » de l'entreprise, même si une seule personne est susceptible de bénéficier du régime (CE 8-7-2005 n° 259251 : RJF 11/05 n° 1187 ; CAA Bordeaux 4-6-2008 n° 04BX01836 : RJF 11/08 n° 1164). Toutefois, l'objectivité apparente du critère retenu pour déterminer la catégorie bénéficiaire ne doit pas dissimuler un avantage particulier qui, dans les faits, ne serait pas susceptible d'être étendu à d'autres personnes (CE 21-12-2007 n° 284629 : RJF 5/08 n° 539). Le président-directeur général d'une société anonyme ne constitue pas une catégorie de personnel (CAA Bordeaux 17-6-1993 n° 92BX00472 : RJF 8-9/93 n° 1124).

b. La seule circonstance que le retraité ait repris une activité au sein de la société dont il était salarié n'est pas de nature à interdire la déduction des sommes qui lui sont versées à titre de pension ou d'indemnité de départ à la retraite dès lors que les conditions de l'article L 161-22 du CSS qui autorisent le **cumul d'une retraite et d'une activité** sont respectées (CE 15-2-2016 n° 367753 : RJF 5/16 n° 407).

c. Les délibérations par lesquelles le conseil d'administration d'une société crée une pension au profit des **veuves** de ses **cadres supérieurs**

instituent, à la charge de l'entreprise, une obligation juridique de caractère général et impersonnel au profit des bénéficiaires ayant la qualité d'ayants droit d'anciens salariés (CE 12-4-1996 n° 140623 : RJF 6/96 n° 733).

d. Les **pensions servies directement par l'entreprise** ne sont déductibles qu'au titre de l'exercice de leur versement. Exclusion du droit à déduction des provisions au plan fiscal : voir n° 9895.

Avantages particuliers et allocations de secours Les pensions ou allocations de secours versées à d'anciens salariés ou dirigeants, **en dehors de tout engagement** juridique général et impersonnel, ne sont déductibles que dans des cas exceptionnels, notamment lorsqu'elles ont pour objet d'accorder aux intéressés ou à leurs ayants droit une aide correspondant à leurs besoins, compte tenu des pensions perçues par ailleurs par les intéressés au titre des régimes collectifs de retraite (jurisprudence constante). **8625** BIC-IX-32400 s

> Précisions **a.** Si le **bénéficiaire** est, ou a été, **associé** de la société, la pension qu'il perçoit n'est déductible que si elle lui est servie en raison des fonctions de dirigeant ou de salarié qu'il a exercées et non pas en sa qualité d'associé ou d'ancien associé (CE 13-5-1970 n° 77453 ; BOI-IS-BASE-30-20-30 n°s 40 s.). Une distinction analogue doit être faite lorsqu'il s'agit d'une pension servie à la veuve d'un ancien associé dirigeant.

b. Les pensions versées en vertu de contrats de travail individuels et qui correspondent à des **services rendus avant la création des régimes complémentaires** de retraite sont déductibles (CE plén. 25-10-1991 n° 70623 : RJF 12/91 n° 1493).

INDEMNITÉS DE FIN DE CARRIÈRE

Les **primes d'assurances** destinées à garantir au personnel le paiement des indemnités de licenciement ou de départ en retraite auxquelles une entreprise est tenue en vertu d'une convention collective constituent des charges déductibles, dès lors que l'entreprise perd la propriété et la disposition des sommes versées (BOI-BIC-PROV-30-20-10-20 n°s 320 s.). Peu importe que la compagnie d'assurance doive reverser à l'entreprise les provisions mathématiques du contrat au cas où elle n'aurait plus à verser ces indemnités (CE 6-11-1991 n° 68654 : RJF 1/92 n° 17). **8635** BIC-IX-33000 s

DÉPENSES SOCIALES DIVERSES

Il y a lieu d'inclure notamment dans les charges déductibles : **8645** BIC-IX-33200 s

– les dépenses engagées par les employeurs au titre de la formation de leurs salariés (Mémento social n°s 38750 s.) ;

– les **dons et subventions** consentis dans l'intérêt du personnel, à condition que les sommes versées cessent complètement d'être à la disposition de l'entreprise. Tel est par exemple le cas : des sommes versées au **comité social et économique** au titre de la subvention de fonctionnement et de la contribution au financement des œuvres sociales (Mémento social n°s 9110 s.), même si ces sommes excèdent la cotisation minimale obligatoire ; des versements faits à des **œuvres sociales** réservées au personnel de l'entreprise (BOI-BIC-CHG-40-40-60 n°s 1 à 30) ;

– les **aides financières au titre des services à la personne** (y compris le **Cesu préfinancé**), dans la limite du plafond annuel fixé par l'article D 7233-8 du Code du travail révisé par arrêté, soit 2 421 € par bénéficiaire à compter du 1er janvier 2024 (Arrêté TSSS2329962A du 29-12-2023).

RÉMUNÉRATION DE L'EXPLOITANT ET DES MEMBRES DE SA FAMILLE

Les appointements que s'allouent les **exploitants individuels soumis à l'impôt sur le revenu** en rémunération de leur travail personnel ne sont pas déductibles des bénéfices imposables de l'entreprise et sont soumis à l'impôt sur le revenu dans les mêmes conditions que ces derniers. De même, les rémunérations prélevées par les **associés de sociétés de personnes** et assimilées constituent un élément du bénéfice social imposable à leur nom dans les conditions exposées n° 37665. Rémunération de l'**entrepreneur individuel soumis à l'impôt sur les sociétés** : voir n° 87280. **8655** BIC-IX-34600 s

> Précisions Le bénéfice imposable de l'entreprise est exonéré à hauteur du montant de l'**aide financière au titre des services à la personne** (y compris le **Cesu préfinancé**) que s'alloue l'exploitant, dans la limite du plafond annuel fixé par l'article D 7233-8 du Code du travail (BOI-BIC-CHG-40-50-10 n° 130), révisé par arrêté, soit 2 421 € par bénéficiaire à compter du 1er janvier 2024 (Arrêté TSSS2329962A du 29-12-2023).

Salaire du conjoint Le salaire du conjoint de l'exploitant individuel est déductible en totalité, quel que soit le régime matrimonial adopté par les époux. **8660** CGI art. 154

La déduction s'applique à condition que le conjoint participe effectivement à l'exploitation et que les cotisations sociales en vigueur soient acquittées.

Cette règle s'applique également aux salaires versés aux conjoints d'**associés de sociétés de personnes** soumises à l'impôt sur le revenu.

Les **charges sociales** afférentes à la rémunération du conjoint sont également déductibles en totalité. Cotisations volontaires du conjoint non rémunéré : n° 8685.

8670 BIC-IX-35700 s **Rémunérations des autres membres de la famille** Les rémunérations versées aux autres membres de la famille de l'exploitant individuel qui participent à l'activité sont normalement déductibles, dès lors qu'elles correspondent à des fonctions salariées effectivement exercées par les intéressés et ne sont pas anormalement élevées. Il en est de même des salaires versés aux membres de la famille des **associés des sociétés de personnes** et assimilées non passibles de l'impôt sur les sociétés.

PROTECTION SOCIALE PERSONNELLE DE L'EXPLOITANT

8680 CGI art. 154 bis, 154 bis-0 A DC-VIII-14000 s Les cotisations versées au titre des régimes obligatoires de base ou complémentaires sont déductibles sans limitation des revenus professionnels, alors que celles versées au titre des régimes facultatifs, des contrats de groupe ou les versements volontaires sur certains plans d'épargne retraite sont déductibles sous certaines limites proportionnelles aux revenus. Les déductions pratiquées sur le revenu professionnel sont prises en compte pour le calcul du plafond de déduction de l'épargne retraite du revenu global (n° 1380).

Ces règles de déduction des cotisations sociales concernent non seulement les contribuables titulaires de bénéfices industriels et commerciaux mais également :

– toutes les **professions indépendantes non agricoles** (BIC ou BNC), qu'il s'agisse d'exploitants individuels ou d'associés de sociétés de personnes (y compris les sociétés de fait, les sociétés en participation et les EURL) ;

– ainsi que les **dirigeants non salariés** imposables selon le régime de l'article 62 du CGI (gérants majoritaires de SARL notamment, voir n° 23615).

› Précisions **a.** Selon l'administration, le **caractère non agricole de l'activité** doit être apprécié au regard de la législation sociale ; les professionnels qui cotisent à la mutualité sociale agricole (exploitants forestiers non négociants, par exemple) relèvent en la matière des règles prévues pour les agriculteurs, même s'ils sont imposés dans la catégorie des BIC (BOI-BIC-CHG-40-50-40-10 n° 60).

b. Dans les **sociétés de personnes**, les cotisations déductibles viennent en diminution de la quote-part du résultat social revenant à chaque associé (voir n°s 37670 s.). Les cotisations volontaires du conjoint non rémunéré de l'associé d'une société de personnes sont déductibles de cette quote-part (CE 22-2-2013 n° 330386 : RJF 5/13 n° 491).

c. Les cotisations et primes versées par les **dirigeants non salariés** relevant de l'article 62 du CGI constituent des charges personnelles des intéressés déductibles de leurs revenus professionnels. Elles peuvent cependant être comprises, à titre de supplément de rémunération, dans les frais déductibles de la société lorsque celle-ci les prend à sa charge. Ce supplément n'est pas imposable pour les intéressés dans la mesure où il correspond à des cotisations déductibles.

d. Les cotisations versées par les exploitants exerçant une **activité commerciale et une activité agricole** à la caisse unique dont ils relèvent sont déductibles des revenus de chacune d'elles au prorata du montant hors taxe de leur chiffre d'affaires (BOI-BA-BASE-20-30-40-10 n° 380).

8685 DC-VIII-14500 s **Cotisations déductibles** Sont déductibles les cotisations versées dans le cadre :

– des **régimes obligatoires** de base d'assurance maladie, maternité, vieillesse et d'allocations familiales (y compris la part de cotisation finançant le régime d'indemnités journalières pour ceux en bénéficiant : Mémento social n° 80400) ;

– des **régimes complémentaires** obligatoires d'assurance vieillesse et d'assurance invalidité-décès des travailleurs non salariés (Mémento social n°s 80540 s.) ;

– des **régimes facultatifs** complémentaires, qui répondent à la définition des contrats d'assurance de groupe (n° 8690, précision a) (BOI-BNC-BASE-40-60-50-10 n° 540), de prévoyance (maladie, décès, invalidité), de retraite et de perte d'emploi subie mis en place par les organismes de sécurité sociale, y compris l'intégralité du montant des cotisations facultatives versées à l'assurance volontaire contre les accidents du travail et les maladies professionnelles, qui ne sont pas prises en compte pour l'appréciation du plafond visé n° 8695 (Rép. Cardo : AN 16-1-2007 n° 10540, non reprise dans Bofip) ;

– des ***contrats « Madelin »*** d'assurance de groupe en matière de retraite, de prévoyance complémentaire et de perte d'emploi subie.

Sont également déductibles les versements volontaires des titulaires de **plans d'épargne retraite** individuels (PER individuel et sous-compte français du produit paneuropéen d'épargne retraite individuelle : PEPP) ou des plans d'épargne retraite collectifs (Pereco) : voir n°s 96580 s. Les versements correspondant à la garantie de la valeur de rachat du contrat à la date de la retraite ou en cas de décès de l'assuré sont toutefois exclus de cette déduction. Il est possible de renoncer à la déduction afin d'obtenir un traitement fiscal plus avantageux des rentes ou capitaux servis par le plan (C. mon. fin. art. L 224-20).

Peuvent également être déduites les cotisations du **conjoint collaborateur** aux régimes obligatoires d'assurance vieillesse et d'invalidité-décès des travailleurs non salariés, ainsi que celles versées à son nom dans le cadre d'un contrat d'assurance de groupe, à condition que l'intéressé collabore effectivement à l'activité sans être rémunéré (BOI-BIC-CHG-40-50-20 nos 110 et 130).

> Précisions **a.** Pour ouvrir droit à déduction, les **contrats d'assurance groupe,** qui peuvent être souscrits auprès de compagnies d'assurances ou de mutuelles, doivent répondre aux **caractéristiques** fixées par la loi « Madelin » (reprises par l'article L 144-1 du Code des assurances) et ses textes d'application. En outre, les contrats ne doivent couvrir ni la participation forfaitaire d'un euro exigée des assurés pour chaque acte médical (Mémento social n° 50230) ni la franchise médicale instituée par l'article L 160-13, III du CSS. Ils doivent également respecter les règles tenant à la nature des prestations remboursées et à leurs conditions de prise en charge posées par l'article L 871-1 du CSS (Mémento social nos 59500 s.). 8690

b. Les cotisations versées au titre de **contrats d'assurance groupe** à des **organismes de retraite étrangers** ayant leur siège dans un État de l'Union européenne ou partie à l'accord sur l'Espace économique européen (C. ass. art. L 370-1) sont déductibles dans les mêmes conditions que les cotisations versées à des organismes français.

c. Sont déductibles les cotisations versées au titre d'un **contrat d'assurance de groupe** destiné à garantir le risque de **dépendance,** notamment par le remboursement d'un service d'aide à domicile (BOI-BNC-BASE-40-60-50-10 nos 400 à 430).

d. Est admise la déduction des cotisations versées au titre d'un contrat d'assurance vieillesse qui comprend une **clause dite « d'annuités garanties »** stipulant, en cas de décès prématuré de l'assuré, le versement d'annuités à ses ayants droit irrévocablement désignés pendant une certaine durée. En revanche n'ouvrent pas droit à déduction les contrats comportant une **clause d'anticipation** permettant au bénéficiaire de percevoir une partie de l'épargne acquise avant l'âge normal de départ en retraite (BOI-BIC-CHG-40-50-40-10 n° 20).

e. Lorsqu'un contrat ou régime facultatif d'assurance vieillesse comporte, comme cela est admis sous certaines conditions, une **contre-assurance décès** prévoyant un versement en capital, la fraction des cotisations afférente à celle-ci n'est pas admise en déduction.

f. Les cotisations de sécurité sociale qui, exceptionnellement, ne peuvent être imputées sur le revenu professionnel – tels que les rachats de cotisations effectués après cessation d'activité – sont déductibles du **revenu global,** ce qui n'est pas le cas des rachats effectués auprès des régimes supplémentaires facultatifs (n° 1400).

g. Les **prestations** servies sous forme de **rentes** (assurance vieillesse, perte d'emploi subie) au titre des contrats d'assurance groupe et des régimes facultatifs de sécurité sociale sont imposables dans les conditions fixées à l'article 158, 5-a du CGI (voir nos 22530 s.). Il en est de même des prestations servies sous forme de rente ou pour perte d'emploi subie au titre des **plans d'épargne retraite** issus de l'ordonnance 2019-766 du 24 juillet 2019 (n° 96640), sauf pour la part de la rente provenant de versements individuels pour lesquels le titulaire du plan a renoncé à la déduction fiscale à l'entrée (voir n° 8685) et pour la part des rentes correspondant aux versements issus notamment de la participation ou de l'intéressement, taxables selon le régime des **rentes viagères à titre onéreux** (CGI art. 158, 6-al. 6). Sont également imposables dans la catégorie des pensions les prestations servies sous forme de **revenus de remplacement** (indemnités journalières de maladie, par exemple) en cas de **cessation d'activité** (CGI art. 154 bis A et 158, 5-b bis : TS-IV-2760 s).

Sur le régime applicable aux **autres prestations,** voir n° 8080.

Montants déductibles

Le tableau ci-dessous présente le montant déductible des cotisations versées en fonction de leur nature : 8695 DC-VIII-17300 s

Nature des cotisations	Montant déductible
Régimes obligatoires (de base ou complémentaire) : assurance maladie et maternité, allocations familiales, assurance invalidité-décès et assurance vieillesse [1]	Déductibles sans limitation
Régimes facultatifs : – pour l'assurance vieillesse et pour les garanties complémentaires décès, invalidité et perte d'autonomie prévues dans le cadre d'un Pereco ou d'un plan d'épargne retraite individuel [3]	Déductibles dans la limite de : – 10 % du Pass [2] (46 368 × 10 % pour 2024) ; – ou, s'il est plus élevé, 10 % du bénéfice imposable pris dans la limite de huit fois ce plafond auquel s'ajoute 15 % de la fraction du bénéfice supérieure à 46 368 € prise dans la limite de sept fois ce plafond, soit une déduction maximale de 85 781 € pour 2024

Nature des cotisations	Montant déductible
– pour la prévoyance et pour la garantie prévoyance prévue dans le cadre d'un Pereco ou d'un plan d'épargne retraite individuel [3]	Déductibles dans la limite de 7 % du Pass [2] (soit 3 246 € pour 2024) auquel s'ajoute 3,75 % du bénéfice imposable dans la limite globale de 3 % d'une somme égale à huit fois le plafond (soit une déduction maximale de 11 128 € pour 2024)
– pour la perte d'emploi et pour la garantie perte d'emploi prévue dans le cadre d'un Pereco ou d'un plan d'épargne retraite individuel [3]	Déductibles dans la limite de : – 2,5 % du Pass [2] (soit 1 159 € pour 2024) ; – ou, s'il est plus élevé, un montant égal à 1,875 % du bénéfice imposable retenu dans la limite d'une somme égale à huit fois le plafond (soit une déduction maximale de 6 955 € pour 2024)

1. Les versements effectués par le conjoint collaborateur au titre de l'assurance vieillesse sont également déductibles sans limitation.
2. Plafond annuel des cotisations de sécurité sociale (Pass) : voir n° 97260.
3. La déduction est écartée en cas d'option pour la renonciation mentionnée à l'article L 224-20 du C. mon. fin. (voir n° 8685).

Pour le calcul des plafonds de déduction, le **bénéfice imposable** s'entend du bénéfice avant déduction de ces mêmes cotisations (CGI ann. III art. 41 DN bis). Il est majoré des résultats exonérés en application d'une disposition spécifique (CGI art. 44 sexies à 44 octies A, 44 terdecies à 44 septdecies et 93, 9). En revanche, il n'est pas tenu compte des plus et moins-values professionnelles à long terme.

> Précisions **a.** Les **rachats de cotisations** de l'exploitant ou de son conjoint prévus aux articles L 351-14-1, L 643-2 et L 663-3 du CSS (périodes d'études et années incomplètement validées : Mémento social nos 5250 s.) sont déductibles sans limitation. L'administration étend cette solution à tous les rachats réalisés dans le cadre d'un régime obligatoire (BOI-BIC-CHG-40-50-30 n° 120). Sont également déductibles les rachats de cotisations ouverts, du 1er juillet 2022 au 31 décembre 2026 (Loi 2021-1754 du 23-12-2021 art. 108), aux travailleurs indépendants dont la profession exercée avant le 1er janvier 2018 n'entraînait affiliation à aucun régime obligatoire (Loi 2021-1900 du 30-12-2021 art. 18).
b. Pour apprécier si les **limites** spécifiques à chaque type de garantie sont ou non dépassées, sont retenues les cotisations facultatives versées au titre de la garantie concernée par l'exploitant majorées, le cas échéant, de celles versées par le conjoint collaborateur qui n'a pas la qualité de coexploitant (BOI-BIC-CHG-40-50-40-20 n° 40). Les plafonds de déduction doivent également tenir compte des rachats de cotisations.
c. Pour l'assurance vieillesse, la limite de déduction des cotisations facultatives doit être réduite des sommes affectées à un **plan d'épargne retraite** qui sont exonérées d'impôt par l'article 81, 18°-a et a bis du CGI : versements de l'entreprise aux plans d'épargne d'entreprise et aux comptes épargne-temps.
d. Les sommes qui peuvent être versées à titre facultatif à certains régimes obligatoires d'assurance vieillesse propres aux **professions non commerciales**, en sus de la cotisation minimale exigée, sont prises en compte pour l'appréciation du respect du plafond.
e. En cas d'exercice inférieur à douze mois ou de cessation d'activité en cours d'année, le plafond est réduit prorata temporis. Lorsque l'**exercice comptable** ne coïncide pas avec l'année civile, le plafond de sécurité sociale à retenir est celui de l'année au cours de laquelle l'exercice comptable est clos (BOI-BIC-CHG-40-50-40-20 nos 60 et 140).
f. Dans les **sociétés de personnes**, l'administration estime que le plafond de déduction doit être déterminé pour chaque associé par référence à la quote-part du bénéfice social correspondant à ses droits (BOI précité n° 30).
g. Le **transfert** des droits relatifs aux contrats Madelin **vers un Perp** est sans conséquence fiscale (Rép. Cadic : Sén. 27-12-2018 n° 486).

8715 **Exercice de déduction** Les **cotisations obligatoires** de sécurité sociale déductibles des résultats d'un exercice sont celles dues au titre de cet exercice, indépendamment de leurs modalités de paiement. Elles comprennent les acomptes provisionnels versés au cours de l'exercice et les régularisations à venir dont le montant est, par hypothèse, connu dès la clôture de l'exercice. Ces régularisations sont, selon l'administration, prises en compte sous forme de **provisions** (BOI-BIC-CHG-40-50-40-40 n° 20).

Les cotisations d'**assurance de groupe** sont déductibles, soit de l'exercice au cours duquel elles sont payées si elles couvrent des risques relevant de l'assurance-vie, soit de l'exercice au cours *duquel elles ont couru* pour les autres risques (BOI précité n° 30).

> Précisions **a.** Ces règles ne concernent ni les contribuables titulaires de **bénéfices non commerciaux** ni les **dirigeants non salariés** dont le revenu est déterminé à partir des encaissements et des paiements, et qui déduisent donc les cotisations effectivement versées au cours de l'année.
b. En ce qui concerne les contribuables tenant une **comptabilité super-simplifiée**, voir n° 11135.

6. CHARGES FINANCIÈRES

INTÉRÊTS DES SOMMES DUES À DES TIERS

Règles générales Les intérêts sont déductibles, à condition que la dette ait été contractée pour les besoins ou dans l'intérêt de l'entreprise et soit inscrite au bilan. C'est le cas, par exemple, des intérêts payés pour l'acquisition du fonds de commerce ou des éléments d'actif, des intérêts d'obligations émises par les sociétés, ainsi que des intérêts payés aux fournisseurs. 8740 BIC-XI-200 s

> **Précisions** **a.** Les frais financiers exposés par les associés de **sociétés** passibles de l'**impôt sur les sociétés** pour l'acquisition de leurs droits sociaux ont la nature d'une charge personnelle et ne peuvent en aucun cas venir en diminution du résultat social (CE 29-7-1983 n° 37886 : RJF 10/83 n° 1123).
En ce qui concerne les frais financiers supportés pour l'acquisition de droits sociaux par les **membres de sociétés de personnes** qui exercent leur activité professionnelle au sein de la société, voir n°s 37675 s.
b. Les frais financiers peuvent être compris dans le coût de revient comptable et fiscal des **stocks** et des **immobilisations** créés ou acquis par l'entreprise (voir respectivement n°s 7715, précision d, et 7580).
c. Lorsqu'une entreprise bénéficie d'une **réduction ou dispense d'intérêts,** cet avantage est automatiquement pris en compte dans le bénéfice imposable du fait de l'absence de déduction des intérêts abandonnés. Il n'y a donc pas à rapporter distinctement cet avantage aux bases de l'impôt (CE 25-7-1980 n° 15073 : RJF 11/80 n° 861). Sur la situation du créancier, voir n°s 8920 s.
d. **Obligations déclaratives** auxquelles sont soumises les entreprises qui assurent le paiement d'intérêts : voir n°s 26850 s. 8745
e. La finalité économique et financière de **conventions de portage** de titres a été retenue pour apprécier le caractère normal de la prise en charge des intérêts financiers supportés par une filiale pour l'acquisition de titres pour le compte de sa mère (CAA Douai 27-3-2002 n° 98DA01552 : RJF 4/03 n° 414).
f. Les intérêts des **emprunts souscrits par une société pour racheter ses titres** avant de les annuler ne peuvent être exclus des charges déductibles au seul motif que ce rachat suivi d'une réduction de capital est un prélèvement au profit des associés, sans prendre en compte l'intérêt de la société à réaliser cette opération (CE 15-2-2016 n° 376739 : RJF 5/16 n° 406).
g. Le caractère excessif du taux des emprunts contractés par une société auprès d'autres sociétés de son groupe ne peut uniquement être fondé sur la **garantie implicite** susceptible de résulter des **relations financières au sein du groupe** dès lors que les effets de cette garantie sur la solvabilité de la société ne sont pas établis (CE 19-6-2017 n°s 392543 à 392545 : RJF 10/17 n° 908).

Exercice de déduction La déduction des intérêts doit en principe être opérée sur les résultats de l'exercice au cours duquel ils ont **couru.** 8750 BIC-XI-1200 s

> **Précisions** **a.** Les **frais d'escompte** d'effets de commerce comportent, selon l'administration et le Conseil d'État :
– une fraction correspondant à la rémunération du service bancaire, qui est immédiatement déductible ;
– une fraction représentative des intérêts précomptés, qui doivent être déduits des résultats de l'exercice au cours duquel ils ont couru (BOI-BIC-CHG-50-20-20 n° 20 ; CE 1-6-2001 n° 157650 : RJF 8-9/01 n° 1043).
En comptabilité (Mémento comptable n° 40735), les frais d'escompte constituent en totalité des charges de l'exercice au cours duquel ils sont exposés.
b. Les indemnités de **remboursement anticipé** d'emprunts et les primes destinées à compenser une **réduction du taux** d'intérêt sont immédiatement déductibles (Rép. Lang : AN 12-1-1987 n° 9492, non reprise dans Bofip).
c. Les entreprises qui tiennent une **comptabilité super-simplifiée** sont autorisées à déduire les intérêts au moment de leur paiement (voir n° 11135).

Frais financiers dus aux prélèvements de l'exploitant ou des associés Si le solde du **compte de l'exploitant** individuel devient **débiteur** à la suite des prélèvements effectués par ce dernier, les frais et charges correspondant aux emprunts et découverts bancaires figurant au bilan sont considérés comme supportés à due concurrence dans l'intérêt de l'exploitant et non dans celui de l'entreprise. Ces charges financières ne sont donc pas admises en déduction du résultat imposable, sauf celles qui se rapportent à la fraction des sommes empruntées excédant le solde débiteur du compte de l'exploitant (CE 26-7-1978 n° 6420 : RJF 11/78 n° 454). 8755 BIC-XI-7100 s

La **quote-part non déductible** est déterminée par le rapport du solde débiteur moyen annuel du compte de l'exploitant (ou le montant moyen annuel des prélèvements nets de l'exploitant s'il est inférieur) au montant moyen des prêts et avances de l'exercice (BOI-BIC-CHG-50-40 n° 30).

La **réintégration** des frais financiers est exigée quelles que soient la destination des emprunts, y compris donc s'ils financent des investissements durables, et la situation, créditrice ou débitrice, du compte de l'exploitant à la date où ils sont contractés (CE 13-11-1998 n°s 143728, 181521, 144602 et 147233 : RJF 1/99 n° 11).

Les mêmes règles s'appliquent dans les **sociétés de personnes,** en cas d'excédent des soldes débiteurs des comptes courants d'associés sur le capital initialement versé (CE plén. 31-3-1978 n° 2233 : RJF 5/78 n° 225).

EXEMPLE

Une entreprise individuelle finance en 2024 un investissement par un emprunt de 14 000 €, remboursable au terme de trois ans ; les intérêts annuels correspondants sont de 960 €. En outre, les agios afférents à un découvert bancaire de 9 000 € accordé le 1er mai 2024 se sont élevés à 1 200 €. Le compte de l'exploitant est affecté par les opérations suivantes :

	Solde
– Situation au 1er janvier après affectation du résultat 2023	+ 3 000
– 31 mars 2024 : prélèvement : – 4 000	– 1 000
– 1er août : apport : + 2 100	+ 1 100
– 30 septembre : prélèvement : – 4 600	– 3 500
– 31 décembre : résultat de l'exercice : + 10 000	+ 6 500

Les charges financières non déductibles sont calculées ainsi :
– Solde moyen annuel du compte de l'exploitant :
$[(3\,000 \times 3) + (-1\,000 \times 4) + (1\,100 \times 2) + (-3\,500 \times 3)] / 12 = -275$
– Montant moyen des prêts et avances consentis à l'entreprise : $[(14\,000 \times 12) + (9\,000 \times 8)] / 12 = 20\,000$
– Quote-part des frais financiers non déductibles : $(960 + 1\,200) \times (275 / 20\,000) = 29{,}7$

PRIMES DE REMBOURSEMENT ET RÉMUNÉRATIONS COMPARABLES

8765 CGI art. 39, 1-1° ter BIC-XI-3200 s

Lorsque les emprunts comportent une **rémunération,** autre que les intérêts, dont le montant **excède 10 %** des sommes initialement mises à la disposition de l'emprunteur, la déduction de cette rémunération est étalée sur la durée de l'emprunt selon la technique des annuités actuarielles. La fraction courue déductible du résultat de chaque exercice est déterminée selon la méthode des intérêts composés, en appliquant le taux d'intérêt actuariel calculé à la date d'émission de l'emprunt à la totalité des sommes reçues par l'emprunteur lors de l'émission. Il résulte de ce mode de calcul que la déduction de la rémunération due est répartie de manière progressive au cours de toute la période couverte par l'emprunt. Ces règles s'appliquent à tous les emprunts ou dettes qui figurent au passif du bilan de l'entreprise, et notamment aux obligations assorties de primes d'émission ou de remboursement, aux coupons zéro et aux contrats de capitalisation, à l'exception toutefois :
– des emprunts indexés (voir nos 8790 et 8820), hormis, le cas échéant, la fraction de la rémunération certaine dans son principe et son montant dès l'origine ;
– des emprunts convertibles, dont la rémunération autre que les intérêts ne peut être comprise parmi les charges déductibles (précision b) ;
– des emprunts remboursables à la seule initiative de l'emprunteur.

› Précisions a. Lorsque la rémunération autre que les intérêts est **inférieure ou égale à 10 %** des sommes initialement mises à la disposition de l'emprunteur et présente la nature d'une prime d'émission ou de remboursement, elle peut être déduite soit au prorata des intérêts courus, soit par fractions égales au prorata de la durée de l'emprunt, conformément à la règle comptable (Mémento comptable n° 41120). Le choix de l'une de ces deux modalités constituant une décision de gestion, il ne peut être modifié, pour un emprunt donné, au cours de la période de remboursement.
b. Les sociétés émettrices d'un **emprunt obligataire convertible en actions avec primes de remboursement** peuvent soit inscrire ces primes à l'actif et les amortir sur la durée de l'emprunt, soit ne comptabiliser que le montant nominal de l'emprunt et constituer une provision pour risques correspondant aux primes de remboursement (CE 13-7-2011 n° 311844 : RJF 11/11 n° 1130). Cette solution est contraire à la doctrine administrative selon laquelle ces primes ne font pas partie des charges déductibles, mais s'imputent directement sur la prime d'émission (BOI-BIC-CHG-50-30-20-10 n° 50). Les dotations aux amortissements des primes de non-conversion d'obligations convertibles en actions ne sont pas prises en compte dans le calcul du plafond de déduction des intérêts versés aux associés, voir n° 8810 (CE 13-11-2020 n° 423155 : RJF 2/21 n° 112).

FRAIS D'ÉMISSION D'EMPRUNTS

8780 CGI art. 39, 1-1° quater BIC-XI-3700 s

Ces frais s'entendent des frais de publicité et des commissions versées aux établissements bancaires. En comptabilité, ils peuvent, au choix de la société :
– être intégralement déduits des résultats de l'exercice au cours duquel ils sont exposés ;
– ou être répartis sur la durée de l'emprunt, soit d'une manière appropriée aux modalités de remboursement de l'emprunt, soit par fractions égales lorsque les résultats obtenus ne sont pas sensiblement différents (Mémento comptable n° 41020).

Le traitement comptable de ces frais détermine leur régime fiscal. L'**option** s'applique de manière irrévocable à l'ensemble des emprunts émis pendant une période de deux ans, décomptée à partir du premier jour de l'exercice. Sauf dénonciation expresse, cette option est reconduite tacitement par périodes de deux ans.

> Précisions **a.** Au plan comptable, sont assimilés aux frais d'émission les **frais bancaires** facturés par les établissements de crédit qui couvrent exclusivement la rémunération de l'établissement dans le cadre de la mise en place d'un financement, sous réserve que leur inclusion dans le calcul du taux d'intérêt effectif de l'emprunt ne conduise pas à un taux manifestement hors marché (Avis CU CNC 2006-A du 7-6-2006 § 3.2). L'administration retient la même position (BOI-IS-BASE-30-10 n°s 60 et 70).
b. Lorsque l'option pour l'étalement est exercée, l'entreprise peut, pour **chaque émission,** choisir entre la répartition linéaire des frais et la répartition au prorata de la rémunération courue (BOI-BIC-CHG-20-30-40 n° 60).

EMPRUNTS COMPORTANT UNE CLAUSE D'INDEXATION DU CAPITAL

Lorsque le prêteur est un **associé,** la charge d'indexation résultant d'une variation de l'index est assimilée à des intérêts. Elle est donc soumise aux mêmes conditions et limites de déduction pour la société et d'imposition pour le bénéficiaire (n°s 8810 s. et 35825 s.). **8790** BIC-XI-2100 s

À l'égard des **non-associés,** les règles sont en principe les suivantes. Pour l'entreprise, la charge résultant du jeu de la clause d'indexation peut être déduite des bénéfices imposables, soit à titre de provision, soit définitivement lorsque les sommes correspondantes ont été payées ou sont devenues exigibles. Le produit de l'indexation représente un gain en capital pour le **bénéficiaire,** non imposable si ce dernier n'est pas une entreprise.

> Précisions La mise en œuvre de ces règles suppose que soient simultanément remplies les **conditions** suivantes (CE plén. 8-5-1981 n°s 8294 et 8295 : RJF 7-8/81 n°s 650 et 670 ; BOI-BIC-CHG-50-60 n°s 1 s.) :
– la clause d'indexation doit être licite ;
– l'indexation doit être stipulée dans un contrat de prêt à un an au moins, ou, s'il s'agit d'une avance en compte courant, celle-ci doit être bloquée pour une période et dans des conditions permettant de l'assimiler à un prêt de cette nature ;
– le produit de l'indexation ne doit être liquidé et éventuellement versé qu'au terme du contrat ou lors d'échéances de remboursement partiel ;
– en cas de cumul avec des intérêts, la rémunération totale du prêt, indexation comprise, ne doit pas être anormalement élevée.

INTÉRÊTS DU CAPITAL ET DIVIDENDES

Les intérêts servis au capital engagé par l'**exploitant individuel** ne sont pas déductibles. **8800**

De même, les **sociétés** ne peuvent pas – quelle que soit leur forme – retrancher de leurs bénéfices imposables les intérêts et dividendes versés aux associés et actionnaires à raison des parts ou actions détenues par ceux-ci. En revanche, les intérêts des obligations sont déductibles des bénéfices des sociétés qui les ont émises.

INTÉRÊTS SERVIS AUX ASSOCIÉS

Sous réserve de la **libération** intégrale du **capital,** la déduction des intérêts versés aux associés à raison des sommes qu'ils laissent ou mettent à la disposition d'une société, quelle que soit sa forme, en sus de leur part en capital, est admise dans la limite d'un **taux d'intérêt** maximal. La fraction non déductible des intérêts est réintégrée de manière extra-comptable dans le bénéfice imposable. **8810** CGI art. 39, 1-3° BIC-XI-5000 s

Outre ces deux limitations, la déduction des intérêts dus par les **sociétés soumises à l'impôt sur les sociétés** (ou par les sociétés de personnes dont les droits sont détenus par des membres passibles de l'impôt sur les sociétés) fait l'objet d'autres mesures de restriction exposées n°s 35825 s.

> Précisions **a.** Les sommes laissées ou mises à disposition de la société désignent en fait les **créances de toute nature** dont disposent les associés à l'égard de la société, c'est-à-dire non seulement les versements en compte courant proprement dits, mais aussi : les prêts et dépôts de toute sorte ; les souscriptions à un emprunt obligataire (CE 10-4-1991 n° 75553 : RJF 6/91 n° 738 ; BOI-BIC-CHG-50-50-10 n° 70), y compris en rémunération d'un apport de titres en société (CE 7-6-2017 n° 388133 : RJF 10/17 n° 911) ; les bons de caisse (BOI précité n° 70) ; les prêts participatifs (Rép. Gantier : AN 22-9-1986 n° 4474, non reprise dans Bofip).
Les **créances commerciales** ne sont cependant pas soumises aux différentes limitations, lorsqu'il s'agit d'acomptes versés ou de crédits consentis à l'occasion d'opérations commerciales dans lesquelles les associés interviennent à titre de clients ou de fournisseurs ordinaires et dans les mêmes conditions que ces derniers (CE 2-10-1985 n° 39857 : RJF 11/85 n° 1416 ; BOI-BIC-CHG-50-50-10 n° 80). Il en va de même pour les crédits accordés par des établissements financiers associés dans les conditions habituellement prévues pour l'ensemble de la clientèle (Lettre SLF 21-8-1984).

b. Les intérêts versés par une **banque de dépôt** à ceux de ses **salariés** qui ont également la qualité d'actionnaires, en rémunération des sommes qu'ils laissent à sa disposition sur les comptes ouverts à leur nom, en sus de leur part du capital, sont soumis aux limitations de déduction prévues par la loi (CAA Paris 1-12-1998 n° 96PA02224 : RJF 2/99 n° 133 ; CE (na) 22-3-2000 n° 204722 : RJF 11/00 n° 1228).

c. Lorsqu'un associé souscrit personnellement un **emprunt bancaire** dont il met les fonds à la disposition de la société, les intérêts sont intégralement déductibles si l'entreprise rembourse directement la banque (CE 28-3-2008 n° 295735 : RJF 6/08 n° 642). En revanche, la limite prévue par la loi s'applique si les remboursements du prêt transitent par l'associé, à moins que celui-ci ne soit en mesure d'établir qu'il est intervenu auprès de l'établissement bancaire en qualité de simple mandataire de la société (CE 27-2-1989 n° 61397 : RJF 4/89 n° 414).

De son côté, l'**associé** (dirigeant ou non) peut, pour la détermination des **revenus mobiliers** imposables à son nom, déduire les intérêts versés à l'organisme prêteur du montant des intérêts qu'il perçoit de la société, sans que cette déduction puisse toutefois générer de déficit (BOI-RPPM-RCM-20-10-20-70 n° 15 ; CE 14-6-1996 n° 148696 : RJF 8-9/96 n° 1044) (BIC-XI-6400 s.).

8820 BIC-XI-5470 s **Montant des intérêts à retenir** Le montant des intérêts à retenir pour l'application de la limitation relative au taux d'intérêt pratiqué s'entend de la totalité des sommes dues par le débiteur en contrepartie des avances des **associés.** Il comprend :

– les intérêts proprement dits ;
– les produits des clauses d'**indexation** qui sont assimilés à des intérêts par l'article 39, 1-3° du CGI ;
– la fraction courue à la clôture de chaque exercice des **primes de remboursement et autres rémunérations** lorsque leur montant total excède 10 % des sommes initialement mises à la disposition de l'emprunteur (les sommes à prendre en compte au titre de chaque exercice sont déterminées dans les conditions définies n° 8765) ;
– et, selon l'administration, l'avantage résultant de la prise en charge par la société de tout ou partie de l'impôt afférent à ces intérêts (BOI-BIC-CHG-50-50-10 n° 100).

8825 BIC-XI-5670 s **Libération du capital** La déduction fiscale des intérêts servis aux associés n'est possible que si le capital social a été entièrement libéré. Cette condition vaut pour toutes les sociétés, qu'elles soient passibles de l'impôt sur les sociétés ou de l'impôt sur le revenu, à l'exception des sociétés coopératives régies par la loi 47-1775 du 10 septembre 1947 qui en sont expressément exclues (CGI art. 212, IV). Elle s'applique en cas de constitution de société comme en cas d'augmentation de capital. Dans ce dernier cas, l'administration renonce toutefois à en faire application lorsque l'acte constatant l'augmentation de capital prévoit expressément la libération intégrale du capital souscrit dans un délai maximum de trois ans et à la condition que ce délai soit effectivement respecté (BOI-BIC-CHG-50-50-20 n° 30).

8830 BIC-XI-5800 s **Taux d'intérêt** Le taux maximum des intérêts déductibles servis aux associés est égal à la moyenne annuelle des taux effectifs moyens pratiqués par les établissements de crédit pour des prêts à taux variable aux entreprises, d'une durée initiale supérieure à deux ans (voir n° 97140).

Le plafond de déduction ainsi calculé s'applique à l'ensemble des intérêts courus au cours de l'exercice même si le montant des avances a varié pendant l'exercice (voir exemple de calcul ci-dessous). Pour les sociétés dont l'exercice **2023** coïncide avec l'année civile, le taux maximum d'intérêt déductible s'établit à 5,57 % (voir n° 97140).

> Précisions **a.** Chaque compte courant doit être envisagé séparément et il ne peut y avoir **compensation** entre un excédent d'intérêt constaté pour un compte courant (taux appliqué supérieur au maximum légal) et une insuffisance pour un autre (BOI-BIC-CHG-50-50-30 n° 130).

b. Pour le calcul du taux d'intérêt limite, toutes les **sommes** versées aux associés en rémunération des avances, définies n° 8820, doivent être retenues.

8835 EXEMPLE

Société anonyme dont l'exercice coïncide avec l'année civile. Comptes courants détenus par des associés possédant 20 % du capital et rémunérés au taux de 6 % (pas de clause d'indexation). Taux supposé d'intérêts déductibles : 2 %.

1e hypothèse Le montant des comptes courants n'a pas varié au cours de l'exercice. Comptes courants = 300 000 €. Intérêts excédentaires à réintégrer : 300 000 × (6 – 2) % = 12 000 €.

2e hypothèse Le montant des comptes courants a varié au cours de l'exercice. Comptes courants = 250 000 € pour la période 1er janvier-30 avril ; 320 000 € du 1er mai au 31 août ; 500 000 € du 1er septembre au 31 décembre. Intérêts excédentaires à réintégrer :
– période 1-1/30-4 : 250 000 × (6 – 2) % × 4 / 12 = 3 333 €
– période 1-5/31-8 : 320 000 × (6 – 2) % × 4 / 12 = 4 267 €
– période 1-9/31-12 : 500 000 × (6 – 2) % × 4 / 12 = 6 667 €
Soit au total : 14 267 €.

Imposition des associés Qu'ils soient ou non déductibles des résultats de l'entreprise versante, les intérêts des comptes courants d'associés perçus par une **entreprise soumise à l'impôt sur les sociétés** ou par une **entreprise relevant de l'impôt sur le revenu** en cas d'option expresse lorsque le montant de ces intérêts est marginal (n° 7345) sont compris dans les bénéfices imposables et imposés en tant que tels. 8840 BIC-XI-6100 s

Lorsqu'ils sont perçus par une entreprise relevant de l'impôt sur le revenu qui n'a pas exercé l'option susvisée, ou par une **personne physique,** ces intérêts constituent des revenus de capitaux mobiliers soumis soit à un prélèvement forfaitaire unique, soit, sur option globale, au barème progressif de l'impôt sur le revenu. Sauf exception, ces revenus font l'objet avant cette imposition d'un prélèvement obligatoire à titre d'acompte (voir n°s 25100 s.).

Lorsqu'ils sont encaissés par un **résident d'un État ou territoire non coopératif** ou payés dans un de ces États, les intérêts sont en principe soumis, dans les conditions exposées n° 25445, à un prélèvement obligatoire libératoire de l'impôt sur le revenu au taux de 75 %.

7. CHARGES EXCEPTIONNELLES ET PERTES DIVERSES

Les charges ou pertes exceptionnelles peuvent être subies dans le cadre d'opérations de gestion ou du fait d'opérations portant sur des éléments d'actif. Pour être admises en déduction des bénéfices imposables, elles doivent satisfaire aux conditions générales de déduction des charges, notamment s'inscrire dans le cadre d'une **gestion normale.** Ne peuvent par conséquent être retranchées des bénéfices les charges ou pertes enregistrées à l'occasion d'opérations étrangères à l'intérêt de l'entreprise. 8880 BIC-IX-60000 s

Une charge ou perte exceptionnelle ne peut par ailleurs être déduite que s'il n'en est pas tenu compte sous une autre forme. Ainsi, une **perte de marchandises** à la suite d'un vol, d'inondations, etc., ou un simple « manque à gagner » ne donne lieu à aucune déduction puisqu'il en est tenu automatiquement compte par le jeu des achats, des ventes et des stocks.

Les charges ou pertes doivent en outre revêtir un **caractère définitif** à la clôture de l'exercice. Mais celles qui, sans être certaines, présentent un degré suffisant de probabilité peuvent donner lieu à la constitution d'une provision.

Les pertes résultant de la **cession d'éléments d'actif** immobilisé font l'objet d'une étude spéciale (voir n°s 17500 s.).

Lorsque les conditions ci-dessus sont réunies, sont par exemple déductibles les charges et pertes suivantes : 8885

– **pertes sur créances** (créances irrécouvrables, voir n° 8895 ; abandons de créances, voir n°s 8920 s.) ;

– **pertes de change** (pour les pertes résultant de l'évaluation, à la clôture de chaque exercice, des créances et dettes en monnaies étrangères, voir n° 7370) ;

– charges de remboursement d'un **prêt indexé** (voir n° 8790) ;

– frais de procès et dommages-intérêts sauf, s'agissant de ces derniers, s'ils sont versés en contrepartie de l'acquisition d'éléments d'actif ;

– **détournements** commis par les **salariés** à l'insu de l'entreprise, ce qui est le cas lorsque les dirigeants (ou, selon l'administration, les mandataires sociaux et les associés : BOI-BIC-CHG-60-20-10 n° 60) n'ont pas eu effectivement connaissance des détournements commis ou n'y ont pas concouru par leur comportement délibéré ou par leur carence manifeste dans l'organisation de l'entreprise (CE 5-10-2007 n° 291049 : RJF 12/07 n° 1381 ; CE 12-4-2019 n° 410042 : RJF 7/19 n° 627 ; CE 6-12-2023 n° 458981 : RJF 2/24 n° 112). Sont également déductibles les détournements commis par des **tiers** (CE 12-4-2019 n° 410042 précité). En revanche, les détournements commis par les principaux **dirigeants** et mandataires ou associés ne sont pas déductibles (CE plén. 27-7-1988 n° 54510 : RJF 10/88 n° 1070 ; CE 12-4-2019 n° 410042 et CE 6-12-2023 n° 458981 précités). Sur le sort de pertes traduisant une prise de risque excessif par le salarié rendue possible par un dysfonctionnement du contrôle interne de l'entreprise, voir n° 8155, précision c.

a. Créances irrécouvrables

La perte d'une créance peut être constatée lorsque son caractère irrécouvrable est définitivement établi. Elle doit être limitée au montant **hors taxe** de la créance, dès lors que la TVA afférente aux opérations impayées peut être récupérée par l'entreprise, voir n°s 54400 s. (CE 20-6-1997 n° 99429 : RJF 8-9/97 n° 763). 8895 BIC-IX-60100 s

Lorsque la perte de la créance n'est pas encore certaine, mais seulement probable, l'entreprise peut constituer une **provision** pour créance douteuse (n° 9815).

Précisions **a.** Le point de savoir si une créance peut être considérée comme perdue ou si cette perte apparaît seulement probable à la clôture d'un exercice est essentiellement une **question de fait.** Ne suffisent pas, par exemple, à établir le caractère irrécouvrable d'une créance :
– le fait que la société débitrice soit en **redressement** ou **liquidation** judiciaires (notamment CE 11-12-1987 n° 46964 : RJF 2/88 n° 223 ; CE 27-3-1991 n° 57777 : RJF 5/91 n° 567) ;
– l'**ancienneté des créances** (tant qu'elles ne sont pas prescrites), en l'absence de toute diligence du créancier en vue de leur recouvrement et de la preuve de l'insolvabilité du débiteur (notamment CE 20-7-1988 n° 51165 : RJF 10/88 n° 1072).
La preuve de l'irrécouvrabilité peut en revanche être apportée par des **attestations d'huissier** (CE 12-3-1980 n° 7475 : RJF 5/80 n° 402).
b. Lorsqu'une entreprise découvre, à l'occasion d'une remise en ordre de sa comptabilité ou d'un changement de son organisation comptable, des **écarts comptables inexpliqués** entre le compte collectif clients et la balance des comptes individuels, elle est en droit de constater une perte de même montant au titre des créances irrécouvrables, dans les conditions suivantes :
– s'il s'agit d'**erreurs de faible montant,** la régularisation est admise sans justification particulière (CE 13-2-1980 n° 11923 : RJF 4/80 n° 291) ;
– en revanche, pour les erreurs d'un **montant élevé,** l'entreprise doit apporter la preuve de l'origine de l'erreur (notamment CE 10-1-1992 n° 80158 : RJF 2/92 n° 174-a).

b. Pénalités et amendes

8905 CGI art. 39, 2 BIC-IX-61400 s

Ne sont pas déductibles les sanctions pécuniaires et pénalités **de toute nature** mises à la charge des contrevenants à des **obligations légales.** Il en est de même du versement libératoire dû par les fournisseurs d'énergie en cas de non-respect des obligations légales d'économie d'énergie prévu à l'article L 221-4 du Code de l'énergie.

Sont notamment visées par ce principe général de non-déductibilité : les pénalités d'assiette et de recouvrement des impôts ; les amendes pénales et les pénalités infligées en cas d'infraction au droit de la concurrence ; les pénalités fiscales visées à l'article 1763 du CGI qui sanctionnent le défaut de production de certains documents (tableau des provisions, relevé des frais généraux...) ; les pénalités et majorations de retard sur les déclarations et le recouvrement des cotisations sociales ; les sanctions infligées par les autorités publiques ou administratives indépendantes (AMF, Arcep, CRE, Cnil...) ; l'astreinte versée par une entreprise pour défaut d'exécution d'une décision de justice dès lors que sa finalité est de faire respecter l'autorité de la chose jugée (CE 20-6-2012 n° 342714 : RJF 10/12 n° 901) ; les sanctions pour violation d'obligations légales étrangères prononcées par des autorités étrangères, telles les « punitive damages » américains, sauf si elles sont contraires à la conception française de l'ordre public international (CE plén. 8-12-2023 n° 458968 : RJF 2/24 n° 110).

En revanche, les **pénalités contractuelles,** telles que celles infligées dans le cadre de relations commerciales, sont déductibles.

Pénalités pour **paiement tardif des dettes** commerciales : voir n° 7995.

c. Aides et avantages accordés à des tiers

AIDES À CARACTÈRE COMMERCIAL

8920 CGI art. 39, 13 BIC-IX-50300 s

Bien qu'elle soit expressément prévue par la loi, la déduction de ces aides est néanmoins subordonnée à la condition qu'elles relèvent d'une gestion normale. Les aides autres que celles consenties dans le cadre d'un plan de sauvegarde ou de redressement (n° 8950) doivent comporter une **contrepartie équivalente** pour l'entreprise qui les accorde. Cette règle s'applique quelle que soit la nature de l'avantage (**abandon de créances, subvention, renonciation à recettes, facturation à des prix inférieurs au prix du marché, etc.**).

Présente un caractère commercial l'abandon d'une créance trouvant son origine dans des relations commerciales entre deux entreprises et consenti soit pour **maintenir des débouchés,** soit pour **préserver des sources d'approvisionnement.** À cet égard, le fait que l'entreprise qui consent l'abandon soit une banque ou un établissement de crédit ne fait pas obstacle à ce qu'il présente un caractère commercial (BOI-BIC-BASE-50-10 n° 120). La **préservation de l'existence même d'un actif** ou la prévention d'une dévalorisation certaine de ce dernier est également susceptible de constituer une contrepartie justifiant le caractère normal d'un avantage (renonciation à percevoir des redevances) consenti par la société exploitant cet actif (CE 10-2-2016 n° 371258 : RJF 5/16 n° 403). Une aide motivée par le développement d'une **activité** n'ayant à la date de son octroi permis la réalisation d'aucun chiffre d'affaires, ou le versement d'aucune redevance en rémunération de la concession du droit d'exploiter des actifs incorporels, peut revêtir un caractère commercial si les perspectives de développement n'apparaissent pas purement éventuelles (CE 26-7-2023 n° 463846 : RJF 11/23 n° 795 ; CE 29-12-2023 n° 455810 : RJF 3/24 n° 197).

> Précisions a. Relève d'une **gestion normale** un **abandon de créances à une société cliente** en difficulté dont la mise en liquidation compromettrait la poursuite de l'activité de l'entreprise créancière (CE 26-6-1992 n° 68646 : RJF 8-9/92 n° 1116). Tel n'est pas le cas lorsque l'abandon de créances est d'un montant excessif eu égard au faible niveau de relations commerciales entre les entreprises concernées (CAA Nantes 30-6-1994 n° 93NT00811 : RJF 11/94 n° 1167 ; CE (na) 1-2-1995 n° 162066 : RJF 3/95 n° 299) ou est consenti **à un fournisseur** dont il n'est pas établi que sa disparition serait préjudiciable à l'entreprise (CE 10-1-2005 n° 253490 : RJF 4/05 n° 298).

b. La jurisprudence reconnaît le caractère normal d'une politique de **prix préférentiels** au profit de clients représentant une part importante des débouchés (CE 25-3-1983 n° 34182 : RJF 6/83 n° 764). Elle accepte également qu'une entreprise facture des **frais administratifs à des niveaux différents** suivant les clients en décidant, dans son intérêt, de pratiquer certaines réductions (CE 20-5-2015 n° 369373 : RJF 8-9/15 n° 681). Même solution en cas de facturation à l'étranger de **prix de vente différents** de ceux pratiqués en France lorsque la situation des marchés à l'**exportation,** notamment les conditions de la concurrence, le justifie (CE 21-2-1990 n° 84483 : RJF 4/90 n° 376).

Est en revanche refusée la facturation de ventes à prix coûtant à l'unique client de l'entreprise dont les difficultés sont uniquement conjoncturelles (CAA Nancy 27-6-1996 n° 94NC01086 : RJF 6/97 n° 529 ; CE (na) 20-10-1997 n° 182199 : RJF 2/98 n° 137). De même, en cas de réalisation d'**achats** pour un **prix supérieur** aux valeurs réelles, la fraction excédentaire du prix stipulé n'est pas déductible en l'absence de justification (CE 25-3-1983 n° 16649 : RJF 6/83 n° 763).

c. Est considérée comme normale la **mise à disposition gratuite d'équipements** à un sous-traitant qui répercute cet avantage sur le prix facturé (CE 10-4-1991 n° 86550 : RJF 6/91 n° 741).

d. Présentent un caractère normal les **avances sans intérêt** accordées en vue d'un rapprochement commercial (CE 3-12-1975 n° 89412 : RJF 2/76 n° 56) ou justifiées par les usages en vigueur dans le secteur professionnel (CE 9-10-1991 n° 67283 : RJF 11/91 n° 1434).

En revanche, le fait de renoncer à faire usage d'une **clause de renégociation d'un prêt** relève d'une gestion anormale dès lors qu'il n'est pas justifié que cette renonciation comporte une contrepartie (CE 4-6-2012 n° 350003 : RJF 8-9/12 n° 801).

e. Sont déductibles les sommes versées au titre d'un **engagement de caution** souscrit par un **bailleur d'immeuble** au profit de son locataire si cet engagement a pour but la conservation d'un revenu constitué par les loyers ou s'il existe une contrepartie suffisante pour le bailleur compte tenu des liens existant entre les deux entreprises (en ce sens, CAA Marseille 24-1-2002 n°s 98MA01054 et 98MA01215 : RJF 10/02 n° 1065).

f. Est considérée comme normale la facturation provisoire d'un **loyer** pour un montant inférieur à la valeur locative du bien loué, dans la mesure où l'affectation des locaux rend délicat le remplacement du locataire (CE 9-5-1990 n° 71453 : RJF 7/90 n° 797). Est également justifié l'abandon de loyer consenti par un bailleur à un locataire-gérant dont la situation financière est temporairement dégradée (CE 16-6-2004 n° 235647 : RJF 10/04 n° 964).

g. Caractère anormal d'une **cession d'un élément d'actif** à prix minoré : voir n° 17815.

Aides commerciales intragroupe La circonstance qu'un avantage soit consenti entre des sociétés appartenant au même groupe ne modifie pas les conditions d'appréciation de son caractère normal. Des sociétés sœurs étant considérées comme juridiquement étrangères, seul l'**intérêt propre de la société aidante** est pris en considération (notamment CE 30-9-1987 n° 50157 : RJF 11/87 n° 1083). Il peut être apprécié en tenant compte des contraintes économiques et juridiques qui pèsent sur elle à raison des relations nouées avec ses partenaires (CE 26-9-2001 n° 219825 : RJF 12/01 n° 1491). Mais l'**intérêt** général **du groupe** ne suffit pas, à lui seul, à justifier le caractère normal d'une aide (notamment CE 19-12-1988 n° 55655 : RJF 2/89 n° 158 ; BOI-BIC-BASE-50-10 n° 100). **8925** BIC-IX-53700 s

> Précisions a. Une société ne commet pas un acte anormal de gestion en consentant un **abandon de créances à** sa sœur qui est **son unique cliente** et dont l'existence est menacée (CE 1-3-2004 n° 237013 : RJF 5/04 n° 459).

b. Un avantage accordé à une société du groupe peut être considéré comme relevant d'une gestion normale si l'**appartenance au groupe** de la société qui le consent est une **condition de sa pérennité** ou de la préservation de ses actifs (CE 21-6-1995 n° 132531 : RJF 8-9/95 n° 963).

c. Le caractère normal des aides consenties au sein d'un groupe soumis au régime de l'**intégration fiscale** est apprécié en prenant exclusivement en compte l'intérêt propre de la société qui les octroie (CE 28-4-2006 n° 278738 : RJF 7/06 n° 837), mais la facturation des transactions courantes à leur prix de revient est admise (n° 40392). Pour la détermination du résultat d'ensemble, les avantages ne sont pas retraités, voir n°s 40530 s.

d. Sur les frais liés à l'**appartenance à un réseau,** voir n° 8500, précision c.

Une société mère qui entretient des relations commerciales avec une **filiale en difficulté** est fondée à lui venir en aide, par exemple en vue de maintenir ses sources d'approvisionnement ou ses débouchés. À cet effet, elle peut choisir le **procédé le plus avantageux** et donc recourir à la technique des abandons de créances ou subventions plutôt que de réaliser une augmentation de capital (notamment CE 27-6-1984 n° 35030 : RJF 8-9/84 n° 937 ; BOI-BIC-BASE-50-10 n° 90). **8930**

Une société mère qui réalise des ventes de marchandises ou des prestations de services au profit de ses filiales françaises peut pratiquer une politique de **prix préférentiels** au point de renoncer à la réalisation de bénéfices (CE 24-2-1978 n° 2372 : RJF 4/78 n° 161). Mais la société mère commet en principe un acte anormal de gestion si elle renonce à **facturer** les services rendus à ses filiales (BOI-BIC-CHG-10-10-20 n° 120) ou si elle réalise des opérations à perte.

Lorsque les **motivations commerciales et financières** sont imbriquées, la qualification de l'aide découle de ses motifs prédominants (CE 27-6-1984 n° 35030 précité ; BOI-BIC-BASE-50-10 n° 140). La motivation commerciale peut ainsi prévaloir lorsque les deux sociétés ont des activités complémentaires et que la filiale s'approvisionne en partie auprès de la mère (CE 4-12-1985 n° 44323 : RJF 9/86 n° 153).

> Précisions a. La justification d'un intérêt commercial a ainsi été reconnue lorsque la **filiale commercialise** les produits de la mère (CE 15-2-1984 n° 35339 : RJF 4/84 n° 428) ou est son fournisseur exclusif (CE 16-2-1983 n° 37868 : RJF 4/83 n° 492). Toutefois, la volonté de préserver des **clients communs** avec une filiale ne justifie pas l'octroi d'avances sans intérêt par la société mère si le montant de ces avances est manifestement excessif par rapport au chiffre d'affaires réalisé avec cette clientèle (CE 23-1-2015 n° 365525 : RJF 4/15 n° 299).

b. Selon l'administration, le fait qu'une société mère ou une société d'un groupe assure, pour le compte de ses filiales ou des autres sociétés du groupe, des **services internes d'intérêt commun** n'est pas, en principe, de nature à nouer des relations commerciales significatives (BOI-BIC-BASE-50-10 n° 160). Selon la cour administrative d'appel de Nantes, l'abandon, par une société holding, de créances correspondant à des services administratifs à ses filiales revêt un caractère financier (CAA Nantes 23-9-2022 n° 20NT00524 : RJF 1/23 n° 8 ; CE (na) 30-6-2023 n° 469132 : RJF 10/23 n° 701). Mais le Conseil d'État a reconnu le caractère commercial d'une aide consentie à ses filiales par une société holding qui fournit des **prestations de référencement** sans exercer d'activité d'achat-revente au sein du groupe (CE 7-2-2018 n° 398676 : RJF 5/18 n° 468).

c. La circonstance qu'une société détienne la **quasi-totalité du capital** de sa filiale ne fait pas en elle-même obstacle à la qualification commerciale de l'aide consentie (CE plén. 27-11-1981 n° 16814 : RJF 1/82 n° 7 ; BOI-BIC-BASE-50-10 n° 150).

d. Lorsque l'aide consentie par une société mère à sa **filiale soumise au régime des sociétés de personnes** relève d'une gestion anormale, sa réintégration au résultat imposable de l'associé entraîne une double imposition dès lors qu'elle est également comprise dans le résultat imposable de la filiale (CE 27-7-2006 n° 274762 : RJF 12/06 n° 1517). Mais la jurisprudence admet que cette taxation soit limitée à la part de l'avantage correspondant au capital de la filiale détenue par les autres associés (notamment CAA Lyon 8-6-2017 n° 15LY01912 : RJF 11/17 n° 1074 ; CAA Paris 29-3-2006 n° 01PA03876 : RJF 8-9/06 n° 991). En pratique, la double imposition est donc évitée lorsque tous les associés consentent des aides dans la proportion de leurs droits.

8935 **Régime fiscal** Les abandons de créances et subventions à caractère commercial qui présentent un **caractère normal** sont une charge déductible pour la société qui les consent et un produit imposable de la société aidée.

Si l'aide consiste en une renonciation à recettes, elle minore les produits imposables de la société qui a consenti l'aide et affecte le résultat imposable de la société bénéficiaire du fait de la minoration de ses charges. Elle ne requiert aucun retraitement au plan fiscal.

Lorsque l'aide présente un **caractère anormal,** elle est réintégrée au résultat fiscal de la société qui l'a consentie.

> Précisions a. Lorsque l'aide anormale consiste en une **avance sans intérêt,** le taux d'intérêt à retenir pour le calcul de la réintégration est fixé d'après la rémunération que la société créancière pourrait obtenir d'un établissement financier ou d'un organisme assimilé pour un placement équivalent. Elle ne peut être déterminée d'après les taux fiscalement admis en rémunération des comptes courants d'associés (CE 31-7-2009 n° 301935 : RJF 12/09 n° 1057) ni en fonction du taux de base moyen du marché bancaire ou du taux des avances de la Banque de France (CE 7-10-1988 n° 50256 : RJF 12/88 n° 1296).

b. En cas d'octroi non justifié d'**avances à vue** sans intérêt, la rémunération à réintégrer est calculée d'après le taux de rémunération des Sicav monétaires (CE 31-7-2009 n° 301935 précité). Sur le sort de pertes traduisant une prise de risque excessif par le salarié rendue possible par un dysfonctionnement du contrôle interne de l'entreprise, voir n° 8155, précision c.

8940 La circonstance qu'une **aide à caractère commercial** soit accordée à une **filiale étrangère** est *sans incidence sur* ses conditions de déduction et son régime fiscal (CE 9-10-1991 n°s 67642 et 69503 : RJF 11/91 n° 1355). Dans une décision rendue pour une aide à caractère financier, le Conseil d'État a pris en compte le droit étranger, et notamment les interdictions édictées par celui-ci pour apprécier le caractère normal de l'aide (CE 7-9-2009 n° 303560 : RJF 12/09 n° 1068). Mais la législation étrangère ne peut entraîner de façon automatique la **qualification fiscale** d'une opération au regard du droit interne. Ainsi, il convient de rechercher la nature réelle d'une opération impliquant une société régie par le droit d'un autre État pour la qualifier au regard du droit fiscal national et de ne pas déduire cette qualification du seul traitement comptable reçu dans le droit étranger (CE 13-4-2018 n° 398271 : RJF 7/18 n° 727 ; CE 31-3-2017 n° 383129 : RJF 6/17 n° 539). Par ailleurs, le **traitement fiscal** de l'opération à l'étranger est sans incidence sur le traitement fiscal opéré en France : l'absence d'imposition dans l'État étranger d'un abandon de créances n'est pas de nature à remettre en cause sa déductibilité en France lorsque les conditions de cette déductibilité sont réunies (CE 13-4-2018 n° 398271 précité).

> Précisions Le caractère normal des **abandons de créances consentis aux succursales d'une filiale étrangère** est apprécié en tenant compte non seulement de l'intérêt stratégique et commercial que présente pour la société mère le marché d'implantation des succursales mais aussi des besoins de financement de la filiale pour se développer dans d'autres pays (CE 11-4-2008 n° 281033 : RJF 7/08 n° 788).

AIDES AUX ENTREPRISES EN DIFFICULTÉ FINANCIÈRE

Abandons de créances à caractère commercial Sont déductibles pour la totalité de leur montant les abandons de créances à caractère commercial consentis ou supportés dans le cadre d'un **plan de sauvegarde ou de redressement,** ainsi que ceux consentis en application d'un **accord de conciliation** constaté ou homologué dans les conditions prévues à l'article L 611-8 du Code de commerce. Cette déduction n'est pas subordonnée à la condition que l'entreprise créancière ait agi dans son propre intérêt (BOI-BIC-BASE-50-10 n° 80). **8945** CGI art. 39, 1-8° BIC-IX-55910 s

Aides à caractère autre que commercial Les aides répondant à des motivations autres que commerciales accordées dans le cadre d'une **procédure de sauvegarde** ou **de redressement** ou **liquidation judiciaires,** ou lors d'une **procédure de conciliation** en application d'un accord constaté ou homologué dans les conditions prévues à l'article L 611-8 du Code de commerce sont déductibles. L'administration étend cette mesure aux abandons de créances consentis dans le cadre d'une **procédure d'insolvabilité** mentionnée à l'annexe A du règlement CE 1346/2000 du 29 mai 2000 (BOI-BIC-BASE-50-20-10 n° 63), étant précisé que cette annexe a été remplacée par le règlement UE 2017/353 du 15 février 2017. Cette déduction est subordonnée à l'existence d'un intérêt de la société versante à consentir l'aide. Sont notamment concernées par cette disposition les aides répondant à son **intérêt financier.** **8950** CGI art. 39, 13 BIC-IX-56100 s

Lorsque le caractère normal d'une telle aide est reconnu, elle est admise en déduction :

– en totalité à hauteur de la situation nette négative de la filiale ;

– et pour la fraction excédentaire dans la proportion de son capital détenu par d'autres sociétés.

> Précisions a. Les **aides à caractère financier** sont celles accordées par une société mère à une filiale en difficulté en vue d'assainir sa situation financière ou d'éviter son dépôt de bilan. Elles permettent ainsi à la mère de sauvegarder son propre renom et de préserver la valeur de ses titres (CE plén. 30-4-1980 n° 16253 : RJF 6/80 n° 467). Leur déduction suppose qu'elles relèvent d'une gestion normale, compte tenu notamment de la situation financière de la filiale.

b. Lorsque la **situation nette** comptable, qui correspond au montant des capitaux propres, est supérieure à la situation nette réelle, l'entreprise peut, à condition d'en apporter la preuve, se prévaloir de cette dernière. L'administration peut de son côté tenir compte de la situation inverse (BOI-BIC-BASE-50-20-10 n° 70).

Le Conseil d'État admet que la preuve de la situation nette de la filiale bénéficiaire puisse être apportée au moyen de méthodes d'évaluation économique (CE 21-6-2022 n° 447084 : RJF 10/22 n° 822, transposable selon nous dans le cadre du régime prévu à l'article 39, 13 du CGI).

c. Pour apprécier la situation nette comptable, ou réelle, de la société bénéficiaire de l'abandon, les entreprises ont le choix de se placer :

– soit à la **date** à laquelle l'abandon a été consenti, ou, lorsque l'entreprise n'est pas en mesure d'établir une telle situation à cette date, à la plus proche situation provisoire établie avant ou après l'abandon ou au plus proche bilan (BOI précité n° 110) ;

– soit à la date de clôture de l'exercice de la société mère (CE 31-7-2009 n° 297274 : RJF 12/09 n° 1058).

d. L'application de l'article 39, 13 du CGI est indépendante des modalités d'octroi de l'aide, qui peut donc revêtir la forme d'une **renonciation à recettes** (BOI-BIC-BASE-50-10 n° 60).

e. Les **règles comptables** sont différentes des règles fiscales (voir Mémento comptable n°s 42220 s.).

EXEMPLE **8952**

Société détenant une participation de 90 % dans une filiale dont la situation est la suivante : actif : 500 000 € ; passif : 600 000 € (dont 200 000 € dus à la société mère) ; soit une situation nette négative de 100 000 €.

Si la société mère consent un abandon de la créance qui ne répond pas à des motivations commerciales pour un montant de 200 000 €, la perte qui en résulte pour elle est déductible à concurrence :
– de la suppression de la situation nette négative de la filiale, soit 100 000 € ;
– et dans la proportion de 10 % (pourcentage de participation des autres associés) du surplus de la remise de dette, soit 10 000 €. L'excédent (90 000 €) est assimilé à un supplément de prix de revient de la participation.

8955 Filiale bénéficiaire d'un abandon de créance à caractère non commercial

CGI art. 216 A
BIC-IX-56940 s

Lorsque l'**abandon de créance** à caractère non commercial n'est **pas déductible** du résultat de la société mère, il n'y a pas lieu de le prendre en compte pour la détermination du résultat de la filiale qui en bénéficie, sous réserve des deux conditions suivantes :

– l'abandon est consenti par une société mère (française ou étrangère) au sens de l'article 145 du CGI (voir nos 40900 s.) ;

– la filiale s'engage à augmenter son capital au profit de la (ou des) société(s) qui consent(ent) l'abandon de créance ou la subvention, pour un montant équivalent, avant la clôture du second exercice suivant (par exemple avant le 31 décembre 2024 si la remise intervient au cours de l'exercice clos le 31 décembre 2022). Le montant de la souscription peut être libéré soit en numéraire, soit par conversion de créance. L'augmentation de capital par incorporation de réserves n'est pas admise (BOI-IS-BASE-10-10-30 n° 90).

L'aide obtenue est ainsi réputée constituer un supplément d'apport non imposable.

En revanche, lorsque la société mère a pu déduire l'aide à caractère non commercial consentie à sa filiale, cette dernière doit constater un profit imposable à concurrence de la fraction de l'aide **déductible** du résultat de la société mère (voir n° 8950).

EXEMPLE

Une société mère à 99 % (que nous assimilerons à 100 % pour simplifier) détient une créance de 200 000 € sur sa filiale, dont la situation nette est de – 50 000 €. Si elle consent une remise totale de la créance, cet abandon est déductible de ses résultats à concurrence de 50 000 € et non déductible pour le reste, soit 150 000 €. Pour éviter que cette somme soit imposable chez sa filiale, elle doit lui faire un apport en numéraire d'égal montant.
Mais elle peut aussi faire une remise partielle de la créance à hauteur de 125 000 € (50 000 + 150 000 / 2) et utiliser la fraction restante de la créance (75 000 €) pour procéder à l'augmentation de capital exigée pour l'exonération de la filiale.

AUTRES AIDES

8960 Lorsqu'elles sont accordées à des entreprises non placées sous l'une des procédures visées n° 8950, les aides répondant à des **motivations autres que commerciales** ne sont pas admises en déduction des résultats imposables, alors même qu'elles s'inscrivent dans l'intérêt et la gestion normale de la **société aidante.**

BIC-IX-58300 s

Ces aides sont néanmoins comprises dans le résultat imposable de la **société bénéficiaire.** En cas d'octroi d'un abandon de créance, cette double imposition potentielle peut toutefois être atténuée par la mise en œuvre des dispositions de l'article 216 A du CGI (n° 8955).

8962 Les aides consenties par une entreprise à des **personnes physiques** (dirigeants, associés, tiers) sont déductibles si elles présentent un caractère normal. Une renonciation à recettes consentie par une société de capitaux au bénéfice d'un associé ne relève pas d'une gestion normale par la seule circonstance qu'elle est conforme à l'**objet social** (CE 22-7-2022 n° 444942 : RJF 11/22 n° 934).

BIC-IX-58900 s

> Précisions Le caractère d'acte anormal de gestion est généralement présumé pour les transactions effectuées avec des **dirigeants,** ou **associés** personnes physiques, à des prix différents des valeurs réelles, par exemple :
– achats de marchandises à un prix supérieur au cours du marché (CE 10-10-1984 n° 25144 : RJF 12/84 n° 1407) ;
– cession d'éléments d'actif pour un prix inférieur à leur valeur vénale, ou achat pour un prix supérieur à cette valeur (notamment CE 21-11-1980 n° 17055 : RJF 1/81 n° 10 ; CE 14-4-1986 n° 45884 : RJF 6/86 n° 571).
Il en va en général de même pour les réductions ou dispenses d'intérêts consenties aux intéressés (CE 13-5-1992 n° 71497 : RJF 7/92 n° 948).
L'absence de perception des intérêts dus par un associé dont le **compte courant** est débiteur constitue un acte anormal de gestion. Mais seule doit être réintégrée la différence entre le montant des intérêts non réclamés et le montant des intérêts non versés par l'entreprise lorsque le compte courant était créditeur (CE 6-10-2010 n° 308629 : RJF 1/11 n° 19).
En revanche, les renonciations à recettes et prises en charge de frais consenties par une société à son ancienne gérante afin de **mettre fin à un conflit pouvant ternir sa réputation** ne relèvent pas d'une gestion anormale (CAA Bordeaux 4-6-2013 n° 11BX00915 : RJF 10/13 n° 909).

d. Prix de transfert avec les sociétés étrangères liées

Les transactions réalisées par une société avec des sociétés liées appartenant au même groupe qui sont établies hors de France, qu'il s'agisse de transactions portant sur des marchandises, des prestations de services, des prêts ou des transferts de technologies, doivent intervenir pour des prix fixés dans le respect du **principe de pleine concurrence.** Cette obligation n'est pas énoncée en tant que telle par les dispositions du CGI, mais figure à l'article 9 du modèle de convention fiscale bilatérale établi par l'OCDE. Des recommandations détaillées à l'attention des entreprises et des administrations fiscales figurent dans les publications de l'OCDE concernant les principes applicables en matière de prix de transfert ainsi que dans les travaux publiés par le Forum conjoint de l'Union européenne sur les prix de transfert. Il en découle qu'une société doit facturer ses ventes de biens ou services effectuées au profit d'une entité non résidente avec laquelle elle est liée au sens de l'article 39, 12 du CGI (nº 10425, précision a) en suivant les conditions et modalités appliquées pour les ventes réalisées au profit d'entreprises non liées. Deux approches méthodologiques peuvent être retenues d'après l'OCDE pour la fixation des prix de transfert. La première comporte trois **méthodes fondées sur les transactions** : méthode du prix comparable sur le marché libre, méthode du prix de revente et méthode du prix de revient majoré. Lorsque ces méthodes ne s'avèrent pas pertinentes, l'OCDE préconise de s'appuyer sur une seconde approche qui regroupe deux **méthodes transactionnelles de bénéfices** : la méthode transactionnelle de partage des bénéfices ou la méthode transactionnelle de la marge nette. **8965** BIC-IX-57100 s

L'administration peut contester la déduction des avantages consentis à des sociétés du groupe implantées à l'étranger en invoquant l'article 57 du CGI qui établit, dans certaines situations, une présomption de **transfert indirect de bénéfices** (nºs 78265 s.). Une règle spécifique est prévue pour les actifs incorporels difficiles à évaluer (nº 78277).

> **Précisions** Les entreprises françaises et étrangères qui réalisent des opérations transfrontalières avec des entreprises qui leur sont liées peuvent solliciter de l'administration la conclusion d'un **accord préalable sur la méthode de détermination** de leurs **prix de transfert** futurs pendant une période donnée. Cette procédure est également applicable aux flux internes à une même société entre son siège et ses établissements stables (BOI-SJ-RES-20-10 nº 30). LPF art. L 80 B, 7° BIC-IX-57900 s

DOCUMENTATION DES PRIX DE TRANSFERT

Les entreprises appartenant à des groupes économiques importants ont l'obligation d'élaborer une documentation particulière aux prix de transfert et d'en adresser une version allégée à l'administration au titre de chaque exercice (voir nº 8970). **8967** LPF art. L 13 AA BIC-IX-57490 s

Sont obligatoirement **concernées** par ces obligations documentaires les **personnes morales** établies en France qui satisfont à l'une des conditions suivantes :

1. Avoir un chiffre d'affaires annuel hors taxe ou un actif brut au bilan au moins égal à 150 M€ pour les exercices ouverts à compter du 1er janvier 2024 (Loi 2023-1322 du 29-12-2023 art. 116, II-1° et III) ou à 400 M€ pour les exercices ouverts avant cette date ;

2. Détenir à la clôture de l'exercice, directement ou indirectement, plus de la moitié du capital ou des droits de vote d'une entité juridique remplissant la condition visée au point 1 ;

3. Être détenues de la même manière qu'au point 2 par une telle entité ;

4. Appartenir à un groupe intégré au sens de l'article 223 A ou de l'article 223 A bis du CGI lorsque ce groupe comprend au moins une personne morale satisfaisant à l'une des conditions mentionnées aux trois points précédents.

Sont également visés les **établissements stables** français des personnes morales étrangères si les conditions mentionnées au point 1 sont satisfaites au niveau de l'établissement stable ou au niveau de la personne morale à l'étranger, ou si celles mentionnées au point 2 sont satisfaites au niveau de l'établissement stable, ou si celles mentionnées au point 3 sont satisfaites au niveau de la personne morale à l'étranger (BOI-BIC-BASE-80-10-40 nº 10).

Cette documentation se décompose en deux fichiers :

– un **fichier principal** qui comprend des informations sur le groupe (structure organisationnelle, domaines d'activité, actifs incorporels, activités financières interentreprises et situations financière et fiscale). Ce fichier doit être complété par une description des politiques du groupe en matière de prix de transfert relatives à la recherche et au développement et aux actifs incorporels (LPF art. R 13 AA-1). Une liste de toutes les décisions des autorités fiscales concernant la répartition des bénéfices entre pays (« rulings » et accords préalables unilatéraux) doit également être fournie (BOI-BIC-BASE-80-10-40 nº 290) ;

– un **fichier local** contenant des informations sur l'organisation et les activités de la société vérifiée, les éléments financiers et les transactions intragroupe dont le montant, agrégé par catégorie, excède 100 000 €.

L'ensemble de cette documentation, qui ne se substitue pas aux justificatifs afférents à chaque transaction, doit être tenue à la disposition de l'administration dès l'**engagement** d'une vérification de comptabilité.

> Précisions **a.** Le contenu et les modalités de présentation de la documentation des prix de transfert sont précisés par l'article R 13 AA-1 du LPF. Cette documentation est tenue à la disposition de l'administration sous un format électronique. Elle est en principe rédigée en langue française, étant précisé que l'administration a la possibilité de demander que des documents rédigés dans une langue étrangère fassent l'objet d'une traduction en français (BOI-BIC-BASE-80-10-40 n° 560).

b. Une documentation complémentaire doit être produite lorsque des transactions sont réalisées avec une ou plusieurs entreprises associées établies dans un **État ou territoire non coopératif** défini n° 78310 (LPF art. L 13 AB : BIC-IX-57625).

c. En cas de non-respect de l'obligation documentaire à la suite d'une mise en demeure, l'entreprise est passible d'une **amende.** Pour chaque exercice vérifié, son montant peut atteindre, compte tenu de la gravité des manquements, 0,5 % du montant des transactions non documentées ou 5 % des bénéfices transférés se rapportant à de telles transactions si ce montant est plus élevé. Elle ne peut être inférieure à 50 000 € pour les infractions commises à compter du 1er janvier 2024 (CGI art. 1735 ter modifié par loi 2023-1322 du 29-12-2023 art. 116, I-2°). Les transactions s'entendent des opérations intragroupe (à l'exclusion, sauf abus de droit, du versement de dividendes), y compris celles réalisées entre un siège et ses succursales. La pénalité maximale est notamment appliquée en l'absence de toute documentation ou en cas de lacune grave privant la documentation de pertinence. Il peut en être de même en cas de répétition de l'infraction au cours de plusieurs vérifications de comptabilité successives (BOI-CF-INF-20-10-40 nos 20 et 60).

d. Les entreprises faisant l'objet d'un contrôle de leurs pratiques en matière de prix de transfert peuvent recourir à une **procédure amiable** suivie, en cas d'échec, d'une procédure arbitrale en application de la convention européenne d'arbitrage 90/436/CEE du 23 juillet 1990 relative à l'élimination des doubles impositions en cas de correction des bénéfices d'entreprises associées (BOI-INT-DG-20-30-20 et BOI-INT-DG-20-30-30). L'application de l'amende définie ci-dessus ne fait pas obstacle à l'application de cette procédure (BOI-CF-INF-20-10-40 n° 130).

e. Les entreprises **non concernées par l'obligation documentaire** sont soumises aux dispositions de l'article L 13 B du LPF : voir n° 78270, a.

f. En ce qui concerne les conséquences d'un **écart** entre le montant du prix de transfert déterminé selon la méthode effectivement suivie par l'entreprise et celui qui aurait été atteint en application de la **méthode décrite dans la documentation**, voir n° 78267.

OBLIGATION DÉCLARATIVE ANNUELLE

8970 CGI art. 223 quinquies B BIC-IX-57770 s

Une déclaration spéciale (n° 2257-SD) doit être souscrite par voie électronique dans les six mois de la date limite de dépôt de la déclaration de résultat par les **personnes morales** établies en France qui satisfont à l'une des conditions suivantes :

1. Avoir un chiffre d'affaires annuel hors taxe ou un actif brut au bilan au moins égal à 50 M€ ;

2. Détenir à la clôture de l'exercice, directement ou indirectement, plus de la moitié du capital ou des droits de vote d'une entité juridique satisfaisant à l'une des conditions mentionnées au point 1 ;

3. Être détenue de la même manière qu'au point 2 par une telle entité ;

4. Appartenir à un groupe intégré au sens de l'article 223 A ou de l'article 223 A bis du CGI lorsque ce groupe comprend au moins une personne morale satisfaisant à l'une des conditions mentionnées aux trois points précédents.

Sont également visés les **établissements stables** français des personnes morales étrangères (BOI-BIC-BASE-80-10-30 n° 20). Sur l'appréciation des conditions mentionnées aux points 1, 2 et 3, voir n° 8967.

La déclaration comprend des **informations générales sur le groupe** d'entreprises associées au sens de l'article 39, 12 du CGI (n° 10425, précision a) et sa politique de prix de transfert, incluant notamment les changements intervenus au cours de l'exercice, et la liste des principaux actifs incorporels utilisés par l'entreprise déclarante avec l'indication, chaque fois que nécessaire, du territoire ou de l'État d'implantation de l'entreprise propriétaire. Des **informations spécifiques à l'entreprise déclarante** doivent également être fournies, concernant l'activité déployée, les méthodes de détermination des prix de transfert et le montant agrégé de chaque catégorie de transactions réalisées avec des entités liées du groupe, dès lors qu'il excède 100 000 €, avec l'indication de leur État ou territoire d'implantation. Lorsque ce seuil n'est atteint pour aucun type de transactions, l'entreprise est dispensée d'établir la déclaration (BOI-BIC-BASE-80-10-30 n° 10).

Sanction en cas de non-dépôt de la déclaration ou d'omissions ou inexactitudes : voir n° 80190.

REPORTING PAYS PAR PAYS

Les entreprises détenant des filiales ou succursales étrangères qui réalisent un **chiffre d'affaires consolidé au moins égal à 750 M€** et qui, conformément à une obligation légale (CGI ann. III art. 46 quater-0 YE), établissent des **comptes consolidés** sont tenues à la production d'une **déclaration spéciale** (nº 2258-SD) lorsqu'elles ne sont pas détenues par une entité française ou étrangère elle-même soumise à cette obligation. La déclaration doit également être souscrite par une entreprise détenue par une personne morale implantée dans un État ne participant pas à l'échange automatique d'informations qui serait tenue à la déclaration si elle était implantée en France, lorsque cette entreprise a été désignée par le groupe auquel elle appartient, ou ne peut démontrer qu'une autre entité de ce groupe a fait l'objet d'une telle désignation. **8972** CGI art. 223 quinquies C CF-IX-32500 s

La déclaration comporte la répartition pays par pays des bénéfices du groupe, des agrégats économiques, comptables et fiscaux ainsi que des informations sur la localisation et l'activité des entités membres.

Les **modalités de mise en œuvre** de cette obligation déclarative sont définies par l'article 46 quater-0 YE précité et la liste des **États qui participent à l'échange automatique** avec la France figure dans l'arrêté ECOE1714076A du 6 juillet 2017, modifié en dernier lieu par l'arrêté ECOE2320258A du 11 août 2023.

Souscrite par **voie électronique** dans le délai de 12 mois suivant la clôture de l'exercice, elle est transmise aux États où l'entité déclarante est implantée s'ils sont parties à un accord multilatéral sur l'échange automatique d'informations, et sous réserve de réciprocité. Le défaut de production de la déclaration est sanctionné par une **amende** dont le montant ne peut excéder 100 000 € (CGI art. 1729 F).

e. Dons et subventions

En principe, seuls sont déductibles les dons et subventions accordés dans l'**intérêt direct** de l'entreprise, qui relèvent d'une gestion commerciale normale. **8980** BIC-IX-62600 s

Les dons et subventions consentis dans l'intérêt du **personnel** entrent dans cette catégorie. Les aides versées entre entreprises sont soumises à des conditions particulières de déduction. Les dons effectués au titre du **mécénat** d'entreprise ouvrent droit à une réduction d'impôt (voir nos 10695 s.).

VERSEMENTS AUX ORGANISMES DE CONSTRUCTION OU DE FORMATION

Les versements à fonds perdus faits à certains organismes ou sociétés de construction peuvent, sous certaines conditions, être compris parmi les charges déductibles (CGI art. 39 quinquies). Lorsque l'entreprise versante est astreinte à l'investissement obligatoire dans la construction, il faut notamment que les versements soient valables au regard de cet investissement, sans pour autant que le montant déductible soit limité à celui de l'investissement obligatoire. Une entreprise peut notamment déduire des sommes précédemment versées sous forme de **prêts sans intérêt au titre de la participation-construction** qu'elle décide au cours de l'exercice de transformer en subventions (CE 13-7-2006 nº 271205 : RJF 12/06 nº 1511). **8985** BIC-IX-62720 s

8. CONTRÔLE ET LIMITATION DE LA DÉDUCTION DES FRAIS ET CHARGES

La déduction des frais et charges fait l'objet de mesures spéciales qui tendent à en assurer le contrôle ou la limitation : exclusion de certaines charges « somptuaires » et obligation de produire un relevé détaillé de frais généraux. Ces mesures sont examinées ci-après. **8990**

Ce dispositif est complété par deux autres mesures étudiées par ailleurs :

– la première vise les paiements à des **résidents étrangers** soumis à un régime fiscal privilégié (nº 78295) ou établis dans un État ou territoire non coopératif défini nº 78310, étant précisé que les paiements effectués auprès de ces derniers doivent être inscrits sur un relevé spécial lorsqu'ils ont été déduits (CGI art. 54 quater) ;

– la seconde fait obstacle au cumul des allocations forfaitaires et des remboursements de frais alloués à certains **dirigeants** ou aux **cadres** des entreprises (nº 23730).

a. Exclusion des charges « somptuaires »

Les dépenses énumérées ci-après sont, sauf exceptions, exclues des charges déductibles, qu'elles aient été supportées directement par les entreprises ou sous forme d'allocations forfaitaires ou de remboursement de frais : **9000** CGI art. 39, 4 BIC-IX-40000 s

– dépenses et charges de toute nature (y compris l'amortissement) ayant trait à l'exercice de la **chasse** ainsi qu'à l'exercice non professionnel de la **pêche** ;

– charges (y compris l'amortissement) résultant de l'achat, de la location ou de toute autre opération faite en vue d'obtenir la disposition de **résidences de plaisance ou d'agrément,** ainsi que de l'entretien de ces résidences ;

– dépenses de toute nature (y compris l'amortissement) résultant de l'achat, de la location ou de toute autre opération faite en vue d'obtenir la disposition de **yachts** ou de **bateaux de plaisance** à voile ou à moteur ainsi que de leur entretien ;

– amortissement des **voitures particulières,** pour la fraction de leur prix d'acquisition qui excède un certain plafond, ou loyer correspondant (voir nos 9020 s.).

> Précisions a. L'exclusion ne concerne que la déduction des charges et ne fait pas obstacle à la constatation de **moins-values** lors de la cession des biens concernés (CE 8-7-1985 n° 31755 : RJF 10/85 n° 1258). Pour le calcul des moins-values dans cette hypothèse, voir n° 18030.

b. Les entreprises relevant de l'**impôt sur les sociétés** qui, directement ou indirectement, notamment par filiales interposées, possèdent des biens ou droits générateurs de dépenses somptuaires doivent faire apparaître distinctement celles-ci en comptabilité, quelle que soit la forme sous laquelle elles supportent ces dépenses. Elles doivent soumettre chaque année à l'approbation de l'assemblée générale ordinaire de leurs associés le montant global des dépenses et charges dont il s'agit, ainsi que celui de l'impôt supporté de ce fait (CGI art. 223 quater).

c. Réintégration des dépenses somptuaires au regard de l'**impôt de distribution,** voir n° 24785.

EXCEPTIONS

9010 La loi autorise expressément la déduction :

– des charges d'achat, de location ou d'entretien des **demeures historiques** classées ou inscrites au titre des monuments historiques (lorsqu'elles sont exposées pour les besoins de l'exploitation : usage de bureaux, accueil de clients, séminaires...). Ces charges sont également déductibles lorsqu'elles concernent des résidences servant d'**adresse ou** de **siège de l'entreprise,** ou des résidences faisant partie intégrante d'un **établissement de production et** servant à l'**accueil de la clientèle,** étant précisé que l'administration limite la portée de cette dernière mesure aux établissements industriels, ateliers de fabrication et exploitations agricoles (BOI-BIC-CHG-30-20 nos 40 à 60) ;

– des **dépenses** relatives aux résidences de plaisance ou d'agrément, à la navigation de plaisance et à la pêche (à l'exclusion des autres charges « somptuaires ») lorsqu'elles ont un **caractère social,** c'est-à-dire lorsqu'elles sont exposées dans le cadre de services sociaux et en faveur de l'ensemble du personnel de l'entreprise ;

– et, sur « **justifications** », de l'amortissement des voitures particulières et des dépenses relatives à la navigation de plaisance.

De son côté, l'administration permet la déduction de toutes les charges somptuaires pour lesquelles les entreprises sont en mesure de présenter des justifications. Mais elle considère que les justifications ne sont valablement apportées que s'il est établi que les dépenses sont nécessaires à l'activité de l'entreprise en raison même de son objet. C'est le cas, en pratique, lorsqu'il est démontré que l'entreprise a précisément pour objet – exclusif ou non – la vente, la location ou toute autre forme d'exploitation lucrative des biens ou droits à raison desquels ont été engagées les dépenses somptuaires (BOI-BIC-CHG-30-10 nos 50 et 60).

Pour les **voitures particulières,** voir n° 9020.

> Précisions a. Les charges exposées par une entreprise qui dispose d'un **bateau de plaisance** auquel elle conserve ce caractère ne sont pas déductibles si elle ne justifie pas qu'il serait indispensable à la satisfaction d'un **besoin spécifique** lié à son activité (CE 20-11-2013 n° 338170 : RJF 2/14 n° 127).

Le Conseil d'État a admis la déduction :

– des frais se rapportant à un **yacht** restant à quai, **aménagé en bureaux** (CE 8-11-1978 n° 4233 : RJF 12/78 n° 521) ;

– des frais afférents à des **résidences** de plaisance ou d'agrément **mises à la disposition d'un tiers, d'un dirigeant** ou d'un membre du personnel, par voie de location ou dans des conditions assimilées, lorsqu'un loyer normal a été perçu ou que l'équivalent d'un loyer normal a été rapporté aux résultats (notamment CE 27-5-1988 n° 62764 : RJF 7/88 n° 859).

b. L'administration écarte l'application de l'article 39, 4, du CGI dans le cas particulier des **bateaux** et **voitures de course** utilisés exclusivement à des fins publicitaires, dans le cadre d'opérations de parrainage définies n° 8455 (BOI-BIC-CHG-40-20-40 n° 200).

AMORTISSEMENT DES VOITURES PARTICULIÈRES

9020 BIC-IX-40200 s L'article 39, 4 du CGI interdit, sauf justification, la déduction de l'amortissement des véhicules de tourisme au sens de l'article L 421-2 du CIBS (n° 75110), pour la fraction de leur prix d'acquisition, taxes comprises, supérieure à un certain montant, fonction de la date d'acquisition du véhicule et/ou de la quantité de dioxyde de carbone émise. Sont concernés par cette limitation les seuls véhicules mis pour la première fois en circulation après le 1er juin 2004 (BOI-BIC-AMT-20-40-50 n° 110).

Le plafond de déduction est fixé selon le **barème** suivant qui diffère selon que le véhicule a été ou non immatriculé en recourant à la méthode dite WLTP (voir n° 75145).

Taux (T) d'émission de dioxyde de carbone (g/km)	2018	2019	2020		À compter de 2021	
			Véhicules relevant du WLTP	Autres véhicules	Véhicules relevant du WLTP	Autres véhicules
T > 200	9 900 €	9 900 €	9 900 €	9 900 €	9 900 €	9 900 €
165 < T ⩽ 200	9 900 €	9 900 €	9 900 €	9 900 €	9 900 €	9 900 €
160 < T ⩽ 165	9 900 €	9 900 €	18 300 €	9 900 €	9 900 €	9 900 €
155 < T ⩽ 160	9 900 €	9 900 €	18 300 €	9 900 €	18 300 €	9 900 €
150 < T ⩽ 155	9 900 €	9 900 €	18 300 €	9 900 €	18 300 €	9 900 €
140 < T ⩽ 150	18 300 €	9 900 €	18 300 €	9 900 €	18 300 €	9 900 €
135 < T ⩽ 140	18 300 €	18 300 €	18 300 €	9 900 €	18 300 €	9 900 €
130 < T ⩽ 135	18 300 €	18 300 €	18 300 €	18 300 €	18 300 €	9 900 €
60 ⩽ T ⩽ 130	18 300 €	18 300 €	18 300 €	18 300 €	18 300 €	18 300 €
50 ⩽ T < 60	20 300 €	20 300 €	18 300 €	20 300 €	18 300 €	20 300 €
20 ⩽ T < 50	20 300 €	20 300 €	20 300 €	20 300 €	20 300 €	20 300 €
T < 20	30 000 €	30 000 €	30 000 €	30 000 €	30 000 €	30 000 €

La **limitation** n'est **pas applicable,** selon l'administration, si les voitures sont nécessaires à l'entreprise en raison de l'objet même de son activité soit, pour l'essentiel, les exploitants de taxis, les ambulanciers, les auto-écoles et toutes les entreprises de location de véhicules, y compris les sociétés de crédit-bail (mais la déduction des loyers par les entreprises utilisatrices est alors plafonnée : n° 9035) (BOI-BIC-AMT-20-40-50 n° 50), ainsi que les entreprises proposant des stages de conduite sportive (Rép. Julia : AN 17-5-2011 n° 84180, non reprise dans Bofip).

> Précisions **a.** Le **taux d'émission de dioxyde de carbone** par kilomètre est le taux conventionnel indiqué sur le certificat d'immatriculation ou, à défaut, sur la documentation technique fournie lors de l'achat (BOI-BIC-AMT-20-40-50 n° 100).

b. Les **charges autres** que l'amortissement (entretien, essence, réparations, etc.) restent déductibles sans limitation.

c. Les voitures utilisées par les **représentants** ou les **infirmières** pour leurs déplacements professionnels sont soumises à la limitation (Rép. Labbé : AN 29-9-1986 n° 4534 et Rép. Péricard : AN 1-12-1986 n° 9937, non reprises dans Bofip).

Montant de la fraction non déductible La fraction non déductible de l'amortisse- 9025
ment est déterminée en appliquant au montant de l'annuité d'amortissement pratiquée le rapport existant entre la fraction du prix d'acquisition qui dépasse le plafond et ce prix d'acquisition. Elle est rapportée aux bénéfices imposables par voie extra-comptable.

Selon l'administration, si l'**amortissement comptable** est **inférieur à l'amortissement fiscal,** la différence doit être comptabilisée en amortissement dérogatoire alors même qu'une fraction de la dotation fiscale n'est pas déductible en application de l'article 39, 4 du CGI (BOI-BIC-AMT-10-40-10 n° 50).

L'amortissement exclu des charges déductibles doit néanmoins être retenu (même s'il n'a pas été comptabilisé) pour le calcul des **plus-values** ou moins-values résultant de la vente ultérieure de la voiture. La plus-value correspondante est réputée à court terme.

> Précisions **a.** Selon l'administration, le prix d'acquisition à prendre en compte doit être augmenté du coût (taxes comprises) des **équipements et accessoires,** que ceux-ci soient fournis avec le véhicule ou qu'ils fassent l'objet d'une livraison distincte. En revanche, les accessoires qui fonctionnent de manière autonome ne sont pas à inclure dans le prix soumis à limitation (BOI-BIC-AMT-20-40-50 n° 130). Il en va de même du coût des accumulateurs nécessaires au fonctionnement des **véhicules électriques** ou des équipements spécifiques permettant l'utilisation du GPL ou du GNV et des accumulateurs ou des équipements spécifiques permettant l'utilisation de ces mêmes carburants nécessaires au fonctionnement des **véhicules hybrides** s'ils ont fait l'objet d'une facturation séparée ou d'une mention distincte qui permet de les identifier lors de l'acquisition de véhicules (BOI-BIC-AMT-20-30-10 nos 660 à 675).

b. En cas d'**utilisation** pour partie **privative** d'une voiture, l'exploitant doit rapporter au bénéfice imposable la fraction de l'amortissement correspondant (n° 7345, précision c).

9030 EXEMPLE

Voiture particulière achetée 25 000 € TTC le premier jour de l'exercice 2024 coïncidant avec l'année civile. Amortissement fiscal sur cinq ans. Amortissement comptable sur la durée réelle d'utilisation du véhicule : 7 ans. Taux d'émission de dioxyde de carbone : 135 g/km. Annuité comptable d'amortissement (calculée sur une base TTC dès lors que la TVA n'est pas récupérable) : 25 000 / 7 = 3 571 €. Annuité d'amortissement calculée sur la durée fiscale : 25 000 × 20 % = 5 000 €.

Différence à comptabiliser en amortissement dérogatoire : 5 000 – 3 571 = 1 429 €.

Somme à réintégrer chaque année en application de l'article 39, 4 du CGI : 5 000 × [(25 000 – 18 300) / 25 000] = 1 340 €.

Si le véhicule est vendu au début de l'année 2027 pour 14 000 €, la plus-value imposable est de 14 000 – [25 000 – (5 000 × 3)] = 4 000 €. N'excédant pas le total des amortissements admis en déduction (3 660 × 3 = 10 980) et des amortissements exclus des charges déductibles (1 340 × 3 = 4 020), cette plus-value est en totalité à court terme.

LOYERS DES VOITURES PARTICULIÈRES

9035 BIC-IX-40830 s Les entreprises qui prennent en location des voitures, neuves ou d'occasion, ne peuvent déduire les loyers correspondants que dans la limite d'un plafond analogue à celui applicable à l'amortissement des véhicules dont les entreprises sont propriétaires.

Ce plafonnement concerne le loyer des véhicules (définis n° 9020) pris soit en **crédit-bail,** soit en location d'une durée supérieure à trois mois (ou d'une durée inférieure à trois mois renouvelable). Les véhicules pris en **location de courte durée** (n'excédant pas trois mois, non renouvelable) n'y sont pas assujettis (BOI-BIC-AMT-20-40-50 n° 10).

Le plafonnement fait obstacle à la déduction de la part du loyer correspondant à l'amortissement pratiqué par le bailleur pour la fraction du prix d'acquisition du véhicule excédant les limites mentionnées n° 9020. Cette part, rapportée aux bénéfices imposables par voie extra-comptable, est calculée comme suit :

– l'amortissement du bailleur sur la fraction excédentaire est égal à l'amortissement pratiqué multiplié par le rapport : (prix d'acquisition TTC – plafond) sur prix d'acquisition TTC ;

– la part du loyer correspondant à cet amortissement s'obtient en ajoutant à celui-ci la TVA au taux prévu pour les voitures ;

– le chiffre obtenu est ajusté le cas échéant au prorata du temps pendant lequel le locataire a disposé du véhicule (chaque mois étant compté pour 30 jours).

> **Précisions** **a.** Les entreprises locataires peuvent échapper à la limitation, sur **justifications,** dans les mêmes conditions que les entreprises propriétaires en matière d'amortissement (voir n° 9020).

b. Les **entreprises bailleresses** sont tenues d'informer les utilisateurs de la part de loyer non déductible. Cette indication doit figurer dans les contrats de location.

9040 EXEMPLE

Soit une voiture particulière, dont le taux d'émission de dioxyde de carbone est de 206 g/km, acquise le 1er janvier 2024 par une entreprise de location pour le prix de 35 000 € (29 167 € HT). Elle est amortissable en 4 ans. La TVA étant déductible (n° 55925), l'amortissement est opéré sur le prix hors taxe (n° 7610). La voiture est donnée en location de longue durée.

Fraction annuelle d'amortissement correspondant à la partie « excédentaire » du prix d'acquisition : (29 167 / 4) × (35 000 – 9 900) / 35 000 = 5 229 €.

Part annuelle de loyer non déductible pour l'utilisateur : 5 229 + (5 229 × 20 %) = 6 275 €.

Si la période d'utilisation n'est pas égale à douze mois, l'ajustement se fait au prorata. En supposant que le locataire ait pris le véhicule en location le 16 septembre, la part de loyer à réintégrer dans les résultats imposables de l'exercice arrêté le 31 décembre de la même année est égale à : 6 275 × 105 / 360 = 1 830 €.

b. Relevé détaillé de frais généraux

9050 CGI art. 54 quater et 223, 3 RIE-III-6310 s et 30100 s Les **sociétés** doivent joindre à leur déclaration annuelle de résultats un relevé détaillé n° 2067-SD de cinq catégories de frais généraux lorsque ces derniers excèdent les limites définies dans le tableau ci-après.

Les **entreprises individuelles** sont dispensées de la production du relevé et doivent seulement mentionner les cadeaux et les frais de réception dans un cadre spécial de l'annexe 2031 bis-SD à la déclaration de résultats.

Catégories de frais devant figurer sur le relevé (CGI ann. IV art. 4 J)	Seuils d'inscription sur le relevé [1]
a. Rémunérations directes et indirectes, y compris les remboursements de frais, des dirigeants et salariés les mieux rémunérés (ceux-ci s'entendent, suivant que l'effectif du personnel excède ou non 200 salariés, des dix ou des cinq personnes dont les rémunérations directes et indirectes ont été les plus importantes au cours de l'exercice)	300 000 € ou 150 000 € pour l'ensemble de ces personnes ou 50 000 € individuellement
b. Frais de voyage et de déplacement exposés par ces personnes	15 000 €
c. Dépenses et charges afférentes aux véhicules et autres biens dont ces personnes peuvent disposer en dehors des locaux professionnels, et dépenses et charges de toute nature afférentes aux immeubles qui ne sont pas affectés à l'exploitation	30 000 € au total
d. Cadeaux de toute nature, à l'exception des objets de faible valeur conçus spécialement pour la publicité et dont la valeur unitaire n'excède pas, par bénéficiaire, un montant fixé à 73 € TTC (Arrêté ECOE2108012A du 9-6-2021)	3 000 €
e. Frais de réception, y compris les frais de restauration et de spectacle	6 100 €

1. Quelle que soit la durée de l'exercice comptable.

ATTENTION

Selon le Conseil d'État, l'obligation de fournir le relevé s'applique aux seules catégories de frais pour lesquels les limites indiquées dans le tableau ci-dessus sont dépassées (CE 12-1-1983 n° 24530 : RJF 3/83 n° 372), alors que l'administration estime qu'un seul dépassement rend obligatoire la production des renseignements relatifs à toutes les catégories de frais (BOI-BIC-CHG-40-60-20 n° 60).

SANCTIONS

a. Le défaut de production, ou le caractère inexact ou incomplet du relevé, est sanctionné par une **amende** égale à 5 % du montant des sommes non déclarées, amende réduite à 1 % si les sommes omises sont déductibles (CGI art. 1763). L'amende s'applique au seul exercice au titre duquel l'infraction est mise en évidence (sur l'appréciation de cette règle, voir n° 40530, précision a). **9055** CGI art. 39, 5 et 1763, I
L'amende n'est pas applicable, en cas de première infraction commise l'année civile en cours et les trois années précédentes, lorsque les intéressés ont réparé leur omission soit spontanément, soit à la première demande de l'administration avant la fin de l'année suivant celle au cours de laquelle le document devait être présenté.

b. Les **dépenses** visées ci-dessus peuvent être réintégrées dans les bénéfices imposables dans la mesure où elles sont **excessives** et où la preuve n'a pas été apportée qu'elles ont été engagées dans l'intérêt direct de l'entreprise.

c. Lorsqu'elles augmentent dans une proportion **supérieure** à celle des **bénéfices** imposables ou que leur montant excède celui de ces bénéfices, l'administration peut demander à l'entreprise de justifier qu'elles sont nécessitées par sa gestion. À cet effet :

– les bénéfices imposables s'entendent abstraction faite des plus-values ou moins-values de cession d'éléments d'actif immobilisé ainsi que des déficits reportables ;

– pour apprécier si les dépenses ont augmenté dans une proportion supérieure aux bénéfices, la comparaison est faite par référence à l'exercice précédant immédiatement celui au cours duquel les dépenses litigieuses ont été exposées (les chiffres étant ajustés « prorata temporis », lorsque les deux exercices ont une durée différente).

> **Précisions** Se fondant sur les dispositions de l'article 223 quinquies du CGI, l'administration estime que, dans la situation visée au point b, les chiffres globaux correspondant à chacune des catégories de dépenses visées dans le relevé afférent à l'exercice en cause doivent être communiqués à la plus proche **assemblée générale des actionnaires** sous la responsabilité des commissaires aux comptes (BOI-BIC-CHG-40-60-20 n° 150).

E. Amortissements

DÉFINITIONS

L'**amortissement** consiste à répartir le coût d'un élément d'actif sur sa durée d'utilisation prévue par l'entreprise, lorsque celle-ci est limitée dans le temps en raison d'un critère physique (usure), technique (obsolescence), juridique (période de protection légale ou contractuelle) ou économique (cycle de vie des produits générés). **9090** CGI art. 39, 1-2° et 39 A s BIC-X-1 s

L'amortissement, dont la constatation est obligatoire, est en général de type « **linéaire** » (annuités constantes) ou « **dégressif** » (déduction fiscale d'annuités décroissantes). Mais des **régimes dérogatoires** d'amortissement s'appliquent dans certains cas (amortissements exceptionnels ou accélérés, biens pris en location, crédit-bail, entreprises concessionnaires...).

1. RÈGLES GÉNÉRALES

ÉLÉMENTS AMORTISSABLES

9165 BIC-X-200 s Il s'agit des **immobilisations** corporelles, parfois incorporelles, inscrites à l'actif de l'entreprise et dont l'usage qu'elle en attend est limité dans le temps. L'entreprise ne peut pas déduire un amortissement pour les biens qui ne font pas partie de son actif (ex. : biens pris en location) ou qui ne constituent pas pour elle des immobilisations (ex. : stock immobilier d'un marchand de biens). Les entreprises individuelles (ou les sociétés soumises à l'impôt sur le revenu) ne peuvent pas davantage déduire l'amortissement des éléments d'actif non utilisés pour l'exercice de l'activité, sauf option pour la tolérance prévue à l'article 155, II du CGI (n° 7345).

9170 La plupart des **éléments corporels** ont un usage attendu limité dans le temps et sont donc amortissables (constructions, matériel, outillage, etc.), à l'exception des terrains et des œuvres d'art.

Les **éléments incorporels** de l'actif immobilisé peuvent également donner lieu à amortissement s'il est normalement prévisible, dès leur création ou leur acquisition, que l'avantage qu'en tire l'entreprise prendra fin à une date déterminée (notamment CE 3-2-1989 n° 58260 : RJF 3/89 n° 263 ; BOI-BIC-AMT-10-20 n° 340). Tel est le cas des brevets, modèles, procédés industriels et dessins. Sous réserve du respect de ces mêmes conditions, une marque peut également être amortie (CE 28-12-2007 n° 284899 et 285506 : RJF 3/08 n° 269 ; CE 28-12-2012 n° 345841 : RJF 3/13 n° 267). Il en est de même des dépenses d'acquisition de l'autorisation de mise sur le marché d'un médicament, alors même qu'elle est susceptible d'être renouvelée (CE 14-10-2005 n° 260511 : RJF 1/06 n° 4).

9171 Un **droit au bail** ne peut être amorti (CE 15-10-1982 n° 26585 : RJF 12/82 n° 1090 ; BOI-BIC-AMT-10-20 n° 370). Le droit d'entrée versé au bailleur peut, lorsqu'il constitue une immobilisation, être amorti s'il a pour contrepartie un avantage indépendant du caractère renouvelable du contrat et dont les effets bénéfiques sur l'exploitation cesseront à une date prévisible. Tel est le cas lorsqu'il est versé en contrepartie de la durée exceptionnelle de douze ans d'un bail et de la renonciation du bailleur pendant six ans à sa faculté de résiliation (CE 15-4-2016 n° 375796 et 383067 : RJF 7/16 n° 597).

9172 Le Conseil d'État a écarté la faculté d'amortissement systématique du **fonds de commerce.** Seuls pourraient être amortissables les éléments incorporels du fonds dont il est prévisible, lors de leur création ou acquisition, que leurs effets bénéfiques sur l'exploitation prendront fin à une date déterminée et qui, en raison de l'ensemble de leurs caractéristiques, sont dissociables de la clientèle qui y est attachée (CE 1-10-1999 n° 177809 : RJF 11/99 n° 1324). La limitation dans le temps des effets bénéfiques sur l'exploitation de ces éléments, tels que des fichiers de clientèle, ne résulte pas de la seule évolution à la baisse du marché (CE 29-11-2000 n° 185347 : RJF 2/01 n° 147). En outre, la seule circonstance que ces éléments aient été individualisés en comptabilité ne suffit pas à démontrer leur caractère dissociable (CE 17-5-2000 n° 188975 : RJF 7-8/00 n° 883).

9175 **Au plan comptable,** le **fonds commercial,** constitué par les seuls éléments incorporels du fonds de commerce ne pouvant figurer à d'autres postes du bilan (tels que principalement la clientèle, l'enseigne, le nom commercial et les parts de marché), est présumé avoir une durée d'utilisation non limitée et ne fait donc pas l'objet d'un amortissement. Mais s'il existe une limite prévisible à son exploitation, il est amorti sur sa durée d'utilisation ou sur dix ans si cette durée ne peut être déterminée de manière fiable. En outre, les petites entreprises définies à l'article L 123-16 du Code de commerce peuvent opter pour l'amortissement de leur fonds commercial sur dix ans sans avoir à justifier d'une durée limitée d'exploitation (PCG art. 214-3) (voir Mémento comptable n°s 31985 s.). Toutefois, l'article 39, 1-2° du CGI pose le **principe de non-déductibilité fiscale** des amortissements des fonds commerciaux. Par **dérogation,** les amortissements comptabilisés au titre des **fonds commerciaux acquis du 1er janvier 2022 au 31 décembre 2025** peuvent être déduits fiscalement quelles que soient les **modalités de leur acquisition** : cession à titre onéreux, apport, fusion ou opération assimilée (BOI-BIC-AMT-10-20 n° 360). L'administration accepte l'application de ce régime temporaire à la **fraction résiduelle du fonds artisanal** correspondant aux éléments incorporels de ce fonds qui ne peuvent pas faire l'objet d'une évaluation et d'une comptabilisation séparées au bilan et qui concourent au maintien et au développement du potentiel d'activité de l'entité (BOI-BIC-AMT-10-20 n° 365).

Une **mesure anti-abus** interdit toutefois l'application de ce dispositif lorsque le fonds commercial (ou le fonds artisanal : BOI-BIC-AMT-10-20 n° 360) est acquis auprès d'une entreprise liée au sens de l'article 39, 12 du CGI ou d'une entreprise, y compris individuelle, contrôlée par la même personne physique que l'entreprise acquéreuse, ou lorsqu'il est transmis dans le cadre d'un apport en société d'une exploitation individuelle (ou d'une branche d'activité) si l'apporteur contrôle la société bénéficiaire ou est amené à la contrôler à la suite de l'apport.

Pour le traitement des provisions constituées à raison d'un fonds commercial ou artisanal dont l'amortissement est déduit du résultat imposable : voir n° 9802.

9180

> **Précisions** **a.** La valeur du **terrain d'assiette** doit être exclue du prix de revient amortissable des constructions (CE 18-1-1989 n° 56752 : RJF 3/89 n° 262 et BOI-BIC-AMT-10-20 n° 230). Mais les frais d'aménagement d'un terrain sont amortissables lorsqu'ils sont indissociables de travaux de construction ou concourent à la création d'immobilisations amortissables (CE 30-4-1975 n° 93770 : RJF 6/75 n° 275). L'élément constitutif du gisement dans un terrain de **carrière** n'est pas amortissable (voir n° 7520 d).
> **b.** Le **nu-propriétaire** d'un bien amortissable peut l'amortir d'après la valeur de la nue-propriété (CE 5-10-1977 n° 4718 : RJF 11/77 n° 586 ; BOI-BIC-AMT-10-20 n° 260), sous réserve d'une option pour la tolérance prévue à l'article 155, II du CGI (n° 7345). Un **usufruitier** peut de son côté amortir le droit incorporel dont il est titulaire, par exemple sur des valeurs mobilières (TA Poitiers 21-11-1996 n° 95-1701 : RJF 1/97 n° 7) ou sur un bien immobilier (TA Paris 6-7-2009 n° 04-19716 : RJF 1/10 n° 5), y compris s'il s'agit d'un usufruit viager (CE 24-4-2019 n°s 419912 et 419913 : RJF 7/19 n° 622), mais il ne peut pas amortir le bien lui-même (Rép. Frassa : Sén.14-12-2017 n° 1405).
> **c.** Les **droits à construire** qui confèrent à leurs titulaires des droits immobiliers dont la valeur est pérenne et ne se déprécie pas avec le temps ne sont pas amortissables (CE 23-12-2010 n° 308206 : RJF 4/11 n° 407).
> **d.** Les **logiciels** acquis par les entreprises sont amortissables sur leur durée réelle d'utilisation (CE 22-2-1984 n° 39535 : RJF 4/84 n° 408). Les logiciels d'une valeur unitaire inférieure à 500 € peuvent toutefois être passés directement en frais généraux (n° 7540). Pour les logiciels créés par l'entreprise, voir n° 8420.
> **e.** Les droits portant sur une **spécialité pharmaceutique** qui n'est plus commercialisée à la date de son acquisition peuvent être amortis s'il est prévisible, à cette date, que leurs effets bénéfiques sur l'exploitation en cas de reprise de la commercialisation cesseront à une date déterminée (CE 7-11-2013 n° 348777 : RJF 2/14 n° 119).
> **f.** L'amortissement des immobilisations inscrites au bilan fiscal des **sociétés en participation** et des sociétés **de fait** se pratique au niveau de la société (n°s 37800 s. et 37845). Lorsque l'entreprise est membre d'une **société immobilière « transparente »**, l'amortissement des immeubles sociaux est pratiqué par l'entreprise membre dans ses propres écritures. De même, l'amortissement est pratiqué au niveau des copropriétaires dans les **copropriétés** de navires (n° 37870) et les copropriétés de chevaux de course ou d'étalons (n° 16490).

DÉCOMPOSITION DES ÉLÉMENTS D'ACTIF

En application de la **méthode d'amortissement « par composants »**, lorsque dès l'origine, un ou plusieurs éléments significatifs d'un actif ont chacun des utilisations différentes, ou procurent des avantages économiques à l'entreprise selon un rythme différent, chaque élément est comptabilisé séparément et un plan d'amortissement propre à chacun d'eux est retenu (PCG art. 214-9). La réglementation fiscale définit également les composants comme les principaux éléments d'une immobilisation corporelle qui ont une durée d'utilisation différente de celle-ci et qui doivent être remplacés (une ou plusieurs fois) au cours de la durée réelle d'utilisation de l'immobilisation (CGI ann. II art. 15 bis). On distingue la « structure » du bien, constituée de l'élément restant de l'immobilisation après décomposition, et ses « composants ». Susceptibles de s'appliquer à toute immobilisation, ces règles concernent principalement les immeubles, les gros équipements industriels et les moyens de transport. Pour des exemples de composants de biens immobiliers, voir n° 9216. 9185 BIC-X-2100 s

La **décision** de décomposer un bien et le nombre de composants identifiés dépendent des caractéristiques techniques du bien et de l'utilisation prévue par l'entreprise.

Dans le respect de ces principes, la décomposition d'un même type de bien peut varier d'une entreprise à l'autre. En revanche, une entreprise doit décomposer de manière identique les biens de même nature qu'elle utilise dans des conditions semblables. Sauf erreur manifeste, l'administration a indiqué qu'elle ne remettrait pas en cause les décisions de décomposition prises pour l'établissement des comptes (BOI-BIC-CHG-20-10-10 n° 160).

Elle admet que les entreprises peuvent se dispenser d'identifier en tant que composants les éléments dont la valeur unitaire est inférieure à 500 € et ceux dont la valeur est inférieure à 15 % du prix de revient de l'immobilisation dans son ensemble pour les biens meubles ou à 1 % pour les immeubles. Le rattachement à la structure peut également être privilégié pour les éléments principaux d'une immobilisation dont la durée d'utilisation est inférieure à douze mois ou égale à 80 % ou plus de la durée réelle d'utilisation de l'immobilisation considérée dans son ensemble (BOI précité n°s 90 et 120).

Le **prix de revient** d'un bien décomposé doit être réparti entre les différents éléments constitutifs identifiés par référence, selon les cas, aux factures, au coût de production, ou par comparaison avec des biens de nature analogue d'utilisation et d'ancienneté comparables.

> Précisions L'entreprise peut inscrire au bilan, avant qu'il ne soit renouvelé, un **composant non identifié** comme tel **lors de son acquisition** :
– si cette opération peut être regardée comme procédant de la correction d'une erreur. La régularisation autorise un rattrapage des amortissements qui auraient dû être pratiqués depuis l'acquisition du bien, et l'administration accepte en principe de tirer les conséquences fiscales de cette nouvelle décomposition (BOI-BIC-AMT-10-40-10 nos 100 s.) ;
– si l'entreprise constate qu'un élément qui ne répondait pas à la définition des composants satisfait par la suite aux critères prévus, en raison par exemple de la modification de sa durée d'utilisation. Il doit alors être identifié comme composant à la date de cette constatation (BOI-BIC-CHG-20-10-10 nos 150 s.) et la valeur nette comptable de ce composant est amortie sur sa durée résiduelle d'utilisation (voir Mémento comptable n° 25770).

BASE DE L'AMORTISSEMENT

9195 BIC-X-4100 s **Fiscalement,** les amortissements sont calculés sur la base du prix d'achat ou du prix de revient de l'élément d'actif défini nos 7550 s. (CGI ann. II art. 15). **Dans les comptes,** la base d'amortissement est diminuée de la valeur résiduelle du bien, définie comme le montant (net des coûts de sortie attendus) qu'une entreprise obtiendrait de la cession de l'actif sur le marché à la fin de son utilisation, si elle est significative et mesurable (PCG art. 214-4). Une provision pour amortissement dérogatoire peut alors être constatée afin que l'amortissement fiscal soit pratiqué d'après le coût de revient total.

> Précisions a. Pour les **véhicules de tourisme,** la base de l'amortissement déductible est plafonnée (n° 9020).
b. Lorsqu'un **élément** a été **réévalué,** les amortissements sont calculés sur la base de sa nouvelle valeur comptable (BOI-BIC-AMT-10-30-40 n° 210 ; CE 8-2-1999 n° 161306 : RJF 4/99 n° 428). Régime optionnel de réévaluation prévu à l'article 238 bis JB du CGI : voir n° 19420.
c. Amortissement des biens faisant l'objet d'une **location meublée non professionnelle** : voir n° 90565.

DURÉE ET TAUX D'AMORTISSEMENT

9205 BIC-X-5200 s En application de la **réglementation comptable,** la durée d'amortissement d'un actif est fixée d'après sa durée réelle d'utilisation attendue par l'entreprise. Elle est déterminée lors de son acquisition compte tenu des caractéristiques techniques du bien et de l'utilisation que l'entreprise entend en faire. Cette règle s'applique aux biens non décomposés ainsi qu'à tous les éléments constitutifs d'un même bien inscrits séparément à l'actif.

Au **plan fiscal,** les composants sont en principe amortis sur leur durée réelle d'utilisation. Pour les biens non décomposés et pour la structure des biens décomposés (à l'exception de la structure des immeubles de placement), l'administration a précisé que les entreprises peuvent se prévaloir des durées d'usage définies n° 9210 (BOI-BIC-AMT-10-40-10 nos 20 et 130). La différence avec l'amortissement comptable est déduite par la constatation d'une provision pour amortissement dérogatoire.

À titre de simplification, certaines **PME** peuvent, sur le plan comptable, amortir leurs immobilisations sur les durées d'usage admises avant 2005 (Mémento comptable n° 27150). Il s'agit des PME qui ne dépassent pas à la clôture de l'exercice deux des trois seuils prévus pour les petites entreprises à l'article D 123-200 du Code de commerce (n° 10950, précision a).

> Précisions Sont considérés comme des **immeubles de placement** les biens immobiliers qui ne sont pas affectés à l'exploitation de l'entreprise, à l'exclusion de ceux donnés en location pour plus de 50 % de leur superficie à des entreprises liées par des liens de dépendance au sens de l'article 39, 12 du CGI (n° 10425, précision a) lorsque celles-ci les affectent à leur propre exploitation. À cet égard, l'administration admet que des liens de dépendance sont également réputés exister entre deux entreprises placées sous le contrôle d'une même personne physique (BOI-BIC-PROV-40-10-20-10 n° 180).

9210 CGI art. 39, 1-2° BIC-X-6300 s **Référence aux usages** L'amortissement fiscalement déductible continue d'être calculé par référence aux usages admis avant 2005 dans les cas visés n° 9205. Mais rien ne s'oppose selon nous à ce que les entreprises s'en tiennent à la déduction de l'amortissement pratiqué en comptabilité.

Les usages s'entendent des pratiques qui, du fait notamment de leur ancienneté, de leur fréquence ou de leur généralité, sont regardées comme normales dans chaque nature d'industrie, de commerce ou d'exploitation à la date d'acquisition du bien (CE 11-3-1988 nos 46415, 50774, 80363 et 80365 : RJF 4/88 nos 385 et 386). Par exemple, s'il ressort de ces usages que la durée normale d'utilisation d'un bien considéré dans son ensemble est de 20 ans, le taux d'amortissement est égal à : 100 / 20 = 5 %. Certains usages ont été fixés par référence au plan comptable professionnel de l'industrie en cause.

À titre indicatif, les **taux** d'amortissement qui ont été les plus **couramment admis** en pratique sont les suivants : bâtiments commerciaux : 2 à 5 % ; bâtiments industriels : 5 % ; immeubles à usage de bureaux : 4 % ; maisons d'habitation : 1 à 2,5 % ; matériel : 10 à 15 % ; outillage : 10 à 20 % ; automobiles et matériel roulant : 20 à 25 % ; mobilier : 10 % ; matériel de bureau : 10 à 20 % ; micro-ordinateurs : 33,33 % ; agencements et installations : 5 à 10 % ; brevets, certificats d'obtention végétale : 20 %.

Dès lors qu'une entreprise s'est référée aux usages, l'administration ne peut pas remettre en cause le taux d'amortissement pratiqué en se fondant exclusivement sur la durée d'utilisation réelle des biens (notamment CE 9-12-1992 nos 85864 et 85794 : RJF 2/93 n° 186). Mais l'entreprise ou l'administration peut **déroger aux usages** si les caractéristiques ou conditions particulières d'utilisation du bien le justifient (exemples : utilisation intensive en double ou triple équipe, bien exposé aux intempéries, matériel risquant de se démoder rapidement ou ne devant être utilisé que pour l'exécution de commandes limitées et non renouvelables) (BOI-BIC-AMT-10-40-30 nos 30 et 80). Lorsque l'existence de circonstances particulières est établie, l'administration admet de ne pas remettre en cause les durées d'amortissement retenues par l'entreprise lorsqu'elles ne s'écartent pas de plus de 20 % des usages (BOI-BIC-AMT-10-40-10 n° 240).

En l'**absence d'usage,** la durée d'amortissement est fixée d'après la durée réelle d'utilisation du bien et l'entreprise doit donc tirer les conséquences fiscales d'un allongement du plan d'amortissement comptable décidé au cours de la vie du bien en raison d'une modification de l'appréciation de sa durée réelle d'utilisation (CE 24-4-2019 n° 411242 : RJF 7/19 n° 673).

> Précisions a. L'amortissement des **biens acquis d'occasion** est déterminé en fonction de la durée probable d'utilisation appréciée à la date du rachat (Rép. Braconnier : Sén. 16-7-1980 n° 32269, non reprise dans Bofip).

b. Pour les **brevets** acquis en cours de validité, l'entreprise a le choix entre l'amortissement sur cinq ans admis par l'administration et l'amortissement sur la période de validité restant à courir (BOI-BIC-AMT-10-20 n° 380).

c. Les droits détenus sur les dossiers scientifiques et techniques nécessaires à l'obtention, au renouvellement ou au transfert de l'autorisation de mise sur le marché (AMM) d'une **spécialité pharmaceutique** sont amortissables sur dix ans à compter de la date de délivrance de l'AMM (BOI-BIC-AMT-10-20 nos 410 et 420).

Durée d'amortissement des composants En comptabilité comme en fiscalité, les éléments constitutifs d'un bien décomposé sont amortis sur leur durée réelle d'utilisation prévue par l'entreprise. Toutefois, lorsque cette durée est plus longue que la durée d'usage admise pour l'amortissement de la structure, l'administration accepte que le premier composant identifié à l'origine ou à la suite d'un accident soit amorti fiscalement sur cette durée d'usage qui constitue ainsi une durée « butoir » (BOI-BIC-AMT-10-40-10 n° 80). La durée d'amortissement des composants acquis en remplacement des éléments d'origine est limitée à la durée réelle d'utilisation restant à courir de la structure, qui peut se trouver prolongée par l'effet de l'opération de remplacement. L'amortissement des composants renouvelés est toutefois calculé sur leur durée réelle d'utilisation intrinsèque dans le cas où ils sont interchangeables et peuvent donc être affectés à un autre bien en cours d'utilisation. **9215** BIC-X-5900 s

En ce qui concerne les règles applicables aux pièces de **rechange** et aux pièces de **sécurité,** voir n° 7520, b.

L'identification des composants dépend notamment des caractéristiques physiques des constructions, de leur affectation et de leur ancienneté. À titre indicatif est exposée ci-après une nomenclature des **composants immobiliers** les plus courants en mentionnant les durées d'amortissement qui peuvent leur être associées : agencements (5 à 18 ans) ; aménagements intérieurs (15 ans) ; câblages techniques (15 ans) ; chauffage (20 à 30 ans) ; climatisation, désenfumage (20 ans) ; électricité (15 à 25 ans) ; étanchéité (15 ans), toiture (25 ans) ; façades (20 à 40 ans) ; finitions, second œuvre, abords (10 à 18 ans) ; groupe électrogène (25 à 30 ans) ; installations générales, ascenseurs (15 à 25 ans) ; installations techniques (10 à 25 ans) ; menuiseries extérieures (25 ans) ; plomberies, canalisations (25 ans) ; protection incendie (20 ans) ; revêtements de sols (7 à 12 ans). Le gros œuvre ou la structure (composant principal de l'immeuble) peut être amorti dans les comptes sur une durée de 40, 50, 60 ou 70 ans. **9216**

Modification du plan d'amortissement initial a. La révision de la durée et du taux d'amortissement initialement fixés est possible si des **circonstances nouvelles** particulières, qui doivent être justifiées, viennent par la suite allonger ou raccourcir la durée d'utilisation prévue **9220** BIC-X-15000 s

(BOI-BIC-AMT-10-40-10 n° 300). En comptabilité, le plan d'amortissement peut ainsi être révisé en cas de modification significative des conditions d'utilisation du bien (cadence d'utilisation accrue, obsolescence technique plus rapide ou lente que prévu, etc.) ou en cas de réalisation de dépenses ultérieures qui améliorent l'état de l'actif au-delà de son niveau de performance (Mémento comptable n°s 27330 s.).

Lorsqu'un élément d'actif subit, au cours d'un exercice, une dépréciation effective et définitive due à des circonstances exceptionnelles, l'entreprise qui cesse de l'utiliser peut déduire à la clôture de cet exercice un amortissement exceptionnel, en sus de l'annuité normale.

Lorsque la perte de valeur (temporaire ou définitive) d'un bien est révélée par un test de dépréciation ou « Impairment test » (n° 9790), la base amortissable de cet actif est réduite et le plan d'amortissement initial doit être révisé (PCG art. 214-17).

b. En cas de **réévaluation** libre, un nouveau taux d'amortissement peut être retenu en fonction de la durée probable d'utilisation du bien restant à courir (BOI-BIC-AMT-20-10 n° 350).

9225 BIC-X-8230 s **Taux spéciaux** L'administration a admis l'application de taux spéciaux ou de modalités particulières d'amortissement pour un certain nombre de professions ou de biens (notamment : industries mécaniques et aéronautiques, textiles artificiels, matières plastiques, industrie de la pâte à papier, etc.).

Les entreprises qui se prévalent de ces solutions ne peuvent pas bénéficier de la tolérance de 20 % énoncée n° 9210 (BOI-BIC-AMT-10-40-10 n° 240).

9230 BIC-X-15500 s **Amortissements excessifs** Les amortissements excessifs (ou exagérés) peuvent être réintégrés dans les bénéfices imposables. Les amortissements excédentaires sont alors admis en déduction, par voie extra-comptable, des résultats des exercices suivants au cours desquels l'entreprise n'a pratiqué que des amortissements insuffisants ou même pour lesquels elle a cessé tout amortissement (CE 2-10-1985 n° 45818 : RJF 11/85 n° 1409 ; BOI-BIC-AMT-10-40-40 n° 30).

2. MÉTHODES D'AMORTISSEMENT

9250 BIC-X-20000 s Le mode d'amortissement retenu dans les **comptes** doit refléter la dépréciation effective d'un actif, c'est-à-dire le rythme de consommation des avantages économiques attendus par l'entreprise. Le système linéaire est appliqué à défaut de mode mieux adapté (PCG art. 214-13).

Au plan fiscal, les deux principaux modes d'amortissement admis sont le système linéaire, régime de droit commun, et le système dégressif, réservé à certaines catégories de biens ou de composants.

Pour certains biens ou secteurs d'activités, des régimes d'amortissements exceptionnels sont également prévus par la loi et des modalités particulières d'amortissement sont autorisées par l'administration.

9255

Choix du mode d'amortissement

Décision de gestion

Lorsqu'ils sont applicables, les systèmes d'amortissement dégressif et exceptionnel revêtent un caractère facultatif.

Le choix du mode d'amortissement constitue une décision de gestion. Il n'est pas possible de substituer a posteriori une méthode à une autre, par exemple pour compenser un redressement relatif à une base ou à un taux d'amortissement erronés (CE 23-5-1990 n°s 47764 et 70180 : RJF 7/90 n° 790) ou encore rattraper des annuités dégressives prétendument différées alors que le mode linéaire a été choisi au départ (CE 2-3-1994 n° 118710 : RJF 5/94 n° 519).

Sur le plan pratique, le choix du mode d'amortissement résulte des mentions portées sur le tableau des amortissements n° 2055-SD annexé à la déclaration de résultats. Si ces mentions ne font pas apparaître clairement l'option retenue, il est conseillé de joindre une note à la déclaration (« mention expresse »).

Avantages du système dégressif

L'avantage du système dégressif par rapport au système linéaire consiste en un sensible accroissement du montant des déductions fiscales pratiquées au cours des premières années. Sur le plan comptable, la part des dotations qui excède l'amortissement linéaire est généralement constatée dans un compte de provision pour amortissement dérogatoire (voir n°s 9430 s.).

Le système dégressif permet également de différer fiscalement tout ou partie des annuités excédant l'amortissement minimal obligatoire et de déduire la part des amortissements ainsi différés des résultats des exercices ultérieurs (voir n°s 9465 s.).

a. Amortissement linéaire

Le système d'amortissement linéaire dégage une **annuité constante** tout au long de la période d'amortissement. Cette annuité est calculée en appliquant au prix de revient des éléments à amortir le taux approprié déterminé dans les conditions exposées nos 9205 s. 9300 BIC-X-20300 s

Selon les règles comptables, l'amortissement d'un bien a pour **point de départ** la date de début de consommation des avantages économiques qui lui sont attachés. Il s'agit en principe de sa mise en service (PCG art. 214-12). La règle fiscale est identique. Toutefois, lorsqu'il est démontré qu'une immobilisation a subi une dépréciation avant même sa mise en service, le point de départ de l'amortissement peut être avancé à la date d'acquisition ou d'achèvement de l'immobilisation. Si le point de départ de l'amortissement se situe en cours d'exercice, la première annuité doit être réduite prorata temporis. Cette réduction se calcule en jours et, par simplification, l'année peut être comptée pour douze mois de trente jours.

EXEMPLE

Une entreprise dont l'exercice coïncide avec l'année civile acquiert le 15 avril 2024, au prix de 10 000 €, un matériel dont la durée normale d'utilisation est de 5 ans, qu'elle met en service le 1er juin 2024.
Le taux d'amortissement linéaire est de 20 %.
L'annuité normale d'amortissement s'élève à 2 000 (10 000 / 5).
Les annuités d'amortissement seront les suivantes :
– annuité 2024 réduite prorata temporis : 2 000 × 210 / 360 = 1 167 ;
– annuités 2025 à 2028 : 2 000 ;
– annuité 2029 : 833 (2 000 × 150 / 360).

Dissocier les éléments d'une construction pour l'application de la méthode par composants n'a pas d'incidence sur le point de départ de l'amortissement linéaire fixé à la mise en service de l'immobilisation (CAA Versailles 16-12-2014 n° 14VE00348 : RJF 4/15 n° 296 ; CE (na) 4-11-2015 n° 388673 : RJF 2/16 n° 114).

En cas de **cession** d'un élément **en cours d'exercice,** l'amortissement doit en principe être pratiqué jusqu'au jour de la cession, prorata temporis. L'administration accepte toutefois que cette dernière annuité d'amortissement ne soit pas comptabilisée, mais cette solution ne s'applique pas aux biens somptuaires visés à l'article 39, 4 du CGI (BOI-BIC-AMT-20-10 n° 250 et à propos des véhicules de tourisme : voir n° 9020 et CE 23-8-2006 n° 264228 : RJF 12/06 n° 1506). Les entreprises ont intérêt à déduire une dernière annuité lorsque la plus-value à court terme bénéficie d'un régime d'étalement (voir n° 19285). 9305

b. Amortissement dégressif

PRINCIPES GÉNÉRAUX

Le système d'amortissement dégressif consiste à pratiquer des **annuités** d'amortissement d'importance décroissante. 9320 CGI art. 39 A BIC-X-21400 s

Lorsqu'un bien est amortissable au dégressif, tous ses composants bénéficient également de ce mode d'amortissement. À l'inverse, lorsqu'un bien relève obligatoirement du mode linéaire, l'un de ses **composants** peut être amorti en dégressif s'il est éligible à ce mode d'amortissement (CGI ann. II art. 15 bis, II-2°-al. 3).

L'amortissement dégressif s'applique aux entreprises industrielles ainsi qu'aux **entreprises** commerciales ou artisanales qui utilisent des immobilisations identiques à celles des entreprises industrielles.

Le système dégressif peut également être utilisé par les exploitants agricoles (n° 15990), ainsi que par les contribuables exerçant une profession non commerciale (n° 13395).

BIENS AMORTISSABLES SELON LE SYSTÈME DÉGRESSIF

Les entreprises peuvent amortir suivant le système dégressif, quels que soient leur importance et leur coût, les biens acquis ou fabriqués par elles énumérés ci-après : 9330 CGI ann. II art. 22 BIC-X-21700 s

– matériels et outillages utilisés pour des opérations industrielles de fabrication, de transformation ou de transport ;
– matériels de manutention ;
– installations destinées à l'épuration des eaux et à l'assainissement de l'atmosphère ;
– installations productrices de vapeur, de chaleur ou d'énergie ;
– installations de sécurité et installations à caractère médico-social ;
– machines de bureau, à l'exclusion des machines à écrire (exclusion qui ne vise pas les machines à traitement de texte) ;
– matériels et outillages utilisés à des opérations de recherche scientifique ou technique ;

– installations de magasinage et de stockage sans que puissent y être compris les locaux servant à l'exercice de la profession ;
– investissements hôteliers, aussi bien en immeubles qu'en matériels (y compris le matériel de bar ou de restaurant dans les hôtels-restaurants) ;
– bâtiments industriels dont la durée d'utilisation n'excède pas quinze ans (CGI art. 39 A, 2-2° : voir n° 9345) ;
– satellites de communications (CGI art. 39 A, 2-3°) ;
– immeubles destinés à titre exclusif à accueillir des expositions et des congrès et équipements qui leur sont affectés (CGI art. 39 A, 2-4°). Selon l'administration, seuls sont concernés les immeubles neufs (BOI-BIC-AMT-20-20-20-10 n° 410).

Même s'ils appartiennent à l'une de ces catégories, les **biens** qui étaient déjà **usagés** au moment de leur acquisition par l'entreprise, ainsi que ceux dont la **durée fiscale d'amortissement** est **inférieure à trois ans,** sont normalement exclus du bénéfice de l'amortissement dégressif.

9335 **› Précisions** **a.** L'administration assimile aux biens neufs :
– les **matériels rénovés** par le fabricant, lorsque celui-ci leur a appliqué les derniers perfectionnements techniques et que leur prix est très voisin du matériel neuf ;
– les matériels que les entreprises de travaux publics rapatrient après les avoir initialement **affectés à des chantiers à l'étranger,** sous réserve qu'ils aient été acquis neufs et que la durée d'utilisation restant à courir ne soit pas inférieure à trois ans (BOI-BIC-AMT-20-20-20-30 n° 10).

b. Bien qu'**usagés,** peuvent être amortis selon le mode dégressif les biens **acquis à l'occasion des opérations suivantes** : fusion ou opération assimilée placée sous le régime de l'article 210 A du CGI ; apport en société d'une entreprise individuelle placé sous le régime de l'article 151 octies du CGI ; transmission à titre gratuit d'entreprise individuelle (CGI art. 41). Voir également n° 9340, précisions, l'exception admise pour les navires achetés d'occasion.

c. Le Conseil d'État admet l'amortissement dégressif de matériels utilisés pour le **contrôle** et la **rectification de produits** dès lors que ces opérations s'inscrivent dans le cadre du processus de fabrication industrielle (CE 19-6-2002 n° 194476 et 207414 : RJF 10/02 n° 1071).

d. Des **appartements meublés dans des résidences de tourisme** offrant des prestations de services accessoires peuvent être regardés comme des investissements hôteliers amortissables selon le mode dégressif (CE 27-7-2005 n° 254562 : RJF 11/05 n° 1151), mais pas les **terrains de camping** (CE 4-11-2020 n° 440470 : RJF 1/21 n° 12).

9340 BIC-X-21780 s **Exemples particuliers de biens admis à l'amortissement dégressif ou exclus de ce régime** **a. Biens admis** : véhicules utilisés au transport en commun des personnes ; balances électroniques utilisées dans l'alimentation et indiquant le poids, le prix unitaire et le prix à payer, à condition qu'elles enregistrent et totalisent les recettes ; micro-ordinateurs et équipements informatiques ; modems ; interphones ; répondeurs-enregistreurs téléphoniques ; standards téléphoniques numériques ; autocommutateurs téléphoniques (mais pas les intercommutateurs) ; matériels de transmission à distance des textes ; roulottes de chantier utilisées par les entreprises de travaux publics (mais pas les bungalows servant au logement, à la restauration, aux obligations sanitaires ou activités administratives) ; équipements de protection contre le vol, y compris audiovisuels ; matériels de remontées mécaniques (à l'exception des éléments de caractère immobilier dont la durée d'utilisation excède 15 ans) ; dameuses de pistes de ski ; matériels industriels construits ou édifiés sur place : hauts fourneaux, fours, cuves, réservoirs ; matériels agricoles utilisés par les entreprises industrielles et commerciales...

b. Biens exclus : voitures de tourisme ; camionnettes, y compris frigorifiques, de moins de 2 tonnes de charge utile ; escalators et travelators ; émetteurs de radio locale ; matériel purement commercial (armoires frigorifiques, bascules pour peser la viande, appareils de stockage automatique des médicaments dans les pharmacies, chariots à l'usage des clients des grands magasins, casiers à bouteilles en matière plastique) ; matériels de projection et de sonorisation dans les salles de cinéma ; matériels nécessaires à l'exploitation d'un atelier photographique ; installations de lavage de poids lourds utilisées par les transporteurs.

› Précisions Les **navires,** achetés neuf ou d'occasion (à l'exclusion de ceux acquis dans le cadre de certaines opérations de refinancement), peuvent être amortis d'après le système dégressif, à condition que leur durée d'utilisation soit au minimum de 6 ans pour les navires de pêche et de 8 ans pour les navires des entreprises de navigation maritime. Sont assimilés à ces derniers les bateaux pilotes, les vedettes du service de pilotage et les navires utilisés notamment pour l'organisation de croisières et la location, s'ils sont pourvus d'un acte de francisation de navire de commerce (livret bleu). Les entreprises de navigation maritime et d'armement à la pêche peuvent pratiquer un amortissement dégressif dès la clôture de l'exercice précédant celui de la livraison du navire, à la condition que ce dernier ait été **mis sur cale** avant cette date. L'amortissement est alors calculé sur le montant des dépenses engagées et payées à cette date, qui correspondent à des travaux réellement effectués, y compris lorsque le navire fait l'objet d'un contrat de crédit-bail ou de location avec option d'achat (BOI-BIC-AMT-20-40-60-10 nos 10 à 90 ; BIC-X-24430 et BIC-X-24980 s.).

S'agissant de l'amortissement dans les **copropriétés** de navires, voir n° 37870.

En ce qui concerne l'amortissement exceptionnel en faveur des **armateurs,** voir n° 9630.

Bâtiments industriels Exception faite du cas particulier des investissements hôteliers et des locaux destinés à accueillir des expositions et des congrès, les immeubles sont en principe exclus de l'amortissement dégressif. Cependant, par dérogation à cette règle, le bénéfice du dégressif est accordé aux bâtiments industriels dont la **durée normale d'utilisation n'excède pas 15 années.** Pour l'appréciation de ce seuil, il devrait être fait référence à la durée fiscale d'amortissement et non à la durée comptable si elle est différente. Sont concernés, en pratique : 9345 CGI art. 39 A, 2-2° BIC-X-23750 s

– les bâtiments de construction plus légère que la normale, dans lesquels les matériaux de qualité inférieure (notamment le bois et la tôle) prennent une place prédominante ;

– ainsi que les bâtiments spécialement construits pour protéger ou renfermer des matériels et dont la durée d'utilisation se confond pratiquement avec celle des matériels (BOI-BIC-AMT-20-20-20-10 n° 350).

ATTENTION

Ne constituent pas des **critères** suffisants pour permettre l'application du système dégressif :

– un prix de revient au mètre carré peu élevé (notamment CE 1-7-1985 n° 48251 : RJF 10/85 n° 1259) ;

– l'absence de fondations ou la présence de malfaçons (notamment CE 5-3-1980 n° 3954 : RJF 4/80 n° 285).

De plus, l'utilisation dans les constructions de certaines structures (charpentes métalliques ou en bois, ossature en béton, bardage en parpaings, sol cimenté ou asphalté...) et l'emploi important de certains matériaux (béton, parpaings, briques...) caractérisent des constructions d'une durée d'utilisation supérieure à quinze ans (notamment CE 6-10-1982 n° 26903 : RJF 12/82 n° 1093 ; 17-10-1984 n° 40909 : RJF 12/84 n° 1398 ; 11-5-1988 n° 58274 : RJF 7/88 n° 837).

MODALITÉS DE CALCUL DE L'AMORTISSEMENT DÉGRESSIF

Le système de l'amortissement dégressif est caractérisé par l'application d'un « taux constant » d'abord à la valeur d'origine, puis, à partir du deuxième exercice, à la valeur résiduelle comptable de l'élément à amortir. 9355 CGI art. 39 A, 1 BIC-X-24700 s

Taux applicable Le « taux constant » de l'amortissement dégressif s'obtient en multipliant le taux de l'amortissement linéaire normalement applicable à l'élément considéré par un coefficient qui varie selon la durée fiscale d'amortissement de chaque élément (durée réelle d'utilisation pour les composants et durée d'usage pour la structure des biens décomposés ainsi que pour les biens non décomposés) (BOI-BIC-AMT-20-20-40 nos 1 à 20). 9360 BIC-X-25100 s

Les coefficients sont fixés à :

– 1,25 si la durée fiscale d'amortissement est de trois ou quatre ans ;

– 1,75 si cette durée est de cinq ou six ans ;

– 2,25 si cette durée est supérieure à six ans.

› Précisions a. Les matériels et outillages destinés à des opérations de **recherche scientifique** et technique visées à l'article 244 quater B, II-a du CGI relatif au crédit d'impôt recherche bénéficient d'un taux d'amortissement dégressif majoré (coefficients fixés respectivement à 1,5 ; 2 et 2,5) (CGI art. 39 AA quinquies). L'application de cette mesure est facultative (BOI-BIC-AMT-20-20-50 n° 390).

b. Les matériels de production, de sciage et de valorisation des **produits forestiers** acquis ou fabriqués entre le 13 novembre 2013 et le 31 décembre 2016 par des entreprises de première transformation du bois bénéficient d'un taux d'amortissement dégressif majoré de 30 % (CGI art. 39 AA quater).

Tableau récapitulatif Le tableau ci-après récapitule les principaux taux d'amortissement dégressif. 9365

Durée d'utilisation (années)	Taux linéaire (%)	Coefficient applicable	Taux d'amortissement (col. 2 × col. 3)
3	33,33	1,25	41,67
4	25	1,25	31,25
5	20	1,75	35

Durée d'utilisation (années)	Taux linéaire (%)	Coefficient applicable	Taux d'amortissement (col. 2 × col. 3)
6	16,67	1,75	29,17
6 2/3	15	2,25	33,75
8	12,5	2,25	28,13
10	10	2,25	22,5
12	8,33	2,25	18,75
15	6,67	2,25	15
20	5	2,25	11,25

9370 BIC-X-24900 s et 25500 s

Première annuité La première annuité d'amortissement dégressif afférente à un bien donné peut être pratiquée à la clôture de l'exercice en cours à la date de son acquisition ou de sa construction.

Elle est calculée en appliquant le taux approprié à la valeur d'origine de l'élément.

Le **point de départ** de l'amortissement dégressif est dans tous les cas fixé au premier jour du mois d'acquisition du bien (sans attendre la mise en service).

En cas d'**acquisition en cours d'exercice,** la première annuité est réduite prorata temporis par application du rapport existant entre, d'une part, la durée en mois de la période allant du premier jour du mois d'acquisition ou de construction à la date de clôture de l'exercice et, d'autre part, la durée totale de l'exercice. Lorsque l'exercice coïncide avec l'année civile, la première annuité se limite donc à 11/12 pour les biens acquis en février, à 10/12 pour ceux acquis en mars et ainsi de suite (voir l'exemple de calcul n° 9380) (CGI ann. II art. 23, 1°).

Dès lors que la réglementation comptable retient comme point de départ de l'amortissement d'un bien la date de début de consommation des avantages économiques qui lui sont attachés, soit en pratique sa mise en service (PCG art. 214-12), l'annuité calculée selon la règle fiscale peut être supérieure à la dotation comptable. La différence est alors déduite par la constatation d'une provision pour amortissement dérogatoire.

> Précisions **a.** En ce qui concerne les **éléments achetés,** la date d'acquisition est celle du transfert de propriété. Il s'agit de la date à laquelle, l'accord ayant été réalisé avec le fournisseur sur la chose et le prix, l'entreprise en est devenue propriétaire, même si la livraison et le règlement du prix interviennent à une époque différente et si la mise en service du matériel nécessite l'exécution de certains travaux d'installation. Mais une entreprise ne peut, en tout état de cause, être réputée propriétaire d'un matériel ou d'un outillage acheté que lorsque cet élément est déjà fabriqué et nettement individualisé. Ainsi, lorsque la vente porte sur un **élément de série** désigné par un genre, une marque ou un type, le transfert de propriété n'intervient le plus souvent qu'au moment de la livraison effective de l'objet ou tout au moins de la remise des titres ou documents représentatifs (BOI-BIC-AMT-20-20-30 n°s 30 à 50).

Pour les matériels dont la **fabrication** s'échelonne **sur une période assez longue,** la date du transfert de propriété est celle de la réception provisoire (BOI-BIC-AMT-20-20-30 n° 70).

Biens dont le transfert de propriété est différé en vertu d'une **clause de réserve de propriété** : voir n° 7875.

b. En ce qui concerne les **biens construits** par l'entreprise ou pour son compte, la date à retenir est celle de l'achèvement. Lorsque la construction porte sur un ensemble industriel qui se compose d'éléments ou de groupes d'éléments ayant une unité propre et une affectation particulière permettant une mise en service séparée, la date d'achèvement, point de départ de l'amortissement, peut être considérée distinctement pour chacun de ces éléments ou groupes d'éléments (BOI-BIC-AMT-20-20-30 n°s 60 et 70).

c. Lorsque la **durée d'un exercice n'est pas égale à douze mois,** le montant de l'annuité doit être ajusté en fonction de cette durée. Il est, par exemple, réduit de moitié pour un exercice de six mois (ce qui conduit à échelonner l'amortissement sur un exercice supplémentaire) ou, au contraire, majoré de moitié pour un exercice de dix-huit mois. Pour les éléments acquis au cours de l'exercice, l'annuité ainsi ajustée est ensuite, s'il y a lieu, réduite prorata temporis.

d. Pour le cas particulier des **navires,** voir n° 9340, Précisions.

9380 BIC-X-25530 s

Annuités suivantes Le montant de la deuxième annuité et de chacune des annuités suivantes s'obtient en appliquant le taux déjà utilisé pour le calcul de la ou des précédentes annuités à la valeur résiduelle comptable de l'élément. Celle-ci est égale à la différence entre, d'une part, la valeur d'origine et, d'autre part, le montant total des précédentes annuités.

Pour le calcul de la **durée totale d'amortissement,** l'exercice d'acquisition est décompté pour une année entière, même lorsque l'acquisition se situe en cours d'exercice et que la première annuité est réduite en conséquence. La durée effective d'amortissement est donc réduite par rapport au système linéaire. Par exemple, pour un bien amortissable en cinq ans acquis en cours d'exercice, l'amortissement s'achève normalement à la clôture du quatrième exercice suivant.

Si, à la **clôture d'un exercice,** l'annuité dégressive d'amortissement devient inférieure à l'annuité correspondant au quotient de la valeur résiduelle par le nombre d'années d'utilisation restant à courir à compter de l'ouverture dudit exercice, l'entreprise a la faculté de faire état d'un amortissement égal à cette dernière annuité (CGI ann. II art. 23, 2°).

En cas de **cession d'un élément non totalement amorti,** l'entreprise est libre de pratiquer ou non un amortissement au titre de l'exercice de cession. Si elle choisit de le faire, l'amortissement doit être calculé prorata temporis jusqu'au début du mois de la cession (BOI-BIC-AMT-20-20-30 n° 270). Les entreprises ont intérêt à déduire une dernière annuité lorsque la plus-value à court terme bénéficie d'un régime d'étalement (voir n° 19285).

EXEMPLE

Soit une entreprise dont l'exercice coïncide avec l'année civile qui acquiert le 15 avril 2024, au prix de 10 000 €, un matériel de fabrication industrielle dont la durée fiscale d'amortissement est de 5 ans. Le taux d'amortissement linéaire est donc de 20 % et le taux d'amortissement dégressif correspondant est de 20 % × 1,75 = 35 %.

Les cinq annuités d'amortissement de ce matériel se calculent comme suit :

– Annuité 2024 : 10 000 × 35 % × 9 / 12 = 2 625.

Valeur nette comptable résiduelle : 10 000 − 2 625 = 7 375.

– Annuité 2025 : 7 375 × 35 % = 2 581.

Valeur nette comptable résiduelle : 7 375 − 2 581 = 4 794.

– Annuité 2026 : 4 794 × 35 % = 1 678.

Valeur nette comptable résiduelle : 4 794 − 1 678 = 3 116.

– Pour 2027, l'annuité dégressive serait de : 3 116 × 35 % = 1 091, alors que le quotient de la valeur résiduelle par le nombre d'années d'utilisation restant à courir (2 ans) est de : 3 116 / 2 = 1 558.

L'amortissement de chacune des années 2027 et 2028 pourra donc être de 1 558.

À la fin de l'année 2028, le matériel sera complètement amorti, le total des amortissements étant de 2 625 + 2 581 + 1 678 + 1 558 + 1 558 = 10 000.

Dans le cas où le matériel est cédé le 20 septembre 2026, l'entreprise est libre de pratiquer ou non une annuité 2026 réduite prorata temporis : 1 678 × 8/12 = 1 119.

3. CONDITIONS ET MODALITÉS DE DÉDUCTION

COMPTABILISATION DE L'AMORTISSEMENT

Les amortissements doivent être réellement effectués dans les écritures de l'entreprise pour pouvoir être admis en déduction. 9425 CGI art. 39, 1-2° BIC-X-27700 s

La comptabilisation de l'amortissement d'un exercice peut être valablement effectuée jusqu'à l'expiration du délai de déclaration (notamment CE 19-12-1980 n° 16414 : RJF 3/81 n° 182).

> **Précisions a.** Lorsque le prix d'acquisition d'un **élément d'actif passé à tort dans les frais généraux** a été réintégré aux bénéfices imposables de l'entreprise, la déduction des amortissements nécessite l'inscription préalable du bien concerné à l'actif du bilan. Un amortissement exceptionnel peut être constaté au titre de l'exercice d'acceptation du rehaussement. L'administration n'exclut la déduction des amortissements correspondant à la période antérieure à cette régularisation que dans les cas manifestement abusifs (BOI-BIC-AMT-10-50-30 n° 40).
>
> **b.** Cas particulier des **copropriétaires** de navires non professionnels, voir n° 37870, précision b.

Amortissements techniques et amortissements dérogatoires Le plan comptable distingue deux catégories d'amortissements : l'amortissement technique et l'amortissement dérogatoire (Mémento comptable n°s 27050 s. et 27370 s.). 9430

L'**amortissement technique** d'un élément d'actif ou « amortissement pour dépréciation » est la répartition de son montant amortissable en fonction de son utilisation, déterminable lorsque l'usage attendu du bien est limité dans le temps en raison d'un critère physique (usure), technique (obsolescence) ou juridique (période de protection légale ou contractuelle). L'amortissement technique consiste à étaler, sur leur durée réelle d'utilisation, la valeur des biens suivant un plan d'amortissement préétabli. Ce plan peut être révisé en cours d'exécution en cas de modification significative des conditions d'utilisation du bien (n° 9220). Comptabilisées selon les règles habituelles, les dotations pratiquées constituent des charges d'exploitation portées à l'actif du bilan en diminution de la valeur d'origine des éléments correspondants. L'amortissement technique est le seul à être pris en compte pour la détermination de la valeur résiduelle comptable (BOI-BIC-AMT-10-50-10 n° 10).

L'**amortissement dérogatoire** est l'amortissement ou la fraction d'amortissement déductible des résultats imposables qui excède l'amortissement pour dépréciation. Le recours à cette technique concerne les situations où existe une divergence fiscalo-comptable quant au mode, à la durée ou à la base d'amortissement. En début de plan d'amortissement, la constatation d'amortissements dérogatoires améliore le résultat courant et les capitaux propres.

L'amortissement dérogatoire est inscrit à un compte de provision pour amortissement dérogatoire qui figure au passif du bilan sous le poste « Provisions réglementées ». Lorsque l'annuité d'amortissement technique devient supérieure à l'annuité fiscale, la différence est compensée par une reprise de même montant opérée sur la provision initialement constituée. Au terme du plan d'amortissement comptable, la provision est totalement apurée par les reprises ultérieures, sauf si la divergence fiscalo-comptable porte sur la base amortissable (voir n° 9195). Les dotations et les reprises sur provision présentent respectivement le caractère de charges et de produits exceptionnels (BOI précité nos 20 à 40).

ATTENTION

L'amortissement dérogatoire n'est pas pris en compte dans le **coût de revient des stocks.** Le recours à cette technique permet également de différer (nos 9465 s.), le cas échéant, tout ou partie d'annuités d'amortissement pour dépréciation par reprise de l'amortissement dérogatoire en résultat.

9440 Le montant de l'**amortissement fiscalement déductible** au titre d'un exercice n'est pas affecté par le mode de comptabilisation. Il correspond à l'amortissement technique majoré de l'amortissement dérogatoire et diminué des reprises de provision.

En ce qui concerne l'incidence de l'amortissement dérogatoire sur le régime des **plus-values** et moins-values, voir n° 17830, précision a.

9445 **Obligation déclarative spécifique** Les entreprises doivent annexer à leur déclaration de résultats un **relevé** normalisé **des amortissements** (CGI ann. III art. 38, II et III). Cette obligation se matérialise par l'utilisation :

– du tableau n° 2055-SD pour les entreprises relevant du régime du bénéfice réel ;

– des cadres I et II (immobilisations et amortissements) du tableau n° 2033-C-SD et du cadre I (provisions) du tableau n° 2033-D-SD pour les entreprises relevant du régime simplifié.

ATTENTION

Le **défaut de production** du tableau des immobilisations et des amortissements ou le fait que certains amortissements y soient omis n'est pas de nature à faire obstacle à la déduction de ces amortissements. L'entreprise serait néanmoins passible de l'amende de 15 € ou de 150 € prévue à l'article 1729 B du CGI (n° 80190).

AMORTISSEMENT MINIMAL OBLIGATOIRE

9455 CGI art. 39 B BIC-X-28660 s **a.** La somme des amortissements effectivement pratiqués depuis l'acquisition ou la création d'un élément donné ne peut être inférieure, à la clôture de chaque exercice, au montant des amortissements calculés suivant le système **linéaire** et répartis sur la durée normale d'utilisation. Cette disposition s'applique élément par élément ou composant par composant en cas de décomposition du bien. Pour la structure des biens décomposés ou pour les biens non décomposés, cette règle est considérée comme respectée lorsque l'amortissement fiscal est échelonné sur la durée retenue dans les comptes, plus longue que celle issue des usages.

L'amortissement minimal n'oblige pas les entreprises à pratiquer à la clôture de chaque exercice un amortissement égal à l'annuité linéaire, mais seulement à faire en sorte que la masse globale des amortissements (techniques ou dérogatoires) comptabilisés à une date déterminée soit au moins égale à la somme théorique des annuités linéaires. Par exemple, lorsque des biens sont amortis selon le système **dégressif,** les entreprises ont la faculté, sans contrevenir à l'article 39 B du CGI, de différer tout ou partie de la fraction de l'annuité dégressive excédant l'annuité linéaire (voir n° 9465).

b. L'obligation d'amortissement minimal doit être respectée, que les résultats de l'exercice soient bénéficiaires ou déficitaires. Faute de s'y conformer, l'entreprise perd définitivement le droit de déduire la fraction d'**amortissement irrégulièrement différée,** ce qui ne forme pas obstacle à la prise en compte de cette fraction d'amortissement pour le calcul des plus ou moins-values de cession.

AMORTISSEMENTS RÉGULIÈREMENT DIFFÉRÉS

9465 BIC-X-30170 s Les amortissements que l'entreprise s'abstient de comptabiliser sans enfreindre la règle de l'amortissement minimal sont regardés comme régulièrement différés. En pratique, cette hypothèse concerne les biens dont les annuités d'amortissement sont supérieures, à un moment donné, à celles du mode linéaire, c'est-à-dire essentiellement les biens amortis selon le mode dégressif et, le cas échéant, les biens amortis selon le mode linéaire qui ont bénéficié d'un amortissement exceptionnel. En outre, lorsqu'elles sont autorisées fiscalement à déduire un amortissement calculé sur la durée d'usage, les entreprises devraient, selon nous, pouvoir différer au titre d'un exercice la comptabilisation de l'écart entre la dotation fiscalement déductible et celle calculée sur la durée réelle d'utilisation conformément à la réglementation comptable.

ATTENTION

En ce qui concerne les biens ouvrant droit à l'**amortissement dégressif,** les entreprises peuvent, sans contrevenir à l'article 39 B du CGI, non seulement différer la fraction de l'annuité dégressive excédant l'annuité linéaire, mais encore se dispenser de pratiquer l'annuité linéaire elle-même lorsque l'amortissement global comptabilisé au cours des exercices précédents excède le montant cumulé de l'amortissement linéaire calculé à la clôture de l'exercice en cause (BOI-BIC-AMT-10-50-30 n° 130).

Le sort des amortissements régulièrement différés dépend du caractère bénéficiaire ou déficitaire du **résultat comptable,** qui est déterminé après déduction des déficits reportables. 9470

a. Les amortissements régulièrement différés **au cours d'un exercice déficitaire** peuvent en principe être imputés, sans limitation de durée, sur les résultats des premiers exercices suivants qui font apparaître un bénéfice comptable après déduction de l'annuité normale d'amortissement et, pour les sociétés relevant de l'impôt sur les sociétés, des reports déficitaires. La déduction peut être opérée sur le résultat fiscal si ce dernier, déterminé après imputation des amortissements de l'exercice et des reports déficitaires, est supérieur au résultat comptable (BOI-BIC-AMT-10-50-40 n° 80).

Dans le système dégressif, lorsque les bénéfices d'un exercice ultérieur sont suffisants pour déduire les amortissements différés en plus de l'annuité normale d'amortissement, celle-ci est alors calculée en partant du chiffre obtenu en retranchant de la valeur résiduelle comptable le montant des amortissements précédemment différés (CGI ann. II art. 25, 1). Les entreprises ont également la possibilité de répartir l'amortissement différé sur la durée d'utilisation restant à courir, en calculant les dotations d'après la valeur résiduelle comptable.

b. Lorsque les amortissements sont régulièrement différés **en période bénéficiaire,** une distinction est à faire (CGI ann. II art. 25, 2) :

– pour les éléments amortissables suivant le mode linéaire, la déduction des amortissements différés doit obligatoirement être pratiquée, au taux habituel, après la fin de la période normale d'amortissement (ou en totalité au moment de la mise hors service des éléments correspondants) ;

– pour les éléments amortissables suivant le système dégressif, le montant de l'amortissement dégressif différé peut être réparti, pour sa totalité, sur la durée d'utilisation restant à courir, par application du taux dégressif à la valeur résiduelle comptable du bien.

4. AMORTISSEMENTS EXCEPTIONNELS

Un régime d'amortissement exceptionnel est facultatif et l'entreprise qui choisit de ne pas pratiquer un tel amortissement, alors qu'elle en a la possibilité, prend une décision de gestion opposable (voir n° 78155). 9500 BIC-X-40000 s

INVESTISSEMENTS DANS LES PME INNOVANTES

Les entreprises soumises à **l'impôt sur les sociétés** peuvent amortir sur cinq ans les sommes versées entre le 3 septembre 2016 et le 3 septembre 2026 directement pour la souscription en numéraire au capital de PME innovantes, ou indirectement pour la souscription de parts ou actions de certains fonds d'investissement français ou européens ou de sociétés de libre partenariat. 9520 CGI art. 217 octies BIC-X-46000 s

Ce régime **s'applique à condition** que :

– pendant la durée d'amortissement, la PME bénéficiaire ne soit pas détenue directement ou indirectement à plus de 20 % (capital ou droits de vote) par la société souscriptrice et les sociétés liées à cette dernière au sens de l'article 39, 12 du CGI (n° 10425, précision a) ;

– à la date de la souscription, la société souscriptrice ne détienne pas de parts, titres ou actions de la PME innovante pour lesquels elle n'a pas pratiqué l'amortissement exceptionnel ;

– les versements n'excèdent pas, pour chaque PME bénéficiaire, le plafond de 15 M€ défini dans les lignes directrices relatives aux aides d'État en faveur du financement des risques (nº 92680) ;

– les titres soient conservés pendant au moins deux ans.

L'amortissement exceptionnel **s'applique à la valeur des titres** qui n'excède pas 1 % du total de l'actif de l'entreprise détentrice à la clôture de l'exercice de souscription. Dans un groupe intégré, cette valeur est égale à 1 % du total de l'actif des sociétés du groupe.

Lors de la **cession des titres après le délai de deux ans,** la plus-value (ou l'excédent des sommes réparties par le fonds sur le montant de la souscription diminué des amortissements pratiqués) est imposée au taux normal de l'IS à hauteur du montant des amortissements pratiqués.

> Précisions **a.** Les investissements doivent être effectués au profit de **PME** au sens européen (voir nº 92650), ayant leur siège dans l'Union européenne, en Norvège, en Islande ou au Liechtenstein. Ces PME doivent avoir réalisé des dépenses de recherche et d'innovation définies nºs 10478 à 10490 (à l'exception des dépenses de collection visées nº 10485) représentant au moins 10 % des charges d'exploitation de l'un au moins des trois exercices précédant l'année de la souscription ou développer (le cas échéant, dans un avenir prévisible) des produits, services ou procédés neufs ou substantiellement améliorés par rapport à l'état de la technique dans le secteur considéré et présentant un risque d'échec technologique ou industriel. Les PME doivent également soit n'exercer d'activité sur aucun marché, soit exercer une activité depuis moins de dix ans à compter de leur première vente commerciale.

L'ensemble des conditions relatives à la PME s'apprécie à la date de la souscription ou du rachat. Par exception, lorsque le fonds ou la société d'investissement s'est engagé à procéder à des souscriptions en capital à la suite d'un rachat, il suffit que les conditions soient respectées à la date du rachat.

b. Sont **exclues** du dispositif les PME dont les titres sont admis aux négociations sur un marché réglementé français ou étranger et les PME qualifiées d'entreprise en difficulté au sens des lignes directrices européennes (nº 92615).

c. Lorsque les fonds ou les sociétés d'investissement procèdent à des **rachats** de titres, parts ou actions d'une PME innovante entrant dans la composition de leur actif, ils doivent procéder à une souscription au capital de cette même entreprise à hauteur d'au moins la valeur de ces rachats. La réalisation de cette obligation s'apprécie sur la durée de vie du fonds ou dans les dix ans suivant le rachat par la société de capital-risque ou de libre partenariat.

d. Le **non-respect** d'une des conditions d'application du régime ou la **cession des titres dans les deux ans** de leur acquisition entraîne la réintégration, au bénéfice imposable de l'exercice au cours duquel l'événement intervient, du montant des amortissements pratiqués, majoré de l'intérêt de retard prévu à l'article 1727 du CGI.

e. La déduction de l'amortissement est définitivement acquise à l'entreprise en cas de réalisation d'une **moins-value** de cession des titres après le délai de deux ans.

TITRES DE SOCIÉTÉS D'APPROVISIONNEMENT EN ÉLECTRICITÉ

9530 CGI art. 217 quindecies, 238 bis HV, et 238 bis HW

Les entreprises exerçant une activité industrielle, soumises à l'**impôt sur les sociétés,** qui souscrivent en numéraire, à compter du 1er janvier 2023 et jusqu'au 31 décembre 2028, au capital de sociétés agréées ayant pour objet l'acquisition de contrats d'approvisionnement à long terme d'électricité peuvent pratiquer, dès l'année de réalisation de l'investissement, un amortissement exceptionnel égal à 50 % des sommes versées.

> Précisions Les **contrats d'approvisionnement** doivent être conclus avec EDF ou des producteurs d'électricité, établis dans un État membre de l'Union européenne ou d'autres États dans le cadre d'accords internationaux, proposant un approvisionnement en électricité produite à partir de sources renouvelables.

5. RÉGIMES SPÉCIAUX

BIENS DONNÉS EN LOCATION

9550 CGI art. 39 C, I-al. 1 BIC-X-33550 s

Règles générales Les biens donnés en location, ou mis à disposition sous toute autre forme, doivent être amortis sur leur durée normale d'utilisation et non en fonction de la durée de la location (ou de mise à disposition). Cette durée devrait s'entendre de la durée réelle d'utilisation prévue par le bailleur pour les composants des biens donnés en location, et de la durée d'usage admise avant 2005 pour les biens non décomposés ainsi que pour la structure des biens décomposés autres que les immeubles de placement.

L'administration estime que le bailleur doit se référer aux usages en vigueur dans la branche d'activité de l'entreprise locataire (BOI-BIC-AMT-20-40-10-10 nº 10). Mais le Conseil d'État n'exclut pas l'application de taux d'amortissement conformes aux usages propres aux entreprises bailleresses (CE 25-1-1984 nº 34642 : RJF 3/84 nº 274).

Le système dégressif peut bien entendu être utilisé pour l'amortissement des biens d'équipement qui ouvrent droit à ce régime (BOI précité n° 10).

Règles applicables aux crédits-bailleurs Les sociétés de crédit-bail mobilier ou immobilier ainsi que les entreprises de location avec option d'achat **qui ont opté pour le régime de l'amortissement financier** amortissent l'ensemble des biens loués sur la durée des contrats correspondants, au rythme de l'amortissement du capital engagé pour l'acquisition de ces investissements répercuté dans les loyers. Les principes visés nos 9205 s. qui régissent les durées d'amortissement sont compatibles avec l'application de ces règles dans les comptes des sociétés de crédit-bail. Ces sociétés n'ont pas à pratiquer la décomposition des biens loués dès lors que la charge de renouvellement ne leur incombe pas (Avis CU CNC 2006-C du 4-10-2006 et BOI-BIC-CHG-20-10-10 n° 140). **9555** CGI art. 39 C, I-al. 2 et 3 BIC-VII-75300 s et 77080 s

Les sociétés de crédit-bail (ou de location avec option d'achat) **qui n'optent pas pour l'application de ce régime spécial** et amortissent les biens loués selon les règles de droit commun peuvent déduire de leurs résultats imposables une provision destinée à faire face à la perte subie lors de la levée de l'option du fait de la différence entre la valeur résiduelle des biens et le prix de cession prévu au contrat (CGI art. 39 quinquies I).

En matière de **crédit-bail immobilier,** la déduction d'une telle provision peut coexister avec l'application de l'amortissement financier lorsque le prix de levée d'option est inférieur au prix d'acquisition du terrain.

> **Précisions** **a.** L'option exercée antérieurement est irrévocable. En pratique, les sociétés nouvellement créées doivent l'exercer lors de la souscription de leur première déclaration de résultats.
>
> **b.** La provision admise en déduction à la clôture de chaque exercice correspond à la différence qui existe, pour chacun des biens loués, entre le montant cumulé de la quote-part de loyers déjà acquis prise en compte pour la fixation du prix de levée d'option d'achat et le total des amortissements pratiqués et des frais supportés par le crédit-bailleur lors de l'acquisition du bien. La provision est rapportée en totalité au résultat imposable de l'exercice au cours duquel le preneur lève l'option d'achat.

Biens loués par une personne physique Le montant déductible de l'amortissement des biens loués, ou mis à disposition sous toute autre forme, directement ou indirectement, par une personne physique est limité. Il ne peut pas excéder, au titre d'un même exercice, la différence entre le montant du loyer acquis et celui de l'ensemble des autres charges afférentes aux biens loués (telles que frais d'entretien, de réparation, d'assurances, intérêts, impôts et taxes supportés par le propriétaire). La limitation vaut pour les opérations de crédit-bail. Elle s'applique quelle que soit la nature du bien (voir n° 9565, précision a). **9560** CGI art. 39 C, II-2 BIC-X-33750 s

En cas de **location de plusieurs biens,** elle n'est pas appliquée isolément pour chacun des biens loués mais en prenant en compte l'ensemble des loyers et des charges afférents à tous les biens amortissables loués. La fraction d'annuité d'amortissement dont la déduction se trouve, le cas échéant, écartée doit faire l'objet d'une répartition proportionnelle entre les biens pour lesquels la dotation aux amortissements excède le montant du loyer et des charges qui s'y rapportent. Il en est de même lorsque le bien loué est décomposé, la fraction d'amortissement non admise en déduction étant répartie proportionnellement entre la structure et les composants.

Sort des **amortissements non déduits** : voir n° 9570.

> **Précisions** **a.** Pour les **biens décomposés,** la fraction d'amortissement non déductible est déterminée en prenant en compte l'amortissement de la structure et des composants, y compris ceux pratiqués à raison des composants acquis en remplacement.
>
> **b.** Lorsque le bien loué fait l'objet d'un **amortissement exceptionnel,** seule la fraction de la dotation normale calculée sur la durée d'usage du bien est soumise à la limitation (BOI-BIC-AMT-20-40-10-20 n° 10).
>
> **c.** Dans le cas des **biens somptuaires** (véhicules de tourisme, résidences d'agrément, etc.), la limite de déduction s'applique à la fraction d'amortissement non exclue des charges déductibles par l'article 39, 4 du CGI.
>
> **d.** Pour la détermination du **plafond d'amortissement,** les charges générales liées à l'activité de location, tels les frais de comptabilité, ne sont pas à déduire du montant des loyers. Il convient, en revanche, de prendre en compte les frais de montage d'une opération bénéficiant de l'aide fiscale à l'**investissement outre-mer** (BOI précité nos 60 et 70).

Biens loués par une société de personnes Lorsqu'une société ou un groupement soumis au régime des sociétés de personnes (GIE notamment) donne en location un bien ou le met à disposition, la quote-part de résultat revenant aux **associés personnes physiques** est déterminée en appliquant la limitation visée n° 9560. **9565** CGI art. 39 C, II-1 BIC-X-34300 s

Pour les **associés personnes morales,** lorsque les biens loués sont situés, exploités ou immatriculés en France ou dans un État partie à l'accord sur l'Espace économique européen

(EEE) ayant conclu avec la France une convention d'assistance administrative en vue de lutter contre la fraude et l'évasion fiscales, le montant de **l'amortissement déductible** est limité pendant les trois premières années suivant la mise en location. Ainsi, la déduction des amortissements est plafonnée au triple du montant des loyers ou, s'agissant des navires exploités en copropriété, de la quote-part du résultat revenant au membre concerné.

Au titre des douze premiers mois d'amortissement, la fraction du **déficit de la société bailleresse,** issue des amortissements dont la déduction est autorisée, n'est déductible qu'à hauteur du quart du bénéfice imposable à l'IS au taux normal (nº 36065) que chaque associé retire du reste de ses activités (ou 25 % du bénéfice du groupe s'il appartient à un périmètre d'intégration). Lorsque les douze premiers mois d'amortissement du bien s'étalent sur deux exercices, l'exercice d'acquisition du bien et l'exercice suivant, la limitation du déficit imputable s'applique pour le premier exercice à hauteur des amortissements admis en déduction au titre de ce bien dans la limite de trois fois le montant des loyers et pour le second exercice, dans la même limite, à hauteur des amortissements admis en déduction du premier jour de l'exercice jusqu'au terme de la période de douze mois (BOI-BIC-AMT-20-40-10-20 nº 310).

La limitation de l'amortissement et du déficit ne s'applique pas à la part de résultat revenant aux **sociétés utilisatrices** des biens, lorsque la location ou mise à disposition n'est pas consentie indirectement par une personne physique.

Lorsque les biens ne sont pas situés, exploités ou immatriculés en France ou dans un État partie à l'accord sur l'EEE ayant conclu avec la France une convention d'assistance administrative, le montant de l'amortissement déductible est soumis à la même restriction que pour les biens loués par des personnes physiques (nº 9560), étant précisé que cette limitation ne s'applique pas aux entreprises utilisatrices des biens.

> **Précisions** **a.** La limitation du montant de l'amortissement s'applique pour tous les biens, meubles ou immeubles, donnés en location, y compris lorsqu'il s'agit de **brevets** (CE 8-2-1984 nº 43931 : RJF 4/84 nº 411) ou de **locations meublées** (BOI-BIC-AMT-20-40-10-10 nº 70). Sont par ailleurs expressément visés par la loi les amortissements pratiqués par les **copropriétaires** de navires, de chevaux de course ou d'étalons.
> La limitation ne concerne pas, en revanche, les conventions de **louage de services.** Exemple : location de bateau avec équipage et hôtellerie (CE 22-5-1992 nº 70475 : RJF 7/92 nº 945).
> **b.** Lorsqu'une **entreprise** est **associée** de plusieurs sociétés de personnes, elle doit cumuler les quotes-parts de déficits soumises à la limite d'imputation et les comparer ensuite à l'ensemble des bénéfices qu'elle retire du reste de ses activités (BOI-BIC-AMT-20-40-10-20 nº 340).
> **c.** Pour les **biens localisés dans l'EEE,** les sociétés de personnes doivent produire une déclaration destinée à porter à la connaissance de l'administration certains éléments du contrat (CGI art. 54 octies et CGI ann. III art. 38 quindecies A). Le défaut de production de la déclaration est sanctionné par une amende égale à 5 % du prix de revient du bien donné en location (CGI art. 1763, III). Sont toutefois dispensées de cette obligation les sociétés qui n'ont pas conclu de contrat de crédit-bail ou de location avec option d'achat ainsi que les crédits-bailleurs s'ils pratiquent l'amortissement financier ou si le prix d'acquisition du bien n'excède pas 1 M€ pour un bien mobilier et 15 M€ pour un bien immobilier (BOI-BIC-AMT-20-40-10-40 nº 40).
> **d.** Les **navires** et les **avions** sont considérés comme exploités dans l'EEE si les trois quarts de leurs déplacements sont effectués au départ ou à destination de l'EEE (BOI-BIC-AMT-20-40-10-20 nº 180).

9570 CGI art. 39 C, II-3 BIC-X-34820 s

Report des amortissements et déficits non admis en déduction La perte du droit à déduction des amortissements n'est que provisoire : la fraction exclue au titre d'un exercice peut être déduite du résultat des exercices suivants, en sus de l'annuité normale, dans le respect de la limite de déduction applicable au titre de l'exercice. L'entreprise doit néanmoins comptabiliser des amortissements au moins égaux à l'amortissement minimal, la fraction de l'amortissement exclue du résultat fiscal étant réintégrée de manière extra-comptable.

La fraction du déficit exclue au titre d'un exercice peut être déduite des bénéfices des exercices ultérieurs, dans le respect de la limite de déduction de 25 % applicable au titre de l'exercice.

Lorsqu'un **bien cesse** d'être soumis à la **limitation** (par exemple, s'il n'est plus donné en location ou s'il devient l'objet d'un louage de services), l'amortissement qui n'a pu être déduit est déduit du bénéfice de l'exercice au cours duquel intervient cet événement. Si ce bénéfice n'est pas suffisant, l'excédent d'amortissement est reporté et déduit des bénéfices des exercices suivants. S'agissant des biens localisés dans l'EEE, l'imputation de cet amortissement peut être réalisée en totalité au titre du quatrième exercice suivant celui de la mise en location.

Lorsque la **société** bailleresse est **dissoute,** les amortissements non déduits sont perdus. En revanche, en cas de **changement de régime fiscal ou d'activité réelle,** ils peuvent donner lieu à une déduction massive du résultat du dernier exercice soumis au régime des sociétés de personnes. En cas de **cession** du bien, l'amortissement non déduit majore la valeur nette comptable prise en compte pour le calcul de la plus ou moins-value réalisée.

9575 CGI ann. II art. 32 BIC-X-35350 s

Biens mis à la disposition d'un dirigeant ou du personnel Lorsque des biens sont mis par une entreprise à la disposition d'un dirigeant ou d'un membre du personnel, l'annuité d'amortissement déductible est limitée à la différence existant entre le montant du loyer, augmenté s'il y a lieu de la valeur de l'avantage en nature déclarée à l'administration, et les autres charges afférentes au bien en cause. La limitation est appréciée élément par élément.

La perte du droit à déduction n'est que provisoire et l'amortissement peut être déduit ultérieurement (voir n° 9570).

ATTENTION

En cas de **mise à disposition gratuite** de matériels au profit d'un dirigeant et d'absence de déclaration de l'avantage en nature correspondant, aucun amortissement n'est déductible (CE 24-7-1987 n° 54301 : RJF 11/87 n° 1084).

BIENS ACQUIS PAR CRÉDIT-BAIL

Les modalités d'amortissement de ces biens, qui présentent certaines particularités, sont examinées n°s 19330 et 19350. Les contrats de crédit-bail transférés avant l'échéance peuvent par ailleurs être amortis par le cessionnaire dans les conditions exposées n° 19345, précision b. 9580

CONSTRUCTIONS ET AMÉNAGEMENTS SUR SOL D'AUTRUI

9585 CGI art. 39 D BIC-X-35500 s

Les constructions et aménagements sur sol d'autrui ou sur immeubles pris à bail constituent des immobilisations corporelles pour l'entreprise locataire qui les effectue. Elle doit les inscrire à son actif et les amortir sur leur durée d'utilisation définie ci-après. À cet égard, elle est tenue de respecter la méthode de comptabilisation par composants.

En application de ces **règles comptables,** les **composants** inscrits à l'actif de l'entreprise locataire, à la suite de la réalisation de **nouveaux aménagements,** doivent être amortis sur leur durée réelle d'utilisation, correspondant, à notre avis, à la durée la plus courte entre la durée du bail (y compris le renouvellement probable du bail et des périodes de renouvellement raisonnablement assurées) et la durée de vie de l'ouvrage (voir Mémento comptable n°s 27515 s.). **Au plan fiscal,** l'administration considère que ces éléments doivent être amortis sur leur durée normale d'utilisation, y compris si la durée du bail est inférieure (BOI-BIC-AMT-20-40-30 n° 20). Cette solution devrait s'appliquer tant pour l'amortissement des composants que pour celui de la **structure** d'une nouvelle construction édifiée sur le sol de l'entreprise bailleresse. Il résulte de la position de l'administration que, dans l'hypothèse où la durée d'amortissement retenue au plan fiscal est plus longue que la durée du bail, la fraction de l'amortissement comptable qui excède l'amortissement fiscalement déductible est réintégrée extra-comptablement. La fraction non déduite devrait être admise en déduction lors de la cession du bien (BOI-BIC-AMT-10-40-10 n° 40). Lorsque la durée de l'amortissement fiscal est plus courte que la durée du bail, le complément d'amortissement est comptabilisé par voie de provision pour amortissement dérogatoire.

> Précisions a. L'**amortissement cesse** lorsque les constructions ou aménagements sortent de l'actif de l'entreprise. C'est le cas en fin de période de location ou lorsque, à l'occasion de la conclusion d'un nouveau bail portant sur la totalité de l'immeuble (constructions comprises), les éléments ajoutés par l'entreprise doivent être considérés comme ayant fait retour au bailleur (CE 26-7-1985 n° 42742 : RJF 11/85 n° 1408).

b. Le **retour gratuit** au bailleur, en fin de bail, des constructions sur sol d'autrui entraîne leur sortie du bilan du locataire. L'entreprise locataire peut alors déduire de ses produits d'exploitation la valeur résiduelle des installations transmises au propriétaire du sol, sauf s'il apparaît que l'exécution de la clause constitue de la part du locataire un acte de gestion anormale. En cas de **retour contre indemnité,** l'opération s'analyse en une cession d'élément d'actif immobilisé (BOI-BIC-AMT-20-40-30 n° 40). Il en est de même en cas de rachat de construction par le bailleur en cours de bail (Rép. Kaspereit : AN 9-8-1982 n° 754, non reprise dans Bofip).

c. Constructions édifiées par le preneur d'un **bail à construction** : voir n° 31035, précision a.

ENTREPRISES CONCESSIONNAIRES DE SERVICE PUBLIC

9590 BIC-X-36300 s

Les entreprises concessionnaires de service public peuvent déduire deux sortes d'amortissements pour les immobilisations qui doivent être remises gratuitement au concédant à la fin de la concession :

– un **amortissement de caducité,** à caractère financier, est calculé d'après la durée de la concession. Cet amortissement n'a pas pour objet de constater une dépréciation physique des immobilisations mais d'assurer la reconstitution du capital investi dans le domaine concédé et ainsi permettre la récupération des investissements réalisés par le concessionnaire. Son montant va servir de contrepartie à la sortie de l'actif concédé ;

– un **amortissement industriel,** qui s'ajoute à l'amortissement de caducité, pour les installations concédées que l'entreprise devra renouveler en cours de concession (BOI-BIC-AMT-20-40-40 nos 20 et 30).

De plus, lorsque le coût présumé de remplacement de ces installations est supérieur à leur prix de revient, les entreprises concessionnaires peuvent constituer des provisions pour renouvellement dans les conditions exposées nos 9910 s.

› Précisions a. La constatation obligatoire d'un **amortissement minimal** n'est pas exigée pour l'amortissement de caducité (BOI précité n° 70).

b. L'amortissement de caducité ne peut être constaté que sur des **équipements** ou installations dont le contrat prévoit qu'ils seront remis au concédant sans indemnité, même partielle (CE 14-1-2008 n° 297541 : RJF 4/08 n° 401), et à l'exclusion des dépenses immobilisées relevant de la simple obligation d'entretien (CE 11-12-2008 n° 309427 : RJF 3/09 n° 194).

c. Lorsqu'une **incertitude** existe **sur le sort des biens** à la fin de la concession, l'entreprise ne peut pas pratiquer d'amortissement de caducité (CE 22-10-1990 nos 46600, 47893, 56430 et 57547 : RJF 12/90 n° 1437).

6. DÉDUCTIONS EXCEPTIONNELLES

9600 BIC-X-bis-1 s

Le législateur a institué plusieurs dispositifs, limités dans le temps et facultatifs, permettant une déduction exceptionnelle (également dénommée **« suramortissement »**) afin d'encourager les entreprises à réaliser des investissements ciblés. Ces dernières peuvent ainsi déduire de leur résultat, de manière extra-comptable, en plus de l'annuité d'amortissement, une fraction supplémentaire du prix du bien, répartie linéairement par parts égales sur sa durée d'utilisation.

RÈGLES COMMUNES

9605 BIC-X-bis-100 s

Les déductions sont **optionnelles.** Effectuées de manière **extra-comptable** (BOI-BIC-BASE-100-10 n° 130), elles sont réparties linéairement sur la durée normale d'utilisation des biens.

En cas de **cession du bien** avant le terme de cette période, les déductions ne sont acquises qu'à hauteur des montants déjà déduits du résultat à la date de la cession, qui sont calculés prorata temporis (BOI précité n° 50). Elles n'ont pas d'incidence sur le calcul de la plus ou moins-value de cession (BOI précité n° 140).

Le **point de départ** du calcul des déductions est fixé au premier jour du mois de l'acquisition ou de la fabrication du bien, indépendamment de la date de mise en service effective (BOI précité n° 40).

En cas de **restructuration** placée sous le régime de faveur des fusions, la société bénéficiaire des apports peut continuer à pratiquer la déduction pour la durée restant à courir (BOI précité n° 240).

VÉHICULES PEU POLLUANTS

9620 CGI art. 39 decies A BIC-X bis-2000 s

Les entreprises relevant d'un régime réel d'imposition peuvent déduire de leur résultat imposable une somme égale à un pourcentage de la valeur d'origine des véhicules affectés à leur activité. Depuis le 11 octobre 2018, seuls les véhicules acquis à l'état neuf ouvrent droit à la déduction.

La déduction peut toutefois concerner les entreprises qui procèdent, à compter du 1er janvier 2024 et jusqu'au 31 décembre 2030, à la première acquisition d'un véhicule dont la **motorisation** thermique a été **transformée**, en vue de sa revente, en motorisation électrique à batterie ou à pile à combustible à hydrogène (opération de retrofit) ou qui font ainsi transformer leurs véhicules entre le 1er janvier 2024 et le 31 décembre 2030 (Loi 2023-1322 du 29-12-2023 art. 40). Cette déduction ne peut, au titre d'un même véhicule, être pratiquée qu'à une seule reprise. Elle est assise sur le coût, hors frais financiers, de la transformation.

La déduction est opérée linéairement sur la durée normale d'utilisation du bien.

Le tableau ci-après récapitule le dispositif applicable en fonction de la date d'acquisition des véhicules, de leur poids total autorisé en charge (PTAC) et de leur carburant.

Date d'acquisition	Énergie	Véhicules concernés (PTAC en tonnes)		
		$\geqslant$ 2,6 et < 3,5	$\geqslant$ 3,5 et $\leqslant$ 16	> 16
Du 1-1-2016 au 31-12-2018	– gaz naturel – biométhane carburant – carburant ED95	Pas de suramortissement	Suramortissement de 40 %	Suramortissement de 40 %

Date d'acquisition	Énergie	Véhicules concernés (PTAC en tonnes)		
		⩾ 2,6 et < 3,5	⩾ 3,5 et ⩽ 16	> 16
Du 1-1-2019 au 31-12-2030	– gaz naturel – biométhane carburant – carburant ED95 – électricité – hydrogène	Suramortissement de 20 %	Suramortissement de 60 %	Suramortissement de 40 %
Du 1-1-2020 au 31-12-2030	– combinaison gaz naturel et gazole (« dual fuel type 1A ») carburant B 100			
Du 1-1-2024 au 31-12-2030 (date d'acquisition ou de transformation)	– électricité (« retrofit »)			

La déduction ne concerne que les véhicules qui utilisent exclusivement une ou plusieurs des **énergies** citées ci-dessus.

› Précisions La déduction est applicable aux véhicules pris en contrat de **crédit-bail** ou en **location avec option d'achat.** Elle peut être pratiquée par le crédit-preneur ou le locataire mais non par le bailleur. Le propriétaire qui donne le bien en **location simple** ou le met **gratuitement à disposition** peut pratiquer la déduction. Dans ce cas, la déduction n'est pas transférée à l'utilisateur du véhicule, même si le bien est inscrit au bilan de ce dernier (BOI-BIC-BASE-100-20 n° 10).

INVESTISSEMENTS EN FAVEUR DES ÉNERGIES PROPRES UTILISÉES PAR LES NAVIRES ET BATEAUX

Les entreprises relevant d'un régime réel d'imposition peuvent bénéficier d'une déduction exceptionnelle pour certains investissements destinés à accélérer la transition énergétique des navires et bateaux de transports de passagers ou de marchandises lorsque le contrat d'acquisition de ces équipements ou de construction des navires et bateaux est conclu au cours de l'**année 2024** (Loi 2023-1322 du 29-12-2023 art. 42, II). **9630** CGI art. 39 decies C BIC-X bis-5000 s

Elles peuvent ainsi déduire de leur résultat imposable **115 % des coûts supplémentaires** immobilisés, hors frais financiers, directement liés à l'installation d'équipements, acquis à l'état neuf, permettant d'utiliser une énergie décarbonée comme énergie propulsive exclusive des navires et bateaux de transport de marchandises ou de passagers ou pour produire de l'énergie électrique utilisée comme telle.

Le taux est fixé à **75 %** si l'énergie décarbonée est utilisée comme énergie propulsive principale ou pour produire de l'énergie électrique utilisée comme telle.

Il est fixé à **50 %** si les équipements permettent l'utilisation du méthanol, de l'éthanol ou du diméthyl éther comme énergie propulsive principale ou pour produire de l'énergie électrique utilisée comme telle. Dans ce cas, la propulsion doit également être assurée à partir d'une énergie décarbonée et l'utilisation de ces énergies doit permettre de respecter les critères d'exigence environnementale prévus aux c et d du 102 septies de l'article 2 du règlement (UE) 651/2014 de la Commission du 17 juin 2014. Le taux de 50 % est porté à 75 % si le méthanol, l'éthanol ou le diméthyl éther proviennent de sources renouvelables. Le montant des coûts supplémentaires éligibles à la déduction de 50 % (ou portée à 75 %) est limité à **15 M€** par navire ou bateau.

Est également applicable une déduction égale à **40 % de la valeur d'origine,** hors frais financiers, des équipements acquis à l'état neuf, destinés à compléter la propulsion principale du bateau ou du navire par une propulsion décarbonnée et permettant de respecter la réglementation européenne précitée. La valeur d'origine de ces équipements est retenue dans la limite de **10 M€** par navire ou bateau.

Est enfin prévue une déduction égale à **20 % de la valeur d'origine,** hors frais financiers, des biens acquis à l'état neuf, en vue de les installer sur un navire ou un bateau en service et destinés à l'alimentation électrique durant l'escale par le réseau terrestre ou au moyen de moteurs auxiliaires utilisant une énergie décarbonée. En outre, la propulsion doit être partiellement assurée par une telle énergie et ces équipements doivent permettre de respecter les critères de performance environnementale prévus par la réglementation européenne précitée.

> **Précisions** **a.** Les **coûts supplémentaires** correspondent à la différence entre la valeur d'origine des équipements visés par la déduction et celle des équipements qui auraient permis l'utilisation du fioul lourd ou du diesel marin comme mode de propulsion ou pour la production d'électricité destinée à la propulsion.
> **b.** Pour les biens donnés en **crédit-bail** ou en location avec option d'achat, les déductions peuvent être pratiquées par l'entreprise crédit-preneuse ou locataire. Si tel n'est pas le cas, la déduction peut être réalisée par le propriétaire du bien, mais elle ne peut être effectuée par ce dernier que dans le cas où le locataire ou le crédit-preneur a opté pour le régime d'imposition forfaitaire prévu à l'article 209-0 B du CGI (n° 10450). Le propriétaire doit rétrocéder intégralement à l'entreprise utilisatrice l'avantage en impôt que cette déduction lui procure. Cette rétrocession réalisée sous la forme d'une diminution de loyers doit être acquise par le crédit-preneur ou le locataire à la clôture de l'exercice au titre duquel le crédit-bailleur ou le bailleur impute la déduction (BOI-BIC-BASE-100-10 n° 270).
> **c.** Le bénéfice de la déduction est subordonné au **respect** de l'article 36 ter du **règlement** UE n° 651/2014 déclarant certaines catégories d'aides compatibles avec le marché intérieur.
> **d.** Les déductions exceptionnelles résiduelles résultant de contrats d'acquisition ou de location conclus au plus tard le **31 décembre 2023** relèvent des dispositions de l'article 39 decies C du CGI applicables à cette date. S'agissant de l'application de ces dispositions, il convient de se référer à l'édition 2023 du Mémento fiscal. Il en est de même pour les biens acquis ou construits à compter du 1er janvier 2024 et jusqu'au 31 décembre 2024 lorsque le contribuable justifie d'un devis ayant fait l'objet d'une acceptation intervenue avant le 31 décembre 2023 (Loi 2023-1322 du 29-12-2023 art. 42, I et IV).
> **e.** Les dispositions de l'article 39 decies C du CGI applicables au 31 décembre 2023 sont reprises à l'**article 39 decies C bis** du CGI mais ne concernent que les **navires**. Ce dernier article s'appliquera à une date fixée par décret qui interviendra après l'accord de la Commission européenne (Loi 2023-1322 du 29-12-2023 art. 42, III et V).

INVESTISSEMENTS DANS DES ENGINS NON ROUTIERS PEU POLLUANTS

9635 CGI art. 39 decies F BIC-X bis-6000 s

Les **entreprises** de **bâtiment** et de **travaux publics,** celles **produisant des substances minérales solides,** les **exploitants aéroportuaires** et **assistants en escale** (BOI-BIC-BASE-100-70 n° 50) ainsi que les exploitants de **remontées mécaniques et de domaines skiables,** relevant d'un régime réel d'imposition, peuvent déduire de leur résultat imposable une somme égale à 40 % de la valeur d'origine, hors frais financiers, de certains **engins non routiers** acquis à l'état neuf entre le **1er janvier 2020 et le 31 décembre 2022** ou entre le **1er janvier 2024 et le 31 décembre 2026** (Loi 2023-1322 du 29-12-2023 art. 43). La déduction est portée à 60 % pour les entreprises répondant à la définition européenne des **PME** (n° 92650).

Les engins concernés doivent fonctionner au **gaz naturel,** à l'énergie **électrique** ou à l'**hydrogène** ou **combiner** soit l'énergie électrique avec une motorisation à l'essence ou au superéthanol E85, soit l'essence et le gaz naturel carburant ou le gaz de pétrole liquéfié (avec limites d'émission fixées par le décret 2020-401 du 6-4-2020). Ils relèvent de l'une des catégories suivantes :

– matériels et outillages utilisés pour des opérations industrielles ;
– matériels de manutention ;
– moteurs installés dans les matériels de ces deux précédentes catégories.

Pour les seules **entreprises de bâtiment et de travaux publics,** la déduction s'applique également aux **engins mobiles non routiers,** dont le moteur satisfait les exigences européennes relatives aux émissions polluantes, acquis en remplacement de matériels de plus de cinq ans utilisés pour le même usage.

Le bénéfice de la déduction est subordonné au respect de la réglementation de minimis (nos 92660 s.).

> **Précisions** **a.** Appartiennent au secteur du bâtiment et des travaux publics les entreprises qui exécutent des travaux de construction ou d'aménagement d'édifices ou d'infrastructures. Les **travaux de bâtiment** s'entendent des travaux de gros œuvre et de second œuvre liés à la construction, à l'entretien et à la démolition de bâtiments (BOI-BIC-BASE-100-70 n° 30).
> **b.** La déduction est applicable aux biens pris en contrat de **crédit-bail** ou en **location avec option d'achat.** Elle peut être pratiquée par le crédit-preneur ou le locataire mais non par le bailleur. Une entreprise qui exerce une des activités visées par ce dispositif peut pratiquer la déduction pour un matériel éligible qu'elle donne en **location simple** ou met **à disposition gratuitement.** Dans ce cas, la déduction n'est pas transférée à l'utilisateur du bien, même si le bien est inscrit au bilan de ce dernier (BOI précité n° 20).

F. Provisions

Sont appelées « provisions » les sommes déduites des résultats en prévision d'une perte (dépréciation d'un élément de l'actif, perte d'exploitation), ou d'une charge, qui n'est pas encore effective à la clôture de l'exercice, mais que des événements en cours rendent probable. **9660** CGI art. 39, 1-5° BIC-XII-1 s

La réglementation fiscale permet en outre aux entreprises de constituer des provisions, régies par des textes particuliers, qui ne correspondent pas à l'objet normal d'une provision et que le plan comptable range dans la catégorie des « provisions réglementées ».

1. CONDITIONS DE DÉDUCTION

RÈGLES FISCALES

Sur le plan fiscal, la déduction des provisions est subordonnée au respect des cinq conditions générales suivantes (auxquelles s'ajoutent des conditions spécifiques pour les provisions pour charges et pour les provisions pour pertes). **9720** BIC-XII-1100 s

1. La provision doit être destinée à faire face à une **perte** ou à une **charge déductible.** Cette condition s'oppose à la déduction des provisions constituées en prévision d'investissements qui se traduisent par un accroissement d'actif ainsi qu'à la déduction des provisions destinées à couvrir des charges non déductibles sur le plan fiscal soit que ces charges ne relèvent pas d'une gestion normale, soit que leur déduction est expressément interdite par la loi (cas, par exemple, de certains impôts).

2. La perte ou la charge doit être **nettement précisée.** Ceci signifie, d'une part, qu'il doit y avoir une individualisation précise de l'élément d'actif déprécié ou de la **nature** de la charge ou de la perte escomptée. Une entreprise peut constituer une provision déductible lorsqu'elle est tenue à une obligation à l'égard d'un tiers résultant de simples **pratiques sectorielles,** d'**usages professionnels** (CE 28-5-1980 n° 15912 : RJF 7/80 n° 577) ou encore d'un **usage** qui lui est **propre** (CE 13-7-2007 n°s 289233 et 289261 : RJF 11/07 n° 1217). D'autre part, le **montant** de la perte ou de la charge doit pouvoir être évalué avec une approximation suffisante, le cas échéant selon une méthode statistique.

3. La perte ou la charge doit être **probable,** ce qui exclut les provisions fondées sur des risques simplement éventuels. La probabilité doit être établie par des circonstances particulières, propres à la situation de l'entreprise, et peut notamment être appréciée en fonction des obligations de l'entreprise telles qu'elles résultent de la **jurisprudence judiciaire** en vigueur à la date de constitution de la provision (CE 28-5-2003 n° 237967 : RJF 8-9/03 n° 955). Les provisions sont sans objet pour les pertes ou charges d'ores et déjà certaines dans leur principe et dans leur montant à la clôture de l'exercice, qui doivent être comptabilisées en tant que telles.

4. La probabilité de la perte ou de la charge doit résulter d'**événements en cours.** Une provision n'est pas déductible si elle trouve son origine dans un événement ayant pris naissance après la clôture de l'exercice. Elle est déductible en revanche si, le fait générateur de la provision étant intervenu à la clôture, l'entreprise n'en a eu connaissance qu'entre la date de clôture et l'expiration du délai de déclaration (CAA Lyon 24-5-2000 n° 96-682 : RJF 11/00 n° 1229 ; CAA Paris 16-10-2008 n° 07-2745 : RJF 5/09 n° 432).

5. La provision doit être effectivement **constatée dans les comptes** dans le respect de l'ensemble des prescriptions comptables (CE 22-11-2022 n° 454766 : RJF 2/23 n° 86). Le défaut de constatation dans les comptes d'une provision n'est pas susceptible d'être corrigé par voie de réclamation ou par voie de compensation à l'occasion d'un rehaussement (CE 18-10-2022 n° 461039 : RJF 1/23 n° 56).

INCIDENCE DES RÈGLES COMPTABLES

En comptabilité, une provision pour risques et charges se définit comme un passif dont l'échéance ou le montant n'est pas fixé de façon précise (PCG art. 321-5). Le passif est lui-même défini comme un élément du patrimoine de l'entreprise ayant une valeur économique négative pour l'entité, c'est-à-dire comme une **obligation** de l'entreprise **à l'égard d'un tiers** dont il est probable ou certain qu'elle provoquera une **sortie de ressources** au bénéfice de ce tiers, sans **contrepartie** au moins équivalente attendue de celui-ci (PCG art. 321-1). **9725** BIC-XII-2100 s

À l'instar des règles fiscales, les règles comptables retiennent la date de clôture de l'exercice pour apprécier l'existence du **fait générateur** de la provision, étant précisé que, si le fait générateur comptable (obligation) coïncide souvent avec le fait générateur fiscal (événement), un décalage peut parfois se produire. Les exigences comptables tenant à l'existence d'une **obligation de l'entreprise envers un tiers** et à l'absence de **contrepartie** au moins équivalente émanant de celui-ci ne sont pas prévues au plan fiscal. Ces conditions, qui posent des difficultés d'appréciation, peuvent limiter dans certains cas, faute de comptabilisation, la déduction des provisions (notamment provisions pour déménagement et provisions pour pertes futures dues à des restructurations : voir Mémento comptable nos 16100, II et 17420 s.). Par ailleurs, pour déterminer le **montant** de la provision constituée à raison d'une obligation née avant la date de clôture, les informations retenues sur le plan comptable sont celles disponibles à la date d'arrêté des comptes (voir Mémento comptable n° 48310, IV).

Constatation obligatoire des provisions en comptabilité : voir Mémento comptable n° 48200.

9730 **a. Provisions comptabilisées** Une provision **régulièrement constituée dans les comptes** d'un exercice doit être déduite du résultat fiscal de ce même exercice, sauf si les règles propres au droit fiscal s'y opposent, et sa reprise lors d'un exercice ultérieur entraîne une augmentation de l'actif net du bilan de clôture de l'exercice concerné, y compris si la dotation n'a pas été déduite, à tort, à l'origine. À condition qu'elle ne soit pas délibérée, cette erreur (défaut d'inscription de la provision au bilan fiscal) doit être symétriquement corrigée dans les écritures de bilan des exercices antérieurs en remontant jusqu'au bilan de clôture de l'exercice de dotation (CE plén. 23-12-2013 n° 346018 : RJF 3/14 n° 218 ; CE 13-11-2020 n° 424455 : RJF 2/21 n° 179). En pratique, si cet exercice est prescrit, la déduction de la provision intervient au titre du premier exercice non prescrit. Lorsque la reprise de la provision intervient au titre du premier exercice non prescrit, l'administration n'est pas fondée à taxer la reprise, même si l'erreur est délibérée (n° 78170, d).

En revanche, lorsque la constitution d'une provision relève d'une **erreur comptable,** elle ne traduit pas une décision de gestion opposable à l'entreprise, qui n'est donc pas tenue de rapporter sa reprise à son résultat imposable (CE 19-6-2017 n° 391770 : RJF 10/17 n° 912).

b. Provisions non comptabilisées ou comptabilisées partiellement Contrairement à la doctrine administrative (BOI-BIC-PROV-20-10-40 n° 20), le Conseil d'État a admis, dans des arrêts antérieurs à l'entrée en vigueur des règles comptables actuelles sur les passifs, que rien ne s'oppose à la déduction fiscale d'une provision dotée à raison d'une perte ou d'une charge déjà rendue probable par des **événements survenus au cours d'un exercice précédent** (CE plén. 2-12-1977 n° 1247 : RJF 1/78 n° 5, à propos de la dépréciation du portefeuille-titres ; CE 27-5-1983 n° 27412 : RJF 7/83 n° 861, à propos d'une créance douteuse ; CAA Versailles 8-2-2011 n° 09-1202 : RJF 6/11 n° 683, à propos de la dépréciation de terrains bâtis résultant de la crise immobilière débutée six ans auparavant). Le Conseil d'État a également jugé que, lorsqu'une entreprise a calculé le montant de la provision qu'elle estime justifiée, elle peut constituer une provision d'un **montant moindre** (CE 5-3-1975 n° 89781 : RJF 5/75 n° 233 ; CE 10-12-2004 n° 236706 : RJF 2/05 n° 118).

COMPTABILISATION DES PRODUITS

9735 BIC-XII-2660 s La déduction des **provisions pour charges** constituées en fin d'exercice est subordonnée à la **condition supplémentaire** que se trouvent comptabilisés, au titre du même exercice, les produits afférents à ces charges (CE 28-6-1991 n° 77921 : RJF 8-9/91 n° 1052 ; BOI-BIC-PROV-10 n° 50). Cette condition ne vise en pratique que les cas où une provision est constituée pour faire face à une charge ultérieure afférente à une opération qui se déroule sur plusieurs exercices et pour laquelle l'entreprise perçoit une rémunération anticipée. Tel est le cas notamment des provisions pour prestations à fournir (n° 9940).

Mais le **montant** d'une provision pour charges n'a pas à être diminué des produits attendus auxquels ces charges se rapportent, tels qu'une indemnité d'assurance (CE 9-2-2012 n° 334154 : RJF 5/12 n° 449 ; BOI-BIC-PROV-20-10-20 n° 65).

ATTENTION

La comptabilisation à l'actif du bilan d'un **en-cours de production** qui a pour seul objet d'assurer la neutralité du résultat fiscal en compensant des charges de production déjà supportées et comptabilisées ne permet pas de justifier la constitution d'une provision pour charges (CE 11-7-2018 n° 403652 : RJF 12/18 n° 1212).

MODALITÉS D'ÉVALUATION

9740 BIC-XII-1470 s La condition selon laquelle la perte ou la charge doit être nettement précisée n'interdit pas le recours à des **méthodes statistiques de calcul.** Le Conseil d'État autorise en effet l'utilisation de telles méthodes dès lors que celles-ci, tirées de l'expérience de l'entreprise et établies d'après un ensemble d'opérations homogènes, permettent de déterminer de manière aussi exacte que possible le montant de la charge ou de la perte probable. Il appartient à l'administration, si elle entend critiquer cette méthode, de démontrer que la marge d'incertitude demeure appréciable et qu'il n'y a pas, dès lors, approximation suffisante.

ILLUSTRATIONS

Provisions susceptibles d'être fondées sur des calculs statistiques : provisions pour dépréciation des stocks (nº 7725) ; provisions pour créances douteuses (nº 9815) ; provisions pour garantie après-vente ou garantie d'entretien (nº 9940).

L'**évaluation forfaitaire** des provisions peut être exceptionnellement autorisée. Tel est le cas des « grands ensembles industriels » ayant pour activité de livrer des installations industrielles en état de fonctionnement (livraison d'usines clefs en main...), qui sont autorisés à déduire, à la clôture de l'exercice de réception des travaux, une provision fixée forfaitairement à 2,50 % du montant hors taxe des marchés, pour faire face au risque inhérent à l'obligation de résultat à laquelle ils sont tenus (BOI-BIC-PROV-30-10-10 nº 130).

CONDITIONS DE FORME

Outre leur constatation dans les comptes, les provisions doivent figurer sur le **tableau** des provisions à joindre à la déclaration des résultats de l'exercice, qui fait apparaître leur objet précis. Les manquements à cette obligation sont sanctionnés par une amende fixée à 5 % des sommes non déclarées (ramenée à 1 % si les provisions omises sont déductibles) qui est due au titre du seul exercice de mise en évidence de l'infraction (CGI art. 1763). Sur l'appréciation de cette dernière règle, voir nº 40530, a. Non-application de l'amende en cas de régularisation : voir nº 9055, a. **9745** BIC-XII-2100 s

> **Précisions** Les dotations d'un exercice aux comptes de provisions peuvent être effectuées jusqu'à l'expiration du **délai de déclaration** (CE 14-3-1979 nº 7360 : RJF 5/79 nº 272). Les mentions portées sur le tableau des provisions sont opposables aux contribuables, qui ne sont pas admis à modifier l'objet initialement indiqué devant le juge de l'impôt (CE 24-7-1981 nº 17972 : RJF 10/81 nº 852).

2. SORT DES PROVISIONS

PROVISIONS RÉGULIÈREMENT CONSTITUÉES

Trois situations peuvent se présenter, selon que la provision est utilisée conformément à son objet, qu'elle devient sans objet ou est détournée de son objet. **9755** BIC-XII-3600 s

a. Lorsque la **perte** ou la **charge** en prévision de laquelle une provision a été constituée **se réalise** effectivement, la déduction de cette perte ou de cette charge est compensée, à due concurrence, par la reprise de la provision, c'est-à-dire sa réintégration au résultat. Si la provision est plus élevée que la perte ou la charge, elle devient sans objet à hauteur de la différence et sa reprise majore d'autant le résultat.

Les règles fiscales ne diffèrent pas, en la matière, des règles comptables (Mémento comptable nº 48445), sauf dans l'hypothèse où la provision n'était pas déductible fiscalement, auquel cas sa reprise fait l'objet d'une déduction extra-comptable.

b. Une provision est considérée comme **devenue sans objet** lorsque la perte ou la charge en vue de laquelle elle avait été constituée ne se réalise pas (par exemple, encaissement d'une créance qui avait fait l'objet d'une provision pour créance douteuse). L'objet d'une provision est à distinguer de ses **causes ou justifications.** Ainsi, une société qui a constitué une provision peut, si cette provision n'a pas perdu son objet, maintenir ou modifier son montant si des événements en cours la justifient toujours, même si ces événements sont différents de ceux ayant motivé la constitution initiale (CE 30-6-2016 nº 380916 : RJF 10/16 nº 805). CGI art. 39, 1-5º-al. 15

La provision devenue sans objet au cours d'un exercice doit être rapportée aux résultats imposables dudit exercice (sauf s'il s'agit d'une provision non déductible fiscalement, antérieurement taxée). À défaut, l'administration peut procéder à la réintégration sans qu'aucun délai ne lui soit opposable. La provision est alors réintégrée dans les bénéfices de l'exercice au cours duquel elle est devenue sans objet ou, si cet exercice est prescrit, dans les résultats du premier exercice non prescrit (BOI-BIC-PROV-50 nº 170) ; voir nº 78170, h.

c. Lorsqu'une provision est **détournée de son objet** (par exemple, distribuée aux associés ou virée à un compte de réserve), elle doit être rapportée aux résultats de l'exercice au cours duquel elle a reçu un emploi non conforme à son objet. Si cet exercice est atteint par la prescription, l'administration ne peut plus réintégrer la provision.

PROVISIONS IRRÉGULIÈRES DÈS L'ORIGINE

Dans le cas où une entreprise a déduit à tort une provision qui ne satisfaisait pas, dès l'origine, aux conditions de déductibilité, cette erreur initiale, pour autant qu'elle ne revête pas un caractère délibéré, doit être corrigée dans le bilan de clôture de l'exercice au cours duquel elle a été irrégulièrement constituée (et non dans celui de l'exercice au cours duquel la provision devient sans objet). Si cet exercice est prescrit, la provision doit être réintégrée dans les bilans **9760** BIC-XII-4500 s des exercices non prescrits, à l'exception du bilan d'ouverture du premier de ces exercices, rendant ainsi sans objet sa reprise ultérieure pour emploi non conforme ou perte d'objet (CE 13-3-2020 n° 421024 : RJF 6/20 n° 548 ; BOI-BIC-PROV-50 n° 400).

3. PROVISIONS POUR DÉPRÉCIATION

9780 Les provisions pour dépréciation des **stocks** ayant déjà été examinées (nos 7690 s.), les développements qui suivent concernent les provisions pour dépréciation des immobilisations et les provisions pour créances douteuses ou litigieuses.

PROVISIONS POUR DÉPRÉCIATION DES IMMOBILISATIONS

9790 BIC-XII-10050 s Les provisions pour dépréciation des immobilisations ont pour objet de constater un amoindrissement de la valeur des immobilisations, lorsque celui-ci n'est pas irréversible. Conformément aux articles 214-15 et 214-16 du PCG, les entreprises doivent apprécier, à chaque clôture des comptes, s'il existe un **indice, interne ou externe, de perte de valeur** d'un actif. En présence d'un tel indice, elles doivent effectuer un **test de dépréciation** consistant à comparer la **valeur nette comptable** de l'immobilisation concernée à sa **valeur actuelle,** définie comme la valeur la plus élevée de la valeur vénale ou de la valeur d'usage. Pour les fonds commerciaux qui ne font l'objet d'aucun amortissement, ce test est réalisé au moins une fois par exercice, qu'il existe ou non un indice de perte de valeur.

La **valeur vénale** s'entend du montant qui pourrait être obtenu, à la date de clôture, de la vente d'un actif lors d'une transaction conclue à des conditions normales de marché, net des coûts de sortie. La **valeur d'usage** est la valeur des avantages économiques futurs attendus de l'utilisation de l'actif et de sa sortie. Ceux-ci correspondent à l'estimation des flux nets de trésorerie actualisée attendus de l'actif (PCG art. 214-6).

Exigeant le respect par les entreprises de ces règles comptables, le Conseil d'État a jugé que la seule circonstance que la valeur vénale d'un élément d'actif soit inférieure à sa valeur nette comptable ne suffit pas à justifier la déduction d'une provision s'il n'est pas établi que sa valeur d'usage est inférieure à la valeur nette comptable (CE 22-11-2022 n° 454766 : RJF 2/23 n° 86).

Sous réserve que cette condition soit satisfaite, la déduction d'une dépréciation fondée sur l'abaissement de la valeur vénale du bien devrait être admise si les éléments retenus pour son calcul sont suffisamment probants, étant précisé que l'administration refuse l'imputation des coûts de sortie sur cette valeur. Lorsque la dépréciation est comptabilisée sur la base de la valeur d'usage, l'administration considère que, dans certaines situations, la dépréciation des actifs fondée sur la seule diminution des **flux futurs de trésorerie** liés à l'actif s'apparente à la constitution d'une provision pour manque à gagner ou diminution de recettes qui ne peut être admise en déduction (BOI-BIC-PROV-40-10-10 n° 50). Mais la provision devrait néanmoins pouvoir être admise en déduction du résultat imposable si la valeur vénale, par hypothèse inférieure à la valeur d'usage retenue comme référence pour la dépréciation comptable, peut être justifiée. Lorsque la valeur vénale ne peut être déterminée, une dépréciation fondée sur des **éléments prospectifs** pourrait, à notre avis, être admise en déduction, sous réserve qu'elle soit justifiée par un événement survenu à la clôture de l'exercice et s'appuie sur des calculs fiables, compte tenu de la jurisprudence ayant affirmé le principe de connexion entre les règles comptables et les règles fiscales en matière de provision.

> **Précisions** Sont notamment considérés comme constitutifs d'un indice externe de perte de valeur les **changements importants** ayant un effet négatif sur l'entreprise, intervenus (ou prévus à court terme) dans l'environnement technique, économique, juridique ou financier dans lequel l'entreprise opère ou auquel l'actif est dévolu. L'entreprise est également tenue de considérer des indices internes tels que l'**obsolescence ou la dégradation physique** de l'élément non prévues lors de l'établissement du plan d'amortissement (voir Mémento comptable n° 27725).

9795 BIC-XII-10330 s **Immobilisations amortissables** Une dépréciation peut être admise en déduction du résultat imposable à hauteur de la **différence entre la valeur nette comptable et la valeur vénale** d'un élément d'actif immobilisé, à condition que son mode de calcul soit propre à exprimer avec une approximation suffisante le montant probable de cette dépréciation et que sa valeur d'usage soit inférieure à sa valeur vénale (voir n° 9790). Une telle déduction n'est pas subordonnée à l'existence d'une **intention de céder** le bien à la clôture de l'exercice (CE 10-12-2004 n° 236706 : RJF 2/05 n° 118 ; CE 12-1-2005 n° 253865 : RJF 3/05 n° 217 ; BOI-BIC-PROV-40-10-10 n° 40).

La comptabilisation d'une dépréciation entraîne au plan comptable la **modification prospective** de la **base amortissable** de l'immobilisation dépréciée (PCG art. 214-17 ; BOI-BIC-AMT-10-30-20 n° 40). En outre, il convient de transférer le **montant comptabilisé comme une dépréciation** à un **compte d'amortissements,** à hauteur de la différence entre les amortissements qui auraient été déduits du résultat imposable en l'absence de cette dépréciation et les amortissements effectivement constatés (Avis CNC n° 2006-12 du 24-10-2006 ; voir Mémento comptable nos 27785 s.). Ce mécanisme permet de déduire du **résultat fiscal** la quote-part du prix de revient du bien ayant donné lieu à une dépréciation non déduite du résultat imposable, au fur et à mesure de l'amortissement fiscal du bien déprécié, étant précisé que sa mise en œuvre nécessite des retraitements extra-comptables. La réappréciation du bien entraîne le rehaussement de sa base d'amortissement dans les comptes.

> Précisions **a.** Si la valeur nette comptable de l'élément déprécié diffère de sa **valeur nette fiscale** du fait de durées d'amortissement différentes en comptabilité et en fiscalité, la dépréciation n'est pas déductible lorsque la valeur nette fiscale du bien est inférieure à sa valeur actuelle.
b. La dépréciation d'un **bien décomposé** peut être imputée par priorité sur la structure (BOI-BIC-AMT-10-30-20 n° 80).
c. La **rupture d'un contrat de crédit-bail mobilier** due à des incidents de paiement autorise le crédit-bailleur, qui doit reprendre des biens n'ayant pas vocation à demeurer à son actif, à constater une provision correspondant à la dépréciation de ces biens (CAA Nantes 25-5-2005 n° 02-1164 : RJF 1/06 n° 13).

Immobilisations non amortissables La dépréciation constatée sur des immobilisations qui ne se déprécient pas de manière irréversible (terrains, fonds de commerce, titres de participation...) est admise en déduction du résultat imposable dans les conditions de droit commun. **9800** CGI ann. III art. 38 sexies BIC-XII-11120 s

> Précisions **a.** Les **participations** détenues **dans des sociétés de personnes relevant de l'impôt sur le revenu** ne peuvent donner lieu à la constatation d'une dépréciation lorsque celle-ci résulte des résultats d'exploitation déficitaires de la société déjà imputés sur les résultats de l'entreprise membre. En revanche, une telle déduction est justifiée si la dépréciation est la conséquence d'une surestimation de l'actif net comptable de la société par rapport au produit de sa liquidation éventuelle ou de la disparition de plus-values latentes qui avaient été prises en considération pour la détermination du prix d'acquisition des parts (CE 29-1-1992 n° 75083 : RJF 3/92 n° 303). Sur le régime fiscal des provisions pour dépréciation de titres détenus par des entreprises passibles de l'impôt sur les sociétés, voir n° 18835 (titres de participation) et n° 18905 (titres de participation au sein de SPI) et, s'agissant des titres détenus par des entreprises relevant de l'impôt sur le revenu, voir n° 18390.
b. Lorsque des éléments non amortissables figurent à l'actif pour une valeur comptable supérieure à leur valeur fiscale, ce qui est le cas des **biens placés sous un régime de sursis d'imposition** des plus-values (notamment biens reçus dans le cadre des opérations suivantes : échanges de titres, fusions de sociétés et opérations assimilées, attributions gratuites d'actions, transformations de sociétés en Scop), ils ne peuvent faire l'objet d'une provision pour dépréciation déductible fiscalement que si leur valeur réelle est inférieure à leur valeur fiscale, et dans la limite de la différence entre ces deux valeurs (CGI art. 39, 1-5°-al. 26 : BIC-XII-11600 s.). La même règle s'applique aux actifs non amortissables **réévalués sous le régime temporaire de sursis d'imposition** prévu à l'article 238 bis JB du CGI (n° 19420).
c. Non-déductibilité des provisions pour dépréciation du **mali technique** : n° 39540.
d. La dépréciation des **œuvres d'artistes vivants** acquises pour être exposées au public ne peut être constatée sous forme de provision déductible que pour la fraction qui excède la déduction spéciale pratiquée par ailleurs (BOI-BIC-PROV-40-10-10 n° 210) ; voir n° 10705.

Une provision peut être constituée à raison d'une dépréciation globale du **fonds de commerce,** à condition que la réalité de la dépréciation soit effective (diminution notable du chiffre d'affaires et des bénéfices par exemple). Ce principe doit être combiné avec l'obligation imposée par le Conseil d'État de respecter la réglementation comptable qui nécessite notamment la détermination des flux de trésorerie attendus de l'exploitation du bien afin d'établir sa valeur d'usage. En conséquence, une dépréciation ne peut être admise qu'à hauteur de la différence entre la valeur nette comptable et la plus élevée de la valeur d'usage et de la valeur vénale (voir n° 9790). Lorsqu'une telle provision a été constituée, son montant peut, si cette provision n'a pas perdu son objet, être maintenu ou modifié en cas de **modification de la consistance du fonds** et de survenance d'événements justifiant toujours une dépréciation, sans qu'il soit nécessaire de procéder à une reprise de provision suivie d'une nouvelle dotation (CE 30-6-2016 n° 380916 : RJF 10/16 n° 805). **9802**

La dépréciation de certains **éléments incorporels isolés du fonds de commerce** est admise (droit au bail par exemple : CE 15-10-1982 n° 26585 : RJF 12/82 n° 1090), sous réserve que l'élément incorporel soit effectivement dissociable du fonds et individualisable à l'actif du bilan et que la dépréciation soit justifiée et établie par l'entreprise (BOI-BIC-PROV-40-10-10 n° 140). Est en revanche refusée la dépréciation d'un fichier de clientèle acquis en l'absence d'individualisation de la clientèle correspondante (CE 17-1-1994 n° 124438 : RJF 3/94 n° 240).

Lorsqu'une provision pour dépréciation concerne un **fonds commercial** dont l'amortissement est admis en déduction en application de la mesure temporaire mentionnée n° 9175, elle est rapportée, de manière extra-comptable, aux résultats imposables de chacun des exercices suivant celui au titre duquel elle a été déduite, pour un montant égal à la différence entre l'amortissement qui aurait été pratiqué si la provision n'avait pas été comptabilisée et l'amortissement effectivement comptabilisé à la clôture de l'exercice. Les entreprises peuvent comptabiliser un amortissement dérogatoire égal à la dotation réintégrée au résultat de l'exercice (BOI-BIC-PROV-40-10-10 n° 155), ce qui permet en définitive de déduire l'intégralité du coût de revient du fonds au titre des amortissements.

9805 CGI art. 39, 1-5°al. 34 et 35 BIC-XII-10650 s **Cas particulier : immeubles de placement** Les provisions pour dépréciation constatées au titre d'un exercice sur les immeubles de placement ne sont déductibles que pour la part qui excède les **plus-values latentes** constatées à la clôture de l'exercice, à raison de l'ensemble des immeubles de cette nature inscrits à l'actif. Sont concernés les biens immobiliers inscrits à l'actif immobilisé et **non affectés** par l'entreprise à sa propre **exploitation,** à l'exclusion des immeubles donnés en location à des entreprises liées au sens de l'article 39, 12 du CGI, qui les affectent à leur propre exploitation. L'administration retient pour l'application de la présente mesure la même définition des immeubles de placement que celle énoncée pour l'application des règles d'amortissement par composants, voir n° 9205, Précisions.

Les plus-values latentes à prendre en compte s'entendent de la différence entre la valeur réelle des immeubles de placement à la clôture de l'exercice et leur prix de revient corrigé des plus ou moins-values en sursis d'imposition afférentes aux terrains antérieurement compris dans une opération d'apport. Elles sont diminuées du montant global des provisions non admises en déduction au titre des exercices précédents du fait de l'application du présent plafonnement et non encore rapportées au résultat.

Les **reprises de provisions** imputées prioritairement sur les dotations non déduites que l'entreprise a pratiquées ne sont pas comprises dans les résultats imposables.

Les entreprises doivent joindre à leur déclaration de résultat un **état n° 2027-H-SD** permettant le suivi des provisions non admises en déduction (CGI ann. III art. 10 quaterdecies).

EXEMPLE

Soit une société qui détient deux immeubles de placement A et B. À la clôture de l'exercice 2023, elle comptabilise une dépréciation sur l'immeuble A égale à 50 000 €, tandis qu'il existe une plus-value latente sur l'immeuble B de 20 000 €. La dépréciation est donc déductible à hauteur de 30 000 € (50 000 – 20 000). Une réintégration de 20 000 € doit être pratiquée au résultat de l'exercice.

À la clôture de l'exercice 2024, elle constate une nouvelle dépréciation sur l'immeuble A égale à 60 000 € et la plus-value latente sur l'immeuble B est portée à 30 000 €. Le montant déductible de cette dépréciation s'élève à : 60 000 – (30 000 – 20 000), soit 50 000 €. La réintégration à effectuer au résultat de l'exercice s'élève donc à 10 000 €.

À la clôture de l'exercice 2025, elle reprend la dépréciation constatée sur l'immeuble A à hauteur de 40 000 € ; cette reprise s'impute en priorité sur la dépréciation non déduite, soit 30 000 € (20 000 + 10 000). Elle n'est donc taxable qu'à hauteur de 10 000 €.

PROVISIONS POUR CRÉANCES DOUTEUSES OU LITIGIEUSES

9815 BIC-XII-12000 s Sans être **irrécouvrable** et donc définitivement perdue, une créance peut être compromise en raison de la mauvaise **situation financière du débiteur** (créance douteuse) ou de l'existence d'un **désaccord** non encore tranché portant sur le principe ou la quotité de la créance (créance litigieuse). Dans ces deux hypothèses, les entreprises sont amenées à constituer des provisions. Celles-ci sont déductibles au point de vue fiscal à la condition :

– que la créance soit inscrite à l'actif et résulte d'une gestion commerciale normale ;

– que le risque de non-recouvrement soit nettement précisé ;

– que les événements en cours à la date de clôture rendent probable la perte supputée.

En principe, le risque de non-recouvrement doit être justifié créance par créance. Mais la jurisprudence admet le **calcul statistique** des provisions pour créances douteuses lorsque cette méthode est appropriée à la situation et aux données spécifiques à l'entreprise (CE 20-5-1985 n°s 42581 et 42582 : RJF 7/85 n° 1011). Une telle méthode ne peut permettre de justifier l'existence de créances douteuses ne se rattachant à aucun événement en cours à la date de clôture de l'exercice (CE 17-2-2016 n° 377415 : RJF 5/16 n° 411). Toutefois, dans le contexte particulier de l'activité de distribution de crédits à la consommation, le Conseil d'État a admis que le caractère probable du non-recouvrement des créances soit attesté par des données historiques et statistiques de l'entreprise conformément aux règles comptables de ce secteur d'activité (CE 3-2-2021 n° 429702 : RJF 4/21 n° 354).

ILLUSTRATIONS

Une société de vente par correspondance peut recourir à une telle méthode, compte tenu du grand nombre, de la variété et de la faible valeur unitaire des articles vendus, à condition qu'elle évalue le risque de perte avec une précision suffisante (CE 11-12-1991 n° 70727 : RJF 2/92 n° 187). Il en est de même pour une société de location de voitures qui établit chaque année plusieurs centaines de milliers de factures, généralement de faible montant (CAA Paris 24-1-1991 n° 2783 : RJF 4/91 n° 407).

En revanche, la provision ne peut être déterminée par un mode de **calcul global et forfaitaire** (CE 26-3-2008 n° 296625 : RJF 6/08 n° 639).

> Précisions **a.** Le seul **défaut de paiement** des créances à l'**échéance** ne justifie pas la déduction d'une provision (notamment CAA Paris 29-1-1991 n° 2662 : RJF 5/91 n° 569). Mais, il n'est pas systématiquement exigé que des **poursuites** judiciaires soient engagées, notamment pour des créances de faible montant envers le principal client (CE 19-6-1989 n° 58984 : RJF 8-9/89 n° 933). Il est enfin admis de provisionner des créances détenues sur un client tout en continuant à le fournir et en ne cherchant à obtenir leur remboursement que par voie amiable (notamment CE 20-6-1997 n° 99429 : RJF 8-9/97 n° 763 ; CE 13-11-2023 n° 466464 : RJF 2/24 n° 115).

b. Une **créance** détenue **sur une société de personnes** n'a de caractère douteux que si elle est reconnue comme telle à l'égard non seulement de la société, mais aussi de ses membres, dès lors que ceux-ci sont tenus des dettes de la société vis-à-vis des créanciers (notamment CE 29-1-1992 n° 75083 : RJF 3/92 n° 303).

c. Les provisions sont maintenues au bilan tant que subsiste le risque de perte. Le **risque** d'un **pourvoi en cassation** par le débiteur justifie, par exemple, le maintien d'une provision pour une créance dont l'existence a été reconnue par un jugement de première instance confirmé en appel (CE 12-10-1992 n° 76635 : RJF 12/92 n° 1628).

d. La **TVA** étant récupérable en cas d'impayé (nos 54400 s.), la provision est limitée au montant hors taxe de la créance (BOI-BIC-PROV-40-20 n° 230 ; CE 20-6-1997 n° 99429 : RJF 8-9/97 n° 763).

e. Lorsque l'abstention d'une **société à la fois créancière et débitrice de la même personne** à faire jouer la compensation est regardée comme constitutive d'un acte anormal de gestion, la société ne peut constituer une provision que pour un **montant net** – différence entre les créances et les dettes réciproques (CE 22-2-2017 n° 387661 : RJF 5/17 n° 418).

4. PROVISIONS POUR RISQUES ET CHARGES

DISTINCTION ENTRE CHARGES À PAYER ET PROVISIONS

Fiscalement, constituent des frais à payer les charges qui revêtent le caractère de dettes certaines dans leur principe et déterminées quant à leur montant, même si elles ne sont pas encore susceptibles d'être réclamées par les créanciers. Les provisions se distinguent donc essentiellement des charges à payer par l'incertitude afférente à la réalisation de la charge provisionnée ou par l'imprécision de leur montant. 9850 BIC-XII-15050 s

Au **plan comptable,** le critère de distinction entre les dettes et les provisions pour risques et charges porte sur la connaissance précise ou non du montant ou de l'échéance de la sortie de ressources nécessaire à l'extinction de l'obligation. Les charges à payer, qui se rattachent aux dettes, sont des passifs certains dont il est parfois nécessaire d'estimer le montant ou l'échéance avec une incertitude moindre que pour les provisions pour risques et charges (Mémento comptable nos 15140 et 48130).

Pour régler cette divergence, les entreprises qui suivent, pour la présentation de leur bilan, la distinction comptable entre charges à payer et provisions doivent annexer à leur déclaration de résultat un **relevé détaillé** des charges comptabilisées en charges à payer qui ont fiscalement le caractère de provisions (BOI-BIC-PROV-10 n° 250). Ce relevé est indépendant des « informations détaillées » que les entreprises doivent joindre obligatoirement à leur déclaration, notamment en ce qui concerne les produits à recevoir et les charges à payer (n° 10995).

ATTENTION

Contrairement à la doctrine administrative (BOI-BIC-PROV-20-10-30 n° 80), le Conseil d'État estime que l'**inscription erronée** d'une dette certaine dans un **compte de provision** (telle que les sommes dues par une entreprise au Fonds national pour l'emploi) est sans incidence sur le résultat imposable et ne donne lieu à aucune réintégration (CE 17-3-2016 n° 381427 : RJF 6/16 n° 512).

PROVISIONS POUR IMPÔTS

L'article 39, 1-4° du CGI interdit aux entreprises d'inclure dans les charges d'un exercice, à titre de frais payés ou à payer, des impôts autres que ceux mis en recouvrement ou devenus exigibles au cours de l'exercice. Mais rien ne s'oppose à la déduction sous forme de provisions des impôts 9860 BIC-XII-15600 s et autres charges fiscales, déductibles au point de vue fiscal, qui se rattachent aux **opérations déjà effectuées** par l'entreprise et dont le fait générateur est intervenu avant la clôture de l'exercice de constitution de la provision (jurisprudence constante depuis CE plén. 25-10-1972 n° 80122 et, s'agissant de la survenance du fait générateur de l'impôt, CE plén. 18-5-1983 n° 29524 : RJF 7/83 n° 862).

L'administration admet la constitution de provisions pour impôts lorsqu'il s'agit d'impôts déductibles qui présentent un caractère permanent et qui seront dus à raison de faits survenus au cours de l'exercice envisagé (BOI-BIC-PROV-30-20-20 n° 1).

> Précisions **a.** Les contribuables sont en droit de constituer une provision pour faire face au risque probable de rappels d'impôts, déductibles fiscalement, qui résulte d'une procédure de **rectification** engagée par l'administration (notamment CE 21-1-1991 n° 76390 : RJF 3/91 n° 262), même si le bien-fondé de l'imposition fait l'objet d'une contestation contentieuse n'ayant pas donné lieu à une décision définitive (CE 20-11-2002 n° 230530 : RJF 2/03 n° 153).

b. Les entreprises ne peuvent constituer de provision à raison de la **participation** des employeurs **à l'effort de construction** relative aux salaires de l'année que si elles ont pris, à la clôture de l'exercice, l'engagement irrévocable de s'acquitter de leur obligation sous la forme de subventions et ont porté leur décision à la connaissance de la personne ou de l'organisme bénéficiaire des versements (CE 27-11-1974 n° 88113 : RJF 2/75 n° 75 ; BOI-BIC-PROV-30-20-20 n°s 150 et 160). La cotisation de 2 % due en cas d'absence ou d'insuffisance d'investissement peut faire l'objet d'une provision lorsque l'exercice coïncide avec l'année civile (BOI précité n° 170).

c. La **taxe sur les salaires** est déduite en tant que charge à payer pour sa fraction due à raison des salaires payés à la clôture de l'exercice et sous forme de provision pour la fraction correspondant aux salaires restant dus à cette date (BOI-BIC-PROV-30-20-20 n°s 110 et 120 ; CE 25-10-1972 n° 80122).

d. Une entreprise ne peut, à notre avis, constituer à la clôture d'un exercice arrêté le 31 décembre une provision correspondant à la **contribution économique territoriale** qui sera due l'année suivante dès lors que le fait générateur de cet impôt est constitué par l'exercice de l'activité au 1er janvier de l'année d'imposition (CE 30-6-2004 n° 253513 : RJF 10/04 n° 1001 rendu en matière de taxe professionnelle).

e. La **contribution sociale de solidarité des sociétés** (C3S) ne peut donner lieu à provisionnement. Calculée en fonction du chiffre d'affaires de l'année écoulée, elle est due au titre de l'année suivante et n'est déductible, de par la loi, que des résultats de l'exercice en cours au 1er janvier de cette dernière année. Pour les entreprises qui arrêtent leur exercice en cours d'année, la contribution due au titre de l'année de clôture de l'exercice est déduite des résultats de cet exercice, sous forme de charge à payer si elle n'a pas encore été effectivement acquittée. La **taxe sur les surfaces commerciales** (Tascom) obéit aux mêmes règles.

PROVISIONS POUR DÉPENSES DE PERSONNEL

9875 BIC-XII-16600 s **Provisions pour rémunérations, gratifications et cotisations** Les dépenses de personnel restant à régler à la clôture d'un exercice, telles les gratifications, primes et participations contractuelles aux bénéfices, peuvent être déduites du résultat dudit exercice à la condition que l'entreprise ait pris, à l'égard de ses salariés, des **engagements fermes** quant au principe et au mode de calcul des sommes dues et que l'obligation de payer ultérieurement celles-ci soit certaine. Si le montant des sommes dues est exactement déterminé, celles-ci peuvent être déduites au titre des frais à payer. Dans le cas contraire, une provision peut être constituée à raison de leur montant probable (CE plén. 18-6-1971 n° 80167 ; BOI-BIC-PROV-30-20-10 n° 1).

> Précisions **a.** L'**engagement de l'entreprise** de verser un complément de rémunération peut résulter d'une inscription au livre de paie ou d'un usage constant (a contrario CE 28-4-1982 n° 20330 : RJF 6/82 n° 529) ou de la convention collective (CAA Nancy 6-8-1998 n° 95-1524 : RJF 12/99 n° 1513).

b. Le **supplément de rémunération** alloué à un **gérant de SARL** est déductible des résultats de l'exercice au cours duquel il est accordé même s'il n'a pas encore été décidé par l'assemblée générale, dès lors que celle-ci a, l'année suivante, régulièrement approuvé les comptes de l'exercice et ratifié les conventions passées (CE 5-6-1991 n° 68103 : RJF 8-9/91 n° 1050), sauf si le versement du complément de rémunération est subordonné à la réalisation d'événements futurs et incertains tels que l'existence d'une trésorerie suffisante (CE 16-12-1992 n° 82971 : RJF 2/93 n° 198).

Les compléments de rémunérations versés aux **dirigeants d'une SA** en l'absence de toute décision préalable du conseil d'administration ne sont pas déductibles (CE 6-4-2001 n° 198233 : RJF 7/01 n° 930), alors même, selon la cour de Bordeaux, que des décisions postérieures du conseil et de l'assemblée générale approuvent les comptes de l'exercice (CAA Bordeaux 10-4-2001 n° 98-407 : RJF 8-9/01 n° 1046).

c. Les primes à verser aux salariés qui seront attributaires de la **médaille du travail**, même à une date éloignée, justifient la constitution d'une provision déductible lorsque la charge future peut être évaluée avec une précision suffisante par voie statistique (CE 24-5-2000 n° 201685 : RJF 7-8/00 n° 903).

d. Sont à notre avis déductibles les provisions afférentes aux engagements découlant d'un accord collectif relatif à un **compte épargne-temps** alimenté par des éléments monétaires.

e. Constitution d'une provision : en cas d'**attribution de stock-options,** voir nos 88780 s. ; en cas d'attribution d'**actions gratuites,** voir nos 88820 s.
f. La provision constituée par une entreprise relevant du **régime général de la sécurité sociale** pour anticiper la hausse des **cotisations accidents du travail et maladies professionnelles** n'est pas déductible dès lors qu'elle trouve sa source non dans la réalisation des risques passés, mais dans le versement des rémunérations des salariés sur lesquelles ces cotisations sont assises (CE 22-1-2020 n° 422501 : RJF 4/20 n° 306).

9885 CGI art. 39, 1-1° bis BIC-XII-17250 s

Provisions pour congés payés Les **droits à congé acquis** par les salariés à la clôture de l'exercice, ainsi que les charges sociales et fiscales correspondantes, constituent en principe une charge déductible des résultats de cet exercice, conformément aux règles comptables (Mémento comptable nos 16725 s.). Mais les entreprises qui ont **opté avant 1987,** irrévocablement, pour le maintien du régime fiscal alors en vigueur doivent déduire les indemnités de congés payés et les charges y afférentes au titre de l'exercice au cours duquel elles sont effectivement payées. Une correction extra-comptable doit alors être opérée pour la détermination du résultat fiscal.

> Précisions **a.** Dans le cadre du **régime optionnel,** les entreprises peuvent, en cas de **prorogation de la période légale de congés** (1er mai-31 octobre), déduire les indemnités de congés correspondant aux droits non encore utilisés qui ont été acquis au cours de périodes de référence précédant celle en cours à la clôture. Exemple : déduction au 31 décembre 2023 des indemnités afférentes à un reliquat de congé 2023 (période de référence 1-6-2022/31-5-2023) qui ne sera pris qu'en 2024. Cette mesure n'est toutefois pas applicable en cas de fusion de sociétés ou opération assimilée (BOI-BIC-PROV-30-20-10-10 n° 120).
b. En cas d'**absorption d'une entreprise soumise au régime optionnel** par une entreprise relevant du droit commun (ou opération assimilée : apport partiel d'actif, scission, transfert de salariés avec maintien des contrats de travail), l'indemnité pour congés payés correspondant aux droits acquis par les salariés transférés sur une période de référence d'au moins sept mois n'est pas déductible (CGI art. 236 bis : BIC-XII-17640 s.).

9890 CGI art. 39, 1-5°-al. 32 BIC-XII-18300 s

Provisions pour licenciement Les provisions constituées en vue de faire face aux charges liées à des licenciements qui peuvent être tenus pour probables à la clôture de l'exercice sont déductibles. Il en est ainsi des indemnités versées lors d'un licenciement pour **motif personnel,** ou dans le cadre d'un **redressement** ou d'une **liquidation judiciaire,** et des autres charges supportées dans ces hypothèses.

En revanche, les provisions destinées à faire face à des indemnités de licenciement pour **motif économique** ne sont pas déductibles : il s'agit de l'indemnité de licenciement stricto sensu légale (C. trav. art. L 1234-9) et, lorsqu'elles sont d'un montant supérieur, des indemnités accordées par la convention collective, le contrat de travail, les usages (voir Mémento social nos 48900 s.), ou versées dans le cadre d'un **plan de sauvegarde de l'emploi** (BOI-BIC-PROV-30-20-10-20 n° 230). Les autres indemnités versées (préavis, congés payés...) ainsi que les frais de restructuration et les dépenses liées à la reconversion du personnel et aux diverses mesures d'accompagnement social (reclassement, actions de formation...) ne sont notamment pas visés par l'interdiction (BOI précité n° 240).

> Précisions Les **licenciements** peuvent être tenus pour **probables** à la clôture de l'exercice si une décision formelle a été prise avant cette date – convocation à l'entretien préalable, information et convocation des délégués du personnel ou du comité social et économique, établissement d'un plan social... (BOI précité nos 120 à 140).

9895 CGI art. 39, 1-5°-al. 1 BIC-XII-18800 s

Provisions pour charges de retraite Est interdite toute déduction des provisions constituées en vue de faire face au versement d'allocations en raison du départ à la retraite ou préretraite de membres ou anciens membres du personnel, ou de mandataires sociaux.

Cette interdiction concerne toutes les sommes versées aux salariés et anciens salariés ainsi qu'aux dirigeants, lors de leur départ à la retraite ou préretraite, ou pendant la durée de celle-ci. Sont notamment visés : les **indemnités de départ** à la retraite (fixes ou variables) ; les **allocations de préretraite** ; les **pensions** ou compléments de retraite (BOI-BIC-PROV-30-20-10-20 n° 300) ainsi que les **charges sociales** liées au versement de ces sommes (CE 24-3-2006 n° 257330 : RJF 6/06 n° 667).

Du point de vue **comptable,** la constatation de provisions n'est pas obligatoire (C. com. art. L 123-13) mais constitue la méthode préférentielle, voir Mémento comptable nos 17705 s. Les entreprises qui l'appliquent doivent réintégrer le montant des dotations à ce poste, de manière extra-comptable, dans leur bénéfice imposable.

> Précisions **a.** Sommes dues par une entreprise au **Fonds national pour l'emploi** : voir n° 9850, Attention.
b. Les sommes versées à d'anciens salariés sous forme de **rente mensuelle jusqu'à l'âge de la retraite,** en contrepartie de leur renonciation au paiement immédiat d'indemnités de licenciement, ne peuvent pas faire l'objet de provisions (CE 5-3-1997 n° 126166 : RJF 4/97 n° 310).
c. Les **charges** qui ne peuvent donner lieu à provision sont en principe **déductibles** des résultats de l'exercice au cours duquel elles sont

effectivement engagées (voir notamment, pour les pensions de retraite, les précisions données nº 8615).

d. Déduction des **cotisations** versées à un organisme tiers qui prend en charge le paiement des prestations définies ci-dessus : voir nº 8615.

PROVISIONS POUR TRAVAUX

9905 BIC-XII-20000 s Les travaux de gros entretien et de grandes révisions qui n'entraînent pas un accroissement des valeurs d'actif peuvent donner lieu dans les comptes soit à la constatation d'une provision, soit à leur inscription à l'actif en tant que composant (PCG art. 214-10). Lorsque l'entreprise opte pour leur comptabilisation sous la forme d'une **provision pour gros entretien ou grandes révisions,** celle-ci est déductible si les dépenses excèdent, par leur nature et leur importance, les travaux d'entretien ou de réparation courants – ravalement, grandes révisions... (CE 8-7-1987 nº 49158 : RJF 10/87 nº 970).

ATTENTION

Les réparations envisagées doivent en outre être nettement précisées à la clôture de l'exercice, ce qui suppose, selon l'administration, une programmation détaillée des travaux à entreprendre assortie d'une estimation précise de leur coût (BOI-BIC-PROV-30-20-40 nº 140). L'absence de programmation détaillée ne fait toutefois pas obstacle à la constatation de la provision dès lors que l'état de dégradation de l'immeuble à la clôture de l'exercice de constitution de la provision est tel qu'il rend nécessaire la réalisation des travaux et que ces derniers sont réalisés dans un délai raisonnable (CE 27-7-2005 nºs 259009 et 259678 : RJF 11/05 nº 1157 ; Rép. Grau : AN 22-12-2020 nº 28370).

Dans le cas où le coût des travaux est comptabilisé en tant que **composant,** cette possibilité étant refusée au plan fiscal (CGI ann. II art. 15 bis ; voir nº 9185), il convient de rapporter au résultat imposable la fraction de l'amortissement du composant ainsi identifié dans les comptes qui excède la dotation calculée d'après la durée fiscale d'amortissement du bien concerné (BOI-BIC-CHG-20-20-20 nº 280).

S'agissant des travaux qui consistent en des **remplacements,** voir nºs 8365 s.

> Précisions **a.** Les **réparations** pour lesquelles des provisions ont été constituées doivent être effectuées dans un délai raisonnable, faute de quoi les provisions deviennent sans objet et doivent être rapportées aux bénéfices imposables (CE 1-2-1978 nº 3490 : RJF 3/78 nº 78).
b. La **probabilité** des travaux nécessite que leur réalisation résulte d'une décision d'un organe exécutif de l'entreprise (CE 6-7-1990 nº 73078 : RJF 10/90 nº 1166) ou découle de l'exécution d'une obligation envers un tiers (CE 8-7-1987 nº 49158 : RJF 10/87 nº 970).
c. Les exploitants de **carrières** peuvent constituer des provisions pour faire face aux dépenses qu'ils auront à supporter en vue de la reconstitution du site à laquelle ils sont tenus dès lors qu'elle résulte d'une dégradation progressive. Ces dépenses doivent faire l'objet d'un plan d'étalement si les travaux sont exécutés sur plus d'un exercice (BOI-BIC-PROV-30-20-40 nº 220).

9910 CGI art. 39, 1-5°al. 27 à 31 BIC-XII-21150 s **Provisions pour renouvellement de biens appartenant à autrui** Sont autorisées à constituer ce type de provisions les entreprises soumises à une obligation contractuelle de renouvellement de **biens amortissables** dont elles assurent l'exploitation, notamment :

– les entreprises **concessionnaires** (ou fermières) de service public pour les biens remis gratuitement à l'autorité concédante au terme de la concession ;

– les entreprises **locataires** tenues, en fin de contrat, de restituer les biens loués en bon état ;

– les entreprises prestataires de services qui assurent la **gestion** et l'**entretien** de certaines **installations** (chauffage, climatisation) et sur lesquelles pèse une obligation de **garantie** totale des matériels ;

– les entreprises titulaires de **marchés d'entreprise et de travaux publics** qui construisent des équipements et les exploitent.

> Précisions **a.** Lorsque l'obligation de **renouvellement** est mise **à la charge d'un tiers** (entreprise d'assurance, par exemple), c'est à ce dernier qu'appartient le droit de constituer une provision déductible dans la limite de celle que l'assuré pourrait lui-même déduire.
b. Les **règles comptables** applicables à la provision pour renouvellement diffèrent, sur plusieurs points, des règles fiscales, voir Mémento comptable nºs 72395 s.

9915 Le **mode de calcul** de la provision, fixé par la loi, conduit à étaler sa déduction, selon des modalités progressives, sur la durée réelle d'utilisation du bien à renouveler prévue par le plan de renouvellement (plan dont l'établissement est donc obligatoire). En pratique, le montant maximal de la **provision déductible à la clôture d'un exercice** est égal à la différence entre le coût estimé de remplacement du bien à cette date et son prix de revient dans les comptes de l'entreprise concernée, affectée d'un coefficient progressif. Ce coefficient est égal au quotient du nombre d'années d'utilisation du bien depuis sa mise en service sur sa durée totale d'utilisation. La durée d'utilisation est, selon l'administration, exprimée en nombre de mois.

Pour le premier exercice d'utilisation, elle court du premier jour du mois au cours duquel le bien a été mis en service jusqu'au dernier jour de l'exercice (BOI-BIC-PROV-30-30-20-20 n° 30).

> Précisions a. Si le bien n'est pas remplacé à l'**expiration du plan** initial **de renouvellement,** ou du plan en vigueur au 15 septembre 1997 pour les biens en service à cette date, les dotations ultérieures passées en comptabilité ne sont pas déductibles sur le plan fiscal.

b. Lors du **remplacement du bien,** la provision pour renouvellement est rapportée au résultat imposable de l'exercice ou de la période d'imposition en cours.

Lorsqu'il s'agit d'un **bien amorti** par l'entreprise exploitante, la provision pour renouvellement peut être reprise au fur et à mesure de la déduction de l'amortissement technique si le bien acquis en remplacement est lui-même renouvelable. Si ce n'est pas le cas, elle peut être reprise sur la durée du contrat restant à courir (BOI-BIC-PROV-30-30-20-20 n°s 280 à 300).

PROVISIONS POUR LITIGES

Les entreprises engagées dans un litige peuvent constituer une provision afin de faire face à la charge probable qui en résultera. Le litige doit être **déjà né** à la clôture de l'exercice, ce qui suppose l'existence d'une réclamation, d'une procédure de rectification, d'une action en justice intentée contre l'entreprise ou d'une mise en jeu de sa responsabilité (notamment CE 7-8-2008 n° 287712 : RJF 11/08 n° 1165). L'existence même d'un litige suffit à justifier la constatation d'une provision sans que le contribuable ou le juge de l'impôt ait à en apprécier l'**issue** (CE 24-5-2000 n° 185647 : RJF 7-8/00 n° 901 ; CE 20-11-2002 n° 230530 : RJF 2/03 n° 153). Le recours à l'**arbitrage conventionnel** présente un risque comparable à celui d'une action en justice (CE 4-12-2013 n° 354228 : RJF 3/14 n° 219). En revanche, la constitution d'une provision suppose que le litige ne soit pas définitivement tranché à la clôture de l'exercice (CE 12-10-1992 n° 76635 : RJF 12/92 n° 1628 ; CE 7-12-2016 n° 384309 : RJF 2/17 n° 172). La dette de l'entreprise devient en effet certaine en cas de jugement exécutoire et doit être déduite en tant que charge. 9930 BIC-XII-23650 s

En outre, la charge susceptible d'incomber à l'entreprise doit elle-même être déductible (par exemple, **salaires, dommages et intérêts** ou **rappel d'impôts** fiscalement déductibles).

Le **montant** déductible de la provision correspond aux prétentions de la partie adverse.

> Précisions a. Le Conseil d'État admet qu'une entreprise puisse déduire une provision pour faire face au risque de charges salariales supplémentaires qui résulteraient de l'aboutissement d'une **action en justice dirigée non pas contre elle, mais contre d'autres entreprises du même réseau** dès lors que le litige porte sur l'interprétation d'une clause contenue dans un accord salarial applicable à l'ensemble du réseau (CE 24-5-2000 n° 185647 précité).

b. En ce qui concerne la provision constituée par le titulaire d'une **créance** dont le recouvrement lui paraît compromis en raison d'un litige l'opposant au débiteur, voir n° 9815.

PROVISIONS POUR PRESTATIONS À FOURNIR

Compte tenu des règles de rattachement des produits aux résultats de l'exercice de livraison des biens ou d'achèvement des prestations (n°s 7870 s.), la constitution de provisions pour prestations à fournir ne se révèle nécessaire que lorsque des **services liés à une vente** ou à une prestation déjà comptabilisée sont ultérieurement rendus sans supplément de prix (par exemple, installation et mise en service d'un matériel déjà livré). La déduction d'une provision destinée à faire face aux charges directes et indirectes restant à supporter à ce titre est alors admise, à condition que l'entreprise soit en mesure d'en évaluer le montant avec une approximation suffisante (CE 15-11-1989 n° 90844 : RJF 1/90 n° 16). 9940 BIC-XII-22500 s

La constatation d'une provision pour charges est subordonnée à la prise en compte des produits correspondants au titre de l'exercice ou d'un exercice antérieur (n° 9735).

> Précisions a. Les entreprises qui assurent une **garantie après-vente** des produits vendus peuvent constituer une provision déductible, à condition que celle-ci soit déterminée avec une précision suffisante et que la mise en jeu de la garantie soit suffisamment probable (CE 28-9-1990 n° 88764 : RJF 11/90 n° 1320). De même, une provision pour garantie peut être constituée par un concessionnaire qui conclut pour la première fois, avec sa clientèle, des **contrats de réparation et d'entretien** en se fondant sur les données statistiques communiquées par le constructeur et adaptées par l'entreprise en fonction de sa propre exploitation (CE 14-2-2001 n° 189776 : RJF 5/01 n° 595). L'engagement de garantie peut résulter d'une **obligation implicite,** née d'un usage propre à la société (CE 13-7-2007 n°s 289233 et 289261 : RJF 11/07 n° 1217).

b. La provision constituée au titre de la **garantie décennale** par une agence d'architecture ne peut couvrir les charges de personnel et de structure liées à la gestion des contentieux dès lors que, correspondant à l'exécution de contrats de travail déjà signés et à des frais fixes d'agence, leur engagement est indépendant de la survenance de litiges liés à cette garantie au cours des exercices suivants (CE 12-10-2018 n° 404091 : RJF 1/19 n° 18).

PROVISIONS POUR DROITS À RÉDUCTIONS

9950 BIC-XII-26050 s Au plan comptable, doivent donner lieu à la constitution d'une provision les réductions correspondant aux droits accordés aux clients au titre des ventes passées et utilisables à l'occasion des ventes futures, sous forme de **chèques-cadeaux, réductions, cartes de fidélité,** etc. (Avis CNC 2004-E du 13-10-2004). La jurisprudence admet la déduction fiscale de provisions constituées à raison de **bons de réduction** accordés lors d'une vente initiale à valoir sur une vente ultérieure (CE 2-6-2006 n° 269997 : RJF 8-9/06 n° 995). Sont également déductibles les provisions constituées à raison de **programmes de fidélisation** qui nécessitent l'accumulation d'un certain nombre de points (et donc d'achats successifs) pour obtenir la réduction (Avis CE 27-10-2009 n° 383197 ; TA Montreuil 10-3-2011 n° 0907461 : RJF 12/11 n° 1277). Ces dernières provisions dont l'administration admet en pratique la déduction sont constituées au fur et à mesure de l'attribution des droits.

Le **montant** de la provision constituée au titre d'un **chèque-cadeau à valoir sur des ventes ultérieures** doit tenir compte de la probabilité d'utilisation effective du chèque-cadeau et correspond au seul coût de revient de l'avantage accordé par la société pour les articles dont le prix sera en tout ou partie acquitté au cours d'un exercice ultérieur au moyen du chèque-cadeau. Si le **chèque** est **remboursable en espèces,** la provision est égale à la valeur faciale du chèque-cadeau (CE 1-10-2018 n° 412574 : RJF 12/18 n° 1214). Les mêmes règles s'appliquent aux **bons de parrainage,** la circonstance que le bénéficiaire du bon n'est pas l'auteur de l'achat étant jugée sans incidence (CAA Versailles 14-5-2019 n° 17VE03555 : RJF 10/19 n° 879 ; CE (na) 27-12-2019 n° 432637 : RJF 3/20 n° 210).

PROVISIONS POUR PERTES

9960 CGI art. 39, 1-5° BIC-XII-28050 s **Pertes sur opérations en cours** Lorsqu'une opération dont l'**exécution** s'échelonne **sur plusieurs exercices** s'avère déficitaire à la clôture d'un exercice, une provision pour perte est constituée. Sur le plan fiscal, cette provision n'est déductible qu'à hauteur de la différence entre le coût des travaux réalisés à la clôture de l'exercice et leur prix de vente (compte tenu des révisions de prix acceptées). Les pertes prévisionnelles résultant des travaux restant à exécuter ne sont donc pas déductibles fiscalement.

À titre de règle pratique, la provision déductible peut être déterminée de façon forfaitaire en appliquant au montant total de la perte prévisionnelle le coefficient d'exécution des travaux à la clôture – coût des travaux réalisés/coût total prévisionnel (BOI-BIC-PROV-30-10-20 n°s 130 s.).

EXEMPLE

Soit un contrat à long terme, conclu pour le prix global de 5 M€, faisant apparaître une perte de 1 M€ à la clôture de l'exercice, compte tenu d'un coût prévisionnel total de travaux de 6 M€.
Coût des travaux réalisés à la clôture : 4 M€.
Coefficient d'exécution des travaux : 4/6.
Provision déductible fiscalement : $1 \times 4/6 = 0{,}67$ M€.

En règle générale, la perte prévisionnelle doit être calculée par contrat. Toutefois, comme sur le plan comptable (Mémento comptable n°s 10910 s.), des **regroupements ou divisions de contrats** en plusieurs sous-ensembles sont admis sous certaines conditions pour le calcul de la perte à terminaison (BOI précité n° 80).

> Précisions **a.** Pour les opérations dont le résultat est dégagé à **l'avancement** et les **prestations** discontinues **à échéances successives** (n° 7895), l'administration considère que seule peut donner lieu à provision la fraction des travaux exécutés depuis la dernière situation ou la dernière échéance intervenue avant la clôture de l'exercice (BOI précité n°s 50 et 60).

b. La mise en œuvre de la méthode de **comptabilisation à l'avancement des travaux,** qui déroge au principe de rattachement des produits à l'exercice d'achèvement (voir n° 7900), permet aux entreprises de déduire, au titre des exercices antérieurs à celui de la réception des chantiers en cause, des provisions destinées à faire face aux charges liées à la **franchise de garantie décennale** (CE 13-1-2006 n° 259824 : RJF 4/06 n° 357).

9965 BIC-XII-28650 s **Autres provisions pour pertes** Une provision peut être constituée lorsqu'une perspective de perte se trouve établie par la comparaison, pour une opération ou un ensemble d'opérations suffisamment homogènes, entre les coûts restant à supporter et les recettes escomptées (CE 13-3-1996 n° 129631 : RJF 5/96 n° 550). Cette comparaison doit faire ressortir un **solde négatif** et non un simple manque à gagner. Pourraient, par exemple, donner lieu à la constitution de provisions les pertes probables résultant des engagements pris sur des **marchés à terme** (CE plén. 26-4-1985 n°s 30077 et 34006 : RJF 6/85 n° 845) ou de l'engagement de faire bénéficier les clients de **rabais** sur les ventes futures (CE 10-6-1992 n° 93912 : RJF 6/92 n° 788). De même, les entreprises qui réalisent des ventes assorties d'un **engagement de reprise** peuvent, dès la vente initiale, constater une provision correspondant à la marge négative qui risque d'être subie lors de la revente ultérieure des biens repris (CE 13-7-2007 n°s 289233 et 289261 : RJF 11/07 n° 1217 ; CE 9-9-2020 n° 429100 : RJF 12/20 n° 981). Une telle provision ne peut être constituée que dans le cas et dans la mesure où le bilan prévisionnel du plus grand des ensembles identifiables d'opérations suffisamment homogènes, au sein duquel gains et pertes peuvent être pertinemment calculés de manière agrégée, fait apparaître un solde négatif (CE 9-9-2020 précité, à propos d'un engagement de reprise de véhicules).

Peut également donner lieu à la constatation d'une provision pour perte une **créance bloquée à l'étranger** lorsque l'entreprise justifie de l'impossibilité de rapatrier ses fonds en France et n'a pas pris la décision de dépenser ou d'investir sur place les sommes en cause, ou de réaliser une opération lui permettant d'en disposer (CE 6-12-1996 n° 149923 : RJF 1/97 n° 9).

S'agissant de la provision pour pertes constituée par les **sociétés de crédit-bail,** voir n° 9555.

5. PROVISIONS RÉGLEMENTÉES

Les provisions réglementées sont celles qui ne remplissent pas toutes les conditions normalement exigées des véritables provisions mais qui peuvent néanmoins être constituées en vertu de dispositions fiscales particulières, adoptées le plus souvent pour des raisons économiques. Elles sont soumises au même formalisme que les autres provisions, ce qui signifie qu'elles doivent être effectivement comptabilisées et figurer sur le **relevé des provisions** (n° 9745). **9990**

Sur le plan **comptable,** ces provisions ont le caractère de réserves et font partie des capitaux propres (Mémento comptable n° 56310).

Notons que les **amortissements dérogatoires** sont assimilés, du point de vue de leur fonctionnement comptable, à des provisions réglementées (n°s 9430 s.).

PROVISIONS POUR HAUSSE DES PRIX

Lorsque, pour une matière ou un produit donné, une entreprise constate, au cours d'une période n'excédant pas deux exercices successifs, une hausse de prix **supérieure à 10 %,** elle peut pratiquer une provision correspondant à la fraction de cette hausse excédant 10 %. Ouvrent droit à la provision les matières, produits et approvisionnements de toute nature existant en stock à la clôture de l'exercice qui ont connu une hausse de cette importance. **10000** CGI art. 39, 1-5°-al. 11 à 14 **BIC-XII-47000 s**

Les modalités de **calcul** de la provision sont résumées dans le tableau figurant ci-après. Le montant de la dotation annuelle est **plafonné** à 15 M€, majoré, le cas échéant, d'une fraction égale à 10 % de la provision calculée avant plafonnement.

La provision peut être constituée même si l'**exercice** est **déficitaire** avant ou après sa déduction. Elle est **facultative** et peut ne pas être pratiquée intégralement.

> **Précisions a.** Le droit à la constitution de la provision doit être apprécié distinctement pour chaque **nature de produits,** étant précisé que le Conseil d'État considère comme étant de nature différente des produits qui se distinguent par leur qualité et leur prix (CE 24-4-2012 n° 326979 : RJF 7/12 n° 682). L'administration, tout en estimant que les **qualités** diverses d'un même produit doivent en principe être regroupées, admet cependant qu'elles soient différenciées (BOI-BIC-PROV-60-30-10 n° 90).
> **b.** Pour les entreprises dont la **durée moyenne de rotation des stocks** pondérée par matières et produits est **supérieure à un an,** le plafond majoré dans les conditions décrites ci-dessus est multiplié par cette durée moyenne exprimée en mois divisée par douze.

Évolution des prix	Montant maximal de la dotation de chaque exercice [1, 2 et 3]
A. La valeur unitaire d'inventaire [4] de la matière, du produit ou de l'approvisionnement, à **l'ouverture de l'exercice précédent (Vop), est inférieure à sa valeur unitaire** d'inventaire **à l'ouverture de l'exercice considéré (Vo).**	
1. Valeur unitaire d'inventaire à la **clôture de l'exercice (Vc) n'excédant pas 110** % de la valeur unitaire d'inventaire à l'ouverture de l'exercice précédent (Vop). $Vc \leq \frac{110}{100} Vop$	Pas de provision.

Évolution des prix	Montant maximal de la dotation de chaque exercice [1, 2 et 3]
2. Valeur unitaire d'inventaire à la **clôture de l'exercice (Vc) supérieure à 110** % de la valeur unitaire d'inventaire à l'ouverture de l'exercice précédent (Vop). $Vc > \frac{110}{100} Vop$	Chiffre obtenu en multipliant les quantités en stock (S) à la clôture de l'exercice considéré par la différence entre : – d'une part, la valeur unitaire d'inventaire à la clôture dudit exercice ; – d'autre part, une somme égale à 110 % de la valeur unitaire d'inventaire à l'ouverture de l'exercice précédent. Toutefois, ce chiffre est diminué, le cas échéant, de la dotation (d) effectivement pratiquée à la clôture de l'exercice précédent à raison de la matière, du produit ou de l'approvisionnement. $D = S \times (Vc - \frac{Vop \times 110}{100}) - d$
B. La valeur unitaire d'inventaire [4] de la matière, du produit ou de l'approvisionnement, à **l'ouverture de l'exercice précédent (Vop), est supérieure à sa valeur unitaire** d'inventaire **à l'ouverture de l'exercice considéré (Vo).**	
1. Valeur unitaire d'inventaire à la **clôture de l'exercice (Vc) n'excédant pas 110** % de la valeur unitaire d'inventaire à l'ouverture du même exercice (Vo). $Vc \leqslant \frac{110}{100} Vo$	Pas de provision.
2. Valeur unitaire d'inventaire à la **clôture de l'exercice (Vc) supérieure à 110** % de la valeur unitaire d'inventaire à l'ouverture du même exercice (Vo). $Vc > \frac{110}{100} Vo$	Chiffre obtenu en multipliant les quantités en stock (S) à la clôture de l'exercice considéré par la différence entre : – d'une part, la valeur unitaire d'inventaire à la clôture dudit exercice ; – d'autre part, une somme égale à 110 % de la valeur unitaire d'inventaire à l'ouverture du même exercice. $D = S \times (Vc - \frac{Vo \times 110}{100})$

1. Le calcul doit, en principe, être fait distinctement pour chaque matière, produit ou approvisionnement de nature différente.
2. Un mode de calcul particulier est notamment prévu pour les bijoutiers.
3. Le montant maximal de la dotation s'entend avant plafonnement.
4. La valeur unitaire d'inventaire est celle prévue par l'article 38, 3 du CGI : prix de revient ou cours du jour s'il est inférieur.

10005 BIC-XII-48300 s L'**exonération** d'impôt dont bénéficie la provision pour hausse de prix n'est **pas définitive.** En effet, la provision pratiquée à la clôture d'un exercice est rapportée de plein droit aux bénéfices imposables de l'exercice en cours à l'expiration de la sixième année suivant la date de cette clôture.

La réintégration de la provision peut toutefois être effectuée dans un délai double de celui de la durée normale de rotation des stocks, lorsque cette durée est supérieure à trois ans.

> **Précisions** En cas de **cession ou de cessation d'activité,** les provisions non encore rapportées doivent, en principe, être rattachées aux bénéfices immédiatement imposables. Il en est de même lorsque l'entreprise change d'objet social ou de mode d'exploitation et cède la totalité de son stock. Plusieurs dérogations à ce principe peuvent être apportées sous réserve que le nouvel exploitant s'engage à effectuer les réintégrations en cas :
> – de **fusion** de sociétés ou d'apport partiel d'actif (nº 39460) ;
> – d'**apport en société** et de **transmission à titre gratuit** de l'exploitation respectivement régis par les articles 151 octies et 41 du CGI (nºs 19710 s. et 19810 s.).
> En outre, le seul fait que la **provision** soit **devenue sans objet** n'autorise pas l'administration à procéder à sa réintégration par anticipation (CE 30-12-1996 nº 160480 : RJF 2/97 nº 114).

PROVISIONS AUTORISÉES SPÉCIALEMENT POUR CERTAINES OPÉRATIONS OU PROFESSIONS

10030 Des textes spéciaux autorisent la constitution de provisions propres à certaines opérations ou professions. Ces régimes particuliers, brièvement évoqués ci-dessous, sont étudiés en détail dans notre Documentation experte.

a. Provisions des entreprises de presse (CGI art. 39 bis A : BIC-XII-40500 s.), régime applicable jusqu'au 31 décembre 2026 (Loi 2023-1322 du 29-12-2023 art. 39), sous réserve du respect du règlement de minimis (voir nos 92660 s.). **Entreprises bénéficiaires** : toutes les entreprises de presse exploitant un journal quotidien ou, à condition d'être consacrés pour une large part à l'information politique et générale, une publication de périodicité au maximum mensuelle ou un service de presse en ligne reconnu.

Montant maximum déductible : en principe, 60 % des bénéfices pour les quotidiens et assimilés (80 % lorsque le chiffre d'affaires est inférieur à 7,6 M€) ; 30 % pour les autres publications et les services en ligne.

Les provisions non utilisées conformément à leur objet réintégrées au résultat moyennant majoration sont exclues du bénéfice de référence.

Utilisation des sommes déduites :

– réalisation des investissements suivants : constructions, terrains, matériel, mobiliers, dans la mesure où ces éléments sont strictement nécessaires à l'exploitation du journal, de la publication ou du service de presse en ligne, et prises de participation (minoritaires ou majoritaires) dans des entreprises de presse telles que définies ci-avant ou dans des entreprises prestataires dans les domaines de l'information, de l'approvisionnement en papier, de l'impression ou de la distribution ; constitution de bases de données nécessaires à l'exploitation ; engagement de dépenses immobilisées de recherche, de développement technologique et d'innovation au profit du service de presse en ligne, du journal ou de la publication ;

– fraction du prix de revient des investissements susceptible d'être financée : 90 % pour les quotidiens et publications assimilées ; 40 % pour les autres publications et les services de presse en ligne. Les biens amortissables sont réputés amortis à hauteur des sommes déduites affectées à leur financement. Les sommes affectées à l'acquisition d'éléments non amortissables sont réintégrées par parts égales sur une période de cinq ans.

Délai d'emploi de la provision : cinq ans, sous peine de réintégration aux résultats assortie d'une majoration spéciale.

b. Provisions des éditeurs de presse en ligne (CGI art. 39 bis B), régime applicable jusqu'au 31 décembre 2026 (Loi 2023-1322 du 29-12-2023 art. 39), sous réserve du respect du règlement de minimis (voir nos 92660 s.). **Entreprises bénéficiaires** : les entreprises qui exploitent, exclusivement ou non (BOI-BIC-PROV-60-60-10 n° 67), un service de presse en ligne développant l'information professionnelle ou favorisant l'accès au savoir et à la formation, la diffusion de la pensée, du débat d'idées, de la culture générale et de la recherche scientifique.

Montant maximum déductible : 30 % du bénéfice.

Utilisation des sommes déduites : investissements visés au point a à hauteur de 40 %, au maximum, du prix de revient des immobilisations dès lors qu'ils sont nécessaires à l'exploitation d'un service de presse en ligne, étant toutefois précisé que les prises de participation doivent être effectuées dans des entreprises qui ont pour activité principale l'exploitation d'un service de presse en ligne ou d'assurer pour ces entreprises des prestations de services dans le domaine de l'information.

Délai d'emploi de la provision : cinq ans.

c. Provisions spéciales des entreprises d'assurance et de réassurance, des sociétés captives de réassurance et des organismes de retraite professionnelle supplémentaire (notamment CGI art. 39 quinquies G, modifié par loi 2023-1322 du 29-12-2023 art. 4 pour les exercices ouverts à compter du 1-1-2024, à 39 quinquies GE : IS-IV-9650 s. et IS-IV-16000 s.).

d. Provisions pour prêts d'installation des salariés (CGI art. 39 quinquies H : BIC-XII-43500 s.), constituées au titre d'un exercice ouvert avant le 1er janvier 2019, qui sont rapportées conformément à l'article 39 quinquies H, II du CGI.

PROVISIONS POUR FLUCTUATION DES COURS DE MATIÈRES PREMIÈRES

Les sommes prélevées sur la réserve spéciale pour fluctuation des cours constituée à la suite de la suppression de la possibilité de déduire des provisions de ce type sont rapportées aux résultats de l'exercice en cours lors de ce **prélèvement.** Cette réintégration n'a pas à être effectuée en cas de dissolution de la société, d'imputation de pertes sur la réserve ou d'incorporation de celle-ci au capital, sauf si ce dernier est réduit dans les cinq ans suivant cette incorporation. **10035** CGI art. 39, 1-5°al. 5 à 10 BIC-XII-71500 s

Sort de la réserve en cas de **fusion,** ou opération assimilée, placée sous le régime de faveur de l'article 210 A du CGI, voir IS-VI-8450 s.

SECTION 3

RÉGIMES SPÉCIAUX

1. EXONÉRATIONS ET ABATTEMENTS SUR LES BÉNÉFICES

10250 La loi prévoit des régimes d'exonération en faveur des entreprises. Lorsqu'une entreprise remplit les conditions pour bénéficier de plusieurs de ces régimes, elle doit **opter** pour l'un d'entre eux, en principe dans les six mois suivant celui du début d'activité (exception pour les JEI : voir n° 10405, précision c). Cette option est irrévocable.

ENTREPRISES NOUVELLES

10260 CGI art. 44 sexies BIC-XVIII-500 s

Une **exonération** totale ou partielle d'impôt sur les bénéfices d'une durée en principe de cinq ans est prévue en faveur des entreprises nouvelles, quelle que soit leur forme, soumises à un régime réel d'imposition de plein droit ou sur option et créées dans certaines zones du territoire. La **date de création** de l'entreprise s'entend de celle du début effectif d'activité (notamment CE 14-4-1995 n° 135659 : RJF 6/95 n° 707), apprécié à partir d'un faisceau d'indices, parmi lesquels le début des opérations matérielles correspondant à l'objet social est prépondérant (notamment CE 28-7-2000 n° 198188 : RJF 11/00 n° 1236). À titre de règle pratique, l'administration se réfère à la date figurant sur la déclaration d'existence, tout en se réservant la possibilité d'établir que le début effectif d'activité est intervenu à une autre date si elle dispose d'éléments en ce sens (BOI-BIC-CHAMP-80-10-10-10 n° 90). De même, la jurisprudence considère qu'une demande d'immatriculation au registre du commerce ne suffit pas à établir le commencement de l'activité (CE 15-12-2006 n° 267784 : RJF 3/07 n° 345).

Les entreprises peuvent s'assurer auprès de l'administration qu'elles sont en droit de bénéficier du régime. L'absence de réponse dans les trois mois vaut **accord** (voir n° 79565).

10265 BIC-XVIII-880 s

Localisation géographique Pour les **entreprises créées entre le 1er janvier 2007 et le 31 décembre 2027** (Loi 2023-1322 du 29-12-2023 art. 73) le régime de faveur s'applique aux entreprises dont le siège social ainsi que l'ensemble de l'activité et des moyens humains et matériels d'exploitation sont implantés dans les zones d'aides à finalité régionale (n° 92625).

Il s'applique également aux entreprises créées **avant le 1er janvier 2011** dans les zones de revitalisation rurale (ZRR).

L'**activité** est **sédentaire** lorsqu'elle est réalisée au sein des locaux de l'entreprise et l'exonération s'applique si les conditions d'implantation du siège social et de l'ensemble des moyens d'exploitation sont respectées (CE 22-7-2022 n° 454426 : RJF 11/22 n° 935).

L'activité exercée, à raison de ses caractéristiques mêmes, pour une bonne part à l'extérieur des locaux est **non sédentaire** (CE 22-7-2022 précité). Lorsqu'une entreprise exerce une telle activité (travaux publics, commerce ambulant...) réalisée en partie en dehors des zones précitées, la condition d'implantation est réputée satisfaite dès lors qu'elle réalise au plus 15 % de son chiffre d'affaires en dehors de ces zones. Elle bénéficie dans ce cas du régime d'imposition prévu en faveur des entreprises sédentaires. Au-delà de 15 %, les bénéfices réalisés sont imposés dans les conditions de droit commun en proportion du chiffre d'affaires réalisé en dehors des zones éligibles. Seul le chiffre d'affaires résultant de l'activité exercée en zone éligible ouvre droit au régime de faveur (CE 22-7-2022 précité). La condition de chiffre d'affaires s'apprécie exercice par exercice, en tenant compte des zones telles qu'elles existent à la date de création de l'entreprise (BOI-BIC-CHAMP-80-10-10-10 n° 200).

> **Précisions** **a.** La condition d'**implantation exclusive en zone éligible** est satisfaite lorsque l'entreprise y dispose de son centre de décision et de ses moyens d'exploitation, alors même que la plupart des prestations sont réalisées en dehors de cette zone (CE 27-6-2008 n° 301403 : RJF 11/08 n° 1168 ; CE 16-6-2010 n° 325120 : RJF 10/10 n° 881 ; CE 25-10-2010 n° 311524 : RJF 1/11 n° 21).
> **b.** L'exonération reste applicable pour la durée restant à courir lorsque la **commune d'implantation** sort de la liste des communes classées en zone éligible.

10270 BIC-XVIII-1250 s

Activités concernées Entrent dans le champ d'application du dispositif :
– les **activités industrielles, commerciales ou artisanales** visées à l'article 34 du CGI ;
– les activités professionnelles **non commerciales** sous réserve qu'elles soient exercées par des sociétés soumises à l'impôt sur les sociétés et qu'elles emploient trois salariés au moins à la clôture de chaque exercice au cours duquel le dispositif s'applique, étant précisé que ces deux conditions ne sont pas exigées des entreprises implantées dans les ZRR entre le 1er janvier 2004 et le 31 décembre 2010 ;

– et, jusqu'au 31 décembre 2014, les **locations d'établissements industriels et commerciaux** munis de leurs équipements visées à l'article 35, I-5° du CGI (n° 7025, d), lorsque les immeubles loués sont situés dans une ZRR.

Sont expressément **exclues** du dispositif : les activités de gestion ou de location d'immeubles autres que les locations précitées, à l'exception des gérants d'affaires (BOI-BIC-CHAMP-80-10-10-10 n° 570) ; les activités bancaires, financières ou d'assurance, à l'exception des activités de courtage dans ces domaines (BOI précité n° 580) ; les entreprises de pêche maritime. Sur les secteurs d'activité exclus en application de la réglementation de minimis à laquelle le régime est soumis, voir n° 92615.

> Précisions **a.** Pour l'appréciation de la condition d'**effectif minimum** de trois salariés, sont notamment à retenir ceux qui bénéficient d'un contrat de travail à durée indéterminée ou déterminée ou à temps partiel d'une durée au moins égale à six mois ainsi que les titulaires de contrats de travail aidés (BOI précité n° 490) et les dirigeants (présidents du conseil d'administration ou du directoire) titulaires d'un tel contrat de travail (Rép. Loos : AN 8-7-1996 n° 27746, non reprise dans Bofip). Si l'effectif varie en cours d'exercice, il est calculé en fonction de la durée de présence des salariés pendant l'exercice.

b. L'exercice d'une **activité exclue** du régime ne prive pas l'entreprise du bénéfice de l'exonération si elle est exercée à titre **accessoire** et constitue le **complément indissociable** de l'activité exonérée. Il en va de même en cas de perception de produits financiers provenant de la gestion courante de la trésorerie (CE 8-7-1998 n° 186279 : RJF 8-9/98 n° 921 et BOI précité n° 610). L'appréciation du caractère accessoire d'une activité exclue, financière ou autre, est fondée sur des critères quantitatifs tels que le chiffre d'affaires réalisé à raison de cette activité (voir, en dernier lieu, CE 22-11-2006 n° 286156 : RJF 2/07 n° 130). Relève néanmoins d'une activité indissociable de celle de la société nouvelle l'acquisition d'une participation au capital d'une filiale en vue du développement de synergies entre les deux entreprises, alors même que les produits perçus excèdent les besoins de financement courants de la société préexistante (CE 7-7-2006 n° 277455 : RJF 10/06 n° 1162).

Caractère nouveau de l'activité Le régime est réservé aux entreprises réellement nouvelles. Les entreprises créées dans le cadre d'une concentration, d'une restructuration ou d'une extension d'activités préexistantes ou constituées pour la reprise de telles activités en sont expressément exclues. **10275** BIC-XVIII-2000 s

Concentration et restructuration d'activités préexistantes Il y a restructuration d'activités préexistantes lorsque les **trois conditions** suivantes sont réunies : identité au moins partielle d'activité, liens commerciaux ou capitalistiques privilégiés entre la nouvelle entreprise et l'entreprise préexistante, transfert de certains moyens d'exploitation de l'entreprise préexistante vers l'entreprise nouvelle (CE 31-1-1997 n° 146264 : RJF 3/97 n° 209 ; BOI-BIC-CHAMP-80-10-10-20 n° 20). Même en l'absence d'identité d'activité, l'externalisation de fonctions précédemment exercées au sein d'une entreprise préexistante peut caractériser une restructuration d'activité (CE 16-10-2009 n° 308308 : RJF 1/10 n° 11). **10277**

Reprise d'une activité préexistante La reprise d'une activité suppose à la fois l'exercice par l'entreprise nouvelle d'une activité identique à celle d'une entreprise préexistante et l'existence d'une **communauté d'intérêts** entre les deux entreprises, révélée par des liens économiques significatifs ou par un transfert de la clientèle ou des moyens d'exploitation (CE 30-3-2007 n° 271787 : RJF 6/07 n° 721 ; BOI-BIC-CHAMP-80-10-10-20 nos 170 s.). Le critère de la reprise de la **clientèle** est déterminant : le transfert des moyens d'exploitation (locaux et matériels) ne constitue pas une reprise d'activité préexistante lorsque la clientèle du précédent exploitant n'est pas transférée de ce fait (CE 8-1-1997 n° 147704 : RJF 3/97 n° 206). **10280**

> Précisions **a.** La reprise d'une **concession** exclusive précédemment octroyée à une autre société ne suffit pas à caractériser une reprise d'activité préexistante (CE 28-10-1994 n° 118397 : RJF 12/94 n° 1309). Toutefois, la reprise de la concession exclusive d'une **marque automobile** implique nécessairement une reprise d'activité préexistante (notamment CE 13-12-2002 n° 224714 : RJF 3/03 n° 267), à moins que la création de l'entreprise nouvelle ne soit motivée par l'insuffisance de la clientèle effectivement exploitée par le précédent concessionnaire (CE 10-11-2004 n° 250639 : RJF 2/05 n° 120).

b. Ne constitue pas une reprise d'entreprise la création d'une entreprise à l'issue d'un contrat conclu avec une structure d'accueil et d'accompagnement dite « **couveuse d'entreprises** », qui a pour objet d'apporter une aide aux créateurs d'entreprises (BOI-BIC-CHAMP-80-10-10-20 n° 180).

Extension d'une activité préexistante L'existence d'un **contrat,** quelle que soit sa dénomination, ayant pour objet d'organiser un **partenariat** caractérise l'extension d'une activité préexistante lorsque l'entreprise nouvellement créée bénéficie de l'assistance de ce partenaire, notamment en matière d'utilisation d'une enseigne, d'un nom commercial, d'une **10282**

marque ou d'un savoir-faire, de conditions d'approvisionnement, de modalités de gestion administrative, contentieuse, commerciale ou technique, dans des conditions telles que cette entreprise est placée dans une situation de dépendance (CGI art. 44 sexies, III).

Ce critère de dépendance économique, apprécié à partir d'un faisceau d'indices, vaut pour les entreprises nouvelles qui ont souscrit un contrat de distribution (**franchise** ou **concession,** par exemple). Ainsi l'extension d'activités concerne les entreprises qui sont privées de toute autonomie réelle et constituent de simples émanations d'entreprises préexistantes, eu égard à la similarité ou à la complémentarité de leur objet par rapport à celui d'entreprises antérieurement créées et aux liens de dépendance qui les unissent à ces dernières (CE 8-9-1999 n° 196426 : RJF 11/99 n° 1344).

> **Précisions** **a.** Les **liens de dépendance** qui peuvent caractériser l'existence d'une extension d'activité peuvent résulter des circonstances suivantes : existence de contraintes d'achats à l'encontre de l'entreprise nouvelle, absence d'autonomie dans la politique de prix, restriction à la cessibilité du contrat et clause de non-concurrence en cas d'interruption de celui-ci (BOI-BIC-CHAMP-80-10-10-20 n° 140). Même en l'**absence de liens capitalistiques,** l'extension d'activité peut être retenue lorsque les conditions d'exploitation de l'entreprise nouvelle et les liens personnels unissant ses associés à ceux de l'entreprise préexistante caractérisent un lien de dépendance tel que l'une constitue une simple émanation de l'autre (CE 24-4-2013 n° 352310 : RJF 7/13 n° 704).
> **b.** Une société créée pour la vente de l'**électricité photovoltaïque** qu'elle produit au profit exclusif d'EDF peut bénéficier de l'exonération (BOI précité n° 155).
> **c.** Contrairement à la doctrine administrative (BOI précité n° 100), il a été jugé que la création d'un GIE pour l'exercice d'une activité nouvelle ne constitue pas l'extension d'une activité préexistante (CAA Paris 23-12-2010 n° 08PA05132 : RJF 3/11 n° 287).

10285 **Création d'une entreprise par un salarié** La création de sa propre entreprise par un salarié ne constitue pas une reprise de l'activité de son ancien employeur, même si elle s'accompagne d'un transfert de moyens de production et se traduit par une reprise de la clientèle de ce dernier, lorsque l'entreprise nouvelle exerce son activité dans des conditions de **concurrence** réelle, sans lien avec la précédente entreprise (notamment CAA Nantes 2-12-1992 n° 91NT00183 : RJF 6/93 n° 802 ; CAA Lyon 5-1-2012 n° 11LY00572 : RJF 6/12 n° 573). Il y a en revanche restructuration d'activités préexistantes si l'entreprise créée par le salarié reste sous la **dépendance** de son ancienne entreprise et ne dispose pas d'une clientèle propre (notamment CE 28-7-1999 n°s 164694 et 187800 : RJF 10/99 n°s 1151 et 1214 ; BOI-BIC-CHAMP-80-10-10-20 n° 60).

La société créée par d'anciens salariés licenciés de la société préexistante pour exercer l'**activité** que cette dernière a progressivement **sous-traitée** constitue une entreprise nouvelle en l'absence de liens privilégiés entre les deux entreprises (CE 3-11-2006 n° 285581 : RJF 1/07 n° 14). Il en est de même lorsque le chiffre d'affaires réalisé avec la société préexistante décroît de manière significative et constante (CE 2-6-2010 n° 308997 : RJF 8-9/10 n° 781).

10290 **Indépendance juridique** Lorsque l'entreprise nouvelle est créée sous la forme d'une
BIC-XVIII-4250 s **société,** son capital (droits de vote et droits à dividende) ne doit pas être détenu, directement ou indirectement, pour plus de 50 % par d'autres sociétés. L'existence d'une **détention indirecte** est considérée comme établie dans les deux hypothèses suivantes :

– un associé exerce en droit ou en fait des fonctions de direction ou d'encadrement dans une autre entreprise dont l'activité est similaire à celle de la société nouvelle ou lui est complémentaire ;

– un associé détient avec les membres de son foyer fiscal 25 % au moins des droits sociaux dans une autre entreprise dont l'activité est similaire à celle de l'entreprise nouvelle ou lui est complémentaire.

> **Précisions** **a.** L'administration considère, de façon discutable à notre avis, que le président du **conseil de surveillance** exerce des fonctions de direction ou d'encadrement. En revanche, ne sont pas visés les membres du conseil de surveillance **ou d'administration** n'exerçant pas d'autres fonctions. De même, ne sont pas concernés les membres de l'**encadrement intermédiaire** ne participant pas à la gestion (BOI-BIC-CHAMP-80-10-10-20 n° 260).
> **b.** Les titres d'une société nouvelle souscrits par des sociétés dans le cadre de **conventions de portage** conclues avec les associés personnes physiques doivent être regardés comme détenus par ces sociétés, même si, à terme, les titres sont destinés à être rétrocédés aux personnes physiques (CAA Bordeaux 7-7-1998 n° 96BX02317 : RJF 11/98 n° 1276).
> **c.** La condition de détention du capital de la société nouvelle doit être satisfaite dès la date du **début effectif de son activité** (CE 6-10-2004 n° 248968 : RJF 12/04 n° 1234) aussi bien pour la société nouvelle que pour celle dont l'activité lui est complémentaire (CE 9-4-2014 n° 352036 : RJF 7/14 n° 669).
> **d.** Les prises de participation des **sociétés de développement régional** ne sont pas retenues pour déterminer la détention directe (BOI précité n° 240).

Montant et durée de l'exonération Les entreprises nouvelles bénéficient, en principe, d'une **exonération** totale des bénéfices réalisés jusqu'au terme du vingt-troisième mois suivant celui de leur création puis d'un **abattement** de 75 %, 50 % et 25 % sur les bénéfices réalisés au cours de chacune des trois périodes de douze mois suivantes. 10295 BIC-XVIII-4690 s

L'exonération concerne les bénéfices et les plus-values (à l'exclusion des plus-values de réévaluation d'éléments d'actif) régulièrement déclarés dans les délais impartis. Elle s'applique après imputation des déficits reportables.

Le bénéfice de l'exonération est subordonné au respect de la **réglementation de minimis** (nos 92660 s.).

> **Précisions a.** Les entreprises créées dans les **ZRR entre le 1er janvier 2004 et le 31 décembre 2010** bénéficient d'une exonération totale jusqu'au terme du cinquante-neuvième mois suivant celui de leur création puis d'une période d'exonération partielle de neuf ans (abattement de 60 %, 40 % puis 20 % sur les bénéfices réalisés respectivement au cours des cinq premières, des sixième et septième ou des huitième et neuvième périodes de douze mois suivant la période d'exonération totale).
> **b.** Lorsque la clôture des exercices comptables ne coïncide pas avec le **terme des périodes d'exonération** totale ou partielle, les bénéfices des exercices au cours desquels ces périodes s'achèvent font l'objet d'une répartition prorata temporis (BOI-BIC-CHAMP-80-10-10-30 n° 30), même si l'entreprise établit un arrêté provisoire des comptes en cours d'exercice (CE 22-1-2007 n° 280934 : RJF 4/07 n° 402).
> **c.** Lorsque l'exonération est partielle, la fraction imposable des bénéfices peut bénéficier d'**autres abattements,** ou du **taux réduit de l'impôt sur les sociétés** réservé aux PME (BOI précité n° 180) ; voir nos 36085 s.
> **d.** Le bénéfice net exonéré inclut les **produits financiers** provenant de Sicav inscrites à l'actif d'un exploitant individuel (CAA Paris 13-11-2001 n° 97PA02129 : RJF 6/02 n° 622).

Perte des avantages Si une ou plusieurs des **conditions d'application** du régime **cessent d'être remplies,** l'entreprise perd le bénéfice des allégements pour l'avenir, sans remise en cause des avantages obtenus antérieurement (BOI-BIC-CHAMP-80-10-10-30 n° 310). Ainsi, la reprise d'une activité préexistante postérieurement à la création met fin, à compter de cette reprise, au bénéfice de l'exonération (CE 18-5-2005 n° 270343 : RJF 8-9/05 n° 832). De même, le **non-respect,** même **temporaire,** de la condition de détention du capital postérieurement à la création de l'entreprise est de nature à la priver définitivement du régime (CE 27-7-2005 n° 262033 : RJF 11/05 n° 1167). Lorsque la condition de détention du capital n'est plus satisfaite en cours d'année, le bénéfice de l'exercice est exonéré pour une fraction de son montant déterminée d'après une répartition prorata temporis (CAA Lyon 27-5-2004 n° 00LY02693 : RJF 3/05 n° 224). 10297

ATTENTION

En cas de **décès** de l'exploitant, le régime continue de s'appliquer lorsque l'activité est poursuivie par son conjoint dans le respect des conditions légales (BOI-BIC-CHAMP-80-10-10-30 n° 390).

ZONES FRANCHES URBAINES – TERRITOIRES ENTREPRENEURS (ZFU-TE)

Un régime d'exonération d'impôt sur le revenu ou d'impôt sur les sociétés s'applique aux bénéfices provenant des activités professionnelles implantées dans une ZFU-TE. 10335 CGI art. 44 octies A BIC-XVIII-32000 s

Sont concernées par ce dispositif les **entreprises créées** entre le 1er janvier 2006 et le 31 décembre 2024 (Loi 2023-1322 du 29-12-2023 art. 71, I-3°-a) dans les trois générations de ZFU-TE, zones créées respectivement en 1996, en 2003 et en 2006 (n° 92540, c).

Les créations d'activités depuis le 1er janvier 2016 n'ouvrent droit à exonération que si elles interviennent dans une ZFU-TE située sur un territoire dans lequel s'applique, au 1er janvier de l'année d'implantation, un **contrat de ville.** Cette condition est toutefois supprimée à compter du 1er janvier 2024 (Loi 2023-1322 du 29-12-2023 art. 73, I-3°-b et XX-A).

> **Précisions a.** Sur la possibilité de s'**assurer auprès de l'administration** de l'application du régime, voir n° 79565.
> **b.** Les **transferts** en zone franche d'activités précédemment exercées en dehors d'une telle zone ouvrent droit au régime sous réserve de certaines exceptions (BIC-XVIII-34630 s.). Par ailleurs, les entreprises qui **reprennent** jusqu'au 31 décembre 2024 une activité dans une ZFU-TE peuvent bénéficier de l'exonération prévue à l'article 44 octies A du CGI lorsque l'activité a été placée sous ce régime. L'exonération s'applique alors pour la durée restant à courir. La création d'une activité identique à la précédente après une **interruption** de plusieurs mois constitue une reprise d'activité et non une création (Rép. Darmanin : AN 12-2-2013 n° 8304).
> **c.** Dans les départements de **Guadeloupe,** de **Guyane,** de **Martinique,** de **La Réunion** et de **Mayotte,** le régime prévu à l'article 44 octies A du CGI ne s'applique qu'aux activités créées dans les zones jusqu'au 31 décembre 2018.

10340 BIC-XVIII-32250 s **Entreprises concernées** Sont concernées par l'exonération les entreprises qui répondent aux conditions cumulatives suivantes :

– être une **PME** qui emploie moins de 50 salariés au titre de chaque exercice pour les activités créées depuis le 1er janvier 2020, ou 50 salariés au plus à la date de leur création pour les activités créées avant le 1er janvier 2020, et qui réalise un chiffre d'affaires ou un total de bilan inférieur ou égal à 10 M€. Son capital ou ses droits de vote ne doivent pas être détenus directement ou indirectement à 25 % ou plus par une ou plusieurs entreprises de plus de 250 salariés et dont le chiffre d'affaires est supérieur à 50 M€ ou le total du bilan supérieur à 43 M€ (exception faite de certaines entreprises du secteur du capital-risque) ;

– exercer une **activité** industrielle, commerciale ou artisanale (au sens de l'article 34 du CGI), une activité professionnelle non commerciale (au sens de l'article 92, 1 du CGI) ou une activité de location d'immeubles professionnels munis de leurs équipements situés en zone franche (CGI art. 35, I-5° ; voir n° 7025, d). Sont **exclues** du régime : les autres activités visées à l'article 35 du CGI (notamment les activités de construction-vente), les activités de crédit-bail mobilier et de location d'immeubles à usage d'habitation, les activités civiles et les profits non commerciaux sans caractère professionnel.

> **Précisions** **a.** Pour les activités créées depuis le 1er janvier 2020, l'**effectif** s'apprécie conformément aux règles prévues à l'article L 130-1 du CSS. Le mécanisme de limitation des effets de seuil prévu à cet article est en outre applicable (voir nos 74315 s.).
> **b.** L'**activité principale** des entreprises implantées dans les ZFU-TE ne doit pas relever d'un des secteurs suivants : construction automobile ou navale, fabrication de fibres textiles artificielles ou synthétiques, sidérurgie, transports routiers de marchandises. Concernant les secteurs exclus par la réglementation de minimis, voir n° 92615.

10342 BIC-XVIII-32500 s **Résidence des salariés** Pour les entreprises qui créent ou implantent une activité en ZFU-TE **depuis le 1er janvier 2015,** le bénéfice de l'exonération est subordonné à l'emploi d'au moins 50 % de salariés (en CDI ou en CDD d'au moins douze mois) résidant en **ZFU-TE** ou dans un quartier prioritaire de la politique de la ville (**QPV**) de l'unité urbaine dans laquelle est située la ZFU-TE ou à la condition que la moitié des salariés embauchés remplisse ce critère de résidence. Cette condition d'emploi ou d'embauche locale n'est toutefois exigée qu'à compter du deuxième salarié (BOI-BIC-CHAMP-80-10-30 n° 124).

> **Précisions** **a.** Les **entreprises créées entre le 1er janvier 2012 et le 31 décembre 2014** devaient remplir une condition d'embauche locale leur permettant d'être exonérées de cotisations sociales, pour bénéficier du régime d'exonération fiscale. Arrivée à échéance le 31 décembre 2014, l'exonération sociale n'a pas été reconduite, mais les entreprises installées en zone avant 2015 continuent à en bénéficier pour la durée restant à courir. Il en est de même pour l'avantage fiscal lié au bénéfice de l'exonération sociale.
> **b.** Pour être considéré comme **résident d'une ZFU-TE ou d'un QPV** de l'unité urbaine dans laquelle est située la ZFU-TE, le salarié doit y résider depuis au moins trois mois consécutifs, cette durée étant appréciée, une fois pour toutes, à la date de création ou d'implantation de l'entreprise dans la zone si le salarié y est employé à cette date ou à la date d'effet de l'embauche ou du transfert du salarié si elle est postérieure (BOI-BIC-CHAMP-80-10-30 n° 126).

10345 BIC-XVIII-32780 s **Implantation en zone** Les contribuables doivent, pour être exonérés, disposer dans la zone d'une implantation susceptible de générer des **bénéfices professionnels** (bureau, cabinet, atelier, succursale, salariés...) et y exercer une **activité effective** (réalisation de prestations, réception de clientèle...).

ILLUSTRATIONS

Ne peut bénéficier de l'exonération un contribuable qui dispose d'un local en zone mais qui exerce son activité en utilisant des **moyens d'exploitation** situés **hors zone** (CE 16-5-2011 n° 315382 : RJF 8-9/11 n° 922). De même, ne peut bénéficier du régime de faveur une société dont le siège est installé dans un local en zone accueillant son unique salarié dès lors que, d'une part, le stockage des marchandises et l'activité logistique sont **sous-traités** en dehors de la zone et que, d'autre part, ce local dans lequel le **président** n'exerce pas son activité n'accueille pas les **clients** (CE 27-12-2019 n° 422558 : RJF 3/20 n° 214). N'est pas implantée en ZFU-TE une infirmière dispensant ses soins en zone mais qui n'y dispose que d'une simple adresse de domiciliation sans y effectuer les **tâches de gestion inhérentes à sa profession** (CAA Bordeaux 14-10-2014 n° 12BX01256 : RJF 1/15 n° 6 ; CE (na) 19-6-2015 n° 386404 : RJF 12/15 n° 1000).

S'agissant des contribuables exerçant une **activité non sédentaire** en tout ou partie hors zone (médecins, entrepreneurs du bâtiment, agents commerciaux...), cette condition est présumée satisfaite s'ils emploient au moins un salarié sédentaire à temps plein, ou équivalent, exerçant ses fonctions dans les locaux affectés à l'activité, ou s'ils réalisent au moins 25 % de leur chiffre d'affaires auprès de clients situés dans les ZFU-TE.

Produits exonérés L'exonération concerne les bénéfices et les plus-values régulièrement déclarés par l'entreprise, après imputation des déficits reportables. En sont toutefois **exclus** certains produits ne provenant pas directement de l'activité exercée dans la zone : produits de participations, subventions, libéralités et abandons de créances, excédent des produits financiers sur les frais de même nature, produits tirés des droits de la propriété industrielle et commerciale (par exemple, les droits attachés au nom et à l'image d'une personnalité), lorsque ces droits n'ont pas leur origine dans l'activité créée dans la zone (CE 20-3-2013 n° 351495 : RJF 6/13 n° 591 ; CAA Paris 8-4-2014 n° 13PA01277 : RJF 3/15 n° 186). 10347

Lorsque le contribuable exerce une partie de son **activité en dehors des ZFU-TE,** le bénéfice est exonéré en proportion du montant hors taxe du chiffre d'affaires ou des recettes réalisé dans la zone. Les **entreprises non sédentaires,** disposant uniquement de **locaux en zone,** bénéficient de l'exonération en totalité si elles respectent l'un des deux critères définis n° 10345 (BOI-BIC-CHAMP-80-10-20-20 n° 300).

> Précisions Quel que soit leur lieu d'établissement, les **bailleurs d'immeubles** à usage industriel et commercial sont exonérés à raison des bénéfices provenant des seuls immeubles situés en ZFU-TE.

Montant et durée de l'exonération Le régime de faveur consiste en une **exonération** totale d'impôt sur les bénéfices pendant cinq ans à compter du 1er janvier 2006 si l'entreprise était déjà implantée dans la ZFU-TE lors de la création de celle-ci, ou du début d'activité dans le cas contraire. 10350 BIC-XVIII-33700 s

À l'issue de cette période est pratiqué un **abattement** dégressif qui s'élève, pour les **activités créées à compter du 1er janvier 2015,** à 60 %, 40 % ou 20 % des bénéfices réalisés respectivement au cours des 6e, 7e et 8e années suivant le point de départ de l'application du régime.

Lorsque le **terme de la période d'exonération** ne coïncide pas avec la clôture d'un exercice, les bénéfices de l'exercice en cours à cette date font l'objet d'une exonération calculée prorata temporis (CGI ann. III art. 49 K).

> Précisions **a.** Pour les **activités créées avant le 1er janvier 2015,** l'abattement dégressif s'élève à 60 %, 40 % ou 20 % des bénéfices réalisés respectivement au cours des cinq premières, des sixième et septième ou des huitième et neuvième périodes de douze mois suivant la période d'exonération totale.

b. L'exploitant devenu bailleur d'un **fonds de commerce mis en location-gérance** peut continuer à bénéficier des allégements et le preneur qui reprend l'activité est également éligible (BOI-BIC-CHAMP-80-10-20-20 n° 120).

c. La fraction de bénéfice restant imposable peut bénéficier du **taux réduit de l'impôt sur les sociétés** réservé aux PME (BOI-IS-LIQ-20-10 n° 20) ; voir nos 36085 s.

Plafonnement Le montant du bénéfice exonéré ne peut dépasser 50 000 € par période de douze mois pour les **activités créées depuis le 1er janvier 2015.** Ce montant peut être **majoré** de 5 000 € par nouveau salarié embauché depuis le 1er janvier 2015, domicilié dans un QPV ou dans une ZFU-TE et employé à temps plein pendant une période d'au moins six mois. Cette condition s'apprécie à la clôture de l'exercice au titre duquel l'exonération s'applique. Pour les **activités créées avant le 1er janvier 2015,** le montant du bénéfice exonéré ne peut dépasser 100 000 €, y compris en cas de création d'autres activités dans les ZFU-TE depuis le 1er janvier 2015 (BOI-BIC-CHAMP-80-10-30 n° 200). 10352

Pour les activités créées depuis le 1er janvier 2012, le règlement **de minimis** doit être respecté (voir nos 92660 s.). Il en est de même pour les **entreprises déjà implantées au 1er janvier 2006** dans les ZFU-TE de troisième génération.

> Précisions **a.** Dans les sociétés soumises au régime fiscal des **sociétés de personnes,** le plafond d'exonération s'apprécie au niveau de chaque associé.

b. Les **sociétés membres d'un groupe** placé sous le régime d'intégration fiscale peuvent bénéficier de l'exonération mais le montant total des bénéfices exonérés ne peut excéder, pour tout le groupe, ni le plafond d'exonération prévu pour chaque période de douze mois ni le résultat d'ensemble.

Perte des avantages Si une ou plusieurs des conditions d'application du régime cessent d'être satisfaites, l'entreprise perd le bénéfice des allégements pour l'avenir, sans remise en cause des exonérations obtenues antérieurement (BOI-BIC-CHAMP-80-10-20-40 n° 370). Si l'entreprise ne respecte pas les conditions relatives aux **seuils financiers** ou à la **détention du capital** au titre d'un exercice, elle ne peut bénéficier du régime d'allégement au titre de cette période mais elle peut se replacer sous le bénéfice du régime dans l'hypothèse où elle réunit à nouveau toutes les conditions requises au cours d'un exercice ultérieur (BOI-BIC-CHAMP-80-10-20-10 n° 300). 10355

L'exonération ne s'applique pas lorsque l'entreprise ne transmet pas ses **déclarations de chiffre d'affaires** dans les délais et qu'il s'agit de la deuxième omission successive (CGI art. 302 nonies).

ZONES FRANCE RURALITÉS REVITALISATION ET ZONES FRANCE RURALITÉS REVITALISATION « PLUS »

10360 CGI art. 44 quindecies A

Les **entreprises créées ou reprises entre le 1er juillet 2024 et le 31 décembre 2029** (Loi 2023-1322 du 29-12-2023 art. 73, I-6°-c) dans les zones France ruralités revitalisation (**ZFRR**) définies n° 92540 peuvent bénéficier d'un régime d'exonération de leurs bénéfices pendant une période de huit ans. Sur la notion de reprise d'entreprise, voir n° 10366, précision c, étant précisé que cette définition est légalisée pour le présent dispositif.

L'exonération s'applique également aux **contribuables qui** pendant cette période **créent ou reprennent des activités dans les ZFRR « plus »**.

L'exonération ne s'applique pas dans les ZFRR et ZFRR « plus » bénéficiant du régime des **zones franches d'activité outre-mer** prévu à l'article 44 quaterdecies du CGI (n° 91491).

Sur la possibilité de s'**assurer auprès de l'administration** de l'application du régime, voir n° 79565.

10361 **Conditions d'application de l'exonération** **Dans les ZFRR**, l'exonération est réservée aux entreprises soumises, de plein droit ou sur option, à un régime réel d'imposition de leurs résultats et employant moins de onze salariés. Dans les **ZFRR « plus »**, l'exonération s'applique aux **micro, petites et moyennes entreprises** au sens de la réglementation européenne (n° 92650), quel que soit leur **régime d'imposition** (micro ou réel) étant toutefois précisé que, en cas de reprise d'activité, l'entreprise qui reprend l'activité doit employer moins de onze salariés. Dans tous les cas, l'**activité** exercée doit être **industrielle, commerciale, artisanale** (au sens de l'article 34 du CGI) **ou professionnelle non commerciale** (au sens de l'article 92, 1 du CGI).

Sont **exclues** du dispositif les activités exclues des aides de minimis (voir n° 92615) ou, le cas échéant, celles exclues des aides à finalité régionale (nos 92625 s.) ou des aides aux PME (nos 92645 s.).

Pour bénéficier de l'exonération prévue en cas de création ou reprise d'entreprise en ZFRR, le siège social de l'entreprise, ainsi que l'ensemble de son activité et de ses moyens d'exploitation doivent être implantés en ZFRR ou ZFRR « plus ». Lorsqu'une entreprise exerce une **activité sédentaire en partie en dehors des ZFRR ou ZFRR « plus »**, la condition d'implantation en ZFRR est réputée satisfaite lorsqu'elle réalise au plus 25 % de son chiffre d'affaires en dehors de ces zones. En cas de dépassement de ce seuil l'exonération ne s'applique pas. En revanche, aucune condition d'implantation exclusive en zone n'est exigée en cas de création ou reprise d'une activité en ZFRR « plus ». Une **entreprise non sédentaire** implantée en ZFRR ou ZFRR « plus » bénéficie des exonérations si elle réalise au plus 25 % de son chiffre d'affaires hors zone.

> **Précisions** **a.** Exercice **à titre accessoire** d'une **activité exclue** : voir n° 10270, précision b.
> **b.** Appréciation du **seuil de onze salariés**, voir nos 74320 s.

10362 Le bénéfice de l'exonération est subordonné au respect de la **réglementation** relative aux **aides de minimis** (nos 92660 s.) ou, sur option, au respect de la réglementation des **aides à finalité régionale** (nos 92625 s.) ou des **aides aux PME** (nos 92645 s.), selon que l'activité ou l'entreprise est située ou non dans des zones d'aide à finalité régionale.

L'**option** est exercée, distinctement pour chacune des activités concernées, dans le délai prévu pour le dépôt de la déclaration annuelle afférente à la première année au titre de laquelle l'exonération prend effet. Elle est irrévocable pour la durée de l'exonération.

10363 **Opérations exclues** L'exonération ne s'applique pas aux **activités** bénéficiant ou ayant bénéficié, au titre d'une ou de plusieurs des cinq années précédant l'année de création dans les ZFRR ou ZFRR « plus », d'une prime d'aménagement du territoire ou d'un autre régime d'exonération d'impôt sur les bénéfices. Elle ne concerne pas non plus les créations et les reprises d'activités ou d'entreprise consécutives au transfert, à la concentration ou à la restructuration d'activités précédemment exercées dans des ZFRR ou ZFRR « plus », sauf pour la durée restant à courir si l'activité reprise ou transférée bénéficie ou a bénéficié du régime.

Le régime de faveur ne s'applique pas non plus en cas de **transmission intrafamiliale,** c'est-à-dire lorsque, à l'issue de l'opération de reprise ou de restructuration, le cédant, son conjoint, le partenaire auquel il est lié par un Pacs, leurs ascendants et descendants ou leurs frères et sœurs détiennent ensemble, directement ou indirectement, plus de 50 % des droits de vote ou des droits dans les bénéfices sociaux de l'entreprise reprise. Il en est de même si l'**entreprise individuelle** a fait l'objet d'une opération de reprise ou de restructuration au profit de ces personnes ou lorsque cette opération résulte d'un **changement de forme sociale** de l'entreprise au profit de ces mêmes personnes.

Par **exception,** l'exonération peut s'appliquer lorsqu'il s'agit de la **première opération de reprise ou de restructuration,** à l'issue de laquelle le **cédant et ses descendants** détiennent ensemble, directement ou indirectement, plus de 50 % des droits de vote ou des droits dans les bénéfices sociaux de l'entreprise reprise (ou de la première opération de reprise ou de restructuration réalisée au profit de l'entrepreneur individuel lui-même et de ses descendants).

Montant et durée de l'exonération L'exonération d'impôt sur les bénéfices (IR ou IS) concerne les bénéfices et les plus-values (à l'exclusion des plus-values de réévaluation d'éléments d'actif) régulièrement déclarés dans les délais impartis. Elle s'applique après imputation des déficits reportables. L'**exonération,** décomptée à partir de la création ou de la reprise d'entreprise ou d'activité, est totale pendant cinq ans. À l'issue de cette période est pratiqué un **abattement** dégressif de 75 % la 6e année, 50 % la 7e année et 25 % la 8e année. 10364

› Précisions a. Lorsque le contribuable implanté en ZFRR « plus » exerce d'**autres activités en dehors de la zone,** les bénéfices réalisés sont soumis à l'IR ou à l'IS, dans les conditions de droit commun, en proportion du montant hors taxe du chiffre d'affaires ou de recettes réalisé en dehors de ces zones.

b. Entreprises exerçant une **activité sédentaire en ZFRR ou non sédentaire** en ZFRR ou ZFRR « plus », voir n° 10361.

c. Conséquences de la **cessation volontaire de l'activité et** de la **délocalisation** en dehors des ZFRR, voir n° 10368, précision b, étant précisé que les règles évoquées sont légalisées pour l'application du présent dispositif.

ZONES DE REVITALISATION RURALE

Les entreprises, **créées ou reprises entre le 1er janvier 2011 et le 30 juin 2024** (Loi 2023-1322 du 29-12-2023 art. 73, I-6°-b) dans les zones de revitalisation rurale (ZRR) définies n° 92540, d, peuvent bénéficier d'un régime d'exonération de leurs bénéfices pendant une période de huit ans. 10365 CGI art. 44 quindecies BIC-XVIII-50000 s

Dans les zones situées en **Guyane** et à **La Réunion,** le régime ne s'applique qu'aux entreprises créées ou reprises jusqu'au 31 décembre 2018.

Sur la possibilité de s'**assurer auprès de l'administration** de l'application du régime, voir n° 79565.

Conditions d'application de l'exonération L'exonération est réservée aux entreprises soumises de plein droit ou sur option à un régime réel d'imposition, reprises ou créées, qui exercent une **activité industrielle, commerciale, artisanale** (au sens de l'article 34 du CGI) ou une activité **professionnelle non commerciale** (au sens de l'article 92, 1 du CGI). 10366

Sont expressément **exclues** du dispositif les activités bancaires, financières, d'assurances, de gestion ou de location d'immeubles, de pêche maritime ainsi que celles exclues des aides de minimis (voir n° 92615).

L'entreprise créée ou reprise doit **employer moins de onze salariés.** Les règles de décompte et de franchissement du seuil d'effectif s'appliquent selon les modalités prévues à l'article L 130-1 du CSS (voir nos 74320 s.).

Son **capital** ne doit pas être détenu, directement ou indirectement, pour plus de 50 % par d'autres sociétés.

› Précisions a. Exercice à **titre accessoire** d'une **activité exclue** : voir n° 10270, précision b.

b. L'**option** exercée **par un auto-entrepreneur pour le régime réel** n'ouvre pas droit au régime d'exonération mais ce dernier est applicable si l'auto-entrepreneur décide d'exercer sous la forme d'une entreprise individuelle ou d'une EIRL assimilée à une EURL (BOI-BIC-CHAMP-80-10-70-10 n° 50).

c. Constitue une **reprise** toute opération au terme de laquelle est reprise la **direction effective** d'une entreprise existante avec la volonté non équivoque de maintenir la pérennité de cette entreprise (CE 16-7-2020 n° 440269 : RJF 11/20 n° 867 ; Rép. Cozic : Sén. 31-8-2023 n° 7331). Dans une **SCP** soumise à l'impôt sur le revenu, la direction effective étant appréciée au niveau de chaque associé, le rachat de la totalité des parts d'un associé par un nouvel associé constitue une reprise d'entreprise individuelle (CE 26-1-2021 n° 428124 : RJF 4/21 n° 356).

d. La **détention indirecte** est démontrée lorsque les associés personnes physiques de la société nouvelle ou reprise agissent comme les représentants d'une société préexistante également associée de la société nouvelle ou reprise (BOI-BIC-CHAMP-80-10-70-10 n° 420).

10367 **Opérations exclues** L'entreprise créée ou reprise ne doit pas avoir été créée dans le cadre d'une **extension d'activités préexistantes.** Sur les éléments caractéristiques d'une extension d'activités, voir n° 10282.

L'exonération ne s'applique pas aux **transferts d'activités** précédemment exercées par un contribuable ayant bénéficié, au titre d'une ou de plusieurs des cinq années précédentes, d'une prime d'aménagement du territoire ou d'un autre régime d'exonération d'impôt sur les bénéfices. Elle ne concerne pas non plus les créations et les reprises d'activités dans les ZRR consécutives au transfert, à la concentration ou à la restructuration d'activités précédemment exercées dans des ZRR, sauf pour la durée restant à courir si l'activité reprise ou transférée bénéficie ou a bénéficié du régime.

Le régime de faveur s'applique lorsque l'entreprise individuelle ou la société est reprise dans le cadre d'une première **transmission au profit d'un membre de la famille du cédant** (conjoint ou partenaire de Pacs, leurs ascendants et descendants, leurs frères et sœurs). En revanche, le régime n'est pas applicable en cas de transmission familiale ultérieure de l'entreprise individuelle ou de nouvelle opération de reprise ou de restructuration à l'issue de laquelle le cédant et sa famille détiennent ensemble, directement ou indirectement, plus de 50 % des droits de vote ou des droits dans les bénéfices sociaux de l'entreprise reprise.

> **Précisions** Un médecin qui cesse un **contrat de collaboration** pour s'installer à son compte peut bénéficier du régime d'exonération (BOI-RES-BIC-000029). Il en est de même du praticien qui cesse une **activité de remplaçant** pour exercer dans le cadre d'un contrat de collaborateur (BOI-RES-BIC-000030).

10368 **Montant et durée de l'exonération** L'**exonération** d'impôt sur les bénéfices (IR ou IS) est totale pendant cinq ans. À l'issue de cette période est pratiqué un **abattement** dégressif de 75 % la 6e année, 50 % la 7e année et 25 % la 8e année.

L'exonération concerne les bénéfices et les plus-values (à l'exclusion des plus-values de réévaluation d'éléments d'actif) régulièrement déclarés dans les délais impartis. Elle s'applique après imputation des déficits reportables.

> **Précisions** **a.** Les entreprises qui exercent une **activité non sédentaire,** réalisée en partie en dehors des ZRR, peuvent bénéficier de l'exonération si elles réalisent au plus 25 % de leur chiffre d'affaires en dehors de ces zones. Au-delà de ce seuil, les bénéfices réalisés sont soumis à l'impôt dans les conditions de droit commun en proportion du chiffre d'affaires réalisé en dehors des zones éligibles. Ce seuil est déterminé en retenant les zones telles qu'elles existaient au moment de la création ou de la reprise de l'entreprise non sédentaire (BOI-BIC-CHAMP-80-10-70-10 n° 270).
> **b.** Les entreprises implantées en ZRR qui **cessent volontairement** leur activité en la **délocalisant** hors de ces zones, dans un délai de cinq ans à compter de la date d'ouverture du premier exercice au titre duquel elles ont bénéficié de l'exonération (Décret 2007-94 du 24-1-2007 art. 2 modifié par décret 2012-114 du 27-1-2012), sont tenues de reverser le montant des impositions non acquittées (BOI-BIC-CHAMP-80-10-70-30 n° 120).
> **c.** Respect de la réglementation **de minimis** : voir nos 92660 s.
> **d.** Le **changement d'objet social ou d'activité réelle** emporte déchéance du régime mais la nouvelle activité peut ouvrir droit au dispositif (BOI précité n° 110).
> **e.** Défaut de transmission des **déclarations de chiffre d'affaires** : voir n° 10355.

BASSINS D'EMPLOI À REDYNAMISER

10370 CGI art. 44 duodecies BIC-XVIII-43000 s

Les bénéfices provenant d'**activités créées** par les entreprises dans les bassins d'emploi à redynamiser (BER) définis n° 92540, f, **entre le 1er janvier 2007 et le 31 décembre 2024** (Loi 2023-1322 du 29-12-2023 art. 73, I-4) peuvent être totalement exonérés d'impôt sur le revenu ou d'impôt sur les sociétés. Pour les activités créées depuis le 1er janvier 2014, la **durée d'exonération** est de cinq ans (sept ans pour les activités créées précédemment).

L'exonération est réservée aux mêmes activités que celles ouvrant droit au régime des zones de restructuration de la défense (n° 10385). Elle s'applique aux bénéfices réalisés dans les territoires concernés et régulièrement déclarés par l'entreprise, sous réserve des mêmes exclusions que celles prévues pour le dispositif des ZFU-TE (n° 10347).

Les entreprises qui créent des activités depuis le 1er janvier 2014 perdent le bénéfice de l'exonération à partir de l'exercice au cours duquel elles procèdent à une **distribution de dividendes** à leurs actionnaires. Seules sont visées les sociétés dont le capital est divisé en actions (BOI-BIC-CHAMP-80-10-50 n° 550).

> **Précisions** **a.** L'**implantation** dans ces bassins est appréciée selon les mêmes modalités que pour le dispositif des ZFU-TE (n° 10345).
> **b.** Ne peuvent bénéficier de l'exonération les **secteurs** d'activité **exclus** du champ d'application de la réglementation européenne relative

aux aides de minimis ou de celle relative aux aides à finalité régionale (voir n° 92615) si l'option pour subordonner le bénéfice du régime à cette dernière réglementation a été exercée.

c. Lorsque l'entreprise exerce une partie de son **activité en dehors des BER,** son bénéfice est exonéré au prorata de la base d'imposition à la cotisation foncière des entreprises afférente aux immobilisations implantées dans la zone. Cette règle ne concerne pas les **bailleurs d'immeubles** à usage industriel et commercial qui sont exonérés à raison des bénéfices provenant des seuls immeubles situés dans un BER.

d. L'exonération ne s'applique pas aux **transferts** d'activités précédemment exercées en dehors d'une telle zone par un contribuable ayant bénéficié, dans les cinq années précédant le transfert, de la prime d'aménagement du territoire ou d'une exonération d'impôt sur les bénéfices.

e. Respect de la réglementation **de minimis** ou des **aides à finalité régionale** : voir n°s 92625, b, et 92660 s.

BASSINS URBAINS À DYNAMISER

Les **entreprises créées** dans les bassins urbains à dynamiser [**BUD**] (n° 92540, h), **entre le 1er janvier 2018 et le 31 décembre 2026** (Loi 2023-1322 du 29-12-2023 art. 73, I-7°), peuvent être totalement **exonérées** d'impôt sur le revenu ou d'impôt sur les sociétés pendant deux ans, puis bénéficier d'un **abattement** dégressif de 75 % la 3e année, 50 % la 4e année et 25 % la 5e année. 10375 CGI art. 44 sexdecies BIC-XVIII-60000 s

Sont visées les **PME** au sens de la réglementation européenne qui exercent une **activité** industrielle, commerciale ou artisanale (au sens de l'article 34 du CGI), à l'exception des activités exclues des aides à finalité régionale ou en faveur des PME (n° 92615). L'entreprise ne doit pas être **détenue,** directement ou indirectement, pour plus de 50 % par d'autres sociétés (voir n° 10290).

Le bénéfice de l'exonération est subordonné à l'emploi d'au moins 50 % de **salariés résidant dans le BUD** ou à la condition que la moitié des salariés embauchés remplissent ce critère de résidence. Cette condition d'emploi ou d'embauche locale n'est toutefois exigée qu'à compter du deuxième salarié (BOI-BIC-CHAMP-80-10-90-20 n° 190).

L'exonération concerne les **bénéfices** et les **plus-values** (à l'exclusion des plus-values de réévaluation d'éléments d'actif) régulièrement déclarés dans les délais impartis. Elle s'applique après imputation des déficits reportables.

> Précisions a. S'agissant de l'appréciation du **caractère nouveau** de l'entreprise, voir n°s 10275 s.

b. En ce qui concerne l'exercice d'une **activité non sédentaire,** voir n° 10265.

c. Respect des réglementations des **aides à finalité régionale ou** des aides en faveur des **PME** : voir n°s 92625 s. et 92645 s.

d. Défaut de transmission des **déclarations de chiffre d'affaires** : voir n° 10355.

e. Sur la possibilité de **s'assurer auprès de l'administration** de l'application du régime, voir n° 79565.

ZONES DE RESTRUCTURATION DE LA DÉFENSE

Un régime d'exonération d'impôt sur le revenu ou d'impôt sur les sociétés s'applique aux bénéfices provenant de certaines activités implantées dans une zone de restructuration de la défense (ZRD) définie n° 92540, g, étant précisé que l'accès au statut spécial intervient à des dates différentes. L'exonération s'applique aux **activités créées** selon les cas : 10380 CGI art. 44 terdecies BIC-XVIII-45000 s

- **pendant une période de** trois ans pour les zones reconnues avant 2015 ;
- pendant une période de six ans pour les zones reconnues depuis le 1er janvier 2015.

Les ZRD peuvent être reconnues par arrêté au titre des années comprises entre 2009 et 2021 (Loi 2020-1721 du 29-12-2020 art. 223, II).

Champ d'application de l'exonération Le dispositif est réservé aux contribuables exerçant une **activité** industrielle, commerciale ou artisanale (au sens de l'article 34 du CGI), de location d'immeubles professionnels munis de leurs équipements (CGI art 35, I-5°), à l'exception des activités de crédit-bail mobilier et de location d'immeubles à usage d'habitation, ou agricole (au sens de l'article 63 du CGI). L'exonération s'applique également aux sociétés soumises à l'IS exerçant une activité professionnelle non commerciale (au sens de l'article 92, 1 du CGI). 10385

Sont **exclues** du dispositif les activités exclues par la réglementation européenne relative aux aides de minimis ou, le cas échéant, aux aides à finalité régionale (n° 92615).

> Précisions a. **L'implantation** dans les ZRD est appréciée selon les mêmes modalités que pour les ZFU-TE (n° 10345).

b. L'avantage fiscal ne s'applique pas aux **transferts** d'activités précédemment exercées par un contribuable ayant bénéficié dans les cinq années précédant le transfert de la prime d'aménagement du territoire ou d'un autre régime d'exonération des bénéfices. Par ailleurs, les **entreprises qui reprennent** une activité dans une ZRD peuvent bénéficier de l'exonération pour sa durée d'application restant à courir.

10390 **Montant et durée de l'exonération** Les bénéfices sont totalement **exonérés** d'impôt sur le revenu ou d'impôt sur les sociétés pendant cinq ans puis bénéficient d'un **abattement** dégressif de 2/3 la 6e année et de 1/3 la 7e année. L'exonération concerne les bénéfices réalisés dans les territoires concernés et régulièrement déclarés par l'entreprise, sous réserve des exclusions visées no 10347.

> **Précisions** **a.** Lorsque l'entreprise exerce une partie de son **activité en dehors de la zone,** le bénéfice est exonéré en proportion du montant hors taxe du chiffre d'affaires ou des recettes réalisé dans la zone. Cette règle ne concerne pas le bailleur d'immeubles qui est exonéré à raison des bénéfices provenant des seuls immeubles situés en zone.
> **b.** Respect de la réglementation des aides **de minimis** ou, sur option, de celle relative aux **aides à finalité régionale** : voir nos 92625, b et 92660 s.
> **c.** Défaut de transmission des **déclarations de chiffre d'affaires** : voir no 10355.

ZONES DE DÉVELOPPEMENT PRIORITAIRE

10395 CGI art. 44 septdecies BIC-XVIII-65000 s

Les **PME créées** dans les zones de développement prioritaire (no 92540, i), **entre le 1er janvier 2019 et le 31 décembre 2026** (Loi 2023-1322 du 29-12-2023 art. 73, I-8), peuvent être totalement **exonérées** d'impôt sur le revenu ou d'impôt sur les sociétés pendant deux ans, puis bénéficier d'un **abattement** dégressif de 75 % la 3e année, 50 % la 4e année et 25 % la 5e année.

Les conditions d'application de ce régime sont identiques à celles prévues pour les entreprises créées dans les BUD (no 10375), étant toutefois précisé que le présent dispositif ne prévoit pas de condition d'emploi ou d'embauche locale.

JEUNES ENTREPRISES INNOVANTES

10400 CGI art. 44 sexies-0 A BIC-XVIII-13000 s

Le statut de jeune entreprise innovante (JEI) qui ouvre droit à des avantages fiscaux est accordé aux **PME** employant moins de 250 personnes, et qui ont soit réalisé un chiffre d'affaires inférieur à 50 M€ au cours de l'exercice, ramené ou porté le cas échéant à douze mois, soit un total du bilan inférieur à 43 M€, **créées depuis moins de huit ans** ou, pour celles créées avant le 1er janvier 2023, depuis **moins de onze ans.** Leur **capital** doit être **détenu** de manière continue à hauteur de 50 % au moins soit par des personnes physiques, de manière directe ou indirecte (mais avec une seule société interposée ayant la qualité de PME), soit par certaines entreprises du secteur du capital-risque, soit par des associations ou fondations reconnues d'utilité publique à caractère scientifique ou des établissements publics de recherche et d'enseignement et leurs filiales, soit par des sociétés qualifiées elles-mêmes de JEI.

Elles doivent engager au cours de chaque exercice des **dépenses de recherche et de développement** représentant au moins **15 %** de leurs charges fiscalement déductibles, à l'exception des pertes de change et des charges nettes sur cessions de valeurs mobilières de placement. À compter du 1er janvier 2024, le régime est également ouvert aux jeunes entreprises de croissance (JEC), définies comme celles qui réalisent **entre 5 et 15 %** de dépenses de recherche et développement et satisfont à des indicateurs de performance économique définis par décret (Loi 2023-1322 du 29-12-2023 art. 44, I).

L'administration a indiqué que, pour les JEI qui ont un **établissement stable dans un État de l'UE ou de l'EEE,** ce seuil s'apprécie en tenant compte, de façon facultative selon nous, des dépenses de recherche et des charges de cet établissement, à condition qu'elles correspondent à des charges qui auraient été fiscalement déductibles si l'établissement était établi en France (BOI-BIC-CHAMP-80-20-20-10 no 247).

Les JEI dirigées ou détenues à hauteur de 10 % au moins par des étudiants, des personnes titulaires d'un master ou d'un doctorat depuis moins de 5 ans, ou qui exercent une activité d'enseignement ou de recherche peuvent accéder au statut de jeune entreprise universitaire (**JEU**) lorsque leur activité principale consiste dans la valorisation des travaux de recherche auxquels ce dirigeant ou cet associé a participé au sein d'un établissement d'enseignement supérieur. Les JEU ne sont pas soumises à la condition relative à l'importance de leurs dépenses de recherche.

Le statut de JEI est réservé aux entreprises réellement **nouvelles** au sens de l'article 44 sexies du CGI (nos 10275 s.).

> **Précisions** **a.** Les **dépenses de recherche** prises en compte pour le statut de JEI sont celles qui ouvrent droit au crédit d'impôt recherche (nos 10478 s.), à l'exclusion des dépenses d'élaboration de nouvelles collections, des dépenses de veille technologique et des dépenses d'innovation, et au crédit d'impôt en faveur de la recherche collaborative (no 10515). Toutefois, les plafonds et les forfaits retenus pour le calcul de ces crédits d'impôt ne doivent pas être utilisés pour l'appréciation du statut de JEI (à l'exception s'agissant du crédit d'impôt recherche des dépenses de fonctionnement) (BOI-BIC-CHAMP-80-20-20-10 nos 200 et 225). La rémunération attribuée à

l'exploitant d'une entreprise individuelle ou aux associés d'une société de personnes peut être retenue pour son montant réel dans la limite d'un plafond fixé pour 2023, selon nos calculs (établis à partir de l'indice Dares de septembre 2023), à 74 961 €. Elle doit être ajoutée aux deux termes du rapport pour l'appréciation du seuil de 10 ou 15 % (BOI précité n° 245).
b. Le statut de JEI peut être accordé à une entreprise créée par un **ancien salarié** qui développe un projet de recherche initié au sein de l'entreprise préexistante dès lors que cette dernière abandonne ses travaux sur le projet et que la JEI développe son activité de manière autonome. En outre, il peut bénéficier d'une **assistance de l'entreprise préexistante** sous forme de mise à disposition de locaux ou de moyens administratifs de type secrétariat (BOI précité nos 670 et 680).
c. Pour l'accès au statut de la **JEU**, les conditions dans lesquelles est organisée la valorisation des travaux de recherche réalisés par le dirigeant ou l'associé au sein de l'établissement d'enseignement supérieur sont fixées dans une **convention** qu'il doit conclure avec l'entreprise (CGI ann. II art. 32 C bis).
d. La procédure de **contrôle sur demande** portant sur l'éligibilité des dépenses de recherche au crédit d'impôt recherche est applicable pour l'appréciation du seuil de 15 % (n° 78410).

Montant et durée de l'exonération Les JEI créées jusqu'au 31 décembre 2023 (Loi 2023-1322 du 29-12-2023 art. 69) peuvent obtenir une période d'**exonération** totale des bénéfices suivie d'une période d'**abattement** de 50 % de douze mois chacune. Ces avantages s'appliquent à des exercices bénéficiaires, qui ne sont pas forcément consécutifs. 10405 CGI art. 44 sexies A BIC-XVIII-14150 s

L'exonération concerne les bénéfices et les plus-values régulièrement déclarés par l'entreprise, après imputation des déficits reportables (pour les entreprises soumises à l'impôt sur les sociétés). En sont toutefois **exclus** certains produits : produits de participations, subventions, libéralités et abandons de créances, excédent des produits financiers sur les frais de même nature.

> Précisions a. Respect du règlement de **minimis** : voir nos 92660 s.
b. Si l'une des **conditions** du statut spécial **cesse d'être satisfaite** à la clôture d'un exercice, l'entreprise perd définitivement le droit au régime de faveur. Elle bénéficie toutefois en principe au titre de cet exercice de l'abattement de 50 % sur ses bénéfices imposables.
c. Les JEI qui remplissent les conditions requises pour bénéficier d'un **autre régime d'exonération** peuvent opter pour le présent dispositif dans les dix premiers mois d'activité (pour les entreprises nouvellement créées), ou dans les neuf premiers mois de l'exercice au titre duquel elles remplissent les conditions requises pour prétendre au statut de JEI. L'option est irrévocable tant que l'entreprise peut prétendre au statut de JEI.
d. Sur la possibilité de **s'assurer auprès de l'administration** de l'application du régime, voir n° 79565.

2. PROPRIÉTÉ INDUSTRIELLE ET LOGICIELS PROTÉGÉS PAR LE DROIT D'AUTEUR

PRODUITS PERÇUS PAR LES ENTREPRISES

Le régime applicable aux produits issus de certains droits de la propriété intellectuelle transpose en droit français l'**approche « nexus »** consacrée par l'OCDE et l'Union européenne, consistant à lier le bénéfice de l'avantage fiscal afférent à ces produits aux dépenses de recherche engagées par l'entreprise. Ces produits peuvent, sur option, être taxés pour une fraction de leur montant au taux réduit de 10 %, auquel s'ajoutent, pour les entreprises relevant de l'IR, les prélèvements sociaux (nos 34555 s.) (CGI art. 219, I-a, al. 2, et 158, 4). 10420 CGI art. 238 BIC-VIII-1 s

> Précisions a. L'option pour le régime spécial est formulée dans la déclaration des résultats de l'exercice au titre duquel elle est exercée. Elle est formulée pour chaque actif concerné ou, sous certaines conditions, par ensemble d'actifs concourant à la production d'un bien ou service ou d'une famille homogène de biens ou services. L'entreprise qui cesse d'appliquer ce régime au titre d'un exercice donné en perd définitivement le bénéfice pour chaque actif, bien ou service ou famille de biens ou services concernés.
b. L'application du régime spécial dans un **groupe fiscal** est examinée n° 40485.

Champ d'application du régime spécial Le régime spécial s'applique, sous certaines conditions, aux entreprises relevant de l'**impôt sur les sociétés** ou de l'**impôt sur le revenu** et soumises de plein droit ou sur option à un régime réel d'imposition. Le taux réduit ne s'applique, dans les **sociétés de personnes** et assimilées relevant de l'impôt sur le revenu, qu'à la quote-part du résultat net correspondant aux droits des associés soumis à l'impôt sur les sociétés ou des associés personnes physiques qui participent de manière personnelle, continue et directe à l'activité au sens de l'article 156, I-1° bis du CGI (voir nos 1020 s.). 10422

Peut bénéficier du régime spécial le résultat net de **cession, concession** de licence d'exploitation ou **sous-concession** portant sur certains **droits** de la propriété intellectuelle : brevets, certificats d'utilité, certificats complémentaires de protection rattachés à un brevet, certificats d'obtention végétale, titres équivalents délivrés par un office étranger de propriété industrielle (BOI-BIC-BASE-110-10 n° 20 et n° 90), logiciels protégés par le droit d'auteur et procédés de fabrication industriels. Les brevets et les autres éléments visés ci-dessus, qu'ils soient cédés, concédés ou sous-concédés, doivent avoir le caractère d'éléments de l'**actif incorporel immobilisé,** mais leur comptabilisation effective à l'actif n'est pas requise (BOI-BIC-BASE-110-20 n° 1). Cette condition n'est pas remplie lorsque l'objet de l'entreprise est d'acquérir des droits de propriété industrielle en vue de leur revente (BOI-BIC-BASE-110-20 n°s 20 et 50).

> Précisions **a.** Les **procédés de fabrication industriels** doivent remplir les trois conditions cumulatives suivantes : résulter d'opérations de recherche, être l'accessoire indispensable de l'exploitation d'un brevet ou d'un certificat d'utilité et faire l'objet d'une licence d'exploitation unique avec l'invention.
b. Sont admis à titre provisoire au régime spécial les brevets et certificats d'utilité **en cours de délivrance,** une régularisation devant toutefois être effectuée au titre des exercices pour lesquels l'entreprise a appliqué le régime si la délivrance du titre n'est finalement pas intervenue à la clôture du troisième exercice suivant la date d'option pour le régime au titre de cet actif (BOI-BIC-BASE-110-10 n° 30).
c. Lorsque le **contrat** transférant un élément de propriété industrielle porte **à la fois sur des actifs éligibles et sur des droits non éligibles** (notamment des marques) et/ou des prestations de services telles que l'assistance technique, le régime spécial ne s'applique qu'à la partie du prix afférente aux premiers actifs, telle qu'elle résulte de la répartition du prix convenu dans le contrat. Si celui-ci fixe un prix global, l'entreprise doit ventiler la partie du prix correspondant aux actifs éligibles en fonction d'éléments objectifs (comparaison avec des transactions analogues ou clés de répartition reposant sur des données comptables) (BOI précité n°s 340 et 350).

10425 **Concession** Le résultat net de la concession qui peut être imposé au taux réduit est déterminé en deux temps.

Dans un premier temps, le **résultat net** est calculé par différence entre le revenu (redevances), acquis au cours de l'exercice, tiré de l'actif éligible, et les dépenses de recherche et développement (R&D) qui se rattachent directement à cet actif, réalisées directement ou indirectement par l'entreprise au cours du même exercice. Toutefois, au titre du premier exercice pour lequel le revenu net est calculé, il convient de déduire l'ensemble des dépenses en lien direct avec la création, l'acquisition et le développement de l'actif incorporel, y compris celles réalisées antérieurement au cours des exercices ouverts à compter de l'exercice au titre duquel l'option pour cet actif a été exercée (BOI-BIC-BASE-110-30 n° 140) et non pas, comme mentionné dans la loi, à compter de la date à laquelle l'option pour le régime spécial est exercée (mécanisme de « recapture » des dépenses).

Dans un second temps, si le résultat net est **positif,** seule une fraction de ce résultat peut bénéficier du taux réduit. Elle est obtenue en lui appliquant le rapport (**ratio « nexus »**) existant entre :

– au numérateur : les dépenses de R&D en lien direct avec la création et le développement de l'actif incorporel réalisées directement par le contribuable ou par des entreprises sans lien de dépendance au sens de l'article 39, 12 du CGI avec celui-ci. Sont considérées comme telles les dépenses externalisées auprès d'entités non liées qui ont été supportées par une entité liée les ayant refacturées sans marge à l'entreprise bénéficiaire du régime (BOI précité n° 190). Sont exclues les dépenses d'acquisition d'actifs incorporels éligibles au régime spécial ainsi que les dépenses réalisées par un établissement stable étranger de l'entreprise française bénéficiaire de ce régime (BOI précité n° 190). Les dépenses du numérateur sont majorées de 30 %, étant toutefois précisé que le rapport entre les dépenses ainsi majorées et les dépenses figurant au dénominateur est arrondi au nombre entier supérieur et ne peut pas excéder 100 % ;

– au dénominateur : les dépenses figurant au numérateur, les coûts d'acquisition ainsi que les dépenses externalisées à des entreprises liées.

Les coûts afférents aux emprunts, aux terrains et aux bâtiments ne sont en revanche pas retenus pour le calcul du ratio « nexus ».

Celui-ci est calculé au titre de chaque exercice et tient compte des dépenses réalisées au titre de l'exercice et des exercices antérieurs (voir toutefois précision c).

Dans certaines circonstances exceptionnelles, et sous réserve de l'obtention d'un agrément, le ratio « nexus » peut être écarté au profit d'un **ratio de remplacement,** représentant la proportion de la valeur de l'actif éligible qui serait effectivement attribuable aux activités de R&D

réalisées directement par le contribuable ou par des entreprises sans lien de dépendance au sens de l'article 39, 12 du CGI avec celui-ci.

Le résultat net bénéficiaire obtenu après application du ratio « nexus » est déduit extra-comptablement et soumis au taux de 10 %. Il peut toutefois être imputé sur les déficits d'exploitation de l'exercice et même, selon l'administration, sur les déficits fiscaux reportables issus des exercices antérieurs. Cette compensation est opérée euro pour euro et peut ne porter que sur une partie des déficits (BOI-BIC-BASE-110-30 n° 380).

Si le résultat net est **négatif,** il ne peut être imputé que sur les résultats nets bénéficiaires de concession du même actif, du même bien ou service ou de la même famille de biens ou services réalisés au cours des exercices suivants avant application du ratio « nexus ».

> Précisions **a.** Des **liens de dépendance** sont réputés exister lorsqu'une entreprise détient, directement ou par personne interposée, la majorité du capital social de l'autre, ou y exerce en fait le pouvoir de décision, ou encore si les deux entreprises sont placées, dans les conditions qui viennent d'être indiquées, sous le contrôle d'une même entreprise tierce (CGI art. 39, 12). Tel est le cas, par exemple, des liens existant entre des sociétés sœurs ou cousines (BOI-BIC-CHG-40-20-10 n° 40). Le Conseil d'État admet que l'exercice en fait du pouvoir de décision conjointement avec une autre société puisse caractériser de tels liens (CE 20-9-2022 n° 455655 : RJF 12/22 n° 1024). En revanche, deux entreprises contrôlées par une même personne physique ne sont pas considérées comme liées lorsque la détention de ces parts ne constitue pas une activité professionnelle pour cette dernière (CAA Marseille 16-12-2022 n° 20MA03210 et 20MA03300 ; CE (na) 18-10-2023 n° 471426 : RJF 1/24 n° 36).

b. Selon l'administration, constituent notamment des **dépenses de R&D** venant en diminution du revenu de l'exercice les dépenses suivantes : dépenses de personnel de recherche ; dépenses d'externalisation de la R&D ; coût des matières premières et fournitures consommées ; dépenses d'acquisition d'installations techniques, de matériels et outillages industriels affectés directement aux opérations de R&D ; dépenses de création ou d'acquisition d'actifs incorporels bénéficiant du régime spécial ; frais de prise et de maintenance des titres de propriété industrielle (BOI-BIC-BASE-110-30 n° 80). Ces dépenses restent déductibles pour la détermination du résultat imposable au taux de droit commun si elles répondent aux conditions générales de déduction des charges et peuvent être retenues dans l'assiette du crédit d'impôt recherche si elles sont éligibles à ce dispositif (BOI précité n°s 70 et 90).

c. Les entreprises sont autorisées à apprécier le **ratio « nexus »** en ne retenant, au titre des dépenses antérieures, que celles réalisées au titre des exercices ouverts à compter du 1er janvier 2019 (CGI art. 238, III-2-al. 2).

d. L'**agrément** permettant d'utiliser un ratio de remplacement doit être demandé au moins six mois avant la date limite de déclaration de résultats du premier exercice au titre duquel l'entreprise souhaite l'appliquer. Il est délivré pour cinq exercices, à condition qu'à la clôture de chacun de ces exercices le ratio « nexus » soit supérieur à 32,5 % et que le ratio de remplacement soit significativement supérieur au ratio « nexus » du fait de circonstances exceptionnelles indépendantes de la volonté du contribuable.

e. Les entreprises doivent fournir chaque année une **annexe** à la déclaration de résultats détaillant les calculs réalisés pour la détermination du revenu net et du ratio « nexus ». Cette annexe indique, le cas échéant les actifs pour lesquels le résultat net imposable au taux réduit a été déterminé par application d'un ratio de remplacement.

f. À la date d'engagement de la vérification de comptabilité, les entreprises doivent tenir à la disposition de l'administration une **documentation** permettant de justifier la détermination du résultat imposé au taux réduit, comprenant une description générale de l'organisation des activités de R&D ainsi que des informations spécifiques (LPF art. L 13 BA). En cas de non-production ou de production partielle de cette documentation dans le délai de trente jours après réception d'une mise en demeure, l'entreprise est passible, pour chaque exercice vérifié, d'une **amende** égale à 5 % du montant des revenus imposés au taux réduit et tirés des actifs concernés par la mise en demeure (CGI art. 1740-0 C).

g. En cas de **fusion** ou opération assimilée placée sous le régime des articles 210 A à 210 C du CGI, la société absorbante ou bénéficiaire des apports calcule son ratio « nexus » en reprenant, au titre des exercices ultérieurs, les dépenses ayant servi au calcul du ratio « nexus » de la société absorbée ou apporteuse. Elle reprend également l'éventuel résultat net négatif réalisé par la société absorbée ou apporteuse (CGI art. 209, II ter).

Exemple de calcul de la fraction des redevances imposable à taux réduit 10426

Une entreprise A, établie en France, entame en 2022 un programme de recherche et développement (R&D). Elle dépose un brevet en 2024 et opte pour le régime de faveur au titre de cet exercice.

Les dépenses de A afférentes au brevet s'élèvent à : 125 au titre de chacun des exercices 2022 et 2023 ; 200 au titre de l'exercice 2024 ; 150 au titre de l'exercice 2025 ; 50 au titre de l'exercice 2026.

Parmi ces dépenses, celles sous-traitées à l'entreprise liée B s'élèvent à 100 au titre de chacun des exercices de 2022 à 2025.

Les premiers revenus bruts issus de l'exploitation du brevet sont constatés en 2025 : 250. Revenus bruts 2026 : 300.

Le résultat net 2025 est déterminé comme suit : 250 – [150 (dépenses de A au titre de 2025) + 200 (dépenses de A au titre de 2024] = – 100. Ce revenu net étant négatif, il est reporté sur les revenus nets bénéficiaires tirés du brevet réalisés ultérieurement.

Le résultat net 2026 s'élève à : 300 – [50 (dépenses de A au titre de 2026) + 100 (résultat net négatif 2025)] = 150.

Le ratio « nexus » 2026 est calculé comme suit : (dépenses de R&D réalisées par A de 2022 à 2026, majorées de 30 %) / (totalité des dépenses de R&D réalisées de 2022 à 2026), y compris celles sous-traitées à l'entreprise liée B), soit [130 % × (25 + 25 + 100 + 50 + 50)] / (125 + 125 + 200 + 150 + 50) = 50 %.

Le résultat 2026 imposable au taux réduit de 10 % s'élève donc à : 150 × 50 % = 75.

10428 **Sous-concession** Le régime spécial d'imposition à taux réduit s'applique également sur option au résultat net de sous-concession d'un actif incorporel, dans les mêmes conditions et selon les mêmes modalités qu'en cas de concession (nos 10420 s.).

Les redevances dues à l'entreprise concédante sont toutefois prises en compte pour déterminer le **résultat net de sous-concession** (au titre des dépenses de R&D venant en déduction des redevances de sous-concession acquises au titre de l'exercice) ainsi qu'au dénominateur du **ratio « nexus »,** ces redevances étant assimilées à des dépenses d'acquisition (CGI art. 238, VI).

10430 **Cession de droits** Le régime spécial d'imposition à taux réduit s'applique également sur option au résultat net de cession d'un actif incorporel, dans les mêmes conditions et selon les mêmes modalités qu'en cas de concession (nos 10420 s.), sous réserve des conditions supplémentaires suivantes (CGI art. 238, VII) :

– lorsque l'actif incorporel a été **acquis à titre onéreux,** l'acquisition doit remonter à deux ans au moins ;

– il ne doit pas exister de **liens de dépendance** au sens de l'article 39, 12 du CGI (n° 10425, précision a) entre l'entreprise cédante et l'entreprise cessionnaire.

La **cession** s'entend de toute opération entraînant la sortie de l'actif de l'entreprise, notamment vente, apport en société, échange, retrait pur et simple de l'actif (BOI-BIC-BASE-110-10 n° 280).

REDEVANCES VERSÉES PAR LES ENTREPRISES

10435 CGI art.39, 12 ter BIC-VIII-3000 s

Les redevances versées au concédant sont en principe déductibles dans les conditions de droit commun (n° 8150).

Toutefois, ne sont pas déductibles, pour une fraction de leur montant, les redevances de **droits de la propriété intellectuelle** versées à une **entreprise liée** au sens de l'article 39, 12 du CGI (n° 10425, précision a) qui n'est pas, au titre de l'exercice en cours, soumise à raison de ces mêmes redevances à un impôt sur le revenu ou sur les bénéfices dont le taux effectif est au moins égal à 25 %. En cas d'interposition d'une ou plusieurs entreprises liées, les modalités d'imposition des redevances sont appréciées au niveau de leur bénéficiaire réel. La limitation de la déductibilité des redevances s'applique lorsque le bénéficiaire réel est établi dans un **État** qui n'est ni membre de l'Union européenne ni partie à l'accord sur l'Espace économique européen et bénéficie, au titre des redevances, d'un **régime fiscal** considéré comme dommageable par l'OCDE.

La fraction non déductible est égale au produit du montant des redevances par le rapport entre, au numérateur, la différence entre 25 % et le taux effectif d'imposition auxquels ont été soumises les redevances, et, au dénominateur, 25 %.

Par **exemple,** si le taux effectif d'imposition d'une entreprise B à laquelle une entreprise A verse 100 de redevances s'élève à 10 %, les redevances versées par A ne sont pas déductibles à hauteur de : 100 × [25 – 10) / 25] = 60.

Redevances versées à des personnes établies dans un pays à **régime fiscal privilégié** ou dans un **État ou territoire non coopératif** : voir n° 78295.

La déduction des redevances versées à l'étranger à certaines entités peut par ailleurs être écartée en application des mesures de lutte contre les dispositifs hybrides (nos 35817 s.), par exemple lorsque ces redevances sont versées à l'établissement stable étranger d'une société associée elle-même établie dans un autre État et que ces redevances ne sont imposées ni dans l'État de la société associée ni dans celui de son établissement stable, compte tenu d'une différence dans l'attribution des paiements entre le siège et son établissement stable ou d'une différence de qualification d'un établissement stable.

3. IMPOSITION FORFAITAIRE DES ENTREPRISES DE TRANSPORT MARITIME

Les entreprises dont le **chiffre d'affaires** provient pour 75 % au moins de l'exploitation de navires armés au commerce peuvent bénéficier d'un régime forfaitaire d'imposition à l'impôt sur les sociétés. Ce dispositif s'applique sur **option** formulée pour une période irrévocable de dix ans, renouvelable au terme de cette période. **10450** CGI art. 209-0 B BIC-XVIII-16000 s

Pour les options formulées au titre d'un exercice clos depuis le 27 novembre 2014, le bénéfice du régime est subordonné à la condition que l'entreprise exploite sous pavillon d'un État membre de l'**Union européenne ou de l'Espace économique européen** un tonnage net d'au moins 25 % et s'engage à ne pas réduire cette proportion durant la période d'application du dispositif. En cas de non-respect de cet engagement, les navires qui ont conduit à minorer la proportion de tonnage sous ce pavillon sont, sous réserve de certaines exceptions, exclus du régime.

Le régime forfaitaire d'imposition s'applique à la part du résultat qui provient de l'exploitation des navires affectés au transport, au remorquage ou à toute activité d'assistance maritime, gérés à partir de la France et dont la jauge brute est supérieure ou égale à 50 unités du système de jaugeage universel (UMS). Le résultat imposable est déterminé par application d'un **barème** forfaitaire à chaque navire par jour et par tranche de jauge nette de 100 unités.

Le bénéfice provenant des autres opérations ainsi que le montant des plus-values de cession ou de réévaluation sont déterminés dans les conditions de droit commun. Les **plus-values de cession** des navires éligibles au régime sont exonérées au prorata de la durée de détention du navire pendant la période couverte par l'option par rapport à sa durée totale de détention (CGI art. 209, V).

> **Précisions** **a.** Le dispositif est ouvert aux **sociétés propriétaires** ou copropriétaires d'un navire exploité directement, donné en affrètement à temps ou en affrètement coque nue au profit d'une société du même groupe qui a opté, ou aux sociétés qui prennent un navire en **crédit-bail.**
b. Pour les sociétés membres d'un **groupe** (n°s 40150 s.), la proportion de 25 % est appréciée au regard du tonnage net total exploité par les sociétés membres.
c. Pour le calcul de l'abattement applicable aux **plus et moins-values** de cession des navires, la **durée de détention** est calculée à partir de la date de début d'exploitation du navire lorsque l'armateur a acquis l'intégralité des parts de la société propriétaire du navire puis a acquis ce dernier dans le cadre d'une fusion ou opération assimilée placée sous le régime de faveur des articles 210 A, 210 B et 210 C du CGI.

4. CRÉDITS OU RÉDUCTIONS D'IMPÔT

a. Crédit d'impôt recherche

ENTREPRISES BÉNÉFICIAIRES

Les entreprises **industrielles, commerciales, artisanales ou agricoles** imposées selon un **régime réel** qui exposent des dépenses de recherche ou d'innovation peuvent bénéficier d'un crédit d'impôt. Il en va de même pour les sociétés commerciales exerçant une **activité de nature non commerciale** (CE 7-7-2006 n° 270899 : RJF 10/06 n° 1156 ; BOI-BIC-RICI-10-10-10-10 n° 1) et les **associations** soumises à l'impôt sur les sociétés qui exercent une activité de nature industrielle et commerciale ou agricole (CE 5-2-2021 n° 426882 : RJF 4/21 n° 360). **10470** CGI art. 244 quater B, I IS-IX-600 s

Ce régime s'applique également à certaines entreprises **exonérées temporairement d'impôt sur les bénéfices** (n°s 10260 s.) : entreprises nouvelles, jeunes entreprises innovantes, entreprises créées ou reprises dans les zones de revitalisation rurale, ou en zone France Ruralités Revitalisation, entreprises implantées dans les zones franches urbaines – territoires entrepreneurs, entreprises créées dans les bassins d'emploi à redynamiser, les bassins urbains à dynamiser, les zones de restructuration de la défense, les zones de développement prioritaire ou dans les zones franches d'activités outre-mer. Les entreprises exonérées en vertu d'autres dispositions n'ont droit au crédit d'impôt qu'à raison des dépenses se rattachant, le cas échéant, à leurs activités non exonérées (CE 18-9-2015 n° 376154 : RJF 12/15 n° 995).

OPÉRATIONS DE RECHERCHE ÉLIGIBLES

L'administration définit les opérations de recherche éligibles au crédit d'impôt en s'appuyant sur le Manuel de Frascati élaboré par l'OCDE (BOI-BIC-RICI-10-10-10-20 n° 1). **10475** CGI ann. III art. 49 septies F IS-IX-900 s

Sont considérées comme opérations de recherche les activités de **recherche fondamentale,** les activités de recherche **appliquée** et les activités de **développement expérimental** (y compris la réalisation d'opérations de conception de prototypes ou d'installations pilotes). Ces trois types d'activité doivent satisfaire à chacun des **cinq critères** suivants : comporter un élément de nouveauté, de créativité et d'incertitude, être systématique et être transférable et/ou reproductible (BOI précité n° 10).

Les entreprises désireuses de s'assurer que leurs projets de recherche ouvrent droit au crédit d'impôt à raison de leurs dépenses de recherche ou d'innovation peuvent interroger l'**administration** (LPF art. L 80 B, 3°). Elles peuvent également interroger le **ministre chargé de la recherche** mais pour la seule éligibilité de leurs projets de recherche au crédit d'impôt recherche (LPF art. L 80 B, 3° bis). La demande doit être transmise selon un modèle fixé par arrêté (Arrêté FCPE1422275A du 28-11-2014) au moins six mois avant la date limite de dépôt de la déclaration spéciale de crédit d'impôt (n° 2069-A-SD) ou de la première déclaration spéciale lorsque le projet de recherche est pluriannuel. L'absence de réponse dans les trois mois vaut **accord** (voir n° 79565). Cette procédure s'applique également aux dépenses d'innovation des PME (n° 10490).

> Précisions a. Les PME qui sollicitent l'administration sur l'éligibilité de leur projet (voir n° 78410) peuvent corrélativement demander la **validation du montant de leurs dépenses** de recherche exposées au cours de l'année, sans attendre le dépôt de la déclaration spéciale (BOI-SJ-RES-10-20-20-20 n°s 5 s.).

b. En cas de **modification du projet** de recherche pluriannuel initialement soumis à l'administration, les entreprises ayant déjà obtenu une prise de position formelle confirmant l'éligibilité de leur projet au crédit d'impôt peuvent solliciter une révision de cette décision (BOI précité n°s 20 et 30). Cette **demande de révision** doit être déposée au moins six mois avant la date limite de dépôt de la déclaration n° 2069-A-SD.

c. Le crédit d'impôt peut se cumuler avec **d'autres mesures** prévues en faveur de la **recherche** comme la déduction immédiate des dépenses de recherche (n° 8405). Voir toutefois n° 10515, précision c, s'agissant des dépenses ouvrant droit au crédit d'impôt en faveur de la recherche collaborative.

DÉPENSES DE RECHERCHE À PRENDRE EN COMPTE

10478 CGI art. 244 quater B, II-a à j IS-IX-2250 s

Les dépenses de recherche éligibles au crédit d'impôt sont limitativement énumérées par la loi. En outre, elles doivent être déductibles du résultat imposable en France et correspondre à des opérations **localisées au sein de l'Union européenne, en Norvège, en Islande ou au Liechtenstein.** Cette condition de territorialité n'est pas exigée pour les dépenses de veille technologique et pour les frais de prise, de maintenance et de défense des brevets et des certificats d'obtention végétale (n° 10487).

10480 IS-IX-2270 s

Amortissement des immobilisations affectées à la recherche Sont visées :
– les **dotations aux amortissements** fiscalement déductibles (CGI ann. III art. 49 septies I, a) des immobilisations, créées ou acquises à l'état neuf et affectées directement à la réalisation d'opérations de recherche. En cas de **sinistre** touchant ces immobilisations, la dotation aux amortissements correspondant à la différence entre l'indemnité d'assurance et le coût de reconstruction ou de remplacement du bien peut être prise en compte ;
– les dotations aux amortissements des **brevets** et des **certificats d'obtention végétale** acquis en vue des recherches.

> Précisions a. Lorsque les immobilisations affectées aux opérations de recherche sont prises en **crédit-bail,** l'entreprise locataire peut retenir les **amortissements** pratiqués par le crédit-bailleur à raison des biens en cause (BOI-BIC-RICI-10-10-20-10 n°s 60 à 90). En revanche ne peuvent être retenus les amortissements pratiqués sur des immobilisations données en **location-gérance** à une autre société qui les exploite pour des opérations de recherche (CE 17-9-2010 n° 313576 : RJF 12/10 n° 1144).

b. Les **coûts de développement** peuvent être immédiatement inclus dans l'assiette du crédit d'impôt recherche même s'ils sont **comptabilisés en immobilisations,** mais ils ne doivent pas être pris en compte une seconde fois par le biais des amortissements (BOI-BIC-RICI-10-10-20 n° 5).

c. Les dotations aux amortissements de droits d'exploitation attachés à une **concession de brevets** présentant le caractère **d'immobilisation** incorporelle peuvent être retenues (CE 28-12-2017 n° 399516 : RJF 3/18 n° 247).

10481 IS-IX-2460 s

Dépenses de personnel Sont prises en compte dans l'assiette du crédit d'impôt les rémunérations et leurs accessoires ainsi que les cotisations sociales obligatoires (CGI ann. III art. 49 septies I, b) des **chercheurs** et **techniciens de recherche,** au sens de l'article 49 septies G de l'annexe III au CGI – auxquels sont assimilés les stagiaires et les apprentis (BOI-BIC-RICI-10-10-20-20 n° 50) – directement et exclusivement affectés aux opérations de recherche (à l'exclusion du personnel de soutien : activités administratives et, selon l'administration, activités d'entretien et de maintenance...) ainsi que les rémunérations et justes prix versés en application de l'article L 611-7 du Code de la propriété intellectuelle aux **salariés non chercheurs** auteurs d'une invention résultant d'opérations de recherche.

Sont également visées les dépenses de personnel afférentes aux salariés qui ont acquis, par le niveau et la nature de leurs activités de recherche au sein de l'entreprise ou antérieurement, des compétences les assimilant aux **ingénieurs,** sans en posséder le **diplôme** (CE 25-5-2007 n° 297280 : RJF 8-9/07 n° 895 ; BOI précité n° 20) et les rémunérations versées à des **fonctionnaires** qui apportent leur **concours scientifique** à l'entreprise lorsqu'ils optent pour l'imposition de ces sommes dans la catégorie des traitements et salaires.

La qualification de technicien de recherche n'est pas subordonnée à la possession d'un diplôme ou d'une **qualification professionnelle** dans le domaine scientifique (CE 24-2-2021 n° 429222 : RJF 5/21 n° 462). Peuvent être regardés comme tels les **travailleurs saisonniers** dès lors que leurs tâches sont réalisées en étroite collaboration avec les chercheurs et que ces travaux constituent le soutien technique indispensable aux travaux de recherche (CAA Nantes 28-11-2019 n° 18NT00348 : RJF 7/20 n° 583 ; CE (na) 1-7-2020 n° 437977 : RJF 10/20 n° 765).

Les dépenses de personnel liées à la première embauche de **personnes titulaires d'un doctorat** au sens de l'article L 612-7 du Code de l'éducation ou d'un diplôme équivalent sont retenues pour le double de leur montant pendant les vingt-quatre premiers mois suivant leur recrutement à la double condition qu'elles soient titulaires d'un contrat de travail à durée indéterminée et que l'effectif du personnel de recherche salarié de l'entreprise, entendu selon l'administration comme l'effectif moyen directement et exclusivement affecté aux opérations de recherche (BOI précité n° 180), ne soit pas inférieur à celui de l'année précédente.

> Précisions a. Les **rémunérations** allouées aux **dirigeants non salariés de sociétés soumises à l'impôt sur les sociétés** à raison de leur participation personnelle aux travaux de recherche de l'entreprise ouvrent droit au crédit d'impôt. Dans les **entreprises individuelles** et les **sociétés de personnes,** la rémunération attribuée aux chefs d'entreprise ou aux associés peut être prise en compte au titre des dépenses de fonctionnement pour son montant réel dans la limite d'un plafond fixé pour 2023, selon nos calculs (à partir de l'indice Dares de septembre 2023), à 74 961 € (BOI-BIC-RICI-10-10-20-25 n° 50).

b. Les rémunérations prises en charge par une société au titre du **personnel de recherche mis à sa disposition** pour effectuer, dans ses locaux et avec ses moyens, des opérations de recherche constituent des dépenses de personnel pour le calcul de son crédit d'impôt recherche (CE 25-1-2017 n° 390652 : RJF 4/17 n° 311). Sont retenues les dépenses afférentes aux **intérimaires** dès lors qu'ils sont des personnels de recherche directement et exclusivement affectés aux opérations de recherche (BOI-BIC-RICI-10-10-20-20 n° 80).

c. Les sommes versées au titre de la **participation** et de l'**intéressement** constituent des dépenses de personnel à prendre en compte (CE 12-3-2014 n° 365875 : RJF 6/14 n° 555) l'année au titre de laquelle ces sommes sont versées (BOI-BIC-RICI-10-10-20-20 n°s 360 et 370).

d. Les **cotisations sociales** obligatoires à prendre en compte dans l'assiette du crédit d'impôt recherche sont les cotisations versées par l'employeur aux régimes obligatoires de sécurité sociale ainsi que les versements destinés à financer les garanties collectives complémentaires instituées par des dispositions législatives ou réglementaires ou les garanties instituées par voie de conventions ou d'accords collectifs ainsi que par les projets d'accord ou les décisions unilatérales mentionnés à l'article L 911-1 du CSS (CE 19-6-2019 n° 413000 : RJF 10/19 n° 888 ; BOI-BIC-RICI-10-10-20-20 n° 310). Pour le Conseil d'État, doivent également y être intégrés les **prélèvements** qui, tout en n'entrant pas en compte pour la détermination du calcul des prestations servies par un régime obligatoire de sécurité sociale, conditionnent l'ouverture du droit à ces prestations et constituent, par leurs caractéristiques, un **élément de solidarité interne au régime** (CE 19-5-2021 n° 432370 : RJF 8-9/21 n° 793).

Dépenses externalisées

Peuvent être prises en compte dans la base de calcul du crédit d'impôt les dépenses exposées pour la réalisation d'opérations de recherche qui sont confiées à des **organismes de recherche** (publics ou privés) **agréés** par le ministère de la recherche ou à des **experts** scientifiques ou techniques agréés dans les mêmes conditions. **10482** CGI ann. III art 49 septies H IS-IX-3200 s

Les dépenses ainsi engagées doivent être afférentes à de véritables **opérations de recherche,** nettement **individualisées.** Leur réalisation doit être soit **confiée complètement à l'organisme** de recherche, soit menée dans le cadre d'une **collaboration** de recherche avec cet organisme (BOI-BIC-RICI-10-10-20-30 n° 171).

Les organismes sous-traitants doivent **réaliser directement** les opérations qui leur sont confiées, mais par dérogation ils peuvent recourir, pour certains travaux indispensables aux opérations de recherche, à des organismes ayant la qualité de sous-traitant au regard du crédit d'impôt (BOI précité n° 175).

> Précisions a. Une entreprise qui sous-traite l'exécution de prestations nécessaires à la réalisation d'opérations de recherche qu'elle mène peut retenir les dépenses correspondantes pour la détermination de son crédit d'impôt même si ces **prestations,** prises isolément, **ne constituent pas des opérations de recherche** (CE 22-7-2020 n° 428127 : RJF 11/20 n° 871 ; BOI-BIC-RICI-10-10-20-30 n° 172) ou si elles sont **payées directement** au sous-traitant **par le cocontractant** de l'entreprise donneuse d'ordre (CE 26-7-2023 n° 466493 : RJF 11/23 n° 796).

b. Les **dépenses** engagées par une **entreprise non agréée** comme organisme de recherche sont retenues pour le calcul de son propre crédit d'impôt même si elles sont **refacturées** à une autre société (BOI-BIC-RICI-10-10-30-20 n° 38-5).

c. Une **entreprise agréée** ne peut pas inclure dans la base de calcul de son crédit d'impôt les dépenses exposées pour réaliser les opérations de recherche qui lui sont confiées par des entreprises entrant elles-mêmes dans le champ des bénéficiaires du crédit d'impôt (CE 9-9-2020 n° 440523 : RJF 12/20 n° 979 ; BOI-BIC-RICI-10-10-30-20 n° 37). En revanche, une entreprise agréée peut retenir les dépenses facturées au donneur d'ordre mais uniquement lorsque ce dernier ne peut bénéficier du dispositif car il n'en remplit pas les conditions (par exemple s'il s'agit d'un organisme sans but lucratif ou d'une entreprise étrangère), étant toutefois précisé que cette dérogation ne s'applique pas dans la situation d'une sous-traitance en cascade lorsque le donneur d'ordre initial du projet de recherche peut bénéficier du crédit d'impôt. Cette possibilité est également refusée si le donneur d'ordre renonce volontairement au bénéfice du crédit d'impôt au titre de l'année considérée, que ce soit pour la seule fraction des dépenses de recherche externalisées ou pour l'ensemble des dépenses de recherche exposées (BOI précité n°s 37-5 et 38 ; CE 5-3-2018 n° 416836 : RJF 6/18 n° 662). Une entreprise agréée peut toutefois retenir les dépenses de recherche exposées pour son **propre compte** à l'occasion de la réalisation de prestations ne se rattachant pas à des opérations de recherche éligibles chez le donneur d'ordre, sans avoir à déduire les sommes facturées à ce dernier (CE 18-6-2021 n° 433319 : RJF 10/21 n° 904).

d. Des règles particulières s'appliquent dans le cas d'une **sous-traitance en cascade** (BOI-BIC-RICI-10-10-20-30 n°s 175 et 177).

e. Sur la possibilité de bénéficier d'un **crédit d'impôt** au titre des dépenses facturées par des organismes de recherche dans le cadre d'un **contrat de collaboration**, voir n° 10515.

10483 IS-IX-3800 s Les dépenses externalisées entrant dans l'assiette du crédit d'impôt ne sont retenues que dans la **limite** de trois fois le montant total des autres dépenses de recherche.

L'ensemble des dépenses de sous-traitance est **plafonné** à 10 M€ par an en l'absence de liens de dépendance entre l'entreprise et l'organisme prestataire, et à 2 M€ dans le cas contraire.

10485 IS-IX-4300 s **Dépenses de collection** Sont éligibles jusqu'au 31 décembre 2024 les frais d'élaboration de **nouvelles collections** dans les entreprises industrielles du secteur textile-habillement-cuir (entendues comme celles exerçant une activité de fabrication ou de transformation de biens corporels mobiliers qui nécessitent d'importants moyens techniques : CE QPC 27-10-2016 n° 391678 : RJF 1/17 n° 59), y compris lorsque ces entreprises ont recours à la sous-traitance auprès d'organismes agréés pour les opérations en cause.

> Précisions a. Les dépenses de collection doivent être exposées **en vue d'une production.** Ne sont pas éligibles les **dépenses exclusivement liées à une activité de commercialisation** engagées par les entreprises industrielles (CE 26-6-2017 n° 390619 : RJF 10/17 n° 921 ; BOI-BIC-RICI-10-10-40 n° 25). Il en est de même des dépenses engagées par une entreprise qui se borne à concevoir et commercialiser des articles et sous-traite leur entière fabrication (CE 28-3-2018 n° 391678 : RJF 6/18 n° 596) ou par une entreprise qui, bien que relevant de la codification NAF « industrie de l'habillement », ne présente pas de caractère industriel ou sous-traite l'intégralité de sa production (Rép. Grau : AN 16-4-2019 n° 14136). Toutefois, les entreprises industrielles qui ont recours à la **sous-traitance,** sans concéder leur droit de fabrication, peuvent bénéficier du crédit d'impôt dès lors qu'elles sont propriétaires de la matière première et assurent tous les risques de la fabrication et de la commercialisation (BOI précité n° 25).

b. Les **dépenses de personnel** afférentes, d'une part, aux stylistes et techniciens des bureaux de style et, d'autre part, aux ingénieurs et techniciens de production sont prises en compte distinctement, sans que soit requise l'intervention simultanée de ces deux postes de dépenses (CE 18-7-2018 n° 413314 : RJF 11/18 n° 1073). Ainsi une entreprise qui, sans élaborer elle-même de nouvelles collections, participe à la création de celles élaborées par ses clients pour lesquels elle réalise des échantillons de tissus peut bénéficier du crédit d'impôt à raison des seules dépenses afférentes à des ingénieurs et techniciens de production (CE 23-1-2020 n° 430846 : RJF 4/20 n° 315 infirmant BOI précité n° 40).

c. Les **dépenses de fonctionnement** liées à l'élaboration de nouvelles collections sont prises en compte au taux forfaitaire de 75 % des dépenses de personnel.

10487 IS-IX-3050 s, IS-IX-3900 s et IS-IX-4060 s **Autres dépenses éligibles au crédit d'impôt recherche** Sont également éligibles au crédit d'impôt recherche :

– les dépenses de **fonctionnement** déterminées en appliquant aux dépenses de personnel visées n° 10481 un taux forfaitaire de 43 % (200 % pour les dépenses de personnel des jeunes docteurs au titre des 24 premiers mois suivant leur premier recrutement) et en appliquant un taux forfaitaire de 75 % aux dotations aux amortissements des immobilisations visées n° 10480 ;

– les frais de prise, de maintenance et de défense de **brevets** et de **certificats d'obtention végétale,** sous réserve, selon la cour de Versailles, qu'ils ne soient pas refacturés aux sociétés titulaires des droits (CAA Versailles 25-2-2020 n° 18VE02357 : RJF 7/20 n° 584). Peu importe que les frais de défense concernent des brevets ou certificats non consécutifs à des opérations de recherche (BOI-BIC-RICI-10-10-20-40 n° 30). Sont également retenues les primes et cotisations afférentes à des contrats d'assurance de protection juridique de ces droits dans la limite de 60 000 € par an ;

ATTENTION

Le **caractère brevetable d'une invention** ne rend pas automatiquement éligibles au crédit d'impôt les dépenses engagées pour sa réalisation mais peut être un indicateur de l'existence de travaux de recherche et de développement, de même que le **dépôt d'un brevet** ne suffit pas, à lui seul, à établir le caractère substantiel d'innovations techniques (CE 13-11-2013 n° 341432 : RJF 2/14 n° 126 ; BOI-BIC-RICI-10-10-10-25 n° 120).

– les dépenses de **veille technologique** (abonnement à des revues scientifiques, frais de participation à des congrès...) exposées lors de la réalisation d'opérations de recherche dans la limite de 60 000 € par an, étant précisé que ces dépenses peuvent inclure des dépenses de personnel autres que celles afférentes aux chercheurs et techniciens de recherche (CE 19-5-2021 n° 432370 : RJF 8-9/21 n° 793) ;

– les dépenses, évaluées en partie forfaitairement, concernant la participation de l'entreprise aux réunions officielles de **normalisation** afférentes à ses produits, au sens de l'article 49 septies I bis de l'annexe III au CGI.

> Précisions Les dépenses de **conception de logiciels** n'ouvrent droit au crédit d'impôt que si elles sont engagées en vue de la création de logiciels réellement innovants, ou pour apporter des améliorations substantielles aux produits existants (CE 25-4-2003 n° 236066 : RJF 7/03 n° 878). Elles ne sont pas retenues si le développement du logiciel consiste à combiner entre elles des techniques existantes (CE 27-7-2009 n° 295805 : RJF 12/09 n° 1142).

DÉPENSES D'INNOVATION

Ouvrent également droit au crédit d'impôt, jusqu'au 31 décembre 2024, les dépenses d'innovation exposées par les **PME** au sens européen au titre de la réalisation d'opérations de conception de prototypes de nouveaux produits ou installations pilotes de même nature, autres que les prototypes et installations pilotes relevant de la phase de recherche mentionnés n°s 10475 s., y compris lorsque ces opérations sont sous-traitées à des entreprises ou bureaux d'études agréés. **10490** CGI art. 244 quater B, II-k **IS-IX-4630 s**

Est considéré comme un **nouveau produit** un bien corporel ou incorporel qui n'est pas encore mis à disposition sur le marché et se distingue des produits existants ou précédents par des performances supérieures sur le plan technique, de l'écoconception, de l'ergonomie ou de ses fonctionnalités.

Pour définir les **activités d'innovation,** l'administration se réfère au Manuel d'Oslo (BOI-BIC-RICI-10-10-45-10 n° 60). Les activités inhérentes à la conception de prototypes ou installations pilotes de nouveaux produits sont précisées au BOI-BIC-RICI-10-10-45-10 n°s 350 s.

Les **dépenses prises en compte** sont les suivantes : amortissements des immobilisations affectées à la réalisation des opérations éligibles ; dépenses de personnel affecté à la réalisation de ces opérations ; dépenses relatives à la propriété intellectuelle (frais de défense, de prise et de maintenance des brevets et certificats d'obtention végétale, frais de dépôt des dessins et modèles...) et dépenses externalisées.

Les opérations concernées sont soumises à la **condition de localisation** exposée n° 10478.

Une même opération peut successivement ouvrir droit au **crédit d'impôt recherche** et au **crédit d'impôt innovation** au titre de la phase de recherche et développement, puis d'innovation (BOI précité n° 350).

ATTENTION

Sont exclues du crédit d'impôt innovation les entreprises qui font l'objet d'une **injonction de récupération d'aide** non exécutée émise dans une décision antérieure de la Commission européenne déclarant une aide octroyée illégale et incompatible avec le marché intérieur. Il en est de même des **entreprises en difficulté,** à l'exception de celles qui n'étaient pas en difficulté au 31 décembre 2019 mais le sont devenues au cours de la période comprise entre le 1er janvier 2020 et le 31 décembre 2021 (BOI-BIC-RICI-10-10-45-20 n° 245).

CALCUL DU CRÉDIT D'IMPÔT

Le crédit d'impôt est déterminé par **année civile,** quelles que soient la date de clôture des exercices et leur durée. **10492** CGI art. 244 quater B, I et III **IS-IX-5030 s**

Il s'élève à **30 %** de la fraction des **dépenses de recherche** n'excédant pas 100 M€ et à **5 %** au-delà de ce seuil.

Pour les **dépenses d'innovation** exposées par les **PME,** le crédit d'impôt est égal à **30 %** des dépenses éligibles retenues dans la limite globale de 400 000 € par an, soit un montant maximum de crédit d'impôt de 120 000 € par an.

Les **exploitations** situées dans les départements d'**outre-mer** bénéficient de taux majorés pour leurs dépenses de recherche et d'innovation (n° 91490, précision b). Il en est de même pour les exploitations situées en **Corse** au titre de leurs dépenses d'innovation (n° 92285).

ATTENTION

Aux termes de la loi, les **subventions publiques,** entendues comme toutes aides versées par une personne morale de droit public (CE 12-7-2023 n° 463363 : RJF 12/23 n° 798), reçues par les entreprises à raison des opérations ouvrant droit au crédit d'impôt doivent être déduites de l'assiette du crédit d'impôt, même lorsqu'elles sont remboursables. Selon une position qui prête à discussion, l'administration considère que ces subventions doivent être déduites de la base de calcul du crédit d'impôt de l'année (ou des années) au cours de laquelle (ou desquelles) les dépenses éligibles que ces subventions ont vocation à couvrir sont exposées (BOI-BIC-RICI-10-10-30-20 n° 10). Les aides remboursables sont ajoutées à la base de calcul du crédit d'impôt de l'année du remboursement, même si aucune dépense de recherche n'a été exposée cette année-là (BOI précité n° 20). Ces modalités sont applicables aux prêts à taux zéro innovation distribués par Bpifrance (BOI précité n° 25).

Pour le calcul du crédit d'impôt dans les **groupes intégrés,** voir n° 40600.

> Précisions **a.** L'entreprise doit déduire des bases de calcul les **rémunérations versées à des tiers** pour des prestations rendues **en vue de l'octroi du crédit d'impôt** qui sont fixées proportionnellement au montant de l'avantage obtenu. Les rémunérations forfaitaires viennent également diminuer l'assiette lorsqu'elles excèdent 15 000 € ou, si ce montant est plus élevé, 5 % du total des dépenses de recherche éligibles minoré des subventions publiques.

b. Pour l'appréciation du **seuil de 100 M€,** sont également retenues les sommes ouvrant droit au crédit d'impôt en faveur de la recherche collaborative (voir n° 10515).

c. La part du crédit d'impôt correspondant aux dépenses d'élaboration de nouvelles collections exposées par les entreprises industrielles du **secteur textile-habillement-cuir** est soumise au respect de la **réglementation de minimis** (voir n°s 92660 s.). La part du crédit d'impôt correspondant aux dépenses d'**innovation** est soumise à l'**encadrement européen des aides à la recherche** (voir n° 92710).

UTILISATION DU CRÉDIT D'IMPÔT

10495 CGI art. 199 ter B et 220 B IS-IX-5800 s

Le crédit est **imputé** sur l'impôt dû par l'entreprise au titre de l'année au cours de laquelle les dépenses de recherche ont été exposées, après prise en compte des prélèvements non libératoires et autres crédits d'impôt. Lorsque l'exercice ne coïncide pas avec l'année civile, l'imputation se fait sur l'impôt dû au titre de l'exercice clos au cours de l'année suivante.

Le **crédit excédentaire** non imputé constitue une **créance** sur l'État (non imposable) qui peut être utilisée pour le paiement de l'impôt dû au titre des trois années suivant celle au titre de laquelle elle est constatée. La fraction non utilisée à l'expiration de cette période est remboursée.

Peuvent demander le **remboursement immédiat** de la créance : les PME au sens européen, les entreprises nouvelles, les jeunes entreprises innovantes et les entreprises ayant fait l'objet d'une procédure de conciliation ou de sauvegarde (ou, pour les entreprises agricoles, d'une procédure de règlement amiable : BOI-BIC-RICI-10-10-50 n° 260), d'un redressement ou d'une liquidation judiciaire (que la créance soit née ou non avant l'ouverture de la procédure).

> Précisions **a.** En principe inaliénable et incessible, la **créance** résultant d'un excédent de crédit peut cependant être **mobilisée** auprès d'un établissement de crédit en application des articles L 313-23 s. du Code monétaire et financier ou cédée à un organisme de titrisation.

b. En cas de **fusion** ou opération assimilée au cours de la période précédant son remboursement, la créance est transférée à la société bénéficiaire de l'apport.

c. Les **entreprises nouvelles** bénéficient du remboursement immédiat de la créance constatée au titre de l'année de leur création et des quatre années suivantes. Leur capital doit être détenu pour moitié au moins par des personnes physiques, de façon directe ou indirecte par l'intermédiaire d'une seule société interposée, ou bien par certaines sociétés d'investissement et du secteur du capital-risque.

Les **entreprises créées depuis moins de deux ans** doivent **joindre** à la demande de remboursement immédiat de la créance des pièces attestant de la réalité des dépenses de recherche (contrats, factures, feuilles de paie délivrées aux chercheurs et techniciens...).

d. Lorsque l'administration procède au **remboursement** d'une créance après en avoir **d'abord rejeté la demande,** les **intérêts moratoires** prévus par l'article L 208 du LPF sont dûs à compter de la date de la demande initiale (CE 11-5-2021 n°s 441603 et 442936 : RJF 8-9/21 n° 870).

CAS DES SOCIÉTÉS DE PERSONNES

Le crédit d'impôt recherche dont sont titulaires les sociétés de personnes est transféré aux **associés** au prorata de leurs droits, sauf s'il s'agit d'associés personnes physiques n'exerçant pas d'activité professionnelle au sein de la société. **10500** CGI art. 199 ter B, I et 244 quater B, I IS-IX-5450 s

Les associés bénéficiaires du transfert peuvent imputer leur part de crédit sur l'impôt dont ils sont personnellement redevables.

OBLIGATIONS DÉCLARATIVES

Les entreprises doivent souscrire, obligatoirement par voie électronique, la **déclaration** de crédit d'impôt recherche n° 2069-A-SD. Lorsqu'elles exposent **plus de 100 M€** de dépenses de recherche par an, elles doivent souscrire un état spécial (n° 2069-A-1-SD) décrivant la nature des travaux de recherche en cours. De même, les entreprises qui engagent des dépenses **supérieures à 10 M€ et n'excédant pas 100 M€** doivent produire un état relatif aux titulaires d'un doctorat (n° 2069-A-1-SD) (BOI-BIC-RICI-10-10-60 n°s 80 s.). Un état annexe (n° 2069-A-2-SD) doit en outre être rempli par les entreprises qui ont confié des opérations à des **sous-traitants.** **10502** CGI art. 244 quater B, III bis et 1649 quater B quater, XIII IS-IX-7200 s

CONTRÔLE DU CRÉDIT D'IMPÔT

Le contrôle du crédit d'impôt recherche peut faire intervenir deux administrations différentes : **10505** IS-IX-8200 s

– le **ministère chargé de la recherche et de la technologie** (intervention facultative), dont les agents dûment mandatés ont un droit de vérification de la réalité de l'affectation à la recherche des dépenses prises en compte (LPF art. L 45 B et R 45 B-1) ;

– l'**administration fiscale,** qui demeure seule compétente pour l'application des procédures de rectification et dont le droit de contrôle s'exerce dans les conditions de droit commun (n°s 77860 s.).

Le **droit de reprise** de l'administration s'exerce jusqu'à l'expiration de la troisième année suivant celle du dépôt de la déclaration spéciale n° 2069-A-SD (LPF art. L 172 G).

> **Précisions** **a.** Toutes les entreprises, quel que soit leur chiffre d'affaires, peuvent **demander à l'administration** de **contrôler** les opérations réalisées (n° 78410).
> **b.** Le contribuable doit connaître le nom de l'**agent mandaté** pour vérifier l'affectation des dépenses (CE 19-7-2016 n°s 380716 et 380717 : RJF 11/16 n° 951) mais il n'est pas nécessaire de communiquer l'éventuelle déclaration d'absence de conflit d'intérêts souscrite par cet agent (CE 25-5-2018 n° 407544 : RJF 11/18 n° 1074).
> **c.** Lorsque, dans le cadre de la procédure de rectification contradictoire, le désaccord persiste avec l'administration, le litige peut être soumis, sur demande du contribuable, au **comité consultatif** des crédits d'impôt pour dépenses de recherche. Le contribuable doit transmettre par tout moyen au service vérificateur, dans un délai non contraignant de soixante jours suivant la demande de saisine, un document de synthèse des contestations via le formulaire n° 2211-SD lorsque le litige porte sur des dépenses de recherche (BOI-CF-CMSS-60-20 n° 175). Sans trancher de question de droit, le comité se prononce sur les faits concernant la réalité de l'affectation à la recherche ou à l'innovation des dépenses en cause. Son avis est notifié au contribuable par l'administration, qui l'informe simultanément du montant de crédit d'impôt qu'elle se propose de retenir (LPF art. R 59-1).

b. Crédit d'impôt en faveur de la recherche collaborative

Les entreprises industrielles, commerciales, artisanales ou agricoles, imposées selon un régime réel ou temporairement exonérées, bénéficient d'un crédit d'impôt au titre des dépenses facturées, dans le cadre d'un **contrat** de collaboration conclu **entre le 1er janvier 2022** (ou antérieurement si un avenant est conclu après cette date : BOI-BIC-RICI-10-15-20 n° 150) **et le 31 décembre 2025,** par des **organismes de recherche et de diffusion des connaissances** (ORDC) définis par la communication européenne 2014/C198/01 et agréés par le ministre chargé de la recherche, n'ayant pas de liens de dépendance avec elles au sens de l'article 39, 12 du CGI (voir n° 10425, précision a). Il en est de même pour les sociétés commerciales exerçant une activité de nature non commerciale (BOI-BIC-RICI-10-15-10 n° 30). **10515** CGI art. 244 quater B bis, 199 ter B bis et 220 B bis IS-IX-9000 s

Les **opérations** de recherche doivent être **réalisées directement** par ces organismes. Toutefois, ces derniers peuvent recourir à d'autres organismes agréés pour la réalisation de certains travaux nécessaires à ces opérations si le contrat le prévoit.

Sont prises en compte, dans la **limite** de 6 M€ par an, les **dépenses facturées** par les organismes susvisés pour la réalisation des opérations de recherche scientifique et technique prévues au contrat, minorées de la quote-part des **aides** perçues par les organismes au titre de ces opérations et des aides publiques perçues par l'entreprise à raison des opérations ouvrant droit au dispositif, qu'elles soient définitivement acquises ou remboursables. Lorsqu'elles sont remboursables, elles sont ajoutées aux bases de calcul du crédit d'impôt de l'année au cours de laquelle elles sont remboursées.

Fixé à 40 %, le **taux** du crédit d'impôt est porté à 50 % pour les PME au sens européen. Le crédit d'impôt est **imputé** sur l'impôt dû au titre de l'année ou de l'exercice au cours duquel les dépenses retenues pour le calcul du crédit d'impôt ont été facturées par l'organisme. L'éventuel **excédent** fait naître une créance au profit de l'entreprise utilisable dans les conditions exposées nº 10495.

Sur l'utilisation du crédit d'impôt au sein des **sociétés de personnes,** voir nº 10500.

> **Précisions** **a.** Le **contrat de collaboration,** qui doit être conclu avant l'engagement des travaux de recherche, doit prévoir la facturation des dépenses de recherche à leur prix de revient, fixer l'objectif commun poursuivi, la répartition des travaux entre l'entreprise et les organismes et les modalités de partage des risques et des résultats (ces derniers ne pouvant être attribués en totalité à l'entreprise), prévoir que les dépenses facturées ne peuvent pas excéder 90 % des dépenses totales exposées pour la réalisation des opérations prévues au contrat (autrement dit, le ou les organismes de recherche doivent supporter au moins 10 % des dépenses) et permettre aux organismes de disposer du droit de publier les résultats de leurs propres recherches conduites dans le cadre de la collaboration. Ce seuil de 10 % est calculé par le rapport entre les dépenses de recherche effectivement supportées par le ou les organismes de recherche et le total des dépenses de recherche exposées par l'ensemble des parties pour la réalisation des opérations de recherche prévues au contrat de collaboration (CGI ann. III art. 49 septies VB).
> **b.** Les **dépenses** facturées par les organismes doivent être déductibles du résultat imposable en France et afférentes à des travaux de recherche **localisés** dans un État de l'Union européenne, en Norvège, en Islande ou au Liechtenstein.
> **c.** Les dépenses entrant dans l'assiette du crédit d'impôt ne peuvent être prises en compte dans la **base de calcul d'un autre crédit d'impôt** ou d'une autre réduction d'impôt.
> **d.** Le bénéfice du crédit d'impôt est soumis à l'**encadrement européen** des **aides à la recherche** (voir nº 92710).
> **e.** Sur la possibilité d'**interroger l'administration** sur l'éligibilité du projet de recherche et de saisir, en cas de procédure de rectification contradictoire, le **comité consultatif** des crédits d'impôt pour dépenses de recherche, voir respectivement nº 10475 et nº 10505, précision c.

c. Autres crédits d'impôt

CRÉDIT D'IMPÔT POUR INVESTISSEMENTS DANS L'INDUSTRIE VERTE

10520 CGI art. 244 quater I

Les entreprises industrielles et commerciales, imposées selon un régime réel ou temporairement exonérées, bénéficient, sur agrément préalable, d'un crédit d'impôt au titre des investissements réalisés dans le cadre d'activités contribuant à la **production de batteries,** de **panneaux solaires,** d'**éoliennes** ou de **pompes à chaleur.** Sont éligibles au crédit d'impôt les **dépenses d'investissements** liés à ces activités, autres que de remplacement, en vue, d'une part, de la production ou de l'acquisition auprès d'entreprises non liées d'actifs corporels (bâtiments, installations, équipements, machines et terrains d'assise nécessaires au fonctionnement des équipements) et incorporels (brevets, licences, savoir-faire ou autres droits de la propriété intellectuelle) et, d'autre part, de l'acquisition d'autorisations d'occupation temporaire du domaine public.

Fixé à 20 %, le **taux** du crédit d'impôt est porté à 25 % ou 40 % lorsque les investissements sont réalisés dans les ZAFR définies respectivement à l'annexe 1 ou à l'annexe 2 du décret 2022-968 du 30 juin 2022. Il est en outre majoré de 20 ou 10 points selon que l'entreprise est une petite ou une moyenne entreprise au sens européen. Le montant total du crédit d'impôt est **plafonné** à 150 M€ (200 M€ ou 350 M€ pour les entreprises ayant réalisé des investissements dans les zones susvisées).

Le bénéfice du crédit d'impôt est octroyé aux projets d'investissement dont la demande d'**agrément** a été déposée à compter du 27 septembre 2023 et pour lesquels l'agrément est délivré au plus tard le 31 décembre 2025. L'agrément, pris sur avis conforme de l'Agence de l'environnement et de la maîtrise de l'énergie, est **de droit** lorsque :

– le plan d'investissement s'inscrit dans le cadre d'activités éligibles et est regardé comme économiquement viable ;

– l'entreprise n'est pas en difficulté (au sens de l'article 2 du règlement UE 651/2014 du 17 juin 2014) à la clôture du dernier exercice avant la délivrance de l'agrément et respecte, au titre de chaque exercice d'imputation du crédit d'impôt, ses obligations fiscales, sociales et de dépôt de ses comptes annuels ;

– elle n'a pas procédé à un transfert d'activités éligibles vers la France depuis un État membre de l'UE ou partie à l'EEE au cours des deux exercices précédant l'exercice de dépôt de la demande ;

– les investissements sont exploités pendant au moins cinq ans (trois ans pour les PME au sens européen) à compter de leur mise en service, conformément à la législation environnementale et ne sont pas transférés hors du territoire national au cours des cinq exercices suivant l'exercice de leur mise en service.

Le crédit d'impôt s'applique par fraction, **imputable** sur l'impôt dû au titre de l'exercice ou de l'année d'exposition des dépenses mentionnées dans le plan. L'éventuel **excédent** est immédiatement restitué.

> **Précisions** **a.** L'**entrée en vigueur** du dispositif est subordonnée à la décision de la Commission européenne sur sa conformité avec la réglementation des aides d'État et sera prévue par décret (Loi 2023-1322 du 29-12-2023 art. 35).
> **b.** Sont éligibles les **entreprises qui produisent les équipements** susvisés ou leurs **composants** et sous-composants essentiels ainsi que celles qui, selon les cas, **extraient, produisent, transforment ou valorisent les matières premières** nécessaires à la production de ces équipements ou de ces composants. Pour ces dernières entreprises, l'octroi de l'agrément est subordonné à la condition qu'elles réalisent au moins 50 % du chiffre d'affaires avec les entreprises en aval de la filière.
> **c.** Les **actifs incorporels** visés doivent être inscrits à l'actif, amortissables, principalement exploités dans l'installation de production pour laquelle l'entreprise bénéficie du dispositif et affectés à l'exploitation des investissements.
> **d.** Les **dépenses** sont prises en compte dès la date de réception de la demande d'agrément à hauteur du **prix de revient** minoré des taxes et frais de toute nature, à l'exception des frais directement engagés pour la mise en état d'utilisation du bien. Les dépenses liées aux autorisations d'occupation temporaire du domaine public sont retenues à compter de la date de la signature de la convention d'occupation (qui ne peut être antérieure à la réception de la demande d'agrément) et jusqu'à la fin de la période obligatoire d'exploitation des investissements.
> Les **subventions publiques** reçues par les entreprises à raison des dépenses éligibles sont déduites des bases de calcul du crédit d'impôt.
> **e.** En présence de constructions immobilières, la **demande d'agrément** doit être déposée avant la date d'ouverture du chantier.
> **f.** Le **plafond** s'apprécie en totalisant l'ensemble des aides d'État obtenues par des entreprises non autonomes au sens de l'article 3 du règlement UE 651/2014 précité.
> **g.** Le crédit d'impôt peut être **cumulé** avec une autre aide d'État dans les conditions prévues au 1.5 de la communication 2023/C 101/03, étant précisé que le montant total de l'aide accordée ne peut excéder ni le taux du crédit d'impôt, ni son plafond, ni 100 % des coûts admissibles.
> **h.** Dans les **groupements et sociétés de personnes**, le crédit d'impôt est transféré aux associés ou membres au prorata de leurs droits sociaux.

CRÉDIT D'IMPÔT POUR LA RÉNOVATION ÉNERGÉTIQUE DES LOCAUX PROFESSIONNELS

Les entreprises répondant à la définition européenne des **PME** imposées selon un régime réel ou temporairement exonérées bénéficient d'un crédit d'impôt au titre des **dépenses engagées entre le 1er octobre 2020 et le 31 décembre 2021 et entre le 1er janvier 2023 et le 31 décembre 2024** en vue de la rénovation énergétique des **bâtiments à usage tertiaire** dont elles sont propriétaires ou locataires. Les bâtiments concernés doivent être affectés à l'exercice de leur activité industrielle, commerciale, artisanale, libérale ou agricole et être achevés depuis plus de deux ans à la date des travaux. **10525** Loi 2020-1721 du 29-12-2020 art. 27 IS-IX-16000 s

Ouvrent droit à l'avantage, outre les **dépenses** de raccordement à un réseau de chaleur ou de froid, les dépenses d'acquisition et de pose des éléments suivants : systèmes d'isolation thermique (en rampant de toitures ou en plafond de combles, sur murs, en façade ou pignon, en toiture-terrasse ou couverture de pente inférieure à 5 %), chauffe-eau (ou autre dispositif) solaire collectif pour la production d'eau chaude sanitaire, pompe à chaleur (autre que air/air) pour le chauffage des locaux, système de ventilation mécanique (simple ou double flux), chaudière biomasse, système de régulation ou de programmation du chauffage et de la ventilation. La liste et les caractéristiques techniques des équipements et travaux sont fixées par arrêté (Arrêté TRER2036038A du 29-12-2020).

Le crédit d'impôt est égal à **30 %** du prix de revient hors taxe des dépenses. La base du crédit d'impôt est réduite des **aides publiques** et des aides perçues au titre des **certificats d'économie d'énergie.** Le montant total du crédit d'impôt au titre des dépenses engagées sur les deux périodes précitées, octroyé au titre d'un ou de plusieurs exercices, est **plafonné** à 25 000 € (BOI-BIC-RICI-10-170 n° 200).

Il s'**impute** sur l'impôt dû au titre de l'année civile au cours de laquelle les dépenses ont été engagées. L'**excédent** éventuel est restitué.

> Précisions a. Dans les **DOM** ouvrent également droit au crédit d'impôt les dépenses d'acquisition et de pose d'une toiture ou d'éléments de toiture réduisant les apports solaires, de protections de baies contre le rayonnement solaire, d'un climatiseur fixe de classe supérieure ou égale à A, en remplacement d'un climatiseur existant.
b. Lorsque les travaux de rénovation portent sur l'ensemble d'un **bâtiment** qui n'est **pas dédié exclusivement à des activités tertiaires,** le montant des dépenses pris en compte dans le calcul du crédit d'impôt est déterminé au prorata de la proportion de surface de plancher des locaux à usage tertiaire par rapport au total de la surface plancher du bâtiment (BOI-BIC-RICI-10-170 n° 80).
c. Dans les **groupements et sociétés de personnes,** le crédit d'impôt peut être utilisé, au prorata de leurs droits, par leurs associés redevables de l'impôt sur les sociétés ou associés personnes physiques participant à l'exploitation. Le plafond de 25 000 € s'apprécie en prenant en compte la fraction du crédit d'impôt correspondant aux droits de ces associés.
d. Le bénéfice du crédit d'impôt est subordonné au respect du **règlement de minimis** (nos 92660 s.).

CRÉDIT D'IMPÔT MÉTIERS D'ART

10535 CGI art. 244 quater O, 220 P et 199 ter N IS-IX-60000 s

Les entreprises relevant des métiers d'art (industrielles, commerciales, artisanales, libérales...) imposées selon un régime réel ou temporairement exonérées peuvent bénéficier d'un crédit d'impôt égal à 10 % des dépenses de création d'ouvrages uniques réalisés en un seul exemplaire ou en petite série exposées jusqu'au 31 décembre 2026 (Loi 2023-1322 du 29-12-2023 art. 66). Le régime est réservé aux **entreprises** dont les charges de personnel afférentes aux salariés qui exercent un des **« métiers d'art »** mentionnés dans la colonne « métiers » du tableau en annexe de l'arrêté EINI1509227A du 24 décembre 2015 représentent au moins 30 % de la masse salariale totale ainsi qu'aux entreprises **industrielles** relevant de certains secteurs (horlogerie, bijouterie, joaillerie, orfèvrerie, lunetterie, arts de la table, jouet, facture instrumentale et ameublement) qui entrent dans la nomenclature des activités et des produits fixée par arrêté.

Bénéficient également du dispositif les entreprises portant le label **« entreprise du patrimoine vivant ».** Pour ces entreprises, le taux du crédit d'impôt est porté à 15 %.

Ne peuvent bénéficier du crédit d'impôt les activités de **prestation de services,** même si elles figurent dans le tableau de l'arrêté du 24 décembre 2015 (BOI-BIC-RICI-10-100 n° 20), ainsi que celles conduisant à la **production de biens immeubles** ou de biens **meubles incorporels** (CE 9-4-2014 nos 373436 à 373438 : RJF 7/14 n° 673). Par dérogation, bénéficient de l'avantage fiscal les entreprises œuvrant dans le domaine de la **restauration du patrimoine,** entendu comme l'ensemble des biens, immobiliers ou mobiliers, relevant de la propriété publique ou privée, qui présentent un intérêt historique, artistique, archéologique, esthétique, scientifique ou technique (BOI précité n° 95).

Le crédit d'impôt est **plafonné** à 30 000 € par an et par entreprise. Il est en outre soumis au respect de la réglementation de minimis (nos 92660 s.). Calculé par année civile, il s'**impute** sur l'impôt dû au titre de l'année au cours de laquelle les dépenses sont exposées. L'**excédent** éventuel est restitué à l'entreprise.

> Précisions a. Pour ouvrir droit au crédit d'impôt, les **ouvrages produits** doivent s'appuyer sur la réalisation de plans ou maquettes ou de prototypes ou de tests ou encore de mise au point manuelle particulière à l'ouvrage et ne doivent pas figurer à l'identique dans les réalisations précédentes de l'entreprise.
b. Ouvrent droit au crédit d'impôt les **dépenses** suivantes : salaires et charges sociales (entendues comme cotisations obligatoires : BOI-RES-BIC-000084 ; voir n° 10481, précision d) afférents aux salariés directement affectés à la création d'ouvrages réalisés en un seul exemplaire ou en petite série ou à l'activité de restauration du patrimoine ; dotations aux amortissements des immobilisations créées ou acquises à l'état neuf directement affectées à la création de ces ouvrages ou à la restauration du patrimoine ; frais de dépôt des dessins et modèles relatifs à ces ouvrages ou à cette restauration ; frais de défense des dessins et modèles (dans la limite de 60 000 € par an) ; dépenses liées à l'élaboration des ouvrages ou à la restauration du patrimoine confiées à des stylistes ou bureaux de style externes. Les mêmes dépenses ne peuvent entrer à la fois dans la base de calcul de ce crédit d'impôt et dans celle d'un **autre crédit d'impôt.**
c. Le **contrôle** de la réalité de la création d'ouvrages réalisés en un seul exemplaire ou en petite série est effectué par les agents des ministères chargés de l'industrie, du commerce et de l'artisanat, sans préjudice des pouvoirs de l'administration fiscale, seule compétente pour procéder à des rectifications (LPF art. L 45 BA et R 45 BA-1). Le **droit de reprise** de l'administration s'exerce jusqu'à la fin de la troisième année suivant celle du dépôt de la déclaration prévue pour le calcul de ce crédit d'impôt (LPF art. L 172 G).

CRÉDIT D'IMPÔT POUR LA FORMATION DU CHEF D'ENTREPRISE

10545 CGI art. 244 quater M, 220 N et 199 ter L IS-IX-28000 s

Les entreprises industrielles, commerciales, artisanales, libérales ou agricoles imposées selon un régime réel ou temporairement exonérées peuvent bénéficier d'un crédit d'impôt au titre des dépenses exposées pour la formation de leur chef d'entreprise jusqu'au 31 décembre 2024. Le crédit d'impôt est égal au produit du nombre d'heures passées par le chef d'entreprise en formation (plafonné à quarante heures de formation par année civile) par le taux horaire du Smic en vigueur au 31 décembre de l'année au titre de laquelle le crédit d'impôt est calculé. Pour les micro-entreprises au sens européen, le montant du crédit d'impôt est doublé, sous réserve du respect de la réglementation européenne de minimis (voir nos 92660 s.), et reste plafonné à 40 heures par année civile (BOI-BIC-RICI-10-50 n° 40).

Le crédit d'impôt est **imputé** sur l'impôt dû au titre de l'année au cours de laquelle les heures de formation ont été suivies et l'**excédent** éventuel est restitué à l'entreprise.

> Précisions **a.** Les **chefs d'entreprise** s'entendent des exploitants individuels, des gérants, des présidents, des administrateurs, des directeurs généraux et des membres du directoire (CGI ann. III art. 49 septies ZC).

b. Les **formations** ouvrant droit au crédit d'impôt sont celles visées par l'obligation légale de participation à la formation professionnelle continue, sous réserve que les dépenses correspondantes soient admises en déduction du bénéfice imposable (CGI ann. III art. 49 septies ZD).

c. Le **plafond** du crédit d'impôt accordé aux **Gaec** est déterminé en multipliant la limite de quarante heures de formation par le nombre d'associés chefs d'exploitation.

d. Seules les micro-entreprises qui choisissent de bénéficier du doublement du crédit d'impôt sont soumises au respect de la réglementation européenne de minimis, étant précisé que, pour apprécier les **plafonds de minimis** sur trois exercices fiscaux, il convient de se placer au 31 décembre de l'année, quelle que soit la date de clôture de l'exercice (BOI précité n° 85).

CRÉDIT D'IMPÔT FAMILLE

Les entreprises industrielles, commerciales ou agricoles et les membres des professions libérales imposés selon un régime réel ou temporairement exonérés peuvent bénéficier d'un crédit d'impôt à raison des **sommes engagées** en faveur de leurs **salariés.** Son taux est égal à : **10555** CGI art. 244 quater F, 220 G et 199 ter E **IS-IX-24000 s**

– **50 %** des **dépenses** ayant pour objet d'assurer l'accueil des enfants de moins de trois ans des salariés par la création et le fonctionnement de **crèches** ou de haltes-garderies ou par des versements au profit d'organismes publics ou privés exploitant de tels établissements (CGI ann. III art. 49 septies Y) ;

– **25 %** des dépenses engagées par l'entreprise ou par le comité social et économique (BOI-BIC-RICI-10-130-10 n° 580) au titre de l'**aide financière aux services à la personne** prévue aux articles L 7233-4 et L 7233-5 du Code du travail (aide directe ou remise de chèques emploi-service universels préfinancés). Peuvent être pris en compte à ce titre le financement par l'entreprise de services à la personne rendus par une **conciergerie d'entreprise** ainsi que la cotisation versée à une entreprise de conciergerie (BOI précité nos 590 et 600).

Le montant du crédit est **plafonné** à 500 000 € par an et par entreprise. Il est **imputé** sur l'impôt dû par l'employeur au titre de l'année au cours de laquelle il a engagé les dépenses éligibles. L'**excédent** éventuel est remboursé.

> Précisions **a.** Les dépenses engagées par une entreprise n'ayant pas de salarié ou dont seul le **personnel non salarié** a recours au service de crèche ne sont pas éligibles au crédit d'impôt (BOI précité n° 250).

b. Les **subventions publiques** perçues à raison des dépenses ouvrant droit au dispositif sont déduites des bases de calcul.

CRÉDIT D'IMPÔT EN FAVEUR DE LA PRODUCTION D'ŒUVRES PHONOGRAPHIQUES

À condition de ne pas être détenues, directement ou indirectement, par un éditeur de service de télévision ou de radiodiffusion, les entreprises de production phonographique (au sens de l'article L 213-1 du Code de la propriété intellectuelle), soumises à l'impôt sur les sociétés ou temporairement exonérées (BOI-IS-RICI-10-10-10 n° 30), qui réalisent, en France, dans un État de l'Union européenne, en Norvège, en Islande ou au Liechtenstein, des enregistrements d'**albums de nouveaux talents** peuvent, sur agrément, bénéficier d'un crédit d'impôt au titre de dépenses effectuées jusqu'au 31 décembre 2027 (Loi 2023-1322 du 29-12-2023 art. 54). Ces dépenses comprennent, d'une part, les **frais de production** des enregistrements phonographiques ou vidéographiques musicaux et, d'autre part, les **dépenses de développement** des productions (frais de promotion de l'œuvre de l'artiste) prises en compte à hauteur de 700 000 € par enregistrement. Les **rémunérations des dirigeants** de petites entreprises au sens européen participant effectivement à la réalisation des œuvres ou aux répétitions peuvent être prises en compte dans la limite de 45 000 € par an (Décret 2015-704 du 19-6-2015). **10575** CGI art. 220 octies et 220 Q **IS-IX-52000 s**

Le **taux** du crédit d'impôt est fixé à 20 % du montant des dépenses et il est relevé à 40 % pour les PME au sens européen.

Le crédit d'impôt est **plafonné** à 1,5 M€, par entreprise et par exercice.

Il est **imputé** sur l'impôt sur les sociétés dû au titre de l'exercice au cours duquel ces dépenses ont été exposées. L'**excédent** éventuel est remboursé à l'entreprise.

> Précisions a. Les albums de nouveaux talents doivent pour moitié être en langue française ou dans une langue régionale en usage en France. Cette **condition de francophonie** ne s'applique pas aux œuvres libres de droit d'auteur. S'agissant des micro-entreprises, les albums d'expression qui ne relèvent pas d'une de ces catégories ouvrent droit au crédit d'impôt dans la limite du nombre d'albums d'expression française ou dans une langue régionale produits au cours du même exercice par l'entreprise.

b. Les **nouveaux talents** sont définis comme des artistes, groupes d'artistes, compositeurs ou artistes-interprètes n'ayant pas dépassé un seuil de ventes et d'écoutes fixé à 100 000 équivalents-ventes (un équivalent-vente correspondant à la vente d'un album ou à 1 500 écoutes) (Décret 2020-380 du 30-3-2020), pour deux albums distincts précédant ce nouvel enregistrement.

c. Le montant des **dépenses** de production et de développement est plafonné à 2,3 M€ par entreprise et par exercice lorsqu'elles sont **sous-traitées** à des entreprises et industries liées à la production phonographique ou vidéographique.

d. Les dépenses ouvrent droit au crédit d'impôt à compter de la date de réception de la **demande d'agrément provisoire** par le ministre chargé de la culture. Les productions d'enregistrement sont agréées par le président du Centre national de la musique au nom du ministre (Décret 2006-1764 du 23-12-2006).

e. Les **subventions publiques** reçues par les entreprises à raison des dépenses éligibles sont déduites des bases de calcul du crédit d'impôt.

f. Le bénéfice du crédit d'impôt est subordonné au respect des **règles européennes** sur les **aides en matière de culture** (n° 92730).

CRÉDIT D'IMPÔT EN FAVEUR DES ÉDITEURS D'ŒUVRES MUSICALES

10577 CGI art. 220 septdecies et 220 Q bis IS-IX-54000 s

À condition de ne pas être détenues, directement ou indirectement, par un éditeur de services de télévision ou de radiodiffusion, les entreprises d'édition musicale (au sens de l'article L 132-1 du Code de la propriété intellectuelle), soumises à l'impôt sur les sociétés ou temporairement exonérées (BOI-IS-RICI-10-15-10 n° 10), peuvent, sur agrément, bénéficier d'un crédit d'impôt au titre des dépenses effectuées en vue de soutenir la création d'œuvres musicales, de contrôler et d'administrer de telles œuvres, d'assurer leur publication, exploitation et diffusion commerciale et de développer le répertoire de nouveaux talents. Sont prises en compte les **dépenses** exposées jusqu'au 31 décembre 2027 (Loi 2023-1322 du 29-12-2023 art. 61) **en exécution d'un contrat d'édition d'œuvres musicales** d'un nouveau talent (auteur ou compositeur) accordant à l'entreprise, qui doit être établie en France, dans un État de l'Union européenne, en Norvège, en Islande ou au Liechtenstein, un droit de préférence au sens de l'article L 132-4 du Code précité conclu à compter du 1er janvier 2022, dans la **limite** de 300 000 € par contrat.

Fixé à 15 %, le **taux** du crédit d'impôt est porté à 30 % pour les PME au sens européen. Le **montant** du crédit d'impôt est plafonné à 500 000 €, par entreprise et par exercice.

Il est **imputé** sur l'impôt sur les sociétés dû au titre de l'exercice d'engagement de ces dépenses. L'**excédent** éventuel est remboursé à l'entreprise.

> Précisions a. Les **œuvres** musicales éligibles comportant des paroles doivent respecter la **condition de francophonie** exposée n° 10575, précision a.

b. Un **nouveau talent** est défini comme un auteur ou compositeur dont les œuvres éditées n'ont pas dépassé un seuil de ventes et d'écoutes fixé, pour deux albums distincts, à 100 000 équivalents-ventes (un équivalent-vente correspondant à la vente d'un album ou à 1 500 écoutes) (Décret 2022-1424 du 10-11-2022 art. 9) ou qui, en qualité d'auteur ou de compositeur ou dans le cadre d'une œuvre collective, n'a pas contribué à l'écriture ou à la composition de plus de 50 % des œuvres figurant dans deux albums distincts ayant chacun dépassé ce seuil de ventes et d'écoutes.

c. Est assimilé à un contrat de préférence éditoriale le **contrat d'édition musicale** au sens de l'article L 132-1 du Code de la propriété intellectuelle qui comporte une clause accordant à l'entreprise cocontractante un droit de préférence éditoriale pour les œuvres futures de l'auteur ou du compositeur cocontractant (BOI-IS-RICI-10-15-10 n° 110).

d. Dès lors qu'elles entrent dans la détermination du résultat imposable, les **dépenses** suivantes ouvrent droit au crédit d'impôt : frais de personnel permanent de l'entreprise (y compris la rémunération, charges sociales comprises, des dirigeants des petites entreprises correspondant à leur participation directe à la création d'œuvres musicales, dans la limite de 45 000 € par an (CGI ann. III art. 46 quater-0 YV); frais de personnel non permanent de l'entreprise; frais de déplacement et d'hébergement, dans la limite d'un montant par nuitée fixé à 270 € pour Paris et la petite couronne et 200 € dans les autres départements (CGI ann. III art. 46 quater-0 YW bis); frais liés à la formation musicale et à l'organisation ou la participation de l'auteur à des séminaires d'écriture musicale; frais de création et de maquettage; frais de déclaration des œuvres musicales, dépenses de veille liées à l'exploitation illicite de celles-ci; frais de défense des œuvres et des droits des auteurs et compositeurs; frais de reproduction, de commercialisation et de captation sonore des œuvres; dépenses de prospection commerciale ; dépenses engagées au titre de la participation à des émissions de télévision, de radio ou de programmes audiovisuels ; frais liés à la création et la gestion de contenus audiovisuels et multimédias ; frais de location ou de transport de matériels ou d'instruments (ou d'achat du petit matériel) ; dotations aux amortissements des immobilisations ; frais de répétition ou de représentations promotionnelles.

e. Le montant des **dépenses** éligibles est plafonné à 1,6 M€ par exercice lorsqu'elles sont **sous-traitées** à des entreprises liées à l'édition musicale. Ce plafond ne comprend pas les frais de mise à disposition de personnel engagés au titre d'un contrat de **refacturation** entre sociétés d'un même groupe (BOI-IS-RICI-10-15-20 n° 300).

f. Les dépenses entrant dans l'assiette du crédit d'impôt ne peuvent être prises en compte dans la **base de calcul d'un autre crédit d'impôt.**

g. Les dépenses ouvrent droit au crédit d'impôt à compter de la date de réception de la **demande d'agrément provisoire** par le ministre chargé de la culture. En cas de non-obtention de l'agrément définitif dans un délai de trente-six mois à compter de l'agrément provisoire, l'entreprise doit reverser le crédit d'impôt. L'agrément est délivré, au nom du ministre chargé de la culture, par le président du Centre national de la musique (Décret 2022-1180 du 25-8-2022).

h. Les **subventions publiques** reçues par les entreprises à raison des dépenses éligibles sont déduites des bases de calcul du crédit d'impôt. Ne constituent pas de telles subventions les financements émanant des organismes de gestion collective (BOI-IS-RICI-10-15-30 n° 1).

i. Le bénéfice du crédit d'impôt est subordonné au respect des **règles européennes** sur les aides en matière de culture (n° 97230).

CRÉDIT D'IMPÔT POUR LES ENTREPRENEURS DE SPECTACLES VIVANTS

Les entreprises exerçant l'activité d'entrepreneur de spectacles vivants au sens de l'article L 7122-2 du Code du travail, soumises à l'impôt sur les sociétés ou temporairement exonérées (BOI-IS-RICI-10-45 n° 20), peuvent bénéficier d'un crédit d'impôt au titre des dépenses de **création, d'exploitation** et de **numérisation** d'un spectacle vivant musical ou de variétés réalisées jusqu'au 31 décembre 2027 (Loi 2023-1322 du 29-12-2023 art. 58). **10580** CGI art. 220 quindecies et 220 S **IS-IX-57000 s**

Les entreprises doivent avoir la responsabilité du spectacle, ce qui implique qu'elle soit employeur de l'artiste principal (CE 6-6-2023 n° 459024 : RJF 8-9/23 n° 624), et supporter son coût de création.

Les **dépenses** doivent être réalisées par des entreprises établies en France, dans un État de l'Union européenne, en Norvège, en Islande ou au Liechtenstein et qui y effectuent les prestations liées à la réalisation d'un spectacle musical ou de variétés. Elles doivent porter sur un spectacle agréé, effectué dans l'un des États précités, dont les **coûts de création** sont majoritairement engagés sur le territoire français. Le spectacle doit comprendre au minimum deux ou quatre représentations dans au moins deux ou trois lieux différents selon que les demandes d'agrément provisoire ont été déposées entre le 1er janvier 2021 et le 31 décembre 2023 ou à compter du 1er janvier 2024. Il ne doit pas être présenté dans un lieu dont la jauge (effectif maximal du public admis dans le lieu) est supérieure à un nombre de personnes défini par décret par **catégorie de spectacle.**

Les dépenses sont prises en compte dans la **limite** de 500 000 € par spectacle.

Le **taux** du crédit d'impôt, en principe fixé à 15 % du montant des dépenses, est porté à 30 % pour les entreprises qui répondent à la définition européenne des PME. Son montant est **plafonné** à 750 000 € par entreprise et par exercice.

Il est **imputé** sur l'impôt sur les sociétés dû au titre de l'exercice d'engagement des dépenses. L'**excédent** est remboursé à l'entreprise.

> **Précisions** **a.** Dès lors qu'elles se rattachent directement ou exclusivement au spectacle et entrent dans la détermination du résultat imposable, les **dépenses** suivantes ouvrent droit au crédit d'impôt : frais de personnel permanent de l'entreprise (y compris la rémunération, charges sociales comprises, du ou des dirigeants des petites entreprises correspondant à leur participation directe à la création et à l'exploitation du spectacle, sans excéder 45 000 € par an : CGI ann. III art. 46 quater-0 ZY octies) ; salaires et charges sociales afférents aux artistes (plafonnés à cinq fois le montant du salaire minimum conventionnel en vigueur) et techniciens affectés au spectacle ; rémunérations, droits d'auteur, honoraires et prestations versés à des personnes physiques ou morales ayant directement contribué au spectacle ; redevances versées aux organismes de gestion collective des droits d'auteur ; frais de location de salles de répétition et de spectacle ; frais de location de matériels (ou d'achat du petit matériel) ; dotations aux amortissements des immobilisations ; frais d'assurance du matériel ou d'annulation ; dépenses liées à la tournée, notamment frais de restauration et d'hébergement (dans certaines limites : CGI ann. III art. 46 quater-0 ZY decies) ; dépenses de promotion ; dépenses de numérisation de tout ou partie du spectacle (notamment, frais d'acquisition des droits d'auteur des photographies, des illustrations et créations graphiques, frais de captation, frais d'acquisition d'images préexistantes).

b. La **jauge** contractuelle à retenir est celle déterminée entre le producteur et le diffuseur ou le propriétaire du lieu de présentation du spectacle et varie selon le type de spectacle (Décret 2016-1209 du 7-9-2016 art. 2 ; BOI-IS-RICI-10-45 n°s 104 et 106), étant précisé que, pour les demandes d'agrément provisoire déposées à compter du 1er janvier 2024, les concerts de musiques actuelles peuvent être présentés une fois, lors de la tournée, dans un lieu dépassant cette jauge dans la limite de 2 900 places (Loi 2023-1322 du 29-12-2023 art. 59).

c. Les dépenses ouvrent droit au crédit d'impôt à compter de la date de réception par le ministre chargé de la culture d'une **demande d'agrément provisoire** du spectacle. Les spectacles sont agréés par le président du Centre national de la musique au nom du ministre (Décret 2016-1209 du 7-9-2016). Lorsque l'**agrément définitif** n'est pas obtenu dans un délai de trente-six mois à compter de l'agrément provisoire, l'entreprise doit **reverser le crédit d'impôt.** Ce délai est prolongé de quinze mois pour les spectacles ayant obtenu leur agrément provisoire **entre le 1er juillet 2019 et le 2 juin 2021,** mais dans ce cas l'entreprise doit reverser le crédit d'impôt obtenu au titre des dépenses exposées antérieurement à la période de trente-six mois précédant la date de délivrance de l'agrément définitif.

d. Lorsqu'elles sont directement affectées aux dépenses éligibles, les **subventions publiques** non remboursables et les **aides dites « tours supports »** reçues de la part du producteur phonographique sont déduites des bases de calcul du crédit d'impôt. Les subventions publiques sont celles calculées sur la base du rapport entre le montant des dépenses éligibles et le montant total des charges de l'entreprise figurant au compte de résultat (BOI précité n° 200).

e. Les mêmes dépenses ne peuvent entrer à la fois dans les bases de calcul du crédit d'impôt en faveur du spectacle vivant et dans celles de **tout autre crédit d'impôt.**

f. Le bénéfice du crédit d'impôt est subordonné au respect des **règles européennes** sur les **aides en matière de culture** (n° 92730).

CRÉDIT D'IMPÔT THÉÂTRE ET CIRQUE

10582 CGI art. 220 sexdecies et 220 T IS-IX-58000 s

Les entreprises exerçant l'activité d'entrepreneur de spectacles vivants au sens de l'article L 7122-2 du Code du travail, soumises à l'impôt sur les sociétés ou temporairement exonérées (BOI-IS-RICI-10-47 n° 20), peuvent bénéficier d'un crédit d'impôt au titre des dépenses, réalisées jusqu'au 31 décembre 2027 (Loi 2023-1322 du 29-12-2023 art. 58), de **création, d'exploitation** et de **numérisation de représentations théâtrales d'œuvres dramatiques** ou, pour les demandes d'agrément provisoire déposées à compter du 1er janvier 2024, de **représentations de cirque** (Loi précitée art. 60).

Les entreprises doivent avoir la responsabilité du spectacle et supporter son coût de création.

Les **dépenses** doivent être réalisées par des entreprises établies en France, dans un État de l'Union européenne, en Norvège, en Islande ou au Liechtenstein et qui y effectuent les prestations liées à la réalisation de ces œuvres. Elles doivent porter sur un spectacle agréé, effectué dans l'un des États précités, dont les **coûts de création** sont majoritairement engagés sur le territoire français.

Le spectacle doit constituer la première exploitation d'un spectacle caractérisé par une mise en scène et une scénographie nouvelles n'ayant pas encore donné lieu à représentations, être interprété par une équipe d'artistes constituée d'au moins 90 % de professionnels, disposer d'au moins six artistes au plateau justifiant chacun d'au moins vingt services de répétition et être programmé pour plus de vingt dates, dont la moitié au moins sur le territoire français, sur une période de douze mois consécutifs dans au moins deux lieux différents.

Le **taux** applicable, la **limite** de prise en compte de dépenses ainsi que le **plafonnement** et l'**imputation** du crédit d'impôt sont identiques à ceux figurant n° 10580.

> Précisions **a.** Les **dépenses** concernées sont identiques à celles énumérées n° 10580, précision a, prises en compte dans la **limite** des soixante premières représentations par spectacle (BOI-IS-RICI-10-47 n°s 150 s.).

b. Les dépenses ouvrent droit au crédit d'impôt à compter de la date de réception de la **demande d'agrément provisoire** par le ministre chargé de la culture (Décret 2021-655 du 26-5-2021). Lorsque l'**agrément définitif** n'est pas obtenu dans un délai de trente-six mois à compter de l'agrément provisoire, l'entreprise doit **reverser le crédit d'impôt.**

c. Sont déduites des bases de calcul du crédit d'impôt : les **subventions publiques** non remboursables et les aides non remboursables versées par l'association pour le soutien du théâtre privé et directement affectées aux dépenses, ainsi que les autres subventions publiques non remboursables reçues par les entreprises calculées sur la base du rapport entre le montant des dépenses éligibles et le montant total des charges de l'entreprise figurant au compte de résultat (BOI-IS-RICI-10-47 n°s 270 s.).

d. Les mêmes dépenses ne peuvent entrer à la fois dans les bases de calcul du crédit d'impôt théâtre et cirque et dans celles de **tout autre crédit d'impôt.**

e. Le bénéfice du crédit d'impôt est subordonné au respect des **règles européennes** sur les **aides en faveur de la culture** (n° 92730).

CRÉDITS D'IMPÔT CINÉMA ET AUDIOVISUEL

Deux crédits d'impôt, présentant des caractéristiques communes, peuvent s'appliquer aux **entreprises de production cinématographique ou audiovisuelle** soumises à l'impôt sur les sociétés (ou temporairement exonérées : BOI-IS-RICI-10-20-10 n° 50) qui localisent principalement sur le **territoire français** le tournage et la production d'œuvres cinématographiques de longue durée ou d'œuvres audiovisuelles, agréées par le président du Centre national du cinéma et de l'image animée (CNC) et réalisées avec le concours d'auteurs, d'artistes-interprètes et de techniciens français ou européens. Le **montant** du crédit d'impôt, égal à 20 % des dépenses exposées, est porté à : 10585 CGI art. 220 sexies et 220 F IS-IX-42100 s IS-IX-44500 s

– 25 % pour les œuvres audiovisuelles de fiction et d'animation et pour les œuvres audiovisuelles documentaires ;

– 30 % pour les œuvres cinématographiques d'animation (auxquelles sont assimilées les œuvres cinématographiques de fiction à forts effets visuels) et pour les œuvres cinématographiques autres que d'animation réalisées intégralement ou principalement en langue française ou dans une langue régionale en usage en France.

Enfin, il s'applique au taux de 10 % aux **dépenses liées à l'adaptation audiovisuelle de spectacles** exposées jusqu'au 31 décembre 2024.

Les œuvres concernées doivent être réalisées principalement en **langue française** ou dans une **langue régionale** en usage en France, à l'exception des **œuvres cinématographiques** d'animation, de fiction à forts effets visuels ou celles pour lesquelles l'emploi d'une langue étrangère est justifié pour des raisons artistiques tenant au scénario. Les **œuvres audiovisuelles documentaires** ne peuvent bénéficier de l'avantage que lorsque le montant des dépenses éligibles est supérieur ou égal à 2 000 € par minute produite.

Le crédit d'impôt est soumis (au titre d'une même œuvre) à un **plafond** fixé à 30 M€ pour les œuvres cinématographiques et, pour les œuvres audiovisuelles, à plusieurs plafonds variables en fonction du coût de la minute produite et de la nature de l'œuvre (fiction, documentaire et adaptation d'œuvres audiovisuelles, animation). Le crédit d'impôt ne peut pas porter à plus de 50 % du budget de production le montant des **aides publiques** accordées (60 % pour les œuvres difficiles et à petit budget), étant précisé que cette condition a, selon le Conseil d'État, le caractère d'une règle de plafonnement et que seule la partie excédentaire du crédit d'impôt est donc remise en cause en cas de dépassement du seuil (CE 15-3-2023 n° 452317 : RJF 6/23 n° 444).

Le crédit d'impôt s'**impute** sur l'impôt sur les sociétés dû au titre de l'exercice d'engagement des dépenses et l'**excédent** éventuel est remboursé à l'entreprise.

> Précisions **a.** Les **dépenses éligibles** comprennent notamment les rémunérations versées aux auteurs et aux interprètes ou artistes de complément, les salaires et les charges sociales des techniciens et ouvriers, les dépenses de matériels techniques, la location des plateaux de tournage, les dépenses de ventousage et les dépenses de montage du film (BOI-IS-RICI-10-20-20 n°s 20 à 50), les dépenses de transport, de restauration et d'hébergement sur le territoire français strictement nécessaires au besoin de la production, dans certaines limites (CGI ann. III art. 46 quater-0 YM), et les dépenses d'acquisition de droits d'exploitation d'images d'archives pour une durée minimale de quatre ans effectuées auprès d'une personne morale établie en France pour les œuvres audiovisuelles documentaires.

Le montant cumulé des rémunérations versées aux auteurs et des salaires versés au réalisateur en qualité de technicien est retenu dans la limite d'un montant calculé en fonction du coût de production de l'œuvre.

b. Les **dépenses** sont **prises en compte** à compter de la date de réception par le CNC de la demande d'agrément provisoire de l'œuvre et sont **plafonnées** à 80 % du budget de production de l'œuvre (80 % de la part gérée par le coproducteur français en cas de production internationale). Les dépenses de droit d'auteur peuvent être retenues dès le début de l'exercice au cours duquel la demande d'agrément est déposée (BOI précité n° 160).

c. Lorsque l'entreprise expose des **dépenses communes** à la réalisation simultanée d'une œuvre cinématographique et d'une œuvre audiovisuelle, elle doit choisir entre la prise en compte de ces dépenses pour le crédit d'impôt cinéma ou pour le crédit d'impôt audiovisuel.

d. Les **œuvres de fiction à forts effets visuels** sont définies comme celles dans lesquelles au moins 15 % des plans font l'objet d'un traitement numérique permettant d'ajouter des personnages, des éléments de décor ou des objets participant à l'action ou de modifier le rendu de la scène ou le point de vue de la caméra. Le traitement numérique des images doit être effectué en France mais peut être réalisé à l'étranger pour des raisons artistiques (C. du cinéma et de l'image animée art. D 331-3).

e. Les **subventions publiques** non remboursables reçues par les entreprises et directement affectées aux dépenses éligibles engagées au titre de l'exercice au cours duquel les subventions ont été versées sont déduites des bases de calcul du crédit d'impôt (BOI-IS-RICI-10-20-20 n° 150).

CRÉDIT D'IMPÔT POUR PRODUCTION DE FILMS ET ŒUVRES AUDIOVISUELLES ÉTRANGERS

10605 CGI art. 220 quaterdecies et 220 Z bis IS-IX-48000 s

Les entreprises de production exécutive soumises à l'impôt sur les sociétés (ou temporairement exonérées : BOI-IS-RICI-10-40 n° 30) qui accomplissent des **opérations en France** en vue de la **réalisation d'œuvres** de fiction ou d'animation cinématographiques ou audiovisuelles **produites par des entreprises établies hors de France** peuvent bénéficier d'un crédit d'impôt égal à **30 %** des dépenses exposées jusqu'au 31 décembre 2026 (Loi 2023-1322 du 29-12-2023 art. 56). Ce taux est porté à 40 % pour les œuvres cinématographiques ou audiovisuelles de fiction à forts effets visuels définies n° 10585, précision d, à la condition que, au sein du budget de production de l'œuvre, le montant des dépenses afférentes au traitement numérique soit supérieur à 2 M€.

Les œuvres doivent être **agréées** par le président du CNC et comporter, dans leur contenu dramatique, des éléments rattachés à la culture, au patrimoine ou au territoire français. **Plafonné** à 30 M€ par œuvre, ce crédit d'impôt ne peut pas porter à plus de 50 % du budget de production le montant total des **aides publiques** accordées. Il s'**impute** sur l'impôt dû au titre de l'exercice d'engagement des dépenses, l'**excédent** étant restitué.

> **Précisions** **a.** Seules sont éligibles au crédit d'impôt, les œuvres pour lesquelles le **montant des dépenses éligibles** est supérieur ou égal à 250 000 € ou, lorsque le budget de production de l'œuvre est inférieur à 500 000 €, d'un montant correspondant au moins à 50 % de ce budget. Les œuvres de fiction doivent, en outre, faire l'objet d'au moins cinq jours de tournage en France.
> **b.** Les **dépenses,** qui sont pour l'essentiel les mêmes que celles ouvrant droit au crédit d'impôt cinéma (n° 10585), sont prises en compte à compter de la date de réception par le CNC de la **demande d'agrément provisoire** et sont **plafonnées** à 80 % du budget de production.
> **c.** Les **subventions publiques,** remboursables ou non remboursables, reçues par les entreprises de production exécutive à raison des dépenses ouvrant droit au crédit d'impôt sont déduites des bases de calcul du crédit d'impôt.

CRÉDIT D'IMPÔT EN FAVEUR DE LA CRÉATION DE JEUX VIDÉO

10615 CGI art. 220 terdecies et 220 X IS-IX-55000 s

Les entreprises de création de jeux vidéo soumises à l'impôt sur les sociétés ou temporairement exonérées peuvent bénéficier d'un crédit d'impôt égal à **30 %** des dépenses exposées pour la création de **jeux** répondant à certains critères et **agréés** par le président du CNC jusqu'au 31 décembre 2026 ou après cette date si ces dépenses se rapportent à des jeux dont l'agrément provisoire est délivré avant le 31 décembre 2026 (Loi 2023-1322 du 29-12-2023 art. 55). Ces dépenses doivent correspondre à des opérations réalisées en France, dans un État de l'Union européenne, en Norvège, en Islande ou au Liechtenstein. Le crédit d'impôt est **plafonné** à 6 M€ par exercice. Il s'**impute** sur l'impôt dû au titre de l'exercice au cours duquel l'entreprise a exposé les dépenses concernées. L'**excédent** éventuel est remboursé.

> **Précisions** **a.** Les **dépenses éligibles** au crédit d'impôt sont les dotations aux amortissements de biens neufs, les dépenses de personnel salarié affecté directement à la création des jeux, les rémunérations versées aux auteurs en application d'un contrat de cession de droits d'exploitation, les autres dépenses de fonctionnement affectées à l'activité de création, les dépenses de sous-traitance dans la limite de 2 M€ par exercice et les dépenses salariales des personnels techniques et administratifs qui concourent à la création des jeux.
> **b.** Les jeux vidéo spécifiquement destinés à un public d'adultes doivent respecter les critères liés à la **contextualisation de la violence.** Le respect de cette condition est apprécié au moyen d'un barème de points (BOI-IS-RICI-10-50 n°s 95 et 100).
> **c.** Les **subventions publiques** reçues à raison des opérations ouvrant droit au crédit d'impôt sont déduites des bases de calcul du crédit d'impôt.
> **d.** Seules ouvrent droit au crédit d'impôt les dépenses exposées dans les trente-six mois (ou soixante-douze mois pour les jeux dont le coût de développement est supérieur à 10 M€) qui précèdent la date d'obtention de l'**agrément définitif** délivré par le CNC. En cas de dépassement du délai de trente-six mois pour les jeux dont le coût de développement est supérieur à 10 M€, l'entreprise reverse le crédit d'impôt obtenu au titre de dépenses exposées antérieurement à la période de trente-six mois qui précède la date de délivrance de l'agrément définitif.

CRÉDIT D'IMPÔT EN FAVEUR DU RACHAT D'UNE ENTREPRISE PAR SES SALARIÉS

10620 CGI art. 220 nonies et 220 R IS-IX-20000 s

Les sociétés constituées exclusivement pour le rachat, réalisé **jusqu'au 31 décembre 2022,** de tout ou partie d'une société par ses salariés bénéficient d'un crédit d'impôt égal, pour chaque exercice, au montant de l'impôt sur les sociétés dû par la société rachetée au titre de l'exercice précédent, retenu dans la **proportion des droits sociaux** que ses salariés détiennent indirectement dans son capital. Il ne peut toutefois pas excéder les **intérêts dus** au titre de l'exercice concerné par la société nouvelle à raison des emprunts contractés pour le rachat. Le bénéfice du crédit d'impôt est subordonné aux **conditions** suivantes :

– la société nouvelle et la société rachetée doivent être soumises à l'**impôt sur les sociétés** et ne doivent pas faire partie d'un **même groupe intégré** ;

– les **droits de vote** attachés aux actions ou parts de la société nouvelle doivent être détenus par une ou plusieurs personnes qui, à la date du rachat, sont salariées de la société rachetée depuis au moins dix-huit mois ;

– la reprise doit avoir fait l'objet d'un **accord d'entreprise** satisfaisant aux conditions de l'article L 3332-16, 2° du Code du travail.

Le crédit d'impôt est **imputé** sur le montant de l'impôt sur les sociétés dû par la société nouvelle au titre des exercices au cours desquels les intérêts d'emprunt sont comptabilisés. L'**excédent** éventuel est restitué.

> Précisions **a.** Aucun **seuil minimal de détention** du capital du holding par les salariés ni aucune quotité minimale de détention du capital de la société rachetée par le holding ne sont exigés.

b. Si la **société rachetée** est **membre d'un groupe,** l'impôt sur les sociétés dû s'entend du montant qu'elle aurait dû acquitter en cas d'imposition séparée.

c. La circonstance que des personnes salariées à la date du rachat ne conservent pas cette qualité, par exemple en **devenant** des **mandataires sociaux,** ne fait pas perdre le bénéfice du crédit d'impôt (Rép. Masson : Sén. 26-2-2009 n° 04721, non reprise dans Bofip).

d. Les **intérêts** pris en compte s'entendent de ceux qui viennent à échéance au cours de l'exercice au titre duquel le crédit d'impôt est calculé (CGI ann. III art. 46 quater-0 YY).

e. Exonérations de **droits d'enregistrement** accordées en faveur du holding de rachat : voir n° 67225.

d. Prêts à taux zéro

« PTZ + »

Les **établissements de crédit** et les sociétés de financement peuvent bénéficier d'un **crédit d'impôt** au titre des prêts sans intérêt émis jusqu'au 31 décembre 2027 (Loi 2023-1322 du 29-12-2023 art. 71, VII) en faveur de personnes physiques, pour l'acquisition ou la construction d'une résidence principale en **première accession à la propriété,** dans les conditions prévues aux articles L 31-10-1 et s. du Code de la construction et de l'habitation. **10630** CGI art. 244 quater V, 220 Z ter et 199 ter T **IS-IX-63030 s**

Le **montant** du crédit d'impôt est égal à la somme actualisée des écarts entre les mensualités dues au titre du prêt sans intérêt et les mensualités d'un prêt consenti à des conditions normales de taux à la date d'émission de l'offre. Il fait naître une **créance** d'égal montant, inaliénable et incessible, au profit de l'établissement de crédit, constitutive d'un produit imposable rattaché à hauteur d'un cinquième au titre de l'exercice au cours duquel l'établissement de crédit a versé des avances remboursables sans intérêt et par fractions égales sur les exercices suivants.

Le crédit d'impôt est **imputé** par fractions égales sur cinq ans sur l'impôt dû par l'établissement de crédit. L'**excédent** éventuel est restitué.

> Précisions **a.** L'imputation du crédit d'impôt est interrompue si les conditions relatives à l'affectation du logement et à ses caractéristiques ne sont plus respectées, ou si le prêt sans intérêt est remboursé avant la fin de la période d'imputation.

b. Le **transfert** de la créance de crédit d'impôt est autorisé en cas d'opérations de **restructuration,** sous réserve, s'il s'agit d'un apport partiel d'actif ou d'une scission, que l'ensemble des prêts à taux zéro conclus par la société apporteuse ou scindée soient transférés à la société bénéficiaire des apports.

« ÉCO-PTZ »

Un mécanisme de **crédit d'impôt** analogue à celui exposé n° 10630 est prévu pour les avances remboursables sans intérêt émises, jusqu'au 31 décembre 2027, par les **établissements de crédit,** les sociétés de financement ou, pour les offres de prêts émises à compter d'une date fixée par décret et au plus tard le 1er avril 2024, par les sociétés de tiers-financement visées à l'article L 511-6, 8 du Code monétaire et financier (Loi 2023-1322 du 29-12-2023 art. 71, VI) en faveur de personnes physiques (ou de sociétés civiles non soumises à l'impôt sur les sociétés ayant au moins un associé personne physique) ou de syndicats de copropriétaires pour la réalisation de travaux d'**amélioration de la performance énergétique** globale **des logements** achevés depuis plus de deux ans à la date de début d'exécution des travaux pour les offres de prêt émises à compter du 1er juillet 2019. **10635** CGI art. 244 quater U, 220 Z et 199 ter S **IS-IX-68000 s**

Les entreprises qui réalisent des travaux (hormis ceux concernant la réhabilitation de systèmes d'assainissement non collectifs) doivent respecter des **critères de qualification** notamment être titulaires d'un signe de qualité à la date d'émission de l'offre (Décret 2014-812 du 16-7-2014) et doivent justifier de l'éligibilité des travaux réalisés à l'éco-PTZ sous peine de se voir infliger une **amende** égale à 10 % du montant des travaux non justifiés (sans excéder le montant du crédit d'impôt).

Le **montant** du crédit d'impôt est égal à l'écart entre la somme actualisée des mensualités dues au titre de l'avance remboursable sans intérêt et la somme actualisée des mensualités d'un prêt de mêmes montant et durée de remboursement consenti à des conditions normales de taux à la date d'émission de l'offre. Les modalités qui régissent l'imposition de la **créance** résultant du crédit d'impôt, l'**imputation** du crédit d'impôt ou sa **restitution** immédiate ainsi que le transfert de la créance en cas d'opérations de **restructuration** sont analogues à celles exposées nº 10630.

> **Précisions** Des règles particulières s'appliquent lorsque le prêt est consenti à un **syndicat de copropriétaires** pour la réalisation de travaux permettant d'améliorer la performance énergétique de la copropriété ayant ouvert droit au dispositif « MaPrimeRénov' Copropriétés ».

« PAMTZ »

10637 CGI art. 244 quater T, 220 Z octies et 199 ter V

Un mécanisme de **crédit d'impôt** analogue à celui exposé nº 10635 est prévu pour les prêts avance mutation à taux zéro (PAMTZ) consentis par les **établissements de crédit**, les sociétés de financement et les sociétés de tiers-financement à des particuliers, sous conditions de ressources, afin de leur permettre de financer des travaux d'**amélioration de la performance énergétique** globale **des logements** achevés depuis plus de deux ans à la date de début d'exécution des travaux (Loi 2023-1322 du 29-12-2023 art. 71, III-1°, 4° et 6°). Sont visés les prêts émis du 1er septembre 2024 au 31 décembre 2027 définis à l'article L 315-2, al. 3 du Code de la consommation, à savoir les prêts sans intérêt garantis par une hypothèque constituée à hauteur du montant initial du prêt dont le remboursement ne peut être exigé que lors de la mutation du bien.

Le **montant** du crédit d'impôt est égal à l'écart entre la somme actualisée des mensualités dues au titre de l'avance et la somme actualisée des montants perçus au titre d'un prêt de même montant et de même durée de remboursement, consenti à des conditions normales de taux à la date d'émission de l'offre de prêt à taux zéro.

Les modalités de constatation et d'imposition de la **créance** résultant du crédit d'impôt ou sa **restitution** immédiate ainsi que le transfert de la créance en cas d'opérations de **restructuration** sont analogues à celles exposées nº 10630.

PTZ « MOBILITÉS »

10640 Loi 2021-1104 du 22-8-2021 art. 107

Une **réduction d'impôt** est prévue, **à titre expérimental** et pour une durée de trois ans à compter du 1er janvier 2023 (Loi 2023-1322 du 29-12-2023 art. 41, I), pour les prêts sans intérêt consentis par les **établissements de crédit** et les sociétés de financement aux personnes physiques et morales respectant certaines conditions de ressources et domiciliées dans ou à proximité d'une **commune ayant mis en place une zone à faibles émissions mobilité (ZFE-m)**, afin de financer l'**acquisition d'un véhicule** peu polluant d'un PTAC n'excédant pas 2,6 tonnes (voiture particulière ou camionnette), **ou** la **transformation** d'un véhicule à moteur thermique en véhicule électrique respectant ce critère de poids.

Le **montant** de la réduction d'impôt est égal à l'écart entre la somme actualisée des mensualités dues au titre du prêt sans intérêt et la somme actualisée des montants perçus au titre d'un prêt de mêmes montant et durée de remboursement, consenti à des conditions normales de taux à la date d'émission de l'offre de prêt sans intérêt. La réduction d'impôt **s'impute** sur l'impôt dû au titre de l'exercice de versement des prêts sans intérêt. Le **solde** de réduction d'impôt non imputée peut être imputé sur l'impôt dû des quatre années suivantes. L'excédent éventuel au terme de ces quatre années n'est pas restituable.

Le montant de la réduction d'impôt effectivement imputé sur l'impôt dû constitue un **produit imposable** au titre de l'exercice au cours duquel est réalisée l'imputation.

Lorsque l'emprunteur est une entreprise, le bénéfice de ces prêts à taux zéro est subordonné au respect du **règlement de minimis** (nos 92660 s.).

> **Précisions** **a.** Les **ZFE-m concernées** sont celles rendues obligatoires en application de l'article L 2213-4-1, I-al. 2 du CGCT et dont les **normes de qualité de l'air** mentionnées à l'article L 221-1 du Code de l'environnement ne sont pas respectées de manière régulière au 1er janvier 2023.
>
> **b.** Les **personnes physiques éligibles** au prêt sont celles dont le foyer fiscal dispose d'un revenu fiscal de référence par part inférieur ou égal à 14 089 €. Les **personnes morales** éligibles s'entendent des entreprises qui répondent à la définition européenne de la micro-entreprise. Ces personnes physiques ou

morales doivent être **domiciliées ou justifier d'une activité professionnelle** dans une intercommunalité dont une partie du territoire est située dans une ZFE-m ou dans une intercommunalité directement limitrophe de celle-ci (Décret 2022-615 du 22-4-2022 art.1 et 2).

c. Les **véhicules** dont l'acquisition (à laquelle est assimilée la location de longue durée ou avec option d'achat dans le cadre d'un contrat d'une durée supérieure ou égale à deux ans) est susceptible d'être financée par un PTZ sont ceux qui émettent au plus 50 grammes de CO_2 par kilomètre. Leur coût d'acquisition maximal toutes taxes comprises, avant déduction des aides accordées par l'État et les collectivités locales, est fixé à 47 000 € pour une voiture particulière et à 60 000 € pour une camionnette (Décret précité art. 3).

d. Le **reversement total ou partiel de la réduction d'impôt** par l'établissement financier est prévu dans plusieurs hypothèses : conditions d'octroi du prêt non respectées à l'origine, cession du véhicule avant le terme du prêt ou encore remboursement anticipé de plus de 50 % du prêt (Décret 2023-329 du 2-5-2023 art. 2).

e. Mécénat d'entreprise

DONS AUX ŒUVRES ET AUTRES ORGANISMES

Peuvent ouvrir droit à une **réduction d'impôt** les versements effectués par les entreprises assujetties à l'impôt sur le revenu ou à l'impôt sur les sociétés au profit d'œuvres ou d'organismes d'intérêt général listés n° 3175, à l'exception des dons en faveur d'associations exerçant des actions en faveur du pluralisme de la presse. **10695** CGI art. 238 bis IS-IX-10100 s

Sont également éligibles les versements effectués au profit des **sociétés** dont l'État est l'actionnaire unique qui ont pour activité la **représentation de la France** aux **Expositions universelles,** des sociétés nationales de programmes (notamment France Télévisions et Radio France) pour le financement de **programmes audiovisuels culturels,** ainsi que les versements affectés au financement des **formations musicales de Radio France** ou de **projets de thèse** proposés au mécénat de doctorat par les écoles doctorales.

ATTENTION

Le **mécénat** est défini comme un soutien matériel ou financier apporté sans contrepartie directe ou indirecte de la part du bénéficiaire à une œuvre ou à une personne morale pour l'exercice d'activités présentant un intérêt général (BOI-BIC-RICI-20-30-10-20 n° 120). Il n'exclut pas l'**association du nom de l'entreprise** versante aux opérations réalisées par les organismes bénéficiaires des dons à condition, selon le Conseil d'État, que la valorisation du nom de l'entreprise ne représente, pour cette dernière, qu'une contrepartie très inférieure au montant du versement accordé (CE 20-3-2020 n° 423664 : RJF 6/20 n° 521). Cette analyse rejoint celle de l'administration selon laquelle le versement doit être manifestement disproportionné par rapport aux contreparties reçues pour que l'intention libérale soit caractérisée. Le mécénat se distingue ainsi du **parrainage** (n° 8455) dans le cadre duquel le versement de l'entreprise correspond à la rémunération de la prestation rendue par l'organisme (BOI précité n°s 150 et 160).

Le régime s'applique aux versements effectués en faveur des **organismes** établis en France ou **dans un État membre de l'Union européenne, en Norvège, en Islande ou au Liechtenstein** et qui y exercent une activité éligible au mécénat. Si ces organismes ne sont pas préalablement agréés par l'administration fiscale (selon la procédure prévue par les articles 46 quindecies QA et QB de l'annexe III au CGI), le donateur doit présenter des pièces justificatives attestant qu'ils poursuivent des objectifs et présentent des caractéristiques similaires aux organismes dont le siège est situé en France.

> Précisions **a.** Les organismes sans but lucratif ayant leur siège **hors des frontières européennes** et dont l'établissement français répond aux conditions d'éligibilité du régime du mécénat peuvent bénéficier de ce régime, sous réserve que les dons qui leur sont alloués soient strictement affectés à leur établissement français (BOI-RES-BIC-000070). De même, sont éligibles les actions réalisées hors de ces frontières dès lors qu'il s'agit d'actions humanitaires, d'actions concourant à la mise en valeur du patrimoine artistique, à la diffusion de la culture, de la langue et des connaissances scientifiques françaises, d'actions en faveur de la protection de l'environnement naturel ou d'actions scientifiques ainsi que les dons versés à certaines organisations internationales (BOI-BIC-RICI-20-30-10-10 n°s 240 s.).

b. Lorsqu'un **fonds de dotation** reverse à des organismes éligibles au régime du mécénat les produits tirés des dons reçus, il doit pouvoir, sur demande de l'administration, justifier ce reversement notamment par la production de conventions souscrites avec ces organismes et des reçus délivrés par ces derniers (BOI-BIC-RICI-20-30-10-15 n° 220).

c. Pour la délivrance de l'**agrément** aux **organismes** ayant pour objet exclusif le **financement des PME** par des aides à l'investissement ou de leur fournir des prestations d'accompagnement, les aides ou prestations fournies par ces organismes ne doivent pas être rémunérées par les entreprises bénéficiaires.

d. Les exploitants relevant de l'**impôt sur le revenu** ont le choix entre cette réduction d'impôt et celle prévue à l'intention de l'ensemble des contribuables (voir n°s 3170 s.).

e. Lorsqu'un **contrôle** de la **Cour des comptes** révèle une non-conformité entre les objectifs poursuivis et les dépenses engagées par l'organisme bénéficiaire des dons ou en cas de **refus de certification** des comptes par le **commissaire aux comptes,** le ministre chargé du budget peut décider de suspendre provisoirement pour l'avenir les avantages fiscaux attachés aux dons (CGI art. 1378 octies). La suspension est automatique (sans l'intervention du ministre) lorsque l'entité fait l'objet d'une **condamnation pénale** définitive pour escroquerie, abus de confiance ou, notamment, recel, blanchiment d'argent ou actes de terrorisme.

10697
IS-IX-10310 s

Forme des dons Les versements peuvent être effectués en **numéraire** ou en nature. Les **abandons de recettes** constituent une modalité particulière de don en numéraire consistant, pour une entreprise donatrice, à demander à son client de verser, pour son compte, directement à l'organisme éligible au mécénat qu'elle lui aura désigné, tout ou partie du produit de sa vente ou de sa prestation (BOI-BIC-RICI-20-30-10-20 n° 20). Sont notamment concernés les abandons de recettes consentis par les producteurs agricoles au profit d'associations caritatives d'aide alimentaire.

Les **dons en nature** ouvrent droit à la réduction d'impôt à condition qu'ils aient été acceptés par l'organisme bénéficiaire (BOI précité n° 90). Le don doit être valorisé au coût de revient (défini n° 7700) y compris lorsqu'il s'agit de **produits alimentaires** (BOI précité n° 40). Lorsque le bien est inscrit dans un compte d'immobilisation, le don doit être valorisé à sa valeur de cession retenue pour la détermination de la plus-value ou moins-value liée à la sortie du bien de l'actif (BOI précité n° 60).

Lorsque le don en nature prend la forme d'une **mise à disposition gratuite de salariés** de l'entreprise, le **coût de revient** à retenir dans la base de calcul de la réduction d'impôt correspond, pour chaque salarié concerné, à la somme de sa rémunération et des charges sociales dans la limite de trois fois le montant du plafond annuel de calcul des cotisations de sécurité sociale, voir n° 97260.

En cas de **mise à disposition gratuite de logements** aux associations d'aide aux mal-logés, l'assiette de la réduction d'impôt est égale au montant des loyers qui auraient été perçus si les biens avaient été loués dans des conditions normales de marché (Rép. Blanchet : AN 31-12-2019 n° 21595).

10699
IS-IX-13050 s

Détermination de la réduction La réduction d'impôt s'élève à **60 %** du montant des versements. La fraction des versements supérieure à 2 M€ ouvre droit à une réduction d'impôt au taux de **40 %.**

Pour le calcul de la réduction, le montant des versements est pris dans la **limite** de 20 000 € ou de 5 pour mille du chiffre d'affaires lorsque ce dernier montant est plus élevé. Pour les holdings, le chiffre d'affaires retenu comprend les dividendes et produits financiers (BOI-BIC-RICI-20-30-20 n° 20). Lorsque les **dons** excèdent le plafond, l'**excédent** est reporté successivement sur les cinq exercices suivants et ouvre droit à la réduction d'impôt dans les mêmes conditions, après prise en compte des versements de l'exercice. Le **taux** de réduction d'impôt applicable à cet excédent de versement est le taux de réduction auquel il a ouvert droit.

> Précisions Les versements effectués au profit d'organismes sans but lucratif qui procèdent à la fourniture gratuite de repas à des **personnes en difficulté,** qui contribuent à favoriser leur logement ou qui procèdent, à titre principal, à la fourniture gratuite de certains soins, meubles et produits de première nécessité (définis par l'article 49 septies XC de l'annexe III au CGI) ouvrent droit à une réduction d'impôt au taux de 60 %, quel que soit leur montant, pour l'ensemble des activités de ces organismes (BOI-BIC-RICI-20-30-20 n° 7) et ne sont pas retenus pour l'appréciation du seuil de 2 M€.

10700
CGI art. 200 bis et 220 E
IS-IX-13400 s

Utilisation de la réduction L'**imputation** de la réduction d'impôt s'opère, selon que les entreprises relèvent de l'impôt sur le revenu ou de l'impôt sur les sociétés, sur l'impôt dû au titre de l'année de réalisation des versements, quelle que soit la date de clôture de l'exercice ou sur le solde de l'impôt dû au titre de l'exercice au cours duquel les versements sont effectués.

La **fraction excédentaire** peut être utilisée pour le paiement de l'impôt (acompte ou solde pour les entreprises soumises à l'impôt sur les sociétés) dû au titre de l'un des cinq exercices (ou années) qui suivent.

10701
CGI art. 238 bis, 5 bis et 6 et 222 bis
IS-IX-13700 s

Justificatifs et déclarations à produire Le bénéfice de la réduction d'impôt est subordonné à la condition que l'entreprise soit en mesure de présenter, à la demande de l'administration, un **reçu fiscal** (n° 2041-MEC-SD), attestant la réalité des dons et versements. Si la **délivrance** d'un tel reçu incombe à l'organisme bénéficiaire du don, la responsabilité de la **valorisation** du don, lorsqu'il s'agit d'un **don en nature,** incombe exclusivement à l'entreprise mécène (BOI-BIC-RICI-20-30-10-20 n° 80).

S'agissant des **obligations déclaratives,** outre la déclaration du montant de la réduction d'impôt sur la déclaration n° 2069-RCI-SD, les entreprises qui effectuent **plus de 10 000 € de dons** au cours d'un exercice doivent **déclarer** sur un support électronique le montant et la date des dons et versements, l'identité des organismes bénéficiaires (ou des fonds de dotation « redistributeurs » auxquels elles versent les dons) et, le cas échéant, la valeur des biens et services reçus, directement ou indirectement, en contrepartie (BOI-BIC-RICI-20-30-40 n° 40 à 130). La valorisation des contreparties incombe à l'organisme bénéficiaire qui les accorde (BOI précité n° 80).

De leur côté, les **organismes bénéficiaires** délivrant des reçus fiscaux doivent déclarer chaque année à l'administration, dans les délais prévus à l'article 223 du CGI (voir n° 36390), le **montant global des dons et versements** mentionnés sur ces documents et perçus au cours de l'année civile précédente ou au cours du dernier exercice clos s'il ne coïncide pas avec l'année civile.

ATTENTION

Les organismes qui **délivrent sciemment des certificats,** reçus ou attestations permettant à un contribuable d'obtenir indûment la réduction d'impôt sont passibles de l'amende prévue n° 80205.

Cas particuliers **a.** Dans les **sociétés de personnes** et groupements assimilés qui ne sont pas soumis à l'impôt sur les sociétés, la réduction d'impôt, calculée au niveau de la société ou du groupement, est utilisée par leurs associés ou membres au prorata de leurs droits, à condition qu'il s'agisse de redevables de l'impôt sur les sociétés ou de personnes physiques participant à l'exploitation au sens de l'article 156, I-1° bis du CGI. **10702** CGI art. 238 bis, 7

b. En cas de **fusion,** la fraction de la réduction d'impôt non utilisée par la société apporteuse est transférée à la société absorbante (BOI-BIC-RICI-20-30-30 n° 270).

c. Pour les sociétés membres d'un **groupe fiscal,** voir n° 40600.

ACQUISITION D'ŒUVRES D'ART

Les sociétés peuvent déduire de leur résultat imposable le coût d'acquisition : **10705** CGI art. 238 bis AB IS-IX-14700 s

– d'**œuvres originales d'artistes vivants** inscrites à l'actif immobilisé à condition qu'elles restent exposées au public ou dans un lieu accessible aux salariés, à l'exception de leurs bureaux, pendant la période de déduction ;

– d'**instruments de musique** que la société s'engage à prêter aux artistes-interprètes qui en font la demande.

La déduction concerne les achats réalisés **avant le 31 décembre 2025** et s'effectue par fractions égales sur les résultats de l'exercice d'acquisition et des quatre années suivantes. Le **montant de la déduction** effectuée au titre de chaque exercice est limité à la différence entre la limite de 20 000 € ou de 5 pour mille du chiffre d'affaires lorsque ce dernier montant est plus élevé et le montant des versements visés n° 10699 qui ouvrent droit à réduction d'impôt. L'entreprise doit inscrire à un **compte de réserve spéciale** au passif du bilan une somme égale à la déduction opérée. Les **titulaires de BNC** sont exclus du dispositif dès lors qu'ils ne peuvent constituer une telle réserve (BOI-BIC-CHG-70-10 n° 5).

Les entreprises soumises à l'impôt sur les sociétés bénéficient d'une **réduction d'impôt** égale à 90 % des versements effectués pour contribuer à l'achat : **10710** CGI art. 238 bis-0 A IS-IX-15350 s

– de biens culturels ayant le caractère de **trésors nationaux** qui ont fait l'objet d'un refus de délivrance d'un certificat d'exportation par l'administration et ont donné lieu à une **offre d'achat par l'État** ;

– ou de **biens culturels** situés en France ou à l'étranger dont l'acquisition présenterait un **intérêt majeur** pour le patrimoine national au point de vue de l'histoire, de l'art ou de l'archéologie.

Les versements, non déductibles des résultats imposables, doivent avoir été acceptés par le ministre chargé du budget et le ministre chargé de la culture, ce dernier ayant un rôle prédominant dans le déroulement de la procédure (BOI-IS-RICI-20-20 n° 90 à 130). Appliquée sur l'impôt dû au titre de l'exercice d'acceptation des versements, la réduction ne peut **excéder** 50 % du montant de l'impôt.

f. Mise à disposition d'une flotte de vélos

Les entreprises soumises à l'impôt sur les sociétés qui mettent gratuitement à disposition de leurs salariés une flotte de vélos pour leurs **déplacements entre le domicile et le lieu de travail** bénéficient d'une **réduction d'impôt** égale aux frais générés jusqu'au 31 décembre 2027 (Loi 2023-1322 du 29-12-2023 art. 37, II) par cette mise à disposition dans la limite de 25 % du prix d'achat ou de location de la flotte (entendu toutes taxes comprises : BOI-IS-RICI-20-30 n° 60). La réduction d'impôt s'applique dès l'acquisition du premier vélo ainsi qu'aux dépenses de location à condition que **10715** CGI art. 220 undecies A IS-IX-72000 s le contrat de location soit souscrit pour une durée minimale de trois ans. Elle s'**impute** sur l'impôt dû au titre de l'exercice au cours duquel les frais sont générés. Le **solde non imputé** n'est ni restituable ni reportable.

> **Précisions** Ouvrent droit à la réduction d'impôt les **dépenses** suivantes : amortissements fiscalement déductibles relatifs à l'acquisition de vélos ; frais de location, amortissements ou charges déductibles afférents aux achats ou locations d'équipements nécessaires à la sécurité ; frais d'assurance contre le vol couvrant les déplacements en vélo des salariés entre leur domicile et leur lieu de travail ; frais d'entretien des vélos ; amortissements fiscalement déductibles relatifs à la construction ou à l'aménagement d'une aire de stationnement ou d'un local dédié aux vélos ou frais de location de ces surfaces. La réduction d'impôt s'applique aux cycles et cycles à **pédalage assisté** au sens des 6.10 et 6.11 de l'article R 311-1 du Code de la route (CGI ann. III art. 46 quater-0 YZE).

g. Souscription au capital des entreprises de presse

10720 CGI art. 220 undecies

Les sociétés soumises à l'impôt sur les sociétés de plein droit ou sur option qui souscrivent au capital d'entreprises de presse **entre le 1er janvier 2021 et le 31 décembre 2024** bénéficient d'une réduction d'impôt égale à **25 %** du montant des sommes versées au titre des souscriptions en numéraire.

L'**entreprise de presse** doit être soumise à l'impôt sur les sociétés dans les conditions de droit commun (ou bénéficier d'une exonération temporaire d'impôt sur les sociétés : BOI-IS-RICI-20-10 n° 20) et éditer une ou plusieurs publications de presse, ou services de presse en ligne, d'information politique et générale, ou consacrés pour une large part à cette information. Elle ne doit avoir aucun lien de dépendance au sens de l'article 39, 12 du CGI (n° 10425, précision a) avec l'entreprise souscriptrice.

La réduction d'impôt s'**impute** sur l'impôt dû par la société souscriptrice au titre de l'exercice au cours duquel la souscription a été réalisée. L'**excédent** éventuel n'est ni restituable ni reportable.

> **Précisions** **a.** Les souscriptions libérées par compensation avec des **créances liquides et exigibles** sur l'entreprise de presse ouvrent droit à la réduction (BOI-IS-RICI-20-10 n° 30).
> **b.** L'avantage obtenu est remis en cause en cas de **cession des titres** avant l'expiration d'un délai de **cinq ans** suivant la souscription, sauf en cas de cession de titres n'ayant pas effectivement ouvert droit à la réduction (BOI précité n° 10).
> **c.** Le bénéfice de la réduction d'impôt est subordonné au respect du règlement **de minimis** (nos 92660 s.).

SECTION 4 RÈGLES D'IMPOSITION DU RÉSULTAT

10780 Il existe **trois modes d'imposition** des bénéfices industriels et commerciaux, dont le champ d'application est principalement lié au volume des affaires de l'entreprise :

– le régime du « bénéfice réel normal » (« régime réel normal ») ;

– le régime du « bénéfice réel pour les petites et moyennes entreprises » (« régime simplifié » ou « RSI ») ;

– le régime d'imposition des « micro-entreprises » (« micro-BIC »).

10800

Avantages et inconvénients des différents régimes d'imposition

Les contribuables relevant d'un régime d'imposition peuvent dans certains cas **opter pour un autre régime** : les contribuables relevant du régime micro-BIC peuvent choisir de se placer sous un régime réel d'imposition (RSI ou réel normal) ; les entreprises placées sous le régime simplifié peuvent opter pour le réel normal.

Les contribuables qui envisagent de renoncer au régime micro ou au RSI doivent mettre en balance les avantages et inconvénients de chaque régime.

Le **régime micro** aura la faveur des contribuables qui souhaitent privilégier la **simplicité** : le montant des charges est en effet évalué par application d'un **abattement forfaitaire** au chiffre d'affaires. Sous certaines conditions, les redevables relevant du régime micro peuvent encore réduire leurs obligations en optant pour le régime de l'auto-entrepreneur (nos 85100 s.).

Le **régime simplifié** et le **réel normal** conviennent particulièrement aux entreprises dont les résultats seraient surestimés par le régime micro (entreprises déficitaires notamment). Il permet de tenir compte des **charges réellement exposées** et de la variation des stocks.

L'option pour le RSI ou le réel normal permet en outre de bénéficier :

– de la **réduction d'impôt pour frais de tenue de comptabilité** accordée aux adhérents d'organismes de gestion agréés (nos 87990 s.) ;

– des allégements d'impôt sur les bénéfices en faveur des **entreprises nouvelles** (nos 10260 s.) et des entreprises implantées dans les **zones de revitalisation rurale** (nos 10365 s.) ;

– de divers **crédits et réductions d'impôt,** réservés aux entreprises relevant d'un régime réel, tel que le crédit d'impôt recherche (nos 10470 s.) ;

– de la possibilité d'imputer les **déficits** constatés dans le cadre de l'exploitation sur le revenu global ;

– de la possibilité de pratiquer un **amortissement dégressif** des biens affectés à l'exploitation sur la base de leur valeur résiduelle à la date de passage du régime micro au RSI.

De plus, les contribuables qui optent pour la **première fois** pour un régime réel d'imposition peuvent **constater en franchise d'impôt** les plus-values acquises par les éléments non amortissables de l'actif immobilisé (no 18275). En revanche, le régime d'exonération des **plus-values** en fonction des recettes est indépendant du régime d'imposition (nos 18200 s.).

En ce qui concerne les **obligations déclaratives et comptables,** le régime micro l'emporte par sa plus grande simplicité même si les obligations du régime simplifié sont sensiblement allégées par rapport au réel normal.

Nous publions chaque année au Feuillet rapide les informations nécessaires à l'exercice de ces options.

1. RÉGIME RÉEL NORMAL

Le régime réel normal d'imposition des bénéfices constitue le régime applicable aux entreprises qui ne sont placées ni sous le régime micro-BIC ni sous le régime du réel simplifié. **10850**

Les entreprises soumises au régime réel normal sont imposées d'après un bénéfice déterminé conformément aux règles exposées nos 7250 s.

ENTREPRISES CONCERNÉES

Le régime du réel normal s'applique **de plein droit** aux entreprises dont le chiffre d'affaires excède les limites fixées pour l'application du régime simplifié (no 11060). **10900** RIE-I-4200

En cas de **variation du chiffre d'affaires,** voir nos 11080 et 11255.

Des **tableaux** récapitulant la situation des contribuables en 2024 au regard du montant de leur chiffre d'affaires figurent no 11370.

Option pour le réel normal Lorsqu'il n'est pas obligatoire, le régime du réel normal est ouvert, sur option, aux entreprises placées dans le champ d'application du régime simplifié ainsi qu'aux contribuables relevant du régime micro. **10910** RIE-I-5550 s

L'option doit être exercée de manière expresse. Aucun **formalisme** particulier n'est prévu. Elle peut donc résulter d'un courrier adressé sur papier libre au service des impôts dont relève le contribuable ou d'un courriel via la messagerie sécurisée du compte fiscal du contribuable (BOI-BIC-DECLA-10-30 no 70).

MODÈLE

L'option pour le régime réel normal des bénéfices peut prendre la forme suivante :

« Monsieur l'inspecteur,

« J'ai l'honneur de vous faire connaître que j'opte pour le régime réel normal en matière de bénéfice à compter du...

« Veuillez agréer... » (date et signature).

L'option des entreprises relevant du **RSI** pour le réel normal doit être exercée au plus tard à la date limite de dépôt de la déclaration de résultats souscrite au titre de la période précédant celle au titre de laquelle l'option s'applique. En cas de création d'entreprise, cette option doit être exercée dans le délai de dépôt de la déclaration de résultats souscrite au titre de l'année de la première période d'activité. **10915** CGI ann. II art. 267 septies A

Cette option est valable pour un an et reconduite tacitement chaque année pour un an. Il est possible de renoncer à l'option dans le délai de dépôt de la déclaration de résultats souscrite au titre de la période précédant celle au titre de laquelle la renonciation s'applique.

EXEMPLE

Soit un exploitant individuel relevant de plein droit du RSI en 2024. Il doit opter pour l'imposition de ses bénéfices selon le réel normal au titre de 2024 dans le délai de dépôt de la déclaration des résultats de 2023 (soit au plus tard le 18 mai 2024). Son option est valable pour 2024 et sera reconduite tacitement pour 2025, sauf renonciation à l'option dans le délai de dépôt de la déclaration de résultats de 2024 (soit au plus tard le 20 mai 2025).

L'option pour le régime réel normal d'imposition des bénéfices n'emporte pas application du régime réel normal en matière de TVA.

En cas d'abaissement du chiffre d'affaires en dessous des limites du RSI, voir nº 11080.

10920 Les entreprises placées de plein droit sous le régime **micro** peuvent exercer l'option pour le régime réel normal et y renoncer suivant les mêmes modalités que l'option pour le régime simplifié (voir nºs 11090 s.). Cette option est valable un an et reconduite tacitement chaque année pour un an.

OBLIGATIONS COMPTABLES

10950 CGI art. 54 RIE-III-8000 s Les contribuables placés sous le régime du réel normal doivent tenir une **comptabilité complète et régulière,** de nature à justifier l'exactitude des résultats déclarés. Celle-ci doit être présentée au représentant qualifié de l'administration, lorsqu'il en fait la demande (nº 11010).

Les prescriptions relatives à la **tenue de la comptabilité** émanent, pour l'essentiel, du Code de commerce, des règlements de l'Autorité des normes comptables, du plan comptable général et du CGI (voir Mémento comptable nºs 2850 s.). Entre autres dispositions faisant référence à la comptabilité, le CGI prescrit aux entreprises de fournir des renseignements comptables à l'appui de leur déclaration de résultat (nº 10985).

› Précisions a. Le Code de commerce indique notamment les livres comptables dont la tenue est obligatoire pour les commerçants : livre-journal faisant apparaître les opérations jour par jour ; grand-livre, sur lequel sont portées les écritures du livre-journal (C. com. art. R 123-173).

Les petites entreprises peuvent adopter une **présentation simplifiée** de leurs bilans et compte de résultats si elles ne dépassent pas deux des trois seuils suivants : 6 M€ de total du bilan, 12 M€ de chiffre d'affaires net, 50 salariés. Sont autorisées à adopter une présentation simplifiée de leur compte de résultats les entreprises moyennes qui ne dépassent pas deux des trois seuils suivants : 20 M€ de total du bilan, 40 M€ de chiffre d'affaires net, 250 salariés (C. com. art. L 123-16 et D 123-200). Lorsqu'une entreprise dépasse ou cesse de dépasser deux de ces trois seuils, cette circonstance n'a d'incidence que si elle se produit pendant deux exercices consécutifs (Mémento comptable nº 64220).

b. Le **plan comptable** s'impose à toutes les entreprises industrielles et commerciales. Le PCG est mis à jour par les règlements de l'ANC (Mémento comptable nº 3075). Des adaptations sectorielles (banques, assurances...) peuvent y être apportées sous la forme de **plans comptables particuliers** (Mémento comptable nºs 3125 s.).

c. Les entreprises doivent inscrire en comptabilité, sous une forme explicite, la nature et la valeur des **avantages en nature** accordés à leur personnel (CGI art. 54 bis, al. 2). En l'absence de comptabilisation distincte, ces avantages présentent un caractère occulte et ne sont donc pas déductibles (CE 24-3-2006 nº 260787 : RJF 6/06 nº 666). Mais un avantage en nature ne présente pas un caractère occulte du seul fait de sa sous-évaluation en comptabilité (CE 29-9-2000 nº 198325 : RJF 12/00 nº 1457). En l'absence de rubrique spécifique permettant de faire apparaître distinctement les avantages en nature dans le compte de résultats, les entreprises doivent établir, en annexe à la comptabilité, un **état**, tenu à la disposition du service des impôts, comportant l'indication du montant par catégorie des avantages alloués au cours de l'exercice (BOI-BIC-CHG-40-40-30 nº 660).

d. Les **comptabilités irrégulières ou non sincères** peuvent être rejetées par l'administration (voir nº 78175). En cas d'irrégularité de la comptabilité ou de défaut de production de documents comptables, la rectification du bénéfice imposable est effectuée dans le cadre de la procédure de rectification contradictoire (voir nºs 78600 s.).

e. Le Code de commerce et le LPF imposent aux entreprises de conserver leurs documents comptables pendant dix ans pour le premier, six ans pour le second (**délai et mode de conservation** des documents comptables : nº 78065). Mais les entreprises peuvent avoir à apporter des justifications portant sur des exercices clos depuis plus de dix ans en cas de contrôle des amortissements (CE 12-10-1992 nº 65664 : RJF 12/92 nº 1649) ou des reports déficitaires (voir nº 35910).

DÉCLARATION ANNUELLE DE RÉSULTAT

Les entreprises industrielles ou commerciales imposées d'après le régime du bénéfice réel normal doivent déclarer chaque année, à l'aide du **formulaire nº 2031-SD** et de l'annexe nº 2031 bis-SD, les résultats de leur dernier exercice (ou de la dernière période d'imposition). 10965 CGI art. 53 A et 172 RIE-III-400 s

Dans le cadre du **foyer fiscal,** c'est au conjoint qui exerce l'activité industrielle ou commerciale qu'incombe le soin de souscrire cette déclaration (voir nº 335, précision c).

Les entreprises passibles de l'**impôt sur les sociétés** déclarent leurs résultats sur le formulaire nº 2065-SD et son annexe nº 2065 bis-SD, dans les conditions indiquées nºs 36385 s.

Nous publions chaque année, au Feuillet rapide, un **guide** consacré à l'établissement de ces déclarations.

ATTENTION

Même lorsqu'elles bénéficient d'une **exonération d'impôt** totale ou partielle, les entreprises doivent souscrire une déclaration précise de leurs résultats, les exonérations ne s'appliquant qu'aux bénéfices déclarés dans le délai imparti (voir nºs 10250 s.).

Mode de déclaration Toutes les entreprises soumises à un régime réel d'imposition ont l'obligation de déclarer leurs résultats par **voie électronique.** 10970 CGI art. 1649 quater B quater, II RIE-III-2100 s

Les déclarations destinées à l'administration et souscrites par voie électronique, à titre obligatoire ou facultatif, sont transmises selon des conditions fixées par décret. Les déclarations souscrites par voie électronique par un **prestataire** habilité par l'administration dans les conditions fixées par décret sont réputées faites au nom et pour le compte de l'entreprise identifiée dans la déclaration (CGI art. 1649 quater B bis).

> Précisions Le **mode EFI** permet au contribuable d'effectuer directement ses déclarations et ses paiements en ligne sur le site impots.gouv.fr depuis son espace abonné. Cette procédure peut être utilisée pour la télétransmission de la déclaration de résultat des entrepreneurs individuels et des sociétés relevant du **régime simplifié d'imposition.**
Le **mode EDI** permet à un partenaire habilité par la DGFiP, qui peut être l'entreprise elle-même ou un tiers ayant obtenu cette qualité (société du même groupe, intermédiaire ou prestataire de services d'intermédiation) d'effectuer la télétransmission des déclarations de résultats et des liasses fiscales des entreprises et des sociétés, qu'elles relèvent de l'impôt sur le revenu ou de l'impôt sur les sociétés. Un même contribuable peut recourir à plusieurs partenaires EDI. Chaque partenaire EDI a la faculté de fractionner l'envoi des données fiscales relatives à un même contribuable (BOI-BIC-DECLA-30-60-30-30 nº 120).

Délai de déclaration Quelle que soit la date de clôture de l'exercice, la déclaration de résultat doit être souscrite au plus tard le deuxième jour ouvré suivant le 1er mai de l'année suivante. Un délai supplémentaire de quinze jours calendaires est cependant accordé par l'administration (BOI-BIC-DECLA-30-10 nº 20). La date figurant sur l'accusé de réception ou sur l'accusé d'enregistrement adressé par voie électronique fait foi (LPF art. L 286). 10975 CGI art. 175 RIE-III-605 s

> Précisions a. Les entreprises qui éprouvent des difficultés pour établir leurs déclarations dans le délai légal peuvent, sous certaines conditions, produire une **déclaration provisoire.** Celle-ci doit comporter l'indication chiffrée des éléments utiles à la détermination du bénéfice tels qu'ils sont connus au moment où elle est produite, le chef d'entreprise ayant seulement la faculté de formuler certaines réserves sur les données qui ne peuvent être considérées comme définitives. Elle est régularisée par la production des comptes définitifs aussitôt que possible (BOI-BIC-DECLA-30-10-10-20 nºs 120 à 140).
b. En cas de **cession ou cessation** d'entreprise, ou de **décès** de l'exploitant, la déclaration doit être produite dans un délai spécial (voir nº 11495).

DOCUMENTS À JOINDRE À LA DÉCLARATION DE RÉSULTAT

Les tableaux comptables et fiscaux à joindre à la déclaration de résultat sont regroupés sur le formulaire nº 2050-LIASSE-BIC/IS. 10980 RIE-III-4500 s

Tableaux comptables Huit tableaux, adaptés au plan comptable, doivent être systématiquement joints à la déclaration nº 2031-SD. Ils sont destinés à recevoir des renseignements d'ordre comptable : bilan (actif : nº 2050-SD ; passif : nº 2051-SD) ; compte de résultat en liste (nºs 2052-SD et 2053-SD) ; immobilisations (nº 2054-SD) ; amortissements (nº 2055-SD) ; provisions (nº 2056-SD) ; état des échéances des créances et des dettes à la clôture de l'exercice (nº 2057-SD). 10985

Ces tableaux sont d'utilisation polyvalente et peuvent être déposés au greffe du tribunal de commerce par les personnes soumises à l'obligation de publicité des comptes annuels. Ils doivent être servis en respectant les **définitions et règles du PCG,** sous réserve que ces dernières ne soient pas incompatibles avec les règles applicables pour l'assiette de l'impôt (CGI ann. III art. 38 quater).

Les corrections à apporter au résultat comptable du fait de dispositions fiscales spécifiques sont opérées sur le tableau de détermination du résultat fiscal n° 2058-A-SD.

10990 **Tableaux fiscaux** Dix tableaux comportent des renseignements à caractère statistique ou fiscal : détermination du résultat fiscal (n° 2058-A-SD) ; déficits et provisions non déductibles (n° 2058-B-SD) ; tableau d'affectation du résultat et renseignements divers (n° 2058-C-SD) ; détermination et affectation des plus-values et moins-values (n°s 2059-A-SD à 2059-D-SD) ; détermination des effectifs et de la valeur ajoutée produite (n° 2059-E-SD) ; composition du capital social (n° 2059-F-SD) ; filiales et participations (n° 2059-G-SD). S'y ajoute, le cas échéant, le tableau des écarts de réévaluation sur immobilisations amortissables (régime 1976) n° 2054 bis-SD.

10995 CGI ann. III art. 38, II-4° **Informations détaillées** Les entreprises doivent produire, à l'appui de leur déclaration, les quatre informations suivantes (extraites par les commerçants de l'**annexe comptable**) :

- dérogations aux prescriptions comptables ;
- modifications affectant les méthodes d'évaluation et la présentation des comptes annuels ;
- produits à recevoir et charges à payer ;
- produits et charges figurant au bilan sous les postes « comptes de régularisation ».

Les commerçants peuvent en outre être tenus de produire, sur demande de l'administration, les autres éléments de l'annexe prévus par les articles R 123-195 s. du Code de commerce. Certains renseignements figurent d'ailleurs dans les tableaux comptables produits à l'appui de la déclaration de résultat (n° 10985).

11000 RIE-III-5300 s **Autres documents** Certaines entreprises doivent produire des documents destinés à permettre l'application, le suivi ou le contrôle de **dispositifs fiscaux particuliers.**

EXEMPLES

Renseignements concernant la provision pour hausse des prix (n°s 10000 s.), les provisions pour dépréciation de titres de sociétés à prépondérance immobilière (n° 18905) ou d'immeubles de placement (n° 9805) ; état de suivi des plus-values en sursis d'imposition telles que plus-values d'apport d'entreprises en société et plus-values de fusion (n°s 19780 et 39310) ; état de suivi des écarts de réévaluation afférents aux immobilisations réévaluées sous le régime optionnel de l'article 238 bis JB du CGI (n° 19420, Précisions).

Les entreprises doivent fournir en outre un relevé détaillé de **frais généraux** sur un formulaire n° 2067-SD ou, pour les entreprises individuelles, directement sur l'annexe n° 2031 bis-SD à la déclaration (n° 9050), ainsi qu'un état sur l'**affectation des véhicules de tourisme** (CGI art. 54 bis). En ce qui concerne l'obligation de joindre un relevé des **versements** effectués au profit de bénéficiaires domiciliés ou établis **dans un État ou territoire non coopératif,** voir n° 8990.

Les entreprises qui bénéficient d'un **régime spécial d'exonération** au titre, par exemple, d'une implantation dans certaines zones (n°s 10250 s.) doivent joindre à leur déclaration de résultat l'état de détermination des résultats exonérés (BOI-BIC-DECLA-30-10-10-30 n° 200).

Les entreprises relevant de l'impôt sur le revenu qui souhaitent bénéficier d'un **crédit ou d'une réduction d'impôt** doivent joindre à leur déclaration de résultat les déclarations spéciales correspondantes et/ou la déclaration récapitulative des crédits et réductions d'impôt n° 2069-RCI-SD. Les sociétés soumises à l'impôt sur les sociétés doivent joindre les déclarations spéciales au relevé de solde de l'impôt sur les sociétés.

> Précisions **a.** Les plus-values dégagées sur des **immobilisations non amortissables** qui bénéficient d'un sursis ou d'un **report d'imposition** doivent être portées sur un **registre** spécial, sous peine d'une amende fixée à 5 % des sommes omises (CGI art. 54 septies, II et 1763) ; non-application de l'amende en cas de régularisation, voir n° 9055, a. À la différence de l'état de suivi des plus-values, le registre n'a pas à être joint à la déclaration de résultat. Sur les documents à produire en cas de **transmission à titre gratuit d'entreprises** individuelles, voir n° 19860.

b. S'ils bénéficient de l'exonération de TVA prévue à l'article 261 B du CGI (n°s 47280 s.), les **groupements de moyens,** y compris les groupements d'intérêt économique, sont tenus de joindre à leur déclaration de résultat une déclaration complémentaire n° 2036 bis-SD. Obligations des **sociétés civiles de moyens** : voir n° 13895.

c. Les documents annexes à la déclaration de résultat doivent être distingués des **autres déclarations spéciales** qui sont indépendantes de la déclaration de résultat et qui sont d'ailleurs souscrites à des dates ou auprès de services différents. Exemple : déclaration des **paiements de revenus mobiliers** ou « IFU » à produire dans les conditions indiquées nos 26850 s.

d. Obligations déclaratives en matière de **prix de transfert** des grandes entreprises : voir nos 8967 s.

CONTRÔLE DES DÉCLARATIONS ET SANCTIONS

Les déclarations de résultat sont soumises au contrôle de l'administration qui peut prendre la forme d'un simple examen de dossier, d'une vérification de comptabilité ou d'un examen de comptabilité. **11010** CGI art. 54 et 55 **RIE-III-11100 s**

Lorsque l'administration procède à une **vérification de comptabilité,** celle-ci est effectuée dans les conditions et sous les garanties indiquées nos 78110 s. et 79400 s. À l'occasion du contrôle, les entreprises soumises au régime du bénéfice réel sont tenues de présenter, à toute réquisition des agents de l'administration, tous documents comptables, inventaires, copies de lettres, pièces de recettes et de dépenses de nature à justifier l'exactitude des résultats déclarés. Certaines grandes entreprises sont tenues de présenter leur **comptabilité analytique** et leurs **comptes consolidés** (no 78138) et tous les contribuables tenant une comptabilité informatisée doivent être en mesure de présenter un **fichier des écritures comptables** au vérificateur (no 78140).

Lorsque l'administration recourt à un **examen de comptabilité,** celui-ci est effectué dans les conditions et sous les garanties indiquées nos 78190 s. et 79400 s.

À l'issue du contrôle, le service des impôts peut engager la **procédure de rectification** décrite nos 78600 s.

Le **défaut de** production de la **déclaration** de résultat, ou sa production tardive, est susceptible d'entraîner l'imposition d'office lorsque, après mise en demeure de l'administration, le contribuable ne régularise pas sa situation dans les trente jours (nos 78920 s.). Défaut ou retard de production entraînent par ailleurs l'application d'une majoration des droits (nos 80075 s.). **11020**

Le contribuable encourt également des pénalités en cas de défaut de production ou de production tardive des **documents à joindre** à la déclaration, ou d'omissions ou d'inexactitudes dans ces documents (no 80190) ; d'**insuffisance de déclaration** (nos 80000 s.) ; de refus ou d'insuffisance de production de la **liste des associés ou des filiales et participations** (no 80192).

Non-respect des obligations de déclaration par **voie électronique** : voir no 80200, a.

Sanctions prévues pour les relevés de **frais généraux ou** de **provisions** : voir nos 9055 et 9745.

2. RÉGIME RÉEL SIMPLIFIÉ

Le régime simplifié se caractérise essentiellement par un allégement des obligations déclaratives et comptables. Les règles relatives à la détermination du bénéfice sont, sous réserve de mesures particulières ponctuelles, les mêmes que sous le régime réel normal. **11050**

ENTREPRISES CONCERNÉES

Le régime réel simplifié s'applique **de plein droit** en 2024 aux entreprises industrielles ou commerciales qui sont exclues du régime micro-BIC en raison de l'importance de leur chiffre d'affaires, de leur forme juridique ou de la nature de leur activité (nos 11200 s.), sous réserve que leur chiffre d'affaires hors taxe réalisé l'année précédente n'excède pas une limite fixée à : **11060** CGI art. 302 septies A bis **RIE-I-2500 s**

– 840 000 € pour les activités de vente de biens corporels, de restauration ou de mise à disposition de logement ;
– ou 254 000 € pour les autres activités.

Le régime simplifié concerne aussi bien les exploitants individuels que les sociétés ou organismes soumis au régime des sociétés de personnes et les personnes morales passibles de l'impôt sur les sociétés. Il est toutefois exclu pour les entreprises exerçant une activité occulte au sens de l'article L 169 du LPF (no 77715).

Le régime simplifié s'applique également, **sur option,** aux exploitants relevant normalement du régime micro.

Les entreprises relevant du régime simplifié peuvent se placer sur **option** sous le régime **réel normal** (nos 10910 s.).

Des **tableaux** récapitulant la situation des contribuables en 2024 au regard du montant de leur chiffre d'affaires figurent no 11370.

Appréciation des limites Le chiffre d'affaires à comparer aux plafonds prévus pour l'application du régime simplifié s'entend du montant des **opérations** que l'entreprise a **réalisées** pendant l'année de référence. Il convient de se fonder sur les recettes correspondant **11070** **RIE-I-2750 s**

aux **créances acquises** par l'entreprise, au sens des articles 38, 2 et 38, 2 bis du CGI (nos 7355 s. et 7870 s.).

Les principes qui régissent la définition du chiffre d'affaires à prendre en considération pour l'appréciation des limites du régime micro (nos 11220 s.) s'appliquent, pour l'essentiel, pour la détermination des chiffres limites du régime simplifié (BOI-BIC-DECLA-10-10-10 n° 65). En ce qui concerne l'exploitation de **plusieurs entreprises** et d'**activités mixtes,** voir respectivement nos 11235 et 11240.

11080 CGI art. 302 septies A bis, III RIE-I-7820 s RIE-I-7950 s

Variation de chiffre d'affaires Lorsque le chiffre d'affaires d'une entreprise **dépasse les limites** du régime simplifié d'imposition, ce régime demeure applicable au titre de la première année suivant celle du dépassement, sauf en cas de changement d'activité.

Les entreprises relevant du **régime réel normal** dont le chiffre d'affaires **s'abaisse en deçà des limites du RSI** sont placées sous ce régime dès le 1er janvier de l'année suivant celle du franchissement. Elles peuvent toutefois demeurer sous le régime réel normal en optant dans les conditions indiquées n° 10915.

11090 CGI art. 50-0, 4, 302 septies A ter RIE-I-4770 s

Option pour le régime simplifié Les entreprises soumises de plein droit au régime **micro** (n° 11200) qui souhaitent se placer sous le régime simplifié d'imposition doivent exercer leur option dans le **délai de dépôt de la déclaration d'ensemble des revenus** souscrite au titre de l'année précédant celle au titre de laquelle elles désirent relever de ce dernier régime.

EXEMPLE

Un contribuable relevant de plein droit du régime micro en 2024 peut opter pour l'imposition de ses bénéfices selon le RSI au titre de 2024 dans le délai de dépôt de la déclaration d'ensemble des revenus de 2023 (souscrite en mai/juin 2024).

L'option doit être formulée de manière expresse, mais elle n'est soumise à aucun **formalisme** particulier. Elle peut être effectuée par un courriel via la messagerie sécurisée du compte fiscal de l'entreprise (BOI-BIC-DECLA-10-30 n° 70).

11092 Les **entreprises nouvelles** peuvent exercer leur option jusqu'au dépôt de la déclaration d'ensemble des revenus souscrite au titre de l'année de la première période d'activité.

EXEMPLE

Soit un contribuable qui crée son activité le 1er janvier 2023. S'il souhaite opter pour l'imposition de ses bénéfices selon le RSI au titre de 2023, il peut exercer son option dans le délai de dépôt de la déclaration d'ensemble des revenus de 2023 (souscrite en mai/juin 2024).

Les entreprises concernées doivent cependant respecter le délai prévu pour télétransmettre leur déclaration de résultat.

11095 Dans le cadre de la législation antérieure fixant la date d'option au 1er février, le Conseil d'État a jugé que si l'entreprise n'a pas exercé son option dans le délai imparti par la loi, elle ne peut pas en demander le bénéfice dans le **délai de réclamation** prévu à l'article R 196-1 du LPF (CE 26-11-2018 nos 417628 et 417630 : RJF 2/19 n° 172).

11097 La **période de validité** de l'option est fixée à un an. L'option est reconduite tacitement chaque année pour un an, tant que le contribuable reste dans le champ d'application du régime micro. Dans le cas contraire, l'option devient caduque (n° 11255).

Le contribuable peut **renoncer** à son option dans le délai de dépôt de la déclaration des résultats de l'année précédant celle au titre de laquelle la renonciation s'applique.

EXEMPLE

Un contribuable relevant de plein droit du régime micro en 2024 opte pour le RSI dans le délai de dépôt de la déclaration d'ensemble des revenus de 2023 (soit en mai/juin 2024). Cette option est valable pour 2024.

S'il désire revenir sous le régime micro à compter de 2025, le contribuable devra renoncer à son option pour le RSI dans le délai de dépôt de la déclaration de résultats de 2024 (soit au plus tard le 20 mai 2025). À défaut, son option sera reconduite tacitement pour 2025.

Une entreprise, relevant de plein droit du régime micro-BIC et ayant opté pour un régime réel, qui **arrête son exercice en cours d'année** ne peut effectuer une sortie anticipée de l'option en cours d'année mais doit effectuer un exercice de liaison jusqu'au 31 décembre de l'année de sortie (BOI-BIC-DECLA-10-30 n° 130).

11100 Les entreprises **soumises de plein droit à un régime réel** d'imposition **l'année précédant** celle au titre de laquelle elles sont placées dans le champ d'application du micro en raison de l'abaissement de leur chiffre d'affaires (nº 11265) doivent, si elles entendent continuer à relever du régime réel, exercer une option en ce sens dans le délai de dépôt de la déclaration d'ensemble des revenus de l'année au titre de laquelle l'option s'applique. Les entreprises concernées doivent cependant respecter le délai prévu pour télétransmettre leur déclaration de résultat.

EXEMPLE

Un contribuable exploite une activité d'achat-revente de marchandises. Il est placé de droit sous le RSI en 2023 puisqu'il a réalisé un chiffre d'affaires de 198 000 € HT en 2022 et de 189 000 € HT en 2021. Son chiffre d'affaires de 2023 est de 175 000 € HT. Compte tenu du montant du chiffre d'affaires de 2023, il est placé de plein droit sous le régime micro-BIC en 2024. Afin de rester sous le régime simplifié d'imposition des bénéfices au titre de l'exercice 2024, il peut exercer une option dans le délai de dépôt de la déclaration d'ensemble des revenus de 2024 (soit en mai/juin 2025). Cette option sera renouvelée par tacite reconduction pour 2025, sauf renonciation expresse du contribuable dans le délai de dépôt de la déclaration de résultats de 2024 (soit au plus tard le 20 mai 2025). Dans ce dernier cas, il sera donc amené, à la même période, à exercer l'option pour 2024 et à renoncer à cette option pour 2025.

Une telle option présente un intérêt particulier lorsque le contribuable a inscrit à l'actif immobilisé des biens non utilisés pour l'exploitation dans la mesure où le passage au régime micro entraînerait la taxation de la plus-value latente (nº 11300, précision b).

DÉTERMINATION DES BÉNÉFICES IMPOSABLES

11110 Dès lors que le régime simplifié constitue un régime d'imposition d'après le bénéfice réel, les entreprises placées sous ce régime sont en principe soumises aux règles de droit commun du régime réel normal pour la détermination de leur bénéfice imposable (nºs 7250 s.), sous réserve des modalités simplifiées de comptabilisation de certaines charges et d'évaluation des stocks (nº 11135).

En plus des simplifications admises dans le cadre de la comptabilité super-simplifiée, certaines d'entre elles bénéficient de régimes spéciaux en matière de **plus-values** : voir nºs 18200 s. et 18275.

Réduction d'impôt pour frais de comptabilité des contribuables **adhérents d'organismes de gestion agréés** : voir nºs 87990 s.

OBLIGATIONS COMPTABLES

11120 Les entreprises relevant du régime simplifié doivent être à même de justifier l'exactitude des chiffres déclarés et, par suite, avoir une **comptabilité** régulière, sincère et appuyée des pièces justificatives. Mais, sous certaines conditions, elles peuvent tenir une comptabilité dite « super-simplifiée » en exerçant à cet effet une option au titre de chaque exercice, sur la déclaration de résultat.

11130 CGI art. 302 septies A bis RIE-III-17100 s

Obligations de droit commun Les **sociétés** et autres personnes morales, à l'exclusion toutefois des sociétés civiles de moyens, sont exclues du régime de la comptabilité super-simplifiée. Elles peuvent toutefois, à condition de ne pas être contrôlées par une société qui établit des comptes consolidés, tenir une comptabilité de trésorerie, c'est-à-dire n'enregistrer les créances et les dettes qu'à la clôture de l'exercice. Mais elles ne bénéficient pas des autres mesures prévues pour les exploitants individuels (voir nº 11135).

Elles ont par ailleurs la possibilité, comme les commerçants **personnes physiques,** d'adopter une **présentation simplifiée** (système abrégé) de leurs comptes (nº 10950, précision a).

Les personnes morales ne pouvant bénéficier de ces dispositions doivent se conformer aux obligations comptables de droit commun (nº 10950). Il en va de même, bien entendu, pour les commerçants personnes physiques qui ne souhaitent ni présenter leur comptabilité sous une forme simplifiée ni adopter la comptabilité « super-simplifiée ».

11135 CGI art. 302 septies A ter A, 1 RIE-III-17500 s

Comptabilité super-simplifiée Les **exploitants individuels** et les **sociétés civiles de moyens** qui optent pour une comptabilité « super-simplifiée » bénéficient principalement des allégements suivants :

– possibilité de tenir une **comptabilité de trésorerie** en cours d'année et de ne constater corrélativement les créances et les dettes qu'en fin d'année (sous réserve de la dispense de régularisation admise pour certains frais à caractère répétitif) ;

– possibilité de procéder à une **évaluation simplifiée des stocks** et production en cours selon une méthode forfaitaire.

Indépendamment de leur option pour la comptabilité super-simplifiée, ces entreprises sont en outre **dispensées de produire un bilan** lorsque leur chiffre d'affaires hors taxe de l'année

11135 (suite) précédente n'excède pas un seuil fixé pour 2024 à 176 000 € s'il s'agit d'entreprises dont le commerce principal est la vente de marchandises, objets, fournitures et denrées à emporter ou à consommer sur place ou la fourniture du logement, ou 61 000 € s'il s'agit d'autres entreprises (CGI art. 302 septies A bis, VI).

Les commerçants personnes physiques soumis de plein droit ou sur option au régime de la comptabilité super-simplifiée bénéficient aussi d'**allégements** des obligations comptables **prévues par le Code de commerce** sensiblement analogues à ceux admis sur le plan fiscal (C. com. art. L 123-25 à L 123-27, R 123-203, R 123-204 et R 123-207).

Le tableau suivant récapitule ces allégements.

Obligations comptables		
Prévues par le CGI pour les exploitants individuels et les SCM	Prévues par le Code de commerce pour les personnes physiques	Observations
En cours d'exercice		
Comptabilité « super-simplifiée »	Comptabilité « simplifiée »	
Comptabilité de trésorerie (recettes encaissées et dépenses payées) [1]	– Comptabilité de trésorerie [3] – Centralisation trimestrielle des journaux auxiliaires sur le livre-journal	Règles comptables et fiscales identiques
Déduction forfaitaire des frais de carburant selon le barème de l'administration figurant nos 97165 et 97175 [2]	Idem	
Dispense de justification des frais généraux accessoires payés en espèces dans la limite de 1 ‰ du CA avec un minimum de 150 € (pourboires, cadeaux, réception...)	Idem	Règles comptables et fiscales identiques
En fin d'exercice		
Enregistrement des créances et des dettes	Idem	
Dispense de régularisation pour les frais payés à échéances régulières dont la périodicité n'excède pas un an (assurances, cotisations, abonnements, intérêts, loyers, charges sociales...)	Idem	Règles comptables et fiscales identiques
Possibilité d'évaluation des stocks et productions en cours selon une méthode forfaitaire [4]	Idem [4]	En principe, aucune divergence entre comptabilité et fiscalité [4]
Bilan et compte de résultat simplifiés. Dispense de bilan si CA ⩽ 176 000 € HT ou ⩽ 61 000 € HT [5]	– Bilan et compte de résultat simplifiés	Pas de dispense de bilan sur le plan comptable

1. L'enregistrement des encaissements et décaissements doit distinguer selon le mode de règlement et la nature des opérations réalisées (avec, le cas échéant, les ventilations nécessaires en matière de TVA : n° 53470 s.). Les pièces de recettes et de dépenses doivent être classées et annotées de la nature, de la date et du montant des règlements effectués.
La comptabilité super-simplifiée doit retracer l'ensemble des **mouvements de trésorerie** même s'ils n'affectent pas directement le résultat : apports et prélèvements de l'exploitant, virements de fonds, prêts ou emprunts, acquisition ou cession d'immobilisations.
2. Une **option** doit être exercée à cet effet pour chaque exercice sur un état annexe à la déclaration de résultat, mentionnant le type de véhicule, l'affectation du kilométrage, le montant forfaitaire des frais et leur mode de comptabilisation. La déduction forfaitaire concerne aussi bien les automobiles que les deux-roues motorisés.
3. L'**enregistrement des encaissements et des paiements** peut être effectué en retenant la date de l'opération figurant sur le relevé adressé au contribuable par un établissement de crédit (C. com. art. R 123-203).

4. Selon la méthode prévue à l'article 4 LA de l'annexe IV au CGI, le **coût de revient des produits et marchandises** est déterminé en appliquant aux prix de vente à la clôture de l'exercice un abattement correspondant à la marge moyenne pratiquée par l'entreprise à partir des données de l'exercice précédent. Sur le plan comptable, la méthode prévue est identique dans son principe, mais l'abattement appliqué sur les prix de vente doit correspondre à la marge pratiquée sur chaque catégorie de biens.
   Le coût de revient des **travaux en cours** est réputé égal, tant sur le plan fiscal que sur le plan comptable, au montant des acomptes réclamés aux clients avant facturation.
   Ces règles présentent un caractère facultatif mais, une fois adoptées, elles ne peuvent être abandonnées tant que les conditions d'activité de l'entreprise ne connaissent pas de changement substantiel.
5. Pour l'appréciation de ces limites, lorsque l'exercice n'est pas de douze mois, le chiffre d'affaires doit être ajusté prorata temporis. En cas de variation du chiffre d'affaires, le bilan est exigé à la clôture du premier exercice suivant celui du dépassement. À l'inverse, le bilan n'est pas exigé à la clôture de l'exercice qui suit celui au cours duquel le chiffre d'affaires devient égal ou inférieur aux limites. La **dispense de bilan** est appréciée d'après le chiffre d'affaires hors taxe de l'année précédente. Les **seuils** fixés pour cette dispense sont **actualisés** tous les trois ans.

OBLIGATIONS DÉCLARATIVES

Les entreprises soumises au régime simplifié doivent déclarer chaque année, au service des impôts du lieu de l'exploitation, les résultats de leur dernier exercice. **11145** CGI art. 302 septies A bis **RIE-III-15250 s**

Ces **déclarations** doivent être souscrites au plus tard le deuxième jour ouvré suivant le 1er mai pour les contribuables relevant de l'impôt sur le revenu, quelle que soit la date de clôture de l'exercice (CGI ann. II art. 38 bis, I) – la situation est différente pour les sociétés passibles de l'impôt sur les sociétés (n° 36390). Un délai supplémentaire de quinze jours calendaires est cependant accordé par l'administration (BOI-BIC-DECLA-30-20-10 n° 230).

Les déclarations sont établies sur des formulaires identiques à ceux du bénéfice réel normal : n° 2031-SD pour l'impôt sur le revenu, n° 2065-SD pour l'impôt sur les sociétés (voir nos 10965 s.). Mais les **tableaux comptables et fiscaux** à joindre à la déclaration sont allégés.

› Précisions a. Sept **tableaux annexes**, regroupés sur le formulaire n° 2033-LIASSE-BIC/IS, sont joints à la déclaration de résultat : n° 2033-A-SD (bilan, voir toutefois n° 11135), n° 2033-B-SD (compte de résultat), n° 2033-C-SD (immobilisations, amortissements, plus-values et moins-values), n° 2033-D-SD (provisions, amortissements dérogatoires, déficits...), n° 2033-E-SD (effectifs, valeur ajoutée produite au cours de l'exercice), n° 2033-F-SD (composition du capital social) et n° 2033-G-SD (filiales et participations).
Divers renseignements ou documents doivent, le cas échéant, être produits dans les mêmes conditions que pour les entreprises relevant du bénéfice réel normal (voir n° 11000).
Un formulaire spécial n° 2036-SD est prévu pour les **sociétés civiles de moyens** (n° 13895).
Nous publions chaque année, au Feuillet rapide, un **guide** consacré à l'établissement des déclarations.
b. Le **défaut de production** (ou la production **tardive**) de la déclaration de résultats est sanctionné de la même manière que pour les entreprises soumises au réel normal et son contrôle, effectué selon les mêmes modalités (nos 11010 s.).

3. RÉGIME MICRO-BIC

Le régime micro-BIC repose sur la détermination du bénéfice imposable par application au montant du chiffre d'affaires réalisé d'un abattement forfaitaire censé couvrir tous les frais et charges supportés par le contribuable. **11190**

a. Contribuables concernés

Le régime micro-BIC s'applique au titre d'une année aux exploitants individuels dont le chiffre d'affaires annuel hors taxe de l'année précédente ou de la pénultième année n'excède pas, à compter de l'imposition des revenus de 2023, une limite fixée à : **11200** CGI art. 50-0, 1 **RIE-I-580 s**

– 188 700 € s'il s'agit d'entreprises dont le commerce principal est de vendre des marchandises, objets, fournitures et denrées à emporter ou à consommer sur place, ou de fournir le logement à l'exception des locations meublées autres que les meublés de tourisme classés et les chambres d'hôtes (voir n° 90510) ;

– 15 000 € pour la location de meublés de tourisme non classés (voir n° 90510) (Loi 2023-1322 du 29-12-2023 art. 45) ;

– 77 700 € pour les autres entreprises.

Les exploitants individuels relevant du régime micro-BIC peuvent, sous certaines conditions, exercer une option pour le **régime de l'auto-entrepreneur** (nos 85100 s.). Ils peuvent aussi choisir de se placer sous le **régime simplifié** (nos 11090 s.) ou le régime **réel normal** (n° 10920).

Des **tableaux** récapitulant la situation des contribuables en 2024 au regard du montant de leur chiffre d'affaires figurent n° 11370.

EXCLUSIONS

11210
CGI art. 50-0, 2
RIE-I-750 s

Certaines catégories d'opérations et de contribuables sont exclues du régime micro. Ces exclusions concernent, quel que soit le montant du chiffre d'affaires réalisé :

– les sociétés ou organismes dont les résultats sont imposés selon le régime des **sociétés de personnes** défini à l'article 8 du CGI (n° 37565), y compris les **EURL** dont l'associé unique est une personne physique (n° 37825) sauf lorsque cet associé unique dirige l'EURL, ainsi que les **sociétés civiles agricoles** soumises au régime micro-BA qui exercent une activité commerciale accessoire (n° 15210) ;

– les personnes morales passibles de l'**impôt sur les sociétés** (nos 35665 s.) et les **EIRL** soumises à cette imposition (n° 87360), ainsi que les **entrepreneurs individuels** ayant exercé l'option pour l'assimilation à une EURL (n° 87250) ;

– les **sociétés civiles de moyens** (n° 13895) qui relèvent de plein droit du régime simplifié, pour la quote-part des résultats revenant à des membres autres que ceux qui disposent de revenus imposables dans la catégorie des BNC, quel que soit le montant annuel de leurs recettes (CGI art. 302 septies A bis, III-b). Elles peuvent toutefois opter pour le réel normal ;

– les **copropriétés de navires** et les copropriétés de **cheval de course ou d'étalon** (CGI art. 61 A) ;

– les opérations portant sur des **immeubles, des fonds de commerce ou des actions ou parts de sociétés immobilières** et dont les résultats sont imposables au titre des BIC. Il s'agit des opérations visées à l'article 35, I-1° à 4° du CGI (opérations des marchands de biens, lotisseurs, agents immobiliers) (BOI-BIC-DECLA-10-20 n° 60). Mais l'exclusion ne s'applique ni aux loueurs de fonds de commerce ni aux entrepreneurs de travaux immobiliers ni aux loueurs de locaux meublés ou destinés à être meublés ;

– les opérations réalisées à titre professionnel sur les **instruments financiers à terme** (CGI art. 35, I-8° ; voir n° 33420) ;

– les contribuables dont tout ou partie des biens affectés à l'exploitation sont compris dans un **patrimoine fiduciaire** en application d'une opération de fiducie ;

– les contribuables qui perçoivent des revenus d'un **fonds de placement immobilier** imposables dans les conditions définies à l'article 239 nonies, II-1-e du CGI (n° 30520, b) ;

– les contribuables exerçant une **activité occulte** au sens de l'article L 169 du LPF (n° 77715).

ATTENTION

Selon l'administration, les **indivisions,** notamment successorales, sont exclues du micro-BIC, à l'exception des fonds de commerce indivis entre époux dont un seul des époux est immatriculé au registre national des entreprises et si le chiffre d'affaires annuel réalisé dans ce fonds et dans ceux que cet époux détient en nom propre n'excède pas les limites du micro (BOI-BIC-DECLA-10-10-20 n° 80). Il ressort toutefois d'une solution de la cour de Paris que les indivisions peuvent relever du micro si le montant du chiffre d'affaires total résultant de l'activité de l'entreprise exploitée en indivision n'excède pas les seuils d'application du micro (CAA Paris 1-10-2019 n° 18PA00808 ; CE (na) 29-7-2020 n° 436402 : RJF 11/20 n° 866).

Les entreprises exclues du régime micro sont placées de plein droit sous le régime simplifié si leur chiffre d'affaires n'excède pas les limites de ce régime (condition non applicable aux SCM), sous réserve que les opérations concernées ne soient pas également exclues du simplifié (n° 11060). Dans les autres cas, elles sont soumises au réel normal.

Les contribuables exerçant plusieurs **activités dont certaines sont exclues du régime micro** peuvent être soumis à la fois au régime simplifié et à celui du micro si leur chiffre d'affaires total n'excède pas la limite prévue pour l'application du régime micro.

APPRÉCIATION DES LIMITES

11220
CGI art. 50-0, 1
RIE-I-1000 s

Les seuils de chiffre d'affaires sont appréciés hors taxe et par année civile. En cas de **création d'une entreprise** en cours d'année, le chiffre d'affaires doit être ajusté au prorata du temps d'exploitation, sauf s'il s'agit d'entreprises saisonnières (BOI-BIC-DECLA-10-10-20 n° 50). L'ajustement prorata temporis n'emporte toutefois pas de conséquence pour la détermination du régime d'imposition au titre de l'année de création et l'année suivante. En effet, le régime micro-BIC est applicable de plein droit au titre de ces deux années (BOI précité n° 35).

Le chiffre d'affaires à comparer aux limites englobe l'**ensemble des opérations** réalisées l'année précédente ou, le cas échéant, la pénultième année, quel que soit leur régime (exonération ou imposition) au regard des taxes sur le chiffre d'affaires. L'administration admet de prendre en compte les recettes effectivement encaissées (BOI-BIC-DECLA-10-10-20 n° 10). 11225

Sont exclues les **recettes à caractère exceptionnel,** telles que le produit de la vente, en cours ou en fin d'exploitation, des immobilisations corporelles ou incorporelles affectées à l'exploitation, les produits financiers, les subventions et indemnités de toute nature, les prestations en espèces allouées par le régime d'assurance maladie, les redevances de concession de brevets ou de procédés de fabrication industriels lorsqu'il ne s'agit pas de l'activité principale de l'entreprise et les indemnités d'assurance (BOI précité n° 1).

> **Précisions** Le chiffre d'affaires des **intermédiaires** qui agissent en leur nom propre est déterminé compte tenu du montant total des transactions dans lesquelles ils s'entremettent (BOI-BIC-DECLA-10-10-20 n° 20). La limite applicable dépend de la nature des opérations concernées.

Pluralité d'entreprises **a.** Lorsqu'un **contribuable** exploite **personnellement plusieurs entreprises commerciales,** il convient, pour apprécier les limites du régime micro, de globaliser les recettes réalisées dans chacune de ses entreprises, y compris lorsqu'il s'agit de fonds de commerce pouvant être qualifiés de distincts en raison de l'autonomie des clientèles et de la nature des prestations fournies ; la même globalisation doit être effectuée en cas de perception par un commerçant de recettes non commerciales accessoires rattachées à la catégorie des BIC en application de l'article 155, I-1 du CGI (n° 7925). 11235 RIE-I-1185 s

b. Lorsque les membres d'un même foyer fiscal exploitent plusieurs entreprises commerciales, l'appréciation du seuil du régime micro est effectuée de manière séparée dans le cas où **chacun des époux** exploite un fonds de commerce constituant un **bien propre** (BOI-BIC-DECLA-10-10-20 n° 80). Chacun d'entre eux peut donc bénéficier du régime micro à raison des activités qu'il exerce.

Dans le cas où chacun des époux détient des **droits indivis** sur le fonds de commerce, l'administration a posé le principe de l'exclusion du régime micro-BIC, sous réserve d'une exception (n° 11210). Cette dernière n'est pas applicable si les époux sont personnellement immatriculés pour le fonds indivis, les résultats de ce fonds sont alors soumis au régime réel, mais le chiffre d'affaires n'est pas retenu pour apprécier le régime des fonds détenus en nom propre (BOI précité n° 80).

c. Lorsqu'un exploitant individuel est, par ailleurs, **membre d'une société de personnes,** seul le chiffre d'affaires réalisé à titre individuel est pris en considération pour apprécier le respect des limites du régime micro.

d. Pluralité d'activités **commerciales et non commerciales** : voir nos 13550 s.

e. Lorsque les seuils fixés pour l'application du régime micro-BIC sont respectés, le contribuable peut opter pour un régime réel d'imposition. Cette **option** s'exerce entreprise par entreprise (BOI précité n° 90).

Activité mixte Dans le cas où une entreprise exerce simultanément une activité de vente à emporter ou à consommer sur place et une activité de prestation de services, le régime micro n'est applicable que si, l'année précédente ou la pénultième année, le chiffre d'affaires global n'excède pas 188 700 € HT et si le seuil de 77 700 € HT prévu à l'égard des prestations de services est respecté. Cette règle reste selon nous pertinente pour l'application des dispositions de l'article 50-0 du CGI issues de l'article 45 de la loi 2023-1322 du 29 décembre 2023. 11240 RIE-I-1700 s

Des règles particulières sont prévues lorsque l'une des activités est la location de meublés de tourisme non classés (n° 90510).

EXEMPLE

Le régime micro est applicable en 2024 si une entreprise réalise, en 2023, 164 000 € de ventes et 20 000 € de prestations de services (autres que le logement). Il ne l'est pas si les prestations de services sont de 79 000 € en 2023 et 2022, quel que soit le chiffre d'affaires des ventes au cours de ces années.

Selon l'administration, les règles qui régissent les activités mixtes sont applicables aux entreprises qui fournissent à la fois des **prestations de services** et les **matériaux** entrant à titre principal dans l'ouvrage (BOI-BIC-DECLA-10-10-20 n° 130). 11245

ILLUSTRATIONS

S'agissant des **artisans du bâtiment** (peintres, entrepreneurs de maçonnerie ou de menuiserie), le régime micro n'est applicable que si les recettes de l'année précédente ou de la pénultième année correspondant aux prestations n'excèdent pas 77 700 € et si les recettes totales ne dépassent pas 188 700 € (BOI précité n° 130).

Pour apprécier si les **prothésistes dentaires** relèvent du régime micro, il convient de retenir le seul chiffre d'affaires limite de 188 700 € lorsqu'ils fournissent les matières premières (Rép. Roubaud : AN 13-6-2006 n° 63756 ; BOI précité n° 130).

La limite prévue à l'égard des prestataires de services (soit 77 700 €) doit toutefois être exclusivement retenue pour l'application du régime micro et du régime simplifié dans le cas où l'entrepreneur ne fournit, en sus de la main-d'œuvre, que des **produits accessoires** (exemples : cordonniers, teinturiers, blanchisseurs, peintres en automobile, imprimeurs ne fournissant pas le papier) (BOI précité n° 140). D'une manière générale, cette solution devrait s'appliquer aux **travailleurs à façon.**

VARIATION DE CHIFFRE D'AFFAIRES

11255 CGI art. 50-0, 1 RIE-I-6780 s **Augmentation du chiffre d'affaires** Compte tenu des années de référence à retenir pour l'appréciation des seuils du régime micro, ce dernier continue de s'appliquer en cas de **dépassement du seuil au cours d'une seule année.** En pratique, ce régime est applicable de plein droit en N si le montant du chiffre d'affaires de N – 1 excède le seuil d'application à condition qu'il ne soit pas dépassé en N – 2. Il en est de même si le montant de chiffre d'affaires de N – 2 dépasse le seuil d'application alors que celui de N – 1 ne le dépasse pas.

Toutefois, lorsque le montant de chiffre d'affaires dépasse **pendant deux années consécutives** le seuil applicable (N – 2 et N – 1), le contribuable relève de plein droit d'un régime réel en N, quel que soit le montant de chiffre d'affaires réalisé au cours de cette année.

11265 RIE-I-6830 s **Abaissement du chiffre d'affaires en deçà des seuils** Le régime micro s'appliquera au titre de l'année suivant celle au cours de laquelle le chiffre d'affaires est devenu inférieur aux limites légales.

EXEMPLE

L'évolution du chiffre d'affaires d'un contribuable est la suivante :
– en 2021 et 2022, il dépasse les limites fixées pour le micro ;
– en 2023, il relève de plein droit du RSI. Son chiffre d'affaires s'abaisse en dessous des limites du régime micro ;
– en 2024, il est soumis au micro de plein droit, compte tenu de son chiffre d'affaires en 2023. Mais il peut opter pour le RSI au titre de 2024 dans le délai de dépôt de la déclaration d'ensemble des revenus de 2024 (soit en mai/juin 2025).

b. Imposition des bénéfices d'exploitation

11280 CGI art. 50-0, 1 RIE-II-180 s Les résultats imposables des exploitants placés sous le régime micro-BIC sont calculés de manière forfaitaire, avant prise en compte des plus ou moins-values provenant de la cession de biens affectés par nature à l'exploitation, qui sont imposées de manière distincte.

Les contribuables portent le **montant brut de leur chiffre d'affaires** sur la déclaration complémentaire à la déclaration annuelle des revenus, étant précisé que les indemnités journalières de sécurité sociale allouées aux artisans relevant du régime micro-BIC n'ont pas à être prises en compte dans le bénéfice (BOI-BIC-PDSTK-10-30-20 n° 260).

Le bénéfice net est calculé par l'administration, par application à ce chiffre d'affaires d'un **abattement forfaitaire** réputé tenir compte de toutes les charges, y compris les cotisations sociales et les amortissements linéaires des biens affectés à l'exploitation. Cet abattement est fixé à :

– 71 % pour le chiffre d'affaires correspondant aux activités de vente à emporter ou à consommer sur place et de fourniture de logement à l'exception des locations meublées autres que les meublés de tourisme classés et les chambres d'hôtes (n° 90510) ;

– 50 % pour le chiffre d'affaires correspondant aux autres prestations de services.

Ces abattements ne peuvent être inférieurs à 305 €.

ATTENTION

Le taux de l'abattement forfaitaire est abaissé pour l'activité de location de meublés de tourisme non classés, tandis que celle afférente à la location de meublés de tourisme classés peut bénéficier d'un abattement supplémentaire (n° 90510).

En cas d'**activités mixtes,** les abattements sont calculés séparément pour chaque fraction du chiffre d'affaires correspondant aux activités exercées.

Lorsque le régime micro est applicable, les abattements forfaitaires pour frais sont pratiqués sur la totalité du chiffre d'affaires. 11285

EXEMPLES

1. Un contribuable exerçant une activité de vente réalise un chiffre d'affaires hors taxe de 175 000 € en 2023 et de 195 000 € en 2024. Le chiffre d'affaires de 2023 ne dépassant pas le seuil de 188 700 €, le régime micro-BIC s'applique de plein droit en 2024, même si le montant du chiffre d'affaires réalisé en 2024 excède ce seuil.
Calcul de l'abattement : 195 000 € × 71 % = 138 450 €.
Calcul du bénéfice net imposable : 195 000 € − 138 450 € = 56 550 €.

2. Un contribuable placé sous le régime micro exerce une activité de vente et de prestations de services. L'évolution de son chiffre d'affaires est la suivante :
– en 2022, son chiffre d'affaires est de 170 000 € HT au titre de l'activité de vente et de 15 000 € au titre de l'activité de prestations de services ;
– en 2023, son chiffre d'affaires est de 175 000 € HT au titre de l'activité de vente et de 20 000 € au titre de l'activité de prestations de services ;
– en 2024, son chiffre d'affaires est de 177 000 € HT au titre de l'activité de vente et de 21 000 € au titre de l'activité de prestations de services.
Le chiffre d'affaires global de 2022 ne dépasse pas le seuil de 188 700 € et le chiffre d'affaires afférent aux prestations de services est inférieur au seuil de 77 700 €. Le régime micro est donc applicable en 2024, même si le chiffre d'affaires global réalisé en 2023 et en 2024 excède le seuil de 188 700 €.
Calcul des abattements :
– activité de vente : 177 000 € × 71 % = 125 670 € ;
– activité de prestations de services : 21 000 € × 50 % = 10 500 €.
Calcul du bénéfice net imposable : 198 000 € − (125 670 € + 10 500 €) = 61 830 €.

c. Imposition des plus-values

BIENS CONCERNÉS

En pratique, l'imposition des plus-values professionnelles concerne les cessions de **biens affectés par nature à l'exploitation,** c'est-à-dire ne pouvant faire l'objet que d'un usage professionnel (fonds de commerce essentiellement). 11300 RIE-II-580 s

Les cessions de **biens affectés** à l'exploitation **par destination** ne sont pas soumises au régime des plus-values professionnelles dès lors que les contribuables relevant du régime micro-BIC ne sont astreints à la tenue d'aucun document permettant de matérialiser leur décision d'affecter au patrimoine professionnel un bien non affecté par nature.

Quant aux biens **non affectés** à l'exploitation, ils font obligatoirement partie du patrimoine privé.

> Précisions a. Selon les règles antérieurement prévues par l'administration à l'égard des contribuables relevant du forfait, confirmées par la cour de Nantes (CAA Nantes 15-5-2002 nos 99-48 et 99-61 : RJF 10/02 no 1057), les **biens affectés à l'exploitation** devraient, en cas de **passage du micro-BIC** à un **régime réel** d'imposition, être **inscrits** au bilan d'ouverture du premier exercice réel pour leur valeur d'origine diminuée des amortissements réputés pris en compte dans le cadre du régime micro.
b. Le **passage du réel simplifié au micro-BIC** entraîne le retrait des **biens inscrits à l'actif immobilisé non utilisés pour l'exploitation** dans le patrimoine privé du contribuable et donc la taxation de la plus-value latente acquise à cette date sur les éléments concernés selon les modalités prévues par l'article 155, II-2 du CGI (nos 18460 s.).
c. Sur le plan juridique, les exploitants placés sous le régime micro-BIC sont soumis au principe de **séparation des patrimoines professionnel et personnel.** Tous les biens utiles à l'exercice de l'activité font partie du patrimoine professionnel (C. com. art. L 526-22 : voir no 87205).

MODALITÉS D'IMPOSITION

Les plus et moins-values provenant de la cession de biens affectés à l'exploitation sont déterminées et imposées dans les conditions prévues aux articles 39 duodecies à 39 quindecies du CGI (voir nos 18000 s.). Les **plus-values nettes à long terme** doivent être portées sur la déclaration no 2042 C Pro afin d'être imposées au taux réduit dans la catégorie BIC réel. Les plus-values nettes **à court terme** sont soumises au barème progressif de l'impôt sur le revenu, sous réserve de la faculté d'étalement sur trois ans : voir no 18075. Les plus-values peuvent 11310 RIE-II-760 s toutefois bénéficier des régimes d'exonération prévus aux articles 151 septies et 238 quindecies du CGI si les conditions d'application de ces dispositifs sont remplies (voir n°s 18200 s. et 19650 s.).

Les **moins-values nettes à court terme** sont génératrices d'un déficit imputable sur le revenu global si l'activité est exercée à titre professionnel. Moins-values nettes **à long terme** : voir n° 18115.

Événements entraînant la réalisation d'une plus ou moins-value de cession : voir n° 17730.

d. Obligations comptables

11330 CGI art. 50-0, 5 et C. com. art. L 123-28 RIE-II-1100 s

Les exploitants placés sous le régime micro-BIC bénéficient d'obligations comptables allégées. La tenue d'une comptabilité complète et régulière n'est pas obligatoire pour ces exploitants. Ils sont dispensés d'établir un **bilan** et un **compte de résultat** et aucune obligation n'est prévue en ce qui concerne l'évaluation des **stocks.**

Les entreprises au micro-BIC qui exercent une activité de vente doivent tenir et présenter, sur demande de l'administration, un **registre** récapitulatif par année présentant le **détail de leurs achats.**

En outre, tous les commerçants relevant du régime micro-BIC doivent tenir un **livre-journal** présentant chronologiquement le détail de leurs **recettes professionnelles,** appuyé des factures et de toutes autres pièces justificatives. En cas d'**activités mixtes,** les recettes doivent, sur le livre-journal et sur les factures, être ventilées entre celles afférentes aux ventes et celles relatives aux prestations de services. Les recettes correspondant à des **ventes au détail** ou à des services rendus à des particuliers peuvent être inscrites globalement en fin de journée lorsque leur montant unitaire n'excède pas 76 € (seuil fixé à l'article 286, I-3° du CGI) (BOI-BIC-DECLA-30-30 n° 30).

e. Obligations déclaratives

11350 CGI art. 50-0, 3 RIE-II-1300 s

Les contribuables relevant du régime micro sont dispensés de produire une déclaration de résultat spécifique. Ils portent le montant du chiffre d'affaires annuel et des plus ou moins-values réalisées au cours de l'année sur la **déclaration** complémentaire à la déclaration annuelle des revenus (**n° 2042 C Pro**).

Aucune mention relative aux **biens affectés à l'exploitation** n'est exigée.

En ce qui concerne la **déclaration des ventes** autres que les ventes au détail, voir n° 78375.

Sur les conséquences des **infractions** aux obligations déclaratives à l'égard de la procédure d'évaluation d'office, voir n° 79080.

S'agissant des obligations déclaratives spécifiques des contribuables ayant opté pour le régime de l'**auto-entrepreneur,** voir n°s 85230 s.

4. TABLEAUX RÉCAPITULATIFS DES SEUILS APPLICABLES

11370 Les tableaux ci-après font ressortir la **situation** des contribuables **en 2024** en fonction de la nature de leur activité et du montant du chiffre d'affaires réalisé en 2022 et 2023.

Les **seuils** des régimes d'imposition sont **actualisés** tous les trois ans.

Ventes de marchandises à emporter ou à consommer sur place et fourniture de logement [1]		
Chiffre d'affaires HT 2022	Chiffres d'affaires HT 2023	Régime applicable pour 2024
	CA ⩽ 188 700 €	Micro-BIC – Option possible pour le réel simplifié ou le réel normal
CA ⩽ 188 700 €	188 700 € < CA ⩽ 840 000 €	Micro-BIC – Option possible pour le réel simplifié ou le réel normal
CA > 188 700 €	188 700 € < CA ⩽ 840 000 €	Réel simplifié – Option possible pour le réel normal
CA ⩽ 188 700 €	CA > 840 000 €	Micro-BIC – Option possible pour le réel simplifié ou le réel normal
188 700 € < CA ⩽ 840 000 €	CA > 840 000 €	Réel simplifié – Option possible pour le réel normal
CA > 840 000 €	CA > 840 000 €	Réel normal

1. Modalités particulières pour le régime micro-BIC en cas de location de meublés de tourisme : n° 90510.

Autres activités commerciales		
Chiffre d'affaires HT 2022	**Chiffre d'affaires HT 2023**	**Régime applicable pour 2024**
	CA ⩽ 77 700 €	Micro-BIC – Option possible pour le réel simplifié ou le réel normal
CA ⩽ 77 700 €	77 700 € < CA ⩽ 254 000 €	Micro-BIC – Option possible pour le réel simplifié ou le réel normal
CA > 77 700 €	77 700 € < CA ⩽ 254 000 €	Réel simplifié – Option possible pour le réel normal
CA ⩽ 77 700 €	CA > 254 000 €	Micro-BIC – Option possible pour le réel simplifié ou le réel normal
77 700 € < CA ⩽ 254 000 €	CA > 254 000 €	Réel simplifié – Option possible pour le réel normal
CA > 254 000 €	CA > 254 000 €	Réel normal

SECTION 5 SITUATION EN FIN D'EXPLOITATION

a. Cas d'imposition immédiate

CESSION OU CESSATION D'ENTREPRISE

Qu'elles soient partielles ou totales, les cessions et cessations d'entreprises donnent lieu à une imposition immédiate. **11400** CGI art. 201, 1 BIC-XIX-200 s

Constitue une **cession totale** toute transmission de l'ensemble de l'exploitation par acte portant transfert de la propriété de l'entreprise. Cet acte peut consister notamment en une vente pure et simple, en un apport en société ou en une donation.

La **cessation totale** de l'entreprise s'entend, d'une manière générale, de l'abandon de l'ensemble de l'activité industrielle ou commerciale. Elle peut résulter notamment de la fermeture définitive du ou des établissements où était exercée l'activité.

Enfin, il y a **cession ou cessation partielle** d'entreprise lorsqu'un contribuable ayant plusieurs branches d'activité ou plusieurs établissements cède ou abandonne l'une de ces branches d'activité ou l'un de ces établissements.

Les **sociétés** qui cessent leur activité sont soumises au même principe d'imposition immédiate que les exploitants individuels. Mais la définition de la cessation obéit dans leur cas à des règles spécifiques. Il y a cessation, sur le plan fiscal, non seulement en cas de dissolution, mais aussi en cas de changement de régime fiscal ou d'activité réelle de la société (voir nos 11415 s.).

ILLUSTRATIONS

La **mise en gérance libre** d'un fonds de commerce ne constitue pas une cession ou cessation d'entreprise (notamment CE plén. 29-7-1983 no 24158 : RJF 10/83 no 1095 ; CE 28-7-1993 no 70812 : RJF 8-9/93 no 1107 ; voir également no 38720, précision b pour les sociétés à l'IS).

À moins qu'il ne se traduise par l'abandon du fonds et la création d'un fonds nouveau, le simple **transfert de l'exploitation** d'un lieu à un autre ne constitue pas une cession ou cessation d'entreprise et n'entraîne donc pas d'imposition immédiate (notamment CE 9-2-1977 no 99501 : RJF 4/77 no 199 ; BOI-BIC-CESS-10-20-10 no 50).

Le simple **changement d'exploitant** sans transmission de la propriété du fonds n'emporte pas cessation d'entreprise. Cette règle vaut lorsqu'un fonds appartenant à la communauté conjugale est exploité successivement par deux conjoints (Rép. Authié : Sén. 2-4-1987 no 4122, non reprise dans Bofip). Il en est de même d'un fonds exploité successivement par un père et son fils (CE 14-3-1984 no 36237 : RJF 5/84 no 583).

La **mise en sommeil** d'une société soumise à l'IS pendant une période de plus de douze mois est constitutive d'une cessation d'activité si elle s'accompagne de la disparition des moyens de production nécessaires à la poursuite de l'exploitation (no 38720) (BOI-IS-CESS-10 nos 150 s.).

Les **cessions massives de droits sociaux** ne peuvent à elles seules être assimilées à une cession ou cessation d'entreprise (notamment CE 27-7-1984 n° 16580 : RJF 10/84 n° 1136 ; CE 18-11-1985 n° 43321 : RJF 1/86 n° 31). Une cessation ne peut alors être constatée que si elle s'accompagne d'un autre événement tel que, par exemple, un changement de régime fiscal ou un changement d'objet ou d'activité réelle (CE 9-5-1990 n° 46632 : RJF 8-9/90 n° 953).
À condition de continuer à remplir ses déclarations professionnelles, une entreprise individuelle peut subsister après cessation d'activité, pour les besoins de sa **liquidation,** jusqu'à la date de sa radiation du registre du commerce. Les cessions d'éléments d'actif réalisées pendant cette période relèvent alors du régime des plus-values professionnelles (CE 8-7-1992 n° 84973 : RJF 11/92 n° 1463).

DÉCÈS DE L'EXPLOITANT

11410 CGI art. 201, 4 BIC-XIX-1285 s

Le décès de l'exploitant d'une entreprise est un cas d'imposition immédiate, même lorsque l'exploitation est continuée par les héritiers du défunt.

Il faut souligner que cette taxation immédiate consécutive au décès porte non seulement sur les bénéfices industriels et commerciaux, mais aussi sur l'ensemble des autres revenus du contribuable et, le cas échéant, de son conjoint ou partenaire d'un Pacs (voir nos 4765 s.).

DISSOLUTION DE SOCIÉTÉ

11415 CGI art. 221, 2 BIC-XIX-1810 s et 7600 s

Que la société relève du régime des sociétés de personnes ou de l'impôt sur les sociétés, sa dissolution est assimilée à une cessation d'entreprise et entraîne l'imposition immédiate des bénéfices et des plus-values non encore taxés.

En pratique, la personnalité morale de la société subsiste toutefois jusqu'à la clôture des opérations de **liquidation** et c'est seulement à cette date qu'intervient effectivement la cessation. La date de cessation coïncide plus précisément avec la date d'**approbation des comptes** définitifs de liquidation, qui marque le point de départ des délais impartis pour effectuer les déclarations prévues en cas de cessation (voir nos 11490 s.) (CE plén. 11-2-1987 n° 47157 : RJF 3/87 n° 273-a). Une société en liquidation judiciaire n'est tenue ni de clôturer par anticipation l'exercice en cours à la date à laquelle le jugement de liquidation judiciaire est prononcé ni d'établir à cette date les déclarations fiscales relatives à cet exercice (CE 10-4-2015 n° 371765 : RJF 7/15 n° 570).

Au plan fiscal, le liquidateur est tenu, en application de l'article 37 du CGI, d'établir les déclarations annuelles de résultat dans les délais habituels (n° 7330). Les impositions établies au vu de ces déclarations viennent ensuite en déduction de l'imposition définitive (BOI-IS-DECLA-10-10-10 n° 110).

> **Précisions** **a.** La dissolution d'une société passible de l'impôt sur les sociétés entraîne également l'imposition du **boni de liquidation** entre les mains des associés (voir nos 24510 s.).
> **b.** **Droits d'enregistrement** applicables aux dissolutions et partages de sociétés : voir nos 67060 s.
> **c.** Sauf s'il provoque la dissolution de la société, le **décès** ou le **départ d'un associé** n'entraîne pas l'imposition immédiate des bénéfices sociaux.
> Décès d'un associé d'une **société de personnes** en cours d'exercice : voir nos 37660 s.
> Cas particulier du décès d'un associé de **société de fait** : voir n° 37845, précision c.

TRANSFERTS VERS UN ÉTAT DE L'UE OU CERTAINS ÉTATS DE L'EEE

11420 CGI art. 221, 2 BIC-XIX-2600 s

Transfert de siège social ou d'établissement Le transfert du siège social ou d'un établissement d'une société passible de l'impôt sur les sociétés vers un État membre de l'Union européenne ou vers un État partie à l'Espace économique européen ayant conclu avec la France une convention d'assistance mutuelle en matière de recouvrement (Norvège ou Islande) accompagné du **transfert d'éléments d'actif** entraîne l'imposition des plus-values latentes et des plus-values en report ou sursis d'imposition constatées sur les éléments d'actif immobilisé transférés. L'impôt est acquitté, au choix de l'entreprise, dans les deux mois du transfert des actifs soit pour son montant total, soit pour un cinquième de son montant. Le solde doit alors être versé par fractions égales au cours des quatre années suivantes, au plus tard à la date anniversaire du premier paiement.

Lorsque le **transfert** porte sur l'**intégralité des actifs** de l'établissement et entraîne la fin de l'assujettissement à l'impôt sur les sociétés, il entraîne également l'imposition immédiate des bénéfices d'exploitation non encore taxés et des provisions devenues sans objet dès lors que l'activité ne sera plus exploitée en France. La société doit déclarer ces éléments et payer l'impôt correspondant dans les trois mois qui suivent le transfert (CE 9-6-2020 n° 418913 : RJF 8-9/20 n° 679). Les déficits qui ne peuvent pas être imputés sur les résultats du dernier exercice arrêté à l'occasion du transfert tombent en non-valeur mais le déficit subi au titre de la dernière période d'activité peut faire l'objet d'une demande de report en arrière (BOI-IS-CESS-30 n° 210).

Lorsque le **transfert des actifs** n'est que **partiel,** il n'emporte aucune autre conséquence que l'imposition des plus-values latentes, avec paiement étalé de l'impôt si le contribuable exerce l'option en ce sens. Toutefois, l'administration estime qu'un tel transfert entraîne les conséquences fiscales de la cessation d'entreprise s'il est constitutif d'un changement d'activité au sens de l'article 221, 5 du CGI. Dans ce cas, le report en arrière du déficit n'est pas possible (BOI précité n° 230).

Que le transfert des actifs soit total ou partiel, l'opération n'entraîne pas les conséquences de la cessation d'entreprise à l'égard des **associés,** qui ne sont dès lors pas imposables sur le boni de liquidation (BOI précité n°s 220 et 240).

Lorsque **aucun élément d'actif** n'est transféré, l'opération n'entraîne aucune imposition à raison des actifs qui demeurent au bilan d'un établissement français de la société.

En cas de transfert du siège ou d'un établissement d'une **société de personnes** n'ayant pas opté pour son assujettissement à l'IS ou d'une **entreprise individuelle,** les plus-values latentes sont imposées immédiatement.

> Précisions a. En cas de **transfert de titres de participation** relevant du régime du long terme, l'administration considère que l'option pour le paiement fractionné des plus-values ne concerne pas l'IS dû à raison de la quote-part de frais et charges (BOI précité n° 100).

b. Le bénéfice de l'**imposition étalée** des plus-values est subordonné à une demande expresse du contribuable et requiert le dépôt annuel, auprès du service des impôts des non-résidents, d'un état conforme au modèle fourni par l'administration, faisant apparaître les renseignements nécessaires au **suivi des plus-values latentes.** Le **défaut de production** de cet état ou la production d'un état inexact ou incomplet entraîne l'application d'une amende égale à 5 % des résultats omis (CGI art. 1763, I-h), qui n'est toutefois pas appliquée en cas de régularisation sous certaines conditions (n° 9055, a).

c. La société encourt la **déchéance de l'option** pour le paiement fractionné si, dans le délai de cinq ans à compter du premier transfert vers un État de l'UE ou certains États de l'EEE, elle cède ou transfère hors de ces États un ou plusieurs éléments de l'actif immobilisé ayant fait l'objet du transfert. Il en est de même si elle est dissoute ou ne respecte pas l'une des échéances de paiement.

d. L'article 221, 3 du CGI prévoit que le **changement de nationalité** d'une société par actions n'emporte pas les conséquences de la cessation d'entreprise lorsqu'il est réalisé dans les conditions prévues à l'article L 225-97 du Code de commerce. Il ne peut s'appliquer qu'en cas de signature avec le pays d'accueil d'une convention permettant le transfert de siège social sans perte de la personnalité juridique. La France n'ayant, à notre connaissance, signé aucune convention de ce type (Mémento Sociétés commerciales n° 48520), cette disposition est actuellement dépourvue de portée pratique.

Transfert d'éléments d'actif isolés En cas de transfert d'éléments d'actif isolés vers un État visé n° 11420, sans transfert de siège ou d'établissement (qu'il soit réalisé par un siège ou un établissement situé en France : BOI-IS-CESS-30 n° 40), l'imposition des plus-values afférentes aux actifs transférés (plus-values latentes, plus-values en report ou en sursis d'imposition) peut être étalée sur cinq exercices selon les modalités exposées n° 11420. **11425** BIC-XIX-2760 s

TRANSFERTS VERS UN ÉTAT TIERS À L'UE OU À L'EEE

Lorsqu'il est réalisé vers un État autre que ceux mentionnés n° 11420, le transfert du **siège social ou d'un établissement** d'une société passible de l'IS emporte les conséquences d'une cessation d'entreprise. **11435** BIC-XIX-2786 s

Le transfert d'**éléments d'actif isolés** vers l'un de ces États entraîne l'imposition immédiate des plus-values latentes et des plus-values en report ou en sursis d'imposition afférentes à ces actifs.

AUTRES CAS DE CESSATION PROPRES AUX SOCIÉTÉS

Outre la dissolution, emportent cessation d'entreprise, avec des conséquences parfois atténuées, les événements suivants : **fusion** et opération assimilée (n°s 39000 s.) ; **changement d'objet ou d'activité** réelle de la société (n°s 38715 s.) ; changement de **régime fiscal** (n°s 38755 s.) ; certaines opérations de **transformation** (n°s 38650 s.). **11445** BIC-XIX-1780 s

b. Base de l'imposition immédiate

RÉSULTATS IMPOSABLES

Lorsque l'entreprise relève du régime du bénéfice réel normal ou simplifié, l'imposition immédiate porte (sous réserve des règles particulières propres à certains cas de cessation) sur les éléments suivants : **11460** BIC-XIX-7100 s

– **bénéfices d'exploitation** réalisés depuis la fin du dernier exercice taxé, déterminés dans les conditions de droit commun ;

– bénéfices **en sursis d'imposition** et, en particulier, provisions précédemment constituées qui deviennent sans objet du fait de la cession ou cessation ;

– **plus-values** (ou moins-values) d'actif immobilisé, réalisées ou constatées à l'occasion de la cession ou cessation ; ces plus ou moins-values sont soumises au régime des plus ou moins-values professionnelles exposé nos 17500 s.

En cas de **cession ou cessation partielle** d'entreprise, le service des impôts peut, par tolérance et sauf demande contraire du contribuable, s'abstenir d'établir immédiatement l'imposition des bénéfices et des plus-values afférents à la branche ou à l'établissement cédé ; ces bénéfices sont alors taxés, à l'expiration de l'exercice en cours, en même temps que les résultats de la branche d'activité conservée (BOI-BIC-CESS-30-20 no 200).

> **Précisions a.** Hormis le cas d'apport de l'entreprise en société dans le cadre du régime de faveur de l'article 151 octies du CGI, un exploitant ne peut constituer aucune **provision** nouvelle au bilan de clôture et doit réintégrer les provisions précédemment constituées, même si le risque auquel ces provisions sont destinées à faire face n'a pas disparu (CE 3-6-2013 no 338976 : RJF 8-9/13 no 809).
> **b.** Le fait pour un exploitant individuel de conserver, postérieurement à la cessation de son activité, tout ou partie de ses **éléments d'actif** est constitutif d'un **retrait** dans le **patrimoine privé,** générateur de plus-values.
> **c.** Des dispositions spéciales sont prévues pour les **plus-values** constatées en cas de départ à la **retraite** (nos 19890 s.), de **décès** (nos 18040 et 19810 s.), de **donation** de l'entreprise (nos 19810 s.) et d'**apport** de l'entreprise **en société** (nos 19710 s.). **Autres particularités** à signaler : application du système du quotient aux plus-values à court terme des exploitants individuels (no 18075, précision b) ; possibilité d'imputation des moins-values nettes à long terme (no 18120) ; exonération des plus-values en fonction des recettes (nos 18200 s.) ; exonération des plus-values de cession de fonds de commerce de faible valeur (nos 19650 s.).

DÉFICITS ET REPORTS DÉFICITAIRES

11465 Si l'exercice de cession ou cessation est déficitaire, le déficit est imputable sur le revenu global de l'exploitant, dans les conditions habituelles, lorsque l'entreprise relève de l'**impôt sur le revenu** (nos 800 s.).

À l'inverse, en matière d'**impôt sur les sociétés,** la cession ou cessation entraîne la perte du droit au report des déficits, sauf cas particuliers de dérogation (no 35915).

OPÉRATIONS POSTÉRIEURES À LA CESSATION

11470 BIC-XIX-13000 s Les **gains** réalisés après la cessation d'activité doivent, lorsqu'ils se rattachent à la profession commerciale exercée antérieurement, être soumis à l'impôt sur le revenu dans la catégorie des bénéfices industriels et commerciaux. Exemple : vente de stocks conservés par l'exploitant (BOI-BIC-CESS-30-20 nos 20 et 40).

Lorsqu'elles deviennent certaines après cessation de l'exploitation, les **charges** se rapportant à celle-ci donnent naissance à un déficit imputable sur le revenu global de l'ancien exploitant (CE 19-10-1977 no 98928 : RJF 11/77 no 579). Cela suppose toutefois qu'elles n'aient pas déjà été déduites, sous forme de provisions, des résultats de l'exercice de cessation.

Le paiement des **dettes professionnelles** qui subsistent après cessation d'activité ne peut en revanche donner lieu à aucune déduction (CE 7-6-1978 no 8111 : RJF 9/78 no 333 ; CE 5-10-2005 no 267088 : RJF 12/05 no 1362).

c. Obligations déclaratives

11490 CGI art. 201, 1, 3 et 4 BIC-XIX-12000 s Lors de la cession ou de la cessation de l'entreprise, le contribuable est soumis à une double obligation :

– il doit aviser l'administration de la cession ou de la **cessation** et de sa date d'effet, en indiquant, s'il y a lieu, les nom, prénoms et adresse du cessionnaire (une obligation parallèle existe au regard des taxes sur le chiffre d'affaires : no 53390, 3). Cette **déclaration** est adressée à l'organisme compétent (no 88200) ;

– il doit adresser au service des impôts dont il relève la déclaration nécessaire à l'établissement de l'imposition immédiate : **déclaration** du **bénéfice** réel, accompagnée d'un résumé du compte de résultat, si l'entreprise est placée sous le régime réel normal ou simplifié (bien entendu, la déclaration doit faire état de l'ensemble du bénéfice imposable, y compris les plus-values, provisions et autres éléments visés no 11460).

En cas de **décès,** ces déclarations sont souscrites par les ayants droit de l'exploitant.

11495 Le **délai de déclaration de cessation d'activité** est fixé à 45 jours. Le délai imparti aux redevables de la TVA pour la déclaration de cessation est toutefois de 30 jours (no 53390, 3).

Le délai de production de la **déclaration de résultat** du dernier exercice d'activité est fixé à 60 jours. Il est porté à six mois en cas de décès.

Le **point de départ** de ces délais est fixé :
– lorsqu'il s'agit de la cession d'un fonds de commerce, au jour où la cession a été publiée dans un journal d'annonces légales. Cette publication doit elle-même être effectuée dans les 15 jours de la cession. La date d'entrée en jouissance de l'acquéreur peut toutefois être retenue comme point de départ si elle est postérieure à celle de la publication (BOI-BIC-CESS-40 n° 90) ;
– lorsqu'il s'agit de la cession d'autres entreprises, au jour où l'acquéreur a pris effectivement la direction des exploitations ;
– lorsqu'il s'agit d'une cessation d'entreprise, au jour de la fermeture définitive des établissements.

Pour le cas de **dissolution** de société : voir n° 11415.

› Précisions a. Selon l'administration, ces délais sont **non francs.** Dans l'hypothèse de la **cession d'un fonds de commerce,** la déclaration de résultat doit donc parvenir au service des impôts avant l'expiration du 60e jour suivant celui de la publication (en ce sens, BOI-BIC-CESS-40 n° 20 et 60). Par exemple, si la publication a eu lieu le 3 mars, la déclaration doit parvenir le 2 mai au plus tard.

b. En l'**absence de déclaration** dans le délai légal, les bases d'imposition peuvent être arrêtées d'office (nos 78920 s.). Il en est de même lorsque le contribuable (ou ses ayants droit, en cas de décès), invité à fournir à l'appui de sa déclaration les justifications nécessaires, s'abstient de les donner dans les 30 jours de la réception de l'avis correspondant.

d. Établissement et paiement de l'imposition immédiate

1. L'imposition établie au titre de l'**impôt sur le revenu** (entreprise individuelle ou société de personnes) est perçue par voie de rôle. Elle est exigible en principe dès la mise en recouvrement de ce rôle. Mais la majoration de 10 % pour paiement tardif n'est applicable qu'à une date postérieure (n° 80150). L'imposition spéciale ainsi établie présente un caractère provisoire. Elle viendra en déduction du résultat total de l'impôt sur le revenu qui sera établi ultérieurement sur l'ensemble des revenus ou bénéfices réalisés par l'intéressé au cours de l'année de la cession ou de la cessation. **11505** BIC-XIX-12700 s

Pour l'application du prélèvement à la source, le taux appliqué à l'imposition immédiate est le dernier taux retenu pour le calcul de l'acompte mentionné à l'article 204 A du CGI.

Étalement du paiement de l'impôt sur la plus-value à long terme en cas d'octroi d'un crédit-vendeur : voir n° 18110.

2. S'agissant d'une société relevant de l'**impôt sur les sociétés,** la liquidation de l'impôt est faite spontanément. Le solde restant dû (après déduction des acomptes déjà versés) est réglé, auprès du comptable public, au plus tard le 15 du quatrième mois qui suit la clôture de l'exercice ou, pour les sociétés clôturant leur exercice au 31 décembre, au plus tard le 15 mai (CGI art. 1668, 2).

3. Responsabilité solidaire du cessionnaire : voir n° 77280, a.

e. Contribuables relevant du régime micro-BIC

En cas de cession ou de cessation d'activité en cours d'année, les contribuables relevant du régime micro doivent **déclarer la cessation** dans les 45 jours et adresser à l'administration, dans un délai de 60 jours, une **déclaration n° 2042 C Pro** afin de déclarer le montant du chiffre d'affaires (y compris celui provenant de la cession globale des stocks) et, le cas échéant, des plus ou moins-values réalisées depuis le 1er janvier. Ce délai est porté à six mois en cas de décès de l'exploitant. **11520** CGI art. 201, 3 bis RIE-II-1410 s

Ces événements entraînent l'**imposition immédiate** des bénéfices non encore taxés, conformément aux règles exposées n° 11460. Cette imposition fait l'objet d'une régularisation à la suite du dépôt de la déclaration n° 2042 C Pro de l'année en cours dans le délai habituel.

CHAPITRE 3

BÉNÉFICES NON COMMERCIAUX

SOMMAIRE

A. Définition	13150
B. Détermination du résultat	13245
C. Modalités d'imposition	13450
1. Régime de la déclaration contrôlée	13460
2. Régime micro-BNC	13520
3. Cessation d'activité ou décès	13640
D. Régimes spéciaux	13715
E. Sociétés spécifiques aux professions libérales	13855

13000 Les bénéfices des professions non commerciales et revenus assimilés désignés par l'expression « bénéfices non commerciaux » (BNC) constituent l'une des catégories de revenus passibles de l'impôt sur le revenu. Après avoir été déterminés suivant les règles qui leur sont propres, les bénéfices non commerciaux sont totalisés avec les autres revenus du contribuable pour former le revenu global qui sera soumis à l'impôt sur le revenu.

A. Définition

13150 CGI art. 92 BNC-I-1 s Les bénéfices non commerciaux (BNC) peuvent être rangés en **trois groupes** :
- les bénéfices des professions libérales proprement dites ;
- les produits des charges et offices ;
- les profits ne relevant d'aucune autre catégorie.

Il peut s'agir, le cas échéant, de **bénéfices réalisés hors de France.**

PROFESSIONS LIBÉRALES

13160 BNC-I-1600 s Les professions libérales sont définies comme celles qui groupent les personnes exerçant à titre habituel, de manière indépendante et sous leur responsabilité, une activité de nature généralement civile ayant pour objet d'assurer, dans l'intérêt du client ou du public, des **prestations** principalement **intellectuelles, techniques ou de soins** mises en œuvre au moyen de qualifications professionnelles appropriées et dans le respect de principes éthiques ou d'une déontologie professionnelle, sans préjudice des dispositions législatives applicables aux autres formes de travail indépendant (Loi 2012-387 du 22-3-2012 art. 29).

EXEMPLES

Exercent une activité libérale les médecins, chirurgiens, dentistes, sages-femmes, masseurs-kinésithérapeutes, vétérinaires, avocats, experts-comptables, commissaires aux comptes, architectes, ingénieurs-conseils, concepteurs de logiciels, géomètres experts, artistes peintres, sculpteurs...

13165 BNC-I-330 s **Distinction des BNC avec les salaires et les BIC** L'administration et la jurisprudence ont précisé les **critères** à retenir pour distinguer les BNC des revenus à rattacher aux catégories des traitements et salaires ou des BIC. En cas de doute, les contribuables ont la faculté d'**interroger l'administration** sur la qualification de leur activité professionnelle (voir n° 79565).

ILLUSTRATIONS

Frontière BNC-salaires. Les rémunérations des professionnels libéraux sont imposables dans la catégorie des traitements et salaires lorsque les intéressés sont placés en **situation de subordination** vis-à-vis d'un employeur (privé ou public). Ceux qui apportent leur collaboration à des confrères, en dehors de tout lien de dépendance, restent taxables dans la catégorie des BNC (tel est le cas, par exemple, des revenus perçus par un chirurgien-dentiste remplaçant : CE 17-3-2014 n° 354701 : RJF 6/14 n° 564).
Constituent notamment des salaires les rémunérations perçues par :
– les **médecins** attachés à des collectivités, des établissements publics ou privés (hôpitaux, cliniques, dispensaires...) ou des entreprises, dès lors qu'ils sont placés dans un état de

subordination caractéristique du contrat de travail, et les membres des commissions médicales du **permis de conduire** (CE 24-4-1981 n° 25248 : RJF 6/81 n° 580 ; BOI-RSA-CHAMP-10-10-30 n° 120) ou des équipes techniques des **commissions des droits et de l'autonomie des personnes handicapées** (BOI précité n° 130) ;
– les **avocats** salariés et les avocats collaborateurs qui agissent conformément aux directives de leurs confrères et sous le contrôle de ces derniers sans prendre ni initiative ni responsabilité personnelle (BOI-BNC-CHAMP-10-10-10 n° 70). Mais un avocat ne peut être qualifié de salarié au seul motif qu'il ne peut développer sa propre clientèle (CE 16-10-2013 n° 339822 : RJF 1/14 n° 24). Sur l'imposition des membres d'associations d'avocats, voir n° 37815.
Peuvent par ailleurs être imposés selon les règles des traitements et salaires, sous certaines conditions et sans perdre pour autant leur caractère de BNC : les commissions perçues par les **agents d'assurances** (nos 13715 s.) ; les droits d'auteur des **écrivains, compositeurs, artistes et autres auteurs d'œuvres de l'esprit** (nos 13735 s.) ; les sommes perçues par les **fonctionnaires chercheurs** qui apportent leur concours à une entreprise (n° 13820).
Frontière BNC-BIC. L'activité exercée revêt un caractère commercial sur le plan fiscal lorsque l'**importance** de la **main-d'œuvre** employée, des **moyens matériels** utilisés et des **capitaux** investis est telle que l'activité procède plus d'une spéculation sur ces différents éléments que de l'exercice d'un art ou d'une science. Ont par exemple été qualifiés de BIC pour cette raison les bénéfices réalisés par des établissements d'enseignement, des laboratoires d'analyses médicales, y compris lorsque l'exploitant participe directement à l'activité non commerciale (notamment CE 10-10-1979 n° 9441 : RJF 11/79 n° 628 ; BOI-BIC-CHAMP-60-50 n° 300 ; CE 9-2-1983 n° 10943 : RJF 4/83 n° 495 ; BOI-BIC-CHAMP-60-30 n° 130) ou des sociétés de conception et de développement de logiciels (CE 26-5-2004 n° 243121 : RJF 8-9/04 n° 862). En revanche, la qualification d'activité non commerciale peut être retenue lorsque le dirigeant exerce une **influence prépondérante** dans l'exercice de l'activité, en particulier par la mise en œuvre de ses propres compétences techniques et pédagogiques (CE 2-10-2002 n° 224917 : RJF 12/02 n° 1362).
Par ailleurs, la jurisprudence semble plus réticente à appliquer les critères précités aux **professions réglementées** (médecins, avocats, experts-comptables...) qui exercent leur activité en conformité avec la réglementation de l'ordre. Il a ainsi été jugé qu'un médecin spécialiste qui emploie plusieurs salariés (kinésithérapeutes et aides-soignantes) pour l'assister dans l'exercice de sa profession reste imposable dans la catégorie des BNC (CE 27-1-1988 nos 68652 et 68653 : RJF 3/88 n° 269).
Ces critères sont également écartés lorsque le législateur a reconnu un caractère non commercial à une activité. Tel est le cas de l'activité exercée par une **association de gestion et de comptabilité** conformément aux règles prévues par l'ordonnance 45-2138 du 19 septembre 1945, même si l'association a eu recours à du personnel salarié pour assurer ses missions d'expertise comptable (CE 2-12-2019 n° 423626 : RJF 2/20 n° 143).
Les **intermédiaires en opérations de banque** et en services de paiement relèvent des BNC s'ils exercent une activité de mandataire au nom et pour le compte d'un ou de plusieurs établissements de crédit ou des BIC s'ils exercent une activité de courtier (BOI-BNC-CHAMP-10-30-50 n° 430).

Exercice d'activités relevant de catégories d'imposition différentes 13170

BNC-I-560 s

a. Lorsqu'un contribuable perçoit à la fois des bénéfices non commerciaux et des **salaires,** chaque type de revenus est imposé distinctement dans la catégorie qui lui est propre.
b. Lorsqu'un professionnel libéral réalise des **opérations commerciales** ou **agricoles** à titre **accessoire,** entrant normalement dans la catégorie des BIC ou des BA, il est tenu compte de ces résultats pour la détermination de ses bénéfices non commerciaux, si ces opérations sont une **simple extension** de son activité libérale prépondérante (exemples : ventes de prothèses effectuées par des chirurgiens-dentistes en dehors de leur clientèle, ventes de médicaments par les vétérinaires annexes à une prestation médicale, opérations de courtage des agents généraux d'assurances). CGI art. 155, I-2

Lorsque les deux activités sont réputées **distinctes,** chacune d'elles doit être imposée dans la catégorie qui lui est propre.

Ce régime est similaire à celui qui existe pour la taxation des revenus accessoires perçus par les titulaires de BIC (voir n° 7925).

Mode d'exercice de la profession Les membres des professions libérales peuvent exercer leur activité **à titre individuel** ou dans le cadre de **sociétés de personnes** soumises à l'impôt sur le revenu, telles les sociétés civiles professionnelles (SCP), ou à l'impôt sur les sociétés, comme les sociétés d'exercice libéral (SEL). Ils peuvent également se regrouper au sein de **sociétés** qui ne confèrent **pas la qualité de commerçants aux associés** (sociétés civiles, sociétés anonymes, sociétés à responsabilité limitée et sociétés par actions simplifiées) ainsi qu'au sein de **structures spécifiques** permettant la mise en commun du matériel, du personnel et des locaux professionnels, dans lesquelles chacun des participants exerce son activité en toute indépendance : cabinets de groupe, contrats de collaboration, conventions d'exercice conjoint, contrats d'exercice à frais communs. 13180

BNC-I-800 s
BNC-IV-21100 s

Certaines professions ont en outre la possibilité d'exercer en commun, au sein d'une **société pluriprofessionnelle d'exercice** (SPE) qui peut revêtir toute forme sociale, à l'exception de celles conférant à leurs associés la qualité de commerçants. Elle suit, au plan fiscal, les règles applicables à la forme sociale choisie. Elle doit comprendre parmi ses associés au moins un membre de chacune des professions qu'elle exerce, mais cette personne physique n'est pas tenue d'exercer au sein de la société.

> Précisions **a.** Les membres des **cabinets de groupe** qui ont pour unique objet la mise en commun de moyens d'exploitation sont réputés exercer leur activité à titre individuel.

b. Le **contrat de collaboration** est l'acte par lequel un praticien confirmé met à la disposition d'un confrère les locaux et le matériel – ainsi que, généralement, la clientèle – nécessaires à l'exercice de la profession, moyennant une redevance en pourcentage sur les honoraires encaissés par le collaborateur. Le praticien titulaire rattache à ses BNC les redevances de location qu'il perçoit (normalement taxables au titre des BIC), à condition de ne pas en retirer l'essentiel de ses recettes. Pour le collaborateur, imposable au titre des BNC dès lors qu'il exerce sa profession en toute indépendance, les redevances versées constituent des loyers déductibles (BOI-BNC-SECT-70-30 n°s 10 et 20).

c. Le **collaborateur libéral** qui exerce son activité en qualité de professionnel indépendant, dans le cadre d'une profession à statut législatif ou réglementaire ou dont le titre est protégé, est regardé comme un exploitant individuel (Loi 2005-882 du 2-8-2005 art. 18).

d. La **convention d'exercice conjoint,** qui prévoit la mise en commun des honoraires perçus individuellement par chaque partie, est constitutive d'une société de fait. Les praticiens sont donc personnellement imposables au titre des BNC sur leur quote-part du résultat global, mais ce résultat est déterminé au niveau de la société (voir n° 37845).

e. Le **contrat d'exercice à frais communs** permet de mettre en commun certaines dépenses professionnelles, sans qu'il y ait de partage d'honoraires. Chaque praticien cocontractant reste soumis personnellement à l'imposition sur son bénéfice.

CHARGES ET OFFICES

13195 BNC-I-2700 s

Les bénéfices des charges et offices sont rangés dans la catégorie des BNC, sauf lorsque leur titulaire a la qualité de commerçant (cas des courtiers interprètes et conducteurs de navires qui sont taxables au titre des BIC).

Relèvent donc des BNC les officiers publics et ministériels suivants : **avocats au Conseil d'État** et à la Cour de cassation ; **notaires** (à l'exception, semble-t-il, des notaires salariés) ; **commissaires de justice** ; **commissaires-priseurs** ; **greffiers** des tribunaux de commerce titulaires de leur charge (les traitements, indemnités et émoluments versés à ces derniers par l'État sont toutefois rangés dans la catégorie des salaires par l'article 92, 3 du CGI).

> Précisions **a.** Les rémunérations versées aux **greffiers** des tribunaux de commerce par les Urssaf ou les Assédic ont le caractère de BNC (Rép. Laguilhon : AN 15-8-1994 n° 11181, non reprise dans Bofip).

b. Les revenus que les officiers publics et ministériels retirent d'**opérations commerciales** réalisées indépendamment de leur activité professionnelle (gestion d'affaires, par exemple) sont imposables dans la catégorie des BIC (BOI-BNC-CHAMP-10-10-10 n° 200).

c. Les titulaires de charges et offices sont obligatoirement placés sous le régime de la **déclaration contrôlée** et soumis à des **obligations** particulières (n° 13500, Précisions).

d. L'exploitation de la charge peut être effectuée dans un **cadre sociétaire.**

AUTRES REVENUS NON COMMERCIAUX

13205 BNC-I-3700 s

Sont assimilés à des BNC les profits provenant de « toutes occupations, exploitations lucratives et sources de profits **ne se rattachant pas à une autre catégorie** de bénéfices ou de revenus ».

Cette règle conduit à taxer dans la catégorie des BNC, notamment :

– les revenus de professions ou **activités** très **diverses** (agents commerciaux, gérants libres de succursales, guérisseurs, cartomanciennes, prostituées...) ;

– des **profits occasionnels** ou accidentels susceptibles par nature de renouvellement ;

– les revenus provenant de la **sous-location** d'immeubles nus.

Ces revenus sont imposables alors même qu'ils présentent un **caractère illicite** (notamment CE 27-4-2011 n° 317943 : RJF 7/11 n° 803 à propos de détournement de fonds ; CE 5-11-1980 n° 13222 : RJF 1/81 n° 30 ; BOI-BNC-CHAMP-10-10-20-40 n° 590 à propos du proxénétisme simple).

ILLUSTRATIONS

Constituent notamment des **profits occasionnels** imposables dans la catégorie des BNC :

– les commissions et rémunérations perçues par des particuliers pour des **actes isolés d'entremise** dans la conclusion de marchés (notamment CE 9-11-1987 n°s 46887 et 47894 : RJF 1/88 n° 49), à moins qu'il ne s'agisse de certaines opérations occasionnelles d'intermédiaire immobilier relevant des BIC (n° 30300) ;

– les gains résultant du **recouvrement de créances** antérieurement rachetées à un prix inférieur à leur montant nominal, lorsqu'ils sont réalisés grâce à l'activité déployée personnellement par le contribuable pour redresser la situation de l'entreprise débitrice et non uniquement dans le cadre de l'exercice de ses fonctions de dirigeant (CE 10-6-2010 n° 309120 : RJF 10/10 n° 900 ; CE 21-10-2013 n° 356317 : RJF 1/14 n° 32). Ceux obtenus de manière passive ne sont en revanche pas imposables (notamment CE 15-10-1990 n°s 69314 et 95799 : RJF 12/90 n° 1483).

Les sommes encaissées par des particuliers ne sont en principe pas imposables au titre des BNC si elles ne rémunèrent pas à proprement parler une activité ou un service rendu. Ainsi, échappent par exemple à l'impôt sur le revenu les **subsides perçus d'un tiers** à titre de pure libéralité, comme les sommes versées par un concubin à sa compagne (notamment CE 18-11-1988 n° 75596 : RJF 1/89 n° 34) ou, dans le cadre d'une promesse synallagmatique de vente, l'**indemnité de rétractation** (CE 7-5-2014 n°s 362741 et 359781 : RJF 8-9/14 n° 792). En revanche, l'**indemnité d'immobilisation** perçue en contrepartie d'une promesse unilatérale de vente est imposable dès lors qu'elle rémunère un service rendu par le propriétaire du bien consistant à réserver au bénéficiaire de la promesse la possibilité d'acheter et à s'interdire de vendre à un tiers (notamment CE 26-7-1991 n° 81253 : RJF 10/91 n° 1180 ; CE 19-2-2014 n° 354380 : RJF 5/14 n° 452 ; CE 25-11-2015 n° 380817 : RJF 2/16 n° 135). La circonstance qu'elle fasse l'objet d'un paiement unique ne fait pas obstacle à cette imposition (CE 1-10-2015 n° 368565 : RJF 12/15 n° 1009).

Sauf cas exceptionnel de fraude, les gains réalisés à l'occasion de la participation (même habituelle) à des **jeux de hasard** ou des **paris sur les courses** ne sont pas taxés (BOI-BNC-CHAMP-10-10-20-40 n° 400). Sont en revanche imposables dans la catégorie des BNC les gains retirés de la pratique habituelle du **poker** (CE 21-6-2018 n° 412124 : RJF 10/18 n° 953 ; BOI-BNC-CHAMP-10-30-40 n° 20).

Revenus et profits qualifiés de BNC par la loi La loi range expressément certains profits dans la catégorie des BNC, tout en prévoyant des modalités spécifiques d'imposition pour certains d'entre eux. **13210** CGI art. 92, 2

EXEMPLES

Droits d'auteur perçus par les écrivains et compositeurs ou par leurs héritiers ou légataires, voir n°s 13735 s. ; produits de la **propriété industrielle** et assimilés (brevets, procédés, marques, logiciels...) perçus par les inventeurs, voir n°s 13790 s. ; **opérations de bourse** effectuées dans des conditions caractérisant l'exercice d'une activité professionnelle, voir n° 32810, 2 ; profits habituels réalisés sur les « **instruments financiers à terme** », voir n°s 33400 s. ; sommes et indemnités perçues par les **juges et arbitres sportifs,** voir n° 13765 ; sommes perçues par les avocats en qualité de **fiduciaire** d'une opération de fiducie, voir n°s 90780 s. ; remises sur la vente de **tabac,** étant précisé que les gérants agréés qui exercent une activité commerciale dont le débit de tabac n'est que l'accessoire au sens de l'article 155, I-1 du CGI (n° 7925) relèvent toutefois des BIC pour l'ensemble de leurs profits (BIC-II-1010 s.) ; produits des opérations d'achat, de vente et d'échange d'**actifs numériques** effectuées dans des conditions analogues à celles des professionnels, voir n° 33600.

TERRITORIALITÉ

Conformément aux règles générales relatives à la territorialité de l'impôt sur le revenu, lorsque l'intéressé a son **domicile fiscal en France,** il est imposable en France sur l'ensemble de ses BNC, qu'ils soient de source française ou étrangère, sous réserve des dérogations pouvant résulter des conventions internationales. Les BNC réalisés à l'étranger et imposables en France doivent toujours être déterminés selon le régime de la déclaration contrôlée (CGI art. 158, 1) et donnent lieu à la souscription de la déclaration spéciale correspondante. **13220** BNC-I-1300 s

En cas de domiciliation **hors de France,** les règles de territorialité de l'impôt sur le revenu conduisent en principe à imposer en France les contribuables qui y exercent une activité professionnelle non commerciale ou y réalisent des opérations non commerciales.

> Précisions a. Les **conventions fiscales** réservent en général au pays d'accueil l'imposition des revenus provenant d'une base fixe ou d'une installation permanente (n° 82920). Lorsque les membres de professions libérales domiciliés et exerçant en France disposent aussi d'une **base fixe à l'étranger,** leurs bénéfices français et étrangers doivent donc être calculés et imposés séparément dans chaque pays d'implantation. Pendant la période d'installation à l'étranger (quatre premiers exercices), l'administration admet que les charges des deux entités soient ventilées au prorata de leurs chiffres d'affaires respectifs (BOI-BNC-BASE-40 n° 50).

b. Certains revenus non commerciaux versés à des **contribuables domiciliés hors de France** et n'ayant pas d'installation professionnelle permanente en France donnent lieu à une retenue à la source : voir n°s 4560 s. et 4640 s. (retenue à la source spécifique aux artistes).

B. Détermination du résultat

PÉRIODE D'IMPOSITION

13245 BNC-II-200 s Le bénéfice non commercial imposable est celui qui est réalisé au cours de l'**année civile,** même si le contribuable tient une comptabilité de périodicité différente.

DÉFINITION DU BÉNÉFICE IMPOSABLE

13250 CGI art. 93, 1 BNC-II-500 s **Régime de droit commun** Les **recettes** professionnelles à prendre en compte s'entendent des sommes effectivement **encaissées,** ou mises à la disposition du contribuable, au cours de l'année d'imposition :

– quel que soit le mode de règlement (espèces, chèques, inscription au crédit d'un compte) ;
– quelle que soit la date à laquelle les prestations ont été ou seront effectuées ;
– et à l'exclusion des créances acquises mais non encore recouvrées.

Les **dépenses** professionnelles déductibles sont celles qui ont été effectivement **payées** au cours de l'année d'imposition.

ILLUSTRATIONS

Une recette ou une dépense réglée par un **chèque** remis directement au bénéficiaire doit être prise en compte à la date de cette remise (BOI-BNC-BASE-20-10-10 n° 20 ; BOI-BNC-BASE-40-10 n° 560). Pour les dépenses payées par une **carte de crédit** à débit différé, il convient de retenir la date de validation du paiement (CAA Lyon 29-12-2005 n° 02-778 : RJF 6/06 n° 704).

En cas de **virement bancaire** ou postal, c'est la date de l'inscription au compte qui doit être retenue, et non celle de la réception de l'avis de virement (BOI précités). La règle est la même pour les recettes portées au crédit d'un **compte courant,** sauf à établir que des faits entièrement indépendants de la volonté du contribuable font obstacle à leur retrait (notamment CE 4-2-1987 n° 61875 : RJF 4/87 n° 371).

Les **recettes encaissées par un tiers** mandaté à cet effet, tels des honoraires de chirurgien perçus par une clinique, sont réputées mises à la disposition du contribuable dès leur versement à ce tiers, sauf preuve contraire (par exemple, difficultés financières du mandataire empêchant leur reversement : CE 17-5-1989 n° 88093 : RJF 7/89 n° 828).

Les sommes versées à l'administration en vertu d'un **avis à tiers détenteur** par le débiteur d'un contribuable sont réputées être mises à la disposition de ce dernier dès leur date d'encaissement par l'administration, quelle que soit la date d'émission de l'avis à tiers détenteur (CAA Nantes 24-1-2013 n° 10NT02189 : RJF 11/13 n° 1019).

Sur la possibilité pour certains exploitants individuels de retenir la date de l'opération figurant sur le **relevé** qui leur est **adressé par un établissement de crédit,** voir n° 13490, précision a.

Ce mode de détermination du bénéfice est incompatible avec la constitution de **provisions** destinées à faire face à des pertes ou charges futures, ou à la dépréciation d'éléments d'actif non amortissables (CE 8-6-1990 n° 57666 : RJF 8-9/90 n° 1014 ; CE 9-7-1980 n° 11847 : RJF 10/80 n° 784).

Prise en compte des créances acquises en cas de **cessation d'activité** : voir n°s 13660 s.

13255 CGI art. 93 A BNC-II-1300 s **Régime optionnel** Les contribuables soumis au régime de la **déclaration contrôlée** peuvent opter pour la détermination de leur résultat à partir des **créances acquises** et des **dépenses engagées** au cours de l'année d'imposition. La définition des créances et dépenses à prendre en compte est la même que celle en vigueur en matière de BIC (voir n°s 7355 s. et 7870 s.).

ATTENTION

Le **changement du mode de détermination du résultat** par un contribuable relevant de la déclaration contrôlée s'accompagne de rectifications extra-comptables et d'obligations déclaratives destinées à éviter la double prise en compte ou l'absence de prise en compte de certains produits et charges (CGI ann. III art. 41-0 bis B et 41-0 bis C).

Lorsque l'option est exercée par un **contribuable précédemment** soumis **au** régime **micro-BNC,** le bénéfice imposable doit être augmenté des créances détenues au 31 décembre de l'année qui précède celle au titre de laquelle l'option est exercée pour leur montant hors taxe, diminuées d'un abattement de 34 %, étant précisé que cette réintégration n'a pas d'incidence pour l'appréciation de la limite d'application du régime micro (BOI-BNC-BASE-20-10-20 n° 240).

L'option, établie sur papier libre, doit être exercée avant le 1er février de l'année d'imposition, soit avant le 1er février 2024 pour une option destinée à prendre effet pour l'imposition des revenus de 2024 (CGI ann. III art. 41-0 bis A). Elle reste valable tant qu'elle n'a pas été dénoncée par le contribuable dans les mêmes conditions.

› Précisions a. Dans les **sociétés de personnes,** l'option est formulée par le gérant ou, à défaut, par l'un des associés. Elle produit ses effets à l'égard de tous les associés (BOI-BNC-BASE-20-10-20 n° 100).

b. En cas de **commencement d'activité en cours d'année,** l'option peut être exercée jusqu'à la date de dépôt de la première déclaration de résultat.

c. En régime créances-dettes, l'administration admet la déduction de **provisions** pour créances douteuses ou litigieuses mais refuse, de façon rigoureuse, la déduction de tout autre type de provision (BOI précité n° 200).

Comptabilisation de la TVA **a.** Les **contribuables assujettis** à la TVA ont le choix entre la comptabilisation taxe comprise ou hors taxe de leurs recettes et de leurs dépenses (achats et frais généraux) (BOI-BNC-BASE-20-10 n° 20). En système TTC, la TVA reversée au Trésor ainsi que le montant déductible de la TVA sur immobilisations sont portés en charges. Lorsque la comptabilité est tenue hors taxe, la TVA ne donne lieu à aucune déduction du résultat imposable. Quelle que soit la méthode retenue (TTC ou HT), l'amortissement des immobilisations doit être calculé sur le prix de revient diminué de la TVA déductible, conformément à la règle applicable en matière de BIC. Le registre des immobilisations (n° 13490) doit faire apparaître distinctement la TVA récupérable correspondante. Les biens n'ouvrant pas droit à déduction de TVA sont amortis pour leur valeur taxe comprise. **13260** BNC-II-2050 s

b. Pour les **contribuables non assujettis** à la TVA, la taxe grevant les achats et services constitue un élément du prix à passer en charge et celle afférente aux immobilisations fait partie du prix de revient amortissable.

ACTIF PROFESSIONNEL

Au plan fiscal, les contribuables relevant du régime de la déclaration contrôlée qui exercent leur **activité à titre individuel** doivent distinguer, à l'intérieur de leur patrimoine, deux catégories de biens : ceux qui forment l'actif professionnel et ceux qui font partie du patrimoine privé. Les conséquences de cette distinction concernent essentiellement : **13270** BNC-II-2800 s

– la déduction des **charges** : l'intégralité des charges se rapportant aux éléments d'actif est déductible ; pour les autres biens, la déduction est limitée aux frais correspondant aux charges locatives et assimilées (réparation, entretien courant) à l'exclusion des charges de propriété (frais d'acquisition, impôt foncier, amortissement) ;

– et la **cession** des biens : s'il s'agit d'éléments de l'actif, il est fait application du régime des plus-values professionnelles, tandis que la cession des biens « privés » relève, s'il y a lieu, du régime des plus-values correspondantes.

ATTENTION

Les titulaires de BNC sont également soumis au nouveau **statut de l'entrepreneur individuel** défini à l'article L 526-22 du Code de commerce prévoyant la séparation des patrimoines professionnel et personnel de l'exploitant. Les biens utiles à l'activité composant le patrimoine professionnel qui sont définis à l'article R 526-26 du Code de commerce comprennent notamment le droit de présentation de la clientèle d'un professionnel libéral (n° 87210).

Définition générale Le patrimoine des contribuables soumis au régime de la déclaration contrôlée comprend trois sortes de biens (CE 29-4-1985 n° 43759 : RJF 6/85 n° 859 ; CE 8-11-2017 n° 395407 : RJF 2/18 n° 167 ; BOI-BNC-BASE-10-20 n° 30). **13275** BNC-II-2870 s

– **Biens affectés par nature** à l'exercice de la profession : ils font nécessairement partie de l'actif professionnel, qu'ils soient ou non inscrits sur le registre des immobilisations. Il s'agit des biens qui ne peuvent être utilisés que dans le cadre d'une activité professionnelle et en aucun cas pour un autre usage.

EXEMPLES

Droit de présentation de la clientèle, finance des charges et offices, droits d'exclusivité sur les lits d'une clinique, matériels et outillages spécifiques, installations et biens d'équipement servant spécifiquement à l'exercice de l'activité, véhicules d'auto-écoles spécialement agencés, valeurs mobilières acquises par des membres des professions libérales avec des fonds reçus en dépôt de leurs clients (BOI-BNC-BASE-10-20 n° 100).

– **Biens utilisés pour l'exercice de la profession** sans y être affectés par nature (immeubles, installations et agencements non spécifiques, véhicules, droit au bail...) : ils peuvent, au choix du contribuable, être affectés à l'actif par inscription au registre des immobilisations ou maintenus dans le patrimoine privé. L'option exercée constitue une décision de gestion opposable. L'inscription de ces biens à l'actif matérialise sur le plan juridique une présomption de leur appartenance au patrimoine professionnel (C. com. art. R 526-26, II).

– **Biens non utilisés pour les besoins de l'activité** : ils ne peuvent en aucun cas faire partie de l'actif professionnel, même s'ils sont inscrits sur le registre des immobilisations. Les immeubles donnés en location entrent dans cette catégorie (notamment CE 11-7-1991 n° 110268 : RJF 10/91 n° 1232 ; CE 6-4-2001 n° 208672 : RJF 7/01 n° 939 à propos de la location d'un immeuble à une SCM par un associé).

Les biens qui font partie de l'actif professionnel doivent être inscrits sur le registre des immobilisations pour leur prix de revient, c'est-à-dire pour leur **valeur d'origine** telle que celle-ci est définie en matière de BIC (voir nos 7550 s.).

> Précisions **a.** Les **immeubles à usage mixte** peuvent, au choix du contribuable, être inscrits sur le registre des immobilisations pour la valeur totale des locaux ou pour la seule fraction correspondant à la partie professionnelle (BOI-BNC-DECLA-10-20 n° 580). En ce qui concerne les amortissements, voir n° 13397.

b. La loi qualifie expressément d'éléments d'actif les contrats de **crédit-bail,** ainsi que les biens acquis à l'échéance de tels contrats, lorsque les loyers versés ont été déduits du bénéfice (CGI art. 93, 6 et 93 quater, III).

c. Peuvent être portés sur le registre des immobilisations les **travaux d'aménagements** réalisés par un contribuable **sur un immeuble** dont il n'est **pas propriétaire** dès lors qu'ils sont requis pour l'exercice de son activité et effectivement utilisés à cette fin (CE 8-11-2017 n° 395407 : RJF 2/18 n° 167).

13280 BNC-II-3300 s **Régime des parts de sociétés** Les principes énoncés ci-dessus s'appliquent également lorsque l'activité est exercée dans le cadre d'une **société de personnes** dont les résultats sont imposés à l'impôt sur le revenu (BOI-BNC-BASE-10-20 n° 200), étant précisé que l'actif se confond normalement avec le patrimoine social, juridiquement distinct du patrimoine des associés. Lorsqu'un contribuable exerce son activité professionnelle au sein d'une telle société, les **droits ou parts** qu'il détient sont considérés fiscalement comme des **éléments d'actif affectés par nature** à l'exercice de la profession. Tel est le cas notamment des parts de **SCM** (CGI art. 93, 5) et des parts de **sociétés d'exercice** (SCP, sociétés de fait...) relevant de l'impôt sur le revenu. Il en va de même des **parts ou actions de clinique** dont la détention est imposée par les statuts ou le règlement intérieur de l'établissement aux praticiens exerçant en son sein (CE 22-6-1988 n° 60228 : RJF 8-9/88 n° 979 ; BOI-BNC-BASE-10-20 n° 100).

Peuvent également présenter le caractère de biens professionnels lorsqu'elles sont **inscrites à l'actif** les parts de sociétés dont la **détention présente un intérêt ou une utilité** pour l'exercice de la profession (CE 21-4-1989 n° 60502 : RJF 6/89 n° 677 ; BOI-BNC-BASE-10-20 n° 170).

ILLUSTRATIONS

Les **titres d'une clinique** détenus par un chirurgien lui permettant d'exercer une influence sur la marche de l'établissement sont à bon droit inscrits à l'actif (CE 10-2-2006 n° 265122 : RJF 5/06 n° 528).

Il en est de même, pour un contribuable exerçant l'activité de commissaire aux comptes et d'expert judiciaire, des titres d'une **société d'expertise comptable** dont la détention lui permet de maintenir son activité individuelle, laquelle est exercée dans les locaux et avec le personnel et le matériel de la société (CE 27-11-2020 n° 425986 : RJF 2/21 n° 145).

Selon l'administration, les parts de **sociétés civiles immobilières** propriétaires des locaux professionnels du contribuable qui les mettent à sa disposition, nus ou équipés, peuvent faire partie de l'actif professionnel, à condition d'être inscrites sur le registre des immobilisations (BOI-BNC-BASE-30-30-20-50 nos 70 et 80). Il en est de même pour les actions ou parts de **sociétés immobilières** de copropriété **transparentes** correspondant à des locaux utilisés pour l'exercice de l'activité. L'article R 526-26 du Code de commerce qualifie également les actions ou parts de sociétés mettant des immeubles à la disposition de l'exploitant comme des éléments utiles à l'activité faisant partie de son patrimoine professionnel. Mais la jurisprudence apparaît plus rigoureuse pour apprécier la condition d'utilité à l'exercice de la profession des biens ou droits à caractère immobilier (CE 25-4-2003 n° 205099 : RJF 7/03 n° 837 ; CE 6-4-2001 n° 208672 : RJF 7/01 n° 939 ; CE 27-10-2022 n° 453264 : RJF 1/23 n° 2). Cette condition a toutefois été jugée satisfaite s'agissant de parts de sociétés civiles de construction-vente détenues par un architecte dès lors que leur détention lui a permis d'être désigné comme tel dans des opérations engagées par ces sociétés (CE 30-4-2004 n° 247436 : RJF 7/04 n° 714).

Lorsque les parts constituent un élément de l'actif professionnel, les **frais d'acquisition** correspondants sont déductibles et la plus-value constatée lors de leur cession relève du régime des plus-values professionnelles.

Les titres émis par les **sociétés d'exercice libéral** font à notre avis partie du patrimoine privé des associés dès lors que ces sociétés sont assujetties à l'impôt sur les sociétés, sans qu'y fasse obstacle la circonstance que les revenus des associés sont, dans certaines situations, imposables dans la catégorie des BNC (n° 13885).

13295 BNC-II-23000 s **Gains et pertes sur éléments d'actif** Le bénéfice non commercial tient compte des gains ou des pertes (plus-values et moins-values) provenant soit de la réalisation des éléments de l'actif affectés à l'exercice de la profession, soit de la cession des charges et offices, ainsi que des indemnités reçues en contrepartie de la cessation de l'exercice de la profession ou du transfert d'une clientèle.

Dès lors qu'ils portent sur des éléments d'actif, ces gains et pertes exceptionnels sont soumis à des règles particulières d'imposition exposées dans l'étude d'ensemble des **plus-values professionnelles.**

> Précisions **a.** Le **transfert** d'un bien de l'actif professionnel dans le **patrimoine privé** (retrait d'actif) est traité comme une cession génératrice de plus-value ou moins-value professionnelle (l'imposition de la plus-value de retrait de la partie professionnelle d'un local mixte peut toutefois être étalée : n° 17765, précision a).

b. Lorsque des **droits sociaux** appartenant à l'actif professionnel font l'objet d'un **échange** à la suite d'une fusion ou d'une scission, la prise en compte de la plus ou moins-value constatée à cette occasion peut être différée jusqu'à la cession ultérieure des titres reçus en échange, dans les conditions fixées par l'article 38, 7 bis du CGI (voir n° 19070). Un report d'imposition est prévu pour les plus-values d'échange de titres constatées à l'occasion d'une fusion ou d'une scission de SCP placées sous le régime de l'article 151 octies A du CGI (voir n° 13875).

c. Les plus-values résultant de l'**apport en société de titres** inscrits au registre des immobilisations et nécessaires à l'exercice de l'activité peuvent bénéficier du report d'imposition prévu à l'article 151 octies B du CGI (voir n°s 18410 s.).

d. Le **report d'imposition** qui a pu être appliqué à une fraction de l'indemnité perçue par les **avoués** exerçant au sein d'une SCP, en réparation du préjudice résultant de la perte du droit de présentation, en raison de la suppression de leur profession à compter du 1er janvier 2012 prend fin, en principe, en cas de cession, rachat ou annulation des parts de l'avoué, de cessation de son activité professionnelle ou d'assujettissement de la SCP à l'IS ou de transformation de celle-ci en société passible de l'IS : voir BNC-II-25600 s.

RECETTES

Les recettes comprennent non seulement les sommes perçues en rémunération des services rendus (honoraires, commissions, vacations, etc.), mais aussi les remboursements de frais ainsi que des profits divers. **13305** BNC-II-5100 s

ATTENTION

Les **remboursements de frais** doivent être pris en compte dans tous les cas, qu'ils soient forfaitaires ou égaux aux frais réels, versés par les clients ou pour leur compte (exemple : indemnité allouée par l'État aux avocats en cas d'aide juridictionnelle). En contrepartie, les dépenses correspondantes sont en principe déductibles pour leur montant réel.

Peu importe la **forme de la rémunération** perçue en contrepartie d'une prestation relevant des BNC. Celle-ci peut notamment consister en une mise à disposition de personnel au profit du prestataire (CE 27-4-2009 n° 308445 : RJF 7/09 n° 614).

Les recettes et **honoraires rétrocédés,** qui s'entendent des sommes reversées conformément aux usages par un membre d'une profession libérale, de sa propre initiative et dans le cadre d'une mission confiée par un client, soit à un confrère, soit à une personne exerçant une profession libérale complémentaire (exemple : sommes versées par les avocats à leurs collaborateurs non salariés), constituent des recettes imposables pour le bénéficiaire de la rétrocession. Ils viennent directement en diminution des recettes de la partie versante, qui doit les déclarer dans les conditions indiquées n°s 78355 s.

Aux recettes proprement dites peuvent venir s'ajouter des sommes diverses, telles que : **13310**

- **recettes commerciales ou agricoles accessoires** (n° 13170, b) ;
- **subventions d'équipement** imposées suivant les règles prévues en matière de BIC (CGI art. 93, 8) (voir n° 8040 s.) ;
- **indemnités** perçues en réparation d'un préjudice et destinées à compenser des charges et des pertes déductibles par nature ou des pertes de recettes taxables (notamment indemnité versée à un agent d'assurances pour compenser le probable manque à gagner résultant du changement de statut de la profession : CE 30-3-2009 n° 296463 : RJF 6/09 n° 557). Les indemnités perçues en contrepartie de la perte ou de la dépréciation d'un élément d'actif relèvent du régime des plus-values professionnelles, comme en matière de BIC (voir n°s 8070 et 8085, a et c, à propos du régime des indemnités d'assurances, d'expropriation ou d'éviction) ;
- **revenus de remplacement** (indemnités journalières de maladie, par exemple) : ils sont imposés comme en matière de BIC (n° 8080) ;
- **produits financiers** provenant du placement de fonds détenus en dépôt pour le compte des clients, les produits issus du placement des recettes professionnelles étant en revanche taxables dans la catégorie des revenus mobiliers (CE 4-2-1987 n° 44965 : RJF 4/87 n° 392) (voir n°s 24980 s.) ;
- **dégrèvements** accordés sur des **impôts** antérieurement déduits des bénéfices et intérêts moratoires correspondants (voir n° 81915, précision g) ;

– **prix et récompenses** littéraires, artistiques ou scientifiques, à l'exception du prix Nobel et de certaines récompenses internationales de niveau équivalent dont la liste est fixée par l'article 39 A de l'annexe II au CGI, qui sont exonérés (CGI art. 92 A), tout comme les prix nationaux ou européens attribués depuis au moins trois ans par un jury indépendant (BOI-BNC-BASE-20-20 n° 750) et les aides reçues jusqu'au 31 décembre 2023 par les lauréats du concours « French Tech Tremplin » (Loi 2020-935 du 30-7-2020 art. 20).

> **Précisions** **a.** L'aide pérenne à la **transmission électronique** des **feuilles de soins** dont bénéficient les médecins conventionnés constitue une recette imposable (BOI précité n° 510).
> **b.** La rémunération perçue au titre de la **permanence des soins ambulatoires** définie à l'article L 6314-1 du CSP correspondant aux seuls soins de ville assurés en dehors des horaires d'ouverture des cabinets médicaux (CE QPC 22-7-2021 n°s 449683 et 449691 et CE QPC 13-7-2021 n°s 449689, 449690, 449693 et 649696 : RJF 11/21 n° 997) par les médecins ou leurs remplaçants (rémunération de l'astreinte et majoration spécifique : CAA Bordeaux 6-11-2018 n° 16BX01244 : RJF 2/19 n° 122) installés dans certaines zones du territoire est exonérée à hauteur de 60 jours par an (CGI art. 151 ter). Cette exonération, indépendante du mode d'exercice de l'activité, concerne notamment les membres de SEL dont les rémunérations sont imposables dans la catégorie des traitements et salaires, à condition qu'ils n'aient pas la qualité de salariés au sens du Code du travail (CE 18-9-2015 n° 386237 : RJF 12/15 n° 1053 ; BOI-BNC-CHAMP-10-40-20 n° 250).
> **c.** Les sommes perçues à titre de dommages-intérêts en réparation d'un **préjudice moral** ne constituent pas des recettes imposables. Cas des indemnités d'un montant supérieur à 1 M€ : voir n° 22290.
> **d.** Un contribuable peut **renoncer à des recettes** qu'il doit normalement percevoir à condition que cette renonciation ait une contrepartie équivalente pour lui, qu'elle puisse être regardée comme relevant de l'exercice normal de son activité ou qu'elle soit justifiée par un autre motif légitime. Dans le cas contraire, l'administration est fondée à réintégrer dans le résultat imposable le montant des recettes non déclarées qu'il n'aurait pas dû renoncer à percevoir (CE plén.23-12-2013 n°s 350511 et 350075 : RJF 2/14 n° 145).

13315 BNC-II-6400 s **Mouvements de fonds non constitutifs de recettes** Il n'y a pas lieu d'inclure dans les recettes de certains contribuables (avocats, notaires, commissaires de justice…) les sommes encaissées pour le compte des clients ou reçues de ceux-ci en vue d'être reversées à des tiers. C'est le cas notamment des avances perçues pour faire face aux **débours** (droits d'enregistrement acquittés par les notaires, frais de procédure et droits de plaidoirie versés par les avocats, etc.). Les dépenses imputées sur les provisions pour débours ne peuvent corrélativement être portées en charges.

ILLUSTRATIONS

> Les **dépôts de fonds** reçus **des clients,** ou pour leur compte, restent exclus des recettes imposables même s'ils ne sont pas comptabilisés dans les conditions réglementaires (CE 15-1-1982 n°s 16190 et 17057 : RJF 3/82 n° 256) ou ne sont pas utilisés conformément à la réglementation de la profession (par exemple, sommes non reversées dans le délai réglementaire à la Caisse des dépôts et consignations par un notaire : CE 25-5-1979 n° 14461 : RJF 7-8/79 n° 438 ; BOI-BNC-BASE-20-30 n° 130). Peu importe également qu'ils transitent ou non par un compte bancaire spécial (CE 5-2-1993 n° 90317 : RJF 4/93 n° 529).

DÉPENSES

13325 CGI art. 93, 1 BNC-II-11600 s **Conditions générales de déduction** Pour être admises en déduction du bénéfice, les dépenses doivent remplir les conditions suivantes.

Elles doivent être **nécessitées par** l'exercice de **la profession** ou, de façon plus générale, par l'acquisition du revenu. Ne peuvent être considérées comme telles :

– ni les dépenses de caractère personnel (exemples : loyers d'appartements privés, dépenses d'agrément, amendes pénales) ;

– ni les dépenses qui résultent d'opérations étrangères à l'exercice normal de l'activité (voir n° 13385).

Les **dépenses de caractère mixte** (privé et professionnel) doivent faire l'objet d'une ventilation pour n'en retenir que la fraction professionnelle déductible.

Les dépenses doivent être prises en compte pour leur **montant réel** et être appuyées de **justifications** suffisantes.

Une évaluation forfaitaire n'est admise que pour les frais de voiture et de deux-roues et, dans certains cas, pour les frais de carburant (n° 13370) ainsi que dans certains régimes particuliers : agents d'assurances (n° 13725) ; écrivains, compositeurs, artistes et autres auteurs d'œuvres de l'esprit (n°s 13740) ; médecins conventionnés (n° 13775) ; inventeurs (n° 13795).

13330 BNC-II-4050 s Les dépenses ne doivent pas avoir pour contrepartie l'**acquisition d'éléments d'actif.** Ne constituent donc pas des charges immédiatement déductibles le prix d'acquisition de la clientèle, de l'office et des autres éléments appartenant à l'actif professionnel (locaux, matériel, mobilier...).

ILLUSTRATIONS

Les **indemnités versées à des confrères** à l'occasion d'une rupture d'association ne sont pas déductibles lorsqu'elles correspondent à la valeur de rachat d'une partie de la clientèle commune (notamment CE 25-3-1987 n° 41740 : RJF 6/87 n° 627 ; CE 21-12-1990 n° 70537 : RJF 2/91 n° 166).

À défaut de déduction immédiate, le prix de revient des éléments d'actif dont la durée d'utilisation prévue par le contribuable est limitée dans le temps, tels que les immeubles et le matériel, peut faire l'objet d'un amortissement (n°s 13395 s.).

La déduction immédiate des **petits matériels,** outillages, mobiliers de bureau et logiciels dont la valeur unitaire n'excède pas 500 € est admise (n° 7540) (BOI-BNC-BASE-40-60-30 n° 150).

Achats Font partie des charges déductibles les achats de fournitures et de produits qui sont revendus à la clientèle ou qui entrent dans la composition des prestations effectuées (exemples : médicaments, films, produits servant à la confection des prothèses, etc.). 13335 BNC-II-12625

Frais d'établissement Les frais d'établissement correspondent aux frais exposés par un contribuable lors de son installation tels que les frais de premier établissement (recherches, études et publicité) et les frais de constitution de société (droits d'enregistrement, frais d'actes et honoraires). 13340 BNC-II-12700 s

Ces frais sont en principe intégralement déductibles l'année de leur paiement (CE 4-7-1973 n° 78172 ; BOI-BNC-BASE-40-10 n° 550). Mais l'administration admet que leur **déduction** puisse être **étalée,** par fractions égales, sur une période maximale de cinq ans (année de paiement et quatre années suivantes) si le contribuable en fait la demande (BOI-BNC-BASE-40-30 n° 40).

En l'absence de recettes professionnelles, les **dépenses exposées avant le début de l'activité** donnent naissance à un déficit imputable sur le revenu global (CE 18-12-1987 n° 69382 : RJF 2/88 n° 166).

Frais de personnel Les frais de personnel comprennent toutes les **rémunérations** directes ou indirectes (y compris avantages en nature et indemnités diverses) versées aux salariés, ainsi que les **charges sociales** correspondantes. 13345 BNC-II-12890 s

ATTENTION

Les **majorations** payées aux organismes sociaux en raison d'un **retard** de déclaration ou de paiement ne sont pas déductibles des BNC (BOI-BNC-BASE-40-60-50-20 n° 10).

Si le **personnel** est **utilisé en partie à titre privé,** une ventilation doit être faite pour dégager la part professionnelle des dépenses, qui est seule déductible.

Aucune déduction ne peut être pratiquée au titre des **appointements** que s'allouent l'**exploitant** lui-même ou les membres d'une société relevant de l'impôt sur le revenu (n° 23645). Mais les charges qu'ils supportent pour leur **protection sociale** personnelle (cotisations aux régimes obligatoires ou facultatifs de sécurité sociale, primes de contrat d'assurance groupe et versements volontaires des titulaires de plans d'épargne retraite individuels ou collectifs) sont déductibles, dans certaines conditions et limites, des résultats (n°s 8680 s.).

> Précisions **a.** Sont déductibles les sommes versées et les charges supportées au titre des différents **régimes légaux de participation ou d'intéressement** des salariés, y compris l'abondement versé au chef d'entreprise au titre des versements effectués sur le PEE.
b. Déduction du **salaire du conjoint** : voir n° 8660.
c. Aides financières au titre des **services à la personne** : voir n°s 8645 et 8655, Précisions.

Impôts et taxes Sont déductibles les **impôts à caractère professionnel,** tels que : contribution économique territoriale ; taxe foncière afférente aux locaux appartenant à l'actif professionnel ; taxes assises sur les salaires (contribution à la formation professionnelle, participation-construction versée à fonds perdus remplissant les conditions de l'article 41 B de l'annexe III au CGI, taxe sur les salaires). Taxe sur l'affectation des véhicules de tourisme à des fins économiques : voir n° 75100. 13355 BNC-II-13250 s

Les **pénalités** encourues par les contribuables qui contreviennent aux dispositions régissant l'assiette ou le recouvrement des impôts ne sont pas déductibles (BOI-BNC-BASE-40-60-20 n° 30).

> Précisions **a.** La **taxe d'habitation** acquittée pour un immeuble à usage mixte est déductible pour la part correspondant aux locaux professionnels, au prorata de leur superficie (CE 6-11-1991 n° 68393 : RJF 12/91 n° 1528).
b. La **CSG** due au titre du bénéfice non commercial est partiellement déductible (à l'exception de celle afférente aux plus-values à long terme). La **CRDS** et le prélèvement de solidarité ne sont pas déductibles (n°s 34400 et 34525).

c. Les **droits de mutation** et les intérêts supportés lors de la **transmission à titre gratuit** acquittés par l'héritier, le donataire ou légataire d'une entreprise individuelle sont déductibles (CGI art. 93, 1-7°). Selon l'administration, cette déduction ne concerne que les biens affectés par le défunt ou le donateur à l'exercice de son activité (BOI-BNC-BASE-40-40 nos 60 à 90).

d. En ce qui concerne la **TVA**, voir n° 13260.

13360 BNC-II-14000 s **Loyers, travaux, fournitures et services extérieurs** Sont déductibles sous cette dénomination :

– les **loyers** et charges de location des locaux professionnels, du matériel ou du mobilier, y compris les redevances de crédit-bail (les sommes versées à titre de dépôt de garantie ou de cautionnement ne sont déductibles que lorsqu'elles sont acquises au bailleur) ;
– les dépenses d'**entretien** et de **réparation** des locaux et matériels professionnels ;
– les frais de **chauffage, eau, gaz, électricité** des locaux professionnels ;
– les frais de **personnel intérimaire** ;
– le prix d'achat du **petit équipement** immédiatement déductible (n° 13330) ;
– les **commissions,** ristournes et **honoraires** (autres que les honoraires rétrocédés déjà exclus des recettes : n° 13305) versés à des tiers dans le cadre de l'activité et déclarés dans les conditions indiquées nos 78355 s. ;
– les primes d'**assurances** couvrant des risques professionnels (responsabilité, locaux et matériels professionnels...).

> Précisions **a.** Le montant déductible des **loyers des voitures de tourisme** est plafonné comme en matière de BIC (CGI art. 93, 1-3° : voir nos 9035 s.).

b. Les loyers de **locaux à usage mixte** ne sont déductibles que pour la fraction correspondant à l'utilisation professionnelle des locaux, appréciée en fonction de la superficie (notamment CE 17-10-1984 n° 41808 : RJF 12/84 n° 1437).

c. Le loyer afférent à un **immeuble maintenu dans le patrimoine privé** peut être déduit si le contribuable justifie de la perception effective de ce loyer et de son incorporation dans ses revenus fonciers (CE 11-4-2008 nos 287808 et 300302 : RJF 7/08 n° 813 ; BOI-BNC-BASE-10-20 n° 280).

d. Règles de déduction des loyers de **crédit-bail** : voir nos 19320 s.

e. Les primes d'**assurance-vie** ne sont pas déductibles du bénéfice, sauf si le contrat d'assurance a été souscrit en garantie d'un emprunt professionnel, sur demande et au profit du prêteur (CE 7-11-1986 n° 49800 : RJF 1/87 n° 38). Dans ce dernier cas, l'administration a précisé que le remboursement du prêteur par la compagnie d'assurance ne constitue pas pour autant un profit taxable dès lors que le résultat ne prend en compte que les encaissements et les paiements (Rép. Coussain : AN 20-11-1989 n° 15051, non reprise dans Bofip). Contrairement à la position retenue en matière de BIC, l'administration refuse, de façon contestable, la déduction des primes afférentes à un contrat d'**assurance « homme clé »** (Rép. Collin : Sén. 15-4-1999 n° 7137, non reprise dans Bofip).

Sont déductibles du résultat imposable d'un chirurgien les primes versées en exécution d'un contrat dit « de **garantie des frais généraux professionnels** » lui garantissant en cas d'inactivité pour maladie ou accident le remboursement plafonné de ses dépenses professionnelles à l'exception de ses rémunérations (CAA Nancy 8-6-2000 n° 96-759 : RJF 4/01 n° 482). À l'inverse, l'administration refuse la déduction des sommes versées par un généraliste à un confrère en arrêt maladie dans le cadre d'un **contrat d'entraide,** qui vise à assurer au médecin adhérent la perception d'une indemnité journalière en cas de maladie ou d'accident (BOI-BNC-CHAMP-10-40-20 n° 300).

Cas particulier des cotisations versées dans le cadre des **contrats « Madelin »** : voir nos 8685 s.

13365 BNC-II-16300 s **Transports et déplacements** Les frais de voyage, de séjour et de déplacement sont déductibles lorsqu'ils sont nécessités par l'exercice de la profession, quel que soit le moyen de transport utilisé (voiture, train, avion, taxi...).

Les **frais de voiture et de deux-roues** peuvent être déduits pour leur montant réel, sans application de la limite mentionnée n° 22115 (Rép. Delatte : AN 2-4-2013 n° 18791), ou évalués forfaitairement (n° 13370). Lorsque le mode réel est retenu, les charges de propriété (intérêts d'emprunt, grosses réparations, amortissement, assurance...) ne sont déductibles que si le véhicule est inscrit sur le registre des immobilisations (s'agissant du plafond d'amortissement des véhicules de tourisme : voir n° 13400).

ATTENTION

Qu'ils soient retenus pour leur montant réel ou calculés de manière forfaitaire, les **frais de véhicules à usage mixte** ne sont déductibles qu'au prorata du kilométrage parcouru à titre professionnel, qui doit pouvoir être justifié par tous moyens.

Les frais de déplacement afférents aux quarante premiers kilomètres du trajet entre le **domicile et le lieu de travail** sont toujours déductibles (BOI-BNC-BASE-40-60-40-10 n° 30). Au-delà, le contribuable doit justifier que le choix de son lieu de résidence ne résulte pas de motifs de pure convenance personnelle.

Par exception au principe de prise en compte des frais réels, l'administration autorise les titulaires de BNC à utiliser les **barèmes forfaitaires kilométriques** applicables aux salariés, qu'elle publie chaque année pour les **voitures,** y compris électriques, et les **deux-roues** (motos, vélomoteurs et scooters) (BOI-BNC-BASE-40-60-40-30 nos 10 s.). Voir no 97200 pour ces barèmes et no 22115 pour la liste des frais concernés. 13370 BNC-II-16800 s

L'évaluation forfaitaire peut être adoptée pour les véhicules dont le contribuable est **propriétaire,** y compris lorsqu'ils sont conservés dans le patrimoine privé, et pour ceux **pris en location simple ou en crédit-bail.** Les dépenses ou les loyers correspondants ne doivent pas être comptabilisés en charges.

En cas de déduction des loyers, les **frais de carburant** de ces véhicules (loués ou en crédit-bail) peuvent être déterminés d'après le barème kilométrique publié chaque année par l'administration pour les titulaires de BIC tenant une comptabilité super-simplifiée (voir nos 97165 et 97175 pour ces barèmes).

L'**option** pour ces barèmes est **annuelle** et résulte de l'absence de comptabilisation en charges des dépenses couvertes par le forfait. Les adhérents d'organismes de gestion agréés, tenus de porter en comptabilité toutes les opérations effectuées sur les comptes bancaires professionnels, peuvent, lorsqu'ils souhaitent utiliser le barème, faire transiter les frais correspondants par le compte de l'exploitant (au lieu d'un compte de charges). L'amortissement des véhicules doit quant à lui toujours figurer sur le registre des immobilisations pour permettre le calcul des plus ou moins-values de cession.

L'option est **globale** et doit être exercée pour tous les véhicules utilisés à titre professionnel au cours de l'année d'imposition.

Dans les **sociétés de personnes,** le mode de prise en compte des frais – forfaitaire ou réel – doit être identique pour tous les véhicules utilisés pour l'exercice de l'activité sociale, qu'ils appartiennent à la société ou aux associés (no 37690).

> Précisions a. Les contribuables qui, au cours de la même année, utilisent à la fois des **véhicules leur appartenant** et des **véhicules loués** ou pris en crédit-bail doivent choisir un seul mode de déduction (forfaitaire ou réel). Les options pour les barèmes forfaitaires sont en effet **indissociables.**

b. L'option pour le barème forfaitaire des frais de voiture ne peut être exercée pour les véhicules d'**auto-écoles** loués ou pris en crédit-bail (Rép. Cazin d'Honincthun : AN 7-10-1996 no 40057, non reprise dans Bofip).

c. Pour les **véhicules électriques,** la location de batterie et les frais liés à la recharge de la batterie (fourniture d'électricité) sont assimilés à des frais de carburant inclus dans le barème forfaitaire (BOI-BNC-BASE-40-60-40-20 no 125).

d. Frais déductibles en cas de **covoiturage** : voir no 8475, précision c.

e. Les **frais** liés à l'**utilisation de vélos à assistance électrique** qui ne répondent pas à la définition d'un cyclomoteur au sens du Code de la route et qui ne peuvent donc être assimilés à un deux-roues motorisé ne peuvent être déterminés de manière forfaitaire, en application du barème kilométrique applicable aux salariés. En revanche, lorsqu'ils sont engagés dans le cadre de déplacements professionnels, ils peuvent être déduits pour leur montant **réel** et justifié (location de batteries, frais de recharge de ces dernières, entretien et réparation, etc.), sans remettre en cause l'application du barème précité pour les **autres véhicules** utilisés (Rép. Grau : AN 26-4-2022 no 42938).

Frais divers de gestion Outre les fournitures de **bureau,** les frais de **documentation,** de correspondance et de **téléphone,** les frais divers de gestion comprennent notamment : 13375 BNC-II-15100 s

– les frais de **réception** (repas d'affaires, par exemple), de représentation et de **congrès** en rapport direct avec la profession ;

– les frais de **repas pris sur le lieu de travail,** déductibles dans les mêmes conditions que pour les titulaires de BIC (*voir no 8485, précision b*) ;

– les **dépenses vestimentaires** si elles correspondent à l'acquisition de vêtements de travail spéciaux, comme, par exemple, la robe d'avocat (BOI-BNC-BASE-40-60-60 no 310) ;

– les frais de **prothèses dentaires ou auditives** exposés par des contribuables en contact direct et permanent avec le public, pour la moitié du montant restant à leur charge (BOI-BNC-BASE-40-10 no 50) ;

– les frais de **formation** professionnelle directement liés à l'activité ;

– les **frais de double résidence** lorsque le choix du lieu de la résidence principale, éloignée du lieu de travail, résulte notamment d'une obligation légale, de motifs familiaux déterminants ou des conditions d'exercice de la profession et non d'une pure convenance personnelle (CE 12-3-2007 n° 281951 : RJF 6/07 n° 691). Dans le cas où le contribuable est propriétaire de sa seconde résidence, il peut s'allouer un **loyer** déductible de ses résultats (BOI-BNC-BASE-40-60-30 n° 80).

Les **dépenses de fonctionnement** engagées dans le cadre d'opérations de recherche peuvent être, comme en matière de BIC, déduites immédiatement ou immobilisées, étant précisé que ce choix est exercé projet par projet (BOI-BNC-BASE-40-60-30 nos 390 et 400).

En ce qui concerne les dépenses de **mécénat d'entreprise,** voir nos 10695 s.

> **Précisions** **a.** Les **sportifs** sont autorisés à déduire des bénéfices provenant de leur activité sportive les dépenses exposées pour obtenir un diplôme ou une qualification professionnelle, en vue d'une insertion ou d'une conversion professionnelle (CGI art. 93, 1-5°).
> **b.** Sont déductibles les **cotisations** versées aux **ordres et syndicats** professionnels (n° 8495). Pour les dépenses générées par des activités syndicales, voir n° 8500, précision b.
> **c.** Les adhérents d'organismes de gestion agréés bénéficient, sous certaines conditions, d'une **réduction d'impôt** au titre des frais occasionnés par la tenue de leur comptabilité et leur adhésion à l'organisme de gestion agréé, voir nos 87990 s.

13380 BNC-II-17500 s

Charges financières

Les charges financières sont déductibles si elles sont supportées pour les besoins de l'activité. Par exemple : intérêts d'emprunts contractés pour l'acquisition, la construction, la réparation ou l'amélioration des **éléments d'actif** définis nos 13270 s.

En matière de BNC, la déduction des frais financiers ne connaît pas de limitation comparable à celle qui frappe les titulaires de BIC (ou de BA) lorsque le compte de l'exploitant ou des associés présente un solde débiteur en raison des **prélèvements** effectués **sur la trésorerie** de l'entreprise (n° 8755) (CE 30-11-1992 n° 79445 : RJF 2/93 n° 218). Mais l'administration est fondée à réintégrer aux résultats imposables les frais financiers afférents à des **découverts bancaires** dont l'affectation est indéterminée, dans la proportion de l'excédent des prélèvements personnels du contribuable sur les bénéfices de l'année concernée (CE 30-11-1998 n° 183727 : RJF 1/99 n° 101).

ILLUSTRATIONS

Lorsqu'un emprunt est contracté pour le **financement d'un immeuble à usage mixte** (professionnel et privé), les intérêts sont déductibles au prorata du prix de revient des locaux professionnels dans le coût total de l'immeuble. Selon les circonstances, la clé de répartition peut être fixée en fonction de la superficie respective des locaux professionnels et privés ou en fonction du coût réel des travaux afférents à chaque partie de l'immeuble (CE 22-1-1982 n° 21823 : RJF 3/82 n° 258 ; CE 22-3-1985 n° 34403 : RJF 6/85 n° 861). Une déduction intégrale des intérêts pourrait être pratiquée lorsque le contribuable, grâce aux mentions du contrat de prêt, établit que celui-ci a été affecté en totalité à l'acquisition de la partie professionnelle des locaux (CAA Nancy 18-12-1990 n° 1489 : RJF 6/91 n° 788 ; CAA Paris 27-6-1991 n° 1356 : RJF 10/91 n° 1231).

Les intérêts dus au cours de la période de **construction d'un immeuble** sont déductibles à condition d'inscrire son prix de revient sur le registre des immobilisations et de prendre l'engagement d'affecter le local, dès son achèvement, à l'exercice de la profession (BOI-BNC-BASE-40-60-70 n° 50).

13385 BNC-II-17800 s

Pertes diverses

Les pertes sont déductibles lorsqu'elles correspondent à la réalisation d'un risque lié à l'exercice normal de la profession, tel que la mise en jeu d'un **engagement de caution** ou l'octroi d'un **abandon de créance** lorsque les avantages ainsi accordés à des tiers peuvent être considérés comme nécessaires à l'activité (CE 14-2-1979 n° 10812 : RJF 4/79 n° 220 ; BOI-BNC-BASE-40-10 n° 150 ; CE 1-7-1987 n° 65423 : RJF 10/87 n° 990).

En revanche, ne peuvent être regardées comme se rattachant à l'exercice normal de la profession les pertes qui résultent de **manquements graves** et répétés aux **obligations déontologiques ou professionnelles** du contribuable (par exemple, pour un notaire, absence répétée de vérification d'inscriptions hypothécaires : CE 20-11-1996 n° 123267 : RJF 1/97 n° 26).

ILLUSTRATIONS

Les **détournements** commis par des **salariés** sont déductibles (notamment CE 29-5-1991 n° 75711 : RJF 7/91 n° 936), s'ils n'ont pas été facilités par un manque de surveillance de l'employeur (notamment CE 3-6-1985 nos 45087 et 45091 : RJF 7/85 n° 1042 ; CE 27-4-2011 n° 319472 : RJF 7/11 n° 806). Il en est de même des sommes versées par une SCP à l'organisme qui avait dû indemniser les victimes des détournements commis par un ancien associé (CAA Nantes 3-12-2007 n° 06-2108 : RJF 6/08 n° 665).

Ne sont pas déductibles les pertes résultant d'**opérations irrégulières** accomplies en contravention avec la réglementation de la profession, telles que les opérations d'échanges croisés de chèques ou le placement de billets à ordre effectués par un notaire (notamment CE 5-11-1975 n° 95562 : RJF 1/76 n° 18 ; CE 13-11-1996 n° 128088 : RJF 1/97 n° 27).

AMORTISSEMENTS

Donnent lieu à amortissement les **éléments d'actif** affectés à l'exercice de la profession, définis nos 13270 s., qui se déprécient en fonction de leur utilisation : locaux, matériel, voiture, matériel et mobilier de bureau, agencements. **13395** CGI art. 93, 1-2° BNC-II-19500 s

Le coût d'acquisition d'une clientèle, d'une charge ou d'un office n'est pas amortissable. Toutefois, les **éléments incorporels des fonds acquis entre le 1er janvier 2022 et le 31 décembre 2025** qui ne peuvent pas faire l'objet d'une évaluation et d'une comptabilisation séparées au registre des immobilisations et qui concourent au maintien ou au développement du potentiel d'activité de l'exploitation (clientèle, patientèle, nom professionnel, etc.) peuvent donner lieu à des amortissements déductibles des résultats imposables dans les conditions prévues pour les fonds commerciaux acquis par les titulaires de BIC. Mais cet amortissement est écarté pour les acquisitions de fonds intervenues depuis le 18 juillet 2022 en cas de liens de dépendance entre le cédant et le cessionnaire (voir n° 9175) (BOI-BNC-BASE-50 n° 50 ; BOI-BIC-AMT-10-20 n° 360).

Les amortissements sont pratiqués selon les **règles** en vigueur en matière de **BIC** (voir nos 9090 s.). En particulier, tous les titulaires de BNC doivent mettre en œuvre la **méthode d'amortissement par composants** (BOI-BNC-BASE-50 n° 40). L'administration a en outre expressément admis l'**amortissement dégressif** de nombreux matériels utilisés spécifiquement par les professions libérales (BOI-BIC-AMT-20-20-20-10 nos 230, 240 et 520).

EXEMPLES

Matériels des médecins nécessaires au diagnostic (endoscopes, échographes...) ; matériels de laboratoire relatifs à la microbiologie et à la biologie moléculaire, compteurs de particules utilisés par les biologistes ou les laboratoires d'analyses médicales ainsi que, pour ces derniers, équipements nécessaires à l'activité de biochimie, d'hématologie et d'immuno-enzymologie identiques à ceux des hôpitaux ; pour les chirurgiens-dentistes, matériels de désinfection et unités avec systèmes de décontamination intégrés, pompes à salive, radiovisiographes ; matériels de levé terrestre et de photogrammétrie des géomètres experts.

Le Conseil d'État a toutefois refusé l'amortissement dégressif du bloc radiologique et opératoire d'un chirurgien-dentiste (CE 31-10-1984 n° 38537 : RJF 1/85 n° 63).

La déduction des amortissements est subordonnée à leur mention sur le **registre des immobilisations et des amortissements.** Lorsque des **immeubles à usage mixte** figurent sur le registre des immobilisations pour leur valeur totale, les amortissements ne sont déductibles que pour la fraction correspondant à l'utilisation professionnelle des locaux. Dans l'hypothèse où seule la partie professionnelle des locaux y est inscrite, les amortissements pratiqués sont intégralement déductibles (BOI-BNC-DECLA-10-20 nos 550 s.). **13397**

Dans le cas de **véhicules à usage mixte,** l'application de ces règles conduit à calculer l'amortissement sur le prix de revient intégral du véhicule (TTC dès lors que la TVA n'est pas récupérable) puis à réintégrer successivement, d'une part, la fraction non déductible de l'annuité d'amortissement pour les véhicules dont le prix de revient excède le prix plafond (voir n° 13400) et, d'autre part, le montant de l'avantage en nature représenté par la quote-part de l'annuité d'amortissement correspondant à l'usage personnel du véhicule.

En cas de **cession** du véhicule, la **plus-value** est déterminée en retranchant du prix de cession total la valeur nette comptable calculée à partir du prix d'achat intégral et des amortissements pratiqués sur cette base. Elle est ensuite réduite pour tenir compte du fait que le véhicule n'est que partiellement utilisé à usage professionnel (de la même manière, une moins-value de cession n'est prise en compte que partiellement) (BOI-BNC-BASE-30-20 n° 100).

La déduction des amortissements des **véhicules de tourisme** est plafonnée conformément aux règles prévues pour les BIC (voir nos 9020 s.). **13400**

EXEMPLE

Véhicule immatriculé en recourant à la méthode WLTP (défini n° 75145) et émettant une quantité de gaz carbonique égale à 60 g/km acquis neuf 20 000 € le 1er janvier 2024, amortissable en cinq ans et utilisé à titre professionnel à concurrence des deux tiers. Ce véhicule est revendu 4 200 € au bout de quatre ans.

1. L'annuité d'amortissement est égale à : 20 000 € / 5 = 4 000 €. Il convient de réintégrer :
– la fraction excédentaire : (20 000 – 18 300) / 5 = 340 € ;
– la fraction qui correspond à l'utilisation privative : (4 000 – 340) × 1 / 3 = 1 220 €.
En définitive, le montant de l'annuité d'amortissement pris en compte fiscalement est égal à : 4 000 – (340 + 1 220) = 2 440 €.

2. La plus-value de cession est égale à : 4 200 – [20 000 – (4 000 × 4)] = 200 €.
Elle n'est toutefois imposable qu'à hauteur des deux tiers de son montant : 200 × 2 / 3 = 133 €.

DÉFICITS

13410 BNC-II-26100 s Les titulaires de **charges et offices** et les membres des **professions libérales** peuvent imputer leurs déficits sur le revenu global dans les conditions de droit commun (nos 800 s.), à condition d'exercer effectivement une activité professionnelle (CE 21-10-2016 no 386796 : RJF 1/17 no 3).

Les déficits provenant d'une **autre activité non commerciale** ne peuvent être imputés que sur des bénéfices de même nature réalisés durant la même année ou les six années suivantes (no 1010).

En ce qui concerne certains déficits subis par les **inventeurs,** voir no 13800.

ALLÉGEMENTS SUR LE BÉNÉFICE IMPOSABLE

13420 En cas de création ou de reprise d'entreprise implantée en **zone de revitalisation rurale,** les titulaires de BNC peuvent bénéficier d'un régime d'allégement d'imposition (nos 10365 s.).

D'autres dispositifs permettent d'obtenir une exonération ou un abattement temporaire sur les bénéfices : régimes des **zones franches urbaines-territoires entrepreneurs** (nos 10335 s.) et, pour les entreprises créées jusqu'au 31 décembre 2023, et des **jeunes entreprises innovantes** (nos 10400 s.).

Dans certaines conditions, les titulaires de BNC peuvent bénéficier du dispositif prévu dans les zones France Ruralités Revitalisation ou les zones France Ruralités Revitalisation « plus » (nos 10360 s.).

ATTENTION

D'autres dispositifs d'exonération ou d'allégement d'impôt sur les bénéfices ne concernent les activités non commerciales que si elles sont exercées par des sociétés soumises à l'impôt sur les sociétés : régimes des **entreprises nouvelles** (nos 10260 s.), **des bassins d'emploi à redynamiser** (no 10370), des **zones de restructuration de la défense** (nos 10380 s.).

C. Modalités d'imposition

13450 CGI art. 95 à 103 BNC-III-1 s Les contribuables qui perçoivent des bénéfices non commerciaux peuvent être placés sous deux régimes différents :

– le régime déclaratif spécial (« **micro-BNC** »), fondé sur un calcul forfaitaire des résultats imposables ;

– le régime de la **déclaration contrôlée,** qui suppose la tenue d'une comptabilité et conduit à établir le bénéfice imposable en fonction des frais et charges effectivement supportés.

1. RÉGIME DE LA DÉCLARATION CONTRÔLÉE

13460 Le régime de la déclaration contrôlée constitue le régime applicable de plein droit aux titulaires de bénéfices non commerciaux qui ne sont pas placés sous le régime micro-BNC.

CONTRIBUABLES CONCERNÉS

13470 CGI art. 96 RIE-I-9400 s L'application du régime de la déclaration contrôlée peut être **obligatoire** à raison soit du montant annuel des recettes (voir tableau récapitulatif no 13580), soit de la nature de l'activité exercée.

Sont ainsi obligatoirement placés sous le régime de la déclaration contrôlée, quel que soit le montant des recettes de l'année précédente ou de la pénultième année :

– les contribuables **exclus** du régime **micro-BNC** (voir no 13530) ;

– les **officiers publics et ministériels** (notaires, commissaires de justice... : no 13195), pour les bénéfices provenant de leur charge ou de leur office (CGI art. 100) ;

– les contribuables qui réalisent des bénéfices provenant de la **production littéraire, scientifique ou artistique ou de la pratique d'un sport,** lorsqu'ils ont opté pour le régime spécial d'imposition prévu à l'article 100 bis du CGI (nos 13750 s.) ;

– les contribuables qui, réalisant dans une même entreprise des recettes non commerciales et des recettes commerciales, **optent** pour l'imposition de leurs **recettes commerciales** selon un régime **réel** (CGI art. 96 B) ;

– les opérateurs (à titre habituel) sur des **instruments financiers à terme** (CGI art. 96 A ; voir nos 33400 s.).

> **Précisions** Les auteurs, les scientifiques, les artistes, les sportifs, les écrivains et les compositeurs ainsi que les contribuables qui réalisent des opérations sur des instruments

financiers à terme susvisés conservent la faculté de choisir le régime d'imposition des bénéfices afférents à l'exercice d'une **activité connexe ou différente** (BOI-BNC-DECLA-10-10 nos 30 à 50).

Membres des sociétés de personnes Sont placés sous le régime de la déclaration contrôlée à titre obligatoire les bénéfices revenant aux membres de sociétés de personnes visées aux articles 8 et 8 ter du CGI dont les membres exercent une activité non commerciale : membres de sociétés civiles professionnelles, membres de sociétés civiles de moyens titulaires de BNC ou de sociétés civiles immobilières ayant une activité de sous-location de locaux nus, sociétés de fait. 13472 CGI art. 103 RIE-I-9430 s

Toutefois, les **EURL** relevant de l'impôt sur le revenu dont l'associé unique est une personne physique dirigeant cette société peuvent bénéficier du régime micro-BNC.

Option pour la déclaration contrôlée Lorsqu'il n'est pas obligatoire, le régime de la déclaration contrôlée peut s'appliquer sur option des contribuables relevant de plein droit du régime micro-BNC. 13475 CGI art. 102 ter, 5 RIE-I-10200 s

L'option pour la déclaration contrôlée doit être exercée dans le **délai** de dépôt de la déclaration des bénéfices non commerciaux de l'année au titre de laquelle le contribuable demande à être imposé selon ce régime (voir no 13495). Le changement intervient dès le 1er janvier de l'année précédant celle au cours de laquelle l'option est exercée.

L'option pour la déclaration contrôlée ne nécessite aucun **formalisme** particulier et résulte de la souscription de la déclaration no 2035-SD (BOI-BNC-DECLA-10-10 no 130).

L'option est valable un an et **reconduite tacitement** chaque année pour un an. Le contribuable peut toutefois renoncer à son option dans le délai de dépôt de la déclaration des résultats de la période précédant celle au titre de laquelle la renonciation s'applique. Cette renonciation peut être exercée sur papier libre ou par courriel via la messagerie sécurisée du compte fiscal du contribuable (BOI-BNC-DECLA-10-10 no 150).

EXEMPLES

1. Un contribuable qui relève du régime micro-BNC au titre de 2023 opte pour la déclaration contrôlée des revenus de 2023 dans le délai de dépôt de cette déclaration. Pour les revenus de 2024, l'option est reconduite tacitement. Elle est dénoncée dans le délai de dépôt de la déclaration des résultats de 2024 (soit au plus tard le 20 mai 2025) et n'est donc pas reconduite pour les revenus de 2025.

2. Un contribuable décide d'opter pour la déclaration contrôlée des revenus de 2024 mais il ne souhaite pas que cette option soit reconduite tacitement pour les revenus de 2025. Il doit donc exercer son option au titre de 2024 et y renoncer au titre de 2025 dans le délai de dépôt de la déclaration des résultats de 2024 (soit au plus tard le 20 mai 2025).

Caducité de l'option en cas d'augmentation des recettes : voir no 11255.

Avantages et inconvénients des régimes d'imposition 13480

Les contribuables relevant du régime micro-BNC peuvent choisir de se placer sous le régime de la déclaration contrôlée. Les contribuables qui envisagent de renoncer au régime micro doivent mettre en balance les avantages et inconvénients des deux régimes :

– dans le régime **micro,** les charges sont évaluées par application d'un pourcentage forfaitaire aux recettes réalisées (no 13590) ;

– dans le régime de la **déclaration contrôlée,** il est tenu compte des charges réellement exposées (nos 13250 s.).

Les contribuables placés sous le régime micro sont soumis à des **obligations comptables et déclaratives** très allégées, mais l'option pour le régime de la déclaration contrôlée permet de bénéficier :

– de la **réduction d'impôt pour frais de tenue de comptabilité** accordée aux contribuables adhérents d'organismes de gestion agréés (nos 87990 s.) ;

– de la faculté, le cas échéant, d'imputer les **déficits** constatés dans le cadre de l'exploitation sur le revenu global.

OBLIGATIONS COMPTABLES

Les seules prescriptions d'ordre comptable de portée générale résultent de la réglementation fiscale et peuvent être satisfaites au moyen d'une simple **comptabilité de trésorerie.** 13485 CGI art. 99 BNC-III-2050 s

ATTENTION

Par **exception**, sont tenus au respect du plan comptable général les **notaires** et les sociétés (telles que les **sociétés civiles professionnelles**) qui dépassent deux des trois seuils suivants : 50 salariés ;

3,1 M€ de chiffre d'affaires ou de recettes ; 1,55 M€ de total de bilan (C. com. art. R 612-1). Les commissaires de justice devraient également être soumis au PCG sous réserve de certaines adaptations (voir Mémento Comptable n° 3170). Les autres titulaires de BNC peuvent, s'ils le souhaitent, faire application de ces règles.

13490 Deux documents comptables doivent être tenus :

– un **livre-journal** servi au jour le jour, présentant le détail des recettes et des dépenses professionnelles, et comportant, quelle que soit la profession exercée, l'identité déclarée par le client ainsi que le montant, la date et la forme du versement des honoraires ;

– un **registre des immobilisations et amortissements** comportant les renseignements suivants, relatifs aux éléments d'actif affectés à l'exercice de la profession : date d'acquisition ou de création, prix de revient, montant des amortissements pratiqués et, éventuellement, prix et date de cession.

ATTENTION

Le registre des **immobilisations** doit être appuyé des **pièces justificatives** correspondantes (factures, actes d'acquisition ou de cession...) et celles-ci doivent pouvoir être produites même si le délai normalement prévu pour l'exercice du droit de communication de l'administration est expiré (CE 12-10-1992 n° 65664 : RJF 12/92 n° 1649).

Les adhérents d'organismes de gestion agréés doivent tenir ces documents en respectant une **nomenclature comptable** précise (voir n° 87910, précision a). Pour les autres contribuables, l'utilisation de cette nomenclature, dont le formulaire de déclaration n° 2035-SD reprend l'essentiel des comptes, est non pas obligatoire mais simplement conseillée.

> Précisions a. Par exception à la règle d'enregistrement sur le livre-journal au jour le jour, les exploitants individuels dont le montant annuel de recettes n'excède pas le seuil du RSI fixé pour les prestations de services (n° 11060), au cours de l'année civile ou de l'année civile précédente, peuvent procéder, au cours de l'année, à l'**enregistrement** de leurs **recettes et dépenses professionnelles** en retenant la **date** de l'opération figurant sur le relevé qui leur est adressé par un établissement de crédit, sous réserve d'enregistrer toutes leurs recettes et dépenses de l'année au plus tard le dernier jour de celle-ci (CGI art. 99, al. 5).

b. En ce qui concerne la **comptabilisation des recettes** dans le livre-journal, l'administration a prévu deux mesures d'assouplissement :

– possibilité de comptabilisation globale, en fin de journée, des recettes d'un montant unitaire inférieur à 76 € (seuil fixé à l'article 286, I-3° du CGI), à condition qu'elles aient fait l'objet d'un paiement au comptant et que les justificatifs du détail de ces opérations (notes d'honoraires, brouillard de caisse) soient conservés. Dans ce cas, l'identité du client ne doit figurer que sur les pièces justificatives ;

– pour les honoraires payés par chèque, possibilité d'enregistrement des seuls totaux des bordereaux de remise en banque, sous réserve que ces bordereaux soient conservés et comportent l'identité des différents tireurs (BOI-BNC-DECLA-10-20 n°s 70 et 80).

Dispense d'inscription sur le livre-journal des honoraires conventionnels des **médecins conventionnés** : voir n° 13785.

c. L'obligation de mentionner l'**identité du client** sur le livre-journal s'impose à l'ensemble des professions non commerciales. Pour les **contribuables soumis au secret professionnel,** l'administration admet toutefois que l'identité du client figure sur un document annexe auquel elle a accès, ou que seul le nom du client soit mentionné sur le livre-journal dans la mesure où son identité complète figure dans un fichier couvert par le secret professionnel (BOI précité n° 280). Le Conseil d'État autorise l'administration à avoir accès à des documents non comptables mentionnant l'identité des clients (carnet de rendez-vous, registre d'admission d'une clinique...) (CE 7-7-2004 n° 253711 : RJF 10/04 n° 1023). Mais les contribuables soumis au secret professionnel ne sont pas tenus de répondre aux demandes de l'administration relatives à la nature des prestations fournies (voir n° 78045, c).

DÉCLARATION ANNUELLE DES RÉSULTATS

13495 En plus de la déclaration d'ensemble n° 2042 de leurs revenus (n°s 3670 s.), les contribuables placés sous le régime de la déclaration contrôlée doivent souscrire chaque année une déclaration du résultat non commercial (bénéfice ou déficit) de l'année civile précédente. Un formulaire spécial **n° 2035-SD,** accompagné des annexes n°s 2035-A-SD à 2035-G-SD regroupées dans le formulaire n° 2035-LIASSE-BNC, est conçu à cet effet.

CGI art. 97
BNC-III-3700 s

La déclaration de résultat et ses annexes doivent être produites, par voie électronique (n° 10970), au plus tard le deuxième jour ouvré suivant le 1er mai. Un délai supplémentaire de 15 jours calendaires est toutefois accordé par l'administration (BOI-BNC-DECLA-10-30 n° 270).

La date figurant sur l'accusé de réception ou, le cas échéant, sur l'accusé d'enregistrement adressé par voie électronique fait foi (LPF art. L 286).

> Précisions **a.** Dans le cadre du **foyer fiscal,** c'est au conjoint qui exerce l'activité non commerciale qu'incombe le soin de souscrire la déclaration spéciale (voir n° 335, b).

b. Dans les **sociétés de personnes** et groupements non passibles de l'impôt sur les sociétés (sociétés civiles professionnelles notamment), le formulaire n° 2035-SD est souscrit au niveau de la société ou du groupement par son représentant légal. Il doit être accompagné d'une annexe spéciale n° 2035-AS-SD faisant apparaître la répartition des bénéfices entre les associés.

c. La déclaration doit être accompagnée :
– d'un **tableau de détermination de la valeur ajoutée** produite au cours de l'exercice, lorsque le chiffre d'affaires de cet exercice excède 152 500 € ;
– pour les personnes morales, d'une liste indiquant la **répartition de leur capital social** entre les associés détenant au moins 10 % du capital et de la liste de leurs filiales et leurs participations.

d. Production d'un **état** de suivi ou d'un **registre des plus-values en sursis ou en report d'imposition** en cas : d'apport en société et de transmission à titre gratuit d'une activité individuelle, voir nos 19780 et 19860 ; de fusion, d'apport partiel d'actif ou de scission d'une SCP, voir n° 13875, précision d.

CONTRÔLE DES DÉCLARATIONS

Les déclarations de résultat sont soumises au contrôle de l'administration, qui peut prendre la forme d'un simple dossier (contrôle sur pièces), d'une vérification de comptabilité ou d'un examen de comptabilité. 13500 CGI art. 98 et 100, al. 2 BNC-III-4500 s

ATTENTION

Le service des impôts peut demander au contribuable tous renseignements susceptibles de justifier l'exactitude des chiffres déclarés et notamment tous éléments permettant d'apprécier l'importance de la clientèle. Il peut également exiger la communication du livre-journal, du registre des immobilisations et amortissements, ainsi que de toutes pièces justificatives.

Lorsque l'administration procède ainsi à une **vérification ou un examen de comptabilité,** la procédure est effectuée dans les conditions et sous les garanties indiquées nos 78110 s., 78190 et 79280 s.

À l'issue du contrôle, le service des impôts peut rectifier les déclarations. Il doit, en pareil cas, engager la **procédure de rectification.**

> Précisions Les **officiers publics et ministériels** doivent, à toute réquisition de l'administration, présenter leurs livres, registres, pièces de recettes, de dépenses ou de comptabilité à l'appui des énonciations de leurs déclarations. Ils ne peuvent pas opposer le secret professionnel aux demandes d'éclaircissements, de justifications ou de communication de documents concernant les indications de leur livre-journal ou de leur comptabilité.
Pour les autres contribuables astreints au **secret professionnel,** voir n° 78045, c.

SANCTIONS

a. Le défaut ou le retard de production de la déclaration n° 2035-SD peut entraîner : 13505
– l'application de l'**intérêt de retard** et des **majorations proportionnelles** ;
– l'**évaluation d'office** du bénéfice imposable si le contribuable ne régularise pas sa situation après mise en demeure de l'administration.

b. Sanction applicable en cas de non-respect de l'obligation incombant aux sociétés de joindre à leur déclaration la **liste des associés** détenant au moins 10 % du capital et celle des **filiales et participations** : voir n° 80192.

c. Non-respect des obligations de **déclaration par voie électronique** : voir n° 80200, a.

2. RÉGIME MICRO-BNC

Le régime micro-BNC, qui est un régime de déclaration et d'imposition simplifiées, repose sur la détermination du bénéfice imposable par application au montant des recettes encaissées d'un abattement forfaitaire censé couvrir tous les frais et charges supportés par le contribuable. 13520

CONTRIBUABLES CONCERNÉS

Le régime micro-BNC s'applique en 2024 aux contribuables dont le montant des recettes non commerciales de l'année précédente ou de la pénultième année n'excède pas **77 700 €.** Lorsque cette règle n'est pas respectée, le régime de la déclaration contrôlée est applicable de plein droit. 13525 CGI art. 102 ter, 1 RIE-I-8470 s

ATTENTION

Les **associés de sociétés d'exercice libéral** dont les revenus sont imposables dans la catégorie des BNC à compter de 2024 (n° 13885) peuvent relever du régime micro-BNC lorsqu'ils respectent les seuils de recettes prévus (BOI-RES-BNC-000136).

Les exploitants individuels relevant du régime micro-BNC peuvent, sous certaines conditions, exercer une option pour le **régime de l'auto-entrepreneur** (nos 85100 s.). Ils peuvent aussi choisir de se placer sous le régime de la **déclaration contrôlée** (n° 13475).

Un **tableau** récapitulant la situation des contribuables en 2024 au regard du montant de leurs recettes figure n° 13580.

> Précisions La limite de recettes est actualisée tous les trois ans. La limite actualisée pour 2023 est applicable en 2024 et 2025.

13530 CGI art. 102 ter, 6 RIE-I-8650 s

Exclusions Sont exclus du régime micro-BNC, quel que soit le montant de leurs recettes :

– les contribuables relevant de la **déclaration contrôlée** à titre obligatoire (n° 13470) ;

– les membres de **sociétés de personnes** exerçant une activité non commerciale, pour les bénéfices leur revenant dans ces sociétés à l'exception de certaines EURL (n° 13472) ;

– les contribuables imposés selon les règles des **traitements et salaires,** notamment les auteurs d'œuvres de l'esprit (nos 13735 s.) ainsi que les agents généraux d'assurances (nos 13715 s.) ou les associés de SEL jusqu'à l'imposition des revenus de 2023 (n° 13885) (BOI-BNC-DECLA-10-10 n° 110) ;

– les contribuables dont tout ou partie des **biens** affectés à l'exploitation sont compris dans un **patrimoine fiduciaire,** y compris, le cas échéant, pour les autres activités non commerciales qu'ils exercent (BOI précité n° 80) ;

– les contribuables qui exercent une **activité occulte** au sens de l'article L 169 du LPF (n° 77715).

13535 RIE-I-8800 s

Recettes à retenir La limite de 77 700 € s'apprécie **hors taxe,** que le contribuable soit redevable ou non de la TVA. Les recettes à retenir sont celles effectivement **encaissées** au cours de l'année d'imposition (quels que soient la date de réalisation des opérations et le mode de perception des recettes).

En cas de **création d'une activité** en cours d'année, la limite d'application du régime doit être ajustée au prorata du temps d'exercice de l'activité au cours de l'année civile en fonction du nombre de jours par rapport à 365. Ce prorata n'est pas appliqué aux activités non commerciales intermittentes ou saisonnières (moniteurs sportifs, par exemple) (BOI-BNC-DECLA-20-10 n° 138).

L'ajustement prorata temporis n'emporte toutefois pas de conséquence pour la détermination du régime d'imposition au titre de l'année de création et l'année suivante. En effet, le régime micro-BNC est applicable de plein droit au titre de ces deux années (BOI précité n° 134).

13540 Les recettes à comparer à la limite de 77 700 € s'entendent de l'**ensemble des recettes** de l'année précédente (ou de la pénultième année) perçues dans le cadre de l'exercice de l'activité, y compris les provisions et avances sur prestations futures effectivement encaissées, les prestations réglées en nature sous forme de dons et cadeaux qui constituent la rémunération de services rendus et les honoraires rétrocédés par des confrères. Doivent également être retenus les recettes commerciales accessoires (voir n° 13555), les remboursements de frais reçus de la clientèle, les indemnités diverses qui ne bénéficient pas du régime des plus-values professionnelles, les prix et récompenses (sous réserve de l'exonération visée n° 13310) et les produits financiers (BOI-BNC-DECLA-20-10 nos 50 à 70).

ATTENTION

Pour les **associés de sociétés d'exercice libéral**, il convient de retenir le montant des dépenses professionnelles de l'associé acquittées en son nom et pour son compte par la société au titre de l'année civile précédente ou de la pénultième année, qui auraient été déclarées dans la catégorie des BNC si elles avaient été perçues à compter de 2024 (BOI-RES-BNC-000136).

En revanche, il n'est pas tenu compte des **recettes exceptionnelles** réalisées en cas de cession d'éléments d'actif affectés à l'exercice de la profession ou des indemnités reçues à l'occasion de la cessation de l'exercice de la profession ou du transfert d'une clientèle et des honoraires rétrocédés à des confrères selon les usages de la profession (CGI art. 102 ter, 1). Les débours doivent également être exclus (BOI précité n° 80).

13545 RIE-I-8990 s

Pluralité d'activités BNC Lorsqu'une **même personne** exerce plusieurs activités non commerciales, il est fait masse, au regard du régime micro-BNC, des recettes réalisées dans le cadre des différentes activités pour apprécier la limite de 77 700 €, même s'il s'agit d'entreprises distinctes. En revanche, lorsque plusieurs membres d'un même **foyer fiscal** exploitent des entreprises distinctes, on considère isolément chaque exploitation pour l'appréciation de la limite.

Lorsqu'un contribuable exerce son activité à la fois à titre individuel et au sein d'une **société ou d'un groupement** en qualité d'associé, il est fait masse des recettes réalisées à titre personnel et de celles qui lui reviennent, à proportion de ses droits dans la société. Si les recettes totales n'excèdent pas les limites prévues pour l'application du régime micro, l'activité individuelle (et elle seule) peut bénéficier de ce régime, les sociétés en étant en principe exclues (nº 13530).

> Précisions a. Pour les **officiers publics et ministériels** qui retirent des revenus d'activités connexes, accessoires ou d'autres sources, l'appréciation de la limite s'effectue en faisant abstraction des recettes tirées de l'exploitation de leur charge, laquelle relève obligatoirement de la déclaration contrôlée (nº 13470).

b. S'agissant des associés de **sociétés civiles de moyens,** il est fait abstraction de la part des recettes correspondant aux droits de l'associé dans la société pour l'appréciation du seuil de 77 700 €, dès lors que cette dernière exerce une activité conforme à son objet (BOI-BNC-SECT-70-20 nº 300).

Pluralité d'activités BIC/BNC Lorsque les **activités** commerciales et non commerciales sont **exercées de manière distincte** (autonomie des clientèles, locaux, services et organisation distincts) dans des **entreprises séparées,** chaque activité est imposée dans sa propre catégorie de revenus et le montant des recettes est apprécié distinctement par rapport à chacune des activités. 13550 RIE-I-1330 s

Lorsque les **activités** commerciales et non commerciales sont exercées **au sein d'une même entreprise,** il est fait masse de l'ensemble des recettes pour apprécier les limites du régime micro. 13555

a. Si les **activités** ne sont **pas réputées distinctes** et que l'activité principale est de nature commerciale, les profits retirés de l'activité accessoire de nature non commerciale sont ajoutés au bénéfice commercial (CGI art. 155, I-1) (nº 7925). Lorsque l'activité prépondérante est l'activité non commerciale, les profits retirés de l'activité commerciale sont pris en compte pour la détermination du bénéfice non commercial (CGI art. 155, I-2) (nº 13170, b).

b. Si les **activités** sont réputées **distinctes,** les deux activités sont imposées chacune dans leur catégorie. Le régime micro-BNC n'est applicable que si les recettes totales de l'année précédente ou de la pénultième année n'excèdent pas 77 700 €. Si cette limite est dépassée, le régime de la déclaration contrôlée s'applique et le bénéfice commercial doit être déterminé selon un régime réel d'imposition, quel que soit le chiffre d'affaires provenant de cette activité (CGI art. 96 B). Les contribuables soumis à la déclaration contrôlée pour leurs opérations non commerciales relèvent, pour leur activité commerciale, du régime réel simplifié lorsque leurs recettes totales l'année précédente n'excèdent pas 840 000 € et que la part correspondant aux prestations de services (autres que la fourniture de logements) reste inférieure à 254 000 € (nºs 11060 s.).

Variation des recettes Les règles de franchissement de la limite du régime micro-BNC obéissent aux mêmes règles que celles prévues en cas de franchissement des limites du régime micro-BIC (voir nº 11255 en cas de dépassement de la limite). En cas d'abaissement des recettes, le régime micro-BNC s'appliquera au titre de l'année suivant celle au cours de laquelle les recettes sont devenues inférieures à la limite de ce régime. 13560 CGI art. 102 ter, 1 RIE-I-10500 s

TABLEAU RÉCAPITULATIF

Le tableau ci-dessous fait ressortir la **situation** des contribuables **en 2024** en fonction du montant de recettes réalisées. 13580

Recettes HT 2022	Recettes HT 2023	Régime applicable pour 2024
	Recettes ⩽ 77 700 €	Micro-BNC – Option possible pour la déclaration contrôlée
Recettes ⩽ 77 700 €	Recettes > 77 700 €	Micro-BNC – Option possible pour la déclaration contrôlée
Recettes > 77 700 €	Recettes > 77 700 €	Déclaration contrôlée

IMPOSITION DES BÉNÉFICES D'EXPLOITATION

Le résultat imposable des contribuables placés sous le régime micro-BNC est calculé de manière forfaitaire, avant prise en compte des plus ou moins-values provenant de la cession de biens 13590 CGI art. 102 ter, 1 RIE-II-3080 s affectés par nature à l'exploitation qui sont imposées de manière distincte (voir nos 13600 s.). Les contribuables portent le montant brut de leurs recettes sur la déclaration complémentaire à la déclaration annuelle des revenus. Le bénéfice net est calculé par l'administration par application à ces recettes d'un **abattement forfaitaire** représentatif de frais égal à 34 %, avec un minimum de 305 €.

Cet abattement est réputé tenir compte de toutes les charges, y compris les cotisations sociales et les amortissements linéaires des biens affectés à l'exploitation.

ATTENTION

En cas de **sortie du régime de la déclaration contrôlée** et si l'**option pour une comptabilité d'engagement** prévue à l'article 93 A du CGI a été exercée (n° 13255), le montant hors taxe des créances détenues au 31 décembre de la dernière année imposée selon les modalités prévues à cet article vient diminuer, avant application de l'abattement forfaitaire, les recettes dues l'année suivante au titre du régime micro-BNC. Cette correction est sans incidence pour l'appréciation de la limite d'application du régime micro-BNC (BOI-BNC-DECLA-20-20 n° 15).

13595 Lorsque le régime micro est applicable, l'abattement est pratiqué sur la totalité du chiffre d'affaires.

EXEMPLE

Un professionnel libéral est placé sous le régime micro. Il réalise 75 000 € de recettes hors taxe en 2022, 79 000 € de recettes hors taxe en 2023 et 85 000 € de recettes hors taxe en 2024. Les recettes de 2022 ne dépassant pas le seuil de 77 700 €, le régime micro-BNC s'applique de plein droit en 2024, même si le montant des recettes réalisées en 2023 et en 2024 excède ce seuil.
Calcul de l'abattement : 85 000 € × 34 % = 28 900 €.
Calcul du bénéfice net imposable : 85 000 € – 28 900 € = 56 100 €.

IMPOSITION DES PLUS-VALUES

13600
RIE-II-3400 s

Biens concernés Seule la cession de **biens affectés par nature à l'exploitation** donne lieu à l'imposition des plus-values selon le régime des plus-values professionnelles.

L'administration a indiqué que le patrimoine professionnel des contribuables relevant du micro-BNC est défini dans les mêmes conditions que pour ceux placés sous le régime de la déclaration contrôlée (n° 13275) (BOI-BNC-BASE-30-10 nos 40 et 50). En font donc partie les biens affectés par nature à l'exercice de la profession. La cession de **biens non affectés** par nature à l'exploitation mais utilisés dans le cadre de celle-ci ne saurait donner lieu, à notre avis, à la taxation d'une plus-value professionnelle dès lors qu'aucune inscription de ces biens n'est exigée (n° 13620).

Quant aux **biens non utilisés** pour l'exercice de la profession, ils ne peuvent jamais faire partie du patrimoine professionnel.

ATTENTION

Les exploitants relevant du régime micro-BNC sont par ailleurs soumis au principe de **séparation des patrimoines professionnel et personnel,** suivant lequel le patrimoine professionnel est composé des éléments utiles à l'exercice de l'activité (C. com. art. L 526-22 : voir n° 87210).

13605
RIE-II-3520 s

Modalités d'imposition Les plus et moins-values provenant de la cession de biens affectés à l'exploitation sont prises en compte distinctement pour l'assiette de l'impôt sur le revenu dans les conditions prévues par l'article 93 quater du CGI (voir nos 18000 s.). Les **plus-values nettes à long terme** doivent être portées sur la déclaration n° 2042 C Pro afin d'être imposées au taux réduit dans la catégorie BNC réel. Les plus-values nettes **à court terme** sont soumises au barème progressif de l'impôt sur le revenu, sous réserve de la faculté d'étalement sur trois ans : voir n° 18075. Les plus-values peuvent bénéficier des régimes d'exonération prévus aux articles 151 septies et 238 quindecies du CGI si les conditions d'application de ces dispositifs sont remplies (voir nos 18200 s. et 19650 s.).

Les **moins-values nettes à court terme** sont génératrices d'un déficit imputable sur le revenu global si l'activité est exercée à titre professionnel. Moins-values nettes **à long terme** : voir n° 18115.

En ce qui concerne les événements entraînant la réalisation de plus ou moins-values de cession, voir n° 17730.

OBLIGATIONS COMPTABLES

13610
CGI art. 102 ter, 4
RIE-II-3750 s

Les obligations comptables des contribuables placés sous le régime micro-BNC sont très allégées. Ceux-ci doivent tenir et, sur demande du service des impôts, présenter un **document** enregistrant le détail journalier de leurs **recettes** professionnelles.

Lorsqu'il est tenu par un contribuable non adhérent d'un organisme de gestion agréé, ce document doit mentionner l'identité déclarée par le client, ainsi que le montant, la date et la forme du versement des honoraires.

Des **mesures d'assouplissement** sont prévues par l'administration concernant l'enregistrement des recettes d'un montant unitaire inférieur à 76 € et des honoraires payés par chèque (voir n° 13490, précision b).

Personnes tenues au **secret professionnel** : voir n° 13490, précision c.

Allégements comptables des **médecins conventionnés** : voir n° 13785.

OBLIGATIONS DÉCLARATIVES

Les contribuables relevant du régime micro-BNC sont dispensés de produire une déclaration spécifique. Ils portent le montant des recettes annuelles et des plus ou moins-values réalisées au cours de l'année sur la **déclaration** complémentaire à la déclaration annuelle des revenus (**n° 2042 C Pro**). 13620 CGI art. 102 ter, 2 RIE-II-4000 s

Aucune mention relative aux **biens affectés à l'exploitation** n'est exigée.

À propos des conséquences des **infractions** aux obligations déclaratives à l'égard de la procédure d'évaluation d'office, voir n° 79080.

En ce qui concerne les obligations déclaratives spécifiques des contribuables ayant opté pour le régime de l'**auto-entrepreneur,** voir n°s 85230 s.

3. CESSATION D'ACTIVITÉ OU DÉCÈS

La cessation de l'exercice d'une profession non commerciale ou le décès du contribuable entraîne l'imposition immédiate des bénéfices non encore taxés à la date de la cessation ou du décès. 13640 CGI art. 202 BNC-III-10270 s

CAS DE CESSATION

La cessation d'une **activité exercée à titre individuel** implique l'abandon définitif de l'activité sous cette forme, quelle qu'en soit la cause (départ en retraite, apport en société, radiation d'un ordre...). 13650 BNC-III-10310 s

Pour les **sociétés de personnes,** il y a cessation non seulement en cas de dissolution, mais aussi en cas de changement de régime fiscal ou d'activité réelle de la société. Les conséquences de la cessation sont toutefois atténuées dans ces deux dernières situations : voir n°s 38715 s. et 38755 s.

Cession ou rachat **des parts** d'un associé **en cours d'année** : voir n°s 37660 s.

> **Précisions** **a.** Une cession de clientèle suivie du **changement du lieu d'exercice** de la profession ne constitue pas un cas de cessation et de taxation immédiate (BOI-BNC-CESS-10-10 n° 140). Mais il en va différemment si le contribuable change à la fois de clientèle, de lieu et de nature d'activité (CE plén. 6-10-1982 n° 25080 : RJF 11/82 n° 1048).
> **b.** La **mise en location** d'une clientèle libérale ne constitue pas une cessation d'activité et n'entraîne donc pas d'imposition immédiate (CE 11-5-1984 n°s 38025 et 37522 : RJF 7/84 n°s 824 et 825 ; BOI-BNC-BASE-30-10 n° 140). Les redevances de location perçues sont imposables dans la catégorie des BNC (CE 3-12-1990 n°s 42927 et 42928 : RJF 2/91 n° 162).
> **c.** L'**apport en jouissance** d'une clientèle à une société en contrepartie de la remise de droits sociaux ne constitue pas une cessation d'activité (CE 18-9-1998 n° 135565 : RJF 11/98 n° 1292). La rémunération de cet apport doit être retenue pour la détermination du résultat de l'apporteur, la recette imposable étant égale à la valeur réelle des parts à la date de leur remise (CE 26-3-2003 n° 220441 : RJF 6/03 n° 708).

BASE ET CALCUL DE L'IMPOSITION IMMÉDIATE

Les règles de détermination des bénéfices immédiatement taxables du fait de la cessation d'activité ou du décès du contribuable sont pour l'essentiel les mêmes que celles applicables en cas de cessation d'une activité industrielle ou commerciale (voir n° 11460). 13660 BNC-III-10700 s

ATTENTION

Par dérogation au principe général de prise en compte des recettes encaissées et des dépenses payées, sont également retenues les **créances acquises** et non encore recouvrées (en contrepartie, l'administration admet la déduction des dépenses engagées et non encore acquittées : BOI-BNC-CESS-10-20 n° 1). Il en est de même lorsque le contribuable relève du régime micro-BNC.

Le taux du **prélèvement à la source** applicable à cette imposition immédiate est le dernier taux retenu pour le calcul de l'acompte mentionné à l'article 204 A du CGI.

> **Précisions** **a.** En cas de **décès,** les créances acquises dont l'échéance normale intervient au cours d'une année postérieure à celle du décès font l'objet d'une imposition distincte, ce qui atténue la progressivité de l'impôt (n° 4765).
> **b.** **Établissement des impositions** consécutives à la cessation ou au décès : voir n° 11505, 1 et 3.

13665 **Cas particuliers : restructurations d'activités libérales** Deux exceptions au principe de l'imposition immédiate des **créances acquises** sont prévues en cas d'opérations de restructuration ou de transformation d'une activité libérale. Ces régimes s'appliquent sur **option,** jointe à la déclaration de cessation d'activité. Lorsque l'activité était exercée dans le cadre d'une société de personnes, chaque associé doit exercer l'option, jointe à sa déclaration de revenus, à raison de la part des créances (et des dépenses engagées) correspondant à ses droits dans la société, l'option exercée par un associé étant sans effet sur la situation des autres associés (BOI-BNC-CESS-20-20 n° 210 ; BOI-BNC-CESS-30-20 n° 10).

CGI art. 202 quater BNC-III-11400 s

1. La première concerne les événements suivants : **apport d'une activité libérale** à une société de personnes ou à une SEL, **option pour l'IS** d'une société de personnes, **transformation** d'une société de personnes en SEL, opérations de **fusion ou** de **scission** d'une SCP visées à l'article 151 octies A du CGI (voir n° 13875), absorption ou scission d'une société de personnes translucide au profit d'une autre société de personnes translucide (SCP notamment) ou d'une SEL, à condition que l'apporteur ou l'associé de la société concernée exerce sa profession dans le cadre de la société bénéficiaire de l'apport ou transformée.

Les **créances acquises** et les **dépenses engagées** au titre des **trois mois qui précèdent** la réalisation de l'événement sont prises en compte (de manière extra-comptable) non pas dans les résultats de l'apporteur, mais dans ceux de la société qui les recouvre ou les acquitte, à condition que les créances et les dettes soient inscrites au bilan de cette société. Cette prise en compte s'effectue au titre de l'exercice en cours au premier jour du mois qui suit la période de trois mois, ou au titre de l'année de leur encaissement ou du paiement si la société pratique ce mode de comptabilisation. Les créances entachées d'un risque de non-recouvrement peuvent être déduites, sous forme de provisions, du montant de l'imposition à établir au nom de la société qui poursuit l'activité (BOI-BNC-CESS-20-20 n° 80).

Le dispositif s'applique sur **option conjointe** des deux parties à l'opération.

CGI art. 1663 bis BNC-III-11900 s

2. La seconde exception s'applique aux **opérations** suivantes : **apport d'une activité libérale** à une société de personnes ou à une SEL, **transformation** d'une société de personnes en SEL, **fusion** de sociétés de personnes ou d'une société de personnes et d'une SEL, à condition que le professionnel libéral exerçant à titre individuel ou dans le cadre de la société devienne, dans les trois mois de la cessation, associé de la société pour y exercer sa profession, **option pour l'IS** d'une société de personnes.

Le contribuable peut demander l'**étalement,** sur trois ou cinq ans au choix, du paiement de l'impôt supplémentaire qui résulte de la prise en compte des créances acquises. Les créances à prendre en compte doivent, selon l'administration, être diminuées des dépenses professionnelles engagées et non encore réglées (BOI-BNC-CESS-30-20 n°s 50 à 70). Le fractionnement donne lieu au versement d'un intérêt au taux légal. Les sommes dues deviennent immédiatement exigibles en cas de transfert du domicile hors de France, de décès ou de retrait de la société et de défaut de paiement d'une échéance.

Lorsque les deux régimes sont susceptibles de s'appliquer dans la même situation, le régime de fractionnement ne s'applique pas aux créances et dettes qui bénéficient du transfert d'imposition prévu à l'article 202 quater du CGI.

OBLIGATIONS DÉCLARATIVES

13675 CGI art. 202 BNC-III-13350 s

Le contribuable soumis à la **déclaration contrôlée** doit, d'une part, informer l'administration de la cessation d'activité et de sa date d'effet (en indiquant, le cas échéant, l'identité de son successeur), d'autre part, produire auprès du service des impôts la **déclaration** de résultat nécessaire à l'imposition immédiate.

En cas de décès, ces renseignements sont fournis par les ayants droit de l'exploitant.

Les obligations déclaratives ainsi définies doivent être remplies dans les **délais** suivants :

– dans les 60 jours de la cessation effective de l'activité ou, s'il s'agit d'une charge ou d'un office, dans les 60 jours de la publication au Journal officiel de la nomination du nouveau titulaire (à moins que la cessation effective d'activité ne soit postérieure à cette publication) ;

– ou dans les six mois du décès.

En cas de **liquidation** d'une société soumise au régime fiscal des sociétés de personnes exerçant une activité relevant des BNC, l'**approbation des comptes définitifs** du liquidateur marque le point de départ du délai de la déclaration prévue par l'article 202 du CGI (CE 25-6-2021 n° 440982 : RJF 10/21 n° 920).

Pour le **lieu de dépôt** de la déclaration de cessation, voir n° 88200.

Le contribuable relevant du régime **micro-BNC** doit déclarer la cessation d'activité et faire parvenir à l'administration la déclaration n° 2042 C Pro nécessaire à l'imposition immédiate dans un délai de 60 jours (six mois en cas de décès). Cette imposition fait l'objet d'une régularisation à la suite du dépôt de la déclaration n° 2042 C Pro de l'année concernée. 13680 RIE-II-4060 s

D. Régimes spéciaux

AGENTS GÉNÉRAUX D'ASSURANCES

Les agents généraux et sous-agents d'assurances peuvent bénéficier, sur option, du **régime fiscal des salariés** pour les commissions reçues des compagnies qu'ils représentent ès qualités, sous réserve du respect des trois **conditions** suivantes : 13715 CGI art. 93, 1 ter BNC-IV-200 s

– les **commissions,** définies comme les sommes perçues par l'agent d'assurances en rémunération de l'apport ou de la gestion d'un contrat déterminé (CE 13-7-2007 n° 278683 : RJF 11/07 n° 1250), doivent être **intégralement déclarées par les tiers** ;

– les contribuables intéressés ne doivent pas bénéficier, à titre individuel ou en qualité d'associé d'une société de personnes, d'**autres revenus professionnels,** à l'exception des courtages et autres rémunérations directement liés à l'exercice de leur profession et des traitements et salaires (BOI-BNC-SECT-10-10 nos 180 et 200) ;

– le montant de ces **courtages et autres rémunérations accessoires** ne doit pas excéder le seuil de 10 % du montant brut des commissions, apprécié en faisant abstraction des intérêts des comptes bloqués où sont placés les excédents de trésorerie provenant des primes encaissées et non encore reversées aux compagnies (BOI précité nos 250 à 270).

L'**option** pour ce régime reste valable tant qu'elle n'est pas expressément dénoncée par le contribuable. L'option, comme la dénonciation, doit être formulée avant le 1er mars de l'année d'imposition concernée (par exemple, avant le 1er mars 2024 pour l'imposition des revenus de 2024).

Peuvent exercer l'option, dans les mêmes conditions que les agents d'assurances :

– les **mandataires** des compagnies et sociétés d'assurances visés à l'article R 511-2, I-4° du Code des assurances (BOI précité n° 50) ;

– les **employés** des sociétés d'assurances qui apportent occasionnellement des contrats à leurs compagnies (BOI précité n° 90) ;

– les associés des **agences en société créées avant 1949** et les **agents d'assurances membres d'une société en participation** à condition que les compagnies d'assurances individualisent les commissions versées (BOI précité n° 80 ; BOI-BNC-SECT-10-30 nos 20 et 40). Le **versement global des commissions** ne fait pas obstacle à l'exercice de l'option dès lors que les agents ont des mandats solidaires et conjoints et que les compagnies déclarent le montant des commissions revenant à chaque associé conformément à la convention-partage conclue par les intéressés (CE 11-2-2002 n° 231407 : RJF 5/02 n° 509).

Une fois l'option exercée, le **montant imposable** des commissions perçues est déterminé suivant les règles prévues en matière de traitements et salaires, c'est-à-dire après défalcation des dépenses professionnelles, les intéressés ayant le choix entre la déduction forfaitaire de 10 %, appliquée après imputation des honoraires rétrocédés et des cotisations sociales versées dans le cadre de régimes obligatoires et la déduction des frais réels. 13725

ATTENTION

Les revenus admis au régime spécial conservent malgré tout le **caractère de BNC,** moyennant quoi : les commissions donnent lieu au paiement d'**acomptes** pour l'application du **prélèvement à la source** (BOI-IR-PAS-10-10-20 n° 60) ; les **plus-values** d'actif relèvent du régime des plus-values professionnelles ; les agents d'assurances restent soumis aux **obligations comptables** des titulaires de BNC et peuvent prétendre à toutes les garanties prévues en leur faveur en cas de contrôle (CE plén. 27-11-1987 n° 49581 : RJF 1/88 n° 9).

Les contribuables doivent joindre à leur **déclaration** annuelle de revenus n° 2042 un état donnant la ventilation des sommes reçues suivant les parties versantes. Mais ils n'ont pas à souscrire de déclaration n° 2035-SD au titre des revenus soumis au régime des salaires.

› Précisions a. Les **indemnités compensatrices** versées par les compagnies d'assurances à leurs **agents généraux** lors de la cessation de leur mandat, conclu depuis au moins cinq ans, à l'occasion d'un **départ en retraite** sont exonérées d'impôt sur le revenu à condition que l'agent général fasse valoir ses droits à la retraite dans les deux années suivant la cessation du mandat et que l'activité soit intégralement poursuivie dans le délai de deux ans. Le nouvel agent peut s'installer à une autre adresse se situant dans la circonscription géographique couverte par le mandat repris (BOI-BNC-CESS-40-10 n° 315). Lorsque l'agent général est investi de plusieurs mandats, les portefeuilles peuvent être transmis à un ou plusieurs nouveaux agents (BOI précité n° 320).

En contrepartie de l'exonération, les agents doivent s'acquitter d'une taxe spécifique fixée à 2 % de la fraction de l'indemnité comprise entre 23 000 € et 107 000 €, 0,60 % de la fraction comprise entre 107 000 € et 200 000 € et 2,60 % de la fraction supérieure à 200 000 € (CGI art. 151 septies A, V : BNC-II-7660 s.).

b. À compter de l'imposition des revenus de 2023, l'indemnité compensatrice versée à un agent général d'assurance exerçant à titre individuel par la compagnie d'assurances qu'il représente à l'occasion de la cessation du mandat conclu depuis au moins cinq ans peut bénéficier du régime d'exonération prévu à l'article 238 quindecies du CGI (n° 19650 s.), sous réserve qu'il **cède son entreprise ou une branche complète d'activité** (Loi 2023-1322 du 29-12-2023 art. 20).

ÉCRIVAINS, COMPOSITEURS, ARTISTES ET AUTRES AUTEURS D'ŒUVRES DE L'ESPRIT

13735 CGI art. 93, 1 quater BNC-IV-5400 s

Les **droits d'auteur** perçus par les auteurs d'œuvres de l'esprit mentionnées à l'article L 112-2 du Code de la propriété intellectuelle (notamment : écrivains, auteurs et compositeurs, auteurs d'œuvres cinématographiques, peintres, graveurs, dessinateurs, illustrateurs, photographes, architectes) sont soumis à l'impôt sur le revenu selon les règles prévues en matière de **traitements et salaires** lorsqu'ils sont intégralement déclarés par les tiers.

ILLUSTRATIONS

Peuvent être considérés comme **créateurs d'œuvres originales de l'esprit** les auteurs, notamment, d'écrits littéraires, artistiques et scientifiques, d'œuvres orales comme les conférences, allocutions, sermons et plaidoiries, quel que soit le mode de leur fixation, d'œuvres chorégraphiques et d'autres formes d'art d'expression corporelle, quel que soit leur mode de fixation, de compositions musicales avec ou sans paroles, y compris générées au moyen de systèmes électroniques, d'œuvres audiovisuelles et radiophoniques, qu'ils soient auteurs du scénario, de l'adaptation, des dialogues, des compositions musicales ou de la réalisation, d'œuvres graphiques et plastiques, comme les sculptures, dessins, bandes dessinées, peintures et lithographies, d'œuvres photographiques ou obtenues par un procédé analogue, d'œuvres des arts appliqués à l'industrie, sous réserve que leur forme ne soit pas imposée par leur fonction, de logiciels, de créations vestimentaires et articles de mode (BOI-BNC-SECT-20-10-10 n° 90).

L'administration admet également l'application du régime aux droits perçus par les **auteurs d'œuvres dérivées** (traductions, abrégés et résumés, adaptations, transformations et arrangements d'œuvres originales) (BOI précité n° 100).

Mais seuls les auteurs d'œuvres de l'esprit peuvent bénéficier du régime des traitements et salaires, à l'exclusion de leurs **héritiers ou légataires.** Sont également exclus les **interprètes** de ces œuvres (chanteurs, comédiens, acteurs ou artistes du monde du spectacle) (BOI précité nos 110 et 120).

Le régime spécial s'applique automatiquement, que l'activité soit exercée à titre principal ou accessoire, dès lors que les droits d'auteur sont intégralement **déclarés par** le débiteur ou **la partie versante** (n° 78365), ou sont de **source étrangère** (BOI-BNC-SECT-20-10-20 n° 50). Les intéressés peuvent cependant y renoncer et opter pour le régime de droit commun des BNC. Cette option, jointe à la déclaration spéciale des BNC, vaut pour l'année au titre de laquelle elle est exercée et les deux années suivantes. Elle est irrévocable durant cette période (BOI-BNC-SECT-20-10-50 n° 30).

Ce régime peut être combiné avec le régime de l'article 100 bis du CGI qui permet d'opter pour l'imposition sur un **bénéfice moyen** calculé sur trois ou cinq ans (nos 13750 s.).

13740 Le **revenu net imposable** s'obtient en retranchant successivement du montant brut des droits d'auteur les cotisations payées au titre des régimes obligatoires de sécurité sociale puis les frais professionnels dont la déduction s'opère dans les mêmes conditions que pour les salariés.

Les **recettes** à prendre en compte s'entendent des sommes effectivement encaissées au cours de l'année d'imposition, à l'exclusion des prix littéraires et artistiques exonérés (voir n° 13310). Un état détaillé des produits perçus, ventilés selon les parties versantes, doit être tenu par le contribuable.

ATTENTION

Le régime spécial ne prive pas les droits d'auteur de leur **caractère de BNC**. Il s'ensuit que les droits d'auteur donnent lieu au paiement d'**acomptes** pour l'application du **prélèvement à la source** (BOI-IR-PAS-10-10-20 n° 60). En cas de **contrôle** et de **rectification,** leurs titulaires bénéficient des garanties propres à cette catégorie de revenus, notamment du droit de saisir la commission des impôts (CE 19-2-2003 n° 197768 : RJF 5/03 n° 568).

La **déclaration** spéciale de résultat n'a pas à être souscrite.

> **Précisions a.** Dans le cadre des **frais réels,** les auteurs d'œuvres de l'esprit peuvent déduire le prix d'acquisition des matériels et mobiliers dont la valeur unitaire n'excède pas 500 € et la dépréciation annuelle (sous forme d'amortissement linéaire) des matériels dont la valeur excède ce montant.
> Par mesure de simplification, l'administration permet d'appliquer au montant brut des droits perçus, diminué des cotisations versées au titre du régime de sécurité sociale, une déduction de 3 % couvrant les frais suivants : documentation générale (autre que la documentation technique), réceptions à domicile, voyages, communications téléphoniques et fournitures diverses (papeterie, supports d'enregistrement...) (BOI-BNC-SECT-20-10-40 n° 310).
> **b.** En cas d'**activité salariée parallèle,** le plafonnement de la déduction de 10 % s'applique globalement (BOI-BNC-SECT-20-10-20 n° 130).
> **c.** Lorsque les droits d'auteur sont soumis à la **retenue de TVA** et que le contribuable pratique la déduction forfaitaire pour frais, le montant des sommes imposables doit être retenu hors TVA et augmenté du forfait des droits à déduction de TVA (n°s 61705 s.). En cas d'option pour les frais réels, les droits d'auteur soumis à la retenue de TVA sont pris en compte TTC et la TVA versée au Trésor fait partie des dépenses professionnelles déductibles (BOI-BNC-SECT-20-10-20 n°s 190 et 200).

REVENUS PROVENANT DE LA PRODUCTION LITTÉRAIRE, SCIENTIFIQUE, ARTISTIQUE OU DE LA PRATIQUE D'UN SPORT

Lorsqu'ils sont soumis au régime de la **déclaration contrôlée,** les titulaires de bénéfices provenant de la production littéraire, scientifique ou artistique, ou de la pratique d'un sport peuvent demander à être imposés sur la base d'un revenu égal à la moyenne des bénéfices de l'année d'imposition et des deux ou quatre années précédentes (bénéfices résultant, chaque année, de l'excédent des recettes sur les dépenses). Ce régime ne s'applique qu'aux bénéfices retirés d'une activité directement exercée par les contribuables, ce qui exclut les **héritiers et légataires** (BOI-BNC-SECT-20-20 n° 60). **13750** CGI art. 100 bis BNC-IV-15000 s

Les **artistes du spectacle** et les **sportifs salariés** peuvent opter pour l'imposition de leurs salaires selon les mêmes modalités : moyenne triennale ou quinquennale des salaires perçus diminués des frais professionnels (CGI art. 84 A).

Les revenus des sportifs ne provenant pas des **activités sportives** proprement dites (recettes publicitaires, par exemple) sont exclus du régime (BOI précité n° 80).

L'**option** est exercée en général lors du dépôt de la déclaration de bénéfice. Mais elle peut également être formulée, dans les délais de prescription, par voie de réclamation contentieuse ou à la suite d'une procédure de rectification, ce qui est susceptible d'entraîner la révision des impositions ultérieures déjà établies (BOI-BNC-SECT-20-20 n° 110). **13755**

Le choix de la **période de référence** – trois ou cinq ans – doit être expressément mentionné et ne peut être modifié par la suite. L'option est possible même si aucun revenu n'a été perçu au cours des années antérieures : un montant de revenu nul est alors retenu pour les années en cause. Elle peut être révoquée. La demande de **révocation** doit être jointe à la déclaration de bénéfices de l'année au titre de laquelle le contribuable souhaite que le régime du bénéfice moyen cesse de s'appliquer. Ce régime continue toutefois à produire ses effets, pendant une période transitoire, pour l'imposition de la fraction non encore taxée des bénéfices réalisés au cours des années couvertes par l'option.

EXEMPLE

Option pour l'application de l'article 100 bis (bénéfice moyen calculé sur trois ans) à compter des revenus de 2023 et révocation de l'option au titre de l'année 2026.

Années	Application art. 100 bis	Bénéfice	Montant imposable	
2021	Non	0		0
2022	Non	45 000		45 000
2023	Oui	80 000	1/3 (0 + 45 000 + 80 000) =	41 667
2024	Oui	250 000	1/3 (45 000 + 80 000 + 250 000) =	125 000
2025	Oui	100 000	1/3 (80 000 + 250 000 + 100 000) =	143 333
2026	Non	50 000	1/3 (250 000 + 100 000) + 50 000 =	166 667
2027	Non	20 000	1/3 (100 000) + 20 000 =	53 333
2028	Non	0		0

Ce système permet d'atténuer les effets de la progressivité de l'impôt. Il ne doit cependant pas être adopté si le contribuable a réalisé des bénéfices plus importants au cours des années précédant l'option, car ces bénéfices déjà taxés entrent à nouveau dans la base d'imposition.

13760 CGI art. 93, 9 BNC-IV-16100 s **Artistes de la création plastique** Les bénéfices réalisés par les auteurs d'œuvres d'art originales à l'occasion de la **cession de leurs œuvres** ouvrent droit à un **abattement** de 50 %, plafonné à 50 000 € au titre de leur première année d'activité et des quatre années suivantes. Cette mesure s'applique également aux bénéfices tirés de la **cession ou de l'exploitation des droits patrimoniaux** dont ils sont titulaires à l'égard de ces œuvres. Ce régime ne peut pas être cumulé avec l'option pour l'imposition d'après un **bénéfice moyen** (voir nos 13750 s.).

13765 CGI art. 93, 10 BNC-IV-16500 s **Juges et arbitres sportifs** Les revenus perçus par les juges et arbitres sportifs dans le cadre de leur activité (indemnités et remboursements de frais compris) sont exonérés s'ils sont inférieurs à 14,5 % du plafond annuel de la sécurité sociale, soit 6 723 € pour 2024.

MÉDECINS CONVENTIONNÉS

13770 BNC-IV-17000 s Les médecins relevant du régime de la **déclaration contrôlée** qui ont adhéré à la convention nationale peuvent bénéficier d'un régime spécial, conçu par l'administration.

Le régime est réservé aux médecins omnipraticiens ou généralistes, aux chirurgiens, aux spécialistes médicaux ou chirurgicaux et aux électroradiologistes conventionnés (les chirurgiens-dentistes en sont exclus) (BOI-BNC-SECT-40 n° 20).

13775 BNC-IV-17700 s **Frais professionnels** Les médecins conventionnés du secteur I placés sous le régime de la déclaration contrôlée doivent en principe, comme la généralité des titulaires de BNC, faire état de leurs frais réels. Toutefois, ils sont autorisés à pratiquer :

– un **abattement forfaitaire,** destiné à tenir compte des sujétions particulières auxquelles ils sont tenus, dont le montant varie selon les praticiens et le niveau de recettes. Le barème applicable est reproduit n° 97280 ;

– une **déduction complémentaire de 3 %** calculée sur le montant des honoraires conventionnels ;

– un **abattement de 2 %** représentatif des frais suivants : représentation, réception, prospection, cadeaux professionnels, travaux de recherche, blanchissage, petits déplacements.

ATTENTION

L'abattement de 2 % s'applique uniquement si le contribuable choisit – au début de chaque année – de ne pas comptabiliser en charges les dépenses correspondantes (BOI-BNC-SECT-40 n° 130).

La base de calcul de l'abattement correspond au montant des recettes brutes, y compris les honoraires de dépassement. En revanche, les plus-values de cession d'éléments d'actif affectés à l'activité professionnelle sont exclues de l'assiette de l'abattement (BOI précité n° 120).

› Précisions **a.** Les frais de **petits déplacements** couverts par **l'abattement de 2 %** ne concernent que l'usage, à l'intérieur de l'agglomération, de moyens de transport autres qu'un véhicule professionnel et les frais de stationnement. Les autres frais sont déductibles dans les conditions habituelles (BOI-BNC-SECT-40 n° 120).

b. L'abattement de 2 % s'applique aux **sociétés de personnes** exclusivement constituées entre des médecins conventionnés du secteur I (BOI précité n° 150).

13785 BNC-IV-19500 s **Allégements comptables** Les médecins conventionnés du secteur I sont dispensés d'inscrire sur leur **livre-journal** le montant des **honoraires conventionnels** ayant donné lieu à la délivrance de feuilles de soins à des assurés sociaux (dispense subordonnée à l'indication du montant total des honoraires perçus sur les feuilles de soins) (BOI-BNC-DECLA-10-20 n° 360).

L'enregistrement sur le livre-journal demeure en revanche obligatoire pour les recettes journalières correspondant à la partie de l'activité non couverte par la convention.

La tolérance administrative ne concerne pas les médecins adhérents d'un **organisme de gestion agréé** qui sont tenus à des obligations comptables inhérentes à l'adhésion.

› Précisions **a.** La dispense accordée par l'administration aux médecins conventionnés équivaut à les autoriser à ne déclarer que les seules recettes figurant sur les relevés de sécurité sociale (notamment CE 20-2-1985 n° 36249 : RJF 4/85 n° 570 ; BOI-BNC-DECLA-10-20 n° 400). En cas de **réception tardive des relevés,** les médecins qui n'ont pu indiquer le montant de leurs recettes dans leur **déclaration** souscrite dans le délai légal n'encourent ni procédure d'imposition d'office pour défaut de déclaration ni pénalités pour insuffisance de déclaration (CE 20-2-1985 précité). Mais la mesure administrative ne constitue pas une dérogation à la règle de prise en compte de toutes les recettes effectivement perçues au cours de l'année pour la **détermination du bénéfice** imposable. Elle ne fait donc pas obstacle à ce que le service des impôts détermine le bénéfice en retenant, s'il l'estime nécessaire, non pas les recettes figurant sur les relevés de sécurité sociale, mais les **recettes effectivement perçues** (notamment CE 6-11-1995 n° 150088 : RJF 1/96 n° 38).

De leur côté, les médecins peuvent **renoncer à la tolérance** et comptabiliser et déclarer leurs recettes selon les règles de droit commun.

b. Le document journalier des recettes à tenir par les médecins qui relèvent du régime **micro-BNC** (nos 13520 s.) peut également être constitué par les relevés individuels de sécurité sociale (BOI-BNC-DECLA-20-30 n° 80).

INVENTEURS

Produits relevant du régime des plus-values à long terme Bénéficient du régime des plus ou moins-values à long terme les produits perçus par un **inventeur personne physique** et ses **ayants droit** au titre de la cession ou de la concession de licences d'exploitation d'un logiciel protégé par le droit d'auteur, d'une invention brevetable ou d'un actif incorporel satisfaisant aux conditions posées aux 1°, 2° ou 4° de l'article 238, I du CGI (brevet, certificat d'utilité, certificat complémentaire de protection, certificat d'obtention végétale ou procédé de fabrication industriel répondant à certaines conditions : voir n° 10422). 13790 CGI art. 92, 2-3° et 93 quater, I BNC-IV-8000 s

Les produits mentionnés n° 13790 sont imposés dans la catégorie des bénéfices non commerciaux et relèvent du régime des plus ou moins-values à long terme. Ils sont taxés au **taux réduit** spécifique de 10 %, majoré, selon les cas, des prélèvements sociaux ou des cotisations et contributions sociales. 13792

Dans sa doctrine antérieure à la réforme du régime de la propriété industrielle opérée par l'article 37 de la loi 2018-1317 du 28 décembre 2018, et non mise à jour depuis, l'administration a précisé que le résultat imposable est déterminé :

– en cas de **cession,** sous déduction des frais de recherche et de mise au point du brevet ou du logiciel et, le cas échéant, des frais exposés pour sa maintenance ou son amélioration (BOI-BNC-SECT-30-10-10 n° 110 ; BOI-BNC-SECT-30-20 n° 30). L'évaluation en termes monétaires du temps de travail du contribuable ne peut être prise en compte (Rép. Frédéric-Dupont : AN 24-2-1979 n° 7978, non reprise dans Bofip) ;

– en cas de **concession,** sous déduction des dépenses de recherche et des dépenses relatives à la gestion de la concession (BOI-BNC-SECT-30-10-10 nos 150 s.).

Mais la déduction des frais exposés avant l'année de perception des produits de cession ou de concession ne peut être admise que si ces frais n'ont pas déjà été imputés soit sur d'autres produits, soit par le biais de l'imputation des déficits auxquels ils ont pu donner naissance (n° 13800).

Pour le **concessionnaire,** les **redevances versées** sont déductibles dans les conditions de droit commun.

Autres produits Les produits ne relevant pas du régime des plus ou moins-values à long terme, tels que notamment les produits tirés de la cession ou de la concession de **marques de produits ou de services,** de **savoir-faire** ou de **secrets de fabrique,** sont imposables dans les conditions de droit commun : 13795 CGI art. 93, 1 et 2 BNC-IV-10000 s

– dans la catégorie des BNC lorsqu'ils sont perçus par les **inventeurs ou leurs héritiers** ;

– dans la catégorie des BIC lorsqu'ils sont perçus par d'**autres personnes.**

L'imposition est en principe établie sur le montant net des produits, après déduction des **frais** réels exposés (n° 13792).

Les **inventeurs** – et eux seuls – sont toutefois autorisés à pratiquer un **abattement de 30 %** sur les profits provenant des concessions de licence d'exploitation de brevets, ou des cessions ou concessions de procédés ou formules de fabrication (sauf si ces profits sont taxés selon le régime des plus-values à long terme : n° 13790). Cet abattement est supposé tenir compte des frais exposés en vue de la réalisation de l'invention, lorsque les frais réels n'ont pas déjà été admis en déduction pour la détermination du bénéfice imposable. Le **choix** entre l'abattement forfaitaire et la prise en compte des **frais réels** peut être effectué séparément pour chaque invention et présente un caractère définitif (BOI-BNC-SECT-30-10-30 n° 30).

> Précisions **a.** L'administration permet également d'appliquer l'abattement de 30 % aux produits de cession ou concession de **marques** qui trouvent leur origine dans une invention ayant contribué à la fabrication de produits. Les profits qui rémunèrent l'utilisation d'une marque commerciale, quelle que soit la dénomination portée au contrat, et relèvent des BIC sont en revanche exclus de l'abattement (BOI précité n° 10).

b. Eu égard au caractère forfaitaire de l'**abattement,** le contribuable qui l'applique n'a pas à justifier des frais réellement exposés (CE 9-10-1981 n° 22808 : RJF 11/81 n° 969).

Lorsque la comptabilité est tenue toutes taxes comprises, l'administration estime que l'abattement de 30 % inclut la **TVA** versée au Trésor, augmentée s'il y a lieu de la taxe ayant grevé le coût des immobilisations lorsqu'elle a donné lieu à une imputation effective au cours de l'année d'imposition. Si la comptabilité est tenue hors taxe, l'abattement n'inclut pas la TVA et est calculé d'après les recettes hors taxe (BOI précité n° 20).

c. L'abattement est éventuellement cumulable avec la déduction des **frais de procès** engagés par l'inventeur pour la protection de ses droits (CE plén. 31-3-1978 nos 491, 6119 et 7131 : RJF 5/78 no 243).

13800 CGI art. 156, I BNC-IV-10800 s

Déficits subis par les inventeurs Lorsque l'activité d'inventeur est une **véritable profession,** les déficits constatés dans le cadre de cette activité sont déductibles du revenu dans les conditions ordinaires : ils s'imputent sur le revenu global de l'année et, en cas d'insuffisance, sur celui des six années suivantes (nos 950 s.).

Si, au contraire, l'activité d'inventeur ne constitue **pas une activité professionnelle,** les déficits ne peuvent être imputés que sur les bénéfices tirés d'activités semblables durant la même année ou les six années suivantes (no 1010).

CGI art. 156, I bis BNC-IV-10900 s

Par exception, pour les prises de brevet réalisées avant le 1er janvier 2020, la fraction des déficits correspondant aux **frais de prise et de maintenance de brevet** (ou de certificat d'utilité) dûment justifiés peut être imputée sur le revenu global de l'année de prise du brevet ou des neuf années suivantes.

L'imputation sur le revenu global peut être demandée par voie de **réclamation,** alors même qu'aucune déclaration catégorielle n'a été préalablement souscrite (CAA Bordeaux 26-2-2002 no 98-344 : RJF 7/02 no 749).

Cette imputation présente un **caractère subsidiaire** et ne peut intervenir que si les profits tirés d'activités semblables (y compris, le cas échéant, ceux taxables à un taux réduit) ne sont pas suffisants pour absorber les frais de toute nature supportés au cours de la même année. S'il y a un excédent de frais, le déficit correspondant doit de plus être ventilé entre la part correspondant aux frais de prise et de maintenance de brevet (seule déductible du revenu global) et la part correspondant aux autres frais, notamment frais de recherche, de mise au point ou d'amélioration (reportable sur les produits de même nature des années suivantes), proportionnellement à leurs montants respectifs.

13805 CGI art. 93 quater, I ter BNC-IV-11500 s

Apport en société de certains droits de la propriété intellectuelle Les inventeurs personnes physiques peuvent, sur demande expresse, obtenir le **report de l'imposition** de la plus-value réalisée à l'occasion de l'apport, à une société chargée de l'exploiter, d'un des droits suivants : brevet, procédé de fabrication industriel répondant aux conditions prévues no 10422, précision a, logiciel protégé par le droit d'auteur, certificat d'utilité, certificat complémentaire de protection ou certificat d'obtention végétale. Seuls peuvent bénéficier de ce dispositif les apports rémunérés par la remise de droits sociaux, à l'exclusion de toute autre forme de contrepartie (ouverture d'un compte courant, versement d'une somme d'argent…) (BOI-BNC-SECT-30-10-20 no 30).

Le **report** d'imposition **prend fin** à la cession, la transmission à titre gratuit, le rachat ou l'annulation des droits sociaux reçus en rémunération de l'apport ou à la cession par la société bénéficiaire des droits apportés si elle intervient antérieurement. Il est toutefois **maintenu** en cas de transmission à titre gratuit des droits sociaux reçus en rémunération de l'apport, si le ou les bénéficiaires de la transmission prennent l'engagement d'acquitter l'impôt sur la plus-value en report dès que l'un des événements mettant fin au report se réalise. Lorsque ces droits sociaux font l'objet d'un échange dans le cadre d'une opération de fusion ou de scission de la société bénéficiaire non réalisée dans un but de fraude ou d'évasion fiscales (voir no 39202), le report est maintenu jusqu'à la date de cession, de rachat, d'annulation ou de transmission à titre gratuit des titres reçus lors de l'échange. Dans ces deux situations, le report d'imposition est maintenu en cas d'opérations successives (BOI précité nos 180 et 220).

La plus-value en report d'imposition fait l'objet d'un **abattement** égal à un tiers pour chaque année de détention échue au-delà de la cinquième année suivant celle de l'apport (soit une exonération au terme de la huitième année suivant celle de réalisation de l'apport).

Le report ne peut être **combiné** avec les exonérations accordées en fonction du montant des recettes (nos 18200 s.), de la valeur des éléments cédés (nos 19650 s.) ou dans le cadre d'un départ en retraite (nos 19890 s.). Toutefois, si la cession des droits sociaux reçus en contrepartie de l'apport intervient lors du départ en retraite du cédant, la plus-value en report peut, le cas échéant, être exonérée dans les conditions exposées nos 19935 s.

› Précisions **a.** En cas de **cession,** de **rachat** ou d'**annulation d'une partie des droits sociaux reçus en rémunération** de l'apport, le report d'imposition de la plus-value afférente aux titres conservés par l'apporteur n'est pas remis en cause (BOI précité no 130).

b. L'apporteur doit joindre à la déclaration d'ensemble des revenus de l'année d'apport et des années suivantes un **état de suivi des plus-values** dont l'imposition est reportée (BOI précité no 70 ; CGI art. 151 octies, II-al. 6). L'omission de cet état ou son caractère inexact ou incomplet entraîne l'application d'une amende égale à 5 % des résultats omis (CGI art. 1763). Non-application de l'amende en cas de régularisation : voir nº 9055, a.

c. Maintien du report d'imposition en cas de **transfert en fiducie,** voir nº 90850, précision b.

AUTRES RÉGIMES SPÉCIAUX

Retenue à la source Sont concernés les **contribuables domiciliés hors de France** qui perçoivent des revenus non commerciaux de source française : voir nºs 4560 s. et 4640 s. (retenue spécifique aux artistes). 13810

Fonctionnaires chercheurs Lorsqu'ils apportent leur concours scientifique à une entreprise qui assure la valorisation de leurs travaux au titre de l'article L 531-8 du Code de la recherche, les fonctionnaires peuvent opter pour l'imposition des sommes perçues selon le régime des salaires, jusqu'à la date de dépôt de la déclaration d'ensemble des revenus de l'année correspondante (BOI-BNC-CHAMP-10-30-60 nº 80). Ces rémunérations ouvrent alors droit pour l'entreprise versante au crédit d'impôt recherche (BOI-BIC-RICI-10-10-20-20 nº 120). L'option reste valable tant qu'elle n'a pas été dénoncée. La dénonciation de l'option doit intervenir avant le 1er mars de l'année qui suit celle au titre de laquelle l'imposition est établie. 13820 CGI art. 93, 1 bis BNC-I-15900 s

ATTENTION

Bien qu'elles soient imposées comme des salaires, les rémunérations des fonctionnaires chercheurs donnent lieu au paiement d'**acomptes** pour l'application du **prélèvement à la source** (BOI-IR-PAS-10-10-20 nº 60).

E. Sociétés spécifiques aux professions libérales

SOCIÉTÉS CIVILES PROFESSIONNELLES

Les sociétés civiles professionnelles (SCP) permettent aux personnes physiques exerçant une même profession libérale soumise à un statut législatif ou réglementaire, ou dont le titre est protégé (officiers publics et ministériels notamment), d'exercer leur profession en commun. 13855 CGI art. 8 ter BNC-IV-22000 s

Les SCP (y compris celles constituées sous forme de coopérative) relèvent de plein droit du régime d'imposition des **sociétés de personnes** lorsqu'elles fonctionnent conformément aux dispositions légales qui les régissent. Le bénéfice est déterminé au niveau de la société suivant les règles applicables aux BNC. Il est ensuite réparti entre les associés au prorata de leurs droits et soumis à l'impôt sur le revenu en leur nom propre. 13860 BNC-IV-22710 s

› Précisions a. Lorsqu'une SCP relevant de l'impôt sur le revenu réalise des **opérations commerciales accessoires,** deux cas peuvent se présenter :
– les opérations commerciales sont une simple extension de l'activité non commerciale prépondérante (ex. : SCP de notaires réalisant des négociations immobilières ou des expertises dans le cadre des attributions légales des notaires) : l'ensemble des profits est imposé au titre des BNC (CGI art. 155, I-2 : nº 13170, b) ;
– les activités commerciales ne sont pas liées à l'activité libérale (ex. : SCP de géomètres experts exerçant une activité de gestion immobilière) : l'administration admet de ne pas soumettre la SCP à l'impôt sur les sociétés si le montant hors taxe des recettes commerciales n'excède pas 10 % des recettes totales hors taxe (BOI-BNC-SECT-70-10-10 nº 60).
b. Les **cessions d'activité** réalisées par une SCP peuvent bénéficier de l'exonération prévue à l'article 151 septies A du CGI en cas de départ à la retraite (nºs 19890 s.).

Option pour l'impôt sur les sociétés Les SCP sont autorisées à opter pour l'impôt sur les sociétés dans les mêmes conditions que les autres sociétés civiles (voir nºs 37575 s.). Le changement de régime fiscal qui en résulte emporte **cessation d'entreprise,** avec toutefois des conséquences atténuées (voir nºs 38785 s. et 13665 en ce qui concerne les créances acquises taxables du fait de la cessation). 13865 CGI art. 206, 3-h BNC-IV-22950 s

Une fois l'option exercée, le régime fiscal applicable à la société et à ses membres est celui prévu pour les sociétés de capitaux. On notera que ce régime permet la déduction des **rémunérations** allouées aux **associés** qui sont alors imposables dans les conditions prévues par l'article 62 du CGI (régime identique à celui des gérants majoritaires de SARL : nº 23615).

Déduction des intérêts, frais et charges liés à l'acquisition de parts sociales : voir nº 23620.

Opérations de transformation Les opérations de transformation d'une société en SCP ou, inversement, d'une SCP en société d'une autre forme (SEL, SCM) obéissent au régime général des transformations de sociétés. 13870 BNC-IV-25500 s

En cas de transformation d'une SCP en **société d'exercice libéral,** le report d'imposition des plus-values d'apport antérieures sur éléments non amortissables n'est pas remis en cause (voir nº 19755). Sur l'imposition des créances acquises, voir nº 13665.

Transformation d'une SCP en **association d'avocats** : voir nº 38665.

13875 CGI art. 151 octies A BNC-IV-24250 s

Opérations de restructuration Les opérations de fusion, d'apport partiel d'actif et de scission entraînent **cessation d'entreprise** avec toutefois des conséquences atténuées.

Les associés d'une SCP relevant de l'impôt sur le revenu peuvent bénéficier du report d'imposition prévu par l'article 151 octies du CGI (voir nºs 19710 s.) pour les **plus-values nettes d'apport** sur immobilisations non amortissables qui restent imposables en leur nom. Le régime s'applique aux fusions, aux apports partiels d'actif portant sur une branche complète d'activité et aux scissions pour lesquelles chacune des sociétés bénéficiaires de la scission reçoit une ou plusieurs branches complètes d'activité et dont les titres rémunérant la scission sont répartis proportionnellement aux droits de chaque associé dans le capital de la société scindée. Sont exclues les opérations ayant comme objectif principal la fraude ou l'évasion fiscales (voir nº 39202).

L'option pour ce dispositif permet également le report de l'imposition de la **plus-value d'échange des titres** constatée par les associés de la SCP jusqu'à la perte de propriété des titres reçus en rémunération de la fusion ou de la scission.

Les opérations de restructuration visées ne remettent pas en cause le report d'imposition des plus-values sur éléments non amortissables réalisées lors de l'apport à la SCP (voir nº 19755).

En ce qui concerne l'imposition des **créances acquises,** voir nº 13665.

> **Précisions** **a.** Il est mis **fin au report** d'imposition de la plus-value afférente aux immobilisations non amortissables en cas de perte de la propriété :
> – des immobilisations apportées, à hauteur de la plus-value afférente aux éléments cédés et dans la limite de la plus-value nette totale en report d'imposition ;
> – des titres reçus en rémunération de l'apport ou des titres de la société ayant réalisé l'apport, en proportion des titres cédés. Voir toutefois nº 19935 en cas de départ en retraite de l'associé.
> Le **report** est toutefois **maintenu** en cas de transmission à titre gratuit à une personne physique des droits sociaux rémunérant l'apport si le bénéficiaire s'engage à acquitter l'impôt lorsque l'un des événements mentionnés ci-dessus intervient. Il en est de même pour la plus-value d'échange de titres si le bénéficiaire s'engage à acquitter l'impôt à la date à laquelle il perd la propriété des titres. Lorsque les titres rémunérant l'apport sont échangés dans le cadre d'une fusion, d'une scission ou d'un apport partiel d'actif, le report d'imposition est maintenu jusqu'à la date de cession, de rachat ou d'annulation des droits reçus lors de l'échange.
> En cas de perte partielle de la propriété des titres, il n'est mis fin au report d'imposition de la plus-value d'échange de titres que dans la proportion du nombre de titres cédés (BOI-BNC-SECT-70-10-20-10 nº 330).
> Le report d'imposition de la plus-value afférente aux immobilisations non amortissables et de la plus-value d'échange des titres est également maintenu en cas de réalisation de toute **nouvelle opération** elle-même **placée sous un régime de report ou de sursis** d'imposition (CGI art. 151-0 octies). Il en est ainsi, par exemple, lorsque, après un apport partiel d'actif réalisé par une SCP au profit d'une SEL, placé sous le régime de l'article 151 octies A du CGI, les titres de la SEL sont apportés à une société de participations financières de profession libérale (SPFPL) sous le régime de faveur de l'article 150-0 B ter du CGI.
> **b.** Le report d'imposition prévu en cas de restructuration d'une SCP est maintenu en cas de **transfert des biens ou droits en fiducie** (CGI art. 238 quater D).
> **c.** En cas d'**échange de titres avec soulte,** le report d'imposition de la plus-value d'échange ne joue que si la soulte n'excède ni 10 % de la valeur nominale des parts ou des actions attribuées ni la plus-value réalisée. La plus-value correspondant à la soulte est imposée immédiatement.
> **d.** L'option pour le report d'imposition entraîne les **obligations déclaratives** prévues en cas d'apport en société d'une entreprise individuelle (nº 19780). Elle est **exclusive** des régimes d'exonération des plus-values prévus aux articles 151 septies (nºs 18200 s.), 238 quindecies (nºs 19650 s.) et 151 septies A du CGI (nºs 19890 s.) et du régime de report d'imposition en cas d'apport de titres en société prévu à l'article 151 octies B du CGI (nºs 18410 s.).
> **e.** Lorsque la SCP est soumise à l'**impôt sur les sociétés,** les plus-values de fusion ou d'opération assimilée peuvent bénéficier du régime prévu aux articles 210 A et 210 B du CGI (voir nºs 39450 s.) et la plus-value d'échange, du sursis d'imposition prévu à l'article 38, 7 bis du CGI (voir nºs 19055 s.).

SOCIÉTÉS D'EXERCICE LIBÉRAL

13885 BNC-IV-21200 s

Les sociétés d'exercice libéral (SEL) permettent aux membres des professions libérales soumis à un statut législatif ou réglementaire d'exercer en commun leur activité dans le cadre de sociétés de capitaux (société anonyme, SARL y compris les EURL, société en commandite par actions...).

En raison de leur forme, les SEL sont soumises à l'**impôt sur les sociétés** dans les conditions de droit commun, exception faite pour les SEL constituées sous forme d'EURL dont l'associé est une personne physique, qui relèvent du régime des sociétés de personnes.

> Précisions a. L'**apport** à une SEL d'une **activité** exercée jusqu'alors à titre individuel entraîne en principe la taxation immédiate des bénéfices non encore imposés, dans les conditions indiquées n°s 13660 et 13665. Un régime spécial de report d'imposition, conçu principalement pour les plus-values d'apport, est toutefois applicable (voir n°s 19710 s.).

b. En ce qui concerne les conséquences d'une **transformation de SCP en SEL**, voir n° 13870.

c. À compter de l'imposition des revenus de 2024, les **rémunérations** allouées aux **associés** des SEL à raison de l'exercice de leur activité libérale sont en principe imposables dans la catégorie des BNC, sauf à démontrer que cette activité est exercée dans des conditions traduisant l'existence, à l'égard de la société, d'un lien de subordination caractérisant une activité salariée. L'administration admet à titre de règle pratique que 5 % du montant total des rémunérations perçues par les **gérants majoritaires** de SARL ou **gérants commandités** de sociétés en commandite soient imposés dans les conditions prévues à l'article 62 du CGI (n° 23615) (BOI-RSA-GER-10-30 n° 500). Les associés de SEL ne sont pas autorisés à exercer l'option pour l'assimilation à une EURL (BOI-RES-BNC-000136) prévue à l'article 1655 sexies du CGI (n° 87210). Pour les années antérieures à 2024, les revenus des associés de SEL sont imposables dans la catégorie des traitements et salaires ou, si les associés occupent les fonctions de gérants majoritaires de SARL ou de gérants commandités de sociétés en commandite, dans celle définie à l'article 62 du CGI (n° 23615) (BOI-RSA-GER-10-30 n° 510 ; BOI-BNC-DECLA-10-10 n° 110).

d. Déduction des **frais d'acquisition de parts** sociales : voir n° 23620.

e. Rémunérations perçues par les **médecins** au titre de la **permanence des soins** : voir n° 13310, précision b.

f. Les sociétés de participations financières de professions libérales (**SPFPL**), sociétés holdings obligatoirement soumises à l'IS dans les conditions de droit commun, peuvent détenir les parts et actions de SEL ayant pour objet l'exercice d'une même profession ou de plusieurs professions du chiffre et du droit ainsi que toute participation dans des groupements de droit étranger qui exercent les mêmes professions (BNC-IV-21900 s.).

SOCIÉTÉS CIVILES DE MOYENS

Les sociétés civiles de moyens (SCM) ont pour objet exclusif la mise en commun du personnel, du matériel, des locaux et de tous autres éléments nécessaires à l'exercice de l'activité de leurs membres, qui conservent par ailleurs leur indépendance. **13895** CGI art. 239 quater A BNC-IV-26000 s

Les SCM qui ne s'écartent pas de leur objet légal ne sont pas assujetties à l'**impôt sur les sociétés,** même lorsqu'elles adoptent le statut de coopérative. L'option pour cet impôt leur est interdite.

Les **résultats sociaux** imposables au nom des associés sont déterminés, quel que soit le montant des recettes, selon les règles :

– du régime de la déclaration contrôlée des BNC lorsque les membres de la SCM sont eux-mêmes titulaires de BNC ;

– du régime simplifié d'imposition des BIC, avec possibilité d'une comptabilité super-simplifiée, lorsque les associés sont assujettis à l'impôt sur les sociétés (SCP ayant opté ou SEL, par exemple) ou relèvent des BIC. L'option pour le régime réel normal est toutefois possible.

Les SCM comprenant des membres appartenant à deux catégories différentes doivent procéder à une double détermination de leurs résultats et sont tenues aux obligations comptables afférentes à chacune de ces catégories.

En cas de **cession de parts** de la SCM entre membres relevant de catégories d'imposition différentes ou en cas d'élargissement de la SCM à des membres supplémentaires, un **changement du mode de détermination du résultat** (passage d'un régime créances-dettes à un régime recettes-dépenses ou inversement) peut être nécessaire. Il s'accompagne de rectifications extra-comptables et d'obligations déclaratives destinées à éviter la double prise en compte ou, au contraire, l'absence de prise en compte de certains produits et charges (CGI ann. III art. 46 terdecies F).

ATTENTION

Les SCM peuvent être assujetties à l'**impôt sur les sociétés** si elles mettent des moyens en matériel et en personnel à la disposition de tiers non associés moyennant rémunération, mais uniquement, selon l'administration, lorsque ces opérations représentent plus de 10 % des recettes totales (BOI-IS-CHAMP-20-10-20 n° 20).

Les SCM doivent souscrire tous les ans, au plus tard le deuxième jour ouvré suivant le 1er mai (CGI art. 175 et ann. III art. 344 I-0 bis), une **déclaration spéciale** n° 2036-SD, obligatoirement transmise par voie électronique. Mais en pratique, ces sociétés bénéficient d'un délai supplémentaire de 15 jours calendaires (nº 13495). Celle-ci tient lieu à la fois de déclaration de résultat et de déclaration spécifique incombant aux groupements susceptibles d'être exonérés de TVA sur les remboursements de frais de leurs associés (nos 47280 s.).

13900 Les **membres de la SCM** portent en charges les sommes versées à la société en rémunération des services rendus. Ils sont personnellement passibles, à raison de la part du bénéfice social correspondant à leurs droits, soit de l'impôt sur le revenu, soit de l'impôt sur les sociétés s'ils relèvent de cet impôt.

> Précisions **a.** La **plus-value** qu'un associé réalise à l'occasion de l'**apport,** à une SCM, d'éléments d'actif affectés à l'exercice de sa profession est soumise au régime d'imposition des plus-values professionnelles dans les conditions de droit commun.

b. Les **parts de SCM** faisant partie de l'actif professionnel (nº 13280), les **frais** exposés pour leur **acquisition** constituent des charges professionnelles déductibles et les **plus-values** provenant de leur **cession** sont imposées selon le régime des plus-values professionnelles. Elles peuvent bénéficier de l'exonération prévue à l'article 151 septies du CGI (BOI-BIC-PVMV-40-10-10-10 nº 295). Sur l'appréciation des seuils d'exonération, voir nº 37716.

c. En ce qui concerne la possibilité d'obtenir l'exonération de la plus-value de cession des parts de SCM en cas de **départ à la retraite,** voir nº 19900, précision b.

CHAPITRE 4

BÉNÉFICES AGRICOLES

SOMMAIRE

SECTION 1
DÉFINITION 15155
SECTION 2
RÉGIMES D'IMPOSITION 15300
A. Champ d'application des régimes 15500
1. Imposition en fonction des recettes 15500
2. Exploitations exclues du micro-BA 15590
3. Options pour le régime réel 15640
B. Régime micro-BA 15700
1. Détermination du bénéfice imposable 15710
2. Obligations des exploitants 15740
C. Régimes réels d'imposition 15790
1. Détermination du bénéfice imposable 15850
2. Obligations comptables 16030
3. Déclaration annuelle des résultats 16050
D. Changement de régime d'imposition 16100
SECTION 3
RÉGIMES SPÉCIAUX 16225
SECTION 4
SOCIÉTÉS ET GROUPEMENTS AGRICOLES 16425

Les bénéfices agricoles (en abrégé, **BA**) constituent l'une des catégories de revenus passibles de l'impôt sur le revenu. Après avoir été déterminés suivant les règles exposées ci-après, ces bénéfices sont totalisés avec les autres revenus du contribuable pour former le revenu global qui sera soumis à l'impôt dans les conditions indiquées n°s 10 s. 15000

SECTION 1

DÉFINITION

ACTIVITÉS AGRICOLES IMPOSABLES

Sont considérés comme bénéfices agricoles, pour l'application de l'impôt sur le revenu, les revenus que l'**exploitation des biens ruraux** procure soit aux fermiers ou métayers, soit aux propriétaires exploitant eux-mêmes (faire-valoir direct). 15155 CGI art. 63 BA-I-1 s
Cette définition, qui fait intervenir, à titre principal, le critère foncier, est plus restrictive que la définition juridique de l'activité agricole donnée par l'article L 311-1 du Code rural et de la pêche maritime.

D'une manière générale, les bénéfices de l'exploitation agricole comprennent les profits résultant pour l'exploitant de la vente (ou de la consommation) des produits de tous terrains propres à la **culture** et des produits de l'**élevage.** C'est ainsi que toute personne qui obtient des produits au cours ou à la fin d'un **cycle de production** végétal ou animal exerce en principe une activité de nature agricole. 15160 BA-I-1300 s

La loi qualifie expressément de bénéfices agricoles certains revenus. Il en est ainsi : des profits qui proviennent de la **production forestière,** même si les propriétaires se bornent à vendre les coupes de bois sur pied (les exploitants forestiers font toutefois l'objet d'un régime spécial de taxation : voir n° 16365) ; des produits de l'exploitation de **champignonnières** en galeries souterraines ou en surface ; des profits réalisés par les obtenteurs de **nouvelles variétés végétales** au sens des dispositions des articles L 623-1 s. du Code de la propriété intellectuelle ; des revenus issus de la **location de droits à paiement de base,** y compris lorsque les terres sont maintenues dans le patrimoine privé de l'exploitant (BOI-BA-CHAMP-10-40 n° 100) ; des revenus provenant de la **vente de biomasse** ou de la **production d'énergie** à partir de produits ou sous-produits majoritairement issus de l'exploitation agricole (ce caractère majoritaire étant apprécié en masse au regard de chaque produit commercialisé par l'exploitant) ; des revenus que les **conducteurs diplômés de chiens** attelés tirent des activités de courses en attelage, d'enseignement de la conduite et du travail avec les chiens et des prestations de transport en traîneau ou de louage des traîneaux.

Relèvent également des bénéfices agricoles les revenus provenant des actions réalisées par les exploitants agricoles sur le périmètre de leur exploitation et qui contribuent à **restaurer ou** à **maintenir des écosystèmes** dont la société tire des avantages.

> **Précisions** **a.** L'activité d'exploitation de **marais salants** est réputée agricole (BOI-BA-CHAMP-10-10-10 n° 200).
> **b.** Les **entreprises d'exploitation forestière** qui achètent à des propriétaires forestiers des bois sur pied ou abattus, en vue de les revendre après leur avoir fait ou non subir des transformations, doivent être considérées comme exerçant une activité industrielle ou commerciale imposable selon les règles des bénéfices industriels et commerciaux (CE 9-12-1985 n° 44266 : RJF 2/86 n° 149).
> **c.** Le résultat net de la cession, concession ou sous-concession de **certificats d'obtention végétale** par un contribuable soumis à un régime réel peut, sous certaines conditions, être taxé au taux réduit de 10 %. Les règles applicables sont identiques à celles prévues pour les entreprises industrielles ou commerciales (n°s 10420 s.).
> **d.** Les **actions réalisées en faveur des écosystèmes** peuvent notamment consister en l'implantation et l'entretien de forêts, de haies, de mares, la mise en place de jachères mellifères ou faunistiques, la préservation de la qualité de l'eau ou la protection des sols (BOI-BA-CHAMP-10-40 n° 115).

15165 BA-I-5100 s **Élevage** Les profits des éleveurs d'animaux de **toutes espèces** doivent être considérés comme des bénéfices agricoles.

Le Code général des impôts vise expressément les personnes qui se livrent à l'élevage des abeilles (apiculteurs), des volailles et oiseaux de toutes espèces (aviculteurs), des poissons de toutes familles (pisciculteurs), des huîtres (ostréiculteurs), des moules (mytiliculteurs). Sont également concernés les éleveurs de coquillages (conchyliculteurs) (BOI-BA-CHAMP-10-10-10 n° 170).

Les activités de **location d'animaux** présentent un caractère commercial. Il en est de même de la **prise en pension** ou du **gardiennage** d'animaux, même si l'entretien des animaux est assuré avec les produits de l'exploitation (BOI-BA-CHAMP-10-10-20 n° 370).

> **Précisions** **a.** En cas d'**élevage à façon** d'animaux appartenant à des tiers, l'éleveur exerce une activité agricole, sauf s'il a la qualité de travailleur à domicile salarié au sens de la législation du travail (Mémento Social n° 74100) (BOI-BA-CHAMP-10-10-10 n° 120). Quant au propriétaire des animaux, il relève en principe des BIC, mais peut toutefois être imposé dans la catégorie des BA s'il participe au cycle biologique de croissance des animaux (CE 11-5-1979 n° 12862 : RJF 7/79 n° 443).
> **b.** Les revenus tirés de l'**activité de pollinisation** peuvent être imposés dans la catégorie des bénéfices agricoles (BOI précité n° 185).

15175 BA-VII-4000 s **Activités équestres** Les éleveurs de **chevaux** relèvent par principe des BA. Sont également imposés dans cette catégorie les revenus qui proviennent des activités de **préparation** (dressage notamment) et d'**entraînement des équidés domestiques,** en vue de leur exploitation dans les activités autres que celles du spectacle même si l'activité est exercée par un salarié et sans qu'il soit nécessaire de détenir une licence ou une autorisation d'entraîner (BOI-BA-CHAMP-10-20 n° 30). Il en est de même des **centres équestres** et des résultats provenant de l'activité de **prise en pension** de chevaux. Les recettes provenant de la **location** de chevaux (entraînés ou d'un centre équestre) pour la promenade ou le tourisme ont un caractère agricole (BOI précité n°s 30 et 50).

Gains perçus par les **propriétaires** ou copropriétaires de chevaux de course **non éleveurs et non entraîneurs** : voir n°s 16485 s.

LIMITES DE L'ACTIVITÉ AGRICOLE

15185 BA-I-1660 s Les agriculteurs ne se livrent pas à des activités agricoles, mais réalisent des opérations commerciales :

– lorsqu'ils vendent des **produits ne provenant pas de leur exploitation** ;

– lorsqu'ils procèdent à la **transformation de produits agricoles,** l'administration admettant toutefois que les profits tirés de la transformation des produits de l'exploitation conservent un caractère agricole lorsqu'ils portent sur des produits ou sous-produits destinés à l'alimentation de l'homme ou des animaux, ou sur des produits utilisables à titre de matières premières dans l'agriculture ou dans l'industrie (exemples : distillation des betteraves, des fleurs, des résines, fabrication du pain, du vin, de la fécule, du sucre, etc.) (BOI-BA-CHAMP-10-10-20 n° 190).

Le recours à certains **procédés du commerce** (par exemple, ventes sur les marchés ou par l'intermédiaire d'un commissionnaire) ne suffit pas à entraîner la taxation au titre des bénéfices industriels et commerciaux (BOI précité n° 140). La seule circonstance que l'exploitant dispose d'une **installation commerciale** permanente pour la vente au détail de ses produits ne fait pas obstacle à l'imposition dans la catégorie des bénéfices agricoles (CAA Marseille 8-3-1999 nos 96-2433, 96-2434 et 96-2435 : RJF 10/99 n° 1179).

Il peut également arriver que les exploitants perçoivent des revenus ayant leur origine dans le droit de propriété ou d'usufruit : recettes provenant de la location du **droit de chasse,** de **pêche** ou **d'affichage,** de la **concession** du droit d'exploitation des **carrières, redevances tréfoncières,** etc. Ces revenus sont imposables dans la catégorie des BA lorsqu'ils proviennent d'immeubles ayant un lien direct avec l'exercice de l'activité professionnelle, inscrits à l'actif d'une exploitation soumise à un régime réel (n° 15905), et dans la catégorie des revenus fonciers dans les autres cas (n° 27080).

> **Précisions** **a.** Les **ventes** de produits ne provenant pas de l'exploitation, qui sont en principe des activités commerciales, ont le caractère de BNC si elles portent sur des produits **en dépôt** et si l'exploitant agit au nom d'autrui (BOI précité n° 120).
> **b.** Les profits provenant des droits d'entrée de **visites touristiques** d'une exploitation agricole relèvent normalement des BA sauf s'il s'avère que cette activité relève d'une démarche commerciale (aménagement des immeubles concernés, publicité, etc.), auquel cas ces profits constituent des bénéfices commerciaux (BOI-BA-CHAMP-10-10-10 n° 210).
> **c.** Lorsque des **opérations agricoles** sont accomplies à titre de simple **extension d'une activité industrielle ou commerciale** dont elles ne constituent que l'accessoire, les profits qui en résultent sont imposables au titre des BIC, et non au titre des BA (n° 7925).

RECETTES COMMERCIALES ET NON COMMERCIALES ACCESSOIRES

Exploitants individuels Les recettes commerciales et non commerciales réalisées par des exploitants agricoles individuels relevant d'un régime de **bénéfice réel** sont en principe imposables distinctement, selon le cas, dans la catégorie des BIC ou des BNC (le cas échéant, selon le régime des micro-entreprises : voir nos 11190 s. et 13520 s.). **15200** CGI art. 75 **BA-IV-3310 s**

Elles peuvent toutefois être rattachées aux résultats agricoles et taxées comme ces derniers lorsque la moyenne des recettes accessoires des trois années civiles précédant la date d'ouverture de l'exercice n'excède ni 50 % de la moyenne des recettes agricoles appréciée sur la même période ni 100 000 €, remboursements de frais inclus et taxes comprises. Pour les **trois premières années d'activité,** le caractère accessoire des activités s'apprécie en retenant les seules recettes de l'année civile précédant la date d'ouverture de l'exercice. Pour le **premier exercice d'activité,** les produits des activités accessoires peuvent être rattachés aux bénéfices agricoles, quel que soit leur montant (BOI-BA-CHAMP-10-40 n° 320). Les recettes à retenir s'entendent des **créances acquises,** les exploitants soumis au régime réel simplifié pouvant toutefois prendre en compte les **recettes encaissées** (BOI précité n° 290). L'activité non agricole accessoire et l'activité agricole doivent être exercées par la **même personne** (exploitant individuel ou société ou groupement de personnes) (BOI précité n° 190).

Le bénéfice de ce dispositif ne peut se cumuler au titre d'un même exercice avec l'application des **régimes « micro »** BIC et BNC.

Les **déficits** issus des activités accessoires ne peuvent pas être imputés sur le revenu global. Ne peuvent être pratiqués sur les revenus tirés de ces activités ni l'**abattement sur le bénéfice des jeunes agriculteurs** (nos 16225 s.) ni la **déduction pour épargne de précaution** (nos 16250 s.). Ces revenus sont également exclus du régime d'**étalement des bénéfices exceptionnels** prévu à l'article 75-0 A du CGI (nos 16300 s.).

Les exploitants agricoles relevant du régime **micro-BA** qui réalisent des opérations commerciales ou non commerciales accessoires sont imposés séparément, pour les profits tirés de ces activités, dans la catégorie des BIC ou des BNC. Les régimes « micro » BIC et BNC sont, le cas échéant, applicables (voir nos 11190 s. et 13520 s.). **15205**

Sociétés civiles Les sociétés civiles qui réalisent des opérations commerciales accessoires relèvent, en principe, obligatoirement de l'impôt sur les sociétés (IS). **15210** CGI art. 206, 2 **BA-VII-30500 s**

Par exception, les sociétés civiles agricoles soumises à un **régime réel** d'imposition ne sont pas assujetties à l'IS lorsque les recettes tirées de l'ensemble de leurs activités commerciales et non commerciales accessoires n'excèdent pas les limites prévues par l'article 75 du CGI, c'est-à-dire ni 50 % du chiffre d'affaires agricole ni 100 000 €. Ces limites s'apprécient au seul **niveau de la société** ou du groupement. Symétriquement, pour les exploitants **membres,** elles s'apprécient en tenant compte des seules recettes personnelles (BOI-BA-CHAMP-10-40 n° 300). Sur l'appréciation des limites dans les Gaec, voir n° 16425, précision a.

Les recettes accessoires qui respectent les limites susvisées sont rattachées aux résultats agricoles et taxées comme tels. En l'absence de recettes commerciales, le dépassement des seuils par les seules recettes non commerciales n'entraîne pas l'assujettissement à l'IS, et une déclaration distincte au titre des BNC doit être produite (BOI précité n° 470).

Les sociétés relevant du régime **micro-BA** ne sont pas non plus soumises à l'IS lorsqu'elles réalisent des recettes commerciales n'excédant pas les limites précitées. Elles sont alors imposées séparément pour leurs activités commerciales et non commerciales accessoires d'après les règles prévues en matière de BIC ou de BNC : imposition établie selon le régime réel simplifié ou le régime de la déclaration contrôlée dès lors que les sociétés sont, sauf exception, exclues des régimes micro-BIC et micro-BNC (voir nos 11210 et 13472).

PERSONNES IMPOSABLES AU TITRE DES BÉNÉFICES AGRICOLES

15220 BA-I-300 s Seul le contribuable qui met en valeur des biens ruraux est imposable dans la catégorie des BA. Il peut s'agir :

– du **propriétaire exploitant** en cas d'exploitation directe par le propriétaire ou par du personnel qu'il fait travailler pour son compte (faire-valoir direct) ;

– du **fermier** si les terres sont données en location dans le cadre d'un bail à ferme (le propriétaire étant, de son côté, imposable au titre des revenus fonciers pour les fermages qu'il perçoit : voir nos 27000 s.).

Sont également passibles de l'impôt sur le revenu au titre des BA les membres des **sociétés de personnes,** lorsque ces sociétés exercent une activité agricole. Peuvent ainsi être taxées dans la catégorie des BA, chacun pour la part qui lui revient dans les bénéfices sociaux, les membres des sociétés civiles et des groupements propres au secteur agricole (**Gaec, EARL, GFA,** etc. : nos 16425 s.).

> **Précisions** **a.** Les activités agricoles peuvent aussi être exercées dans le cadre de **sociétés soumises à l'IS,** de plein droit ou sur option. Les bénéfices de ces sociétés sont déterminés selon les règles prévues pour les BIC (nos 35550 s.), sans possibilité d'application des règles spécifiques aux BA.
> **b.** L'option pour l'assimilation à une EARL exercée par un exploitant agricole soumis à un régime réel ayant choisi le statut d'**EIRL** ou ayant le statut d'**entrepreneur individuel** vaut option pour l'IS (nos 87200 s.).

TERRITORIALITÉ

15230 Les **contribuables** fiscalement **domiciliés en France** sont en principe imposables en France sur l'ensemble de leurs bénéfices agricoles, qu'ils soient de source française ou étrangère. Les bénéfices étrangers ne sont toutefois pas pris en compte si l'activité est exercée dans un pays lié à la France par une convention fiscale réservant l'imposition des bénéfices au pays d'implantation (n° 82820). Lorsqu'ils sont imposables en France, les résultats des exploitations étrangères doivent être déclarés séparément (n° 3680) ; ils doivent être déterminés selon un régime de bénéfice réel (CGI art. 158, 1-al. 2).

Les contribuables domiciliés **hors de France** sont en principe imposables en France sur les bénéfices des exploitations agricoles situées en France (nos 4280 s.).

SECTION 2 RÉGIMES D'IMPOSITION

15300 BA-II-1 s Il existe trois modes d'imposition des bénéfices agricoles : le régime **micro-BA,** le régime du bénéfice **réel simplifié** et le régime du bénéfice **réel normal.** Leur champ d'application dépend du montant des recettes de l'exploitation, mais les contribuables peuvent, dans certains cas, renoncer au régime d'imposition dont ils relèvent de plein droit et opter pour un autre régime.

A. Champ d'application des régimes

1. IMPOSITION EN FONCTION DES RECETTES

15500 CGI art. 64 bis, I et 69, I à III BA-II-100 s Si l'on excepte le cas particulier des exploitations forestières (n° 16365) et des exploitations situées hors de France (n° 15230), les règles suivantes s'appliquent.

Le régime **micro-BA** s'applique de plein droit en 2024 aux exploitants dont la moyenne des **recettes** hors taxe des trois années précédentes (soit 2021, 2022 et 2023) n'excède pas

120 000 € (Loi 2023-1322 du 29-12-2023 art. 94, I-C), lorsqu'ils ne sont pas expressément exclus de ce régime (nos 15590 s.) et n'optent pas pour le régime réel (nos 15640 s.).

Le **régime réel simplifié** s'applique de plein droit en 2024, sauf option pour le régime réel normal, lorsque la moyenne des recettes hors taxe des trois années précédentes est supérieure à 120 000 € et n'excède pas 391 000 €.

Lorsque les recettes moyennes excèdent ce dernier seuil, le **régime réel normal** est obligatoirement applicable à compter du premier exercice suivant la période triennale de référence.

Ces **limites,** également applicables en 2025, feront l'objet en 2026 d'une **actualisation** dans la même proportion que l'évolution triennale de la limite supérieure de la première tranche du barème de l'impôt sur le revenu. En 2023, le seuil de 120 000 € était fixé à 91 900 €.

Elles s'apprécient de manière uniforme pour tous les agriculteurs, à l'exception des exploitants d'**élevages de type industriel,** qui bénéficient d'un abattement de 30 % sur le montant de leur chiffre d'affaires (n° 15545), et des exploitants qui réalisent des **opérations d'élevage ou de culture à façon** dont les recettes sont multipliées par trois (n° 15550). Des règles spéciales sont également prévues pour les **Gaec** (n° 15555).

> Précisions **a.** Le régime micro-BA est applicable de plein droit au titre de l'**année de création** de l'exploitation, mais l'option pour le régime réel peut être exercée (BOI-BA-REG-10-10 n° 20).
b. Les **exploitants exclus du micro-BA** (nos 15590 s.) relèvent de plein droit d'un régime réel d'imposition.
c. Les **exploitations forestières** peuvent faire l'objet d'un mode de taxation particulier, voir n° 16365.

Tableau récapitulatif Le tableau ci-après résume la situation en 2024 des exploitants agricoles au regard des différents régimes d'imposition. 15510

Moyenne des recettes HT mesurée sur trois années consécutives		Régime de droit commun	Possibilités d'option
Ne dépassant pas 120 000 €	Généralité des exploitants	Micro-BA	Réel simplifié ou normal
	Exploitants exclus du micro-BA [1]	Réel simplifié	Réel normal
Comprise entre 120 000 € et 391 000 €	Ensemble des exploitants	Réel simplifié	Réel normal
Supérieure à 391 000 €	Ensemble des exploitants	Réel normal	Néant

1. Voir n° 15590.

MODALITÉS GÉNÉRALES D'APPRÉCIATION DES LIMITES

Le régime d'imposition des **exploitants individuels** est déterminé en prenant en compte la totalité des recettes réalisées par le contribuable, dans l'ensemble de ses exploitations. 15520 CGI art. 69, I 69 D et 70 BA-II-4000 s

Le régime des **groupements** et des sociétés non soumis à l'IS dépend en principe du montant global de leurs recettes. Mais les sociétés et groupements créés depuis le 1er janvier 1997 – autres que les Gaec et les groupements forestiers – sont obligatoirement soumis au régime réel simplifié (sauf option pour le réel normal). Toutefois, les **EARL** dont l'associé unique est une personne physique dirigeant l'exploitation peuvent bénéficier du régime micro.

Lorsqu'un agriculteur exerce son **activité** à la fois **à titre individuel et au sein d'un groupement** ou d'une société non soumis à l'IS, il convient, pour déterminer le régime d'imposition dont il relève, de tenir compte non seulement des recettes qu'il réalise à titre personnel, mais aussi de sa quote-part dans les recettes du groupement, qui est calculée en proportion de ses droits sur le bénéfice comptable.

Le régime matrimonial est pris en compte pour déterminer si les **conjoints** gèrent ou non une exploitation unique. Deux conjoints mariés sous le régime de la **séparation de biens** qui exploitent des domaines agricoles distincts dont chacun est propriétaire ou locataire ne constituent une exploitation unique pour l'appréciation du régime d'imposition applicable que si les conditions d'existence d'une société de fait sont réunies (CE 23-11-1998 n° 162176 : RJF 1/99 n° 28 ; BOI-BA-REG-10-30 n° 30). Si les époux sont mariés sous le régime de la **communauté,** les exploitations de chacun d'eux constituent une exploitation unique dès lors qu'elles ont un siège unique et ne disposent pas de moyens d'exploitation distincts (CE 20-12-2000 n° 212844 : RJF 3/01 n° 305 ; BOI précité).

> Précisions **a.** La détermination du **régime d'imposition applicable à la quote-part** du bénéfice social qui revient à un associé également exploitant individuel s'effectue en retenant le régime d'imposition de la société ou du groupement, mais la quote-part est imposée selon un régime réel si l'exploitant a inscrit ses parts au bilan de son exploitation individuelle et relève à titre personnel d'un régime réel de plein droit (BOI précité nos 250 à 300).

b. En cas d'**apport** d'une exploitation individuelle **à une société ou un groupement** agricole, le régime d'imposition de la quote-part de résultat revenant à l'exploitant est déterminé d'après le seul montant des recettes de la société ou du groupement, sans tenir compte des recettes réalisées par l'exploitant individuel et du régime applicable préalablement à l'apport (BOI précité no 380 ; CE 26-11-1999 no 180796 : RJF 1/00 no 45).

c. En ce qui concerne le cas des **entreprises membres d'une société** de personnes non assujettie à l'IS, voir nos 37630 s.

d. Seules les recettes ou créances perçues par un **métayer** sont prises en compte pour apprécier le régime d'imposition applicable, sans qu'elles soient majorées de la valeur des récoltes remises au **bailleur** ; corrélativement, le prix de vente de ces récoltes est retenu pour déterminer le régime d'imposition du bailleur (BOI-BA-REG-10-20-10 no 250). Le montant global des recettes réalisées par le propriétaire et le métayer ne détermine le régime d'imposition applicable à chacun d'eux que s'ils peuvent être considérés comme associés au sein d'une société de fait (CE 30-12-1996 no 160396 : RJF 2/97 no 133).

15530 CGI art. 69, V et ann. III art. 38 sexdecies A BA-II-1200 s

Recettes à retenir

Pour l'appréciation du seuil de 120 000 € hors taxe en deçà duquel le micro-BA est applicable, il est tenu compte des **recettes** effectivement **encaissées** au cours de l'année civile, même si elles se rapportent à une année antérieure ou constituent des avances sur livraisons. En revanche, le seuil de recettes de 391 000 € hors taxe au-delà duquel le régime simplifié d'imposition n'est plus applicable doit être apprécié selon la **règle des créances acquises** (nos 7870 s.).

Doivent être prises en compte, en plus des recettes directement tirées de la **vente** des produits agricoles, les **subventions, primes et indemnités** perçues à titre de supplément de prix ou destinées à compenser un manque à gagner (par exemple, indemnités d'assurances perçues en cas de calamités frappant les récoltes, etc.).

À ces sommes s'ajoute le cas échéant la valeur des **produits prélevés** sur l'exploitation pour être alloués soit au personnel salarié (à l'exception de la valeur des repas pris sur l'exploitation), soit au propriétaire du fonds en paiement des fermages.

› Précisions **a.** L'administration autorise les **éleveurs** à ne retenir certaines sommes que pour le tiers de leur montant. Cette mesure est applicable, sur demande, aux sommes suivantes : indemnités destinées à compenser la perte d'animaux à cycle long (vaches laitières, taureaux, ovins, caprins et porcins adultes exclusivement) à la suite d'un incendie, d'une épizootie ou de l'abattage réalisé en application de la réglementation sanitaire ; indemnités perçues par les **ostréiculteurs** en cas d'éradication d'huîtres à cycle long (BOI-BA-REG-10-20-20 nos 300 à 320). Cette solution s'applique également au produit de la vente qui résulte de l'abattage d'une **vache laitière** (BOI précité no 330).

b. Une **somme** est considérée comme **encaissée** à la date où le bénéficiaire en a la libre disposition, c'est-à-dire lorsqu'elle donne lieu à un paiement effectif (en espèces, par chèque, par virement bancaire ou postal, par effet de commerce, par nature dans le cadre du fermage) ou lorsqu'elle est inscrite au crédit d'un compte courant.

Les recettes provenant des **ventes à une coopérative** agricole sont généralement considérées comme encaissées à la date d'inscription au crédit du compte courant ouvert par cet organisme au nom de l'exploitant. Toutefois, ce principe ne vaut, selon le Conseil d'État, que si, dans l'intention des parties, l'inscription d'une somme au compte courant vaut paiement (CE 20-11-1995 no 126439 : RJF 1/96 no 40).

15535

Recettes à écarter

Sont expressément exclus pour l'appréciation des limites :

– les **opérations** portant sur des éléments de l'**actif** immobilisé (dont certains animaux font partie : no 15915) ;
– les travaux effectués dans le cadre de l'**entraide** agricole ;
– les **subventions** et primes **d'équipement** ;
– les **redevances** ayant leur origine dans le **droit de propriété** (location du droit de chasse, de pêche, concession du droit d'exploitation de carrières, etc.) ;
– les **recettes accessoires** provenant d'activités non agricoles ;
– la valeur de l'**autoconsommation** (produits de l'exploitation, soit consommés par l'exploitant, sa famille et son personnel lorsque celui-ci est nourri sur place, soit utilisés pour la nourriture des animaux ou pour les besoins de l'exploitation) ;
– les **prix** obtenus à l'occasion de **concours** ou de foires-expositions ;
– les remboursements forfaitaires de **TVA** (BOI-BA-REG-10-20-10 nos 310 à 400).

› Précisions **a.** Les **intérêts statutaires** versés aux porteurs de parts de coopératives n'ont pas à être pris en compte (BOI précité no 360).

b. Pour les **recettes forestières**, voir no 16365.

MODALITÉS PARTICULIÈRES DE CALCUL DES LIMITES

Élevages industriels Les éleveurs qui ont recours à des techniques industrielles de production, dont la marge bénéficiaire est inférieure à celle des autres éleveurs, sont autorisés à pratiquer un **abattement de 30 %** sur le montant des recettes provenant de leur activité d'élevage pour l'appréciation des limites des régimes d'imposition. **15545** CGI ann. III art. 38 sexdecies A BA-II-3320 s

L'abattement est réservé aux élevages qui répondent aux caractéristiques fixées par l'article 4 M de l'annexe IV au CGI (BA-II-3350 s.).

Opérations à façon Il s'agit des opérations d'élevage ou de culture portant sur des **animaux** ou des **produits appartenant à des tiers.** Pour l'appréciation des limites, les recettes provenant de ce type d'activité, très inférieures à revenu égal à celles des agriculteurs qui vendent leur propre production, doivent pour cette raison être multipliées par trois. La règle du triplement des recettes s'applique également pour l'**exonération des plus-values** visée à l'article 151 septies du CGI (n°s 18200 s.). La pondération s'applique principalement aux recettes perçues en exécution de **contrats d'intégration** (C. rur. art. L 326-1 s.) et de **contrats** d'élevage ou de culture à façon conclus **entre** deux **agriculteurs** ou entre un agriculteur et une **coopérative.** **15550** CGI art. 69, VI BA-II-3600 s

> Précisions a. Les recettes n'ont pas à être multipliées lorsqu'un contrat d'intégration prévoit que le **producteur** demeure **propriétaire** des animaux ou des produits. Mais, dans ce cas, le montant à prendre en compte pour l'appréciation des limites comprend non seulement le prix net reçu à la livraison, mais aussi la valeur totale des biens et des services fournis par l'entreprise cocontractante (BOI-BA-REG-10-20-20 n° 210).

b. Il est admis de ne pas multiplier les recettes provenant des opérations de **prise en pension d'équidés domestiques** (BOI précité n° 240).

c. La pondération ne peut se combiner avec l'abattement de 30 % prévu en faveur des **élevages industriels** (n° 15545), qui concerne exclusivement les éleveurs vendant leur propre production (BOI précité n° 290).

Groupements agricoles d'exploitation en commun (Gaec) Des règles spéciales sont prévues pour les Gaec dont tous les membres participent effectivement et régulièrement à l'activité par leur travail personnel (les autres groupements étant soumis aux règles de droit commun : n° 15520). **15555** CGI art. 71 BA-VII-33720 s

En premier lieu, ces groupements ne sont pas concernés par l'exclusion du régime micro-BA prévue à l'article 69 D du CGI.

En second lieu, ils sont soumis à des modalités particulières d'appréciation des limites des régimes d'imposition. En effet, le régime applicable est déterminé au niveau du Gaec à partir du montant total de ses recettes, mais une **limite spéciale** est prévue ; la moyenne des recettes au-delà de laquelle ces groupements sont soumis à un **régime réel d'imposition** est fixée de la manière suivante :

– si la moyenne des recettes du groupement excède 367 000 €, la limite est égale à 60 % de la limite prévue pour les exploitants individuels multipliée par le nombre d'associés ;

– si cette moyenne est égale ou inférieure à 367 000 €, elle est égale à la limite prévue pour les exploitants individuels multipliée par le nombre d'associés.

Ce seuil fait l'objet d'une **actualisation** triennale indexée sur la première tranche du barème de l'impôt sur le revenu.

> Précisions a. Détermination du **nombre d'associés** :

– les associés dont l'**âge excède**, au premier jour de l'exercice, celui auquel leur est ouvert le **droit à une pension de retraite** ne sont pas pris en compte ;

– en cas d'**arrivée** ou de **départ** d'un associé en cours d'exercice, l'associé entrant ou sortant est pris en compte au titre de l'exercice considéré ; si l'associé sortant n'est pas remplacé, l'appréciation du régime applicable l'année suivante est effectuée en défalquant des recettes de référence la part de l'associé sorti (BOI-BA-REG-10-40 n°s 200 à 220) ;

– chaque **conjoint** associé est considéré comme un associé à part entière dès lors qu'il participe au travail en commun (CE 22-2-1989 n°s 70251 et 70252 : RJF 4/89 n°s 444 et 445 ; BOI précité n° 230).

b. Dès lors que le régime d'imposition s'apprécie au niveau du Gaec puis s'applique à la quote-part de résultat de chacun des associés indépendamment de leur taux de participation dans le groupement, un associé peut bénéficier du régime **micro-BA** alors même que la **quote-part de recettes** lui revenant **excède le seuil** d'application de ce régime retenu pour une exploitation individuelle (BOI précité n° 160).

c. Les **apports de stocks** à un Gaec ne sont pas pris en compte pour apprécier son régime d'imposition lorsqu'ils sont rémunérés par des parts sociales (BOI-BA-REG-10-20-10 n° 370).

CHANGEMENT DE RÉGIME EN CAS DE VARIATION DES RECETTES

15565 BA-II-700 s **Franchissement des seuils** Le régime d'imposition applicable au titre d'une année donnée est, on l'a vu (n° 15500), déterminé en fonction de la moyenne des recettes des trois années précédentes.

Lorsque la moyenne des recettes d'un exploitant vient à **dépasser la limite** du régime micro-BA, le régime réel simplifié est applicable à compter de la première année qui suit la période triennale de référence. De même, lorsque la limite d'application du régime réel simplifié est dépassée, le régime réel normal est applicable à compter du premier exercice suivant cette période triennale.

EXEMPLE

Un exploitant individuel relevant du régime micro-BA au titre de 2023 a réalisé, au cours des années 2021, 2022 et 2023, des recettes s'élevant respectivement à 125 000 €, 118 000 € et 123 000 €. La moyenne des trois années (122 000 €) dépassant la limite de 120 000 €, il sera imposable, à compter du 1er janvier 2024, selon le régime réel simplifié, sauf s'il opte pour le régime réel normal.

15570 BA-II-780 s **Diminution des recettes** En cas de diminution des recettes, les exploitants soumis au régime du réel normal peuvent à nouveau être soumis au **régime simplifié** d'imposition à partir du premier jour de l'exercice suivant la période triennale au cours de laquelle les recettes n'excèdent plus le seuil fixé à 391 000 €.

En cas d'abaissement des recettes d'un exploitant soumis au régime réel, le **régime micro-BA** peut s'appliquer en 2024 si la moyenne des recettes des trois années précédentes ne dépasse pas 120 000 €.

2. EXPLOITATIONS EXCLUES DU MICRO-BA

15590 BA-II-6000 s Outre les exploitations situées hors de France (n° 15230), certaines catégories de contribuables sont expressément exclues du régime micro-BA même si le montant des recettes n'excède pas les limites prévues pour l'application de ce régime. Il s'agit :

– des exploitants qui effectuent des **opérations** commerciales portant sur des **animaux de boucherie** ou de charcuterie (n° 15600) ;

– des **sociétés** agricoles – autres que les Gaec, les groupements forestiers et certaines EARL – créées depuis le 1er janvier 1997 (n° 15520) ;

– des exploitants qui disposent de revenus provenant de la **vente de biomasse** ou de la **production d'énergie** à partir de produits ou sous-produits majoritairement issus de l'exploitation agricole (CGI art. 69 E, al. 1) ;

– des exploitants qui disposent de revenus issus de la **location de droits à paiement de base** (CGI art. 69 E, al. 1) ;

– des exploitants dont tout ou partie des **biens affectés à l'exploitation** sont compris dans un **patrimoine fiduciaire** en application d'une opération de fiducie (nos 90780 s.) (CGI art. 69 E, al. 2) ;

– des exploitants ayant opté pour le régime de la **moyenne triennale** (n° 16325).

NÉGOCIANTS EN BESTIAUX, BOUCHERS OU ACTIVITÉS SIMILAIRES

15600 CGI art. 69 C BA-II-6050 s Les personnes qui effectuent des opérations commerciales d'importation, de vente, de commission et de courtage portant sur des animaux vivants de boucherie et de charcuterie, ainsi que celles qui effectuent des opérations commerciales d'achat portant sur des animaux de boucherie ou de charcuterie sont obligatoirement imposées d'après leur bénéfice réel pour les profits qu'elles réalisent (à titre personnel ou comme membres d'une société de personnes ou assimilée) à l'occasion de l'exercice de leurs activités agricoles (élevage, par exemple). Il en est ainsi quel que soit le montant des recettes tirées des activités agricoles.

Ces exploitants sont par ailleurs obligatoirement redevables de la **TVA** à raison de leur activité agricole (nos 59740 et 59995).

> Précisions a. Selon la doctrine administrative, cette disposition signifie que les **bouchers, charcutiers et autres professionnels de la viande** qui ont des activités d'élevage sont obligatoirement imposés d'après leur bénéfice réel pour leurs activités agricoles. Elle considère, en outre, que la circonstance que l'activité de négociant en bestiaux soit exercée par l'un des époux et l'activité agricole par son conjoint ne fait pas obstacle à l'application de cette disposition, quel que soit le **régime matrimonial** adopté par les intéressés, compte tenu de l'étroite communauté d'intérêt qui les unit (BOI-BA-REG-15 n° 20). Pour le Conseil d'État, l'assujettissement obligatoire à un régime réel ne concerne que les agriculteurs qui se livrent également à des opérations commerciales d'achat ou de vente d'animaux de boucherie, ce qui n'est pas le cas d'un éleveur qui écoule dans le commerce de boucherie exploité par son épouse ou auprès d'autres bouchers des animaux nés sur son élevage ou gardés à l'embouche au moins six mois après leur achat (CE 17-3-1982 n° 28188 : RJF 5/82 n° 476). Toutefois, il est indifférent que les activités agricoles et les opérations commerciales susvisées soient complémentaires ou non les unes des autres (CE 12-4-1996 n° 138363 : RJF 6/96 n° 727).

b. Lorsque **l'activité agricole** n'est en réalité que l'**accessoire de l'activité commerciale,** les bénéfices retirés des deux activités sont imposés globalement au titre des BIC (n° 7925).

3. OPTIONS POUR LE RÉGIME RÉEL

Les exploitants qui relèvent normalement du régime micro-BA peuvent opter pour le régime simplifié ou le régime réel normal. **15640** CGI art. 69, II et III BA-II-8000 s

Ceux relevant de plein droit du régime simplifié peuvent opter pour le régime réel normal.

L'option pour le régime du bénéfice réel est indépendante de l'**option** pour l'imposition à la **TVA** (nos 59760 s.).

INTÉRÊT DES OPTIONS

Devant les possibilités de choix qui leur sont offertes, les exploitants doivent apprécier s'ils ont ou non intérêt à exercer une option. **15650**

Si le régime micro-BA est en général avantageux, il peut néanmoins en aller autrement lorsque l'exploitant a des recettes faibles et des charges élevées, par exemple en début d'activité ou après un investissement important (frais financiers, amortissements, etc.). Le mode de détermination du régime micro-BA ne permet en effet ni de tenir compte de ces charges ni a fortiori de faire état d'un **déficit** d'exploitation, ce que permettent en revanche les régimes réels.

Les **avantages fiscaux** accordés aux exploitants soumis à un **régime réel** peuvent aussi inciter à opter pour un tel régime, par exemple : abattements sur le bénéfice prévus pour les exploitants qui s'installent (nos 16225 s.) ; déduction pour épargne de précaution (nos 16250 s.) ; taxation sur une moyenne triennale de bénéfices (nos 16325 s.).

Pour ce qui est du choix entre les deux **régimes de bénéfice réel,** on notera que la principale **différence** entre eux concerne les obligations comptables et déclaratives qui sont allégées dans le régime simplifié.

Le choix du régime d'imposition doit aussi être apprécié en fonction de son incidence sur les **cotisations sociales** agricoles qui sont assises, moyennant certains aménagements, sur le bénéfice fiscal.

L'exonération des **plus-values** accordée en fonction des recettes (nos 18200 s.), de la valeur des éléments cédés (nos 19650 s.) ou à l'occasion d'un départ à la retraite (nos 19890 s.) est indépendante du régime d'imposition.

MODALITÉS D'EXERCICE DES OPTIONS

L'option pour le réel (normal ou simplifié) doit être formulée dans le **délai** de déclaration des résultats de l'année ou de l'exercice précédant celui au titre duquel elle s'applique. Ainsi, un agriculteur relevant de plein droit du régime simplifié qui désire être placé sous le réel normal à compter de 2024 doit exercer une option en ce sens dans le délai de déclaration de ses résultats 2023. **15660** CGI art. 69, IV BA-II-8400 s

L'option concernant les **exploitations nouvelles** doit être exercée dans le délai de dépôt de la déclaration de résultats souscrite au titre de la première année d'activité. Lorsque l'exercice n'est pas aligné sur l'année civile, l'option est exercée dans le délai de transmission de la déclaration provisoire de résultats souscrite au titre de la période s'étalant jusqu'au 31 décembre de l'année de création (BOI-BA-REG-30 n° 110).

L'option est **indivisible.** Lorsqu'elle émane d'un exploitant individuel, elle vaut pour l'ensemble des opérations agricoles qu'il réalise à titre personnel et comme membre d'une société ou d'un groupement non soumis à l'IS. Lorsqu'elle est exercée par une société ou un groupement, elle vaut pour l'ensemble des associés en ce qui concerne les bénéfices retirés de leur participation au groupement (BOI-BA-REG-30 n° 220).

L'option des exploitants **pour le réel normal** est valable pour l'exercice au titre duquel elle est exercée et pour l'exercice suivant. Elle est reconduite tacitement par période de deux exercices, sauf renonciation adressée au service des impôts dans le délai de dépôt de la déclaration des résultats du dernier exercice de chaque période. **15665** CGI art. 64 bis, V et ann. III art. 38 sexdecies JE

L'option exercée par un contribuable relevant du régime micro-BA **pour le régime réel simplifié** est valable un an et reconduite tacitement chaque année pour un an. La renonciation au régime réel simplifié s'effectue dans le délai de dépôt de la déclaration des résultats de la période précédant celle au titre de laquelle la renonciation s'applique. Un exploitant ayant opté pour le réel simplifié et clôturant un exercice en cours d'année civile ne peut sortir de ce régime en cours d'année, mais doit effectuer un exercice de liaison jusqu'au 31 décembre de l'année de sortie (BOI-BA-REG-30 n° 140).

L'option ou la renonciation à un régime réel peut s'effectuer par un **courriel** via la messagerie sécurisée du compte fiscal de l'entreprise (BOI-BA-REG-30 nos 120 et 310).

B. Régime micro-BA

15700 CGI art. 64 bis BA-III-100 s

Le bénéfice imposable des exploitants relevant du régime micro-BA est égal à la moyenne des recettes hors taxe de l'année d'imposition et des deux années précédentes diminuée d'un abattement représentatif des charges.

1. DÉTERMINATION DU BÉNÉFICE IMPOSABLE

CALCUL DU BÉNÉFICE

15710 BA-III-250 s

Le revenu imposable au titre de l'année N est égal à la **moyenne des recettes** hors taxe des années N, N – 1 et N – 2 diminuée d'un **abattement** de 87 %, qui ne peut être inférieur à 305 €.

ATTENTION

Les **années prises en compte** pour déterminer l'application du régime micro-BA (N – 3, N – 2, N – 1 : voir n° 15500) ne correspondent pas aux années retenues pour le calcul du bénéfice imposable. Dès lors que l'exploitant relève de ce régime, l'abattement de 87 % s'applique, quel que soit le montant des recettes réalisées en N – 2, N – 1 et N.

15715

En cas de **création d'activité,** le montant des recettes imposables est égal, pour l'année de la création, aux recettes de l'année et, pour l'année suivante, à la moyenne des recettes de l'année d'imposition et de l'année précédente. L'année de création est celle du démarrage de l'activité agricole, même en l'absence de recettes au cours de ladite année (BOI-BA-BASE-15-10 n° 30).

EXEMPLE

Une exploitation est créée en N. L'activité agricole débute cette même année sans générer de recettes. En N + 1, les recettes sont de 27 000 € et en N + 2 de 36 000 €.
Le bénéfice imposable est de 0 au titre de l'année N, de 1 755 € au titre de l'année N + 1 [(0 + 27 000) / 2] × 13 % et de 2 730 € au titre de l'année N + 2 [(0 + 27 000 + 36 000) / 3] × 13 %.

15720

Un exploitant relevant du régime micro-BA qui **cesse** son **activité** doit déclarer les recettes perçues après l'année de cessation. En cas d'interposition d'une ou plusieurs années sans recettes avant une reprise des ventes, il devra déposer une déclaration rectificative au titre de ces années (BOI-BA-BASE-15-10 n° 50).

EXEMPLE

Les recettes d'un exploitant sont de 54 000 € en N, 63 000 € en N + 1 et 72 000 € en N + 2, année considérée comme la dernière année de ventes de produits agricoles. Aucune vente n'est réalisée en N + 3. Les ventes sont reprises en N + 4 pour un montant de 21 000 €.
Le bénéfice de N + 2 est égal à [(54 000 + 63 000 + 72 000) / 3] × 13 %, soit 8 190 €. Aucun revenu n'est déclaré au titre de N + 3. L'exploitant doit déclarer le revenu N + 4 égal à [(72 000 + 0 + 21 000) / 3] × 13 %, soit 4 030 €, et déposer une déclaration rectificative au titre de N + 3 pour un montant de [(63 000 + 72 000 + 0) / 3] × 13 %, soit 5 850 €.

RECETTES À RETENIR

15725 BA-III-600 s

Les recettes à retenir sont constituées de l'ensemble des **sommes encaissées** au cours de l'année civile **dans le cadre de l'exploitation** et de la valeur des produits prélevés par l'exploitant et alloués au propriétaire du fonds ou aux salariés. Le remboursement forfaitaire de TVA doit être inclus dans la base d'imposition (BOI-BA-BASE-15-10 n° 150).

ILLUSTRATIONS

Sont notamment à prendre en compte les **subventions, aides, primes et indemnités d'assurances** (autres que les subventions d'équipement) destinées à compenser un manque à gagner ou présentant le caractère d'un supplément de prix (BOI précité n° 140). Sont également à retenir les intérêts des **comptes d'associés coopérateurs** et les **prix** obtenus à l'occasion de concours ou foires-expositions (BOI précité nos 160 et 170). Il en est de même de l'indemnité versée dans le cadre du plan de professionnalisation personnalisé préalable à l'installation des **jeunes agriculteurs** lorsqu'elle remplace les bénéfices agricoles (BOI précité n° 180).

RECETTES EXCLUES

Sont exclus des recettes imposables les remboursements de charges perçus dans le cadre de l'**entraide agricole,** les **indemnités compensatoires de handicap naturel,** les **subventions et primes d'équipement** et les redevances ayant leur origine dans le **droit de propriété.** Ces dernières demeurent imposables en tant que revenus fonciers. 15730 BA-III-900 s

Recettes commerciales ou non commerciales **accessoires** : voir n° 15205.

ILLUSTRATIONS

La valeur de l'**autoconsommation** n'est pas comprise dans l'assiette du régime micro-BA (BOI-BA-BASE-15-10 n° 290). Sont imposés dans la catégorie des revenus de capitaux mobiliers les **produits financiers** tels que les intérêts statutaires perçus par des agriculteurs et servis aux parts des sociétés coopératives ou des caisses de crédit agricole mutuel (BOI précité n° 280). La valeur des **récoltes** remises au bailleur n'est pas ajoutée aux recettes encaissées par un métayer soumis au régime micro-BA (BOI précité n° 310).

IMPOSITION DES PLUS-VALUES

Les plus-values de **cession d'éléments de l'actif immobilisé** sont exclues de la base imposable selon le micro-BA. Elles sont déterminées et imposées selon le régime des plus-values professionnelles applicables aux exploitants soumis au régime réel (n°s 17500 s.). Les biens affectés à l'exploitation sont ceux qui sont utilisés en tout ou partie pour les besoins de l'exploitation (BOI-BA-BASE-15-20 n° 10). Les frais de cession peuvent être déduits du prix de cession (BOI précité n° 30). Les primes d'**arrachage de vigne** versées par l'Union européenne sont imposées selon le régime des plus-values professionnelles (BOI-BA-BASE-15-10 n° 230). 15735 BA-III-1500 s

2. OBLIGATIONS DES EXPLOITANTS

OBLIGATIONS COMPTABLES

Les obligations comptables sont allégées. L'exploitant doit tenir un **détail journalier** des recettes professionnelles et conserver les factures et pièces justificatives de ces recettes. Ces documents sont à présenter sur demande du service des impôts. 15740 BA-III-2030 s

› Précisions Le **livre-journal** des recettes est servi chronologiquement. Les recettes correspondant à des ventes au détail ou à des services rendus à des particuliers peuvent être inscrites globalement en fin de journée lorsque leur montant unitaire n'excède pas 76 €. Le montant des opérations inscrites sur le livre des recettes est totalisé à la fin du trimestre et de l'année (BOI-BA-DECLA-15 n° 30).

OBLIGATIONS DÉCLARATIVES

Les exploitants relevant du micro-BA doivent porter directement sur leur déclaration **2042-C-PRO** le montant des recettes de l'année d'imposition ainsi que celui des deux années précédentes et des plus-values ou moins-values réalisées ou subies au cours de l'année (CGI art. 64 bis, III). Ils sont dispensés du dépôt d'une déclaration de résultats. La moyenne triennale et l'abattement forfaitaire sont calculés automatiquement par l'administration. 15745 BA-III-2080 s

La **déclaration d'existence et d'identification** doit être faite dans les quinze jours du début d'activité auprès de l'organisme compétent (n° 88200). Le contribuable indique notamment à cet organisme ou au service des impôts dont il dépend s'il estime, compte tenu de ses recettes prévisionnelles, bénéficier du régime micro-BA ou s'il souhaite d'ores et déjà opter pour un régime réel d'imposition (BOI-BA-DECLA-15 n° 50). 15750

OBLIGATIONS EN CAS DE CESSION OU CESSATION D'ACTIVITÉ

En cas de cession ou cessation d'activité en cours d'année, les exploitants sont soumis aux **mêmes règles** que celles prévues pour les contribuables soumis au régime du **micro-BIC** tant pour les obligations déclaratives que pour l'imposition des bénéfices non encore taxés (voir n° 11520). 15760 CGI art. 201, 3 bis BA-III-350

C. Régimes réels d'imposition

Les règles de détermination du résultat fiscal dans le cadre des deux régimes réels d'imposition – **normal et simplifié** – sont, pour l'essentiel, les mêmes. La principale différence concerne les obligations comptables et déclaratives qui sont allégées dans le régime simplifié. 15790 CGI art. 72 à 74 B BA-IV-200 s et 20000 s

Les dispositions particulières applicables en cas de **changement de régime** d'imposition sont examinées n°s 16100 s.

1. DÉTERMINATION DU BÉNÉFICE IMPOSABLE

RÈGLES GÉNÉRALES

15850 CGI art. 72 BA-IV-300 s Le bénéfice agricole des exploitants placés sous un régime réel est déterminé et imposé selon les principes généraux applicables aux **entreprises industrielles et commerciales,** avec toutefois certains **aménagements** destinés à tenir compte des contraintes et caractéristiques particulières de la production agricole. Nous mettrons donc l'accent, dans les développements qui suivent, sur les règles spécifiques aux bénéfices agricoles. Pour les règles communes aux exploitants agricoles et aux entreprises industrielles et commerciales, nous renverrons, chaque fois que nécessaire, aux explications déjà données à propos des bénéfices industriels et commerciaux.

Les personnes morales de droit privé non commerçantes à activité agricole qui sont tenues d'établir un bilan et un compte de résultat (entreprises dépassant deux des trois seuils suivants : 50 salariés, 3,1 M€ de chiffre d'affaires ou de recettes, 1,55 M€ de total de bilan) doivent se conformer au PCG (adapté aux activités agricoles) et, par voie de conséquence, aux **règles comptables,** concernant la définition et l'évaluation du coût de revient des actifs et l'amortissement par composants des immobilisations. Comme en matière de BIC, la mise en œuvre de cette réglementation entraîne des conséquences pour la détermination du **résultat imposable** de ces entreprises.

Soulignons par ailleurs que les exploitants peuvent librement définir la date de clôture de leur exercice. Si **aucun bilan** n'a été **dressé au cours de l'année,** une imposition doit néanmoins être établie (n° 7330).

15860 **Enregistrement des opérations** Comme en matière de BIC, le résultat est déterminé à partir des **créances acquises** et des **dépenses engagées.** Les opérations doivent être prises en compte à partir du moment où elles donnent naissance à une créance ou à une dette certaine dans son principe et déterminée dans son montant, quelle que soit la date des encaissements ou décaissements correspondants : voir n°s 7355 s. (les exploitants soumis au régime simplifié peuvent toutefois déduire certains frais généraux lors de leur paiement : n° 16040).

Pour les **ventes,** l'exercice de rattachement est celui au cours duquel intervient la livraison des biens (n°s 7875 s.). Lorsque les exploitants fournissent des **prestations de services,** ce sont les règles exposées n°s 7885 s. qui s'appliquent.

15865 BA-IV-4350 s et 5570 s L'**indemnité** d'assurance liée à une **perte de récoltes encore sur pied** causée par des **événements climatiques** est imposable au titre de l'exercice de constatation de cette perte (CGI art. 72 B). Sont visés les phénomènes suivants : sécheresse, excès de température et coups de chaleur, températures basses, grêle, excès d'eau et pluies violentes, poids de la neige ou du givre, vent et manque de rayonnement solaire (Arrêté AGRT1203583A du 26-9-2012).

Au plan fiscal, les créances correspondant aux **droits à paiement de base** sont en principe rattachées à la date limite de dépôt de la demande d'aide, soit au plus tard le 15 mai de chaque année. Les exploitants peuvent retarder ce rattachement à la date d'engagement des avances, réputée correspondre au 16 octobre. Cette tolérance ne s'applique ni aux exploitants établis depuis 2007, ni lorsque le rattachement des aides a été effectué à la date de dépôt de la demande au titre d'un exercice (BOI-BA-BASE-20-10-10 n° 360).

15870 CGI art. 38 quinquies BIC-V-2090 s **Entreposage de productions agricoles** Les productions agricoles entreposées chez un tiers dans le cadre d'une convention d'entreposage sont inscrites distinctement dans les **stocks** de l'exploitant (CGI ann. III art. 2 F). Les sommes perçues par ce dernier au titre de la **cession,** par l'entreprise d'entreposage, de la production apportée sont imposées au fur et à mesure des encaissements par application au montant de l'acompte de la décote de 20 % ou 30 % mentionnée n° 15955 (BOI-BA-BASE-20-20-20-30 n° 450). Ces règles sont applicables aux apports de raisins réalisés par les **viticulteurs** associés de caves coopératives (BOI précité n° 490). En revanche, la reprise à l'équivalent par l'exploitant des productions entreposées reste sans conséquence fiscale jusqu'à la date de transfert du contrôle et des avantages économiques futurs attachés à ces productions.

15875 BA-IV-440 s **Incidence de la TVA** L'administration offre aux contribuables assujettis à la TVA le choix entre la **comptabilisation** taxe comprise ou hors taxe de leurs recettes et de leurs dépenses (BOI-BA-BASE-20-40 n°s 1 à 60). Lorsque la comptabilité est tenue hors taxe conformément au plan comptable, la TVA n'influence pas le résultat (n° 7415).

Quelle que soit la méthode retenue (TTC ou HT), les immobilisations sont comptabilisées sur la base du prix de revient diminué de la TVA déductible, conformément aux règles applicables en matière de BIC (n° 7610). C'est en principe sur cette base qu'est ensuite calculé l'amortissement du bien.

Pour les agriculteurs placés sous le régime du **remboursement forfaitaire,** les achats sont comptabilisés et les immobilisations sont amorties pour leur valeur TTC ; le montant du remboursement forfaitaire est, en contrepartie, compris dans les recettes imposables.

Abattements et déductions Tous les exploitants au réel sont autorisés à pratiquer une **déduction spéciale** sur leurs bénéfices pour constituer une **épargne de précaution** (nos 16250 s.). **15880**

De plus, les **jeunes agriculteurs** bénéficient, sous certaines conditions, d'un abattement sur leur bénéfice pendant cinq ans (nos 16225 s.).

Par ailleurs, certains exploitants implantés dans une **zone franche** située dans les **DOM** bénéficient d'un abattement sur le bénéfice imposable (nos 91491 s.).

Pour les mesures spéciales d'aide à l'investissement **outre-mer,** voir nos 91710 s.

Imputation ou report des déficits Lorsque les opérations de l'exercice font ressortir un résultat fiscal déficitaire, deux situations peuvent se présenter : **15885**

– si les **revenus nets d'autres sources** perçus par l'exploitant n'excèdent pas une limite fixée à **125 419 €** pour l'imposition des revenus de 2023, le déficit agricole est imputable sur le revenu global dans les conditions de droit commun (nos 950 s.) ;

– si la limite précitée est dépassée, le déficit peut seulement être déduit des bénéfices agricoles des six années suivantes (n° 1000).

Déficits provenant d'**activités accessoires non agricoles** : voir n° 15200.

ACTIF PROFESSIONNEL

Le Code général des impôts pose le principe de l'inscription obligatoire à l'actif du bilan des **immeubles** bâtis ou non bâtis appartenant à l'exploitant et affectés à l'exploitation. Il autorise toutefois les exploitants à conserver les **terres** dans leur patrimoine privé, sur option expresse de leur part (n° 15910). **15895** CGI ann. III art. 38 sexdecies D, I BA-IV-1350 s

Les **autres biens** peuvent, au choix de l'exploitant, être inscrits ou non à l'actif. Ceux qui sont affectés par nature à l'exercice de la profession font toutefois nécessairement partie de l'actif professionnel, qu'ils soient ou non inscrits au bilan : tel est le cas, par exemple, du **fonds agricole** défini à l'article L 311-3 du Code rural et de la pêche maritime qui peut être créé par l'exploitant. Ce fonds est composé des éléments mobiliers corporels et incorporels qui peuvent faire l'objet d'une cession et qui sont nécessaires à l'exploitation agricole.

Les **droits à paiement de base** (DPB) constituent des immobilisations incorporelles. Les DPB **attribués** sont enregistrés pour une valeur nulle. Les DPB **acquis** sont enregistrés pour leur prix d'acquisition (PCG art. 618-2 à 4). Ces droits sont inscrits au bilan fiscal d'exploitation, y compris s'ils en constituent le seul élément (BOI-BA-BASE-20-10-10 n° 330).

Le **droit au bail** du fermier constitue un élément d'actif (CE 17-4-1985 n° 39919 : RJF 6/85 n° 862).

Pour le cas particulier des **animaux,** voir n° 15915.

Conformément aux principes régissant les BIC, les biens qui font partie de l'actif professionnel doivent être inscrits au bilan pour leur **valeur** d'origine telle que celle-ci est définie nos 7550 s.

ATTENTION

Sur le plan juridique, l'article L 526-22 du Code de commerce qui définit le statut unique de l'entrepreneur individuel pose le principe de la **séparation des patrimoines professionnel et personnel** de l'exploitant. Le patrimoine professionnel comprend les biens utiles à l'exercice de l'activité (n° 87220). Les biens inscrits au bilan sont présumés appartenir au patrimoine professionnel (C. com. art. R 526-26, II).

Lorsque la **maison d'habitation du propriétaire exploitant** fait partie intégrante de l'exploitation et n'a pas le caractère d'une maison de maître, elle peut, au choix de l'exploitant, être ou non inscrite à son bilan. En cas d'inscription, la valeur locative de l'habitation doit être portée en recettes. Les dépenses y afférentes, non nécessitées par l'exercice de l'activité professionnelle, ne sont pas prises en compte dans le résultat professionnel, sauf option pour l'application de la tolérance prévue à l'article 155, II du CGI (n° 7345) (BOI-BA-BASE-20-30-30 n° 40). **15900** BA-IV-2750 s

ATTENTION

Conformément à l'article R 526-26 du Code de commerce, la partie de l'habitation principale de l'exploitant qui est utilisée pour les besoins de l'exploitation fait partie du patrimoine professionnel, même si elle n'est pas inscrite à l'actif du bilan.

Une maison donnée en location à un **salarié** chargé de diriger une partie de l'exploitation fait obligatoirement partie de l'actif (CE 17-6-1996 n° 119554 : RJF 8-9/96 n° 998).

15902 Lorsque l'activité est exercée en **société,** l'actif se confond avec le patrimoine social, juridiquement distinct du patrimoine des associés. En outre, lorsqu'un contribuable exerce son activité professionnelle au sein d'une société de personnes ou d'un groupement assimilé, les droits ou parts qu'il détient sont considérés fiscalement comme des éléments d'actif affectés à l'exercice de la profession, avec toutes les conséquences qui en découlent : déduction des charges d'acquisition et imposition des plus-values de cession de titres (voir nos 37675 s. et 37715 s.).

15905 CGI art. 155, II et III BA-IV-1420 s

Comme en matière de bénéfices industriels et commerciaux, les produits et les charges afférents à un élément d'actif **étranger à l'activité professionnelle** de l'exploitant (immeuble de rapport, par exemple) sont écartés pour déterminer le résultat professionnel. Ils donnent lieu à la détermination d'un résultat distinct imposable dans la catégorie correspondant à leur nature (revenus fonciers, etc.). Les produits concernés restent toutefois inclus dans le résultat professionnel, sur option expresse de l'exploitant, lorsque leur montant est marginal (no 7345). Mais l'application du principe de séparation des patrimoines professionnel et personnel de l'exploitant (C. com. art. L 526-22 : voir no 87210) conduit, à notre avis, à limiter la portée pratique de cette règle. Les revenus liés à l'exercice d'une activité non agricole accessoire restent aussi inclus dans le résultat professionnel (nos 15200 s.). Les plus-values et moins-values de cession de ces éléments d'actif sont imposées selon des règles particulières (nos 18460 s.).

L'intégralité des charges afférentes aux biens inscrits à l'actif et **utiles à l'activité** est admise en déduction. Lors de la cession de ces biens, il est fait application du régime des plus-values professionnelles (nos 17500 s.).

Pour les **biens non inscrits à l'actif** mais utilisés pour l'exercice de l'activité, la déduction des charges est limitée aux frais correspondant aux charges locatives et assimilées (réparation, entretien courant) à l'exclusion des charges de propriété (frais d'acquisition, impôt foncier, amortissement) ; par exemple, lorsque l'option pour le maintien des terres dans le patrimoine privé a été exercée, l'exploitant ne peut pas déduire les charges de propriété correspondantes (taxe foncière, frais financiers, etc.).

La cession des biens « privés » donne ouverture, s'il y a lieu, au régime des plus-values des particuliers (nos 32000 s.).

Charges déductibles des immeubles professionnels maintenus dans le patrimoine privé : voir no 15980, précision b.

15910 CGI ann. III art. 38 sexdecies D, I BA-IV-2300 s

Régime optionnel des terres Les exploitants individuels peuvent, sur option expresse, conserver les terres dont ils sont propriétaires dans leur patrimoine privé (sur les conséquences de ce choix, voir no 15905).

L'option, qui a un caractère annuel, vaut pour la totalité des terres dont l'exploitant est propriétaire ou qu'il **acquiert** pendant la durée de l'exercice et porte à la fois sur les terres proprement dites et sur les **améliorations foncières permanentes.** Elle est reconduite tacitement pour l'exercice suivant, sauf **renonciation** expresse de l'exploitant.

L'option ou la renonciation à cette option doit être jointe à la déclaration des résultats de l'exercice concerné.

> Précisions **a.** Dans les **exploitations familiales** formant une exploitation unique, l'option produit ses effets à l'égard de l'ensemble des terres utilisées pour l'activité agricole appartenant à l'exploitant, à son conjoint et à leurs enfants mineurs (BOI-BA-BASE-20-10-20 no 100).

b. Les **plantations** (vignes, arbres fruitiers) appartenant à l'exploitant doivent être obligatoirement inscrites à l'actif du bilan, même si les terres qui les supportent n'y figurent pas (CE plén. 25-7-1980 no 15124 : RJF 10/80 no 786). Il en va de même, selon l'administration, pour les **améliorations foncières temporaires** : drainages, voies de desserte sommaires, etc. (BOI précité no 190).

c. L'exercice de l'option est de nature à entraîner la constatation de **plus-values imposables** à raison des biens précédemment inscrits au bilan.

d. Quelle que soit l'option exercée, les terres font partie du patrimoine professionnel sur le **plan juridique,** en tant qu'elles sont utiles à l'exercice de l'activité (C. com. art. L 526-22 : voir no 87220 s.).

15915 CGI ann. III art. 38 sexdecies D, II BA-IV-2950 s

Équidés et bovidés Les exploitants soumis à un régime **réel** peuvent considérer comme des immobilisations amortissables :

– les équidés et bovidés utilisés comme **animaux de trait ou affectés exclusivement à la reproduction** ;

– les **chevaux de course** mis à l'entraînement et âgés de deux ans au moins au sens de la réglementation des courses ainsi que, dans les mêmes conditions, les chevaux **de concours.**

L'inscription de ces animaux parmi les immobilisations n'est pas subordonnée à la condition que le même choix soit exercé pour l'établissement de la TVA lorsque l'exploitant y est assujetti (no 59855).

Tous les **autres animaux,** y compris ceux nés dans l'exploitation, sont obligatoirement compris dans les stocks.

> Précisions a. Les **chevaux** prédisposés à la **course** ou à la **selle** au regard d'une parenté et d'un pedigree et non frappés d'inaptitude peuvent être inscrits en immobilisations dès la date de leur naissance (BOI-BA-BASE-20-10-20 n° 230).

b. Le plan comptable donne une définition plus large des animaux susceptibles d'être immobilisés. Lorsque des animaux sont portés à un compte d'immobilisation alors qu'ils ne peuvent être immobilisés au plan fiscal, les amortissements correspondants doivent être réintégrés pour la détermination du résultat fiscal.

COMPOSITION DES STOCKS

Les stocks comprennent : **15925** BA-IV-5950 s

– les **matières premières, produits et fournitures** acquis pour les besoins de l'exploitation (engrais, semences, produits vétérinaires ou de défense des végétaux, aliments du bétail, carburants et lubrifiants, produits d'entretien, etc.) ou produits sur l'exploitation et destinés à être utilisés dans le cadre de cette dernière (fourrage et paille, fumier, déchets et rebuts, etc.) ;

– les **emballages** (emballages perdus, emballages récupérables d'une durée d'emploi limitée : bouteilles, par exemple) ;

– les **produits finis** (récoltes et productions non encore vendues à la clôture de l'exercice) ;

– les **animaux,** y compris ceux nés dans l'exploitation (à l'exclusion toutefois des équidés et bovidés portés en immobilisations : n° 15915) ;

– les **produits en cours de fabrication,** non susceptibles d'être commercialisés en l'état (fromages en cours de maturation, par exemple) ;

– les **avances aux cultures** (n° 15945).

ÉVALUATION DES STOCKS

Les stocks des exploitants agricoles, qu'ils relèvent du régime réel normal ou du régime simplifié, **15935**
sont en principe évalués d'après leur coût de revient effectif (n° 15940). Toutefois, ces exploitants peuvent bénéficier, sur option, d'un régime de blocage de la valeur de leurs stocks à rotation lente (n° 15950). Ceux qui relèvent du régime simplifié peuvent, sur option, évaluer certains stocks selon un mode forfaitaire (n° 15955).

Des règles spéciales d'évaluation sont par ailleurs prévues :

– en cas de **changement de régime** d'imposition (nos 16100 s.) ;

– en cas d'**apport en société** d'une activité individuelle réalisé dans les conditions prévues par l'article 151 octies du CGI (n° 19765).

Les stocks des exploitants agricoles soumis au régime réel, normal ou simplifié, doivent en **15940** CGI art. 74, b et ann. III art. 38 sexdecies H et I BA-IV-6250 s
principe être évalués selon les règles applicables en matière de BIC. L'évaluation se fait donc au **coût de revient** ou d'après le **cours du jour** à la clôture de l'exercice si ce dernier est inférieur au coût de revient, l'exploitant pouvant alors constituer une provision pour dépréciation (nos 7690 s.).

Les exploitants sont également autorisés, sous certaines conditions, à procéder à une **évaluation forfaitaire** du prix de revient des produits finis et des produits en cours de fabrication.

Le coût de revient des **produits finis** peut être calculé forfaitairement en pratiquant sur le cours du jour (c'est-à-dire sur la valeur probable de réalisation à la date de l'inventaire) une décote correspondant au bénéfice brut normalement susceptible d'être réalisé lors de la vente. En d'autres termes, la décote représente le bénéfice augmenté de l'ensemble des frais qui seraient engagés en cas de vente. Cette décote est déterminée par l'exploitant en fonction de sa situation propre et sous le contrôle de l'administration (BOI-BA-BASE-20-20-20-10 n° 180).

Il est également permis à ces exploitants d'évaluer forfaitairement le prix de revient des **produits en cours de fabrication** à partir de coûts standard ou de tous autres éléments statistiques en leur possession.

Les **productions agricoles entreposées chez un tiers** (n° 15870) peuvent être majorées des seuls frais facturés par l'organisme entrepositaire (CGI art. 38 quinquies).

Avances aux cultures Les avances aux cultures représentent l'ensemble des **frais** et **15945** CGI art. 72 A BA-IV-6650 s
charges engagés au cours d'un exercice en vue d'obtenir la récolte qui sera levée après la clôture de cet exercice. Il s'agit exclusivement : des frais correspondant aux semences, engrais, amendements et produits de traitement des végétaux ; des frais de main-d'œuvre relatifs aux façons culturales, de l'amendement des terres et des semis ; des frais de matériel relatifs aux mêmes travaux (carburants et lubrifiants, entretien, réparation et amortissement du matériel,

travaux réalisés par des tiers). Les frais de fermage ne sont pas retenus pour valoriser les avances aux cultures, sauf dans les sociétés agricoles relevant de l'IS (BOI-BA-BASE-20-20-20-30 nos 5 et 10) ou en cas de cessation consécutive à un assujettissement à l'IS (no 16340).

Les avances aux cultures doivent être inscrites, au titre des travaux en cours, dans les stocks d'entrée et de sortie des exploitants imposés au réel, normal ou simplifié. Elles doivent être évaluées à leur prix de revient selon l'une des **méthodes d'évaluation** retenues, d'un commun accord, par l'administration, les organisations professionnelles agricoles et les experts-comptables.

Les exploitants ont en principe le choix entre deux méthodes (BOI précité nos 60 à 160) :

– une méthode d'évaluation mixte (avec deux variantes) qui permet une évaluation forfaitaire des frais de mécanisation et de main-d'œuvre salariée ; l'option pour cette méthode, formulée au moyen d'une note dans l'annexe libre dématérialisée, est valable dix ans et renouvelable par tacite reconduction ;

– une méthode d'évaluation au coût réel de production comportant aussi deux variantes : l'option pour cette méthode, une fois exercée, présente un caractère irrévocable.

Deux autres méthodes d'évaluation, de caractère temporaire, sont offertes aux **exploitants qui passent** du régime micro-BA **au régime réel simplifié** (BOI-BA-REG-40-10-10 nos 240 à 260) :

– une méthode transitoire, applicable trois ans : le montant total des avances est fixé forfaitairement à deux fois le montant des achats de matières premières et de matières et fournitures consommables utilisées pour la récolte à venir ;

– une méthode forfaitaire, valable trois ans et renouvelable une fois : application de coûts standard à l'hectare en fonction de la nature des cultures et de la date de clôture de l'exercice.

15950
CGI art. 72 B bis
BA-IV-6950 s

Stocks à rotation lente Les exploitants relevant d'un régime réel peuvent, sur option, **comptabiliser** leurs stocks de **produits** ou d'**animaux, jusqu'à la vente** de ces biens, à la **valeur** déterminée à la clôture de l'exercice précédant celui de l'exercice de l'**option.** Cette dernière est valable pour l'année au titre de laquelle elle est exercée et les quatre années suivantes. Elle est reconduite tacitement par période de cinq ans, sauf renonciation dans le délai de déclaration des résultats du dernier exercice de chaque période.

Ce dispositif ne peut se cumuler avec le mécanisme d'étalement et de lissage des **revenus agricoles exceptionnels** (nos 16300 s.) ni avec le système de la **moyenne triennale** (nos 16325 s.). Il est subordonné au respect du **règlement de minimis** applicable au **secteur agricole** (no 92660, précision b).

> **Précisions** **a.** L'option est **globale** et vaut pour l'ensemble des stocks détenus, qu'il s'agisse de produits ou d'animaux (BOI-BA-BASE-20-20-20-40 no 40).
> **b.** Dès l'exercice de l'option, les **frais de nourriture des animaux** ou les frais **de mise en bouteille** deviennent immédiatement déductibles et ne constituent plus un élément du prix de revient des stocks dont la valeur est bloquée (BOI précité no 50).
> **c.** En ce qui concerne le sort des stocks à rotation lente en cas d'**assujettissement à l'IS**, voir no 16340.

15952 **Déduction pour augmentation de la valeur du stock de vaches** Pour les exercices clos du 1er janvier 2023 au 31 décembre 2024, les exploitants peuvent pratiquer une déduction de 150 € par **vache laitière ou allaitante** inscrite en stock, lorsque la valeur de ce stock à la clôture de l'exercice excède de 10 % sa valeur à l'ouverture de l'exercice ou de l'exercice précédent (Loi 2023-1322 du 29-12-2023 art. 70). Pour les exercices clos en 2024, la hausse est seulement appréciée par rapport à la valeur unitaire à l'ouverture de l'exercice.

Le montant total de la déduction pratiquée au titre d'un exercice est **plafonné** à 15 000 €.

La déduction est **rapportée** au résultat imposable de l'exercice de cession ou de sortie de l'actif de l'animal, et au plus tard du sixième exercice suivant celui au titre duquel la déduction a été pratiquée. La déduction n'est pas rapportée au résultat de l'exercice de sortie lorsqu'un nouvel animal entre dans les stocks avant la clôture de cet exercice ou avant le dépôt de la déclaration de résultats souscrite au titre de cet exercice.

> **Précisions** **a.** Le dispositif ne s'applique pas aux animaux considérés comme des **immobilisations amortissables** (no 15915).
> **b.** Les exploitants ayant opté pour le dispositif de blocage de la valeur des **stocks à rotation lente** (no 15950) ne peuvent pas pratiquer la déduction.
> **c.** Le bénéfice de la déduction est subordonné au respect de la réglementation des **aides de minimis,** applicable au secteur de l'agriculture (no 92660, précision b).
> **d.** La hausse de la valeur du stock qui résulte de l'**augmentation du nombre d'animaux** composant ce stock au cours de l'exercice n'est pas retenue pour apprécier le seuil de 10 %.
> **e.** Pour les **Gaec** et les **EARL** relevant de l'impôt sur le revenu, le **plafond** de la déduction est multiplié par le nombre d'associés exploitants, dans la limite de quatre.

Exploitants soumis au régime simplifié À l'exception des matières premières, fournitures et marchandises achetées qui sont évaluées à leur coût de revient, et des avances aux cultures (n° 15945), les stocks des exploitants relevant du régime simplifié peuvent être évalués, sur **option** en appliquant au cours du jour à la date de l'inventaire, ou à la valeur probable de réalisation à défaut de cours du jour, une **décote forfaitaire** dont le taux est fixé à : 15955 CGI art. 74, b et ann. III art. 38 sexdecies JC BA-IV-20400 s

– 30 % pour les bovins et les produits de la viticulture ;
– 20 % pour les autres produits ou animaux.

Un **mécanisme correcteur** est toutefois prévu pour éviter une trop forte fluctuation des résultats due à de brusques variations conjoncturelles des cours : lorsque les prix à retenir aux dates d'ouverture et de clôture d'un même exercice ont varié, dans le sens de la hausse ou de la baisse, de plus de 20 %, cette variation est limitée à 20 %.

> **Précisions** L'option doit être formulée au plus tard lors du dépôt de la déclaration des résultats du premier exercice au titre duquel elle s'applique. À cette même date, l'exploitant peut renoncer au mécanisme d'écrêtement des variations de prix. Ces deux options sont valables pour cinq exercices, tant que le contribuable est soumis au réel simplifié. Elles se reconduisent tacitement pour la même durée, sauf décision contraire notifiée dans le délai de dépôt de la déclaration des résultats du dernier exercice de chaque période d'application.

PRODUITS

Les produits comprennent non seulement les recettes provenant de la **vente** des divers produits de l'exploitation (récoltes, animaux, etc.), mais aussi (liste non limitative) : 15960 BA-IV-3200 s

– les **recettes commerciales et non commerciales accessoires** rattachées aux bénéfices agricoles (nos 15200 s.) ;
– les **redevances** provenant de la **location** du droit de chasse, d'affichage, de la concession d'exploitation de carrières, etc., lorsque les immeubles concernés sont inscrits à l'actif et utilisés pour l'exercice de l'activité professionnelle (pour le cas où l'exploitant se réserve la jouissance du droit de chasse, voir n° 28625) ;
– les diverses **primes et subventions** attribuées (subventions d'équipement, etc.) ;
– les **produits financiers** (par exemple, les intérêts statutaires servis aux parts de sociétés coopératives agricoles).

Les produits relatifs à des **biens inscrits à l'actif** mais **qui ne concourent pas à l'exercice de l'activité** professionnelle doivent être imposés dans la catégorie d'imposition correspondant à leur nature (n° 7345).

Modalités particulières d'imposition **a.** Les exploitants qui perçoivent des **subventions publiques d'équipement** peuvent bénéficier du régime spécial d'imposition échelonnée prévu à l'article 42 septies du CGI (nos 8040 s.). Ce régime s'applique aux **dotations d'installation** accordées aux jeunes agriculteurs lorsqu'elles sont affectées à l'acquisition ou à la création d'immobilisations (CGI art. 73 C). 15962

b. L'administration applique le régime des plus-values d'actif aux **primes d'arrachage de vignes** (BOI-BA-BASE-20-20-40 n° 370). La fraction correspondant aux frais d'arrachage est en revanche imposable comme bénéfice d'exploitation (BOI précité n° 420). Il en est de même des aides européennes à la **restructuration et** à la **reconversion des vignobles** dès lors qu'elles ont pour objet de couvrir des frais déductibles, de compenser une baisse de revenus ou de reconstituer l'existant (BOI précité n° 375).

c. Les **indemnités** attribuées aux exploitants soumis à un régime réel à la suite de décisions d'**abattage** total ou partiel de troupeaux prises pour des **raisons sanitaires** par les pouvoirs publics peuvent bénéficier d'un régime d'**imposition étalée** sur sept ans (nos 16300 s.).

d. Les sociétés **coopératives agricoles** visées à l'article L 521-1 du Code rural et de la pêche maritime peuvent, après approbation de l'assemblée générale statuant sur les comptes de l'exercice, répartir les **ristournes** (représentant au moins 10 % des excédents annuels disponibles à l'issue des délibérations précédentes) entre les associés coopérateurs sous forme de **parts sociales.** Le produit comptabilisé lors de l'attribution de ces parts peut faire l'objet d'un **report d'imposition** jusqu'à la date de cession, de transmission ou d'apport de ces parts ou jusqu'à la date de cessation d'activité, si celle-ci est antérieure (CGI art. 38 sexies). L'**option** pour le report d'imposition s'exerce par le dépôt de l'état de suivi prévu à l'article 2 C ter de l'annexe III au CGI.

e. Les recettes générées par les coupes de bois d'une **exploitation forestière** annexe n'ont pas à être prises en compte dans le bénéfice agricole (n° 16365).

f. Pour l'imposition des revenus des années 2023 et suivantes, les **indemnités journalières** versées au titre d'un régime d'assurance obligatoire contre les **accidents du travail** et les

maladies professionnelles sont exonérées à hauteur de 50 % de leur montant (Loi 2023-1322 du 29-12-2023 art. 5).

15965 CGI ann. III art. 38 sexdecies JD BA-IV-3720 s et 20290 s **Autoconsommation** Le bénéfice est déterminé en ajoutant aux recettes la valeur des produits qui sont prélevés dans l'exploitation et qui sont consommés par l'exploitant ou par sa famille.

L'évaluation de ces produits est faite au prix de revient. Toutefois, dans le cas où l'option pour l'évaluation des stocks selon un mode forfaitaire a été exercée dans le cadre du régime simplifié, les produits consommés sont évalués selon cette méthode (n° 15955).

Par mesure de simplification, les prélèvements effectués pour la consommation ou l'usage des **salariés** ainsi que pour la **nourriture des animaux** ou pour le paiement des **fermages** n'ont pas à être comptabilisés, ni en recettes ni en dépenses (BOI-BA-BASE-20-20-10 n°s 120 et 130).

15970 **Plus-values et moins-values d'actif** Les plus-values ou moins-values provenant de la cession, soit en cours, soit en fin d'exploitation, d'éléments de l'actif immobilisé utilisés pour l'exercice de l'activité professionnelle doivent être retenues pour la détermination du bénéfice imposable, mais elles sont soumises à des modalités d'imposition particulières, en général favorables : exonération totale ou partielle des plus-values selon le montant du chiffre d'affaires ou la valeur des biens cédés, taxation à taux réduit des plus-values à long terme, sursis d'imposition en cas de remembrement, etc. Les plus ou moins-values de cession d'éléments d'actif étrangers à l'activité professionnelle relèvent d'un régime particulier (n°s 18460 s.). Les règles de détermination ainsi que le régime fiscal des plus-values de cession d'éléments d'actif sont examinés dans le cadre d'une **étude spéciale** (n°s 17500 s.). Par exception, le produit de la première cession à titre onéreux d'un usufruit temporaire (à durée fixe) est imposé à l'impôt sur le revenu selon le régime d'imposition des revenus susceptibles d'être procurés par le bien démembré (n°s 4780 s.).

FRAIS ET CHARGES

15980 BA-IV-9300 s, 9500 s et 9930 s Pour être admis en déduction des bénéfices imposables, les frais et charges doivent être exposés dans l'intérêt de l'exploitation et se traduire par une diminution de l'actif net. Ils doivent être régulièrement comptabilisés en tant que tels et appuyés de pièces justificatives suffisantes. Enfin, leur déduction ne doit pas être interdite par la loi.

Ces **règles** sont les mêmes que celles applicables en matière de **BIC** (n°s 8140 s.).

› Précisions **a.** Le **salaire du conjoint** est déductible dans les conditions exposées (n°s 8660 s.). En revanche, aucune déduction ne peut être pratiquée au titre des appointements que s'allouent l'**exploitant** lui-même ou les membres d'une société relevant de l'impôt sur le revenu (n° 23645). Les rémunérations versées aux **associés d'exploitation** visés aux articles L 321-6 s. du Code rural et de la pêche maritime sont déductibles (BOI-BA-BASE-20-30-40-10 n° 100).

b. Les sommes correspondant au **loyer normal des terres conservées dans le patrimoine privé** et mises à la disposition de l'exploitation sont déductibles du revenu professionnel (CE 26-9-2011 n° 340247 : RJF 12/11 n° 1291). Ce loyer est corrélativement imposable dans la catégorie des revenus fonciers.

c. Les **fermages** sont déductibles au même titre que les loyers (n° 8345).

d. Déduction des dépenses relatives aux biens dont le prix unitaire n'excède pas 500 € : voir n° 7540.

e. Réduction d'impôt pour **frais de comptabilité et d'adhésion** des adhérents d'**organismes de gestion agréés** : voir n°s 87990 s.

f. **Évaluation forfaitaire** de certaines dépenses par les exploitants relevant du **régime simplifié** : voir n° 16040.

15985 CGI art. 154 bis-0 A **Protection sociale personnelle de l'exploitant** Les cotisations versées par le chef d'exploitation au titre de certains contrats d'**assurance de groupe** (y compris ceux gérés par une institution étrangère : voir n° 8690, précision b) souscrits en vue de la constitution d'une **retraite** complémentaire sont admises en déduction au titre de l'exercice de leur paiement, dans la même limite que celle retenue pour les cotisations versées au titre de l'assurance vieillesse facultative par les entreprises commerciales (n° 8695). Il en est de même des versements aux plans d'épargne retraite individuels ou d'entreprise collectifs (à l'exception des versements à ces plans qui couvrent les garanties complémentaires de prévoyance, de perte d'emploi subie ou garantissant la valeur de rachat du contrat à l'échéance ou en cas de décès) et des versements dans un sous-compte français de produit paneuropéen d'épargne retraite individuel (Loi 2023-171 du 9-3-2023 art. 3). Les résultats exonérés en application de certains dispositifs spéciaux (CGI art. 44 sexies à 44 nonies, 44 terdecies et 44 quindecies à 44 septdecies) de même que l'abattement prévu en faveur des jeunes agriculteurs (CGI art. 73 B) et celui en faveur des exploitations situées outre-mer (n°s 91491 s.) sont retenus dans le bénéfice servant de base au calcul de cette limite. En revanche, il n'est pas tenu compte des plus et moins-values à long terme. Les déductions ainsi pratiquées au niveau du revenu catégoriel sont prises en compte pour la détermination du montant déductible du revenu global au titre de l'année considérée à raison des versements volontaires effectués au plan d'épargne retraite, au plan d'épargne retraite populaire (Perp) ou, à titre individuel et facultatif, à un régime de retraite supplémentaire obligatoire d'entreprise (nº 1380). Cette déduction est subordonnée au **respect** par le chef d'exploitation de ses **obligations** au regard des **régimes obligatoires** tant de base que complémentaire. La fraction de la prime destinée à couvrir une **contre-assurance décès** qui prévoit le versement d'un capital n'est pas admise en déduction (BOI-BA-BASE-20-30-40-20 nº 240).

Les exploitants relevant d'un régime réel peuvent acquitter par anticipation une partie des **cotisations sociales** dues l'année suivante, dans la limite de 75 % des dernières cotisations appelées. Cet « **à-valoir** » est déductible du résultat de l'exercice de versement. Mais il est possible de déduire du résultat d'un exercice en hausse par rapport à l'exercice précédent, dans la limite de 20 % de cette augmentation, l'à-valoir **versé dans les six mois de la clôture** de l'exercice et au plus tard à la date de dépôt de la déclaration des résultats (CGI art. 72 F).

AMORTISSEMENTS

Donnent lieu à amortissement les **éléments d'actif** dont l'usage attendu par l'entreprise est limité dans le temps : constructions, installations, matériel et outillage, plantations (vignes, arbres fruitiers), améliorations temporaires (drainages, voies de desserte sommaires, etc.). En revanche, les terres et les améliorations permanentes (rasage des talus, suppression des haies, défrichage, etc.) ne peuvent pas être amorties, même si elles sont inscrites au bilan. Il en va de même pour les améliorations du fonds résultant de pratiques culturales portées à l'actif lors du passage du régime micro-BA au régime réel (nº 16110). **15990** BA-IV-10800 s

Les **entreprises soumises au PCG,** à titre obligatoire ou facultatif (nº 15850), doivent faire application de l'ensemble des règles d'amortissement par **composants** applicables aux entreprises commerciales (nºs 9090 s.).

Les **autres entreprises** sont tenues, en application de l'article 72 du CGI, aux seules règles fiscales qui découlent de la réglementation comptable. Elles doivent donc mettre en œuvre la méthode d'amortissement par composants (BOI-BA-BASE-20-30-10-10 nº 1). L'obligation de décomposition concerne notamment les constructions et le gros matériel agricole. L'administration a toutefois fixé plusieurs **seuils** en valeur absolue en deçà desquels la décomposition est facultative (nº 9185). Ces entreprises sont en revanche dispensées de l'obligation d'établir deux plans d'amortissement pour la structure des immobilisations décomposées et pour les biens non décomposés, l'un en fonction de la durée réelle d'utilisation et l'autre en fonction de la durée d'usage admise au plan fiscal. Elles n'ont pas non plus à tenir compte d'une valeur résiduelle pour la définition de la base d'amortissement.

Il est normalement fait application du système d'amortissement **linéaire** (nºs 9300 s.). Mais certains biens peuvent être amortis selon le système **dégressif** décrit nºs 9320 s. (CGI ann. III art. 38 sexdecies E) ; il s'agit :

– des matériels et outillages utilisés pour des opérations agricoles de production, de transformation ou de transport et des autres matériels et installations définis nºs 9330 s. ;
– des bâtiments d'exploitation de construction légère remplissant les conditions indiquées nº 9345.

Dans tous les cas, la déduction des amortissements est subordonnée à leur **comptabilisation** effective (nºs 9425 s.).

Les amortissements comptabilisés à raison de **fonds agricoles résiduels acquis entre le 1er janvier 2022 et le 31 décembre 2025** peuvent être déduits du résultat imposable (BOI précité nº 105), mais pour les acquisitions de fonds intervenues depuis le 18 juillet 2022, une mesure anti-abus interdit l'application de ce dispositif dans certains cas (nº 9175). Pour les fonds acquis **en dehors de cette période,** le principe de non-déductibilité fiscale s'applique (nº 9175).

> Précisions **a.** Les **poulaillers** et les **porcheries** réalisés en matériaux légers (bois, tôle, fibrociment, etc.) pour plus de 50 % de leur superficie développée (abstraction faite des sols) peuvent être amortis sur quinze ans au dégressif (BOI-BA-BASE-20-30-10-20 nº 70).

b. Les **tracteurs**, les **tailleuses de haies** et les **tronçonneuses** sont normalement amortis sur cinq ans (CE 21-3-1980 nº 13896 : RJF 5/80 nº 407) et les **wagons à céréales** sur dix ans (CE 22-1-1982 nº 21597 : RJF 3/82 nº 235).

c. La durée d'amortissement des **vignes** est fixée à 25 ans à compter de la première déclaration de récolte et celle des plantations de **vergers** (prix d'achat des plants et frais de plantation) sur la durée de production moyenne à partir de la première petite récolte, déterminée par les experts de l'Inra (BOI-BA-BASE-20-30-10-20 nºs 90 à 150).

d. Amortissement des **voitures particulières** : voir nºs 9020 s.

PROVISIONS

16005 CGI art. 72 C et 74 BA-IV-12400 s et 21220

Les exploitants agricoles placés sous le régime **réel,** normal ou simplifié, peuvent constituer des provisions destinées à faire face à des pertes ou charges nettement précisées et que des événements en cours rendent probables dans les conditions et selon les **règles** en vigueur en matière de **BIC** (nos 9660 s.).

ATTENTION

Les exploitants agricoles ne peuvent pas pratiquer la provision pour **hausse des prix** prévue à l'article 39, 1-5° du CGI (nos 10000 s.).

2. OBLIGATIONS COMPTABLES

RÉGIME RÉEL NORMAL

16030 CGI ann. III art. 38 sexdecies P BA-IV-14300 s

Les exploitants soumis au réel normal doivent tenir et présenter aux agents de l'administration :
- un **livre-journal** servi au jour le jour et enregistrant le détail des opérations ;
- un **livre d'inventaire** sur lequel figurent le bilan et le compte de résultat ;
- les **factures et autres pièces** justificatives relatives aux recettes, aux dépenses et aux stocks.

En outre, les **éleveurs** d'animaux de boucherie ou de charcuterie doivent se conformer à des obligations particulières prévues par la réglementation en vigueur en matière de TVA (marquage des animaux, comptabilité matières, etc.), quelle que soit leur situation au regard de cette taxe (nos 59915 s.).

Les documents comptables sont en général tenus conformément aux règles du **plan comptable** général (adapté aux activités agricoles), bien que le plan ne présente un caractère obligatoire ni pour les exploitants individuels ni pour la plupart des sociétés civiles agricoles.

Les documents comptables et pièces justificatives doivent être **conservés** pendant six ans (n° 78065).

> **Précisions** L'administration admet l'**enregistrement quotidien sur le livre-journal** des encaissements et des paiements, les créances et les dettes étant recensées en fin d'exercice. Elle autorise aussi l'inscription globale en fin de journée des ventes au détail et des services rendus aux particuliers lorsque leur montant unitaire est inférieur à 76 € (BOI-BA-DECLA-20 n° 30).

RÉGIME RÉEL SIMPLIFIÉ

16035 CGI art. 74 et ann. III art. 38 sexdecies RB BA-IV-21600 s

Pour les exploitants placés sous le régime simplifié, les règles sont en principe les mêmes que dans le réel normal (n° 16030), sous réserve des particularités suivantes :
- le **livre-journal** n'enregistre journellement que le détail des recettes et des dépenses (comptabilité de **trésorerie**) ;
- les **créances** et les **dettes** sont constatées à la clôture de l'exercice ;
- certains **frais généraux** sont pris en compte selon des modalités simplifiées (n° 16040) ;
- le **bilan** à produire est un bilan simplifié ;
- le tableau des immobilisations et amortissements et le compte simplifié du résultat fiscal sont reportés sur le **livre d'inventaire.**

> **Précisions** Les **recettes** et les **dépenses d'exploitation** sont enregistrées au jour le jour en distinguant le mode de règlement (caisse, banque, etc.) et la nature de l'opération (avec, le cas échéant, les ventilations nécessaires en matière de TVA). La comptabilité doit également retracer les **autres mouvements de trésorerie,** notamment : les apports et prélèvements de l'exploitant, les virements de fonds, les acquisitions ou cessions d'immobilisations, les prêts ou emprunts.
> Pour permettre un recensement précis des créances et des dettes en fin d'exercice, les factures émises ou reçues doivent être classées et annotées de la nature, de la date et du montant des règlements effectués.

16040 BA-IV-21680 s

Frais généraux Plusieurs **mesures de simplification** sont prévues en ce qui concerne les frais généraux.

a. Les frais payés **à échéances régulières** dont la périodicité n'excède pas un an (assurances, intérêts, loyers, abonnements, etc.) peuvent, sur option de l'exploitant, être déduits des résultats de l'exercice en cours lors de leur paiement. Selon l'administration, cette faculté ne concerne pas les charges sociales de l'exploitant (BOI-BA-DECLA-30 n° 150).

b. Les **frais de carburant** (automobiles ou deux-roues) consommés par l'exploitant lors de ses déplacements professionnels peuvent être évalués forfaitairement, sur option expresse jointe à la déclaration de chaque exercice, selon un barème publié annuellement par l'administration (nos 97165 s.).

c. Les **frais généraux accessoires** payés en espèces (pourboires, cadeaux, réception) sont déductibles sans justificatifs dans la limite de 1 p. mille du chiffre d'affaires, avec un minimum de 152 €.

3. DÉCLARATION ANNUELLE DES RÉSULTATS

En plus de la déclaration d'ensemble n° 2042 de leurs revenus (nos 3670 s.), les exploitants agricoles soumis à un régime réel doivent souscrire chaque année une **déclaration spéciale** des résultats de leur dernier exercice (ou de la dernière période d'imposition) sur un formulaire dédié. 16050 CGI art. 74 A CGI ann. III art. 38 sexdecies Q **BA-IV-14400 s et 22400 s**

Pour les **exploitants au réel simplifié,** il s'agit de la déclaration n° 2139-SD, qui comporte un tableau des immobilisations et des amortissements et, en annexe, un bilan simplifié, un compte simplifié de résultat fiscal, un relevé des provisions et un état des provisions non déductibles.

Pour les exploitants au **réel normal,** les obligations sont plus lourdes. La déclaration spéciale n° 2143-SD est accompagnée d'une série de **tableaux annexes** :

– huit tableaux comptables (nos 2144-SD à 2150-SD) : bilan, compte de résultat, immobilisations, amortissements, provisions, créances et dettes, etc. ;

– cinq tableaux fiscaux (nos 2151-SD à 2152 bis-SD) : détermination du résultat fiscal, déficits et provisions non déductibles, plus-values et moins-values, etc.

Les personnes morales soumises à un régime réel doivent, le cas échéant, produire deux autres états concernant la liste des associés et la liste des filiales et participations (nos 2153-SD et 2154-SD pour le réel normal).

Les exploitants sont soumis à l'obligation de **transmission électronique** des déclarations et documents annexes (n° 10970) (CGI art. 1649 quater B quater, II).

> **Précisions** **a.** Dans le cadre du **foyer fiscal,** c'est au conjoint qui exerce l'activité agricole qu'incombe le soin de souscrire la déclaration spéciale (voir n° 335, précision c).
> **b.** D'autres **renseignements ou documents** sont à joindre dans certains cas à la déclaration. Citons par exemple :
> – pour les sociétés et groupements agricoles, le relevé de certains frais généraux ;
> – l'état de suivi et le registre des plus-values en sursis d'imposition en cas d'apport en société (nos 19780 et 19860).
> **c.** Les obligations incombant aux agriculteurs en cas de **changement de régime** d'imposition sont examinées nos 16100 s.

Délai de déclaration Quelle que soit la date de clôture de l'exercice, la déclaration de résultat et les documents annexes doivent être produits, par voie électronique, au plus tard le deuxième jour ouvré suivant le 1er mai (CGI art. 175). Un délai supplémentaire de quinze jours calendaires est cependant accordé par l'administration (BOI-BA-DECLA-20 n° 150). La date figurant sur l'accusé de réception ou d'enregistrement adressé par voie électronique fait foi. Délai pour souscrire la déclaration d'ensemble des revenus : voir n° 3685. 16055

Contrôle des déclarations Ce contrôle est assuré par l'administration fiscale selon les règles de droit commun, soit par un **contrôle sur pièces** (n° 77860), soit par une **vérification de la comptabilité** (nos 78110 s.). 16060

À la suite du contrôle, le service des impôts peut rectifier les déclarations. Il doit, en pareil cas, engager la **procédure de rectification** décrite nos 78600 s.

Cession, cessation ou décès Comme en matière de BIC (nos 11400 s.), la cession ou cessation d'activité, totale ou partielle, ainsi que le décès de l'exploitant entraînent l'imposition immédiate des bénéfices non encore taxés à la date de ces événements : bénéfices d'exploitation, bénéfices en sursis d'imposition et plus-values d'actif. 16065 CGI art. 201

Les règles de détermination des **bénéfices immédiatement taxables** sont pour l'essentiel les mêmes que celles applicables en cas de cessation d'une activité industrielle ou commerciale, exposées nos 11460 s., auxquelles on pourra se reporter.

En cas de cession de l'exploitation ou de **cessation** de l'activité, l'exploitant dispose d'un délai de quarante-cinq jours pour en aviser l'administration (en précisant la date de cessation ou de cession et, dans ce dernier cas, l'identité du cessionnaire) et d'un délai de soixante jours pour produire la **déclaration de résultat.** En cas d'octroi d'un **crédit-vendeur,** le paiement de l'impôt sur la plus-value à long terme peut être échelonné (n° 18110).

En cas de **décès** de l'exploitant, ces déclarations doivent être produites par les héritiers dans les six mois du décès.

Pour plus de précisions sur les modalités d'**établissement des impositions** consécutives à la cession, à la cessation ou au décès, voir nos 4755 s.

> **Précisions** **a.** Un agriculteur qui **cède ses stocks** après la cession ou la cessation de son exploitation poursuit une activité agricole (CE 23-3-2005 n° 237810 : RJF 6/05 n° 554 ; BOI-BA-CHAMP-10-10-10 n° 30).
> **b.** Constitue une cessation partielle d'activité l'**apport à une EARL** par un exploitant de l'**une de ses activités, précédemment exercée à titre individuel,** même s'il la poursuit en qualité d'associé de cette entreprise (CE 9-7-2010 n° 301579 : RJF 5/11 n° 578).
> **c.** Opérations entraînant **assujettissement à l'IS** : voir nos 16340 s.

16070 **Sanctions** Le **défaut** ou le **retard** de production de la **déclaration des résultats** est susceptible de donner lieu :

– à l'application de l'intérêt de retard et d'une majoration proportionnelle (nos 80075 s.) ;

– à l'évaluation d'office du bénéfice si le contribuable ne régularise pas sa situation après mise en demeure de l'administration (nos 78920 s.).

Pour les pénalités applicables en cas d'**insuffisance de déclaration,** voir nos 80000 s.

Amende pour refus ou insuffisance de souscription de la liste des associés ou de la liste des filiales et participations : voir no 80192.

Non-respect des obligations de déclaration par voie électronique : voir no 80200.

D. Changement de régime d'imposition

16100
BA-VI-1 s

Les règles de détermination du bénéfice imposable diffèrent, nous l'avons vu, selon le régime d'imposition applicable (micro-BA, bénéfice réel simplifié ou normal). Il est donc nécessaire de procéder à certaines adaptations en cas de passage d'un régime à l'autre, quel que soit le motif du changement de régime (franchissement de la limite légale, option, etc.).

La **date des changements** de régime en cas d'augmentation ou de diminution des recettes de l'exploitant a déjà été définie nos 15565 s.

PASSAGE DU MICRO-BA AU RÉGIME RÉEL

16110
CGI ann. III art. 38 sexdecies-0 K à OB
BA-VI-500 s

Bilan d'entrée Les règles spécifiques applicables sont les mêmes qu'il s'agisse du passage au réel normal ou au réel simplifié.

Les **immobilisations non amortissables** préexistantes sont inscrites au bilan d'entrée pour leur valeur d'origine. Les immobilisations **amortissables** sont inscrites à l'actif en faisant application des règles de décomposition décrites nos 9090 s., pour leur **valeur nette comptable.** Celle-ci est déterminée d'après la valeur d'origine en tenant compte de la durée réelle d'utilisation restant à courir à la date du changement de régime. Elle ne peut toutefois excéder la valeur de réalisation (valeur vénale réelle) du bien.

Les **amortissements** ultérieurs sont calculés sur la base de la valeur nette comptable ainsi déterminée ; ils peuvent être calculés selon le mode **dégressif** si les conditions d'application de ce régime sont satisfaites (BOI-BA-REG-40-10-10 no 180).

EXEMPLE

Soit un matériel agricole payé, en 2018, 10 000 € et conçu pour être utilisé normalement dix ans. Au 1er janvier 2024, date à laquelle l'exploitant est imposé pour la première fois d'après le régime du bénéfice réel, le matériel, non décomposé au bilan, apparaît encore utilisable pendant huit ans. La durée d'utilisation appréciée à cette même date est égale à quatorze ans (six ans + huit ans) et non à dix ans comme prévu initialement.

Sa valeur nette comptable s'établit à : 10 000 € × 8 / 14 = 5 714 €.

Cette valeur nette comptable sera amortie sur huit ans.

Les **améliorations du fonds** résultant des pratiques culturales (arriérés de fumures, assolements, etc.) peuvent être inscrites au bilan d'ouverture du premier exercice imposable d'après le bénéfice réel, lorsque les transactions en usage dans la région en font état. La valeur à retenir ne peut excéder celle qui résulte desdits usages ; elle ne peut donner lieu à amortissement ; mais, lors de la cession du fonds, elle vient en déduction du prix pour le calcul de la plus-value imposable.

L'**inscription des terres** à l'actif n'est pas obligatoire (no 15910) ; certains **équidés** et **bovidés** peuvent être inscrits à l'actif (voir no 15915).

Pour le calcul de la **plus-value** en cas de cession de biens amortissables acquis sous le régime du micro-BA, voir no 18030.

16115
BA-VI-1700 s

Le **stock initial** du premier exercice soumis à un régime réel d'imposition doit être évalué en retenant soit le prix de revient, soit le cours du jour à l'ouverture de cet exercice. Toutefois, le stock initial est évalué au cours du jour à la date du changement de régime d'imposition lorsque le cours du jour de ce stock est inférieur au prix de revient. Aucune modification ne peut être apportée à la valeur de ce stock tant qu'il figure à l'actif de l'exploitation.

Les **avances aux cultures** doivent être inscrites dans le stock initial pour leur prix de revient évalué selon les méthodes décrites no 15945.

En cas de **passage au régime simplifié** d'imposition, l'option pour la méthode d'évaluation forfaitaire des stocks (no 15955) peut être exercée.

Les **créances** et les **dettes** non encore recouvrées ou réglées à la date du changement de régime sont inscrites au bilan d'ouverture (BOI-BA-REG-40-10-10 n° 455). Les créances figurant dans le bilan initial du premier exercice sont évaluées à leur valeur au jour du changement de régime. 16120 BA-VI-2000 s

Le montant hors taxe des créances qui figurent au bilan d'ouverture du **premier exercice soumis à un régime réel** est ajouté au bénéfice imposable de cet exercice sous déduction d'un abattement de 87 %, afin d'assurer la neutralité fiscale du changement de régime d'imposition (CGI art. 72 E bis).

Obligations déclaratives Qu'il s'agisse du passage au réel normal ou au réel simplifié, les obligations déclaratives sont identiques. L'exploitant doit joindre à sa première déclaration des résultats une copie du bilan d'entrée, des tableaux relatifs à l'évaluation des immobilisations et une note indiquant de manière détaillée la composition et le mode d'évaluation du stock d'entrée. 16125 CGI ann. III art. 38 sexdecies R BA-VI-3000

PASSAGE D'UN RÉGIME RÉEL AU MICRO-BA

Le **stock final** du bilan du dernier exercice soumis à un régime réel d'imposition est déterminé selon les règles de droit commun applicables au régime réel normal ou simplifié (BOI-BA-REG-40-20 n° 20). 16135 CGI ann. III art. 38 sexdecies OD BA-VI-3300 s

En cas de passage d'un régime réel d'imposition au micro-BA, la fraction des **subventions d'équipement** soumises au régime d'imposition échelonnée (n° 15962) et non encore rapportée aux bases de l'impôt est comprise dans les résultats du dernier exercice imposé au réel (BOI précité n° 90).

Lorsque l'exploitant a été imposé selon un régime réel au titre des années N et N + 1, le bénéfice imposable au régime micro-BA au titre de l'année N + 2 est déterminé dans les conditions de droit commun, c'est-à-dire en appliquant l'abattement de 87 % à la **moyenne triennale des recettes** des années N, N + 1 et N + 2. 16140

Dès lors que l'exploitant a été astreint à des **obligations comptables** pour les revenus perçus en N et N + 1, les recettes de ces deux années appréciées selon la date de leur encaissement sont en principe connues bien qu'elles n'aient pas servi de base pour la détermination de l'assiette de l'impôt et n'aient pas été déclarées en tant que telles. Elles peuvent être reconstituées par tout moyen, notamment à partir des comptes de trésorerie ou à partir du chiffre d'affaires corrigé des variations des créances sur les clients (BOI-BA-BASE-15-10 n° 40).

En cas de passage d'un régime réel au régime micro-BA, l'administration admet que la mesure d'étalement des **revenus exceptionnels** (n° 16300) continue de s'appliquer. L'exploitant doit ajouter chaque année à son bénéfice micro, pendant la période restant à courir, un septième du montant du revenu exceptionnel (BOI-BA-REG-40-20 n° 110 ; BOI-BA-LIQ-10 n° 540).

L'**année suivant la sortie d'un régime réel,** les recettes mentionnées ci-avant (n° 15725) sont diminuées, avant application de l'abattement de 87 %, du montant hors taxe des créances figurant au bilan du dernier exercice imposé selon un régime réel, afin d'assurer la neutralité fiscale du changement de régime d'imposition (CGI art. 64 bis, I-al. 4). Cette correction n'a pas d'incidence pour l'appréciation des limites d'application des régimes (BOI-BA-REG-40-20 n° 120). 16142

PASSAGE D'UN RÉGIME RÉEL À UN AUTRE

En raison de l'unification des règles qui régissent l'inscription des immobilisations à l'actif et l'évaluation des stocks, aucune modification n'est apportée à leur évaluation lors du passage d'un régime réel à un autre. 16145 CGI ann. III art. 38 sexdecies OE BA-VI-4200 s et 4500 s

En cas de passage du réel simplifié au réel normal, l'administration admet que les stocks qui étaient évalués selon la méthode forfaitaire (n° 15955) soient repris pour la même valeur s'ils figurent dans les inventaires suivants (BOI-BA-REG-40-30 n° 90). En cas de passage du réel normal au réel simplifié, l'option pour cette méthode forfaitaire d'évaluation peut être exercée pour l'ensemble des stocks (BOI précité n°s 20 à 40).

SECTION 3 RÉGIMES SPÉCIAUX

ABATTEMENT SUR LE BÉNÉFICE DES JEUNES AGRICULTEURS

Exploitants bénéficiaires Peuvent bénéficier d'un abattement sur le bénéfice, les jeunes agriculteurs qui remplissent les deux conditions suivantes : 16225 CGI art. 73 B BA-VII-10050 s

– être imposés d'après un régime de **bénéfice réel** (normal ou simplifié). Les exploitants qui souhaitent bénéficier de cet avantage dès leur première année d'activité doivent donc opter pour un régime réel. Toutefois, si un jeune agriculteur, d'abord soumis au régime micro-BA, passe sous un régime réel (de plein droit ou sur option), il peut bénéficier de l'abattement pour la durée restant à courir à la date de passage au réel (BOI-BA-BASE-30-10-10 nº 40) ;

– percevoir les **aides à l'installation** des jeunes agriculteurs prévues à l'article D 343-3 du Code rural et de la pêche maritime : dotation jeunes agriculteurs en capital (DJA) et prêts bonifiés à moyen terme spéciaux.

› Précisions **a.** Les **jeunes agriculteurs qui s'installent en société** peuvent bénéficier des aides à l'installation, donc de l'abattement sur la part leur revenant dans le bénéfice social, si la société est de forme civile (cette condition exclut les sociétés de fait ou en participation). Ils doivent avoir la qualité d'associé exploitant, détenir au moins 10 % des parts sociales et exercer un contrôle effectif et durable sur la société, seul ou conjointement avec d'autres agriculteurs (BOI-BA-BASE-30-10-10 nº 120).
b. Pour bénéficier des aides à l'installation, les exploitants doivent notamment être **âgés** de moins de 40 ans à la date du dépôt de la demande et s'installer sur une exploitation répondant à la définition de **micro ou petite entreprise** au sens de la réglementation européenne (C. rur. art. D 343-4) ; voir nº 16230.
c. Les agriculteurs doivent joindre à la première déclaration de résultat sur laquelle est opéré l'abattement une **copie de la décision** d'octroi de l'aide à l'installation notifiée par le préfet (BOI-BA-BASE-30-10-40 nº 20).

16230 **Montant de l'abattement** Les jeunes agriculteurs bénéficiaires de dotations d'installation octroyées depuis le 1er janvier 2019 peuvent pratiquer un abattement de **75 %** lorsque le bénéfice de l'exercice n'excède pas 45 100 €. Dans les autres cas, l'abattement est de **50 %** pour la fraction du bénéfice n'excédant pas 45 100 € et de **30 %** pour la fraction du bénéfice supérieure à 45 100 € sans dépasser 60 100 €.

Aucun abattement ne s'applique sur la fraction du bénéfice supérieure à 60 100 €.

Au titre de l'exercice d'**inscription de la DJA en comptabilité,** ces abattements sont portés à **100 %** pour la fraction du bénéfice n'excédant pas 45 100 € et à **60 %** pour la fraction du bénéfice supérieure à 45 100 € et inférieure ou égale à 60 100 €. Leur montant total ne peut être inférieur, au titre de cet exercice, au montant de la DJA.

EXEMPLE

Soit un agriculteur qui s'installe le 1er mai 2024 et opte immédiatement pour un régime réel. Il clôture ses exercices le 30 septembre de chaque année. Il bénéficie de la DJA le 15 août 2024 et l'inscrit dans ses comptes. Le bénéfice imposable de l'exercice clos en 2024 s'élève à 40 000 €. L'abattement est de 16 667 € [(40 000 € × 100 %) × 5 / 12]. En supposant que le bénéfice imposable de l'exercice clos en 2025 soit de 43 000 €, l'abattement, calculé au taux de 75 %, est de 32 250 €. Au titre de son dernier exercice d'application, l'abattement sera calculé sur 7/12es du bénéfice (nº 16235).

Le bénéfice de l'abattement est subordonné au respect du **règlement européen** 2022/2472 du 14 décembre 2022 (Loi 2023-1322 du 29-12-2023 art. 46).

› Précisions **a.** Les **seuils** mentionnés ci-dessus sont **actualisés** tous les trois ans.
b. Pour les dotations d'installation octroyées **avant 2019**, l'abattement est fixé à 50 % de la totalité du bénéfice imposable (100 % au titre de l'exercice de comptabilisation de la DJA).

16235 **Période d'application** L'abattement est applicable aux bénéfices réalisés au cours des **soixante premiers mois** d'activité, à compter de la **date** à laquelle la décision **d'octroi de la première aide** est notifiée à l'exploitant par le préfet. Si la décision d'octroi d'aide à l'installation intervient après le démarrage effectif de l'activité, l'exploitant peut toutefois demander à bénéficier de l'abattement au titre des exercices non prescrits clos avant l'attribution de l'aide en déposant une réclamation dans le délai légal (nº 81825).

Si le **terme de la période** de soixante mois ne coïncide pas avec la clôture d'un exercice de douze mois, les bénéfices de l'exercice en cours à cette date ouvrent droit à un abattement calculé prorata temporis.

16240 **Modalités d'application** L'abattement ne concerne que les bénéfices ordinaires, à l'exclusion des produits soumis à un taux réduit d'imposition (**plus-values à long terme** essentiellement).

Il s'applique avant imputation, le cas échéant, des **déficits reportables** (déficits non imputables sur le revenu global) et de la **déduction** pour **épargne de précaution** (nos 16250 s.). Mais il ne peut pas se cumuler avec d'**autres abattements** opérés sur le bénéfice.

› Précisions **a.** La déduction fiscale peut être **remise en cause** dans les limites du droit de répétition lorsque les agriculteurs sont tenus de rembourser la dotation d'installation. Mais les rehaussements correspondants peuvent être calculés en tenant compte des déductions auxquelles l'intéressé a renoncé au profit des abattements sur le bénéfice en tant que jeune agriculteur (BOI-BA-BASE-30-10-30 n°s 250 et 270).

b. Revenus provenant des **activités accessoires non agricoles** : voir n° 15200.

DÉDUCTION POUR ÉPARGNE DE PRÉCAUTION

Pour les exercices clos du 1er janvier 2019 au 31 décembre 2025, les exploitants agricoles soumis à un **régime réel** d'imposition peuvent pratiquer une déduction pour épargne de précaution à condition d'inscrire une somme comprise entre 50 % et 100 % de son montant à un **compte courant** ouvert auprès d'un établissement de crédit (épargne monétaire) et à **l'actif** du bilan. Cette inscription doit intervenir dans les six mois de la clôture de l'exercice au titre duquel la déduction est pratiquée et au plus tard à la date limite de dépôt de la déclaration des résultats de cet exercice. Cette épargne professionnelle doit être à tout moment au moins égale à 50 % des déductions non encore rapportées sans jamais excéder le montant de ces déductions. La constitution d'une épargne monétaire n'est pas exigée à hauteur des coûts engagés pour l'acquisition ou la production de **stocks de fourrage** ou de stocks de **produits ou d'animaux** dont le cycle de rotation est supérieur à un an (stocks à rotation lente). L'épargne constituée de ces coûts peut représenter la totalité de l'épargne professionnelle. **16250** CGI art. 73 BA-VII-11500 s

› Précisions **a.** Les stocks de **fourrage** sont ceux destinés à la consommation par les **animaux de l'exploitation.** Les stocks de produits visent notamment ceux de la **viticulture.**

b. Les coûts d'acquisition ou de production des **stocks dont la valeur est bloquée** (voir n° 15950) qui sont engagés après le blocage ne sont pas retenus pour apprécier le respect de la condition d'épargne (BOI-BA-BASE-30-45-10 n° 200).

c. Le produit de la **vente** des stocks mentionnés ci-dessus est inscrit sur le compte courant à hauteur de la différence entre 50 % du montant des déductions non encore rapportées et l'épargne professionnelle totale, diminuée de la part des coûts d'acquisition ou de production des stocks vendus réputés affectés au compte courant. À défaut, la part de la déduction non encore rapportée excédant le double de l'épargne professionnelle est rapportée au résultat de l'exercice concerné. Si l'exploitant ne rapporte pas cette fraction de déduction au résultat de l'exercice au titre duquel la vente est intervenue, la fraction qui excède le double de l'épargne professionnelle doit être rapportée au résultat du premier exercice qui suit celui au titre duquel cette vente a été réalisée, majorée de l'intérêt de retard prévu à l'article 1727 du CGI (n° 79860) (BOI-BA-BASE-30-45-10 n° 230).

d. Lorsque l'exploitant est **associé** coopérateur d'une **coopérative agricole** ou adhérent d'une **organisation de producteurs** ou d'une association d'organisations de producteurs, propriétaires des produits qu'elles vendent, le compte d'affectation peut être un compte inscrit à l'actif du bilan enregistrant uniquement les créances liées aux fonds que l'exploitant met à la disposition de ces organismes lorsque, en exécution d'un contrat pluriannuel avec ceux-ci, le prix auquel il vend ses productions dépasse un prix de référence fixé au contrat.

e. Le bénéfice de la déduction est subordonné au respect de la réglementation des **aides de minimis,** applicable au secteur de l'agriculture ou au secteur de la pêche et de l'aquaculture, ou générale (n° 92660). Lorsque une **entreprise** exerce des activités **relevant de deux ou des trois règlements** concernés, le bénéfice de l'aide est subordonné à la condition qu'elle garantisse par des moyens appropriés, tels que la tenue d'une comptabilité séparée, que l'aide en trésorerie accordée au titre de chacune des activités soit placée sous le règlement dont cette activité relève. À défaut, l'aide est soumise au plafond le plus faible (BOI-BA-BASE-30-45-20 n° 420).

f. Les **intérêts rémunérant l'épargne** sont imposables dans la catégorie des BA, mais peuvent être extournés et déclarés dans la catégorie des revenus de capitaux mobiliers (BOI-BA-BASE-30-45-10 n°s 100 et 110).

Montant de la déduction La déduction pour épargne de précaution est **plafonnée,** par exercice de douze mois, en **fonction du bénéfice imposable.** Pour l'impôt sur le revenu dû au titre de **2024**, elle s'élève : **16255**

– au montant du bénéfice s'il est inférieur à 32 608 € ;
– à 32 608 € majorés de 30 % du bénéfice dépassant cette limite lorsqu'il est égal ou supérieur à 32 608 € et inférieur à 60 385 € ;
– à 40 942 € majorés de 20 % du bénéfice excédant 60 385 € lorsqu'il est égal ou supérieur à 60 385 € et inférieur à 90 579 € ;
– à 46 979 € majorés de 10 % du bénéfice excédant 90 579 € lorsqu'il est égal ou supérieur à 90 579 € et inférieur à 120 771 € ;
– à 50 000 € lorsque le bénéfice imposable est égal ou supérieur à 120 771 € (Loi 2023-1322 du 29-12-2023 art. 94, I-A).

L'ensemble de ces montants est **actualisé** chaque année. S'agissant des montants applicables pour l'imposition des revenus de 2023, il convient de se référer à l'édition électronique 2023 du Mémento fiscal.

Pour les **Gaec** et les **EARL** relevant de l'impôt sur le revenu, ces plafonds sont multipliés par le nombre d'associés exploitants, dans la limite de quatre, sans pouvoir excéder le montant du bénéfice imposable.

La déduction est aussi plafonnée en **fonction du montant des déductions** antérieurement pratiquées et **non encore rapportées** au résultat imposable. Pour les **exploitants individuels,** le plafond est égal à la différence positive entre 150 000 € et le montant de ces déductions. Pour les **Gaec** et les **EARL,** la somme de 150 000 € est multipliée par le nombre d'associés exploitants, dans la limite de quatre.

Le **plafond annuel** de déduction est égal au plus faible de ces deux montants.

EXEMPLES

1. Au titre de l'exercice 2024, un exploitant individuel réalise un bénéfice imposable de 72 000 €. Au titre des exercices antérieurs, il a pratiqué des déductions non encore rapportées à son résultat pour un montant de 120 000 €. Les plafonds suivants sont à retenir au titre de l'exercice 2024 :
– plafond en fonction du bénéfice réalisé : 40 942 € + [(72 000 € – 60 385 €) × 20 %] = 43 265 € ;
– plafond en fonction des déductions antérieures non encore rapportées : 150 000 € – 120 000 € = 30 000 €.
La déduction maximale au titre de l'exercice 2024 s'élève à 30 000 €.

2. Au titre de l'exercice 2024, une EARL comprenant cinq associés réalise un bénéfice imposable de 200 000 €. Au titre des exercices antérieurs, elle a pratiqué des déductions non encore rapportées à son résultat pour un montant de 180 000 €. Les plafonds suivants sont à retenir au titre de l'exercice 2024 :
– plafond en fonction du bénéfice réalisé : 50 000 € × 4 = 200 000 € ;
– plafond en fonction des déductions antérieures non encore rapportées : (150 000 € × 4) – 180 000 € = 420 000 €.
La déduction maximale au titre de l'exercice 2024 s'élève à 200 000 €.

16260 **Utilisation et réintégration de la déduction** La déduction pour épargne de précaution est utilisée au cours des dix exercices suivant celui au cours duquel elle a été pratiquée pour faire face à des **dépenses nécessitées par l'activité professionnelle.** Elle est rapportée au résultat de l'exercice au cours duquel elle est utilisée ou de l'exercice suivant. La déduction **non utilisée** dans le délai prescrit est rapportée au résultat du dixième exercice suivant celui au titre duquel elle a été pratiquée. En cas de **non-respect de l'obligation de maintien de l'épargne professionnelle** à 50 % au moins du montant des déductions non encore rapportées (nº 16250), la fraction de ces déductions qui excède le double de l'épargne est rapportée au résultat de cet exercice, majorée de l'intérêt de retard prévu à l'article 1727 du CGI (nº 79860).

> Précisions a. La déduction est pratiquée après application des **abattements** en faveur des jeunes agriculteurs (nºs 16225 s.), des entreprises implantées dans des bassins d'emploi à redynamiser (nºs 10370 s.), dans les zones de restructuration de la défense (nºs 10380 s.) et dans les zones franches d'activités outre-mer (nºs 91491 s.).
b. La déduction ne peut être pratiquée sur les revenus issus de la **vente de biomasse** ou de **production d'énergie** ou de la **location de droits à paiement de base** lorsque l'exploitant n'exerce pas une autre activité agricole. Pour les revenus issus d'**activités accessoires non agricoles,** voir nº 15200.
c. Le régime d'exonération des plus-values en fonction du montant des recettes (nºs 18200 s.) ne s'applique pas aux **plus-values de cession de matériels roulants** acquis lors d'un exercice au titre duquel la déduction a été rapportée et dans les deux ans précédant la cession.
d. En cas de **transmission à titre gratuit** ou d'**apport** à une société civile agricole soumise à l'impôt sur le revenu dans les conditions prévues à l'article 41 ou à l'article 151 octies, I du CGI, aucune réintégration n'est exigée si les bénéficiaires de ces opérations remplissent les conditions ouvrant droit à la déduction et s'engagent à utiliser celle-ci dans les dix exercices suivant celui au titre duquel elle a été pratiquée. Il en est de même en cas d'**opération** de fusion, d'apport partiel d'actif ou de scission **réalisée par une société civile agricole,** dans les conditions prévues à l'article 151 octies A, I du CGI, au profit d'une autre société civile agricole.
e. Les déductions rapportées au résultat imposable de l'exercice de **cessation d'activité** peuvent bénéficier, sur option du contribuable, du **système du quotient** visé à l'article 163-0 A du CGI (nºs 4150 s.). Cette option est exclusive de celle prévue à l'article 75-0 C du CGI (opérations entraînant **assujettissement à l'IS** : voir nºs 16340 s.), y compris pour les autres revenus agricoles éligibles à ce dispositif (BOI-BA-BASE-30-45-30 nº 270).
f. Lorsque les sommes déduites sont utilisées pour acquérir ou créer des **immobilisations amortissables,** leur base amortissable n'est pas réduite de la déduction ainsi utilisée (BOI précité nº 10).

DÉDUCTION POUR INVESTISSEMENT

16265
CGI art. 72 D
BA-VII-13000 s
Compte tenu de l'instauration de la déduction pour épargne de précaution pour les exercices clos depuis le 1er janvier 2019 (nºs 16250 s.), la déduction pour investissement est **abrogée.** Mais les **déductions** antérieurement pratiquées et **non encore rapportées** au résultat du dernier

exercice clos avant cette date sont utilisées et rapportées dans les conditions énoncées ci-après (Loi 2018-1317 du 28-12-2018 art. 51).

Les exploitants agricoles relevant d'un **régime de bénéfice réel** ont pu déduire chaque année une fraction de leur bénéfice en vue de financer, dans les cinq années suivantes, l'acquisition de stocks ou de parts de sociétés coopératives agricoles.

Utilisation de la déduction La déduction doit être utilisée au cours des cinq exercices qui suivent celui de sa réalisation : 16275

– pour l'acquisition et la production de stocks de produits ou animaux dont le cycle de rotation est supérieur à un an (**stocks à rotation lente**) ;

– ou pour l'acquisition de **parts de sociétés coopératives agricoles** visées à l'article L 521-1 du Code rural et de la pêche maritime. Elle est alors réintégrée au bénéfice imposable, de façon étalée sur dix ans, si les parts sont conservées durant toute cette période.

Réintégration des sommes non utilisées Les sommes non utilisées conformément à leur objet sont en principe rapportées au résultat de la cinquième année qui suit celle de leur déduction. Elles sont majorées de l'**intérêt de retard** prévu à l'article 1727 du CGI (nº 79860). 16280

Elles peuvent faire l'objet d'une **réintégration anticipée,** totale ou partielle, si le résultat d'un exercice antérieur à N + 5 est inférieur d'au moins 40 % à la moyenne des résultats des trois exercices précédents. Les résultats des quatre exercices s'entendent après application, le cas échéant, de l'abattement en faveur des jeunes agriculteurs, avant imputation des déficits antérieurs reportables et en faisant abstraction des déductions pour investissement. Il est tenu compte des déficits au titre de l'année où ils sont constatés (BOI-BA-BASE-30-20-30-10 nº 210).

> Précisions a. Les sommes non encore utilisées sont rapportées au résultat en cas de **cessation d'activité.** Toutefois, en cas d'**apport** à une société civile agricole relevant de l'impôt sur le revenu (Gaec par exemple, voir nº 16426) ou de **transmission à titre gratuit** réalisés dans les conditions prévues à l'article 151 octies, I ou à l'article 41 du CGI, aucune réintégration n'est exigée si les bénéficiaires de ces opérations remplissent les conditions ouvrant droit à la déduction et s'engagent à utiliser celle-ci au cours de la période de cinq ans. Il en est de même en cas d'**opération** de fusion, d'apport partiel d'actif ou de scission **réalisée par une société civile agricole,** dans les conditions prévues à l'article 151 octies A, I du CGI, au profit d'une autre société civile agricole (Loi 2021-1900 du 30-12-2021 art. 10, II).

b. Opérations entraînant **assujettissement** à l'IS : voir nºs 16340 s.

DÉDUCTION POUR ALÉAS

La déduction pour aléas est **abrogée** selon les mêmes modalités que celles prévues pour la déduction pour investissement (nº 16265). 16285 CGI art. 72 D bis BA-VII-15000 s

Les exploitants soumis à un **régime réel** d'imposition ont pu pratiquer une déduction forfaitaire à condition d'inscrire une somme comprise entre 50 % et 100 % du montant de cette déduction à un **compte d'affectation** auprès d'un établissement de crédit et à l'actif du bilan. Cette inscription a dû être effectuée dans les six mois de la clôture de l'exercice et au plus tard à la date de dépôt de la déclaration des résultats de cet exercice. Les **intérêts capitalisés** correspondants ne sont pas imposables. L'**épargne professionnelle** doit être à tout moment au moins égale à 50 % du montant des déductions non encore rapportées sans jamais excéder le montant de ces déductions.

> Précisions a. La condition d'épargne sur un compte bancaire est réputée respectée en cas **d'accroissement du stock de fourrage** destiné à être consommé par les **animaux de l'exploitation** par rapport à la valeur moyenne du stock en fin d'exercice calculée sur les trois derniers exercices.

b. En cas de **vente** du stock de fourrage lors des sept exercices suivant celui de la déduction, le produit de la vente doit être inscrit sur le compte d'affectation dans la limite du montant ayant été dispensé de l'inscription à ce compte.

Utilisation et réintégration de la déduction Les sommes correspondant à la déduction pratiquée et leurs intérêts capitalisés peuvent être utilisés, au cours des sept exercices suivant celui au cours duquel la déduction a été pratiquée : 16290 BA-VII-15900 s

– au titre de chaque exercice, pour l'acquisition de **fourrages destinés à être consommés par les animaux de l'exploitation** dans les six mois précédant ou suivant la reconnaissance d'une calamité agricole sur le canton de l'exploitation ou un canton limitrophe ;

– pour le règlement au cours de l'exercice des **primes, cotisations** (ou rachats de franchise) prévus par les assurances de dommage aux biens ou pour perte d'exploitation ;

– au titre de l'exercice de survenance d'un **incendie,** d'un **dommage aux cultures** ou de **perte du bétail** assuré ou d'un **aléa non assuré d'origine climatique, naturelle ou sanitaire,** reconnu par une autorité administrative ;

– au titre de l'exercice de survenance d'un **aléa économique.**

La déduction et les intérêts capitalisés utilisés pour l'un des usages visés ci-dessus sont rapportés au résultat de l'exercice au cours duquel leur utilisation est intervenue ou au résultat de l'exercice suivant. Dans ce cas, l'épargne est considérée comme prélevée à la date de reprise de la déduction (BOI-BA-BASE-30-30-10 n° 230).

Les sommes déduites et leurs intérêts capitalisés **non utilisés** sont en principe rapportés au résultat du septième exercice suivant celui au cours duquel la déduction a été pratiquée, majorés de l'intérêt légal en vigueur à la date de clôture de l'exercice au cours duquel les sommes et intérêts sont rapportés au résultat.

La déduction et les intérêts capitalisés utilisés pour un **usage non conforme** à leur objet doivent être immédiatement réintégrés et majorés de l'intérêt de retard (n° 79860). En cas de **non-respect de l'obligation de maintien de l'épargne professionnelle** à 50 % au moins du montant des déductions non encore rapportées, la fraction de ces déductions excédant le double de l'épargne est rapportée au résultat majorée de l'intérêt de retard. Les exploitants peuvent choisir de rapporter les déductions les plus anciennes ou les plus récentes et cette décision de gestion opposable fixe le point de départ de l'intérêt de retard (BOI précité n° 220). Les sommes déduites sont également réintégrées en cas de **cessation d'activité.**

> Précisions **a.** L'**aléa économique** s'entend d'une baisse de la valeur ajoutée de l'exercice par rapport à la moyenne des valeurs ajoutées des trois exercices précédents supérieure à 10 % ou d'une baisse de la valeur ajoutée de l'exercice par rapport à la moyenne des valeurs ajoutées des trois derniers exercices clos avant l'exercice précédent supérieure à 15 %. En cas d'aléa économique, les **sommes** correspondant à la déduction pratiquée peuvent être **utilisées** dans la limite de la variation de valeur ajoutée ou, si elle est plus élevée, d'une somme égale à 50 % du montant cumulé des déductions non encore utilisées à la date de la clôture de l'exercice précédant la survenance de l'aléa.

b. En cas d'**apport** à une société civile agricole relevant de l'impôt sur le revenu (Gaec par exemple, voir n° 16426) ou de **transmission à titre gratuit** réalisés dans les conditions prévues à l'article 151 octies, I ou à l'article 41 du CGI, aucune réintégration n'est exigée si les bénéficiaires de ces opérations remplissent les conditions ouvrant droit à la déduction et s'engagent à utiliser celle-ci au cours des sept exercices suivant celui au titre duquel la déduction a été pratiquée. Il en est de même en cas d'**opération** de fusion, d'apport partiel d'actif ou de scission **réalisée par une société civile agricole,** dans les conditions prévues à l'article 151 octies A, I du CGI, au profit d'une autre société civile agricole (Loi 2021-1900 du 30-12-2021 art. 10, II).

c. Opérations entraînant **assujettissement** à l'IS : voir n°s 16340 s.

RÉSULTATS AGRICOLES EXCEPTIONNELS

16300 CGI art. 75-0 A BA-VII-20100 s Les exploitants agricoles soumis à un **régime réel** d'imposition peuvent bénéficier, sur option, d'un régime d'**étalement** sur sept ans de leurs bénéfices exceptionnels.

L'étalement peut être combiné, pour chacun des exercices, avec le système de quotient prévu par l'article 163-0 A du CGI pour les revenus exceptionnels ou différés (n°s 4150 s.).

16305 Le revenu exceptionnel s'entend du **revenu normal courant** tiré de l'exploitation, susceptible d'être perçu annuellement et dont le caractère exceptionnel provient de son irrégularité d'une année sur l'autre : récolte exceptionnelle, commercialisation très avantageuse ou tout autre événement indépendant de l'action de l'exploitant (BOI-BA-LIQ-10 n° 80).

Sont **exclus** du dispositif les revenus tirés d'opérations qui n'entrent pas dans le cadre de la gestion de l'exploitation (tels que les indemnités d'assurances, sauf pour la part destinée à compenser une perte de recettes, et les réintégrations de déduction pour épargne de précaution, pour investissement ou pour aléas) (BOI précité n°s 90 et 140 à 150). Il en est de même des profits autres que courants réalisés en cas de cession ou cessation d'activité.

ILLUSTRATIONS

Le régime d'étalement s'applique aux indemnités prévues par l'article L 221-2 du Code rural et de la pêche maritime, qui peuvent être attribuées en compensation de l'**abattage de troupeaux** atteints notamment d'encéphalopathie spongiforme bovine, de la fièvre aphteuse, de la brucellose ou de la tuberculose. Le dispositif s'applique également lorsque l'abattage fait suite à l'intervention d'aléas environnementaux (dioxine, pesticide, métaux lourds, etc.) (BOI précité n° 310). Il ne s'étend pas aux indemnités attribuées pour compenser la destruction d'éléments de l'exploitation contaminés autres que les animaux abattus (Rép. Roman : AN 7-4-2003 n° 9981, non reprise dans Bofip).

Sur les revenus provenant des **activités accessoires non agricoles,** voir n° 15200.

16310 **Montant du bénéfice exceptionnel** La mesure d'étalement s'applique lorsque le **bénéfice de l'année** dépasse à la fois **25 000 €** et **une fois et demie la moyenne** des résultats des trois années précédentes, sous réserve que les **conditions d'exploitation** soient restées **comparables** au cours des quatre années en cause.

Pour le calcul du bénéfice de l'année et des revenus des trois années précédentes, les **déficits** sont retenus pour un montant nul et il n'est pas tenu compte des reports déficitaires ni des **bénéfices soumis à un taux proportionnel** (plus-values à long terme, par exemple).

La fraction du bénéfice qui dépasse 25 000 €, ou la moyenne précitée si elle est supérieure, est rattachée, sur option, par **fractions égales,** aux résultats de l'exercice de sa réalisation et des **six exercices suivants.**

En cas d'**abattage** total ou partiel de **troupeaux** pour des raisons sanitaires, l'étalement s'applique à la somme correspondant à la différence entre les indemnités perçues et la valeur en stock ou en compte d'achat des animaux abattus.

L'**option** pour le régime est formalisée par le dépôt d'une note jointe à la déclaration des résultats. La demande peut aussi être présentée par voie de réclamation dans les délais légaux (BOI-BA-LIQ-10 nº 480).

Ce dispositif peut être cumulé avec le régime de la **moyenne triennale** (nºs 16325 s.) lorsqu'il porte sur des indemnités perçues en cas d'abattage de troupeaux (BOI précité nºs 420 et 500). Il peut aussi être combiné avec ce dernier régime lorsque le revenu exceptionnel est défini comme une fraction du bénéfice (nº 16325).

> Précisions **a.** Les exploitants qui **modifient** leurs **conditions d'exploitation** au titre de l'année de réalisation du bénéfice exceptionnel ou des trois exercices précédents ne peuvent bénéficier du régime. Il en est ainsi en cas de **reconversion d'activité** par suite d'un changement très important de production, ou de **modification substantielle de la répartition des droits des associés** dans les bénéfices comptables d'une société ou d'un groupement (BOI précité nºs 170 à 190).

L'exigence de **conditions d'exploitation comparables** ne signifie toutefois pas que toute modification fait obstacle à l'application de la mesure d'étalement, mais vise les seules modifications qui sont à l'origine du bénéfice exceptionnel (en ce sens, CE 3-12-1999 nº 171899 : RJF 1/00 nº 47). Ainsi, le régime peut s'appliquer même en cas de transformation de la structure juridique, dès lors que le revenu exceptionnel trouve sa cause dans des circonstances qui y sont étrangères et relèvent des aléas inhérents à l'activité agricole (CAA Bordeaux 20-4-2017 nº 15BX02193 : RJF 7/17 nº 683).

b. L'administration admet que l'**exercice de réalisation du bénéfice** exceptionnel et ceux de la période de référence ne comportent pas obligatoirement douze mois (BOI précité nº 230).

c. Lorsque l'indemnité est attribuée au cours de l'**exercice suivant celui de l'abattage du troupeau,** la totalité de son montant bénéficie de l'étalement (BOI précité nº 320).

Conséquences de la cessation d'activité La cessation d'activité entraîne l'imposition immédiate de la fraction du revenu exceptionnel non encore réintégrée au résultat imposable. 16315

Toutefois, en cas **d'apport** à une société relevant de l'impôt sur le revenu (Gaec par exemple, voir nº 16426) dans les conditions mentionnées à l'article 151 octies, I du CGI, ou de **transmission à titre gratuit** de l'exploitation dans les conditions prévues à l'article 41 du CGI, les fractions non encore imposées sont réintégrées aux résultats imposables des exercices ultérieurs du bénéficiaire de l'opération, s'il s'engage à poursuivre, dans les mêmes conditions et selon les mêmes modalités, l'application des dispositions d'étalement. Il en est de même en cas d'**opération** de fusion, d'apport partiel d'actif ou de scission **réalisée par une société civile agricole,** dans les conditions prévues à l'article 151 octies A, I du CGI, au profit d'une autre société civile agricole. Opérations entraînant **assujettissement à l'IS** : voir nºs 16340 s.

MOYENNE TRIENNALE

16325 CGI art. 75-0 B **BA-VII-24000 s**

Les exploitants soumis à un **régime réel** depuis au moins deux ans peuvent demander à être imposés sur un bénéfice moyen égal à la moyenne des bénéfices de l'année d'imposition et des deux années précédentes.

Conçu pour atténuer les effets de la progressivité de l'impôt, le système de la moyenne triennale est d'autant plus avantageux que le revenu est irrégulier et que des bénéfices importants sont réalisés une année donnée. Il ne présente en revanche pas d'**intérêt** si le contribuable a réalisé des bénéfices plus importants au cours des années précédentes, car ces bénéfices déjà taxés entrent à nouveau dans la base d'imposition.

Ce mode d'imposition est en principe exclusif du régime d'**étalement du revenu exceptionnel** agricole défini comme une fraction du bénéfice prévu à l'article 75-0 A, 2-a du CGI (nº 16310). Mais l'administration admet qu'un exploitant qui a opté pour ce régime au titre d'une année peut opter pour le système de la moyenne triennale au titre d'années postérieures. La fraction correspondant au revenu exceptionnel n'est pas, dans cette hypothèse, retenue pour le calcul de la moyenne (BOI-RES-BA-000012).

Selon l'administration, le régime de la moyenne peut, de façon limitée, être combiné avec le système général de **« quotient »** prévu par l'article 163-0 A du CGI pour les revenus exceptionnels ou différés (nos 4150 s.). L'application de la règle du quotient ne porte en pratique que sur le tiers du montant du revenu exceptionnel constaté (BOI-BA-LIQ-20-20 nos 130 et 140).

Le Conseil d'État admet par ailleurs l'application combinée du régime de la moyenne triennale et du mécanisme d'**imputation des déficits agricoles** mais exclut que sa mise en œuvre se traduise par une double déduction du déficit agricole effectivement constaté au titre d'une année (Avis CE 26-2-2014 n° 373583 : RJF 5/14 n° 453).

16330 BA-VII-24600 s **Modalités d'option** L'option pour le régime de la moyenne est normalement exercée lors du dépôt de la déclaration du bénéfice de la première année à laquelle elle s'applique. Mais elle peut aussi être formulée à la suite d'une procédure de rectification ou par voie de réclamation contentieuse, dans le délai légal (nos 81825 s.) (BOI-BA-LIQ-20-10 n° 290).

Valable **trois ans** (année au titre de laquelle elle est exercée et les deux années suivantes), l'option est reconduite tacitement par période de trois ans, sauf **renonciation** expresse dans le délai de dépôt de la déclaration des résultats du dernier exercice de la période. En cas de renonciation, il n'est pas possible d'exercer une nouvelle option avant trois ans.

L'option ne peut pas être formulée au titre de l'année de cession ou **cessation totale d'activité,** sauf si la cessation résulte d'un **apport en société.**

> Précisions **a.** Lorsque des **conjoints** gèrent des exploitations distinctes, chacun d'eux doit expressément exercer l'option s'il souhaite bénéficier du régime (BOI-BA-LIQ-20-10 n° 220).

b. Lorsque l'exploitation individuelle est **reprise** par le conjoint, à la suite par exemple du changement d'activité professionnelle ou du départ en retraite de l'exploitant, ou par l'ex-conjoint après un divorce ou un décès, l'option continue à produire ses effets pour la période restant à courir (BOI-BA-LIQ-20-20 n° 10).

16335 BA-VII-24250 s **Calcul du bénéfice moyen** Les bénéfices à retenir sont les bénéfices ordinaires imposables à l'impôt sur le revenu au taux progressif, à l'exclusion des profits soumis à un taux proportionnel (**plus-values** à long terme essentiellement). Ces bénéfices sont retenus, le cas échéant, après l'abattement sur les bénéfices des jeunes agriculteurs et les déductions pour épargne de précaution, pour investissement et pour aléas.

Il n'est pas tenu compte des reports déficitaires, le **déficit** étant pris en compte au titre de l'année où il est dégagé.

EXEMPLE

Bénéfices réalisés (hors plus-values) : 2020 : – 100 000 €, 2021 : 150 000 €, 2022 : 250 000 €, 2023 : – 200 000 €, 2024 : 250 000 €. Option pour la moyenne triennale au titre de 2022.
Le bénéfice imposable est le suivant :
2022 : 1/3 (– 100 000 + 150 000 + 250 000) = 100 000 € ;
2023 : 1/3 (150 000 + 250 000 – 200 000) = 66 666 € ;
2024 : 1/3 (250 000 – 200 000 + 250 000) = 100 000 €.

Lors de la **cession ou cessation d'activité,** l'excédent de bénéfice agricole sur la moyenne triennale est imposable au taux marginal d'imposition applicable au revenu global du contribuable déterminé compte tenu de cette moyenne. Il en va de même en cas de **renonciation au dispositif** ainsi que, selon l'administration, en cas de cessation partielle d'activité (ou d'apport partiel en société) si la quasi-totalité du stock est cédée (BOI-BA-LIQ-20-10 nos 70 et 80).

> Précisions **a.** Ne constitue pas une cession ou une cessation d'activité, pour l'application du régime de la moyenne triennale, l'**apport** d'une exploitation individuelle dans les conditions de l'article 151 octies, I du CGI **à une société** dont les bénéfices sont imposables entre les mains de l'apporteur dans la catégorie des bénéfices agricoles (Gaec, par exemple : voir n° 16426) ou l'**opération** de fusion, d'apport partiel d'actif ou de scission **réalisée par une société civile agricole,** dans les conditions prévues à l'article 151 octies A, I du CGI, au profit d'une autre société civile agricole. Les contribuables peuvent toutefois renoncer à la moyenne triennale au titre de l'année au cours de laquelle l'opération est réalisée. Dans ce cas, l'excédent du bénéfice agricole sur la moyenne triennale est imposé au taux marginal d'imposition.

b. Opérations entraînant **assujettissement** à l'IS : voir nos 16340 s.

ASSUJETTISSEMENT À L'IS

16340 CGI art. 75-0 C BA-VII-27000 s En cas de cessation consécutive à des opérations qui entraînent un assujettissement à l'IS, le paiement de l'**impôt sur le revenu** afférent à certains revenus agricoles peut, sur demande de l'exploitant, être **étalé** par cinquièmes **sur l'année de la cessation et les quatre années suivantes.**

Les revenus agricoles concernés sont :

– les **déductions pour épargne de précaution,** pour **investissement** et pour **aléas** non encore utilisées (nos 16260, 16280 et 16290) ;

– la fraction du **revenu exceptionnel** restant à rapporter en application du régime d'étalement (no 16315) ;

– l'excédent de bénéfice agricole sur la **moyenne triennale** imposé au taux marginal d'imposition (no 16335) ;

– et les profits non encore imposés sur les **avances aux cultures** (no 15945) et sur les **stocks** à rotation lente dont la **valeur** est **bloquée** (no 15950), ces profits étant respectivement retenus dans la limite du montant des frais engagés qui constitue un élément du prix de revient des stocks en application des règles générales posées par l'article 38, 3 du CGI (nos 7690 s.) et qui n'a majoré ni la valeur de ces avances aux cultures ni celle de ces stocks. Sont ainsi concernés les frais de fermage pour les avances aux cultures et les frais qui n'ont pas été incorporés au prix de revient des stocks à rotation lente du fait de l'option pour le blocage de leur valeur.

Sont visés les cas de cessation d'entreprise suivants : **apport** d'une exploitation individuelle à une société soumise à l'IS, **option pour l'IS** d'une société ou d'un groupement de personnes (nos 37575 s.), option d'une EIRL ou de l'entrepreneur individuel pour l'**assimilation à une EARL** (nos 87360 et 87250 s.) et **transformation** en société passible de l'IS (no 38675).

La **renonciation** d'une société de personnes à son option pour l'IS ou d'une EIRL pour son assimilation à une EARL ne remet pas en cause l'étalement de l'impôt sur le revenu.

Ce dispositif est subordonné au respect du **règlement de minimis** applicable dans le **secteur agricole** (no 92660, précision b).

> Précisions **a.** L'option pour l'étalement de l'impôt sur le revenu concerne **tous les revenus agricoles** visés ci-dessus. Elle est **irrévocable** (BOI-BA-CESS-30 nos 60 et 80).
b. La demande est **formulée** par courrier ou courriel lors du dépôt de la déclaration de revenus définitive, mais peut l'être également lors du dépôt de la déclaration de revenus provisoire (BOI précité no 90).

Calcul de l'impôt soumis à étalement L'impôt sur le revenu soumis à étalement est égal au **solde de l'impôt** dû au titre des revenus de l'année de cessation multiplié par le **rapport** entre les **revenus agricoles** visés no 16340, retenus dans la limite du bénéfice établi lors de la cessation diminué des déficits en report déductibles du revenu global, et le **revenu net imposable du foyer fiscal.** 16342

> Précisions Le solde de l'impôt sur le revenu est celui défini à l'article 1663 B, 1 du CGI, c'est-à-dire après imputation des crédits et réductions d'impôt, prélèvements, retenues à la source et acomptes (no 3860).

CRÉDITS OU RÉDUCTIONS D'IMPÔT

Les exploitants agricoles peuvent bénéficier de crédits d'impôt spécifiques au secteur agricole. 16345
Le cas échéant, ils peuvent aussi prétendre notamment au **crédit d'impôt recherche** (nos 10470 s.) et au **crédit d'impôt pour la formation du chef d'entreprise** (no 10545), lorsqu'ils effectuent des dépenses ouvrant droit à ces dispositifs.

Crédit d'impôt en faveur des dépenses de remplacement pour congés Les exploitants agricoles dont l'activité exercée requiert leur **présence quotidienne** sur l'exploitation et qui, entre le 1er janvier 2006 et le 31 décembre 2024, emploient directement ou par l'intermédiaire d'un tiers du personnel en vue d'assurer leur remplacement pendant leurs congés bénéficient d'un crédit d'impôt, sous réserve que le remplacement ne fasse l'objet d'aucune autre prise en charge au titre d'une autre législation. Pour les dépenses engagées **à compter du 1er janvier 2024,** ce crédit d'impôt est égal à 60 % (50 % auparavant) des **dépenses de personnel** ainsi engagées, dans la **limite annuelle de dix-sept jours** (quatorze auparavant) de remplacement ; ce taux est porté à 80 % des dépenses engagées pour assurer un remplacement pour congé en raison d'une **maladie,** d'un **accident du travail** (60 % auparavant pour ces deux cas) ou d'une **formation professionnelle** (Loi 2023-1322 du 29-12-2023 art. 50). Le coût d'une journée est plafonné à 42 fois le taux horaire du minimum garanti en vigueur au 31 décembre de l'année (CGI ann. III art. 46 AZA ter). Pour 2023, le crédit d'impôt est donc limité à 1 205 € (application du taux de 50 %) ou à 1 446 € (application du taux de 60 %). 16350 CGI art. 200 undecies BA-VII-28500 s

Accordé au titre de l'année au cours de laquelle les dépenses ont été engagées, le crédit d'impôt est **imputable** sur l'impôt sur le revenu après imputation des autres crédits ou réductions d'impôt dont bénéficie, le cas échéant, l'exploitant. L'excédent est restitué.

> **Précisions** **a.** Le crédit d'impôt est accordé, dans les mêmes conditions et à hauteur de leur quote-part, aux **associés personnes physiques** non salariés d'une société au sein de laquelle ils exercent une activité agricole qui requiert leur présence quotidienne sur l'exploitation, sous réserve que le remplacement ne soit pas assuré par un autre associé.
> **b.** Lorsque l'activité est exercée dans le cadre d'un **Gaec,** le plafond du crédit d'impôt est multiplié par le nombre d'associés dans la limite de quatre, sans que le plafond par associé puisse excéder celui bénéficiant à un exploitant individuel.
> **c.** La condition d'exercice d'une activité requérant la **présence quotidienne** de l'exploitant est réputée satisfaite en cas d'exercice d'une activité d'**élevage** qui nécessite des soins quotidiens (CGI ann. III art. 46 AZA).
> **d.** Le bénéfice du crédit d'impôt est subordonné au respect du **règlement de minimis** applicable aux **activités agricoles** (nº 92660, précision b).
> **e.** L'**application du taux majoré** de 60 % porté à 80 % peut notamment être **justifiée** par la fourniture du volet 3 de l'arrêt de travail ou du certificat médical (BOI-BA-RICI-20-50 nº 180).

16355 CGI art. 244 quater L, 199 ter K et 220 M BA-VII-29000 s

Crédit d'impôt en faveur de l'agriculture biologique Les entreprises agricoles bénéficient d'un crédit d'impôt au titre de chacune des années 2011 à 2025 au cours desquelles au moins **40 % de leurs recettes** proviennent d'activités agricoles visées à l'article 63 du CGI (nº 15155) relevant du **mode de production biologique** conformément aux règles fixées par le règlement (UE) 2018/848 du 30 mai 2018. Le crédit d'impôt s'élève à 4 500 €. Pour les entreprises percevant une aide à la production biologique en application du règlement (UE) 2021-2115 du 2 décembre 2021 (Loi 2023-1322 du 29-12-2023 art. 65), le total des aides perçues et du crédit d'impôt ne peut excéder 5 000 €.

Il est **imputé** sur l'impôt sur le revenu ou sur l'impôt sur les sociétés dû au titre de l'exercice au cours duquel l'entreprise a respecté les conditions légales d'octroi du crédit d'impôt. L'excédent est restitué.

> **Précisions** **a.** Le bénéfice du crédit d'impôt est subordonné au respect de la réglementation des **aides de minimis** applicable au secteur de l'agriculture ou au secteur de la pêche et de l'aquaculture (nº 92660, précision b).
> **b.** Le crédit d'impôt dont sont titulaires les **sociétés de personnes** est transféré, après application du plafonnement, aux associés au prorata de leurs droits, lorsqu'ils exercent leur activité professionnelle au sein de la société.
> **c.** Lorsque l'activité est exercée dans le cadre d'un **Gaec,** le montant du crédit d'impôt est multiplié par le nombre d'associés sans pouvoir excéder quatre fois les limites mentionnées ci-dessus.
> **d.** Pour le **calcul du ratio** de 40 %, les recettes accessoires qui ne trouvent pas leur origine directement dans la mise en valeur de l'exploitation ne sont pas à prendre en compte, quelle que soit la catégorie d'imposition dont elles relèvent (BOI-BA-RICI-20-40 nº 30).

16360 BA-VII-29800 s

Crédit d'impôt pour les exploitations certifiées de haute valeur environnementale Les exploitations agricoles détenant une **certification** haute valeur environnementale (HVE) au sens de l'article L 611-6 du Code rural et de la pêche maritime, **délivrée** au cours des années **2022, 2023 ou 2024** (Loi 2023-1322 du 29-12-2023 art. 68), bénéficient d'un crédit d'impôt de 2 500 € (Loi 2020-1721 du 29-12-2020 art. 151).

Le crédit d'impôt est **imputable** sur l'impôt sur le revenu ou sur l'impôt sur les sociétés dû au titre de l'année d'obtention de la certification, après les prélèvements non libératoires et les autres crédits d'impôt. L'excédent est restitué. Il est **cumulable** avec celui prévu en faveur de l'agriculture biologique et les autres aides reçues au titre de la certification HVE dans la limite de 5 000 €.

> **Précisions** **a.** Le crédit d'impôt est **déclaré** en remplissant le formulaire nº 2069-RCI-SD déposé en même temps que la déclaration annuelle du résultat.
> **b.** Le bénéfice du crédit d'impôt est subordonné au respect de la réglementation des **aides de minimis** applicable au secteur de l'agriculture ou au secteur de la pêche et de l'aquaculture (nº 92660, précision b).
> **c.** S'agissant du crédit d'impôt dont sont titulaires les **sociétés de personnes,** voir nº 16355, précision b.
> **d.** Lorsque l'activité est exercée dans le cadre d'un **Gaec,** le montant du crédit d'impôt est multiplié par le nombre d'associés sans pouvoir excéder quatre fois les montants mentionnés ci-dessus.

16362 BA-VII-29600 s

Crédit d'impôt en faveur des exploitations n'utilisant pas de glyphosate Les entreprises agricoles qui exercent leur activité principale dans le secteur des **cultures permanentes** ou sur des **terres arables,** au sens de l'article 4 du règlement (UE) 1307/2013 du 17-12-2013, et qui n'utilisent pas de produits phytopharmaceutiques contenant du glyphosate au cours des **années 2021 à 2023,** bénéficient d'un crédit d'impôt (Loi 2020-1721 du 29-12-2020 art. 140). Celui-ci est aussi accordé aux **éleveurs** exerçant une part significative de leur activité dans ces mêmes cultures.

Le **montant** du crédit d'impôt s'élève à 2 500 € (montant multiplié dans les Gaec par le nombre d'associés dans la limite de quatre). Il n'est **pas cumulable** avec les crédits d'impôt en faveur de l'agriculture biologique (nº 16355) ou des entreprises agricoles certifiées HVE (nº 16360). Le crédit d'impôt est **imputable** sur l'impôt sur le revenu ou sur l'impôt sur les sociétés dû au titre de l'année de non-utilisation du glyphosate. L'**excédent** est restitué.

> **Précisions a.** Les cultures permanentes s'entendent **hors pépinières** et taillis à courte rotation et les terres arables hors surfaces en **jachère** ou sous **serres.**
> **b.** S'agissant du crédit d'impôt dont sont titulaires les **sociétés de personnes,** voir nº 16355, précision b.
> **c.** Le crédit d'impôt est **déclaré** en remplissant le formulaire nº 2069-RCI-SD déposé en même temps que la déclaration annuelle du résultat.

EXPLOITATIONS FORESTIÈRES

16365 CGI art. 76 BA-VII-250 s

Le bénéfice agricole imposable provenant des **coupes de bois** des propriétaires de bois, oseraies, aulnaies et saussaies situés en France est fixé à une somme égale au **revenu cadastral** ayant servi de base à la taxe foncière établie sur ces propriétés au titre de l'année de l'imposition (nº 42560) : il s'agit du montant intégral du revenu cadastral, y compris les majorations forfaitaires annuelles (nº 42570).

Pour l'impôt sur le revenu dû au titre des années 2023 et suivantes, ce régime s'applique également au bénéfice agricole provenant de la captation de carbone additionnelle réalisée dans le cadre de **projets admis au label « bas-carbone »,** mentionné à l'article L 121-2 du Code forestier, mis en œuvre pour assurer le boisement ou la reconstitution de peuplements forestiers dégradés (Loi 2023-1322 du 29-12-2023 art. 6).

Relèvent des régimes micro-BA ou réels les bénéfices qui résultent de la **récolte de produits divers** en vue de leur vente (tels que les fruits, écorces ou résines) ou des **opérations de transformation** des bois coupés par le propriétaire lui-même ne présentant pas de caractère industriel.

Les **régimes réels** d'imposition ne sont pas applicables aux exploitants forestiers au titre des bénéfices provenant des coupes de bois.

Lorsque les intéressés possèdent également une **exploitation agricole** proprement dite, les recettes forestières provenant des coupes de bois n'ont pas à être prises en compte pour la détermination du régime d'imposition de l'exploitation. S'ils sont assujettis au régime réel pour cette exploitation, le bénéfice est déterminé en faisant abstraction des recettes et des charges de l'exploitation forestière générées par l'activité de coupe de bois, mais il doit être majoré du revenu cadastral des parcelles boisées (BOI-BA-SECT-10 nº 280).

Le revenu imposable des **plantations nouvelles** et de certains **terrains boisés** ayant fait l'objet d'une **régénération naturelle,** qui sont exonérés de taxe foncière (nº 42540), est calculé selon des modalités particulières (BA-VII-620 s.).

> **Précisions a.** Si le bénéfice de l'année 2009 n'a pas été suffisant pour permettre la déduction de l'intégralité des charges exceptionnelles résultant de la **tempête des 24 et 25 janvier 2009,** dont le montant a été fixé forfaitairement, l'excédent est déduit, le cas échéant, des bénéfices forestiers des quinze années suivantes pour les résineux et peupleraies et des vingt années suivantes pour les feuillus et autres bois (BOI-BA-SECT-10 nºˢ 150 à 260).
> **b.** Lorsque les bois sont utilisés pour la **chasse,** le revenu cadastral à prendre en compte est celui des parcelles ordinaires (hors droit de chasse), dès lors que la valeur locative du droit de chasse est taxée par ailleurs en tant que revenu foncier lorsque le propriétaire ne s'en réserve pas la jouissance (nº 28625).
> **c.** Si l'activité d'exploitation forestière est exercée à titre professionnel au sens de l'article 155, IV du CGI, les **plus-values de cession** des terrains boisés relèvent du régime des plus-values professionnelles. Elles peuvent bénéficier du régime d'exonération des petites entreprises prévu à l'article 151 septies du CGI si les recettes annuelles de l'exploitation forestière respectent les limites légales, dès lors que l'activité professionnelle est exercée depuis au moins cinq ans et que le bien cédé n'entre pas dans le champ d'application de l'article 1594-0 G, A du CGI (nºˢ 66290 s.). Lorsque l'activité n'est pas exercée à titre professionnel (gestion ou exploitation des terres confiées à des tiers), les plus-values relèvent du régime des plus-values des particuliers.
> **d.** En ce qui concerne les **groupements forestiers,** voir nºˢ 16455 s.

SECTION 4 SOCIÉTÉS ET GROUPEMENTS AGRICOLES

GROUPEMENTS AGRICOLES D'EXPLOITATION EN COMMUN (GAEC)

16425 CGI art. 71 BA-VII-33000 s Les Gaec, définis aux articles L 323-1 et suivants du Code rural et de la pêche maritime, sont des sociétés civiles de personnes qui ont pour objet de permettre la réalisation d'un travail en commun dans des conditions comparables à celles existant dans les exploitations de caractère familial. Ils peuvent également avoir pour objet la vente en commun, à frais communs, du fruit du travail des associés.

En tant que **sociétés de personnes,** les Gaec ne sont pas passibles de l'impôt sur les sociétés, sauf option expresse pour cet impôt (nos 37575 s.), et relèvent de l'impôt sur le revenu, dès lors bien entendu qu'ils fonctionnent conformément aux dispositions qui les régissent. Comme dans toutes les sociétés de personnes, chaque associé est personnellement imposé à l'impôt sur le revenu pour sa part dans les bénéfices sociaux déterminés selon les règles des **bénéfices agricoles.**

Des règles particulières sont toutefois prévues en faveur des Gaec dont tous les membres participent effectivement et régulièrement à l'activité (les autres groupements relèvent du droit commun des sociétés de personnes). Elles concernent :

– la détermination du **régime d'imposition** applicable, une limite spéciale étant prévue (no 15555) ;
– le montant de la **déduction pour épargne de précaution** (no 16255) ;
– le montant des **crédits d'impôt** spécifiques au secteur agricole (nos 16350 s.).

> Précisions a. Les Gaec qui exercent des **activités commerciales accessoires** ne sont pas assujettis à l'impôt sur les sociétés lorsque les recettes tirées de ces activités respectent les seuils de 50 % et de 100 000 € prévus à l'article 75 du CGI (no 15200). Ces limites sont appréciées au niveau du Gaec, la somme de 100 000 € étant multipliée par le nombre d'associés exploitants, dans la limite de quatre (CGI art. 71, 1° bis). Pour les associés également exploitants individuels, les seuils de recettes agricoles et non agricoles sont appréciés en tenant compte de leurs seules recettes propres (CGI art. 75).

b. En ce qui concerne :
– les opérations entraînant **assujettissement à l'IS,** voir nos 16340 s. ;
– la situation des Gaec au regard de la **TVA,** voir no 59700, précision b ;
– le régime des cessions de parts des Gaec en matière de **droits d'enregistrement,** voir no 67215 ;
– les conditions d'exonération des **plus-values afférentes aux cessions de biens** par les Gaec, voir no 37620 ;
– l'option des associés pour le dispositif de l'article 151 octies A du CGI en cas d'**opérations de restructuration,** voir no 16500.

16426 CGI art. 73 E BA-VII-35300 s **Apport à un Gaec** L'**apport d'un élément d'actif** à un Gaec constitue une cession qui donne lieu à la constatation d'une plus-value professionnelle.

L'apport d'une **exploitation agricole** à un Gaec entraîne la taxation immédiate des résultats d'exploitation de l'exercice en cours, des bénéfices en sursis d'imposition (notamment subventions d'équipement, revenus exceptionnels et plus-values à court terme relevant de certains régimes spéciaux d'étalement) et des plus-values d'apport. Il entraîne par ailleurs des conséquences analogues à celles qui résultent de la cessation d'activité au regard des dispositifs d'étalement des revenus exceptionnels, de la moyenne triennale et des déductions pour épargne de précaution, pour investissement ou pour aléas. Toutefois, si l'opération est réalisée dans les conditions de l'article 151 octies du CGI, seul le résultat du dernier exercice de l'activité individuelle est immédiatement imposable. De même, le dispositif de report d'imposition des plus-values d'apport prévu à l'article 151 octies A, I du CGI s'applique en cas d'option pour ce régime (no 16500).

Incidence de l'apport sur le **régime d'imposition** applicable : voir no 15520, précision b.

EXPLOITATIONS AGRICOLES À RESPONSABILITÉ LIMITÉE (EARL)

16435 BA-VII-38000 s Les EARL, définies aux articles L 324-1 et suivants du Code rural et de la pêche maritime, sont des sociétés civiles à responsabilité limitée, constituées d'un ou de plusieurs associés, dont l'objet est l'activité agricole dans des conditions comparables à celles existant dans les exploitations agricoles de caractère familial.

Elles sont soumises de plein droit au régime des **sociétés de personnes** (CGI art. 8, 5°).

Chaque associé est personnellement soumis à l'impôt sur le revenu pour sa part dans les bénéfices sociaux (y compris les rémunérations qui lui sont versées) déterminés selon les règles des bénéfices agricoles (on rappelle que les EARL créées depuis le 1er janvier 1997 sont en principe soumises à un régime réel d'imposition : n° 15520).

> Précisions **a.** Les EARL qui ont **opté pour l'IS** (nos 37575 s.) sont placées dans la même situation que les sociétés de capitaux et leurs bénéfices sont déterminés et imposés selon les règles exposées nos 35550 s. Les rémunérations qu'elles versent à leurs associés sont imposables selon les modalités prévues à l'article 62 du CGI.
b. L'exploitant agricole qui exerce son activité dans le cadre d'une **EIRL** ou ayant le statut d'**entrepreneur individuel** peut opter pour l'**assimilation à une EARL.** Cette option vaut option pour l'impôt sur les sociétés (nos 87250 s. et 87360).
c. Incidence de l'**assujettissement à l'IS** sur l'impôt sur le revenu : voir nos 16340 s.
d. Option des associés pour le dispositif de l'article 151 octies A du CGI en cas d'**opérations de restructuration** : voir n° 16500.

GROUPEMENTS FONCIERS AGRICOLES (GFA)

Les GFA, visés aux articles L 322-1 et suivants du Code rural et de la pêche maritime, sont des sociétés civiles qui assurent la gestion des exploitations dont elles sont propriétaires soit en faire-valoir direct, soit en les donnant en location. Ces groupements relèvent normalement du régime fiscal des **sociétés de personnes** (sauf option expresse pour l'IS : nos 37575 s.). Chaque associé est donc personnellement imposé à l'impôt sur le revenu pour sa part dans les bénéfices sociaux, ceux-ci étant déterminés d'après les règles applicables : **16445** BA-VII-37000 s

– aux **revenus fonciers,** si le GFA donne en **location** les exploitations lui appartenant ;

– aux **bénéfices agricoles,** lorsqu'il **exploite** directement les propriétés (pour la détermination du régime d'imposition applicable dans ce cas, voir n° 15520).

En cas d'**assujettissement à l'IS,** voir nos 16340 s.

En ce qui concerne les dispositions prévues en faveur des GFA en matière de **droits d'enregistrement,** voir n° 67215 (cessions de parts et partage) et nos 68140 s. (successions et donations).

Option des associés pour le dispositif de l'article 151 octies A du CGI en cas d'**opérations de restructuration** : voir n° 16500.

GROUPEMENTS FORESTIERS

Les groupements forestiers constitués dans les conditions prévues par les articles L 331-1 s. du Code forestier sont des sociétés civiles qui ne sont pas assujetties à l'impôt sur les sociétés et ne sont pas autorisées à opter pour cet impôt (nos 37575 s.). **16455** CGI art. 238 ter BA-VII-1050 s

Chaque **membre** du groupement est personnellement **imposé,** pour sa part dans les bénéfices sociaux :

– soit à l'**impôt sur le revenu,** en principe dans la catégorie des bénéfices agricoles (avec application du régime spécial de taxation des exploitations forestières : n° 16365) ;

– soit à l'**impôt sur les sociétés** si l'associé est une personne morale passible dudit impôt.

Les parts de groupements forestiers bénéficient, en matière de **droits d'enregistrement,** d'une exonération partielle des droits de succession ou de donation (n° 68130) et d'un simple droit fixe pour les cessions de parts si le groupement est constitué depuis au moins trois ans (n° 67215).

Autres organismes forestiers Les **syndicats mixtes de gestion** forestière et les **groupements syndicaux** forestiers définis aux articles L 232-1 et 2 et L 233-1 et 2 du Code forestier ne sont pas passibles de l'impôt sur les sociétés. Les personnes morales membres passibles de l'impôt sur les sociétés sont personnellement soumises à cet impôt à raison de leur part dans les bénéfices du syndicat ou du groupement déterminés selon les règles des BIC (CGI art. 239 quinquies). **16465** BA-VII-1500 s

Quant aux **syndicats intercommunaux** de gestion forestière, ils sont exonérés de l'impôt sur les sociétés en vertu des dispositions générales de l'article 207, 1-6° du CGI (n° 37090).

GROUPEMENTS FONCIERS RURAUX

Conformément à l'article L 322-22 du Code rural et de la pêche maritime, les groupements fonciers ruraux sont des sociétés civiles dont l'objet est de rassembler et de gérer des ensembles de biens immobiliers dont la destination est à la fois agricole et forestière. Ils sont soumis au **régime fiscal** des groupements fonciers agricoles pour leur partie agricole (n° 16445) et à celui des groupements forestiers pour la partie forestière (n° 16455). **16475** BA-VII-37500 s

Option des associés pour le dispositif de l'article 151 octies A du CGI en cas d'**opérations de restructuration** : voir n° 16500.

COPROPRIÉTÉS DE CHEVAL DE COURSE OU D'ÉTALON

16485 CGI art. 8 quinquies, 39 F, 61 A et 238 bis K, I BA-VII-7500 s

Les simples **particuliers** qui tirent des revenus de l'exploitation de chevaux de course ou d'étalons détenus en copropriété sont imposables à ce titre dans la catégorie des **BNC** non professionnels. Si l'exploitation est déficitaire, c'est le régime des **déficits** provenant d'activités non commerciales non professionnelles qui s'applique (n° 1010).

Lorsque les parts de copropriété sont inscrites à l'actif d'une entreprise soumise à l'impôt sur les sociétés ou d'une **entreprise commerciale ou agricole** dont les résultats sont imposés de plein droit selon le régime réel, les revenus des copropriétaires suivent les règles qui régissent la nature de l'activité du copropriétaire.

ATTENTION

Les **gains** des particuliers sont imposables lorsqu'ils disposent d'installations et matériels leur permettant d'assurer la **préparation et l'entraînement des chevaux** ; en revanche, ils sont exonérés lorsqu'ils ne participent en aucune manière à l'exploitation de la carrière du cheval intégralement assurée par un entraîneur (CE 1-7-1985 n° 43452 : RJF 10/85 n° 1294). Corrélativement, les déficits éventuels ne sont pas déductibles (TA Versailles 23-1-1996 n° 88-1430 : RJF 6/96 n° 725).

16490 **a.** L'administration admet qu'une **association de gestion de carrière de cheval de course** bénéficie de la transparence fiscale dès lors qu'elle ne dispose d'aucun moyen en matériel ou personnel. L'exonération des gains de course s'applique à tous les associés qui ne font preuve d'aucune diligence dans la gestion de la carrière du cheval, alors même qu'elle comprend parmi ses membres des personnes exerçant une activité professionnelle liée aux chevaux de course (BOI-BNC-SECT-60-20 n° 280).

b. Les copropriétés d'**étalon** peuvent prendre la forme d'indivisions conventionnelles ou de sociétés en participation. Selon l'administration, elles conservent leur caractère d'**indivisions** quel que soit le nombre de saillies gratuites ou supplémentaires exploitées en commun par rapport au nombre de saillies individuelles (BOI-BIC-PDSTK-10-20-110-10 n° 140). Dans cette situation, la constitution du syndicat d'étalon n'entraîne la constatation de plus-values d'apport pour l'ancien propriétaire du cheval qu'à hauteur des parts cédées aux nouveaux copropriétaires et l'administration admet l'amortissement des parts d'étalon au niveau de chaque coindivisaire (BOI-BIC-PDSTK-10-20-110-20 n°s 180 et 210).

OPÉRATIONS DE RESTRUCTURATION

16500 CGI art. 151 octies A

Les personnes physiques associées d'une société civile agricole peuvent opter pour le dispositif de l'article 151 octies A du CGI (n° 13875) qui leur permet de bénéficier du report d'imposition prévu par l'article 151 octies du CGI pour les **plus-values nettes d'apport** sur immobilisations non amortissables qui restent imposables en leur nom à raison d'une opération de fusion, d'apport partiel d'actif portant sur une branche complète d'activité ou de scission au profit d'une autre société civile agricole. Cette option permet également le report de la **plus-value d'échange de titres** constatée par les associés de la société civile absorbée ou scindée jusqu'à la perte de la propriété des titres reçus en rémunération de la fusion ou de la scission.

> Précisions a. Les **scissions** concernées sont celles mentionnées n° 13875.
b. Pour l'application de ce dispositif, sont considérées comme des **sociétés civiles agricoles,** les sociétés civiles dont les bénéfices relèvent exclusivement de la catégorie des bénéfices agricoles, y compris les produits des activités accessoires imposés dans cette catégorie en application de l'article 75 du CGI.
c. Le dispositif s'applique sur **option** exercée conjointement par la société apporteuse et la société bénéficiaire dans l'acte d'apport, de fusion ou de scission. Les **associés** de la société apporteuse ne peuvent ni opter individuellement ni renoncer à l'application du régime si l'option a été exercée (BOI-BA-CESS-40-10 n° 50).

CHAPITRE 5

PLUS-VALUES ET MOINS-VALUES PROFESSIONNELLES

SOMMAIRE

A. Notions générales 17700
1. Définition des plus-values et moins-values 17700
2. Date de prise en compte 17755
3. Calcul 17800
B. Entreprises soumises à l'impôt sur le revenu 17870
1. Régime de droit commun 18000
2. Cas d'exonération 18140
a. Exonération en fonction des recettes 18200
b. Autres cas d'exonération 18275
3. Régimes spéciaux 18380
a. Titres du portefeuille 18380
b. Autres biens 18460
C. Entreprises soumises à l'IS 18650
1. Règles générales 18650
2. Portefeuille-titres 18710
a. Classement fiscal des titres 18730
b. Titres de participation relevant du régime de taxation limitée 18835
c. Titres de participation au sein de sociétés à prépondérance immobilière 18895
d. Titres de capital-risque 18945
e. Titres de placement et autres titres exclus du long terme 18985
f. Cas particuliers 19040
D. Régimes spéciaux 19285
1. Sinistre ou expropriation 19285
2. Crédit-bail 19320
3. Lease-back d'immeubles 19370
4. Réévaluation des bilans 19390
5. Autres régimes spéciaux 19440
E. Transmissions d'entreprises 19490
1. Transmission pour une valeur n'excédant pas 1 M€ 19650
2. Apport en société d'une entreprise individuelle 19710
3. Transmission à titre gratuit d'une entreprise individuelle 19810
4. Cession d'entreprise lors d'un départ en retraite 19890

ÉCONOMIE GÉNÉRALE DU RÉGIME

Dans toutes les entreprises, les plus et moins-values de cession d'éléments de l'actif immobilisé font en principe partie du résultat imposable. 17500

Les plus-values réalisées par les entreprises relevant de l'**impôt sur le revenu** sont en général soumises à des régimes plus avantageux – taxation à taux réduit, exonération totale ou partielle – que ceux qui s'appliquent aux bénéfices ordinaires. Mais, en contrepartie, les possibilités de déduction peuvent être moins favorables pour les moins-values.

Les plus-values réalisées par les entreprises soumises à l'**impôt sur les sociétés** sont en principe imposées comme des bénéfices d'exploitation, les seuls régimes de faveur encore applicables ne concernant plus pour l'essentiel que les titres de participation ou de capital-risque.

Des **régimes spéciaux,** de report ou d'exonération, sont enfin prévus pour certains types d'opérations ainsi que pour les transmissions de PME.

A. Notions générales

1. DÉFINITION DES PLUS-VALUES ET MOINS-VALUES

Les plus-values et moins-values professionnelles sont les profits et les pertes de caractère exceptionnel réalisés par les entreprises à l'occasion de la **cession d'éléments d'actif** immobilisé, en cours ou en fin d'exploitation. 17700 BIC-VII-100 s BA-IV-7850 s BNC-II-23100 s

Certains produits sont également soumis au régime des plus-values professionnelles, bien qu'ils ne proviennent pas de la cession d'éléments d'actif. Ce sont les dividendes distribués par les sociétés de **capital-risque** (n° 26425) et certaines sommes réparties par les fonds communs de placement à risque ou les fonds professionnels de capital investissement (n° 18440).

ENTREPRISES CONCERNÉES

17710 BIC-VII-200 s Le terme « entreprise » désigne ici de manière large :

– toutes les activités de nature industrielle, commerciale, artisanale, agricole ou non commerciale imposables à l'impôt sur le revenu dans la catégorie des **BIC,** des **BA** ou des **BNC** ;

– les sociétés passibles de l'**impôt sur les sociétés.**

BIENS CONCERNÉS

17720 Les éléments concernés sont ceux qui font partie de l'**actif immobilisé** de l'entreprise, par exemple les immeubles et les matériels d'exploitation.

Dans les **entreprises individuelles,** les éléments de l'actif se définissent de façon différente suivant la nature de l'activité et le régime d'imposition de l'entreprise. Il convient donc de se reporter aux définitions figurant dans les études consacrées à chaque type d'activité :

– entreprises industrielles et commerciales : n°s 7455 s. ;

– entreprises agricoles : n°s 15895 s. ;

– professions non commerciales : n°s 13270 s.

> **Précisions** **a.** Lorsqu'une personne physique exerce son activité professionnelle dans le cadre d'une **société de personnes,** les droits qu'elle détient dans cette société sont considérés fiscalement comme des éléments d'un actif « professionnel personnel » de l'associé : leur cession relève donc du régime des plus-values professionnelles (n°s 37715 s.).
> **b.** Des règles particulières s'appliquent aux cessions de **biens** inscrits à l'actif d'une entreprise individuelle mais **non utilisés pour l'activité** professionnelle (voir n°s 18460 s.).

OPÉRATIONS GÉNÉRATRICES DE PLUS-VALUE (OU MOINS-VALUE)

17730 BIC-VII-480 s Une plus ou moins-value peut être constatée non seulement en cas de vente d'une immobilisation, mais aussi à l'occasion de toute opération ou tout événement ayant pour effet de faire sortir un tel élément de l'actif de l'entreprise ou de lui retirer définitivement tout ou partie de sa valeur. Il peut s'agir :

– d'**opérations volontaires** : vente, apport en société, échange, partage, donation, mise au rebut, retrait d'actif par un exploitant individuel ou les associés d'une société, cessation d'activité... ;

– d'**événements involontaires** : expropriation, destruction par sinistre, cession forcée...

Tant qu'elle est « latente », une plus-value n'a pas d'incidence fiscale. Il en est de même d'une moins-value, sous réserve de la possibilité de constater la dépréciation des éléments d'actif par voie de provision.

> **Précisions** **a.** Lorsqu'un bien est décomposé (voir n° 9185), le **remplacement d'un composant** donne lieu à la constatation d'une moins-value égale à la valeur nette comptable de cet élément.
> **b.** La **réévaluation libre** des éléments d'actif génère un profit qui est imposable comme un résultat ordinaire. Dispositif temporaire optionnel de neutralisation des conséquences des réévaluations libres : voir n° 19420.
> **c.** La **résiliation** conventionnelle, avant terme, **d'un contrat** générateur pour l'entreprise d'un actif incorporel immobilisé justifie la constatation d'une moins-value à raison de la perte définitive de valeur de cet élément (CE 6-11-1985 n° 41290 : RJF 1/86 n° 8).
> **d.** Le non-renouvellement d'une **autorisation administrative** entraîne une **perte de clientèle,** et donc la constatation d'une moins-value (CE 8-10-2010 n° 318832 : RJF 1/11 n° 13).
> **e.** En cas de **rachat par une société de ses propres titres,** les sommes ou valeurs attribuées aux entreprises associées ou actionnaires relèvent du régime des plus et moins-values professionnelles (CGI art. 112, 6°).
> **f.** Le **transfert des biens** du patrimoine professionnel de l'**entrepreneur individuel** à celui de l'entreprise **assimilée à une EURL** ou EARL, en cas d'option pour cette assimilation génère une plus ou moins-value (n° 87265).

2. DATE DE PRISE EN COMPTE

PRINCIPES

17755 BIC-VII-740 s Les plus-values et moins-values professionnelles sont prises en compte au titre de l'exercice ou de l'année au cours desquels elles sont réalisées ou, le cas échéant, « constatées ». La date de réalisation des plus-values ou moins-values coïncide en général avec celle du transfert de propriété des éléments d'actif.

En cas de **vente,** le transfert de propriété s'opère, sauf convention contraire des parties, dès l'accord sur la chose et sur le prix, même si le paiement du prix et, le cas échéant, la présentation de l'acte à la formalité de l'enregistrement interviennent à une date postérieure (CE 16-10-1974 n° 89775 : Dupont 1974 p. 402 ; CE 7-7-2000 n° 208508 : RJF 11/00 n° 1310).

En cas d'**apport à une société en formation,** le transfert de propriété s'opère à la date d'inscription de la société au registre du commerce. L'effet rétroactif que les parties auraient entendu conférer à la constitution de la nouvelle société reste sans incidence sur la date de réalisation de la plus-value (CE 11-10-1991 n°s 54616 et 54617 : RJF 12/91 n° 1475 ; CE 8-7-2009 n° 279018 : RJF 11/09 n° 933).

Lorsque la plus-value résulte d'un **retrait d'actif,** la date à retenir est soit celle de l'établissement du bilan (ou document assimilé) dans lequel le bien a cessé de figurer (CE 5-6-1981 n° 20948 : RJF 9/81 n° 789), soit celle de la cession ou cessation d'activité si le transfert du bien dans le patrimoine privé de l'exploitant intervient à cette occasion (CE 25-10-1991 n°s 74937, 74938, 114759 et 114760 : RJF 12/91 n° 1476).

> Précisions **a.** En cas de **cession de valeurs mobilières,** le transfert de propriété résulte de l'inscription des titres au compte de l'acheteur ou dans un dispositif d'enregistrement électronique partagé. Pour les valeurs non cotées (autres que celles inscrites en compte chez un intermédiaire habilité participant à un système de règlement et de livraison d'instruments financiers), cette inscription intervient à la date fixée par l'accord des parties et notifiée à la société émettrice (C. com. art. L 228-1 et R 228-10).

b. Lorsqu'elle n'a pas eu connaissance d'une cession génératrice de plus-value, l'administration est autorisée à la taxer non pas au titre de l'année du transfert de propriété, mais au titre de l'année de réalisation des **formalités** nécessaires à l'**opposabilité** de la cession aux tiers (CE 26-7-1978 n° 1885 : RJF 10/78 n° 431).

c. En ce qui concerne la date de prise en compte d'une moins-value consécutive à l'**annulation des titres** d'une société mise en liquidation, voir n° 19102.

RÉGIMES D'ÉTALEMENT, DE SURSIS OU DE REPORT

L'imposition de certaines plus-values peut être étalée ou différée. C'est notamment le cas pour les plus-values à court terme des entreprises relevant de l'impôt sur le revenu (n° 18075) et pour les plus-values constatées à l'occasion des événements suivants : expropriation ou sinistre (n°s 19285 s.) ; apport en société d'une activité professionnelle individuelle (n°s 19710 s.) ; transmission à titre gratuit d'une entreprise individuelle (n°s 19810 s.) ; fusion (n°s 39455 et 39510 s.) ; échange ou conversion de titres (n°s 19055 s.) ; apport en société de titres par un exploitant individuel (n°s 18410 s.). **17765**

> Précisions **a.** Les membres des **professions libérales** et les titulaires de charges et offices peuvent demander le fractionnement sur trois ans du paiement de l'impôt dû sur la plus-value réalisée en cas de retrait dans leur patrimoine privé de la **partie** de leur **résidence principale** qui était **affectée à leur activité.** Cette mesure s'applique, sur option expresse, à la totalité des plus-values (court terme, long terme) réalisées en cours ou en fin d'exploitation, mais ne peut se cumuler avec l'étalement sur trois ans des plus-values à court terme (BOI-BNC-BASE-30-30-20-20 n°s 50, 60 et 130 : BNC-II-24600 s.).

b. Pour l'étalement de l'impôt dû sur la plus-value à long terme constatée lors de la cession d'une entreprise assortie d'un **crédit-vendeur,** voir n° 18110.

REMISE EN CAUSE DE LA CESSION D'UN ÉLÉMENT D'ACTIF

En cas d'**annulation** ou de **résolution** de la vente d'un élément d'actif immobilisé, postérieurement à l'exercice de cession, l'entreprise cédante doit : **17775** CGI art. 39 duodecies, 9 BIC-IV-5260 s

– reprendre à l'**actif** les biens restitués, ainsi que les amortissements et les provisions y afférents, pour des valeurs identiques à celles qui figuraient dans les comptes à la date de la cession. Les amortissements correspondant à la période écoulée depuis la vente peuvent être déduits en une seule fois des résultats de l'exercice d'annulation ou de résolution de l'opération (BOI-BIC-PVMV-40-40-20 n° 20) ;

– constater un **résultat** inverse de celui pris en compte lors de la cession et soumis au même régime. Si la cession a dégagé une plus-value, son annulation se traduit donc par la constatation d'une moins-value qui sera traitée, selon le cas, comme une moins-value à long terme ou à court terme ou, dans les sociétés soumises à l'IS, comme une perte ordinaire.

À l'inverse, l'annulation d'une vente génératrice de moins-value se traduit par la prise en compte, selon le cas, d'une plus-value à long terme ou à court terme ou d'un résultat ordinaire.

Lorsque la cession a bénéficié d'un régime d'exonération ou de sursis, son annulation n'a bien sûr pas d'incidence sur le résultat imposable.

En cas de simple **réduction du prix,** des règles similaires s'appliquent. Par suite, la perte enregistrée constitue une moins-value à long terme à hauteur de la plus-value qui a, le cas échéant, été soumise au régime du long terme.

> **Précisions** **a.** Le **taux** applicable à la plus ou moins-value à **long terme** constatée lors de la remise en cause de l'opération est celui en vigueur à cette date (BOI-BIC-PVMV-40-40-20 n° 100).
> **b.** L'entreprise cédante peut être amenée à constituer, à la clôture de l'exercice de cession ou d'un exercice ultérieur, une **provision** destinée à faire face au risque d'annulation de la vente ou de réduction du prix, dès lors que ce risque présente un caractère de probabilité suffisant. Cette provision est soumise au même régime (long terme ou résultat ordinaire) que la perte à laquelle elle est destinée à faire face.

3. CALCUL

17800 BIC-VII-1800 s La plus-value réalisée à l'occasion de la cession d'un élément d'actif s'obtient, normalement, en retranchant du prix de cession la valeur nette, comptable ou fiscale, de cet élément.

Si le prix de cession est inférieur à la valeur nette, la différence représente la moins-value subie à l'occasion de la cession.

Des règles particulières s'appliquent au calcul des plus et moins-values de cession de biens inscrits à l'actif d'une entreprise individuelle mais qui ne sont pas utilisés pour l'activité professionnelle (voir nos 18460 s.).

PRIX DE CESSION

17810 BIC-VII-2500 s Le prix de cession s'entend de la somme effectivement perçue par le vendeur. Il s'agit du prix net, obtenu après déduction des **frais et taxes** qui ont grevé l'opération. Les frais strictement inhérents à la cession, comme les commissions d'intermédiaire ou encore les honoraires versés à des intermédiaires intervenant dans la conclusion de la vente (CE 7-2-2007 n° 279588 : RJF 4/07 n° 407), ne constituent pas des charges déductibles du résultat imposable mais viennent en diminution du prix de cession (BOI-BIC-PVMV-10-20-10 n° 10), sans qu'ait d'incidence le taux auquel la plus-value est imposée, y compris lorsque ce taux est nul (CE 12-10-2018 n° 419221 : RJF 1/19 n° 13). Les charges préparatoires à la cession, telles que des honoraires d'expertise et d'évaluation des éléments cédés, constituent quant à elles des charges d'exploitation (CE 21-6-1995 n° 132531 : RJF 8-9/95 n° 963).

En cas d'**échange,** le prix de cession à retenir correspond à la valeur actuelle du bien reçu en échange, majorée éventuellement du montant de la soulte perçue ou diminuée du montant de la soulte payée.

En cas d'**apport en société,** le prix de cession est représenté par la valeur d'apport, qui correspond à la valeur réelle des titres reçus en rémunération de l'apport. La plus-value est toutefois calculée en retenant la valeur réelle des biens apportés si elle est supérieure à celle des titres reçus en contrepartie de l'apport (CE 22-2-2012 n° 315156 : RJF 11/12 n° 984).

Pour les **éléments transférés dans le patrimoine privé** de l'exploitant, le prix de cession est constitué par la valeur réelle du bien au jour du transfert.

> **Précisions** La **valeur au jour du transfert** peut être valablement déterminée par référence à celle d'une transaction relevée à une date voisine pour un bien comparable, ou au prix de la vente ultérieure du même bien, ou encore à la valeur mentionnée pour le bien dans une déclaration de succession, ou enfin au loyer qu'il produisait (CE 20-7-1988 n° 52015 : RJF 10/88 n° 1060 ; CE 27-10-1982 n° 22998 : RJF 12/82 n° 1095).

17815 BIC-VII-2800 s **Dissimulation ou insuffisance de prix** Le prix de cession à retenir est en principe celui qui est stipulé dans l'acte. Il peut toutefois être remis en cause dans deux cas :

– en cas de **dissimulation de prix,** c'est-à-dire lorsque les parties ont volontairement inscrit dans l'acte une somme inférieure au prix réellement payé. L'administration peut alors retenir le prix réel, à condition bien sûr d'établir l'existence d'une telle dissimulation ;

– en cas d'**insuffisance de prix significative** établie par l'administration : la cession est présumée relever d'une gestion anormale, mais cette présomption est écartée si le contribuable justifie que l'appauvrissement qui en est résulté a été décidé dans l'intérêt de l'entreprise, soit que celle-ci se soit trouvée dans la nécessité de procéder à la cession à un tel prix, soit qu'elle en ait tiré une contrepartie (CE plén. 21-12-2018 n° 402006 : RJF 3/19 n° 246). Peuvent relever d'une gestion normale la cession d'actions à un prix minoré en exécution d'une **promesse unilatérale** consentie à un **homme-clé** dans le cadre de « management package » (CE 11-3-2022 n° 453016 : RJF 6/22 n° 527), ainsi que celle consentie à des **salariés** en considération du rôle personnel qu'ils peuvent jouer dans le développement de la société (CE 2-6-2022 n° 448886 : RJF 10/22 n° 821). Lorsque la cession relève d'une gestion anormale, le rehaussement de la plus-value est réintégré dans les résultats ordinaires imposables.

En l'absence d'acte anormal de gestion, les insuffisances de prix constatées par le service de l'enregistrement restent sans incidence sur le montant de la plus-value (sauf si la cession fait l'objet d'un acte rectificatif).

› Précisions a. Le **caractère significatif de l'écart** entre le prix de cession et la valeur vénale des titres non cotés s'apprécie compte tenu de l'ensemble des circonstances particulières (CE 26-10-2021 n° 426462 : RJF 1/22 n° 7). Le standard minimal de 20 % généralement admis pour regarder un écart comme significatif ne constitue qu'un ordre de grandeur (CE 31-3-2010 n° 297307 : RJF 6/10 n° 591 à propos d'un écart de 14,75 % jugé non significatif ; CE 7-4-2023 n° 466247 : RJF 6/23 n° 438 à propos d'un écart de 14,1 % jugé significatif compte tenu de l'absence d'aléa entachant l'évaluation).

b. Pour apprécier le **caractère normal du prix** de cession, l'administration peut se fonder sur des **éléments postérieurs à la transaction,** sous réserve qu'ils ne traduisent aucune évolution faisant obstacle à leur prise en compte comme éléments de comparaison, compte tenu de la date à laquelle ils sont intervenus (CE 10-12-2010 n° 308050 : RJF 3/11 n° 278).

Incidence des modalités de paiement du prix Si le prix de cession fait l'objet d'un **paiement à terme,** la plus-value est déterminée, en principe, à partir de la valeur nominale de la créance détenue sur l'acquéreur. Toutefois, si les inconvénients résultant d'un paiement à échéances plus ou moins lointaines ne sont pas compensés, ou le sont insuffisamment, par des intérêts ou par une clause d'indexation, c'est la valeur réelle actuelle qui est retenue (CE 6-12-1978 n° 12561 : RJF 1/79 n° 13). Dans ce cas, l'administration s'estime fondée à taxer ultérieurement comme un revenu de créance l'excédent des sommes perçues sur la valeur actuelle (BOI-BIC-PVMV-10-20-10 n° 190). **17820** BIC-VII-3150 s

Lorsque le prix est constitué d'une fraction aléatoire, par exemple en cas de cession moyennant **rente viagère** ou de prix payable par **annuités indexées,** la plus ou moins-value est déterminée, de manière définitive, à partir du prix convenu par les parties (en cas de rente viagère, il s'agit de la valeur en capital de la rente). La différence entre le prix convenu et le montant des sommes effectivement perçues constitue un produit financier ou une charge financière immédiatement pris en compte dans le résultat imposable.

Lorsque le prix de cession d'une immobilisation comporte deux parts, une somme fixe arrêtée lors de la cession et une part variable payée ultérieurement sous la forme de **redevances** sur le chiffre d'affaires généré par l'exploitation du bien, le montant de la plus-value estimée par le contribuable sous le contrôle de l'administration est imposable dans sa totalité l'année du transfert de propriété. Si les sommes effectivement reçues sont supérieures au montant estimé, les versements excédentaires sont imposables l'année de leur perception selon le même régime fiscal que la plus-value initiale (CE 12-3-2014 n° 350443 : RJF 6/14 n° 566 ; BOI précité n° 330).

VALEUR NETTE

Pour les **éléments non amortissables,** la valeur nette s'entend de la valeur d'origine du bien, définie n°s 7550 s. **17830** BIC-VII-1900 s

Pour les **éléments amortissables,** elle correspond à la valeur d'origine diminuée des amortissements pratiqués et admis en déduction pour l'assiette de l'impôt, et de certains amortissements non déductibles fiscalement, tels les amortissements pratiqués sur les biens somptuaires (voir n° 18030).

› Précisions a. La valeur comptable à retenir pour le calcul de la plus-value doit être diminuée du montant de la **provision pour amortissement dérogatoire** non encore apurée à la date de la cession.

b. Dans le cas des **biens décomposés** (n° 9185), une seule plus ou moins-value de cession est calculée pour le bien considéré dans son ensemble. À cet effet, il convient de retrancher du prix de cession la somme des valeurs d'origine de tous les composants figurant à l'actif, elle-même minorée de la somme des amortissements déduits au titre de ces éléments (voir n° 18050 exemple 3).

CAS PARTICULIERS

a. En cas de cession d'un **bien auquel est attachée une plus-value en sursis** d'imposition – exemples : biens acquis à l'occasion d'une fusion (n° 39520) ou titres reçus lors d'une opération d'échange (n°s 19055 s.) –, la valeur fiscale à retenir pour le calcul de la plus-value diffère de la valeur comptable du bien. **17835**

b. Lorsque la cession entraîne un **reversement partiel de la TVA** initialement déduite (situation qui concerne surtout les cessions d'immeubles), les droits reversés majorent la valeur d'origine du bien.

c. En cas de cession d'un **élément partiellement affecté à l'exercice d'une activité non commerciale,** la plus-value professionnelle est égale à une fraction, calculée au prorata, de la plus-value totale (voir n° 13400 à propos des véhicules).

d. Les **exploitants** individuels relevant de l'IR qui, lors de leur **option** pour un **régime réel,** ont pu constater en franchise d'impôt les plus-values acquises par les éléments non amortissables peuvent retenir la valeur réelle des biens à la date de l'option pour calculer les plus-values de cession (nº 18275).

e. Sauf option pour le régime de l'article 238 bis JB du CGI pour les immobilisations non amortissables, la plus ou moins-value de cession des éléments ayant fait l'objet d'une **réévaluation** libre est déterminée à partir de leur valeur nette réévaluée (nºs 19390 s.).

f. En cas de cession d'un immeuble ayant donné droit à l'attribution d'une **prime à la construction**, la fraction des primes non rapportée au résultat est retranchée de la valeur comptable de l'élément cédé (CGI art. 42 octies).

g. Plus ou moins-value de cession de **parts d'un fonds de placement immobilier** (FPI) : voir nº 30535.

h. Les **gains ou pertes de change** réalisés à l'occasion de la cession d'une immobilisation sont une composante de la plus ou moins-value de cession et doivent être traités fiscalement comme cette dernière (CE 12-3-2014 nº 352212 : RJF 6/14 nº 550, s'agissant de la cession d'un immeuble situé à l'étranger ; CE (na) 28-9-2020 nº 438845 : RJF 12/20 nº 983, s'agissant de la cession de titres de participation).

B. Entreprises soumises à l'impôt sur le revenu

17870 BIC-VII-6050 s
Les cessions d'actif réalisées par les entreprises relevant de l'impôt sur le revenu sont en principe soumises au régime des plus-values et moins-values professionnelles à court terme et à long terme, les plus-values à long terme bénéficiant d'une taxation à taux réduit.

Mais si, en théorie, ce régime reste le régime de droit commun, son application est limitée en pratique, compte tenu des nombreuses mesures d'exonération prévues en faveur des PME et des régimes spécifiques à certaines catégories de plus-values.

1. RÉGIME DE DROIT COMMUN

18000 CGI art. 39 duodecies, 72 et 93 quater BIC-VII-6070 s
Le régime de droit commun est fondé sur une distinction fondamentale entre, d'une part, les plus et moins-values à long terme qui sont soumises à un régime de taxation réduite et, d'autre part, les plus et moins-values à court terme qui sont traitées comme un résultat ordinaire, sous réserve de la possibilité d'étalement des plus-values nettes.

CHAMP D'APPLICATION DU RÉGIME

18010
Le régime des plus-values professionnelles à court et à long terme s'applique aux **cessions d'éléments de l'actif immobilisé** réalisées par les exploitants individuels et les sociétés de personnes relevant de l'impôt sur le revenu, quelle que soit la nature de l'activité exercée (industrielle, commerciale, agricole ou non commerciale) dès lors que les intéressés ne peuvent pas bénéficier de l'un ou l'autre des régimes d'exonération prévus par la loi.

Pour le cas particulier des **loueurs en meublé,** voir nºs 90520 s.

18015 CGI art. 39 duodecies, 6 bis et 7 BIC-VII-250 s
Exclusions Sont exclus du régime des plus et moins-values à long terme et traités comme un résultat ordinaire :

– les plus-values réalisées par les **entreprises de crédit-bail ou de location** d'équipements lorsqu'elles cèdent les biens loués au locataire qui en a la jouissance ;

– la quote-part des profits distribués aux entreprises par un **fonds de placement immobilier** (nºs 30515 s.) ;

– le produit de la première **cession à titre onéreux d'un usufruit temporaire** (nºs 4780 s.).

DISTINCTION ENTRE COURT TERME ET LONG TERME

18025 BIC-VII-6070 s
La distinction des plus-values et moins-values à court terme ou à long terme est fondée sur un double critère :

– la **durée de détention** dans l'entreprise des éléments générateurs des plus ou moins-values ;

– la **nature** de ces éléments (caractère amortissable ou non).

18030 CGI art. 39 duodecies, 2 et 4 BIC-VII-6400 s
Court terme Constituent des **plus-values** à court terme :

– d'une part, celles qui sont réalisées à l'occasion de la cession d'**immobilisations** de toute nature acquises ou créées par l'entreprise depuis **moins de deux ans** ;

– d'autre part, celles qui proviennent de la cession d'éléments acquis ou créés depuis au moins deux ans, dans la mesure où elles correspondent à des **amortissements déduits** pour l'assiette de l'impôt, quelle que soit leur nature : amortissement technique, provision pour amortissement dérogatoire non encore apurée.

ATTENTION

Sont **assimilés à des amortissements déduits** générateurs de plus-values à court terme :
– les amortissements expressément exclus des charges déductibles par l'article 39, 4 du CGI (amortissements pratiqués sur les biens « somptuaires » : nos 9000 s.) ;
– les amortissements irrégulièrement différés (no 9455) ;
– certaines sommes, telles les subventions à l'industrie du cinéma, affectées à l'amortissement des immobilisations financées au moyen des fonds correspondants.

Les **moins-values** sont réputées à court terme lorsqu'elles résultent de la cession :
– de **biens non amortissables** détenus depuis moins de deux ans ;
– de **biens amortissables,** quelle que soit la durée de leur détention. Le cas échéant, ces moins-values sont diminuées des amortissements expressément exclus des charges déductibles (amortissements afférents aux biens « somptuaires ») ainsi que de ceux qui ont été irrégulièrement différés.

> Précisions En cas de cession par un **exploitant agricole** imposé selon le régime du bénéfice réel d'éléments acquis sous le régime du **micro-BA,** il convient de retenir tant les amortissements effectivement pratiqués sous le régime du réel que ceux réputés pratiqués sous le régime du micro. Il en est de même pour les éléments acquis sous l'ancien régime du forfait (CE 21-10-1996 no 155782 : RJF 12/96 no 1432).

Long terme Les plus-values ou moins-values autres que celles à court terme présentent le caractère de plus-values ou moins-values à long terme. Elles correspondent en pratique à l'**excédent du prix** de vente **sur la valeur d'origine.** 18040 CGI art. 39 duodecies, 3 et 5 BIC-VII-6820 s
Sont par ailleurs spécialement soumis au régime des plus-values à long terme :
– les **provisions pour dépréciation du portefeuille-titres** devenues sans objet (no 18390) ;
– les plus-values nettes constatées en cas de **décès** d'un exploitant ; corrélativement, s'il y a en pareil cas moins-value nette, celle-ci obéit au régime des moins-values à long terme (CGI art. 39 terdecies, 2). Mais les ayants droit du défunt peuvent demander l'application du régime général des plus-values et moins-values s'il leur est plus favorable ;
– certains **dividendes** versés par les sociétés de capital-risque (**SCR**) (nos 26380 s.) ou sommes réparties par les **FCPR** ou les **fonds** professionnels de **capital investissement** (no 18440).

Appréciation de la durée de détention La durée de détention du bien cédé qui détermine la nature de la plus-value (court ou long terme) est décomptée, jour par jour, à partir de la date à laquelle ce bien est entré dans l'actif, et non à partir de la date d'inscription de ce bien au bilan (CE 23-12-2016 no 375746 : RJF 3/17 no 214). 18045 BIC-VII-6150 s
Dans le cas des **biens amortissables décomposés,** la nature de la plus ou moins-value dépend de la durée de détention du bien considéré dans son ensemble, indépendamment du remplacement de certains composants (BOI-BIC-PVMV-20-40-30 no 340). Si le bien est détenu depuis au moins deux ans, la plus-value est à court terme à hauteur de la somme des amortissements déduits au titre de chaque composant figurant à l'actif (voir no 18050 exemple 3).

> Précisions Des règles particulières sont prévues pour les biens suivants :
– **titres** détenus en portefeuille (nos 18855 s.) ;
– **biens** précédemment **transmis à titre gratuit** avec le bénéfice de l'article 41 du CGI (no 19847) ;
– immobilisation acquise par **crédit-bail** (no 19355).

EXEMPLE 18050

1. Soit une immobilisation dont le prix de revient (hors TVA récupérable) est de 50 000 €. Elle est cédée plus de deux ans après son acquisition pour un prix de 25 000 €. Les amortissements normalement pratiqués s'élèvent à 30 000 €.
La plus-value, soit 25 000 – (50 000 – 30 000) = 5 000 €, inférieure aux amortissements pratiqués, est à court terme.
2. Soit une immobilisation dont le prix de revient (hors TVA récupérable) est de 50 000 €. Elle est cédée plus de deux ans après son acquisition pour un prix de 55 000 €. Les amortissements normalement pratiqués s'élèvent à 20 000 €.
La plus-value est égale à 55 000 – (50 000 – 20 000) = 25 000 €.
Cette plus-value est à court terme à concurrence des amortissements (20 000 €) et à long terme pour le surplus (5 000 €).
Cet exemple permet de vérifier que la plus-value à long terme est égale à l'excédent du prix de vente sur la valeur d'origine.
3. Soit une immobilisation d'un prix de revient global de 10 000 € (hors TVA récupérable), décomposée en trois éléments dont le prix de revient respectif est de 5 000 €, 3 000 € et 2 000 €. Elle est cédée au cours de la 3e année de détention pour un prix de 11 000 €.

Les amortissements déduits au titre de chacun des composants s'élèvent respectivement à : 1 500 €, 1 125 € et 1 200 €.

La plus-value, déterminée globalement, est égale à : 11 000 − [(5 000 + 3 000 + 2 000) − (1 500 + 1 125 + 1 200)] = 4 825 €.

Cette plus-value est à court terme à hauteur de la somme des amortissements déduits à raison des composants figurant à l'actif (soit 3 825 €) et à long terme pour le surplus (soit 1 000 €).

18055 **Tableau récapitulatif** Le tableau ci-après présente de façon schématique la définition des plus-values et moins-values à court terme (CT) ou à long terme (LT).

Nature des biens cédés	Plus-values		Moins-values	
	Durée de détention			
	Moins de 2 ans	2 ans et plus	Moins de 2 ans	2 ans et plus
Éléments **amortissables**	CT	CT dans la limite de l'amortissement déduit (n° 18030) ; LT au-delà	CT	CT
Éléments **non amortissables**	CT	LT	CT	LT

18060 **Cas particulier de cession d'un ensemble immobilier** Il convient de distinguer deux plus-values (ou moins-values), l'une afférente aux **bâtiments** amortissables, l'autre au **terrain** non amortissable, chacune obéissant au régime qui lui est propre. Lorsque la cession est consentie pour un prix global, le contribuable doit estimer la part qui revient respectivement au terrain et aux constructions.

BIC-VII-6950 s

Dans l'hypothèse où, l'acquéreur ayant pris l'engagement d'édifier de nouvelles constructions, le **bâtiment** existant est **destiné à être démoli,** l'entreprise peut tenir pour nulle la partie du prix de vente correspondant à ce bâtiment si le prix perçu n'excède pas celui qui aurait été obtenu de la cession du terrain nu. La cession peut entraîner la constatation : d'une moins-value (à court terme) correspondant à la valeur résiduelle du bâtiment ; d'une plus-value (à long terme) égale à la différence entre le prix de vente et la valeur comptable du seul terrain.

RÉGIME DES PLUS-VALUES ET MOINS-VALUES À COURT TERME

18070 Une **compensation générale** est opérée entre les plus-values et les moins-values à court terme de l'exercice (ou de l'année pour les professions non commerciales). Deux situations peuvent se présenter selon que cette compensation fait apparaître une plus-value ou une moins-value nette.

CGI art. 39 quaterdecies
BIC-VII-7160 s

18075 **Plus-value nette** Si la compensation fait apparaître une plus-value nette à court terme, cette plus-value fait partie des résultats imposables dans les conditions et au taux de droit commun.

Les entreprises peuvent demander un **étalement** de l'imposition **sur trois ans** : le montant de la plus-value nette est rattaché, par fractions égales, aux résultats de l'année de sa réalisation et des deux années suivantes (l'année s'entend ici au sens d'exercice ou de période d'imposition).

> Précisions a. L'étalement de la plus-value est **facultatif.** Mais, s'il y renonce, l'exploitant ne peut pas pour autant se prévaloir du système du quotient prévu à l'article 163-0 A du CGI (CAA Douai 19-6-2002 n° 98DA02363 : RJF 4/03 n° 408).
b. Aucun étalement n'est possible en **fin d'exploitation.** Dans cette hypothèse, la plus-value nette de l'exercice ou de l'année de cession ou de cessation totale de l'entreprise est immédiatement comprise dans les résultats imposables (et les plus-values nettes à court terme dont la taxation avait été, le cas échéant, précédemment différée deviennent immédiatement taxables). Dans ce cas, l'imposition de la plus-value peut bénéficier du système du quotient susvisé (BOI-BIC-PVMV-20-30-10 n° 490).
c. Cas particulier des **indemnités d'assurances ou d'expropriation,** voir nos 19285 et 19300.
d. Un dispositif particulier d'étalement sur dix ans des plus-values à court terme est également prévu pour les plus-values réalisées à l'occasion d'une opération de **reconversion** pour les entreprises agréées bénéficiant de l'exonération temporaire de cotisation foncière des entreprises liée à l'**aménagement du territoire** (CGI art. 39 quaterdecies, 1 bis : BIC-VII-15750 s.).

18080 **Moins-value nette** Lorsque la compensation fait apparaître une moins-value nette à court terme, celle-ci s'impute sur les bénéfices d'exploitation. Si ces bénéfices ne sont pas suffisants, la fraction non imputée de la moins-value nette – ou, en cas d'absence de bénéfices, la totalité de cette moins-value – prend le caractère d'un déficit d'exploitation reportable dans les conditions de droit commun.

RÉGIME DES PLUS-VALUES ET MOINS-VALUES À LONG TERME

Une **compensation générale** est opérée entre les plus-values à long terme réalisées au cours de l'exercice (ou de l'année pour les professions non commerciales) et les moins-values à long terme subies pendant la même période, quelle que soit la nature des biens concernés. 18090 BIC-VII-7400 s

Mais si, parmi les plus-values à long terme, figure une plus-value enregistrée sur un **bien immobilier** détenu depuis plus de cinq ans, cette plus-value doit au préalable faire l'objet d'un abattement.

La plus-value ou moins-value nette globale qui subsiste après ces opérations obéit aux règles du long terme.

Abattement sur les plus-values immobilières Les plus-values immobilières à long terme réalisées dans le cadre d'une activité commerciale, industrielle, artisanale, libérale ou agricole sont imposées après application d'un abattement égal à 10 % par année de détention au-delà de la cinquième. En pratique, les plus-values réalisées sur des biens immobiliers détenus depuis plus de quinze ans sont donc totalement exonérées. 18095 CGI art. 151 septies B BIC-VII-7420 s

L'abattement s'applique aux plus-values réalisées à l'occasion de la cession :

– des **immeubles** bâtis ou non bâtis affectés par l'entreprise à sa propre **exploitation,** à l'exclusion des immeubles de placement et des terrains à bâtir ;

– des droits ou **parts de sociétés à prépondérance immobilière** dont l'actif est principalement constitué d'immeubles d'exploitation définis ci-dessus ou de droits ou parts de sociétés dont l'actif est principalement constitué de tels biens ;

– des droits afférents à un contrat de **crédit-bail** immobilier.

> ATTENTION
>
> La condition d'**affectation du bien** est appréciée à la date de la cession. Toutefois, l'administration admet que l'abattement s'applique si cette condition est satisfaite à l'ouverture de l'exercice de cession, quels que soient les événements intervenus depuis lors (BOI-BIC-PVMV-20-40-30 n° 250). Ne constituent toutefois pas des biens affectés à l'exploitation du vendeur les **biens** pour lesquels l'acte de vente indique qu'ils sont **destinés à être démolis par l'acquéreur** (CE 4-5-2016 n° 386773 : RJF 7/16 n° 599).

Les cessions d'immeubles donnés en **location meublée** ne bénéficient de l'abattement que si l'activité est exercée à titre **professionnel,** dans le respect des conditions exposées n° 90520 (BOI précité n° 210).

S'agissant de l'application de l'abattement en cas de transfert de biens inscrits au patrimoine professionnel de l'**entrepreneur individuel** qui opte pour son **assimilation à une EURL ou une EARL**, voir n° 87265.

La **durée de détention** est décomptée à partir de l'inscription du bien à l'actif ou au registre des immobilisations. L'appréciation de ce délai est opérée en fonction des périodes de détention de douze mois écoulées, en faisant donc abstraction des fractions d'années. Les périodes d'affectation de l'immeuble à l'exploitation sont cumulées même si elles sont entrecoupées d'une période d'utilisation du bien comme immeuble de placement (BOI-BIC-PVMV-20-40-30 n° 410). 18098

> EXEMPLE
>
> Soit un immeuble acquis et inscrit à l'actif le 3 mars 2015 et vendu le 3 mai 2024. La période de référence pour le calcul de l'abattement est celle écoulée entre le 3 mars 2020 et le 3 mai 2024 (soit 4 ans et 2 mois). Le pourcentage d'abattement s'élève à 4 × 10 % = 40 %.

Plus-value nette à long terme Si la compensation entre plus et moins-values à long terme d'un exercice (ou d'une année) fait apparaître une plus-value nette à long terme, celle-ci est en principe taxée à un **taux** réduit fixé à 12,8 % (majoré des prélèvements sociaux : n° 34515). Une réduction est appliquée à l'imposition de la plus-value dans les **DOM** : voir n° 91470. 18100 CGI art. 39 quindecies BIC-VII-7880 s

Une **compensation** peut, le cas échéant, être effectuée entre la plus-value nette à long terme et : 18105

– les **moins-values à long terme** subies au cours des dix exercices (ou années) antérieurs et qui n'ont pas encore été imputées (n° 18115) ;

ATTENTION

Selon le Conseil d'État, un contribuable ne peut pas compenser la **plus-value à long terme** réalisée dans le cadre d'une **activité agricole** avec les **moins-values à long terme** subies dans le cadre d'une **activité commerciale** (CE 23-11-2007 n° 295601 : RJF 2/08 n° 113). Une plus-value à long terme relevant des BIC ne peut pas non plus être compensée avec une moins-value relevant d'une autre catégorie d'imposition, telle la catégorie des plus-values de cession de valeurs mobilières (CE 12-10-2018 n° 401292 : RJF 1/19 n° 103). La même règle devrait s'appliquer en cas d'exercice d'une activité non commerciale et d'une activité commerciale.

– ou le **déficit** de l'exercice ou de l'année (qui peut inclure une moins-value à court terme) et les déficits antérieurs qui, faute de pouvoir être imputés sur le revenu global, ont généré un déficit global reportable. Les déficits ainsi annulés cessent d'être reportables.

› Précisions a. La **compensation avec les déficits** doit s'opérer euro pour euro, et non pas en comptant les plus-values pour une fraction de leur montant. Cette compensation, qui constitue une décision de gestion, procure un avantage de trésorerie immédiat et présente un intérêt tout particulier lorsque le contribuable risque de ne pouvoir imputer ses déficits sur son revenu global avant l'expiration du délai de report déficitaire, faute de revenus suffisants. Lorsque l'entreprise a pratiqué une telle compensation, l'administration peut imputer d'office sur le déficit le **rehaussement** de la plus-value (CE 25-2-2011 n° 338715 : RJF 5/11 n° 550). Lorsque l'administration remet en cause le déficit utilisé pour la compensation, la société ne peut demander ultérieurement le bénéfice du régime des plus-values à long terme (CE 28-12-2018 n° 406709 : RJF 3/19 n° 284).

b. Le contribuable qui n'a **pas** déposé de **déclaration de résultat** au titre de l'exercice de cession n'a pas pris la décision de gestion de renoncer à la faculté d'imputer la plus-value à long terme réalisée au cours de l'exercice sur le déficit de cet exercice ou sur les déficits antérieurs (CE 10-8-2007 n°s 277113 et 277238 : RJF 12/07 n° 1379).

c. Cas particulier des **indemnités d'assurances ou d'expropriation** : n°s 19295 et 19300.

18110 CGI art. 1681 F BIC-XIX-10560 s **Paiement de l'impôt dû sur la plus-value nette à long terme** Le **recouvrement** de l'imposition sur la plus-value s'effectue par voie de rôle.

En cas de **cession de l'ensemble des éléments de l'actif immobilisé** affectés à l'exercice de l'activité professionnelle ou d'une branche complète d'activité, **d'un fonds de commerce,** d'un fonds artisanal ou d'une clientèle, les **petites entreprises** mentionnées n° 92650 peuvent demander un étalement de l'impôt sur le revenu afférent à la plus-value à long terme réalisée lorsqu'elles acceptent un paiement différé ou échelonné du prix (**crédit-vendeur**). Les **cessions à titre onéreux de droits sociaux** peuvent aussi bénéficier de cet étalement lorsque la totalité ou une partie du prix de cession est différée ou échelonnée. Le paiement de l'impôt peut ainsi être étalé jusqu'au 31 décembre de la cinquième année qui suit celle de la cession, sans toutefois pouvoir excéder la durée prévue pour le paiement total du prix de cession. Le bénéfice de la mesure est subordonné au respect de la réglementation de minimis (n° 92660).

18115 BIC-VII-8100 s **Moins-value nette à long terme** Lorsque, au titre d'un exercice (ou d'une année), la compensation entre plus-values et moins-values à long terme fait apparaître une moins-value nette à long terme, celle-ci est imputable uniquement sur les plus-values à long terme réalisées au cours des dix exercices (ou années) suivants, jamais sur le bénéfice ordinaire ou le revenu global.

18120 BIC-XIX-10340 s Lors de l'exercice de **cession ou de cessation de l'entreprise,** la moins-value nette à long terme constatée à cette occasion et celles restant encore reportables peuvent être déduites des bénéfices de l'exercice dans la limite du rapport existant entre le taux d'imposition des plus-values à long terme applicable lors de l'exercice de réalisation des moins-values et le taux de l'impôt sur les sociétés en vigueur lors de l'exercice de cession ou cessation d'entreprise (CGI art. 39 quindecies, I-2-al. 2). Elles ne peuvent pas générer un déficit susceptible de s'imputer sur le revenu global (BOI-BIC-PVMV-20-40-20 n° 74).

2. CAS D'EXONÉRATION

18140 Plusieurs régimes d'exonération sont prévus en faveur des entreprises soumises à l'impôt sur le revenu :

– l'un concerne toutes les cessions d'éléments d'actif réalisées en cours ou en fin d'exploitation par les **petites entreprises** dont le montant des recettes n'excède pas certaines limites : n°s 18200 s. ;

– d'autres sont spécialement conçus pour les **transmissions de PME** : n°s 19490 s. ;

– certains sont spécifiques à certaines catégories de contribuables : n°s 18275 s.

Les **plus-values immobilières à long terme** peuvent échapper à l'impôt par application de l'abattement pour durée de détention : n° 18095.

a. Exonération en fonction des recettes

Les plus-values réalisées en cours ou en fin d'exploitation par les contribuables dont les recettes n'excèdent pas certains seuils sont exonérées en tout ou partie, à condition que l'activité ait été exercée à titre professionnel pendant au moins cinq ans et que le bien cédé ne soit pas un terrain à bâtir ou un bien assimilé. 18200 CGI art. 151 septies BIC-VII-21000 s

CONDITIONS D'EXONÉRATION

Nature de l'activité L'exonération est réservée aux plus-values réalisées dans le cadre d'une activité agricole, artisanale, commerciale, industrielle ou libérale, **exercée à titre professionnel,** ce qui implique la participation personnelle, directe et continue du contribuable à l'accomplissement des actes nécessaires à l'exploitation (CGI art. 155, IV). 18205

Il peut s'agir d'une activité exercée dans une **entreprise individuelle** ou dans le cadre d'une **société de personnes** relevant de l'impôt sur le revenu. Dans ce dernier cas, l'exonération peut concerner tant les plus-values réalisées par la société (n° 37620, a) que celles réalisées par les associés à l'occasion de la cession de leurs droits sociaux (voir n°s 37716 et 37748).

> Précisions **a.** La condition relative à la participation personnelle, directe et continue de l'exploitant exclut du dispositif les plus-values réalisées en cas de cession d'un fonds de commerce donné en **location-gérance.** Mais le régime d'exonération lié à la valeur des éléments cédés peut le cas échéant s'appliquer (voir n°s 19650 s.).

b. Application du régime aux **loueurs en meublé professionnels** : voir n° 90550.

c. Le **nu-propriétaire** indivis d'un fonds de commerce qui n'a pas la qualité d'exploitant ne peut pas bénéficier de l'exonération de la plus-value réalisée à l'occasion de la cession d'un bien affecté à l'exploitation du fonds (CE 28-4-2006 n° 278857 : RJF 7/06 n° 887).

d. Application du régime en cas de transfert de biens inscrits au patrimoine professionnel de l'**entrepreneur individuel** qui opte pour son **assimilation à une EURL ou une EARL** : voir n° 87265.

Durée minimale de l'activité L'activité doit avoir été exercée (à titre principal ou non) pendant au moins cinq ans. Cette condition n'est toutefois pas requise pour les plus-values constatées à la suite d'une **expropriation** ou de la perception d'**indemnités d'assurances.** 18210 BIC-VII-23600 s

Le **décompte** de la durée d'exercice de l'activité est effectué à partir du début d'activité, c'est-à-dire à partir de la création ou de l'acquisition de la clientèle ou du fonds par le contribuable, jusqu'à la date de clôture de l'exercice au titre duquel la plus-value est déterminée. Ainsi, la condition de durée d'activité est regardée comme satisfaite si le délai de cinq ans est atteint à cette date.

> Précisions **a.** Lorsqu'une activité est exercée successivement au sein d'une **société de personnes** puis **à titre individuel,** le point de départ du délai de cinq ans est fixé au début de l'activité au sein de la société (CE 17-5-1995 n° 136878 : RJF 7/95 n° 819 ; BOI-BIC-PVMV-40-10-10-20 n° 80). Activité d'abord exercée à titre individuel puis au sein d'une société de personnes qui cède un élément d'actif : voir n° 37620, a.

b. Dans le cas d'**époux** mariés sous le **régime de la communauté** de biens, le décompte du délai est effectué à partir du début d'exploitation effectif de l'entreprise par l'un des époux. Mais, s'il ressort des conditions réelles d'exploitation que chacun d'eux exploite une entreprise distincte, le délai est apprécié de manière séparée (BOI précité n° 90). L'administration refuse l'exonération aux **héritiers** d'un commerçant qui poursuivent l'activité s'ils cèdent le fonds moins de cinq ans après le décès (Rép. Charles : AN 12-11-1984 n° 43303 et Rép. Dejoie : Sén. 17-3-1988 n° 9225, non reprises dans Bofip).

c. Lorsqu'un contribuable exerce la **même activité** dans plusieurs établissements ou **plusieurs fonds,** de manière successive ou conjointe, l'exonération de la plus-value de cession est susceptible de s'appliquer si la durée cumulée d'activité excède cinq ans.

En présence d'**activités distinctes,** la condition d'exercice de l'activité pendant au moins cinq ans s'apprécie au regard de l'activité cédée (CE 4-10-2023 n° 462030 et CE 4-10-2023 n° 464969 : RJF 12/23 n° 887). La tolérance administrative selon laquelle les activités distinctes par nature exercées au sein du **même fonds** ou établissement sont réputées constituer une seule et même activité pour le décompte de ce délai dès lors qu'elles relèvent de la même catégorie d'imposition (BOI précité n°s 60 et 70), n'inclut pas l'hypothèse où ces activités sont rattachées fiscalement et sur option du contribuable à une même catégorie d'imposition (CE 4-10-2023 n° 462030 et CE 4-10-2023 n° 464969 précités).

d. Les personnes qui **reprennent l'exploitation d'un fonds** de commerce qu'elles avaient **donné en location-gérance** peuvent cumuler les périodes d'exploitation directe écoulées avant et après la mise en location-gérance (BOI précité n° 520).

e. La **période de stage** d'un avocat ne peut pas être prise en compte pour la computation du délai de cinq ans si le stage est effectué **en qualité de salarié** (CE 23-6-2016 n° 388969 : RJF 10/16 n° 799).

f. La **période qui précède la date de création d'une société** par un exploitant, pendant laquelle sa mère a exploité à titre individuel un fonds de commerce que ce dernier aurait certes développé seul alors qu'il était mineur, n'est pas prise en compte pour la computation du délai de cinq ans (CE 24-7-2019 nº 414352 : RJF 11/19 nº 1008).

18215
BIC-VII-21800 s
Montant de recettes L'exonération des plus-values est susceptible de s'appliquer (selon les modalités indiquées au nº 18240) lorsque le montant des recettes de l'entreprise n'excède pas 450 000 € (exploitants agricoles), 350 000 € (entreprises industrielles et commerciales de vente ou de fourniture de logements, à l'exception des locations meublées : nº 90550), ou 126 000 € (prestataires de services). Lorsque ces seuils sont franchis, le montant total de la plus-value est imposé selon le régime des plus-values professionnelles.

> **Précisions** Pour les cessions réalisées à compter du 1er janvier 2023, les seuils d'exonération des plus-values réalisées par les **entreprises de travaux agricoles ou forestiers,** à l'occasion de la cession des biens d'équipement exclusivement affectés à la réalisation des travaux en question, sont ceux prévus pour les exploitations agricoles (Loi 2023-1322 du 29-12-2023 art. 94, I-B-2º). Cette mesure est réservée aux entrepreneurs qui effectuent à titre principal (plus de 50 % des recettes annuelles) des travaux agricoles ou forestiers pour le compte d'exploitants agricoles ou forestiers ou de collectivités locales (CGI ann. III art. 41-0 A).

18217 Les recettes sont prises en compte pour leur montant **hors taxe.** Il convient de retenir la **moyenne des recettes** réalisées au titre des exercices, ramenés le cas échéant à douze mois, clos au cours des deux années civiles qui précèdent la date de clôture de l'exercice de réalisation de la plus-value. Cette règle concerne tous les exploitants (BIC, BNC ou BA) et s'applique aux plus-values réalisées en cours d'activité ou en fin d'exploitation.

EXEMPLE

En cas de cession d'une immobilisation en avril 2024 au cours d'un exercice ouvert le 1er juillet 2023 et clos le 30 juin 2024, le seuil d'exonération est apprécié en retenant la moyenne des recettes réalisées au cours des exercices arrêtés en 2022 et 2023.
Si l'exercice 2022 n'a duré que 4 mois, les recettes de cet exercice seront multipliées par 3.

18220 Les **recettes à retenir** s'entendent :
– des créances acquises (avant déduction des escomptes de règlement) dans les entreprises industrielles, commerciales et agricoles ;
– des sommes effectivement encaissées par les titulaires de bénéfices non commerciaux qui n'ont pas opté pour la détermination de leur résultat à partir des créances acquises et des agriculteurs au régime micro-BA ;
– des recettes accessoires rattachées, selon les cas, aux bénéfices industriels et commerciaux (nº 7925), aux bénéfices agricoles (nºs 15200 s.) ou aux bénéfices non commerciaux (nº 13170, b).

Ne sont **pas prises en compte** les recettes exceptionnelles telles que celles provenant des cessions massives, globales ou partielles, de stocks en fin d'exploitation (CE 20-10-2000 nº 181229 : RJF 1/01 nº 6).

Lorsque le contribuable exploite personnellement **plusieurs entreprises** relevant du même revenu catégoriel, il doit comparer aux seuils légaux d'exonération le montant total des recettes réalisées dans l'ensemble de ses entreprises. Mais une telle globalisation n'a pas lieu d'être effectuée si des entreprises distinctes sont exploitées par des membres du foyer fiscal, y compris lorsque les activités relèvent de la même catégorie d'imposition (BOI-BIC-PVMV-40-10-10-20 nº 600).

Lorsque l'exploitant est également **membre d'une société de personnes,** le seuil d'exonération est apprécié en totalisant ses recettes individuelles et sa quote-part dans les recettes de la société de personnes.

> **Précisions** Les **exploitants agricoles** peuvent faire abstraction :
> – de la valeur des **produits prélevés dans l'exploitation** qui sont alloués aux salariés ou au propriétaire du fonds en paiement du fermage ;
> – des **dons** de produits agricoles alimentaires à **des associations** à but non lucratif ;
> – des recettes correspondant aux **apports de stocks à un Gaec** rémunérés par des parts sociales ;
> – de la dotation aux jeunes agriculteurs et des **aides** perçues dans le cadre d'un contrat territorial d'exploitation ou d'un contrat d'agriculture durable dès lors qu'elles sont affectées à la création ou à l'acquisition d'immobilisations (BOI-BIC-PVMV-40-10-10-20 nºs 350 et 410).
>
> Certaines recettes perçues par les **éleveurs** ne sont par ailleurs prises en compte que pour une fraction de leur montant, par extension des règles prévues pour la détermination du régime d'imposition (nºs 15530, précision a et 15545). À l'inverse, les recettes provenant d'**opérations à façon** sont retenues après avoir été multipliées par trois (nº 15550).

PORTÉE DE L'EXONÉRATION

Nature des opérations exonérées L'exonération concerne toutes les **transmissions à titre gratuit ou onéreux d'éléments d'actif.** 18230 BIC-VII-21500 s

Les plus-values afférentes aux biens qui entrent dans le champ d'application de l'article 1594-0 G, A du CGI (nos 66290 s.), réalisées en cours ou en fin d'exploitation, sont exclues du bénéfice de l'exonération et soumises au régime de droit commun des plus-values professionnelles, quels que soient la durée d'exercice de l'activité et le montant des recettes. Sont concernées les **cessions d'immeubles** assorties d'un engagement de construire pris par l'acquéreur, assujetti à la TVA, qui sont **exonérées de droits d'enregistrement** (terrains à bâtir, immeuble inachevé ou destiné à être remis à neuf…). Ainsi, les cessions de terrains à bâtir à des particuliers en vue de la construction d'immeubles d'habitation soumises aux droits d'enregistrement peuvent bénéficier de l'exonération. 18235

> Précisions Bien qu'ils répondent à la définition des terrains à bâtir, certains **terrains expropriés** ne sont pas considérés comme tels pour l'application de l'article 151 septies du CGI et peuvent par suite bénéficier de l'exonération (même si, dans ce cas, la condition de durée minimale d'activité n'est pas remplie : no 18210). Sont visés les terrains expropriés définis par l'article L 322-3 du Code de l'expropriation pour cause d'utilité publique, qui ne sont pas indemnisés comme des terrains à bâtir mais en fonction de leur seule valeur d'usage.

Montant de la plus-value ouvrant droit à exonération L'exonération, totale ou partielle, porte sur les **plus-values nettes,** à court terme ou à long terme, déterminées après compensation avec les moins-values de même nature. 18237 BIC-VII-24900 s

> Précisions a. Dans le cas où la plus-value est réalisée par une **société de personnes** issue de la **transformation d'une société soumise à l'IS,** le régime d'exonération n'est applicable qu'à la fraction de plus-value acquise depuis le changement de régime fiscal (voir no 38775, précision c).
b. Pour les **immobilisations non utilisées** pour l'exercice de l'**activité professionnelle,** seule une fraction de la plus-value, déterminée selon les modalités prévues nos 18460 s., bénéficie de l'exonération (BOI-BIC-PVMV-40-10-10-10 no 290).
c. Plus-values réalisées lors d'un **transfert en fiducie** : voir no 90850, précision c.

Détermination de la part exonérée de la plus-value a. L'**exonération** est **totale** si les recettes n'excèdent pas : 18240 BIC-VII-25300 s

– 350 000 € pour les exploitants agricoles, pour les cessions réalisées à compter du 1er janvier 2023 (Loi 2023-1322 du 29-12-2023 art. 94, I-B-1°-a) ;

– 250 000 € pour les entreprises industrielles et commerciales de vente ou de fourniture de logements, à l'exception des locations meublées (no 90550) ;

– 90 000 € pour les prestataires de services.

b. L'exonération est **partielle** lorsque les recettes excèdent ces seuils sans atteindre respectivement 450 000 €, pour les cessions réalisées à compter du 1er janvier 2023 (Loi 2023-1322 du 29-12-2023 art. 94, I-B-1°-b), 350 000 € ou 126 000 € pour chacune des activités visées au a. Les plus-values sont alors exonérées pour une fraction de leur montant et imposées selon le régime des plus-values professionnelles à court ou à long terme pour l'autre fraction. Il s'agit d'une exonération partielle **dégressive,** la fraction imposée dans les conditions de droit commun étant d'autant plus élevée que les recettes sont proches de 450 000 €, 350 000 € ou de 126 000 €.

La **fraction exonérée** est obtenue en appliquant au montant de la plus-value réalisée un taux égal au rapport suivant :

– (450 000 € – montant des recettes) / 100 000 €, dans les exploitations agricoles dont les recettes sont comprises entre 350 000 € et 450 000 € ;

– (350 000 € – montant des recettes) / 100 000 €, dans les entreprises industrielles et commerciales de vente ou de fourniture de logement dont les recettes sont comprises entre 250 000 € et 350 000 € ;

– (126 000 € – montant des recettes) / 36 000 €, chez les prestataires de services dont les recettes sont comprises entre 90 000 € et 126 000 €.

EXEMPLE

Soit une entreprise exerçant une activité d'achat-revente dont l'exercice coïncide avec l'année civile qui réalise une plus-value d'un montant de 15 000 € en 2024. La moyenne du chiffre d'affaires à retenir s'élève à 310 000 € HT.
Le montant de la plus-value exonérée s'élève à 15 000 € × (350 000 € – 310 000 € / 100 000 €) = 6 000 €.

18245 **Cas particulier des activités mixtes** Lorsque l'entreprise exerce plusieurs activités, **l'exonération totale** n'est applicable que si le montant global des recettes n'excède pas le plus élevé des seuils visés n° 18240, a au titre des activités exercées (350 000 € ou 250 000 € selon que l'entreprise exerce une activité agricole ou non) et si le montant des recettes afférentes à chacune de ces activités n'excède par le seuil propre à chacune d'elles.

Lorsque ces montants sont inférieurs aux seuils prévus au n° 18240, b pour **l'exonération partielle,** il convient de déterminer la fraction de la plus-value qui serait exonérée si l'entreprise avait réalisé la totalité de ses recettes au titre de l'activité concernée par le seuil le plus élevé (450 000 € ou 350 000 € selon que l'entreprise exerce ou non une activité agricole) et celle qui serait exonérée (ou celles qui seraient exonérées) si l'entreprise exerçait exclusivement chacune des autres activités exercées. La fraction la plus faible est retenue pour déterminer la part de plus-value effectivement exonérée (Loi 2023-1322 du 29-12-2023 art. 94, I-B-1°-c applicable aux cessions réalisées à compter du 1er janvier 2023).

EXEMPLE

Une entreprise réalise en 2024 une plus-value de 20 000 €. La moyenne de son chiffre d'affaires global réalisé au cours des exercices 2022 et 2023 est de 440 000 €, dont 340 000 € proviennent de l'activité agricole et 100 000 € de celle de prestations de services.
La prise en compte de l'intégralité des recettes fait ressortir une fraction de plus-value exonérée égale à :
(450 000 € – 440 000 €) / 100 000 € = 10 %.
Si l'on s'en tient aux recettes provenant des prestations de services, la part exonérée est de :
(126 000 € – 100 000 €) / 36 000 € = 72 %.
Il convient de retenir le plus faible des deux pourcentages ainsi calculés, soit 10 %. Le montant de la plus-value exonérée est égal à 20 000 € × 10 % = 2 000 €.

18250 **Combinaison avec les autres régimes de faveur** Le dispositif d'exonération en fonction du montant des recettes ne peut être cumulé avec l'exonération des plus-values de **cession de fonds de commerce en fonction de la valeur des éléments cédés** (nos 19650 s.).
Les régimes de **report d'imposition** prévus en cas d'apport en société d'une activité professionnelle (nos 19710 s.), de transmission à titre gratuit d'une entreprise individuelle (nos 19810 s.) ou de parts de sociétés de personnes constituant un actif professionnel (nos 37720 s.), de restructuration de sociétés civiles professionnelles (n° 13875), d'apport en société de titres inscrits au bilan (nos 18410 s.) et d'apport en société de certains droits de la propriété intellectuelle (n° 13805) ne peuvent pas s'appliquer à la fraction de la plus-value qui demeure imposable après application de l'article 151 septies du CGI.

18260 **Sort des moins-values nettes** L'exonération des plus-values ne prive pas le contribuable du droit de déduire dans les conditions habituelles les moins-values nettes subies lors de la cession d'éléments d'actif (BOI-BIC-PVMV-40-10-10-30 n° 10) :
– les moins-values nettes **à court terme** sont déductibles du résultat imposable ;
– les moins-values nettes **à long terme** suivent les règles d'imputation exposées nos 18115 s.

b. Autres cas d'exonération

EXPLOITANTS OPTANT POUR UN RÉGIME RÉEL D'IMPOSITION

18275 CGI art. 39 octodecies RIE-III-20000 s

Les contribuables qui optent pour la première fois pour un régime réel d'imposition (normal ou simplifié) peuvent constater en franchise d'impôt les plus-values acquises, à la date d'effet de l'option, par les **éléments non amortissables** de leur actif immobilisé (clientèle, droit au bail, terrains, dans la mesure où ils peuvent être considérés comme des éléments d'actif).
Il s'agit en fait d'une opération de « réévaluation » qui ne peut, en raison de l'interdiction des réévaluations partielles, être constatée en comptabilité comme le prescrit la loi, mais qui doit être mentionnée sur la **déclaration** de l'exercice au titre duquel l'option pour le régime réel est exercée (annexe n° 2031 Bis-SD, accompagnée d'un état détaillé indiquant la nature et la valeur des éléments non amortissables réévalués).
Ce dispositif, dont les entreprises placées de plein droit sous un régime réel sont exclues, présente l'**intérêt** de purger les plus-values acquises à la date de l'option, en prévision du cas où elles ne pourraient bénéficier par la suite d'aucune exonération. Les **plus-values ultérieures** imposables seront alors calculées d'après la nouvelle valeur fiscale des éléments concernés.

> **Précisions** En cas de **cession ou de cessation de l'exploitation moins de cinq ans** après la création ou l'acquisition de l'entreprise, les plus-values imposables afférentes aux éléments non amortissables de l'actif immobilisé sont obligatoirement calculées en tenant compte de leur prix de revient d'origine.

EXPLOITANTS AGRICOLES

Les plus-values réalisées par les exploitants agricoles à l'occasion d'**échanges de terres** effectués dans le cadre d'**opérations de remembrement** (ou assimilées) et d'opérations d'échanges amiables ne sont pas comprises dans le bénéfice de l'exercice en cours. Il ne s'agit toutefois que d'une **exonération provisoire** puisque, en cas de cession ultérieure des terres reçues en échange, la plus-value est déterminée en fonction de la date et de la valeur d'acquisition des terres d'origine. **18300** CGI art. 72 E **BA-IV-8400 s**
Ce dispositif est bien entendu sans objet lorsque la plus-value constatée lors de l'échange est définitivement exonérée en application de l'article 151 septies du CGI (nos 18200 s.).

ATTENTION

Seules les terres proprement dites inscrites à l'actif (améliorations foncières comprises) sont concernées, à l'exception des **bâtiments** et des **plantations** auxquels elles servent de terrain d'assiette. L'exonération provisoire ne s'applique pas non plus en cas de versement d'une **soulte**.

3. RÉGIMES SPÉCIAUX

a. Titres du portefeuille

CONDITIONS D'APPLICATION DU RÉGIME DES PLUS-VALUES PROFESSIONNELLES

Dans les entreprises soumises à l'impôt sur le revenu, l'application aux titres du portefeuille du régime des plus-values professionnelles à court terme ou à long terme ne dépend pas de leur nature (titres de participation ou titres de placement), comme c'est le cas en matière d'impôt sur les sociétés, mais du point de savoir si ces titres, lorsqu'ils peuvent être regardés comme appartenant à l'actif immobilisé, sont affectés ou non aux **besoins de l'activité professionnelle.** **18380** CGI art. 155, II
En effet, la cession de titres figurant à l'actif de l'entreprise mais n'ayant pas été utilisés pour les besoins de l'exploitation pendant tout ou partie de leur période d'inscription au bilan entraîne la constatation d'une plus ou moins-value relevant au moins partiellement du régime des plus-values privées : voir nos 18460 s. Pour l'application de cette règle, l'administration pose des conditions strictes pour admettre que les titres soient regardés comme utilisés pour l'exercice de l'activité (voir no 7345, précision b).

ÉVALUATION DES TITRES

Il doit être procédé, à la fin de chaque exercice, à une estimation des titres. Les **modalités d'évaluation** à retenir, ainsi que les modalités de **détermination des provisions** susceptibles d'être déduites lorsqu'une dépréciation est constatée, sont communes à toutes les entreprises, quel que soit leur régime fiscal (IR ou IS) : voir no 18990. Lorsque les provisions concernent des titres de sociétés à prépondérance immobilière, le dispositif de plafonnement décrit no 18900 est susceptible de s'appliquer, étant précisé qu'il n'y a pas lieu de distinguer entre les titres de sociétés cotées et ceux de sociétés non cotées dès lors qu'ils relèvent tous du même régime. **18390** CGI art. 39, 1-5° al. 16 et ann. III art. 38 septies **BIC-VII-35510 s et 42150 s**
Les provisions constituées en cas de dépréciation des titres sont soumises au régime fiscal des **moins-values à long terme** même si ces titres sont détenus depuis moins de deux ans. Les provisions ne sont donc pas déductibles des résultats d'exploitation, mais peuvent seulement s'imputer sur les plus-values à long terme réalisées au cours de l'exercice et des dix exercices suivants. Parallèlement, les provisions pour dépréciation devenant sans objet sont soumises au régime des plus-values à long terme.

ATTENTION

La déduction de provisions pour dépréciation ne peut pas être cumulée avec les régimes prévus en faveur des parts ou actions de **Sofica** (no 2730) (CGI art. 238 bis HH) et des parts de **Sofipêche** (sociétés de financement de la pêche artisanale) dont la souscription a été déduite du revenu global des souscripteurs (CGI art. 163 duovicies).

CESSION DES TITRES

Les cessions de titres du portefeuille des entreprises soumises à l'impôt sur le revenu relèvent du régime des plus-values ou moins-values d'actif à court ou à long terme lorsque les titres cédés peuvent être considérés comme faisant partie de l'**actif immobilisé** (quel que soit leur classement comptable). Selon l'administration, font partie de l'actif immobilisé : **18400** CGI art. 39 duodecies, 6, et ann. III art. 38 octies **BIC-VII-42350 s**

– d'une part, les **titres détenus depuis plus de deux ans** ;
– d'autre part, les **titres détenus depuis moins de deux ans** lorsque le portefeuille comprend des titres de même nature détenus depuis plus de deux ans (BOI-BIC-PVMV-30-30-10 no 1).

Dans ce dernier cas, le résultat de cession relève du long terme si les titres cédés ont été détenus depuis plus de deux ans. Lorsque la cession porte sur des **titres de même nature acquis à des**

dates différentes, il convient de faire application des règles exposées nos 18855 s. pour l'appréciation de la durée de détention des titres cédés et le calcul de la plus-value.

Si tous les titres appartenant à une même catégorie ont été acquis moins de deux ans avant la cession, le résultat provenant de leur cession est traité comme un simple bénéfice (ou perte) d'exploitation.

Ces règles ne s'appliquent que dans la mesure où l'exploitant ne remplit pas les conditions requises pour bénéficier des **exonérations** applicables en fonction des recettes ou en cas de transmission d'entreprise.

Les plus-values constatées à l'occasion de la cession de titres de sociétés établies dans un **État ou territoire non coopératif,** défini no 78310, 1° et 2°, détenus depuis deux ans au moins sont exclues du régime du long terme, sauf si l'entreprise établit que les opérations réalisées par la société établie à l'étranger correspondent à des opérations réelles non constitutives de fraude fiscale. Cette exclusion ne vise pas les moins-values.

> **Précisions** **a.** Les profits (ou pertes) réalisés par les entreprises qui ont pour objet le **commerce de titres,** lesquels font alors partie des stocks, constituent des résultats d'exploitation ordinaires.
> **b.** Limitation du montant déductible de la moins-value constatée lors de la cession, moins de deux ans après leur émission, de titres de participation reçus en contrepartie d'un **apport à une société en difficulté** : voir no 19078.
> **c.** Minoration de la **plus-value de cession de titres partagée avec les salariés** : voir no 88690, précision c.

EXPLOITANTS RÉALISANT UN APPORT DE TITRES EN SOCIÉTÉ

18410 CGI art. 151 octies B BIC-VII-42500 s

Les contribuables exerçant une activité commerciale, industrielle, artisanale, agricole ou libérale à titre professionnel au sens de l'article 155, IV du CGI qui procèdent à l'apport de titres inscrits à leur bilan peuvent se placer sous un régime optionnel permettant d'éviter l'imposition immédiate des plus-values résultant de l'apport. Ce report d'imposition s'applique aux apports rémunérés par des titres et éventuellement par une soulte ne dépassant ni 10 % de la valeur nominale des droits sociaux attribués ni le montant de la plus-value réalisée.

Un régime semblable est prévu en cas d'apport en société de **parts de sociétés de personnes** détenues par des associés exerçant leur activité professionnelle au sein de celle-ci (voir no 37722).

18415 **Conditions d'application du régime** Le report d'imposition s'applique lorsque les conditions suivantes sont réunies :

– l'apport porte sur l'**intégralité** des titres détenus par le contribuable, inscrits à l'actif de son bilan ou au registre des immobilisations et nécessaires à l'exercice de son activité. Ne sont pas réputés **nécessaires à l'exercice de l'activité** les droits ou parts de sociétés à prépondérance immobilière ;
– la **société bénéficiaire** de l'apport relève d'un régime réel d'imposition à la date de l'apport ;
– la société bénéficiaire reçoit à l'occasion de l'apport et, le cas échéant, d'autres apports concomitants, plus de 50 % des **droits de vote** ou du **capital** de la société concernée ;
– les **titres reçus** en rémunération de l'apport sont nécessaires à l'exercice de l'activité de l'apporteur.

> **Précisions** **a.** Les **titres** simplement **affectés à l'exploitation** n'ouvrent pas droit au dispositif. S'agissant des apporteurs relevant des bénéfices non commerciaux, le bénéfice du report est exclu lorsque la détention des droits ou parts apportés ou reçus en rémunération revêt une simple **utilité professionnelle** pour le contribuable qui peut à son choix les maintenir dans son patrimoine personnel ou les porter sur le registre des immobilisations (CE 13-7-2022 nos 459899, 459900 : RJF 11/22 no 952).
> S'agissant plus particulièrement des entreprises commerciales, devraient ouvrir droit au dispositif les **participations** détenues **dans des sociétés partenaires** (clients, fournisseurs...) dès lors que leur détention permet à l'exploitant d'obtenir des marchés.
> **b.** Les titres de **sociétés à prépondérance immobilière** exclus du régime s'entendent des titres de sociétés dont l'actif est principalement constitué de biens immobiliers bâtis ou non bâtis qui ne sont pas affectés par l'entreprise à sa propre exploitation, de droits afférents à un contrat de crédit-bail portant sur de tels biens, et conclu dans les conditions prévues à l'article L 313-7, 2 du Code monétaire et financier, de droits ou parts de sociétés dont l'actif est principalement constitué des mêmes biens, droits ou parts.

18420 **Portée du régime** L'option pour le régime spécial permet à l'apporteur de bénéficier d'un **report d'imposition** pour les plus-values constatées à raison de l'échange des titres.

Il est mis **fin au report** en cas de cession, de rachat ou d'annulation des titres reçus en rémunération de l'apport ou des titres apportés. Le report prend également fin lorsque l'apporteur cesse d'exercer son activité à titre professionnel ou lorsque les titres reçus en rémunération de l'apport cessent d'être nécessaires à l'exercice de son activité. Voir toutefois nos 19935 s. en cas de départ en retraite de l'associé.

Le **report** d'imposition est **maintenu** en cas d'échange des droits sociaux résultant d'une fusion ou d'une scission entrant dans la définition de l'article 210-0 A du CGI (nos 39200 s.) de la société dont les titres ont été apportés ou de la société bénéficiaire de l'apport jusqu'à la date de cession, de rachat ou d'annulation des titres reçus lors de l'échange. Toutefois, ces dispositions ne s'appliquent pas si la fusion ou la scission a pour objet principal ou comme un de ses objectifs principaux la fraude ou l'évasion fiscales (n° 39202).

Le report d'imposition est également maintenu en cas de transmission à titre gratuit des droits sociaux rémunérant l'apport (ou des droits reçus en échange d'une fusion ou d'une scission de la société bénéficiaire de l'apport ou de la société dont les titres ont été apportés) à la double condition que l'opération soit réalisée dans les conditions prévues à l'article 41 du CGI (nos 19810 s.) et que le bénéficiaire s'engage à acquitter l'impôt afférent à la plus-value lorsque l'un des événements visés ci-dessus intervient.

D'une manière générale, le report d'imposition est maintenu en cas de réalisation d'une nouvelle opération ouvrant droit à un report ou sursis d'imposition (CGI art. 151-0 octies).

> Précisions **a.** En cas d'**échange avec soulte**, le report d'imposition ne s'applique pas au montant de la soulte, celle-ci étant immédiatement taxable (cette plus-value peut bénéficier le cas échéant du régime du long terme dans la limite de la plus-value réalisée sur les titres détenus depuis au moins deux ans).

b. L'option pour ce régime est **exclusive** des **régimes d'exonération** applicables en fonction du montant des recettes (nos 18200 s.), de la valeur des éléments cédés (nos 19650 s.) ou en cas de départ à la retraite de l'exploitant (nos 19890 s.), **et des reports d'imposition** prévus en cas d'apport en société d'une entreprise individuelle (nos 19710 s.) ou d'opérations de restructuration d'une SCP (n° 13875).

c. Maintien du report en cas de **transfert en fiducie** : voir nos 90780 s.

Obligations des entreprises L'**apporteur** doit joindre à sa déclaration de revenus de l'année de réalisation de l'opération et des années suivantes un état destiné à assurer le suivi des plus-values dont l'imposition est reportée (CGI ann. III art. 41-0 A bis A). La production de cet état formalise l'option du contribuable pour le régime. 18425

La **société bénéficiaire** de l'apport est, quant à elle, soumise aux mêmes obligations déclaratives que la société bénéficiaire de l'apport d'une entreprise individuelle placé sous le régime de l'article 151 octies (voir n° 19780).

TITRES DE FCP

Les **plus-values** réalisées par un fonds commun de placement qui sont **distribuées**, en application de l'article L 214-17-2 du Code monétaire et financier, doivent être comprises dans le résultat imposable au taux de droit commun du porteur de parts dès l'exercice au cours duquel cette distribution est effectuée. Elles sont exclues du régime des plus-values à long terme. 18435 CGI art. 38, 5-1° BIC-VII-55950 s

En revanche, l'imposition de la quote-part des plus-values (ou moins-values) **capitalisées** par un FCP est reportée à l'exercice au cours duquel l'entreprise membre cède ses parts. La plus-value (ou moins-value) constatée est alors calculée par différence entre la valeur de rachat des parts et leur valeur au bilan. Elle est soumise au régime des plus-values et moins-values à court ou à long terme dans les conditions habituelles.

Les **répartitions d'actifs effectuées par les FCPR** (fonds communs de placement à risque), les **fonds professionnels de capital investissement** et les **sociétés de libre partenariat** qui répondent aux conditions définies nos 26305 s. sont affectées prioritairement au remboursement des apports ou du prix d'acquisition des parts. Ces répartitions peuvent provenir de la cession d'actifs réalisée directement par le fonds ou par l'intermédiaire d'un autre FCPR, d'un FCPI, d'un FPI ou d'une entité étrangère d'investissement en capital-risque. Elles ne donnent lieu à aucune imposition tant qu'elles n'excèdent pas le montant des apports effectivement libérés et non encore amortis ou le prix d'acquisition des parts. Les répartitions qui n'ont pas été imposées minorent le prix de revient des parts du fonds. L'**excédent** des sommes réparties est soumis au régime des plus-values à long terme dans la proportion existant entre le montant des apports effectués depuis au moins deux ans à la date de la répartition et le montant total des apports effectués à cette date. 18440 CGI art. 38, 5-2° BIC-VII-48100 s

En ce qui concerne les distributions de **SCR** prélevées sur des plus-values sur titres, voir n° 26425.

RÉGIMES PARTICULIERS

18450 Les entreprises relevant de l'impôt sur le revenu peuvent, le cas échéant, être soumises aux règles particulières applicables :
- aux opérations d'**échange** ou de **conversion** de titres : nos 19055 s. ;
- aux **transferts temporaires** de titres : nos 19080 s. ;
- aux **droits et bons de souscription** : nos 19040 s. ;
- et en cas d'**annulation** de titres : nos 19100 s.

b. Autres biens

ÉLÉMENTS D'ACTIF NON UTILISÉS POUR LES BESOINS DE L'ACTIVITÉ

18460 CGI art. 155, II et III BIC-VII-4020 s

La **plus ou moins-value** issue de la cession de biens qui, au cours de leur période d'inscription à l'actif d'une exploitation individuelle, n'ont pas toujours été utilisés pour l'exercice de l'activité professionnelle doit être **ventilée** entre :
- une fraction afférente à la période d'affectation du bien à l'exercice de l'activité, soumise au régime des plus-values professionnelles ;
- et une fraction relative à la période pendant laquelle le bien n'a pas été utilisé pour l'exercice de l'activité, qui relève des règles d'imposition des plus-values privées (plus-values immobilières ou plus-values sur valeurs mobilières et droits sociaux selon la nature du bien).

18462 La fraction de la plus-value soumise au régime des **plus-values professionnelles** est déterminée par différence entre un prix de cession ajusté et la valeur comptable de l'élément d'actif cédé, majoré le cas échéant des amortissements réintégrés. Le prix de cession à prendre en compte s'entend de la somme :
- du prix de cession réel multiplié par le rapport existant entre la durée d'utilisation professionnelle et la durée d'inscription du bien à l'actif ;
- et de la valeur d'origine du bien multipliée par le rapport existant entre la durée d'utilisation non professionnelle et la durée d'inscription du bien à l'actif.

La fraction de la plus-value soumise au régime des **plus-values privées** est égale au prix de cession réel de l'actif diminué du prix de cession retenu pour la détermination de la plus-value professionnelle.

> **Précisions** **a.** Lorsque l'élément d'actif est **utilisé pour** l'exercice de **l'activité professionnelle de manière discontinue,** il convient d'additionner les durées d'utilisation professionnelle (BOI-BIC-PVMV-10-20-30-20 n° 40).
> **b.** N'ont pas à être ajoutés à la valeur comptable les **amortissements** réintégrés au bénéfice imposable mais pris en compte pour le calcul d'un bénéfice non professionnel (BIC ou BNC). Il en est de même des amortissements pratiqués au cours d'exercices ouverts avant le 1er janvier 2012 au titre d'une période d'utilisation non professionnelle du bien (BOI précité n° 70).
> **c.** En cas de cession de biens à **usage mixte,** il convient de distinguer la fraction de la plus-value afférente à l'usage privé de celle correspondant à l'usage professionnel (BOI précité n° 150).
> **d.** Lorsque des biens inscrits à l'actif n'ont **jamais été utilisés pour l'exercice de l'activité,** leur cession génère néanmoins une plus-value professionnelle, à hauteur des amortissements déduits du résultat des exercices ouverts avant le 1er janvier 2012 ou de ceux admis en déduction après cette date en cas d'option pour la tolérance exposée n° 7345.

18466 EXEMPLE

1. Un exploitant individuel exerçant une activité commerciale acquiert le 1-1-2023 un immeuble pour une valeur de 200 000 €. L'immeuble, amorti au plan comptable et fiscal sur une durée de 20 ans, est utilisé jusqu'au 31-12-2025 comme point de vente de l'activité commerciale puis donné en location à compter du 1-1-2026. Il est cédé le 31-12-2027 pour une valeur de 260 000 €. On suppose que le montant des loyers excède 5 % des produits d'exploitation de l'entreprise et que les amortissements ne sont donc pas déductibles du résultat professionnel (n° 7345). De 2023 à 2025, l'immeuble étant affecté à l'activité professionnelle, l'ensemble des charges y afférentes est déductible du bénéfice professionnel. En 2026 et 2027, l'immeuble étant utilisé à titre privé, l'exploitant réintègre à son bénéfice imposable les amortissements pour un montant annuel de 10 000 €, soit 20 000 € pour ces deux exercices.

Le prix de cession retenu pour le calcul de la **plus-value professionnelle** s'élève à : [(260 000 € × 3/5) + (200 000 € × 2/5)] = 236 000 €. La valeur nette comptable de l'immeuble s'élevant à la date de cession à [(200 000 € – (5 × 10 000 €)] = 150 000 €, la valeur de l'immeuble retenue pour le calcul de la plus-value professionnelle est égale à 150 000 € + 20 000 € = 170 000 €. La plus-value professionnelle imposable est donc égale à 236 000 € – 170 000 € = 66 000 €.

La plus-value imposable selon le régime des **plus-values des particuliers** s'élève à 260 000 € – 236 000 € = 24 000 €.
La **plus-value économique** réalisée lors de la cession de l'immeuble, soit 260 000 € – 200 000 € = 60 000 €, est ainsi ventilée, entre la plus-value professionnelle et la plus-value privée, au prorata de la durée d'affectation du bien aux activités professionnelle (3/5, soit 36 000 €) et non professionnelle (2/5, soit 24 000 €). La plus-value professionnelle est en outre majorée des amortissements déduits du bénéfice professionnel imposable (soit 30 000 €).
2. Si l'immeuble est donné en location dès le 1-1-2023 et que les loyers n'excèdent pas 5 % des produits de l'exercice, les amortissements peuvent, sur option, être déduits du résultat professionnel. Si l'immeuble est cédé le 31-12-2027 pour une valeur de 260 000 €, la plus-value professionnelle (à court terme) est égale au montant cumulé des amortissements déduits, soit 50 000 €. La plus-value privée s'élève à 260 000 € – 200 000 € = 60 000 €.

BIENS « MIGRANTS »

Définition On entend par « biens migrants » les biens qui ont figuré successivement dans les patrimoines privé et professionnel du contribuable avant d'être cédés. Il peut s'agir par exemple : 18470

CGI art. 151 sexies
BIC-VII-88000 s

– d'immeubles, titres ou droits sociaux **inscrits à l'actif** de l'entreprise alors qu'ils faisaient jusqu'alors partie du patrimoine privé de l'exploitant ;
– d'**actions** ou de **parts sociales données en location** dans les conditions prévues aux articles L 239-1 s. du Code de commerce, la location entraînant automatiquement le transfert des titres du patrimoine privé vers le patrimoine professionnel de l'exploitant ;
– des **titres de société de personnes** appartenant à un associé, initialement apporteur de capitaux, qui vient à exercer son activité professionnelle dans la société (n° 37675).

Cession d'un bien professionnel ayant auparavant fait partie du patrimoine privé Il convient de déterminer, dans ce cas, deux plus-values distinctes, soumises à des régimes fiscaux différents : 18475

1. Une **plus-value professionnelle,** qui correspond à la plus-value acquise par le bien depuis sa date d'entrée dans l'actif professionnel jusqu'au jour de sa cession (ou de l'opération assimilée). Cette plus-value est déterminée, imposée ou exonérée suivant les règles exposées n°s 17700 s. ;
2. Une **plus-value « privée »,** qui correspond à la plus-value acquise au cours de la période pendant laquelle le bien a figuré dans le patrimoine privé. Suivant la nature du bien, cette plus-value est déterminée, imposée ou exonérée :
– selon le régime des plus-values privées immobilières s'il s'agit d'un **immeuble** (ou de titres de certaines sociétés immobilières) ;
– selon le régime des plus-values privées sur **valeurs mobilières ou droits sociaux** s'il s'agit de titres ou de droits sociaux.

Au cas où il s'agirait de **biens meubles,** l'imposition d'une plus-value privée est beaucoup plus rare, compte tenu des cas limités d'imposition des particuliers en ce domaine.

> Précisions **a.** La **plus-value « privée »** est **calculée** par différence entre la valeur réelle du bien lors de son transfert dans le patrimoine professionnel et son prix d'acquisition (ou la valeur vénale qui a servi de base aux droits de mutation à titre gratuit).
En cas d'application des **abattements pour durée de détention,** seule la durée de détention dans le patrimoine privé est prise en compte.
Enfin, la **moins-value** éventuelle **sur titres** subie pendant la période privée est imputable sur les plus-values de même nature dans les conditions habituelles (n° 33065).
b. La plus-value correspondant à la période « privée » est exonérée si elle se rapporte à une **terre agricole** (autre qu'un bien défini n°s 66290 s.) exploitée par un agriculteur ayant exercé son activité à titre principal pendant au moins cinq ans.

Cession d'un bien privé ayant auparavant fait partie du patrimoine professionnel Dans ce cas, la **plus-value professionnelle** a dû être imposée (sauf exonération) lors du retrait du patrimoine professionnel. Au moment de la cession du bien, seule une **plus-value privée** est donc taxable, s'il y a lieu. Cette plus-value est déterminée par différence entre le prix de vente et la valeur réelle du bien au jour du retrait. En cas d'application d'un abattement pour durée de détention, celui-ci est calculé à partir de la date du retrait d'actif. 18480

Dans le cas où le bien a d'abord fait partie du patrimoine privé, puis a été inscrit à l'actif de l'entreprise avant d'être repris dans le patrimoine privé, il convient de faire la somme algébrique des plus-values et moins-values relatives aux deux périodes « privées ». Ces deux périodes sont également à considérer ensemble pour le calcul des abattements pour durée de détention.

LOCATION DE PARTS OU D'ACTIONS

18485 Dans le cas où une personne physique donne en location des actions ou parts sociales dans les conditions prévues aux articles L 239-1 s. du Code de commerce, les **loyers** sont imposables dans la catégorie des bénéfices industriels et commerciaux. La mise en location entraînant le transfert des titres du patrimoine privé vers le patrimoine professionnel du bailleur, il est fait application, le cas échéant, du régime des biens migrants (nos 18470 s.) à la **plus-value** qui résulte de la cession ultérieure des actions ou parts sociales.
Lorsque le **locataire** est un exploitant individuel, les loyers sont déductibles de son résultat imposable.

C. Entreprises soumises à l'IS

1. RÈGLES GÉNÉRALES

18650 BIC-VII-9000 s La plupart des plus-values et moins-values réalisées par les entreprises soumises à l'IS sont traitées fiscalement comme un résultat ordinaire. Seules relèvent du régime du long terme les plus-values réalisées sur certains titres du portefeuille.
Ces règles concernent non seulement les entreprises passibles de plein droit ou sur option de l'impôt sur les sociétés, mais aussi les sociétés ou groupements relevant du régime des **sociétés de personnes,** pour la fraction des résultats revenant à leurs membres soumis à l'impôt sur les sociétés (nos 37630 s.).
Elles s'appliquent également aux sociétés membres d'un groupe placé sous le régime d'**intégration fiscale** (nos 40000 s.), moyennant toutefois certaines adaptations en matière d'imputation des moins-values (nos 40385 s.) et de cessions d'immobilisations intragroupe (nos 40440 s.). Les règles spéciales applicables en cas de **fusion** et scission de sociétés ou d'apport partiel d'actif font l'objet d'une étude d'ensemble nos 39000 s.

RÉGIME DE DROIT COMMUN

18660 CGI art. 209, I et 219, I-a quater BIC-VII-9120 s Les plus et moins-values de cession d'éléments d'actif réalisées par les entreprises soumises à l'impôt sur les sociétés sont, sauf exception, exclues du régime du long terme, quelle que soit la durée de détention des biens cédés. Le résultat de cession relève du régime des plus ou moins-values à **court terme.** En d'autres termes :

– les plus-values sont comprises dans le **résultat ordinaire** de l'exercice en cours lors de leur réalisation, qui est taxé au taux normal ou, dans les PME, au taux réduit d'imposition de 15 % (nos 36065 s.) ;

– les moins-values s'imputent sur le bénéfice d'exploitation ou contribuent à la formation d'un déficit reportable dans les conditions de droit commun.

En tant que plus-values à court terme, les plus-values réalisées par les sociétés soumises à l'impôt sur les sociétés peuvent, le cas échéant, bénéficier des **dispositifs d'étalement** applicables dans les situations suivantes : sinistre ou expropriation (no 19285) ; opérations de reconversion agréées bénéficiant de l'exonération temporaire de cotisation foncière des entreprises liées à l'aménagement du territoire (BIC-VII-15750 s.).

RÉGIME DES PLUS-VALUES ET MOINS-VALUES À LONG TERME

18670 CGI art. 219, I-a et I-a quater BIC-VII-9300 s Relève principalement du régime du long terme la cession de **titres de participation** et des titres qui leur sont fiscalement assimilés (nos 18735 s.) lorsqu'ils ont été détenus pendant au moins deux ans. Les plus-values réalisées à l'occasion de la cession de ces titres sont exonérées, sous réserve de la taxation au taux de droit commun de l'IS d'une quote-part de frais et charges (no 18865).
Relèvent également de ce régime et sont imposables au taux réduit de 19 % les plus-values de cession de **titres de sociétés à prépondérance immobilière cotées** qui ont le caractère de titres de participation détenus depuis au moins deux ans. Les **titres de sociétés à prépondérance immobilière non cotées** sont en revanche exclus du régime du long terme (no 18915).
Enfin sont éligibles à ce régime, selon des modalités particulières, les sommes réparties par les **fonds communs de placement à risque** (FCPR) ou les **fonds professionnels de capital investissement** (auxquels sont assimilées les sociétés de libre partenariat) et les dividendes distribués par les **sociétés de capital-risque** (SCR) (no 18955), ainsi que les plus-values réalisées par les entreprises lors de la cession de ces parts ou actions, lorsqu'elles sont détenues depuis au moins cinq ans. Ces plus-values et distributions combinent exonération et imposition au taux réduit de 15 % (nos 18955 s.).

Pour chaque secteur d'imposition défini ci-dessus, la **plus-value nette** résulte de la compensation des plus-values à long terme et des moins-values de même nature de l'exercice. 18675

La plus-value nette à long terme imposable à l'un des taux réduits en vigueur peut, le cas échéant, être compensée avec la moins-value nette à long terme de l'exercice qui relève d'un autre taux. La plus-value nette qui en résulte peut être effacée par la compensation avec :

– soit les **moins-values à long terme** subies au cours des dix exercices (ou années) antérieurs qui n'ont pas encore été imputées, relevant du taux de 15 % ou 19 %, à l'exclusion des moins-values afférentes aux titres de participation placés sous le régime de taxation limitée à l'imposition d'une quote-part de frais et charges. Cette imputation peut être réalisée en priorité sur la plus-value nette imposable au taux le plus élevé ;

– soit le **déficit** de l'exercice ou de l'année (qui peut inclure une moins-value à court terme) et les déficits antérieurs reportables : les déficits ainsi annulés cessent d'être reportables. Cette compensation, qui s'opère euro pour euro, procure un avantage de trésorerie immédiat et présente un avantage particulier dans le cas où l'entreprise, structurellement déficitaire, ne dégagera pas à moyen terme de bénéfices d'exploitation suffisants pour pouvoir imputer ses pertes. Lorsque la compensation est opérée avec le déficit de l'exercice, la règle de plafonnement exposée n° 35905 ne s'applique pas (BOI-IS-DEF-10-30 n° 200). Elle joue en revanche en cas de compensation avec les déficits antérieurs reportables.

La plus-value nette subsistant éventuellement après ces compensations est taxée au taux réduit dont elle relève. À cette imposition s'ajoute, le cas échéant, la contribution sociale prévue par l'article 235 ter ZC du CGI.

Les **moins-values** à long terme subies au titre d'un **exercice** s'imputent sur les plus-values à long terme réalisées au cours des dix exercices suivants, sans distinguer leur taux d'imposition. 18680 CGI art. 219, I-a bis BIC-VII-10000 s

La moins-value nette à long terme qui se rapporte aux titres de participation relevant du régime de taxation limitée à une quote-part de frais et charges n'est ni imputable ni reportable sur les exercices postérieurs.

> **Précisions** En cas de **cession** ou de **cessation** d'entreprise, les moins-values à long terme en instance de report (afférentes à des éléments d'actif autres que les titres de participation relevant du régime de taxation limitée) sont en pratique imputées sur le bénéfice du dernier exercice à hauteur du rapport existant entre le taux d'imposition des plus-values à long terme applicable à l'exercice de réalisation des moins-values et le taux de droit commun de l'IS applicable à l'exercice de liquidation.

Prélèvement sur la réserve spéciale Lorsqu'elles ont maintenu des sommes au compte de réserve spéciale des plus-values à long terme (**réserves supérieures à 200 M€**) et procèdent à un prélèvement sur cette réserve, les entreprises doivent rapporter les sommes prélevées aux bénéfices imposables de l'exercice en cours lors de leur distribution, sous déduction de l'impôt qui a déjà été perçu lors de la réalisation des plus-values correspondantes. 18685 CGI art. 209 quater BIC-VII-10730 s

Le complément d'imposition est également exigible en cas d'**incorporation au capital** de la réserve spéciale ou d'**imputation de pertes** (déficits fiscaux ou moins-value à long terme) sur cette réserve. En revanche, il n'est pas dû en cas de virement de la réserve spéciale à la **réserve légale,** qui n'est pas constitutif d'un prélèvement dès lors que les sommes portées à cette réserve ne sont pas distribuables (CE 28-11-1997 n° 147628 : RJF 12/97 n° 1106).

2. PORTEFEUILLE-TITRES

Le portefeuille-titres s'entend des titres de participation et des titres de placement figurant à l'actif. Les entreprises détentrices d'un tel portefeuille sont soumises à des règles différentes selon la nature des titres et l'application de régimes particuliers à certaines opérations. 18710 BIC-VII-30000 s

Le classement des titres dans les différentes catégories fiscales prévues par la loi détermine :

– d'une part, les règles applicables à leur évaluation à la clôture de chaque exercice, avec à la clé la possibilité de déduire ou non une provision pour dépréciation ;

– d'autre part, le régime fiscal des cessions dont ils font l'objet : taxation limitée à une quote-part de frais et charges, régime des plus ou moins-values à long terme au taux réduit ou inclusion dans le résultat fiscal ordinaire.

Remarque : Ces règles ne concernent ni les titres de **créances négociables** ni les **instruments financiers à terme** régis par l'article 38, 6 du CGI (pour ces deux catégories de valeurs, voir respectivement n°s 7985 et 8005).

a. Classement fiscal des titres

18730 Les titres du portefeuille sont classés en quatre catégories sur le plan fiscal au regard du régime des **plus-values à long terme** :

– les titres de participation (et assimilés) qui, lorsqu'ils ont été détenus pendant au moins deux ans, bénéficient du régime de taxation prévu à l'article 219, I-a quinquies du CGI dans lequel la plus-value est taxée à 0 %, une quote-part de frais et charges devant toutefois, le cas échéant, être réintégrée au résultat imposable au taux de droit commun ;

– les titres de capital-risque qui combinent exonération et taxation au taux réduit de 15 % des plus-values à long terme lorsqu'ils sont détenus depuis au moins cinq ans ;

– les titres de participation au sein de sociétés à prépondérance immobilière cotées qui relèvent du taux réduit de 19 % après deux ans de détention ;

– les autres titres (parmi lesquels les titres de sociétés à prépondérance immobilière non cotées et les titres de sociétés à prépondérance financière) qui relèvent en principe du taux de droit commun de l'impôt sur les sociétés.

Le **classement initial** des titres dans l'une ou l'autre de ces catégories n'est pas intangible. Certains événements peuvent motiver un changement de catégorie, qui n'est pas sans conséquences fiscales (nos 18810 s.).

TITRES DE PARTICIPATION (ET ASSIMILÉS)

18735
CGI art. 219, I-a quinquies
BIC-VII-30220 s

Les titres de participation qui bénéficient du régime de taxation limitée à l'imposition d'une quote-part de frais et charges comprennent les parts ou actions qui revêtent ce caractère sur le plan comptable (qu'elles ouvrent droit ou non au régime des sociétés mères) et les titres considérés comme tels par la loi fiscale, à l'exception des titres de sociétés à prépondérance immobilière cotées ou non cotées (nos 18780 et 18800), des titres de sociétés à prépondérance financière et des titres de sociétés établies dans un État ou territoire non coopératif, sauf si la société apporte la preuve que les opérations réalisées par les entités établies hors de France correspondent à des opérations réelles non constitutives de fraude fiscale (n° 18800).

18740
BIC-VII-30250 s

Définition comptable Sur le plan comptable doivent être classés parmi les titres de participation les droits dans le capital d'autres personnes morales, matérialisés ou non par des titres qui, en créant un **lien durable** avec celles-ci, sont destinés à **contribuer à l'activité** de la société détentrice (PCG art. 221-3 ; C. com. art. R 123-184 ; Mémento comptable nos 35155 s.). Selon la définition du PCG de 1982, reprise dans le recueil des normes comptables françaises de l'ANC et reproduite dans la jurisprudence (notamment CE 20-5-2016 n° 392527 : RJF 8-9/16 n° 685 ; CE 22-7-2022 n° 449444 : RJF 11/22 n° 929), constituent des titres de participation les titres dont la **possession durable** est estimée **utile à l'activité** de l'entreprise.

L'utilité de la détention des titres peut être démontrée par l'**influence** que cette détention permet d'exercer sur la société émettrice et lui donne les moyens de le faire (CE 20-10-2010 n° 314248 et 314247 : RJF 1/11 n° 16 ; BOI-BIC-PVMV-30-10 nos 80 et 85) ou du **contrôle** exercé sur cette dernière (CE 12-3-2012 n° 342295 : RJF 6/12 n° 564 ; BOI précité n° 90). L'analyse de ces critères s'effectue à la date d'acquisition des titres, en fonction de l'intention de l'entreprise, étant toutefois précisé que la seule intention d'exercer une influence ne suffit pas à caractériser une participation (CE 20-10-2010 précité).

ILLUSTRATIONS

> Parmi les éléments susceptibles de mettre en évidence l'influence figurent la représentation de la société détentrice dans les organes de direction ou de surveillance de la société émettrice (CE 29-5-2019 n° 411209 : RJF 8-9/19 n° 752 ; CE 22-7-2022 précité), la réalisation d'opérations dans des conditions particulières en raison des liens entre les deux sociétés, l'échange de personnel de direction ou l'existence d'une dépendance technique entre les sociétés détentrice et émettrice (BOI précité n° 80).

Il existe une **présomption comptable simple,** dont l'administration entend tirer toutes les conséquences au plan fiscal (BOI précité n° 120), selon laquelle les titres représentant au moins 10 % de la société cible constituent des titres de participation. Mais cette détention ne suffit pas, à elle seule, à conférer la qualification de titres de participation : la société détentrice doit en outre avoir l'intention d'exercer une influence sur la société émettrice.

Lorsque la **présomption comptable ne joue pas,** l'influence doit être cumulée avec l'utilité économique de la prise de participation, c'est-à-dire les avantages que celle-ci confère à la société détentrice pour l'exercice de son activité. La qualification de titres de participation a ainsi été retenue pour une participation ne représentant que 2,2 % du capital qui permet à la société détentrice d'exercer une influence sur la société émettrice (possibilité, pour la société détentrice, de demander l'inscription d'une résolution aux assemblées générales de la société émettrice, représentation de la société détentrice des titres au sein du conseil d'administration de la société émettrice, éclatement de l'actionnariat de la société émettrice et absence de pacte d'actionnaires) et de favoriser son activité (intérêt stratégique à développer une relation d'affaires avec la société émettrice) (CE 22-7-2022 précité).

En l'**absence d'influence,** l'utilité de la détention de titres peut être démontrée par l'intention de la société détentrice de favoriser son activité, notamment par les prérogatives juridiques qu'une telle détention lui confère ou les avantages qu'elle lui procure pour l'exercice de cette activité (CE 20-5-2016 précité à propos de la détention de titres ne représentant que 0,88 % du capital d'une clinique par une société d'exercice libéral qui permet à l'associé unique de cette dernière d'exercer son activité au sein de la clinique dans des conditions privilégiées).

Selon l'administration en l'absence d'influence ou de contrôle appréciés isolément ou de concert, seules des circonstances exceptionnelles peuvent attester l'utilité manifeste des titres pour l'activité économique de la société détentrice (BOI précité n° 92).

Sur la **portée de l'affectation comptable** des titres au compte-titres de participation, voir n° 18750.

> **Précisions a.** La qualification comptable de titres de participation s'applique aux investissements qui, par la création de **liens durables** avec la société émettrice, sont susceptibles d'avoir un impact favorable sur l'activité de l'entreprise acheteuse en concourant notamment au maintien ou au renforcement de sa rentabilité, à son développement ou à la diversification de ses domaines d'activité. L'**utilité de la détention** peut découler de l'exercice d'une influence significative sur la société émettrice par une participation effective à sa gestion et à sa politique financière, ou par le contrôle de celle-ci résultant de la quotité de droits de vote détenus. Elle peut aussi être établie par les objectifs stratégiques de l'entreprise, consistant, par exemple, en une diversification de son champ d'intervention, ou dans le développement de synergies industrielles, commerciales ou financières avec la société cible (BOI-BIC-PVMV-30-10 nos 70 à 90).
>
> **b.** Lorsque les titres appartiennent à un ensemble de sociétés, ils peuvent revêtir le caractère de titres de participation même si l'influence sur la société émettrice ou son contrôle n'est pas exercé personnellement et uniquement par la société détentrice (mais conjointement par l'ensemble des sociétés). La démonstration de ce contrôle peut, dans certaines situations, découler de l'appartenance de l'entreprise acheteuse à un **pacte d'actionnaires** prévoyant un exercice conjoint des droits de vote (BOI précité n° 120).
>
> **c.** Constituent normalement des titres de participation les titres d'une **filiale** d'un groupe dont l'entreprise détient le contrôle conjointement avec d'autres sociétés et les participations détenues au sein d'une **société sœur,** sous réserve que les titres soient détenus durablement et inscrits en tant que tels en comptabilité (BOI précité nos 100 et 110).
>
> **d.** L'**absence de consolidation** de titres **dans les comptes consolidés** ne fait pas obstacle à leur qualification de titres de participation dans les comptes sociaux (CE 22-7-2022 n° 449444 : RJF 11/22 n° 929).

Titres assimilés à des titres de participation au plan fiscal Certains titres n'ayant pas la nature comptable de titres de participation bénéficient de la qualification fiscale de titres de participation lorsqu'ils sont inscrits à une subdivision spéciale du compte du bilan correspondant à leur qualification comptable. Sont concernés les **titres ouvrant droit au régime des sociétés mères** (nos 40850 s.), à condition de détenir au moins 5 % des droits de vote de la société émettrice, ainsi que les titres qui ont été acquis en exécution d'une **offre publique d'achat** (OPA) ou d'une **offre publique d'échange** (OPE) par l'entreprise qui en est l'initiatrice. Sur la **portée de l'inscription** de ces titres **à une subdivision spéciale,** voir n° 18750. **18745** BIC-VII-30680 s

> **Précisions** Pour apprécier si des titres ouvrent droit au **régime des sociétés mères,** la condition de **détention d'au moins 5 % du capital** de la société émettrice s'apprécie à la date du fait générateur de l'impôt, c'est-à-dire à la date de cession pour une plus-value de cession, et non de manière continue sur une période de deux ans (CE 26-1-2018 n° 408219 : RJF 4/18 n° 352).

Portée de l'inscription comptable L'affectation comptable des titres **au compte « titres de participation »** constitue une présomption simple de leur exacte qualification. L'administration a néanmoins indiqué que cette qualification ne sera remise en cause qu'en cas de constatation d'une erreur manifeste (BOI-BIC-PVMV-30-10 n° 130). Dès lors qu'elle est commandée par le respect de la réglementation comptable, cette inscription ne traduit aucune décision de gestion et peut être corrigée, sous réserve de l'erreur comptable délibérée, tant par l'entreprise que par l'administration (CE 29-5-2017 n° 405083 : RJF 8-9/17 n° 777). **18750** BIC-VII-30500 s

L'inscription, dans une **subdivision spéciale d'un compte du bilan,** de titres ne revêtant pas au plan comptable le caractère de titres de participation, lorsque ces titres ouvrent droit au régime mère-fille et représentant au moins 5 % des droits de vote de la société émettrice ou lorsqu'ils sont acquis par l'entreprise initiatrice d'une OPA ou d'une OPE, traduit l'existence d'une décision de gestion et constitue une présomption irréfragable opposable à l'entreprise comme à l'administration. BIC-VII-30790 s

ATTENTION

La **doctrine administrative** énoncée au BOI-BIC-PVMV-30-10 n° 270 prévoyant que, dès lors que les titres ouvrent droit au régime mère-fille, l'inscription dans un compte de titres de participation constitue une présomption irréfragable qui matérialise une décision de l'entreprise opposable a été annulée (CE 29-5-2017 précité). Mais le n° 140 du même BOI n'a pas été annulé et confère également un caractère irréfragable à l'inscription dans un compte-titres de participation de titres ouvrant droit au régime des sociétés mères ou reçus à l'occasion d'une OPA ou d'une OPE qui en est l'initiatrice.

18755 BIC-VII-30400 s

Acquisition d'un complément de titres L'administration estime qu'en cas de **recapitalisation** d'une filiale préalable à sa cession, les titres nouvellement émis et acquis ont la même nature de titres de participation que les titres déjà détenus (BOI-BIC-PVMV-30-10 n° 98). Le Conseil d'État a toutefois retenu une solution différente s'agissant de titres détenus par une **entreprise du secteur bancaire** en s'appuyant notamment sur la réglementation comptable propre à ce secteur, qui autorise l'inscription des titres d'une même société dans des catégories différentes. Il a en effet jugé que la qualification donnée aux titres issus d'une acquisition antérieure ne fait pas, par elle-même, obstacle à ce que les titres de la même société acquis ultérieurement reçoivent une qualification comptable différente, en fonction de l'intention de l'acquéreur à la date de leur achat ou souscription (CE 8-11-2019 n° 422377 : RJF 1/20 n° 6).

18760 BIC-VII-30570 s

Situations particulières Le tableau ci-après recense les précisions apportées sur la qualification des titres dans un certain nombre de situations particulières.

Situations	Nature de titres de participation
Actions à dividende prioritaire sans droit de vote et certificats d'investissement	Oui lorsqu'ils ouvrent droit au régime des sociétés mères et que la société détient par ailleurs une participation d'au moins 5 % des droits de vote de la société émettrice (BOI-BIC-PVMV-30-10 nos 150, 160 et 255)
Actions de préférence	
Actions d'autocontrôle (dont les droits de vote ne peuvent pas être exercés à l'assemblée générale de la société)	Oui lorsqu'il s'agit d'une détention dans le capital d'une société sœur mais pas dans celui de la société mère du groupe (BOI précité n° 190)
Actions propres	Non (BOI précité n° 180)
Parts de **sociétés de personnes** et parts détenues dans au sein de **groupements sans capital**	Oui, à l'exclusion des droits détenus au sein de sociétés en participation et de sociétés créées de fait y compris si elles ont opté pour l'IS (BOI précité n° 200)
Titres acquis par une **fiducie** ou qui lui sont transférés	Voir n° 90880, précision e

TITRES DE PARTICIPATION DANS DES SOCIÉTÉS À PRÉPONDÉRANCE IMMOBILIÈRE COTÉES

18780 CGI art. 219, I-a sexies-0 bis BIC-VII-31050 s

Lorsqu'ils répondent à la définition fiscale des titres de participation donnée ci-dessus, les titres de sociétés à prépondérance immobilière cotées relèvent du régime du long terme selon des modalités spécifiques.

Sont considérées comme des sociétés à prépondérance immobilière les sociétés dont l'**actif** est constitué pour plus de 50 % de sa valeur réelle par des immeubles, des droits portant sur des immeubles, des droits afférents à des contrats de crédit-bail immobilier ou par des titres d'autres sociétés à prépondérance immobilière. Ne sont pas pris en compte pour l'appréciation de ce pourcentage les immeubles ou droits affectés par la société à sa propre exploitation industrielle, commerciale, agricole ou à l'exercice d'une profession non commerciale, à savoir ses moyens permanents d'exploitation à l'exclusion des immeubles constitutifs de placements en capitaux ou qui sont l'objet même de cette exploitation (CE 29-9-2023 n° 469788 : RJF 12/23 n° 872).

Lorsque les titres sont cédés, la loi prévoit que la **prépondérance immobilière** s'apprécie à la **date** de cession ou à la clôture du dernier exercice précédant la cession. Mais elle ne donne aucune indication pour les titres provisionnés. Le Conseil d'État a précisé que la prépondérance immobilière doit, dans ce cas, s'apprécier soit à la date de clôture du dernier exercice de la filiale précédant la constitution de la provision, soit à la date de clôture de l'exercice de la société mère au cours duquel la provision est constituée (CE avis 22-11-2019 n° 432053 : RJF 2/20 n° 92). L'administration n'est pas fondée à considérer que le caractère immobilier prépondérant s'apprécie obligatoirement à la date de clôture de l'exercice de l'entreprise détentrice des titres qui constate une provision (CE 14-10-2015 n° 387249 : RJF 1/16 n° 8).

> Précisions a. Les **immeubles** affectés à l'exploitation d'une entreprise ne sont pas retenus pour l'appréciation du seuil de 50 % qu'ils soient inscrits à son actif ou qu'ils soient détenus par l'intermédiaire d'une société elle-même à prépondérance immobilière (BOI-IS-BASE-20-20-10-30 n° 110). Ces immeubles peuvent continuer à ne pas être retenus lorsqu'ils sont **donnés en location** dans le cadre des opérations de **liquidation de l'entreprise** à la suite d'une procédure de redressement ou de liquidation judiciaires (BOI précité n° 120).

b. Selon l'administration, les droits afférents à des **contrats de crédit-bail immobilier** doivent être retenus pour l'appréciation de la prépondérance immobilière lorsqu'ils ne sont pas affectés à l'exercice de l'activité, même s'ils ne figurent pas à l'actif (n° 40).

TITRES DE CAPITAL-RISQUE

18790 CGI art. 219, I-a ter BIC-VII-48000 s

Deux sortes de titres entrent dans la catégorie des titres de capital-risque :

– les parts de fonds communs de placement à risques (**FCPR**) ou de **fonds professionnels de capital investissement** (auxquels sont assimilées les **sociétés de libre partenariat**) remplissant les conditions prévues au II ou au III bis de l'article 163 quinquies B du CGI (n°s 26305 s.) ;

– les parts de sociétés de capital-risque (**SCR**) satisfaisant aux conditions prévues à l'article 1-1 de la loi 85-695 du 1er juillet 1985 (n°s 26380 s.).

TITRES EXCLUS DU LONG TERME

18800 CGI art. 219, I-a ter ; I-a sexies-0 ; I-a sexies-0 bis et I-a sexies-0 ter BIC-VII-31280 s

Sont exclus du long terme tous les titres qui n'entrent pas dans l'une des catégories définies ci-dessus, c'est-à-dire essentiellement les **titres de placement** suivants : titres inscrits en comptabilité parmi les titres immobilisés de l'activité du portefeuille (TIAP), les autres titres immobilisés ou les valeurs mobilières de placement (VMP), lorsqu'ils ne figurent pas à une subdivision spéciale TRPVLT ; bons de souscription d'actions ou d'obligations, obligations, titres assimilés ; titres participatifs ; titres d'OPVCM autres que les FCPR ; parts de fonds communs de créances ; titres émis par les organismes de placement collectif immobilier (Sppicav et FPI).

Sont également exclus du régime du long terme même s'ils répondent à la définition comptable des titres de participation :

– les actions ou parts de **sociétés à prépondérance financière** dont l'actif est constitué principalement par des titres exclus de ce régime (énumérés ci-dessus) ou dont l'activité consiste de manière prépondérante en la gestion de ces mêmes valeurs pour leur propre compte ;

– les **titres de sociétés non cotées** qui répondent à la définition des sociétés à **prépondérance immobilière** énoncée n° 18780 ;

– les titres de sociétés établies dans un **État ou territoire non coopératif** défini n° 78310, 1° et 2°, sauf si l'entreprise établit, par tous moyens, que les opérations réalisées par ces sociétés correspondent à des opérations réelles non constitutives de fraude fiscale (BOI-IS-BASE-20-20-10-10 n° 125).

SUIVI DU CLASSEMENT ET TRANSFERT DE TITRES DE COMPTE À COMPTE

18810 CGI art. 219, I-a ter, al. 5 à 12 BIC-VII-37000 s

Le classement des titres dans une catégorie donnée ne présente pas un caractère définitif. Certains changements de catégorie se traduisent par des transferts de compte à compte qui ont des conséquences fiscales.

Les titres classés parmi les **titres de participation** doivent être transférés à un autre compte du bilan s'ils ne répondent plus à cette définition. Un tel changement peut découler de différentes décisions prises par l'entreprise, telles que, par exemple, une cession partielle de titres, la dilution de la participation ou un changement de stratégie. Symétriquement, les **titres classés à un compte autre que le compte-titres de participation** peuvent devoir être affectés à ce compte si les conditions posées pour cette qualification sont réunies en raison, par exemple, d'une acquisition complémentaire, de la conclusion d'un pacte d'actionnaires garantissant l'exercice d'une influence, ou, selon nous, d'une modification des orientations stratégiques de l'entreprise. Les **titres inscrits à une subdivision spéciale TRPVLT** doivent obligatoirement en être retirés s'ils ne satisfont plus aux conditions leur permettant d'être fiscalement assimilés à des titres de participation.

ATTENTION

Les dispositions relatives aux transferts de compte à compte ne s'appliquent pas, sauf dispositions contraires, lorsqu'une catégorie de titres cesse de revêtir le caractère de titres de participation uniquement à raison d'une **modification de la loi fiscale.** Il en est ainsi lorsque des titres d'un prix de revient d'au moins 22,8 M€ mais représentant moins de 5 % du capital de la société émettrice, initialement comptabilisés dans un sous-compte spécial TRPVLT, ont ensuite été exclus du régime du long terme par la loi de finances pour 2007 (CE 13-10-2021 n° 436627 : RJF 1/22 n° 6).

Il en va de même, selon la cour de Versailles, en cas d'**échange de titres** inscrits dans un compte de titres de participation contre des titres inscrits, après l'échange, dans un compte de titres immobilisés de l'activité de portefeuille, dès lors qu'il s'agit de titres distincts (CAA Versailles 12-4-2018 n° 15VE02067 : RJF 8-9/18 n° 823).

Certains transferts relèvent d'une **décision de gestion** de l'entreprise. Il s'agit des opérations affectant les **titres** autres que les titres de participation qui satisfont aux conditions pour être **inscrits à une subdivision spéciale TRPVLT.**

> Précisions a. L'inscription des titres dans une **subdivision spéciale TRPVLT** peut être faite dès l'acquisition des titres si à cette date ils satisfont aux conditions leur permettant d'être fiscalement qualifiés de titres de participation. Elle peut également résulter à tout moment du virement de titres figurant déjà à l'actif de l'entreprise à la subdivision TRPVLT ouverte au sein du compte correspondant à leur qualification comptable, en particulier dans le cas où une ligne de titres inscrite à la subdivision « autres titres » ouverte au sein d'un compte autre que le compte « titres de participation » dépasse le seuil de 5 % du capital de la société émettrice du fait d'une acquisition complémentaire de titres (BOI-IS-BASE-20-30-30 n° 50), à condition que l'entreprise détienne au moins 5 % des droits de vote de la société émettrice.

Les entreprises peuvent à tout moment **retirer les titres** d'une subdivision spéciale TRPVLT pour les transférer vers la subdivision « autres titres » ouverte au sein du même compte de bilan. Ce retrait est obligatoire lorsque, en raison de la cession partielle d'une ligne de titres, les titres de même nature restant ensuite en la possession de l'entreprise ne satisfont plus à la condition de 5 % du capital (BOI précité n° 70).

b. La **qualification comptable** de titres de participation n'est pas remise en cause par la **liquidation judiciaire** ultérieure de la société cible (CE 12-3-2012 n° 342295 : RJF 6/12 n° 564 ; BOI-BIC-PVMV-30-10 n° 96) ou par un **projet de cession** de la participation (BOI précité n° 98).

18815
BIC-VII-37250 s

Conséquences fiscales du transfert

Certains **transferts** de titres ne sont **pas imposables** : il en est ainsi des transferts entre le compte « titres de participation » et une subdivision spéciale TRPVLT d'un autre compte du bilan, ainsi que des transferts n'affectant pas le compte « titres de participation » ou les subdivisions spéciales TRPVLT (s'ils sont effectués à la valeur comptable). Les **autres transferts** de titres, qui ont pour effet de faire entrer les titres dans le champ d'application du régime du long terme ou au contraire de les en retirer, réalisés à titre obligatoire ou facultatif, entraînent, quel que soit le sens dans lequel ils interviennent, la constatation d'un résultat imposable dans la catégorie dont relevaient ces titres avant l'opération. Le résultat dégagé par le transfert correspond à la différence entre la valeur des titres à la date du transfert (valeur d'inventaire déterminée dans les conditions décrites n°s 18835 et 18985 s.) et leur valeur fiscale, laquelle peut différer de la valeur comptable si les titres ont fait l'objet d'un précédent transfert ou s'ils ont été reçus à la faveur d'une opération (fusion, échange) placée en sursis d'imposition. Ce résultat est placé en **report de taxation** jusqu'à la cession des titres concernés.

La **cession des titres** transférés entraîne donc l'imposition de deux résultats : le résultat de transfert et le résultat de cession, qui est déterminé par la différence entre le prix de cession et la valeur des titres à la date du transfert et soumis au régime dont ils relèvent depuis cette date. Par exemple, la cession de titres de participation précédemment transférés d'un compte « titres de placement » au compte « titres de participation » ou à un sous-compte spécial entraîne l'imposition d'une plus ou moins-value à court terme pour la période précédant le transfert, et d'une plus ou moins-value à long terme pour la période postérieure, à condition que les titres aient été détenus pendant au moins deux ans, ce **délai de détention** étant décompté à partir de la date du transfert. Lorsque le transfert est intervenu en sens inverse, le résultat de transfert relève du régime du long terme si les titres étaient détenus depuis au moins deux ans à la date de l'opération (ou inscrits depuis au moins deux ans dans une subdivision TRPVLT) et le résultat de cession est soumis au régime du court terme.

Les **provisions constituées après le transfert** suivent le régime correspondant au nouveau classement des titres et sont déterminées par référence à leur valeur à la date du transfert ou à leur coût de revient d'origine si celui-ci est inférieur.

Les **provisions constituées avant le transfert** ne sont pas reprises à cette date. Leur reprise au cours d'un exercice postérieur au transfert s'impute en priorité sur les dotations les plus anciennes et est soumise au régime appliqué lors de la constitution des provisions (BOI-IS-BASE-50 n°s 130 à 160).

> Précisions a. Le report d'imposition du résultat de transfert est maintenu en cas de cession des titres au sein d'un **groupe fiscal** et lorsque les titres transférés font l'objet d'un **apport** placé sous le régime spécial des **fusions** prévu à l'article 210 A du CGI. En revanche, lorsque, à la suite d'une fusion ou d'une scission, les titres transférés **détenus par les associés de la société absorbée ou scindée** sont échangés contre des titres de l'absorbante, cet échange entraîne l'imposition du résultat de transfert au titre de l'exercice de réalisation de l'opération, même lorsque le résultat d'échange bénéficie du sursis d'imposition prévu à l'article 38, 7 bis du CGI (nº 19070) (BOI-FUS-50-20 nº 140 ; BOI-IS-BASE-20-30-30 nº 290).

b. Les entreprises doivent joindre à la déclaration de résultats de l'exercice du transfert et des exercices suivants un **état de suivi** des titres transférés. Le **défaut de production** de l'état ou l'**omission** des valeurs ou provisions qui doivent y être portées entraînent l'imposition immédiate des plus-values et des provisions omises non encore rapportées aux résultats imposables ; les moins-values ne peuvent être déduites qu'au titre de l'exercice de cession des titres considérés. Une **pénalité** est en outre applicable sur le montant des valeurs et provisions omises sur l'état, dont le taux est fixé à 5 % pour les transferts intervenus depuis le 1er janvier 2000 (CGI art. 1763, I-f). Non-application de l'amende en cas de régularisation, voir nº 9055, a.

c. Les titres inscrits au compte-titres de participation (ou à une subdivision spéciale TRPVLT) qui cessent de répondre à la définition des titres de participation (ou assimilés), mais que l'entreprise **s'abstient de transférer** hors de ce compte (ou de cette subdivision spéciale), sont considérés comme transférés à la date à laquelle les conditions posées pour bénéficier du régime du long terme ne sont plus remplies. L'administration est donc en droit d'en tirer toutes les conséquences fiscales (BOI-IS-BASE-20-30-30 nº 30).

b. Titres de participation relevant du régime de taxation limitée

ÉVALUATION

Les **titres de participation, cotés ou non,** doivent être évalués à la clôture de chaque exercice à leur valeur réelle. Celle-ci s'entend, selon les règles comptables, de la valeur d'utilité qui représente ce que l'entreprise accepterait de décaisser si elle devait acquérir ces titres (Mémento comptable nos 35705 s.). Une simple décote boursière ne peut à elle seule justifier la dépréciation des titres. **18835** BIC-VII-31620 s

Plusieurs méthodes d'évaluation peuvent être retenues, comme pour les titres de placement non cotés (voir nº 18990).

Lorsque l'évaluation des titres de participation fait apparaître une dépréciation calculée comme indiqué nº 18995, celle-ci est constatée dans les comptes sous forme d'une **provision.** En pratique, la comptabilisation de cette provision ainsi que sa reprise n'ont aucune incidence fiscale pour les titres placés sous le régime de taxation limitée à l'imposition d'une quote-part de frais et charges. En effet, les provisions afférentes à ces titres ne peuvent être déduites et leur **reprise** ne fait corrélativement l'objet d'aucune taxation.

Les entreprises qui établissent des **comptes consolidés** peuvent procéder à l'évaluation de certaines participations suivant la méthode de l'**évaluation par équivalence** qui consiste à remplacer, dans les **comptes sociaux** de la société consolidante, la valeur des titres de participation qu'elle détient par la quote-part de capitaux propres des filiales que ces titres représentent (voir Mémento comptable nos 36210 s.). Le recours à ce mode d'évaluation est neutre sur le plan fiscal. **18840** CGI art. 38, 9 BIC-VII-32100 s

› Précisions L'**écart d'équivalence positif** n'est pas taxable. La **provision pour dépréciation globale** des titres (constituée si la valeur globale des titres évaluée par équivalence est inférieure au prix d'acquisition) relève du régime des moins-values à long terme, dans la limite de la dépréciation calculée selon les règles de droit commun (nº 18835 et nº 18905). La **provision pour risque global** (constituée si la valeur d'équivalence est négative) n'est pas déductible du résultat imposable.

PLUS-VALUE OU MOINS-VALUE DE CESSION

Calcul La plus ou moins-value réalisée en cas de cession de titres du portefeuille est calculée, comme pour toutes les immobilisations, par différence entre le prix de cession et le prix de revient des titres. **18850** BIC-VII-32450 s

Lorsque la cession des titres intervient moins de cinq ans après leur acquisition, la valeur nette fiscale à prendre en compte inclut la fraction non encore déduite des frais supportés pour leur acquisition. Les **frais d'acquisition** des titres de participation sont en effet incorporés à leur prix de revient fiscal pour être déduits de façon échelonnée sur cinq ans (nº 7575). La fraction non encore amortie à la date de la cession ne peut plus faire l'objet d'aucune déduction (BOI-IS-BASE-30-10 nº 260).

En cas de cession de titres ayant fait l'objet d'une **provision pour dépréciation,** la plus ou moins-value est calculée par rapport à la valeur comptable des titres cédés, abstraction faite de la provision. Cette dernière est reprise à la clôture de l'exercice de cession des titres.

› Précisions **a.** Lorsque la vente est assortie d'une **clause de garantie de passif,** les sommes versées ultérieurement par le vendeur en exécution de cette clause ne remettent pas en cause le montant de la plus-value imposée lors de la vente, mais sont déductibles du résultat imposable au taux de droit commun, au moins pour la fraction des versements excédant le prix de vente des titres (CAA Paris 10-6-1993 n° 91-973 : RJF 8-9/93 n° 1118), voire en totalité (CAA Douai 31-7-2012 n° 11DA00407 : RJF 12/12 n° 1102).

b. Les **compléments de prix** versés en vertu de clauses dites d'« **earn out** » ou assimilées relèvent du régime des plus-values à long terme si la plus ou moins-value dégagée lors de la cession initiale des titres concernés relevait également de ce régime (BOI-BIC-PVMV-10-20-10 n° 250).

c. Lorsque des titres de participation ont été acquis en vue de développer des **synergies** entre l'activité de la société acheteuse et celles des sociétés acquises, la fraction de leur prix d'acquisition correspondant à la valeur de ces avantages (« **survaleur** ») constitue un élément du prix de revient des titres à retenir pour le calcul de la plus-value de cession (CE 12-7-2017 n° 400644 : RJF 11/17 n° 1017).

d. Les **frais inhérents à la cession** sont déduits du prix de cession et ne sont donc pas déductibles du résultat imposable (voir n° 17810).

e. Les **gains ou pertes de change** sont un élément de la plus ou moins-value de cession (voir n° 17835, h).

f. Calcul des plus-values de cession de titres assortis de **primes de remboursement,** voir n° 7975, précision b.

g. Lorsque la cession porte sur les titres, détenus depuis moins de deux ans, dans une **filiale étrangère** ayant distribué des **produits retranchés du bénéfice net** de la société mère à hauteur de 99 % (n° 7957), leur prix de revient est diminué, pour la détermination de la plus ou moins-value de cession, du montant de ces produits ainsi retranchés (CGI art. 223 B, al. 2).

18855 CGI art. 39 duodecies, 6 et CGI ann. III art. 38 octies BIC-VII-32530 s

Titres acquis ou souscrits à des dates différentes Afin d'apprécier notamment le délai de détention des titres lorsque la cession porte sur des titres de même nature acquis à des dates différentes, il convient de faire application de la **règle « Peps »** (qui concerne aussi bien les titres de participation que les titres de placement) selon laquelle les titres acquis ou souscrits à la date la plus ancienne sont réputés cédés en priorité. Cette règle s'applique même lorsque les titres cédés sont numérotés et que leur date réelle d'acquisition peut ainsi être établie (CE 8-6-2016 n° 381289 : RJF 10/16 n° 801). Les plus ou moins-values sont calculées en fonction de la valeur d'origine pour laquelle les titres cédés figuraient au bilan.

L'administration accepte toutefois la prise en compte d'une valeur d'achat moyenne pondérée pour les titres de même nature dont l'acquisition échelonnée résulte d'un même ordre d'achat ou a été opérée au cours d'un même exercice (BOI-BIC-PVMV-30-30-10 n° 130).

18860 BIC-VII-32650 s

Pour les **titres de participation,** l'administration autorise la détermination des plus ou moins-values de cession d'après un **prix de revient moyen pondéré** (BOI-BIC-PVMV-30-30-10 n°s 140 s.). Elle n'exclut pas expressément de cette tolérance les titres fiscalement assimilés à des titres de participation. Cette méthode n'est toutefois pas applicable en cas de cession de l'ensemble d'une ligne de participations en l'absence de cession partielle antérieure. En outre, elle n'est admise au plan fiscal que si elle est aussi appliquée sur le plan comptable. Elle ne doit pas, par ailleurs, avoir pour conséquence de faire apparaître une moins-value à court terme (ou d'en majorer le montant) par rapport aux montants qui seraient déterminés par application de la règle « Peps ». Enfin, le **choix** opéré pour une ligne de titres entre la méthode du prix de revient moyen pondéré et la règle Peps présente un caractère définitif et doit être respecté pour toutes les cessions ultérieures des titres de la ligne concernée (BOI-BIC-PVMV-30-30-10 n° 180).

ATTENTION

La mise en œuvre de la méthode du coût moyen pondéré affecte non seulement le **calcul** de la plus ou moins-value, mais aussi l'appréciation de la **durée de détention** des titres cédés, car on considère alors que la quotité des titres cédés se rapporte à chacune des acquisitions, dans la proportion qu'elle représente par rapport au nombre de titres détenus.

18865 CGI art. 219, I-a quinquies BIC-VII-33170 s

Régime fiscal Les **plus-values nettes à long terme** résultant de la cession de titres de participation ou de titres assimilés (définis n°s 18735 s.) **détenus depuis au moins deux ans** sont imposées au taux de 0 % et donnent lieu, le cas échéant, à la taxation d'une quote-part de frais et charges qui est comprise dans le résultat ordinaire de l'exercice.

Cette **quote-part de frais et charges,** fixée forfaitairement à 12 % du montant brut de la plus-value de cession, n'est imposable que si l'entreprise réalise une plus-value nette à long terme au cours de l'exercice de cession (CE 14-6-2017 n° 400855 : RJF 10/17 n° 906, annulant la doctrine administrative contraire BOI-IS-BASE-20-20-10-20 n° 125). Le calcul de la quote-part ne tient pas compte des dotations ou reprises de provisions pour dépréciation des titres, ni des plus ou moins-values réalisées au cours de l'exercice mais bénéficiant d'un report ou d'un sursis d'imposition (BOI précité n° 95).

En revanche, les **plus-values antérieurement placées en report ou en sursis d'imposition** qui deviennent imposables au titre de l'exercice sont incluses dans l'assiette de la quote-part de frais et charges de cet exercice.

Les **moins-values nettes à long terme** ne sont pas déductibles du résultat imposable et ne peuvent pas davantage être prises en compte pour compenser les plus-values relatives à d'autres catégories de titres.

Le résultat de cession des **titres** de participation **détenus depuis moins de deux ans** est compris dans le résultat taxable au taux de droit commun. Un régime de report de déduction s'applique toutefois aux **moins-values** subies à l'occasion d'une **cession de titres à une société liée** (voir n° 19075).

Par ailleurs, la déduction de la moins-value constatée lors de la cession, moins de deux ans après leur émission, de titres de participation reçus en contrepartie d'un **apport** à une **filiale en difficulté** est susceptible d'être limitée (voir n° 19078).

> Précisions **a.** En cas d'acquisition de titres à l'occasion d'une **augmentation de capital,** le point de départ de leur délai de détention ne peut être antérieur à la date de l'assemblée générale de la société qui est compétente pour autoriser l'opération, même si un accord était intervenu antérieurement entre les associés pour la réaliser (TA Montreuil 2-11-2017 n° 1605931 : RJF 3/18 n° 245).

Lorsque les titres cédés ont été reçus gratuitement à l'occasion d'une augmentation de capital par **incorporation de réserves,** le délai de détention est décompté à partir de la date d'acquisition des titres détenus antérieurement à l'augmentation de capital, et non à partir de la date d'attribution gratuite des actions nouvelles émises (BOI-RES-BIC-000117).

b. Des règles particulières s'appliquent pour la détermination du régime fiscal applicable à la **cession de titres d'une société issue d'une opération de fusion ou de scission sans échange de titres** au sens de l'article L 236-3, II-3° du Code de commerce, lorsque les titres de la société absorbée (ou scindée) ont été acquis depuis moins de deux ans alors que les titres de la société absorbante (ou des sociétés bénéficiaires des apports) ont été acquis depuis au moins deux ans, ou inversement (CGI art. 39 duodecies, 12). Ces règles permettent de déterminer de manière forfaitaire le montant de la plus-value qui correspond à la quote-part de valeur des titres de la société absorbée ou scindée.

c. En cas de réalisation d'une plus-value de **cession de titres de participation étrangers taxés en France et à l'étranger,** l'imposition de la quote-part de frais et charges correspond à un montant d'impôt français sur lequel le crédit d'impôt étranger peut être imputé (CE 15-11-2021 n° 454105 : RJF 2/22 n° 183 annulant la doctrine administrative contraire BOI-IS-BASE-20-20-10-20 n°s 180 et 190).

c. Titres de participation au sein de sociétés à prépondérance immobilière

ÉVALUATION

18895 BIC-VII-33960 s

Comme tous les titres de participation, ceux détenus dans des sociétés à prépondérance immobilière (définies n° 18780) doivent être évalués à la clôture de chaque exercice à leur valeur réelle (définie n° 18835). Lorsque l'évaluation opérée fait apparaître une dépréciation, calculée comme indiqué n° 18995, celle-ci doit être constatée par voie de provision.

18900 CGI art. 39, 1-5°-al. 19 et al. 20 et 209, VI BIC-VII-34000 s

Dispositif de plafonnement des provisions Le droit à déduction des provisions pour dépréciation des titres de sociétés à prépondérance immobilière est soumis à une restriction, qui s'applique distinctement aux titres de sociétés cotées et aux titres de sociétés non cotées.

Pour chacune de ces deux catégories de titres, les provisions comptabilisées ne peuvent être déduites qu'à hauteur de l'**excédent des moins-values latentes** sur l'ensemble des **plus-values latentes** afférentes aux titres de même nature détenus par l'entreprise. Les plus-values latentes sont déterminées par la différence entre la valeur réelle des titres à la clôture de l'exercice et leur prix de revient fiscal (c'est-à-dire corrigé des plus ou moins-values en sursis d'imposition). Pour les sociétés cotées, l'entreprise peut retenir le cours de bourse moyen du dernier mois de l'exercice (BOI-BIC-PROV-40-10-20-20 n° 100).

Le montant des plus-values latentes à prendre en compte à la clôture de chaque exercice est minoré de la fraction non déduite et non encore reprise des provisions antérieures.

Le montant réintégré au plan fiscal est affecté à chaque titre provisionné au prorata des dotations de l'exercice comptabilisées sur ce titre. Cette affectation est nécessaire pour la réalisation des retraitements liés à l'application du régime de **groupe** (n° 40430).

Le **montant non déductible** des provisions calculé au titre d'un exercice est **définitif.** Il ne peut être revu à la clôture d'un exercice suivant, même si le montant de la plus-value latente sur les autres titres de la même catégorie diminue.

EXEMPLE

Soit une société Y qui possède quatre lignes de titres A, B, C et D. Les sociétés A, B et C sont toutes des sociétés à prépondérance immobilière cotées, tandis que la société D est une société à prépondérance immobilière non cotée. Le dispositif de plafonnement ne s'applique pas à la provision pour dépréciation des titres D, puisque la société Y ne détient pas d'autres titres de participation de même nature. Y comptabilise des provisions pour la dépréciation de ses titres B et C pour 500 € (200 € pour les titres B et 300 € pour les titres C), alors qu'il existe par ailleurs à la clôture de l'exercice une plus-value latente afférente à ses titres A qui sont évalués à 110 €. La société Y a reçu ces 10 titres A dans le cadre d'une opération placée sous le régime de faveur de l'article 210 A du CGI. Leur valeur fiscale était égale à 80 € et leur valeur d'échange à 100 €. Les dotations aux provisions ne sont donc pas déductibles à hauteur de la plus-value latente égale à : $10 \times (110 - 80) = 300$ €.
Ces 300 € doivent être affectés à hauteur de 2/5 à la dépréciation des titres B, soit 120 €, et de 3/5 à celle des titres C, soit 180 €.

La **reprise** dans les comptes des provisions pour dépréciation constituées pour chaque catégorie de titres est imputée prioritairement sur la fraction de ces provisions non admise en déduction. Elle n'est donc pas imposable à hauteur de ce montant.

18905 BIC-VII-34700 s **Régime fiscal de la provision** Le montant fiscalement déductible de la provision pour dépréciation de **titres de sociétés à prépondérance immobilière cotées** relève du régime des moins-values à long terme au taux de 19 %, quelle que soit la durée de détention des titres. La reprise de ces provisions constitue une plus-value à long terme taxable à 19 %.

Lorsqu'elles sont admises en déduction, les provisions constituées à raison de **titres de sociétés à prépondérance immobilière non cotées** sont imputées sur le résultat taxable au taux de droit commun, et leur reprise est corrélativement comprise dans ce résultat (CGI art. 219, I-a sexies-0 bis).

> **Précisions** **a.** Le **régime** fiscal appliqué à la **dotation** peut être **différent** de celui dont relève la **reprise**, compte tenu des règles fixées pour la définition des sociétés à prépondérance immobilière (voir n° 18780).
> **b.** **Titres évalués par équivalence** : voir n° 18840.

PLUS OU MOINS-VALUE DE CESSION

18915 CGI art. 219, I-a BIC-VII-34900 s La plus ou moins-value réalisée en cas de cession de titres de participation au sein de sociétés à prépondérance immobilière est calculée suivant les règles de droit commun (voir nos 18850 s.).

Lorsqu'il s'agit de **titres cotés,** elle relève du régime des plus ou moins-values à long terme s'ils sont détenus depuis au moins deux ans et du régime des plus et moins-values à court terme dans le cas contraire. La plus-value nette à long terme est, après compensation le cas échéant avec la moins-value nette à long terme de l'exercice relevant du taux de 15 %, imposée au taux réduit de 19 %. Elle peut toutefois faire l'objet d'une compensation avec les moins-values nettes à long terme des dix exercices antérieurs relevant du taux de 15 % ou 19 %, ou avec le déficit de l'exercice ou les déficits antérieurs reportables (voir n° 18675). Les moins-values nettes subies au titre d'un exercice s'imputent sur les plus-values nettes à long terme réalisées au cours du même exercice imposables au taux de 15 %. L'excédent éventuel de la moins-value nette à long terme s'impute ensuite sur les plus-values à long terme taxées à 15 % ou 19 % des dix exercices suivants (et en aucun cas, s'agissant des PME, sur les bénéfices d'exploitation taxés au taux de 15 %).

La cession de titres de participation au sein de **sociétés** à prépondérance immobilière **non cotées** dégage un profit (ou une perte) qui est pris en compte dans le résultat soumis au taux de droit commun de l'impôt sur les sociétés, quelle qu'ait été la durée de détention des titres cédés.

> **Précisions** **a.** La cession de titres de **sociétés** à prépondérance immobilière **cotées** est soumise à des règles particulières dans les situations suivantes :
> – cession de titres de sociétés établies dans un **État ou territoire non coopératif** : voir n° 18800 ;
> – **cession à une société liée** avec constatation d'une moins-value : voir n° 19075.
> **b.** La déduction de la moins-value de cession, moins de deux ans après leur émission, de titres de participation reçus en contrepartie d'un **apport à une société** à prépondérance immobilière, cotée ou non, **en difficulté** peut être limitée (voir n° 19078).

d. Titres de capital-risque

ÉVALUATION

18945 CGI art. 39, 1-5° et 219, I-a ter BIC-VII-48070 s Les **provisions pour dépréciation** des parts de FCPR, de fonds professionnels de capital investissement (FPCI), auxquels sont assimilées les sociétés de libre partenariat, et de SCR dits « fiscaux » sont soumises au régime fiscal des moins-values à long terme au taux de 15 %, quelle que soit la durée de détention des titres. La reprise de ces provisions majore la plus-value nette à long terme de l'exercice taxable à 15 % ou minore la moins-value nette à long terme.

DISTRIBUTIONS ET RÉPARTITIONS EFFECTUÉES PAR LES ORGANISMES DE CAPITAL-RISQUE

Les entreprises détentrices de titres de capital-risque peuvent dans certaines conditions bénéficier d'une exonération à raison des répartitions ou distributions effectuées par les organismes concernés. **18955** CGI art. 219, I-a sexies-1 BIC-VII-48100 s et 49350 s

Tant qu'elles n'excèdent pas le montant des apports ou le prix d'acquisition des parts, les **sommes réparties par les FCPR** et les **fonds professionnels de capital investissement** (auxquels sont assimilées les sociétés de libre partenariat) ne sont pas imposables (voir nº 18440). L'excédent des sommes réparties par ces fonds deux ans au moins après la date de libération des apports ainsi que les **distributions des SCR** qui bénéficient du régime des plus-values à long terme (voir respectivement nº 18440 et nº 26425) sont également exonérés pour leur fraction issue des **plus-values de cession de titres de participation** répondant à une **définition spécifique.** Il s'agit des titres de sociétés dont le fonds ou la société a détenu au moins 5 % du capital pendant au moins deux ans, seul ou avec d'autres FCPR, fonds professionnels de capital investissement ou SCR. À concurrence de ces répartitions et distributions, l'exonération est totale, aucune quote-part de frais et charges ne devant être incluse dans le résultat imposable. Lorsque le seuil de participation de 5 % n'est pas atteint, les répartitions et distributions bénéficient du régime de droit commun du long terme, soit une taxation au taux réduit de 15 %.

> Précisions **a.** Ce régime s'applique non seulement aux sommes provenant de la cession de **titres détenus directement** par le FCPR, le fonds professionnel de capital investissement ou la SCR mais aussi à celles tirées de la cession de titres détenus **indirectement** par l'intermédiaire d'un autre FCPR, d'un FCPI, d'un FIP ou d'une entité étrangère d'investissement en capital-risque, sous réserve que ces structures aient détenu au moins 5 % du capital de la société émettrice pendant deux ans au moins.
b. Les répartitions afférentes à la cession de titres de sociétés à **prépondérance immobilière** (nºs 18780 et 18800) sont exclues de ce régime d'exonération. Il en va de même pour les distributions provenant de la cession de titres de sociétés établies dans un **État ou territoire non coopératif,** sauf si la preuve mentionnée nº 18800 est établie.

CESSION DE TITRES D'ORGANISMES DE CAPITAL-RISQUE

Les **plus-values** de cession de parts de FCPR, de fonds professionnels de capital investissement, de sociétés de libre partenariat et d'actions de SCR **détenues depuis au moins cinq ans** sont exonérées dans la **proportion de l'actif** du fonds ou de la société représenté par des titres de participation répondant aux conditions précisées nº 18955. Aucune quote-part de frais et charges n'est comprise dans le résultat imposable. La fraction excédentaire de la plus-value est imposée au taux de 15 %. **18960** CGI art. 219, I-a sexies-2 BIC-VII-48780 s et 50000 s

Les **moins-values** de cession, autres que celles subies dans le secteur d'exonération, peuvent être imputées sur toutes les plus-values à long terme, y compris celles taxables à 19 %, sans être cantonnées à une imputation sur les plus-values de même nature (BOI-IS-BASE-20-20-30-10 nº 280).

Lorsque les parts de FCPR, de fonds professionnels de capital investissement, de sociétés de libre partenariat et les actions de SCR sont **détenues depuis moins de cinq ans,** c'est le régime des plus ou moins-values à court terme qui s'applique.

> Précisions Pour déterminer la fraction de la plus-value de cession exonérée, il convient d'ajouter à la valeur des titres de participation détenus depuis au moins deux ans les sommes en instance de distribution depuis moins de six mois correspondant à la cession de tels titres.

e. Titres de placement et autres titres exclus du long terme

ÉVALUATION

À la clôture de chaque exercice, les entreprises doivent procéder à une évaluation de leurs titres en portefeuille et comparer leur valeur à cette date, qualifiée de valeur d'inventaire, à leur valeur d'origine. **18985** CGI art. 39, 1-5º et CGI ann. III art. 38 septies BIC-VII-35510 s

Si la valeur d'inventaire des titres est inférieure à la valeur d'origine, l'**écart négatif** constaté donne lieu à la constatation d'une provision, étant précisé que des règles particulières s'appliquent aux écarts constatés sur les titres d'**OPCVM** (Sicav, FCP...).

Modalités d'évaluation Les **titres de placement cotés** sont estimés à la clôture de chaque exercice d'après le cours moyen du dernier mois de l'exercice. Les titres de placement **non cotés** sont évalués d'après leur valeur probable de négociation qui doit être appréciée en **18990**

fonction de tous les éléments permettant d'obtenir un chiffre aussi voisin que possible de celui qu'aurait entraîné le jeu normal de l'offre et de la demande.

En pratique, plusieurs **méthodes d'évaluation** peuvent être retenues pour les titres de placement non cotés (ainsi que pour les titres de participation cotés ou non cotés) :

– la méthode **par comparaison,** qui tient compte des valeurs retenues lors de transactions récentes portant sur les titres de la société ou d'entreprises comparables (CE 6-6-1984 n° 35415 et 36733 : RJF 8-9/84 n° 940 ; CE 10-11-2010 n° 309148 : RJF 2/11 n° 153), ou des prix retenus lors de transactions postérieures réalisées à une date proche (CE 25-6-1975 n°s 92185 et 92186 : RJF 9/75 n° 399). Cette méthode doit être utilisée par priorité et ne peut pas être combinée avec d'autres méthodes alternatives décrites ci-après (CE 21-10-2016 n° 390421 : RJF 1/17 n° 8) ;

– la méthode « patrimoniale » ou **mathématique,** qui retient la valeur de l'actif net de la société, corrigée, le cas échéant, pour tenir compte des plus-values latentes que recèlent les éléments d'actif (CE plén. 2-12-1977 n° 1247 : RJF 1/78 n° 5 ; CE 28-11-1979 n° 10150 : RJF 2/80 n° 135). Le recours exclusif à cette méthode peut être justifié par des circonstances particulières (par exemple, cessation progressive d'activité et actif net composé à plus de 99 % par de la trésorerie : CE 7-4-2023 n° 466247 : RJF 6/23 n° 438) ;

– des méthodes s'appuyant sur la **capitalisation des bénéfices** (notamment CE 14-11-2003 n° 229446 : RJF 2/04 n° 124), le **rendement** et la **productivité** de l'entreprise (notamment CE 26-5-1982 n° 29053 : RJF 7/82 n° 636 ; CE 6-2-2019 n° 410248 : RJF 5/19 n° 466), la valeur tirée de la **marge brute d'autofinancement** (notamment CE 23-7-2010 n° 308021 : RJF 11/10 n° 1024) ou encore le **renforcement de la position** relative de l'acquéreur **sur le marché** (notamment CE 10-12-2010 n° 308050 : RJF 3/11 n° 278 ; CE 20-12-2011 n° 313435 : RJF 3/12 n° 212). Dans de nombreux cas, ces méthodes sont combinées avec la méthode mathématique.

> Précisions **a.** Une **proposition de rachat** de titres ne peut servir de terme de comparaison pour évaluer la valeur des actions de la même société dès lors qu'elle n'a pas abouti à une cession effective (CE 23-7-2010 n° 308021 : RJF 11/10 n° 1024).

b. L'évaluation des titres auxquels sont attachées des **primes de remboursement** est effectuée à partir de leur valeur d'acquisition, abstraction faite des fractions de primes imposées au cours de la période de détention des titres (CGI art. 238 septies E, III) : voir n°s 7970 s.

c. L'émission d'**obligations convertibles en actions** par une société a en principe une influence sur l'évaluation de ses titres, sauf si, compte tenu des circonstances concrètes, le risque de conversion des obligations en actions nouvelles est inexistant (CE 1-7-2010 n° 304673 : RJF 11/10 n° 995).

d. Les **actions de préférence** émises par une société et les droits particuliers qui y sont attachés, notamment les droits prioritaires à la répartition de l'actif net en cas de liquidation de la société émettrice, influencent, sauf circonstance particulière, la valeur des actions ordinaires (CE 23-12-2011 n° 327562 : RJF 3/12 n° 220).

e. Évaluation de l'**usufruit de titres non cotés** : voir n° 7625, précision c.

18995 BIC-VII-35900 s

Constatation des dépréciations

L'évaluation est effectuée, pour chaque catégorie de **titres de même nature,** par rapport à la valeur d'origine globale de l'ensemble de ces titres. On entend ici par « titres de même nature » les titres émis par une même collectivité qui confèrent à leur détenteur les mêmes droits au sein de cette collectivité. Lorsque l'évaluation opérée fait apparaître une dépréciation, celle-ci doit être constatée par voie de provision (la constatation par voie de décote directe n'est pas possible).

Pour les titres ayant une **valeur fiscale différente de leur valeur comptable,** la provision fiscalement déductible doit être déterminée par référence à leur prix de revient fiscal. En d'autres termes, lorsque des titres figurent au bilan pour une valeur supérieure à celle qui devra être retenue pour le calcul des plus-values de cession imposables, la déduction des provisions n'est admise que si la valeur d'inventaire des titres est inférieure à la valeur fiscale et dans la limite de cette différence. Cette règle concerne notamment les titres reçus dans le cadre d'opérations placées sous un régime de sursis d'imposition (fusions, échanges : voir par exemple n°s 19055 s.) ainsi que les titres ayant fait l'objet d'une réévaluation placée sous le régime optionnel prévu à l'article 238 bis JB du CGI (voir n° 19420) (CGI art. 39, 1-5°-al. 26).

> Précisions **a.** Lorsqu'une **baisse anormale et momentanée** est constatée sur des **titres de placement** cotés, l'entreprise peut prendre la responsabilité de ne pas comprendre dans la provision tout ou partie de la moins-value constatée sur ces titres, dans la mesure où il peut être établi une compensation avec les **plus-values latentes normales** constatées sur d'autres titres (CGI ann. III art. 38 septies). Elle doit alors retenir la même règle au plan comptable, dans les conditions détaillées dans notre Mémento comptable n° 36155.

b. Des règles particulières s'appliquent dans les cas suivants :

– titres ayant fait l'objet d'un **transfert de compte à compte** : voir n° 18815 ;

– **titres en pension, prêtés ou remis en garantie** : voir n°s 19080 s. ;

– titres ayant fait l'objet de la **réévaluation légale** 1976 (CGI ann. II art. 171 duodecies : BIC-VII-90800 s.).

Régime fiscal de la provision Les **provisions** qui se rapportent aux titres de placement et aux autres titres exclus du régime du long terme sont déductibles du résultat taxable au taux de droit commun et leur **reprise** est corrélativement comprise dans ce résultat. **19000** BIC-VII-36250 s

Toutefois, les provisions pour dépréciation de **titres de sociétés à prépondérance financière** ne sont pas déductibles à hauteur des distributions effectuées par ces sociétés qui ont bénéficié de l'exonération prévue par le régime mère-fille au cours de l'exercice de comptabilisation de la provision et des cinq exercices précédents. Par symétrie, l'administration admet que les reprises de provisions afférentes à de tels titres ne sont pas imposables à hauteur du montant (représentatif des distributions exonérées au titre du régime mère-fille) qui n'a pas pu être déduit lors de la comptabilisation de la provision (BOI-IS-BASE-50 n° 75). CGI art. 219, I-a ter

Titres d'OPCVM : prise en compte des écarts d'évaluation Les titres d'OPCVM et de certains placements collectifs, français ou étrangers, donnent lieu à la clôture de chaque exercice à l'évaluation de leur valeur liquidative, qui s'entend de la valeur de rachat des titres publiée avant la clôture de l'exercice (valeur convertie en euros sur la base du cours de change à la clôture de l'exercice pour les valeurs exprimées en devises). Les plus ou moins-values latentes correspondant à l'écart constaté entre la valeur liquidative à la clôture de l'exercice et la valeur liquidative calculée à la clôture de l'exercice précédent (ou à la date d'acquisition des titres si elle est postérieure) sont comprises dans le résultat imposable de l'exercice. **19005** CGI art. 209-0 A BIC-VII-56200 s

Cette règle concerne en principe toutes les parts ou actions d'**OPCVM** (Sicav, fonds communs de placement et, par extension administrative, fonds communs de titrisation : BOI-IS-BASE-10-20-10 n° 90) et de certains **placements collectifs** détenues par l'entreprise. Elle s'applique également lorsque les titres d'OPCVM sont détenus par une société de financement spécialisé et peut également trouver à s'appliquer, selon des modalités particulières, lorsque ces titres sont détenus par l'intermédiaire de personnes ou organismes situés hors de France.

Seules y échappent :

– les parts d'**OPCVM** (ou placements collectifs), français ou établis dans un État membre de l'Union européenne, **investis en actions** de façon constante à concurrence de 90 % au moins de la valeur réelle de l'actif, dans les conditions fixées par la loi (sont retenues pour le calcul du quota de 90 % les actions de sociétés implantées dans l'Union européenne, ainsi que les parts d'OPCVM actions figurant à l'actif d'un autre OPCVM actions : BOI précité n° 210) ;

– et les parts de **fonds communs de placement à risques** ou de **fonds professionnels de capital investissement** définis n° 18790.

Pour chaque exercice, il convient de procéder s'il y a lieu à une compensation entre les écarts positifs et négatifs constatés sur chaque catégorie de titres soumis au régime spécial d'évaluation. Le **montant net des écarts,** déterminé à partir d'un état spécial, est rattaché de manière extra-comptable au résultat imposable au taux de droit commun. La déduction fiscale des écarts négatifs a pour corollaire la réintégration des **provisions** comptables constituées pour couvrir la dépréciation des titres (leur reprise ultérieure doit également être neutralisée).

Le résultat de **cession** des titres concernés par ce régime est déterminé à partir de la valeur liquidative prise en compte pour l'établissement du résultat du dernier exercice arrêté avant la cession. Le résultat ainsi calculé relève du taux de droit commun de l'IS.

› Précisions **a.** Les **plus-values distribuées par un FCP** sont comprises dans le résultat imposable au taux de droit commun chez le porteur de parts dès leur distribution. Dans le cas particulier où ce dernier est une entreprise soumise à l'impôt sur les sociétés non tenue à la taxation immédiate des écarts d'évaluation en raison de la prépondérance d'actions dans l'actif du fonds, la prise en compte des plus ou moins-values réalisées par le FCP est reportée jusqu'à la cession des parts du fonds (n° 18435) si elles ne sont pas distribuées auparavant.

b. Les titres détenus par des entreprises exerçant majoritairement leur activité dans le **secteur de l'assurance sur la vie** ou de la **capitalisation** ou par des organismes dédiés à l'activité de **retraite professionnelle supplémentaire** restent en dehors du système de prise en compte des écarts.

c. Les placements collectifs qui, avec les OPCVM, sont concernés par la mesure sont certains fonds ouverts à des **investisseurs non professionnels** (fonds d'investissement à vocation générale ; fonds de capital investissement comprenant les fonds communs de placement à risques, les fonds communs de placement dans l'innovation et les fonds d'investissement de proximité ; fonds de fonds alternatifs) et certains fonds ouverts à des investisseurs **professionnels déclarés** (fonds professionnels spécialisés, fonds professionnels de capital investissement) **ou agréés** (fonds professionnels à vocation générale).

PLUS OU MOINS-VALUE DE CESSION

19015 BIC-VII-36350 s La plus ou moins-value réalisée en cas de cession de titres de placement ou d'autres titres exclus du régime du long terme est calculée selon les règles de droit commun exposées nos 18850 s.

La cession de ces titres dégage un profit (ou une perte), qui est pris en compte dans le résultat soumis au taux de droit commun de l'impôt sur les sociétés, quelle qu'ait été la durée de leur détention. La perte éventuellement subie concourt au déficit de l'exercice.

Toutefois, dans certains cas, la loi n'autorise pas la déduction des moins-values issues de la cession de titres exclus du long terme.

Ainsi, la moins-value constatée à raison de la cession de **titres de sociétés établies dans un État ou territoire non coopératif** (voir n° 18800) ne peut s'imputer que sur les plus-values de même nature exclues du régime du long terme (CGI art. 219, I-a sexies-0 ter), à notre avis sans limitation de durée.

Par ailleurs, la moins-value qui se dégage de la cession de **titres de sociétés à prépondérance financière** n'est pas déductible à hauteur des distributions effectuées par ces sociétés qui ont bénéficié de l'exonération prévue par le régime mère-fille au cours de l'exercice de cession et des cinq exercices précédents (CGI art. 219, I-a ter-al. 2). En cas de cession partielle de titres, l'administration estime que la moins-value subie par la société mère est exclue du droit à déduction à hauteur de la totalité des distributions exonérées au cours de la période précitée, y compris celles qui se rapportent aux titres qui ne sont pas cédés (BOI-IS-BASE-20-20-10-10 n° 67). Calcul de la **plus ou moins-value** de cession de titres détenus depuis moins de deux ans dans une société à prépondérance financière étrangère ayant distribué des produits retranchés du bénéfice net de la société mère à hauteur de 99 % : voir n° 18850, précision g.

Si les titres ont été reçus en contrepartie d'un **apport à une filiale en difficulté,** la moins-value résultant de leur **cession moins de deux ans après** n'est pas déductible pour une fraction de son montant (voir n° 19078).

f. Cas particuliers

DROITS ET BONS DE SOUSCRIPTION

19040 BIC-VII-55070 s **Droit préférentiel de souscription attaché aux actions** Le droit préférentiel de souscription attaché aux actions est négociable lorsqu'il est détaché des titres eux-mêmes ou, dans le cas contraire, cessible dans les mêmes conditions que ces titres. Une cession de droit de souscription s'analyse comme un **démembrement** des droits représentés par les actions et le profit réalisé à cette occasion relève du régime des plus-values à long terme ou des plus-values à court terme selon la nature des titres concernés et leur durée de détention (nos 18710 s.) (BOI-BIC-PVMV-30-30-20 nos 20 et 30). Le montant de cette plus-value correspond à la différence entre le prix de vente des droits et leur valeur comptable, déterminée en appliquant au prix d'achat de l'action le rapport existant, au jour de la transaction, entre le prix de cession de ce droit et le total formé par ce prix et la valeur de l'action ancienne dont on a détaché le droit de souscription (BOI précité n° 50).

> **Précisions** En cas de cession de **titres souscrits au moyen de droits** de souscription détachés d'actions en portefeuille, la durée de détention des titres correspond au temps écoulé entre la date de souscription des titres cédés et celle de leur aliénation. Pour le calcul de la plus ou moins-value de cession, le prix de revient à retenir peut comporter, outre le prix d'émission, la valeur comptable des droits de souscription utilisés dans la mesure où cette valeur est venue en diminution de la valeur comptable des titres d'origine. La plus-value de cession de titres nouvellement souscrits peut, le cas échéant, être considérée à long terme dans la mesure où elle correspond à la plus-value à long terme qu'aurait dégagée la cession des droits de souscription utilisés lorsqu'ils ont été détachés d'actions détenues depuis plus de deux ans (BOI précité nos 190 à 210).

19045 CGI art. 38, 8 et 238 septies E, I et III BIC-VII-55300 s **Valeurs mobilières composées** Lorsqu'une entreprise souscrit pour un prix unique des valeurs mobilières donnant accès au capital ou à l'attribution de titres de créance (**Absa, Abso, Obsa et Obso**), une ventilation du prix d'acquisition est opérée entre ces éléments. La valeur mobilière est inscrite pour sa valeur actuelle à la date d'acquisition, le bon de souscription étant égal à la différence entre cette valeur et le prix global de souscription. La **dépréciation** éventuelle de ces éléments doit être constatée distinctement en fonction de leurs valeurs d'origine respectives à l'actif. En cas de **cessions** séparées des valeurs mobilières et des droits de souscription qui y sont attachés, les plus-values sont calculées par rapport à la fraction du prix d'acquisition afférent à chacun de ces éléments.

> **Précisions** Lorsque la valeur actuelle d'une obligation assortie de droits de souscription diffère de sa valeur de remboursement, cette différence est considérée et imposée comme une **prime de remboursement.** Elle fait donc l'objet d'une répartition par annuités, selon les modalités exposées nos 7970 s., lorsque son montant excède 10 % de la valeur actuelle du titre.

ÉCHANGE (OU CONVERSION) DE TITRES

Règles générales L'échange ou la conversion de titres constitue une double opération de cession et d'acquisition de titres, qui dégage en principe un profit imposable (ou une perte) chez chaque coéchangiste. Le résultat de certaines opérations d'échange est toutefois neutralisé et sa prise en compte différée jusqu'à la cession ultérieure des titres reçus en échange. Deux régimes de **sursis d'imposition** ont été mis en place à cet effet : voir nos 19060 s. et 19070. 19055 BIC-VII-44000 s

En contrepartie du sursis d'imposition, chaque entreprise partie à l'échange doit établir (CGI art. 54 septies) :

– un **état spécial de suivi** des valeurs fiscales, à joindre à la déclaration de résultat ;

– un **registre des profits en sursis** d'imposition, à conserver.

Toute omission sur l'état ou le registre entraîne l'application d'une amende fixée à 5 % des résultats omis (CGI art. 1763, I-d et I-e). Non-application de l'amende en cas de régularisation : voir n° 9055, a.

› Précisions **Échanges résultant d'opérations de privatisation.** Les échanges de titres de sociétés détenus par l'État contre des titres participatifs, des certificats d'investissement ou des certificats pétroliers sont considérés comme des opérations intercalaires. Les actions reçues en échange sont inscrites pour la même valeur comptable que les titres remis à l'État. C'est cette valeur comptable, ainsi que la date d'acquisition des titres anciens, qui est prise en considération pour calculer et définir (le cas échéant) la plus-value ou moins-value lors de la cession de tout ou partie des nouveaux titres. CGI art. 248 E BIC-VII-61500 s

OPE et opérations diverses de conversion et d'échange de titres Un régime de sursis d'imposition s'applique obligatoirement aux résultats des opérations suivantes : 19060 CGI art. 38, 7 BIC-VII-44300 s

– échange en cas d'**offres publiques d'échange** (OPE) d'actions (Absa et Abso comprises) réalisées conformément à la réglementation en vigueur c'est-à-dire soumises en France au contrôle de l'Autorité des marchés financiers ou dans un État de l'Union européenne à une réglementation comparable à celle prévue en France (BOI-BIC-PVMV-30-30-60-10 n° 1). Certaines opérations, à l'occasion desquelles un des coéchangistes reçoit en échange des titres d'une société du groupe auquel il appartient, sont toutefois écartées du sursis (dispositif « anti-abus ») ;

– échange d'**obligations contre** des **actions** ;

– **échange** portant sur des **certificats** d'investissement, des certificats pétroliers et des certificats de droit de vote ;

– **conversion** d'**actions** en **certificats mutualistes ou paritaires** ;

– **échange** portant sur des **actions à dividende prioritaire** sans droit de vote ou des actions **de préférence** ;

– **conversion d'obligations en actions** (y compris Absa ou Abso) : il s'agit des obligations convertibles ;

– **conversion d'actions ordinaires en actions à dividende prioritaire** sans droit de vote ou en actions **de préférence,** et inversement ;

– **conversion d'actions de préférence** en une autre catégorie d'actions de préférence ;

– **remboursement d'obligations en actions,** par la société émettrice des obligations, lorsque celle-ci procède à l'opération en cause par émission concomitante d'actions.

› Précisions **a.** En cas d'**échange avec soulte,** le sursis ne s'applique pas, pour le coéchangiste qui perçoit la soulte :

– au montant de la soulte, celle-ci étant immédiatement taxable (en cas d'échange ou conversion d'actions, cette plus-value peut bénéficier le cas échéant du régime du long terme dans la limite de la plus-value à long terme réalisée) ;

– à la totalité de la plus-value d'échange, si la soulte dépasse 10 % de la valeur des parts ou actions attribuées ou si elle excède la plus-value réalisée.

b. Lorsqu'un échange aboutit à l'attribution de **droits de souscription d'obligations** (attachés ou non aux titres reçus), ces derniers sont assimilés à une soulte et imposés comme tels.

Cession ultérieure des titres reçus à l'échange Lors de la cession ultérieure des titres reçus à l'échange (ou convertis), le montant du résultat de cession doit être déterminé par référence à la valeur fiscale des titres auxquels ils se sont substitués. Le point de départ du **délai de détention de deux ans** est : 19065 BIC-VII-44950 s

– en cas d'échange d'actions ou conversion d'actions, la date d'acquisition des anciens titres échangés ;

– dans les autres situations, et notamment en cas de conversion ou de remboursement d'obligations en actions, la date de réalisation de l'échange.

La cession de titres ayant donné lieu à la constatation de plus-values placées en sursis d'imposition peut ouvrir droit au régime de taxation limitée prévu à l'article 219, I-a quinquies du CGI (n° 18865) dès lors que les titres reçus à l'échange y ouvrent droit.

Des règles particulières de calcul et d'imposition des plus-values sont prévues lorsque **plusieurs sortes de titres** sont remis ou reçus à l'échange.

19070 CGI art. 38, 7 bis BIC-VII-45800 s

Échanges de droits sociaux consécutifs à une fusion ou une scission

Lorsqu'une entreprise membre d'une société absorbée ou scindée reçoit, en échange des titres de cette société figurant à son actif, des titres de la société absorbante, elle peut opter pour le **sursis d'imposition** du profit ou de la perte résultant de l'échange jusqu'à la cession ultérieure des titres reçus en échange. L'exercice de cette **option** constitue une **condition** du maintien du **régime mère-fille** à raison des dividendes reçus lorsque les **titres** échangés ont été **acquis depuis moins de deux ans** (voir n° 41005). La société membre peut toutefois avoir intérêt à renoncer à ce sursis lorsque l'opération fait entrer dans son portefeuille des titres qui ont le caractère de titres de placement, alors que les titres précédemment détenus depuis au moins deux ans étaient des titres de participation : cette renonciation lui permet alors d'appliquer à la plus-value d'échange le régime du long terme (n° 18865 et n° 18915) (sauf si la société dont les titres étaient détenus est à prépondérance immobilière et non cotée, est à prépondérance financière ou, le cas échéant, si elle est établie dans un ETNC : voir n° 18800).

Le sursis d'imposition de la plus-value est compatible avec sa constatation en comptabilité. Il s'applique en cas de fusion ou de scission, placée ou non sous le régime spécial de l'article 210 B du CGI, entrant dans la définition fixée à l'article 210-0 A du CGI (nos 39200 s.), y compris en cas de scission de sociétés étrangères.

En cas d'**échange avec soulte,** les règles exposées n° 19060, précision a, s'appliquent.

> **Précisions** **a.** Le sursis d'imposition ne s'applique pas si l'opération a comme **objectif principal** ou pour l'un de ses objectifs principaux la **fraude ou l'évasion fiscales** (CGI art. 210-0 A, III).
> **b.** Les **plus-values en sursis d'imposition** dans les sociétés soumises à l'IS peuvent bénéficier du régime de taxation limitée prévu à l'article 219, I-a quinquies du CGI dès lors que les titres reçus à l'échange entrent, à la date de la cession, dans le champ d'application de ce régime (n° 18865).
> **c.** Le sursis s'applique, de manière obligatoire, aux échanges consécutifs **à une fusion ou scission d'OPCVM** (CGI art. 38, 5 bis). Toutefois, la neutralisation de l'échange perd une partie de ses effets en raison de l'évaluation obligatoire des titres d'après leur valeur liquidative à la clôture de l'exercice (voir n° 19005). Il s'applique également aux échanges consécutifs à une fusion ou scission de **Sppicav** et de **FPI** définis nos 30480 s.
> **d.** Un régime de sursis s'applique également à la remise de parts ou actions consécutive à la **scission d'un FCP ou d'une Sicav** en application du **mécanisme de cantonnement des actifs illiquides** prévu par le Code monétaire et financier (CGI art. 38, 5 ter).

CESSION DE TITRES DE PARTICIPATION À UNE SOCIÉTÉ LIÉE

19075 CGI art. 219, I-a septies BIC-VII-33750 s

La **plus-value** réalisée lors de la cession de titres de participation **détenus depuis moins de deux ans** est immédiatement imposée au taux de droit commun de l'impôt sur les sociétés quel que soit le cessionnaire.

En revanche, la **moins-value** subie lors d'une telle cession est mise en suspens lorsqu'il existe des **liens de dépendance** au sens de l'article 39, 12 du CGI (n° 10425, précision a) entre l'entreprise cédante et la cessionnaire. Sont concernées par ce dispositif les cessions de titres de participation autres que ceux détenus au sein de sociétés à prépondérance immobilière non cotées.

Le **report prend fin** si, avant l'expiration d'un délai de deux ans décompté à partir du jour où la cédante a acquis les titres, ceux-ci sont cédés à une entreprise non liée à la cédante. Il en est de même en cas de rupture des liens de dépendance entre la cédante et la cessionnaire, d'absorption de la société dont les titres ont été cédés (sauf si l'absorbante est liée à la cédante ou le devient à cette occasion), ou si la cédante cesse d'être soumise à l'impôt sur les sociétés ou est absorbée par une entreprise qui, à l'issue de l'opération (quel que soit son régime fiscal), n'est pas liée à la cessionnaire. La moins-value de cession qui avait été mise en suspens relève alors du régime du court terme.

À défaut de survenance d'un de ces événements dans le délai de deux ans, le report prend fin et la moins-value prend le caractère d'une moins-value à long terme. Aucune déduction ne peut alors être pratiquée s'agissant de titres relevant du régime de taxation limitée à l'imposition d'une quote-part de frais et charges.

> **Précisions** **a.** En cas de fusion, l'**échange de titres de participation** détenus dans la société absorbée contre des titres nouvellement émis par la société absorbante est constitutif

d'une cession des titres de la société absorbée pour l'application du dispositif (CE 10-7-2019 n° 412964 : RJF 11/19 n° 1010).

b. La société cédante doit joindre à sa déclaration de résultat au titre de chaque exercice concerné un **état de suivi** des moins-values mises en suspens dont le contenu est fixé par l'article 46 quater-0 RH de l'annexe III au CGI. Le défaut de production de cet état ou son caractère incomplet ou inexact entraîne l'application d'une **amende** égale à 5 % des sommes non déclarées ou omises (CGI art. 1763, I-g). Non-application de l'amende en cas de régularisation : voir n° 9055, a.

CESSION, MOINS DE DEUX ANS APRÈS LEUR ÉMISSION, DE TITRES REÇUS EN RÉMUNÉRATION D'UN APPORT À UNE SOCIÉTÉ EN DIFFICULTÉ

Lorsqu'une société cède, moins de deux ans après leur émission, des titres de participation reçus en rémunération d'un apport effectué à une société en difficulté, la **moins-value** subie n'est pas déductible à hauteur de la différence entre la valeur d'inscription en comptabilité des titres reçus et leur valeur réelle à la date de leur émission. Cette mesure concerne les seules cessions de titres de participation et de titres assimilés définis n°s 18735 s. (BOI-BIC-PVMV-30-30-120 n° 30) ayant fait l'objet d'une émission nouvelle en contrepartie d'un apport (CE 20-4-2021 n° 429467 : RJF 7/21 n° 688). Contrairement au dispositif mentionné n° 8095, précision b, elle est susceptible de concerner des cessions de titres exclus du régime du long terme, tels que des titres de sociétés à prépondérance immobilière non cotés. **19078** CGI art. 39 quaterdecies, 2 bis BIC-VII-33880 s

TRANSFERTS TEMPORAIRES DE TITRES

Pensions de titres La pension de titres, définie par l'article L 211-27 du Code monétaire et financier, est une opération de cession en pleine propriété de valeurs, titres ou effets, assortie d'un engagement ferme de rachat par le cédant et de rétrocession par le cessionnaire à une date et un prix convenus. Les **conséquences fiscales** du transfert de propriété sont toutefois **neutralisées.** Au plan fiscal, les titres ou effets donnés en pension sont réputés ne pas avoir été cédés. **19080** CGI art. 38 bis-0 A BIC-VII-52800 s

> **Précisions** La neutralité fiscale de l'opération est assurée de la manière suivante :
> – les titres restent inscrits au bilan du **cédant,** dans une rubrique spécifique, pour une valeur inchangée ;
> – le **cessionnaire** constate une créance sur le cédant ; toute provision pour dépréciation des titres lui est interdite ; sa rémunération suit le régime fiscal des intérêts. Selon l'administration cette rémunération est déductible chez le cédant dans les limites prévues pour la déduction des intérêts servis aux associés (n°s 8810 s.) (Inst. 4 H-7-95 n° 30, non reprise dans Bofip) ;
> – lorsque la durée de la pension couvre la date de paiement des **revenus attachés aux titres** donnés en pension, le cessionnaire doit les reverser au cédant, qui les soumet alors à leur régime fiscal habituel.
> Situation des titres mis en pension au regard du **régime mère-fille** : voir n° 40910.

Prêts (ou remises en garantie) de titres Les prêts de titres (répondant aux conditions définies par l'article L 211-22 du Code monétaire et financier : BOI-BIC-PDSTK-10-20-90 n°s 20 s.) bénéficient d'un régime de **neutralité fiscale** (qui ne vaut toutefois que pour le prêteur initial). Les titres prêtés ne figurent plus au bilan du prêteur qui inscrit à l'actif une créance sur l'emprunteur représentative de ces titres pour leur valeur d'origine. La restitution des titres intervient pour cette valeur et entraîne leur reprise au bilan. Pendant la durée du prêt, les titres ne peuvent pas faire l'objet d'une provision pour dépréciation. La provision constituée le cas échéant avant le prêt n'est pas réintégrée aux résultats imposables (CGI art. 39, 1-5°-al. 16). Le prêt n'interrompt pas leur durée de détention pour apprécier la nature de la plus ou moins-value réalisée en cas de cession ultérieure (CGI art. 39 duodecies, 8). La **rémunération** du prêteur est soumise au même régime fiscal que le produit des titres prêtés dans la mesure où elle correspond aux revenus qui leur sont attachés, auxquels le prêteur a renoncé, et est traitée comme un revenu de créance ordinaire pour le surplus. **19085** CGI art. 38 bis BIC-VII-52030 s

Conséquences du prêt de titres sur l'application du **régime mère-fille** : voir n° 40910 et n° 41000, précision b.

> **Précisions** Un régime similaire s'applique aux **remises** temporaires de titres en pleine propriété effectuées **à titre de garantie** d'opérations à terme sur instruments financiers réalisées de gré à gré, de prêts de titres ou d'opérations interbancaires ainsi qu'aux remises en garantie de titres assorties d'un **droit de réutilisation** (CGI art. 38 bis-0 A bis : BIC-VII-53500 s.).

PORTEFEUILLE-TITRES DES BANQUES ET DES SOCIÉTÉS D'ASSURANCE

a. Les **établissements de crédit,** les **sociétés de financement** et les **entreprises d'investissement** qui effectuent des opérations de **transaction sur titres** pour leur propre compte sont imposés au taux normal et dans les conditions de droit commun sur l'écart résultant de **19090** CGI art. 38 bis A BIC-VII-58800 s l'évaluation de ces titres au prix du marché du jour le plus récent à la clôture de l'exercice ainsi que sur les profits et les pertes dégagés lors de leur cession. En cas de transfert de compte des titres de transaction effectué conformément à la réglementation comptable, les titres sont inscrits au compte de titres de placement ou au compte de titres d'investissement au prix du marché du jour le plus récent au jour du transfert. Ce régime est applicable aux **valeurs mobilières,** aux **titres de créances négociables** et aux **instruments du marché interbancaire,** négociables sur un marché, inscrits dans un compte de transaction. Ces titres ne peuvent pas être pris en compte pour l'application du **régime mère-fille.**

Dans ces entreprises, des règles particulières régissent en outre :

– les écarts de change constatés à la clôture de l'exercice sur les **titres libellés en devises** (CGI art. 38, 4 : BIC-VII-59800 s.) ;

– la différence entre le prix de souscription de **titres à revenu fixe** et leur valeur de remboursement (CGI art. 38 bis B : BIC-VII-59300 s.).

CGI art. 38 bis B bis IS-IV-9200 s

b. Les **entreprises d'assurance** et de capitalisation régies par le Code des assurances et les organismes dédiés à l'exercice de l'activité de **retraite professionnelle supplémentaire** doivent prendre en compte dans leurs résultats imposables la différence entre le prix d'achat et la valeur de remboursement des titres de créances négociables et des obligations non indexées qu'elles détiennent, selon une répartition actuarielle effectuée sur la durée de vie des titres à courir jusqu'au remboursement.

Pour tenir compte de l'obligation imposée aux entreprises d'assurance et aux organismes de retraite professionnelle supplémentaire d'inscrire dans une comptabilité d'affectation distincte les **actifs** (pour l'essentiel des titres de portefeuille) **détenus en garantie de prestations de retraites professionnelles** supplémentaires, deux mesures prévoient :

– la neutralité fiscale du transfert de ces éléments d'actif dans la comptabilité auxiliaire d'affectation, au moyen d'un sursis d'imposition de la plus-value constatée à cette occasion (CGI art. 38, 11) ;

– l'inclusion des titres concernés dans un portefeuille séparé pour l'application de la règle Peps (« premier entré, premier sorti ») et l'appréciation du délai de détention de deux ans en cas de cession des titres (CGI art. 39 duodecies, 6-al. 2).

Ces deux mesures s'appliquent également sous certaines conditions aux entreprises d'assurances qui transfèrent des actifs de plans d'épargne retraite de la comptabilité générale vers les comptes auxiliaires d'affectation.

CGI art. 38, 2 ter BIC-VII-60540 s

c. Compte tenu des règles comptables spécifiques de comptabilisation et d'évaluation des actifs et passifs que doivent respecter les **sociétés de financement spécialisé** mentionnées à l'article L 214-190-2 du Code monétaire et financier, le résultat imposable de ces sociétés doit être déterminé en respectant plusieurs mesures (prise en compte des plus ou moins-values de cession d'actif au titre de l'exercice de leur réalisation ; rattachement aux produits de l'exercice des commissions de souscription et de rachat acquises et rattachement aux charges de l'exercice des frais de constitution, fusion ou apport effectivement supportés ; prise en compte des gains ou pertes latents issus de certaines opérations).

ANNULATION DE TITRES

19100 BIC-VII-43000 s

Réduction de capital L'annulation de titres consécutive à une réduction de capital **motivée par des pertes** n'est pas assimilable à une cession de titres et n'autorise donc pas la déduction d'une perte. L'entreprise peut seulement constater la perte de valeur des titres par le biais d'une **provision** pour dépréciation, dans les conditions prévues nos 18390 et 18835 s. (CE 23-1-1980 n° 10395 : RJF 3/80 n° 195 : annulation d'une action sur deux, laissant le pourcentage de détention inchangé). Il en est de même dans le cas d'une **annulation totale des titres suivie d'une augmentation de capital** (« coup d'accordéon »), dès lors que les anciens actionnaires bénéficiaient d'un droit préférentiel de souscription à l'augmentation de capital et que, à l'issue de cette opération, leur pourcentage de participation dans le capital de la société a augmenté (CE 17-10-2008 n° 293467 : RJF 1/09 n° 8).

En cas d'**annulation de titres propres initialement rachetés pour être cédés,** c'est-à-dire dans un but autre que la réduction du capital social, la dépréciation des titres constatée le cas échéant par la société antérieurement à leur reclassement vers le compte « actions propres à annuler » n'a pas à être reprise et la société peut déduire leur perte de valeur entre leur date de rachat et la date à laquelle la décision d'annulation a été prise (CE 1-4-2015 n° 362317 : RJF 6/15 n° 470). En revanche, le **rachat** par une société de ses propres titres **en vue, dès l'origine, de la réduction de son capital social,** suivi de cette réduction, est sans influence sur la détermination de son résultat imposable. Tel est également le cas lorsqu'une société rachète ses actions avec plusieurs objectifs, notamment la réduction de son capital, sans préciser explicitement la proportion de titres rachetés affectée à ce dernier objectif (CE 22-10-2018 n° 375213 : RJF 1/19 n° 17).

> **Précisions** Lorsqu'une société **cède** sa participation dans une filiale peu après que celle-ci a procédé à une **augmentation de capital immédiatement suivie d'une réduction de capital** de même montant par imputation des pertes et annulation des parts nouvellement créées, le **prix de revient** initial des titres doit être majoré de la souscription à l'augmentation de capital pour calculer le montant de la moins-value de cession. La cession des titres doit être regardée comme ayant porté à la fois sur des titres détenus depuis plus de deux ans et sur des titres détenus depuis moins de deux ans (CE 26-3-2008 n° 301413 : RJF 6/08 n° 637). Même solution pour une opération de sens inverse : réduction de capital suivie de l'émission de nouveaux titres (CE 22-1-2010 n° 311339 : RJF 4/10 n° 320). Lorsque les titres cédés sont des **titres** de participation **reçus en contrepartie d'apports consentis à une filiale en difficulté** et dont la valeur réelle à la date de leur émission est inférieure à leur valeur d'inscription en comptabilité, il convient à notre avis de faire application de la règle mentionnée n° 19078 limitant le montant déductible de la moins-value à court terme.

Liquidation de la société émettrice Lorsque l'annulation des titres fait suite à la mise en liquidation de la filiale, l'entreprise peut constater une **moins-value** égale à leur prix de revient qui relève, selon la nature des titres et le régime d'imposition de l'entreprise, du régime des moins-values à long terme ou des moins-values à court terme. La cour administrative d'appel de Paris a admis que cette perte peut être constatée avant même la clôture des opérations de liquidation, dès lors qu'il apparaît que celles-ci ne dégageront aucun produit de nature à limiter les pertes des actionnaires (CAA Paris 26-3-2004 n° 99PA02481 : RJF 7/04 n° 687). 19102 BIC-VII-43150 s

Lorsque la clôture de la liquidation s'accompagne d'un **remboursement** au profit des actionnaires, le profit constaté à cette occasion constitue :

– un **revenu mobilier** ouvrant droit le cas échéant au régime mère-fille à hauteur du **boni de liquidation,** lequel s'entend de la différence entre le produit net de la liquidation et le montant des apports réels ou assimilés (repris en franchise d'impôt) ou la valeur comptable des titres si elle est supérieure ;

– et, dans l'hypothèse où la valeur comptable des titres est inférieure au montant des apports, une **plus-value** d'actif à hauteur de la différence entre ce montant, ou le prix de remboursement s'il lui est inférieur, et la valeur comptable des titres.

EXEMPLE

Société au capital de 300 000 € (composé en totalité d'apports) divisé en 3 000 actions de 100 € et dont l'actif net à la dissolution s'élève à 480 000 €.

Boni de liquidation : 480 000 € – 300 000 € = 180 000 € (soit 60 € par action).

1. Si la valeur comptable unitaire des titres (VC) est de 70 €, le profit sera imposé comme suit : Plus-value : 100 – 70 = 30 €. Revenu mobilier : 160 – 100 = 60 €.

2. Si, au contraire, la VC est de 200 €, l'entreprise constate une moins-value de 200 – 160 = 40 € (sans aucun profit imposable).

3. Dans le cas où la VC est de 130 €, la différence, soit 160 – 130 = 30 €, est imposée comme un revenu mobilier.

RACHAT PAR UNE SOCIÉTÉ DE SES PROPRES TITRES

Le rachat à un **prix inférieur à la valeur nominale** des actions ne dégage pas un profit imposable (BOI-BIC-PDSTK-10-30-30 n° 85). Si le rachat est effectué à un **prix supérieur** à la valeur nominale, la société ne peut pas constater une perte déductible (CAA Bordeaux 28-12-2006 n° 04BX01587 : RJF 6/07 n° 664). 19105 BIC-VII-43410 s

Rachat par une société de ses propres titres **suivi de leur annulation** : voir n° 19100.

Situation des associés dont les titres sont rachetés par la société, voir n° 17730, précision e.

REGROUPEMENT OU DIVISION D'ACTIONS

Les opérations de regroupement ou de division d'actions réalisées en conformité avec le Code de commerce ou des dispositions étrangères équivalentes ne donnent pas lieu à la constatation d'une plus-value imposable ni d'une moins-value déductible pour les entreprises actionnaires, qu'elles soient soumises à l'impôt sur les sociétés ou à l'impôt sur le revenu. La plus ou moins-value résultant de la cession ultérieure de ces actions est déterminée par rapport à la valeur que les actions remplacées avaient du point de vue fiscal. En cas de regroupement ou de division d'actions avec **soulte,** la plus-value réalisée est immédiatement imposable à concurrence de la soulte. 19107 CGI art. 38, 7 ter BIC-VII-47020 s

Dans le cadre de ce régime de **sursis d'imposition,** qui revêt un caractère obligatoire, l'entreprise doit établir un **état spécial de suivi** des valeurs fiscales, à joindre à la déclaration de résultat ainsi qu'un **registre des profits en sursis** d'imposition, à conserver (CGI art. 54 septies). Toute omission sur l'état ou le registre entraîne l'application d'une amende fixée à 5 % des résultats omis (CGI art. 1763, I-d et I-e). Non-application de l'amende en cas de régularisation : voir n° 9055, a.

APPORT DE TITRES À UN FONDS DE PÉRENNITÉ

19110 CGI art. 38, 7 quater BIC-VII-43500 s

La plus-value ou moins-value réalisée lors de la **transmission à titre gratuit et irrévocable** de titres de capital ou de parts sociales à un fonds de pérennité, lors de sa constitution, est placée en **sursis d'imposition** et prise en compte dans le résultat de l'exercice au cours duquel ces titres ou parts sont ultérieurement cédés par le fonds si celui-ci a pris l'engagement de calculer la plus ou moins-value d'après la valeur que les titres avaient, du point de vue fiscal, à la date de la transmission.

> Précisions a. Pour plus de précisions sur le **régime juridique** des fonds de pérennité, voir notre Mémento Sociétés commerciales n° 17702.

b. Lorsque les titres transmis ont fait l'objet de **provisions** pour dépréciation, la transmission entraîne la reprise de celles-ci (BOI-BIC-PVMV-30-30-130 n° 100).

c. La transmission au fonds de **titres** précédemment **échangés ou reçus** lors d'une opération de **fusion, scission ou apport partiel d'actif,** dans le cadre d'un régime de faveur prévu aux articles 38, 7 bis, 210 A ou 210 B du CGI, ne remet pas en cause ce régime (BOI précité n° 90).

d. En cas de **cession ultérieure** des titres transmis au fonds, le **délai de détention** peut s'apprécier à compter de leur date d'acquisition ou de souscription par l'entreprise les ayant transmis, ou de leur date d'acquisition ou de souscription originelle s'ils proviennent d'opérations placées sous un régime de faveur non remis en cause lors de la transmission (BOI précité n°s 130 et 140).

APPORT DE TITRES À UNE FONDATION

19115 CGI art. 38, 7 quinquies BIC-VII-43700 s

La plus-value résultant de la **transmission à titre gratuit et irrévocable** de titres de capital ou de parts sociales à une fondation reconnue d'utilité publique peut, sur **option,** faire l'objet d'un **report d'imposition** jusqu'à la cession des titres par la fondation. La plus-value en report est imposée à l'impôt sur les sociétés au nom de la fondation à la date à laquelle il est mis fin au report, y compris lorsqu'elle se rattache à une activité non lucrative ou exonérée d'impôt sur les sociétés exercée par la fondation. Lorsque la valeur de cession des titres est inférieure à leur valeur au jour de la transmission, la plus-value en report est diminuée de la différence entre ces deux valeurs.

> Précisions a. Le dispositif est soumis à des **obligations déclaratives** :
– la production par l'entreprise donatrice d'un état annexé à sa déclaration de résultat faisant apparaître le montant des plus-values en report. Cet état matérialise l'option pour le report d'imposition (BOI-BIC-PVMV-30-30-140 n° 30) ;
– la production par la fondation, au titre de l'année en cours lors de la transmission et des années suivantes, d'un état de suivi de ces plus-values, annexé à la déclaration de résultat ou, à défaut, adressé à l'administration dans les mêmes délais que celle-ci.

b. Le défaut de production de l'état à communiquer à l'administration, ou son caractère inexact ou incomplet, entraîne l'application d'une **amende** fixée à 5 % des sommes omises (CGI art. 1763, I-e). Non-application de l'amende en cas de régularisation : voir n° 9055, a.

D. Régimes spéciaux

1. SINISTRE OU EXPROPRIATION

PLUS-VALUES À COURT TERME

19285 CGI art. 39 quaterdecies, 1 ter BIC-VII-15050 s

La plus-value nette à court terme constatée sur des **biens amortissables** à la suite de la perception d'indemnités d'assurance ou de l'expropriation d'immeubles figurant à l'actif (ou d'une cession amiable antérieure) peut être répartie, en principe par parts égales, à partir de l'exercice suivant celui de sa réalisation, sur autant d'exercices que le nombre d'annuités d'amortissement pratiquées sur le bien détruit ou exproprié, sans que l'**étalement** puisse excéder quinze ans.

EXEMPLE

La plus-value réalisée au cours de l'exercice 2023 sur un immeuble exproprié ayant déjà donné lieu à dix annuités d'amortissement peut être rattachée par dixièmes au résultat de l'exercice 2024 et des neuf exercices suivants.

Lorsque **plusieurs biens** ou plusieurs **composants** d'un même élément sont détruits ou expropriés, la durée d'étalement (toujours plafonnée à quinze ans) dépend de la durée moyenne d'amortissement déjà pratiquée sur les éléments concernés, pondérée en fonction de leurs prix d'acquisition respectifs.

Le montant susceptible d'étalement ne peut excéder le montant global de la **plus-value nette** à court terme de l'exercice (après imputation des moins-values à court terme).

Dans les **entreprises soumises à l'IS,** le montant total de la plus-value réalisée à la suite de l'indemnisation d'un sinistre ou d'une expropriation est traité comme une **plus-value à court terme** et peut par suite bénéficier du dispositif d'étalement, après imputation, le cas échéant, des moins-values ordinaires de l'exercice.

> **Précisions** **a.** Les entreprises peuvent moduler le **rythme des réintégrations,** à condition que leur montant cumulé soit toujours au moins égal à autant de fractions de plus-values que d'exercices ouverts depuis la clôture de l'exercice de réalisation de la plus-value (BOI-BIC-PVMV-20-30-10 n° 390).
> **b.** Si le bien sinistré ou exproprié a été reçu par voie d'**apport,** la durée d'étalement s'apprécie en retenant uniquement les annuités d'amortissements pratiqués par la société bénéficiaire de l'apport, quel que soit le régime fiscal sous lequel l'apport a été placé (CE 27-6-2001 n° 222554 : RJF 10/01 n° 1191).

PLUS-VALUES À LONG TERME

19295 CGI art. 39 quindecies, I-1-al. 4 BIC-VII-15300 s

La taxation réduite de la plus-value nette à long terme réalisée par une entreprise relevant de l'IR à la suite de l'indemnisation d'un sinistre ou d'une expropriation (ou d'une cession amiable antérieure) d'immeubles est différée de deux ans, sauf en cas de cessation d'activité. Il s'agit d'un **report de paiement** de l'impôt, de sorte qu'il n'est pas possible d'échapper à la taxation en imputant sur la plus-value réalisée au cours de l'exercice N une moins-value de l'exercice N + 2.

ENTREPRISES LOCATAIRES D'IMMEUBLES EXPROPRIÉS

19300 BIC-VII-15080 s

Les entreprises locataires d'immeubles expropriés peuvent bénéficier de l'étalement de la plus-value à court terme lorsqu'elles perçoivent une indemnité pour la perte d'**équipements et matériels intransférables** (BOI-BIC-PVMV-20-30-10 n° 270).

Celles qui sont soumises à l'IR peuvent également bénéficier du report des plus-values à long terme constatées à raison de l'indemnisation de la perte de leur **droit au bail** ou d'autres éléments du fonds (BOI précité n°s 260 à 280).

2. CRÉDIT-BAIL

19320

Nous envisageons ci-après l'ensemble des règles qui régissent la **situation du preneur** d'un contrat de crédit-bail mobilier, immobilier, sur fonds de commerce ou sur parts ou actions, lors des différentes étapes de l'opération : déduction des loyers, cession du contrat avant l'échéance, exercice de l'option d'achat et cession des biens acquis au terme du contrat.

CRÉDIT-BAIL MOBILIER

19330 CGI art. 39 duodecies A BIC-VII-75700 s

a. Les **loyers** versés sont en principe intégralement déductibles du résultat imposable, sous réserve de la limitation spécifique aux véhicules de tourisme (n° 9035). Pour les sociétés soumises à l'IS, les loyers afférents aux opérations de crédit-bail sont pris en compte au titre du dispositif de limitation de la déductibilité des charges financières (n°s 35830 s.). La déductibilité des loyers ne peut être remise en cause que si le contrat est requalifié en vente à tempérament ou, selon l'administration, si le prix de levée d'option est anormalement bas compte tenu de la durée normale d'utilisation du bien concerné et de la brièveté de la période de location (BOI-BIC-BASE-60-20 n° 1). Le Conseil d'État admet la déduction d'un premier loyer très supérieur aux échéances suivantes lorsque l'inégalité des loyers stipulés correspond à une inégalité dans la valeur de la prestation fournie par le crédit-bailleur (CE 16-2-2011 n° 315625 : RJF 5/11 n° 547).

b. En cas de **cession du contrat** par le souscripteur initial, une plus-value égale au prix de cession est constatée. Dans les sociétés soumises à l'IS, elle est imposable pour son montant total au taux de droit commun. Dans les entreprises relevant de l'IR, la plus-value est à court terme à concurrence de l'amortissement théorique du contrat calculé sur la base du prix d'acquisition du bien par le bailleur diminué du prix prévu pour la levée de l'option d'achat, selon le mode linéaire et sur la durée du contrat. La fraction excédant cette plus-value relève du régime du long terme dès lors que le contrat est détenu depuis au moins deux ans.

Si le contrat est transféré lors d'une **fusion,** ou opération assimilée, placée sous le régime spécial de l'article 210 A du CGI, le dispositif d'étalement des plus-values sur éléments amortissables s'applique (n°s 39510 s.). Il en va de même en cas d'**apport en société d'une entreprise individuelle** placé sous le régime de l'article 151 octies du CGI.

Les règles applicables au **cessionnaire** sont, mutatis mutandis, semblables à celles prévues en cas de cession d'un contrat de crédit-bail immobilier : voir n° 19345, précision b.

c. Les **biens acquis à l'échéance** du contrat sont inscrits à l'actif pour le prix convenu pour la levée de l'option, majoré, s'il y a lieu, du prix d'acquisition des droits attachés au contrat. Cette valeur (diminuée, le cas échéant, des amortissements pratiqués sur le prix de revient de ces droits) est amortissable sur la durée d'utilisation du bien appréciée à la date de la levée de l'option.

d. En cas de **cession ultérieure du bien,** la plus-value est déterminée et imposée dans les conditions de droit commun. S'agissant des entreprises soumises à l'IR, elle est considérée comme à court terme à hauteur des amortissements pratiqués, augmentés de ceux que l'entreprise aurait pu pratiquer si elle avait été propriétaire du bien dès l'origine (amortissement théorique calculé comme indiqué au b, ci-dessus). Pour les entreprises soumises à l'IS, elle est comprise pour son montant total dans le résultat imposable au taux de droit commun.

CRÉDIT-BAIL IMMOBILIER

19340 CGI art. 39, 10 BIC-VII-77850 s

Déduction des loyers Les loyers versés sont en principe intégralement déductibles. Toutefois, lorsque le prix de levée de l'option est inférieur au coût d'acquisition du terrain par le bailleur, la fraction des loyers égale à la différence constatée entre ces deux sommes est exclue des charges déductibles en **fin de contrat.** C'est le crédit-bailleur qui fournit à cet égard tous les renseignements nécessaires, le crédit-preneur devant pour sa part établir un tableau récapitulatif de la quote-part non déductible des dernières échéances. Pour les entreprises soumises à l'IS, les loyers afférents aux opérations de crédit-bail sont pris en compte au titre du dispositif de limitation de la déductibilité des charges financières (n°s 35830 s.).

> **Précisions** **a.** Les **préloyers** versés par le preneur qui correspondent aux charges financières supportées par la société de crédit-bail au cours de la période de construction de l'immeuble sont déductibles du résultat imposable dès qu'ils sont dus (CE 12-1-2004 n° 243273 : RJF 4/04 n° 351).
> **b.** Une règle spéciale est prévue pour les opérations de crédit-bail portant sur des immeubles achevés après le 31 décembre 1995 et affectés à titre principal à usage de **bureaux en Île-de-France,** qui entrent dans le champ d'application de la taxe sur les bureaux (n° 31390) et qui ne sont situés ni dans les zones de redynamisation urbaine, ni, pour les contrats conclus avant 2007, dans les zones éligibles à la prime d'aménagement du territoire ou dans les territoires ruraux de développement prioritaire, ni, pour les contrats conclus depuis 2007, dans les zones d'aide à finalité régionale (n° 92540) : la déduction de la quote-part des loyers correspondant à l'amortissement financier du coût de l'investissement est limitée au montant des frais d'acquisition de l'immeuble et de l'amortissement technique que le crédit-preneur aurait pu pratiquer s'il avait été propriétaire de l'immeuble. Les parties sont libres de définir l'affectation des loyers réintégrés : elles peuvent en particulier prévoir qu'ils correspondent prioritairement au financement des constructions, puis au financement du terrain.

19345 CGI art. 39 duodecies A BIC-VII-78300 s

Cession du contrat avant l'échéance Lorsque le contrat est cédé par le souscripteur initial, le **montant de la plus-value** réalisée correspond en principe au prix de cession. La fraction des loyers exclue des charges déductibles, dans les conditions mentionnées n° 19340, vient toutefois en diminution de la plus-value imposable.

Pour les **entreprises soumises à l'IS,** le montant total de cette plus-value est compris dans le résultat imposable au taux de droit commun.

Pour les **entreprises relevant de l'IR,** la plus-value est à court terme à concurrence de la fraction déduite des loyers pris en compte pour la détermination du prix de vente, diminuée des frais d'acquisition de l'immeuble par le bailleur et à long terme pour l'excédent si le cédant est titulaire du contrat depuis au moins deux ans. La plus-value à long terme peut, le cas échéant, bénéficier de l'abattement visé n°s 18095 s. si le contrat est détenu depuis plus de cinq ans.

> **Précisions** **a.** Lorsque le contrat de crédit-bail est cédé dans le cadre d'un **apport partiel d'actif** ou d'une **fusion,** la plus-value réalisée suit le régime spécial de l'article 210 A du CGI (voir n° 39455) si l'opération est placée sous ce régime. Pour cela, la plus-value de cession doit au préalable être ventilée entre la fraction qui se rapporte aux droits sur le terrain et celle qui concerne les droits sur les constructions. Chaque fraction de plus-value suit le régime qui lui est propre : l'imposition de la fraction afférente aux droits sur le terrain est différée jusqu'à la cession ultérieure du bien, et la plus-value afférente aux droits représentatifs des constructions est rapportée aux résultats de la société absorbante sur une période de quinze ans (n°s 39510 s.).
> Les mêmes règles s'appliquent en cas d'**apport en société d'une entreprise individuelle** titulaire d'un contrat de crédit-bail immobilier, sous le régime de l'article 151 octies du CGI.
> **b.** Le **cessionnaire** du contrat peut amortir son prix d'acquisition selon le mode linéaire, compte tenu de la durée d'amortissement du

bien concerné à la date d'acquisition du contrat. Le prix d'acquisition est ventilé entre une fraction représentative des droits sur le terrain et une fraction représentative des droits sur les constructions, selon les modalités prévues par la loi. Les droits afférents au terrain sont assimilés à des éléments non amortissables de l'actif immobilisé.

c. Les opérations de cession sont soumises à des **obligations déclaratives** particulières.

Acquisition de l'immeuble à l'échéance L'exercice de l'option d'achat entraîne l'entrée de l'immeuble dans le patrimoine du crédit-preneur, qui doit alors procéder à la **réintégration d'une fraction des loyers** versés dans les résultats de l'exercice en cours, afin d'être placé dans une situation analogue à celle dans laquelle il se trouverait s'il avait été propriétaire du bien dès la conclusion du contrat. **19350** CGI art. 239 sexies à 239 sexies D BIC-VII-78700 s

Le **prix de revient** global de l'ensemble immobilier correspond au prix de levée de l'option augmenté des sommes ainsi réintégrées, de la quote-part de loyer non admise en déduction et, le cas échéant, du prix d'acquisition du contrat. Le prix de revient du terrain acquis coïncide avec son prix d'acquisition par le bailleur. Le surplus du prix de revient global de l'immeuble représente le prix de revient des constructions.

L'**amortissement** des constructions est effectué selon les règles de droit commun (amortissement par composants), sur la base de leur prix de revient diminué, le cas échéant, des amortissements déjà déduits à raison des droits attachés au contrat.

› Précisions **a.** Le **montant des réintégrations** à effectuer lors de la levée d'option correspond en **principe** à la différence existant entre :

– la valeur de l'immeuble lors de la signature du contrat (qui correspond en principe à celle qui est mentionnée dans le contrat, sans qu'il y ait lieu d'en soustraire les éventuelles subventions versées au bailleur par une collectivité publique : CE 19-6-2017 nos 395452, 395455 et 395456 : RJF 10/17 n° 907), diminuée du prix de levée de l'option ;

– et le montant des amortissements que le locataire aurait pu pratiquer s'il avait été propriétaire du bien depuis cette date (compte tenu le cas échéant de l'application de la méthode par composants).

La réintégration à effectuer est diminuée des quotes-parts de loyers non déduites pendant la période de location.

b. Les **PME** sont dispensées de toute réintégration à l'échéance lorsqu'elles acquièrent des immeubles à usage industriel ou commercial, y compris les immeubles de bureaux, situés dans les zones d'aide à finalité régionale (AFR), les zones de revitalisation rurale (ZRR) et les zones de redynamisation urbaine (ZRU) à l'issue de **contrats d'une durée au moins égale à quinze ans** conclus entre le 1er janvier 2007 et le 31 décembre 2015 (ou jusqu'au 31 décembre 2014 pour les immeubles situés dans les ZRU). La dispense concerne aussi les contrats conclus entre le 1er janvier 1996 et le 31 décembre 2006 portant sur des immeubles situés dans les zones éligibles à la prime d'aménagement du territoire, les territoires ruraux de développement prioritaire, les ZRR et les ZRU.

L'avantage accordé au titre des contrats conclus depuis le 1er janvier 2007 est soumis au respect des règles régissant les aides à finalité régionale (n° 92625) lorsqu'il concerne le financement d'immeubles neufs situés dans les zones AFR et au respect de la réglementation européenne des aides aux PME (n° 92645) si les immeubles neufs sont situés dans les autres zones. Pour le financement des immeubles anciens situés dans l'une de ces trois zones, le bénéfice de la dispense est soumis au respect de la réglementation « de minimis » (nos 92660 s.).

c. Les crédits-preneurs soumis aux limites de déduction des loyers de **bureaux en Île-de-France** (n° 19340, précision b) n'ont aucune réintégration à opérer à l'échéance, et la durée d'amortissement des constructions correspond à la durée normale d'utilisation restant à courir depuis leur acquisition par le bailleur.

d. En application de l'article 49 octies E de l'annexe III au CGI, le crédit-preneur doit joindre à la déclaration de résultats de l'exercice en cours lors de l'acquisition de l'immeuble une **attestation** délivrée par l'organisme bailleur. Il est toutefois admis que le locataire acquéreur puisse conserver cette attestation à la disposition de l'administration (BOI-BIC-PVMV-40-50-40 n° 70).

Cession de l'immeuble acquis Lors de la cession de l'immeuble acquis en crédit-bail, la plus-value réalisée est déterminée, conformément au droit commun, par différence entre le prix de vente et le prix de revient minoré des amortissements pratiqués. **19355** CGI art. 39 duodecies A BIC-VII-79220 s

Elle est soumise en totalité au taux de droit commun lorsque le cédant relève de l'**IS.**

Dans les entreprises soumises à l'**IR,** la plus-value peut bénéficier du régime des plus-values à long terme avec abattement éventuel (nos 18095 s.) lorsque la cession est réalisée plus de deux ans après la date de levée de l'option. Dans ce cas, la plus-value à court terme correspond aux amortissements effectivement déduits, majorés des amortissements techniques que le cédant aurait pu pratiquer s'il avait été propriétaire du bien pendant la période où il a été titulaire du contrat (et, le cas échéant, des amortissements pratiqués sur le prix d'acquisition des droits représentatifs des constructions si le contrat a été acquis à titre onéreux).

> **Précisions** **a.** En cas de cession d'immeubles de **bureaux situés en Île-de-France** acquis à l'échéance de contrats conclus depuis le 1er janvier 1996, le délai de détention est décompté d'après la date de leur inscription à l'actif du crédit-bailleur (BOI-BIC-PVMV-40-50-30 n° 70).
> **b.** Les opérations de cession sont soumises à des **obligations déclaratives** particulières.

19360 CGI art. 93 quater, III et IV BIC-VII-80900 s

Cas particulier : sous-location d'immeubles pris en crédit-bail Le cas envisagé ici est celui des personnes physiques et des sociétés de personnes non passibles de l'IS dont les associés sont des personnes physiques, notamment les sociétés civiles immobilières, qui procèdent à la sous-location d'immeubles pris en crédit-bail.

Ces personnes sont imposées dans la catégorie des bénéfices non commerciaux pour les **revenus** tirés de la sous-location, et les **loyers** qu'elles versent au crédit-bailleur sont soumis aux limites de déduction mentionnées n° 19340 (CGI art. 93, 1-6°).

Dans la mesure où le contrat de crédit-bail immobilier constitue un élément d'actif immobilisé, sa **cession** relève des règles exposées n° 19345.

Lors de l'**exercice de l'option d'achat,** les réintégrations mentionnées au n° 19350 doivent être effectuées. Le transfert de propriété de l'immeuble qui résulte de la levée d'option entraîne en outre le **changement de régime fiscal** du contribuable, du fait de la transformation de l'activité de sous-location en une activité de location relevant des revenus fonciers. Une **plus-value** professionnelle imposable doit par suite être constatée à cette date. Le montant de cette plus-value, qui est intégralement à court terme selon l'administration (BOI-BNC-BASE-30-10 n° 380), correspond à la différence entre la valeur vénale de l'immeuble à la date d'exercice de l'option d'achat et son prix de revient, déterminé selon les modalités exposées n° 19350. Son imposition peut être reportée, sur demande expresse du contribuable figurant dans l'acte constatant le transfert de propriété de l'immeuble, à la date à laquelle interviendra la transmission de l'immeuble ou la transmission ou le rachat de tout ou partie des titres de la société propriétaire, ou sa dissolution. Cette imposition peut toutefois être évitée en optant pour l'IS avant la date d'échéance du contrat.

CRÉDIT-BAIL SUR FONDS DE COMMERCE OU SUR TITRES NON COTÉS

19365 CGI art. 38 ter, 39, 8 et 39 duodecies A, 7 BIC-VII-82200 s

Lorsqu'un fonds de commerce, un fonds artisanal ou un de leurs éléments incorporels non amortissables, ou bien des parts ou actions de sociétés commerciales non cotées sont pris en crédit-bail, le **crédit-preneur** ne peut déduire qu'une partie des **redevances** versées, représentative en principe des frais financiers, à l'exclusion de la part prise en compte pour la fixation du prix de vente à l'échéance. La quote-part de loyer non déductible n'est pas imposable chez le **bailleur** s'il constate une dette envers le locataire : elle s'ajoute dans ce cas au prix de vente convenu pour le calcul de la plus-value de cession.

Les **biens acquis à l'échéance** du contrat sont inscrits à l'actif pour le prix convenu augmenté de la quote-part de loyers non admise en déduction pendant la durée du contrat.

Les contrats de crédit-bail portant sur des **éléments incorporels amortissables d'un fonds** de commerce relèvent quant à eux du régime du crédit-bail mobilier exposé n° 19330.

3. LEASE-BACK D'IMMEUBLES

19370 CGI art. 39 novodecies BIC-VII-17000 s

L'entreprise qui cède à une société de crédit-bail, **entre le 1er janvier 2021 et le 30 juin 2023,** un immeuble dont elle retrouve immédiatement la jouissance en vertu d'un contrat de crédit-bail peut bénéficier, sur **option,** d'un **étalement** de la plus-value de cession sous réserve que cette cession soit précédée d'un accord de financement accepté par le crédit-preneur à compter du 28 septembre 2020 et au plus tard le 31 décembre 2022.

Sont concernées les cessions d'**immeubles affectés** par le crédit-preneur à son **activité** commerciale, industrielle, artisanale, libérale ou agricole. Cette condition d'affectation doit être satisfaite à la date de cession, puis pendant toute la durée du contrat de crédit-bail (BOI-BIC-PVMV-40-20-60 n° 55). Les immeubles **de placement** sont exclus du dispositif d'étalement. Cette exclusion ne s'applique pas lorsque l'immeuble est loué par le crédit-preneur à une entreprise avec laquelle il entretient des liens de dépendance au sens de l'article 39, 12 du CGI (voir n° 10425, précision a) et qui l'affecte à une des activités précitées.

Le montant de la plus-value de cession est réparti par parts égales sur les exercices clos pendant la **durée** du contrat de crédit-bail, sans excéder quinze ans. Il est mis **fin à l'étalement** en cas d'acquisition de l'immeuble par le crédit-preneur ou de résiliation du contrat de crédit-bail.

> **Précisions** **a.** Pour les **entreprises relevant de l'IR,** l'option pour l'étalement concerne la totalité de la plus-value de cession (part à court terme et part à long terme), étant précisé

que celle-ci peut bénéficier, le cas échéant, au préalable de l'abattement pour durée de détention (nos 18095 s.). Seule la part de la plus-value qui ne peut bénéficier du régime d'exonération en fonction des recettes (nos 18200 s.) fait l'objet de l'étalement.

b. Le régime est applicable lorsque l'immeuble cédé puis pris en crédit-bail par une société détenue par une **personne physique** est loué à une entreprise individuelle dans laquelle cette personne exerce une activité économique et professionnelle (BOI-BIC-PVMV-40-20-60 no 57).

c. Un dispositif identique à celui prévu à l'actuel article 39 novodecies, I du CGI s'est appliqué aux **cessions** réalisées **entre le 23 avril 2009 et le 31 décembre 2012** et a concerné les immeubles de toute nature, y compris les immeubles de placement (BIC-VII-17130 s.).

4. RÉÉVALUATION DES BILANS

La réévaluation est l'opération comptable qui consiste à actualiser la valeur des éléments d'actif d'une entreprise. **19390** BIC-VII-90000 s

Actuellement, le seul régime applicable est celui de la **réévaluation libre** des éléments d'actif, autorisée par le Code de commerce sous certaines conditions (C. com. art. L 123-18, al. 4). Cette réévaluation entraîne un coût fiscal immédiat qui peut toutefois être différé sur option.

> Précisions Des **régimes légaux** de révision des bilans ont été institués à différentes reprises dans le passé, le dernier en date ayant autorisé les entreprises à réviser la valeur des immobilisations au 31 décembre 1976. Ces régimes peuvent aujourd'hui encore avoir des incidences comptables et fiscales (voir BIC-VII-90700 s.).

CONDITIONS

La réévaluation doit obligatoirement concerner l'ensemble des **immobilisations corporelles et financières,** à l'exclusion des immobilisations incorporelles, des stocks et des valeurs mobilières de placement. Les immobilisations sont portées à leur valeur actuelle, estimée en fonction du marché et de leur utilité pour l'entreprise. **19400** BIC-VII-90070 s

Au **plan comptable,** l'écart de réévaluation, égal à la différence entre la valeur actuelle et la valeur nette comptable, est inscrit au passif du bilan (en capitaux propres) et peut être incorporé, en tout ou en partie, au capital. Il ne peut être utilisé à compenser des pertes, sauf s'il a été préalablement incorporé au capital (PCG art. 214-27). Il ne peut être distribué que lorsqu'il est réalisé, c'est-à-dire en cas de cession des immobilisations réévaluées ou au fur et à mesure des suppléments d'amortissements constatés (voir Mémento comptable nos 56790 s.).

> Précisions Les **amortissements dérogatoires** éventuellement constatés antérieurement à l'opération de réévaluation et afférents aux immobilisations réévaluées ne sont pas pris en compte dans le calcul de l'écart de réévaluation. Ils n'ont pas à être repris à raison de la réévaluation (Recueil des normes comptables ANC, commentaire IR3 sous l'article 214-27 du PCG).

RÉGIME DE DROIT COMMUN

Dès lors que la réévaluation se traduit par une augmentation de la valeur des éléments d'actif, l'écart de réévaluation constaté augmente l'actif net. **19410** BIC-VII-90150 s

Les **plus-values** dégagées par la réévaluation (c'est-à-dire l'augmentation d'actif net qui en résulte) constituent un produit imposable dans les conditions de droit commun, sur lequel les **déficits antérieurs** peuvent par suite être imputés le cas échéant (BOI-BIC-PVMV-40-10-60-20 nos 20 et 30).

La nouvelle valeur comptable est retenue par la suite :

– d'une part, pour le calcul des **amortissements** annuels (l'entreprise pouvant, à l'occasion de la réévaluation, allonger la durée d'amortissement initialement retenue et fixer un nouveau taux d'amortissement en fonction de la durée probable d'utilisation restant à courir) (BOI-BIC-AMT-10-30-40 no 230 ; BOI-BIC-AMT-20-10 no 350) ;

– d'autre part, pour le calcul des **plus-values** (ou moins-values) réalisées ultérieurement lors de la **cession** des éléments réévalués (BOI-BIC-PVMV-40-10-60-20 no 40).

RÉGIME OPTIONNEL

Un dispositif optionnel permet aux entreprises qui procèdent à une réévaluation libre dans les conditions exposées au no 19400 de ne pas prendre en compte l'écart de réévaluation dans le résultat imposable de l'exercice de réévaluation. Ce dispositif, applicable à la première opération de réévaluation réalisée au terme d'un exercice clos **entre le 31 décembre 2020 et le 31 décembre 2022,** prévoit un étalement ou un sursis d'imposition selon le caractère amortissable ou non des immobilisations réévaluées. Il s'applique à toutes les entreprises soumises aux règles de la comptabilité commerciale, à l'exclusion des entreprises non commerciales (BOI-BIC-PVMV-40-10-60-30 no 20). **19420** CGI art. 238 bis JB BIC-VII-90300 s

Pour les **immobilisations amortissables,** l'écart de réévaluation fait l'objet d'une **réintégration** extra-comptable **par fractions égales** dans les résultats de l'entreprise à partir de l'exercice suivant la réévaluation sur une durée de quinze ans pour les constructions, ainsi que pour les plantations et les agencements et aménagements de terrains lorsque leur durée normale d'amortissement à la date de leur entrée à l'actif est au moins égale à quinze ans (BOI précité n° 100). La durée de réintégration est fixée à cinq ans pour les autres immobilisations. En contrepartie, les **amortissements, provisions et plus-values** ultérieurs sont calculés à partir des valeurs réévaluées. En cas de **cession,** l'écart non encore réintégré fait l'objet d'une imposition immédiate.

Pour les immobilisations **non amortissables,** l'écart de réévaluation n'est pas inclus dans le résultat de l'exercice de réévaluation, sous réserve que l'entreprise s'engage à calculer la plus ou moins-value de **cession ultérieure** de l'actif à partir de sa valeur fiscale non réévaluée (BOI précité n° 60). Calcul de la **provision pour dépréciation** d'une immobilisation non amortissable réévaluée : voir n° 9800, précision b.

> **Précisions** Les entreprises doivent **joindre** à leurs déclarations de résultat de l'exercice de réévaluation et des exercices suivants un **état** mentionnant les renseignements nécessaires au calcul des amortissements, provisions et plus ou moins-values afférents aux immobilisations réévaluées. Un modèle de cet état de suivi figure au BOI-FORM-000090.

5. AUTRES RÉGIMES SPÉCIAUX

OPÉRATIONS IMMOBILIÈRES

19440 BIC-VII-15850 s

Opérations sur terrains à bâtir Les plus-values réalisées à l'occasion de la cession ou de l'apport de terrains à bâtir détenus depuis au moins deux ans peuvent bénéficier d'un **report d'imposition,** qui ne peut excéder **cinq ans,** dans les quatre cas suivants.

1. Cession de terrain à une collectivité publique (CGI art. 238 nonies). Qu'elle soit réalisée ou non dans le cadre d'une procédure d'expropriation, la plus-value peut être rattachée, sur demande expresse du contribuable, aux résultats de l'exercice au cours duquel l'indemnité est effectivement perçue.

2. Apport d'un terrain à une société de construction-vente (CGI art. 238 decies, I). À moins que l'entreprise n'opte pour la taxation immédiate, la plus-value est rattachée aux résultats de l'exercice en cours à la date de la dernière cession, par la société de construction, des immeubles ou fractions d'immeubles construits sur le terrain apporté (sauf en cas de décès de l'apporteur ou de cession de ses droits sociaux).

3. Apport d'un terrain à une société de copropriété « transparente » (CGI art. 238 decies, II). Sauf option de l'entreprise pour la taxation immédiate, la plus-value est rattachée aux résultats de l'exercice en cours à la date de la dernière cession par l'entreprise des droits reçus en rémunération de son apport ou des immeubles reçus en représentation de ces droits (sauf décès antérieur de l'apporteur, cession ou cessation de l'entreprise).

4. Cession de terrain rémunérée par la remise d'immeubles à construire (CGI art. 238 undecies). Sauf option contraire, la plus-value est en principe rattachée aux résultats de l'exercice en cours à la date de la dernière cession des constructions reçues (sauf décès antérieur du cédant, cession ou cessation de l'entreprise). Ce régime n'est pas applicable aux sociétés soumises à l'IS (CE 8-2-2012 n° 336543 : RJF 5/12 n° 477).

19444 CGI art. 238 octies C BIC-VII-16150 s

Échange de biens immobiliers Les plus-values réalisées par les entreprises lors de l'échange d'un bien immobilier avec une **collectivité** ou un **établissement public** (État, collectivité territoriale, établissement public de coopération intercommunale compétent, établissements publics fonciers ou associations foncières urbaines) qui affecte le bien à la réalisation d'un **ouvrage d'intérêt collectif** peuvent faire l'objet d'un **report d'imposition.** La plus-value est égale à la différence entre la valeur du ou des biens ou droits reçus de la collectivité ou de l'établissement public et la valeur nette comptable du bien remis à l'échange par l'entreprise. Elle est affectée aux biens ou droits reçus en échange au prorata de leur valeur vénale à la date de l'opération. L'imposition de la fraction de la plus-value correspondant aux **biens non amortissables** reçus en échange est reportée jusqu'à la cession de ces biens. La fraction de la plus-value correspondant aux **biens amortissables** est réintégrée au résultat imposable de l'entreprise au fur et à mesure de leur amortissement. La fraction non encore réintégrée est immédiatement imposée en cas de cession du bien ou du droit.

L'**option** pour ce régime est exercée en joignant à la déclaration de résultat de l'exercice d'échange un **état de suivi** des plus-values (n° 2903-SD), qui doit également être produit au titre des exercices ultérieurs tant que subsistent à l'actif du bilan des éléments auxquels est attaché un report d'imposition.

> Précisions a. Sont concernés les **biens immobiliers** bâtis ou non bâtis inscrits à l'actif de l'entreprise affectés ou non à l'exploitation. Sont également visés les droits réels immobiliers (usufruit, nue-propriété, servitudes, droit de surélévation, mitoyenneté, bail emphytéotique, etc.) et les droits portant sur un immeuble (indemnité d'éviction relative à la perte du droit au bail) (BOI-BIC-PVMV-40-10-70 n° 110).
b. En cas de versement d'une **soulte** par l'une des parties à l'échange, celle-ci ne doit dépasser ni 10 % de la valeur vénale des biens ou droits remis à l'échange ni le montant de la plus-value réalisée lors de l'échange.
c. Le **défaut de production** de l'**état** au titre des années postérieures à l'échange ou la production d'un état inexact ou incomplet entraînent l'application d'une amende égale à 5 % des résultats omis (CGI art. 1763, I). Non-application de l'amende en cas de régularisation : voir n° 9055, a.

Cession de locaux professionnels destinés à être transformés en logements 19447

CGI art. 210 F
BIC-VII-16400 s

Les plus-values nettes réalisées par les **sociétés soumises à l'IS** lors de la cession, **jusqu'au 31 décembre 2026,** d'un local à usage de bureau, à usage commercial ou industriel destiné à être transformé en immeuble à usage d'habitation, ou d'un terrain à bâtir en vue de construire des locaux d'habitation sont imposées au **taux réduit de 19 %** (majoré, le cas échéant, de la contribution sociale visée n°s 36690 s.), sous réserve que le cessionnaire prenne l'engagement mentionné n° 19452 (Loi 2023-1322 du 29-12-2023 art. 51). Le dispositif s'applique aux cessions (vente ou apport) effectuées en faveur de toute **personne morale,** à l'exclusion toutefois de celles réalisées entre **sociétés** liées au sens de l'article 39, 12 du CGI (n° 10425, précision a). Il est en outre réservé aux biens situés dans des communes comprises dans des **zones géographiques** se caractérisant par un déséquilibre particulièrement important entre l'offre et la demande de logements. Celles-ci s'entendent des communes classées dans les zones A bis et A telles qu'elles sont définies à l'article D 304-1 du CCH (CGI ann. III art. 46 quater-0 ZZ bis E ; BOI-IS-BASE-20-30-10-10 n° 360).

Ce régime s'applique également aux **promesses unilatérales ou synallagmatiques de vente** conclues jusqu'au 31 décembre 2026, à condition que la cession soit réalisée au plus tard deux ans après la date de la promesse (Loi 2023-1322 du 29-12-2023 art. 51).

> Précisions a. Les **déficits** subis par la société cédante peuvent être imputés sur les plus-values taxables au taux réduit.
b. Le **cédant** peut réaliser des **travaux** (sécurisation, désamiantage, etc.) avant la cession, à condition de ne pas commencer la transformation du local (Rép. Accoyer : AN 26-11-2013 n° 28516).
c. Ouvrent notamment droit au dispositif les travaux de **démolition** suivis de la **reconstruction** d'un local à usage d'habitation (BOI-IS-BASE-20-30-10-20 n° 80) ou les travaux ayant pour effet d'**accroître la surface du local** réalisés par le cessionnaire (Rép. Accoyer précitée). En revanche, la cession d'un appartement ayant servi à l'exercice d'une activité libérale et pouvant être affecté à l'habitation au prix de **transformations mineures** ne peut bénéficier du dispositif (BOI précité n° 80).
d. Les locaux à usage d'habitation s'entendent de ceux qui constituent la **résidence** principale ou secondaire d'une personne physique (BOI précité n° 50).

Le cessionnaire doit prendre l'**engagement** de transformer l'immeuble acquis en un immeuble à usage d'habitation ou de construire des locaux d'habitation sur le terrain **dans les quatre ans** qui suivent la date de clôture de l'exercice d'acquisition. Pour les cessions réalisées à compter du 1er janvier 2024, cette condition est réputée satisfaite s'il s'engage à réaliser des locaux à usage mixte dont la **surface habitable** représente **au moins 75 %** de la surface totale des constructions mentionnée sur le permis de construire du programme immobilier ou sur la déclaration préalable des travaux. Dans ce cas, le taux réduit d'imposition s'applique à la part de la plus-value égale au produit de cette dernière par le rapport entre la surface habitable et la surface totale des locaux ainsi transformés (Loi 2023-1322 du 29-12-2023 art. 51). 19452

Pour les cessions réalisées à compter du 1er janvier 2024, le délai est porté de quatre à six ans pour les opérations d'aménagement créant une **emprise au sol** supérieure ou égale à 20 000 mètres carrés (Loi 2023-1322 du 29-12-2023 art. 51).

Ces **délais** peuvent être **prolongés** pour une durée maximale d'un an, sur demande du cessionnaire à l'autorité compétente de l'État du lieu de la situation des immeubles (au plus tard trois mois avant l'expiration du délai initial : CGI ann. III art. 46 quater-0 ZZ bis F), étant précisé que l'absence de notification d'un refus motivé de l'administration dans les deux mois de la réception de la demande vaut acceptation. Cette prolongation peut, dans les mêmes conditions, être renouvelée une fois.

> Précisions **a.** L'engagement est pris par le cessionnaire dans l'**acte de cession du bien.** Une copie est jointe à la déclaration de résultat de l'exercice de cession par le cédant et le cessionnaire (CGI ann. III art. 46 quater-0 ZZ bis D).

b. L'**engagement** est réputé **respecté** lorsque l'achèvement des travaux de transformation ou de construction intervient avant le terme du délai légal, étant précisé que la **date d'achèvement des travaux** est celle figurant sur la déclaration prévue par l'article L 462-1 du Code de l'urbanisme.

c. Le **non-respect** par le cessionnaire de son engagement entraîne l'application de l'amende prévue à l'article 1764, III du CGI égale au montant de l'économie d'impôt réalisée par le cédant en application du dispositif, sauf circonstances exceptionnelles indépendantes de sa volonté, comme par exemple une catastrophe naturelle (BOI-IS-BASE-20-30-10-20 n° 210). Ces dernières situations se distinguent de la demande de prolongation décrite ci-avant (BOI précité n° 65).

d. En cas d'absorption ou de dissolution sans liquidation de la société cessionnaire, l'engagement n'est pas rompu si la société absorbante s'engage, dans l'acte de **fusion** (ou dans la décision de dissolution), à le respecter pour le délai restant à courir. Cette solution s'applique quel que soit le régime fiscal de l'opération (BOI précité n°s 150 à 180), à condition qu'elle n'ait pas pour objectif principal ou comme un de ses objectifs principaux la fraude ou l'évasion fiscales (n° 39202).

e. Le cessionnaire ne rompt pas l'engagement lorsqu'il cède les locaux ou le terrain acquis dans le cadre d'une **vente d'immeuble à construire** mentionnée à l'article 1601-1 du Code civil (conclue à terme ou en l'état futur d'achèvement) dès lors qu'il réalise la transformation dans le délai conformément à son engagement (BOI précité n° 110).

ÉCHANGES DE TERRES AGRICOLES RÉALISÉS PAR UNE SOCIÉTÉ SOUMISE À L'IS OU UNE SAFER

19460 CGI art. 38 septies BA-VII-30150 s

Un **report d'imposition** s'applique sur **option** aux plus-values d'échanges de terres agricoles réalisées dans le cadre d'un aménagement foncier rural au sens de l'article L 121-1 du Code rural et de la pêche maritime par les sociétés d'aménagement foncier et d'établissement rural (Safer) ou par les sociétés soumises à l'IS ayant une activité principale de nature agricole au sens de l'article 63 du CGI (n°s 15155 s.). Les terres peuvent également être échangées contre des actions ou parts de sociétés dont l'activité principale est de nature agricole ou ayant pour objet principal la propriété agricole. Le report d'imposition **prend fin** en cas de cession des terres, parts ou actions reçues en échange ou en cas de cession des terres figurant au jour de l'échange à l'actif de la société dont les titres ont été reçus. En cas de cession partielle de ces terres, parts ou actions, la plus-value en report est imposable à proportion des actifs cédés.

> Précisions **a.** La plus-value d'échange est immédiatement imposable à concurrence de l'éventuelle **soulte** reçue.

b. La **plus-value** réalisée lors de l'échange de terres contre des titres est, déduction faite de l'éventuelle soulte, **immédiatement imposable** à proportion de la valeur au jour de l'échange des éléments d'actif de la société autres que des terres agricoles sur l'actif total de la société dont les titres sont échangés.

c. Les plus-values en report doivent figurer sur l'**état de suivi** et le **registre** mentionnés n° 19780.

CESSION DE NAVIRES DE TRANSPORT FLUVIAL DE MARCHANDISES

19470 CGI art. 238 sexdecies BIC-VII-15500 s

Sont **exonérées** les plus-values réalisées par les entreprises de transport fluvial de marchandises ou de location de bateaux affectés à cette activité lors de la cession de bateaux exploités pour le transport intérieur de marchandises faisant l'objet d'un titre de navigation en cours de validité. Le montant de la plus-value exonérée est plafonné à 100 000 € par cession. Pour les entreprises relevant de l'IR, dans cette limite, l'exonération concerne le montant total de la plus-value (part à court terme et part à long terme). L'entreprise doit soit **réinvestir** au cours de l'exercice de cession une somme au moins égale au prix de vente dans le même type de biens (en pleine propriété ou dans le cadre d'un crédit-bail), soit s'engager à le faire dans un délai de 24 mois à compter de la cession.

Le nouvel investissement peut être réalisé **préalablement** à la cession de l'ancien navire sous réserve que les deux opérations soient effectuées au cours du même exercice (BOI-BIC-PVMV-40-10-90 n° 240). La **date de réalisation** de l'investissement s'entend de sa date de livraison au sens de l'article 1604 du Code civil (BOI précité n° 270).

> Précisions **a.** L'exonération n'est pas applicable en cas de cession entre sociétés d'un même **groupe fiscal.**

b. Lorsque l'entreprise cédante est une **société de personnes,** la condition tenant à la nature de l'activité doit également être satisfaite par ses associés personnes morales.

c. Le **bateau acquis en remploi** doit être construit depuis 20 ans au plus, et à une date plus récente que le bateau cédé, ou disposer d'une plus grande capacité d'emport des marchandises que le bateau cédé.

d. Le **non-respect** par l'entreprise cédante de son **engagement** de réinvestissement ou le réinvestissement d'une somme inférieure au prix de vente du navire entraînent la réintégration de la totalité ou d'une fraction de la plus-value au résultat imposable au taux de droit commun de l'exercice en cours à la date d'expiration du délai de 24 mois (ou de l'exercice au cours duquel le contrat de crédit-bail prend fin), majorée de l'intérêt de retard.

e. L'exonération est subordonnée au respect du règlement **de minimis** : voir nos 92660 s.

E. Transmissions d'entreprises

RÈGLES GÉNÉRALES

Plusieurs **régimes spécifiques** d'exonération ou de report d'imposition sont prévus en faveur des plus-values constatées lors des opérations de transmission de **PME.** 19490

L'un de ces régimes est commun à tous les types de transmission d'entreprises, à titre onéreux ou gratuit, et peut concerner tant les entreprises relevant de l'impôt sur le revenu (IR) que les sociétés soumises à l'impôt sur les sociétés (IS). Son application dépend de la valeur de l'exploitation transmise.

Les autres régimes sont réservés à des modes de transmission particuliers : apport en société, transmission à titre gratuit et cession de l'entreprise par l'exploitant qui prend sa retraite. Ils s'adressent uniquement aux entreprises relevant de l'IR.

Dans les **entreprises relevant de l'IR,** l'existence de ces régimes spécifiques n'interdit pas aux contribuables d'appliquer, le cas échéant, les **mesures** d'exonération ou d'allégement **de portée générale** prévues pour toutes les cessions d'actifs, en cours comme en fin d'exploitation : exonération des plus-values accordée en fonction des recettes (nos 18200 s.) et dispositif d'abattement sur les plus-values immobilières à long terme (nos 18095 s.). 19495

Cette multiplicité de régimes d'exonération ou d'allégement s'accompagne de nombreuses interdictions de **cumul** ou de combinaison des différents dispositifs. Lorsqu'une opération entre dans le champ d'application de plusieurs dispositifs, dont les conditions d'application et la portée varient, il convient donc de comparer leurs avantages et inconvénients respectifs afin de choisir le régime le mieux adapté à la situation. Lorsque les régimes peuvent se cumuler, il est recommandé, d'une manière générale, de les appliquer du plus spécifique vers le plus général. Par exemple : d'abord celui prévu à l'article 151 septies B du CGI (abattement sur les plus-values immobilières), puis celui de l'article 151 septies A du CGI (exonération en cas de départ à la retraite) et enfin l'exonération de l'article 151 septies du même Code (exonération en fonction des recettes).

1. TRANSMISSION POUR UNE VALEUR N'EXCÉDANT PAS 1 M€

RÉGIME D'EXONÉRATION OPTIONNEL

Exception faite des plus-values immobilières, les plus-values réalisées à l'occasion de la transmission d'une entreprise individuelle ou d'une branche complète d'activité peuvent être exonérées, totalement ou partiellement selon la valeur des éléments transmis, à condition que l'activité ait été exercée pendant au moins cinq ans. Le bénéfice de cette exonération est subordonné à l'exercice d'une option qui doit, selon l'administration, être exercée lors du dépôt de la déclaration de cession ou de cessation (BOI-BIC-PVMV-40-20-50 n° 450). 19650 CGI art. 238 quindecies BIC-VII-27000 s DC-V-11000 s

Le **cumul** de ce dispositif avec les autres **régimes d'exonération ou de report** des plus-values est interdit, exception faite de l'exonération applicable en cas de départ en retraite (nos 19890 s.) et de l'abattement sur les plus-values immobilières à long terme (nos 18095 s.).

CHAMP D'APPLICATION

Opérations concernées Peuvent bénéficier de l'exonération les plus-values réalisées à l'occasion de la **transmission, à titre onéreux ou à titre gratuit** : 19655 BIC-VII-27100 s

– d'une **entreprise individuelle** relevant de l'IR ;
– d'une **branche complète d'activité,** définie selon les critères en vigueur dans le cadre du régime de faveur des apports partiels d'actif (n° 39245) ;
– de l'intégralité des **droits ou parts d'une société de personnes** relevant de l'IR détenus par un associé exerçant son activité professionnelle dans la société dans les conditions exposées n° 37675.

L'exonération peut s'appliquer quelle que soit la **nature de l'activité** (commerciale, industrielle, artisanale, libérale ou agricole).

En cas de **transmission d'une branche complète d'activité par une société relevant de l'IS,** l'exonération ne s'applique toutefois que si la société remplit les conditions suivantes :

– elle emploie moins de 250 salariés ;

– elle réalise un chiffre d'affaires annuel inférieur à 50 M€ ou a un total de bilan inférieur à 43 M€ ;

– son capital ou ses droits de vote ne sont pas détenus à hauteur de 25 % ou plus par une ou plusieurs entreprises ne remplissant pas les conditions d'effectif ou de chiffre d'affaires (ou de total de bilan) précitées, abstraction faite des parts détenues par l'intermédiaire de certaines structures de capital-risque.

Dans ce cas, l'exonération est également subordonnée au respect du règlement de minimis : voir nos 92660 s.

> **Précisions** **a.** L'administration exige que l'**activité** déployée dans l'entreprise individuelle soit exercée **à titre professionnel** (BOI-BIC-PVMV-40-20-50 n° 90), mais cette condition ne résulte pas de la loi.
> **b.** La transmission d'une activité qui fait l'objet d'un contrat de **location-gérance** (ou d'un contrat comparable) peut bénéficier de la mesure d'exonération sous certaines conditions (voir n° 19680).
> **c.** Lorsqu'ils relèvent de l'IS, les **organismes sans but lucratif** peuvent bénéficier de l'exonération, de même que les **collectivités territoriales,** les établissements publics de coopération intercommunale ou leurs **établissements publics.**
> **d.** Indemnités compensatrices versées par les compagnies d'**assurances** à leurs **agents généraux** lors de la cessation de leur mandat : voir n° 13725.

19660 BIC-VII-27490 s **Éléments de l'entreprise (ou de la branche d'activité) transmis** La transmission doit en principe porter sur tous les éléments d'actif et de passif affectés à l'activité de l'entreprise ou de la branche d'activité. Mais ce principe comporte d'importantes atténuations (BOI-BIC-PVMV-40-20-50 nos 90 à 200).

C'est ainsi que le transfert des **immeubles** et des **marques** nécessaires à l'exploitation n'est pas obligatoire dès lors que le nouvel exploitant s'en voit garantir l'usage de manière pérenne.

Lorsqu'il s'agit d'une **entreprise individuelle,** l'exonération est admise en cas de transmission du seul fonds de commerce, à l'exclusion des **stocks,** du **passif** et de la **trésorerie,** comme cela est prévu en cas de départ à la retraite de l'exploitant (n° 19905). Il en va de même, à notre avis, en cas de transmission du seul fonds libéral.

En cas de transmission d'une **branche complète d'activité,** il suffit que le transfert porte sur les éléments essentiels de l'activité, tels que définis en matière d'apports partiels d'actif (n° 39245).

CONDITIONS D'APPLICATION

19665 BIC-VII-27900 s **Durée d'exercice de l'activité** Dans tous les cas, l'activité transmise doit avoir été exercée pendant **au moins cinq ans.** Ce délai est décompté à partir du **début effectif d'activité** qui s'entend :

– de la date de création ou d'acquisition du fonds ou de la clientèle pour l'**exploitant individuel** qui transmet son entreprise ;

– de la date de souscription ou d'acquisition des parts pour l'**associé d'une société de personnes** qui transmet ses parts.

Le **terme du délai** est fixé à la date de réalisation de la transmission.

> **Précisions** **a.** Lorsqu'une **activité** a été exercée, successivement ou simultanément, **dans plusieurs fonds ou établissements,** il n'est pas exigé que ceux-ci aient eux-mêmes été détenus ou exploités pendant au moins cinq ans à la date de leur cession (CE plén. 13-6-2018 n° 401942 : RJF 10/18 n° 933) et la durée cumulée d'activité peut être prise en compte (BOI-BIC-PVMV-40-10-10-20 n° 60). En cas de transmission d'une **branche d'activité,** l'administration estime toutefois que l'exonération ne s'applique que si cette branche a été créée ou acquise depuis au moins cinq ans (BOI-BIC-PVMV-40-20-50 n° 230).
> **b.** Les solutions retenues dans le cadre du régime d'exonération prévu à l'article 151 septies du CGI, concernant notamment les **activités exercées successivement en société de personnes et à titre individuel** (ou inversement) et les entreprises exploitées par des **époux communs en biens,** valent également pour l'application de l'article 238 quindecies du CGI : voir n° 18210, précisions a, b et c.

19670 BIC-VII-28130 s **Valeur des éléments transmis** La valeur des éléments transmis ne doit pas excéder 500 000 € pour une exonération totale et 1 M€ pour une exonération partielle. Pour l'**appréciation** de ces seuils, il est tenu compte :

– soit, en cas de transmission d'une **entreprise individuelle** ou d'une **branche d'activité,** et selon qu'il s'agit d'une mutation à titre onéreux ou à titre gratuit, du prix stipulé des éléments transmis ou de leur valeur vénale, auxquels sont ajoutées les charges en capital et les indemnités stipulées au profit du cédant, à quelque titre et pour quelque cause que ce soit ;

– soit, en cas de transmission de l'intégralité des **droits ou parts** d'une société de personnes, de la valeur vénale des droits transmis susceptibles de bénéficier de l'exonération, à laquelle il faut ajouter, le cas échéant, la valeur des droits transmis au cours des cinq années précédentes.

> **Précisions** **a.** Les **biens immobiliers** bâtis ou non bâtis et les droits ou parts de sociétés dont l'actif est principalement constitué de tels biens, droits ou parts ne sont pas pris en considération (BOI-BIC-PVMV-40-20-50 n° 293). En revanche, les **éléments de l'actif circulant,** tels les stocks, sont pris en compte dès lors qu'ils contribuent à la valorisation des éléments transmis (BOI précité n° 295).
> **b.** Il est tenu compte, en cas de **location-gérance,** du prix, ou de la valeur des éléments de l'activité donnée en location, hors éléments immobiliers (BOI précité n° 340).
> **c.** En cas de **cession de plusieurs branches d'activité** réellement autonomes à plusieurs bénéficiaires au cours d'un exercice, les limites d'exonération s'apprécient branche par branche (BOI précité n° 330).

Absence de liens entre cédant et cessionnaire En cas de transmission à titre onéreux, le cédant ne doit pas détenir à la date de la cession le **contrôle de l'entreprise cessionnaire** du fait de la participation qu'il y détient ou des fonctions qu'il y exerce. **19675** BIC-VII-28210 s

L'existence d'un tel contrôle est établie lorsque le cédant ou, s'il s'agit d'une société, l'un de ses associés qui détient directement ou indirectement au moins 50 % des droits de vote ou des droits dans les bénéfices sociaux ou y exerce la direction effective :

– soit exerce la direction effective de l'entreprise cessionnaire ;

– soit détient directement ou indirectement plus de 50 % des droits de vote ou des droits dans les bénéfices sociaux de cette entreprise.

Ces conditions doivent être satisfaites de façon continue au cours des trois années qui suivent la cession, sous peine de **remise en cause de l'exonération** des plus-values.

> **Précisions** **La cession de parts de SCP à des coassociés,** suivie de l'attribution aux cédants de parts en industrie de cette SCP ouvrant droit au partage des bénéfices, peut bénéficier de l'exonération, la SCP ne pouvant être considérée comme le cessionnaire des parts (CE 19-5-2021 n° 430265 : RJF 8-9/21 n° 788).

Cas particulier de la location-gérance L'application de l'exonération à la transmission d'une activité qui fait l'objet d'un contrat de location-gérance ou d'un contrat comparable est subordonnée au respect des **conditions** générales **d'application du dispositif** (CE 16-10-2013 n° 346063 : RJF 1/14 n° 7 ; BOI-BIC-PVMV-40-20-50 n° 90) notamment à l'absence de lien de dépendance entre le cédant et le cessionnaire (CE 30-12-2013 n° 355328 : RJF 4/14 n° 315). **19680** BIC-VII-28400 s

L'article 238 quindecies, VII du CGI exige également :

– que l'activité ait été exercée depuis au moins cinq ans au moment de la mise en location ;

– et que la transmission soit réalisée au profit du locataire ou, dans le respect du contrat (voir n° 19925, Précisions), de toute autre personne, sous réserve que cette transmission porte sur l'intégralité des éléments concourant à l'exploitation de l'activité qui a fait l'objet du contrat de location-gérance.

> **Précisions** **a.** Seules les conditions générales d'application du régime (et non les conditions spécifiques prévues en cas de location-gérance) s'appliquent si le **contrat de location-gérance** a été **résilié** deux mois **avant la cession** (CAA Versailles 23-10-2014 n° 12VE00905 : RJF 2/15 n° 95) ou même la veille de la cession (CAA Douai 21-11-2019 n° 17DA01771 : RJF 3/20 n° 200).
> **b.** En ce qui concerne la détermination de la **valeur du bien** transmis, voir n° 19670, précision b.

PORTÉE DE L'EXONÉRATION

Plus-values exonérées L'exonération concerne toutes les plus-values, **à court terme ou à long terme,** constatées sur les éléments d'actif immobilisé à l'occasion de la transmission, exception faite des plus-values immobilières qui restent imposables dans les conditions de droit commun (l'abattement pour durée de détention peut le cas échéant s'appliquer : nos 18095 s.). Restent également imposés dans les conditions de droit commun les produits de transmission des éléments de l'actif circulant, tels que les **stocks** (BOI-BIC-PVMV-40-20-50 n° 370). **19685** BIC-VII-28800 s

Les **plus-values immobilières exclues** du régime spécial s'entendent des plus-values réalisées à raison de biens immobiliers bâtis ou non bâtis et de droits ou parts de sociétés dont l'actif est principalement constitué de ces mêmes biens ainsi que des droits afférents à un contrat de crédit-bail immobilier. Toutefois, les plus-values réalisées à l'occasion de la cession de l'intégralité des parts détenues dans une **société de personnes** peuvent être exonérées lorsque l'actif social est principalement constitué de biens immobiliers affectés par la société à sa propre exploitation ou de droits ou parts de sociétés dont l'actif est principalement constitué des mêmes biens, droits ou parts. Les biens mentionnés à l'article 1594-0 G, A-I du CGI (nos 66290 s.) ne sont pas considérés comme affectés à l'exploitation de la société.

19690 BIC-VII-28700 s **Montant exonéré** L'**exonération** est **totale** lorsque la valeur des éléments transmis n'excède pas 500 000 €. Elle est **partielle** et dégressive lorsque la valeur de ces éléments est comprise entre 500 000 € et 1 M€. La fraction exonérée est obtenue en appliquant au montant de la plus-value réalisée un taux égal au rapport suivant : (1 M€ – valeur des éléments transmis) / 500 000 €.

EXEMPLE

Un commerçant réalise une plus-value de 80 000 € à l'occasion de la vente de son fonds pour une valeur de 700 000 € (voir n° 19670 s'agissant de la **définition** de la valeur des éléments transmis).
Taux d'exonération : (1 000 000 – 700 000) / 500 000 = 60 %.
Montant exonéré : 48 000 € ; montant imposable : 32 000 €.

2. APPORT EN SOCIÉTÉ D'UNE ENTREPRISE INDIVIDUELLE

RÉGIME OPTIONNEL

19710 CGI art. 151 octies BIC-XIX-20200 s Les exploitants qui procèdent à l'apport en société de leur entreprise individuelle ou d'une branche complète d'activité peuvent opter pour un régime de **report d'imposition** des plus-values d'apport et des profits sur stocks réalisés à cette occasion.

Ils peuvent également bénéficier d'un régime de faveur en matière de **droits d'enregistrement** pour les apports effectués à titre onéreux (voir n° 66940).

L'**option** pour le régime de report de taxation des plus-values est **exclusive des régimes d'exonération** applicables, le cas échéant, en fonction du montant des recettes (nos 18200 s.), de la valeur des éléments cédés (nos 19650 s.) ou en cas de départ en retraite de l'exploitant (nos 19890 s.). Pour les critères de choix de l'un ou l'autre de ces régimes à prendre en compte, on pourra se reporter au dossier consacré à la mise en société d'une entreprise individuelle (nos 95550 s.).

Lorsque l'apport concerne une **entreprise** individuelle **précédemment transmise à titre gratuit,** le report d'imposition dont a bénéficié cette transmission (CGI art. 41) est maintenu sous certaines conditions : voir n° 19850.

CHAMP D'APPLICATION

19720 BIC-XIX-20300 s Peuvent bénéficier du régime spécial les apports en société, par des personnes physiques, d'une **entreprise individuelle** ou d'une **branche complète d'activité,** quels que soient la nature (industrielle, commerciale, artisanale, non commerciale ou agricole) et le régime d'imposition de l'entreprise concernée. La forme de la **société bénéficiaire de l'apport** (société de droit ou société de fait) est indifférente, de même que son régime fiscal (IR ou IS), pourvu toutefois qu'elle relève d'un régime réel d'imposition à la date de l'apport.

> Précisions a. Peuvent bénéficier du régime :
– l'apport par des **avocats** de la clientèle exploitée dans le cadre d'une **association** (CE 2-6-2010 n° 306292 : RJF 8-9/10 n° 773) ;
– l'apport à une société de droit d'une entreprise exploitée par plusieurs héritiers en **indivision successorale** (BOI-BIC-PVMV-40-20-30-10 n° 50).
b. L'apport à une SARL de la totalité des **parts** de l'associé unique **d'une EURL** ne peut en revanche être assimilé à l'apport d'une activité individuelle, même si les parts constituent pour l'apporteur un actif professionnel (CAA Nantes 29-10-2007 nos 05-540 et 05-541 : RJF 3/08 n° 272).

CONTENU DE L'APPORT

19730 BIC-XIX-20450 s L'apport doit en principe porter sur l'ensemble des **éléments d'actif et de passif** de l'entreprise individuelle ou sur les éléments constitutifs de la branche d'activité, tels que définis en matière d'apports partiels d'actif (n° 39245). Lorsque certains biens sont communs à plusieurs branches d'activité, le régime spécial s'applique aux biens transférés dans l'acte d'apport.

Les **immeubles** affectés à l'exploitation peuvent toutefois être exclus de l'apport, à condition d'être mis à la disposition de la société dans le cadre d'un bail d'une durée minimale de neuf ans. L'utilisation de cette faculté entraîne en principe le transfert des immeubles dans le patrimoine privé de l'exploitant et la taxation des plus-values de retrait d'actif qui en résultent.

S'agissant d'une entreprise individuelle, il est également possible d'exclure de l'apport les **dettes** et les éléments de l'**actif circulant** (à condition que le passif qui s'y rattache directement ne soit pas transmis), de même que les **stocks** non indispensables à la poursuite de l'activité par le repreneur (BOI-BIC-PVMV-40-20-30-10 n° 240). Le régime peut donc s'appliquer au seul apport d'un fonds de commerce ou d'un fonds libéral.

> Précisions En cas de **rupture** ou de non-renouvellement **du contrat de mise à disposition des immeubles d'exploitation** transférés dans le patrimoine privé, le report prend fin immédiatement. Les plus-values non encore imposées sont aussitôt taxées soit au nom de l'apporteur pour les plus-values sur éléments non amortissables, soit au nom de la société pour les plus-values sur biens amortissables. Le cas échéant, la fraction non encore imposée des provisions doit aussi être réintégrée dans les résultats de la société (n°s 19750 s.).

PORTÉE DU RÉGIME

L'option pour le régime spécial permet à l'apporteur de bénéficier d'un report d'imposition pour les **plus-values** constatées sur les immobilisations non amortissables et d'échapper à l'imposition des plus-values sur immobilisations amortissables et des **profits sur stocks,** dont la charge est transférée à la société bénéficiaire de l'apport. Les plus-values d'apport constatées à raison de droits afférents à un contrat de **crédit-bail** sont soumises au régime des plus-values sur biens amortissables ou non amortissables selon la nature des éléments concernés. 19745 BIC-XIX-21000 s

Certains **bénéfices en sursis d'imposition** à la date de l'apport bénéficient en outre d'un traitement favorable, de sorte que les conséquences de l'apport se limitent en général à l'imposition du résultat du dernier exercice de l'activité individuelle (pour les règles particulières de prise en compte des créances acquises en cas d'apport d'une activité libérale à une SEL ou à une société de personnes, voir n° 13665).

ATTENTION

L'apport d'un fonds de commerce placé sous le régime du report d'imposition, **suivi** à brève échéance **d'une réduction de capital** de la société bénéficiaire, est constitutif d'un abus de droit si l'opération d'apport a pour seule finalité de permettre à l'apporteur de disposer des liquidités correspondant à la valeur des biens transmis en évitant l'imposition des plus-values. Une telle opération caractérise un montage dissimulant en réalité la mutation à titre onéreux du fonds de commerce (CE 8-10-2010 n° 321361 : RJF 12/10 n° 1206).

Plus-values sur éléments non amortissables Les plus-values, à court terme ou à long terme, sur éléments non amortissables bénéficient d'un **report d'imposition** jusqu'à la **cession** (vente, apport en société, échange, etc.) **des droits sociaux** reçus en rémunération de l'apport, le rachat ou l'annulation de ces droits par la société **ou** la cession par la société **des biens concernés.** Dans ces hypothèses, les plus-values en report d'imposition deviennent imposables (partiellement en cas de rachat partiel des droits) au nom de l'apporteur au titre de l'année au cours de laquelle l'événement intervient et d'après les barèmes et taux en vigueur à cette date (CE 10-4-2002 n° 226886 : RJF 7/02 n° 788). En cas de cession des titres reçus en rémunération de l'apport lors du **départ en retraite du cédant,** elles peuvent, le cas échéant, être exonérées dans les conditions exposées n° 19935. 19750 BIC-XIX-21050 s

Lorsque la cession porte sur des titres d'une société relevant de l'impôt sur le revenu et génère une **moins-value à long terme,** celle-ci peut être imputée sur la plus-value à long terme constatée lors de l'apport (n° 37715, Précisions).

Le **maintien du report d'imposition** est prévu dans les cas suivants : 19755

– **transmission à titre gratuit** de la pleine propriété ou de la nue-propriété **des droits sociaux** rémunérant l'apport si le bénéficiaire s'engage à acquitter l'impôt afférent à la plus-value lorsque l'un des événements visés ci-dessus intervient. Il en va de même en cas de **donation-partage avec soulte** (BOI-BIC-PVMV-40-20-30-20 n° 110). En cas de transmissions successives à titre gratuit de droits sociaux, le report est maintenu dès lors que chaque bénéficiaire souscrit l'engagement requis ;

– **transformation d'une SCP** en société d'exercice libéral (SEL), **restructuration** (fusion, scission ou apport partiel d'actif) de **SCP** ou de **société civile agricole** placée sous le régime de report d'imposition de l'article 151 octies A, I du CGI (n°s 13870 s. et 16500) et échange des droits sociaux résultant d'une fusion ou d'une scission. Dans ces hypothèses, le report d'imposition est maintenu jusqu'à la perte de la propriété des immobilisations non amortissables apportées ou des titres détenus à la suite des opérations en cause.

– **transfert en fiducie** : n° 90850, précision b.

Plus généralement, le report d'imposition est maintenu dans tous les cas où les **événements** censés y mettre fin génèrent eux-mêmes des **plus-values** placées **en report ou sursis d'imposition,** jusqu'à ce que ces dernières deviennent imposables (qu'elles soient imposées ou exonérées) ou que surviennent d'autres événements mettant fin au report à l'occasion desquels les plus-values constatées ne bénéficient pas d'un report ou d'un sursis d'imposition

(CGI art. 151-0 octies). Par exemple, le report d'imposition de l'article 151 octies du CGI sera maintenu si les titres reçus en rémunération de l'apport en société font l'objet d'un nouvel apport en société placé sous le régime du report d'imposition de l'article 151 nonies, IV bis du CGI (n° 37722).

19760 BIC-XIX-21900 s **Plus-values sur éléments amortissables** Les plus-values sur éléments amortissables ne sont pas imposées au nom de l'apporteur. Elles sont **réintégrées dans les bénéfices de la société** bénéficiaire de l'apport imposables au taux de droit commun, suivant le même mécanisme et avec les mêmes possibilités d'échelonnement qu'en matière de fusions de sociétés (n° 39510). En contrepartie, la société est autorisée à calculer les amortissements (suivant le mode dégressif, le cas échéant) et les plus-values postérieures d'après les nouvelles valeurs retenues lors de l'apport (nos 39530 s.), les biens étant réputés acquis depuis leur entrée dans le patrimoine de l'entreprise apporteuse.

L'apporteur peut toutefois opter pour l'imposition au taux réduit de la **plus-value nette à long terme** globale afférente aux biens amortissables ; cette plus-value peut, le cas échéant, être utilisée pour compenser les déficits d'exploitation du dernier exercice d'activité ou les déficits antérieurs restant à reporter.

19765 BIC-XIX-22200 s **Profits sur stocks** Les profits sur stocks ne sont pas imposés au nom de l'apporteur si la société bénéficiaire de l'apport les inscrit à son actif pour la valeur figurant dans le dernier bilan de l'entreprise apporteuse et calcule par la suite le profit de cession de ces stocks à partir de cette valeur.

La valeur comptable des **stocks agricoles** apportés par un exploitant ne relevant pas d'un régime réel est déterminée selon les règles exposées n° 16115.

19770 BIC-XIX-22300 s **Bénéfices en sursis d'imposition** Des règles particulières sont prévues en faveur de certains bénéfices placés en sursis d'imposition à la date de l'apport :

– les **provisions** ne sont rapportées aux résultats de l'entreprise apporteuse que si elles deviennent sans objet ;

– l'étalement des **plus-values nettes à court terme** dont bénéficiait l'entreprise individuelle est maintenu au niveau de la société qui recueille l'apport et s'engage, dans l'acte d'apport, à réintégrer dans ses résultats imposables les plus-values en cause sur la durée restant à courir (le maintien de l'étalement sur trois ans n'est possible que si la société concernée relève de l'IR : CGI art. 39 quaterdecies, 2-2e al.) ;

– dans certaines conditions, l'étalement d'imposition des **subventions d'équipement** peut également être maintenu au niveau de la société bénéficiaire des apports (n° 8050).

OBLIGATIONS

19780 CGI art. 54 septies et 151 octies, II BIC-XIX-23400 s L'apporteur et la société doivent, conjointement, exercer l'**option** pour le régime spécial dans l'acte d'apport ou de constitution de la société. À défaut, la plus-value est immédiatement taxable (CE 18-5-2009 n° 298039 : RJF 8-9/09 n° 719).

L'**apporteur** avertit l'administration de la cession de son entreprise dans un délai de 45 jours décompté à partir de sa réalisation, puis souscrit la déclaration des résultats de l'exercice clos par l'apport dans un délai de 60 jours à compter de la même date. Un état de suivi des plus-values en report d'imposition relatif aux éléments amortissables et non amortissables apportés et aux titres reçus en rémunération des apports est joint à cette déclaration. L'apporteur doit par ailleurs joindre à sa déclaration de revenus de l'année de réalisation de l'opération et des années ultérieures un état conforme à un modèle fourni par l'administration (BOI-FORM-000018) destiné à assurer le suivi des plus-values sur éléments non amortissables dont l'imposition est reportée.

La **société bénéficiaire de l'apport** doit quant à elle, d'une part, joindre à ses déclarations de résultats un état de suivi des plus-values non imposées lors de l'apport et, d'autre part, tenir un registre relatif aux plus-values sur éléments non amortissables.

Le **non-respect des obligations** relatives à l'état de suivi ou au registre des plus-values entraîne l'exigibilité d'une amende fixée à 5 % des sommes omises (CGI art. 1763, I-d et e). Non-application de l'amende en cas de régularisation : voir n° 9055, a.

ATTENTION

Lorsque l'**option** pour le report a été **irrégulièrement exercée,** l'administration peut opposer au contribuable la situation d'apparence ainsi créée pour exiger qu'il respecte les engagements induits par son option (CE 30-7-2010 n° 317425 : RJF 11/10 n° 996).

3. TRANSMISSION À TITRE GRATUIT D'UNE ENTREPRISE INDIVIDUELLE

RÉGIME OPTIONNEL

Les bénéficiaires d'une transmission à titre gratuit d'entreprise individuelle peuvent, en cas de poursuite de l'activité, opter pour un régime de **report d'imposition des plus-values** d'actif constatées au jour de la transmission. Ce report se transforme en **exonération définitive** des plus-values si l'activité est poursuivie pendant au moins cinq ans par le ou l'un des bénéficiaires de la transmission. 19810 CGI art. 41 BIC-XIX-25000 s

La **combinaison** de ce dispositif avec les **régimes d'exonération** des plus-values applicables en fonction des recettes (nos 18200 s.) ou de la valeur des éléments cédés (nos 19650 s.) est interdite.

Notons qu'un régime semblable est prévu en cas de transmission à titre gratuit de **parts de sociétés de personnes** détenues par des associés exerçant leur activité professionnelle au sein de la société (no 37720).

On rappelle que les **transmissions** d'entreprises individuelles à titre gratuit intervenues **avant le 2 janvier 2004** ont pu bénéficier d'un **sursis d'imposition** qui prend fin notamment en cas de cession ou de cessation de l'entreprise ou de cession d'un des éléments transmis si elle est antérieure (BIC-XIX-26150 s.). Les plus-values alors imposables au nom des nouveaux exploitants comprennent celles dont l'imposition avait été différée. Toutefois, lorsque la cessation d'entreprise résulte d'un apport en société de l'exploitation, ces plus-values peuvent bénéficier le cas échéant du dispositif prévu à l'article 151 octies du CGI (nos 19710 s.).

CHAMP D'APPLICATION

Le régime spécial concerne toutes les transmissions à titre gratuit d'**entreprises individuelles** (**donation ou succession**) quelle que soit la nature de l'activité exercée : industrielle, commerciale, agricole, libérale, charges et offices. Il s'applique aux transmissions par voie de **donation-partage avec soulte** (BOI-BIC-PVMV-40-20-10 no 825). 19820 BIC-XIX-25090 s, 25340 s

La transmission d'une **branche complète d'activité,** telle que définie en matière d'apports partiels d'actif (no 39245), peut également bénéficier du dispositif (BOI-BIC-PVMV-40-20-10 no 60).

CONDITIONS D'APPLICATION

Nature des éléments transmis La transmission doit en principe porter sur l'**ensemble des éléments de l'actif immobilisé** affectés à l'exercice de l'activité professionnelle **ou** sur les éléments constitutifs d'une **branche complète d'activité,** définie selon les critères en vigueur dans le cadre du régime de faveur des apports partiels d'actif (no 39245). Il est toutefois admis que les **immeubles** d'exploitation ne soient pas transmis (Rép. Valleix : AN 28-11-1988 no 831, non reprise dans Bofip). Les **stocks** peuvent également être exclus de la transmission. 19830 BIC-XIX-25210 s

> **Précisions** Le report d'imposition n'est pas subordonné au **maintien des évaluations** des éléments d'actif figurant au dernier bilan de l'ancien exploitant. Le nouvel exploitant peut donc inscrire à son **bilan** les biens reçus pour leur **valeur réelle** à la date de la transmission et le cas échéant les amortir sur cette base réévaluée.

Poursuite de l'activité L'exploitation doit être continuée personnellement, dans les mêmes conditions, par les héritiers ou donataires. En cas de **pluralité de bénéficiaires,** il suffit qu'un seul d'entre eux poursuive l'exploitation. 19835 BIC-XIX-25470 s, 25555 s

> **Précisions** En cas de transmission d'une entreprise au profit d'une **indivision successorale,** le régime s'applique si l'activité est poursuivie par un seul des héritiers. Si ces derniers poursuivent l'exploitation dans le cadre d'une société de fait, les plus-values peuvent être placées sous le régime du report d'imposition prévu à l'article 151 octies du CGI (nos 19710 s.) (BOI-BIC-PVMV-40-20-30-10 no 260).

PORTÉE DU DISPOSITIF

Les **plus-values** constatées sur les éléments d'actif immobilisé transmis bénéficient d'un report d'imposition qui peut se transformer en exonération définitive si l'activité est poursuivie par l'un des bénéficiaires pendant au moins cinq ans à compter de la date de transmission. 19845 BIC-XIX-25980 s

Le **résultat de l'exercice de cessation** de l'activité de l'ancien exploitant est imposable dans les conditions de droit commun, mais l'étalement des plus-values à court terme dont il bénéficiait est maintenu si le nouvel exploitant s'engage à réintégrer dans ses résultats imposables les plus-values en cause sur la durée restant à courir.

Les **profits sur stocks** ne sont pas imposés à condition que le nouvel exploitant les inscrive à l'actif de son bilan à la valeur pour laquelle ils figuraient au dernier bilan de l'ancien exploitant. Dans ce cas, le profit est imposé au nom du nouvel exploitant lorsqu'il cède les stocks en cause.

REPORT D'IMPOSITION ET EXONÉRATION DES PLUS-VALUES

19847 BIC-XIX-25990 s, BIC-XIX-26260 s

Toutes les plus-values, à court terme ou à long terme, constatées sur les éléments d'actif immobilisé transmis, amortissables ou non amortissables, bénéficient dans un premier temps d'un report d'imposition. Ces plus-values peuvent ensuite être définitivement exonérées, pour tous les bénéficiaires de la transmission (exploitants ou non), à condition que l'un d'entre eux au moins poursuive l'exploitation pendant au moins cinq ans à compter de la date de la transmission.

Le **report** d'imposition prend **fin** si les éléments transmis sont cédés ou si l'activité est vendue ou cesse dans les cinq ans qui suivent sa transmission (délai décompté de date à date). Il en va de même en cas de mise en location-gérance de tout ou partie de l'entreprise dans ce délai.

Lorsque le report prend fin, les plus-values en report sont imposables (pour partie en cas de cession isolée de certains biens, en totalité en cas de cession ou cessation d'entreprise) au nom du ou des bénéficiaires de la transmission, en plus des plus-values acquises depuis la transmission de l'entreprise. Pour celles-ci, le délai de détention des éléments cédés est décompté à partir de la date de la transmission.

Il est également mis fin au report d'imposition en cas de cession à titre onéreux de ses droits par un des bénéficiaires de la transmission. Ce dernier est alors imposable, au titre de l'année de cession, sur le montant de la plus-value en report afférente à ses droits, ainsi que sur la plus-value acquise depuis la transmission.

19850 BIC-XIX-26260 s

Le **report d'imposition** est en revanche **maintenu** lorsque, au cours de la période de cinq ans suivant la transmission, intervient :

– une **nouvelle transmission à titre gratuit** de l'entreprise, à condition que le bénéficiaire de celle-ci prenne l'engagement d'acquitter l'impôt sur la plus-value en cas de survenance, dans les cinq ans de la première transmission, d'un des événements mettant fin au report de l'imposition initiale ; à défaut, l'imposition des plus-values afférentes aux éléments transmis est effectuée au nom du donateur ou du défunt ;

– un **partage avec soulte,** à condition que le ou les attributaires de l'entreprise prennent l'engagement d'acquitter l'impôt sur la plus-value en report lorsque l'un des événements mettant fin au report survient dans les cinq ans suivant la transmission initiale ; à défaut, chacun des indivisaires ayant transmis ses droits à ceux qui poursuivent l'exploitation devrait être imposé sur sa quote-part de la plus-value constatée lors de la transmission à titre gratuit ;

– un **apport en société** de l'entreprise transmise dans les conditions prévues à l'article 151 octies du CGI (n°s 19710 s.) si le ou les apporteurs prennent l'engagement d'acquitter la plus-value en report à la date de cession ou de cessation de l'entreprise, ou à la date de cession d'un des éléments d'actif initialement transmis si elle est antérieure (faute de quoi, l'imposition des plus-values afférentes aux éléments apportés est effectuée au nom du ou des apporteurs). L'engagement doit être pris pour la durée de cinq ans restant à courir à la date de l'apport. En cas de cession de tout ou partie des titres reçus en rémunération de l'apport dans ce délai, il est mis fin au report (partiellement en cas de cession partielle des droits sociaux) au nom du ou des apporteurs cédants ;

– un transfert en **fiducie** : n° 90850, précision b.

> **Précisions** En cas d'**apport en société** de l'entreprise transmise à titre gratuit dans les conditions de l'article 151 octies du CGI, le report d'imposition prévu à cet article s'applique à la plus-value constatée sur l'ensemble des éléments apportés depuis la date de la transmission à titre gratuit. La plus-value placée sous le régime de report de l'article 41 du CGI, qui est maintenu, suit quant à elle le régime qui lui est propre (exonération totale au bout de cinq ans).

OBLIGATIONS

19860 CGI ann. III art. 10 H-0 bis BIC-XIX-26800 s

Pour pouvoir prétendre au régime, les héritiers (ou donataires) doivent exercer une **option** expresse au moment où ils acceptent la transmission.

Les bénéficiaires de la transmission doivent produire un **état récapitulatif** des plus-values dont l'imposition est reportée et joindre à leur déclaration d'ensemble des revenus un état de suivi de ces plus-values. Un état identique est joint par le nouvel exploitant à sa déclaration de résultat de chaque exercice couvert par le report d'imposition. Le défaut de production ou le caractère inexact ou incomplet de l'état entraînent l'application d'une amende égale à 5 % des sommes omises (CGI art. 1763, I-e). Non-application de l'amende en cas de régularisation : voir n° 9055, a.

4. CESSION D'ENTREPRISE LORS D'UN DÉPART EN RETRAITE

RÉGIME D'EXONÉRATION OPTIONNEL

Les **plus-values** réalisées lors de la cession à titre onéreux d'une **PME** relevant de l'impôt sur le revenu, pour cause de départ à la retraite de l'exploitant, ainsi que les plus-values en report d'imposition taxables à cette occasion peuvent, sur option, être exonérées sous certaines conditions. L'**option** pour ce régime d'exonération est exercée lors du dépôt de la déclaration de cessation (BOI-BIC-PVMV-40-20-20-50 n° 30). **19890** CGI art. 151 septies A BIC-XIX-30000 s DC-V-11400 s DC-V-13800 s

Le **cumul** de ce dispositif avec les **reports d'imposition** accordés en cas d'apport en société d'un brevet (n° 13805), d'une entreprise individuelle (nos 19710 s.) ou en cas de restructuration de SCP ou de société civile agricole (nos 13875 et 16500) est interdit. Il peut en revanche se combiner avec les **exonérations** applicables en fonction du montant des recettes (nos 18200 s.) ou de la valeur des éléments cédés (nos 19650 s.), ainsi qu'avec l'abattement sur les plus-values immobilières à long terme (nos 18095 s.). Un exploitant qui ne bénéficie que d'une exonération partielle compte tenu du montant de ses recettes (ou de la valeur de l'entreprise transmise) peut ainsi demander à bénéficier du régime prévu en cas de départ en retraite pour la fraction des plus-values qui reste imposable.

ATTENTION

Bien qu'exonérées d'impôt sur le revenu, les plus-values restent soumises aux **prélèvements sociaux** en vigueur l'année de l'exonération, y compris lorsqu'elles ont été placées en report d'imposition avant l'institution de ces prélèvements (CE 12-10-2018 n° 401292 : RJF 1/19 n° 103).

CHAMP D'APPLICATION

Cessions concernées Peuvent bénéficier de l'exonération les **cessions à titre onéreux** portant soit sur une **entreprise individuelle,** soit sur l'intégralité des droits ou **parts d'une société de personnes** relevant de l'IR détenus par un associé exerçant son activité professionnelle au sein de la société (n° 37675). L'exonération s'applique également, sous certaines conditions, à la plus-value imposable au nom de l'associé d'une **société de personnes qui cède son activité.** **19900** BIC-XIX-30550 s, DC-V-11400 s, DC-V-13800 s

Applicable quelle que soit la **nature de l'activité** (commerciale, industrielle, artisanale, libérale ou agricole), l'exonération est réservée aux **PME** :

– qui emploient moins de 250 salariés ;

– qui réalisent un chiffre d'affaires annuel inférieur à 50 M€ ou ont un total de bilan inférieur à 43 M€ ;

– et dont le capital ou les droits de vote ne sont pas détenus à hauteur de 25 % ou plus par une ou plusieurs entreprises ne remplissant pas les conditions d'effectif ou de chiffre d'affaires (ou de total de bilan) précitées, abstraction faite des parts détenues par l'intermédiaire de certaines structures de capital-risque.

> **Précisions a.** L'administration exige que l'**activité** déployée dans l'entreprise individuelle soit exercée **à titre professionnel** (BOI-BIC-PVMV-40-20-20-10 n° 200), mais cette condition ne résulte pas de la loi.

b. Le régime d'exonération est applicable en cas de **rachat** ou d'**annulation des droits ou parts** par la société qui les a émises (BOI-BIC-PVMV-40-20-20-10 n° 320), ainsi qu'en cas de cession de l'intégralité des parts dans une **SCM** ou un **GIE** concomitamment à la cession de la clientèle (BOI-BIC-PVMV-40-20-20-20 n° 160).

Cession d'entreprise : nature des éléments cédés La cession doit en principe porter sur l'ensemble des **éléments affectés à l'exercice de l'activité** professionnelle, lesquels s'entendent des éléments inscrits au bilan de l'entreprise (éléments d'actif immobilisés, stocks, créances d'exploitation, trésorerie, passif) ainsi que de tous les contrats attachés à l'entreprise et transférables au nouvel exploitant. Ces éléments s'apprécient au moment de la cession. L'exonération est par suite en principe refusée dans le cas où la cession ne porte que sur une partie des éléments d'actif et/ou de passif, de l'entreprise, sauf si les éléments retirés dans le patrimoine privé ne sont pas nécessaires à l'exploitation (BOI-BIC-PVMV-40-20-20-20 n° 110). **19905** BIC-XIX-30620 s

Les **immeubles** et les **marques** nécessaires à l'exploitation peuvent toutefois être conservés par le cédant, dès lors que le cessionnaire s'en voit garantir l'usage de manière pérenne. Lorsque l'entreprise cédante a déployé son activité sous le **nom patronymique** d'une personne physique qui n'a pas fait l'objet d'un dépôt juridiquement protégé, le transfert ou la mise à disposition de ce nom n'est pas exigé (BOI-BIC-PVMV-40-20-20-20 nos 130 et 140).

En cas de vente d'une entreprise individuelle, le **passif,** la **trésorerie** et le **stock** peuvent ne pas être cédés avec l'exploitation, sous réserve qu'aucun élément étranger à l'exploitation ne soit par ailleurs transféré (BOI-BIC-PVMV-40-20-20-20 n° 150).

CONDITIONS D'APPLICATION

19910 BIC-XIX-30320 s **Durée d'exercice de l'activité** Pour que l'exonération s'applique, il faut que l'activité ait été exercée pendant au moins **cinq ans.** Ce délai est décompté à partir du début effectif d'activité qui s'entend :

– de la date de création ou d'acquisition du fonds ou de la clientèle pour l'**exploitant individuel** qui cède son entreprise ;

– de la date de souscription ou d'acquisition des parts pour l'**associé d'une société de personnes** qui cède ses parts.

En cas de **cession d'activité par une société de personnes,** la condition d'exercice de l'activité **pendant cinq ans** s'apprécie en fonction de la situation de l'associé et non par rapport à la société (BOI-BIC-PVMV-40-20-20-20 n° 260).

Le terme du délai est fixé à la date de réalisation de la cession.

> Précisions a. En cas d'exercice de la **même activité,** successivement ou simultanément, **dans plusieurs fonds,** établissements ou exploitations, la durée cumulée d'activité peut être prise en compte (BOI-BIC-PVMV-40-20-20-10 n° 70).
En revanche, il n'est pas tenu compte de la période d'activité exercée dans le cadre d'une **société passible de l'IS** (BOI précité n° 130 ; CE 19-6-2015 n° 376137 : RJF 10/15 n° 757).

b. Les solutions retenues pour l'application du régime d'exonération de l'article 151 septies du CGI (**activités exercées successivement en société de personnes et à titre individuel,** entreprises exploitées par des **époux communs en biens, etc.**), valent également pour l'exonération prévue en cas de départ en retraite : voir n° 18210, précisions a, b et c.

19915 BIC-XIX-31100 s **Cessation d'activité et départ à la retraite du cédant** Le cédant doit cesser toute fonction dans l'entreprise individuelle cédée ou dans la société dont les parts sont cédées et faire valoir ses droits à la retraite dans un **délai** de deux ans avant ou après la cession. L'associé d'une société de personnes qui cède son activité doit également cesser toute activité dans la société et prendre sa retraite dans le même délai.

La cessation des fonctions et le départ à la retraite peuvent intervenir indifféremment l'un avant la cession et l'autre après, pour autant qu'il ne s'écoule pas plus de vingt-quatre mois, appréciés de date à date, entre chacun de ces deux évènements et la cession. Il ne peut donc pas s'écouler plus de quarante-huit mois entre ces deux évènements (BOI-BIC-PVMV-40-20-20-30 n° 10 à 20).

Par **exemple,** un contribuable qui cède son entreprise individuelle le 25 juillet N doit cesser toute fonction dans l'entreprise et faire valoir ses droits à la retraite entre le 25 juillet N – 2 et le 25 juillet N + 2.

> Précisions a. La **date** à laquelle le cédant **fait valoir ses droits à la retraite** s'entend de la date à laquelle il entre en jouissance de ses droits dans le régime obligatoire de base auprès duquel il est affilié à raison de l'activité cédée (BOI-BIC-PVMV-40-20-20-30 n° 100). Il n'est pas exigé que l'exploitant liquide sa retraite à taux plein, ou qu'il entre en jouissance des droits qu'il a acquis auprès d'un régime complémentaire (Rép. Blanc : AN 9-1-2007 n° 96903, non reprise dans Bofip).

b. Pour apprécier la condition de **cession de l'intégralité des parts dans le délai de deux ans** lorsque les cessions sont échelonnées dans le temps, toutes les cessions intervenues dans un délai de 24 mois avant la dernière cession peuvent être prises en compte, sous réserve que la cessation des fonctions et le départ à la retraite interviennent dans les 24 mois avant ou après cette dernière cession (BOI-BIC-PVMV-40-20-20-20 n° 200).

c. L'exonération s'applique lorsque le cédant s'est vu attribuer dans les vingt-quatre mois précédant la cession la **carte « mobilité inclusion »** mention « **invalidité** » prévue à l'article L 241-3 du Code de l'action sociale et des familles en raison d'une invalidité correspondant au classement dans la deuxième ou troisième catégorie d'invalidité prévue à l'article L 341-4 du CSS, même s'il n'a pas atteint l'âge légal pour faire valoir ses droits à la retraite, sous réserve du respect des autres conditions d'application du régime (BOI-BIC-PVMV-40-20-20-30 n° 120).

d. S'agissant des exploitants qui ont **cédé** leur exploitation **avant le 14 avril 2023** et qui se trouvent dans l'impossibilité de respecter l'engagement de faire valoir leurs droits à la retraite dans le délai de deux ans à la suite de la **réforme des retraites,** l'administration admet ne pas remettre en cause le dispositif sous réserve qu'ils remplissent les deux conditions suivantes :

– ils auraient atteint, dans le délai de deux ans suivant la cession, l'âge légal de départ en retraite applicable avant la réforme ;

– ils partent effectivement en retraite à l'âge légal relevé par la réforme (Rép. Gatel : Sén. 28-9-2023 n° 6476).

Cas particulier des départs en retraite intervenus entre 2019 et 2021

Lorsque le cédant a fait valoir ses droits à la retraite entre le 1er janvier 2019 et le 31 décembre 2021 et que ce départ en retraite précède la cession, le **délai** prévu par l'article 151 septies A est porté de deux à trois ans (Loi 2021-1900 du 30-12-2021 art. 19, applicable aux plus-values réalisées à partir de 2021). Le délai maximal entre départ en retraite et cessation de fonctions peut ainsi aller jusqu'à 72 mois.

Par **exemple,** si le contribuable a fait valoir ses droits à la retraite le 15 mars 2021, il bénéficie pour effectuer la cession d'un délai de trois ans décompté à partir de son départ en retraite ou, si elle antérieure, à partir de sa cessation des fonctions. Si le départ à la retraite est le premier événement, il doit procéder à la cession au plus tard le 15 mars 2024 et avoir cessé ses fonctions dans les trois ans avant ou après la cession (BOI précité n° 1).

Une **société de personnes** peut, de la même façon, céder son activité dans les trois années suivant la date à laquelle l'associé a fait valoir ses droits à la retraite lorsque cette date est comprise entre le 1er janvier 2019 et le 31 décembre 2021. Il doit être procédé à sa **dissolution** de manière concomitante à la cession.

Absence de liens entre cédant et cessionnaire Le cédant ne doit pas détenir le **contrôle de l'entreprise cessionnaire,** c'est-à-dire ne pas détenir directement ou indirectement plus de 50 % des droits de vote ou des droits dans les bénéfices sociaux de celle-ci. Cette condition doit être satisfaite de façon continue au cours des trois années qui suivent la cession, sous peine de remise en cause de l'exonération des plus-values. 19920 BIC-XIX-31350 s

Lorsque le cédant est une société de personnes, la condition d'absence de contrôle du cessionnaire s'apprécie à son niveau et doit être respectée jusqu'à la date de **clôture des opérations de liquidation** de la société ou jusqu'au terme du délai de trois ans précité (BOI-BIC-PVMV-40-20-20-20 n° 260).

Cas particulier de la location-gérance La cession d'une activité qui a fait l'objet d'un contrat de location-gérance (ou d'un contrat comparable) peut bénéficier de l'exonération si les **conditions spécifiques** suivantes sont simultanément satisfaites : 19925 BIC-XIX-31450 s

– l'activité a été exercée pendant cinq ans au moment de la mise en location ;

– la cession est réalisée au profit du locataire ou, dans le respect du contrat, de toute autre personne, sous réserve que cette cession porte sur l'intégralité des éléments concourant à l'exploitation de l'activité concernée (n° 19905).

Toutes les autres conditions énumérées par l'article 151 septies A doivent par ailleurs être remplies (BOI-BIC-PVMV-40-20-20-20 n° 290).

> **Précisions** Ne peut bénéficier de l'exonération la cession dans le cadre de laquelle le contribuable s'affranchit de l'**obligation contractuelle** en vertu de laquelle il est tenu de proposer en priorité au locataire-gérant d'acquérir le fonds et le cède directement à un tiers (BOI précité n° 290).

PORTÉE DE L'EXONÉRATION

Plus-values de cession L'exonération s'applique à la **totalité des plus-values, à court terme ou à long terme,** dégagées à l'occasion de la cession, à l'exception des **plus-values immobilières** qui restent imposables dans les conditions de droit commun (application le cas échéant de l'abattement pour durée de détention : nos 18095 s.). 19930 BIC-XIX-31600 s

Les plus-values immobilières s'entendent des plus-values réalisées à raison de biens immobiliers bâtis ou non bâtis et de droits ou parts de sociétés dont l'actif est principalement constitué par ces mêmes biens. Toutefois, les plus-values réalisées à l'occasion de la cession de l'intégralité des parts détenues dans une **société de personnes** peuvent être exonérées lorsque l'actif social est principalement constitué de biens immobiliers affectés par la société à sa propre exploitation, ou donnés en location à titre principal à des entreprises liées au sens de l'article 39, 12 du CGI (n° 10425, précision a) lorsque celles-ci les affectent à leur propre exploitation, ou de droits ou parts de sociétés dont l'actif est principalement constitué des mêmes biens, droits ou parts.

Les **profits** dégagés sur les éléments de l'**actif circulant** cédés sont imposables dans les conditions de droit commun.

Plus-values en report d'imposition Certaines plus-values en report d'imposition, qui deviennent en principe taxables du fait de la cession, sont exonérées dès lors que la plus-value dégagée à l'occasion du **départ en retraite** du cédant bénéficie elle-même du **régime d'exonération des plus-values professionnelles,** l'ensemble des conditions requises à cet effet 19935 BIC-XIX-31850 s étant satisfaites. Sont concernées les plus-values en report d'imposition réalisées dans le cadre des opérations suivantes :

– apport en société par une personne physique d'une entreprise individuelle ou d'une branche d'activité, seules les plus-values d'apport sur biens non amortissables étant visées (CGI art. 151 octies, I-a : nos 19710 s.) ;

– apport en société de titres inscrits au bilan d'une entreprise individuelle (CGI art. 151 octies B : nos 18410 s.) ou de titres d'associé d'une société de personnes (CGI art. 151 nonies, IV bis : no 37722) ;

– restructuration de sociétés civiles professionnelles ou de sociétés civiles agricoles (CGI art. 151 octies A : no 13875 et no 16500) ;

– apport d'un droit de la propriété intellectuelle à la société chargée de l'exploiter (CGI art. 93 quater, I ter : no 13805).

19940 BIC-XIX-31900 s En cas de **cession** à titre onéreux **de parts ou d'actions de sociétés passibles de l'IS** (par exemple, lorsque la société de personnes dans laquelle le cédant exerce son activité professionnelle a opté pour l'IS), la plus-value dégagée par cette cession ne relève pas du régime des plus-values professionnelles mais du **régime des plus-values des particuliers.** Dans ce cas, certaines plus-values professionnelles en report d'imposition sont exonérées sur le fondement de l'article 151 septies A du CGI sous les conditions suivantes (la plus-value de cession relevant du régime des plus-values privées pouvant quant à elle bénéficier, le cas échéant, de l'**abattement pour durée de détention** visé nos 33070 s.) :

– le cédant doit avoir exercé de manière continue pendant les cinq ans précédant la cession une fonction de direction (au sens et dans les conditions prévues pour l'IFI : nos 72820 et 72825) dans la société dont les titres sont cédés ;

– il doit cesser toute fonction dans cette société et faire valoir ses droits à la retraite dans les deux années suivant ou précédant la cession (voir toutefois no 19915 le cas où ce délai est porté à trois ans) ;

– il ne doit pas détenir directement ou indirectement le contrôle majoritaire de la société cessionnaire jusqu'au terme de la troisième année suivant la cession des titres ;

– la cession doit porter sur l'intégralité des droits ou parts détenus ;

– la société doit être une PME ayant exercé de manière continue pendant les cinq années précédant la cession une activité commerciale, industrielle, artisanale, libérale ou agricole, à l'exception de la gestion de son propre patrimoine, et avoir son siège dans l'Union européenne, en Norvège, en Islande ou au Liechtenstein.

Les plus-values en report concernées sont celles mentionnées no 19935, auxquelles il convient d'ajouter celles résultant de l'option pour l'IS de la société de personnes dans laquelle l'associé exerce son activité professionnelle (CGI art. 151 nonies, III : no 37721).

CHAPITRE 6

TRAITEMENTS, SALAIRES, PENSIONS ET RENTES VIAGÈRES

SOMMAIRE

SECTION 1
TRAITEMENTS ET SALAIRES 21200

A. Définition des salaires imposables 21350
1. Revenus d'activités salariées 21500
2. Éléments du salaire imposable 21530

B. Détermination du montant imposable 21800
1. Revenu brut 21850
2. Cotisations sociales 21870
3. Intérêts de certains emprunts 21970
4. Frais professionnels 22000
a. Choix du mode de déduction 22030
b. Déduction forfaitaire de 10 % 22050
c. Déduction des frais réels 22070

C. Obligations des employeurs 22180

D. Cas particuliers 22250

SECTION 2
PENSIONS ET RENTES VIAGÈRES 22340
1. Définition des revenus imposables 22450
2. Détermination du montant imposable 22530
3. Obligations des débirentiers 22580

GÉNÉRALITÉS

Les traitements, salaires, pensions et rentes viagères constituent l'une des catégories de revenus passibles de l'impôt sur le revenu. Cette catégorie n'est pas homogène ; elle se compose de deux groupes de revenus de nature différente, que nous étudierons séparément : **21000**
- les traitements et salaires, d'une part (nos 21200 s.) ;
- les pensions et rentes viagères, d'autre part (nos 22340 s.).

› Précisions **a.** Un **tableau récapitulatif** des régimes fiscal et social des salaires et retraites figure en annexe n° 97490.
b. Indépendamment de l'impôt sur le revenu personnellement dû par le salarié, les traitements et salaires peuvent être soumis à **diverses taxes ou participations à la charge de l'employeur** (nos 73010 s.).
c. Les traitements, salaires, pensions et rentes viagères supportent le **prélèvement à la source de l'impôt sur le revenu** sous forme de retenue ou d'acompte (nos 3750 s.).

TERRITORIALITÉ

Conformément aux règles générales relatives à la territorialité de l'impôt sur le revenu, on distingue suivant que le bénéficiaire des revenus a ou non son domicile fiscal en France. **21010** TS-V-1500 s

Si l'intéressé a son **domicile fiscal en France,** il est en principe imposable sur l'ensemble de ses revenus, y compris les traitements, salaires, pensions et rentes viagères, qu'ils soient de source française ou étrangère. Cependant, des règles particulières s'appliquent aux **salariés détachés** à l'étranger (nos 4695 s.), ainsi qu'aux fonctionnaires en service à l'étranger (n° 4685).

Lorsque le contribuable est domicilié **hors de France,** il est en principe imposable en France à raison de ses seuls revenus de source française (nos 4280 s.) et, en particulier, à raison des traitements et salaires rétribuant une activité exercée en France et des pensions et rentes viagères dont le débiteur est domicilié ou établi en France. Ces deux sortes de revenus donnent lieu à une **retenue à la source** (nos 4595 s.).

Des dispositions particulières sont prévues pour les salariés venant exercer temporairement des fonctions en France (**impatriés**) (nos 4715 s.).

Sur l'incidence des **conventions internationales,** voir nos 510 et 82880 s.

› Précisions **a.** Les traitements des fonctionnaires des **organismes internationaux** ayant leur siège en France (Unesco, OCDE, etc.) sont en général exonérés. Sont également exonérés les traitements ainsi que les pensions des fonctionnaires de l'Union européenne (INT-GENA-38800 s.). Sur les indemnités des députés européens, voir n° 22280.
b. Sur les revenus des **agents diplomatiques et consulaires** de nationalité étrangère, voir n° 4690.

SECTION 1

TRAITEMENTS ET SALAIRES

21200 CGI art. 79 La catégorie des traitements et salaires englobe les rémunérations des salariés proprement dits et revenus assimilés ainsi que les traitements des fonctionnaires et autres agents publics.

A. Définition des salaires imposables

21350 TS-I-200 s Sont imposables en tant que salaires les sommes perçues à raison d'une activité salariée, qu'il s'agisse de la rémunération principale ou d'éléments accessoires.

1. REVENUS D'ACTIVITÉS SALARIÉES

21500 D'une manière générale, possèdent la **qualité de salarié** les personnes qui sont liées à un employeur par un contrat de travail ou qui sont tenues, vis-à-vis de ceux qui utilisent leurs services, par des liens de subordination ou d'étroite dépendance (statut professionnel, discipline, échelles de traitement, etc.) ainsi que les titulaires d'un statut particulier leur conférant cette qualité (voir n° 21505).

> **Précisions** **a.** Le critère du lien de **subordination** permet de distinguer les traitements et salaires d'autres catégories de revenus. Ainsi, un chauffeur de **taxi** est imposable dans la catégorie des traitements et salaires ou dans celle des BIC suivant qu'il est placé ou non dans un état de subordination vis-à-vis d'un employeur. De même, les rémunérations des membres des **professions libérales**, qui relèvent en principe des BNC, peuvent dans certaines situations (par exemple : médecins scolaires, architectes départementaux) constituer des traitements et salaires (voir n° 13165).
> **b.** S'agissant des revenus de remplacement perçus par les personnes au **chômage** ou en **préretraite**, voir n°s 21705 s.

21505 Les titulaires d'un **contrat de travail particulier ou d'un statut assimilé** sont imposés dans la catégorie des traitements et salaires. Il en est ainsi :
– des conjoints salariés de chefs d'entreprise individuelle et d'associés de sociétés de personnes. La rémunération est considérée comme un salaire dans les conditions exposées n° 8660 ;
– des journalistes (y compris les pigistes) titulaires de la carte professionnelle ;
– des travailleurs à domicile répondant à la définition des articles L 7412-1, L 7412-2 et L 7413-2 du Code du travail (CGI art. 80, al. 1) ;
– des assistants maternels et des assistants familiaux (leur revenu brut étant déterminé selon des modalités spécifiques prévues par l'article 80 sexies du CGI) ;
– des apprentis, pour les salaires excédant une certaine limite (voir n° 21735) ;
– des stagiaires de la formation professionnelle, qu'ils soient rémunérés par l'entreprise ou par l'État.

21510 TS-I-6500 s Les **représentants de commerce,** même « multicartes », sont imposés dans la catégorie des traitements et salaires lorsqu'ils bénéficient du statut professionnel des voyageurs, représentants et placiers défini aux articles L 7313-1 et suivants du Code du travail (représentants statutaires : Mémento social n°s 60850 s.) ou lorsqu'ils sont dans un état de subordination vis-à-vis de leur employeur (représentants titulaires d'un contrat de travail de droit commun).
En revanche, les **agents commerciaux** sont imposés dans la catégorie des BNC et les **commissionnaires** et **courtiers** dans celle des BIC.

21515 TS-I-4100 s Les **artistes du spectacle** visés à l'article L 7121-2 du Code du travail (artistes lyriques, dramatiques, artistes de variétés, musiciens, chefs d'orchestre, artistes de cirque, marionnettistes, etc.) sont imposés :
– dans la catégorie des traitements et salaires, pour les rémunérations des **prestations** exigeant leur participation personnelle, sauf s'ils exercent leur activité dans des conditions impliquant leur inscription au registre du commerce ;
– dans la catégorie des BNC pour les redevances qui leur sont dues en fonction du produit de la **vente** ou de l'**exploitation** d'un enregistrement. Toutefois, les sommes versées à ce titre aux artistes-interprètes d'œuvres audiovisuelles sont imposables comme des salaires à hauteur d'un certain montant (fixé par la convention collective ou par un accord de secteur d'activité).
Les salaires provenant de ces activités artistiques peuvent faire l'objet d'une **imposition étalée** dans les conditions fixées par l'article 100 bis du CGI (n°s 13750 s.).

Les rémunérations perçues par les **étudiants ou élèves** sont en principe imposables selon les règles de droit commun des traitements et salaires. 21520 TS-I-10200 s

Deux dispositifs dérogent à ce principe :

– les **indemnités de stage** versées par les entreprises en application de l'article L 124-6 du Code de l'éducation sont exonérées dans la limite du montant annuel du Smic, que le stagiaire soit ou non rattaché au foyer fiscal de ses parents (CGI art. 81 bis : TS-III-11000 s.) ;

– les salaires versés aux **élèves et étudiants âgés de vingt-cinq ans au plus** au 1er janvier de l'année d'imposition en rémunération d'**activités exercées pendant leurs études** secondaires ou supérieures **ou exercées durant leurs congés** scolaires ou universitaires sont, sur option des intéressés (dans le cadre d'une déclaration des revenus personnelle ou de celle du foyer fiscal de rattachement), exonérés dans la limite de trois fois le montant mensuel du Smic (CGI art. 81, 36° : TS-III-11500 s.).

> Précisions **a.** La limite visée à l'article 81, 36° du CGI est une **limite annuelle,** qui s'applique globalement à l'ensemble des rémunérations perçues par un jeune au titre des emplois occupés pendant l'année scolaire ou universitaire et, le cas échéant, durant les congés scolaires ou universitaires. Pour l'imposition des revenus de 2024, le plafond d'exonération s'élève à 5 301 € (5 204 € pour 2023 compte tenu des revalorisations du Smic aux 1er janvier et 1er mai 2023).
b. L'exonération de l'article 81, 36° du CGI peut être **cumulée** au titre d'une même année avec celle prévue pour les indemnités de stage (BOI-RSA-CHAMP-20-30-10-10 n° 205).
c. Aux termes de l'article 81, 36° du CGI, l'exonération ne s'applique pas aux rémunérations perçues par les **agents publics pendant leur formation.** Tel est le cas par exemple des allocataires de recherche, des doctorants contractuels, des étudiants hospitaliers (« externes en médecine ») et des internes en médecine ou en pharmacie (BOI-RSA-CHAMP-20-50-50 n° 190).

2. ÉLÉMENTS DU SALAIRE IMPOSABLE

Tous les éléments constituant la **rémunération** de l'activité salariée ou assimilée (rémunération principale et revenus accessoires) sont imposables, **sauf exonération spéciale,** quels que soient leur dénomination, leur forme, leur mode de calcul ou de versement. Sont ainsi imposables aussi bien les sommes fixes que les commissions sur les ventes ou les participations aux bénéfices et les primes, gratifications, avantages en argent ou en nature ou indemnités diverses qui peuvent s'y ajouter : primes de travail posté, de travail de nuit, indemnités de congés payés (y compris celles versées par les caisses de congés payés), d'ancienneté, etc. 21530 TS-II-1 s TS-III-1 s

AVANTAGES EN NATURE

Règles générales Les avantages en nature consistent dans la mise à disposition du salarié de biens dont l'employeur est propriétaire ou locataire, ou dans la prise en charge par celui-ci de services bénéficiant au salarié, **gratuitement ou pour une valeur réduite** (par exemple : fourniture de nourriture ou du logement, mise à disposition personnelle d'un véhicule de l'entreprise, équipement ou entretien du véhicule du salarié). 21550 CGI art. 82 TS-II-7000 s

Les avantages en nature constituent un élément de la rémunération et sont imposables à ce titre.

Ils sont **évalués** comme en matière de cotisations de sécurité sociale en fonction de leur valeur réelle ou forfaitairement (pour la nourriture, le logement, les véhicules et les outils informatiques ou de communication).

Si un avantage en nature est concédé moyennant une **retenue sur salaire,** sa valeur doit être diminuée du montant de cette retenue (BOI-RSA-BASE-20-20 n° 20).

> Précisions **a.** Sauf exceptions (n° 21555, précision c et n° 21560, précision d), les avantages en nature sont imposables même lorsqu'ils sont la **contrepartie d'obligations professionnelles.**
b. Lorsque l'avantage en nature couvre des **dépenses professionnelles,** il constitue une allocation pour frais d'emploi susceptible d'être exonérée (nos 21585 s.). Si l'avantage en nature couvre à la fois des **dépenses privées** et des dépenses professionnelles, il y a lieu d'opérer une ventilation entre l'avantage en nature imposable et la partie représentant des frais professionnels (BOI-RSA-CHAMP-20-30-50 n° 120).
c. Les **cadeaux et bons d'achat** offerts par l'entreprise (ou le comité social et économique) aux salariés sont exonérés d'impôt sur le revenu lorsqu'ils sont offerts à l'occasion d'un événement particulier sans lien direct avec l'activité professionnelle des bénéficiaires (mariage ou anniversaire du salarié, naissance d'un enfant, fêtes de Noël, etc.) et que leur valeur ne dépasse pas 5 % du plafond mensuel de la sécurité sociale (soit 193 € pour 2024) par événement et par année civile (par exception, pour **Noël,** ce montant s'applique par salarié et par enfant).
d. S'agissant des avantages en nature consentis aux **dirigeants,** voir n° 23740.

e. La **fourniture à tarif préférentiel** aux salariés **de biens ou services produits ou rendus par l'entreprise** ne constitue pas un avantage en nature si la réduction tarifaire n'excède pas 30 % du prix public TTC pratiqué par l'employeur, lequel s'entend du prix le plus bas pratiqué dans l'année par celui-ci (BOI-RSA-BASE-20-20 n° 320).
f. Les avantages en nature dont bénéficient les **apprentis** sont évalués à 75 % de la valeur retenue pour les autres salariés (TS-II-10110).

21555
TS-II-8900 s

Nourriture La fourniture du repas est **évaluée** forfaitairement à 10,70 € par jour pour 2024 (10,40 € pour 2023) et à la moitié de ce montant pour un repas, soit 5,35 € pour 2024 (5,20 € pour 2023) (BOI-BAREME-000014).

› Précisions **a.** Pour les **salariés des hôtels, cafés, restaurants** et assimilés, la valeur de l'avantage en nature est évaluée à un minimum garanti (MG) par repas, soit 4,15 € pour 2024 (4,01 € pour 2023), ou deux MG par jour.
b. Lorsqu'un salarié en **déplacement professionnel** est remboursé intégralement de ses **frais de repas,** il n'y a pas lieu de réintégrer un avantage en nature correspondant à l'économie du repas normalement pris à domicile.
c. N'est pas considérée comme un avantage en nature la fourniture de repas aux **personnels éducatifs dans les établissements scolaires** (TS-II-7300 s.).

21560
TS-II-9000 s

Logement L'avantage est **évalué** forfaitairement ou, sur option de l'employeur, d'après la valeur locative cadastrale servant de base à la taxe d'habitation (ou, à défaut, d'après la valeur locative réelle du logement) augmentée, le cas échéant, des avantages accessoires retenus pour leur valeur réelle.

L'évaluation **forfaitaire** de l'avantage logement est déterminée chaque mois, en fonction de la rémunération de l'intéressé et du nombre de pièces du logement, en utilisant le barème reproduit n° 97220. Le forfait comprend, de manière limitative, les **avantages accessoires** suivants : eau, gaz, électricité, chauffage et garage.

› Précisions **a.** Pour les **salariés ne pouvant accomplir leur activité sans être logés** dans des locaux où ils exercent leur fonction (fonctionnaires logés par nécessité absolue de service, personnel de sécurité et de gardiennage, etc.), la valeur de l'avantage subit un abattement pour sujétions de 30 % sur la valeur locative cadastrale du logement ou sur la valeur forfaitaire.
b. Lorsque le **salarié verse** à son employeur **un loyer** et que celui-ci est inférieur, selon l'option exercée par l'employeur, au forfait ou à la valeur locative cadastrale (ou à la valeur locative réelle à défaut de valeur locative cadastrale), seule la différence constitue un avantage imposable. Toutefois, cet avantage est négligé si son montant est inférieur à l'évaluation résultant de la première tranche du barème forfaitaire pour une pièce (n° 97220).
c. Les **charges** acquittées par l'employeur dont le paiement incombe normalement à l'occupant **du logement** (taxe d'habitation, assurances, etc.) constituent des avantages en espèces imposables.
d. Le logement par nécessité absolue de service des **personnels de gendarmerie** n'est pas considéré comme un avantage en nature (CGI art. 82, al. 1).

21564
TS-III-2500 s

Véhicule Un véhicule automobile d'entreprise **mis gratuitement à la disposition d'un salarié** peut être utilisé à des fins professionnelles et/ou à des fins personnelles.

21565 L'utilisation du véhicule pour des **déplacements privés** constitue pour le salarié un avantage en nature qui doit être ajouté à sa rémunération brute. Cet avantage est **évalué** sur la base des dépenses réellement engagées ou, sur option de l'employeur, sur la base d'un forfait, comme l'indique le tableau ci-après (BOI-ANNX-000056).

Modes d'évaluation		Véhicule acheté		Véhicule en location (le cas échéant avec option d'achat)
		Moins de 5 ans	Plus de 5 ans	
Selon **dépenses réelles** (évaluation annuelle)	Dépenses prises en compte	Amortissement, soit 20 % du coût d'achat TTC du véhicule + assurance + frais d'entretien[1]	Amortissement, soit 10 % du coût d'achat TTC du véhicule + assurance + frais d'entretien[1]	Coût de location + assurance + frais d'entretien[1]
	Montant de l'avantage en nature	(Montant total des dépenses ci-dessus × kilométrage à titre privé / kilométrage total du véhicule) + le cas échéant, frais réels de carburant pris en charge par l'employeur		

Modes d'évaluation		Véhicule acheté		Véhicule en location (le cas échéant avec option d'achat)
		Moins de 5 ans	Plus de 5 ans	
Selon **forfait** annuel[2]	L'employeur ne paie pas le carburant	9 % du coût d'achat TTC du véhicule	6 % du coût d'achat TTC du véhicule	30 %[3] du coût global annuel (location, entretien, assurance)
	L'employeur paie le carburant	Idem + frais réels de carburant ou, sur option, 12 % du coût d'achat TTC du véhicule	Idem + frais réels de carburant ou, sur option, 9 % du coût d'achat TTC du véhicule	Idem + frais réels de carburant ou, sur option, 40 %[3] du coût global annuel (location, entretien, assurance, carburant)

1. + frais de réparation non amortissables exposés par l'employeur (CE 21-11-2007 n° 279872 : RJF 2/08 n° 144).
2. Qui doit être proratisé en cas de mise à disposition du véhicule en cours d'année.
3. L'évaluation forfaitaire ainsi obtenue est, le cas échéant, plafonnée à celle applicable pour les véhicules achetés, cette dernière étant calculée sur la base du prix d'achat TTC acquitté par le loueur.

Pour les **véhicules mis à disposition** entre le 1er janvier 2020 et le 31 décembre 2024 **fonctionnant** exclusivement **au moyen de l'énergie électrique,** les dépenses prises en compte pour calculer l'avantage en nature ne tiennent pas compte des frais d'électricité engagés par l'employeur pour la recharge du véhicule et sont évaluées après application d'un abattement de 50 % dans la limite de 1 800 € par an.

EXEMPLES

1. Soit un employeur qui met à la disposition d'un salarié à compter du 1er janvier 2024 un **véhicule thermique acheté neuf** d'une valeur de 35 000 €. Il paie le carburant et choisit l'évaluation selon le forfait annuel avec évaluation forfaitaire du carburant. Le montant de l'avantage en nature est de 35 000 € × 12 % = 4 200 €.
S'il met dans les mêmes conditions à la disposition du salarié un **véhicule tout électrique** de la même valeur, et qu'il opte également pour le forfait annuel, les frais d'électricité pour la recharge ne sont pas pris en compte. Le montant de l'avantage en nature est de 35 000 € × 9 % = 3 150 €. Ce montant bénéficie toutefois de l'abattement de 50 %, et l'avantage en nature est donc évalué à 1 575 €.

2. Soit un employeur qui met à la disposition d'un salarié à compter du 1er janvier 2024 un **véhicule hybride rechargeable pris en location longue durée** dont le coût global annuel est de 15 000 €. Il paie le carburant et choisit l'évaluation selon le forfait annuel avec évaluation forfaitaire du carburant. Le montant de l'avantage en nature est de 15 000 € × 40 % = 6 000 €.
S'il met dans les mêmes conditions à la disposition du salarié un **véhicule tout électrique** dont le coût annuel global est le même, et qu'il opte également pour le forfait annuel, les frais d'électricité pour la recharge ne sont pas pris en compte. Le montant de l'avantage en nature est de 15 000 € × 30 % = 4 500 €. Ce montant bénéficie toutefois de l'abattement de 50 % (soit en principe 2 250 €, mais l'abattement est plafonné à 1 800 €) et l'avantage en nature est donc évalué à 4 500 € – 1 800 € = 2 700 €.

L'utilisation du véhicule par le salarié pour des **déplacements professionnels** constitue une 21566
allocation en nature pour frais d'emploi (nos 21585 s.). Lorsque, au titre des frais professionnels, le salarié pratique la déduction forfaitaire de 10 %, cette allocation est exonérée, sauf pour la part correspondant aux déplacements entre le domicile et le lieu de travail (ces frais étant en principe couverts par la déduction forfaitaire : n° 21590).

Lorsqu'il y a lieu à imposition de l'allocation en nature (en totalité en cas d'option pour la déduction des frais réels, ou seulement pour la valeur correspondant aux trajets domicile-lieu de travail en cas de déduction forfaitaire de 10 %), la **valeur imposable** est calculée en tenant compte des charges d'amortissement et d'assurance ainsi que des dépenses d'entretien et de carburant que le salarié aurait eu à supporter s'il avait utilisé un véhicule personnel (CE 31-10-1979 n° 14384 : RJF 12/79 n° 711). Cette valeur peut également être fixée à l'aide du barème forfaitaire kilométrique publié chaque année pour l'évaluation des frais réels déductibles (n° 22115).

21568 **Borne de recharge électrique**

Pour les années 2023 et 2024, l'avantage en nature résultant de la mise à disposition par l'employeur d'une borne de recharge pour véhicules électriques est évalué selon les modalités suivantes (Arrêté SANS0224281A du 10-12-2002 modifié art. 3 bis) :

a. La borne est installée sur le lieu de travail.

L'avantage en nature résultant de l'utilisation de cette borne par le salarié à des fins non professionnelles est évalué à hauteur d'un montant nul, y compris pour les frais d'électricité.

b. La borne est installée en dehors du lieu de travail.

La prise en charge par l'employeur de tout ou partie des **frais relatifs à l'achat et à l'installation** de la borne est exonérée en totalité lorsque la mise à disposition cesse à la fin du contrat de travail. Elle est exonérée à hauteur de 50 % des frais réels que le salarié aurait dû engager, dans la limite de 1 025 € pour 2024 (1 000 € pour 2023), lorsque la borne est installée à son domicile et n'est pas retirée à la fin du contrat de travail. Ces limites sont portées à 75 % et 1 537,50 € pour 2024 (1 500 € pour 2023) si la borne a plus de cinq ans.

La prise en charge de tout ou partie des **autres frais liés à l'utilisation** de la borne installée hors du lieu de travail ou du coût d'un contrat de location de la borne (hors frais d'électricité) est exonérée dans la limite de 50 % du montant des dépenses réelles que le salarié aurait dû engager.

21570
TS-II-9700 s

Informatique et communication L'utilisation **à titre privé** par le salarié d'outils issus des nouvelles technologies de l'information et de la communication (téléphone mobile, micro-ordinateur, etc.), mis à sa disposition par l'employeur, constitue un avantage en nature. Toutefois, cet avantage est négligé lorsqu'il correspond à l'utilisation raisonnable des outils pour la vie quotidienne des salariés (par exemple : courtes durées d'appel au domicile, brèves consultations de serveurs pratiques sur Internet) dont l'emploi est justifié par des besoins ordinaires de la vie professionnelle et familiale.

Lorsque cet avantage est imposable, il est **évalué** sur la base des dépenses réellement engagées ou, sur option de l'employeur, sur la base d'un forfait égal à 10 % du coût d'achat de ces outils ou, le cas échéant, égal à 10 % de l'abonnement, toutes taxes comprises. Lorsque l'acquisition par l'employeur desdits outils s'inscrit dans le cadre d'une offre globale comprenant aussi un abonnement, le forfait de 10 % est calculé sur le montant total du prix d'achat et de l'abonnement.

ALLOCATIONS POUR FRAIS D'EMPLOI

21585
CGI art. 81, 1°
TS-III-200 s

Caractéristiques Les allocations pour frais d'emploi peuvent prendre diverses **formes** : remboursements de frais réels, indemnités forfaitaires, allocations en nature.

Elles doivent être distinguées des allocations **couvrant des dépenses personnelles** – que ces allocations soient effectivement versées au bénéficiaire ou résultent de la prise en charge des dépenses directement par l'employeur – lesquelles constituent un avantage (en espèces ou en nature) imposable (BOI-RSA-CHAMP-20-50-10-10 n° 50).

Elles doivent être également distinguées des remboursements de **dépenses incombant normalement à l'employeur** mais réglées pour son compte par le salarié (par exemple : achats de petit matériel ou matériaux, frais de réception et de banquet organisés à l'occasion d'un congrès, certains frais exposés par les journalistes). Ces derniers sont hors du champ de l'impôt (CE 6-10-1982 n° 15042 : RJF 12/82 n° 1119 ; BOI-RSA-CHAMP-20-30-10-10 n° 20). On notera cependant que les frais les plus couramment engagés (frais de déplacement, par exemple) sont considérés comme des dépenses professionnelles incombant au salarié et non à l'entreprise.

> **Précisions** **a.** Lorsque les dépenses sont à **la fois professionnelles et personnelles,** seules les allocations correspondant aux frais professionnels sont susceptibles d'être exonérées. Toutefois, lorsque les allocations couvrent les **frais de repas** de salariés en **déplacement professionnel,** elles sont susceptibles d'être exonérées pour leur totalité, la prise en charge du coût du repas à domicile ne constituant pas un avantage en nature imposable (n° 21555, précision b).
> Sur la mise à disposition d'une **voiture** utilisée à des fins professionnelles et/ou privées, voir nos 21564 s.
> **b.** Les rémunérations des **journalistes,** rédacteurs, photographes, directeurs de journaux et critiques dramatiques et musicaux perçues ès qualités constituent des allocations pour frais d'emploi exonérées à concurrence de 7 650 €, à condition que leur revenu brut annuel n'excède pas 93 510 € (CGI art. 81, 1° ; TS-III-4100 s.). Les allocations pour frais d'emploi réellement consenties par l'employeur doivent alors, selon l'administration, être ajoutées (dans certaines limites) au revenu imposable (BOI-RSA-CHAMP-20-50-10-30 n° 240).

L'administration considère que ces montants (abattement et plafond de revenus) doivent être ajustés prorata temporis en fonction du nombre de mois où la profession a effectivement été exercée dans l'année (BOI-RSA-CHAMP-20-50-10-30 n°s 235 et 280). Certains tribunaux se sont toutefois prononcés en sens contraire (TA Versailles 22-12-2005 n° 406850 et TA Melun 5-1-2010 n° 06-1857 : RJF 6/10 n° 587).

c. Sur les indemnités liées à **l'exercice de fonctions publiques ou électives,** voir n° 22280.

d. Sur les allocations pour frais consenties aux **dirigeants,** voir n°s 23710 s.

Cas où les frais professionnels sont déduits forfaitairement Les allocations pour frais d'emploi éventuellement perçues par le salarié sont exonérées dans la mesure où elles couvrent des dépenses non déduites du revenu imposable au titre des frais professionnels. Lorsqu'il est fait application de la **déduction forfaitaire de 10 %** (n° 22050), la question se pose donc de savoir à quelles catégories de frais correspond cette déduction, afin d'apprécier si, et dans quelle mesure, les allocations pour frais peuvent être exonérées. **21590** TS-III-650 s

La déduction forfaitaire couvre, selon l'administration, les **dépenses professionnelles courantes,** c'est-à-dire celles que doivent exposer la plupart des salariés pour être en mesure d'occuper leur emploi ou d'exercer leurs fonctions, telles que les frais de déplacement du domicile au lieu de travail (sauf cas de mutation visé n° 21595), les frais de restauration sur le lieu de travail, les frais de documentation personnelle et de mise à jour des connaissances nécessités par l'activité professionnelle. Lorsque le contribuable perçoit des allocations, quelle qu'en soit la forme, destinées à faire face à ce type de frais, il doit les inclure dans son revenu imposable, sauf exonération expressément prévue (telle que l'exonération de la contribution de l'employeur aux titres-restaurant ou aux frais de transport visée n° 21735) (BOI-RSA-CHAMP-20-50-10-10 n° 90).

En revanche, certaines **dépenses professionnelles spéciales** ne sont pas considérées comme couvertes par la déduction forfaitaire de 10 % et peuvent donc faire l'objet d'allocations exonérées. Il s'agit de frais spécifiques à l'activité professionnelle du contribuable, exposés par celui-ci directement dans l'intérêt de l'entreprise, tels que les frais liés aux déplacements nécessités par l'emploi occupé ou les fonctions exercées (frais de restauration, d'hébergement et de transport), les dépenses entraînées par des invitations résultant d'obligations professionnelles, les cadeaux offerts dans le cadre des relations professionnelles, dans la mesure où ces cadeaux constitueraient une charge déductible pour l'entreprise s'ils étaient faits par elle (n° 8460) (BOI-RSA-CHAMP-20-50-10-10 n° 100), certains frais exposés par un **salarié temporairement détaché** en France depuis l'étranger (frais de déménagement, frais de scolarité des enfants, voyage annuel dans le pays d'origine, etc. : BOI-RSA-GEO-40-30 n°s 20 et 30). Il en est de même, en cas de **mutation professionnelle,** des frais de déménagement à la charge du salarié, des frais de double résidence et des frais de transport entre le domicile et le lieu de travail, lorsque ces frais constituent une contrainte inhérente à l'emploi (BOI-RSA-CHAMP-20-50-10-20 n° 100). **21595**

Pour bénéficier de l'exonération, les allocations doivent être **utilisées conformément à leur objet.** Le salarié doit être en mesure de justifier que ces allocations correspondent à des frais professionnels, non couverts par la déduction forfaitaire de 10 %, qu'il a réellement supportés dans l'intérêt de l'entreprise et qui ne sont pas d'un niveau exagéré. Les **justifications** doivent être produites sur demande de l'administration (BOI-RSA-CHAMP-20-50-10-10 n° 140). À défaut de justifications suffisantes, les allocations pour frais sont réintégrées dans le revenu imposable. **21600**

Toutefois, les indemnités forfaitaires de frais de repas ou de grand déplacement et les indemnités kilométriques bénéficient, dans certaines limites, d'une **présomption de conformité** de leur utilisation (voir n° 21605). Les **allocations dont le montant est fixé par la loi** sont toujours réputées utilisées conformément à leur objet et ne peuvent donner lieu à aucune vérification de la part de l'administration (CGI art. 81, 1°-al. 2).

ATTENTION

Si le salarié doit pouvoir justifier de la réalité et du **montant des frais** engagés, un certain **degré d'approximation** est admis dans l'évaluation de ces frais et, par conséquent, des allocations allouées en contrepartie. Mais il ne doit en aucun cas être fait application d'un pourcentage, fixe ou variable, aux émoluments reçus (BOI-RSA-CHAMP-20-50-10-10 n° 110).

À titre de règle pratique, et par analogie avec la sécurité sociale, les **allocations forfaitaires pour frais professionnels** (autres que les indemnités de mobilité professionnelle qui suivent les règles de droit commun) sont présumées utilisées conformément à leur objet à concurrence des montants prévus dans le tableau ci-après, dès lors que les circonstances de fait sont établies. Elles n'ont donc pas besoin, en principe, d'être justifiées pour la fraction qui n'excède pas ces limites. **21605** TS-III-3550 s

Nature des indemnités	Montants 2024	Montants 2023
Indemnité de repas sur le lieu de travail (travail en équipe, travail posté, travail continu, travail en horaire décalé ou travail de nuit)	7,30 €	7,10 €
Indemnité de repas en dehors des locaux de l'entreprise (salariés travaillant sur les chantiers, etc.)	10,10 €	9,90 €
Indemnité de repas lors d'un déplacement professionnel	20,70 €	20,20 €
Indemnité de grand déplacement en métropole[1]		
Nourriture (par repas)	20,70 €	20,20 €
Logement et petit déjeuner (par jour) :		
Paris et départements 92, 93 et 94	74,30 €	72,50 €
Autres départements (hors outre-mer)	55,10 €	53,80 €

1. Déplacement inférieur ou égal à trois mois. En cas de prolongation de la durée du déplacement au-delà de trois mois, les chiffres limites (y compris ceux prévus pour les salariés en déplacement à l'étranger ou en outre-mer) sont diminués de 15 % à compter du 4e mois et de 30 % à compter du 25e mois et dans la limite de quatre ans (BOI-RSA-CHAMP-20-50-10-20 n° 80).

De même, les allocations forfaitaires allouées aux salariés en **déplacement à l'étranger** et dans les **collectivités d'outre-mer** sont présumées être utilisées conformément à leur objet pour la fraction qui n'excède pas les indemnités journalières versées aux personnels civils de l'État envoyés en mission temporaire à l'étranger ou en outre-mer (les barèmes de ces indemnités journalières font l'objet de modifications périodiques).

Les **indemnités kilométriques** versées aux salariés qui utilisent leur **véhicule personnel** pour des déplacements professionnels sont réputées utilisées conformément à leur objet à concurrence des montants résultant de l'application du barème kilométrique publié chaque année pour l'évaluation des frais réels déductibles (voir n° 22115). Le salarié doit apporter les justificatifs relatifs au moyen de transport utilisé, à la puissance fiscale du véhicule et au kilométrage parcouru. Il est rappelé que les frais liés à l'utilisation du véhicule personnel pour les trajets domicile-lieu de travail sont couverts par la déduction de 10 % et ne peuvent donc pas donner lieu à des remboursements en franchise d'impôt (n° 21590).

21610 TS-V-11400 s **Cas où les frais professionnels sont déduits pour leur montant réel** Les salariés qui **optent** pour la déduction des frais réels (n° 22030) doivent inclure dans leur revenu brut imposable la totalité des allocations et remboursements pour frais professionnels perçus, quelle qu'en soit la forme. C'est une conséquence de la règle selon laquelle les allocations pour frais d'emploi éventuellement perçues par le salarié sont exonérées dans la mesure où elles couvrent des dépenses non déduites du revenu imposable au titre des frais professionnels (n° 21590).

Toutefois, lorsqu'un salarié déduit des frais réels d'une certaine nature et perçoit des allocations spéciales couvrant des frais d'une **nature différente** dont il ne demande pas la déduction, il n'est pas tenu de déclarer ces allocations si elles sont utilisées conformément à leur objet et justifiées (CE 19-12-1984 n° 38563 : RJF 2/85 n° 242).

HEURES SUPPLÉMENTAIRES

21615 CGI art. 81 quater TS-III-6200 s Les rémunérations versées à raison des heures supplémentaires (et, pour les salariés à temps partiel, les heures complémentaires) sont exonérées d'impôt sur le revenu dans la **limite annuelle** de 7 500 € par salarié.

En ce qui concerne les rémunérations visées, voir Mémento social nos 41320 s.

Les salariés pouvant bénéficier de l'exonération sont :

– l'ensemble des salariés du secteur privé (y compris les salariés agricoles), à l'exception des cadres dirigeants (Mémento social n° 41360) ;

– les agents de la fonction publique (titulaires ou non), au titre des heures supplémentaires ou du temps de travail additionnel effectif qu'ils réalisent, et ;

– les salariés relevant de régimes spéciaux, au titre des heures supplémentaires ou complémentaires réalisées.

› Précisions **a.** Les rémunérations versées au titre de la **monétisation** des journées ou demi-journées de repos ou de **RTT** acquises entre le 1er janvier 2022 et le 31 décembre 2025 ouvrent droit à l'exonération (Loi 2022-1157 du 16-8-2022 art. 5 ; voir Mémento social n° 30130).
b. Les heures défiscalisées sont prises en compte dans le **revenu fiscal de référence** (n° 42332).

PARTICIPATION, INTÉRESSEMENT ET ACTIONNARIAT

Les rémunérations allouées sous la forme de participation aux bénéfices comme les gains réalisés dans le cadre d'opérations sur titres effectuées dans des conditions préférentielles (**management packages**) sont imposables dans la catégorie des traitements et salaires lorsqu'ils trouvent essentiellement leur source dans l'exercice de fonctions de dirigeant ou de salarié (CE plén. 13-7-2021 n° 428506 : RJF 10/21 n° 922 ; CE plén. 13-7-2021 n° 437498 : RJF 10/21 n° 923 ; CE plén. 13-7-2021 n° 435452 : RJF 10/21 n° 924). **21620** TS-II-4700 s

Toutefois, des exonérations d'impôt ou des modalités d'imposition spécifiques sont accordées dans le cadre de divers **régimes légaux** de participation, d'intéressement et d'actionnariat des salariés : voir nos 88400 s.

COMPTE ÉPARGNE-TEMPS ET AUTRES AVANTAGES LIÉS AU TEMPS DE TRAVAIL

a. Dispositif de capitalisation des droits à congé rémunéré, le **compte épargne-temps (CET)** permet aux salariés qui le souhaitent d'acquérir de tels droits ou de bénéficier d'une rémunération immédiate ou différée (Mémento social nos 30800 s.). **21630** TS-II-4400 s

Les sommes inscrites au crédit d'un CET sont en principe soumises à l'impôt sur le revenu. Pour éviter une double imposition, l'imposition est établie sur les sommes versées au titre de l'année d'utilisation de son CET par le salarié et non lors de leur affectation au compte. Font exception : les sommes provenant de la participation, des primes d'intéressement ou des plans d'épargne salariale ; les sommes issues de droits inscrits au CET utilisés pour alimenter un PEE dans les conditions prévues à l'article L 3332-10, al. 3 du Code du travail ; les droits utilisés pour alimenter un Perco ou un Pereco dans les conditions prévues à l'article L 3152-4 du Code du travail (exonération, sous conditions et limites, éventuellement combinée avec le régime du quotient : voir n° 96615 pour les sommes affectées à un Pereco et TS-VII-38800 s. pour les sommes affectées à un Perco) ; les droits utilisés pour le financement de prestations de retraite supplémentaire conventionnellement obligatoire ou affectés à un Pero (assimilation à des cotisations déductibles du salaire, sous conditions et limites : voir n° 96615 pour les sommes affectées à un Pero et DC-VIII-2790 pour les sommes affectées à un régime de retraite supplémentaire conventionnellement obligatoire).

b. En l'**absence de CET,** les sommes correspondant à des **jours de repos non pris** sont, dans la limite de dix jours par an, soit exonérées d'impôt sur le revenu en cas d'affectation à un Perco ou à un Pero (voir n° 96615), soit assimilées à des cotisations de retraite déductibles du salaire sous conditions et limites en cas d'affectation à un régime de retraite supplémentaire conventionnellement obligatoire (DC-VIII-2790).

PRESTATIONS SOCIALES

Prestations pour maladie, accident ou maternité Les **indemnités journalières** (maladie, accident ou maternité) versées aux salariés par les organismes de **sécurité sociale** et de la mutualité sociale agricole ou pour leur compte sont en principe imposables dans la catégorie des traitements et salaires. À ce titre, elles supportent la retenue à la source de l'impôt sur le revenu (n° 3755). Elles sont toutefois exonérées en totalité en cas de **maladie longue et coûteuse** (maladie figurant sur la liste de l'article D 160-4 du CSS ou affection grave reconnue comme telle par le contrôle médical) et à hauteur de 50 % de leur montant en cas d'accident du travail ou de maladie professionnelle. **21645** CGI art. 80 quinquies TS-II-10500 s

Les **indemnités journalières complémentaires** de maladie ou d'accident, professionnels ou non, ou de maternité, versées par l'employeur ou dans le cadre d'un régime complémentaire **obligatoire** en sus des indemnités de la sécurité sociale, sont imposables comme des salaires (ou comme des pensions en cas de rupture du contrat de travail) (BOI-RSA-CHAMP-20-30-20 n° 220).

En revanche, les indemnités journalières (de même que les rentes d'invalidité et les rentes d'orphelin) reçues par un salarié en exécution d'un contrat d'assurance ou de prévoyance à **adhésion facultative** complétant, pour des risques non professionnels, le régime légal de protection sociale sont exclues du champ d'application de l'impôt sur le revenu. Il en est ainsi même si la souscription a lieu dans le cadre de l'exercice de la profession. Les primes ou cotisations payées à ce titre par l'assuré ne sont pas déductibles de son revenu imposable (BOI-RSA-CHAMP-20-30-20 n° 230).

Remarque : Lorsque l'employeur verse lui-même les indemnités journalières de maladie au salarié (régime dit de la « **subrogation** »), il ne pratique la retenue à la source de l'impôt sur le revenu que sur les indemnités versées au titre des deux premiers mois suivant l'arrêt de travail (BOI-IR-PAS-20-10-10 n° 80).

ILLUSTRATIONS

- Les indemnités journalières versées par les organismes de sécurité sociale pendant un **congé d'adoption** sont imposables comme les indemnités de maternité.
- Les **indemnités** journalières de **maternité supplémentaires** attribuées sur décision individuelle par les caisses primaires d'assurance maladie aux femmes dont le métier comporte des travaux incompatibles avec leur état sont, par exception, exonérées (BOI-RSA-CHAMP-20-30-20 n° 190).
- L'**indemnité temporaire d'inaptitude** versée au salarié déclaré inapte à la suite d'un **accident du travail** ou d'une **maladie professionnelle** dans l'attente de son reclassement ou de son licenciement est assujettie à l'impôt sur le revenu à hauteur de 50 % de son montant (Circ. DSS/SD2C/2010/240 du 1-7-2010 n° III). S'agissant de l'imposition des **pensions et rentes** servies au titre des accidents du travail et des maladies professionnelles, voir n° 22470.
- L'**allocation journalière d'accompagnement d'une personne en fin de vie** (Ajap : CSS art. L 168-1 à L 168-7 ; Mémento social n° 11990) est un revenu de remplacement, imposable dans la catégorie des traitements et salaires quand elle est versée, par un organisme de sécurité sociale ou par son employeur, à un salarié, un agent public ou un demandeur d'emploi (BOI-RSA-CHAMP-20-30-20 n° 350).

21650 CGI art. 81, 2° 2° bis, 9°, 9° ter 14° et 14° bis TS-III-9600 s et 9800 s ; TS-IV-8150 s TS-IV-10100 s

Aides à caractère social ou familial Sont à ce titre exonérées d'impôt sur le revenu, notamment :

- les **prestations familiales** légales (prestation d'accueil du jeune enfant, allocations familiales, complément familial, etc.) ;
- l'**allocation de logement,** ainsi que l'aide personnalisée au logement ;
- l'**allocation aux adultes handicapés,** ainsi que le complément de ressources et la majoration pour la vie autonome qui peuvent la compléter ;
- la **prestation de compensation du handicap** visée à l'article L 245-1 du Code de l'action sociale et des familles ;
- l'**allocation personnalisée d'autonomie** visée aux articles L 232-1 et suivants du Code de l'action sociale et des familles ;
- à concurrence de l'allocation aux adultes handicapés, les **pensions d'orphelin** (temporaires ou permanentes) lorsqu'elles remplacent cette allocation en tout ou partie du fait de la loi. Par ailleurs, les pensions temporaires d'orphelins de fonctionnaires civils et militaires sont exonérées à concurrence du montant des allocations familiales auxquelles aurait eu droit le parent décédé. Sur les pensions d'orphelin versées dans le cadre d'un régime facultatif, voir n° 21645 ;
- les **allocations d'assistance et d'assurance** versées par l'État, les collectivités et établissements publics. En ce qui concerne les allocations de chômage, voir n° 21705.

SOMMES PERÇUES EN FIN D'ACTIVITÉ

21660 CGI art. 80 duodecies TS-II-13000 s

Principe Toute indemnité versée à un salarié à l'occasion de la **rupture** de son **contrat de travail** constitue, sauf exceptions (tenant à la nature ou au montant de l'indemnité), une rémunération imposable à l'impôt sur le revenu (catégorie des traitements et salaires). Il en va de même, lors de la cessation de leur **mandat social,** pour les dirigeants assimilés à des salariés sur le plan fiscal (mandataires sociaux, dirigeants et personnes visés à l'article 80 ter du CGI : n° 23720).

Sur le régime de ces indemnités au regard des **cotisations de sécurité sociale,** voir Mémento Social n°s 22820 s.

ATTENTION

Dès lors que les **salariés transfrontaliers français travaillant dans un autre État de l'Union européenne** ne doivent pas être traités différemment des salariés français travaillant en France, le régime fiscal applicable à une indemnité de rupture versée par un employeur étranger doit être déterminé au regard des qualifications et des règles retenues par le droit français (CE 6-6-2018 n° 399990 : RJF 10/18 n° 960). Il en va de même pour les salariés transfrontaliers français travaillant à **Monaco** (TA Versailles 8-10-2020 n° 1800470 : RJF 6/21 n° 589).

21665 CGI art. 80 duodecies, 1-1° et 3° TS-II-13400 s

Indemnités de licenciement Les indemnités de licenciement (versées en dehors du cadre d'un plan de sauvegarde de l'emploi) sont **exonérées à hauteur** du plus élevé des trois montants suivants :

- montant de l'indemnité de licenciement prévu par la convention collective de branche, par l'accord professionnel et interprofessionnel ou, à défaut, par la loi ;
- moitié de l'indemnité de licenciement perçue ;
- deux fois le montant de la rémunération annuelle brute perçue par le salarié au cours de l'année civile précédant la rupture de son contrat de travail.

Toutefois, la fraction exonérée résultant de l'application de l'une ou l'autre des deux dernières limites **ne peut pas excéder** six fois le plafond annuel de la sécurité sociale en vigueur au moment du versement des indemnités, soit 278 208 € pour les indemnités perçues en 2024 (263 952 € pour celles perçues en 2023). En revanche, le montant de l'indemnité légale ou conventionnelle est exonéré en totalité même lorsqu'il excède ce seuil.

Sont exonérées **sans limitation** de montant les indemnités mentionnées aux articles L 1235-2, L 1235-3, L 1235-3-1 et L 1235-11 à L 1235-13 du Code du travail : il s'agit des indemnités accordées par le juge du contrat de travail (ou allouées en vertu d'une sentence arbitrale ou d'une transaction : Cons. const. 20-9-2013 n° 2013-340 QPC : RJF 12/13 n° 1162) qui sanctionnent le défaut de respect de la procédure de licenciement, le licenciement sans cause réelle et sérieuse, la nullité du licenciement notamment pour motif discriminatoire ou pour violation d'une liberté fondamentale ou encore le non-respect de la procédure prévue en cas de licenciement collectif pour motif économique ou de la priorité de réembauche. Est également exonérée en totalité l'indemnité forfaitaire de conciliation prud'homale prévue par l'article L 1235-1 du Code du travail.

S'agissant des indemnités versées dans le cadre d'un plan de sauvegarde de l'emploi (**PSE**), voir n° 21685.

Remarque : La fraction imposable des indemnités de licenciement peut bénéficier du **système du quotient** décrit n°s 4150 s., quel que soit son montant.

ILLUSTRATIONS

• L'indemnité spéciale de licenciement due en application de l'article L 1226-14 du Code du travail en cas d'**accident du travail** ou de maladie professionnelle est exonérée en totalité.
Il en va de même de l'indemnité spécifique de licenciement prévue par les articles L 7112-3 et L 7112-4 du Code du travail en faveur des **journalistes professionnels** (BOI-RSA-CHAMP-20-40-10-30 n° 140).

• **L'indemnité de clientèle des VRP** suit le régime fiscal des indemnités de licenciement et est donc exonérée dans les limites fixées ci-dessus. La part qualifiée de dommages-intérêts fixée par le juge est intégralement exonérée (BOI-RSA-CHAMP-20-40-10-20 n° 170).

• En cas de versement d'une indemnité transactionnelle assortie d'une **clause de non-concurrence,** la contrepartie financière de cette dernière est intégralement imposable et il y a lieu, le cas échéant, de l'évaluer si son montant n'est pas déterminé (BOI-RSA-CHAMP-20-40-10-30 n° 40).

• Lorsque les **indemnités** de licenciement sont **versées par plusieurs entreprises,** les limites d'exonération s'appliquent au montant global des indemnités perçues au titre de la rupture du contrat de travail (BOI-RSA-CHAMP-20-40-10-30 n° 70).

Indemnités de cessation forcée des fonctions versées aux mandataires sociaux et aux dirigeants En cas de cessation forcée des fonctions, notamment de **révocation,** des dirigeants fiscalement assimilés à des salariés, seule est imposable la fraction des indemnités qui excède trois fois le plafond annuel de la sécurité sociale (Pass), soit 139 104 € pour les indemnités perçues en 2024 (131 976 € pour celles perçues en 2023). 21670 CGI art. 80 duodecies, 2 **TS-II-21300 s**

Remarque : La fraction imposable des indemnités peut bénéficier, sur demande du bénéficiaire, du **système du quotient** décrit n°s 4150 s.

> Précisions a. L'appréciation du **caractère forcé** de la cessation des fonctions repose, au-delà de l'apparence juridique, sur l'examen des circonstances de fait. L'exonération est ainsi susceptible de s'appliquer lorsque le dirigeant a cédé à la contrainte en présentant sa démission. À l'inverse, le dirigeant ne pourra se prévaloir de l'exonération s'il résulte de l'examen des circonstances de fait que la révocation dissimule en réalité un départ négocié ou à l'amiable (BOI-RSA-CHAMP-20-40-20 n°s 70, 80 et 110).

b. Lorsque le **versement des indemnités** afférentes à une même cessation forcée de fonctions s'effectue **sur deux années civiles successives,** la limite de trois fois le Pass s'apprécie en faisant masse de l'ensemble des versements (BOI-RSA-CHAMP-20-40-20 n° 120).

c. En cas de **cumul d'un contrat de travail et d'un mandat social** au sein d'une **même société** ou de **plusieurs sociétés d'un même groupe,** de même qu'en cas d'exercice d'une **pluralité de mandats sociaux** auprès de plusieurs sociétés d'un même groupe, la limite de trois fois le Pass s'applique, selon l'administration, au montant global des indemnités perçues au titre de la rupture de l'ensemble de ces fonctions (BOI-RSA-CHAMP-20-40-20 n° 130).

d. Une indemnité pour **licenciement abusif** versée à un **salarié** également **mandataire social** est exonérée d'impôt sur le revenu en application de l'article 80 duodecies, 1-1° du CGI (n° 21665) pour sa fraction visant à réparer la rupture de son contrat de travail. En revanche, l'indemnité destinée à réparer un préjudice distinct, résultant de la perte de la possibilité de lever des stock-options, est imposable en tant que salaires (CE 22-5-2017 n° 395440 : RJF 8-9/17 n° 800).

21675 CGI art. 80 duodecies, 1-4° TS-II-17520 s

Indemnités de départ à la retraite ou en préretraite **a.** L'indemnité de **départ volontaire** à la retraite, hors le cas de plan de sauvegarde de l'emploi, constitue une rémunération imposable.

S'agissant des indemnités versées dans le cadre d'un plan de sauvegarde de l'emploi (**PSE**), voir n° 21685.

b. L'indemnité de **mise à la retraite** est exonérée à hauteur du plus élevé des trois montants suivants :

– montant de l'indemnité de mise à la retraite prévu par la convention collective de branche, par l'accord professionnel ou interprofessionnel ou, à défaut, par la loi ;

– moitié de l'indemnité de mise à la retraite perçue ;

– deux fois le montant de la rémunération annuelle brute perçue par le salarié au cours de l'année civile précédant sa mise à la retraite.

Toutefois, la fraction exonérée résultant de l'application de l'une ou l'autre des deux dernières limites **ne peut pas excéder** cinq fois le plafond annuel de la sécurité sociale en vigueur à la date du versement des indemnités, soit 231 840 € pour les indemnités perçues en 2024 (219 960 € pour celles perçues en 2023). En revanche, le montant de l'indemnité légale ou conventionnelle est exonéré en totalité même lorsqu'il excède ce seuil.

c. L'indemnité de **cessation anticipée** d'activité versée par l'employeur lors de leur départ aux salariés et anciens **salariés exposés à l'amiante** est exonérée en totalité (CGI art. 81, 32°). Concernant le régime des **allocations versées après cessation d'activité jusqu'à l'obtention de la retraite,** voir n° 21710.

d. Les autres indemnités de départ en **préretraite** suivent le régime des indemnités de départ volontaire en retraite (BOI-RSA-CHAMP-20-40-10-20 n° 50).

Remarque : La fraction imposable des indemnités de départ volontaire en retraite, de mise à la retraite ou de départ en préretraite peut bénéficier du **système du quotient** décrit n°s 4150 s., quel que soit son montant.

21685 CGI art. 80 duodecies, 1-2° TS-II-19700 s

Indemnités versées dans le cadre d'un plan de sauvegarde de l'emploi Les indemnités versées à raison du **licenciement ou** du **départ volontaire,** que celui-ci s'effectue sous la forme d'une **démission,** d'un **départ à la retraite ou en préretraite,** intervenant dans le cadre d'un plan de sauvegarde de l'emploi (PSE) au sens des articles L 1233-32 et L 1233-61 à L 1233-64 du Code du travail (Mémento social n°s 48170 s.) sont exonérées pour leur montant total.

Sont ainsi exonérées de l'impôt sur le revenu non seulement les indemnités dues aux salariés concernés en vertu des dispositions légales ou conventionnelles, mais aussi, quelle que soit leur appellation, celles qui s'y ajoutent (primes ou indemnités d'aide au départ volontaire, d'aide à la réinsertion professionnelle, d'incitation au reclassement, d'aide à la création d'entreprise, etc.) à l'exclusion des indemnités visées n° 21695 (BOI-RSA-CHAMP-20-40-10-30 n°s 430 et 450).

ATTENTION

Les indemnités de **mise à la retraite à l'initiative de l'employeur,** même si celle-ci s'effectue dans le cadre d'un PSE, ne sont pas concernées par ces règles mais par celles visées n° 21675, b.

21687 CGI art. 80 duodecies, 1-1° TS-II-16650 s

Indemnités de rupture d'un commun accord dans le cadre d'un accord collectif **a.** L'indemnité de **rupture conventionnelle collective** (RCC) visée à l'article L 1237-19-1, 5° du Code du travail (Mémento social n°s 69147 s.) est exonérée sans limitation de montant. Il en est de même des indemnités visant à faciliter l'accompagnement et le reclassement externe des salariés prévues au 7° du même article.

b. Les indemnités de rupture de contrat de travail à la suite de l'acceptation par un salarié d'une proposition de **congé de mobilité** (Mémento social n° 69146), mentionnées à l'article L 1237-18-2, 7° du Code du travail, sont totalement exonérées.

21690 CGI art. 80 duodecies, 1-6° TS-II-16520 s

Indemnités de rupture d'un commun accord dans le cadre d'une convention individuelle Les indemnités prévues à l'article L 1237-13 du Code du travail versées à l'occasion de la **rupture conventionnelle homologuée** du contrat de travail d'un salarié (Mémento social n° 69130) sont exonérées dans les mêmes conditions que les indemnités de licenciement (n° 21665) si le salarié bénéficiaire n'est pas en droit de bénéficier d'une pension de **retraite d'un régime légalement obligatoire.**

Remarque : Ces indemnités peuvent bénéficier du **système du quotient** décrit n°s 4150 s., quel que soit leur montant.

> **Précisions** L'indemnité versée aux **agents publics des chambres de commerce et d'industrie** (CCI) dans le cadre de la rupture d'un commun accord de la relation de travail est exonérée selon les mêmes modalités que la rupture conventionnelle homologuée bénéficiant aux salariés du secteur privé.
> Il en va de même des indemnités spécifiques de rupture conventionnelle versées aux **agents publics des chambres de métiers et de l'artisanat** et aux **agents de la fonction publique**, qu'ils soient titulaires ou contractuels.

Autres indemnités Les indemnités versées à l'occasion de la rupture du contrat de travail, autres que celles visées nos 21665 à 21690, constituent une rémunération imposable. 21695 TS-II-15700 s et 20000 s

Tel est le cas des indemnités de départ éventuellement allouées en cas de **démission.** Ces indemnités suivent toutefois le même régime que les indemnités de licenciement (no 21665) lorsque la démission du salarié revêt, en raison des conditions dans lesquelles elle a été donnée, le caractère d'un licenciement (CE 24-1-2014 no 352949 : RJF 4/14 no 335).

Sont également imposables les indemnités de **non-concurrence** (voir no 21665), les indemnités compensatrices de **congés payés,** les indemnités de **préavis** ainsi que les indemnités compensatrices de préavis versées aux salariés avec dispense d'effectuer le préavis. De même, l'indemnité perçue par le salarié qui adhère à un contrat de sécurisation professionnelle (**CSP**) (Mémento social nos 48390 s.) est imposable.

Il en va de même de l'indemnité de fin de **contrat** de travail **à durée déterminée** ou de fin de mission. En cas de rupture anticipée d'un contrat de travail à durée déterminée, l'indemnité prévue par l'article L 1243-4 du Code du travail est imposable à hauteur du montant correspondant aux rémunérations que le salarié aurait perçues jusqu'au terme du contrat. Le surplus est exonéré dans les conditions et limites prévues pour les indemnités de licenciement (no 21665) (BOI-RSA-CHAMP-20-40-10-20 no 10).

Remarque : Lorsqu'elles sont imposables, les primes ou indemnités de départ volontaire (démission, rupture conventionnelle, etc.) peuvent bénéficier du **système du quotient** décrit nos 4150 s., quel que soit leur montant.

ILLUSTRATIONS

- Une **indemnité transactionnelle** perçue après **prise d'acte de la rupture** du contrat de travail est exonérée si le salarié apporte la preuve que cette prise d'acte est assimilable à un licenciement sans cause réelle et sérieuse (no 21665) (CE 1-4-2015 no 365253 : RJF 6/15 no 487).
- Une **indemnité transactionnelle** versée **à la suite d'un licenciement** est exonérée s'il résulte de l'instruction (régime de preuve objective) que la rupture des relations de travail est assimilable à un licenciement sans cause réelle et sérieuse (no 21665) (CE 5-7-2018 no 401157 : RJF 11/18 no 1100). Lorsqu'une telle indemnité répare **plusieurs préjudices,** le juge doit rechercher dans quelle **proportion** l'indemnité répare le licenciement abusif, laquelle est seule exonérée (CE 7-6-2019 no 419455 : RJF 8-9/19 no 782).
- L'indemnité transactionnelle versée à un salarié protégé qui a pour seul objet de compenser financièrement la **démission préalable du salarié protégé de ses mandats** électifs et représentatifs **avant** son licenciement dans le cadre d'un PSE est imposable (CE 12-2-2020 no 423914 : RJF 5/20 no 437).

ALLOCATIONS DE CHÔMAGE ET ASSIMILÉES

Allocations de chômage Les allocations de chômage constituent en principe un revenu de remplacement imposable dans la catégorie des traitements et salaires. 21705 TS-II-25100 s

Sont ainsi imposables les allocations de **chômage total** versées par France Travail (ex-Pôle emploi) au titre de l'assurance chômage ou du régime de solidarité (allocation d'aide au retour à l'emploi et allocation de solidarité spécifique : Mémento social nos 6300 s. et 7040 s.).

Est également imposable l'indemnité d'**activité partielle** (Mémento social nos 1400 s.). Il en est de même de l'allocation complémentaire de garantie d'une rémunération mensuelle minimale (Mémento social nos 1650 s.).

Allocations de préretraite Les allocations versées aux salariés dans le cadre des **régimes légaux** de préretraite sont imposables dans la catégorie des traitements et salaires. Tel est le cas de l'allocation versée dans le cadre de la **préretraite amiante** (Mémento social no 57273 s.). 21710 TS-II-19200 s

Sont également imposables comme des traitements et salaires les allocations versées (pendant la période de disponibilité du salarié mais aussi après la rupture de son contrat de travail) dans le cadre de dispositifs dits de « **préretraite d'entreprise** » ou de « préretraite maison » (Mémento social nos 57285) (BOI-RSA-CHAMP-20-20 no 160).

Sur le régime des **indemnités de départ en préretraite** versées au moment de la cessation d'activité, voir no 21675.

21715 TS-II-25800 s **Aides à l'emploi** Sont notamment imposables dans la catégorie des traitements et salaires :
– la rémunération versée aux stagiaires dans le cadre d'une **convention AME-entreprise** (s'appuyant sur la mobilisation du FNE-formation) (Mémento social n° 2235) ;
– les **allocations temporaires dégressives** (Mémento social n° 2245).
En revanche, sont exonérées d'impôt sur le revenu :
– l'**aide financière de l'État,** mentionnée à l'article L 5141-2 du Code du travail, accordée dans le cadre du dispositif d'aide à la reprise ou à la création d'entreprise (**Accre**) (CGI art. 81, 35°) ;
– la **prime d'activité** (Mémento social nos 2350 s.) (CGI art. 81, 9° quinquies).

AUTRES RÉMUNÉRATIONS ET AVANTAGES

21730 Les sommes versées par le **comité social et économique,** sauf s'il s'agit d'un secours (BOI-RSA-CHAMP-20-30-30 n° 20), d'une contribution aux chèques-vacances ou d'une aide financière pour le financement de services à la personne (n° 21735) sont imposables.

De même, les sommes ou avantages **versés par des tiers** dans les conditions prévues à l'article L 242-1-4 du CSS (sommes ou avantages alloués par une personne n'ayant pas la qualité d'employeur en contrepartie d'une activité accomplie dans son intérêt : Mémento social n° 22445) sont imposables comme traitements et salaires dans les conditions ordinaires (BOI-RSA-CHAMP-20-30-10-10 nos 310 et 320). Il en va ainsi en principe des **pourboires** (BOI-RSA-CHAMP-20-10 n° 90). Sur le cas des pourboires perçus en 2023 et en 2024, voir toutefois n° 21735.

Remarque : Les primes ou indemnités versées à titre exceptionnel aux salariés lors d'un changement du lieu de travail (**primes de mobilité ou de mutation**) peuvent bénéficier du système du quotient décrit nos 4150 s. quel que soit leur montant, même si le changement du lieu de travail ne s'accompagne pas d'un changement de domicile.

21735 Les gains et autres avantages figurant dans le tableau ci-dessous sont **exonérés** d'impôt sur le revenu **en totalité ou en partie.**

Nature des gains ou avantages	Exonération	Fondement
Rémunérations des **salariés détachés à l'étranger**	Voir nos 4695 s.	
Rémunération des **impatriés**	Voir nos 4715 s.	
Dédommagement versé à l'**aidant familial** (au sens de l'article R 245-7 du CASF) **non salarié** (TS-I-2180)	Totale (dédommagement issu de la prestation de compensation du handicap)	CGI art. 81, 9° ter-b
Salaire des **apprentis** (TS-III-11000 s.)	Pour la fraction du salaire (avant déduction des frais professionnels) n'excédant pas le montant annuel du Smic[1]	CGI art. 81 bis
Prestations réalisées dans le cadre de l'**entraide agricole** (TS-III-13250 s.)	Totale	CGI art. 81, 15°
Part patronale des **cotisations sociales** (régimes obligatoires) (DC-VIII-600 s.)	Sous réserve d'une exception pour la prévoyance complémentaire (n° 21910, précision a)	Jurisprudence et administration
Sommes versées par l'employeur à un **contrat de retraite à prestations définies**[2] (DC-VIII-700 s.)	Totale	CGI art. 81, 18° ter
Contribution de l'employeur aux **titres-restaurant** (TS-III-10000 s.)	Dans la limite, pour 2024, de 7,18 €[3] par titre et sous certaines conditions (voir Mémento social nos 22630 s.)	CGI art. 81, 19°
Contribution de l'employeur (ou du comité social et économique) aux **chèques-vacances** (TS-III-10600 s.)	Dans la limite, par salarié et par an, du Smic mensuel[1]	CGI art. 81, 19° bis
Aide financière du comité social et économique ou de l'entreprise pour le **financement de services à la personne** et aide financière des employeurs publics pour le financement des chèques emploi-service universels (TS-II-2600 s.)	Dans la limite de 2 421 € par an et par bénéficiaire (2 301 € pour 2023)	CGI art. 81, 37°
Contributions de l'employeur aux **frais de transport domicile-lieu de travail** :		

21735 (suite)

Nature des gains ou avantages	Exonération	Fondement
• Frais d'**abonnement aux transports publics**[4] (TS-III-2090 s.)	Dans la limite de la contribution obligatoire de l'employeur (50 % de l'abonnement) Au-delà, pour 2023 et 2024, dans la limite de 25 % de l'abonnement	CGI art. 81, 19° ter-a, modifié par l'article 29 de la loi 2023-1322 du 29-12-2023
• Forfait mobilités durables (TS-III-2200 s.) cumulé à la prise en charge obligatoire de l'employeur des frais d'abonnement aux transports publics	Dans la limite du plus élevé des deux montants suivants : 50 % de l'abonnement ou 800 €[5]	CGI art. 81, 19° ter-b
• Forfait mobilités durables cumulé à la prime de transport (TS-III-2160 s.)	Pour 2023 et 2024, dans la limite globale de 700 € par an (900 € dans les Drom), dont 400 € maximum (600 € dans les Drom) pour les frais de carburant	CGI art. 81, 19° ter-b, modifié par l'article 29 de la loi 2023-1322 du 29-12-2023
Allocations de covoiturage versées aux conducteurs ou aux passagers par les **autorités organisatrices de la mobilité** (TS-III-13450 s.)	Totale	CGI art. 81, 19° quater et 19° quinquies
Indemnité mensuelle et indemnité supplémentaire versées dans le cadre du **volontariat international en entreprise** (VIE) **ou en administration** (VIA) (TS-II-820)	Totale	CGI art. 81, 17°-b
Allocation et prime versées dans le cadre du contrat de **volontariat pour l'insertion** (TS-II-1330 s.)	Totale	CGI art. 81, 17°-c
Indemnité versée dans le cadre du contrat de **volontariat de solidarité internationale** (VSI) ou **de service volontaire européen** (TS-II-820 s.)	Totale	CGI art. 81, 17°-d et BOI-RSA-CHAMP-20-50-60 n° 220
Indemnité versée dans le cadre d'un **engagement de service civique** ou **d'un volontariat associatif** (ainsi que les prestations de subsistance, d'équipement et de logement et la contribution de la personne morale au financement des titres-repas) (TS-II-800)	Totale	CGI art. 81, 17°-e
Indemnités versées aux **militaires** engagés dans le cadre de l'**opération « Sentinelle »** et indemnités journalières d'absence temporaire versées aux gendarmes et CRS (TS-II-6010)	Totale	CGI art. 81, 23° bis et 23° ter
Vacations horaires des **sapeurs-pompiers volontaires** (TS-II-6360 s.)	Totale	CGI art. 81, 29°
Gratifications allouées à l'occasion de la délivrance de la **médaille d'honneur du travail**[6] (TS-III-13030 s.)	Dans la limite du salaire mensuel de base du bénéficiaire	CGI art. 157, 6° et BOI-RSA-CHAMP-20-50-40 n° 50
Indemnisation des **participants des Sapo**[7] (TS-III-13380 s.)	Totale	CGI art. 81, 26°
Indemnité versée aux personnes se prêtant à des **recherches biomédicales** (TS-III-13280)	Totale	CGI art. 81, 14° ter
Prime de partage de la valeur (Mémento social n° 34800 ; FR 50/23 inf. 7 p. 12)	Dans la limite de 3 000 € par bénéficiaire, plafond porté à 6 000 € sous condition[8]	Loi 2022-1158 du 16-8-2022 art. 1, modifié par l'article 9 de la loi 2023-1107 du 29-11-2023
Pourboires perçus par les salariés en 2023 et 2024[9]	Totale	Loi 2021-1900 du 30-12-2021 art. 5, modifié par l'article 28 de la loi 2023-1322 du 29-12-2023

1. Sur le taux horaire du Smic, voir n° 97240.
2. À condition que la contribution spécifique de l'article L 137-11-2 du CSS ait été payée par l'employeur.
Le montant de la revalorisation annuelle des droits acquis (prévue à l'article L 137-11-2, I-5° du CSS) est également exonéré.

3. Limite d'exonération indexée sur la variation de l'indice des prix à la consommation hors tabac entre le 1er octobre de l'avant-dernière année et le 1er octobre de l'année précédant celle de l'acquisition des titres-restaurant et arrondie au centime d'euro le plus proche (CGI art. 81, 19°).
4. Lorsque les salariés ne bénéficient pas de cette prise en charge, est exonérée, dans la limite de 310 €, la contribution par une collectivité territoriale, un établissement public de coopération intercommunale ou France travail (ex-Pôle emploi) aux frais de carburant ou d'électricité des salariés qui utilisent leur véhicule personnel, lorsque leur résidence est située à plus de 30 km de leur lieu de travail. Aucune condition de distance n'est requise lorsque le salarié est conducteur en covoiturage (CGI art. 81, 19° ter-c).
5. Ce plafond est relevé à 900 € par an à compter du 1er janvier 2025 (Loi 2023-1322 du 29-12-2023 art. 7, I-2°)
6. Ou toute autre distinction pour ancienneté de service s'y substituant.
7. Indemnisation versée aux participants et anciens participants d'une société coopérative de main-d'œuvre (SCMO) dissoute à la suite de la transformation de la société anonyme à participation ouvrière (Sapo) dont elle détenait les « actions de travail ».
8. Pour les versements réalisés en 2023, l'exonération est réservée aux salariés ayant perçu, au cours des douze mois précédant le versement de la prime, une rémunération inférieure à trois fois la valeur annuelle du Smic correspondant à la durée de travail prévue au contrat.
Pour les versements réalisés du 1er janvier 2024 au 31 décembre 2026, l'exonération est réservée aux salariés d'entreprises de moins de 50 salariés ayant perçu, au cours des douze mois précédant le versement de la prime, une rémunération inférieure à trois fois la valeur annuelle du Smic correspondant à la durée de travail prévue au contrat. Les salariés qui affectent la prime à un plan d'épargne salariale ou retraite sont exonérés (dans la limite du plafond global) quelle que soit la taille de l'entreprise ou la rémunération perçue.
Le plafond de 6 000 € s'applique, quelle que soit la date de versement, dans les entreprises couvertes par un accord d'intéressement ou, dans les entreprises de moins de 50 salariés, par un accord de participation à la date de versement de la prime ; il s'applique également, sans condition, dans les associations et fondations d'utilité publique et dans les Esat.
9. Les pourboires exonérés sont les sommes remises volontairement soit directement aux salariés, soit à l'employeur et reversées par ce dernier au personnel en contact avec la clientèle en application de l'article L 3244-1 du Code du travail. La rémunération mensuelle du salarié ne doit pas dépasser 1,6 Smic.

B. Détermination du montant imposable

21800 CGI art. 82 et 83 Le salaire net imposable s'obtient en retranchant du salaire brut les cotisations sociales, les intérêts de certains emprunts et les frais professionnels.

1. REVENU BRUT

21850 TS-V-300 s Le salaire brut à retenir comprend, en principe, toutes les rémunérations en espèces ayant fait l'objet d'un **paiement effectif** au cours de l'année d'imposition (en numéraire, par chèque, par virement ou par inscription au crédit d'un compte sur lequel l'intéressé a fait ou aurait pu faire un prélèvement au plus tard le 31 décembre) ainsi que la valeur des avantages en nature dont le salarié a bénéficié au cours de cette année (telle que déterminée nos 21550 s.).

Peu importe que les revenus se rapportent à une année antérieure ou aient été versés par anticipation. Ainsi, les **rappels** de salaires afférents à des années antérieures sont normalement imposables en totalité au titre de l'année de leur paiement effectif. À l'inverse, le **reversement,** par exemple à la suite d'un litige, de sommes antérieurement perçues est sans influence sur l'imposition établie au titre de l'année de perception du revenu, mais est déductible du revenu brut de l'année où il est opéré.

2. COTISATIONS SOCIALES

21870 DC-VIII-1 s Il s'agit des cotisations versées aux régimes de **retraite et** de **prévoyance** (c'est-à-dire assurance maladie, maternité, invalidité, décès, veuvage) et d'**assurance chômage.** Nous examinons ci-après les possibilités de déduction de ces cotisations lorsqu'elles incombent au salarié et la nature imposable de celles qui sont à la charge de l'employeur. Pour les cotisations de retraite et de prévoyance, leur sort varie suivant qu'il s'agit de régimes légalement obligatoires, de régimes conventionnellement obligatoires ou de régimes facultatifs.

S'agissant des versements obligatoires aux **plans d'épargne retraite** (PER) d'entreprise ou interentreprises, voir nos 96585 s.

Rappelons ici (bien que ces contributions ne constituent pas juridiquement des cotisations sociales) que la **CRDS** n'est pas déductible et que la **CSG** ne l'est que partiellement (no 34400). Le salaire net imposable inclut donc la CRDS et la partie non déductible de la CSG.

> **Précisions** Les **non-résidents** sont assujettis à une cotisation salariale spécifique d'assurance maladie, maternité, invalidité et décès (Documentation experte sociale C-II-8140 s.).

RÉGIMES DE RETRAITE ET PRÉVOYANCE LÉGALEMENT OBLIGATOIRES

Les cotisations salariales versées dans le cadre de régimes légalement obligatoires de retraite et de prévoyance sont intégralement déductibles du salaire brut. 21885 CGI art. 83, 1° DC-VIII-380 s, 2600 s

Il s'agit :

– des cotisations versées au titre des régimes de base (régime général et régimes spéciaux de **sécurité sociale,** régime des assurances sociales agricoles) ;

– des cotisations versées aux régimes de **retraite complémentaire** légalement obligatoires (Argic-Arrco, Ircantec, etc.) ;

– et, pour les **fonctionnaires,** des cotisations versées au régime public de retraite additionnel institué par l'article 76 de la loi 2003-775 du 21 août 2003 portant réforme des retraites.

Corrélativement, la part patronale de ces cotisations n'a pas le caractère d'un avantage à prendre en compte pour l'assiette de l'impôt sur le revenu.

› Précisions a. Les **rachats volontaires** de cotisations correspondant notamment aux **années d'études** ou aux **années insuffisamment cotisées** sont également intégralement déductibles.

b. Les cotisations versées par les **salariés détachés** en France aux **régimes de sécurité sociale de base de leur État d'origine,** conformément aux dispositions du règlement CEE 1408/71 du 14 juin 1971 (remplacé par le règlement CE 883/2004 du 29 avril 2004) ou conformément aux stipulations d'une convention ou d'un accord international relatif à l'application des régimes de sécurité sociale, sont intégralement déductibles du salaire imposable (CGI art. 83, 1°-0 bis ; DC-VIII-1480 s.).

RÉGIMES DE RETRAITE ET PRÉVOYANCE CONVENTIONNELLEMENT OBLIGATOIRES

Pour que les cotisations versées aux régimes de retraite supplémentaire et aux régimes de prévoyance complémentaire soient déductibles, il faut que le régime soit mis en place dans l'entreprise par une convention ou un **accord collectif** (ou un projet d'accord ratifié par les salariés) ou une **décision unilatérale du chef d'entreprise** (BOI-RSA-BASE-30-10-20 n°s 40 et 200). 21900 DC-VIII-680 s, 2700 s

Il faut aussi que les salariés y soient **obligatoirement affiliés** et que le régime présente un caractère **collectif,** ce qui exclut toute possibilité de déduction des salaires des cotisations et primes versées par les salariés soit au titre de régimes collectifs à adhésion facultative, soit au titre de contrats individuels souscrits à leur initiative.

Selon l'administration, ces régimes doivent répondre à un certain nombre d'**autres conditions** qui permettent de les distinguer de simples opérations de placement : revêtir la forme d'une assurance de groupe, taux uniforme des cotisations pour une même catégorie de personnel, participation significative de l'employeur, etc. (BOI-RSA-BASE-30-10-20 n°s 60 s. et 200 s.).

› Précisions a. Le **caractère obligatoire** et **collectif** du régime s'entend au sens de l'article L 242-1, II-4° du CSS (Mémento Social n°s 59390 s.) tant pour la prévoyance complémentaire (CGI art. 83, 1° quater) que pour la retraite supplémentaire (CE 8-7-2005 n° 259251 : RJF 5/01 n° 1187).

b. Les salariés **impatriés** (au sens défini n°s 4715 s.) peuvent déduire, jusqu'au 31 décembre de la huitième année suivant celle de leur prise de fonctions en France et dans les limites prévues respectivement n°s 21910 et 21915, les cotisations versées aux régimes de prévoyance complémentaire de leur État d'origine auxquels ils étaient affiliés avant leur arrivée en France et de retraite supplémentaire répondant aux conditions fixées par la directive 98/49/CE du 29 juin 1998 (CGI art. 83, 2°-0 ter ; DC-VIII-1500 s.).

Les **autres salariés détachés en France** en provenance d'États de l'Espace économique européen peuvent déduire, dans la limite définie ci-dessus, les cotisations qu'ils continuent de verser aux régimes de retraite supplémentaire de leur État d'origine répondant aux conditions définies par la directive précitée auxquels ils étaient affiliés avant leur arrivée en France (BOI-RSA-BASE-30-10-20 n° 180).

Cotisations de prévoyance complémentaire

Les cotisations ou primes de prévoyance complémentaire sont déductibles (part salariale) et non imposables (part patronale correspondant aux risques autres que les frais de santé) dans une **limite annuelle,** égale à la somme des éléments suivants : 21910 CGI art. 83, 1° quater

– 5 % du plafond annuel retenu pour le calcul des cotisations de sécurité sociale, soit 2 318 € pour 2024 (2 200 € pour 2023),

– et 2 % de la rémunération annuelle brute,

sans que le total ainsi obtenu puisse toutefois excéder 2 % de huit fois le montant annuel du plafond de la sécurité sociale, soit un montant maximal déductible de 7 419 € pour 2024 (7 039 € pour 2023).

L'**excédent** de cotisations (parts patronale et salariale) par rapport au plafond constitue un élément de la rémunération du salarié, à titre de complément de salaire pour la part patronale et de cotisation non déductible pour la part salariale.

EXEMPLE

Le total des cotisations de prévoyance s'élève à 14 000 €, les contributions de l'employeur et du salarié étant chacune de 50 %, soit 7 000 €. La part de la cotisation employeur correspondant à des garanties (décès, invalidité, etc.) autres que celles portant sur les frais de maladie, maternité ou accident est de 3 000 € (les 4 000 € correspondant à la garantie de ces derniers frais étant compris dans la rémunération brute du salarié).
Cotisations à comparer à la limite maximale : 3 000 € + 7 000 € (cotisation salariale) = 10 000 €.
Dépassement : 10 000 € – 7 419 € = 2 581 €.
Part employeur de l'excédent : 2 581 € × 3 000 € / 10 000 € = 774 €, à ajouter à la rémunération brute du salarié.
Part salariale : 2 581 € × 7 000 € /10 000 € = 1 807 €, non déductible par le salarié.

La **rémunération annuelle brute** s'entend avant déduction de la part salariale des cotisations sociales et de la part fiscalement déductible de la CSG. Elle comprend donc notamment les cotisations patronales de prévoyance complémentaire couvrant la garantie « frais de santé » (BOI-RSA-BASE-30-10-20 nos 125 et 270) et les cotisations patronales de retraite supplémentaire ou de prévoyance complémentaire couvrant les autres risques pour la part excédant le plafond de déduction (BOI-RSA-BASE-30-10-20 no 300).

> Précisions **a.** Les **cotisations patronales** de prévoyance complémentaire correspondant à des **garanties** portant sur le remboursement ou l'indemnisation de **frais de santé** (occasionnés par une maladie, une maternité ou un accident) sont considérées comme un complément de salaire imposable entre les mains du salarié et s'ajoutent au salaire brut servant au calcul de la limite d'exonération. Les cotisations correspondant aux **autres garanties** (BOI-RSA-CHAMP-20-30-50 no 60) demeurent, en revanche, susceptibles d'ouvrir droit à déduction du salaire imposable.
Les **cotisations salariales** de prévoyance complémentaire correspondant à des garanties portant sur le remboursement ou l'indemnisation de **frais de santé** sont déductibles à condition que ces garanties respectent les conditions mentionnées à l'article L 871-1 du CSS (« **contrats responsables** » : Mémento social nos 59500 s.).
b. Sont déductibles les cotisations versées en cas de maintien temporaire (douze mois au maximum) du bénéfice des garanties au profit des **anciens salariés au chômage** dans les conditions prévues par l'article L 911-8 du CSS (BOI-RSA-BASE-30-10-20 no 220).

21915
CGI art. 83, 2°

Cotisations de retraite supplémentaire Les cotisations ou primes versées aux régimes supplémentaires de retraite conventionnellement obligatoires sont déductibles (part salariale) et non imposables (part patronale) dans la **limite,** incluant les versements de l'employeur, de 8 % de la rémunération annuelle brute, retenue à concurrence de huit fois le plafond annuel de calcul des cotisations de sécurité sociale, soit une déduction maximale de 29 676 € pour 2024 (28 155 € pour 2023).

L'**excédent** de cotisations (parts patronale et salariale) par rapport au plafond constitue un élément de la rémunération du salarié, à titre de complément de salaire pour la part patronale et de cotisation non déductible pour la part salariale.

EXEMPLE

Dépassement supposé égal à 3 000 €, pour des cotisations acquittées à 60 % par l'employeur et 40 % par le salarié.
L'excédent de la part patronale, soit 1 800 €, s'ajoute à la rémunération brute du salarié.
L'excédent de la part salariale, soit 1 200 €, n'est pas déductible par le salarié.

Sur la **rémunération annuelle brute** à retenir, voir no 21910.

> Précisions **a.** Le plafond annuel de déduction doit, le cas échéant, être réduit des sommes versées par l'employeur ou le salarié au plan d'épargne pour la retraite collectif (**Perco**) ou à un **PER d'entreprise** (collectif ou obligatoire) exonérées d'impôt sur le revenu en application de l'article 81, 18° et 18° bis du CGI.
b. Sur l'incidence de l'utilisation de **droits affectés au compte épargne-temps** (CET) ou, en l'absence de CET, de sommes correspondant à des **jours de repos non pris** pour financer un régime de retraite supplémentaire collectif et obligatoire, voir no 21630.

RÉGIMES DE RETRAITE ET PRÉVOYANCE FACULTATIFS

21925
DC-VIII-890 s

Pour ces régimes, il faut distinguer :
– les cotisations ou primes versées à titre volontaire sur un **plan d'épargne retraite** ou sur un plan d'épargne retraite populaire (**Perp**), celles versées à titre individuel et facultatif à des régimes de retraite supplémentaires obligatoires respectant les règles applicables au Perp (**Perp-entreprise**) et celles versées au régime de retraite complémentaire facultatif des fonctionnaires (**Préfon**) et aux régimes assimilés (CRH, Corem), qui sont déductibles du revenu net global, dans les conditions et limites exposées nos 1375 s. ;

– les cotisations versées à d'**autres régimes de retraite** facultatifs et celles versées à des régimes de **prévoyance** facultatifs, qui ne sont, en principe, pas déductibles, qu'il s'agisse de régimes collectifs à adhésion facultative ou de contrats individuels souscrits à l'initiative des salariés. Les cotisations versées par l'employeur ne constituent un revenu imposable que pour la part profitant au seul salarié lorsque le contrat bénéficie également à l'employeur (CE 3-2-2003 n° 231506 : RJF 4/03 n° 433).

ASSURANCE CHÔMAGE

La part patronale des cotisations au régime d'assurance chômage n'est pas considérée comme un revenu imposable. 21935 CGI art. 83, 2° bis DC-VIII-1300 s

Pour les salariés encore redevables de cotisations à ce régime (intermittents du spectacle et salariés expatriés), la part salariale de la cotisation chômage est intégralement déductible du salaire brut (C. trav. art. L 5422-9 et L 5422-10).

ATTENTION

Les cotisations à un régime facultatif de garantie sociale des chefs et dirigeants d'entreprise versées par une société au profit de son **dirigeant salarié** ne sont pas de celles qui sont visées par l'article 83, 2° bis du CGI et constituent par suite, pour lui, un complément de salaire imposable (CAA Nantes 5-2-2007 n°s 06-32 et 06-1264 : RJF 8-9/07 n° 920).

3. INTÉRÊTS DE CERTAINS EMPRUNTS

Les salariés et certains dirigeants peuvent déduire de leur rémunération imposable les intérêts des **emprunts contractés jusqu'au 31 décembre 2016** pour la souscription : 21970 TS-V-4030 s

– au capital de **sociétés nouvelles** exerçant une activité industrielle, commerciale, artisanale ou libérale et soumises à l'impôt sur les sociétés (CGI ancien art. 83, 2° quater) ;

– de parts de sociétés coopératives de production (**Scop**) issues de la transformation de sociétés préexistantes (CGI ancien art. 83, 2° quinquies).

La déduction est réservée aux contribuables qui perçoivent de la société créée une rémunération imposable dans la catégorie des traitements et salaires ou, s'agissant des dirigeants, dans celle visée à l'article 62 du CGI. Le **montant déductible** ne peut excéder annuellement ni 50 % du montant brut de la rémunération versée à l'emprunteur par la société ni la somme de 15 250 €.

Les titres souscrits doivent être déposés auprès d'un intermédiaire agréé et **conservés pendant cinq ans.** En cas de cession des titres dans les cinq ans, les intérêts déduits sont ajoutés à la rémunération brute perçue l'année de la cession (sauf cas d'invalidité, de décès, de départ à la retraite ou de licenciement du contribuable ou de son conjoint soumis à imposition commune).

Remarque : Les salariés et dirigeants assimilés aux salariés peuvent par ailleurs, sous certaines conditions, déduire les intérêts d'**emprunt** et autres frais versés **pour acquérir des titres** de la société dans laquelle ils exercent leur activité professionnelle principale (voir n° 23620).

> Précisions **a.** La déduction des intérêts n'est pas **limitée dans le temps** et peut donc s'appliquer tant que le contribuable supporte la charge de ces intérêts.

b. La déduction est effectuée sur le **montant brut** de la rémunération, avant déduction des frais professionnels.

c. Les contribuables doivent **conserver l'attestation** établie par la société créée ainsi que le document délivré par l'organisme prêteur. Ils doivent être fournis à l'administration sur sa demande.

4. FRAIS PROFESSIONNELS

Les frais professionnels sont déductibles du montant brut des rémunérations perçues. La déduction s'opère normalement selon le mode forfaitaire, par la voie de la déduction de 10 %. Les contribuables peuvent toutefois, s'ils y ont intérêt, renoncer à cette déduction forfaitaire et demander la déduction des frais réels. 22000 CGI art. 83, 3° TS-V-5000 s

ATTENTION

Les frais professionnels sont les **frais inhérents à la fonction ou à l'emploi**, c'est-à-dire ceux qui sont occasionnés directement par l'exercice de la profession dont les revenus sont imposables dans la catégorie des traitements et salaires, à l'exclusion des **dépenses d'ordre privé** ou qui résultent de simples convenances personnelles.

Les dépenses dont le salarié fait provisoirement l'avance **pour le compte de l'employeur** ne sont pas regardées comme des dépenses professionnelles (voir n° 21585).

a. Choix du mode de déduction

22030 Le choix entre le mode forfaitaire et la déduction des frais réels présente un caractère **annuel et individuel.** Chaque membre du foyer fiscal peut ainsi choisir le mode de déduction des frais professionnels qui lui paraît le plus approprié (BOI-RSA-BASE-30-50-10 n° 170).

Pour chaque salarié, l'option entre la déduction forfaitaire et la déduction des frais réels doit obligatoirement être la même pour l'**ensemble des activités** dont les revenus sont soumis aux règles d'imposition des traitements et salaires, même s'ils relèvent par nature d'une autre catégorie.

ILLUSTRATIONS

- Un écrivain dont les droits d'auteur, étant déclarés par des tiers, sont imposés comme des salaires et qui exerce simultanément une activité salariée de journaliste ne peut pas opter la même année pour la déduction forfaitaire pour ses salaires de journaliste et pour les frais réels au titre de ses droits d'auteur (CE 30-9-1981 n° 16601 : RJF 11/81 n° 968).
- Même solution pour un salarié qui a perçu, la même année, des salaires et des allocations de chômage (CE 12-1-2004 n° 254552 : RJF 4/04 n° 374).

Lorsque le salarié perçoit des **allocations ou indemnités pour frais d'emploi,** le choix du mode de déduction des frais n'est pas neutre sur le régime de ces allocations (voir n°s 21585 s.). Il doit donc en tenir compte.

La **demande de déduction des frais réels,** qui implique la renonciation à la déduction forfaitaire de 10 %, peut s'exprimer dans la déclaration annuelle des revenus ou, à défaut, sous forme de réclamation adressée au service des impôts dans les délais légaux (n° 81825).

b. Déduction forfaitaire de 10 %

22050 La déduction forfaitaire de 10 % est calculée sur l'ensemble des revenus taxés suivant les règles des traitements et salaires (y compris, notamment, les allocations de chômage, indemnités journalières, etc.), **après défalcation** des cotisations sociales déductibles (n°s 21870 s.) et, le cas échéant, des intérêts d'emprunts afférents à la souscription au capital de certaines sociétés (n° 21970).

CGI art. 83, 3° -al. 2 à 4
TS-V-5100 s

Le **montant** de cette déduction est compris entre un **minimum** et un **plafond,** qui s'appliquent distinctement à chaque membre du foyer fiscal. Ces limites sont, en 2023, de 495 € pour le minimum et de 14 171 € pour le maximum.

> Précisions Le **montant minimum** s'applique lorsqu'il est supérieur à la déduction de 10 %. Il joue à plein même lorsque le salarié ne travaille qu'à temps partiel ou n'a travaillé qu'une partie de l'année (BOI-RSA-BASE-30-50-20 n° 80), mais ne peut pas excéder le montant du salaire brut.

c. Déduction des frais réels

RÈGLES GÉNÉRALES

22070 **Évaluation des frais** Les dépenses admises en déduction sont, en principe, celles qui ont été **effectivement payées** au cours de l'année d'imposition. Le salarié ne peut pas se contenter de faire état d'une évaluation théorique ou forfaitaire de ses frais (CE 9-3-1977 n° 3396 : RJF 5/77 n° 294 ; CE 3-6-1983 n° 24807 : RJF 8-9/83 n° 966 a). Ce principe comporte toutefois un certain nombre d'exceptions (voir n° 22075).

CGI art. 83, 3° -al. 5
TS-V-11200 s

S'agissant du prix d'acquisition des immeubles, des véhicules et autres **biens** à usage professionnel dont la **durée d'utilisation** est **supérieure à un an,** le montant à prendre en compte s'entend de la dépréciation effective que ces biens ont subie au cours de l'année d'imposition. L'administration admet toutefois que les dépenses de mobiliers, matériels et outillages d'une valeur unitaire n'excédant pas 500 € hors taxe peuvent être intégralement déduites l'année de leur acquisition ; au-delà de cette limite, les salariés peuvent déduire, au titre de la dépréciation, une annuité d'**amortissement** calculée selon le mode linéaire (BOI-RSA-BASE-30-50-30-40 n° 70).

Lorsque le montant des frais réels déductibles excède la rémunération brute, le **déficit** correspondant peut être imputé sur le revenu global (n° 960, précision a).

> Précisions a. S'il est justifié que le **matériel informatique** dont ils ont fait personnellement l'acquisition est effectivement utilisé pour les besoins de la profession et qu'ils n'ont pas la possibilité d'utiliser l'équipement de leur employeur, les salariés peuvent déduire soit la totalité du prix d'acquisition si la valeur du matériel n'excède pas 500 € HT, soit une annuité d'amortissement calculée selon le mode linéaire sur trois ans. Si le matériel est utilisé à des fins à la fois professionnelles et personnelles, la déduction est réduite à proportion de son utilisation privée (BOI-RSA-BASE-30-50-30-40 n° 80 ; Rép. Charasse : AN 20-9-2016 n° 70340).

En ce qui concerne les **logiciels,** la déduction du coût d'acquisition est admise, au titre de l'année de paiement, dans son intégralité pour les logiciels spécifiquement professionnels et à concurrence de l'utilisation professionnelle pour ceux à usage mixte. Aucune déduction n'est admise pour les logiciels de loisirs (BOI-RSA-BASE-30-50-30-40 n° 80).

b. Les dépenses professionnelles exposées hors de France en **monnaie étrangère** doivent être converties en euros d'après le cours du change à Paris au jour de la dépense ou d'après la moyenne des cours de la monnaie concernée au 31 décembre N – 1 et au 31 décembre N tels que publiés par la Banque de France (BOI-RSA-BASE-30-50-30-10 n°s 60 et 70).

Par exception, peuvent faire l'objet d'une **évaluation forfaitaire** : 22075

– les frais de **voiture ou moto** (n° 22115) et les frais de **nourriture** (n° 22125) ;

– les dépenses engagées par les **représentants de commerce** (liées aux relations avec la clientèle : frais de correspondance, invitations, cadeaux, etc.) pour lesquelles il est difficile de fournir des justifications. Ils peuvent déduire un forfait égal à 2 % du montant des commissions et plafonné à 765 €. Les frais inclus dans ce forfait sont par suite exclus des dépenses déduites pour leur montant exact et justifié (BOI-RSA-BASE-30-50-30-40 n° 140) ;

– les frais engagés par les **artistes.** Lorsqu'ils optent pour la déduction des frais réels, ils bénéficient, à titre de simplification, de déductions forfaitaires prenant en compte les frais spécifiques aux artistes musiciens et aux artistes chorégraphiques, lyriques et choristes (déduction de 14 % de la rémunération, prise dans la limite du plafond de la déduction forfaitaire de 10 %) ainsi que les frais communs à l'ensemble des professions artistiques (déduction de 5 % de la rémunération, également plafonnée) (BOI-RSA-BASE-30-50-30-30 n°s 440 à 510). Sont ainsi pris en compte, notamment, l'amortissement des instruments de musique, les frais de formation ou les frais médicaux spécifiques, les frais vestimentaires, etc. Il s'ajoute une dispense d'avoir à rapporter certaines allocations pour frais à la rémunération imposable (pour plus de détails sur ce régime particulier, voir TS-V-17590 s.).

Justification des frais réels Les contribuables qui demandent la déduction des frais réels doivent être en mesure de justifier par tous les moyens (factures, quittances, attestations, etc.) la réalité, le caractère professionnel et le montant de leurs frais. Ils doivent donc conserver les **pièces justificatives** qui s'y rapportent. 22080

Toutefois, les salariés ne sont pas tenus de tenir une comptabilité complète de leurs dépenses professionnelles. Lorsqu'une justification précise des frais est impossible, les dépenses dont la déduction est demandée sont admises dans la mesure où elles sont **en rapport** avec la nature et l'importance des opérations effectuées et des obligations professionnelles du contribuable.

À **défaut de justification,** la déduction au titre des frais professionnels est limitée au montant de la déduction forfaitaire de 10 %.

FRAIS DE DÉPLACEMENT

Frais de transport domicile-lieu de travail Les frais de déplacement entre le domicile et le lieu de travail constituent des frais professionnels déductibles sur justificatifs. 22100 CGI art. 83, 3° -al. 7 TS-V-13000 s

Lorsque la distance entre le domicile et le lieu de travail **n'excède pas quarante kilomètres,** les frais sont intégralement déductibles.

Lorsque la distance est **supérieure à quarante kilomètres,** les frais ne sont déductibles dans leur intégralité que si le salarié fait état de circonstances particulières, liées à l'emploi ou à des contraintes familiales ou sociales, justifiant le choix d'une résidence éloignée (ces motifs doivent être indiqués dans la déclaration de revenus). Si aucune circonstance particulière ne justifie l'éloignement, la déduction n'est admise qu'à hauteur des quarante premiers kilomètres.

> Précisions **a.** Dans tous les cas, le salarié doit être en mesure de **justifier** du moyen de transport réellement utilisé, de la distance parcourue et du nombre de jours de travail (il peut, par exemple, produire une attestation de l'employeur certifiant qu'il se rend quotidiennement en voiture à son travail). 22105

Le salarié peut emprunter le **moyen de transport** qui lui convient le mieux, à condition que son choix ne soit pas contraire à une logique élémentaire compte tenu du coût et de la qualité des moyens de transport collectifs desservant son domicile (BOI-RSA-BASE-30-50-30-20 n° 190). Il a ainsi été jugé que des circonstances professionnelles et familiales pouvaient justifier, pour un aller-retour hebdomadaire, l'utilisation de l'avion (CE 15-11-1989 n° 80542 : RJF 1/90 n° 32).

b. Parmi les **circonstances particulières** justifiant le **choix d'une résidence éloignée,** on peut citer, essentiellement, les motifs professionnels (pluralité d'activités exercées par le contribuable, difficulté à trouver un emploi à proximité du domicile, précarité ou mobilité de l'emploi, mutation géographique professionnelle, télétravail) et les motifs familiaux ou sociaux (exercice d'une activité par le conjoint, partenaire de Pacs ou concubin, état de santé du salarié ou de l'un des membres de la famille, problème de scolarisation des enfants, écarts significatifs de coût du logement, etc.). L'administration précise que l'éloignement peut être justifié dans le cas où une personne licenciée retrouve un emploi situé à une distance de plus de quarante kilomètres de son domicile ; la déduction des frais justifiés est alors admise pendant un délai raisonnable de trois ans, le temps pour celle-ci de s'assurer de la stabilité de son emploi et de se reloger (BOI-RSA-BASE-30-50-30-20 n° 50). Par ailleurs, lorsque deux conjoints (ou concubins ou partenaires de Pacs) travaillent dans deux villes différentes, le choix d'une résidence commune dans une troisième ville peut être regardé comme justifié pour les deux intéressés, dès lors que cette résidence est proche (moins de quarante kilomètres) du lieu de travail de l'un d'eux (BOI-RSA-BASE-30-50-30-20 n° 90).

c. Lorsqu'**aucune circonstance particulière** ne justifie l'éloignement du domicile, la part déductible est obtenue :

– en multipliant la distance de quatre-vingts kilomètres (correspondant à un aller-retour quotidien) par le nombre de jours concernés et le tarif applicable, si le salarié fait application du barème kilométrique (n° 22115) ;

– par proratisation du montant total des frais supportés, s'il fait état du montant détaillé de ses frais de voiture ou s'il utilise un autre moyen de transport (BOI-RSA-BASE-30-50-30-20 n° 160).

d. Quelle que soit la distance, la déduction ne concerne en principe que les frais liés à un aller-retour quotidien. Toutefois, un **second aller-retour quotidien** peut être exceptionnellement justifié par des circonstances telles que, par exemple, des problèmes personnels de santé du salarié, l'impossibilité de se restaurer à proximité du lieu de travail pour un prix comparable et en tout état de cause inférieur à celui du second aller-retour ou encore des horaires de travail atypiques (BOI-RSA-BASE-30-50-30-20 n° 180).

e. Les frais de déplacement entre leur domicile et leur entreprise éventuellement exposés par les salariés exerçant leur activité selon le mode du **télétravail** sont déductibles dans les conditions exposées ci-dessus (BOI-RSA-BASE-30-50-30-20 n° 170).

f. En cas de **covoiturage** avec partage des frais, seul le montant des frais qui demeure à la charge personnelle du conducteur une fois le partage effectué est déductible dans les conditions exposées ci-dessus (BOI-IR-BASE-10-10-10-10 n° 150). Par ailleurs, le passager peut déduire les frais de covoiturage qu'il a engagés, s'il opte pour la déduction des frais réels.

22110 TS-V-12750 s **Déplacements professionnels** Les frais supplémentaires (transport, nourriture, hébergement) exposés à l'occasion des déplacements professionnels (tournées, voyages, missions, etc.) constituent des frais déductibles, les frais de repas étant appréciés comme indiqué n° 22125.

Les frais exposés doivent être en rapport direct avec l'activité exercée. S'il s'agit de voyages à l'**étranger,** le déplacement doit être imposé par l'employeur (BOI-RSA-BASE-30-50-30-20 n° 250 ; BOI-RSA-BASE-30-50-30-40 n° 40).

22115 CGI art. 83, 3° -al. 8 et 9 TS-V-14800 s **Évaluation des frais de voiture et de moto** Les salariés qui utilisent à des fins professionnelles une automobile (ou une motocyclette) peuvent déduire les dépenses réellement engagées à ce titre s'ils sont en mesure de les justifier. Sont ainsi déductibles la somme correspondant à la dépréciation annuelle, les intérêts de l'emprunt éventuellement contracté pour l'achat du véhicule, les frais de péages et les frais d'usage (frais de carburant, de garage, de stationnement, d'assurance), d'entretien et de réparation.

L'évaluation des **frais de déplacement, autres que** les frais de péage, de garage ou de parking et d'intérêts annuels afférents à l'achat à crédit du véhicule utilisé, peut s'effectuer sur le fondement d'un **barème forfaitaire** fixé par arrêté (voir n° 97200) en fonction de la distance annuelle parcourue, de la puissance administrative du véhicule (retenue dans la limite maximale de 7 CV pour les automobiles) et du type de motorisation (thermique/électrique/hybride). Lorsqu'il n'est pas fait application du barème, les mêmes frais réels déductibles sur justifications (ou, s'agissant des frais de carburant, évalués à l'aide des barèmes visés n°s 97165 et 97175) sont **plafonnés** au montant admis en déduction par le barème, à distance parcourue identique, pour un véhicule de la puissance maximale retenue par ce barème (7 CV pour les automobiles).

Les **frais de péage, garage ou parking et les intérêts** afférents à l'achat à crédit du véhicule sont déductibles pour leur montant réel justifié en sus de la déduction résultant du barème ou des autres frais réels justifiés, le cas échéant plafonnés.

> Précisions **a.** Le barème est applicable aux **véhicules appartenant au salarié** ou à l'un des membres de son foyer fiscal, ou à ceux dont il est copropriétaire. Le barème peut également être utilisé lorsque le véhicule est **pris en location** ou crédit-bail par le contribuable (le loyer n'étant alors pas déductible car couvert par le barème) ou lorsqu'il lui a été **prêté** gratuitement (si le contribuable justifie qu'il prend en charge la quote-part des frais de véhicule couverts par le barème) (BOI-RSA-BASE-30-50-30-20 n° 390).

Lorsque le contribuable utilise à titre professionnel **plusieurs véhicules**, le barème doit être appliqué de façon séparée pour chaque véhicule (BOI-RSA-BASE-30-50-30-20 n° 440).

b. S'agissant des **véhicules électriques,** la location de la batterie et les frais liés à la recharge de la batterie (fourniture d'électricité) sont pris en compte au titre des frais de carburant et sont donc inclus dans le **barème kilométrique** (BOI-RSA-BASE-30-50-30-20 n° 430).

c. Les contribuables qui utilisent un **véhicule pris en crédit-bail** (location avec option d'achat) et déduisent leurs frais de déplacement pour leur montant réel et justifié peuvent déduire les **loyers** au prorata de l'utilisation professionnelle (BOI-RSA-BASE-30-50-30-20 n° 490).

d. En cas d'**utilisation mixte** du véhicule (professionnelle et personnelle), seule est admise en déduction la part des frais qui résulte de l'utilisation professionnelle.

e. La **dépréciation** du véhicule prise en compte au titre des frais réels justifiés peut être calculée, pour la première année, par différence entre le prix d'acquisition (neuf ou d'occasion) et la valeur sur le marché d'occasion au 31 décembre et, pour les années suivantes, par différence entre les valeurs, sur ce marché, au 1er janvier et au 31 décembre (BOI-RSA-BASE-30-50-30-20 n° 370).

FRAIS DE NOURRITURE

Les frais de nourriture constituent en principe des dépenses d'ordre personnel non déductibles. 22125 TS-V-15600 s
Toutefois, les frais supplémentaires de **repas pris sur le lieu de travail** (c'est-à-dire les frais qui excèdent la valeur des repas à domicile) peuvent être déduits lorsque ses horaires de travail ou l'éloignement de son domicile ne permettent pas à l'intéressé de rentrer manger chez lui.

Lorsque le salarié est en mesure de justifier de ses frais de repas, le **montant déductible** est égal à la différence entre les dépenses réelles et la valeur des repas pris à domicile, laquelle peut être estimée forfaitairement à 5,35 € par repas pour 2024 (5,20 € pour 2023).

Lorsque le salarié ne peut pas justifier avec suffisamment de précision de ses frais de repas, la dépense supplémentaire déductible peut être évaluée, par repas, à 5,35 € pour 2024 (5,20 € pour 2023), cette somme étant diminuée, le cas échéant, de la participation de l'employeur à l'acquisition de titres-restaurant. L'application de cette **évaluation forfaitaire** ne dispense pas le salarié de faire la preuve, par tous moyens, qu'il supporte effectivement des frais supplémentaires.

> **Précisions** **a.** L'existence de frais supplémentaires de repas pendant la pause méridienne est **présumée** lorsque le salarié n'a pas accès à une restauration collective ou ne peut s'y rendre pour des raisons inhérentes à sa profession. Le montant de la dépense peut alors être évalué forfaitairement (BOI-RSA-BASE-30-50-30-20 n° 550).
> **b.** Lorsqu'un salarié décide pour des raisons personnelles de **déjeuner au restaurant plutôt qu'à la cantine d'entreprise,** l'excédent de prix payé au restaurant par rapport au prix payé à la cantine n'est pas déductible. Le montant maximum déductible est donc égal au coût d'un repas pris à la cantine diminué de la valeur du repas pris au domicile évaluée forfaitairement (BOI-RSA-BASE-30-50-30-20 n° 550).

FRAIS DE DOUBLE RÉSIDENCE

Les frais supplémentaires de logement, de nourriture ou de déplacement exposés par les salariés qui travaillent et habitent dans une commune différente de celle où réside leur famille sont déductibles à condition que cette situation ne résulte pas de convenances personnelles et constitue, au contraire, une **contrainte inhérente à l'emploi.** L'absence de diligence en vue d'obtenir un rapprochement des lieux de travail est sans incidence (CE 6-10-2004 n° 256092 : RJF 12/04 n° 1245). La déduction est notamment admise lorsque le conjoint du salarié (son concubin ou partenaire de Pacs) travaille en un lieu proche du domicile commun (CE 6-10-2004 précité) ou en cas de précarité de l'emploi (CE 22-12-1989 n° 56905 : RJF 2/90 n° 105), ou pour des motifs familiaux (CE 12-11-1990 n° 84609 : RJF 1/91 n° 53). 22135 TS-V-15200 s

ILLUSTRATIONS

Sont déductibles à ce titre :
– les **intérêts d'un emprunt** contracté pour l'acquisition de la deuxième résidence (CE 6-10-2004 précité) ;
– les frais supplémentaires de repas pris au **restaurant** (midi et soir) lorsque le salarié établit que les conditions d'exercice de son activité et celles de son installation dans la commune où il habite le contraignent à prendre (midi et soir) ses repas au restaurant (BOI-RSA-BASE-30-50-30-20 n° 310).

En ce qui concerne les frais de **transport** du domicile au lieu de travail, voir nos 22100 s.

LOCAUX PROFESSIONNELS

S'il est établi que l'activité du salarié nécessite l'utilisation d'un bureau ou d'un local spécifique et que l'employeur ne met aucune pièce à sa disposition, l'intéressé peut comprendre dans ses dépenses professionnelles les charges se rapportant au local qu'il utilise pour les besoins de son activité, qu'il en soit **propriétaire ou locataire.** 22145 TS-V-16800 s

Sont déductibles à ce titre les frais suivants : loyer ; dépenses d'entretien, de réparation et d'amélioration ; dépenses locatives (frais de nettoyage, d'éclairage, de chauffage, primes d'assurance, etc.) ; impôts locaux ; dépenses de grosses réparations ; dépenses d'agencements spécifiques à l'exercice de la profession à concurrence du montant de la dépréciation subie ; charges de copropriété ; intérêts d'emprunts contractés pour l'acquisition, la reconstruction ou l'agrandissement du local, etc. La dépréciation annuelle effectivement subie, le cas échéant, peut être déduite par le propriétaire (n° 22070), mais non un amortissement calculé sur la durée probable d'utilisation du bien.

> Précisions **a.** Lorsqu'**une pièce de l'habitation principale** est exclusivement affectée à l'exercice de la profession, les dépenses non individualisables déductibles au titre de ce local sont calculées en fonction du rapport existan t entre la superficie du seul local professionnel et la superficie totale de l'immeuble à usage mixte. Si le local lui-même peut être utilisé à d'autres fins (utilisation familiale ou pour l'exercice d'une autre profession non salariée), la déduction est limitée à une quote-part déterminée en fonction des circonstances de fait (CE 16-6-1982 n° 25426 : RJF 8-9/82 n° 806 ; BOI-RSA-BASE-30-50-30-30 n° 100).

b. L'importance de la superficie affectée à l'usage professionnel s'apprécie en fonction de l'activité. À titre de **règle pratique,** il est admis que la partie d'un logement affectée à l'exercice de la profession représente : une pièce du logement lorsque celui-ci comporte plus d'une pièce d'habitation; la moitié au plus de la surface lorsqu'il s'agit d'un studio. Il appartient aux salariés qui demandent la déduction des charges afférentes à **plusieurs pièces** de justifier des conditions particulières propres à leur profession (BOI-RSA-BASE-30-50-30-30 n° 40).

FRAIS DIVERS

22155 Sont également déductibles, notamment :

– les dépenses de **formation** engagées par les salariés en activité (ainsi que les personnes tirant un revenu de la pratique d'un sport) ou les demandeurs d'emploi inscrits en vue d'une amélioration de leur situation professionnelle ou de la recherche d'un emploi ; les intérêts des emprunts contractés exclusivement à cette fin (TS-V-15950 s.) ;

– les dépenses de **documentation** (TS-V-16330 s.) ;

– les frais de **vêtements** ou tenues **spécifiques** à la profession exercée (TS-V-16480 s.) ;

– les frais de **déménagement** supportés par un salarié contraint de changer de domicile pour trouver un nouvel emploi ou muté dans l'intérêt du service ou par avancement (TS-V-12900 s.) ;

– les **cotisations** versées par les salariés à leur **syndicat** professionnel (TS-V-17250 s.) (elles n'ouvrent alors pas droit à crédit d'impôt : n° 3370) ;

– les **intérêts d'un emprunt** contracté par un salarié pour l'**acquisition de titres** de la société dans laquelle il travaille, dans les conditions définies n° 23620.

C. Obligations des employeurs

22180 TS-VI-1 s Sur un plan strictement fiscal, les employeurs sont tenus d'enregistrer les versements effectués sur un livre de paie et de les déclarer chaque année à l'administration.

Ils ont par ailleurs l'obligation de collecter mensuellement la **retenue à la source de l'impôt sur le revenu** à raison des rémunérations qu'ils versent à leurs salariés et de procéder à la déclaration et au reversement de celle-ci au Trésor. Sur cette obligation, voir n°s 3845 s.

> Précisions Les employeurs peuvent avoir à pratiquer une retenue à la source sur les rémunérations qu'ils versent à des **personnes fiscalement domiciliées hors de France** (voir n°s 4560 s., 4595 s., 4640 s., 88790, 88805 précision b et 88830).

TENUE D'UN LIVRE DE PAIE

22190 CGI art. 86 TS-VI-300 s Toute personne physique ou morale qui paie des sommes imposables en tant que traitements et salaires doit porter pour chaque bénéficiaire la date, la nature et le montant des paiements sur un livre, fichier ou document à **conserver** pendant six ans (n° 78065) et à **communiquer** pendant ce délai à tout agent des impôts qui en fait la demande (LPF art. L 82 B). Le refus de communication est passible des sanctions prévues à l'article 1734 du CGI (n° 78070).

Remarque : En **pratique,** le droit du travail n'exigeant pas la tenue d'un livre de paie mais prévoyant seulement l'obligation pour l'employeur de conserver (sur support papier ou informatique) un **double des bulletins de paie** (Mémento social n° 70805), le droit de communication de l'administration fiscale s'exercera sur ce dernier document.

DÉCLARATION DES SALAIRES

Toute personne physique ou morale qui paie des sommes imposables en tant que traitements et salaires doit souscrire une déclaration spéciale (sous réserve de l'exception signalée ci-après pour les particuliers employeurs). 22200

CGI art. 87, 87 A, 89 et 89 A
TS-VI-700 s

Sauf cas particuliers (employeurs ayant recours aux titres emploi-service entreprise, chèques emploi-association, etc ; bénéficiaires relevant de régimes spéciaux de sécurité sociale), cette obligation est accomplie via la **déclaration sociale nominative (DSN).** La déclaration est effectuée **chaque mois** sur le site www.net-entreprises.fr (régime général) ou sur le site www.msa.fr (régime agricole). Pour les rémunérations versées au titre d'un mois donné, la déclaration est transmise au plus tard le 5 du mois suivant pour les employeurs d'au moins cinquante salariés ne pratiquant pas le décalage de la paie ou le 15 du mois suivant dans les autres cas (voir Mémento social n° 24015).

Sur les **pénalités** en cas de défaut de production ou de production tardive de la DSN, ou en cas d'omissions ou d'inexactitudes relevées dans la déclaration, voir Mémento social n° 24052.

> Précisions **a.** Les **particuliers** employant des salariés à domicile ou un assistant maternel qui bénéficient de l'exonération de taxe sur les salaires (n° 73430) sont dispensés de déclaration (BOI-TPS-TS-10-10-20 n° 240).

b. En **cas de cession ou de cessation** de l'entreprise ou de la profession, la déclaration doit être souscrite dans un délai de quarante-cinq ou soixante jours (n°s 11495 et 13675), tant en ce qui concerne l'année précédente, si elle n'a pas été souscrite, que pour la période du 1er janvier au jour de la cession ou de la cessation. En cas de **décès**, la déclaration des sommes versées par le défunt pendant l'année au cours de laquelle il est décédé doit être produite par les héritiers dans les six mois du décès, et au plus tard le 31 janvier de l'année suivante (CGI art. 89 dont la portée est limitée en pratique aux personnes ne relevant pas de la DSN).

c. Lorsque les employeurs versent, en plus des traitements et salaires, des **commissions, courtages, honoraires, droits d'auteur ou d'inventeur,** la DSN sert également, en principe, de support aux déclarations spéciales visées n°s 78355 et 78365.

d. Le montant des rémunérations servant de base à la **participation-construction** (n°s 74300 s.) transite également par la DSN. Les employeurs doivent déclarer ces informations sur la dernière déclaration déposée au titre de l'année civile (CGI ann. III art. 39).

Pour l'établissement de la **taxe sur les salaires,** les employeurs doivent souscrire, outre la DSN, une déclaration spéciale (n° 73550).

S'agissant du versement des **contributions dues au titre de la formation et de l'alternance,** voir Mémento social n°s 39015 s.

D. Cas particuliers

Les rémunérations perçues à raison de certaines activités ou professions non salariées ainsi que certaines indemnités pour préjudice moral sont fiscalement assimilées à des salaires ou imposées suivant les mêmes règles. 22250

DIRIGEANTS DE SOCIÉTÉS

Bien que les dirigeants de sociétés aient juridiquement la qualité de mandataires sociaux et non de salariés, certains d'entre eux (président du conseil d'administration, gérants minoritaires de SARL, etc.) sont fiscalement considérés comme des **salariés** et leurs rémunérations en principe imposées dans la catégorie des traitements et salaires. 22260

De même, les rémunérations des dirigeants visés à l'**article 62** du CGI (gérants majoritaires de SARL, gérants de sociétés en commandite par actions, etc.) sont imposées suivant les règles des traitements et salaires.

Les règles d'imposition des rémunérations des dirigeants de sociétés sont étudiées n°s 23500 s.

Remarque : Les rémunérations perçues par les **dirigeants de certains organismes sans but lucratif** sont également imposées comme des traitements et salaires (voir n° 89415).

PROFESSIONS INDÉPENDANTES

Sont rattachés à la catégorie des traitements et salaires, ou imposés suivant les mêmes règles, les revenus suivants : 22270

– rémunérations des **gérants des succursales des commerces de détail alimentaire** ou de **coopératives de consommation** (CGI art. 80, al. 2) ;
– rémunérations perçues par les **pêcheurs à la part** (voir n° 7015, précision a) ;
– intéressement des **associés d'exploitation agricole** (CGI art. 77 A) ;

– et, sous certaines conditions particulières, profits tirés de l'exercice de leur activité par les **agents généraux et sous-agents d'assurances** (voir n°s 13715 s.) et produits de droits d'auteur perçus par les **écrivains, compositeurs, artistes** et auteurs d'œuvres de l'esprit (voir n°s 13735 s.).

FONCTIONS DE REPRÉSENTATION

22280 TS-I-1150 s DIR-IV-2500 s Certaines indemnités liées à l'exercice de fonctions publiques ou électives sont imposables dans la catégorie des traitements et salaires. Il en est ainsi, notamment, des indemnités suivantes :

– indemnités parlementaires, de résidence et de fonction allouées aux **députés et sénateurs** et indemnités de fonction complémentaires versées à certains parlementaires et destinées à compenser les sujétions attachées à l'exercice de certaines fonctions (CGI art. 80 undecies, al. 1) ;

– indemnités versées aux **députés européens,** qu'elles soient à la charge du budget de l'État ou à la charge du Parlement européen (CGI art. 80 undecies, al. 2), la double imposition étant, le cas échéant, évitée par l'octroi d'un crédit d'impôt égal, dans la limite de l'impôt dû en France sur ces indemnités, au montant de l'impôt européen acquitté (CGI art. 199 quater) ;

– indemnités de résidence et de fonction des **ministres** et du Président de la République (CGI art. 80 undecies A) ;

– indemnités de fonction des **élus locaux** sous déduction d'une fraction représentative des frais d'emploi (CGI art. 80 undecies B, I et art. 81, 1°) ;

– indemnités de présence perçues par les **membres du Conseil économique, social et environnemental** et des conseils économiques et sociaux régionaux, sauf lorsque ces indemnités sont abandonnées aux organismes qu'ils représentent (BOI-RSA-CHAMP-10-30-10 n° 20) ;

– indemnités de fonction allouées aux **membres des chambres d'agriculture,** des chambres **de métiers** et de l'artisanat et des chambres **de commerce et d'industrie** (BOI-RSA-CHAMP-10-10-20 n° 80).

INDEMNITÉS POUR PRÉJUDICE MORAL

22290 CGI art. 80, al. 4 TS-I-500 Sont imposées comme des traitements et salaires les indemnités, **au-delà d'un million d'euros,** perçues au titre du préjudice moral, **fixées par décision de justice.**

SECTION 2

PENSIONS ET RENTES VIAGÈRES

22340 CGI art. 79 Les pensions et les rentes viagères consistent en allocations périodiques dont le paiement est, d'une manière générale mais pas nécessairement, garanti aux bénéficiaires leur vie durant.

1. DÉFINITION DES REVENUS IMPOSABLES

22450 Les pensions et rentes viagères sont en principe imposables dès lors qu'elles constituent un revenu. Nous passons en revue ci-après les principales d'entre elles.

PENSIONS DE RETRAITE OU D'INVALIDITÉ

22455 TS-IV-380 s **Pensions de retraite** Qu'elles soient versées par les régimes de sécurité sociale, les régimes complémentaires ou l'entreprise, les **pensions** de retraite sont imposables, sous réserve des exonérations mentionnées n° 22470.

Les sommes imposables comprennent la pension elle-même ainsi que les **avantages accessoires** en argent ou en nature concédés au titulaire de la pension ou à ses ayants droit. Par exemple, constitue un complément de pension imposable l'avantage que représente le maintien du logement concédé par une entreprise à un retraité, ancien membre de son personnel.

Les **majorations** de retraite ou de pension pour **charges de famille** sont également imposables.

En ce qui concerne les pensions de retraite versées par les régimes facultatifs de retraite des **élus locaux,** voir n° 22550, précision e.

Par analogie, sont également imposables comme des pensions : **22460**
– les **allocations de veuvage** (Mémento social n°s 67855 s.) ;
– les prestations servies sous forme de **rentes** par les plans d'épargne retraite (**PER**) alimentés par des versements ayant donné lieu à déduction fiscale (voir n° 96640) ;
– les **prestations de retraite versées sous forme de capital** (CGI art. 158, 5-b quinquies : TS-IV-3250 s.), qui peuvent, sur demande expresse et irrévocable du bénéficiaire, être soumises à un prélèvement libératoire de 7,5 % assis sur le montant du capital diminué d'un abattement de 10 % (CGI art. 163 bis, II).

ATTENTION

Les sommes provenant des plans d'épargne retraite (PER) mentionnés à l'article L 224-1 du Code monétaire et financier prenant la forme de versements en **capital** sont soumises à un régime fiscal spécifique exposé n° 96650. Elles sont par suite exclues de l'option pour le prélèvement libératoire de 7,5 %.

En ce qui concerne les allocations de **préretraite,** voir n° 21710.

> Précisions **a.** Le **prélèvement de 7,5 %** afférent aux retraites versées sous forme de capital est applicable lorsque le versement n'est pas fractionné et que le bénéficiaire justifie que les cotisations versées durant la phase de constitution des droits étaient déductibles de son revenu imposable.
Le bénéfice du prélèvement peut être demandé après l'expiration du délai de déclaration, par voie de **réclamation,** dans le délai prévu à l'article R 196-1 du LPF (CE 14-6-2017 n° 397052 : RJF 10/17 n° 960).
b. Lorsque le **capital retraite** est versé en exécution d'un contrat souscrit auprès d'une entreprise **étrangère** et lorsque le bénéficiaire justifie que les cotisations versées durant la phase de constitution des droits n'étaient pas déductibles de son revenu imposable, la part du versement correspondant au capital proprement dit n'est pas imposable et les produits attachés au capital sont considérés comme des revenus de capitaux mobiliers : voir n° 26505.

Pensions d'invalidité Les **pensions** versées à raison d'une invalidité temporaire ou définitive constituent en principe un revenu imposable. **22465** TS-IV-2100 s
Il en est ainsi notamment des pensions servies par les régimes de sécurité sociale et par les régimes complémentaires obligatoires, sauf exonérations visées n° 22470.
Par analogie, sont également imposables dans la catégorie des pensions les **indemnités journalières** versées par les régimes complémentaires obligatoires d'assurance invalidité-décès des travailleurs **non salariés** non agricoles, ainsi que certaines prestations qui leur sont versées par les régimes facultatifs de sécurité sociale ou au titre de contrats d'assurance de groupe (voir n° 8690, précision g).
S'agissant des indemnités et prestations complémentaires versées aux **salariés** : voir n° 21645.

Exonérations Les sommes mentionnées dans le tableau ci-après sont exonérées d'impôt sur le revenu. **22470** TS-IV-8000 s

Sommes concernées	Fondement de l'exonération
Indemnités temporaires[1], prestations et rentes viagères servies par les régimes obligatoires de sécurité sociale ou de la mutualité sociale agricole au titre de la législation sur les **accidents du travail et les maladies professionnelles**[2]	CGI art. 81, 8°
Majorations pour **assistance d'une tierce personne** (TS-IV-2220)	CGI art. 81, 9° ; BOI-RSA-PENS-20-20-20 n° 180 ; BOI-RSA-PENS-10-10-10-20 n° 70 ; BOI-RSA-PENS-10-10-20 n° 90
Allocation de solidarité aux personnes âgées (Aspa) et allocation supplémentaire d'invalidité (ASI) (TS-IV-780 ; TS-IV-2260)	CGI art. 81, 9° ; BOI-RSA-PENS-20-10 n°s 150 s.
Pensions de vieillesse et pensions d'invalidité servies aux assurés sociaux, lorsque leur **montant** n'excède pas celui de l'ancienne allocation aux vieux travailleurs salariés et que les **ressources** du bénéficiaire ne dépassent pas le maximum prévu pour l'attribution de ladite allocation (TS-IV-610)	BOI-RSA-PENS-10-10-10-20 n° 80
Pensions **militaires** d'invalidité et des victimes de guerre, retraite du combattant	CGI art. 81, 4° -a
Retraite mutualiste des **anciens combattants,** à concurrence du montant donnant lieu à la majoration de l'État	CGI art. 81, 12°
Traitements attachés à la **Légion d'honneur** et à la **Médaille militaire** (TS-III-13110)	CGI art. 81, 7°

Sommes concernées	Fondement de l'exonération
Allocation de reconnaissance (ou indemnité en capital) en faveur des **harkis** ou de leurs conjoints ou ex-conjoints survivants non remariés (ou de leurs enfants), somme forfaitaire valant réparation au titre de l'indignité de leurs conditions d'accueil et de vie et aides spécifiques en faveur des conjoints survivants des harkis (TS-III-13310 s.)	CGI art. 81, 4° –b, c et d et 27°
Allocation de vétérance des **sapeurs-pompiers volontaires** (TS-II-6360 s.)	CGI art. 81, 29°
Pensions d'**orphelins,** voir n° 21650	
Allocations versées aux **orphelins** dont les parents ont été victimes, durant la Seconde Guerre mondiale, de **persécutions antisémites** ou d'**actes de barbarie**	CGI art. 81, 4° –e
Indemnités (quelle que soit leur forme) versées aux **victimes de l'amiante** ou à leurs ayants droit par le Fonds d'indemnisation des victimes de l'amiante ou par décision de justice	CGI art. 81, 33° bis
Indemnités versées aux personnes souffrant de **maladies radio-induites,** ou à leurs ayants droit, en application de la loi 2010-2 du 5 janvier 2010	CGI art. 81, 33° ter

1. À hauteur de 50 % de leur montant (n° 21645).
2. Sont également exonérées les prestations allouées au titre des accidents du travail et des maladies professionnelles en vertu de conventions internationales (CE 23-11-2015 n° 382691 : RJF 2/16 n° 137).
Sont en revanche imposables les prestations servies au titre de régimes conventionnels, telles que les rentes complémentaires servies en vertu d'un contrat de groupe (CE ass. 31-10-1980 n° 8221 : RJF 12/80 n° 962) ou du règlement de la caisse interprofessionnelle de prévoyance des cadres (CE 28-1-1981 n° 13247 : RJF 3/81 n° 218). Mais les prestations versées en exécution d'une assurance volontaire aux personnes qui, tels les salariés expatriés, n'entrent pas dans le champ d'un régime obligatoire de sécurité sociale bénéficient de l'exonération dans la limite des prestations servies, à rémunération et taux d'incapacité identiques, par les régimes obligatoires de sécurité sociale (CE sect. 1-10-1999 n° 143633 : RJF 11/99 n° 1369).

PENSIONS ALIMENTAIRES

22480 TS-IV-4000 s

Quelle que soit la périodicité (mensuelle, trimestrielle ou annuelle) ou la forme de leur versement (en espèces ou en nature), les pensions alimentaires **servies à titre obligatoire,** dans les conditions décrites nos 1200 s., sont imposables pour le bénéficiaire à hauteur du montant admis en déduction du revenu de celui qui les verse (BOI-RSA-PENS-10-30 nos 30 à 80).

Ainsi en est-il des pensions alimentaires versées aux **ascendants** ou **descendants** (voir nos 1205 s. et, en particulier, nos 1235 s. et 1225, précision b pour la pension versée à un enfant majeur ou à un enfant naturel) et des pensions alimentaires versées en cas de **divorce** ou de séparation (nos 1275 s.).

> **Précisions** **a.** Par exception, il est admis qu'un **ascendant** qui se trouve **dans une maison de retraite** ou un hôpital et qui ne dispose que de faibles ressources n'est pas soumis à l'impôt à raison de la pension alimentaire qui correspond au règlement direct par ses descendants des frais de pension ou d'hospitalisation. De même, un **enfant majeur infirme hospitalisé** et dénué de ressources n'est pas imposable sur les sommes correspondant aux frais de séjour directement acquittés par ses parents (BOI-RSA-PENS-10-30 n° 90).
> **b.** Des versements effectués en dehors de l'obligation alimentaire, à titre de **libéralités,** ne constituent pas un revenu imposable.

RENTES VIAGÈRES

22490 TS-IV-5500 s

Toutes les rentes viagères sont en principe imposables, qu'elles soient versées en exécution d'un contrat, d'une disposition testamentaire ou d'un jugement.

Sont toutefois exonérées :

– les rentes viagères servies en vertu d'obligations légales aux victimes d'**accidents du travail** ou de **maladies professionnelles** ou à leurs ayants droit (CGI art. 81, 8° ; voir n° 22470) ;

– les rentes viagères servies en représentation de **dommages-intérêts** aux victimes d'une incapacité permanente totale (ou quasi totale : BOI-RSA-PENS-20-20-20 n° 205) (CGI art. 81, 9° bis : TS-IV-10350 s.) ;

– les rentes viagères versées aux **orphelins** dont les parents ont été victimes, durant la Seconde Guerre mondiale, de **persécutions antisémites** ou d'**actes de barbarie** (CGI art. 81, 4° –e).

Selon qu'elles sont constituées **à titre gratuit ou onéreux,** les rentes viagères sont soumises à un régime d'imposition différent (nos 22530 s. et 22550). S'agissant des rentes servies à la sortie d'un **plan d'épargne en actions,** voir n° 26175.

2. DÉTERMINATION DU MONTANT IMPOSABLE

PENSIONS ET RENTES VIAGÈRES À TITRE GRATUIT

Le **revenu brut** des pensions et des rentes viagères constituées à titre gratuit est constitué par le montant total des arrérages perçus en espèces ou en nature, durant l'année d'imposition. Il s'agit du montant restant après retenue par l'organisme débiteur, le cas échéant, des cotisations de sécurité sociale. **22530** CGI art. 82 et 83 TS-V-2400 s

Le **montant net** s'obtient en retranchant de ce revenu certaines menues dépenses payées pour l'encaissement des arrérages (telles que les frais de certificat de vie), les frais de procès engagés pour obtenir le paiement ou la revalorisation de la pension et les cotisations de sécurité sociale lorsque, exceptionnellement, elles n'ont pas déjà été retenues sur le montant de la pension. Sont également déductibles les honoraires, justifiés dans une note explicative, correspondant aux prestations d'assistance rendues pour l'accomplissement de la liquidation des droits à la retraite, contrairement aux prestations de conseil (BOI-RSA-PENS-30-10-10 n° 60). Les cotisations complémentaires de prévoyance versées à titre facultatif et personnel ne sont en revanche pas déductibles.

Enfin, il est pratiqué sur le montant ainsi obtenu un **abattement** de 10 % (voir n° 22535).

> Précisions **a.** Une **rente viagère** est constituée **à titre gratuit** lorsque aucune contrepartie n'est stipulée en échange de la rente promise. C'est le cas, par exemple, de la rente viagère constituée en dot par un père à son enfant qui se marie. Les rentes viagères à titre gratuit doivent être distinguées des sommes versées en dehors de tout engagement ou obligation (qui ne sont pas imposables à l'impôt sur le revenu).
b. Les pensions et rentes viagères à titre gratuit, servies par des débiteurs domiciliés ou établis en métropole à des personnes fiscalement domiciliées dans certaines **collectivités territoriales d'outre-mer,** bénéficient d'une **réfaction de 40 %** qui s'applique avant l'abattement de 10 % (voir n° 4605, b).
c. La contribution pour le remboursement de la dette sociale (**CRDS**) n'est pas déductible du montant imposable des pensions, retraites et rentes. La contribution sociale généralisée (**CSG**) est partiellement déductible (n° 34400).
d. Les **cotisations syndicales** versées par les retraités ouvrent droit à un crédit d'impôt, voir n° 3370, précision b.
e. La contribution sur les **« retraites chapeau »** (Mémento social n°s 59540 s.) est déductible dans la limite de la fraction acquittée au titre des premiers 1 000 € de rente mensuelle (CGI art. 83, 2°-0 quater ; DC-VIII-5250).
f. Un dispositif de **décalage d'imposition** d'une ou deux mensualités existe pour certains retraités dont les pensions ont été mensualisées à partir de 1987 ou de 2004 (pour les non-salariés agricoles), ainsi que pour ceux ayant perçu en 2016 des arrérages au titre de 2015, afin de limiter la pension imposable annuellement aux arrérages correspondant à une période de douze mois (CGI art. 158, 5-e ; TS-V-1060 s.).

Abattement de 10 % Les pensions imposables ainsi que les rentes viagères à titre gratuit bénéficient d'un abattement spécifique de 10 %, applicable quel que soit l'âge du contribuable et même si celui-ci continue à exercer une activité professionnelle. **22535** CGI art. 158, 5-a-al. 2 et 3 TS-V-2800 s

Cet abattement est calculé sur la base définie n° 22530. Son montant comporte :

– un **minimum** fixé à 442 € par pensionné ou rentier pour l'imposition des revenus de 2023 (ce minimum ne peut avoir pour effet de créer un déficit) ;

– et un **plafond** fixé à 4 321 € par foyer fiscal pour l'imposition des revenus de 2023.

Par exception, l'abattement n'est pas applicable aux prestations en capital versées à la sortie d'un plan d'épargne retraite (**PER**) lorsque celles-ci sont imposables comme pension de retraite (voir n° 96650).

EXEMPLE **22540**

Soit un couple de retraités ayant perçu en 2023 des pensions de 48 800 € pour l'époux et de 3 000 € pour l'épouse. Leur fils à charge a perçu une pension de 300 €. Le revenu imposable du foyer fiscal s'établira comme suit :

	€
Abattement de 10 % sur la pension du père	4 880
Abattement de 10 % sur la pension de la mère (application du minimum d'abattement)	442
Abattement de 10 % sur la pension du fils compte tenu du minimum d'abattement limité au montant brut de la pension (le minimum d'abattement ne peut pas créer un déficit)	300
Abattement global (4 880 + 442 + 300)	5 622

Mais cet abattement est plafonné pour le foyer fiscal à 4 321 €	
Montant global des pensions	52 100
Abattement plafonné	4 321
Revenu net	47 779

RENTES VIAGÈRES À TITRE ONÉREUX

22550 CGI art. 158, 6 TS-IV-6600 s

Une rente viagère est constituée à titre onéreux lorsque l'obligation contractée par le débirentier a pour **contrepartie** soit l'aliénation d'un bien meuble ou immeuble, soit le versement d'un capital en argent. Suivent le régime des rentes viagères à titre onéreux, par exemple, les rentes viagères constituées en contrepartie de la vente d'un logement ou à titre de charge dans une donation entre vifs, les rentes viagères constituées auprès de compagnies d'assurances moyennant le versement échelonné d'un capital en espèces ainsi que les rentes viagères allouées en représentation de dommages-intérêts aux victimes d'accidents (lorsqu'elles ne bénéficient pas de l'exonération visée nº 22490).

Les rentes viagères constituées à titre onéreux ne sont considérées comme un revenu, pour l'application de l'impôt sur le revenu dû par le crédirentier, que pour une **fraction de leur montant.** Cette fraction est déterminée forfaitairement (et une fois pour toutes) d'après l'âge du crédirentier lors de l'entrée en jouissance de la rente. Elle est fixée à :

- 70 % si, à la date considérée, l'intéressé était âgé de moins de 50 ans ;
- 50 % s'il était âgé de 50 à 59 ans inclus ;
- 40 % s'il était âgé de 60 à 69 ans inclus ;
- 30 % s'il était âgé de plus de 69 ans (c'est-à-dire de 70 ans révolus ; CE 19-1-1996 nº 130377 : RJF 3/96 nº 299).

Les rentes viagères à titre onéreux sont soumises au **prélèvement à la source de l'impôt sur le revenu** sous forme d'acomptes (voir nº 3760).

> Précisions **a.** Dans le cas où deux **époux** sont bénéficiaires, **chacun personnellement,** d'une ou plusieurs rentes viagères constituées à titre onéreux, la fraction imposable est déterminée en considérant séparément, pour chacun d'eux, la ou les rentes qu'il perçoit.

b. Lorsqu'une rente viagère est constituée au **profit de deux ou plusieurs personnes** avec **réversibilité** au profit du survivant, l'âge à retenir pour le calcul de la fraction imposable est celui du bénéficiaire au moment où il perçoit pour la première fois des arrérages ou, lorsque la rente est constituée **au profit d'un ménage,** l'âge de l'aîné au moment de l'entrée en jouissance de la rente (BOI-RSA-PENS-30-20 nº 70).

c. L'**abattement** de 10 % n'est pas applicable à la fraction imposable des rentes viagères à titre onéreux.

d. Sur l'application de la contribution sociale généralisée (**CSG**), de la contribution pour le remboursement de la dette sociale (**CRDS**) et du **prélèvement de solidarité,** voir nºs 34430 s.

e. Les rentes viagères à titre onéreux doivent être distinguées des pensions de retraite qui sont la contrepartie de droits acquis à raison d'une activité exercée antérieurement et des cotisations versées (nº 22455). Sont toutefois imposables comme des rentes viagères constituées à titre onéreux les prestations servies sous forme de rentes par les plans d'épargne retraite (**PER**) pour leur part alimentée par des versements pour lesquels le titulaire a opté pour leur non-déductibilité fiscale ou par affectation de sommes exonérées d'impôt sur le revenu (voir nº 96640) et les pensions de retraite versées par les **régimes facultatifs de retraite des élus locaux** mis en place avant l'entrée en vigueur de la loi 92-108 du 3 février 1992, quelle que soit la date de liquidation de la retraite (CGI art. 80 undecies B, II ; TS-IV-1540).

3. OBLIGATIONS DES DÉBIRENTIERS

22580 CGI art. 86 TS-VI-300 s

Toute personne physique ou morale qui paie des pensions ou rentes viagères imposables doit **tenir un livre de paie,** le conserver et éventuellement le communiquer à l'administration, dans les mêmes conditions que celles exposées nº 22190 pour les employeurs.

22585 CGI art. 88 et 89 A TS-VI-4000 s

En outre, toute personne physique ou morale qui paie des pensions ou des rentes viagères doit, en principe, **déclarer chaque année** au service des impôts le montant des sommes payées au cours de l'année précédente ainsi que l'identité des bénéficiaires. Toutefois, les pensions et rentes exonérées d'impôt sur le revenu ainsi que les pensions alimentaires payées par les personnes physiques n'ont pas à être déclarées.

La déclaration doit être souscrite sur un **formulaire nº 2466** au plus tard le 31 janvier et transmise obligatoirement selon un procédé informatique.

Le défaut de production ou la production tardive de la déclaration sont sanctionnés, s'agissant des seules rentes viagères à titre onéreux, par une amende spécifique égale à 5 % du montant des sommes non déclarées ou déclarées avec retard (CGI art. 1736, III).

Les omissions ou inexactitudes relevées dans la déclaration donnent lieu à l'application de l'amende visée nº 80190.

> **Précisions** À une date fixée par décret, et **au plus tard le 1er janvier 2027,** la déclaration annuelle (via le formulaire nº 2466) sera supprimée et remplacée par la **déclaration Pasrau** à souscrire chaque mois (nos 3845 s.) (Loi 2021-1900 du 30-12-2021 art. 132 modifié).

Les débiteurs de pensions de retraite et de rentes viagères à titre gratuit ont l'obligation de collecter mensuellement la **retenue à la source de l'impôt sur le revenu** à raison des revenus qu'ils versent et de procéder à la déclaration et au reversement de celle-ci au Trésor via la déclaration Pasrau (nos 3840 s.). **22590**

Rappelons enfin que les personnes domiciliées ou établies en France qui versent des pensions ou rentes viagères imposables à des personnes fiscalement domiciliées **hors de France** doivent pratiquer une **retenue à la source** suivant le mécanisme décrit nos 4595 s. **22595**

CHAPITRE 7

RÉMUNÉRATIONS DES DIRIGEANTS

SOMMAIRE

A. Examen par catégorie de sociétés 23550
1. Sociétés anonymes 23550
2. Sociétés par actions simplifiées 23595
3. Sociétés à responsabilité limitée 23605
4. Sociétés en commandite par actions 23635
5. Sociétés de personnes et assimilées 23645
6. Tableau récapitulatif des rémunérations des dirigeants 23665
B. Contrôle des rémunérations 23690
C. Règlement de dettes sociales 23760

GÉNÉRALITÉS

23500 Il n'existe pas de régime unique d'imposition des rémunérations des dirigeants. Ce régime varie, en effet, suivant la forme et le régime fiscal de la société versante, et parfois même en fonction de la nature et du montant des rémunérations.

Il importe donc de déterminer la catégorie et les modalités d'imposition des rémunérations des dirigeants pour chaque type de société. Un **tableau d'ensemble** récapitule les principes généraux applicables en la matière (n° 23665).

Il convient également d'examiner le contrôle exercé par l'administration sur le caractère normal ou excessif des rémunérations versées, ainsi que le sort des dettes sociales supportées personnellement par les dirigeants.

A. Examen par catégorie de sociétés

1. SOCIÉTÉS ANONYMES

ORGANES DE DIRECTION

23550 DIR-I-200 s **Assimilation fiscale aux salariés** La direction est assumée par :

– le **président** du conseil d'administration (ou l'administrateur délégué en cas d'empêchement), le **directeur général** et les **directeurs généraux délégués** dans les sociétés anonymes à conseil d'administration ;

– les membres du **directoire** dans les sociétés anonymes à directoire et conseil de surveillance.

Tous ces dirigeants sont, au point de vue fiscal, assimilés à des salariés. Leurs rémunérations, quelle qu'en soit la forme (traitement de base, avantages en nature, intéressement aux résultats, jetons de présence spéciaux), sont donc imposables dans la catégorie et selon les règles des traitements et salaires.

ATTENTION

L'expression « rémunération prévue par l'article L 225-45 du Code de commerce » s'est substituée à la dénomination « **jetons de présence** » (Loi 2019-486 du 22-5-2019 art. 185, II). Ce changement n'a aucune conséquence en pratique. Aussi, pour plus de lisibilité, l'utilisation des termes « jetons de présence » est maintenue dans les développements qui suivent.

23555 Les rémunérations imposables sont celles mises à la disposition du dirigeant au cours de l'**année d'imposition** : en numéraire, par chèque, par virement ou par inscription au crédit d'un compte. À la différence des salariés ordinaires, les rémunérations inscrites à un compte de charges à payer sont, sauf exception, également imposables (voir n° 745).

Les dirigeants de société anonyme peuvent bénéficier, comme les salariés et avec les mêmes seuils de plafonnement, de la **déduction** de 10 % pour **frais professionnels** (voir n°s 22000 s.) ou faire état de leurs frais réels, ce qui leur permet de déduire les intérêts d'emprunt versés pour acquérir les titres de la société dans les conditions décrites n° 23620.

> Précisions **a.** Les allocations forfaitaires pour frais versées aux dirigeants ne sont pas exonérées. Pour le régime applicable aux **allocations, indemnités et remboursements de frais** qui leur sont alloués, voir nos 23710 s.

b. En ce qui concerne :
– l'évaluation des **avantages en nature** consentis aux dirigeants, voir n° 23740, précisions ;
– les **indemnités** versées aux dirigeants salariés à l'occasion de la **cessation forcée** de leurs **fonctions**, voir n° 21670 ;
– les **jetons de présence ordinaires** perçus en tant que membre du conseil d'administration, voir nos 23570 s. ;
– les déductions susceptibles d'être pratiquées par les dirigeants salariés en cas de **paiement des dettes sociales**, voir nos 23760 s.

c. Lorsque la SA a opté pour le **régime des sociétés de personnes** (nos 36980 s.), les rémunérations des associés suivent les mêmes règles que celles décrites pour les SARL (BOI-IS-CHAMP-20-20-20-20 n° 170) : voir n° 23605, précision d.

Déductibilité des rémunérations pour la société versante Les rémunérations versées aux dirigeants salariés sont déductibles des bénéfices imposables de la société, dans la mesure où elles correspondent à un travail effectif et où leur montant global n'excède pas la rétribution normale des fonctions exercées (rémunérations exagérées : voir nos 23700 s.). 23560 DIR-I-700 s
En ce qui concerne la **taxe sur les salaires,** voir n° 73465, précision b.

ORGANES D'ADMINISTRATION

Ces organes comprennent le conseil d'administration dans les sociétés anonymes de type classique et le conseil de surveillance dans les sociétés à directoire. En rémunération de leur **activité au conseil,** les administrateurs et les membres du conseil de surveillance perçoivent des jetons de présence ordinaires (voir n° 23580). 23570 DIR-I-1000 s

Si les administrateurs (ou les membres du conseil de surveillance) exercent d'autres fonctions dans la société, les rémunérations perçues à ce titre suivent leur régime propre. Par exemple : 23575
– en cas de cumul avec un contrat de travail, la rémunération des **fonctions salariées** est imposée dans la catégorie des traitements et salaires ;
– les **rémunérations exceptionnelles** allouées aux administrateurs (ou aux membres du conseil de surveillance) pour des missions particulières ou certains mandats (étude de marché, voyage d'études à l'étranger, par exemple) sont déductibles des bénéfices sociaux, sauf exagération, et imposables au nom des bénéficiaires comme bénéfices non commerciaux dès lors que les prestations rémunérées s'exercent en dehors d'un contrat de travail et de tout lien de subordination ;
– les allocations spéciales versées aux administrateurs qui participent à des **comités d'études** relèvent en principe des bénéfices non commerciaux à moins qu'elles ne se rattachent à l'exercice de fonctions salariées. Lorsque des jetons supplémentaires sont alloués au titre de cette participation, ils sont taxables dans la catégorie des revenus mobiliers ;
– la rémunération spécifique versée, le cas échéant, au **président et au vice-président du conseil de surveillance** doit être imposée, selon l'administration, dans la catégorie des revenus mobiliers (BOI-RSA-CHAMP-10-30-20 n° 200). En revanche, les remboursements des frais réels engagés par le président du conseil de surveillance au cours de missions de représentation non rémunérées ne sont pas imposables sous réserve qu'ils soient déductibles des résultats de la société (Comité MOA 22-4-1999).

RÉGIME FISCAL DES JETONS DE PRÉSENCE

Imposition des bénéficiaires Les rémunérations versées aux administrateurs (ou aux membres du conseil de surveillance) autres que celles rétribuant leurs fonctions salariées **(jetons de présence ordinaires)** sont imposables en totalité au nom des bénéficiaires dans la catégorie des revenus mobiliers selon les modalités définies nos 24540 s. 23580 CGI art. 117 bis DIR-I-1700 s
Les rémunérations allouées aux administrateurs à titre de rétribution de leurs fonctions salariées de direction **(jetons de présence spéciaux)** sont imposables dans la catégorie des traitements et salaires (n° 23550).

Remarque : Les jetons de présence ordinaires perçus par une **personne morale** en sa qualité d'administrateur de la société sont imposables à son nom en tant que revenus mobiliers (et soumis au forfait social : Mémento social n° 84320). La rémunération dont bénéficie son **représentant permanent** au conseil d'administration de la société est imposable soit dans la catégorie des revenus mobiliers, soit dans la catégorie des traitements et salaires selon que ce représentant est un administrateur ou un salarié de la personne morale (BOI-RPPM-RCM-10-20-20-60 n° 30).

> Précisions **a.** Le cas échéant, les **frais réels et justifiés** effectivement **supportés** au cours de l'année considérée dans le cadredes fonctions rémunérées par les jetons peuvent venir en déduction du montant imposable (Comité MOA 22-4-1999). Cette déduction n'est toutefois possible qu'en cas d'option pour l'imposition au barème progressif (n° 24195).

S'agissant des **remboursements de frais** perçus par les administrateurs ou membres du conseil de surveillance, voir n° 23585, Précisions.

b. Les jetons de présence ordinaires peuvent être soumis à la retenue à la source visée n°s 24845 s. lorsqu'ils sont versés à des **personnes n'ayant pas leur domicile** réel ou leur siège en **France** ou payés hors de France dans un État ou territoire non coopératif.

c. La **CSG** sur les jetons de présence imposables au barème progressif (prélevée à la source lors de leur versement) est partiellement déductible (voir n° 34525).

23585 CGI art. 210 sexies DIR-I-1200 s

Déductibilité pour la société versante Pour la société, les jetons de présence ordinaires ou spéciaux alloués au titre d'un exercice sont déductibles de l'assiette de l'impôt sur les sociétés dans la **limite** de 5 % de la somme obtenue en multipliant par le nombre d'administrateurs (ou de membres du conseil de surveillance) la rémunération moyenne déductible attribuée au cours de l'exercice aux dix ou cinq salariés les mieux rétribués, selon que l'effectif de l'entreprise excède ou non deux cents salariés. Pour l'application de cette règle, les membres du conseil dont les fonctions n'ont été exercées que pendant une partie de l'exercice sont décomptés au prorata de leur temps de présence (BOI-IS-BASE-30-20-20 n° 160).

Si la société emploie moins de cinq personnes, voire aucun personnel, la déduction est limitée à 457 € par membre du conseil d'administration ou de surveillance.

La déduction des jetons de présence est **subordonnée à** l'exercice d'une activité effective des administrateurs (CAA Versailles 15-7-2010 n° 09-1944 : RJF 4/11 n° 412 ; CE (na) 14-12-2011 n° 344158 : RJF 4/12 n° 346).

La déduction admise à raison des jetons de présence est **pratiquée au titre de** l'exercice au cours duquel la décision d'attribution est prise. La fraction non déductible est rapportée aux résultats de cet exercice.

EXEMPLE

Soit une société anonyme employant plus de deux cents salariés. La rémunération globale versée aux dix personnes les mieux rémunérées au cours de l'exercice 2022 (exercice coïncidant avec l'année civile) s'élève à 600 000 €. Le montant des jetons de présence alloués en 2023 au titre de l'exercice 2022, portés en charge et payés en 2023, est de 75 000 €. Le nombre d'administrateurs était de douze en 2022 ; toutefois, un administrateur est décédé le 28 février 2022 et remplacé le 1er septembre 2022, d'où un nombre à retenir de :
11 + [(2 / 12) + (4 / 12)] = 11,5.
Rémunération moyenne servant de base de calcul de la fraction déductible :
600 000 / 10 = 60 000 €.
Montant maximum des jetons de présence déductibles des bénéfices de l'exercice 2023 :
5 % × 60 000 € × 11,5 = 34 500 €.
Fraction non déductible :
75 000 € − 34 500 € = 40 500 €, somme à réintégrer dans les bénéfices imposables du même exercice.

Ces limitations de déduction sont sans incidence sur les modalités d'imposition des jetons de présence pour les bénéficiaires de ces revenus. La **fraction réintégrée** dans les bénéfices sociaux imposables demeure assujettie au régime d'imposition des revenus de capitaux mobiliers (jetons de présence ordinaires) ou des traitements et salaires (jetons de présence spéciaux) selon les règles énoncées n° 23580 (BOI-RPPM-RCM-10-20-20-60 n°s 120 et 130).

> **Précisions** Lorsqu'ils sont accordés par l'organe compétent, les **remboursements** des frais réels directement liés à la tenue des conseils d'administration ou de surveillance (**frais de voyage, de déplacement,** etc.) sont déductibles du résultat imposable et ne sont pas imposables au nom des membres du conseil (Comité MOA 22-4-1999). Le remboursement de ces frais n'est pas déductible du résultat imposable tant qu'il n'a pas été autorisé par une délibération du conseil d'administration ou de surveillance (CE 20-6-2012 n° 342753 : RJF 10/12 n° 900).

2. SOCIÉTÉS PAR ACTIONS SIMPLIFIÉES

23595 DIR-I-2500 s

La société par actions simplifiée (**SAS**) est assimilée au plan fiscal à la société anonyme (CGI art. 1655 quinquies). Le président et les autres dirigeants d'une SAS sont donc, comme ceux d'une société anonyme, assimilés à des salariés sur le plan fiscal et les rémunérations qui leur sont versées pour leurs fonctions de direction entrent dans la catégorie des salaires (voir n°s 23550 s.).

La rémunération du président d'une **société par actions simplifiée unipersonnelle** relève, à notre avis, du même régime fiscal.

> **Précisions a.** En ce qui concerne les frais d'acquisition des titres, voir nº 23620.
> **b.** Lorsque la SAS a opté pour le **régime des sociétés de personnes** (nºs 36980 s.), les rémunérations des associés suivent les mêmes règles que celles décrites pour les SARL (BOI-IS-CHAMP-20-20-20-20 nº 170) : voir nº 23605, précision d.

3. SOCIÉTÉS À RESPONSABILITÉ LIMITÉE

Qu'ils soient minoritaires ou majoritaires, les **gérants associés** de SARL assujetties à l'impôt sur les sociétés sont soumis pour l'essentiel au même régime fiscal, même s'ils continuent de relever de deux catégories d'imposition différentes : 23605 CGI art. 62 et 211 DIR-II-1 s

– les gérants minoritaires, assimilés à des salariés, sont imposés au titre des traitements et salaires ;

– les gérants majoritaires relèvent de l'article 62 du CGI qui, lui-même, prévoit l'application des règles prévues en matière de traitements et salaires.

Dans les deux cas, les rémunérations imposables sont celles mises à la disposition du gérant au cours de l'année d'imposition : en numéraire, par chèque, par virement ou par inscription au crédit d'un compte. À la différence des salariés ordinaires, les rémunérations inscrites à un compte de charges à payer sont, sauf exception, également imposables (voir nº 745).

Au niveau de la **société,** les rémunérations des gérants sont déductibles des bénéfices imposables, dans la mesure où elles correspondent à un travail effectif et où leur montant global n'excède pas la rétribution normale des fonctions exercées (rémunérations exagérées : voir nºs 23700 s.). Le salaire du **conjoint** du gérant est également déductible s'il est réellement versé et correspond à un travail effectif.

En ce qui concerne la **taxe sur les salaires,** voir nº 73465, précision b.

> **Précisions a.** Les rémunérations des **gérants non associés** (c'est-à-dire ne possédant aucune part sociale ni directement ni indirectement) sont normalement imposables dans la catégorie des traitements et salaires. Toutefois, leurs rémunérations relèvent, selon l'administration, de l'article 62 du CGI lorsque ceux-ci appartiennent à un collège de gérance majoritaire (BOI-RSA-GER-10-30 nº 220).
> **b.** Les rémunérations des **associés non gérants** (ni en droit ni en fait) d'une SARL soumise à l'IS sont traitées fiscalement comme des salaires si elles correspondent à un travail effectif et si leur montant n'est pas excessif.
> **c.** Dans les **SARL de famille** ayant opté pour le régime des sociétés de personnes, les rémunérations versées aux gérants associés ne sont pas déductibles des bénéfices sociaux et sont imposables dans la catégorie de revenus (BIC ou BA) dont relève l'activité de la société (voir nºs 36950 s.). En revanche, le salaire versé au conjoint d'un associé est totalement déductible (voir nº 8660). Si le gérant est un tiers non associé, le régime d'imposition des salariés est bien entendu applicable.
> **d.** Les rémunérations versées aux associés des **SARL non cotées** ayant opté pour le régime des sociétés de personnes dans les conditions décrites nºs 36980 s. ne sont pas déductibles des résultats. Elles sont imposées dans la catégorie de revenus dont relève l'activité de la société (BOI-RSA-GER-10-30 nº 400).
> **e.** Les **rémunérations** versées aux membres du **conseil de surveillance** sont déductibles des bénéfices sociaux et taxées à l'impôt sur le revenu au titre des BNC, à condition qu'elles correspondent à un travail effectif et ne soient pas exagérées (BOI-RSA-GER-10-30 nºs 230 et 240).

GÉRANTS MINORITAIRES

Imposées dans la catégorie des **traitements et salaires,** les rémunérations des gérants minoritaires (ou égalitaires) ouvrent droit aux avantages prévus pour les salariés, notamment la déduction de 10 % pour frais professionnels (voir nºs 22000 s.). 23610 DIR-II-1000 s

Le régime des gérants minoritaires est en tous points identique à celui des dirigeants salariés de sociétés anonymes et présente les mêmes **particularités** par rapport au régime des salariés ordinaires (voir nºs 23550 s.).

Sur les **frais d'acquisition des titres** de la SARL, voir nº 23620.

GÉRANTS MAJORITAIRES

Les rémunérations allouées aux gérants majoritaires sont soumises à l'impôt sur le revenu selon les règles prévues en matière de traitements et salaires, avec les avantages prévus à l'égard des salariés (déduction forfaitaire de 10 % notamment : voir nºs 22000 s.). 23615 CGI art. 62 DIR-II-1500 s

Ils peuvent également déduire les cotisations sociales et primes mentionnées à l'article 154 bis du CGI : **cotisations** aux régimes obligatoires et facultatifs de **sécurité sociale,** versements volontaires à un **PER individuel** ou à un **Pereco** et primes versées au titre des **contrats « Madelin »** d'assurance de groupe, déductibles dans les conditions exposées nºs 8680 s. et 96600.

> Précisions **a.** Les gérants majoritaires, comme les autres dirigeants, ne bénéficient pas de l'exonération des **allocations forfaitaires pour frais** prévue pour les salariés ordinaires (nos 23710 s.). Ils peuvent déduire, sous certaines conditions, les sommes versées en **paiement des dettes sociales** (nos 23760 s.). S'agissant des **avantages en nature,** voir no 23740.
b. Les gérants d'**EARL** assujetties à l'impôt sur les sociétés, qui relèvent de la mutualité sociale agricole, déduisent leurs cotisations de sécurité sociale et de retraite complémentaire dans les conditions prévues pour les agriculteurs (voir no 15985).
c. Les cotisations à la sécurité sociale des indépendants et les contributions sociales au titre des revenus d'activité assises sur la part des **dividendes** (et distributions assimilées) et des **intérêts des comptes courants d'associés** perçus par le gérant majoritaire, son conjoint ou partenaire de Pacs et leurs enfants mineurs non émancipés qui excède 10 % de la somme du capital social, des primes d'émission et des sommes figurant en compte courant détenus en toute propriété ou en usufruit par ces mêmes personnes sont déductibles, à l'exception de la fraction non déductible de la CSG (no 34400) et de la CRDS.

23620 CGI art. 83, 3°-dernier al. DIR-II-2600 s TS-V-17360 s

Déduction des frais d'acquisition de droits sociaux

Les salariés et dirigeants assimilés aux salariés peuvent déduire des rémunérations qu'ils perçoivent les **intérêts d'emprunt** et autres frais (frais de dossiers, cotisations d'assurance, etc.) supportés pour acquérir ou souscrire les titres de la société dans laquelle ils exercent leur activité professionnelle principale, dès lors que ces dépenses sont utiles à l'acquisition ou à la conservation du revenu et que leur montant est proportionné à leur rémunération annuelle. En pratique, sont admis en déduction les intérêts dus à raison de la fraction de l'emprunt qui n'excède pas le triple de la rémunération allouée ou escomptée à la date de souscription.

La fraction des versements effectués au titre des souscriptions ou acquisitions de titres donnant lieu aux **réductions d'impôt** sur le revenu pour souscription au capital de **PME** (nos 2600 s.) ou de sociétés foncières solidaires (nos 2685 s.) ou pour reprise d'une PME (nos 2770 s.) ne peut donner lieu à aucune déduction des intérêts d'emprunt. Le dispositif ne peut pas non plus concerner les titres inscrits dans un **PEA** (nos 26155 s.) ou un **plan d'épargne salariale** (nos 88680 s.).

> Précisions **a.** Sont concernés par ce dispositif les **dirigeants salariés** et ceux dont les rémunérations relèvent de l'article 62 du CGI (**gérants majoritaires de SARL, associés de SCP, etc.**).
La société dont les titres sont acquis doit être passible de plein droit de l'**impôt sur les sociétés** ou soumise sur option à cet impôt et exercer une **activité industrielle, commerciale, artisanale, agricole ou libérale.** Sont en particulier éligibles au dispositif les titres de société **holding animatrice** (BOI-RSA-BASE-30-50-30-30 nos 140 et 150).
b. Selon l'administration, le seul fait d'exercer son activité professionnelle dans une société ne suffit pas pour établir l'**utilité** de l'acquisition ou de la souscription des titres à **l'acquisition ou à la conservation du revenu.** Celle-ci doit résulter de circonstances de fait : détention de titres imposée par le statut de la profession, prise de contrôle d'une entreprise nouvelle ou existante pour y exercer son activité principale, par exemple (BOI-RSA-BASE-30-50-30-30 nos 190 à 260).
c. La déduction s'effectue selon le régime des **frais réels** (nos 22070 s.) et entraîne, par suite, renonciation à la déduction forfaitaire de 10 % au titre des frais professionnels.

APPRÉCIATION DU CARACTÈRE MAJORITAIRE DE LA GÉRANCE

23625 DIR-II-5000 s Un gérant est **majoritaire** s'il détient personnellement (directement ou par l'intermédiaire de son conjoint et de ses enfants) plus de la moitié du capital de la société, ou, en cas de pluralité de gérants, dès l'instant que le collège de ceux-ci est majoritaire (exemple : SARL au capital de deux cents parts dont soixante appartiennent à un gérant et quarante-cinq à l'autre). Dans les autres cas, le gérant est qualifié de **minoritaire.**

Pour apprécier la **fraction de capital détenue** par chaque gérant, il est tenu compte non seulement des parts qu'il possède personnellement (en toute propriété ou en usufruit), mais aussi :

– des parts dont il dispose indirectement par l'intermédiaire d'une société qu'il contrôle (fonctions de direction et possession de plus de 50 % du capital social) (notamment CE 28-9-1983 no 30734 : RJF 11/83 no 1307 ; BOI-RSA-GER-10-10-10-10 no 190) ;

– des parts appartenant, en toute propriété ou en usufruit, à son conjoint (même séparé de biens) ou à ses enfants mineurs non émancipés (BOI-RSA-GER-10-10-10-10 nos 110 à 170) ;

– des parts détenues par la personne avec laquelle le gérant est lié par un Pacs (BOI-RSA-GER-10-10-10-10 no 160) ;

– des parts dont le gérant a l'administration ou la gestion (délégation générale de pouvoirs) (notamment CE 19-11-1984 no 38069 : RJF 1/85 no 60 ; BOI-RSA-GER-10-10-10-10 nos 180 à 260).

> Précisions Les **gérants de fait** sont assimilés aux gérants en titre pour l'appréciation du caractère, majoritaire ou non, de la gérance. La jurisprudence caractérise en général l'exercice d'une gérance de fait par trois critères : fonctions et responsabilités exercées ; pouvoir d'engager la société vis-à-vis des tiers (procuration bancaire, par exemple) ; montant de la rémunération (notamment CE 29-9-1989 nos 47026 et 78070 : RJF 11/89 no 1216 ; CE 31-3-1999 no 198494 : RJF 6/99 no 710).

4. SOCIÉTÉS EN COMMANDITE PAR ACTIONS

Le régime fiscal des rémunérations des **gérants commandités** de sociétés en commandite par actions est identique à celui des gérants majoritaires de SARL : déductibilité des bénéfices sociaux et imposition au nom des bénéficiaires dans la catégorie de l'article 62 du CGI, avec application des règles prévues en matière de traitements et salaires (voir nos 23615 s.). **23635** CGI art. 62 et 211 DIR-IV-700 s

Lorsque les **gérants ne sont pas associés,** leurs rémunérations relèvent, en principe, de la catégorie des traitements et salaires.

Les rémunérations versées aux **membres du conseil de surveillance** sont déductibles des bénéfices sociaux et taxées à l'impôt sur le revenu au titre des BNC à condition qu'elles correspondent à un travail effectif.

Lorsque les **sommes** versées aux gérants ou aux membres du conseil de surveillance sont **excessives,** la fraction excédant la rétribution normale du service rendu n'est pas déductible du bénéfice social et constitue un revenu mobilier pour le bénéficiaire.

5. SOCIÉTÉS DE PERSONNES ET ASSIMILÉES

SOCIÉTÉS RELEVANT DE L'IMPÔT SUR LE REVENU

Les appointements que s'allouent, en rémunération de leur travail personnel, les **associés** des sociétés de personnes et assimilées (nos 37500 s.) n'ayant pas opté pour l'IS ne sont pas déductibles des bénéfices sociaux et sont regardés comme une modalité particulière de répartition des bénéfices sociaux. Ils sont soumis à l'impôt sur le revenu au nom de chaque bénéficiaire dans la catégorie correspondant à la nature de l'activité de la société (BIC, BA, BNC ou revenus fonciers), c'est-à-dire dans les mêmes conditions que la quote-part de bénéfices sociaux revenant à chacun (voir no 37665). **23645**

Si le gérant est un **tiers non associé,** sa rémunération obéit au régime des traitements et salaires.

S'agissant de la déduction du salaire du **conjoint** de l'associé, voir nos 8660 s.

SOCIÉTÉS AYANT OPTÉ POUR LE RÉGIME DES SOCIÉTÉS DE CAPITAUX

Les rémunérations allouées aux **associés en nom** des sociétés de personnes et assimilées, qui ont opté pour leur assujettissement à l'impôt sur les sociétés, obéissent aux mêmes règles que celles applicables aux rémunérations des gérants majoritaires de SARL (voir nos 23615 s.). **23650** CGI art. 62 et 211 DIR-III-310

Si le gérant est un **tiers non associé,** sa rémunération obéit au régime des traitements et salaires.

SOCIÉTÉS CIVILES

Elles sont en principe soumises au régime fiscal des sociétés de personnes, mais certaines d'entre elles peuvent être passibles de l'impôt sur les sociétés, de plein droit ou sur option (voir no 37785). **23655** DC-V-16600 s

a. Lorsque les sociétés civiles relèvent de l'**impôt sur le revenu,** les appointements alloués aux associés gérants sont soumis à l'impôt sur le revenu au nom de leur bénéficiaire dans la catégorie correspondant à la nature de l'activité de la société : BA, BNC, revenus fonciers ou, plus rarement, BIC.

ILLUSTRATIONS

Dans les **sociétés civiles immobilières** de location, la rétribution de l'associé gérant est en principe imposée au titre des revenus fonciers (no 30715). Toutefois, un contribuable qui gère un grand nombre d'immeubles pour le compte de sociétés civiles immobilières dont il ne possède qu'un nombre très limité de parts exerce l'activité commerciale d'administrateur d'immeubles : sa rémunération, déductible du résultat social, est donc imposable dans la catégorie des BIC (CE 18-5-1979 no 8168 : RJF 7-8/79 no 408 ; CE 13-6-1990 no 74012 : RJF 8-9/90 no 1116). Lorsque le gérant est un tiers non associé, sa rémunération, déductible du résultat social, est imposable dans la catégorie des traitements et salaires ou des BIC (administrateur de biens) en fonction de la nature des liens qui l'unissent à la société.
Le régime des BIC est applicable aux associés gérants de **sociétés civiles de construction-vente** visées à l'article 239 ter du CGI (voir nos 30420 s.).

b. Dans les sociétés civiles **soumises à l'IS de plein droit** en raison de la nature commerciale de leur activité, les rémunérations versées aux associés personnes physiques ayant la qualité de gérants sont déductibles (sauf montant excessif) et imposées au nom des bénéficiaires dans la catégorie des BNC, sous réserve que les fonctions des gérants ne constituent pas qu'une simple extension de l'activité industrielle ou commerciale exercée par les intéressés en vertu de l'article 155 du CGI (BOI-RSA-GER-10-30 n° 310 ; voir n° 7925).

CGI art. 62 et 211

c. Dans les sociétés civiles ayant **opté pour le régime des sociétés de capitaux,** le régime fiscal des rémunérations des associés (gérants ou non) est identique à celui des gérants majoritaires de SARL (voir n°s 23615 s.).

d. En ce qui concerne le régime fiscal des associés et gérants d'**EARL,** voir n° 16435.

23660 Dans le cas des **sociétés transparentes** (qu'elles aient la forme civile ou de sociétés de capitaux), la rémunération des dirigeants est, selon l'administration, imposable dans la catégorie des BIC, déduction faite de la quote-part de rémunération incombant au dirigeant lui-même lorsqu'il a la qualité d'associé (BOI-RSA-GER-10-30 n°s 410 et 420).

6. TABLEAU RÉCAPITULATIF DES RÉMUNÉRATIONS DES DIRIGEANTS

23665

Société versante et qualité du bénéficiaire	Catégorie d'imposition	Commentaires (n^os^)
I. Société anonyme de type classique		
1. Président du conseil d'administration, directeur général, directeur général délégué, administrateur provisoirement délégué		
– Traitement fixe ou proportionnel	TS [1]	23550 s.
– Jetons de présence spéciaux	TS	23550, 23580
2. Administrateurs		
– Jetons de présence ordinaires	RM	23580
– Rémunération de fonctions salariées	TS	23575
– Rémunération de missions et mandats spéciaux, allocations spéciales allouées aux membres de comités d'études	BNC	23575
II. Société anonyme avec directoire		
1. Membres du directoire		
– Traitement fixe ou proportionnel	TS [1]	23550 s.
2. Membres du conseil de surveillance		
– Jetons de présence ordinaires	RM	23580
– Rémunération de fonctions salariées	TS	23575
– Rémunération de missions et mandats spéciaux	BNC	23575
3. Président et vice-président du conseil de surveillance (rémunération spécifique)	RM	23575
III. Société par actions simplifiée (SAS ou Sasu)		
Président et autres dirigeants (traitement fixe ou proportionnel)	TS [1]	23595
IV. SARL		
1. Gérant minoritaire (rémunération)	TS [1]	23610
2. Gérant majoritaire (rémunération)	CGI art. 62	23615
3. Gérant non associé (rémunération)	TS [2]	23605
4. Membres du conseil de surveillance (rémunération)	BNC	23605
V. Société en commandite par actions		
1. Gérant associé commandité (rémunération)	CGI art. 62	23635
2. Gérant non associé (rémunération)	TS	23635
3. Membres du conseil de surveillance (rémunération)	BNC	23635

Société versante et qualité du bénéficiaire	Catégorie d'imposition	Commentaires (nos)
VI. Société de personnes ou assimilée		
1. Relevant de l'impôt sur le revenu		
– Associés (gérants ou non) (rémunération)	Catégorie de revenus correspondant à l'activité de la société	23645
– Gérant non associé (rémunération)	TS	23645
2. Ayant opté pour l'IS		
– Gérant associé (rémunération)	CGI art. 62	23650
– Gérant non associé (rémunération)	TS	23650
VII. Société civile		
1. Soumise à l'impôt sur le revenu		
– Associés gérants ou non (rémunération)	Catégorie de revenus correspondant à l'activité de la société	23655, a
– Gérant salarié non associé	TS	23655, a
2. Soumise à l'IS		
a. De plein droit : associé gérant (rémunération)	BNC	23655, b
b. Sur option :		
– cas général : associés gérants ou non	CGI art. 62	23655, c
– EARL : associés gérants ou non	CGI art. 62	16435, précision a
VIII. Société transparente		
Dirigeants associés ou non (rémunération)	BIC	23660

1. Lorsque la société a opté pour le régime des sociétés de personnes, les rémunérations sont imposables dans la catégorie correspondant à l'activité de la société (BIC, BA...) (nos 36950 s.).
2. Sauf en cas d'appartenance à un collège de gérance majoritaire : voir no 23605, précision a.

B. Contrôle des rémunérations

Le contrôle de l'administration porte principalement sur les points suivants : caractère normal ou excessif des rémunérations, remboursements de frais, avantages en nature. 23690

RÉMUNÉRATIONS EXAGÉRÉES

Les rémunérations des dirigeants de **sociétés passibles de l'impôt sur les sociétés** sont déductibles des résultats sociaux à condition de correspondre à un travail effectif et de ne pas être exagérées. Si elles excèdent la rétribution normale du travail effectivement fourni, les rémunérations directes ou indirectes des dirigeants (y compris les indemnités, allocations, avantages en nature et remboursements de frais) sont rapportées au bénéfice imposable de l'entreprise ; elles sont taxées entre les mains du bénéficiaire (même non associé) comme revenus mobiliers, étant précisé que les sommes ainsi distribuées sont retenues pour 125 % de leur montant (voir nos 24180 et 24195). 23700 CGI art. 39, 1-1° et 111, d DIR-V-1 s

Ces règles ne concernent pas les associés dirigeants de **sociétés de personnes** relevant de l'impôt sur le revenu.

Exercice du contrôle Pour apprécier le caractère normal des rémunérations, l'administration dispose d'un droit de contrôle sur le montant de l'ensemble des rémunérations directes ou indirectes versées par les entreprises. Pour les personnes les mieux rémunérées, ce droit s'exerce au vu du **relevé détaillé de certains frais généraux** que les entreprises doivent fournir chaque année à l'appui de leurs déclarations de résultats (voir no 9050 s.). 23705 DIR-V-4100 s

Parmi les **critères** habituellement retenus pour qualifier une rémunération d'« anormale » ou d'« excessive », on peut citer notamment, outre la qualification professionnelle et l'importance de l'activité déployée par le dirigeant, le niveau de rémunérations des personnes occupant des emplois analogues dans des entreprises similaires de la région, l'importance de la rémunération par rapport aux bénéfices sociaux ou aux salaires des autres membres du personnel.

Procédure de rectification Lorsque des rectifications fondées sur le caractère excessif des rémunérations affectent la société versante et le bénéficiaire de la rémunération, **deux** 23707 DIR-V-5000 s

procédures distinctes doivent être suivies à l'encontre de chacun d'eux dans les conditions habituelles (nos 78600 s.) après, s'il y a lieu, avis de la commission des impôts directs et des taxes sur le chiffre d'affaires (nos 78840 s.) ou, le cas échéant, de la commission nationale (nos 78870 s.).

> Précisions En raison de l'indépendance des procédures, l'**avis** émis par la **commission** à l'égard de l'entreprise n'est pas **opposable** au bénéficiaire des rémunérations en ce qui concerne son imposition personnelle (notamment CE 19-3-1975 n° 91859 : RJF 5/75 n° 242 ; CE 24-4-1981 nos 20092 et 20093 : RJF 6/81 n° 583).

ALLOCATIONS, INDEMNITÉS ET REMBOURSEMENTS DE FRAIS

23710 CGI art. 62, 80 ter et 81, 1° DIR-II-1780 s TS-III-1500 s

Pour être défrayés des dépenses supportées dans l'exercice de leurs fonctions, les dirigeants et les cadres reçoivent fréquemment de leur société des indemnités pour frais qui peuvent prendre la forme soit de remboursements de frais réels, soit d'allocations forfaitaires. Alors que les remboursements de frais réels peuvent être exonérés d'impôt sur le revenu, les allocations forfaitaires sont toujours imposables, contrairement à ce qui se passe pour les salariés ordinaires.

23715 DIR-II-1785 s TS-III-1700 s

Remboursements de frais réels Les remboursements de frais réels alloués aux dirigeants et cadres assimilés, destinés à couvrir les frais inhérents à la fonction ou à l'emploi, sont exonérés d'impôt sur le revenu lorsqu'ils sont utilisés conformément à leur objet et que les dépenses correspondantes ne sont pas elles-mêmes déduites du revenu imposable des **bénéficiaires** au titre des frais professionnels (voir nos 21585 s.).

Pour la **société versante,** ces remboursements sont déductibles des bénéfices imposables dès lors qu'ils correspondent à des dépenses effectives et justifiées. Ils sont exonérés de taxe sur les salaires.

Pour faciliter le contrôle de l'administration, les remboursements de frais doivent figurer sur le relevé détaillé de frais généraux, en tant que rémunérations indirectes, lorsqu'ils sont accordés aux personnes les mieux rémunérées de l'entreprise (voir nos 9050 s.).

> Précisions **a.** Les indemnités pour **frais de voiture** calculées sur la base du **barème kilométrique** de l'administration (n° 97200) n'ont pas un caractère forfaitaire, mais constituent des remboursements réels à condition que le nombre de kilomètres parcourus à titre professionnel puisse être justifié par l'indication des dates, lieux et identité des clients rencontrés (notamment CE 14-12-1984 n° 42356 : RJF 2/85 n° 241 ; CE 10-12-1999 n° 180247 : RJF 2/00 n° 194).

b. Des remboursements de **frais non justifiés** peuvent être considérés comme un supplément de rémunération imposable lorsque la rémunération globale du bénéficiaire (« remboursements de frais » compris) ne présente pas un caractère excessif (notamment CE 14-11-1990 n° 61910 : RJF 1/91 n° 48 ; CE 20-1-1992 n° 132110 : RJF 3/92 n° 338).

23720 CGI art. 80 ter DIR-II-1780 s TS-III-1525 s

Allocations forfaitaires **Dirigeants fiscalement assimilés à des salariés.** Les indemnités ou allocations forfaitaires pour frais versées aux dirigeants salariés de sociétés sont, quel que soit leur objet, assimilées à une rémunération imposable au nom du bénéficiaire. Corrélativement, elles sont déductibles des résultats de la société versante (et soumises à la taxe sur les salaires lorsque celle-ci est due). Toutefois, si le total du salaire proprement dit et des indemnités ou allocations forfaitaires est excessif, la fraction excédant le montant considéré comme normal est rapportée aux bénéfices imposables de l'entreprise et imposée entre les mains du bénéficiaire dans la catégorie des revenus mobiliers, lorsque la société versante relève de l'impôt sur les sociétés (voir nos 23700 s.).

Les dirigeants visés par cette mesure s'entendent d'abord des dirigeants de droit, c'est-à-dire :
– dans les **sociétés anonymes** : le président du conseil d'administration, le directeur général, les directeurs généraux délégués, l'administrateur provisoirement délégué, tout administrateur ou membre du conseil de surveillance chargé de fonctions spéciales (directeur commercial...), les membres du directoire ;
– dans les **sociétés par actions simplifiées** : les dirigeants tels qu'ils sont définis par les statuts ;
– dans les **sociétés à responsabilité limitée** : les gérants non majoritaires ;
– dans les **autres entreprises** ou établissements passibles de l'impôt sur les sociétés : les dirigeants soumis au régime fiscal des salariés.

Mais est également concernée par cette disposition, dans les sociétés passibles de l'impôt sur les sociétés et les sociétés de personnes à objet industriel ou commercial, toute personne occupant un emploi **salarié** – sauf s'il ne s'agit pas de toute évidence d'un dirigeant de fait – dont la rémunération totale excède la plus faible des rémunérations allouées aux dirigeants de l'entreprise (soumis ou non au régime fiscal des salariés), abstraction faite des rémunérations versées aux administrateurs et membres du conseil de surveillance chargés de fonctions spéciales.

> **Précisions** Les contribuables qui exercent au sein de la société qu'ils dirigent une **activité salariée distincte** de leurs fonctions de dirigeants, pour laquelle ils perçoivent une rémunération séparée, peuvent bénéficier à ce titre d'allocations forfaitaires affranchies d'impôt sur le revenu (CE 14-12-1984 n° 42356 : RJF 2/85 n° 241).

Dirigeants relevant de l'article 62 du CGI. Les indemnités ou allocations forfaitaires pour frais versées à ces dirigeants sont imposables au nom de leur bénéficiaire et prises en compte pour l'appréciation du caractère normal de leur rémunération (voir nos 23700 s.). 23725

Non-cumul des indemnités forfaitaires pour frais d'emploi et des remboursements de frais Les allocations forfaitaires qu'une société attribue à un dirigeant ou à un cadre pour le couvrir des **frais de représentation et de déplacement** lui incombant personnellement et habituellement sont exclues des charges déductibles pour l'assiette de l'impôt sur le revenu ou de l'impôt sur les sociétés, lorsque, parmi les charges du même exercice, figurent déjà des remboursements de frais habituels de même nature versés à l'intéressé ; corrélativement, les sommes réintégrées sont taxées, en principe, comme des revenus mobiliers entre les mains du bénéficiaire si la société versante est passible de l'impôt sur les sociétés. 23730 CGI art. 39, 3 et 211 bis DIR-V-1420 s

La portée pratique de cette règle est toutefois très réduite puisque l'administration ne l'applique pas aux indemnités, remboursements et allocations forfaitaires pour frais versés aux **dirigeants salariés** et personnes assimilées visés à l'article 80 ter du CGI (voir n° 23720), dès lors que ces indemnités sont imposables comme des salaires (BOI-IS-BASE-30-20-10 nos 150 s.). Elle demeure applicable, le cas échéant :

- dans les entreprises ou établissements passibles de l'impôt sur les sociétés : aux gérants majoritaires de SARL et aux **dirigeants non** soumis au régime fiscal des **salariés** ;
- dans les SARL ayant opté pour le régime fiscal des sociétés de personnes : à l'ensemble des associés, qu'ils soient ou non gérants ;
- dans les sociétés de personnes : aux **associés en nom,** quelle que soit l'importance de leurs parts dans le capital social ;
- dans les sociétés en participation : à l'ensemble des **coparticipants,** gérants ou non, même s'ils ne sont pas indéfiniment responsables ;
- dans toute entreprise : aux **cadres** (à l'exclusion des salariés visés n° 23720 assimilés à des dirigeants).

AVANTAGES EN NATURE

Les entreprises accordent souvent des avantages en nature à leurs dirigeants (notamment, mise à disposition gratuite d'un **logement,** usage personnel d'un **véhicule** aux frais de la société, etc.). 23740 DIR-V-1900 s

Ces avantages sont considérés comme un **supplément de rémunération** déductible, à moins que la rémunération totale ne soit considérée comme excessive par rapport au service rendu.

Les avantages en nature doivent être récapitulés sur un état spécial annexé à la comptabilité (voir n° 10950, précision c) et, lorsqu'ils sont accordés aux personnes les mieux rémunérées de l'entreprise, figurer sur le **relevé détaillé de frais** généraux en tant que rémunérations indirectes (voir nos 9050 s.).

ATTENTION

Des avantages en nature qui ne sont ni inscrits sur le relevé de frais généraux ni identifiés explicitement en comptabilité constituent des **avantages occultes** au sens de l'article 111, c du CGI imposables entre les mains du **bénéficiaire** dans la catégorie des revenus de capitaux mobiliers selon les modalités indiquées nos 24770 s. (CE 24-7-1987 n° 63991 : RJF 11/87 n° 1112 ; CE 2-2-1996 n° 127833 : RJF 3/96 n° 302). Mais le respect de l'une ou l'autre des conditions de forme suffit à écarter la qualification d'avantage occulte (CAA Nancy 6-7-1993 n° 92-487 : RJF 12/93 n° 1552).

Au niveau de la **société,** les avantages occultes consentis aux dirigeants doivent, selon la jurisprudence, être réintégrés dans les bénéfices sociaux (CAA Nantes 6-4-1999 n° 96-1153 : RJF 7/99 n° 836). Le seul défaut d'inscription sur le relevé des frais généraux est sanctionné par une simple amende (voir n° 9055, a).

Remarque : Lorsqu'un avantage ne trouve pas son **origine** dans les **fonctions exercées,** auxquelles il ne se rattache pas naturellement, il peut être réintégré dans les bénéfices sociaux et taxé comme revenu distribué sans qu'il soit besoin de rechercher si la rémunération du bénéficiaire présente ou non un caractère excessif (notamment, pour un prêt sans intérêt consenti par une société à son directeur commercial, CE 17-5-1989 n° 63319 : RJF 7/89 n° 835, ou pour la prise en charge de loyers afférents à des locaux d'habitation, CE 18-5-2009 n° 298038 : RJF 8-9/09 n° 759).

> Précisions **a.** Les frais de transport, d'hôtellerie et de restauration exposés par une société pour les besoins des **déplacements professionnels** de son dirigeant (ou le remboursement de ces frais) ne sont pas imposables entre les mains de l'intéressé. En revanche, les dépenses exposées pour les besoins de ses déplacements depuis son **domicile vers le lieu où il exerce ses fonctions** constituent un **avantage en nature** imposable dans la catégorie des traitements et salaires ou en application de l'article 62 du CGI s'il est inscrit comme tel en comptabilité, ou à défaut un **avantage occulte** au sens de l'article 111, c du CGI imposable dans la catégorie des revenus de capitaux mobiliers (CE 29-11-2021 n° 452705 : RJF 2/22 n° 118).

S'agissant du caractère déductible ou non de ces dépenses pour la société, voir n° 8475, précision f.

b. Les avantages en nature consentis aux dirigeants assimilés à des salariés (à l'exclusion des dirigeants relevant de l'article 62 du CGI) qui résultent de la **fourniture de repas,** de **l'utilisation privée d'un véhicule** de fonction, d'une **borne de recharge** pour les **véhicules électriques** ou d'outils issus des **nouvelles technologies de l'information** (téléphone mobile, micro-ordinateur, etc.) peuvent faire l'objet, comme pour les salariés, d'une évaluation forfaitaire dans les conditions décrites nos 21555, 21564 s., 21568 et 21570. L'évaluation de l'avantage en nature de **logement** s'effectue, en revanche, obligatoirement pour son montant réel, sauf cumul du mandat social avec un contrat de travail (BOI-RSA-BASE-20-20 n° 210).

C. Règlement de dettes sociales

23760 DIR-VI-1 s La jurisprudence admet, dans certaines conditions, la déduction des sommes versées par les dirigeants en exécution d'un engagement de caution ou d'une condamnation au paiement des dettes sociales.

Elle refuse en revanche la déduction des versements (ou des abandons de créance) effectués spontanément, sans obligation juridique, pour régler les dettes sociales, même si la société est en difficulté (notamment CE 15-1-1992 n° 102223 : RJF 3/92 n° 283 ; CE 31-5-2000 n° 181432 : RJF 7-8/00 n° 1004). Cette **distinction** a toutefois été écartée à propos du versement réalisé par un dirigeant menacé d'une extension de la procédure de liquidation, alors même qu'aucune décision de justice ne le condamnait à l'effectuer (CAA Versailles 4-4-2006 n° 04-3476 : RJF 11/06 n° 1353).

EXÉCUTION D'ENGAGEMENTS DE CAUTION

23770 DIR-VI-600 s Lorsqu'un **dirigeant** de société, ayant accepté de garantir par sa caution personnelle le règlement des dettes sociales, se trouve obligé d'exécuter cet engagement, les sommes ainsi versées ne font pas partie des charges directement déductibles de son revenu global (n° 1075) mais s'imputent l'année de leur versement sur le revenu catégoriel correspondant à la nature des rémunérations perçues par l'intéressé à raison de ses fonctions, l'éventuel déficit catégoriel étant imputable sur le revenu global dans les conditions visées nos 950 s.

En revanche, les sommes versées en exécution d'un engagement de caution par un simple **administrateur, associé ou actionnaire** constituent des pertes en capital non déductibles (CE 9-4-1986 nos 54466, 66869 et 49992 : RJF 6/86 n° 565 ; CE 21-5-1986 n° 50833 : RJF 7/86 n° 667).

> Précisions Le dirigeant qui procède à la déduction des sommes versées en exécution d'un engagement de caution doit renoncer aux **déductions forfaitaires pour frais** professionnels (CE 5-4-1993 n° 89140 : RJF 5/93 n° 657 ; BOI-RSA-BASE-30-50-30-40 n° 150) mais peut déduire les intérêts de l'**emprunt** contracté pour honorer son engagement (CE plén. 22-12-1989 n° 56905 : RJF 2/90 n° 105).

23775 DIR-VI-620 s **Conditions de déduction** Les sommes versées par un dirigeant de société en exécution d'un engagement de caution peuvent donner lieu à déduction lorsque les conditions suivantes sont réunies, à savoir lorsque l'engagement de caution :

– se rattache directement à la **qualité de dirigeant** du contribuable ;
– a été pris en vue de servir les **intérêts de l'entreprise** ;
– n'est pas hors de **proportion avec les rémunérations** versées à l'intéressé à la date de l'engagement ou celles qu'il avait la perspective de percevoir à court terme ; cette condition est remplie si le montant de l'engagement n'excède pas le triple de la rémunération annuelle ; en cas de dépassement, les sommes versées sont déductibles à hauteur de la fraction de l'engagement qui n'excède pas cette limite (CE 22-12-1989 n° 56905 : RJF 2/90 n° 105 ; CE 12-12-1990 n° 113038-82071 : RJF 2/91 n° 172).

ILLUSTRATIONS

Proportion entre l'engagement et la rémunération. Pour **apprécier** si un engagement de caution souscrit par un contribuable n'est pas hors de proportion avec les salaires qui lui sont alloués, il est tenu compte :
– de l'évolution prévisible des salaires à la date de signature de l'engagement dans le cas où le délai entre la souscription de l'engagement et son exécution est particulièrement long (CE 28-4-1993 n° 89734 : RJF 6/93 n° 827) ;
– de la totalité de ses salaires dans le cas où l'intéressé perçoit des salaires versés par plusieurs sociétés faisant partie du même groupe, ayant des activités complémentaires et des intérêts étroitement liés, même si l'engagement de caution n'a été souscrit qu'au profit de certaines de ces sociétés (CE 20-2-1991 n° 75514 : RJF 4/91 n° 436).

En présence de versements effectués en exécution d'**engagements multiples** souscrits successivement sur plusieurs années, le caractère déductible des sommes payées doit être apprécié par référence au montant total des engagements pris. Il est subordonné à la condition que l'engagement au titre duquel les paiements ont été effectués n'ait pas eu pour effet, à la date à laquelle il a été pris, de porter le montant cumulé des cautions consenties par le contribuable à des sommes hors de proportion avec la rémunération annuelle qu'il percevait ou pouvait escompter au titre de l'année en cause (CE 19-1-1998 n° 159885 : RJF 3/98 n° 268). Lorsque des engagements multiples ont été souscrits au profit de **sociétés distinctes,** le respect de cette règle doit s'apprécier société par société (CE 26-11-2014 n° 358736 : RJF 2/15 n° 109).

Les versements effectués en exécution d'un engagement de caution souscrit pour un **montant illimité** sont intégralement déductibles si la portée de cet engagement peut être appréciée avec une approximation suffisante par le contribuable compte tenu de sa position dans la société et si elle n'excède pas le triple de la rémunération perçue au cours de l'année en cause (CAA Paris 15-3-2001 n° 97-713 : RJF 8-9/01 n° 1071).

Qualité de dirigeant. Le fait que le contribuable, dirigeant au moment où il a souscrit l'engagement de caution, **n'exerce plus ses fonctions** à la date de son exécution ne fait pas obstacle à la déduction des versements (CE 22-6-1983 n° 32531 : RJF 8-9/83 n° 965), s'il établit qu'il a souscrit l'engagement avant la cessation de ses fonctions (CE 20-2-2008 n°s 287456 et 287457 : RJF 5/08 n° 560).

Seuls les versements réalisés directement par le dirigeant qui a pris l'engagement sont admis en déduction, à l'exclusion de ceux qui seraient effectués par son **conjoint** ni associé ni salarié de la société (CE 18-12-2008 n° 292387 : RJF 3/09 n° 190).

Cautions accordées à un tiers Les versements correspondant aux cautions accordées à un tiers (par exemple, un **client de la société** ou une **filiale**) sont également déductibles sous réserve de respecter, en plus des conditions énumérées n° 23775, deux **conditions supplémentaires** : 23780
– la société n'était pas en état de se porter elle-même caution de cette obligation ;
– le dirigeant a cautionné le tiers afin d'éviter que les activités de la société ne soient mises en péril par une éventuelle défaillance de ce dernier et préserver ainsi ses propres rémunérations (CE 9-10-1992 n° 116181 : RJF 11/92 n° 1506 ; CE 4-8-2006 n° 268127 : RJF 11/06 n° 1355 ; CE 6-7-2015 n°s 368218 et 368219 : RJF 11/15 n° 909).

CONDAMNATION AU PAIEMENT DES DETTES SOCIALES

Lorsqu'un dirigeant d'une société en difficulté est **condamné à supporter tout ou partie de l'insuffisance d'actif,** les sommes ainsi versées peuvent être admises en déduction de son revenu catégoriel (et engendrer éventuellement un déficit imputable sur le revenu global), même si l'intéressé a commis des erreurs de gestion, à condition toutefois qu'il n'ait pas usé des biens de la société et de ses pouvoirs d'une manière qu'il savait contraire à l'intérêt de cette société, à des fins personnelles ou pour favoriser d'autres sociétés dans lesquelles il était intéressé (CE 27-5-1987 n° 46529 : RJF 7/87 n° 722 ; CE 7-12-1987 n° 65891 : RJF 2/88 n° 174). 23785 DIR-VI-2200 s

Les dirigeants peuvent également déduire, en l'absence de toute faute personnelle, les versements effectués à la suite de condamnations au paiement de **dettes fiscales** (CAA Paris 29-3-1994 n° 93-804 : RJF 7/94 n° 763) ou de **cotisations sociales** (CE 6-10-1976 n° 1163 : RJF 11/76 n° 471). Mais les sommes versées en exécution d'une **sanction pénale** sont exclues de toute déduction (CAA Versailles 6-5-2008 n° 07-263 : RJF 1/09 n° 31).

CHAPITRE 8

REVENUS DES CAPITAUX MOBILIERS

SOMMAIRE

SECTION 1
RÈGLES GÉNÉRALES 24155

SECTION 2
DIVIDENDES ET AUTRES DISTRIBUTIONS 24265

A. Distributions régulières 24450
1. Distributions concernées 24450
2. Modalités d'imposition 24540
a. Prélèvement forfaitaire non libératoire (PFNL) 24570
b. Imposition définitive 24630

B. Autres distributions 24740

C. Produits distribués à des non-résidents ou payés dans un État non coopératif 24845

SECTION 3
PRODUITS DES PLACEMENTS À REVENU FIXE 24980

A. Règles générales d'imposition 25100
1. Prélèvement forfaitaire non libératoire (PFNL) 25250
2. Imposition définitive 25400
3. Régime dérogatoire du prélèvement forfaitaire libératoire 25430

B. Règles propres à chaque catégorie de placement 25550
1. Obligations et autres titres d'emprunt négociables 25550
2. Créances, dépôts, cautionnements et comptes courants 25630
3. Bons de caisse 25730
4. Fonds communs de créances et fonds communs de titrisation 25780

SECTION 4
RÉGIMES SPÉCIAUX 26000
1. Contrats d'assurance-vie et de capitalisation 26000
a. Règles générales 26010
b. Exonérations 26080
c. Bons ou contrats souscrits auprès d'entreprises étrangères 26110
d. Produits versés à des non-résidents 26120
2. Plan d'épargne en actions (PEA) 26155
3. Plan d'épargne avenir climat (Péac) 26190
4. Compte PME innovation (CPI) 26210
5. Fonds communs de placement 26245
6. Sociétés mobilières d'investissement 26360
7. Sociétés de capital-risque 26380
8. Parts ou actions de « carried interest » 26440
9. Valeurs mobilières étrangères 26505
10. Clubs d'investissement 26620

SECTION 5
MESURES DE CONTRÔLE 26700
1. Déclaration des paiements de revenus mobiliers 26850
2. Déclaration des contrats de prêts 26920
3. Déclaration d'ouverture et clôture de comptes et de location de coffres-forts 26940
4. Déclaration des contrats de capitalisation et d'assurance-vie 26950
5. Déclaration au titre de l'échange automatique d'informations 26960

PRINCIPES D'IMPOSITION

24000 Les produits du portefeuille-titres et des placements financiers des **particuliers** sont imposables à l'IR dans la catégorie des revenus de capitaux mobiliers que, dans la pratique, on désigne plus brièvement par l'expression « revenus mobiliers ».

Sous réserve de régimes spécifiques, les revenus mobiliers sont soumis à un prélèvement forfaitaire unique (PFU). Par dérogation et sur option expresse, ils sont totalisés avec les autres revenus du contribuable pour former le revenu global qui sera soumis au barème progressif de l'IR.

Remarque : Les produits financiers perçus par les **entreprises** doivent, en principe, être compris dans le bénéfice imposable. Les règles applicables dans ce cas, qui diffèrent à la fois selon que l'entreprise est soumise à l'IS ou à l'IR et selon la nature des produits, sont examinées nos 7950 s.

SECTION 1 RÈGLES GÉNÉRALES

REVENUS MOBILIERS IMPOSABLES

Qu'ils soient de source française ou étrangère, tous les revenus mobiliers (intérêts, dividendes, etc.) perçus par les personnes physiques domiciliées en France sont soumis à l'IR (selon les modalités exposées nos 24170 s.), à l'**exception** toutefois des revenus exonérés en vertu d'une disposition expresse (par exemple, intérêts des livrets A et autres livrets réglementés : no 25665). Même exonérés de l'IR, la plupart des revenus mobiliers supportent les **prélèvements sociaux** (nos 34430 s.). 24155 RM-I-1500 s

Les revenus mobiliers imposables sont taxés au titre de l'année de leur **paiement effectif** (en espèces ou par chèques) ou de leur inscription à un compte. Ils sont par exemple imposables en cas d'inscription à un compte courant d'associé même s'ils ne sont pas effectivement prélevés (sauf indisponibilité des sommes résultant d'un fait indépendant de la volonté de l'associé). 24160

S'agissant des **frais** supportés pour leur acquisition, voir nos 24180 et 24195.

> **Précisions** La fraction des **sommes provenant de comptes bancaires inactifs** reversées au bénéficiaire par la Caisse des dépôts et consignations et ayant le caractère de dividendes et assimilés ou de produits de placements à revenu fixe (non exonérés ou non déjà taxés) est soumise à l'IR suivant les règles de taxation en vigueur l'année de leur versement. Le montant du revenu imposable est déterminé dans les conditions et selon les modalités applicables à la date de son inscription en compte (CGI art. 125 ter).

PRÉLÈVEMENT FORFAITAIRE UNIQUE

Les revenus mobiliers sont soumis en principe au prélèvement forfaitaire unique (**PFU**). Le PFU, aussi appelé « **flat tax** », consiste en une imposition à l'IR à un **taux** forfaitaire unique de 12,8 % auquel s'ajoutent les prélèvements sociaux de 17,2 % (nos 34430 s.), d'où une taxation globale de 30 %. 24170 CGI art. 200 A, 1 RM-I-2650 s

Les contribuables y ayant intérêt peuvent toutefois opter pour le barème progressif de l'IR (nos 24190 s.).

Remarques :

a. Le PFU s'applique aussi bien aux revenus mobiliers qu'aux plus-values de cession de valeurs mobilières ou droits sociaux et autres gains sur titres. Compte tenu de leurs spécificités, les **plus-values** font l'objet d'un examen distinct nos 32805 s.

b. Un taux particulier est prévu pour certains produits de **bons ou contrats de capitalisation ou d'assurance-vie** (voir no 26040).

Champ d'application Le PFU s'applique à l'**ensemble des revenus mobiliers** (dividendes, intérêts, etc.) à l'**exception** : 24175

– des revenus expressément exonérés d'impôt, notamment les intérêts des sommes inscrites sur les livrets A et autres livrets réglementés (no 25665), les produits des contrats d'assurance-vie exonérés (nos 26080 s.), les produits du capital-risque (nos 26305 s. et 26415 s.), les revenus et plus-values réalisés dans le cadre d'un PEA (no 26165) et les revenus des impatriés exonérés (no 4730) ;

– des produits des bons ou contrats de capitalisation ou d'assurance-vie attachés à des primes versées jusqu'au 26 septembre 2017 (no 26050) ;

– des revenus pris en compte pour la détermination du bénéfice imposable d'une entreprise industrielle, commerciale, artisanale ou agricole ou d'une profession non commerciale ;

– des produits soumis à prélèvement libératoire (nos 25430 s.).

> **Précisions** Le PFU s'applique notamment :
> – aux produits résultant de la première **cession d'usufruits temporaires** qui se rattachent à la catégorie des revenus mobiliers (no 4790) ;
> – aux rémunérations allouées aux membres du conseil d'administration ou du conseil de surveillance des sociétés anonymes en vertu de l'article L 225-45 du Code de commerce (« **jetons de présence** » : no 23580) ;
> – aux revenus d'**actifs mobiliers** des fonds de placement immobilier (**FPI**) (no 30520, c).

Assiette Le PFU est assis sur le **montant brut** des revenus, sans aucune déduction au titre des frais et charges. L'abattement de 40 % sur les dividendes et revenus assimilés n'est pas non plus applicable. 24180

Par exception demeurent déductibles : l'abattement spécifique aux contrats d'assurance-vie (no 26040), les pertes sur cession de titres ou contrats de créances négociables ou bon ou contrat de capitalisation (nos 25655, précision c, 25705 et 26060, précision b), les pertes en capital en cas de non-remboursement d'un prêt participatif ou d'un minibon souscrit avant le 10 novembre 2023 (no 25655, précision d), la perte en capital subie lors d'un remboursement d'obligations (no 25595, précision b ; BOI-RPPM-RCM-20-15 no 80).

Pour le calcul de l'impôt, le montant brut des **revenus réputés distribués** énumérés ci-après est multiplié par 1,25 : revenus distribués à la suite d'une rectification de résultats (no 24760), rémunérations et avantages occultes (no 24775), fraction des rémunérations excessives (no 23700), dépenses somptuaires non déductibles (no 24785) et revenus provenant de participations étrangères soumises à un régime fiscal privilégié (no 78285).

Pour les **revenus de source étrangère,** l'impôt retenu à la source est imputé sur l'imposition forfaitaire dans la limite du crédit d'impôt auquel il ouvre droit dans les conditions prévues par les conventions internationales.

OPTION GLOBALE POUR LE BARÈME PROGRESSIF

24190 CGI art. 158, 3-1° et 200 A, 2 RM-I-2800 s

Par dérogation à l'application du PFU, les revenus mobiliers peuvent, sur option expresse et irrévocable, être soumis au barème progressif de l'IR.

L'option est globale et **porte sur** l'ensemble des revenus, gains nets, profits et créances entrant dans le champ d'application du PFU.

Elle est, en principe, exercée chaque année lors du dépôt de la **déclaration de revenus** et au plus tard avant la date limite de déclaration.

› Précisions a. Il n'est pas possible au titre d'une même année de **combiner** l'imposition au **PFU** pour certains revenus et l'imposition selon le **barème progressif** pour d'autres afin notamment de pouvoir bénéficier de l'abattement de 40 % pour les dividendes et du taux de 12,8 % pour les autres revenus mobiliers.

b. Dans le cadre du droit à l'erreur, les contribuables qui n'ont **pas spontanément opté** pour l'imposition au barème progressif au moment de leur déclaration de revenus peuvent le faire en formulant une **demande a posteriori,** sans pénalité (Rép. Rabault : AN 25-2-2020 no 24560). En outre, lorsqu'un **contrôle** conduit à la rectification de revenus ou gains entrant dans le champ d'application du PFU, le contribuable peut, au cours du contrôle, opter a posteriori pour l'imposition au barème de l'impôt sur le revenu, sur demande expresse de sa part ; dans cette situation, l'option porte sur le montant des revenus et gains rectifiés, ainsi que sur ceux initialement déclarés (Rép. Klinkert : AN 24-10-2023 no 3778).

c. Le barème progressif est applicable de plein droit à certains produits de **contrats d'assurance-vie** (voir no 26050).

24195 **Assiette** Pour la détermination de l'assiette imposable des revenus mobiliers au barème progressif sont pris en compte :

– les dépenses engagées pour l'acquisition ou la conservation des revenus ;

– l'**abattement** de 40 % sur les dividendes et revenus assimilés y ouvrant droit (nos 24635 s.) ;

– le **coefficient multiplicateur** de 1,25 sur les revenus réputés distribués visés no 24180 (CGI art. 158, 7-2°).

La déduction des **frais et charges** est opérée sur le montant brut des revenus après application de l'abattement de 40 %.

Les frais déductibles sont essentiellement les droits de garde des titres en portefeuille et les frais d'encaissement de coupons.

Ne sont en revanche pas déductibles les frais de courtage, les frais d'abonnement à des revues financières ou encore les intérêts d'emprunts contractés pour l'acquisition des titres. Les primes d'assurance relatives aux valeurs mobilières ne sont déductibles que si l'objet du contrat n'est pas de couvrir les risques de dépréciation (BOI-RPPM-RCM-20-10-20-70 no 30).

Les frais admis en déduction doivent être déduits pour leur **montant réel** et justifié. Il n'existe aucune possibilité de déduction forfaitaire.

› Précisions a. Lorsque le contribuable perçoit **plusieurs types de revenus** mobiliers, les frais doivent être déduits de chaque type de revenus au prorata de leur montant dans l'ensemble des revenus de cette catégorie, hors revenus de créances (dont les charges ne sont pas déductibles selon l'administration fiscale : BOI-RPPM-20-10-20-70 no 100 ; BOI-RPPM-20-10-30-20 no 60).

Cette imputation des frais et charges sur les revenus déclarés est effectuée automatiquement par l'administration fiscale.

b. Les **déficits** constatés, le cas échéant, dans la catégorie des revenus de capitaux mobiliers (hypothèse où les frais et charges sont supérieurs au montant du revenu brut) ne sont pas imputables sur le revenu global. Ils peuvent cependant être imputés sur les revenus de même nature des six années suivantes (CGI art. 156, I-8°).

Les **pertes en capital** ne sont imputables ni sur le revenu global ni sur les revenus mobiliers des années suivantes (voir toutefois no 25655, précision d).

MODALITÉS D'IMPOSITION

D'une manière générale, l'**imposition** des revenus mobiliers perçus par les personnes physiques fiscalement domiciliées en France s'effectue **en deux temps.** 24200 RM-I-2500 s

Lors de leur versement, les revenus sont soumis, sauf exceptions, à un prélèvement forfaitaire non libératoire (PFNL).

L'année suivante, ils sont soumis à l'IR au taux forfaitaire (PFU), sauf option globale pour le barème progressif.

Le PFNL perçu à la source s'impute sur l'IR dû au titre de l'année au cours de laquelle il a été effectué. En cas d'excédent, il est restitué.

Ces règles s'appliquent aux deux groupes principaux de produits, à savoir :

– les produits des actions ou parts sociales et revenus assimilés distribués par les sociétés, c'est-à-dire essentiellement les bénéfices répartis sous forme de dividendes (nos 24540 s.) ;

– les produits des placements à « revenu fixe » : obligations et autres titres d'emprunt négociables, créances, dépôts, cautionnements et comptes courants, bons de caisse (nos 25100 s.).

Différents **régimes spéciaux** sont prévus pour certains types de placements : contrats d'assurance-vie, plans d'épargne en actions (PEA), comptes PME innovation (CPI), etc. (nos 26000 s.). En ce qui concerne par ailleurs les revenus des titres détenus dans un plan d'épargne retraite (PER) réemployés dans le plan, voir no 96580.

Remarque : Les revenus mobiliers sont **exclus** du champ d'application du **prélèvement à la source de l'IR** (nos 3740 s.).

SECTION 2

DIVIDENDES ET AUTRES DISTRIBUTIONS

NOTIONS GÉNÉRALES

Dans les sociétés et autres personnes morales passibles de l'IS, les **bénéfices** sont d'abord frappés, au titre de l'exercice au cours duquel ils sont réalisés, par l'IS. La société est redevable de cet impôt sur l'intégralité de ses bénéfices, qu'ils soient ou non distribués aux associés. 24265

Si, par la suite, ces bénéfices (amputés de l'IS) sont **mis en distribution,** c'est-à-dire s'ils sont attribués (ou réputés attribués) aux associés ou actionnaires, ces derniers doivent supporter, à raison des sommes correspondantes, l'impôt personnel. C'est cette taxation (fréquemment appelée « impôt de distribution ») qui est étudiée ci-après en distinguant le cas des **distributions « juridiques »** régulières, qui résultent d'une décision officielle des organes compétents de la société, et les cas où la loi fiscale décide qu'il y a distribution imposable, même en l'absence de distribution officielle. Ces **distributions fiscales** correspondent le plus souvent à des distributions irrégulières ou déguisées. Mais il existe d'autres présomptions de distribution de bénéfices. Tel est le cas pour les bénéfices réalisés en France par les sociétés étrangères, lesquels sont présumés distribués à des non-résidents (nos 24895 s.). De même sont réputés distribués les bénéfices réalisés par les sociétés qui changent de régime fiscal (no 38770).

Sociétés dont les distributions constituent des revenus mobiliers Les **sociétés** et personnes morales dont les distributions sont imposables au titre des revenus de capitaux mobiliers sont celles qui sont **passibles de l'IS** (nos 35665 s.), ainsi que celles qui seraient normalement passibles de cet impôt si elles n'en étaient pas exonérées par une disposition spéciale (no 35695). 24270 CGI art. 108 RM-II-300 s

En fait, il s'agit essentiellement des **sociétés anonymes,** des **sociétés par actions simplifiées,** des sociétés **en commandite par actions** et des sociétés **à responsabilité limitée.**

Les **sociétés de personnes et assimilées** (sociétés en nom collectif, sociétés de fait, sociétés civiles, etc.) ne sont pas concernées, dès lors qu'elles relèvent de l'IR, puisque, dans ce cas, leurs bénéfices sont intégralement imposables au nom des associés dès leur réalisation, même s'ils sont mis en réserve. Ce n'est que si la société a opté pour son assujettissement à l'IS que ses membres peuvent être imposés au titre des revenus mobiliers en cas de distribution des bénéfices (voir nos 37565 s.).

> **Précisions** **a.** Même à défaut d'option, les **sociétés en commandite simple** relèvent de l'IS pour la part des bénéfices correspondant aux droits des commanditaires. Les produits distribués à ces commanditaires sont donc imposables au titre des revenus mobiliers.
> Il en est de même, dans les **sociétés en participation,** pour les distributions faites aux associés qui ne sont pas indéfiniment responsables ou dont l'identité n'a pas été indiquée à l'administration (nos 37800 s.).
> Même à défaut d'option, les **sociétés civiles** relèvent de l'IS lorsqu'elles exercent une activité réputée commerciale au sens fiscal (n° 35675).
> **b.** Les distributions effectuées par des **sociétés étrangères** qui supportent un impôt équivalent à l'IS constituent des revenus mobiliers.
> **c.** Selon le Conseil d'État, le **versement d'une rémunération** ou d'un avantage **occulte par une société de personnes** dont certains associés sont passibles de l'IS constitue, dans la mesure de la participation de ces derniers, une distribution imposable au nom de son bénéficiaire dans la catégorie des revenus mobiliers (CE 29-6-2001 n° 223663 : RJF 10/01 n° 1233 ; CE 12-4-2012 n° 325329 : RJF 7/12 n° 704). Il en va de même, sauf stipulation contraire d'une convention internationale, lorsque les associés passibles de l'IS sont établis hors de France (CE 11-10-2017 n° 399011 : RJF 1/18 n° 35).

A. Distributions régulières

1. DISTRIBUTIONS CONCERNÉES

24450 Si les dividendes constituent la forme la plus courante, il existe d'autres formes de distributions. Certaines sont effectuées en cours de société, par exemple les attributions faites aux associés dans le cadre d'une réduction de capital. D'autres interviennent en fin de société, dans les sociétés dissoutes, à titre d'acompte ou de solde de liquidation.

DIVIDENDES, ACOMPTES SUR DIVIDENDES ET RÉPARTITIONS EXCEPTIONNELLES

24455 RM-II-9100 s
Ce sont les formes les plus courantes de distribution. Il s'agit des sommes prélevées sur les bénéfices de l'exercice et, le cas échéant, sur les réserves, que l'assemblée générale ordinaire annuelle des associés ou toute autre assemblée décide de répartir.

La **forme de la distribution** est indifférente : paiement en espèces ou par remise de biens en nature (dividendes payés en actions, par exemple).

DISTRIBUTIONS LIÉES À UNE MODIFICATION DU CAPITAL

24465 CGI art. 112, 1° RM-II-18200 s
Réduction de capital Lorsqu'elle ne se traduit par **aucune répartition** au profit des associés (réduction de capital motivée par des pertes, réduction du nominal des droits sociaux et mise en réserve des sommes correspondantes), la réduction de capital ne donne lieu à aucune imposition.

Lorsque, au contraire, la réduction se traduit par une répartition au profit des associés, les sommes qui leur sont ainsi attribuées sont en principe taxables en tant que revenus distribués. Seules échappent à l'imposition les sommes présentant pour les associés le caractère de **remboursements d'apports ou de primes d'émission,** à la condition toutefois que tous les bénéfices et réserves autres que la réserve légale aient été auparavant répartis.

> **Précisions** **a.** Ne sont **pas** considérées comme des **apports** (et leur remboursement est donc imposable) :
> – les réserves incorporées au capital ;
> – les sommes incorporées au capital ou aux réserves à l'occasion d'une fusion, d'une scission ou d'un apport partiel d'actif ayant donné lieu à une répartition de titres (voir n° 39620) ;
> – les sommes incorporées aux capitaux propres à l'occasion d'une fusion ou scission sans échange de titres (voir n° 39620).
> **b.** Lorsqu'une **partie des bénéfices et réserves** a été auparavant **répartie,** l'imposition est limitée à la fraction de ceux qui n'ont pas encore été répartis (CE 12-3-1975 nos 87740 et 87753 : RJF 5/75 n° 245 ; CE 12-3-1975 n° 87741 : RJF 5/75 n° 241).
> **c.** Dans l'hypothèse d'une réduction de capital non motivée par des pertes réalisée par diminution de la valeur nominale des titres reçus dans le cadre d'un échange de titres placé en **sursis d'imposition** sur le fondement de l'article 150-0 B du CGI, le montant des apports doit être calculé par référence au coût d'acquisition des titres apportés (CE 7-3-2019 n° 420094 : RJF 6/19 n° 546 ; BOI-RPPM-RCM-10-20-30-10 n° 245).

24470 CGI art. 112, 6° RM-II-18900 s
Rachat par une société de ses propres titres Lorsqu'une société procède au rachat de ses propres titres, les sommes ou valeurs attribuées aux associés ou actionnaires relèvent du régime des **plus-values** : régime des plus-values de cession de valeurs mobilières et droits sociaux pour les associés personnes physiques détenant les titres dans le cadre de leur patrimoine privé (n° 32900) ; régime des plus-values professionnelles pour les entreprises (n° 17730, précision e). Ces sommes ne sont pas considérées comme des revenus distribués.

Rachat de parts bénéficiaires ou de fondateur Les sommes ou valeurs attribuées aux porteurs de parts bénéficiaires ou de fondateur au titre du rachat de ces parts sont considérées comme des revenus distribués, dans la mesure où le prix de rachat excède la valeur originaire des parts. 24490 CGI art. 111, b RM-II-17700 s

Ce rachat n'est, en revanche, pas imposable lorsqu'il est effectué par la **remise gratuite d'actions** émises lors d'une incorporation de réserves au capital.

Amortissement du capital L'amortissement du capital est l'opération qui consiste à rembourser des actions ou parts sociales par **prélèvement sur les réserves,** mais sans réduction du capital, les actions amorties devenant des actions de jouissance. 24495 RM-II-17900 s

Les sommes correspondantes sont considérées comme des revenus distribués, sous réserve des dispositions particulières (CGI art. 112, 2°) prévues en faveur des **sociétés concessionnaires.**

Capitalisation de réserves ou de bénéfices Ne constituent pas une distribution de revenus : 24500 RM-II-17530 s

– l'incorporation de bénéfices ou de réserves au capital (voir n° 24745) ;

– l'**attribution d'actions** ou de parts sociales opérée en conséquence de l'incorporation de réserves au capital (CGI art. 112, 7°).

En revanche, le **remboursement ultérieur** de ces sommes est en principe imposable (voir nos 24465, précision a, et 24510).

RÉPARTITION DU BONI DE LIQUIDATION

Lors de la **dissolution** d'une société, les associés peuvent reprendre en franchise d'impôt le montant des apports réels, ou assimilés, qu'ils avaient faits à la société. En revanche, toutes les sommes leur revenant qui excèdent le montant de ces apports – on parle de « boni de liquidation » – sont en principe taxables en tant que revenu distribué. 24510 CGI art. 112, 3° RM-II-21050 s

Le boni de liquidation imposable entre les mains des associés s'obtient donc, en principe, par différence entre le montant de l'actif net et le montant des apports réels ou assimilés. Toutefois, pour les associés ayant acquis leurs **droits sociaux** en cours de société pour un **prix supérieur au montant des apports,** l'imposition est limitée à la différence entre les sommes réparties au titre du boni et le prix (ou la valeur) d'acquisition des droits sociaux (CGI art. 161).

EXEMPLE

Société au capital de 300 000 € (composé en totalité d'apports) divisé en 3 000 actions de 100 € et dont l'actif net à la dissolution s'élève à 480 000 €.
Boni de liquidation : 480 000 € – 300 000 € = 180 000 € (soit 60 € par action).
Si l'on suppose que certains actionnaires ont acheté leur action 120 €, le boni imposable ne sera pour eux que de : 160 € – 120 € = 40 € par action.

> Précisions **a.** Sont considérées comme des remboursements d'**apports réels ou assimilés** et échappent à ce titre à l'imposition des revenus distribués les attributions aux associés qui portent : 24515

– sur des apports ou des primes d'émission, ainsi que sur les réserves incorporées au capital avant le 1er janvier 1949 ;

– sur le capital amorti dans la mesure où l'amortissement a été traité comme une distribution (n° 24495) ;

– sur les sommes incorporées au capital ou aux réserves (primes de fusion) à l'occasion d'une fusion antérieure au 1er janvier 1949, dans la mesure où elles ont supporté, à raison de la fusion, l'impôt sur le revenu des valeurs mobilières ou la taxe additionnelle au droit d'apport.

b. Lorsque les droits sociaux ont été reçus par les associés dans le cadre d'un **échange de titres** placé en **sursis d'imposition** dans les conditions de l'article 150-0 B du CGI (n° 33300) ou de l'article 150 UB, II du CGI (n° 32535), le boni est calculé à partir du prix d'acquisition des titres remis à l'échange, diminué du montant de la soulte reçue qui n'a pas fait l'objet d'une imposition au titre de l'année d'échange, ou majoré de la soulte versée (BOI-RPPM-RCM-10-20-40 n° 145).

c. Lorsque la liquidation d'une société fait apparaître non pas un boni, mais au contraire une **perte** pour les associés (**non-remboursement** de tout ou partie de leurs **apports**), cette perte, qui ne constitue pas un déficit déductible, mais une perte en capital, ne peut pas être retranchée du revenu global des intéressés. À noter cependant que le Conseil d'État a admis de traiter un mali comme un déficit et non comme une perte en capital en autorisant, au niveau du foyer fiscal, l'imputation du mali subi par l'un des époux sur le boni réalisé par l'autre à raison de la même opération (CE 29-4-2002 n° 212408 : RJF 7/02 n° 754).

2. MODALITÉS D'IMPOSITION

24540 L'imposition des dividendes et distributions assimilées perçus par les personnes physiques est effectuée en deux temps (voir tableau nº 24660) :

– l'année de leur versement, les revenus donnent lieu à un prélèvement forfaitaire non libératoire perçu à titre d'acompte ;

– l'année suivante, ils sont soumis à l'IR sous déduction de l'impôt prélevé à la source.

Les **prélèvements sociaux** sont opérés, en règle générale, à la source (nº 34650).

> **› Précisions** Lorsque les revenus sont encaissés par l'intermédiaire d'une **société de personnes**, les associés personnes physiques sont fiscalement considérés comme ayant perçu directement la part qui leur revient et sont soumis à l'IR au titre des revenus mobiliers. De même, les porteurs de parts de **fonds de placement immobilier** (FPI) sont imposés comme s'ils avaient perçu eux-mêmes les revenus encaissés par le fonds, l'imposition étant cependant subordonnée à la distribution effective des revenus par le fonds (voir nº 30520).

a. Prélèvement forfaitaire non libératoire (PFNL)

24570 Les dividendes et distributions assimilées sont soumis, lors de leur versement, à un prélèvement forfaitaire non libératoire (PFNL). Ce prélèvement constitue un acompte d'IR imputable sur l'impôt dû l'année suivante.

CGI art. 117 quater RM-III-300 s

CHAMP D'APPLICATION

24575 Le PFNL est applicable à l'ensemble des **revenus** distribués perçus par les personnes physiques fiscalement domiciliées en France. Son champ d'application est très large puisque sont concernés les distributions régulières, les revenus réputés distribués et les rémunérations allouées en vertu de l'article L 225-45 du Code de commerce (« jetons de présence ») visées nº 23580, de source française ou étrangère.

Le PFNL n'est **pas applicable** :

– aux revenus pris en compte pour la détermination du bénéfice imposable d'une entreprise industrielle, commerciale, artisanale ou agricole, ou d'une profession non commerciale (y compris lorsque ces revenus sont retranchés du résultat pour être imposés au nom de l'entrepreneur individuel ou du professionnel libéral) ;

– aux revenus afférents à des titres détenus dans un PEA (voir nº 26165) ;

– aux revenus distribués par les fonds communs de placement à risque (FCPR), les fonds professionnels de capital investissement (FPCI) et les sociétés de capital-risque (SCR) exonérés d'IR dans les conditions prévues nºs 26310 s. et 26415 s. ;

– aux revenus des titres détenus dans un plan d'épargne d'entreprise (PEE) (nº 88690, b) ou dans un plan d'épargne retraite (PER) (nº 96580), exonérés d'IR dès lors qu'ils sont réemployés dans le plan et frappés de la même indisponibilité que les titres auxquels ils se rattachent (BOI-RPPM-RCM-30-20-10 nº 250) ;

– aux revenus réalisés dans le cadre d'un plan d'épargne avenir climat (voir nº 26192) ;

– aux revenus distribués imposables à la suite d'une rectification par l'administration fiscale des revenus déclarés par l'actionnaire ou associé personne physique (BOI-RPPM-RCM-30-20-10 nº 250) ;

– aux revenus payés par un établissement établi hors de France à des personnes dont le revenu fiscal de l'avant-dernière année est inférieur aux montants mentionnés nº 24580.

24580 **Dispense de prélèvement** Les **contribuables modestes** peuvent demander à être dispensés du PFNL. Sont considérées comme telles les personnes physiques appartenant à un foyer fiscal dont le revenu fiscal de référence de l'avant-dernière année, tel que défini nº 42332, est inférieur à 50 000 € (contribuables célibataires, divorcés ou veufs) ou 75 000 € (contribuables soumis à imposition commune).

La **demande de dispense** doit être formulée, sous la responsabilité du contribuable, au plus tard le 30 novembre de l'année précédant celle du versement. Elle prend la forme d'une attestation sur l'honneur par laquelle le contribuable indique à l'établissement payeur que son revenu fiscal de référence figurant sur l'avis d'imposition établi au titre des revenus de l'avant-dernière année précédant le paiement est inférieur selon le cas à 50 000 € ou 75 000 € (CGI art. 242 quater).

Pour le cas où l'établissement payeur est situé hors de France, voir nº 24575.

› Précisions a. Les **contribuables se domiciliant fiscalement en France en cours d'année** doivent se référer uniquement au revenu fiscal de référence mentionné sur l'avis d'imposition relatif aux revenus de l'année N - 2 (d'où un revenu nul à défaut de domiciliation au cours de cette année) (BOI-RPPM-RCM-30-20-10 n° 120).
b. En cas de **divorce, séparation, décès, mariage** ou conclusion d'un **Pacs** en N - 1, le revenu fiscal de référence à prendre en compte reste celui du foyer fiscal auquel le contribuable appartenait en N - 2 (BOI-RPPM-RCM-30-20-10 n° 130).
c. Pour les contribuables qui procèdent **après la date limite de dépôt de la demande** de dispense à l'**achat de titres** ou droits ou qui souscrivent des parts de fonds investis en actions, l'administration admet qu'ils déposent cette demande auprès de l'établissement payeur lors de l'achat ou de la souscription des titres (BOI-RPPM-RCM-30-20-10 n°s 80 et 320).
d. La présentation d'une attestation sur l'honneur par une **personne ne remplissant pas la condition** tenant au montant du revenu fiscal de référence entraîne l'application d'une **amende** égale à 10 % du montant des prélèvements ayant fait l'objet d'une dispense à tort (CGI art. 1740-0 B).
e. Sur demande de l'administration, l'**établissement payeur** est **tenu de produire l'attestation sur l'honneur.** Le non-respect de cette obligation est sanctionné par l'application d'une **amende** de 150 € (CGI art. 1736, VIII).

LIQUIDATION

Le PFNL est calculé sur le **montant brut** des revenus perçus, sans déduction des frais et charges qui peuvent grever ces revenus. 24585

Il est liquidé au **taux** de 12,8 %.

› Précisions a. Il est formellement interdit au débiteur des revenus de **prendre en charge le montant du prélèvement** (CGI art. 1671 C).
b. Pour les **revenus de source étrangère,** le montant brut des revenus comprend, le cas échéant, le crédit d'impôt conventionnel. Ce crédit d'impôt est imputable non pas sur le prélèvement, mais sur le montant de l'IR liquidé au vu de la déclaration d'ensemble des revenus (BOI-RPPM-RCM-30-20-30 n° 10).

DÉCLARATION ET PAIEMENT

Établissement payeur établi en France Lorsque l'établissement payeur est établi en France, le PFNL est télédéclaré et télépayé au moyen d'un **formulaire** n° 2777-SD au plus tard le 15 du mois suivant le paiement des revenus auprès du service des impôts des entreprises dont dépend l'établissement principal. Le non-respect des obligations de télédéclaration et de télépaiement (CGI art. 1649 quater B quater, VIII et IX et 1681 septies, 7) est sanctionné par une majoration de 0,2 % (n° 80200). 24590

La souscription hors délai de la déclaration, accompagnée du **paiement tardif** du prélèvement, entraîne l'exigibilité des sanctions prévues en cas de déclaration tardive (intérêt de retard et majoration : voir n°s 80075 s.).

Établissement payeur établi hors de France Lorsque l'établissement payeur est établi hors de France, le PFNL est déclaré et payé au moyen d'un **formulaire** n° 2778-DIV-SD au plus tard le 15 du mois suivant le paiement des revenus par le contribuable lui-même auprès du service des impôts des entreprises de son domicile. 24595

Toutefois, lorsque l'**établissement payeur** est établi dans un **État de l'Union européenne, en Islande, en Norvège ou au Liechtenstein,** le PFNL est acquitté soit par l'établissement payeur mandaté par le contribuable à la recette des impôts des non-résidents de la Direction des impôts des non-résidents, soit par le contribuable lui-même auprès du service des impôts des entreprises dont dépend son domicile. Le versement, qui doit intervenir au plus tard le 15 du mois suivant le paiement des revenus, est accompagné d'une déclaration n° 2778-DIV-SD.

Le dépôt hors délai de la déclaration, accompagné du **versement tardif** du prélèvement, entraîne l'exigibilité des sanctions prévues en cas de déclaration tardive (intérêt de retard et majoration : voir n°s 80075 s.). Ces sanctions ne sont toutefois pas applicables si le contribuable justifie qu'il a mandaté l'établissement payeur pour acquitter et déclarer le prélèvement (cas où l'établissement payeur est situé dans un État européen) (CGI art. 1671 C).

› Précisions Lorsqu'un même établissement payeur établi dans un État de l'Union européenne, en Islande, en Norvège ou au Liechtenstein est mandaté par plusieurs contribuables français, il peut conclure une **convention** avec l'administration fiscale française prévoyant les modalités de paiement du prélèvement pour l'ensemble de ces contribuables, de sorte qu'il puisse déposer une seule déclaration pour l'ensemble des redevables.

b. Imposition définitive

24630 Les dividendes et distributions assimilées sont soumis à l'IR au taux forfaitaire de 12,8 % (PFU) ou, sur option globale, au barème progressif, selon les modalités exposées nos 24170 s. et 24190 s.
En cas d'option pour le barème progressif, un abattement de 40 % est, le cas échéant, applicable.
Le PFNL perçu à la source est imputable sur l'impôt dû.

ABATTEMENT DE 40 % (EN CAS D'OPTION POUR LE BARÈME PROGRESSIF)

24635 CGI art. 158, 3-2° à 4° RM-III-1550 s Pour le calcul de l'IR, lorsque l'option globale pour le barème progressif a été exercée, un abattement de 40 % est pratiqué sur le montant brut des dividendes et revenus assimilés distribués.
Cet abattement est applicable aux revenus distribués par les sociétés françaises ou étrangères soumises à l'IS (ou à un impôt équivalent), en vertu d'une décision régulière des organes compétents.
Il est réservé aux personnes physiques domiciliées en France. Son **montant** n'est pas plafonné.

24640 **Sociétés distributrices** L'abattement de 40 % est applicable non seulement aux revenus distribués par les **sociétés françaises,** mais également à ceux distribués par les sociétés **étrangères** ayant leur siège dans un État de l'Union européenne ou dans un État ou territoire ayant conclu avec la France une convention d'assistance administrative en vue de lutter contre la fraude et l'évasion fiscales. Il doit s'agir de sociétés **passibles de l'IS** (sociétés françaises) ou d'un **impôt équivalent** (sociétés étrangères), ou bien de sociétés soumises sur option à cet impôt.
L'abattement s'applique aux distributions effectuées par les sociétés passibles de l'IS, même si elles sont prélevées sur des **bénéfices exonérés** en application de dispositions particulières (autres que celles visées n° 24650). Il en va ainsi des distributions et répartitions prélevées sur les bénéfices n'ayant pas supporté l'IS faites par les sociétés d'investissement à capital fixe (Sicaf).

24645 **Distributions concernées** L'abattement s'applique en principe à l'ensemble des revenus distribués par la société en vertu d'une décision régulière des organes compétents, quelle que soit la date de réalisation des bénéfices distribués. Mais il faut que la distribution s'adresse à des associés pris en cette qualité.
Les distributions concernées s'entendent notamment :
– des **dividendes,** acomptes sur dividendes et répartitions exceptionnelles, quelles que soient leurs modalités de paiement (dividendes payés en actions, par exemple) et la nature de l'assemblée générale, ordinaire ou extraordinaire, qui prend la décision de distribution ;
– du **boni de liquidation** calculé comme indiqué n° 24510 ;
– de tout ou partie du remboursement consécutif à une **réduction du capital** (n° 24465).

> **Précisions a.** Une **distribution** de dividendes n'est **irrégulière** que si elle n'a pas été prise par l'organe compétent, si elle est le résultat d'une fraude ou si elle n'entre dans aucun des cas pour lesquels le Code de commerce autorise la distribution de sommes prélevées sur les bénéfices (CE 11-5-2015 nos 369257 et 369261 : RJF 8-9/15 n° 691).
> **b.** Pour l'application de l'abattement, le **locataire d'actions** ou de parts sociales (dans les conditions prévues aux articles L 239-1 à L 239-5 du Code de commerce) est réputé avoir la qualité d'associé.
> De même, l'acheteur d'**actions négociées en bourse** est considéré comme associé dès le jour de l'exécution de l'ordre (CGI art. 158, 3-3°-c).

24650 Les **distributions** suivantes sont **expressément exclues** du bénéfice de l'abattement :
– revenus distribués à titre d'**avances, prêts ou acomptes aux associés** mentionnés à l'article 111, a du CGI (n° 24810) ;
– revenus distribués ne constituant pas la rémunération du bénéficiaire en sa qualité d'associé ou d'actionnaire, c'est-à-dire principalement les rémunérations allouées aux membres du conseil d'administration ou du conseil de surveillance des sociétés anonymes en vertu de l'article L 225-45 du Code de commerce (**« jetons de présence »**) ;
– bénéfices ou revenus mentionnés à l'article 123 bis du CGI provenant de participations dans des **structures financières étrangères** soumises à un régime fiscal privilégié, qu'il y ait ou non distribution (n° 78285) ;
– dividendes distribués provenant des bénéfices exonérés des sociétés d'investissements immobiliers cotés (**SIIC**) et des sociétés de placement à prépondérance immobilière à capital variable (**Sppicav**).

> Précisions **a.** Bien qu'ils soient taxés dans la catégorie des revenus mobiliers, les **intérêts excédentaires** servis aux **comptes courants d'associés** et réintégrés dans les bénéfices n'ouvrent pas droit à l'abattement.
b. Les distributions et répartitions prélevées sur des bénéfices n'ayant pas supporté l'IS faites par les **OPCVM** (Sicav et FCP), certains fonds d'investissement alternatifs et les sociétés de capital-risque n'ouvrent pas droit à l'abattement. Mais ces organismes peuvent transférer à leurs actionnaires ou porteurs de parts le bénéfice de l'abattement à concurrence du coupon représentatif de la redistribution des produits y ouvrant droit. La mesure s'applique aux organismes de **droit français** ainsi qu'à ceux constitués sur le fondement d'un **droit étranger** établis dans un État de l'Espace économique européen.

IMPUTATION DU PRÉLÈVEMENT FORFAITAIRE SUR L'IR

Le PFNL prélevé à la source (nos 24570 s.) est un acompte d'IR. Il est imputable sur l'IR dû au titre de l'année au titre de laquelle il a été opéré. L'excédent éventuel (notamment en cas d'option pour le barème progressif) est restituable. **24655**

Remarque : L'alignement du taux du PFNL sur celui du PFU (12,8 %) revient en pratique à s'acquitter de l'imposition à la source, sauf en cas d'option pour le barème progressif.

> Précisions Lorsque l'IR n'est pas mis en recouvrement en application de l'article 1657, 1 bis du CGI (cotisation d'impôt inférieure à 61 € : no 2335), le montant du prélèvement restituable doit être diminué de cette cotisation (BOI-RPPM-RCM-20-20 no 1).

TABLEAU RÉCAPITULATIF

Le tableau ci-après récapitule les règles d'imposition des dividendes à l'IR. **24660**

Dividendes perçus l'année N	
Année N PFNL de 12,8 %[1]	**Année N + 1** • PFU de 12,8 % ou, sur option globale[2], barème progressif après abattement de 40 % • Imputation du PFNL de 12,8 % • Restitution en cas d'excédent

1. Les contribuables dont le revenu fiscal de référence n'excède pas 50 000 € (célibataires, divorcés ou veufs) ou 75 000 € (contribuables soumis à une imposition commune) peuvent demander, lorsqu'ils sont assujettis au PFNL, à en être dispensés.
2. L'option porte sur l'ensemble des revenus, gains nets, profits et créances entrant dans le champ d'application du PFU.

B. Autres distributions

En dehors des distributions « juridiques » (résultant d'une délibération ou d'une décision officielle des organes compétents de la société), il existe toute une variété de cas où la loi fiscale décide qu'il y a distribution imposable. Ces distributions « fiscales » sont imposables à l'IR selon les règles exposées nos 24170 s. et 24190 s. (PFU ou, sur option globale, barème progressif mais sans abattement). **24740**

Remarque : Ces distributions sont assujetties au PFNL sauf lorsqu'elles sont imposées à la suite d'une rectification (voir no 24575).

PRINCIPES D'IMPOSITION

Bénéfices réputés désinvestis L'article 109, 1-1° du CGI considère comme distribués tous les bénéfices ou produits qui ne sont pas mis en réserve ou incorporés au capital. Ce texte institue donc une présomption légale de distribution à l'égard de tous les bénéfices sociaux qui ne sont pas demeurés investis dans l'entreprise. **24745** CGI art. 109, 1-1° et 110 **RM-II-950 s**

Cette présomption de distribution a une portée générale et s'applique aux bénéfices qui, sans donner lieu à une distribution apparente, sont en fait transférés soit aux associés et actionnaires, soit à des tiers. Ces distributions se rencontrent notamment lorsque les bénéfices font l'objet de rehaussements et lorsque certaines charges ou dépenses ne sont pas admises en déduction du bénéfice imposable (voir no 24760).

> Précisions Pour l'application de ce texte, les **bénéfices** s'entendent de ceux qui ont été retenus pour l'assiette de l'IS. Ces bénéfices « fiscaux » doivent être :
– **augmentés** des bénéfices qui sont légalement exonérés d'IS, tels que les produits des filiales (no 40960) ou les bénéfices réalisés hors de France (no 35725) ;
– et **diminués** des sommes payées au titre de l'IS (et de tous autres impôts ou taxes non déductibles) ou au titre d'amendes ou pénalités non admises en déduction pour l'assiette

de l'IS (nº 8905), ainsi que des pertes subies hors de France.
Mais, bien entendu, le bénéfice ainsi déterminé ne doit être retenu que dans la mesure où il peut être considéré comme distribué ; cela implique qu'on doive en retrancher les sommes qui, prélevées sur ce bénéfice, ont été mises en réserve ou incorporées au capital.

24750 CGI art. 109, 1-2° RM-II-2400 s **Distributions non prélevées sur les bénéfices** L'article 109, 1-2° du CGI qualifie de « revenus distribués » les **sommes ou valeurs mises à la disposition des associés,** actionnaires ou porteurs de parts, même si elles ne sont pas prélevées sur les bénéfices. Par rapport au cas des bénéfices « désinvestis » (nº 24745), ce cas d'imposition présente deux différences marquantes :

– il peut jouer seulement lorsqu'il s'agit d'associés (et non de tiers) ;

– l'administration doit apporter la preuve que les sommes ou valeurs en cause ont été effectivement appréhendées par des associés (voir nº 24760, précision a-2), une présomption de distribution étant cependant spécialement prévue pour les avances ou prêts consentis aux associés (nº 24810).

24755 RM-II-9450 s **Exemples de revenus réputés distribués** Une distribution imposable sur le fondement des articles 109,1-1° (nº 24745), 109,1-2° (nº 24750) ou 111, c (nº 24770) du CGI peut résulter notamment :

– d'**avantages en nature,** par exemple : immeuble mis gratuitement ou à prix réduit à la disposition d'un associé (CE 29-9-2000 nº 204516 : RJF 12/00 nº 1501) ; attribution gratuite de titres (BOI-RPPM-RCM-10-20-20-10 nº 70) ;

– de la **prise en charge,** par une société, de **dépenses personnelles** d'un associé (voyages, restaurants, réceptions, téléphone, voiture...) (notamment CE 22-12-1982 nº 28185 : RJF 2/83 nº 222 ; CE 13-5-1992 nº 71495 : RJF 7/92 nº 982 ; CE 12-1-1994 nº 82160 : RJF 3/94 nº 263) ;

– d'une **acquisition** par une société de biens (immeubles, titres de sociétés, créances, brevets...) moyennant un **prix délibérément majoré** (notamment CE sect. 28-2-2001 nº 199295 : RJF 5/01 nº 620 ; CE 3-7-2009 nº 301299 : RJF 11/09 nº 940) ;

– d'une **cession** de biens sociaux (titres en portefeuille, créances, marchandises, immeubles...) pour un **prix délibérément minoré** (notamment CE 10-12-2010 nº 308189 : RJF 3/11 nº 269 ; CE 16-10-2013 nº 329420 : RJF 1/14 nº 36).

REHAUSSEMENTS DE BÉNÉFICES

24760 RM-II-3030 s Tous les rehaussements de bénéfices qui font suite à un contrôle fiscal ne sont pas générateurs de revenus distribués. C'est le cas uniquement s'ils ont pour cause des infractions qui se sont traduites par un **désinvestissement** des sommes rapportées aux résultats et, donc, par une diminution de l'actif social. Tel est le cas, par **exemple,** des recettes dissimulées et que les associés se sont appropriées, ou encore de la fraction des rémunérations des dirigeants considérée comme excessive.

En revanche, les rehaussements portant sur des amortissements jugés excessifs ou sur des provisions injustifiées ne font apparaître aucun revenu mobilier, puisque les sommes correspondantes n'ont pas été « désinvesties ».

Les sommes réintégrées dans les bénéfices sociaux et réputées distribuées sont imposables à l'IR au nom des bénéficiaires selon les règles exposées nºs 24170 s. et 24190 s. (PFU ou, sur option globale, barème progressif mais sans abattement, avec application aux revenus d'une majoration de 1,25). Les intéressés peuvent bénéficier de la **déduction** dite **« en cascade »** (voir nºs 79610 s.).

> Précisions a. En pratique, trois situations peuvent se présenter.

1. Le rehaussement a pour effet de majorer un **résultat bénéficiaire** déjà déclaré. Le complément de bénéfice résultant du rehaussement est imposable, en tant que revenu distribué, au nom du bénéficiaire, que celui-ci soit un associé ou un tiers, sur le fondement de l'article 109, 1-1° du CGI (nº 24745). Mais les procédures à suivre vis-à-vis de la société et du bénéficiaire étant, selon la jurisprudence, indépendantes l'une de l'autre, l'administration doit, à défaut d'acceptation expresse du rehaussement par l'intéressé, apporter la preuve qu'il a effectivement disposé des sommes en cause.

Pour identifier le bénéficiaire des revenus distribués, l'administration a souvent recours à la notion de **maître de l'affaire.** Est qualifiée comme telle la personne qui exerce la responsabilité effective de l'ensemble de la gestion administrative, commerciale et financière de la société et dispose sans contrôle de ses fonds (CE 14-9-2016 nº 400882 : RJF 12/16 nº 1113). La qualité de seul maître de l'affaire démontrée par l'administration suffit à regarder, en application de l'article 109, 1-1° du CGI, le contribuable comme bénéficiaire des revenus réputés distribués par la société, la circonstance qu'il n'aurait pas effectivement appréhendé les sommes étant sans incidence à cet égard (CE 29-6-2020 nº 432815 : RJF 10/20 nº 786).

2. Le rehaussement aboutit seulement à la **réduction** ou à l'annulation **du déficit déclaré** par la société : dans ce cas, la totalité des sommes réintégrées ne peut être taxée à titre de revenus mobiliers, sur le fondement de l'article 109, 1-2° du CGI (n° 24750), que si l'administration démontre que ces sommes ont été effectivement appréhendées ou mises à la disposition de personnes ayant la qualité d'associé (CE 20-6-1984 n° 35616 : RJF 8-9/84 n° 983). La circonstance que le contribuable soit le maître de l'affaire est à cet égard sans incidence (CE 29-6-2020 n° 433827 : RJF 10/20 n° 787). Notons que, lorsqu'il s'agit de **distributions occultes** qu'elle entend imposer sur le fondement de l'article 111, c du CGI, l'administration peut demander à la société de lui fournir l'identité des bénéficiaires, dans le cadre de la procédure spéciale visée n° 24775 (CE 12-6-1991 n° 61896 : RJF 8-9/91 n° 1153).

3. Le rehaussement opéré aboutit à **substituer à un déficit déclaré un solde bénéficiaire.** Le solde bénéficiaire effectivement soumis à l'IS est présumé distribué et imposé comme indiqué ci-dessus en 1 ; la fraction du rehaussement qui a annulé le déficit n'est taxable, comme indiqué ci-dessus en 2, que si le service apporte la preuve de l'appréhension par les associés des sommes réintégrées.

b. Un bénéfice ne peut pas être regardé comme distribué en application de l'article 109, 1-1° du CGI au seul motif qu'il procède, pour un total supérieur à son montant, de la réintégration dans les recettes de la société de produits non comptabilisés et de charges non justifiées (**sommes désinvesties**), alors qu'il provient également, pour un montant supérieur au bénéfice net retenu par l'administration, d'une réduction de la variation négative des stocks n'ayant entraîné **aucun désinvestissement** (CE 19-12-2019 n°s 429309 et 429310 : RJF 3/20 n° 221).

RÉMUNÉRATIONS ET AVANTAGES OCCULTES

Les rémunérations et avantages occultes sont considérés comme des revenus distribués, qu'ils soient ou non prélevés sur les bénéfices et quelle que soit l'identité du bénéficiaire (associé ou tiers). **24770** CGI art. 111, c RM-II-2700 s

Les rémunérations occultes correspondent à des charges comptabilisées qui, en apparence du moins, rémunèrent des prestations dont le fournisseur n'est pas identifié.

Quant aux avantages ou distributions occultes, ils résultent le plus souvent de dissimulations de recettes ou de la prise en charge par la société de dépenses qui ne lui incombent pas.

Dans les deux cas, les sommes en cause ne sont pas déductibles des bénéfices imposables de la société versante et sont considérées comme des revenus mobiliers distribués imposables.

> Précisions a. Un avantage peut être requalifié en libéralité taxable en tant que distribution occulte alors même que l'opération est portée en comptabilité et y est assortie de toutes les justifications concernant son objet et l'identité du bénéficiaire. Il en va ainsi en cas d'**acquisition** par une société à un **prix** délibérément **majoré** ou, s'il s'agit d'une **vente,** délibérément **minoré,** sans que cet écart de prix comporte de contrepartie, lorsque l'administration apporte la preuve de l'existence, d'une part, d'un écart significatif entre le prix convenu et la valeur vénale du bien cédé et, d'autre part, d'une intention pour la société d'octroyer et pour le cocontractant de recevoir une libéralité du fait des conditions de la cession (CE 28-2-2001 n° 199295 : RJF 5/01 n° 620). L'intention libérale est présumée en cas de liens familiaux entre le cédant et le cessionnaire (CE 23-7-2010 n° 308019 : RJF 11/10 n° 1024) ou lorsque le cédant et le cessionnaire sont en relations d'intérêt, même en l'absence de liens capitalistiques (CE 16-10-2013 n° 329420 : RJF 1/14 n° 36).

b. Lorsque les parties ont volontairement **majoré** la valeur d'un **apport** par rapport à la valeur vénale du bien apporté, l'apporteur ne peut être regardé comme bénéficiaire d'une libéralité taxable en tant qu'avantage occulte, dès lors que l'opération ne s'est traduite par aucun appauvrissement de la société bénéficiaire de l'apport (CE 20-10-2021 n° 445685 : RJF 1/22 n° 4).

Procédure spéciale Lorsque la masse des revenus distribués excède le montant total des distributions individuelles déclarées par la société, celle-ci peut être invitée par le service des impôts à fournir, dans un délai de trente jours, toutes **indications** complémentaires sur les **bénéficiaires** de l'excédent de distribution. **24775** CGI art. 117, 1754, V-3 et 1759 RM-II-4800 s

Si, à la suite de cette demande, la société désigne le bénéficiaire, l'intéressé est imposé personnellement à l'IR selon les règles exposées n°s 24170 s. et 24190 s. (PFU ou, sur option globale, barème progressif mais sans abattement, avec application aux revenus d'une majoration de 1,25).

Si, au contraire, la société ne répond pas dans le délai susvisé, ou se borne à faire une réponse imprécise ou ambiguë, elle doit verser elle-même au Trésor une **pénalité fiscale,** non déductible de son bénéfice imposable, égale à 100 % de la distribution occulte.

Lorsque l'entreprise a spontanément fait figurer et réintégré le montant des sommes en cause dans sa déclaration de résultat (ce qui lui évite d'avoir à désigner les bénéficiaires), le taux de la pénalité est ramené à 75 %.

Les **dirigeants** de droit ou de fait sont **solidairement responsables** pour le paiement de la pénalité.

> Précisions **a.** L'administration n'est pas tenue de mettre en œuvre la procédure ci-dessus si elle estime pouvoir faire la **preuve de l'appropriation** des sommes en cause par les contribuables qu'elle envisage de taxer (BOI-RPPM-RCM-10-20-20-40 n° 80). Il résulte de l'article 111, c du CGI que l'administration est réputée apporter la preuve que des distributions occultes ont été appréhendées par la personne qui est, dans la société dont des revenus ont été regardés comme distribués, le **maître de l'affaire** (CE QPC 3-6-2015 n° 370699 : RJF 12/15 n° 1045 ; CE 13-6-2016 n° 391240 : RJF 10/16 n° 835).
b. Pour être valable, la **mise en demeure** adressée à la société doit faire connaître à cette dernière les conséquences du défaut de réponse dans le délai de trente jours soit en se référant au texte de l'article 117 du CGI, soit en rappelant son contenu. Elle doit préciser également le délai de réponse (trente jours).
c. Lorsque la société sollicite dans les conditions visées n° 78795 la **prorogation du délai de réponse à la proposition de rectification de ses bénéfices** générant les revenus distribués, elle dispose également de cette prorogation pour désigner les bénéficiaires des distributions.
d. La désignation des bénéficiaires de la distribution constitue, pour l'administration, une simple information non opposable aux personnes désignées. Par suite, pour justifier l'imposition des **bénéficiaires désignés** par la société, l'administration doit dans tous les cas, à **défaut d'acceptation** personnelle et expresse des intéressés, prouver, d'une part, l'existence et le montant des sommes distribuées (bien-fondé des rehaussements de bénéfices sociaux) et, d'autre part, que ces sommes ont bien été appréhendées par les personnes désignées.
e. L'administration ne peut réclamer le **paiement de la pénalité aux dirigeants solidaires** que si cette pénalité a été, au préalable, régulièrement établie par un avis de mise en recouvrement adressé, dans le délai de reprise, à la société (CE 9-12-2015 n° 367310 : RJF 3/16 n° 248).
f. Les **dirigeants** solidairement responsables du paiement de la pénalité sont ceux qui exerçaient leurs fonctions :
– à la date du versement des rémunérations ou distributions occultes ;
– à défaut de connaissance de cette date, à la date de déclaration des résultats de l'exercice au cours duquel les distributions ont eu lieu.
g. En cas de **sauvegarde, de redressement ou de liquidation judiciaire** de la société, la pénalité est remise en application de l'article 1756, I du CGI, et le dirigeant ne peut plus, par suite, être poursuivi (BOI-CF-INF-30-40 n° 150).

DÉPENSES SOMPTUAIRES

24785 CGI art. 111, e RM-II-3460 s

Les dépenses afférentes à la **chasse,** à la **pêche,** à la **navigation** de plaisance et, en principe, aux **résidences** de plaisance et d'agrément ne sont pas déductibles des bénéfices de la société versante (nos 9000 s.) et sont corrélativement considérées comme des revenus distribués imposables à l'IR selon les règles exposées nos 24170 s. et 24190 s. (PFU ou, sur option globale, barème progressif mais sans abattement, avec application aux revenus d'une majoration de 1,25).

Si la société n'a pas déclaré l'identité des bénéficiaires dans l'état de répartition des bénéfices, l'administration peut mettre en œuvre les mesures prévues à l'égard des distributions occultes (n° 24775).

Remarque : Bien qu'exclu des charges déductibles de la société versante, l'amortissement excédentaire des **voitures** particulières n'est pas considéré comme un revenu distribué.

RÉMUNÉRATIONS D'UN PRÊT, D'UN SERVICE OU D'UNE FONCTION

24800 CGI art. 112, 4° RM-II-3320 s

Les sommes versées aux associés en rémunération d'un prêt, d'un service ou d'une fonction ne sont pas en principe considérées comme des revenus distribués, sauf lorsqu'elles ne sont pas admises en déduction pour l'assiette de l'IS.

C'est ainsi, s'agissant des **rémunérations des dirigeants** de sociétés, qu'en cas d'exagération de leur montant la fraction jugée excessive et réintégrée pour ce motif dans les bénéfices imposables de la société est, entre les mains du dirigeant, taxable à titre de revenus distribués.

AVANCES, PRÊTS OU ACOMPTES AUX ASSOCIÉS

24810 CGI art. 111, a RM-II-14000 s

Les sommes mises à la disposition des associés de sociétés soumises à l'IS, directement ou par personnes ou sociétés interposées, à titre d'avances, prêts ou acomptes, sont présumées constituer des **revenus distribués.** S'agissant d'une présomption simple, l'associé (personne physique ou morale) qui a reçu les sommes peut échapper à la taxation s'il apporte la **preuve contraire.** Il doit pour cela démontrer que les sommes reçues n'ont pas le caractère d'une distribution exceptionnelle ou anticipée de produits sociaux et que leur versement est exclusif de toute faveur spéciale à son profit.

> Précisions La **preuve** contraire est appréciée dans chaque cas particulier, compte tenu des circonstances de fait. Elle est considérée comme **apportée,** par exemple :
– par la production d'un acte écrit, préalable ou concomitant à la remise des fonds, correspondant à un prêt régulièrement inscrit dans les écritures sociales, prévoyant le versement d'intérêts normaux et fixant les modalités de remboursement de la dette (BOI-RPPM-RCM-10-20-20-20 n° 130) ;
– à défaut d'acte écrit, par la preuve du remboursement effectif des prêts, avances ou

acomptes, à la condition que ce remboursement soit antérieur à la mise en œuvre d'un contrôle fiscal (BOI-RPPM-RCM-10-20-20-20 n° 190) ;
– par l'existence de relations commerciales démontrant que le versement des sommes a pour origine ces relations (par exemple, acomptes sur le prix de marchandises vendues par un associé à la société) (BOI-RPPM-RCM-10-20-20-20 n° 160).

Lorsque la présomption s'applique, les sommes perçues sont soumises à l'IR selon les règles exposées nos 24170 s. et 24190 s. (PFU ou, sur option globale, barème progressif mais sans abattement). Elles échappent à la retenue à la source lorsque l'associé bénéficiaire est un non-résident (n° 24855). 24815 RM-II-16100 s

En cas de **remboursement ultérieur des avances,** prêts ou acomptes ayant été taxés en tant que revenus distribués, l'impôt précédemment établi est révisé. La **restitution** de la fraction **d'impôt** correspondant aux sommes remboursées est effectuée sur demande présentée au directeur départemental des finances publiques, au plus tard le 31 décembre de l'année suivant celle au cours de laquelle le remboursement a été opéré.

> **Précisions** La demande doit mentionner tous les renseignements nécessaires au calcul de la restitution et être accompagnée d'une attestation régulière du comptable des finances publiques justifiant le paiement des impôts dont la restitution est demandée. La restitution porte sur le montant des droits en principal, à l'exclusion de tous intérêts de retard, majorations, droits en sus et autres pénalités.

C. Produits distribués à des non-résidents ou payés dans un État non coopératif

RÈGLES GÉNÉRALES

Les revenus distribués par une **société française** à des non-résidents font en principe l'objet d'une retenue à la source. La loi prévoit toutefois diverses exonérations, notamment pour les dividendes versés à une société mère établie dans un État de l'Union européenne, en Islande, en Norvège ou au Liechtenstein, pour les revenus distribués à certains organismes de placement collectif étrangers ou pour ceux distribués à des personnes morales étrangères en liquidation judiciaire. La plupart des conventions internationales réduisent en outre le taux de la retenue et parfois même la suppriment totalement : voir à cet égard n° 82840. Des dispositifs de restitution sont par ailleurs prévus au profit des personnes morales étrangères déficitaires (nos 24889 s.) ou pour tenir compte des charges (n° 24893). 24845 CGI art. 119 bis, 2 RM-III-6100 s

Les bénéfices réalisés en France par des **sociétés étrangères** ayant leur siège hors de l'Espace économique européen (EEE) sont eux aussi susceptibles d'être soumis à la retenue à la source, selon des modalités spécifiques exposées nos 24895 s., car présumés distribués à des non-résidents.

Donnent également ouverture à la retenue à la source à un taux majoré les revenus payés dans un **État ou territoire non coopératif** (ETNC) au sens défini n° 78310, 1° et 2°.

Nature des revenus soumis à la retenue à la source La retenue à la source est en principe exigible lorsqu'une société française (société ayant son siège réel en métropole ou dans les Drom), relevant du régime fiscal des sociétés de capitaux, verse à des personnes physiques ou morales n'ayant pas leur domicile fiscal (nos 495 s.) ou leur siège en France des produits entrant dans l'une des catégories suivantes : 24850 RM-III-6680 s

– revenus distribués définis aux articles 109 à 117 du CGI : il s'agit non seulement des **produits d'actions ou parts sociales** proprement dits, c'est-à-dire des distributions régulières de bénéfices (nos 24450 s.), mais aussi des **revenus fiscalement assimilés** (nos 24740 s.) ;

– rémunérations allouées aux membres du conseil d'administration ou du conseil de surveillance des sociétés anonymes en vertu de l'article L 225-45 du Code de commerce (« **jetons de présence** » ordinaires : n° 23580).

Donnent également lieu à la retenue à la source les produits visés ci-dessus lorsqu'ils sont payés hors de France dans un ETNC (voir n° 24845).

Lorsqu'elle est due, la retenue est libératoire de l'IR (CGI art. 199 quater A) ou de l'IS dû par le bénéficiaire (voir toutefois n° 24886). Il s'agit donc d'une imposition définitive qui, corrélativement, n'ouvre droit à aucun crédit d'impôt imputable en France.

Cas d'exonération Sont exonérés de la retenue, sous certaines conditions : 24855

– les dividendes distribués à une **société mère** établie dans un État de l'**Union européenne,** en Islande, en Norvège ou au Liechtenstein, ou distribués à un de ses établissements stables situés dans l'un de ces États (n° 24875) ;

– les produits distribués à une **personne morale étrangère en liquidation judiciaire** (n° 24892) ;
– les produits d'actions et parts sociales distribués par des sociétés françaises à des **organisations internationales,** à des États souverains ou à des banques centrales de ces États ; sur agrément, la retenue peut également être supprimée ou réduite lorsque ces mêmes produits bénéficient à des **institutions publiques étrangères** (CGI art. 131 sexies) ;
– certaines distributions effectuées par les **sociétés de capital-risque** (n° 26430) ;
– certains revenus distribués à des **organismes de placement collectif** (n° 24885).

Restent aussi en dehors du champ d'application de la retenue à la source :
– les **avances,** prêts ou acomptes versés **aux associés,** visés n° 24810 ;
– les rémunérations et **distributions occultes** à raison desquelles la société distributrice est passible de la pénalité prévue à l'article 1759 du CGI (n° 24775) ;
– les dividendes perçus par une société étrangère, lorsque ces produits ont été compris dans les résultats imposables de l'**établissement stable** qu'elle possède en France (CE 19-12-1975 n°s 84774 et 91895 : RJF 2/76 n° 77). Dans ce dernier cas, l'administration subordonne toutefois la dispense de retenue à la production par l'établissement stable d'une attestation visée par le service des impôts et contenant certains renseignements destinés à contrôler que lesdits produits ont bien été compris dans les résultats de l'établissement imposé en France (BOI-RPPM-RCM-30-30-10-40 n° 50).

24860
CGI art. 187
RM-III-7320 s

Liquidation de la retenue Sous réserve de l'application des conventions internationales prévoyant un taux réduit (voir n° 83310), le **taux** de la retenue à la source varie selon la qualité du bénéficiaire.

Pour les bénéficiaires **personnes physiques,** le taux de la retenue à la source est fixé à 12,8 %. Ce taux s'applique y compris lorsque les personnes physiques sont bénéficiaires au terme d'une chaîne d'intermédiaires financiers (BOI-RPPM-RCM-30-30-10-20 n° 15).

Pour les bénéficiaires **personnes morales** ou organismes, quelle que soit leur forme, le taux de la retenue à la source s'élève à :
– 15 % pour les dividendes qui bénéficient à des organismes sans but lucratif ayant leur siège dans un État de l'Union européenne, en Islande, en Norvège ou au Liechtenstein et qui seraient imposés dans les conditions prévues n°s 89700 s. s'ils avaient leur siège en France (taux également applicable aux produits prélevés sur leurs résultats exonérés et distribués à des organismes de placement collectif par les SIIC, les Sppicav et leurs filiales : n° 24886) ;
– 25 % pour les autres revenus distribués.

Le taux de la retenue à la source est porté à 75 % pour les revenus payés hors de France dans un **ETNC** (au sens défini n° 78310, 1° et 2°), sauf si le débiteur apporte la preuve que les distributions de ces produits n'ont ni pour objet ni pour effet de permettre, dans un but de fraude fiscale, leur localisation dans un tel État ou territoire.

La retenue à la source s'applique au montant brut décaissé par la société (sur la restitution partielle ultérieure pour tenir compte des charges, voir n° 24893).

> **Précisions** **a.** Lorsque l'**établissement payeur** n'est **pas en mesure d'identifier le bénéficiaire effectif**, le taux applicable par défaut est celui prévu pour les personnes morales (BOI-RPPM-RCM-30-30-10-20 n° 15).
> **b.** Le **taux** de 15 % **correspond** au taux réduit de l'IS applicable aux dividendes perçus par les collectivités sans but lucratif (n° 89720) et celui de 25 %, au taux normal de l'IS (n° 36065).
> **c.** Il est **interdit** à la **société** de **prendre à sa charge** le montant de la retenue afférente aux dividendes et autres produits répartis aux associés, actionnaires et porteurs de parts ou membres des conseils d'administration des sociétés anonymes (CGI art. 1672 bis).
> **d.** Des **crédits d'impôt** de source étrangère peuvent être imputés sur le montant de la retenue, en cas de distribution par une société française à ses associés non résidents de dividendes en provenance de filiales étrangères (voir INT-GEN-20820 s.).
> **e.** Le **paiement** des revenus dans un **ETNC** peut prendre la forme d'une inscription en compte (paiement dans les livres d'un compte ouvert dans un établissement situé dans un ETNC) ou d'un paiement par chèques, espèces ou tout autre moyen (paiement à une personne domiciliée ou établie dans un ETNC) (BOI-INT-DG-20-50-30 n° 130).

24865
CGI art. 1672, 2 à 4
RM-III-7950 s

Paiement La retenue est, en principe, opérée par la personne, **établie en France,** qui assure le paiement des revenus, qualifiée d'**établissement payeur,** au moment du versement effectif des sommes à leur bénéficiaire (CGI art. 1672, 2). Les établissements payeurs sont donc tenus de demander aux bénéficiaires une justification de leur identité et de leur domicile ou siège pour savoir si la retenue est ou non exigible et doit être prélevée par leurs soins (CGI ann. II art. 76).

La retenue peut toutefois être acquittée par les personnes morales établies hors de France dans un **État membre de l'Union européenne,** en **Islande,** en **Norvège** ou au **Liechtenstein** lorsqu'elles assurent le paiement de produits de **titres de sociétés françaises cotées** sur un marché réglementé ou organisé français ou étranger sous réserve de respecter les conditions cumulatives suivantes (CGI art. 1672, 3) :

– percevoir les revenus distribués directement d'un établissement payeur français (la société distributrice ou un intermédiaire financier) ;

– avoir conclu avec l'administration fiscale française une convention qui organise les modalités déclaratives et de paiement de la retenue à la source et prévoit la transmission à l'administration fiscale de tout document justificatif de ces déclarations et paiements ;

– être mandatées par l'établissement payeur français, qui reste le redevable légal, pour effectuer en son nom et pour son compte la déclaration et le paiement de la retenue à la source.

> Précisions **a.** En cas de **distributions occultes** effectuées à l'étranger, le redevable de la retenue à la source est la société distributrice, sauf si elle établit que l'établissement qui a payé pour son compte avait connaissance du caractère de revenus distribués des sommes en cause (CE 5-4-2013 n° 350316 : RJF 7/13 n° 727). Toutefois lorsqu'une société de capitaux consent un **avantage occulte à une société de personnes** (régie par l'article 8 du CGI) dont les associés résident à l'étranger, la retenue à la source due par les associés doit être prélevée, non pas par la société distributrice, mais par la société de personnes en sa qualité d'établissement payeur (CE 6-12-2021 n° 429308 : RJF 2/22 n° 117).

b. Les sommes dues doivent être versées au service des impôts des entreprises dont dépend l'établissement payeur au plus tard le **15 du mois suivant** celui de leur prélèvement (CGI ann. III art. 381 A). La retenue due au titre du mois de décembre fait l'objet d'un **acompte** à payer au plus tard le 15 octobre, égal à 90 % du montant de la retenue due au titre du mois de décembre de l'année précédente (CGI art. 1678 quater, II). Chaque versement est accompagné d'une **déclaration** n° 2777-SD (commune à la retenue à la source de l'article 119 bis du CGI et aux prélèvements forfaitaires) ou, lorsque le paiement est effectué par une personne morale établie dans un État membre de l'Union européenne, en Islande, en Norvège ou au Liechtenstein, sur la déclaration n° 2779-SD. La déclaration n° 2777-SD et le paiement correspondant doivent obligatoirement être télétransmis (CGI art. 1649 quater B quater, IX et 1681 septies, 7). Le non-respect de ces obligations est sanctionné par une majoration de 0,2 % (n° 80200).

c. La souscription hors délai de la déclaration, accompagnée du **paiement tardif** de la retenue, entraîne l'exigibilité des sanctions prévues en cas de déclaration tardive (intérêt de retard et majoration : voir n°s 80075 s.).

d. Les **personnes morales étrangères déficitaires** peuvent demander la restitution de la retenue à la source : voir n°s 24889 s. Un dispositif de restitution partielle est par ailleurs prévu afin de tenir compte de certaines charges (n° 24893).

DIVIDENDES DISTRIBUÉS À UNE SOCIÉTÉ MÈRE DE L'EEE

Les dividendes distribués par une société française à une société mère située dans l'Espace économique européen (EEE) sont en principe exonérés de retenue à la source dans la mesure où les **conditions** suivantes sont remplies. **24875** CGI art. 119 ter RM-III-8700 s

a. La **filiale française distributrice** doit être une société ou un organisme soumis à l'**IS au taux normal** (n° 36065). Sont donc exclues de la mesure les sociétés qui bénéficient d'une exemption totale d'IS. Pour les sociétés qui sont partiellement soumises à l'IS au taux normal, l'exonération de retenue à la source s'applique aux dividendes prélevés sur les résultats imposés au taux normal.

b. La **société mère bénéficiaire** doit quant à elle :

– avoir son **siège de direction effective** dans un État membre de l'Union européenne, ou en Islande, en Norvège ou au Liechtenstein ;

– revêtir l'une des **formes** énumérées sur la liste établie à l'annexe I, partie A de la directive 2011/96/UE du 30 novembre 2011 ou une forme équivalente lorsque la société a son siège en Islande, en Norvège ou au Liechtenstein ;

– être passible de l'**IS** (fût-ce à un taux réduit) dans l'État où elle a son siège de direction effective ; les sociétés soumises à l'IS sur option et les sociétés exonérées sont exclues ;

– détenir directement, de façon ininterrompue depuis deux ans ou plus, en pleine propriété ou en nue-propriété, **10 % au moins du capital** de la société distributrice ou prendre l'engagement de conserver une telle participation de façon ininterrompue pendant deux ans au moins et désigner un représentant responsable du paiement de la retenue en cas de non-respect de cet engagement.

Le taux de participation est ramené à **5 %** lorsque la société mère détient des participations satisfaisant aux conditions du **régime mère-fille** prévu à l'article 145 du CGI (voir n°s 40910 et 41000) et qu'elle ne peut pas imputer la retenue à la source dans son État de résidence. Les sociétés mères bénéficiaires soumises à l'IS sur option visées par l'article 145 du CGI (n° 40900) peuvent également invoquer la doctrine administrative en ce sens (BOI-RPPM-RCM-30-30-20-40 n° 50).

L'exonération de retenue à la source s'applique aussi aux dividendes distribués aux **établissements stables** des sociétés mères ainsi définies lorsque ces établissements sont situés en France, dans un autre État membre de l'Union européenne, en Islande, en Norvège ou au Liechtenstein.

La société mère doit apporter la **preuve** (auprès de l'établissement payeur ou de la société distributrice) qu'elle satisfait aux conditions ci-dessus. Elle doit également justifier (auprès de cet établissement ou de cette société) qu'elle est le bénéficiaire effectif des dividendes versés (CE 5-6-2020 n° 423809 : RJF 8-9/20 n° 692).

Un **dispositif anti-abus** prévoit que sont exclus de l'exonération de retenue à la source les dividendes distribués dans le cadre d'un montage (ou d'une série de montages) qui, ayant été mis en place pour obtenir, à titre d'objectif principal ou au titre d'un des objectifs principaux, un avantage fiscal allant à l'encontre de l'objet ou de la finalité du régime, n'est pas authentique compte tenu de l'ensemble des faits et circonstances pertinents. Un montage peut comprendre plusieurs étapes ou parties. Pour l'application de cette disposition est considéré comme non authentique un montage (ou une série de montages) qui n'est pas mis en place pour des motifs commerciaux valables qui reflètent la réalité économique.

> Précisions a. Le terme de « dividendes » utilisé par l'article 119 ter du CGI vise en fait toutes les **distributions « juridiques »** de bénéfices définies n°s 24450 s., à l'exclusion des sommes fiscalement réputées distribuées.

b. L'**engagement de conservation** des titres détenus depuis moins de deux ans doit être souscrit à la fois auprès de l'établissement payeur et de l'administration, avant la date de la première mise en paiement des dividendes qui suit la date d'inscription des titres en compte (CGI ann. III art. 46 quater-0 FB).

Si cet engagement n'est pas pris et si la retenue à la source est prélevée, la société mère pourra toujours en demander la restitution si elle justifie avoir conservé les titres pendant deux ans (BOI-RPPM-RCM-30-30-20-10 n° 430). La condition tenant au délai de détention s'apprécie en effet a posteriori et non au moment de la distribution (CJCE 17-10-1996 aff. 283/94, 291/94 et 292/94 : RJF 12/96 n° 1500).

À noter que le fait de subordonner le bénéfice de l'exonération, dès la première année, à un engagement formel de conservation et à la désignation d'un représentant fiscal a été jugé contraire à la liberté d'établissement (CAA Douai 1-7-2019 n° 17DA00655 : RJF 11/19 n° 1046, arrêt définitif).

c. Lorsque les **conventions** fiscales permettent d'obtenir la suppression de la retenue à la source à des conditions plus favorables que celles prévues par l'article 119 ter du CGI, ce sont bien sûr les clauses conventionnelles qui s'appliquent (voir n° 83310).

REVENUS DISTRIBUÉS À DES ORGANISMES DE PLACEMENT COLLECTIF ÉTRANGERS

24885 CGI art. 119 bis, 2 RM-III-10350 s

La **retenue** à la source n'est **pas applicable** aux revenus distribués à des organismes de placement collectif de droit étranger situés dans un État membre de l'Union européenne ou dans un État ou territoire ayant conclu avec la France une convention d'assistance administrative en vue de lutter contre la fraude et l'évasion fiscales et remplissant les deux **conditions** suivantes :

– lever des capitaux auprès d'un certain nombre d'investisseurs en vue de les investir, conformément à une politique d'investissement définie, dans l'intérêt de ces investisseurs ;

– présenter des caractéristiques similaires à celles des organismes de placement collectif de droit français suivants : organismes de placement collectif en valeurs mobilières (OPCVM) et certains fonds d'investissement alternatifs (FIA), notamment les fonds de capital investissement, les organismes de placement collectif immobilier (OPCI) et les sociétés d'investissement à capital fixe (Sicaf).

> Précisions Pour pouvoir bénéficier de l'exonération, les organismes étrangers doivent être en mesure de **justifier** qu'ils satisfont à des règles d'activité, de fonctionnement et de surveillance comparables à celles prévues par la réglementation française.

Lorsque l'organisme est situé dans un **État tiers à l'Union européenne**, les stipulations de la convention d'assistance administrative et leur mise en œuvre doivent effectivement permettre à l'administration d'obtenir des autorités de l'État tiers les informations nécessaires à la vérification du respect par l'organisme des conditions prévues pour bénéficier de l'exonération.

24886 La **retenue** à la source demeure **applicable** :

– au taux de droit commun (n° 24860), lorsque les conditions d'application de l'exonération ne sont pas remplies ;

– au taux réduit (nº 24860), en cas de distributions prélevées sur les bénéfices exonérés des **SIIC,** des **Sppicav** et de leurs **filiales** à des organismes de placement collectif français ou étrangers (retenue non libératoire ne donnant lieu ni à restitution ni à imputation) ;

– au taux majoré (nº 24860), en cas de paiement dans un **ETNC.**

DISPOSITIF ANTI-ARBITRAGE DES DIVIDENDES

Sont présumés distribués et soumis à la retenue à la source visée nºs 24845 s. les versements effectués par une personne établie ou ayant son domicile fiscal en France au profit d'un non-résident lorsque les deux conditions suivantes sont réunies : 24888 CGI art. 119 bis A RM-III-12400 s

– le versement est réalisé dans le cadre d'une **cession temporaire** ou de toute opération donnant le droit ou faisant obligation de restituer ou revendre des parts ou actions ou des droits portant sur ces titres ;

– l'opération de cession temporaire ou assimilée est réalisée pendant une période de **moins de quarante-cinq jours** incluant la date à laquelle le droit à une distribution de revenus mobiliers ou de revenus assimilés (mentionnés aux articles 108 à 117 bis du CGI) est acquis.

La retenue à la source est assise sur le versement réputé constituer un revenu distribué retenu dans la limite du montant correspondant à la distribution.

Elle est due lors de la mise en paiement du versement et **acquittée** par la personne qui assure le paiement.

Le bénéficiaire peut obtenir le **remboursement** de la retenue auprès du service des impôts de son domicile ou de son siège s'il apporte la preuve que ce versement correspond à une opération qui a principalement un objet et un effet autres que d'éviter l'application d'une retenue à la source ou d'obtenir l'octroi d'un avantage fiscal.

> **Précisions** **a.** Le versement peut être réalisé directement ou indirectement, sous quelque **forme** et par quelque **moyen** que ce soit.
>
> **b.** La personne qui assure le paiement du versement doit transmettre à l'administration, si celle-ci le lui demande, le montant, la date, l'émetteur des parts ou actions ouvrant droit à distribution et le destinataire du versement. Ces **informations** sont transmises sous format dématérialisé.

RESTITUTION DES RETENUES À LA SOURCE AUX PERSONNES MORALES DÉFICITAIRES OU EXONÉRATION

Les personnes morales étrangères déficitaires peuvent demander, sous certaines conditions, la restitution de la retenue à la source pratiquée sur les **revenus** qui leur ont été **distribués** (nº 24845) ainsi que celle des retenues ou prélèvements suivants : 24889

– retenues à la source sur certains **produits d'obligations** et de bons de caisse (nºs 25610 et 25730), sur les **rémunérations de prestations artistiques** (nºs 4640 s.) et sur **certains revenus non salariaux** et assimilés (nºs 4560 s.) ;

– prélèvements sur les **profits immobiliers habituels** (nº 30155), sur les **plus-values immobilières occasionnelles** (nºs 32625 s.) et sur les **plus-values de cession de participations substantielles** (nº 32945).

Les personnes morales étrangères en liquidation judiciaire peuvent être exonérées de ces mêmes retenues : voir nº 24892.

Restitution et report d'imposition Pour pouvoir demander la restitution des retenues (ou prélèvements) à la source, la personne morale ou l'organisme, quelle qu'en soit la forme, doit remplir les conditions suivantes. 24890 CGI art. 235 quater RM-III-11800 s

a. Son **siège** (ou l'établissement stable dans le résultat duquel les revenus et profits sont inclus) doit être situé dans un État membre de l'Union européenne, en Islande ou en Norvège. S'agissant des retenues à la source sur les produits d'obligations et de bons de caisse et les revenus distribués, le siège (ou l'établissement stable) peut également être situé dans un État tiers ayant conclu avec la France une convention d'assistance administrative en vue de lutter contre la fraude et l'évasion fiscales ainsi qu'une convention d'assistance mutuelle en matière de recouvrement, sous réserve que la participation de la société dans la filiale distributrice ne lui permette pas de participer de manière effective à sa gestion ou à son contrôle. Les personnes morales dont le siège est situé dans un ETNC (nº 78310) sont exclues.

b. Son **résultat fiscal** (ou celui de son établissement stable), calculé selon les règles de l'État de son siège (ou de situation de son établissement), doit être **déficitaire** au titre de l'exercice de perception ou de réalisation des revenus et profits concernés.

ATTENTION

Pour déterminer le résultat fiscal, il convient de prendre en compte :
– les **revenus** ou profits **dont l'imposition fait l'objet d'une demande de restitution** au titre de cet exercice. Si ces revenus n'y sont pas inclus en raison des règles de l'État du siège ou de l'établissement stable, ils doivent y être ajoutés (BOI-RPPM-RCM-30-30-10-90 n° 40) ;
– les revenus ou profits qui ont, **au titre d'exercices antérieurs,** fait l'objet d'une demande de restitution et dont le report d'imposition est toujours en cours.
Lorsque les **retraitements** opérés rendent le **résultat bénéficiaire,** les retenues (ou prélèvements) à la source ne sont restituées que pour une fraction égale à la différence entre les revenus et profits de source française concernés soumis à retenue et le montant du bénéfice ainsi déterminé (BOI-RPPM-RCM-30-30-10-90 n° 50).

24891 La restitution des retenues (ou prélèvements) à la source donne lieu à une imposition de la personne morale sur les revenus et profits concernés. Cette **imposition** est **placée en report.**

L'imposition est **calculée** en appliquant aux revenus et profits les règles d'**assiette** et les **taux** des retenues à la source en vigueur à la date du fait générateur des retenues restituées.

L'imposition est établie, contrôlée et recouvrée sous les mêmes garanties et sanctions que l'IS.

Pour obtenir la restitution et le report, la personne morale doit déposer, dans le délai de réclamation visé n° 81835 et auprès du service des impôts des entreprises étrangères, une **déclaration** n° 2780-SD faisant apparaître son résultat déficitaire. Un état de suivi des revenus perçus au cours des années précédentes et dont l'imposition est toujours en report est joint en annexe de la déclaration.

L'imposition et le report prennent effet à la date de dépôt de cette déclaration. Le **report** est **maintenu** pour chacun des exercices suivant celui au titre duquel la déclaration a été produite, sous réserve que la personne morale dépose, au titre de chacun de ces exercices et dans les six mois de sa clôture, une nouvelle déclaration faisant apparaître un résultat déficitaire.

Le **report d'imposition** prend **fin** dans les trois cas suivants, ce qui entraîne en principe l'exigibilité immédiate de l'imposition reportée :

– la déclaration annuelle fait apparaître un bénéfice. Dans ce cas, le montant des revenus et profits au titre desquels il est mis fin au report n'est retenu que dans la limite du bénéfice ;

– en cas d'opération entraînant la dissolution sans liquidation de la personne morale (fusion ou opération assimilée, par exemple), sauf si ses déficits sont transférés à la société absorbante ou bénéficiaire des apports, et que cette dernière prend l'engagement de déposer, dans les six mois de la clôture de son exercice, une déclaration faisant apparaître un résultat déficitaire. En l'absence de transfert des déficits, si la personne morale faisant l'objet d'une dissolution sans liquidation a déposé une dernière déclaration de résultat déficitaire, l'imposition placée en report est dégrevée ;

– en cas de non-respect des obligations déclaratives dans les trente jours suivant la réception d'une mise en demeure de l'administration de les respecter.

Lorsque les impositions mises en report portent sur des **exercices distincts,** la déchéance de ce report s'applique en priorité aux impositions les plus anciennes.

› Précisions a. Lorsque la personne morale ne respecte pas ses obligations déclaratives (**dépôt tardif ou incomplet de la déclaration ou de l'état de suivi**), l'administration est tenue de lui adresser une mise en demeure de les respecter dans un délai de trente jours. Elle lui précise, le cas échéant, les compléments déclaratifs requis.

Si la société **remplit ses obligations déclaratives** dans les trente jours suivant la réception de cette mise en demeure, elle doit s'acquitter d'une **amende** égale à 5 % des impositions placées en report à la date du manquement.

b. Lorsque la personne morale bénéficie également de la **restitution définitive au titre des charges** (n° 24893), la demande de restitution doit être diminuée du montant de la restitution définitive sollicitée (BOI-RPPM-RCM-30-30-10-90 n° 80).

c. Lorsque la société étrangère a obtenu **restitution** de l'**excédent** de **prélèvement sur les plus-values immobilières occasionnelles** dans les conditions exposées n° 32690, la demande de restitution effectuée en application de l'article 235 quater du CGI ne peut porter que sur la partie du prélèvement restée à sa charge (BOI-RFPI-PVINR-40 n° 30).

d. Lorsque la personne morale a obtenu **restitution** de la part de **prélèvement sur les plus-values de cession de titre de participation** excédant l'IS dont elle aurait été redevable si son siège social était situé en France (n° 32945, précision c), la demande de restitution effectuée en application de l'article 235 quater du CGI est limitée au montant du prélèvement correspondant à l'IS dont elle aurait été redevable en tant que résidente française (BOI-IS-RICI-30-20 n° 127.5).

Exonération Les **personnes morales** qui remplissent les conditions indiquées aux a et b du n° 24890 (localisation du siège et situation déficitaire) sont exonérées des retenues (ou prélèvements) à la source mentionnées n° 24889, lorsqu'elles justifient auprès du débiteur ou de l'établissement payeur qu'elles ont fait l'objet, à la date de perception du revenu ou de réalisation du profit, d'une procédure comparable à la procédure de **liquidation judiciaire** de l'article L 640-1 du Code de commerce **ou,** à défaut d'existence d'une telle procédure, qu'elles sont en état de **cessation de paiements** et que leur redressement est manifestement impossible. **24892** CGI art. 119 quinquies RM-III-11500 s

RESTITUTION PARTIELLE DES RETENUES À LA SOURCE AU TITRE DES CHARGES

Les personnes morales ou organismes étrangers, bénéficiaires de revenus soumis aux retenues à la source sur les revenus distribués, sur certains revenus non salariaux et assimilés (nos 4560 s.) et sur les rémunérations de prestations artistiques (nos 4640 s.) peuvent demander la restitution de l'imposition à hauteur de la différence entre cette imposition et celle déterminée à partir d'une base nette des charges d'acquisition et de conservation directement rattachées à ces revenus, sous les conditions suivantes : **24893** CGI art. 235 quinquies RM-III-12250 s

– le bénéficiaire est une personne morale ou un organisme dont les **résultats** ne sont pas imposés à l'IR entre les mains d'un associé ;

– son **siège** (ou l'établissement stable dans le résultat duquel les revenus sont inclus) est situé dans un État membre de l'Union européenne, en Norvège, en Islande ou au Liechtenstein ou, s'agissant de la retenue à la source sur les revenus distribués, dans un État tiers ayant conclu avec la France une convention d'assistance administrative en vue de lutter contre la fraude et l'évasion fiscales sous réserve que la participation détenue dans la société distributrice ne permette pas au bénéficiaire de participer de manière effective à la gestion ou au contrôle de cette société. Les bénéficiaires dont le siège est situé dans un ETNC (n° 78310) sont exclus ;

– les **charges** d'acquisition et de conservation des revenus seraient déductibles si le bénéficiaire était situé **en France** ;

– les **règles** d'imposition dans l'**État de résidence** ne permettent pas au bénéficiaire d'y imputer la retenue à la source.

La **demande** en restitution, accompagnée des justificatifs nécessaires, doit être déposée auprès du service des impôts des entreprises étrangères dans le délai de réclamation visé n° 81835.

> **Précisions** **a.** S'agissant des **revenus non salariaux et des rémunérations de prestations artistiques,** la restitution ne trouve à s'appliquer que dans le cas où le montant des charges réellement supportées est supérieur au montant des déductions forfaitaires visées nos 4570, a et 4640.
> **b.** En cas d'**imputation partielle** de la retenue à la source dans l'État de résidence, la société ou l'organisme étranger ne peut obtenir restitution qu'au titre de la quote-part de retenue à la source non imputable dans cet État (BOI-RPPM-RCM-30-30-10-100 n° 50).
> **c.** Lorsque la société étrangère a déjà obtenu **restitution en raison de sa situation déficitaire** (nos 24889 s.), la demande de restitution formulée ultérieurement au titre des charges pour les mêmes retenues à la source n'entraîne aucune restitution supplémentaire (BOI-RPPM-RCM-30-30-10-100 n° 100).

BÉNÉFICES RÉALISÉS EN FRANCE PAR DES SOCIÉTÉS ÉTRANGÈRES

Cas d'application de la retenue à la source Les bénéfices réalisés en France par les sociétés étrangères y exerçant une activité sont présumés distribués à des associés n'ayant pas leur domicile fiscal ou leur siège social en France. Par suite, ils sont en principe passibles de la retenue à la source prévue à l'égard des distributions faites par les sociétés françaises à des non-résidents (nos 24845 s.). **24895** CGI art. 115 quinquies RM-III-13000 s

Cependant :

– une **dispense** de retenue est prévue pour les bénéfices réalisés en France par les sociétés étrangères qui ont leur siège dans un État membre de l'**Union européenne,** ou en **Islande,** en **Norvège** ou au **Liechtenstein,** et qui y sont passibles de l'IS, sans possibilité d'option et sans en être exonérées (et sans bénéficier d'une exonération spécifique sur les bénéfices) ;

– les **conventions internationales** limitent parfois le champ d'application de la retenue et son montant ou même la suppriment totalement : voir n° 83350.

> **Précisions** **a.** L'exonération des **sociétés de l'Union européenne** concerne les sociétés situées dans des États membres avec lesquels les conventions ne prévoient pas déjà la non-application de la retenue. Au lieu et place de la déclaration de retenue à la source, ces sociétés doivent produire une attestation de résidence délivrée par l'administration fiscale territorialement compétente de l'État de leur siège.
> **b.** Les bénéfices correspondant aux droits des sociétés étrangères dans des **sociétés de personnes** ayant leur siège en France ne sont pas soumis à la retenue à la source (BOI-RPPM-RCM-30-30-10 n° 90).

24896 **Assiette et liquidation** Lorsqu'elle est exigible, la retenue à la source est, dans un premier temps, liquidée au taux visé n° 24860 sur une **base provisoire** égale au montant total des résultats français disponibles, c'est-à-dire des bénéfices et des plus-values soumis à l'IS – déduction faite de cet impôt – et des profits de toute nature qui bénéficient d'une exonération ou dont l'imposition est différée.

Elle peut ensuite faire l'objet d'une **révision** (et l'excédent de perception peut être restitué) dans trois cas :

– si le montant des résultats français disponibles excède le montant total des distributions effectivement opérées par la société dans les douze mois suivant la clôture de l'exercice (la demande de révision, appuyée des pièces justificatives, doit alors être déposée dans les trois mois qui suivent la période de douze mois susvisée) ;

– si la société justifie que tout ou partie des distributions effectives a bénéficié à des personnes ayant leur domicile fiscal ou leur siège social en France et que les sommes correspondant à la retenue leur ont été transférées (la demande de révision, appuyée des justifications nécessaires, peut être déposée jusqu'au 31 décembre de l'année suivant celle de la mise en paiement des produits) ;

– si la société a son siège dans un État membre de l'Union européenne, ou en Islande, en Norvège ou au Liechtenstein, et qu'elle justifie que les sommes auxquelles la retenue à la source a été appliquée n'ont pas été désinvesties hors de France.

> Précisions a. Pour échapper à la double liquidation, les sociétés peuvent demander que le **versement** de la retenue soit **limité** au montant qui leur paraît définitivement exigible, compte tenu des perspectives de distribution, du domicile et de la qualité (personnes physiques ou morales) de leurs actionnaires. Mais, si ce versement se révèle insuffisant, elles devront par la suite acquitter le complément assorti de l'intérêt de retard (BOI-RPPM-RCM-30-30-30-10 n° 330).

b. La retenue doit être déclarée sur le formulaire n° 2777-SD et **versée** par la société étrangère au plus tard le 15 du quatrième mois suivant la clôture de l'exercice (le 15 mai en cas de clôture au 31 décembre ou d'absence de clôture au cours d'une année) (CGI art. 1673 bis). La déclaration et le paiement doivent obligatoirement, sous peine d'une majoration de 0,2 % (n° 80200), être télétransmis (CGI art. 1649 quater B quater, X et 1681 septies, 7).

c. Lorsque l'administration se fonde sur les dispositions de l'article 115 quinquies du CGI pour assujettir une société étrangère à un **rappel de retenue à la source**, elle doit asseoir la retenue sur la base légale (montant total des bénéfices réalisés en France, déduction faite de l'IS). Elle ne peut pas retenir une **assiette** supérieure, notamment le montant des distributions effectives (CE 24-6-2019 n° 413156 : RJF 10/19 n° 905).

SECTION 3 PRODUITS DES PLACEMENTS À REVENU FIXE

24980 L'expression « placements à revenu fixe » doit être entendue dans un sens large. Elle est essentiellement destinée à distinguer les placements en cause des placements « à risque » que constituent les actions et parts sociales dont les revenus (qui présentent nécessairement un caractère aléatoire lié aux résultats de la société émettrice) constituent la catégorie de revenus mobiliers examinée n°s 24265 s.

Les placements « à revenu fixe » comprennent en réalité plusieurs catégories : obligations et autres titres d'emprunt négociables (emprunts d'État, notamment), créances, dépôts, cautionnements et comptes courants, bons de caisse, bons de capitalisation. Généralement, le taux de rémunération de ces placements est fixé dès le départ et demeure invariable durant toute la durée du placement. Mais ce n'est pas toujours le cas. C'est ainsi, par exemple, que sont fiscalement considérés comme des placements « à revenu fixe » les obligations à taux variable ou révisable ainsi que les titres participatifs.

A. Règles générales d'imposition

25100 CGI art. 125 A et 125 D RM-IV-200 s

Comme la généralité des revenus du capital, les produits de placement à revenu fixe perçus par les personnes physiques sont soumis, en principe, au PFU de 12,8 % (n°s 24170 s.) ou, sur option globale, au barème progressif (n°s 24190 s.).

L'imposition est effectuée en deux temps (voir tableau n° 25410) :
– l'année de leur versement, les revenus donnent lieu à un prélèvement forfaitaire non libératoire perçu à titre d'acompte ;
– l'année suivante, ils sont soumis à l'impôt sur le revenu sous déduction de l'impôt prélevé à la source.
Par dérogation, certaines catégories de produits sont soumises à un prélèvement forfaitaire libératoire.
Quelles que soient les modalités d'imposition, les **prélèvements sociaux** sont, en règle générale, prélevés à la source (voir n° 34650).

1. PRÉLÈVEMENT FORFAITAIRE NON LIBÉRATOIRE (PFNL)

Les intérêts, arrérages et produits de toute nature des placements à revenu fixe sont soumis, lors de leur versement, à un prélèvement forfaitaire non libératoire (PFNL). Ce prélèvement constitue un acompte d'impôt sur le revenu imputable sur l'impôt dû l'année suivante et, en cas d'excédent, restituable. **25250** RM-IV-400 s

CHAMP D'APPLICATION

Le PFNL est applicable aux personnes **physiques fiscalement domiciliées en France** qui bénéficient d'intérêts, arrérages et produits de toute nature de fonds d'État, obligations, titres participatifs, bons et autres titres de créances, dépôts, cautionnements et comptes courants, ainsi que d'intérêts versés au titre des sommes mises à la disposition de la société dont elles sont associées ou actionnaires et portées sur un compte bloqué individuel. **25260** RM-IV-450 s
Il n'est **pas applicable** :
– aux revenus exonérés d'impôt sur le revenu visés n°s 25560, Précisions, 25665, 26165 et 26175 ;
– aux revenus soumis à un prélèvement forfaitaire libératoire (n°s 25430 s.) ;
– aux revenus payés par un établissement établi hors de France à des personnes dont le revenu fiscal de référence de l'avant-dernière année est inférieur aux montants mentionnés n° 25265.

Dispense de prélèvement Les personnes physiques appartenant à un foyer fiscal dont le **revenu fiscal de référence** de l'avant-dernière année est **inférieur à un certain montant** (25 000 € pour les contribuables célibataires, divorcés ou veufs, ou 50 000 € pour ceux soumis à imposition commune) peuvent demander à être dispensées du PFNL lorsque l'établissement payeur est établi en France. **25265**
Cette dispense de prélèvement est formulée dans les mêmes conditions et sous les mêmes sanctions que celle prévue pour le prélèvement sur les dividendes et autres distributions (sous réserve toutefois de la condition tenant au montant du revenu fiscal de référence fixé à 50 000 € et 75 000 € pour les dividendes) (voir n° 24580). En ce qui concerne toutefois le délai pour formuler la demande de dispense pour les produits se rapportant à certains contrats d'assurance-vie (et bons ou contrats de capitalisation) et pour ceux issus de versements dans le cadre d'un plan d'épargne retraite perçus lors de son dénouement, voir respectivement n°s 26035 et 96650, d.
Pour le cas où l'établissement payeur est établi hors de France, voir n° 25260.

LIQUIDATION DU PRÉLÈVEMENT

Le prélèvement est calculé sur le **montant brut** des produits de placement à revenu fixe versés, sans aucune déduction des frais et charges qui peuvent grever ce revenu. **25275** RM-IV-980 s
Il est liquidé au **taux de 12,8 %.** En ce qui concerne toutefois le taux applicable à certains produits de contrats d'assurance-vie et bons ou contrats de capitalisation, voir n° 26035.

> **Précisions a.** Il est formellement interdit au débiteur des revenus de prendre en charge le montant du prélèvement (CGI art. 1678 quater, I).
> **b.** Pour les **revenus de source étrangère,** le montant brut des revenus comprend, le cas échéant, le crédit d'impôt conventionnel. Ce crédit d'impôt n'est pas imputable sur le prélèvement mais sur le montant de l'impôt sur le revenu établi au vu de la déclaration d'ensemble des revenus (BOI-RPPM-RCM-30-20-30 n° 10).
> **c.** S'agissant des **gains de cession de titres de créances,** le montant à soumettre au prélèvement est constitué par la différence entre le prix effectif de cession des titres, net des frais et taxes acquittés par le cédant, et leur prix effectif ou valeur d'acquisition augmenté des frais d'acquisition autres que les droits de mutation à titre gratuit (BOI-RPPM-RCM-30-20-30 n° 80). Il en va de même des gains de cession de **bons ou contrats de capitalisation** (BOI-RPPM-RCM-30-20-30 n° 135).

DÉCLARATION ET PAIEMENT DU PRÉLÈVEMENT

25385 **Établissement payeur établi en France** Lorsque l'établissement payeur est établi en France (qu'il s'agisse du débiteur des revenus ou de la personne qui en assure le paiement), les sommes qu'il retient au titre du prélèvement forfaitaire doivent être versées au service des impôts des entreprises dont il dépend au plus tard le 15 du mois suivant le paiement des revenus. Le prélèvement dû au titre du mois de décembre fait l'objet d'un **acompte** à payer au plus tard le 15 octobre égal à 90 % du montant du prélèvement dû au titre du mois de décembre de l'année précédente.

CGI art. 1678 quater RM-IV-1150 s

Chaque versement est accompagné d'une **déclaration n° 2777-SD.** La télédéclaration et le télépaiement sont obligatoires (CGI art. 1649 quater B quater, IX et 1681 septies, 7). Le non-respect de ces obligations est sanctionné par une majoration de 0,2 % (n° 80200).

Le dépôt hors délai de la déclaration, accompagné du **versement tardif** de la retenue, entraîne l'exigibilité des sanctions prévues en cas de déclaration tardive (intérêt de retard et majoration : voir nos 80075 s.).

> **Précisions** **a.** Sont expressément exclus du champ de l'**acompte** de prélèvement les intérêts des comptes courants et comptes bloqués d'associés, et les intérêts dus par les offices notariaux au titre des produits de comptes de consignation, de dépôt spécifique et de titres consignés (CGI art. 1678 quater, II-1).
> **b.** Lorsque le montant de l'**acompte** de prélèvement est **supérieur** au montant du prélèvement réellement dû, le surplus est imputé sur le prélèvement ou la retenue dus à raison des autres produits de placements (ou le cas échéant sur les autres prélèvements ou retenues), et l'excédent est restitué (CGI art. 1678 quater, II-2).

25390 **Établissement payeur établi hors de France** Lorsque l'établissement payeur est établi hors de France, le PFNL est acquitté par le contribuable lui-même au plus tard le 15 du mois suivant le paiement des revenus.

CGI art. 125 D, IV RM-IV-1500 s

Toutefois, lorsque l'établissement payeur est établi dans un **État de l'Union européenne, en Islande, en Norvège ou au Liechtenstein,** le PFNL est acquitté soit par l'établissement payeur mandaté par le contribuable auprès de la Direction des impôts des non-résidents, soit par le contribuable lui-même auprès du service des impôts des entreprises dont dépend son domicile, au plus tard le 15 du mois suivant le paiement des revenus.

Le paiement doit être accompagné d'une **déclaration n° 2778-SD** souscrite en un seul exemplaire.

Le dépôt hors délai de la déclaration, accompagné du **versement tardif** de la retenue, entraîne l'exigibilité des sanctions prévues en cas de déclaration tardive (intérêt de retard et majoration : voir nos 80075 s.). Ces sanctions ne sont toutefois pas applicables si le contribuable justifie qu'il a mandaté l'établissement payeur pour acquitter et déclarer le prélèvement (CGI art. 1678 quater, I).

> **Précisions** Lorsqu'un même **établissement payeur européen** est **mandaté par plusieurs contribuables français,** il peut conclure une convention avec l'administration fiscale française prévoyant les modalités de paiement du prélèvement pour l'ensemble de ces contribuables, de sorte qu'il puisse déposer une seule déclaration pour l'ensemble des redevables (CGI art. 125 D, VI).

2. IMPOSITION DÉFINITIVE

25400 Les produits de placement à revenu fixe sont soumis à l'impôt sur le revenu au taux forfaitaire de 12,8 % (**PFU**) ou, sur option globale, au barème progressif, selon les modalités exposées nos 24170 s. et 24190 s. En ce qui concerne toutefois le taux du PFU applicable à certains produits de contrats d'assurance-vie et bons ou contrats de capitalisation, voir n° 26040.

Le **PFNL** prélevé à la source (nos 25250 s.) est **imputable** sur l'impôt sur le revenu dû au titre de l'année au cours de laquelle il a été opéré. L'excédent éventuel (notamment en cas d'option pour le barème progressif) est restituable.

On remarquera que l'alignement du taux du PFNL sur celui du PFU (12,8 %) revient en pratique à s'acquitter de l'imposition à la source, sauf en cas d'option pour le barème progressif.

TABLEAU RÉCAPITULATIF

25410 Le tableau ci-après récapitule les règles d'imposition des produits de placement à revenu fixe à l'impôt sur le revenu.

Produits perçus l'année N	
Année N : PFNL de 12,8 %[1]	**Année N + 1** : • PFU de 12,8 % ou, sur option globale[2], imposition au barème progressif • Imputation du PFNL • Restitution en cas d'excédent

1. Les contribuables dont le revenu fiscal de référence n'excède pas 25 000 € (célibataires, divorcés ou veufs) ou 50 000 € (contribuables soumis à une imposition commune) peuvent demander, lorsqu'ils sont assujettis au PFNL, à en être dispensés.
2. L'option porte sur l'ensemble des revenus, gains nets, profits et créances entrant dans le champ d'application du PFU.

3. RÉGIME DÉROGATOIRE DU PRÉLÈVEMENT FORFAITAIRE LIBÉRATOIRE

Par dérogation à l'imposition des produits de placement à revenu fixe à l'impôt sur le revenu au taux forfaitaire de 12,8 % (PFU) ou, sur option globale, au barème progressif, certaines catégories de produits sont soumises à un prélèvement forfaitaire libératoire (sur option ou à titre obligatoire). 25430 RM-IV-1850 s

Le prélèvement libératoire **sur option** s'applique aux produits des bons ou contrats de capitalisation ou d'assurance-vie attachés à des primes versées jusqu'au 26 septembre 2017 qui bénéficient à des personnes fiscalement domiciliées en France. Le taux du prélèvement varie selon la durée des contrats (voir n° 26050).

Le prélèvement libératoire **obligatoire** concerne :

– les revenus des produits d'épargne solidaire (voir n° 25440) ;

– les produits versés dans un État ou territoire non coopératif (voir n° 25445) ;

– les produits des bons ou contrats de capitalisation ou d'assurance-vie versés à des non-résidents (voir n° 26120).

Les prélèvements libératoires sont versés au plus tard le 15 du mois suivant le paiement des revenus. Le paiement est accompagné d'une **déclaration** n° 2777-SD (établissement payeur établi en France) ou n° 2778-SD (établissement payeur établi hors de France). Pour plus de précisions, voir n°s 25385 s.

> **Précisions** Le **caractère libératoire** du prélèvement ne peut pas être invoqué pour les produits qui sont pris en compte pour la détermination du bénéfice imposable d'une **entreprise** industrielle, commerciale, artisanale ou agricole ou d'une **profession non commerciale** (CGI art. 125 A, V-2).

Produits d'épargne solidaire Les revenus des produits (non exonérés) donnés au profit d'un organisme d'intérêt général dans le cadre d'un mécanisme dit « solidaire » de versement automatique à l'organisme bénéficiaire par le gestionnaire du fonds d'épargne sont obligatoirement soumis à un **prélèvement** libératoire au taux **de 5 %.** 25440 CGI art. 125 A, II RM-IV-1950 s

> **Précisions** Les **revenus de source étrangère** sont retenus pour leur montant brut. L'impôt retenu à la source est imputé sur le prélèvement libératoire dans la limite du crédit d'impôt auquel il ouvre droit dans les conditions prévues par les conventions internationales.

Paiement dans un État ou territoire non coopératif Un **prélèvement** libératoire est obligatoirement appliqué au taux **de 75 %** sur les produits de placement à revenu fixe dont le débiteur est établi ou domicilié en France et qui sont payés dans un État ou territoire non coopératif (ETNC) (au sens défini n° 78310, 1° et 2°). Le prélèvement s'applique quels que soient la qualité du bénéficiaire et le lieu de son domicile fiscal ou de son siège social. 25445 CGI art. 125 A, III RM-IV-2250 s

Toutefois, le prélèvement ne s'applique pas si le débiteur démontre que les opérations auxquelles correspondent ces produits ont principalement un objet et un effet autres que de permettre la localisation de ces produits dans un ETNC (clause de sauvegarde).

> **Précisions** **a.** Le paiement des produits dans un ETNC peut prendre la **forme** d'une inscription en compte (paiement sur un compte ouvert dans les livres d'un établissement situé dans un ETNC) ou d'un paiement par chèque, espèces ou tout autre moyen (paiement à une personne ou entité dont le domicile ou le siège est situé dans un ETNC) (BOI-INT-DG-20-50-30 n° 130).
> **b.** La **clause de sauvegarde** s'applique en principe automatiquement aux titres offerts dans le cadre d'une offre publique réalisée dans un État autre qu'un ETNC, aux titres admis aux négociations sur un marché réglementé ou système multilatéral non situé dans un ETNC (à condition que l'entreprise de marché, le prestataire de services d'investissement ou l'organisme similaire étranger qui assure le fonctionnement du marché ne soit pas situé dans un ETNC), ainsi qu'aux titres

admis aux opérations d'un dépositaire ou d'un gestionnaire de systèmes de règlement ou livraison d'instruments financiers dès lors que ce dépositaire ou gestionnaire n'est pas situé dans un ETNC (BOI-INT-DG-20-50-30 n° 150).

c. La **retenue à la source** opérée, le cas échéant, dans les conditions visées n° 25610 est imputable sur le prélèvement.

B. Règles propres à chaque catégorie de placement

1. OBLIGATIONS ET AUTRES TITRES D'EMPRUNT NÉGOCIABLES

25550 CGI art. 118 RM-IV-5000 s

Les revenus d'obligations et titres assimilés s'entendent des intérêts, arrérages, lots, primes de remboursement et de tous autres produits des obligations, **titres participatifs, effets publics et tous autres titres d'emprunt négociables** émis par l'État, les départements, communes et établissements publics français, les associations de toute nature et les sociétés, compagnies ou entreprises quelconques, financières, industrielles, commerciales ou civiles françaises.

> **Précisions a.** Il convient de considérer comme négociables tous les **titres cotés en bourse ou susceptibles de l'être.** Ce n'est pas le cas des **titres de créances négociables sur un marché réglementé,** dont les produits obéissent au régime fiscal des revenus de créances (voir nos 25695 s.).
> **b.** Les obligations assimilables du Trésor (ou **OAT**) entrent dans la catégorie des obligations négociables.

PRODUITS IMPOSABLES

25560 CGI art. 119 RM-IV-5500 s

En principe, tous les revenus obligataires, y compris les produits des emprunts d'État, sont imposables au titre de l'impôt sur le revenu.

Le **revenu imposable** est déterminé :

– pour les obligations, titres participatifs, effets publics et emprunts, par l'intérêt ou le revenu distribué dans l'année ;

– pour les lots, par le montant même du lot ;

– pour les primes de remboursement, par la différence entre les sommes à recevoir et celles versées lors de l'acquisition (voir n° 25585).

> **Précisions** Sont exonérés d'impôt sur le revenu, sous certaines conditions, les **avantages en nature** procurés aux souscripteurs d'**emprunts** obligataires que les **régions** ont été autorisées à émettre jusqu'au 31 décembre 1995 (CGI art. 157, 3° ter).

25565 **Modalités d'imposition** Les revenus d'obligations et titres assimilés sont imposés selon les règles exposées nos 25100 s.

Les revenus perçus sont donc en principe soumis au PFU ou, sur option globale, au barème progressif. Cependant, lors de leur versement, ils font l'objet, sauf exceptions, du prélèvement forfaitaire non libératoire (PFNL) imputable sur l'impôt sur le revenu à payer l'année suivante et, en cas d'excédent, restituable.

PRIMES DE REMBOURSEMENT

25585 CGI art. 238 septies A RM-IV-25100 s

Les primes de remboursement s'entendent de la différence entre les sommes ou valeurs à recevoir (à l'exception des intérêts versés chaque année et restant à recevoir après l'acquisition) et celles versées lors de l'acquisition du titre ou du droit, lorsqu'elles sont attachées :

– à des **obligations,** titres assimilés, **titres de créances négociables** et parts de **fonds communs de créances** (ou de **titrisation**), émis depuis le 1er janvier 1992 ou démembrés depuis le 1er juin 1991 (1er janvier 1993 s'agissant des obligations et autres titres d'emprunts négociables étrangers) ;

– à des **contrats de créances non négociables** (bons de caisses, bons du Trésor, etc.) conclus ou démembrés depuis le 1er janvier 1993.

La définition très large des primes retenue pour ces titres vise notamment : les obligations à **coupon unique** versé à l'échéance en même temps que le remboursement du nominal ; les obligations à **coupon zéro** qui ne comportent aucun intérêt et dont la rémunération est assurée par une forte prime de remboursement ; les titres dont la valeur d'émission est inférieure au nominal (on parle alors de **prime d'émission**). Elle englobe également les intérêts capitalisés, les **intérêts payés d'avance** et les **plus-values de remboursement** provenant du remboursement d'obligations acquises au-dessous du prix d'émission. Par **exemple,** si une obligation émise à 150 € et remboursable à 150 € est acquise en bourse pour 130 € parce que les taux d'intérêt ont augmenté sur le marché, le différentiel de 20 € – si l'acheteur ne revend pas son obligation avant l'échéance – sera traité comme une prime de remboursement.

Les primes ainsi définies (y compris donc les intérêts payés d'avance) sont imposables quel que soit leur montant lors du **remboursement** du titre ou du droit, selon les mêmes modalités que les intérêts. Elles sont donc soumises au PFU ou, sur option globale, au barème progressif avec application, lors de leur versement, du PFNL (n° 25565).

25595

> Précisions **a.** Le « **démembrement** » d'un titre consiste à scinder celui-ci en plusieurs titres distincts : l'un représentatif du capital à rembourser à l'échéance et un ou plusieurs autres titres donnant droit au paiement des intérêts. Au plan fiscal, chacun de ces nouveaux titres est considéré en lui-même, et le revenu imposable est constitué par la différence entre le prix d'achat et la somme reçue à l'extinction du droit.

Toutefois en cas de démembrement d'obligations réalisé avant le 1er juin 1991, la prime de remboursement s'entend de la différence entre le capital ou l'intérêt perçu à l'échéance par le détenteur du droit et le prix de souscription, lors du démembrement, du droit correspondant.

Ces définitions ne concernent ni les démembrements de titres émis avant le 1er juin 1985 ni les titres démembrés lors d'une succession.

b. Lorsque des **obligations** souscrites à partir du 1er janvier 1995 sont remboursées à un prix inférieur à leur valeur d'acquisition, l'administration autorise l'imputation de la **perte en capital** qui en résulte sur les intérêts des titres en question versés la dernière année et qui n'entrent pas dans la définition de la prime de remboursement (BOI-RPPM-RCM-20-10-20-20 n° 390).

c. Pour les **titres ou droits reçus** depuis le 1er janvier 2000 dans le cadre d'un **échange** présentant un caractère intercalaire (n° 33300), la prime de remboursement est calculée à partir du prix ou de la valeur d'acquisition des titres ou droits remis à l'échange, diminuée de la soulte reçue qui n'a pas fait l'objet d'une imposition au titre de l'année de l'échange ou majorée de la soulte versée.

OBLIGATIONS ÉMISES AVANT LE 1ER JANVIER 1987 : RETENUE À LA SOURCE

Quelle que soit la date de leur paiement, les produits des obligations, titres participatifs et **autres titres** d'emprunts **négociables** émis avant le 1er janvier 1987 sont, sauf exonération expresse, soumis à une retenue à la source lorsqu'ils sont perçus par des **personnes morales** qui ont leur siège en France ou hors de France, ou par des **personnes physiques** non résidentes. 25610 CGI art. 119 bis, 1 **RM-IV-6000 s**

Le taux de la retenue est fixé pour les bénéficiaires personnes morales à 15 % (17 % s'il s'agit de lots et primes de remboursement attachés à des valeurs émises avant le 1er janvier 1986) et pour les bénéficiaires personnes physiques à 12,8 %.

Lorsqu'elle est exigible, la retenue doit être versée par les collectivités émettrices dans les mêmes délais que le PFNL (voir n° 25385, aucun acompte de retenue n'étant toutefois dû), chaque versement devant être accompagné d'une **déclaration n° 2753-SD** (CGI art. 1672, 1). Elle ne peut pas être prise en charge par l'organisme émetteur (CGI art. 1672 bis, 1).

> Précisions **a.** La retenue à la source se présente comme une perception anticipée à valoir, sous la forme d'un **crédit d'impôt**, sur l'imposition définitive (CGI art. 199 ter, I-a ; CGI ann. II art. 92 à 95).

b. Bien que la télédéclaration et le télépaiement soient en principe obligatoires, l'administration considère que la déclaration n° 2753-SD doit être souscrite sous **format papier** auprès de la direction des impôts des non-résidents et que l'impôt doit obligatoirement être acquitté par virement lorsque son montant est supérieur à 1 500 €, le non-respect de cette obligation étant sanctionné par la majoration de 0,2 % visée n° 80200, b (BOI-RPPM-RCM-30-10-10-40 nos 70, 185, 200 et 210).

c. L'administration admet qu'il n'y a pas lieu de réclamer la retenue s'il est prouvé que les **produits** n'ont **pas** été et ne seront jamais **réglés**, notamment en cas de liquidation judiciaire de la collectivité émettrice (BOI-RPPM-RCM-30-10-10-20 n° 50).

d. Les **personnes morales étrangères déficitaires** peuvent, sous certaines conditions, demander la restitution de la retenue à la source (voir nos 24889 s.). Celles en **liquidation judiciaire** peuvent en être exonérées (voir nos 24892).

2. CRÉANCES, DÉPÔTS, CAUTIONNEMENTS ET COMPTES COURANTS

Cette catégorie de revenus mobiliers comprend les intérêts, arrérages, primes de remboursement et tous autres produits : 25630 CGI art. 124 à 125-00 A **RM-IV-7500 s**

– des créances hypothécaires, privilégiées et chirographaires, à l'exclusion de celles représentées par des obligations, effets publics et autres titres d'emprunts négociables (pour ces dernières : voir nos 25550 s.) ;

– des dépôts de sommes d'argent à vue ou à échéance fixe, quel que soit le dépositaire et quelle que soit l'affectation du dépôt ;

– des cautionnements en numéraire ;
– des comptes courants ;
– des clauses d'indexation afférentes aux sommes mises ou laissées à la disposition d'une société par ses associés ou ses actionnaires.

En ce qui concerne les produits perçus dans le cadre de l'exercice d'une profession, voir n° 7985 (profession industrielle, commerciale, artisanale ou agricole) et n° 13310 (profession non commerciale).

25635 **› Précisions** **a.** Selon l'administration, la dénomination de « **créances** » vise toutes les créances productives d'intérêts (prêts notamment), quelles que soient leur cause, la nature juridique du contrat dont elles découlent, la façon dont elles sont constatées (y compris simple convention verbale) ou les garanties qui leur sont attachées (BOI-RPPM-RCM-10-10-40 n° 70). Cette doctrine doit toutefois être combinée avec la jurisprudence exposée ci-après au b.

b. Les **intérêts moratoires** sont traités fiscalement comme les indemnités dont ils sont l'accessoire : ils sont ainsi taxables comme revenus de créances s'ils se rattachent à des créances elles-mêmes imposables dans cette catégorie de revenus, comme traitements et salaires s'ils sont versés en compensation de salaires non perçus (CE 4-12-1992 n° 83205 : RJF 1/93 n° 3) ou encore comme plus-values de cession de droits sociaux s'ils correspondent au paiement différé d'une partie du prix de cession de ces droits (CE 11-7-2011 n° 328792 : RJF 11/11 n° 1120). Les intérêts moratoires afférents à des **dégrèvements d'impôt** ne sont pas en principe imposables : voir n° 81915, précision g.

c. Les dépôts comprennent, par exemple, les versements effectués dans les banques à des **comptes à terme ou sur livrets** (BOI-RPPM-RCM-10-10-40 n° 200), ou encore les sommes confiées en **dépôt** auprès d'un **notaire** (CE 26-7-1978 n° 7132 : RJF 11/78 n° 484).

d. Sont assimilés à des revenus de créances les profits réalisés par les contribuables qui effectuent des **placements en report** (CGI art. 124 A).

PRODUITS IMPOSABLES

25645
RM-IV-7650 s

Tous les **revenus** de créances, dépôts, cautionnements et comptes courants sont imposables au titre de l'impôt sur le revenu, hormis les cas d'**exonération** expressément prévus par la loi (voir n° 25665).

Les **plus-values** de cession des contrats de créances sont imposables selon les mêmes règles que les revenus, le gain taxable étant calculé comme les plus-values de cession de valeurs mobilières (sans application de l'abattement pour durée de détention) (n°s 33020 s.). Sur le cas particulier de la cession ou de l'apport d'une créance de complément de prix (clause d'« earn out »), voir toutefois n° 33140.

Certains types de placements sont soumis à des règles spéciales dérogatoires au droit commun notamment les comptes et plans d'épargne-logement (n° 25685) et les titres de créances négociables sur un marché réglementé (n°s 25695 s.).

25650
RM-IV-10500 s

Modalités générales d'imposition Les particuliers domiciliés en France qui perçoivent des revenus de créances, dépôts, cautionnements et comptes courants sont imposés selon les règles exposées n°s 25100 s. Ces règles valent pour l'ensemble des produits – **intérêts et plus-values de cession** – des contrats de créances en cause.

Les revenus sont donc en principe soumis au PFU ou, sur option globale, au barème progressif. Cependant, lors de leur versement, ils font l'objet, sauf exceptions, du PFNL imputable sur l'impôt sur le revenu à payer l'année suivante et, en cas d'excédent, restituable (n°s 25100 s.).

Lorsqu'ils sont soumis au barème progressif, les revenus de créances, dépôts, cautionnements et comptes courants doivent, selon l'administration, être compris dans le revenu imposable pour leur montant brut, sans aucune déduction des **frais et charges** supportés pour leur acquisition ou leur conservation (BOI-RPPM-RCM-20-10-20-70 n° 15). Voir toutefois n° 8810, précision c pour le cas particulier d'un prêt consenti à une société par un associé à l'aide de fonds empruntés.

25655 **› Précisions** **a.** Le **fait générateur de l'impôt** est le paiement effectif des **intérêts** (en espèces, par chèque ou par inscription à un compte). Les intérêts payés d'avance afférents à des contrats conclus à partir du 1er janvier 1993 sont toutefois assimilés à des primes de remboursement et ne sont donc imposables qu'au moment du remboursement du capital : voir n° 25585.

Pour les **gains de cession de contrats de créances non négociables,** le fait générateur de l'imposition est constitué par la cession à titre onéreux des contrats détenus en pleine propriété ou démembrés, quelles que soient les modalités de paiement du prix.

b. Les revenus de créances perçus par un contribuable domicilié en France sont imposables dans notre pays même si le **débiteur** de ces revenus est **domicilié à l'étranger.**

L'imposition ne peut être établie que sous réserve de l'application des **conventions** internationales. C'est ainsi notamment que plusieurs conventions attribuent au créancier un crédit d'impôt correspondant à l'impôt perçu à la source dans l'État du débiteur (voir le tableau nº 83320).

c. Les **pertes** subies en cas de **cession des contrats de créances** sont exclusivement imputables sur des produits ou gains relevant du même régime d'imposition réalisés au cours de la même année et des cinq années suivantes (voir nº 25705).

d. La **perte** en capital subie par une personne physique agissant dans le cadre de la gestion de son patrimoine privé en cas de **non-remboursement d'un prêt participatif** ou d'un **minibon** souscrit jusqu'au 10 novembre 2023 (Ord. 2021-1735 du 22-12-2021 art. 36 et 38 modifiés) est imputable, à compter de l'année au cours de laquelle la créance du prêteur devient définitivement irrécouvrable (au sens donné au nº 54420), sur les intérêts générés par d'autres prêts participatifs ou minibons souscrits dans les mêmes conditions et perçus au cours de la même année ou des cinq années suivantes. Le montant des pertes imputables ne peut pas excéder 8 000 € au titre d'une même année (CGI art. 125-00 A).

PRODUITS EXONÉRÉS

Sont exonérés de l'impôt sur le revenu et, pour certains d'entre eux, des prélèvements sociaux (voir nºs 34620) les produits limitativement énumérés ci-après. 25665 CGI art. 157 RM-IV-9000 s

a. Intérêts des sommes inscrites sur les **livrets A** : il peut être ouvert autant de livrets A que de personnes composant le foyer fiscal, les versements sur chaque livret étant plafonnés à 22 950 €.

b. Intérêts des sommes inscrites sur les **livrets bleus du Crédit mutuel** ouverts avant 2009.

c. Rémunération des sommes déposées sur les livrets d'épargne populaire (**LEP**), dont l'ouverture est réservée aux contribuables modestes, dans la limite de deux livrets par foyer fiscal (le plafond des dépôts est fixé à 10 000 € par livret).

d. Intérêts des sommes déposées sur les **livrets jeunes** réservés aux jeunes âgés de 12 à 25 ans, à raison d'un seul livret par personne (montant maximum des versements fixé à 1 600 €).

e. Intérêts des dépôts effectués sur un livret de développement durable et solidaire (**LDDS**). Il ne peut être ouvert qu'un livret par contribuable ou un pour chacun des époux ou partenaires d'un Pacs soumis à une imposition commune (plafond des versements sur chaque livret : 12 000 €).

f. Intérêts et primes d'épargne versés aux titulaires des plans d'épargne-logement (**PEL**) de moins de douze ans et des comptes épargne-logement (**CEL**) pour les plans et comptes ouverts jusqu'au 31 décembre 2017 (voir nº 25685). Chaque personne composant la famille (conjoints, enfants) peut détenir un PEL et/ou un CEL. Le montant maximal des sommes qui peuvent être déposées est fixé à 61 200 € pour les PEL et à 15 300 € pour les CEL.

g. Produits perçus dans le cadre d'un plan d'épargne populaire (**PEP**) (y compris les rentes viagères).

h. Intérêts des **titres d'indemnisation** (prioritaires ou non) remis aux Français **rapatriés** d'outre-mer dépossédés de leurs biens.

> **Précisions** En cas d'**ouverture de livrets A au-delà du nombre autorisé,** les intérêts perçus sont imposables à l'impôt sur le revenu. Par ailleurs, une amende égale à 2 % de l'encours du livret surnuméraire est appliquée. Cette amende n'est toutefois pas recouvrée lorsque son montant est inférieur à 50 € (CGI art. 1739 A).

COMPTES ET PLANS D'ÉPARGNE-LOGEMENT

Les **intérêts** des sommes inscrites sur les comptes d'épargne-logement (**CEL**) ou plans d'épargne-logement (**PEL**) **ouverts depuis le 1er janvier 2018** sont soumis à l'impôt sur le revenu dans les conditions de droit commun dès la première année du plan ou du compte. Ils sont donc soumis au PFU ou, en cas d'option globale, au barème progressif, avec PFNL lors de l'inscription des intérêts en compte (voir nºs 25100 s.). 25685 CGI 157, 9° bis RM-IV-9250 et RM-IV-27000 s

Les intérêts des CEL et PEL ouverts **jusqu'au 31 décembre 2017** sont quant à eux exonérés d'impôt sur le revenu. Toutefois, pour les PEL, l'exonération est limitée aux intérêts acquis au cours des douze premières années du plan ou, pour les plans ouverts avant le 1er avril 1992, jusqu'à leur date d'échéance.

La **prime d'épargne** est exonérée en totalité de l'impôt sur le revenu. À noter que cette prime est supprimée pour les PEL et CEL ouverts depuis le 1er janvier 2018.

En ce qui concerne l'application des **prélèvements sociaux,** voir nºs 34620.

TITRES DE CRÉANCES NÉGOCIABLES

Les titres de créances négociables (TCN) sont des titres financiers émis au gré de l'émetteur, négociables sur un marché réglementé en application d'une disposition législative particulière et non susceptibles d'être cotés. 25695 CGI art. 124 B à 124 E RM-IV-28000 s

Les titres émis sont répartis selon leur maturité : **titres négociables à court terme** (durée inférieure ou égale à un an) et **titres négociables à moyen terme** (durée supérieure à un an). Leur dénomination commerciale est « NEU CP » (Negotiable European commercial paper) pour le court terme et « NEU MTN » (Negotiable European medium-term note) pour le moyen terme. Émis pour un montant élevé, les titres de créances négociables sont assez rarement détenus par des particuliers, mais ils peuvent être détenus indirectement, au travers d'organismes de placement collectifs.

25700 **Modalités d'imposition** Les produits des TCN relèvent du **régime fiscal** des revenus de créances et non de celui des obligations négociables. Ce régime concerne non seulement les **intérêts** et les **primes de remboursement** attachées aux TCN, mais aussi les **gains de cession.**

Les produits sont donc soumis à l'impôt sur le revenu au taux forfaitaire (PFU) ou, en cas d'option globale, selon le barème progressif et donnent lieu, en principe, lors de leur versement au PFNL (voir nº 25650).

> **Précisions** **a.** Les **gains de cession** sont calculés suivant les règles des plus-values de cession de valeurs mobilières sans application de l'abattement pour durée de détention : voir nºs 33020 s.
> **b.** Les **primes de remboursement** incluent les **intérêts perçus d'avance** ; ceux-ci ne sont donc imposables que lors du remboursement du titre : voir nº 25585.

25705 Les **pertes** subies en cas de cession des titres sont exclusivement imputables sur les produits ou gains de cession réalisés au cours de la même année et des cinq années suivantes sur des TCN, sur des contrats de créances non négociables ou sur des bons ou contrats de capitalisation ou contrats d'assurance-vie (BOI-RPPM-RCM-20-10-20-40 nº 130). L'imputation n'est possible que si ces produits ou gains sont soumis aux mêmes modalités d'imposition (PFU ou barème progressif) que celles qui se seraient appliquées au gain net de cession si celle-ci avait généré une plus-value et non une moins-value (BOI-RPPM-RCM-20-10-20-40 nº 140). Cette imputation est opérée sur la déclaration d'ensemble des revenus déposée l'année suivant la perception des produits et gains concernés. La perte imputable n'est donc pas prise en compte pour la détermination de l'assiette du **PFNL** (BOI-RPPM-RCM-30-20-30 nº 90).

EXEMPLES

a. Un contribuable subit au cours de l'année 2024 une perte d'un montant de 2 000 € lors de la cession de TCN, et ne bénéficie d'aucun produit ou gain de titres de même nature sur lequel imputer cette perte. En revanche, le contribuable perçoit des dividendes imposés sur option globale au barème progressif. La perte de 2 000 € est imputable sur les produits et gains de titres de même nature réalisés au cours des cinq années suivantes, sous réserve qu'ils soient pris en compte dans le revenu net global soumis au barème progressif de l'IR.

b. Un contribuable enregistre une perte de 100 € lors de la cession de TCN en février 2024, et perçoit 500 € en avril 2024 au titre de la cession d'autres TCN. Il est redevable du PFNL sur la totalité des sommes perçues, soit 500 €.

3. BONS DE CAISSE

25730 CGI art. 1678 bis RM-IV-26000 s

Les bons de caisse sont des titres nominatifs délivrés par les entreprises industrielles ou commerciales, ou par les établissements de crédit en contrepartie de prêts qui leur sont consentis. Ils sont émis pour une durée maximale de sept ans (les bons émis jusqu'au 23 mai 2019 ne peuvent toutefois pas excéder cinq ans). Contrairement aux obligations négociables qui sont émises par séries de titres identiques et interchangeables, les caractéristiques des bons de caisse peuvent varier d'un bon à un autre (montant, taux d'intérêt, date de remboursement).

Les produits des bons de caisse relèvent du régime fiscal des revenus de créances et non de celui des obligations négociables. Ce régime concerne l'ensemble de leurs produits : **intérêts** proprement dits, **primes de remboursement** et **plus-values de cession.**

Les produits sont donc soumis à l'impôt sur le revenu au taux forfaitaire (PFU) ou, sur option globale, selon le barème progressif et donnent lieu, en principe, lors de leur versement, au **PFNL** (voir nº 25650).

> **Précisions** **a.** Les **gains de cession** sont calculés suivant les règles des plus-values de cession de valeurs mobilières sans application de l'abattement pour durée de détention : voir nºs 33020 s.
> **b.** Les **intérêts payés d'avance** sont considérés comme des primes de remboursement imposables lors du remboursement du bon : voir nº 25585.

25735 Les produits des bons de caisse émis par les entreprises donnent lieu à l'application d'une **retenue à la source** lorsqu'ils sont perçus par des **personnes morales** qui ont leur siège en France ou à l'étranger ou par des **personnes physiques non résidentes.** Le taux de la retenue est fixé à 15 % pour les bénéficiaires personnes morales et à 12,8 % pour les bénéficiaires personnes physiques. Opérée par l'émetteur qui ne peut la prendre à sa charge, la retenue, accompagnée d'une déclaration n° 2777-SD, doit être versée au Trésor selon les règles indiquées n° 25385.

La retenue due au titre du mois de décembre fait l'objet d'un **versement provisionnel** acquitté au plus tard le 15 octobre égal à 90 % du montant de la retenue due au titre du mois de décembre de l'année précédente (CGI art. 1678 quater, II).

4. FONDS COMMUNS DE CRÉANCES ET FONDS COMMUNS DE TITRISATION

25780 CGI art. 124 B RM-VII-35100 s

Les fonds communs de créances (**FCC**) **remplacés par les fonds communs de titrisation** sont des copropriétés qui ont pour objet exclusif d'acquérir des créances détenues par les établissements de crédit, la Caisse des dépôts ou les entreprises d'assurances, et d'émettre des parts représentatives de ces créances. Les FCC constitués avant le 14 juin 2008 peuvent soit se soumettre à la réglementation des fonds communs de titrisation, soit demeurer soumis aux dispositions antérieures régissant les FCC.

25781

Les **produits** des parts de FCC, ainsi que le **boni de liquidation,** sont imposables à l'impôt sur le revenu dans les conditions de droit commun (PFU ou, en cas d'option globale, barème progressif) et donnent lieu, sauf exceptions, lors de leur versement, au PFNL (voir nos 25100 s.).

Les **primes de remboursement** attachées à des parts de FCC émises pour une durée supérieure à cinq ans sont imposables dans les mêmes conditions que les primes afférentes à des obligations (CGI art. 238 septies D) : voir n° 25585.

25785

En ce qui concerne les **plus-values,** la loi distingue :

– les plus-values de cession de parts émises pour une **durée supérieure à cinq ans** qui suivent les règles d'imposition des plus-values de cession de valeurs mobilières avec, le cas échéant, pour les parts acquises avant le 1er janvier 2018, application de l'abattement pour durée de détention de droit commun (CGI art. 150-0 A, II-5) (nos 32805 s.) ;

– les plus-values de cession de parts émises pour une durée **inférieure ou égale à cinq ans** qui suivent le régime des plus-values sur titres de créances négociables (n° 25700) : ces gains sont donc imposables dans les mêmes conditions que les produits.

25790

Les produits des parts de **fonds communs de titrisation** (à l'exception des fonds supportant des risques d'assurance) ainsi que les plus-values de cession de ces parts sont imposables dans les mêmes conditions que celles applicables aux produits ou plus-values de cession de parts de FCC (BOI-RPPM-RCM-40-40 n° 20) : voir nos 25781 et 25785.

SECTION 4 RÉGIMES SPÉCIAUX

1. CONTRATS D'ASSURANCE-VIE ET DE CAPITALISATION

26000 CGI art. 125-0 A RM-IV-12000 s

En matière d'impôt sur le revenu, la loi soumet au même régime les produits attachés aux bons ou contrats de capitalisation et les produits attachés aux placements de même nature, à savoir les contrats d'assurance-vie comportant une valeur de rachat ou la garantie du paiement d'un capital à leur terme.

> Précisions **a.** Ce régime concerne, aux termes de l'article 125-0 A du CGI, les contrats **souscrits** auprès d'entreprises d'assurance établies **en France.** Ceux souscrits hors de France relèvent du régime des valeurs mobilières étrangères (nos 26505 s.), mais avec des spécificités exposées ci-après n° 26110.

b. Tous les bons ou contrats de capitalisation et les contrats d'assurance-vie sont soumis aux **prélèvements sociaux** (CSG, CRDS et prélèvement de solidarité) : voir nos 34430 s.

c. Les contrats d'assurance-vie offrent d'autres avantages fiscaux qui leur sont spécifiques :

– régime d'**exonération des droits de mutation à titre gratuit** prévu pour les contrats d'assurance en cas de décès (nos 68225 s.) ;

– **réduction d'impôt** sur le revenu attachée aux primes des contrats de « rente-survie » et d'« épargne handicap » (nos 3345 s.).

d. Lorsque le bénéficiaire des produits est un **non-résident,** des règles particulières s'appliquent : voir n° 26120.

a. Règles générales

26010 En principe, les modalités de taxation des produits diffèrent selon qu'ils se rattachent à des primes versées depuis le 27 septembre 2017 ou avant cette date et selon la durée des contrats.

> Précisions Afin de soumettre les produits taxables aux règles d'imposition qui leur sont applicables, selon qu'ils sont attachés à des primes versées avant le 27 septembre 2017 ou depuis cette date, les bons ou contrats souscrits avant cette même date comportent en principe deux **compartiments** :
– un compartiment comprenant les primes versées jusqu'au 26 septembre 2017 ainsi que les produits attachés à ces primes ;
– un compartiment comprenant les primes versées depuis le 27 septembre 2017 ainsi que les produits attachés à ces primes.
Lorsque le bon ou contrat a été souscrit entre le 1er janvier 1983 et le 1er janvier 1998, ces deux compartiments s'ajoutent à un troisième dans lequel sont isolés les primes versées avant le 26 septembre 1997 et les produits qui leur sont attachés (BOI-RPPM-RCM-20-10-20-50 n° 75), ces produits étant exonérés (n° 26080).
Les produits des bons ou contrats souscrits avant le 1er janvier 1983 étant soumis à des règles d'imposition spécifiques, selon qu'ils sont attachés à des primes versées avant le 10 octobre 2019 ou depuis cette date (n° 26085), ces bons ou contrats doivent comporter deux compartiments spécifiques (BOI-RPPM-RCM-20-10-20-50 n° 195) :
– un compartiment comprenant les primes versées avant le 10 octobre 2019 ainsi que les produits qui leur sont attachés, ces produits étant exonérés ;
– un compartiment comprenant les primes versées depuis le 10 octobre 2019 ainsi que les produits qui leur sont attachés acquis ou constatés depuis le 1er janvier 2020.

RÈGLES COMMUNES

26015 RM-IV-13200 s **Durée des contrats** La durée du contrat (ou du bon) à prendre en compte pour la détermination du régime fiscal des produits est la durée courue entre la date du premier versement et la date de dénouement ou de rachat partiel du contrat (BOI-RPPM-RCM-30-10-20-20 n° 120).

> Précisions a. Pour les **contrats souscrits avant le 1er janvier 1990** et dont les primes sont irrégulièrement échelonnées, la durée des contrats s'entend de la durée moyenne pondérée.
b. La **transformation** d'un contrat monosupport (en euros ou en unités de compte) ou multisupport **en un contrat euro-croissance** (mono ou multisupport) ou **en unités de compte** (mono ou multisupport), au sein de la même compagnie d'assurance, n'entraîne pas le dénouement du contrat initial qui conserve son antériorité fiscale (CGI art. 125-0 A, I-2°).

26020 RM-IV-13050 s **Fait générateur** Le fait générateur de l'impôt est constitué par le **dénouement** du contrat ou son **rachat** partiel. Le dénouement peut intervenir (BOI-RPPM-RCM-20-10-10 n° 200) :
– à l'échéance prévue au contrat ;
– par suite d'un remboursement anticipé ;
– ou par tirage au sort (pour certains bons de capitalisation).

Constitue également un fait générateur de l'impôt la **cession** de bons ou contrats de capitalisation (voir n° 26060).

26025 RM-IV-13500 s **Assiette** Le **montant imposable** est égal à la différence entre le montant des sommes remboursées au bénéficiaire et celui des primes versées (frais et charges compris).

Toutefois, en cas de **rachat partiel,** les primes versées ne sont retenues qu'au prorata des sommes remboursées par rapport à la valeur totale de rachat du contrat à la même date (BOI-RPPM-RCM-20-10-20-50 n° 80). Le produit imposable est donc déterminé selon la formule suivante :

Montant du rachat partiel – (Total des primes versées à la date du rachat partiel × Montant du rachat partiel / Valeur de rachat total à la date du rachat partiel)

Pour l'application de cette formule, le total des primes versées à la date du rachat partiel s'entend du total des primes versées qui n'ont pas déjà fait l'objet d'un remboursement en capital lors d'un rachat partiel antérieur.

> Précisions a. Pour les **bons ou contrats souscrits avant le 27 septembre 2017,** le montant imposable des primes doit être décomposé en fonction de la date de versement des primes (méthode des **compartiments** : voir n° 26010, Précisions).
b. La fraction des sommes correspondant à des produits attachés à des **contrats** d'assurance-vie (et assimilés) **en déshérence** transférée à la Caisse des dépôts et consignations (CDC) puis reversée à leur bénéficiaire est soumise à l'impôt sur le revenu suivant les règles de taxation en vigueur à la date du versement de ces sommes ou le cas échéant, sur option du contribuable (pour les seuls produits se rattachant à des primes versées jusqu'au 26 septembre 2017), au prélèvement libératoire. Le montant du revenu imposable est déterminé dans les conditions et selon les modalités

applicables à la date de l'échéance des contrats (CGI art. 125-0 A, II ter ; RM-IV-16400 s.).

c. En cas d'**acquisition** d'un bon ou contrat de capitalisation **auprès de tiers,** le montant imposable lors du rachat ou du dénouement s'entend de la différence entre le montant des sommes remboursées et celui des primes versées depuis l'acquisition de ce bon ou contrat augmenté du prix d'acquisition du bon ou contrat. En ce qui concerne l'imposition des gains réalisés lors de la cession, voir n° 26060.

d. En cas de **rachat partiel sur un contrat en perte,** la part des primes considérées comme remboursées est plafonnée au montant du rachat partiel pour éviter une imposition sur un produit fictif lors d'un nouveau rachat partiel ou lors du dénouement (BOI-RPPM-RCM-20-10-20-50 n° 100).

e. La **perte en capital constatée lors du rachat** total ou partiel d'un contrat de capitalisation n'est déductible ni des revenus de capitaux mobiliers ni du revenu global (CE 20-3-2013 nos 347881 et 347882 : RJF 6/13 n° 613).

PRIMES VERSÉES DEPUIS LE 27 SEPTEMBRE 2017

Les produits perçus se rattachant à des primes versées depuis le 27 septembre 2017 sont imposés en deux temps : **26030** RM-IV-14050 s

– l'année de leur versement, ils donnent lieu à un prélèvement forfaitaire non libératoire perçu à titre d'acompte ;

– l'année suivante, ils sont soumis à l'impôt sur le revenu sous déduction de l'impôt prélevé à la source.

Il en est de même des produits perçus se rattachant à des primes versées depuis le 10 octobre 2019 sur des **contrats souscrits avant 1983.** Les produits afférents aux primes versées avant le 10 octobre 2019 demeurent exonérés (n° 26085).

Prélèvement forfaitaire non libératoire (PFNL) Les produits des contrats (et bons) sont soumis lors de leur versement au prélèvement forfaitaire non libératoire (PFNL) prévu pour les produits de placement à revenu fixe (nos 25250 s.) sous réserve des particularités suivantes : **26035** CGI art. 125-0 A, II-2

– la **demande de dispense** pour les personnes dont le revenu fiscal de référence est inférieur à 25 000 € (célibataires, divorcés ou veufs) ou 50 000 € (contribuables soumis à imposition commune) est formulée au plus tard lors de l'encaissement des revenus (CGI art. 242 quater) ;

– le PFNL est perçu au **taux de 7,5 %** si la durée du contrat est supérieure ou égale à huit ans et au taux de **12,8 %** si cette durée est inférieure.

Imposition définitive **Contrats d'une durée égale ou supérieure à huit ans.** Les produits des contrats d'une durée au moins égale à huit ans ne sont soumis à l'impôt sur le revenu qu'après application d'un **abattement annuel** de 4 600 € (personnes seules) ou 9 200 € (couples soumis à une imposition commune). **26040** CGI art. 125-0 A, I et 200 A, 1-B-2°

La fraction excédant ces montants est soumise au prélèvement forfaitaire unique (**PFU**) ou, sur option globale, au **barème progressif** (voir nos 24170 s. et 24190 s.).

Le **PFU** est perçu au taux de 7,5 % lorsque le montant total de l'**encours n'excède pas 150 000 €.**

Lorsque le montant de l'encours est **supérieur** à cette somme, le taux de 7,5 % s'applique au prorata de l'encours ne dépassant pas 150 000 €, la fraction excédentaire étant soumise au taux de 12,8 %. Le prorata est déterminé par application du quotient suivant : 150 000 € (réduit du montant, net de remboursement, des primes versées avant le 27-9-2017) / montant des primes versées depuis le 27-9-2017 (net de remboursements).

Le **PFNL** prélevé à la source s'impute sur l'impôt sur le revenu dû au titre de l'année au cours de laquelle il a été opéré. S'il excède l'impôt dû, l'excédent est restitué.

> Précisions **a.** L'**abattement** est un abattement unique qui vaut pour l'ensemble des produits des contrats d'une durée au moins égale à huit ans imposables au nom du même **foyer fiscal.** Il s'applique en priorité sur les produits attachés aux primes versées avant le 27 septembre 2017, puis sur ceux attachés aux primes versées depuis cette date (à défaut d'option pour l'imposition selon le barème progressif de l'impôt sur le revenu), d'abord sur la fraction taxable à 7,5 %, puis sur celle taxable à 12,8 %.

L'abattement s'applique au reliquat des produits imposables après imputation, le cas échéant, des pertes subies lors de la cession de bons ou contrats de capitalisation (BOI-RPPM-RCM-20-10-20-50 n° 460).

b. Le **montant de l'encours** correspond à celui des primes versées par le souscripteur sur l'ensemble de ses contrats (ou bons) et qui, au 31 décembre de l'année qui précède le fait générateur, n'ont pas déjà fait l'objet d'un remboursement en capital. En cas de **démembrement de propriété** du contrat (ou bon), les primes versées ne sont prises en compte que pour la détermination du seuil applicable à l'usufruitier.

26045 **Contrats d'une durée inférieure à huit ans.** Les produits des contrats d'une durée inférieure à huit ans attachés à des primes versées depuis le 27 septembre 2017 sont soumis au **PFU** de 12,8 % ou, sur option globale, au **barème progressif** de l'impôt sur le revenu.

Le **PFNL** prélevé à la source s'impute sur l'impôt sur le revenu dû au titre de l'année au cours de laquelle il a été opéré. S'il excède l'impôt dû, l'excédent est restitué.

PRIMES VERSÉES JUSQU'AU 26 SEPTEMBRE 2017

26050 RM-IV-14550 s En cas de rachat ou de dénouement de contrats (ou bons) se rattachant à des primes versées jusqu'au 26 septembre 2017, les produits sont soumis à l'impôt sur le revenu selon le **barème progressif.** Toutefois, s'il y a intérêt, le bénéficiaire peut échapper à l'impôt progressif en optant pour un **prélèvement libératoire** aux taux ci-après :

– 35 % lorsque la durée du contrat est inférieure à quatre ans ;
– 15 % lorsque cette durée est supérieure ou égale à quatre ans et inférieure à huit ans ;
– 7,5 % lorsque cette durée est égale ou supérieure à huit ans.

Pour les contrats d'une durée d'au moins huit ans, l'**abattement** de 4 600 € ou 9 200 € est applicable selon les modalités exposées nº 26040, précision a ou 26055, précision b selon que les produits sont taxés au barème ou au prélèvement libératoire.

26055 CGI art. 125-0 A, II et 125 D, IV CGI ann. III art. 41 duodecies E **Modalités d'option pour le prélèvement libératoire et liquidation** L'option pour le prélèvement libératoire est réservée aux personnes physiques. Elle a pour effet de libérer les produits auxquels le prélèvement s'applique de l'impôt sur le revenu. Elle est irrévocable.

Lorsque l'**établissement payeur** est établi **en France,** l'option doit être formulée au plus tard lors de l'encaissement des produits auprès de l'établissement payeur (qui peut être soit un intermédiaire, soit le débiteur).

Lorsque l'établissement payeur est établi hors de France dans un **État de l'Espace économique européen,** l'option s'exerce par le dépôt de la déclaration des produits concernés et le paiement du prélèvement correspondant dans les délais impartis, le paiement tardif rendant les produits imposables au barème progressif.

Le prélèvement est payé et déclaré au plus tard le **15 du mois suivant le paiement** des produits selon les modalités précisées nºs 25385 s.

› Précisions a. Le bénéficiaire ne peut pas **rétroactivement** exercer l'**option** après l'encaissement des produits, pas plus qu'il ne saurait revenir sur son exercice éventuel (CE 24-10-2014 nº 366962 : RJF 1/15 nº 21).

b. Les produits sont retenus pour leur **montant brut,** sans qu'il soit fait application, lorsque la durée du contrat est d'au moins huit ans, de l'abattement de 4 600 € ou 9 200 €. Dans ce cas, le contribuable bénéficie d'un **crédit d'impôt** égal au taux du prélèvement libératoire multiplié par le montant de l'abattement non imputé retenu dans la limite des produits qui y sont soumis. Ce crédit d'impôt est imputable sur l'impôt sur le revenu dû l'année suivante et, en cas d'excédent, restituable.

Pour les **produits de source européenne,** le montant brut des produits s'entend du montant des revenus perçus après déduction des impôts établis dans le pays d'origine et dont le paiement incombe au bénéficiaire, augmenté du crédit d'impôt tel qu'il est prévu par les conventions internationales. L'impôt retenu à la source est imputé sur le prélèvement dans la limite du **crédit d'impôt conventionnel** et l'excédent n'est pas restituable (BOI-RPPM-RCM-30-10-20-20 nº 420).

c. Le **caractère libératoire** du prélèvement ne peut pas être invoqué pour les produits qui sont pris en compte pour la détermination du bénéfice imposable d'une **entreprise** industrielle, commerciale, artisanale ou agricole ou d'une **profession non commerciale.**

GAINS DE CESSION DE BONS OU CONTRATS DE CAPITALISATION

26060 CGI art. 124 B et 124 C RM-IV-15100 s Les gains de cession de bons ou contrats de capitalisation sont imposables selon les **mêmes règles** que les **produits** en distinguant la date de versement des primes auxquelles ces gains se rattachent (nºs 26030 s. et 26050 s.).

Le gain net est calculé comme pour les plus-values de cession de valeurs mobilières par la différence entre le prix de cession et le prix d'acquisition (sans application de l'abattement pour durée de détention).

› Précisions a. Pour la détermination du gain net :

– le **prix d'acquisition** est déterminé en tenant compte des primes versées par le cédant sur le bon ou le contrat cédé et qui n'ont pas fait l'objet d'un remboursement en capital à la date de la cession ;

– il n'est pas fait application de l'**abattement** de 4 600 € ou 9 200 € pour les contrats d'au moins huit ans.

b. Les **pertes** subies lors de la cession de bons ou contrats de capitalisation sont exclusivement imputables sur les produits et les gains relevant du même régime d'imposition réalisés au cours de la même année et des cinq années suivantes. Lorsque le contribuable réalise des produits ou des gains imposables pour partie au taux de 12,8 % et pour partie au taux de 7,5 %, la perte est imputée en priorité sur l'assiette imposable au taux de 7,5 % puis, pour le reliquat, sur celle imposable au taux de 12,8 %. La perte constatée lors de la cession d'un contrat dont les produits ne sont pas imposables à l'impôt sur le revenu (soit hors du champ, soit exonérés) n'est pas imputable ni reportable (BOI-RPPM-RCM-20-10-20-50 n° 460).

c. Sur la détermination des produits imposables lors du **rachat ou du dénouement ultérieur,** voir n° 26025, précision c.

OBLIGATIONS DES ENTREPRISES D'ASSURANCE

Les entreprises sont tenues de communiquer aux assurés l'ensemble des **informations et documents** permettant à ces derniers de déclarer les produits selon le régime fiscal qui leur est applicable. Ces informations doivent également être communiquées à l'administration. 26065 CGI art. 125-0 A, IV RM-IV-15500

Cette déclaration est effectuée dans les mêmes conditions que celle des paiements de revenus mobiliers (**IFU**) (n°s 26850 s.). En pratique, les informations à déclarer sont portées sur l'IFU.

En ce qui concerne la **déclaration de souscription ou de dénouement** des contrats, voir n° 26950.

TABLEAU RÉCAPITULATIF

Le tableau ci-après récapitule les **règles d'imposition.** Il ne tient pas compte des prélèvements sociaux (n°s 34430 s.). 26070

	Régime applicable en N (année de perception)		Régime applicable en N + 1		
Durée de vie du contrat	Primes versées jusqu'au 26-9-2017	Primes versées depuis le 27-9-2017[4]	Primes versées jusqu'au 26-9-2017	Primes versées depuis le 27-9-2017[4]	
Au moins 8 ans	PFL de 7,5 % (sur option) avec crédit d'impôt[1]	PFNL de 7,5 %	• Application de l'abattement de 4 600 € ou 9 200 €[2] • Barème progressif si option pour le PFL pas exercée en N	**Encours inférieur à 150 000 €** • Application de l'abattement de 4 600 € ou 9 200 €[2] • PFU de 7,5 % ou, sur option globale, barème progressif • Imputation du PFNL • Restitution en cas d'excédent	**Encours supérieur ou égal à 150 000 €** • Application de l'abattement de 4 600 € ou 9 200 €)[2] • PFU (de 7,5 % sur une fraction des revenus[3] ou 12,8 %) ou, sur option globale, barème progressif • Imputation du PFNL • Restitution en cas d'excédent
Entre 4 et 8 ans	PFL de 15 % (sur option)	PFNL de 12,8 %	Barème progressif si option pour le PFL pas exercée en N	• PFU de 12,8 % ou, sur option globale, barème progressif • Imputation du PFNL • Restitution en cas d'excédent	
Moins de 4 ans	PFL de 35 % (sur option)	PFNL de 12,8 %	Barème progressif si option pour le PFL pas exercée en N	• PFU de 12,8 % ou, sur option globale, barème progressif • Imputation du PFNL • Restitution en cas d'excédent	

1. Pour les personnes optant pour le prélèvement libératoire, l'abattement est accordé sous forme de crédit d'impôt.
2. L'abattement s'applique en priorité sur les produits attachés aux primes versées avant le 27-9-2017, puis, pour les produits attachés aux primes versées depuis cette date, sur ceux imposables au taux de 7,5 %, puis sur ceux taxables au taux de 12,8 %.
3. Sur la fraction relevant du taux de 7,5 %, voir n° 26040.
4. Pour les bons ou contrats de capitalisation et d'assurance-vie souscrits avant 1983 : primes versées depuis le 10-10-2019 (voir n° 26030).

b. Exonérations

BONS ET CONTRATS SOUSCRITS DU 1ER JANVIER 1983 AU 25 SEPTEMBRE 1997

26080 RM-IV-12460 s Les produits de ces contrats, par définition souscrits depuis plus de huit ans (voir toutefois n° 26015, précision a), se répartissent en deux groupes :

– les produits de l'**épargne versée avant le 1er janvier 1998** sont exonérés d'impôt sur le revenu (à condition, pour les versements effectués du 26 septembre 1997 au 31 décembre 1997, qu'ils aient été réalisés soit en exécution d'un engagement antérieur, soit, dans la limite de 200 000 F, à titre exceptionnel) ;

– les produits des **versements effectués à partir du 1er janvier 1998** sont imposables dans les conditions de droit commun (voir nos 26010 s.).

Par exception, les produits des **contrats à primes périodiques** attachés aux versements n'excédant pas ceux prévus initialement sont totalement exonérés, quelle que soit la date des versements.

> **Précisions** Pour les **contrats souscrits du 26 septembre 1997 au 31 décembre 1997,** les produits acquis ou constatés entre la date de souscription et le 31 décembre 1997 sont exonérés.

BONS OU CONTRATS SOUSCRITS AVANT LE 1ER JANVIER 1983

26085 RM-IV-12430 s Les produits des bons ou contrats de capitalisation et des contrats d'assurance-vie souscrits avant le 1er janvier 1983 sont exonérés d'impôt sur le revenu lorsqu'ils sont afférents à des primes versées avant le 10 octobre 2019. Pour les produits se rattachant à des primes versées depuis cette date, voir n° 26030.

VERSEMENT D'UNE RENTE VIAGÈRE

26090 RM-IV-12520 Les produits des contrats (quelle que soit leur durée) qui se dénouent directement par le versement d'une rente viagère sont exonérés. Mais la rente est soumise à l'impôt sur le revenu et aux prélèvements sociaux, sur une fraction de son montant, dans les conditions exposées n° 22550.

EXONÉRATIONS LIÉES À CERTAINS ÉVÉNEMENTS

26095 RM-IV-12540 s Sont exonérés d'impôt sur le revenu les produits des contrats, quelle que soit leur durée, dont le dénouement résulte des événements suivants (qu'ils affectent le souscripteur lui-même, son conjoint ou son partenaire de Pacs : BOI-RPPM-RCM-10-10-80 n° 100) : **licenciement,** mise à la **retraite** anticipée, survenance d'une **invalidité** de deuxième ou troisième catégorie (CGI art. 125-0 A, I-1°-2e al.), ou cessation d'activité non salariée à la suite d'un jugement de **liquidation judiciaire** (BOI précité n° 104).

> **Précisions** **a.** L'exonération s'applique aux produits perçus jusqu'au dénouement du bon ou contrat, à **condition** que ce dénouement intervienne avant la fin de l'année qui suit celle de la réalisation de l'un de ces événements (BOI précité n° 101).
> **b.** La **fin d'un contrat à durée déterminée** ou la **révocation d'un mandat social,** qui ne constituent pas un licenciement, ne donnent pas droit à l'exonération (BOI précité n° 103).

BONS OU CONTRATS « NSK » OU « DSK »

26100 RM-IV-16500 s Les bons ou contrats investis en actions forment une catégorie particulière de contrats composés d'une ou plusieurs unités de compte, qui doivent être partiellement investis en actions.

Les bons ou **contrats « NSK »,** souscrits du 1er janvier 2005 au 31 décembre 2013, doivent obligatoirement être investis à hauteur de 30 % au moins en actions ou titres assimilés de sociétés ayant leur siège dans un État de l'Espace économique européen. Les titres à risques (actions de sociétés non cotées ou cotées de faible capitalisation boursière, parts de FCPR, parts de FCPI, actions de SCR, etc.) doivent représenter 10 % au moins de l'actif, parmi lesquels les titres non cotés doivent représenter au moins 5 % (CGI art. 125-0 A, I quinquies).

Les bons ou **contrats « DSK »,** souscrits avant le 1er janvier 2005, composés d'une ou de plusieurs unités de compte, sont obligatoirement investis à hauteur de 50 % au moins en actions ou titres assimilés de sociétés ayant leur siège dans un État de l'Espace économique européen, dont 5 % au moins de titres à risques (parts de FCPR, actions de SCR, actions de sociétés cotées de faible capitalisation boursière, actions non cotées, etc.) (CGI art. 125-0 A, I quater).

Les produits de ces contrats (ou bons) sont totalement exonérés d'impôt sur le revenu.

> **Précisions** **a.** Les **unités de compte** peuvent être des parts ou actions d'OPCVM établis en France (FCP ou Sicav) ou dans un État de l'Espace économique européen (OPCVM dits « coordonnés ») ou de certains fonds d'investissement alternatifs (FIA).

b. Pour conserver l'exonération d'impôt, le contrat investi en actions doit **constamment respecter** les **quotas d'investissement** imposés par la loi. À défaut, le contrat devient un contrat de droit commun, dont les produits sont imposables lors de son dénouement ou de son rachat partiel dans les conditions de droit commun (voir n°s 26010 s.).

c. Bons ou contrats souscrits auprès d'entreprises étrangères

26110 CGI art. 120 6°, 122, 2 et 125 D, II RM-IV-15600 s

Les **produits** attachés aux bons ou contrats de capitalisation et aux contrats d'assurance-vie souscrits auprès d'entreprises d'assurance établies à l'étranger, ainsi que les **gains de cession** de ces mêmes placements, sont assimilés à des revenus de valeurs mobilières étrangères visés n°s 26505 s. Lorsqu'ils sont perçus par des personnes physiques domiciliées en France, ils sont imposables à l'impôt sur le revenu.

Le **revenu imposable** est constitué par la différence entre, d'une part, les sommes remboursées au bénéficiaire et, d'autre part, le montant des primes versées, le cas échéant, depuis l'acquisition du bon ou contrat, augmenté, dans ce cas, du prix d'acquisition du bon ou contrat.

Les gains de cession des bons ou contrats sont déterminés selon les règles énoncées n° 26060.

Les produits sont imposables dans les conditions exposées n°s 26010 s. Toutefois, l'abattement de 4 600 € ou 9 200 € pour les contrats d'une durée d'au moins huit ans (n°s 26040 et 26050), l'option pour le prélèvement libératoire pour la fraction des produits et gains attachés à des primes versées jusqu'au 26 septembre 2017 (n° 26050) et, pour la fraction des produits et gains attachés à des primes versées depuis le 27 septembre 2017, le prélèvement forfaitaire unique (PFU) lorsqu'il est perçu au taux de 7,5 % (n° 26040) sont réservés aux bons ou contrats souscrits auprès d'entreprises établies dans un État de l'**Espace économique européen** (respectivement CGI art. 122, 2, art. 125 D, II et art. 200 A, 1-B-2°).

Les produits et gains de cession sont, par ailleurs, soumis aux **prélèvements sociaux** : voir n°s 34430 s.

> Précisions **a.** Les **limites de l'abattement** sont appréciées globalement, en faisant masse de la totalité des produits y ouvrant droit.

b. Pour l'application du **prélèvement libératoire**, la **durée** des bons ou contrats d'assurance-vie et de capitalisation s'entend de leur durée effective de détention par le contribuable.

c. L'exonération de certains produits des **bons et contrats souscrits avant le 26 septembre 1997**, applicable aux contrats souscrits en France (n°s 26080 et 26085), bénéficie également aux produits des contrats souscrits auprès d'une entreprise d'assurance établie dans un État de l'Espace économique européen, à condition que ces compagnies d'assurance et les contrats qu'elles proposent présentent des caractéristiques similaires à celles des compagnies établies en France et des contrats que ces dernières proposent (BOI-RPPM-RCM-10-30-10-10 n° 200).

d. Sur l'imputation des **pertes** en cas de cession de bons ou contrats de capitalisation, voir n° 26060, précision b.

e. Les souscripteurs de contrats d'assurance-vie auprès d'organismes étrangers sont soumis à des **obligations déclaratives** spécifiques (voir n° 78305).

f. Les bons ou contrats souscrits auprès d'une **entreprise d'assurance établie au Royaume-Uni** demeurent assimilés, malgré le Brexit, à des bons ou contrats souscrits auprès d'une entreprise établie dans un État de l'Espace économique européen pendant une période de neuf mois à compter de la date à laquelle le bon ou contrat atteint l'âge de huit ans (BOI-INT-DG-15-10 n° 220).

g. Lorsque le **bon ou contrat** de capitalisation ou d'assurance-vie est **libellé en devises étrangères,** les éléments de détermination des produits imposables à l'impôt sur le revenu (sommes brutes remboursées, primes versées et, le cas échéant, prix d'acquisition du bon ou contrat) doivent être convertis en euros par application du taux de change à la date de chaque opération (BOI-RPPM-RCM-20-10-20-50 n° 380).

d. Produits versés à des non-résidents

26120 CGI art 125-0 A, II bis RM-IV-15300 s

Les produits des bons et contrats de capitalisation et des contrats d'assurance-vie sont soumis **obligatoirement** au prélèvement libératoire lorsqu'ils bénéficient à des personnes qui n'ont pas leur domicile fiscal ou qui ne sont pas établies en France. Ce prélèvement obligatoire est également applicable dans les mêmes conditions aux gains de cessions de bons ou contrats de capitalisation.

Pour les produits (ou gains) se rattachant à des **primes versées jusqu'au 26 septembre 2017,** les taux du prélèvement sont ceux mentionnés n° 26050, lesquels diffèrent selon la durée du contrat.

Pour ceux se rattachant à des primes versées **depuis le 27 septembre 2017,** le taux du prélèvement est fixé à 12,8 % quelle que soit la durée des contrats. Toutefois, pour les contrats d'une durée d'au moins huit ans, les personnes physiques peuvent demander, par voie de réclamation, le bénéfice du taux de 7,5 % dans les conditions prévues nº 26040, au prorata de l'encours ne dépassant pas 150 000 €.

Quelles que soient la date de versement des primes, la date de souscription et la durée du contrat, le prélèvement est perçu au taux de 75 %, lorsque les produits (ou gains) bénéficient à des personnes qui ont leur domicile fiscal ou qui sont établies dans un **État ou territoire non coopératif** (au sens défini nº 78310, 1º et 2º). Ce taux majoré n'est pas applicable lorsque le contribuable apporte la preuve que les opérations ont principalement un objet et un effet non fiscal.

Le prélèvement obligatoire est **libératoire** de l'impôt sur le revenu ou sur les bénéfices.

> Précisions a. Le taux du prélèvement peut, le cas échéant, être plafonné ou réduit par l'application des **conventions** internationales.

b. Pour l'appréciation du **seuil de 150 000 €**, seules sont retenues les primes versées par l'assuré sur l'ensemble des contrats (et bons) souscrits auprès d'entreprises d'assurance établies en France.

2. PLAN D'ÉPARGNE EN ACTIONS (PEA)

CARACTÉRISTIQUES GÉNÉRALES

26155 CGI art. 163 quinquies D RM-VII-38400 s

Le PEA permet d'investir en actions (ou en OPCVM comportant eux-mêmes principalement des actions) tout en bénéficiant d'une exonération d'impôt sur les dividendes et les plus-values, à condition, notamment, de n'effectuer aucun retrait pendant cinq ans. Après cinq ans, le titulaire du plan peut également opter pour le versement d'une rente à vie défiscalisée, et ainsi se constituer un complément de revenus en vue de la retraite.

Seules les **personnes** physiques **majeures** ayant leur domicile fiscal en France peuvent ouvrir un PEA auprès de certains organismes (établissements de crédit, entreprises d'assurances, Banque de France, Banque postale, etc.). Il ne peut être ouvert qu'un PEA par personne.

Deux types de plans coexistent : le **PEA « classique »** dont le plafond des versements est fixé à 150 000 € et le **PEA « PME-ETI »** dont le plafond des versements est fixé à 225 000 €.

Chaque contribuable (ou conjoint ou partenaire de Pacs) peut détenir à la fois un PEA « classique » et un PEA « PME-ETI » (mais ne peut en revanche être titulaire que d'un plan de chaque type), la somme des versements effectués sur les deux plans ne pouvant toutefois excéder 225 000 €.

Le PEA « PME-ETI » qui est destiné à financer les PME et les entreprises de taille intermédiaire (ETI) (à savoir les entreprises qui occupent moins de 5 000 personnes et ont un chiffre d'affaires n'excédant pas 1,5 milliard d'euros ou un total de bilan n'excédant pas 2 milliards d'euros) fonctionne de la même manière et bénéficie des mêmes avantages fiscaux que le PEA « classique ».

> Précisions a. Lorsque le **PEA** est ouvert auprès d'une **banque**, il comporte un compte en espèces et un compte-titres. Le titulaire du plan effectue des versements sur son compte en espèces qui servent à acheter les titres qui sont ensuite inscrits sur le compte-titres.

Lorsque le **PEA** est souscrit auprès d'une entreprise d'**assurances**, il prend la forme d'un contrat de capitalisation en unités de compte, investi dans une ou plusieurs catégories de titres pouvant figurer sur un PEA.

b. Une **personne physique majeure rattachée** ne peut ouvrir qu'un PEA « classique », les versements étant limités à 20 000 € jusqu'à la fin du rattachement.

c. Aucune **durée** minimale ou maximale n'est fixée par la loi pour le PEA, mais, en cas de clôture avant cinq ans, le titulaire est fiscalement pénalisé.

Pour apprécier la durée du PEA, la **date d'ouverture** du plan s'entend de celle du premier versement.

d. Entraînent notamment la **clôture** du PEA : tout retrait – ou rachat de contrat de capitalisation – avant cinq ans (sauf dans les cas visés nº 26170, précisions d et e) ; le non-respect d'une des conditions de fonctionnement (ouverture de plusieurs plans, dépassement du plafond de versements, placement en titres non éligibles, etc.) ; le décès du titulaire ; après cinq ans, le retrait de la totalité des sommes ou valeurs (ou le rachat total d'un contrat de capitalisation) et la conversion des capitaux en rente viagère.

Le **transfert du domicile fiscal hors de France** du titulaire n'entraîne pas la clôture du PEA, sauf si ce transfert a lieu dans un État ou territoire non coopératif défini nº 78310 (BOI-RPPM-RCM-40-50-20-20 nº 650).

e. Le titulaire du plan qui a sciemment contrevenu aux règles de **plafonds de versements** (plafond global de 225 000 € et plafond de 20 000 €) est passible d'une **amende** fiscale égale à 2 % du montant des versements surnuméraires (CGI art. 1765).

f. Les sommes versées sur le PEA ne peuvent pas être employées à l'**acquisition de titres détenus hors** de ce **plan** par le titulaire du plan, son conjoint, le partenaire auquel il est lié par un Pacs ou leurs ascendants ou descendants.

TITRES ÉLIGIBLES AU PEA

Les titres pouvant figurer sur un PEA sont **limitativement** énumérés par l'article L 221-31 du Code monétaire et financier pour le **PEA « classique »** et par l'article L 221-32-2 du même Code pour le **PEA « PME-ETI »**. 26160 RM-VII-39150 s

ATTENTION

Certains titres sont expressément **exclus du PEA** (« classique » ou « PME-ETI ») afin d'éviter un **cumul d'avantages fiscaux.** Il s'agit notamment des parts de fonds communs de placement constitués en application des législations sur la participation des salariés aux résultats des entreprises et les plans d'épargne d'entreprise, des titres acquis lors de la levée d'options de souscription ou d'achat d'actions (stock-options) et des titres ouvrant droit à réduction d'impôt sur le revenu (n°s 2600 s., 2660 s., 2685 s., 2700 s., 2730 et 92075).

L'éligibilité des titres au PEA (« classique » ou « PME-ETI ») est subordonnée à la condition que le titulaire du plan, son conjoint ou partenaire de Pacs et leurs ascendants et descendants ne détiennent **pas** ensemble, directement ou indirectement, **plus de 25 % des droits** dans les bénéfices de sociétés dont les titres figurent au plan ; ils ne doivent pas non plus avoir détenu une telle participation à un moment quelconque au cours des cinq années précédant l'acquisition de ces titres dans le cadre du plan. Le seuil de 25 %, en cas de détention par l'intermédiaire de sociétés interposées, s'apprécie en multipliant entre eux les taux de détention successifs.

> **Précisions** **a.** Les **parts ou actions de « carried interest »** attribuées aux dirigeants ou aux membres de l'équipe de gestion des **FCPR, FCPI** ou **SCR** ne sont pas éligibles au PEA (« classique » ou « PME-ETI »). Cette exclusion vise également les porteurs de titres de « carried interest » d'**entités de capital-risque européennes** émis depuis le 1er janvier 2011.
b. Les titres de **SIIC** et de **sociétés foncières européennes** ayant un statut équivalent ne sont plus éligibles au PEA « classique » depuis le 21 octobre 2011, ceux y figurant à cette date pouvant cependant y demeurer. Ces titres ne sont pas éligibles au PEA « PME-ETI ».
c. Les **actions de préférence** et les **droits ou bons de souscription ou d'attribution attachés** à des actions éligibles ne peuvent plus être inscrits sur un PEA « classique » depuis le 1er janvier 2014 (ceux régulièrement inscrits avant cette date demeurent toutefois éligibles au régime de faveur). Ces mêmes titres ne peuvent pas être inscrits sur un PEA « PME-ETI ». Les bons de souscription de parts de créateurs d'entreprise (**BSPCE**) sont également non éligibles au PEA (« classique » ou « PME-ETI »). En revanche, les titres éligibles acquis ou souscrits en exercice de bons eux-même non éligibles peuvent être inscrits sur un PEA (CE 8-12-2023 n° 482922 : RJF 2/24 n° 134, solution rendue à propos de titres éligibles à un PEA « classique » souscrits en exercice de BSPCE autonomes mais également applicable selon nous au PEA « PME-ETI », ainsi qu'aux titres souscrits en exercice de droits ou bons de souscription ou d'attribution attachés à des actions éligibles).
d. Les obligations remboursables en actions (**ORA**) non cotées peuvent être inscrites sur un PEA « PME-ETI » depuis le 24 mai 2019. Elles ne sont en revanche pas éligibles au PEA « classique ».
e. Un manquement au **seuil maximum de participation familiale** de 25 %, même pendant quelques jours, entraîne la clôture du PEA (CE 25-10-2017 n° 397741 : RJF 1/18 n° 37).
f. Les sommes versées sur un PEA (« classique » ou « PME-ETI ») ne peuvent pas être employées à l'acquisition de titres détenus hors de ce plan par le titulaire du plan, son conjoint, le partenaire auquel il est lié par un Pacs ou leurs ascendants ou descendants (**vente à soi-même** de titres).

PROFITS RÉALISÉS DANS LE CADRE DU PLAN

Pendant la durée du plan, les **dividendes,** les **plus-values** de cession et les **autres produits** que procurent les placements effectués dans le cadre du PEA ne sont pas imposables à l'impôt sur le revenu. 26165 CGI art. 157, 5° bis RM-VII-40300 s

Les produits des placements effectués en titres non cotés ne bénéficient toutefois de l'exonération d'impôt sur le revenu que dans la limite de 10 % du montant de ces placements. Seuls sont concernés par ce **plafonnement** les produits proprement dits, à l'exclusion des plus-values de cessions de ces titres. Ce plafonnement s'applique également aux produits de placements effectués en obligations remboursables en actions (ORA) lorsque ces obligations ne sont pas cotées ou sont remboursables en actions non cotées. En outre, les plus-values afférentes à la cession de ces ORA ou des actions remboursées ne bénéficient de l'exonération d'impôt sur le revenu que dans la limite du double du montant du placement (sur l'application de ce plafonnement en cas de retrait des ORA non cotées ou des actions reçues en remboursement de celles-ci, voir n° 26180).

En ce qui concerne les **prélèvements sociaux,** voir n° 34555, précision b.

> Précisions **a.** Les **titres non cotés** s'entendent des titres (actions, certificats d'investissement, parts de SARL ou de sociétés dotées d'un statut équivalent) qui ne sont pas admis aux négociations sur un marché réglementé français ou européen, au sens des articles L 421-1 ou L 422-1 du Code monétaire et financier, ou sur un système multilatéral de négociation français ou européen, au sens des articles L 424-1 ou L 424-9 du même Code. La limitation applicable aux titres non cotés ne concerne notamment pas les titres négociés sur Euronext Growth (BOI-RPPM-RCM-40-50-30 n° 40).

b. Les **moins-values** subies dans le cadre du PEA ne sont pas imputables sur des plus-values réalisées en dehors du PEA (BOI-RPPM-RCM-40-50-30 n° 1).

RETRAIT AVANT CINQ ANS

26170 CGI art. 150-0 A, II-2-a et 200 A, 5 RM-VII-41100 s

Le retrait (ou le rachat du contrat de capitalisation) avant l'expiration de la cinquième année de fonctionnement du PEA entraîne en principe l'**imposition du gain net** réalisé depuis l'ouverture du plan au prélèvement forfaitaire unique (PFU) au taux d'imposition, hors prélèvements sociaux, de **12,8 %** (n° 33220), sauf option globale pour le barème progressif de l'impôt sur le revenu. Sur le cas particulier du retrait d'ORA non cotées ou d'actions reçues en remboursement de celles-ci, voir n° 26180.

En ce qui concerne les **prélèvements sociaux,** voir n° 34555, précision b.

Le gain net imposable s'entend de la différence entre la **valeur liquidative** du PEA (ou la valeur de rachat pour un contrat de capitalisation) à la date du retrait et le montant des versements effectués sur le plan depuis son ouverture, à l'exception de ceux afférents aux retraits ou rachats visés ci-après précisions d et e n'ayant pas entraîné la clôture du plan (CGI art. 150-0 D, 6). Ce gain net est éventuellement diminué du montant des produits et des plus-values qui n'ont pas bénéficié de l'exonération d'impôt sur le revenu (voir n° 26165) (CGI ann. II art. 91 quater J).

> Précisions **a.** Le **décès** du titulaire du PEA avant cinq ans n'entraîne pas l'imposition à l'impôt sur le revenu du gain net acquis depuis l'ouverture du plan (BOI-RPPM-RCM-40-50-50 n° 100).

b. En cas de clôture du plan avant cinq ans pour **non-respect des conditions de fonctionnement,** le gain net réalisé est imposé dans les mêmes conditions qu'en cas de retrait (CGI art. 1765) avec, en plus, application de l'intérêt de retard visé n° 79860 et, le cas échéant, de la majoration pour manquement délibéré visée n° 80040 (BOI-RPPM-RCM-40-50-50 n°s 130 et 140) (RM-VII-42050 s.).

En ce qui concerne le non-respect des règles de **plafonds de versements,** voir n° 26155, précision e.

c. Les gains ou **pertes** constatés lors de la clôture du plan peuvent être imputés sur les pertes ou gains de cession de titres hors PEA, dans les conditions exposées n° 33065.

d. Les **retraits (ou rachats) affectés** dans les trois mois au financement de la **création ou** de la **reprise** d'une **entreprise** n'entraînent pas la clôture du plan et sont en principe exonérés d'impôt sur le revenu (mais non des prélèvements sociaux, voir n° 34620) lorsque les conditions suivantes sont réunies :

– les sommes ou valeurs retirées (ou les rachats effectués) doivent être utilisées à la souscription en numéraire au capital initial d'une société créée, à l'achat d'une entreprise existante (acquisition d'actions ou de parts d'une société existante, d'un fonds de commerce ou d'un fonds de clientèle) ou être versées au compte de l'exploitant d'une entreprise individuelle créée depuis moins de trois mois à la date du versement ;

– le titulaire du plan, son conjoint, son partenaire de Pacs, ou l'un de ses ascendants ou descendants doit assurer personnellement l'exploitation ou la direction de l'entreprise.

Voir toutefois n° 26180 sur l'imposition d'une fraction du gain net en cas de retrait d'ORA non cotées ou d'actions reçues en remboursement de celles-ci.

e. Les retraits (ou rachats) résultant du **licenciement,** de l'**invalidité** de deuxième ou troisième catégorie ou de la **mise à la retraite anticipée** du titulaire du plan (ou de son conjoint ou partenaire de Pacs) n'entraînent pas la clôture du plan. De même, en cas d'ouverture d'une procédure de **liquidation judiciaire** (ou procédure étrangère équivalente) à l'encontre d'une société dont les titres figurent dans le PEA, le titulaire du plan peut demander le retrait de ces titres sans que ce retrait n'entraîne la clôture du plan (C. mon. fin. art. L 221-32).

Le **gain net imposable** à l'impôt sur le revenu est alors déterminé, selon les mêmes modalités que celui soumis aux prélèvements sociaux, au prorata du montant retiré (ou racheté) par rapport à la valeur liquidative totale du plan.

RETRAIT APRÈS CINQ ANS

26175 RM-VII-40850 s

Les retraits ou rachats après cinq ans sont en principe totalement exonérés d'**impôt sur le revenu.** Sur le cas du retrait d'ORA non cotées ou d'actions reçues en remboursement de celles-ci, voir toutefois n° 26180.

Les retraits ou rachats partiels après cinq ans n'entraînent pas la **clôture du plan.** Le PEA continue à fonctionner en franchise d'impôt sur le revenu. Le titulaire conserve par ailleurs la possibilité d'effectuer de nouveaux versements. Le retrait ou le rachat total entraînent en revanche la fermeture définitive du plan.

Lorsque le plan se dénoue après cinq ans par le versement d'une **rente viagère,** celle-ci est exonérée d'impôt sur le revenu (CGI art. 157, 5° ter).

Sur l'application des **prélèvements sociaux,** voir n° 34620.

> **Précisions** **a.** Les **pertes** ne sont, en principe, pas imputables sur les plus-values de même nature. Une exception est toutefois prévue en cas de clôture du plan à la suite de la liquidation de ses actifs (cession totale des titres ou rachat total du contrat de capitalisation) : la perte est alors imputable dans les conditions exposées n° 33065 (CGI art. 150-0 A, II-2 bis).
> **b.** En cas de **décès du bénéficiaire** d'une rente viagère issue d'un PEA, la rente de réversion éventuellement versée au conjoint survivant est également exonérée d'impôt sur le revenu (BOI-RPPM-RCM-40-50-40 n° 40).

CAS PARTICULIER : RETRAIT D'OBLIGATIONS REMBOURSABLES EN ACTIONS NON COTÉES OU D'ACTIONS NON COTÉES REÇUES EN REMBOURSEMENT

Le gain net réalisé en cas de retrait d'ORA non cotées ou d'actions non cotées reçues en remboursement de celles-ci est soumis à l'**impôt sur le revenu** à hauteur de la fraction non exonérée mentionnée n° 26165 (c'est-à-dire à hauteur de la fraction qui excède le double de la valeur du placement), que ce retrait intervienne avant ou après cinq ans, et qu'il entraîne ou non la clôture du plan (CGI art. 150-0 A, II-2-b, issu de l'article 8 de la loi 2023-1322 du 28-12-2023, applicable à compter de l'imposition des revenus de 2023). **26180** CGI art. 150-0 A, II-2-b et 200 A, 5

La fraction imposable est soumise au prélèvement forfaitaire unique (PFU) au taux d'imposition, hors prélèvements sociaux, de 12,8 % (n° 33220), sauf option globale pour le barème progressif de l'impôt sur le revenu.

Sur l'application des **prélèvements sociaux**, voir n° 34555, précision b.

PLUS-VALUES ULTÉRIEURES SUR TITRES

Lorsque des titres ayant figuré sur un PEA sont vendus après la clôture du plan ou leur retrait dudit plan, la plus-value réalisée est taxable selon le régime des plus-values sur valeurs mobilières et droits sociaux (nos 32805 s.). Le **montant** de la plus-value taxable est calculé à partir de la valeur des titres à la date où le titulaire a cessé de bénéficier, pour ces titres, du régime fiscal du PEA, afin de ne prendre en compte que les gains réalisés depuis cette date (CGI art. 150-0 D, 5). **26185** RM-VII-41300 s

Cette date s'entend soit de la date de clôture du plan, soit de la date du retrait.

3. PLAN D'ÉPARGNE AVENIR CLIMAT (PÉAC)

CARACTÉRISTIQUES GÉNÉRALES

Le Péac, régi par les articles L 221-34-2 à L 221-34-4 du Code monétaire et financier (issus de la loi 2023-973 du 23-10-2023 relative à l'industrie verte), est un support d'épargne spécialement dédié aux jeunes et qui permet d'investir dans des titres financiers contribuant au financement de la transition écologique, tout en bénéficiant d'un régime fiscal favorable (défini par l'article 3 de la loi 2023-1322 du 29-12-2023). Le dispositif entrera en vigueur à une date fixée par décret et au plus tard le 1er juillet 2024. **26190**

Seules les **personnes** physiques de **moins de 21 ans,** résidant en France à titre habituel, peuvent ouvrir un Péac auprès de certains organismes (établissement de crédit, entreprise d'investissement, entreprise d'assurance, mutuelle, institution de prévoyance, etc.). Une même personne ne peut être titulaire que d'un seul Péac.

Le plan peut recevoir des **versements** en numéraire à compter de son ouverture dans la limite d'un plafond fixé par arrêté.

> **Précisions** **a.** Lorsque le Péac est ouvert auprès d'une **banque,** il comporte un compte en espèces et un compte-titres. Lorsqu'il est ouvert auprès d'une entreprise d'**assurances,** il prend la forme d'un contrat de capitalisation.
> **b.** Les **retraits partiels** de sommes ou de valeurs et, s'agissant des contrats de capitalisation, les **rachats partiels** sont possibles à la double condition que le titulaire ait atteint l'âge de 18 ans et que l'ouverture du plan remonte à plus de cinq ans : de tels retraits ou rachats partiels n'entraînent pas la clôture du plan, mais plus aucun versement ne peut alors être effectué.
> Avant la majorité du titulaire, les **droits** constitués dans le cadre du plan peuvent être **liquidés ou rachetés,** même partiellement, en cas d'invalidité du titulaire ou de décès de l'un de ses parents.
> **c.** Le plan est automatiquement **clôturé** lorsque le titulaire atteint l'âge de 30 ans, s'il décède avant cet âge ou en cas de non-respect de l'une des conditions d'ouverture ou de fonctionnement du Péac visées aux articles L 221-34-2, L 221-34-3 et L 221-34-4 du Code monétaire et financier : ouverture de plusieurs plans, dépassement du plafond de versements, placement en titres non éligibles, retrait (ou rachat) avant la majorité du

titulaire du plan (sauf en cas d'invalidité du titulaire ou de décès de l'un de ses parents), retrait (ou rachat) après la majorité du titulaire du plan mais avant cinq ans, etc.

d. Les titres figurant dans un Péac ne peuvent pas ouvrir droit aux **réductions d'impôt** sur le revenu exposées n°s 2600 s., 2660 s., 2685 s., et 92075.

PROFITS RÉALISÉS DANS LE CADRE DU PLAN

26192 CGI art. 157, 24°

Les produits et plus-values de placements effectués dans un Péac sont exonérés d'**impôt sur le revenu** et de **prélèvements sociaux.**

RETRAIT DU PLAN

26195 CGI art. 150-0 A, III-4 ter

Le gain net réalisé lors du retrait de titres ou de liquidités d'un Péac (ou lors du rachat dudit plan) est exonéré d'**impôt sur le revenu** et de **prélèvements sociaux.**

Le gain net s'entend de la **différence** entre, d'une part, le montant du retrait ou du rachat et, d'autre part, une fraction du montant total des versements effectués sur le plan depuis la date de son ouverture diminué du montant des versements correspondant aux retraits ou rachats effectués antérieurement : cette fraction est égale au rapport entre le montant du retrait ou rachat effectué et la valeur liquidative totale du plan à la date du retrait ou du rachat.

› Précisions En cas de clôture du plan pour **non-respect des règles d'ouverture et de fonctionnement,** le gain net réalisé est soumis à l'impôt sur le revenu (CGI art. 150-0 A, II-10) et aux prélèvements sociaux (n° 34555).

PLUS-VALUES ULTÉRIEURES SUR TITRES

26200 Lorsque des titres ayant figuré dans un Péac sont vendus après la clôture du plan ou leur retrait dudit plan, la plus-value réalisée est taxable dans les conditions de droit commun selon le régime des plus-values sur valeurs mobilières et droits sociaux (n°s 32805 s.).

Le **montant** de la plus-value taxable est calculé à partir de la valeur des titres à la date, selon le cas, de la clôture ou du retrait (CGI art. 150-0 D, 5 bis, issu de l'article 3 de la loi 2023-1322 du 29-12-2023).

4. COMPTE PME INNOVATION (CPI)

CARACTÉRISTIQUES GÉNÉRALES

26210 RM-VII-45000 s

Le CPI (C. mon. fin. art. L 221-32-4 s.) permet à certains entrepreneurs de céder leurs titres en bénéficiant d'un report d'imposition des plus-values à la condition que le produit de la vente soit réinvesti dans de jeunes PME. Ce report d'imposition est global, avec compensation des plus-values et moins-values, et s'applique jusqu'à la sortie des actifs.

Seuls les contribuables ayant leur domicile fiscal en France **peuvent ouvrir un CPI** auprès d'un établissement de crédit, de la Caisse des dépôts et consignations, de la Banque de France ou d'une entreprise d'investissement.

Chaque contribuable ou chacun des époux ou partenaires de Pacs ne peut être titulaire que d'un seul compte.

Le CPI donne lieu à l'ouverture d'un compte-titres et d'un compte espèces associés.

L'entrée dans le CPI se fait par l'inscription sur le compte-titres des **parts ou actions** de sociétés soumises à l'impôt sur les sociétés et remplissant les conditions pour bénéficier de l'abattement pour durée de détention renforcé sur les gains de cession de titres de PME de moins de dix ans visé n°s 33100 s. (quelle que soit la date d'acquisition ou de souscription des titres).

Le **titulaire du CPI** doit :

– soit détenir ou avoir détenu à un moment quelconque depuis la création de la société, avec les membres de son groupe familial (conjoint ou partenaire de Pacs, leurs ascendants et descendants), **au moins 25 % des droits** de vote ou des droits dans les bénéfices sociaux ;

– soit avoir exercé au sein de la société une **fonction de direction** (telle que mentionnée n° 33110) ou une **activité salariée** pendant au moins vingt-quatre mois (ou, si la société a moins de vingt-quatre mois, depuis sa création) et détenir ou avoir détenu à un moment quelconque depuis sa création, avec les membres de son groupe familial, au moins 5 % des droits de vote ou des droits dans les bénéfices sociaux de cette société. La condition de détention de 5 % n'est toutefois pas exigée lorsque la valeur des parts ou actions détenues excède 50 % de la valeur brute de l'ensemble des biens, droits et valeurs du titulaire du compte, y compris les parts et actions de la société ;

– soit être **signataire d'un pacte d'actionnaires ou d'associés** personnes physiques portant sur au moins 25 % des droits de vote ou des droits dans les bénéfices sociaux de la société, chaque signataire devant détenir au minimum 1 % des droits précités et l'un d'entre eux au moins devant avoir exercé dans la société une fonction de direction dans les conditions prévues ci-dessus.

> Précisions a. Le **compte espèces** ne peut pas être rémunéré. Par ailleurs, le montant des sommes figurant sur le CPI n'est pas plafonné.
b. Les titres déposés sur un CPI ne peuvent pas faire l'objet d'un **pacte Dutreil** (nos 68090 s.) et, inversement, les titres ayant fait l'objet d'un tel engagement ne peuvent pas être inscrits sur un CPI.
Les souscriptions de parts ou actions dans le cadre du CPI n'ouvrent pas droit aux **réductions d'impôt** sur le revenu pour certains investissements outre-mer (nos 91850 s. et 92010 s.), ou pour souscription au capital de PME (nos 2600 s.), de parts de fonds d'investissement (nos 2660 s. et 92075), de sociétés foncières solidaires (nos 2685 s.), d'entreprises de presse (nos 2700 s.) ou de Sofica (no 2730).

FONCTIONNEMENT DU CPI

Le compte espèces est **alimenté par** le prix de cession ou de rachat des parts ou actions inscrites sur le compte-titres, le complément de prix de cession et les valeurs et sommes attribuées lors de la dissolution de fonds communs de placement à risques (FCPR), de fonds professionnels de capital investissement (FPCI), de sociétés de libre partenariat (SLP) ou de sociétés de capital-risque (SCR) dont les titres sont inscrits sur le compte. Sont également portées sur le compte espèces les distributions de plus-values par certains organismes de placement collectif, les répartitions d'actifs par les FCPR et les FPCI ainsi que les distributions imposables des SCR. 26215 RM-VII-45250 s

Les sommes doivent être **réinvesties** dans un délai de vingt-quatre mois à compter de l'opération :

– dans la souscription au capital initial ou aux augmentations de capital de sociétés soumises à l'impôt sur les sociétés et dont le **titulaire** n'est **ni associé ni actionnaire** et qui satisfont aux conditions d'éligibilité à la réduction d'impôt pour souscription au capital de PME (no 2610). Il est précisé que les conditions tenant à la nature de l'activité, à la composition des actifs, à la localisation du siège social, au nombre de salariés et au régime fiscal de la société doivent être respectées en permanence pendant la durée de détention des titres sur le compte ;

– dans la souscription aux augmentations de capital de sociétés dont le **titulaire** du compte est **déjà associé ou actionnaire** si ces souscriptions constituent des investissements de suivi au sens de la réduction d'impôt pour souscription au capital de PME (no 2600, précision d) ;

– dans la souscription de parts ou actions de **FCPR,** de **FPCI,** de **SLP** ou de **SCR,** ou d'organismes similaires situés dans un pays membre de l'Espace économique européen. L'actif de ces fonds ou sociétés doit être constitué à hauteur d'au moins 80 % par des parts ou actions reçues en contrepartie de souscriptions au capital, d'obligations dont le contrat d'émission prévoit obligatoirement le remboursement en actions, de titres reçus en contrepartie d'obligations converties ou d'obligations convertibles de sociétés éligibles au remploi. Les titres reçus en remboursement d'obligations et les titres reçus en contrepartie d'obligations converties doivent représenter au moins 40 % de l'actif de ces fonds ou sociétés. Les versements reçus par ces entités à raison de la souscription doivent être réinvestis dans un délai de vingt-quatre mois, décompté à compter de la cession ou du rachat ayant généré les liquidités employées par le titulaire du compte dans ladite souscription.

En cas d'**investissement direct,** le titulaire du compte doit remplir dans chacune des sociétés dans lesquelles les sommes sont réinvesties l'une des conditions d'accompagnement suivantes : soit exercer une fonction de direction (telle que mentionnée no 33110) pour laquelle il perçoit une rémunération normale, soit être administrateur de la société ou membre de son conseil de surveillance, soit être lié à la société par une convention d'accompagnement dans laquelle il s'engage à participer activement à la définition de sa stratégie et à lui fournir, à sa demande, des prestations de conseil à titre gratuit.

En cas d'**investissement via un fonds, une SLP ou une SCR,** la condition d'accompagnement doit être remplie par chaque porteur de parts ou actions titulaire d'un CPI, dans chacune des sociétés dans lesquelles l'entité détient des parts ou actions.

> Précisions a. Ne peuvent pas être inscrits sur le compte espèces les **dividendes** afférents aux parts ou actions inscrites sur le compte-titres non plus que les **boni de liquidation.**
b. Les liquidités figurant sur le compte espèces ne peuvent pas être employées à la souscription de titres dans le cadre des dispositifs d'options de souscription d'actions, d'attributions d'actions gratuites ou de bons de souscription de parts de créateurs d'entreprises, de parts ou actions de « carried interest » et de titres cédés dans le cadre de leur gestion par les FCP constitués en application de l'épargne salariale (C. mon. fin. art. L 221-32-5, IV-C-1).
c. La **condition d'accompagnement** doit être remplie au plus tard à l'expiration du troisième mois suivant l'investissement et pendant toute la durée de détention des titres (C. mon. fin. art. L 221-32-5, IV-B-3).
d. En cas d'**échange de titres** inscrits sur un CPI, les titres remis à l'échange sont inscrits sur le

compte si les conditions d'éligibilité sont remplies. À défaut, l'opération emporte les conséquences d'un retrait de titres (C. mon. fin. art. L 221-32-5, V).

e. Il est possible de procéder à des retraits de liquidités ainsi qu'à des retraits de titres sans entraîner la clôture.

Entraînent la **clôture du CPI** : le non-respect de l'une des conditions d'alimentation et de fonctionnement du compte, le non-remploi des liquidités inscrites sur le compte espèces dans le délai de vingt-quatre mois, le décès du titulaire du compte. Par ailleurs, le titulaire du CPI peut décider de le clôturer à tout moment (C. mon. fin. art. L 221-32-6, IV à VI).

f. En cas de **liquidation d'une société** dont les parts ou actions figurent sur le CPI, les sommes attribuées au titulaire du compte à raison de l'annulation des titres qui ne sont pas retenues dans le boni imposable et qui ne sont pas versées sur le compte espèces constituent, à hauteur de leur montant, un retrait de liquidités (C. mon. fin. art. L 221-32-6, II).

RÉGIME FISCAL

26220 CGI art. 150-0 B quinquies RM-VII-45700 s

Les plus-values ou moins-values réalisées dans le CPI sont prises en compte, non pas au titre de l'année de leur réalisation, mais lors du retrait de tout ou partie des liquidités ou des titres. En ce qui concerne toutefois les prélèvements sociaux, voir n° 34615.

Comme les autres gains en capital, les gains nets sont soumis au PFU ou sur option globale au barème progressif (nos 33220 s.).

a. Retrait de liquidités. Le gain net est constitué par le solde des distributions de plus-values ou d'actifs perçues dans le compte ainsi que des plus-values et des moins-values constatées lors d'opérations réalisées dans le compte retenues pour leur montant brut, avant application le cas échéant des abattements pour durée de détention. Ce gain net est retenu dans la limite du retrait opéré ; lorsque le gain net est supérieur au montant du retrait, il est retenu dans la limite de ce montant et le solde sera pris en compte lors des retraits futurs.

Les plus ou moins-values sont déterminées dans les conditions de droit commun. Toutefois, par dérogation aux règles générales, les **moins-values** sont imputables, sans limitation de délai, en priorité sur les plus-values des années antérieures les plus anciennes, puis sur les plus-values de l'année et des années suivantes afférentes aux titres souscrits aux dates les plus anciennes.

En cas de **solde positif,** le gain net est réduit, le cas échéant, des abattements pour durée de détention proportionnels ou fixe (nos 33070 s.), étant précisé que les abattements proportionnels ne sont en tout état de cause applicables qu'en cas d'option globale pour le barème progressif (nos 33075 s.). Pour l'application de ces abattements, le gain net est ventilé entre les différents taux d'abattement selon la même répartition que l'ensemble des plus-values constatées dans le compte au jour du retrait avant imputation des moins-values.

En cas de **solde négatif,** les liquidités ne sont pas imposables, et les moins-values restent imputables dans le compte sur les plus-values des années suivantes.

b. Retrait de titres. En cas de retrait de **titres acquis en réinvestissement,** le gain net correspond à la valeur de souscription des titres retirés. Le gain imposable est déterminé dans les mêmes conditions que pour les retraits de liquidités.

Aucune imposition n'est établie si le retrait concerne des **titres apportés** dans les conditions exposées n° 26210.

En cas de cession ou de rachat ultérieur des titres ayant fait l'objet d'un retrait, le gain net est déterminé dans les conditions de droit commun.

c. Clôture du compte. La clôture du compte entraîne le retrait de l'ensemble des liquidités et des titres. Le gain de clôture est déterminé par application des règles prévues pour ces retraits.

En cas de **moins-value,** celle-ci est imputable sur les plus-values réalisées par ailleurs au titre de l'année de la clôture et, le cas échéant, des années suivantes jusqu'à la dixième inclusivement.

En ce qui concerne toutefois les prélèvements sociaux, voir n° 34570.

› Précisions a. Le **transfert du domicile fiscal hors de France** entraîne les mêmes conséquences fiscales qu'une clôture de compte. L'« exit tax » est applicable aux plus-values enregistrées dans le compte et aux plus-values latentes constatées à la date du transfert.

b. En cas de **retrait de liquidités,** pour la détermination du **gain net,** il n'est pas tenu compte des distributions et plus ou moins-values exonérées, perçues ou réalisées dans le cadre des régimes de faveur des FCPR, FPCI et SCR.

c. Les **abattements pour durée de détention** applicables le cas échéant sont ceux dans leur rédaction en vigueur à la date de perception ou de réalisation des distributions ou plus-values.

d. Pour permettre la détermination des gains nets imposables, l'**établissement gestionnaire** du compte doit conserver pour chaque part ou action figurant sur le compte-titres et pour les liquidités figurant sur le compte espèces les informations retraçant les différentes opérations (C. mon. fin. art. L 221-32-7).

5. FONDS COMMUNS DE PLACEMENT

CARACTÉRISTIQUES GÉNÉRALES

Les fonds communs de placement (FCP) sont des copropriétés d'instruments financiers sans personnalité morale. La qualité de copropriété des fonds communs de placement les place de plein droit en dehors du champ d'application de l'impôt sur les sociétés. Ils bénéficient donc par nature d'une certaine transparence pour l'**imposition** de leurs produits. 26245 RM-VII-400 s

> Précisions a. Des **avantages particuliers** sont accordés à certaines catégories de FCP :
– FCP constitués dans le cadre de la **participation des salariés** aux résultats des entreprises et des plans d'épargne d'entreprise (n° 88650, c) ;
– **fonds de capital investissement** (notamment les FCPR et FPCI) (nos 26305 s.).
b. Les gérants de FCP et les dépositaires des actifs des fonds sont soumis à diverses **obligations fiscales** (RM-VII-2100 s.).
c. En ce qui concerne la situation des FCP au regard de la **TVA** : voir nos 60345 et 60390.

Répartition des produits Les sommes réparties par un FCP sont ventilées en fonction de leur nature et origine (**couponnage**) pour permettre au bénéficiaire de déclarer distinctement la fraction de la somme répartie au regard du régime fiscal qui lui est applicable. Elles constituent en principe – lorsque le porteur est une personne physique agissant dans le cadre de son patrimoine privé – des **revenus de capitaux mobiliers** perçus par les porteurs de parts (CGI art. 137 bis). Toutefois, les plus-values distribuées par les FCP relèvent du régime des **plus-values de cession de valeurs mobilières et droits sociaux** (nos 32805 s.) (CGI art. 150-0 A, II-7 et 7 bis). Les distributions perçues d'un FCP pour lequel au moins une personne physique possède plus de 10 % des parts du fonds ne sont pas concernées par cette imposition, dès lors que les plus-values de cession de titres réalisées par le fonds dans le cadre de sa gestion ont déjà fait l'objet d'une imposition en application de l'article 150-0 A, III-2 (BOI-RPPM-PVBMI-10-10-20 n° 110). Les **crédits d'impôt** attachés aux revenus encaissés par un FCP sont transférés aux porteurs de parts qui peuvent les imputer sur l'impôt dû (CGI art. 199 ter A). 26250 RM-VII-600 s

La transparence fiscale joue aussi lorsque les revenus mobiliers sont distribués à des porteurs **non résidents.** Il en résulte notamment que, sous réserve des exceptions prévues par la loi et les conventions internationales, les dividendes de sociétés françaises sont soumis à la retenue à la source visée nos 24845 s.

> Précisions a. Les gérants des FCP sont tenus, le cas échéant, de prélever à la date de la répartition et de reverser au Trésor la **retenue à la source** (nos 24845 s. et 25610) et les **prélèvements forfaitaires non libératoires** (visés nos 24570 s. et 25250 s.) (CGI art. 137 bis, II).
b. Les sommes non réparties par un FCP à la date de son **absorption par un autre FCP** ou une Sicav sont imposées lors de leur répartition ou de leur distribution par l'organisme absorbant. La même règle est applicable en cas de **scission** d'un FCP (CGI art. 137 bis, I). Les plus-values d'échange de parts de FCP consécutives aux opérations de fusions ou de scissions bénéficient d'un sursis d'imposition, qu'elles soient réalisées par des particuliers (voir n° 33300) ou par des entreprises (voir n° 19070).

Vente ou rachat des parts Les gains réalisés à l'occasion de la vente ou du rachat des parts de FCP (ou encore lors de la dissolution du fonds) sont soumis au régime des **plus-values** sur valeurs mobilières et droits sociaux (nos 32805 s.). 26295 CGI art. 150-0 A, II-4 RM-VII-1700 s

Le **montant de la plus-value** imposable est égal à la différence entre la valeur de rachat et le prix d'acquisition des parts. En cas de cession d'un ou de plusieurs titres de même nature acquis pour des prix différents, le prix d'acquisition à retenir est la valeur moyenne pondérée d'acquisition de ces titres.

FONDS DE CAPITAL INVESTISSEMENT

Les fonds communs de placement à risques (**FCPR**) et les fonds professionnels de capital investissement (**FPCI**) sont des fonds de capital investissement dont l'objet principal est d'investir dans des sociétés non cotées. Leur régime fiscal obéit aux règles générales des FCP (nos 26245 s.). Certains fonds dont la composition du portefeuille répond à des critères particuliers permettent toutefois à leurs souscripteurs personnes physiques de bénéficier, sous conditions, d'une **exonération** en matière d'impôt sur le revenu des produits et des plus-values réalisés dans le cadre du fonds, ainsi que des plus-values de cession ou de rachat des parts du fonds. 26305 CGI art. 163 quinquies B et 150-0 A, III-1 RM-VII-2800 s

Les fonds concernés par ce régime de faveur sont :
– les **fonds** (FCPR et FPCI) **dits « fiscaux »** dont l'actif répond aux conditions prévues aux articles L 214-28 ou L 214-160 du Code monétaire et financier ;

– les fonds communs de placement dans l'innovation (**FCPI**) qui respectent les conditions visées à l'article L 214-30 du Code monétaire et financier.

Les **sociétés de libre partenariat** (SLP) sont, pour l'imposition de leurs bénéfices et celle de leurs associés, assimilées à des FPCI constitués sous la forme de FCP (CGI art. 1655 sexies A). Cette assimilation permet aux personnes physiques qui souscrivent des parts de ces sociétés de bénéficier, sous les mêmes conditions, de l'exonération des produits et plus-values prévue pour les fonds « fiscaux ».

> **Précisions** Les porteurs de parts des FCPR ayant exercé l'**option** pour être régis par les règles applicables aux **fonds professionnels spécialisés** prévues par les articles L 214-154 à L 214-158 du Code monétaire et financier bénéficient également de l'exonération, toutes conditions étant par ailleurs remplies (Loi 2023-973 du 23-10-2023 art. 39, I).

26310 RM-VII-2900 s

Produits des parts

Composition de l'actif. Pour bénéficier du régime de faveur, le portefeuille des **fonds « fiscaux »** doit en principe être constitué pour **50 %** au moins, directement ou par l'intermédiaire d'un holding ou d'une entité d'investissement, de titres de sociétés non cotées ayant leur siège dans un État de l'Union européenne, en Islande, en Norvège ou au Liechtenstein, exerçant une activité mentionnée à l'article 34 du CGI et soumises à l'impôt sur les sociétés dans les conditions de droit commun ou qui y seraient soumises dans les mêmes conditions si l'activité était exercée en France. Sont toutefois éligibles au quota de 50 %, dans la limite de **20 %,** les titres de sociétés cotées dont la capitalisation boursière est inférieure à 150 millions d'euros.

Les **FCPI** sont des fonds investissant pour au moins **70 %** de leur actif dans des entreprises « innovantes » européennes.

La société de gestion d'un fonds (ou le gérant d'une SLP) est tenue de souscrire, dans les quatre mois de la clôture de l'exercice, une déclaration détaillée permettant à l'administration d'apprécier si, à la fin de chaque semestre de l'exercice, le quota d'investissement a été respecté (CGI art. 242 quinquies, I). Les sanctions encourues en cas de non-respect du quota, d'informations erronées ou de non-production de la déclaration peuvent atteindre la moitié du montant des sommes dues par le fonds ou la SLP au titre des frais de gestion (CGI art. 1763 B et 1763 C).

> **Précisions** L'administration admet que, malgré le **Brexit**, les **titres de sociétés non cotées** britanniques souscrits ou acquis par les **FCPR** au plus tard le 31 décembre 2020 demeurent éligibles au quota de 50 % sans limite temporelle. Cette mesure, également applicable aux **SCR**, aux **SLP** et aux **FPCI**, ne couvre que les parts acquises par le contribuable avant le 1er janvier 2021 (BOI-INT-DG-15-10 n° 410).
> S'agissant des **FCPI**, les titres détenus avant le 31 décembre 2020 dans des sociétés ayant leur siège au Royaume-Uni restent également éligibles au quota d'investissement, sous réserve du respect des autres conditions d'éligibilité (Ord. 2020-1595 du 16-12-2020 art. 3, V).

26315 **Porteurs de parts.** Les personnes physiques domiciliées en France qui souscrivent des parts de fonds fiscaux ou de FCPI peuvent prétendre à l'**exonération** des produits et des plus-values réalisés dans ce cadre lorsque les **conditions** suivantes sont remplies :

– le contribuable doit s'engager à conserver les parts souscrites pendant cinq ans au moins à compter de leur souscription ;

– les sommes ou valeurs réparties pendant cette période de cinq ans doivent être immédiatement réinvesties dans le fonds et demeurent donc indisponibles ;

– le porteur ne doit pas détenir directement ou indirectement (personnellement ou avec son conjoint et leurs ascendants ou descendants) plus de 25 % des droits dans les bénéfices de sociétés dont les titres figurent à l'actif du fonds, ou avoir détenu ce montant à un moment quelconque au cours des cinq années précédant la souscription des parts du fonds ou l'apport des titres.

En cas de **décès du souscripteur** initial, ses héritiers peuvent bénéficier de l'exonération à condition d'en respecter les conditions (BOI-RPPM-RCM-40-30 n° 275).

26318 **Portée de l'exonération.** Lorsque les conditions sont remplies, les personnes physiques sont exonérées de l'impôt sur le revenu à raison de tous les **produits** auxquels les parts donnent droit. Cette exonération couvre non seulement les sommes ou valeurs réparties par le fonds pendant la période de conservation de cinq ans, mais également celles réparties postérieurement. Ces sommes sont en revanche soumises, lors de leur versement, aux prélèvements sociaux : voir n° 34620.

Si, au cours de la période de cinq ans, l'une des conditions requises (relative au fonds lui-même ou au porteur de parts) cesse d'être remplie, l'**exonération** est **remise en cause,** et les produits précédemment distribués sont ajoutés au revenu imposable de l'année du manquement. L'exonération est toutefois maintenue lorsque la rupture de l'engagement de conservation des parts intervient en cas de décès, d'invalidité (de 2e ou 3e catégorie), de départ à la retraite ou de licenciement du contribuable (ou de son conjoint ou partenaire de Pacs soumis à une imposition commune).

› Précisions Lorsque la condition relative à l'absence de **participation substantielle du souscripteur** dans le capital d'une société figurant à l'actif du fonds n'est plus respectée au cours de la période de conservation des parts, l'exonération cesse de s'appliquer aux distributions effectuées à compter de l'année au cours de laquelle cette condition n'est plus respectée. En revanche, les exonérations obtenues au titre des années précédentes restent acquises (BOI-RPPM-RCM-40-30 nº 380).

Plus-values sur cession de parts Les plus-values réalisées par des personnes physiques à l'occasion de la **cession** ou du **rachat des parts** de fonds fiscaux et FCPI sont exonérées, à condition : **26320** RM-VII-4100 s

– d'une part, que la cession ou le rachat intervienne après l'expiration de la période de conservation de cinq ans ;

– et, d'autre part, qu'au moment de la cession ou du rachat, le porteur de parts et le fonds remplissent toujours les conditions indiquées nos 26310 à 26315.

Ces plus-values sont en revanche soumises aux **prélèvements sociaux** (voir nº 34620).

Cas particuliers **a.** L'exonération ne joue pas pour les **parts ou actions de « carried interest »** (voir nº 26440). **26325** CGI art. 150-0 A, II-7 et 150-0 D, 9 bis RM-VII-4730 s

b. En cas de **répartitions d'actifs** par un FCPR (« fiscal » ou non), un fonds professionnel spécialisé relevant de l'article L 214-37 du Code monétaire et financier dans sa rédaction antérieure à l'ordonnance 2013-673 du 25 juillet 2013, un FPCI ou par une entité de droit étranger de même nature, en faveur de **contribuables** qui ne bénéficient **pas** de l'**exonération,** l'excédent du montant des sommes ou valeurs distribuées sur le montant des apports ou le prix d'acquisition des parts est soumis au régime des plus-values de cession de valeurs mobilières et droits sociaux (nos 32805 s.).

Corrélativement, en cas de **cession ou de rachat** de ces parts, la fraction non imposée lors de la distribution partielle d'actifs vient en diminution du prix de souscription ou d'acquisition des parts concernées.

Sur le cas particulier des distributions d'actifs d'un FCPR attachées aux parts de « carried interest », voir nº 26440.

6. SOCIÉTÉS MOBILIÈRES D'INVESTISSEMENT

Les sociétés mobilières d'investissement à capital variable (**Sicav**) et à capital fixe (**Sicaf**) ont pour caractéristique commune d'assurer la gestion d'un portefeuille de valeurs mobilières. Elles sont soumises à un régime fiscal particulier qui tend à éviter la double imposition des revenus du portefeuille, lors de l'encaissement et lors de la distribution. **26360** RM-VII-5800 s

› Précisions **a.** Les plus-values de **cession des titres de sociétés mobilières d'investissement** détenus par des particuliers relèvent du régime général des plus-values sur valeurs mobilières et droits sociaux (nos 32805 s.).

b. Les **produits distribués** par les sociétés mobilières d'investissement sont exclus du régime spécial des sociétés mères (nº 40965).

c. Les sociétés mobilières d'investissement peuvent transférer à leurs actionnaires les **crédits d'impôt** attachés aux revenus distribués (CGI art. 199 ter, II).

SICAV

Les Sicav sont des sociétés anonymes ou des sociétés par actions simplifiées ayant pour seul objet la gestion d'un portefeuille d'instruments financiers et de dépôts. Elles sont expressément exonérées d'**impôt sur les sociétés** pour la partie de leurs bénéfices provenant des produits nets de leur portefeuille et des plus-values qu'elles réalisent sur la vente de titres ou parts sociales faisant partie de ce portefeuille. Les dividendes distribués par ces sociétés sont soumis à des règles particulières qui visent à placer les actionnaires dans la même situation que s'ils possédaient et géraient eux-mêmes directement le portefeuille de la société. Les Sicav ont la possibilité de « couponner » les revenus versés à leurs actionnaires résidents de France, c'est-à-dire de répartir, selon leur nature et origine, les produits qu'elles distribuent (dividendes d'actions, revenus d'obligations, distributions de plus-values mobilières au sens de l'article 150-0 A, II-7 bis du CGI, notamment). **26365** CGI art. 208, 1º bis A RM-VII-7800 s

Pour la **transformation** d'une société ordinaire en Sicav : voir n° 38690, d.

> **Précisions** **a.** Lorsque les revenus mobiliers sont distribués par une Sicav à des actionnaires **non résidents,** l'administration a admis que la Sicav ventile ces produits en fonction de leur source (française ou étrangère) et de leur nature (produits de placement à revenu fixe ou dividendes). La fraction des sommes réparties correspondant à des revenus de valeurs mobilières de source étrangère n'est ainsi pas imposable, sauf paiement dans un ETNC défini n° 78310, 1° et 2° (BOI-RPPM-RCM-10-40 n° 110).
> **b.** Les sommes non distribuées par une Sicav à la date de son **absorption** par un FCP sont imposées lors de leur répartition entre les porteurs de parts de FCP. La même règle est applicable en cas de **scission** de Sicav (CGI art. 115 A, I). La **fusion** de Sicav entre elles peut bénéficier du régime spécial des fusions, mais non l'absorption d'une société de droit commun par une Sicav (voir n° 39290, précision a). Les plus-values d'échange de titres de Sicav consécutives aux opérations de fusions ou de scissions bénéficient d'un sursis d'imposition, qu'elles soient réalisées par des particuliers (voir n° 33300) ou par des entreprises (voir n° 19070).
> **c.** Le régime applicable à la **vente** ou au **rachat** de titres de Sicav est le même que celui relatif aux FCP (n° 26295).

SICAF

26370 CGI art. 208, 1° bis RM-VII-10000 s

Les Sicaf sont des sociétés anonymes qui ont pour objet la gestion d'un portefeuille d'instruments financiers, de dépôts et de liquidités. Elles sont exonérées d'**impôt sur les sociétés** pour la partie de leurs bénéfices provenant des produits nets de leur portefeuille ou des plus-values de cession des titres de leur portefeuille. Les **distributions** de dividendes faites par les Sicaf relèvent du régime de droit commun des dividendes d'actions (nos 24265 s.).

> **Précisions** Les **Sicaf non cotées** sur un marché réglementé cessent en principe de bénéficier du régime d'exonération de l'impôt sur les sociétés trois ans après leur création. Cela étant, elles continuent à bénéficier d'une exonération pour les plus-values sur cession de titres lorsqu'elles ont pour objet exclusif la gestion d'un portefeuille de valeurs mobilières (CGI art. 208, 2°).

7. SOCIÉTÉS DE CAPITAL-RISQUE

26380 IS-IV-20000 s

Les sociétés françaises par actions dites « de capital-risque » (SCR), qui ont pour objet de prendre des **participations dans les sociétés non cotées,** bénéficient, ainsi que leurs associés, d'un régime de faveur.

Ce régime, applicable sur option, est réservé aux SCR qui ont pour objet exclusif la gestion d'un portefeuille de valeurs mobilières (Loi 85-695 du 11-7-1985 art. 1-1).

SOCIÉTÉS ADMISES AU RÉGIME SPÉCIAL

26385 IS-IV-20300 s

Composition de l'actif Sont susceptibles de bénéficier du régime spécial les SCR dont la **situation nette comptable** est représentée de façon constante, à concurrence de **50 %** au moins, de titres participatifs ou de parts ou **titres,** qui ne sont **pas admis aux négociations sur un marché** réglementé ou organisé français ou étranger, émis par des sociétés ayant leur siège dans un État de l'Union européenne, en Islande, en Norvège ou au Liechtenstein, qui exercent une activité industrielle ou commerciale visée à l'article 34 du CGI et qui sont soumises (ou réputées soumises, voir n° 36980, précision c) à l'IS ou qui y seraient soumises dans les mêmes conditions si l'activité était exercée en France (les titres des sociétés nouvelles exonérées d'IS en totalité ou en partie sont toutefois admis : BOI-IS-CHAMP-30-50-10 n° 480). En ce qui concerne les titres de sociétés ayant leur siège au Royaume-Uni, voir n° 26310, Précisions.

Peuvent également être pris en compte pour le calcul du quota de 50 % :

– dans la limite de 15 % de leur situation nette comptable, les **avances en compte courant** consenties, pour la durée de l'investissement réalisé, à des sociétés remplissant les conditions pour être retenues dans le quota de 50 % dans lesquelles la SCR détient au moins 5 % du capital ;

– dans la limite de 20 %, les **titres cotés** sur un marché réglementé ou organisé de l'Espace économique européen, émis par des sociétés de faible capitalisation boursière (inférieure à 150 millions d'euros) ;

– les titres de **sociétés holdings** non cotées ou de faible capitalisation boursière, ayant leur siège dans un État de l'Union européenne ou dans un État tiers ayant conclu avec la France une convention d'assistance administrative en vue de lutter contre la fraude et l'évasion fiscales, dont l'objet principal est de détenir des participations financières ;

– les parts de **FCPR** (n° 26305) et les droits représentatifs d'un placement financier dans une **entité** constituée dans un État membre de l'**Union européenne** (ou dans un État ayant conclu avec la France une convention fiscale contenant une clause d'assistance administrative en vue de lutter contre la fraude et l'évasion fiscales) dont l'objet principal est d'investir dans des sociétés dont les titres ne sont pas admis aux négociations sur un marché réglementé ou organisé, français ou étranger.

Pour éviter la création de holdings familiaux sous forme de SCR, il est prévu qu'une **personne physique,** son conjoint et leurs ascendants et descendants ne peuvent pas détenir ensemble, directement ou indirectement, plus de 30 % des **droits dans les bénéfices** d'une SCR.

> Précisions **a.** Les droits ou titres dans les holdings, les FCPR et les entités d'investissement sont retenus dans le quota de 50 % et pour le calcul de la limite de 20 %, à proportion de leur actif investi directement ou indirectement dans les sociétés elles-mêmes éligibles.
b. Pour atteindre le **quota de 50 %,** les sociétés disposent d'un délai de deux ans à compter de l'ouverture du premier exercice placé sous le régime fiscal des SCR. En pratique, ce quota est constaté au premier inventaire semestriel qui suit immédiatement la date d'expiration du délai de deux ans (BOI-IS-CHAMP-30-50-10 n° 750).
c. Le **taux de participation** des SCR **dans chaque société** est plafonné : elles ne peuvent pas acquérir de titres leur conférant directement ou indirectement, ou conférant à l'un de leurs actionnaires directs ou indirects, plus de 40 % des droits de vote. De plus, elles ne peuvent pas, en principe, employer en titres émis par une même société plus de 25 % de leur situation nette comptable (CGI ann. II art. 171 AO).
d. Les SCR doivent joindre chaque année à leur déclaration de résultats un **état** permettant à l'administration d'apprécier si le quota d'investissement de 50 % et la limite de 20 % ont été respectés (CGI art. 242 quinquies, II), accompagné d'états annexes en cas d'investissement dans des holdings ou des entités d'investissement (CGI ann. II art. 171 AS bis).
Les **sanctions** sont les suivantes : amende égale à 5 % des investissements retenus à tort plafonnée à la moitié des charges d'exploitation en cas d'informations erronées sur cet état ; amende égale à la moitié des charges d'exploitation de la SCR en cas de non-production de cet état (CGI art. 1763 B).

Objet social Les SCR doivent avoir pour **unique objet** la gestion d'un portefeuille de titres. Leur actif peut toutefois comprendre des liquidités ainsi que les biens meubles et immeubles nécessaires au fonctionnement de la société. **26390** IS-IV-20110 s

Les SCR dont le total du bilan n'a pas excédé 10 millions d'euros au cours de l'exercice précédent sont toutefois autorisées à effectuer **à titre accessoire** des prestations de services dans le prolongement de leur objet social, sous réserve que le chiffre d'affaires procuré par ces prestations n'excède pas 50 % des charges du même exercice et que le bénéfice fiscal afférent à ces prestations n'excède pas 38 120 € par période de 12 mois. Le dépassement d'une de ces limites s'apprécie, en principe, par référence à la moyenne de cette limite constatée l'année du dépassement et l'année précédente (CGI ann. II art. 171 AL). En cas de dépassement, la SCR n'a plus droit au régime de faveur, sauf si ces activités ont été filialisées (BOI-IS-CHAMP-30-50-10 nos 220 et 230).

> Précisions **a.** Lorsqu'elle réalise des **prestations de services** à titre accessoire, la SCR doit joindre à sa déclaration de résultats un relevé indiquant le montant du chiffre d'affaires hors taxe et le bénéfice afférents à ces prestations (CGI ann. II art. 171 AS, II).
b. Le **recours à l'emprunt** est limité à 10 % de l'actif net de la SCR.

EXONÉRATION D'IS

Les SCR qui fonctionnent conformément à leur statut juridique sont, sur option, exonérées d'IS : **26400** CGI art. 208, 3° septies IS-IV-21000 s

– sur les **produits courants** et les **plus-values de cession des titres** compris dans le portefeuille. L'exonération porte indifféremment sur les produits de titres éligibles au quota de 50 % ou sur les autres titres ou droits financiers figurant à l'actif de la SCR ;

– sur les **produits** provenant **des titres** reçus en contrepartie de l'apport par la SCR à une filiale des activités de prestations de services accessoires ;

– sur les produits des **activités accessoires** réalisées dans les conditions mentionnées n° 26390.

En revanche ne sont pas couvertes par l'exonération les **plus-values** de cession des titres ayant rémunéré l'apport des activités accessoires, ni les produits réalisés conformément à l'objet social mais ne provenant pas du portefeuille, tels que les profits de cession des biens meubles ou immeubles et les subventions (BOI-IS-CHAMP-30-50-20 nos 40 et 50).

> Précisions **a.** L'**option** pour l'exonération d'IS doit être exercée avant la date d'ouverture de l'exercice d'application du régime si la société exerce déjà une activité ou, sinon, dans les 6 mois suivant celui de sa création. Elle s'effectue par lettre simple adressée au service des impôts auprès duquel la SCR souscrit sa déclaration de résultats (CGI ann. II art. 171 AR).
b. Les SCR doivent joindre à chaque déclaration de résultats un **état** mentionnant la composition de leurs actifs et un tableau de suivi des bénéfices et réserves distribuables (CGI ann. II art. 171 AS, III).

SITUATION DES ACTIONNAIRES

26410 Les redistributions de dividendes prélevés sur des produits et des plus-values provenant des bénéfices **exonérés d'IS** bénéficient d'un régime de faveur qui varie selon la qualité de l'actionnaire : personne physique, entreprise ou non-résident.

On signale que les SCR peuvent, sous certaines conditions, retransmettre à leurs actionnaires les crédits d'impôt attachés aux revenus du portefeuille immédiatement redistribués (CGI art. 199 ter, II et 220, 1-c).

26415 CGI art. 163 quinquies C et 150-0 A, III-1 bis IS-IV-21500 s

Personnes physiques Pour bénéficier du régime de faveur sur option examiné n° 26420, l'actionnaire doit remplir les trois **conditions** suivantes :

– il doit s'engager à conserver les actions de la SCR pendant au moins 5 ans à compter de leur souscription ou de leur achat ;

– il doit réinvestir immédiatement les dividendes pendant la période de conservation des actions, soit sous forme d'achat ou de souscription d'actions de la société distributrice, soit sur un compte de la société bloqué pendant 5 ans (l'exonération s'étendant alors aux intérêts du compte servis au terme des 5 ans) ;

– enfin, l'actionnaire, son conjoint et leurs ascendants et descendants ne doivent pas détenir ensemble directement ou indirectement – ou avoir détenu au cours des 5 années précédant la souscription ou l'acquisition des actions de SCR – plus de 25 % des droits dans les bénéfices d'une société dont les titres figurent à l'actif de la SCR.

Le régime de faveur n'est pas applicable aux **actions dites de « carried interest »** (voir n° 26440).

ATTENTION

L'actionnaire qui désire bénéficier de l'exonération doit :
– **informer** la SCR de son option pour ce régime lors de la souscription (ou l'achat) des actions ;
– **joindre** à sa déclaration de revenus un relevé comportant les renseignements nécessaires au contrôle du respect des conditions requises et les communiquer à la SCR (CGI ann. II art. 60 A et 60 B).

26420 Lorsque l'actionnaire prend et respecte les engagements de conservation et de réinvestissement exposés n° 26415, et sauf paiement dans un État ou territoire non coopératif, il bénéficie d'une **exonération** d'impôt sur le revenu au titre des :

– **distributions** prélevées sur les bénéfices réalisés par les SCR conformément à leur objet social ;

– et des **plus-values de cession** d'actions souscrites ou acquises depuis le 1er janvier 2001, si la cession intervient après l'expiration de la période de 5 ans de conservation de ces actions (CGI art. 150-0 A, III-1 bis).

Les dividendes et plus-values exonérés restent en revanche soumis aux **prélèvements sociaux** (n° 34620).

Lorsque l'actionnaire ne prend pas les engagements de conservation ou de réinvestissement (ou en cas de rupture de ceux-ci), les distributions de la SCR sont :

– taxées selon les règles applicables aux plus-values de cession de valeurs mobilières (nos 32805 s.) si elles sont prélevées sur des plus-values nettes de cessions de titres ;

– soumises, dans les autres cas, à l'impôt selon les règles applicables aux dividendes et autres distributions (nos 24540 s.).

Lorsque leur **paiement** est réalisé dans un **État ou territoire non coopératif** au sens défini n° 78310, 1° et 2°, les distributions sont dans tous les cas soumises à **retenue à la source,** en principe au taux majoré (n° 24860).

> Précisions a. Pour les actionnaires des SCR placées sous l'**ancien régime** de l'article 1er de la loi 85-695 du 11 juillet 1985 et qui ont opté pour le présent régime de l'article 1-1 de la même loi, l'**exonération des distributions** concerne les seules distributions prélevées sur des bénéfices réalisés à compter du premier exercice auquel s'applique l'option (Inst. 4 H-5-02 nos 91 et 92, non reprise au Bofip).

b. L'actionnaire doit tenir la SCR informée des cessions d'actions de cette société qu'il réalise (CGI ann. II art. 60 B).

c. Les sommes exonérées sont ajoutées au revenu imposable de l'année au cours de laquelle la société ou le contribuable **cesse de remplir les conditions** d'application du régime de faveur. Toutefois, aucune régularisation des distributions exonérées n'est exigée en cas de décès, invalidité de 2e ou 3e catégorie, départ en retraite ou licenciement du contribuable.

Entreprises Lorsque l'actionnaire est une entreprise, le régime des plus-values à long terme (nos 18090 s., 18670 s. et 18955) est applicable à la fraction de dividende prélevée sur les **plus-values** nettes provenant de la cession de titres détenus par la SCR depuis au moins deux ans, ainsi que des sommes reçues par la SCR au cours de l'exercice précédent au titre : 26425 CGI art. 39 terdecies, 5 **BIC-VII-49300 s**

– des **répartitions d'actifs** d'un fonds commun de placement à risques (**FCPR, FCPI ou FIP**) ou d'un fonds professionnel de capital investissement provenant de la cession de titres détenus depuis au moins deux ans ;

– des **distributions de certaines entités d'investissement en capital-risque** constituées dans un État membre de l'OCDE, également membre de l'Union européenne ou ayant conclu avec la France une convention d'assistance administrative en vue de lutter contre la fraude et l'évasion fiscales, prélevées sur des plus-values réalisées par l'entité lors de la cession de titres détenus depuis au moins deux ans.

Lorsque les titres cédés sont des titres de sociétés établies dans un **État ou territoire non coopératif** au sens défini n° 78310, 1° et 2°, le régime des plus-values à long terme n'est pas applicable, sauf si la SCR apporte la preuve que les opérations desdites sociétés ont principalement un objet et un effet autres que de permettre la localisation de bénéfices dans un ETNC.

La fraction du dividende prélevée sur les autres plus-values et les **revenus** nets du portefeuille exonéré est soumise à l'impôt sur le revenu (entreprises individuelles, associés de sociétés de personnes) ou à l'impôt sur les sociétés au taux de droit commun (sociétés passibles de cet impôt).

Actionnaires personnes physiques ou morales non résidents Lorsque l'actionnaire est un non-résident, le régime de droit commun de **retenue à la source** (nos 24845 s.) **ne s'applique pas** : 26430 CGI art. 119 bis, 2 **IS-IV-21900 s** **BIC-VII-50430 s**

– aux dividendes distribués aux personnes physiques domiciliées dans un État ayant conclu avec la France une convention d'assistance administrative en vue de lutter contre la fraude et l'évasion fiscales placées sur option sous le régime d'exonération sous condition de remploi (nos 26415 s.) ;

– sous certaines conditions, aux dividendes distribués aux personnes morales qui bénéficieraient du régime des plus-values à long terme si l'actionnaire était une entreprise française (n° 26425).

Pour les distributions de plus-values qui ne bénéficient pas de l'une ou l'autre de ces exonérations, la retenue à la source est **applicable** dans les conditions suivantes :

– lorsque l'actionnaire est une personne physique : taux de 12,8 %. Toutefois, le taux est, en principe, majoré lorsque les distributions sont payées dans un État ou territoire non coopératif au sens défini n° 78310, 1° et 2° (voir n° 24860) ;

– lorsque l'actionnaire est une personne morale : taux visés n° 24860.

8. PARTS OU ACTIONS DE « CARRIED INTEREST »

Les parts ou actions de « carried interest » attribuées aux dirigeants ou aux membres de l'équipe de gestion des FCPR et FCPR dits « contractuels », des FPCI ou des SCR ne bénéficient pas des exonérations d'impôt sur le revenu prévues dans le cadre de ces régimes (nos 26310 s. et 26415 s.). Il en est de même pour les titres de « carried interest » d'entités de capital-risque européennes émis depuis le 1er janvier 2011. Les produits et plus-values suivent, sous certaines conditions, le **régime des plus-values** de cession de valeurs mobilières et droits sociaux (nos 32805 s.) et, à défaut, le régime des **traitements et salaires.** 26440 CGI art. 150-0 A, II-8 et 9, 163 quinquies C, II et 80 quindecies **RM-VII-5200 s**

Les produits et plus-values imposables selon le régime des traitements et salaires sont soumis à une **contribution sociale salariale spécifique de 30 %** (CSS art. L 137-18).

L'ensemble des produits et plus-values attachés aux parts, actions ou titres de « carried interest » doit (quel que soit leur régime d'imposition) être récapitulé pour chaque actionnaire ou porteur de parts et mentionné sur la **déclaration** (IFU) (CGI art. 242 ter C).

> **› Précisions** Les parts acquises ou souscrites jusqu'au 31 décembre 2020 et émises par des **structures** de capital-risque **constituées au Royaume-Uni** peuvent continuer, malgré le Brexit, à bénéficier de ce dispositif, sans limite temporelle, sous réserve que toutes les conditions soient par ailleurs remplies (BOI-INT-DG-15-10 n° 440).

CONDITIONS DU RÉGIME GÉNÉRAL

Pour bénéficier du régime des plus-values des particuliers, les **salariés** ou **dirigeants** qui exercent leur activité dans les sociétés ou fonds concernés doivent percevoir une rémunération normale, et avoir souscrit ou acquis les parts ou actions moyennant un prix correspondant à leur valeur (ce qui exclut les attributions gratuites). 26442

Les **parts** ou **actions** de « carried interest » doivent être identifiées comme telles, constituer un investissement à long terme et représenter :

– au moins 1 % de la fraction du montant total des souscriptions dans la structure (fonds ou société) qui est inférieure ou égale à un milliard d'euros ;

– au moins 0,5 % de la fraction du montant total des souscriptions dans la structure qui excède un milliard d'euros.

Ce pourcentage de détention minimale est abaissé, dans certaines conditions, à 0,25 % pour les structures investissant dans les sociétés innovantes ou les PME (CGI ann. III art. 41 DGA).

En pratique, les titres de « carried interest » ne peuvent pas donner lieu à une distribution effective aux bénéficiaires avant un délai de cinq ans.

CAS PARTICULIER DES IMPATRIÉS

26445 Les gains et distributions perçus au titre des parts de « carried interest » par certains salariés et dirigeants de structures constituées à l'étranger qui **ont transféré leur domicile en France** entre le 11 juillet 2018 et le 31 décembre 2022 sans y avoir été domiciliés au cours des trois années civiles précédentes peuvent bénéficier, sous certaines conditions, du régime des plus-values des particuliers (CGI art. 150-0 A, II-9). Sont concernés les salariés, prestataires, associés ou dirigeants de **structures d'investissement constituées hors de France** (dans l'Espace économique européen, ou dans un État ayant conclu avec la France une convention d'assistance administrative en vue de lutter contre la fraude et l'évasion fiscales) qui perçoivent une rémunération normale, et qui étaient non résidents à la date de souscription, obtention ou acquisition des parts ou actions.

> **Précisions** **a.** Les parts ou actions ne doivent **pas** avoir été intégralement souscrites, obtenues ou acquises **à titre gratuit.**
> **b.** Ce dispositif ne se cumule pas avec l'**exonération de la moitié** des revenus passifs dont bénéficient les **impatriés** prévue à l'article 155 B, II du CGI (n° 4730).

9. VALEURS MOBILIÈRES ÉTRANGÈRES

PRODUITS IMPOSABLES

26505 CGI art. 120 à 123 RM-I-6000 s

L'énumération des produits imposables donnée par l'article 120 du CGI pour les valeurs étrangères correspond sensiblement à celle des revenus de source française : produits d'actions ou de parts sociales, rémunérations des administrateurs ou des membres du conseil de surveillance (jetons de présence), revenus d'obligations et effets négociables, produits de fonds de placement ou d'investissement. La différence tient évidemment au fait que ces produits proviennent de **titres** émis par des **sociétés** dont le siège social est situé à l'étranger ou par d'autres **collectivités et organismes,** privés ou publics, **étrangers.**

Sont également imposables dans la catégorie des valeurs mobilières étrangères les produits de bons ou **contrats d'assurance-vie** ou de capitalisation souscrits auprès d'entreprises d'assurance étrangères (n° 26110), certains **produits attachés au capital-retraite** de source étrangère (voir n° 22460, précision b), ainsi que les **produits distribués par un trust** (tel que défini n° 68670, précision a) quelle que soit la consistance des biens ou droits placés dans le trust (les produits **réinvestis dans un trust** échappent, en principe, à la taxation au titre de l'impôt sur le revenu).

MODALITÉS D'IMPOSITION

26515 CGI art. 122 et 199 ter, I-b et c RM-I-7000 s et RM-I-7300 s

Qu'ils soient encaissés en France ou à l'étranger, les revenus mobiliers de source étrangère perçus par des personnes physiques domiciliées en France sont soumis à l'impôt sur le revenu dans les conditions exposées n°s 24155 s.

Ils sont imposables pour leur **montant** encaissé, après déduction de l'impôt étranger (CGI art. 122, 1). En ce qui concerne toutefois :

– les produits des bons ou **contrats d'assurance-vie** et de capitalisation : voir n° 26110 ;

– les revenus perçus par les **impatriés** : voir n° 4730.

Lorsque le pays d'origine est lié à la France par une **convention internationale** destinée à éviter les doubles impositions, les revenus mobiliers donnent droit en général à un **crédit d'impôt** correspondant à l'impôt étranger. Ce crédit s'ajoute au revenu perçu pour former le revenu imposable et vient ensuite en déduction de l'impôt sur le revenu (voir n°s 82850 s.).

> Précisions **a.** Lorsque le **revenu** est **libellé en devises** étrangères, on doit en principe retenir le cours du change à Paris le jour de l'encaissement ou de l'inscription au crédit d'un compte à l'étranger (à défaut de cotation ce jour-là, on retient le cours moyen de négociation pratiqué à une date suffisamment rapprochée : BOI-RPPM-RCM-10-30-10-20 n° 10).

b. Sur l'application de l'**abattement de 40 %** aux revenus distribués par certaines **sociétés** étrangères, voir n°s 24635 s., ou répartis par certains **OPC** établis dans un État de l'Espace économique européen, voir n° 24650, précision b.

c. La retenue à la source pratiquée à l'étranger sur des dividendes versés par une **société étrangère conventionnellement** considérée comme **domiciliée en France** n'ouvre pas droit au crédit d'impôt conventionnel. En revanche, cette retenue peut être déduite des dividendes imposables en France en application de l'article 122 du CGI lorsque le bénéficiaire des dividendes en a supporté la charge et que la convention n'exclut pas la possibilité de déduire l'impôt acquitté à l'étranger d'un revenu imposable en France (CE 15-3-2023 n° 449723 : RJF 6/23 n° 483).

d. En ce qui concerne l'**imposition** des produits des **contrats d'assurance-vie** ou de capitalisation souscrits auprès d'entreprises établies dans un État de l'Espace économique européen, voir n° 26110.

DÉCLARATION

Lorsqu'ils sont **encaissés à l'étranger** ou reçus directement de l'étranger, les produits de valeurs mobilières étrangères doivent être déclarés sur un formulaire spécial n° 2047. Dans le cas d'**encaissement en France** auprès d'un établissement payeur français, ils sont portés directement sur la déclaration n° 2042. 26525

RÉGIMES PARTICULIERS

Participations dans des structures financières étrangères soumises à un régime fiscal privilégié Les personnes physiques domiciliées en France qui détiennent une participation d'au moins 10 % dans une structure financière étrangère bénéficiant d'un régime fiscal privilégié sont imposables en France dans les conditions prévues à l'article 123 bis du CGI, voir n° 78285. 26535

Obligations émises en France par des organismes étrangers ou internationaux 26540 CGI art. 131 ter, 2 RM-IV-33100 s

Les obligations émises en France, avec l'autorisation du ministre de l'économie et des finances, par des organismes étrangers ou internationaux sont assimilées à des obligations françaises. Leurs **détenteurs domiciliés en France** sont donc imposés selon les modalités exposées n° 25565.

Emprunts émis en France par les organisations internationales Les produits de ces emprunts (quelle que soit la monnaie d'émission) sont assimilés à des revenus d'obligations françaises. Ils sont cependant expressément exonérés du prélèvement forfaitaire non libératoire visé n°s 25250 s. et, lorsqu'elle est encore exigible, de la retenue à la source mentionnée n° 25610. 26545 CGI art. 131 ter A RM-IV-33300 s

Intérêts versés entre sociétés associées de l'Union européenne Une exonération expresse de prélèvement obligatoire libératoire est prévue, sous certaines conditions, pour les intérêts versés par une personne morale française à une **personne morale de l'Union européenne** qui lui est **associée** au moins **à 25 %** (ou dont le capital de chacune est détenu au moins à 25 % par une troisième société). 26550 CGI art. 119 quater RM-IV-32800 s

Toutefois, compte tenu du champ d'application du prélèvement obligatoire désormais limité aux produits payés dans un État ou territoire non coopératif (n° 25445), cette exonération n'a plus guère d'intérêt aujourd'hui.

10. CLUBS D'INVESTISSEMENT

Les clubs d'investissement (ou d'« actionnaires ») permettent à des **personnes physiques** de se regrouper pour constituer et gérer un portefeuille collectif de valeurs mobilières. Les membres de ces clubs bénéficient d'un régime fiscal spécifique lorsque les **conditions** suivantes sont réunies (BOI-RPPM-RCM-40-20 n° 10) : 26620 RM-VII-33600 s

– le club doit être créé sous la forme d'une indivision ou d'une société civile de personnes dont l'objet est limité à la constitution et à la gestion d'un portefeuille de placement ;

– les statuts du club doivent prévoir que le nombre de membres est limité à vingt personnes et que les versements ne doivent pas dépasser 5 500 € par an et par foyer fiscal ;

– les fonds en attente de placements ainsi que les valeurs acquises doivent, s'il s'agit de titres admis aux négociations sur un marché réglementé, être déposés auprès d'un établissement financier agréé.

26625 Les membres du club sont imposables chaque année à l'impôt sur le revenu sur la **quote-part de revenus** correspondant à leurs droits dans l'indivision ou la société dans les mêmes conditions que s'ils détenaient les titres en direct (BOI-RPPM-RCM-40-20 n° 20).

Les **plus-values de cession** de titres réalisées par le club échappent à toute taxation. En revanche, les gains nets réalisés par les adhérents à l'occasion de leur retrait ou de la dissolution du club (dont la durée de vie ne peut excéder dix ans) sont imposables selon le régime des plus-values de cession de valeurs mobilières et droits sociaux exposé n°s 32805 s. (BOI-RPPM-RCM-40-20 n° 50).

> **Précisions** Le **gain net** réalisé par l'adhérent à l'occasion de la **dissolution** du club est déterminé de manière différente selon qu'il est procédé à la liquidation du portefeuille, à son partage pur et simple ou à un partage avec soulte (BOI-RPPM-PVBMI-10-30-10 n°s 90 à 110).

SECTION 5 MESURES DE CONTRÔLE

26700 Pour permettre à l'administration d'exercer son contrôle sur l'imposition des revenus de capitaux mobiliers, les établissements payeurs sont soumis à diverses obligations déclaratives.

1. DÉCLARATION DES PAIEMENTS DE REVENUS MOBILIERS

26850 CGI art. 242 ter, 1 RM-VIII-2000 s

Chaque année, les personnes assurant le paiement de revenus mobiliers doivent souscrire, pour chaque bénéficiaire, une déclaration dite « **IFU** » récapitulant les sommes payées l'année précédente.

Remarques :

a. La déclaration concerne l'ensemble des opérations sur valeurs mobilières effectuées chez un **même établissement payeur** au profit d'un **même bénéficiaire,** quel que soit son régime fiscal (particulier ou entreprise).

Cependant, les comptes personnels et professionnels font l'objet de **déclarations distinctes.** Il en va de même, à la demande des sociétés intéressées, des produits des filiales exonérés d'IS chez la mère (n°s 40950 s.) (BOI-RPPM-PVBMI-40-30-10 n°s 90 et 100).

b. Nous publions tous les ans au « Feuillet rapide » un guide spécialement consacré à l'établissement de cette déclaration.

PERSONNES TENUES DE SOUSCRIRE LA DÉCLARATION

26860 RM-VIII-2120 s

La déclaration doit être souscrite par les personnes ou organismes ayant, au cours de l'année précédente, assuré le paiement de revenus mobiliers (soit en qualité de débiteur, soit en qualité d'intermédiaire) ou effectué, pour le compte de leurs clients, des opérations sur valeurs mobilières.

Elle doit également être souscrite par les organismes auprès desquels sont ouverts des plans d'épargne retraite, des plans d'épargne populaire ou des plans d'épargne en actions (PEA ou PEA « PME-ETI »).

> **Précisions** L'obligation de déclaration incombe ainsi le plus souvent aux banques, aux caisses publiques, aux sociétés d'assurances, aux sociétés pour leurs propres distributions, aux sociétés de personnes dont les revenus encaissés sont imposables directement au nom de leurs membres, aux gérants et dépositaires de FCP ou encore à certains intermédiaires (notaires, par exemple).

PRODUITS ET OPÉRATIONS À DÉCLARER

26870 RM-VIII-2500 s

La déclaration regroupe les renseignements portant sur :

– les paiements faits au titre des différents **revenus mobiliers** (dividendes et autres distributions, produits de placement à revenu fixe, revenus de valeurs mobilières étrangères) ;

– les opérations sur **cessions de valeurs mobilières** et certains droits sociaux ;

– les opérations sur **instruments financiers à terme.**

Doivent par ailleurs être déclarés les renseignements relatifs aux titulaires de **plan d'épargne populaire** et de **plan d'épargne en actions,** ainsi que les sommes versées dans le cadre de l'**épargne retraite.**

La déclaration doit faire apparaître distinctement les revenus distribués éligibles à l'**abattement de 40 %** (nos 24635 s.).

Toutefois sont **dispensés** de déclaration :

– les distributions entre sociétés membres d'un groupe intégré ;

– les intérêts des sommes portées sur les livrets A, les livrets bleus du Crédit mutuel ouverts avant 2009, les livrets d'épargne populaire (livrets roses), les plans d'épargne-logement ouverts avant le 1er avril 1992 dont le terme n'est pas échu ainsi que ceux de moins de douze ans ouverts avant 2018, les comptes d'épargne-logement ouverts avant 2018, les livrets de développement durable et solidaire, et les livrets jeunes (no 25665) ainsi que les produits d'épargne salariale exonérés d'impôt sur le revenu.

MODALITÉS DE DÉCLARATION

La déclaration IFU doit être déposée auprès de l'administration **exclusivement sur support informatique,** quel que soit le nombre de bénéficiaires ou les montants déclarés. **26880** RM-VIII-5800 s

Les déclarants doivent pour chaque bénéficiaire compléter un formulaire informatisé **n° 2561** (opérations les plus courantes) et/ou un formulaire informatisé **n° 2561 bis** (autres opérations, notamment sur les produits à risque et sur des fonds de placement immobilier).

La déclaration des opérations réalisées au cours d'une année civile doit être déposée au plus tard le **15 février** de l'année suivante.

› Précisions La déclaration doit être effectuée selon l'une des deux procédures suivantes :
– dépôt de formulaire en ligne selon le **mode EFI.** Cette procédure permet de procéder directement à la déclaration en ligne des opérations concernées via l'application Télé-TD ;
– transmission d'un fichier informatique selon le **mode EDI.** Cette procédure de transfert des déclarations par procédé informatique (TD-RCM) permet le dépôt d'un fichier informatique reprenant l'ensemble des opérations.

SANCTIONS

Le **défaut de déclaration** ainsi que les omissions ou inexactitudes portant sur les sommes à déclarer sont en principe sanctionnés par une amende fiscale égale à 50 % du montant des sommes non déclarées. **26900** CGI art. 1736, I RM-VIII-6500 s

Toutefois, aucune sanction n'est appliquée en cas de **première infraction** commise durant l'année en cours et les trois précédentes lorsque la personne tenue de souscrire la déclaration répare son omission soit spontanément, soit à la première demande de l'administration avant la fin de l'année au cours de laquelle la déclaration devait être souscrite. D'autre part, l'amende est plafonnée à 750 € par déclaration lorsque les revenus distribués sont déclarés à tort comme non éligibles à l'abattement de 40 %.

Le non-respect de l'obligation de transmission sur **support informatique** est sanctionné par une amende spécifique : voir no 80200.

2. DÉCLARATION DES CONTRATS DE PRÊTS

Les personnes physiques ou morales qui interviennent, à titre de partie ou d'intermédiaire, dans la **conclusion des contrats de prêts** ou dans la rédaction des actes qui les constatent sont tenues de déclarer à l'administration fiscale les noms et adresses du prêteur et de l'emprunteur, la date, le montant et les conditions du prêt, notamment sa durée, le taux et la périodicité des intérêts ainsi que les modalités de remboursement du principal. **26920** CGI art. 242 ter, 3 RM-VIII-11100 s

Sont **à déclarer,** en principe, tous les contrats de prêts, verbaux ou écrits, productifs ou non d'intérêts, qu'ils aient été ou non enregistrés.

› Précisions Sont toutefois **dispensés de déclaration** notamment (CGI ann. III art. 49 B et ann. IV art. 23 L) :
– les prêts dont le montant en principal n'excède **pas 5 000 €.** Cependant, lorsqu'une même personne a obtenu ou consenti au cours d'une même année plusieurs prêts d'un montant unitaire inférieur à cette somme, mais dont le total en principal est supérieur, ladite personne est tenue de déclarer tous les prêts auxquels elle est ainsi partie en qualité de débiteur ou de créancier ;
– les contrats de prêts dans lesquels interviennent (en qualité de prêteur, d'emprunteur ou d'intermédiaire) l'**État,** les **collectivités locales** et les établissements publics ;
– les contrats de prêts conclus (en qualité de prêteur ou d'emprunteur, mais non pas en qualité d'intermédiaire) par les **établissements de crédit** enregistrés par l'Autorité de contrôle prudentiel et de résolution (banques, caisses d'épargne, etc.) ;
– les émissions publiques d'**obligations.**

MODALITÉS DÉCLARATIVES

26925 La déclaration est établie sur un **formulaire n° 2062.** En principe, elle est souscrite par l'**intermédiaire ou,** en l'absence d'intermédiaire, par le **débiteur.** Toutefois, lorsqu'un **créancier** a consenti au cours d'une même année plusieurs prêts pour un montant total excédant 5 000 € (voir n° 26920, Précisions), c'est à lui de souscrire la déclaration.

Lorsqu'elle est souscrite par l'intermédiaire, elle est adressée, au plus tard le **15 février** de l'année suivant celle de la conclusion du contrat, en principe à la direction des finances publiques du lieu du domicile réel, du siège social ou, s'il diffère, du principal établissement du déclarant.

Lorsqu'elle est souscrite par le débiteur ou le créancier, la déclaration est adressée au service des impôts dont il dépend en même temps que la **déclaration de ses revenus** (ou que la déclaration de ses résultats).

Nous publions tous les ans au « Feuillet rapide » un guide spécialement consacré à l'établissement de la déclaration n° 2062.

> **Précisions** **a.** Les **officiers ministériels** sont autorisés à déposer les déclarations qu'ils souscrivent au service des impôts dont ils dépendent (BOI-RPPM-PVBMI-40-30-65 n° 200).
> **b.** Le **défaut** ou le **dépôt tardif** de la déclaration ainsi que les **omissions** ou **inexactitudes** relevées dans la déclaration donnent lieu à l'application des pénalités visées n° 80190. Indépendamment des sanctions fiscales, ces infractions peuvent, le cas échéant, donner lieu aux sanctions pénales visées nos 80250 s. (CGI art. 1783 B).

3. DÉCLARATION D'OUVERTURE ET CLÔTURE DE COMPTES ET DE LOCATION DE COFFRES-FORTS

26940 CGI art. 1649 A, al. 1 RM-VIII-12000 s

Toutes les personnes, sociétés, administrations ou organismes recevant habituellement en dépôt des valeurs mobilières, titres ou fonds sont tenus de déclarer à l'administration des impôts l'ouverture, la clôture et les modifications de tout compte de dépôt de titres, valeurs ou fonds, compte d'avances, compte courant ou autre. Sont notamment concernés par cette obligation les établissements de crédit, les prestataires de services d'investissement, les notaires, les comptables publics. Doivent également procéder à cette déclaration les établissements de crédit et les établissements financiers établis dans l'Espace économique européen qui ont des succursales en France pour leurs opérations avec des résidents français.

Ces personnes doivent également déclarer les locations de coffres-forts (les établissements concernés ont jusqu'au 31 décembre 2024 pour déclarer les locations de coffres-forts rattachés à des comptes déjà déclarés au 1er septembre 2020).

> **Précisions** **a.** Sont notamment **dispensés de déclaration** certains comptes occasionnels (comptes de passage ouverts à des clients occasionnels en vue d'opérations isolées, comptes ouverts par les notaires pour une seule opération telle qu'un achat d'immeuble ou de fonds de commerce, etc.), les comptes ouverts dans les entreprises de fabrication ou de vente de marchandises aux clients et fournisseurs et enregistrant des opérations purement commerciales, ainsi que les comptes ouverts, en matière d'épargne salariale, par des entreprises pour leurs salariés auprès d'établissements teneurs de comptes conservateurs de parts, dont les mouvements au débit et au crédit sont inscrits sur le compte de dépôt ouvert au nom du salarié (BOI-CF-CPF-30-15 n° 40).
> **b.** La déclaration doit être effectuée, par voie dématérialisée, dans le mois suivant les ouvertures, modifications ou clôtures de comptes et locations de coffres-forts auprès du « fichier des comptes bancaires et assimilés » (**Ficoba**).
> **c.** Chaque **ouverture ou clôture** de compte **non déclarée** est passible d'une amende de 1 500 €.
> Par ailleurs, les **omissions** de déclaration de modification de compte et les **inexactitudes** ou omissions dans les déclarations sont sanctionnées par une amende de 150 € par omission ou inexactitude, sans que le total des amendes applicables aux informations devant être produites simultanément puisse être supérieur à 10 000 € (CGI art. 1736, IV).

4. DÉCLARATION DES CONTRATS DE CAPITALISATION ET D'ASSURANCE-VIE

26950 CGI art. 1649 ter RM-VIII-13000 s

Les entreprises d'assurance et assimilées doivent déclarer la **souscription** et le **dénouement** des contrats mais également chaque année le **montant cumulé des primes** versées au 1er janvier et la **valeur de rachat** ou le montant du capital garanti, y compris sous forme de rente (lorsque ce montant ou cette valeur est supérieur ou égal à 7 500 €).

> Précisions **a.** Les déclarations sont réalisées **par voie dématérialisée** via le « fichier des contrats de capitalisation et d'assurance-vie » (Ficovie).

b. La déclaration de la souscription ou du dénouement doit être réalisée **dans les soixante jours suivant la souscription ou le dénouement** du contrat ou, en cas de dénouement par décès de l'assuré, dans les soixante jours suivant la date de prise de connaissance du décès de l'assuré.

La **déclaration annuelle** du montant cumulé des primes et de la valeur de rachat doit être souscrite au plus tard le **15 juin** (CGI ann. II art. 370 C, V).

c. En ce qui concerne par ailleurs les **obligations** incombant aux entreprises d'assurance **à l'égard des assurés,** voir n° 26065.

d. Les infractions aux obligations déclaratives sont passibles d'une amende de 1 500 € par **absence de dépôt** de déclaration et, dans la limite de 10 000 € par déclaration, de 150 € par **omission** ou **inexactitude** déclarative (CGI art. 1736, VI bis).

5. DÉCLARATION AU TITRE DE L'ÉCHANGE AUTOMATIQUE D'INFORMATIONS

Les **institutions financières** françaises doivent mentionner sur une déclaration spécifique les informations requises pour l'application de la directive 2011/16/UE du 15 février 2011 relative à la coopération administrative dans le domaine fiscal et des conventions conclues par la France permettant un échange automatique d'informations relatives aux comptes financiers en matière fiscale. **26960** CGI art. 1649 AC et LPF art. L 102 AG **INT-GENA-30000 s**

Ces informations portent essentiellement sur les **revenus** de capitaux mobiliers ainsi que les **soldes des comptes** et des **valeurs de rachat** des bons ou contrats de capitalisation et placements de même nature.

Pour la réalisation de cette obligation, les institutions financières mettent en œuvre les diligences nécessaires à l'identification des comptes, des personnes et des paiements. À cette fin, elles collectent les éléments relatifs aux résidences fiscales et, le cas échéant, les numéros d'identification fiscale de l'ensemble des titulaires de comptes et des personnes physiques les contrôlant (procédure applicable aux comptes ouverts depuis 2016). En outre :

– les **titulaires de ces comptes** sont tenus de remettre aux institutions financières les informations nécessaires à l'identification de leurs résidences fiscales (auto-certification) et, le cas échéant, de leurs numéros d'identification fiscale (ou de celles des personnes physiques qui les contrôlent) ;

– les institutions financières doivent transmettre à l'administration fiscale la **liste des clients « défaillants »** n'ayant pas satisfait à cette obligation à l'expiration d'un délai de trente jours suivant la réception d'une seconde demande de leur part.

> Précisions **a.** Les institutions financières sont tenues d'**informer chaque personne physique concernée** que ses données transmises à l'administration fiscale française peuvent être communiquées à l'administration fiscale d'un autre État membre de l'Union européenne ou d'un État ou territoire ayant conclu avec la France une convention permettant un échange automatique d'informations à des fins fiscales (CGI art. 1649 AC, I al. 3).

b. L'obligation déclarative au titre de l'échange automatique d'informations incombe également aux **succursales** situées en France d'institutions financières situées à l'étranger (Décret 2016-1683 du 5-12-2016 art. 2).

c. La **déclaration** des institutions financières **portant sur les informations** d'une année doit être transmise par voie électronique au plus tard le 31 juillet de l'année suivante (BOI-INT-AEA-20-40 n° 350). Le dépôt hors délai est sanctionné par une amende fiscale de 200 € par compte à déclarer (CGI art. 1736, I-5).

La **déclaration** de la liste **des clients défaillants** doit être déposée selon les mêmes modalités au plus tard le 31 mars de chaque année pour les situations constatées au 31 décembre de l'année civile précédente (BOI-INT-AEA-20-40 n° 350). Le dépôt hors délai est sanctionné par une amende fiscale de 200 € par titulaire de compte omis (CGI art. 1729 C bis).

Les amendes fiscales de 200 € ne sont pas applicables lorsque le **dépôt hors délai** fait suite à un contrôle diligenté par l'autorité de contrôle prudentiel et de résolution (ACPR) **ou** par l'AMF (BOI-CF-INF-10-40-80 n° 10).

d. Le **défaut de remise** par un titulaire de compte à l'institution financière des **informations** sur sa résidence fiscale et son numéro fiscal est sanctionné par une amende de 1 500 € (CGI art. 1740 C).

e. Des dispositions dérogatoires sont prévues dans le cadre de la mise en œuvre de l'accord **Fatca** pour les échanges automatiques d'informations avec les États-Unis.

CHAPITRE 9 REVENUS FONCIERS

SOMMAIRE

A. Champ d'application 27065

B. Détermination du revenu imposable 27120

1. Régime réel d'imposition 27250
   a. Recettes 27260
   b. Frais et charges 27325
2. Micro-foncier 27450

C. Imputation des déficits fonciers 27530

D. Obligations déclaratives et contrôle 27585

E. Régimes spéciaux et cas particuliers 27620

1. Immeubles dont la propriété est démembrée 27750
2. Anciens dispositifs d'investissement locatif 27800
3. Immeubles historiques 28350
4. Propriétés rurales 28600

PRINCIPES D'IMPOSITION

27000 Les revenus fonciers constituent l'une des catégories de revenus passibles de l'impôt sur le revenu. Une fois déterminés suivant les règles exposées ci-après, les revenus fonciers sont totalisés avec les autres revenus du contribuable pour former le **revenu global** qui sera **soumis à l'impôt** dans les conditions indiquées nos 10 s.

Le montant net des revenus fonciers est également soumis aux **prélèvements sociaux** au titre des revenus du patrimoine (nos 34430 s.).

Remarques

a. En ce qui concerne les loyers perçus au titre d'un **bail à construction,** voir no 31035 l'étude d'ensemble consacrée à cette opération.

b. Sur l'imposition au titre des revenus fonciers de la **première cession à titre onéreux d'un usufruit temporaire portant sur un immeuble,** voir nos 4780 s.

A. Champ d'application

REVENUS IMPOSABLES

27065 Sont imposables au titre des revenus fonciers non seulement les revenus des locations d'immeubles proprement dits mais également les revenus accessoires.

27070 CGI art. 14 FONC-I-1 s **Revenus des locations d'immeubles** Les revenus fonciers sont pour l'essentiel ceux provenant de la location d'immeubles. Il peut s'agir de la location :

– de **propriétés bâties,** telles que maisons, appartements, usines, magasins, bureaux, bâtiments ruraux, etc. ;

– de **propriétés non bâties** de toute nature, y compris les terrains occupés par des carrières, mines et tourbières, les étangs, les salines et marais salants.

Les revenus imposables dans la catégorie des revenus fonciers peuvent être réalisés directement par le contribuable (**personne physique**), par l'intermédiaire d'une société qui a pour objet de gérer et de donner en location un patrimoine immobilier (SCI en général) ou encore par le biais d'un fonds de placement immobilier (FPI). Sont ainsi également imposables à raison de revenus fonciers :

– les **associés** de **sociétés immobilières** non passibles de l'impôt sur les sociétés (no 30715) ;

– les **associés** de **sociétés immobilières de copropriété** dotées de la **« transparence fiscale »,** quelle que soit la forme de ces sociétés et même s'il s'agit de sociétés de capitaux (nos 30770 s.) ;

– les particuliers **détenteurs de parts de FPI** pour leur quote-part des produits encaissés par le fonds provenant de la location de ses actifs immobiliers (no 30520).

> **Précisions** **a.** Pour les immeubles appartenant à une **indivision,** chaque copropriétaire est personnellement imposable pour la part de revenu foncier correspondant à ses droits dans l'indivision.
> **b.** En ce qui concerne les revenus des **logements donnés en location à leurs associés par les** sociétés civiles immobilières d'accession progressive à la propriété **(Sciapp),** voir no 30800, Précisions.

Les revenus des **immeubles figurant à l'actif d'une entreprise** industrielle, commerciale, artisanale ou agricole ne sont, en principe, pas taxés dans la catégorie des revenus fonciers mais sont imposés au titre de l'activité professionnelle à laquelle ils se trouvent rattachés et d'après les règles applicables à cette activité. **27075**

ATTENTION

Les revenus provenant d'**immeubles inscrits à l'actif d'une entreprise individuelle** industrielle, commerciale ou artisanale soumise à un régime de bénéfice réel (normal ou simplifié) et **non utilisés à des fins professionnelles** sont taxés dans la catégorie des revenus fonciers. Par exception, et sous réserve d'une option expresse du contribuable, ils restent inclus dans les bénéfices professionnels et imposés comme tels, s'ils n'excèdent pas 5 % (ou 10 %) de l'ensemble des produits de l'exercice (n° 7345).

Relèvent, par ailleurs, des bénéfices industriels et commerciaux (et non des revenus fonciers) les revenus des **locations en meublé** (dont le régime est étudié n° 90485), y compris lorsqu'ils sont distribués par des FPI (n° 30520, d), ainsi que les revenus des **locations des établissements industriels ou commerciaux** munis du mobilier ou du matériel nécessaire à leur exploitation (n° 7025, d).

Les profits provenant de la **sous-location** de locaux pris à bail sont imposés comme des bénéfices commerciaux s'il s'agit d'une sous-location en meublé et comme des bénéfices non commerciaux dans le cas contraire.

> Précisions **a.** Les revenus de la **location à un fermier** d'une **exploitation agricole** sont imposables dans la catégorie des revenus fonciers. En revanche, lorsque les propriétés agricoles sont exploitées par le propriétaire en faire-valoir direct, ou bien lorsqu'elles sont données en location par bail à métayage, les revenus tirés de telles propriétés sont imposables dans la catégorie des bénéfices agricoles (nos 15000 s.).

b. La **location** de boxes ou emplacements pour le **garage** de voitures relève :
– des revenus fonciers, si elle ne s'accompagne d'aucun service ou prestation (autre qu'un simple gardiennage) ;
– des bénéfices commerciaux dans le cas contraire, c'est-à-dire si la location est assortie de certaines prestations (par exemple : lavage, entretien, distribution d'essence).

c. Pour les **monuments historiques** classés ou inscrits **donnés à bail emphytéotique** et sous-loués par le preneur, les profits sont imposables dans la catégorie des revenus fonciers chez ce dernier, sauf si le propriétaire est une personne physique ou morale relevant du régime des bénéfices industriels et commerciaux (CGI art. 31-0 bis).

Revenus accessoires Les revenus accessoires s'entendent des revenus de la location du **droit d'affichage** ou du **droit de chasse ou de pêche,** de la concession du droit d'exploitation des **carrières** et biens assimilés (ardoisières, sablières, tourbières), des **redevances tréfoncières ou autres** recettes analogues ayant leur origine dans le droit de propriété ou d'usufruit (par exemple, location de toit pour des antennes de téléphonie mobile). **27080** CGI art. 29 **FONC-I-700 s**

> Précisions **a.** Les revenus accessoires provenant d'immeubles inscrits à l'actif d'une **exploitation agricole** ou d'une **entreprise industrielle, commerciale ou artisanale** soumise à un régime de bénéfice réel sont imposables, selon le cas, dans la catégorie des bénéfices agricoles ou des bénéfices industriels et commerciaux si les immeubles ont un lien direct avec l'exercice de l'activité professionnelle. Ils sont, en revanche, taxés dans la catégorie des revenus fonciers si les immeubles ne sont pas utilisés à des fins professionnelles (par exception et sous réserve d'une option expresse du contribuable, ils restent inclus dans les bénéfices professionnels, s'ils n'excèdent pas 5 % (ou 10 %) de l'ensemble des produits de l'exercice : n° 7345). Lorsque l'entreprise ou l'exploitation relève du régime micro-BIC ou micro-BA, les revenus accessoires qui ne se rattachent pas directement à l'activité exercée sont imposables dans la catégorie des revenus fonciers.

S'agissant des contribuables exerçant une **activité non commerciale** relevant du régime de la déclaration contrôlée, les revenus accessoires doivent être inclus dans le bénéfice professionnel lorsque ces revenus se rapportent à des éléments qui font partie de l'actif professionnel.

b. Les produits tirés de la **location du droit de chasse** peuvent avoir le caractère de bénéfices industriels et commerciaux lorsque la location est assortie de prestations de services (fourniture du couvert et du gîte, par exemple) ou lorsque le bailleur revend le gibier tiré (BOI-RFPI-CHAMP-10-30 n° 130 ; BOI-BIC-CHAMP-50 n° 180 et BOI-BIC-CHAMP-60-20 nos 320 à 340).

c. Pour le cas particulier où le propriétaire se réserve la **jouissance du droit de chasse ou de pêche,** voir n° 28625.

EXONÉRATION DES LOGEMENTS DONT LE PROPRIÉTAIRE SE RÉSERVE LA JOUISSANCE

Les contribuables qui se réservent la jouissance de logements dont ils sont propriétaires – qu'il s'agisse de **maisons individuelles** ou d'**appartements** situés dans des immeubles collectifs, d'**habitations principales** ou de **résidences secondaires** (immeubles de plaisance ou de villégiature, par exemple) – ne sont pas imposables à raison du revenu en nature correspondant à la disposition gratuite de ces logements. **27090** CGI art. 15, II **FONC-II-200 s**

Corrélativement, les intéressés ne peuvent pas, en principe, déduire de leur revenu imposable les **charges** afférentes à ces logements. Cependant, lorsqu'il s'agit de leur **habitation principale,** ils sont susceptibles de bénéficier d'un crédit d'impôt à raison de certaines charges (voir nos 3045 s.).

L'exonération est également accordée aux **sociétés immobilières « non transparentes »** (non soumises à l'impôt sur les sociétés) à raison des logements qu'elles mettent gratuitement à la disposition de leurs membres (voir no 30720).

> Précisions **a.** L'exonération porte non seulement sur le logement proprement dit, mais aussi sur les **dépendances** immédiates bâties et non bâties, telles que **garages, jardins,** etc.

b. Les **revenus accessoires** (location du droit d'affichage, par exemple) perçus par un propriétaire qui se réserve la jouissance de son logement ne sont pas couverts par l'exonération et doivent donc être imposés en tant que revenus fonciers.

c. Le propriétaire qui, sans y être tenu par un contrat régulier de location, met **gratuitement** un logement lui appartenant **à la disposition** de membres de sa **famille ou de tiers** est considéré, en principe, comme en ayant conservé la jouissance et bénéficie donc de l'exonération ; corrélativement, il ne peut pas retrancher de son revenu imposable les charges correspondantes. Pour le cas où la jouissance gratuite du logement est consentie, à titre de **pension alimentaire,** à un **ascendant** dans le besoin, voir no 1215, précision b.

d. L'exonération bénéficie également aux membres des **sociétés immobilières « transparentes »** lorsqu'ils se réservent la jouissance du logement correspondant à leurs actions ou parts.

En ce qui concerne les logements mis à disposition de ses membres par une **société de « pluripropriété »,** voir no 31000.

TERRITORIALITÉ

27100 FONC-I-230 Les **personnes domiciliées** fiscalement **en France** sont imposables en principe sur l'ensemble de leurs revenus locatifs, qu'il s'agisse de revenus provenant d'immeubles situés en France ou à l'étranger. Toutefois, de nombreuses conventions internationales réservent le droit d'imposer les revenus locatifs à l'État sur le territoire duquel se trouve l'immeuble (l'existence des revenus ainsi exonérés en France peut cependant influencer le montant de l'impôt français lorsqu'il est fait application, pour le calcul de cet impôt, du système du « taux effectif », voir no 83060).

Les **personnes domiciliées hors de France** ne sont quant à elles soumises à l'impôt français que pour les revenus de leurs immeubles situés en France (voir no 4330).

> Précisions Lorsqu'il est pris en compte pour la détermination du revenu global imposable des **domiciliés,** le revenu net des **immeubles situés à l'étranger** ou dans les collectivités d'outre-mer est déterminé suivant les règles générales exposées ci-après, nos 27120 s.

B. Détermination du revenu imposable

27120 CGI art. 28 FONC-III-1 s et FONC-IV-1 s Le revenu foncier imposable à l'impôt sur le revenu peut être déterminé soit selon le régime réel d'imposition exposé nos 27250 s., soit, pour les titulaires de revenus fonciers ne dépassant pas un certain montant, selon le régime simplifié d'imposition (« micro-foncier ») décrit nos 27450 s.

1. RÉGIME RÉEL D'IMPOSITION

27250 Pour les contribuables qui n'entrent pas dans le champ d'application du régime micro-foncier (nos 27460 s.) ou qui décident d'opter pour l'application du régime réel d'imposition (no 27485), le revenu foncier imposable à l'impôt sur le revenu est égal, chaque année, à la différence entre le montant des recettes encaissées et le total des frais et des charges acquittés, déterminés dans les conditions exposées nos 27260 s.

a. Recettes

RECETTES À PRENDRE EN COMPTE

27260 CGI art. 29 FONC-III-200 s Elles comprennent les **recettes de toute nature** perçues par le propriétaire. Il s'agit notamment :

– des **loyers et fermages** en principal ;
– des **revenus accessoires** (voir no 27080) ;
– des **dépenses** incombant au bailleur **mises à la charge des locataires** (voir no 27275) ;
– de certaines **recettes exceptionnelles** (voir no 27285) ;
– de la valeur des **avantages en nature** stipulés au bail.

Remarques : Les **dépôts de garantie** versés par les locataires ne sont, en revanche, pas imposables au moment de leur encaissement par le propriétaire, mais seulement, le cas échéant, lorsqu'ils sont utilisés par lui pour se couvrir des loyers non payés à leur terme ou des frais de remise en état des locaux après le départ du locataire. (Par symétrie, le remboursement, en fin de bail, des dépôts de garantie non utilisés demeure normalement sans incidence sur la détermination du revenu foncier de l'année du remboursement).

Il n'est, par ailleurs, pas tenu compte des sommes versées au propriétaire par les locataires au titre des **charges** leur incombant.

ATTENTION

Le seul fait qu'un **loyer** soit **inférieur aux normes habituelles** ne peut pas, en principe, justifier une rectification des sommes déclarées, en dehors des cas où l'ensemble des circonstances jette un doute sérieux sur la réalité des conventions ou l'authenticité du loyer stipulé (**locations « fictives »**).
Cependant, même lorsqu'il n'y a pas lieu de mettre en doute la sincérité du contribuable, l'administration peut substituer au montant du loyer déclaré la **valeur locative normale** de l'immeuble, dès l'instant qu'un **écart important** existe entre ces deux termes et que le propriétaire n'est pas en mesure d'établir que des **circonstances indépendantes de sa volonté** font obstacle à la location de l'immeuble pour son prix normal. Cette possibilité de rectification a été confirmée par le Conseil d'État dans plusieurs décisions rendues à propos de loyers anormalement bas consentis le plus souvent par le propriétaire à des **membres de sa famille** (notamment CE 13-2-1980 n° 16937 : RJF 3/80 n° 221 ; CE 23-6-1986 n° 48466 : RJF 10/86 n° 892). Dans ce cas, la valeur locative à retenir peut être fixée par comparaison avec les loyers pratiqués pour des immeubles analogues ou par référence à la valeur locative cadastrale (nos 42030 s.).
Pour le cas où (**sans contrat** de location) le logement est mis **gratuitement** à la disposition d'un membre de la famille ou d'un tiers, voir n° 27090, précision c.

Date de prise en compte Les **recettes** à retenir pour déterminer le revenu foncier sont celles qui ont été **effectivement encaissées** au cours de l'année de l'imposition, quelle que soit la période à laquelle elles se rapportent. **27265** FONC-III-850 s

On doit donc faire état non seulement des loyers perçus à leur échéance normale, mais aussi des encaissements se rapportant à des **loyers arriérés** (sur la possibilité de demander l'application du système du quotient, voir nos 4150 s.) **ou perçus d'avance.**

En revanche, les **loyers** venus à échéance en cours d'année et demeurés **impayés** par suite de la carence des locataires n'ont pas à être déclarés.

› Précisions Les loyers perçus par l'intermédiaire d'un **mandataire** doivent, dès leur perception par ce dernier, être considérés comme étant à la disposition du propriétaire, même si le mandataire ne lui a pas rendu compte correctement de ses actes.

Lorsque le bail prévoit la faculté ou l'obligation pour le **locataire** d'effectuer des **travaux de construction ou d'aménagement** qui doivent revenir sans indemnité au propriétaire en fin de bail, le profit correspondant est imposé dans la catégorie des revenus fonciers, au nom du propriétaire, au titre de l'année au cours de laquelle le bail a pris fin (terme initial ou résiliation), et non pas lors de l'exécution des travaux par le locataire. Le profit imposable est égal à la valeur vénale, à la date du transfert, des immobilisations revenant au bailleur. **27266** FONC-I-4600 s

En cas de **retour anticipé** des constructions dans le patrimoine du bailleur propriétaire du sol, l'avantage en nature correspondant à la valorisation du fonds est imposé, dans la catégorie des revenus fonciers, au titre de l'année au cours de laquelle cette opération est réalisée. Le revenu imposable au nom du bailleur correspond alors à la valeur vénale des constructions diminuée du montant de l'indemnité versée au locataire en contrepartie de la cession anticipée des droits qu'il détenait sur les constructions.

DÉPENSES ET TRAVAUX MIS À LA CHARGE DES LOCATAIRES

Au montant des recettes proprement dites, il convient d'ajouter les **dépenses incombant normalement au propriétaire** (exemples : réparations autres que réparations locatives, taxe foncière, etc.) mais dont le paiement est, par l'effet des **conventions, mis à la charge des locataires.** **27275** FONC-III-3300 s

Dans la mesure où elles ont pour le propriétaire le caractère de charges déductibles (voir nos 27325 s.), lesdites sommes seront ultérieurement retranchées du revenu brut pour la détermination du revenu net. L'administration admet donc que dans ce cas le propriétaire peut, s'il le désire, faire purement et simplement abstraction desdites sommes, tant en recettes qu'en dépenses (BOI-RFPI-BASE-10-20 n° 60).

› Précisions a. En ce qui concerne les **constructions ou aménagements effectués par le locataire,** voir ci-dessus n° 27266.
Pour les règles particulières prévues en cas de **bail à construction,** voir nos 31035 et 31050.

b. Les loyers et prestations de toute nature, qui constituent le prix d'un **bail à réhabilitation** passé dans les conditions prévues par les articles L 252-1 à L 252-4 du CCH, ont le caractère de revenus fonciers. Toutefois, le revenu

représenté par la valeur des travaux de construction, de reconstruction ou d'agrandissement réalisés par le preneur conformément à l'article L 252-1 du CCH ne donne lieu à aucune imposition (CGI art. 33 quinquies : FONC-I-5700 s.).
c. Les dépenses dont un locataire assume **volontairement** la charge, sans y être contraint par les clauses de son bail (cas notamment des **travaux d'amélioration** qu'il fait exécuter pour des raisons de **convenance personnelle**), ne constituent pas un élément du revenu du propriétaire, même si celui-ci a donné son assentiment préalable à l'exécution des travaux.

RECETTES EXCEPTIONNELLES

27285 FONC-III-1700 s On entend par recettes exceptionnelles les recettes qui ne sont pas susceptibles d'être perçues chaque année, tels les droits d'entrée ou « pas-de-porte ».

Remarque : Pour ce type de recettes, le propriétaire peut, si les conditions requises sont remplies, demander l'application du **système du quotient** prévu pour l'imposition des revenus exceptionnels (voir nos 4150 s.).

> Précisions **a.** Dès lors qu'elles sont destinées à financer des charges déductibles, les subventions et indemnités (**subventions de l'Anah, indemnités d'assurances** versées en réparation des dommages subis par l'immeuble, etc.) doivent être comprises dans le revenu brut.
b. Les **droits d'entrée ou « pas-de-porte »** ne sont pas imposables lorsque le propriétaire peut démontrer que la somme perçue ne constitue pas un supplément de loyer mais représente la contrepartie de la **dépréciation** de la valeur des locaux. La preuve de cette dépréciation ne peut pas résulter du simple fait que le locataire a acquis de son côté un nouvel élément d'actif représenté par le droit au renouvellement du bail (CE 24-2-1978 no 97347 : RJF 4/78 no 160). Elle peut, en revanche, découler des stipulations du bail (notamment de sa durée) (CE 29-9-1989 no 68212 : RJF 11/89 no 1230).
c. Les **plus-values réalisées sur la vente d'immeubles** n'ont pas à être comprises dans les revenus fonciers. Mais elles font l'objet d'une imposition distincte de celle des revenus fonciers, selon les règles prévues à l'égard des plus-values des particuliers (voir nos 32000 s.).
d. L'**indemnité de déspécialisation** du bail perçue par le propriétaire d'un local commercial ne constitue, en principe, pas un revenu imposable sauf, le cas échéant, pour la fraction de l'indemnité qui excède le montant du préjudice subi. Elle constitue cependant un supplément de loyer imposable lorsqu'elle est destinée à compenser une perte de recettes ou un accroissement des charges supportées par le bailleur.

LOYERS ASSUJETTIS À LA TVA

27295 CGI art. 33 quater FONC-III-1500 s Lorsqu'un propriétaire donne en location des locaux nus dont les loyers sont soumis à la TVA soit à titre obligatoire (nos 46840 et 46845), soit sur option (nos 46870 s.), cette taxation ne modifie pas en principe sa situation au regard des impôts directs.

Par suite, s'il s'agit d'un particulier ou d'une société de personnes non passible de l'impôt sur les sociétés, les revenus provenant de la location sont soumis à l'impôt sur le revenu au titre des revenus fonciers.

> Précisions Pour la détermination du revenu foncier imposable, les **recettes** ainsi que les **dépenses déductibles** relatives à ces locaux (et, en particulier, les travaux d'entretien et de réparation) sont **retenues pour leur montant hors TVA**.
Les recettes à déclarer ne comprennent pas non plus les remboursements de **crédits de taxe** reçus du Trésor.

b. Frais et charges

FRAIS ET CHARGES À PRENDRE EN COMPTE

27325 CGI art. 31, I FONC-IV-1 s Les frais et charges à déduire des recettes déterminées nos 27260 s. comprennent :

– les dépenses de réparation ou d'entretien (no 27340) ;
– les dépenses d'amélioration (no 27350) ;
– les dépenses acquittées pour le compte des locataires et restant définitivement à la charge des propriétaires (no 27360) ;
– les provisions pour charges de copropriété (no 27370) ;
– les indemnités d'éviction et frais de relogement (no 27380) ;
– les frais de gestion (no 27390) ;
– les primes d'assurance (no 27400) ;
– certaines impositions (no 27410) ;
– les intérêts des dettes (no 27420).

Cette liste n'est pas limitative même si elle couvre en pratique la plupart des dépenses engagées par le bailleur sur son immeuble. Si celui-ci peut, en effet, se prévaloir du **principe général** posé par l'article 13 du CGI, qui prévoit la déduction des dépenses effectuées en vue de l'acquisition ou de la conservation du revenu (nº 735), il ne peut toutefois pas déduire les dépenses exclues des charges foncières déductibles par l'article 31 du CGI (telles les dépenses de reconstruction) (la règle spéciale l'emportant sur la règle générale : CE (na) 30-12-2010 nº 335628 : RJF 5/11 nº 585 ; CE 15-2-2012 nº 323895 : RJF 5/12 nº 475).

> Précisions a. Lorsque les **dépenses** ont été grevées de la TVA (cas notamment des travaux d'entretien, de réparation ou d'amélioration), la déduction porte en principe sur le montant **TVA comprise.** On rappelle cependant qu'une exception est prévue à l'égard des propriétaires dont les loyers sont assujettis à la TVA (voir nº 27295).
b. Sont déductibles en application de l'article 13 du CGI :
– la **redevance** que le propriétaire d'un immeuble construit sur **sol d'autrui** verse au propriétaire du terrain ;
– les **dépenses de « mise en service »** d'un immeuble (mise en marche de la chaufferie, de l'ascenseur, etc.) nécessaires pour permettre l'entrée des locataires dans les appartements.
c. Les **déductions spécifiques** prévues dans le cadre de différents **régimes d'investissement locatif** (nºs 27800 s.), qui ne couvrent aucune dépense particulière, s'ajoutent aux charges de la propriété déduites par ailleurs. Il en va de même de la déduction spécifique de 40 % admise par l'administration sur les redevances d'exploitation de **carrières** et d'extraction de minerai (BOI-RFPI-BASE-20-90 nº 40).
d. Les charges afférentes aux **immeubles destinés à la location** mais demeurés **vacants** sont déductibles à condition que le propriétaire puisse démontrer qu'il a accompli les diligences nécessaires pour parvenir à la location et qu'il ne s'en est à aucun moment réservé la jouissance (CE 13-2-1974 nº 86174 ; BOI-RFPI-CHAMP-20-20 nº 70).
e. La part du prix d'acquisition relative aux travaux réalisés (par le vendeur) dans le cadre d'un **contrat de vente d'immeuble à rénover** ne constitue pas une charge déductible des revenus fonciers (BOI-RFPI-BASE-20-30-30 nº 25 ; CE 17-10-2022 nº 460113 : RJF 1/23 nº 27).

Date de prise en compte Les **charges** à déduire du revenu foncier s'entendent de celles qui ont été **effectivement acquittées** au cours de l'année de l'imposition, quelle que soit la date à laquelle la dette correspondante a pris naissance ou est venue à échéance, ou la date à laquelle ont été exécutés les travaux auxquels elles se rapportent (voir toutefois nº 27370 le cas des provisions pour charges de copropriété). **27330** FONC-IV-690 s

> Précisions a. Dans la mesure où elles répondent aux conditions exigées par la loi, les dépenses payées au cours de l'année de l'imposition, mais se rapportant à des **années antérieures** (telles que travaux effectués au cours des années précédentes, etc.) **ou,** au contraire, aux années **suivantes** (telles qu'intérêts payés d'avance, acomptes sur travaux, etc.), doivent donc être comprises dans les charges déductibles.
b. Lorsque des **dépenses** sont **financées à l'aide d'un emprunt,** elles doivent être retranchées, au fur et à mesure de leur règlement, des revenus de l'année de leur paiement aux entrepreneurs, même si ce paiement est effectué directement par l'organisme de crédit.

DÉPENSES D'ENTRETIEN ET DE RÉPARATION

Sauf lorsqu'elles sont indissociables de travaux de reconstruction ou d'agrandissement (définis nº 27350), les dépenses d'entretien et de réparation sont déductibles du revenu foncier. **27340** CGI art. 31, I-1º-a FONC-IV-1300 s

Par « dépenses d'entretien et de réparation », il faut entendre, d'une manière générale, tous les **travaux ayant pour objet de maintenir ou de remettre l'immeuble en bon état** et d'en permettre un usage normal sans en modifier la consistance, l'agencement ou l'équipement initial. **Exemples** : remise en état du gros œuvre (toitures, façades, etc.), du mur de clôture, des canalisations, de l'installation électrique, du chauffage central (remplacement de la chaudière, de canalisations, d'éléments de radiateur, etc.), remplacement d'un ascenseur vétuste.

Les dépenses de **réparations locatives** ne sont, en revanche, pas déductibles même lorsqu'elles sont prises en charge par le propriétaire. Il n'en va autrement, selon l'administration, que si elles sont occasionnées par la vétusté, la force majeure, un vice de construction ou une malfaçon (par exemple : frais de réfection des peintures intérieures nécessités par des travaux plus lourds dont la charge incombe au propriétaire, travaux de réparation faisant suite à un cataclysme naturel) ou si elles sont engagées, avant l'installation d'un locataire, en vue de faciliter la location (BOI-RFPI-BASE-20-30-20 nºs 50 et 60). Sur les dépenses acquittées pour le compte du locataire et non récupérées en fin de bail, voir nº 27360.

> Précisions a. Les dépenses supportées au titre de la **réalisation d'études** ou de **diagnostics** préalables obligatoires constituent des dépenses d'entretien (BOI-RFPI-BASE-20-30-10 nº 40). Tel est le cas, par exemple, des dépenses de recherche et d'analyse de la nocivité de l'**amiante** (les travaux d'enlèvement ou destinés à assurer son innocuité étant des dépenses d'amélioration, voir nº 27350).
b. Les **frais de déplacement** engagés pour la réalisation de travaux d'entretien et de réparation sont déductibles pour leur montant réel en tant que dépenses d'entretien et de réparation (CAA Lyon 25-5-2010 nº 08LY00786 : RJF 12/10 nº 1172).

DÉPENSES D'AMÉLIORATION

27350 CGI art. 31, I-1°-b et b bis FONC-IV-2900 s

En ce qui concerne les immeubles urbains (on verra n° 28615 que des possibilités plus larges sont prévues pour les propriétés rurales), les dépenses d'amélioration dont la déduction est autorisée sont, essentiellement, les dépenses afférentes à des **locaux d'habitation.** Sont visés les travaux qui ont pour objet d'apporter à un local un **équipement** ou un élément **de confort nouveau ou mieux adapté** aux conditions modernes de vie, sans modifier cependant la structure de l'immeuble. **Exemples** : installation du chauffage central, de l'électricité, d'un ascenseur, d'une salle d'eau, d'une cuisine aménagée et équipée, du tout-à-l'égout, d'une antenne collective de télévision, du téléphone, de dispositifs de sécurité contre les cambriolages, agrandissement des portes et des fenêtres, pose de persiennes, installation d'équipements pour personnes handicapées.

Les dépenses d'amélioration exposées pour des **locaux autres que des logements** n'ouvrent pas droit à déduction, à l'exception toutefois de celles qui sont destinées à protéger ces locaux des effets de l'**amiante** ou à favoriser l'**accueil des handicapés** dans les locaux professionnels ou commerciaux.

> **Précisions** **a.** Des emplacements de par**king** situés au sous-sol d'un immeuble d'habitation sont assimilés à des locaux d'habitation et leur **transformation en boxes** constitue des travaux d'amélioration dont le montant est déductible (CE 7-5-1986 n° 39426 : RJF 7/86 n° 700).

b. Lorsque l'**immeuble** est, par sa conception, son aménagement et ses équipements, **destiné originellement à l'habitation,** son occupation temporaire à un autre usage n'est pas de nature à elle seule à lui ôter cette destination en l'absence de travaux modifiant sa conception, son aménagement ou ses équipements (CE 20-6-1997 n° 137749 : RJF 8-9/97 n° 794).

c. Les dépenses d'amélioration destinées à protéger les locaux des effets de l'**amiante** s'entendent de l'ensemble des travaux d'enlèvement de l'amiante ou des matériaux contenant de l'amiante (flocage, calorifugeage ou faux plafonds) ou destinés à assurer son innocuité (confinements des matériaux contenant de l'amiante par fixation ou encoffrement).

d. Les travaux destinés à faciliter l'**accueil des handicapés** s'entendent des travaux d'accessibilité ou d'aménagement interne, tels que l'aménagement de bateaux pour franchir les trottoirs, la construction de rampes, la suppression de marches ou de seuils, l'amélioration des revêtements de sol, l'installation d'un ascenseur ou d'autres appareils permettant le transport de personnes handicapées, la modification des volets et fenêtres ou de la robinetterie et des divers systèmes de commande des installations électriques et autres.

27355 ATTENTION

Les dépenses correspondant à des travaux de construction, reconstruction ou agrandissement ne sont jamais déductibles, même réalisées dans un objectif d'acquisition ou de conservation du revenu au sens de l'article 13 du CGI (voir n° 27325), sauf dans le cadre de certains régimes de faveur destinés à encourager l'investissement locatif (n°s 28260 s.). Sont considérés comme des travaux de **construction** ou de **reconstruction** les travaux comportant la création de nouveaux locaux d'habitation, notamment dans des locaux auparavant affectés à un autre usage, ainsi que les travaux ayant pour effet d'apporter une modification importante au gros œuvre de locaux d'habitation existants ou les travaux d'aménagement interne qui, par leur importance, équivalent à une reconstruction. Quant aux travaux d'**agrandissement,** il s'agit des travaux ayant pour effet d'accroître le volume ou la surface habitable des locaux existants (surélévation, par exemple).

DÉPENSES ACQUITTÉES POUR LE COMPTE DES LOCATAIRES ET NON RÉCUPÉRÉES

27360 CGI art. 31, I-1°-a ter FONC-IV-8400 s

Sont déductibles du revenu foncier les dépenses supportées pour le compte du locataire par le propriétaire dont celui-ci n'a pu obtenir le remboursement au 31 décembre de l'**année du départ du locataire.**

Exemples : consommation d'eau chaude et froide, frais de chauffage, d'éclairage, d'ascenseur, de tapis, de vidange, de ramonage, taxes d'enlèvement des ordures ménagères et de balayage.

> **Précisions** **a.** Les dépenses locatives définitivement supportées par le contribuable pendant la **période de vacance** d'un bien destiné à la location restent admises en déduction dans les conditions de droit commun (BOI-RFPI-BASE-20-40 n° 70).

b. Sur les dépenses de **réparations locatives,** voir également n° 27340.

PROVISIONS POUR CHARGES DE COPROPRIÉTÉ

27370 CGI art. 31, I-1°-a quater FONC-IV-9100 s

Les provisions pour charges de copropriété sont déduites du revenu foncier de l'année de leur versement et régularisées l'année suivante.

C'est ainsi que les copropriétaires bailleurs déduisent de leur revenu foncier le montant total des provisions pour charges versées au syndic **au cours de l'année** (sans qu'il y ait lieu d'examiner l'utilisation effective de ces sommes ou leur affectation à des dépenses déductibles ou non), diminué de celui des provisions déduites l'**année précédente** correspondant à des charges non déductibles.

Ce dispositif est **obligatoire.** Ainsi, même s'il connaît la ventilation exacte des charges lorsqu'il souscrit sa déclaration de revenus fonciers, le copropriétaire bailleur doit déduire les provisions payées sans tenir compte de cette ventilation.

En **pratique,** les copropriétaires doivent réintégrer dans leur revenu imposable de l'année N + 1 les charges de copropriété déduites des revenus de l'année N lorsqu'elles correspondent à des charges non déductibles (notamment celles récupérables sur les locataires). Le solde résultant de l'approbation des comptes de l'exercice comptable précédent fait également l'objet d'une régularisation sous forme de réintégration (solde positif) ou de déduction (solde négatif) (BOI-RFPI-BASE-20-70 n°s 70 et 80). 27371

> **Précisions** **a.** Les provisions déductibles sont celles qui correspondent aux dépenses prévues à l'article 14-1 de la loi 65-557 du 10 juillet 1965, à savoir les **dépenses courantes** de maintenance, de fonctionnement et d'administration des parties communes et équipements communs de l'immeuble ainsi que les **dépenses pour travaux.**

> **b.** En cas de **cessation de la location,** les provisions peuvent faire l'objet d'une régularisation prévisionnelle anticipée en retenant la même proportion de charges déductibles que celle constatée l'année précédente. Si le montant se révèle inexact après arrêté des comptes, le contribuable doit déposer une déclaration rectificative (BOI-RFPI-BASE-20-70 n° 90).

INDEMNITÉS D'ÉVICTION, FRAIS DE RELOGEMENT

L'indemnité d'éviction est déductible des recettes si, compte tenu des circonstances de fait, elle peut être regardée comme une **dépense faite en vue de l'acquisition ou la conservation du revenu.** Tel est le cas lorsque le propriétaire reprend la disposition de son immeuble en vue de le relouer dans de meilleures conditions après travaux. Le caractère déductible des travaux réalisés est sans incidence sur le caractère déductible de l'indemnité (CE 8-7-2005 n° 253291 : RJF 11/05 n° 1194). 27380 FONC-IV-9800 s

Lorsque l'indemnité est déductible, les **intérêts de l'emprunt** contracté pour la financer le sont également quelle que soit l'importance des charges de cet emprunt (CE 3-7-2009 n° 293154 : RJF 11/09 n° 946).

Les mêmes principes s'appliquent aux frais de relogement engagés par le propriétaire pour loger temporairement son locataire pendant la durée des travaux qu'il réalise sur l'immeuble loué.

ATTENTION

L'indemnité d'éviction versée à un locataire en cas de résiliation ou de non-renouvellement du bail n'est pas déductible des recettes lorsqu'elle présente le caractère d'une **dépense personnelle** ou d'une **dépense engagée en vue de la réalisation d'un gain en capital.** Tel est le cas lorsque le propriétaire reprend les biens donnés en location pour son usage personnel, pour les vendre libres de toute location ou les démolir, ou encore pour dégager, après démolition, un terrain à bâtir sur lequel il consentira un bail à construction.

Il en va de même lorsque la reprise du bien loué a pour but la transformation de locaux commerciaux en logements, sauf si les logements sont donnés à bail pour un loyer supérieur à celui pratiqué antérieurement pour la location des locaux commerciaux, l'indemnité devant alors être regardée comme une dépense effectuée en vue de l'acquisition ou de la conservation du revenu (CE 29-3-1989 n° 81836 : RJF 5/89 n° 570).

FRAIS DE GESTION

Sont déductibles du revenu foncier pour leur montant effectif : 27390 CGI art. 31, I-1°-e FONC-IV-7100 s

– les **frais de procédure,** notamment les dépenses supportées à l'occasion d'un procès entre le bailleur et son locataire ou un tiers ;

– les frais de rémunération (salaires en espèces, avantages en nature, charges sociales et fiscales) des **concierges** ou des **gardes** (y compris les frais de garde-chasse dans les propriétés rurales) ;

– les frais de rémunération, honoraires et commissions versés à un tiers pour la gestion des immeubles. Sont déductibles à ce titre les **frais de gérance** supportés par les propriétaires ayant recours aux services de gérants d'immeubles ou d'administrateurs de biens, les **commissions versées à une agence de location,** les **honoraires** versés à un tiers pour la rédaction de déclarations fiscales ou encore les sommes versées à un tiers pour la tenue de la comptabilité de ses immeubles.

Les **autres frais** de gestion sont réputés couverts par un forfait fixé à 20 € par local.

> Précisions **a.** Pour les **immeubles en copropriété,** les frais de rémunération des gardes et concierges et les frais de gérance sont normalement pris en compte dans la provision pour charges, déductible selon les modalités exposées n° 27370.

b. Sont notamment réputés **couverts par le forfait** de 20 € (BOI-RFPI-BASE-20-10 n° 210) :

– les frais de correspondance et de téléphone ;

– les frais de déplacement (sous réserve des frais de déplacement engagés pour la réalisation de travaux d'entretien et de réparation déductibles pour leur montant réel : n° 27340, précision b) ;

– les dépenses d'acquisition de matériels et mobiliers de bureau, d'équipements informatiques et de logiciels ;

– les frais de promotion et de publicité.

Le montant forfaitaire de 20 € est réputé couvrir l'ensemble des frais de gestion non déductibles pour leur montant réel. Dès lors, même si le **montant réel** de ces autres frais est **supérieur au forfait** de 20 €, le propriétaire ne peut pas procéder à un complément de déduction (voir toutefois n° 28385, précision b en ce qui concerne les monuments historiques).

PRIMES D'ASSURANCE

27400 CGI art. 31, I-1°-a bis FONC-IV-7900 s

Les primes d'assurance afférentes aux immeubles loués sont déductibles du revenu foncier pour leur montant réel, **quel que soit le risque couvert** (propriétaire non occupant, loyers impayés, emprunt, etc.).

IMPÔTS

27410 CGI art. 31, I-1°-c FONC-IV-10600 s

Sont déductibles du revenu foncier les impositions, **autres que celles incombant normalement à l'occupant,** perçues à raison des propriétés au profit des collectivités locales, de certains établissements publics et d'organismes divers. Il s'agit pour l'essentiel de la **taxe foncière** et de certaines taxes annexes (n°s 41650 s.), mais également de la **taxe annuelle sur les surfaces de stationnement en Île-de-France** (n° 31415) et, lorsqu'elle est encore exigible (voir n° 74805), de la **contribution sur les revenus locatifs** (CRL) (BOI-RFPI-BASE-20-50 n° 20).

> Précisions **a.** Lorsque ces impôts ont fait l'objet d'une **pénalité pour défaut ou retard de paiement,** cette pénalité est également admise en déduction (BOI-RFPI-BASE-20-50 n° 70).

b. En ce qui concerne le cas où les impositions incombant au propriétaire sont mises **conventionnellement** à la charge du locataire, voir n° 27275.

c. Ne sont notamment pas déductibles :

– les **taxes locatives** (taxe d'habitation, taxe d'enlèvement des ordures ménagères, taxe de balayage) dès lors qu'elles incombent normalement à l'occupant ;

– les **taxes d'urbanisme** (taxe d'aménagement, notamment) considérées fiscalement comme un élément du prix de revient du terrain ou de la construction ;

– la **taxe annuelle sur les bureaux en Île-de-France** et la taxe annuelle sur les bureaux en **Provence-Côte d'Azur ;**

– l'**impôt sur le revenu,** les **prélèvements sociaux,** la **TVA** (éventuellement acquittée sur les loyers : n° 27295), les **droits d'enregistrement.**

INTÉRÊTS DES DETTES

27420 CGI art. 31, I-1°-d FONC-IV-11300 s

Le propriétaire peut déduire du revenu foncier le montant des intérêts des emprunts contractés :

– soit pour **l'acquisition,** la **construction,** la **réparation** ou l'**amélioration** des propriétés ;

– soit encore pour la **conservation** de ces propriétés (par exemple, pour payer les droits de succession ; sont en particulier déductibles les intérêts versés au Trésor en cas de paiement fractionné des droits de mutation à titre gratuit).

La déduction est limitée aux sommes effectivement payées au cours de l'année d'imposition (aucune limitation n'est en revanche prévue quant au montant et à la durée).

> Précisions **a.** La déduction peut porter, non seulement sur les intérêts proprement dits, mais encore sur les **frais d'emprunt** : frais de constitution de dossier et frais d'inscriptions hypothécaires ; frais ajoutés par les organismes de crédit au montant des intérêts ; commission d'engagement, agios et taxes ; primes du contrat d'assurance-vie ou d'assurance décès souscrit pour garantir le remboursement de l'emprunt

b. Dans le cas où des **intérêts** sont **versés avant l'achèvement d'un immeuble** destiné à la location, ils sont considérés comme une charge déductible du revenu des autres propriétés du contribuable ou, à défaut, comme un déficit foncier imputable sur les revenus fonciers des dix années suivantes (n° 27540).

c. La déduction des intérêts d'emprunt peut être pratiquée par les **nus-propriétaires** d'immeubles dont l'**usufruit** est **détenu** temporairement **par un bailleur social** (organisme d'HLM, société d'économie mixte, organisme agréé qui concourt aux objectifs de la politique d'aide au logement) (FONC-I-3640 s.).

d. Les intérêts payés à raison d'une **avance sur assurance-vie** (utilisée pour financer la conservation, l'acquisition, la construction, la réparation ou l'amélioration d'immeubles donnés en location) sont déductibles à condition que l'avance soit effectivement remboursée à l'assureur au terme du prêt (Rép. Malhuret : Sén. 20-12-2018 n° 2170).

ATTENTION

Le contribuable conserve le bénéfice de la déduction lorsqu'il conclut un emprunt destiné à rembourser ou à se substituer à son emprunt initial (**emprunt substitutif**) si le nouvel emprunt est immédiatement et intégralement utilisé pour le remboursement du premier emprunt (CE 1-2-2012 n° 336469 : RJF 4/12 n° 365). La règle vaut quel que soit le montant du capital souscrit dans le nouveau contrat. Mais seuls les intérêts d'emprunt relatifs au capital restant dû ouvrent droit à déduction dans la limite, appréciée globalement, des intérêts figurant sur l'échéancier initial (BOI-RFPI-BASE-20-80 n° 110). Outre les intérêts, sont également déductibles les indemnités de résiliation anticipée et de renégociation du prêt ainsi que les frais d'ouverture de dossier du nouvel emprunt (CE 5-7-2010 n° 301044 : RJF 11/10 n° 1027 ; CE 5-10-2007 n° 281658 : RJF 12/07 n° 1439). L'administration subordonne cependant la déduction à la condition que la résiliation et la souscription de l'emprunt substitutif permettent de réduire la charge d'intérêts restant dus (BOI-RFPI-BASE-20-80 n° 220). 27425

2. MICRO-FONCIER

Les contribuables dont le revenu foncier est inférieur à un certain montant sont soumis de plein droit à un régime d'imposition simplifié (dit « micro-foncier ») qui aboutit à n'imposer que 70 % des recettes. Ils peuvent toutefois opter pour le régime réel d'imposition des revenus fonciers exposé nos 27250 s. 27450 CGI art. 32 FONC-I-6500 s

CHAMP D'APPLICATION

Le micro-foncier est applicable aux contribuables dont le **revenu brut** foncier annuel (défini n° 27475), procuré par des immeubles urbains ou ruraux, est **inférieur ou égal** à 15 000 €. 27460

> Précisions La **limite** de 15 000 € est appréciée **annuellement** – y compris lorsque la location ne couvre pas la totalité de l'année civile – en tenant compte des revenus de l'ensemble du **foyer fiscal**. Elle s'apprécie le cas échéant en tenant compte du montant des revenus fonciers correspondant aux **droits** du contribuable dans les bénéfices comptables des **sociétés de personnes** ou des fonds de placement immobilier (**FPI**) dont il est membre.

Le **régime ne peut** toutefois **pas s'appliquer** lorsque le contribuable ou l'un des membres de son foyer fiscal est propriétaire : 27465

– de monuments historiques donnés en location (nos 28350 s.) ;

– de logements neufs au titre desquels est pratiquée la déduction au titre des amortissements « Robien », « Besson » ou « Périssol » (nos 28260 s.) ;

– de logements au titre desquels le contribuable bénéficie des déductions spécifiques « Cosse » (n° 27850) ou « Borloo ancien » (n° 28260) ;

– de parts de sociétés de personnes non transparentes (SCI, SCPI, notamment) qui donnent en location des immeubles nus lorsque leur détenteur n'est pas propriétaire d'un immeuble donné en location nue ou lorsque l'immeuble donné en location par la société est un immeuble visé ci-dessus (nos 30700 s.) ;

– de logements au titre desquels le contribuable bénéficie de la réduction d'impôt « Loc'Avantages » (nos 2830 s.) ;

– de parts de FPI lorsque leur détenteur n'est pas propriétaire d'un immeuble donné en location nue ;

– de parts de SCPI qui font l'objet de la déduction au titre de l'amortissement « Robien » (n° 28270).

Cette liste est limitative. Il en résulte que le micro-foncier est **applicable** notamment aux contribuables bénéficiant des réductions d'impôt « Duflot », « Pinel » (nos 2805 s.), « Denormandie » (nos 2820 s.), « Scellier » (n° 2890) (sans application des déductions spécifiques « Scellier intermédiaire ou ZRR ») ou « Malraux » (nos 2900 s.).

MODALITÉS D'IMPOSITION

Le **revenu brut** à déclarer comprend les recettes de toute nature perçues par le propriétaire (telles que définies nos 27260 s.). 27475

Le **revenu net** imposable est déterminé par l'administration en appliquant au revenu ainsi déclaré un **abattement** de 30 % représentatif de l'ensemble des charges de la propriété (aucune autre déduction ne peut être opérée sur le revenu brut).

> Précisions **a.** Le revenu brut à déclarer comprend, le cas échéant, la **quote-part de revenu brut de la société ou du FPI** dont le contribuable est membre à proportion de ses droits dans les bénéfices comptables.

b. Les contribuables portent directement le montant de leur revenu brut sur leur **déclaration** d'ensemble des revenus (voir n° 27585).

c. Les **déficits fonciers constatés antérieurement** à l'application du régime et encore reportables peuvent continuer à s'imputer sur le revenu foncier dans les conditions de droit commun (nos 27530 s.).

OPTION POUR LE RÉGIME RÉEL

27485 Les contribuables placés de plein droit sous le micro-foncier peuvent cependant opter pour le régime réel d'imposition (afin de pouvoir déduire d'éventuels déficits sur le revenu global).

Une fois exercée, l'option est **globale** et s'applique obligatoirement pour une **période de trois ans** durant laquelle elle est irrévocable. À l'issue de cette période, le contribuable peut à tout moment y **renoncer** en se plaçant sous le régime micro-foncier (sous réserve, bien entendu, que ses conditions d'application soient toujours réunies).

> Précisions **a.** L'option et la renonciation à l'option ne sont soumises à aucun **formalisme** particulier. L'option résulte de la simple souscription de la déclaration n° 2044. Quant à la renonciation à l'option, elle résulte de l'absence de dépôt de déclaration n° 2044 et du report direct du montant des revenus bruts fonciers sur la déclaration d'ensemble des revenus n° 2042.
b. L'option et la **renonciation** à l'option prennent effet à compter de l'imposition des revenus de l'année au titre de laquelle elles sont exercées.
c. Les contribuables ayant renoncé à l'option peuvent, dès l'année suivant celle de leur renonciation, exercer une **nouvelle option** pour le régime réel, valable trois ans.
d. L'option cesse de produire ses effets lorsque le **contribuable sort du champ d'application du micro-foncier.** Le régime réel s'applique alors de plein droit (n° 27495).

PERTE DU BÉNÉFICE DU MICRO-FONCIER

27495 Le micro-foncier cesse de s'appliquer au titre de l'année au cours de laquelle le revenu brut foncier excède 15 000 €. Il en est de même l'année au cours de laquelle survient une des causes d'exclusion visées n° 27465. Les revenus fonciers du foyer fiscal doivent alors être déterminés selon le **régime réel** d'imposition décrit nos 27250 s., qui devient applicable de plein droit, et donner lieu au dépôt d'une déclaration n° 2044 ou n° 2044 spéciale (n° 27585).

C. Imputation des déficits fonciers

27530 CGI art. 156, I-3° FONC-VI-200 s

Lorsque les opérations de détermination du revenu foncier font apparaître un résultat négatif, le déficit ainsi constaté ne peut, en principe, être imputé que sur les revenus fonciers des dix années suivantes.

Atténuant largement la portée de ce principe, la loi permet, cependant, l'imputation sur le revenu global, avec ou sans limites, des déficits résultant de certaines dépenses.

Remarque : Dans le cadre du **micro-foncier,** aucun déficit ne peut être constaté. Mais les déficits constatés antérieurement à l'application du régime et encore reportables au 1er janvier de la première année d'application demeurent imputables sur les revenus fonciers des années suivantes dans les conditions de droit commun.

RÉGIME GÉNÉRAL

27540 FONC-VI-300 s

Les déficits fonciers résultant de dépenses (déductibles des revenus fonciers) autres que les intérêts d'emprunt s'imputent sur le **revenu global** dans la **limite annuelle** de 10 700 €.

La fraction du déficit supérieure à cette limite ainsi que celle correspondant aux intérêts d'emprunt ne sont imputables que **sur les revenus fonciers** des dix années suivantes.

Lorsque le **revenu global** du contribuable est **insuffisant** pour absorber le déficit foncier imputable (limité à 10 700 €), l'excédent du déficit est imputable dans les conditions de droit commun sur les revenus globaux des six années suivantes (nos 950 s.).

Ce dispositif d'imputation est **obligatoire** dès lors qu'un déficit foncier est dégagé au cours d'une année.

EXEMPLE

Soit un propriétaire qui loue en 2024 un immeuble urbain et dont le revenu foncier est déterminé de la façon suivante :

Revenu brut	2 000 €
Charges	– 30 000 €
Intérêts d'emprunt	– 4 000 €
Déficit	– 32 000 €

Le revenu brut est réputé compenser d'abord les intérêts d'emprunt. Le déficit provient donc à hauteur de 2 000 € des intérêts d'emprunt et à hauteur de 30 000 € des autres charges.
– Si le revenu global est supérieur ou égal à 10 700 €, le déficit provenant de dépenses autres que les intérêts d'emprunt (soit 30 000 €) est imputable sur le revenu global à hauteur de 10 700 € ; l'excédent, soit 19 300 €, s'ajoute aux 2 000 € (fraction relative aux intérêts d'emprunt) imputables sur les revenus fonciers des dix années suivantes (soit jusqu'en 2034).
– Si le revenu global est inférieur à 10 700 € (par exemple 8 000 €), le déficit qui n'a pu être imputé (2 700 €) est alors imputable sur le revenu global des six années suivantes (soit jusqu'en 2030), le reliquat de 21 300 € demeurant imputable sur les revenus fonciers des dix années suivantes.

27545
> Précisions a. La **limite de 10 700 €** est globale pour tous les immeubles ou parts possédés par un même contribuable et les membres de son **foyer fiscal.**
b. En cas de **déficits successifs** (non encore atteints par le délai de dix ans), l'imputation sur les revenus fonciers se fait en commençant par les déficits les plus anciens.
c. Tout **cumul** est impossible, pour un même logement ou une même souscription de titres, entre la **réduction d'impôt** au titre de certains **investissements immobiliers** réalisés **outre-mer** (nos 92010 s.) et l'imputation d'un déficit foncier sur le revenu global. Mais l'administration limite cette interdiction à la **période** couverte par l'engagement de location du logement ou de conservation des titres prévu pour l'octroi de la réduction d'impôt (BOI-RFPI-BASE-30-20 n° 120).
d. La **limite** de 10 700 € est portée à 15 300 € lorsqu'un déficit foncier est constaté sur un immeuble relevant de la **déduction « Cosse »** (n° 27850) ou du **régime « Périssol »**
e. Sur l'imputation des déficits en cas de divorce ou de **séparation**, voir n° 970.

27546
Rénovation d'une « passoire thermique »

La limite annuelle d'imputation du déficit foncier sur le revenu global (n° 27540) est rehaussée, sans pouvoir excéder **21 400 €** par an, à concurrence du montant des dépenses déductibles de travaux de rénovation énergétique permettant à un bien de passer d'une classe énergétique E, F ou G à une classe énergétique A, B, C ou D (CGI art. 156, I-3°-al. 4). Sont concernées les dépenses afférentes aux **travaux d'amélioration de la performance énergétique** globale des logements susceptibles d'être financés par l'**« éco-PTZ »** (n° 10635), y compris les dépenses éligibles à la prime de transition énergétique (autrement dénommée « MaPrimeRénov' »), à l'exclusion cependant des travaux de réhabilitation de systèmes d'assainissement non collectif et des travaux de pose d'une chaudière à très haute performance énergétique (CGI ann. III art. 41 DO, issu de l'article 1 du décret 2023-297 du 21-4-2023). Les travaux éligibles doivent avoir fait l'objet de l'acceptation d'un devis à compter du 5 novembre 2022 et être **payés entre le 1er janvier 2023 et le 31 décembre 2025** (Loi 2022-1499 du 1-12-2022 art. 12, II).
Si le contribuable ne **justifie** pas du nouveau classement de performance énergétique du bien au plus tard le 31 décembre 2025, le revenu foncier et le revenu global des années de déduction des dépenses de travaux sont, sans préjudice de la remise en cause visée n° 27550, reconstitués selon les modalités applicables en l'absence de rehaussement de la limite d'imputation. En pratique, le contribuable doit fournir, à la demande de l'administration, les devis, factures et diagnostics de performance énergétique avant/après travaux.

REMISE EN CAUSE DE L'IMPUTATION SUR LE REVENU GLOBAL

L'imputation des déficits fonciers sur le revenu global n'est **définitivement acquise que si le contribuable maintient** l'affectation de l'immeuble à la **location** jusqu'au 31 décembre de la troisième année suivant celle au titre de laquelle l'imputation a été pratiquée. 27550 FONC-VI-1530 s

Lorsque cette **condition** n'est **pas respectée,** le revenu global et les revenus fonciers des trois années qui précèdent l'année de cessation de la location sont reconstitués selon les modalités applicables en cas de non-imputation du déficit sur le revenu global (le contribuable se trouve ainsi replacé, pour les années en cause, dans la situation qui aurait été la sienne en l'absence d'application du dispositif d'imputation sur le revenu global). Les déficits indûment imputés sur le revenu global des trois années précédentes peuvent alors être imputés sur l'ensemble des revenus fonciers de l'année au cours de laquelle ces déficits ont été réalisés et viennent augmenter le déficit reportable de cette année (CE 26-4-2017 n° 400441 : RJF 7/17 n° 659). Les déficits fonciers qui restaient à imputer après la cessation de la location pourront s'imputer pendant dix ans sur les **revenus fonciers provenant d'autres biens locatifs.** À défaut de tels biens productifs de revenus fonciers, ces déficits seront perdus (BOI-RFPI-BASE-30-20 n° 260).

Aucune remise en cause n'est effectuée dans les cas suivants : décès, invalidité ou perte d'emploi du contribuable ou de son conjoint, expropriation pour cause d'utilité publique de l'immeuble productif du déficit.

> Précisions **a.** Lorsque l'**immeuble appartient à une société,** l'imputation des déficits fonciers sur le revenu global d'un associé est subordonnée à la double condition d'affectation de l'immeuble à la location par la société pendant trois ans et de conservation des parts de la société par l'associé pendant le même délai.

b. La **remise en cause de l'imputation** du déficit foncier sur le revenu global peut être effectuée jusqu'au 31 décembre de la troisième année qui suit celle du non-respect de l'affectation de l'immeuble ou de la conservation des titres nonobstant l'intervention de la prescription pour tout ou partie des années en cause (BOI-RFPI-BASE-30-20 n° 260).

RÉGIME PARTICULIER

27560 Les déficits issus des charges foncières afférentes aux **immeubles historiques** productifs de revenus (n° 28380, a et c) sont imputables sur le revenu global sans limitation de montant.

D. Obligations déclaratives et contrôle

DÉCLARATIONS DES REVENUS FONCIERS

27585 FONC-VI-6200 s Les contribuables relevant du **régime réel** d'imposition des revenus fonciers doivent faire figurer le détail du calcul de leur revenu net foncier sur une déclaration spécifique (**n° 2044** ou n° 2044 spéciale) annexée à la déclaration d'ensemble des revenus n° 2042 (nos 3670 s.). Ce résultat net est ensuite reporté sur la déclaration d'ensemble.

Dans le cadre du régime **micro-foncier,** le montant du revenu brut foncier est directement porté sur la déclaration d'ensemble n° 2042.

Remarque : Nous publions tous les ans au Feuillet Rapide un **guide** spécialement consacré à l'établissement de la déclaration n° 2044 (ou n° 2044 spéciale).

> Précisions **a.** La déclaration **n° 2044 spéciale** doit être souscrite par les propriétaires d'immeubles spéciaux (immeubles historiques ou possédés en nue-propriété) ou les personnes qui ont réalisé un investissement ouvrant droit à la déduction au titre de l'amortissement Robien, Besson ou Périssol. Cette déclaration doit être souscrite pour l'ensemble de leurs immeubles (spéciaux et autres).

b. Les **sociétés immobilières** sont soumises à des obligations particulières : voir nos 30740 et 30805.

CONTRÔLE DES REVENUS FONCIERS

27595 LPF art. L 16, al. 2, L 16 A et L 73, 3° FONC-VI-7600 s Le contrôle des revenus fonciers s'effectue suivant les règles de droit commun prévues en matière d'impôt sur le revenu (nos 77500 s.). C'est ainsi que l'administration peut demander à un propriétaire de lui fournir dans un délai qui ne peut être inférieur à deux mois des **justifications** sur les éléments portés dans sa déclaration qui servent à la détermination du revenu foncier imposable.

L'intéressé qui ne répond pas dans ce délai ou ne fournit aucune réponse écrite encourt l'évaluation d'office de ses revenus fonciers. En revanche, s'il répond dans le délai mais que l'administration juge la réponse qui lui est adressée insuffisante, elle doit **mettre en demeure** le contribuable d'apporter des précisions complémentaires dans un délai de trente jours. À **défaut de réponse** écrite dans ce nouveau délai ou en cas de réponse équivalant par son imprécision à un refus ou un défaut de réponse, les revenus fonciers peuvent être évalués d'office suivant la procédure indiquée nos 79125 s.

Les demandes de justifications peuvent viser **tous les éléments** qui interviennent dans la détermination du revenu foncier imposable, aussi bien les recettes que la nature et le montant des dépenses portées en déduction. Pour pouvoir répondre utilement à de telles demandes, les propriétaires ont donc intérêt à conserver les documents (factures, etc.) susceptibles de servir de moyens de preuve.

> Précisions En cas de revenus fonciers réalisés par l'intermédiaire d'une SCI, la demande de justifications ne peut pas être adressée à l'**associé de la SCI,** dès lors que ces justificatifs peuvent être exigés de la société dans le cadre d'un contrôle sur place de ses documents (CAA Paris 28-5-2013 n° 12PA03642 : RJF 11/13 n° 1031).

27600 CGI art. 1649 B CF-IX-95200 s **Locations d'emplacements d'affichage** Les **propriétaires** qui perçoivent des revenus provenant de la location d'emplacements d'affichage (sur un immeuble bâti ou non bâti) doivent normalement déclarer les sommes correspondantes dans leurs revenus fonciers (sur la déclaration à souscrire, voir n° 27585).

Afin de permettre un meilleur contrôle de ces recettes, les **locataires** d'emplacements d'affichage sont tenus de produire de leur côté une déclaration spéciale indiquant les nom et adresse des bénéficiaires des redevances ainsi que le montant des sommes versées lorsqu'elles dépassent 76 € par an pour un même bénéficiaire. Cette déclaration doit être établie sur un **formulaire n° 2061** disponible sur le site impots.gouv.fr (ou sur des bulletins individuels établis au nom de chaque bénéficiaire) et remise à la direction des finances publiques du domicile ou du principal établissement du déclarant, avant le 1er mars de l'année suivant celle du paiement des redevances.

> Précisions **a.** La même obligation s'impose aux **syndics de copropriété** lorsque le syndicat de copropriétaires perçoit des loyers au titre de la location d'emplacements d'affichage.
b. N'ont pas à être déclarées sur l'imprimé n° 2061 les sommes déjà portées par les sociétés sur les déclarations n° 2071 ou n° 2072 (nos 30805 et 30740) et celles versées à des **intermédiaires en publicité** et qui figurent dans les déclarations de salaires (n° 22200) ou d'honoraires (nos 78355 s.).
c. Le **défaut** ou le **retard** de la déclaration, de même que les **omissions** ou **inexactitudes** relevées dans cette déclaration, donnent lieu à l'application des pénalités visées n° 80190.

E. Régimes spéciaux et cas particuliers

Sont regroupées ci-après les situations appelant des précisions particulières ou régies par des textes spécifiques. 27620

1. IMMEUBLES DONT LA PROPRIÉTÉ EST DÉMEMBRÉE

Juridiquement, en cas de démembrement de la propriété d'un immeuble, l'usufruitier jouit en principe des **revenus** et est tenu aux **réparations d'entretien.** Quant aux **grosses réparations** (gros murs, voûtes, poutres, couvertures entières, etc.), elles incombent au nu-propriétaire, l'usufruitier étant toutefois tenu de les effectuer si elles sont dues à un défaut d'entretien depuis l'ouverture de l'usufruit (C. civ. art. 605). 27750 FONC-I-2600 s

Fiscalement, lorsque l'**immeuble est donné en location** (à un tiers ou au nu-propriétaire), les loyers sont imposables entre les mains de l'usufruitier. Les charges sont quant à elles déductibles des revenus de celui qui les a supportées. Ainsi, bien que n'ayant pas de revenus à déclarer à raison de l'immeuble dont la propriété est démembrée, le nu-propriétaire est néanmoins autorisé à déduire des revenus fonciers provenant de ses autres propriétés les charges qu'il a effectivement supportées. À défaut de tels revenus ou si ceux-ci sont insuffisants, un déficit foncier est constaté.

Lorsque l'**immeuble n'est pas donné en location** (immeuble occupé à titre gratuit par l'usufruitier ou par le nu-propriétaire), l'usufruitier n'est pas imposable au titre des revenus fonciers. Corrélativement, aucune déduction ne peut être pratiquée, ni par l'usufruitier ni par le nu-propriétaire.

2. ANCIENS DISPOSITIFS D'INVESTISSEMENT LOCATIF

Pour soutenir le marché locatif, le législateur accorde des avantages fiscaux particuliers aux bailleurs qui réalisent certains investissements immobiliers dans le neuf ou dans l'ancien. Sont étudiés ci-après ceux qui appellent des précisions particulières en matière de revenus fonciers bien qu'ils ne soient plus réalisables actuellement, dans la mesure où les propriétaires ayant opté pour leur application continuent d'en bénéficier. S'agissant du régime « Périssol », le lecteur intéressé peut se reporter à la Documentation experte FONC-VII-38000 s. 27800

En ce qui concerne les dispositifs prenant la forme d'une réduction d'impôt, voir nos 2805 s. (« Duflot » et « Pinel »), 2820 s. (« Denormandie ancien »), 2830 s. (« Loc'Avantages »), 2890 (« Scellier ») et 2900 s. (« Malraux »).

DÉDUCTION « COSSE »

Le dispositif « Cosse » permet aux propriétaires de logements donnés en location dans le cadre d'une **convention** conclue avec l'Agence nationale de l'habitat (**Anah**) depuis le 1er janvier 2017 et dont la **demande** a été **enregistrée avant le 1er mars 2022** de bénéficier d'une déduction spécifique dont le taux varie selon la localisation de l'immeuble et selon que la convention est conclue dans le secteur intermédiaire ou dans le secteur social ou très social. 27850 CGI art. 31, I-1°-o FONC-VII-3000 s.

27850 (suite) Le tableau ci-après résume les conditions et les modalités d'application de ce régime.

<table>
<tr><td>Bénéficiaires</td><td colspan="3">Personnes physiques ou associés de sociétés non soumises à l'IS (SCI, SCPI, sociétés transparentes).</td></tr>
<tr><td>Logements concernés</td><td colspan="3">Logement neuf ou ancien.
Exclusion des immeubles historiques visés nº 28350.
Localisation : Logement situé en zones A bis, A, B1 et B2 (voir nº 2809). Les logements situés en zone C ne bénéficient du dispositif que s'ils font l'objet d'une location « solidaire » ou, pour les conventions conclues depuis le 1er janvier 2018, si le conventionnement Anah est de type social ou très social et prévoit la réalisation de travaux d'amélioration.
Performance énergétique : Exclusion des logements classés F et G pour les conventions conclues depuis le 1er juillet 2020.
Lorsque le logement est situé dans un département d'outre-mer, il doit respecter au moins une amélioration de la performance énergétique suivante : travaux d'isolation thermique des toitures, des murs extérieurs, des parois vitrées et portes donnant sur l'extérieur, des planchers bas ; travaux d'installation, de régulation ou de remplacement de systèmes de chauffage ou de production d'eau chaude sanitaire performants.</td></tr>
<tr><td>Locations concernées</td><td colspan="3">Location nue à usage d'habitation principale du locataire.
Location « solidaire » : location ou mandat de gestion à un organisme d'intermédiation locative ou de gestion locative sociale public ou privé agréé en vue d'héberger à titre de résidence principale des personnes défavorisées (sans prestation hôtelière ou parahôtelière).</td></tr>
<tr><td>Conventions concernées</td><td colspan="3">Convention à loyer intermédiaire ou à loyer social ou très social conclue avec l'Anah (conforme aux conventions types téléchargeables sur le site www.anah.fr).
Durée : 6 ans, ou 9 ans en cas de travaux subventionnés par l'Anah. Prolongations possibles par périodes de 3 ans, la prorogation de la convention devant intervenir au plus tard le 31 décembre 2023 (Loi 2023-1322 du 29-12-2023 art. 110).</td></tr>
<tr><td>Engagements des bénéficiaires</td><td colspan="3">Engagement de location pendant toute la durée de la convention + éventuellement engagement de l'associé de conserver ses parts pendant la même durée.</td></tr>
<tr><td rowspan="2">Plafonds de loyers (par m², mensuel, charges non comprises)</td><td>Convention à loyer intermédiaire
Plafonds identiques à ceux fixés pour le bénéfice des dispositifs « Duflot », « Pinel » et « Denormandie » : voir nº 2811.</td><td>Convention à loyer social
Pour 2024 :
Zone A bis : 13,21 €
Zone A : 10,16 € (10,02 € en Corse)
Zone B1 : 8,75 € (8,62 € en Corse)
Zone B2 : 8,40 € (8,28 € en Corse)
Zone C : 7,80 €</td><td>Convention à loyer très social
Pour 2024 :
Zone A bis : 10,29 €
Zone A : 7,92 € (7,80 € en Corse)
Zone B1 : 6,82 € (6,72 € en Corse)
Zone B2 : 6,53 € (6,44 € en Corse)
Zone C : 6,05 €</td></tr>
<tr><td colspan="3">La convention conclue avec l'Anah peut obliger le bailleur à fixer un loyer inférieur à ces plafonds.</td></tr>
<tr><td>Plafonds de ressources des locataires</td><td colspan="3">Convention à loyer intermédiaire : Plafonds identiques à ceux fixés pour le bénéfice des dispositifs « Duflot », « Pinel » et « Denormandie » : voir nº 2812.
Convention à loyer social ou très social : Les plafonds, égaux à ceux fixés aux annexes I et II de l'arrêté pris en application de l'article R 441-1 du CCH (CGI ann. III art. 2 terdecies G), font l'objet d'une circulaire annuelle de mise à jour du ministère en charge du logement ou d'un arrêté de mise à jour modifiant l'arrêté du 29 juillet 1987 publié par le ministère du logement.</td></tr>
<tr><td>Location à un membre du foyer fiscal, un ascendant ou un descendant</td><td colspan="3">Interdite.</td></tr>
<tr><td>Location à un associé</td><td colspan="3">Interdite.
Est également interdite la location à un membre du foyer fiscal, un ascendant ou un descendant d'un associé.</td></tr>
</table>

Avantage fiscal	**Déduction spécifique** Secteur intermédiaire / Secteur social et très social / Location « solidaire » (quel que soit le conventionnement Anah) Zone A bis / A / B1 : 30 % / 70 % / 85 % Zone B2 : 15 % / 50 % / 85 % Zone C : - / 50 % / 85 % S'applique pendant la période d'application de la convention (6 ou 9 ans) éventuellement prorogée. À l'échéance de la convention, la déduction continue à s'appliquer jusqu'à la date fixée pour le renouvellement ou la reconduction du bail, tant que le même locataire reste en place et que les conditions d'application du dispositif sont satisfaites.
Déficit foncier	Voir n° 27545, précision d.
Articulation avec d'autres dispositifs	Principe de non-cumul, pour un même logement, avec un autre régime fiscal prévu en faveur de l'investissement locatif. Aucune exclusion n'est toutefois prévue avec la réduction d'impôt applicable aux opérations de restauration immobilière « Malraux » (nos 2900 s.).
Plafonnement global des avantages fiscaux	Avantage non pris en compte dans le plafonnement (nos 4840 s.).
Remise en cause de l'avantage fiscal	**Événements** entraînant une remise en cause : non-respect de l'engagement de location ou des conditions de mise en location ; cession du logement ou des parts sociales pendant la période d'engagement de location ou de conservation des parts. Pas de remise en cas d'invalidité, de licenciement ou de décès du contribuable (propriétaire ou associé) ou de son conjoint. **Conséquences** : le revenu foncier des années au titre desquelles la déduction spécifique a été déduite est majoré du montant de cette déduction. Lorsque l'événement entraînant la déchéance du régime intervient au cours d'une période prorogée d'engagement de location, seules les déductions pratiquées au cours des trois années concernées sont remises en cause.

DISPOSITIF « BORLOO ANCIEN » OU « CONVENTIONNEMENT ANAH »

Le dispositif « Borloo ancien » ou « conventionnement Anah » permet aux propriétaires de logements donnés en location dans le cadre d'une **convention conclue avant 2017** avec l'Agence nationale de l'habitat (Anah) de bénéficier d'une déduction spécifique dont le taux varie selon que la convention est conclue dans le secteur intermédiaire ou dans le secteur social ou très social. **28260** CGI art. 31, I-1°-m FONC-VII-10000 s

Par exception, pour les **demandes de conventionnement réceptionnées** par l'Anah au cours du mois de **janvier 2017,** les propriétaires ont éventuellement pu choisir entre le dispositif « Borloo ancien » et le dispositif « Cosse » (n° 27850).

Le tableau ci-après résume les conditions et les modalités d'application de ce régime.

Bénéficiaires	Personnes physiques ou associés de sociétés non soumises à l'IS.
Logements concernés	Logement neuf ou ancien.
Locations concernées	Location nue à usage d'habitation principale du locataire. Location à un organisme public ou privé qui donne le logement en sous-location nue à usage d'habitation principale du locataire (sans prestation hôtelière ou parahôtelière).
Conventions concernées	Convention à loyer intermédiaire ou à loyer social ou très social conclue avec l'Anah (conforme aux conventions types téléchargeables sur le site www.anah.fr). Durée : 6 ans, ou 9 ans en cas de travaux subventionnés par l'Anah. Prolongations possibles par périodes de 3 ans, la prorogation de la convention devant intervenir au plus tard le 31 décembre 2023 (Loi 2023-1322 du 29-12-2023 art. 110).
Engagements des bénéficiaires	Engagement de location pendant toute la durée de la convention + éventuellement engagement de l'associé de conserver ses parts pendant la même durée.

Plafonds de loyers et de ressources des locataires	Le loyer (mensuel, par m²) et les ressources du locataire ne doivent pas excéder des plafonds revalorisés annuellement (CGI ann. III art. 2 duodecies pour les conventions à loyer intermédiaire). Ces plafonds diffèrent selon la nature de la convention conclue avec l'Anah (secteur intermédiaire, social ou très social) et le lieu de situation du logement concerné. La convention conclue avec l'Anah peut obliger le bailleur à fixer un loyer inférieur à ces plafonds.
Location à un membre du foyer fiscal, un ascendant ou un descendant	Interdite.
Location à un associé	Interdite. Est également interdite la location à un membre du foyer fiscal, un ascendant ou un descendant d'un associé.
Avantage fiscal	**Déduction spécifique** : – de 30 % en cas de convention à loyer intermédiaire ; – de 60 % en cas de convention à loyer social ou très social ; – de 70 % pour les logements loués, dans le secteur intermédiaire, social ou très social, à un organisme public ou privé. S'applique pendant la période d'application de la convention (6 ou 9 ans) éventuellement prorogée. À l'échéance de la convention, la déduction continue à s'appliquer jusqu'à la date fixée pour le renouvellement ou la reconduction du bail, tant que le même locataire reste en place et que les conditions d'application du dispositif sont satisfaites.
Plafonnement global des avantages fiscaux	Avantage non pris en compte dans le plafonnement (nos 4840 s.).
Remise en cause de l'avantage fiscal	**Événements** entraînant une remise en cause : non-respect de l'engagement de location ou des conditions de mise en location ; cession du logement ou des parts sociales pendant la période d'engagement de location ou de conservation des parts. **Conséquence** : le revenu foncier des années au titre desquelles la déduction spécifique a été déduite est majoré du montant de cette déduction. Lorsque l'événement entraînant la déchéance du régime intervient au cours d'une période prorogée d'engagement de location, seules les déductions pratiquées au cours des trois années concernées sont remises en cause.

AMORTISSEMENT « ROBIEN »

28270 CGI art. 31, I-1°-h et 31 bis FONC-VII-16000 s

Le tableau ci-après résume les conditions et les modalités d'application de ce régime qui avait pris le relais de l'amortissement « Besson » (n° 28310) et qui s'est appliqué aux investissements réalisés jusqu'au 31 décembre 2009.

	« Robien classique »	« Robien recentré »
Date des investissements	Du 1er janvier 2003 (3 avril 2003 pour les logements vétustes et les parts de SCPI) au 31 août 2006.	Du 1er septembre 2006 au 31 décembre 2009. Remarque : pour les investissements réalisés en 2009, choix entre l'amortissement « Robien » et la réduction d'impôt « Scellier » (n° 2890) sans cumul possible pour un même investissement.
	L'achèvement du logement ou des travaux doit intervenir au plus tard le 1er juillet 2025 (Loi 2023-1322 du 29-12-2023 art. 110).	
Investissements concernés	Acquisitions de logements neufs ou assimilés. Acquisitions de logements vétustes à réhabiliter. Souscriptions de parts de SCPI.	
Affectation du logement	Location nue. Résidence principale.	
Engagements des investisseurs	Engagement de location de 9 ans pris par le propriétaire du logement + éventuellement engagement de l'associé de conserver ses parts jusqu'à l'expiration de la période couverte par l'engagement de location.	

28270 (suite)

<table>
<tr><th></th><th>« Robien classique »</th><th>« Robien recentré »</th></tr>
<tr><td>Plafonds de loyers (par m^2 mensuels, charges non comprises)</td><td>Pour 2024 :
Zone A : 25,96 €
Zone B : 18,05 € (17,79 € en Corse)
Zone C : 13,01 €
La liste des communes relevant des zones A, B et C a été fixée par l'arrêté BUDF0320070A du 19-12-2003.</td><td>Pour 2024 :
Zone A : 25,96 €
Zone B1 : 18,05 € (17,79 € en Corse)
Zone B2 : 14,77 €
Zone C : 10,81 €
La liste des communes relevant des zones A, B1, B2 et C a été fixée par l'arrêté BUDF0620458A du 10-8-2006 et par l'arrêté LOGU0907606A du 29-4-2009.</td></tr>
<tr><td>Plafonds de ressources des locataires</td><td colspan="2">Aucun.</td></tr>
<tr><td>Location à un enfant</td><td colspan="2">Possible à condition que l'enfant ne fasse pas partie du foyer fiscal du propriétaire.</td></tr>
<tr><td>Location à un associé (ou à un membre de son foyer fiscal)</td><td colspan="2">Autorisée mais l'associé locataire ne bénéficie pas du régime.
Les autres associés bénéficient de la déduction pour amortissement sous réserve qu'ils ne soient pas membres du foyer fiscal de l'associé locataire.</td></tr>
<tr><td>Délai de vacance en cas de changement de locataire</td><td colspan="2">1 an.</td></tr>
<tr><td rowspan="2">Amortissement de l'investissement initial (sur option)</td><td>Amortissement de 8 % du prix d'acquisition (ou de revient) du logement les 5 premières années puis de 2,5 % les 4 années suivantes, renouvelable 2 fois pour 3 ans (soit un amortissement total de 50 % sur 9 ans, 57,5 % sur 12 ans ou 65 % sur 15 ans).</td><td>Amortissement de 6 % du prix d'acquisition (ou de revient) du logement les 7 premières années puis de 4 % les 2 années suivantes, non renouvelable (soit un amortissement total de 50 %).</td></tr>
<tr><td colspan="2">Pour les souscriptions de parts de SCPI, l'amortissement est calculé sur 95 % du montant des versements.</td></tr>
<tr><td>Amortissement des dépenses ultérieures (sur option)</td><td colspan="2">Les dépenses de reconstruction et d'agrandissement peuvent être amorties dans les mêmes conditions (de taux et de durée) que celles prévues pour l'investissement initial mais sans possibilité de prorogation au-delà de 9 ans. Possibilité subordonnée à la souscription d'un nouvel engagement de location (et, pour les associés, d'un nouvel engagement de conservation des parts).
Les dépenses d'amélioration sont obligatoirement amorties au taux de 10 % pendant 10 ans.</td></tr>
<tr><td>Robien ZRR</td><td colspan="2">Déduction spécifique de 26 % (qui s'ajoute à la déduction de l'amortissement) dès lors que le logement est situé dans une zone de revitalisation rurale (CGI art. 31, I-1°-k).</td></tr>
<tr><td>Autres avantages fiscaux</td><td>Non.</td><td>Option possible pour le « Borloo neuf » : voir n° 28280.</td></tr>
<tr><td>Plafonnement global des avantages fiscaux</td><td colspan="2">Prise en compte de l'avantage procuré par la déduction au titre de l'amortissement dans le plafonnement (n°s 4840 s.)</td></tr>
<tr><td>Remise en cause des avantages fiscaux</td><td colspan="2">Principaux événements entraînant une remise en cause :
– non-respect de l'engagement de location, des conditions de loyers ou de ressources des locataires, location à un membre du groupe familial, vacance trop longue entre deux locataires ;
– cession (vente, démembrement, apport, échange, donation) du logement ou des parts sociales ;
– inscription du logement ou des parts à l'actif d'une entreprise individuelle ;
– défaut d'affectation du produit de la souscription des parts de SCPI dans le délai de 18 mois.
Pas de remise en cause en cas d'invalidité, de licenciement ou de décès du contribuable (propriétaire ou associé) ou de son conjoint.
Conséquence : les amortissements déduits sont réintégrés selon un système de quotient aux revenus de l'année au cours de laquelle le non-respect est constaté.</td></tr>
</table>

DISPOSITIF « BORLOO NEUF »

28280 CGI art. 31, I-1°-I FONC-VII-26000 s

Le dispositif « Borloo neuf » ou « Borloo populaire » permet aux contribuables ayant **opté pour** l'amortissement « **Robien recentré** » (n° 28270) de bénéficier d'avantages fiscaux supplémentaires lorsqu'ils s'engagent à louer leur bien à des conditions plus contraignantes que celles prévues dans le cadre de ce régime. Le « Borloo neuf » est également applicable aux investissements réalisés par l'intermédiaire d'une SCPI.

Le tableau ci-après résume les conditions et les modalités d'application de ce régime.

Plafonds de loyers (mensuels, par m²)	Pour 2024 : Zone A : 20,77 € Zone B1 : 14,44 € (14,23 € en Corse) Zone B2 : 11,82 € Zone C : 8,65 € La liste des communes relevant des zones A, B1, B2 et C a été fixée par l'arrêté BUDF0620458A du 10-8-2006 et par l'arrêté LOGU0907606A du 29-4-2009.				
Plafonds de ressources des locataires	Pour les baux renouvelés en 2024, les plafonds sont les suivants :				
		Lieu de location			
	Composition du foyer locataire	Zone A	Zone B1	Zone B2	Zone C
	Personne seule	55 042 €	40 886 €	37 478 €	37 223 €
	Couple	82 261 €	60 040 €	55 037 €	50 031 €
	Personne seule ou couple ayant une personne à charge	98 881 €	71 875 €	65 888 €	59 897 €
	Personne seule ou couple ayant deux personnes à charge	118 443 €	86 984 €	79 739 €	72 490 €
	Personne seule ou couple ayant trois personnes à charge	140 217 €	102 094 €	93 589 €	85 077 €
	Personne seule ou couple ayant quatre personnes à charge	157 780 €	115 164 €	105 567 €	95 969 €
	Majoration par personne à charge à partir de la cinquième	+ 17 587 €	+ 13 081 €	+ 11 992 €	+ 10 901 €
Location à un ascendant ou descendant	Interdite. À l'issue d'une période de location d'au moins 3 ans, suspension possible de l'engagement de location pour mettre le logement à la disposition (gratuitement ou non) d'un ascendant ou descendant pendant 9 ans au maximum. Pendant la période de mise à disposition (calculée de date à date), le régime de faveur est suspendu.				
Location à un associé	Interdite. Est également interdite la location à un membre du foyer fiscal, un ascendant ou un descendant d'un associé.				
Avantage fiscal (sur option)	**Amortissement complémentaire** de 2,5 % du prix d'acquisition (ou de revient) du logement pendant 3 ans à l'issue de la période initiale de location de 9 ans, renouvelable une fois pour 3 ans. **Déduction spécifique de 30 %** applicable sur les revenus du logement pendant la période d'engagement de location (9, 12 ou 15 ans).				
Plafonnement global des avantages fiscaux	Prise en compte de l'avantage procuré par la déduction au titre de l'amortissement dans le plafonnement (n°s 4840 s.)				
Remise en cause de l'avantage fiscal	Dans les mêmes conditions que celles applicables au dispositif « Robien » : voir n° 28270. Toutefois, seule la déduction spécifique est remise en cause lorsque les conditions de loyer demeurent remplies pour l'application du « Robien recentré ».				

DISPOSITIF « BESSON NEUF »

Le tableau ci-après résume les conditions d'application de l'**amortissement « Besson »** (ou « Besson neuf »). 28310

CGI art. 31, I-1°-g et 31, I-1°-j
FONC-VII-29000 s

<table>
<tr><td>Date des investissements</td><td colspan="4">Acquisitions réalisées du 1er janvier 1999 au 31 décembre 2002 (2 avril 2003 pour les logements vétustes).
L'achèvement du logement ou des travaux doit intervenir au plus tard le 1er juillet 2025 (Loi 2023-1322 du 29-12-2023 art. 110).</td></tr>
<tr><td>Investissements concernés</td><td colspan="4">Acquisitions de logements neufs ou assimilés.</td></tr>
<tr><td>Affectation du logement</td><td colspan="4">Location nue. Résidence principale.</td></tr>
<tr><td>Engagements des investisseurs</td><td colspan="4">Engagement de location de 9 ans pris par le propriétaire du logement + éventuellement engagement de l'associé de conserver ses parts jusqu'à l'expiration de la période couverte par l'engagement de location.</td></tr>
<tr><td>Plafonds de loyers (par m², mensuels, charges non comprises)</td><td colspan="4">Pour 2024 :
Zone I bis : 18,59 €
Zone I : 16,46 €
Zone II : 12,72 € (12,53 € en Corse)
Zone III : 12,01 €
La liste des communes relevant des zones I bis, I, II et III a été fixée par l'arrêté ECOF9920901A du 29-3-1999.</td></tr>
<tr><td rowspan="9">Plafonds de ressources des locataires</td><td colspan="4">Pour les baux renouvelés en 2024 les plafonds sont les suivants :</td></tr>
<tr><td rowspan="2">Composition du foyer locataire</td><td colspan="3">Lieu de location</td></tr>
<tr><td>Zone A</td><td>Zone B</td><td>Zone C</td></tr>
<tr><td>Personne seule</td><td>55 042 €</td><td>42 539 €</td><td>37 223 €</td></tr>
<tr><td>Couple</td><td>82 261 €</td><td>56 807 €</td><td>50 031 €</td></tr>
<tr><td>Personne seule ou couple ayant une personne à charge</td><td>98 881 €</td><td>68 311 €</td><td>59 897 €</td></tr>
<tr><td>Personne seule ou couple ayant deux personnes à charge</td><td>118 443 €</td><td>82 463 €</td><td>72 490 €</td></tr>
<tr><td>Personne seule ou couple ayant trois personnes à charge</td><td>140 217 €</td><td>97 007 €</td><td>85 077 €</td></tr>
<tr><td>Personne seule ou couple ayant quatre personnes à charge
Majoration par personne à charge à partir de la cinquième</td><td>157 780 €
+ 17 587 €</td><td>109 325 €
+ 12 192 €</td><td>95 969 €
+ 10 901 €</td></tr>
<tr><td>Location à un enfant</td><td colspan="4">Interdite sauf pour les investissements réalisés depuis le 9 octobre 2002 et à condition que l'enfant ne fasse pas partie du foyer fiscal du propriétaire.
Pour les investissements réalisés avant le 9 octobre 2002, suspension possible du régime pendant 9 ans au plus en cas de mise à disposition à un descendant ou ascendant.</td></tr>
<tr><td>Location à un associé</td><td colspan="4">Autorisée mais l'associé locataire ne bénéficie pas du régime.
Les autres associés bénéficient de la déduction pour amortissement sous réserve qu'ils ne soient pas membres du foyer fiscal de l'associé locataire.</td></tr>
<tr><td>Délai de vacance en cas de changement de locataire</td><td colspan="4">1 an.</td></tr>
<tr><td>Avantage fiscal (sur option)</td><td colspan="4">Amortissement de 8 % du prix d'acquisition (ou de revient) du logement les 5 premières années puis de 2,5 % les 4 années suivantes, renouvelable 2 fois pour 3 ans (soit un amortissement total de 50 % sur 9 ans, 57,5 % sur 12 ans ou 65 % sur 15 ans).
Les dépenses de reconstruction et d'agrandissement peuvent être amorties dans les mêmes conditions (de taux et de durée) sous réserve de souscrire un nouvel engagement de location (et pour les associés un nouvel engagement de conservation des parts).
Les dépenses d'amélioration sont obligatoirement amorties au taux de 10 % pendant 10 ans.</td></tr>
</table>

Plafonnement global des avantages fiscaux	Avantage non pris en compte dans le plafonnement (nos 4840 s.)
Remise en cause de l'avantage fiscal	**Principaux événements** entraînant une remise en cause : – non-respect de l'engagement de location, des conditions de loyers ou de ressources des locataires, location à un membre du groupe familial, vacance trop longue lors d'un changement de locataire ; – cession (vente, démembrement, apport, échange, donation) du logement ou des parts sociales ; – inscription du logement ou des parts à l'actif d'une entreprise individuelle. Pas de remise en cause en cas d'invalidité, de licenciement ou de décès du contribuable (propriétaire ou associé) ou de son conjoint. **Conséquence** : les amortissements déduits sont réintégrés selon un système de quotient aux revenus de l'année au cours de laquelle le non-respect est constaté.

3. IMMEUBLES HISTORIQUES

28350 CGI art. 156, I-3°-al. 1, 156, II-1° ter et 156 bis FONC-II-2000 s

Les propriétaires d'immeubles historiques ou assimilés peuvent déduire les charges foncières qu'ils supportent dans des conditions plus favorables que celles de droit commun.

Ce régime fiscal particulier s'applique :

– aux **immeubles classés ou inscrits au titre des monuments historiques** ;

– aux immeubles faisant partie du patrimoine national en raison du **label délivré par la Fondation du patrimoine** sur avis favorable du service départemental de l'architecture et du patrimoine.

> **Précisions** L'avantage fiscal accordé dans le cadre du régime de faveur des monuments historiques n'est pas pris en compte pour la détermination du **plafonnement global** des avantages fiscaux visé nos 4840 s.

CONDITIONS D'APPLICATION

28370 FONC-II-2500 s

Le régime fiscal particulier des monuments historiques est subordonné au respect des conditions suivantes :

– le propriétaire doit s'engager à **conserver** l'immeuble pendant une **période d'au moins quinze années** à compter de son acquisition ;

– l'**immeuble** doit en principe être **détenu directement** par le contribuable, sauf s'il a été acquis avant le 1er janvier 2009. Toutefois, les associés de sociétés civiles non soumises à l'impôt sur les sociétés ayant acquis des immeubles depuis cette date peuvent bénéficier du régime spécial dans trois situations : si la société est constituée entre les membres d'une même famille (SCI familiale), si elle affecte le monument (uniquement s'il est classé monument historique) à un espace culturel non commercial et ouvert au public pendant au moins quinze ans, ou si l'immeuble détenu par la société (classé ou inscrit) est affecté, dans les deux ans qui suivent la date de son acquisition, à l'habitation pour au moins 75 % de ses surfaces habitables ;

– l'immeuble ne doit **pas** faire l'objet d'une **division** depuis le 1er janvier 2009 sauf si l'immeuble mis en copropriété (classé ou inscrit) est affecté, dans les deux ans qui suivent la date de la division, à l'habitation pour au moins 75 % de ses surfaces habitables.

Pour les immeubles ayant reçu le **label de la Fondation du patrimoine,** le régime est, en outre, subordonné aux conditions suivantes : le bien doit être **visible** depuis la voie publique (à défaut, son propriétaire doit s'engager à le rendre accessible au public) et les **travaux** éligibles doivent avoir été **subventionnés** à hauteur d'au moins 2 % de leur coût par la Fondation (C. patrim. art. L 143-2).

> **Précisions** **a.** En cas de **démembrement de propriété**, l'engagement de conservation de l'immeuble pendant quinze ans s'applique à l'usufruitier comme au nu-propriétaire (BOI-RFPI-SPEC-30-30 n° 30).
> **b.** L'engagement résulte de la simple **mention des charges** sur la déclaration de revenus. Aucun document particulier n'est exigé (BOI-RFPI-SPEC-30-30 n° 80).
> **c.** En cas de **détention par l'intermédiaire d'une SCI,** les associés doivent prendre l'engagement de conserver leurs parts pendant quinze ans. Dans le cadre d'une société familiale, cet engagement n'est pas rompu lorsque les parts sont cédées à un membre de cette famille qui reprend l'engagement pour la période restant à courir.
> **d.** Les personnes physiques qui acquièrent des **parts sociales de sociétés civiles** non soumises à l'impôt sur les sociétés (détenant un immeuble, classé ou inscrit, affecté, dans les deux ans de son acquisition, à l'habitation pour au moins

75 % de ses surfaces habitables) **créées** à l'initiative de **personnes morales de droit public ou de sociétés d'économie mixte** peuvent bénéficier du régime des monuments historiques au titre des **charges supportées par la société au cours d'années antérieures** lorsque les **conditions** suivantes sont cumulativement remplies :
– les charges doivent avoir été supportées par la société entre la date de la déclaration d'ouverture de chantier et celle de l'acquisition des parts ;
– les parts sociales doivent avoir été acquises au plus tard le 31 décembre de la deuxième année suivant celle de la déclaration d'ouverture de chantier ;
– les charges doivent avoir été intégralement remboursées à la société par les associés personnes physiques à proportion de leurs parts.

e. La **condition d'absence de division** ne s'applique pas, conformément à la doctrine administrative, lorsque l'immeuble historique a fait l'objet d'une mise en copropriété avant le 1er janvier 2009 (et dont la copropriété n'a pas disparu à cette date), alors même que de nouvelles divisions seraient intervenues après cette date (CE 7-10-2020 n° 425749 : RJF 1/21 n° 6).

MODALITÉS DE DÉDUCTION DES CHARGES

a. Cas où l'**immeuble procure des recettes imposables** et n'est **pas occupé par son propriétaire** (immeuble loué en totalité ou non loué mais donnant lieu à la perception de recettes accessoires) : la totalité des charges foncières afférentes à l'immeuble peut être imputée sur les **revenus fonciers.** 28380 FONC-II-5100 s

En cas de constatation d'un déficit foncier, celui-ci est imputable, sans limitation de montant, sur le revenu global de l'intéressé.

Lorsque le classement ou l'inscription au titre des monuments historiques est limité à des éléments isolés ou dissociables de l'ensemble immobilier (tels un escalier, des plafonds ou certaines salles), seuls les travaux qui sont exposés sur ces éléments peuvent participer, pour leur montant total, à la constitution d'un déficit imputable sur le revenu global sans limitation de montant. Mais si le **classement** bien que **partiel** vise la protection de l'ensemble architectural, les déficits relatifs aux parties non inscrites de l'immeuble peuvent être déduits (BOI-RFPI-SPEC-30-20-10 n° 80 ; doctrine opposable à l'administration : CE 5-2-2009 n° 303425 : RJF 5/09 n° 425).

b. Cas où **l'immeuble ne procure aucune recette** imposable (immeuble ouvert gratuitement au public ou monument non ouvert à la visite) : les charges foncières afférentes à l'immeuble sont admises en déduction du **revenu global** du propriétaire lorsqu'il s'en réserve la **jouissance** (dans les conditions et limites définies par les articles 41 E à 41 J de l'annexe III au CGI). Dans le cas où l'immeuble n'est pas intégralement réservé à la jouissance de son propriétaire, les charges dont celui-ci justifie qu'elles sont affectées à la partie du bien utilisée à titre personnel sont déductibles. Lorsque les charges ne peuvent pas être affectées à une partie spécifique de l'immeuble, le contribuable doit répartir ces dépenses entre les différentes parties de l'immeuble selon une clef de répartition adaptée à l'objet de ces charges (CE 6-4-2018 n° 405509 : RJF 7/18 n° 721).

c. Cas où **l'immeuble procure des recettes imposables** et est **occupé par son propriétaire** (immeuble loué partiellement ou dont certaines pièces sont ouvertes à la visite payante) : les charges foncières se rapportant à la partie de l'immeuble dont le propriétaire se réserve la disposition sont imputables sur le revenu global (voir b ci-dessus) ; les autres charges sont prises en compte pour la détermination du revenu net foncier (en cas de déficit, celui-ci est imputable, sans limitation de montant, sur le revenu global).

ILLUSTRATIONS

Les **recettes accessoires** s'entendent de celles provenant du **droit de visite** de l'immeuble historique. Elles sont soumises à l'imposition dans les conditions de droit commun (après déduction des charges). L'administration autorise cependant les propriétaires à pratiquer, sans avoir à fournir de justification, sur le montant global des entrées, un **abattement forfaitaire** de 1 525 € si l'immeuble ne comprend ni parc ni jardin ouvert au public et de 2 290 € dans le cas contraire (BOI-RFPI-SPEC-30-20-10 n° 120).

Sont également des recettes accessoires les redevances perçues au titre de l'utilisation des **espaces publicitaires** constitués des **bâches d'échafaudage** installées lors de la réalisation de travaux de restauration. Les charges foncières que ces recettes contribuent à financer sont déductibles dans les conditions de droit commun, le déficit éventuel étant imputable sur le revenu global, sans limitation de montant (BOI-RFPI-SPEC-30-20-10 nos 190 à 220).

> Précisions **a.** Les **primes d'assurances** afférentes aux **immeubles** historiques (ouverts ou non au public, productifs ou non de revenus) sont déductibles pour leur montant réel. Il en va de même de celles afférentes aux **objets mobiliers** attachés à perpétuelle demeure à un immeuble historique à la condition, toutefois, qu'ils soient exposés au public (BOI-RFPI-SPEC-30-20-20 n° 50). 28385

b. Les propriétaires de monuments historiques et assimilés ouverts au public et procurant des recettes imposables sont autorisés à déduire pour leur montant réel les **frais de promotion et de publicité** ainsi que les dépenses d'acquisition de **matériel informatique** utilisé pour la gestion de la **billetterie** ou le suivi des dépenses et des recettes (BOI-RFPI-SPEC-30-20-10 n°s 150 et 160).

c. Les propriétaires d'immeubles historiques donnés en location sont exclus du bénéfice du régime **micro-foncier** (voir n°s 27450 s.).

d. Le montant des charges déductibles est porté, pour les immeubles non productifs de revenus, sur la **déclaration** 2042 (en déductions diverses) et, pour les immeubles productifs de revenus, sur la déclaration 2044 spéciale.

e. Lorsque le preneur d'un **bail emphytéotique** portant sur un immeuble, bâti ou non, classé ou inscrit au titre des monuments historiques est imposé dans la catégorie des revenus fonciers (n° 27075, précision c), il est substitué au propriétaire. S'il constate un déficit, il peut donc l'imputer sur son revenu global sans limitation de montant.

REMISE EN CAUSE

28390 FONC-II-2800 s En cas de **non-respect de l'engagement de conservation,** le revenu global ou le revenu foncier net de l'année et des deux années suivantes est majoré du tiers du montant des charges indûment imputées. Le non-respect de l'engagement est constaté lors de la cession de l'**immeuble** ou des **parts** au cours de la période de quinze ans.

EXEMPLE

Un contribuable a acquis en juillet 2013 un immeuble classé monument historique qu'il ouvre à la visite payante (régime des revenus fonciers). Il cède son bien en juillet 2024, soit onze années après son acquisition.

Au cours de ces années, le contribuable a déduit 600 000 € de charges foncières.

Le revenu net foncier de chacune des années 2024, 2025 et 2026 sera donc majoré de 200 000 €.

S'agissant des **modalités pratiques** de la remise en cause, l'administration considère que le contribuable doit procéder spontanément à la réintégration de ses charges indûment imputées. S'il ne le fait pas, il s'expose à un redressement fiscal, les droits supplémentaires correspondant aux charges réintégrées étant alors assorties de l'intérêt de retard (n° 79860) et de la majoration visée n° 80035 (BOI-RFPI-SPEC-30-30 n° 150).

› Précisions Aucune remise en cause n'est effectuée en cas :
– d'**invalidité** (en 2e ou 3e catégorie), de **licenciement** ou de **décès** du contribuable ou de son conjoint soumis à imposition commune ;
– de **mutation à titre gratuit** de l'immeuble ou des parts à condition que les donataires, héritiers ou légataires reprennent l'engagement de conservation pour sa durée restant à courir.

En cas de décès du propriétaire, l'héritier ou le légataire est libre de reprendre à son compte l'engagement de conservation souscrit par le défunt. S'il ne le fait pas, l'avantage fiscal dont a bénéficié le défunt ne sera pas remis en cause. Mais il a néanmoins tout intérêt à le faire, sauf s'il souhaite céder rapidement le bien, afin de pouvoir bénéficier de l'antériorité de l'engagement (BOI-RFPI-SPEC-30-30 n° 190).

4. PROPRIÉTÉS RURALES

28600 Les propriétés rurales dont les revenus sont imposables dans la catégorie des revenus fonciers s'entendent des propriétés composées exclusivement ou principalement de terrains non bâtis (exploitations agricoles, lacs, étangs, etc.), à l'exclusion des terrains à bâtir.

Toutefois, en pratique, il s'agit principalement des exploitations agricoles données en location par **bail à ferme** dès lors que les revenus des terres données en métayage ainsi que ceux provenant des exploitations forestières relèvent des bénéfices agricoles (voir n°s 15155 s.).

Les **règles d'imposition** des revenus des propriétés rurales relevant des revenus fonciers sont en principe déterminées dans les mêmes conditions que ceux des immeubles urbains. D'une manière générale, il y a donc lieu de se reporter aux développements ci-dessus sous réserve des précisions données ci-après n°s 28605 s.

DÉTERMINATION DU REVENU FONCIER IMPOSABLE

28605 FONC-III-3160 **Recettes** La définition des recettes est identique à celle donnée pour les propriétés urbaines (n°s 27260 s.). Ainsi, les recettes comprennent les sommes encaissées par le bailleur à quelque titre que ce soit (loyer ou fermage en principal, y compris ceux afférents aux bâtiments ruraux, revenus exceptionnels) augmentées de la valeur des avantages en nature stipulés au bail. Toutefois, les sommes reçues par les bailleurs de biens ruraux au titre d'**avances sur les fermages** pour les baux conclus à l'occasion de l'**installation d'un jeune agriculteur** bénéficiant de la dotation d'installation aux jeunes agriculteurs ou d'un prêt à moyen terme spécial peuvent bénéficier du système du quotient prévu pour les revenus exceptionnels, quel que soit leur montant (n°s 4150 s.).

Revenus accessoires Les revenus accessoires des propriétés rurales (produits de la location du **droit d'affichage** ou du **droit de chasse ou de pêche,** de la concession du droit d'**exploitation des carrières, redevances tréfoncières et autres** redevances analogues) doivent en principe être compris dans les revenus fonciers imposables, conformément à la règle générale (n° 27080). 28610

Charges déductibles L'article 31, I-2° du CGI permet de retrancher du revenu brut des propriétés rurales, en sus des déductions communes à l'ensemble des propriétés (nos 27325 s.) : 28615 CGI art. 31, I-2° FONC-IV-1870 s

– les **dépenses d'amélioration** afférentes aux **propriétés bâties** autres que les locaux d'habitation effectivement supportées par le propriétaire (à condition qu'il s'agisse de dépenses d'amélioration **non rentables,** c'est-à-dire non susceptibles d'entraîner une augmentation du fermage) ;

– les **dépenses d'amélioration** afférentes aux **propriétés non bâties** effectivement supportées par le propriétaire ;

– les dépenses engagées pour la **construction d'un nouveau bâtiment d'exploitation** à condition que le nouveau bâtiment soit **destiné à remplacer un bâtiment de même nature,** vétuste ou inadapté aux techniques modernes de l'agriculture et que sa construction n'entraîne pas une augmentation effective du fermage ;

– les dépenses d'amélioration et de construction, qui s'incorporent aux **bâtiments d'exploitation rurale** et qui sont destinées à satisfaire aux obligations de **mise aux normes** prévues en matière de **protection de l'environnement** ;

– les **travaux de restauration et de gros entretien** effectués sur certains **espaces naturels** (espaces « Natura 2000 », parcs nationaux, réserves naturelles, sites classés, espaces naturels remarquables du littoral et espaces concernés par un arrêté de biotope) en vue de leur maintien en un bon état écologique et paysager à condition qu'ils aient reçu l'accord préalable de l'autorité administrative compétente.

> **Précisions** S'agissant des **impôts** afférents aux propriétés rurales, la déduction ne peut porter que sur la **fraction** des impositions (**taxes foncières** et taxes annexes à cet impôt et taxe pour frais de chambre d'agriculture) qui sont en définitive **supportées par le bailleur** en application de l'article L 415-3 du Code rural et de la pêche maritime (FONC-IV-4590).

PROPRIÉTÉS DONT LE PROPRIÉTAIRE SE RÉSERVE LA JOUISSANCE

Le plus souvent, ces propriétés constituent : 28625 CGI art. 30 FONC-III-4700 s

– soit des exploitations agricoles que le propriétaire exploite en faire-valoir direct (ou en métayage) et dont l'imposition est établie au titre des bénéfices agricoles (nos 15000 s.) ;

– soit des propriétés affectées à l'habitation (principale ou secondaire) du propriétaire et qui sont de ce fait exonérées (n° 27090).

En ce qui concerne la situation (beaucoup moins courante) où le propriétaire se réserve la jouissance de propriétés rurales ne constituant pas une exploitation agricole et qui ne sont pas affectées à l'habitation, le propriétaire est en principe imposable à ce titre dans la catégorie des **revenus fonciers.** Il échappe cependant à l'imposition à raison du droit de chasse dont il se réserve la jouissance sur ses terres.

L'**avantage en nature à déclarer** est égal dans tous les cas au montant des loyers qui pourraient être obtenus en cas de location.

> **Précisions** **a.** Le loyer « fictif » est évalué par comparaison avec des propriétés similaires faisant l'objet d'une location normale ou, à défaut, par appréciation directe. À défaut d'autres éléments d'appréciation conduisant à le fixer à un niveau différent, le loyer « fictif » doit, selon la jurisprudence du Conseil d'État (CE sect. 3-11-1978 n° 03421 : RJF 12/78 n° 543), être évalué au montant des frais et charges courants de la propriété, y compris les frais de gestion et d'amortissement.
> À cette valeur locative s'ajoutent, si le propriétaire en perçoit effectivement, les **revenus accessoires** mentionnés n° 28610.
> **b.** Les **charges déductibles** sont déterminées comme pour les propriétés données en location (nos 27325 s.).

CHAPITRE 10 FISCALITÉ IMMOBILIÈRE

SOMMAIRE

A. Profits immobiliers 30150
1. Profits des marchands de biens et assimilés 30300
2. Profits des lotisseurs 30350
3. Profits de construction 30390
B. Organismes de placement collectif immobilier 30480
C. Sociétés immobilières 30700
1. Sociétés immobilières de location non transparentes 30700
2. Sociétés immobilières de copropriété transparentes 30770
3. Sociétés d'investissements immobiliers cotées 30930
4. Sociétés de « multipropriété » 31000
D. Bail à construction 31030
E. Taxes d'urbanisme et assimilées 31090
1. Taxe d'aménagement 31100
2. Taxe pour création de bureaux en Île-de-France 31315
3. Taxe et redevance d'archéologie préventive 31340
F. Taxes annuelles sur les bureaux en Île-de-France et en Provence-Côte d'Azur 31380
G. Taxes sur les cessions de terrains devenus constructibles 31430
1. Taxe « communale » 31430
2. Taxe « nationale » 31470

30000 Le terme de « fiscalité immobilière » désigne l'ensemble des dispositions fiscales applicables aux opérations (construction, location ou encore vente) portant sur des immeubles.

Certaines de ces nombreuses dispositions font, en raison de leur importance, l'objet de développements spécifiques dans d'autres parties du Mémento. Tel est le cas de celles régissant les revenus fonciers (nos 27000 s.), les plus-values (nos 32000 s.), les impôts locaux (nos 41500 s.), la TVA sur opérations immobilières (nos 58700 s.), les droits d'enregistrement (nos 65000 s. et 66000 s.) et la contribution sur les revenus locatifs (nos 74800 s.).

Le présent chapitre est consacré à l'examen des autres dispositions.

A. Profits immobiliers

30150 Les profits immobiliers réalisés par les marchands de biens et assimilés, les lotisseurs et les constructeurs relèvent soit du régime des BIC s'ils sont réalisés à titre habituel et/ou spéculatif (régime dit des « profits habituels »), soit du régime des plus-values des particuliers dans le cas contraire (régime dit des « profits occasionnels »). Seul est examiné ci-après le régime des profits habituels. Le régime des profits occasionnels est quant à lui étudié dans le cadre de l'exposé d'ensemble des plus-values des particuliers (voir nos 32000 s.).

30155 CGI art. 244 bis et art. 244 quater A IMMO-III-17250 s

Profits réalisés par les personnes domiciliées hors de France Lorsqu'ils sont réalisés par des personnes physiques ou morales (quelle que soit leur forme) qui n'ont pas de domicile ou d'établissement en France, les profits immobiliers habituels (déterminés dans les mêmes conditions que les profits réalisés en France : voir nos 30315 et 30360) sont soumis à un **prélèvement** de 25 % en principe. Ce prélèvement est recouvré, lors de l'enregistrement de l'acte de cession, au vu d'une **déclaration** spéciale n° **3005-SD.** Il est libératoire de l'impôt sur le revenu et s'impute sur l'IS.

> **Précisions** **a.** Lorsque les profits sont réalisés par des personnes ou organismes domiciliés, établis ou constitués dans un **État non coopératif** (tel que défini n° 78310, 1° et 2°), le taux du prélèvement est de 75 % sauf s'il est justifié que les opérations correspondantes ont principalement un objet et un effet autres que de permettre leur localisation dans cet État.
> **b.** Le prélèvement n'est pas exigible sur la part des profits d'une **société de personnes** française revenant à ses associés non résidents (BOI-BIC-CHAMP-20-10-40 n° 270).

c. Les **personnes morales déficitaires** établies dans un État de l'Union européenne, en Islande ou en Norvège peuvent demander, sous certaines conditions, la restitution du prélèvement. Celles **en liquidation judiciaire** peuvent en être exonérées. Voir nos 24889 s.

1. PROFITS DES MARCHANDS DE BIENS ET ASSIMILÉS

Sont soumis à l'impôt sur le revenu dans la catégorie des BIC les bénéfices réalisés par : 30300 CGI art. 35, I-1°, I-2° et I-4° **IMMO-III-500 s**

– les **marchands de biens,** c'est-à-dire par les personnes qui, habituellement, achètent en vue de les revendre des immeubles, des fonds de commerce, des actions ou parts de sociétés immobilières ou qui, habituellement, souscrivent en vue de les revendre des actions ou parts de ces sociétés (CGI art. 35, I-1°) ;

– les **intermédiaires** pour l'achat, la souscription ou la vente des mêmes biens, à titre habituel ou occasionnel (agents immobiliers, administrateurs de biens, etc.) (CGI art. 35, I-2°) ;

– les personnes qui, **titulaires d'une promesse unilatérale de vente** sur un immeuble, vendent cet immeuble par fractions ou par lots (CGI art. 35, I-4°).

Critères de la qualité de marchand de biens Ces critères sont au nombre de deux : le caractère habituel des opérations et l'intention spéculative lors de l'acquisition. Leur appréciation nécessite l'examen des **circonstances de fait** (et, s'il s'agit de sociétés, de l'objet social tel qu'il est défini par les statuts). 30305

C'est ainsi que le **caractère habituel** s'apprécie en fonction du nombre, de la nature, du rythme et de l'importance des opérations. L'achat d'un seul immeuble en bloc, suivi de sa division et de sa revente par lots peut suffire cependant à caractériser la condition d'habitude (CE 12-6-1992 nos 67758 et 67759 : RJF 8-9/92 n° 1109). De même, l'absence de revente au cours d'une année ne suffit pas à écarter la qualification de marchand de biens (CE 18-3-2020 n° 425443 : RJF 6/20 n° 515). S'agissant des sociétés, le caractère habituel s'apprécie également en fonction de l'activité des associés (si ces derniers sont eux-mêmes marchands de biens, la société est considérée comme l'écran grâce auquel ils exercent leur activité).

L'**intention spéculative** s'apprécie quant à elle en fonction du délai séparant les acquisitions des reventes, du montant des profits, de la situation géographique...

Remarque : La qualification fiscale de marchand de biens est en principe indépendante de la profession exercée par le contribuable. C'est ainsi que la qualité fiscale de marchand de biens peut être reconnue à de simples particuliers exerçant une profession autre que celle de marchand de biens.

Toutefois, les opérations effectuées par des **marchands de biens professionnels** sont présumées se rattacher à leur activité commerciale. Mais le contribuable peut apporter la preuve contraire en démontrant que les immeubles vendus faisaient partie de son patrimoine privé et non de son stock immobilier (cas des immeubles acquis et vendus pour satisfaire des besoins personnels ou familiaux ou encore des résidences principales : CE 17-5-1995 n° 133008 : RJF 7/95 n° 818).

DÉTERMINATION DU RÉSULTAT IMPOSABLE

Les profits (ou pertes) des marchands de biens et assimilés sont déterminés suivant les règles de droit commun applicables en matière de BIC (nos 7000 s.), à savoir par la différence entre le prix de vente des immeubles et leur prix de revient augmenté des frais et charges. 30315

Ils doivent être rattachés à l'exercice au cours duquel intervient la livraison (remise des clés ou des titres de propriété : C. civ. art. 1605).

> **Précisions** En cas de donation suivie de la vente du bien par le donataire, le profit est déterminé en tenant compte du prix d'acquisition par le donateur lorsque l'administration invoque la règle de la **non-opposabilité des donations entre vifs** prévue par l'article 35, III du CGI.

MODALITÉS D'IMPOSITION

Les profits des marchands de biens et assimilés sont en principe soumis à l'impôt sur le revenu dans la catégorie des BIC (sauf s'ils sont réalisés par une société civile, auquel cas ils sont soumis à l'IS en raison de leur caractère commercial). 30325

Ils ne peuvent pas bénéficier du régime des plus-values professionnelles dès lors que leurs immeubles constituent non pas des éléments d'actif immobilisé, mais du stock.

Ils sont par ailleurs exclus du régime micro-BIC (n° 11210).

> Précisions a. Lorsqu'ils sont réalisés en dehors d'une activité professionnelle, les bénéfices provenant d'opérations d'achat et de vente d'immeubles ou de titres de sociétés immobilières peuvent être considérés comme des **revenus exceptionnels** et bénéficier du système du quotient prévu à l'article 163-0 A du CGI (nos 4150 s.).

b. En ce qui concerne les profits réalisés par les marchands de biens qui ne sont **pas domiciliés** ou qui n'ont pas leur siège social **en France,** voir n° 30155.

c. Les activités de marchand de biens ou d'intermédiaire immobilier exercées à titre professionnel peuvent bénéficier des **régimes d'exonération** prévus par les articles 44 sexies (entreprises nouvelles), 44 octies A (zones franches urbaines-territoires entrepreneurs), 44 duodecies (bassins d'emploi à redynamiser) et 44 sexdecies (bassins urbains à dynamiser) ; voir nos 10260 s., 10335 s., 10370 et 10375.

2. PROFITS DES LOTISSEURS

30350 CGI art. 35, I-3° et 150 U, I-al. 2 IMMO-III-8000 s

Relèvent du régime des BIC les profits réalisés par les personnes qui cèdent, après l'avoir loti, un terrain acquis à cet effet.

Lorsque le terrain n'a pas été acquis dans cette intention, les profits relèvent du régime des plus-values des particuliers.

> Précisions a. L'appréciation de **l'intention spéculative** du lotisseur au moment de l'acquisition du terrain (achat en vue de la revente après lotissement) dépend essentiellement des **circonstances de fait** : court délai entre l'achat et la revente, situation géographique des terrains, profession du vendeur, etc. En tout état de cause, les personnes procédant à la cession après lotissement d'un **terrain acquis à titre gratuit** (succession ou donation) relèvent du régime des plus-values des particuliers (sous réserve de la faculté pour l'administration d'invoquer la règle de l'inopposabilité des donations entre vifs prévue par l'article 35, III du CGI).

b. Selon l'administration (BOI-BIC-CHAMP-20-30-20 nos 60 et 70), relèvent du régime d'imposition des BIC en application de l'article 35, I-1° du CGI (profits des marchands de biens) et non de l'article 35, I-3° du CGI (profits des lotisseurs) :
– les profits de lotissement réalisés par les **marchands de biens professionnels** même si le terrain a été acquis à titre gratuit. Le cédant est toutefois autorisé, dans cette dernière hypothèse, à écarter la présomption du caractère professionnel de l'opération en apportant la preuve que celle-ci s'inscrit dans le cadre de la gestion de son patrimoine privé ;
– les profits de lotissement réalisés par les personnes qui, sans exercer la profession de marchand de biens, ont déjà cette qualité à raison d'opérations immobilières d'achat-revente.

c. S'agissant des **sociétés,** l'intention spéculative peut résulter des **dispositions statutaires.** C'est ainsi que, selon l'administration, les bénéfices réalisés par une SCI spécialement constituée en vue de procéder à une opération de lotissement présentent dans tous les cas un caractère commercial, que le terrain ait été acheté par la société ou apporté par un ou plusieurs associés (BOI-BIC-CHAMP-20-30-20 n° 90). Lorsque la réalisation d'une opération de lotissement n'est pas prévue dans les statuts, le régime d'imposition dépend de l'examen de l'ensemble des **circonstances de fait** : activité présente ou passée de la société ou des associés, lotissement réalisé dans un bref délai, etc. (BOI-BIC-CHAMP-20-30-20 n° 110).

d. En ce qui concerne les opérations de lotissement réalisées par les **sociétés de construction-vente,** voir n° 30426, précision b.

DÉTERMINATION DU RÉSULTAT IMPOSABLE

30360 Le profit imposable est déterminé selon les règles propres aux BIC. Il est constitué par la différence entre le prix de cession des terrains lotis et leur prix de revient.

Le **prix de cession** correspond à toutes les sommes et indemnités stipulées au profit du vendeur ; il est diminué des frais de vente effectivement supportés par le cédant.

Le **prix de revient** correspond au prix d'acquisition des terrains auquel il convient d'ajouter les frais d'acquisition et les frais de lotissement (essentiellement les travaux d'aménagement et de viabilité).

> Précisions a. Le lotisseur ne peut déduire, au titre d'un exercice donné, que les frais afférents aux seules parcelles vendues.

Lorsque **seule** une **partie des lots** est **vendue,** une ventilation des dépenses doit donc être opérée entre les différentes parcelles. Dans la pratique, le moyen le plus commode est de déterminer un prix de revient au mètre carré puis de multiplier ce prix par la superficie du ou des lots vendus. (Il est précisé que le prix de revient au mètre carré tient compte des surfaces non vendables à l'exception de celles correspondant à la voirie et aux réseaux devant être rétrocédées à la commune.)

b. Les **frais non encore exposés à la clôture d'un exercice** peuvent être pris en compte sous forme de provisions, sous réserve, bien entendu, que les conditions générales de déduction des provisions soient réunies.

MODALITÉS D'IMPOSITION

Les **profits** de lotissement **spéculatifs** sont en principe soumis à l'impôt sur le revenu dans la catégorie des BIC (sauf s'ils sont réalisés par une société civile, auquel cas ils sont soumis à l'IS en raison de leur caractère commercial). 30370

Ils ne peuvent pas bénéficier du régime des plus-values professionnelles dès lors que leurs immeubles constituent non pas des éléments d'actif immobilisé, mais du stock.

Ils sont par ailleurs exclus du régime des micro-BIC (n° 11210).

Les **profits** de lotissement **non spéculatifs** sont quant à eux imposés (ou exonérés) dans les mêmes conditions et suivant les mêmes modalités que les plus-values des particuliers (voir n°s 32000 s.).

> **Précisions** **a.** Lorsqu'ils sont réalisés en dehors d'une activité professionnelle, les profits de lotissement spéculatifs peuvent être considérés comme des **revenus exceptionnels** et bénéficier du système du quotient prévu à l'article 163-0 A du CGI (n°s 4150 s.).
> **b.** En ce qui concerne les profits réalisés par des personnes ou sociétés n'ayant **pas** leur **domicile** ou leur siège social **en France**, voir n° 30155.
> **c.** Les activités de lotisseur exercées à titre professionnel peuvent bénéficier des **régimes d'exonération** prévus par les articles 44 sexies (entreprises nouvelles), 44 octies A (zones franches urbaines-territoires entrepreneurs), 44 duodecies (bassins d'emploi à redynamiser) et 44 sexdecies (bassins urbains à dynamiser) ; voir n°s 10260 s., 10335 s., 10370 et 10375.

3. PROFITS DE CONSTRUCTION

Les profits résultant de la vente d'immeubles que le cédant a construits ou fait construire relèvent du régime : 30390

- des BIC lorsqu'ils présentent un caractère habituel et spéculatif ;
- des plus-values des particuliers dans le cas contraire (profits occasionnels ou non spéculatifs).

Les développements qui suivent sont consacrés aux profits réalisés à titre habituel par les personnes physiques ou morales (sociétés civiles de construction-vente ou autres sociétés), les profits réalisés à titre occasionnel étant quant à eux examinés dans le cadre de l'étude d'ensemble des plus-values des particuliers (n° 32340).

PROFITS RÉALISÉS PAR LES PERSONNES PHYSIQUES

Conformément à l'article 35, I-1° bis du CGI, les profits réalisés par les personnes qui achètent des biens immobiliers en vue d'édifier un ou plusieurs bâtiments et de les revendre en bloc ou par locaux sont soumis à l'impôt sur le revenu dans la catégorie des BIC lorsque ces opérations présentent un caractère habituel et spéculatif. 30400 CGI art. 35, I-1° bis IMMO-III-12000 s

Champ d'application Le régime des BIC s'applique aux profits de construction habituels et spéculatifs. 30405

Les **profits** de construction s'entendent de ceux réalisés à l'occasion de la vente d'immeubles que le cédant a construits ou fait construire pour son propre compte, de droits immobiliers s'y rapportant (usufruit, nue-propriété, etc.) ou encore de parts ou actions de sociétés de construction dotées de la transparence fiscale.

Le **caractère habituel et** l'**intention spéculative** sont quant à eux appréciés en fonction des circonstances de fait, de la même manière que pour les profits des marchands de biens (voir n° 30305).

> ILLUSTRATIONS
>
> Selon l'administration :
> – la réalisation par une personne physique (ne pouvant pas par ailleurs être qualifiée de marchand de biens) d'une **opération de construction isolée** n'est pas considérée comme habituelle si elle comporte moins de dix appartements, cinq maisons individuelles ou 500 m² de bureaux ou locaux commerciaux (BOI-BIC-CHAMP-20-40-10 n° 80) ;
> – la vente d'un **immeuble achevé depuis quinze ans** au moins n'est pas considérée, en principe, comme procédant d'une intention spéculative (BOI-BIC-CHAMP-20-40-10 n° 100).
> L'administration assimile, par ailleurs, les travaux de **restauration, rénovation, surélévation** et **reconstruction** d'immeubles qui nécessitent l'obtention d'un permis de construire aux opérations de construction proprement dites (BOI-BIC-CHAMP-20-40-20 n° 20).

Modalités d'imposition Les profits de construction habituels et spéculatifs réalisés par les personnes physiques sont déterminés et imposés selon les règles de droit commun des BIC. Voir à cet égard n°s 30315 et 30325, les précisions données à propos des profits des marchands de biens. 30410

> Précisions L'activité de construction-vente d'immeubles (promotion immobilière) visée à l'article 35, I-1 bis du CGI est une activité civile et est donc **exclue** du bénéfice des **dispositifs d'exonération** visés n° 30325, précision c (BOI-BIC-CHAMP-80-10-10-10 n° 400, BOI-BIC-CHAMP-80-10-20-10 n° 390, BOI-BIC-CHAMP-80-10-50 n° 160, BOI-BIC-CHAMP-80-10-90-10 n° 90).

PROFITS RÉALISÉS PAR LES SOCIÉTÉS CIVILES DE CONSTRUCTION-VENTE

30420 CGI art. 239 ter IMMO-III-14200 s

Les sociétés civiles de construction-vente sont en principe passibles de l'IS dès lors qu'elles exercent une activité réputée commerciale du point de vue fiscal. Par dérogation, l'article 239 ter du CGI prévoit que les sociétés civiles ayant pour objet la construction d'immeubles en vue de la vente sont, sous certaines conditions, exclues du domaine de l'IS (sans possibilité d'option) et soumises au même régime fiscal que les sociétés en nom collectif effectuant les mêmes opérations, c'est-à-dire que ce sont les associés (et non la société elle-même) qui sont imposés en proportion de leurs droits suivant le régime fiscal qui leur est propre (impôt sur le revenu ou IS selon le cas).

30425 **Conditions d'application du régime des sociétés de personnes** Le régime de l'article 239 ter du CGI est réservé aux sociétés constituées sous la **forme** civile dont l'**objet** est la **construction en vue de la vente** soit directement, soit sous couvert de sociétés transparentes. Cet objet peut être réalisé conjointement avec l'exercice d'une activité civile (location d'immeubles nus, par exemple) mais non avec celle d'une autre activité réputée commerciale.

Les associés doivent, par ailleurs, conformément aux **statuts,** être indéfiniment responsables du passif social en proportion de leurs droits sociaux.

ATTENTION

Une société civile dont l'**objet social** ne comporte pas la construction en vue de la vente ne peut pas bénéficier du régime de l'article 239 ter du CGI même si elle se livre exclusivement à de telles opérations (CE 24-2-1988 n° 59762 : RJF 4/88 n° 380). En revanche, si l'objet social est la construction-vente, il importe peu que les opérations soient réalisées sur des terrains autres que ceux limitativement énumérés à l'objet social (CE 29-5-2019 n° 412500 : RJF 8-9/19 n° 759).

La suppression dans l'objet social de la mention de l'activité de construction-vente sans changement effectif de l'activité réelle ne rend pas la société passible de l'IS (CE 10-13-2023 n° 446017 : RJF 1/24 n° 9).

30426 **> Précisions** **a.** La **revente en l'état d'un terrain** initialement acquis pour construire entraîne l'assujettissement de la société civile de construction-vente à l'IS lorsque l'opération relève d'une activité de marchand de biens, la condition d'habitude s'appréciant en principe en tenant compte tant des opérations immobilières de la société que de celles des associés (CE 24-7-1981 n° 22950 : RJF 10/81 n° 859-860). À cet égard, la circonstance que les associés détiennent des participations dans d'autres sociétés civiles de construction-vente ne suffit pas à caractériser cette condition ; il faut en outre qu'ils se livrent personnellement, à titre habituel, à des opérations d'achat et de revente d'immeubles (CE 23-6-1993 n° 69587 : RJF 8-9/93 n° 1133).

Il en va cependant différemment lorsque la société s'est trouvée dans l'impossibilité de réaliser son projet par suite d'un événement indépendant de sa volonté la contraignant à la revente ou en cas de cession à une collectivité territoriale pour un prix n'excédant pas le prix de revient du terrain (BOI-BIC-CHAMP-70-20-100-10 n°s 80 et 90).

b. La **revente après lotissement** d'un terrain initialement acquis pour construire présente, selon l'administration, un caractère commercial au sens de l'article 35, I-1° et 1° bis du CGI rendant la société civile de construction-vente passible de l'IS, sauf événement indépendant de sa volonté ou cession à une collectivité territoriale (BOI-BIC-CHAMP-20-30-20 n°s 120 et 130).

c. La **vente de locaux équipés d'éléments ménagers** entraîne, selon l'administration, assujettissement à l'IS sauf dans les cas suivants (BOI-BIC-CHAMP-70-20-100-10 n°s 110 à 230) :

– les **équipements** constituent le **complément nécessaire** de **locaux à usage d'habitation** (appareils sanitaires et de chauffage, placards incorporés, etc.) ou **à usage de bureaux** (cloisonnement par éléments amovibles, distribution de réseaux informatiques et aménagements spéciaux pour l'utilisation de matériels informatiques, etc.) ou encore sont nécessaires aux **restaurants ou cantines** d'entreprise ou d'administration lorsque ces restaurants peuvent bénéficier du régime particulier en matière de TVA ;

– les **équipements** sont **accessoires** aux opérations de construction. Tel est le cas des équipements **stabilisés ou raccordés** (meubles autonomes de cuisine, incorporés ou non, dont le scellement a pour but d'en assurer la stabilité, appareils ménagers qui peuvent être déplacés sans inconvénient) lorsque leur coût demeure inférieur à 4 % du prix global de la construction sans dépasser 2 440 € par appartement et qu'ils sont rétrocédés à l'acquéreur pour leur prix coûtant, ou encore des équipements **fixés à perpétuelle demeure** (éléments fixes de réfrigération et de cuisson). En revanche, la fourniture de moquettes sur parquets, tapisseries, rideaux et autres ornements est incompatible avec le régime de l'article 239 ter du CGI.

Le Conseil d'État a jugé que la fourniture des équipements mobiliers d'une **résidence du troisième âge**, nécessaires à l'utilisation des parties communes (restaurant, cuisine, infirmerie, bureaux administratifs et salles de réception), ne remet pas en cause l'application du régime spécial (CE 27-2-1989 n° 57066 : RJF 4/89 n° 423).
d. La vente de locaux avec clause de garantie **minimale de rentabilité** ne fait pas obstacle à l'application du régime de l'article 239 ter du CGI (BOI-BIC-CHAMP-70-20-100-10 n° 300).
e. Une SCI de construction-vente qui se livre à une **activité temporaire et accessoire de location des locaux invendus** peut continuer à bénéficier du régime de l'article 239 ter du CGI (CE 6-11-1998 n° 171927 : RJF 12/98 n° 1425).

Portée du régime Les profits réalisés sous le couvert d'une société civile de construction-vente répondant aux conditions prévues par l'article 239 ter du CGI sont déterminés selon les règles de droit commun des BIC (voir à cet égard n° 30315, les précisions données à propos du régime des marchands de biens) et imposés au nom des **associés** selon le régime fiscal qui leur est propre. 30430 IMMO-III-15700 s

C'est ainsi que la fraction des profits revenant à des associés passibles de l'impôt sur le revenu (personnes physiques et entreprises industrielles et commerciales) est passible de l'impôt sur le revenu dans la catégorie des BIC, celle revenant à des associés passibles de l'IS étant quant à elle passible de cet impôt.

› Précisions **a.** Les produits tirés de la **location d'immeubles nus** ont le caractère :
– de BIC, lorsque la location porte sur des immeubles faisant partie du stock immobilier (cas des « queues de programme ») ;
– de revenus fonciers, lorsque la société a une activité distincte de location (quote-part de bénéfices revenant à des sociétés passibles de l'IS ou à des entreprises placées de plein droit sous un régime de bénéfice réel : voir n° 30715).
b. Les intérêts reçus par une société civile de construction-vente en rémunération des **placements de fonds en instance d'emploi** perdent leur caractère de revenus de créances et doivent être pris en compte pour le bénéfice d'exploitation de cette dernière.
c. En ce qui concerne les **rémunérations** versées à l'associé gérant, voir n° 23655.

Obligations des sociétés Les sociétés civiles de construction-vente sont tenues de produire une **déclaration annuelle de leurs résultats** n° 2031 accompagnée des annexes visées n° 10965 (société au réel normal) et n° 11145 (société au réel simplifié). 30435 IMMO-III-16300 s

Selon que l'activité de la société porte sur un seul immeuble (ou groupe d'immeubles) ou sur plusieurs immeubles, la déclaration doit être souscrite auprès du service des impôts du lieu de situation de la construction ou de celui du siège de l'entreprise (CGI ann. III art. 38, IV).

PROFITS RÉALISÉS PAR LES AUTRES PERSONNES MORALES

Les profits de construction réalisés par les sociétés de personnes visées à l'article 8 du CGI (notamment les **sociétés en nom collectif**), n'ayant pas opté pour l'IS, sont soumis à l'impôt sur le revenu dans la catégorie des BIC. 30445 IMMO-III-13800 s

Ceux réalisés par les **sociétés passibles de l'IS** sont soumis à cet impôt dans les conditions de droit commun.

Quel que soit le régime fiscal de la société, les profits de construction ne peuvent pas bénéficier du régime des plus-values professionnelles, les immeubles construits en vue de la vente constituant non pas un élément de l'actif immobilisé, mais un **stock** immobilier.

B. Organismes de placement collectif immobilier

Les organismes de placement collectif immobilier (OPCI), régis par les articles L 214-33 et suivants du Code monétaire et financier (et, s'agissant des organismes professionnels de placement collectif immobilier, par les articles L 214-148 s. du même Code), ont pour objet principal l'acquisition ou la construction d'immeubles en vue de leur location ou la détention de participations dans des sociétés à prépondérance immobilière. À titre accessoire, ils peuvent acquérir, directement ou indirectement, en vue de leur location, des meubles meublants, des biens d'équipement ou tous biens meubles affectés aux immeubles détenus et nécessaires au fonctionnement, à l'usage ou à l'exploitation de ces derniers par un tiers (location meublée). 30480

Les OPCI peuvent prendre la forme soit de sociétés de placement à prépondérance immobilière à capital variable (**Sppicav**), soit de fonds de placement immobilier (**FPI**). Leur constitution (comme leur transformation, fusion, scission ou liquidation) est soumise à l'**agrément** de l'Autorité des marchés financiers (AMF).

Remarque : Les OPPCI destinés aux investisseurs **professionnels** prennent la forme soit de Spppicav soit de FPPI. Sauf précision contraire, leur régime fiscal est identique à celui des OPCI.

› Précisions Les OPCI régis par les articles L 214-33 et s. du Code monétaire et financier qui ont été constitués avant 2024 et qui remplissent certaines conditions, notamment d'être agréés (fonds dits « Eltif ») et d'être composés majoritairement d'actifs immobiliers, peuvent exercer une **option** (du 10 janvier 2024 au 9 janvier 2026) **pour** relever des **règles** applicables aux **fonds professionnels** (Loi 2023-973 du 23-10-2023 art. 39, II et III).

SOCIÉTÉS DE PLACEMENT À PRÉPONDÉRANCE IMMOBILIÈRE À CAPITAL VARIABLE

30490 CGI art. 208, 3° nonies IMMO-IV-35120 s

Les **Sppicav** sont des **sociétés anonymes** ou des **sociétés par actions simplifiées** (autre qu'une SAS unipersonnelle dont les statuts interdisent expressément la pluralité d'associés) à capital variable (C. mon. fin. art. L 214-62 s.). Elles sont **exonérées totalement d'IS** (et corrélativement de contribution sociale) sous réserve de respecter leurs obligations de distribution.

› Précisions a. Les Sppicav (à l'exclusion des Spppicav) sont exonérées de la **taxe annuelle de 3 % sur les immeubles,** voir n° 75970.

b. En cas de **transformation d'une société** soumise à l'IS **en Sppicav,** les **plus-values** latentes relatives aux actifs immobiliers sont soumises à l'IS au taux réduit de 19 % et ne sont pas assujetties à la contribution sociale. Le détail de ces plus-values doit être annexé à la déclaration de résultat déposée en raison de la transformation (CGI ann. III art. 46 quater-0 ZZ bis B).

c. Les Sppicav sont tenues de déposer (CGI ann. III art. 46 ter A bis) :

– avec la **déclaration de résultat de leur premier exercice,** une copie de l'agrément de l'AMF (ou, à défaut, l'avis de réception par l'AMF de la demande d'agrément) et la liste des filiales qui optent pour le régime d'imposition prévu pour les SIIC (n° 30495) ;

– avec leur **déclaration annuelle de résultat,** la liste mise à jour des filiales ayant opté et un état conforme au modèle établi par l'administration faisant apparaître la décomposition de leurs sommes distribuables et les obligations de distribution.

30495 CGI art. 208 C, III bis IMMO-IV-35800

Les **filiales de Sppicav** (sociétés de capitaux non cotées à prépondérance immobilière détenues directement ou indirectement à 95 % au moins de manière continue au cours de l'exercice) qui ont un objet identique à celui des SIIC peuvent opter pour le régime d'imposition prévu pour les SIIC et leurs filiales dans les mêmes conditions que ces dernières (n°s 30950 et 30960).

› Précisions a. Les filiales peuvent être **détenues conjointement,** à 95 % au moins, par plusieurs Sppicav, ou par une ou plusieurs SIIC et une ou plusieurs Sppicav.

b. L'actif des filiales doit être constitué principalement d'immeubles acquis ou construits en vue de la location auxquels peuvent être affectés des meubles meublants, biens d'équipement ou biens meubles nécessaires au fonctionnement, à l'usage ou à l'exploitation de ces immeubles par un tiers, de droits réels portant sur de tels biens, de droits détenus en qualité de crédit-preneur afférents à des contrats de crédit-bail portant sur des immeubles en vue de leur location ou de participations directes ou indirectes dans des sociétés de capitaux non cotées ou de personnes ayant le même objet ou d'avances en compte courant consenties à ces dernières (C. mon. fin. art. L 214-36, I-3°-b).

30500 IMMO-IV-36000 s

Les **revenus distribués** par les Sppicav à des **actionnaires personnes physiques** relèvent du régime de droit commun des distributions de dividendes exposé n°s 24540 s., étant précisé que, lorsqu'ils sont prélevés sur des bénéfices exonérés, ils n'ouvrent pas droit à l'abattement de 40 % applicable en cas d'option pour le barème progressif de l'impôt sur le revenu (n° 24650).

Les revenus distribués par les Sppicav à des **entreprises** soumises à l'impôt sur les sociétés sont inclus dans le résultat imposable dans les conditions de droit commun. S'agissant des revenus distribués à des entreprises exerçant une activité relevant des BIC ou des BA, voir n° 7345.

Les revenus distribués par les Sppicav à des **organismes de placement collectif** (français ou étrangers) et prélevés sur leurs résultats exonérés sont soumis à retenue à la source au taux de 15 % : voir n° 24886.

30505 CGI art. 150-0 A, II-4 bis et 160 bis

Les **gains** réalisés par les **actionnaires personnes physiques** lors de la **cession à titre onéreux ou** du **rachat des actions de Sppicav** sont soumis au régime des plus-values sur valeurs mobilières et droits sociaux (n°s 32805 s.).

Les profits (ou pertes) réalisés par les **entreprises** exerçant une activité relevant des BIC ou des BA lors de la cession ou du rachat d'actions de Sppicav obéissent aux règles définies n°s 18380 s. Pour les entreprises soumises à l'IS, le profit (ou la perte) constaté est soumis à l'IS au taux de droit commun, les titres des OPCI étant expressément exclus du champ du régime des plus-values à long terme (CGI art. 219, I-a ter-al. 2).

Quant aux plus-values de cession d'actions de Sppicav réalisées par des **non-résidents,** elles sont soumises au prélèvement visé n° 32640 lorsque le cédant détient au moins 10 % du capital de la société.

FONDS DE PLACEMENT IMMOBILIER

Les **FPI** sont des **copropriétés d'actifs immobiliers, d'actifs mobiliers et de liquidités** qui n'ont pas la personnalité morale (C. mon. fin. art. L 214-71 s.). Ils sont donc placés de plein droit hors du champ d'application de l'IS et les porteurs sont imposés comme s'ils avaient eux-mêmes perçu les revenus encaissés par le FPI. L'imposition est toutefois limitée aux revenus et profits **effectivement distribués** par le fonds. **30515** CGI art. 239 nonies IMMO-IV-37000 s

Pour les porteurs **personnes physiques** détenant les parts dans leur patrimoine privé, il en résulte les conséquences suivantes.

› Précisions a. Pour les **entreprises** exerçant une activité relevant des BIC ou des BA, les produits distribués par le fonds sont imposés dans les conditions exposées nº 7345. Pour les entreprises soumises à l'IS, ils sont, quelle que soit leur nature, compris dans le résultat imposable à l'impôt sur les sociétés dans les conditions de droit commun. Les entreprises peuvent, le cas échéant, imputer sur l'impôt dû les crédits d'impôt attachés aux revenus distribués. Les profits (ou pertes) réalisés lors de la cession ou du rachat de parts de FPI obéissent aux règles définies nº 18380 s'agissant des entreprises relevant de l'impôt sur le revenu et sont imposés à l'impôt sur les sociétés au taux de droit commun pour celles soumises à cet impôt.
b. Les FPI (à l'exclusion des FPPI) sont exonérés de la **taxe annuelle de 3 % sur les immeubles,** voir nº 75970.

Imposition des revenus distribués Les revenus encaissés par le FPI conservent la nature qui leur est propre (revenus locatifs, bénéfices industriels et commerciaux, dividendes, intérêts). Ainsi, lorsqu'ils sont distribués aux porteurs de parts, ils relèvent selon le cas soit du régime des revenus fonciers, soit du régime des BIC, soit du régime des revenus de capitaux mobiliers. **30520** IMMO-IV-37200 s et 38200

a. Les produits issus des **actifs immobiliers** du FPI **loués nus** sont imposés dans la catégorie des **revenus fonciers** dans les conditions de droit commun sous réserve de certaines particularités. Les **frais de gestion** et de fonctionnement **supportés par le FPI** à raison de son activité immobilière sont déductibles, exception faite des frais de gestion variables facturés par la société de gestion du fonds en fonction des performances réalisées (« commissions de performance »). En revanche, les frais de gestion, de souscription et de transaction **supportés** directement **par les porteurs** de parts ne sont pas déductibles. CGI art. 14 A ; 31, I-1°-e bis ; 239 nonies, II-1-a et II-3

Par ailleurs, certains dispositifs de faveur ne sont pas applicables :

- le régime dit de la « loi **Malraux** » applicable aux immeubles situés dans les secteurs sauvegardés et assimilés ;
- le régime des **monuments historiques** donnés en location ;
- l'amortissement « **Robien** » ;
- les réductions d'impôt pour investissement **outre-mer, forestier** ou « **Scellier** ».

b. Les produits issus des **actifs immobiliers** du FPI **loués meublés** sont imposés dans la catégorie des **BIC.** Le montant imposable est égal au revenu distribué minoré de la différence positive entre la fraction de l'amortissement comptable théorique des immeubles et la fraction de l'abattement pratiqué par le fonds en application de l'article L 214-81, II-1º-a du Code monétaire et financier (abattement forfaitaire égal à 1,5 % du prix de revient des immeubles détenus directement par le fonds). Ces fractions sont déterminées pour chaque porteur de parts à proportion de sa quote-part de revenus distribués. CGI art. 35 A et 239 nonies, II-1-e et II-2

c. Les produits issus des **actifs mobiliers** (distributions de sociétés de capitaux, autres produits sur créances, dépôts, cautionnement, etc.) du FPI constituent des **revenus de capitaux mobiliers** perçus par les porteurs de parts à la date de leur distribution. Ils sont, en principe, soumis au PFU (sauf option globale pour le barème progressif), après application du prélèvement forfaitaire non libératoire (voir nº 24200). Pour plus de précisions, voir nºs 24265 s. (dividendes) et 24980 s. (produits de placement à revenu fixe). CGI art. 137 ter et 239 nonies, II-1-b

› Précisions a. Pour chaque porteur de parts, l'établissement payeur doit souscrire sur support informatique (nº 26880) une **déclaration** (IFU) récapitulant les sommes payées au titre des revenus fonciers, des BIC et des revenus de capitaux mobiliers. Il doit en adresser une copie aux bénéficiaires des revenus concernés (CGI art. 242 ter B).
b. Les revenus distribués par le FPI relevant du régime des revenus fonciers peuvent bénéficier du régime **micro-foncier,** à condition que le détenteur des parts de FPI soit propriétaire d'un immeuble donné en location nue (nºs 27450 s.). En revanche, ceux relevant du régime des BIC sont exclus du régime **micro-BIC** (nºs 11200 s. et nºs 11280 s.).
c. Les **crédits d'impôt** attachés aux revenus distribués par le FPI peuvent, dans certaines conditions, être transférés aux porteurs et être imputés sur l'impôt sur le revenu (CGI art. 199 ter-0 B).
d. Pour les porteurs de parts **non résidents,** les **dividendes** de source française sont, sous

réserve des exceptions prévues par la loi et des conventions internationales, soumis à une retenue à la source (nos 24845 s.) ; les **produits de placements à revenu fixe** sont soumis à un prélèvement lorsqu'ils sont payés dans un État ou territoire non coopératif (n° 25445).

30525 CGI art. 150 UC, I et II-b et 239 nonies, II-1-c IMMO-IV-37700 s

Imposition des plus-values distribuées Les plus-values réalisées par le FPI lors de la **cession d'immeubles** ou de droits réels immobiliers (détenus directement ou par l'intermédiaire d'une société de personnes à prépondérance immobilière relevant de l'impôt sur le revenu ou d'un FPI) ainsi que lors de la cession de parts de sociétés de personnes à prépondérance immobilière relevant de l'impôt sur le revenu ou de parts de FPI sont soumises, lors de leur distribution, au régime d'imposition des **plus-values immobilières des particuliers** exposé aux nos 32000 s. sous réserve des particularités suivantes.

a. Les cessions d'immeubles bénéficient des **exonérations** mentionnées n° 32120 à l'exception de celles de la résidence principale, de la première cession d'un logement autre que la résidence principale et de celles prévues en faveur des retraités ou invalides de condition modeste.
Les cessions de parts de sociétés à prépondérance immobilière ne peuvent être exonérées que par le jeu de l'abattement pour durée de détention (n° 32245).

CGI art. 150 VB, II-3° et 4°

b. Les **plus-values** sont **déterminées** au niveau du fonds (date d'acquisition et de vente par le fonds) selon les règles de droit commun. Toutefois, les majorations forfaitaires du prix d'acquisition pour frais d'acquisition (n° 32220) et pour travaux (nos 32230 s.) ne s'appliquent pas.

CGI art. 150 VG, II-4°

c. La **déclaration et** le **paiement** de l'impôt afférent à la plus-value sont effectués par le dépositaire dans les dix jours de la distribution au service des impôts des entreprises dont dépend son siège social.

ATTENTION

Lorsque la cession porte sur des **immeubles loués meublés,** ce régime d'imposition ne s'applique que si le porteur de parts n'est pas considéré comme un **loueur professionnel** (n° 90520), cette condition s'appréciant à la date d'échéance du dépôt de la déclaration d'ensemble des revenus précédant la distribution de la plus-value.

30527 CGI art. 239 nonies, II-1-f

Les plus-values réalisées par le FPI lors de la **cession d'immeubles loués meublés,** lorsque le porteur de parts est un **loueur professionnel** (nos 90520 s.), relèvent du régime des **plus-values professionnelles à court terme** (nos 18070 s.), les plus-values distribuées par un FPI étant expressément exclues du champ du régime des plus-values à long terme (CGI art. 39 duodecies, 6 bis).
L'assiette est déterminée par le porteur de parts en réintégrant les fractions d'amortissement théorique des immeubles déduites du revenu imposable au titre des BIC (n° 30520, b).
Les plus-values peuvent, le cas échéant, être **exonérées** en application de l'article 151 septies du CGI (exonération totale ou partielle en fonction des recettes : voir nos 18200 s.).

30530 CGI art. 150-0 F et 150-0 A, II-4 ter

Les plus-values réalisées par le FPI lors de la **cession de valeurs mobilières** et assimilées sont imposées à l'impôt sur le revenu de l'année de leur **distribution.** Toutefois, lorsqu'une personne physique détient directement, par personne interposée ou par l'intermédiaire d'une fiducie, plus de 10 % des parts du fonds, les plus-values sont imposées dès leur **réalisation** par le FPI au nom des porteurs de parts selon le régime de droit commun des plus-values sur cessions de valeurs mobilières (nos 32805 s.).

> **Précisions** **a.** En cas d'option pour l'imposition au barème progressif, les plus-values de cession de titres acquis avant 2018 peuvent ouvrir droit à l'**abattement pour durée de détention** de droit commun (voir nos 33075 s.).
> **b.** Les sommes distribuées sont récapitulées sur l'IFU que doit souscrire annuellement l'établissement payeur (nos 26850 s.) (CGI art. 242 ter B).

30532 Lorsque le **porteur** de parts est un **non-résident,** les plus-values immobilières et professionnelles sont, sous réserve des conventions internationales, soumises au prélèvement visé n° 32640 à proportion de ses droits dans le FPI (les exonérations en faveur de l'ancienne résidence principale et du logement possédé en France n'étant pas applicables).
Quant aux plus-values mobilières, elles sont, en principe, à hauteur de la quote-part revenant au porteur non résident, exonérées d'impôt (voir nos 32940 s.).

30535 CGI art. 150 UC, II-a et a bis et 39 duodecies, 6 ter IMMO-IV-38300 s

Cession ou rachat de parts de FPI Les plus-values réalisées par les porteurs lors de la cession ou du rachat de parts de FPI (ou de fonds étrangers équivalents aux FPI français) relèvent en principe du régime des **plus-values immobilières.** La plus-value est déterminée et liquidée suivant les règles applicables aux cessions de titres de sociétés à prépondérance immobilière (nos 32540 s.).
Les plus-values de cession de parts de FPI dont l'**actif** est, au moment de la cession des parts, constitué, pour **plus de 50 %** de sa valeur, par des **immeubles loués meublés** sont imposées

dans la catégorie des **plus-values professionnelles** (nos 17870 s.) lorsque le porteur des parts est un **loueur professionnel** (nos 90520 s.). Le montant de la plus-value est alors majoré des fractions d'amortissement théorique des immeubles déduites du revenu imposable au titre des BIC (no 30520, b) et qui n'ont pas fait l'objet d'une réintégration pour la détermination des plus-values réalisées par le FPI lors de la cession d'immeubles loués meublés (no 30527).

Les plus-values de cession de parts de FPI réalisées par les **non-résidents** sont, sous réserve des conventions internationales, soumises au prélèvement visé no 32640.

C. Sociétés immobilières

1. SOCIÉTÉS IMMOBILIÈRES DE LOCATION NON TRANSPARENTES

Ces sociétés s'entendent essentiellement des sociétés de personnes (sociétés civiles et sociétés à forme commerciale) dont l'objet est la gestion d'un patrimoine immobilier. Leur activité consiste principalement à donner en location (non meublée) les immeubles leur appartenant et, exceptionnellement, à céder certains d'entre eux. **30700** IMMO-IV-1000 s

DÉTERMINATION ET IMPOSITION DES RÉSULTATS

Conformément au principe général de l'article 8 du CGI, les bénéfices (soit essentiellement les loyers) réalisés par les sociétés immobilières de location non transparentes sont imposés, non pas au nom de la société, mais au nom personnel de chaque associé. **30710** IMMO-IV-1300 s

La **période d'imposition** est l'année civile ou l'exercice clos en cours d'année (BOI-RFPI-CHAMP-30-20 no 165).

Revenus tirés de la location des immeubles Ces revenus sont en règle générale déterminés suivant les règles prévues pour les **revenus fonciers** (nos 27120 s.) et imposés entre les mains des associés dans cette catégorie de revenus. **30715**

Toutefois, la quote-part de bénéfices revenant à des sociétés relevant de l'IS ou à certaines entreprises relevant de l'impôt sur le revenu est déterminée et imposée suivant les règles particulières exposées nos 37630 s.

ATTENTION

En cas de **démembrement de la propriété des parts sociales** et sauf convention contraire, l'usufruitier est soumis à l'impôt sur le revenu à raison de sa quote-part dans les résultats de la société. Si la société est déficitaire, l'usufruitier peut déduire de ses revenus la part du déficit correspondant à ses droits (CE 8-11-2017 no 399764 : RJF 2/18 no 184, infirmant la doctrine administrative BOI-BIC-CHAMP-70-20-10-20 nos 100 à 150).

Logement occupé gratuitement par un associé ou un tiers Les sociétés non transparentes qui mettent gratuitement à la disposition de leurs associés (ne relevant pas des règles d'imposition visées nos 37630 s.) ou de tiers des logements dont elles sont propriétaires sont considérées par l'administration (BOI-RFPI-CHAMP-30-20 no 170) et le Conseil d'État (notamment CE 7-7-1982 no 30975 : RJF 10/82 no 944 ; CE 27-10-1999 no 172940 : RJF 12/99 no 1597) comme se réservant la jouissance de ces logements. Elles n'ont donc pas à comprendre dans leurs recettes brutes la **valeur locative** de ces locaux mais, en contrepartie, les **charges** afférentes au logement ne sont pas admises en déduction. **30720** IMMO-IV-2300 s

En ce qui concerne les **obligations déclaratives** de la société, voir no 30740, précision a.

> **Précisions** Lorsque le logement est occupé à titre d'**habitation principale** par l'associé ou le tiers, celui-ci peut bénéficier des crédits d'impôt pour dépenses d'équipement dans l'habitation principale (voir nos 3045 s. pour les dépenses d'installation de systèmes de charge des véhicules électriques et 3110 s. pour les dépenses en faveur de la protection des personnes).

Plus-values réalisées par la société Les plus-values réalisées par une société immobilière de location non transparente lors de la cession occasionnelle d'un immeuble social relèvent, en règle générale, du régime des **plus-values des particuliers** (voir no 32495). **30725**

Toutefois, la quote-part revenant aux associés relevant de l'IS est déterminée et imposée selon les règles prévues pour les plus-values professionnelles à court terme (voir no 37631). Sur le cas particulier de transmission des parts entre la date de la cession de l'immeuble et la date de clôture de l'exercice, voir no 37661, c.

Remarque : En ce qui concerne les plus-values réalisées par l'associé à l'occasion de la **cession** de ses **parts sociales,** voir nos 32520 s. (particuliers) et 37735 s. (entreprises).

OBLIGATIONS DÉCLARATIVES

30735 CGI art. 172 bis IMMO-IV-5700 s **Déclaration d'existence** Les sociétés immobilières de location non transparentes doivent souscrire, dans les **trois mois** de leur constitution, une déclaration d'existence, à laquelle deux exemplaires des statuts sont joints (CGI ann. III art. 46 B). Cette déclaration est effectuée via le guichet unique électronique des formalités des entreprises (n° 88200).

> Précisions **a.** Lorsque les indications portées sur la déclaration cessent d'être exactes, une nouvelle déclaration doit être souscrite dans les trois mois du **changement**.
b. Le **défaut de production** de la déclaration est sanctionné par une amende fiscale (n° 80190).

30740 **Déclaration de résultats** Les sociétés immobilières de location non transparentes doivent souscrire, chaque année, une déclaration de leurs résultats à l'aide d'un **formulaire** spécial **n° 2072.** Cette déclaration doit être adressée au service des impôts du lieu de la direction effective de la société (ou auprès de la direction des grandes entreprises pour les sociétés qui relèvent de ce service : voir n°s 87400 s.).

La déclaration doit être souscrite **par voie électronique** (CGI art. 1649 quater B quater, VI).

ATTENTION

Par exception peuvent faire un **dépôt papier** (BOI-RFPI-CHAMP-30-20 n° 230) :
– les SCI de famille qui conservent le bien immobilier uniquement pour un usage personnel et doivent déposer une déclaration uniquement l'année de leur constitution (voir précision a ci-après) ;
– les personnes résidant en zones blanches.

La déclaration doit être souscrite **au plus tard** le deuxième jour ouvré suivant le 1er mai (CGI ann. III art. 46 C). Un délai supplémentaire de quinze jours calendaires est toutefois accordé par l'administration aux contribuables qui procèdent à une télétransmission de leur déclaration, soit une date limite de déclaration fixée en 2024 au 18 mai (BOI-RFPI-CHAMP-30-20 n° 230).

> Précisions **a.** Les sociétés immobilières de location non transparentes qui se bornent à mettre des **logements** à la **disposition gratuite des associés** (dans les conditions indiquées n° 30720) sont tenues de souscrire une déclaration au titre de l'année de leur constitution ; elles en sont en revanche dispensées au titre des années ultérieures sous trois conditions (BOI-RFPI-CHAMP-30-20 n° 240) :
– aucune modification n'est intervenue dans la répartition du capital, la liste des immeubles et leurs conditions d'occupation ;
– la société ne perçoit aucun revenu, y compris des produits financiers ;
– aucune rémunération n'est versée aux associés.
b. La société doit préciser la part de résultat revenant à chaque associé.
Les différents **associés** doivent ensuite comprendre la part leur revenant dans leur propre **déclaration de revenus** (déclarations n°s 2042 et 2044) ou de résultats.
Les associés ne disposant pas d'autres revenus fonciers peuvent porter directement sur leur déclaration d'ensemble des revenus n° 2042 la part leur revenant dans les résultats sociaux sans souscrire la déclaration n° 2044 (BOI-RFPI-CHAMP-30-20 n° 260).
c. En ce qui concerne les **plus-values** de cession, la quote-part correspondant aux droits des particuliers est portée sur la déclaration 2048 IMM souscrite par la société lors de la cession (voir n° 32500).
d. Le **défaut de production** de la déclaration ainsi que les omissions ou inexactitudes sont sanctionnés par une amende fiscale à la charge de la société (n° 80190). Les **insuffisances de déclaration** sont quant à elles sanctionnées par application des pénalités visées n°s 80000 s. à la charge des associés (elles sont en règle générale sanctionnées dans le cadre de leur déclaration de revenus ou de résultats). En ce qui concerne le défaut de réponse à une mise en demeure de produire la **liste des associés**, voir n° 80192.
e. En ce qui concerne la déclaration à fournir par les **locataires d'emplacements d'affichage,** voir n° 27600.

CAS PARTICULIER DES SOCIÉTÉS CIVILES DE PLACEMENT IMMOBILIER (SCPI)

30750 CGI art. 239 septies IMMO-IV-20000 s Lorsqu'elles ont un objet conforme à celui défini à l'article L 214-114 du Code monétaire et financier et sont autorisées à offrir au public des titres financiers dans les conditions prévues à l'article L 214-86 du même Code, les SCPI sont exclues du champ d'application de l'IS et les bénéfices sont imposés directement entre les mains des associés soit à l'impôt sur le revenu, soit à l'IS s'il s'agit de personnes morales passibles de cet impôt.

Les **résultats** sont **déterminés** et imposés comme pour les sociétés immobilières de location non transparentes (n°s 30710 s.). Comme elles, les SCPI doivent souscrire une déclaration d'existence et une **déclaration** de résultats n° 2072 (voir n°s 30735 s.).

Pour les personnes physiques agissant dans le cadre de la gestion de leur patrimoine privé, la souscription au capital des SCPI est susceptible d'ouvrir droit aux **réductions d'impôt Duflot, Pinel** (n°s 2805 s.), **Denormandie ancien** (n°s 2820 s.) et **Malraux** (n°s 2900 s.). Les particuliers ayant investi au travers d'une SCPI peuvent également bénéficier des déductions spécifiques visées n°s 27800 s. pour la détermination de leur revenu net foncier.

› Précisions **a.** Selon l'article L 214-114 du Code monétaire et financier, les SCPI ont pour **objet** l'acquisition directe et indirecte, y compris en l'état futur d'achèvement, et la gestion d'un patrimoine immobilier affecté à la location. Elles peuvent dans certaines conditions procéder à la construction d'immeubles en vue de leur location. Elles sont également autorisées à procéder pour les besoins de leur gestion à des travaux de toute nature dans les immeubles acquis ou construits et à acquérir des équipements mobiliers nécessaires à l'utilisation des immeubles. Elles peuvent en outre, sous certaines conditions, céder des éléments du patrimoine immobilier.

b. Le **non-respect** de l'objet social entraîne la perte du bénéfice des dispositions de l'article 239 septies du CGI et la société est alors soumise au régime applicable à la généralité des sociétés civiles (voir n° 37785). Sur les conséquences du changement de régime fiscal, voir n°s 38795 s.

c. En cas de **fusion de SCPI**, une compensation peut être opérée, sous certaines conditions, entre les plus-values et les moins-values réalisées sur les immeubles figurant à l'actif de la société absorbée pour la détermination des plus-values nettes imposables au nom des associés personnes physiques (BOI-RFPI-PVI-20-20 n° 180).

2. SOCIÉTÉS IMMOBILIÈRES DE COPROPRIÉTÉ TRANSPARENTES

Certaines sociétés – essentiellement les **sociétés immobilières d'attribution** – bénéficient d'un régime de transparence fiscale qui conduit à faire abstraction de la personnalité morale de la société pour l'application des impôts directs, des droits d'enregistrement et des taxes assimilées. Les associés sont traités comme s'ils étaient directement propriétaires des locaux auxquels leur donnent vocation les droits sociaux qu'ils détiennent. **30770** CGI art. 8 bis et 1655 ter **IMMO-IV-9100 s**

CHAMP D'APPLICATION DE LA TRANSPARENCE FISCALE

Le régime de la transparence fiscale s'applique aux sociétés, quelle que soit leur forme juridique (sociétés civiles ou sociétés de capitaux), qui ont pour **objet exclusif** soit l'**acquisition** ou la **construction** d'immeubles ou de groupes d'immeubles en vue de leur division par fractions destinées à être attribuées aux associés, en propriété ou en jouissance, soit la **gestion** de ces immeubles ou groupes d'immeubles ainsi divisés, soit la **location,** pour le compte d'un ou de plusieurs membres de la société, de tout ou partie des immeubles leur appartenant. **30780** **IMMO-IV-9400 s**

› Précisions **a.** Le régime de la transparence fiscale peut s'appliquer même si la **société** n'est **pas propriétaire** des immeubles attribués en jouissance aux associés (cas des sociétés concessionnaires du domaine public et des sociétés exploitant un patrimoine immobilier financé par crédit-bail) (Cass. com. 6-1-1975 n° 73-13.170).

b. Ne s'oppose pas non plus à l'application du régime la livraison aux associés d'immeubles comportant des **équipements mobiliers** répondant aux conditions exposées n° 30426, précision c (en ce sens : BOI-BIC-CHAMP-70-20-100-10 n° 110).

c. La circonstance qu'une société immobilière a **plusieurs objets** mentionnés par l'article 1655 ter du CGI ne lui fait pas perdre le bénéfice de la transparence fiscale (CE 26-9-2012 n° 342245 : RJF 12/12 n° 1103).

Déclaration d'existence Les sociétés immobilières transparentes doivent souscrire une déclaration d'existence dans les trois mois de leur constitution (ou de la date à partir de laquelle elles entrent dans le champ d'application du régime). Cette déclaration, à laquelle deux exemplaires des statuts sont joints, est effectuée via le guichet unique électronique des formalités des entreprises (n° 88200). Lorsque les indications portées sur la déclaration cessent d'être exactes, une nouvelle déclaration doit être souscrite dans les trois mois du **changement.** **30785** CGI ann. II art. 373 **IMMO-IV-15750 s**

CONSÉQUENCES DE LA TRANSPARENCE

Apports d'immeubles à la société Lorsqu'un immeuble est apporté à une société transparente, le transfert de propriété et, par suite, la **plus-value** d'apport imposable portent en principe uniquement sur la fraction de l'immeuble correspondant aux droits acquis sur celui-ci par les coassociés de l'apporteur. **30795** **IMMO-IV-11550 s**

EXEMPLE

Si l'immeuble représente 30 % de la valeur des apports (les autres associés effectuant des apports en numéraire), la plus-value est calculée par différence entre 70 % de la valeur d'apport de l'immeuble et 70 % de sa valeur d'acquisition.

La plus-value ainsi déterminée est, selon le cas, soumise au régime des plus-values des particuliers ou au régime des plus-values professionnelles.

Par exception, lorsqu'une **entreprise** apporte un **terrain à bâtir** à une société transparente, l'apport est réputé porter sur la totalité du terrain, mais l'imposition de la plus-value est différée (CGI art. 238 decies, II) : voir n° 19440, 3.

30800 IMMO-IV-11700 s et 13300 s

Bénéfices sociaux et cessions de titres de la société Les sociétés immobilières transparentes ne sont jamais assujetties à l'IS, même s'il s'agit de sociétés de capitaux.

Les associés étant considérés comme propriétaires des locaux auxquels les droits sociaux leur donnent vocation, les revenus des immeubles sociaux sont imposés au nom de chacun selon le régime dont il relève en sa qualité de particulier ou d'entreprise. Le régime des plus-values (ou moins-values) de cession des droits sociaux dépend également de la qualité du cédant.

a. Particulier. Si le **local** auquel donnent vocation les droits sociaux est **donné en location,** les revenus correspondants sont soumis à l'impôt sur le revenu suivant les règles des revenus fonciers (nos 27000 s.), l'associé pouvant bénéficier des déductions spécifiques visées nos 27800 s. et des réductions d'impôt Duflot, Pinel (nos 2805 s.), Denormandie ancien (nos 2820 s.) ou Malraux (nos 2900 s.). S'il s'agit d'un local dont l'associé se réserve la **jouissance,** le revenu en nature correspondant est exonéré mais, corrélativement, les charges ne sont pas déductibles (no 27090). En cas d'affectation à son habitation principale, l'associé peut, le cas échéant, bénéficier des crédits d'impôt auxquels ouvrent droit certaines dépenses (nos 3045 s. et 3110 s.).

En cas de **cession des droits sociaux,** la plus-value réalisée relève en principe du régime des plus-values immobilières exposé nos 32000 s. dans les mêmes conditions qu'en cas de détention directe de l'immeuble. Le régime des BIC serait toutefois applicable si les cessions présentaient un caractère habituel susceptible de les rattacher à une activité professionnelle de marchand de biens ou de construction-vente (nos 30300 s. et 30390 s.).

b. Entreprise BIC ou IS. Les **revenus** du local auquel les droits sociaux donnent vocation sont imposés selon les règles exposées nos 7915 s. Sur la possibilité pour l'associé de pratiquer un **amortissement,** voir no 9180, f. En cas de **cession des titres** de la société transparente, les plus-values sont soumises au régime des plus-values professionnelles (nos 17500 s.).

c. Associé exerçant une activité non commerciale. Lorsque le local est utilisé dans le cadre de la profession, les règles prévues pour les particuliers s'appliquent si l'associé relève de la déclaration contrôlée et a décidé de ne pas inscrire les droits sociaux à l'actif professionnel. Il en va de même, à notre avis, lorsque l'associé relève du régime micro-BNC (nos 13600 s.). En revanche, ce sont les règles prévues pour les entreprises qui s'appliquent si les droits sociaux correspondant à des locaux utilisés dans le cadre de la profession sont inscrits sur le registre des immobilisations et des amortissements (associé relevant de la déclaration contrôlée).

> **Précisions** Sont exonérés les revenus des logements donnés en location à leurs associés par les **sociétés civiles immobilières d'accession progressive à la propriété** (Sciapp) fonctionnant conformément aux articles L 443-6-2 à L 443-6-13 du Code de la construction et de l'habitation (CGI art. 16).

30805 CGI ann. II art. 374 IMMO-IV-15850 s

Les sociétés immobilières transparentes doivent souscrire chaque année une **déclaration** de leurs **résultats** à l'aide d'un **imprimé no 2071-SD.** Cette déclaration doit être adressée au service des impôts du lieu de leur principal établissement, **au plus tard** le deuxième jour ouvré suivant le 1er mai, soit en 2024 le 3 mai.

La déclaration doit indiquer la part revenant ou incombant à chaque associé pour l'année précédente :

– dans les revenus bruts sociaux ;

– dans les différentes charges effectivement supportées par la société (dépenses de réparation et d'entretien, frais de gérance et de rémunération des gardiens et concierges, impositions, intérêts de dettes, frais de gestion et d'assurance, etc.).

Le **défaut ou retard** de déclaration ainsi que les omissions ou inexactitudes sont sanctionnés par une amende fiscale (no 80190).

30810 IMMO-IV-13000 s

Impôts locaux et taxes diverses Les sociétés transparentes ne sont pas passibles de la **contribution économique territoriale.** L'imposition éventuelle doit s'apprécier au niveau de chaque associé (voir no 43527).

La **taxe foncière** est due et établie au nom de chaque associé au prorata de ses droits sociaux.

La transparence fiscale ne joue pas à l'égard de la **participation-construction.** C'est donc éventuellement à la société de s'en acquitter.

Lorsque la **taxe sur les salaires** est due, la société peut l'acquitter globalement mais, à défaut de paiement, chaque associé est personnellement mis en cause (BOI-TPS-TS-10-10-10 no 60).

En ce qui concerne la contribution sur les revenus locatifs (**CRL**), voir no 74805, précision b.

Remarque : Les conséquences de la transparence fiscale en matière de **droits d'enregistrement** sont examinées dans le cadre de l'étude d'ensemble de ces droits (no 67195).

OPÉRATIONS PARTICULIÈRES

a. Transformation en société transparente : la transformation d'une **société civile** non transparente en société transparente entraîne, en principe, les mêmes conséquences qu'une dissolution de société de personnes (nº 32510). **30815** IMMO-IV-15055 s

Lorsqu'une **société passible de l'IS** modifie ses statuts pour se placer sous le régime de la transparence fiscale, cette modification est assimilée, du point de vue fiscal, à une cessation d'entreprise (nºs 11400 s.).

b. Assujettissement à l'IS d'une société transparente : voir nºs 38795 s.

c. Dissolution de la société : la dissolution d'une société transparente n'entraîne aucune conséquence en matière d'impôts directs. En particulier, le **partage** en nature et à titre pur et simple des immeubles composant l'actif social ne dégage pas de plus-value taxable.

Lors de la **revente d'un immeuble** attribué à la suite de la dissolution, le prix de revient servant au calcul de la plus-value imposable correspond au prix d'acquisition des parts sociales par le cédant, et la date d'acquisition à retenir pour le calcul du délai de détention est celle à laquelle le cédant est devenu propriétaire des parts.

3. SOCIÉTÉS D'INVESTISSEMENTS IMMOBILIERS COTÉES

Les sociétés d'investissements immobiliers cotées (SIIC) sont des sociétés par actions cotées sur un marché réglementé français ou sur un marché étranger respectant les prescriptions de la directive 2004/39/CE (abrogée et remplacée par la directive 2014/65/UE du 15-5-2014 et le règlement UE/600/2014 du même jour) sur les marchés d'instruments financiers, dont le **capital social** est au moins égal à 15 millions d'euros et qui ont pour **objet principal** l'acquisition ou la construction d'immeubles en vue de la location, ou la détention directe ou indirecte de participations dans des sociétés de personnes ou dans des sociétés relevant de l'impôt sur les sociétés (IS) de plein droit ou sur option ayant le même objet social. **30930** CGI art. 208 C IS-IV-17000 s

Ces sociétés peuvent bénéficier, sur option et sous certaines conditions, d'une exonération d'IS sur les bénéfices provenant de la location d'immeubles ou de la sous-location de certains immeubles et de certaines plus-values. Il en est de même de leurs filiales soumises à l'IS et ayant un objet identique, détenues, directement ou indirectement, à 95 % au moins (de manière continue au cours de l'exercice).

> Précisions **a.** Les **immeubles** s'entendent de ceux détenus en pleine propriété ainsi que de ceux exploités en tant que titulaire d'un usufruit ou en tant que preneur d'un bail à construction ou d'un bail emphytéotique.
b. Sont concernées les locations d'immeubles **à usage d'habitation, commercial ou industriel** (BOI-IS-CHAMP-30-20-10 nº 320).
Les **sous-locations** visées par l'article 208 C du CGI sont les sous-locations d'immeubles pris en crédit-bail par contrat conclu ou acquis depuis le 1er janvier 2005 et d'immeubles dont la jouissance a été conférée à titre temporaire par l'État, une collectivité territoriale ou un de leurs établissements publics.
L'**exercice d'une activité autre** est possible à condition qu'il conserve un caractère accessoire. Les bénéfices en résultant sont taxables à l'IS dans les conditions de droit commun.
c. Les **filiales** peuvent être **communes à plusieurs SIIC** les détenant globalement à au moins 95 %. S'agissant des filiales détenues **conjointement par des SIIC et des Sppicav**, voir nº 30495.
d. Les **plus-values** réalisées par les actionnaires lors de la cession de leurs titres relèvent en principe du régime de droit commun des plus-values de cession de titres exposé aux nºs 18380 s. et 18710 s. (entreprises) et 32805 s. (particuliers).
Toutefois, lorsqu'elles sont réalisées par des **non-résidents** détenteurs d'au moins 10 % du capital de la société, ces plus-values sont soumises au prélèvement visé nº 32640.

DÉTENTION DU CAPITAL

Le régime d'exonération est subordonné au respect de deux conditions tenant à la détention du capital : **30940** IS-IV-17110 s

– lors de l'**entrée dans le régime,** le capital et les droits de vote doivent être détenus à hauteur de 15 % au moins par des personnes détenant chacune, directement ou indirectement, moins de 2 % du capital et des droits de vote ;

– le capital ou les droits de vote ne doivent pas être détenus, directement ou indirectement, à hauteur de 60 % ou plus par un ou plusieurs actionnaires (exception faite des SIIC elles-mêmes) agissant de concert au sens de l'article L 233-10 du Code de commerce. Cette condition est appréciée de manière continue au cours de **chaque exercice.**

> Précisions Lorsque le **plafond de détention de 60 % est atteint ou dépassé** par suite d'**offres publiques d'achat ou d'échange,** d'opérations de **restructurations** visées à l'article 210-0 A du CGI, d'opérations de **conversion ou de remboursement d'obligations en actions,** les sociétés peuvent régulariser leur situation jusqu'à l'expiration du délai de souscription de la déclaration de résultats de cet exercice. La condition de détention est alors réputée avoir toujours été respectée. Si, en revanche, la situation n'est pas régularisée dans ce délai, la SIIC et ses filiales sortent définitivement du régime d'exonération.
Sur les conséquences du non-respect de ce plafond **en dehors de ces cas,** voir n° 30965.

MODALITÉS ET CONSÉQUENCES DE L'OPTION

30950 CGI art. 208 C, III IS-IV-17580 s

a. L'option pour le régime spécial doit être **notifiée** sur papier libre ou par voie électronique au service des impôts auprès duquel est souscrite la déclaration de résultats, au plus tard avant la fin du quatrième mois de l'ouverture de l'exercice au titre duquel la SIIC souhaite y être soumise. Elle **prend effet** le 1er jour de l'exercice au titre duquel elle est effectuée et est **irrévocable et globale.**

CGI art. 219, IV, 221 bis et 1663, 3

b. Le changement de régime fiscal qui en résulte entraîne les conséquences de la **cessation d'entreprise** (nos 38770 s.). Toutefois, des atténuations sont prévues en ce qui concerne le principe de l'imposition immédiate des **plus-values latentes** :

– les plus-values latentes relatives aux **immeubles, droits afférents à** un contrat de **crédit-bail,** droits portant sur un **immeuble dont** la **jouissance** a été **conférée** à titre temporaire **par** l'**État,** une collectivité territoriale ou un de leurs établissements publics **et parts des sociétés de personnes** ayant un objet identique à celui des SIIC sont soumises à l'IS au taux réduit de 19 % et ne sont pas assujetties à la contribution sociale ;

– les plus-values latentes relatives aux **immobilisations autres** ne sont pas taxables à condition que la société s'engage à calculer les plus-values réalisées ultérieurement, lors de la cession des immobilisations, d'après la valeur fiscale qu'elles avaient à la clôture de l'exercice précédant l'entrée dans le régime.

> Précisions **a.** **La notification de l'option** doit être accompagnée de la liste des filiales qui optent pour le régime spécial et de l'engagement visé ci-dessus concernant les plus-values relatives aux immobilisations autres que les immeubles (CGI ann. III art. 46 ter A, I).

b. Les **plus-values latentes sur les immeubles** et biens assimilés sont **calculées** par différence entre la valeur réelle à la date de l'option et la **valeur fiscale** du bien comprenant, le cas échéant, les plus-values précédemment neutralisées lors de la cession au sein d'un groupe intégré (nos 40440 s.). La **valeur de marché** des titres de sociétés civiles immobilières est appréciée comme en cas de cession réelle des titres et évaluée dans les conditions exposées n° 18990. La prise en compte des décotes qui pourraient être pratiquées en cas de cession desdits titres est admise, sous réserve que la SIIC justifie de leur pertinence au regard des pratiques normales du marché (CE 26-2-2016 nos 382364, 382350 et 376192 : RJF 5/16 n° 413).

c. L'IS au taux **de 19 %** doit être **payé** par quart le 15 décembre de l'année de l'option et de chacune des trois années suivantes. Ces versements doivent être accompagnés d'un bordereau de versement établi sur papier libre ou par voie électronique indiquant la société versante, la nature et le montant du versement, l'échéance à laquelle il se rapporte ainsi que la base de calcul (CGI ann. III art. 361, al. 1).

d. Bien que la société cesse totalement ou partiellement d'être passible de l'IS, les associés ne sont pas imposés à raison du **boni de liquidation** par exception aux dispositions de l'article 111 bis du CGI (n° 38770, 4).

e. La SIIC est tenue de souscrire **avec** sa **déclaration** annuelle de **résultats** : la liste mise à jour de ses filiales qui ont opté (CGI ann. III art. 46 ter A, I-al. 2), un détail des plus-values sur immeubles et droits assimilés qui ont supporté l'impôt de 19 % (CGI ann. III art. 46 quater-0 ZZ bis B) et, pour les plus-values relatives aux autres immobilisations qui ne font pas l'objet d'une imposition immédiate, un état mentionnant pour chacune de ces immobilisations qui ont fait l'objet d'une réévaluation lors du premier exercice de l'option : la valeur comptable, la valeur fiscale et la valeur réévaluée (CGI ann. III art. 38 quindecies, IV).

f. Lorsque des **immeubles,** des **droits** afférents à un contrat de **crédit-bail,** des droits portant sur un **immeuble dont** la **jouissance** a été **conférée** à titre temporaire **par** l'**État,** une collectivité territoriale ou un de leurs établissements publics ou des **participations** dans des personnes visées à l'article 8 du CGI **deviennent éligibles** à l'exonération d'IS postérieurement à l'option pour ce régime, les plus-values latentes constatées sur ces actifs doivent être réintégrées au résultat fiscal de la SIIC soumis à l'IS (les principes d'évaluation de la valeur de marché des actifs, exposés au b ci-dessus, étant, selon nous, également applicables dans ce cas). La réintégration dans les bénéfices est effectuée par parts égales sur une période de quatre ans (CGI art. 208 C ter). Les plus-values latentes ainsi constatées ne font **pas** l'objet d'une **imposition séparée** et peuvent être imputées sur les déficits du secteur imposable (CE 11-4-2018 nos 414489 et 414493 : RJF 7/18 n° 730).
La **cession** des **biens concernés** entraîne l'imposition immédiate de la plus-value qui n'a pas encore été réintégrée.

EXONÉRATION D'IMPÔT SUR LES SOCIÉTÉS

Les SIIC et leurs filiales ayant opté pour le régime spécial sont exonérées d'IS sur la fraction de leur bénéfice provenant : 30960 CGI art. 208 C, II IS-IV-17810 s

– de la location **d'immeubles** et de la **sous-location d'immeubles pris en crédit-bail** (conclu ou acquis depuis le 1-1-2005) ou dont la **jouissance** a été **conférée** à titre temporaire **par** l'**État,** une collectivité territoriale ou un de leurs établissements publics à condition, en principe, que 95 % de ces bénéfices soient distribués aux actionnaires avant la fin de l'exercice qui suit celui de leur réalisation ;

– des **plus-values** réalisées lors de la cession d'immeubles, de droits afférents à un contrat de crédit-bail immobilier, de participations dans des sociétés de personnes ou de participations dans des filiales ayant opté pour le régime spécial, à condition que 70 % de ces plus-values soient distribués aux actionnaires avant la fin du deuxième exercice qui suit celui de leur réalisation ;

– des **dividendes reçus des filiales** soumises au régime spécial à condition qu'ils soient redistribués en totalité au cours de l'exercice suivant celui de leur perception. Il en est de même des **dividendes perçus d'une autre SIIC** lorsque la société bénéficiaire de la distribution détient au moins 5 % du capital et des droits de vote de la société distributrice pendant deux ans au moins.

Les **dividendes reçus** par les SIIC **de sociétés étrangères** dotées d'un statut équivalent **ou de Sppicav** sont également exonérés d'IS à la double condition que la société bénéficiaire détienne une participation représentant au moins 5 % du capital et des droits de vote de la société distributrice pendant deux ans au moins et que les produits soient intégralement redistribués au cours de l'exercice suivant celui de leur perception.

> Précisions **a.** La **quote-part de résultat provenant de sociétés de personnes** ayant un objet identique à la SIIC est exonérée à condition qu'elle soit distribuée aux actionnaires dans les proportions et délais indiqués ci-dessus en distinguant ce qui provient de la location d'immeubles, de leur cession ou de dividendes.

b. En ce qui concerne les **plus-values** résultant de la cession d'immeubles, de droits afférents à un contrat de crédit-bail immobilier ou de participations, seules sont exonérées les plus-values provenant de **cessions effectuées au profit de personnes non liées** au sens de l'article 39, 12 du CGI (nº 10425, précision a).

c. Les plus-values de **cessions** d'immeubles et de droits afférents à un contrat de crédit-bail immobilier **réalisées entre une SIIC et ses filiales ayant opté, ou entre sociétés** ayant opté, liées au sens de l'article 39, 12 précité, ne sont pas soumises à l'IS, à condition que la société cessionnaire s'engage, dans l'acte de cession, à respecter, au titre de ces plus-values, les obligations mentionnées nºs 39510 et 39520 prévues dans le cadre du régime spécial des fusions. Les réintégrations des plus-values de cession sur éléments amortissables constituent des éléments du résultat soumis aux obligations de distribution à hauteur de 95 % (ou 70 %). Sur les renseignements à fournir par les sociétés qui se placent sous ce régime, voir nº 39310.

d. Les SIIC et leurs filiales qui ont opté doivent **joindre** à leur **déclaration de résultats** un **état** conforme au modèle établi par l'administration faisant apparaître la **décomposition de leur résultat fiscal** et de celui des sociétés de personnes dans lesquelles elles détiennent des participations entre le secteur imposable et le secteur exonéré et, pour ce dernier, selon l'origine des opérations (locations, cessions, dividendes) ainsi que les opérations de distribution y afférentes et le respect des obligations antérieures (CGI ann. III art. 46 ter A, II).

e. Le régime d'exonération des plus-values de cession prévu en faveur des SIIC n'est pas applicable en cas de **minoration anormale du prix de cession** d'un immeuble, laquelle constitue une libéralité consentie à l'acquéreur (CE 15-10-2020 nº 425150 : RJF 1/21 nº 10).

f. Le **régime spécial des fusions** défini aux articles 210 A s. du CGI (nºs 39200 s.) s'applique aux opérations auxquelles participent les SIIC ou leurs filiales ayant opté pour le régime spécial, à condition que la société absorbante s'engage, dans l'acte de fusion, à se substituer à la société absorbée pour ses obligations de distribution non satisfaites à la date de l'opération.

La SIIC absorbante ou bénéficiaire des apports est soumise à des obligations spécifiques de distribution : 70 % de la plus-value d'annulation des titres et 95 % de la plus-value sur les immeubles apportés (CGI art. 208 C bis).

Sortie du régime **1.** En cas de **non-respect du plafond de détention de 60 %** visé nº 30940 au cours d'un exercice, le régime est **suspendu** pour la durée de ce seul exercice si la situation est régularisée avant la clôture de cet exercice. 30965 CGI art. 208 C, IV IS-IV-18400 s

Au titre de cet exercice de suspension, la SIIC est imposée à l'IS dans les conditions de droit commun, sous réserve des plus-values de cession d'immeubles qui sont, après déduction des amortissements antérieurement déduits des résultats exonérés, taxées au taux réduit de 19 %.

Le retour au régime d'exonération au titre de l'exercice suivant entraîne les conséquences de la cessation d'entreprise (nos 38770 s.).

Des atténuations sont toutefois prévues en ce qui concerne l'imposition des plus-values latentes :

– les plus-values latentes sur les immeubles, droits afférents à un contrat de crédit-bail et parts de sociétés de personnes ayant un objet identique à celui des SIIC ne sont soumises à l'IS au taux réduit de 19 % que sur la fraction acquise depuis le premier jour de l'exercice au cours duquel le plafond a été dépassé ;

– les plus-values latentes relatives aux immobilisations autres ne font pas l'objet d'une imposition immédiate si aucune modification n'est apportée aux écritures comptables.

La suspension n'est applicable qu'une seule fois au cours des 10 années suivant l'option et des 10 années suivantes (voir précision a ci-dessous).

2. En cas de **sortie définitive** du régime dans les 10 ans suivant l'option, les SIIC sont tenues d'acquitter un complément d'IS sur les plus-values qui ont été imposées au taux réduit. Par ailleurs, les SIIC et leurs filiales doivent réintégrer dans leurs résultats fiscaux de l'exercice de sortie la fraction du bénéfice distribuable existant à la date de clôture de cet exercice et provenant de sommes antérieurement exonérées. Le montant d'IS dû est majoré d'une imposition au taux de 25 % des plus-values latentes sur les immeubles, droits afférents à un contrat de crédit-bail immobilier et participations, acquises pendant le régime, diminuées d'un dixième par année civile écoulée depuis l'entrée dans le régime.

Lorsque la **sortie** intervient **après** une période de **suspension** du régime, le montant de l'impôt dû est également majoré de l'imposition au taux réduit de 19 % sur les plus-values latentes sur les immeubles, droits afférents à un contrat de crédit-bail immobilier et participations, acquises durant la période de suspension, qui aurait été exigible si la société n'était pas sortie du régime.

› Précisions **a.** Lorsque le **plafond de détention** n'est toujours pas respecté à l'expiration de l'exercice au cours duquel il a été dépassé, la SIIC perd définitivement le régime de faveur. Il y a également sortie définitive du régime, sans possibilité de régularisation lorsque, après une période de suspension, le plafond n'est **une nouvelle fois** plus respecté (pour une cause autre qu'une OPA, une OPE ou une autre opération visée no 30940, Précisions) au cours des 10 années suivant l'option ou des 10 années suivantes.

b. N'est pas constitutive d'une sortie la **fusion** de deux SIIC dès lors que la société absorbante s'engage, dans l'acte de fusion, à se substituer à la société absorbée pour ses obligations de distribution non satisfaites à la date de la fusion. Il en est de même lorsqu'une SIIC vient à être détenue, directement ou indirectement, à 95 % au moins par une autre SIIC à condition que la société acquise demeure une filiale jusqu'à l'expiration du délai de 10 ans et qu'elle satisfasse aux obligations de distribution dont elle ne s'est pas encore acquittée.

c. Les SIIC et leurs filiales ayant opté doivent joindre à leur **déclaration de résultats** de l'exercice de sortie un détail des plus-values sur immeubles et droits assimilés qui ont supporté l'impôt de 19 % et de 25 % (CGI ann. III art. 46 quater-0 ZZ bis B).

d. Selon la CAA de Versailles, les SIIC ne peuvent pas imputer sur le résultat taxable de l'exercice de **sortie** un **déficit** constaté au cours de la période pendant laquelle elles étaient placées sous le régime d'exonération prévu à l'article 208 C du CGI. Elles doivent en revanche réintégrer à celui-ci la reprise des **provisions** régulièrement inscrites en comptabilité, y compris si elles n'ont pu être « déduites » fiscalement lors de leur constitution en raison dudit régime d'exonération (CAA Versailles 12-2-2019 no 16VE03715 : RJF 7/19 no 629).

RÉGIME DES DISTRIBUTIONS

30975 IS-IV-18100 s Les dividendes distribués par les SIIC relèvent du régime exposé nos 24540 s. pour les actionnaires personnes physiques et du régime exposé nos 7955 s. pour les actionnaires personnes morales. Des spécificités sont prévues lorsqu'ils sont **prélevés sur des bénéfices exonérés** (no 30960) :

– ils n'ouvrent pas droit à l'abattement de 40 % prévu pour les dividendes perçus par les personnes physiques ayant opté pour le barème progressif visé nos 24635 s. ;

– ils n'ouvrent pas droit au régime des sociétés mères exposé nos 40850 s. ;

– lorsqu'ils sont distribués à des **organismes de placement collectif** (français ou étrangers), ils sont soumis, sous certaines conditions, à la **retenue à la source** au taux de 15 % (no 24860) ;

– ils peuvent donner lieu au paiement par la SIIC d'un prélèvement de 20 % (voir no 30980).

› Précisions Les distributions prélevées sur des bénéfices provenant de **sommes antérieurement exonérées qui ont été taxés lors de la sortie du régime** (no 30965) peuvent bénéficier du régime des sociétés mères, toutes conditions étant par ailleurs remplies (CGI art. 145, 6-i-1er tiret).

Prélèvement de 20 % Lorsque les **dividendes prélevés sur des bénéfices exonérés** sont distribués à un actionnaire autre qu'une personne physique, détenant, directement ou indirectement, au moment de la mise en paiement, au moins 10 % des droits à dividendes de la SIIC distributrice et qu'ils ne sont pas soumis à l'IS (ou un impôt équivalent) chez cet actionnaire, la SIIC distributrice est tenue d'acquitter un prélèvement de 20 % du montant de ces sommes. Toutefois, ce prélèvement n'est pas dû lorsque la distribution est faite à une société qui doit distribuer l'intégralité des dividendes qu'elle perçoit et dont les associés détenant, directement ou indirectement, au moins 10 % des droits à dividendes sont soumis à l'IS (ou un impôt équivalent) à raison de ces distributions. 30980 CGI art. 208 C, II ter

Ce prélèvement est également dû sur les **produits réputés distribués.**

› Précisions **a.** L'assiette du prélèvement est déterminée avant imputation de celui-ci et diminuée des sommes distribuées provenant des produits reçus ayant déjà supporté ce prélèvement.

b. Les **produits perçus** par l'actionnaire ne sont **pas considérés** comme **soumis à l'IS** (ou un impôt équivalent) lorsqu'ils sont exonérés ou soumis à un impôt dont le montant est inférieur de plus de deux tiers à celui de l'impôt sur les sociétés qui aurait été dû dans les conditions de droit commun en France.

c. La SIIC distributrice doit acquitter spontanément le prélèvement au comptable public dans le **mois qui suit** la mise en paiement des distributions. Le versement est accompagné d'un **relevé** établi sur papier libre ou par voie électronique indiquant, outre les mentions visées nº 30950, précision c, l'identité et l'adresse des associés bénéficiaires des distributions soumises au prélèvement (CGI ann. III art. 361, al. 2).

Le prélèvement n'est **ni restituable ni imputable.** Il n'est **pas** admis en **charge** déductible pour la détermination du résultat de la société distributrice.

4. SOCIÉTÉS DE « MULTIPROPRIÉTÉ »

Un régime particulier est prévu en faveur des sociétés de **« multipropriété »** passibles de l'IS, qui ont pour **objet** de **transférer gratuitement à leurs membres la jouissance d'un bien meuble ou immeuble** (par exemple : locaux meublés, bateaux de plaisance, emplacements dans des ports de plaisance ou parkings dont la société est concessionnaire). Ne sont pas visées, dès lors qu'elles ne sont pas passibles de l'IS, les sociétés immobilières de copropriété dotées de la « transparence fiscale » (nºs 30770 s.). 31000 CGI art. 239 octies **IMMO-IV-16500 s**

Ce régime concerne la **valeur nette de l'avantage en nature** consenti aux associés, c'est-à-dire la différence entre le loyer qu'aurait pu percevoir la société, si elle avait loué le bien, et le montant des versements faits par l'associé pour les dépenses ne lui incombant pas en tant qu'utilisateur du bien (frais de gestion, d'entretien et de réparation des biens sociaux) :

– au niveau de la **société,** la valeur nette de l'avantage en nature consenti aux associés n'est pas prise en compte pour la détermination du résultat imposable à l'IS et ne constitue pas un revenu distribué ;

– entre les mains des **associés personnes physiques,** la valeur nette de l'avantage en nature est exonérée de l'impôt sur le revenu. En revanche, cette exonération n'est pas applicable à l'égard des associés qui sont des **personnes morales** passibles de l'IS **ou** des **entreprises** imposables à l'impôt sur le revenu au titre des BIC.

Le régime spécial n'est pas applicable si la société de multipropriété réalise **avec des tiers** des **opérations productives de recettes,** à moins qu'il ne s'agisse soit d'opérations accessoires n'excédant pas 10 % de ses recettes totales, soit d'opérations résultant d'une obligation imposée par la puissance publique.

› Précisions **a.** Le régime spécial s'applique aux avantages en nature consentis au cours d'un **exercice ouvert jusqu'au 31 décembre 2023** (Loi 2019-1479 du 28-12-2019 art. 136, 3º).

b. En même temps que la déclaration de leurs résultats, les sociétés de pluripropriété sont tenues de produire une **déclaration spéciale** nº 2038-SD.

c. En ce qui concerne l'exonération de **TVA** prévue pour les sociétés de pluripropriété, voir nº 47315.

d. **Droits d'enregistrement** sur les cessions d'actions ou parts de sociétés concessionnaires de ports de plaisance et des sociétés d'attribution d'immeubles en jouissance à temps partagé : voir nº 67195, précision b.

D. Bail à construction

Le bail à construction est le contrat par lequel le propriétaire d'un terrain (le bailleur) en cède l'usage à un locataire (le preneur) qui est tenu d'y édifier des constructions. Il est conclu pour une durée comprise entre dix-huit et quatre-vingt-dix-neuf ans et confère au preneur un droit 31030 **IMMO-V-120 s** réel immobilier librement cessible. À l'expiration du bail, le bailleur devient, en principe, propriétaire des constructions, sauf lorsque le contrat est assorti d'une clause prévoyant le transfert de propriété du terrain au preneur. Le droit de reprise des constructions par le bailleur en fin de bail est, en règle générale, gratuit.

Nous examinons ci-après les différents aspects fiscaux du bail à construction au regard des impôts directs, des droits d'enregistrement et de la TVA.

RÈGLES APPLICABLES EN COURS DE BAIL

31035 CGI art. 33 bis et 33 ter, I IMMO-V-200 s

Impôts directs Les **loyers** et autres prestations de toute nature perçus par le bailleur en cours de bail présentent le caractère de revenus fonciers. Ces revenus sont taxables :

– si le bailleur est un **particulier,** à l'impôt sur le revenu dans la catégorie des revenus fonciers (nos 27000 s.) ;

– si le bailleur est une **entreprise,** selon les règles exposées no 7915.

Lorsque le loyer est payé par **remise d'immeubles** ou fractions d'immeubles ou encore par **remise de titres** donnant vocation à la propriété ou à la jouissance de tels immeubles, le bailleur est imposé sur la valeur de ces biens (calculée d'après leur prix de revient). L'imposition est établie en principe au titre de l'année ou de l'exercice au cours duquel les biens lui ont été attribués. Toutefois, le bailleur peut demander l'échelonnement de l'imposition sur quinze ans (année ou exercice d'attribution des biens et quatorze années ou exercices suivants).

> Précisions **a.** Lorsque le **preneur** est une entreprise soumise aux règles des **BIC,** les loyers versés sont normalement déductibles des bénéfices imposables de cette entreprise dans les conditions de droit commun.

Par ailleurs, par dérogation à la règle prévue en cas de construction sur sol d'autrui, l'entreprise locataire peut amortir les constructions édifiées sur la durée du bail lorsque, ce qui est le cas le plus général, celles-ci doivent revenir gratuitement au bailleur en fin de bail (CGI art. 39 D).

b. La **taxe foncière** est à la charge du preneur (CGI art. 1400, II).

c. Sur les modalités d'exercice de l'**option pour l'étalement** de l'imposition **sur quinze ans,** voir no 31050, précision a.

31040 CGI art. 260, 5° 261 D, 1° bis 266, 5 269, 2-c bis et 743, 1° IMMO-V-800 s

TVA et droits d'enregistrement Les baux à construction sont exonérés de **TVA,** mais le bailleur a la possibilité d'opter pour l'assujettissement du bail à cette taxe. Dans ce cas, la TVA est assise, d'une part, sur la valeur du droit de reprise des immeubles qui reviennent au bailleur en fin de bail (abstraction faite, le cas échéant, du montant de l'indemnité de reprise stipulée au profit du preneur) et, d'autre part, sur les loyers acquittés pendant la durée du bail. Elle est exigible dès la conclusion du bail s'agissant de la valeur du droit de reprise et lors de leur encaissement pour les loyers.

En toute hypothèse, les baux à construction sont exonérés de **taxe de publicité foncière.**

> Précisions L'acte constitutif du bail à construction est dispensé de la **formalité** de l'enregistrement (sauf s'il est rédigé par un notaire en la forme authentique, auquel cas il est soumis à la formalité fusionnée visée nos 63725 s.) (BOI-ENR-JOMI-30 no 180).

RÈGLES APPLICABLES À L'EXPIRATION DU BAIL

31050 CGI art. 33 ter, II IMMO-V-350 s

Si la **durée** du bail est **supérieure** ou égale **à trente ans,** la remise gratuite en fin de bail des constructions édifiées par le locataire ne donne lieu à aucune imposition.

Si, au contraire, cette durée est **comprise entre dix-huit et trente ans,** la remise s'analyse en un supplément de loyer constitutif, pour le propriétaire bailleur, d'un revenu foncier. Toutefois, l'impôt n'est dû que sur le prix de revient des constructions sous déduction d'une décote égale à 8 % par année de bail au-delà de la dix-huitième (par **exemple,** dans le cas d'un bail d'une durée de vingt ans, le revenu imposable sera égal à 84 % du prix de revient des constructions). L'imposition est en principe exigible à la fin de la période pour laquelle le bail a été initialement conclu. Elle peut être échelonnée sur quinze ans.

> Précisions **a.** Pour bénéficier de l'**étalement** de l'imposition **sur quinze ans,** le bailleur doit le mentionner expressément lors de sa déclaration de revenus de l'année de remise des constructions. Il peut également le demander par voie de réclamation, même s'il n'a pas effectivement réparti le prix de revient selon les règles de l'article 33 ter du CGI, sauf si une des années postérieures à la remise des constructions est déjà prescrite (CE 22-11-2022 no 453168 : RJF 2/23 no 119).

b. La **prorogation du bail** reporte au nouveau terme convenu par les parties l'imposition des constructions édifiées par le preneur (CE 25-1-2006 no 271523 : RJF 4/06 no 388).

c. Pour les baux d'au moins trente ans, l'**exonération** est **limitée au prix de revient** des constructions remises au bailleur. Si celui-ci les a comptabilisées à leur valeur vénale, l'écart entre la valeur vénale et le prix de revient est imposable l'année de la remise des constructions (CE 5-11-2014 no 366231 : RJF 2/15 no 93).

OPÉRATIONS DIVERSES

Cession du terrain au preneur en fin de bail (location-vente) Lorsque le bail à construction est assorti d'une clause prévoyant le transfert de propriété du terrain au preneur **moyennant** un **supplément de loyer**, les sommes ainsi versées sont considérées non pas comme des loyers imposables en tant que revenus fonciers, mais comme le prix de cession du terrain (CGI art. 151 quater). La plus-value dégagée à cette occasion relève : 31060 IMMO-V-460 s et 1380 s

– si le **bailleur** est une **entreprise**, du régime des bénéfices professionnels (nos 17500 s.) ;

– si le bailleur est un **particulier** (ou une société de personnes relevant de l'impôt sur le revenu), du régime des plus-values des particuliers (nos 32000 s.).

> **Précisions** **a.** Lorsque le bailleur est un particulier, le **montant** de la plus-value nette est déterminé au moment de la signature du bail d'après la valeur du terrain à cette date. La **durée de possession** prise en compte est la période comprise entre la date d'acquisition par le bailleur et la date de transfert de propriété en fin de bail.
> **b.** Le régime fiscal au regard des **droits d'enregistrement** et de la **TVA** d'une telle opération dépend des stipulations du contrat (selon le cas, régime des ventes à terme, des ventes sous condition suspensive ou encore des promesses de vente : voir nos 58700 s. et 66000 s.).

Autres opérations **a.** La **cession** à un tiers des **droits du bailleur** et celle des **droits du preneur** sont soumises au régime des ventes d'immeubles (CGI art. 1378 ter). 31065

b. La **résiliation d'un bail** à construction avant son terme contre versement d'une indemnité par le bailleur au preneur transfère au bailleur la propriété des constructions édifiées par le preneur et doit être taxée comme une vente d'immeubles (Cass. com. 24-6-1997 n° 95-13.038 P : RJF 11/97 n° 1064).

c. En ce qui concerne le calcul de la **plus-value** de revente d'un immeuble lorsque la construction revient sans indemnité au bailleur : voir n° 32350 (régime des plus-values des particuliers).

> ATTENTION
> La **cession du terrain au preneur en cours de bail** est analysée de façon divergente par la Cour de cassation et par le Conseil d'État. Selon la Cour de cassation, la valeur des constructions n'a pas à être comprise dans l'assiette des droits d'enregistrement, aucun retour de ces constructions dans le patrimoine du bailleur n'étant constaté (Cass. com. 12-6-2012 n° 11-18.978 F-D : RJF 10/12 n° 958). Selon le Conseil d'État, une telle opération implique, pour le preneur entreprise, un retrait d'actif des constructions avant la réinscription de l'ensemble immobilier. Elle est donc susceptible d'entraîner pour le preneur une variation d'actif net affectant son bénéfice net (CE 27-2-2013 n° 350663 : RJF 5/13 n° 464).

E. Taxes d'urbanisme et assimilées

Les taxes d'urbanisme et assimilées (taxe d'aménagement, taxe pour création de bureaux en Île-de-France, taxe et redevance d'archéologie préventive) sont dues sur les opérations de construction. Elles ont pour caractéristique commune d'être générées par les diverses autorisations d'occuper le sol (autorisation de construire, de lotir ou d'aménager en particulier). 31090

1. TAXE D'AMÉNAGEMENT

La taxe d'aménagement est établie selon les règles définies par les articles 1635 quater A à 1635 quater T du CGI pour les **demandes d'autorisation d'urbanisme** initiale **déposées depuis le 1er septembre 2022** (ainsi que pour les procès-verbaux établis depuis cette date constatant l'achèvement de constructions sans autorisation ou en infraction à une demande déposée depuis le 1er septembre 2022). Ces dispositions sont examinées ci-après (nos 31102 s.). 31100

Pour les **demandes antérieures,** la taxe d'aménagement est, en principe, assise, liquidée, contrôlée, garantie et recouvrée en vertu des anciens articles L 331-1 et suivants du Code de l'urbanisme dans leur version antérieure au 1er septembre 2022. Ces dispositions n'étant plus étudiées dans le présent ouvrage, les lecteurs intéressés peuvent se reporter à l'édition 2022 du Mémento Fiscal nos 31100 s., sous les réserves suivantes :

– l'exonération facultative des constructions réalisées sur des terrains pollués réhabilités ou situés dans des secteurs d'information sur les sols (n° 31115) est applicable (Loi 2022-1726 du 30-12-2022 art. 65, I-G et VI-2°) ;

– les valeurs forfaitaires par mètre carré sont actualisées conformément aux dispositions de l'article 1635 quater H, 1° du CGI (Loi 2023-1322 du 29-12-2023 art. 106, II).

CHAMP D'APPLICATION

31102 CGI art. 1635 quater A, 1635 quater B et 1599 quater E IMMO-V-4200 s

La taxe d'aménagement est due :

– sur l'ensemble des opérations d'**aménagement,** de **construction,** de **reconstruction** ou d'**agrandissement** de bâtiments, installations ou aménagements de toute nature nécessitant une autorisation d'urbanisme ;

– sur les opérations de **construction** soumises à déclaration préalable ou permis de construire **ayant pour effet** de **changer** la **destination** des **locaux** visés nº 31105, c dans les **exploitations ou coopératives agricoles.**

La taxe est composée de plusieurs parts :

a. une **part communale ou intercommunale** instituée :

– de plein droit (sauf délibération contraire des collectivités bénéficiaires) dans les communes dotées d'un plan local d'urbanisme (PLU) ou d'un plan d'occupation des sols (POS), dans les communautés urbaines, les métropoles (à l'exclusion de la métropole du Grand Paris) et la métropole de Lyon ;

– par délibération du conseil municipal ou de l'organe délibérant de l'EPCI compétent en matière de PLU (communautés d'agglomération et communautés de communes, sous réserve de l'accord des communes qu'elles regroupent) dans les autres communes ;

b. une **part départementale,** instituée par délibération du conseil départemental (ou de l'Assemblée de Corse) ;

c. une **part de la région Île-de-France** instituée par délibération du conseil régional.

> Précisions **a.** Les communes disposant d'un **POS partiel** ne sont pas considérées comme dotées d'un POS (CGI ann. III art. 328 S issu de l'article 2 du décret 2023-165 du 7-3-2023).

b. Les **délibérations** des communes, des EPCI, des départements ou de la région Île-de-France doivent être **prises** avant le 1er juillet pour être applicables à compter de l'année suivante (CGI art. 1639 A, II et 1639 A bis, VI).

À l'exception de celles instituant la taxe ou renonçant à la percevoir, qui sont valables pour une durée minimale de trois ans, les délibérations produisent leurs **effets** tant qu'elles ne sont pas rapportées ou modifiées (CGI art. 1639 A, II et 1639 A bis, VI).

Elles doivent être **notifiées aux services fiscaux** dans les deux mois suivant leur adoption. Cette notification s'effectue, pour les délibérations relatives aux taux, exonérations facultatives et plafond de la valeur forfaitaire par emplacement de stationnement, via l'application Delta accessible par le portail internet de la gestion publique (Arrêté ECOE2225752A du 12-10-2022).

c. En cas de **fusion d'EPCI** ou de **création d'une commune nouvelle,** les délibérations applicables l'année suivant la fusion ou l'année de la création doivent être prises avant le 1er juillet de l'année de la fusion ou de l'année précédant celle de la création. À défaut, les délibérations adoptées antérieurement par les EPCI qui préexistent à la fusion ou par les communes ou EPCI participant à la création sont maintenues pour l'année suivant celle de la fusion ou pour l'année où la création prend effet (CGI art. 1639 A quater, III et 1640, IV).

d. La **métropole de Lyon** est substituée au département du Rhône pour la perception de la part départementale due pour les autorisations délivrées sur son territoire depuis le 1er janvier 2017. De même, la **Ville de Paris** est substituée au département de Paris pour la perception de la part départementale due pour les autorisations délivrées sur son territoire depuis le 1er janvier 2019 (CGI art. 1586, II-1° et 2°).

31105 CGI art. 1635 quater D IMMO-V-5250 s

Exonérations de plein droit

Sont exonérés de plein droit **de toutes les parts de taxe** d'aménagement (part communale ou intercommunale, part départementale et part perçue par la région Île-de-France) :

a. les constructions et aménagements destinés à un service public ou d'utilité publique (dont la liste est fixée par l'article 318 E de l'annexe II au CGI, issu de l'article 1er du décret 2023-165 du 7-3-2023) à condition que l'organisme constructeur s'engage à maintenir cette affectation pendant au moins cinq ans à compter de l'achèvement ;

b. les constructions de locaux d'habitation et d'hébergement ainsi que leurs annexes bénéficiant d'un prêt locatif aidé d'intégration (PLA-I) ;

c. dans les exploitations et coopératives agricoles, les surfaces de plancher des serres de production, des locaux destinés à abriter les récoltes, à héberger les animaux, à ranger et entretenir le matériel agricole, des locaux de production et de stockage des produits à usage agricole, des locaux de transformation et de conditionnement des produits provenant de l'exploitation (sous réserve du respect du règlement des minimis agricole : voir nº 92660, précision b) ;

d. dans les centres équestres de loisirs, les surfaces de bâtiments affectées aux activités équestres (sous réserve du respect du règlement des minimis agricole : voir nº 92660, précision b) ;

e. sous certaines conditions, les aménagements prescrits par un plan de prévention des risques naturels prévisibles, un plan de prévention des risques technologiques ou un plan de prévention des risques miniers ;

f. sous certaines conditions, la reconstruction sur le même terrain soit à l'identique d'un bâtiment détruit ou démoli depuis moins de dix ans, soit de locaux sinistrés comprenant, à surface de plancher égale, des aménagements rendus nécessaires en application des dispositions d'urbanisme ainsi que la reconstruction sur d'autres terrains de bâtiments de même nature que des locaux sinistrés dont le terrain d'implantation a été reconnu comme extrêmement dangereux et classé inconstructible ;

g. les constructions dont la surface est inférieure ou égale à 5 m² ;

h. les places de stationnement aménagées au-dessus ou en dessous des immeubles ou intégrées au bâti, dans un plan vertical.

> **Précisions** **a.** Les organismes d'**HLM,** les **sociétés d'économie mixte** et les **sociétés anonymes de coordination entre** organismes **HLM** sont exonérés au titre des constructions de **logements** sociaux financés à l'aide de **prêts aidés** pour leurs constructions ou aménagements de service d'intérêt général défini à l'article L 411-2, 9e à 13e al. du CCH.
> **b.** Le bénéfice de l'exonération des constructions de **logements** sociaux financés à l'aide de **prêts aidés** est subordonné au respect du règlement des minimis (nos 92660 s.) pour les constructions ou aménagements qui ne sont **pas réalisés au titre du service d'intérêt général** défini à l'article L 411-2, 9e à 13e al. du CCH (Loi 2023-1322 du 29-12-2023 art. 106, I et IV-B applicable aux opérations pour lesquelles l'autorisation de construire ou d'aménager est délivrée depuis le 1-1-2024).

Sont exonérés de plein droit **de la seule part communale (ou intercommunale)** : 31110

– les constructions et aménagements réalisés dans les périmètres des opérations d'intérêt national (OIN) lorsque le coût de certains équipements publics (dont la liste est fixée par l'article 318 G de l'annexe II au CGI, issu de l'article 1er du décret 2023-165 du 7-3-2023) a été mis à la charge des constructeurs ou des aménageurs ;

– les constructions et aménagements édifiés dans les zones d'aménagement concerté (ZAC) lorsque le coût de certains équipements publics (dont la liste est fixée par l'article 318 H de l'annexe II au CGI, issu de l'article 1er du décret 2023-165 du 7-3-2023) a été mis à la charge des constructeurs ou des aménageurs, cette liste pouvant être complétée, pour chaque commune, par une délibération du conseil municipal (ou de l'organe délibérant de l'EPCI) valable pour une durée minimale de trois ans ;

– les constructions et aménagements réalisés dans les périmètres délimités par une convention de projet urbain partenarial (PUP) pendant la durée fixée par la convention. (À défaut de mention de la durée, l'exonération ne peut pas s'appliquer : CE 10-3-2023 n° 459895 : RJF 6/23 n° 467).

Exonérations facultatives Par délibération (prise dans les conditions visées n° 31102, précision a), sont exonérés, **en tout ou en partie, des parts communale (ou intercommunale), départementale ou régionale** de taxe d'aménagement : 31115

CGI art. 1635 quater E
IMMO-V-7600 s

– les logements sociaux financés à l'aide de prêts aidés de l'État et ouvrant droit au taux réduit de TVA (logements mentionnés aux articles 278 sexies et 296 ter du CGI) autres que ceux bénéficiant de prêts PLA-I visés n° 31105, b (sous réserve du respect du règlement des minimis pour les constructions ou aménagements non réalisés au titre du service d'intérêt général : n° 31105, précision b) ;

– les locaux à usage d'habitation principale qui ne bénéficient pas de l'abattement mentionné n° 31130 et qui sont financés à l'aide du prêt à taux zéro (PTZ), dans la limite de 50 % de leur surface ;

– les locaux à usage industriel ou artisanal mentionnés respectivement aux articles 1500, I-A et 1499-00 A, 1er al. du CGI (n° 42110) et leurs annexes (sous réserve du respect du règlement des minimis : nos 92660 s.) ;

– les commerces de détail d'une surface de vente inférieure à 400 m² (sous réserve du respect du règlement des minimis : nos 92660 s.) ;

– les immeubles classés ou inscrits au titre des monuments historiques ;

– les abris de jardin de plus de 5 m² ;

– les pigeonniers et colombiers soumis à déclaration préalable ;

– les serres de jardin destinées à un usage non professionnel dont la surface est inférieure ou égale à 20 m² soumises à déclaration préalable ;

– les maisons de santé pluriprofessionnelles définies à l'article L 6323-3 du Code de la santé publique (sous réserve du respect du règlement des minimis : nos 92660 s.) ;

– les constructions et aménagements réalisés sur des terrains pollués réhabilités en application des articles L 512-6-1, L 512-7-6, L 512-12-1 ou L 556-1 du Code de l'environnement ou situés dans un secteur d'information sur les sols (SIS) (Loi 2022-1726 du 30-12-2022 art. 65, I-G et VII-E applicable aux opérations pour lesquelles l'autorisation de construire ou d'aménager est délivrée depuis le 1-1-2024).

> Précisions Les organismes d'**HLM**, les **sociétés d'économie mixte** et les **sociétés anonymes de coordination entre** organismes **HLM** sont exonérés au titre des constructions de **logements** sociaux financés à l'aide de **prêts aidés** pour leurs constructions ou aménagements de service d'intérêt général défini à l'article L 411-2, 9e à 13e al. du CCH.

ASSIETTE

31125 CGI art. 1635 quater H à 1635 quater K IMMO-V-8600 s

La taxe d'aménagement est assise sur la **valeur,** déterminée forfaitairement par mètre carré (voir n° 31130), de la **surface de la construction.** La surface à retenir s'entend de la somme des surfaces de plancher de chaque niveau clos et couvert, calculées à partir du nu intérieur des façades du bâtiment. Sont déduites les surfaces correspondant à l'épaisseur des murs entourant les embrasures des portes et fenêtres donnant sur l'extérieur, les vides et les trémies afférentes aux escaliers et ascenseurs et les surfaces de plancher dont la hauteur sous plafond est inférieure ou égale à 1,80 mètre (CGI ann. II art. 318 J, issu de l'article 1er du décret 2023-165 du 7-3-2023).

Dans certains cas, un **abattement** de 50 % est appliqué sur ces valeurs. Par ailleurs, certains aménagements et installations font l'objet d'une **évaluation forfaitaire spécifique.**

> Précisions **a.** En cas d'**agrandissement d'un bâtiment préexistant** c'est-à-dire d'opération ayant pour conséquence une augmentation nette de la surface de construction, la taxe est assise sur la surface créée, déduction faite, le cas échéant, de la surface supprimée dans le cadre de cette opération (CE 31-3-2022 n° 460168 : RJF 6/22 n° 553). En revanche, en cas de **reconstruction,** c'est-à-dire en cas de construction de nouveaux bâtiments à la suite de la démolition totale des bâtiments existants, la taxe est assise sur la totalité de la surface de la construction nouvelle, sans déduction de la surface supprimée (CE 25-3-2021 nos 431603, 431605, 431606, 431607 et 431609 : RJF 6/21 n° 598). Il en est de même en cas de reconstruction après destruction totale d'une partie divisible de bâtiments existants (CE 31-3-2022 n° 460168 : RJF 6/22 n° 553).

b. Les **caractéristiques des constructions** ou aménagements s'apprécient, en principe, à la date de leur achèvement (ou à la date du procès-verbal constatant leur achèvement) et, par dérogation, pour le paiement des acomptes (n° 31155, b), à la date de délivrance de l'autorisation initiale de construire ou d'aménager (CGI art. 1635 quater F, II et 1679 nonies).

31130 **Barème des valeurs forfaitaires** Le tableau ci-après indique les valeurs forfaitaires à retenir pour les autorisations de construire accordées en 2024 (pour les demandes d'autorisation d'urbanisme déposées avant le 1er septembre 2022, voir toutefois n° 31100).

Opérations	Abattement	Valeurs forfaitaires		Unités imposables
		Hors Île-de-France	Île-de-France	
Constructions imposables				
• Régime général [1] :		914 €	1036 €	
• Constructions de logements sociaux (et leurs annexes) ouvrant droit à un taux réduit de TVA [2 et 3] :	50 %	457 €	518 €	
• Constructions de locaux à usage de résidence principale (et leurs annexes) :				
– pour les 100 premiers mètres carrés [4] :	50 %	457 €	518 €	Par mètre carré de surface de la construction
– au-delà de 100 m² :		914 €	1036 €	
• Constructions de [5] : – locaux à usage industriel ou artisanal (et leurs annexes) – entrepôts et hangars à usage commercial non ouverts au public – parcs de stationnement couverts à usage commercial	50 %	457 €	518 €	

Opérations	Abattement	Valeurs forfaitaires		Unités imposables
		Hors Île-de-France	Île-de-France	
Installations et aménagements imposables				
• Tentes, caravanes, résidences mobiles :		3 000 €		Par emplacement
• Habitations légères de loisirs :		10 000 €		Par emplacement
• Piscines (Loi 2022-1499 du 1-12-2022 art. 17, I-2°) 1 :		258 €		Par mètre carré
• Éoliennes de plus de 12 mètres :		3 000 €		Par éolienne
• Panneaux photovoltaïques au sol :		10 €		Par mètre carré
• Aires de stationnement non comprises dans la surface de plancher d'une construction, valeur minimale (Loi 2022-1726 du 30-12-2022 art. 65, I-H-2°) 6 :		3 000 €		Par emplacement
ou sur délibération de l'autorité compétente (Loi 2022-1726 du 30-12-2022 art. 65, I-I-1°) 6 :		jusqu'à 6 000 €		Par emplacement

1. Ces valeurs sont actualisées chaque année au 1er janvier en fonction du dernier indice Insee du coût de la construction avec arrondissement s'il y a lieu à l'euro inférieur.
2. Logements visés aux articles 278 sexies et 296 ter du CGI.
   Les organismes d'HLM, les SEM et les SA de coordination entre HLM bénéficient de l'abattement pour les constructions ou aménagements réalisés au titre du service d'intérêt général défini à l'article L 411-2, 9e à 13e al. du CCH.
   Le bénéfice de l'abattement est subordonné au respect du règlement des minimis (nos 92660 s.) pour les constructions ou aménagements non réalisés au titre de ce service d'intérêt général (Loi 2023-1322 du 29-12-2022 art. 106, I-4° et IV-B applicable aux opérations pour lesquelles l'autorisation de construire ou d'aménager est délivrée depuis le 1-1-2024).
3. Valeurs également applicables en Guyane et à Mayotte.
4. Abattement non cumulable avec l'abattement prévu pour la construction de logements sociaux.
5. Le bénéfice de l'abattement est subordonné au respect du règlement des minimis (nos 92660 s.).
6. À compter du 1er janvier 2025, la valeur forfaitaire par emplacement et son plafond seront actualisés chaque année au 1er janvier en fonction du dernier indice Insee du coût de la construction (Loi 2022-1726 du 30-12-2022 art. 65, I-H-3°, I-I-2° et VII-G).

TAUX

Taux de la part communale (ou intercommunale) Sauf délibération expresse de la collectivité bénéficiaire pour fixer un taux plus élevé, le taux d'imposition est fixé à 1 %. **31135**

CGI art. 1635 quater L à 1635 quater O **IMMO-V-9650 s**

Ce **taux de base** peut, sur délibération de l'organe compétent, être **majoré** jusqu'à 5 %. Des taux différents peuvent être fixés par secteurs de territoire.

Le taux de base peut même, sur délibération motivée, être augmenté jusqu'à 20 % dans certains secteurs, si l'importance des constructions nouvelles édifiées dans ces secteurs rend nécessaire la réalisation de travaux substantiels de voirie ou de réseaux, de restructuration ou de renouvellement urbain pour renforcer l'attractivité des zones concernées et réduire les incidences liées à l'accroissement local de la population ou la création d'équipements publics généraux. Sont notamment visés les travaux de recomposition et d'aménagement des espaces publics permettant d'améliorer la qualité du cadre de vie, de lutter contre les îlots de chaleur urbains, de renforcer la biodiversité ou de développer l'usage des transports collectifs et des mobilités actives.

> **Précisions** **a.** Sur la prise des **délibérations** et leurs effets, voir n° 31102, précision b.
> **b.** Les secteurs de territoire sont définis par référence aux **documents cadastraux** à la date de la délibération les instituant, selon les modalités prévues par l'article 328 W de l'annexe III au CGI issu de l'article 2 du décret 2023-165 du 7 mars 2023. Le cas échéant, leur délimitation figure, à titre d'information, en annexe des documents d'urbanisme PLU ou POS.
> **c.** Si la construction est réalisée sur **deux secteurs** comportant des taux différents, le calcul s'opère au taux le moins élevé.

Taux de la part départementale Le taux, fixé par délibération de la collectivité bénéficiaire, ne peut **pas excéder** 2,5 %. Sur les modalités de la délibération, voir n° 31102, précision b. **31140**

Taux de la part de la région Île-de-France Le taux, fixé par délibération du conseil régional (dans les conditions visées n° 31102, précision b), ne peut **pas excéder** 1 %. Il peut être différent selon les départements. **31145**

CALCUL

La taxe est égale au produit de la valeur de la construction, des installations ou aménagements telle que déterminée nos 31125 s. par les différents taux visés nos 31135 s. **31150**

CGI art. 1635 quater F **IMMO-V-10600 s**

La taxe est liquidée par application des **valeurs forfaitaires,** des **abattements** et des **taux en vigueur** à la date du fait générateur (date de délivrance de l'autorisation initiale de construire ou d'aménager, de naissance d'une autorisation initiale tacite de construire ou d'aménager, de la décision de non-opposition à une déclaration préalable initiale, du procès-verbal constatant l'achèvement d'une construction sans autorisation ou en infraction à l'autorisation ou, à défaut d'un tel procès-verbal, de l'achèvement).

S'ajoute à la taxe un **prélèvement pour frais d'assiette** et de recouvrement (au profit de l'État) de 3 % calculé sur le montant de celle-ci (CGI art. 1647, XX).

> Précisions Lorsque l'autorisation d'urbanisme est demandée au cours de la période de validité d'un **certificat d'urbanisme,** le régime de taxation résultant de la valeur, du taux et des exonérations figurant dans ce certificat est appliqué à l'opération s'il est plus favorable.

DÉCLARATION ET PAIEMENT

31155 Les obligations déclaratives et de paiement du **bénéficiaire de l'autorisation de construire ou d'aménager** (ou de la décision de non-opposition à une déclaration préalable de travaux) varient selon la surface de construction de son projet immobilier.

CGI art. 1635 quater P, 1679 octies et 1679 nonies LPF art. L 255 A **IMMO-V-10780 s**

a. Projet dont la surface de construction n'excède pas 5 000 m². Les éléments nécessaires à l'établissement de la taxe doivent être déclarés dans les quatre-vingt-dix jours suivant la date d'achèvement des constructions ou aménagements et la taxe doit être acquittée :

– lorsque son **montant** est **supérieur à 1 500 €,** en deux fractions égales, la première quatre-vingt-dix jours après la date d'achèvement des constructions ou aménagements, la seconde six mois après cette dernière date ;

– lorsque son montant **n'excède pas 1 500 €,** en totalité quatre-vingt-dix jours après la date d'achèvement des constructions ou aménagements.

b. Projet dont la surface de construction est au moins égale à 5 000 m². Les éléments nécessaires à l'établissement de la taxe doivent être déclarés avant le septième mois suivant la délivrance de l'autorisation d'urbanisme. La taxe donne lieu au versement de deux **acomptes** :

– le premier, égal à 50 % du montant de la taxe, doit être versé le neuvième mois suivant celui de la délivrance de l'autorisation d'urbanisme ;

– le deuxième acompte, égal à 35 % du montant de la taxe, doit être versé le dix-huitième mois suivant celui de la délivrance de cette autorisation.

Ces acomptes s'imputent sur le montant définitif de la taxe due, l'excédent étant, le cas échéant, restitué.

La déclaration doit être souscrite **par voie électronique** (CGI art. 1649 quater B quater, XVI), via le site impots.gouv.fr rubrique « Gérer mes biens immobiliers ».

ATTENTION

Par **exception,** peuvent déposer leur déclaration sous forme **papier** auprès du service des impôts du lieu de situation du bien (CGI ann. III art. 344 N, III) :

– les redevables personnes physiques ne disposant pas d'accès à internet ou ne pouvant l'effectuer par ce biais ;

– les redevables dont les opérations imposables concernent des locaux d'habitation à caractère exceptionnel (n° 42090, précision b), des immobilisations industrielles (n° 42115) ou des établissements industriels et commerciaux situés dans différentes communes et présentant des caractéristiques analogues (n° 42135, a).

Lorsque le redevable de la taxe est également soumis aux obligations déclaratives prévues en matière de **taxe foncière** (en cas de construction nouvelle ou de changement de consistance ou d'affectation), la déclaration est effectuée à l'appui de la déclaration visée n° 42170 (CGI ann. III art. 344 N, II).

La taxe est liquidée et recouvrée en vertu de titres de recettes individuels ou collectifs délivrés par le responsable des services fiscaux dans le département.

> Précisions **a.** La **date d'achèvement** s'entend de la date de réalisation définitive des opérations de construction ou d'aménagement telle que définie n° 42170 en matière de taxe foncière (CGI art. 1635 quater G, 1°).

b. En cas de **constructions sans autorisation** ou en infraction à l'autorisation accordée, la **taxe** est **exigible** à la date du procès-verbal constatant l'achèvement (CGI art. 1635 quater G, 2°).

c. En cas de **contestation en justice par un tiers de l'autorisation de construire,** le paiement des taxes d'urbanisme peut être différé, sur demande expresse du constructeur assortie des garanties de paiement visées n° 81885, jusqu'au prononcé d'une décision juridictionnelle devenue définitive (LPF art. L 278).

d. Les **pénalités** dont la taxe peut être assortie font l'objet de l'émission d'un titre unique distinct de celui de la taxe.

e. Sont **tenus solidairement** au paiement de la taxe les **établissements** qui sont garants de l'achèvement de la construction (CGI art. 1691 bis A). En ce qui concerne la solidarité des **époux et des partenaires de Pacs,** voir n° 77280, c.

CONTRÔLE, SANCTIONS ET CONTENTIEUX

a. La taxe d'aménagement est **contrôlée** selon les mêmes **modalités, garanties et sanctions** qu'en matière de contributions directes (CGI art. 1635 quater Q). 31160 IMMO-V-11750 s

Le **droit de reprise** de l'administration s'exerce jusqu'au 31 décembre de la troisième année suivant celle de l'achèvement des constructions ou aménagements. Pour les constructions sans autorisation ou en infraction à l'autorisation accordée, il expire le 31 décembre de la sixième année qui suit celle de l'achèvement des constructions ou aménagements (LPF art. L 175 A).

b. Sur les majorations applicables en cas de **défaut ou retard de déclaration,** voir n° 80085.

c. En cas de différé de paiement (n° 31155, précision c), l'**action en recouvrement** est suspendue jusqu'au prononcé de la décision définitive (LPF art. L 278).

d. Le redevable peut obtenir la **décharge,** la **réduction** ou la **restitution** de tout ou partie de la taxe en cas de démolition des constructions en vertu d'une décision de justice ou en cas de dégâts causés par une catastrophe naturelle (dans ce cas, la reconstruction ne peut pas bénéficier de l'exonération visée n° 31105, f) (CGI art. 1635 quater S).

e. Les **réclamations contentieuses** sont présentées, instruites et jugées selon les règles applicables en matière d'impôts directs locaux (nos 81800 s.) (CGI art. 1635 quater R).

f. Pour les projets de construction ou d'aménagement supérieurs à 50 000 m² de surface taxable, les redevables ont la possibilité de demander à l'administration de prendre formellement position sur l'application à leur situation des règles prévues en matière de taxe d'aménagement (**procédure de rescrit**). Lorsque l'administration n'a pas répondu dans un délai de trois mois, elle est regardée comme ayant donné un accord tacite (LPF art. L 80 B, 13° et R* 80 B-17 à R* 80 B-19).

2. TAXE POUR CRÉATION DE BUREAUX EN ÎLE-DE-FRANCE

CHAMP D'APPLICATION

Une taxe est exigible : 31315 C. urb. art. L 520-1 à L 520-3 et L 520-6 IMMO-V-26500 s

– sur la **construction,** la reconstruction ou l'agrandissement, en région Île-de-France, de locaux à usage de bureaux, de locaux commerciaux ou de locaux de stockage ;

– sur la **transformation** en de tels locaux de locaux précédemment affectés à un autre usage.

Sont toutefois **exonérés** de la taxe :

– dans les établissements industriels, les bureaux dépendant de locaux de production et les bureaux d'une superficie inférieure à 1 000 m² ;

– les locaux spécialement aménagés pour l'exercice d'activités de recherche ;

– les bureaux des professions libérales et officiers ministériels ;

– les bureaux compris dans un local d'habitation à usage d'habitation principale ;

– les locaux affectés à un service public ou utilisés par les organismes de sécurité sociale ou d'allocations familiales ;

– les locaux utilisés par des associations reconnues d'utilité publique ;

– les locaux situés dans des zones franches urbaines-territoires entrepreneurs (voir n° 92540) ;

– les reconstructions pour une superficie équivalente de locaux détruits à la suite d'un sinistre ou expropriés pour cause d'utilité publique (C. urb. art. L 520-13, 2°).

> Précisions **a.** Les locaux de **bureaux,** les **locaux commerciaux** et les **locaux de stockage** sont définis n° 31390.

Les **établissements industriels** sont ceux dont l'activité consiste dans la fabrication ou la transformation de biens et nécessite d'importants moyens techniques (C. urb. art. R 520-4).

Les **locaux** spécialement aménagés pour l'exercice d'**activités de recherche** s'entendent des locaux et de leurs annexes de toute nature utilisés pour des activités de recherche fondamentale ou appliquée et comportant des aménagements particuliers les rendant impropres à une autre utilisation (C. urb. art. R 520-5).

b. La taxe est exigible sur les constructions de locaux utilisés par les **associations non reconnues d'utilité publique** pour l'exercice d'**activités à caractère sanitaire, social, éducatif ou culturel** tel un service de crèche (Cons. const. 25-11-2022 n° 2022-1026 QPC : RJF 2/23 n° 131).

c. L'exonération de la reconstruction des **locaux sinistrés ou expropriés** s'applique sous réserve qu'il n'y ait pas de changement d'affectation des locaux et dans la **limite** d'un montant correspondant à la surface des locaux sinistrés ou expropriés à laquelle est appliqué le tarif de la circonscription où étaient situés ces locaux (C. urb. art. R 520-15).

d. Les **surfaces de stationnement** sont hors du champ de la taxe pour création de bureaux.

e. Les **locaux construits à titre précaire** pour une durée limitée n'échappent pas à la taxe mais la taxe est remboursée lors de la démolition (C. urb. art. L 520-13, 1°).

CALCUL

31320 C. urb. art. L 520-7 à L 520-9 IMMO-V-27500 s

La taxe est calculée sur la **surface de construction,** telle que retenue pour l'assiette de la taxe d'aménagement (nº 31125). Son montant varie selon la nature des locaux et selon leur situation géographique.

Les **circonscriptions** tarifaires sont :

– zone 1 : Paris et le département des Hauts-de-Seine ;

– zone 2 : les communes de la métropole du Grand Paris mentionnées à l'article L 5219-1 du CGCT (autres que les communes de la zone 1) ;

– zone 3 : les communes de l'unité urbaine de Paris, telle que délimitée par arrêté conjoint des ministres chargés de l'économie et du budget (autres que les communes des zones 1 et 2) ;

– zone 4 : les autres communes de la région Île-de-France.

Les **tarifs** au mètre carré, actualisés chaque année en fonction de la prévision de l'indice des prix à la consommation hors tabac retenue dans le projet de loi de finances, sont fixés, au 1er janvier 2024, à (Arrêté TREL2331595A du 1-12-2023) :

Lieu de situation des immeubles	Zone 1 [1]	Zone 2	Zone 3	Zone 4
Locaux à usage de **bureaux**	455,75 €	102,57 €	57 €	0 €
Locaux commerciaux	147,02 €	91,19 €	36,50 €	0 €
Locaux de stockage	15,99 €			

1. Deux **dérogations tarifaires** sont prévues, pour les **communes de la zone 1** :
- Les communes **éligibles à la fois,** pour l'année précédant celle de l'imposition, à la dotation de solidarité urbaine (DSU) et au bénéfice du fonds de solidarité des communes de la région Île-de-France (FSRIF) sont classées dans la **zone 2.**
- Les communes **perdant leur éligibilité** à la DSU ou au bénéfice du FSRIF bénéficient, au titre de l'année suivant cette perte d'éligibilité et pendant les deux années suivantes, d'un abattement dégressif respectivement des trois quarts, de la moitié et du quart de l'augmentation du tarif de la taxe liée à cette perte d'éligibilité. L'augmentation du tarif de la taxe est égale à la différence entre le tarif applicable après cette perte d'éligibilité et le tarif de la zone 2.

Le **montant** de la taxe est **plafonné** à 30 % de la part du coût de l'opération imputable à l'acquisition et à l'aménagement de la surface de construction (telle que définie à l'article 1635 quater H du CGI). Cette part comprend le coût d'acquisition du terrain d'assiette, les coûts d'aménagement du terrain permettant le passage d'un terrain brut à un terrain constructible et les coûts de démolition totale ou partielle de l'immeuble bâti (C. urb. art. R 520-8).

> Précisions a. En cas de **reconstruction,** la taxe n'est due qu'à hauteur des mètres carrés de surface de construction qui excèdent la surface de construction de l'immeuble avant reconstruction (C. urb. art. L 520-7, II). Seuls sont déduits de l'assiette de la taxe les mètres carrés de surface de construction relevant de la même catégorie de local et passibles de la taxe avant l'opération de reconstruction (C. urb. art. R 520-7).

b. Les **locaux à caractère social ou sanitaire** mis à la disposition du personnel sont exclus de l'assiette de la taxe (C. urb. art. L 520-7, III).

PAIEMENT, CONTRÔLE, SANCTIONS ET CONTENTIEUX

31325 C. urb. art. L 520-10 à L 520-22 IMMO-V-28100 s

a. La taxe est établie par les services de l'État chargés de l'urbanisme dans le département, à l'appui d'une **déclaration** souscrite par le redevable comportant les éléments utiles au calcul de la taxe (C. urb. art. R 520-12). La déclaration doit être jointe à la demande d'autorisation d'urbanisme au plus tard à la date soit de la délivrance de l'autorisation de construire ou d'aménager (ou du permis modificatif), soit de la naissance d'une autorisation tacite de construire ou d'aménager, soit de la décision de non-opposition à une déclaration préalable (C. urb. art. R 520-13, 1º). Pour les constructions non soumises à un régime d'autorisation, la déclaration est adressée par le propriétaire des locaux aux services de l'État chargés de l'urbanisme dans le département, dans le délai d'un mois à compter de la date du début des travaux ou du changement d'affectation (C. urb. art. R 520-13, 2º et R 520-11).

Une **pénalité** de 10 % est due en cas de **dépôt tardif** de la déclaration ou de dépôt dans les trente jours d'une mise en demeure (au-delà de ce délai, la pénalité est portée à 80 %). La déclaration est considérée comme déposée tardivement lorsqu'un procès-verbal constatant l'achèvement des constructions ou des aménagements a été établi (cas des constructions ou aménagements réalisés sans autorisation ou en infraction à l'autorisation accordée ; C. urb. art. R 520-13, 3º).

b. La taxe est **recouvrée** par le comptable public compétent dans les mêmes conditions que les créances étrangères à l'impôt.

Elle est **due par** le propriétaire des locaux ou le titulaire d'un droit réel (usufruitier, preneur à bail à construction, emphytéote, titulaire d'une autorisation d'occupation temporaire du domaine public) portant sur les locaux à la date du fait générateur (C. urb. art. L 520-5).

Un **titre de perception** est émis avant le 31 décembre de la troisième année suivant celle du fait générateur. La taxe est exigible à la date d'émission du titre de perception (C. urb. art. L 520-17).

L'**action en recouvrement** de l'administration se prescrit conformément aux règles indiquées nos 76530 s. En cas de différé de paiement demandé par le redevable en cas de contestation par un tiers de l'autorisation de construire (no 31155, précision c), l'action en recouvrement est suspendue jusqu'au prononcé de la décision définitive (LPF art. L 278).

c. Le redevable peut obtenir la **décharge,** la **réduction** ou la **restitution** totale ou partielle de la taxe dans les cas suivants : surface de construction initialement prévue non entièrement construite ; abandon du projet ; erreur dans l'assiette ou le calcul de la taxe.

d. Le **droit de reprise** des services de l'État chargés de l'urbanisme dans le département s'exerce jusqu'au 31 décembre de la sixième année qui suit l'année du fait générateur.

e. Afin de sécuriser les projets les plus importants (ceux supérieurs à 50 000 m² de surface de construction), les contribuables ont la possibilité de demander à l'administration de prendre formellement position sur l'application à leur situation des règles prévues par le Code de l'urbanisme en matière de taxe pour création de bureaux en Île-de-France (**procédure de rescrit**).

› Précisions a. Le **fait générateur** de la taxe est la date de délivrance, expresse ou tacite, de l'autorisation de construire ou d'aménager. Il s'agit de l'établissement du procès-verbal constatant l'achèvement des constructions ou aménagements en cas de constructions ou aménagements sans autorisation ou en infraction à l'autorisation accordée et du début des travaux ou du changement d'affectation pour les opérations qui ne sont pas soumises à un régime d'autorisation (C. urb. art. L 520-4 et R 520-3).

b. La taxe afférente à des **constructions réalisées à titre précaire** est remboursée à la demande du redevable si celui-ci justifie que les locaux en cause ont été démolis dans les six mois à compter de l'expiration du délai de précarité (C. urb. art. R 520-14).

c. La notification d'une **proposition de rectification** interrompt le délai imparti pour émettre le titre de perception. Le titre est alors émis par le directeur du service de l'État chargé de l'urbanisme avant le 31 décembre de la troisième année suivant celle de cette notification (C. urb. art. R 520-16).

3. TAXE ET REDEVANCE D'ARCHÉOLOGIE PRÉVENTIVE

Les personnes qui projettent d'exécuter certains **travaux affectant le sous-sol** sont redevables, en fonction de la nature des travaux réalisés, soit de la taxe d'archéologie préventive, soit de la redevance d'archéologie préventive. 31340

TAXE D'ARCHÉOLOGIE PRÉVENTIVE

Champ d'application La taxe d'archéologie préventive est due par les personnes qui réalisent des **opérations** d'aménagement ou de construction mentionnées no 31102 **affectant le sous-sol et** qui sont **soumises à autorisation** préalable (autorisation de construire ou d'aménager) **ou** à une **déclaration préalable** en application du Code de l'urbanisme. 31345 CGI art. 235 ter ZG IMMO-V-25750 s

Sont **exonérés** :

– les constructions et aménagements exonérés de plein droit des parts communale, départementale et régionale de taxe d'aménagement visées no 31105, a à g ainsi que les places de stationnement mentionnées no 31105, h (Loi 2023-1322 du 29-12-2023 art. 106, I-1° et IV applicable aux autorisations d'urbanisme délivrées depuis le 1-1-24). Les constructions de logements sociaux financés par un prêt aidé, des locaux dans les exploitations ou coopératives agricoles ou dans les centres équestres de loisirs sont exonérées dans les mêmes conditions qu'en matière de taxe d'aménagement ;

– les aménagements liés à la pose et à l'exploitation de câbles sous-marins de transport d'information.

ATTENTION

Les opérations ayant fait l'objet d'une **demande d'autorisation** d'urbanisme initiale déposée **avant le 1er septembre 2022** restent soumises à la redevance d'archéologie préventive (« filière urbanisme ») selon les modalités prévue aux articles L 524-1 et suivants du Code du patrimoine dans leur version antérieure au 1er septembre 2022. Ces dispositions n'étant plus étudiées dans le présent ouvrage, les lecteurs intéressés peuvent se reporter à l'édition 2022 du Mémento Fiscal, nos 31340 s.

Calcul et paiement La taxe est **assise** sur la valeur de l'ensemble immobilier servant d'assiette à la taxe d'aménagement (nos 31125 s.). Elle est due au **taux** de 0,40 %. 31350

La taxe est **déclarée et recouvrée** selon les mêmes modalités qu'en matière de taxe d'aménagement mais, à la différence de cette dernière, elle ne donne lieu qu'à l'émission d'un **titre unique de perception** émis avec la première échéance ou l'échéance unique de taxe d'aménagement (nº 31155, a).

> **Précisions** **a.** Le **fait générateur** est le même qu'en matière de taxe d'aménagement (nº 31150), y compris pour les aménagements situés dans le domaine public maritime jusqu'à un mille calculé à compter de la laisse de basse mer.
> **b.** En cas de **demande de réalisation de diagnostic,** le **montant** de la redevance d'archéologie préventive déjà acquittée à ce titre (nº 31360) peut être **déduit** de la taxe d'archéologie préventive due pour la réalisation des travaux et des aménagements sur demande du redevable présentée dans le délai de réclamation prévu en matière d'impôts directs locaux et taxes annexes (nº 81825, b) (CGI ann. III art. 54, issu de l'article 3 du décret 2023-165 du 7-3-2023).
> **c.** Sur la **procédure de rescrit**, voir nºs 31160, f.

REDEVANCE D'ARCHÉOLOGIE PRÉVENTIVE

31360 C. patr. art. L 524-2, à L 524-16 IMMO-V-26000 s

Champ d'application

La redevance d'archéologie préventive est due par les personnes, y compris les membres d'une indivision, projetant de réaliser des **travaux affectant le sous-sol et** qui **donnent lieu à étude d'impact** en application du Code de l'environnement dès lors qu'ils sont réalisés sur des terrains d'une superficie au moins égale à 3 000 m² ou donnent lieu à certains **affouillements** soumis à déclaration administrative préalable (travaux d'affouillements de plus de 0,50 m de profondeur sur des terrains de plus de 10 000 m²). Sont également soumises à la redevance les **demandes volontaires de diagnostic** préalable aux opérations d'aménagement.

Sont **exonérés** de redevance :

– les affouillements nécessaires à la réalisation de travaux agricoles ou forestiers ou pour la prévention des risques naturels ;

– les aménagements liés à la pose et à l'exploitation de câbles sous-marins de transport d'information ;

– lorsqu'ils ont fait l'objet d'une opération d'évaluation archéologique réalisée dans le cadre d'une convention conclue entre l'État et la personne projetant la réalisation des travaux, les travaux ou aménagements situés, en tout ou partie, en pleine mer (au-delà d'un mille à compter de la laisse de basse mer ou dans la zone contiguë).

> **Précisions** Pour les projets supérieurs à 50 000 m² de surface taxable, les redevables peuvent demander à l'administration de prendre formellement position sur l'application à leur situation des règles prévues par le Code du patrimoine en matière de financement de l'archéologie préventive (**procédure de rescrit**).

31365

Calcul et paiement

Pour les **travaux donnant lieu à étude d'impact,** les **affouillements** autorisés en application du Code de l'environnement et les **demandes volontaires de diagnostic préalable,** le montant de la redevance, indexé chaque année en fonction de l'indice du coût de la construction, est fixé, pour la période du 1er janvier au 31 décembre 2024, à 0,68 € par mètre carré de terrain (Arrêté MICC2335163A du 21-12-2023).

Pour les **aménagements** réalisés dans le domaine public maritime **en pleine mer,** le tarif de la redevance est fixé à 0,10 € par mètre carré sur l'assiette suivante :

– pour les installations de production et de transport d'énergie : surface constituée d'une bande de 100 m de part et d'autre des câbles ou canalisations de transport d'énergie multipliée par la longueur des câbles ou canalisations ;

– pour les autres types de travaux, dont les travaux d'extraction de matériaux : surface au sol des travaux nécessaires à la réalisation de l'exploitation autorisée.

La redevance est **établie,** selon le cas, par la Direction régionale des affaires culturelles (travaux donnant lieu à étude d'impact, affouillements autorisés ou demandes volontaires de diagnostic préalable) ou par les services de l'État chargés de l'archéologie sous-marine (aménagements en pleine mer). Elle est **payée** au comptable public et **exigible** dès la date d'émission du titre de perception.

> **Précisions** Le **fait générateur** est :
> – pour les travaux et aménagements donnant lieu à étude d'impact : l'acte qui décide la réalisation du projet et en détermine l'emprise ;
> – pour les autres travaux d'affouillement : le dépôt de la déclaration administrative préalable ;
> – pour les demandes volontaires de diagnostic préalable : le dépôt de la demande ;
> – pour les aménagements situés dans le domaine public maritime en pleine mer : l'acte qui décide, éventuellement après enquête publique, la réalisation du projet et en détermine l'emprise.

F. Taxes annuelles sur les bureaux en Île-de-France et en Provence-Côte d'Azur

Les personnes (privées et publiques) qui, au 1er janvier, sont propriétaires, usufruitiers, preneurs à bail à construction, emphytéotes ou titulaires d'une autorisation d'occupation temporaire du domaine public constitutive d'un droit réel, de locaux à usage de bureaux, locaux commerciaux, locaux de stockage et surfaces de stationnement, sont redevables d'une taxe annuelle lorsque ces **locaux** sont **situés** soit dans la **région Île-de-France** (nos 31390 s.), soit dans les **départements des Bouches-du-Rhône, du Var et des Alpes-Maritimes** (nos 31420 s.). 31380

Pour les surfaces de **stationnement** situées dans la région **Île-de-France,** une **taxe additionnelle** s'ajoute éventuellement à cette taxe (no 31415).

TAXE ANNUELLE SUR LES BUREAUX EN ÎLE-DE-FRANCE

Champ d'application Lorsqu'ils sont situés dans la limite territoriale de la région Île-de-France, la taxe est due sur : 31390
CGI art. 231 ter
IMMO-V-31200 s

a. les locaux à usage de **bureaux** et leurs dépendances immédiates et indispensables destinés à l'exercice d'une activité professionnelle (y compris libérale) ou utilisés par l'État, les collectivités territoriales, les établissements publics, les organismes professionnels ou les associations privées poursuivant ou non un but lucratif ;

b. les **locaux commerciaux** destinés à une activité de commerce de détail ou de gros et de prestations de service à caractère commercial ou artisanal ainsi que leurs réserves attenantes et les emplacements attenants affectés en permanence à ces activités de vente ou de prestations de service ;

ATTENTION

Seule doit être prise en compte l'**utilisation effective des locaux** au 1er janvier de l'année d'imposition soit comme bureaux, soit pour la réalisation d'une activité de commerce ou de prestations de services à caractère commercial ou artisanal (CE 24-4-2019 no 417792 : RJF 7/19 no 670). Il en résulte que des locaux, appartenant à une société A, pris à bail par une société B, qui les met à disposition d'une société C, qui les utilise pour y réaliser des prestations de formation professionnelle, sont des locaux commerciaux au sens de l'article 231 ter du CGI (BOI-IF-AUT-50-10-10 no 70). De même, des locaux affectés à une activité de mise à disposition d'espace de « coworking » sont utilisés pour la réalisation de prestations de services et doivent donc être qualifiés de locaux commerciaux (TA Paris 29-11-2022 no 2113114 : RJF 3/23 no 212).

c. les **locaux de stockage** qui ne sont pas intégrés à un établissement de production ;

d. les **surfaces de stationnement** couvertes ou non couvertes qui font l'objet d'une exploitation commerciale ou qui sont annexées aux locaux visés ci-dessus aux a, b et c et non intégrées à un établissement de production.

› Précisions **a.** Pour l'appréciation du **caractère immédiat, attenant ou annexé** des dépendances, réserves et surfaces de stationnement, il est tenu compte de tous les biens de même nature que le contribuable possède à une même adresse ou dans un même groupement topographique (voir no 31400).

Pour l'appréciation du caractère annexé des **surfaces de stationnement,** il est également tenu compte des surfaces qui, bien que non intégrées à un groupement topographique comprenant des locaux taxables, sont mises à la disposition, gratuitement ou non, des utilisateurs de locaux taxables situés à proximité immédiate.

b. Pour être qualifiés de **réserves attenantes** à des locaux destinés à l'exercice d'une activité de **commerce** de détail ou de gros et de prestations de services à caractère commercial ou artisanal, les locaux concernés doivent à la fois se situer à proximité immédiate des locaux où est exercée l'activité de commerce ou de prestations de services et contribuer directement à cette activité (CE 19-4-2022 no 443039 : RJF 10/22 no 854).

c. Les locaux hébergeant des serveurs informatiques (« **data center** »), qui ne constituent pas des locaux de stockage, ne sont pas taxables (CE 11-10-2022 no 463134 : RJF 1/23 no 28).

d. Les dépendances immédiates et indissociables des surfaces de stationnement telles les **voies de circulation** internes desservant les emplacements de stationnement ne sont pas taxables (CE 20-10-2021 no 448562 : RJF 1/22 no 38).

e. Quel que soit le secteur d'activité de l'entreprise (agroalimentaire, artisanal ou industriel), les locaux où s'exerce une **activité de production ou de transformation** de produits ou de biens ne sont pas taxables. Il en va de même des biens où s'exercent des activités de **prestations de services** lorsque ces dernières s'effectuent dans des locaux où le public n'a pas accès (blanchisserie industrielle, imprimerie, ateliers de réparation, etc.) (BOI-IF-AUT-50-10-20 no 10).

Sont également hors du champ d'application de la taxe les locaux intégrés dans une **exploitation agricole** (BOI-IF-AUT-50-10-20 no 20).

31395 Sont **exonérés** de la taxe :
– les locaux à usage de bureaux d'une superficie inférieure à 100 m², les locaux commerciaux d'une superficie inférieure à 2 500 m², les locaux de stockage d'une superficie inférieure à 5 000 m² (à cet égard, les parcs d'exposition et les locaux à usage principal de congrès sont assimilés aux locaux de stockage) et les surfaces de stationnement de moins de 500 m² (calcul des surfaces : voir nº 31400) ;
– les locaux de stockage des sociétés coopératives agricoles ;
– les locaux à usage de bureaux, les locaux commerciaux, les locaux de stockage et les surfaces de stationnement situés dans des zones franches urbaines-territoires entrepreneurs (voir nº 92540) ;
– les locaux et les surfaces de stationnement appartenant aux fondations et aux associations reconnues d'utilité publique dans lesquels elles exercent leurs activités ;
– les locaux spécialement aménagés pour l'archivage administratif et pour l'exercice d'activités de recherche ou à caractère sanitaire, social, éducatif ou culturel ;
– les locaux administratifs et les surfaces de stationnement des établissements d'enseignement du premier et du second degré (écoles primaires, collèges et lycées), qu'ils soient publics ou privés sous contrat passé avec l'État ;
– les locaux et aires des parcs relais qui s'entendent des parcs de stationnement assurant la liaison vers différents réseaux de transport en commun dont la vocation exclusive est de faciliter l'accès des voyageurs à ces réseaux, ainsi que les places de stationnement utilisées en tant que parc relais et situées dans des surfaces de stationnement faisant l'objet d'une exploitation commerciale ;
– les emplacements attenants aux locaux commerciaux visés nº 31390, b et aménagés pour l'exercice d'activités sportives.

› Précisions Les **surfaces de stationnement d'au moins 500 m²** sont imposables même si les locaux auxquels elles sont annexées sont exonérés en raison de leur surface (BOI-IF-AUT-50-10-20 nº 200).

31400 **Calcul** Le montant de la taxe est égal au produit de la superficie, exprimée en mètres carrés, des locaux visés nº 31390 par un tarif unitaire.

Pour le calcul de la superficie, il est tenu compte de tous les **locaux de même nature,** hors parties communes, qu'une personne privée ou publique possède à une même adresse ou, en cas de pluralité d'adresses, dans un même groupement topographique.

› Précisions **a.** Les **parties communes** à exclure de ce calcul s'entendent des surfaces affectées à l'usage ou à l'utilité de tous les occupants de ces locaux ou de plusieurs d'entre eux alors même qu'elles seraient la propriété d'une seule et même personne (CE 27-5-2020 nº 433004 : RJF 8-9/20 nº 696 ; BOI-IF-AUT-50-20 nº 105).
b. La notion de même **groupement topographique** s'entend des différentes constructions qui, en raison de leur agencement, forment un ensemble homogène (immeubles situés au coin d'une rue ou sur deux rues qui comportent donc souvent deux adresses, immeubles à entrées multiples, biens situés dans différents immeubles qui composent un ensemble immobilier). Lorsque l'emprise du groupement topographique concerne plusieurs arrondissements ou plusieurs communes, il y a lieu de faire abstraction des limites territoriales pour apprécier la superficie (BOI-IF-AUT-50-20 nº 102).

31402 La **surface** à prendre en compte est la somme (arrondie au mètre carré inférieur) des surfaces réelles de chaque niveau de la construction mesurées au plancher entre murs ou séparations. Pour les réserves attenantes non couvertes et emplacements attenants affectés à la vente, la surface à retenir est celle déterminée par le périmètre total, délimité matériellement au sol. Pour les aires de stockage couvertes, la surface à prendre en compte est la surface projetée couverte (BOI-IF-AUT-50-20 nº 102).

31405 Les **tarifs** varient selon la nature des locaux et selon leur situation géographique en **zone 1** (1e, 2e, 7e, 8e, 9e, 10e, 15e, 16e et 17e arrondissements de Paris et les communes de Boulogne-Billancourt, Courbevoie, Issy-les-Moulineaux, Levallois-Perret, Neuilly-sur-Seine et Puteaux), en **zone 2** (les arrondissements de Paris et les communes du département des Hauts-de-Seine autres que ceux de la zone 1), en **zone 3** (autres communes de l'unité urbaine de Paris telle que délimitée par l'arrêté EFIE1238702A du 31-12-2012 modifié par l'arrêté ECOE2226345A du 24-10-2022) ou en **zone 4** (autres communes de la région Île-de-France). Ils sont actualisés chaque année au 1er janvier en fonction de la prévision de l'indice des prix à la consommation hors tabac retenue dans le projet de loi de finances de l'année (avec arrondissement, s'il y a lieu, au centime d'euro supérieur).

Au 1er janvier 2024, les tarifs par mètre carré sont fixés à :

<table>
<tr><th>Lieu de situation des immeubles</th><th>Zone 1</th><th>Zone 2 [1]</th><th>Zone 3 [1]</th><th>Zone 4</th></tr>
<tr><td>a. Locaux à usage de bureaux</td><td></td><td></td><td></td><td></td></tr>
<tr><td>Tarif normal</td><td>25,31 €</td><td>21,31 €</td><td>11,66 €</td><td>5,63 €</td></tr>
<tr><td>Tarif réduit [2]</td><td>12,58 €</td><td>10,59 €</td><td>7,02 €</td><td>5,09 €</td></tr>
<tr><td>b. Locaux commerciaux</td><td colspan="2">8,68 €</td><td>4,51 €</td><td>2,30 €</td></tr>
<tr><td>c. Locaux de stockage</td><td colspan="2">4,53 €</td><td>2,30 €</td><td>1,18 €</td></tr>
<tr><td>d. Surface de stationnement [3]</td><td colspan="2">2,86 €</td><td>1,55 €</td><td>0,81 €</td></tr>
</table>

1. Les communes de la zone 2 éligibles, l'année précédant celle de l'imposition, à la fois à la dotation de solidarité urbaine et de cohésion sociale (DSU) et au bénéfice du fonds de solidarité des communes d'Île-de-France (FSRIF) bénéficient d'une réduction de 10 %.
   Les communes de la zone 3 éligibles, l'année précédant celle de l'imposition, à la fois à la DSU et au FSRIF relèvent du tarif de la zone 4.
2. Bureaux possédés par l'État, les collectivités territoriales, les organismes ou les établissements publics sans caractère industriel ou commercial, les organismes professionnels ainsi que les associations ou organismes privés sans but lucratif à caractère sanitaire, social, éducatif, sportif ou culturel et dans lesquels ils exercent leur activité.
3. Avec la **taxe additionnelle** sur les **surfaces de stationnement** (n° 31415), les **tarifs totaux** sont les suivants : zones 1 et 2 : 7,75 € ; zone 3 : 4,38 € ; zone 4 : 2,25 €.

Déclaration et paiement La taxe doit être acquittée **avant le** 1er mars de chaque année auprès du comptable public du lieu de situation des bureaux. Le paiement est accompagné du dépôt d'une déclaration **n° 6705 B.** 31410

En ce qui concerne les entreprises relevant de la **direction des grandes entreprises** : voir n° 87435, précision c.

Taxe additionnelle sur les surfaces de stationnement en Île-de-France 31415

CGI art. 1599 quater C **IMMO-V-34000 s**

Les personnes qui, au titre des emplacements de stationnement visés n° 31390, d, ont acquitté la taxe annuelle sur les bureaux en Île-de-France (nos 31380 s.), sont **redevables** d'une taxe additionnelle annuelle.

Des **tarifs** au mètre carré s'appliquent aux surfaces de stationnement taxables. Ils varient selon la situation géographique des surfaces de stationnement suivant leur situation en **zone 1** (Paris et communes des Hauts-de-Seine), en **zone 2** (autres communes de l'unité urbaine de Paris telle que délimitée par arrêté conjoint des ministres chargés de l'économie et du budget du 31-12-2012 modifié par l'arrêté ECOE2226345A du 24-10-2022) ou en **zone 3** (autres communes de la région Île-de-France). Ces tarifs sont actualisés chaque année au 1er janvier en fonction de la prévision de l'indice des prix à la consommation hors tabac retenue dans le projet de loi de finances.

Au 1er janvier 2024, les tarifs par mètre carré sont fixés à :

– zone 1 : 4,89 € ;
– zone 2 : 2,83 € ;
– zone 3 : 1,44 €.

Les tarifs totaux, incluant la taxe annuelle principale frappant les surfaces de stationnement, sont donnés n° 31405.

La taxe doit être **acquittée** avant le 1er mars de chaque année auprès du comptable public du lieu de situation des emplacements de stationnement. Le paiement est accompagné du dépôt d'une **déclaration** n° 6705 TS-SD.

> **Précisions** **a.** Les surfaces exonérées de taxe sur les bureaux mentionnées n° 31395 sont **exclues** du champ de la taxe additionnelle.
> **b.** Lorsque les surfaces de stationnement sont, pour partie, comprises dans des **zones relevant de tarifs différents,** les tarifs sont appliqués en proportion de la superficie comprise dans chaque zone. Lorsqu'elles sont situées à la fois dans le ressort géographique de l'un des départements de la **région Île-de-France et** d'un **département limitrophe** ne relevant pas de la région Île-de-France, la taxe n'est due que pour la fraction des surfaces situées en Île-de-France (BOI-IF-AUT-140 n° 100).
> **c.** En ce qui concerne les modalités de déclaration et de paiement des entreprises relevant de la **direction des grandes entreprises** : voir n° 87435, précision c.

TAXE ANNUELLE SUR LES BUREAUX EN PROVENCE-CÔTE D'AZUR

Champ d'application La taxe est due sur les locaux à usage de **bureaux,** les **locaux commerciaux,** les **locaux de stockage** et les **surfaces de stationnement** visés n° 31390 lorsqu'ils se situent dans les départements des Bouches-du-Rhône, du Var et des Alpes-Maritimes. 31420

CGI art. 231 quater **IMMO-V-34600 s**

Sont **exonérés** de la taxe les locaux et surfaces de stationnement visés nº 31395, ainsi que les locaux à usage de bureaux, les locaux commerciaux, les locaux de stockage et les surfaces de stationnement situés dans des quartiers prioritaires de la politique de la ville (QPPV), dans des zones de revitalisation des centres-villes (ZRCV) ou dans des zones de revitalisation des commerces en milieu rural (Zorcomir) (nº 92540).

> Précisions a. Les **surfaces de stationnement** situées en QPPV, ZRCV ou Zorcomir et annexées à des locaux taxables non situés dans ces zones sont exonérées. En revanche, les surfaces de stationnement non situées dans ces zones et annexées à des locaux taxables qui s'y trouvent sont imposables (BOI-IF-AUT-50-10-20 nº 35). Lorsque les **surfaces** de stationnement sont, **pour partie, situées en QPPV, ZRCV ou Zorcomir,** l'exonération est appliquée à la partie située dans la zone (BOI-IF-AUT-50-10-20 nº 35).
b. L'exonération des **locaux et surfaces de stationnement** situées en **Zorcomir** est supprimée pour les impositions établies à compter de **2025** (Loi 2023-1322 du 29-12-2023 art. 73, I-10º et XX-B).

31422 **Calcul** Le montant de la taxe est égal au produit de la superficie, exprimée en mètres carrés, des locaux taxables visés nº 31420 par un **tarif** unitaire variable en fonction de la nature du local. Au 1er janvier 2024, les tarifs sont fixés à :
- pour les locaux à usage de bureaux : 0,97 € ;
- pour les locaux commerciaux : 0,40 € ;
- pour les locaux de stockage : 0,21 € ;
- pour les surfaces de stationnement : 0,14 €.

Ces tarifs sont actualisés chaque année au 1er janvier en fonction de la prévision de l'indice des prix à la consommation hors tabac retenue dans la loi de finances de l'année (avec arrondissement, s'il y a lieu, au centime d'euro supérieur).
Pour le calcul de la **superficie,** il est tenu compte de tous les locaux de même nature, hors parties communes, qu'une personne privée ou publique possède à une même adresse ou, en cas de pluralité d'adresses, dans un même groupement topographique (voir nº 31400).

31425 **Déclaration et paiement** La taxe doit être acquittée **avant le** 1er mars de chaque année, auprès du comptable public du lieu de situation des locaux. Le paiement est accompagné du dépôt d'une déclaration **nº 6705 B.**
En ce qui concerne les entreprises relevant de la **direction des grandes entreprises** : voir nº 87435, précision c.

G. Taxes sur les cessions de terrains devenus constructibles

1. TAXE « COMMUNALE »

31430
CGI art. 1529
IMMO-V-35000 s
Les communes peuvent, sur délibération du conseil municipal, instituer une taxe forfaitaire sur la première cession à titre onéreux de **terrains nus rendus constructibles** du fait de leur classement par un plan local d'urbanisme (ou par un document d'urbanisme en tenant lieu) dans une zone urbaine ou dans une zone à urbaniser ouverte à l'urbanisation ou par une carte communale dans une zone constructible.
Les **établissements publics de coopération intercommunale** compétents en matière de documents locaux d'urbanisme peuvent également, avec l'accord des communes qu'ils regroupent, l'instituer et la percevoir en lieu et place de ces dernières.
Remarque : La taxe est **cumulable,** le cas échéant, avec l'imposition des plus-values immobilières des particuliers (nºs 32000 s.) (BOI-RFPI-TDC-10 nº 30).

> Précisions a. La **délibération** instituant la taxe s'applique aux cessions réalisées à compter du premier jour du troisième mois qui suit la date à laquelle cette délibération est intervenue. Elle est notifiée aux services fiscaux au plus tard le premier jour du deuxième mois qui suit la date à laquelle elle est intervenue. À défaut, la taxe n'est pas due.
b. La **liste des communes** ayant institué la taxe est disponible sur www.collectivites-locales.gouv.fr (rubrique : Finances locales > Fiscalité locale > Fiscalité directe locale > Liste des taxes et impôts directs locaux > Taxe forfaitaire sur la cession à titre onéreux de terrains nus).

CHAMP D'APPLICATION

31440 Sous réserve de son institution dans les conditions ci-dessus, cette taxe s'applique aux cessions réalisées par les **personnes** physiques ou les sociétés et groupements relevant du régime d'imposition des plus-values des particuliers et par les contribuables domiciliés hors de France qui, assujettis à l'impôt sur le revenu, sont soumis au prélèvement prévu à l'article 244 bis A du CGI.

Seules sont soumises à la taxe les **cessions** de terrains réalisées à titre onéreux.

En sont **exonérées** :

– les cessions exonérées en matière de plus-values immobilières des particuliers figurant nos 32135 et 32655 (dépendances de la résidence principale ou du logement possédé en France par un non-résident), no 32145 (remembrement urbain ou aménagement foncier), no 32155 (vente inférieure à un certain montant), no 32600 (certaines expropriations) et no 32185 (immeuble destiné au logement social et aux logements faisant l'objet d'un bail réel solidaire) ;

– les cessions de terrains classés constructibles depuis plus de dix-huit ans ;

– les cessions dont le prix de cession, défini no 32210, est inférieur au triple du prix d'acquisition.

> **Précisions** **a.** N'entrent pas dans le champ d'application de la taxe les cessions de droits relatifs à un terrain (**nue-propriété, usufruit**), de **droits sociaux** ou de parts sociales (BOI-RFPI-TDC-10-10 no 200).
> Bien qu'en dehors du champ d'application de la taxe les mutations à titre gratuit et les cessions de droits démembrés peuvent être taxées en cas d'**abus de droit** (Rép. Poniatowski : Sénat 15-10-2015 no 15558).
> **b. Constituent des cessions à titre onéreux** entrant dans le champ d'application de la taxe les ventes, les échanges, les expropriations (autres que celles exonérées), les apports en société ainsi que les partages et licitations de biens indivis (autres que les partages d'indivisions successorales ou conjugales) dans la limite des soultes.

CALCUL

La taxe est égale à 10 % de la différence entre le prix de cession du terrain (tel que défini no 32210) et son prix d'acquisition (actualisé en fonction du dernier indice des prix à la consommation hors tabac publié par l'Insee) ou, en l'absence d'éléments de référence, des deux tiers du prix de cession du terrain (soit 6,2/3 %). 31450

> **Précisions** **a.** Les **frais de viabilisation** du terrain ne sont pas pris en compte pour déterminer l'assiette de la taxe.
> **b.** L'administration publie chaque année les **coefficients d'érosion monétaire** permettant de déterminer le prix d'acquisition actualisé. Ils figurent sur le BOI-ANNX-000097 (il convient de consulter la version de l'annexe se rapportant à l'année de la cession) (BOI-RFPI-TDC-10-20 no 70).

DÉCLARATION ET PAIEMENT

La taxe est **due par** le cédant. Elle est **versée** lors du dépôt de la déclaration no 2048-TAB dans les conditions prévues pour l'imposition des plus-values sur terrains à bâtir (voir nos 32420 s.). 31460

La déclaration doit être **signée** par le cédant ou par son mandataire (CGI ann. II art. 317 A).

> **Précisions** Lorsque la **cession** est **exonérée** (exception faite de l'exonération des cessions dont le prix est inférieur au triple du prix d'acquisition), aucune déclaration ne doit être déposée. L'acte doit alors comporter certaines mentions obligatoires (CGI ann. II art. 317 B) permettant de justifier de l'exonération ou de l'absence de taxation de l'opération.

2. TAXE « NATIONALE »

CHAMP D'APPLICATION

Une taxe forfaitaire nationale sur la cession de terrains nus devenus constructibles s'applique aux cessions réalisées par les **personnes** physiques et les sociétés ou groupements quel que soit leur régime fiscal, qu'ils soient ou non domiciliés en France. Elle est exigible sur la première **cession** à titre onéreux de terrains nus (ou droits relatifs à ces biens) classés en zone constructible postérieurement au 13 janvier 2010, dès lors que le rapport entre le prix de cession et le prix d'acquisition (ou, à défaut, la valeur vénale) est supérieur à 10. 31470 CGI art. 1605 nonies **IMMO-V-38000 s**

La taxe **ne s'applique pas** : aux cessions de terrains pour lesquels une déclaration d'utilité publique a été prononcée en vue d'une expropriation ; aux terrains dont le prix de cession est inférieur à 15 000 € ; lorsque le terrain a été classé en zone constructible depuis plus de 18 ans.

> **Précisions** La taxe s'applique quelle que soit la **qualité du cédant.** Aucune exclusion n'est prévue par l'article 1605 nonies du CGI pour les **personnes morales,** qu'elles soient de droit public ou de droit privé. Par suite, les cessions réalisées notamment par les **collectivités territoriales** et leurs groupements (communautés de communes...) entrent, toutes conditions étant par ailleurs remplies, dans le champ d'application de la taxe (Rép. Morel-À-L'Huissier : AN 10-2-2015 no 24169).

CALCUL

31475 L'**assiette** de la taxe est constituée par la différence entre le prix de cession (tel que défini n° 32210) et le prix d'acquisition stipulé dans l'acte (ou, à défaut, la valeur vénale) actualisé en fonction du dernier indice des prix à la consommation hors tabac publié par l'Insee.

Elle fait l'objet d'un **abattement** d'un dixième par année écoulée à compter de la 8e année suivant la date à laquelle le terrain est devenu constructible.

Le **taux d'imposition** est de :

– 5 % lorsque le rapport entre le prix de cession et le prix d'acquisition est supérieur à 10 et inférieur à 30 ;

– 10 % au-delà de cette limite (rapport supérieur à 30), sur la part de plus-value restant à taxer après application du taux de 5 %.

> **Précisions** **a.** Les **frais de viabilisation** du terrain ne sont pas pris en compte pour déterminer l'assiette de la taxe (Rép. Genevard : AN 28-7-2015 n° 79510 ; CE QPC 10-2-2023 n° 469715 : RJF 5/23 n° 393).
> **b.** L'administration publie chaque année les **coefficients d'érosion monétaire** permettant l'actualisation du prix d'acquisition. Ils figurent sur le BOI-ANNX-000097 (il convient de consulter la version de l'annexe se rapportant à l'année de la cession) (BOI-RFPI-TDC-20-20 n° 70).

DÉCLARATION ET PAIEMENT

31480 La taxe est **due par** le cédant. Elle est **versée** lors du dépôt de la déclaration n° 2048-TAB dans les conditions prévues pour l'imposition des plus-values sur terrains à bâtir (voir nos 32420 s.).

La déclaration doit être **signée** par le cédant ou par son mandataire (CGI ann. III art. 331 K bis).

> **Précisions** Lorsque la **cession** est **exonérée,** aucune déclaration n'est déposée. L'acte doit alors comporter certaines mentions obligatoires (CGI ann. III art. 331 K ter) permettant de justifier de l'exonération ou de l'absence de taxation de l'opération.

CHAPITRE 11

PLUS-VALUES RÉALISÉES PAR LES PARTICULIERS

SOMMAIRE

A. Plus-values immobilières 32000
1. Plus-values imposables 32065
2. Exonérations 32120
3. Calcul des plus-values 32200
 a. Règles générales 32210
 b. Cas particuliers 32285
4. Modalités d'imposition 32395
5. Exemple récapitulatif 32450
6. Cas particuliers 32475
 a. Sociétés 32475
 b. Expropriation 32570
 c. Contribuables non domiciliés en France 32625
7. Taxe sur certaines plus-values immobilières 32710

B. Plus-values sur biens meubles 32740

C. Plus-values sur valeurs mobilières et droits sociaux 32805
1. Champ d'application 32880
2. Calcul des plus-values 33020
 a. Prix de cession 33030
 b. Prix d'acquisition 33040
 c. Imputation des moins-values 33065
 d. Abattements pour durée de détention 33070
 e. Cas particuliers 33140
3. Modalités d'imposition 33220
4. Différés d'imposition 33300
 a. Échanges de titres 33300
 b. Report d'imposition sous condition de remploi en titres de PME (avant 2006) 33340
5. Transfert du domicile fiscal hors de France (« exit tax ») 33360

D. Profits sur instruments financiers à terme 33400

E. Plus-values de cession d'actifs numériques 33600

A. Plus-values immobilières

Les plus-values réalisées par les particuliers à l'occasion de la cession de biens immobiliers ou de droits relatifs à ces biens sont soumises à l'impôt sur le revenu au taux de 19 % (majoré des prélèvements sociaux). La plus-value est déclarée et l'impôt est payé lors de la mutation, le plus souvent par l'intermédiaire du notaire. **32000** CGI art. 150 U à 150 VH **IMMO-II-1 s**

De nombreuses plus-values échappent toutefois à cette imposition du fait des exonérations prévues par la loi.

Remarque : Des **taxes spéciales** peuvent en outre s'appliquer : taxe sur les plus-values excédant 50 000 € (nos 32710 s.) et taxes sur les terrains devenus constructibles (nos 31430 s.).

1. PLUS-VALUES IMPOSABLES

PERSONNES IMPOSABLES

Le régime des plus-values immobilières privées s'applique aux plus-values réalisées par les **personnes physiques** dans le cadre de la gestion de leur patrimoine privé soit directement, soit au travers : **32065** CGI art. 150 U, I **IMMO-II-650 s**

– de **sociétés de personnes** relevant de l'impôt sur le revenu ; en pratique, les sociétés de personnes concernées sont essentiellement les sociétés civiles immobilières non passibles de l'impôt sur les sociétés qui vendent les immeubles qu'elles possèdent : voir à ce sujet nos 32475 s. ;

– ou de fonds de placement dans l'immobilier (**FPI**). Les règles particulières applicables dans ce cas sont examinées nos 30525 s.

ATTENTION

Le régime des plus-values privées ne s'applique ni aux profits ou plus-values qui se rattachent à une **activité professionnelle** (profits des marchands de biens, des lotisseurs ou des constructeurs imposables au titre des BIC) ni aux plus-values de cession de biens faisant partie du patrimoine professionnel et relevant par suite du régime des plus-values professionnelles.

BIENS IMPOSABLES

32075 IMMO-II-1200 s Ce sont tous les **immeubles bâtis ou non bâtis** (constructions ou terrains) ainsi que les droits relatifs à ces biens (usufruit, nue-propriété, servitudes…).

Certains **titres de sociétés** sont également susceptibles de donner lieu à l'application du régime des plus-values immobilières (voir nos 32520 s.) ainsi que les parts de **FPI** (voir n° 30535).

D'une manière générale, il n'est tenu compte ni de l'origine des biens vendus – ils ont pu être achetés ou reçus en héritage ou par donation – ni de leur affectation ou de leur destination.

> Précisions **a.** La première cession à titre onéreux de l'**usufruit temporaire** d'un bien immobilier relève du régime particulier d'imposition exposé nos 4780 s.

b. Les **terrains lotis** relèvent du régime des plus-values immobilières privées dès lors que le lotisseur ne les a pas acquis dans l'intention de les revendre après lotissement (voir n° 30350).

OPÉRATIONS IMPOSABLES

32085 IMMO-II-8200 s Seules sont imposables les plus-values réalisées à l'occasion de cessions à titre onéreux. Il s'agit :

– des **ventes** quels qu'en soient la forme, le caractère et les modalités de paiement du prix (qui peut consister notamment en une rente viagère) ;

– des **échanges,** même sans soulte ;

– dans la limite des soultes, des **partages** ou licitations de biens indivis autres que ceux mentionnés n° 32090 ;

– des **apports** en société ;

– des **expropriations,** étant toutefois précisé qu'une exonération sous condition de remploi est prévue dans ce cas (nos 32570 s.).

> Précisions **a.** L'**inscription d'un bien à l'actif d'une entreprise** individuelle ne constitue pas une mutation imposable ; mais, en cas de vente ultérieure du bien, la fraction de plus-value acquise pendant la période de détention dans le patrimoine privé est taxée selon le régime des plus-values privées, dans les conditions exposées nos 18470 s.

b. Les **mutations à titre gratuit** (donations ou successions) ne génèrent pas de plus-value imposable.

c. L'administration considère que l'**attribution d'un bien propre en paiement d'une prestation compensatoire** en capital constitue, pour l'ex-époux débiteur, une cession à titre onéreux imposable (BOI-RFPI-PVI-10-30 n° 20). Corrélativement, en cas de cession ultérieure du bien, la plus-value réalisée par l'attributaire est déterminée à partir de la date et de la valeur vénale du bien au jour de l'attribution.

32090 CGI art. 150 U, IV IMMO-II-10500 s **Exonération de certains partages** Ne constituent pas des mutations à titre onéreux dans la limite des soultes les partages de biens reçus par **succession,** de biens acquis par des **époux** (quel que soit leur régime matrimonial) avant ou pendant le mariage ou de biens acquis par des **partenaires** d'un **Pacs** avant ou pendant le pacte (ou par des concubins pendant la période de concubinage : BOI-RFPI-PVI-10-40-100 n° 40). Ces partages ne sont pas imposables dès lors qu'ils interviennent entre les membres originaires de l'indivision, leurs conjoints, des ascendants, des descendants ou des ayants droit à titre universel de l'un ou plusieurs d'entre eux. Il en est de même des partages de **biens indivis issus d'une donation-partage.**

TERRITORIALITÉ

32100 La plupart des conventions fiscales internationales conclues par la France prévoient que les plus-values réalisées lors de la cession d'immeubles sont imposables, en vertu d'un droit exclusif ou non, dans l'État où les immeubles sont situés (voir n° 82970). C'est ainsi qu'un **non-résident** est en général imposable en France lors de la cession d'un bien immobilier situé en France (voir nos 32625 s.).

2. EXONÉRATIONS

32120 IMMO-II-20000 s Le champ d'application de l'imposition des plus-values immobilières se trouve sensiblement réduit par un certain nombre d'exonérations dont la liste complète figure dans le tableau ci-après, avec les références aux commentaires correspondants du Mémento.

Nature des exonérations	N^os
Résidence principale	32130 s., 32500, 32530
Logement autre que la résidence principale (exonération sous condition de remploi)	32140
Ancienne résidence principale en France d'un non-résident	32652
Logement possédé en France par un non-résident	32655
Exonération liée à la durée de détention du bien	32245 s.
Expropriation (exonération sous condition de remploi)	32570 s.
Remembrement	32145
Vente n'excédant pas 15 000 €	32155
Retraités ou invalides de condition modeste	32165 s.
Immeuble sinistré (indemnité d'assurance)	32175
Cession d'un droit de surélévation (régime temporaire)	32180
Immeuble destiné au logement social ou intermédiaire (régime temporaire)	32185
Partage d'indivision conjugale ou de succession et assimilés	32090

RÉSIDENCE PRINCIPALE

La plus-value réalisée lors de la cession d'une résidence principale est exonérée, quel que soit le type de logement (maison individuelle ou appartement). 32130 CGI art. 150 U, II-1° IMMO-II-25000 s

Seuls ouvrent droit à l'exonération les immeubles (ou parties d'immeubles) qui constituent la résidence habituelle et effective du propriétaire lui-même **au jour de la cession.** Les **immeubles donnés en location** et les immeubles **occupés gratuitement** par des membres de la famille du propriétaire ou des tiers ne peuvent donc pas en bénéficier.

ILLUSTRATIONS

Un **immeuble vacant au moment de la vente,** mais qui a été occupé comme résidence principale jusqu'à sa mise en vente, ouvre droit à l'exonération si la cession intervient dans un **délai normal de vente,** soit dans un délai d'un an dans un contexte économique normal (BOI-RFPI-PVI-10-40-10 n° 190). Aucun délai maximum ne peut toutefois être fixé a priori : l'appréciation du délai normal de vente est une question de fait qui résulte de l'ensemble des circonstances de l'opération, et notamment des diligences accomplies par le cédant pour vendre au plus vite compte tenu des motifs de la cession, des caractéristiques de l'immeuble et du contexte économique et réglementaire local (BOI précité n° 190 ; CE 7-5-2014 n° 356328 : RJF 8-9/14 n° 805). C'est ainsi que l'exonération a été jugée applicable dans le cas d'une vente réalisée vingt-neuf mois après le départ du propriétaire, la révision du plan d'occupation des sols en cours ayant eu pour effet de ralentir l'opération (CE 6-10-2010 n° 308051 : RJF 1/11 n° 45 ; solution confirmée par la juridiction de renvoi : CAA Versailles 16-12-2011 n° 10VE03388 : RJF 5/12 n° 476).

De même, un **logement rendu inhabitable à la suite d'un sinistre** conserve sa qualité de résidence principale éligible à l'exonération lorsque le cédant a accompli les diligences nécessaires en vue, d'une part, de faire reconstruire l'immeuble dans les meilleurs délais et, d'autre part, de mener à bien sa cession dès l'achèvement des travaux (BOI précité n° 195).

Pour les **immeubles à usage mixte** d'habitation et professionnel, l'exonération est limitée à la fraction de la plus-value se rapportant à la partie d'habitation.

Lorsque la cession porte sur un immeuble dont la **nue-propriété** et l'**usufruit** appartiennent à des personnes différentes et que le logement constitue la résidence principale du seul usufruitier, seule la quote-part de plus-value correspondant aux droits de l'usufruitier peut bénéficier de l'exonération.

Dans tous les cas, l'exonération s'applique quels que soient les motifs de la cession, le montant de la plus-value et l'affectation future du bien cédé, y compris lorsque l'immeuble est destiné à être démoli en vue de l'édification de nouvelles constructions.

> **Précisions** **a.** En cas de cession par des **conjoints, des partenaires d'un Pacs ou des concubins divorcés ou séparés** du logement qui constituait leur résidence principale au moment de la séparation, chacun des ex-conjoints, partenaires ou concubins bénéficie de l'exonération sur sa part de plus-value lorsque le logement a été occupé par l'un d'eux jusqu'à sa mise en vente (BOI précité n°s 250 s.). L'exonération s'applique également lorsque le logement, destiné à la résidence principale du couple, est **en cours de construction** sous réserve que les intéressés n'aient pas été propriétaires du logement occupé pendant la construction (BOI précité n°s 230 s.).

b. L'exonération s'applique sous les mêmes conditions de destination du bien et d'absence de détention de sa résidence principale aux **immeubles en construction** cédés à la suite d'une **mutation professionnelle,** du **décès du conjoint, partenaire ou concubin** ou pour cause d'**invalidité** du cédant ou de son conjoint, partenaire ou concubin (BOI précité n°s 300 s.).

c. Les cessions de **péniches** non destinées à la navigation, qui sont soumises à la taxe foncière et qui sont effectivement utilisées en un point fixe à usage d'habitation principale par leurs propriétaires, peuvent bénéficier de l'exonération (BOI précité n° 320).

d. Lorsqu'un des époux est titulaire d'un **logement de fonction,** alors que son conjoint et ses enfants résident effectivement et en permanence dans une autre habitation, cette dernière peut être considérée comme la résidence principale du foyer (BOI précité n° 60).

32135 CGI art. 150 U, II-3° IMMO-II-40000 s

Dépendances L'exonération profite aux dépendances **immédiates et nécessaires** de la résidence principale qui sont cédées en même temps que cette dernière. Elle profite également aux dépendances cédées à un **acquéreur distinct** de celui de la résidence principale dans le délai normal de vente mentionné n° 32130 (BOI-RFPI-PVI-10-40-10 n° 390).

Les dépendances comprennent les bâtiments annexes tels que les garages (situés à moins d'un kilomètre) et les remises, les aires de stationnement, les passages, les cours, et plus généralement l'ensemble du terrain entourant la résidence qui n'est pas vendu comme terrain à bâtir (sur cette notion, voir n° 58790).

LOGEMENT AUTRE QUE LA RÉSIDENCE PRINCIPALE

32140 CGI art. 150 U, II-1° bis et 3° IMMO-II-45000 s

Les plus-values réalisées au titre de la première cession d'un logement autre que la résidence principale (ou de droits démembrés portant sur un tel logement) sont exonérées à la **double condition** que le cédant n'ait pas été propriétaire de sa résidence principale, directement ou par personne interposée, au cours des quatre années précédant la cession et qu'il remploie le prix de cession dans l'acquisition ou la construction d'un logement qu'il affecte, dès son achèvement ou son acquisition si elle est postérieure, à son habitation principale. L'**exonération** est **limitée** à la fraction du prix de cession effectivement remployée.

Le **remploi** doit être effectué dans le **délai** de vingt-quatre mois à compter de la cession. À défaut, l'exonération est remise en cause au titre de l'année du manquement.

Chaque personne physique peut bénéficier de cette exonération **une fois** au titre de la cession de son choix réalisée depuis le 1er février 2012 (BOI-RFPI-PVI-10-40-30 nos 140 à 160). Le dispositif s'applique sur **demande** par la mention de sa nature et de son fondement **dans l'acte** de vente. Celui-ci doit indiquer l'identité du bénéficiaire de l'exonération, ses droits sur le prix de cession, la fraction destinée au remploi, le montant de la plus-value exonérée (CGI ann. III art. 41 duovicies-0 H).

L'exonération s'étend aux **dépendances** immédiates et nécessaires du logement cédées en même temps que celui-ci (voir n° 32135).

› Précisions a. L'exonération n'est applicable que si le cédant ne détient **aucun droit réel immobilier** sur le bien constituant sa résidence principale (CE 15-7-2021 n° 453490 : RJF 11/21 n° 1025).

b. En cas de **pluralité de cédants,** le respect des conditions d'application et le bénéfice de l'exonération s'apprécient distinctement par cédant personne physique : chaque coïndivisaire en cas d'indivision, chacun des époux en cas de cession d'un bien commun, chaque associé en cas de cession d'un logement par une société ou groupement (BOI précité nos 380 à 410).

c. L'acquisition de la résidence principale avant la vente du logement (au moyen d'un **prêt-relais** par exemple) ne fait pas obstacle au bénéfice de l'exonération dès lors que le logement a été mis en vente antérieurement et que la vente effective intervient dans un délai normal (BOI précité n° 70).

d. Le **remploi** du prix de cession est admis (BOI précité nos 190, 250 et 260) :
– dans le paiement de droits d'enregistrement liés à un logement reçu par donation ou succession ;
– dans le coût de travaux d'amélioration et d'agrandissement ou entraînant une modification importante du gros œuvre réalisés concomitamment à l'acquisition d'un logement ancien et achevés et payés dans les douze mois qui suivent cette acquisition ;
– dans l'acquisition d'un immeuble affecté à un usage autre que l'habitation, suivie de travaux de transformation en logement achevés et payés dans les vingt-quatre mois qui suivent cette acquisition.

Le prix de cession peut également servir au remboursement de l'emprunt contracté pour l'achat du logement cédé, l'achat de la résidence principale étant financé par un nouvel emprunt (Rép. Fromantin : AN 11-6-2013 n° 20830).

REMEMBREMENT URBAIN OU AMÉNAGEMENT FONCIER

32145 CGI art. 150 U, II-5° IMMO-II-77700 s

Sont exonérées les **plus-values d'échange** réalisées dans le cadre de certains remembrements urbains ou d'opérations d'aménagement foncier agricole, forestier et environnemental, ou d'opérations assimilées, effectués conformément à la réglementation.

L'exonération de la plus-value n'est pas définitive puisque, en cas de revente du bien remembré ou échangé, la plus-value réalisée à cette occasion est calculée en considérant fictivement que l'immeuble cédé a été acquis au même prix (ou pour la même valeur vénale), à la même date et selon le même mode que l'immeuble apporté en échange au remembrement.

EXEMPLE

Un immeuble A acquis le 1er mars de l'année N pour un prix de 10 000 € est échangé dans le cadre d'un remembrement réalisé le 3 septembre de l'année N + 5 contre un immeuble B évalué à 11 000 €. Lors de la cession de l'immeuble B réalisée le 15 octobre de l'année N + 10, la plus-value sera calculée à partir d'un prix d'acquisition de 10 000 €. Mais compte tenu de l'abattement pour durée de détention (n° 32245), la plus-value sera diminuée de 30 % pour le calcul de l'IR et de 8,25 % pour celui des prélèvements sociaux.

VENTE N'EXCÉDANT PAS 15 000 €

Les plus-values de cession d'immeubles, de parties d'immeubles ou de droits relatifs à ces biens sont exonérées lorsque le prix de cession est inférieur ou égal à 15 000 €. Ce plafond s'apprécie bien par bien et non pas annuellement. **32155** CGI art. 150 U, II-6° **IMMO-II-82000 s**

En cas de cession isolée de l'**usufruit** ou de la **nue-propriété,** le seuil s'apprécie par rapport à la valeur de la pleine propriété du bien.

En cas de cession d'un bien détenu en **indivision,** il s'apprécie au regard de chaque quote-part indivise (il en est de même en cas de cession d'un bien acquis en **tontine** : BOI-RFPI-PVI-10-40-70 n° 90).

En cas de cession d'un **droit démembré détenu en indivision,** le seuil s'apprécie au regard de chaque quote-part indivise en pleine propriété.

ILLUSTRATIONS

En cas de **cession par des époux,** même communs en biens, le seuil s'apprécie au regard de la quote-part de chaque époux (BOI précité n° 100).

En cas de **cession de plusieurs parcelles** ou lots à un **même acquéreur,** le seuil s'apprécie en tenant compte du prix de chaque transaction réalisée, indépendamment du nombre de biens ou lots vendus à l'occasion de cette transaction, sans qu'il y ait lieu de diviser le prix global de cession par le nombre de lots vendus (CE 15-11-2019 n° 421337 : RJF 2/20 n° 137). Toutefois, en cas de cession de plusieurs **parcelles non adjacentes,** le seuil s'apprécie parcelle par parcelle (BOI précité n° 80).

RETRAITÉS OU INVALIDES DE CONDITION MODESTE

Exonération générale Les titulaires d'une pension de retraite ainsi que les titulaires d'une CMI-invalidité (ou d'une carte d'invalidité) échappent à la taxation des plus-values immobilières à la double condition que, au titre de l'avant-dernière année précédant celle de la cession : **32165** CGI art. 150 U, III **IMMO-II-21000 s**

– ils ne soient pas passibles de l'IFI (valeur nette du patrimoine imposable n'excédant pas 1,3 M€) ;

– leur revenu fiscal de référence ne dépasse pas un seuil fixé, pour les cessions réalisées en 2024, à 11 885 € pour la première part de quotient familial majoré de 3 174 € pour chaque demi-part supplémentaire, la situation de famille s'appréciant à la date de la cession.

> Précisions a. L'exonération s'applique même si c'est le **conjoint** du cédant, soumis à imposition commune, qui est titulaire d'une pension de vieillesse ou de la CMI-invalidité (BOI-RFPI-PVI-10-40-90 n° 40).

Le conjoint survivant qui perçoit une **pension de réversion** peut également bénéficier de l'exonération (BOI précité n° 50).

b. Lorsque le **cédant** est un **handicapé rattaché au foyer fiscal de ses parents,** l'administration admet que seuls ses revenus soient pris en compte pour apprécier la condition relative au niveau du revenu fiscal de référence (BOI précité n° 140).

Exonération de l'ancienne résidence principale La plus-value réalisée par les **personnes âgées hébergées en maison de retraite** (Ehpa, Ehpad, logement-foyer, petite unité de vie ou unité pour personnes désorientées) ou les **personnes adultes handicapées placées en foyer d'accueil** (foyer de vie, foyer d'accueil médicalisé ou maison d'accueil spécialisée) lors de la cession de leur ancienne résidence principale est exonérée à condition que : **32170** CGI art. 150 U, II-1° ter **IMMO-II-65000 s**

– au titre de l'avant-dernière année précédant celle de la cession, le cédant ne soit pas passible de l'IFI (valeur nette du patrimoine imposable n'excédant pas 1,3 M€) et son revenu fiscal de référence ne dépasse pas un seuil fixé, pour les cessions réalisées en 2024, à 27 947 € pour la première part de quotient familial majoré de 6 530 € pour la première demi-part et 5 140 € pour chaque demi-part supplémentaire ;

– l'immeuble n'ait fait l'objet d'aucune occupation depuis l'entrée de son propriétaire dans l'établissement ;

– la cession intervienne dans un délai inférieur à deux ans suivant l'entrée dans l'établissement.

L'exonération s'applique lorsque le **logement** est resté **occupé par un membre du foyer fiscal** du cédant ou son concubin (BOI-RFPI-PVI-10-40-20 n° 90).

IMMEUBLE SINISTRÉ

32175 CGI art. 150 VA, II IMMO-II-158550

En cas de revente d'un immeuble partiellement ou totalement sinistré (incendie, inondation, etc.), l'**indemnité d'assurance** perçue n'est pas prise en compte dans le calcul de la plus-value.

DROIT DE SURÉLÉVATION

32180 CGI art. 150 U, II-9° IMMO-II-90000 s

La plus-value réalisée au titre de la cession **jusqu'au 31 décembre 2024** d'un droit de surélévation est exonérée à **condition** que l'acquéreur s'engage à créer et à achever exclusivement des locaux destinés à l'habitation dans un délai de quatre ans calculé de date à date à compter de l'acquisition.

En cas de manquement à cet **engagement,** l'acquéreur est redevable d'une **amende** d'un montant égal à 25 % de la valeur de cession du droit de surélévation.

> **Précisions** **a.** L'engagement résulte de la mention de l'exonération dans l'**acte** de cession (BOI-RFPI-PVI-10-40-40 n° 110).
b. Le logement est achevé lorsque l'état d'avancement des travaux de construction est tel qu'il est habitable (BOI précité n° 100).
c. L'amende n'est pas due en cas de **licenciement,** d'**invalidité** de 2e ou 3e catégorie ou de **décès** du contribuable ou de l'un des membres du couple soumis à imposition commune (BOI précité n° 140). Elle n'est pas due non plus lorsque l'acquéreur ne respecte pas son engagement en raison de **circonstances exceptionnelles** indépendantes de sa volonté.
d. En cas de **fusion de sociétés,** l'engagement souscrit par la société absorbée n'est pas rompu lorsque la société absorbante le reprend dans l'acte de fusion.

IMMEUBLE DESTINÉ AU LOGEMENT SOCIAL OU INTERMÉDIAIRE

32185 CGI art. 150 U, II-7° et 8° IMMO-II-98100 s

Sont exonérées les plus-values réalisées **jusqu'au 31 décembre 2025** lors de la **cession** d'immeubles **à un organisme chargé du logement social** (organisme HLM, société d'économie mixte gérant des logements sociaux, Association foncière logement, SCI dont cette association détient la majorité des parts pour les logements visés à l'article L 831-1, 4° du CCH, organisme bénéficiant de l'agrément relatif à la maîtrise d'ouvrage prévu à l'article L 365-2 du CCH et organisme de foncier solidaire) **ou** à tout **autre cessionnaire qui s'engage** personnellement, dans un délai respectivement de **dix ans** et de **quatre ans** à compter de la date d'acquisition, par une mention portée dans l'acte d'acquisition :

– à la **construction,** le cas échéant à la démolition des constructions existantes suivie d'une reconstruction ou à la **réhabilitation** des constructions existantes et à l'achèvement d'un ou plusieurs **bâtiments d'habitation collectifs** dont le gabarit est au moins égal à 75 % du gabarit maximal autorisé en application du PLU ou du document d'urbanisme en tenant lieu ;

– et à l'affectation, dès leur achèvement, d'un prorata de la surface habitable des logements ainsi réalisés, à du **logement social,** à du logement faisant l'objet d'un bail réel solidaire ou, si les immeubles sont situés pour tout ou partie de leur surface **en zones A, A bis ou B1,** à du **logement locatif intermédiaire** (CGI art. 150 U, II-7°, modifié par l'article 9, I-A-1° de la loi 2023-1322 du 29-12-2023, applicable aux cessions réalisées à compter du 1er janvier 2024).

L'exonération s'applique également lorsque l'immeuble est vendu jusqu'à la même date **à une collectivité territoriale,** à un établissement public de coopération intercommunale (EPCI) ou à un établissement public foncier (EPF) **en vue de sa rétrocession** selon les modalités précitées à un organisme chargé du logement social dans le délai d'un an (trois ans en cas de rétrocession par un EPF) à compter de son acquisition (CGI art. 150 U, II-8°, modifié par l'article 9, I-A-2° de la loi 2023-1322 du 29-12-2023, applicable aux cessions réalisées à compter du 1er janvier 2024).

L'exonération s'applique au **prorata de la surface habitable** destinée à être affectée à des **logements sociaux ou intermédiaires** par rapport à la surface totale des constructions du programme immobilier. L'exonération est totale pour les organismes chargés du logement social lorsque le prorata dépasse 80 %.

En cas de **manquement à ses engagements,** le cessionnaire (ou le bénéficiaire de la rétrocession en cas de portage par une collectivité territoriale, un EPCI ou un EPF) est redevable d'une amende égale à 10 % du prix d'acquisition (mais l'exonération partielle de la plus-value reste acquise au cédant : BOI-RFPI-PVI-10-40-110 n° 230, précision donnée pour l'application du régime antérieur).

Dans les **quartiers faisant l'objet d'un projet de renouvellement urbain** au titre du NPNRU, les exonérations ne s'appliquent pas à la création de logements sociaux ou à l'affectation de surfaces à de tels logements.

> **Précisions** **a.** Les **logements sociaux** objets de l'engagement de construire sont les logements visés à l'article L 831-1, 3°, 5° et 6° du CCH : logements à usage locatif et logements-foyers conventionnés ouvrant droit à l'APL, ainsi que logements occupés par des titulaires de contrats de location-accession. Le bail réel solidaire est défini à l'article L 255-1 du CCH.

Les **logements intermédiaires** sont définis à l'article L 302-16 du CCH.
b. Lorsque les immeubles sont situés dans une **commune** où le **quota** de **logements sociaux** prévu à l'article L 302-5 du CCH n'est **pas respecté,** le cessionnaire doit également s'engager à ce que la surface de logements sociaux représente au minimum 25 % de la surface totale des constructions du programme immobilier.
c. En cas d'**acquisitions successives,** les engagements souscrits par le cessionnaire ne sont pas rompus lorsque le nouvel acquéreur s'engage, dans l'acte d'acquisition, à se substituer au cédant pour le respect des engagements pris dans le délai restant à courir. Lorsque le premier cessionnaire est un organisme chargé du logement social, la reprise des engagements n'est possible que si le nouvel acquéreur est lui-même un organisme chargé du logement social.
De même, en cas de **fusion de sociétés,** les engagements souscrits par la société absorbée ne sont pas rompus lorsque la société absorbante les reprend dans l'acte de fusion.
Le non-respect des engagements repris entraîne, pour le nouvel acquéreur ou la société absorbante, l'application de l'amende de 10 %.
d. En cas de **manquement à la condition de rétrocession,** la collectivité territoriale, l'EPCI ou l'EPF reverse à l'État l'impôt sur la plus-value.
e. Lorsque la cession porte sur un **immeuble situé en Corse,** seule l'exonération prévue par l'article 150 U, II-8° du CGI en cas de cession à une collectivité territoriale, un EPCI ou un EPF en vue de sa rétrocession est applicable (Loi 2023-1322 du 29-12-2023 art. 9, IV).

3. CALCUL DES PLUS-VALUES

La plus-value imposable est égale à la différence entre le prix de cession et le prix d'acquisition de l'immeuble. Lorsque la vente porte sur un immeuble détenu depuis plus de cinq ans, la plus-value est réduite d'un abattement pour durée de détention. Certaines plus-values bénéficient, par ailleurs, d'un abattement exceptionnel, quelle que soit la durée de détention du bien. **32200** CGI art. 150 V **IMMO-II-150100 s**

Les précisions nécessaires à l'application de ces règles dans certains cas particuliers (démembrement de propriété, par exemple) sont regroupées n°s 32285 s.

Un exemple chiffré illustrant les modalités de détermination de la plus-value figure n° 32450.

a. Règles générales

PRIX DE CESSION

Le prix de cession s'entend du prix stipulé à l'acte, augmenté, le cas échéant, des charges en capital et indemnités stipulées dans le contrat de vente au profit du vendeur et diminué des **frais de cession.** **32210** CGI art. 150 VA **IMMO-II-150400 s**

ATTENTION

Seuls les frais suivants effectivement supportés par le vendeur à l'occasion de la cession peuvent être pris en compte : sommes versées à un intermédiaire ou à un mandataire, frais liés aux certifications et diagnostics obligatoires (termites, amiante, etc.), frais de mainlevée d'hypothèque, honoraires d'architecte, indemnité d'éviction versée au locataire et TVA acquittée par le vendeur.

Le prix stipulé à l'acte fait foi, même en cas d'**insuffisance** d'évaluation. En revanche, lorsqu'une **dissimulation** de prix est établie (n° 78245), le prix porté dans l'acte peut être majoré en conséquence par l'administration.

> Précisions **a.** La **valeur du mobilier** n'est pas prise en compte pour la détermination de la plus-value immobilière imposable à condition que l'existence et la valeur vénale de ces biens soient justifiées (production de factures, inventaire de commissaires-priseurs ou de commissaires de justice, etc.) (BOI-RFPI-PVI-20-10-10 n° 10).
b. En cas d'**échange,** le prix de cession à retenir correspond à la valeur vénale réelle des biens reçus en contrepartie du bien remis à l'échange, majorée éventuellement du montant de la soulte reçue ou diminuée du montant de la soulte payée (BOI précité n° 120). Cette valeur doit tenir compte, le cas échéant, des insuffisances relevées pour la liquidation des droits de mutation.
c. Lors de la **cession d'un terrain contre remise d'immeubles à construire,** le prix de cession servant au calcul de la plus-value est le prix mentionné dans l'acte de vente du terrain, sauf si l'administration prouve une dissimulation du prix réellement convenu entre les parties. L'administration apporte cette preuve lorsqu'elle établit qu'il existe une disproportion manifeste entre la valeur réelle des droits représentatifs des locaux à construire, estimée à la date de l'acte de cession du terrain, et le prix mentionné dans l'acte (BOI précité n° 160).
d. Lorsque le **prix** est **payable à terme ou par annuités échelonnées,** le prix à retenir est égal au montant cumulé des versements (hors intérêts) afférents aux diverses échéances stipulées au contrat (BOI précité n° 130).
e. En cas de cession d'un immeuble en **indivision,** la plus-value est imposée au nom de chaque indivisaire à raison de la fraction du prix de vente correspondant à ses droits dans l'indivision à la date de la vente, même si les

indivisaires sont convenus d'une répartition différente du prix (BOI précité n° 195).

f. Les **gains ou pertes de change** pouvant être constatés lors de cessions de biens immobiliers dont les prix sont libellés en devises étrangères constituent une composante des plus ou moins-values brutes réalisées (CE 9-12-2021 n° 439987 : RJF 3/22 n° 266). En pratique, il y a lieu de déterminer les prix d'acquisition et de cession en euros, le cas échéant en convertissant en euros, sur la base des taux de change applicables respectivement à la date d'acquisition ou de cession, les prix qui ont été réglés au moment de ces opérations (BOI-RFPI-PVI-20-10 n° 10).

PRIX D'ACQUISITION

32220 CGI art. 150 VB IMMO-II-162700 s et 170000 s

Acquisition à titre onéreux Le prix d'acquisition correspond au prix effectivement versé lors de l'achat du bien tel qu'il a été stipulé dans l'acte, augmenté des charges et indemnités stipulées au profit du cédant (si une dissimulation du prix est établie, le prix porté dans l'acte doit être majoré du montant de cette dissimulation).

Le prix d'acquisition est majoré forfaitairement de 7,5 % pour tenir compte des **frais d'acquisition.** Le vendeur peut toutefois choisir de substituer à ce forfait le montant réel des frais suivants, dûment justifiés : frais de contrat (notamment honoraires du notaire et commissions d'intermédiaires), droits d'enregistrement ou TVA.

Le prix d'acquisition peut également être majoré des dépenses de **travaux** définies n° 32230. Aucune autre dépense, par exemple les **intérêts d'emprunt** contractés pour l'acquisition ou la réparation de l'immeuble, ne peut être prise en compte.

> Précisions a. **À défaut de prix stipulé dans l'acte,** le prix d'acquisition s'entend de la valeur vénale réelle à la date d'entrée dans le patrimoine du cédant d'après une déclaration détaillée et estimative des parties.

b. Si le bien a été acquis dans le cadre d'une **vente d'immeuble à rénover,** le prix d'acquisition comprend à la fois le prix de l'existant et celui des travaux.

c. Lorsque l'**acquisition** a été **soumise à la TVA,** le forfait de 7,5 % est en règle générale calculé sur le prix TVA incluse (BOI-RFPI-PVI-20-10-20-20 n° 70).

32225 IMMO-II-166700 s et 171500 s

Acquisition à titre gratuit En cas d'acquisition par **succession ou donation,** le prix d'acquisition s'entend de la valeur retenue pour la liquidation des droits de succession ou de donation ou, à défaut, de la valeur vénale réelle à la date de cette acquisition.

Cette valeur est majorée des **frais d'acquisition** retenus pour leur montant réel et justifié. Ces frais s'entendent exclusivement des frais d'acte ou de déclaration (tels que les honoraires de notaire ou les frais de publicité foncière, y compris ceux afférents à un partage), ainsi que des droits de succession ou de donation à proportion de leur valeur représentative des biens cédés.

EXEMPLE

Un contribuable reçoit par succession 300 000 €, dont 200 000 € correspondant à une maison. On suppose que 60 000 € de droits de succession ont été payés au total. Lors de la vente de la maison, le prix d'acquisition est majoré pour le calcul de la plus-value de :

$$\frac{200\,000\text{ €} \times 60\,000\text{ €}}{300\,000\text{ €}} = 40\,000\text{ €}$$

Le prix d'acquisition peut aussi être majoré des dépenses de **travaux** définies n° 32230. Aucune autre dépense ne peut être prise en compte.

> Précisions a. Lorsque la vente porte sur un immeuble qui constituait la **résidence principale du défunt** et de sa famille, dont la valeur a par suite été réduite de 20 % pour le calcul des droits de succession (CGI art. 764 bis), la valeur à retenir pour le calcul de la plus-value est la valeur du bien diminuée de cet abattement. Si le cédant a bénéficié d'autres abattements ou exonérations, ceux-ci n'ont en revanche pas d'incidence sur la valeur à retenir (BOI-RFPI-PVI-20-10-20-10 n° 290).

b. **À défaut de valeur retenue pour la détermination des droits de mutation à titre gratuit,** le cédant doit déterminer la valeur vénale réelle du bien à la date d'entrée dans son patrimoine. Lorsque la succession n'a pas donné lieu à imposition (ou n'était pas imposable en France), l'administration permet de retenir la valeur qui figure dans l'attestation immobilière, à condition qu'elle corresponde à la valeur du bien au jour de l'ouverture de la succession (BOI précité n° 30).

c. Lorsque la valeur du bien procède d'une rectification définitive par l'administration, le cédant peut demander la prise en compte de la valeur rectifiée pour l'imposition de la plus-value, y compris lorsque la rectification est **postérieure à la vente** dans le cadre d'un litige en cours relatif à cette imposition ou par voie de réclamation (CE 27-11-2019 n° 418379 : RJF 2/20 n° 134).

d. Les **droits de donation** ne peuvent pas être pris en compte lorsque le donateur les a pris à sa charge (BOI-RFPI-PVI-20-10-20-20 n° 90).

e. En cas de donation avec **prise en charge par le donataire des dettes** contractées par le donateur pour acquérir le bien transmis, il convient de retenir la valeur du bien avant imputation des dettes admises en déduction de l'assiette des droits de donation (BOI-ENR-DMTG-20-30-10 n° 290).

Dépenses de travaux Les dépenses de **construction, reconstruction, agrandissement et amélioration** peuvent être ajoutées au prix d'acquisition pour leur **montant réel,** à l'exclusion : 32230 IMMO-II-172000 s

– de celles qui présentent le caractère de dépenses locatives : peintures, papiers peints, moquettes, etc. (à moins que ces dépenses ne soient indissociables des travaux de construction, reconstruction, agrandissement ou amélioration : BOI-RFPI-PVI-20-10-20-20 n° 210) ;

– et de celles qui ont déjà été prises en compte pour le calcul de l'impôt sur le revenu (revenu global ou revenus catégoriels) ou qui ont été incluses dans la base d'une réduction ou d'un crédit d'impôt.

ATTENTION

Seuls peuvent être retenus les **travaux effectués par une entreprise** depuis l'achèvement de l'immeuble ou son acquisition si elle est postérieure, à l'exclusion des travaux réalisés par le contribuable lui-même. Le coût des **matériaux achetés directement par le contribuable** puis posés par une entreprise ne peut pas être pris en compte (CE 12-10-2018 n° 419294 et 421677 : RJF 1/19 n° 41).

Le contribuable doit en outre être en mesure de justifier du montant des travaux au moyen des **factures** des entrepreneurs et de leur paiement effectif si l'administration lui en fait la demande.

> Précisions a. En cas de cession d'un **immeuble donné en location,** les dépenses d'amélioration ayant engendré un **déficit** foncier qui n'a pu être intégralement imputé peuvent être prises en compte, à due concurrence, pour le calcul de la plus-value (BOI précité n° 270).

En revanche, les dépenses de travaux exposées au cours d'une année couverte par le **« micro-foncier »,** réputées prises en compte pour l'impôt sur le revenu, sont sans effet sur le prix d'acquisition (BOI précité n° 300).

Lorsque le logement a été placé sous les régimes d'**amortissement Borloo, Robien, Besson ou Périssol,** le montant des dépenses de reconstruction, d'agrandissement ou d'amélioration effectuées avant la première mise en location du logement et déduites au titre de l'amortissement peut venir en augmentation du prix d'acquisition (BOI précité n° 260). Il en va de même pour les dépenses prises en compte pour le calcul des réductions d'impôt **Scellier** et **Censi-Bouvard** ou la réduction **Demessine** pratiquée au titre de l'acquisition de logements touristiques à réhabiliter (BOI précité n° 265).

b. Les **travaux effectués sur les terrains nus** (drainage notamment) viennent en majoration du prix d'acquisition pour leur montant réel, toutes conditions étant par ailleurs remplies (BOI précité n° 370).

c. Les **frais de démolition** d'un bâtiment vétuste supportés pour vendre l'immeuble comme terrain à bâtir s'ajoutent au prix d'acquisition (BOI précité n° 180). Il en va de même des frais de **démolition-reconstruction,** même si le projet est inachevé lors de la cession (CE 30-6-2016 n° 375547 : RJF 11/16 n° 966).

Les travaux effectués sur un **immeuble bâti acquis depuis plus de cinq ans** peuvent être pris en compte, sans justificatif, pour un montant fixé forfaitairement à 15 % du prix d'acquisition. 32231
Le **forfait de 15 %** s'applique sans que le cédant ait à établir la réalité des travaux. Le fait que certaines dépenses aient déjà été prises en compte pour l'assiette de l'impôt sur le revenu est également sans incidence (BOI-RFPI-PVI-20-10-20-20 n° 390).

En pratique, le vendeur a donc intérêt à demander l'application du forfait dans tous les cas où il ne peut pas justifier de dépenses réelles supérieures à 15 % du prix d'acquisition. Mais, selon le Conseil d'État, le forfait de 15 % doit être écarté si le cédant ne démontre pas qu'il a effectivement engagé des travaux dans l'immeuble (CE (na) 25-3-2019 n° 422943 : RJF 10/19 n° 919).

Frais de voirie, réseaux et distribution Qu'ils soient ou non imposés par les collectivités locales, ces frais viennent en augmentation du prix d'acquisition pour le calcul des plus-values sur **terrains à bâtir.** Peut, en particulier, être retenu l'ensemble des frais d'aménagement et de viabilisation engagés dans le cadre d'une opération de lotissement. 32235 IMMO-II-176400 s

ABATTEMENT POUR DURÉE DE DÉTENTION

Lorsque l'**immeuble** cédé est **détenu depuis plus de cinq ans,** la plus-value est diminuée d'un abattement pour durée de détention dont le montant diffère selon qu'il s'agit de calculer l'impôt sur le revenu ou les prélèvements sociaux. 32245 CGI art. 150 VC, I CSS art. L 136-7, VI IMMO-II-177260 s

a. Pour la détermination du **montant imposable à l'impôt sur le revenu,** l'abattement est de :

– 6 % pour chaque année de détention au-delà de la cinquième et jusqu'à la vingt et unième ;

– 4 % au titre de la vingt-deuxième année de détention.

L'exonération d'impôt sur le revenu est ainsi acquise après vingt-deux ans de détention. Par exemple, une plus-value réalisée le 1er juin 2024 est exonérée si l'immeuble a été acquis avant le 1er juin 2002.

b. Pour la détermination du **montant imposable aux prélèvements sociaux,** l'abattement est de :
– 1,65 % pour chaque année de détention au-delà de la cinquième et jusqu'à la vingt et unième ;
– 1,60 % pour la vingt-deuxième année de détention ;
– 9 % pour chaque année au-delà de la vingt-deuxième.

L'exonération des prélèvements sociaux est ainsi acquise après trente ans de détention et, entre vingt-trois et trente ans de détention, les plus-values ne sont soumises qu'aux prélèvements sociaux.

Cet abattement s'applique quelle que soit la nature de l'immeuble (bâti ou non). Il se calcule par période de douze mois, en faisant abstraction des fractions d'année. Le délai de détention court depuis la date d'acquisition (soit, en principe, la date de l'acte notarié pour les achats et les donations et la date du décès pour les immeubles reçus en héritage) jusqu'à la date de cession, constitutive du fait générateur de l'imposition.

Un **tableau récapitulatif des taux d'abattement** applicables en fonction de la durée de détention du bien figure en annexe, n° 97230.

ABATTEMENT EXCEPTIONNEL DANS LE PÉRIMÈTRE D'OPÉRATIONS D'AMÉNAGEMENT COMPLEXES OU EN ZONES TENDUES

32250 CGI art. 150 VE IMMO-II-177950 s

Un abattement exceptionnel s'applique, sous certaines conditions, pour la détermination de l'assiette imposable à l'impôt sur le revenu et aux prélèvements sociaux aux plus-values résultant de la cession (CGI art. 150 VE, modifié par l'article 9, I-B de la loi 2023-1322 du 29-12-2023) :

– de **biens immobiliers bâtis** ou de droits relatifs à ces mêmes biens situés pour tout ou partie de leur surface dans le périmètre d'une **grande opération d'urbanisme** (GOU) fixé par l'acte mentionné à l'article L 312-4 du Code de l'urbanisme, dans celui d'une **opération de revitalisation du territoire** (ORT) délimité dans les conventions mentionnées à l'article L 303-2 du CCH **ou** dans celui des **opérations d'intérêt national** (OIN) mentionnées à l'article L 102-13, al. 1 du Code de l'urbanisme ;

– de **terrains à bâtir** (tels que définis n° 58790) **ou** de **biens immobiliers bâtis** ou de droits relatifs à ces mêmes biens situés pour tout ou partie de leur surface dans des **communes classées en zones A, A bis ou B1**.

> **Précisions** **a.** Pour les **cessions réalisées en 2024 précédées d'une promesse de vente signée avant cette date,** c'est l'article 150 VE du CGI dans sa rédaction antérieure à la loi 2023-1322 du 29 décembre 2023 qui a vocation à s'appliquer. Ce dispositif n'étant plus étudié dans le présent ouvrage, les lecteurs intéressés peuvent se reporter à l'édition 2022 du Mémento Fiscal nos 32250 s.
> Le nouveau dispositif reprenant pour partie les dispositions antérieures, nous faisons état, dans les développements qui suivent, de solutions administratives formulées pour le dispositif antérieur mais qui conservent leur intérêt dans le cadre du nouvel abattement.
> **b.** Une **construction** dont l'état la rend **impropre à un quelconque usage** est assimilée, pour l'application de l'abattement, à un immeuble bâti en dépit de la solution contraire retenue en matière de TVA (voir n° 58790, précision a) (BOI-RFPI-PVI-20-20 n° 200).
> **c.** Les plus-values réalisées par les contribuables **non domiciliés** fiscalement en France peuvent bénéficier de l'abattement (BOI précité n° 220).

32255 **Conditions d'application** L'abattement exceptionnel s'applique sous réserve du respect des conditions suivantes :

– la cession doit être précédée d'une **promesse de vente** ayant acquis date certaine **entre le 1er janvier 2024 et le 31 décembre 2025** ;

– la **cession** doit être réalisée **au plus tard le 31 décembre de la deuxième année suivant** celle au cours de laquelle la promesse de vente a acquis date certaine (soit au plus tard le 31 décembre 2027) ;

– le **cessionnaire doit s'engager** par une mention portée dans l'acte authentique d'acquisition à la **construction,** le cas échéant à la **démolition** des constructions existantes suivie d'une **reconstruction ou** à la **réhabilitation** complète des constructions existantes et à l'achèvement, dans un délai de quatre ans à compter de la date d'acquisition, d'un ou plusieurs **bâtiments d'habitation collectifs** dont le gabarit est au moins égal à 75 % du maximal autorisé en application du PLU ou du document d'urbanisme en tenant lieu.

> Précisions **a.** L'abattement exceptionnel ne s'applique pas aux **cessions entre personnes liées,** à savoir celles réalisées par le cédant au profit :
– de son conjoint, son partenaire de Pacs, son concubin notoire, un ascendant ou descendant du cédant ou de l'une de ces personnes ;
– d'une personne morale dont le cédant, son conjoint, son partenaire de Pacs, son concubin notoire, un ascendant ou descendant de l'une ou de plusieurs de ces personnes est un associé ou le devient à l'occasion de cette cession.
b. Le **gabarit** s'entend de l'ensemble des plans verticaux, horizontaux ou obliques constituant la forme extérieure de la construction (BOI-RFPI-PVI-20-20 n° 310).

Taux Le taux de l'abattement exceptionnel est en principe fixé à **75 %** pour les cessions d'immeubles bâtis dans le périmètre des **opérations d'aménagement complexes ou** d'envergure **nationale** et à **60 %** pour les cessions de terrains à bâtir et d'immeubles bâtis situés dans des communes classées en **zones A, A bis ou B1.** 32260

Ces taux sont toutefois **portés à 85 %** lorsque le cessionnaire s'engage à ce que la surface habitable des logements ainsi réalisés soit affectée, dès leur achèvement, pour au moins 50 % de la surface totale des constructions du programme immobilier à du **logement social,** à du logement faisant l'objet d'un **bail réel solidaire ou** à du logement **intermédiaire.**

Cet abattement est appliqué après prise en compte, le cas échéant, de l'abattement pour durée de détention visé n° 32245.

Un **tableau** figurant en annexe, n° 97230, fournit le **taux global d'abattement** (pour durée de détention et exceptionnel) applicable en fonction de la durée de détention du bien.

> Précisions **a.** Sur la **définition** des logements sociaux et intermédiaires et du bail réel solidaire, voir n° 32185, précision a.
b. Lorsque les immeubles sont situés dans une **commune** où le **quota** de **logements sociaux** prévu à l'article L 302-5 du CCH n'est **pas respecté,** le taux majoré ne s'applique que si le cessionnaire s'engage à ce que la surface de logements sociaux représente au minimum 25 % de la surface totale des constructions du programme immobilier.
c. Dans les **quartiers faisant l'objet d'un projet de renouvellement urbain** au titre du NPNRU, le taux majoré ne s'applique pas à la création de logements sociaux ou à l'affectation de surfaces à de tels logements.
d. En cas de **non-respect des engagements** (visés n° 32255 et éventuellement précision b), le cessionnaire est redevable d'une amende d'un montant égal à 10 % du prix de cession mentionné dans l'acte.
e. En cas d'**acquisitions successives** ou de **fusion de sociétés,** les engagements souscrits par le cessionnaire ne sont pas rompus lorsque le nouvel acquéreur ou la société absorbante s'engage, dans l'acte d'acquisition ou de fusion, à se substituer respectivement au cédant ou à la société absorbée pour le respect des engagements pris dans le délai restant à courir.
Le non-respect de cet engagement par le nouvel acquéreur ou la société absorbante entraîne l'application à ce nouvel acquéreur ou à cette société de l'amende visée précision d.

SORT DES MOINS-VALUES

Lorsqu'une cession immobilière dégage une moins-value, celle-ci n'est imputable ni sur les plus-values de même nature, hormis le cas de vente en bloc d'un immeuble acquis par fractions successives (voir n° 32360), ni sur le revenu global. 32265 CGI art. 150 VD IMMO-II-177880 s

b. Cas particuliers

DÉMEMBREMENT DE PROPRIÉTÉ

Des règles particulières s'appliquent pour le calcul de la plus-value imposable lorsque la cession porte sur des droits démembrés ou des biens faisant l'objet ou ayant fait l'objet d'un démembrement de propriété. 32285

ATTENTION

La **première cession** à titre onéreux de l'**usufruit temporaire** d'un immeuble ne relève pas du régime des plus-values mais du régime spécifique exposé n°s 4780 s.

Vente d'un immeuble après réunion de propriété En cas de cession de la pleine propriété d'un immeuble après **réunion de la nue-propriété** (acquise à titre gratuit ou onéreux) **et de l'usufruit par extinction** au décès de l'usufruitier ou au terme de l'usufruit, le **prix d'acquisition** servant au calcul de la plus-value est égal à la somme des valeurs vénales de chacun des droits (donc la valeur de la pleine propriété) à la date d'entrée de la nue-propriété dans le patrimoine du vendeur, bien que la valeur d'acquisition de l'usufruit soit nulle (BOI-RFPI-PVI-20-10-20-10 nos 220 et 350). 32290 IMMO-II-3300 s

Le **délai de détention** est décompté à partir de l'acquisition de la nue-propriété (BOI-RFPI-PVI-20-20 nº 40).

EXEMPLE

Décès le 15 janvier 2020 d'un contribuable marié qui possède en propre un immeuble bâti évalué à 122 000 €. Son épouse, âgée de 75 ans, choisit d'en recueillir l'usufruit, soit 36 600 € (l'usufruit étant égal à 30 % de 122 000 €). Leurs trois enfants recueillent en indivision la nue-propriété de l'immeuble (85 400 €).
En 2021, les enfants procèdent au partage des biens en indivision, et l'un d'eux acquiert les droits des deux autres sur l'immeuble évalué à cette date à 130 000 €. Il verse donc 60 666 € pour le rachat des 2/3 de la nue-propriété en indivision (2/3 de 70 % de 130 000 €).
En 2023, au décès de la mère, il acquiert l'usufruit par extinction.
En mars 2024, il revend l'immeuble pour le prix de 140 000 €. La plus-value est calculée par différence entre ce prix de vente et la valeur vénale de l'immeuble déclarée lors de la succession du père, soit 122 000 € (le partage intervenu en 2021 n'est pas pris en compte : voir nº 32330).
La plus-value de 18 000 € ne bénéficie d'aucun abattement pour durée de détention (durée de détention de la nue-propriété inférieure à cinq ans).

32295 En cas de cession de la pleine propriété d'un immeuble lorsque la **nue-propriété et** l'**usufruit** ont été **acquis à titre onéreux,** le prix d'acquisition est égal à la somme des prix d'acquisition de chacun des droits démembrés stipulés dans chacun des actes d'acquisition (BOI-RFPI-PVI-20-10-20-10 nº 220).

Lorsque l'immeuble est cédé après réunion de la **nue-propriété reçue par donation ou succession et de l'usufruit acquis à titre onéreux,** le prix d'acquisition est la somme de la valeur vénale de la nue-propriété retenue lors de la donation ou de la succession et du prix d'acquisition de l'usufruit (BOI précité nºs 220 et 350).

Lorsque le cédant de l'immeuble en pleine propriété a **acquis la nue-propriété et l'usufruit par donation ou succession** (hors extinction de l'usufruit : nº 32290), le prix d'acquisition est égal à la somme des valeurs vénales retenues lors de chacune des transmissions (BOI précité nº 350).

Dans tous les cas, la **durée de détention** doit être décomptée à partir de la première des deux acquisitions, qu'elles soient à titre onéreux ou à titre gratuit (BOI-RFPI-PVI-20-20 nº 40).

32300 IMMO-II-5000 s

Cession conjointe par le nu-propriétaire et l'usufruitier d'un immeuble démembré

En cas de cession conjointe par le nu-propriétaire et l'usufruitier de leurs droits respectifs avec répartition du prix de vente entre les intéressés, l'opération est susceptible de dégager une plus-value imposable au nom de chacun d'eux.

Le **prix de vente** global de l'immeuble doit être ventilé de façon à faire apparaître distinctement le prix de cession de la nue-propriété et celui de l'usufruit, en fonction de leur valeur réelle au jour de la vente. À titre de règle pratique, l'administration admet toutefois que cette ventilation soit effectuée en application du barème de l'article 669 du CGI (nº 68460) en tenant compte de l'âge de l'usufruitier au jour de la vente (BOI-RFPI-PVI-20-10-10 nºs 300 et 320).

Le **prix d'acquisition** de chaque droit est celui stipulé dans l'acte ou, en cas d'acquisition à titre gratuit, la valeur vénale retenue pour le calcul des droits de mutation. Lorsque le démembrement a pour origine une succession antérieure à 2004, cette valeur est retraitée par application du barème de l'article 669 du CGI en retenant l'âge de l'usufruitier au jour de la cession (CGI art. 150 VB).

Que le droit cédé ait été acquis à titre gratuit ou à titre onéreux, le **délai de détention** se calcule à partir de la date d'acquisition de ce droit, conformément aux principes généraux.

Lorsque l'un des cocédants avait initialement acquis l'immeuble en pleine propriété (à titre onéreux ou à titre gratuit) avant d'opérer le démembrement, le prix d'acquisition du droit qu'il cède est déterminé comme indiqué nº 32310.

32305 IMMO-II-6000 s

Cession isolée de la nue-propriété ou de l'usufruit

Lorsque le **droit** cédé a été **acquis isolément,** le **prix d'acquisition** est le prix du droit stipulé dans l'acte ou, en cas d'acquisition à titre gratuit, la valeur vénale retenue pour le calcul des droits de mutation. Lorsque le démembrement a pour origine une succession antérieure à 2004, cette valeur est retraitée par application du barème de l'article 669 du CGI (nº 68460) en retenant l'âge de l'usufruitier au jour de la cession.
Que le droit cédé ait été acquis à titre gratuit ou à titre onéreux, le **délai de détention** se calcule à partir de la date d'acquisition de ce droit, conformément aux principes généraux.

32310 CGI ann. II art. 74 SE et 74 SF

En cas de cession isolée de la nue-propriété ou de l'usufruit d'un **immeuble acquis en pleine propriété** (à titre onéreux ou à titre gratuit), la **valeur d'acquisition** du droit vendu à retenir pour le calcul de la plus-value correspond à la fraction de la valeur d'acquisition de la pleine propriété afférente à ce droit. Cette fraction est obligatoirement appréciée, au jour de la cession, à partir du barème de l'article 669 du CGI (n° 68460). Les charges et indemnités augmentatives du prix d'acquisition ainsi que les frais d'acquisition sont retenus dans la même proportion.

La **durée de détention** se calcule à partir de la date d'acquisition de l'immeuble en pleine propriété.

Pour l'**application du barème,** l'âge de l'usufruitier pris en compte est celui du vendeur à la date de la cession en cas de vente de la nue-propriété. Ce devrait être celui de l'acquéreur dans le cas, plus rare, de la vente de l'usufruit.

ATTENTION

L'application du barème fiscal de l'article 669 du CGI n'est obligatoire que pour la détermination du prix d'acquisition du droit vendu. Son **prix de cession** est, en revanche, librement fixé par les parties et peut donc être évalué selon sa valeur économique.

IMMEUBLE CÉDÉ (OU ACQUIS) MOYENNANT RENTE VIAGÈRE

32320 CGI art. 150 VA, I art. 150 VB, I IMMO-II-152300, 152700 s et 163700

Lorsqu'un **immeuble** est **cédé moyennant une rente viagère,** le prix de cession à retenir est la valeur en capital de la rente, à l'exclusion des intérêts, augmentée, le cas échéant, de la fraction du prix payée comptant. Autrement dit, la plus-value est calculée à partir du prix fixé dans l'acte de vente et converti en rente.

En cas de **revente du bien acquis moyennant rente viagère,** le prix de cession à retenir s'entend du prix stipulé dans l'acte et comprend, s'il y a lieu, le montant des arrérages restant à courir. Le prix d'acquisition est en principe la valeur en capital de la rente majorée, le cas échéant, de la fraction du prix d'acquisition payée comptant. Le contribuable peut toutefois lui substituer le total suivant (BOI-RFPI-PVI-20-10-20-10 n° 80) :

– si la revente intervient avant le décès du crédirentier : annuités versées + capital représentatif de la rente à la date de la revente + fraction du prix payée comptant (le cas échéant) ;

– si la revente intervient après le décès du crédirentier : annuités versées + fraction du prix payée comptant (le cas échéant).

IMMEUBLE ATTRIBUÉ LORS D'UN PARTAGE OU D'UNE LICITATION

32330 IMMO-II-13000 s

a. En cas de cession d'un immeuble attribué, dans les conditions visées n° 32090, lors d'un **partage de succession, d'une communauté conjugale, d'une indivision entre époux** (née avant ou pendant le mariage), **entre partenaires d'un Pacs** (avant ou pendant le pacte) **ou entre concubins** ou d'une indivision issue d'une **donation-partage,** la durée de détention court de la date d'ouverture de la succession, de la donation ou de l'acquisition du bien en commun, et la plus-value doit être calculée à partir de la valeur du bien à cette date telle qu'elle a été retenue pour la liquidation des droits d'enregistrement, sans tenir compte de la soulte éventuellement versée lors du partage.

Il convient également de retenir cette date pour le calcul de la plus-value réalisée lors de la vente d'un immeuble acquis par licitation par un descendant d'un membre originaire de l'indivision. L'effet déclaratif de la licitation est, en revanche, sans incidence sur la détermination de la date d'acquisition à titre gratuit de l'autre fraction des droits indivis dont il était propriétaire avant la licitation (CE 9-9-2020 n° 436712 : RJF 12/20 n° 1006).

b. En cas de revente d'un immeuble attribué, à charge de soulte, lors d'un **partage autre** que ceux visés ci-dessus au a, la plus-value est déterminée en tenant compte de **deux fractions distinctes** :

– la fraction relative aux **droits originaires** du cédant est déterminée à partir de la valeur de la quote-part détenue par le cédant lors de l'entrée dans l'indivision, et la durée de détention court à compter de la date d'entrée du bien en indivision ;

– la fraction relative à la **part acquise lors du partage** est déterminée à partir du montant de la soulte versée, et la durée de détention court à compter de la date de l'acte de partage (BOI-RFPI-PVI-20-10-20-10 n° 280).

Sur la **compensation** éventuelle entre plus et moins-values ainsi dégagées, voir n° 32360.

PROFITS DE CONSTRUCTION OCCASIONNELS

32340 IMMO-II-179550 s

Les profits résultant de la vente d'un immeuble que le cédant a construit ou fait construire relèvent du régime des plus-values des particuliers lorsqu'ils présentent un caractère occasionnel (sur la distinction entre profits habituels ou occasionnels, voir n° 30405).

La plus-value imposable est, selon l'administration, déterminée en distinguant la fraction de plus-value afférente au terrain et celle afférente à la construction. Le **prix de cession** doit ainsi être **ventilé** entre la part relative au terrain et celle relative à la construction.

Le **prix d'acquisition du terrain** est égal au prix d'acquisition stipulé dans l'acte d'acquisition ou à la valeur retenue pour la liquidation des droits de succession ou de donation. Le délai de détention se calcule à partir de cette acquisition (BOI-RFPI-PVI-20-10-20-10 n° 110). Lorsque l'acquisition du terrain remonte à plus de cinq ans, l'abattement pour durée de détention est applicable.

Le prix d'acquisition de la **construction** est égal au coût des travaux de construction, qui comprend notamment les frais d'architecte et les factures des entrepreneurs (BOI précité). La durée de détention est calculée à partir de la date du début d'exécution de ces travaux (BOI-RFPI-PVI-20-20 n° 40). Lorsque le début des travaux remonte à plus de cinq ans, l'abattement pour durée de détention est applicable.

> Précisions **a.** Le forfait de 7,5 % représentatif des **frais d'acquisition** (n° 32220) s'applique, s'il y a lieu, au seul prix d'acquisition du terrain.
b. Lorsque les **travaux** ne sont **pas réalisés par une entreprise**, leur coût s'entend du prix d'achat des matériaux utilisés et, le cas échéant, du coût de la main-d'œuvre employée, à l'exclusion du travail personnel du contribuable (BOI-RFPI-PVI-20-10-20-10 n° 110).
c. Les travaux de construction sont pris en compte même s'ils ont ouvert droit aux **dispositifs Périssol, Besson, Robien, Borloo, Scellier, Duflot, Pinel ou Denormandie.**
d. Les travaux réalisés **après l'achèvement** de l'immeuble viennent en augmentation du coût initial dans les conditions exposées n°s 32230 s., étant précisé que le forfait de 15 % s'applique sur le prix d'acquisition du terrain et le coût des travaux de construction (travaux réalisés avant l'achèvement du bien).

VENTE D'UN TERRAIN SUPPORTANT UNE CONSTRUCTION ÉDIFIÉE PAR LE LOCATAIRE

32350 IMMO-II-179680 s

En cas de vente d'un terrain supportant une construction édifiée par le locataire et revenue au bailleur en fin de bail (bail à construction ou bail ordinaire), la plus-value imposable est déterminée en distinguant la fraction de plus-value afférente au terrain et celle afférente à la construction. Le **prix de cession** doit ainsi être **ventilé** entre la part relative au terrain et celle relative à la construction.

Le **prix d'acquisition du terrain** s'entend du prix effectivement payé pour son acquisition ou de la valeur retenue pour la liquidation des droits de succession ou de donation. Le prix d'acquisition des **constructions** s'entend de leur prix de revient ou, si le transfert de propriété s'effectue moyennant le versement d'une indemnité au preneur, du montant de celle-ci, sauf si le prix de revient des constructions est supérieur (BOI-RFPI-PVI-20-10-20-10 n° 170).

Le **délai de détention** se calcule :
- pour le terrain, à partir de la date effective d'acquisition par le bailleur ;
- pour les constructions, à partir de la date d'expiration du bail ou de sa résiliation anticipée, même si l'accession se réalise au fur et à mesure de la construction (BOI-RFPI-PVI-20-20 n° 40).

VENTE EN BLOC D'UN IMMEUBLE ACQUIS PAR FRACTIONS SUCCESSIVES

32360 CGI art. 150 VD, II IMMO-II-179780 s

En cas de cession en bloc d'un immeuble acquis par fractions successives, une plus-value ou moins-value est calculée séparément pour chaque fraction. Une **compensation entre les plus-values et moins-values** ainsi dégagées est possible, à condition que la vente soit constatée par le même acte et intervienne entre les mêmes parties. Dans ce cas, la ou les moins-values brutes, réduites d'un abattement pour durée de détention calculé comme indiqué n°s 32245 s., s'imputent sur la ou les plus-values également corrigées, le cas échéant, de l'abattement pour durée de détention. En cas de résultat négatif, la moins-value n'est pas imputable.

Cette règle concerne notamment la vente en bloc d'immeubles acquis par parts indivises successives, d'immeubles provenant de la fusion de deux unités d'habitation acquises à des dates différentes, d'immeubles que le vendeur a construits ou fait construire sur un terrain dont il était déjà propriétaire (n° 32340), d'immeubles construits par le locataire acquis à l'issue du bail (n° 32350).

> Précisions Lorsque la cession porte sur un bien immobilier résultant de la **fusion de deux unités d'habitation, acquises en propre par chacun des partenaires d'un Pacs antérieurement à la conclusion de leur Pacs,** cette règle n'est pas applicable, dès lors que chaque fraction du bien n'a pas été acquise par les deux acquéreurs ensemble (Rép. Maurey : Sén. 6-12-2018 n° 1484).

4. MODALITÉS D'IMPOSITION

ANNÉE D'IMPOSITION

Le fait générateur de l'imposition est constitué par la **cession** à titre onéreux de l'immeuble. En **32395** IMMO-II-179950 s
pratique, la plus-value est donc généralement taxée à la date de l'acte notarié constatant la vente (ou la promesse synallagmatique de vente), quelles que soient les modalités de paiement du prix.

Lorsque la vente ou la promesse de vente est assortie d'une **condition suspensive** qui affecte l'existence même du contrat (obtention d'un prêt bancaire, par exemple), le fait générateur est constitué par la date de réalisation de la condition (CGI ann. II art. 74 SA).

› Précisions Si, par la suite, la **vente** est **annulée, résolue ou rescindée**, le vendeur peut obtenir une restitution partielle ou totale de l'impôt payé à raison de la plus-value, en présentant une réclamation avant le 31 décembre de la deuxième année suivant la date de l'annulation, de la résolution ou de la rescision (BOI-RFPI-PVI-10-30 n° 30). En cas de versement d'un **complément de prix** par l'acquéreur dans le cadre d'une action en rescision, la plus-value en résultant est, comme il est de règle, imposable au titre de l'année de la cession (CE 9-11-2015 n° 371571 : RJF 2/16 n° 145).

CALCUL DE L'IMPÔT

L'imposition est établie au **taux proportionnel** de 19 %. S'y ajoutent les prélèvements sociaux **32405** CGI art. 200 B IMMO-II-180450 s
dans les conditions prévues nos 34600 s. et, le cas échéant, la surtaxe sur les plus-values excédant 50 000 € (nos 32710 s.).

En cas de vente de **terrains forestiers,** l'impôt dû sur la plus-value est diminué d'un **abattement** **32410** CGI art. 150 VF, III
de 10 € par année de détention et par hectare cédé. Il n'y a pas d'abattement sur les prélèvements sociaux.

› Précisions **a.** Bien que la loi réserve l'abattement à la plus-value réalisée sur le **peuplement forestier** (c'est-à-dire les arbres plantés), il est admis d'en faire application à l'ensemble de la plus-value de cession du terrain à usage de bois et forêt (terrain et arbres) (BOI-RFPI-PVI-30-30-10 n° 60).
b. Le **délai de détention** est calculé par période de douze mois depuis la date d'acquisition jusqu'à la date de cession du terrain à usage forestier sur lequel sont situés les peuplements forestiers (BOI précité n° 50).

DÉCLARATION ET PAIEMENT

a. La déclaration de plus-value est souscrite sur un **imprimé n° 2048-IMM** (immeuble autre **32420** CGI art. 150 VG et 150 VH IMMO-II-180700 s
qu'un terrain à bâtir) ou **n° 2048-TAB** (terrain à bâtir), disponibles sur le site impots.gouv.fr. Elle est signée par le cédant ou par son mandataire (le mandat doit alors figurer dans l'acte ou être joint à la déclaration). Elle doit normalement être déposée en simple exemplaire, accompagnée du paiement de l'impôt, au **service de la publicité foncière** du lieu de situation de l'immeuble, dans le mois qui suit la date de l'acte notarié.

En pratique, c'est généralement le notaire chargé de la vente qui effectue ces opérations et qui prélève le montant de l'impôt dû sur le prix versé par l'acheteur.

Lorsque la **plus-value** est **exonérée** (notamment par l'effet de l'abattement pour durée de détention) ou lorsque l'opération se solde par une **moins-value,** aucune déclaration ne doit être déposée.

b. Le montant net imposable de la plus-value doit être reporté par le cédant sur sa **déclaration** CGI art. 170, 1
d'ensemble des revenus n° 2042. Il en est de même du montant de la plus-value exonérée sous condition de remploi du prix de cession d'un logement autre que l'habitation principale (n° 32140).

› Précisions **a.** Pour les cessions de biens situés en **Alsace-Moselle,** la déclaration est remise lors de la présentation à l'enregistrement. **32425**

b. La **déclaration** et le paiement de l'impôt sont adressés au **service des impôts** dont relève le domicile du vendeur, dans le mois de l'acte, dans les cas suivants :

– lorsque l'impôt n'a pu être acquitté par le notaire en raison de la présence de **créanciers** détenteurs de garanties **primant le** privilège du **Trésor** ; c'est le vendeur qui doit alors régler l'impôt dû ;

– lorsque la **cession** est constatée au profit d'une **collectivité publique,** l'impôt étant versé dans ce cas par le notaire dès la mise à disposition des fonds par la collectivité publique.

Le service des impôts est également destinataire de la déclaration lorsque le transfert de propriété est constaté par une **ordonnance judiciaire** ou par un **acte** passé en la **forme administrative** (cas de certaines expropriations : voir n° 32590).

c. En cas de cession d'un **immeuble acquis par fractions successives** (voir n° 32360), plusieurs formulaires de déclaration sont utilisés (un par fraction de plus-value) avec report du total sur un formulaire récapitulatif.

d. L'absence de déclaration ou le **défaut de paiement** entraînent le refus du dépôt ou de la formalité de l'enregistrement (hors cas mentionnés précision b).

Le **défaut ou le retard de déclaration** sont par ailleurs susceptibles d'entraîner une taxation d'office (LPF art. L 66, 1°).

e. Les **pièces justificatives** afférentes aux frais et charges qui viennent en diminution du prix de cession ou en majoration du prix d'acquisition ne sont pas à joindre à la déclaration, mais doivent être communiquées à l'administration si celle-ci en fait la demande (CGI ann. II art. 74 SI).

L'administration peut d'ailleurs adresser au contribuable une **demande de justifications** sur les éléments servant de base au calcul de la plus-value (LPF art. L 16, al. 2). À défaut de réponse ou en cas de réponse insuffisante après notification d'une mise en demeure, la plus-value peut être évaluée d'office (LPF art. L 73, 5°).

f. Les **sanctions** applicables en cas de défaut ou de retard de déclaration ou de paiement sont celles exposées n°s 79850 s.

32430 CGI art. 150VG, III CGI ann. II art. 74 SJ **IMMO-II-180850 s**

Mentions obligatoires de l'acte de vente L'acte de cession doit préciser, sous peine de refus du dépôt ou de la formalité d'enregistrement :

– l'adresse du service des impôts dont le cédant dépend pour la déclaration de ses revenus ou bénéfices ;

– le prix de cession de chacun des biens ;

– le prix d'acquisition du bien ou, s'il s'agit d'une acquisition à titre gratuit, le nom du précédent propriétaire, son domicile et, éventuellement, la date de son décès ;

– en cas de dispense de déclaration, la nature et le fondement de l'exonération ou de l'absence de taxation ;

– et, le cas échéant, la mention que l'impôt afférent à la plus-value ne peut être intégralement acquitté ou que la cession est constatée au profit d'une collectivité publique.

Des mentions complémentaires sont requises en cas d'exonération sous condition de remploi du prix de cession d'un logement autre que l'habitation principale (voir n° 32140) et en cas de cession d'un droit de surélévation (n° 32180).

5. EXEMPLE RÉCAPITULATIF

32450 EXEMPLE

Un particulier vend, le 20 février 2024, une résidence secondaire acquise le 1er octobre 2012. Aucune exonération particulière n'est applicable. Le prix de vente est de 200 000 € et le prix d'achat de 120 000 €. Les travaux suivants ont été réalisés : réfection du système électrique l'année de l'acquisition (8 000 €) et changement de la chaudière l'année suivante (3 500 €).

a. Calcul de la plus-value

Prix de cession	200 000 €
Prix d'acquisition	120 000 €
Frais d'acquisition (forfait de 7,5 %)	9 000 €
Majoration du prix d'acquisition pour travaux (forfait de 15 % plus intéressant que les frais réels)	18 000 €
Prix d'acquisition corrigé	147 000 €
Plus-value	53 000 €
Abattement pour durée de détention applicable en matière d'impôt sur le revenu (voir n° 97230) : 53 000 € × 36 %	19 080 €
Plus-value imposable à l'impôt sur le revenu	33 920 €
Abattement pour durée de détention applicable en matière de prélèvements sociaux (voir n° 97230) : 53 000 € × 9,90 %	5 247 €
Plus-value imposable aux prélèvements sociaux	47 753 €

b. Calcul de l'impôt

Impôt sur le revenu afférent à la plus-value :	33 920 € × 19 % = 6 445 €
Prélèvements sociaux	47 753 € × 17,2 % = 8 214 €
Imposition globale	14 659 €

6. CAS PARTICULIERS

a. Sociétés

RÈGLES GÉNÉRALES

Le régime d'imposition des plus-values immobilières privées est susceptible de s'appliquer à un certain nombre d'opérations intéressant les sociétés, en particulier les sociétés immobilières. C'est le cas, par exemple, lors de l'apport en société d'un immeuble, lors de la vente d'un immeuble par une société immobilière relevant de l'impôt sur le revenu ou de la cession des parts d'une telle société. 32475 CGI art. 150 U à 150 UB IMMO-II-181700 s

L'application du régime dans un cadre social nécessite toutefois un certain nombre d'adaptations. Ce sont ces modalités particulières d'application qui sont examinées ci-après, sachant que les règles générales exposées n°s 32065 s. s'appliquent chaque fois qu'une disposition spécifique (ou la nature même de l'opération) ne s'y oppose pas.

Les **sociétés immobilières** représentant l'essentiel des sociétés concernées, nous emploierons par commodité l'abréviation **SCI** (au sens de société civile immobilière relevant de l'**impôt sur le revenu** au titre des revenus fonciers) pour désigner l'ensemble des sociétés entrant dans le champ d'application du régime des plus-values immobilières, même si l'article 150 U du CGI vise en fait toutes les sociétés de personnes relevant de l'impôt sur le revenu (autres que celles dont l'activité relève des BIC, des BA ou des BNC).

Certaines sociétés immobilières sont par ailleurs dotées de la **transparence fiscale.** Cela signifie qu'elles n'ont pas de personnalité distincte de celle de leurs membres, qui sont considérés comme les propriétaires directs des immeubles de la société. Compte tenu de cette spécificité, leur régime fiscal fait l'objet d'une étude d'ensemble distincte n°s 30770 s.

APPORT D'UN IMMEUBLE À UNE SOCIÉTÉ

L'apport d'un immeuble par une personne physique ou une SCI à une société non transparente – quels que soient la forme et le régime d'imposition de cette dernière – constitue une opération imposable. Pour le calcul de la plus-value réalisée par l'apporteur, le **prix de cession** à retenir est égal à la valeur réelle des titres reçus en contrepartie de l'apport. 32485 IMMO-II-181770 s

VENTE D'UN IMMEUBLE PAR LA SOCIÉTÉ

Champ d'application du régime des plus-values privées Le régime d'imposition des plus-values immobilières prévu par l'article 150 U du CGI s'applique aux **cessions d'immeubles réalisées occasionnellement** par les SCI relevant de l'IR dont les **associés** directs ou indirects sont des **particuliers.** 32495 IMMO-II-181880 s

En revanche, dans le cas où la SCI réalise des **opérations habituelles d'achat-revente** d'immeubles, les profits correspondants sont soumis aux règles des BIC.

De même, lorsque les **associés** sont des **entreprises** relevant de l'IS ou des BIC ou BA réels, la quote-part leur revenant est en principe imposée selon le régime des plus-values professionnelles : voir n° 37631.

En ce qui concerne l'imposition de la quote-part revenant aux **associés non résidents,** voir n° 32635.

Modalités d'imposition Les **exonérations** citées n°s 32120 s. sont en principe applicables aux plus-values réalisées par l'intermédiaire d'une SCI, à l'exception de l'exonération générale prévue en faveur des retraités et invalides de condition modeste visée n° 32165. 32500

EXEMPLE

> Cession d'un logement mis (en droit ou en fait) à la disposition **gratuite** d'un associé qui l'occupe à titre de **résidence principale.**
> Cet associé bénéficie de l'exonération prévue pour la résidence principale à hauteur de sa quote-part de plus-value.

Lorsqu'elle est imposable, la **plus-value** est **calculée** au niveau de la société, en fonction du prix et de la date d'acquisition et de vente du bien par la société, en faisant application des règles générales exposées plus haut (n°s 32200 s.).

L'**impôt** est **dû par** chaque associé présent à la date de cession de l'immeuble au prorata de ses droits sociaux. En pratique, il est **versé par** la société, ce versement étant libératoire pour les associés, lors du dépôt de la déclaration n° 2048-IMM signée par le gérant ou par son mandataire (CGI art. 150 VF, II). Chaque associé doit reporter sur sa déclaration d'ensemble n° 2042 la quote-part lui revenant de la plus-value nette imposable.

> Précisions Les associés étant redevables légaux de l'impôt, même s'il a été acquitté par la société, l'administration ne peut **mettre en recouvrement** d'éventuels **compléments d'imposition** qu'au nom des associés présents à la date de cession de l'immeuble (CE 11-4-2018 n° 409827 : RJF 7/18 n° 758).

DISSOLUTION OU RETRAIT D'UN ASSOCIÉ

32510 IMMO-II-182690 s, 182800 s Du fait de la transformation de l'actif social en indivision, la **dissolution** d'une SCI équivaut, du point de vue fiscal, à une cession à titre onéreux susceptible de dégager une plus-value imposable au nom de chaque associé au prorata de ses droits sociaux. Ce n'est toutefois qu'à la date de la publication de la clôture de la liquidation que cette plus-value doit être imposée (sauf en cas de cession d'éléments d'actif à un tiers en cours de liquidation). La plus-value est calculée par différence entre la valeur vénale des biens à cette date et leur prix d'acquisition par la société (ou leur valeur d'apport). Cependant, afin d'éviter une double taxation partielle de la plus-value pour les associés ayant acheté leurs parts en cours de société, la fraction de plus-value imposable à leur nom est calculée par rapport à la valeur des biens au jour de l'acquisition des parts (BOI-RFPI-PVI-20-10-20-10 n° 420).

Le **retrait** d'un associé en cours d'exploitation accompagné de l'attribution d'éléments du patrimoine social constitue également une cession à titre onéreux des biens attribués donnant lieu à imposition d'une plus-value.

ATTENTION

En cas de **revente d'un immeuble** attribué lors de la dissolution (ou du retrait d'un associé en cours de société), le bien est en principe réputé avoir été acquis à la date de la clôture de la liquidation (ou du retrait) pour la valeur réelle qu'il comportait à cette date (BOI précité n° 120).

CESSION DE TITRES DE SOCIÉTÉS À PRÉPONDÉRANCE IMMOBILIÈRE

32520 CGI art. 150 UB IMMO-II-185000 s Lorsqu'elles sont réalisées par des **contribuables domiciliés en France,** les cessions occasionnelles de titres de sociétés dont l'actif est principalement constitué d'immeubles sont soumises :

– au régime d'imposition des plus-values immobilières si la société relève de l'impôt sur le revenu ;

– au régime des plus-values de cession de valeurs mobilières et droits sociaux, étudié nos 32805 s., si la société est soumise à l'impôt sur les sociétés.

Lorsqu'elles sont réalisées par des **contribuables non domiciliés** en France, ces plus-values sont soumises, quel que soit le régime d'imposition de la société, aux règles spéciales exposées nos 32625 s.

> Précisions **a.** Lorsque les **cessions** de titres de sociétés à prépondérance immobilière sont suffisamment **fréquentes et importantes** pour présenter un caractère professionnel, les profits qui en résultent sont soumis au régime des BIC dans les mêmes conditions que les profits des marchands de biens.

b. La première cession de l'**usufruit temporaire de titres** de sociétés à prépondérance immobilière est soumise au régime particulier étudié nos 4780 s.

32525 **Appréciation de la prépondérance immobilière** Une société est à prépondérance immobilière lorsque son actif est, à la clôture de chacun des **trois exercices qui précèdent la cession,** constitué pour plus de 50 % de sa valeur réelle par des immeubles bâtis ou non bâtis (ou des droits portant sur ces biens). Si la société dont les droits sociaux sont cédés n'a pas encore clos son troisième exercice, la composition de l'actif est appréciée à la clôture du ou des seuls exercices clos ou, à défaut, à la date de la cession (CGI art. 150 UB, I).

Les **immeubles affectés par une société à sa propre exploitation** industrielle, commerciale, agricole ou à l'exercice d'une profession non commerciale ne doivent pas être pris en compte pour l'appréciation du pourcentage de 50 %. En pratique sont donc principalement concernées par ce régime les SCI.

ILLUSTRATIONS

Les immeubles constituant le **stock immobilier** d'une société de construction-vente ou d'une société de marchands de biens ainsi que les **immeubles donnés en location** (y compris ceux loués en meublé ou munis de matériels nécessaires à leur exploitation) ne sont pas considérés comme étant affectés à l'exploitation et doivent donc être retenus pour l'appréciation du pourcentage de 50 % (BOI-RFPI-SPI-10-20 n° 100).

Ne doivent pas en revanche être pris en compte pour l'appréciation de ce pourcentage :

– les immeubles dans lesquels est exploité un fonds de commerce donné en **location-gérance** (Rép. Kert : AN 22-11-1993 n° 1368 non reprise dans Bofip) ;

– les droits détenus dans le cadre d'un contrat de **crédit-bail** immobilier (BOI précité n° 60).

Cessions imposables Comme pour les immeubles, seules sont imposables les **cessions à titre onéreux** : ventes, apports en société et échanges (sauf sursis d'imposition : voir nº 32535), etc. 32530

Les **cessions** de parts de sociétés à prépondérance immobilière ne sont **exonérées** que dans deux cas :
– lorsque les **titres** sont **détenus pendant un certain délai,** par le jeu de l'abattement pour durée de détention visé nº 32245 ;
– lorsqu'il s'agit des **titres détenus par des associés occupant un immeuble de la société** à titre de **résidence principale.** Dans ce cas, la plus-value est exonérée à proportion de la valeur du logement occupé par l'associé (et de ses dépendances immédiates et nécessaires) par rapport à la valeur globale de l'actif social (BOI-RFPI-SPI-10-20 nº 160).

Les autres exonérations visées nºs 32120 s. ne sont pas applicables aux cessions de titres de sociétés à prépondérance immobilière.

Les plus-values d'échange de titres de sociétés à prépondérance immobilière dans le cadre d'une **fusion,** d'une **scission ou** d'un **apport à une société passible de l'IS** bénéficient d'un sursis d'imposition de la plus-value. La plus-value n'est pas imposable au titre de l'année d'échange (sauf cas d'échange avec soulte). Lors de la **cession ultérieure** des titres reçus, la plus-value est calculée par référence au prix et à la date d'acquisition des titres remis à l'échange et imposée selon le régime des plus-values immobilières si les titres se rapportent, lors de la cession, à une société à prépondérance immobilière ou selon le régime des plus-values de cession de valeurs mobilières dans le cas contraire (BOI-RFPI-SPI-10-30 nº 60). 32535 CGI art. 150 UB, II et 150 VB, I IMMO-II-187500 s

> Précisions **a.** En cas d'**échange avec soulte,** le sursis d'imposition ne s'applique pas lorsque la soulte reçue excède 10 % de la valeur nominale des titres reçus. La plus-value d'échange est totalement imposable au titre de l'année d'échange. Lorsque la soulte reçue n'excède pas ce seuil de 10 %, la plus-value d'échange est imposable au titre de l'année d'échange à concurrence du montant de cette soulte. Lors de la cession ultérieure des titres reçus, la plus-value est déterminée à partir du prix d'acquisition des titres remis à l'échange, diminué du montant de la soulte reçue qui n'a pas fait l'objet d'une imposition au titre de l'année d'échange.

b. Pour les **échanges réalisés avant le 1er janvier 2000,** les plus-values restent soumises à l'ancien régime du report. À l'expiration du report, la plus-value d'échange (calculée et déclarée lors de l'échange) est imposable, comme la plus-value de cession, suivant le régime des plus-values immobilières ou celui des plus-values de cession de valeurs mobilières selon que les titres se rapportent ou non à cette date à une société à prépondérance immobilière (BOI précité nº 110).

Calcul de la plus-value Les règles prévues pour les plus-values immobilières exposées nºs 32200 s. s'appliquent, sous réserve des particularités exposées ci-après et des règles qui, par hypothèse, ne peuvent concerner que les immeubles. 32540 IMMO-II-186200 s

La plus-value est calculée par différence entre le prix de cession et le prix d'acquisition des titres (ou la valeur retenue pour l'assiette des droits d'enregistrement en cas d'acquisition à titre gratuit).

Le **prix d'acquisition** correspond en principe au montant de la contrepartie que le titulaire des titres a dû fournir pour en acquérir la propriété. Il est majoré des **frais d'acquisition** qui ne peuvent ici être pris en compte que pour leur montant réel. Il doit faire l'objet d'**ajustements** identiques à ceux prévus pour les plus-values professionnelles (nº 37740), afin d'éviter une double prise en compte des bénéfices et des déficits sociaux qui ont déjà été taxés chez le cédant ou déduits de ses revenus (CE 8-11-2017 nº 389990 : RJF 2/18 nº 173 ; BOI-RFPI-SPI-20 nº 30).

Lorsque les titres sont détenus depuis plus de cinq ans, le montant de la plus-value est ensuite diminué de l'**abattement pour durée de détention** visé nº 32245.

> Précisions **a.** Lorsqu'un associé d'une société à prépondérance immobilière cède, en même temps que ses parts, le **solde créditeur du compte courant** qu'il a dans la société, le montant de ce solde ne doit pas être pris en compte pour le calcul de la plus-value.

b. Le **délai de détention** est calculé à compter de la date exacte d'acquisition des titres et, selon l'administration, à défaut de pouvoir justifier de la date d'acquisition, le contribuable est réputé avoir acquis les titres depuis moins de cinq ans ; cependant, lorsque les **titres** ont été **acquis à des dates différentes** et que la date d'acquisition des titres cédés ne peut être déterminée, il convient de répartir le nombre de titres cédés au cours d'une même année au prorata du nombre de titres de même nature acquis aux diverses dates d'acquisition (BOI précité nº 40).

c. En cas de **cession en bloc,** à un ou à plusieurs acquéreurs, de **tout ou partie des parts** d'une même société acquises par fractions successives, les **moins-values constatées sur certaines parts,** éventuellement réduites de l'abattement pour durée de détention, s'imputent sur les plus-values réalisées sur les autres parts (BOI précité n° 90).

d. Les cessions de titres de sociétés à prépondérance immobilière n'ouvrent pas droit à l'**abattement exceptionnel** visé n°s 32250 s.

32545 CGI art. 200 B IMMO-II-186700 s

Modalités d'imposition

L'impôt sur le revenu est établi au **taux** de 19 %. S'y ajoutent les prélèvements sociaux dans les conditions prévues n°s 34600 s. et, le cas échéant, la taxe sur les plus-values excédant 50 000 € (n°s 32710 s.).

> **Précisions** Lorsque la cession porte sur des titres de sociétés ou de **groupements** qui détiennent des peuplements **forestiers,** l'impôt sur le revenu est diminué d'un abattement de 10 € par année de détention des titres et par hectare de peuplement, à concurrence de leur valeur (CGI art. 150 VF, III). Il n'y a pas d'abattement sur les prélèvements sociaux.

32550 CGI art. 150 VG, I-2° et III, et 150 VH IMMO-II-187000 s

La plus-value est déclarée sur un **imprimé n° 2048-M** disponible sur le site impots.gouv.fr. Cette déclaration, signée par le cédant ou par son mandataire, doit être déposée en double exemplaire, accompagnée du paiement de l'impôt, au service des impôts des entreprises (**SIE**) territorialement compétent (selon le cas : SIE de la résidence du notaire s'il s'agit d'un acte notarié, SIE du domicile de l'une des parties s'il s'agit d'un acte sous signature privée ou SIE du domicile du vendeur dans les autres cas) dans le mois de la cession.

Aucune déclaration n'est à souscrire en l'absence de plus-value imposable.

> **Précisions** **a.** L'administration peut adresser au contribuable une **demande de justifications** des éléments servant de base au calcul de la plus-value (LPF art. L 16, al. 2). En cas d'absence de réponse ou de réponse insuffisante après notification d'une mise en demeure, la plus-value peut être évaluée d'office (LPF art. L 73, 5°). Le défaut ou le retard de déclaration sont, quant à eux, susceptibles d'entraîner une taxation d'office (LPF art. L 66, 1°).
>
> **b.** Les contribuables qui bénéficiaient au 31 décembre 1999 d'un **report d'imposition** de plus-values réalisées dans le cadre d'un échange de titres de sociétés à prépondérance immobilière doivent, lors de la cession des titres, remplir l'**imprimé spécial n° 2048-M-Bis ou 2074-I** selon le régime d'imposition de la plus-value de cession (n° 32535, précision b).
>
> **c.** Pour les cessions de titres de **SCPI,** ces obligations peuvent être accomplies par la société gestionnaire au SIE dont elle dépend (BOI-RFPI-SPI-40 n° 50).
>
> **d.** Le montant net imposable de la plus-value doit être reporté par le cédant sur sa **déclaration d'ensemble des revenus n° 2042** (CGI art. 170, 1).

b. Expropriation

32570 L'expropriation pour cause d'utilité publique étant assimilée à une cession à titre onéreux, la plus-value réalisée à cette occasion est, en principe, taxable suivant les règles habituelles.

Toutefois, en raison du caractère forcé de la cession, des règles particulières d'imposition sont prévues. La plus-value peut même être totalement exonérée en cas de remploi de l'indemnité d'expropriation dans l'achat d'un bien immobilier.

> **Précisions** Ces règles s'appliquent en principe uniquement aux plus-values réalisées à la suite d'une **déclaration d'utilité publique** prononcée en vertu des articles L 121-1 s. du Code de l'expropriation pour cause d'utilité publique (ou en vertu de l'article L 511-2 du même Code relatif à la suppression de l'**habitat insalubre**), sans distinguer suivant que le transfert de propriété s'opère en cours de procédure par voie d'accord amiable ou en vertu d'une ordonnance du juge de l'expropriation. L'administration accorde toutefois également le bénéfice de l'exonération sous condition de remploi (n° 32600) aux plus-values de cessions de **biens immobiliers exposés à un risque naturel majeur** effectuées dans le cadre de la procédure d'acquisition amiable mentionnée à l'article L 561-3 du Code de l'environnement (BOI-RFPI-PVI-10-40-60 n° 200).

PRIX DE CESSION

32580 CGI ann. II art. 74 SC IMMO-II-157200 s

Le prix de cession à retenir pour la détermination de la plus-value est constitué par l'**indemnité principale d'expropriation,** à l'exclusion des indemnités accessoires non représentatives de la valeur des biens cédés (indemnités de remploi, indemnités pour frais de déménagement, pour perte de loyer, pour trouble de jouissance, pour récoltes non levées, etc.).

DÉCLARATION ET PAIEMENT DE L'IMPÔT

32590 CGI art. 150 VG, II-1° et 2° IMMO-II-181100 s et 181150 s

En cas d'expropriation constatée par une **ordonnance judiciaire,** la déclaration n° 2048-IMM est déposée, et l'impôt acquitté, par le contribuable au service des impôts de son domicile dans le mois qui suit le versement du prix.

En cas d'expropriation constatée par un **acte passé en la forme administrative,** la déclaration est remise à la collectivité publique cessionnaire préalablement à la formalité de publicité foncière. L'impôt est alors payé au service des impôts du domicile du cédant, par le comptable public assignataire, sur le prix dû au vendeur au vu de la déclaration transmise à la collectivité publique.

EXONÉRATION SOUS CONDITION DE REMPLOI

La plus-value peut être totalement exonérée à condition que le cédant procède au remploi intégral de l'indemnité principale dans l'acquisition, la construction, la reconstruction ou l'agrandissement d'un ou de plusieurs immeubles. Cette condition est réputée satisfaite si 90 % de l'indemnité est effectivement utilisée à cet effet (BOI-RFPI-PVI-10-40-60 n° 80). 32600 CGI art. 150 U, II-4° IMMO-II-75000 s

Le remploi doit être effectué dans un **délai** de douze mois à compter de la date de perception de l'indemnité (ou de son solde en cas de paiement fractionné).

L'exonération peut être accordée lorsque l'indemnité est utilisée en vue de la **construction,** de la **reconstruction** ou de l'**agrandissement** d'un immeuble. Le contribuable doit être en mesure de justifier, dans les douze mois du paiement de l'indemnité, de la propriété du terrain destiné à servir d'assise à l'opération, de la conclusion d'un contrat d'architecte et d'engagements pris à l'égard des entrepreneurs. L'exonération est refusée si l'indemnité est affectée à de simples dépenses d'amélioration (BOI précité n°s 150 et 180).

L'affectation du **bien acheté en remploi** peut être différente de celle du bien exproprié ; l'exonération est ainsi accordée en cas d'achat d'un immeuble bâti en remplacement d'un terrain nu (et inversement), ou en cas d'achat d'un immeuble à usage professionnel en remplacement d'un immeuble d'habitation. L'indemnité peut aussi être employée dans l'achat de droits relatifs à des immeubles (nue-propriété, usufruit, droits indivis), mais pas dans l'achat de parts ou actions de sociétés ou groupements, même si l'actif est exclusivement composé d'immeubles (GFA, SCPI, SII, etc.) (BOI précité n°s 120, 140 et 150).

> **Précisions** **a.** L'indemnité peut être utilisée pour le paiement des **frais** afférents à l'acquisition (TVA, droits de mutation, frais d'actes) (BOI précité n° 110).
> **b.** En cas d'expropriation d'un bien appartenant à une **SCI**, le remploi de l'indemnité peut être effectué soit par la société elle-même, soit par chacun des associés (BOI précité n° 90).
> **c.** Le bien acquis en remploi peut être **situé en France ou** dans un autre État de l'**Espace économique européen** (BOI précité n° 110).
> **d.** L'exonération sous condition de remploi s'applique également à la plus-value de cession réalisée par le cédant qui exerce son **droit de délaissement** dans les situations suivantes :
> – lorsque le terrain, bâti ou non bâti, est réservé par un PLU pour la mise en place de **servitudes** en vue de la réalisation d'un ouvrage public ;
> – pour la création d'une **zone d'aménagement concerté** (ZAC) ;
> – en cas de décision de **sursis à statuer sur** un **permis de construire** ;
> – lorsque le bien se situe dans le périmètre d'un **plan de prévention des risques technologiques** (PPRT).

c. Contribuables non domiciliés en France

PRINCIPES D'IMPOSITION

Sous réserve des conventions internationales, les **plus-values réalisées à titre occasionnel** par des contribuables domiciliés hors de France lors de la cession d'immeubles ou de titres de sociétés à prépondérance immobilière supportent un prélèvement spécifique de 19 % ou 25 % selon le cas, libératoire de l'impôt sur le revenu ou imputable sur l'impôt sur les sociétés. 32625 CGI art. 244 bis A IMMO-II-189000 s

Les profits réalisés **à titre habituel** sont soumis également à un prélèvement étudié n° 30155.

ATTENTION

Si les **conventions fiscales** donnent presque toujours à la France le droit d'imposer les plus-values réalisées directement lors de l'aliénation d'immeubles situés sur son territoire, il n'en va pas de même pour les plus-values de cession des parts ou actions de sociétés à prépondérance immobilière. Pour ces dernières, il faut donc systématiquement procéder à un examen attentif de la convention applicable pour déterminer si la France a ou non le droit d'imposer.

CHAMP D'APPLICATION DU PRÉLÈVEMENT

Le prélèvement s'applique : 32635 CGI art. 244 bis A, I IMMO-II-189100 s

– aux **personnes physiques** fiscalement domiciliées hors de France ;

– aux **personnes morales** ou organismes dont le siège social est situé **à l'étranger,** quelle que soit leur forme et quel que soit le lieu de résidence des associés ;

– aux **sociétés de personnes françaises** et sociétés ou groupements assimilés, relevant des articles 8 à 8 ter du CGI, au prorata des droits sociaux détenus par leurs associés non résidents ;

– et aux fonds de placement immobilier (**FPI**) au prorata des parts détenues par des non-résidents.

Sur le cas particulier des **organismes sans but lucratif** de droit étranger, voir n° 89701.

32640 Le prélèvement frappe les profits provenant de la cession à titre onéreux (CGI art. 164 B, I-e bis et e ter et art. 244 bis A, I) :

– d'**immeubles** bâtis ou non bâtis situés en France, à l'exclusion toutefois des immeubles affectés à une exploitation professionnelle en France, et des droits portant sur ces biens ;

– de parts de fonds de placement immobilier (**FPI**) ou de fonds étrangers équivalents ;

– d'**actions** de sociétés d'investissement immobilier cotées (**SIIC**), d'actions de sociétés de placement à prépondérance immobilière à capital variable (**Sppicav**), d'actions de structures étrangères équivalentes ou de **parts ou d'actions de sociétés à prépondérance immobilière cotées** sur un marché français ou étranger (autres que les SIIC), lorsque le cédant détient directement ou indirectement au moins 10 % du capital de la société dont les parts ou actions sont cédées ;

– et de **parts, d'actions ou d'autres droits dans des organismes non cotés à prépondérance immobilière** autres que ceux mentionnés ci-dessus.

L'actif des sociétés et organismes précités doit être principalement constitué directement ou indirectement d'immeubles situés **en France** (ou de droits relatifs à ces immeubles).

> Précisions a. L'appréciation de la notion de société ou organisme à **prépondérance immobilière** s'effectue comme pour les résidents (n° 32525).

b. La première cession à titre onéreux de l'**usufruit temporaire** d'un bien immobilier relève du régime particulier d'imposition exposé n°s 4780 s.

EXONÉRATIONS

32650 Les **non-résidents relevant de l'impôt sur le revenu** bénéficient, en cas de **cession d'immeubles,** des mêmes exonérations que les résidents, hormis les exonérations relatives à la résidence principale (n°s 32130 s. et 32170) et celle de la première cession d'un logement lorsque le cédant n'est pas propriétaire de sa résidence principale (n° 32140).

CGI art. 244 bis A, II et 150 U, II-2° à 9° et III
IMMO-II-190100 s

L'exonération générale prévue en faveur des retraités ou invalides de condition modeste (n° 32165), en principe réservée aux ressortissants des États de l'Espace économique européen (Union européenne, Islande, Norvège et Liechtenstein), est également applicable aux ressortissants d'un État tiers qui peuvent invoquer une clause de non-discrimination (BOI-RFPI-PVINR-10-10 n° 90).

Les non-résidents bénéficient par ailleurs de deux exonérations spécifiques, l'une au titre de la cession de l'ancienne résidence principale située en France (n° 32652), l'autre, plus générale, applicable sous certaines conditions (n° 32655).

> Précisions a. En cas de cession de **titres de sociétés à prépondérance immobilière,** seule l'exonération pour durée de détention est applicable.

b. Les **personnes morales** étrangères en **liquidation judiciaire** peuvent, sous certaines conditions, être exonérées du prélèvement (n° 24892).

32652 **Ancienne résidence principale en France** Une exonération est prévue en faveur des **personnes physiques** qui, ayant transféré leur domicile fiscal hors de France, cèdent leur ancienne résidence principale en France.

CGI art. 244 bis A, I-1
IMMO-II-190300 s

ATTENTION

Les non-résidents qui ont déjà bénéficié de l'**exonération** de la plus-value, à hauteur de 150 000 €, pour la **cession d'un logement** situé **en France** (n° 32655) ne peuvent pas prétendre au bénéfice de l'exonération de plus-value sur la cession de leur ancienne résidence principale.

32653 L'exonération est soumise au respect des **conditions** suivantes :

– le cédant doit avoir transféré sa résidence vers un État membre de l'Union européenne ou dans un État ou territoire ayant conclu avec la France une **convention** d'assistance administrative en vue de lutter contre la fraude et l'évasion fiscales, et une convention d'assistance mutuelle en matière de recouvrement d'impôts. L'État ou le territoire du lieu d'installation ne doit pas être non coopératif au sens de l'article 238-0 A du CGI ;

– la cession doit être réalisée au plus tard le 31 décembre de l'année suivant celle du transfert par le cédant de son domicile fiscal hors de France ;

– l'ancienne résidence principale de l'expatrié ne doit pas être mise à la disposition de tiers, à titre gratuit ou onéreux, entre le départ hors de France et la cession.

L'exonération s'applique quels que soient les motifs de la cession, la nature de l'habitation, le montant du prix de cession ou de la plus-value et l'affectation future du bien cédé, même s'il est destiné à être démoli en vue de l'édification de nouvelles constructions (BOI-RFPI-PVINR-10-20 n° 450).

EXEMPLE

Un contribuable domicilié en France s'expatriant dans un pays de l'Union européenne le 15 avril 2024 sera exonéré d'impôt sur la plus-value en totalité si l'acte authentique de cession de son ancienne résidence principale en France est daté au plus tard du 31 décembre 2025, à condition qu'il ne l'ait ni louée ni mise à disposition d'un tiers à titre gratuit dans l'intervalle.

L'exonération s'applique également aux **dépendances** immédiates et nécessaires de la résidence principale (sur cette notion, voir n° 32135), à condition que leur cession intervienne simultanément à celle de l'immeuble. Selon l'administration, la circonstance que la vente soit réalisée auprès d'**acquéreurs distincts** ne fait pas obstacle au bénéfice de l'exonération, la condition de cession simultanée étant considérée comme satisfaite lorsque les cessions interviennent dans un délai normal (BOI précité n° 540).

> Précisions a. L'exonération est applicable lorsque l'immeuble est détenu directement par le contribuable ou par l'intermédiaire d'une **société de personnes** (BOI précité n° 490).

b. Pour bénéficier de l'exonération, l'immeuble cédé devait constituer la résidence principale du cédant **à la date du transfert** de son domicile fiscal hors de France. Les immeubles qui, au jour du transfert, étaient mis en **location, occupés gratuitement** ou **vacants** sont exclus de l'exonération (BOI précité n° 510). Des **assouplissements** sont toutefois prévus dans les situations suivantes : immeuble occupé par le futur acquéreur, immeuble cédé par des époux séparés ou divorcés, par des concubins séparés ou par des partenaires ayant rompu un Pacs, cession d'un immeuble en cours de construction réalisée à la suite d'une mutation professionnelle, cession d'une péniche ou d'un bateau à usage d'habitation principale du cédant (BOI précité).

Logement en France Une exonération particulière est prévue en faveur des **personnes physiques,** non résidentes, ressortissantes d'un État de l'Espace économique européen (ou d'un autre État si elles peuvent invoquer le bénéfice d'une clause de non-discrimination : BOI-RFPI-PVINR-10-20 n° 270) qui cèdent un logement situé en France. Cette exonération s'applique, dans la **limite d'une seule résidence** par contribuable, à la double **condition** que : **32655** CGI art. 150 U, II-2° IMMO-II-190900 s

– le cédant ait été fiscalement domicilié en France de manière continue pendant au moins deux ans à un moment quelconque avant la cession ;

– la cession soit réalisée au plus tard le 31 décembre de la dixième année suivant celle du transfert par le cédant de son domicile fiscal hors de France ou qu'elle porte sur un bien dont le cédant a la libre disposition au moins depuis le 1er janvier de l'année précédant celle de la cession.

Elle est limitée à la **fraction de la plus-value** nette imposable qui n'excède pas **150 000 €,** le surplus étant imposable. Ce plafond s'apprécie après prise en compte, le cas échéant, de l'abattement pour durée de détention (et de l'abattement temporaire exceptionnel : voir n° 32665).

L'exonération s'applique également aux **dépendances** immédiates et nécessaires de la résidence (sur cette notion, voir n° 32135).

> Précisions a. Les non-résidents qui ont bénéficié de l'exonération pour la cession de leur ancienne **résidence principale** en France (n° 32652) ne peuvent pas prétendre au bénéfice de l'exonération (CGI art. 244 bis A, II-1°). Il en va de même des non-résidents qui ont bénéficié du **régime dans sa rédaction antérieure** à l'article 28 de la loi 2013-1278 du 29 décembre 2013 (applicable entre 2006 et 2013).
En revanche, il est fait abstraction, pour l'application de ce dispositif, des cessions qui ont bénéficié d'une **autre exonération** (y compris celle liée à la durée de détention) ou qui n'ont dégagé **aucune plus-value** (BOI précité n° 380).

b. En cas de **cession par des époux,** même communs en biens, l'exonération de plus-value à hauteur de 150 000 € s'applique sur la quote-part de plus-value revenant à chacun des époux (BOI précité n° 420).

c. La **justification de la domiciliation** continue **en France** pendant au moins deux ans peut être apportée par tout moyen, notamment par la production des avis d'imposition à la taxe d'habitation à titre de résidence principale ou par les avis d'imposition des deux années concernées. Le cédant peut se prévaloir des années au titre desquelles il était, en tant qu'enfant mineur, rattaché au foyer fiscal de ses parents, eux-mêmes domiciliés fiscalement en France (BOI précité n° 290).

d. La condition de libre disposition de la résidence depuis au moins le 1er janvier de l'année précédant celle de la cession demeure satisfaite lorsqu'un logement meublé fait l'objet de **locations ponctuelles** durant la période en cause pour autant que la mise du bien à disposition de tiers puisse être regardée, au regard de ses conditions (notamment durée et fréquence), comme revêtant un caractère négligeable (CE 29-11-2023 n° 466283 : RJF 2/24 n° 135).

CALCUL DE LA PLUS-VALUE

32665 CGI art. 244 bis A, II IMMO-II-191600 s **Cédant assujetti à l'impôt sur le revenu** Lorsque le cédant est assujetti à l'impôt sur le revenu (**personne physique ou société de personnes**), la plus-value est en principe déterminée dans les mêmes conditions que pour les personnes domiciliées en France (nos 32200 s. et 32540) (en tenant compte en particulier, le cas échéant, de l'abattement exceptionnel visé nº 32250 : CGI art. 244 bis A, II, modifié par l'article 9, I-C de la loi 2023-1322 du 29-12-2023, applicable aux cessions réalisées à compter du 1er janvier 2024). On notera que le prix de cession est diminué des honoraires de représentation fiscale éventuellement supportés par le cédant et que les plus-values d'échange de titres de sociétés à prépondérance immobilière peuvent, le cas échéant, bénéficier du sursis d'imposition visé nº 32535.

> **Précisions** S'agissant de la cession par un non-résident assujetti à l'impôt sur le revenu cédant un bien situé en France dont les **prix** sont libellés en **devises étrangères,** voir nº 32210, précision f.

32670 CGI art. 244 bis A, III **Cédant passible de l'IS** Lorsque le cédant est une **personne morale ou un organisme passible de l'IS,** les règles de détermination de la plus-value diffèrent selon le lieu de sa résidence.

a. S'il est **résident d'un État de l'Espace économique européen,** la plus-value est déterminée selon les mêmes règles d'assiette que pour les personnes morales résidentes de France soumises à l'IS.

b. Dans le **cas contraire,** la plus-value est déterminée par différence entre le prix de cession du bien et son prix d'acquisition diminué, pour les immeubles bâtis, d'une somme égale à 2 % de son montant par année entière de détention. L'administration a précisé que le prix d'acquisition s'entend ici du prix effectivement payé, majoré, le cas échéant, des seules dépenses de construction, reconstruction ou agrandissement qui présentent le caractère d'immobilisation par nature, à condition qu'elles aient été effectivement supportées par la société, que leurs montant et paiement soient justifiés (production des factures et des justificatifs des règlements) et qu'elles n'aient pas déjà été déduites pour la détermination du revenu imposable (BOI-RFPI-PVINR-20-10 nº 70).

TAUX DU PRÉLÈVEMENT

32675 CGI art. 244 bis A, III-al. 2 et III bis IMMO-II-192200 s Le taux du prélèvement est fixé à **19 %** :

– pour les **personnes physiques,** les associés personnes physiques de sociétés de personnes et les porteurs de parts d'un FPI, quel que soit leur lieu de résidence (Espace économique européen ou État tiers) ;

– pour les **personnes morales** résidentes d'un État de l'**Espace économique européen** pour les opérations qui bénéficieraient de ce taux si elles étaient réalisées par une personne morale résidente de France (voir nº 18915).

Il est fixé au **taux normal de l'IS** dans les **autres cas,** soit 25 %.

> ATTENTION
>
> Outre le prélèvement, les plus-values réalisées (directement ou indirectement) par les non-résidents personnes physiques supportent les **prélèvements sociaux** dans les conditions prévues nos 34600 s. S'y ajoutent, le cas échéant, pour les non-résidents relevant de l'impôt sur le revenu (personnes physiques ou sociétés de personnes), la **surtaxe sur les plus-values excédant 50 000 €** (nos 32710 s.) et les **taxes sur les cessions de terrains devenus constructibles** (nos 31430 s.).

PAIEMENT ET OBLIGATIONS DÉCLARATIVES

32685 CGI art. 244 bis A, II et IV IMMO-II-192700 s et 192900 s Le prélèvement est acquitté au moment de l'accomplissement de la formalité de l'enregistrement ou, à défaut, dans le mois de la cession, au vu de la **déclaration** nº 2048-IMM (immeuble autre qu'un terrain à bâtir), nº 2048-TAB (terrain à bâtir) ou nº 2048-M (parts de sociétés à prépondérance immobilière). Les personnes physiques sont toutefois dispensées de déclaration lorsque la plus-value est exonérée en raison de la durée de détention du bien, d'un prix de cession inférieur ou égal à 15 000 €, ou parce que le bien cédé était la résidence principale du cédant.

En ce qui concerne les **mentions** à porter dans les **actes de vente,** voir nº 32430.

32687 Le prélèvement est en principe acquitté sous la responsabilité d'un **représentant établi en France,** accrédité par l'administration fiscale. L'obligation de désigner un représentant ne s'applique toutefois **pas** lorsque le cédant est domicilié, établi ou constitué dans un État de l'**Union européenne,** en **Islande** ou en **Norvège.** Lorsque le cédant est une société de personnes, française ou européenne (dont le siège est situé dans un État de l'Union européenne, en Islande ou en Norvège), l'obligation s'apprécie au regard de la situation de chacun des associés.

L'administration **dispense** par ailleurs les personnes physiques domiciliées **hors de ces États** de désigner un représentant fiscal dans les cas suivants :

– le prix de cession est inférieur ou égal à 150 000 € (BOI-RFPI-PVINR-30-20 n°s 180 à 210). Cette dispense vaut également pour les personnes physiques associées de sociétés de personnes françaises ou européennes assimilées (ou membres de FPI). Dans ce cas, le seuil de 150 000 € s'apprécie en faisant la somme des quotes-parts correspondant aux droits de l'ensemble des associés ou membres non résidents européens (personnes physiques ou morales) (BOI précité n° 200) ;

– la plus-value est totalement effacée par l'effet de l'abattement pour durée de détention (BOI précité n° 220) ;

– le bien cédé constituait la résidence principale du cédant (BOI précité n° 225).

> Précisions Seules peuvent être **accréditées** les personnes qui remplissent les **conditions** suivantes : ne pas avoir commis d'infractions graves ou répétées aux dispositions fiscales, ni avoir fait l'objet de sanctions ou de mesures d'interdictions prévues par le Code de commerce ; avoir respecté ses obligations déclaratives et de paiement ainsi que celles des personnes représentées ; disposer de garanties permettant d'assurer le respect de ses obligations.

CARACTÈRE LIBÉRATOIRE OU IMPUTATION DU PRÉLÈVEMENT

Le prélèvement est libératoire de l'**impôt sur le revenu.** **32690** CGI art. 244 bis A, V **IMMO-II-192450 s**

Lorsque le cédant est assujetti à l'**impôt sur les sociétés,** il est imputable sur cet impôt. L'excédent est restitué (sur réclamation) aux personnes morales résidentes d'un État de l'Union européenne ou d'un État ayant conclu avec la France une convention fiscale contenant une clause d'assistance administrative en matière d'échange de renseignements et de lutte contre la fraude et l'évasion fiscales (sauf s'il s'agit d'États non coopératifs).

Les **personnes morales** étrangères **déficitaires** peuvent demander, sous certaines conditions, la restitution du prélèvement, voir n°s 24889 s.

SANCTIONS

Les infractions commises en matière de prélèvement entraînent la perception d'une amende fiscale égale à 25 % du montant des droits éludés. **32695** CGI art. 1761, 1 **IMMO-II-194300 s**

7. TAXE SUR CERTAINES PLUS-VALUES IMMOBILIÈRES

CHAMP D'APPLICATION

Une taxe s'applique sur les plus-values immobilières, autres que sur terrains à bâtir, imposables à l'impôt sur le revenu ou au prélèvement dû par les non-résidents, d'un montant supérieur à 50 000 €. Elle est due par les **personnes physiques** et les **sociétés ou groupements** relevant de l'impôt sur le revenu ainsi que par les **contribuables domiciliés hors de France** assujettis à l'impôt sur le revenu. **32710** CGI art. 1609 nonies G **IMMO-II-198000 s**

Les **cessions exonérées** d'impôt sur le revenu ou du prélèvement dû par les non-résidents n'y sont pas soumises (vente de la résidence principale, bien détenu depuis une certaine durée, etc.).

Les **terrains à bâtir exclus** du champ d'application de la taxe sont ceux visés à l'article 257, I-2-1° du CGI, définis n° 58790 (BOI-RFPI-TPVIE-10 n° 120).

SEUIL D'APPLICATION ET ASSIETTE DE LA TAXE

La taxe est due lorsque la **plus-value nette imposable,** déterminée dans les conditions de droit commun, est supérieure à **50 000 €.** Elle est assise sur le montant de cette plus-value. **32715** **IMMO-II-198900 s**

Le seuil de 50 000 € et l'assiette de la taxe s'apprécient donc après prise en compte de l'abattement pour durée de détention et, le cas échéant, de l'abattement temporaire exceptionnel (CGI art. 1609 nonies G, modifié par l'article 9, I-C de la loi 2023-1322 du 29-12-2023, applicable aux cessions réalisées à compter du 1er janvier 2024) (ainsi que de la fraction de plus-value exonérée en cas de remploi partiel du prix de vente d'un logement dans l'achat d'une résidence principale ou en cas de cession par un non-résident de son logement en France : BOI-RFPI-TPVIE-20 n° 20).

> Précisions **a.** En cas de cession par une **société,** le seuil de 50 000 € et l'assiette de la taxe s'apprécient en principe au niveau de la société, mais il est admis de ne pas tenir compte de la quote-part de plus-value revenant à des associés soumis à l'IS ou aux associés personnes physiques bénéficiant d'une exonération liée à la cession de la résidence principale ou à la cession d'un logement en vue de l'acquisition de celle-ci (BOI précité n° 60).

b. En cas de **pluralité de cédants** (indivisaires, concubins, couple lié par un Pacs ou couple marié cédant un bien de communauté), le seuil de 50 000 € et l'assiette de la taxe s'apprécient séparément au regard de la quote-part de plus-value revenant à chacun des cédants (BOI précité nos 30 à 50).

TARIF APPLICABLE

32720 IMMO-II-199250 s Les plus-values imposables sont soumises à la taxe sur leur montant total, selon le **barème** suivant :

Montant de la plus-value imposable (€)	Montant de la taxe (€)
De 50 001 à 60 000	2 % PV - [(60 000 - PV) x 1/20]
De 60 001 à 100 000	2 % PV
De 100 001 à 110 000	3 % PV - [(110 000 – PV) x 1/10]
De 110 001 à 150 000	3 % PV
De 150 001 à 160 000	4 % PV - [(160 000 - PV) x 15/100]
De 160 001 à 200 000	4 % PV
De 200 001 à 210 000	5 % PV - [(210 000 - PV) x 20/100]
De 210 001 à 250 000	5 % PV
De 250 001 à 260 000	6 % PV - [(260 000 - PV) x 25/100]
Supérieur à 260 000	6 % PV
PV = montant de la plus-value imposable	

> **Précisions** Sur la **majoration** éventuellement applicable aux plus-values réalisées sur les immeubles situés en **Corse**, voir n° 92340.

PAIEMENT ET DÉCLARATION

32725 IMMO-II-199500 s La taxe due par le cédant est **exigible** lors de la cession. Elle est acquittée lors du dépôt de la **déclaration n° 2048-IMM** ou **n° 2048-M,** sous la responsabilité, le cas échéant, du représentant fiscal accrédité par le cédant non résident.

Elle est contrôlée sous les mêmes garanties et sanctions qu'en matière d'impôt sur le revenu.

B. Plus-values sur biens meubles

32740 CGI art. 150 UA IMMO-II-195000 s Les plus-values réalisées par les particuliers à l'occasion de la cession de biens meubles, dans le cadre de la gestion de leur patrimoine privé, sont en principe taxables à l'impôt sur le revenu au taux de 19 %, auquel s'ajoutent les prélèvements sociaux dans les conditions prévues nos 34600 s.

Mais, en pratique, les cas d'imposition sont très rares dès lors que :

– les plus-values sur cession de **valeurs mobilières et droits sociaux** relèvent de règles spécifiques (voir nos 32805 s.), tout comme celles sur cession d'**actifs numériques** (voir nos 33600 s.) ;

– les plus-values réalisées lors de la vente de **métaux précieux, bijoux, objets d'art, de collection ou d'antiquité** sont soumises à une taxation forfaitaire, à moins que le vendeur n'opte expressément pour le régime des plus-values lorsque cette option est autorisée (voir nos 75915 s.).

CHAMP D'APPLICATION

32750 IMMO-II-195000 s Les **personnes imposables** sont les personnes physiques et, sous réserve de celles dont l'activité relève des BIC, des BA ou des BNC, les sociétés de personnes relevant de l'impôt sur le revenu et les copropriétés de cheval de course visées à l'article 8 quinquies du CGI.

Les contribuables non domiciliés fiscalement en France échappent toujours à l'imposition.

Les **biens imposables** sont les biens meubles et les droits portant sur des biens meubles, à l'exception :

– des meubles meublants, des appareils ménagers et des voitures automobiles (sauf s'il s'agit d'objets d'art, de collection ou d'antiquité placés sur option sous le régime des plus-values) ;

– des biens, autres que les métaux précieux, dont le prix de cession n'excède pas 5 000 €.

Les cas d'imposition les plus courants résultent de ventes de bateaux de plaisance, de vins ou d'eaux-de-vie reçus en paiement de fermages, ou de chevaux de course ou de sport.

> **Précisions** **a.** Les **copropriétaires d'étalons ou de navires,** également visés par la loi, ne relèvent pas du régime des plus-values privées mais du régime des plus-values professionnelles, dès lors qu'ils sont respectivement imposables dans la catégorie des BA et des BIC.
> **b.** Pour le cas particulier des **péniches** et des bateaux utilisés en un point fixe comme habitations principales par leurs propriétaires, voir n° 32130, précision c.

CALCUL DE LA PLUS-VALUE

Les règles de détermination de la plus-value sont les mêmes que pour les plus-values immobilières (voir nos 32200 s.), sous réserve des précisions suivantes. **32760** CGI art. 150 V, 150 VB et 150 VC IMMO-II-195800 s

Les **frais** d'acquisition et les frais de restauration et de remise en état venant en augmentation du prix d'acquisition doivent toujours être pris en compte pour leur montant réel.

Le montant de la plus-value est réduit d'un **abattement** dont le taux est fixé à 5 % par année de détention au-delà de la deuxième, d'où une exonération totale de la plus-value après vingt-deux ans de détention.

MODALITÉS D'IMPOSITION

La plus-value réalisée est taxée au **taux** de base de 19 %, auquel s'ajoutent les prélèvements sociaux dans les conditions prévues nos 34600 s. **32770** CGI art. 200 B IMMO-II-196200

Les **moins-values** ne sont pas prises en compte (CGI art. 150 VD, I).

DÉCLARATION ET PAIEMENT

Pour chaque bien cédé, les contribuables doivent se procurer et déposer spontanément au service des impôts de leur domicile une **déclaration n° 2048-M** dans le délai d'un mois à compter de la cession. La déclaration est accompagnée du paiement des droits. Lorsque la **plus-value** n'est **pas imposable,** la déclaration n'a pas à être souscrite. **32780** CGI art. 150 VG et 150 VH IMMO-II-196400 s

> **Précisions** L'administration peut adresser au contribuable une **demande de justifications** des éléments servant de base à la détermination des plus-values (LPF art. L 16, al. 2). **À défaut de réponse** ou en cas de **réponse insuffisante** après notification d'une mise en demeure, les éléments d'imposition peuvent être évalués d'office par l'administration (LPF art. L 73, 5°).
> Le **défaut** ou le **retard de souscription de la déclaration** sont, quant à eux, susceptibles d'entraîner une taxation d'office (LPF art. L 66, 1°).

C. Plus-values sur valeurs mobilières et droits sociaux

PRINCIPES D'IMPOSITION

Les plus-values réalisées par les particuliers à l'occasion de la cession de valeurs mobilières ou de droits sociaux constituent l'une des catégories de revenus passibles de l'impôt sur le revenu. **32805** CGI art. 150-0 A à 150-0 E RM-VI-1 s

Une fois déterminées, les plus-values sont soumises de plein droit à un prélèvement forfaitaire unique (PFU) ou, sur option globale du contribuable, au barème progressif de l'impôt sur le revenu.

Les plus-values sont également soumises aux **prélèvements sociaux** au titre des revenus du patrimoine (nos 34430 s.).

Deux catégories de plus-values relèvent d'autres régimes que celui exposé ci-après : **32810**

1. Les plus-values de cession de titres de certaines **sociétés immobilières** ou de fonds immobiliers, qui relèvent des règles des plus-values immobilières. Sont concernés les titres de sociétés transparentes (n° 30800), les titres de sociétés à prépondérance immobilière non soumises à l'IS (nos 32520 s.) et certaines **parts de** fonds de placement immobilier (**FPI**) (n° 30535) ;

2. Les plus-values qui, en raison du contexte dans lequel elles sont réalisées, sont taxées selon le régime de droit commun des BNC. Cette situation recouvre en fait deux hypothèses différentes, toutes les deux exceptionnelles. RM-VI-38500 s

La première concerne les cessions de titres non cotés qui proviennent d'une véritable **activité lucrative** (CGI art. 92, 1). Peut par exemple se trouver dans cette situation un contribuable qui fait profession de reprendre des sociétés en difficulté en vue de les revendre après avoir procédé à leur redressement (CE 20-2-1989 n° 62397 : RJF 4/89 n° 440). En revanche, le fait pour un dirigeant de contribuer, en tant que tel, à la valorisation de sa société ne suffit pas à taxer en BNC la plus-value réalisée lors de la cession de ses droits sociaux (CE 18-1-2006 n° 265790 et 265791 : RJF 4/06 n° 378).

La seconde hypothèse vise les **opérations de bourse effectuées dans des conditions analogues à celles des professionnels** de la bourse (CGI art. 92, 2-1°). Pour qu'il en soit ainsi, il faut que le contribuable réalise personnellement des opérations nombreuses et sophistiquées, impliquant la détention, la maîtrise, l'utilisation et la recherche organisée d'informations et de techniques d'intervention spécialisées (CE 3-2-2003 n° 232040 : RJF 4/03 n° 432). L'utilisation même fréquente du réseau internet et du courtage en ligne pour gérer son portefeuille ne constitue pas à cet égard un critère suffisant (BOI-BNC-CHAMP-10-10-20-10 n° 100).

1. CHAMP D'APPLICATION

PERSONNES IMPOSABLES

32880 CGI art. 150-0 A RM-VI-250 s

Le régime des plus-values mobilières privées s'applique aux plus-values réalisées par les **personnes physiques,** dans le cadre de la gestion de leur patrimoine privé, soit directement, soit au travers d'une personne interposée ou d'une fiducie (nos 90900 s.).

Sont notamment considérées comme **personnes interposées** les sociétés relevant de l'impôt sur le revenu qui exercent une activité civile d'acquisition et de gestion d'un portefeuille-titres. Les associés de ces sociétés sont par suite imposables selon le régime des plus-values privées à hauteur de leur quote-part dans les plus-values sociales. Ils sont également soumis à ce régime lorsqu'ils cèdent les titres de la société interposée, dans la mesure où ils ont la qualité de simples apporteurs de capitaux.

> **Précisions** **a.** Le régime des plus-values privées s'applique également aux plus-values réalisées par les **entreprises** relevant de l'impôt sur le revenu lorsqu'elles cèdent des **titres inscrits à l'actif** qui ne sont pas affectés à l'activité (voir n° 18460). On notera aussi que certaines plus-values peuvent être imposées pour partie selon le régime d'imposition des plus-values privées et pour partie selon celui des plus-values professionnelles : c'est ce qui se passe par exemple lorsque les titres cédés ont été inscrits à l'actif et **affectés à l'activité professionnelle après avoir figuré dans le patrimoine privé** (ou l'inverse) ou lorsqu'ils ont été donnés en **location** (voir nos 18470 s.).
> **b.** Les **parts de sociétés de personnes** relevant de l'impôt sur le revenu **détenues par des associés qui exercent dans la société leur activité professionnelle** sont par ailleurs réputées constituer un actif professionnel personnel dont la cession relève du régime des plus-values professionnelles. Voir nos 37715 s.
> **c.** Relèvent également des plus-values professionnelles les cessions de parts de **FPI** dont l'actif est **constitué majoritairement d'immeubles loués meublés** lorsque le porteur de parts est considéré comme un **loueur professionnel** (voir n° 30535).
> **d.** En ce qui concerne la personne imposable en cas de cession de **titres dont la propriété est démembrée,** voir n° 33155.

TITRES CONCERNÉS

32890 RM-VI-2000 s

Ils sont définis de manière large et comprennent :

– les **valeurs mobilières** françaises et étrangères (cotées ou non cotées) – actions, obligations, certificats d'investissement, titres participatifs et autres titres d'emprunts négociables mentionnés aux articles 118, 1° (titres français) et 120, 6° et 7° du CGI (titres étrangers) – ainsi que les droits de souscription ou d'attribution attachés à ces valeurs ;

– les **droits sociaux,** c'est-à-dire les actions et les parts de sociétés cotées ou non cotées (exception faite des titres de sociétés immobilières visées n° 32810) quels que soient le régime fiscal de la société et l'importance de la participation du cédant ;

– les **droits d'usufruit** et **de nue-propriété** portant sur les valeurs mobilières ou les droits sociaux imposables (particularités : n° 33155) ;

– les **titres représentatifs de valeurs ou droits imposables,** c'est-à-dire les titres de sociétés ou groupements dont l'actif est principalement constitué de ces valeurs ou droits. Sont notamment visés les actions de **Sicav,** de **Sppicav,** de **Sicaf,** les parts de **FCP,** les titres de sociétés d'investissement ou de sociétés de portefeuille. Les parts de FPI ne sont en revanche pas concernées (n° 32810).

> **Précisions** **a.** Sont également considérés comme des valeurs mobilières au sens de l'article 150-0 A du CGI :
> – les **titres de Sicomi** cotées ou non (CGI art. 150-0 A, II-3) ;
> – les **parts de fonds communs de créances** et de **fonds communs de titrisation** dont la durée à l'émission est supérieure à cinq ans (CGI art. 150-0 A, II-5 et BOI-RPPM-PVBMI-10-10-10 n° 120).
> Ce n'est, en revanche, le cas ni des **bons de caisse,** ni des **titres de créances négociables.**
> **b.** Sur les cessions de **créances** résultant d'une clause **de complément de prix,** voir nos 33140 s.

OPÉRATIONS IMPOSABLES

32900 RM-VI-630 s

Ce sont les **cessions à titre onéreux** de valeurs mobilières et droits sociaux. La notion de cession à titre onéreux vise non seulement les négociations sur un marché réglementé ou organisé et les ventes réalisées de gré à gré, mais aussi :

– les **rachats par les sociétés** de leurs propres titres ;

– dans la limite des **soultes,** les **partages** de titres indivis, autres que ceux visés en précision d ci-après ;

– les **apports en société** et les **échanges** de titres (la plupart bénéficient toutefois de régimes de différés d'imposition : nos 33300 s.) ;

– les **prêts** de titres s'ils se traduisent par un transfert de propriété.

Relèvent également du régime des plus-values de cession de valeurs mobilières les **distributions de plus-values par les OPCVM,** les placements collectifs relevant des articles L 214-24-24 à L 214-32-1, L 214-139 à L 214-147, L 214-152 à L 214-166 du Code monétaire et financier et les entités étrangères de même nature (nos 26250 et 26365) ainsi que les **répartitions d'actifs** réalisées par les **FCPR,** les fonds professionnels spécialisés relevant de l'article L 214-37 du Code monétaire et financier dans sa rédaction antérieure à l'ordonnance 2013-673 du 25 juillet 2013, les fonds professionnels de capital-investissement et les entités étrangères de même nature (no 26325, b).

› Précisions **a.** Sont assimilés à des cessions à titre onéreux :
– les **rachats** d'actions de **Sicav** ou de parts de **FCP** (autres que ceux fonctionnant dans le cadre de la participation des salariés) ou les **dissolutions** de tels fonds ou sociétés (no 26295) ;
– les **rachats** d'actions de **Sppicav** (no 30505) ;
– les retraits ou rachats sur un **PEA** avant cinq ans, sauf s'ils sont affectés à la création ou à la reprise d'une entreprise (no 26170) ;
– le retrait des actifs (liquidités ou titres) d'un **compte PME innovation** (CPI ; no 26220) ;
– les passages d'un compartiment à un autre dans les **OPCVM et placements collectifs à compartiments** (BOI-RPPM-PVBMI-10-10-10 no 60).
b. Une cession pour un **prix de vente nul,** déterminé selon une **formule de calcul** préétablie, est une cession à titre onéreux en l'absence d'intention libérale (CE 25-1-2017 no 392063 et 392065 : RJF 4/17 no 330).
c. Les plus-values résultant de **mutations à titre gratuit** (donations ou successions) ne sont pas imposables, sauf s'il s'agit de donation en pleine propriété de titres cotés ouvrant droit à réduction d'IFI (no 72130).
d. Les partages (même avec soulte) dépendant d'une succession ou d'une communauté conjugale qui interviennent uniquement entre les membres originaires de l'indivision ne sont pas imposables. Il en est de même des partages portant sur des biens indivis issus d'une **donation-partage** et des partages de biens indivis acquis par des partenaires ayant conclu un **Pacs** ou par des **époux** avant ou pendant le pacte ou le mariage (CGI art. 150-0 A, IV).
e. Les profits réalisés par les contribuables qui effectuent des **placements en report** constituent non pas des plus-values (CGI art. 150-0 A, III-6), mais des revenus de créances (voir no 25635).
f. Les sommes correspondant au gain net de **liquidation des titres inscrits sur un compte inactif** transférées à la Caisse des dépôts et consignations (CDC) puis reversées à leur bénéficiaire sont soumises à l'impôt sur le revenu selon le régime des plus-values de cessions de valeurs mobilières dans les conditions en vigueur l'année de leur versement. Le montant imposable du gain net est déterminé dans les conditions et modalités applicables à la date de la liquidation des titres (CGI art. 150-0 A, I-5).
g. En ce qui concerne :
– les cessions de titres détenus dans un plan d'épargne retraite (**PER**), voir no 96580 ;
– les **partages de plus-values** de cession de titres avec les salariés, voir no 88690, précision c ;
– les gains réalisés dans le cadre d'un plan d'épargne avenir climat (**Péac**), voir no 26192.

TERRITORIALITÉ

Personnes fiscalement domiciliées en France Les personnes fiscalement domiciliées en France (voir no 495 s.) sont imposables à raison de l'ensemble de leurs cessions de titres, y compris celles qui portent sur des titres étrangers, ou déposés dans un établissement financier étranger. Ce principe peut cependant comporter des dérogations résultant des conventions internationales. 32935 RM-VI-3700 s

Les personnes **impatriées** bénéficient toutefois, sous certaines conditions, d'une exonération partielle (voir nos 4715 s.).

Personnes fiscalement domiciliées hors de France Sous réserve du cas des plus-values mentionnées nos 32625 s. et 32945, les personnes physiques ou morales non domiciliées en France sont exonérées d'impôt sur les plus-values réalisées en France à l'occasion de la cession de valeurs mobilières ou de droits sociaux. 32940 CGI art. 244 bis C

En ce qui concerne l'**exit tax** applicable lors du transfert du domicile fiscal hors de France, voir nos 33360 s.

Les plus-values de cession de droits sociaux d'une **société soumise à l'impôt sur les sociétés** et ayant son siège en France, réalisées par des personnes physiques ou morales ou des organismes (quelle qu'en soit la forme) dont le domicile fiscal ou le siège social est situé à l'étranger, sont, sous réserve des conventions internationales (voir no 82970), soumises à un prélèvement lorsque le cédant détient avec son conjoint, leurs ascendants et leurs descendants, directement ou indirectement, **plus de 25 % des droits dans les bénéfices sociaux** de la société à un moment quelconque au cours des cinq ans précédant la cession. Certains OPC étrangers en sont toutefois exonérés (no 32950). 32945 CGI art. 244 bis B

Les **plus-values** imposables sont **déterminées** selon le régime de droit commun des plus-values sur valeurs mobilières et droits sociaux (CGI art. 150-0 A à 150-0 E).

Le prélèvement est perçu au **taux** de 12,8 % pour les personnes physiques et de 25 % pour les personnes morales ou organismes. Les prélèvements sociaux ne sont pas applicables.

Le prélèvement est **libératoire** de l'impôt sur le revenu. Il est **acquitté** dans les mêmes conditions que le prélèvement sur les plus-values immobilières des non-résidents (voir nos 32685 s.), au vu d'un imprimé no 2074-NR.

> Précisions **a.** **Quel que soit le pourcentage** de droits détenus dans les bénéfices de la société, les plus-values sont imposées au **taux forfaitaire de 75 %** lorsque le cédant est une personne ou un organisme domicilié, établi ou constitué hors de France dans un **État ou territoire non coopératif** (ETNC au sens défini no 78310, 1° et 2°), sauf si le cédant apporte la preuve que les opérations ont principalement un objet et un effet autres que de permettre leur localisation dans un tel État ou territoire.

b. Les **distributions d'actifs** de FCPR, de certains fonds professionnels spécialisés visés no 32900 ou de FPCI afférentes à des actifs situés en France ainsi que les **distributions de plus-values de cession d'actifs** (situés en France) par les OPCVM ou certains placements collectifs visés no 32900 sont soumises aux mêmes règles d'imposition. Les distributions par les entités étrangères de même nature ne sont pas concernées.

Le **seuil de 25 %** est alors apprécié en faisant la somme des droits détenus directement et indirectement par le bénéficiaire des distributions avec son groupe familial dans la société cible. Les droits détenus indirectement sont déterminés en multipliant le pourcentage détenu par le bénéficiaire et son groupe familial dans le fonds ou l'organisme par le pourcentage détenu par ce dernier dans la société cible.

c. Les sociétés ou organismes étrangers peuvent obtenir la **restitution** de la part du prélèvement qui excède l'impôt sur les sociétés dont ils auraient été redevables si leur siège avait été situé en France. Sont concernés les **personnes morales** ou organismes, quelle qu'en soit la forme, dont le siège est situé soit dans un État membre de l'Union européenne, en Islande, en Norvège, au Liechtenstein, soit, sous réserve qu'ils ne participent pas de manière effective à la gestion ou au contrôle de la société dont les titres sont cédés ou rachetés, dans un État ayant conclu avec la France une convention fiscale contenant une clause d'assistance administrative en matière d'échange de renseignements et de lutte contre la fraude et l'évasion fiscales. En sont exclus les personnes morales ou organismes dont le siège est situé dans un État ou territoire non coopératif au sens défini no 78310.

d. Les **sociétés** étrangères **déficitaires** peuvent demander la restitution du prélèvement (voir nos 24889 s.). Celles en **liquidation judiciaire** peuvent en être exonérées (voir no 24892).

32950 Le prélèvement n'est pas applicable aux **organismes de placement collectif** (OPC) constitués sur le fondement d'un **droit étranger** situés dans un État membre de l'Union européenne ou dans un autre État ou territoire ayant conclu avec la France une convention d'assistance administrative en vue de lutter contre la fraude et l'évasion fiscales (et n'étant pas non coopératif au sens défini no 78310) et remplissant les **conditions** suivantes :

- lever des capitaux auprès d'un certain nombre d'investisseurs en vue de les investir, conformément à une politique d'investissement définie, dans l'intérêt de ces investisseurs ;
- présenter des caractéristiques similaires à celles des organismes de placement collectif de droit français suivants : OPCVM et certains fonds d'investissement alternatifs (FIA), notamment les fonds de capital investissement, les OPCI et les Sicaf ;
- pour les organismes situés dans un État non membre de l'Union européenne (ou non partie à l'Espace économique européen), ne pas participer de manière effective à la gestion ou au contrôle de la société dont les titres sont cédés.

> Précisions Lorsque l'organisme est établi dans un **État tiers** à l'Union européenne, les stipulations de la convention d'assistance administrative et leur mise en œuvre doivent effectivement permettre à l'administration d'obtenir des autorités de l'État concerné les informations nécessaires à la vérification du respect par l'organisme des conditions requises.

2. CALCUL DES PLUS-VALUES

33020 RM-VI-5050 s Les plus-values (ou moins-values) sont calculées par différence entre le prix de cession et le prix d'acquisition. La prise en compte des moins-values est possible sous certaines conditions. Les plus-values subsistant après l'imputation des moins-values sont ensuite éventuellement réduites d'un abattement pour durée de détention (nos 33070 s.).

Les précisions nécessaires à l'application de ces règles dans certains cas particuliers (clauses de variation de prix, démembrement de propriété, par exemple) sont regroupées aux nos 33140 s.

a. Prix de cession

Le prix de cession s'entend, pour les **titres non cotés,** du prix effectif convenu entre les parties et, pour les **titres cotés,** du cours de bourse auquel la transaction est conclue. 33030 CGI art. 150-0 D, 1 RM-VI-5100 s

Le prix de cession comprend toutes les **charges et indemnités** stipulées au profit du cédant ou d'un tiers, à quelque titre que ce soit, en rémunération de l'opération (par exemple, prise en charge par l'acheteur d'une dette du cédant).

Il doit être diminué du montant des **frais et taxes** acquittés par le cédant. Il peut s'agir, par exemple, pour les titres non cotés, des commissions d'intermédiaires et honoraires d'experts chargés de l'évaluation des titres et, pour les titres cotés, des commissions de négociation et des courtages (lesquels sont en général déduits du prix de cession sur les bordereaux d'opérations adressés à leurs clients par les intermédiaires financiers) (BOI-RPPM-PVBMI-20-10-10-10 n°s 270 et 280).

Les conséquences des **clauses de variation de prix** sont examinées n°s 33140 s.

> Précisions **a.** Pour les **obligations,** il convient de retenir le prix auquel la transaction est conclue, qui inclut la fraction courue du coupon.

b. En cas de **partage avec soulte** imposable (voir n° 32900), le prix de cession des droits cédés aux autres copartageants est égal au montant des soultes reçues lors du partage.

c. Lorsque les titres sont cédés moyennant paiement d'une **rente viagère,** le prix de cession à retenir est la valeur en capital de la rente, à l'exclusion des intérêts, augmentée, le cas échéant, de la fraction du prix payée comptant.

d. En cas d'**échange de titres** n'ouvrant pas droit à un sursis d'imposition, le prix de cession est constitué par la valeur réelle des titres acquis en contrepartie des titres cédés, majorée éventuellement du montant de la soulte reçue ou diminuée de la soulte payée.

En ce qui concerne les opérations ouvrant droit à sursis d'imposition, voir n°s 33300 s.

e. En cas de cession de **valeurs mobilières** ou de droits sociaux libellés en devises **étrangères,** les prix d'acquisition et de cession à retenir doivent être convertis en euros selon les taux de change applicables respectivement à la date d'acquisition et à la date de cession des titres (CE 13-9-2021 n° 443914 : RJF 12/21 n° 1111).

b. Prix d'acquisition

PRINCIPES

Le prix d'acquisition s'entend du prix pour lequel les titres ont été acquis **à titre onéreux** par le cédant ou, en cas d'acquisition **à titre gratuit** (succession ou donation), de la valeur retenue pour la détermination des droits de mutation. Pour les valeurs mobilières étrangères, voir n° 33030, précision e. 33040 CGI art. 150-0 D, 1 RM-VI-6000 s

Il doit dans tous les cas être majoré des **frais d'acquisition** personnellement acquittés par le redevable de l'impôt en sa qualité de cédant. Les frais à prendre en compte sont :

– pour les acquisitions à titre onéreux : les courtages, les commissions (notamment celles versées en rémunération du service de règlement différé), les honoraires d'experts, les droits d'enregistrement et frais d'acte ;

– pour les acquisitions à titre gratuit : les droits de succession ou de donation proprement dits, les frais d'acte et de déclaration et les honoraires du notaire.

Les conséquences des **clauses de variation de prix** sont examinées n°s 33140 s.

> Précisions **a.** Le prix d'acquisition s'entend du montant de l'ensemble des **contreparties** effectivement **mises à la charge de l'acquéreur,** quelles que soient les modalités selon lesquelles il s'acquitte de ces obligations (numéraire versé, dette contractée, etc.) (CE 7-2-2018 n° 399399 : RJF 5/18 n° 490).

b. En cas d'acquisition à titre onéreux, le prix doit être majoré le cas échéant de toutes les **charges et indemnités** stipulées au profit du cédant ou d'un tiers.

En cas d'acquisition à titre gratuit, la valeur d'acquisition est retenue **avant** toute **exonération partielle ou abattement** d'assiette (BOI-RPPM-PVBMI-20-10-20-30 n° 1).

c. Lorsque les titres cédés ont donné lieu à une **réduction d'impôt « Madelin »** (n°s 2600 s., 2660 s.), le prix d'acquisition est diminué de la réduction d'impôt effectivement obtenue. En cas de cession totale ou partielle des titres avant la fin du délai de conservation de cinq ans entraînant **remise en cause** de la réduction d'impôt, il n'y a pas lieu de diminuer le prix de souscription du montant de la réduction qui a été reprise (BOI-RPPM-PVBMI-20-10-20-10 n° 30). Lorsque le **plafonnement global des avantages fiscaux** a été appliqué (n°s 4840 s.), le montant de la réduction d'impôt effectivement obtenue venant en diminution du prix d'acquisition à retenir est égal à la différence entre le montant du plafonnement et le montant des autres avantages fiscaux soumis à ce plafonnement (BOI-RPPM-PVBMI-20-10-20-10 n° 35).

d. Les **droits de donation pris en charge par le donateur** pour le compte du donataire ne peuvent majorer le prix d'acquisition que si le donataire appartient au même foyer fiscal que le donateur (CAA Bordeaux 4-6-2008 n° 06-1412 : RJF 12/08 n° 1330 ; TA Paris 12-11-2012 n° 1113118 : RJF 4/13 n° 406).

e. Pour les **titres acquis avant le 1er janvier 1987,** les frais d'acquisition peuvent être évalués forfaitairement à 2 % du prix d'achat (ou de la valeur retenue pour les droits de mutation).

TITRES DE MÊME NATURE ACQUIS À DES PRIX DIFFÉRENTS

33045 CGI art. 150-0 D, 3 RM-VI-7330 s

En cas de cession d'un ou de plusieurs titres appartenant à une série de titres de même nature acquis pour des prix différents, le prix d'acquisition à retenir est la **moyenne pondérée d'acquisition** de ces titres (voir l'exemple figurant nº 33090).

L'administration admet que le gain (et donc le prix de revient moyen pondéré) peut être déterminé **distinctement** pour chaque membre du foyer fiscal. Dans le cas où les titres sont déposés auprès de plusieurs intermédiaires financiers, il peut être déterminé une valeur moyenne d'acquisition pour chaque intermédiaire financier (BOI-RPPM-PVBMI-20-10-20-40 nº 40).

› Précisions Pour l'application de cette règle, la circonstance que le détenteur des titres ait souscrit un **engagement de conservation** est par elle-même sans incidence sur la nature des titres concernés. Par suite, pour le calcul de la plus-value de cession de titres d'une société détenus en pleine propriété, le prix d'acquisition est égal à la moyenne pondérée du prix d'acquisition de l'ensemble des titres de cette même société détenus en pleine propriété à la date de la cession, y compris les titres pour lesquels un engagement de conservation a été souscrit (CE 20-10-2021 nº 449292 : RJF 1/22 nº 31).

ÉVALUATION FORFAITAIRE DE TITRES ANCIENNEMENT ACQUIS

33055 RM-VI-7420 s

a. Titres acquis avant le 1er janvier 1996. Les contribuables qui n'avaient pas dépassé le seuil d'imposition des plus-values alors en vigueur en 1993, 1994 et 1995 ont pu opter pour l'attribution d'un prix de revient forfaitaire – égal à 85 % du dernier cours connu au 29 décembre 1995 – à l'ensemble de leurs titres cotés détenus en portefeuille au 31 décembre 1995 (sauf titres d'OPCVM monétaires ou obligataires de capitalisation). Lorsque cette option a été exercée, les plus-values sont calculées à partir de ce prix de revient (BOI-RPPM-PVBMI-20-10-20-40 nº 80).

b. Titres cotés acquis avant le 1er janvier 1979. Leur prix d'acquisition peut également faire l'objet d'une évaluation forfaitaire (CGI art. 150-0 D, 4). Le contribuable peut substituer au prix d'acquisition (ou à la valeur déclarée lors d'une mutation à titre gratuit) le cours au comptant le plus haut de l'année 1978. S'agissant des actions françaises, il peut également retenir le cours moyen de cotation au comptant pendant l'année 1972. Ces règles ne sont pas applicables aux cessions de **participations supérieures à 25 %.** Pour ces dernières, il convient de retenir le prix d'acquisition effectif ou, si elle est supérieure, leur valeur au 1er janvier 1949.

AUTRES CAS PARTICULIERS

33060 **a. Titres de sociétés de personnes.** Selon le principe dégagé par le Conseil d'État, le **prix d'acquisition** doit, en cas de cession de parts de sociétés de personnes, faire l'objet d'ajustements identiques à ceux prévus pour les plus-values professionnelles (nº 37740), afin d'éviter une double prise en compte des bénéfices et des déficits sociaux qui ont déjà été taxés chez le cédant ou déduits de ses revenus (CE 25-11-2009 nº 310746 : RJF 2/10 nº 120).

b. Cession de titres ayant figuré sur un PEA ou sur un Péac. Voir respectivement nºs 26185 et 26200.

c. Titres acquis en exercice de **stock-options,** de **bons de souscription de parts de créateur d'entreprises** (BSPCE) ou d'**attribution d'actions gratuites.** Voir respectivement nºs 88785 s., 88805 et 88825.

d. Rachat par une société de ses propres titres. Le gain net est égal à la différence entre le montant du remboursement et le prix ou la valeur d'acquisition ou de souscription des titres rachetés (CGI art. 150-0 D, 8 ter).

e. Droits de souscription ou d'attribution. La cession de ces droits par le contribuable qui les a lui-même détachés dégage une plus-value égale au montant même du prix de cession (diminué des frais et taxes), le prix de revient étant réputé nul. En contrepartie, lorsque les titres dont les droits ont été détachés sont vendus, la plus-value est calculée en fonction du prix d'acquisition originaire de ces titres, sans tenir compte par conséquent de la « diminution de prix de revient » consécutive au détachement des droits (CGI art. 150-0 D, 3). Ces règles sont également applicables aux cessions de **bons de souscription** d'actions (CAA Douai 25-6-2013 nº 12DA00962 : RJF 12/13 nº 1141 ; CE (na) 19-6-2014 nº 371556 : RJF 11/14 nº 1009). Le gain de cession de bons de souscription autonomes reçus en échange de bons de souscription détachés doit être calculé à partir du prix ou de la valeur d'acquisition des titres échangés ; ceux-ci étant des droits détachés de valeurs mobilières, leur prix d'acquisition est réputé nul (CE 21-11-2016 nº 388052 : RJF 2/17 nº 132).

f. Titres auxquels est attaché un sursis ou un report d'imposition. Voir nºs 33300 s.

g. Titres obligataires à **primes de remboursement** ou intérêts capitalisés. Voir nºs 25585 s.

h. Titres acquis par voie de crédit-bail. Le prix d'acquisition est égal au prix convenu pour la levée d'option, abstraction faite des versements effectués à titre de loyers (CGI art. 150-0 D, 8 bis).

i. Cession de parts de **FCPR ayant bénéficié d'une répartition partielle d'actifs.** Voir n° 26325, b.

j. Coup d'accordéon. Dans l'hypothèse où les titres cédés ont été acquis par le contribuable à l'occasion d'une augmentation de capital de la société émettrice consécutive à une réduction de ce même capital à zéro par annulation de titres, les sommes que l'intéressé avait acquittées pour acquérir les titres annulés ne peuvent pas être ajoutées au prix d'acquisition pour le calcul de la plus-value (CE 28-11-2018 n° 417875 : RJF 2/19 n° 155). En ce qui concerne toutefois la prise en compte des pertes, voir n° 33067.

c. Imputation des moins-values

RÈGLES GÉNÉRALES

Les moins-values subies au cours d'une année sont imputables exclusivement sur les **plus-values de même nature** imposables au titre de la même année. **33065** CGI art. 150-0 D, 11 RM-VI-10050 s

En cas de solde négatif (**moins-value annuelle globale**), l'excédent de moins-values non imputé est reporté et est imputable sur les plus-values des dix années suivantes.

En cas de solde positif (**plus-value annuelle globale**) et en présence de moins-values reportées imputables, le solde est réduit, dans la limite de son montant, de ces moins-values, les plus anciennes s'imputant prioritairement (BOI-RPPM-PVBMI-20-10-40 n° 470).

Lorsque l'imputation des moins-values (moins-values de l'année et moins-values reportées) laisse subsister des plus-values imposables, ces plus-values sont réduites, le cas échéant, de l'un des abattements pour durée de détention (nos 33070 s.).

EXEMPLE

Un contribuable cède en 2024 :
– 1 000 actions d'une société A au prix unitaire de 40 €. Ces titres ayant été acquis en 2014 au prix unitaire de 20 €, il réalise une plus-value de 20 000 € ;
– 500 actions d'une société B au prix unitaire de 10 €. Ces titres ayant été acquis en 2015 au prix unitaire de 20 €, il réalise une moins-value de 5 000 €.
Il dispose par ailleurs de moins-values reportées et non encore imputées d'un montant de 11 000 € correspondant :
– à une moins-value de 8 000 € subie en 2015 ;
– à une moins-value de 3 000 € subie en 2020.
La plus-value brute imposable d'un montant de 20 000 € est réduite :
– à hauteur de 5 000 €, de la moins-value subie au titre de 2024 ;
– puis à hauteur de 8 000 €, de la moins-value subie au titre de 2015 ;
– et, enfin, à hauteur de 3 000 €, de la moins-value subie en 2020.
La plus-value imposable après imputation des moins-values s'élève à 4 000 €.
Si le contribuable opte pour le barème progressif, la plus-value brute imposable est réduite de l'abattement pour durée de détention de 65 % (titres acquis avant 2018 et détenus depuis au moins huit ans), soit un abattement de 2 600 € et une plus-value imposable selon le barème progressif de 1 400 €.

Les **plus-values et** les **moins-values de même nature** susceptibles de se compenser s'entendent de toutes celles réalisées à l'occasion de la cession de droits sociaux et de valeurs mobilières soumises au régime de l'article 150-0 A du CGI, quelles que soient leurs modalités d'imposition (BOI-RPPM-PVBMI-20-10-40 n° 10).

Sont également de même nature et donc pris en compte dans le cadre de cette compensation générale les profits et les pertes résultant des opérations occasionnelles sur les instruments financiers à terme (n° 33405), ceux retirés de la cession de titres souscrits en exercice de BSPCE (nos 88800 s.) ainsi que ceux retirés de la cession d'actions gratuites (nos 88825 s.) ou de la cession d'actions issues de la levée d'options sur titres (nos 88785 s.) lorsque ces gains relèvent du régime des plus-values.

› Précisions a. Une perte est imputable même si elle est subie dans le cadre d'une **opération exonérée** (CE 4-2-2015 n° 364197 : RJF 5/15 n° 406).

b. Une exception au principe d'imputation des pertes est prévue en cas de moins-value subie par l'associé d'une société soumise à l'IS qui investit **outre-mer** pour donner en location dans les conditions indiquées n° 91885.

c. Le contribuable ne peut pas décider de l'année d'imputation des moins-values mais il dispose, en revanche, de la faculté d'imputer les moins-values sur les plus-values de son choix (BOI-RPPM-PVBMI-20-10-40 n° 480).

PERTES SUR TITRES ANNULÉS

33067 CGI art. 150-0 D, 12 et 13 RM-VI-10400 s

Les pertes constatées en cas d'annulation de titres dans le cadre d'une procédure collective ou d'une réduction totale de capital sont imputables sur les plus-values de même nature (définies nº 33065) réalisées au cours de la même année et, le cas échéant, des dix années suivantes, sous certaines conditions et dans certaines limites.

a. Titres concernés. Le dispositif concerne l'ensemble des valeurs mobilières et des droits sociaux mentionnés à l'article 150-0 A du CGI, à l'exclusion toutefois des valeurs mobilières ou des droits sociaux détenus dans un plan d'épargne d'entreprise (CGI art. 163 bis B ; nºs 88680 s.), dans un plan d'épargne en actions (CGI art. 163 quinquies D ; nºs 26155 s.) ou dans un plan d'épargne avenir climat (C. mon. fin. art. L 221-34-2 ; nºs 26190 s.).

b. Conditions d'imputation. Trois conditions doivent cumulativement être remplies :

– les **titres** doivent être **annulés,** ce qui exclut les valeurs mobilières qui font l'objet d'une radiation de la cote d'un marché réglementé ;

– l'annulation doit intervenir dans le cadre d'une **procédure de redressement ou de liquidation judiciaire** ou dans le cadre de la procédure prévue aux articles L 223-42 ou L 225-248 du Code de commerce lorsque les **pertes** sont **égales ou supérieures aux capitaux propres** contraignant la société à réduire son capital à zéro ;

– le titulaire des titres annulés ne doit pas avoir fait l'objet d'une **condamnation** en raison de son activité de gestion au sein de la société.

c. Date d'imputation. La perte est en principe constatée et déduite au titre de l'année au cours de laquelle intervient l'**annulation des titres.**

En cas de procédure collective, le contribuable peut toutefois opter pour l'**imputation anticipée** de la perte, dès l'année au cours de laquelle intervient le jugement ordonnant la cession de l'entreprise ou prononçant la liquidation, sans attendre l'annulation des titres. Cette **option,** qui doit être formulée expressément, est **globale** et porte nécessairement sur l'ensemble des valeurs mobilières et droits sociaux détenus dans la société faisant l'objet de la procédure collective.

La déduction anticipée peut toutefois être **remise en cause** par la suite, en cas d'infirmation du jugement ou de résolution du plan de cession, de condamnation du contribuable dans le cadre de la procédure, ainsi qu'en cas d'attribution de sommes ou valeurs en contrepartie des titres pour lesquels l'option a été exercée (ces sommes ou valeurs étant alors imposables).

d. Montant imputable. Il ne peut excéder le prix d'acquisition des titres ou la valeur retenue pour l'assiette des droits de mutation. Il doit en outre être diminué, le cas échéant :

– du montant des sommes ou valeurs remboursées ;

– et du montant des sommes ayant ouvert droit à la réduction d'impôt pour souscription au capital des Sofica (nº 2730).

e. Obligations déclaratives. Le contribuable qui entend imputer des pertes sur titres annulés doit joindre à la déclaration nº 2074 :

– en cas **procédure collective,** la copie du jugement, la copie d'un document justifiant du nombre de titres détenus à la date du jugement, le montant des pertes constatées ainsi que les éléments nécessaires à leur détermination (CGI ann. II art. 74-0 G) ;

– en cas de **réduction totale de capital,** les éléments justifiant la réalité et le montant des pertes imputées par tous moyens de preuve compatibles avec la procédure écrite (BOI-RPPM-PVBMI-40-10-20 nº 115).

d. Abattements pour durée de détention

33070 Lorsque le contribuable exerce l'option globale pour l'imposition selon le barème progressif, les plus-values de cession de titres acquis avant le 1er janvier 2018 sont réduites, selon le cas, d'un abattement proportionnel de droit commun (nºs 33075 s.) ou renforcé s'agissant des titres de PME de moins de dix ans (nºs 33100 s.). Par ailleurs, les plus-values de cession de titres réalisées par les dirigeants partant à la retraite sont réduites d'un abattement fixe applicable quelles que soient les modalités d'imposition (PFU ou barème) (nºs 33106 s.). L'abattement fixe n'est pas cumulable avec les abattements proportionnels.

Les abattements sont pratiqués sur le gain subsistant après imputation, le cas échéant, des **moins-values** (nºs 33065 s.).

ABATTEMENTS PROPORTIONNELS EN CAS D'OPTION POUR LE BARÈME PROGRESSIF

33075 CGI art. 150-0 D, 1 et 1 ter RM-VI-11300 s

Abattement de droit commun Les gains et distributions mentionnés nº 33077 sont réduits d'un abattement de détention lorsqu'ils se rapportent à des **titres** détenus depuis au moins deux ans, qu'ils ont été **acquis ou souscrits avant le 1er janvier 2018** et que l'option globale pour l'imposition selon le barème progressif a été exercée.

> Précisions **a.** La condition tenant à l'imposition selon le barème progressif conduit à exclure du bénéfice de l'abattement les contribuables dont le **domicile fiscal est situé hors de France** dès lors que leurs plus-values sont imposées selon les modalités visées nº 32945 (BOI-RPPM-PVBMI-20-20-10 nº 10).

b. Selon l'administration, les titres acquis ou souscrits en indivision avant le 1er janvier 2018 et ayant fait l'objet d'un **partage** à compter de cette date ne sont pas éligibles à l'abattement, sauf si ce partage est intervenu dans les conditions précisées nº 32900, précision d (BOI-RPPM-PVBMI-20-20-10 nº 30).

c. Les titres reçus dans le cadre d'une **opération d'échange intervenue depuis le 1er janvier 2018** en contrepartie de titres acquis ou souscrits avant cette date sont éligibles à l'abattement si l'échange a été réalisé, dans les conditions prévues à l'article 150-0 B (nº 33300) ou 150 UB du CGI (nº 32535). Ils ne le sont pas, en revanche, si l'échange a été effectué dans le cadre d'un apport à une société contrôlée par l'apporteur dans les conditions prévues à l'article 150-0 B ter du CGI (nºs 33310 s.) (BOI-RPPM-PVBMI-20-20-10 nº 40).

L'abattement pour durée de détention est applicable aux gains nets retirés de la cession ou du rachat d'actions, de parts de sociétés, de droits démembrés portant sur ces parts ou actions (usufruit ou nue-propriété) ou de titres représentatifs de ces mêmes parts, actions ou droits (telles que parts ou actions d'OPCVM). 33077

Il est également applicable :

– aux **distributions** d'une fraction des actifs d'un **FCPR,** d'un fonds professionnel spécialisé relevant de l'article L 214-37 du Code monétaire et financier dans sa rédaction antérieure à l'ordonnance 2013-673 du 25 juillet 2013, d'un fonds professionnel de capital-investissement ou d'une entité étrangère de même nature (nº 26325, b) et aux distributions prélevées sur des plus-values réalisées par une **SCR** ou une entité étrangère de même nature (nº 26420), y compris lorsque ces distributions sont effectuées au profit des salariés ou dirigeants détenteurs de parts ou actions de **« carried interest »** (nº 26440) ;

– aux distributions prélevées sur des plus-values de cession de titres réalisées par des **FPI** (nº 30530) ;

– aux distributions prélevées sur des plus-values réalisées par des **OPCVM** ou des placements collectifs relevant des articles L 214-24-24 à L 214-32-1, L 214-139 à L 214-147, L 214-152 à L 214-166 du Code monétaire et financier (nºs 26250 et 26365) ou des entités étrangères de même nature ;

– aux **compléments de prix** perçus par le cédant en application d'une clause de variation de prix, quelle que soit la date à laquelle est intervenue la cession à laquelle ils se rapportent.

S'agissant de l'**avantage** tiré de l'attribution d'**actions gratuites,** voir nº 88825.

ATTENTION

L'abattement ne s'applique pas à l'avantage constaté lors de la levée d'options (« **stock-options** ») (nºs 88780 s.), ni aux gains de cession des titres souscrits en exercice de BSPCE (nºs 88800 s.), ni encore aux gains de cession de bons de souscription d'actions (BSA).

Il ne s'applique pas non plus, en principe, aux **plus-values** réalisées avant 2013 et placées en **report d'imposition** (Cons. const. 22-4-2016 nº 2016-538 QPC : RJF 7/16 nº 644 ; Cons. const. 3-4-2020 nº 2019-832/833 QPC : RJF 6/20 nº 551). S'agissant toutefois des opérations d'échange entrant dans le champ de la directive « fusions » 2009/133 du 19 octobre 2009, la CJUE a jugé que la plus-value en report d'imposition doit être traitée de la même façon (au regard du taux d'imposition et de l'application de l'abattement pour durée de détention) que la plus-value qui aurait été réalisée si l'opération d'échange n'était pas intervenue (CJUE 18-9-2019 aff. 662/18 et 672/18 : RJF 12/19 nº 1210).

L'application de l'abattement aux gains nets de cession ou de rachat de parts ou actions d'**OPCVM** ou des placements collectifs relevant des articles L 214-24-24 à L 214-32-1, L 214-139 à L 214-147, L 214-152 à L 214-166 du Code monétaire et financier ou des entités étrangères de même nature ou de dissolution de tels organismes ainsi qu'aux distributions de plus-values effectuées par ces mêmes organismes et aux répartitions d'actifs des fonds professionnels spécialisés est subordonnée à la condition que ces organismes respectent un **quota d'investissement de 75 %** de leurs actifs en actions ou parts de sociétés ou en droits portant sur ces actions ou parts. 33080

Ce quota doit être respecté au plus tard lors de la clôture de l'exercice suivant celui de la constitution de l'organisme et, **de manière continue,** jusqu'à la date de cession ou de rachat des actions, parts ou droits ou de la dissolution de cet organisme ou jusqu'à la date de la distribution.

ATTENTION

Cette condition ne s'applique pas aux gains nets de cession ou de rachat de parts ou actions de **« carried interest »**, ni aux gains de cession ou de rachat de parts de **FCPR**, FCPI, FIP et FPCI, ni aux distributions effectuées par ces mêmes fonds.

33085 CGI art. 150-0 D, 1 quinquies RM-VI-11650 s et 15900 s

L'abattement pratiqué est **égal à** :

– **50 %** du montant des gains nets ou des distributions lorsque les titres ou droits sont détenus depuis **au moins deux ans et moins de huit ans** à la date de la cession ou de la distribution ;

– **65 %** de leur montant lorsque les titres ou droits sont détenus depuis **au moins huit ans.**

La **durée de détention** est décomptée à partir de la date de souscription ou d'acquisition des titres ou droits dont la cession a fait apparaître des plus-values subsistant après imputation des moins-values et prend fin à la date du transfert de propriété (n° 33225).

> Précisions a. Le point de départ de la durée de détention est fixé comme suit dans certains cas particuliers :

– titres détenus par **personne interposée** : date d'acquisition des titres par cette personne ;

– titres reçus à la suite d'une opération d'**échange** placée en sursis d'imposition : date d'acquisition des titres remis à l'échange ;

– titres acquis dans un **PEA** et cédés après clôture du plan ou retrait : date à laquelle le cédant a cessé de bénéficier du régime fiscal du PEA (voir nos 26155 s.) ;

– titres reçus à l'occasion d'un **apport en société** (CGI art. 151 octies : nos 19710 s.), d'une opération de restructuration de SCP (CGI art. 151 octies A : n° 13875) ou d'un apport de brevet ou d'un logiciel protégé (CGI art. 93 quater, I : n° 13805) lorsque l'opération a donné lieu au report d'imposition des plus-values (ou lorsqu'elle n'a dégagé aucune plus ou moins-value) : date à laquelle l'apporteur, personne physique, a commencé son activité commerciale, industrielle, artisanale, libérale ou agricole ;

– titres cédés par une **fiducie** ou après retour dans le patrimoine du constituant : voir nos 90905 et 90911.

b. Pour les répartitions d'actifs d'un **FCPR**, d'un fonds professionnel spécialisé ou d'un **FPCI** et les plus-values distribuées par une **SCR**, un **FPI**, un **OPCVM** ou un placement collectif relevant des articles L 214-24-24 à L 214-32-1, L 214-139 à L 214-147, L 214-152 à L 214-166 du Code monétaire et financier, la durée de détention est décomptée en principe à partir de la date d'acquisition ou de souscription des titres du fonds, de l'entité ou de la SCR concerné. Toutefois, lorsque ces répartitions ou distributions proviennent d'un **OPC « réplique »** issu d'une scission dans le cadre de la procédure de cantonnement des actifs illiquides, la durée de détention est décomptée à partir de la date d'acquisition ou de souscription des titres de l'OPC initial.

c. En cas de cession ou de rachat de parts ou actions d'**OPCVM** ou de placements collectifs soumis au quota d'investissement visé n° 33080 et **constitués avant le 1er janvier 2014** ou en cas de distributions effectuées par de tels organismes, la durée de détention est décomptée à partir :

– de la date de souscription ou d'acquisition de ces parts ou actions lorsque ces parts ou actions ont été souscrites ou acquises à une date où l'organisme respecte le quota d'investissement ;

– de la date de respect du quota lorsque les parts ou actions ont été souscrites ou acquises à une date antérieure.

d. Les contribuables doivent être en mesure de produire à l'administration, sur sa demande, tout document de nature à **justifier** la durée de détention des titres ou droits cédés et le caractère continu de cette détention (CGI ann. II art. 74-0 F bis).

33090 RM-VI-11670 s

En cas de cession de **titres** appartenant à une même série (ou de droits de même nature) non identifiables, **acquis ou souscrits à des dates différentes,** la cession est réputée porter en priorité sur les titres ou droits les plus anciens. Cette règle, dite du « premier entré, premier sorti », se combine avec la méthode de calcul de la plus-value à partir du prix moyen pondéré d'acquisition des titres (n° 33045).

Au cas où le contribuable aurait procédé auparavant à des cessions partielles de titres, ces cessions sont réputées porter sur les titres acquis ou souscrits aux dates les plus anciennes. Cette méthode, prévue en cas de cession antérieure à titre onéreux, est également applicable quand des cessions à titre onéreux succèdent à des cessions à titre gratuit (CAA Paris 7-12-2022 n° 20PA04262 : RJF 3/23 n° 208).

EXEMPLE

Un contribuable a effectué les opérations suivantes portant sur les actions de la société B :

– acquisition le 2-7-2011 de 150 actions au prix unitaire de 100 € ;

– acquisition le 5-5-2017 de 500 actions au prix unitaire de 150 € ;

– cession le 30-9-2018 de 100 actions au prix unitaire de 180 €. À cette date, le prix moyen pondéré d'acquisition est de 138,46 €, soit [(150 actions × 100 €) + (500 actions × 150 €)] / 650 actions. Le gain net réalisé à cette occasion est de 4 154 €, soit 100 × (180 – 138,46). Il est précisé que ces actions sont réputées avoir été prélevées sur celles acquises le 2-7-2011 ;

– acquisition le 12-1-2019 de 450 actions au prix unitaire de 190 €. Le prix moyen pondéré d'acquisition est alors de 161,65 €, soit [(550 actions restantes × 138,46 €) + (450 actions × 190 €) / 1 000 actions].
Le 15-11-2024, le contribuable cède 700 actions pour un prix unitaire de 200 €. Il exerce au titre de cette année l'option globale pour l'imposition de ses gains suivant le barème progressif. Les 700 actions sont réputées prélevées en priorité sur les actions acquises aux dates les plus anciennes, à savoir :
– 50 actions acquises le 2-7-2011, détenues depuis plus de huit ans à la date de la cession (taux de l'abattement : 65 %) ;
– 500 actions acquises le 5-5-2017, détenues depuis plus de deux ans et moins de huit ans (taux de l'abattement : 50 %) ;
– 150 actions acquises le 12-1-2019 (pas d'abattement).
Le gain net réalisé en 2024 est de 26 845 €, soit 700 × (200 – 161,65), qui se répartit comme suit (par hypothèse, le contribuable ne dispose d'aucune moins-value disponible) :
– fraction du gain ouvrant droit à l'abattement de 65 % : 1 917 €, soit [26 845 € × (50 / 700)]. Après application de l'abattement (soit 1 246 €), cette fraction du gain s'élève à 671 € ;
– fraction du gain ouvrant droit à l'abattement de 50 % : 19 175 €, soit [26 845 € × (500 / 700)]. Après application de l'abattement (soit 9 588 €), cette fraction du gain s'élève à 9 587 € ;
– fraction du gain n'ouvrant pas droit à abattement : 5 753 €, soit [26 845 € × (150 / 700)].
Au total, le gain net de cession imposable à l'impôt sur le revenu selon le barème progressif s'élève à : 671 € + 9 587 € + 5 753 € = 16 011 €.

Abattement renforcé sur les gains de cession de titres de PME de moins de dix ans Les plus-values de cession de titres de PME de moins de dix ans ouvrent droit, sous certaines conditions, à un abattement proportionnel renforcé. **33100** CGI art. 150-0 D, 1 et 1 quater-B RM-VI-12000 s

Comme l'abattement de droit commun (n° 33075), l'abattement renforcé n'est applicable qu'aux plus-values de cession de **titres acquis ou souscrits avant le 1er janvier 2018** lorsque l'option globale pour l'imposition selon le barème progressif a été exercée.

La société émettrice des titres ou droits cédés doit, en outre, remplir les conditions suivantes :

– être une **PME au sens du droit de l'Union européenne** (n° 92650). Cette condition est appréciée à la date de clôture du dernier exercice précédant la date de souscription ou d'acquisition des titres ou droits ou, à défaut d'exercice clos, à la date du premier exercice clos suivant la date de souscription ou d'acquisition des titres ou droits concernés ;

– être **créée depuis moins de dix ans** et ne pas être issue d'une concentration, d'une restructuration, d'une extension ou d'une reprise d'activités préexistantes, cette condition s'appréciant à la date de souscription ou d'acquisition des titres ou droits cédés. Le délai de dix ans est décompté de date à date (BOI-RPPM-PVBMI-20-30-10 n° 80) ;

– n'accorder aux souscripteurs que les seuls **droits résultant de leur qualité d'associés** ou d'actionnaires, à l'exclusion de tout autre avantage ou de **garantie en capital** ;

– être passible de l'**impôt sur les bénéfices** ou d'un impôt équivalent ;

– avoir son **siège social** dans un État de l'Espace économique européen ;

– exercer une **activité** commerciale au sens de l'article 34 ou 35 du CGI, industrielle, artisanale, libérale ou agricole. Les activités de gestion de son propre patrimoine mobilier ou immobilier sont exclues. Sur les activités éligibles, voir n° 33314, précision a.

Les quatre dernières conditions s'apprécient de manière continue depuis la date de la création de la société, qui s'entend, pour les sociétés établies en France, de la date d'immatriculation au Registre du commerce et des sociétés (BOI-RPPM-PVBMI-20-30-10 n° 70).

Lorsque la société est une **société holding animatrice,** les conditions doivent être respectées tant par cette société holding que par chacune des sociétés du groupe.

› Précisions Les gains nets exclus du champ d'application de l'abattement de droit commun (n° 33077) sont également exclus du champ d'application de l'abattement renforcé.
En outre, l'abattement renforcé **ne s'applique pas** aux gains nets de cession ou de rachat de parts ou d'actions d'**OPCVM** ou de placements collectifs relevant des articles L 214-24-24 à L 214-32-1, L 214-139 à L 214-147, L 214-152 à L 214-166 du Code monétaire et financier (ou d'entités étrangères de même nature) ou encore de dissolution de tels organismes, ni aux distributions visées n° 33077 (CGI art. 150-0 D, 1 quater-C).
Il ne s'applique pas non plus aux gains nets de cessions de titres de **Sicomi,** de rachats d'actions de **Sppicav,** de cessions de titres dans le cadre de leur gestion par les **FCP** ou les **FPI** lorsqu'ils ne sont pas exonérés et de cessions de parts de **FCC** dont la durée à l'émission est supérieure à cinq ans.

33104 CGI art. 150-0 D, 1 quater-A RM-VI-12480 s

L'abattement renforcé, pratiqué sur le montant du gain net, est **égal à** :

– **50 %** lorsque les titres ou droits sont détenus depuis **au moins un an et moins de quatre ans** à la date de la cession ;

– **65 %** lorsque les titres ou droits sont détenus depuis **au moins quatre ans et moins de huit ans** ;

– **85 %** lorsque les titres ou droits sont détenus depuis **au moins huit ans.**

La **durée de détention** est décomptée selon les mêmes modalités que l'abattement de droit commun (n° 33085).

En cas de cession de **titres** appartenant à une même série non identifiables, **acquis** ou souscrits **à des dates différentes,** les règles visées n° 33090 pour l'abattement de droit commun sont applicables dans les mêmes conditions.

ABATTEMENT FIXE SUR LES GAINS DE CESSION DE TITRES PAR LES DIRIGEANTS PRENANT LEUR RETRAITE

33106 CGI art. 150-0 D ter RM-VI-13000 s

Les plus-values réalisées par les dirigeants qui cèdent leur société à l'occasion de leur départ en retraite sont, sous certaines conditions, réduites d'un abattement fixe, quelles que soient les modalités d'imposition de ces gains (PFU ou option pour le barème progressif). Il est applicable aux cessions et rachats réalisés du **1er janvier 2018 au 31 décembre 2024.**

> Précisions a. L'abattement fixe n'est **pas cumulable** avec l'abattement proportionnel de droit commun ou renforcé (voir n° 33114, précision a).

b. Le dispositif n'est **pas applicable** aux plus-values de cession de titres de Sofica et de Sofipêche, aux gains nets de cession d'actions de Sicaf, de SCR, de Suir et de Sppicav (et des sociétés étrangères de même nature), à l'avantage constaté lors de la levée d'options (« stock-options ») (nos 88780 s.), ainsi qu'aux gains de cession de certains titres souscrits en exercice de BSPCE (n° 88805).

33108 RM-VI-13250 s

Conditions relatives à la société La société cédée doit remplir les conditions suivantes :

– elle répond à la **définition européenne des PME** visée n° 92650, cette condition s'appréciant à la date de clôture de chacun des deux derniers exercices précédant la date de la cession ;

– elle doit avoir exercé, de manière continue au cours des cinq années précédant la cession, une **activité** opérationnelle telle que définie n° 33314 et sous la même exclusion, ou avoir eu pour objet exclusif de détenir des participations dans des sociétés exerçant l'une de ces activités (société holding) ;

– elle a son **siège de direction effective** dans un État de l'Espace économique européen ;

– elle est soumise à l'**impôt sur les sociétés** dans les conditions de droit commun ou y serait soumise dans les mêmes conditions si l'activité était exercée en France.

> Précisions a. En cas de cession de titres provenant d'une opération d'**échange** réalisée depuis moins de cinq ans et placée en **sursis d'imposition** (n° 33300), la condition tenant au **caractère continu de l'activité** est réputée remplie lorsque les deux sociétés ont exercé successivement et de manière continue une activité éligible pendant les cinq années précédant la cession (BOI-RPPM-PVBMI-20-40-10-20 n° 70).

b. L'abattement s'applique aux gains nets de cession de titres de **sociétés holdings animatrices** de leur groupe. Est animatrice de son groupe une société holding qui a pour activité **principale** la participation active à la conduite de la politique du groupe et au contrôle de ses filiales et, le cas échéant et à titre purement interne, la fourniture de certains services spécifiques (CE plén. 13-6-2018 n° 395495, 399121, 399122,399124 : RJF 10/18 n° 965).

33110 RM-VI-14100 s

Conditions relatives au cédant Pendant les cinq années précédant la cession, le cédant doit, sans interruption :

– avoir exercé au sein de la société dont les titres sont cédés les **fonctions** de gérant d'une SARL ou d'une société en commandite par actions, d'associé en nom d'une société de personnes, de président, directeur général, directeur général délégué (BOI-RPPM-PVBMI-20-40-10-40 n° 40), président du conseil de surveillance ou membre du directoire d'une société par actions (société anonyme ou SAS) ;

– avoir détenu au moins **25 % des droits** de vote ou des droits dans les bénéfices sociaux de la société directement ou par l'intermédiaire d'une société interposée ou d'un membre de son **groupe familial** (c'est-à-dire son conjoint ou partenaire de Pacs, leurs ascendants, descendants ou frères et sœurs).

Le cédant doit cesser toute fonction, de direction ou salariée, dans la société et faire valoir ses droits à la **retraite,** en principe, dans les deux années suivant ou précédant la cession. Par dérogation, ce délai est de trois ans lorsque le cédant a fait valoir ses droits à la retraite entre le 1er janvier 2019 et le 31 décembre 2021 et que ce départ en retraite précède la cession.

En cas de **cession des titres à une entreprise,** le cédant ne doit pas, à la date de la cession et pendant les trois années suivantes, détenir directement ou indirectement de droits de vote ou de droits dans les bénéfices sociaux de cette entreprise.

> Précisions a. La date à laquelle le dirigeant fait valoir ses **droits à la retraite** s'entend de la date d'entrée en jouissance des droits qu'il a acquis dans le régime obligatoire de retraite de base auprès duquel il était affilié à raison de ses fonctions de direction ou, à défaut, dans le régime obligatoire auquel il a été affilié au titre de sa dernière activité (CGI ann. II art. 74-0 P).

b. Les **fonctions de direction** doivent être effectivement exercées et donner lieu à une rémunération normale au regard des rémunérations du même type versées au titre de fonctions analogues dans l'entreprise ou dans des entreprises similaires établies en France (voir n° 72825). La rémunération doit relever des catégories imposables à l'impôt sur le revenu des traitements et salaires, bénéfices industriels et commerciaux, bénéfices agricoles, bénéfices non commerciaux et revenus des gérants et associés mentionnés à l'article 62 du CGI.

c. La condition tenant à la **durée d'exercice des fonctions de direction** s'apprécie comme suit :

– en cas de reprise des fonctions de direction par le cédant à la suite du **décès** de son conjoint, les périodes d'exercice des fonctions par l'époux survivant et l'époux décédé sont cumulées (BOI-RPPM-PVBMI-20-40-10-40 n° 190) ;

– en cas de cession de titres provenant d'une opération d'**échange** réalisée depuis moins de cinq ans et placée en **sursis d'imposition** (n° 33300), les périodes d'exercice des fonctions par le cédant dans la société dont les titres ont été remis à l'échange et dans celle dont les titres sont cédés sont cumulées. En revanche, selon l'administration, en cas de cession de titres reçus à la suite d'un **apport soumis au régime du report d'imposition** visé n° 33310, la période d'exercice des fonctions de direction est appréciée au niveau de la société dont les titres sont cédés pour la seule période allant de l'apport jusqu'à la cession (BOI-RPPM-PVBMI-20-40-10-40 nos 160 et 180).

d. En cas de **cessation des fonctions** et **départ à la retraite dans les deux ans suivant ou précédant** la cession, ces deux évènements peuvent intervenir indifféremment, l'un avant la cession et l'autre après la cession, sous réserve qu'il ne s'écoule pas un délai supérieur à quarante-huit mois (délai apprécié de date à date) entre les deux (CE 16-10-2019 n° 417364 : RJF 1/20 n° 31 ; BOI-RPPM-PVBMI-20-40-10-40 nos 280 et 300). Lorsque le cédant a fait valoir ses droits à la retraite en 2019, 2020 ou 2021 en bénéficiant de l'**allongement d'un an** du délai pour céder ses titres et que la cessation des fonctions intervient après la cession, il ne doit pas s'écouler un délai supérieur à soixante-douze mois entre le départ en retraite et la cessation des fonctions, sans que le délai écoulé entre chacun de ces deux événements et la cession excède trente-six mois (BOI-RPPM-PVBMI-20-40-10-40 n° 305).

e. Pour apprécier la condition tenant à l'exercice d'une fonction de direction pendant les cinq ans précédant la cession, l'administration admet, en cas de **cessation des fonctions ou/et de départ à la retraite dans les vingt-quatre mois précédant la cession,** de ne pas tenir compte de la période comprise entre la date de cessation des fonctions et/ou du départ à la retraite (premier de ces deux événements) et la date de la cession (BOI-RPPM-PVBMI-20-40-10-40 n° 320).

f. Compte tenu du **relèvement** de l'**âge légal de départ en retraite** opéré par la loi 2023-270 du 14 avril 2023, le bénéfice de l'abattement n'est pas remis en cause à l'égard des dirigeants ayant déjà cédé leurs titres à cette date qui, dans le délai de deux ans suivant cette cession auraient atteint l'âge légal de départ en retraite applicable antérieurement à cette réforme et qui seront effectivement partis en retraite à l'âge légal relevé par cette même réforme (Rép. Gatel : Sén. 28-9-2023 n° 6476).

g. Les conditions relatives au cédant s'apprécient, dans le cas d'un **couple marié** ou de **partenaires liés par un Pacs,** au niveau de chaque conjoint pris isolément (à l'exception de celle tenant à la participation de 25 %). Lorsque les époux ou partenaires remplissent chacun l'ensemble des conditions, ils sont susceptibles de bénéficier chacun de l'abattement fixe, le reliquat non utilisé par l'un ne pouvant pas être reporté et imputé sur la plus-value réalisée par l'autre (BOI-RPPM-PVBMI-20-40-10-40 n° 10).

h. En cas de **cession des titres à une société,** il est admis que le cédant puisse détenir seul, directement ou indirectement, au maximum 1 % des droits de vote ou des droits dans les bénéfices sociaux de la société acheteuse à la date de la cession et pendant les trois années qui suivent (BOI-RPPM-PVBMI-20-40-10-40 n° 490).

i. En cas de **rachat par la société émettrice de ses actions,** la condition de non-détention de droits de vote ou de droits dans les bénéfices sociaux de l'entreprise cessionnaire est appréciée immédiatement après cette opération et pendant les trois années suivantes (BOI-RPPM-PVBMI-20-40-10-40 n° 485).

Conditions relatives aux titres cédés Les titres cédés doivent avoir été **détenus depuis au moins un an** à la date de la cession suivant les modalités de décompte visées n° 33085. **33112** RM-VI-13650 s
La cession doit porter sur l'**intégralité** des titres ou droits détenus par le cédant dans la société ou, lorsque le cédant détient plus de 50 % des droits de vote, sur plus de 50 % de ces droits ou,

dans le cas où seul l'usufruit est détenu, sur plus de **50 % des droits** dans les bénéfices sociaux. Pour apprécier si le quota requis est atteint, l'administration admet de prendre en compte plusieurs **cessions** réalisées **à la même date au profit d'acquéreurs différents** (BOI-RPPM-PVBMI-20-40-10-30 n° 20). Elle admet également, lorsque la cessation des fonctions et le départ à la retraite interviennent dans les deux années suivant ou précédant la cession (n° 33110), de retenir plusieurs **cessions étalées dans le temps** au profit d'un ou de plusieurs acquéreurs (BOI-RPPM-PVBMI-20-40-10-30 nos 30 à 80). Dans ce cas, sont retenues :

– lorsque la **cessation des fonctions et le départ à la retraite** interviennent à la **même date,** les cessions intervenues avant et après le départ à la retraite (ou la cessation de fonctions), sous réserve qu'il ne s'écoule pas un délai supérieur à vingt-quatre mois entre la première et la dernière des cessions prises en compte ;

– lorsque la cessation des fonctions et le départ à la retraite interviennent à des **dates différentes** et qu'il ne s'écoule pas un délai supérieur à vingt-quatre mois entre ces deux événements, les cessions intervenues dans les vingt-quatre mois précédant la cessation de fonctions ou le départ à la retraite (dernier de ces deux événements) et, cumulativement, celles intervenues dans les vingt-quatre mois suivant la cessation de fonctions ou le départ à la retraite (premier de ces événements) à la condition qu'il ne s'écoule pas un délai supérieur à vingt-quatre mois entre la première et la dernière des cessions prises en compte. Lorsqu'un délai compris entre vingt-quatre mois et quarante-huit mois s'écoule entre la cessation de fonctions ou le départ à la retraite ne peuvent être prises en compte cumulativement que les seules cessions distantes de moins de deux ans de chacun de ces deux événements.

Cette doctrine a été transposée par l'administration pour l'application du délai de trois ans applicable aux dirigeants ayant fait valoir leurs droits à la retraite en 2019, 2020 ou 2021, étant rappelé que dans cette hypothèse, seules les cessions postérieures au départ à la retraite peuvent être prises en compte (BOI-RPPM-PVBMI-20-40-10-30 nos 45 à 65).

> Précisions Lorsque le dirigeant d'une société détient les titres de cette société par l'intermédiaire d'une **personne interposée** (société ou groupement relevant du régime des sociétés de personnes), la condition tenant à la cession totale ou partielle des titres s'apprécie en tenant compte des titres vendus par la personne interposée, à proportion du taux de participation du dirigeant dans celle-ci (BOI-RPPM-PVBMI-20-40-10-30 n° 90).

33114 RM-VI-15800 s et 16600 s

Modalités d'application

L'abattement fixe, dont le **montant** s'élève à 500 000 €, est pratiqué sur le gain net.

Il s'applique à l'ensemble des gains afférents à une même société cible et non par cession. Ainsi, en cas de **cessions échelonnées,** même au cours d'années différentes, le cédant ne bénéficie que d'un seul abattement de 500 000 € pour l'ensemble des cessions réalisées.

Sur les modalités d'application de l'abattement fixe aux **compléments de prix** perçus par le cédant en application d'une clause de variation de prix : voir n° 33140, précision b.

> Précisions a. L'abattement fixe n'est pas **cumulable** avec l'abattement proportionnel de droit commun ou renforcé applicable en cas d'option globale pour le barème progressif. Pour les plus-values de cession de titres acquis avant le 1er janvier 2018, un choix doit donc être opéré lorsque le cédant remplit les conditions d'application de l'abattement fixe et d'un abattement proportionnel.
Toutefois lorsque le dirigeant vend, en une seule fois, plus de 50 % des droits de vote sans céder l'intégralité de sa participation, la règle de non-cumul ne s'applique qu'au gain afférent à cette cession (elle s'applique alors à l'intégralité de ce gain, y compris sa fraction excédant le cas échéant 500 000 €). Le gain réalisé lors d'une éventuelle cession ultérieure est éligible, le cas échéant, à l'abattement proportionnel (BOI-RPPM-PVBMI-20-40-20 n° 130).

b. Si la société dont les titres sont cédés est issue d'une **scission** intervenue **au cours des deux années précédant la cession,** l'abattement fixe s'applique à l'ensemble des gains afférents aux sociétés issues de la scission.

c. En cas de **cession de titres de plusieurs sociétés,** l'abattement s'applique par société (Rép. Cadic : Sén. 1-9-2016 n° 14869).

33116 RM-VI-15200 s

Remise en cause

Lorsque le dirigeant ne respecte pas les **conditions** du dispositif qui doivent être remplies pendant un certain **délai** ou au terme d'une certaine **échéance** (nos 33110 et 33112), l'abattement est remis en cause. La plus-value est alors réduite, le cas échéant, de l'abattement proportionnel de droit commun ou renforcé (CGI art. 150-0 D ter, IV).

> Précisions En cas de remise en cause, à compter de l'imposition des revenus de 2018, de l'abattement pour durée de détention dont a bénéficié avant cette date un dirigeant lors de son départ à la retraite, la plus-value n'est réduite de l'abattement pour durée de détention de droit commun ou renforcé en vigueur au titre de l'année de sa réalisation que si le contribuable exerce l'option pour le barème progressif (Loi 2017-1837 du 30-12-2017 art. 28, VI-H).

e. Cas particuliers

CLAUSE D'« EARN OUT »

Une clause d'« earn out » est une clause du contrat de cession par laquelle l'acquéreur s'engage à verser au cédant un complément de prix exclusivement déterminé en fonction d'une **indexation** en relation directe avec l'activité de la société dont les titres sont l'objet du contrat. **33140** CGI art. 150-0 A, I-2, 150-0 D, 1 et 2 et 150-0 D ter, I-2 RM-VI-8880 s

Le **complément de prix perçu par le cédant** en exécution d'une telle clause est imposable selon le régime des plus-values de cession de valeurs mobilières et droits sociaux au titre de l'année au cours de laquelle il est reçu. Il est éventuellement réduit de l'**abattement pour durée de détention** proportionnel lorsque les conditions prévues nos 33075 s. (abattement de droit commun) ou 33100 s. (abattement renforcé des PME de moins de dix ans) sont remplies, ou fixe pour les dirigeants prenant leur retraite à hauteur de la fraction non utilisée lors de la cession (nos 33106 s.).

Les gains réalisés lors de la **cession** ou de l'**apport en société de la créance de complément de prix** sont imposés dans les mêmes conditions au titre de l'année de la cession ou de l'apport (sauf report d'imposition du gain d'apport : n° 33142), sans application de l'abattement pour durée de détention.

Lorsque l'acquéreur est un particulier, les sommes versées par celui-ci en exécution de la clause d'earn out viennent en augmentation du **prix d'acquisition** des titres qui devra être retenu lors de leur cession ultérieure pour le calcul de la plus-value (ou moins-value).

> Précisions a. Le taux de l'**abattement proportionnel** est fonction de la durée de détention des titres à la date de la cession à laquelle le complément de prix se rattache (BOI-RPPM-PVBMI-20-20-20-10 n° 80).

b. Lorsque le cédant a bénéficié de l'**abattement fixe** réservé aux **dirigeants de PME prenant leur retraite** (nos 33106 s.), le complément de prix afférent à une cession ou à un rachat réalisé du 1er janvier 2018 au 31 décembre 2024 et perçu entre ces mêmes dates est réduit du reliquat d'abattement fixe non imputé sur la plus-value d'origine. Lorsque le complément de prix perçu à compter du 1er janvier 2018 est afférent à une cession antérieure à cette date pour laquelle s'est appliqué l'ancien abattement fixe, le contribuable peut soit bénéficier du reliquat d'abattement fixe non utilisé au moment de la cession, soit renoncer à l'abattement fixe et bénéficier de l'abattement proportionnel, sous réserve d'en respecter les conditions d'application (nos 33075 s. et 33100 s.).

c. Lorsque le complément de prix prévu à l'occasion d'une cession est **à la fois indexé** sur l'activité de la société **et garanti** à hauteur d'un montant déterminé, la **fraction garantie** du complément de prix (dont la perception est certaine dès la conclusion du contrat) est imposable au titre de l'année de la cession, selon les règles de droit commun (CAA Nantes 19-1-2017 n° 15NT02188 : RJF 4/17 n° 331).

Report d'imposition Le gain retiré de l'**apport en société,** avant qu'elle soit exigible, d'une **créance de complément de prix** peut faire l'objet d'un report d'imposition, sur **option** de l'apporteur, jusqu'à la date de la transmission, du rachat, du remboursement ou de l'annulation des titres reçus en contrepartie de l'apport (ou jusqu'au transfert du domicile fiscal hors de France : nos 33360 s.). Ce report est subordonné au respect des **conditions** suivantes : **33142** CGI art. 150-0 B bis RM-VI-9210 s

– le cédant doit avoir exercé des fonctions de direction, telles que définies en matière d'IFI (n° 72820), dans la société dont les titres ont été cédés, de manière continue pendant les cinq années précédant la cession ;

– si l'apport est un échange avec soulte, le montant de la soulte ne doit pas excéder 10 % de la valeur nominale des titres reçus. Toutefois, la plus-value est, à hauteur du montant de la soulte, imposée au titre de l'année de l'apport (voir à cet égard les précisions données au n° 33305) ;

– le contribuable doit déclarer le montant du gain d'apport dans la **déclaration spéciale des plus-values** n° 2074 et dans sa déclaration d'ensemble de revenus n° 2042.

À l'expiration du report, le gain est imposé selon les **règles d'imposition** en vigueur à cette date (BOI-RPPM-PVBMI-20-10-10-20 n° 360).

CLAUSE DE GARANTIE DE PASSIF OU D'ACTIF NET

La clause de garantie de passif ou d'actif net est la clause du contrat de cession par laquelle le cédant s'engage à reverser au cessionnaire tout ou partie du prix de cession en cas de révélation, dans les comptes de la société dont les titres sont l'objet du contrat, d'une dette ayant son origine antérieurement à la cession ou d'une surestimation de valeurs d'actif figurant au bilan de cette même société à la date de la cession. **33145** CGI art. 150-0 D, 14 RM-VI-9350 s

En cas de mise en œuvre d'une telle clause, le **cédant** peut demander, par voie de réclamation contentieuse, le dégrèvement de l'impôt qui a frappé la fraction de plus-value effacée par le reversement qu'il doit effectuer. Pour ce faire, il est procédé à un nouveau calcul de la plus-value sur la base du prix de cession initial diminué du montant du reversement effectué par le cédant, sans que cette nouvelle liquidation puisse toutefois, selon l'administration, avoir pour effet de dégager une perte (BOI-RPPM-PVBMI-20-10-10-30 n° 80).

Lors de la cession ultérieure des titres, les sommes perçues par l'**acquéreur** en exécution de la garantie viennent en diminution du prix d'acquisition des titres à retenir pour la détermination du gain net.

> **Précisions** Le contribuable qui demande la décharge ou la réduction de l'imposition initiale doit présenter une **réclamation** dans les délais prévus à l'article R 196-1, c du LPF (nos 81825 s.). Il doit y joindre une copie de la convention mentionnant les termes de la clause de garantie de passif ou d'actif net ainsi qu'une copie de tout document de nature à établir la réalité, la date et le montant du versement effectué ainsi que son caractère définitif (CGI ann. II art. 74-0 H).

DÉMEMBREMENT DE PROPRIÉTÉ

33155 RM-VI-7750 s

Pour les plus-values de cession de titres dont la propriété a été démembrée depuis le 3 juillet 2001, l'administration retient les règles suivantes (BOI-RPPM-PVBMI-20-10-20-60 nos 40 s.).

a. Cession conjointe par le nu-propriétaire et l'usufruitier avec répartition du prix de vente ou cession isolée de la nue-propriété ou de l'usufruit. Lorsque le cédant n'a pas détenu la pleine propriété avant le démembrement, la plus-value réalisée est égale à la différence entre le prix de cession du droit et son prix d'acquisition ou, en cas d'acquisition à titre gratuit, la valeur retenue pour la détermination des droits de mutation (valeur déterminée en application du barème fiscal de l'usufruit).

Lorsque l'un des cédants a détenu la pleine propriété des titres avant leur démembrement, le prix d'acquisition peut être déterminé, au choix du contribuable, par valorisation économique ou en appliquant le barème fiscal. Quelle que soit la méthode retenue, il faut cependant que cela soit la même pour les deux droits. Le calcul est établi en fonction de l'âge de l'usufruitier au jour de la cession et non au jour de l'acquisition de l'usufruit par ce dernier.

b. Cession en pleine propriété sans répartition du prix de vente. La plus-value est en principe imposable soit au nom de l'usufruitier en cas de quasi-usufruit, soit au nom du nu-propriétaire en cas de remploi du prix de cession avec report du démembrement. Lorsque l'objet du démembrement est un portefeuille de valeurs mobilières issu d'une succession, il est toutefois admis que la plus-value soit imposable au nom du seul usufruitier, à condition que l'usufruitier et le nu-propriétaire formulent conjointement une option expresse et irrévocable en ce sens auprès de l'établissement financier teneur du compte.

La plus-value est déterminée par la différence entre le prix de cession de la pleine propriété des titres et :

– dans le cas où **ni le nu-propriétaire ni l'usufruitier n'ont disposé de la pleine propriété** des titres avant leur démembrement, le prix d'acquisition de la pleine propriété des titres ou la valeur globale retenue pour la détermination des droits de mutation à titre gratuit ;

– dans le **cas contraire,** le prix (ou la valeur) d'acquisition initiale de la pleine propriété majoré de l'accroissement de valeur du droit transmis constaté entre la date de l'acquisition initiale et la date de la transmission à titre gratuit ou onéreux (avec faculté, dans certains cas, d'utiliser le barème forfaitaire applicable en matière de droits d'enregistrement).

Pour l'application, le cas échéant, des abattements pour durée de détention, la **durée de détention** est calculée à partir de la date d'acquisition par le redevable de l'impôt de son droit démembré (BOI-RPPM-PVBMI-20-20-20-20 n° 40).

c. Cession de la pleine propriété des titres après réunion de l'usufruit à la nue-propriété. Dans ce cas, la plus-value est déterminée par la différence entre le prix de cession de la pleine propriété des titres et :

– lorsque l'**usufruit** a été **acquis par voie d'extinction,** le prix d'acquisition de la nue-propriété (ou sa valeur vénale) ; par exception, lorsque l'usufruit qui s'est éteint avait été transmis à l'usufruitier à titre gratuit en même temps que la nue-propriété au nu-propriétaire, le prix de revient pour le nu-propriétaire est égal à la somme des valeurs vénales déclarées pour chacun de ces droits lors de la transmission à titre gratuit qui est à l'origine du démembrement de propriété ;

– lorsque l'**usufruit** a été **acquis à titre gratuit ou onéreux,** la somme des prix d'acquisition ou des valeurs vénales.

Pour l'application, le cas échéant, des abattements pour durée de détention, la **durée de détention** est calculée à partir de la date de la première des deux acquisitions par le cédant des droits démembrés (BOI-RPPM-PVBMI-20-20-20-20 n° 40).

> Précisions **a.** En cas de cession conjointe, l'usufruitier est seul imposable lorsque l'acte à l'origine du démembrement lui donne le **pouvoir de réaliser seul la cession** et prévoit le **report du démembrement sur le prix de cession** (CE 12-12-2012 n° 336273 et 336303 : RJF 3/13 n° 296).
b. En cas de vente conjointe avec remploi du prix de cession et report du démembrement, le **nu-propriétaire,** imposable sur la plus-value globale, est en droit de se prévaloir de l'ensemble des frais et taxes qui ont grevé l'acquisition, tant de la nue-propriété que de l'usufruit, alors même que ces **frais** ont été **acquittés par l'usufruitier** (CE 11-5-2017 n° 402479 : RJF 8-9/17 n° 808).
c. Sur les modalités particulières de taxation du produit de la **première cession** à titre onéreux **d'un usufruit temporaire** (qu'elle soit conjointe avec la vente de la nue-propriété ou isolée), voir nos 4780 s.

3. MODALITÉS D'IMPOSITION

RÈGLES GÉNÉRALES

Les gains sur titres relevant du régime des plus-values de cession de valeurs mobilières et droits sociaux sont soumis de plein droit au prélèvement forfaitaire unique (**PFU**). 33220

CGI art. 158, 6 bis et 200 A, 2
RM-VI-17500 s

Le PFU, aussi appelé « flat tax », consiste en une imposition à l'impôt sur le revenu à un taux forfaitaire unique de 12,8 % à laquelle s'ajoutent les prélèvements sociaux au titre des revenus du patrimoine (nos 34550 s.).

Il est **assis** sur le montant des plus-values ou gains subsistant après l'imputation des pertes puis, le cas échéant, de l'abattement fixe pour les dirigeants partant à la retraite. Les abattements proportionnels pour durée de détention ne sont pas applicables.

Les contribuables y ayant intérêt peuvent toutefois opter pour l'imposition selon le barème progressif de l'impôt sur le revenu, ce qui leur permet, le cas échéant, de bénéficier des abattements proportionnels pour durée de détention (nos 33240 s.).

> Précisions **a.** Le PFU s'applique à l'ensemble des plus-values de cession de valeurs mobilières et droits sociaux réalisées par les particuliers dans le cadre de la gestion de leur patrimoine privé.
Sont également concernés les gains, profits et distributions relevant du régime des plus-values mobilières privées notamment : les **distributions de plus-values** par certains organismes (n° 32900), les **compléments de prix** (n° 33140), les gains réalisés lors de retraits ou de rachats sur un **PEA** avant cinq ans (n° 26170), les profits réalisés à titre occasionnel sur **instruments financiers à terme** (n° 33405), les gains résultant d'une donation de titres ouvrant droit à la réduction « **IFI-dons** » (nos 72100 s.).
Le PFU s'applique également aux **revenus mobiliers** (voir n° 24170 s.).
b. Des modalités particulières d'imposition sont prévues pour :
– certains gains réalisés lors de la cession de titres souscrits en exercice de bons de souscription de parts de créateur d'entreprise (**BSPCE**) (n° 88805) ;
– les gains réalisés et distributions perçues par les **non-résidents** (nos 32940 s.) ;
– les profits sur **instruments financiers à terme** lorsque le teneur de compte est établi dans un **ETNC** (n° 33405, précision d) ;
– les plus-values dont l'**imposition** est **reportée de plein droit** (n° 33311, b).

Fait générateur et exigibilité Sous réserve des incidences de certaines clauses de variation de prix (nos 33140 s.), l'imposition est établie au titre de l'année de son fait générateur. 33225
Celui-ci est, en général, constitué par le **transfert de propriété** à titre onéreux des valeurs mobilières, des droits sociaux ou des droits assimilés. Le transfert de propriété intervient et l'imposition doit donc être établie :
– en cas de vente de valeurs mobilières (n° 32890), lors de l'inscription des titres au compte de l'acquéreur ou, s'agissant des valeurs mobilières non cotées, dans un dispositif d'enregistrement électronique partagé ;
– et, dans les autres cas, dès l'échange des consentements ou, si elle est différente, à la date expressément fixée par les parties.
La plus-value réalisée est imposable au titre de l'année au cours de laquelle la cession intervient quelles que soient la date et les modalités de paiement du prix, et même si le prix n'est pas effectivement ou totalement payé.

> Précisions **a.** En cas de **résolution de la vente** postérieurement à l'année de cession des titres, le contribuable peut obtenir la restitution de l'impôt sur la plus-value initialement acquitté, non sur le terrain de la loi fiscale (la résolution étant sans incidence sur le bien-fondé de l'imposition initiale), mais sur celui de la doctrine administrative énoncée au BOI-RPPM-PVBMI-30-10-10 n° 70, laquelle autorise le cédant à demander le dégrèvement de l'imposition initiale par voie de réclamation, dans les deux ans qui suivent (CE 9-9-2020 n° 433821 : RJF 12/20 n° 1004). De même, en cas d'impayé, le vendeur peut également obtenir le dégrèvement sur réclamation, lorsque les sommes dues s'avèrent définitivement irrécouvrables (Déb. Sén. 24-11-2001 p. 5435, non reprise dans Bofip).

b. Les plus-values réalisées à l'occasion de certaines opérations d'échange de titres bénéficient d'un mécanisme d'**imposition différée** (sursis ou report d'imposition : n°s 33300 s.).

c. Les **plus-values distribuées** par les **OPCVM** (et certains autres placements collectifs) et les **sommes réparties** par les **FCPR**, les fonds professionnels spécialisés et les fonds professionnels de capital-investissement qui proviennent de la cession d'actifs (n° 32900) sont imposées au nom du porteur de parts ou de l'actionnaire l'année de la distribution.

d. Le contribuable peut demander un **étalement du paiement** de l'impôt sur le revenu afférent aux gains nets de cession à titre onéreux de droits sociaux mentionnés n° 32890, lorsqu'il accepte un paiement différé ou échelonné du prix de cession de la majorité du capital de sociétés répondant à la définition européenne des **petites entreprises** (n° 92650) qu'il ne contrôle pas à l'issue de la cession (au sens précisé n° 33310, précision a). Le paiement de l'impôt peut être étalé jusqu'au 31 décembre de la cinquième année qui suit celle de la cession, sans toutefois pouvoir excéder la durée prévue pour le paiement total du prix de cession. Le bénéfice de la mesure est subordonné au respect de la réglementation de minimis (n° 92660) (CGI art. 1681 F, I bis).

OPTION GLOBALE POUR LE BARÈME PROGRESSIF

33240 CGI art. 200 A, 2 RM-VI-18450 s

Par dérogation à l'application du PFU, les plus-values et autres gains entrant dans son champ d'application peuvent, sur **option expresse et irrévocable** du contribuable, être soumis au barème progressif de l'impôt sur le revenu. L'option est globale et porte sur l'ensemble des revenus, gains nets, profits et créances entrant dans le champ d'application du PFU. Elle est, en principe, exercée chaque année lors du dépôt de la **déclaration de revenus** (voir toutefois n° 24190, précision b).

ATTENTION

L'option est globale et concerne non seulement les **plus-values** et autres gains sur titres mais également les **revenus mobiliers.**

Il n'est pas possible de combiner au titre d'une même année l'imposition selon le barème progressif pour certains revenus ou gains et l'imposition au PFU pour d'autres.

33245 L'imposition selon le barème progressif permet l'application des **abattements pour durée de détention** proportionnels sur les plus-values de cession de titres acquis avant le 1er janvier 2018 (n°s 33075 s. et 33100 s.) ainsi que la déduction d'une fraction de la **CSG** (n° 34525).

L'option peut s'avérer plus favorable dans certaines hypothèses, ainsi que le montre le tableau ci-dessous (ces données ne prennent pas en compte la CSG déductible).

	PFU	Barème progressif (taux marginal)				
		0 %	11 %	30 %	41 %	45 %
Abattement de 50 %	12,8 %	0 %	5,5 %	15 %	20,5 %	22,5 %
Abattement de 65 %	12,8 %	0 %	3,85 %	10,5 %	14,35 %	15,75 %
Abattement de 85 %	12,8 %	0 %	1,65 %	4,5 %	6,15 %	6,75 %

Les plus-values de cession ponctuelles de titres peuvent bénéficier du **système du quotient** (Rép. Frassa : Sén. 9-6-2016 n° 17498) : voir n°s 4150 s.

OBLIGATIONS DÉCLARATIVES DES CONTRIBUABLES

33260 CGI art. 150-0 E et ann. II art. 74-0 F RM-VI-19270 s

Les contribuables qui réalisent des opérations imposables en application de l'article 150-0 A du CGI sont, en principe, tenus de produire, avec la déclaration d'ensemble des revenus n° 2042, une **déclaration spéciale** n° 2074.

Cette déclaration fait apparaître :

– le montant du gain net (plus-value ou moins-value) ou de la distribution imposable assorti des éléments nécessaires à sa détermination ;

– le montant de la soulte éventuellement perçue lors d'opérations d'échange pour lesquelles les plus-values sont placées en sursis d'imposition (n°s 33300 s.) ainsi que le montant de la soulte imposable au titre de ces opérations ;

– et, le cas échéant, le montant des abattements pour durée de détention ainsi que les éléments nécessaires à leur détermination.

Sont toutefois **dispensés** de souscrire une déclaration n° 2074 les contribuables qui sont en mesure de fournir pour les titres en dépôt ou inscrits en compte auprès d'un intermédiaire habilité un document établi par ce dernier et faisant apparaître les mêmes éléments. Cette dispense n'est pas applicable lorsque le gain net ouvre droit au bénéfice de l'abattement pour durée de détention renforcé (PME de moins de dix ans : n°s 33100 s.) ou fixe (dirigeants prenant leur retraite : nos 33106 s.), ou lorsque le contribuable a bénéficié de la réduction d'impôt visée no 33040, précision c au titre de la souscription des titres cédés.

Nota : nous publions tous les ans au Feuillet rapide un **guide** spécialement consacré à l'établissement de la déclaration no 2074 et de ses annexes.

> Précisions **a.** En cas d'échange de titres, la plus-value en **sursis d'imposition** (nos 33300 s.) n'a pas à être déclarée.

b. En ce qui concerne les plus-values placées de plein droit en **report d'imposition,** voir nos 33311, précision c.

c. Le contribuable qui entend imputer des **pertes sur titres annulés** doit joindre à sa déclaration certains documents (voir no 33067, e).

d. En ce qui concerne les modalités particulières de déclaration des plus-values réalisées par les **non-résidents,** voir no 32945.

Obligations des personnes interposées Les sociétés (ou groupements) qui réalisent en tant que personnes interposées des opérations relevant de l'article 150-0 A du CGI sont tenues de souscrire, outre une déclaration d'existence, la **déclaration no 2074** accompagnée de son **annexe no 2075** indiquant l'identité des associés et la répartition entre eux des profits réalisés. Elles doivent également produire, comme les intermédiaires financiers, la déclaration « **IFU** » (voir nos 26850 s.). 33265 CGI ann. II art. 74-0 I RM-VI-19450 s

Obligations des intermédiaires financiers Les prestataires de services d'investissement et les établissements de crédit ou organismes habilités à détenir et à négocier des valeurs mobilières pour le compte de particuliers doivent souscrire chaque année, avant le 16 février, une déclaration spéciale dite « **IFU** » indiquant le montant total, compte non tenu des frais, des cessions effectuées par chacun de leurs clients au cours de l'année précédente. Ils doivent également porter sur cette déclaration, le cas échéant, le montant des soultes reçues lors d'opérations d'échange ou d'apport pour lesquelles les plus-values sont placées en sursis d'imposition (nos 33300 s.) ou en report d'imposition (nos 33310 s.). Pour plus de précisions, voir nos 26850 s. 33270 CGI ann. II art. 74-0 J RM-VIII-3600 s

MESURES DE CONTRÔLE

L'administration peut adresser au contribuable une **demande de justifications** des éléments servant de base à la détermination des gains nets de cession (no 78000). À défaut de réponse ou en cas de réponse insuffisante, les éléments d'imposition peuvent être évalués d'office, selon la procédure examinée no 79090. 33280 LPF art. L 16 et L 73, 4° RM-VI-19650 s

Le **défaut** (ou le retard) **de production** de la déclaration spéciale no 2074 est susceptible d'entraîner une taxation d'office (nos 79060 s.).

4. DIFFÉRÉS D'IMPOSITION

a. Échanges de titres

SURSIS D'IMPOSITION

Un dispositif de sursis d'imposition s'applique automatiquement aux plus-values et moins-values résultant de certaines opérations d'échange de titres réalisées à l'occasion : 33300 CGI art. 150-0 B et 150-0 D, 9 et 10 RM-VI-24650 s

– d'un **apport de titres** à une société soumise à l'IS (c'est-à-dire, selon l'administration, à une société qui entre, de plein droit ou sur option, dans le champ d'application de cet impôt sans en être exonérée de façon permanente par une disposition particulière), à condition que la société ne soit pas contrôlée par l'apporteur (dans le cas contraire, la plus-value fait l'objet d'un report d'imposition : voir nos 33310 s.) ;

– d'une opération d'**offre publique,** de **fusion,** de **scission,** ou d'**absorption d'un FCP par une Sicav** ;

– d'opérations de **conversion,** de **division** ou de **regroupement.**

Dans le cadre du sursis, la plus-value ou la moins-value d'échange n'est ni constatée ni imposée (ou imputée) l'année de l'échange. Elle n'est prise en compte que lors de la cession ultérieure (ou encore le rachat, le remboursement ou l'annulation) des titres reçus en échange : la plus-value réalisée à cette date est calculée à partir du prix (ou de la valeur) d'acquisition originelle des titres remis à l'échange ; elle peut, le cas échéant, bénéficier de l'abattement pour durée de détention dans les conditions exposées nos 33070 s. En cas d'échange avec soulte, voir no 33305.

Le sursis d'imposition est applicable aux **opérations effectuées hors de France** sous réserve que l'État dans lequel l'opération se déroule (ou, sauf pour les apports, l'État dans lequel le dépositaire des titres est établi) soit un État de l'Union européenne ou un État ayant conclu avec la France une convention fiscale contenant une clause d'assistance administrative en vue de lutter contre la fraude et l'évasion fiscales.

> Précisions **a.** Les **opérations de conversion** ouvrant droit au sursis d'imposition sont les opérations de conversion ou d'échange d'obligations en actions ainsi que les remboursements en actions d'obligations remboursables en actions (BOI-RPPM-PVBMI-30-10-20-10 n°s 210 et 220).

b. Ouvrent également droit au sursis d'imposition :

– les échanges réalisés lors des opérations de **nationalisation** et de **privatisation** (CGI art. 248 B, 248 F et 248 G) ;

– les opérations de **transformation de FCP ou de Sicav** à une seule classe en FCP ou Sicav à plusieurs classes ainsi que les opérations de transformation de FCP ou de Sicav de distribution en FCP ou Sicav de capitalisation et inversement (BOI-RPPM-PVBMI-30-10-20-10 n° 180).

c. Lorsqu'un contribuable a procédé à un **apport de titres** à une société passible de l'IS, l'administration considère que le **changement de régime fiscal de la société** bénéficiaire de l'apport (passage au régime fiscal des sociétés de personnes) met fin au sursis d'imposition (BOI-RPPM-PVBMI-30-10-20-20 n° 230).

d. La plus-value en sursis est définitivement exonérée en cas de **transmission à titre gratuit** des titres reçus en échange (sauf s'il s'agit de dons ouvrant droit à la réduction IFI-dons : n° 72100 s.).

e. Les plus-values d'échanges réalisées **avant 2000** ont pu bénéficier d'un **report d'imposition** (voir n° 33320).

33305 RM-VI-25050 s et 25370 s

Échange avec soulte

En cas d'échange avec soulte, le sursis d'imposition est subordonné à la condition que le montant de la soulte reçue par le contribuable (lequel comprend, le cas échéant, le complément de prix perçu en numéraire) n'excède pas 10 % de la valeur nominale des titres reçus. Dans le cas contraire, la plus-value d'échange est imposable immédiatement (ou la moins-value, imputable dans les conditions de droit commun).

Lorsque la condition tenant à l'importance de la soulte est remplie (soulte n'excédant pas 10 % de la valeur nominale des titres), le sursis est, en principe, applicable. Toutefois, pour les opérations d'échange intervenues depuis le 1er janvier 2017, la plus-value correspondant à la soulte reçue est imposée immédiatement, au titre de l'**année de l'échange,** dans les conditions de droit commun (pour les opérations réalisées avant cette date, le sursis d'imposition s'applique à l'intégralité de la plus-value).

Lorsque la plus-value d'échange est inférieure à la soulte reçue, la totalité de la plus-value réalisée fait l'objet d'une imposition immédiate. Dans ce cas, le sursis ne trouve donc pas, en pratique, à s'appliquer (BOI-RPPM-PVBMI-30-10-20-20 n° 40).

En cas de **cession ultérieure des titres** (ou du rachat, de l'annulation ou du remboursement), le gain net est calculé à partir du prix (ou de la valeur) d'acquisition des titres remis à l'échange, diminué du montant de la soulte reçue qui n'a pas fait l'objet d'une imposition au titre de l'année de l'échange, ou majoré de la soulte versée lors de cet échange.

EXEMPLE

En 2013, M. X acquiert 1 000 actions de la société A pour une valeur de 470 000 €.

En 2020, il apporte ces titres à la société B (opération n'entrant pas dans le champ d'application de l'article 150-0 B ter) pour une valeur d'apport de 500 000 €. Il reçoit à cette occasion 1 000 actions de la société B pour une valeur de 460 000 € (correspondant au nominal) et une soulte de 40 000 €.

En 2024, il revend ces titres au prix de 700 000 €.

Année de l'échange (2020)

Plus-value brute d'apport : 500 000 € – 470 000 € = 30 000 €.

La soulte reçue étant égale à 8,70 % du nominal (40 000 / 460 000), M. X bénéficie en principe du sursis d'imposition. Toutefois, la plus-value d'échange étant inférieure au montant de la soulte, l'intégralité de la plus-value est imposée immédiatement (soit 30 000 €) dans les conditions de droit commun (après imputation des moins-values disponibles puis, le cas échéant, de l'abattement pour durée de détention si M. X opte pour le barème progressif). Aucune plus-value n'est donc placée en sursis. Une partie de la soulte (10 000 €) n'est pas imposée.

Année de la cession (2024)

Prix de cession : 700 000 €.

Prix d'acquisition : 470 000 € – 10 000 € (partie de la soulte qui n'a pas fait l'objet d'une imposition en 2020) = 460 000 €.

Plus-value de cession : 700 000 € – 460 000 € = 240 000 €.

REPORT D'IMPOSITION EN CAS D'APPORT À UNE SOCIÉTÉ CONTRÔLÉE PAR L'APPORTEUR

Les plus-values, réalisées, depuis le 14 novembre 2012, directement ou par personne interposée, d'apport de titres à des sociétés contrôlées par l'apporteur sont exclues du sursis d'imposition (n° 33300) et soumises à un régime de report d'imposition de plein droit. **33310** CGI art. 150-0 B ter et 200 A, 2 ter-a RM-VI-25800 s

L'**apport** doit être réalisé en France, dans un État membre de l'Union européenne ou un État ou territoire ayant conclu avec la France une convention fiscale contenant une clause d'assistance administrative en vue de lutter contre la fraude et l'évasion fiscales, à une société soumise à l'impôt sur les sociétés (ou à un impôt équivalent).

La **société bénéficiaire** de l'apport doit être contrôlée par le contribuable (dans le cas contraire, l'apport est soumis au régime du sursis d'imposition). Cette condition est appréciée à la date de l'apport (ou de la donation dans le cas visé n° 33318), en tenant compte des droits détenus par le contribuable à l'issue de celui-ci.

> Précisions **a.** Un contribuable est **considéré comme contrôlant une société** :

– lorsqu'il détient directement ou indirectement, ou par l'intermédiaire de son groupe familial, la majorité des droits de vote ou des droits dans les bénéfices sociaux de la société. Le groupe familial est constitué de son conjoint (ou partenaire lié par un Pacs), de leurs ascendants ou descendants, ou de leurs frères et sœurs ;

– lorsqu'il dispose seul de la majorité des droits de vote ou des droits dans les bénéfices sociaux de cette société en vertu d'un pacte d'actionnaires ou d'associés ;

– lorsqu'il exerce en fait le pouvoir de décision.

Le contribuable est **présumé exercer ce contrôle** lorsqu'il dispose directement ou indirectement d'au moins un tiers des droits de vote ou des droits dans les bénéfices sociaux et qu'aucun associé ou actionnaire ne détient directement ou indirectement une participation supérieure à la sienne.

Par ailleurs, le contribuable et une ou plusieurs personnes agissant de concert sont considérés comme **contrôlant conjointement** une société lorsqu'ils déterminent en fait les décisions prises en assemblée générale.

b. En cas d'**apport avec soulte,** le report d'imposition est subordonné à la condition que la soulte n'excède pas 10 % de la valeur nominale des titres reçus. Toutefois, la plus-value est à concurrence du montant de cette soulte imposée immédiatement au titre de l'année de l'apport. Voir à cet égard les précisions données à propos du sursis d'imposition n° 33305.

c. Les **titres reçus** en rémunération de l'apport doivent être des valeurs mobilières ou des droits sociaux représentatifs d'une quotité du capital de la société bénéficiaire de l'apport, ou des valeurs mobilières donnant droit à l'attribution de titres représentant une quotité du capital de cette même société (**obligations convertibles,** échangeables ou remboursables **en actions**) (BOI-RPPM-PVBMI-30-10-60-10 n° 20).

d. Les plus-values réalisées par l'intermédiaire d'une **fiducie** sont éligibles au mécanisme de report d'imposition (BOI-RPPM-PVBMI-30-10-60-10 n° 40).

Conséquences du report d'imposition Les plus-values placées en report d'imposition de plein droit ne sont imposées effectivement qu'au titre de l'année au cours de laquelle intervient un des événements mettant fin au report (voir n° 33312). Cependant, les règles d'assiette et de taux applicables à la plus-value à l'expiration du report sont celles en vigueur lors de l'apport. En ce qui concerne toutefois les opérations d'échange entrant dans le champ d'application de la **directive « fusions »,** voir n° 33077. **33311** RM-VI-26300 s

a. Les conditions d'application de l'**abattement pour durée de détention** sont appréciées à la date de l'apport, au regard des titres ou droits apportés, et le décompte de la durée de détention est arrêté à cette même date. Ainsi, à l'expiration du report :

– les plus-values d'apport réalisées depuis le 1er janvier 2018 peuvent être réduites de l'abattement de droit commun ou renforcé (nos 33075 s. et 33100 s.), sous réserve que les titres apportés aient été acquis avant cette date et que l'option pour le barème progressif ait été exercée au titre de l'année de réalisation de l'apport (BOI-RPPM-PVBMI-30-10-60-10 n° 190) ;

– les plus-values d'apport réalisées entre le 1er janvier 2013 et le 31 décembre 2017 sont susceptibles de bénéficier de l'abattement de droit commun ou renforcé en vigueur jusqu'au 31 décembre 2017 ;

– les plus-values réalisées entre le 14 novembre et le 31 décembre 2012 ne bénéficient d'aucun abattement (voir n° 33077).

b. Le **taux d'imposition** appliqué à la plus-value à l'expiration du report correspond à celui qui aurait été appliqué à la plus-value si elle avait été imposée au titre de l'année de l'apport en l'absence de report (BOI-RPPM-PVBMI-30-10-60-20 n° 360).

Pour les plus-values placées en report depuis le 1er janvier 2018, le taux d'imposition est, en principe, égal à 12,8 %. Toutefois, lorsque l'option globale pour le barème progressif est exercée, le taux est déterminé comme suit :

$$\frac{\text{[Impôt théorique (barème progressif de l'IR au titre de l'année du report) calculé sur la somme de la PV en report et des revenus imposés - impôt dû (au titre de la même année)]}}{\text{PV en report}}$$

IR = impôt sur le revenu, PV = plus-values (étant précisé qu'elles sont réduites, le cas échéant, de l'abattement pour durée de détention de droit commun ou renforcé)

Le taux d'imposition applicable aux plus-values placées en report d'imposition entre le 1er janvier 2013 et le 31 décembre 2017 est déterminé suivant la même formule que celle du taux spécifique mentionné ci-dessus (les plus-values étant réduites, le cas échéant, de l'abattement de droit commun ou renforcé en vigueur jusqu'au 31 décembre 2017).

Les plus-values placées en report d'imposition entre le 14 novembre et le 31 décembre 2012 sont imposées au taux de 24 % (ou, sur option du contribuable et sous réserve de respecter certaines conditions, au taux de 19 %) en vigueur en 2012.

> **Précisions** **a.** En présence de **moins-values** imputables sur la plus-value dont le report expire, l'abattement pour durée de détention ne peut, le cas échéant, être appliqué qu'au reliquat de plus-value subsistant après imputation de ces moins-values (BOI-RPPM-PVBMI-30-10-60-20 n° 330).
> **b.** Les plus-values placées en report auxquelles l'article 244 bis B du CGI est applicable (**participations supérieures à 25 %** réalisées par des **personnes domiciliées** fiscalement **hors de France** : nos 32945 s.) sont soumises au taux prévu à cet article dans sa rédaction applicable à la date de l'apport.
> **c.** L'année de l'apport, le contribuable doit mentionner distinctement sur sa **déclaration** spéciale de plus-values le montant de la plus-value réalisée ainsi que les éléments nécessaires à sa détermination (CGI ann. III art. 41 quatervicies). Le montant de la plus-value en report doit ensuite être mentionné chaque année sur la déclaration d'ensemble de revenus.
> L'année de l'expiration du report, la plus-value est mentionnée sur la déclaration d'ensemble des revenus et sur la déclaration spéciale de plus-value.

33312 RM-VI-26700 s **Événements mettant fin au report d'imposition** Le report d'imposition prend fin :

– lors de la **cession à titre onéreux,** du rachat, du remboursement ou de l'annulation des **titres reçus** en rémunération de l'apport, ou des parts ou droits dans les sociétés ou groupements interposés ;

– lors de la cession à titre onéreux, du rachat, du remboursement ou de l'annulation des **titres apportés** à la société bénéficiaire dans un délai de trois ans à compter de l'apport, sauf si cette société s'engage à réinvestir le produit de la cession dans une activité économique dans les conditions précisées nos 33314 s. ;

– lorsque le contribuable **transfère son domicile fiscal hors de France** dans les conditions prévues à l'article 167 bis du CGI (n° 33360) antérieurement aux événements visés ci-dessus.

> **Précisions** **a.** Il n'est mis fin au report d'imposition qu'**à proportion des titres cédés** à titre onéreux, rachetés, remboursés ou annulés.
> **b.** Lorsque les **titres reçus en rémunération de l'apport** (ou les titres des groupements ou sociétés interposés) font eux-mêmes l'objet d'un **apport ultérieur** placé sous le régime du sursis d'imposition (CGI art. 150-0 B) ou sous le régime du report (CGI art. 150-0 B ter), le report initial est maintenu de plein droit, quel que soit le nombre d'échanges successifs.
> **c.** L'apport à une société contrôlée au sens de l'article 150-0 B ter du CGI ne met pas fin aux **reports d'imposition optionnels** visés nos 33142, 33320 et 33340. Il est mis fin à ces reports lors de la survenance d'un événement mettant fin au report d'imposition de plein droit ou, en cas de transmission des titres reçus en rémunération de l'apport (ou des titres reçus en cas d'échanges successifs), dans les conditions prévues par certains de ces dispositifs de report optionnels.
> **d.** En cas de cession (rachat, remboursement ou annulation) des titres apportés dans les trois ans de l'apport, la société bénéficiaire de l'apport mentionne sur une **attestation annexée à sa déclaration de résultat** les informations relatives à l'événement en cause, accompagnée, le cas échéant, d'un **engagement de remploi.** Le remploi ultérieur ou l'absence de remploi font également l'objet d'une attestation jointe à la déclaration de la société. Une copie de ces attestations est transmise au contribuable ayant réalisé l'apport (CGI ann. III art. 41 quatervicies A).

Exception en cas de réinvestissement économique La cession des titres apportés par la société bénéficiaire dans les trois ans de l'apport ne met pas fin au report d'imposition lorsque la société s'engage à réinvestir, dans un délai de deux ans à compter de la cession, au moins **60 %** du produit de la cession dans : 33314 RM-VI-26920 s

– le **financement de moyens permanents d'exploitation** affectés à son activité commerciale au sens de l'article 34 ou 35 du CGI, industrielle, artisanale, libérale, agricole ou financière. Les activités de gestion de son propre patrimoine mobilier ou immobilier sont exclues du bénéfice de cette dérogation ;

– l'**acquisition d'une fraction du capital** d'une ou de plusieurs sociétés exerçant une telle activité et répondant aux deux dernières conditions de régime fiscal et de siège de direction effective visées n° 33108. Ce réinvestissement doit avoir pour effet de lui conférer le contrôle de chacune de ces sociétés, au sens du n° 33310, précision a ;

– la **souscription** en numéraire **au capital initial ou à l'augmentation de capital** d'une ou de plusieurs sociétés répondant aux trois dernières conditions d'activité, de régime fiscal et de siège de direction effective visées n° 33108 ;

– la souscription de parts ou actions de certaines **structures d'investissement** (voir n° 33316).

Les biens ou titres objet du réinvestissement doivent être **conservés** pendant au moins douze mois à compter de la date de leur inscription à l'actif de la société (voir toutefois en cas de réinvestissement indirect n° 33316).

> Précisions **a.** Sont notamment éligibles au remploi les **activités de marchand de biens** ainsi que les activités de **promotion immobilière** (BOI-RPPM-PVBMI-30-10-60-20 n° 100).
En revanche, sont exclues du champ d'application du remploi les activités de **location d'immeubles meublés** ou équipés qui, bien qu'assimilées à des activités commerciales, constituent des activités de gestion de son propre patrimoine immobilier (BOI-RPPM-PVBMI-30-10-60-20 n° 110).
b. Le **seuil de réinvestissement** est apprécié au regard du prix de cession des titres, net le cas échéant des **frais et charges** effectivement supportés par la société cédante et directement liés à la cession (BOI-RPPM-PVBMI-30-10-60-20 n° 70).
c. Le **non-respect de la condition de réinvestissement** par la société bénéficiaire de l'apport met fin au report d'imposition au titre de l'année au cours de laquelle le délai de deux ans expire (toutefois, en cas de réinvestissement indirect, voir n° 33316, précision b). Dans ce cas, l'imposition de la plus-value d'apport est assortie du paiement de l'**intérêt de retard** décompté à partir de la date d'apport des titres.

La société cédante peut procéder à un réinvestissement indirect en souscrivant des parts ou actions de fonds communs de placement à risques (**FCPR**), de fonds professionnels de capital investissement (**FPCI**), de sociétés de libre partenariat (**SLP**) et de sociétés de capital-risque (**SCR**) ou d'organismes similaires à ces entités établis dans un autre État membre de l'Espace économique européen (Union européenne, Islande, Norvège et Liechtenstein). 33316

Pour les cessions de titres apportés réalisées depuis le 1er janvier 2020, la souscription est effectuée en deux temps.

Dans les deux ans de la cession, la société cédante prend un ou plusieurs **engagements de souscrire** des parts ou actions auprès de fonds, sociétés ou organismes éligibles. Chaque engagement doit désigner la structure d'investissement (fonds, société ou organisme) destinataire des sommes ainsi que le montant minimal que la société s'engage à investir.

Le **versement effectif des sommes** doit intervenir dans les cinq ans suivant la signature de chaque engagement.

À l'expiration de ce même délai de cinq ans, l'**actif** de ces fonds, sociétés ou organismes doit être constitué à hauteur d'au moins **75 %** d'actifs éligibles au quota d'investissement des fonds fiscaux (n° 26310) ou, s'agissant des SCR, de celui visé n° 26385. L'investissement pris en compte dans chaque société répondant à la condition d'activité visée n° 33314 doit toutefois être effectué sous la forme :

– de souscriptions en numéraire au capital initial ou à l'augmentation de capital de la société ;

– d'acquisitions de parts ou d'actions émises par la société lorsque leur acquisition lui en confère le contrôle ou lorsque le fonds, la société ou l'organisme est partie à un pacte d'associés ou d'actionnaires et détient plus de 25 % du capital et des droits de vote d'une telle société concernée par ce pacte à l'issue de cette acquisition. À défaut, les acquisitions de parts ou actions sont admises dans la limite de 10 % du montant total de l'investissement dans la société pris en compte dans le quota ;

– de titres donnant accès au capital de la société, d'avances en compte courant ou de titres de créance émis par la société, dans la limite de 10 % du montant total de l'investissement dans la société pris en compte dans le quota.

La société cédante doit **conserver** les parts ou actions des fonds, sociétés ou organismes jusqu'à l'expiration du délai de cinq ans susvisé.

> **Précisions** **a.** Pour les **cessions de titres apportés réalisées en 2019,** la notion de souscription s'entend de la souscription effective des parts ou actions matérialisée par le versement des sommes par la société cédante qui opère le réinvestissement.
> À l'issue du délai de cinq ans courant à compter de la souscription, l'actif des fonds, sociétés ou organismes doit être constitué à hauteur d'au moins 75 % de parts ou actions de sociétés opérationnelles (voir ci-dessus), dont les deux tiers (soit 50 %) sont des titres de sociétés non cotées ou cotées sur un marché où la majorité des instruments sont émis par des PME.
> **b.** L'alignement de la **composition du quota de 75 %** sur celle du quota des fonds fiscaux et des SCR et la limitation des investissements pris en compte sont applicables aux **fonds,** sociétés ou organismes **constitués depuis le 29 décembre 2023** (Loi 2023-1322 du 29-12-2023 art. 24).
> Ceux créés **avant cette date** peuvent toutefois en bénéficier à condition d'exercer une option selon des modalités fixées par décret et de respecter le quota de 75 % sur la base de l'inventaire semestriel au cours duquel le délai de cinq ans expire (Loi précitée). À défaut d'option, les acquisitions ne conférant pas le contrôle ou n'aboutissant pas à une détention de plus de 25 % de capital, de même que les titres donnant accès au capital, les avances en compte courant et les titres de créances ne sont pas retenus dans la composition du quota.
> **c.** Le **non-respect** des conditions tenant au versement effectif des sommes et au quota d'investissement de 75 % met fin au report d'imposition au titre de l'année au cours de laquelle le délai de cinq ans expire.
> Le non-respect de la condition tenant à la conservation des titres met fin au report au titre de l'année au cours de laquelle cette condition cesse d'être respectée.
> **d.** La **société cédante** qui prend un engagement de souscription doit informer la structure d'investissement émettrice des parts ou actions que la souscription est effectuée dans le cadre des dispositions de l'article 150-0 B ter du CGI. Elle joint, le cas échéant, à sa déclaration de résultat de chaque exercice au cours duquel elle a signé un bulletin de souscription, une copie de ce bulletin. Lorsqu'elle a satisfait à l'engagement de réinvestissement, elle joint à sa déclaration de résultat de l'exercice au cours duquel le délai de cinq ans expire, une attestation mentionnant les sommes effectivement versées au fonds, à la société ou à l'organisme d'investissement (CGI ann. III art. 41 quatervicies A).
> Le **fonds,** la **société ou** l'**organisme d'investissement** doit déposer au service des impôts, auprès duquel il souscrit sa déclaration de résultat, une déclaration détaillée permettant d'apprécier le quota d'investissement de 75 % sur la base de l'inventaire semestriel au cours duquel le délai de cinq ans expire. Cette déclaration est adressée dans les quatre mois qui suivent la clôture de l'exercice comptable. Dans ce même délai, il communique également à la société cédante une attestation lui indiquant si, à l'expiration du délai de cinq ans, la condition tenant au quota d'investissement est satisfaite (CGI ann. III art. 41 sexvicies).

33317 Lorsqu'il est prévu le versement d'un ou de plusieurs **compléments de prix,** le produit de la cession s'entend du prix de cession augmenté des compléments de prix perçus. Le prix de cession doit être réinvesti, dans le délai de deux ans à compter de la date de cession, à hauteur d'au moins 60 % de son montant. Tout complément de prix perçu ultérieurement (y compris plus de deux ans après la cession : BOI-RPPM-PVBMI-30-10-60-20 n° 260) doit lui-même être réinvesti dans un délai de deux ans à compter de sa perception, à hauteur du reliquat nécessaire pour que le seuil minimal de réinvestissement demeure respecté. À défaut, le report d'imposition prend fin au titre de l'année au cours de laquelle ce nouveau délai de deux ans expire.

Lorsqu'une fraction de complément de prix est réinvestie dans la souscription de parts ou actions de fonds, sociétés et organismes éligibles au réinvestissement (dans les conditions prévues n° 33316), il est mis fin au report d'imposition, si le versement des sommes dans le délai de cinq ans suivant la signature de chaque engagement de souscription n'est pas effectué ou si les quotas d'investissement ne sont pas atteints à l'expiration de ce même délai.

33318
RM-VI-27700 s

Donation des titres reçus lors de l'apport Lorsque les titres reçus en rémunération de l'apport font l'objet d'une donation (ou d'un don manuel), et que le donataire contrôle la société bénéficiaire de l'apport (dans les conditions prévues n° 33310, précision a), la plus-value en report est imposée au nom du donataire (pour les donations réalisées depuis le 1-1-2020) :

– en cas de **cession,** d'apport, de remboursement ou d'annulation **des titres reçus** dans un délai de cinq ans à compter de la donation (délai porté à dix ans lorsque les titres apportés ont été cédés par la société bénéficiaire et font l'objet d'un réinvestissement indirect), sauf en cas de licenciement, d'invalidité ou de décès du donataire ou de son conjoint ou partenaire de Pacs soumis à une imposition commune ;

– en cas de cession, d'apport, de remboursement ou d'annulation **des titres apportés** par la société bénéficiaire dans les trois ans de l'apport réalisé par le donateur (sauf réinvestissement économique du produit de la cession dans les conditions énoncées n° 33312) ;
– en cas de **transfert du domicile fiscal hors de France** avant l'expiration du délai de cinq ou dix ans, l'impôt établi dans les conditions précisées nos 33360 s. étant toutefois dégrevé ou restitué si le donataire justifie détenir les titres à l'expiration du délai de cinq ou dix ans (BOI-RPPM-PVBMI-30-10-60-30 nos 230 et 240).

> Précisions **a.** Le donataire mentionne dans la proportion des titres transmis le montant de la plus-value en report dans la **déclaration d'ensemble des revenus** s'il contrôle la société bénéficiaire de l'apport.
Le donateur doit communiquer au donataire les éléments lui permettant de déclarer la plus-value en report (CGI ann. III art. 41 quinvicies).
b. La plus-value en report est imposée après **déduction des frais de donation.**
c. Pour les donations réalisées avant le 1er janvier 2020, le délai de conservation était fixé à dix-huit mois. Ce délai étant désormais expiré, la plus-value en report est définitivement exonérée en cas de cession des titres reçus ou des titres apportés.

REPORT D'IMPOSITION DES PLUS-VALUES D'ÉCHANGES RÉALISÉES AVANT 2000

Les plus-values réalisées avant le 1er janvier 2000 à l'occasion d'un apport en société ou d'une opération d'offre publique, de fusion, de scission ou d'absorption d'un FCP par une Sicav ont pu bénéficier, sur demande du contribuable, d'un report d'imposition. **33320** RM-VI-29000 s
Les plus-values en report au 1er janvier 2000 sont restées soumises à ce régime. Le report prend **fin** et les plus-values en report deviennent imposables au moment de la cession, du rachat, du remboursement ou de l'annulation des titres reçus en échange (ou, en cas d'échange par l'intermédiaire d'une société ou d'un groupement non passible de l'IS, lors de la cession, du rachat ou de l'annulation des droits dans cette société ou ce groupement). Lorsque ces opérations ne portent que sur une **partie des titres** reçus en échange, seule la fraction correspondante de la plus-value initialement reportée est imposée ; le surplus continue à bénéficier du report. Les **règles d'imposition** sont celles en vigueur au titre de l'année d'expiration du report.
En cas de **nouvel échange** placé sous le régime de sursis d'imposition visé nos 33300 s. ou du report d'imposition prévu n° 33310, le report initial est maintenu jusqu'au moment où s'opérera la cession, le rachat, le remboursement ou l'annulation des nouveaux titres reçus.

EXEMPLE

Soit un contribuable ayant, en 1999, échangé 10 titres A acquis au prix unitaire (après conversion) de 120 € contre 10 titres B d'une valeur unitaire à la date de l'échange égale à 180 €.
En 2001, les 10 titres B ont eux-mêmes été échangés contre 10 titres C d'une valeur unitaire égale à 220 €.
En 2024, le contribuable vend la totalité des titres C pour un prix global de 3 000 €.
Lors de l'opération d'échange des titres A contre les titres B, le contribuable a réalisé une plus-value de : (10 × 180 €) – (10 × 120 €) = 600 € pour laquelle il a demandé le report d'imposition.
En 2001, l'opération d'échange des titres B contre les titres C a ouvert droit au sursis d'imposition.
En 2024, la cession des titres C entraîne l'imposition de la plus-value sur les titres C calculée à partir du prix d'acquisition des titres B remis à l'échange, soit 3 000 € – (10 × 180 €) = 1 200 €.
La cession des titres C entraîne par ailleurs l'expiration du report d'imposition de la plus-value de 600 € réalisée en 1999.

En cas de **transmission à titre gratuit** des titres reçus en échange, la plus-value en report d'imposition est définitivement exonérée (CE 27-3-2023 n° 456550 : RJF 6/23 n° 465 confirmant la doctrine administrative : BOI-RPPM-PVMBI-30-10-30-10 n° 330).

> Précisions **a.** Lorsqu'elle devient imposable, la plus-value en report ne peut pas, en principe, bénéficier de l'**abattement pour durée de détention.** En ce qui concerne toutefois les opérations d'échange entrant dans le champ de la directive « fusions », voir n° 33077.
b. Le **transfert du domicile fiscal hors de France** met fin au report d'imposition de la plus-value d'échange (nos 33360 s.).

b. Report d'imposition sous condition de remploi en titres de PME (avant 2006)

Certains salariés et dirigeants de sociétés ont été autorisés, sur demande expresse de leur part, à reporter l'imposition des plus-values de cession de valeurs mobilières et droits sociaux réalisées avant le 1er janvier 2006, à condition de réinvestir le produit de la vente dans le capital d'une **33340** RM-VI-32350 s

PME passible de l'IS. L'abrogation de ce dispositif, prévu par l'ancien article 150-0 C du CGI, n'a pas remis en cause les reports en cours au 1er janvier 2006. Le report d'imposition prend **fin** au moment de la transmission (à titre onéreux ou gratuit), du rachat ou de l'annulation des titres acquis en remploi. Les règles d'imposition sont celles en vigueur au titre de l'année d'expiration du report.

> **Précisions** **a.** Il n'est mis fin au report qu'à **proportion des titres transmis,** rachetés, remboursés ou annulés.
> **b.** Le **report** d'imposition est **prorogé** de plein droit en cas d'échange de titres bénéficiant du sursis d'imposition (nº 33300 s.) ou du report d'imposition visé nºs 33310 s. et sur demande lorsque les titres font l'objet d'une cession dont le produit est de nouveau réinvesti dans le capital d'une PME (BOI-RPPM-PVBMI-30-10-40 nº 430).
> **c.** Le **transfert du domicile fiscal hors de France** met fin au report d'imposition des plus-values de cession (nºs 33360 s.).

5. TRANSFERT DU DOMICILE FISCAL HORS DE FRANCE (« EXIT TAX »)

33360
CGI art. 167 bis
RM-VI-40500 s

Le transfert du domicile fiscal hors de France entraîne la taxation à l'impôt sur le revenu et aux prélèvements sociaux des plus-values latentes, des créances trouvant leur origine dans une clause de complément de prix, et des plus-values en report d'imposition. Mais le contribuable peut bénéficier d'un sursis de paiement et un dégrèvement de l'impôt est prévu dans certaines situations.

CHAMP D'APPLICATION

33362
RM-VI-40700 s

Les contribuables sont imposables sur les **plus-values latentes** constatées sur les droits sociaux, valeurs, titres ou droits mentionnés à l'article 150-0 A, I-1 du CGI détenus directement ou indirectement par les membres de leur foyer fiscal à la date du transfert, lorsque les conditions suivantes sont remplies :

– les contribuables ont été fiscalement domiciliés en France pendant au moins six des dix années précédant le transfert de leur domicile à l'étranger ;

– ces droits sociaux, valeurs, titres ou droits représentent au moins 50 % des bénéfices sociaux d'une société, ou leur valeur globale excède 800 000 €.

Les contribuables fiscalement domiciliés en France pendant au moins six des dix années précédant le transfert de leur domicile à l'étranger sont également imposables sur la valeur réelle des **créances** trouvant leur origine dans une **clause de complément de prix** définie nº 33140.

Quelle que soit la durée de résidence en France, le transfert du domicile entraîne, en outre, l'imposition des **plus-values** de cession ou d'échange placées sous un des régimes de **report** d'imposition mentionnés nºs 33142 et 33310 à 33340.

> **Précisions** **a.** La **date de transfert du domicile** fiscal est fixée au jour précédant celui à compter duquel le contribuable cesse d'être soumis en France à une obligation fiscale sur l'ensemble de ses revenus.
> **b.** Sur l'ensemble des **droits sociaux, valeurs, titres ou droits** concernés, voir nº 32890. À noter notamment que les parts d'**OPCVM** sont dans le champ d'application de l'exit tax sur les plus-values latentes.

CALCUL DE L'IMPOSITION

33364
RM-VI-41200 s

Assiette Les **plus-values latentes** à la date du transfert sont déterminées par rapport à la valeur réelle des titres (comme en matière de mutation à titre gratuit : nº 78240) ou, s'il s'agit de titres cotés, sur la base du dernier cours connu ou selon la moyenne des trente derniers jours qui précèdent la date d'imposition (comme pour l'IFI : nº 71775). La plus-value est réduite, le cas échéant, de l'abattement pour durée de détention proportionnel en cas d'option globale pour le barème progressif ou fixe pour les dirigeants prenant leur retraite (dans les conditions visées nºs 33070 s.).

Les **créances** trouvant leur origine dans une **clause de complément de prix** sont évaluées à leur valeur réelle lors du transfert du domicile fiscal hors de France.

> **Précisions** **a.** Lorsque les titres sont issus d'une **opération d'échange** placée en sursis d'imposition (nº 33300) avant le transfert du domicile fiscal, la valeur d'acquisition à retenir pour le calcul de la plus-value est celle des titres remis à l'échange, diminuée du montant de la soulte reçue qui n'a pas fait l'objet d'une imposition au titre de l'année de l'échange, ou majorée de la soulte versée lors de cet échange.

b. Les **moins-values de cession** de droits sociaux subies entre le 1er janvier de l'année du transfert du domicile et la date de ce transfert et les **moins-values antérieures reportables** ne peuvent pas s'imputer sur les plus-values latentes (BOI-RPPM-PVBMI-50-10-20 nº 90).
c. Les **moins-values latentes** ne peuvent s'imputer ni sur les plus-values latentes imposables du fait du transfert ni sur d'autres plus-values (notamment celles subies sur des titres cédés l'année du transfert).
d. La plus-value latente n'est réduite de l'abattement fixe applicable aux **dirigeants prenant leur retraite** (nos 33106 s.) que si le contribuable a fait valoir ses droits à la retraite avant le transfert de son domicile fiscal et qu'il cède ses titres dans les deux ans suivant son départ à la retraite (trois ans pour les dirigeants ayant fait valoir leurs droits à la retraite entre le 1er janvier 2019 et le 31 décembre 2021).

Liquidation Les plus-values et créances sont imposables à l'**impôt sur le revenu** au taux forfaitaire de 12,8 % (PFU), ou soumises au barème progressif en cas d'option globale du contribuable. Dans ce dernier cas, l'impôt dû au titre de l'exit tax est égal à la différence entre le montant de l'impôt résultant de l'application du barème progressif à l'ensemble des revenus de sources française et étrangère (auquel s'ajoutent les plus-values et créances imposables au titre de l'exit tax) et le montant de l'impôt résultant de l'application de ce même barème aux seuls revenus de sources française et étrangère. Le **taux d'imposition** est égal au rapport entre, d'une part, l'impôt dû au titre de l'exit tax et, d'autre part, la somme des plus-values et créances imposables à l'exit tax. Par exception, le taux d'imposition des plus-values en report en cas d'apport à une société contrôlée par l'apporteur (CGI art. 150-0 B ter) est déterminé dans les conditions prévues à l'article 200 A, 2 ter du CGI (voir nº 33311). **33368** RM-VI-41500 s
Les plus-values et créances sont également imposables aux **prélèvements sociaux** en vigueur lors du transfert du domicile fiscal hors de France (nº 34515).

SURSIS DE PAIEMENT

Le sursis de paiement est **automatique** lorsque le contribuable s'installe dans un État membre de l'Union européenne (UE) ou dans un autre État ou territoire ayant conclu avec la France une convention d'assistance en vue de lutter contre la fraude et l'évasion fiscales ainsi qu'une convention d'assistance en matière de recouvrement, et que cet État ou territoire n'est pas non coopératif (ETNC défini nº 78310). **33370** RM-VI-41700 s
Si le contribuable s'installe dans un autre État ou territoire, le sursis est accordé sur **demande expresse** lors du transfert du domicile fiscal. Pour en bénéficier, le contribuable doit déclarer le montant des plus-values concernées, désigner un représentant fiscal établi en France et constituer auprès du comptable public compétent, préalablement à son départ, des garanties propres à assurer le recouvrement de la créance du Trésor.

› Précisions **a.** Le contribuable qui avait bénéficié du sursis de paiement automatique lors du transfert initial de son domicile fiscal hors de France en perd le bénéfice lorsqu'il **transfère à nouveau son domicile fiscal** dans un ETNC ou un État tiers à l'UE n'ayant pas conclu les conventions requises. Mais il peut procéder à une demande expresse de sursis sous réserve de respecter les conditions de représentation et de garantie.
b. Le montant de la **garantie** à constituer durant l'année du transfert du domicile fiscal, lorsque le contribuable demande à bénéficier du sursis, est égal à 12,8 % du montant total des plus-values et créances retenues pour leur montant brut, sans qu'il soit fait application des abattements pour durée de détention mentionnés nos 33070 s. Pour les plus-values en report, en cas d'apport à une société contrôlée par l'apporteur au sens de l'article 150-0 B ter du CGI, le montant de la garantie est déterminé en appliquant le taux spécifique d'imposition à ces plus-values (nº 33311). Lorsque le montant de l'impôt calculé l'année suivante diffère de celui de la garantie, un **complément de garantie** (ou une **restitution** le cas échéant) correspondant à cet écart est réalisé.
c. Le sursis de paiement suspend la **prescription** de l'action en **recouvrement** jusqu'à la date de l'événement entraînant son expiration.

Expiration du sursis de paiement Pour les **plus-values latentes,** le sursis de paiement prend fin lors de la survenance de l'un des événements suivants : **33372**
– cession à titre onéreux (hors opérations d'échange ou d'apport visées nos 33300 et 33310), rachat, remboursement ou annulation des titres concernés ;
– donation des titres lorsque le donateur est fiscalement domicilié dans un ETNC ou un État ou territoire tiers à l'UE n'ayant pas conclu les conventions visées nº 33370, sauf s'il démontre que cette donation n'a pas été faite dans un but principalement fiscal.
Pour les **créances** trouvant leur origine dans une **clause de complément de prix,** le sursis de paiement prend fin lors de la survenance de l'un des événements suivants :
– perception du complément de prix ;

– apport ou cession de la créance ;

– donation de la créance lorsque le donateur est fiscalement domicilié dans un ETNC ou un État ou territoire tiers à l'UE n'ayant pas conclu les conventions visées n° 33370, sauf s'il démontre que cette donation n'a pas été faite dans un but principalement fiscal.

Pour les **plus-values** placées précédemment **en report d'imposition,** le sursis prend fin lors de la survenance de l'un des événements suivants :

– cession à titre onéreux (hors opérations d'échange ou d'apport visées n°s 33300 et 33310), rachat, remboursement ou annulation des titres reçus lors de l'échange ou de l'apport à l'origine du report ;

– donation des titres ou décès de leur détenteur lorsque l'imposition de la plus-value avait été reportée conformément aux dispositifs prévus aux anciens articles 92 B decies, 160, I ter-1-dernier alinéa, 160, II, 150-0 C et à l'article 150-0 B bis du CGI.

Pour les plus-values placées sous le régime visé n°s 33310 s. (**report en cas d'apport à une société contrôlée par l'apporteur**), le sursis de paiement expire lors de la cession à titre onéreux, du rachat, du remboursement ou de l'annulation des titres ou droits reçus en rémunération de l'apport ou des titres ou droits apportés dans les conditions visées à l'article 150-0 B ter du CGI.

Le sursis d'imposition prend également fin en cas de non-respect par le contribuable de ses **obligations déclaratives** (voir n° 33376).

33373 Le montant de l'**impôt dû** fait l'objet de correctifs destinés à tenir compte de la valeur des titres, de leur durée de détention ou du taux d'imposition applicable lors de la réalisation de l'événement mettant fin au sursis.

Lorsque l'opération qui met fin au sursis porte sur une **partie** seulement **des titres,** seule la fraction correspondante de l'imposition en sursis est exigible.

La **moins-value** réalisée par un contribuable résidant dans un État ou territoire membre de l'UE ou ayant conclu les conventions visées n° 33370 et qui n'est pas un ETNC lors de la **cession effective de titres** grevés d'une plus-value latente est imputable au titre de l'année de cession et des dix années suivantes notamment sur les plus-values réalisées en cas de cession ou de rachat d'autres titres pour lesquelles une plus-value latente avait également été constatée lors du transfert du domicile fiscal hors de France.

› **Précisions** **a.** Si la plus-value réelle réalisée par le contribuable concerne une **participation substantielle** imposable en France (n° 32945), l'imposition sur les plus-values latentes est dégrevée d'office ou restituée afin d'éviter une double imposition (mais les prélèvements sociaux restent dus). Si la plus-value de cession est soumise au **prélèvement immobilier des non-résidents** (n° 32625), l'imposition sur les plus-values latentes due lors du transfert est également dégrevée ou restituée, prélèvements sociaux inclus.

b. Un mécanisme d'élimination de la double imposition est également prévu dans l'hypothèse où la plus-value réelle est imposée à l'étranger. L'**impôt étranger** s'impute d'abord sur les prélèvements sociaux dus sur la plus-value latente puis sur l'impôt sur le revenu dû sur cette même plus-value. Pour ouvrir droit à imputation, l'impôt étranger doit être un impôt personnel sur le revenu calculé à partir du prix ou de la valeur d'acquisition des titres (CGI ann. III art. 41 tervicies F).

c. Le **délai de reprise** de l'administration en matière d'impôt sur le revenu et de prélèvements sociaux s'exerce jusqu'à la fin de la troisième année qui suit celle au cours de laquelle est intervenu le transfert du domicile fiscal (LPF art. L 169). Lorsque ce délai de reprise est expiré, l'administration dispose d'un nouveau droit de reprise qui s'exerce jusqu'à la fin de la troisième année qui suit l'événement mettant fin au sursis de paiement dont bénéficie le contribuable ou entraînant le dégrèvement ou la restitution de l'imposition (LPF art. L 171-0 A).

DÉGRÈVEMENT

33374 RM-VI-42400 s L'impôt établi à l'occasion du transfert fait l'objet d'un dégrèvement d'office (prélèvements sociaux inclus) ou d'une restitution s'il a été immédiatement acquitté lors du transfert :

– à la date à laquelle le contribuable **transfère** de nouveau son **domicile fiscal en France** ;

– en cas de **donation** des titres ou de la créance de complément de prix. Lorsque le contribuable avait transféré son domicile fiscal dans un ETNC ou un État ou territoire tiers à l'UE n'ayant pas signé les conventions visées n° 33370, il doit démontrer que cette donation n'est pas faite avec pour motif principal d'éluder l'impôt ;

– en cas de **décès** du contribuable ;

– en ce qui concerne les **plus-values latentes,** à l'expiration d'un délai de deux ans suivant la date du départ, ou de cinq ans pour les contribuables dont la valeur globale des titres excède

2,57 M€ à la date du transfert (délais applicables aux transferts intervenus depuis le 1er janvier 2019 ; pour les transferts intervenus de 2014 à 2018, le délai est fixé à quinze ans).

› Précisions **a.** Les **plus-values placées précédemment en report d'imposition** concernées par le dégrèvement ou la restitution en cas de **décès** ou de **donation** sont celles relevant des dispositifs mentionnés aux anciens articles 92 B, II, 160, I ter-1-al. 1, 160, I ter-4 et à l'article 150-0 B ter du CGI.

b. S'agissant du **délai spécifique de reprise** dont l'administration bénéficie à compter du dégrèvement, voir n° 33373, précision c.

OBLIGATIONS DÉCLARATIVES

Le contribuable concerné par l'exit tax doit souscrire une **déclaration 2074-ETD** l'année suivant celle du transfert du domicile fiscal hors de France au service des impôts des particuliers (SIP) dont dépendait son domicile avant le transfert, dans les mêmes délais et en même temps que sa **déclaration de revenus.** Une **déclaration 2074-ETS** doit être souscrite au titre des années suivant celle du transfert au SIP des non-résidents afin d'assurer un suivi des impositions en sursis de paiement. C'est également cette dernière déclaration qui doit être souscrite l'année suivant celle de la survenance d'un évènement entraînant le dégrèvement ou la restitution de l'impôt. **33376** RM-VI-43250 s

Le **défaut de production** de l'une de ces déclarations (y compris celle prévue en cas d'évènement entraînant le dégrèvement ou la restitution de l'impôt : Loi 2023-1322 du 29-12-2023 art. 11) ou de tout ou partie des renseignements devant y figurer entraîne l'exigibilité immédiate de l'impôt. L'impôt n'est toutefois exigé qu'à défaut de régularisation de la situation dans les trente jours suivant la notification d'une mise en demeure (CGI ann. III art. 41 tervicies E).

› Précisions **a.** Le contribuable qui ne bénéficie du sursis de paiement qu'au titre de **plus-values latentes** ne doit en faire mention que dans la déclaration 2074-ETD souscrite l'année suivant celle du transfert et en cas d'expiration du sursis de paiement. En revanche, il n'est pas tenu de déposer chaque année une déclaration 2074-ETS de suivi des impositions des seules plus-values latentes en sursis de paiement.

b. Le contribuable qui entend bénéficier du **sursis de paiement sur option** doit en faire la demande en déposant, au SIP des non-résidents, le formulaire 2074-ETD accompagné d'une proposition de garantie. Cette demande doit être déposée au plus tard quatre-vingt-dix jours avant le transfert (CGI ann. III art. 41 tervicies A).

c. Le contribuable doit informer, sur papier libre, le SIP des non-résidents de tout transfert de domicile fiscal postérieur à son transfert initial.

D. Profits sur instruments financiers à terme

Les personnes physiques qui effectuent, directement, par personne interposée ou par l'intermédiaire d'une fiducie, des opérations sur les contrats financiers mentionnés à l'article L 211-1, III du Code monétaire et financier, également dénommés « instruments financiers à terme », relèvent de régimes d'imposition différents selon que ces opérations sont effectuées à titre occasionnel ou à titre habituel ou professionnel. **33400** RM-VII-17000 s

OPÉRATEURS OCCASIONNELS

Quel que soit le lieu de réalisation de l'opération (en France ou à l'étranger), les profits nets réalisés lors du dénouement ou de la cession des instruments financiers à terme sont soumis à l'impôt sur le revenu au taux forfaitaire de 12,8 % (**PFU**) ou, sur option globale du contribuable, au **barème progressif,** étant toutefois précisé que l'abattement pour durée de détention n'est pas applicable (voir nos 33220 s.). **33405** CGI art. 150 ter RM-VII-17300 s

Le **profit** (ou la perte) est **égal,** pour chaque contrat, à la différence entre les sommes reçues et les sommes versées, majorée ou minorée, lorsque le contrat se dénoue par la livraison d'un instrument financier ou d'une marchandise, de la différence entre le prix d'achat ou de vente de cet instrument financier ou de cette marchandise et de sa valeur au jour de la livraison. Le profit imposable est net des frais et taxes acquittés par le donneur d'ordre (commissions, courtages et TVA y afférente).

Les **pertes** subies au cours d'une année s'imputent exclusivement sur les profits de même nature réalisés au cours de la même année et des dix années suivantes.

Le contribuable doit indiquer le montant net (du profit ou de la perte) sur l'imprimé de **déclaration** des plus-values de cession de valeurs mobilières et droits sociaux (n° 33260) à joindre à la déclaration d'ensemble des revenus n° 2042 (ou directement sur cette dernière déclaration s'il n'a pas réalisé d'autres profits financiers) (CGI ann. III art. 41 septdecies I).

> **Précisions** **a.** Les **non-résidents** sont hors du champ de l'imposition.
> **b.** Lorsque les **contrats présentant les mêmes caractéristiques** (même actif sous-jacent, même prix d'exercice, même date d'échéance) ont donné lieu à des achats ou des ventes effectués à des prix différents, le profit ou la perte est calculé sur le prix moyen pondéré.
> **c.** Les profits sur instruments financiers à terme lorsque le teneur de compte ou, à défaut, le cocontractant a son domicile fiscal ou est établi dans un **ETNC** au sens de l'article 238-0 A du CGI (défini n° 78310, 1° et 2°) sont taxés au taux de 50 %, sauf si le contribuable démontre que les opérations auxquelles se rapportent ces profits réalisés dans un ETNC correspondent à des opérations réelles qui n'ont ni pour objet ni pour effet de permettre, dans un but de fraude fiscale, leur localisation dans un tel État ou territoire.

OPÉRATEURS HABITUELS

33415 CGI art. 92, 2-5° et 96 A RM-VII-19000 s

Régime de droit commun Quel que soit le lieu de réalisation de l'opération (en France ou à l'étranger), les produits des opérations réalisées à titre habituel sur les instruments financiers à terme sont soumis au barème progressif de l'impôt sur le revenu dans la catégorie des bénéfices non commerciaux (**BNC**) selon le régime de la déclaration contrôlée.

Les **pertes** subies dans le cadre de ces opérations ne sont imputables que sur les profits de même nature réalisés au cours de la même année ou des six années suivantes (CGI art. 156, I-2°).

33420 CGI art. 35, I-8° RM-VII-19300 s

Régime optionnel des opérateurs professionnels Les personnes qui, à titre professionnel, effectuent en France ou à l'étranger, directement ou par personnes interposées, des opérations sur instruments financiers à terme peuvent être imposées dans la catégorie des bénéfices industriels et commerciaux (**BIC**), à condition d'**opter** pour ce régime dans les quinze jours du début du premier exercice d'imposition à ce titre. Cette option est irrévocable. Lorsqu'elle est exercée, les **déficits** peuvent s'imputer sur le revenu global de l'année ou des six années suivantes.

OBLIGATIONS DES OPÉRATEURS

33430 CGI art. 242 ter E et 1736, IX RM-VII-21000 s

Les teneurs de compte des opérations réalisées sur les instruments financiers à terme ou, en l'absence de teneur de compte, les cocontractants doivent mentionner sur l'**IFU,** qu'ils doivent souscrire chaque année avant le 16 février (voir n° 26850 s.), les coordonnées de leurs clients ou de leurs cocontractants ainsi que le montant des profits et pertes réalisés par ces derniers (CGI art. 242 ter E).

Le **défaut de déclaration** des opérations en cause est, en principe, sanctionné par une amende fiscale égale à 100 € par profit (ou perte) non déclaré dans la limite de 50 000 € par déclaration. Toutefois, aucune sanction n'est appliquée en cas de **première infraction** commise durant l'année en cours et les trois précédentes lorsque la personne tenue de souscrire la déclaration répare son omission soit spontanément, soit à la première demande de l'administration avant la fin de l'année au cours de laquelle la déclaration devait être souscrite (CGI art. 1736, IX).

> **Précisions** Les teneurs de compte (ou les cocontractants) doivent tenir **à la disposition de l'administration** tous les **documents** de nature à **justifier** de la date de réalisation et du montant des profits ou pertes réalisés sur ces opérations par leurs clients (ou leurs cocontractants) (LPF art. L 96 CA).

E. Plus-values de cession d'actifs numériques

33600 CGI art. 150 VH bis et 200 C RM-VII-48000 s

Les plus-values réalisées dans le cadre de la **gestion** de leur **patrimoine privé** par les personnes physiques fiscalement domiciliées en France, directement ou par personne interposée, lors d'une cession à titre onéreux d'actifs numériques, et notamment de cryptomonnaies (Bitcoins, Ethereum, etc.), sont passibles de l'impôt sur le revenu au taux de 12,8 % ou, sur option expresse et irrévocable, au barème progressif (ainsi que des prélèvements sociaux au taux visé n° 34515). L'option pour le barème progressif est globale et porte sur l'ensemble des plus-values de cession d'actifs numériques réalisées par le foyer.

Toutefois, les opérations d'échange sans soulte d'actifs numériques bénéficient d'un **sursis d'imposition.**

Les contribuables sont **exonérés** d'imposition lorsque la somme des prix de cession, hors opération d'échange en sursis d'imposition, n'excède pas 305 € au cours de l'année d'imposition.

Imposition selon le régime des bénéfices professionnels

33605

Lorsque les opérations d'achat, de vente et d'échange d'actifs numériques sont effectués dans **conditions analogues à celles qui caractérise une activité professionnelle** (sans pour autant constituer l'activité professionnelle du contribuable), les produits sont taxés dans la catégorie des BNC (CGI art. 92, 2-1° bis). Pour l'appréciation de ces conditions, la détention, la maîtrise et l'usage d'informations et de techniques d'intervention spécialisées ainsi que leur recherche organisée au profit d'opérations d'achat, de vente et d'échange d'actifs numériques nombreuses et sophistiquées sont des critères essentiels. Il est ainsi supposé un réel savoir-faire, pouvant être caractérisé notamment par la compétence et la formation professionnelles du contribuable (BOI-BNC-CHAMP-10-10-20-40 n° 1080).

Les gains de cession d'actifs numériques obtenus en contrepartie de la participation du contribuable à la création et au fonctionnement d'un système d'unité de compte virtuelle (ou d'**activité de « minage »**) sont imposables dans la catégorie des BNC (BOI-BNC-CHAMP-10-10-20-40 n° 1080).

Les personnes physiques dont la **profession** consiste en l'achat-revente d'actifs numériques réalisent une activité commerciale taxable dans la catégorie des BIC.

CALCUL DES PLUS-VALUES

33610 RM-VII-48600 s

La plus ou moins-value brute réalisée lors de la cession est égale à la différence entre, d'une part, le prix de cession et, d'autre part, le produit du prix total d'acquisition de l'ensemble du portefeuille d'actifs numériques par le quotient du prix de cession sur la valeur globale de ce portefeuille.

Le **prix de cession** à retenir pour le calcul de la plus-value est le prix réel perçu ou la valeur de la contrepartie en biens ou services obtenue par le cédant, sous déduction des frais supportés par le cédant.

Le **prix total d'acquisition** du portefeuille d'actifs numériques est égal à la somme des prix acquittés en monnaie ayant cours légal à l'occasion de l'ensemble des acquisitions réalisées avant la cession, et de la valeur des biens ou services fournis en contrepartie de ces acquisitions (hors opérations d'échange ayant bénéficié du sursis d'imposition). La **valeur globale du portefeuille** d'actifs numériques lors de la **cession** est égale à la somme des valeurs des différents actifs numériques détenus par le cédant avant de procéder à la cession.

EXEMPLE

Un contribuable achète en janvier N trois bitcoins pour un montant de 15 000 €. En avril N, il échange un bitcoin contre 50 ethers, cette opération intercalaire n'étant pas imposable. En mars N + 1, il cède ses deux bitcoins pour un montant de 9 000 €, mais conserve ses 50 ethers qui ont une valeur de 8 000 €.

La situation globale du portefeuille est positive, dès lors que sa valeur lors de la cession s'élève à 17 000 € (9 000 + 8 000) et que le prix total d'acquisition du portefeuille est évalué à 15 000 €.

La cession des deux bitcoins génère une **plus-value de 1 059 €**, soit [9 000 − (15 000 × 9 000 / 17 000)] = 9 000 − 7 941.

Lors des futures cessions, la quote-part de versement initial (soit 7 941 €) devra être déduite du prix total d'acquisition du portefeuille (voir précision a).

Les **moins-values** subies au cours d'une année d'imposition sont imputables exclusivement sur les plus-values brutes de même nature réalisées au titre de cette même année.

> Précisions **a.** Afin de tenir compte des cessions précédentes, le prix total d'acquisition est **réduit** de la **somme des fractions initiales** contenues dans la valeur ou le prix de chacune des différentes cessions d'actifs numériques à titre gratuit ou onéreux réalisées antérieurement.

Selon l'administration, les prix d'acquisition des **actifs cédés avant 2019** doivent être exclus du prix total d'acquisition du portefeuille déclaré à l'occasion de la première cession intervenant à compter de 2019 (BOI-RPPM-PVBMC-30-20 n° 130).

b. En cas d'**acquisition à titre gratuit**, le prix d'acquisition s'entend de la valeur retenue pour la détermination des droits de mutation à titre gratuit ou, à défaut de la valeur réelle de ces actifs numériques, au moment de leur entrée dans le patrimoine du cédant.

c. Les **frais de transaction** (correspondant aux frais payés à la plateforme d'échanges ou aux « mineurs » en contrepartie de la validation de la transaction) viennent en réduction du prix de cession (BOI-RPPM-PVBMC-30-20 n° 50).

d. La valeur globale du portefeuille correspond à la valeur globale de l'ensemble des actifs numériques et droits s'y rapportant détenus par les différents membres du **foyer fiscal**, quel que soit leur support de conservation (**plateformes d'échange**, y compris étrangères, **serveurs personnels, dispositifs de stockage hors ligne**, etc.) (BOI-RPPM-PVBMC-30-20 n° 140).

Pour déterminer cette valeur, il est possible de recourir aux sites internet proposant des **historiques de cotation** moyenne journalière sur les principales plateformes d'échange (BOI-RPPM-PVBMC-30-20 n° 150).

OBLIGATIONS DÉCLARATIVES

33620 CGI ann. III art. 41 duovicies J et 41 duodecies K RM-VII-49850 s

Déclaration des plus-values Les redevables portent sur la déclaration annuelle de l'impôt sur le revenu le **montant global de la plus ou moins-value** réalisée au titre des cessions imposables de l'année. Ils joignent à cette déclaration une annexe n° 2086 sur laquelle ils mentionnent et évaluent l'ensemble des plus ou moins-values réalisées à l'occasion de **chacune des cessions** imposables effectuées au cours de l'année ou les prix de chacune des cessions exonérées. L'impôt sur le revenu correspondant est versé par la personne physique qui réalise, directement ou par personne interposée, la cession.

> Précisions **a.** Les **échanges sans soulte** d'actifs numériques bénéficiant du sursis d'imposition ne donnent pas lieu à déclaration (BOI-RPPM-PVBMC-30-30 n° 20).

b. En cas de cession réalisée par l'intermédiaire d'une **personne interposée,** le redevable ne mentionne sur l'annexe n° 2086 que la quote-part de la plus ou moins-value correspondant à ses droits, telle que déclarée par la personne interposée sur l'annexe n° 2087 (CGI ann. III art. 41 duovicies J, IV).

c. L'administration peut demander au contribuable des **justifications** sur les éléments servant de base au calcul de la plus-value (LPF art. L 16, al. 2). À défaut de réponse ou en cas de réponse insuffisante, après notification d'une mise en demeure, la plus-value peut être évaluée d'office (LPF art. L 73, 5°).

33630 CGI art. 1649 bis C et 1736, X RM-VII-50100 s

Déclaration des comptes ouverts à l'étranger Les personnes ou les entités juridiques, domiciliées ou établies en France sont tenues de déclarer, en même temps que leur déclaration de revenus ou de résultats, les **références des comptes d'actifs numériques** ouverts, détenus, utilisés ou clos auprès d'entreprises, personnes morales, institutions ou organismes établis à l'étranger. Chaque compte doit faire l'objet d'une déclaration distincte établie sur un formulaire n° 3916-3916 bis.

Le non-respect de cette obligation déclarative est sanctionné par une amende de 750 € par compte non déclaré, ou 125 € par omission ou inexactitude, dans la limite de 10 000 € par déclaration. Ces montants de 750 € et 125 € sont respectivement portés à 1 500 € et 250 € lorsque la valeur des comptes est supérieure à 50 000 € à un moment quelconque de l'année.

> Précisions **a.** Une personne est réputée **détenir** un compte d'actifs numériques lorsqu'elle en est titulaire, cotitulaire, bénéficiaire économique ou ayant droit économique.
Elle est réputée avoir **utilisé** un tel compte lorsqu'elle a effectué au moins une opération de crédit ou de débit au cours de l'année ou de l'exercice (CGI ann. III art. 344 G decies, III).

b. Avant le 1er janvier 2024 (Loi 2023-1322 du 29-12-2023 art. 47), la déclaration des comptes étrangers incombait aux seules personnes physiques, associations et sociétés n'ayant pas la forme commerciale.

CHAPITRE 12

CSG ET AUTRES PRÉLÈVEMENTS SOCIAUX

SOMMAIRE

A. CSG et CRDS sur les revenus d'activité et de remplacement 34350

B. CSG et autres contributions sur les revenus du capital 34430

1. Caractères généraux 34515
2. Revenus du patrimoine et assimilés 34550
3. Produits de placement 34600

GÉNÉRALITÉS

Nous examinons ci-après dans une étude commune les différents prélèvements dits sociaux, c'est-à-dire la **CSG** (contribution sociale généralisée) et les prélèvements similaires : la **CRDS** (contribution au remboursement de la dette sociale) et le **prélèvement de solidarité.** 34200 TD-XVI-1 s

Le champ d'application de ces prélèvements n'est pas identique. En effet, alors que la CSG et la CRDS s'appliquent tant aux revenus d'activité et de remplacement qu'aux revenus du capital financier et immobilier, le prélèvement de solidarité ne frappe que ces derniers.

Une **distinction** doit d'ailleurs être opérée selon les deux catégories de revenus :

– les contributions (CSG et CRDS) frappant les **revenus d'activité et de remplacement** sont soumises à des règles de calcul et de recouvrement similaires (sauf exceptions) à celles des cotisations de sécurité sociale. C'est pourquoi leur étude figure dans le Mémento Social (nos 25000 s.), un simple aperçu étant donné ci-après (nos 34350 s.) ;

– les contributions (CSG, CRDS et prélèvement de solidarité) afférentes aux **revenus du capital** (revenus du patrimoine et assimilés et revenus de placement) sont recouvrées selon les règles fiscales par l'administration des impôts. Elles sont examinées nos 34430 s.

Il convient de signaler que : 34205

a. la CRDS (et elle seule) frappe par ailleurs les produits des **cessions de métaux précieux, bijoux, objets d'art, de collection et d'antiquité** soumises à la taxe sur les métaux et objets précieux, réalisées par les personnes physiques fiscalement domiciliées en France (voir no 75930) ;

b. la CSG et la CRDS s'appliquent, selon des modalités spécifiques, aux sommes misées sur les **jeux** de la Française des jeux et aux produits des jeux réalisés dans les casinos (CSS art. L 136-7-1 ; Ord. 96-50 du 24-1-1996 art. 18 et 19).

A. CSG et CRDS sur les revenus d'activité et de remplacement

La CSG et la CRDS sur les revenus d'activité et de remplacement sont traitées dans le Mémento Social (nos 25000 s.). Nous en rappelons seulement les grandes lignes ci-après. 34350 CSS art. L 136-1 à L 136-5 et L 136-8 Ord. 96-50 du 24-1-1996 art. 14 et 19 TD-XVI-2000 s

Par ailleurs, la CSG est, à hauteur d'une certaine fraction, fiscalement déductible. Cette déductibilité partielle est évoquée no 34400.

La **CSG** est actuellement **affectée** (dans des proportions diverses) à la Caisse nationale des allocations familiales, aux régimes obligatoires d'assurance maladie, à la Caisse nationale d'assurance maladie, au Fonds de solidarité vieillesse, à l'organisme gérant l'assurance chômage, à la Caisse nationale de solidarité pour l'autonomie et à la Caisse d'amortissement de la dette sociale ; la **CRDS** est affectée à cette dernière.

REVENUS CONCERNÉS

34370 La CSG et la CRDS ont quasiment la même **assiette.** Celle-ci est très large : elle couvre l'ensemble des revenus des personnes physiques, sous réserve d'exonérations de portée limitée.

Les revenus d'activité et de remplacement sont de trois sortes : **salaires** et assimilés, **revenus professionnels** non salariés et **revenus de remplacement** (pensions de retraite, allocations de chômage...).

PERSONNES ASSUJETTIES

34380 Ce sont les **personnes physiques** à la fois considérées comme **fiscalement domiciliées en France et** à la charge, à quelque titre que ce soit, d'un **régime obligatoire** français **d'assurance maladie.**

> Précisions a. La **domiciliation** fiscale s'apprécie au moment de la perception du revenu.
b. Le critère tenant au **rattachement obligatoire à un régime** français **d'assurance maladie** entraîne au premier chef l'exonération des **travailleurs frontaliers** travaillant à l'étranger et assujettis au régime d'assurance maladie de leur lieu de travail.
Se trouvent également exonérés les **salariés détachés** en France depuis un autre État pendant la période de maintien au régime d'assurance maladie du pays d'origine et les salariés détachés de France vers un État étranger à partir du moment où ils deviennent assujettis au régime local d'assurance maladie.

CALCUL ET RECOUVREMENT

34390 **a.** Le **taux** de la **CSG** sur les **revenus d'activité** (salaires et revenus non salariaux) est de 9,2 %. Les revenus de **remplacement** sont passibles du taux de 9,2 % pour les allocations de préretraite versées aux bénéficiaires dont la préretraite a pris effet depuis le 11 octobre 2007, du taux réduit de 8,3 % pour les autres allocations de préretraite et les pensions de retraite et d'invalidité, et de 6,2 % pour les autres revenus de remplacement (ces deux derniers taux pouvant être ramenés, dans certains cas, à 6,6 % ou 3,8 % pour le premier, et à 3,8 % pour le second).

Le taux de la **CRDS** est de 0,5 %.

b. L'**assiette** de la CSG et de la CRDS et celle des cotisations sociales sont en principe similaires. S'agissant des salaires et des allocations de chômage, un abattement forfaitaire pour frais professionnels de 1,75 % calculé sur une base limitée à quatre plafonds de sécurité sociale est toutefois opéré sur l'assiette.

c. La CSG et la CRDS sur les revenus d'activité ou de remplacement sont en principe **recouvrées** comme les cotisations de sécurité sociale. Notamment, les contributions sur les salaires sont précomptées par l'employeur et reversées par lui à l'Urssaf.

> Précisions a. Par exception, pour certains revenus d'activité ou de remplacement, la CSG et la CRDS sont liquidées et recouvrées selon les règles prévues pour les revenus du patrimoine (CSS art. L 136-5, II bis), c'est-à-dire selon les mêmes règles que l'impôt sur le revenu (voir n° 34580). Sont concernés :
– les **revenus** d'activité et de remplacement **de source étrangère** (sauf, s'agissant des revenus d'activité, si les contributions sociales ont été précomptées par l'employeur) ;
– les **gains de levées d'options** (« stock-options ») attribuées depuis le 28-9-2012 (n° 88785) et les **gains d'acquisition d'actions gratuites** attribuées depuis le 28-9-2012 et en vertu d'une autorisation antérieure au 8-8-2015 ou attribuées en vertu d'une autorisation intervenue depuis le 31-12-2016 pour la fraction qui excède annuellement 300 000 € (n° 88825).
b. Les pensions de retraite et d'invalidité ainsi que les allocations de préretraite sont en principe également soumises à la **contribution additionnelle de solidarité pour l'autonomie** de 0,3 % (CSS art. L 137-41 ; voir Mémento Social n° 68380).

DÉDUCTIBILITÉ

34400 CGI art. 154 quinquies, I TD-XVI-700 s et 800 s

Au regard de l'impôt sur le revenu, la **CSG** sur les revenus d'activité et de remplacement est déductible à hauteur de 6,8 % (5,9 % pour les pensions de retraite et d'invalidité soumises au taux de 8,3 % et pour les allocations de préretraite perçues par les salariés dont la préretraite a pris effet avant le 11 octobre 2007 ; 4,2 % pour les pensions de retraite et d'invalidité soumises au taux de 6,6 % ; 3,8 % pour les autres revenus de remplacement) des revenus ou bénéfices au titre desquels elle est acquittée. Il reste donc toujours une fraction non déductible de 2,4 %, excepté pour les revenus soumis au taux de 3,8 %.

La **CRDS** n'est pas déductible au titre de l'impôt sur le revenu.

> Précisions a. Est également déductible à hauteur de 6,8 % la CSG sur la part des **rentes** versées lors de la liquidation des droits dans un **PER** qui provient de **versements volontaires** ayant donné lieu à **déduction fiscale « à l'entrée »** lorsque cette part est soumise aux prélèvements sociaux comme rente viagère à titre onéreux.
b. La **CSG recouvrée** selon les **règles** prévues pour les **revenus** du **patrimoine** est déduite du revenu imposable de l'année de son paiement.

SANCTIONS, CONTRÔLE ET CONTENTIEUX

Les **règles** applicables sont (sauf pour les revenus de source étrangère, les gains de levée d'option et les gains d'acquisition d'actions gratuites visés n° 34390, précision a) celles qui gouvernent les **cotisations de sécurité sociale.** Il en est ainsi aussi bien pour les garanties, majorations de retard et pénalités de recouvrement que pour la prescription, les contrôles pouvant être effectués par les organismes et le contentieux. 34410

B. CSG et autres contributions sur les revenus du capital

Les revenus du capital financier et immobilier sont assujettis à la CSG, à la CRDS et au prélèvement de solidarité dans des conditions qui diffèrent selon la catégorie de revenus, celle dite des **revenus du patrimoine** ou celle dite des **produits de placement.** Nous envisageons successivement ces deux catégories, après l'examen des caractères généraux. 34430

> Précisions La CSG est **codifiée** aux articles L 136-6, L 136-7 et L 136-8 du CSS (auxquels renvoient les articles 1600-0 C à 1600-0 E du CGI). La CRDS est régie par les articles 15, 16 et 19 de l'ordonnance 96-50 du 24 janvier 1996 (auxquels renvoient les articles 1600-0 G à 1600-0 J du CGI). Le prélèvement de solidarité est codifié à l'article 235 ter du CGI.

1. CARACTÈRES GÉNÉRAUX

TAUX

Le taux de la **CSG** sur les revenus du patrimoine et les produits de placement est de 9,2 %. 34515 TD-XVI-150 s

Pour la **CRDS,** le taux est de 0,5 %.

Le taux du **prélèvement de solidarité** est de 7,5 %.

Le **taux global** est ainsi de 17,2 %.

DÉDUCTIBILITÉ

Au regard de l'impôt sur le revenu, la **CSG** sur les **revenus du patrimoine** imposables au barème progressif visés n°s 34555, 34556 et 34560, à l'exception des plus-values et créances soumises à l'exit tax, est déductible, à hauteur de 6,8 %, du revenu global imposable de l'année de son paiement (le surplus, soit 2,4 %, n'est pas déductible). Est également déductible dans la même proportion et selon les mêmes modalités la CSG, prélevée à la source, sur les **revenus mobiliers imposables au barème** progressif de l'impôt sur le revenu visés n° 34615. 34525 CGI art. 154 quinquies, II TD-XVI-700 s et 1050 s

En revanche, n'est pas déductible la CSG sur les **revenus mobiliers soumis à prélèvement libératoire** (obligatoire ou sur option) ou à l'**impôt sur le revenu à un taux forfaitaire** ou encore **exonérés** de cet impôt (n°s 34615 et 34620). Il en est de même de la CSG sur les **plus-values immobilières** et sur certains biens meubles (n° 34630).

La **CRDS** et le **prélèvement de solidarité** ne sont pas déductibles.

> Précisions a. Pour certaines **plus-values de cession de valeurs mobilières et gains d'acquisition d'actions gratuites** bénéficiant d'**abattements** en matière d'impôt sur le revenu, la CSG est **déductible à hauteur** du rapport entre le montant du revenu soumis à l'impôt sur le revenu et le montant de ce revenu soumis à la CSG. Sont concernés :
– les plus-values de cession de titres réalisées par les dirigeants de PME prenant leur retraite qui bénéficient de l'abattement fixe (n°s 33106 s.) ainsi que les plus-values de cession de titres de PME de moins de dix ans souscrits ou acquis avant 2018 bénéficiant de l'abattement renforcé (n°s 33100 s.) ;
– les gains d'acquisition d'actions gratuites bénéficiant des abattements suivants : abattement fixe « dirigeants partant à la retraite », abattement de 50 %, abattement pour durée de détention normal ou renforcé (n° 88825).

b. La CSG sur les **revenus fonciers** des **non-résidents** n'est pas déductible.

2. REVENUS DU PATRIMOINE ET ASSIMILÉS

PERSONNES ASSUJETTIES

Sont redevables des prélèvements sociaux sur les revenus du patrimoine les **personnes physiques** fiscalement **domiciliées en France.** 34550 TD-XVI-4000 s

Sont également redevables des prélèvements les **non-résidents** à raison de leurs revenus fonciers de source française.

Toutefois, ne sont **pas** redevables de la **CSG et** de la **CRDS** les personnes qui relèvent d'un régime de sécurité sociale au sein de l'EEE (Union européenne, Islande, Norvège, Liechtenstein)

ou de la Suisse et qui ne sont pas à la charge d'un régime obligatoire de sécurité sociale français (CSS art. L 136-6, I ter).

› Précisions **a.** Les époux sont soumis à la règle de l'**imposition commune** visée n° 325 (CE 9-6-2022 n° 456544 : RJF 10/22 n° 911).

b. La **condition d'affiliation** à un régime de sécurité sociale de l'EEE (hors France) ou de la Suisse s'apprécie pour les **gains et plus-values** placés **en report d'imposition** mentionnés à l'article 150-0 B bis du CGI (n° 33142) et à l'article 150-0 B ter, I du CGI (n° 34570, précision a) à la date de réalisation de ces gains ou plus-values.

c. L'exonération de CSG et de CRDS bénéficie également aux personnes qui sont **affiliées à la sécurité sociale britannique** et ne sont pas à la charge d'un régime obligatoire de sécurité sociale français.

d. Les **Français vivant à Monaco** et imposables à l'impôt sur le revenu en France en application de la convention franco-monégasque sont assujettis aux prélèvements sociaux lorsqu'ils peuvent être considérés comme domiciliés en France en application de l'un des critères de l'article 4 B du CGI (CE 11-6-2014 n° 358301 : RJF 10/14 n° 866).

REVENUS ASSUJETTIS

34555 **Revenus du patrimoine proprement dits et assimilés** Ce sont les suivants :

– revenus **fonciers** ;

– **rentes viagères** constituées à titre onéreux (celles versées à la suite de la clôture d'un PEA après cinq ans relèvent toutefois de la catégorie des produits de placement : n° 34620) ;

– revenus de **capitaux mobiliers** autres que ceux visés n°s 34610 s. ;

– **plus-values et profits suivants** (taxés à l'impôt sur le revenu au barème progressif ou à un taux proportionnel) : plus-values professionnelles à long terme (CGI art. 39 terdecies, 39 quindecies et 93 quater), plus-values sur valeurs mobilières et droits sociaux (CGI art. 150-0 A à 150-0 F ; n°s 32805 s. et 30530), profits réalisés sur les « instruments financiers à terme » (CGI art. 150 ter ; n°s 33400 s.), plus-values de cession d'actifs numériques (CGI art. 150 VH bis et 200 C ; n°s 33600 s.), plus-values sur titres de sociétés cotées en cas de donation ouvrant droit à réduction d'IFI (CGI art. 150 duodecies ; n° 72130), plus-values et créances soumises à l'exit tax (CGI art. 167 bis ; n°s 33360 s.), distributions de plus-values de sociétés de capital-risque (SCR) (CGI art. 163 quinquies C, II-1 ; n° 26420) ;

– **gains de levées d'options** (« stock-options »), attribuées avant le 28-9-2012 (n° 88785), et **gains d'acquisition d'actions gratuites,** attribuées avant le 28-9-2012 ou en vertu d'une autorisation intervenue depuis le 8-8-2015 (dans la limite annuelle de 300 000 € pour les gains issus d'actions attribuées en vertu d'une autorisation intervenue depuis le 31-12-2016 ; s'agissant de la fraction excédant cette limite, voir n°s 34390, précision a et 88825).

› Précisions **a.** Les revenus distribués aux **travailleurs indépendants** non agricoles exerçant dans une **société soumise à l'impôt sur les sociétés** et les intérêts des comptes-courants d'associés qui leur sont payés doivent être regardés, pour leur assujettissement aux prélèvements sociaux, comme des revenus d'activité pour leur **fraction excédant 10 % du capital social** et des primes d'émission et 10 % des sommes versées en compte-courant (CSS art. L 131-6, III-2°). Ils ne peuvent dès lors pas être soumis aux contributions sur les revenus du patrimoine, même dans l'hypothèse de revenus réputés distribués à la suite d'un contrôle fiscal et n'ayant pas été effectivement soumis à une contribution sur les revenus d'activité (CE 20-10-2021 n° 440375 : RJF 1/22 n° 95, solution rendue dans l'hypothèse de l'associé d'une SEL ayant la qualité de maître de l'affaire).

La même règle s'applique aux dividendes perçus par l'**entrepreneur individuel** ayant opté pour l'assimilation à une EURL (ou à une EARL), pour leur fraction excédant 10 % du bénéfice net imposable (CSS art. L 131-6, III-3°).

b. Sont assujettis aux prélèvements sociaux dans la catégorie des revenus du patrimoine les profits suivants réalisés **au sein d'un plan d'épargne en actions** (PEA) (n° 26165) :

– les produits afférents aux titres de sociétés non cotées et aux ORA non cotées ou remboursables en actions non cotées, pour leur fraction imposable à l'impôt sur le revenu ;

– les plus-values afférentes à la cession des ORA visées ci-dessus ou des actions reçues en remboursement de celles-ci, pour leur fraction soumise à l'impôt sur le revenu.

Les autres revenus et plus-values perçus dans le cadre du plan (exonérés d'impôt sur le revenu) échappent aux prélèvements sociaux.

Sont également soumis aux prélèvements sociaux au titre des revenus du patrimoine :

– le gain net réalisé ou de la rente viagère versée lors du **retrait** ou de la clôture du plan **avant cinq ans** ;

– le gain net réalisé en cas de **retrait (avant ou après cinq ans)** d'ORA non cotées (ou d'actions non cotées reçues en remboursement d'ORA), à hauteur de la fraction définie n° 26165 soumise à l'impôt sur le revenu (n° 26180).

c. Les **plus-values immobilières** et sur certains biens meubles (CGI art. 150 U à 150 UC) sont soumises aux contributions sociales sur les revenus de placement (voir n°s 34600 s.).

d. Plus-values réalisées dans un **compte PME innovation** : voir n° 34615.

e. Rentes versées à la sortie d'un **plan d'épargne retraite** (Pereco, Pero, PER individuel) : voir n° 96640, précision c.

Sont également assujettis aux prélèvements sociaux sur les revenus du patrimoine les revenus entrant dans la catégorie des **bénéfices industriels et commerciaux,** des **bénéfices agricoles** ou des **bénéfices non commerciaux,** lorsqu'ils n'ont pas été assujettis à la CSG et à la CRDS au titre des revenus professionnels. 34556

Tel peut être le cas des redevances perçues au titre de la mise en location-gérance des fonds de commerce (sauf si le loueur réalise des actes de commerce au titre de l'entreprise louée ou y exerce une activité et est par suite assujetti aux cotisations sociales obligatoires : voir Mémento Social n° 79945), des revenus de certains loueurs en meublé (voir n° 90710), ou encore des commissions ou honoraires rémunérant des prestations occasionnelles.

> Précisions a. Les bénéfices perçus par les **concessionnaires de droits communaux** et par les membres de **copropriété de navire** et les profits sur les « **instruments financiers à terme** » réalisés à titre habituel sont également soumis aux prélèvements sociaux sur les revenus du patrimoine.

b. Les **redevances** versées aux **artistes du spectacle** et aux **mannequins** à raison de la vente ou de l'exploitation de l'enregistrement de leur interprétation, exécution ou présentation (C. trav. art. L 7121-8 et L 7123-6) ou celles versées aux **sportifs et entraîneurs professionnels** pour l'exploitation commerciale de leur image, nom ou voix sont soumises aux contributions sociales au titre des revenus du patrimoine, mais celles-ci sont recouvrées comme en matière de cotisations de sécurité sociale (voir n° 34410) (CSS art. L 136-6, IV et V).

Revenus exonérés de l'impôt sur le revenu Bien qu'exonérés d'impôt sur le revenu (partiellement ou totalement), sont expressément assujettis aux prélèvements sociaux au titre des revenus du patrimoine : 34558

– les **plus-values professionnelles à long terme** réalisées dans le cadre d'un **départ à la retraite** (nos 19890 s.) ;

– les revenus, produits et gains de source étrangère visés n° 4730 perçus par des **impatriés** (revenus de capitaux mobiliers, produits des droits d'auteur et de la propriété industrielle ou certaines plus-values).

Autres revenus assujettis Sont également assujettis aux prélèvements sociaux dans les mêmes conditions que les revenus du patrimoine : 34560

– les revenus taxés en application des articles 168 ou 1649 quater-0 B ter (taxation d'après les « **signes extérieurs** » : nos 4220 s. et 78398), 1649 A, 1649 AA et 1649 quater A (taxation de certains **fonds transférés de ou vers l'étranger** : nos 78300 s. et 78305), 1649 quater-0 B bis du CGI (présomption de revenus d'activités illicites : n° 78395) ;

– les **sommes taxées d'office** en application des articles L 66, 1° (sauf imposition aux contributions à un autre titre) ou L 69 du LPF (nos 79060 et 79090) ;

– tous autres revenus dont l'imposition est attribuée à la France par une **convention internationale** relative aux doubles impositions et qui n'ont pas supporté la contribution sur les revenus d'activité ou de remplacement.

CALCUL

L'**assiette** des prélèvements est le montant net des revenus assujettis tel qu'il est pris en compte pour l'établissement de l'impôt sur le revenu (ou le serait, s'agissant des plus-values et revenus visés n° 34558), exception faite des revenus de capitaux mobiliers qui sont retenus pour leur montant brut, c'est-à-dire avant déduction des dépenses effectuées en vue de l'acquisition ou de la conservation du revenu. 34570

Par ailleurs, aucune déduction n'est à opérer au titre des abattements suivants : abattement pour durée de détention de droit commun ou renforcé (nos 33075 s. ou nos 33100 s.) et abattement fixe « dirigeant » (nos 33106 s.) (plus-values de cession de valeurs mobilières) ; abattement spécifique aux attributions gratuites d'actions (n° 88825) ; abattement applicable aux dividendes et aux revenus assimilés distribués (nos 24635 s.).

Les pertes subies dans le cadre d'un financement participatif visées n° 25655, précision d ainsi que la moins-value constatée lors de la clôture d'un compte PME innovation (n° 26220, c) ne sont pas imputables.

Aucune compensation n'est possible entre le déficit d'une catégorie de revenu et le résultat positif d'une autre.

Les contributions sont calculées aux **taux** indiqués n° 34515.

> Précisions a. Les **plus-values d'apport de titres** à une société contrôlée par l'apporteur placées en **report d'imposition obligatoire** en application de l'article 150-0 B ter, I du CGI (nos 33310 s.) sont soumises aux prélèvements sociaux selon leur taux en vigueur l'année de réalisation de ces plus-values (Loi 2018-1203 du 22-12-2018 art. 26, XV applicable aux plus-values d'apport réalisées depuis 2019 ; auparavant, cette même règle s'appliquait en vertu de l'article 34, II de la loi 2016-1918 du 29-12-2016. Concernant ces plus-values, l'exonération de CSG et de CRDS des personnes relevant d'un régime de sécurité sociale au sein de l'EEE ou de la Suisse et non affiliées obligatoirement au régime français [n° 34550] s'applique aux plus-values placées en report d'imposition à compter de 2018).

b. Les prélèvements sociaux sont calculés sans tenir compte de la **majoration d'assiette** appliquée **pour le calcul de l'impôt sur le revenu** (voir n° 2130).

PAIEMENT

34580 Les contributions sociales sur les revenus du patrimoine, établies au vu de la déclaration d'ensemble des revenus n° 2042, sont recouvrées par voie de rôle selon les mêmes règles que l'impôt sur le revenu (CSS art. L 136-6, III). Elles figurent sur le même **avis d'imposition** que ce dernier, sous déduction des acomptes provisionnels acquittés dans le cadre du **prélèvement à la source** des contributions sociales (voir n° 3760).

Lorsque le **solde** figurant sur l'avis d'imposition est **supérieur à 300 €,** il fait l'objet d'un prélèvement échelonné dans les conditions décrites n° 3860. Lorsqu'il est inférieur à 300 € et à défaut d'option contraire, il est prélevé en une seule fois. Lorsqu'il n'est pas prélevé par l'administration, il doit être acquitté dans les quarante-cinq jours de la mise en recouvrement du rôle. À défaut, la **majoration** de 10 % prévue par l'article 1730 du CGI est applicable (CGI art. 1663 B).

> Précisions **a.** Il n'est pas procédé au **recouvrement** des contributions dont le montant total par article de rôle (avant déduction des contributions prélevées à la source) est inférieur à 61 € (CSS art. L 136-6, III).

b. La **solidarité** entre époux et partenaires de Pacs pour le **paiement** de l'impôt sur le revenu ne peut pas être étendue aux prélèvements sociaux (n° 77280, c).

c. Cas particulier des **redevances** versées aux **artistes du spectacle,** aux **mannequins** et aux **sportifs** ou **entraîneurs professionnels** lors de l'utilisation de leur œuvre ou de leur image : voir n° 34556, précision b.

3. PRODUITS DE PLACEMENT

PERSONNES IMPOSABLES

34600 TD-XVI-6000 s Les produits de placement sont assujettis aux prélèvements sociaux lorsqu'ils sont perçus par des **personnes physiques** fiscalement **domiciliées en France.**

Les **non-résidents** personnes physiques sont également redevables des prélèvements sociaux à raison de leurs plus-values immobilières de source française réalisées directement ou indirectement.

Toutefois, ne sont pas redevables de la **CSG et** de la **CRDS** les personnes qui **relèvent d'un régime de sécurité sociale au sein de l'EEE** (Union européenne, Islande, Norvège, Liechtenstein) ou de la Suisse et qui ne sont **pas à la charge** d'un **régime obligatoire de sécurité sociale français** (CSS art. L 136-7, I ter). Sur les justificatifs à fournir dans ce cas, voir n° 34655, précisions a et b.

> Précisions **a.** Les plus-values immobilières de source française réalisées par des ressortissants français domiciliés à **Monaco,** et non fiscalement domiciliés en France au sens de l'article 4 B du CGI, sont assujetties aux prélèvements sociaux (CE 21-6-2021 n° 439354 : RJF 10/21 n° 984).

b. L'exonération de CSG et de CRDS bénéficie également aux personnes qui sont **affiliées à la sécurité sociale britannique** et ne sont pas à la charge d'un régime obligatoire de sécurité sociale français.

REVENUS ASSUJETTIS

34610 La catégorie des produits de placement recouvre la plupart des **revenus mobiliers,** y compris ceux exonérés de l'impôt sur le revenu.

Cette catégorie englobe également les **plus-values immobilières** et sur certains biens meubles des particuliers taxées à l'impôt sur le revenu à un taux proportionnel lors de la cession.

34615 **Revenus mobiliers** Il s'agit des **produits de placement à revenu fixe** définis n°s 25100 s. et des **produits** de bons ou **contrats de capitalisation** et d'**assurance-vie** souscrits auprès d'entreprises établies en France soumis aux prélèvements forfaitaires libératoires ou non libératoires de l'impôt sur le revenu ou, encore, lorsque l'établissement payeur est établi en France, seulement soumis au prélèvement forfaitaire unique ou au barème progressif de l'impôt sur le revenu.

Il s'agit également des gains nets réalisés dans le cadre d'un **compte PME innovation** (nos 26210 s.). Les plus-values retirées et les distributions perçues au cours de l'année sont taxées au 31 décembre, ou, en cas de retrait en cours d'année, à la date du retrait. Les contributions sociales doivent être versées au Trésor au plus tard le 15 du mois suivant.

Il s'agit enfin des **dividendes** et distributions assimilées définis nos 24540 s. soumis au prélèvement à la source non libératoire de l'impôt sur le revenu ou, lorsque l'établissement payeur est établi en France, seulement soumis au prélèvement forfaitaire unique ou au barème progressif de l'impôt sur le revenu.

> Précisions a. Sont exclus les **produits** et **dividendes** perçus **dans** le cadre d'un **PEA**, qui échappent aux prélèvements sociaux ou y sont soumis au titre des revenus du patrimoine selon qu'ils sont exonérés ou non d'impôt sur le revenu (n° 34555, précision b).

b. Sont également exclus les **dividendes** assujettis aux prélèvements sociaux au titre des **revenus d'activité** (voir notamment n° 23615, précision c).

c. La fraction des **sommes** ayant le caractère de dividendes ou de produits de placement à revenu fixe **provenant de comptes bancaires inactifs** soumise à l'impôt sur le revenu en application de l'article 125 ter du CGI (n° 24160, Précisions) et versée par la Caisse des dépôts et consignations à des bénéficiaires personnes physiques domiciliés en France est assujettie aux prélèvements sociaux au titre des produits de placement (exception faite de celles ayant déjà supporté les prélèvements sociaux).

d. Rentes versées à la sortie d'un **plan d'épargne retraite** (Pereco, Pero, PER individuel) : voir n° 96640, précision c ; produits capitalisés dans le plan en cas de sortie en capital : voir n° 96650, d.

Revenus de l'épargne exonérés d'impôt sur le revenu Sont **assujettis** aux prélèvements sociaux dans la catégorie des produits de placement : **34620**

– les intérêts et primes des **comptes d'épargne-logement** ouverts jusqu'au 31-12-2017 (respectivement lors de leur inscription ou lors du dénouement du contrat) ;

– les intérêts et primes des **plans d'épargne-logement** ouverts jusqu'au 31-12-2017. Les intérêts sont taxés lors de chaque inscription en compte (pour les plans souscrits avant le 1-4-1992, les intérêts sont taxés à la date d'échéance puis annuellement lors de chaque inscription en compte, ou au dénouement s'il est antérieur à la date d'échéance). Les primes afférentes à ces plans sont imposées lors de leur versement ;

– les produits attachés aux **bons et contrats de capitalisation** et contrats d'**assurance-vie** (s'agissant des bons et contrats souscrits avant le 1-1-1983, voir n° 34620, précision e). La taxation s'effectue : lors de l'inscription en compte des produits des contrats en euros ou devises et des produits du compartiment en euros ou devises des contrats multisupports ou euro-croissance ; lors de l'atteinte de la garantie pour les engagements donnant lieu à la constitution d'une provision de diversification et pour lesquels un capital (ou une rente) est garanti à une échéance fixée au contrat (contrats euro-croissance) ; lors du dénouement du contrat (ou son rachat partiel) ou du décès de l'assuré pour les autres produits. Les produits attachés aux contrats d'épargne-handicap sont exonérés ;

– les produits et rente viagère des **plans d'épargne populaire** (PEP) (lors de leur inscription en compte pour les produits et lors du versement pour la rente viagère) ;

– le gain net réalisé ou la rente viagère versée lors du retrait ou de la clôture d'un **plan d'épargne en actions** (PEA) **après cinq ans** (n° 26175) (assiette : voir n° 34640, précision b), ainsi que le gain net réalisé lors des retraits **avant cinq ans** effectués en vue de la création ou de la reprise d'une entreprise (n° 26170, précision d) ;

– les produits (modalités d'assujettissement : voir n° 34655, précision c) de l'épargne salariale acquise au titre de la **participation** aux résultats de l'entreprise **ou** dans le cadre d'un **plan d'épargne** (PEE, PEI, Perco) lorsque les bénéficiaires demandent la délivrance de leurs droits, titres ou valeurs. Le montant de la participation, de l'intéressement et de l'abondement au plan d'épargne est soumis par ailleurs à la CSG et à la CRDS sur les revenus d'activité, qui sont précomptées dès la répartition individuelle des droits et le versement de l'abondement et versées à l'Urssaf (Mémento Social n° 25120) ;

– les répartitions et distributions effectuées par les **fonds communs de placement à risques** (FCPR), les **fonds communs de placement dans l'innovation** (FCPI), les **fonds professionnels de capital investissement** (FPCI) (n° 26318), les **sociétés de capital-risque** (SCR) (n° 26420) et les **sociétés unipersonnelles d'investissement à risques** (Suir) (lors du versement), ainsi que les plus-values de cession après cinq ans de parts de FCPR, de FCPI, de FPCI (n° 26320) et d'actions de SCR acquises ou souscrites depuis le 1-1-2001 (n° 26420) ;

– la fraction exonérée des prélèvements (libératoires ou non) des revenus de capitaux mobiliers de source étrangère versés à des **impatriés** (n° 4730) (lors de la perception des revenus).

> **Précisions** **a.** Les prélèvements acquittés lors de l'inscription en compte des intérêts sont régularisés dans le cas où le **plan d'épargne-logement est résilié dans les deux ans de l'ouverture,** ce qui entraîne une révision à la baisse de la rémunération de l'épargnant (CSS art. L 136-7, III).
b. En cas de **transformation de** bons ou **contrats de capitalisation en euros ou devises en contrats en unités de compte ou en contrats euro-croissance,** les produits des bons ou contrats en euros ou devises (soumis aux contributions sociales lors de leur inscription en compte) sont assimilés, à partir de la transformation, à des primes versées.
c. Si le **gain final d'un bon ou d'un contrat de capitalisation multisupport est inférieur aux produits précédemment soumis aux prélèvements sociaux,** il est procédé au reversement des prélèvements perçus en excédent et correspondant au montant des prélèvements calculés sur la base de la moins-value nette constatée au dénouement ou au décès, cette restitution ne pouvant toutefois excéder le montant des prélèvements sociaux déjà acquittés (CSS art. L 136-7, III bis-1).
d. Les **contributions sociales** ne sont **pas applicables** aux autres produits de placement exonérés d'impôt sur le revenu et notamment :
– les intérêts des sommes inscrites sur le **livret A** ;
– les intérêts des sommes inscrites sur le **livret jeune** ;
– la rémunération des sommes déposées sur le livret d'épargne populaire (**LEP**) ;
– le produit des dépôts effectués sur un livret de développement durable et solidaire (**LDDS**) ;
– les intérêts des sommes inscrites sur un livret d'épargne-entreprise (**LEE**) ouvert avant 2014.
e. Les produits des bons et contrats de capitalisation et **contrats d'assurance-vie souscrits avant 1983** sont assujettis aux prélèvements sociaux, qu'ils soient exonérés ou non d'impôt sur le revenu (n° 26085).
f. Les gains nets afférents aux retraits partiels de sommes d'un **PEA** sont soumis aux prélèvements sociaux sur les revenus de placement, quelle que soit l'origine des sommes retirées et notamment lorsque ces sommes sont issues de gains de management package regardés comme des traitements et salaires (CE 29-11-2023 n° 461258 : RJF 2/24 n° 181).

34630 **Plus-values immobilières et sur certains biens meubles** Sont assujetties aux contributions sociales en tant que produits de placement les plus-values immobilières (y compris de certains non-résidents : n° 34600) et sur certains biens meubles des particuliers taxées à l'**impôt sur le revenu à un taux proportionnel** lors de la cession (nos 32000 s. et 32740 s.).

CALCUL

34640 Les règles d'**assiette** sont, s'agissant des revenus mobiliers, les mêmes que pour les prélèvements visés aux articles 125 A (produits de placement à revenu fixe ; n° 25275) et 117 quater (revenus distribués et assimilés ; n° 24585) du CGI.

S'agissant des plus-values immobilières, l'assiette des prélèvements n'est pas identique à celle de leur taxation forfaitaire à l'impôt sur le revenu (ou au prélèvement appliqué aux non-résidents), du fait des taux d'abattement pour durée de détention différents (voir n° 32245). Pour les plus-values sur certains biens meubles, l'assiette des contributions est en revanche celle de leur taxation forfaitaire à l'impôt sur le revenu.

Les **taux** sont indiqués n° 34515.

> **Précisions** **a.** Les prélèvements sociaux sur les plus-values réalisées au cours d'une année dans un **compte PME innovation** (n° 34615) sont déterminés après imputation des moins-values subies dans le compte au cours de cette année et, le cas échéant, des dix précédentes. Aucune déduction n'est à opérer au titre des abattements pour durée de détention de droit commun ou renforcé (nos 33075 s.) et au titre de l'abattement fixe « dirigeant » (nos 33106 s.).
b. En cas de retrait ou de clôture d'un **plan d'épargne en actions** (PEA) **après cinq ans** (n° 26175), l'assiette soumise aux prélèvements sociaux ne tient pas compte de la fraction du gain net correspondant aux produits et plus-values afférents aux titres de FCPR, FPCI et de SCR détenus dans le plan.
Par ailleurs, seule une fraction de la rente viagère (déterminée dans les conditions exposées n° 22550) est assujettie aux prélèvements sociaux.
c. En ce qui concerne les **revenus mobiliers exonérés d'impôt sur le revenu,** la règle dite des **« taux historiques »,** selon laquelle seule la partie de ces revenus acquise ou constatée depuis l'entrée en vigueur de chaque contribution (ou depuis l'augmentation du taux des contributions) y est soumise, ne s'applique plus que de façon marginale (Loi 2017-1836 du 30-12-2017 art. 8, V-B et C, complété par l'article 21, I de la loi 2020-1576 du 14-12-2020 en matière d'épargne retraite n° 96580). L'exonération de CSG et de CRDS des personnes affiliées à un régime de sécurité sociale au sein de l'EEE ou de la Suisse sans l'être obligatoirement en France s'applique, pour les produits taxés selon cette règle, également à ceux acquis ou constatés avant 2019 (Loi 2018-1203 du 22-12-2018 art. 26, XIV-B).

PAIEMENT

Les contributions sur les **produits de placement** sont en principe recouvrées selon les mêmes règles, garanties et sanctions que les prélèvements forfaitaires sur les revenus mobiliers, c'est-à-dire en général précomptées par l'établissement payeur (en même temps que les prélèvements pour les placements qui y sont assujettis, à la date prévue pour les prélèvements forfaitaires pour les produits seulement soumis au prélèvement forfaitaire unique ou au barème progressif de l'impôt sur le revenu et aux dates indiquées n° 34615 pour le compte PME innovation et n° 34620 pour les autres placements) et reversées au service des impôts (ou virées au Trésor) ; voir n°s 25385 et 24590. **34650**

En ce qui concerne les **plus-values immobilières et sur certains biens meubles,** les prélèvements sociaux sont recouvrés par le service de la publicité foncière ou le service des impôts en même temps que l'imposition forfaitaire à l'impôt sur le revenu de la plus-value (ou en même temps que le prélèvement, pour les non-résidents), au vu du formulaire de déclaration de cette plus-value.

34655

> Précisions a. S'agissant des **personnes relevant** d'un régime de **sécurité sociale au sein de l'EEE ou** de la **Suisse** mais non affiliées obligatoirement au régime français (qui ne sont pas redevables de la CSG et de la CRDS : n° 34600), l'établissement payeur ne précompte pas la CSG et la CRDS sur leurs **produits de placement** lorsqu'elles justifient de leur qualité en lui fournissant une attestation sur l'honneur. Cette attestation, établie conformément au modèle (Arrêté CPAE1920733A du 29-7-2019), est valable trois ans (CSS art. L 136-7, I ter-2e al. et art. D 136-3).

En cas de **prélèvement indu,** le trop-perçu est soit restitué spontanément par l'établissement payeur, soit réclamé à l'administration fiscale (CSS art. L 136-7, I ter-3e al.).

b. Pour échapper à la CSG et à la CRDS sur leurs **plus-values immobilières,** les **personnes affiliées** à un régime de **sécurité sociale au sein de l'EEE ou** de la **Suisse** sans l'être obligatoirement en France (n° 34600) doivent fournir, lors du dépôt de la déclaration de plus-values (ou lors des formalités d'enregistrement), en fonction de leur situation, l'une des pièces suivantes : formulaire S1 ou A1 (ou équivalent) ou attestation d'affiliation au régime de sécurité sociale de l'UE (CSS art. D 136-4).

c. Lorsque les **produits de la participation et des plans d'épargne salariale** sont **réinvestis et bloqués** avec le principal, ce qui les exonère d'impôt sur le revenu, les contributions sociales doivent être prélevées, selon le cas, par l'employeur ou l'organisme chargé de la gestion des droits. Le précompte de la CSG, de la CRDS et du prélèvement de solidarité doit être effectué, au moment où les intéressés demandent la délivrance des droits constitués à leur profit, sur la différence entre le montant de ces droits et celui des sommes résultant de la répartition de la réserve spéciale de participation ou, pour le plan d'épargne, sur la différence entre le montant des sommes ou valeurs provenant du plan et celui des sommes qui y ont été versées.

d. Les produits des **bons et contrats de capitalisation** et assimilés (assurances-vie) et des **PEP** qui ont été soumis aux contributions sociales lors de leur inscription en compte ou lors de l'atteinte de la garantie (n° 34620) ne le sont pas lors du dénouement.

e. Les contributions sociales dues au titre des mois de **décembre** et **janvier** sur l'ensemble des produits de placement (exception faite des dividendes et distributions assimilées, des plus-values immobilières et des plus-values réalisées dans un compte PME innovation) font l'objet d'un versement provisionnel unique. Ce versement est calculé sur 90 % de ces produits de placement des mois de décembre et janvier de l'année précédente et acquitté le 15 octobre. La régularisation s'effectue respectivement en janvier et février.

L'établissement payeur peut toutefois réduire le montant de ce versement provisionnel lorsqu'il estime qu'il est supérieur aux contributions sociales dues. En cas d'insuffisance de versement, les pénalités pour paiement tardif visées n°s 80160 s. sont applicables aux sommes non versées aux échéances prévues.

PARTIE 2

Impôts sur les bénéfices des sociétés

Sur le plan fiscal, deux grandes catégories de sociétés doivent être distinguées : 35500

– les sociétés de capitaux, et personnes morales assimilées, qui sont soumises à l'impôt sur les sociétés (nos 35550 s.) ;

– les sociétés de personnes, et groupements assimilés, qui relèvent de l'impôt sur le revenu (nos 37500 s.).

L'étude du régime fiscal de ces deux types de sociétés nous conduira aussi à examiner les conséquences fiscales des événements qui jalonnent leur existence : transformations, changements d'activité ou de régime fiscal, fusions et opérations assimilées (nos 38500 s.).

Compte tenu de leurs spécificités, les groupes de sociétés appellent également des explications particulières, qu'il s'agisse du régime d'intégration fiscale, du régime mère-fille ou du régime d'imposition minimale mondiale (nos 40000 s.).

CHAPITRE 1

SOCIÉTÉS RELEVANT DE L'IMPÔT SUR LES SOCIÉTÉS

SOMMAIRE

A. Champ d'application de l'IS 35600
1. Sociétés et collectivités imposables 35600
2. Territorialité de l'IS 35720

B. Détermination du bénéfice imposable 35800
1. Application des règles des BIC 35800
2. Dispositifs anti-abus 35810
a. Clause générale anti-abus 35810
b. Dispositifs anti-abus propres aux hybrides 35815
3. Charges financières 35825
a. Limitation de la déduction des intérêts servis aux associés et aux entreprises liées 35827
b. Limitation de la déductibilité des charges financières nettes 35830
4. Autres règles particulières à l'IS 35870

C. Report déficitaire 35890

D. Calcul de l'IS 35990
1. Taux de l'impôt 36065
2. Imputations 36115

E. Établissement de l'IS 36200
1. Personnes imposables et lieu d'imposition 36350
2. Obligations des sociétés 36375
3. Cession ou cessation d'entreprise 36430

F. Paiement de l'IS 36460
1. Acomptes provisionnels 36525
2. Liquidation de l'impôt 36600
3. Tableau récapitulatif des échéances d'IS 36640

G. Contribution sociale 36690

H. Régimes particuliers 36950
1. Option pour le régime des sociétés de personnes 36950
2. Sociétés coopératives 37010
3. Collectivités publiques 37090
4. Organismes d'HLM et assimilés 37110

L'**impôt sur les sociétés** (en abrégé IS) frappe les bénéfices des sociétés de capitaux et des personnes morales qui leur sont fiscalement assimilées. Cet impôt est exigible lors de la réalisation des bénéfices, quelle que soit l'affectation qui leur est donnée par la suite (report à nouveau, mise en réserve, distribution, etc.). 35550

Certaines personnes morales passibles de l'IS sont également soumises à une **contribution sociale** assise sur l'IS (voir nos 36690 s.).

Lorsque les **bénéfices** sont **distribués** aux associés, ces derniers doivent supporter personnellement, à raison des revenus de capitaux mobiliers correspondants, l'IR ou l'IS s'il s'agit d'associés relevant eux-mêmes dudit impôt (voir nos 24265 s.).

Remarque : une entreprise individuelle peut opter pour son assimilation à une EURL ou à une EARL, ce qui entraîne de plein droit option pour l'assujettissement à l'IS des bénéfices de son exploitation : voir no 87250 s.

A. Champ d'application de l'IS

1. SOCIÉTÉS ET COLLECTIVITÉS IMPOSABLES

Peuvent être soumises à l'IS non seulement les sociétés proprement dites, mais aussi les collectivités, privées ou publiques, qui se livrent à une exploitation ou à des opérations de caractère lucratif. 35600 CGI art. 206 IS-I-1 s

SOCIÉTÉS DE CAPITAUX

35665 CGI art. 206, 1 IS-I-300 s Sont en principe passibles de l'IS, quel que soit leur objet :

– les **sociétés anonymes** (SA), auxquelles sont assimilées les **sociétés par actions simplifiées** (SAS) (CGI art. 1655 quinquies) ;

– les sociétés en **commandite par actions** (SCA) ;

– les **sociétés à responsabilité limitée** (SARL) ;

– les sociétés **coopératives** et leurs unions (sous réserve cependant de certaines exonérations ou règles particulières : voir nos 37010 s.).

Ces sociétés sont généralement englobées, en matière fiscale, sous l'expression « sociétés de capitaux », bien que, sur le plan juridique, cette expression ne corresponde pas exactement aux caractéristiques des SARL, ni à celles des coopératives.

> **Précisions** Le principe de l'assujettissement à l'IS des sociétés dites de capitaux comporte trois **exceptions** qui concernent :
> – certaines sociétés (SARL de famille ; SA, SARL et SAS non cotées créées depuis moins de cinq ans) ayant exercé l'**option** pour le **régime** fiscal **des sociétés de personnes** (voir nos 36950 s.) ;
> – les **EURL** dont l'associé unique est une personne physique (voir no 37825) ;
> – les **sociétés immobilières de copropriété** dotées de la transparence fiscale (voir nos 30770 s.).

SOCIÉTÉS DE PERSONNES ET GROUPEMENTS ASSIMILÉS

35675 IS-I-3150 s Les sociétés de personnes (sociétés en nom collectif, en commandite simple ou en participation, sociétés civiles, sociétés de fait) et groupements assimilés ne sont pas, en règle générale, passibles de l'IS. Leurs bénéfices sont imposés au nom personnel des associés dans les conditions exposées nos 37500 s.

La loi (CGI art. 206, 2, 3 et 4) prévoit seulement trois cas d'assujettissement à l'IS :

– les sociétés de personnes et assimilées sont passibles de l'IS lorsqu'elles ont volontairement exercé l'**option** prévue à cet effet (voir nos 37575 s.) ;

– même à défaut d'option, les **sociétés civiles** sont passibles de l'IS (sous réserve de certaines exceptions) lorsqu'elles se livrent à une exploitation ou à des opérations présentant au sens fiscal un caractère industriel ou commercial (voir no 37785) ;

– même à défaut d'option, l'IS est applicable sur la part de bénéfices correspondant, dans les **sociétés en commandite simple,** aux droits des commanditaires et, dans les **sociétés en participation,** aux droits des associés qui ne sont pas indéfiniment responsables ou dont les noms et adresses n'ont pas été indiqués à l'administration (voir nos 37775 et 37800 s.).

COLLECTIVITÉS AUTRES QUE LES SOCIÉTÉS

35685 IS-I-8000 s **a.** Les **collectivités privées** autres que les sociétés (associations de la loi de 1901, fondations, syndicats professionnels, congrégations religieuses, etc.) sont susceptibles d'être soumises à l'IS selon deux régimes différents :

– celles qui se livrent à une exploitation ou à des opérations de caractère lucratif sont passibles de l'IS selon les règles et au taux de droit commun (sauf application éventuelle d'une franchise pour les opérations lucratives accessoires : nos 89460 s.) ;

– les collectivités qui, sans se livrer à une activité de caractère lucratif, perçoivent des revenus provenant de leur patrimoine (revenus fonciers, bénéfices agricoles, certains revenus mobiliers) sont imposées, à raison de ces revenus, selon des modalités allégées comportant notamment l'application d'un taux réduit.

Les modalités particulières d'imposition des **associations et organismes sans but lucratif** font l'objet d'une étude spéciale nos 89200 s.

b. Les cas d'assujettissement à l'IS des **collectivités publiques** sont exposés nos 37090 s.

EXONÉRATIONS ET RÉGIMES PARTICULIERS

35695 Certaines sociétés qui devraient normalement être passibles de l'IS sont, par l'effet de dispositions spéciales :

– soit exonérées purement et simplement d'impôt, en totalité ou en partie ;

– soit soumises à l'IS mais avec, sur certains points, des modalités spécifiques d'imposition.

Le tableau ci-après récapitule les **principaux régimes particuliers** et exemptions, et renvoie, pour chacun, aux commentaires correspondants du Mémento (ou, pour ceux qui n'y sont pas étudiés, aux développements figurant dans notre Documentation experte).

Exonérations liées à l'aménagement du territoire	n[os]
Entreprises nouvelles créées dans certaines **zones prioritaires**	10260 s.
Sociétés exerçant en **zone franche urbaine – territoire entrepreneur**	10335 s.
Activités créées dans les **bassins d'emploi à redynamiser**	10370
Entreprises créées ou reprises dans les **zones France ruralités revitalisation** et activités créées ou reprises dans les **zones France ruralités revitalisation « plus »**	10360 s.
Entreprises créées ou reprises dans les **zones de revitalisation rurale**	10365 s.
Entreprises créées dans les **bassins urbains à dynamiser**	10375
Activités créées dans les **zones de restructuration de la défense**	10380 s.
Entreprises créées dans les **zones de développement prioritaire**	10395
Sociétés exerçant dans les **DOM**	91490 s.

Autres régimes spéciaux	n[os]
Jeunes **entreprises innovantes**	10400 s.
Entreprises de **transport maritime**	10450 s.
Sociétés mères	40850 s.
Sociétés **coopératives** (et organismes similaires)	37010 s.
Sociétés mobilières d'investissement et assimilées (Sicav et Sicaf)	26360 s.
Sociétés de capital-risque (**SCR**)	26380 s.
Sociétés de placement à prépondérance immobilière à capital variable (Sppicav)	30490 s.
Sociétés civiles de construction-vente et assimilées	30420 s.
Sociétés civiles de placement immobilier (**SCPI**)	30750
Sociétés immobilières de copropriété « **transparentes** »	30770 s.
Sociétés de « **multipropriété** »	31000
Sociétés immobilières d'investissement et assimilées	IMMO-IV-25000 s.
Sociétés ayant bénéficié du statut de sociétés immobilières pour le commerce et l'industrie (**Sicomi**)	IMMO-IV-28000 s.
Sociétés d'investissements immobiliers cotées (**SIIC**)	30930 s.
Sociétés agréées pour le financement des télécommunications (**SFT**) (CGI art. 208, 3° quinquies)	IS-IV-32100 s.
Établissements de crédit (caisses de crédit agricole mutuel, caisses de crédit mutuel non agricole, caisses d'épargne et de crédit municipal : CGI art. 206, 6 à 10)	IS-I-5800 s.
Sociétés d'assurances et mutuelles	IS-IV-6500 s.
Organismes d'HLM et assimilés	37110
Unions d'économie sociale	37110
Organisme de stockage des produits pétroliers (CGI art. 1655 quater)	IS-IV-34500 s.
Établissements d'enseignement supérieur consulaire (CGI art. 207, 1-13°)	IS-IV-26500 s.

2. TERRITORIALITÉ DE L'IS

L'IS ne frappe, en principe, que les bénéfices réalisés dans les entreprises exploitées en France (métropole et DOM), certains revenus et profits de source française réalisés par les entreprises étrangères, ainsi que ceux dont l'imposition est attribuée à la France par une convention internationale préventive de doubles impositions. 35720 CGI art. 209, I-al. 1 IS-I-19000 s

IMPOSITION DES ENTREPRISES EXPLOITÉES EN FRANCE

Le principe d'imposition des bénéfices des exploitations situées en France entraîne les conséquences suivantes : 35725

– les **sociétés étrangères** sont, quelle que soit leur nationalité, imposables à l'IS français à raison des profits tirés de leurs entreprises exploitées en France (présumés distribués à des non-résidents, ces profits peuvent en outre être passibles dans certains cas d'une retenue à la source : n°s 24895 s.) ;

– les **sociétés françaises** ne sont en revanche pas soumises à l'IS français pour les bénéfices réalisés dans des entreprises exploitées à l'étranger, même si la comptabilité de ces entreprises est centralisée en France.

Il importe de souligner que l'extra-territorialité fiscale des résultats des entreprises exploitées hors de France ne se limite pas aux **profits** mais joue également à l'égard des **charges** et des **pertes.** Ainsi, une société française n'est pas autorisée, en principe, à retrancher de ses résultats imposables en France les déficits d'une exploitation à l'étranger. Selon la **CJUE** toutefois, une société établie dans un État membre qui détient un établissement stable ou une filiale dans un autre État membre peut déduire les pertes de cet établissement ou de cette filiale lorsqu'il n'existe plus aucune possibilité de prendre en compte ces pertes dans l'État d'implantation de l'établissement ou de la filiale (CJUE gr. ch. 12-6-2018 aff. 650/16 : RJF 11/18 n° 1186 ; CJUE 4-7-2018 aff. 28/17 : RJF 10/18 n° 1046), à moins que l'État du siège ait renoncé à imposer les résultats des établissements stables non résidents en vertu d'une convention fiscale (CJUE 22-9-2022 aff. 538/20 : RJF 12/22 n° 1089). Mais les pertes d'une filiale ne sauraient être regardées comme définitives s'il reste possible de les faire valoir économiquement en les transférant à un tiers avant la clôture de la liquidation (par exemple à la suite d'une cession de la filiale pour un prix intégrant la valeur de l'avantage fiscal que représente la déductibilité des pertes pour le futur) (CJUE 19-6-2019 aff. 607/17 : RJF 10/19 n° 992 ; CJUE 19-6-2019 aff. 608/17 : RJF 10/19 n° 993).

35730 **Dérogations ou atténuations** Le principe de territorialité appliqué en France connaît quelques dérogations ou atténuations, notamment afin de lutter contre l'**évasion fiscale internationale.** Elles concernent :

– les transferts indirects de bénéfices à l'étranger entre entreprises dépendantes (CGI art. 57 ; voir nos 78265 s.) ;

– les transferts à l'étranger d'actifs incorporels difficiles à évaluer (CGI art. 238 bis-0 I ter issu de loi 2023-1322 du 29-12-2023 art. 116, I-1°-b ; voir n° 78277) ;

– certains paiements faits à des résidents de « paradis fiscaux » (CGI art. 238 A ; voir n° 78295) ;

– les bénéfices réalisés par certaines filiales ou certains établissements établis dans des pays à fiscalité privilégiée (CGI art. 209 B ; voir n° 78280) ;

– les résultats de la gestion d'éléments d'actif transférés hors de France à un trust ou un organisme chargé de les gérer ou d'assumer un engagement de l'entreprise (CGI art. 238 bis-0 I ; voir n° 78275) ;

– les sommes perçues par des personnes physiques ou morales établies ou domiciliées hors de France en contrepartie de services ou, pour les sommes perçues depuis le 1er janvier 2024 (Loi 2023-1322 du 29-12-2023 art. 10), de l'exploitation commerciale de droits attachés à l'image, au nom ou à la voix d'une ou de plusieurs personnes, de l'usage de droits d'auteurs ou de droits voisins ou de la propriété industrielle ou commerciale ou de droits assimilés rendus ou concédés par des personnes physiques ou morales domiciliées ou établies en France (CGI art. 155 A ; voir n° 78290).

NOTION D'ENTREPRISE EXPLOITÉE EN FRANCE (OU HORS DE FRANCE)

35740 Cette notion n'est pas définie par la loi. Il faut à cet égard se référer soit à la jurisprudence, soit à la convention internationale lorsqu'il en existe une.
IS-I-19600 s et 20300 s

35745 **Critères applicables en l'absence de convention** L'analyse de la jurisprudence fait apparaître trois critères différents qui, dans le cas d'une **société française,** sont susceptibles de caractériser l'exercice d'une activité commerciale habituelle à l'étranger, non imposable en France :

– existence à l'étranger d'un **établissement,** c'est-à-dire d'une installation possédant un caractère de permanence et une autonomie propre (usine, succursale, comptoir de vente, etc.) ;

– présence à l'étranger de **représentants** n'ayant pas de personnalité professionnelle distincte de celle de l'entreprise, véritables préposés exerçant une activité commerciale pour le compte de l'entreprise ;

– réalisation à l'étranger d'opérations formant un **cycle commercial complet** se détachant des autres opérations de l'entreprise.

ILLUSTRATIONS

Ne constituent pas un cycle commercial complet à l'étranger et sont donc taxables en France des **opérations d'achat et de revente** effectuées matériellement hors de France, dès lors que toutes ces opérations, ainsi que les mouvements financiers correspondants, sont **décidées en France,** où l'entreprise a son siège et son seul établissement (CE 14-3-1979 n° 7098 : RJF 5/79 n° 282 ; CE 4-7-1997 n° 146930 : RJF 8-9/97 n° 770).

Ne sont pas imposables en France les résultats d'un **chantier de construction ou de travaux publics** situé à l'étranger, en raison de la durée, de la continuité, de l'importance et de l'autonomie technique des opérations réalisées sur place, même si certaines tâches de gestion et de direction sont exécutées en France (CE 29-3-1978 n° 4883 : RJF 5/78 n° 230 ; CE 18-2-1987 n° 44545 : RJF 4/87 n° 383).

Ne sont pas imposables en France les bénéfices tirés de la **livraison « clés en main » d'une usine** à l'étranger pour la fraction de ces bénéfices correspondant aux opérations effectivement réalisées sur place, telles que la passation et le suivi des contrats, l'étude et les négociations du financement de l'ensemble du marché, les travaux de construction des bâtiments et de montage des machines, les opérations de mise en service, ainsi que la formation sur place des personnels chargés du fonctionnement de l'usine (CE sect. 23-6-1978 n° 99444 : RJF 9/78 n° 343 ; CE 17-5-1989 n° 34380 : RJF 7/89 n° 815 ; CE 11-7-1991 n° 57391 : RJF 10/91 n° 1208).

Les mêmes critères sont utilisés pour déterminer dans quelles hypothèses les **entreprises étrangères** doivent être imposées en France.

> Précisions a. Une **société étrangère** disposant d'une **installation en France** où elle exerce son activité par l'entremise de ses salariés et de prestataires recevant des instructions de sa part, mais qui ne dispose d'aucune **autonomie de gestion**, ne peut être considérée comme exploitant une entreprise autonome en France (CE 18-10-2018 n° 405468 : RJF 1/19 n° 19).

À l'inverse, une société étrangère exerçant une activité de mise à disposition de personnel pour un chantier de construction en France dispose d'une entreprise autonome dès lors que la **gestion et la coordination administrative et opérationnelle** de ces salariés sont assurées par des personnels dédiés installés en France pendant la durée du chantier, le siège de la société étrangère n'intervenant que pour réceptionner les documents contractuels et émettre la facturation des prestations (CE 5-7-2022 n° 458293 : RJF 10/22 n° 824).

b. Les entreprises françaises doivent prendre en compte dans leurs résultats imposables en France, lorsqu'ils ne se rattachent pas à une activité exercée hors de France : les produits de cession ou de concession hors de France de **droits de propriété industrielle** ou commerciale ; les produits des **placements financiers** effectués **à l'étranger** ; les revenus des **immeubles** situés hors de France (BOI-IS-CHAMP-60-10-20 n°s 230, 240 et 270).

c. Ne sont pas considérés comme des bénéfices réalisés en France les bénéfices, déterminés dans les conditions fixées à l'article 57 du CGI (n° 78265), provenant de l'**exploitation de satellites de communication** localisés sur des positions orbitales géostationnaires dont l'entreprise exploitante n'est pas propriétaire (CGI art. 247).

Critères conventionnels Les conventions internationales signées par la France retiennent la notion d'**établissement stable** comme critère de rattachement territorial des bénéfices. 35750

Par conséquent :

– les entreprises étrangères sont imposables en France sur les bénéfices provenant d'opérations effectuées dans des « établissements stables » situés en France ;

– les entreprises françaises ne sont pas imposables en France sur les bénéfices provenant d'opérations effectuées dans des « établissements stables » situés dans le pays étranger.

Chaque convention fournit en principe une **définition** de l'établissement stable (sur ce point, voir n°s 82760 s.).

Autres cas d'imposition en France des entreprises étrangères a. Les entreprises étrangères peuvent être imposables à l'IS en France, même si elles n'y exercent par ailleurs aucune activité, à raison : 35755 IS-I-21100 s

– de la **quote-part** des bénéfices des **sociétés de personnes** françaises dont elles sont membres (n° 37645) ;

– des **revenus et profits immobiliers de source française** mentionnés à l'article 164 B, I-a et e à e ter du CGI en matière d'impôt sur le revenu (voir n° 4330, a et f) (CGI art. 209, I-al. 1).

L'imposition des **plus-values** réalisées à l'occasion de cessions d'**immeubles** en France (ou de titres assimilés) se fait par la voie d'un prélèvement à la source non libératoire de l'IS, mais imputable le cas échéant sur cet impôt (voir n°s 32625 s.).

Les **profits immobiliers habituels** sont également soumis à un prélèvement à la source imputable sur l'IS (voir n° 30155).

En plus de l'IS, les sociétés étrangères propriétaires d'immeubles en France peuvent être redevables d'une **taxe** annuelle de 3 % (voir n°s 75965 s.).

b. Les **produits** visés aux **articles 182 B et 182 A bis du CGI** (sommes rémunérant des prestations fournies ou utilisées en France, produits de la propriété industrielle, etc.) perçus par des sociétés étrangères qui n'ont pas d'installation professionnelle permanente en France sont soumis à une **retenue à la source,** imputable le cas échéant sur l'IS (voir n°s 4560 s. et 4640 s.).

Cependant, dès lors que certaines conditions, tenant notamment à la forme des personnes morales, sont remplies, les redevances payées par une personne morale française à une personne morale de l'Union européenne qui lui est associée au moins à 25 % depuis deux ans peuvent être **exonérées** de cette redevance (CGI art. 182 B bis).

c. Les revenus de **valeurs mobilières françaises** et de **placements financiers** effectués en France par une entreprise étrangère sont soumis à une retenue à la source ou à un prélèvement, sauf s'ils sont compris dans les résultats d'un établissement stable en France de cette entreprise ou s'ils bénéficient d'une des exonérations prévues par la loi (n°s 24845 s. et 25445).

Quant aux **plus-values** de cession de valeurs mobilières, elles ne sont en principe imposables que s'il s'agit de participations supérieures à 25 % dans des sociétés passibles de l'IS (nos 32945 s.) ou de titres de société à prépondérance immobilière (voir le a ci-dessus).

DÉTERMINATION DU BÉNÉFICE IMPOSABLE EN FRANCE

35760 IS-I-21600 s **Ventilation des résultats** Lorsqu'une entreprise exerce son **activité tant en France qu'à l'étranger,** une ventilation doit être opérée afin de ne taxer en France que la part de bénéfice correspondant à l'entreprise exploitée en France.

EXEMPLE

Si une entreprise possède un établissement de vente en France et une usine de fabrication à l'étranger, seul le bénéfice de vente doit être taxé en France, à l'exclusion du bénéfice de fabrication réalisé par l'établissement étranger (et inversement). Le bénéfice imposable en France doit alors être déterminé comme si les opérations entre la France et l'étranger avaient été réalisées avec des tiers dans des conditions normales.

La **ventilation** des résultats ne soulève pas de difficultés lorsque chaque exploitation a sa propre **comptabilité** ou lorsque la comptabilité générale de l'entreprise permet d'isoler les produits et les charges correspondant à chaque implantation. Si ce n'est pas le cas, deux méthodes peuvent être retenues :

– une méthode de **répartition proportionnelle,** utilisée le plus souvent pour répartir des frais communs entre le siège français et les établissements étrangers (ou l'inverse) en fonction de leurs chiffres d'affaires respectifs (BOI-IS-CHAMP-60-10-40 nos 130 s.) ;

– une méthode de **répartition par comparaison,** qui consiste à comparer l'exploitation étrangère à des entreprises similaires pour tirer de cette comparaison un pourcentage moyen de bénéfice, en fonction du chiffre d'affaires, valable pour cette exploitation (BOI précité nos 180 s.).

35765 IS-I-29200 s **Ventilation des frais et charges** Une société qui possède des établissements à l'étranger doit exclure de ses résultats et imputer à chaque établissement les dépenses qui lui sont propres et une fraction des dépenses supportées dans l'intérêt de l'ensemble de l'entreprise.

> **Précisions** **a.** Ne sont pas déductibles des résultats imposables en France d'une société française :
– la fraction des **frais généraux du siège** qui se rapporte à un établissement situé hors de France, calculée en fonction du rapport existant entre le chiffre d'affaires de cet établissement et le chiffre d'affaires total de la société, à défaut de circonstances justifiant un autre mode de calcul (CE 16-2-1983 n° 28383 : RJF 4/83 n° 496) ;
– la part des **frais financiers** supportés pour **l'acquisition du siège social** correspondant à l'utilisation que font du siège des succursales étrangères (CE 7-10-1988 n° 45857 : RJF 12/88 n° 1297) ;
– les **pertes de change** et une **provision pour charges** se rapportant au remboursement d'un emprunt contracté dans un pays où la société possède un **établissement stable,** dès lors qu'il n'est pas établi que les sommes empruntées aient été affectées aux activités exercées en France (CE 18-3-1985 n° 38036 : RJF 5/85 n° 691).
En revanche, une société française peut déduire de ses résultats imposables en France les pertes subies ou régulièrement provisionnées résultant des **aides** apportées à sa **succursale étrangère** dans le cadre de relations commerciales favorisant le maintien ou le développement de l'activité de la société en France (CE sect. 16-5-2003 n° 222956 : RJF 7/03 n° 823 ; CE 18-7-2018 n° 404226 : RJF 11/18 n° 1166). Lorsque seule une fraction des aides a eu pour objectif et contrepartie de favoriser l'activité en France, seules les pertes résultant de cette fraction sont déductibles ; il appartient à la société de justifier cette part déductible (CE 4-12-2013 n° 355694 : RJF 3/14 n° 228).
Sur la non-déduction des pertes constatées par un établissement stable situé dans un autre État membre, voir également la position de la CJUE analysée n° 35725.
b. Lorsque des **intérêts** sont **versés à une société étrangère par sa succursale française** en rémunération des sommes mises à sa disposition, l'administration ne peut remettre en cause le choix opéré par la société étrangère de financer l'activité de sa succursale en lui consentant des prêts plutôt qu'en lui apportant des fonds propres (CE 11-4-2014 nos 344990, 346687 et 349015, 359640 : RJF 7/14 n° 667). Mais les intérêts versés à la société étrangère ne peuvent être admis en déduction du bénéfice imposable en France, en raison de l'absence de personnalité juridique distincte de la succursale (BOI-IS-CHAMP-60-10-40 n° 380 ; CAA Paris 28-5-1991 n° 89-2918 : RJF 8-9/91 n° 1152). Par exception, il est admis que les intérêts versés par les succursales bancaires françaises aux banques étrangères dont elles dépendent peuvent être pris en compte lorsqu'ils rémunèrent des avances inhérentes aux activités bancaires (BOI précité n° 410).

Obligations déclaratives Les **sociétés** et personnes morales **françaises** exerçant partiellement leur activité à l'étranger sont tenues de produire deux séries de tableaux normalisés à l'appui de leur déclaration de résultats : 35770 CGI ann. III art. 38 terdecies A et 38 quaterdecies RIE-III-4580 s

– la première série regroupe les éléments comptables concernant l'ensemble des activités exercées, quelle que soit leur localisation ;

– la seconde mentionne les éléments afférents aux seules opérations dont le résultat est imposable en France.

Pour les **sociétés étrangères** passibles de l'IS, les renseignements à fournir s'entendent exclusivement de ceux afférents aux exploitations sises en France.

En ce qui concerne le **lieu d'imposition** des sociétés étrangères, voir n° 36350, et la désignation d'un **représentant** en France, voir n° 36405, b.

S'agissant des obligations déclaratives relatives aux **prix de transfert,** voir n°s 8967 s.

QUARTIERS GÉNÉRAUX ET CENTRES DE LOGISTIQUE

Un **régime spécial,** d'origine administrative, est prévu pour les quartiers généraux des sociétés multinationales implantés en France, qui sont chargés de diriger, gérer, coordonner ou contrôler les activités du groupe dans un secteur géographique déterminé (BOI-SJ-RES-30-10), ainsi que pour les centres de logistique qui exercent au seul profit du groupe multinational dont ils dépendent des fonctions de stockage, de conditionnement, d'étiquetage ou de distribution de produits et les activités administratives liées à ces fonctions (BOI-SJ-RES-30-20). 35775 IS-V-90100 s

Quelle que soit leur forme (société, simple établissement, etc.), les quartiers généraux et les centres de logistique peuvent, avec l'accord préalable de l'administration, déterminer leurs bénéfices imposables à partir d'une **marge bénéficiaire** calculée en appliquant un pourcentage donné au montant de leurs charges d'exploitation courantes (y compris les frais de restructuration récurrents : CAA Marseille 15-1-2013 n° 09MA01670 : RJF 5/13 n° 477). Le pourcentage, fixé pour une période de trois à cinq ans, est susceptible d'être modifié avant l'expiration de ce délai en cas de modification des conditions d'exploitation. Les frais de **sous-traitance** sont pris en compte pour leur totalité dans les charges, mais peuvent donner lieu à la détermination d'un taux de marge spécifique.

Les **demandes d'application** de ce régime doivent être adressées à la direction des grandes entreprises (DGE), où les quartiers généraux peuvent en outre, sur demande, déposer leurs déclarations (BOI-IS-DECLA-30-10 n° 238).

> Précisions a. Avec l'accord de la DGE, les quartiers généraux et les centres de logistique peuvent aussi prendre en charge pour le compte de leurs **salariés détachés en France** l'impôt dû au titre de certaines **indemnités** versées aux intéressés (BOI-SJ-RES-30-40 n°s 50 à 120). Cette prise en charge est exclusive de l'exonération visée n° 4727.

b. Un bénéfice propre aux prestations réalisées par les **centres de coordination de recherche et de développement** peut être déterminé selon la méthode du coût de revient majoré ou toute autre méthode pertinente (BOI-SJ-RES-30-30).

B. Détermination du bénéfice imposable

1. APPLICATION DES RÈGLES DES BIC

Les bénéfices passibles de l'IS sont déterminés, en principe, de la même manière que les bénéfices industriels et commerciaux soumis à l'impôt sur le revenu, en faisant application des règles du régime **réel normal ou** du réel **simplifié.** Le régime des **micro-entreprises** n'est pas applicable, quel que soit le montant du chiffre d'affaires réalisé. 35800 CGI art. 209 IS-II-1 s

À la différence de l'impôt sur le revenu, les règles prévues en matière de BIC s'appliquent quelle que soit la **nature de l'activité** de la société passible de l'IS, même lorsque cette activité n'est pas commerciale.

L'application des règles des BIC connaît toutefois des exceptions qui concernent la mise en œuvre de **dispositifs anti-abus** (n°s 35810 s.), la déduction des **charges financières** (n°s 35825 s.), les modalités de **report des déficits** (n°s 35890 s.) et un certain nombre d'autres points, énumérés n°s 35870 s., pour lesquels la loi édicte spécialement des règles propres à l'IS. 35805

En dehors de ces dispositions particulières, il convient de se reporter, pour tout ce qui concerne la détermination du bénéfice imposable à l'IS (**règles générales, stocks, produits, charges, amortissements, provisions**), aux explications données à propos des bénéfices industriels et commerciaux passibles de l'impôt sur le revenu (n°s 7250 s.).

Le régime des **plus-values et moins-values** d'actif réalisées par les sociétés relevant de l'IS est examiné dans le cadre de l'étude d'ensemble consacrée aux plus-values professionnelles (nos 17500 s.), étant rappelé que, dans le cadre de l'IS, le régime des plus-values à long terme ne concerne que certains titres du portefeuille (nos 18670 s.).

2. DISPOSITIFS ANTI-ABUS

a. Clause générale anti-abus

35810 CGI art. 205 A IS-II-1100 s

Pour l'établissement de l'IS, il n'est pas tenu compte des conséquences fiscales des **montages** (pouvant comprendre plusieurs étapes ou parties) ou des séries de montages qui, mis en place avec pour objectif principal ou un de leurs objectifs principaux d'obtenir un **avantage fiscal** allant à l'encontre de l'objet ou de la finalité du droit fiscal applicable, ne sont pas authentiques compte tenu de l'ensemble des faits et circonstances pertinents. Sont considérés comme non authentiques les montages ou séries de montages qui ne sont pas mis en place pour des motifs commerciaux valables qui reflètent la réalité économique, étant précisé que la notion de motifs commerciaux s'entend au sens large de toute justification économique (BOI-IS-BASE-70 n° 40).

> Précisions **a.** L'**objectif principal** d'un montage s'apprécie au regard de l'ensemble des gains ou avantages procurés par le montage. Un montage peut entrer dans le champ de la clause anti-abus même s'il poursuit plusieurs **objectifs concurrents** (BOI précité n° 20).
b. La clause anti-abus s'applique à toutes les opérations relevant de l'IS, à l'exclusion des opérations de **fusion** ou assimilées encadrées par le dispositif qui leur est propre (n° 39202) (BOI précité n° 100).
c. Les entreprises peuvent solliciter de l'administration un **rescrit,** préalablement à la réalisation des opérations, pour s'assurer qu'elles ne tombent pas sous le coup de la clause anti-abus (voir n° 79565).

b. Dispositifs anti-abus propres aux hybrides

35815 CGI art. 205 B IS-II-1400 s

Des règles particulières s'appliquent afin de neutraliser les **effets fiscaux asymétriques** (déduction/non-inclusion, double déduction) causés par certains dispositifs dits « hybrides » résultant de **différences entre la législation française et celle d'autres États** au regard soit de la qualification de certains instruments financiers et/ou entités, soit de l'attribution des paiements. Seuls sont concernés par l'application de ces règles « anti-hybrides » les effets d'asymétrie constatés dans le cadre de relations entre entreprises associées, entre un siège et son établissement, ou entre deux ou plusieurs établissements d'une même entité. Hormis le cas des dispositifs structurés, ces mesures ne s'appliquent pas aux paiements intervenant entre sociétés qui ne sont pas considérées comme associées.

> Précisions **a.** Sont qualifiées d'**entreprises associées** du contribuable les sociétés filiales, les sociétés mères, les sociétés sœurs, les sociétés faisant partie du même groupe consolidé au sens du n° 35842, précision a, ainsi que toute société qui exerce une influence notable sur la gestion du contribuable, ou sur la gestion de laquelle le contribuable exerce une influence notable.
b. Un **dispositif structuré** est un dispositif utilisant un dispositif hybride et dont les termes intègrent la valorisation de l'effet d'asymétrie, ou un dispositif qui a été conçu en vue de générer les mêmes conséquences qu'un dispositif hybride, lorsque le contribuable ne peut pas démontrer que lui-même ou une entreprise associée n'avaient pas connaissance du dispositif hybride et qu'ils n'ont pas bénéficié de l'avantage fiscal en découlant.
c. Des règles particulières s'appliquent aux **dispositifs hybrides inversés** (CGI art. 205 C), exclusives des mécanismes de correction prévus à l'article 205 B du CGI (BOI-IS-BASE-80-30) : voir n° 35822.

RÈGLES RELATIVES AUX DISPOSITIFS HYBRIDES

35817 CGI art. 205 B, I et II

Dispositifs hybrides concernés Les situations suivantes sont considérées par la loi comme des dispositifs hybrides :

– **paiement effectué au titre d'un instrument financier** donnant lieu à une charge déductible dans l'État de résidence du débiteur sans être inclus dans les revenus imposables dans l'État de résidence du bénéficiaire (cause : **différences de qualification fiscale de l'instrument ou du paiement** lui-même) ;

EXEMPLE

Les opérations de cession de titres avec obligation de rachat à terme peuvent générer des flux qualifiés de dividendes en France (exonérés par application du régime mère-fille) et d'intérêts (donc déductibles) dans un autre État.

– paiement **en faveur d'une entité hybride** donnant lieu à une charge déductible dans l'État de résidence du débiteur sans être inclus dans les revenus imposables dans l'État de résidence de l'entité hybride (cause : différences dans l'attribution des paiements versés à l'entité hybride entre les règles de l'État de résidence de l'entité hybride et les règles de l'État de résidence des détenteurs d'une participation dans cette entité hybride) ;

– paiement **en faveur d'une entité disposant d'un ou de plusieurs établissements** donnant lieu à une charge déductible dans l'État de résidence du débiteur sans être inclus dans les revenus imposables de cette entité (cause : différences dans l'attribution des paiements entre le siège et l'établissement ou entre deux ou plusieurs établissements de la même entité en application des règles des États dans lesquels l'entité exerce ses activités) ;

– paiement **en faveur d'un établissement** donnant lieu à une charge déductible dans l'État de résidence du débiteur sans être inclus dans les revenus imposables de cet établissement dans un autre État (cause : non-prise en compte de cet établissement par cet autre État) ;

– paiement effectué **par une entité hybride** donnant lieu à une charge déductible dans son État de résidence sans être inclus dans les revenus imposables du bénéficiaire (cause : non-prise en compte du paiement par l'État de résidence du bénéficiaire) ;

– paiement réputé effectué **entre un établissement et son siège ou entre deux ou plusieurs établissements** donnant lieu à une charge déductible dans l'État où est situé cet établissement sans être inclus dans les revenus imposables du bénéficiaire (cause : non-prise en compte du paiement par l'État de résidence du bénéficiaire) ;

– **double déduction.**

> Précisions **a.** Pour l'application du **dispositif anti-hybrides relatif aux instruments financiers,** un paiement est considéré comme inclus dans les revenus imposables du bénéficiaire :
– s'il n'a pas ouvert droit dans l'État de résidence de ce bénéficiaire à une exonération, une réduction du taux d'imposition ou un crédit ou remboursement d'impôt, autre qu'un crédit d'impôt au titre d'une retenue à la source, en raison de la nature de ce paiement ;
– et si cette inclusion a lieu au titre d'un exercice qui commence dans les vingt-quatre mois suivant la fin de l'exercice au titre duquel la charge a été déduite.

b. Le **transfert hybride réalisé par un négociant financier** dans le cadre de ses activités habituelles n'est (hors le cas d'un dispositif structuré) pas concerné par le dispositif anti-hybrides relatif aux instruments financiers lorsque les revenus perçus au titre de ce transfert sont inclus dans ses revenus imposables.

c. Une **entité hybride** est définie comme toute entité ou tout dispositif qui est considéré comme une entité imposable par un État et dont les revenus ou les dépenses sont considérés comme les revenus ou les dépenses d'une ou de plusieurs autres personnes par un autre État.

Modalités de neutralisation de l'asymétrie fiscale

35819 CGI art. 205 B, III

Des **mesures générales de neutralisation** s'appliquent lorsqu'un dispositif hybride tel que défini n° 35817 est constaté.

Ainsi, lorsqu'un paiement effectué dans le cadre d'un **dispositif hybride de type déduction/non-inclusion** donne lieu :

– à une **charge déductible** de l'assiette de l'IS dans les conditions de droit commun **en France,** sans être inclus dans les résultats soumis à un impôt équivalent à l'IS dans l'État de résidence du bénéficiaire, cette charge n'est pas admise en déduction (dans la limite de la fraction du paiement non incluse par le bénéficiaire : BOI-IS-BASE-80-20-20 n° 20). Elle doit dès lors être corrigée, de manière extra-comptable, à la clôture de l'exercice au cours duquel elle est constatée en comptabilité. L'administration admet toutefois que cette correction n'a pas à être opérée lorsque l'inclusion du paiement dans le résultat imposable du bénéficiaire intervient entre la date de la clôture de l'exercice au titre duquel la charge a été constatée et la date limite de dépôt de la déclaration afférente à ce même exercice. Par ailleurs, dans l'hypothèse où la charge a fait l'objet d'une réintégration extra-comptable parce que l'inclusion du paiement dans le résultat imposable du bénéficiaire n'est pas intervenue avant ce délai, elle admet que la société concernée puisse déduire fiscalement la charge ainsi réintégrée lorsque l'inclusion correspondante intervient avant la clôture de l'exercice suivant celui au titre duquel cette même charge a été comptablement constatée. La société procède alors par voie de déclaration rectificative à la correction du résultat de l'exercice au titre duquel la charge a été initialement constatée (BOI précité n° 30) ;

– à une **charge déduite** du résultat soumis à un impôt équivalent à l'IS dans l'**État de résidence du débiteur** ; ce paiement est ajouté au résultat soumis à l'IS en France dans les conditions de droit commun. Cette règle a vocation à s'appliquer lorsque ce paiement a donné lieu à une charge déductible dans l'État membre dans lequel est établi le débiteur et que cette déduction n'a pas été corrigée en application des mesures anti-hybrides (BOI précité n° 60).

En présence d'un dispositif hybride entraînant une **double déduction** :

– la charge n'est pas admise en déduction des revenus de l'**investisseur établi en France** (l'investisseur étant défini comme toute personne autre que le débiteur qui bénéficie d'une déduction afférente à un dispositif hybride donnant lieu à une double déduction, par exemple un associé d'une entité hybride) ;

– lorsque l'investisseur est **établi dans un autre État** qui admet la déduction de la charge, celle-ci n'est pas admise en déduction des revenus du débiteur établi en France.

Ces dispositions ne sont toutefois pas applicables lorsque la double déduction concerne un **revenu soumis à double inclusion** au titre du même exercice ou au titre d'un exercice qui commence dans les vingt-quatre mois suivant la fin de l'exercice au titre duquel la charge a été initialement déduite.

› Précisions **a.** Lorsqu'un **paiement effectué au titre d'un instrument financier** n'a pas été inclus dans les résultats imposables du bénéficiaire à l'expiration du délai mentionné n° 35817, précision a, la réintégration de la charge dans le résultat soumis à l'impôt sur les sociétés dans les conditions de droit commun est effectuée au titre du dernier exercice ayant commencé au cours des vingt-quatre mois suivant la fin de l'exercice au titre duquel cette charge a été initialement déduite.

b. La **preuve** que le paiement a effectivement fait l'objet d'une **inclusion** dans le résultat imposable de l'entité établie hors de France peut être apportée par tout moyen : écritures comptables de la société établie hors de France, retraçant les opérations en cause, déclaration de résultats de cette société et, le cas échéant, documents relatifs à la liquidation de l'impôt équivalent à l'impôt sur les sociétés dans l'État de résidence du bénéficiaire, documentation établie par le contribuable décrivant la législation applicable dans l'État de résidence de la société débitrice ou créancière située hors de France, et démontrant que le paiement n'a pas généré un effet d'asymétrie fiscale (BOI-IS-BASE-80-20-20 n° 200).

35821 Des **mesures correctives spéciales** sont applicables dans certaines situations particulières :

– **effet asymétrique indirect ou « importé »** : lorsqu'un paiement déductible du résultat imposable à l'IS en France compense un autre paiement afférent à un dispositif hybride, directement ou indirectement, par l'intermédiaire d'une transaction ou d'une série de transactions conclues entre des entreprises associées d'un même contribuable ou par l'intermédiaire d'un dispositif structuré, la déduction de la charge correspondant à ce premier paiement n'est pas admise (sauf si l'État de résidence d'une des entreprises concernées par la transaction ou la série de transactions a neutralisé les effets du dispositif hybride concerné, étant précisé que, lorsque cette neutralisation est partielle, la déduction de la charge n'est admise qu'à hauteur de la part du paiement neutralisée dans l'autre État) ;

– **établissement d'une entité française non pris en compte** : les revenus attribués à un tel établissement sont inclus dans le résultat de cette entité soumis à l'IS (sauf si la France est tenue d'exonérer ces revenus en vertu d'une convention fiscale) ;

– **transfert hybride** : lorsqu'un tel transfert est conçu pour donner lieu à un allégement au titre des retenues à la source pour un paiement provenant d'un instrument financier transféré à plusieurs des parties concernées par ce transfert, le bénéfice de cet allégement est limité au prorata des revenus nets imposables liés à ce paiement.

RÉGIME DES HYBRIDES INVERSÉS

35822
CGI art. 205 C

Des mesures de correction spécifiques s'appliquent aux hybrides inversés, définis comme les dispositifs dans lesquels une ou plusieurs entreprises associées détenant ensemble un intérêt direct ou indirect dans au moins 50 % du capital, des droits de vote ou des droits aux bénéfices d'une entité hybride constituée ou établie dans un État membre de l'Union européenne sont établies dans un ou plusieurs États qui considèrent cette entité comme une personne imposable dans son État de résidence. Ce dispositif s'applique ainsi exclusivement lorsque l'**entité hybride** est constituée ou établie **en France,** et que le dispositif hybride donne lieu à une **charge déductible dans l'État du débiteur et** à l'**absence d'inclusion dans l'État des associés ainsi qu'en France.** Dans cette hypothèse, le paiement est considéré comme non inclus en France et doit faire l'objet d'une réintégration extra-comptable afin d'être imposé en France. Les revenus de l'entité hybride seront imposés, selon les cas, soit à l'impôt sur les sociétés, soit dans les conditions prévues à l'article 8 du CGI dans la mesure où ils ne sont pas imposés dans un autre État.

RÈGLES RELATIVES AUX ENTITÉS À DOUBLE RÉSIDENCE

35823
CGI art. 205 D

Lorsque des paiements, des dépenses ou des pertes déductibles du résultat imposable d'un contribuable qui a sa **résidence en France et dans un autre État** en application des règles de cet État sont pris en compte dans ces deux États, leur déduction n'est pas admise en France, sauf en cas d'inclusion dans le revenu imposable du bénéficiaire ou si l'autre État est membre de l'Union européenne et refuse la déduction, et que la convention fiscale le liant à la France fixe la résidence de ce contribuable en France.

TABLEAU RÉCAPITULATIF

Le tableau ci-dessous récapitule les différents dispositifs hybrides concernés par les retraitements prévus aux articles 205 B à 205 D du CGI. 35824

Définition dispositif hybride	Origine de l'effet de l'asymétrie	Asymétrie	Neutralisation de l'asymétrie	Disposition applicable
Catégorie : déduction / non-inclusion				
Instrument financier hybride (art. 205 B, I-1°-a)	Qualification de l'instrument financier	Charge déduite dans l'État du payeur mais produit non inclus dans l'État du bénéficiaire	Non-déduction chez payeur ou inclusion chez bénéficiaire	Art. 205 B, III-1-a (payeur en France) ou b (bénéficiaire en France)
Paiement à une entité hybride située dans un État autre que la France (art. 205 B, I-1°-b)	Qualification de l'entité hybride : opaque ou transparente selon les règles de l'État de l'entité hybride ou de l'État des associés	Charge déduite dans l'État du payeur mais produit non inclus ni dans l'État de l'entité hybride, ni dans l'État des associés	Non-déduction chez payeur ou inclusion chez l'associé	Art. 205 B, III-1-a (payeur en France) ou b (associé en France)
Hybride inversé : paiement à une entité hybride située en France (art. 205 C)	Qualification de l'entité	Charge déduite dans l'État du payeur mais produit non inclus ni dans l'État de l'entité hybride (France), ni dans l'État des associés	Inclusion du paiement en France dans l'État de l'entité hybride	Art. 205 C
Paiement à un établissement stable (ES) ou au siège (art. 205 B, I-1°-c)	Attribution des revenus / paiements	Charge déduite dans l'État du payeur mais produit non inclus ni dans l'État de l'établissement, ni dans l'État de son siège	Non-déduction chez payeur ou inclusion dans l'État du siège ou de l'ES	Art. 205 B, III-1-a (payeur en France) ou b (Siège ou ES en France)
Paiement à un ES non pris en compte avec son siège situé hors de France (art. 205 B, I-1°-d)	Qualification de l'ES	Charge déduite dans l'État du payeur mais produit non inclus ni dans l'État de l'établissement, ni dans l'État de son siège	Non-déduction chez payeur ou inclusion dans l'État de l'ES	Art. 205 B, III-1-a (payeur en France) ou b (ES en France)
Paiement à un ES non pris en compte avec son siège situé en France (art. 205 B, I-1°-d)	Qualification de l'ES	Charge déduite dans l'État du payeur mais produit non inclus ni dans l'État de l'établissement, ni dans l'État de son siège la France	Inclusion du paiement en France	Art. 205 B, III-4
Paiement par une entité hybride à un associé (art. 205 B, I-1°-e)	Qualification de l'entité hybride : opaque ou transparente selon les règles de l'État de l'entité hybride ou de l'État des associés	Charge déduite dans l'État de l'entité hybride payeur mais produit non inclus dans l'État de l'associé	Non-déduction chez payeur ou inclusion dans l'État de l'associé	Art. 205 B, III-1-a (payeur en France) ou b (associé en France)

Définition dispositif hybride	Origine de l'effet de l'asymétrie	Asymétrie	Neutralisation de l'asymétrie	Disposition applicable
Paiement réputé effectué par un ES à son siège (art. 205 B, I-1°-f)	Attribution des revenus / paiements	Charge déduite dans l'État de l'établissement payeur mais produit non inclus dans l'État du siège	Non-déduction chez payeur ou inclusion dans l'État du siège	Art. 205 B, III-1-a (ES en France) ou b (Siège en France)
Catégorie : déduction / non-inclusion et double déduction				
Dispositif hybride importé (art. 205 B, III-3)	Qualification de l'entité hybride (par exemple)	Charge déductible en France provenant d'un dispositif hybride importé	Non-déduction en France du paiement	Art. 205 B, III-3
Catégorie : double déduction				
Paiement par un ES non pris en compte (art. 205 B, I-1°-g)	Qualification de l'ES	Charge déduite dans l'État de l'investisseur et dans l'État du payeur (ES)	Non-déduction chez l'investisseur ou non-déduction chez payeur	Art. 205 B, III-2-a (investisseur en France) ou b (payeur en France)
Paiement par un ES (art. 205 B, I-1°-g)	Attribution des charges entre ES et siège	Charge déduite dans l'État de l'investisseur et dans l'État du payeur (ES)	Non-déduction chez l'investisseur ou non-déduction chez payeur	Art. 205 B, III-2-a (investisseur en France) ou b (payeur en France)
Paiement par une entité hybride (art. 205 B, I-1°-g)	Attribution des charges	Charge déduite dans l'État de l'investisseur et dans l'État du payeur (entité hybride)	Non-déduction chez l'investisseur ou non-déduction chez payeur	Art. 205 B, III-2-a (investisseur en France) ou b (payeur en France)
Paiement en faveur d'une entité hybride résidente à la fois en France et dans un État tiers non lié par une convention (art. 205 D)	Double résidence	Charge déduite dans l'État membre et dans l'État tiers	Conflit avec un État tiers : refus de la déduction par l'État membre Conflit avec un EM : refus de la déduction en France si résidence dans l'autre EM au sens de la convention	Art. 205 D
Catégorie : transfert hybride				
Transfert d'un instrument financier permettant d'obtenir un allègement de retenue à la source (art. 205 B, I-8°)	Rendement de l'instrument financier transféré considéré sur le plan fiscal comme obtenu simultanément par les deux parties au transfert	Transfert hybride permettant aux deux parties de bénéficier d'un crédit pour impôt étranger alors qu'une seule retenue à la source a été supportée	Limitation du crédit d'impôt obtenu sur la retenue à la source au montant des revenus nets imposables issus de l'instrument financier transféré	Art. 205 B, III-5

3. CHARGES FINANCIÈRES

35825 La déduction des intérêts servis par une société soumise à l'IS aux associés ou aux entreprises qui lui sont liées est limitée à un **taux plafond** (n° 35827). Une limitation supplémentaire s'applique à la déduction des **charges financières nettes** (n°s 35830 s.).

En outre, l'instauration de mesures **« anti-hybrides »** est susceptible dans les situations transfrontalières de limiter ou d'interdire la déduction des charges financières (n°s 35815 s.).

a. Limitation de la déduction des intérêts servis aux associés et aux entreprises liées

Outre qu'elle est subordonnée à la libération intégrale du capital (voir n° 8825), la déduction des **intérêts servis aux associés** n'est admise que dans la limite de ceux calculés à un **taux d'intérêt plafond** (voir n° 8830). 35827 CGI art. 39, 1-3° et 212, I BIC-XI-10200 s

La déductibilité des **intérêts servis** par une société passible de l'IS à des **entreprises liées,** directement ou indirectement, au sens de l'article 39, 12 du CGI (voir n° 10425, précision a), est limitée au taux maximum précité ou au **taux du marché** s'il est supérieur. Ce dernier s'entend du taux que les organismes financiers indépendants auraient été susceptibles de consentir à l'entreprise emprunteuse pour un prêt présentant les mêmes caractéristiques dans des conditions de pleine concurrence, compte tenu de ses caractéristiques propres, notamment de son profil de risque (CE avis 10-7-2019 n° 429426 : RJF 10/19 n° 877 ; CE 10-12-2020 n° 428522 : RJF 3/21 n° 247 ; CE 11-12-2020 n° 433723 : RJF 3/21 n° 248). Ce taux s'apprécie au regard des caractéristiques des prêts et des caractéristiques propres de l'entreprise emprunteuse et non de celles du groupe auquel elle appartient (CE 18-3-2019 n° 411189 : RJF 6/19 n° 513). Le profil de risque d'une société emprunteuse ne peut ainsi être apprécié sur des données consolidées relatives au groupe qu'elle constitue avec sa mère (CE 20-9-2022 n° 455651 : RJF 12/22 n° 1025). En revanche, lorsque la société emprunteuse est la société mère, la situation économique et financière consolidée de cette dernière et de ses filiales est en principe prise en compte (CE 29-12-2021 n° 441357 : RJF 3/22 n° 240).

La **preuve** du taux du marché, qui incombe à l'entreprise emprunteuse, peut être apportée par tout moyen (notamment CE avis 10-7-2019 n° 429426 ; CE 29-12-2021 n° 441357 précités).

ILLUSTRATIONS

Le Conseil d'État a jugé que peuvent constituer des éléments de preuve sérieux :
– la comparaison avec les taux pratiqués sur les marchés obligataires par des sociétés tierces se trouvant dans des conditions économiques comparables si ces emprunts obligataires constituent une alternative réaliste à un prêt intragroupe (CE avis 10-7-2019 n° 429426 ; CE 10-12-2020 n° 428522 précités) ;
– la notation résultant du logiciel de rating automatique « Riskcalc » développé par l'agence Moody's (CE 11-12-2020 n° 433723 précité ; CE 22-12-2022 n° 446669 : RJF 3/23 n° 178) ;
– l'analyse du taux de pleine concurrence au sein d'un échantillon d'emprunts bancaires accordés à des sociétés relevant du secteur non financier comme la société emprunteuse, ayant obtenu des notes de crédit voisines de celle déterminée pour le prêt intragroupe, même si ces sociétés appartiennent à des secteurs d'activités hétérogènes, dès lors que les systèmes de notation de crédit élaborés par les agences de notation visent à comparer les risques de crédit des entreprises notées, après prise en compte notamment de leur secteur d'activité (CE 29-12-2021 n° 441357 précité).

L'impossibilité pour une entreprise emprunteuse d'obtenir un emprunt auprès d'un organisme financier indépendant ne la dispense pas de la démonstration de la conformité du taux d'intérêt au taux du marché (CE 18-3-2019 n° 411189 précité).

> **Précisions** **a.** Le taux d'intérêt limite s'applique aux intérêts rémunérant les **sommes** que des associés ou des entreprises liées **mettent ou laissent à la disposition** d'une société : voir n° 8810, précision a.
> **b.** Selon l'administration, toutes les sommes versées aux **entreprises liées non associées** en rémunération des avances définies n° 8820 doivent être soumises à la limitation de déduction (BOI-BIC-CHG-50-50-10 n° 100).
> **c.** Lorsque les sommes laissées ou mises à la disposition de la société par ses associés consistent en le montant nominal d'**obligations convertibles en actions** souscrites par ces derniers, il y a lieu de corriger le taux de référence pour tenir compte de la valeur de l'option de conversion associée aux obligations convertibles émises (CE 20-9-2022 n° 455651 précité).

b. Limitation de la déductibilité des charges financières nettes

Les entreprises soumises à l'IS et **non membres d'un groupe fiscal** ne peuvent déduire leurs charges financières nettes que dans une certaine limite déterminée en fonction de leur résultat avant impôts, intérêts, dépréciations et amortissements (Ebitda fiscal), de leur appartenance ou non à un groupe consolidé et de leur situation de sous-capitalisation. 35830 CGI art. 212 bis BIC-XI-11400 s

Règles applicables dans les **groupes intégrés** : voir n°s 40495 s.

ENTREPRISES CONCERNÉES

Le dispositif vise les sociétés soumises à l'IS de plein droit ou sur option ainsi que les **établissements stables français** soumis à l'IS en France (BOI-IS-BASE-35-40-10-10 n° 1). Il en est de même des **sociétés de personnes** pour la détermination de la quote-part de résultat revenant à leurs associés soumis à l'IS (BOI-IS-BASE-35-40-10-20 n° 100). 35832 BIC-XI-11500 s

Pour les **sociétés exonérées partiellement d'IS** et les **organismes sans but lucratif,** le dispositif concerne respectivement les seuls secteur taxable et secteur lucratif (BOI-IS-BASE-35-40-10-10 n° 10).

PÉRIMÈTRE DES CHARGES FINANCIÈRES NETTES

35835 CGI art. 212 bis, III BIC-XI-11560 s

Les charges financières nettes s'entendent de l'excédent de charges financières déductibles **après** application du dispositif mentionné n° 35827, par rapport aux produits financiers imposables et aux autres revenus équivalents perçus par l'entreprise. Ces charges et produits correspondent aux intérêts sur toutes les formes de dette, c'est-à-dire ceux afférents aux sommes laissées ou mises à disposition de l'entreprise ou par l'entreprise. Ils s'entendent des **charges engagées et** des **produits acquis** au cours de l'exercice.

> Précisions a. Sont à prendre en compte :
– les paiements effectués dans le cadre de **prêts participatifs ou** d'**emprunts obligataires** ;
– les montants déboursés au titre de **financements alternatifs** (financements opérés via des plateformes en ligne et instruments de finance islamique : BOI-IS-BASE-35-40-10-10 nos 90 à 110) ;
– l'amortissement des **intérêts capitalisés inclus dans le coût d'origine d'un actif** et, le cas échéant, la part des intérêts inclus dans la valeur nette comptable des actifs sortis du bilan ;
– les montants mesurés par référence à un rendement financier déterminés par comparaison avec des entreprises similaires exploitées normalement au sens de l'article 57 du CGI (**prix de transfert**) ;
– les intérêts payés au titre d'**instruments dérivés** ou de **contrats de couverture** portant sur les emprunts de l'entreprise (y compris les swaps de taux et de devises : BOI précité n° 160) ;
– les **gains et pertes de change** relatifs à des prêts, des emprunts et des instruments liés à des financements (dont les gains et pertes de change latents afférents aux seuls intérêts de prêts, d'emprunts et d'opérations de financement : BOI précité n° 170) ;
– les **frais de garantie** relatifs à des opérations de financement ;
– les **frais de dossier** liés à la dette qui sont pris en compte pour le calcul du taux effectif global, à l'exception des frais payés ou dus à des intermédiaires (BOI précité n° 190) ;
– en cas d'opération de **crédit-bail**, de **location avec option d'achat** ou de **location de biens mobiliers conclue entre entreprises liées** (n° 10425, précision a), le montant des loyers, déduction faite de l'amortissement, de l'amortissement financier pratiqué par le bailleur en application de l'article 39 C, I du CGI, et des frais et prestations accessoires facturés au preneur, étant précisé que la composante financière des loyers peut être déterminée au moyen d'une méthode dérogatoire élaborée par l'administration (BOI précité nos 200 à 270) ;
– tous les **autres coûts ou produits équivalents** à des intérêts susceptibles d'être comptabilisés en charges ou produits financiers tels que les charges et produits afférents à des escomptes bancaires ou opérations équivalentes ou les versements réalisés dans le cadre d'avances en comptes courants d'associés (BOI précité nos 280 et 290).

b. Sont **exclus** du périmètre des charges financières nettes les pertes sur créances liées à des participations, les charges ou gains nets sur cession de valeurs mobilières de placement et les dividendes et revenus distribués. Il en est de même, par tolérance, des charges et produits issus des escomptes commerciaux, des pénalités et intérêts de retard pour paiement tardif, ainsi que des intérêts moratoires, des pénalités pour remboursement anticipé (y compris la composante financière des indemnités de résiliation anticipée d'un contrat de crédit-bail) et des sommes bloquées issues de la réserve spéciale de participation des salariés lorsque la gestion de cette réserve est effectuée directement par l'entreprise soumise à la participation (BOI précité n° 300).

c. Charges financières nettes supportées pour financer des **projets d'infrastructures publiques** : voir n° 35860.

PLAFOND DE DROIT COMMUN

35840 CGI art. 212 bis, I et II BIC-XI-12500 s

Les **entreprises non sous-capitalisées** (sur cette notion, voir n° 35845) peuvent déduire leurs charges financières nettes dans la limite de **30 %** de leur résultat avant impôts, intérêts, dépréciations et amortissements (**Ebitda fiscal**) **ou** de **3 M€** par exercice (le cas échéant ramené à 12 mois) lorsque ce montant est supérieur.

L'**Ebitda fiscal** est déterminé à partir du résultat fiscal soumis à l'IS au taux de droit commun ou au taux réduit en faveur des PME, avant imputation des déficits et avant application du plafonnement des charges financières nettes. Mais il est déterminé après application, le cas échéant, d'abattements et déductions retenus pour l'assiette de l'impôt (déductions de type « suramortissement » ou allégements en faveur d'entreprises implantées dans certaines zones).

Le **résultat fiscal** ainsi défini est **retraité** comme suit :

– il est **majoré** des charges financières entrant dans le périmètre des charges financières nettes, des dotations aux provisions pour dépréciation déductibles, des dotations aux amortissements déductibles, des revenus de la propriété industrielle taxés au taux de 10 % et des plus-values soumises aux taux de 15 % et 19 % ;

– il est **minoré** des produits financiers (entrant dans le périmètre des charges financières nettes), des reprises de provisions pour dépréciation imposables, des reprises d'amortissement imposables et de la fraction d'amortissement comprise dans les plus ou moins-values d'actif (que l'amortissement ait été déduit ou non pour le calcul de l'IS, pour la totalité de leur montant : BOI-IS-BASE-35-40-10-20 n° 70), et des moins-values soumises aux taux de 15 % et 19 %.

EXEMPLE

Au cours de l'exercice clos le 31 décembre 2024, la société A (supposée ne pas être sous-capitalisée) constate 5,9 M€ de dotations aux amortissements déductibles hors amortissements sur cession d'actifs, ainsi que 2 M€ de dotations nettes aux provisions (dont 500 000 € pour dépréciation d'actifs déductibles). Ses charges financières nettes s'élèvent à 5 M€, et son résultat fiscal avant imputation des déficits est de 3 M€.
Elle a, par ailleurs, constaté une plus-value de cession sur des titres d'une société à prépondérance immobilière cotée de 500 000 € soumise au taux de 19 %.
Elle a également cédé, au 31 décembre 2024, un bien acquis le 1er janvier 2023 pour 1 M€, et amortissable sur 5 ans. Le bien a été cédé pour 1,2 M€. Les amortissements déduits s'élèvent à 400 000 €. Le montant de la plus-value est de 600 000 €, soit 1,2 – (1 – 0,4).
L'Ebitda fiscal de la société A est déterminé selon les modalités suivantes :

Résultat fiscal avant imputation des déficits de l'entreprise	3 M€
+ Charges financières nettes	5 M€
+ Amortissements déductibles	5,9 M€
– Amortissement compris dans la plus-value de cession du bien	400 000 €
+ Provisions pour dépréciation déductibles nettes des reprises imposables	500 000 €
+ Plus-value de cession soumise au taux de 19 %	500 000 €
Ebitda fiscal	14,5 M€

La société A pourra donc déduire ses charges financières nettes dans la limite de 30 % × 14,5 M€, soit 4,35 M€. Si elle ne bénéficie pas de la déduction supplémentaire (nos 35842 s.), elle devra réintégrer dans son résultat fiscal 5 M€ – 4,35 M€ = 650 000 €.

Aucun retraitement ne doit être appliqué aux **quotes-parts** de résultat issues de la participation de l'entreprise dans des **sociétés de personnes** (BOI-IS-BASE-35-40-10-20 n° 100).

> Précisions a. Les dispositifs de « **suramortissement** » ne donnent lieu à aucun retraitement. Il en est de même des **subventions d'équipement** visées n° 8040 (BOI-IS-BASE-35-40-10-20 n° 70).
b. Les **mises au rebut d'immobilisations** amortissables font l'objet d'un traitement spécifique par l'administration, qui diffère selon que les immobilisations sont partiellement ou totalement amorties (BOI précité n° 70).
c. Lorsque l'entreprise opte pour les règles dérogatoires applicables aux contrats de **financement d'infrastructures publiques** (n° 35860), l'Ebitda fiscal ne tient pas compte du résultat afférent à ces contrats.

DÉDUCTION SUPPLÉMENTAIRE

Champ d'application Lorsqu'elle est **membre d'un groupe consolidé,** l'entreprise peut bénéficier d'une déduction supplémentaire, à condition que le **ratio** entre ses fonds propres et l'ensemble de ses actifs soit égal ou supérieur à ce même ratio déterminé au niveau du groupe consolidé auquel elle appartient. Le ratio du groupe est considéré comme égal à celui de l'entreprise lorsque la différence entre les deux ratios est inférieure à deux points de pourcentage. **35842** CGI art. 212 bis, VI et VI bis **BIC-XI-12650 s et 12960 s**

Toutes les **entreprises autonomes** bénéficient également d'une déduction supplémentaire, sans possibilité d'y renoncer (BOI-IS-BASE-35-40-40 n° 1). Incidences sur les mécanismes de report et les règles applicables aux contrats de financement d'infrastructures publiques : voir respectivement nos 35852 s. et 35860.

> Précisions a. Le **groupe consolidé** s'entend de l'ensemble des entreprises françaises et étrangères dont les comptes sont consolidés par intégration globale pour l'établissement des comptes consolidés. L'administration étend le bénéfice de la déduction aux entreprises membres d'un groupe formé par des entités non contraintes de tenir des comptes consolidés à condition qu'ils soient validés par les commissaires aux comptes (BOI-IS-BASE-35-40-10-20 nos 120 et 130). Les comptes consolidés peuvent être tenus soit en application des normes françaises ou des IFRS, soit, lorsque ces deux référentiels ne sont pas applicables, en application des normes d'un autre État membre de l'UE, des normes américaines (US GAAP), chinoises, coréennes, canadiennes ou japonaises, toutes considérées comme équivalentes aux IFRS par décision de la Commission européenne (BOI précité n° 200).

b. Pour le calcul du **ratio,** l'entreprise peut, au choix, retenir les données du **bilan de clôture ou d'ouverture** de l'exercice (BOI précité n° 220).
c. Les **entreprises autonomes** s'entendent des entreprises non membres d'un groupe consolidé (entendu comme l'ensemble des entreprises françaises et étrangères dont les comptes sont consolidés par intégration globale pour l'établissement des comptes consolidés au sens des normes françaises ou IFRS : BOI-IS-BASE-35-40-40 n° 20) qui ne disposent d'aucun établissement hors de France ni d'aucune entreprise associée au sens de l'article 2, 4 de la directive 2016-1164 du 12 juillet 2016, pendant toute la durée de l'exercice considéré (BOI précité n° 50).

35843 **Montant de la déduction supplémentaire** La déduction supplémentaire est égale à 75 % du montant des charges financières nettes non admises en déduction en application du plafond de 30 % de l'Ebitda fiscal ou de 3 M€.

Ce supplément de déduction ne s'applique toutefois pas aux éventuelles charges financières nettes en report non admises en déduction au titre d'exercices antérieurs.

Les entreprises sous-capitalisées ne peuvent pas bénéficier de cette déduction supplémentaire.

EXEMPLE

Si on reprend l'exemple n° 35840, la société A bénéficiera d'une déduction supplémentaire de 487 500 € [75 % × (5 M€ – 4,35 M€)] si elle remplit l'une ou l'autre des conditions mentionnées n° 35842. Le montant à réintégrer dans son résultat fiscal ne s'élèvera plus qu'à 162 500 € [5 M€ – (4,35 M€ + 487 500 €)].

PLAFOND RÉDUIT EN CAS DE SOUS-CAPITALISATION

35845
CGI
art. 212 bis, VII
BIC-XI-12100 s

Définition de la sous-capitalisation Une entreprise est sous-capitalisée lorsque le **montant moyen** de ses **dettes vis-à-vis d'entreprises liées** au sens de l'article 39, 12 du CGI (voir n° 10425, précision a) excède une fois et demie le montant de ses fonds propres, apprécié au choix de l'entreprise, à l'ouverture ou à la clôture de l'exercice.

> **Précisions** **a.** Sont **considérées** comme des sommes laissées ou mises à disposition par des **entreprises non liées** :
– les sommes afférentes à des opérations de financement réalisées, dans le cadre d'une convention de **gestion centralisée de la trésorerie d'entreprises liées,** par l'une de ces entreprises chargée de cette gestion centralisée au profit de laquelle les sommes sont mises à disposition ;
– les sommes afférentes à l'acquisition de biens donnés en location dans le cadre d'un **contrat de crédit-bail** ;
– les sommes laissées ou mises à disposition des **établissements de crédit** ou des sociétés de financement.
b. Le **montant moyen des dettes à retenir** est égal à la somme des dettes quotidiennes divisée par le nombre de jours de l'exercice (BOI-IS-BASE-35-40-20 n° 200).

35847
BIC-XI-13080 s

Conséquences de la sous-capitalisation Si l'entreprise est sous-capitalisée, elle doit déterminer la part respective des dettes non liées à la sous-capitalisation et des dettes liées à la sous-capitalisation. Pour les calculs de ces ratios, il est considéré que la dette envers des sociétés liées qui n'excède pas une fois et demie les fonds propres n'est pas liée à la sous-capitalisation.

$$\text{Ratio de dettes non liées à la sous-capitalisation (ratio NSC)} = \frac{(\text{DNL} + 1{,}5\ \text{FP})}{(\text{DNL} + \text{DL})}$$

$$\text{Ratio de dettes liées à la sous-capitalisation (ratio SC)} = \frac{(\text{DL} - 1{,}5\ \text{FP})}{(\text{DNL} + \text{DL})}$$

DNL représente les dettes auprès d'entreprises non liées ; DL les dettes auprès d'entreprises liées ; et FP les fonds propres.

Deux assiettes de charges financières nettes sont ensuite déterminées :

– la **première assiette** correspond aux intérêts relatifs à la dette non liée à la sous-capitalisation. Elle est calculée en appliquant au montant total des charges financières nettes le ratio de dettes non liées à la sous-capitalisation déterminé ci-dessus ;

– la **seconde assiette** correspond aux intérêts relatifs à la dette liée à la sous-capitalisation. Elle est déterminée en appliquant au montant total des charges financières nettes le ratio de dettes liées à la sous-capitalisation déterminé ci-dessus.

À la première assiette est appliqué un **premier plafond** égal à **30 % de l'Ebitda fiscal proratisé** (c'est-à-dire auquel le ratio des dettes non liées à la sous-capitalisation est appliqué), **ou 3 M€ proratisé** de la même façon si ce montant est plus élevé.

Un **second plafond** s'applique à la seconde assiette. Il s'élève à **10 % de l'Ebitda fiscal proratisé** (c'est-à-dire auquel le ratio des dettes liées à la sous-capitalisation est appliqué), **ou 1 M€ proratisé** de la même façon si ce montant est plus élevé.

Le montant des charges qui excède chacun de ces deux plafonds ne peut pas bénéficier de la déduction supplémentaire de 75 % mais est reportable sur les exercices ultérieurs dans les conditions indiquées n° 35852.

EXEMPLE

Reprenons les données de l'exemple n° 35840 en considérant cette fois que la société A est sous-capitalisée. Le montant de ses fonds propres s'élève à 20 M€, celui des dettes auprès d'entreprises liées à 60 M€ et celui des dettes vis-à-vis d'entreprises non liées à 40 M€. Pour rappel, le montant des charges financières nettes s'élève à 5 M€ et celui de l'Ebitda fiscal à 14,5 M€.

Calcul du ratio de dette non liée à la sous-capitalisation : [40 + (1,5 × 20)] / (60 + 40) = 70 %

Calcul du ratio de dette liée à la sous-capitalisation : [60 – (1,5 × 20)] / (60 + 40) = 30 %

Charges financières nettes soumises au premier plafond : 3,5 M€ (5 M€ × 70 %)

Charges financières nettes soumises au second plafond : 1,5 M€ (5 M€ × 30 %)

Calcul du premier plafond : 3,045 M€ (70 % × 30 % × 14,5 M€). Les charges soumises à ce plafond sont déduites à hauteur de 3,045 M€. Le solde non imputé de 455 000 € (3,5 M€ – 3,045 M€) est reportable sur les exercices suivants sans limitation dans le temps.

Calcul du second plafond : 435 000 € (30 % × 10 % × 14,5 M€). Les charges soumises à ce plafond sont déduites à hauteur de 435 000 €. Le solde non imputé de 1,065 M€ (1,5 M€ – 435 K€) est reportable sur les exercices suivants sans limitation dans le temps mais à hauteur du tiers de son montant, soit 355 000 € (1,065 M€ / 3).

Clause de sauvegarde Lorsque l'entreprise appartient à un **groupe consolidé** défini n° 35842, précision a, les dispositions prévues en cas de sous-capitalisation ne lui sont pas applicables si elle démontre que le ratio d'endettement du groupe consolidé est supérieur ou égal à son propre taux d'endettement, étant précisé que le premier ratio est considéré comme égal au deuxième lorsqu'il est inférieur à ce dernier de deux points de pourcentage au maximum. Les charges financières nettes de l'entreprise sont alors soumises au plafond de droit commun (n° 35840) et, si les conditions sont remplies, la déduction supplémentaire de 75 % peut s'appliquer. 35850 BIC-XI-12300 s

> Précisions Le **ratio d'endettement de l'entreprise** correspond au rapport existant entre le montant total de ses dettes et le montant de ses fonds propres. Le **ratio d'endettement du groupe consolidé** est déterminé en tenant compte des dettes autres que celles envers les entreprises du groupe consolidé.

MÉCANISMES DE REPORT

Report des charges non admises en déduction Le montant des charges financières nettes non admises en déduction après application du plafond de droit commun et, le cas échéant, de la déduction supplémentaire de 75 % peut être reporté **sans limitation dans le temps** et faire l'objet d'une déduction au titre des exercices suivants. 35852 CGI art. 212 bis, VIII BIC-XI-13250 s

Lorsque l'**entreprise** est **autonome** au sens du n° 35842, précision c, les charges financières nettes non admises en déduction sont définitivement perdues (BOI-IS-BASE-35-40-40 n° 80).

Lorsque l'**entreprise** est **sous-capitalisée,** les sommes excédant le premier plafond proratisé sont reportables dans les mêmes conditions. En revanche, celles qui excèdent le second plafond proratisé ne sont reportables qu'à hauteur du tiers de leur montant (voir l'exemple du n° 35847).

> Précisions a. Les charges financières non déductibles ne revêtent pas le caractère de **revenus distribués** (BOI-IS-BASE-35-40-10-20 n° 20 ; BOI-IS-BASE-35-40-20 n° 240).

b. La **fraction d'intérêts non encore déduits** à la clôture du dernier exercice ouvert avant le 1er janvier 2019, et résultant de l'**ancien dispositif de lutte contre la sous-capitalisation,** est reportable dans les mêmes conditions et sans application de la décote annuelle de 5 % antérieurement prévue.

c. Sort des charges financières en report en cas de **fusion ou opération assimilée** : voir n° 39530, précision a.

d. Un **état** doit être joint à la déclaration de résultats afin d'assurer le suivi des charges financières nettes non admises en déduction du résultat de l'exercice et des exercices précédents, ainsi que les capacités de déduction inemployées au titre des cinq exercices précédents (CGI ann. III art. 46 quater-0 BA).

Modalités de déduction des charges reportées d'exercices antérieurs En l'**absence de sous-capitalisation** au titre de l'exercice de déduction des charges financières reportées d'exercices antérieurs, ces dernières peuvent être déduites à hauteur d'un montant 35854 égal à la différence positive entre la limite de droit commun (30 % de l'Ebitda fiscal ou 3 M€) et les charges financières de l'exercice. La déduction supplémentaire dont bénéficient les **entreprises autonomes** visées n° 35842, précision c ne peut être utilisée pour déduire des charges financières nettes reportées d'exercices antérieurs (BOI-IS-BASE-35-40-40 n° 70).

En cas de **sous-capitalisation,** le stock de charges financières antérieures ne peut être déduit que dans la limite de la différence positive entre, d'une part, 30 % de l'Ebitda fiscal ou 3 M€ proratisés et, d'autre part, les charges financières nettes de l'exercice minorées de celles soumises au second plafond (10 % de l'Ebitda fiscal ou 1 M€ proratisés). Ainsi, aucune charge financière en report ne peut être déduite sur le second plafond.

EXEMPLE

À la clôture de l'exercice 2024, les données financières de la société S, non membre d'une intégration et non qualifiée d'entreprise autonome, sont les suivantes :
– Fonds propres : 100 M€
– Dettes moyennes vis-à-vis d'entreprises liées : 160 M€
– Dettes moyennes vis-à-vis d'entreprises non liées : 120 M€
– Ebitda fiscal : 60 M€
– Charges financières nettes : 12 M€

La société est sous-capitalisée car 160 > 100 × 1,5.

On suppose que les charges financières nettes reportées d'exercices antérieurs s'élèvent à 9 M€.

Les charges financières soumises au premier plafond s'élèvent à 12 × [120 + (1,5 × 100)] / 280 = 11 571 429 € et le premier plafond à 60 × 30 % × [120 + (1,5 × 100)] / 280 = 17 357 143 €.

L'entreprise S ayant pu déduire la totalité de ses charges financières à ce stade, elle peut imputer son stock antérieur à hauteur de : 17 357 143 – 11 571 429 = 5 785 714 €. Il lui restera donc en report des charges financières d'un montant de 9 M€ – 5 785 714 €, soit 3 214 286 €.

Les charges financières soumises au second plafond s'élèvent à 12 M€ – 11 571 429 = 428 571 € et le second plafond à 60 × 10 % × [(160 – 1,5 × 100)] / 280 = 214 286 €. L'entreprise S peut imputer ses charges financières de l'exercice sur ce second plafond à hauteur de 214 286 €. Le solde est reportable à hauteur d'un tiers, soit 71 429 € [(428 571 – 214 286) / 3].

Au titre de l'exercice 2024, elle peut ainsi déduire la quasi-totalité de ses charges financières de l'exercice, ainsi que 5 785 714 € de charges en report. Son stock de charges financières reportable à la clôture de l'exercice s'élève à 3 285 715 € (3 214 286 € + 71 429 €).

35856 **Report de la capacité de déduction inemployée** La capacité de déduction inemployée correspond à la **différence positive** entre :

– la limite de droit commun appliquée au titre de l'exercice (3 M€ ou 30 % de l'Ebitda fiscal) ;

– et les charges financières nettes admises en déduction au titre de cet exercice, après application du plafond de droit commun, de la déduction supplémentaire de 75 % et de la déduction des charges reportées d'exercices antérieurs.

La capacité de déduction inemployée au titre d'un exercice peut être **utilisée** au titre des **cinq exercices suivants** pour déduire du résultat de ces exercices le montant de charges financières nettes non admises en déduction après application du plafond de droit commun et de la déduction supplémentaire de 75 %. La capacité de déduction inemployée reportée d'un exercice antérieur ne peut être utilisée pour déduire des **charges financières en report.** De même, elle ne peut être utilisée au cours de l'exercice au titre duquel une entreprise acquiert la qualité d'entreprise autonome au sens du n° 35842, précision c (BOI-IS-BASE-35-40-40 n° 90).

> **Précisions a.** Les deux **plafonds applicables en cas de sous-capitalisation** ne peuvent générer de capacité de déduction inemployée à reporter.
> **b.** Sort de la capacité de déduction inemployée en cas de **fusion ou opération assimilée** : voir n° 39530, précision a.

CHARGES FINANCIÈRES NETTES RELATIVES AU FINANCEMENT D'INFRASTRUCTURES PUBLIQUES

35860 CGI art. 212 bis, III-3 et IV BIC-XI-13580 s

Les charges financières nettes afférentes à des emprunts utilisés exclusivement pour financer des projets d'infrastructures publiques à long terme peuvent, **sur option,** bénéficier de **modalités particulières de déduction** lorsqu'elles se rapportent à des contrats initiés avant le 28 décembre 2018 (pour les contrats initiés à compter de cette date, c'est le droit commun qui s'applique). Ainsi :

– pour les contrats **signés avant le 29 décembre 2012** sont intégralement déductibles les charges financières nettes supportées par le délégataire, concessionnaire et partenaire privé et afférentes aux biens acquis ou construits par lui dans le cadre d'une délégation de service public, d'un contrat de concession de travaux publics, d'un contrat de concession, d'un contrat de partenariat, d'un bail emphytéotique ou d'un contrat ayant un objet équivalent à ces contrats conclu avec un pouvoir adjudicateur ou une entité adjudicatrice d'un autre État membre de l'Union européenne ;

– pour les contrats **signés à compter du 29 décembre 2012** et **initiés avant le 28 décembre 2018,** les charges financières nettes sont déductibles à hauteur de 30 % de l'Ebitda fiscal afférent à ces contrats (ou 3 M€ si ce montant est supérieur), majoré de 75 % des charges financières nettes excédant ce montant. Sont concernées les charges financières nettes supportées par le cocontractant d'un pouvoir adjudicateur, d'une entité adjudicatrice d'une autorité concédante et afférentes aux biens acquis ou construits par lui dans le cadre d'un marché de partenariat, d'un contrat de concession, d'un bail emphytéotique, d'un contrat ayant un objet équivalent à ces contrats conclu avec un pouvoir adjudicateur, une entité adjudicatrice ou une autorité concédante d'un autre État membre de l'Union européenne. Sont en revanche exclues les charges financières nettes supportées par les entreprises autonomes visées nº 35842, précision c qui bénéficient d'une déduction supplémentaire.

L'**option** doit être exercée au plus tard à la date limite de dépôt de la déclaration de résultats de l'exercice au titre duquel elle s'applique. Elle est **irrévocable pendant dix ans.**

> Précisions **a.** Les règles dérogatoires ne peuvent s'appliquer que lorsque l'opérateur du projet, les charges financières, les actifs et les revenus se situent tous dans l'**Union européenne.**

b. Lorsque l'entreprise exerce **plusieurs activités,** elle peut affecter les charges et produits communs au moyen d'une clé de répartition appropriée à partir des données comptables (BOI-IS-BASE-35-40-30 nºs 70 et 120).

c. Pour tous ces contrats initiés avant le 28 décembre 2018, les dispositions prévues en cas de **sous-capitalisation** ne sont pas applicables.

d. Les dispositions dérogatoires propres aux charges financières nettes relatives à des contrats d'infrastructures publiques sont étendues aux **sociétés d'approvisionnement d'électricité** définies à l'article 238 bis HW (Loi 2023-175 du 10-3-2023 art. 86, III-1º). Cette extension s'applique aux exercices ouverts à compter d'une date fixée par décret, qui ne peut être postérieure de plus de trois mois à la date de réception de la réponse de la Commission européenne permettant de la considérer comme conforme au droit de l'Union européenne.

4. AUTRES RÈGLES PARTICULIÈRES À L'IS

REVENUS MOBILIERS ENCAISSÉS PAR LA SOCIÉTÉ

Il faut distinguer suivant qu'ils relèvent du régime général ou du régime spécial des sociétés mères. **35870**

a. Régime général. Les dividendes perçus par la société et les produits courus des titres à revenu fixe doivent demeurer compris dans le bénéfice imposable à l'IS (nºs 7956 et 7960). Mais, à l'échéance, la société peut imputer sur le montant de l'impôt dont elle est redevable le **crédit d'impôt** auquel ouvrent droit certains de ces revenus (voir nºs 36115 s.).

b. Régime spécial des sociétés mères. Lorsqu'une société remplit les conditions requises pour avoir la qualité de société mère, les dividendes qu'elle reçoit de sa filiale peuvent être exonérés d'IS sous réserve de la taxation d'une quote-part de frais et charges (voir nºs 40850 s.).

DÉDUCTION DES RÉMUNÉRATIONS DES DIRIGEANTS

Le régime fiscal applicable, au regard tant de la société que des bénéficiaires, aux rémunérations perçues par les dirigeants des diverses sortes de sociétés est exposé nºs 23500 s. **35875**

AUTRES MESURES

Certains **crédits d'impôt** et certains dispositifs d'**amortissement exceptionnel** sont réservés aux entreprises soumises à l'IS : voir nºs 10470 s. et 9500 s. **35885**

En ce qui concerne le montant du profit imposable en cas de **rachat auprès d'un tiers d'une créance décotée** détenue sur une société cible suivie de son **incorporation au capital** de cette société, voir nº 8095, précision b.

C. Report déficitaire

Les entreprises soumises à l'IS ont le choix entre deux régimes de report des déficits : **35890** BIC-XIV-200 s

– un régime de droit commun, dit de report « en avant », qui permet d'imputer les déficits sur les bénéfices des exercices suivant l'exercice déficitaire (nºs 35905 s.) ;

– et un système optionnel de report « en arrière » des déficits (« carry-back ») sur le bénéfice de l'exercice précédent (nºs 35925 s.).

Les déficits subis à l'intérieur d'un **groupe fiscal** ouvrent droit aux deux dispositifs de report moyennant certaines adaptations examinées nos 40385 et 40555 s.

35895 BIC-XIV-900 s

Intérêt du report en avant

Son principal intérêt tient à l'existence de la **contribution sociale** due par certaines sociétés : l'imputation en avant des déficits réduit ou annule le montant de l'IS dû au titre des exercices suivants et diminue d'autant le montant de cette contribution.

Avantages du report en arrière

Le report en arrière des déficits présente notamment les avantages suivants :
– il confère à l'entreprise la **certitude** de réaliser effectivement une **économie d'impôt,** car il fait naître une créance sur le Trésor public remboursable, en principe, au bout de cinq ans si elle n'est pas utilisée dans ce délai pour le paiement de l'IS ;
– il améliore les **résultats comptables** et le bilan de l'entreprise du fait de l'inscription de la créance à l'actif ainsi que sa trésorerie lors du remboursement.

Incidence sur la participation des salariés

Le choix du mode de report des déficits n'est pas neutre à l'égard du montant de la participation des salariés aux résultats. Le report en avant des déficits réduit le montant de la participation calculée sur les bénéfices des exercices suivant l'exercice déficitaire, tandis que le report en arrière n'entraîne aucune réduction de la participation acquise au titre des exercices antérieurs.

REPORT EN AVANT

35905 CGI art. 209, I-al. 3 BIC-XIV-2000 s

Le droit au report en avant des déficits subis par les sociétés soumises à l'IS est **illimité dans le temps.** Le déficit subi au titre d'un exercice est considéré comme une charge de l'exercice suivant et déduit du bénéfice réalisé pendant ledit exercice, dans la **limite d'un montant** de 1 M€, majoré de 50 % de la fraction du bénéfice excédant ce seuil. Lorsque le déficit constaté au titre d'un exercice excède 1 M€ alors que le bénéfice de l'exercice suivant dépasse également ce seuil, l'entreprise doit donc acquitter un montant d'IS calculé sur 50 % de la fraction de ce bénéfice excédant 1 M€. La part de déficit qui ne peut pas être déduite en application de cette mesure est reportable sur les exercices suivants, sans limitation de durée, dans la même limite.

EXEMPLE

Une entreprise dont l'exercice coïncide avec l'année civile réalise au titre de 2024 un bénéfice de 1 200 000 €. Le déficit qu'elle a subi au titre de l'exercice 2023 s'élève à 1 500 000 €. Ce déficit n'est imputable sur le bénéfice 2024 qu'à hauteur de : 1 000 000 € + 50 % × (1 200 000 € – 1 000 000 €) = 1 100 000 €. Une fraction du bénéfice 2024, soit 100 000 € (1 200 000 € – 1 100 000 €) reste imposable à l'IS. La part du déficit 2023 qui reste reportable sur les exercices 2025 et suivants s'élève à 400 000 € (1 500 000 € – 1 100 000 €).

Pour les **sociétés bénéficiaires d'abandons de créances** consentis en application d'un accord homologué dans les conditions prévues à l'article L 611-8 du Code de commerce ou dans le cadre d'une procédure de sauvegarde, de redressement judiciaire ou de liquidation judiciaire (ou d'une procédure d'insolvabilité visée à l'annexe A du règlement 1346/2000/CE du 29 mai 2000 : BOI-IS-DEF-10-30 n° 220), la limite de 1 M€ est majorée du montant de ces abandons. Selon l'administration, ces abandons réduisent la **part variable** du plafond d'imputation (BOI précité n° 225).

> Précisions **a.** Les déficits de l'exercice peuvent être imputés sans limitation sur des **plus-values à long terme** imposables à 15 % ou 19 % et cessent alors d'être reportables (n° 18675). En revanche, les déficits antérieurs ne sont imputables sur ces plus-values que dans la limite légale (BOI précité n° 210).
b. Dans le cas des **PME bénéficiaires du taux réduit** d'IS (nos 36085 s.), la règle qui limite l'imputation des déficits s'applique avant de déterminer la part du bénéfice taxée à 15 % (BOI précité n° 190).
c. Le report déficitaire demeure possible même lorsque, en comptabilité, le déficit a été résorbé par une **réduction de capital** (y compris dans le cadre d'une opération de « coup d'accordéon » : n° 8095, précision a) ou a été imputé sur des **réserves** libérées de l'IS. En revanche, l'imputation du déficit sur des réserves non libérées de l'IS fait disparaître le droit au report sur les bénéfices des exercices postérieurs.

35910 BIC-XIV-3700 s

Contrôle des déficits reportés L'administration peut vérifier et rectifier les déficits subis au cours d'un **exercice prescrit,** dès lors qu'ils sont reportés sur les bénéfices d'exercices non couverts par la prescription, mais également lorsque ces déficits ne sont pas imputés, faute de résultat bénéficiaire, et seulement susceptibles d'affecter le résultat d'exercices ultérieurs par la voie du report déficitaire (CE 5-7-2023 n° 464928 : RJF 10/23 n° 697). Bien entendu, les rectifications ne peuvent porter que sur la période non prescrite (notamment CE 13-11-1987 n° 56447 : RJF 1/88 n° 29).

Le contribuable doit justifier de l'existence et du montant de ses déficits, en principe par la production d'une comptabilité régulière et complète. L'expiration du **délai de conservation des documents comptables** prévu à l'article L 102 B du LPF (n° 78065) n'est alors pas opposable à l'administration (CE 1-10-1993 n° 116599 : RJF 11/93 n° 1437). Toutefois, en l'absence d'une telle comptabilité (notamment en cas de survenance d'événements ayant un caractère de **force majeure**), la réalité du déficit peut être établie par tout moyen de preuve (CE 10-1-1990 n° 90521 : RJF 3/90 n° 319 ; CAA Lyon 10-5-2000 n° 96LY00908 : RJF 11/00 n° 1245).

Dans le cas où le contribuable s'acquitte de son obligation en produisant une comptabilité, il incombe à l'**administration,** si elle s'y croit fondée, soit de critiquer les écritures ayant conduit à la constatation d'un déficit, soit de demander au contribuable de justifier de la régularité de ces écritures (CE 31-12-2020 n° 428297 : RJF 3/21 n° 297).

Perte du droit au report En vertu de la règle dite de l'« identité d'entreprise », les déficits ne sont susceptibles d'être reportés, en principe, qu'au sein de l'entreprise qui les a subis. C'est ainsi que le **changement de régime fiscal,** le changement **d'objet ou d'activité** réelle des sociétés, ou la **disparition des moyens de production,** qui emportent cessation d'entreprise, font perdre le droit au report des déficits (voir n°s 38715 s. et 38770, 3). 35915 BIC-XIV-1600 s

En cas de **fusion** de sociétés ou opération assimilée, le déficit de la société absorbée peut toutefois être transféré à la société absorbante (voir n°s 39555 s.).

REPORT EN ARRIÈRE (« CARRY-BACK »)

Le système du « carry-back » permet d'imputer le déficit constaté à la clôture d'un exercice sur le bénéfice de l'exercice précédent, dans la limite de la fraction non distribuée de ce bénéfice, ce qui fait naître une créance sur le Trésor correspondant à l'excédent d'impôt antérieurement versé. 35925 CGI art. 220 quinquies BIC-XIV-5900 s

L'**option** pour le report en arrière, qui constitue une décision de gestion opposable, vaut réclamation contentieuse. Elle est exercée dans le délai de dépôt de la déclaration de résultats de l'exercice de constatation du déficit (voir toutefois n° 35945). Elle est formalisée sur le tableau n° 2058 A-SD (régime réel normal), ou n° 2033 B-SD (régime simplifié), annexé à la déclaration de résultat (BOI-IS-DEF-20-10 n° 270). L'entreprise doit en outre joindre une déclaration n° 2039-SD au relevé de solde de l'IS (ou à sa déclaration de résultat si elle opte postérieurement à la date limite de dépôt du relevé de solde : BOI précité n° 300).

> **Précisions** **a.** L'option ne peut pas être exercée au titre d'un exercice au cours duquel intervient une **cession ou cessation** totale d'entreprise, une **fusion** ou une opération assimilée, un jugement prononçant l'ouverture d'une mise en **liquidation** judiciaire de la société (CGI art. 220 quinquies, II) ou une mise en liquidation amiable (CE 20-11-2017 n° 397027 : RJF 2/18 n° 149). Cette interdiction ne s'applique pas aux entreprises qui cessent d'être soumises à l'IS en raison de leur option pour le régime de faveur des sociétés d'investissements immobiliers cotées, alors même qu'elles font l'objet d'une imposition immédiate de leurs bénéfices dans les mêmes conditions qu'en cas de cession ou de cessation (CE 7-6-2019 n° 411648 : RJF 10/19 n° 945). Par ailleurs, en cas de fusion ou d'opération assimilée, la société bénéficiaire de l'apport peut reporter en arrière, sur ses bénéfices propres, le déficit de l'exercice en cours lors de l'opération, à l'exclusion des déficits qui lui sont éventuellement transférés (BOI-IS-FUS-10-20-50 n° 50). Elle ne peut pas exercer le report sur les bénéfices de la société absorbée réalisés antérieurement à la fusion (CAA Douai 17-5-2000 n° 97DA01730 : RJF 11/00 n° 1247).
> **b.** Une **société étrangère** soumise à l'IS peut exercer l'option à raison de la **quote-part de déficit** correspondant à ses droits dans une **société de personnes,** dans la limite de la fraction des bénéfices de cette société qu'elle n'a pas distribuée (CAA Paris 30-12-1997 n° 94PA00686 : RJF 3/98 n° 246).

Déficit reportable L'option pour le report en arrière ne peut être exercée que pour le déficit constaté au cours de l'exercice. Ce déficit est reportable sur le seul bénéfice de l'exercice précédent, dans la limite du **montant** le plus faible entre ledit bénéfice et un montant de 1 M€. Le déficit qui n'a pas pu être reporté en arrière demeure reportable en avant dans les conditions habituelles. 35930 BIC-XIV-6400 s

EXEMPLE

Soit une société dont l'exercice coïncide avec l'année civile qui subit un déficit de 1 200 000 € au cours de l'exercice 2024 et opte pour le report en arrière de ce déficit. Ce déficit ne peut être imputé que sur le bénéfice 2023 qui s'élève à 1 500 000 €. L'imputation ne pouvant excéder 1 000 000 €, la société ne peut reporter en arrière que 1 000 000 €. Le reliquat de 200 000 € reste reportable en avant.

35940 BIC-XIV-6650 s **Base d'imputation** La base d'imputation du déficit reporté en arrière s'entend du **bénéfice fiscal** de l'exercice précédent soumis au taux normal ou au taux réduit de l'IS prévu en faveur des PME (BOI-IS-DEF-20-10 n° 90), à l'**exclusion** de la fraction de ce bénéfice :

– qui a fait l'objet d'une **distribution,** étant précisé que les entreprises peuvent librement affecter les distributions qu'elles effectuent sur le montant de leur bénéfice soumis à l'IS au taux normal ou au taux réduit (BOI précité n° 120) ;

– qui a donné lieu à un impôt payé au moyen de **réductions** ou **crédits d'impôt,** ou au moyen d'un excédent de crédit d'impôt recherche (CE 10-3-2022 n° 443690 : RJF 6/22 n° 533).

Les crédits et les réductions d'impôt sont réputés affectés au paiement de l'IS dû au taux normal ou au taux réduit dans la proportion existant entre l'impôt dû à chacun de ces taux et le montant total de l'IS (BOI précité n° 150). Les crédits attachés aux **revenus mobiliers** sont présumés utilisés pour le paiement de l'IS avant les autres crédits d'impôt (BOI précité n° 130).

Sont également exclus de la base d'imputation : les **bénéfices exonérés** en application des dispositions particulières (entreprises nouvelles, entreprises implantées dans les zones franches urbaines-territoires entrepreneurs, entreprises créées ou reprises dans les zones de revitalisation rurale, jeunes entreprises innovantes, entreprises créées ou reprises dans les zones France ruralités revitalisation, activités créées ou reprises dans les zones France ruralités revitalisation « plus »,, entreprises implantées dans les zones de restructuration de la défense, dans les zones franches outre-mer et entreprises créées dans un bassin urbain à dynamiser ou une zone de développement prioritaire), ainsi que les bénéfices exonérés en vertu des articles 207 à 208 quinquies du CGI (sociétés et collectivités totalement ou partiellement exonérées d'IS). Il en est de même des **plus-values à long terme** et des **produits de la propriété industrielle** et assimilés taxés à un taux réduit.

EXEMPLE

Une société bénéficiaire du taux réduit d'imposition de 15 % prévu en faveur des PME, dont le chiffre d'affaires est égal à 9 M€ et dont l'exercice coïncide avec l'année civile, souhaite reporter en arrière son déficit subi en 2024. Elle a réalisé en 2023 un résultat de 642 500 €, soit :
– bénéfices imposés au taux normal de 25 % (BN) : 600 000 € ;
– bénéfices imposés au taux réduit de 15 % en faveur des PME (BR) : 42 500 €.
Montant de l'IS dû au titre de 2023 = 156 375 €, soit :
– IS à 25 % : 150 000 € ;
– IS à 15 % : 6 375 €.
Crédits d'impôt attachés à des revenus mobiliers de source étrangère (CI) : 40 000 €.
Crédit d'impôt recherche (CIR) : 30 000 €.
Réduction d'impôt mécénat (RIM) : 5 000 €.
Distributions prélevées sur les bénéfices de 2023 soumis au taux normal d'IS : 100 000 €.

a. **Fraction du bénéfice** de l'exercice 2023 **exclue du bénéfice d'imputation**
Montant du bénéfice 2023 distribué (BD) : 100 000 €.
Montant du bénéfice ayant donné lieu à un impôt payé au moyen de crédits et réduction d'impôt :
– CI utilisés au paiement de l'IS au taux normal de 25 % : 38 369 € = [40 000 € × (150 000 / 156 375)] ;
– CI utilisés au paiement de l'IS au taux réduit de 15 % : 1 631 € = [40 000 € × (6 375 / 156 375)] ;
– CIR utilisé en paiement de l'IS au taux normal de 25 % :
30 000 € × [(150 000 – 38 369) / (156 375 – 40 000)] = 28 777 € ;
– CIR utilisé en paiement de l'IS au taux réduit :
30 000 € × [(6 375 – 1 631) / (156 375 – 40 000)] = 1 223 € ;
– montant de l'IS au taux normal de 25 % payé au moyen de crédits d'impôt : 67 146 € (38 369 + 28 777) ;
– montant de l'IS au taux réduit payé au moyen de crédits d'impôt : 2 854 € (1 631 + 1 223) ;
– RIM utilisé au paiement de l'IS au taux normal de 25 % : 4 796 € = 5 000 € × [(150 000 – 67 146) / (156 375 – 70 000)] ;
– RIM utilisé au paiement de l'IS au taux réduit de 15 % : 204 € = 5 000 € × [(6 375 –2 854) / (156 375 – 70 000)] ;
– montant du bénéfice imposé au taux normal de 25 % ayant donné lieu à un impôt payé au moyen de crédits et réduction d'impôt (BCRIN) : (67 146 + 4 796) / 25 % = 287 768 € ;
– montant du bénéfice imposé au taux réduit ayant donné lieu à un impôt payé au moyen de crédits et réduction d'impôt (BCRIR) : (2 854 + 204) / 15 % = 20 387 €.

b. **Calcul du bénéfice d'imputation**
Fraction non distribuée du bénéfice ayant donné lieu à un impôt payé au moyen de crédits et réduction d'impôt, les distributions étant par hypothèse effectuées sur le bénéfice soumis au taux normal de l'IS de 25 % :

[BCRIN × (BN – BD) / (BN)] + BCRIR = 287 768 × [(600 000 – 100 000) / 600 000] + 20 387 = 260 194 €.
Montant du bénéfice exclu du bénéfice d'imputation (BEX) :
BD + BCRIN × [(BN – BD) / (BN)] + BCRIR = 100 000 + 260 194 = 360 194 €.
Montant du bénéfice d'imputation :
(BN + BR) – BEX = 642 500 – 360 194 = 282 306 €.

Rectification du déficit ou du bénéfice d'imputation Lorsqu'un **contrôle fiscal,** ou le dépôt d'une **déclaration rectificative** dans le délai de réclamation prévu à l'article R 196-1 du LPF, fait apparaître ou accroît le **déficit** subi au titre d'un exercice, la société peut opter pour son report en arrière sur le bénéfice de l'exercice précédent, dans la double limite du déficit rectifié et de 1 M€ (BOI-IS-DEF-20-10 n° 50). 35945 BIC-XIV-6460 s et 6800 s

Lorsqu'un contrôle fiscal, ou le dépôt d'une déclaration rectificative dans le délai de réclamation, a pour effet de faire apparaître ou de rehausser un **bénéfice d'imputation,** la société peut opter pour le report en arrière du déficit sur ce bénéfice rectifié, dans la double limite de ce bénéfice rectifié et de 1 M€ (CE 19-12-2007 nos 285588 et 294358 : RJF 3/08 n° 347 ; CE 16-11-2022 n° 462305 : RJF 2/23 n° 149 ; BOI précité nos 50 et 60). Si le contribuable avait déjà opté pour le report du déficit de l'exercice avant la mise en recouvrement des suppléments d'impôt, il ne peut demander l'imputation du déficit sur les bénéfices rectifiés qu'en présentant une nouvelle **réclamation contentieuse** (CE 19-7-2016 nos 385768 et 385774 : RJF 11/16 n° 1012).

Calcul de la créance La créance sur le Trésor est égale au produit du déficit imputé par le taux de l'IS applicable à l'exercice de réalisation du bénéfice (taux normal ou taux réduit dont bénéficient les PME). 35950 BIC-XIV-8100 s

EXEMPLE

Un déficit de 150 000 € subi au titre de l'exercice 2024 donne naissance, en cas de report en arrière sur les bénéfices de l'exercice 2023 (et à condition que ceux-ci soient soumis, à hauteur d'un montant au moins égal à 150 000 €, au taux de l'IS de 25 %), à une créance de 150 000 × 25 % = 37 500 €.

Sur le plan comptable, la créance constitue un produit de l'exercice déficitaire. Elle n'est cependant pas imposable et doit donc faire l'objet d'une **déduction extra-comptable.**

> Précisions Lorsqu'un déficit est susceptible d'être reporté en arrière sur les **bénéfices** d'un exercice soumis **pour partie au taux réduit** prévu en faveur des PME et pour partie au taux normal de l'IS, ce déficit est réputé imputé en priorité sur le bénéfice au taux normal puis sur le bénéfice soumis au taux réduit (BOI-IS-DEF-20-10 n° 100).

Utilisation de la créance La créance peut être utilisée pour le **paiement de l'IS** dû au titre des exercices clos au cours des cinq années suivant celle au cours de laquelle l'exercice déficitaire a été clos. Cette imputation est effectuée sur les acomptes, puis sur le solde de l'IS et, le cas échéant, sur les rappels d'impôt portant sur ces exercices. La créance ne peut pas en revanche servir au paiement de la **contribution sociale** (nos 36690 s.). 35960 BIC-XIV-8400 s

Au terme du délai de cinq ans, la fraction de la créance qui n'a pas pu être imputée sur l'IS fait l'objet d'un **remboursement** (sauf possibilité de remboursement anticipé : voir précisions a et b). Mais l'entreprise peut aussi choisir de l'utiliser pour s'acquitter d'**échéances fiscales à venir** (IS, TVA, taxes sur les salaires, taxe d'apprentissage...) en souscrivant le formulaire n° 3516-SD (BOI-REC-PRO-10-20-30).

Le **décompte du délai de cinq ans** est réalisé à partir de l'exercice d'origine du déficit et s'effectue par années civiles. Par exemple, la créance résultant du report en arrière du déficit d'un exercice ouvert le 1er juin 2024 et clos le 30 novembre de la même année peut être remboursée dès le 1er janvier 2030. En revanche, si la clôture de l'exercice intervient le 31 mai 2025, la créance ne pourra être remboursée qu'à partir du 1er janvier 2031.

Si le **remboursement** n'est **pas effectué spontanément** par l'administration, le contribuable peut lui présenter une demande de remboursement dans le délai de prescription quadriennale prévu par l'article 1er de la loi 68-1250 du 31 décembre 1968 et, en cas de rejet, porter le litige né de ce rejet devant le juge de plein contentieux (CE 9-3-2016 nos 385244 et 385265 : RJF 6/16 n° 515).

> Précisions a. Les entreprises qui font l'objet d'une procédure de **conciliation** ou de **sauvegarde,** de **redressement** ou de **liquidation judiciaires** peuvent demander le **remboursement anticipé** de leur créance non utilisée à compter de la date de la décision ou du jugement qui a ouvert ces procédures. Le remboursement est effectué sous déduction d'un intérêt appliqué à la créance restant à imputer, calculé au taux de l'intérêt légal. L'administration précise que le remboursement immédiat concerne les créances nées antérieurement à l'ouverture des procédures, ainsi que celles nées pendant la période couverte par ces procédures (BOI-IS-DEF-20-20 n° 140). Cette possibilité de remboursement anticipé s'applique, de la même manière, aux entreprises agricoles qui font l'objet d'une procédure de règlement amiable prévue aux articles L 351-1 et suivants du Code rural et de la pêche maritime (BOI précité n° 80).

b. Au cours de la période qui précède son remboursement, la **créance** peut aussi être **mobilisée** auprès d'un établissement de crédit en application de la loi Dailly. L'établissement peut obtenir lui-même le remboursement de la créance dont la propriété lui a été transférée à titre de garantie, au terme du délai de cinq ans. Si, dans l'intervalle, l'entreprise recouvre la propriété de sa créance, celle-ci redevient imputable sur l'IS puis, s'il y a lieu, remboursable à l'issue des cinq ans.

c. La créance ne peut pas être offerte en **garantie** pour obtenir le **sursis de paiement** en cas de contestation d'impositions dues au titre d'exercices antérieurs à celui au cours duquel le déficit est constaté (CE 25-1-1989 n° 92439 : RJF 3/89 n° 383).

d. L'administration est fondée à vérifier l'existence et la quotité de la créance de l'entreprise et à rectifier éventuellement son montant, même lorsque les éléments de calcul doivent être recherchés dans les résultats d'exercices prescrits (LPF art. L 171 A). Ce **contrôle** peut être exercé jusqu'à la fin de la troisième année qui suit celle au cours de laquelle la créance s'est éteinte, soit par remboursement, soit par imputation totale, soit par imputation du reliquat de la créance en cas d'imputation partielle antérieure (BOI-IS-DEF-20-20 n° 260).

Les irrégularités constatées peuvent donner lieu à l'application des **pénalités** de droit commun (n°s 80000 s.) lorsqu'elles affectent la détermination du montant de la créance, son imputation ou son remboursement.

e. La créance résultant du **dispositif exceptionnel de report en arrière** du premier déficit constaté au titre d'un exercice clos à compter du 30 juin 2020 et jusqu'au 30 juin 2021 (MF 2022 n° 35970) peut être utilisée dans les conditions de droit commun.

D. Calcul de l'IS

35990 CGI art. 219 IS-II-6500 s

L'IS est calculé en appliquant le taux légal au bénéfice imposable arrondi à l'euro le plus proche. Pour obtenir l'impôt effectivement dû, il faut ensuite pratiquer les imputations prévues par la loi à raison des crédits d'impôt (n°s 36115 s.).

À l'IS proprement dit s'ajoute pour certaines entreprises une **contribution sociale** (n°s 36690 s.).

1. TAUX DE L'IMPÔT

TAUX NORMAL

36065 CGI art. 219, I IS-II-6680 s

Le taux normal de l'IS concerne tous les bénéfices et plus-values imposables qui ne peuvent prétendre à l'application de l'un des dispositifs d'imposition atténuée mentionnés n°s 36085 s.

Il est fixé à 25 % pour toutes les entreprises, quel que soit le montant de leur chiffre d'affaires.

TAUX RÉDUITS

36085 CGI art. 219, I-b IS-II-8000 s

Taux réduit en faveur des PME Les petites et moyennes entreprises bénéficient de plein droit d'un taux réduit d'IS de **15 %** dans la limite de **42 500 € de bénéfice imposable** par période de douze mois (abstraction faite des plus-values taxées à 15 % et des bénéfices exonérés ou situés hors du champ d'application de l'IS).

36090

Peuvent bénéficier du taux réduit l'ensemble des personnes morales passibles de l'IS de plein droit ou sur option (y compris les associations ayant un secteur lucratif imposable).

Sont visées les PME qui réalisent au cours de l'exercice ou de la période d'imposition un **chiffre d'affaires** hors taxe, ramené le cas échéant à douze mois, n'excédant pas 10 M€. S'il s'agit de sociétés, le **capital** doit en outre être entièrement libéré à la clôture de l'exercice (ou de la période d'imposition) concerné et détenu, de manière continue, pour 75 % au moins (droits de vote et droits à dividende) :

– par des personnes physiques ;

– ou par des sociétés respectant la condition tenant au montant du chiffre d'affaires susvisée et dont le capital, entièrement libéré, est directement détenu de manière continue pour 75 % au moins par des personnes physiques.

Pour la société mère d'un **groupe intégré,** le chiffre d'affaires s'apprécie en faisant la somme des chiffres d'affaires de chacune des sociétés membres du groupe. Les conditions relatives à la libération et à la détention du capital s'apprécient au niveau de la mère.

> Précisions a. Le **chiffre d'affaires** à retenir s'entend de l'ensemble des recettes provenant de l'activité professionnelle normale et courante de l'entreprise, à l'exclusion, pour la généralité des entreprises, des produits financiers, des produits exceptionnels et des refacturations de frais qui présentent le caractère de débours tels que définis n° 52335 (BOI-IS-LIQ-20-10 n° 40). Les sociétés exerçant une **activité à l'étranger** doivent tenir compte de leur seul chiffre d'affaires réalisé en France (BOI précité n° 40).
b. Pour l'appréciation du seuil de détention, les **participations** des **SCR**, des **FCPR**, des fonds professionnels spécialisés, des fonds professionnels de capital investissement, des **SDR** et des **SFI** ne sont pas retenues, sauf s'il existe des liens de dépendance (tels que définis n° 10425, précision a) entre ces sociétés ou fonds et la PME.
c. L'entreprise doit joindre à la déclaration de résultats de l'exercice un **état de détermination des bénéfices imposés au taux réduit** et, s'il s'agit d'une société, un état de répartition de son **capital** social (CGI ann. III art. 46 quater-0 ZZ bis A). Le non-respect de cette condition formelle, non prévue par la loi, ne fait pas obstacle à l'application du taux réduit (TA Rennes 30-12-2008 n°s 06-2363, 06-2364, 07-392 et 07-393 : RJF 5/09 n° 435).

Autres taux réduits Bénéficient d'un taux réduit d'IS : **36095** IS-II-9000 s

– certaines **plus-values** (plus-values à long terme : voir n°s 18670 s. ; plus-values de cession de locaux professionnels destinés à être transformés en logements : voir n°s 19447 s.) ;

– le résultat net des opérations de cession, concession ou sous-concession de licences d'exploitation portant sur certains droits de **propriété industrielle** et les **logiciels** protégés : voir n°s 10420 s. ;

– les revenus du patrimoine des **collectivités sans but lucratif** : voir n°s 89700 s.

2. IMPUTATIONS

CRÉDITS D'IMPÔT ATTACHÉS À CERTAINS REVENUS MOBILIERS

Lorsque des revenus mobiliers assortis d'un crédit d'impôt sont compris dans le bénéfice imposable d'une société passible de l'IS, celle-ci est autorisée à retrancher ce crédit d'impôt pour le calcul de l'IS à verser. C'est le système dit de l'imputation « impôt sur impôt ». **36115** CGI art. 220 IS-II-10800 s

> Précisions a. S'agissant de l'imputation des crédits d'impôt attachés à des dividendes perçus de sociétés étrangères ouvrant droit au régime mère-fille, voir n°s 40950 s.
b. L'imputation des crédits d'impôt attachés aux revenus mobiliers perçus par les sociétés membres d'un groupe d'**intégration fiscale** s'effectue dans les conditions exposées n° 40600.

Revenus ouvrant droit à imputation Les **revenus de valeurs mobilières** de **source étrangère** ouvrent droit en principe à un crédit d'impôt imputable sur le montant de l'IS de la société qui les perçoit lorsqu'ils proviennent d'un pays lié à la France par une convention internationale. Le montant de ce crédit est déterminé dans les conditions indiquées n° 83330. **36125** CGI art. 220, 1-a-al. 1 IS-II-11150 s

Certains **revenus mobiliers de source française,** essentiellement des produits de bons de caisse, sont soumis à une retenue à la source (n° 25730) et, corrélativement, génèrent un crédit d'impôt imputable.

Lorsque les revenus sont encaissés en France, le montant du crédit d'impôt susceptible d'être imputé est mentionné sur le certificat remis au bénéficiaire par l'établissement payeur. Dans les autres cas, le bénéficiaire doit calculer lui-même le crédit d'impôt (voir n° 82860).

Modalités de l'imputation Les crédits d'impôt attachés aux revenus mobiliers compris dans le bénéfice imposable viennent en déduction de l'IS, sous réserve du respect de la « règle du butoir » (n° 36155). **36140**

Les **revenus** concernés doivent, en principe, être inclus dans le bénéfice imposable pour leur **montant brut,** crédit d'impôt compris. Il est cependant admis en pratique que les crédits d'impôt ne soient pas ajoutés au bénéfice imposable, qui comprend alors seulement le **montant net** des revenus mobiliers effectivement perçus. Dans ce cas, la somme à imputer est égale à 75 % des crédits d'impôt.

Lorsque les résultats imposables sont soumis à plusieurs taux d'imposition, la détermination du montant des crédits d'impôt imputables sur l'IS conduit, en pratique, à rechercher à quels taux ces crédits d'impôt auraient été imposés s'ils avaient été compris dans les résultats imposables (BOI-IS-RICI-30-10-20-10 n°s 20 et 30).

Incidence de la **comptabilisation** des revenus mobiliers pour leur **montant net** sur le montant de la contribution sociale : voir n° 36715, précision e.

36145 EXEMPLE

Soit une société qui réalise, au cours de l'exercice clos le 31 décembre 2024, un chiffre d'affaires supérieur à 10 M€ et un bénéfice de 900 000 € (soumis à l'IS au taux de 25 %), dans lequel se trouve incluse une somme de 17 000 € représentant des dividendes de source étrangère perçus au cours de l'exercice. Le revenu brut correspondant est de 20 000 €, mais, en raison d'une retenue à la source de 15 %, la société n'a effectivement perçu qu'une somme de 20 000 € – 3 000 € = 17 000 €. Elle bénéficie donc à ce titre d'un crédit d'impôt de 3 000 €.

1. L'IS dû par la société au titre de l'exercice devrait, théoriquement, être déterminé comme suit :

Bénéfice imposable : 900 000 + 3 000	903 000 €
Impôt correspondant : 903 000 × 25 %	225 750 €
À déduire : crédit d'impôt	– 3 000 €
IS effectivement dû	222 750 €

2. En pratique, la société peut prendre en compte les revenus nets, mais, en contrepartie, ne peut déduire de l'IS que 75 % du crédit d'impôt. L'impôt dû est alors le suivant :

IS correspondant au bénéfice de 900 000 €	225 000 €
À déduire : 75 % du crédit d'impôt soit 3 000 × 75 %	– 2 250 €
IS effectivement dû	222 750 €

36150 Dans le cas de **PME** imposables à l'IS au taux réduit de 15 % qui comptabilisent leurs revenus mobiliers pour leur montant net, les crédits d'impôt sont imputables à raison de 85 % de leur montant, celui-ci étant limité à la différence, si elle est positive, entre 42 500 € et le bénéfice fiscal, sans tenir compte des crédits d'impôt. Le surplus est imputable pour 75 % de son montant. En cas de différence négative, la totalité du montant des crédits d'impôt est imputable, pour 75 % de son montant (BOI-IS-RICI-30-10-20-10 n° 30).

EXEMPLE

1. Soit une entreprise éligible au taux réduit de 15 % qui clôture un exercice de douze mois le 31 décembre2024. Le bénéfice fiscal déterminé hors crédits d'impôt est de 450 000 €.

Le montant des crédits d'impôt est par hypothèse de 10 000 €. Le montant imputable sur l'IS est déterminé comme suit :

Montant imputable à 85 % : pas d'imputation car 42 500 – 450 000 < 0	0
Montant imputable à 75 % : 75 % × 10 000	7 500 €
Total imputable	7 500 €

2. La même PME réalise au titre de son exercice clos le 31 décembre 2025 un bénéfice fiscal hors crédits d'impôt de 40 000 €. Le montant des crédits d'impôt dont elle dispose est par hypothèse de 5 000 €. Le montant imputable sur l'IS est déterminé comme suit :

Montant imputable à 85 % : 85 % × (42 500 – 40 000) car 42 500 > 40 000	2 125 €
Montant imputable à 75 % : 75 % × (5 000 – 2 125)	2 156 €
Total imputable	4 281 €

36155 CGI art. 220, 1-a et b IS-II-11400 s

Limitation de l'imputation En vertu de la « **règle du butoir** », l'imputation à effectuer est limitée à la fraction de l'IS français correspondant au montant des revenus de capitaux mobiliers donnant droit à crédit d'impôt. L'imputation des crédits d'impôt d'origine étrangère est en outre limitée au montant du crédit correspondant à l'impôt retenu à la source à l'étranger, tel qu'il est prévu par les conventions internationales.

Le montant des **revenus étrangers** à prendre en compte pour déterminer la fraction de l'IS correspondant, et par suite le montant maximal du crédit d'impôt imputable, s'obtient en appliquant les dispositions de l'article 39 du CGI, c'est-à-dire en **déduisant** du montant des dividendes distribués, avant toute retenue à la source, et sauf exclusion par des dispositions spécifiques, les charges justifiées, qui ne sont exposées que du fait de l'acquisition, de la détention ou de la cession des titres ayant donné lieu à la perception des dividendes, qui sont **directement liées à cette perception** et qui n'ont pas pour contrepartie un accroissement de l'actif (CE plén. 24-4-2019 n° 399952 : RJF 7/19 n° 636). L'article 122 du CGI, qui prévoit que le revenu de valeurs mobilières émises hors de France est déterminé par la valeur brute des produits encaissés sans autre déduction que la retenue à la source étrangère, ne fait pas obstacle à l'application des règles fixées par l'article 39 du même Code régissant la déduction des charges pour le calcul du montant maximal du crédit d'impôt imputable (CE plén. 7-12-2015 n° 357189 : RJF 2/16 n° 123).

> Précisions **a.** Un **dispositif anti-abus** vise le cas où les titres auxquels sont attachés les crédits d'impôt font l'objet d'une **opération d'aller-retour autour de la date de détachement du coupon.** Il s'applique lorsque les titres ont été acquis auprès d'une personne, ou une personne liée à celle-ci au sens de l'article 39, 12 du CGI (nº 10425, précision a), qui s'est engagée à en retrouver, ou s'est réservée la possibilité d'en retrouver ultérieurement, la détention. Dans ce cas, le revenu à prendre en compte pour le calcul du crédit d'impôt imputable est diminué des charges engagées pour l'acquisition de ce revenu par le contribuable ou par une société liée, y compris les moins-values de cession des titres et les sommes (autres que le prix d'acquisition) versées au cédant ou aux personnes qui lui sont liées. Les frais de garde et d'encaissement des titres doivent aussi être pris en compte selon l'administration (BOI-IS-RICI-30-10-20-20 nº 220).

Ce dispositif ne s'applique pas toutefois si le contribuable peut démontrer que la conclusion du contrat n'avait pas principalement pour objet ou pour effet d'obtenir le bénéfice du crédit d'impôt. L'administration a par ailleurs indiqué que les opérations conclues plus de soixante jours avant la date du détachement du dividende ou de l'acompte ne relèvent pas du dispositif, sauf s'il est établi que ces opérations avaient principalement pour objet ou pour effet de faire bénéficier le contribuable du crédit d'impôt (BOI précité nº 140).

b. La CJUE a jugé que la règle du butoir française était **compatible** avec le respect de la liberté de circulation des capitaux (CJUE 25-2-2021 aff. 403/19 : RJF 5/21 nº 543).

c. Les **reversements de dividendes** effectués par une banque conformément à des **contrats de prêts/emprunts de titres** de sociétés étrangères et qui n'ont pas eu pour contrepartie un accroissement d'actif sont des charges à prendre en compte pour la détermination du plafond d'imputation (CE 11-5-2021 nº 403692 : RJF 8-9/21 nº 795).

36157

EXEMPLE

Dividendes bruts de source étrangère perçus	100
Retenue à la source conventionnelle et crédit d'impôt afférent	15
Charges déductibles directement liées à la perception de ces dividendes	80
Revenu net imposable en France	100 – 80 = 20
IS français sur le revenu net	20 x 25 % = 5
Crédit d'impôt imputable	5
Crédit d'impôt non imputable	10

Impôt servant de base d'imputation Qu'ils soient de source française ou étrangère, les crédits d'impôt s'imputent sur l'IS pris dans son ensemble, sans qu'il y ait lieu de distinguer selon que cet impôt est dû au taux normal ou au taux réduit (CE 26-6-2017 nºs 386269 et 406437 : RJF 10/17 nº 942). L'administration autorise ainsi l'imputation sur l'IS à taux réduit frappant les plus-values à long terme des crédits d'impôt d'origine française qui n'ont pu être déduits du montant de l'IS au taux normal ou au taux réduit prévu en faveur des PME (BOI-IS-RICI-30-10-20-20 nº 50). 36160

Lorsque la **somme à déduire est supérieure au montant de l'IS,** l'excédent ne peut ni être retranché de l'impôt dû au titre des exercices suivants (Cons. const. 28-9-2017 nº 2017-654 QPC : RJF 12/17 nº 1216 ; CE 8-3-2023 nº 456349 : RJF 5/23 nº 396) ni être restitué à la société (CE 27-6-2016 nºs 388984 et 392534 : RJF 10/16 nº 871). L'impôt acquitté à l'étranger conformément à une convention fiscale ne peut pas non plus être déduit des résultats (voir nº 8525).

Les crédits d'impôt attachés à des revenus encaissés au cours d'un **exercice déficitaire** sont donc définitivement perdus pour la société.

Imputation d'un crédit d'impôt étranger sur l'IS dû au titre de la réintégration de la **quote-part de frais et charges** afférente aux **dividendes** éligibles au **régime des sociétés mères** : voir nº 40970.

IMPUTATIONS DIVERSES

Comme les revenus mobiliers, les **intérêts de créances non négociables** et les **redevances de source étrangère** ouvrent droit en principe à un crédit d'impôt imputable sur l'impôt français lorsqu'ils proviennent d'un pays lié à la France par une convention internationale (voir nº 82860). 36170 IS-II-11900 s

Imputation de l'impôt étranger acquitté au titre d'une **plus-value de cession de titres de participation** sur la quote-part de frais et charges de 12 % : voir nº 18865, précision c.

La loi prévoit par ailleurs un certain nombre d'autres cas, de nature et de portée très diverses, où le montant de l'IS peut se trouver diminué par l'imputation de perceptions antérieures, de crédits d'impôt ou de créances diverses (créance née du report en arrière des déficits, crédits d'impôt attachés à certaines dépenses, ou créance d'impôt détenue par certaines personnes morales correspondant au montant de la taxe foncière afférente aux logements locatifs intermédiaires achevés depuis le 1er janvier 2023 (CGI art. 220 Z septies) par exemple).

E. Établissement de l'IS

36200 Selon le principe posé par l'article 221, 1 du CGI, l'IS est établi dans les mêmes conditions et sous les mêmes sanctions que l'impôt sur le revenu au titre des **BIC** (régime **réel normal ou** régime **réel simplifié**).

1. PERSONNES IMPOSABLES ET LIEU D'IMPOSITION

36350 CGI art. 218 et 218 A IS-II-14000 s

L'IS est en principe établi au nom de la personne morale pour l'ensemble de ses activités imposables en France.

Dans le régime de l'**intégration fiscale,** la société tête de groupe est seule redevable de l'IS dû sur l'ensemble des résultats du groupe (voir n° 40590).

L'impôt est normalement établi au lieu du **principal établissement.** Toutefois, l'administration a la faculté de désigner comme lieu d'imposition soit celui où est assurée la **direction effective** de la société, soit celui de son **siège social.**

En ce qui concerne les **sociétés étrangères** qui exercent des activités en France ou y possèdent des biens (sans y avoir leur siège social), le lieu d'imposition est fixé (CGI ann. IV art. 23 ter) :
– soit au lieu du principal établissement ;
– soit, à défaut d'établissement en France, au service des impôts des entreprises étrangères ;
– soit, pour les sociétés qui, sans exercer en France d'activité autre qu'immobilière, y disposent de propriétés immobilières données ou non en location, au lieu de situation de ces biens ; en cas de pluralité de lieux d'imposition, celle-ci est établie au service des impôts des entreprises étrangères.

> **Précisions** **a.** Lorsqu'une société fait l'objet d'une procédure de **liquidation** ou de **redressement judiciaires,** l'impôt doit continuer à être établi à son nom pour les profits réalisés aussi bien après qu'avant le jugement (CE 22-3-1985 n° 43441 : RJF 6/85 n° 895).
> **b. Domiciliation fiscale** : lorsqu'une entreprise ne dispose pas de locaux pour y fixer son siège ou y exercer son activité, le lieu de souscription des déclarations fiscales dépend du **choix** opéré, au moment de l'immatriculation au registre du commerce, entre :
> – une **domiciliation collective** dans des locaux occupés en commun avec d'autres entreprises ;
> – ou une domiciliation dans le **local d'habitation** du chef d'entreprise, d'un associé ou du représentant légal.
> Cette forme de domiciliation n'est pas limitée dans le temps, sauf si la société est soumise à des dispositions législatives ou des stipulations contractuelles contraires, auquel cas elle ne peut excéder cinq ans (C. com. art. L 123-11-1).
> Quelle que soit l'option retenue, les pièces de procédure doivent être envoyées à l'adresse de domiciliation ; c'est à cette adresse que se déroule, le cas échéant, la vérification de comptabilité.

2. OBLIGATIONS DES SOCIÉTÉS

OBLIGATIONS COMPTABLES

36375 Comme tous les commerçants, les sociétés passibles de l'IS doivent tenir une comptabilité complète et régulière dans les conditions exposées n° 10950 (voir aussi nos 11120 s. pour les sociétés relevant du régime réel simplifié).

Obligation propre aux entreprises relevant de l'IS : comptabiliser distinctement et faire approuver par l'assemblée générale certaines **dépenses somptuaires** (n° 9000, précision b).

DÉCLARATION DES RÉSULTATS

36385 CGI art. 223, 1 RIE-III-400 s et 1100 s

Les sociétés et autres personnes morales passibles de l'IS sont tenues de souscrire chaque année **par voie électronique** les déclarations prévues pour les **bénéfices industriels et commerciaux** soumis à l'impôt sur le revenu, en se conformant selon le cas aux règles applicables pour le régime **réel normal** (nos 10965 s.) **ou** pour le régime **réel simplifié** (n° 11145).

La déclaration de résultats doit être souscrite sur un **formulaire** nº 2065-SD accompagné d'une annexe nº 2065 bis-SD. Une déclaration spéciale nº 2070-SD est prévue pour les collectivités sans but lucratif.

Nous publions, chaque année, au Feuillet rapide des **guides spéciaux** consacrés à l'établissement des déclarations de résultats.

Délai de déclaration La déclaration des résultats, accompagnée des documents annexes, doit en principe être souscrite dans les **trois mois de la clôture** de chaque exercice. 36390 RIE-III-630 s

Pour les **exercices arrêtés le 31 décembre, ou** lorsque **aucun exercice** n'est **clos au cours d'une année,** la déclaration peut être souscrite au plus tard le deuxième jour ouvré suivant le 1er mai (CGI art. 223, 1). L'administration accorde un délai supplémentaire de 15 jours calendaires dès lors qu'il s'agit de déclarations télétransmises (BOI-BIC-DECLA-30-10-10-20 nº 60).

> **Précisions** **a.** En cas de **cession ou cessation** d'entreprise, la déclaration doit être produite dans un délai spécial (voir nº 11495).
> **b.** Pour les **sociétés nouvelles** passibles de l'IS qui n'arrêtent pas de bilan au cours de l'année de création, la première déclaration (et le paiement de l'IS correspondant) porte sur la période écoulée depuis le début d'activité jusqu'à la clôture du premier exercice (voir nº 7330, précision a).
> **c.** Comme les entreprises individuelles, les sociétés peuvent, sous certaines conditions, être autorisées à produire une **déclaration provisoire** (voir nº 10975, précision a). Cette possibilité est admise notamment lorsque le bilan n'a pas encore été approuvé à la date d'expiration du délai de déclaration, faute d'avoir pu, à cette date, réunir l'assemblée appelée à statuer sur les comptes de l'exercice. La déclaration provisoire doit alors comporter l'indication des résultats qui seront soumis à l'assemblée (BOI-IS-DECLA-10-10-10 nº 200).

Documents à joindre à la déclaration **a.** Les sociétés relevant du régime **réel normal** sont tenues de joindre à leur déclaration les mêmes pièces et documents, énumérés nos 10980 s., que les contribuables imposables à l'impôt sur le revenu dans la catégorie des BIC. 36395

Les sociétés placées sous le régime **réel simplifié** doivent joindre à la déclaration nº 2065-SD les tableaux annexes nos 2033-A-SD à 2033-G-SD (voir nº 11145).

b. Les sociétés doivent en outre joindre à leur déclaration : CGI art. 223, 2 RIE-III-6820 s et 6860 s

– l'**état de répartition des bénéfices distribués** aux associés et des sommes ou valeurs mises à leur disposition assimilées à des distributions ; ces renseignements sont portés dans un cadre spécialement prévu à cet effet sur l'annexe nº 2065 bis-SD (pour la procédure spéciale prévue lorsque la masse des revenus distribués excède le total des distributions individuelles déclarées par la société et l'application éventuelle de la pénalité fiscale sanctionnant les rémunérations et distributions occultes : voir nos 24770 s.) ;

– les **comptes rendus ou extraits des délibérations** des conseils d'administration et des assemblées des actionnaires. L'administration a toutefois admis que les entreprises ne joignent que les seuls extraits ayant une incidence sur l'exigibilité des impôts de distribution, tels que la retenue à la source (Rép. Garrigue : AN 9-5-1994 nº 10833, non reprise dans Bofip).

c. Les sociétés autres que les sociétés anonymes sont également tenues de fournir chaque année un **état des rémunérations** versées à leurs membres. Un cadre spécial est prévu à cet effet sur le formulaire nº 2065 bis-SD. CGI art. 242, 2 RIE-III-6840 s

d. Les **revenus de valeurs étrangères** encaissés à l'étranger ou reçus directement de l'étranger sont déclarés sur le formulaire spécial nº 2066-SD à joindre au relevé de solde de l'IS.

Contrôle des déclarations et sanctions Les **règles** applicables sont les mêmes que celles prévues pour le contrôle des **déclarations de BIC** faites au titre de l'impôt sur le revenu. On se reportera donc à l'aperçu général donné nos 11010 et 11020 qui, sur les différents points concernés, renvoie aux explications plus détaillées figurant dans l'étude d'ensemble consacrée au contrôle fiscal. 36400

AUTRES OBLIGATIONS

a. Déclarations d'existence, de modification du pacte social et des conditions d'exercice de la profession. Ces déclarations sont à produire dans le mois de la constitution de la société ou des modifications du pacte social. En vertu d'autres dispositions, les personnes physiques ou morales assujetties à la TVA sont également astreintes à des déclarations de création d'entreprise ou d'activité ou de cessation (nos 53385 s.). Ces diverses déclarations sont faites auprès de l'organisme compétent (nº 88200). 36405 CGI art. 222 RIE-V-1500 s

b. Sociétés étrangères. Les personnes morales exerçant des activités en France ou y possédant des biens, sans y avoir leur siège social, peuvent être invitées par le service des impôts à désigner un **représentant** en France pour recevoir les communications relatives à l'assiette, au CGI art. 223 quinquies A LPF art. L 72, 2° RIE-V-1770 s recouvrement et au contentieux de l'IS. Cette désignation doit être faite dans les 90 jours de la demande. Elle vaut, sauf mention contraire, pour l'IS et la taxe de 3 % sur les immeubles (n° 75975, précision a) (CE 16-3-2016 n° 376141 : RJF 6/16 n° 547). À défaut, les sociétés peuvent être taxées d'office. L'obligation de désigner un représentant fiscal ne s'applique toutefois pas aux personnes morales qui ont leur siège social dans un État membre de l'Union européenne ou dans un autre État partie à l'accord sur l'Espace économique européen ayant conclu avec la France une convention d'assistance administrative en vue de lutter contre la fraude et l'évasion fiscales, ainsi qu'une convention d'assistance mutuelle en matière de recouvrement de l'impôt.

3. CESSION OU CESSATION D'ENTREPRISE

36430 Les règles applicables en cas de cession ou de cessation d'entreprise, en matière d'impôt sur le revenu (BIC) et d'IS, font l'objet d'un **exposé d'ensemble** nos 11400 s.

Des études spéciales sont par ailleurs consacrées au régime fiscal :
- des **fusions** de sociétés et opérations assimilées (nos 39000 s.) ;
- des **transformations** et des **changements d'objet ou de régime fiscal** des sociétés (nos 38500 s.).

F. Paiement de l'IS

36460 CGI art. 1668 IS-III-1 s L'IS est calculé par la société elle-même et versé spontanément au comptable de la DGFiP du lieu du dépôt de la déclaration de résultats. Ce système de **paiement spontané** comporte :
- d'abord, le versement d'**acomptes trimestriels** (nos 36525 s.) ;
- puis, après la clôture de l'exercice, la liquidation de l'impôt réellement dû et le versement du **solde** correspondant (nos 36600 s.).

Chaque versement est effectué au vu d'un relevé de versement.

Les **règles générales** de paiement des impôts sont exposées nos 76515 s. Seules sont données ci-après les règles spécifiques à l'IS.

1. ACOMPTES PROVISIONNELS

ÉPOQUE ET NOMBRE DES VERSEMENTS

36525 CGI art. 1668, 1 IS-III-500 s et 2000 s Pour chaque exercice social, l'IS donne lieu normalement au versement de **quatre acomptes** à date fixe (sauf **cas de dispense** totale ou partielle d'acomptes, voir nos 36560 s.).

Ces acomptes doivent être payés au plus tard les 15 mars, 15 juin, 15 septembre et 15 décembre selon un ordre qui est fonction de la date de clôture de l'exercice précédent.

Le calendrier de versement des différents acomptes est fixé comme suit (CGI ann. III art. 360 bis) :

Date de clôture comprise entre	1er acompte	2e acompte	3e acompte	4e acompte
le 20 novembre et le 19 février inclus	15 mars	15 juin	15 septembre	15 décembre
le 20 février et le 19 mai inclus	15 juin	15 septembre	15 décembre	15 mars
le 20 mai et le 19 août inclus	15 septembre	15 décembre	15 mars	15 juin
le 20 août et le 19 novembre inclus	15 décembre	15 mars	15 juin	15 septembre

Un **tableau récapitulatif** des différentes échéances figure n° 36640.

Lorsque l'**exercice** au titre duquel sont versés les acomptes comporte une **durée inférieure ou supérieure à douze mois,** le nombre des acomptes est ramené ou porté au nombre des échéances trimestrielles comprises dans cette durée (BOI-IS-DECLA-20-10 n° 60).

Le paiement des acomptes doit être effectué par **télérèglement** (CGI art. 1681 septies, 1) sous peine de sanctions (n° 80200, b), au vu d'un relevé d'acompte (**formulaire n° 2571-SD**).

Le **défaut ou** le **retard** de paiement entraîne l'application des pénalités visées nos 80160 s.

CALCUL DES ACOMPTES

36535 IS-III-700 s **Base de calcul** La base de calcul des acomptes est déterminée d'après les résultats du dernier exercice clos à la date de leur échéance et dont le délai de déclaration est expiré (**exercice de référence**).

Le **premier acompte** est provisoirement calculé sur la base du bénéfice de référence de l'avant-dernier exercice. Une régularisation est ensuite opérée lors du versement du deuxième acompte sur la base des résultats du dernier exercice.

EXEMPLE

Pour un exercice ouvert le 1er janvier 2024, l'acompte du 15 mars 2024 est calculé sur la base du bénéfice de l'exercice 2022. Il est ensuite régularisé, lors du versement du deuxième acompte (payable au plus tard le 15 juin 2024), sur la base du bénéfice de l'exercice 2023.

Lorsque la durée de l'**exercice de référence** est **supérieure ou inférieure à un an,** les acomptes sont calculés sur la base des bénéfices rapportés à une période de douze mois.

> **Précisions** **a.** Pour le calcul du **premier acompte,** les sociétés peuvent faire état du bénéfice du dernier exercice (non encore déclaré à la date du paiement de l'acompte) lorsqu'elles estiment qu'il sera inférieur au bénéfice de l'exercice précédent ou se soldera par un déficit et ainsi réduire le montant de l'acompte ou s'en dispenser. Si elles n'utilisent pas cette possibilité, elles peuvent par la suite demander le remboursement des sommes indûment versées (BOI-IS-DECLA-20-10 nos 410 et 420 ; CE 6-7-1990 no 77720 : RJF 10/90 no 1170).
> **b.** Pour le cas particulier du dernier acompte des **grandes entreprises,** voir no 36545.

Montant des acomptes Le **montant total** de ces acomptes est égal à un montant d'IS calculé : **36540** IS-III-1070 s

– sur le résultat taxé au taux normal (25 %) ;
– sur le bénéfice imposé au taux réduit des PME (15 %) ;
– et sur le résultat net de cession, concession ou sous-concession de licences d'exploitation de certains droits de propriété industrielle ou de logiciels protégés imposé au taux de 10 % (nos 10420 s.).

La plus-value nette à long terme provenant de la cession des éléments d'actif taxée à 15 % ou 19 % est exclue du calcul des acomptes.

Chacun des acomptes est égal au quart de l'impôt ainsi liquidé. En pratique, chaque acompte est égal à :
– 6,25 % du bénéfice taxé à 25 % ;
– 3,75 % du bénéfice des PME taxé à 15 % ;
– et 2,5 % du résultat net de cession, concession ou sous-concession de certains droits de propriété industrielle et de logiciels protégés taxé à 10 %.

Les entreprises doivent calculer leurs acomptes dus au titre d'un exercice ouvert en année N en appliquant le taux normal d'IS applicable au titre de ce même exercice (voir no 36065) (BOI-IS-DECLA-20-10 no 110). Les créances nées du report en arrière des déficits et les réductions et crédits d'impôt reportables peuvent s'imputer sur le montant des acomptes ainsi déterminés (BOI précité no 110). L'excédent de versement du précédent exercice peut par ailleurs être imputé sur le premier acompte (no 36565).

Le montant obtenu est arrondi à l'euro le plus proche (no 97510).

> **Précisions** **a.** L'administration autorise les entreprises dont une fraction importante des bénéfices est constituée par des **revenus mobiliers** à calculer leurs acomptes d'après l'impôt net de l'exercice précédent, c'est-à-dire après imputation des crédits d'impôt (méthode dite de « l'impôt fictif » : BOI-IS-DECLA-20-30 no 100). Les sociétés qui entendent utiliser ce mode de calcul des acomptes, qui a perdu une grande partie de son intérêt avec la suppression de l'avoir fiscal, doivent en faire la demande auprès du comptable de la DGFiP lorsqu'elles ont déterminé l'impôt de leur dernier exercice (IS-III-1230 s.).
> **b.** Pour les **sociétés en commandite simple** et les sociétés **en participation,** les acomptes sont calculés en fonction de la part de bénéfices correspondant soit aux droits des commanditaires (no 37775), soit à ceux des associés dont les noms et adresses n'ont pas été indiqués à l'administration (no 37805).

Dernier acompte des grandes entreprises Le dernier acompte (quatrième) à verser par les entreprises dont le chiffre d'affaires du dernier exercice clos (ramené le cas échéant à douze mois) ou de la dernière période d'imposition est au moins égal à 250 M€ est calculé par référence au **bénéfice estimé de l'exercice** (et non d'après les résultats du dernier exercice clos) lorsque celui-ci a augmenté par rapport à l'exercice précédent. Le **montant** de cet acompte ne peut être inférieur à la différence entre : **36545** CGI art. 1668, 1, al. 5 à 9 et 1731 A IS-III-870 s

– 95 % du montant de l'impôt calculé sur le bénéfice estimé et le montant des trois acomptes déjà versés pour les entreprises dont le **chiffre d'affaires** de l'exercice précédent est compris **entre 250 M€ et 1 Md€** ;
– 98 % du montant de l'impôt calculé sur le bénéfice estimé et le montant des trois acomptes déjà versés pour les entreprises dont le **chiffre d'affaires** est **supérieur à 1 Md€.**

Les quotités de 95 % et 98 % s'appliquent lorsque le bénéfice estimé des entreprises concernées augmente respectivement de plus de 5,26 % et 2,04 % par rapport à l'exercice précédent.

EXEMPLE

Une société réalise un chiffre d'affaires de 650 M€ au titre de l'exercice clos le 31 décembre 2023. Le résultat au titre de cet exercice s'élève à 332,5 M€. La société ne tire aucun revenu de la propriété intellectuelle.
En décembre 2024, la société a déjà versé trois acomptes d'IS d'un montant total de 68 578 125 €. Elle estime son résultat de 2024 à 386 M€, soit un IS estimé de 96,5 M€.
Le résultat estimé de 2024 ayant augmenté de plus de 5,26 % par rapport au résultat de 2023 et le chiffre d'affaires réalisé au titre de l'exercice 2023 étant supérieur à 250 M€ (et inférieur à 1 Md €), le montant du dernier acompte que la société devra verser au plus tard le 15 décembre 2024 s'élève à 23 096 875 € [(96,5 M€ × 95 %) – 68 578 125 €].

36550 **> Précisions** **a.** La condition tenant au **chiffre d'affaires** s'apprécie de la même manière que celle prévue pour l'application du taux réduit d'IS en faveur des PME (BOI-IS-DECLA-20-10 nos 180 et 190) (voir n° 36090, précision a).
b. En ce qui concerne les modalités de calcul du dernier acompte des grandes entreprises par la société mère d'un **groupe fiscal,** voir n° 40595.
c. En cas d'**insuffisance de paiement,** les pénalités pour paiement tardif visées nos 80160 s. s'appliquent à la différence entre respectivement 95 % ou 98 % de l'impôt dû et 95 % ou 98 % de l'impôt estimé, sous réserve que cette différence soit supérieure à la fois à 25 % du montant de l'impôt dû et à 8 M€ (sociétés réalisant un chiffre d'affaires supérieur à 1 Md €) ou 2 M€ (sociétés réalisant un chiffre d'affaires compris entre 250 M€ et 1 Md €).
Aucune pénalité n'est toutefois appliquée si le montant de l'impôt estimé a été déterminé à partir du compte de résultat prévisionnel révisé dans les quatre mois qui suivent l'ouverture du second semestre de l'exercice.

DISPENSE OU RÉDUCTION D'ACOMPTES

36560 **Règles générales** Aucun acompte n'est exigible lorsque le **montant de l'impôt de référence** n'excède pas 3 000 € (CGI ann. III art. 359, 3).

CGI art. 1668, 4 bis
IS-III-1400 s

Il en est de même, bien entendu, lorsque l'**exercice** de référence est fiscalement **déficitaire,** soit intrinsèquement, soit du fait du report de déficits antérieurs.

36565 Si les acomptes versés au titre du dernier exercice clos excèdent l'impôt réellement dû, l'entreprise peut demander l'imputation de l'excédent de versement sur le **premier acompte** du nouvel exercice (BOI-IS-DECLA-20-20 n° 60).

La société peut se dispenser de verser de nouveaux acomptes (ou en réduire le montant) si elle estime que le montant des **acomptes déjà versés** au titre d'un exercice est égal ou **supérieur à la cotisation totale** d'IS dont elle sera redevable pour cet exercice après imputation des crédits d'impôt attachés aux valeurs mobilières (imputation non prévue par la loi mais admise par l'administration : BOI-IS-DECLA-20-10 n° 440).

Si, par la suite, les versements effectués ne correspondent pas à l'impôt dû, les **pénalités pour paiement tardif** visées nos 80160 s. sont applicables aux sommes non versées aux échéances prévues.

> Précisions **a.** La **cotisation** totale **d'impôt à retenir** est la cotisation réellement due, en tenant compte notamment de l'impôt acquitté au taux réduit par les PME, ainsi que de celui applicable aux plus et moins-values à long terme.
b. Une société qui a versé des acomptes d'un montant supérieur à l'impôt dû peut également, après la clôture de l'exercice, récupérer l'**excédent** dans les conditions indiquées n° 36620.

36570 **Sociétés nouvelles ou nouvellement soumises à l'IS** Les sociétés nouvelles ainsi que les sociétés préexistantes nouvellement soumises à l'IS (de plein droit ou sur option) sont dispensées du versement de tout acompte au cours de leur **premier exercice** d'activité ou de leur première période d'imposition à l'IS.

Au-delà de cet exercice (ou de cette période), ces sociétés sont, sauf exonération, redevables de l'IS dans les conditions de droit commun. Toutefois, il est admis qu'elles n'acquittent pas le **premier acompte** dès lors que le délai de dépôt de la déclaration de leur premier résultat n'est pas expiré à la date d'échéance de paiement de cet acompte (BOI-IS-DECLA-20-30 n° 10).

36575 **Sociétés temporairement exonérées d'IS** Les sociétés exonérées temporairement d'IS sont dispensées d'acomptes tant que dure cette exonération. Si l'exonération n'est que partielle, le montant des acomptes est réduit au titre des mêmes périodes et dans les mêmes proportions que l'exonération d'IS. Sont notamment concernées les sociétés qui bénéficient d'exonérations en raison de leur implantation dans certaines zones (zones d'aides à finalité régionale, zones franches urbaines-territoires entrepreneurs, zones France ruralités revitalisation, zones de revitalisation rurale, zones de développement prioritaire, bassins d'emploi à redynamiser et bassins urbains à dynamiser) ou de leur qualité de jeune entreprise innovante.

Organismes sans but lucratif Certains organismes sans but lucratif soumis à l'IS sont dispensés du versement des acomptes lorsque le chiffre d'affaires de leur dernier exercice clos est inférieur à 84 000 € (voir nos 89620 et 89655). 36580

2. LIQUIDATION DE L'IMPÔT

Lorsque, après la clôture de chaque exercice, la société établit la **déclaration des résultats** de cet exercice, elle doit procéder spontanément à la liquidation de l'IS correspondant. 36600 CGI art. 1668, 2 IS-III-2500 s

Le montant de l'impôt calculé au taux normal (n° 36065) sur le bénéfice de l'exercice (ou au taux réduit sur les bénéfices des PME : nos 36085 s.) et arrondi à l'euro le plus proche doit, s'il y a lieu :

– être augmenté du montant de l'impôt dû, aux taux réduits, sur certaines **plus-values** et sur le résultat net de cession, concession ou sous-concession de licences d'exploitation de certains droits de propriété industrielle et logiciels protégés (n° 36095) ;

– être diminué du montant des **imputations** autorisées par la loi (nos 36115 s.).

Le montant de l'impôt ainsi liquidé (arrondi à l'euro le plus proche) est alors comparé au montant des acomptes déjà versés au titre de l'exercice. Cette comparaison fait apparaître soit un complément d'impôt à acquitter, soit un excédent de versement.

> Précisions Lorsque le résultat de la liquidation effectuée par la société fait apparaître une **discordance** avec celui auquel aboutit l'administration, celle-ci envoie au contribuable une lettre de rejet (absence d'excédent à restituer), de restitution ou encore de motivation des pénalités (insuffisance de versement). Ces lettres sont accompagnées ou suivies d'une situation rectifiée (BOI-IS-DECLA-20-20 nos 200 à 240).

VERSEMENT DU SOLDE

Lorsque l'impôt finalement dû est supérieur au montant des acomptes déjà versés, la différence représente le solde de liquidation. Le paiement du solde est effectué lors du dépôt du relevé de solde (**formulaire n° 2572-SD**) au plus tard le 15 du quatrième mois qui suit la clôture de l'exercice. Si l'exercice est clos le 31 décembre ou si aucun exercice n'est clos au cours de l'année, ce versement doit intervenir au plus tard le 15 mai de l'année suivante. Voir n° 36640 le tableau récapitulatif des dates limites de paiement selon la date de clôture des exercices. 36610 IS-III-2700 s et 3530 s

Le paiement doit être effectué par **télérèglement** (CGI art. 1681 septies, 1), sous peine de sanctions (voir n° 80200, b).

Le **défaut ou** le **retard** de paiement entraîne l'application des pénalités visées nos 80160 s.

EXCÉDENT DE VERSEMENT

Lorsque la liquidation de l'IS fait apparaître un excédent de versement (impôt définitif inférieur au montant des acomptes déjà versés), cet excédent est, défalcation faite des autres impôts directs dus par la société, en principe, **remboursé** d'office à cette dernière dans les trente jours à compter de la date du dépôt du relevé de solde et de la déclaration de résultats. En pratique, ce délai est décompté à partir de la date de dépôt de celui de ces deux documents qui a été déposé le dernier. Sur l'obtention d'intérêts moratoires en cas de remboursement tardif, voir n° 81915, précision b. 36620 IS-III-3000 s

ATTENTION

Le **relevé de solde de l'IS** doit être produit devant l'administration avant qu'elle ne statue sur une demande de **restitution d'acomptes,** étant précisé qu'une demande de restitution à l'appui de laquelle ne sont pas produites les pièces justificatives, nécessaires à l'appréciation de son bien-fondé, est irrecevable (CE 9-6-2020 n° 417936 : RJF 8-9/20 n° 735).

La société peut également demander l'**imputation** de l'excédent de versement sur le premier acompte de l'exercice suivant (voir n° 36565) ou sur sa prochaine échéance fiscale (voir n° 76730).

> Précisions **a.** L'excédent d'IS versé constitue une **créance sur l'État** dont la restitution peut être demandée devant le juge de plein contentieux dans le délai de prescription quadriennale prévu par l'article 1er de la loi 68-1250 du 31 décembre 1968 (CAA Nancy 19-10-2017 n° 16NC00543 : RJF 4/18 n° 362).
b. Excédent de versement en cas de **fusion avec effet rétroactif** : voir n° 39475, précision a.

3. TABLEAU RÉCAPITULATIF DES ÉCHÉANCES D'IS

Pour les sociétés dont l'exercice comptable correspond régulièrement à une période de douze mois, le tableau ci-après récapitule, en fonction de la date de clôture des exercices, l'ordre et la date de versement des quatre acomptes et du solde de liquidation. 36640

Date de clôture des exercices	Date limite de paiement [1]				Solde de liquidation [1]
	1er ac.	2e ac.	3e ac.	4e ac.	
31 janv.	15 mars	15 juin	15 sept.	15 déc.	15 mai
28 févr.	15 juin	15 sept.	15 déc.	15 mars	15 juin
31 mars	15 juin	15 sept.	15 déc.	15 mars	15 juillet
30 avril	15 juin	15 sept.	15 déc.	15 mars	15 août
31 mai	15 sept.	15 déc.	15 mars	15 juin	15 sept.
30 juin	15 sept.	15 déc.	15 mars	15 juin	15 oct.
31 juillet	15 sept.	15 déc.	15 mars	15 juin	15 nov.
31 août	15 déc.	15 mars	15 juin	15 sept.	15 déc.
30 sept.	15 déc.	15 mars	15 juin	15 sept.	15 janv.
31 oct.	15 déc.	15 mars	15 juin	15 sept.	15 févr.
30 nov.	15 mars	15 juin	15 sept.	15 déc.	15 mars
31 déc.	15 mars	15 juin	15 sept.	15 déc.	15 mai

1. IS et contribution sociale (n° 36730). Si la date limite de paiement tombe un samedi, un dimanche ou un jour férié légal, elle est reportée au prochain jour ouvrable (n° 76650, Précisions).

G. Contribution sociale

36690 CGI art. 235 ter ZC IS-VIII-200 s Les personnes morales les plus importantes redevables de l'IS sont susceptibles d'être assujetties à une contribution sociale de 3,3 % juridiquement distincte de l'IS. Cette contribution n'est **pas déductible** des résultats imposables (CGI art. 213).

CHAMP D'APPLICATION

36700 La contribution sociale est due par les personnes morales assujetties, de plein droit ou sur option, à l'IS et dont le montant de cet impôt excède 763 000 €.

> **Précisions** **a.** Les **collectivités sans but lucratif** assujetties à l'IS uniquement sur les revenus de leur patrimoine (nos 89700 s.) ne sont pas soumises à la contribution sociale.
> **b.** En ce qui concerne les sociétés membres d'un **groupe intégré**, voir n° 40605.

36705 **PME exonérées** Sont exonérées de la contribution sociale les PME remplissant les conditions suivantes :

– le **chiffre d'affaires** hors taxe réalisé au cours de l'exercice concerné (ramené à douze mois le cas échéant) doit être inférieur à 7 630 000 € ;

– le **capital** doit être entièrement libéré et détenu, de manière continue pendant toute la durée de l'exercice concerné, pour 75 % au moins par des personnes physiques (ou par des sociétés satisfaisant elles-mêmes à l'ensemble de ces conditions).

> **Précisions** **a.** Le **chiffre d'affaires** s'entend de l'ensemble des recettes tirées des opérations réalisées dans le cadre de l'activité professionnelle normale et courante, y compris, le cas échéant, les produits financiers, eu égard au modèle économique de l'entreprise (CE 26-7-2023 n° 466220 : RJF 11/23 n° 818).
> Seul le chiffre d'affaires réalisé en France doit être pris en compte (BOI-IS-AUT-10-10 n° 20).
> **b.** Les participations des SCR, des FCPR, des fonds professionnels spécialisés, des fonds professionnels de capital investissement, des sociétés de libre partenariat, des SDR et des SFI ne sont pas prises en compte pour la détermination du **seuil de 75 %**, sauf s'il existe des liens de dépendance (tels que définis n° 10425, précision a) entre ces sociétés ou fonds et la PME.

ASSIETTE

36715 IS-VIII-1000 s La contribution sociale due au titre d'un exercice est assise sur l'**IS** calculé au taux normal (n° 36065) ou au taux réduit en faveur des PME (nos 36085 s.) sur le résultat de l'exercice et, le cas échéant, aux taux réduits de 10 % (applicable au résultat net de cession, concession ou sous-concession de licences d'exploitation de certains droits de propriété industrielle et logiciels protégés), 15 % et 19 % (n° 36095).

> **Précisions** **a.** La contribution sociale est due pour chaque exercice clos, quelle que soit sa durée. Si **plusieurs exercices** sont clos au cours de la **même année**, l'entreprise doit procéder à la liquidation de la contribution pour chacun de ces exercices. Si **aucun exercice** n'est clos au cours d'une année donnée, la contribution est due au titre de la période

écoulée depuis la clôture de l'exercice précédent jusqu'au 31 décembre de l'année considérée (BOI-IS-AUT-10-20 n° 30).

b. L'impôt de référence servant de base au calcul de la contribution s'entend de l'IS effectivement dû, calculé sur les résultats déterminés dans les conditions de droit commun, notamment après imputation des **déficits** et des **moins-values à long terme** dont le report est autorisé et application des **abattements** prévus par des régimes particuliers ou des dispositions prévoyant des **reports ou sursis** d'imposition (BOI précité n° 10).

c. En cas de transformation d'une société soumise à l'IS en **Sppicav** ou d'option pour le régime spécial des **SIIC**, la contribution n'est pas due au titre des plus-values latentes taxées à cette occasion au taux réduit de 19 % (n°s 30490 et 30950, b).

d. Les **crédits d'impôt** afférents à l'exercice au titre duquel la contribution est due ne sont pas admis en déduction de l'impôt de référence. Il en est de même de la **créance née du report en arrière des déficits.**

e. Lorsque la société comptabilise les **revenus mobiliers** qu'elle perçoit hors crédit d'impôt (voir n°s 36140 s. et Mémento comptable n° 36415), l'impôt de référence est établi à partir du montant net de ces revenus. Le recours à cette méthode de comptabilisation présente donc l'avantage de réduire le montant de la contribution.

CALCUL

La contribution est égale à 3,3 % de l'IS de référence diminué d'un **abattement** de 763 000 € par période de douze mois (lorsqu'une période d'imposition ou un exercice est différent de douze mois, l'abattement est ajusté en conséquence). 36720

EXEMPLE

Une société dont le chiffre d'affaires est de 20 M€ réalise, au cours de l'exercice de 12 mois clos le 31 décembre 2024, les résultats suivants :
– bénéfices imposés au taux normal de 25 % : 6 M€ ;
– résultat net de cession d'un brevet taxé au taux réduit de 10 % : 100 000 €.
Montant de l'IS dû au titre de 2024 :

– (6 M × 25 %) = 1,5 M€

– (100 000 × 10 %) = 10 000 €

1,51 M€

La contribution sociale s'élève à (1 510 000 – 763 000) × 3,3 % = 24 651 €.

PAIEMENT

La contribution sociale doit être calculée et payée spontanément par télérèglement au comptable chargé du recouvrement de l'IS. Ce système de paiement spontané comporte : 36730 CGI art. 1668 D IS-VIII-1300 s
– d'abord, le versement de quatre **acomptes** aux dates prévues pour le paiement des acomptes d'IS de l'exercice ou de la période d'imposition. Chaque acompte est égal à 0,825 % de l'impôt de référence (CGI ann. III art. 366 L) ;
– puis, à la fin de l'exercice, la liquidation des sommes réellement dues et le versement du **solde** correspondant au plus tard à la date de paiement du solde de liquidation de l'IS, c'est-à-dire le 15 mai au plus tard lorsque l'exercice coïncide avec l'année civile.

Chaque versement est accompagné du relevé de versement correspondant à l'IS à payer au plus tard à la même date.

La **créance née du report en arrière des déficits** n'est pas imputable sur la contribution. Il en va de même des **crédits d'impôt.** Toutefois, l'administration permet l'imputation des crédits d'impôt attachés à des revenus de source étrangère dont les conventions autorisent l'imputation sur l'IS et les impôts de même nature dus en France, étant précisé que l'ordre d'imputation de ces crédits d'impôt sur l'IS et la contribution sociale est libre (BOI-IS-AUT-10-30 n° 100).

› Précisions a. Bénéficient d'une **dispense d'acomptes** :
– les sociétés pour lesquelles le montant de la **contribution sociale** calculée sur l'IS de référence **n'excède pas 3 000 €** (CGI ann. III art. 366 L) ;
– et, faute d'impôt de référence, les entreprises dont le montant d'IS réalisé au titre de l'exercice précédent est inférieur à l'**abattement annuel** de 763 000 €, ainsi que les **entreprises nouvelles** au cours de leur premier exercice (BOI précité n° 70).

b. Les entreprises qui considèrent que le montant des **sommes déjà versées** au titre d'un exercice est égal ou **supérieur à la contribution** dont elles s'estiment redevables pour cet exercice peuvent se dispenser du paiement de nouveaux acomptes. Mais, si les versements effectués sont insuffisants, les pénalités pour paiement tardif (n°s 80160 s.) sont dues.

c. Lorsque la liquidation de la contribution sociale fait apparaître un **excédent de versement,** cet excédent est remboursé d'office à l'entreprise dans les mêmes conditions que l'IS sous déduction des autres impôts directs éventuellement dus par cette dernière.

36745
IS-VIII-2000 s

Contrôle et contentieux La contribution sociale est contrôlée comme l'IS et sous les mêmes garanties et sanctions. Ainsi, en cas de défaut ou de retard de paiement des acomptes ou du solde de liquidation, les pénalités visées nos 80160 s. sont applicables aux sommes non réglées.

Les réclamations les concernant sont également présentées, instruites et jugées comme en matière d'IS.

H. Régimes particuliers

1. OPTION POUR LE RÉGIME DES SOCIÉTÉS DE PERSONNES

36950 La loi offre deux possibilités d'option pour le régime fiscal des sociétés de personnes :

– l'une, de caractère permanent, en faveur des SARL de famille ;

– l'autre, limitée à une durée de cinq ans, en faveur de l'ensemble des sociétés de capitaux non cotées de création récente.

Intérêt de l'option

L'option a pour effet de faire sortir les sociétés du champ d'application de l'IS et de les placer sous le régime fiscal des sociétés de personnes (nos 37500 s.).
Chaque associé est donc personnellement soumis à l'impôt sur sa quote-part de bénéfices, sans distinguer selon que ces derniers sont ou non distribués et sans qu'il y ait lieu d'en retrancher les rémunérations qu'il perçoit éventuellement pour les fonctions exercées dans la société. C'est ainsi que les rémunérations versées aux gérants majoritaires des SARL ayant opté cessent d'être déductibles. Mais les associés peuvent imputer sur la part des bénéfices sociaux imposables à leur nom les **dépenses exposées pour l'acquisition de leurs droits sociaux,** tels les frais et intérêts d'emprunts, sans limitation de montant.
Le principal intérêt du régime des sociétés de personnes réside, pour les associés, dans le fait de pouvoir appréhender immédiatement les **déficits** sociaux, au prorata de leurs droits, sans avoir à attendre que l'entreprise redevienne bénéficiaire. La quote-part de déficit transmise aux associés personnes morales est ainsi imputable sur leurs propres bénéfices et reportable le cas échéant de manière illimitée. Celle transmise aux associés personnes physiques suit les règles d'imputation propres à la nature de l'activité de la société (voir no 800 s.) : déficits industriels et commerciaux (BIC), déficits non commerciaux (BNC) ou déficits agricoles (BA). On remarquera à cet égard que l'option est particulièrement avantageuse pour les associés exerçant leur activité au sein d'une société relevant des BIC ou des BNC, dont les déficits sont imputables sans limitation. Dans tous les cas, l'imputation par les associés de leur quote-part de déficits leur permet de diminuer les coûts supportés lors de la création et la phase de démarrage de la société, période durant laquelle les dépenses sont les plus importantes.
L'option exercée par une **société déjà existante** est considérée comme une **cessation d'entreprise,** avec toutes les conséquences que cela implique. Mais des atténuations sont prévues (voir nos 38770 s.).
On notera enfin que la **responsabilité** des associés reste limitée au montant de leurs apports. Leur patrimoine privé ne peut donc être engagé en cas de pertes de la société.

OPTION DES SARL DE FAMILLE

36960
CGI
art. 239 bis AA
IS-I-1110 s

Si elles le désirent, les SARL peuvent opter pour le régime fiscal des sociétés de personnes lorsque les deux **conditions** suivantes sont réunies :

a. La société doit exercer une **activité** industrielle, commerciale, artisanale ou agricole. L'option n'est pas possible si la société exerce une activité civile (par ex. : location d'immeubles nus) ou libérale (par ex. : laboratoire d'analyses médicales), sauf s'il s'agit d'une activité accessoire constituant le complément indissociable de l'activité industrielle, commerciale, artisanale ou agricole (CE 7-8-2008 no 283238 : RJF 11/08 no 1211) ;

b. La **société** doit être **formée uniquement entre parents** en ligne directe (enfants, parents, grands-parents, etc.), ou entre frères et sœurs, ainsi que les conjoints et les partenaires liés par un Pacs. La société peut comprendre simultanément des membres de l'un ou l'autre de ces groupes, mais chacun des associés doit être directement uni aux autres soit par des liens de parenté directe ou collatérale jusqu'au deuxième degré, soit par le mariage, soit encore par un Pacs.

Exercice de l'option L'option ne peut être exercée qu'avec l'**accord de tous les associés.** Elle doit être notifiée au service des impôts avant la date d'ouverture du premier exercice sur lequel elle porte. Cette **notification** doit être signée par l'ensemble des associés et comporter l'indication de la raison sociale, du lieu du siège social (et, s'il est différent de ce dernier, du lieu du principal établissement), de la répartition du capital social et des noms, prénoms, adresses et liens de parenté des associés. Il est recommandé de préciser également à partir de quel exercice la société désire opter. 36965 IS-I-1520 s

Pour les **sociétés nouvelles,** l'option prend effet immédiatement si elle est formulée dans l'acte même de constitution (statuts). De même, lorsqu'une société déjà soumise au régime fiscal des **sociétés de personnes se transforme,** sans création d'une personne morale nouvelle, en SARL de famille ou lorsque l'associé d'une **EURL** cède des parts à un ou plusieurs membres de sa famille répondant aux conditions de parenté requises, l'option formulée dans l'acte qui constate soit la transformation, soit la cession de parts est d'effet immédiat.

> **Précisions** **a.** L'**option** est **tardive** si elle est notifiée à l'administration postérieurement à la date d'ouverture d'un exercice : elle ne peut alors, en principe, pas prendre effet au titre de cet exercice. Toutefois, une option tardive est opposable aux associés dès lors que la société a clairement manifesté son intention d'opter à compter du début de l'exercice de notification et que les déclarations fiscales correspondantes ont été souscrites, pour cet exercice, par la société et ses associés (CE 5-11-2014 n° 367371 : RJF 2/15 n° 127).
> **b.** Selon la CAA de Versailles, l'option exprimée, en cochant la case prévue à cet effet, dans le **formulaire déposé au centre de formalités des entreprises** est valable même si elle n'est pas signée par tous les associés (CAA Versailles 16-12-2014 n° 14VE00299 : RJF 6/15 n° 503).

Durée de validité de l'option Lorsqu'elle est exercée, l'option s'applique sans limitation de durée, sauf si la société ne remplit plus les conditions requises ou décide de révoquer l'option. 36970 IS-I-1700 et 2050 s

La **révocation** de l'option, signée par tous les associés, doit être notifiée au service des impôts avant la date d'ouverture du premier exercice auquel elle s'applique. Dans ce cas, la société est replacée dans le champ d'application de l'IS, et elle perd pour l'avenir la possibilité d'exercer une nouvelle option pour le régime des sociétés de personnes (CGI ann. III art. 46 terdecies C).

> **Précisions** **a.** L'option n'a pas à être renouvelée lors de l'**entrée de nouveaux associés,** et ce, même en cas de changement de la totalité du collège d'associés dès lors que le nouveau groupe familial satisfait aux conditions de parenté requises. Dans ce cas, l'option exercée par la société leur est opposable automatiquement (CE 11-6-1986 n° 46697 et 46698 : RJF 8-9/86 n° 788 ; Rép. Valleix : AN 11-5-1987 n° 14828, non reprise au Bofip).
> **b.** L'option cesse de produire ses effets en cas d'**abandon** par la société de son **activité** industrielle, commerciale, artisanale ou agricole, en cas de **transformation** en société d'une autre forme relevant de l'IS (ex. : société anonyme) ou, enfin, en cas de **perte du caractère familial** (ex. : entrée dans la société de personnes non parentes ; divorce des parents dans le cas d'une société composée entre des parents et leur enfant commun : CAA Versailles 18-12-2014 n° 13VE02220 : RJF 4/15 n° 333).
> L'administration admet cependant le maintien du régime des sociétés de personnes (BOI-IS-CHAMP-20-20-40 n° 20) :
> – lorsque la condition de parenté est rompue à la suite du **décès** d'un associé si, dans les 6 mois, les titres sont cédés à une personne ayant un lien de parenté suffisant. La solution est identique en cas de **divorce** (Rép. Tailhades : Sén.16-2-1984 n° 13754, non reprise au Bofip) ;
> – lorsque, à la suite du décès d'un associé, ses **enfants** ou son **conjoint** entrent dans la société, quels que soient les liens de parenté unissant les nouveaux associés avec les autres.

OPTION DES SA, SAS ET SARL NON COTÉES

Les SA, les SAS et les SARL peuvent opter pour le régime fiscal des sociétés de personnes lorsque les **conditions** suivantes sont réunies : 36980 CGI art. 239 bis AB IS-I-2500 s

– la société est créée depuis moins de cinq ans à la date d'ouverture de l'exercice d'application de l'option ;

– les titres de la société ne sont pas admis aux négociations sur un marché réglementé ;

– son capital et ses droits de vote sont détenus à hauteur de 50 % au moins par des personnes physiques, 34 % devant être détenus directement par des dirigeants (président, directeur général, président du conseil de surveillance, membre du directoire ou gérant) et les membres de leur foyer fiscal ;

– la société exerce à titre principal une activité industrielle, commerciale, artisanale, agricole ou libérale, à l'exclusion de la gestion de son propre patrimoine mobilier ou immobilier ;

– elle emploie moins de 50 salariés et a réalisé un chiffre d'affaires annuel ou a un total de bilan inférieur à 10 M€ au cours de l'exercice.

> **Précisions** **a.** Les sociétés d'exercice libéral (**Selarl, Selafa et Selas**) peuvent opter pour le régime des sociétés de personnes (BOI-IS-CHAMP-20-20-20-10 n° 20).
> **b.** Pour l'appréciation des **seuils de détention** de 50 % et 34 %, il n'y a pas lieu de tenir compte des participations détenues par les sociétés de capital-risque (**SCR**), les fonds communs de placement à risques (**FCPR**), les fonds communs de placement dans l'innovation (**FCPI**), les fonds d'investissements de proximité (**FIP**), les **fonds professionnels spécialisés** relevant de l'article L 214-37 du Code monétaire et financier dans sa rédaction antérieure à l'ordonnance 2013-676 du 25 juillet 2013, les fonds professionnels de capital investissement, les sociétés de libre partenariat (**SLP**), les sociétés de développement régional (**SDR**), les sociétés financières d'innovation (**SFI**) et les sociétés unipersonnelles d'investissement à risque (**Suir**) ou les **structures équivalentes** établies dans un autre État de l'Union européenne ou dans un État ou territoire ayant conclu avec la France une convention fiscale qui contient une clause d'assistance administrative en vue de lutter contre la fraude ou l'évasion fiscale, à la condition qu'il n'y ait pas de liens de dépendance (au sens défini n° 10425, précision a) entre ces sociétés ou fonds et la société exerçant l'option.
> **c.** Les sociétés ayant exercé l'option restent **réputées soumises à l'IS** pour l'application du **régime des FCPR** (CGI art. 163 quinquies B), des **Suir** (CGI art. 208 D), des **FCPI** (C. mon. fin. art. L 214-30), des **FIP** (C. mon. fin. art. L 214-31) et des **SCR** (Loi 85-695 du 11-7-1985).
> **d.** La condition relative à l'**effectif salarié** est appréciée selon les modalités prévues à l'article L 130-1, I du CSS (nos 74320 s.).

36985 **Exercice de l'option** L'option est exercée avec l'accord de tous les associés à l'exclusion des véhicules de capital-risque dont la participation n'est pas prise en compte pour la détermination des pourcentages de détention du capital. Elle doit être notifiée au service des impôts des entreprises dans les trois premiers mois du premier exercice au titre duquel elle s'applique.

L'option, effectuée selon le **modèle** établi par l'administration, est accompagnée de la **liste des associés** (y compris les véhicules d'investissement dont la participation est neutralisée) présents à la date d'ouverture du premier exercice d'application du régime (CGI ann. III art. 46 terdecies DA, I).

36990 **Durée de validité de l'option** L'option est valable pour une période de **cinq exercices,** sans renouvellement possible.

La société peut toutefois renoncer à l'option. La **renonciation** doit être notifiée au service des impôts dans les trois premiers mois de la date d'ouverture de l'exercice à compter duquel elle s'applique.

Par ailleurs, il est mis fin de manière anticipée à l'application du régime des sociétés de personnes en cas de **non-respect des conditions d'application** (détention du capital, activité exercée, taille de la société ; concernant la condition d'effectif, voir précisions ci-dessous). La société sort alors du régime fiscal des sociétés de personnes au 1er jour de l'exercice au cours duquel la condition n'est plus respectée. L'administration précise qu'il en va de même lorsque la société se transforme en société non éligible (BOI-IS-CHAMP-20-20-20-30 n° 70).

En cas de **sortie anticipée** (volontaire ou non), la société ne peut plus opter à nouveau pour ce régime.

> **Précisions** Pour les exercices clos **depuis le 1er janvier 2020,** l'IS ne devient applicable que lorsque le **seuil d'effectif** a été **atteint ou dépassé** pendant cinq années civiles consécutives (CSS art. L 130-1, II : n° 74330). Compte tenu de la durée de l'option indiquée ci-dessus, le dépassement du seuil d'effectif au cours d'un exercice couvert par l'option ne devrait donc plus entraîner, en pratique, la sortie du régime fiscal des sociétés de personnes.

2. SOCIÉTÉS COOPÉRATIVES

37010 IS-I-4500 s Les sociétés coopératives sont en principe passibles de l'IS, mais elles peuvent retrancher de leur base d'imposition les ristournes distribuées aux associés coopérateurs.

Cependant, plusieurs types de coopératives échappent à l'IS sous certaines conditions (coopératives agricoles et artisanales notamment). Certaines font l'objet de dispositions particulières.

DÉDUCTION DES RISTOURNES

37020 CGI art. 214 IS-II-4000 s **Dispositif légal** La loi autorise les sociétés **coopératives de consommation** à déduire de leur bénéfice imposable à l'IS les bonis (ristournes) provenant des opérations faites avec les associés et distribués à ces derniers au prorata de la commande de chacun d'eux.

Sont également déductibles :

– les bonis provenant des opérations faites avec les associés coopérateurs que les sociétés d'intérêt collectif agricole (**Sica**) distribuent à ceux-ci au prorata de leurs activités ;

– et la part des bénéfices distribuée par les **Scop** aux travailleurs dans les conditions prévues à l'article 33, 3° de la loi 78-763 du 19 juillet 1978.

Sont exclues du régime :

– les **coopératives de consommation** et les **Scop** dont plus de 50 % du **capital** est détenu par des **associés non coopérateurs** et des titulaires de certificats coopératifs d'investissement ou de certificats coopératifs d'associés. Échappent cependant à l'exclusion : les Scop dont plus de la moitié du capital est détenue par une autre Scop dans des conditions fixées par la loi ; les Scop d'amorçage et, sous certaines conditions, les Scop membres d'un groupement de Scop ;

– les **Sica,** lorsque les associés visés à l'article L 522-1 du Code rural et de la pêche maritime et les établissements de crédit et les sociétés de financement détiennent, directement ou par l'intermédiaire de leurs filiales, 80 % ou plus du capital et des voix et que les associés visés aux 1°, 2° et 3° du même article détiennent moins de 50 % du capital et des voix.

> Précisions **a.** En cas d'option pour le régime d'**intégration fiscale**, la déduction des ristournes est interdite pendant cinq ans (voir n° 40225, précision c).

b. Les ristournes sont normalement déductibles au moment de leur versement, mais elles peuvent faire l'objet de **provisions**, déductibles de manière extra-comptable des résultats de l'exercice au titre duquel elles sont attribuées, à condition que leur versement et leur mode de calcul soient prévus par un engagement ferme et définitif antérieur à la clôture de l'exercice (CE 11-7-1973 n° 82432 ; BOI-IS-BASE-30-40-10 n°s 130 à 150).

c. La **déduction** des ristournes peut être **remise en cause**, et la **fraction** des sommes déduites **qui dépasse 50 % des excédents répartissables** d'un exercice peut être réintégrée au résultat du même exercice à concurrence des sommes remises à la disposition de la coopérative au cours des deux exercices suivants, sous forme d'apport en capital ou de prêt. Seules sont prises en compte les sommes mises à la disposition de la coopérative par ses associés en leur qualité d'associés, à l'exclusion des avances ou acomptes consentis dans le cadre de leurs relations commerciales avec la coopérative, sous réserve que le montant de ces avances ou acomptes soit conforme aux usages en vigueur dans le secteur considéré (CE 23-12-2011 n° 322954 : RJF 3/12 n° 231).

d. Bien que les sociétés mixtes d'intérêt agricole (**SMIA**) ne soient pas soumises au statut de la coopération, elles bénéficient d'un système de déduction des ristournes analogue à celui des coopératives (CGI art. 217 quater ; IS-I-6610 s.).

Extension à d'autres organismes L'administration a étendu le régime de déduction des ristournes, dans les mêmes conditions, aux autres **organismes coopératifs, mutualistes ou similaires** qui, par application des dispositions légales qui les régissent (et non pas seulement de simples dispositions statutaires), répartissent une fraction de leurs bénéfices entre leurs adhérents au prorata des opérations traitées avec chacun d'eux ou du travail fourni (BOI-IS-BASE-30-40-40 n°s 1 à 120). Les sommes ainsi réparties viennent donc en diminution des bénéfices imposables de l'organisme. **37025**

Sont notamment concernées les **banques populaires** ; les **sociétés de caution mutuelle** ; les **coopératives de commerçants** détaillants.

> Précisions Les **coopératives de commerçants** détaillants dont plus de 50 % du capital est **détenu par d'autres coopératives de commerçants** sont admises à déduire, en proportion des droits des coopérateurs dans le capital, les ristournes versées à ces derniers (BOI-IS-BASE-30-40-50 n° 180).

COOPÉRATIVES EXONÉRÉES

Coopératives agricoles Sont exonérées de l'IS, à condition de fonctionner conformément aux dispositions qui les régissent : **37035** CGI art. 207, 1-2° et 3° IS-IV-200 s

a. Les sociétés coopératives agricoles **d'approvisionnement et d'achat** et leurs unions, sauf pour les opérations effectuées avec des non-sociétaires ;

b. Les sociétés coopératives de **production, transformation, conservation et vente** de produits agricoles, ainsi que leurs unions, sauf toutefois pour les opérations suivantes :

– ventes dans un magasin de détail distinct de l'établissement principal. Selon l'administration, sont considérées comme telles les **ventes au détail** effectuées dans des structures dédiées à cette activité et aménagées en conséquence (BOI-IS-CHAMP-30-10-10-20 n° 340) ;

EXEMPLE

Structure disposant d'un local où sont exposées les marchandises, de matériels ou équipements spécifiques tels qu'une caisse enregistreuse, ou un lieu de dégustation des produits vendus, et le cas échéant de dépliants présentant les produits vendus.

– opérations de **transformation** portant sur des produits ou sous-produits autres que ceux destinés à l'alimentation de l'homme et des animaux ou pouvant être utilisés à titre de matières premières dans l'agriculture ou dans l'industrie ;

– **opérations** effectuées **avec des non-sociétaires.**

Les opérations relevant de l'objet statutaire principal des coopératives réalisées avec des non-sociétaires ne doivent pas par ailleurs excéder 20 % du chiffre d'affaires. Lorsque la limite de 20 % est franchie, le régime spécial est remis en cause, et la coopérative devient passible de l'IS sur l'ensemble de ses opérations. Les opérations ne relevant pas de l'objet statutaire principal ne sont pas soumises à la limitation de 20 % et ne remettent pas en cause le régime spécial tant qu'elles restent conformes aux dispositions régissant les coopératives.

L'administration admet que les **Cuma** (coopératives d'utilisation en commun de matériel agricole) bénéficient du même régime que les coopératives agricoles de production ou transformation, dès l'instant où elles fonctionnent conformément aux dispositions qui les régissent. Il en est de même pour les **coopératives d'insémination artificielle** (BOI précité n° 130).

37040 IS-IV-1700 s

> Précisions **a.** Les coopératives agricoles et leurs unions qui émettent des **certificats coopératifs d'investissement** sont imposables à l'IS sur une fraction de leurs résultats (ristournes comprises) proportionnelle à la part des certificats dans leur capital social (CGI art. 207, 1 bis). Lorsque **plus de 50 % du capital** est détenu par des titulaires de certificats coopératifs d'investissement et des associés non coopérateurs dont les parts peuvent donner lieu à rémunération, l'exonération d'IS n'est pas applicable (CGI art. 207, 1 quater).

b. Les **opérations réalisées pour le compte de filiales** et relevant de l'objet statutaire sont :
– si la filiale est associé coopérateur, exonérées d'IS ;
– si la filiale n'est pas associé coopérateur, soumises à l'IS et prises en compte dans le seuil de 20 % des activités réalisées avec les tiers non associés.

Lorsqu'elles ne relèvent pas de l'objet statutaire, ces opérations sont soumises à l'IS, l'administration admettant cependant de ne pas remettre en cause le régime fiscal spécial lorsque les conditions suivantes sont cumulativement réunies : la filiale est contrôlée au sens de l'article L 233-3 du Code de commerce par la société coopérative, les opérations sont réalisées à titre accessoire et sont conformes à l'intérêt de la coopérative (BOI-IS-CHAMP-30-10-10-40 n° 90).

c. Les **produits financiers** perçus sont couverts par l'exonération lorsqu'ils relèvent de la simple gestion de trésorerie. Il en est de même des intérêts rémunérant les parts sociales. En revanche, sont passibles de l'IS les dividendes perçus à raison des participations dans d'autres organismes, quel que soit le pourcentage de cette participation (sous réserve de l'application du régime des sociétés mères et filiales) (BOI-IS-CHAMP-30-10-10-30 n° 150).

d. Les **plus-values** réalisées par des coopératives totalement exonérées bénéficient de l'exonération. En revanche, lorsque la coopérative est partiellement imposable, en raison notamment de la réalisation d'opérations avec des non-sociétaires, les plus-values suivent le régime fiscal de l'activité à laquelle étaient affectés les biens cédés (elles sont imposées en proportion des bénéfices taxables en cas d'affectation indifférenciée) (BOI précité n°s 200 à 220).

e. Les **Sica** (IS-I-6300 s.) et les **SMIA** (IS-I-6500 s.) sont passibles en principe de l'IS, mais les ristournes versées aux adhérents peuvent être retranchées des bénéfices imposables (voir n° 37020).

37045 CGI art. 207, 1-3° bis et 7° IS-IV-3000 s et 4500 s

Autres coopératives

Lorsqu'elles fonctionnent conformément aux dispositions qui les régissent (Loi 83-657 du 20-7-1983), les **coopératives artisanales** et leurs unions, les coopératives d'entreprises de **transports,** les coopératives artisanales de **transport fluvial,** ainsi que les **coopératives maritimes** et leurs unions sont exonérées de l'IS, sauf pour les affaires effectuées avec des non-sociétaires.

Sont également exonérés les sociétés **coopératives de construction,** les sociétés d'économie mixte et les groupements dits de « Castors » qui procèdent, sans but lucratif, au **lotissement et à la vente de terrains** leur appartenant.

Les coopératives sont toutefois assujetties partiellement à l'IS :
– lorsqu'elles émettent des **certificats coopératifs d'investissement** : imposition sur une fraction des résultats proportionnelle à la part des certificats dans le capital social (CGI art. 207, 1 bis) ;
– lorsque les **associés non coopérateurs** détiennent **plus de 20 %** du capital et que leurs parts sociales peuvent donner lieu à rémunération : imposition sur la fraction des résultats correspondant à la part des non-coopérateurs (CGI art. 207, 1 ter).

L'assujettissement à l'IS est total lorsque les associés non coopérateurs et les titulaires de certificats coopératifs d'investissement détiennent **plus de 50 %** du capital et que leurs parts sociales peuvent donner lieu à rémunération (CGI art. 207, 1 quater).

> Précisions **a.** Les règles applicables aux **produits financiers** et aux **plus-values** des coopératives artisanales, maritimes et de transport sont les mêmes que pour les coopératives agricoles (n° 37040, c et d).

b. Contrairement à la doctrine administrative (BOI-IS-CHAMP-30-10-20-10 n° 40), le Conseil d'État considère que les associations **coopératives artisanales** qui ont choisi de rester régies par les dispositions de la loi locale **d'Alsace-Moselle** du 1er mai 1889 modifiée ne constituent pas, compte tenu de leur régime de droit local, des coopératives artisanales au sens de l'article 207, 1-3° bis du CGI et ne peuvent pas bénéficier de l'exonération d'IS qu'il prévoit (CE 25-9-2015 n° 370687 : RJF 12/15 n° 999).

c. En ce qui concerne les coopératives d'**HLM** et les coopératives de construction en relation avec les organismes d'HLM, voir n° 37110.

DISPOSITIONS PARTICULIÈRES

Transformation d'une société en Scop Cette opération n'emporte ni création d'une personne morale nouvelle ni cessation d'entreprise et, pour faciliter sa réalisation, les mesures fiscales suivantes sont prévues. 37065 CGI art. 210 D IS-I-5000 s

1. Lorsque la transformation s'accompagne d'une augmentation des valeurs comptables des éléments d'actif, les **plus-values** correspondantes bénéficient d'un régime particulier qui consiste :

– à ne pas taxer immédiatement les plus-values dégagées sur les éléments non amortissables, l'imposition étant reportée au moment de la cession de ces biens par la Scop ;

– et à étaler, en principe sur cinq ans, l'imposition des plus-values dégagées sur les biens amortissables (en contrepartie, les amortissements et plus-values ultérieurs sont calculés par la Scop d'après la valeur comptable attribuée lors de la transformation).

Les sociétés placées sous ce régime de report d'imposition doivent joindre à leur déclaration de résultats un état spécial, sous peine d'une amende égale à 5 % des résultats omis (CGI art. 54 septies et 1763) ; non-application de l'amende en cas de régularisation, voir n° 9055, a). Elles doivent, en outre, tenir à la disposition de l'administration un registre des plus-values dégagées sur les éléments non amortissables (voir n° 11000, précision a).

L'**écart de valorisation** constaté sur les parts annulées lors de la transformation ne peut donner lieu à aucune déduction du résultat fiscal au titre de l'exercice de réalisation de l'opération ou d'un exercice ultérieur.

2. Les **salariés** de la société transformée qui ont contracté un **emprunt** avant le 1er janvier 2017 pour souscrire au capital de la Scop peuvent retrancher de leur salaire imposable les intérêts correspondants (voir n° 21970).

Sociétés coopératives d'intérêt collectif (SCIC) Les SCIC sont passibles de l'IS et ne peuvent bénéficier d'aucune des exonérations prévues pour certaines coopératives. Mais elles peuvent déduire de leur résultat imposable l'ensemble du bénéfice affecté aux **réserves impartageables** (réserve légale et réserves statutaires). 37070 CGI art. 209, VIII IS-II-5500 s

3. COLLECTIVITÉS PUBLIQUES

COLLECTIVITÉS PUBLIQUES LOCALES

Sont totalement exonérés de l'IS les **régions** et les ententes interrégionales, les **départements** et les ententes interdépartementales, les **communes,** les établissements publics de coopération intercommunale à fiscalité propre ou **« EPCI »,** les **syndicats** de communes et les syndicats mixtes (constitués exclusivement de collectivités territoriales ou de groupements de ces collectivités), ainsi que leurs **régies de services publics.** 37090 CGI art. 207, 1-6° IS-IV-24050 s

L'exonération couvre l'ensemble des revenus de ces collectivités, y compris ceux qui proviennent de la gestion de leur patrimoine.

> **Précisions** L'exonération des **régies de services publics** ne concerne que les régies qui gèrent des services que les collectivités territoriales ont le devoir d'assurer, c'est-à-dire des services, quelle que soit leur nature (industrielle et commerciale ou administrative), indispensables à la satisfaction des besoins collectifs intéressant l'ensemble des habitants de la collectivité territoriale. Ces régies peuvent être dotées ou non de la personnalité morale (CE 7-3-2012 n° 331970 : RJF 6/12 n° 572 ; CE 20-6-2012 n° 341410 : RJF 10/12 n° 902). Les régies qui exploitent, **de manière lucrative,** un service non indispensable à la satisfaction des besoins collectifs des habitants de la collectivité territoriale sont en revanche passibles de l'IS dans les conditions de droit commun, sans distinguer selon qu'elles sont ou non dotées de l'autonomie financière ou de la personnalité morale (y compris donc s'il s'agit de régies directes non dotées de l'autonomie financière : BOI-IS-CHAMP-30-60 n° 170).

AUTRES ORGANISMES PUBLICS

Ils sont soumis à l'IS dans des conditions qui varient selon qu'ils se livrent ou non à une exploitation ou à des opérations de caractère lucratif (sauf cas particuliers d'exonération : n° 37100). 37095 CGI art. 206, 1 et 5 et 1654 IS-I-8240 s

a. Les établissements publics, les organismes de l'État jouissant de l'autonomie financière et les organismes des départements ou des communes sont passibles de l'IS selon les règles et au taux de droit commun lorsqu'ils exercent une **activité lucrative.** Lorsqu'ils perçoivent également des revenus fonciers, agricoles ou mobiliers, ces revenus sont inclus dans la base d'imposition taxable dans les conditions de droit commun s'ils se rattachent à l'activité lucrative ; dans le cas contraire, ils font l'objet, sous certaines conditions, d'une imposition distincte dans les conditions indiquées au b ci-après.

Ces règles concernent notamment les établissements publics à caractère industriel ou commercial (chambre de commerce exploitant un aéroport, par exemple) et les entreprises nationales.

Notons que tous les **organismes d'État** (manufactures nationales, arsenaux, etc.) sont en pratique exonérés de l'IS dès lors qu'ils ne sont **pas dotés de l'autonomie financière.**

b. Les organismes qui, sans se livrer à une activité de caractère lucratif, perçoivent des **revenus** provenant de leur **patrimoine** (revenus fonciers, bénéfices agricoles, certains revenus mobiliers) sont imposés, à raison de ces revenus, selon des modalités allégées comportant notamment l'application d'un taux réduit.

Ces modalités d'imposition peuvent notamment concerner les établissements publics à caractère administratif (chambres d'agriculture, chambres des métiers, hôpitaux et centres hospitaliers, etc.). Communes à tous les organismes sans but lucratif (publics ou privés), elles sont exposées dans le cadre de l'étude consacrée au régime fiscal des associations (voir nos 89700 s.).

37100 Sont **exonérés** de l'IS :

– les **établissements publics scientifiques, d'enseignement et d'assistance,** pour les revenus de leur patrimoine (IS-IV-24600 s. ; exonération applicable pour les exercices ouverts jusqu'au 31-12-2023) ;

– les **établissements publics de recherche,** les établissements publics **d'enseignement supérieur,** les personnes morales créées pour la gestion d'un pôle de recherche et d'enseignement supérieur ou d'un réseau thématique de recherche avancée et les communautés d'universités et établissements, ainsi que les fondations reconnues d'utilité publique du secteur de la recherche, pour leurs revenus tirés de leurs activités de service public (CGI art. 207, 1-9° à 11° : IS-IV-25510 s.) ;

– les **établissements publics** pour leurs **opérations de lotissement** et de vente de terrains leur appartenant (CGI art. 208, 6° : IS-IV-29050).

4. ORGANISMES D'HLM ET ASSIMILÉS

37110 Sont exonérés de l'IS :

– les **organismes d'HLM** visés à l'article L 411-2 du CCH (offices publics de l'habitat, sociétés anonymes d'HLM, fondations d'HLM, etc.), sociétés d'économie mixte et sociétés coopératives de location-attribution d'HLM (BOI-IS-CHAMP-30-30-10-10 n° 40), notamment pour les opérations réalisées par ces organismes au titre du service d'intérêt général défini à l'article L 411-2 précité et pour les produits issus de la cession de certificats d'économies d'énergie (CGI art. 207, 1-4° : IS-IV-27550 s.) ;

– les **unions d'économie sociale** dont la gérance est désintéressée pour leurs activités effectuées en faveur du logement des personnes défavorisées (CGI art. 207, 1-4° quater : IS-IV-5000 s.) ;

– les **sociétés coopératives de construction** faisant appel, à titre de prestataire de services, à un organisme d'HLM (CGI art. 207, 1-8° et 1378 sexies : IS-IV-5300).

> Précisions Les coopératives d'HLM et les coopératives de construction qui émettent des certificats coopératifs d'investissement sont imposables à l'IS sur une fraction de leurs résultats proportionnelle à la part des certificats dans leur capital social (CGI art. 207, 1 bis).

CHAPITRE 2

SOCIÉTÉS DE PERSONNES ET ASSIMILÉES

SOMMAIRE

A. Champ d'application du régime 37565

B. Imposition des bénéfices sociaux 37600

1. Détermination du résultat social 37610

2. Modalités d'imposition du résultat social 37645

C. Régime des cessions de droits sociaux 37715

1. Droits sociaux détenus par les personnes physiques 37715

a. Plus-values sur les droits ou parts constitutifs d'un actif professionnel 37715

b. Plus-values sur les droits ou parts appartenant au patrimoine privé 37725

2. Droits sociaux détenus par les entreprises 37735

D. Particularités 37775

« TRANSLUCIDITÉ FISCALE » DES SOCIÉTÉS DE PERSONNES

Pour la détermination et l'imposition de leurs bénéfices, les sociétés de personnes et groupements assimilés sont soumis – sauf option pour l'impôt sur les sociétés – à un régime de « semi-transparence » (souvent qualifié de « translucide »). Il s'agit d'un **régime hybride** dans lequel les résultats sont déterminés, déclarés et vérifiés au niveau de la société ou du groupement lui-même, mais sont imposés au nom des associés, chacun pour la part lui revenant. **37500** CGI art. 8 DC-V-1 s

A. Champ d'application du régime

SOCIÉTÉS ET GROUPEMENTS CONCERNÉS

Le régime des sociétés de personnes s'applique, parfois sous certaines conditions ou selon des modalités particulières, et sauf option contraire, aux sociétés et groupements suivants : **37565** DC-V-250 s

	Précisions (n^os)
– sociétés en nom collectif (CGI art. 8 ; DC-V-15100 s.)	
– sociétés en commandite simple pour la part de bénéfice des commandités (CGI art. 8) ...	37775
– sociétés civiles (CGI art. 8) ...	37785
– sociétés en participation (y compris les syndicats financiers) pour les membres indéfiniment responsables et connus de l'administration (CGI art. 8) ...	37800 s.
– SARL de famille ayant opté pour le régime fiscal des sociétés de personnes (CGI art. 8) ...	36960 s.
– SA, SAS et SARL ayant opté pour le régime fiscal des sociétés de personnes (CGI art. 8) .	36980 s.
– EURL pour l'associé personne physique (CGI art. 8) ...	37825
– EARL (exploitations agricoles à responsabilité limitée) (CGI art. 8) ...	16435
– groupements d'intérêt économique (CGI art. 239 quater et 239 quater C) ...	37835
– groupements d'intérêt public (CGI art. 239 quater B ; DC-V-26600 s.)	
– groupements de coopération sanitaire et groupements de coopération sociale et médico-sociale (CGI art. 239 quater D ; DC-V-26800 s.)	
– sociétés de fait (CGI art. 238 bis L) ...	37845 s.
– indivisions constitutives d'une société de fait ...	37860
– copropriétés de navires (CGI art. 8 quater)	37870
– SCP (CGI art. 8 ter) et SCM (CGI art. 239 quater A) ...	13855 s. et 13895 s.

	Précisions (n^os)
– associations d'avocats (CGI art. 238 bis LA)	37815
– Sisa (sociétés interprofessionnelles de soins ambulatoires) (CGI art. 8)	37840
– divers groupements de nature agricole : Gaec (C. rur. art. L 323-1), groupements forestiers (CGI art. 238 ter), syndicats forestiers (CGI art. 239 quinquies), groupements fonciers agricoles (C. rur. art. L 322-1), groupements fonciers ruraux (C. rur. art. L 322-22), copropriétés de cheval de course ou d'étalon constituées sous forme de sociétés en participation (CGI art. 8 quinquies) .	16425 s.
– diverses sociétés immobilières : sociétés de construction-vente (CGI art. 239 ter), sociétés civiles de placement immobilier (SCPI) (CGI art. 239 septies), sociétés de copropriété « transparentes » (CGI art. 8 bis)	30420 s., 30750 et 30770 s.

OPTION POUR L'IMPÔT SUR LES SOCIÉTÉS

37575 CGI art. 206, 3 et 239 IS-I-3550 s **Champ d'application** Certaines sociétés de personnes et groupements assimilés **peuvent opter** pour leur assujettissement à l'impôt sur les sociétés : sociétés en nom collectif, sociétés en commandite simple, sociétés civiles, y compris SCP, sociétés en participation, associations d'avocats, EURL et EARL, groupements d'intérêt public, groupements de coopération sanitaire, groupements de coopération sociale et médico-sociale, sociétés interprofessionnelles de soins ambulatoires et sociétés de fait (ainsi que, par tolérance administrative, copropriétés de navires : BOI-IS-CHAMP-40 n° 60).

D'autres sociétés de personnes en revanche ne sont **pas autorisées** à opter : sociétés civiles de moyens, groupements d'intérêt économique, groupements forestiers, sociétés de construction-vente, sociétés civiles de placement immobilier et sociétés immobilières de copropriété.

> Précisions Les **sociétés** de personnes **issues de la transformation de sociétés de capitaux** peuvent opter pour l'IS :
– soit lors de leur transformation, dans les trois mois de l'opération ;
– soit ultérieurement, à condition que la transformation remonte à au moins quinze ans (la condition d'ancienneté s'appréciant au premier jour de l'exercice au titre duquel la société souhaite être assujettie à l'IS).
Par exception, une société issue de la transformation d'une **SARL de famille** placée sous le régime fiscal des sociétés de personnes peut opter pour l'IS à tout moment, dans les conditions de droit commun (BOI-IS-CHAMP-40 n° 30).

37576 IS-I-3800 s **Modalités d'option** Lorsqu'elle est exercée, l'option doit être **signée** dans les conditions prévues par les statuts ou, à défaut, par tous les associés, membres ou participants. Elle doit en principe être **notifiée** au plus tard avant la fin du troisième mois de l'exercice au titre duquel l'entreprise souhaite être soumise pour la première fois à l'impôt sur les sociétés. Elle peut donc être exercée avant le début de l'exercice.

Délai d'option des sociétés de personnes issues de la transformation de sociétés de capitaux : voir n° 37575, Précisions.

> Précisions a. Les sociétés ou groupements **notifient** leur option soit en l'adressant au **service des impôts** du lieu de leur principal établissement (CGI art. 239 et ann. III art. 350 F), soit en cochant expressément la case prévue à cet effet sur le formulaire de création ou de modification transmis au **guichet unique électronique** (CE 30-12-2011 n° 342566 : RJF 3/12 n° 227).
b. En cas de **réunion de toutes les parts d'une SARL entre les mains d'une personne physique,** l'option pour l'assujettissement de l'EURL à l'IS peut prendre effet à la date de cet événement, à condition d'être notifiée avant la fin du troisième mois suivant. Une telle EURL est également regardée comme ayant valablement exercé l'option si elle opte, dans ce délai, dans ses statuts pour son assujettissement à l'IS et souscrit ses déclarations de résultats sous ce régime (CE 20-3-2020 n°s 426850 et 426857 : RJF 6/20 n° 519 ; CE 12-6-2020 n° 426067 : RJF 8-9/20 n° 678).

37577 IS-I-4000 s **Renonciation à l'option** Les sociétés de personnes ayant opté pour leur assujettissement à l'impôt sur les sociétés peuvent renoncer à cette option **jusqu'au cinquième exercice suivant celui** au titre duquel ladite **option** a été exercée.

La renonciation à l'option doit être **notifiée** au service des impôts auprès duquel est souscrite la déclaration de résultats avant la fin du mois précédant la date limite de versement du premier acompte d'impôt sur les sociétés (n° 36525) de l'exercice au titre duquel s'applique la renonciation. Les entreprises ayant ainsi renoncé à l'option ne peuvent **plus,** par la suite, **opter à nouveau** pour le régime des sociétés de capitaux.

En l'**absence de renonciation dans le délai** prévu, l'option pour l'impôt sur les sociétés devient irrévocable.

EXEMPLE

Une société de personnes a opté, le 1er juin 2024, pour son assujettissement à l'impôt sur les sociétés au titre de l'exercice courant du 1er avril 2024 au 31 mars 2025. Si elle désire renoncer à l'option dès l'exercice suivant (1er avril 2025 au 31 mars 2026), elle doit notifier à l'administration sa renonciation à l'option avant le 31 mai 2025 (soit avant la fin du mois précédant la date limite de versement du premier acompte fixée, dans ce cas, au 15 juin). Elle ne pourra plus opter pour le régime des sociétés de capitaux au titre des exercices ultérieurs. En tout état de cause, la société a la possibilité de renoncer à l'option jusqu'au 31 mai 2029, la renonciation s'appliquant alors à l'exercice courant du 1er avril 2029 au 31 mars 2030. À défaut, l'option pour l'impôt sur les sociétés devient irrévocable.

La renonciation à l'option entraîne les **conséquences fiscales** de la cessation d'entreprise exposées nos 38770 s.

> Précisions **a.** Par exception, les **sociétés** de personnes constituées **entre membres d'une même famille** et exerçant une activité industrielle, commerciale ou artisanale peuvent renoncer aux options qui ont été formulées **avant 1981** sans limitation de délai.

b. Les **modifications statutaires** et le **changement d'activité** d'une société de personnes ne mettent pas fin à son existence et ne rendent donc pas caduque l'option pour l'IS, même s'ils emportent cessation d'entreprise (CE 11-6-2014 n° 347355 : RJF 10/14 n° 877).

Effets de l'option Au moment où il se produit, le **changement de régime** fiscal entraîne des conséquences en matière d'impôts directs et de droits d'enregistrement, qui sont examinées nos 38785 s. Par la suite, la société ou le groupement sont soumis à l'ensemble des dispositions du **régime des sociétés de capitaux.** Il s'ensuit notamment que leurs associés ou membres ne sont imposés sur les bénéfices que si ceux-ci sont distribués, et les rémunérations qui leur sont allouées, déductibles des résultats sociaux, sont taxables entre leurs mains en application de l'article 62 du CGI (n° 23650). 37580 IS-I-4250 s

B. Imposition des bénéfices sociaux

Les bénéfices réalisés par les sociétés de personnes sont déterminés et déclarés au niveau de la société, mais imposés au nom personnel des associés. Chacun d'eux est imposé à raison de la part des résultats sociaux correspondant à ses droits, soit à l'impôt sur le revenu s'il relève de cet impôt, soit à l'impôt sur les sociétés s'il est passible de cet impôt. 37600 CGI art. 8, 60, al. 1 et 218 bis DC-V-600 s

1. DÉTERMINATION DU RÉSULTAT SOCIAL

Le résultat imposable des sociétés de personnes et assimilées est déterminé selon des modalités qui tiennent compte à la fois de la nature de l'activité de la société et de la qualité des associés, suivant qu'ils relèvent de l'impôt sur le revenu ou de l'impôt sur les sociétés. 37610

RÈGLES GÉNÉRALES

Sociétés exerçant une activité professionnelle Le résultat imposable est déterminé dans les conditions prévues pour les exploitants individuels, c'est-à-dire globalement au niveau de la société, suivant les règles propres à la **catégorie de résultats** dont relève l'activité de la société : bénéfices industriels et commerciaux (BIC), bénéfices des professions non commerciales (BNC) ou bénéfices agricoles (BA). Dans les sociétés exerçant une activité relevant des BIC ou des BA, cette règle s'applique sous réserve des règles particulières relatives aux opérations sans lien avec l'activité (n° 7345). Le **régime d'imposition** de la société (bénéfice réel normal, régime simplifié...) dépend en principe du montant de ses recettes. 37615 CGI art. 60 et 238 bis K, II DC-V-1250 s et 2880 s

ATTENTION

Les sociétés de personnes sont exclues des régimes micro-BIC et micro-BNC (à l'exception de certaines EURL : voir nos 11210 et 13472). De même, les sociétés à activité agricole créées depuis le 1er janvier 1997 sont exclues du régime micro-BA, sous réserve des exceptions visées n° 15520.

Pour tout ce qui concerne la **détermination des résultats,** on se reportera, selon la catégorie, à la rubrique correspondante du Mémento. Les sociétés de personnes sont soumises sur ce plan aux règles générales, sous réserve de certaines particularités – signalées dans ces rubriques – dues à la forme sociale : par exemple, limite d'application des régimes d'imposition, comptes courants d'associés, amortissement des biens donnés en location, crédit d'impôt recherche...

Pour la **déduction des charges,** voir nos 37670 s.

En cas de cession d'immobilisations, les **plus et moins-values** relèvent du régime des plus-values professionnelles à court ou à long terme. Les plus-values peuvent, le cas échéant, bénéficier de 37620 l'un ou l'autre des deux régimes d'exonération suivants (exclusifs l'un de l'autre) pour la part revenant aux associés soumis à l'impôt sur le revenu.

Pour le cas particulier des cessions d'**éléments d'actif non exclusivement utilisés pour les besoins de l'activité** professionnelle relevant des BIC ou des BA, voir nos 18460 s.

a. Exonération en fonction des recettes : les plus-values réalisées par la société sont totalement ou partiellement exonérées en application de l'article 151 septies du CGI lorsque les conditions d'application de ce dispositif (nos 18200 s.), appréciées au niveau de la société, sont remplies. La société doit notamment exercer son activité depuis au moins cinq ans et le montant de ses recettes ne doit pas excéder certains seuils. Toutefois, lorsque l'exercice de l'activité au sein de la société a été précédé d'un exercice à titre individuel, le délai de cinq ans doit être apprécié en cumulant les durées d'exploitation (CE 13-1-2010 n° 301985 : RJF 4/10 n° 350).

Dans les **sociétés civiles agricoles** (notamment les Gaec), les conditions d'exonération tenant au montant des recettes et à la durée de l'activité s'apprécient au niveau des associés lorsque ceux-ci exercent leur activité professionnelle au sein de la société :

– la limite d'exonération est déterminée pour chaque associé en retenant sa quote-part dans les recettes sociales, éventuellement majorée de ses recettes individuelles et, s'il est membre d'une autre société civile agricole, de sa quote-part dans les recettes de celle-ci (CGI art. 70, al. 2 ; BOI-BA-BASE-20-20-30-30 n° 90) ;

– la durée d'activité est appréciée, le cas échéant, en totalisant les périodes d'activité à titre individuel et dans la société de personnes. En cas de fusion de Gaec, les périodes d'activité au sein des deux groupements peuvent être cumulées (BOI précité n° 70).

b. Exonération en cas de cession d'une branche d'activité : lorsque la valeur des éléments cédés est inférieur à 1 M€, la société de personnes peut bénéficier de l'exonération totale ou partielle des plus-values prévue par l'article 238 quindecies du CGI (nos 19650 s.).

37625 **Sociétés exerçant une activité patrimoniale** Lorsque l'activité de la société est de nature patrimoniale, donc non professionnelle, le résultat social est déterminé suivant les règles applicables aux **revenus fonciers** ou aux revenus **mobiliers,** selon que la société gère un patrimoine immobilier ou un portefeuille-titres. Les plus-values réalisées par la société relèvent pour leur part du régime des plus-values privées : plus-values immobilières ou plus-values sur valeurs mobilières et droits sociaux.

ILLUSTRATIONS

Une société de personnes détenue par des personnes physiques et dont l'unique objet consiste à détenir des **participations dans des sociétés de personnes exerçant une activité industrielle ou commerciale,** sans participation aucune à l'activité de ces sociétés, exerce une activité civile par nature. En raison du mode de détermination de son résultat, elle ne peut donc pas déduire les charges financières supportées pour l'acquisition du capital des sociétés d'exploitation (BOI-BIC-DEF-10 n° 100 ; CE 17-11-2006 n° 254597 : RJF 2/07 n° 173).

DÉTERMINATION DE LA PART REVENANT AUX ENTREPRISES ASSOCIÉES

37630 **Participation directe** Quelle que soit la nature de l'activité de la société de personnes, le résultat imposable est en principe déterminé selon les règles régissant les opérations réalisées par les associés pour établir la part revenant aux deux catégories de membres suivantes :

CGI art. 238 bis K, I-al. 1
DC-V-1200 s

– **société soumise à l'impôt sur les sociétés** dans les conditions de droit commun ;

– **entreprise industrielle, commerciale, artisanale ou agricole** relevant de l'**impôt sur le revenu** et placée **de plein droit sous un régime de bénéfice réel** (réel normal ou simplifié).

C'est ainsi que les résultats d'une société de personnes exerçant une activité agricole dont les parts sont inscrites à l'actif d'une autre société de personnes exerçant une activité commerciale perdent leur caractère agricole pour relever des règles des BIC et, en cas de déficit, du régime des déficits commerciaux (CE 7-8-2008 nos 290465 et 290555 : RJF 11/08 n° 1209).

ATTENTION

Les règles de détermination de la part de bénéfice en fonction des règles propres à l'associé relevant de l'impôt sur le revenu s'appliquent dans les conditions visées par les dispositions de l'article 155, II du CGI relatives aux opérations sans lien avec l'activité professionnelle (n° 7345). Ainsi, la part de résultat provenant de **sociétés ayant pour objet la gestion du patrimoine privé de leurs membres** (SCI, sociétés civiles de portefeuille...) ne peut être considérée comme provenant d'une activité professionnelle au sens de cet article et est imposable au titre de la catégorie de revenus correspondant à la nature du bien géré (BOI-BIC-BASE-10-20-10 nos 190 et 195).

Lorsque la société comprend parmi ses associés à la fois des sociétés, des entreprises et des personnes physiques dont la quote-part de résultat est calculée selon des règles différentes, les résultats sociaux doivent faire l'objet d'une **double détermination** :

– pour établir la quote-part revenant aux **sociétés ou entreprises membres,** les résultats sont calculés, selon le cas, d'après les règles de l'impôt sur les sociétés ou d'après les règles propres aux entreprises membres considérées ;

– pour établir la quote-part revenant aux **autres associés,** les résultats sont calculés conformément aux règles applicables à la société de personnes elle-même (BOI précité n° 130).

L'administration **dispense** toutefois d'une telle obligation les sociétés qui exercent une activité relevant des BIC ou des BA et comprennent parmi leurs membres des exploitants relevant de l'autre catégorie d'imposition soumis à un régime réel (BOI précité n° 180).

Lorsque le résultat imposable de la société est déterminé selon les règles applicables aux entreprises membres, les **cessions d'immobilisations** sont toujours soumises au régime des plus et moins-values professionnelles, mais elles obéissent à des règles différentes, notamment au regard de la distinction court terme/long terme, selon que l'associé relève de l'IR ou de l'IS. Les associés soumis à l'IS ne bénéficient par exemple du régime du long terme que pour leur quote-part de plus-values afférente à des titres de participation (et assimilés). Seules les entreprises associées relevant de l'IR peuvent par ailleurs bénéficier des dispositifs d'exonération des plus-values visés n° 37620. 37631 DC-V-1850 s

Une **société qui comprend à la fois des associés soumis à l'IS et** des associés soumis **à l'IR** doit donc procéder à une double détermination de ses plus et moins-values à court terme et à long terme en faisant application des règles propres à chaque catégorie d'associés. La compensation entre les plus et moins-values est effectuée de manière distincte pour chaque catégorie.

Pour le cas des cessions d'**éléments d'actif non exclusivement utilisés pour les besoins de l'activité** professionnelle relevant des BIC ou des BA, voir n°s 18460 s.

Sociétés de personnes interposées Dans la situation particulière où un associé est lui-même soit une société de personnes ayant pour activité la **gestion de son propre patrimoine mobilier ou immobilier,** soit une société de personnes agricole créée avant 1997 ou un Gaec relevant du régime **micro-BA** ou du **régime simplifié d'imposition sur option,** les parts de résultats lui revenant suivent les règles applicables en matière d'impôt sur les sociétés (c'est-à-dire, en général, les règles de détermination des BIC). 37635 CGI art. 238 bis K, I-al. 2 DC-V-2550 s

› Précisions S'il est établi qu'une fraction des droits dans la société participante est détenue directement ou indirectement par une personne physique ou une entreprise non visée n° 37630 (entreprise individuelle relevant de plein droit du régime micro-BIC ou micro-BA ou sur option sous un régime réel d'imposition, contribuable exerçant une profession non commerciale), cette disposition ne s'applique pas à la part de bénéfice correspondante.

Un **état,** comportant notamment les renseignements permettant d'apporter cette preuve, doit être joint à la déclaration des résultats de la société de personnes (CGI ann. III art. 46 terdecies E).

OBLIGATIONS ET CONTRÔLE

Les sociétés de personnes exerçant une **activité professionnelle** sont tenues aux mêmes obligations que celles incombant normalement aux exploitants individuels. Elles doivent donc produire une **déclaration** de bénéfices faisant ressortir les résultats d'ensemble de l'entreprise. Elles doivent en outre déclarer les rémunérations et parts de bénéfices réparties (ou distribuées) entre les associés. 37640 CGI art. 60, al. 2 et 242, 1 DC-V-3600 s

Les **sociétés immobilières** relevant de l'impôt sur le revenu doivent également produire une déclaration annuelle des résultats.

Les sociétés civiles de **gestion de portefeuille** sont quant à elles soumises aux obligations des établissements payeurs auxquels elles sont assimilées (voir n°s 26850 s.).

La procédure de **vérification** des déclarations est suivie directement entre l'administration fiscale et la société.

2. MODALITÉS D'IMPOSITION DU RÉSULTAT SOCIAL

IMPOSITION AU NOM DES ASSOCIÉS

Les résultats des sociétés de personnes ne sont pas directement imposables au nom de la personne morale (sauf option pour l'impôt sur les sociétés), mais au nom personnel des associés. Chacun d'eux est imposé à raison de la part des résultats sociaux correspondant à ses 37645 DC-V-4400 s droits dans la société, soit à l'impôt sur le revenu s'il relève de cet impôt (particulier ou entreprise), soit à l'impôt sur les sociétés s'il est passible de cet impôt.

Si les **résultats** de la société sont **déficitaires,** chaque associé peut imputer sur son revenu global ou sur son bénéfice imposable à l'impôt sur les sociétés la quote-part du déficit correspondant à ses droits dans la société, sous réserve des restrictions prévues en matière d'impôt sur le revenu (nos 980 s.) et en matière d'impôt sur les sociétés (nos 35905 s.).

Les **associés qui résident à l'étranger** sont imposables en France sur leur quote-part de résultat dans la mesure où la société exerce son activité sur le territoire national, sauf stipulation contraire d'une convention internationale (CE 9-2-2000 n° 178389 : RJF 3/00 n° 342 ; CE plén. 11-7-2011 n° 317024 : RJF 10/11 n° 1063).

> Précisions **a.** Lorsqu'une société de personnes perçoit des produits provenant de la **propriété industrielle** ou assimilés, les associés peuvent, dans certaines conditions, bénéficier du régime spécial prévu à l'article 238 du CGI (voir nos 10422 s.).
b. Lorsque la société de personnes réalise des opérations ouvrant droit à une **réduction** ou à un **crédit d'impôt,** les associés peuvent l'imputer sur l'impôt sur les sociétés ou l'impôt sur le revenu dont ils sont redevables au prorata de leurs droits. S'agissant des associés relevant de l'impôt sur le revenu, cette imputation peut toutefois être subordonnée à la condition qu'ils exercent leur activité professionnelle au sein de la société (voir, par exemple, n° 10500 à propos du crédit d'impôt recherche, n° 10702 à propos de la réduction d'impôt mécénat et n° 10525, précision c à propos du crédit d'impôt pour la rénovation énergétique des locaux professionnels).

RÈGLES DE RÉPARTITION DU RÉSULTAT

37650 DC-V-4680 s Le résultat social est réparti conformément aux **droits des associés** résultant soit du pacte social, soit d'un acte ou d'une convention antérieurs à la clôture de l'exercice et ayant pour objet de conférer expressément à l'un ou à l'autre des associés des droits différents (CE plén. 26-4-1976 n° 93212 : RJF 6/76 n° 272 ; CE 6-10-2010 n° 307969 : RJF 1/11 n° 58). L'annulation d'un tel acte ou d'une telle convention postérieurement aux années d'imposition ne peut pas affecter la règle en vertu de laquelle seuls sont redevables de l'impôt dû sur les résultats de l'exercice les associés présents dans la société à la clôture de l'exercice (CE 20-7-2021 nos 434029 et 434030 : RJF 11/21 n° 1033).

Des décisions prises en assemblée générale dérogeant de manière ponctuelle au pacte social ne revêtent pas un caractère léonin de nature à les réputer non écrites, même si elles ont pour effet d'exonérer certains associés de toute participation aux pertes pendant trois exercices consécutifs (CE 18-10-2022 n° 462497 : RJF 1/23 n° 37).

DC-V-8400 s **> Précisions** En cas de **démembrement** de la propriété des parts sociales, l'usufruitier est en principe imposable à hauteur du bénéfice courant de l'exercice, et le nu-propriétaire, à raison des résultats exceptionnels correspondant aux plus-values de cession d'actif immobilisé. Le Conseil d'État a jugé que l'usufruitier des parts d'une société civile immobilière est titulaire de la part du **déficit** correspondant à ses droits (CE 8-11-2017 n° 399764 : RJF 2/18 n° 184 infirmant la doctrine administrative BOI-BIC-CHAMP-70-20-10-20 n° 150). Une répartition différente de la charge fiscale entre le nu-propriétaire et l'usufruitier peut toutefois être prévue dans les statuts ou dans une convention de répartition des résultats conclue et enregistrée avant la clôture de l'exercice.
En cas de conclusion d'une convention de **quasi-usufruit,** l'usufruitier est redevable de l'impôt dû à raison des bénéfices courants et des bénéfices exceptionnels (CE 18-12-2002 n° 230605 : RJF 3/03 n° 328).
Par ailleurs, les **rémunérations** versées par la société au **nu-propriétaire** de parts peuvent être déduites des bénéfices sociaux à la double condition que le nu-propriétaire ne soit pas associé en fait à l'exploitation et que les rémunérations versées correspondent à un travail effectif et ne présentent pas un caractère exagéré. Ces rémunérations sont imposées comme des salaires (BOI-RSA-CHAMP-10-10-30 n° 160).

FAIT GÉNÉRATEUR DE L'IMPOSITION

37655 DC-V-5040 s **Principes** Les bénéfices sont considérés comme acquis par les associés à la date de leur réalisation, qui coïncide avec la **clôture de l'exercice.** Il s'ensuit :

– que les associés sont imposés sur la part des bénéfices à laquelle ils ont droit, même s'ils n'en ont pas effectivement disposé (cas par exemple où les bénéfices sont mis en réserve) ;

– et que, sauf exceptions, seuls les associés présents à la clôture de l'exercice sont imposables.

> Précisions **a.** En vertu d'une règle spécifique, les sociétés relevant du régime des sociétés de personnes exerçant une **activité de gestion de valeurs mobilières** (société civile de gestion de portefeuille, par exemple) sont réputées verser à chacun de leurs associés la quote-part des revenus correspondant à ses droits le jour où elles ont elles-mêmes encaissé lesdits revenus ou ont été créditées de leur montant (CGI ann. II art. 79, 4).
b. En **comptabilité,** les **entreprises ou sociétés membres** ne prennent en principe en

compte la part de résultat qui leur revient que lorsqu'elle est effectivement distribuée. À propos des conséquences de cette divergence, voir notre Mémento comptable nos 36480 s.

c. Les associés personnes physiques d'une société de personnes ne sont pas imposables sur les **gains latents issus d'une réévaluation libre d'actifs,** bien que ces sommes aient été inscrites au compte courant des associés (CE 14-4-2022 nos 454264 à 454266 : RJF 7/22 n° 650).

Retrait ou décès d'un associé En cas de **départ** d'un associé **en cours d'année** (par suite de cession ou de rachat de ses parts), l'intégralité des résultats est en **principe** imposée au nom des seuls associés présents à la clôture de l'exercice (CE plén. 31-7-1992 n° 67487 : RJF 8-9/92 n° 1162 ; BOI-BNC-CESS-10-10 nos 70 et 80). L'intention des parties à l'acte de cession peut être prise en compte afin d'apprécier la date à laquelle la cession des parts est intervenue (CE 26-9-2019 n° 419825 : RJF 12/19 n° 1160). 37660 DC-V-5500 s

ATTENTION

Une répartition des résultats prorata temporis entre les nouveaux et anciens associés n'est pas opposable à l'administration pour l'assiette de l'impôt (BOI précité n° 90), pas plus que l'attribution, par un acte antérieur à la clôture de l'exercice, de l'intégralité des bénéfices de l'exercice aux anciens associés (CE 28-3-2012 n° 320570 : RJF 6/12 n° 616).

La rémunération versée le cas échéant à l'associé sortant à raison de l'activité exercée avant son départ constitue un élément du prix de cession de ses parts, prélevé par le cessionnaire sur la quote-part des bénéfices qui lui revient à la clôture de l'exercice (CE 30-6-2023 n° 460432 : RJF 10/23 n° 737).

En cas de **décès** d'un associé en cours d'exercice, les bénéfices de la société poursuivant l'exploitation ne sont imposables qu'entre les mains des associés présents à la clôture de l'exercice, et notamment au nom personnel des héritiers du membre décédé sans qu'une part quelconque de ces bénéfices puisse être rattachée aux revenus dont celui-ci disposait à la date de son décès (CE 10-6-1983 n° 28922 : RJF 8-9/83 n° 989), sauf si les statuts de la société prévoient que les héritiers n'acquièrent pas la qualité d'associé (BOI précité n° 80).

La loi prévoit des **dérogations** au principe d'imposition des seuls associés présents à la clôture de l'exercice dans les cas suivants. 37661

a. En cas de transmission ou de rachat en cours d'année par une personne physique de parts de sociétés de personnes exerçant une **activité professionnelle non commerciale,** l'associé sortant (ou ses ayants cause en cas de décès) peut être immédiatement imposé d'après un résultat intermédiaire déterminé à la date de la transmission ou du rachat, à concurrence de la quote-part correspondant à ses droits (CGI art. 93 B : BNC-III-12700 s.). Cette mesure s'applique sur demande conjointe de l'associé sortant (ou de ses ayants cause) et du (ou des) bénéficiaire(s) de la transmission, formulée dans le même délai que la déclaration de résultat intermédiaire.

b. Un dispositif identique au point a s'applique en cas de retrait d'un membre d'une société de personnes exerçant une **activité agricole** (CGI art. 73 D : BA-VII-31000 s.).

c. Les plus-values réalisées par une société de personnes exerçant une **activité non professionnelle de nature immobilière,** lors de la cession d'immeubles, de parts de sociétés ou de fonds de placement immobiliers, sont imposables au nom des associés présents à la date de la cession (CGI art. 150 VF, II et 238 octies B). Lorsque ces associés sont des entreprises qui cèdent ensuite leurs parts avant la clôture de l'exercice, l'administration leur refuse l'attribution, à hauteur des droits cédés, des moins-values constatées par la société au cours de l'exercice (BOI-RFPI-PVI-30-20 n° 170).

MONTANT IMPOSABLE

Le montant de la part de chaque associé prend en compte les bénéfices résultant du pacte social et, le cas échéant, les **rémunérations** qui lui sont versées (non déductibles par nature du résultat social), les intérêts servis non déductibles et les **avantages particuliers** qui lui sont accordés en raison, par exemple, de la prise en charge de dépenses à caractère personnel. 37665 DC-V-6100 s DIR-III-750 s

EXEMPLE

Société en nom collectif composée de deux associés, A et B, ayant respectivement 60 % et 40 % des droits. A reçoit une rémunération de 50 000 € et 6 000 € d'intérêts pour sa part de capital. B reçoit une rémunération de 60 000 € et 4 000 € d'intérêts.

1e hypothèse : résultat imposable bénéficiaire de 100 000 € avant prise en compte des rémunérations et intérêts, fiscalement non déductibles. Soit 220 000 € après réintégration.

Part revenant à A : 50 000 + 6 000 + (100 000 × 60 %) = 116 000 €.

Part revenant à B : 60 000 + 4 000 + (100 000 × 40 %) = 104 000 €.

2e hypothèse : déficit fiscal de 30 000 € avant réintégration des rémunérations et intérêts. Soit un bénéfice de 90 000 € après réintégration.

Part revenant à A : 50 000 + 6 000 – (30 000 × 60 %) = 38 000 €.

Part revenant à B : 60 000 + 4 000 – (30 000 × 40 %) = 52 000 €.

3e **hypothèse** : déficit de 140 000 € avant réintégration, ramené à 20 000 € après réintégration.
Part revenant à A : 50 000 + 6 000 – (140 000 × 60 %) = – 28 000 €.
Part revenant à B : 60 000 + 4 000 – (140 000 × 40 %) = + 8 000 €.

CHARGES PERSONNELLES DES ASSOCIÉS

37670 DC-V-710 s et 6400 s Les charges déductibles du **résultat social** à répartir entre les associés sont celles qui incombent normalement à la société, c'est-à-dire celles qui sont directement liées à l'activité sociale. Ce n'est pas le cas des frais personnels des associés, même engagés pour les besoins de l'activité sociale. Mais les personnes physiques associées d'une société d'exploitation qui exercent leur activité professionnelle au sein de la société peuvent déduire de leur quote-part de résultat social certains frais qu'elles supportent personnellement.

37675 CGI art. 151 nonies, I DC-V-6450 s **Associés autorisés à déduire des charges personnelles** La déduction des charges personnelles est ouverte aux **personnes qui exercent leur activité dans le cadre d'une société de personnes** visée aux articles 8 et 8 ter du CGI dont les bénéfices sont imposés à leur nom à l'impôt sur le revenu dans la catégorie des BIC, BA réels ou BNC.

ATTENTION

L'exercice de l'**activité professionnelle au sein de la société** suppose l'accomplissement d'actes précis et de diligences réelles qui la caractérisent, tels que la présence sur les lieux de travail, la réception et le démarchage de clientèle, l'établissement de factures, la participation directe à la conception et à l'élaboration de produits, la participation aux décisions engageant l'exploitation... (Rép. Dumont : AN 28-1-1991 n° 34937 ; BOI-BIC-RICI-10-10-20-50 n° 160). La réalisation de tâches d'exécution par un **associé non gérant** peut caractériser, à elle seule, l'exercice d'une activité professionnelle (CE 8-6-2016 n° 387826 : RJF 10/16 n° 801).

Les parts détenues par ces associés sont considérées fiscalement comme des éléments d'actif affectés à l'exercice de la profession, autrement dit comme un actif professionnel personnel distinct de l'actif social. Cette assimilation les autorise à déduire les frais d'acquisition des parts et certaines charges d'ordre personnel de leur quote-part de résultat social et entraîne la taxation des plus-values de cession des parts suivant le régime des plus-values professionnelles, mais ne les soumet pas à ce titre aux obligations comptables et déclaratives des exploitants individuels (Comité MOA 3-4-1997, solution non reprise dans Bofip).

› Précisions **a.** Ce régime ne s'applique ni aux **associés, simples apporteurs de capitaux,** qui n'exercent pas d'activité au sein de la société ni aux associés qui n'exercent pas d'activité professionnelle, telles les sociétés de gestion patrimoniale.

b. En l'**absence de gérant statutaire,** tous les associés d'une société en nom collectif ou d'une société en participation sont présumés exercer une activité professionnelle au sein de la société (CE 9-7-2003 n° 230116 : RJF 11/03 n° 1255). Tel n'est pas le cas lorsque la gérance de la société a été confiée à une SARL (CE 11-4-2008 n° 289798 : RJF 7/08 n° 836) et que le contribuable ne justifie pas d'un apport en industrie (CE 27-2-2019 n° 408456 : RJF 5/19 n° 444).

c. Un mandat de gestion donné, par contrat, à un tiers ne peut suffire à remettre en cause le caractère professionnel de l'activité déployée par l'**associé-gérant d'une EURL** dans sa société (CE 28-12-2012 n° 340135 : RJF 3/13 n° 319).

37680 DC-V-6680 s **Frais d'acquisition des droits ou parts** Les associés dont la participation a le caractère d'un actif professionnel personnel peuvent déduire de la quote-part de bénéfice leur revenant les intérêts d'emprunt, les frais d'acte et d'enregistrement, les frais de notaire et les commissions et honoraires versés à l'occasion de l'acquisition des droits sociaux, ainsi que les droits de mutation à titre gratuit acquittés lors de la transmission des parts.

ILLUSTRATIONS

Sont admis en déduction les intérêts d'**emprunts** contractés directement en vue de l'achat des parts sociales ou ceux consacrés à l'acquisition de biens ayant fait ensuite l'objet d'un apport à la société rémunéré par l'attribution de telles parts. Cette déductibilité s'applique même si l'emprunt a été contracté alors que la société était encore soumise à l'IS (CE 13-7-2007 n° 287364 : RJF 11/07 n° 1275).
Lorsque les frais sont **exposés avant le début de l'activité de la société** (par exemple, droits d'enregistrement versés pour l'achat de parts d'une SCP qui commence à exercer l'année suivante), ils donnent naissance, en l'absence de recettes sociales, à un déficit catégoriel imputable dans les conditions de droit commun sur le revenu global (CE 18-12-1987 n° 69382 : RJF 2/88 n° 166).

37685 DC-V-6840 s **Frais supportés pour les besoins de l'activité** Les frais professionnels dont l'associé a supporté personnellement la charge sont déductibles de sa quote-part de résultat à la condition :
– qu'ils lui incombent personnellement ;

– qu'ils présentent le caractère de dépense déductible dans le cadre d'une entreprise individuelle ;
– et qu'ils n'aient pas été pris en compte pour la détermination du résultat social.

ILLUSTRATIONS

Les **cotisations sociales personnelles** obligatoires et facultatives des associés (ou de leur conjoint collaborateur non rémunéré) constituent une charge déductible de leur quote-part de bénéfice dans les conditions exposées nos 8680 s., même si la société les a prises en charge. Dans ce dernier cas, le montant des cotisations prises en charge doit être, au préalable, ajouté à la quote-part du résultat qui revient à l'associé (BOI-BNC-BASE-40-60-50-20 n° 210).

Sont également déductibles les **frais de transport** du domicile au lieu de travail exposés par les associés (BOI-BA-BASE-20-30-50 n° 10) et, selon nous, les **frais de repas quotidiens** dans les conditions prévues pour les exploitants individuels (voir n° 8485, précision b).

Lorsque l'**exercice** social est différent de l'année civile, seules les charges personnelles supportées au cours de cet exercice sont déductibles (BOI-BIC-BASE-10-20-10 n° 280). **37690**

ATTENTION

Les **frais de voiture** exposés par les associés pour les besoins de l'activité sociale (par exemple pour la visite de la clientèle) ne peuvent être déduits que du bénéfice social et non de la quote-part qui leur revient. Corrélativement, les associés n'ont pas à inclure dans cette quote-part les sommes qui leur sont remboursées à ce titre par la société.

Les frais en cause peuvent être pris en compte pour leur **montant réel** ou, sur option de la société, selon le **barème kilométrique** fourni par l'administration (voir n° 97200), étant précisé qu'en matière de BNC cette option doit être exercée pour tous les véhicules utilisés pour l'exercice de l'activité sociale, qu'ils appartiennent à la société ou aux associés (BOI-BNC-BASE-40-60-40-20 n° 610). Les dépenses non couvertes par le barème kilométrique (frais de garage, de stationnement ou de péage) sont de même déductibles, sur justificatifs, du seul résultat de la société pour leur montant réel.

C. Régime des cessions de droits sociaux

1. DROITS SOCIAUX DÉTENUS PAR LES PERSONNES PHYSIQUES

a. Plus-values sur les droits ou parts constitutifs d'un actif professionnel

DÉTERMINATION ET MODALITÉS D'IMPOSITION

Lorsque les droits sociaux détenus par une personne physique dans une société de personnes exerçant une activité professionnelle (BIC, BA réels ou BNC) ont le caractère d'un actif professionnel personnel (n° 37675), les plus-values de cession de ces droits sont imposables selon le **régime** des plus-values professionnelles. **37715** CGI art. 151 nonies DC-V-9970 s

Les modalités de **calcul** de la plus ou moins-value de cession sont identiques à celles applicables lorsque les parts sont cédées par une entreprise membre (n° 37740).

Sauf cas d'exonération ou de report d'imposition prévu par la loi, la plus-value (ou moins-value) de cession est imposée, en tenant compte de la nature de l'activité de la société de personnes dont les droits sont cédés, au titre de l'**année** de sa réalisation en cas de **cession totale** des titres. Le Conseil d'État considère qu'il en est de même en cas de **cession partielle** des titres, y compris si le cédant poursuit son activité au sein de la société (CE 4-2-2013 nos 347394 et 347426 : RJF 4/13 n° 383). L'administration estime au contraire que dans un tel cas l'imposition est établie au titre de l'année en cours à la clôture de l'exercice (BOI-BIC-PVMV-40-30-20 n° 80).

> **Précisions** En cas de constatation d'une **moins-value à long terme** alors que les titres cédés avaient été reçus en rémunération de l'apport d'une entreprise, l'administration autorise le cas échéant son imputation sur la **plus-value à long terme d'apport** des éléments non amortissables **en sursis d'imposition,** qui devient imposable du fait de la cession (nos 19710 s.) ; s'il subsiste un excédent de moins-value et si la cession porte sur la totalité des titres détenus, une fraction de cet excédent peut être imputée sur la quote-part de résultat revenant à l'associé (BOI-BIC-PVMV-40-20-30-20 n° 90).

CAS D'EXONÉRATION

Exonération en fonction des recettes La plus-value peut être totalement ou partiellement exonérée dans les conditions prévues à l'article 151 septies du CGI (nos 18200 s.) **37716** DC-V-10400 s lorsque les droits ou parts sont détenus en tant qu'**actif professionnel depuis au moins cinq ans** par l'associé et que la quote-part de recettes lui revenant (calculée à proportion de ses droits dans le bénéfice comptable : CE 14-11-2018 nos 407063 et 407065 : RJF 2/19 no 150), majorée le cas échéant de ses recettes individuelles, respecte certains seuils. Cette règle s'applique quelle que soit la nature de l'activité de la société (BIC, BNC ou BA).

Lorsque l'associé cède l'intégralité de ses parts, la **condition de détention des droits** pendant au moins cinq ans est satisfaite si ce délai est atteint à la date de la cession. En cas de **cession partielle,** l'échéance du délai de cinq ans se situe à la clôture de l'exercice au cours duquel les parts sont cédées, sauf si l'associé cesse à cette occasion d'exercer une activité professionnelle au sein de la société. Dans ce dernier cas, il convient de retenir la date de cessation d'activité (BOI-BIC-PVMV-40-10-10-20 no 150).

ATTENTION

Lorsque l'associé a précédemment exercé son **activité à titre individuel,** le Conseil d'État considère que la durée d'activité est appréciée en totalisant les périodes d'activité à titre individuel et au sein de la société de personnes (CE 13-1-2010 no 301985 : RJF 4/10 no 350). L'administration n'accepte un tel cumul que si l'activité a été apportée à la société dans les conditions prévues à l'article 151 octies du CGI (BOI précité nos 130 et 140).

37717 DC-V-11000 s **Exonération en fonction de la valeur des titres cédés** Les plus-values qui résultent de la transmission (à titre onéreux ou gratuit) de l'intégralité des droits ou parts détenus ouvrent droit au régime d'exonération en fonction de la valeur des éléments transmis prévu par l'article 238 quindecies du CGI, à condition notamment que l'**activité** ait été exercée pendant au moins **cinq ans** (nos 19650 s.).

ATTENTION

Lorsque l'**activité** a successivement été exercée **à titre individuel** puis en société, l'administration n'accepte le cumul des durées d'exploitation que si l'activité individuelle a été apportée à la société dans les conditions prévues à l'article 151 octies du CGI (BOI-BIC-PVMV-40-20-20-10 no 170 par renvoi du BOI-BIC-PVMV-40-20-50 no 220).

37718 DC-V-11400 s **Exonération en cas de départ à la retraite** Lorsque l'associé cède l'intégralité de ses droits sociaux à l'occasion de son départ à la retraite, la plus-value peut être exonérée en vertu de l'article 151 septies A du CGI s'il a exercé son **activité** pendant au moins **cinq ans** et si la société répond à la définition européenne des PME (nos 19890 s.).

ATTENTION

Lorsque l'**activité** a d'abord été exercée **à titre individuel,** l'administration refuse de tenir compte de la période d'exploitation individuelle pour l'appréciation du délai de cinq ans, sauf si l'activité individuelle a été apportée à la société dans les conditions prévues à l'article 151 octies du CGI (BOI-BIC-PVMV-40-20-20-10 no 170).

Les **rachats ou annulations de droits** ou parts par la société de personnes sont éligibles au dispositif (BOI-BIC-PVMV-40-20-20-10 no 320).

CAS DE REPORT D'IMPOSITION

37720 CGI art. 151 nonies, II DC-V-12000 s **Transmission des droits ou parts à titre gratuit à une personne physique** L'imposition de la plus-value constatée à l'occasion de la transmission à titre gratuit (donation ou succession) de droits ou parts à une personne physique peut être reportée à la date de cession, de rachat ou d'annulation des titres. Le report s'applique sur **option** exercée lors de l'acceptation de la transmission par son ou ses bénéficiaires (qui doivent communiquer à l'administration l'état mentionné no 37723, c).

Le **report** est **maintenu** lorsqu'intervient :

– soit une nouvelle transmission à titre gratuit des titres, à condition que le bénéficiaire prenne l'engagement d'acquitter l'impôt sur la plus-value en cas de survenance d'un des événements mettant fin au report ;

– soit le partage, avec ou sans soulte, des droits sociaux entre les coïndivisaires bénéficiaires de la transmission, à condition que le ou les attributaires des parts reprennent eux aussi l'engagement d'acquitter le cas échéant l'impôt sur la plus-value en report.

Le report se transforme en **exonération définitive** lorsque l'activité est poursuivie pendant au moins cinq ans à compter de la date de la transmission.

Le report d'imposition ne peut être **cumulé** avec les régimes d'exonération prévus aux articles 151 septies (nos 18200 s.) et 238 quindecies du CGI (nos 19650 s.).

Changement de régime fiscal de la société ou cessation d'activité d'un associé L'imposition des plus-values constatées sur les droits sociaux lors du changement de régime fiscal de la société de personnes (assujettissement à l'IS ou transformation en société soumise à cet impôt) ou lors de la cessation d'activité au sein de la société d'un associé qui conserve la propriété de tout ou partie de ses parts est automatiquement reportée à la date de cession, de rachat ou d'annulation des titres. 37721 CGI art. 151 nonies, III et IV DC-V-12400 s et 12870 s

Le **report** est **maintenu** en cas de transmission ultérieure à titre gratuit des titres à une personne physique si celle-ci prend l'engagement de déclarer en son nom cette plus-value lors de la cession, du rachat ou de l'annulation des titres. Il peut en outre se transformer en **exonération définitive** à condition que, pendant les cinq ans suivant la transmission :

– le bénéficiaire de la transmission exerce dans la société soit une fonction de direction au sens de l'impôt sur la fortune immobilière (société soumise à l'IS : voir n°s 72820 s.), soit son activité professionnelle (société relevant de l'IR) ;

ATTENTION

En cas de **transmission à titre gratuit au profit d'une indivision,** cette condition doit être respectée par chaque indivisaire, sauf en cas d'indivision successorale, où il suffit qu'elle soit remplie par l'un seul d'entre eux pour que tous bénéficient de l'exonération (BOI-BIC-PVMV-40-30-10-20 n° 500).

– la société poursuive son activité professionnelle.

Une exonération définitive est également accordée lorsque, après le changement de régime fiscal de la société, l'associé cède ses parts à l'occasion de son **départ en retraite** dans les conditions prévues par l'article 151 septies A du CGI (voir n° 19940).

> Précisions a. Si la **société** dont les parts ont été transmises est **soumise à l'IS,** ne font par ailleurs obstacle à l'exonération :
– ni le **changement de fonction** de direction ;
– ni la **fusion** ou la **scission** de la société, dès lors que le bénéficiaire continue d'exercer une fonction de direction au sein de la société bénéficiaire des apports (BOI-BIC-PVMV-40-30-10-20 n°s 460 et 470).

b. Lorsque la **cessation d'activité** de l'associé coïncide avec celle de la **société** et que l'associé constate à cette occasion une **moins-value à long terme** sur ses parts, cette moins-value peut, le cas échéant, être imputée sur la plus-value à long terme réalisée par la société du fait de sa cessation d'activité (BOI-BIC-PVMV-40-30-20 n° 40).

Apport en société de la totalité des droits L'imposition de la plus-value réalisée par un associé à l'occasion de l'apport de la totalité des droits ou parts qu'il détient dans la société au sein de laquelle il exerce son activité peut être reportée jusqu'à la date de cession, du rachat ou de l'annulation des droits reçus en contrepartie de l'apport, ou jusqu'à la date de cession des titres apportés par la société bénéficiaire si elle est antérieure, à condition : 37722 CGI art. 151 nonies, IV bis DC-V-13050 s

– que l'actif de la société dont les titres sont apportés ne soit pas principalement constitué de biens ou droits immobiliers non affectés à l'exploitation ;

– et que la société bénéficiaire de l'apport (soumise à l'IR ou à l'IS) reçoive plus de 50 % des droits de vote de la société apportée.

Le **report** est **maintenu** en cas de transmission à titre gratuit des droits reçus en contrepartie de l'apport si le bénéficiaire prend l'engagement de déclarer cette plus-value lorsqu'un des événements mettant fin au report se réalise.

La plus-value en report peut être **exonérée** si l'associé cède par la suite les titres reçus en échange à l'occasion de son **départ en retraite** dans les conditions prévues par l'article 151 septies A du CGI (voir n°s 19935 s.).

Règles communes aux différents régimes de report a. Les **reports** d'imposition sont **maintenus** (outre les hypothèses déjà mentionnées pour chacun d'eux) : 37723

– en cas d'échange des droits sociaux résultant d'une opération de **fusion** ou de **scission** (à condition qu'elle n'ait pas un objectif de fraude fiscale : voir n° 39202), jusqu'à la date de cession, de rachat ou d'annulation des droits reçus lors de l'échange (CGI art. 151 nonies, IV bis-b et V) ;

– en cas de transfert en **fiducie,** jusqu'à la date de cession des droits transférés ou jusqu'à la date de fin de l'opération de fiducie (CGI art. 238 quater D) ;

– et, plus généralement, lorsque les événements censés y mettre fin génèrent eux-mêmes des **plus-values placées en report ou sursis d'imposition,** jusqu'à ce que ces dernières deviennent imposables (qu'elles soient imposées ou exonérées) ou que surviennent d'autres événements mettant fin au report à l'occasion desquels les plus-values constatées ne bénéficient pas d'un report ou d'un sursis d'imposition (CGI art. 151-0 octies). Par exemple, le report d'imposition d'une plus-value réalisée lors du changement fiscal de la société, maintenu une première fois lors de l'échange des droits sociaux résultant d'une fusion, sera à nouveau maintenu si les titres font l'objet d'un apport en société placé sous le régime de sursis d'imposition de l'article 150-0 B du CGI (nos 33300 s.).

b. Lorsqu'un **report d'imposition** prend **fin,** la plus-value professionnelle (à court terme ou à long terme) est imposée dans tous les cas au titre de l'année en cours aux taux en vigueur à la date d'expiration du report. Il convient alors de soumettre à l'impôt, d'une part, la plus-value en report d'imposition, d'autre part, la plus-value constatée sur les parts ou actions à compter de l'événement ayant donné lieu au report d'imposition. Cette dernière plus-value est taxable selon le régime des particuliers en cas de changement de régime fiscal et de cessation d'activité ou de transmission à titre gratuit s'il s'agit d'un bénéficiaire autre que celui qui poursuit l'activité au sein de la société.

c. Les bénéficiaires de reports d'imposition doivent joindre à leur déclaration de résultat de l'année du report et des années suivantes un **état de suivi des plus-values en report,** jusqu'à l'expiration du report (CGI art.151 nonies, VI et CGI ann. III art. 41-0 A ter). À défaut, une amende égale à 5 % des sommes omises est encourue, conformément à l'article 1763, I-e du CGI (non-application de l'amende en cas de régularisation : voir n° 9055, a).

b. Plus-values sur les droits ou parts appartenant au patrimoine privé

37725 DC-V-13400 s

Les droits ou parts dans des **sociétés de gestion patrimoniale** (mobilière ou immobilière) ou dans des **sociétés** de personnes opérationnelles **dont l'activité relève des BIC, des BNC ou des BA,** détenus par des associés qui n'exercent pas eux-mêmes d'activité au sein de la société (simples apporteurs de capitaux), sont traités comme des éléments du patrimoine privé. Leur cession relève par conséquent du régime des plus-values ou moins-values des particuliers :

– régime des plus-values sur valeurs mobilières et droits sociaux si les droits cédés sont détenus dans une société de gestion d'un portefeuille ou dans une société de personnes exerçant une activité professionnelle dans laquelle le cédant n'exerce pas lui-même d'activité ;

– plus-values immobilières si les droits sont détenus dans une société à prépondérance immobilière.

La cession peut le cas échéant entraîner l'imposition d'une plus-value professionnelle précédemment placée en report d'imposition (nos 37720 s.).

2. DROITS SOCIAUX DÉTENUS PAR LES ENTREPRISES

37735 DC-V-9300 s

Lorsque les droits ou parts d'une société de personnes figurent à l'actif d'une entreprise, ils sont soumis au régime des autres éléments de l'actif immobilisé, notamment en ce qui concerne les **plus-values** de cession. Toute opération de cession de droits sociaux (vente, échange, apport en société, transmission à titre gratuit...) entraîne la réalisation d'une plus ou moins-value. Dans la très grande majorité des cas, les cessions de droits sociaux effectuées par les entreprises membres relèvent du régime des plus-values professionnelles.

DÉTERMINATION DES PLUS-VALUES OU MOINS-VALUES

37740 DC-V-9350 s

Mécanisme de correction du prix de revient des parts Selon la jurisprudence du Conseil d'État à laquelle l'administration s'est ralliée, la nécessité d'assurer la neutralité de l'application de la loi fiscale, compte tenu du régime d'imposition spécifique des sociétés de personnes, conduit à calculer la plus-value réalisée en ajustant le **prix de revient** des parts afin d'éviter que la cession ne se traduise par une double imposition ou une double déduction des résultats précédemment pris en compte par le cédant. Concrètement, pour le calcul des plus ou moins-values professionnelles, le prix de revient des parts à retenir s'entend du prix d'acquisition :

– **majoré,** d'une part, de la quote-part des **bénéfices** (y compris des plus-values) ayant été précédemment ajoutée aux résultats **imposés** de l'associé et, d'autre part, des **pertes** antérieures afférentes à des entreprises exploitées par la société en France ayant donné lieu de sa part à un **versement** en vue de les combler. Le prix d'acquisition des parts est également majoré de la quote-part des **bénéfices** de la société ou du groupement revenant à l'associé, **qui n'ont pas fait l'objet d'une imposition effective** en application d'une disposition par laquelle le législateur a entendu accorder un avantage fiscal définitif (CE 8-11-2017 n° 389990 : RJF 2/18 n° 173) ;

– puis **minoré,** d'une part, des **déficits** (y compris des moins-values) que l'associé a effectivement **déduits** (CE 15-12-2010 n° 297513 : RJF 3/11 n° 280), à l'exclusion de ceux qui trouvent leur origine dans une disposition par laquelle le législateur a entendu conférer aux contribuables un avantage fiscal définitif et, d'autre part, des **bénéfices** afférents à des entreprises exploitées en

France par la société et ayant donné lieu à **répartition** à son profit (CE 16-2-2000 n° 133296 : RJF 3/00 n° 334).

Pour corriger le prix de revient des parts, il convient de retenir les résultats réalisés par la société depuis la **date d'acquisition des parts** du cédant jusqu'à leur cession (TA Montreuil 2-12-2010 nos 09-4802 et 10-11035 : RJF 7/11 n° 782 confirmé par CAA Versailles 11-12-2012 n° 11VE00629).

› Précisions **a.** Lorsque les **parts** cédées ont été **acquises** ou souscrites **à des dates différentes,** la règle « Peps » est applicable (n° 18855). Le prix de revient des parts acquises ou souscrites à la même date est calculé distinctement suivant les modalités susvisées.
b. Lorsque l'entreprise cédante relève de l'impôt sur le revenu, le montant des **plus-values** réalisées par la société de personnes, **exonéré** en application des articles 151 septies du CGI (nos 18200 s.) ou 238 quindecies du CGI (nos 19650 s.), vient majorer le prix d'acquisition des parts (BOI-BIC-PVMV-40-10-10-30 n° 40 ; BOI-BIC-PVMV-40-20-50 n° 410).
c. Le prix d'acquisition des parts doit être majoré des **bénéfices non répartis** qui ont été **utilisés** par la société **pour le rachat des parts sociales** détenues par un autre associé (CE 3-5-2011 n° 311338 : RJF 7/11 n° 807).

Champ d'application du mécanisme de correction Le mécanisme de correction du prix de revient des parts de sociétés de personnes s'applique quelles que soient la qualité des associés cédants et la nature de l'activité sociale. 37742 DC-V-9420 s

Il concerne les **cessions par une société de personnes** de parts détenues dans une société de même nature (CE 25-10-2004 n° 243841 : RJF 1/05 n° 47).

Il s'applique également en cas de dissolution d'une société de personnes par **confusion de patrimoine.** Dans ce cas, le prix de revient des parts annulées doit être augmenté des bénéfices imposés et des pertes comblées par l'associé unique et diminué des bénéfices distribués et des pertes subies. Ces principes sont applicables dans l'hypothèse où une réévaluation des actifs a été opérée à la suite d'un **contrôle fiscal** (CE 27-7-2015 n° 362025 : RJF 11/15 n° 883) ou à la suite d'une **réévaluation libre** intervenue lors de la dissolution (CE 6-7-2016 nos 377904 et 377906 : RJF 11/16 n° 982), sans qu'il y ait lieu de distinguer suivant que la société réalisant la dissolution supporte ou non une double imposition effective : le profit de réévaluation qui a été pris en compte dans le prix d'acquisition des parts n'a pas à être retenu une seconde fois dans les résultats de la société, au titre du résultat de l'opération de dissolution (CE plén. 24-4-2019 n° 412503 : RJF 7/19 n° 681 ; CE 18-9-2023 nos 466871 et 466868 : RJF 12/23 n° 904).

IMPOSITION DES PLUS-VALUES

Lorsque les parts de la société de personnes sont inscrites à l'actif d'une **personne morale passible de l'IS** dans les conditions de droit commun, les plus-values de cession des droits sociaux sont imposables selon le régime des plus-values professionnelles (nos 18710 s.). 37745 CGI art. 238 bis K, I DC-V-9830 s

Lorsque les parts de la société de personnes sont inscrites à l'actif d'une **entreprise industrielle, commerciale, artisanale ou agricole** relevant de l'**IR** et placée **de plein droit sous un régime de bénéfice réel,** les plus-values de cession des droits sociaux sont imposées selon le régime des plus-values à court terme et à long terme défini aux articles 39 duodecies et suivants du CGI, quelle que soit l'activité de la société, sous réserve toutefois que les droits sociaux soient utilisés pour l'exercice de l'activité de l'entreprise (nos 18460 s.). 37748 CGI art. 238 bis K, I DC-V-9900 s

Ces plus-values peuvent, le cas échéant, bénéficier des régimes d'exonération exposés nos 37716 s.

Le régime des plus-values professionnelles s'applique également à la cession de droits ou parts détenus par une **société « interposée »** dont la quote-part de résultat relève de l'impôt sur les sociétés (n° 37635).

Les plus-values de cession des droits ou parts détenus dans une société de personnes exerçant une activité professionnelle par une **entreprise relevant sur option d'un régime réel (BIC ou BA)** ne peuvent relever du régime des plus-values professionnelles que si les parts cédées sont utilisées pour les besoins de l'activité (application combinée des articles 238 bis K, II et 155, II du CGI). Dans le cas contraire, le régime des plus-values des particuliers (sur valeurs mobilières et droits sociaux) s'applique. Les cessions de parts de société de personnes exerçant une activité patrimoniale de gestion sont soumises au régime des plus-values des particuliers (plus-values sur valeurs mobilières et droits sociaux (nos 32805 s.) ou plus-values immobilières (nos 32000 s.), selon l'activité de la société). 37750 CGI art. 238 bis K, II DC-V-9940 s

Les plus-values de cession des droits ou parts détenus par une **autre entreprise** (contribuable exerçant une profession non commerciale notamment) sont déterminées et imposées en tenant compte de la nature de l'activité de la société de personnes ou assimilée. Par suite, lorsque la société de personnes exerce une activité professionnelle, les plus-values relèvent du régime des plus-values professionnelles et peuvent être exonérées dans les conditions exposées 37755 CGI art. 238 bis K, II DC-V-9950 s nos 37716 s. Dans le cas contraire, elles sont soumises au régime prévu pour les particuliers (plus-values sur valeurs mobilières et droits sociaux (nos 32805 s.) ou plus-values immobilières (nos 32000 s.) selon l'activité de la société).

D. Particularités

SOCIÉTÉS EN COMMANDITE SIMPLE

37775 CGI art. 8 et 206, 4 DC-V-15500 s DIR-IV-200 s

Lorsque les sociétés en commandite simple n'ont pas opté pour le régime fiscal des sociétés de capitaux, les associés **commandités** sont personnellement soumis à l'impôt pour la part de bénéfices sociaux correspondant à leurs droits dans la société, en application du régime des sociétés de personnes. En revanche, l'IS frappe dans tous les cas la part des bénéfices correspondant aux droits des **commanditaires.** L'impôt est alors établi au nom de la société : les bénéfices distribués aux commanditaires sont soumis à l'IR au titre des revenus mobiliers.

Le **calcul de chaque fraction du bénéfice** social est effectué d'après les règles propres à l'impôt dont elle relève.

> Précisions En pratique, on applique d'abord les **règles communes** à l'IR et à l'IS, puis les **règles particulières** à chacun d'eux selon lesquelles par exemple :
– la réintégration des rémunérations des commandités n'affecte que la partie des bénéfices soumise à l'IR ;
– les reports déficitaires ne sont déductibles que pour la détermination de la quote-part correspondant aux droits des commanditaires (les commandités imputent directement les déficits sur leur revenu imposable).

SOCIÉTÉS CIVILES

37785 CGI art. 8, 206, 2 DC-V-16600 s

Les sociétés civiles sont passibles de l'IS lorsqu'elles se trouvent dans l'un des trois cas ci-après.

1. La société se livre à une **exploitation commerciale,** industrielle, artisanale ou minière, ou à des opérations assimilées, du point de vue fiscal, à des opérations commerciales (opérations de « marchand de biens », etc.). Cette règle comporte deux exceptions qui concernent respectivement les **sociétés civiles de construction-vente** et les **sociétés civiles de moyens.**

L'administration admet par ailleurs que les sociétés civiles qui se livrent **accessoirement à des opérations commerciales** ne soient pas soumises à l'IS lorsque le montant hors taxe de ces opérations n'excède pas 10 % de leurs recettes totales hors taxe, étant précisé que le franchissement du seuil reste sans conséquence si, sur une période de quatre ans, la moyenne des recettes commerciales n'excède pas 10 % de la moyenne des recettes totales (BOI-IS-CHAMP-10-30 nos 320 et 330).

Voir, pour les sociétés civiles professionnelles, n° 13860, précision a, et, pour les sociétés civiles agricoles, n° 15210.

2. Quelle que soit son activité, la société revêt la forme d'une **société de capitaux.**

3. La société a **opté** volontairement pour son assujettissement à l'IS.

Dans tous les **autres cas,** les sociétés civiles sont soumises au régime fiscal des sociétés de personnes. Par exemple, dans une société civile immobilière ayant pour objet la location des immeubles lui appartenant, chaque associé est personnellement imposable, au titre des revenus fonciers, à raison de sa part dans les bénéfices sociaux.

ATTENTION

L'entrée de nouveaux membres soumis à l'IS dans une SCI jusqu'alors détenue exclusivement par des personnes physiques la contraint à déterminer son résultat selon les règles applicables aux BIC. Le point de départ de l'amortissement des biens est fixé à leur date de mise en service et non à la date du bilan d'ouverture du premier exercice dont les résultats sont déterminés selon les règles des BIC. Ainsi ne peuvent donner lieu à déduction que les seules dotations correspondant à la fraction du prix de revient qui n'est pas déjà réputée amortie à la date du changement d'associé (CE 10-7-2007 n° 287661 : RJF 11/07 n° 1274). En outre, la réévaluation libre pratiquée par une SCI avant l'entrée de membres soumis à l'IS est sans incidence sur la base amortissable des immeubles à retenir pour la détermination de la quote-part de son résultat imposable à l'IS (CE 19-9-2018 n° 409864 : RJF 12/18 n° 1250).

SOCIÉTÉS EN PARTICIPATION

37800 CGI art. 8, 206, 4 et 238 bis M DC-V-18000 s

La société en participation (SEP) est une société que les associés sont convenus de ne pas immatriculer au registre du commerce et des sociétés. Elle peut être occulte ou ostensible. Elle n'a pas la personnalité morale et ne peut donc être ni titulaire de créances ou de dettes ni propriétaire de biens. Les associés ne peuvent par conséquent lui faire d'apport que sous forme d'apport en jouissance ou en industrie, ou encore en apportant des biens à une indivision constituée entre eux. C'est à cette dernière forme d'apport que se réfère l'article 238 bis M du CGI lorsqu'il impose aux SEP d'inscrire à leur actif les biens dont les associés sont convenus de mettre la propriété en commun.

Ces sociétés se trouvent ainsi dotées d'un **patrimoine « fiscal »** propre, distinct de celui des associés. Les biens inscrits à ce bilan fiscal sont soumis aux mêmes règles que celles applicables, d'une manière plus générale, aux éléments formant l'actif commercial des entreprises (nos 7450 s.). Principales conséquences :

– les **charges** afférentes à ces biens (frais d'acquisition, intérêts d'emprunts, amortissements, etc.) sont déductibles du bénéfice social ;

– les **plus-values** de cession sont imposées selon le régime des plus-values professionnelles.

ILLUSTRATIONS

Une SEP peut déduire de son résultat les **intérêts** du prêt ayant financé l'**acquisition d'actions** dont ses associés sont convenus de mettre la propriété en commun alors même que, ne pouvant par nature être propriétaire de biens, ces actions ne lui ont pas été données en pleine propriété (CE 28-3-2014 n° 339119 : RJF 6/14 n° 605).

L'inscription au bilan fiscal de la SEP n'est pas obligatoire, mais seulement facultative, pour les **biens appartenant en propre à l'un des associés** que celui-ci affecte à l'exploitation sociale. L'absence d'une telle inscription évite l'imposition d'une plus-value à raison des biens apportés à l'exploitation commune. En cas d'inscription, les biens doivent figurer au bilan fiscal de la société, conformément aux règles générales, pour leur valeur réelle à la date de l'apport. La déduction des amortissements calculés sur la base de la valeur réelle des biens concernés est de nature à soulever une difficulté dès lors que ces biens sont inscrits en comptabilité dans les écritures de leur propriétaire pour leur coût d'acquisition d'origine.

Les SEP ont une autre particularité : lorsqu'elles n'ont pas opté pour l'IS, le régime des sociétés de personnes s'applique aux seuls **associés en participation indéfiniment responsables,** dont les noms et adresses ont été communiqués à l'administration. Cette condition ne peut être regardée comme satisfaite du seul fait que les membres de la société ont compris la quote-part des bénéfices sociaux qui leur revient dans leurs propres résultats (CE 21-4-2000 n° 179092 : RJF 6/00 n° 759). **37805**

Lorsque la société comprend des **membres non indéfiniment responsables** ou dont l'identité n'est pas révélée, la quote-part de bénéfice correspondant aux droits de ces associés est passible de l'IS. Dans ce cas, l'impôt est établi au nom du gérant connu des tiers.

› Précisions **a.** Une convention de société en participation peut produire ses effets au plan fiscal même si les modalités de **répartition** des **pertes** ne sont pas expressément prévues (CE 23-11-2001 n° 205132 : RJF 2/02 n° 196).

b. Les **provisions pour risques** doivent être inscrites dans les comptes de la société et non dans les comptes de ses membres, qu'ils soient indéfiniment responsables ou pas (CE 5-9-2008 n° 286393 : RJF 12/08 n° 1344).

c. La **réunion en une seule main** des parts d'une société en participation entraîne la disparition immédiate de cette société et produit donc les conséquences fiscales d'une cession d'entreprise.

d. La **liquidation** d'une société en participation suivie de la **création d'une société de droit** entraîne les mêmes conséquences que la liquidation d'une société de fait suivie de la création d'une société de droit (voir n° 37850).

ASSOCIATIONS D'AVOCATS

Les règles d'imposition des **sociétés en participation** (nos 37800 s.) s'appliquent aux bénéfices réalisés par les associations d'avocats mentionnées à l'article 7 de la loi 71-1130 du 31 décembre 1971 portant réforme de certaines professions juridiques et judiciaires. Une association d'avocats peut être constituée à la fois de personnes physiques et de personnes morales (SEL, SCP notamment). **37815** CGI art. 238 bis LA **DC-V-22800 s**

ATTENTION

La limitation de la **responsabilité** des membres de ces associations aux actes professionnels accomplis par chacun d'eux ne fait pas obstacle à ce qu'ils soient regardés comme des associés indéfiniment responsables et imposés selon le régime des sociétés de personnes à raison de la quote-part de résultat correspondant à leurs droits (BOI-BNC-SECT-70-50-10 nos 110 à 130).

Les professionnels qui ont recours à ce mode d'exercice de la profession peuvent conserver leur **clientèle** ou décider de la mettre en commun, auquel cas elle doit être inscrite au bilan fiscal de l'entreprise.

Conséquences de la **transformation** d'une société de personnes en association d'avocats : voir n° 38665.

ENTREPRISES UNIPERSONNELLES À RESPONSABILITÉ LIMITÉE (EURL)

37825 CGI art. 8 DC-V-16100 s DIR-II-12000 s

Le régime d'imposition des EURL, sociétés à responsabilité limitée, varie selon la qualité de leur associé unique.

Bien qu'elle revête la forme de SARL, l'EURL dont l'**associé unique est une personne physique** n'est pas passible de l'IS (sauf option expresse pour cet impôt) ; elle relève du régime fiscal des sociétés de personnes. L'associé est donc personnellement imposé à l'IR à raison des bénéfices sociaux, et les **rémunérations** qu'il perçoit ne constituent pas une charge d'exploitation mais une attribution du bénéfice social (nº 37665). La rémunération (justifiée) du gérant non associé est en revanche déductible du résultat social et imposée en tant que traitement et salaire.

Lorsque l'EURL est soumise à l'**IS sur option,** le statut de l'associé unique (gérant ou non) est celui du gérant majoritaire de SARL. Sa rémunération est déductible du résultat social et imposée dans les conditions prévues à l'article 62 du CGI.

Enfin, l'EURL dont l'associé unique est une **personne morale** est soumise obligatoirement à l'IS.

> **Précisions** En cas de **décès de l'associé unique,** la société constituée entre ses héritiers peut opter pour le régime des sociétés de personnes dans les conditions prévues pour les SARL de famille. L'option, exercée dans le délai de six mois après le décès et au plus tard lors de la déclaration des résultats de l'exercice en cours, prend effet au lendemain du décès (BOI-IS-CHAMP-20-20-40 nº 20).

GROUPEMENTS D'INTÉRÊT ÉCONOMIQUE (GIE ET GEIE)

37835 CGI art. 239 quater et 239 quater C DC-V-24800 s

Les **GIE** constitués et fonctionnant dans les conditions fixées par les articles L 251-1 et suivants du Code de commerce sont exclus du champ d'application de l'impôt sur les sociétés. Leur régime fiscal est comparable à celui des sociétés de personnes relevant de l'impôt sur le revenu (imposition des bénéfices, s'il y a lieu, au nom des membres, chacun pour sa quote-part).

ATTENTION

Les GIE dont l'activité n'est pas dans le prolongement de celle de leurs membres et auxiliaire à celle-ci enfreignent la législation commerciale et sont passibles de l'IS (CE 29-8-2008 nº 299557 : RJF 12/08 nº 1353 ; CE 18-5-2009 nº 298038 : RJF 8-9/09 nº 759).

Les **GEIE** (groupements européens d'intérêt économique) sont soumis au même régime. Les membres d'un groupement dont le siège social est en France sont imposables en France, qu'ils soient ou non résidents de France.

> **Précisions** **a.** Comme les sociétés de moyens, les groupements d'intérêt économique doivent souscrire une **déclaration** de résultats, accompagnée, s'il y a lieu, de la déclaration complémentaire nº 2036 bis-SD (nº 11000, précision b).
>
> CGI art. 221, 2 ter DC-V-25640 s
>
> **b.** Sous réserve du respect de certaines conditions, des opérations de **transformation** affectant les GIE peuvent être réalisées sans entraîner de conséquences fiscales. Il en est ainsi par exemple en cas de transformation d'une société de capitaux en GIE ou en GEIE. Des mesures de même nature sont prévues en matière de droits d'enregistrement.

SOCIÉTÉS INTERPROFESSIONNELLES DE SOINS AMBULATOIRES (SISA)

37840 CGI art. 8, 7°, 206, 3-j DC-V-17800 s

Les sociétés interprofessionnelles de soins ambulatoires (Sisa) mentionnées à l'article L 4041-1 du Code de la santé publique sont constituées entre professionnels de santé et ont pour objet la mise en commun de moyens pour faciliter l'exercice de l'activité professionnelle de chacun des associés et l'exercice en commun d'activités de coordination thérapeutique, d'éducation thérapeutique ou de coopération entre les professionnels de santé.

Si les Sisa n'exercent pas l'option pour leur assujettissement à l'impôt sur les sociétés, les **bénéfices** qu'elles réalisent sont **imposés** au nom de chacun des professionnels de santé associés, à proportion de leurs droits dans la société, à l'impôt sur le revenu :

– dans la catégorie des BIC lorsque les droits détenus par l'associé sont inscrits à l'actif d'une entreprise dont les résultats sont imposables dans cette catégorie de revenus (cas notamment du pharmacien) ;

– dans la catégorie des BNC dans les autres cas (en principe des autres professionnels de santé) (BOI-BIC-CHAMP-70-20-90 nº 30).

SOCIÉTÉS DE FAIT

37845 CGI art. 238 bis L DC-V-20000 s ENR-VI-33700 s

Critères d'existence et modalités d'imposition L'existence d'une société créée de fait est établie lorsque les **éléments constitutifs** du **contrat de société** sont réunis dans les faits, c'est-à-dire lorsque deux ou plusieurs personnes participent aux apports (en capital ou en industrie), à la direction et au contrôle de l'entreprise, et aux résultats (bénéficiaires ou déficitaires).

ATTENTION

Dans l'hypothèse où une personne **salariée** d'une entreprise (notamment le conjoint de l'exploitant) peut être regardée comme **associée de fait** de l'exploitant, sa **rémunération** sera imposée en tant que bénéfice professionnel et non dans la catégorie des traitements et salaires.

Les bénéfices des sociétés de fait sont **imposables** selon les mêmes règles que ceux des sociétés en participation. L'obligation d'inscrire à l'actif les biens dont les associés ont mis la propriété en commun (n° 37800) s'impose donc également aux sociétés de fait.

> Précisions **a.** Le renvoi aux règles prévues pour les sociétés de participation porte uniquement sur les règles relatives à la **détermination du résultat** et à l'**imposition des bénéfices** ainsi arrêtés entre les mains des associés à proportion de leurs droits respectifs dans le cadre du régime des sociétés de personnes et ne concerne pas la règle d'assujettissement à l'IS de plein droit visée à l'article 206, 4 du CGI (n° 37805) (CE 17-2-2016 n° 365943 : RJF 5/16 n° 452).

b. Alors même que les trois critères du contrat de société ne sont pas nécessairement réunis, la jurisprudence permet à l'administration de se prévaloir de l'**apparence** sous laquelle les contribuables ont entendu se placer en révélant l'existence de leur société (souscription de déclarations fiscales au nom de la société, inscription au registre du commerce et des sociétés, utilisation d'un papier à en-tête de la société...).

c. En l'absence de convention expresse ayant prévu la continuation de la société, le **décès d'un associé** entraîne la dissolution de la société, et donc les conséquences fiscales d'une cession d'entreprise. Mais l'administration peut tenir compte des circonstances de fait pour admettre la continuation de l'entreprise (Rép. Chupin : Sén. 12-3-1981 n° 34832, non reprise dans Bofip).

d. La **réunion en une seule main** des parts de la société produit immédiatement les conséquences d'une cessation d'entreprise (Rép. Chauty : Sén. 14-2-1991 n° 11239, non reprise dans Bofip).

Transformation en société de droit Dès lors que les sociétés de fait sont dépourvues de personnalité morale, leur **liquidation suivie de la création d'une société de droit** entraîne nécessairement la création d'une personne morale nouvelle. Les conséquences fiscales devraient donc, en principe, être celles qui s'attachent à une cessation d'entreprise suivie de la constitution d'une société nouvelle. Mais l'administration a apporté des assouplissements à ce principe : **37850** DC-V-22500 s ENR-VI-34800 s

– en matière de **droits d'enregistrement,** les règles prévues en cas de transformation d'une société de droit sans création d'une personne morale nouvelle sont, sous réserve du cas particulier des immeubles, applicables (voir n° 38680) (BOI-ENR-AVS-40-40 n°s 190 à 320) ;

– en matière d'**impôts directs,** la liquidation d'une société de fait suivie de la création d'une société de droit, soumise au régime des sociétés de personnes ou des sociétés de capitaux, n'entraîne ni l'imposition immédiate des bénéfices réalisés avant la liquidation et non encore imposés, ni celle des plus-values acquises par les éléments inscrits à l'actif du bilan fiscal de la société liquidée, si ces éléments sont repris pour la même valeur à l'actif de la société de droit et si la transformation ne s'accompagne pas de modifications importantes du pacte social (BOI-IS-CESS-20-20 n°s 250 et 260), ce qui implique la présence des mêmes associés au sein de la nouvelle société (BOI-BNC-SECT-70-10-20-10 n° 540).

> Précisions **a.** L'administration a expressément admis à propos de la transformation d'une société de fait en SCP l'application d'un **report d'imposition** de la **plus-value** d'**annulation des parts** réalisée par les associés, déterminée par la différence entre la valeur réelle des actifs qui leur sont attribués à l'occasion de la liquidation et le prix de revient fiscal des droits dans la société liquidée. Ces plus-values ne sont pas imposées à la date de la liquidation, mais seulement lors de la perte de propriété des titres de la SCP bénéficiaire de l'apport de ces actifs (BOI-BNC-SECT-70-10-20-10 n° 550).

b. La **plus-value d'échange** constatée par les associés d'une société créée de fait à l'occasion de sa transformation en une SARL assujettie à l'impôt sur les sociétés peut bénéficier d'un **report d'imposition** en vertu de l'article 151 nonies, III du CGI (BOI-IS-CESS-20-20 n° 260).

INDIVISIONS

L'indivision est la situation juridique où plusieurs personnes sont titulaires en commun d'un droit sur un même bien ou un ensemble de biens, sans qu'il y ait division de ce droit en parts. Le copropriétaire indivis d'une entreprise qui a, en principe, la qualité de **coexploitant** est imposable dans la catégorie correspondant à l'activité de l'indivision à proportion de ses droits dans les résultats de cette dernière, mais seulement dans la mesure où une fraction des bénéfices de l'exploitation a été effectivement mise à sa disposition. Ce n'est que s'il a constitué avec les autres membres de l'indivision, ou certains d'entre eux, une **société de fait,** que le copropriétaire indivis est imposé, comme dans les sociétés de personnes, sur sa quote-part de bénéfices, même si ces bénéfices ne sont pas mis à sa disposition (CE plén. 6-3-1991 n° 61863 : RJF 5/91 n° 544). **37860** DC-V-23000 s

La qualité de coexploitant n'est pas reconnue au coïndivisaire qui est seulement **nu-propriétaire,** sauf dans le cas où il a constitué une société de fait avec l'usufruitier (CE 28-4-2006 n° 278857 : RJF 7/06 n° 887).

La **cessation** d'une indivision équivaut à une cessation d'entreprise pour le seul indivisaire qui se retire.

> Précisions a. Les droits indivis qu'un **ex-conjoint** ou un **héritier** détient sur la valeur d'un actif affecté à l'exercice de la profession d'un autre coïndivisaire ont toujours, fiscalement, le caractère d'un élément du **patrimoine professionnel,** même dans le cas où leur détenteur ne peut pas lui-même participer à l'activité professionnelle faute de détenir les titres ou diplômes exigés (CE 3-9-1997 n° 133408 : RJF 10/97 n° 919 ; CE 11-2-1998 n° 160165 : RJF 4/98 n° 371), ou lorsqu'il est seulement nu-propriétaire des parts (CE 27-10-1999 n° 182500 : RJF 12/99 n° 1505). En cas de cession de ces droits, les plus-values relèvent donc du régime des plus-values professionnelles (CE 11-2-1998 précité).

b. En cas de **divorce d'époux communs en biens,** c'est le partage de l'indivision postcommunautaire qui entraîne la taxation des plus-values sur le fonds ou la clientèle au nom de l'ex-conjoint qui ne poursuit pas l'activité ou au nom des deux ex-époux en cas de cession à un tiers de l'entreprise indivise (CE 3-9-1997 précité). En cas de poursuite de l'activité professionnelle par l'un des conjoints, celui qui se retire ne peut être imposé que sur les plus-values afférentes aux éléments qui ont quitté l'actif de l'entreprise pour entrer dans son patrimoine privé et non pas sur les biens maintenus au bilan (CE 28-7-1999 n° 162756 : RJF 10/99 n° 1216). Cette règle s'applique également aux héritiers en cas de cessation d'une **indivision successorale** (CAA Marseille 3-4-2008 n° 05MA00688 : RJF 12/08 n° 1346).

c. Le **transfert d'un fonds de commerce** ayant la nature de bien propre dans la **communauté conjugale** ne donne pas lieu à l'imposition de la plus-value acquise par le fonds à la date du transfert dès lors qu'aucune modification n'est apportée aux écritures comptables (Rép. Guichon : AN 25-6-2001 n° 56627, non reprise dans Bofip).

COPROPRIÉTÉS DE NAVIRES

37870 CGI art. 8 quater, 39 E et 61 A DC-V-27100 s

La détermination et l'imposition des résultats réalisés dans le cadre des copropriétés de navires sont soumises à des règles spéciales destinées à prendre en compte la nature juridique particulière de ces groupements.

Les copropriétés de navires sont tenues aux **obligations** qui incombent aux exploitants individuels et doivent donc produire une déclaration faisant ressortir les résultats d'ensemble de l'exploitation. Mais ce **résultat** est déterminé avant l'amortissement du navire.

Chaque **copropriétaire est imposé** dans la catégorie des BIC à raison de la quote-part correspondant à ses droits dans les résultats déclarés par la copropriété, diminuée de l'amortissement du prix de revient de sa part de propriété (appelée « quirat »), qu'il constate suivant les modalités prévues à l'égard des navires (n° 9340, Précisions). Les frais financiers supportés pour l'acquisition des parts par des personnes physiques ou des entreprises sont également admis en déduction des résultats imposables de chacun.

Pour la détermination des **plus-values de cession des parts** de copropriété, les amortissements pratiqués viennent en déduction du prix de revient.

> Précisions a. Lorsque le navire est donné en **location coque nue,** la déduction de l'amortissement est soumise, le cas échéant, à la limitation mentionnée n°s 9565 s. (CE 6-11-1998 n° 169121 : RJF 12/98 n° 1396).

b. Les **copropriétaires non professionnels** souscrivent une déclaration BIC n° 2031-SD – à l'exclusion des tableaux annexes – ainsi qu'un tableau de calcul de l'amortissement de leur part de copropriété rempli conformément au modèle établi par l'administration (BOI-BIC-DECLA-30-10-10-10 n° 50).

CHAPITRE 3

TRANSFORMATIONS DE SOCIÉTÉS, CHANGEMENTS D'ACTIVITÉ OU DE RÉGIME FISCAL

SOMMAIRE

1. Transformation de sociétés 38650
2. Changement d'activité réelle ou d'objet social 38715
3. Changement de régime fiscal 38755

Les transformations de sociétés ainsi que les changements d'objet ou d'activité ou les changements de régime fiscal peuvent entraîner les conséquences d'une cessation d'entreprise en matière d'impôts directs (impôt sur les bénéfices ou revenus, essentiellement) et celles d'une dissolution de société en matière de droits d'enregistrement. 38500

1. TRANSFORMATION DE SOCIÉTÉS

La transformation d'une société est l'opération par laquelle celle-ci adopte une **forme juridique** différente de celle sous laquelle elle avait été constituée ou existait. Il en est ainsi par exemple lorsqu'une société anonyme se transforme en société en nom collectif ou lorsqu'une société civile se transforme en SARL. Les conséquences de cette opération sont différentes selon qu'elle entraîne ou non la création d'une personne morale nouvelle. 38650 BIC-XIX-16700 s et 19200 s ENR-VI-15400 s

› Précisions Ne constitue pas un abus de droit la **transformation d'une société anonyme en société en nom collectif** qui permet le transfert à sa société mère d'une quote-part des bénéfices réalisés et leur imputation par cette dernière sur la totalité des déficits reportables issus d'une précédente intégration (CE 15-2-2016 n° 374071 : RJF 5/16 n° 465). Pour se prononcer sur l'existence ou non d'un **abus de droit**, le Conseil d'État attache une grande importance aux circonstances de fait (notamment, poursuite d'une activité économique après la transformation et maintien de la forme sociale).

TRANSFORMATION ENTRAÎNANT CRÉATION D'UNE PERSONNE MORALE NOUVELLE

Cette situation est **exceptionnelle** car, en application de l'article 1844-3 du Code civil, la transformation régulière d'une société en une société d'une autre forme n'entraîne pas la création d'une personne morale nouvelle. Elle se rencontre par exemple en cas de changement de nature juridique de l'entreprise : transformation d'une société en un autre type de groupement tel qu'une association relevant de la loi de 1901 (voir toutefois, n° 38735, la position plus extensive de l'administration). 38660 BIC-XIX-17150 s ENR-VI-15450 s

Au regard des **impôts directs,** la transformation avec création d'une personne morale nouvelle emporte cessation d'entreprise et provoque en conséquence l'imposition immédiate des bénéfices non encore taxés (voir notamment n° 38770) ainsi que l'imposition, au nom des associés, du boni de liquidation (nos 24510 s.). CGI art. 221, 2 BIC-XIX-17350 s et 19310 s

En matière de **droits d'enregistrement,** elle emporte dissolution de la société ancienne et constitution d'une société entièrement nouvelle. Elle motive donc l'exigibilité des droits relatifs à la dissolution de société (n° 67070) et à la constitution de société lorsqu'ils sont prévus (nos 66710 s.). ENR-VI-17000

La **transformation** d'une société de personnes (telle qu'une **SCP**) en **association d'avocats** n'entraîne pas les conséquences de la **cessation d'entreprise** en matière d'imposition des bénéfices si les trois conditions suivantes sont réunies : 38665 CGI art. 151 octies C DC-V-22870 s

– l'association comprend, à la date de la transformation, les mêmes **membres** que ceux de la société transformée ;
– aucune modification n'est apportée aux **écritures comptables** ;
– l'**imposition** des bénéfices, profits et plus-values non imposés lors de la transformation **reste possible** sous le nouveau régime fiscal applicable à l'association.

La **plus-value d'annulation de leurs parts** constatée par les associés lors de la transformation ne donne lieu à aucune imposition immédiate. Elle viendra majorer ou minorer l'assiette de la plus ou moins-value acquise sur les droits détenus dans l'association, imposable lors de la cessation fiscale de l'association ou du retrait (total ou partiel) du membre. Cette plus-value peut, le cas échéant, bénéficier d'un report d'imposition ou d'une exonération (BOI-BNC-SECT-70-50-20 nos 170 et 180).

Le **report** d'imposition peut être **maintenu** en cas de réalisation d'opérations successives ouvrant droit à un sursis ou à un report d'imposition (CGI art. 151-0 octies).

Ces opérations de transformation sont également exonérées du **droit de partage** (CGI art. 749 B).

> **Précisions** **a.** Le régime de neutralité fiscale peut bénéficier aux succursales des **structures de droit étranger,** telles que les « limited liability partnerships » de droit anglais (BOI précité n° 50).
> **b.** Si des **plus-values en report d'imposition** sont attachées aux parts de la société transformée, ce report est maintenu jusqu'au retrait du membre ou jusqu'à la date de cessation fiscale de l'association.

TRANSFORMATION N'ENTRAÎNANT PAS CRÉATION D'UNE PERSONNE MORALE NOUVELLE

38675 CGI art. 221, 2 BIC-XIX-16750 s et 19200 s

Impôts directs On doit distinguer selon que la transformation provoque ou non un **changement du régime fiscal** de la société (passage de l'impôt sur les sociétés à l'impôt sur le revenu et réciproquement).

Dans le premier cas, il est fait application des règles relatives au changement de régime fiscal : cessation d'entreprise, avec atténuation conditionnelle des conséquences (nos 38755 s.). Les conséquences sont les mêmes lorsque la transformation s'accompagne d'un **changement d'activité** (nos 38715 s.).

Dans le second cas, c'est-à-dire lorsque la société issue de la transformation relève du **même régime fiscal** que la société transformée, l'opération reste fiscalement neutre.

Incidence sur les titres détenus dans une société de personnes transformée en société de capitaux : voir n° 38792.

38680 ENR-VI-16900 s

Droits d'enregistrement Lorsque la transformation n'a **pas** pour effet de rendre la **société passible de l'IS,** seul le droit fixe des actes innomés (n° 64035) est exigible. Pour le cas où la transformation a pour effet de rendre la **société passible de l'IS,** voir n° 38805.

À défaut d'acte, la transformation donne lieu au dépôt d'une déclaration (voir n° 66670).

CAS PARTICULIERS

38690 **a.** Transformation d'une société ou association en **GIE ou GEIE** et transformation d'un GIE ou GEIE en société : voir n° 37835, précision b.

b. Liquidation d'une **société de fait ou en participation** suivie de la création d'une société de droit : voir n° 37850.

c. Transformation d'une société en société coopérative de production (**Scop**) : voir n° 37065.

RM-VII-7930 **d.** La transformation en **Sicav** d'une société non exonérée d'impôt sur les sociétés entraîne, au regard des impôts directs, les mêmes conséquences qu'une dissolution de société (CGI art. 221, 2 quater et 111 ter).

e. En cas de transformation d'une société soumise à l'impôt sur les sociétés en **Sppicav,** les plus-values latentes sur actifs immobiliers sont taxées selon des modalités particulières : voir n° 30490, précision b.

2. CHANGEMENT D'ACTIVITÉ RÉELLE OU D'OBJET SOCIAL

IMPÔTS DIRECTS

38715 CGI art. 221, 5 et 202 ter, I BIC-XIX-15100 s et 18900 s

Le changement d'objet ou d'activité réelle d'une société (société passible de l'impôt sur les sociétés ou société relevant du régime des sociétés de personnes et exerçant une activité professionnelle) entraîne en principe **cessation d'entreprise.** Mais, en fait, le changement d'objet social n'est une cause de cessation que s'il s'accompagne d'un changement effectif d'activité (BOI-BIC-CESS-10-20-30 n° 80).

Sociétés soumises à l'impôt sur les sociétés Pour les sociétés soumises à l'impôt sur les sociétés, le changement d'activité réelle peut notamment résulter : 38720

– de l'**adjonction d'une activité** entraînant, au titre de l'exercice de sa survenance ou de l'exercice suivant, une augmentation de plus de 50 % par rapport à l'exercice précédant celui de l'adjonction soit du chiffre d'affaires de la société, soit de l'effectif moyen du personnel et du montant brut des éléments de l'actif immobilisé de la société ;

– de l'**abandon** ou du **transfert,** même partiel, **d'une ou de plusieurs activités** entraînant, au titre de l'exercice de sa survenance ou de l'exercice suivant, une diminution de plus de 50 % par rapport à l'exercice précédant celui de l'abandon ou du transfert soit du chiffre d'affaires de la société, soit de l'effectif moyen du personnel et du montant brut des éléments de l'actif immobilisé de la société.

Lorsque les opérations d'adjonction, d'abandon ou de transfert d'activité sont indispensables à la poursuite de l'activité à l'origine de déficits et à la pérennité des emplois, la cessation d'entreprise peut être évitée moyennant un **agrément** ministériel préalable.

Constitue également une cause de cessation la **disparition des moyens de production** nécessaires à la poursuite de l'exploitation pendant une durée de plus de douze mois, sauf en cas de force majeure (par exemple, un événement climatique : BOI-IS-CESS-10 n° 180) ou en cas d'interruption et de reprise d'activité justifiées par des motivations principales autres que fiscales, sous réserve, dans ce dernier cas, de l'obtention d'un agrément ministériel préalable. La disparition des moyens de production emporte aussi cessation d'activité lorsqu'elle est suivie de la cession de la majorité des droits sociaux, sans aucune possibilité de dérogation. BIC-XIX-2840 s

> Précisions **a.** Pour des **illustrations jurisprudentielles** d'événements constitutifs de changements d'activité, voir n° 38725.
b. La mise en **location-gérance** d'un fonds de commerce ne constitue ni un cas de disparition des moyens de production, ni un changement d'activité (BOI précité n°s 110 et 360). De même, l'adjonction d'une **activité strictement identique** à celle déjà exercée n'est pas constitutive d'un tel changement (BOI précité n° 280). Une **simple diminution de l'activité,** sans abandon ni transfert, n'est pas assimilable à un changement (BOI précité n° 340).
c. Dans le cas où il est procédé à l'adjonction ou à l'abandon d'une activité, l'appréciation du changement s'effectue sans tenir compte de la **quote-part** de la hausse ou de la baisse des seuils provenant de l'**activité préexistante ou poursuivie** (BOI précité n°s 290 et 350).

Sociétés soumises à l'impôt sur le revenu Pour les sociétés soumises à l'impôt sur le revenu, la loi ne définit pas le changement d'activité. L'administration a précisé qu'il doit être profond. Un accroissement, ou une baisse, même important du volume des opérations réalisées ne constitue pas un tel changement (BOI-BIC-CESS-10-20-30 n° 90). 38725

ILLUSTRATIONS

Événements constitutifs d'un changement d'activité : changement de branche d'activité (notamment CE 3-2-1989 n° 65584 : RJF 3/89 n° 285) ; changement de métier à l'intérieur d'une même branche d'activité (notamment CE 29-1-1992 n° 61345 : RJF 3/92 n° 316) et plus particulièrement passage d'une activité de production à une activité de commercialisation du même produit (notamment CE plén. 8-2-1991 n° 75459 : RJF 3/91 n° 270) ou de location (CAA Bordeaux 7-5-2008 n° 06BX01227 : RJF 10/08 n° 1057) ; passage d'une activité commerciale à une activité de sous-traitance (CE 11-6-2014 n° 362284 : RJF 10/14 n° 881) ; adjonction d'une activité de commercialisation à une activité de gestion de titres qui devient marginale (CE 10-7-2007 n° 288484 : RJF 11/07 n° 1219) ; filialisation de l'activité d'exploitation d'une société qui devient un holding (CE 30-6-2010 n° 308531 : RJF 11/10 n° 1001).

Événements non constitutifs de changements d'activité : modifications affectant l'importance de la place tenue par un secteur d'activité par rapport aux autres au sein de l'entreprise (BOI-BIC-CESS-10-20-30 n° 90) ; mise en location-gérance d'un fonds de commerce (BOI précité n° 100) ; recentrage de l'activité exercée au sein d'un même métier (CE 8-7-1992 n° 80583 : RJF 11/92 n° 1480) ; recentrage de l'activité sur une partie de l'activité initiale dès lors que celle-ci ne présentait pas un caractère marginal (CE 30-11-2007 n° 284621 : RJF 2/08 n° 123) ; reprise, après trente mois d'interruption, d'une activité de vente de vêtements à laquelle est adjointe une nouvelle activité accessoire de vente de chaussures et d'articles de sport (CE 18-5-2005 n° 259275 : RJF 8-9/05 n° 834) ; interruption de l'activité principale pendant plusieurs années justifiée par des raisons économiques conjoncturelles (CE 25-2-2008 n° 287726 : RJF 5/08 n° 543) ; location de son immeuble d'exploitation par une entreprise placée en liquidation judiciaire (CAA Douai 11-6-2008 n° 07DA00115 : RJF 12/08 n° 1305).

Conséquences de la cessation Les effets de la cessation d'entreprise sont, pour la société, ceux que nous rappelons ci-après à propos du changement de régime fiscal, en distinguant les sociétés passibles de l'impôt sur les sociétés (n°s 38770 s.) et celles qui relèvent du régime des sociétés de personnes et exercent une activité professionnelle (n° 38790). Les **atténuations** des conséquences de la cessation prévues en cas de changement de régime fiscal 38730 sont également applicables aux changements d'activité. Les sociétés passibles de l'impôt sur les sociétés qui réalisent un changement d'activité doivent en outre réintégrer immédiatement aux résultats imposables les **provisions réglementées** antérieurement constituées. Mais, contrairement à ce qui se passe en cas de changement de régime fiscal, il n'est pas prévu d'imposition du « **boni de liquidation** » au nom de leurs associés.

DROITS D'ENREGISTREMENT

38735 ENR-VI-15850 s

Un changement d'objet ou d'activité n'entraîne pas, en principe, création d'une personne morale nouvelle dès lors qu'il est régulièrement opéré selon les règles prescrites par la loi en matière de droit des sociétés (notamment Cass. com. 7-3-1984 : RJF 6/84 n° 804). Il ne donne donc lieu, en principe, qu'au seul droit fixe des actes innomés (voir n° 38680).

Pour l'administration cependant, la question de savoir si le changement d'objet social emporte ou non création d'une personne morale nouvelle doit être résolue en fonction des circonstances et modalités de chaque opération ; par principe, il y a création d'une société nouvelle (avec les conséquences indiquées n° 38660) si le changement d'objet, même prévu par les statuts, s'accompagne d'autres changements importants dont l'ensemble serait incompatible avec le maintien du pacte social primitif (BOI-ENR-AVS-20-30-20 n°s 200 et 240).

3. CHANGEMENT DE RÉGIME FISCAL

OPÉRATIONS CONCERNÉES

38755 BIC-XIX-16200 s, 18100 s et 18420 s ENR-VI-9200 s

Il y a changement de régime fiscal lorsqu'une société passible de l'impôt sur les sociétés passe sous le régime des sociétés de personnes et réciproquement.

Il peut résulter d'une transformation de la société, d'une option, de la renonciation à une option ou d'un changement d'activité. **Exemples** : transformation de société anonyme en société en nom collectif lorsque la nouvelle société n'exerce pas l'option pour son assujettissement à l'IS ; renonciation d'une société de personnes à son option pour l'IS ; interruption des activités commerciales d'une société civile.

> **Précisions** **a.** Dans certains cas particuliers, le changement de régime peut n'être que **partiel.** Exemples : option pour l'IS d'une société en commandite simple, déjà partiellement assujettie à cet impôt ; changement d'activité d'un organisme sans but lucratif qui exerçait exclusivement une activité lucrative et se met à réaliser à la fois des opérations lucratives et des opérations non lucratives. Le changement n'en entraîne pas moins les conséquences d'une cessation d'entreprise.
> **b.** Les conséquences de l'assujettissement à l'IS d'une **société de personnes** doivent être tirées même si la totalité des parts de la société concernée est **détenue par des sociétés soumises à l'IS.**
> **c.** Sauf si elle opte pour l'IS, la réunion en une seule main des parts d'une SARL se traduit par sa transformation en **EURL** et entraîne un changement de régime fiscal si l'associé unique est une personne physique.
> **d.** Lorsqu'une société de capitaux exerçant une activité réputée industrielle ou commerciale au sens fiscal se transforme en une **société civile** tout en conservant son activité, elle reste passible de l'impôt sur les sociétés dans sa nouvelle forme, en raison même de cette activité. La société ne change donc pas de régime fiscal.

CONSÉQUENCES POUR LES SOCIÉTÉS SOUMISES À L'IMPÔT SUR LES SOCIÉTÉS

38770 CGI art. 221, 2 et 221 bis BIC-XIX-16250 s

En matière d'**impôts directs,** le changement de régime fiscal d'une société soumise à l'impôt sur les sociétés entraîne en principe toutes les conséquences d'une cessation d'entreprise (n°s 11400 s.).

1. Les **résultats d'exploitation de l'exercice** en cours à la date de l'opération font l'objet d'une imposition immédiate.

2. Il en est de même des **bénéfices en sursis d'imposition** (qui comprennent essentiellement les provisions non encore réintégrées aux résultats et les profits relevant de certains régimes spéciaux d'étalement d'imposition), des **plus-values latentes** acquises à la date de l'opération et des **profits latents** compris dans la valeur des **stocks.** Toutefois, en l'absence de création d'une personne morale nouvelle, une **atténuation conditionnelle** des conséquences de la cessation d'entreprise est prévue. L'imposition immédiate de ces résultats est écartée lorsque les deux conditions suivantes sont satisfaites :

– aucune modification n'est apportée aux valeurs comptables des éléments d'actif ;

– leur imposition demeure possible dans le cadre du nouveau régime fiscal dont relève l'entreprise.

3. Le changement de régime fiscal d'une société soumise à l'impôt sur les sociétés entraîne également la perte du droit au report des **déficits** reportables subis avant l'opération. Ces déficits peuvent toutefois être imputés sur les bénéfices et plus-values imposables au titre de l'exercice de cessation dans la limite fixée par l'article 209, I-al. 3 du CGI (nº 35905).

4. Les associés sont en principe imposés à raison de l'intégralité du « **boni de liquidation** ». Mais l'administration admet que les bénéfices en sursis d'imposition et les plus-values latentes soient exclus de cette imposition lorsque les deux conditions ci-dessus (2) sont respectées (BOI-BIC-CHAMP-70-20-40-20 nº 140). La même solution devrait s'appliquer aux profits latents sur stocks. Les revenus ainsi réputés distribués ouvrent droit au régime des sociétés mères et filiales (BOI-IS-BASE-10-10-20 nº 30) et, pour les associés personnes physiques, au régime d'imposition des revenus de capitaux mobiliers exposé nºs 24155 s. CGI art. 111 bis RM-II-20000 s

En matière de **droits d'enregistrement,** le changement de régime fiscal d'une société soumise à l'impôt sur les sociétés n'entraîne aucune conséquence particulière.

> Précisions a. Sort des **réserves spéciales** des **plus-values à long terme** et pour **fluctuation des cours** : voir BIC-XIX-16360 s.

b. La condition relative à l'**absence de modification des écritures comptables,** exigée pour bénéficier de la mesure d'**atténuation,** s'apprécie au regard des valeurs figurant dans la comptabilité au moment de la transformation (CE 20-12-2013 nº 344309 : RJF 3/14 nº 225).

La condition concernant la faculté d'**imposer ultérieurement les plus-values latentes** à la date de l'opération n'est pas satisfaite en cas de **transformation** d'une société assujettie à l'impôt sur les sociétés en une société de personnes dont l'activité présente un caractère non professionnel, dès lors que les plus-values ultérieurement réalisées qui seraient imposables au nom des **associés personnes physiques** relèvent du régime des plus-values privées, ce qui ne permet pas de garantir l'imposition de l'intégralité du montant des plus-values constatées à la date de l'opération (CE 28-7-2000 nº 138342 : RJF 11/00 nº 1240). 38775

c. Lors de la **cession d'éléments d'actif immobilisé postérieurement** au changement de régime fiscal, les plus-values acquises à la date du changement sont imposées et ne peuvent bénéficier de l'exonération totale ou partielle, en fonction du montant des recettes (nºs 18200 s.).

d. Le changement de régime fiscal d'une société soumise à l'impôt sur les sociétés n'entraîne pas en lui-même un **échange de titres** et ne donne donc pas lieu à la constatation d'une plus-value imposable au nom des associés à raison de ces titres (voir toutefois nº 33300, précision c).

e. Conséquences du changement de régime fiscal intervenant à la suite de la **cession de titres de participation** détenus depuis moins de deux ans à une entreprise liée : voir nº 19075.

f. Imposition des plus-values latentes résultant de l'**option des SIIC** pour le régime spécial prévu à l'article 208 C du CGI : voir nº 30950, b.

CONSÉQUENCES POUR LES SOCIÉTÉS SOUMISES AU RÉGIME FISCAL DES SOCIÉTÉS DE PERSONNES

Impôts directs L'assujettissement à l'impôt sur les sociétés d'une société précédemment soumise au régime fiscal des sociétés de personnes produit des conséquences différentes selon que la société exerce une activité professionnelle relevant de la catégorie des BIC, des BA ou des BNC, ou qu'au contraire son activité est de nature patrimoniale, donc non professionnelle. 38785 CGI art. 202 ter BIC-XIX-18000 s

La cessation totale ou partielle d'assujettissement au régime des sociétés de personnes d'une société ou d'un organisme qui exerce une **activité professionnelle (BIC, BA ou BNC)** entraîne les conséquences fiscales de la cessation d'entreprise (nºs 11400 s.). Mais ces conséquences sont susceptibles d'être atténuées dans les mêmes conditions que pour les sociétés passibles de l'impôt sur les sociétés (voir nº 38770). Sous réserve du respect de ces conditions, l'opération se traduit exclusivement par l'imposition immédiate des résultats de l'exercice en cours. En ce qui concerne les règles dérogatoires prévues pour l'imposition des créances acquises des sociétés de personnes exerçant une activité libérale, voir nº 13665. 38790

Les déficits constatés par la société de personnes à la date de son assujettissement à l'impôt sur les sociétés sont imputables selon les règles de droit commun sur le revenu imposable de chacun des associés.

ATTENTION

Le différé d'imposition des plus-values latentes n'est pas applicable à la **plus-value** résultant de la **réévaluation libre** de la valeur de la clientèle effectuée avant la transformation d'une SCP relevant de l'IR dans la catégorie des BNC en Selarl soumise à l'IS (CE 21-4-2017 nº 386896 : RJF 7/17 nº 666).

Les sociétés doivent produire le **bilan d'ouverture** de la première période d'imposition ou du premier exercice au titre duquel le changement prend effet. Comme les autres déclarations, ce document doit être fourni dans un délai de 60 jours à compter de l'événement qui entraîne le changement de régime. En cas d'option pour l'IS, le délai court à compter de la date de notification de l'option ou, si elle est exercée avant le premier exercice soumis à l'IS, à partir de la date d'ouverture de cet exercice (BOI-BIC-CESS-40 nº 240).

38792 Lorsque l'atténuation conditionnelle des conséquences de l'opération ne peut s'appliquer, les **associés professionnels** peuvent opérer une **compensation** entre la quote-part des plus-values latentes incluses dans l'actif social qui leur revient et la moins-value constatée par les parts transférées dans leur patrimoine privé (BOI-BIC-PVMV-40-30-20 n° 70).

Le changement de régime fiscal ne peut pas être considéré comme entraînant échange de titres et ne donne donc pas lieu à imposition immédiate des plus-values afférentes aux **titres détenus par les associés** personnes physiques, **apporteurs de capitaux** (BOI-RPPM-PVBMI-20-10-20-20 n° 350). Pour les associés professionnels, le changement de régime fiscal de la société entraîne la constatation d'une plus-value qui fait l'objet d'un report, voir n° 37721.

38795 Lorsqu'une société ou un organisme exerçant une **activité non professionnelle** dont les revenus relèvent d'une catégorie autre que les BIC, BNC ou BA – tels que les revenus fonciers ou les revenus mobiliers – cesse totalement ou partiellement d'être soumis au régime des sociétés de personnes, les revenus et plus-values non encore imposés à la date du changement de régime, y compris ceux provenant des produits acquis non encore perçus, font l'objet d'une imposition immédiate. Les dépenses engagées et non encore payées à la date du changement sont admises en déduction des résultats de la dernière période d'imposition à l'impôt sur le revenu (CGI ann. III art. 46 E, I). Les produits encaissés et les dépenses payées au cours de la dernière période d'imposition à l'impôt sur le revenu qui correspondent à des créances acquises ou à des dettes devenues certaines postérieurement à cette période ne sont pas retenus pour la détermination du revenu imposable au titre de cette période (CGI ann. III art. 46 E, II).

38800 **> Précisions** **a.** Pour les **plus-values latentes** constatées lors du changement de régime fiscal, les sociétés ou organismes ont le choix entre :
– leur imposition immédiate selon les règles qui régissent les plus-values privées, mobilières ou immobilières ;
– et l'inscription au bilan d'ouverture de leur première période d'assujettissement à l'IS de la valeur d'origine des biens, d'une part, et des amortissements et provisions qui auraient pu être déduits si l'entreprise avait été soumise à cet impôt depuis leur acquisition, d'autre part.
Le choix des modalités d'imposition est opéré de manière globale, lors de l'établissement de ce bilan d'ouverture.
b. Si elles n'ont pas été imposées lors du changement, les **plus-values réalisées lors de la cession** des biens concernés, soumises à l'impôt sur les sociétés, sont déterminées d'après la différence existant entre leur prix de cession et leur prix d'acquisition diminué à la fois des amortissements effectivement déduits et des amortissements reconstitués depuis l'achat.
La période de détention des **titres de participation** qui conditionne le taux d'imposition des plus-values (n° 18670) est décomptée à partir de l'ouverture du premier exercice d'assujettissement à l'IS (CGI art. 39 duodecies, 10).
c. Le **bilan d'ouverture** visé au a doit être produit dans un délai de 60 jours à compter du changement de régime. Dans le même délai, l'entreprise doit fournir à l'administration les **déclarations** et autres documents qu'elle est normalement tenue de souscrire au titre d'une année d'imposition.
d. Conséquences du changement de régime à l'égard des **titres détenus par les associés** : voir n° 38792.

38805 CGI art. 809, II et 810, III ENR-VI-9200 s

Droits d'enregistrement

L'assujettissement à l'IS d'une personne morale dont les résultats n'étaient pas jusqu'alors soumis à cet impôt rend en principe exigible un **droit spécial** de mutation sur les **apports de fonds de commerce** et biens assimilés **et** d'**immeubles affectés à l'activité professionnelle** qui lui ont été faits.

Ces apports peuvent être enregistrés gratuitement si les associés s'engagent à conserver pendant trois ans les titres détenus à la date du changement de régime fiscal.

En cas de non-respect de l'engagement, le droit spécial de mutation est immédiatement exigible. La reprise n'est toutefois pas effectuée en cas de décès ou de donation, si le donataire prend dans l'acte et respecte l'engagement de conserver les titres jusqu'au terme de la troisième année suivant le changement de régime fiscal.

38810 **> Précisions** **a.** Les **apports concernés** par la taxation s'entendent exclusivement des apports faits depuis le 1er août 1965 par des personnes (physiques ou morales) non soumises à l'IS et portant sur des immeubles, droits immobiliers, fonds de commerce, clientèles, droits à un bail ou promesses de bail.
Il convient de faire abstraction :
– des biens dont l'apport a été dispensé des droits d'enregistrement, parce que passible de la TVA (BOI-ENR-AVS-20-40 n° 120) ;
– des biens précédemment apportés dont la société n'est plus propriétaire à la date du changement de régime (CGI ann. II art. 295).
Sont seuls taxables les biens des sociétés françaises ou étrangères qui ont leur assiette matérielle (ou juridique s'il s'agit de biens incorporels) en France (CGI ann. II art. 301).
b. Le **droit spécial de mutation** est perçu, pour les immeubles, au **taux** de 5 % (auquel s'ajoute éventuellement la taxe additionnelle de 0,6 % visée n° 66240 lorsqu'il s'agit de bureaux,

locaux commerciaux ou de stockage situés en Île-de-France) et, pour les fonds de commerce, au taux de 3 % sur la fraction comprise entre 23 000 € et 200 000 € et de 5 % sur celle excédant 200 000 €. **38810** (suite)

Il est calculé sur la **valeur vénale** des biens à la date du changement de régime fiscal (CGI ann. II art. 298).

c. S'il est moins élevé que le droit spécial de mutation, le **droit de vente** est applicable (BOI-ENR-AVS-20-40 n° 310).

d. Les droits exigibles sont liquidés au vu de la **déclaration** n° 2742-SD. Cette déclaration est souscrite en double exemplaire au service des impôts chargé de l'enregistrement du lieu d'imposition de la personne morale à l'IS (n° 36350). Elle est déposée dans les trois mois de la clôture du premier exercice dont les résultats sont soumis à l'IS ou, en cas d'option pour l'IS, dans le délai prévu pour la notification d'option (n° 37576). Toutefois, si le changement résulte d'un acte obligatoirement soumis à l'enregistrement, la déclaration est déposée dans le même délai et au même service que cet acte (n° 66670).

e. Sur demande de la société assortie d'une offre de garantie, le paiement du droit spécial de mutation peut être **fractionné** en trois annuités égales (CGI ann. III art. 404 C), les annuités autres que la première étant assorties d'intérêts (n° 68930). Le fractionnement n'est pas accordé lorsque ce droit est réclamé à la suite du non-respect de l'engagement de conservation des titres (BOI-ENR-AVS-10-10-20 n° 410).

f. Lorsque la société n'a bénéficié que d'**apports en numéraire,** seul le droit fixe des actes innomés (n° 64035) est exigible si le changement de régime fiscal résulte d'une transformation, aucun droit n'étant exigible dans les autres cas en l'absence d'acte, par exemple en cas d'option pour l'IS.

CHAPITRE 4

RÉGIME SPÉCIAL DES FUSIONS DE SOCIÉTÉS ET OPÉRATIONS ASSIMILÉES

SOMMAIRE

A. Conditions d'application du régime spécial 39200
1. Opérations concernées 39200
a. Fusions de sociétés 39210
b. Scissions de sociétés 39220
c. Apports partiels d'actif 39235
d. Restructurations internationales 39260
e. Application du régime de faveur sur agrément 39265
2. Sociétés concernées 39290
3. Renseignements à fournir 39310
B. Portée du régime spécial 39340
1. Impôt sur les sociétés 39450
2. Impôt de distribution 39595
3. Droits d'enregistrement 39630

DROIT INTERNE

39000 CGI art. 115, 210-0 A à 210 C, 816 à 817 B IS-VI-1 s ENR-VI-18200 s

Afin de faciliter les regroupements d'entreprises, la loi prévoit, en faveur des fusions de sociétés et opérations assimilées, un régime spécial, de caractère permanent, comportant des avantages en matière d'impôt sur les sociétés, d'impôt sur la distribution des revenus mobiliers et de droits d'enregistrement.

DROIT DE L'UNION EUROPÉENNE

39002 IS-VI-400 s

a. Opérations transfrontalières. La directive européenne 2009/133 du 19-10-2009 pose le principe de la neutralité fiscale des **fusions et opérations assimilées réalisées entre des sociétés d'États membres différents.** Elle reprend en fait, en les recodifiant, les dispositions de la directive 90/434 du 23-7-1990 à laquelle elle s'est substituée et intègre les modifications qui y avaient été apportées par la directive 2005/19 du 17-2-2005 et la directive 2006/98 du 20-11-2006. Le principe de neutralité concerne, outre les fusions, les apports d'actifs, les scissions et scissions partielles, certaines opérations d'échanges d'actions, notamment celles venant renforcer une participation déjà majoritaire, et les filialisations d'établissements stables. Selon la CJUE, les États membres doivent mettre en œuvre en droit national les objectifs poursuivis par la directive dans le respect des exigences de la **sécurité juridique,** et édicter à cette fin des règles précises, claires et prévisibles qui ne doivent pas subordonner le régime de sursis d'imposition à des **conditions** s'ajoutant à celles prévues par la directive (CJCE 11-12-2008 aff. 285/07, A.T. : RJF 4/09 n° 421).

Une législation interne ne saurait subordonner l'application du régime de faveur à l'obtention d'un agrément administratif supposant le respect d'un certain nombre de conditions alors que les opérations de même nature réalisées dans le cadre interne peuvent en bénéficier de plein droit (CJUE 8-3-2017 aff. 14/16 : RJF 5/17 n° 520).

b. Opérations internes. La CJUE a jugé que la directive est susceptible d'être invoquée à propos d'opérations **entre sociétés d'un même État membre,** dès lors que, à l'occasion de sa transposition, le législateur national a entendu appliquer le même traitement aux situations purement internes et à celles régies par la directive (CJCE 17-7-1997 aff. 28/95, Leur-Blœm : RJF 10/97 n° 1002). Le Conseil d'État s'est également prononcé en faveur d'une interprétation de la loi nationale conforme aux dispositions de la directive (voir, en ce qui concerne une transmission universelle de patrimoine réalisée entre deux sociétés françaises, CE 17-6-2011 n°s 314667 et 324392 : RJF 10/11 n° 1035). Il considère toutefois que la directive ne peut conduire à interpréter un **texte clair de droit interne** contrairement à sa lettre (CE 30-1-2013 n° 346683 : RJF 4/13 n° 392 ; CE 20-1-2016 n° 376980 : RJF 4/16 n° 321). Le Conseil d'État a par ailleurs jugé que, en adoptant des textes de droit interne dont l'objet était de transposer la directive 90/434, le législateur a entendu assurer la **neutralité au plan fiscal** des fusions de sociétés et opérations assimilées et, à cette fin, regarder de telles opérations comme des **opérations intercalaires,** sauf lorsqu'il en a disposé autrement. Ce principe a été mis en œuvre pour déterminer la durée de détention de titres reçus dans le cadre d'une fusion ou opération assimilée placée sous le régime spécial (n° 39520), leur valeur d'acquisition (CE 20-3-2013 n° 349669 : RJF 6/13 n° 594) ou encore leur date d'acquisition, qui conditionnait la loi applicable à ces titres (CE plén. 4-7-2014 n° 357264 : RJF 10/14 n° 880).

39005

Régime de droit commun et régime spécial des fusions

Lorsque les conditions d'application du régime spécial ne sont pas remplies, les opérations dont il s'agit sont soumises aux règles de droit commun.

Droit commun

1. Fusions et scissions

a. Les fusions et scissions entraînent la dissolution des sociétés absorbées ou scindées. En matière **d'impôt sur les sociétés,** leurs conséquences sont donc celles d'une cessation d'entreprise. Elles se traduisent par l'imposition, en sus des bénéfices d'exploitation non encore taxés, des provisions et des plus-values d'actif (n°s 11400 s.). IS-VI-11100 s et 35000 s

b. Au regard des **droits d'enregistrement,** ces opérations donnent ouverture aux droits d'apport en société, lorsqu'ils sont prévus, étant précisé que les apports à titre pur et simple effectués entre des sociétés soumises à l'impôt sur les sociétés sont enregistrés gratuitement (sauf cas visé n° 66870, précision b). Les droits exigibles en cas d'apports à titre onéreux varient suivant la nature des biens apportés (immeubles, fonds de commerce...) (n° 66900). La prise en charge du passif de la société absorbée ou scindée s'analyse en un apport à titre onéreux soumis au droit de mutation. ENR-VI-20100 s et 20705

2. Apports partiels d'actif IS-VI-51100 s

a. En matière d'**impôt sur les sociétés,** la société apporteuse est imposable sur les plus-values d'apport et les provisions qui deviennent sans objet en raison de l'apport. Selon le Conseil d'État, dès lors que ces provisions ont été prises en compte dans l'évaluation de l'apport, elles ne peuvent faire l'objet d'aucune déduction extra-comptable lors de leur reprise ultérieure par la société bénéficiaire de l'apport, même si elles n'ont pas été déduites du résultat fiscal de la société apporteuse (CE 25-9-2013 n° 356382 : RJF 12/13 n° 1122).

b. Les **droits d'enregistrement** sont exigibles selon les règles générales prévues pour les apports en société. Si la société apporteuse répartit entre ses associés les titres rémunérant l'apport, cette répartition est considérée comme une **distribution** de revenus mobiliers, sauf pour le montant qui correspondrait à un remboursement d'apports réels ou assimilés. ENR-VI-22300 s

Combinaison des régimes

IS-VI-2500 s

1. Au regard de l'**impôt sur les sociétés,** la réglementation comptable qui impose de valoriser les apports aux valeurs réelles ou aux valeurs comptables suivant les situations (n° 39490) rend l'option pour le régime spécial plus favorable dans la plupart des cas. Placer l'absorption d'une société déficitaire sous le régime de droit commun afin de compenser tout ou partie de la plus-value de fusion avec les déficits en instance de report perd une large part de son intérêt lorsque la fusion est réalisée entre des sociétés placées sous contrôle commun, dès lors que la société absorbante ne pourra pas pour autant amortir les biens reçus d'après leur valeur réelle. Ce n'est que lors de la cession ultérieure des biens reçus par la société bénéficiaire des apports que l'intérêt pour le régime de droit commun se concrétisera. La plus-value de cession sera en effet calculée d'après la valeur réelle des biens concernés qui aura été prise en compte pour l'imposition de la plus-value d'apport (BOI-IS-FUS-30-20 n° 180). Le plafond d'imputation auquel sont soumis les reports déficitaires (n°s 35905 s.) peut aussi réduire l'intérêt du régime de droit commun.

Le régime spécial peut également conduire à une double imposition des plus-values d'apport (voir n° 39457). Pour autant, le fait de placer une telle opération sous le régime de droit commun soulève d'autres difficultés et notamment celle de la valeur fiscale des titres reçus en échange de l'apport en cas de transcription aux valeurs comptables. Enfin, quelles que soient les modalités de transcription des apports, les parties peuvent avoir intérêt à renoncer au régime spécial lorsque l'apport concerne certains titres de participation (voir n° 39250).

2. En matière d'**impôt de distribution,** la répartition gratuite, dans le délai d'un an, des titres reçus en contrepartie d'un apport partiel d'actif est placée sous un régime de neutralité fiscale à la condition que l'apport soit placé sous le régime d'exonération d'IS.

3. Notons enfin qu'en matière de droits d'**enregistrement** les sociétés bénéficient du régime spécial (enregistrement gratuit : n° 39630) dès l'instant qu'elles remplissent les conditions correspondantes, même si les autres exonérations ne sont pas applicables, soit que l'on y ait renoncé (IS), soit qu'elles soient soumises à des conditions spéciales qui ne sont pas satisfaites.

A. Conditions d'application du régime spécial

1. OPÉRATIONS CONCERNÉES

39200 Le régime spécial est susceptible de s'appliquer aux fusions proprement dites et, sous certaines conditions, aux scissions de sociétés et aux apports partiels d'actif. L'article 210-0 A du CGI donne une définition fiscale des opérations ouvrant droit aux régimes de faveur prévus en matière d'impôt sur les sociétés et d'impôt de distribution qui est proche de celle énoncée par la réglementation de l'Union européenne.

Une définition généralement équivalente est donnée par les articles 301 B à 301 F de l'annexe II au CGI en matière de droits d'enregistrement.

39202 CGI art. 210-0 A, III IS-VI-3660 s

Sont expressément **exclues du régime spécial** les opérations de fusion, de scission ou d'apport partiel d'actif ayant comme objectif principal ou comme un de leurs objectifs principaux la fraude ou l'évasion fiscales. Une opération est regardée comme telle, sauf preuve contraire, lorsqu'elle n'est pas effectuée pour des motifs économiques valables, tels que la restructuration ou la rationalisation des activités des sociétés participant à l'opération.

ILLUSTRATIONS

Selon l'administration, les **apports de participations** assimilés à une branche complète d'activité **à une société étrangère** qui sont réalisés dans le but principal de bénéficier d'un régime d'exonération de taxation des plus-values de cession à l'étranger sont susceptibles d'être considérés comme ne poursuivant pas un motif économique valable (BOI-IS-FUS-10-20-20 n° 193).

La mise en œuvre de cette clause anti-abus par l'administration entraîne la déchéance rétroactive du bénéfice du régime de faveur (BOI précité n° 193).

Les entreprises peuvent demander à l'**administration,** préalablement à la réalisation de l'opération, la confirmation que cette exclusion ne leur est pas applicable (voir n° 79565).

a. Fusions de sociétés

39210 Les fusions ouvrant droit aux différents régimes spéciaux prévus en matière d'**impôts directs** sont les opérations par lesquelles une ou plusieurs sociétés absorbées transmettent par suite et au moment de leur dissolution sans liquidation l'ensemble de leur patrimoine soit à une autre société préexistante absorbante, soit à une nouvelle société absorbante qu'elles constituent, moyennant l'attribution à leurs associés de titres de la société absorbante et, éventuellement, d'une soulte en espèces au plus égale à 10 % de la valeur nominale de ces titres.

Dans le premier cas, la fusion entraîne la dissolution de la ou des sociétés absorbées et l'augmentation du capital de la société absorbante ; dans le second cas, toutes les sociétés disparaissent pour constituer une société nouvelle.

Les **fusions** réalisées **sans échange de titres** peuvent également être placées sous le régime spécial. Tel est le cas lorsque la société absorbante détient la totalité du capital de la société absorbée, ou lorsque, depuis le dépôt au greffe du tribunal de commerce du projet de fusion jusqu'à la date de réalisation de l'opération, le capital de la société absorbante et celui de la société absorbée sont détenus à 100 % par une même société mère.

ATTENTION

Sur le plan juridique, des fusions sans échange de titres peuvent également être réalisées, pour les opérations dont le projet est déposé au greffe du tribunal de commerce depuis le 1er juillet 2023, dans le cas où les parts ou actions des sociétés qui disparaissent sont détenues par les associés des sociétés qui fusionnent dans les mêmes proportions dans toutes ces sociétés, lorsque ces proportions sont conservées à l'issue de l'opération (C. com. art. L 236-3, II-4° issu de l'ord. 2023-393 du 24-5-2023). Les règles comptables applicables à ces opérations sont prévues par le règlement ANC n° 2023-08. Sur le plan fiscal, ces opérations ne sont pas visées, au 1er février 2024, par l'article 210-0 A du CGI.

Toutes ces opérations, qu'elles soient réalisées avec ou sans échange de titres, peuvent bénéficier du régime de faveur prévu en matière de **droits d'enregistrement** (CGI ann. II art. 301 F).

> Précisions a. Les opérations de **dissolution-confusion** visées à l'article 1844-5 du Code civil ouvrent droit au régime spécial, en matière d'IS et d'impôt de distribution (BOI-IS-FUS-10-20-10 n° 60). À cet effet, la société bénéficiaire doit souscrire dans la décision de dissolution l'engagement de respecter toutes les obligations prévues par l'article 210 A, 3 du CGI (voir n° 39500).

b. Fusions transfrontalières : voir n° 39260.

c. La société bénéficiaire des apports peut rémunérer les associés de la société absorbée ou scindée par des **actions propres** (BOI-IS-FUS-10-20-20 nos 380 à 390).

d. Le régime de faveur s'applique en cas de fusion de **deux sociétés dont la totalité du capital est détenue par une association** sous réserve qu'elle soit imposable à l'impôt sur les sociétés sur la totalité de ses résultats ou, dans le cas où elle a constitué un secteur lucratif, que tous les titres des sociétés absorbée et absorbante soient inscrits dans son secteur lucratif (Rép. Serre : AN 15-2-2022 n° 35810).

b. Scissions de sociétés

Une scission est définie par l'article 210-0 A du CGI comme l'opération par laquelle la société scindée transmet, par suite et au moment de sa dissolution sans liquidation, l'ensemble de son patrimoine à deux ou plusieurs sociétés préexistantes ou nouvelles moyennant l'attribution aux associés de la société scindée, proportionnellement à leurs droits dans le capital, de titres des sociétés bénéficiaires des apports et éventuellement d'une soulte en espèces ne dépassant pas 10 % de la valeur nominale de ces titres. 39220

En matière de droits d'enregistrement, l'article 301 D de l'annexe II au CGI n'exige pas une répartition proportionnelle des titres.

La **scission sans échange de titres** d'une société dont le capital est détenu à 100 % par une société mère au profit de sociétés détenues à 100 % par cette même société mère peut être placée sous le régime de faveur.

ATTENTION

Sur le plan juridique, des scissions sans échange de titres peuvent également être réalisées, pour les opérations dont le projet est déposé au greffe du tribunal de commerce depuis le 1er juillet 2023, dans le cas où les parts ou actions des sociétés qui disparaissent sont détenues par les associés dans les sociétés qui se scindent dans les mêmes proportions dans toutes ces sociétés, lorsque ces proportions sont conservées à l'issue de l'opération (C. com. art. L 236-3, II-4° sur renvoi de l'art. L 236-19 issus de l'ord. 2023-393 du 24-5-2023). Sur le plan fiscal, ces opérations ne sont pas visées, au 1er février 2024, par l'article 210-0 A du CGI.

Pour que la scission bénéficie de **plein droit** du régime spécial des fusions en matière d'**IS**, les **conditions** suivantes doivent être réunies :

– la société scindée comporte au moins deux branches complètes d'activité (sur cette notion, voir nos 39245 s.) ;

– les sociétés bénéficiaires reçoivent chacune une ou plusieurs de ces branches d'activité.

Lorsque l'une ou l'autre de ces conditions n'est pas remplie, l'application du régime spécial nécessite l'obtention d'un **agrément** préalable (n° 39265).

Le régime de faveur en matière d'**impôt de distribution** s'applique en revanche de plein droit sans condition particulière. Il en est de même en matière de **droits d'enregistrement,** y compris lorsque l'opération est effectuée sans échange de titres (CGI ann. II art. 301 F).

> Précisions a. Des **titres de participation** ne caractérisent pas une branche complète d'activité (CE 30-1-2013 n° 346683 : RJF 4/13 n° 392). La scission d'une société qui exerce une activité de **holding** ne relève donc pas de plein droit du régime spécial (BOI-IS-FUS-20-30-10 n° 100).

b. Lorsque la société scindée possède un **patrimoine étranger à l'exploitation** (actifs immobiliers ou financiers relevant d'une gestion patrimoniale) dont la valeur réelle est positive et n'excède pas 10 % de la valeur réelle de la société, l'opération peut relever de plein droit du régime spécial si ce patrimoine est réparti entre les sociétés bénéficiaires des apports proportionnellement à la valeur réelle des branches apportées (BOI-IS-FUS-20-30-10 n° 120).

c. La réglementation de l'Union européenne prévoit l'application de la neutralité fiscale aux **scissions partielles.** Il s'agit des opérations par lesquelles une société transfère, sans être dissoute, une ou plusieurs branches d'activité à une ou plusieurs sociétés préexistantes ou nouvelles, en laissant au moins une branche d'activité dans la société apporteuse, en échange de l'attribution à ses associés, au prorata, de titres représentatifs du capital social des sociétés qui bénéficient des éléments d'actif et de passif et, éventuellement, d'une soulte en espèces ne dépassant pas 10 % de la valeur nominale ou, à défaut de valeur nominale, du pair comptable de ces titres. La rémunération de l'apport est donc opérée directement au profit des associés de la société apporteuse.

Dans le droit interne, le mécanisme de scission partielle a été consacré sur le plan juridique, pour les opérations dont le projet est déposé au greffe depuis le 1er juillet 2023, par les articles L 236-27, al. 2 et R 236-19 du Code de commerce (Ord. 2023-393 du 24-5-2023 ; Décret 2023-430 du 2-6-2023). Les modalités de réalisation de ces opérations peuvent être diverses et le règlement ANC n° 2023-08 fixe les règles comptables applicables à certaines d'entre elles. Sur le plan fiscal, ces opérations ne sont pas expressément visées, au 1er février 2024, par l'article 210-0 A du CGI.

d. Sur les conséquences fiscales de l'**attribution gratuite des titres représentatifs de l'apport** aux membres de la société apporteuse prévues à l'article 115, 2 du CGI, voir n° 39600.

c. Apports partiels d'actif

CONDITIONS GÉNÉRALES D'APPLICATION DU RÉGIME DE FAVEUR

39235 CGI art. 210-0 A, 210 B, 817 et 817 B IS-VI-41100 s ENR-VI-21440 s

L'apport partiel d'actif est l'opération par laquelle une société apporte, sans être dissoute, l'ensemble ou une ou plusieurs branches complètes de son activité à une autre société, moyennant la remise de titres représentatifs du capital social de la société bénéficiaire de l'apport. Contrairement à la fusion ou à la scission, l'apport partiel d'actif n'entraîne pas la disparition de la société apporteuse.

Pour pouvoir bénéficier de **plein droit** du régime spécial des fusions en matière d'**IS et de distribution** de revenus mobiliers, l'apport partiel d'actif doit porter sur une branche complète d'activité ou sur des éléments assimilés (sur cette notion, voir nos 39245 s.).

Lorsque ces conditions ne sont pas remplies, le régime spécial peut s'appliquer sur **agrément** préalable (n° 39265).

En matière de **droits d'enregistrement,** le régime spécial est en principe subordonné à la condition que l'apport porte sur une branche complète et autonome d'activité (CGI ann. II art. 301 E). Ce régime est toutefois applicable quelle que soit la consistance de l'apport aux opérations agréées dans les conditions exposées n° 39265 (CGI art. 817 B). L'apport peut être rémunéré sous une autre forme que l'attribution de titres dans la limite de 10 % de la valeur nominale des droits attribués (CGI ann. II art. 301 F).

> Précisions En cas de détermination de la **parité d'échange** d'après les valeurs comptables des éléments transférés, la différence positive entre la valeur réelle des actifs apportés et la valeur réelle des titres reçus en échange, qui traduit une insuffisante rémunération de la société apporteuse, constitue une subvention consentie à la société bénéficiaire (CE 1-7-2020 n° 418378 : RJF 10/20 n° 769). L'administration a toutefois indiqué qu'il ne sera tiré aucune conséquence en matière d'IS d'un apport partiel d'actif rémunéré à la valeur comptable lorsque l'opération satisfait à certaines conditions strictement définies, qui sont en pratique satisfaites pour des apports à des sociétés nouvelles (BOI-IS-FUS-30-20 n° 40).

NOTION DE BRANCHE COMPLÈTE D'ACTIVITÉ

39245 CGI art. 210 B IS-VI-43520 s

Définition en matière d'impôt sur les sociétés La directive européenne définit la branche complète d'activité comme l'ensemble des éléments d'actif et de passif d'une division d'une société qui constituent, du point de vue de l'organisation, une exploitation autonome, c'est-à-dire un ensemble capable de fonctionner par ses propres moyens.

D'après le Conseil d'État, l'existence d'une **exploitation autonome** doit être établie aussi bien chez la société apporteuse que chez la société bénéficiaire de l'apport. Mais il suffit, selon la jurisprudence, que le transfert porte sur les **éléments essentiels de l'activité** tels qu'ils existaient dans le patrimoine de la société apporteuse et dans des conditions permettant à la société bénéficiaire de l'apport de disposer durablement de tous ces éléments (CE 27-7-2005 n° 259052 : RJF 11/05 n° 1170). L'administration estime en revanche qu'en l'absence d'apport d'éléments de passif attachés à l'activité apportée ou d'éléments de « bas de bilan » l'application du régime de faveur nécessite l'octroi d'un agrément (BOI-SJ-AGR-20-10 n° 20).

ILLUSTRATIONS

L'administration apprécie l'**autonomie** de la branche apportée du point de vue de la société apporteuse au regard de différents **indices** (existence d'une clientèle, d'un personnel, d'installations et, le cas échéant, de services administratifs propres) (BOI-IS-FUS-20-20 nos 70 et 80).

L'apport d'une **activité de commercialisation** ou **de production** peut constituer une branche complète d'activité dès lors qu'une convention garantit l'approvisionnement de l'entreprise qui réalise les ventes et les débouchés de celle qui assure la production pour une durée au moins égale à cinq ans (BOI-IS-FUS-20-20 n° 260).

Se prononçant sur le caractère autonome d'une activité transmise dans le cadre d'un **changement de réseau de grande distribution,** le Conseil d'État a jugé que le **contrat d'enseigne et d'approvisionnement exclusif** liant une société apporteuse à un fournisseur du secteur de la grande distribution ne constitue pas un élément essentiel de l'activité apportée, dès lors que ce contrat est arrivé à expiration préalablement au transfert et qu'un nouveau contrat de même nature a été conclu, immédiatement après la vente, entre la société bénéficiaire de l'apport et un autre fournisseur (CE 22-9-2017 n° 400613 : RJF 12/17 n° 1167).

Pour ouvrir droit au régime spécial, l'apport doit comprendre les éléments d'**actif** et de **passif** liés directement ou indirectement à la branche. Selon l'administration, l'apport implique également le transfert du **personnel** affecté à l'activité apportée (BOI-IS-FUS-20-20 n° 60). Mais le Conseil d'État estime que seul est exigé le transfert du personnel nécessaire à la poursuite de l'activité, eu égard à la nature de celle-ci et à la spécificité des emplois requis pour l'exercer (CE Avis 13-7-2012 n° 358931 : RJF 11/12 n° 986 et CE 23-10-2013 n° 359516 : RJF 1/14 n° 6). De même, il juge que seules les **créances** indispensables à l'exploitation autonome de l'activité chez la société apporteuse comme chez la société bénéficiaire de l'apport doivent obligatoirement être apportées (CE 10-6-2013 n° 337137 : RJF 10/13 n° 974). Les **éléments communs** à différentes branches doivent être répartis sur la base de critères adaptés à la nature de chaque élément et représentatifs des branches apportées (chiffre d'affaires, masse salariale...).

> Précisions a. La société qui réalise un **apport partiel d'actif** peut conserver des éléments de **passif** qui ne se rattachent pas directement et exclusivement à la branche apportée (emprunts généraux ou soldes créditeurs bancaires) (BOI-IS-FUS-20-20 n° 220).
b. Les **immeubles** et les **marques** nécessaires à l'exploitation de la branche apportée doivent en principe être transférés en pleine propriété. Toutefois, en cas d'**apport partiel d'actif**, la société apporteuse peut se contenter, à certaines conditions, de ne consentir que l'usage de ces biens à la société bénéficiaire de l'apport (voir, s'agissant d'une marque, CE 6-12-2013 n° 346809 : RJF 3/14 n° 226 et s'agissant d'un immeuble d'exploitation, CE 8-12-2017 n° 407128 : RJF 3/18 n° 244), et elle peut aussi, dans les mêmes conditions, s'abstenir de transférer les droits dont elle bénéficie en vertu de baux commerciaux ou de contrats de crédit-bail qui lui confèrent la disposition des locaux d'exploitation (BOI-IS-FUS-20-20 n°s 180 à 200).
c. Les **seuls éléments incorporels** d'une activité de transport, à l'exclusion des véhicules essentiels à l'activité apportée, ne constituent pas une branche complète d'activité (CAA Douai 31-1-2013 n° 12DA00345 : RJF 7/13 n° 707).
d. Pour les **apports partiels d'actif**, l'administration admet que les **services administratifs communs** soient conservés par la société apporteuse (BOI-IS-FUS-20-20 n°s 230 et 240).
e. Location-gérance d'une branche d'activité préalablement à son apport : voir n° 39475, précision b.

Titres assimilés à une branche complète d'activité. Les **éléments assimilés** à une branche complète d'activité dont l'apport bénéficie de plein droit du régime spécial (notion spécifique à l'IS et à l'impôt de distribution) s'entendent : **39250** IS-VI-44150 s

– des **participations** portant sur plus de 50 % du capital de la société dont les titres sont apportés, ou, si un tel pourcentage est déjà détenu par la société bénéficiaire, les apports, venant renforcer cette détention, sous réserve que l'apporteur ne reçoive pas une soulte supérieure à 10 % et que celle-ci n'excède pas la plus-value réalisée ;
– des apports qui confèrent à la société bénéficiaire la détention directe de plus de 30 % des droits de vote si aucun associé ne détient une fraction supérieure et de ceux effectués au profit de sociétés détenant déjà 30 % de ces droits de vote si le bénéficiaire acquiert de ce fait la fraction des droits de vote la plus élevée dans la société.

ILLUSTRATIONS

L'administration a indiqué que les **apports concomitants** de participations détenues dans une même société peuvent être **totalisés** pour l'appréciation du seuil de 30 %, qu'ils soient placés ou non sous le régime spécial (BOI-IS-FUS-20-40-20 n°s 250 à 280).
Le régime s'applique de plein droit à un apport conférant une quotité de droits de vote supérieure à 30 % dans l'hypothèse où le bénéficiaire et l'un de ses coassociés détiennent strictement la **même quotité de droits** après l'opération (BOI précité n° 110).
Pour l'appréciation du caractère prépondérant de la quotité de droits détenus par l'entreprise qui recueille l'apport, il n'est pas tenu compte des **droits détenus indirectement par l'apporteur** (BOI précité n° 130).

Lorsque les apports concernent des **titres de participation** au sens de l'article 219, I-a quinquies du CGI **détenus depuis au moins deux ans** (autres que des titres de société à prépondérance immobilière ou à prépondérance financière), l'application du droit commun conduit à la taxation de la plus-value limitée à une quote-part de frais et charges de 12 % (n° 18865). Mais la renonciation au régime spécial entraîne la remise en cause du régime d'exonération des dividendes prévu à l'article 145 du CGI en cas de cession des titres reçus dans les deux ans suivant l'apport (n° 41005).

39255 CGI ann. II art. 301 E ENR-VI-21510 s

Définition en matière de droits d'enregistrement Au regard des droits d'enregistrement, la branche complète et autonome d'activité est définie d'après des critères semblables à ceux retenus au regard de l'impôt sur les sociétés, étant toutefois précisé que, s'agissant des **immeubles,** un droit d'usage ne peut suppléer un apport en pleine propriété lorsque ce sont des unités de production « nécessaires et essentielles » aux activités de la société bénéficiaire de l'apport, « au point qu'elles en constituent de véritables outils de production » (Cass. com. 30-10-1989 n° 87-19.766 : RJF 2/90 n° 213).

> Précisions a. La notion d'apports de titres assimilés à une branche complète d'activité (n° 39250) ne s'applique pas pour les droits d'enregistrement. Les **apports de titres** qui relèvent de plein droit du régime spécial en matière d'impôt sur les sociétés ne bénéficient donc pas du régime de faveur en droits d'enregistrement. Mais ils sont enregistrés gratuitement en application du droit commun s'il s'agit d'apports à titre pur et simple (n° 66975).

b. Les apports partiels d'actif entre **associations** de la loi de 1901 peuvent bénéficier du régime de faveur même si l'apport est limité à un seul immeuble, à condition que ce dernier soit affecté à une activité ayant une finalité propre et dont la gestion est susceptible d'être assurée de manière autonome (par exemple : école, maison de retraite) et que cette affectation soit maintenue par l'association bénéficiaire de l'apport (BOI-ENR-AVS-20-80 n° 30 ; ENR-VI-18350).

d. Restructurations internationales

39260 CGI art. 210-0 A, 210 C et 1760 bis IS-VI-4240 s ENR-VI-19270 s

Le régime spécial en matière d'**impôts directs** s'applique aux opérations de fusion, de scission ou d'apport partiel d'actif d'une branche complète d'activité réalisés dans le cadre d'apports au profit de **personnes morales étrangères** par des personnes morales françaises, à condition que les éléments apportés soient effectivement rattachés à un **établissement stable** de la personne morale étrangère situé en France.

Outre les obligations incombant aux sociétés parties à une opération mettant en présence des sociétés françaises, la société apporteuse est tenue à la souscription, par voie électronique, dans le même délai que sa déclaration de résultat de l'exercice au cours duquel l'opération a été réalisée, d'une **déclaration spéciale** qui doit permettre d'apprécier les motivations et conséquences économiques et fiscales de cette opération (CGI ann. III art. 46 quater-0 ZS ter). Le non-respect de cette obligation entraîne l'application, pour chaque opération, d'une **amende** de 10 000 €.

ATTENTION

Le régime de faveur ne s'applique pas aux opérations qui mettent en présence une société étrangère implantée dans un État ou territoire n'ayant pas conclu avec la France une **convention fiscale** comportant une **clause d'assistance administrative** en vue de lutter contre la fraude et l'évasion fiscales (nos 82600 s.). Cette restriction ne concerne pas les opérations auxquelles prennent part des sociétés de l'Union européenne (dans le champ d'application de la directive européenne).

En matière de **droits d'enregistrement,** le régime spécial est susceptible de s'appliquer, en principe, quelle que soit la nationalité des sociétés participant à l'opération.

> Précisions a. L'obligation de rattachement à un établissement stable n'est pas exigée pour les **apports à une société étrangère de titres assimilés à une branche complète d'activité** ni pour les opérations de fusions transnationales dont les éléments apportés sont exclusivement constitués de titres de participation (BOI-IS-FUS-10-20-20 n° 100).

b. Dans l'hypothèse où l'apport comprend des **éléments provenant d'un établissement stable étranger,** ceux-ci n'ont pas à être rattachés à un établissement stable situé en France (BOI précité n° 100).

c. L'**apport par une société étrangère de sa succursale française** à une société française qui peut être considéré comme portant sur une branche complète d'activité n'est pas concerné par l'obligation de rattachement des titres à un établissement stable. Mais dans l'hypothèse où la **succursale française d'une société étrangère** procède elle-même à un apport partiel d'actifs **au profit d'une société française,** les titres remis en rémunération de l'apport doivent être rattachés à ladite succursale (BOI précité n° 140).

e. Application du régime de faveur sur agrément

39265 CGI art. 210 B, 3 IS-VI-45200 s et 32400 s

En l'absence d'apport d'une ou de plusieurs branches complètes d'activité ou d'éléments assimilés, les **apports partiels d'actif** peuvent bénéficier du régime de faveur, en matière d'impôt sur les sociétés et de droits d'enregistrement, dans le cadre d'un agrément administratif. S'agissant des **scissions,** l'agrément ne concerne que l'impôt sur les sociétés. Il obéit aux règles générales en la matière (nos 90200 s.).

L'**agrément, de droit,** est délivré, lorsque, compte tenu des éléments faisant l'objet de l'apport :

– l'opération est justifiée par un motif économique, se traduisant notamment par l'exercice par la société bénéficiaire de l'apport d'une activité autonome et l'amélioration des structures, ainsi que par une association entre les parties, formalisée par un **engagement de conservation pendant trois ans** des titres remis en contrepartie de l'apport ;

– les dispositions de l'article 210-0 A du CGI sont respectées, en particulier l'opération n'a pas comme **objectif principal** ou comme un de ses objectifs principaux la fraude ou l'évasion fiscale (n° 39202) ;

– les modalités de l'opération permettent d'assurer **l'imposition future des plus-values** mises en sursis d'imposition.

ATTENTION

Pour apprécier si le **délai de conservation des titres** reçus en contrepartie de l'apport est bien respecté, les cessions de titres dans le délai de trois ans sont réputées porter en priorité sur les titres acquis ou souscrits indépendamment de l'opération d'apport partiel d'actif ou de scission (avec application de la règle « Peps » – n° 18855 – pour cette catégorie de titres) et ensuite seulement sur les titres reçus en rémunération de l'apport, seuls concernés par l'engagement de conservation. Si les titres reçus sont affectés dans le délai de trois ans par une **fusion ou une opération assimilée,** le maintien du régime de faveur accordé sur agrément nécessite une décision expresse de l'administration (BOI-SJ-AGR-20-10 n° 280). CGI art. 39 duodecies, 6-al. 3

Les conditions légales de délivrance de l'agrément sont limitatives et l'administration ne peut pas y ajouter une condition supplémentaire et notamment l'exigence du calcul des parités d'échange sur les bases des valeurs réelles (CE 28-11-2016 n° 378793 : RJF 2/17 n° 170).

Agrément relatif au **report des déficits** subis par la société apporteuse : voir n° 39570.

Répartition gratuite des titres par une société auteur d'un apport partiel d'actif à ses associés : voir n° 39600.

> Précisions Pour les **scissions,** l'obligation de conservation des titres n'est exigée que des associés qui détiennent dans la société scindée, à la date d'approbation de la scission, 5 % au moins des droits de vote ou qui y exercent ou y ont exercé dans les six mois précédant cette date, directement ou par l'intermédiaire de leurs mandataires sociaux ou préposés, des fonctions de direction, d'administration ou de surveillance et détiennent au moins 0,1 % des droits de vote dans la société.

2. SOCIÉTÉS CONCERNÉES

Le régime spécial est réservé aux opérations auxquelles participent exclusivement des sociétés (ou autres personnes morales) passibles de l'**impôt sur les sociétés.** 39290 CGI art. 210 C, 1, 816 et 816 A, II IS-VI-3740 s ENR-VI-19270 s

ILLUSTRATIONS

Le régime spécial s'applique aux **sociétés en commandite simple** n'ayant pas opté pour l'IS dès lors qu'elles sont légalement passibles de cet impôt pour la partie de leur bénéfice correspondant aux droits des commanditaires, quelle que soit l'importance de cette part (CE 11-4-2018 n° 409027 : RJF 7/18 n° 735).

Cette règle comporte cependant une **exception,** de portée d'ailleurs très limitée : lorsque la société apporteuse n'est pas passible de l'IS, le régime prévu pour les **droits d'enregistrement** est applicable, mais à concurrence seulement des apports autres que ceux assimilés à des mutations à titre onéreux (ce qui exclut donc les apports portant sur des immeubles, fonds de commerce, droits au bail et autres biens visés n° 66870).

> Précisions **a.** Le régime spécial n'est pas applicable aux opérations par lesquelles une société non exonérée de l'IS apporte tout ou partie de ses biens à une **Sicav** (CGI art. 115, 3 et 210 C, 3). En revanche, il profite aux fusions de Sicav entre elles. En ce qui concerne la fusion de Sicav et de FCP, voir n° 26250, précision b, et n° 26365, précision b.

b. Les fusions et scissions de **mutuelles,** de **sociétés d'assurance mutuelle** ou **d'institutions de prévoyance** soumises à l'IS ouvrent droit au régime spécial de plein droit à condition que les apports soient transcrits pour leur valeur nette comptable (BOI-IS-FUS-10-20-20 n°s 200 à 329).

c. Les opérations de fusion, scission et apport partiel d'actif de plusieurs **associations** régies par la loi du 1er juillet 1901 et assujetties à l'IS peuvent être placées sous le régime spécial dans les mêmes conditions que les mutuelles (BOI précité n°s 330 à 357). Concernant l'apport des activités du secteur lucratif d'une association, voir n° 89670.

d. En ce qui concerne les opérations auxquelles participent des sociétés d'investissement immobilier cotées (**SIIC**), voir n° 30960, précision f.

3. RENSEIGNEMENTS À FOURNIR

Les sociétés qui se placent sous le régime spécial doivent joindre un **état de suivi** des plus-values non imposées immédiatement à leur déclaration de résultat de l'exercice de réalisation de l'opération et des exercices suivants, tant que subsistent à l'actif du bilan des éléments auxquels est attaché un report ou sursis d'imposition. 39310 CGI art. 54 septies, I et II et 1763 RIE-III-5370 s

Elles doivent également tenir à la disposition de l'administration un **registre** du suivi des plus-values sur éléments d'actif non amortissables donnant lieu à sursis d'imposition.

> **Précisions** **a.** La valeur du **mali technique** de fusion (n° 39540) n'a pas à être mentionnée sur les états de suivi joints aux déclarations de résultat.
> **b.** Pour les opérations transcrites d'après les **valeurs nettes comptables** (n° 39490), l'état n'est exigé qu'au titre de l'exercice de leur réalisation lorsque la valeur comptable des biens compris dans l'apport correspond à leur prix de revient fiscal (BOI-IS-FUS-60-10-20 nos 110 à 140).
> **c.** Le **défaut de production** de l'état ou la production d'un état inexact ou incomplet entraîne l'application d'une amende égale à 5 % des résultats omis (CGI art. 1763, I-e). Même sanction en cas de défaut de présentation du registre ou de présentation d'un registre comportant des renseignements incomplets ou inexacts (CGI art. 1763, I-d). Non-application de l'amende en cas de régularisation : voir n° 9055, a.
> **d.** La société apporteuse est tenue de souscrire une déclaration spéciale en cas d'**apport à une société étrangère** (voir n° 39260).

B. Portée du régime spécial

39340 Les avantages fiscaux attachés au régime spécial des fusions et opérations assimilées concernent l'impôt sur les sociétés, l'impôt de distribution et les droits d'enregistrement. Nous examinons successivement ces trois aspects ci-après.

D'autres précisions concernant les fusions de sociétés et opérations assimilées sont données par ailleurs à propos de la **taxe foncière** et de la **cotisation foncière des entreprises** (n° 43695), de la **CVAE** (nos 44030 et 44006) et de la **TVA** (n° 47520).

1. IMPÔT SUR LES SOCIÉTÉS

39450 CGI art. 210 A IS-VI-5100 s

À la différence du régime de droit commun, le régime de faveur se traduit, pour la société apporteuse, par l'exonération des plus-values de fusion ainsi que des provisions qui conservent leur objet. En contrepartie, la société bénéficiaire des apports est soumise à diverses obligations destinées à rendre possible l'imposition ultérieure, à son nom, des plus-values et provisions exonérées lors de la fusion ou assimilée. Mais le régime de faveur a également pour effet de lui conférer certains droits. L'application de ce **régime** a un caractère **facultatif** au regard de l'impôt sur les sociétés.

SITUATION DE LA SOCIÉTÉ APPORTEUSE

39455 CGI art. 210 A, 1, 5 et 6 IS-VI-5160 s

Plus-values sur les éléments de l'actif apportés Les plus-values nettes afférentes à l'ensemble des **éléments de l'actif apportés** ne sont pas soumises à l'impôt sur les sociétés lors de la fusion.

Cette exonération concerne l'actif immobilisé, amortissable ou non, aussi bien que les autres éléments de l'actif (stocks, titres de créances négociables...). Sont assimilés à des éléments de l'actif immobilisé les droits afférents à des contrats de crédit-bail, ainsi que les titres du portefeuille exclus du régime des plus-values à long terme.

> **Précisions** Lorsque l'apport des **éléments amortissables** fait apparaître une **moins-value nette**, celle-ci peut être soit déduite des résultats imposables de la société apporteuse, soit transférée de plein droit à la société bénéficiaire des apports, qui l'imputera sur ses propres résultats dans les conditions et limites du report déficitaire (BOI-IS-FUS-10-20-30 nos 130 et 140).

39457 CGI art. 210 B, 2

Plus-values de cession des titres remis en contrepartie de l'apport La société apporteuse doit calculer ultérieurement les plus-values de cession afférentes aux titres reçus en contrepartie d'un apport partiel d'actif par référence à la valeur que les biens apportés avaient, du point de vue fiscal, dans ses propres écritures. Cette obligation faite à la société apporteuse peut conduire à une **double taxation** de la plus-value d'apport :

– une première fois chez la société bénéficiaire des apports, selon les modalités exposées nos 39510 s. ;

– et une seconde fois chez la société apporteuse lors de la cession des titres ayant rémunéré l'apport. Lorsque ces titres ont le caractère de titres de participation dont la cession relève du régime de taxation prévu à l'article 219, I-a quinquies du CGI, la double imposition est toutefois limitée à une quote-part de frais et charges fixée à 12 % du montant brut de la plus-value, qui est comprise dans le résultat imposable au taux de droit commun lorsque l'entreprise réalise une plus-value nette à long terme au titre de l'exercice (voir n° 18865).

ATTENTION

En cas d'apport partiel d'actif portant sur une **branche complète d'activité,** l'administration a indiqué que le **délai minimal de détention** de deux ans qui subordonne l'application du **régime des plus-values à long terme** est décompté à partir de la date d'inscription des titres reçus en contrepartie de l'apport à l'actif de la société apporteuse (BOI-IS-FUS-20-40-30 n° 173).

En revanche, lorsque l'apport concerne des **titres assimilés à une branche complète d'activité,** le décompte de ce délai est effectué à partir de la date d'acquisition des titres par la société apporteuse (CGI art. 210 B, 1 bis).

Cette double imposition économique ne paraît pas justifiée au regard de la directive européenne. S'agissant de la possibilité d'invoquer la directive à propos d'opérations internes, voir n° 39002, b.

Provisions L'impôt sur les sociétés n'est applicable aux provisions figurant au bilan de la société apporteuse que si elles deviennent sans objet, situation qui ne peut concerner que les opérations transcrites d'après les valeurs réelles. 39460 CGI art. 210 A, 2 IS-VI-5800 s

Les provisions qui conservent leur objet échappent donc à l'impôt lors de la réalisation de l'opération (elles doivent d'ailleurs être reprises au bilan de la société bénéficiaire des apports : n° 39500). Tel est le cas, notamment, des provisions pour risques si la société bénéficiaire des apports est appelée à assumer effectivement les risques correspondants, ou encore des provisions « réglementées » telles que par exemple la provision pour hausse des prix.

Résultats imposables L'impôt dû par la société apporteuse à la suite de l'opération porte sur le bénéfice d'exploitation réalisé depuis l'ouverture de l'exercice en cours à la date de l'opération (sous réserve cependant, en cas d'opération rétroactive, des indications données n°s 39470 s.) et sur les provisions devenues sans objet. 39465

> Précisions **a.** En ce qui concerne :
– les indemnités compensatrices correspondant aux droits à **congés payés** acquis avant la fusion ou assimilée par les salariés de la société apporteuse, voir n° 9885, précision b ;
– le sort des **subventions d'équipement** non encore imposées, voir n° 8050 ;
– le sort des **déficits** de la société apporteuse, voir n°s 39555 s. ;
– le sort des **charges financières nettes non déduites** et de la **capacité de déduction** de charges financières nettes **inemployée** par la société absorbée, voir n° 39530, précision a ;
– le cas où la société absorbée a cédé des **titres** de **participation** à une société liée moins de deux ans avant l'opération, voir n° 19075.

b. La société absorbée ou scindée, comme dans les autres cas de cession ou cessation, doit souscrire la **déclaration** de cessation et la déclaration de ses résultats respectivement dans les 45 et 60 jours de la première publication dans un journal d'annonces légales de la fusion ou scission ou de la décision de dissolution en cas de confusion de patrimoine (n°s 11490 s.). Elle doit, en outre, verser s'il y a lieu le solde de l'**impôt** correspondant dans le délai de droit commun (n° 11505, 2).

Rétroactivité des fusions et assimilées Les fusions et opérations assimilées sont souvent assorties d'un effet rétroactif au premier jour de l'exercice en cours de la société apporteuse. Lorsque les dates d'ouverture des exercices des sociétés parties à la fusion ne coïncident pas, l'**étendue de la rétroactivité dans le temps** ne peut pas remonter au-delà de la plus récente des dates d'ouverture de l'exercice de la société absorbante ou de la société absorbée en cours à la date de réalisation définitive de l'opération (CE 26-5-1993 n°s 78156 et 78157 : RJF 7/93 n° 982 ; CE 13-9-2021 n° 451564 : RJF 12/21 n° 1095). 39470 IS-VI-12300 s

ATTENTION

Lorsque la **société absorbée n'a clos aucun exercice** au cours de l'**année civile précédant l'opération,** et est soumise à l'obligation de dépôt d'une déclaration provisoire en application de l'article 37, al. 2 du CGI (n° 7330), la date d'effet rétroactif ne peut être antérieure au 1er janvier de l'année de la fusion (CE 13-9-2021 n° 451564 précité).

L'**effet rétroactif** donné à une opération d'**apport au profit d'une société étrangère** ne peut pas être antérieur à la **date d'ouverture du premier exercice de l'établissement stable** de la personne morale étrangère auquel doivent être rattachés les éléments apportés. Cet établissement doit être constitué avant la date de la dernière assemblée générale ayant approuvé l'opération (BOI-IS-FUS-40-10-20 n° 75).

L'administration considère qu'une **confusion de patrimoine** est réalisée à la date de la transmission du patrimoine. Elle admet toutefois qu'un effet rétroactif exclusivement fiscal puisse être donné à l'opération si une clause de rétroactivité figure dans la décision de dissolution. Dans le cas où la confusion est décidée au cours du dernier mois de l'exercice, l'effet rétroactif fiscal peut être fixé à l'ouverture de l'exercice au cours duquel l'opération est réalisée, ou au premier jour de l'exercice en cours à la date de la décision (BOI-IS-FUS-40-40 n°s 20 à 120).

Un **apport partiel d'actif consenti à une société nouvelle** peut rétroagir fiscalement à une date antérieure à l'acquisition de la personnalité morale par la société bénéficiaire (fixée par l'article L 236-4 du Code de commerce à la date de son immatriculation au registre du commerce et des sociétés), pourvu que cette clause de rétroactivité soit sans incidence sur le bilan de clôture du dernier exercice arrêté par la société apporteuse (CE 29-6-2011 n° 317212 : RJF 10/11 n° 1036 ; BOI-IS-FUS-40-10-20 n° 60).

39475 Lorsque le traité d'apport comporte une clause de rétroactivité, la société bénéficiaire des apports prend en compte l'ensemble des **produits** et **charges** provenant de l'activité transférée, et donc le résultat (bénéficiaire ou déficitaire) réalisé par la société apporteuse pendant la période intercalaire.

Les **immobilisations apportées** sont **amorties** sur la base des valeurs d'apport à compter de la date d'effet de l'opération, même si elles sont cédées à la société absorbante pendant la période intercalaire.

EXEMPLE

Dans le cas d'une fusion décidée le 1er juillet 2024 avec effet au 1er janvier 2024, entre deux sociétés dont les exercices coïncident avec l'année civile, la société absorbante comprend dans ses résultats imposables l'ensemble des produits et charges provenant des opérations réalisées par la société absorbée depuis le 1er janvier 2024 (et donc, le cas échéant, la perte subie au cours de cette période).

L'administration fait prévaloir une **rétroactivité forte** en admettant la neutralisation des **opérations entre les parties** réalisées pendant la **période intercalaire** au titre des activités apportées (cessions d'immobilisations, distributions…) (BOI-IS-FUS-40-10-30 n°s 50 et 60).

> Précisions **a.** Les **acomptes d'IS** versés le cas échéant par la société absorbée ou scindée au cours de la période intercalaire sont transmis à la société bénéficiaire des apports qui peut les prendre en compte pour la réduction de ses propres versements (BOI-IS-FUS-40-10-30 n°s 110 et 120). Mais aucune restitution ne peut intervenir avant la liquidation définitive de l'impôt dû par la société bénéficiaire (CAA Bordeaux 13-3-2000 n° 97BX00820 : RJF 5/00 n° 614).

b. En cas de mise en **location-gérance** d'une **branche d'activité** préalablement à son apport, le caractère complet et autonome de la branche apportée s'apprécie à la date d'effet de l'apport convenue entre les parties si le contrat est conclu pendant la période intercalaire (BOI-IS-FUS-20-20 n° 290).

c. En cas de **cession** de titres initiée par la société absorbée avant la date d'effet de la fusion, la **plus-value** correspondante est rattachée au résultat de la société absorbante lorsque la **condition suspensive** dont elle est assortie se réalise pendant la période intercalaire (CE 26-1-2011 n° 312470 : RJF 4/11 n° 417).

d. La détermination de la **plus ou moins-value d'annulation des titres** est réalisée sans prendre en compte l'**augmentation de capital** d'une société confondue réalisée au cours de la période intercalaire (CE 18-3-2020 n° 426473 : RJF 6/20 n° 522).

TRANSCRIPTION DES APPORTS AUX VALEURS COMPTABLES OU AUX VALEURS RÉELLES

39490 IS-VI-1500 s **Critères déterminant le mode de transcription** La transcription des apports dans les comptes de la société bénéficiaire doit être réalisée dans le respect de la réglementation comptable résultant des dispositions des articles 740-1 à 743-3 du PCG (pour plus de détails sur cette réglementation, voir notre Mémento Fusions et Acquisitions n°s 7600 s.). Toutes les entités bénéficiaires des apports, confondantes ou absorbantes établies en France sont tenues par ces règles, quelle que soit leur **forme juridique,** dès lors qu'elles appliquent le **PCG de manière obligatoire** ou volontaire, ou un plan comptable dérivé du PCG ne prévoyant pas de disposition particulière pour les fusions et opérations assimilées. En conséquence, l'absorption d'une société française par l'établissement stable d'une société étrangère ne relève pas de cette réglementation, l'opération étant considérée comme réalisée par l'entité absorbante étrangère (BOI-IS-FUS-30-10 n° 40).

Les valeurs d'apport qui doivent figurer dans le traité résultent de la **situation de contrôle** au moment de l'opération et du **sens** dans lequel elle est réalisée (PCG art. 740-1 à 742-2).

Les biens apportés doivent être transcrits à leur **valeur comptable** dans les opérations impliquant des entités placées sous **contrôle commun,** quel que soit le sens dans lequel elles sont réalisées. Il en est de même des opérations impliquant des entités sous **contrôle distinct,** lorsqu'elles sont réalisées **à l'envers.** En revanche, les apports doivent être transcrits aux **valeurs réelles** lorsque les entités participantes sont sous un **contrôle distinct,** si elles sont effectuées **à l'endroit.**

L'article 743-1 du PCG prévoit également la transcription aux valeurs comptables des apports réalisés dans le cadre d'opérations sans échange de titres (voir n°s 39210 et 39220).

ATTENTION

Par dérogation à ces règles, les opérations de **filialisation d'une branche complète d'activité** assorties d'un **engagement préalable de cession** à une société sous contrôle distinct (ou d'introduction en bourse) doivent également être transcrites aux valeurs réelles. Toutefois, si cette perte de contrôle ne se réalise pas, l'opération doit à nouveau être analysée et les valeurs d'apport modifiées. Pour ces opérations, il est ainsi nécessaire de mentionner, dans le traité d'apport, à la fois les valeurs comptables et les valeurs réelles des actifs et passifs transférés.

Les apports doivent également être évalués d'après les valeurs réelles dans l'hypothèse où **l'actif net** apporté à une société préexistante est **insuffisant** pour permettre la libération du capital de la société absorbante ou bénéficiaire des apports. Toutefois, cette dérogation ne s'applique qu'au seul cas d'apport à une entité ayant une activité préexistante, et ne peut pas s'appliquer en cas de création ex nihilo d'une entité ni en cas d'aménagement d'une entité préexistante. Conformément à l'article 743-3 du PCG, la dérogation ne peut pas non plus s'appliquer en cas de fusion ou scission sans échange de titres.

Ces règles impératives s'appliquent à toutes les opérations de restructuration concernées par le régime de faveur, y compris les apports de titres de participation conférant le contrôle de cette participation à l'entité bénéficiaire des apports.

Les opérations réalisées entre des **entités sans lien de contrôle entre elles** avant l'opération mais contrôlées par la même **personne physique,** ou par un groupe de personnes physiques sont considérées comme réalisées sous contrôle distinct. Les apports sont, dans cette situation, valorisés à la valeur réelle ou à la valeur comptable selon que l'opération est réalisée à l'endroit ou à l'envers.

Toutes les conséquences fiscales de ces règles comptables de transcription des apports doivent être tirées pour la détermination des résultats des sociétés participantes (CE 8-6-2005 n° 270967 : RJF 8-9/05 n° 885 ; BOI-IS-FUS-30-20 n° 1).

> Précisions **a.** La **notion de contrôle** sur laquelle se fonde cette réglementation est celle du contrôle exclusif pour l'établissement des comptes consolidés. Le contrôle s'entend du pouvoir de diriger les politiques financière et opérationnelle d'une entreprise afin de tirer avantage de ses activités. Il peut résulter :

– de la détention directe ou indirecte de la majorité des droits de vote ;

– de la désignation, pendant deux exercices successifs, de la majorité des membres des organes d'administration, de direction ou de surveillance d'une autre entreprise (l'entreprise consolidante est présumée avoir effectué cette désignation lorsqu'elle a disposé au cours de cette période, directement ou indirectement, d'une fraction supérieure à 40 % des droits de vote et qu'aucun autre associé ou actionnaire ne détient, directement ou indirectement, une fraction supérieure à celle-ci) ;

– ou encore du droit d'exercer une influence dominante en vertu d'un contrat ou de clauses statutaires.

Pour plus de détails sur cette notion, voir notre Mémento Comptes consolidés n°s 2016 s.

b. Une **fusion** est réalisée **à l'endroit** lorsque, après l'opération, l'actionnaire principal de l'absorbante, bien que dilué (sauf dans le cas de fusion simplifiée), conserve son pouvoir de contrôle sur celle-ci.

Un **apport** est réalisé **à l'endroit** lorsque, après l'opération, l'entité apporteuse perd le contrôle de la branche d'activité apportée. Elle ne prend pas le contrôle de l'entité bénéficiaire des apports.

c. Une **fusion** est réalisée **à l'envers** lorsque, après l'opération, l'actionnaire principal de l'absorbée prend le contrôle de l'absorbante. Tel sera le cas lorsque la société absorbée est de taille nettement supérieure à la société absorbante.

Un **apport** est réalisé **à l'envers** lorsque, après l'opération, la société apporteuse prend le contrôle de la société bénéficiaire ou renforce son contrôle sur celle-ci.

d. Dans le cas où l'engagement de cession dont était assortie l'opération de **filialisation d'une branche complète d'activité** ne se réalise pas à la date limite prévue, l'administration admet sous certaines conditions l'application rétroactive du régime spécial dans l'hypothèse où il n'aurait pas été retenu à l'origine (BOI-IS-FUS-30-20 n°s 80 à 90).

Conséquences du mode de transcription appliqué Lorsque les apports sont transcrits pour leur **valeur comptable,** les valeurs individuelles des actifs et passifs apportés correspondent aux valeurs de chaque actif et passif figurant dans les comptes de la société apporteuse à la date d'effet de l'opération. S'agissant des **actifs immobilisés reçus,** la société bénéficiaire des apports doit reprendre à son bilan les **valeurs d'origine, amortissements** et **provisions** qui figuraient au bilan de l'absorbée (BOI-IS-FUS-30-20 n° 10). Cette obligation ne concerne que les opérations placées sous le régime spécial des fusions. 39495 IS-VI-1840 s

Lorsque les apports sont transcrits pour leur **valeur réelle,** les valeurs individuelles des actifs et passifs apportés correspondent aux valeurs réelles attribuées à chacun desdits éléments, figurant ou non à l'actif ou au passif dans les comptes de la société apporteuse à la date d'effet de l'opération. La société absorbante doit ainsi reprendre à son bilan des **éléments non comptabilisés** par la société absorbée à l'actif de son bilan (marques, impôts différés actifs) ou qui ne figuraient pas à son passif (provisions pour retraite, impôts différés passifs).

Conformément à l'article 210 A, 3-e du CGI, lorsque l'opération est placée sous le régime spécial, la société absorbante doit inscrire à son bilan les **éléments autres que les immobilisations** pour la valeur qu'ils avaient du point de vue fiscal dans les écritures de l'absorbée. À défaut (cas où les apports sont transcrits aux valeurs réelles), elle doit en principe comprendre dans ses résultats de l'exercice au cours duquel intervient l'opération le profit correspondant à la différence entre la nouvelle valeur de ces éléments et la valeur qu'ils avaient du point de vue fiscal dans les écritures de la société apporteuse.

OBLIGATIONS DE LA SOCIÉTÉ BÉNÉFICIAIRE DES APPORTS

39500 CGI art. 210 A, 3 IS-VI-7020 s

L'exonération d'impôt sur les sociétés prévue pour les plus-values d'apport et les provisions de la société apporteuse n'est applicable que si la société bénéficiaire des apports s'engage, dans l'acte de fusion (ou dans l'acte de dissolution en cas de transmission universelle de patrimoine), à respecter certaines obligations concernant les **inscriptions au bilan,** la **réintégration de bénéfices et de plus-values** et le calcul des **plus-values ultérieures** afférentes aux éléments non amortissables. Cette formalité substantielle, qui conditionne le bénéfice du régime spécial et doit être respectée quel que soit le bilan de la société absorbée (CE 24-6-2022 n° 450183 : RJF 10/22 n° 826), est compatible avec le droit européen (CE 20-1-2016 n° 376980 : RJF 4/16 n° 321). Certains renseignements doivent également être fournis à l'administration (voir n° 39310).

› Précisions a. En cas de **fusion ou scission sans échange de titres** éligible au régime de faveur (voir nos 39210 et 39220), la société absorbante ou bénéficiaire des apports n'augmente pas son capital et doit constater en report à nouveau la contrepartie des apports reçus. Conformément à l'article 38, 2 du CGI, l'augmentation d'actif net qui en résulte n'est pas un élément de son résultat imposable, que l'opération soit placée sous le régime de faveur ou sous le régime de droit commun (BOI-IS-FUS-10-10-20 n° 40).

b. Dans le cas particulier où la société absorbée disposerait d'une **réserve spéciale pour fluctuation des cours** à son bilan, celle-ci doit être reprise au bilan de la société bénéficiaire des apports (IS-VI-8450 s.).

c. Si la société absorbée a maintenu des sommes au compte de **réserve spéciale des plus-values à long terme** (voir n° 18685), l'absorbante doit la reprendre au passif de son bilan, selon des modalités précisées par l'administration (IS-VI-8270 s.).

39505 IS-VI-7800 s

Réintégration des bénéfices en sursis d'imposition chez l'apporteuse La société bénéficiaire des apports doit se substituer à la société apporteuse pour la réintégration des résultats dont la prise en compte avait été différée chez cette dernière.

C'est le cas, par exemple, lorsque la société apporteuse a bénéficié d'un régime d'**imposition étalée des plus-values** (voir n° 19285) ou lorsqu'elle avait reçu des **éléments amortissables,** à l'occasion d'une opération de fusion ou assimilée, au cours des derniers exercices et que la nouvelle opération intervient en cours de période de réintégration des **plus-values d'apport** de ces éléments (n° 39510) ; le montant et le nombre d'annuités restant à réintégrer doivent être alors précisés dans l'acte de fusion (BOI-IS-FUS-10-20-40-10 n° 140).

ATTENTION

Le résultat constaté lors d'un **transfert de titres de compte à compte** effectué par la société apporteuse ne fait pas l'objet d'une réintégration immédiate. Il est imposé au nom de la société bénéficiaire des apports lorsque ces titres font l'objet d'une cession ne motivant pas un nouveau report ou sursis d'imposition.

Subventions d'équipement en instance de réintégration chez l'apporteuse : voir n° 8050.

39510 IS-VI-9350 s

Réintégration des plus-values d'apport sur éléments amortissables Dans les situations où les apports sont transcrits aux valeurs réelles, la société bénéficiaire doit réintégrer dans ses bénéfices imposables au taux de droit commun les plus-values constatées sur les éléments amortissables lors de la fusion ou de l'opération assimilée. Pour certaines opérations réalisées entre le 1er janvier 2022 et le 31 décembre 2025, la société absorbante peut décider de soumettre le fonds commercial au régime des immobilisations amortissables (voir n° 39530, précision e).

La **somme à réintégrer** correspond aux plus-values nettes, résultant de la compensation entre les plus-values et les moins-values dégagées par l'apport des biens relevant d'une durée de réintégration identique.

La réintégration des plus-values est effectuée par parts égales sur une **période** de cinq ans. Cette période est portée à quinze ans pour les constructions et les droits s'y rapportant, ainsi que pour les plantations et les agencements et aménagements des terrains amortissables sur une période au moins égale à cette durée (période appréciée à la date de création du bien : BOI-IS-FUS-10-20-40-20 n° 70).
Lorsque le total des plus-values nettes sur les constructions, les plantations et les agencements et aménagements de terrains excède 90 % de la plus-value nette globale sur éléments amortissables, sa réintégration s'effectue sur la durée moyenne pondérée d'amortissement de ces biens.
Par ailleurs, la **cession** d'un bien amortissable entraîne l'imposition immédiate de la fraction de la plus-value afférente à ce bien qui n'a pas encore été réintégrée.

EXEMPLE

Plus-value nette réintégrable sur 5 ans = 150 000 (soit 30 000 par an).
Plus-value nette sur autres éléments = 1 650 000, dont 1 000 000 sur une construction A apportée pour 2 000 000 et amortissable par la société bénéficiaire des apports sur une durée de 30 ans, et 650 000 sur une construction B apportée pour 900 000 et amortissable en 20 ans (valeur totale d'apport de ces éléments : 2 900 000).
Plus-value globale nette sur les éléments amortissables = 1 800 000.
La plus-value sur les constructions est supérieure à 90 % de la plus-value globale (1 650 000 / 1 800 000 = 91,67 %).
Durée moyenne pondérée d'amortissement des constructions : 30 × 2 000 000 / 2 900 000 + 20 × 900 000 / 2 900 000 = 26,90 ans, durée arrondie au montant le plus proche, soit 27 ans.
Réintégration annuelle : 1 650 000 / 27 = 61 111.

> Précisions **a.** La société bénéficiaire des apports peut, lorsqu'elle y a intérêt, et notamment en vue de l'imputation de reports déficitaires, procéder à la **réintégration anticipée** de tout ou partie des plus-values d'apport, sachant qu'à la fin de chaque exercice le montant cumulé des réintégrations opérées doit être au moins égal à celui qui aurait résulté d'une réintégration linéaire (BOI-IS-FUS-10-20-40-20 n°s 110 et 120). 39515
b. S'agissant des **constructions,** la réintégration sur quinze années concerne à la fois la structure de l'immeuble et l'ensemble de ses composants.
c. En cas de **mise au rebut d'un composant,** aucune réintégration anticipée de la plus-value d'apport n'a à être opérée.
d. Lorsque l'**opération** de restructuration prend effet **en cours d'exercice,** la société bénéficiaire des apports ne peut pas limiter le montant de la **première réintégration** de la plus-value d'apport (CAA Marseille 22-3-2018 n° 16MA04863 : RJF 7/18 n° 734).

Reconstitution et reprise des provisions afférentes aux éléments reçus en apport 39517 IS-VI-8040 s

La société bénéficiaire des apports doit inscrire **au passif** de son bilan toutes les **provisions** constituées par la société apporteuse qui conservent leur objet (provisions pour risques et charges et provisions pour dépréciation).
La **reprise ultérieure de ces provisions** est comprise dans son résultat imposable. Toutefois, les **provisions non déductibles** au plan fiscal qui ont été constituées par l'absorbée restent sans incidence sur le résultat imposable de la société absorbante lors de leur reprise comptable (BOI-IS-FUS-10-20-40-10 n° 220).

Plus-values afférentes aux éléments non amortissables 39520 IS-VI-7220 s

Lors de la cession des immobilisations non amortissables reçues, la société bénéficiaire des apports calcule les plus ou moins-values d'après leur valeur fiscale pour l'apporteuse (et non par rapport à leur valeur d'apport).
Ces plus-values sont en principe comprises dans le résultat imposable au **taux de droit commun** de l'impôt sur les sociétés. Toutefois les cessions de **titres de participation** relèvent du régime des plus-values à long terme lorsqu'ils sont détenus depuis au moins deux ans, ce délai étant décompté à partir de leur acquisition par la société absorbée ou apporteuse (CE 11-2-2013 n° 356519 : RJF 5/13 n° 474 ; BOI-IS-FUS-10-20-40-10 n° 60).
Cession de titres de participation à une société liée moins de deux ans après leur acquisition par la société apporteuse : voir n° 19075.

DROITS DE LA SOCIÉTÉ BÉNÉFICIAIRE DES APPORTS

Amortissements et autres charges 39530 IS-VI-10300 s

En cas de fusion ou d'opération assimilée transcrite aux **valeurs nettes comptables,** la société bénéficiaire des apports poursuit les plans d'amortissement en cours dans les écritures de la société apporteuse.
Lorsque les apports sont transcrits aux **valeurs réelles,** l'amortissement est pratiqué selon les règles de droit commun. Il appartient à la société absorbante de procéder à la décomposition des biens reçus.

Les éléments apportés peuvent faire l'objet de l'amortissement **dégressif,** lorsqu'ils relèvent par nature de ce régime.

La société bénéficiaire des apports ne peut déduire de ses résultats les **charges** qu'elle vient à acquitter et qui **se rattachent à la gestion de la société apporteuse,** dès lors qu'elles étaient connues ou prévisibles à la date de la fusion ou assimilée ; ces charges, propres à l'apporteuse, représentent un élément du prix d'acquisition de l'actif de cette dernière (CE 6-11-1974 nos 89562 et 89564 : RJF 1/75 n° 11). Mais s'agissant d'une **confusion de patrimoine** réalisée sous le régime de faveur, en l'absence de rémunération versée en contrepartie de la transmission de l'actif net de la société confondue et eu égard à l'objectif de neutralité fiscale du régime de faveur, la société confondante peut déduire les charges qu'elle supporte postérieurement à l'opération correspondant à des **passifs latents de la société confondue** (CE 22-11-2022 n° 447097 : RJF 2/23 n° 93).

> Précisions **a.** En cas de fusion placée sous le régime spécial, les **charges financières nettes** dont la déduction a été différée et que la société absorbée n'a pas pu imputer peuvent être transférées sur agrément à la société bénéficiaire des apports dans les conditions prévues à l'article 209, II du CGI (n° 39570). Dans les mêmes conditions, la société absorbante peut bénéficier du transfert de la **capacité de déduction** de charges financières nettes **inemployée** par la société absorbée. Ces transferts sont dans certaines situations dispensés d'agrément (voir n° 39555).

b. La société bénéficiaire des apports peut poursuivre la déduction étalée des **frais d'acquisition** que la société absorbée a dû incorporer au prix de revient de ses **titres de participation** (n° 7575). En revanche, l'annulation des titres de la société absorbée empêche la société absorbante de continuer à déduire les frais d'acquisition correspondants (BOI-IS-BASE-30-10 nos 290 à 320).

c. Cas où la société apporteuse disposait de **produits de la propriété industrielle** soumis au régime de l'article 238 du CGI : voir n° 10425, précision g.

d. La déduction des **provisions pour dépréciation** constituées par la société absorbante sur les **éléments d'actif non amortissables** qu'elle a reçus est soumise à une limitation spécifique, voir n° 9800, précision b.

e. Pour les **opérations réalisées entre le 1er janvier 2022 et le 31 décembre 2025,** la société absorbante peut choisir de déduire de son résultat imposable les **amortissements** comptabilisés à raison du **fonds commercial** reçu en apport, qui est alors considéré comme une immobilisation amortissable pour l'application du régime de faveur (BOI-IS-FUS-10-20-40-10 n° 1). Si l'amortissement comptable du fonds débute au titre d'un exercice postérieur à la fusion, la réintégration échelonnée de la plus-value d'apport est réalisée à partir de cet exercice (BOI-IS-FUS-10-20-40-10 n° 1). Mais les opérations réalisées depuis le 18 juillet 2022 entre sociétés liées au sens de l'article 39, 12 du CGI sont exclues de ce régime de faveur.

39535 CGI art. 210 A, 1-al. 2 et 3-d

Plus-values Lors de la cession des **biens amortissables,** la société bénéficiaire des apports calcule les plus-values réalisées d'après leur valeur d'apport (la règle est différente pour les éléments non amortissables : n° 39520).

Dans le cas où la fusion est réalisée entre **sociétés apparentées,** la société absorbante est conduite à annuler soit sa participation dans la société apporteuse, soit ceux de ses propres titres qu'elle reçoit en apport. Dans les deux cas, la **plus-value d'annulation des titres** éventuellement dégagée est exonérée d'impôt sur les sociétés lorsque l'opération est placée sous le régime spécial.

> Précisions En cas de **fusion sans échange de titres,** l'article 746-2 du PCG prévoit que la valeur historique des titres de la société absorbée est transférée au compte où est comptabilisée la valeur des titres de la société absorbante. L'administration considère en conséquence, s'agissant des fusions entre sociétés sœurs détenues à 100 % par la même mère, que l'annulation des titres de la société absorbée n'est pas constitutive d'un fait générateur de plus-value imposable, sans distinguer suivant que l'opération est placée sous le régime de faveur ou sous le régime de droit commun (BOI-IS-FUS-50-30 n° 10). Une solution identique s'applique pour les **scissions sans échange de titres** (BOI précité n° 20).

39540 CGI art. 210 A, 1 al. 3 et 4 IS-VI-19220 s

Mali de fusion Il résulte des articles 745-3 et suivants du PCG que le mali de fusion qui représente l'écart négatif entre l'actif net reçu par la société absorbante à hauteur de sa participation détenue dans la société absorbée et la valeur comptable de cette participation peut être décomposé en deux éléments :

– un **mali technique** (ou « **faux mali** ») généralement constaté pour les fusions ou confusions de patrimoine évaluées à la valeur comptable lorsque la valeur nette des titres de la société absorbée figurant à l'actif de l'absorbante (valeur brute – provision) est supérieure à l'actif net comptable apporté ;

– au-delà du mali technique, le solde du mali qui peut être représentatif d'un complément de dépréciation de la participation détenue dans la société absorbée (ou **« vrai mali »**).

ATTENTION

Pour calculer la valeur de l'actif apporté et l'éventuel **« vrai » mali** de fusion, la société absorbante doit tenir compte de l'économie d'impôt résultant du **transfert des déficits de la société absorbée** (actif d'impôt différé) à la date d'effet rétroactif retenue par les parties, quand bien même l'agrément autorisant le transfert des déficits subis par l'absorbée n'est délivré qu'après la réalisation définitive de la fusion (CE 18-1-2017 n° 389004 : RJF 4/17 n° 309).

Au **plan comptable,** le **mali technique,** qui est comptabilisé à l'actif du bilan de l'absorbante, est affecté par priorité aux actifs sous-jacents identifiables apportés au prorata des plus-values latentes évaluées de manière fiable, et au fonds commercial pour son montant résiduel. Il est amorti si l'actif sous-jacent est amortissable et peut donner lieu à la constatation de provisions pour dépréciation. Pour plus de détails sur cette question, voir notre Mémento Fusions et Acquisitions nos 8320 s.

Au **plan fiscal,** pour les opérations placées sous le **régime de droit commun,** ces provisions sont déductibles, de même que les amortissements comptabilisés dès lors qu'ils se rapportent à des biens eux-mêmes amortis sur le plan fiscal. Mais pour les opérations placées sous le **régime de faveur,** l'article 210 A, 1-al. 3 du CGI interdit toute déduction à raison du mali technique et il convient en conséquence de pratiquer une réintégration extra-comptable (BOI-IS-FUS-10-50-20 n° 130). Dans le cas où une partie du mali technique correspond à une **« prime de contrôle »** (quote-part du prix d'acquisition des titres représentative du fonds de commerce de l'absorbée), la fraction de la moins-value correspondante constatée lors de l'annulation des titres de l'absorbée n'est pas déductible.

Le **régime fiscal** du **vrai mali,** qui constitue une charge sur le plan comptable, dépend de la nature des titres annulés et de leur durée de détention. Il constitue : 39545

- une **moins-value à long terme non déductible** si les titres annulés sont des titres de participation détenus depuis au moins deux ans relevant du régime de taxation limitée à une quote-part de frais et charges (n° 18865) ;
- une **moins-value à long terme** relevant du **taux de 19 %** si la société absorbée est une société à prépondérance immobilière cotée (n° 18780) dont les titres sont détenus depuis au moins deux ans ;
- une **perte déductible** des résultats de la société absorbante, en principe, dans les autres cas.

ATTENTION

Lorsque les titres de la société absorbée ont été acquis par la société absorbante moins de deux ans avant la fusion, la **moins-value à court terme** subie à l'occasion de l'annulation de ces titres n'est pas déductible à hauteur du **montant des distributions qui ont ouvert droit au régime mère-fille** depuis leur acquisition (CGI art. 210 A, 1-al. 4).

Lorsque la **société absorbée** est à **prépondérance financière** (n° 18800), la moins-value d'annulation n'est pas déductible à hauteur du produit des titres qui a ouvert droit au régime mère-fille au cours de l'exercice et des cinq précédents (n° 19015).

En cas de transmission d'un **actif net négatif** (passif supérieur à la valeur réelle de l'actif transféré) à l'occasion d'une opération de **confusion de patrimoine** ou d'une **fusion ou scission sans échange de titres** entre sociétés sœurs détenues en totalité par une même société, la charge correspondant à cet excédent ne peut être déduite (CGI art. 209, II bis).

Titres reçus lors d'un apport à une filiale en difficulté : voir n° 19078.

> Précisions En cas de confusion de patrimoine placée sous le régime de faveur, la société confondante peut déduire une moins-value représentative de la **perte réelle de valeur subie du fait de l'annulation des titres** de la société confondue, qui est supérieure au vrai mali déterminé sur le plan comptable lorsque les titres ont antérieurement fait l'objet d'une provision pour dépréciation (CE 13-11-2020 n° 424455 : RJF 2/21 n° 179). Cette moins-value relève du régime du court ou du long terme suivant la date d'acquisition des titres de la société confondue.

SORT DES DÉFICITS ANTÉRIEURS

Règles générales Les **déficits que la société apporteuse a subis antérieurement** à la date d'effet de la fusion ou assimilée ne sont pas déductibles des bénéfices ultérieurs de la société bénéficiaire des apports (application du principe d'identité d'entreprise). 39555 IS-VI-17050 s

Toutefois, la société absorbante bénéficie du **transfert de plein droit** des déficits antérieurs, des charges financières nettes non déduites et de la capacité de déduction de charges financières nettes non déduites de la société absorbée lorsque leur montant cumulé est inférieur à 200 000 €. Ce transfert est subordonné à la condition que la société absorbée n'ait pas cédé ou cessé l'exploitation d'un fonds de commerce au cours de la période déficitaire (même si ce fonds n'a pas contribué aux déficits : BOI-IS-FUS-10-60-20 n° 70), et que les sommes transférées ne proviennent pas de la gestion d'un patrimoine mobilier ou immobilier (CGI art. 209, II-2). Le dispositif de transfert de plein droit s'applique également en cas de fusion sans échange de titres et de confusion de patrimoine (BOI-IS-FUS-10-60-10 n° 20).

ATTENTION

Lorsque le montant cumulé des sommes dont le transfert est envisagé est supérieur ou égal à 200 000 €, la société absorbante peut se prévaloir du transfert de plein droit d'une quote-part égale à 199 999 €, mais le surplus ne peut alors bénéficier de l'agrément mentionné n° 39570 et il est définitivement perdu (BOI-IS-FUS-10-60-20 n° 50).

En cas d'**apport partiel d'actif,** les déficits subis antérieurement par la société apporteuse peuvent faire l'objet d'une imputation sur ses bénéfices ultérieurs dans les conditions de droit commun, dès lors que l'opération ne s'est pas traduite par un changement d'activité (voir n°s 38715 s.).

Déficits subis par l'apporteuse pendant la **période intercalaire** : voir n° 39475.

> Précisions La société absorbante peut imputer sur des plus-values à long terme réalisées après la fusion les **provisions pour dépréciation** de titres constituées par l'absorbée qui suivent le régime des **moins-values à long terme** et que l'absorbante a reprises à son bilan en application de l'article 210 A, 3 du CGI à l'occasion d'une opération transcrite aux valeurs nettes comptables (CE 30-12-2011 n° 316194 : RJF 3/12 n° 233).

39560 Dès lors que la **société bénéficiaire des apports** ne change pas d'activité à l'occasion de l'opération (voir n°s 38715 s.), les déficits qu'elle a subis au titre d'exercices antérieurs restent reportables de plein droit sur ses résultats bénéficiaires dans les conditions de droit commun. L'administration ne peut valablement s'y opposer en invoquant l'abus de droit dès lors que la fusion présente un intérêt économique et n'a pas un caractère fictif (CE 21-3-1986 n° 53002 : RJF 5/86 n° 470). Tel n'est pas le cas d'une fusion de deux sociétés « coquilles » qui n'a pu être inspirée par aucun autre motif que celui de permettre l'imputation des reports déficitaires de la société absorbante sur le bénéfice imposable de la société absorbée sans avoir à solliciter l'agrément prévu à l'article 209, II-1 du CGI (CE 11-4-2014 n° 352999 : RJF 7/14 n° 709).

39565 CGI art. 220 quinquies, II **IS-VI-18000 s**

La **créance** sur le Trésor détenue par la société apporteuse à raison du **report en arrière** de ses déficits est transférée de plein droit à la société bénéficiaire des apports dès lors que l'opération réalisée répond à la définition prévue à l'article 210-0 A du CGI (voir n°s 39200 s.). En cas d'apport partiel, ce transfert est facultatif.

ATTENTION

En cas de **scission** ou **d'apport partiel d'actif,** la créance de carry-back est transmise au prorata du montant de l'actif net apporté à la ou aux sociétés bénéficiaires des apports, apprécié à la date d'effet de l'opération.

En ce qui concerne l'**option** pour le **report en arrière** des déficits exercée au titre de l'exercice de réalisation de l'opération de fusion ou assimilée, voir n° 35925, précision a.

39570 CGI art. 209, II-1 **IS-VI-17700 s**

Transfert sur agrément du droit au report des déficits de la société apporteuse En cas de fusion ou d'opération assimilée bénéficiant du régime de faveur, les **déficits** antérieurs non encore déduits subis par la **société apporteuse** et qui ne bénéficient pas du transfert de plein droit mentionné n° 39555 peuvent être reportés dans leur intégralité sur les bénéfices ultérieurs de la société bénéficiaire des apports si un **agrément spécial** est délivré.

L'agrément est **de droit** lorsque :

– l'opération est placée sous le régime de l'article 210 A du CGI ;

– elle est justifiée du point de vue économique et obéit à des motivations principales autres que fiscales ;

– **l'activité à l'origine des déficits** n'a pas subi de **changements significatifs** (appréciés au moyen de critères relatifs à la clientèle, à l'emploi, aux moyens d'exploitation mis en œuvre, ainsi qu'à la nature et au volume d'activité) pendant la période de constatation des déficits, qui s'étend de l'exercice de naissance des déficits jusqu'à celui au cours duquel la demande de transfert est effectuée (CE 9-6-2020 n° 436187 : RJF 8-9/20 n° 680). Cette condition d'absence de changement significatif porte sur les seuls éléments relatifs à l'activité transmise à l'origine des déficits et non sur l'activité de la société absorbée considérée dans son ensemble (CE 25-10-2017 n° 401403 : RJF 1/18 n° 11), étant précisé que l'origine des déficits est elle-même appréciée en s'appuyant sur la comptabilité analytique de la société absorbée (BOI-SJ-AGR-20-30-10-10 n° 150). Le changement significatif s'apprécie en tenant compte de l'ensemble des éléments caractérisant l'activité de la société absorbée pendant la période de constatation des déficits et le contexte économique dans lequel les évolutions constatées s'inscrivent (CE 17-10-2023 n° 464667 : RJF 1/24 n° 10).

Ainsi, ne suffit pas à caractériser un tel changement ni la diminution importante de l'emploi et des moyens d'exploitation mis en œuvre, lorsqu'elle est destinée à assurer le maintien du volume de l'activité à l'origine des déficits (CE 2-4-2021 n° 429319 : RJF 6/21 n° 557) ni la baisse importante du chiffre d'affaires et des effectifs destinée, en période de crise, à assurer, par la réorganisation de l'entreprise, la continuation du cœur de son activité (CE 17-10-2023 n° 464667 précité) ;

– l'activité à l'origine des déficits dont le transfert est demandé doit être **poursuivie pendant un délai minimum de trois ans,** sans faire l'objet, pendant cette période, de changement significatif apprécié selon les modalités décrites ci-dessus ;

– les déficits ne proviennent ni de la gestion d'un **patrimoine mobilier** par des sociétés holdings ni de la gestion d'un **patrimoine immobilier.**

ATTENTION

L'**agrément** peut être accordé par l'administration **pour une fraction seulement** des déficits dont le transfert est demandé et le juge de l'impôt, saisi d'une argumentation en ce sens, peut annuler un refus d'agrément en tant seulement qu'il refuse le transfert d'une fraction des déficits concernés (CE 17-10-2023 n° 464667 précité).

Le **montant du déficit** transféré par voie d'agrément peut être **revu** à la baisse par l'administration dans le cadre de son droit de contrôle (BOI-SJ-AGR-20-30-10-10 n° 230). Il peut également être revu à la hausse sur réclamation contentieuse du contribuable présentée dans le délai légal (CE 4-2-2015 n° 365269 : RJF 5/15 n° 391).

La société bénéficiaire des apports peut imputer les déficits transférés sur ses résultats dans les conditions de droit commun.

› Précisions **a.** La **demande** d'agrément doit être préalable à l'opération (CGI art. 1649 nonies).

b. L'**agrément** relatif au transfert des déficits est délivré par le **ministre chargé du budget** lorsque :

– la demande est présentée par une société mère d'un groupe fiscal à raison de déficits d'ensemble ;

– la demande est présentée par une entreprise déposant ses déclarations fiscales auprès de la Direction des grandes entreprises ;

– la demande porte, pour une même opération, sur des déficits dont le montant global est supérieur à 10 M€ ;

– l'opération présente des difficultés particulières ou est évoquée par le ministre.

Dans les autres cas, il est délivré par le **directeur départemental ou régional des finances publiques** du département au chef-lieu duquel est localisée la direction de contrôle fiscal dans le ressort de laquelle l'entreprise a son siège (CGI ann. IV art. 170 sexies).

c. Alors même que l'agrément pour le transfert des déficits subis par la société absorbée est délivré après la réalisation définitive de la fusion, ce transfert est regardé comme remontant à la date d'**effet rétroactif** retenue par les parties (CE 18-1-2017 n° 389004 : RJF 4/17 n° 309). En ce qui concerne l'incidence de cette règle sur le calcul du mali de fusion, voir n° 39540.

d. L'exclusion du transfert des déficits provenant de la gestion d'un patrimoine immobilier ne s'applique pas aux restructurations réalisées par les **organismes d'habitation à loyer modéré** mentionnés aux articles L 411-2 et L 481-1 du Code de la construction et de l'habitation.

e. La circonstance que la **société absorbante** doive tirer toutes les conséquences d'un **changement d'activité** au sens de l'article 221, 5 du CGI (nos 38715 s.) ne la prive pas du droit de reporter les déficits transférés de la société absorbée, dès lors que l'activité à l'origine des déficits ne fait pas l'objet de changement significatif (BOI-RES-IS-000103).

2. IMPÔT DE DISTRIBUTION

ATTRIBUTION GRATUITE DES TITRES REPRÉSENTATIFS DE L'APPORT

À la suite d'une **fusion** ou d'une **scission** définie à l'article 210-0 A du CGI, même non effectivement placée sous le régime spécial, l'attribution gratuite des titres représentatifs de l'apport aux membres de la société apporteuse n'est pas considérée comme une distribution de **revenus mobiliers** et elle est exonérée de l'impôt sur le revenu. **39595** CGI art. 115, 1 IS-VI-23100 s

Par ailleurs, les **plus-values** réalisées par les associés à l'occasion de l'**échange** de titres bénéficient d'un sursis ou d'un report d'imposition applicable quel que soit le régime fiscal des opérations, que les titres soient détenus par des particuliers (voir nos 33300 s.) ou qu'ils figurent à l'actif d'une entreprise (voir nos 19055 s.).

L'**apport partiel d'actif** d'une **branche complète d'activité** suivi de la répartition des titres reçus en contrepartie entre tous les associés de la société apporteuse peut être réalisé de plein droit sous un régime de neutralité fiscale en matière d'**impôt direct** et d'**impôt de distribution,** sous réserve du respect de l'ensemble des conditions suivantes : **39600** CGI art. 115, 2 et 121, 1-al. 3

– l'apport est placé sous le régime spécial ;

– la société apporteuse dispose encore au moins d'une branche complète d'activité après la réalisation de l'apport, ce qui n'est pas le cas lorsqu'elle ne détient plus que des participations ou d'autres actifs isolés après l'opération (BOI-IS-FUS-20-40-40 n° 90) ;
– l'attribution des titres représentatifs de l'apport partiel d'actif, proportionnelle aux droits des associés dans le capital, a lieu dans un délai d'un an décompté de date à date à compter de la réalisation de l'apport (BOI précité n° 150).

Ce dispositif s'applique aux associés résidents d'une **société étrangère** qui réalise un apport placé sous un régime comparable à celui de l'article 210 A du CGI, y compris lorsque la législation étrangère permet d'attribuer directement les titres émis en rémunération de l'apport aux associés de la société apporteuse (« scission partielle » ; sur l'application de cette possibilité en droit interne, voir n° 39220, précision c), sous réserve que toutes les autres conditions prévues pour l'application de ce dispositif soient remplies (BOI précité n° 80).

39605 CGI art. 115, 2 bis

Lorsque l'**apport** partiel d'actif n'est **pas représentatif d'une branche complète** d'activité, y compris s'il porte sur des **titres assimilés à une telle branche** (BOI-IS-FUS-20-40-40 n° 60), ou lorsque la société apporteuse ne dispose plus d'au moins une branche complète d'activité après la réalisation de l'apport, le régime de neutralité fiscale peut s'appliquer sur agrément délivré à la société apporteuse. Cet **agrément,** qui doit être demandé préalablement à la réalisation de l'apport, est délivré lorsque les conditions cumulatives suivantes sont réunies :
– les conditions mentionnées n° 39265 sont remplies ;
– l'attribution est justifiée par un motif économique, se traduisant notamment par l'exercice par la société apporteuse d'une activité autonome et l'amélioration des structures, ainsi que par une association entre les parties formalisée par un **engagement de conservation des titres** de la société apporteuse par ses associés pendant trois ans à compter de la réalisation de l'apport.

ATTENTION

L'administration refuse l'agrément à une société qui, ayant filialisé ses branches complètes et autonomes d'activité, ne détiendrait plus, après l'attribution des titres, que des participations non significatives ou des actifs isolés (BOI-SJ-AGR-20-20 n° 110).

L'obligation de conservation des titres de la société apporteuse et des titres représentatifs de l'apport partiel d'actif concerne les associés qui détiennent dans cette société, à la date d'approbation de l'apport, 5 % au moins des droits de vote ou qui y exercent ou y ont exercé, dans les six mois précédant cette date, directement ou par l'intermédiaire de leurs mandataires sociaux ou préposés, des fonctions de direction, d'administration ou de surveillance et détiennent au moins 0,1 % des droits de vote dans la société.

Toutefois, une dispense d'engagement de **conservation des titres de l'apporteuse** s'applique aux associés détenant au moins 5 % des droits de vote de l'apporteuse qui n'exercent pas une influence notable sur sa gestion au sens de l'article L 233-17-2 du Code de commerce lorsque les actions de cette société sont admises aux négociations sur un marché réglementé français ou européen et qu'elle n'est pas contrôlée par un actionnaire ou un groupe d'actionnaires agissant de concert au sens de l'article L 233-3 du Code de commerce.

En outre, l'administration accepte de dispenser certains des associés de l'engagement de conservation en cas d'émiettement du capital de la société apporteuse et de disproportion marquée entre les valeurs économiques de la société apporteuse et de la société bénéficiaire (BOI-SJ-AGR-20-20 n° 230).

> Précisions **a.** L'administration refuse l'agrément lorsque les titres attribués rémunèrent une opération consistant à séparer des **actifs patrimoniaux** de l'activité opérationnelle (BOI-SJ-AGR-20-20 n° 100).

b. Lorsque l'**attribution** des titres est faite **au profit d'une entreprise,** celle-ci doit les inscrire à l'**actif de son bilan** pour une somme égale à une fraction du coût de revient de la participation détenue dans la société distributrice, correspondant au pourcentage que représente la valeur réelle des titres reçus gratuitement par rapport à ce qu'était la valeur réelle de la participation au moment de l'apport ; elle doit réduire d'autant le coût de revient de sa participation dans la société distributrice. La plus-value de cession ultérieure de cette participation ou des titres reçus gratuitement est calculée par rapport à leur valeur comptable. Mais si la valeur fiscale des titres de la société distributrice est différente de leur valeur comptable (titres reçus à l'occasion d'une fusion ou assimilée, par exemple), c'est la valeur fiscale qui est retenue, répartie selon les mêmes modalités que ci-dessus (IS-VI-45135 s.).

Lorsque l'attribution est faite au profit d'une **personne physique,** le prix d'acquisition des titres est réputé être nul pour le calcul de la plus-value de cession ultérieure (BOI-IS-FUS-20-40-40 n° 250).

DISTRIBUTIONS POSTÉRIEURES À L'OPÉRATION PAR LA SOCIÉTÉ BÉNÉFICIAIRE DES APPORTS

Les remboursements par la société bénéficiaire des apports de sommes qui ont été incorporées au capital ou aux réserves (primes de fusion) à l'occasion d'une fusion ou scission de sociétés, ou d'un apport partiel d'actif ayant donné lieu à une répartition des titres en franchise d'impôt en vertu de l'article 115, 2 du CGI sont considérés comme des distributions de revenus mobiliers. Il en est de même de la répartition des sommes incorporées aux capitaux propres à l'occasion d'une fusion ou scission sans échange de titres. **39620** IS-VI-23500 s

Toutefois, l'administration admet que le remboursement des sommes qui à l'occasion de l'opération ont été incorporées au capital, portées au poste prime de fusion, ou incorporées aux capitaux propres à l'occasion d'une opération sans échange de titres, peut être considéré comme un **remboursement d'apports** exonéré d'impôt, dans la mesure où il correspond aux apports réels faits à la société absorbée, ou à la fraction des apports reçus de la société scindée dont la société bénéficiaire demeure comptable, qui n'ont pas déjà été remboursés en franchise d'impôt (BOI-RPPM-RCM-10-20-30-30 nos 120 et 170).

3. DROITS D'ENREGISTREMENT

Les actes constatant des fusions de sociétés et opérations assimilées relevant du régime spécial sont enregistrés gratuitement. **39630** CGI art. 816 ENR-VI-19500 s

Lorsqu'il en existe, les **apports à titre onéreux** (tels que définis n° 66900) sont soumis au régime suivant :

– la **prise en charge du passif** de la société apporteuse, par la société bénéficiaire des apports, ne donne ouverture à aucun droit ;

– les **autres** apports à titre onéreux (exemple : apport contre remise d'obligations) sont soumis aux droits de mutation dans les conditions indiquées n° 66900.

Les **cessions de droits sociaux** intervenant dans les conditions des articles 210 A et 210 B du CGI sont par ailleurs expressément exclues du droit de vente d'actions ou de parts sociales autres que de sociétés à prépondérance immobilière (CGI art. 726, II : voir n° 67155).

CHAPITRE 5

GROUPES DE SOCIÉTÉS

SOMMAIRE

I. Régime d'intégration fiscale 40150
1. Champ d'application 40225
2. Formation du groupe intégré 40280
3. Détermination du résultat d'ensemble 40320
a. Résultats des sociétés du groupe 40380
b. Ajustements à opérer pour obtenir le résultat d'ensemble 40410
c. Retraitement des opérations réalisées avec une entité mère non résidente et des sociétés étrangères ou intermédiaires 40535
4. Imposition du résultat d'ensemble 40555
5. Sortie et cessation du groupe 40640
6. Restructurations du groupe 40700
a. Incidences possibles des restructurations sur le régime d'intégration 40700
b. Absorption, scission, prise de contrôle ou apport-attribution et constitution d'un nouveau groupe 40710
7. Création d'un nouveau groupe après liquidation de la société mère 40790
8. Contrôle et pénalités 40810

II. Régime des sociétés mères et filiales 40850
1. Champ d'application du régime spécial 40900
2. Produits exonérés 40950
3. Obligation de conservation des titres 41000
4. Option pour le régime 41050

III. Imposition minimale mondiale des groupes « Pilier 2 » 41100
A. Champ d'application de l'imposition minimale 41130
1. Groupes concernés 41130
2. Identification de l'État d'implantation de chaque entité constitutive 41140
B. Détermination du taux effectif d'imposition 41170
1. Résultat qualifié 41175
2. Calcul du montant corrigé des impôts couverts 41220
a. Impôts couverts 41225
b. Montant corrigé des impôts couverts 41240
c. Montant total de la correction pour impôt différé 41260
d. Option pour la perte qualifiée nette 41275
3. Régimes de protection 41300
C. Liquidation de l'impôt complémentaire 41320
D. Modalités de collecte de l'impôt complémentaire 41350
E. Règles transitoires 41400
a. Impôts différés et actifs transférés pris en compte au titre de l'exercice de transition 41400
b. Exonération temporaire de l'impôt complémentaire 41420
F. Obligations déclaratives, paiement, sanctions et contrôle 41440

40000 Bien que les groupes de sociétés n'aient pas de personnalité juridique, leur existence est néanmoins reconnue par diverses dispositions, en matière fiscale notamment.

Indépendamment de certaines constructions jurisprudentielles ou administratives (subventions et abandons de créances ; quartiers généraux de sociétés multinationales...), les groupes font l'objet de trois régimes légaux que nous examinons successivement ci-après :

– le régime d'**intégration fiscale** ;

– le régime des **sociétés mères et filiales** ;

– le dispositif **d'imposition minimale mondiale (« Pilier 2 »),** applicable aux groupes d'entreprises multinationales et groupes nationaux de grande envergure.

Les régimes de groupes dont il est question ici sont de nature exclusivement fiscale. Un système de **consolidation** est applicable par ailleurs en matière **comptable.**

Intérêt de l'intégration fiscale des groupes 40010

Le régime d'intégration se caractérise essentiellement par deux **mécanismes favorables** au fonctionnement des groupes, qui consistent :
– à soumettre à l'impôt sur les sociétés un résultat global, obtenu en faisant la somme algébrique des résultats des sociétés du groupe ;
– à neutraliser certaines opérations internes au groupe.

Le premier est important au regard de l'**imputation des déficits.** Dès lors que l'on peut faire masse des résultats, les résultats positifs et négatifs des différentes sociétés du groupe peuvent être immédiatement compensés. L'intégration permet ainsi d'éviter que certains résultats ne soient imposés alors qu'il existe par ailleurs des déficits qui, dans le meilleur des cas, ne pourraient être imputés qu'ultérieurement.

Le second aspect concerne les conséquences des **relations intragroupe.** Pour le calcul des **résultats,** certaines de ces opérations font l'objet d'ajustements destinés à en neutraliser les effets. Les **ajustements** consistent à corriger le résultat d'ensemble du groupe en réintégrant, pour les opérations considérées, les montants déduits au niveau des sociétés et en déduisant les montants inclus dans leurs résultats. On notera en outre que les opérations internes de fusion, d'apport partiel d'actif ou de cession peuvent se succéder en franchise d'impôt.

Lorsque certaines sociétés du groupe sont déficitaires ou faiblement bénéficiaires, l'application du régime de groupe diminue ou supprime le risque de déperdition des crédits d'impôt afférents aux revenus de valeurs mobilières étrangères et optimise l'utilisation de crédits d'impôt accordés à raison d'opérations particulières (crédit d'impôt recherche, par exemple).

En contrepartie, le régime d'intégration n'est pas sans **inconvénients.** Son champ d'application est assez restreint, en raison du taux de participation (95 % au moins) exigé de la société mère (ou de l'entité mère européenne dans le cas d'une intégration horizontale) dans le capital des filiales. Des modalités plutôt complexes et l'obligation d'un suivi précis des opérations intragroupe peuvent alourdir la gestion. En outre, certains ajustements du résultat sont temporaires et susceptibles d'être remis en question si les sociétés concernées sortent du groupe. Soulignons enfin que le régime de groupe peut être à l'origine de certains **surcoûts,** par exemple au regard de la contribution sociale sur les bénéfices.

Ces inconvénients doivent être pris en considération lorsqu'il s'agit d'apprécier l'intérêt de recourir à d'**autres procédés** de nature à faciliter eux aussi le fonctionnement des groupes. Pour obtenir, par exemple, l'imputation des déficits de filiales sur les résultats de la société mère, n'est-il pas plus simple de donner à ces filiales la forme de **sociétés de personnes** ? De même, le régime fiscal des **sociétés mères et filiales** ne permet-il pas d'aboutir à un résultat similaire à celui de l'intégration en matière de distributions ? Un examen cas par cas est en fait nécessaire pour pouvoir se prononcer.

Mais on remarquera que ces autres procédés, outre qu'ils ne sont pas toujours eux-mêmes sans inconvénients, ne répondent que de façon sectorielle, et donc limitée, aux besoins des groupes de sociétés, tandis que le régime d'intégration fiscale présente l'avantage d'un système global.

I. RÉGIME D'INTÉGRATION FISCALE

Le régime d'intégration fiscale permet à une société mère, dite « tête de groupe », de se constituer seule redevable de l'impôt sur les sociétés pour l'ensemble du groupe qu'elle forme soit avec ses filiales (intégration « verticale »), soit avec ses sociétés sœurs établies en France détenues par une même entité européenne (intégration dite « horizontale »). 40150 CGI art. 223 A à 223 U **IS-V-5000 s**

1. CHAMP D'APPLICATION

SOCIÉTÉS CONCERNÉES

Le régime d'intégration est applicable aux sociétés (sociétés mères et filiales) soumises en France, de plein droit ou sur option, à l'**impôt sur les sociétés** au taux de droit commun sur la totalité des résultats de leurs exploitations françaises. 40225 **IS-V-5200 s**

Sont **exclues** du régime les sociétés dont tout ou partie du bénéfice échappe à l'impôt en vertu d'une disposition particulière : par exemple, les sociétés de capital-risque, les jeunes entreprises innovantes, les coopératives agricoles. Cette exclusion ne concerne pas les sociétés implantées dans une zone franche urbaine – territoire entrepreneur, dans une zone franche outre-mer, dans un bassin d'emploi à redynamiser ou dans une zone de restructuration de la défense.

> Précisions **a.** L'administration admet l'application du régime aux personnes morales **autres que les sociétés** (BOI-IS-GPE-10-10-10 n° 50).
b. Les **établissements stables de sociétés étrangères,** dès lors qu'ils sont soumis en France à l'impôt sur les sociétés, peuvent prendre le statut de tête de groupe d'une intégration verticale (BOI-IS-GPE-10-30-40 n° 150). Ils peuvent également être intégrés en tant que filiales (CGI art. 223 A, I-al. 1). Dans ce dernier cas, l'appartenance au groupe des sociétés dont le capital est détenu à 95 % au moins par la société étrangère est subordonnée à l'inscription de leurs titres à l'actif du bilan fiscal de l'établissement stable (CGI ann. III art. 46 quater-0 ZF).
c. Les sociétés **coopératives** et organismes similaires entrant dans le champ d'application du régime de déduction des ristournes (n° 37020 s.) peuvent faire partie d'un groupe en tant que société mère à condition de renoncer à la déduction des ristournes pendant cinq ans (CGI art. 214, 1 bis).

40230 IS-V-88000 s **Groupes non capitalistiques** **a.** Le régime de groupe est ouvert aux **entreprises d'assurance dépourvues de capital** qui sont unies à la société mère par un lien de combinaison comptable, étant précisé que certaines adaptations ponctuelles sont prévues pour tenir compte de cette situation particulière.

IS-V-88900 s **b.** Un groupe intégré peut être constitué avec l'ensemble des sociétés qui composent un **réseau bancaire mutualiste.**

IS-V-89300 s **c.** Les **Epic** peuvent constituer un groupe fiscal lorsque leurs comptes sont consolidés par l'un d'entre eux qui assure aussi pour l'ensemble du groupe le contrôle et le pilotage stratégique et des missions transversales ou mutualisées.

NIVEAUX DE PARTICIPATIONS

40240 CGI art. 223 A, I-al. 1 et 3 à 6 IS-V-5420 s Selon qu'il s'agit du capital de la mère ou des filiales, les conditions exigées sont exactement inverses.

Le **capital de la société mère** tête de groupe ne doit pas être détenu, directement ou indirectement, à 95 % au moins, par une autre personne morale soumise à l'impôt sur les sociétés dans les conditions de droit commun ou selon les modalités prévues à l'article 214 du CGI (sociétés coopératives : voir n° 37020 s.). Toutefois, le capital de la mère peut être détenu indirectement à 95 % au moins par une autre personne morale soumise à l'IS dans les conditions susvisées, lorsque ce seuil est atteint du fait de l'interposition d'une ou de plusieurs sociétés non soumises à cet impôt dans ces mêmes conditions (société étrangère, par exemple) ou du fait de l'interposition d'une ou de plusieurs personnes morales qui y sont soumises mais dont le capital n'est pas détenu, directement ou indirectement, à 95 % au moins par cette autre personne morale.

Le **capital des filiales** doit être détenu à 95 % au moins, directement ou indirectement, par la société mère de manière continue pendant toute la durée de l'exercice. Une filiale pour laquelle le seuil est franchi en cours d'exercice ne peut être incorporée au groupe qu'à partir de l'exercice suivant (abaissement au-dessous du seuil : voir n° 40260, b et c).

Le taux de détention de 95 % de la société (mère ou filiale) est, dans la limite de 10 % du capital, calculé abstraction faite des titres nouvellement émis dans le cadre d'**options de souscription ou d'achat d'actions** consenties aux salariés, dans le cadre d'une **attribution gratuite d'actions** ou d'une **augmentation de capital réservée aux adhérents d'un plan d'épargne entreprise.** Ne sont pas non plus retenus les titres attribués dans les mêmes conditions, après rachat, aux salariés non mandataires. Cette règle de calcul ne s'applique plus à compter de l'exercice au cours duquel le salarié cède ses titres ou cesse ses fonctions dans la société. Toutefois, pour la détermination des résultats des **exercices clos à compter du 31 décembre 2023**, elle est maintenue si le salarié rejoint une **autre société du même groupe économique** incluse dans le plan d'émission ou d'attribution de titres. Elle cesse alors d'être mise en œuvre à compter de l'exercice au cours duquel intervient la cession des titres, la cessation de fonction au sein d'une société incluse dans le périmètre du plan, la prise de fonction du salarié au sein d'une société initialement comprise dans le périmètre du plan mais qui ne l'est plus au cours de l'exercice concerné, ou encore au titre de l'exercice de sortie de la société employeur du salarié du périmètre du plan (Loi 2023-1322 du 29-12-2023 art. 62).

Les règles propres aux **groupes horizontaux** sont examinées n° 40265 s.

> Précisions **a.** La **détention** de 95 % du capital s'entend de la détention en pleine propriété de 95 % des droits à dividende et de 95 % des droits de vote.
b. S'agissant du taux de détention d'une filiale qui revêt la forme d'une **société en commandite par actions** (SCA), le Conseil d'État a jugé, en se référant aux dispositions de l'article L 226-1 du Code de commerce, selon lesquelles le capital d'une SCA est composé des actions détenues par les commanditaires qui ont seuls la qualité d'actionnaire, que le seuil de détention de 95 % des droits

de vote d'une telle société s'apprécie en prenant en compte les seuls titres détenus par les commanditaires, à l'exclusion de ceux détenus par les commandités (CE 13-12-2017 n° 397601 : RJF 3/18 n° 255). En revanche, l'administration retient une solution contraire pour le calcul du taux de détention de la société mère en considérant que la détention des droits de vote est appréciée distinctement pour chaque collège d'associés. La détention des droits à dividendes est appréciée en faisant masse des droits attribués aux commandités et aux commanditaires (BOI-IS-GPE-10-20-20 n° 30).

c. Pour le calcul du taux de détention du capital de la société mère ou des filiales, il est fait abstraction des **actions détenues en propre** ou dans le cadre de **boucles d'autocontrôle** (BOI-IS-GPE-10-20-10 n° 10 ; BOI-IS-GPE-10-20-20 n° 30).

d. Le taux de détention par une société mère du capital de deux filiales ayant entre elles des **participations croisées** peut s'apprécier en tenant compte de ces participations. Toutefois, au titre des exercices clos depuis le 31 décembre 2014, il y a lieu d'exclure les titres faisant l'objet de participations réciproques dont les dispositions des articles L 233-29 à L 233-31 du Code de commerce ne permettent pas l'exercice des droits de vote correspondants (CE 1-3-2023 n° 464552 : RJF 5/23 n° 356).

e. Une société dont le **capital est détenu par deux ou plusieurs sociétés françaises** peut se constituer tête de groupe si aucune d'entre elles ne détient directement ou indirectement 95 % de son capital. Même possibilité lorsque le capital est entièrement détenu par une **société étrangère** qui ne dispose pas d'un établissement stable en France soumis à l'IS ou par une **entreprise exonérée d'IS,** ou lorsque le capital est détenu indirectement à 95 % au moins par une personne morale soumise à l'IS, par l'**intermédiaire** d'une **société de personnes** non soumise à cet impôt (BOI-IS-GPE-10-20-10 n° 60).

f. La création d'un **établissement stable français** par une **société étrangère** détenant 95 % au moins d'une société mère française ne remet pas en cause le groupe fiscal formé par cette société si ses titres ne sont pas inscrits à l'actif de l'établissement stable (BOI-IS-GPE-50-10-20 n° 170).

g. Conséquences du **transfert de titres en fiducie** sur l'appréciation du seuil de détention du capital : voir n° 90880, précision d.

Notion de détention indirecte Les droits détenus indirectement par la société mère sont ceux qui sont détenus par l'**intermédiaire d'une ou de plusieurs sociétés membres du groupe.** Le **pourcentage** est apprécié en multipliant entre eux les taux de détention successifs dans la chaîne des participations. La détention à 95 % au moins est assimilée à une détention à 100 %, sauf lorsqu'il s'agit d'apprécier le niveau de détention indirecte de la société mère. La société mère peut donc dans certains cas choisir entre le statut de tête de groupe ou celui de filiale. **40245** CGI ann. III art. 46 quater-0 ZF **IS-V-5600 s**

Lorsqu'une filiale est détenue par deux ou plusieurs sociétés intermédiaires, ces participations s'additionnent.

Au regard du capital de la société tête de groupe, les droits détenus par l'intermédiaire d'une **filiale étrangère** sont considérés comme une détention indirecte.

EXEMPLES

a. M détient 95 % de F1. F1 détient 95 % de F2. F2 peut faire partie du groupe, sauf si F1 n'en fait pas partie.

b. M détient 95 % de F1, qui détient 50 % de F3. M détient également 95 % de F2, qui détient 45 % de F3. F3 peut faire partie du groupe, si F1 et F2 en font partie, M étant censée détenir indirectement dans F3 : (100 × 50 %) + (100 × 45 %) = 95 %.

c. M détient 95 % de F1, qui détient 50 % de F3. M détient également 44 % de F3 et 90 % de F2, qui détient 6 % de F3. F2 n'est pas intégrable (participation inférieure à 95 %). Par voie de conséquence, la participation de F2 dans F3 ne peut être prise en compte et F3 n'est pas non plus intégrable (participation directe et indirecte de M égale à : [(100 × 50 %) + 44 %] = 94 %.

d. H détient 95 % de A, qui détient 94 % de M. H détient également 95 % de B, qui détient 1 % de M. M peut se constituer tête de groupe, car son capital est considéré comme détenu par H à hauteur de (95 % × 94 %) + (95 % × 1 %), soit 90,25 %.

e. M détient 90 % de F qui détient 100 % de G. M détient par ailleurs 80 % de B qui détient 10 % de F. F peut se constituer tête de groupe avec sa filiale G car sa détention à 95 % au moins par M [90 % + (80 % × 10 %)] est réalisée par l'intermédiaire de B dont le capital est détenu à moins de 95 % par M.

Filiales détenues par une société intermédiaire étrangère Les sous-filiales françaises détenues par l'intermédiaire de sociétés étrangères (ou d'établissements stables) **implantées au sein de l'Union européenne,** en Islande, en Norvège ou au Liechtenstein peuvent être incorporées dans un groupe fiscal. **40250** CGI art. 223 A **IS-V-5970 s**

La **société intermédiaire,** qui demeure exclue du groupe en raison de son non-assujettissement à l'IS en France, doit néanmoins respecter les mêmes **conditions** que les sociétés membres : détention directe ou indirecte à 95 % au moins par la tête de groupe, abstraction faite des participations détenues par les salariés (nos 40240 s.), étant précisé qu'en cas de détention indirecte par la société mère le pourcentage est apprécié comme indiqué n° 40245 (BOI-IS-GPE-10-30-30 n° 60), assujettissement à une imposition équivalente à l'IS, coïncidence des exercices comptables (nº 40295), sauf si la réglementation étrangère y fait obstacle. Elle doit en outre donner son **accord** à l'entrée de sa filiale dans le groupe (nº 40285).

Lorsque la **sous-filiale** française est elle-même à la **tête d'un groupe** intégré, elle peut choisir de conserver son statut de mère intégrante ou rejoindre le groupe formé par la société qui la détient (CGI art. 223 L, 6-i) (voir nº 40735).

40260 CGI art. 223 L, 6-d-al. 1 IS-V-67100 s **Conséquences du franchissement du seuil de 95 %** **a.** Cas où le **capital de la société mère vient à être détenu à 95 % au moins** en cours de régime d'intégration par une autre personne morale soumise à l'impôt sur les sociétés dans les conditions visées nº 40240 : le dépassement du seuil entraîne en principe cessation du groupe à compter de la clôture de l'exercice du dépassement (voir nº 40660).

Toutefois, si le pourcentage est redevenu inférieur à 95 % à la clôture de l'exercice, ce **dépassement temporaire** n'emporte aucune conséquence, à condition que les sociétés concernées indiquent à l'administration, de manière précise, la nature, les circonstances et les justifications juridiques, économiques ou sociales de l'opération à l'origine du dépassement (CGI ann. III art. 46 quater-0 ZD, 3).

CGI art. 223 A, I-al. 6 IS-V-6090 s **b.** Cas où la **participation** au capital d'une filiale intégrée **s'abaisse au-dessous de 95 %** : la condition de détention devant être remplie de façon continue au cours de l'exercice, cet abaissement, même temporaire, au-dessous du seuil entraîne pour la filiale la sortie du groupe à compter du premier jour de l'exercice. L'administration admet cependant qu'en cas de cession ou d'apport des titres d'une filiale ou en cas de fusion ou de transmission universelle de patrimoine non rétroactives d'une filiale, intervenant le dernier jour de l'exercice, cette filiale soit maintenue dans le groupe au titre de cet exercice. Cette tolérance s'applique à condition de ne pas neutraliser dans le calcul du résultat d'ensemble ou de la plus ou moins-value nette à long terme d'ensemble les reprises de provision correspondant à des dotations antérieurement neutralisées et constatées par les sociétés du groupe à raison de cette filiale ou par cette filiale à raison d'autres sociétés membres (BOI-IS-GPE-10-20-10 nº 230). La réduction du pourcentage est par ailleurs sans conséquence lorsqu'elle résulte de la cession de ses titres par le salarié ou de la cessation de ses fonctions dans la société comme indiqué nº 40240, si le taux de 95 % est à nouveau atteint à la clôture de l'exercice.

c. Lorsque le **pourcentage de 95 % dans la filiale n'est plus atteint** du fait d'une **augmentation de son capital,** cette société peut constituer immédiatement un nouveau groupe avec ses propres filiales, à condition que cette augmentation de capital soit réalisée le premier jour de l'exercice et que l'option pour le régime de l'intégration fiscale soit exercée dans le délai prévu pour le dépôt de la déclaration de résultat de l'exercice précédent (BOI précité nº 200). Lorsque la **cession d'une filiale** ou l'**apport de ses titres,** réalisé le premier jour de l'exercice, entraîne sa sortie du groupe, elle peut **entrer sans transition** dans le périmètre d'intégration de la société cessionnaire ou bénéficiaire de l'apport, à condition que les dates d'ouverture de ces deux groupes coïncident (BOI précité nº 200).

d. Si toutes les conditions d'application du régime d'intégration sont remplies, une société qui **acquiert** le premier jour de l'exercice 95 % au moins du capital d'**une autre société** peut constituer, dès l'exercice d'acquisition, un groupe fiscal avec cette dernière (BOI-RES-IS-000088).

RÈGLES SPÉCIFIQUES AUX GROUPES HORIZONTAUX

40265 CGI art. 223 A, I-al. 2 et 3 IS-V-6700 s Un groupe horizontal peut être constitué entre sociétés filiales, sœurs, ou cousines qui sont soumises à l'IS et détenues à 95 % au moins par une entité mère non résidente, directement ou indirectement par l'intermédiaire de sociétés étrangères. L'entité mère non résidente et les sociétés étrangères doivent être soumises à un **impôt équivalent à l'IS** dans un État membre de l'**Union européenne,** en **Islande,** au **Liechtenstein** ou en **Norvège.**

40267 L'**entité mère non résidente** peut être implantée dans l'un de ces États par l'intermédiaire de l'établissement stable d'une société implantée dans un autre État étranger. Son capital ne doit pas être détenu à 95 % au moins (directement ou indirectement) par une autre personne morale soumise à l'IS dans les conditions de droit commun, ou selon les modalités prévues à l'article 214 du CGI à l'égard des coopératives (voir nºs 37020 s.), ni par une autre personne morale soumise à un impôt équivalent à l'IS dans un État de l'Union européenne, en Islande, au Liechtenstein ou en Norvège. Ce seuil de 95 % peut être franchi temporairement au cours de l'exercice dans les mêmes conditions qu'en cas d'intégration verticale (CGI ann. III art. 46 quater-0 ZD) : voir nº 40260, a. En outre, le capital de l'entité mère non résidente peut être détenu indirectement à 95 % au moins par une autre personne morale soumise à l'IS ou à un impôt équivalent dans l'un des États précités dans les deux cas suivants : si ce seuil de détention est atteint par l'intermédiaire d'une ou de plusieurs sociétés qui ne sont soumises ni à l'IS ni à un impôt équivalent ; ou s'il est atteint par l'intermédiaire d'une ou de plusieurs personnes morales soumises à l'IS ou à un impôt équivalent, à condition que le capital de ces entreprises interposées ne soit pas lui-même détenu à 95 % au moins, directement ou indirectement, par cette autre personne morale. Pour le calcul du taux de détention du capital de l'entité mère non résidente, il est fait abstraction des actions détenues en propre ou dans le cadre de boucles d'autocontrôle (BOI-IS-GPE-10-30-50 n° 90).

Les **sociétés étrangères** sont des sociétés ou établissements stables par l'intermédiaire desquels l'entité mère non résidente détient indirectement à 95 % au moins la société mère. Elles-mêmes doivent être détenues à 95 % au moins par l'entité mère non résidente. Ce seuil de détention peut être atteint indirectement par l'intermédiaire d'autres sociétés étrangères, de sociétés membres du groupe ou de sociétés intermédiaires (BOI-IS-GPE-10-30-50 n° 110). Leur capital ne peut être détenu à 95 % au moins par une société soumise à l'IS, étant précisé qu'un dépassement temporaire de ce seuil est admis dans les conditions exposées n° 40260, a (BOI-IS-GPE-50-20-10 n° 180). L'établissement stable d'une société établie dans un État tiers peut avoir la qualité de société étrangère s'il est soumis à un impôt équivalent à l'IS dans un État de l'Union européenne, en Islande, en Norvège ou au Liechtenstein (BOI-IS-GPE-10-30-50 n° 120). 40270

La **société** qui se constitue **mère** d'un groupe horizontal doit être détenue à 95 % au moins par une entité non résidente, directement ou par l'intermédiaire d'une société étrangère (dans ce dernier cas, une détention à 95 % au moins par la société étrangère dans une autre société est considérée comme une détention à 100 %). Son capital ne doit pas être détenu indirectement par l'entité non résidente par l'intermédiaire de sociétés ou établissements stables pouvant eux-mêmes se constituer société mère d'un groupe horizontal, sauf si cette participation indirecte n'est pas nécessaire à l'entité mère non résidente pour atteindre le taux de détention de 95 % dans le capital de la société mère (BOI-IS-GPE-10-30-50 n° 50). Lorsque plusieurs personnes remplissent les conditions pour prendre la tête d'un groupe horizontal, l'une ou l'autre peut exercer cette option (BOI précité n° 70). Les **établissements stables** de l'entité mère non résidente et ceux des sociétés étrangères, imposables en France à l'IS sur la totalité des résultats d'un exercice, peuvent se constituer tête de groupe (BOI précité n° 40). 40272

Peuvent être **membres** d'un groupe horizontal les sociétés soumises à l'IS dont les exercices coïncident avec ceux de la tête de groupe lorsqu'elles sont détenues, de manière continue au cours de l'exercice, à 95 % au moins par l'entité mère non résidente, directement ou indirectement par l'intermédiaire d'une société étrangère, d'une société intermédiaire ou d'autres membres du groupe. L'établissement stable français de l'entité mère non résidente ou d'une société étrangère peut appartenir à un groupe horizontal (BOI-IS-GPE-10-30-50 n° 140). 40275

2. FORMATION DU GROUPE INTÉGRÉ

L'intégration fiscale est facultative. Les groupes qui souhaitent se placer sous ce régime doivent donc formuler une option en ce sens. La société mère, lors de cette option, délimite le périmètre d'intégration, qui ne peut toutefois englober que des sociétés à l'égard desquelles la condition de taux de participation est remplie et qui arrêtent leur exercice comptable à la même date. **Intérêt** de l'option : voir n° 40010. 40280

OPTION POUR L'INTÉGRATION

Le groupe naît de l'exercice d'une option par la société mère et se maintient de **cinq ans** en cinq ans par le renouvellement tacite de cette option. L'intégrante peut mettre fin à l'existence du groupe au cours de la période quinquennale en évinçant toutes ses filiales (application du principe suivant lequel le périmètre du groupe est révisable annuellement : voir n°s 40290 s.). 40285 CGI art. 223 A IS-V-6290 s

L'option pour l'**intégration horizontale** est exercée pour la même période par la société qui se constitue mère du groupe horizontal.

Le **délai** d'exercice de l'option expire à la date de dépôt de la déclaration de résultat de l'exercice précédant celui au titre duquel elle est exercée. L'option est accompagnée de la **liste** des sociétés qui seront membres du groupe ainsi que de leur **accord** formel (CGI ann. III art. 46 quater-0 ZD et ZE).

› Précisions a. Selon l'administration, les **sociétés nouvelles** doivent clore un exercice avant de devenir membres d'un groupe, que ce soit en qualité de société mère ou de filiale (BOI-IS-GPE-10-40 n°s 30 et 100). Si cette exigence est discutable au regard notamment de la jurisprudence du Conseil d'État (CE 7-3-2012 n°s 335046 et 335047 : RJF 6/12 n° 577), il est préférable, à titre de règle pratique, de clore un premier exercice avant d'exercer l'option pour le régime de groupe.

b. L'option de la société mère et l'accord des filiales sont établis conformément aux **modèles** fixés par l'administration (BOI-LETTRE-000065 et BOI-LETTRE-000067).

c. Lorsque l'**établissement français d'une société établie hors de France** se constitue tête de groupe, l'option est établie par cette société située à l'étranger (BOI-IS-GPE-10-40 n° 1).

d. Les **sociétés de personnes** peuvent opter pour leur assujettissement à l'IS en même temps qu'elles optent pour le régime des groupes (ou qu'elles donnent leur accord).

e. L'**accord** des sociétés est valable pour la **durée** de l'option de la société mère et se **reconduit tacitement** jusqu'à leur sortie du périmètre d'intégration (CGI ann. III art. 46 quater-0 ZE).

f. Si le groupe souhaite inclure des sous-filiales détenues par des **sociétés intermédiaires,** la société mère doit adresser à l'administration la liste de ces sociétés ainsi que leur accord (CGI ann. III art. 46 quater-0 ZD, 1-a bis et b bis ; BOI-LETTRE-000068).

g. La **société mère** d'un **groupe horizontal** doit joindre à son option la désignation et l'accord de l'entité mère non résidente et des sociétés étrangères en précisant la répartition de leur capital et l'impôt étranger équivalent à l'IS auquel elles sont soumises. Les filiales doivent joindre à leur propre accord celui de l'entité mère non résidente et des sociétés étrangères interposées (CGI ann. III art. 46 quater-0 ZD, 1-b ter). Elles sont toutefois dispensées de cette formalité, lorsqu'elles sont détenues par une autre société membre du groupe dans les conditions prévues pour l'intégration verticale (BOI-IS-GPE-10-40 n° 343). Lorsque l'établissement stable de l'entité mère non résidente ou d'une société étrangère se constitue tête d'un groupe horizontal, l'entité mère non résidente ou la société étrangère établit l'option pour le compte de son établissement stable, en l'accompagnant de son propre accord en ce sens (BOI précité n° 343).

h. Le refus opposé par l'administration à l'option pour la constitution d'un groupe intégré peut faire l'objet d'un **recours pour excès de pouvoir** (CE 1-7-2019 n° 421460 : RJF 10/19 n° 965).

PÉRIMÈTRE D'INTÉGRATION

40290 La société mère peut **délimiter librement** le périmètre d'intégration du groupe et n'y inclure que certaines de ses filiales. De même, ces dernières peuvent s'opposer à leur intégration dans le groupe ou décider d'en sortir à l'échéance du renouvellement de l'option. Le périmètre d'intégration est fixé par exercice et peut, en conséquence, varier au cours de la période de validité de l'option. Mais bien entendu le groupe ne peut inclure que des personnes morales entrant dans le champ d'application du régime.

40295 IS-V-5350 s Les **exercices comptables** de la société mère et des filiales doivent coïncider. Ces exercices ont en principe une durée de douze mois. Cette condition s'impose dès le premier jour d'application du régime. Les ajustements éventuellement nécessaires doivent donc intervenir avant.

Les groupes sont cependant autorisés à tout moment à écourter ou allonger la durée d'un exercice afin de décaler la date de clôture. Cette modification ne peut intervenir qu'une seule fois au titre d'une période couverte par une même option. Elle est notifiée à l'administration dans le délai de dépôt de la déclaration de résultat de l'exercice précédant celui dont la date de clôture est modifiée. Autre possibilité de modification de l'exercice comptable en cas d'absorption, de scission, d'acquisition à 95 %, ou d'opération d'apport-attribution dite « scission partielle » de la société mère : voir n° 40745.

ATTENTION

L'entité mère non résidente et les sociétés étrangères doivent ouvrir et clore des exercices de douze mois aux mêmes dates que les membres du **groupe horizontal.** Cette obligation est toutefois écartée si la réglementation étrangère applicable rend impossible le respect de cette condition (BOI-IS-GPE-10-30-50 n° 20).

40300 CGI art. 223 A, III-al. 3 IS-V-6440 s Le périmètre du groupe est **révisable** annuellement. Pour chacun des exercices arrêtés au cours de la période de validité de l'option, la société mère notifie à l'administration, dans le même délai que celui prévu pour l'exercice de l'option (n° 40285), la liste des sociétés membres du groupe (avec désignation, le cas échéant, de l'entité mère non résidente, des sociétés intermédiaires et des sociétés étrangères) ainsi que la liste de celles qui cessent d'en faire partie (ou cessent d'être qualifiées de sociétés intermédiaires ou de sociétés étrangères). Elle adresse également les accords des filiales qui seront membres du groupe (ainsi que, le cas échéant, ceux des sociétés qui seront qualifiées de sociétés intermédiaires et les attestations par lesquelles l'entité mère non résidente et les sociétés étrangères font connaître leur accord pour que leurs filiales soient membres du groupe) (CGI ann. III art. 46 quater-0 ZD, 2-b, 2-b bis et 2-b ter). Les filiales qui cessent d'être prises en compte par décision de la société mère doivent, dans le même délai, en informer le service des impôts dont elles relèvent, par lettre conforme au modèle établi par l'administration (CGI ann. III art. 46 quater-0 ZE, al. 2 et 3 ; BOI-LETTRE-000216). Dans les groupes horizontaux, lorsqu'une **société étrangère** acquiert en cours d'exercice les titres d'une société du groupe, d'une société étrangère ou de la société mère, la société tête de groupe adresse à l'administration dans les trois mois de cette acquisition une attestation indiquant l'accord de la société étrangère cessionnaire pour le maintien de la société acquise comme membre du groupe ou société mère (BOI-IS-GPE-10-40 n° 347).

En outre, la société mère doit déposer avec son **relevé de solde** la liste des sociétés membres du groupe au titre de l'exercice précédent, des sociétés intermédiaires et, dans les groupes horizontaux, l'identité de l'entité mère non résidente et la liste des sociétés étrangères. Elle doit aussi adresser la liste des sociétés qui cessent de faire partie du groupe ou qui cessent d'être qualifiées de sociétés intermédiaires, d'entité mère non résidente ou de société étrangère pour cet exercice (CGI ann. III art. 46 quater-0 ZK).

3. DÉTERMINATION DU RÉSULTAT D'ENSEMBLE

Le résultat d'ensemble du groupe intégré est déterminé par la société mère. Il est constitué par la **somme algébrique** : **40320** CGI art. 223 B s IS-V-12000 s

– des résultats des sociétés du groupe, ainsi que des plus-values et moins-values nettes à long terme de ces sociétés ;

– et des rectifications, positives ou négatives, qui doivent leur être apportées.

a. Résultats des sociétés du groupe

Dans une première étape, chaque société du groupe (y compris la société tête de groupe) détermine son propre résultat fiscal tel qu'il doit être retenu dans le résultat d'ensemble, qu'il s'agisse du résultat « ordinaire » ou des plus-values ou moins-values d'actif. Ce résultat est calculé dans les conditions de **droit commun,** sous réserve de règles particulières concernant notamment les déficits et moins-values à long terme, certaines transactions intragroupe ainsi que les produits de filiales éligibles au régime mère-fille. **40380**

DÉFICITS ET MOINS-VALUES NETTES À LONG TERME

Les déficits et moins-values nettes à long terme subis par les sociétés du groupe **pendant l'intégration** sont pris en compte par la société mère pour la détermination du résultat (ou de la plus-value nette à long terme) d'ensemble et ne peuvent plus être reportés sur leurs propres résultats. Voir toutefois n° 40675 le cas où la sortie de groupe est liée à une procédure collective. **40385** CGI art. 223 E IS-V-12990 s

ATTENTION

La Cour de justice de l'Union européenne a posé pour principe qu'une société mère résidente a la possibilité d'imputer les **pertes définitives** subies par une **filiale ou une succursale européenne** non résidente lorsqu'elles ne peuvent plus être utilisées dans son État d'implantation. La démonstration du caractère définitif des pertes suppose d'établir qu'il est impossible de les valoriser en faisant en sorte, notamment par une cession des titres de la filiale avant la clôture de sa liquidation, qu'elles soient fiscalement prises en compte par un tiers au titre d'exercices futurs (n° 35725). Cette position semble fragiliser la jurisprudence du Conseil d'État qui, s'appuyant sur une précédente décision de la CJUE, a jugé qu'une société mère d'un groupe fiscal ne peut imputer sur le résultat d'ensemble les pertes subies par des filiales étrangères, y compris lorsque ces filiales ont épuisé les possibilités d'imputation de ces pertes dans leur État de résidence (CE 14-4-2015 n° 368135 : RJF 7/15 n° 660). S'appuyant sur la jurisprudence de la CJUE, la cour administrative d'appel de Versailles a jugé qu'une société mère n'est pas fondée à imputer sur le résultat d'ensemble les pertes d'une filiale belge en liquidation en invoquant la circonstance qu'elles ne peuvent plus faire l'objet d'une déduction en application de la législation fiscale belge, alors que celle-ci ne fait pas obstacle à la valorisation de ces pertes par un tiers cessionnaire (CAA Versailles 23-6-2020 n° 19VE01012 : RJF 10/20 n° 768 ; CE (na) 7-10-2021 n° 443126 : RJF 12/21 n° 1096). S'agissant de l'imputation sur le résultat d'ensemble des pertes subies par la succursale d'une filiale d'un groupe fiscal implantée dans un autre État membre de l'Union européenne, la cour administrative d'appel de Versailles a jugé qu'il n'est pas nécessaire d'apporter la preuve de l'impossibilité de valoriser ces pertes auprès d'un tiers (CAA Versailles 9-6-2022 n° 19VE03130 : RJF 10/22 n° 828).

Les déficits et moins-values à long terme subis par les sociétés du groupe au titre d'exercices **antérieurs à leur entrée dans le groupe** ne sont imputables que sur leur bénéfice propre, et non sur le résultat d'ensemble. Sous réserve des spécificités exposées ci-après (plafonnement du bénéfice d'imputation), le report s'effectue ensuite dans les conditions de droit commun (le cas échéant, plafonnement des déficits antérieurs imputables : n° 35905 s.). **40387** CGI art. 223 I, 1-a, 2 et 4 IS-V-12270 s

Le bénéfice d'imputation est déterminé après déduction des amortissements pratiqués au titre de l'exercice (CE plén. 10-4-2015 n° 369667 : RJF 7/15 n° 568 ; BOI-IS-DEF-10-30 n° 100).

Spécificités liées à l'intégration : les sociétés ne peuvent pas utiliser la totalité de leur bénéfice pour l'imputation des déficits antérieurs à l'intégration. Le bénéfice d'imputation est en effet diminué du montant des profits et des plus-values à long terme qui résultent :

– des abandons de créances ou subventions directes ou indirectes consentis à la société par d'autres sociétés du groupe lorsqu'ils sont déductibles pour le calcul du bénéfice net de la société qui les consent ;

– des cessions donnant lieu à neutralisation au niveau du résultat d'ensemble ;

– d'une réévaluation libre d'éléments d'actif.

Le bénéfice d'imputation doit également être diminué des profits ou plus-values extériorisés résultant d'apports antérieurs réalisés à partir du 1er janvier 1989 et placés sous le régime spécial des fusions : profits provenant de la réintégration échelonnée des plus-values sur immobilisations amortissables et plus-values en sursis d'imposition sur immobilisations non amortissables devenant taxables pour cause de cession.

Les **moins-values nettes à long terme** antérieures à l'intégration ne peuvent s'imputer ni sur des plus-values à long terme provenant d'une cession à une autre société du groupe, ni sur les plus-values en sursis d'imposition visées ci-dessus.

La base d'imputation des déficits et moins-values nettes à long terme antérieurs à l'intégration est en revanche augmentée du montant des pertes ou des moins-values résultant des cessions intragroupe d'immobilisations ou de titres (nos 40440 s.).

40390 CGI art. 223 I, 1-b et 3 IS-V-20550 s

Réévaluations libres antérieures à l'entrée dans le groupe Lorsqu'une société du groupe, ayant procédé à une réévaluation au cours d'un exercice clos entre le 31 décembre 1986 et la date de son entrée dans le groupe, subit un **déficit après son intégration,** la quote-part de déficit qui correspond aux suppléments d'amortissements résultant de la réévaluation doit être réintégrée au résultat d'ensemble.

En outre, en cas de cession ou d'apport d'une immobilisation ainsi réévaluée au cours de la période précitée, le déficit (ou la moins-value nette à long terme) éventuellement constaté au titre de l'exercice de cession est rapporté au résultat ou à la plus-value à long terme d'ensemble de cet exercice à concurrence de la plus-value de réévaluation diminuée des sommes réintégrées comme indiqué précédemment. Si la cession ou l'apport sont consentis à une autre société du groupe, l'intégralité de ce dernier montant est rapportée au résultat d'ensemble.

› Précisions Pour l'application de ce mécanisme, le déficit (ou la moins-value à long terme) est, selon l'administration, majoré des mêmes éléments que ceux que l'on retranche du bénéfice ou de la plus-value d'imputation des déficits antérieurs à l'intégration (n° 40387) (BOI-IS-GPE-20-20-90 nos 60 et 70). Corrélativement, le déficit (ou la moins-value à long terme) devrait être minoré du montant des pertes provenant de cessions intragroupe dès lors qu'elles majorent cette base d'imputation.

TRANSACTIONS INTRAGROUPE À UN PRIX INFÉRIEUR À LA VALEUR RÉELLE

40392 CGI art. 223 B, al. 5

L'avantage consenti entre des sociétés du groupe résultant de la livraison de biens, autres que ceux composant l'actif immobilisé, ou de la prestation de services, pour un **prix inférieur à leur valeur réelle** mais au moins **égal à leur prix de revient,** n'est pas pris en compte pour la détermination du bénéfice net et ne constitue pas un revenu distribué.

› Précisions Les **prêts et avances** consentis entre sociétés d'un même groupe fiscal sont considérés comme une prestation de services. Les sociétés peuvent fixer le taux d'intérêt à un taux compris entre le taux du marché et le taux auquel la société prêteuse a elle-même emprunté pour financer le prêt ou l'avance, le premier taux pouvant être inférieur au second et inversement. Lorsque la société prêteuse n'a pas recours à l'endettement pour financer le prêt ou l'avance consentis, ou lorsque ces derniers ne sont pas financés par une dette spécifiquement contractée à cet effet, l'administration considère en pratique que le prix de revient de la prestation de prêt est déterminé d'après le taux Euribor 3 mois communiqué par la Banque de France (BOI-IS-GPE-20-20-40 n° 290).

PRODUITS OUVRANT DROIT AU RÉGIME MÈRE-FILLE

40394 Les produits de participation exonérés en application du régime mère-fille perçus par une société membre d'un groupe intégré en provenance de filiales membres du même périmètre depuis plus d'un exercice ou, dans certaines conditions, de filiales européennes, entraînent, pour la société participante, la taxation d'une **quote-part de frais et charges** à un taux réduit par rapport au droit commun : voir n° 40970.

b. Ajustements à opérer pour obtenir le résultat d'ensemble

Après totalisation (somme algébrique) des résultats et des plus-values ou moins-values nettes à long terme des sociétés du groupe, déterminés dans les conditions indiquées ci-dessus, la société mère doit procéder aux ajustements suivants, dont l'objet est de neutraliser les effets des opérations entre les sociétés du groupe. **40410** IS-V-14000 s

Retraitements à effectuer dans les groupes incluant des **filiales détenues par des sociétés intermédiaires** et dans les **groupes horizontaux** : voir nos 40535 s.

PROVISIONS POUR CRÉANCES DOUTEUSES ET RISQUES INTRAGROUPE

Le résultat d'ensemble est majoré des **provisions pratiquées** par chaque société à raison des créances qu'elle détient sur d'autres sociétés du groupe ou des risques qu'elle encourt de leur fait. Cette réintégration porte sur les dotations constituées par la société après son entrée dans le groupe et déduites de son résultat imposable. **40420** CGI art. 223 B, al. 3 IS-V-14200 s

À l'inverse, les **reprises ultérieures** de ces dotations sont déductibles du résultat d'ensemble, à condition que les sociétés en cause (société créancière et société débitrice) soient toujours membres du groupe au moment des reprises (voir toutefois no 40260, b le cas où la reprise de la provision n'est pas neutralisée malgré le maintien dans le groupe) – ou qu'elles soient membres d'un groupe créé ou élargi à la suite de l'absorption, de la scission, de la prise de contrôle à 95 % de l'ancienne société mère ou d'une opération d'apport-attribution dite « scission partielle » du groupe (nos 40710 s.). La reprise d'une provision constituée par la société mère pour dépréciation de sa créance sur une filiale du groupe peut être neutralisée alors même que cette dernière a été absorbée par une autre société du groupe dès lors que la provision conserve son objet après l'absorption (CE 27-3-2019 no 419613 : RJF 6/19 no 521). Les reprises de provisions pouvant s'imputer en priorité sur les dotations les plus récentes, elles sont déductibles du résultat d'ensemble tant que leur montant cumulé n'atteint pas le montant des dotations constatées pendant l'intégration.

EXEMPLE

Une société S1 détient une créance de 500 000 € sur une société S2. Les deux sociétés font actuellement partie du même groupe. La créance avait fait l'objet d'une provision de 300 000 € avant l'entrée de S1 dans le groupe. Après son entrée, S1 effectue une dotation complémentaire de 120 000 €, réintégrable au résultat d'ensemble. Elle opère ensuite une reprise de 200 000 € à la clôture de l'exercice 2023. Cette reprise de provision peut être imputée en priorité sur la dotation de 120 000 € qui avait été neutralisée. À hauteur de ce montant, elle est déductible du résultat d'ensemble. Le solde de la reprise (80 000 €) est en revanche pris en compte pour la détermination du résultat d'ensemble.

PROVISIONS POUR DÉPRÉCIATION D'ÉLÉMENTS D'ACTIFS

a. Le résultat d'ensemble doit également être majoré des provisions pratiquées par une société membre à raison de la dépréciation d'éléments d'actif **acquis auprès d'autres sociétés du groupe,** à hauteur de la fraction de leur montant qui correspond à la plus-value nette antérieurement neutralisée lors de la cession interne (voir nos 40445 s.). En ce qui concerne les titres de sociétés à prépondérance immobilière non cotées et les immeubles de placement, ces retraitements ne concernent que la fraction de la dotation admise en déduction du résultat individuel (voir nos 18900 et 9805). **40430** CGI art. 223 B, al. 3, et 223 D, al. 6 IS-V-14450 s

Les **reprises ultérieures** de ces dotations seront déduites du résultat d'ensemble, quel que soit le motif de la reprise (modification de l'évaluation du bien, cession à une société membre ou à une société extérieure). L'administration considère qu'en cas de reprise partielle de la provision celle-ci s'impute en priorité sur la fraction de la provision qui n'a pas été neutralisée, puis sur la fraction qui a été neutralisée (BOI-IS-GPE-20-20-30-30 no 90).

Le même système s'applique aux provisions pour dépréciation de titres de capital-risque ou de titres de participation dans des sociétés à prépondérance immobilière cotées acquis auprès d'autres sociétés du groupe lorsqu'elles ont été déduites pour la détermination de la plus-value nette à long terme individuelle. Dans la limite de la plus-value de cession antérieurement neutralisée, les dotations sont ajoutées à la plus-value nette à long terme d'ensemble ou retranchées de la moins-value nette. La reprise ultérieure de ces provisions entraîne un ajustement de sens contraire, avec mise en œuvre de la règle d'imputation prioritaire prévue par l'administration.

Voir toutefois no 40260, b le cas où la reprise de la provision n'est pas neutralisée malgré le maintien dans le groupe.

Incidence, sur la provision non encore reprise, de la déneutralisation de la plus-value de cession intragroupe, voir no 40470.

b. Pour la détermination de la plus ou moins-value nette à long terme d'ensemble, doivent également être neutralisées les dotations (admises en déduction du résultat individuel) et reprises de provisions (à condition que la société participante et sa filiale soient toujours membres du groupe) pour dépréciation de la **participation détenue dans d'autres sociétés du groupe** à prépondérance immobilière cotées. Il en est de même, pour la détermination du résultat d'ensemble, des dotations (admises en déduction du résultat individuel) et reprises de provisions pour dépréciation des titres exclus du régime du long terme conformément à l'article 219 du CGI (tels que notamment les titres de sociétés à prépondérance immobilière non cotées, les titres de sociétés à prépondérance financière : voir n° 18800) détenus dans d'autres sociétés du groupe.

ATTENTION

Pour l'application de cette règle, le Conseil d'État considère que les titres exclus du régime du long terme regroupent tous les titres qui ne relèvent pas de ce régime, et non les seuls titres qui, en ayant bénéficié, en ont été exclus. Peu importe qu'ils aient ou non le caractère de titres de participation (CE 4-11-2020 n° 423408 : RJF 1/21 n° 53, rendu à propos de titres de sociétés à prépondérance immobilière non cotées inscrits en stocks).

CESSIONS D'IMMOBILISATIONS OU DE TITRES AU SEIN DU GROUPE

40440 CGI art. 223 F, al. 1 IS-V-19000 s IS-V-36780 s Les plus-values ou moins-values résultant de cessions intragroupe d'immobilisations ou de titres sont neutralisées pour la détermination du résultat d'ensemble. Cette régularisation s'accompagne d'une autre correction en ce qui concerne les biens amortissables. Elle peut être ultérieurement remise en cause, notamment en cas de cession hors du groupe.

CGI art. 223 Q **› Précisions** La société mère est tenue de joindre à la déclaration du résultat d'ensemble de chaque exercice un **état de suivi** des plus ou moins-values de cession intragroupe n° 2058-PV-SD. À défaut, elle encourt l'amende prévue à l'article 1763 du CGI au titre de l'exercice au titre duquel l'infraction est mise en évidence (sur cette notion, voir n° 40530, précision a).

40445 **Neutralisation des plus-values ou moins-values** La neutralisation concerne les plus ou moins-values constatées à l'occasion de **toute opération de cession** (y compris les échanges, partages et apports) portant sur les immobilisations ou les titres du portefeuille. En sont exclus les apports réalisés sous le régime fiscal des fusions et les cessions de biens visés à l'article 39, 4 du CGI, tels que les voitures de tourisme (nos 9000 s.).

En vertu de ce **mécanisme,** la plus-value de cession est déduite du résultat d'ensemble (s'il s'agit d'une plus-value à court terme) ou de la plus-value nette d'ensemble (plus-value à long terme). En cas de moins-value, celle-ci est réintégrée au résultat ou à la plus-value nette à long terme d'ensemble de l'exercice de cession.

Le **montant neutralisé** est celui acquis depuis l'inscription du bien au bilan de la société du groupe qui a effectué la première cession à une autre société du groupe. Il inclut le cas échéant les résultats antérieurement constatés lors du transfert de titres de compte à compte (n° 18810).

40447 La neutralisation des plus-values à long terme afférentes aux **titres de participation** et assimilés est sans portée dès lors que ces plus-values bénéficient d'un régime de taxation réduite à une **quote-part de frais et charges.** Cette quote-part comprise dans le résultat ordinaire de la société cédante (si celle-ci constate une plus-value nette à long terme au titre de l'exercice de cession : voir n° 18865), assise sur le montant brut de la plus-value de cession de l'exercice et calculée au taux de 12 %, n'est pas neutralisée pour la détermination du résultat d'ensemble.

ATTENTION

La société mère doit joindre à la déclaration du résultat d'ensemble un **état** des plus-values ou moins-values de cession de titres de participation neutralisées au titre des **exercices ouverts avant le 1er janvier 2019** et pour lesquelles la quote-part de frais et charges (qui était elle aussi neutralisée pour la détermination du résultat d'ensemble de ces exercices) n'a pas encore été appliquée (CGI ann. III art. 46 quater-0 ZL, 1 ter). En pratique, il s'agit de l'état n° 2058-PV-SD (BOI-IS-GPE-70-20 n° 295).

40450 Dans le cas où les biens cédés au sein du groupe ont été **recueillis dans le cadre d'un apport interne** placé sous le régime spécial des fusions, la plus-value est entièrement neutralisée, tant pour la part acquise avant l'apport que pour celle acquise depuis l'inscription du bien concerné au bilan de la société cédante. En revanche, si l'**apport** a été effectué entre une **société extérieure** au groupe et la société cédante, et transcrit aux valeurs réelles, seule la plus-value acquise postérieurement est neutralisée.

EXEMPLE

Titres de société à prépondérance immobilière reçus à l'occasion d'un apport placé sous le régime fiscal des fusions et transcrit aux valeurs réelles, avant l'intégration, pour une valeur de 10 000 €, alors qu'ils avaient été acquis pour 2 000 € par la société absorbée. La société absorbante membre du groupe cède ces titres à une autre société du groupe pour 13 000 €.
La plus-value fiscale est égale à : 13 000 – 2 000 = 11 000 €. La neutralisation ne porte néanmoins que sur 3 000 € (13 000 – 10 000), montant acquis depuis l'apport.

En cas de **cessions successives** du même bien à l'intérieur du groupe, les plus-values ou moins-values réalisées par chaque société sont calculées par rapport à la valeur du bien lors de la précédente cession.

Correction relative aux immobilisations amortissables Les immobilisations amortissables pouvant être amorties par la société cessionnaire sur la valeur d'acquisition inscrite au bilan, il y a lieu de réintégrer au résultat d'ensemble de chaque exercice les **suppléments d'amortissements** qui en résultent (ce qui correspond à une reprise de la plus-value de cession étalée sur la durée d'amortissement du bien). 40460 IS-V-19250 s

La réintégration porte sur la différence entre :

– l'annuité fiscale d'amortissement pratiquée par la société cessionnaire ;

– et l'annuité calculée dans les mêmes conditions et au même taux que celle-ci sur la valeur nette fiscale que l'immobilisation avait dans les écritures de la société cédante (valeur éventuellement diminuée des amortissements irrégulièrement différés par le cédant).

EXEMPLE

Immobilisation amortissable non décomposée d'une valeur comptable de 300 000 € cédée par F, au prix de 500 000 €, à une autre société du groupe, F2, qui décide de l'amortir sur 5 ans (taux de 20 %).
Annuité d'amortissement de F2 = 100 000 €. Réintégration égale à : 100 000 – (300 000 × 20 %) = 40 000 €.

Pour le calcul de ces suppléments d'amortissements, en présence d'**immobilisations décomposées,** il convient de considérer par principe que la plus-value réalisée est répartie entre les composants proportionnellement à leur valeur d'acquisition par la société cessionnaire.

Possibilité de remise en cause ultérieure de la neutralisation des plus-values et moins-values La neutralisation des plus-values ou moins-values de cessions internes au groupe **prend fin** lorsque l'un des événements suivants intervient : 40470 CGI art. 223 F, al. 2 IS-V-19580 s

– cession hors du groupe des immobilisations ou titres concernés ;

– sortie du groupe de la société propriétaire ou d'une de celles qui avait cédé les biens à l'intérieur du groupe ;

– cessation du groupe ;

– ou apport des immobilisations amortissables concernées entre sociétés du groupe lorsque cet apport est placé sous le régime spécial des fusions.

Ces opérations entraînent donc la **réintégration,** au résultat ou à la plus ou moins-value nette à long terme d'ensemble de l'exercice correspondant, des plus ou moins-values antérieurement neutralisées. Corrélativement, pourront être déduites du résultat d'ensemble ou de la plus ou moins-value nette d'ensemble les provisions pour dépréciation qui ont été réintégrées dans les conditions visées n° 40430. Toutefois, il n'y a pas lieu de procéder à ces retraitements lorsque la sortie du groupe de la société propriétaire du bien ou d'une de celles qui l'avait cédé à l'intérieur du groupe résulte d'une **fusion** soumise au régime de faveur prévu à l'article 210 A du CGI avec une autre société du groupe, une société intermédiaire, une société étrangère ou l'entité mère non résidente (CGI art. 223 R). Dans ces cas, le report d'imposition cesse lorsque l'absorbante sort du groupe ou perd la qualité de société intermédiaire, de société étrangère ou d'entité mère non résidente. Il en est de même en cas de fusions successives placées sous le régime de l'article 210 A du CGI (avec une société membre, une société intermédiaire, une société étrangère ou l'entité mère non résidente), lorsque la dernière société absorbante sort du groupe ou perd la qualité de société intermédiaire, de société étrangère, ou d'entité mère non résidente.

En cas de cession hors du groupe du bien (autre que des titres d'une société du groupe), il convient de comprendre dans le résultat ou dans la plus ou moins-value à long terme d'ensemble la différence entre le prix de vente (ou son équivalent) et la valeur d'origine chez la société qui a réalisé la première cession du bien à l'intérieur du groupe. Pour les biens 40475 CGI ann. III art. 46 quater-0 ZH, II-2 et III amortissables, cette valeur est minorée de la différence entre les amortissements déduits des résultats des sociétés qui les ont détenus et les suppléments d'amortissement déjà réintégrés (comme indiqué n° 40460). Dans le cas de sortie ou de cessation du groupe, le premier terme de la différence est la valeur nette comptable du bien chez la société propriétaire (ou le prix d'acquisition pour les éléments non amortissables).

40477 CGI art. 223 F, al. 3 Dans le cas où des plus-values et moins-values de cession de **titres de participation** ont été neutralisées au titre d'exercices ouverts avant le 1er janvier 2019, la **quote-part de frais et charges** s'applique au montant brut des plus-values de cession afférentes aux mêmes titres lors de leur première cession (y compris interne au groupe) intervenant au cours d'un exercice ouvert à compter du 1er janvier 2019 ou lorsque, à compter de cet exercice, la société qui en est propriétaire sort du groupe ou perd la qualité de société intermédiaire, de société étrangère d'un groupe horizontal ou d'entité mère non résidente.

Par exception, cette déneutralisation ne s'applique pas dans les cas de **fusion** visés n° 40470.

› Précisions a. La **cession des titres** s'entend de toute opération ou tout événement qui a pour conséquence de les faire disparaître de l'actif de la société propriétaire (notamment : vente, apport, échange ou partage) (BOI-IS-GPE-20-20-60 n° 210).

b. La quote-part est prise en compte dans le résultat d'ensemble indépendamment de la constatation d'une plus ou moins-value à long terme au titre de l'exercice (BOI précité n° 210), et même dans le cas où, au cours de l'exercice de cession des titres ouvert avant le 1er janvier 2019, la société cédante avait constaté une **moins-value nette à long terme** et que par suite aucune quote-part de frais et charges n'avait été neutralisée dans le résultat d'ensemble.

c. Le **montant brut de la plus-value** servant de base de calcul de la quote-part de frais et charges diffère selon les situations (CGI ann. III art. 46 quater-0 ZH, IV). Il est égal :

– en cas de cession de titres autres que ceux d'une société du groupe, à la différence entre le prix de vente des titres et leur valeur d'origine dans les écritures de la société du groupe qui a effectué la première cession à une autre société membre. Le montant de la quote-part de frais et charges à réintégrer au niveau du résultat d'ensemble est alors diminué du montant de la quote-part déjà comprise dans le résultat individuel de la société cédante (BOI précité n° 220) ;

– en cas de sortie du groupe de la société propriétaire de titres autres que ceux d'une société du groupe, à la différence entre le prix d'acquisition des titres par la société sortante et leur valeur d'origine chez la société qui a effectué la première cession à une autre société du même groupe ;

– en cas de cession de titres d'une société du groupe, ou lorsqu'une société propriétaire de tels titres sort du groupe ou perd la qualité de société intermédiaire, de société étrangère ou d'entité mère non résidente, le résultat d'ensemble ou la plus ou moins-value nette à long terme d'ensemble doit prendre en compte le montant cumulé des plus ou moins-values qui n'ont pas encore été retenues pour le calcul du résultat ou de la plus ou moins-value nette à long terme d'ensemble en application de l'article 223 F du CGI.

PRODUITS DE LA PROPRIÉTÉ INDUSTRIELLE ET LOGICIELS PROTÉGÉS PAR LE DROIT D'AUTEUR

40485 CGI art. 223 H IS-V-20000 s Un régime d'imposition au taux réduit de 10 % est applicable sur option à certains produits issus de droits de la propriété industrielle. Dans les groupes intégrés, l'**option** est exercée par la société mère. Le régime s'applique alors dans les mêmes conditions que celles prévues pour les entreprises non intégrées (nos 10420 s.).

Le **résultat net d'ensemble** de cession, de concession ou de sous-concession est déterminé par la société mère en faisant la somme algébrique des résultats nets d'un même groupe d'actifs déterminés par chaque société du groupe, cédante, concédante ou sous-concédante.

Sous réserve de l'application, après obtention d'un agrément, d'un ratio de remplacement (n° 10425), le **ratio « nexus » du groupe** à appliquer au résultat net bénéficiaire afin de déterminer la fraction de ce résultat soumise au taux réduit est calculé, pour chaque exercice, par le rapport existant entre :

– au **numérateur** : les dépenses de R&D en lien direct avec la création et le développement de l'actif incorporel réalisées directement par une société membre du groupe ou par des entreprises sans lien de dépendance au sens de l'article 39, 12 du CGI (n° 10425, précision a) avec une société du groupe, l'administration admettant à ce titre les dépenses supportées par une entreprise liée et refacturées sans marge à l'entreprise titulaire de l'actif (BOI-IS-GPE-20-20-120 n° 120). Ces dépenses peuvent être majorées de 30 % (n° 10425) ;

– au **dénominateur** : les dépenses figurant au numérateur, les dépenses externalisées à des entreprises liées à une société membre du groupe ainsi que les coûts d'acquisition d'actifs incorporels éligibles, étant toutefois précisé qu'il n'en est pas tenu compte lorsque cette acquisition a été effectuée entre sociétés membres du même groupe (BOI précité n° 130).

Le ratio « nexus » du groupe est calculé en prenant en compte les dépenses de l'exercice et des exercices antérieurs (voir toutefois n° 10425, précision c). S'agissant des dépenses réalisées par une société membre du groupe, seules sont retenues les dépenses effectuées pendant la période au cours de laquelle l'actif éligible est détenu ou sous-concédé par une société membre.

Après application du ratio « nexus », le **résultat net d'ensemble** ainsi obtenu est déduit extra-comptablement du résultat d'ensemble pour être soumis au taux réduit. Il peut toutefois être imputé sur le déficit d'ensemble de l'exercice et même, selon l'administration, sur les déficits fiscaux reportables issus des exercices antérieurs. Cette compensation est opérée euro pour euro et peut ne porter que sur une partie des déficits (BOI précité n° 190).

Lorsque le **résultat** net d'ensemble est **négatif,** il est imputé sur les résultats nets d'ensemble de cession, de concession ou de sous-concession du même actif, du même bien ou service ou de la même famille de biens ou services, réalisés au cours des exercices suivants tant que les actifs concernés sont détenus ou sous-concédés par une société membre du groupe.

> Précisions a. Le **résultat net négatif** réalisé par une société **antérieurement à son entrée dans le groupe** n'est pas transféré au groupe mais pourra, en cas de sortie ultérieure du périmètre, être récupéré par cette société pour être imputé sur ses futurs résultats nets bénéficiaires. La société reprendra également, pour le calcul de son ratio « nexus », les dépenses réalisées antérieurement à son entrée dans le groupe.

b. Lorsqu'une société qui **entre dans le groupe** (à compter du 1er janvier 2019 : BOI précité n° 230) détient des **actifs incorporels éligibles,** leur valeur vénale à la date d'entrée dans le groupe constitue une dépense d'acquisition retenue pour le calcul du résultat net d'ensemble au titre du premier exercice au cours duquel la société mère exerce l'option et prise en compte au dénominateur du ratio « nexus » du groupe.

c. Lorsque des **dépenses de R&D** réalisées par une société du groupe sont **refacturées à une autre société membre** qui perçoit les revenus de l'actif, ces dépenses ne sont prises en compte qu'une seule fois pour la détermination du résultat net, à hauteur du montant refacturé (BOI précité n° 50). Il en est de même pour le ratio « nexus » du groupe (BOI précité n° 100).

d. Les **obligations déclaratives et documentaires** (n° 10425, précisions e et f) incombent à la société mère, qui doit fournir les éléments permettant de vérifier les modalités de détermination du résultat net d'ensemble soumis au taux réduit, notamment en détaillant pour chaque actif, bien ou service ou famille de biens ou services le montant de revenu brut perçu et le montant de dépenses éligibles réalisées par chaque société membre (BOI précité n° 30).

DÉDUCTION DES CHARGES FINANCIÈRES NETTES DU GROUPE

Les charges financières nettes supportées par le groupe (entendues comme la somme algébrique des charges et produits financiers de l'ensemble des sociétés membres du groupe définis n° 35835) ne sont déductibles du résultat d'ensemble que dans une certaine **limite** déterminée en fonction de l'Ebitda fiscal du groupe, de son appartenance ou non à un groupe consolidé et de sa situation de sous-capitalisation. **40495** CGI art. 223 B bis IS-V-15150 s

> Précisions a. Aucune réintégration n'est effectuée au **résultat individuel** des sociétés membres du groupe, l'article 212 bis du CGI ne leur étant pas applicable : voir n° 35830. Toutefois, le calcul du montant qui aurait dû, le cas échéant, être réintégré si la société n'avait pas été membre du groupe reste nécessaire pour l'établissement du formulaire n° 2058-A-bis-SD (calcul du résultat de la société comme si elle était imposée séparément), utilisé notamment pour le calcul de la **participation des salariés** (BOI-IS-GPE-20-20-110 n° 10).

b. Le mécanisme de plafonnement de la déduction des charges financières du groupe s'applique avant le dispositif de « l'**amendement Charasse** » (n° 40510) (BOI précité n° 270).

Plafonds de déduction Lorsque le **groupe** n'est **pas sous-capitalisé,** les charges susmentionnées sont déductibles dans la limite de 30 % de l'Ebitda fiscal du groupe ou de 3 M€ par exercice, le cas échéant ramené à douze mois, si ce montant est plus élevé. Lorsque le ratio entre les fonds propres et l'ensemble des actifs déterminé au niveau du groupe est égal ou supérieur (ou inférieur de deux points de pourcentage au maximum) à celui du groupe consolidé auquel les sociétés intégrées appartiennent, le résultat d'ensemble du groupe est en outre minoré de 75 % du montant des charges financières nettes non admises en déduction en application du plafond précité. **40500**

Lorsque le **groupe** est **sous-capitalisé,** un plafond minoré, déterminé selon des modalités similaires à celles exposées n° 35847 mais mises en œuvre aux bornes du groupe, s'applique et la déduction supplémentaire de 75 % n'est pas applicable. Ces conséquences sont écartées si le groupe apporte la preuve que le ratio d'endettement du groupe consolidé auquel les sociétés membres du groupe intégré appartiennent est supérieur ou égal (ou inférieur de deux points de pourcentage au maximum) au ratio d'endettement déterminé au niveau de l'intégration.

› Précisions **a.** L'**Ebitda fiscal du groupe** est déterminé en corrigeant le résultat d'ensemble soumis à l'impôt sur les sociétés, avant imputation des déficits du groupe et avant application du dispositif de limitation de déduction des charges financières nettes du groupe, mais après réintégration du montant des déficits propres antérieurs à l'intégration des sociétés membres imputé sur les bénéfices respectifs. Ce résultat d'ensemble, qui tient compte des déductions ou abattements prévus pour l'assiette de l'impôt, est majoré des montants suivants :
– charges financières nettes ;
– somme des amortissements admis en déduction du résultat de chaque société membre du groupe, nette des reprises imposables et des fractions de plus ou moins-values correspondant à des amortissements déduits, à des amortissements expressément exclus des charges déductibles, ou à des amortissements irrégulièrement différés ;
– somme des provisions pour dépréciation admises en déduction du résultat de chaque société membre du groupe, nette des reprises de provision pour dépréciation imposables ;
– somme algébrique des gains et pertes constatés par chaque société membre du groupe et soumis aux taux de 10 %, 15 % et 19 % (BOI-IS-GPE-20-20-110 n° 60).

Les montants d'amortissements, de provisions et de gains et pertes précités s'entendent de ceux qui ne donnent pas lieu à retraitements pour la détermination du résultat d'ensemble.

b. La **sous-capitalisation du groupe** est caractérisée lorsque le montant moyen des sommes laissées ou mises à disposition d'entreprises membres par l'ensemble des entreprises non membres liées directement ou indirectement au sens de l'article 39, 12 du CGI au cours d'un exercice excède, au titre de cet exercice, une fois et demie le montant des fonds propres déterminés au niveau du groupe, apprécié au choix de l'entreprise à l'ouverture ou à la clôture de l'exercice. Pour déterminer ces fonds propres, il convient de se fonder sur les états financiers consolidés établis par le groupe consolidé auquel appartiennent les sociétés membres du groupe fiscal et de constituer un sous-groupe de consolidation aux bornes de l'intégration fiscale (BOI précité n° 140).

c. Des règles dérogatoires s'appliquent, selon les modalités exposées n° 35860 mais mises en œuvre au niveau du groupe, aux emprunts utilisés exclusivement pour financer des projets d'**infrastructures publiques à long terme.** Lorsque la société mère opte pour l'application de ces règles, l'Ebitda fiscal du groupe ne tient pas compte du résultat afférent aux contrats concernés.

40505 **Mécanismes de report** Des mécanismes de report des **charges financières nettes non déduites** et de la **capacité de déduction inemployée** s'appliquent selon les mêmes modalités que pour les entreprises non membres d'un groupe (n°s 35852 s.) mais sont mises en œuvre au niveau du groupe (BOI-IS-GPE-20-20-110 n° 210). Les charges financières nettes ou la capacité de déduction inemployée en report dont dispose une société lors de son **entrée dans le groupe** ne pourront être utilisées que par cette société après sa sortie du groupe. Le délai de cinq ans pour utiliser la capacité de déduction inemployée est suspendu pendant toute la période d'appartenance au groupe. Sort des charges financières nettes du groupe non déduites et de la capacité de déduction inemployée en cas de **cessation du groupe** : voir n° 40665.

› Précisions **a.** Le **solde des intérêts non neutralisés** restant en report à la **clôture du dernier exercice ouvert avant le 1er janvier 2019** en application de l'ancien dispositif de lutte contre la sous-capitalisation est déductible dans les mêmes conditions que les charges financières nettes non admises en déduction, sans application de la décote de 5 % prévue par l'ancien dispositif (CGI art. 223 B, al. 13).

b. Un **état** doit être joint à la déclaration de résultats afin d'assurer le suivi des charges financières nettes non admises en déduction du résultat d'ensemble de l'exercice et des exercices précédents ainsi que les capacités de déduction inemployées au titre des cinq exercices précédents (CGI ann. III art. 46 quater-0 ZL, 9).

CHARGES FINANCIÈRES LIÉES À L'ACHAT D'UNE SOCIÉTÉ EN VUE DE SON INTÉGRATION

40510 CGI art. 223 B, al. 6 à 12 IS-V-15600 s

Le cas de retraitement dénommé « **amendement Charasse** » s'applique lorsqu'une société du groupe a acheté, à un actionnaire extérieur qui contrôle le groupe, ou auprès d'une société que cet actionnaire contrôle au sens de l'article L 233-3 du Code de commerce, les titres d'une société qui devient membre du même groupe. Ce dispositif s'applique même si la société rachetée n'entre pas dans le même groupe que la société cessionnaire, en raison de son absorption par celle-ci ou par une autre société appartenant à ce périmètre d'intégration ou appelée à le rejoindre ou en raison de la dissolution sans liquidation de la cible (BOI-IS-GPE-20-20-80-10 n°s 70 et 80). Il peut également concerner des situations dans lesquelles la société cessionnaire est devenue membre du groupe après l'exercice d'acquisition des titres (BOI précité n° 60).

La société mère doit alors rapporter au résultat d'ensemble les charges financières présumées liées à cet achat qui sont évaluées forfaitairement.

> Précisions a. Sont considérées comme exerçant un **contrôle conjoint** au sens de l'article L 233-3 du Code de commerce sur une société tierce deux ou plusieurs personnes qui, agissant de concert, déterminent en fait les décisions prises au sein de l'assemblée générale. Il appartient à l'administration d'établir l'existence d'une telle action de concert, puis de vérifier si tout ou partie des personnes agissant de concert déterminent en fait les décisions prises en assemblée générale, en s'appuyant le cas échéant sur un faisceau d'indices (CE 6-12-2021 n° 439650 : RJF 2/22 n° 132). Le dispositif de réintégration s'applique dans le cas où l'actionnaire qui contrôlait seul la société cédée exerce de concert avec d'autres actionnaires le contrôle de la société cessionnaire (CE 15-3-2019 n° 412155 : RJF 6/19 n° 523). À cet égard, l'existence d'une action de concert entre tous les associés d'une société peut être établie à la date de l'achat de la société cible et non en fonction de la politique commune effectivement suivie par la société cessionnaire (CE 15-3-2019 n° 412155 précité).
b. La situation de **contrôle** de la société cessionnaire doit s'apprécier à la **date** d'acquisition de la société cible, sans que l'administration puisse se référer à la période antérieure à l'opération (CE 13-7-2011 n° 312285 : RJF 11/11 n° 1137). L'administration s'estime toutefois fondée à examiner la situation de contrôle dans les douze mois précédant l'acquisition de la cible (BOI-IS-GPE-20-20-80-10 n° 210).
c. Les **cessions de titres réalisées entre sociétés du même groupe** échappent au dispositif de réintégration, étant précisé que la condition d'appartenance au même groupe s'apprécie à la date de la cession, de telle sorte que la formation ultérieure par la société cessionnaire d'un nouveau groupe n'incluant pas la société cédante n'entraîne pas l'application du dispositif (CAA Versailles 29-11-2011 n° 10VE00785 : RJF 6/12 n° 578). Il en est de même des cessions de titres qui ont été acquis immédiatement auparavant auprès de tiers, en vue de leur **rétrocession,** y compris lorsque les titres rétrocédés sont ceux d'une filiale ou d'une sous-filiale de la société acquise. Le mécanisme de réintégration ne s'applique pas non plus en cas de **rachat** par une société de ses **propres actions.**
d. Articulation du dispositif de l'amendement Charasse **avec le plafonnement** de la déduction des **charges financières nettes** du groupe : voir n° 40495, précision b.

Modalités d'application de la réintégration La réintégration est calculée d'après les charges financières déduites pour la détermination du résultat d'ensemble. Le **montant de la réintégration** est égal, pour un exercice donné, au produit de ces charges par le rapport suivant : 40515

prix d'acquisition des titres / montant moyen des dettes du groupe au cours de l'exercice

Lorsque le montant moyen des dettes est inférieur au prix d'achat des titres, la réintégration est limitée au montant des charges financières du groupe.

La réintégration s'effectue pendant une **période** qui débute en principe au titre de l'exercice d'acquisition des titres et expire au terme du huitième exercice qui suit celui de l'achat.

> Précisions a. Les **agios bancaires** ou les **rémunérations d'avances de trésorerie** consenties entre sociétés du groupe sont retenus dans la base de calcul de la réintégration, même s'ils sont dépourvus de liens avec les opérations d'acquisition (CE 11-3-2015 n° 369048 : RJF 6/15 n° 475).
b. Le prix d'acquisition peut être réduit du montant des fonds apportés à la société cessionnaire lors d'une **augmentation de capital** réalisée simultanément à l'achat des titres (fonds versés dans les trois mois qui précèdent ou qui suivent l'achat) (BOI-IS-GPE-20-20-80-20 n° 140), à la condition que ces fonds soient apportés à la société cessionnaire par une personne autre qu'une société membre du groupe ou, s'ils sont apportés par une société du groupe, qu'ils ne proviennent pas de crédits consentis par une personne non membre de ce groupe (tout accroissement de l'endettement externe du groupe dans les six mois qui précèdent ou suivent l'achat des titres est présumé financer cette acquisition) (BOI précité n° 110).
En cas d'acquisitions simultanées de filiales destinées à être intégrées et de filiales qui ne le seront pas, financées pour partie par emprunt et augmentation de capital, la répartition de l'affectation retenue par la société cessionnaire, justifiée par des actes notariés, peut être opposable à l'administration (CAA Nancy 18-6-2020 n° 18NC03443 ; CE (na) 7-10-2021 n° 442325 : RJF 12/21 n° 1097).
c. La **période de réintégration** ne peut **commencer** ni avant l'exercice d'entrée dans le groupe de la société cessionnaire si celle-ci n'est pas encore membre du groupe lors de l'achat, ni avant l'exercice précédant celui de l'entrée de la société rachetée lorsque cette entrée ne suit pas immédiatement le rachat (sauf cas où la société rachetée est absorbée avant son intégration). Elle **s'interrompt** au cours des exercices durant lesquels la société rachetée n'est plus membre du groupe, sauf lorsque sa sortie du périmètre d'intégration résulte de son absorption par une autre société du groupe, quel que soit le régime sous lequel cette fusion intragroupe a été placée. En revanche, la réintégration s'interrompt en cas de modification définitive du contrôle de la société détenant les titres de la société acquise.

PRODUITS DE PARTICIPATION

40520 CGI art. 223 B, al. 2 Les produits de participation **inéligibles au régime mère-fille** doivent être retranchés du résultat d'ensemble à hauteur de 99 % de leur montant (montant crédit d'impôt compris si la société bénéficiaire a comptabilisé les produits de participation crédit d'impôt compris : BOI-IS-GPE-20-20-20-10 n° 80) lorsqu'ils sont versés à une société membre du groupe par :

– une **autre société membre,** cette neutralisation ne s'appliquant toutefois pas si les produits sont versés au cours du premier exercice d'intégration de la société distributrice ;

– une **filiale étrangère** soumise à un impôt équivalent à l'impôt sur les sociétés dans un État de l'Union européenne, en Islande, en Norvège ou au Liechtenstein qui, si elle était établie en France, remplirait depuis plus d'un exercice les conditions pour être membre de ce groupe, autres que celle d'être soumise à l'impôt sur les sociétés en France. Le taux de détention du capital de cette société est calculé abstraction faite des actions détenues en propre ou dans le cadre de boucles d'autocontrôle (BOI-IS-GPE-20-20-20-10 n° 90).

Incidence, sur le résultat individuel de la société, des **produits de participation ouvrant droit au régime mère-fille** : voir n° 40970.

40522 Dans le cas où les titres de la société distributrice sont **cédés** (ou échangés) **moins de deux ans après leur acquisition,** la plus ou moins-value de cession est déterminée en minorant leur prix de revient du montant des produits de participation qui a été retranché du résultat d'ensemble à hauteur de 99 %. Lorsque la **cession** est **consentie à une autre société du groupe,** la déduction de la moins-value est mise en suspens lors de l'établissement du résultat individuel de la société cédante conformément à l'article 219, I-a septies du CGI (n° 19075). Aucun retraitement de son montant n'est donc nécessaire pour l'établissement du résultat d'ensemble et la neutralisation prévue par l'article 223 F du CGI (n° 40440) n'a pas lieu d'être appliquée. Si aucun événement ne met fin à la mise en suspens dans le délai de deux ans suivant l'acquisition des titres par la cédante, une moins-value à long terme est constatée au titre de l'exercice d'expiration de ce délai. S'agissant des titres de **sociétés à prépondérance financière** (n° 18800) **conservés pendant au moins deux ans,** la moins-value constatée lors de leur cession est déterminée en minorant leur prix de revient du montant des produits de participation qui a été retranché du résultat d'ensemble à hauteur de 99 % au cours de l'exercice de réalisation de la moins-value et des cinq exercices précédents.

AUTRES AJUSTEMENTS

40525 CGI art. 223 B, al. 4 **a.** Le montant de la **rémunération prévue à l'article L 225-45 du Code de commerce** et des **tantièmes** distribués par les filiales du groupe qui est déductible en application de l'article 210 sexies du CGI est rapporté au résultat d'ensemble. Dans les **groupes horizontaux,** cette rémunération et ces tantièmes déduits du résultat individuel de la société mère sont également réintégrés au résultat d'ensemble.

CGI art. 223 L, 3 **b.** Le résultat d'ensemble est majoré des déductions effectuées par les sociétés du groupe à raison de **souscriptions au capital** d'autres sociétés du même groupe qui exercent leur activité **outre-mer** (n°s 91960 s.).

ABSENCE DE RETRAITEMENT DES ABANDONS DE CRÉANCES ET SUBVENTIONS INTERNES AU GROUPE

40530 IS-V-21000 s Les abandons de créances et les subventions directes ou indirectes, consentis entre des sociétés du même groupe, ne sont pas neutralisés pour la détermination du résultat d'ensemble.

> Précisions a. Les abandons de créances et subventions consentis entre sociétés du groupe au titre des **exercices ouverts avant le 1er janvier 2019** ayant donné lieu à neutralisation et celle-ci étant susceptible d'être remise en cause (voir n° 40532), la société mère est tenue de joindre à la déclaration du résultat d'ensemble de chaque exercice un **état** de ces abandons de créances et subventions non retenus pour la détermination du résultat d'ensemble (CGI art. 223 Q et CGI ann. III art. 46 quater-0 ZL). En pratique, il s'agit du formulaire n° 2058-SG-SD (BOI-IS-GPE-70-20 n° 260). Le défaut de production de cet état, ou son caractère inexact ou incomplet, entraîne l'application de l'**amende** prévue à l'article 1763 du CGI, égale à 5 % des sommes omises (taux ramené à 1 % lorsqu'elles sont déductibles du résultat propre de la société aidante). Cette amende peut être infligée même si les aides non déclarées sont sans incidence sur le résultat des sociétés du groupe ou sur le résultat d'ensemble (CE 1-7-2020 n° 418378 : RJF 10/20 n° 769 ; CE 10-2-2014 n° 356125 : RJF 5/14 n° 442). N'entraîne pas automatiquement la décharge de l'amende l'irrégularité de la procédure de rectification des résultats (CE 10-2-2014 n° 357117 : RJF 5/14 n° 442) ou la remise en cause du bien-fondé de cette procédure (CE 7-4-2023 n° 466244 : RJF 6/23 n° 442). L'amende s'applique au seul exercice au titre duquel l'infraction est mise en évidence, ce qui ne fait pas obstacle à ce qu'un nouveau manquement déclaratif au titre d'un exercice postérieur soit également sanctionné, même s'il porte sur une subvention de même nature (CE 20-12-2013 n° 357884 : RJF 3/14 n° 230). Non-application de l'amende en cas de régularisation, voir n° 9055, a.

b. Abandons de créances consentis au cours d'un exercice ouvert avant le 1er janvier 2019 et assortis d'une **clause de retour à meilleure fortune.** Si les deux sociétés sont restées membres du groupe, le reversement de l'aide à la société qui l'avait consentie donne lieu à une correction du résultat d'ensemble symétrique à celle qui avait été effectuée au titre de l'abandon de créances (BOI-IS-GPE-20-20-40 n° 210). Aucune correction n'est en revanche nécessaire si l'abandon de créances a eu lieu avant l'application du régime de groupe et n'avait donc pas été neutralisé (BOI précité n° 220).

Remise en cause ultérieure des neutralisations de subventions et abandons de créances antérieures à 2019 Les neutralisations de subventions et abandons de créances qui ont été opérées au niveau du résultat d'ensemble au titre des exercices ouverts avant le 1er janvier 2019 n'ont pas toujours un caractère définitif et peuvent être remises en cause en cas de **sortie** de groupe de la société qui a consenti l'aide ou de celle qui l'a reçue, ainsi qu'en cas de **cessation du groupe** (nos 40640 s.). Ces événements entraînent la réintégration dans le résultat d'ensemble de l'exercice de sortie ou de cessation : 40532 CGI art. 223 R IS-V-55950 s

– des **subventions indirectes provenant d'une remise d'éléments de l'actif immobilisé, ou de titres du portefeuille** exclus du régime des plus-values à long terme, pour un prix différent de leur valeur réelle et qui ont été déduites pour la détermination du résultat d'ensemble des exercices ouverts avant le 1er janvier 2019 ;

– des **autres subventions indirectes ainsi que des subventions directes et des abandons de créances,** déduits du résultat d'ensemble de l'un des cinq exercices précédant celui de la sortie s'il a été ouvert avant le 1er janvier 2019. Si les aides avaient donné lieu à la fois à déduction et à réintégration lorsqu'elles ont été consenties, la régularisation se traduit aussi par la déduction de ces aides, au titre de l'exercice de sortie.

Toutefois, il n'y a pas lieu de procéder à la réintégration des abandons et subventions précédemment neutralisés lorsque la sortie du groupe de la société ayant consenti l'aide ou en ayant bénéficié résulte d'une **fusion** soumise au régime spécial de l'article 210 A du CGI avec une autre société du groupe, une société intermédiaire, une société étrangère ou l'entité mère non résidente. Dans ces cas, le report d'imposition cesse lorsque l'absorbante sort du groupe ou perd la qualité de société intermédiaire, de société étrangère ou d'entité mère non résidente. Il en est de même en cas de fusions successives placées sous le régime spécial (avec une société membre, une société intermédiaire, une société étrangère ou l'entité mère non résidente), lorsque la dernière société absorbante sort du groupe ou perd la qualité de société intermédiaire, de société étrangère, ou d'entité mère non résidente.

c. Retraitement des opérations réalisées avec une entité mère non résidente et des sociétés étrangères ou intermédiaires

Dans certaines conditions, les opérations réalisées par les sociétés du périmètre avec une société intermédiaire ou, dans les groupes horizontaux, avec l'entité mère non résidente ou des sociétés étrangères sont **assimilées à des opérations intragroupe** et donnent lieu à des neutralisations pour la détermination du résultat d'ensemble. 40535 CGI art. 223 B et 223 D IS-V-23000 s

ATTENTION

Un **état** n° 2058-PAP-SD mentionnant les rectifications afférentes aux opérations réalisées par les sociétés du groupe avec les sociétés intermédiaires et étrangères et l'entité mère non résidente doit être joint à la déclaration du résultat d'ensemble (CGI ann. III art. 46 quater-0 ZL, 10). À défaut, la société mère encourt l'**amende** prévue à l'article 1763 du CGI, égale à 5 % des sommes omises (taux ramené à 1 % lorsqu'elles sont déductibles), au titre de l'exercice au titre duquel l'infraction est mise en évidence. Non-application de l'amende en cas de régularisation, voir n° 9055, a.

PRODUITS DE PARTICIPATION

Les produits de participation **exclus du régime mère-fille** versés par une société intermédiaire ou par une société étrangère ou une entité mère non résidente à une société du périmètre sont neutralisés à hauteur de 99 % de leur montant pour la détermination du résultat d'ensemble (n° 40520). Produits **ouvrant droit au régime mère-fille** perçus par une société du groupe en provenance d'une société intermédiaire, de l'entité mère non résidente ou d'une société étrangère : voir n° 40970. 40537

PLUS ET MOINS-VALUES DE CESSION DE TITRES

40540 La **plus ou moins-value** constatée par une société du groupe à l'occasion de la **cession de titres d'une autre société membre à une société intermédiaire, à une société étrangère** ou **à l'entité mère non résidente,** est neutralisée, pour la détermination du résultat ou de la plus ou moins-value nette à long terme d'ensemble (CGI art. 223 F, al. 1). Lorsque la cession porte sur des titres placés sous le régime de taxation réduite à une **quote-part de frais et charges,** cette quote-part comprise dans le résultat individuel de la société cédante n'est pas neutralisée pour la détermination du résultat d'ensemble. Le montant de la plus ou moins-value antérieurement neutralisé est rapporté au résultat ou à la plus ou moins-value nette à long terme d'ensemble dans les cas suivants : sortie du groupe de la société cédante ou de la société dont les titres ont été cédés ; cession des titres à une société extérieure au groupe, autre qu'une société intermédiaire, une société étrangère ou l'entité mère non résidente du groupe horizontal ; perte de la qualité de société intermédiaire ou de société étrangère dans un groupe horizontal. Toutefois, le report d'imposition est maintenu lorsque la sortie du groupe ou la perte de la qualité de société intermédiaire ou de société étrangère résulte d'une fusion placée sous le régime de l'article 210 A du CGI avec une autre société membre du groupe, une société intermédiaire, une société étrangère ou l'entité mère non résidente (CGI art. 223 R, al. 2).

Quote-part de frais et charges afférente aux cessions réalisées au cours d'un exercice ouvert avant le 1er janvier 2019 : voir n° 40477.

> **Précisions** La **remise en cause** de la neutralisation est seulement **partielle** en cas de cession ultérieure d'une partie des titres au profit d'une société extérieure au groupe autre qu'une société intermédiaire ou étrangère ou que l'entité mère non résidente, à la condition que la société dont les titres ont été cédés demeure dans le groupe. Il en est ainsi chaque fois que le capital de la société dont les titres sont cédés reste détenu, directement ou indirectement, à 95 % au moins par l'entité mère non résidente, des sociétés étrangères, des sociétés intermédiaires ou des sociétés membres du groupe.

PROVISIONS

40542 Le résultat d'ensemble est majoré des dotations aux provisions déduites du résultat individuel d'une société membre à raison des **créances douteuses** qu'elle détient sur une société intermédiaire, ou, dans le cas d'une intégration horizontale, sur une société étrangère ou sur l'entité mère non résidente, ou des **risques** qu'elle encourt du fait de ces sociétés. La même réintégration doit être opérée à raison des provisions déduites pour faire face à la **dépréciation des titres** détenus dans de telles sociétés, qu'ils ouvrent droit au régime du long terme ou non. Aucune réintégration n'est exigée à raison de la fraction de ces dotations pour laquelle la société mère apporte la preuve, par tout moyen (BOI-IS-GPE-20-20-30-30 n° 230), qu'elle n'est pas liée directement ou indirectement à des pertes fiscales du groupe (déficits et moins-values à long terme).

Les **reprises** ultérieures des provisions qui ont été **réintégrées** au résultat individuel sont déduites du résultat d'ensemble à condition que les sociétés qui les ont constituées ainsi que les sociétés détenues par la société intermédiaire ou par la société étrangère ou par l'entité mère non résidente soient toujours membres du groupe.

CHARGES FINANCIÈRES

40545 Le mécanisme de limitation du droit à déduction de certaines charges financières (« **amendement Charasse** ») s'applique en cas d'acquisition de titres d'une sous-filiale française (membre ou non du groupe) auprès d'une société intermédiaire ou, dans le cadre d'une intégration horizontale, en cas d'acquisition des titres d'une société (membre ou non du groupe) auprès d'une société étrangère ou de l'entité mère non résidente. Ce mécanisme s'applique également en cas d'acquisition de titres d'une société intermédiaire ou, dans le cas d'une intégration horizontale, d'une société étrangère, auprès des personnes qui contrôlent le groupe ou auprès d'une société que ces personnes contrôlent.

ABSENCE DE RETRAITEMENT DES ABANDONS DE CRÉANCES ET SUBVENTIONS

40547 Les subventions et abandons de créances consentis par les sociétés du groupe à une société intermédiaire, une société étrangère ou à l'entité mère non résidente, et les aides reçues de ces sociétés par les sociétés du groupe ne sont pas neutralisés.

La neutralisation des abandons de créances et des subventions opérée au niveau du résultat d'ensemble au titre d'un exercice ouvert avant le 1er janvier 2019 est susceptible d'être remise en cause, dans les cas visés n° 40532 (ainsi qu'en cas de perte de la qualité de société intermédiaire ou de société étrangère, sauf lorsqu'elle résulte d'une fusion placée sous le régime de l'article 210 A du CGI avec une société du groupe, une société intermédiaire, une société étrangère ou l'entité mère non résidente : CGI art. 223 R, al. 2).

4. IMPOSITION DU RÉSULTAT D'ENSEMBLE

MODALITÉS D'IMPOSITION

Lorsque le résultat d'ensemble est **bénéficiaire,** il est soumis à l'impôt sur les sociétés au nom de la société tête de groupe. Le taux applicable est le taux normal (voir n° 36065) pour les bénéfices « ordinaires » – sous réserve de l'application du taux de 15 % en faveur de certaines PME (nos 36085 s.) – et le taux réduit de 15 % ou de 19 % pour la plus-value nette à long terme (n° 40570). 40555 CGI art. 223 C IS-V-43000 s

Lorsque le résultat d'ensemble est **déficitaire,** ce déficit constitue une charge des exercices suivants, sauf option pour le report en arrière de ce déficit.

ATTENTION

Le résultat net d'ensemble de cession, de concession ou de sous-concession portant sur les actifs de **propriété industrielle** peut être imposé séparément au taux de 10 % (n° 40485).

Report déficitaire en avant Le **déficit d'ensemble** est reportable en avant dans les conditions de droit commun, de façon illimitée dans le temps, avec application de la règle de plafonnement exposée n° 35905. 40560

La **majoration du plafond d'imputation** des déficits prévue au profit des sociétés en difficulté bénéficiaires d'abandons de créances s'applique pour la détermination du résultat du groupe lorsqu'une ou plusieurs sociétés membres ont bénéficié d'abandons de créances consentis par des personnes non membres du groupe dans le cadre d'un accord de conciliation ou d'une procédure de sauvegarde, de redressement ou de liquidation judiciaires (BOI-IS-GPE-30-10 n° 260). Mais cette faculté de majoration ne doit pas avoir déjà été entièrement utilisée par la filiale bénéficiaire de l'abandon de créances pour la détermination de son résultat propre (BOI précité n° 260).

> Précisions Le déficit d'ensemble de l'exercice, ainsi que les déficits antérieurs qui demeurent reportables, peuvent être imputés sur le résultat net d'ensemble bénéficiaire taxable au taux réduit de 10 % résultant d'opérations réalisées par des sociétés du groupe sur certains droits de la **propriété industrielle** (n° 40485).

Report déficitaire en arrière La société tête de groupe peut opter pour le report en arrière du **déficit d'ensemble.** Ce déficit est alors imputé sur le bénéfice d'ensemble de l'exercice précédent ou sur le bénéfice que la société mère a personnellement réalisé au cours de l'exercice précédant l'application du régime de groupe, dans les conditions visées nos 35925 s. Il ne peut en revanche être imputé sur le bénéfice d'ensemble d'un précédent groupe intégré dissous qui avait été constitué par la même société mère que celle du nouveau groupe (CE 2-12-2019 n° 420910 : RJF 2/20 n° 98 ; BOI-IS-GPE-30-10 n° 310). 40565 CGI art. 223 G IS-V-43750 s

De leur côté, les **filiales** du groupe ne peuvent plus exercer l'option pour le report en arrière de leur déficit. Si elles disposent de créances nées du report en arrière avant l'intégration, elles peuvent les conserver. Les filiales peuvent également céder à la société mère pour leur valeur nominale les créances constatées avant leur entrée dans le groupe. La société tête de groupe peut alors les utiliser pour le paiement de l'impôt dû sur le résultat d'ensemble, dans la limite du montant de l'impôt dont la filiale aurait été redevable si elle avait été imposée distinctement.

L'imputation doit se faire dans l'ordre où les créances sont nées. Le droit de les utiliser cesse du jour où la filiale concernée quitte le groupe, mais les créances non utilisées seront remboursées à l'échéance à la société mère (BOI-IS-GPE-30-30-30-10 nos 40 et 50).

Plus-value ou moins-value à long terme La **plus-value** nette à long terme d'ensemble est, sauf compensation avec le déficit d'ensemble de l'exercice ou des exercices antérieurs ou avec les moins-values nettes à long terme d'ensemble subies au titre des dix exercices antérieurs et restant à reporter (n° 18675), imposée séparément à un taux de 15 % ou, pour les titres de participation au sein de sociétés immobilières cotées, de 19 %. Le montant net de la plus-value à long terme d'ensemble afférente aux autres titres de participation et assimilés visés nos 18735 s. bénéficie d'un régime de taxation réduite à une quote-part de frais et charges déterminée comme indiqué n° 40447. 40570 CGI art. 223 D IS-V-38550 s

La **moins-value** nette d'ensemble constatée au titre d'un exercice et qui relève du taux de 15 % ou de 19 % ne peut en principe être imputée que sur les plus-values nettes à long terme d'ensemble réalisées au cours des dix exercices suivants (n° 18680), quel que soit le taux réduit dont elles relèvent. La fraction de la moins-value nette d'ensemble qui se rapporte à des titres de participation relevant du régime de taxation réduite à une quote-part de frais et charges ne peut faire l'objet d'aucune imputation.

> Précisions Les **plus-values nettes d'une société** ne sont transmises au groupe que si elles ne sont pas imputées par cette société sur son déficit de l'exercice ou sur des déficits ou moins-values antérieurs à l'intégration qui demeurent reportables dans les conditions indiquées n° 40385.

DÉCLARATIONS

40580 CGI art. 223 Q IS-V-47000 s

Chaque société du groupe (société tête de groupe et filiales) souscrit la déclaration de ses **résultats propres** tels qu'ils seront retenus dans le résultat d'ensemble (et qui doivent donc être corrigés en conséquence).

En outre, elle détermine, au moyen de tableaux fiscaux n°s 2058-A-bis-SD et 2058-B-bis-SD, le résultat de l'exercice comme si elle était imposée séparément et n'avait donc jamais fait partie du groupe. Ce résultat « hors groupe » est utilisé pour le calcul de la réserve spéciale de participation des salariés et pour l'utilisation par la société mère des créances nées (avant l'intégration) du report en arrière des déficits dont disposent les filiales (n° 40565), ainsi que pour la répartition de l'impôt d'ensemble entre les sociétés (n° 40615).

En plus de sa déclaration propre, la société tête de groupe doit souscrire la déclaration du **résultat d'ensemble** de chaque exercice. Elle souscrit à cet effet une série de documents spécifiques énumérés à l'article 46 quater-0 ZL de l'annexe III au CGI.

Cas où les sociétés du groupe relèvent de la compétence de la **Direction des grandes entreprises,** voir n°s 87400 s.

Toutes ces déclarations doivent être transmises par **voie électronique.**

PAIEMENT DE L'IMPÔT

40590 CGI art. 223 A IS-V-49000 s

Redevable La société mère est seule redevable de l'impôt sur les sociétés dû sur le résultat d'ensemble et de la contribution sociale. Chaque société membre du groupe est tenue solidairement au paiement de l'IS et, le cas échéant, des intérêts de retard, majorations et amendes fiscales correspondants, dont la société mère est redevable, à hauteur de l'impôt et des pénalités qu'elle devrait acquitter si elle n'était pas membre du groupe. Le paiement de l'impôt s'effectue selon les règles habituelles, sous réserve des spécificités décrites ci-après.

En ce qui concerne l'obligation de paiement des impôts auprès de la **Direction des grandes entreprises,** voir n° 87455.

Répartition de la charge d'impôt entre les différentes sociétés du groupe, voir n°s 40615 s.

40595 CGI art. 223 N IS-V-50900 s

Acomptes provisionnels d'impôt sur les sociétés Ils sont dus par la société mère et s'imputent sur l'impôt dû à raison du résultat d'ensemble. Cette règle comporte toutefois des dérogations lors de la constitution du groupe et de l'entrée ou de la sortie d'une société.

Lorsque la **somme des chiffres d'affaires** des sociétés membres du groupe au titre du dernier exercice clos (y compris celui des filiales nouvellement entrées) est au moins égal à 250 M€ et que le bénéfice d'ensemble a augmenté dans certaines proportions par rapport à l'exercice précédent, la mère intégrante doit calculer le **dernier acompte** en fonction du bénéfice estimé de l'exercice en cours selon les modalités décrites n° 36545. Pour apprécier si elle est tenue à cette règle particulière, la société mère doit normalement retenir le résultat d'ensemble estimé, imposable au taux de droit commun, majoré du résultat net d'ensemble provenant de la concession, de la sous-concession ou de la cession de droits de la propriété industrielle ou de logiciels protégés par le droit d'auteur (n° 40485), sans tenir compte du résultat afférent aux sociétés sorties du groupe au cours de l'exercice (BOI-IS-GPE-30-30-10 n°s 160 s.). Mais elle peut aussi se fonder, si elle y a intérêt, sur la somme des résultats comptables prévisionnels des sociétés membres établis dans les conditions prévues à l'article L 232-2 du Code de commerce, qu'elles soient ou non légalement tenues de produire elles-mêmes un tel compte (BOI-CF-INF-10-30 n°s 230 et 235).

Sur les pénalités applicables en cas d'**insuffisance de paiement,** voir n° 36545, précision c.

> Précisions a. Exercice de constitution du groupe : chaque société reste tenue au paiement de ses propres acomptes calculés sur ses résultats précédents. Ces acomptes sont à valoir sur l'impôt qui sera dû par la société mère à raison du résultat d'ensemble ; en cas d'excédent, celui-ci sera remboursé d'office à la société mère. Ils peuvent être limités en fonction du résultat prévisionnel propre de chaque société (ou en fonction du résultat prévisionnel d'ensemble, étant précisé que cette modulation des acomptes reste selon nous possible dans le cas où une des sociétés membres est tenue de calculer son dernier acompte conformément aux modalités exposées n° 36545).

b. Exercice suivant celui de la constitution : pour le calcul du premier acompte de cet exercice, l'exercice de référence (avant-dernier exercice) correspond à l'exercice de la société mère qui précède la date d'effet de son option. Mais cette société peut demander la dispense ou la réduction de cet acompte en fonction du résultat prévisionnel d'ensemble (BOI-IS-GPE-30-30-10 n°s 70 s.).

c. Entrée de nouvelles sociétés dans le groupe : mécanisme analogue à celui de l'exercice de constitution. Chaque société entrante est tenue de verser ses propres acomptes pour la période de douze mois ouverte à compter de son entrée dans le groupe. Ces acomptes peuvent être limités en fonction de son propre résultat prévisionnel ou du résultat prévisionnel d'ensemble, sous réserve qu'elle soit toujours membre du groupe à la clôture de l'exercice. Ils sont pris en compte par la société tête de groupe pour l'exercice de sa propre faculté de limitation, appréciée en fonction du résultat prévisionnel d'ensemble. La société mère peut se dispenser du versement des acomptes si le résultat prévisionnel du groupe est déficitaire avant prise en compte du résultat prévisionnel bénéficiaire de la filiale entrante (BOI précité n° 40).

d. Exercice de sortie d'une société du groupe : c'est à la société mère d'acquitter les acomptes dus par la société sortante pour la période de douze mois à partir de la sortie. Ces acomptes, calculés d'après les résultats de la société sortante, sont payés au comptable du lieu d'imposition de cette société (CGI ann. III art. 46 quater-0 ZJ).

e. Dissolution du groupe suivie de la constitution d'un nouveau groupe ou opération d'apport-attribution dite « scission partielle » : voir n° 40770.

Montant net de l'IS Le montant des **crédits et réductions d'impôt** obtenus par l'ensemble des sociétés du groupe en raison de l'engagement de dépenses diverses (recherche, mécénat… : voir n°s 10470 s.) ou afférents à des revenus de capitaux mobiliers de source étrangère reste calculé au niveau individuel. Il est imputable sans limitation sur l'IS dû par la société tête de groupe au taux normal ou au taux réduit. **40600** CGI art. 223 O IS-V-49500 s

En particulier, le montant du crédit d'impôt **recherche** imputable sur l'IS d'ensemble est égal à la somme des crédits d'impôt calculés par chaque société du périmètre. Le crédit excédentaire non imputé constitue une créance sur l'État au profit de la société mère, qui peut être utilisée dans les conditions exposées n° 10495. Le remboursement de la créance est demandé par la société mère. Une société membre du groupe ne peut se substituer à cette dernière que si elle dispose d'un mandat régulièrement confié par elle (CE 10-5-2017 n° 395447 : RJF 8-9/17 n° 863).

Imputation sur l'impôt dû par la société tête de groupe des **créances** des filiales **nées d'un report en arrière des déficits** : voir n° 40565.

ATTENTION

La réduction d'impôt **mécénat** constatée par une société **avant son entrée dans le groupe** ne peut pas être transmise à la société mère (CE 29-5-2017 n° 404610 : RJF 8-9/17 n° 785 ; BOI-BIC-RICI-20-30-30 n° 180).

Contribution sociale La société mère est redevable de la contribution sociale de 3,3 % (n°s 36690 s.) lorsque la somme des chiffres d'affaires de toutes les sociétés du groupe excède 7,63 M€. La contribution sociale est assise sur l'IS, dû au taux normal et aux taux réduits, calculé sur le résultat d'ensemble et sur la plus-value nette d'ensemble du groupe avant imputation des crédits d'impôt. **40605** CGI art. 235 ter ZC, II IS-V-51420 s

> Précisions L'abattement de 763 000 € qui doit être pratiqué pour le calcul du montant à payer ne s'applique qu'une seule fois, au niveau de l'impôt d'ensemble.

Les filiales sont dispensées du paiement de la contribution dès leur **premier exercice d'intégration**, mais l'administration considère, à tort à notre avis, qu'elles sont néanmoins tenues d'acquitter les quatre acomptes (BOI-IS-GPE-30-30-20 n° 20).

Les filiales doivent acquitter la contribution au titre de l'exercice de **sortie**. L'administration considère, de manière contestable à notre avis, que la société mère doit, comme en matière d'IS, verser les quatre acomptes au titre de cet exercice pour le compte de celles-ci (BOI précité n° 30).

RÉPARTITION DE L'IMPÔT D'ENSEMBLE ET CONVENTIONS D'INTÉGRATION

La loi ne comporte aucune précision quant à la **répartition,** entre les sociétés du groupe, des **impôts acquittés par la société mère** au nom du groupe, ni de l'**économie d'impôt** résultant, le cas échéant, de l'application du régime de groupe. Il revient donc aux sociétés du groupe d'en décider par une convention établie à cet effet. Selon le Conseil d'État, la répartition peut être décidée librement en toute **neutralité fiscale,** à condition qu'elle ne porte atteinte ni à l'**intérêt social propre** de chaque société ni aux droits des **associés minoritaires** (CE 12-3-2010 n° 328424 : RJF 5/10 n° 469). **40615** IS-V-86000 s

L'administration, qui s'est ralliée à cette position, considère que la méthode retenue doit faire référence, pour le calcul des économies d'impôt et des versements corrélatifs, aux résultats individuels des sociétés membres du groupe déterminés comme si elles étaient imposées séparément, et ne doit pas conduire à faire supporter à une filiale une charge d'impôt supérieure à celle qu'elle aurait dû supporter en cas d'imposition séparée. Une telle méthode serait en effet constitutive d'un acte anormal de gestion, sauf circonstances particulières qui en justifieraient la normalité (BOI-IS-GPE-30-30-10 n° 250). Par exception, l'administration admet qu'une filiale puisse supporter une charge de **contribution sociale** supérieure à celle qu'elle aurait dû supporter si elle était restée imposée séparément (BOI-IS-GPE-30-30-10 n° 290).

ILLUSTRATIONS

Les conventions peuvent notamment prévoir, sans que cela soit constitutif d'une **subvention** versée par la société mère aux filiales :
– la **réallocation aux filiales déficitaires** d'une somme égale aux **économies d'impôt** générées par leurs déficits (CE 24-11-2010 n° 334032 : RJF 2/11 n° 151) ;
– la **répartition de l'impôt du groupe** au **prorata des résultats des filiales** (CE 12-3-2010 n° 328424 précité) ;
– le **maintien au niveau de la société mère de la charge définitive de l'impôt,** sans refacturation aux filiales (CE 5-7-2013 n° 351874 : RJF 10/13 n° 914).

Le Conseil d'État a jugé que les **stipulations d'une convention** d'intégration avaient pu être **amendées par une note interne** au groupe signée par la société mère, traduisant l'existence d'un accord avec la filiale (CE 13-10-2016 n° 388410 : RJF 1/17 n° 18), le recours à une telle procédure semblant toutefois devoir être manié avec prudence. Les **écritures comptables** de la mère et de la fille peuvent également traduire leur volonté de déroger ponctuellement à la convention (CAA Bordeaux 14-2-2017 n° 15BX00359 : RJF 5/17 n° 420).

Pour des **modèles** de convention d'intégration, voir Mémento Intégration fiscale n°s 27500 s.

Comptabilisation de l'impôt : voir Mémento comptable n°s 52765 s.

40620 En cas de sortie de groupe, l'**indemnisation** par la société mère des **filiales sortantes** dépossédées de l'usage de leurs déficits ne constitue pas une subvention imposable (CE 11-12-2009 n° 301341 : RJF 2/10 n° 107 ; BOI-IS-GPE-30-30-10 n° 260). Il en est de même lorsque la convention d'intégration ne fixe pas les modalités de l'indemnisation mais se borne à en poser le principe, en renvoyant à un accord ultérieur à intervenir entre les parties lors de la sortie de la filiale déficitaire (CE 24-11-2010 n° 333867 : RJF 2/11 n° 150 ; BOI précité n° 270). L'administration a toutefois précisé que le **montant de l'indemnité** versée à une filiale sortante ne peut excéder celui résultant de l'évaluation du préjudice subi par cette dernière du fait de l'attribution définitive de ses déficits à la société mère durant sa période d'appartenance au groupe (BOI précité n° 280). L'évaluation de ce préjudice doit, à notre avis, tenir compte également des réductions et crédits d'impôt transmis à la société mère durant cette période.

5. SORTIE ET CESSATION DU GROUPE

SORTIE D'UNE FILIALE

40640 CGI art. 223 S IS-V-54250 s **Cas de sortie** Il y a sortie d'une filiale du groupe lorsqu'elle **cesse de remplir les conditions** d'accès au régime.

ILLUSTRATIONS

Il en est ainsi notamment en cas de :
– réduction à moins de 95 % du taux de détention par la société mère ;
– modification de la date de clôture de l'exercice (voir toutefois n° 40295) ;
– modification du régime fiscal de la société filiale ;
– décision de la société mère de ne plus retenir la filiale dans le périmètre d'intégration ;
– dissolution, y compris en cas de transmission universelle du patrimoine à l'associé unique ;
– transformation entraînant création d'une personne morale nouvelle ;
– transfert du siège à l'étranger (dans le cas où il entraîne les conséquences de la cessation d'entreprise) ;
– absorption par fusion, même si l'absorbante est une autre société du groupe ;
– apport des titres d'une filiale dans le cadre de la scission partielle du groupe.

La sortie d'une filiale entraîne en principe celle des **filiales détenues par son intermédiaire.** La sous-filiale peut toutefois être maintenue dans le groupe dans certaines situations (notamment absorption ou confusion de patrimoine de la société membre qui la détient par une autre société du groupe, par la société mère, par une société intermédiaire, par une société étrangère ou par l'entité mère non résidente : BOI-IS-GPE-40-10 n° 40).

En cas de **liquidation,** la sortie de groupe intervient en principe à la date de clôture de la période de liquidation qui marque la cessation d'activité de la société. Cette règle vaut tant pour la **liquidation amiable** (CE plén.11-2-1987 n° 47157 : RJF 3/87 n° 273-a) que pour la liquidation **judiciaire**

(CE 10-4-2015 n° 371765 : RJF 7/15 n° 570). Le maintien dans le groupe de la société en liquidation reste subordonné à l'établissement de **comptes annuels,** afin d'assurer le respect de l'exigence de coïncidence des exercices sociaux des sociétés du périmètre.

S'agissant des **groupes horizontaux,** la sortie d'une société peut également résulter des événements spécifiques suivants : 40650

– réduction à moins de 95 % du taux de détention par l'**entité mère non résidente** (direct ou indirect par l'intermédiaire d'une chaîne de participation éligible) ;

– changement affectant une **société étrangère** entraînant la sortie des filiales détenues par son intermédiaire (réduction à moins de 95 % du taux de détention par l'entité mère non résidente, changement de régime fiscal, modification de la date de clôture de son exercice alors que la législation étrangère permet l'alignement sur celle du groupe, retrait de l'UE ou de l'EEE).

Conséquences de la sortie Les **résultats** de la société qui sort cessent d'être pris en compte dans le groupe au titre de l'exercice de sortie (la sortie intervenant toujours au premier jour de l'exercice au cours duquel se produit l'événement entraînant sortie, sauf cession ou apport des titres au dernier jour de l'exercice, voir n° 40260, b). 40655 CGI art. 223 R IS-V-55300 s

La filiale sortante ne peut pas déduire de ses résultats ultérieurs les **déficits et les moins-values à long terme** subis pendant l'intégration. Ceux antérieurs à l'intégration et non encore imputés restent en revanche reportables dans les conditions de droit commun. Il n'est pas possible à la filiale sortante d'opter pour le report en arrière d'un déficit ultérieur sur un bénéfice qui a été compris dans le résultat d'ensemble (CGI art. 223 E et 223 K).

Sauf si elle résulte d'une fusion soumise au régime spécial de l'article 210 A du CGI avec une autre société du groupe, ou une société intermédiaire ou, dans le cas d'une intégration horizontale, une société étrangère ou l'entité mère non résidente, la sortie entraîne par ailleurs la **réintégration** au résultat d'ensemble de l'exercice de sortie :

– des plus-values ou moins-values de cessions internes au groupe antérieurement neutralisées : voir n°s 40470 s. ;

– des subventions et abandons de créances ayant fait l'objet d'une neutralisation au titre d'un exercice ouvert avant le 1er janvier 2019 : voir n° 40532.

La sortie du groupe de la **société propriétaire** d'un bien ayant fait l'objet d'une cession intragroupe ou de l'une des **sociétés cédantes** permet la **déduction** du résultat d'ensemble des provisions pour dépréciation qui ont été réintégrées dans les conditions exposées n° 40430. La reprise ultérieure d'une telle provision n'entraîne aucune rectification pour la détermination du résultat d'ensemble.

Régime des **acomptes d'IS** : voir n° 40595, précision d.

Sortie d'une société ayant, avant son entrée dans le groupe, opté pour le **régime spécial d'imposition des produits de la propriété industrielle** : voir n° 40485, précision a.

CESSATION DU RÉGIME DE GROUPE

Cas de cessation **Trois situations** emportent cessation du régime de groupe et sortie de toutes les sociétés qui le composent : 40660 CGI art. 223 S IS-V-54570 s

– la société mère dénonce l'option et ne formule pas d'option pour une autre forme de groupe (n° 40662) ;

– la société mère reste seule membre du groupe ;

– le groupe ne satisfait plus à l'une ou l'autre des conditions d'application du régime d'intégration fiscale. Par exemple : non-respect des règles de détention prévues à l'égard de la société mère (n° 40240), absorption, dissolution, certains cas de transfert à l'étranger, changement de régime fiscal de la société mère.

La cessation d'un groupe d'**intégration horizontale** doit également être constatée en cas de non-respect des conditions relatives à la détention de la société mère ou de l'entité mère non résidente (n°s 40265 s.), par exemple en cas d'absorption ou de dissolution de l'entité mère non résidente, de changement de régime fiscal de l'entité mère non résidente ou d'une société étrangère, ou lorsqu'une personne morale, autre que la société mère, opte pour en devenir société mère. Il n'y a en revanche pas cessation lorsque l'entité mère non résidente ou une société étrangère absorbe une société étrangère du même groupe, sous réserve que les conditions prévues pour former un groupe demeurent remplies (BOI-IS-GPE-50-10-20 n° 46).

Option pour une autre forme de groupe La **dénonciation de l'option** par une société mère pour le régime de l'intégration fiscale qu'elle a exercée n'entraîne pas la cessation 40662 IS-V-54650 s de son groupe si elle formule une autre des options prévues pour former un groupe vertical, un groupe horizontal, un groupe combiné d'assurances mutuelles, un groupe bancaire mutualiste, ou un groupe d'établissements publics industriels et commerciaux. Ainsi, il n'y a pas cessation du groupe en cas de passage d'un groupe vertical à un groupe horizontal ou inversement.

› Précisions L'option de la société mère pour une autre forme de groupe est possible même si la **période de validité de cinq exercices** de l'option initiale ou de son renouvellement n'est **pas expirée** (BOI-IS-GPE-40-10 n° 95).

40665 CGI art. 223 R et 223 S IS-V-57200 s

Conséquences de la cessation La dissolution d'un groupe prend **effet** à l'ouverture de l'exercice au cours duquel survient l'événement qui la provoque.

Elle entraîne les mêmes **réintégrations** qu'en cas de sortie d'une société (n° 40655), mais ces réintégrations concernent tout le groupe et représentent le total des sommes à réintégrer au titre de chacune des sociétés du groupe. Ces réintégrations d'ensemble doivent être comprises par la société tête de groupe dans son propre résultat de l'exercice de fin de groupe.

Le **déficit** d'ensemble (ou la moins-value à long terme d'ensemble) subi par le groupe pendant la période d'intégration et encore reportable lors de sa dissolution appartient à l'ancienne société mère, qui peut l'imputer sur ses résultats de l'exercice de sortie et des exercices suivants dans les conditions de droit commun (n° 35905). De même, seule l'ancienne société mère peut reporter en arrière sur le bénéfice d'ensemble ses propres déficits postérieurs à la fin du groupe, dans les conditions de droit commun exposées n°s 35925 s.

Les **charges financières** nettes non déduites et la **capacité de déduction inemployée** (n° 40505), qui sont encore reportables à l'expiration de la période d'application du régime de groupe, sont utilisables par l'ancienne société mère sur ses résultats selon les modalités prévues pour les sociétés non membres d'un groupe (voir n°s 35852 s.).

› Précisions La société mère qui procède à l'**absorption de toutes les filiales du groupe,** et de ce fait change d'activité, conserve le droit au report du déficit et de la moins-value à long terme d'ensemble sauf pour la fraction qu'elle a elle-même transmise au groupe (fraction calculée exercice par exercice, en appliquant au déficit d'ensemble le rapport entre les déficits de la société mère et ceux de l'ensemble des sociétés déficitaires du groupe).

40667 IS-V-64450 s CGI art. 223 S, al. 7

Opérations affectant la société mère **a.** Il n'y a pas cessation du groupe en cas d'**absorption,** à la suite d'une fusion placée sous le régime spécial prévu à l'article 210 A du CGI, **de la société mère par une autre société du groupe** qui exerce une option pour former un des groupes énumérés n° 40662. Il en est de même sous certaines conditions en cas d'absorption de la société mère par une **société intermédiaire** ou, dans le cadre d'une intégration horizontale, par une **société étrangère** ou par l'**entité mère non résidente** (BOI-IS-GPE-40-10 n° 107). Il n'est donc pas procédé à la réintégration au résultat d'ensemble ou à la plus-value ou moins-value nette à long terme d'ensemble des sommes qui devrait résulter de la sortie du groupe de la société mère (n°s 40470 s. et 40532). Ces dernières sont comprises dans le résultat d'ensemble lors de la cessation du groupe formé par la société absorbante. En cas d'absorptions successives, également placées sous le régime spécial, de la société mère par un membre du groupe se constituant société mère, la réintégration des sommes est reportée à la cessation du groupe formé par la dernière société absorbante (CGI art. 223 R).

Le déficit d'ensemble subi avant l'absorption de la société mère demeure reportable et seuls les déficits de la société mère absorbée subis avant son entrée dans le groupe nécessitent le cas échéant l'agrément prévu à l'article 209, II du CGI (BOI précité n° 104).

CGI art. 223 L, 6-c-al. 3 IS-V-64600 s

b. Lorsque l'**absorption de la société mère entraîne une cessation,** c'est à la société absorbante qu'il incombe de procéder aux réintégrations au titre de l'exercice de réalisation de la fusion. Elle peut imputer sur ces réintégrations, dans la limite de leur montant, le déficit d'ensemble ou la moins-value nette à long terme d'ensemble dont dispose la société absorbée à la date d'effet de la fusion. Sort du reliquat éventuel de déficit : voir n° 40750. Si les réintégrations se traduisent par une perte, celle-ci est comprise dans le résultat (ou la plus-value nette à long terme) de la société absorbante au titre de l'exercice de la fusion et ne vient pas s'ajouter au déficit d'ensemble (ou à la moins-value nette à long terme d'ensemble) de l'ancien groupe (BOI-IS-GPE-50-30-10 n° 130, concernant la scission de la société mère mais transposable au cas d'une absorption).

En cas d'**absorption d'une entité mère non résidente** d'un **groupe horizontal** par une autre société qui remplit les conditions pour avoir le statut d'entité mère non résidente ou de société étrangère, ces réintégrations sont effectuées par la société mère du nouveau groupe, la société absorbante (étrangère) n'étant pas soumise à l'impôt sur les sociétés (CGI art. 223 L, 6-c-al. 7). Si, en revanche, l'absorbante est soumise à l'impôt sur les sociétés et forme un nouveau groupe avec les membres du groupe précédent, il lui incombe de réaliser les réintégrations de sortie.

c. Régime analogue lorsque la cessation résulte de la **scission de la société mère** ou de l'**entité mère non résidente.** Les réintégrations de sortie sont opérées, et les déficits imputés, par les sociétés bénéficiaires des apports, chacune pour ce qui la concerne ou par la société mère du nouveau groupe. CGI art. 223 L, 6-c **IS-V-64610 s**

d. Si le **capital de la société mère** ou de l'entité mère non résidente **vient à être détenu à 95 % au moins** par une autre personne morale soumise à l'IS dans les conditions visées n° 40240 ou n°s 40265 s., ce dépassement entraîne cessation du groupe (sauf cas de simple dépassement temporaire en cours d'exercice : n° 40260, a). La cessation prend effet à la clôture de l'exercice du dépassement, par dérogation à la règle normale. La société mère doit néanmoins tirer les conséquences de la disparition future de son groupe et procéder aux réintégrations correspondantes au titre de l'exercice en cause. Le déficit (ou la moins-value nette à long terme) d'ensemble est, le cas échéant, imputable sur ces réintégrations. Sort du reliquat éventuel : voir n° 40750. CGI art. 223 L, 6-d **IS-V-67550 s**

e. En cas d'absorption, de scission ou de prise de contrôle à 95 % de la société mère ou, dans le cas d'une intégration horizontale, de l'entité mère non résidente, un dispositif particulier est prévu pour permettre la **constitution immédiate d'un nouveau groupe,** sans rupture dans l'application du régime : voir n°s 40710 s.

RETRAIT D'UN ÉTAT DE L'UNION EUROPÉENNE OU DE L'EEE

Dans le cas où une société intermédiaire ou, dans le cas d'une intégration horizontale, l'entité mère non résidente ou une société étrangère ne satisfait plus aux conditions d'éligibilité requises en raison du retrait de l'État, dans lequel elle est soumise à un impôt équivalent à l'impôt sur les sociétés, de l'Union européenne ou de l'accord sur l'EEE, elle est réputée remplir ces conditions jusqu'à la clôture de l'**exercice au cours duquel le retrait est survenu.** **40670** CGI art. 223 L, 6-k et 6-l **IS-V-54750 s**

En cas de perte de la qualité de **société intermédiaire,** la société mère doit ajouter au résultat d'ensemble de l'exercice de retrait les sommes dont la réintégration est prévue aux articles 223 F et 223 R du CGI du fait de la perte de cette qualité ou de la sortie du groupe des sociétés ne remplissant plus les conditions pour faire partie du groupe.

Dans le cadre d'un **groupe horizontal,** une société étrangère établie hors de l'État de retrait et détenue directement ou indirectement par l'entité mère non résidente peut se substituer à cette dernière (établie dans l'État de retrait) si elle satisfait aux conditions requises. Cette substitution n'entraîne pas la cessation du groupe, et la société mère n'a pas à exercer de nouvelle option pour le régime de groupe. La société mère ajoute au résultat d'ensemble de l'exercice au cours duquel le retrait est survenu les sommes dont la réintégration est prévue aux articles 223 F et 223 R du CGI du fait :

– de la perte de la qualité d'entité mère non résidente, de société étrangère, ou de société intermédiaire ;

– ou de la sortie du groupe des sociétés ne remplissant plus les conditions pour y appartenir.

Mais il est admis que ne soient pas réintégrées les sommes qui devraient l'être compte tenu de la perte de la qualité de société étrangère par la société substituée à l'entité mère non résidente (BOI-IS-GPE-50-60-40 n° 40).

SORTIE DE GROUPE LIÉE À UNE PROCÉDURE COLLECTIVE

Lorsque les titres des filiales sont cédés dans le cadre d'une **liquidation judiciaire de la société mère** entraînant la cessation du groupe, ces filiales retrouvent la disposition de la fraction du **déficit** et de la **moins-value nette à long terme** d'ensemble encore reportables qu'elles ont transmises au groupe pendant l'intégration. Ce montant correspond à celui qui reste en report à la clôture de l'exercice précédant celui au cours duquel intervient la cession des titres. Il est donc déterminé avant prise en compte des réintégrations de sortie visées n° 40655. La part du déficit d'ensemble ou de la moins-value nette à long terme d'ensemble réallouée à chaque filiale sortante est imputable sur ses résultats et plus-values des exercices ultérieurs dans les conditions de droit commun. En ce qui concerne la possibilité de reconstituer immédiatement un nouveau groupe, voir n° 40790. **40675** CGI art. 223 E **IS-V-62000 s**

Le même dispositif s'applique dans le cas où une **filiale** fait l'objet d'une **procédure collective** et sort du groupe du fait de la cession de ses titres. La fraction du déficit d'ensemble reportable qui lui est allouée ne peut toutefois pas porter sur le déficit d'ensemble qui est susceptible d'être reporté en arrière par la société mère (n° 40565).

> **Précisions** **a.** Lorsque la société mère fait l'objet d'une procédure de sauvegarde ou de redressement judiciaire, le dispositif s'applique à condition que le **transfert de propriété des titres** des filiales intervienne dans les dix-huit mois suivant le jugement d'ouverture par le tribunal de commerce. Aucun délai n'est fixé en cas de procédure de liquidation judiciaire.

b. La **quotité des déficits** dont la filiale retrouve la disposition est égale pour chaque exercice au montant du déficit qu'elle a transmis au groupe, affecté du rapport entre, d'une part, le déficit d'ensemble de l'exercice et, d'autre part, la somme des déficits des sociétés du périmètre pris en compte pour la détermination du résultat d'ensemble de l'exercice. Ce dernier montant est majoré du déficit que la filiale aurait pu imputer sur son bénéfice en sortant du groupe au cours de l'exercice précédent (CGI ann. III art. 46 quater-0 ZJ bis, 3). Ce calcul implique de remonter jusqu'à l'exercice le plus ancien au titre duquel subsiste un déficit d'ensemble en instance de report. S'il ne peut être mené à son terme, il peut être interrompu d'un commun accord entre la société mère et la filiale cédée, qui perd alors le droit de récupérer ses déficits antérieurs (BOI-IS-GPE-60 n° 190). Les réintégrations de sortie sont imputées sur le déficit d'ensemble et la moins-value nette à long terme d'ensemble qui trouvent leur origine dans les résultats de la société mère et, le cas échéant, des filiales qui restent dans le groupe. Le solde éventuel est perdu.

6. RESTRUCTURATIONS DU GROUPE

a. Incidences possibles des restructurations sur le régime d'intégration

FUSIONS, SCISSIONS ET APPORTS PARTIELS D'ACTIF

40700 IS-V-63000 s

L'absorption, la confusion ou la scission d'une **société du périmètre** entraîne sa sortie du groupe, étant précisé que ces conséquences peuvent être atténuées si la société absorbante est membre du même groupe ou a la qualité de société intermédiaire ou, dans le cas d'une intégration horizontale, de société étrangère ou d'entité mère non résidente (n°s 40470 et 40532). Une mesure spéciale est également prévue en cas d'absorption d'une société mère par une société du groupe (n° 40667). Un apport partiel d'actif à une société extérieure peut avoir des incidences sur le périmètre du groupe si l'opération réduit le taux de participation de la société mère sur une filiale (n° 40260, b et c).

En cas de fusion, confusion, scission ou apport partiel d'actif réalisé **entre sociétés du même groupe,** aucune plus-value d'apport n'est extériorisée dès lors que ces opérations sont obligatoirement transcrites aux valeurs comptables. Pour les fusions, confusions et les scissions, l'option pour le régime de faveur de l'article 210 A du CGI permet de reporter l'imposition des plus-values latentes sur les biens apportés (amortissables ou non) au moment de leur cession hors du groupe.

En ce qui concerne les apports partiels d'actif internes, les sociétés ont le choix entre l'application du régime prévu par l'article 210 B du CGI et le dispositif de neutralisation des plus-values de cessions intragroupe (n° 40445).

Par ailleurs, les opérations de fusion ou assimilées placées sous le régime de faveur ainsi que les opérations de cession peuvent se succéder en franchise d'impôt lorsqu'elles sont réalisées au sein du groupe, et ce quel que soit l'ordre dans lequel elles interviennent (voir n° 40470 en ce qui concerne le maintien de la neutralisation des plus-values intragroupe).

Dans le cas où l'apport concerne des **titres de participation** ou assimilés visés n°s 18735 s., l'application des règles de droit commun permet d'obtenir le régime de taxation réduite à une quote-part de frais et charges (voir n° 40447) de la plus-value à long terme constatée, comprenant le cas échéant les plus-values en report ou en sursis d'imposition. L'application du régime spécial des fusions présente néanmoins un intérêt si la cession des titres reçus est envisagée dans un délai de deux ans afin d'éviter la retaxation des dividendes antérieurement placés sous le régime mère-fille et l'imposition d'une plus-value à court terme.

CHANGEMENT D'OBJET SOCIAL OU D'ACTIVITÉ RÉELLE

40705 Perte des **déficits subis avant l'entrée dans le groupe** par la société qui change d'activité : voir n°s 38715 s.

Pour la société mère, perte du droit au report du **déficit** et de la moins-value à long terme **d'ensemble** pour la fraction qu'elle a elle-même transmise au groupe, lorsqu'elle a absorbé toutes les filiales du groupe et a changé d'activité de ce fait (n° 40665, Précisions).

b. Absorption, scission, prise de contrôle ou apport-attribution et constitution d'un nouveau groupe

40710 Un dispositif particulier est applicable en cas d'absorption, de scission, d'opération d'apport-attribution dite « scission partielle » de la mère ou de prise de participation à 95 % au capital de la société mère. Il a pour but de favoriser la constitution d'un nouveau groupe en évitant toute interruption dans l'application du régime d'intégration. Il ne permet pas d'éviter la cessation du groupe initial, et donc notamment les réintégrations qui peuvent en découler (nos 40660 s.), mais il comporte des mesures d'accompagnement qui en atténuent les conséquences.

Ce régime comporte des spécificités concernant les opérations de restructuration d'un groupe horizontal qui affectent la société mère ou l'entité mère non résidente.

CAS D'APPLICATION DU RÉGIME SPÉCIAL

Absorption de la société mère La société qui absorbe une société mère d'un groupe peut **constituer un nouveau groupe** avec les filiales du groupe dissous dès l'ouverture de l'exercice de fusion si, avant ou du fait de cette fusion, elle remplit les conditions requises pour être tête de groupe (n° 40240 ou n° 40272). Si elle est déjà mère d'un groupe, elle peut donc **élargir** celui-ci aux filiales de l'ancien groupe. **40715** CGI art. 223 L, 6-c et 223 I, 5 IS-V-64400 s

N'ouvrent droit à création d'un nouveau groupe que les fusions dont la **date d'effet** est fixée au premier jour de l'exercice de la société absorbée en cours lors de l'opération. Lorsque la date d'effet de la fusion est antérieure à la date d'ouverture de l'exercice de la société absorbante, les opérations réalisées par la société absorbée entre la date d'effet de la fusion et l'ouverture de l'exercice de la société absorbante sont imposées au nom de la société absorbée, dans le cadre d'une déclaration distincte déposée par la société absorbante. Ces résultats ne peuvent pas être pris en compte pour la détermination du résultat d'ensemble du nouveau groupe.

La société absorbante doit exercer l'**option** pour le régime d'intégration ou, si elle est déjà mère d'un groupe, pour l'élargissement de son périmètre, au plus tard à l'expiration du délai prévu pour le dépôt de la déclaration de résultat. Ce délai est décompté de la date de réalisation de la fusion (date de la dernière assemblée générale approuvant l'opération). Cette option sera reconduite tacitement au terme d'un délai de cinq ans ou à l'expiration de l'option déjà exercée si l'absorbante est déjà mère d'un groupe. La nouvelle société mère doit fournir en annexe à l'option la liste des sociétés entrant dans son groupe ainsi que l'identité et l'accord des sociétés intermédiaires et, dans les groupes horizontaux, des sociétés étrangères et de l'entité mère non résidente.

ATTENTION

Ce dispositif est distinct de celui prévu en cas d'**absorption de la société mère par une société du groupe** (n° 40667, a) dès lors que dans cette dernière situation il n'y a pas de cessation du groupe et formation d'un nouveau groupe (BOI-IS-GPE-40-10 n° 104 ; BOI-IS-GPE-50-10-10 n° 1).

Absorption d'une entité mère non résidente ou d'une société étrangère **40720**

Le dispositif décrit n° 40715 s'applique aussi à l'absorption **par une personne morale passible de l'IS** d'une entité mère non résidente ou d'une société étrangère. La société absorbante peut, dès l'ouverture de l'exercice de fusion, former une nouvelle intégration horizontale ou verticale avec les sociétés du groupe précédemment constitué par la société mère que détient la société absorbée.

La continuité d'application du régime de groupe est également prévue lorsqu'une entité mère non résidente, ou une société étrangère (BOI-IS-GPE-50-10-20 n° 46), est absorbée **par une autre entité mère non résidente ou par une société étrangère.** Une société qui remplit les conditions peut alors se constituer société mère d'un groupe vertical ou horizontal, depuis l'ouverture de l'exercice de fusion, avec les sociétés membres du groupe horizontal qui cesse.

Opération d'apport-attribution La réalisation d'une **opération d'apport-attribution dite « scission partielle »** se décompose en plusieurs étapes. Dans un premier temps, une société mère **apporte,** sous le bénéfice du régime de l'article 210 B du CGI, les **titres** de certaines de ses filiales à une société tierce. Elle **répartit** ensuite les **titres reçus en rémunération** de cet apport entre ses associés, sous le bénéfice du régime de l'article 115, 2 du CGI (sur agrément prévu à l'article 115, 2 bis du CGI si les conditions prévues sont respectées : n° 39605). **40725** CGI art. 223 L, 6-g et 223 I, 7 IS-V-68100 s

La société bénéficiaire de l'apport peut alors **constituer un groupe** avec les filiales dont elle a recueilli le contrôle immédiatement après leur sortie du périmètre d'intégration de la société apporteuse, si elle remplit les conditions pour être tête de groupe à la clôture de l'exercice de réalisation de l'apport.

N'ouvrent droit au dispositif que les apports dont la **date d'effet** est fixée au premier jour de l'exercice des sociétés apportées en cours lors de l'opération.

La société bénéficiaire des apports doit exercer l'**option** pour le régime d'intégration au plus tard à l'expiration du délai de trois mois décompté de la date de réalisation de l'apport (date de la dernière assemblée générale approuvant l'opération), en respectant les modalités détaillées n° 40285.

ATTENTION

Ces opérations d'apport-attribution doivent être distinguées des **scissions partielles** dont le projet a été déposé au greffe depuis le 1er juillet 2023, qui sont régies par les articles L 236-27, al. 2 et R 236-19 du Code de commerce, modifiés respectivement par l'ordonnance 2023-393 du 24 mai 2023 et le décret 2023-430 du 2 juin 2023. En application de ce mécanisme, il peut être prévu que les parts ou actions de la société qui apporte une partie de son actif, ou celles de la ou des sociétés bénéficiaires, ou à la fois celles de la société qui apporte une partie de son actif et celles de la ou des sociétés bénéficiaires représentant la contrepartie de l'apport, sont attribuées directement aux associés de la société apporteuse. Au 1er février 2024, ces opérations ne sont pas visées par l'article 223 L, 6-g du CGI.

Dans le cadre de l'**intégration horizontale,** ce dispositif s'applique en cas d'opération d'apport-attribution dite « **scission partielle** » de **l'entité mère non résidente** qui, à la suite de l'opération, ne détient plus le capital de certaines sociétés membres du groupe (autres que la société mère) dans les conditions prévues nos 40265 s. Une société qui remplit les conditions à la clôture de l'exercice de l'apport peut, à compter de cet exercice, se constituer société mère d'un groupe (vertical ou horizontal) formé avec lesdites sociétés. La société bénéficiaire de l'apport peut par exemple devenir la nouvelle entité mère non résidente d'un groupe horizontal dès lors qu'une société soumise à l'IS satisfait aux conditions prévues pour prendre la tête de ce groupe (BOI-IS-GPE-50-40 n° 260).

40730
CGI art. 223 L, 6-e et 223 I, 5
IS-V-66000 s

Scission de la société mère Les **règles** prévues en cas d'**absorption** de la société mère sont également applicables lorsque celle-ci fait l'objet d'une scission placée sous le régime fiscal de faveur des fusions et opérations assimilées.

Chaque société attributaire d'une partie des apports peut en conséquence former un nouveau groupe (ou élargir son propre groupe) avec les sociétés de l'ancien groupe dont les titres lui sont apportés. Chacun de ces nouveaux groupes prend effet à l'ouverture de l'exercice de scission.

La **particularité** en matière de scission est qu'il est nécessaire de distinguer, le cas échéant, la part qui revient aux différentes sociétés bénéficiaires des apports dans les réintégrations de sortie (n° 40655) et dans le déficit d'ensemble de l'ancien groupe.

Ces mesures s'appliquent, dans les **groupes horizontaux,** en cas de **scission de l'entité mère non résidente.**

40735
CGI art. 223 L, 6-d et 223 I, 5
IS-V-67100 s

Acquisition de 95 % au moins du capital de la société mère La société qui acquiert 95 % du capital de la société mère d'un groupe vertical ou horizontal peut, si elle remplit les conditions requises (n° 40240 ou n° 40272), **former un nouveau groupe** avec les sociétés membres du groupe dissous qui donnent leur accord ou, si elle est déjà mère d'un groupe, faire entrer celles-ci dans son propre groupe ; si cette société est filiale d'un groupe intégré, la société mère de ce dernier peut également élargir celui-ci aux sociétés de l'ancien groupe.

La société cessionnaire peut également inclure dans le nouveau groupe une filiale contrôlée par la société rachetée mais qui ne faisait pas partie de son périmètre d'intégration (BOI-IS-GPE-50-20-20-10 n° 90).

Le nouveau groupe prend naissance dès l'ouverture de l'**exercice** suivant celui de la prise de contrôle, à condition que la nouvelle société mère exerce l'option pour le régime d'intégration, ou fasse connaître sa décision d'élargir son propre groupe, au plus tard à l'expiration du délai prévu pour le dépôt de la déclaration de résultat de l'exercice de la prise de contrôle. Cette option doit être accompagnée de la liste des sociétés entrant dans le groupe et de leur accord. Elle sera reconduite dans les mêmes conditions que l'option exercée par la société absorbante (voir n° 40715).

Dans le cas où la société mère est acquise à 95 % au moins par une société soumise à l'IS par l'intermédiaire d'une **société ayant le statut de société intermédiaire** (n° 40250) et choisit de rejoindre le groupe formé ou élargi par la société qui la contrôle, son intégration dans ce groupe peut intervenir dès l'exercice suivant son acquisition ou ultérieurement (CGI art. 223 L, 6-i).

40737 **Acquisition de 95 % au moins du capital d'une entité mère non résidente ou d'une société étrangère** Le dispositif décrit n° 40735 s'applique également lorsque le capital de l'entité mère non résidente ou d'une société étrangère vient à être détenu à 95 % au moins **par une autre personne morale passible de l'IS,** directement ou indirectement par l'intermédiaire de sociétés également soumises à cet impôt. La personne morale qui a procédé à la prise de contrôle peut constituer un groupe vertical ou horizontal avec les sociétés qui composaient le groupe qui cesse, ou les faire entrer dans le groupe dont elle est déjà membre, depuis l'ouverture de l'exercice suivant l'acquisition.

De même, lorsque la cessation du groupe horizontal résulte de l'acquisition de 95 % au moins du capital de l'entité mère non résidente, ou d'une société étrangère (BOI-IS-GPE-50-20-20-10 n° 350) par une société remplissant les conditions pour avoir la qualité d'**entité mère non résidente** ou de **société étrangère,** une société soumise à l'IS peut prendre la tête d'un groupe formé avec les sociétés membres du groupe horizontal qui cesse, ou les faire entrer dans le groupe dont elle est membre.

Passage d'un groupe vertical à un groupe horizontal Lorsque le **capital de la société mère** d'un groupe vertical est détenu ou vient à être détenu dans les conditions prévues pour les groupes horizontaux, elle peut entrer dans le groupe formé par la société mère d'un groupe horizontal. L'**option** pour élargir le groupe préexistant doit être formulée au plus tard à l'expiration du délai de dépôt de la déclaration de résultat de l'exercice précédant celui au titre duquel elle est exercée. **40740** CGI art. 223 L, 6-j et 223 I, 5 IS-V-69240 s

Une société mère d'un groupe vertical peut exercer l'**option pour un groupe horizontal** sans entraîner de cessation : voir n° 40662.

PORTÉE DU RÉGIME SPÉCIAL

Ajustement de la durée des exercices La durée du **premier exercice** des sociétés du nouveau groupe peut être inférieure ou supérieure à douze mois, afin de permettre l'harmonisation des exercices des différentes sociétés (en cas de scission, chacun des nouveaux groupes peut clore son exercice à la date de son choix) (BOI-IS-GPE-50-30-20 n° 90). L'administration admet que cet ajustement de la durée du premier exercice ne fasse pas obstacle à ce que le groupe puisse par la suite, au cours de la période d'option, **modifier** la date d'arrêté des comptes des sociétés du groupe en application de la règle décrite n° 40295 (BOI précité n° 110). **40745**

S'il en résulte une **absence de bilan** au titre d'une année, pour l'une quelconque des sociétés du groupe, une déclaration provisoire du résultat d'ensemble doit être souscrite par la société mère, tenant compte, pour chacune des sociétés du groupe, des opérations réalisées depuis le début de leurs exercices respectifs jusqu'au 31 décembre.

Lors de la notification de l'option, la mère doit préciser la durée du premier exercice du nouveau groupe et la durée de l'exercice de chaque société membre.

Imputation du déficit de l'ancien groupe Lorsque le groupe disparu dispose d'un déficit (ou d'une moins-value nette à long terme) d'ensemble encore reportable à la date d'effet de l'opération (fusion, scission ou prise de contrôle), ce déficit s'impute en **priorité sur les réintégrations** résultant de la cessation. En cas de scission, cette imputation s'opère au niveau des sociétés bénéficiaires des apports après répartition entre elles des réintégrations et des déficits. **40750** CGI art. 223 I, 6

Le **reliquat** subsistant, le cas échéant, après cette imputation tombe en non-valeur, sauf **transfert** aux sociétés bénéficiaires des apports. Le transfert, qui concerne également les charges financières nettes non déduites et la capacité de déduction inemployée (n° 40767), est autorisé sur agrément à condition que l'opération soit soumise au régime spécial, soit justifiée du point de vue économique et obéisse à des motivations principales autres que fiscales. En outre, les déficits dont le transfert est demandé ne doivent pas provenir de la gestion d'un holding financier ou de la gestion d'un patrimoine immobilier, cette condition s'appréciant au niveau de chaque société membre du groupe et non au niveau de la seule société mère (BOI-IS-FUS-10-60-20 n° 60). L'activité à l'origine des déficits ne doit pas avoir subi de changements significatifs, selon les critères précisés n° 39570, pendant la période au cours de laquelle ils ont été constatés et elle doit être poursuivie au sein du nouveau groupe pendant un délai minimum de trois ans en respectant les critères précités. L'agrément ne peut porter que sur la part du déficit d'ensemble qui provient de l'ancienne société mère (dans les conditions prévues n° 39570), sur celle qui provient des filiales de l'ancien groupe qui ont été sélectionnées pour le dispositif de l'imputation sur une base élargie exposé n° 40755 et sur celle qui provient de sociétés de l'ancien groupe qui ont été absorbées par de telles filiales (ou ont été scindées à leur profit) dans le cadre d'une opération placée sous le régime de l'article 210 A du CGI.

En cas d'absorption ou de transmission universelle de patrimoine de l'ancienne société mère, l'agrément n'est pas requis lorsque le montant cumulé des déficits, des charges financières non déduites et de la capacité de déduction inemployée transférés est inférieur à 200 000 €, qu'il provient des sociétés citées précédemment et que les autres conditions prévues par l'article 209, II-2 du CGI sont remplies (voir n° 39555).

Contrairement à la fusion ou à la scission, la **prise de contrôle à 95 %** laisse subsister la société mère de l'ancien groupe. S'il existe un déficit d'ensemble reportable à la clôture de l'exercice de cessation (après réintégrations de sortie), c'est donc cette société qui en est titulaire et qui peut l'imputer sur ses bénéfices propres. Lorsque cette imputation n'est pas possible, le déficit est imputable sur la base élargie comme indiqué ci-après. En l'occurrence, il n'y a pas de transfert de déficit ; aucun agrément n'est donc nécessaire.
En cas d'opération d'apport-attribution dite « **scission partielle** », voir n° 40755.

40755 CGI art. 223 I, 5 IS-V-65500 s

Imputation du déficit sur une base élargie Le déficit transféré à la nouvelle société mère à la suite de l'absorption, de la scission ou de l'opération d'apport-attribution dite « scission partielle » de la société tête de groupe, ou le déficit alloué à la société mère de l'ancien groupe acquise à 95 % au moins, peut être imputé sur les résultats des sociétés passées de l'ancien au nouveau groupe lorsqu'il n'a pas pu être utilisé pour effacer le bénéfice de la nouvelle société mère ou de la société tête de l'ancien groupe acquise à 95 % au moins dans les conditions qui régissent les déficits nés avant l'intégration (n° 40387).
Le montant ainsi imputable est déterminé en appliquant au déficit restant à reporter après compensation avec les réintégrations de sortie le rapport fixé à l'article 46 quater-0 ZJ bis, 1 de l'annexe III au CGI. En cas de scission, ce calcul prend en compte bien entendu, pour chaque nouveau groupe, la part de déficits qui lui est attribuée.
En cas d'opération d'apport-attribution dite « **scission partielle** » (n° 40725), le transfert est autorisé dans les mêmes conditions que celles exigées pour la fusion, étant précisé qu'il ne peut porter que sur la part du déficit d'ensemble provenant des sociétés apportées et imputable sur une base élargie, ainsi que sur celle provenant des sociétés membres du groupe auquel appartenaient ces sociétés apportées et qui ont été absorbées par elles (ou scindées à leur profit) dans le cadre d'une opération placée sous le régime de l'article 210 A du CGI. Le déficit transféré sur agrément n'est pas affecté par les réintégrations liées à la sortie des filiales transférées : l'administration considère en effet que ces déneutralisations sont imputées sur le déficit d'ensemble dont le groupe apporteur reste titulaire (BOI-SJ-AGR-20-30-10-20 n° 260).
L'imputation du déficit de l'ancien groupe sur une base élargie est opérée dans les limites et conditions prévues à l'article 209, I-al. 3 du CGI (n° 35905), c'est-à-dire dans la **limite** de 1 M€, majorée de 50 % du bénéfice d'imputation excédant ce seuil. Le solde de déficit excédant ce plafond pourra être imputé sur une base élargie au titre des exercices suivants, dans la même limite.

ATTENTION

Dans le cas où la tête d'un groupe est absorbée par une autre société qui se constitue mère d'un nouveau groupe dans les conditions visées n° 40715, les **déficits propres de la société absorbante antérieurs à la constitution du nouveau groupe**, ainsi que les **déficits de la société absorbée** qui lui ont été transférés par voie d'agréments délivrés sur le fondement des articles 209, II et 223 I, 6 du CGI, peuvent uniquement être imputés sur les bénéfices propres de la société absorbante, dans la limite du plafond précité. La société absorbante ne peut pas procéder à une imputation supplémentaire des déficits de l'ancien groupe éligibles à l'imputation sur une base élargie sur ses bénéfices propres dès lors que, conformément à l'article 223 I, 5 du CGI, ces déficits ne peuvent être imputés que sur les résultats des sociétés membres de l'ancien groupe et qui font partie du nouveau groupe (CE 9-12-2022 n° 451553 : RJF 3/23 n° 184).

La **base d'imputation élargie maximale** pour un exercice est égale au total des bénéfices de la société nouvelle tête de groupe et des sociétés de l'ancien groupe (ou, en cas d'opération d'apport-attribution dite « scission partielle », du groupe apporteur) qui font partie du nouveau groupe et qui ont été sélectionnées pour l'application du dispositif, même si certaines n'ont pas contribué au déficit transféré. Ces bénéfices sont déterminés dans les conditions prévues pour l'imputation des déficits antérieurs à l'intégration (n° 40387).

40757 La **sortie du nouveau groupe** d'une filiale de l'ancien groupe qui avait contribué à la formation du déficit d'ensemble imputable sur une base élargie entraîne la perte de la fraction du déficit encore reportable réputé provenir de cette société ainsi que d'une société qu'elle avait absorbée au sein de l'ancien groupe (ou qui avait été scindée à son profit). L'imputation du déficit peut toutefois être poursuivie lorsque la sortie de la filiale résulte de son **absorption** par une autre société du groupe placée sous le **régime spécial** de l'article 210 A du CGI. Cette règle s'applique également en cas d'absorption d'une ancienne **société mère** précédemment acquise à 95 %. Le **déficit de l'ancien groupe** dont elle était titulaire demeure imputable sur une base élargie lorsqu'il est transféré sur agrément à la société du nouveau groupe qui l'absorbe (CGI art. 223 R).

Le dispositif d'imputation des déficits sur une base élargie s'applique suivant les modalités 40760
précisées n° 40755 en cas d'**absorption ou de scission** de la société mère d'un **groupe horizontal,** ainsi qu'en cas d'opération d'apport-attribution dite « **scission partielle** » réalisée par cette dernière.

L'administration accepte également la mise en œuvre de ce dispositif en cas d'absorption de l'**entité mère non résidente** ou d'une **société étrangère** ou de scission de l'entité mère non résidente entraînant la cessation du groupe horizontal. Le déficit d'ensemble est alors transmis à l'ancienne société mère et imputable sur une base élargie à la condition que l'ancienne société mère fasse partie du nouveau groupe (BOI-IS-GPE-50-10-30 n° 370 et BOI-IS-GPE-50-30-30 n° 270 s.), sans que l'obtention d'un agrément soit nécessaire.

En cas d'opération d'apport-attribution dite « scission partielle » effectuée par l'entité mère non résidente (les titres de la société mère du groupe horizontal ne devant toutefois pas faire partie des titres apportés), une fraction du déficit d'ensemble du groupe horizontal peut être transférée à l'entité bénéficiaire de l'apport lorsque celle-ci est soumise à l'IS et forme un nouveau groupe ou élargit un groupe préexistant (BOI-IS-GPE-50-40 n° 290).

L'imputation sur une base élargie du déficit d'ensemble en instance de report s'applique également à la suite de différentes opérations de **prise de contrôle** affectant un **groupe horizontal.** Tel est le cas à la suite de l'acquisition de 95 % au moins du capital de la société mère, de l'entité mère non résidente, ou d'une société étrangère, à condition que la société mère du groupe qui cesse soit membre du nouveau groupe (BOI-IS-GPE-50-20-20-20 n° 55). Ce mécanisme peut également être mis en œuvre lorsqu'une société mère devient membre du groupe formé par une société qui opte pour se constituer à sa place société mère de son groupe (situation visée à l'article 223 L, 6-f du CGI), ou dans le cas où la société mère entre dans un autre groupe parce qu'elle est détenue ou vient à être détenue par une société intermédiaire (situation visée à l'article 223 L, 6-i du CGI) ou encore lorsque la société mère d'un groupe vertical entre dans un groupe horizontal parce qu'elle est détenue ou vient à être détenue dans les conditions prévues pour l'intégration horizontale (situation visée à l'article 223 L, 6-j du CGI).

EXEMPLE 40765

L'année 2024, une société H absorbe un groupe constitué de la société mère A et des filiales A1, A2 et A3, et constitue un nouveau groupe à partir du 1er janvier 2024. Au cours de l'exercice clos le 31 décembre 2022, la société B de l'ancien groupe a été absorbée par la société A2 sous le régime spécial prévu à l'article 210 A du CGI.

Au 31 décembre 2023, le groupe A dispose d'un déficit d'ensemble reportable de 34 000 € se décomposant comme suit :

Exercice d'origine	A	A1	A2	A3	B	Total
2021	– 10 000	+ 5 000	– 1 000	– 6 000	– 500	– 12 500
2022	– 3 000	+ 500	+ 100	+ 200	-	– 2 200
2023	– 2 000	– 15 000	– 800	– 1 500	-	– 19 300
						– 34 000

La société H envisage de manière certaine la cession des titres de A3 à une société extérieure au groupe au cours de l'exercice 2025 et ne souhaite donc pas retenir cette société pour l'imputation du déficit sur une base élargie. On suppose que les réintégrations liées à la cessation du groupe A s'élèvent à 500 €.

1. Imputation sur les réintégrations. Le déficit d'ensemble au titre de 2021 est imputé en premier lieu sur les réintégrations. Reliquat : 12 500 – 500 = 12 000 €.

2. Imputation sur une base élargie. H demande l'agrément visant à obtenir le transfert de la part du déficit d'ensemble provenant de A, A1, A2 et B.

– Fraction du déficit d'ensemble de 2021 susceptible d'être transférée à H : 12 000 × (11 500 / 17 500) = 7 886 €.

Part correspondant à A : 7 886 × (10 000 / 11 500) = 6 857 €.

Part correspondant à A2 : 7 886 × (1 000 / 11 500) = 686 €.

Part correspondant à B absorbée par A2 : 7 886 × (500 / 11 500) = 343 €.

– Déficit d'ensemble de 2022 (2 200) imputable en totalité.

– Fraction du déficit d'ensemble de 2023 susceptible d'être transférée à H : 19 300 × (17 800 / 19 300) = 17 800 €.

Part correspondant à A : 17 800 × (2 000 / 17 800) = 2 000 €.

Part correspondant à A1 : 17 800 × (15 000 / 17 800) = 15 000 €.

Part correspondant à A2 : 17 800 × (800 / 17 800) = 800 €.

Si, en 2022, au lieu d'être absorbée par la société A2, la société B a été scindée, dans l'ancien groupe formé par la société A, au profit des sociétés A2 et A3 (en plaçant l'opération sous le régime prévu à l'article 210 A du CGI), seule la part du déficit de la société B correspondant aux secteurs d'activité apportés à la société A2 est imputable sur une base élargie au sein du nouveau groupe formé par la société H, car la société A3 n'est pas retenue dans la base élargie (BOI-IS-GPE-50-10-30 n° 160).

Dans l'hypothèse où le déficit correspondant au secteur d'activité de la société B apporté à la société A2 est de 200 €, et où celui correspondant au secteur apporté à la société A3 est de 300 €, la fraction du déficit d'ensemble de 2021 susceptible d'être transférée à H est : 12 000 × (11 200 / 17 500) = 7 680 € et la part du déficit imputable sur une base élargie correspondant à la société B est de 137 € : 7 680 × (200 / 11 200).

40766 CGI art. 223 I, 6

Reprise de provisions constituées dans le groupe initial En cas d'absorption, de scission, d'opération d'apport-attribution dite « scission partielle » ou d'acquisition à 95 % au moins de la société mère, la reprise de provisions constatées dans l'ancien groupe peut être neutralisée si les sociétés concernées sont passées sans transition de leur groupe d'origine au nouveau groupe constitué ou élargi par la nouvelle société mère. Cette solution ne peut donc pas s'appliquer dans le cas où une société membre de l'ancien groupe, qui avait constitué une provision pour dépréciation à raison de sa participation dans une autre société du même périmètre, ne rejoint avec cette société le groupe constitué par la société acquéreuse à plus de 95 % de leur mère intégrante qu'à la fin de l'année suivant cette acquisition (CE 9-6-2022 n° 445023 : RJF 10/22 n° 831).

40767 CGI art. 223 I, 6 IS-V-65800 s

Charges financières En cas d'absorption ou de scission de la société mère, les **charges financières nettes non déduites** et la **capacité de déduction inemployée** (n° 40505) peuvent, pour leur part provenant de certaines sociétés et sous réserve de l'obtention d'un agrément délivré dans les conditions indiquées n° 40750 (cet agrément n'étant toutefois pas toujours requis), être transférées au profit de la ou des sociétés bénéficiaires des apports et être utilisées dans les conditions indiquées n° 40505.

40770 CGI art. 223 L, 6-c al. 4 IS-V-65150 s et 67840 s

Paiement des acomptes d'IS Au titre de l'année ou de l'exercice d'entrée dans le nouveau groupe après **absorption** ou **scission de l'ancienne société mère,** les acomptes d'IS dus par les sociétés membres de l'ancien groupe passées sans transition dans le nouveau groupe – à l'exception donc de celles qui y sont entrées à l'ouverture de l'exercice de fusion ou scission – sont acquittés par la société mère absorbante ou bénéficiaire des apports (et non par les filiales comme il est de règle). En cas d'opération d'apport-attribution dite « **scission partielle** », il convient d'appliquer la règle prévue pour la sortie de groupe (n° 40595, précision d).

L'administration admet qu'en cas de **prise de contrôle à 95 %** le paiement des acomptes d'IS soit fait par la société mère de l'ancien groupe, qui se substitue ainsi aux sociétés de cet ancien groupe qui font partie du nouveau groupe (BOI-IS-GPE-50-20-20-10 n° 270).

7. CRÉATION D'UN NOUVEAU GROUPE APRÈS LIQUIDATION DE LA SOCIÉTÉ MÈRE

40790 CGI art. 223 L, 6-h IS-V-62500 s

Les filiales du groupe dont les titres sont cédés dans le cadre de la procédure collective de la société mère peuvent constituer un nouveau groupe dès l'ouverture de l'exercice au titre duquel elles ont cessé de faire partie de l'ancien groupe. La société mère du nouveau groupe peut être une filiale de l'ancien groupe ou une société extérieure (qu'il s'agisse de la société cessionnaire des titres ou de la société qui la détient à 95 % au moins) (BOI-IS-GPE-60 n°s 250 et 260). La filiale cédée dans ces circonstances peut également constituer un groupe horizontal avec les sociétés qu'elle détient à 95 % au moins et celles détenues par l'entité mère non résidente dans les conditions prévues n°s 40265 s.

La société mère du nouveau groupe doit exercer l'**option** pour le régime de groupe (ou, si elle est déjà mère, pour l'élargissement de son périmètre), dans un délai de trois mois à compter de la date de transfert de propriété des titres. Elle doit fournir la liste des sociétés entrant dans son groupe et, s'il y a lieu, celle des sociétés intermédiaires, des sociétés étrangères et de l'entité mère non résidente, accompagnée de leur accord. La **durée** du premier **exercice** du nouveau groupe doit être précisée lors de la notification de l'option : elle peut être inférieure ou supérieure à douze mois, pour permettre l'harmonisation des exercices des différentes sociétés.

Les **déficits** et les **moins-values nettes à long terme** réalloués aux filiales selon les modalités exposées n° 40675 ont la nature de déficits et moins-values antérieurs à l'intégration et ne sont donc pas imputables sur le résultat d'ensemble (n° 40387).

8. CONTRÔLE ET PÉNALITÉS

DÉROULEMENT DU CONTRÔLE

Les résultats de **chaque société** sont vérifiés dans les conditions habituelles et c'est à l'égard de chaque société que s'exerce la procédure de rectification. Toutefois, afin de faciliter la constatation sur le résultat d'ensemble des conséquences des rehaussements apportés au résultat des filiales, l'administration est autorisée à soumettre la société **tête de groupe,** si besoin est, à une seconde vérification de comptabilité portant sur la même période. Ne constitue pas la vérification de comptabilité d'une société en tant que tête de groupe la combinaison du recueil d'éléments propres à cette société au cours de la vérification de comptabilité dont elle a fait l'objet en sa qualité de société membre, d'un contrôle sur pièces effectué par l'administration à partir des déclarations d'ensemble du groupe et des informations obtenues par l'administration en réponse à ses interrogations (CE 4-11-2020 n° 423408 : RJF 1/21 n° 53). 40810 LPF art. L 51 et L 169 IS-V-84000 s

Lorsqu'un **déficit (ou une moins-value) d'ensemble subi en période prescrite** est imputé sur le bénéfice d'ensemble d'un exercice non prescrit, l'administration peut également, en vertu d'une disposition spéciale, remettre en cause les résultats individuels, positifs ou négatifs, des sociétés du groupe, qui ont concouru à la détermination du déficit ou de la moins-value d'ensemble imputés. Cette faculté vaut également, après disparition du groupe, en cas d'imputation du déficit (ou de la moins-value) d'ensemble sur les résultats de l'ancienne société mère.

Du fait de l'intégration, la société tête de groupe supporte seule, au regard des droits et pénalités, les conséquences des **rectifications** apportées aux résultats de ses filiales au titre des exercices au cours desquels celles-ci ont été membres du groupe. Cette règle ne méconnaît pas le principe de personnalité des peines (CE 11-12-2020 n° 421084 : RJF 3/21 n° 287). La proposition de rectification adressée à la filiale interrompt la prescription à l'égard de la société mère du groupe (CE 13-12-2013 n° 338133 : RJF 3/14 n° 231), pour les seules impositions correspondant au résultat individuel de cette filiale (CE 26-1-2021 n° 438217 : RJF 4/21 n° 358).

ATTENTION

L'absence de déclaration de son résultat par une société membre ne peut, à elle seule, faire obstacle à sa prise en compte dans la détermination du résultat d'ensemble (CE 31-3-2017 n° 393253 : RJF 6/17 n° 540).

À l'issue de la vérification, l'administration doit indiquer, selon la règle générale, le montant des droits et pénalités résultant des rectifications. Dans le cas des sociétés membres d'un groupe, cette information ne porte que sur le montant des impôts et pénalités correspondantes dont la société vérifiée serait redevable en l'absence de son appartenance à un groupe (LPF art. L 48, al. 2). Dans le cas où c'est la mère intégrante qui est contrôlée, la proposition de rectification qui lui est en outre adressée en sa qualité de tête de groupe doit l'informer des conséquences des rehaussements sur le résultat d'ensemble sans autre obligation (CE 19-11-2008 n° 298728 : RJF 2/09 n° 115). 40812

Après achèvement de la procédure de rectification, l'administration adresse à la tête de groupe, **avant la mise en recouvrement,** un document l'informant du montant global par impôt des droits, pénalités et intérêts de retard dont elle est redevable (LPF art. R 256-1). La société mère doit être informée par une référence aux procédures de rectification qui ont été menées avec les sociétés membres du groupe, y compris elle-même, et un tableau chiffré qui en récapitule les conséquences sur le résultat d'ensemble, mais il n'est pas nécessaire de reprendre l'exposé de la nature des motifs et des conséquences de chacun des chefs de rectification concernés (CE 7-2-2007 n° 279588 : RJF 4/07 n° 407 ; CE 2-6-2010 n° 309114 : RJF 8-9/10 n° 784 ; CE 3-4-2020 n° 426146 : RJF 7/20 n° 586). L'information donnée à la société mère doit toutefois comporter, en ce qui concerne les pénalités, l'indication de leur montant et des modalités de détermination mises en œuvre par l'administration (CE 13-12-2013 n° 338133 : RJF 3/14 n° 231 ; CE 25-6-2020 n° 421095 et 421096 : RJF 10/20 n° 770). Mais ce document ne constituant pas une décision d'appliquer les pénalités, le **visa du supérieur hiérarchique** n'est pas requis (CE 30-6-2023 n° 459831 : RJF 10/23 n° 704). Il importe peu que le document d'information parvienne à la société mère avant que la société contrôlée ne reçoive la proposition de rectification (CE 15-2-2019 n° 407694 : RJF 5/19 n° 421). En revanche, le défaut d'information de la société mère entraîne la décharge des impositions (CE 21-10-2011 n° 325619 : RJF 1/12 n° 16).

L'avis de mise en recouvrement, qui peut être émis sans délai après la remise du document d'information, fait référence à ce document (LPF art. R 256-1), mais l'absence de cette référence n'entraîne pas la décharge des droits et pénalités mis en recouvrement (CAA Nantes 17-1-2019 n° 17NT01944 : RJF 5/19 n° 422). L'irrégularité constituée par la remise concomitante du document d'information et de l'avis de mise en recouvrement ne prive la société mère d'aucune garantie et n'a pas d'incidence sur le redressement (CE 31-5-2022 n° 453175 et 453173 : RJF 8-9/22 n° 765).

PÉNALITÉS ET INTÉRÊTS DE RETARD

40815 CGI art. 1727, II-4 En l'absence de disposition particulière, les pénalités exigibles sont celles qui résultent des **infractions commises individuellement** par les sociétés vérifiées.

Pour l'application de la tolérance prévue à l'article 1727 du CGI (n° 80030), l'**insuffisance des chiffres déclarés** s'apprécie au niveau de chaque société. Cette règle s'applique y compris lorsque la filiale vérifiée est déficitaire et le reste à l'issue du contrôle. Les intérêts de retard dont est redevable la mère intégrante sont calculés sur le rehaussement du bénéfice d'ensemble qui résulte de la réduction du déficit de la filiale contrôlée (CE 2-6-2010 n° 309114 : RJF 8-9/10 n° 784).

Dans le cas où la **vérification de comptabilité de plusieurs sociétés du groupe** entraîne le **rehaussement** du résultat de certaines d'entre elles et la **réduction** du résultat initialement déclaré par les autres, l'intérêt de retard est appliqué au supplément d'impôt sur les sociétés résultant de la correction du résultat d'ensemble (TA Cergy-Pontoise 18-2-2010 n° 06-4085 : RJF 10/10 n° 883).

ATTENTION

La proposition de rectification réduisant le déficit d'une filiale intégrée au titre d'une période caractérisée par un **résultat d'ensemble qui demeure déficitaire** ne constitue pas le **terme du décompte de l'intérêt de retard** mis à la charge de la société tête de groupe au titre d'une période ultérieure comprenant son premier exercice bénéficiaire (CE 5-11-2021 n° 431747 : RJF 1/22 n° 50).

SUITES DU CONTRÔLE

40820 Après paiement d'une imposition par la mère en sa **qualité** de redevable de l'impôt pour le groupe, la filiale, qui n'est plus susceptible de se voir réclamer le paiement de cette imposition en sa qualité de débiteur solidaire, ne peut contester le bien-fondé de l'imposition que si elle est titulaire d'un mandat régulier l'autorisant à agir pour le compte de la société mère (CE 10-6-2013 n° 337137 : RJF 10/13 n° 974). En revanche, lorsque la **réclamation** tend au rétablissement du résultat déficitaire d'une société membre, tant la société mère que cette société membre du groupe peuvent, en l'absence d'imposition supplémentaire mise à la charge de la société mère, contester la rectification de ce résultat déficitaire (CE 21-2-2018 n° 403988 : RJF 5/18 n° 539).

La **notification régulière à la société mère** de rehaussements apportés à son propre bénéfice imposable, en tant que société membre, ne lui permet de se prévaloir du délai spécial de réclamation (n° 81830) que pour les impositions correspondant à ses propres résultats (CE 26-1-2021 n° 438217 : RJF 4/21 n° 358).

II. RÉGIME DES SOCIÉTÉS MÈRES ET FILIALES

40850 CGI art. 145 et 216 IS-V-200 s Le régime optionnel des sociétés mères et filiales, qui peut se combiner avec le régime d'intégration fiscale étudié ci-dessus, permet aux sociétés mères de bénéficier de l'exonération des dividendes reçus de leurs filiales, sous réserve de la taxation d'une quote-part de frais et charges (n° 40970). Il évite que les bénéfices des filiales ne soient soumis à une double imposition à l'IS, d'abord au niveau de la filiale puis, lors de leur distribution, au niveau de la société mère.

40855 L'**objectif du régime des sociétés mères** et filiales, en cherchant à supprimer ou à limiter la succession d'impositions susceptibles de frapper les produits que les sociétés mères perçoivent de leurs participations dans des sociétés filles et de ceux qu'elles redistribuent à leurs propres actionnaires, est de favoriser l'implication des sociétés mères dans le développement économique des sociétés filles pour les besoins de la structuration et du renforcement de l'économie française (CE 23-6-2014 n°s 360708 et 360709 : RJF 10/14 n° 925 ; BOI-IS-BASE-70 n° 30).

L'administration peut écarter l'application du régime lorsque les produits des titres de participation sont distribués dans le cadre d'un montage ou d'une série de montages qui, mis en place avec pour **objectif principal** ou un de leurs objectifs principaux d'obtenir un **avantage fiscal** allant à l'encontre de l'objet ou de la finalité de droit applicable, ne sont pas authentiques compte tenu de l'ensemble des faits et circonstances pertinents (**clause générale anti-abus** : voir n° 35810).

L'application du régime des sociétés mères et filiales peut également être remise en cause sur le fondement de la procédure de répression des **abus de droit** en présence d'actes fictifs ou de montages mis en place dans un but exclusivement fiscal (n° 79185). L'abus de droit peut être caractérisé lorsque le motif autre que fiscal apparaît négligeable et sans commune mesure avec l'avantage fiscal retiré de l'opération (CE 17-7-2013 n° 352989 : RJF 11/13 n° 1064 ; BOI précité n° 80).

ILLUSTRATIONS

Le Conseil d'État a refusé l'exonération des dividendes distribués par une **filiale ayant cessé toute activité,** dont l'actif était uniquement constitué de trésorerie, en s'appuyant sur l'objectif du législateur consistant à favoriser l'implication des sociétés mères dans le développement économique des filiales (CE 17-7-2013 n° 352989 précité). Il a par ailleurs jugé qu'était constitutive d'un abus de droit l'acquisition d'une filiale réalisée dans le but exclusivement fiscal de bénéficier du régime mère-fille à raison de sommes qui, sans l'interposition de cette filiale, **auraient été taxées en France comme des intérêts** (CE 11-5-2015 n° 365564 : RJF 8-9/15 n° 718).
Le Conseil d'État a toutefois écarté l'abus de droit lorsque l'opération par laquelle une société acquiert les titres d'une filiale, puis prélève ses liquidités, présente une **substance économique,** appréciée en prenant en compte la logique de groupe (CE 15-4-2011 n° 322610 : RJF 7/11 n° 862 ; CE 19-5-2021 n° 433201 : RJF 8-9/21 n° 835). Mais, il a remis en cause, sur le fondement de l'abus de droit, l'opération de restructuration des filiales américaines d'un groupe français en vue de l'acquisition de deux sociétés américaines, au motif que cette opération dissimule une prise de pension de titres, par l'interposition d'un holding, qui a permis à la société mère de bénéficier du régime mère-fille sur des produits qui revêtent la nature de revenus de créance (CE 31-5-2022 n°s 453173 et 453175 : RJF 8-9/22 n° 765).

1. CHAMP D'APPLICATION DU RÉGIME SPÉCIAL

SOCIÉTÉS ET ORGANISMES BÉNÉFICIAIRES

Les **sociétés mères** bénéficiaires du régime spécial sont les personnes morales ou organismes soumis de plein droit ou sur option à l'**impôt sur les sociétés au taux normal** (voir n° 36065) sur tout ou partie de leur activité. **40900** CGI art. 145 IS-V-400 s
Les **PME** qui relèvent de l'IS au taux réduit de 15 % sur une fraction de leur bénéfice (n°s 36085 s.) peuvent avoir le statut de société mère (BOI-IS-BASE-10-10-10-10 n° 110).
Il en est de même des **sociétés étrangères** disposant d'un établissement stable en France. Le respect des conditions relatives aux titres prévues à l'article 145, 1 du CGI est apprécié au niveau de la société elle-même et non pas uniquement au niveau de sa succursale (CE 20-6-2023 n° 456719 : RJF 10/23 n° 702).
En revanche, les **sociétés de personnes** non soumises à l'impôt sur les sociétés sont exclues du régime (CE plén. 24-11-2014 n° 363556 : RJF 2/15 n° 102).

> **Précisions** **a.** Les **sociétés en commandite simple** peuvent bénéficier du régime, pour l'ensemble de leurs bénéfices, si elles optent pour le régime des sociétés de capitaux ou, en l'absence d'une telle option, pour la part des bénéfices correspondant aux droits des commanditaires et à ceux des associés autres que ceux indéfiniment responsables ou dont les noms sont inconnus de l'administration (CE 27-11-2019 n° 405496 : RJF 2/20 n° 100 ; BOI précité n°s 80 et 90).
> **b.** Peuvent également bénéficier de ce régime les **organismes sans but lucratif** qui satisfont à la condition d'assujettissement à l'IS au taux de droit commun (BOI précité n° 120), ce qui exclut ceux qui bénéficient des taux réduits prévus pour l'application de l'article 206, 5 du CGI (n° 89700).
> **c.** Selon le Conseil d'État, une **société étrangère** peut bénéficier du régime des sociétés mères à raison des **dividendes alloués à sa succursale française** alors même que les titres de participation ne sont pas inscrits au bilan fiscal de celle-ci (CE 20-6-2023 n° 456719 : RJF 10/23 n° 702). Mais l'administration exige au contraire cette inscription (BOI-IS-BASE-10-10-10-10 n° 90).

FILIALES DISTRIBUTRICES

Le régime spécial s'applique quelle que soit la **forme juridique** de la filiale distributrice. Il est également indépendant du **lieu d'implantation** de son siège social (distributions effectuées par les sociétés établies dans des **États ou territoires non coopératifs** : voir n° 40965). **40905** IS-V-620 s
Ne peuvent constituer des filiales pour l'application du régime les **sociétés de personnes** qui n'ont **pas opté pour leur assujettissement à l'impôt sur les sociétés,** dont les résultats sont imposés au nom de leurs membres (BOI-IS-BASE-10-10-10-10 n° 150).

ATTENTION

Le régime des sociétés mères n'est applicable qu'aux **participations qu'une société détient directement** dans une autre société. Tel n'est pas le cas des titres détenus par une société française dans une sous-filiale américaine par l'intermédiaire d'un general partnership soumis à un régime de transparence fiscale aux États-Unis (CE plén. 24-11-2014 n° 363556 : RJF 2/15 n° 102).

NATURE DES TITRES CONCERNÉS

Les titres détenus par la mère doivent revêtir la **forme** nominative ou être déposés ou inscrits dans un compte tenu par un intermédiaire habilité à recevoir des titres au porteur. Une liste des intermédiaires habilités est établie à l'article 145, 1-a du CGI. Ces intermédiaires peuvent être établis en France ou hors de France, sous certaines conditions. **40910** CGI art. 145, 1-a, b et c IS-V-800 s

Les titres doivent être détenus en **pleine propriété** ou en **nue-propriété.**

ATTENTION

Les titres détenus en **usufruit** sont exclus du régime, alors même que la société a obtenu contractuellement la jouissance des droits de vote qui y sont attachés (CE 20-2-2012 n° 321224 : RJF 5/12 n° 454). Cette exclusion s'applique même si la société détient par ailleurs au moins 5 % des titres de la société cible en pleine propriété (CE 23-3-2012 n° 335860 : RJF 7/12 n° 688).

En application de l'article 145, 1-c du CGI, ne peuvent être pris en compte par aucune des deux sociétés parties à l'opération pour l'application du régime :

– ni les titres ayant fait l'objet d'une **remise en garantie** (n° 19085) ;

– ni les **titres prêtés** (n° 19085), la cour de Versailles considérant toutefois que cette exclusion ne concerne pas ceux qui sont susceptibles de faire l'objet, pendant la durée du prêt, du détachement d'un droit à dividendes (CAA Versailles 15-10-2019 n° 17VE02377 : RJF 1/20 n° 12) ;

– ni les titres **mis en pension** (n° 19080). Si les dispositions précitées n'excluent pas du régime les produits des titres pris en pension (CE 9-9-2020 n° 431283 : RJF 12/20 n° 988), il résulte du régime de neutralité fiscale applicable à ces titres qu'ils ne sont de toute façon pas imposables au nom de la personne morale qui les a pris en pension (CE QPC 8-11-2019 n° 431283 : RJF 2/20 n° 163).

NIVEAU DE PARTICIPATION REQUIS

40915 CGI art. 145, 1-b IS-V-1150 s

Les titres de participation, détenus en pleine propriété ou en nue-propriété, doivent représenter au moins **5 % du capital** de la société émettrice ou au moins 2,5 % du capital et 5 % des droits de vote de la société émettrice lorsque la **société mère** est **contrôlée par un ou plusieurs organismes à but non lucratif** mentionnés à l'article 206, 1 bis du CGI (n° 89460). Ce pourcentage est apprécié à la date de **mise en paiement du dividende,** c'est-à-dire à la date de sa mise à disposition de l'associé. Cette condition tenant au pourcentage de détention n'a pas à être satisfaite de manière continue sur une période de deux ans (voir n° 18745, Précisions).

Lorsque, à la date de mise en paiement des dividendes, le pourcentage de participation est inférieur à 5 % du fait de la levée d'options de souscription d'actions par les salariés (n°s 88780 s.), le régime spécial demeure applicable si ce pourcentage est de nouveau atteint à la suite de la première augmentation de capital et au plus tard dans les trois ans suivant la date de sa mise en paiement des dividendes.

> Précisions **a.** Lorsqu'une société détient ses **propres actions,** ces titres sont pris en compte pour le calcul du pourcentage de participation de chaque actionnaire (BOI-IS-BASE-10-10-10-20 n° 90). Voir toutefois n° 40970, Précisions.

b. Par exception, aucun pourcentage minimal de participation n'est exigé dans les cas suivants, lorsque le prix de revient des participations, apprécié individuellement ou collectivement, est au moins égal à 22,8 M€ (CGI art. 145, 9) :

– participations détenues par les entités locales de certains **groupes bancaires mutualistes** (crédit agricole, crédit mutuel, caisses d'épargne et banques populaires) dans les organes de niveau supérieur ;

– participations détenues par les **sociétés anonymes coopératives d'intérêt collectif** pour l'accession à la propriété (Sacicap) dans le Crédit immobilier de France développement et les établissements de crédit sur lesquels il exerce un contrôle.

c. Conséquences du **transfert de titres en fiducie** sur l'appréciation du niveau de participation détenu par le constituant : voir n° 90880, précision c.

d. Pour l'appréciation du pourcentage de capital requis, les titres représentatifs du capital de la filiale sont retenus qu'ils soient ou non assortis de **droits de vote.** Ainsi, le régime s'applique dès lors que la société mère détient 5 % du capital de sa filiale, même si le pourcentage de droits de vote est inférieur à 5 % (CE 5-11-2014 n° 370650 : RJF 1/15 n° 9), notamment en raison de droits de vote double octroyés à d'autres actionnaires (CE 3-12-2014 n° 363819 : RJF 3/15 n° 191).

2. PRODUITS EXONÉRÉS

40950 CGI art. 216 IS-V-2000 s

Lorsqu'ils bénéficient du régime, les produits de filiales ne donnent lieu qu'à l'imposition d'une quote-part forfaitaire de frais et charges. Les crédits d'impôt attachés à des revenus de source étrangère peuvent dans certains cas faire l'objet d'une imputation sur l'impôt sur les sociétés dû à raison de la réintégration de la quote-part de frais et charges (n° 40970).

TITRES CONCERNÉS

40955 Lorsque la société mère remplit la condition de détention, la totalité des **dividendes** perçus peut bénéficier de l'exonération, que les titres soient pourvus ou non de **droit de vote** (actions de préférence, actions à dividende prioritaire, certificats d'investissement, actions d'autocontrôle).

En cas de **démembrement de titres,** le nu-propriétaire peut bénéficier de l'exonération, dans le cas particulier où il perçoit des dividendes.
Produits des titres transférés en **fiducie** : n° 90880, précision c.

NATURE DES PRODUITS CONCERNÉS

L'exonération s'applique à tous les **produits** qui trouvent leur origine dans les résultats que dégagent les filiales et dont le versement à la société mère procède des **droits attachés aux participations** détenues dans lesdites filiales. Outre les dividendes annuels et, dans leur totalité, les acomptes sur dividendes, même si leur montant est supérieur à celui du résultat et des réserves distribuables constaté à la clôture de l'exercice (CE 12-4-2019 n° 410315 : RJF 7/19 n° 634), sont donc concernés : le boni de liquidation, les distributions de réserves, les sommes allouées à titre de partage partiel ou de rachat de droits sociaux, les avances, prêts ou acomptes consentis aux associés lorsque ces sommes constituent des revenus distribués au sens de l'article 111, a du CGI, ainsi que les intérêts excédentaires versés à la société mère et réintégrés dans le bénéfice imposable de la filiale en vertu des dispositions de l'article 39, 1-3° du CGI (BOI-IS-BASE-10-10-20 n° 30). 40960

PRODUITS EXCLUS

Sont exclus du régime de faveur : 40965 CGI art. 145, 6 IS-V-2180 s

– la **rémunération de l'activité des administrateurs** (anciennement dénommée jetons de présence) ou l'**avantage consenti** par la filiale à la mère en lui cédant à prix minoré des titres d'une tierce société (CE 6-6-1984 n° 35415 et 36733 : RJF 8-9/84 n° 940) ;

– les produits perçus dans la proportion où les **bénéfices distribués** sont **déductibles** des résultats de la filiale distributrice ;

– les distributions effectuées par les sociétés établies dans des **États ou territoires non coopératifs** (ETNC) définis n° 78310, 1° et 2° , sauf si la société mère établit par tout moyen (BOI-IS-BASE-10-10-20 n° 70) que les opérations de la société établie hors de France correspondent à des opérations réelles qui n'ont ni pour objet ni pour effet de permettre, dans un but de fraude fiscale, la localisation de bénéfices dans ces États ou territoires ;

– les distributions effectuées par une **société immobilière** au profit de sa **société mère** exerçant une activité de **marchand de biens** au sens de l'article 35, I-1° du CGI lorsqu'elle a inscrit les titres de sa filiale parmi les stocks ;

– les produits des actions des **sociétés d'investissement,** des sociétés agréées pour le financement des télécommunications et les produits et plus-values répartis par des **sociétés de capital-risque** (SCR) ;

– les produits distribués aux actionnaires de différentes catégories de sociétés à statut spécial agissant dans le domaine de l'**immobilier** : sociétés immobilières pour le commerce et l'industrie (Sicomi), sociétés d'investissements immobiliers cotées (SIIC) et leurs filiales ainsi que les sociétés de placement à prépondérance immobilière à capital variable (Sppiccav) et leurs filiales, dans la mesure où ces produits sont prélevés sur des bénéfices exonérés d'IS.

> Précisions **a.** L'exclusion relative à la proportion des **bénéfices distribués déductibles** frappe tous les produits admis en déduction de l'assiette taxable de la filiale, indépendamment du traitement fiscal appliqué au résultat sur lequel sont prélevés les versements. Applicable à des instruments hybrides, considérés comme un prêt dans l'État étranger et comme des capitaux propres en France, cette mesure concerne aussi les titres considérés comme des capitaux propres dans les deux États si la législation étrangère autorise la déduction fiscale des dividendes (BOI précité n° 65).

b. Les mesures de **lutte contre les dispositifs hybrides** peuvent dans certaines situations conduire à écarter l'application du régime mère-fille (voir n°s 35817 s.).

c. Pour caractériser une **opération réelle** réalisée par une société établie dans un **ETNC,** la loi n'exclut pas les activités financières ni de détention patrimoniale pourvu que le but autre que fiscal soit justifié par la société mère. De même, la domiciliation de filiales dans un ETNC répondant à une contrainte juridique peut être regardée comme correspondant à une opération réelle dès lors que cette domiciliation permet à la mère et à son groupe de mener à bien des opérations réelles (BOI précité n° 70).

QUOTE-PART DE FRAIS ET CHARGES IMPOSABLE

L'exonération porte sur les produits nets de participation, défalcation faite d'une quote-part de frais et charges fixée forfaitairement à **5 %** du produit total des participations, crédits d'impôt étrangers compris, quel que soit le montant des frais et charges exposés par la société mère. 40970 IS-V-2500 s

40970 (suite) Toutefois, le taux de cette quote-part de frais et charges est fixé à **1 %** (crédit d'impôt compris) pour les produits de participation perçus par une société membre d'un **groupe d'intégration fiscale** (horizontal ou vertical) à raison d'une participation :

– dans une société membre de ce groupe ;

– ou dans une filiale étrangère soumise à un impôt équivalent à l'impôt sur les sociétés dans un État de l'Union européenne, en Islande, en Norvège ou au Liechtenstein, qui, si elle était établie en France, remplirait les conditions pour faire partie du groupe fiscal de sa société mère, autres que l'assujettissement à l'IS.

Pour la détermination des résultats des **exercices clos à compter du 31 décembre 2023**, l'application de ce taux réduit est réservée aux situations où la société distributrice appartient au même groupe que la société mère, ou satisfait aux conditions d'appartenance à ce groupe autres que l'assujettissement à l'impôt sur les sociétés, depuis plus d'un exercice (Loi 2023-1322 du 29-12-2023 art. 52).

EXEMPLE

Une société membre d'un groupe fiscal a reçu de ses filiales les produits suivants :
– dividende de 30 000 € d'une filiale française extérieure à son groupe fiscal ;
– dividende de 10 000 € d'une filiale membre du même périmètre d'intégration depuis plus d'un exercice ;
– dividende net de 17 000 € d'une filiale établie en dehors de l'UE et de l'EEE détenue à hauteur de 10 % du capital (ouvrant droit, par hypothèse, à un crédit d'impôt de 15 % du montant brut du dividende, soit 20 000 € × 15 % = 3 000 €) ;
– dividende net de 20 000 € d'une filiale allemande détenue à 96 % depuis plus d'un exercice.
Calcul de la quote-part de frais et charges :
[30 000 + (17 000 + 3 000)] × 5 % + [(10 000 + 20 000) × 1 %] = 2 800 €.
Somme déductible des résultats de l'exercice au titre des produits de filiales : 77 000 − 2 800 = 74 200 €.

Le taux de 1 % s'applique également aux produits de participation perçus par une **société non membre d'un groupe intégré fiscalement** à raison d'une participation dans une filiale soumise à un impôt équivalent à l'IS dans un des États visés ci-dessus sous réserve que ces deux sociétés satisfassent, depuis plus d'un exercice conformément à l'exigence issue de l'article 52 de la loi 2023-1322 du 29 décembre 2023 (applicable pour la détermination des résultats des exercices clos à compter du 31 décembre 2023), les conditions pour appartenir à un même groupe fiscalement intégré autres que l'assujettissement à l'IS. L'article 52 précité a supprimé, pour la détermination des résultats des exercices clos à compter du 31 décembre 2023, la condition, jugée contraire au droit européen, suivant laquelle ce taux réduit ne s'appliquait pas si la non-appartenance de la société française à un groupe était uniquement due à l'absence des options et des accords à formuler pour le régime de l'intégration fiscale (CJUE 11-5-2023 aff. 407/22 et 408/22 : RJF 10/23 n° 780 ; CE 18-7-2023 n° 454107 : RJF 11/23 n° 809, décisions rendues à propos du régime de neutralisation de la quote-part de frais et charges antérieur à 2016 et qui devraient être transposables pour l'application du taux réduit de la quote-part au taux de 1 %).

Le Conseil d'État a prononcé **l'annulation de la doctrine administrative** (BOI-IS-BASE-10-10-20 n° 100, al. 2) indiquant que la réintégration de la quote-part de frais et charges ne peut s'analyser comme une imposition partielle des dividendes (CE 5-7-2022 n° 463021 : RJF 10/22 n° 889), qui constitue le fondement de l'interdiction par l'administration de toute imputation des crédits d'impôt correspondant à la retenue à la source prélevée lors du versement de dividendes de source étrangère. Il a ensuite précisé que, dans l'hypothèse où le **montant des frais réellement exposés** pour l'acquisition ou la conservation des produits de participation est **inférieur à la quote-part forfaitaire,** le **crédit d'impôt** correspondant à **l'impôt retenu à l'étranger** sur la totalité des produits de participation distribués peut être imputé sur l'impôt français à hauteur d'un montant égal au produit du taux de l'impôt français et de la différence entre la quote-part forfaitaire et le montant des frais réellement exposés (CE 7-4-2023 n° 462709 : RJF 6/23 n° 441).

ATTENTION

Une telle imputation suppose que l'entreprise soit en mesure de **justifier** de manière précise de la nature et du montant des frais réellement exposés (CAA Paris 11-10-2023 n° 21PA05034 : RJF 2/24 n° 119).

Imputation des **crédits d'impôt** de source étrangère attachés aux dividendes perçus sur la retenue à la source exigible lors de leur **redistribution** : voir INT-GEN-19620 s.

> Précisions Pour le calcul du **taux de détention du capital de la société** établie **hors de France**, dont les distributions ouvrent droit à une quote-part de frais et charges au taux réduit de 1 %, il est fait abstraction des actions détenues en propre ou dans le cadre de boucle d'autocontrôle (BOI-IS-BASE-10-10-20 n°s 160 et 166).

Selon la cour administrative d'appel de Paris, la **perte de change** constatée lors de l'encaissement de dividendes n'est déductible que dans la proportion égale à quote-part forfaitaire de frais et charges imposable (CAA Paris 28-6-2023 n°s 21PA03000 et 21PA04456 : RJF 11/23 n° 793).

3. OBLIGATION DE CONSERVATION DES TITRES

L'exonération des dividendes prévue par le régime spécial revêt un caractère définitif lorsque les titres de participation sont conservés pendant un délai de deux ans. La portée de cette obligation doit être interprétée à la lumière de la **directive européenne** concernant le régime des sociétés mères et filiales : elle ne concerne par conséquent que les titres de participation représentant au moins 5 % du capital de la société émettrice qui donnent droit à la qualité de société mère (CE 15-12-2014 n° 380942 : RJF 3/15 n° 190 ; BOI-IS-BASE-10-10-10-20 n° 210). 41000 CGI art. 145, 1-c IS-V-1450 s

Le délai minimal de conservation est porté à cinq ans pour les **sociétés mères contrôlées par un ou plusieurs organismes sans but lucratif** qui bénéficient de l'exonération des dividendes grâce à une détention limitée à 2,5 % du capital et 5 % des droits de vote de la filiale (n° 40915).

En cas de **non-respect** de l'obligation de conservation, la société mère est tenue de verser au Trésor, dans les trois mois suivant la cession, une somme égale au montant de l'impôt dont elle a été exonérée, majoré de l'intérêt de retard.

> Précisions a. Une société peut bénéficier du régime spécial dès la **première année de détention des titres** dès lors qu'elle conserve pendant au moins deux ans 5 % du capital de la filiale (TA Montreuil 15-6-2015 n° 1307241 : RJF 11/15 n° 893).

b. Un **prêt de titres,** qui entraîne leur transfert de propriété, caractérise la rupture de l'engagement de conservation, même si aucun dividende n'a été versé durant la période concernée (CE 26-9-2014 n° 363555 : RJF 12/14 n° 1088).

c. Les **opérations de regroupement** ou de **division d'actions** réalisées en application de l'article 38, 7 ter du CGI (n° 19107) n'interrompent pas le délai de conservation.

d. Lorsque la **remise** en **cause** du régime concerne des **dividendes de filiales étrangères,** la société mère peut imputer le **crédit d'impôt** attribué à raison de la retenue acquittée à l'étranger suivant le système « impôt sur impôt », en appliquant le cas échéant la limitation issue de la « règle du butoir » (n°s 36115 s.).

e. Obligation de conservation dans le cas de transfert de titres à une **fiducie** : voir n° 90850, précision d.

Incidences des restructurations L'obligation de conservation des titres durant deux ans fait l'objet d'atténuations en cas de réalisation de certaines opérations de restructuration. 41005 IS-V-1620 s

L'**apport de titres par la société mère** à une autre société, bien qu'il entraîne leur transfert de propriété, n'est pas constitutif d'un événement entraînant la rupture de l'obligation de conservation si l'opération est placée sous le régime spécial des fusions (n°s 39000 s.). Le délai de conservation à respecter reste décompté à partir de la date de souscription ou d'acquisition des titres par la société apporteuse (en cas d'opérations successives, seule la date de souscription ou d'acquisition des titres par la première société absorbée ou apporteuse est prise en compte). Le respect de cette obligation est suffisant pour que la société bénéficiaire de l'apport bénéficie de l'exonération des dividendes qu'elle perçoit.

De même, l'**absorption d'une filiale** par une **société autre que la société mère** dans le délai de deux ans suivant l'acquisition des titres est sans conséquence sur l'exonération appliquée aux dividendes à la double condition que les titres reçus en échange soient conservés jusqu'à l'expiration du délai initialement prévu, et que la société mère opte pour le sursis d'imposition de la plus ou moins-value d'échange prévu à l'article 38, 7 bis du CGI. Les titres attribués en échange ne sont pas soumis à une nouvelle obligation de conservation (BOI-IS-BASE-10-10-10-20 n° 300). À défaut d'option pour le sursis d'imposition, l'exonération des dividendes est remise en cause.

L'annulation de titres résultant de la **fusion entre la mère et la fille** n'est pas assimilée à une cession interrompant le délai de conservation si l'opération est placée sous le régime spécial des fusions prévu à l'article 210 A du CGI. Toutefois, lorsque les titres de la filiale ont été acquis depuis moins de deux ans à la date de la fusion, l'exonération des dividendes ne peut être cumulée avec la déduction d'une moins-value à court terme provenant de l'annulation des titres (n° 39545).

En cas de réalisation d'une **fusion (ou scission) ne donnant pas lieu à échange de titres** entre sociétés sœurs dont la totalité du capital est détenue par la même société mère et qui est placée sous le régime spécial des fusions (n°s 39210 et 39220), les titres de la société absorbée (ou scindée) sont réputés détenus par la société mère depuis la date de leur souscription ou acquisition jusqu'à la date de cession des titres de la société absorbante (ou bénéficiaire). L'opération ne constitue donc pas une rupture de l'engagement de conservation. Si les titres de la société absorbante (ou bénéficiaire) sont cédés moins de deux ans après l'opération de fusion (ou de scission), la cession est réputée porter dans une certaine proportion sur les titres de la société absorbée (ou scindée). Lorsqu'en application de cette règle les conditions de durée et de seuil de détention (nº 40915) ne sont pas remplies, à la date de la cession, pour les titres de la société absorbée (ou scindée) ou ceux de la société absorbante (ou bénéficiaire), le régime fiscal des sociétés mères n'est pas applicable aux titres ne respectant pas ces conditions.

> **Précisions** **a.** L'assujettissement d'un **apport de titres** au **régime de droit commun** emporte, d'une part, la remise en cause de l'exonération des dividendes à l'encontre de la société apporteuse si elle a acquis ces titres depuis moins de deux ans, d'autre part, l'application à la société bénéficiaire d'un nouveau délai de conservation pour l'obtention de l'exonération des dividendes qu'elle perçoit elle-même.
> **b.** La remise de titres dans le cadre d'une **offre publique d'échange** n'est pas assimilée à une cession pour l'appréciation de l'obligation de conservation.

4. OPTION POUR LE RÉGIME

41050 IS-V-2900 s Dans la mesure où elle permet l'exonération des produits de filiales à hauteur de 95 % ou 99 % de leur montant suivant les cas, l'option pour le régime des sociétés mères est d'une manière générale avantageuse pour les entreprises. Il en est ainsi notamment pour les **produits de filiales étrangères** assortis d'un crédit d'impôt, même si l'option limite les possibilités pour la société mère de pratiquer l'imputation du crédit d'impôt sur l'impôt sur les sociétés (lorsque les frais réellement exposés pour l'acquisition ou la conservation des revenus sont inférieurs au montant de la quote-part forfaitaire de frais et charges, voir nº 40970). L'exercice de l'option par une **société déficitaire** permet à la société mère de préserver son déficit reportable.

Pour les sociétés appartenant à un **groupe fiscalement intégré,** l'option est indispensable pour éviter l'imposition des distributions intragroupe. Une société intégrée disposant de déficits reportables antérieurs à l'intégration et percevant des dividendes d'une filiale étrangère non intégrée peut toutefois avoir intérêt à renoncer au régime en vue de transférer à la société tête de groupe un crédit d'impôt imputable sur l'impôt sur les sociétés.

L'option a un caractère annuel et n'est soumise à aucun formalisme. Elle découle des mentions portées sur la **liasse fiscale** et s'applique à l'ensemble des produits reçus d'une même filiale. Mais le choix peut varier d'une filiale à l'autre. La **renonciation** expresse à l'option constitue une décision de gestion opposable (CE 16-11-2016 nº 387576 : RJF 2/17 nº 111). En revanche, si une société n'a pas expressément renoncé au régime, elle peut exercer l'option dans le délai de **réclamation** prévu à l'article R 196-1 du LPF (CE 20-12-2017 nº 414974 : RJF 3/18 nº 254).

III. IMPOSITION MINIMALE MONDIALE DES GROUPES (« Pilier 2 »)

CONTEXTE DU DISPOSITIF

41100 Le Cadre inclusif sur le BEPS (Base Erosion Profit Shifting) de l'OCDE/G20 a pour objet de faciliter la mise en œuvre des mesures contre l'évasion fiscale et les transferts de bénéfices et de promouvoir une « bonne gouvernance mondiale » en matière fiscale. Ces mesures s'appuient sur deux piliers : le **Pilier 1** vise à garantir une répartition plus équitable des bénéfices et des droits d'imposition entre pays concernant les plus grandes entreprises multinationales ; le **Pilier 2** vise à instituer un dispositif d'imposition minimale de 15 % pour les groupes internationaux dont le chiffre d'affaires est supérieur à 750 M€. Il repose sur deux règles qui doivent être introduites dans le droit interne des pays concernés et sur une convention multilatérale :

– les règles à introduire en droit interne, désignées sous le terme « **GloBE** » (Global Anti-Base Erosion), sont la règle d'inclusion du revenu (« RDIR ») et la règle subsidiaire relative aux profits insuffisamment imposés (« RPII ») ;

– la règle qui devrait être introduite en droit positif au moyen d'une convention multilatérale est celle de l'assujettissement à l'impôt (« RAI »), destinée à permettre l'application d'une retenue à la source au titre de paiements intragroupe qui ne sont pas soumis à une imposition minimale.

Les détails techniques de la mise en œuvre des règles GloBE du Pilier 2 ont été publiés par le Cadre inclusif de l'OCDE le 20 décembre 2021 dans son **modèle de Règles**, dont les commentaires ont été publiés le 14 mars 2022. Plusieurs documents sont venus ensuite compléter et préciser ces règles : notamment régimes de protection et d'allègement des sanctions du 20 décembre 2022 ; orientations administratives du 1er février 2023 et du 13 juillet 2023.

La **directive** (UE) 2022/2523 du 15 décembre 2022 (JOUE du 22 décembre) visant à assurer un niveau minimum d'imposition mondial pour les groupes d'entreprises multinationales et les groupes nationaux de grande envergure dans l'Union adapte et met en œuvre les règles GloBE au niveau européen. Cette directive reprend très largement le contenu du modèle de Règles mais prévoit toutefois quelques spécificités, principalement pour tenir compte des contraintes du droit primaire de l'Union européenne, parmi lesquelles l'extension obligatoire du dispositif d'imposition minimale aux groupes purement nationaux. Par ailleurs, la directive donne la possibilité à un État membre de l'Union dans lequel le taux effectif d'imposition d'une société membre d'un groupe international est inférieur à 15 % de remédier lui-même à cette sous-imposition en prélevant un impôt additionnel. En outre, elle renomme la RPII, qui devient la règle relative aux bénéfices insuffisamment imposés (« RBII »). Selon le considérant 24 de la directive, les règles applicables dans l'Union européenne doivent être mises en œuvre et interprétées conformément au modèle de Règles de l'OCDE, éclairé par les explications et commentaires diffusés dans le Cadre inclusif de l'OCDE/G20.

TRANSPOSITION EN DROIT INTERNE

L'article 33 de la loi de finances pour 2024 (Loi 2023-1322 du 29-12-2023) a inséré dans le CGI un chapitre spécialement dédié à l'imposition minimale mondiale des groupes d'entreprises multinationales et des groupes nationaux (CGI art. 223 VJ à 223 WY bis) pour transposer en droit interne la directive telle qu'éclairée par les commentaires et les orientations administratives adoptées par le Cadre inclusif de l'OCDE/G20, y compris postérieurement à l'adoption de la directive. **41102**

L'imposition minimale annuelle prend la forme d'un impôt complémentaire déterminé, selon les cas, en application de la RIR, de la RBII ou des règles de l'impôt national complémentaire, qui n'est pas **déductible** de l'assiette de l'impôt sur les sociétés ou de l'impôt sur le revenu (CGI art. 223 VJ et 39, 1-4°).

Entrée en vigueur Les règles d'imposition minimale s'appliquent aux exercices ouverts à compter du 31 décembre 2023, à l'exception de la règle sur les bénéfices insuffisamment imposés (RBII), qui s'appliquera en principe aux exercices ouverts à compter du 31 décembre 2024 (Loi 2023-1322 du 29-12-2023 art. 33, IV). **41105**

> **Précisions** Les dispositions relatives à la RBII s'appliquent toutefois aux exercices ouverts à compter du 31 décembre 2023 lorsqu'une ou plusieurs entités constitutives situées en France sont membres d'un groupe d'entreprises multinationales dont l'entité mère ultime est située dans un État ayant exercé l'option prévue à l'article 50 de la directive 2022/2523 du 15 décembre 2022. Cette option permet aux États membres dans lesquels ne sont pas situées plus de douze entités mères ultimes de groupes relevant du champ d'application de la directive de ne pas appliquer la RIR et la RBII durant six années fiscales consécutives à partir du 31 décembre 2023. Les entités constitutives du groupe multinational situées dans un autre pays que celui qui exerce l'option doivent être soumises à l'impôt complémentaire au titre de la RBII.

Présentation des règles GloBE L'application des règles GloBE du Pilier 2 nécessite de respecter les **étapes** suivantes : identifier les groupes entrant dans le champ d'application de l'imposition minimale ; calculer le résultat réalisé dans chaque juridiction (c'est-à-dire dans chaque État ou territoire) puis le montant d'impôt payé dans cette juridiction afin de déterminer le taux effectif d'imposition correspondant et le montant d'impôt complémentaire dû le cas échéant ; appliquer l'impôt complémentaire au titre de l'impôt national complémentaire, de la RIR ou de la RBII. **41110**

ATTENTION

Certaines **notions** citées dans le chapitre du CGI spécialement dédié à l'imposition minimale mondiale des groupes d'entreprises multinationales et des groupes nationaux sont spécifiques aux règles GloBE. Elles sont définies à l'article 223 VK du CGI.

Par ailleurs, les développements ci-dessous ne présentent pas les **règles particulières** relatives à l'**organisation du groupe** et aux **restructurations** prévues par les articles 223 WL et suivants du CGI (ces dernières opérations étant définies de manière spécifique et non comme en matière d'impôt sur les sociétés). Ne sont pas non plus évoquées les dispositions particulières prévues par les articles 223 WQ et suivants du CGI relatives aux **régimes de neutralité fiscale** et aux **régimes de distribution**, aux **entités d'investissement** et **entités d'investissement d'assurance.**

A. Champ d'application de l'imposition minimale

1. GROUPES CONCERNÉS

41130 CGI art. 223 VL

L'impôt complémentaire s'applique aux entités constitutives situées en France membres d'un groupe d'entreprises multinationales ou d'un groupe national dont le **chiffre d'affaires** de l'exercice, dans les états financiers consolidés de l'entité mère ultime, y compris celui des entités exclues (n° 41135), est égal ou supérieur à 750 M€ au cours d'au moins deux des quatre exercices précédant l'exercice considéré. Lorsqu'un ou plusieurs des quatre exercices précédant l'exercice considéré sont supérieurs ou inférieurs à douze mois, le seuil de chiffre d'affaires est ajusté proportionnellement pour chacun de ces exercices. Ainsi, pour un groupe dont les exercices coïncident avec l'année civile, le critère de chiffre d'affaires est respecté au titre de 2024 si au cours de deux au moins des exercices 2020 à 2023, le chiffre d'affaires de l'exercice a atteint le seuil de 750 M€.

En ce qui concerne l'exonération d'impôt complémentaire dont sont susceptibles de bénéficier pendant cinq exercices certains groupes d'entreprises multinationales et les groupes nationaux, voir n°s 41420 s.

> Précisions **a.** Un **groupe** est un ensemble d'entités liées entre elles du fait de la structure de détention ou de contrôle définie par la norme de comptabilité financière qualifiée utilisée pour l'établissement des états financiers consolidés par l'entité mère ultime, y compris les entités exclues des états financiers consolidés de l'entité mère ultime en raison de leur caractère non significatif ou parce qu'elles sont destinées à être vendues. Est également définie comme un groupe une entité qui dispose d'un ou de plusieurs établissements stables, sous réserve qu'elle ne fasse pas partie d'un autre groupe défini précédemment (CGI art. 223 VK, 26°).

Un **groupe d'entreprises multinationales** est un groupe comprenant au moins une entité ou un établissement stable qui n'est pas situé dans l'État ou le territoire de l'entité mère ultime. Dans un **groupe national**, toutes les entités constitutives sont situées en France (CGI art. 223 VK, 27° et 28°).

b. Une **entité constitutive** (« EC ») est soit une entité (c'est-à-dire un dispositif juridique qui établit des états financiers distincts ou une personne morale) qui fait partie d'un groupe d'entreprises multinationales ou d'un groupe national, soit un établissement stable dont le siège fait partie d'un groupe d'entreprises multinationales (CGI art. 223 VK, 6°).

L'entité mère ultime (ou « EMU ») est soit une entité qui détient, directement ou indirectement, une participation conférant le contrôle (au sens du 38° de l'article 223 VK) dans une entité constitutive et qui n'est pas elle-même détenue dans les mêmes conditions, soit l'entité principale d'un groupe (c'est-à-dire une entité qui n'est pas membre d'un groupe de consolidation comptable et qui dispose d'un ou de plusieurs établissements stables) (CGI art. 223 VK, 18°).

Une **entité mère intermédiaire** (« EMI ») est une entité constitutive (autre que l'EMU ou EMPD) qui détient une participation dans une autre entité constitutive (CGI art. 223 VK, 16°). Une **entité mère partiellement détenue** (« EMPD ») est une entité constitutive (autre que l'EMU) qui détient une participation dans une autre entité constitutive mais qui est détenue à plus de 20 % par un tiers au groupe (CGI art. 223 VK, 17°).

Une **entité faiblement imposée** est une entité constitutive établie dans un État ou territoire où le taux effectif d'imposition est inférieur à 15 %.

c. Les **états financiers consolidés** sont définis à l'article 223 VK, 22° du CGI.

41135 CGI art. 223 VL bis et 223 VL ter

Entités exclues Certaines entités ne relèvent pas du champ d'application de l'impôt complémentaire : il s'agit des entités structurellement exonérées d'impôt sur les sociétés en raison de leur statut : entité publique, organisation internationale, organisation à but non lucratif, fonds de pension, fonds d'investissement (qui est une entité mère ultime), véhicule d'investissement immobilier (qui est une entité mère ultime). Ces entités sont définies à l'article 223 VK du CGI.

Sous certaines conditions, les **filiales** de ces entités sont également exclues, mais une option peut être formulée pour les faire entrer dans le champ des règles GloBE.

2. IDENTIFICATION DE L'ÉTAT D'IMPLANTATION DE CHAQUE ENTITÉ CONSTITUTIVE

41140 CGI art. 223 VM sexies

Le taux effectif d'imposition (à comparer au taux minimal de 15 % pour vérifier s'il y a lieu ou non d'appliquer un impôt complémentaire) étant déterminé par juridiction, il convient de déterminer la localisation de chaque entité constitutive du groupe.

Le lieu de situation d'une entité constitutive s'apprécie au premier jour de l'**exercice** concerné.

RÈGLES GÉNÉRALES DE LOCALISATION

En principe, une entité est réputée être située dans l'État ou le territoire dans lequel elle est, en vertu de la législation qui y est applicable, passible d'un impôt sur les bénéfices en raison de son siège de direction, de son lieu de création ou d'autres critères similaires. À défaut de pouvoir appliquer cette règle de résidence fiscale, l'entité constitutive est réputée être située dans l'État ou le territoire où elle a été créée. 41145 CGI art. 223 VM, I

CAS PARTICULIERS

S'agissant des **établissements stables**, il convient de distinguer quatre situations : 41150 CGI art. 223 VM bis

– 1er cas : en présence d'une convention fiscale et d'une imposition des bénéfices sur ce fondement, l'établissement stable est réputé se situer dans la juridiction où il est considéré comme tel et est soumis à l'impôt conformément à la convention fiscale applicable ;

– 2e cas : en l'absence de convention fiscale applicable en vigueur mais en présence d'un régime d'imposition des bénéfices attribuables, l'établissement stable est réputé se situer dans la juridiction où il est soumis à l'impôt sur le revenu sur la base de sa présence commerciale ;

– 3e cas : en l'absence de régime d'imposition des bénéfices des sociétés mis en place par la juridiction, l'établissement stable est réputé se situer dans la juridiction où il se trouve ;

– 4e cas : autre installation dont les bénéfices sont exonérés dans l'État de l'entité qui la détient : l'établissement stable est considéré comme apatride.

Les **entités interposées** sont définies comme des entités fiscalement transparentes ou des entités hybrides inversées, selon le traitement que la juridiction de leur détenteur direct applique à leurs produits, charges, bénéfices et pertes (CGI art. 223 VK, 14°). Elles sont considérées comme apatrides, sauf si elles sont l'entité mère ultime d'un groupe ou si elles sont tenues d'appliquer une règle d'inclusion du revenu (RIR), auquel cas elles sont réputées être situées dans la juridiction où elles ont été créées. 41155 CGI art. 223 VM, II ; 223 VM ter et 223 VM quater

Pour **les entités constitutives situées dans deux États ou territoires**, les règles de localisation dépendent de l'existence ou non d'une convention fiscale conclue entre des États.

B. Détermination du taux effectif d'imposition

Lorsqu'un groupe rentre dans le champ d'application des règles GloBE, il doit calculer son taux effectif d'imposition (TEI) afin de déterminer s'il est imposé à un taux au moins égal au taux minimum de 15 %, ou à un taux inférieur, auquel cas un impôt complémentaire devra alors être acquitté. Le TEI est calculé, pour chaque **exercice** et pour chaque **État** ou territoire dans lequel sont situées des entités constitutives. Il est égal au rapport entre, d'une part, au **numérateur**, la somme des montants corrigés des impôts couverts des entités constitutives situées dans un État ou territoire et, d'autre part, au **dénominateur**, le bénéfice qualifié net de ces entités. Il convient donc d'abord de déterminer les impôts couverts et le résultat qualifié de chaque entité constitutive avant d'agréger ces données par État ou territoire. 41170 CGI art. 223 VY

Le TEI n'est calculé que lorsqu'un bénéfice qualifié net est constaté. En cas de perte nette pour une juridiction, il n'y a donc pas lieu en principe de calculer son TEI et aucun impôt complémentaire n'est dû. Une exception à cette règle s'applique toutefois : voir n° 41255.

1. RÉSULTAT QUALIFIÉ

Le dénominateur du rapport servant à calculer le TEI de la juridiction est égal à la somme des résultats qualifiés des entités constitutives d'un même État ou territoire. Pour chaque entité, le résultat qualifié correspond en principe à son résultat net comptable déterminé au titre de l'exercice conformément à la norme de comptabilité financière utilisée pour l'établissement des états financiers consolidés de l'entité mère ultime, avant toute correction afférente aux opérations réalisées entre entités du groupe et après prise en compte de certains ajustements (nos 41180, 41190, 41200 s.). Le résultat qualifié constitue un bénéfice qualifié lorsqu'il est positif et une perte qualifiée lorsqu'il est négatif. 41175 CGI art. 223 VN et 223 VN bis

> **Précisions** **a.** Par dérogation, dans certains cas et sous conditions, le résultat net comptable de l'entité constitutive peut être déterminé conformément à sa **norme comptable** locale. Par ailleurs, certaines règles particulières s'appliquent, notamment lorsque l'entité mère ultime n'établit pas ses états financiers selon une norme de comptabilité qualifiée (au sens de l'article 223 VK, 34°

du CGI), ou lorsqu'elle n'établit pas d'états financiers consolidés.

b. Le résultat alloué à un **établissement stable** n'est en principe pas pris en compte dans le résultat qualifié du siège (n° 41200).

c. Le résultat qualifié prend en compte le cas échéant le montant attribuable au titre d'une participation dans une **entité interposée** (n° 41205).

d. Prise en compte de certains **crédits d'impôt** dans le résultat qualifié : voir n° 41245.

CORRECTIONS OBLIGATOIRES

41180 CGI art. 223 VO et 223 VO bis

Le tableau ci-dessous récapitule les corrections qui doivent être apportées au résultat net comptable déterminé pour l'établissement des états financiers consolidés de l'entité mère ultime, avant ajustements relatifs aux transactions intragroupe de l'entité constitutive. Certaines d'entre elles visent à rapprocher ce résultat d'un résultat fiscal, d'autres à garantir une répartition correcte des bénéfices entre les juridictions.

Outre ces corrections, il convient, pour la détermination du résultat qualifié, de substituer au montant des engagements de retraite à payer compris dans le résultat comptable le montant versé à un fonds de pension au titre de l'exercice (CGI art. 223 VO, 8°).

Nature de la correction	Définition	Réintégrations	Déductions
Charge fiscale nette	Art. 223 VO, 1°	X	
Dividendes exclus [1]	Art. 223 VO, 2°		X
Gains et pertes résultant des variations de la juste valeur d'une participation (à l'exclusion des titres du portefeuille) [2]	Art. 223 VO, 3°	X (MV)	X (PV)
Bénéfices ou pertes résultant d'une participation comptabilisée selon la méthode de mise en équivalence	Art. 223 VO, 3°	X (-)	X (+)
Plus ou moins-values de cession de titres (hors titres du portefeuille) [2]	Art. 223 VO, 3°	X (MV)	X (PV)
Plus-values ou moins-values afférentes à une méthode de réévaluation (gains ou profits comptabilisés en capitaux propres)	Art. 223 VO, 4°	X (+)	X (-)
Gains ou pertes de change asymétriques	Art. 223 VO, 5°	X (-)	X (+)
Dépenses non admises (ex : pots-de-vin, amendes, pénalités...)	Art. 223 VO, 6°	X	
Erreurs relatives à des exercices antérieurs et changements de principes comptables	Art. 223 VO, 7°	X (+)	X (-)
Transactions entre entités constitutives	Art. 223 VO ter	X	
Crédits d'impôt « qualifiés » remboursables dans les 4 ans [3]	Art. 223 VO quater	X	
Dépenses liées à un accord de financement intragroupe	Art. 223 VO, 10 et 223 VO quinquies	X	

1. Dividendes exclus : dividendes afférents à des titres de portefeuille (c'est-à-dire ouvrant droit à moins de 10 % des bénéfices, des capitaux, des réserves ou des droits de vote de l'entité émettrice) dont l'entité constitutive a la propriété économique depuis au moins un an à la date de la distribution, et dividendes afférents à des titres ouvrant droit à au moins 10 % des bénéfices, des capitaux, des réserves ou des droits de vote. Cette définition est différente de celle des dividendes ouvrant droit au régime mère-fille.
2. Participation d'au moins 10 % (en deçà, les titres constituent des titres du portefeuille).
3. À réintégrer si le crédit d'impôt a été comptabilisé, non pas comme un revenu, mais comme une diminution de l'impôt courant.

> Précisions La détermination du résultat qualifié nécessite aussi, le cas échéant, d'appliquer certains retraitements sectoriels, qui concernent : les impôts payés pour le compte des assurés par une **société d'assurance** (CGI art. 223 VO sexies) et les provisions techniques exclues (CGI art. 223 VO, 11°) et, dans le **secteur bancaire**, les fonds propres additionnels T1 (CGI art. 223 VO septies). Le résultat provenant de l'**exploitation de navires en trafic international** et celui provenant de l'exercice d'activités accessoires à cette exploitation sont exclus, sous certaines conditions, de la détermination du résultat qualifié de l'entité constitutive (CGI art. 223 VP s.).

CORRECTIONS SUR OPTION

Certains retraitements sont facultatifs. Le résultat qualifié peut ainsi, sous certaines conditions et sous réserve d'avoir exercé une option, être déterminé en appliquant les retraitements suivants : 41190 CGI art. 223 VO octies s

– s'agissant des **rémunérations sous forme d'actions**, possibilité de substituer au montant comptabilisé en charges dans ses états financiers le montant admis en déduction du résultat fiscal ;

– exclusion des **plus-values ou moins-values latentes** résultant de la réévaluation des actifs et passifs à leur juste valeur ou issues d'un test de dépréciation, et prise en compte des plus-values et moins-values lors de la réalisation des actifs et passifs ;

– application d'un mécanisme de lissage sur cinq ans des **plus ou moins-values de cession d'immeubles à des tiers** ;

– exclusion des **transactions intragroupe** réalisées entre entités constitutives d'une même juridiction faisant partie d'un même groupe d'intégration fiscale ;

– exclusion des **abandons de créance** consentis aux **entités constitutives en difficulté économique** ;

– prise en compte dans le résultat qualifié de certaines **plus-values sur titres** et des **dividendes** afférents à des titres du portefeuille dont l'entité constitutive a la propriété économique depuis au moins un an ;

– exclusion des **gains et pertes sur instrument de couverture du risque de change** afin d'aligner leur traitement sur celui des plus ou moins-values sur participations exclues (n° 41180).

L'option est formulée par l'entité constitutive déclarante sur la déclaration d'informations (n° 41445). Elle est limitée dans le temps (généralement valable pour une période de cinq exercices, sauf options relatives aux abandons de créance et au lissage des plus ou moins-values de cession de biens immobiliers).

RÈGLES EN PRÉSENCE D'UN ÉTABLISSEMENT STABLE OU D'UNE ENTITÉ INTERPOSÉE

Un **établissement stable** étant considéré comme une entité constitutive (n° 41130, précision b), il convient de déterminer son résultat qualifié. Son résultat net comptable (qui constitue le point de départ pour déterminer le résultat qualifié) correspond au résultat figurant ses états financiers. S'il ne dispose pas d'états financiers, il correspond en principe au montant qui aurait été pris en compte dans ses états financiers s'ils avaient été établis de manière autonome, conformément à la norme de comptabilité financière utilisée pour l'établissement des états financiers consolidés de l'entité mère ultime. Certains ajustements spécifiques s'appliquent ensuite au résultat net comptable de l'établissement stable : 41200 CGI art. 223 VQ s

– dans les 1er et 2e cas visés n° 41150, ces ajustements visent à ne prendre en compte que les éléments de revenus et de charges attribuables à l'établissement stable conformément à la convention fiscale ou au droit interne de la juridiction où il est situé, indépendamment du caractère imposable de ces produits ou du caractère déductible de ces charges au regard de ce droit interne ;

– dans le 3e cas visé n° 41150, les ajustements ont pour but de ne prendre en compte que les éléments de revenus et charges attribuables à l'établissement stable conformément à l'article 7 de la convention modèle OCDE ;

– dans le 4e cas (établissement stable apatride), le résultat net comptable est calculé sur la base des produits et charges qui sont exonérés (s'agissant des produits) ou non déductibles fiscalement (s'agissant des charges) dans la juridiction où l'entité principale est située et attribuables aux opérations réalisées hors de la juridiction.

Le résultat alloué à un établissement stable n'est en principe pas pris en compte pour déterminer le résultat qualifié du siège. Une règle spécifique prévoit toutefois la prise en compte de la perte qualifiée de l'établissement stable dans certaines situations.

Le résultat net comptable d'une **entité interposée** (n° 41155) est : 41205 Art. 223 VR s

– diminué à concurrence du montant attribuable aux détenteurs qui n'appartiennent pas au groupe et qui détiennent leur participation dans l'entité interposée directement ou par l'intermédiaire d'une chaîne d'entités transparentes. Cette règle ne s'applique toutefois pas lorsque l'entité interposée est une entité mère ultime ou lorsqu'elle est détenue, directement ou par l'intermédiaire d'une chaîne d'entités transparentes, par une entité interposée mère ultime de son groupe (CGI art. 223 VR) ;

– réduit à concurrence du résultat net attribué à une autre entité constitutive (CGI art. 223 VR bis).

Le résultat net comptable qui subsiste, après diminution prévue par l'article 223 VR du CGI, est ensuite alloué selon des modalités différentes en fonction de la nature de l'entité interposée. Si celle-ci est une entité transparente et n'est pas l'entité mère ultime, le solde du résultat net comptable est alloué aux entités constitutives du groupe détentrices d'une participation à proportion de leurs droits dans l'entité interposée. Si l'entité interposée est une entité transparente et est l'entité mère ultime du groupe, le solde du résultat net comptable lui est attribué. Il en est de même si l'entité interposée est une entité hybride inversée. Dans la situation où l'entité interposée exerce tout ou partie de ses activités par l'intermédiaire d'un établissement stable, le solde du résultat net comptable à répartir doit d'abord être réduit du montant attribué à cet établissement stable (CGI art. 223 VR ter).

2. CALCUL DU MONTANT CORRIGÉ DES IMPÔTS COUVERTS

41220 Le numérateur du rapport permettant de calculer le taux effectif d'imposition est égal à la somme des impôts couverts ajustés de chaque entité constitutive d'une même juridiction. Pour chaque entité, les impôts couverts, qui correspondent aux impôts courants et différés comptabilisés, doivent faire l'objet de plusieurs ajustements.

> Précisions **a.** Aucune règle ne prévoit comment les entités membres d'un groupe d'**intégration fiscale** doivent déterminer l'impôt correspondant à leur résultat qualifié.
b. Des règles particulières d'allocation des impôts couverts s'appliquent en présence de certaines entités (**établissement stable étranger, entité transparente, filiale ou établissement stable étranger implanté dans un État à fiscalité privilégiée, entité hybride**) (CGI art. 223 VW s.).
c. **Corrections postérieures au dépôt de la déclaration.** En cas d'augmentation du montant corrigé des impôts couverts d'une entité constitutive au titre d'un exercice antérieur (résultant par exemple de rehaussements), cette correction est prise en compte dans le calcul du montant du montant corrigé des impôts couverts au titre de l'exercice où elle est constatée. En revanche, une diminution du montant corrigé des impôts couverts au titre d'un exercice antérieur (cas notamment d'un dégrèvement d'impôts) oblige en principe à recalculer le taux effectif d'imposition et l'impôt complémentaire de cet exercice (sauf dans le cas où la diminution est inférieure à 1 M€ et qu'une option est exercée pour considérer cette baisse comme un ajustement du montant corrigé des impôts couverts de l'exercice où elle est constatée) (CGI art. 223 VX).

a. Impôts couverts

41225 CGI art. 223 VS s Les impôts couverts se répartissent en quatre catégories :

– impôts portant sur le résultat des entités constitutives (en France, il s'agit notamment de l'impôt sur les sociétés et de la contribution sociale sur l'impôt sur les sociétés, la question de la prise en compte de la CVAE n'étant en revanche pas tranchée), y compris ceux afférents à la quote-part de bénéfice attribuée à l'entité en raison de sa participation dans une autre entité constitutive. Est également pris en compte l'impôt payé par l'actionnaire dans le cadre d'un régime relatif aux sociétés étrangères contrôlées (l'imposition acquittée par une société française à raison des bénéfices de ses filiales ou établissements étrangers situés dans un État à régime fiscal privilégié en vertu de l'article 209 B du CGI doit ainsi être réallouée à l'entité étrangère) ;

– impôts sur les résultats distribués ou réputés distribués qui sont prélevés dans le cadre des systèmes d'imposition des sociétés assis sur les seuls profits distribués (par exemple en Lettonie ou en Estonie) ;

– impôts prélevés en lieu et place de l'impôt sur les bénéfices et qui reposent d'autres critères (en France, la taxe sur les surfaces commerciales, bien que reposant effectivement sur un critère autre que les bénéfices, ne devrait pas constituer un impôt couvert, car seules sont prises en compte les taxes prélevées en dehors de tout autre prélèvement assis sur le résultat) ;

– impôts assis sur les bénéfices non distribués et les fonds propres (cas par exemple de la Zakat prélevée en Arabie Saoudite).

> Précisions Les **retenues à la source** prélevées à l'étranger sur les intérêts, redevances plus-values constituent des impôts couverts de l'entité constitutive qui perçoit les revenus correspondants. Les retenues à la source « qualifiées » prélevées sur les dividendes versés à des actionnaires non résidents, qui ouvrent droit à un crédit d'impôt dans leur État de résidence, sont des impôts couverts de l'entité distributrice.

IMPÔTS NON COUVERTS

41230 En revanche, les impôts couverts ne comprennent ni les impôts complémentaires dus au titre de GloBE (impôt national qualifié ; RIR ; RBII), ni les impôts imputés remboursables non qualifiés ni les impôts acquittés par une entreprise d'assurance au titre des revenus attribués aux assurés.

Sont également exclus du montant des impôts couverts les impôts dus au titre d'une plus-value ou moins-value de cession d'actifs immobiliers réalisée durant l'exercice au titre duquel l'option pour le mécanisme de lissage a été exercée (nº 41190).

> **Précisions** Ne constituent pas des impôts couverts les taxes à la consommation et les taxes sur la valeur ajoutée (TVA), les droits d'accises, la taxe sur les services numériques ; les droits de timbre et droits d'enregistrement ; les taxes assises sur les salaires et cotisations de sécurité sociale ; les impôts fonciers.

b. Montant corrigé des impôts couverts

AJUSTEMENTS À APPORTER AUX IMPÔTS COUVERTS

Les impôts couverts font l'objet de plusieurs ajustements. 41240 CGI art. 223 VT s

Doivent être **déduits** des impôts couverts de l'exercice : les impôts couverts relatifs aux revenus exclus du revenu qualifié (notamment impôts relatifs à certains dividendes et plus-values sur participations : nº 41180) ; les charges d'impôts dont le paiement ne devrait pas intervenir dans les trois ans ; la charge d'impôt exigible se rapportant à un traitement fiscal incertain (l'impôt sera en revanche ajouté aux impôts couverts de l'exercice de son paiement : nº 41245) ; les impôts couverts ayant fait l'objet d'un remboursement ou d'un crédit, à l'exception des crédits d'impôt qualifiés, non comptabilisés comme une réduction de la charge d'impôt exigible.

Les crédits d'impôt remboursables au-delà de quatre ans (crédits d'impôt remboursables « non qualifiés ») ou non remboursables restent traités comme des crédits d'impôts et viennent en diminution des impôts couverts, ce qui aura pour effet de faire baisser le taux effectif d'imposition (exemple : réduction d'impôt mécénat, crédits d'impôt conventionnels). S'ils n'ont pas déjà été déduits des impôts couverts dans les comptes, un ajustement est nécessaire.

Sont **ajoutés** aux impôts couverts de l'exercice : les impôts se rapportant à un traitement fiscal incertain, précédemment exclus du montant des impôts couverts (nº 41240) et acquittés au cours de l'exercice ; les impôts couverts comptabilisés en charges pour la détermination du résultat avant impôt dans les états financiers (cas de la CVAE si elle était retenue dans les impôts couverts) ; et, en cas d'option pour la perte qualifiée nette (nº 41275), l'actif d'impôt différé résultant de cette option, utilisé au titre de l'exercice. 41245

Les crédits d'impôt remboursables dans les quatre ans suivant la date à laquelle ils sont accordés (crédits d'impôt remboursables « qualifiés ») doivent être traités comme une subvention incluse dans le revenu qualifié et non comme des crédits d'impôt venant en diminution des impôts (exemple : crédit d'impôt recherche, crédit d'impôt pour investissement dans l'industrie verte, crédit d'impôt famille). Ils sont donc ajoutés aux impôts courants couverts s'ils ont été comptabilisés en diminution des impôts. Aucun ajustement n'est en revanche nécessaire s'ils ont déjà été traités comme un revenu dans les comptes.

Le montant des impôts couverts doit par ailleurs faire l'objet de corrections au titre des **impôts différés** comptabilisés au titre des différences temporelles : nºs 41260 s. Par ailleurs, l'**augmentation ou la diminution des impôts couverts** qui n'est pas incluse dans la charge d'impôt exigible ou différée, mais qui est enregistrée dans les **fonds propres ou les autres éléments du résultat global** (OCI ou « Other Comprehensive Income »), doit être traitée comme un ajustement des impôts couverts lorsque les montants des revenus ou des pertes auxquels ces impôts se rapportent sont pris en compte dans le calcul du résultat qualifié. 41250

PERTE FISCALE SUPÉRIEURE À LA PERTE GLOBE

Lorsque, au titre d'un exercice, aucun bénéfice qualifié net n'est constaté dans une juridiction et que le montant corrigé d'impôts couverts pour cette juridiction est négatif et inférieur au produit de la perte qualifiée nette multipliée par le taux minimum d'imposition (15 %), un impôt complémentaire additionnel égal à la différence entre le montant corrigé d'impôts couverts et le résultat du produit précité sera dû au titre de cet exercice. 41255 CGI art. 223 VT quater

Cette règle spéciale s'applique dans la situation où il n'y a pas de revenu qualifié net dans une juridiction pour l'exercice fiscal et que l'entité constitutive a comptabilisé un impôt différé actif né d'une **différence permanente** au cours du même exercice fiscal. Tel est le cas lorsque les règles fiscales locales de la juridiction de l'entité constitutive accordent une déduction de revenu supérieure au montant qui serait autorisé comptablement et qu'il en résulte une différence permanente entre la base d'imposition locale et la base GloBE (exemple : déduction exceptionnelle destinée à encourager certains types d'investissements, dite « suramortissement »), ou lorsqu'une juridiction exonère un élément de revenu ou de gain qui est inclus dans le calcul du revenu ou de la perte GloBE au cours d'un exercice où l'entité constituante est déficitaire.

Par dérogation, et sur option formulée sur la déclaration d'informations (nº 41445), la différence entre l'impôt différé actif recalculé au taux de 15 % sur la perte fiscale et l'impôt différé actif calculé sur la perte qualifiée ne constitue pas un impôt additionnel complémentaire au titre de l'exercice. Il est reporté et utilisé au titre d'exercices ultérieurs.

EXEMPLE

Au titre de l'exercice N, une société constate une perte comptable de 1 000 (perte qualifiée) alors que sa perte fiscale s'élève à 1 500 compte tenu d'un dispositif de déduction fiscale exceptionnel type « suramortissement ». Si le taux d'impôt sur les sociétés est fixé à 25 % et que la juridiction de la société prévoit un mécanisme de report en avant des déficits, l'impôt différé actif constaté dans les comptes s'élève à 375. En application des règles GloBE, l'impôt différé actif est recalculé au taux de 15 % (voir nº 41260) et s'élève à 225, tandis que l'impôt différé actif sur la perte comptable est inférieur et s'élève à 150 (1 000 × 15 %). Un impôt complémentaire additionnel de 75 (225 – 150) est en principe dû au titre de N.
Une option peut toutefois être exercée pour que cet impôt complémentaire additionnel ne soit pas dû au titre de N : l'excédent du produit d'impôt (225) par rapport au produit d'impôt attendu (150) est reporté en avant et diminuera le montant des impôts concernés au cours des exercices bénéficiaires suivants.

c. Montant total de la correction pour impôt différé

41260 CGI art. 223 VU s

Les différences temporaires entre les bases comptables et les bases fiscales sont comptabilisées en impôts différés : impôt différé actif s'il s'agit d'une déduction d'impôt à venir (notamment en cas de déficit fiscal reportable) ou passif s'il s'agit d'une charge future d'impôt (par exemple en cas d'amortissement dérogatoire).

Pour la détermination du montant corrigé des impôts couverts, qui constitue le numérateur du rapport permettant de calculer le taux effectif d'imposition, il convient de prendre en compte les impôts différés, recalculés au taux de 15 % s'ils ont été comptabilisés à un taux supérieur. Les impôts différés qui ont été comptabilisés à un taux inférieur à 15 % ne sont en principe pas recalculés (voir toutefois Précisions ci-dessous et sauf option pour la perte GloBE visée nº 41275).

› Précisions Lorsque l'entité constitutive peut démontrer qu'un actif d'impôt différé est lié à la constatation d'un déficit qui a été comptabilisé à un taux inférieur à 15 %, l'impôt différé peut être recalculé au taux de 15 % (CGI art. 223 VU quinquies).

41265 CGI art. 223 VU quater

Exclusion de certains impôts différés Certains impôts différés ne doivent toutefois pas être retenus. Il s'agit de la charge d'impôt différé comptabilisée au titre de revenus exclus du résultat qualifié (nº 41180), celle correspondant à des charges d'impôt non reconnues, ainsi que celle afférente à l'obtention et à l'utilisation de crédits d'impôt. Ne doivent pas non plus être retenues la variation constatée au titre d'un actif d'impôt différé qui est liée à une correction de sa valeur ou de sa reconnaissance comptable (cas notamment de pertes dont l'imputation future est d'abord considérée comme probable, entraînant la comptabilisation d'un impôt différé actif, puis est ultérieurement considérée comme improbable) ainsi que la variation de la charge d'impôt différé qui résulte de la prise en compte d'un changement de taux d'imposition applicable dans la juridiction concernée.

Lorsqu'un impôt différé sera probablement sujet à « recapture » (nº 41270), une option annuelle peut être exercée afin de l'exclure immédiatement du calcul du taux effectif d'imposition, sans avoir à effectuer le recalcul du taux effectif d'imposition à la fin du cinquième exercice suivant. Les impôts qui sont finalement payés, mais qui n'ont pas été antérieurement retenus dans les impôts couverts au titre des impôts différés, doivent être retenus au titre de l'exercice de leur paiement.

MÉCANISME DE« RECAPTURE »

41270 CGI art. 223 VU sexies et 223 VU septies

Certains impôts différés passifs font l'objet d'une règle de « recapture » (sauf option visée nº 41265). Ainsi, les charges d'impôts différés, retenues dans les impôts couverts, qui ne donnent pas lieu au paiement de l'impôt correspondant dans les cinq exercices suivants, entraînent le recalcul du taux effectif d'imposition de la juridiction concernée au titre de l'exercice au cours duquel ces charges d'impôts différés avaient été prises en compte. Ce recalcul du taux effectif d'imposition entraîne, le cas échéant, le calcul d'un impôt complémentaire additionnel au titre de cet exercice passé, qui doit être acquitté au titre de l'exercice du recalcul. Ainsi, si un impôt différé passif généré en N ne se traduit pas par un paiement d'impôt en N + 5 au plus tard, le taux effectif d'imposition de l'exercice N devra être recalculé a posteriori, sans cet impôt différé au passif. L'impôt complémentaire sera acquitté en N + 5.

› Précisions Pour certaines natures d'impôts différés passifs, une « recapture » n'est pas nécessaire. Il en est ainsi notamment des passifs d'impôt différés qui se rapportent aux dotations aux amortissements des actifs corporels (impôt différé passif relatif à l'amortissement dégressif ou exceptionnel), et aux dépenses de recherche et de développement (fiscalement immédiatement déduites mais activées et amorties en comptabilité).

d. Option pour la perte qualifiée nette

Une règle simplificatrice, appliquée sur option et valable pour toutes les entités de la juridiction, permet de ne pas avoir à procéder aux calculs mentionnés nos 41260 s. Cette option permet, pour chaque exercice au cours duquel une perte qualifiée nette (« perte GloBE ») est constatée dans une juridiction, de comptabiliser un impôt différé actif, dont le montant est égal au produit de la perte nette qualifiée par le taux minimum de 15 %. Les autres impôts différés ne sont pas pris en compte. **41275** CGI art. 223 W s

L'actif d'impôt différé ainsi déterminé sera utilisé pour la détermination des impôts couverts des exercices ultérieurs au titre desquels un bénéfice net qualifié sera constaté dans la juridiction. Le montant « consommé » de l'actif d'impôt différé (qui pourra être retenu au numérateur du taux effectif d'imposition, au titre des impôts couverts de l'exercice) sera égal au produit du bénéfice qualifié net de l'exercice par le taux de 15 %, dans la limite du montant de l'impôt différé actif restant disponible. Le solde de l'impôt différé actif sera reportable sur les exercices suivants.

ATTENTION

L'option ne peut être exercée qu'une fois et doit être formulée dans la première déclaration du groupe qui inclut des entités constitutives de la juridiction pour laquelle elle est exercée. Sa révocation entraîne la perte du solde d'impôts différés actifs encore reportable.

3. RÉGIMES DE PROTECTION

Des **mesures temporaires** permettent aux groupes entrant dans le champ des règles GloBE de se dispenser du calcul complet du taux effectif d'imposition. **41300**

MESURE DE PROTECTION FONDÉE SUR LA DÉCLARATION « QUALIFIÉE »

Pendant une période transitoire, aucun impôt complémentaire n'est dû au titre d'une juridiction si l'une des conditions alternatives suivantes est remplie : **41305** CGI Art. 223 VZ s

– le groupe déclare dans cette juridiction (dans sa déclaration pays par pays s'il s'agit d'un groupe d'entreprises multinationales (n° 8972), ou dans sa déclaration de résultats s'il s'agit d'un groupe national) un chiffre d'affaires de moins de 10 M€ et un résultat avant impôt de moins de 1 M€ (test de minimis) ;

– le groupe a, dans la juridiction concernée, un « taux effectif d'imposition simplifié » supérieur ou égal à un « taux minimum d'imposition » (ce dernier est fixé à 15 % pour les exercices ouverts du 31 décembre 2023 au 31 décembre 2024, 16 % pour les exercices ouverts du 1er janvier au 31 décembre 2025 et 17 % pour ceux ouverts du 1er janvier au 31 décembre 2026). Le taux effectif d'imposition simplifié s'obtient par le rapport entre, au numérateur, la somme des impôts couverts simplifiés (somme des charges d'impôt des entités constitutives de la juridiction reportées dans les états financiers consolidés, déduction faite des impôts non couverts et des positions fiscales incertaines) et, au dénominateur, la somme des bénéfices et des pertes avant impôt sur les bénéfices de l'ensemble des entités constitutives de la juridiction, reportés dans la déclaration (test du taux effectif d'imposition simplifié) ;

– le bénéfice avant impôt du groupe (déclaré dans la déclaration pays par pays ou dans la déclaration de résultats) est inférieur ou égal au revenu exclu en raison de la substance (n° 41330) (test du profit de routine).

Cette mesure de simplification ne s'applique qu'au titre des exercices ouverts au plus tard le 31 décembre 2026 et clos au plus tard le 30 juin 2028 (CGI art. 223 VZ octies).

ATTENTION

Lorsque l'entité constitutive déclarante n'a pas fait application de la mesure de simplification au titre d'une juridiction, alors que les conditions étaient satisfaites au titre d'un exercice, elle en perd la faculté pour tout exercice ultérieur.

MESURE RELATIVE À LA RBII

Pour l'application de la règle sur les bénéfices insuffisamment imposés, l'impôt complémentaire calculé pour une entité constitutive faiblement imposée du groupe qui est située dans l'État ou le territoire de résidence de l'entité mère ultime, y compris pour cette dernière entité lorsqu'elle est elle-même faiblement imposée, est nul au titre de chaque exercice d'une durée maximale de douze mois ouvert jusqu'au 31 décembre 2025 et clos avant le 31 décembre 2026, lorsque la législation de l'État ou du territoire concerné prévoit l'application d'un taux normal d'un impôt équivalent à l'impôt sur les sociétés au moins égal à 20 %. **41310** CGI art. 223 VZ nonies

C. Liquidation de l'impôt complémentaire

41320 CGI art. 223 WB s Aucune imposition complémentaire n'est due si le taux effectif d'imposition de la juridiction est au moins égal à 15 % (et même si le taux effectif d'imposition de certaines entités de cette juridiction est inférieur à 15 %). La juridiction n'est en effet alors pas considérée comme faiblement taxée.

En revanche, lorsque le taux effectif d'imposition d'une juridiction est inférieur au taux minimum d'imposition (15 %), un impôt complémentaire est en principe dû dans cette juridiction. Le **taux** de cet impôt complémentaire est égal à la différence entre 15 % et le taux effectif d'imposition de la juridiction. Il est appliqué au **bénéfice excédentaire**, qui s'entend de la différence entre le bénéfice qualifié net du groupe (nº 41175) et le montant de la déduction fondée sur la substance (nº 41330).

Une fois ce produit calculé, le montant de l'impôt complémentaire s'obtient en y ajoutant, le cas échéant, l'**impôt complémentaire additionnel** correspondant notamment aux rappels pouvant résulter d'ajustements du taux effectif d'imposition de périodes antérieures, et en le minorant de l'**impôt complémentaire national** (nº 41355).

41325 Une fois déterminé, l'impôt complémentaire du groupe dans la juridiction doit être **alloué aux différentes entités constitutives** de la juridiction qui présentent un bénéfice qualifié (même si ces entités sont elles-mêmes imposées à un taux d'au moins 15 %), par application du rapport entre, d'une part, le bénéfice qualifié de l'entité constitutive et, d'autre part, la somme des bénéfices qualifiés des entités constitutives situées dans la juridiction. Une règle particulière s'applique lorsqu'aucun bénéfice qualifié net n'est constaté dans la juridiction et que l'impôt complémentaire du groupe correspond à l'impôt complémentaire additionnel.

DÉDUCTION FONDÉE SUR LA SUBSTANCE

41330 CGI art. 223 W s Le bénéfice excédentaire sur lequel est appliqué le taux de l'imposition complémentaire est égal au bénéfice qualifié net du groupe, déduction faite d'un revenu de routine, c'est-à-dire un revenu théorique fondé sur la substance. La déduction fondée sur la substance est calculée par chaque entité constitutive de la juridiction, sur la base d'un pourcentage de la valeur nette comptable de certains actifs corporels situés dans la juridiction et des charges de personnel relatives aux employés qui exercent des activités pour le groupe dans cet État ou territoire. Ce pourcentage est dégressif chaque année. Pour les exercices ouverts à compter du 31 décembre 2023, le taux de la déduction pour actifs corporels est fixé à 8 % et celui pour charges de personnel est fixé à 10 %. À compter des exercices ouverts à partir du 31 décembre 2033, ces taux seront définitivement fixés, l'un comme l'autre, à 5 %.

Si le revenu fondé sur la substance, ainsi déterminé forfaitairement, excède le bénéfice net qualifié du groupe, aucune imposition complémentaire n'est due (sauf éventuel impôt complémentaire additionnel : voir nº 41320).

> Précisions **a.** Pour le calcul de la substance, les **charges de personnel** sont celles relatives aux employés (à temps plein ou à temps partiel) de l'entité constitutive, ainsi qu'aux travailleurs indépendants ou intérimaires participant sous son autorité et sous son contrôle à ses activités opérationnelles ordinaires. Les charges à prendre en compte s'entendent des dépenses de rémunération, des impôts assis sur les salaires et sur l'emploi, et des cotisations et contributions sociales.

b. Les **actifs corporels** éligibles à la déduction sur la substance sont les biens, usines et équipements ; les ressources naturelles ; le droit pour un locataire d'utiliser les actifs corporels ; le droit concédé par un État d'utiliser des biens immobiliers ou d'exploiter des ressources naturelles lorsqu'il en résulte des investissements importants dans des actifs corporels.

c. La déduction fondée sur la substance est déterminée selon des règles particulières, notamment en présence d'**établissements stables** et d'**entités interposées**.

d. Si la charge administrative liée au calcul de la déduction fondée sur la substance est trop lourde, les groupes peuvent renoncer à cet abattement en exerçant une **option** applicable à l'ensemble des entités situées dans la juridiction.

OPTION EN FAVEUR DE L'EXCLUSION DE MINIMIS

41335 CGI art. 223 WD s L'entité constitutive déclarante peut exercer une option au titre de l'exercice afin que l'impôt complémentaire dû à raison des entités constitutives situées dans la juridiction soit nul, si les conditions suivantes sont réunies au titre de cet exercice et des deux exercices précédents :

– la moyenne des **chiffres d'affaires** cumulés de l'ensemble des entités constitutives situées dans la juridiction (après ajustements) est inférieure à 10 millions d'euros ;

– et la moyenne des **bénéfices** qualifiés nets ou des **pertes** qualifiées nettes de cette juridiction est une perte ou un bénéfice inférieur à 1 million d'euros.

Lorsqu'aucune des entités constitutives n'a réalisé un chiffre d'affaires ou une perte qualifiée dans la juridiction au cours de l'un des deux exercices précédents, cet exercice n'est pas pris en compte pour le calcul des moyennes.

› Précisions Cette mesure vise à éviter les complexités d'un calcul complet du taux effectif d'imposition dans les cas où le montant de l'impôt complémentaire ne semble pas justifier les coûts administratifs et de mise en conformité qui y sont associés. Elle ne doit pas être confondue avec le régime de protection temporaire fondé sur la déclaration « qualifiée », applicable notamment lorsqu'est satisfait le test de minimis, réalisé au titre du seul exercice et non sur une moyenne de trois exercices (nº 41305).

ENTITÉS CONSTITUTIVES À DÉTENTION MINORITAIRE

Par dérogation à la règle selon laquelle le TEI et l'imposition complémentaire sont déterminés au niveau de la juridiction, un TEI distinct doit être déterminé en présence d'un sous-groupe détenu de façon minoritaire ou d'une entité constitutive détenue de façon minoritaire. 41340 CGI art. 223 WE s

Pour un **sous-groupe détenu de façon minoritaire** (cas où l'entité mère ultime du groupe a un pourcentage d'intérêt de 30 % ou moins dans l'entité mère intermédiaire), le calcul du TEI et de l'impôt complémentaire pour une juridiction s'applique comme si chaque sous-groupe à détention minoritaire était un groupe distinct.

Lorsqu'une **entité constitutive détenue de façon minoritaire** (entité constitutive dont l'entité mère ultime détient, directement ou indirectement, une participation inférieure ou égale à 30 %) n'est pas membre d'un sous-groupe à détention minoritaire, son taux effectif d'imposition et son impôt complémentaire sont calculés séparément.

Dans les deux cas, le groupe d'entreprises multinationales ou le groupe national ne tient pas compte du montant corrigé des impôts couverts ni du résultat qualifié des entités constitutives membres du sous-groupe à détention minoritaire ou de l'entité constitutive à détention minoritaire dans la détermination de son taux effectif d'imposition et du bénéfice ou de la perte qualifiés nets.

D. Modalités de collecte de l'impôt complémentaire

L'imposition minimale annuelle prend la forme d'un impôt complémentaire déterminé, selon les cas, selon la règle d'inclusion du revenu (RIR), selon la règle relative aux bénéfices insuffisamment imposés (RBII) ou selon les règles de l'impôt national complémentaire (CGI art. 223 VJ). 41350

IMPÔT NATIONAL COMPLÉMENTAIRE QUALIFIÉ

Les entités constitutives de groupes d'entreprises multinationales ou de groupes nationaux rentrant dans le champ d'application des règles GloBE (nº 41130) et situées en France en application des règles de territorialité (nºs 41145 s.) sont redevables d'un impôt national complémentaire qualifié. 41355 CGI art. 223 WF

La perception de cet impôt est **prioritaire** sur l'application de la RIR et de la RBII et il vient en déduction de l'impôt complémentaire dû en vertu de ces règles (nº 41320). Il permet à la France d'imposer les bénéfices qui y sont réalisés par un groupe dont le taux effectif d'imposition est inférieur à 15 % alors qu'en l'absence d'un tel impôt national les recettes fiscales complémentaires seraient perçues par l'État de l'entité mère du groupe.

Les modalités de calcul de l'impôt national complémentaire sont calquées sur les règles GloBE afin de s'assurer qu'il soit bien reconnu comme un impôt qualifié par les autres juridictions. Ainsi, l'**assiette** de l'impôt national complémentaire est le bénéfice excédentaire réalisé par le groupe (nº 41320), et son **taux** est égal à la différence positive entre 15 % et le taux effectif d'imposition en France.

Chaque entité constitutive est **redevable** de l'impôt national complémentaire pour la part qui lui est affectée (sur cette répartition, voir nº 41325).

› Précisions **a.** Le bénéfice excédentaire peut être calculé à partir du résultat net comptable déterminé selon les **principes comptables français**, prévu par le règlement de l'Autorité des normes comptables, ou selon les normes comptables internationales, en lieu et place de la norme de comptabilité financière utilisée pour l'établissement des états financiers consolidés de l'entité mère ultime.

b. Lorsqu'un **impôt complémentaire additionnel** (nº 41320) est appliqué à des entités constitutives du groupe situées en France, cet impôt est dû par chaque entité constitutive pour la part qui lui revient. Il est considéré comme un impôt national complémentaire.

c. Si l'impôt national complémentaire qualifié d'un exercice n'est **pas acquitté au cours des quatre exercices suivant** celui au cours duquel il est dû, il doit être ajouté à l'impôt complémentaire déterminé selon la RIR ou selon la RBII.

RÈGLE D'INCLUSION DU REVENU QUALIFIÉE (RIR QUALIFIÉE)

41365 CGI art. 223 WG s La RIR consiste à assujettir à un impôt complémentaire l'entité mère d'un groupe dont les entités constitutives sont imposées à un taux inférieur à 15 %. La RIR s'applique selon une approche descendante.

41370 **Redevable de la RIR en France** C'est en principe, lorsqu'elle est située en France, l'**entité mère ultime** d'un groupe (multinational ou national), à raison des entités constitutives du groupe, y compris cette même entité mère ultime, faiblement imposées et situées en France (et, pour les groupes multinationaux, celles situées dans un autre État ou territoire ou apatrides).

Si l'entité mère ultime est située dans un autre État ou territoire où elle n'est pas soumise à une RIR, le redevable de la RIR en France est l'**entité mère intermédiaire** située en France, à raison des entités constitutives du groupe qu'elle détient, y compris cette même entité mère intermédiaire, faiblement imposées et situées en France, dans un autre État ou territoire ou apatrides. En cas de pluralité d'entités mères intermédiaires, la règle précitée ne s'applique pas si une autre entité mère intermédiaire qui détient, directement ou indirectement, une participation conférant le contrôle dans l'entité mère intermédiaire précitée est soumise à une RIR qualifiée au titre de l'exercice.

C'est également l'entité mère intermédiaire située en France qui est redevable de la RIR lorsque l'entité mère ultime est une entité exclue du champ d'application des règles GloBE (n° 41135).

Même si l'entité mère ultime (ou une entité mère intermédiaire) est redevable de la RIR, le redevable de la RIR en France est l'**entité mère partiellement détenue** située en France (n° 41130, précisions b), à raison des entités constitutives du groupe qu'elle détient, y compris cette même entité mère partiellement détenue, faiblement imposées et situées en France, dans un autre État ou territoire ou apatrides. Cette règle ne s'applique pas lorsque les titres conférant le contrôle de l'entité mère partiellement détenue sont intégralement détenus, directement ou indirectement, par une autre entité mère partiellement détenue soumise à une RIR qualifiée au titre de l'exercice.

41375 **Montant de l'impôt complémentaire au titre de la RIR qualifiée** Au titre d'un exercice, l'**impôt brut complémentaire** déterminé sur le fondement de la RIR dû par une entité mère comprend :

– le montant total de l'impôt complémentaire calculé pour elle-même ;

– et la part de l'impôt complémentaire dû à raison d'une entité constitutive faiblement imposée. En présence d'autres détenteurs de participations dans cette entité constitutive, la part d'impôt complémentaire dû par l'entité mère est déterminée par application d'un ratio d'inclusion correspondant au taux de participation dans cette entité. Si l'entité constitutive faiblement imposée est détenue par l'intermédiaire d'une entité mère intermédiaire ou d'une entité mère partiellement détenue, la part d'impôt complémentaire dû par l'entité mère à raison de l'entité constitutive est réduite du montant d'impôt complémentaire dû par les entités intermédiaires.

Le montant brut de l'impôt complémentaire est diminué du montant de l'impôt national **complémentaire qualifié** dû par l'entité mère et par les entités constitutives de son groupe au titre d'un même exercice (n° 41355) (mécanisme d'imputation prévu par l'article 223 WH bis, I du CGI).

> **Précisions** Le mécanisme d'imputation est toutefois écarté lorsque l'impôt national complémentaire qualifié dû dans un État ou territoire a été calculé à partir des normes comptables internationales ou de la norme de comptabilité financière utilisée pour l'établissement des états financiers consolidés de l'entité mère ultime. Dans ce cas, aucun impôt complémentaire n'est dû sur le fondement de la RIR à raison des entités constitutives situées dans cet État ou ce territoire (CGI art. 223 VH bis, II).

RÈGLE RELATIVE AUX BÉNÉFICES INSUFFISAMMENT IMPOSÉS QUALIFIÉE (RBII QUALIFIÉE)

41380 CGI art. 223 WJ s **Redevable de la RBII en France** Les entités constitutives d'un groupe multinational qui sont situées en France (à l'exception des entités d'investissement) y sont redevables de la

RBII lorsque l'entité mère ultime du groupe est une entité exclue (n° 41135) ou est située, soit dans un État tiers qui n'applique pas la RIR, soit dans un État à faible imposition où elle n'est pas soumise, ainsi que, le cas échéant, les entités constitutives de son groupe situées dans ce même État tiers, pour ce qui les concerne, à une RIR (la RIR n'étant alors appliquée par l'État tiers qu'aux entités situées dans une autre juridiction et non à celles situées sur son propre territoire).
La RBII constitue ainsi un « filet de sécurité qui garantit le paiement de l'impôt minimum lorsque aucun impôt national complémentaire qualifié ou aucune RIR n'a déjà été prélevé à raison des bénéfices faiblement imposés des entités du groupe.

Montant de l'impôt complémentaire au titre de la RBII qualifiée Le montant total de l'impôt complémentaire établi selon la RBII est égal, au titre d'un exercice, à la somme de l'impôt complémentaire calculé pour chaque entité constitutive faiblement imposée du groupe multinational selon les modalités détaillées n°s 41320 s. L'impôt complémentaire calculé pour une entité constitutive faiblement imposée est toutefois nul lorsque toutes les participations du groupe dans cette entité sont détenues par une ou plusieurs entités mères assujetties à une RIR qualifiée dans leur territoire d'implantation. Par ailleurs, dans le cas où l'entité mère est assujettie à une RIR qualifiée mais ne détient pas l'entière participation de l'entité constitutive faiblement imposée, l'impôt complémentaire calculé pour cette dernière est diminué de la fraction attribuable à l'entité mère précitée. 41385

Le montant total de l'impôt complémentaire doit ensuite être réparti entre les États d'implantation des entités constitutives du groupe qui appliquent une RBII. Pour calculer la **part revenant à la France**, il convient en principe d'appliquer au montant total d'impôt complémentaire un rapport, déterminé au titre de chaque exercice et pour chaque groupe multinational, en faisant la somme :

– de la moitié du rapport entre le nombre de salariés de toutes les entités constitutives du groupe situées en France et le nombre total d'employés de toutes les entités constitutives du groupe situées dans une juridiction appliquant la RBII ;

– et de la moitié du rapport entre la somme des valeurs nettes comptables des actifs corporels détenus par toutes les entités constitutives situées en France et la somme des valeurs nettes comptables des actifs corporels détenus par toutes les entités constitutives situées dans une juridiction appliquant la RBII.

Lorsque **plusieurs entités constitutives sont situées en France**, la part de l'impôt complémentaire dû au titre de la RBII est ventilée en appliquant un rapport dont le mode de calcul est similaire au rapport précité (les données de chaque entité constitutive située en France étant alors comparées à celles de l'ensemble des entités constitutives implantées en France).

E. Règles transitoires

a. Impôts différés et actifs transférés pris en compte au titre de l'exercice de transition

IMPÔTS DIFFÉRÉS DE LA PÉRIODE ANTÉRIEURE À L'EXERCICE DE TRANSITION

Il convient, au titre de l'exercice de transition et des exercices ultérieurs, de prendre en compte les impôts différés de la période antérieure (à l'exception des actifs d'impôts différés qui concernent des éléments qui auraient été exclus du calcul du résultat qualifié si les règles GloBE avaient été applicables, et qui ont été constatés au titre d'une opération réalisée à une date postérieure au 30 novembre 2021). 41400 CGI art. 223 WX s

L'**exercice de transition** est le premier exercice au titre duquel un groupe d'entreprises multinationales ou un groupe national entre pour la première fois, pour ce qui concerne un État ou territoire, dans le champ d'application de l'impôt complémentaire et est soumis au dispositif d'imposition minimale mondiale. Pour les groupes qui ont déjà franchi le seuil de chiffre d'affaires de 750 M€, l'exercice de transition est donc le premier exercice d'application des règles GloBE en droit interne. Pour les groupes n'ayant pas encore franchi ce seuil, ce sera l'exercice au titre duquel ils entreront pour la première fois dans le champ d'application du dispositif d'imposition minimale mondial, après franchissement du seuil de 750 M€.

Cette règle nécessite de **recalculer le stock d'impôts différés** constitué avant l'exercice de transition. En principe, les impôts différés actifs et les impôts différés passifs sont pris en compte au taux le plus bas entre le taux minimum d'imposition (15 %) et le taux d'imposition prévu par la législation de l'État ou du territoire concerné. Toutefois, un actif d'impôt différé qui a été comptabilisé à un taux inférieur à 15 % peut être retenu au taux de 15 % si l'entité constitutive peut démontrer qu'il est attribuable à une perte qualifiée. Par dérogation à la règle applicable « en régime de croisière » (nº 41265), il convient de prendre en compte les actifs d'impôts différés relatifs aux crédits d'impôt qui figurent dans les états financiers consolidés de l'entité constitutive. S'ils ont été comptabilisés à un taux supérieur à 15 %, ils doivent être recalculés au taux de 15 %.

TRANSFERT D'ACTIFS ENTRE ENTITÉS CONSTITUTIVES AVANT LE DÉBUT D'UN EXERCICE DE TRANSITION

41410 CGI art. 223 WX ter En cas de transfert d'actifs (autre que des stocks) entre entités constitutives effectué à une date postérieure au 30 novembre 2021 et avant le début d'un exercice de transition, la valeur des actifs acquis à prendre en compte correspond en principe à la valeur comptable des actifs transférés figurant dans les états financiers de l'entité cédante à la date de la cession. Les actifs et les passifs d'impôts différés afférents à ces actifs sont pris en compte et déterminés sur cette base.

Cette règle anti-abus, qui vise à limiter la possibilité d'augmenter la base des actifs sans inclure le gain qui en résulte dans le calcul du résultat qualifié GloBE, peut être écartée si le groupe peut démontrer que l'entité cédante a acquitté un impôt au titre du résultat de cession.

b. Exonération temporaire de l'impôt complémentaire

GROUPES EN PHASE D'EXPANSION INTERNATIONALE

41420 CGI art. 223 WY s Dans le cas où l'entité mère ultime d'un groupe d'entreprises multinationales, ou une entité mère intermédiaire lorsque l'entité mère ultime est une entité exclue, est redevable de l'impôt complémentaire au titre de la **RIR** (nºs 41365 s.), cette entité est temporairement exonérée de l'impôt complémentaire dû à raison des entités constitutives, y compris elle-même, faiblement imposées situées en France. Cette exonération s'applique au titre des cinq premiers exercices de la phase de démarrage des activités internationales du groupe, qui débutent à compter de l'ouverture du premier exercice au titre duquel le groupe d'entreprises multinationales entre pour la première fois dans le champ de l'impôt complémentaire.

La même exonération s'applique à l'entité constitutive située en France qui est redevable d'un impôt complémentaire établi selon la **RBII** (nºs 41380 s.).

Aucune exonération n'est prévue au titre de l'impôt national complémentaire.

> **Précisions** Un groupe d'entreprises multinationales est considéré comme étant dans la **phase de démarrage de ses activités internationales** lorsque, au titre d'un exercice, les deux conditions cumulatives suivantes sont remplies :
> – ses entités constitutives ne sont pas situées dans plus de six États ou territoires différents ;
> – la somme de la valeur nette comptable des actifs corporels de toutes les entités constitutives, à l'exception de celles qui sont situées dans l'État ou le territoire de référence, n'excède pas 50 M€. L'État ou le territoire de référence est celui dans lequel les entités constitutives du groupe présentent, au titre de l'exercice au cours duquel le groupe entre pour la première fois dans le champ d'application de l'impôt complémentaire, la valeur totale d'actifs corporels la plus élevée. La valeur totale des actifs corporels détenus dans un État ou territoire correspond à la somme des valeurs nettes comptables de l'ensemble des actifs corporels de toutes les entités constitutives du groupe qui sont situées dans cet État ou ce territoire.

GROUPE NATIONAL

41425 CGI art. 223 WY Lorsque l'entité mère ultime d'un groupe national est redevable de l'impôt complémentaire au titre de la **RIR** (nºs 41365 s.), elle est exonérée de cet impôt complémentaire au titre des cinq premiers exercices à compter de celui au titre duquel le groupe national entre pour la première fois dans le champ d'application de l'impôt complémentaire. La période d'exemption est identique à celle prévue pour les groupes en phase d'expansion internationale (nº 41420) (nºs 41380 s.). Aucune exonération n'est prévue au titre de l'impôt national complémentaire.

F. Obligations déclaratives, paiement, sanctions et contrôle

OBLIGATIONS DÉCLARATIVES

41440 CGI art. 223 WW s L'entité constitutive située en France d'un groupe d'entreprises multinationales ou d'un groupe national compris dans le champ d'application d'un impôt complémentaire indique à l'administration fiscale, dans sa **déclaration de résultat**, son appartenance à un tel groupe. Elle indique l'identité de l'entité mère ultime du groupe et, le cas échéant, de l'entité qui dépose la déclaration d'informations ainsi que l'État ou le territoire dans lequel elles sont situées.

L'entité constitutive d'un groupe à qui incombe le dépôt d'une **déclaration d'informations** au titre de l'impôt complémentaire dépose cette déclaration dans un délai de quinze mois suivant la clôture de l'exercice. Ce délai est porté à dix-huit mois au titre du premier exercice au cours duquel le groupe ou l'entité constitutive entre pour la première fois dans le champ de l'impôt complémentaire. La déclaration d'informations, dont le contenu sera déterminé par décret, est déposée sous forme dématérialisée. **41445**

En principe, toutes les entités constitutives du groupe doivent en déposer une dans la juridiction où elles se situent. Elles peuvent toutefois en être exemptées dans certaines situations. Ainsi, l'entité constitutive située en France d'un groupe d'entreprises multinationales ou d'un groupe national est dispensée du dépôt de la déclaration d'informations lorsque celle-ci est déposée par :

– une entité constitutive du groupe qui est située en France et qui a été désignée par l'ensemble des autres entités constitutives du groupe situées en France pour déposer la déclaration et en a informé l'administration fiscale ;

– une entité mère ultime située dans un État ou territoire ayant conclu avec la France un accord bilatéral ou multilatéral ou tout autre accord régissant l'échange automatique de déclarations d'informations relatives à un impôt complémentaire ;

– une entité déclarante située dans un État ou territoire ayant conclu avec la France un accord mentionné ci-dessus.

Dans le même délai que la déclaration d'informations (n° 41445), l'entité constitutive d'un groupe dépose, sous forme dématérialisée, un **relevé de liquidation de l'impôt complémentaire** dû, dont le contenu sera déterminé par décret. **41450**

PAIEMENT

L'impôt complémentaire (impôt national complémentaire, RIR ou RBII) est acquitté par télérèglement à l'appui du relevé de liquidation. Le règlement est **effectué par** : **41460** CGI art. 1676 decies

– l'entité mère du groupe pour l'impôt complémentaire dû au titre de la règle d'inclusion du revenu (RIR) prévue aux articles 223 WG à 223 WI (voir n° 41370) ;

– les entités constitutives redevables de l'impôt national complémentaire (n° 41355) ou redevables de l'impôt complémentaire dû au titre de la RBII (n° 41380). Par dérogation, ces entités constitutives peuvent, sur option, désigner une seule entité parmi les entités constitutives redevables du groupe pour acquitter la totalité de cet impôt complémentaire et déposer le relevé de liquidation pour leur compte.

L'impôt complémentaire est exigible à la **date** de dépôt du relevé de liquidation ou, en l'absence du dépôt de celui-ci dans les délais, à l'expiration du délai au terme duquel il doit être transmis.

RECOUVREMENT, CONTRÔLE ET SANCTIONS

Les impositions complémentaires (impôt national complémentaire, RIR ou RBII) sont **recouvrées** et **contrôlées** selon les mêmes procédures et sous les mêmes garanties, sanctions, sûretés et privilèges que l'impôt sur les sociétés, mais ne donnent pas lieu au paiement d'acomptes trimestriels. En matière d'assiette, les **réclamations** sont présentées, instruites et jugées selon les règles applicables à ce même impôt (CGI, art. 1679 undecies). **41465**

Le défaut de souscription ou le retard dans le dépôt de la déclaration d'information ou du relevé de liquidation est passible d'une **amende** d'un montant de 100 000 €. Les autres manquements aux obligations déclaratives entraînent l'application d'une amende d'un montant total ne pouvant excéder 50 000 € par déclaration. Ces amendes sont dues sous réserve que les manquements précités n'entraînent pas l'application d'une majoration d'un montant plus élevé (CGI art. 1729 F bis). **41470**

> **Précisions** Lorsque plusieurs entités constitutives situées en France font partie d'un même groupe d'entreprises multinationales ou d'un même groupe, le total des amendes forfaitaires ne peut excéder 1 000 000 € au titre d'un même exercice. Ce montant est réparti entre les entités constitutives concernées en tenant compte de la part de chaque entité dans le total des amendes forfaitaires avant plafonnement.

DÉLAI SPÉCIAL DE REPRISE

Le droit de reprise de l'administration pour l'impôt complémentaire s'exerce jusqu'à la fin de la cinquième année qui suit celle au titre de laquelle l'imposition est due. Ce délai de reprise plus long que le délai de droit commun prévu par l'article L 169 du LPF se justifie notamment par le délai de dépôt de la déclaration d'informations relative à l'impôt complémentaire (n° 41445). **41475** LPF art. L 172 I

PARTIE 3

Impôts directs locaux

CARACTÉRISTIQUES GÉNÉRALES

On désigne par le terme « impôts locaux » les impôts directs annuels qui sont perçus non au profit de l'État (comme, par exemple, l'impôt sur le revenu ou l'impôt sur les sociétés), mais **au profit** : 41500 LOC-I-15 s

– des collectivités territoriales (communes, principalement) et des établissements publics de coopération intercommunale (groupements de communes tels que les communautés de communes, les communautés d'agglomération, les métropoles, etc.) ;

– de certains établissements publics, tels que les établissements publics fonciers ;

– des organismes consulaires : chambres de commerce et d'industrie, chambres de métiers et de l'artisanat, chambres d'agriculture.

Ces impôts comprennent actuellement quatre taxes principales :

– deux **taxes foncières,** qui frappent l'une les propriétés bâties, l'autre les propriétés non bâties, dont le contribuable est propriétaire ;

– la **taxe d'habitation** sur les résidences secondaires et autres locaux meublés non affectés à l'habitation principale, qui porte sur certains de ces locaux dont le contribuable a la disposition ;

– la **contribution économique territoriale,** qui jusqu'en 2026 est composée elle-même de deux cotisations, la **cotisation foncière des entreprises,** assise sur la valeur locative des biens passibles d'une taxe foncière dont le contribuable dispose pour les besoins de sa profession, et la **cotisation sur la valeur ajoutée des entreprises.** Cette dernière cotisation est supprimée à compter de 2027 (n° 43850).

À ces quatre taxes s'ajoutent différentes **taxes annexes** ou additionnelles, telles que les taxes spéciales d'équipement et la taxe d'enlèvement des ordures ménagères.

Des dispositifs spécifiques d'exonération et d'allégement sont prévus dans les **départements d'outre-mer** et en **Corse** : voir respectivement n°s 91525 s. et 92300 s. 41505

BASE D'IMPOSITION COMMUNE

41515 Les quatre principaux impôts locaux ont, pour partie, une base d'imposition commune : il s'agit de la **valeur locative cadastrale** des propriétés bâties ou non bâties imposables, qui est censée représenter le loyer annuel que produiraient ces propriétés si elles étaient louées.

CGI art. 1516
FB-III-300 s
FNB-III-300 s

La valeur locative cadastrale des **propriétés bâties et non bâties, autres que les locaux professionnels,** doit, en théorie, être déterminée lors de **révisions générales,** complétées par des actualisations triennales. En pratique, la dernière révision générale a été réalisée de 1970 à 1973 sur la base des valeurs de 1970, et ses résultats, mis en application en 1974, ont été actualisés une seule fois en 1980. Les **actualisations** qui auraient dû intervenir ultérieurement ont été remplacées par des majorations forfaitaires annuelles (voir nos 42225 s. et 42570).

La valeur locative des **locaux professionnels** a, quant à elle, fait l'objet d'une **révision,** dont les résultats sont pris en compte depuis 2017 (voir no 42100). Le dispositif est assorti d'un dispositif spécifique d'actualisation (voir nos 42240 s.).

La base d'imposition est par ailleurs mise à jour chaque année pour tenir compte des **changements** qui affectent les propriétés, bâties ou non bâties (voir nos 42160 s. et 42580).

> **Précisions** **a.** En ce qui concerne les **propriétés non bâties,** la dernière révision générale a été effectuée suivant une procédure allégée consistant à actualiser, au moyen de coefficients d'adaptation tenant compte du cours des baux ruraux au 1er janvier 1970, les revenus cadastraux qui avaient été établis lors de la précédente révision à la date du 1er janvier 1961 (CGI art. 1515 : FNB-III-10000 s.).
> **b.** Une **révision** des valeurs locatives des **locaux d'habitation** est programmée pour 2028 (voir no 42090, précision c).

FIXATION DES TAUX D'IMPOSITION PAR LES COLLECTIVITÉS TERRITORIALES

41525 Les collectivités territoriales et les établissements publics de coopération intercommunale dotés d'une fiscalité propre votent chaque année le taux des principaux impôts locaux qu'ils perçoivent. Toutefois, pour certains impôts, la loi fixe elle-même le taux ou le tarif. Tel est le cas notamment de la cotisation sur la valeur ajoutée des entreprises ou de l'imposition forfaitaire sur les entreprises de réseaux.

Les taux d'imposition, qui sont fonction à la fois des besoins des collectivités et de leur potentiel fiscal, peuvent ainsi varier d'une année à l'autre et d'une commune à l'autre, de sorte que des impositions portant sur des biens similaires peuvent être très différentes selon les communes. La fixation des taux par les collectivités territoriales obéit cependant à certaines conditions de variation et de plafonnement.

PRÉLÈVEMENTS AU PROFIT DE L'ÉTAT

41535 C'est l'État qui assure l'assiette et le recouvrement des impôts directs locaux. Il supporte également la charge de la plupart des dégrèvements éventuellement prononcés en faveur des contribuables.

CGI art. 1641, 1644 et 1647, XIX
LOC-I-4000 s

En contrepartie, l'État prélève des **frais de gestion** égaux à :
– 1,5 % du montant de la taxe sur les éoliennes maritimes ;
– 3 % du montant de la taxe d'habitation sur les résidences secondaires et autres locaux meublés non affectés à l'habitation principale, des taxes foncières, de la taxe additionnelle à la taxe foncière sur les propriétés non bâties, de la cotisation foncière des entreprises, de la taxe pour la gestion des milieux aquatiques et la prévention des inondations et de l'imposition forfaitaire sur les entreprises de réseaux ;
– 8 % du montant de la taxe d'habitation sur les logements vacants, de la taxe sur les friches commerciales, de la taxe pour frais de chambres d'agriculture (BOI-IF-AUT-40 nos 200 et 210), de la redevance des mines, de la taxe spéciale au profit de la région Île-de-France, des impositions au profit des syndicats de communes et de la taxe d'enlèvement des ordures ménagères (taux ramené pour cette dernière taxe à 3 % pendant cinq ans en cas d'institution de la part incitative variable) ;
– 9 % du montant de la taxe additionnelle à la cotisation foncière des entreprises perçue au profit des chambres de commerce et d'industrie, de la taxe pour frais de chambres de métiers et de l'artisanat, des taxes spéciales d'équipement et de la taxe sur les logements vacants.

DÉCLARATIONS DES CONTRIBUABLES

41545 En principe, les impôts locaux ne sont pas des impôts déclaratifs, en ce sens que la valeur locative cadastrale sur laquelle ils sont en grande partie assis n'a pas à être déclarée par les redevables eux-mêmes. Des déclarations présentant les éléments nécessaires à l'établissement des impositions doivent néanmoins être souscrites :

– par les propriétaires de biens passibles d'une **taxe foncière** en cas de construction nouvelle et en cas de changements apportés à leurs propriétés bâties et non bâties (consistance, affectation utilisation ou méthode d'évaluation : voir nos 42160 s. et 42580) ;

– chaque année, par les locataires de **locaux professionnels,** dans le cadre de la mise à jour des évaluations de ces locaux (voir no 42100, précision b) ;

– par les propriétaires de **locaux d'habitation** pour l'établissement de la taxe d'habitation sur les résidences secondaires et autres locaux meublés non affectés à l'habitation principale (voir no 43210) ;

– par les redevables de la **cotisation foncière des entreprises** en cas de création ou de changement d'exploitant ou en cas de modification dans les éléments d'imposition (voir nos 43755 s.).

La **cotisation sur la valeur ajoutée des entreprises** constitue, elle, un impôt déclaratif et fait l'objet d'une déclaration annuelle (voir nos 44035 s.).

PAIEMENT DES IMPOSITIONS

Taxes foncières et taxe d'habitation Les taxes foncières, la taxe d'habitation sur les résidences secondaires et autres locaux meublés non affectés à l'habitation principale et les taxes annexes ou additionnelles sont établies et perçues par voie de **rôle.** 41555 HAB-IV-1400 s FB-IV-7000 s

Les rôles généraux (ou primitifs) sont normalement **mis en recouvrement** avant la fin de l'**année** à laquelle ils se rapportent. Mais l'administration est autorisée à les mettre en recouvrement dans le même délai que les rôles supplémentaires, c'est-à-dire dans le délai de reprise indiqué no 77735 (CGI art. 1659 A).

Dans chaque commune où il est imposable, le redevable est informé par un **avis d'imposition** du montant à payer et des conditions d'exigibilité de l'impôt.

Les taxes foncières, la taxe d'habitation sur les résidences secondaires et autres locaux meublés non affectés à l'habitation principale et les taxes annexes doivent être payées dans le **délai** porté sur l'avis d'imposition, sous peine d'une majoration de 10 % (no 80150).

Lorsque leur **montant excède 300 €,** ces taxes doivent obligatoirement être acquittées par **prélèvement** (mensuel ou à l'échéance) ou par **télérèglement** (paiement direct en ligne), sous peine d'une majoration de 0,2 % (no 80200, b) (CGI art. 1681 sexies, 2 et 1681 septies, 6).

> Précisions **a.** Le système de **prélèvement mensuel** comporte dix prélèvements automatiques, en principe égaux au dixième de l'impôt établi l'année précédente et opérés le 15 de chaque mois de janvier à octobre, suivis d'une régularisation lors de la mise en recouvrement du rôle (CGI art. 1681 ter et ann. III art. 382-0 C quinquies). L'option pour ce système prend effet dans des conditions différentes selon la date à laquelle elle est exercée (CGI ann. III art. 382-0 C bis) et est tacitement reconduite les années suivantes. 41560

La mensualisation de la taxe d'habitation sur les logements vacants (no 43020, précision f) n'est pas possible.

b. L'option pour le **prélèvement à l'échéance** peut être exercée jusqu'à la fin du mois qui précède la date limite de paiement de l'impôt concerné (CGI ann. III art. 382 C) et est tacitement reconduite les années suivantes.

L'option pour le **télérèglement** doit, quant à elle, être exercée expressément à chaque échéance d'impôt. Pour les personnes physiques, elle peut être formulée, sans application de la majoration de 10 %, jusqu'à cinq jours après la date limite de paiement (CGI ann. III art. 382 D).

En cas de prélèvement à l'échéance comme en cas de télérèglement, les prélèvements sont opérés dix jours après la date limite de paiement.

c. Les entreprises relevant de la **direction des grandes entreprises** peuvent opter pour le télérèglement centralisé de leurs taxes foncières (voir no 87465).

Contribution économique territoriale Les modalités de paiement de la **cotisation foncière des entreprises** et de la **cotisation sur la valeur ajoutée des entreprises** sont exposées respectivement nos 43770 s. et 44040 s. 41565

CHAPITRE 1

TAXES FONCIÈRES

SOMMAIRE

A. Règles communes 41650

B. Taxe foncière sur les propriétés bâties 41900

1. Propriétés imposables 41900
2. Propriétés exonérées 41930
3. Base et calcul de l'imposition 42030
   a. Valeur locative de base 42080
   b. Constatation annuelle des changements 42160
   c. Actualisations périodiques 42225
   d. Rectification des valeurs locatives 42265
4. Exonérations et dégrèvements spéciaux 42315

C. Taxe foncière sur les propriétés non bâties 42500

1. Propriétés imposables 42500
2. Propriétés exonérées 42520
3. Base et calcul de l'imposition 42560
4. Dégrèvements spéciaux 42615

A. Règles communes

Tout propriétaire d'un immeuble bâti ou non bâti est soumis en principe à la **taxe foncière** (parfois dénommée **« impôt foncier »**). Suivant le cas, il s'agit : 41650
- de la taxe foncière sur les **propriétés bâties** ;
- ou de la taxe foncière sur les **propriétés non bâties.**

Ces deux taxes ont chacune leur réglementation propre. Il existe cependant sur plusieurs points des dispositions communes que nous examinons ci-après.

LIEU D'IMPOSITION

Toute propriété foncière, bâtie ou non bâtie, doit être imposée dans la **commune où elle est située.** 41655 CGI art. 1399 FB-IV-200 s FNB-IV-1

Toutefois, la valeur locative des **chutes d'eau** et de leurs aménagements utilisés par les entreprises hydrauliques concédées ou d'une puissance supérieure à 500 kW est répartie entre les communes concernées suivant des règles particulières.

DÉBITEUR DE LA TAXE

Qu'il s'agisse de propriétés bâties ou de propriétés non bâties, la taxe foncière est établie au nom du **propriétaire** (personne physique ou morale). Celui-ci est en principe seul redevable de la taxe vis-à-vis de l'administration fiscale, même si le bien est donné en location. 41665 CGI art. 1400 FB-IV-2600 s FNB-IV-1000 s

> **Précisions** En cas de **bail rural,** le preneur (fermier ou métayer) doit payer au bailleur une **fraction** du montant global de la taxe foncière portant sur les biens pris à bail, correspondant aux dépenses afférentes aux voies communales et aux chemins ruraux qui lui incombent. À défaut d'accord amiable entre les parties, cette fraction est fixée à un cinquième (C. rur. art. L 415-3). Mais ces dispositions ne permettent pas à l'administration de recouvrer directement sur le fermier la part de la taxe mise à sa charge.

Cas particuliers **1.** Lorsque l'immeuble est grevé d'un **usufruit,** la taxe foncière est établie au nom de l'usufruitier. En revanche, le propriétaire d'un immeuble sur lequel une autre personne est titulaire d'un droit d'habitation à vie sans en être ni usufruitière ni emphytéote est seul redevable de la taxe, à charge pour celui-ci d'en demander le remboursement à l'occupant sur le fondement de l'article 635 du Code civil (CE 25-7-1986 n° 41921 : RJF 11/86 n° 990). 41670

2. Dans les **sociétés immobilières de copropriété** dotées de la « transparence fiscale », la taxe foncière est établie au nom de chaque associé pour la part qui lui revient.

3. Dans les sociétés d'attribution d'immeubles en jouissance à temps partagé (dites « de **pluripropriété** » ou « multipropriété »), la taxe foncière est établie au nom de la société.

4. En cas de **bail emphytéotique,** de **bail à construction,** de **bail réel solidaire** ou de **bail à réhabilitation,** la taxe foncière est à la charge du preneur.

5. Lorsque l'immeuble fait l'objet d'une **autorisation d'occupation temporaire du domaine public** constitutive d'un droit réel, la taxe foncière est établie au nom du titulaire de cette autorisation.

6. En ce qui concerne les **terres incultes** (terres « vaines et vagues », landes, bruyères, terrains habituellement inondés ou dévastés par les eaux), les propriétaires ont la possibilité de s'affranchir de la taxe foncière en faisant abandon de ces biens à la commune par déclaration écrite faite à la mairie (CGI art. 1401).

7. La taxe foncière afférente à des **biens construits par le locataire** sur le terrain loué est due par le locataire jusqu'à l'expiration du bail, sauf clause de transfert immédiat de la propriété de ces biens au propriétaire du terrain (CE 24-2-2017 n° 387972 : RJF 5/17 n° 439).

8. En cas de **liquidation judiciaire,** le propriétaire, même s'il est dessaisi de l'administration et de la disposition de ses biens, reste redevable de la taxe foncière (CE 10-3-2017 n° 386251 : RJF 7/17 n° 697).

ANNUALITÉ DE L'IMPOSITION

41680 CGI art. 1415 FB-IV-1200 s FNB-IV-200 s et 5200 s

La taxe foncière est établie pour l'**année entière** d'après les faits existant au **1er janvier** de l'année d'imposition.

L'impôt est donc dû, en principe, par celui qui est propriétaire au 1er janvier de l'année d'imposition, alors même qu'il se dessaisirait de l'immeuble en cours d'année. C'est également à cette date que doit être déterminée la base de l'imposition.

> **Précisions** **a.** Par exception, on tient compte des changements intervenant au cours de l'année d'imposition lorsqu'il s'agit de la **vacance** d'une maison ou de l'**inexploitation** d'un immeuble à usage commercial ou industriel (n° 42335) ou de la **disparition d'un immeuble** non bâti (n° 42615).
> **b.** En cas de **vente** de l'immeuble **après le 1er janvier** de l'année d'imposition, le vendeur ne peut pas obtenir la réduction de l'impôt au prorata du nombre de mois pendant lesquels il a été propriétaire. Le vendeur et l'acquéreur peuvent prévoir, dans l'acte de vente, le partage de cet impôt, mais une telle convention n'est pas opposable à l'administration.
> Lorsque la **vente** est **antérieure au 1er janvier** de l'année considérée, la taxe est due par l'acquéreur (propriétaire au 1er janvier). Si l'imposition demeure, à tort, établie au nom du vendeur, celui-ci peut en demander le dégrèvement par voie de réclamation adressée au service des impôts. Sous réserve de la publication préalable au fichier immobilier de l'acte ou de la décision judiciaire constatant la modification de la situation juridique de l'immeuble, le dégrèvement lui est automatiquement accordé. Parallèlement, une imposition est établie au nom de l'acquéreur, redevable légal de la taxe (CGI art. 1404), au plus tard à la fin de l'année suivant celle du dégrèvement du vendeur (CE 2-12-2016 n° 399678 : RJF 3/17 n° 242). Le changement de débiteur peut également être effectué soit d'office par l'administration, soit sur réclamation de l'acquéreur.

PAIEMENT DES TAXES FONCIÈRES

41690 Voir nos 41555 s.

B. Taxe foncière sur les propriétés bâties

1. PROPRIÉTÉS IMPOSABLES

41900 FB-I-1 s

La taxe foncière s'applique aux propriétés bâties (et biens assimilés) situées en France, à l'exception de celles qui en sont exonérées par une disposition spéciale.

CONSTRUCTIONS PROPREMENT DITES

41905 CGI art. 1380 FB-I-200 s

Sont imposables les constructions fixées au sol à perpétuelle demeure et présentant le caractère de véritables **bâtiments** (y compris les aménagements faisant corps avec eux).

> **Précisions** **a.** La construction doit être reliée au sol de telle façon qu'il soit impossible de la déplacer sans la démolir. Tel est le cas si elle repose sur des **fondations** ou une assise en maçonnerie ou en ciment, quelle que soit la nature des **matériaux** ayant servi à la construction du bâtiment lui-même (BOI-IF-TFB-10-10-10 n° 10). Cependant, une **habitation légère de loisirs** posée au sol sur un socle de béton est imposable (CE 28-12-2005 n° 266558 : RJF 3/06 n° 266), de même qu'une piscine en kit semi-enterrée ayant nécessité des travaux de terrassement (CE 13-4-2016 n° 376959 : RJF 7/16 n° 627), dès lors qu'une telle construction n'est pas normalement destinée à être déplacée.
> **b.** Un immeuble devenu **impropre à toute utilisation** dans son ensemble ne peut plus être regardé comme une propriété bâtie soumise à la taxe foncière sur les propriétés bâties, mais doit être assujetti à la taxe foncière sur les propriétés non bâties. Tel peut être le cas d'un immeuble dégradé et en ruine (CE 16-2-2015

n° 364676 : RJF 5/15 n° 410) ou encore, pendant la durée des travaux, d'un immeuble intégralement démoli avant reconstruction. Tel n'est, en revanche, pas le cas d'un immeuble inutilisable pendant la durée des travaux si ces travaux n'emportent pas démolition complète ni ne portent atteinte au gros œuvre d'une manière telle qu'ils le rendent dans son ensemble impropre à toute utilisation (CE16-2-2015 n° 369862 : RJF 5/15 n° 410 ; CE 3-2-2021 n° 434120 : RJF 4/21 n° 381).

AUTRES BIENS

Les biens suivants sont également passibles de la taxe foncière sur les propriétés bâties : 41915 CGI art. 1381 FB-I-3000 s, 5500 s et 6500 s

a. Installations destinées à **abriter** des personnes ou des biens (ex. : ateliers, hangars…) ou à **stocker** des produits (ex. : réservoirs, cuves, silos, trémies, gazomètres), à l'exclusion des matériels de stockage pouvant être déplacés sans faire appel à des moyens de levage exceptionnels. Sont de même imposables les **ouvrages en maçonnerie** présentant le caractère de véritables constructions tels que, notamment, les cheminées d'usines, les réfrigérants atmosphériques, les formes de radoub, les ouvrages servant de support aux moyens matériels d'exploitation (à l'exclusion notamment des pylônes métalliques, des tours de craquage des raffineries, etc. et des biens de très faibles dimensions, tels que les dés en béton dans lesquels sont fixés des pylônes) ;

b. Ouvrages d'art et voies de communication, à l'exception des voies publiques. Il s'agit des ouvrages et voies utilisés par les établissements industriels pour les besoins de leur exploitation (CE 18-6-1984 nos 42502, 42503, 42506, 42510 et 42511 : RJF 8-9/84 n° 993) ;

c. Bateaux utilisés en un point **fixe** et **aménagés** pour l'habitation, le commerce ou l'industrie (même s'ils sont seulement retenus par des amarres) ;

d. Sols des bâtiments de toute nature et **terrains** formant une **dépendance** indispensable et immédiate de ces constructions (cours, passages, emplacements de parking) ;

e. Terrains non cultivés employés à un **usage commercial ou industriel,** tels que chantiers, terrains occupés par des carrières, mines et tourbières faisant l'objet d'une exploitation industrielle (CE 15-12-2010 n° 309678 : RJF 3/11 n° 319), lieux de dépôt de marchandises et autres emplacements de même nature. Sont toutefois exclus les terrains de golf visés n° 42500 ;

f. Terrains sur lesquels sont édifiées des **installations industrielles** (outillages, etc.), elles-mêmes exonérées comme indiqué n° 41955 ;

g. Terrains, cultivés ou non, utilisés pour la **publicité** commerciale ou industrielle.

2. PROPRIÉTÉS EXONÉRÉES

La loi prévoit un certain nombre d'exonérations de taxe foncière sur les propriétés bâties, qui peuvent être **permanentes** ou **temporaires,** totales ou partielles. Certaines de ces exonérations s'appliquent **de plein droit,** sans intervention des collectivités bénéficiaires de la taxe. D'autres dépendent d'une délibération (ou d'une absence d'opposition) de ces collectivités (exonérations **facultatives**). 41930 FB-II-1 s

› Précisions Depuis 2021, seules les communes (auxquelles la part départementale de la taxe a été transférée) et les établissements publics de coopération intercommunale à fiscalité propre bénéficient de la taxe foncière sur les propriétés bâties et peuvent délibérer en matière d'**exonérations facultatives.** Parallèlement, le taux des exonérations facultatives instituées antérieurement est susceptible de faire l'objet d'un correctif, destiné à neutraliser les effets de ce transfert (CGI art. 1382-0). Il en est de même, d'ailleurs, du taux de certains **abattements facultatifs** sur la valeur locative (CGI art. 1388-0 et art. 1518 quater).

EXONÉRATIONS PERMANENTES

Propriétés publiques Les immeubles de l'État, des régions, des départements, des communes, des établissements publics de coopération intercommunale, des syndicats mixtes, des pôles métropolitains et des ententes interdépartementales, ainsi que les immeubles appartenant aux établissements publics scientifiques, d'enseignement et d'assistance ou à certains groupements de coopération sanitaire sont exonérés de la taxe foncière sur les propriétés bâties lorsqu'ils sont affectés à un **service public** ou d'utilité générale et **non productifs de revenus.** 41940 CGI art. 1382, 1° FB-II-300 s, 4400 s et 12800 s

› Précisions a. L'exonération ne s'applique pas aux immeubles des **organismes publics** ayant un caractère industriel ou commercial.

b. Les immeubles qui sont incorporés gratuitement au domaine de l'État, des collectivités locales ou des établissements publics en vertu de contrats de **concession** ou d'**occupation temporaire** sont imposables jusqu'à l'expiration de ceux-ci.

Les immeubles construits dans le cadre de certains **contrats de partenariat** conclus avec une personne publique et qui, à l'expiration du contrat, sont incorporés au domaine de la personne publique sont exonérés pendant toute

la durée du contrat lorsqu'ils sont affectés à un service public ou d'utilité générale et non productifs de revenus (CGI art. 1382, 1° bis).
Les **immeubles universitaires** de l'État sur lesquels des titres constitutifs de droits réels sont délivrés à des sociétés constituées exclusivement entre personnes publiques peuvent également être exonérés, sur délibération des collectivités bénéficiaires de la taxe, pendant toute la durée du titre, lorsqu'ils sont affectés à un service public ou d'utilité générale et non productifs de revenus (CGI art. 1382 D).
c. Les immeubles possédés **en dehors de son territoire** par une commune ou un département ne bénéficient que d'une exonération partielle. Ils sont cependant exonérés de la taxe d'enlèvement des ordures ménagères (BOI-IF-AUT-90-10 n° 90).
d. L'exonération des propriétés publiques et des immeubles construits dans le cadre de contrats de partenariat n'est pas remise en cause lorsque les immeubles servent de support à l'exercice d'une activité de production d'**électricité photovoltaïque,** que cette activité soit productive de revenus ou non.

41945 CGI art. 1382, 6° FB-II-6100 s

Bâtiments ruraux Les **bâtiments qui servent aux exploitations rurales** (tels que granges, écuries, greniers, caves, celliers, pressoirs et autres, destinés soit à loger les bestiaux des fermes et métairies ainsi que le gardien de ces bestiaux, soit à serrer les récoltes) sont exonérés de la taxe foncière.

Il en va de même des **bâtiments des sociétés coopératives agricoles,** des sociétés d'intérêt collectif agricole et autres collectivités agricoles, dans lesquels sont effectuées des opérations de la nature de celles entrant dans les usages normaux de la pratique agricole, lorsque ces collectivités fonctionnent conformément aux dispositions qui les régissent, ainsi que des **bâtiments des groupements d'intérêt économique constitués entre exploitations agricoles.** L'exonération concerne également les bâtiments de toutes les **sociétés exclusivement constituées entre associés exploitants agricoles** à condition qu'ils ne soient utilisés qu'au titre des exploitations agricoles de ces mêmes associés.

> Précisions a. Pour que l'exonération soit applicable, il faut qu'il y ait affectation à un **usage agricole,** c'est-à-dire à la réalisation d'opérations qui s'insèrent dans le cycle biologique de la production animale ou végétale ou qui constituent le prolongement de telles opérations (CE 14-10-2015 n° 378329 : RJF 1/16 n° 39). Il faut également, en principe, que cette **affectation** soit **permanente et exclusive** (BOI-IF-TFB-10-50-20-10 nos 280 s. et 330 s. ; BOI-IF-TFB-10-50-20-20 nos 350 s. et 370 s.).
Toutefois, en ce qui concerne les **bâtiments servant aux exploitations rurales,** l'exonération est maintenue lorsque ces bâtiments ne sont **plus utilisés** pour un usage agricole mais ne sont pas affectés à un autre usage (en pratique, cette exception concerne les bâtiments qui ne trouvent pas preneur à la suite du départ en retraite de l'exploitant et restent ainsi inutilisés).
Par ailleurs, l'exercice d'une **activité accessoire** dans un bâtiment servant à l'exploitation rurale ne fait pas obstacle à l'exonération lorsque la moyenne des recettes tirées de cette activité au cours des trois années précédant celle de l'imposition n'excède pas 10 % de la moyenne des recettes totales réalisées dans le bâtiment au cours des mêmes années.
Enfin, les **sociétés coopératives agricoles** peuvent, sans perdre le bénéfice de l'exonération, mettre à **disposition de tiers** des locaux et moyens techniques en vue de la transformation exclusive des produits des adhérents de la coopérative, dans le respect de certains labels agricoles. Cette mise à disposition peut être réalisée à titre gratuit ou à titre onéreux (BOI-IF-TFB-10-50-20-20 n° 100).
b. L'exonération n'est pas remise en cause lorsque les bâtiments servent de support à l'exercice d'une activité de production d'**électricité photovoltaïque,** que cette activité soit productive de revenus ou non.
c. Les terrains occupés par des **serres** affectées à un usage agricole sont soumis à la taxe foncière sur les propriétés non bâties, la construction bénéficiant de l'exonération permanente de taxe foncière sur les propriétés bâties.

41950 CGI art. 1382 B FB-II-11300 s

Bâtiments affectés à la déshydratation de fourrages Lorsqu'ils ne bénéficient pas de l'exonération visée n° 41945 (en raison, notamment, de leur caractère industriel), les bâtiments affectés à l'activité de déshydratation de fourrages, à l'exclusion de ceux abritant les presses et les séchoirs, peuvent être exonérés sur délibération des collectivités bénéficiaires de la taxe.

41955 CGI art. 1382, 3°, 4°, 11°, 12°, 14° et 15° FB-II-9000 s

Exonérations diverses Sont exonérés de plein droit de la taxe foncière :
– les **ouvrages** établis pour la **distribution de l'eau potable** (châteaux d'eau, citernes, réservoirs, etc.) et appartenant à des communes rurales ou à des syndicats de communes ;
– les **édifices** affectés à l'exercice public **du culte** ;
– les **locaux** appartenant à des États étrangers et affectés à la résidence officielle de leurs missions **diplomatiques** ou consulaires (conventions de Vienne sur les immunités diplomatiques et consulaires) ;
– les **outillages et autres installations et moyens matériels d'exploitation** des établissements industriels, à l'exception des installations foncières (n° 41915, a) et des ouvrages d'art et voies de

communication (n° 41915, b). L'exonération vise les outillages, autres installations et moyens matériels d'exploitation qui relèvent d'un établissement qualifié d'industriel (n° 42110) et qui sont spécifiquement adaptés aux activités susceptibles d'être exercées dans un tel établissement (CE plén. 11-12-2020 n° 422418 : RJF 2/21 n° 159). Selon l'administration, l'exonération s'applique également aux moyens matériels d'exploitation utilisés pour des activités autres qu'industrielles (BOI-IF-TFB-10-50-30 n° 160). Les terrains sur lesquels les biens concernés sont édifiés restent imposés à la taxe foncière sur les propriétés bâties (n° 41915, f) ;

– les **immobilisations** destinées à la **production d'électricité d'origine photovoltaïque** ;

– les **installations** et bâtiments de toute nature affectés à la production, par un ou plusieurs exploitants agricoles, de biogaz, d'électricité et de chaleur par la **méthanisation** issue pour au moins 50 % de matières provenant de l'exploitation **agricole** ;

– les **mâts** des **éoliennes,** à compter des impositions établies au titre de 2024 (Loi 2023-1322 du 29-12-2023 art. 142).

Les collectivités bénéficiaires de la taxe foncière peuvent, chacune pour la part qui lui revient, exonérer de cette taxe : **41958** CGI art. 1382 C, 1382 C bis, 1382 G, 1383 G, 1383 G bis et 1383 G ter FB-II-11200 s

– les immeubles affectés aux activités médicales de certains **groupements de coopération sanitaire,** appartenant à des établissements assurant le service public hospitalier ;

– les locaux occupés par des **maisons de santé,** appartenant à une commune ou à un établissement public de coopération intercommunale. Les collectivités délibérantes fixent le taux de l'exonération (25 %, 50 %, 75 % ou 100 %) et peuvent en limiter la durée ;

– les **hôtels** et autres locaux **meublés** destinés au **tourisme,** situés dans les zones de revitalisation rurale ou dans les zones France ruralités revalorisation (voir n° 90685) ;

– à concurrence de 15 % ou de 30 %, les constructions affectées à l'habitation achevées antérieurement à la mise en place d'un **plan de prévention des risques technologiques** (PPRT) et situées dans le périmètre d'exposition aux risques prévu par le plan. L'exonération est, le cas échéant, majorée de 15 % (secteurs de risques où un droit de délaissement peut être instauré) ou de 30 % (secteurs de risques où l'expropriation peut être reconnue d'utilité publique) ;

– à concurrence de 25 % ou 50 %, les constructions affectées à l'habitation situées à moins de trois kilomètres d'une **installation classée « Seveso »,** achevées avant la construction de l'installation. Les constructions ne doivent pas être situées dans le périmètre d'exposition aux risques prévu par un PPRT ;

– à concurrence de 25 % ou de 50 %, les constructions affectées à l'habitation situées dans les zones de danger délimitées par un **plan de prévention des risques miniers,** achevées antérieurement à la mise en place de ce plan ;

– les **parties d'une installation hydroélectrique** destinées à la préservation de la biodiversité et de la continuité **écologique** (passes à poissons, par exemple).

Les **grands ports maritimes** et fluvio-maritimes bénéficient d'allégements spécifiques (CGI art. 1382, 2°, 1382 E et 1388 septies). **41960** FB-II-5100 s

EXONÉRATIONS TEMPORAIRES

41965 CGI art. 1383 FB-II-18000 s

Constructions nouvelles

Les **constructions nouvelles, reconstructions et additions de construction** peuvent bénéficier d'une exonération de la taxe foncière sur les propriétés bâties pendant **deux ans.**

L'exonération est en principe totale pour les **immeubles à usage d'habitation** (principale ou secondaire). Toutefois, la commune peut décider, pour la part de taxe qui lui revient, de limiter l'exonération à 40 %, 50 %, 60 %, 70 %, 80 % ou 90 % de la base imposable. L'établissement public de coopération intercommunale peut quant à lui supprimer l'exonération pour la part qui lui revient. Dans les deux cas, la délibération (de limitation ou de suppression de l'exonération) peut viser soit l'ensemble des logements, soit seulement les logements autres que ceux financés au moyen de prêts aidés par l'État ou de prêts conventionnés.

En ce qui concerne les **immeubles autres que ceux à usage d'habitation,** l'exonération s'applique à hauteur de 40 % de la base imposable, à l'exclusion de la part de la taxe perçue au profit des établissements publics de coopération intercommunale.

41966

> **Précisions** **a.** L'exonération en faveur des constructions nouvelles court à compter du 1er janvier de l'année suivant celle de l'**achèvement de la construction.** À cet égard, un immeuble est considéré comme achevé lorsque l'état d'avancement des travaux en permet l'utilisation effective, c'est-à-dire, d'une manière générale, quand, le gros œuvre, la maçonnerie et la couverture étant entièrement terminés, les escaliers, parquets, portes extérieures et fenêtres

posés, l'alimentation en eau et en électricité assurée et le branchement sur les réseaux extérieurs des eaux usées effectué, il ne reste plus à réaliser que des travaux d'aménagement (installation de chauffage et d'électricité, serrurerie, seconde couche de peinture, pose de papiers peints, etc.).

Pour les immeubles collectifs, la date d'achèvement doit être appréciée distinctement pour chaque logement.

Par ailleurs, un immeuble non destiné à l'habitation est regardé comme achevé dès lors qu'il peut être utilisé pour une activité industrielle ou commerciale quelconque, même s'il ne s'agit pas de celle à laquelle son propriétaire le destinait initialement (CE 16-2-2015 n° 371476 : RJF 5/15 n° 411).

b. L'exonération est subordonnée à la souscription d'une **déclaration,** dans les quatre-vingt-dix jours de l'achèvement de la construction (voir n°s 42170 s.).

c. L'exonération s'applique en cas de **conversion d'un bâtiment rural** en immeuble imposable (logement ou local industriel ou commercial), lorsque cette conversion s'accompagne d'importants travaux de transformation (BOI-IF-TFB-10-60-10 n° 200). Elle s'applique également en cas d'**affectation de terrains** à des usages commerciaux ou industriels, tels que chantiers, lieux de dépôt de marchandises et autres emplacements de même nature.

d. Les **bâtiments anciens rénovés ou restaurés** peuvent bénéficier de l'exonération si la nature et l'importance des travaux dont ils ont fait l'objet permettent de considérer qu'il y a eu reconstruction ou addition de construction (BOI-IF-TFB-10-60-10 n° 70).

e. Un bien exploité au sein d'une **résidence de tourisme** pour être donné en location pour des séjours de courte durée ne constitue pas un immeuble d'habitation pour l'application de l'exonération (CE 24-10-2014 n° 376645 : RJF 1/15 n° 31).

f. Les logements financés par des **prêts à taux zéro** (« PTZ + ») mentionnés aux articles L 31-10-1 s. du CCH peuvent bénéficier de l'exonération même si une délibération communale et/ou intercommunale a été prise pour réduire ou supprimer cette exonération (BOI-IF-TFB-10-60-20 n° 170).

g. Logements neufs **économes en énergie** : voir n° 41970.

h. Sous certaines conditions, les constructions et rénovations de **logements « sociaux »** bénéficient d'exonérations spécifiques de longue durée : voir n°s 41995 s. et 42002.

41970
CGI art. 1383-0 B et 1383-0 B bis
FB-II-63000 s

Logements économes en énergie

a. Les collectivités bénéficiaires peuvent exonérer de la taxe foncière, à concurrence d'un taux compris entre 50 % et 100 %, les **logements achevés avant le 1er janvier 1989,** qui ont fait l'objet, par le propriétaire, de dépenses d'équipement entrant dans le champ de l'ancien crédit d'impôt sur le revenu pour la transition énergétique (CGI article 200 quater), lorsque le montant total des dépenses payées au cours de l'année qui précède la première année d'application de l'exonération est supérieur à 10 000 € par logement ou lorsque le montant total des dépenses payées au cours des trois années qui précèdent la première année d'application de l'exonération est supérieur à 15 000 € par logement. L'exonération s'applique pour une durée de **trois ans** à compter de l'année qui suit celle du paiement du montant total des dépenses. Elle ne peut pas être renouvelée au cours des dix années suivant l'expiration d'une période d'exonération.

b. Les collectivités bénéficiaires peuvent également exonérer de la taxe foncière, à concurrence d'un taux compris entre 50 % et 100 %, les **logements neufs** satisfaisant aux critères de performance énergétique globale et environnementale définis aux articles 310-0 H et 310-0 H bis de l'annexe II au CGI. L'exonération s'applique pour une durée de **cinq ans** à compter de l'année qui suit celle de l'achèvement de la construction (ou à compter de la troisième année suivant celle de l'achèvement lorsque le logement bénéficie de l'exonération visée n° 41965) (CGI art. 1383-0 B bis modifié par loi 2023-1322 du 29-12-2023 art. 143, I, applicable à compter des impositions de 2024 sous réserve d'une délibération prise par les collectivités bénéficiaires au plus tard le 29 février 2024).

> Précisions **a.** S'agissant des **logements anciens**, les collectivités bénéficiaires pourront, à compter des impositions de **2025** (et sous réserve d'une délibération prise au plus tard le 28 février 2025), exonérer, dans les mêmes proportions, les logements achevés depuis plus de dix ans au 1er janvier de la première année au titre de laquelle l'exonération est applicable qui ont fait l'objet, par le propriétaire, de dépenses de prestations de rénovation énergétique et d'équipements associés entrant dans le champ du taux réduit de la TVA (n° 53048), autres que les prestations d'entretien (CGI art. 1383-0 B modifié par loi 2023-1322 du 29-12-2023 art. 143, I).

Les délibérations prises antérieurement cesseront de produire leurs effets à compter du 1er janvier 2025 mais les logements bénéficiant de l'exonération prévue à l'article 1383-0 B du CGI dans sa rédaction antérieure à la loi 2023-1322 du 29 décembre 2023 demeurent exonérés pour la durée restant à courir à compter de cette même date. Par ailleurs, sous réserve que les collectivités aient institué l'exonération au titre de 2024 et 2025, les logements qui auraient pu bénéficier pour la première fois en 2025 de l'exonération, en application des dispositions antérieures, sont exonérés au titre des impositions de 2025 à 2027 (Loi précitée art. 143, II-C).

b. Pour l'application de l'exonération des **logements anciens** prévue à l'article 1383-0 B du CGI dans sa rédaction applicable à compter de 2025 (voir précision a), sont prises en compte les **dépenses** répondant aux critères définis dans le cadre du régime antérieur, payées jusqu'au 31 décembre 2024 ou pour lesquelles le contribuable justifie de l'acceptation d'un devis et du versement d'un acompte en 2024 et de leur paiement en 2025 (Loi précitée art. 143, II-D).

c. L'exonération portant sur les logements anciens est subordonnée à la souscription d'une **déclaration** avant le 1er janvier de la première année au titre de laquelle elle est applicable. Pour les impositions établies au titre de 2025, la déclaration peut être souscrite jusqu'au 31 mars 2025. S'agissant de l'exonération relative aux logements neufs, le propriétaire doit joindre à la déclaration prévue n° 42170 tous les éléments justifiant que la construction remplit les critères de performance énergétique globale et environnementale exigés.

Entreprises créées ou reprises Certaines entreprises créées ou reprises peuvent être exonérées, sur délibération des collectivités bénéficiaires, de la taxe foncière dont elles sont redevables pour les établissements qu'elles ont **créés ou repris,** pour une durée comprise **entre deux et cinq ans** à compter de l'année suivant celle de leur création ou de leur reprise. **41975** CGI art. 1383 A FB-II-60100 s

Les **conditions** d'application de cette exonération, communes pour l'essentiel à la taxe foncière et à la cotisation foncière des entreprises, sont exposées n° 43595.

Jeunes entreprises innovantes Les immeubles appartenant à de jeunes entreprises innovantes qui réalisent des projets de recherche et de développement ou à de jeunes entreprises universitaires qui ont pour activité principale la valorisation des travaux de recherche d'un établissement d'enseignement supérieur peuvent bénéficier d'une exonération de taxe foncière d'une durée de **sept ans,** sur décision des collectivités bénéficiaires. **41980** CGI art. 1383 D FB-II-61000 s

Les **conditions** d'application de cette exonération, communes pour l'essentiel à la taxe foncière et à la cotisation foncière des entreprises, sont exposées n° 43600.

Quartiers prioritaires de la politique de la ville Sauf délibération contraire des collectivités bénéficiaires de la taxe foncière, les immeubles situés dans les quartiers prioritaires de la politique de la ville (QPPV : n° 92540, b) peuvent bénéficier d'une exonération de cette taxe pour une durée de **cinq ans.** **41985** CGI art. 1383 C ter FB-II-47000 s

L'exonération s'applique aux immeubles rattachés, entre le 1er janvier 2017 et le 31 décembre 2024 (Loi 2023-1322 du 29-12-2023 art. 73, I-15°), à un établissement remplissant les **conditions** pour bénéficier de l'exonération de cotisation foncière des entreprises visée n° 43612.

Le bénéfice de l'exonération est en outre subordonné à l'existence d'un **contrat de ville** au 1er janvier de l'année de rattachement (sauf pour les immeubles rattachés en 2024 : Loi précitée art. 73, I-15° et XX-A).

L'exonération est soumise à la réglementation européenne concernant les aides de minimis (nos 92660 s.).

› Précisions **a.** L'exonération s'applique à compter du 1er janvier de l'année qui suit celle du rattachement à un établissement remplissant les conditions requises.

b. En cas de **changement d'exploitant** au cours d'une période d'exonération, celle-ci est maintenue pour la période restant à courir et dans les conditions prévues pour l'ancien exploitant.

c. L'exonération de taxe foncière est susceptible de s'appliquer même si l'exonération de cotisation foncière des entreprises a été supprimée par délibération (BOI-IF-TFB-10-160-60 n° 80).

d. L'exonération est subordonnée à la souscription d'une **déclaration** avant le 1er janvier de la première année au titre de laquelle elle est applicable (CGI ann. III art. 315 quindecies A).

Autres zones **a.** Les immeubles situés dans les **bassins urbains à dynamiser** (n° 92540, h) et rattachés à un établissement remplissant les conditions requises pour bénéficier de l'exonération de cotisation foncière des entreprises applicable dans ces bassins peuvent bénéficier d'une exonération de taxe foncière d'une durée de **sept ans,** puis d'un abattement dégressif pendant **trois ans.** L'exonération s'applique de plein droit pour la **moitié** de la base d'imposition et sur **délibération** des collectivités bénéficiaires de la taxe pour l'autre moitié. **41990** CGI art. 1383 F FB-II-51000 s

Les conditions d'application de cette exonération, communes pour l'essentiel à la taxe foncière et à la cotisation foncière des entreprises, sont exposées n° 43565.

b. Sauf délibération contraire des collectivités bénéficiaires, les immeubles situés dans les **bassins d'emploi à redynamiser** (n° 92540, f) et rattachés au plus tard le 31 décembre 2024 (Loi 2023-1322 du 29-12-2023 art. 73, I-4°) à un établissement remplissant les conditions requises pour bénéficier de l'exonération de cotisation foncière des entreprises applicable dans ces bassins sont exonérés de taxe foncière pour une durée de **cinq ans.** CGI art. 1383 H FB-II-53000 s

Les conditions d'application de cette exonération, communes pour l'essentiel à la taxe foncière et à la cotisation foncière des entreprises, sont exposées n° 43620.

CGI art. 1383 I FB-II-55000 s **c.** Sur délibération des collectivités bénéficiaires, les immeubles situés dans les **zones de restructuration de la défense** (n° 92540, g) et rattachés à un établissement remplissant les conditions requises pour bénéficier de l'exonération de cotisation foncière des entreprises applicable dans ces zones peuvent bénéficier d'une exonération de taxe foncière d'une durée de **cinq ans.**

Les conditions d'application de cette exonération, communes pour l'essentiel à la taxe foncière et à la cotisation foncière des entreprises, sont exposées n° 43625.

CGI art. 1383 J FB-II-57000 s **d.** Les immeubles situés dans les **zones de développement prioritaire** (n° 92540, i) et rattachés à un établissement remplissant les conditions requises pour bénéficier de l'exonération de cotisation foncière des entreprises applicable dans ces zones peuvent bénéficier d'une exonération de taxe foncière d'une durée de **sept ans,** puis d'un abattement dégressif pendant **trois ans.** L'exonération s'applique de plein droit pour la **moitié** de la base d'imposition et sur **délibération** des collectivités bénéficiaires de la taxe pour l'autre moitié.

Les conditions d'application de cette exonération, communes pour l'essentiel à la taxe foncière et à la cotisation foncière des entreprises, sont exposées n° 43567.

CGI art. 1383 K **e.** Sur délibération des collectivités bénéficiaires, les immeubles situés dans les **zones France ruralités revitalisation** et les zones France ruralités revitalisation « plus » (n° 92540, e) et rattachés à un établissement remplissant les conditions requises pour bénéficier de l'exonération de cotisation foncière des entreprises applicable dans ces zones peuvent bénéficier, à compter des impositions établies au titre de 2025, d'une exonération de taxe foncière pour une durée de **cinq ans,** puis d'un abattement dégressif pendant **trois ans** (Loi 2023-1322 du 29-12-2023 art. 73, I-20° et XX-B).

Les conditions d'application de cette exonération, communes pour l'essentiel à la taxe foncière et à la cotisation foncière des entreprises, sont exposées n° 43593.

41995 CGI art. 1384-0 A et 1384 A FB-II-21000 s **Constructions de logements « sociaux »** Les **constructions neuves** (ou assimilées) de logements « sociaux » affectés à l'**habitation principale** qui sont financées au moyen de prêts spéciaux ou de subventions sont susceptibles de bénéficier d'une exonération de longue durée. Dans le cadre des dispositifs actuels de financement du logement social, ouvrent droit à une telle exonération :

a. Les **logements à usage locatif** et les logements-foyers conventionnés visés à l'article L 831-1, 3° et 5° du CCH auxquels s'applique l'aide personnalisée au logement et qui sont financés à concurrence de plus de 50 % de leur coût (30 % s'il s'agit de droits immobiliers démembrés) à l'aide de **prêts réglementés** ; ces constructions appartiennent en général aux bailleurs sociaux – organismes d'HLM, sociétés d'économie mixte, collectivités publiques – ou, plus rarement, à d'autres bailleurs de logements conventionnés. La durée de l'exonération est au minimum de quinze ans. Elle peut aller jusqu'à trente ans pour les logements respectant certains critères de performance énergétique et environnementale ;

b. Les logements destinés à être occupés par les titulaires de contrats de **location-accession,** financés au moyen d'un prêt PSLA, ayant fait l'objet d'une convention et agréés par le préfet. L'exonération s'applique pendant quinze ans ;

c. Les logements **anciens réhabilités** faisant l'objet d'un contrat de **location-accession,** financés au moyen d'un prêt PSLA, ayant fait l'objet d'une convention et agréés par le préfet. L'exonération s'applique pendant quinze ans, sur délibération des collectivités bénéficiaires de la taxe ;

d. Les **logements à usage locatif** appartenant à l'**Association foncière logement** ou aux sociétés civiles immobilières dont cette association détient la majorité des parts qui sont financés à concurrence de plus de 50 % de leur coût par des **subventions** versées au titre de la **participation des employeurs à l'effort de construction** et qui bénéficient du taux réduit de TVA. La durée de l'exonération est de quinze ans (durée portée à vingt-cinq ans pour les logements bénéficiant d'une décision d'octroi de subvention prise entre le 1er mars 2007 et le 31 décembre 2018) ;

e. Les **logements intermédiaires** réalisés dans certaines zones du territoire et répondant à certaines conditions de « **mixité** », achevés avant le 1er janvier 2023 et qui ont bénéficié du taux intermédiaire de TVA. L'exonération est réservée aux logements loués dans les conditions de ressources et de loyers prévues nos 2811 et 2812. Sa durée est de vingt ans.

Dans tous les cas, l'exonération s'applique à compter de l'année suivant celle de l'achèvement de la construction, tel qu'il est défini n° 41966, précision a (ou de l'achèvement des travaux de réhabilitation). Elle est subordonnée à la souscription d'une **déclaration,** dans les quatre-vingt-dix jours de l'achèvement (voir nos 42170 s.).

› Précisions **a.** Les **reconstructions et additions de construction** sont assimilées à des constructions nouvelles et peuvent également bénéficier de l'exonération (BOI-IF-TFB-10-90-10 n° 50).
b. Les logements financés grâce aux **anciens dispositifs de prêts aidés par l'État** bénéficiaient également d'exonérations de longue durée qui continuent à s'appliquer jusqu'au terme de la période prévue.
c. Les logements construits ou acquis à l'aide des anciens **prêts à taux zéro** prévus aux articles D 317-1 s. du CCH sont exclus de l'exonération de longue durée. Cette exclusion ne concerne pas les logements financés par le biais d'un prêt à taux zéro (« PTZ+ ») mentionné aux articles L 31-10-1 s. du CCH (CE 3-2-2021 n° 429004 : RJF 4/21 n° 384).
d. Les constructions neuves issues d'opérations de **démolition-reconstitution** d'un quartier en **renouvellement urbain** ne peuvent pas bénéficier d'une exonération de longue durée lorsque les immeubles auxquels elles se substituent, au sein du périmètre du même quartier prioritaire, ont bénéficié de l'une de ces exonérations, si le nombre total de logements locatifs sociaux représente sur le territoire de la commune au moins 50 % des résidences principales (CGI art. 1384 G).
e. La taxe foncière afférente aux **logements intermédiaires** achevés à compter du 1er janvier 2023 fait naître la créance d'impôt sur les sociétés visée n° 36170. 41996

Acquisitions de locaux « sociaux » à usage locatif Les logements à usage locatif conventionnés, y compris les logements-foyers, visés à l'article L 831-1, 3° et 5° du CCH, acquis avec le **concours financier de l'État** ou avec une **subvention de l'Agence nationale pour la rénovation urbaine** sont exonérés de la taxe foncière pendant quinze ans. La durée de l'exonération est portée à vingt-cinq ans pour les logements bénéficiant d'une décision de subvention ou de prêt prise entre le 1er juillet 2004 et le 31 décembre 2026, à l'exclusion des logements acquis à compter de 2009 auprès des filiales de la Caisse des dépôts et consignations. L'exonération ne s'applique pas aux logements qui ont bénéficié d'une exonération de longue durée. 42000 CGI art. 1384 C, I et 1383 E FB-II-27000 s, 28000 s et 49100 s

Sont également exonérés de la taxe foncière pendant quinze ans les logements visés à l'article L 831-1, 4° du CCH, acquis par des **organismes sans but lucratif** titulaires de l'agrément relatif à l'intermédiation locative et la gestion locative sociale prévu à l'article L 365-4 du même Code et améliorés au moyen d'une aide financière de l'Agence nationale de l'habitat, en vue de leur location ou attribution à titre temporaire à des personnes défavorisées. La durée de l'exonération est portée à vingt-cinq ans pour les logements bénéficiant d'une décision de subvention prise entre le 1er juillet 2004 et le 31 décembre 2026. Les communes et les établissements publics de coopération intercommunale à fiscalité propre peuvent supprimer l'exonération pour les logements qui ont bénéficié d'une exonération de longue durée, lorsque les logements locatifs sociaux sur leur territoire représentent au moins 50 % des résidences principales.

Enfin, dans les **zones de revitalisation rurale** définies n° 92540, d et, à compter du 1er juillet 2024, dans les **zones France ruralités revitalisation** et les zones France ruralités revitalisation « plus » définies n° 92540, e) (Loi 2023-1322 du 29-12-2023 art. 73, I-11° et XX-D), les collectivités bénéficiaires de la taxe foncière peuvent aussi en exonérer, pour une durée de quinze ans, les logements visés à l'article L 831-1, 4° du CCH qui sont acquis par des personnes physiques puis améliorés au moyen d'une aide financière de l'Agence nationale de l'habitat, en vue de leur location.

› Précisions **a.** Lorsque l'opération est subventionnée par l'**Agence nationale de l'habitat,** le bénéfice de l'exonération est subordonné à la condition que la **décision de subvention** intervienne dans un délai de deux ans au plus à compter de l'année suivant celle de l'acquisition des logements.
b. L'exonération s'applique à compter du 1er janvier de l'année suivant, selon le cas, celle de l'acquisition du logement ou de l'achèvement des travaux d'amélioration, à condition que le redevable ait souscrit une **déclaration** avant cette date. Si la déclaration est souscrite hors délai, l'exonération ne s'applique que pour la période restant à courir après le 31 décembre de l'année de la souscription.

Rénovations de logements locatifs « sociaux » Les logements locatifs qui ont fait l'objet d'une décision d'**agrément** pour la réalisation d'une **opération unique** de **travaux de rénovation lourde** sont exonérés de la taxe foncière pendant quinze ans. La durée de l'exonération est portée à vingt-cinq ans lorsque la demande d'agrément est déposée entre le 1er janvier 2024 et le 31 décembre 2026. 42002 CGI art. 1384 C bis

Pour bénéficier de l'exonération, les logements doivent remplir simultanément les conditions suivantes :

– être achevés depuis au moins quarante ans au moment de la date de dépôt de la demande d'agrément ;

– constitués, depuis au moins quarante ans, des logements sociaux au sens de l'article 278 sexies, I-1° du CGI ou, sous réserve d'avoir été soit construits, soit améliorés, soit acquis et améliorés avec le concours financier de l'État, des logements appartenant à un organisme d'HLM ou gérés par un tel organisme ;

– avoir, avant travaux, un niveau de performance énergétique et environnementale correspondant aux classes E, F ou G au sens de l'article L 173-1-1 du CCH.

Les travaux de rénovation doivent permettre au bâtiment ou à la partie de bâtiment sur laquelle ils portent d'atteindre un **niveau de performance énergétique et environnementale** correspondant aux classes A ou B et de respecter les **critères** relatifs à la **sécurité d'usage,** à la **qualité sanitaire** et à l'**accessibilité** des bâtiments fixés respectivement par les dispositions du chapitre IV du titre III, du titre V et du titre VI du livre premier du CCH.

> Précisions **a.** Ce dispositif, qui est issu de l'article 71, III-14° de la loi 2023-1322 du 29 décembre 2023, s'applique aux logements pour lesquels un **agrément** a été **délivré à compter** du 1er janvier 2024 par le représentant de l'État dans le département.

b. L'exonération s'applique à compter du 1er janvier de l'année suivant celle de l'**achèvement des travaux** de rénovation.

c. Dans certaines conditions, à fixer par décret, le respect des **critères de sécurité d'usage, de qualité sanitaire et d'accessibilité des bâtiments** n'est pas exigé en cas d'incompatibilité avec les contraintes architecturales ou patrimoniales pesant sur le bâtiment ou lorsque les travaux nécessaires au respect de ces critères font courir un risque sur l'intégrité du bâti.

d. Les logements bénéficiant de l'exonération n'ouvrent pas droit au **dégrèvement** du quart des dépenses engagées au titre de certains **travaux d'économies d'énergie** et de fluides visé nº 42345 (Loi précitée art. 71, III-15°).

42005 CGI art. 1384 D FB-II-29500 s

Structures d'hébergement temporaire ou d'urgence Les locaux acquis, aménagés ou construits avec une **aide financière de l'État,** en vue de la création de structures d'hébergement temporaire ou d'urgence faisant l'objet d'une **convention** signée avec l'État et destinées à des **personnes défavorisées** sont exonérés de la taxe foncière pendant une durée de quinze ans. La durée de l'exonération est portée à vingt-cinq ans lorsque la décision d'aide de l'État intervient entre le 1er juillet 2005 et le 31 décembre 2026.

Certaines constructions neuves issues d'**opérations de démolition-reconstitution** sont exclues du bénéfice de cette exonération : voir nº 41996, précision d.

> Précisions L'exonération s'applique à compter de l'année suivant celle de l'achèvement des travaux d'aménagement ou celle de l'acquisition ou de la construction des locaux.
En ce qui concerne les **obligations déclaratives** du contribuable, voir nº 42000, précision b.

42010 CGI art. 1384 B FB-II-26500 s

Baux à réhabilitation Les logements pris à **bail à compter du 1er janvier 2005** dans le cadre d'un bail à réhabilitation visé aux articles L 252-1 à L 252-4 du CCH sont exonérés de plein droit de la taxe foncière pendant toute la durée du bail (pour les logements pris à **bail avant 2005,** l'exonération était subordonnée à une délibération de la collectivité intéressée, qui en fixait l'étendue et la durée).

Certaines constructions neuves issues d'**opérations de démolition-reconstitution** sont exclues du bénéfice de cette exonération : voir nº 41996, précision d.

Par ailleurs, les communes et les établissements publics de coopération intercommunale à fiscalité propre peuvent supprimer l'exonération lorsque les **logements locatifs sociaux** sur leur territoire représentent au moins **50 %** des résidences principales.

> Précisions Le titulaire du bail doit souscrire une **déclaration** avant le 1er janvier de la première année d'application de l'exonération. Si la déclaration est souscrite hors délai, l'exonération ne s'applique que pour la période restant à courir après le 31 décembre de l'année de la souscription.

42015 CGI art. 1384 F FB-II-65000 s

Logements issus de la transformation de bureaux Sur délibération des collectivités bénéficiaires, les logements affectés à l'**habitation principale** issus de la transformation de locaux à usage de bureaux, tels que définis nº 31390, a (bureaux proprement dits et dépendances, à l'exclusion des locaux commerciaux, des locaux de stockage, des surfaces de stationnement et des locaux dans lesquels s'exerçait une activité de production ou de transformation), peuvent bénéficier d'une exonération de taxe foncière d'une durée de **cinq ans.**

Certaines constructions neuves issues d'**opérations de démolition-reconstitution** sont exclues du bénéfice de cette exonération : voir nº 41996, précision d.

> Précisions **a.** **L'affectation à l'habitation principale** doit intervenir au 1er janvier de l'année qui suit celle de la transformation du local (BOI-IF-TFB-10-200 nº 40). L'exonération s'applique **à compter** de cette date.

b. Le propriétaire doit souscrire une **déclaration** avant le 1er janvier de la première année d'application de l'exonération.

Commerces de proximité Sur délibération des collectivités bénéficiaires, les immeubles situés dans les **zones de revitalisation des centres-villes ou** dans les zones de revitalisation des commerces **en milieu rural** définies n° 92540, j et k et qui sont rattachés à un établissement remplissant les conditions requises pour bénéficier des exonérations de cotisation foncière des entreprises applicables dans ces zones peuvent être exonérés, partiellement ou totalement, de la taxe foncière respectivement jusqu'en 2026 et 2024 (Loi 2019-1479 du 28-12-2019 art. 110 et 111, modifiée par loi 2023-1322 du 29-12-2023 art. 73, XVIII). **42018** CGI art. 1382 H et 1382 I FB-II-41000 s et 43000 s

Les conditions d'application de ces exonérations, communes pour l'essentiel à la taxe foncière et à la cotisation foncière des entreprises, sont exposées respectivement nos 43592 (milieu rural) et 43614 (centres-villes).

3. BASE ET CALCUL DE L'IMPOSITION

La base d'imposition de la taxe foncière sur les propriétés bâties est constituée par la **valeur locative cadastrale** (ou revenu cadastral) de ces propriétés, diminuée d'un **abattement** forfaitaire pour frais de 50 %. **42030** CGI art. 1388 FB-III-1 s FB-IV-1

Le montant de la taxe s'obtient en multipliant le revenu cadastral par les **taux** fixés par les collectivités bénéficiaires.

À la taxe elle-même s'ajoutent les frais de gestion de la fiscalité locale (n° 41535).

› Précisions **a.** La valeur locative des logements locatifs à usage d'habitation principale des organismes d'**HLM** et des **sociétés d'économie mixte,** ayant bénéficié d'une exonération de longue durée en faveur des constructions neuves ou acquises avant le 1er janvier 1998 avec le concours financier de l'État et situés dans un **quartier prioritaire de la politique de la ville** (n° 92540, b), fait l'objet d'un abattement supplémentaire de 30 %, à condition que ces organismes et sociétés aient signé un contrat de ville et une convention d'entretien et de gestion du parc (CGI art. 1388 bis). Cet abattement, qui devait initialement s'appliquer jusqu'en 2023, est reconduit pour les nouveaux contrats de ville à valoir pour les impositions des années 2025 à 2030. Il est maintenu, à titre transitoire, en 2024 pour les logements ayant bénéficié de l'abattement en 2023, sauf pour ceux ayant cessé en 2023 de respecter l'une des conditions pour en bénéficier (Loi 2023-1322 du 29-12-2023 art. 73, I-21° et XIX).

b. Sur délibération des collectivités bénéficiaires de la taxe, un abattement de 30 % peut s'appliquer sur la valeur locative des **locaux d'habitation** (ou servant à l'exercice d'une activité salariée à domicile : BOI-IF-TFB-20-10-20-80 n° 40), situés dans des immeubles collectifs et **issus de la transformation de locaux industriels ou professionnels,** à condition que ces locaux soient localisés dans des communes comportant un ou plusieurs **quartiers prioritaires de la politique de la ville** définis n° 92540, b (CGI art. 1518 A ter). Cet abattement concerne également la taxe d'habitation sur les résidences secondaires et autres locaux meublés non affectés à l'habitation principale.

c. Sur délibération des collectivités bénéficiaires de la taxe, un abattement de 50 % peut s'appliquer sur la base d'imposition des locaux situés dans le périmètre d'un **projet d'intérêt général** au sens de l'article L 102-1 du Code de l'urbanisme, justifié par la **pollution de l'environnement** (CGI art. 1388 quinquies B).

d. Sur délibération des collectivités bénéficiaires de la taxe, un abattement de 30 %, 40 %, 50 %, 60 %, 70 %, 80 %, 90 % ou 100 % peut s'appliquer, pendant la durée du bail, sur la base d'imposition des logements faisant l'objet d'un **bail réel solidaire** (CGI art. 1388 octies).

e. Sur délibération des collectivités bénéficiaires de la taxe, un abattement pouvant varier de 1 % à 15 % peut s'appliquer sur la base d'imposition des **magasins et boutiques** dont la surface principale est inférieure à 400 m² et qui ne sont pas intégrés à un ensemble commercial. L'abattement est soumis à la réglementation européenne concernant les aides de minimis visée nos 92660 s. (CGI art. 1388 quinquies C).

f. La base d'imposition des **logements** affectés exclusivement aux **salariés agricoles saisonniers** et aux **apprentis** est calculée au prorata de la durée d'utilisation (en nombre de jours) de ces logements par ces personnes l'année précédant celle au titre de laquelle l'imposition est établie (CGI art. 1388 quater ; mesure également applicable pour la taxe d'habitation sur les résidences secondaires et autres locaux meublés non affectés à l'habitation principale : CGI art. 1411 bis).

a. Valeur locative de base

Les valeurs locatives cadastrales des propriétés bâties sont déterminées de façon différente selon la nature et l'affectation des biens imposables. **42080** CGI art. 1494 s FB-III-200 s

Tous les ans, les valeurs locatives de base sont **mises à jour** pour tenir compte, d'une part, des changements affectant les propriétés, d'autre part, de la revalorisation des évaluations.

Les **constructions nouvelles** doivent être déclarées afin que l'administration leur attribue une valeur locative cadastrale qu'elle détermine à partir des valeurs de base revalorisées (sous réserve du cas particulier des établissements industriels relevant de la méthode comptable).

LOCAUX D'HABITATION

42090 CGI art. 1496, I et II FB-III-3200 s et 63000 s Il s'agit des locaux affectés à l'habitation ou servant à l'exercice d'une activité salariée à domicile.

La valeur locative de ces locaux est déterminée par comparaison avec celle de **locaux de référence** choisis dans la commune pour chaque nature et catégorie de locaux (la valeur locative des locaux de référence ayant elle-même été fixée en fonction du cours des loyers libres normaux, en tenant compte du caractère de l'immeuble, de la qualité de la construction, des éléments d'équipement ou de confort). Les valeurs locatives de base résultent actuellement, en principe, de la dernière révision générale des évaluations foncières de 1974, effectuée sur la base des valeurs de 1970, dont les résultats ont été actualisés une seule fois en 1980.

L'opération d'évaluation de chaque local consiste essentiellement à :

– classer celui-ci dans les diverses **catégories de constructions** représentées dans la commune ;

– calculer sa **surface pondérée** en appliquant à la surface réelle des coefficients de pondération destinés à tenir compte de la situation et de l'entretien de l'immeuble, de l'importance relative des pièces, de l'existence d'ascenseurs, et en y ajoutant des « équivalences superficielles » représentant l'équipement du local (eau courante, gaz, électricité, chauffage central, baignoires, lavabos, etc.) ;

– appliquer à la surface pondérée totale ainsi déterminée le **tarif au mètre carré** correspondant au local de référence de la catégorie concernée.

› Précisions **a.** Pour les **locaux loués** sous le régime de la **loi du 1er septembre 1948,** la valeur locative à retenir pour la taxe foncière est plafonnée au montant du loyer réel au 1er janvier 1970 majoré d'un coefficient d'actualisation, variable selon la catégorie du local, fixé comme suit et inchangé depuis 1979 : II A : 2,83 ; II B : 2,49 ; II C : 2,14 ; III A : 1,93 ; III B : 1,75 ; IV : 1,00 ; loyer forfaitaire : 1,93 (CGI art. 1496, III).

b. Les locaux d'habitation présentant un **caractère exceptionnel** (certains châteaux, par exemple) sont évalués selon les règles qui étaient applicables aux locaux commerciaux jusqu'en 2016, c'est-à-dire d'après les baux en cours au 1er janvier 1970, par comparaison ou par appréciation directe (application d'un taux d'intérêt à la valeur vénale estimée au 1er janvier 1970) (CGI art. 1497).

c. À compter de 2028, la valeur locative des locaux d'habitation (y compris ceux à caractère exceptionnel) sera déterminée selon une **nouvelle méthode,** fondée sur l'état du marché locatif (méthode tarifaire) ou par voie d'appréciation directe, à la date de référence du 1er janvier 2025 (Loi 2019-1479 du 28-12-2019 art. 146 modifié par loi 2022-1726 du 30-12-2022 art. 106).

LOCAUX PROFESSIONNELS

42100 CGI art. 1498 FB-III-57000 s Les locaux professionnels s'entendent des biens autres que les locaux d'habitation et assimilés (n° 42090), que les établissements industriels relevant de la méthode comptable (nos 42110 s.) et que les installations particulières évaluées au moyen de barèmes (n° 42135, a). Sont concernés les **locaux à usage commercial ou artisanal,** les locaux **à usage professionnel spécialement aménagés** pour l'exercice d'une activité particulière (gymnases, par exemple), les locaux servant à l'exercice d'une activité professionnelle non commerciale (**professions libérales,** par exemple), les établissements industriels ne relevant pas de la méthode comptable, les locaux occupés par les **administrations** publiques, les associations, les établissements d'enseignement privé, etc.

La valeur locative cadastrale des locaux professionnels est déterminée selon une **grille tarifaire** par mètre carré, fixée à partir des loyers moyens constatés dans chaque **secteur d'évaluation** par **catégorie de propriétés** à la date de référence du 1er janvier 2013. Si les loyers sont en nombre insuffisant ou ne peuvent pas être retenus (en raison, notamment, d'erreurs déclaratives ou de conditions particulières de location), les tarifs sont déterminés par comparaison avec les tarifs fixés pour d'autres locaux du même secteur d'évaluation ou de secteurs présentant des niveaux de loyers similaires.

Les tarifs peuvent être majorés ou minorés par application d'un **coefficient de localisation** destiné à tenir compte de la situation de la parcelle d'assise de la propriété au sein du secteur d'évaluation.

Ils s'appliquent à la surface pondérée du local.

La méthode tarifaire n'est pas applicable aux propriétés présentant des **caractéristiques exceptionnelles.** La valeur locative de ces propriétés est déterminée en appliquant un taux de 8 % à la valeur vénale estimée au 1er janvier 2013 ou, pour celles créées après le 1er janvier 2017, au 1er janvier de l'année de leur création.

› Précisions **a.** L'évaluation des locaux professionnels découle d'une importante révision dont les résultats s'appliquent depuis 2017. Plusieurs correctifs sont cependant mis en œuvre, afin d'atténuer ou d'étaler les effets de cette révision. Il s'agit :

– du **coefficient de neutralisation,** qui a pour but d'éviter la surimposition des locaux professionnels par rapport aux autres locaux. Ce coefficient, déterminé pour chaque taxe et chaque collectivité territoriale au 1er janvier 2017 (avec un correctif pour les communes à compter de 2021), s'applique à la valeur locative brute révisée de chaque local, jusqu'à l'intégration de la révision des valeurs locatives des locaux d'habitation prévue en 2028 (CGI art. 1518 A quinquies, I et II) ;

– de la **réduction de moitié** des **variations des valeurs locatives** résultant de la révision, à la hausse ou à la baisse, appréciées après application du coefficient de neutralisation. Ce dispositif, dit « du planchonnement », s'applique de 2017 à 2025 (CGI art. 1518 A quinquies, III) ;

– du **lissage** par dixièmes des **variations de cotisations**, à la hausse ou à la baisse, constatées en 2017 pour chaque local. Ce dispositif s'applique de 2017 à 2025 (CGI art. 1518 E).

b. Les entreprises soumises à un **régime réel d'imposition** de leurs bénéfices doivent déclarer chaque année le montant du loyer des locaux dont elles sont **locataires** (CGI art. 1498 bis). Cette déclaration s'effectue dans le même délai que la déclaration de résultat, suivant la procédure spécifique Decloyer.

ÉTABLISSEMENTS INDUSTRIELS

Bâtiments et terrains concernés Revêtent un caractère industriel les bâtiments et terrains servant à l'exercice d'une **activité de fabrication ou de transformation** de biens corporels mobiliers qui nécessite d'importants **moyens techniques,** ainsi que les bâtiments et terrains servant à l'exercice d'**autres activités** nécessitant d'importants moyens techniques (activité de stockage, par exemple) lorsque le rôle des installations techniques, matériels et outillages mis en œuvre est prépondérant. **42110** CGI art. 1500 et 1499-00 A, I FB-III-17000 s

Toutefois, lorsque la valeur d'origine des **installations techniques,** matériels et outillages présents sur place et détenus par l'exploitant ou le propriétaire pendant au moins six mois au cours de l'année précédant celle de l'imposition **n'excède pas 500 000 €,** les bâtiments et terrains affectés à une activité entrant dans le champ de la cotisation foncière des entreprises ne peuvent être qualifiés d'industriels et sont également évalués comme des locaux professionnels.

Par ailleurs, les biens des **entreprises artisanales,** même qualifiés d'industriels, sont exclus des règles d'évaluation des établissements industriels et sont évalués selon les règles prévues pour les locaux professionnels. Il en est de même des propriétés comprenant des installations souterraines de **stockage de déchets** non dangereux, à compter de l'année suivant celle de la fin de la phase d'enfouissement.

> Précisions a. Pour l'appréciation du **seuil de 500 000 €,** il y a lieu de retenir les installations, matériels et outillages qui interviennent directement ou indirectement dans l'activité de l'entreprise, pour leur valeur d'origine inscrite au bilan du propriétaire ou de l'exploitant (BOI-IF-TFB-20-10-50-10 nos 180 et 240).

Le franchissement du seuil de 500 000 €, à la hausse ou à la baisse, n'est pris en compte qu'au terme de trois années. Par exception, en cas de **construction nouvelle** ou de début d'activité au cours d'une année N, le franchissement à la hausse du seuil en N + 1 est pris en compte dès l'année N + 2.

b. Les **entreprises artisanales** concernées s'entendent des entreprises répondant aux conditions d'immatriculation au registre national des entreprises prévues par les articles L 111-1, L 111-2, L 112-1 et L 131-1 du Code de l'artisanat, qu'elles y soient ou non effectivement immatriculées (BOI-IF-TFB-20-10-50-20 n° 340).

La règle dérogatoire d'évaluation ne s'applique que si le local est **exclusivement affecté** à une activité artisanale (BOI-IF-TFB-20-10-50-20 n° 310).

En cas de **cessation d'activité** de l'entreprise artisanale, le bien reste évalué dans les mêmes conditions tant qu'il ne fait pas l'objet d'une nouvelle affectation ou d'une nouvelle utilisation.

Règles d'évaluation Les bâtiments et terrains industriels sont évalués selon la méthode comptable décrite n° 42115, lorsqu'ils figurent à l'**actif du bilan** de leur propriétaire ou de leur exploitant et que celui-ci est soumis à l'impôt sur les bénéfices selon un **régime réel** ou lorsqu'ils figurent à l'actif du bilan d'une entreprise qui a pour **activité principale** la **location** de ces biens industriels. **42112** CGI art. 1500, II FB-III-17900 s

Les bâtiments et terrains industriels sont évalués selon les règles prévues pour les locaux professionnels présentées n° 42100 si ces conditions ne sont pas satisfaites (ou si ces biens sont exclus de la méthode comptable : n° 42110).

> Précisions a. Lorsque le propriétaire ou l'exploitant de bâtiments et terrains industriels n'a pas, en **méconnaissance** de ses **obligations comptables,** inscrit ceux-ci à l'actif de son bilan, l'administration peut corriger cette omission et évaluer les biens en cause selon la méthode comptable (CE 24-2-2017 n° 394158 : RJF 5/17 n° 443).

b. Le caractère principal d'une **activité de location** est avéré lorsque le chiffre d'affaires ou les recettes y afférentes (loyers et compléments de loyer éventuels) représentent plus de 50 % du chiffre d'affaires ou des recettes totales de l'entreprise (BOI-IF-TFB-20-10-50-20 n° 170).

c. En cas de **cession** d'immobilisations industrielles, il y a lieu de procéder à une nouvelle évaluation dès lors que le cédant et/ou le cessionnaire relèvent d'un régime réel d'imposition ou ont pour activité principale la location d'immeubles industriels. Cette évaluation est faite selon la méthode comptable si le cessionnaire relève du régime du bénéfice réel ou a pour activité principale la location d'immeubles industriels, selon la méthode prévue pour les locaux professionnels dans le cas contraire. La règle de la valeur locative plancher (nº 43695) est applicable (BOI-IF-TFB-20-10-50-20 nºs 210 à 240 ; BOI-IF-CFE-20-20-20-20 nº 40).

d. Valeur locative minimale applicable en cas d'acquisition ou de cession de biens immobiliers industriels dans le cadre d'un contrat de **crédit-bail** ou de **location** : voir nº 42135, e.)

e. Mécanisme de lissage applicable en cas de **variation importante de la valeur locative** due à un **changement de qualification ou d'affectation** d'un immeuble industriel ou professionnel : voir nº 42200.

42115 CGI art. 1499 FB-III-18420 s

Méthode comptable Dans le cadre de la méthode comptable, la valeur locative des immobilisations industrielles passibles de la taxe foncière s'obtient en appliquant au **prix de revient** de leurs différents éléments, éventuellement revalorisé, des taux d'intérêt variables selon la date d'acquisition.

Le prix de revient à retenir s'entend de la **valeur d'origine** pour laquelle les immobilisations doivent être inscrites au bilan (CGI ann. III art. 324 AE). Il n'est pas tenu compte des réévaluations ultérieures éventuelles (exception faite de la réévaluation légale de 1959).

Les modalités de calcul de la valeur locative, qui varient suivant la nature des biens et leur date d'acquisition ou de construction, sont présentées dans le tableau ci-après.

	Détermination du prix de revient	Taux d'intérêt applicable
Sols et terrains		
Acquis avant 1959	Valeur d'origine × majoration spéciale [1] × coefficient de réévaluation des bilans (nº 97470)	4 %
Acquis de 1959 à 1969	Valeur d'origine × majoration spéciale [1]	4 %
Acquis depuis 1970	Valeur d'origine	4 %
Autres immobilisations foncières		
Acquises avant 1959	Valeur d'origine × coefficient de réévaluation des bilans (nº 97470)	6 % - 25 % (réfaction forfaitaire) = 4,5 %
Acquises de 1959 à 1975	Valeur d'origine	6 % - 25 % (réfaction forfaitaire) = 4,5 %
Acquises depuis 1976	Valeur d'origine	6 % - 1/3 (réfaction forfaitaire) = 4 %

1. Majoration de 3 % pour chaque année écoulée depuis l'entrée dans le patrimoine du propriétaire jusqu'au 1er janvier 1970.

> Précisions Les locaux à usage de **bureaux, cantine, garage,** etc. sont incorporés à l'établissement industriel et évalués selon la méthode comptable dès lors qu'ils sont situés dans l'enceinte de l'établissement et concourent à la même exploitation (BOI-IF-TFB-20-10-10-30 nº 570). Il en va de même des locaux d'habitation concourant à l'exploitation, tels le **logement** du gardien (CE 21-5-2014 nº 365751 : RJF 8-9/14 nº 816 ; BOI-IF-TFB-20-10-50-20 nº 30). En revanche, les locaux affectés à l'exercice d'une **activité commerciale distincte** de l'activité industrielle (magasins de vente au détail, par exemple) doivent être évalués selon les règles qui leur sont propres (BOI-IF-TFB-20-10-50-20 nº 30).

CAS PARTICULIERS

42135 CGI art. 1501 et 1501 bis FB-III-21000 s, 22000 s et 23000

a. Pour certaines installations existant dans différentes communes et présentant des caractéristiques analogues (production et distribution d'**électricité,** de **gaz,** distribution d'**eau** potable, **transport ferroviaire, radio, télévision**), les évaluations sont faites :
– à partir de barèmes s'il s'agit d'immobilisations acquises ou créées avant le 1er janvier 1974 ;
– selon la méthode comptable exposée nº 42115 pour les immobilisations acquises ou créées depuis cette date, sous réserve des biens appartenant aux collectivités publiques.

Un barème est également prévu pour l'évaluation des **autoroutes** concédées, exonérées de taxe foncière mais passibles de la cotisation foncière des entreprises et pour celle des postes d'amarrage dans les **ports** de plaisance, ainsi que, à compter de 2024, pour l'évaluation des quais des ports autres que les ports de plaisance.

CGI art. 1518 A et 1518 A bis FB-III-19550 s et 19900 s

b. Une réduction est pratiquée sur la valeur locative des **aéroports** et de certaines **installations antipollution** et **installations spécifiques de manutention portuaire,** dans les conditions indiquées nºs 43684 et 43685.

c. Un abattement peut être appliqué, sur délibération des collectivités bénéficiaires de la taxe, à la valeur locative des **bâtiments industriels affectés à la recherche,** dans les conditions indiquées n° 43686. CGI art. 1518 A quater FB-III-20200

d. La valeur locative des immobilisations corporelles acquises à la suite d'**apports,** de **scissions,** de **fusions de sociétés,** de **cessions d'établissements** ou de transmissions universelles du patrimoine ou cédées entre entreprises liées et **rattachées au même établissement** après la cession ne peut être inférieure à une fraction (voire à la totalité) de la valeur locative retenue avant l'opération, qualifiée de valeur locative « plancher » : voir n° 43695. CGI art. 1518 B FB-III-20040 s

e. Une valeur locative minimale est également susceptible de s'appliquer en cas d'acquisition ou de cession de **biens immobiliers industriels,** dans le cadre d'un contrat de crédit-bail ou de location, postérieurement au 31 décembre 2006. CGI art. 1499-0 A FB-III-20100 s

Ainsi, lorsque les biens pris en **crédit-bail** sont **acquis par le crédit-preneur,** leur valeur locative ne peut, pour les impositions établies au titre des années suivantes, être inférieure à celle retenue l'année de l'acquisition. Cette règle concerne tous les biens industriels, y compris ceux qui, lors de l'acquisition, n'étaient pas évalués selon la méthode comptable (CE 18-9-2015 n° 378676 et 378677 : RJF 12/15 n° 1023). La valeur locative à prendre en compte est celle qui a été retenue pour l'imposition du crédit-bailleur au titre de l'année d'acquisition, telle que définitivement établie après exercice, le cas échéant, du droit de reprise de l'administration ou du droit de réclamation du crédit-bailleur (CE 2-12-2019 n° 421454 : RJF 2/20 n° 144). Cette valeur locative peut être contestée par le crédit-preneur à l'occasion des impositions auxquelles il est assujetti (CE QPC 5-4-2022 n° 448710 : RJF 6/22 n° 562). Cependant, la valeur locative minimale ne s'applique que si elle est supérieure à la valeur locative comptable telle que calculée selon des modalités spécifiques : le prix de revient à retenir est le coût de levée de l'option majoré de la fraction hors intérêts des loyers prévus par le contrat et versés antérieurement à la levée d'option qui excède le coût de la mise à disposition du bien. À défaut de ces éléments, le prix de revient s'entend de la différence entre, d'une part, la valeur du bien au moment de la signature du contrat de crédit-bail et, d'autre part, le total des dotations aux amortissements qui auraient été enregistrées si le bien avait été acquis dès ce moment, au regard notamment des engagements hors bilan (CE 18-7-2018 n° 414120 : RJF 11/18 n° 1122).

Par ailleurs, lorsque les biens font l'objet d'un contrat de **crédit-bail** ou de **location au profit de la personne qui les a cédés,** leur valeur locative ne peut, pour les impositions établies au titre des années suivantes, être inférieure à celle retenue au titre de l'année de cession.

f. Abattements applicables à la valeur locative de certains **logements** : voir les précisions n° 42030.

b. Constatation annuelle des changements

Les évaluations sont mises à jour chaque année en fonction des changements qui affectent les propriétés. Les changements pris en compte sont rangés en différentes catégories : **42160** CGI art. 1517 FB-III-50100 s

a. Constructions nouvelles ;

b. Changements de consistance résultant de travaux ayant pour effet de modifier le volume ou la superficie d'une propriété préexistante (agrandissement, surélévation, démolition totale ou partielle...) ;

c. Changements **d'affectation,** ayant pour effet de rendre imposable une propriété précédemment exonérée (conversion d'un bâtiment rural en maison, par exemple), ou de la faire passer dans un groupe différent de celui qui avait été retenu lors de sa précédente évaluation (logement transformé en magasin, par exemple) ;

d. Changements d'**utilisation** des locaux professionnels ;

e. Changements de nature à modifier la **méthode d'évaluation** des locaux industriels (passage de la méthode d'évaluation des locaux professionnels à la méthode comptable et inversement) ;

f. Changements de **caractéristiques physiques,** tels qu'adjonction d'équipements nouveaux (chauffage central, salle de bains, etc.), transformations intérieures, travaux de rénovation et de gros entretien ;

g. Changements **d'environnement** (rénovation urbaine, création d'espaces verts, création ou suppression d'installations voisines génératrices de nuisances, modification des conditions de desserte...).

CHANGEMENTS À DÉCLARER

Les propriétaires doivent déclarer les **constructions nouvelles** et les **changements de consistance ou d'affectation,** ainsi que les **changements d'utilisation** des locaux professionnels et les **changements de méthode d'évaluation** des locaux industriels. Ils doivent également déclarer les changements de catégorie des locaux d'habitation et assimilés concernés par la révision des valeurs locatives (n° 42090, précision c). **42170** CGI art. 1406 FB-III-51140 s

Les déclarations doivent être effectuées dans les quatre-vingt-dix jours de la réalisation définitive du changement (achèvement de la construction, des travaux...). Elles sont souscrites auprès du service des impôts fonciers du lieu de situation des biens, sur des formulaires établis par l'administration (voir toutefois nº 42175, b).

Le bénéfice des **exonérations** temporaires de taxe foncière est subordonné à l'accomplissement de cette formalité. Si la déclaration est souscrite hors délai, l'exonération s'applique pour la période restant éventuellement à courir après le 31 décembre de l'année suivante.

Par ailleurs, afin de procéder à la mise à jour permanente de la valeur locative des propriétés bâties, l'administration peut demander au contribuable de souscrire une déclaration (à déposer auprès du service susvisé dans les trente jours suivant la réception de la demande).

42175 **> Précisions** **a.** Les acquéreurs de **constructions nouvelles** (appartements ou maisons individuelles) devenus propriétaires après l'achèvement de la construction disposent d'un délai spécial de quatre-vingt-dix jours à compter de l'acquisition pour souscrire la déclaration, lorsque celle-ci n'a pas été faite par le constructeur dans les quatre-vingt-dix jours de l'achèvement des travaux. Mais la période d'exonération reste calculée à partir de la date d'achèvement des travaux (BOI-IF-TFB-40 nº 50).

b. Les **formulaires** à utiliser pour les locaux d'habitation et les établissements industriels sont les suivants :

– constructions nouvelles : modèles 6650-H1 pour les maisons individuelles, 6652-H2 pour les logements situés dans des immeubles collectifs et 6701-U pour les établissements industriels ;

– changements de consistance ou d'affectation : modèle 6704-IL.

Pour les locaux professionnels, les changements de consistance, d'affectation ou d'utilisation doivent être déclarés sur le modèle nº 6660-REV.

Les contribuables peuvent également déclarer les constructions nouvelles et certaines opérations d'aménagement via le service « Gérer mes biens immobiliers » dans leur espace personnel du site www.impots.gouv.fr.

c. Le **défaut de production** de la déclaration entraîne l'application d'une amende de 150 €. **Les omissions ou inexactitudes** relevées dans la déclaration sont sanctionnées par une amende de 15 € par omission ou inexactitude, sans que le total des amendes applicables par déclaration puisse être inférieur à 60 € ni supérieur à 150 € (CGI art. 1729 C). L'amende est recouvrée comme la taxe foncière (CGI art. 1754, III bis).

d. Les **omissions ou insuffisances d'évaluation** résultant du défaut ou de l'inexactitude de la déclaration peuvent être réparées à tout moment par l'administration par voie de **rôles particuliers**. Calculées d'après le taux en vigueur pour l'année en cours, les cotisations afférentes aux rehaussements sont multipliées par le nombre d'années écoulées depuis le 1er janvier de l'année suivant celle du changement, sans toutefois pouvoir être plus que quadruplées (CGI art. 1508 et LPF art. L 175 : CF-II-2600 s.).

CHANGEMENTS CONSTATÉS PAR L'ADMINISTRATION

42185 FB-III-52260 s Les changements de **caractéristiques physiques** ou d'**environnement** n'ont pas à être déclarés. Ils sont constatés d'office par l'administration à partir d'informations de sources diverses (constatation sur place, déclaration de revenus du propriétaire faisant apparaître d'importantes dépenses d'amélioration, par exemple).

ÉVALUATION DES CHANGEMENTS

42195 FB-III-52450 s La nouvelle valeur locative cadastrale résultant de la prise en compte des changements est déterminée en fonction de la nature et de l'affectation des biens imposables, suivant les règles exposées nos 42080 s. Elle est appréciée à la date de référence de la dernière révision (1er janvier 1970 pour les locaux d'habitation ou assimilés ; 1er janvier 2013 pour les locaux professionnels), sauf pour les établissements industriels relevant de la méthode comptable, évalués à partir du prix de revient effectif.

La valeur locative de base « 1970 ou 2013 » est ensuite actualisée dans les conditions indiquées nos 42225 s.

> Précisions **a.** Sur délibération des collectivités bénéficiaires, l'augmentation de la valeur locative des **locaux d'habitation** résultant exclusivement de la constatation de **changements de caractéristiques physiques ou d'environnement** peut être **étalée sur trois ans** lorsque cette augmentation est supérieure à 30 % de la valeur locative de l'année précédant celle de la prise en compte de ces changements. Dans ce cas, l'augmentation est retenue à hauteur d'un tiers la première année, des deux tiers la deuxième année et en totalité à compter de la troisième année suivant celle de la constatation des changements.

b. Pour les **locaux professionnels** présentant des **caractéristiques exceptionnelles** créés après le 1er janvier 2017 (nº 42100), la date de référence à retenir pour l'évaluation des changements est le 1er janvier de l'année de la création.

CAS PARTICULIER DES ÉTABLISSEMENTS INDUSTRIELS

42200 CGI art. 1518 A sexies FB-III-53520 Un mécanisme de lissage s'applique en cas de **variation de plus de 30 %** de la valeur locative consécutive au **changement de méthode d'évaluation** d'un bâtiment ou terrain industriel (nº 42110) ou à un **changement d'affectation** d'un local industriel nouvellement affecté à une activité professionnelle ou inversement d'un local professionnel nouvellement affecté à un usage industriel.

La variation de valeur locative est prise en compte à hauteur de :

- 15 % la première année où le changement est pris en compte ;
- 30 % la deuxième année ;
- 45 % la troisième année ;
- 60 % la quatrième année ;
- 75 % la cinquième année ;
- 90 % la sixième année ;
- 100 % la septième année.

> **Précisions a.** La **variation** doit excéder 30 % de la valeur locative **calculée** avant la prise en compte du changement et, le cas échéant, après application de l'abattement de 30 % visé nº 43680 ainsi que du coefficient de neutralisation et du mécanisme de « planchonnement » visés nº 42100, précision a.
> **b.** Pour les locaux bénéficiant du dispositif au 31 décembre 2020, le lissage a dû être **recalculé**, pour les années restant à courir, eu égard notamment à l'allégement de la valeur locative comptable intervenu en 2021.
> **c.** Le mécanisme de lissage **cesse** de s'appliquer en cas de changement d'exploitant ou d'intervention de l'un des changements visés nº 42170, à compter de l'année suivant celle du changement. Toutefois, seul le bâtiment ou terrain concerné par l'un de ces changements sort du lissage (BOI-IF-TFB-20-20-10-35 nº 200).
> **d.** Lorsqu'un **rôle particulier** est établi en raison du défaut ou de l'inexactitude de la déclaration de changement (nº 42175, d), le mécanisme de lissage s'applique à compter de la première année au titre de laquelle les bases rectifiées sont prises en compte dans les rôles généraux. Lorsque les changements font l'objet d'un **rôle supplémentaire**, le mécanisme de lissage est mis en œuvre à compter de l'année qui suit celle au cours de laquelle les changements sont constatés, même si cette constatation intervient tardivement (BOI-IF-TFB-20-20-10-35 nº 310 et nº 330).

c. Actualisations périodiques

LOCAUX D'HABITATION ET ÉTABLISSEMENTS INDUSTRIELS

Actualisation triennale La seule actualisation triennale des **locaux d'habitation** et assimilés réalisée depuis la révision générale appliquée en 1974 (sur la base des valeurs de 1970) est intervenue en 1980, avec le 1er janvier 1978 pour date de référence. Les actualisations triennales qui auraient dû intervenir ultérieurement ont été remplacées par des revalorisations forfaitaires annuelles. **42225** CGI art. 1518 FB-III-54540 s

> **Précisions** Bien que l'actualisation triennale ne concerne pas en principe les **établissements industriels** évalués selon la **méthode comptable,** la valeur locative des sols, terrains et bâtiments industriels relevant de cette méthode et existant au 1er janvier 1978 a été majorée d'un tiers lors de l'actualisation de 1980.

Majorations forfaitaires annuelles Dans l'intervalle de deux actualisations, les valeurs locatives des locaux d'habitation et assimilés et des établissements industriels sont majorées chaque année par application de coefficients forfaitaires fixés au niveau national. Ces coefficients sont destinés à porter les valeurs locatives cadastrales au niveau des loyers constatés au 1er janvier de l'avant-dernière année précédant celle de l'imposition (date de référence). Ils s'appliquent aux valeurs locatives retenues pour l'établissement des impositions au titre de l'année précédant celle de l'imposition. **42230** CGI art. 1518 bis FB-III-54850 s

Les **coefficients de majoration** ont été successivement les suivants :

- pour les **propriétés bâties autres que les établissements industriels** évalués selon la méthode comptable : 1,10 en 1981, 1,11 en 1982, 1,13 en 1983, 1,12 en 1984, 1,08 en 1985 et en 1986, 1,05 en 1987, 1,03 en 1988, 1,04 en 1989, 1,01 en 1990, 1,03 en 1991, 1,01 en 1992, 1,03 en 1993 et 1994, 1,02 en 1995, 1,01 en 1996 et 1997, 1,011 en 1998, 1,01 de 1999 à 2002, 1,015 en 2003 et 2004, 1,018 de 2005 à 2007, 1,016 en 2008, 1,025 en 2009, 1,012 en 2010, 1,02 en 2011, 1,018 en 2012 et 2013, 1,009 en 2014 et 2015 ; 1,01 en 2016, 1,004 en 2017, 1,012 en 2018, 1,022 en 2019, 1,012 en 2020, 1,002 en 2021, 1,034 en 2022, 1,071 en 2023 et 1,039 en 2024 ;
- pour les **établissements industriels** évalués selon la **méthode comptable** : 1,10 en 1981, 1,11 en 1982, 1,08 en 1983, 1,10 en 1984, 1,06 en 1985 et en 1986, 1,03 en 1987, 1,01 en 1988, 1,02 en 1989, 1,00 en 1990, 1,01 en 1991, 1,00 en 1992, 1,01 en 1993 et 1994, 1,00

de 1995 à 1998, 1,01 de 1999 à 2002, 1,015 en 2003 et 2004, 1,018 de 2005 à 2007, 1,016 en 2008, 1,025 en 2009, 1,012 en 2010, 1,02 en 2011, 1,018 en 2012 et 2013, 1,009 en 2014 et 2015, 1,01 en 2016, 1,004 en 2017, 1,012 en 2018, 1,022 en 2019, 1,012 en 2020, 1,002 en 2021, 1,034 en 2022, 1,071 en 2023 et 1,039 en 2024.

Les coefficients se cumulent chaque année. Les **coefficients cumulés** applicables en 2024 à la valeur locative actualisée en 1980 sont récapitulés dans le tableau ci-après.

> **Précisions** En ce qui concerne les **établissements industriels** évalués selon la méthode comptable, seules sont applicables les majorations forfaitaires dont la date de référence est postérieure à la date de construction ou d'acquisition des biens (BOI-IF-CFE-20-20-20-10 nº 30).
> Par exemple, en 2024, pour un établissement créé en 2010, on applique la majoration 2013 (date de référence : 1-1-2011) et les majorations ultérieures. Cela donne donc un coefficient cumulé de 1,268 (soit 1,018 × 1,009 × 1,009 × 1,01 × 1,004 × 1,012 × 1,022 × 1,012 × 1,002 × 1,034 × 1,071 × 1,039).

Coefficients cumulés applicables en 2024			
Propriétés bâties autres que les établissements industriels évalués selon la méthode comptable			3,731
Établissements industriels évalués selon la méthode comptable, acquis ou créés :			
Avant le 1-1-1979	2,797	En 2003	1,438
En 1979	2,543	En 2004	1,413
En 1980	2,291	En 2005	1,388
En 1981	2,121	En 2006	1,366
En 1982	1,928	En 2007	1,333
En 1983	1,819	En 2008	1,317
En 1984	1,716	En 2009	1,291
En 1985	1,666	En 2010	1,268
En 1986	1,650	En 2011	1,246
En 1987 ou 1988	1,617	En 2012	1,235
En 1989 ou 1990	1,601	En 2013	1,224
En 1991	1,585	En 2014	1,212
De 1992 à 1996	1,570	En 2015	1,207
En 1997	1,554	En 2016	1,192
En 1998	1,539	En 2017	1,167
En 1999	1,523	En 2018	1,153
En 2000	1,508	En 2019	1,151
En 2001	1,486	En 2020	1,113
En 2002	1,464	En 2021	1,039
		Après le 1-1-2022	pas de majoration

LOCAUX PROFESSIONNELS

42240 CGI art. 1518 ter FB-III-60630 s **Mise à jour annuelle des tarifs** Dans l'intervalle entre deux actualisations visées nº 42255, les tarifs sont mis à jour chaque année, en vue de l'établissement des impositions de l'année suivante, par application de **coefficients d'évolution** aux derniers tarifs publiés.

Ces coefficients sont calculés, pour chaque catégorie et chaque **secteur d'évaluation,** à partir de l'évolution des **loyers** constatés chaque année dans les déclarations Decloyer (nº 42100, précision b), à condition que ces loyers soient suffisamment significatifs (CGI ann. II art. 334 A). Si tel n'est pas le cas, il est fait application de **coefficients d'évolution départementaux,** calculés à partir des loyers suffisamment significatifs constatés pour les locaux professionnels relevant des catégories qui regroupent le plus grand nombre de locaux et qui, ensemble, représentent au total plus de la moitié des locaux du département.

42245 FB-III-60680 s **Mise à jour annuelle des valeurs locatives** La valeur locative des locaux professionnels est mise à jour chaque année par application du nouveau **tarif par mètre carré** à la surface pondérée du local.

Pour les propriétés présentant des **caractéristiques exceptionnelles,** la valeur locative est mise à jour, chaque année, par application du **coefficient départemental** visé nº 42240.

Modification des coefficients de localisation Au cours des troisième et cinquième années qui suivent celle du renouvellement général des conseils municipaux, la **commission départementale des valeurs locatives** peut, après avis des commissions communales ou intercommunales des impôts directs, modifier le coefficient de localisation dont elle a affecté chaque parcelle d'assise des propriétés. Les décisions de la commission doivent être transmises à l'administration fiscale avant le 31 décembre de l'année précédant celle de leur prise en compte pour l'établissement des bases. 42250 FB-III-60720 s

Actualisation des paramètres d'évaluation L'année qui suit le renouvellement général des conseils municipaux (soit tous les **six ans**), la délimitation des **secteurs d'évaluation,** les **tarifs** par mètre carré, ainsi que la définition des parcelles auxquelles s'applique un **coefficient de localisation** (n° 42100), sont actualisés. Les résultats de cette actualisation sont pris en compte pour l'établissement des bases d'imposition de l'année suivante. 42255 FB-III-60750 s

Cette opération est réalisée successivement :

a. Une fois, à partir des données de loyer portées à la connaissance de l'administration par les déclarations annuelles Decloyer (n° 42100, précision b) ;

b. La fois suivante, soit six ans après l'actualisation visée au a, à partir des données issues d'une campagne déclarative. Cette actualisation peut porter sur les **catégories** de locaux professionnels.

> **Précisions** **a.** Par exception, les résultats de la **première actualisation** mentionnée au a ci-dessus, réalisée en 2022, seront pris en compte pour l'établissement des bases d'imposition de l'année 2026 et non de l'année 2023. Les bases d'imposition de l'année 2023 ont été mises à jour dans les conditions de droit commun décrites n° 42230 (Loi 2022-1726 du 30-12-2022 art. 103 modifié par loi 2023-1322 du 29-12-2023 art. 152).
> **b.** Pour la réalisation de l'actualisation prévue au b ci-dessus, les propriétaires de locaux professionnels devront souscrire une **déclaration** spécifique, avant le 1er juillet de l'année précédant celle de l'actualisation. Les sanctions visées n° 42175, précision c, seront applicables.

d. Rectification des valeurs locatives

RÉCLAMATION DES CONTRIBUABLES

Le propriétaire qui conteste la valeur locative attribuée à son immeuble peut en demander la réduction par voie de réclamation présentée dans les formes indiquées nos 81800 s. et dans le délai visé n° 81825. 42265 CGI art. 1507 et 1518 F FB-III-2750 s

S'agissant des **locaux autres que les locaux professionnels,** les réclamations peuvent porter, par exemple, sur le classement de l'immeuble ou la détermination de sa surface. En revanche, le tarif communal d'évaluation a un caractère définitif et ne peut pas être contesté.

Pour les **locaux professionnels,** les réclamations peuvent porter, par exemple, sur le choix de la catégorie ou la répartition des surfaces. En revanche, les paramètres généraux d'évaluation, tels que la délimitation des secteurs d'évaluation ou le tarif applicable à la catégorie dont relève le local, ne peuvent pas être contestés dans le cadre d'une réclamation contre une évaluation individuelle.

> **Précisions** **a.** Pour s'assurer de l'exactitude de l'évaluation, les contribuables peuvent demander au service des impôts fonciers une copie de la **fiche de calcul** de la valeur locative établie par l'administration. Ils peuvent également consulter les **documents cadastraux** à la mairie du lieu où sont situés les immeubles, au service des impôts ou sur internet (www.cadastre.gouv.fr).
> **b.** Les rectifications apportées à la valeur locative cadastrale à la suite d'une réclamation portant sur la taxe foncière s'appliquent également à la **taxe d'habitation** sur les résidences secondaires et autres locaux meublés non affectés à l'habitation principale et à la **cotisation foncière des entreprises,** et inversement, même si les impositions sont établies au nom de contribuables différents (propriétaire et occupant) (BOI-IF-TFB-50-10 n° 340).

RÉPARATION DES OMISSIONS OU INSUFFISANCES D'ÉVALUATION

Les omissions ou insuffisances **imputables à l'administration** constatées au titre d'une année donnée peuvent être réparées par voie de rôle supplémentaire dans le délai de reprise, soit jusqu'au 31 décembre de l'année suivante (n° 77735). 42275 CGI art. 1416 CF-II-2540 s

Quant aux omissions ou insuffisances d'évaluation consécutives à l'**absence** ou à l'**insuffisance de la déclaration** que doit fournir le propriétaire en cas de construction nouvelle ou de changements, elles peuvent être réparées par l'administration dans les conditions indiquées n° 42175, d.

4. EXONÉRATIONS ET DÉGRÈVEMENTS SPÉCIAUX

EXONÉRATIONS ET DÉGRÈVEMENTS LIÉS AU REVENU

42315 CGI art. 1390, 1391, 1391 B, 1391 B bis et 1417 FB-V-6100 s HAB-II-4520 s

Personnes âgées ou invalides de condition modeste Sont **exonérés** de la taxe foncière sur les propriétés bâties afférente à leur **habitation principale** :
– les **titulaires de l'allocation de solidarité aux personnes âgées** ou de l'**allocation supplémentaire d'invalidité** ;
– les **redevables âgés de plus de 75 ans** au 1er janvier de l'année de l'imposition dont le revenu fiscal de référence de l'année précédente n'excède pas la limite visée n° 42325, f ;
– les **titulaires de l'allocation aux adultes handicapés** (AAH) dont le revenu fiscal de référence de l'année précédente n'excède pas la limite visée n° 42325, f (BOI-IF-TFB-10-55-10 n° 40).

Lorsqu'ils ne sont pas exonérés, les **redevables âgés de plus de 65 ans** au 1er janvier de l'année d'imposition dont le revenu fiscal de référence de l'année précédente n'excède pas la limite visée n° 42325, f bénéficient d'un **dégrèvement** de 100 € de la taxe afférente à leur habitation principale.

Les personnes visées ci-dessus qui conservent la jouissance de leur ancienne habitation principale alors qu'elles résident durablement en **maison de retraite** ou dans un **établissement de soins de longue durée** peuvent bénéficier de ces allégements de taxe pour leur ancienne habitation principale dans les mêmes conditions.

42325 **> Précisions** **a.** L'exonération en faveur des **contribuables âgés de plus de 75 ans** s'étend à la taxe foncière afférente à la résidence secondaire (CE 20-10-2000 n° 205635 : RJF 1/01 n° 51).

b. Lorsqu'un contribuable donne en **location** une **partie de l'immeuble** où il a son habitation principale, il peut, si les locaux loués ont fait l'objet d'une évaluation distincte, bénéficier d'une exonération partielle correspondant au logement qu'il occupe (BOI-IF-TFB-10-55-10 n° 150).

c. L'exonération de taxe foncière ne peut être obtenue que si le logement est un bien de communauté ou un bien propre du **conjoint** ou partenaire de Pacs handicapé ou âgé (BOI-IF-TFB-10-55-10 n° 50 ; BOI-IF-TFB-10-55-20 n° 10).

d. Dans le cas d'**indivision** entre une personne remplissant les conditions requises et d'autres coïndivisaires, l'exonération ne peut être accordée qu'à concurrence des droits de cette personne dans l'indivision. Par dérogation, en cas d'indivision successorale, l'exonération est accordée en totalité au conjoint ou partenaire de Pacs survivant qui remplit les conditions légales (BOI-IF-TFB-10-55-10 n° 140).

e. Les contribuables qui **ne bénéficient plus de l'une des exonérations** visées n° 42315 demeurent exonérés la première et la deuxième année suivant la dernière année d'application de cette exonération, puis bénéficient, pour le calcul de la taxe due, d'un abattement sur la valeur locative de deux tiers la troisième année et d'un tiers la quatrième année.

f. Le **montant limite** du revenu fiscal de référence (tel que défini n° 42332) est fonction du nombre de parts de **quotient familial.** Il est revalorisé chaque année.

Pour la taxe établie au titre de 2024 (revenus de 2023), ce montant s'élève ainsi à 12 455 € pour la première part de quotient familial et à 3 326 € pour chaque demi-part supplémentaire (majoration divisée par deux pour les quarts de part). Ainsi, par exemple, un contribuable marié titulaire de l'AAH sans personne à charge (quotient familial : 2 parts) sera exonéré de la taxe en 2024 si les revenus du ménage n'excèdent pas 19 107 € au titre de 2023.

Le montant limite correspondant à la première part est porté à 15 780 € pour 2024, pour l'application de l'exonération de taxe foncière en faveur des redevables âgés de plus de 75 ans, si les intéressés ont bénéficié en 2014 du maintien exceptionnel d'une exonération de taxe d'habitation. Ainsi, par exemple, un contribuable marié âgé de plus de 75 ans sans personne à charge (quotient familial : 2 parts) sera exonéré de la taxe en 2024 si les revenus du ménage n'excèdent pas 22 432 € au titre de 2023.

g. Lorsque le **revenu** ou le nombre de personnes à charge ou encore le quotient familial à raison desquels l'allégement a été octroyé font l'objet d'une **rectification,** le droit de reprise de l'administration s'exerce dans le même délai que celui prévu en matière d'impôt sur le revenu (n° 77710).

42330 CGI art. 1391 B ter FB-V-8800 s

Plafonnement de la taxe foncière en fonction du revenu Les contribuables qui ne bénéficient pas des mesures d'exonération totale (n° 42315) et dont le revenu fiscal de référence de l'année précédente n'excède pas un certain montant bénéficient, sur réclamation, du dégrèvement de la taxe foncière afférente à leur **habitation principale** pour sa **fraction excédant 50 %** de ce **revenu.**

Pour les impositions établies au titre de 2024, le dégrèvement est accordé aux contribuables dont le revenu fiscal de référence de 2023 n'excède pas la somme de 29 288 € pour la première part de quotient familial, majorée de 6 843 € pour la première demi-part supplémentaire et 5 387 € à compter de la deuxième demi-part (majorations divisées par deux pour les quarts de part). Ces montants sont revalorisés chaque année.

Le montant du dégrèvement est **réduit** d'un montant égal au produit de la base nette imposable au profit des communes ou de leurs établissements publics de coopération intercommunale à fiscalité propre par la différence entre le taux global de taxe foncière constaté dans ces collectivités au titre de l'année d'imposition et ce même taux global constaté en 2011.

Le dégrèvement est accordé au titre de la cotisation de taxe foncière et de ses taxes additionnelles (à l'exclusion de la taxe d'enlèvement des ordures ménagères) établies au nom du foyer fiscal compte tenu, le cas échéant, des diverses mesures d'exonération et de dégrèvement partiels.

> Précisions a. Le plafonnement de la taxe foncière ne bénéficie pas aux personnes passibles de l'**impôt sur la fortune** immobilière (IFI) au titre de l'année précédente.

b. Le revenu pris en considération pour l'octroi et le calcul du dégrèvement correspond au **revenu fiscal de référence** tel que défini nº 42332, affecté de certains **correctifs** (notamment, prise en compte des produits des livrets d'épargne [livret A, livret jeune, CEL, PEL, PEP...], des sommes versées par l'entreprise au titre des plans d'épargne salariale ou de celles disponibles au titre de la participation et de l'intéressement, réintégration des déficits catégoriels et des abattements visés nos 1490 et 1500 imputés sur le revenu global).

Lorsque la taxe foncière est établie **au nom de plusieurs personnes** appartenant à des foyers fiscaux distincts, le revenu pris en compte s'entend de la somme des revenus de chacun de ces foyers fiscaux. Le cas échéant, il est également tenu compte du revenu des foyers fiscaux de chacun des **cohabitants** qui n'appartiennent pas au foyer fiscal redevable de la taxe.

c. Les **réclamations** visant à obtenir le dégrèvement sont présentées sur le formulaire nº 2041-DPTF-SD, dans le délai précisé nº 81825.

d. Délai de reprise de l'administration : voir nº 42325, g.

Revenu fiscal de référence 42332

Le revenu fiscal de référence (CGI art. 1417, IV) s'entend du **revenu net imposable** (y compris les plus-values) **majoré,** le cas échéant, du montant de certaines charges déductibles (cotisations versées sur un plan d'épargne retraite ou un régime assimilé), du montant de l'abattement de 40 % applicable sur les revenus distribués, du montant des abattements pour durée de détention appliqués sur les plus-values de cession de valeurs mobilières et droits sociaux, du montant des plus-values réalisées par les non-résidents et soumises au prélèvement visé nº 32625 ou nº 32945, du montant des plus-values de cession d'OPC monétaires en report d'imposition sous condition de remploi dans un PEA-PME, du montant de certains revenus exonérés (notamment rémunération des salariés détachés à l'étranger et des impatriés, revenus exonérés en application d'une convention fiscale internationale, pourboires, bénéfices professionnels des JEI ou réalisés dans certaines zones du territoire, revenus de FCPR, SCR et SUIR) et du montant des sommes ou revenus suivants : revenus soumis à des prélèvements libératoires (revenus mobiliers, prestations de retraite versées sous forme de capital), revenus versés à des non-résidents et soumis à une retenue à la source libératoire, revenus réalisés par les contribuables relevant du régime des micro-entreprises soumis au versement libératoire, retenus pour leur montant diminué de l'abattement forfaitaire prévu en faveur de ces contribuables, sommes correspondant aux droits constitués par les salariés sur leur compte épargne-temps et utilisés en vue de l'épargne retraite.

Les revenus exceptionnels ou différés soumis au système du quotient (nos 4150 s.) ne sont retenus que pour leur montant imposable après division par le quotient.

VACANCE DE MAISON OU INEXPLOITATION D'IMMEUBLE

Les contribuables peuvent obtenir le dégrèvement de la taxe foncière en cas de vacance d'une maison normalement destinée à la location ou d'inexploitation d'un immeuble utilisé par le propriétaire lui-même à usage commercial ou industriel, à partir du premier jour du mois suivant celui du début de la vacance ou de l'inexploitation et jusqu'au dernier jour du mois au cours duquel la vacance ou l'inexploitation a pris fin. 42335 CGI art. 1389 FB-V-200 s

Le dégrèvement est subordonné à la **triple condition** que la vacance ou l'inexploitation :

– soit indépendante de la volonté du propriétaire. Par dérogation, les organismes d'HLM et les sociétés d'économie mixte bénéficient, sous certaines conditions, du dégrèvement pour leurs logements sociaux à usage locatif laissés vacants en vue de leur démolition ou de travaux de mise aux normes minimales d'habitabilité subventionnés par l'État ;

– ait une durée de trois mois au moins (délai décompté de quantième à quantième) ;

– et affecte soit la totalité de l'immeuble, soit une partie susceptible de location ou d'exploitation séparée.

Les **réclamations** visant à obtenir le dégrèvement sont présentées dans les formes indiquées nos 81800 s. et dans le délai précisé n° 81835.

> **Précisions** **a.** S'agissant des immeubles à usage commercial ou industriel, le propriétaire doit en principe **avoir utilisé personnellement les locaux** avant l'interruption de l'exploitation. Toutefois, le contribuable qui **acquiert,** en vue de l'exploiter lui-même, un immeuble dont l'exploitation est interrompue du fait de circonstances indépendantes de sa volonté peut prétendre au bénéfice du dégrèvement (CE 19-9-2014 n° 361566 : RJF 12/14 n° 1117). Par ailleurs, le propriétaire qui a donné son bien en **location-gérance** est regardé comme ayant utilisé lui-même l'immeuble et peut donc bénéficier du dégrèvement si l'exploitation est interrompue pour un motif indépendant de sa volonté (CE 26-7-2018 n° 409385 : RJF 11/18 n° 1120). Il en est de même du propriétaire qui, avant l'arrêt de l'exploitation, avait donné en **location** ses **locaux munis du matériel** nécessaire à leur exploitation (BOI-IF-TFB-50-20-30 n° 60).
> **b.** D'une façon générale, l'inexploitation d'un immeuble à usage commercial ou industriel liée à des **difficultés économiques** n'est pas regardée comme indépendante de la volonté du contribuable (notamment CE 6-11-1991 n° 70491 : RJF 1/92 n° 74).
> **c.** S'agissant des maisons normalement destinées à la location, il n'est **pas nécessaire** pour bénéficier du dégrèvement que la **maison** ait été **effectivement louée antérieurement** à la période de vacance pour laquelle les propriétaires sollicitent l'exonération (CE 16-3-2016 n° 385771 : RJF 6/16 n° 534).

PROPRIÉTAIRES DE LOGEMENTS « SOCIAUX »

42345 Les organismes d'HLM, les sociétés d'économie mixte, ainsi que certains organismes d'aide au logement peuvent obtenir un dégrèvement sur leur cotisation de taxe foncière à raison :
– du montant des dépenses engagées pour l'accessibilité et l'**adaptation des logements aux handicapés** (CGI art. 1391 C : FB-V-10550 s.) ;
– du montant des **travaux** de protection des constructions **prescrits par un plan de prévention des risques technologiques** (CGI art. 1391 D : FB-V-11300 s.) ;
– du quart des dépenses engagées au titre de certains **travaux d'économies d'énergie** et de fluides (CGI art. 1391 E : FB-V-11800 s.).

C. Taxe foncière sur les propriétés non bâties

1. PROPRIÉTÉS IMPOSABLES

42500
CGI art. 1393
FNB-I-1 s

La taxe foncière s'applique aux propriétés non bâties de toute nature situées en France, à l'exception de celles qui en sont exonérées par une disposition spéciale.
Elle est notamment due pour les terrains occupés par les chemins de fer, les étangs, les salines et marais salants, les serres affectées à une exploitation agricole, ainsi que pour ceux occupés par des carrières, mines et tourbières inexploitées (celles faisant l'objet d'une exploitation industrielle relèvent de la taxe foncière sur les propriétés bâties : n° 41915, e).

La taxe foncière sur les propriétés non bâties est également due pour les parties des terrains de golf dont l'aménagement ne nécessite pas de véritables constructions en maçonnerie.

2. PROPRIÉTÉS EXONÉRÉES

EXONÉRATIONS PERMANENTES

42520
CGI art. 1394
FNB-II-60 s

Exonérations totales Les propriétés qui bénéficient d'une exonération totale de la taxe foncière sur les propriétés non bâties sont essentiellement :
– les **propriétés publiques** (de l'État, des collectivités territoriales et de certains établissements et organismes publics), ainsi que les propriétés des grands ports maritimes et fluvio-maritimes, affectées à un service public ou d'utilité générale et improductives de revenus ;
– les **voies publiques** ;
– les fleuves et **rivières** navigables ou flottables ;
– les chemins des **associations foncières** d'aménagement foncier agricole et forestier ;
– les sols et **terrains passibles de la taxe foncière sur les propriétés bâties** (voir n° 41915).

> **Précisions** **a.** L'exonération ne s'applique pas aux propriétés qu'une commune possède sur le territoire d'une autre commune.
> **b.** Les **immeubles incorporés gratuitement** au domaine des collectivités publiques en vertu d'une convention, par exemple un contrat de concession, sont imposables jusqu'à l'expiration de la convention.

c. Les terrains soumis par contrat à des **obligations réelles environnementales** peuvent être exonérés de la taxe pendant toute la durée du contrat, sur décision des collectivités bénéficiaires. Cette exonération est subordonnée à une déclaration spéciale du propriétaire (CGI art. 1394 D : FNB-II-4950 s.).

Exonération partielle des propriétés agricoles Sont exonérées de la taxe foncière sur les propriétés non bâties à concurrence de **20 %** les propriétés agricoles suivantes : 42525 CGI art. 1394 B bis FNB-II-4020 s

- terres, prés et prairies naturels, herbages et pâturages ;
- vignes, vergers et cultures fruitières d'arbres et arbustes, etc. ;
- bois, aulnaies, saussaies, oseraies, etc. ;
- landes, pâtis, bruyères, marais, terres vaines et vagues, etc. ;
- lacs, étangs, mares, abreuvoirs, fontaines, etc., canaux non navigables et dépendances, salins, salines et marais salants ;
- jardins autres que les jardins d'agrément, terrains affectés à la culture maraîchère, florale et d'ornementation, pépinières, etc.

> Précisions Qu'ils fassent ou non l'objet d'une exploitation agricole, les terrains plantés en **oliviers** classés dans la catégorie des vergers peuvent être exonérés de façon permanente de la totalité de la taxe, sur décision des collectivités bénéficiaires. Cette exonération est subordonnée à une déclaration spéciale des propriétaires, assortie de pièces justificatives (CGI art. 1394 C : FNB-II-4700 s.).

EXONÉRATIONS TEMPORAIRES

Applicables de plein droit ou sur décision des collectivités bénéficiaires de la taxe (communes ou établissements publics de coopération intercommunale à fiscalité propre), ces exonérations sont récapitulées dans le tableau ci-après. Toutes sont subordonnées à la **déclaration** du changement qui les motive (n° 42580). 42540

Propriétés concernées	Nature de l'exonération
Terrains ensemencés, plantés ou replantés en bois (CGI art. 1395, 1° : FNB-II-6200 s.)	Exonération de plein droit pendant dix, trente ou cinquante ans
Terrains boisés en nature de **futaies** ou de taillis sous futaie, autres que des peupleraies, ayant fait l'objet d'une **régénération naturelle** (CGI art. 1395, 1° bis : FNB-II-6900 s.) [1]	Exonération de plein droit pendant trente ou cinquante ans
Terrains boisés présentant un état de **futaie irrégulière en équilibre de régénération** (CGI art. 1395, 1° ter : FNB-II-7300 s.) [1]	Exonération de plein droit pendant quinze ans, renouvelable, de 25 % du montant de la taxe
Terrains nouvellement plantés en **noyers** (CGI art. 1395 A : FNB-II-8000 s.)	Exonération d'une durée maximale de huit ans sur décision des collectivités
Vergers, cultures fruitières d'arbres et arbustes, vignes (CGI art. 1395 A bis : FNB-II-8500 s.)	Exonération d'une durée maximale de huit ans sur décision des collectivités
Terrains plantés en **arbres truffiers** (CGI art. 1395 B, II : FNB-II-8900 s.)	Exonération de plein droit pendant cinquante ans
Terrains situés en **zones humides** (CGI art. 1395 B bis : FNB-II-9300 s.)	Exonération de plein droit pendant cinq ans, renouvelable, égale à 50 % ou 100 % (zones naturelles) du montant de la taxe
Terrains situés dans un **site Natura 2000** gérés dans le cadre d'un contrat ou d'une charte Natura 2000 (CGI art. 1395 E : FNB-II-9900 s.) [1]	Exonération de plein droit pendant cinq ans, renouvelable
Terrains agricoles nouvellement exploités selon le mode de **production biologique** (CGI art. 1395 G : FNB-II-10500 s.) [1]	Exonération pendant cinq ans sur décision des collectivités

1. Une déclaration spéciale accompagnée de justificatifs doit être souscrite par le propriétaire ou, le cas échéant, par le preneur ou l'Office national des forêts.

3. BASE ET CALCUL DE L'IMPOSITION

42560 CGI art. 1396, I FNB-III-1 s

La base d'imposition de la taxe foncière sur les propriétés non bâties est constituée par la **valeur locative cadastrale** (ou revenu cadastral) de ces propriétés, diminuée d'un **abattement** forfaitaire pour frais de 20 %.

Le montant de la taxe s'obtient en multipliant le revenu cadastral par les **taux** fixés par les collectivités bénéficiaires.

À la taxe elle-même s'ajoutent les frais de gestion de la fiscalité locale (nº 41535).

VALEUR LOCATIVE CADASTRALE

42570 CGI art. 1509 s, 1518 et 1518 bis FNB-III-300 s et 12500 s

La valeur locative cadastrale de chaque parcelle résulte d'un tarif à l'hectare établi dans chaque commune par nature de culture ou de propriété et, le cas échéant, par classe.

Ce tarif est issu de la **révision générale des évaluations** opérée en 1961, dont les résultats ont été actualisés à deux reprises, d'abord en 1974 puis en 1980. Les actualisations triennales et sexennales qui auraient dû intervenir ultérieurement n'ont pas été effectuées. Depuis 1981, le tarif est simplement majoré chaque année à l'aide de coefficients forfaitaires fixés au niveau national.

Les **coefficients annuels de majoration** ont été successivement les suivants : 1,09 en 1981 et 1982, 1,10 en 1983, 1,08 de 1984 à 1986, 1,01 en 1987, 1,00 en 1988, 1,01 en 1989, 1,00 de 1990 à 1998, 1,01 de 1999 à 2002, 1,015 en 2003 et 2004, 1,018 de 2005 à 2007, 1,016 en 2008, 1,015 en 2009, 1,012 en 2010, 1,02 en 2011, 1,018 en 2012 et 2013, 1,009 en 2014 et 2015, 1,01 en 2016, 1,004 en 2017, 1,012 en 2018, 1,022 en 2019, 1,012 en 2020, 1,002 en 2021, 1,034 en 2022, 1,071 en 2023 et 1,039 en 2024. Ils se cumulent chaque année, de sorte que le **coefficient cumulé applicable en 2024** à la valeur locative actualisée en 1980 s'établit à 2,610.

> **Précisions** **a.** Les propriétés non bâties sont classées en treize **groupes**, prévus par une instruction ministérielle du 31 décembre 1908 : 1. Terres, 2. Prés, 3. Vergers, 4. Vignes, 5. Bois, 6. Landes, 7. Carrières, 8. Lacs et étangs, 9. Jardins, 10. Terrains à bâtir, 11. Terrains d'agrément, 12. Chemins de fer et canaux, 13. Sols des propriétés bâties. Chaque parcelle est rattachée à un de ces groupes et à une classe au sein du groupe.
>
> **b.** Les **terres incultes** récupérables et les terres manifestement **sous-exploitées,** figurant à l'état prévu à l'article L 125-5 du Code rural et de la pêche maritime, sont classées dans la catégorie des meilleures terres labourables de la commune jusqu'à leur mise en exploitation.
>
> **c.** La valeur locative cadastrale des **terrains constructibles situés dans les zones urbaines ou à urbaniser** délimitées par un document d'urbanisme approuvé peut, sur délibération du conseil municipal, être majorée d'une valeur forfaitaire comprise entre 0 et 3 € par mètre carré (après réduction de 200 m², sauf délibération contraire de la commune) et éventuellement plafonnée (CGI art. 1396, II).
>
> Cette majoration ne s'applique pas aux parcelles supportant une construction passible de la taxe foncière sur les propriétés bâties et évaluée dans les conditions indiquées nº 42090, aux terrains classés depuis moins d'un an dans une zone urbaine ou à urbaniser et aux terrains utilisés pour les besoins d'une exploitation agricole par un agriculteur ou un groupement d'agriculteurs.
>
> Par ailleurs, les contribuables peuvent, sur réclamation présentée dans les formes indiquées nºs 81800 s. et dans le délai visé nº 81825, bénéficier d'un dégrèvement correspondant à la majoration au titre de l'année au cours de laquelle ils ont obtenu un permis de construire, d'aménager ou de lotir ou bien cédé le terrain en cause.
>
> **d.** Les **terrains** qui ne sont pas classés comme terrains à bâtir, mais dont la **cession** est **soumise à la TVA,** sont imposés rétroactivement comme terrains à bâtir au titre de l'année de la cession et des deux années précédentes. La valeur locative à retenir est déterminée en appliquant à la moitié du prix de vente le taux d'intérêt retenu pour l'évaluation des terrains à bâtir. L'imposition est établie, par voie de rôle supplémentaire, sous déduction de la taxe foncière acquittée au titre de ces mêmes années ; elle est due par le cédant.

CONSTATATION ANNUELLE DES CHANGEMENTS

42580 CGI art. 1517 FNB-III-12600 s

Comme pour les propriétés bâties, il est procédé chaque année à la mise à jour des évaluations des propriétés non bâties pour tenir compte, le cas échéant, des changements de **consistance** (envahissement par les eaux, alluvions...), d'**affectation** (changements durables de nature de culture, retour dans le champ d'application de la taxe d'une parcelle précédemment exonérée), **de caractéristiques physiques** (par exemple, améliorations durables par drainage, dépréciation due à l'érosion...) ou d'**environnement** (amélioration des dessertes notamment).

Les **changements de consistance ou d'affectation** doivent être déclarés dans les mêmes conditions que pour les propriétés bâties, sous peine d'amendes (nºs 42170 s.). Mais, en matière de foncier non bâti, les omissions ou insuffisances d'évaluation résultant du défaut ou de l'inexactitude de déclaration ne peuvent être réparées que par voie de rôles supplémentaires, dans le délai de reprise (n° 77735).

Les **changements de caractéristiques physiques** ou **d'environnement** sont constatés d'office par l'administration.

La **nouvelle valeur locative cadastrale** résultant de la prise en compte des changements est déterminée en se plaçant à la date du 1er janvier 1961 et en appliquant les tarifs arrêtés pour des propriétés de même nature ou, à défaut, des tarifs spécialement établis. Les valeurs locatives ainsi déterminées sont ensuite actualisées dans les conditions indiquées n° 42570.

RECTIFICATION DES VALEURS LOCATIVES

Le **propriétaire** qui estime erronée la valeur locative attribuée à sa propriété peut en demander la réduction par voie de **réclamation** présentée dans les formes indiquées nos 81800 s. et dans le délai visé n° 81825. La réclamation peut porter, par exemple, sur la catégorie ou la nature de culture retenue. Mais elle ne peut pas porter sur les tarifs d'évaluation (CGI art. 1511, II). **42590** FNB-III-1120 s CF-II-2540 s

De son côté, l'**administration** peut réparer par voie de **rôles supplémentaires** les omissions ou insuffisances d'évaluation, quelle qu'en soit l'origine, jusqu'au 31 décembre de l'année suivant celle au titre de laquelle l'imposition est due (CGI art. 1416).

4. DÉGRÈVEMENTS SPÉCIAUX

DISPARITION D'UN IMMEUBLE NON BÂTI

En cas de disparition d'un immeuble non bâti par suite d'un événement extraordinaire (inondation, avalanche, rupture d'un barrage), le dégrèvement de la taxe foncière est accordé au contribuable à partir du premier jour du mois suivant la disparition, sur **réclamation** présentée dans les formes indiquées nos 81800 s. et dans le délai visé n° 81825. **42615** CGI art. 1397 FNB-V-30 s

> **Précisions a.** La **demande de dégrèvement** peut être présentée soit par le contribuable inscrit au rôle, soit par le preneur (fermier ou métayer) des parcelles en cause, les intéressés ayant la faculté d'agir séparément ou de produire une réclamation commune.
> **b.** Le dégrèvement est **accordé** au propriétaire, débiteur légal de la taxe. Mais en cas de fermage ou de métayage, le propriétaire doit en faire bénéficier le preneur dans les conditions prévues par les articles L 411-24 et L 417-8 du Code rural et de la pêche maritime.

PERTE DE RÉCOLTES

En cas de perte de récoltes sur pied par suite de grêle, gelée, inondation, incendie ou autres événements extraordinaires (sécheresse, maladies...), il est accordé au contribuable, sur **réclamation,** un dégrèvement de la taxe foncière afférente, pour l'année en cours, aux parcelles atteintes, en proportion de la perte subie. **42625** CGI art. 1398, al. 1 à 3 FNB-V-300 s

Le dégrèvement est également accordé, s'il y a lieu, pour les années suivantes au cours desquelles les effets du sinistre continuent à se faire sentir (BOI-IF-TFNB-50-10-20 n° 210).

> **Précisions a.** La **demande de dégrèvement** peut être présentée, dans les conditions habituelles (nos 81800 s.), soit par le propriétaire inscrit au rôle, soit par le fermier ou métayer. Lorsque les pertes de récoltes affectent une partie notable de la commune, le maire peut formuler une réclamation collective au nom de l'ensemble des contribuables intéressés. Qu'elles soient individuelles ou collectives, les demandes doivent être formulées dans le délai spécial indiqué n° 81835.
> **b.** En ce qui concerne le **bénéficiaire** du dégrèvement, voir n° 42615, précision b.

PERTE DE BÉTAIL

En cas de perte de bétail par suite d'**épizootie,** l'exploitant peut demander un dégrèvement de la taxe foncière correspondant au montant des pertes subies sur son cheptel, à condition de présenter une attestation du maire de sa commune, accompagnée d'un certificat dûment établi par le vétérinaire traitant. **42635** CGI art. 1398, al. 4 et 5 FNB-V-800 s

> **Précisions a.** La **demande de dégrèvement** est présentée, dans les formes habituelles (nos 81800 s.), soit par le propriétaire inscrit au rôle, soit par le fermier ou métayer. Mais, relevant de la juridiction gracieuse (n° 82270), elle n'est soumise à aucun délai de présentation et peut donc être présentée à tout moment, après la mise en recouvrement du rôle qu'elle concerne (BOI-IF-TFNB-50-20 n° 70).
> **b.** En ce qui concerne le **bénéficiaire** du dégrèvement, voir n° 42615, précision b.

TERRES GÉRÉES PAR UNE ASSOCIATION PASTORALE

42645 CGI art. 1398 A FNB-V-1400 s

Les parcelles classées en prés et prairies naturels, herbages et pâturages, landes, pâtis, bruyères, marais, terres vaines et vagues bénéficient d'un dégrèvement total de la taxe foncière jusqu'en 2026 (Loi 2023-1322 du 29-12-2023 art. 145), lorsqu'elles sont comprises dans le périmètre d'une association foncière pastorale à laquelle adhère leur propriétaire. Ce dégrèvement est subordonné à la condition que les **recettes de l'association** provenant d'activités autres qu'agricoles ou forestières n'excèdent ni 50 % du chiffre d'affaires tiré de l'activité agricole et forestière ni 100 000 €. Ces montants s'apprécient remboursements de frais inclus et taxes comprises.

> Précisions Les associations pastorales doivent souscrire, pour le compte des propriétaires concernés, avant le 31 janvier de chaque année, une **déclaration,** accompagnée des justifications nécessaires, indiquant par commune et par propriétaire la liste des parcelles concernées au 1er janvier.

JEUNES AGRICULTEURS

42655 CGI art. 1647-00 bis FNB-V-1700 s

Les jeunes agriculteurs qui bénéficient de la **dotation d'installation** ou de **prêts à moyen terme spéciaux** (MTS) bénéficient de plein droit d'un dégrèvement de 50 % de la taxe foncière pendant les cinq années suivant celle de leur installation. Ils peuvent en outre être dégrevés des 50 % restants, sur décision des collectivités bénéficiaires, pendant tout ou partie de la même période.

Si, au cours de la période de cinq ans suivant leur installation, les jeunes agriculteurs sont associés ou deviennent **associés d'une société civile** (Gaec, EARL, société civile d'exploitation...) au sein de laquelle ils exercent personnellement leur activité, le dégrèvement s'applique aux parcelles qu'ils apportent à la société ou qu'ils mettent à sa disposition.

> Précisions a. Pour bénéficier du dégrèvement, le jeune agriculteur doit souscrire, avant le 31 janvier de l'année suivant celle de son installation, une **déclaration,** par commune et par propriétaire, des parcelles exploitées au 1er janvier. En cas de modification de la consistance de l'exploitation au cours des quatre années suivantes, les changements doivent être déclarés avant le 31 janvier de chaque année.

Lorsque ces déclarations sont souscrites **hors délai,** le dégrèvement est accordé pour la durée restant à courir après le 31 décembre de l'année de souscription.

b. Le dégrèvement est accordé au propriétaire, débiteur légal de la taxe, qui, en cas de **fermage,** doit en faire bénéficier le fermier dans les conditions prévues par l'article L 411-24 du Code rural et de la pêche maritime.

c. Le dégrèvement peut être **remis en cause** lorsque les aides financières accordées lors de l'installation sont elles-mêmes remises en cause.

CHAPITRE 2

TAXE D'HABITATION

SOMMAIRE

1. Champ d'application **43020**
2. Exonérations et dégrèvements **43050**
3. Base et calcul de l'imposition **43120**
4. Établissement et paiement de la taxe **43190**

REMARQUE TERMINOLOGIQUE

Depuis 2023, la taxe d'habitation, qui ne s'applique plus aux locaux affectés à l'habitation principale, est légalement désignée par les termes « **taxe d'habitation sur les résidences secondaires et autres locaux meublés non affectés à l'habitation principale** » (Loi 2019-1479 du 28-12-2019 art. 16). **43000**

Par mesure de simplification, nous utilisons l'appellation « **taxe d'habitation** » dans les développements qui suivent.

1. CHAMP D'APPLICATION

LOCAUX IMPOSABLES

La taxe d'habitation est due : **43020** CGI art. 1407, I et 1407 bis **HAB-I-200 s**

– pour tous les locaux meublés affectés à l'**habitation** (locaux d'habitation proprement dits et dépendances) autres que ceux affectés à l'habitation principale ;

– pour les locaux meublés occupés par les **sociétés, associations et organismes privés** et non soumis à la cotisation foncière des entreprises ;

– pour les locaux meublés sans caractère industriel ou commercial occupés par les **organismes de l'État** et des **collectivités territoriales,** ainsi que par les **établissements publics** autres que les établissements publics scientifiques, d'enseignement et d'assistance.

> Précisions **a.** Les locaux d'habitation doivent être pourvus d'un **ameublement** suffisant pour en permettre l'occupation effective (CE 28-12-2012 n° 347252 : RJF 3/13 n° 306). Peu importe que l'ameublement soit sommaire ou que certaines des pièces de l'habitation soient dégarnies de meubles (CE 10-5-2019 n° 411898 : RJF 8-9/19 n° 811), ou encore que le mobilier soit ou non la propriété de l'occupant (CE 26-11-1982 n° 30956 : RJF 1/83 n° 86).

S'agissant des locaux non affectés à l'habitation, sont visés notamment les locaux meublés à usage de **bureaux** ou de **salles de réunion** (BOI-IF-TH-10-10-20 n°s 50 et 60 et BOI-IF-TH-10-10-30 n° 10).

b. Les **dépendances** d'une habitation s'entendent de tout local ou terrain qui, en raison de sa proximité par rapport à cette habitation, de son aménagement ou de sa destination, peut être considéré comme y étant rattaché même s'il n'est pas contigu (BOI-IF-TH-10-10-10 n° 160).

Les dépendances comprennent en particulier les **garages** et les **emplacements de stationnement** dont l'occupant a la disposition privative et qui sont situés à proximité de l'habitation. À titre de règle pratique, l'administration admet que l'imposition n'est pas exigible, en tout état de cause, lorsque la distance est supérieure à un kilomètre (BOI-IF-TH-10-10-10 n° 180). Sont également visés les **jardins** d'agrément, parcs et terrains de jeux, les **serres** d'agrément, les remises et autres constructions implantées sur des terrains à proximité immédiate d'une habitation.

Une imposition distincte est établie lorsque la dépendance est située à une adresse différente de celle du logement (BOI-IF-TH-20-20-20 n° 90).

c. Les **caravanes** et les **maisons mobiles** ne sont pas imposables à la taxe d'habitation, quelles que soient les conditions de leur stationnement et de leur utilisation, dès lors qu'elles disposent en permanence de moyens de mobilité (CE 11-4-1986 n° 63824 : RJF 6/86 n° 609 ; CE 13-4-1988 n° 64547 : RJF 6/88 n° 746). En revanche sont imposables les **baraquements** et **habitations légères,** qui sont simplement posés sur le sol ou sur des supports de toute nature (BOI-IF-TH-10-10-10 n° 60).

d. Même s'ils sont passibles de la cotisation foncière des entreprises, les **locaux professionnels** qui font **partie de l'habitation personnelle**

du redevable sont soumis à la taxe d'habitation, sauf s'ils comportent des aménagements spéciaux les rendant impropres à l'habitation (BOI-IF-TH-10-10-10 n° 110).

e. Un **second logement occupé pour raison professionnelle** est imposable à la taxe d'habitation, même pour le titulaire d'un logement de fonction (Rép. Midy : AN 18-7-2023 n° 4715 ; Rép. Paul : Sén. 20-7-2023 n° 7716). En revanche, les **logements des étudiants** ne sont pas soumis à la taxe, dès lors qu'ils sont occupés à titre de résidence principale, indépendamment du rattachement de ces étudiants au foyer fiscal de leurs parents et des aides sur critères sociaux qu'ils peuvent percevoir (Rép. Grangier : AN 9-1-2024 n° 7826).

f. Bien que non meublés, les **logements vacants** depuis plus de deux ans au 1er janvier de l'année d'imposition (autres que certains logements « sociaux ») peuvent, sur délibération des communes (et, sous certaines conditions, des établissements publics de coopération intercommunale à fiscalité propre), être soumis à la taxe d'habitation dans les communes dans lesquelles la taxe sur les logements vacants (n° 75980) n'est pas applicable. La vacance s'apprécie comme pour cette taxe.

PERSONNES IMPOSABLES

43030 CGI art. 1408, I HAB-I-4500 s

La taxe d'habitation est établie au nom des personnes physiques ou morales qui ont la disposition ou la jouissance des locaux imposables, que ce soit en qualité de **propriétaire,** de **locataire ou** à tout **autre** titre (occupation gratuite, par exemple).

L'impôt est dû si le contribuable a la possibilité d'**occuper à tout moment** le local meublé, même si, en fait, il ne l'occupe pas effectivement (ou n'y fait que de brefs séjours).

L'occupation doit être **privative.** S'agissant des locaux d'habitation, le contribuable doit donc disposer d'un **logement distinct** réservé à son usage personnel. De même, en ce qui concerne les locaux occupés par les collectivités privées ou par les organismes et établissements publics, la taxe n'est pas due pour les **locaux ouverts au public.**

> Précisions **a.** Le contribuable **propriétaire** d'un bien immobilier qu'il occupe à titre de résidence secondaire est donc soumis à la fois à la taxe foncière (en tant que propriétaire) et à la taxe d'habitation (en tant qu'occupant).
Si l'immeuble est loué nu, c'est le **locataire** qui est assujetti à la taxe d'habitation, le propriétaire étant soumis à la taxe foncière.
Pour les **logements vacants** depuis plus de deux ans (n° 43020, précision f), la taxe est établie au nom du propriétaire, de l'usufruitier, de l'emphytéote ou du preneur à bail à construction ou à réhabilitation qui dispose du local depuis le début de la période de vacance.
Cas particulier des **locations meublées** : voir n° 90675.

b. Les sociétés d'attribution d'immeubles en jouissance à temps partagé (dites « de **pluripropriété** » ou « multipropriété ») sont redevables de la taxe afférente aux locaux attribués en jouissance à leurs membres.

c. En cas d'**indivision,** la taxe d'habitation, si elle est due, est établie au nom de l'occupant du bien indivis (BOI-IF-TH-10-20-20 n° 160). Si le bien est inoccupé, en cas d'indivision successorale notamment, la taxe est établie au nom de l'indivision, mais l'obligation de payer incombant à chaque indivisaire ne peut, en l'absence de solidarité, excéder ses droits dans l'indivision (CE 30-9-2019 n° 419384 : RJF 12/19 n° 1158).

2. EXONÉRATIONS ET DÉGRÈVEMENTS

EXONÉRATIONS LIÉES AUX LOCAUX

43050 CGI art. 1407, II et III HAB-II-200 s

Sont exonérés de plein droit de la taxe d'habitation :

– les **locaux passibles de la cotisation foncière des entreprises** lorsqu'ils ne font pas partie intégrante de l'habitation personnelle du redevable ;

– les bâtiments servant aux **exploitations rurales** (au sens indiqué n° 41945) ;

– les locaux destinés au **logement des élèves** dans les écoles et pensionnats ;

– les locaux affectés au **logement des étudiants** dans les résidences universitaires lorsque la gestion de ces locaux est assurée par un Crous ou par un organisme en subordonnant la disposition à des conditions financières et d'occupation analogues ;

– les **bureaux des fonctionnaires** publics.

> Précisions **a.** L'exonération prévue en faveur des logements des élèves dans les écoles et pensionnats s'étend aux locaux affectés à l'**instruction des élèves,** ainsi qu'aux locaux destinés au logement des enfants dans certaines **colonies de vacances** (BOI-IF-TH-10-40-10 nos 110 à 130).

b. Les locaux classés **meublés de tourisme** et les **chambres d'hôtes** situés dans les **zones de revitalisation rurale** (ou dans les **zones france ruralités revitalisation** à compter de 2025) peuvent également être exonérés, sur délibération (n° 90675).

EXONÉRATIONS LIÉES AUX PERSONNES

Sont exonérés de la taxe d'habitation : 43060 CGI art. 1408, II HAB-II-2500 s

– les établissements publics **scientifiques,** d'**enseignement** et d'**assistance** ;

– les établissements d'hébergement pour **personnes âgées dépendantes** et les petites unités de vie gérés sans but lucratif, sous réserve de la souscription d'une déclaration annuelle (CGI ann. III art. 322 quinquies) ;

– les membres du **corps diplomatique et consulaire** de nationalité étrangère, ainsi que certains hauts fonctionnaires des organisations internationales établies en France et les représentants nationaux auprès de ces organisations pour leur résidence officielle (sous réserve de réciprocité) ;

– les habitants reconnus **indigents** par la commission communale des impôts directs, en accord avec l'administration fiscale.

Les personnes qui conservent la jouissance de leur ancienne résidence principale alors qu'elles 43070 CGI art. 1414 B HAB-II-4000 s
résident durablement en **maison de retraite** ou dans un **établissement de soins de longue durée** sont exonérées de la taxe afférente à cette ancienne résidence.

Certaines associations ou fondations peuvent être exonérés de la taxe d'habitation, sur 43080 CGI art. 1414 B bis HAB-II-9400
délibération des communes et des établissements publics de coopération intercommunale à fiscalité propre et sous réserve de la souscription d'une déclaration annuelle (Loi 2023-1322 du 29-12-2023 art. 146, applicable aux impositions établies au titre de 2025 et des années suivantes).

Sont visées **les œuvres ou les organismes d'intérêt général,** les **fondations et associations reconnues d'utilité publique** et les fondations universitaires ou partenariales, à condition que ces différents organismes présentent un caractère philanthropique, éducatif, scientifique, social, humanitaire, sportif, familial, culturel ou concourant à l'égalité entre les femmes et les hommes, à la mise en valeur du patrimoine artistique, à la défense de l'environnement naturel ou à la diffusion de la culture, de la langue et des connaissances scientifiques françaises. Les fondations d'entreprise sont en revanche exclues.

DÉGRÈVEMENT DES GESTIONNAIRES DE LOGEMENTS « SOCIAUX »

Sont dégrevés d'office de la taxe d'habitation, sous réserve de la souscription d'une déclaration 43090 CGI art. 1414, II HAB-II-7400 s
annuelle (formulaire n° 1200-GD-SD) :

– les **gestionnaires** de foyers d'hébergement (**foyers de jeunes travailleurs** ou de **travailleurs migrants, résidences sociales**), à raison des logements situés dans ces foyers ;

– les **organismes sans but lucratif** conventionnés, à raison des logements qu'ils prennent en location en vue de leur sous-location ou de leur mise à disposition temporaire à des **personnes défavorisées.**

DÉGRÈVEMENT DES NON-RÉSIDENTS APPELÉS À RENTRER D'URGENCE

Les personnes domiciliées hors de France qui reviennent en France à la suite d'un **appel** 43100 CGI art. 1414 A HAB-II-8900
à quitter leur **zone de résidence** ou d'une **opération de retour collectif** décidé par le ministre des affaires étrangères ou le chef de la mission diplomatique bénéficient d'un dégrèvement de la taxe afférente au logement qui constituait leur résidence principale à la date de leur expatriation. La liste des appels et opérations concernés est fixée chaque année par arrêté.

Le dégrèvement s'applique au titre de l'année du retour en France, sur **réclamation** contentieuse à présenter dans les formes indiquées nos 81800 s. et dans le délai précisé n° 81825 (Loi 2023-1322 du 29-12-2023 art. 147).

3. BASE ET CALCUL DE L'IMPOSITION

RÈGLES GÉNÉRALES

La base d'imposition à la taxe d'habitation est constituée par la **valeur locative cadastrale** des 43120 CGI art. 1409 HAB-III-1 s HAB-IV-100 s
locaux et de leurs dépendances.

Le montant de la taxe d'habitation s'obtient en multipliant la base d'imposition par les **taux** fixés par les conseils municipaux et les organes délibérants des établissements publics de coopération intercommunale à fiscalité propre.

Dans certaines zones, la part de la taxe d'habitation sur les résidences secondaires revenant à la commune peut être majorée (n° 43150).

À la taxe d'habitation ainsi calculée (majorée ou non) s'ajoutent les frais de gestion de la fiscalité locale (n° 41535).

> **Précisions** La **valeur locative** servant de base à la taxe d'habitation est, en principe, la même que celle retenue pour l'établissement de la **taxe foncière** sur les propriétés bâties (nos 42030 s.). Toutefois, la limitation prévue pour les locaux à loyers réglementés (n° 42090, précision a), l'abattement forfaitaire pour frais de 50 % (n° 42030) et, le cas échéant, les abattements spéciaux visés n° 42030, précisions a, c et d ne sont pas applicables en matière de taxe d'habitation.

MAJORATION FACULTATIVE POUR LES RÉSIDENCES SECONDAIRES

43150 CGI art. 1407 ter HAB-IV-200 s

Les communes dans lesquelles s'applique la taxe sur les logements vacants visée n° 75980 peuvent voter une **majoration de 5 % à 60 %** de la part de taxe d'habitation sur les résidences secondaires leur revenant au titre des **logements meublés.**

Toutefois peuvent bénéficier d'un dégrèvement de la majoration :

– les personnes contraintes de résider dans un lieu distinct de leur habitation principale pour **raisons professionnelles** ;

– les personnes hébergées durablement dans une **maison de retraite** ou un **établissement de soins de longue durée** et qui bénéficient pour leur ancienne résidence principale de l'exonération décrite n° 43070 ;

– plus généralement, les personnes qui, pour une **cause étrangère à leur volonté,** ne peuvent affecter le logement à un usage d'habitation principale. Tel est le cas, notamment, des logements destinés à faire l'objet de travaux de réhabilitation ou de démolition dans un délai d'un an et des logements mis en location ou en vente au prix du marché et ne trouvant pas preneur ou acquéreur (BOI-IF-TH-70 n° 250).

Le dégrèvement est accordé sur **réclamation contentieuse** à présenter dans les formes indiquées nos 81800 s. et dans le délai précisé n° 81825.

4. ÉTABLISSEMENT ET PAIEMENT DE LA TAXE

43190 CGI art. 1415 HAB-IV-550 s et 800 s

La taxe d'habitation est due dans la **commune** où sont situés les locaux imposables. Elle est établie, pour l'année entière, d'après la situation existant au **1er janvier** de l'année de l'imposition.

Les **changements** qui interviennent en cours d'année (déménagement, modification des locaux occupés) n'ont donc aucune incidence sur l'imposition de l'année en cause.

> **Précisions** Lorsque la taxe d'habitation est établie, au titre d'une année, au nom d'une personne qui a **quitté le local avant le 1er janvier,** la cotisation fait l'objet d'un dégrèvement d'office ou sur réclamation de l'intéressé. Parallèlement, une imposition est établie au nom du nouvel occupant, en fonction de sa propre situation de famille.
> Par dérogation, la cotisation peut être mise à la charge du propriétaire de l'immeuble si celui-ci est une **personne morale** et n'a pas souscrit, dans les délais, la déclaration de mutation de jouissance à laquelle il est tenu. Le montant de cette imposition est égal à celui de la cotisation établie à tort. Le propriétaire ainsi mis en cause peut ensuite demander le remboursement de l'imposition au nouvel occupant, mais à concurrence seulement de la somme que celui-ci aurait dû payer s'il avait été normalement imposé (CGI art. 1413, II : HAB-IV-1200 s.).

DÉCLARATION DES LOCAUX D'HABITATION

43210 CGI art. 1418 HAB-IV-1900

Les **propriétaires** de locaux affectés à l'habitation sont tenus de déclarer :

– la nature de l'occupation de ces locaux (résidence principale ou secondaire, logement vacant), s'ils s'en réservent la jouissance ;

– l'identité du ou des occupants, si les locaux sont occupés par des tiers.

La déclaration doit en principe être effectuée avant le 1er juillet de chaque année. Les propriétaires en sont toutefois dispensés si aucun changement dans les informations transmises n'est intervenu depuis la dernière déclaration.

La déclaration doit être souscrite par voie électronique, via le service « Gérer mes biens immobiliers » du site www.impots.gouv.fr, accessible dans l'espace personnel du propriétaire (CGI ann. III art. 322 A). Le propriétaire qui n'a pas la possibilité de se connecter à internet doit prendre contact avec les services fiscaux.

> Précisions a. En cas de **vente**, l'obligation déclarative concerne le contribuable propriétaire du bien au 1er janvier de l'année de la déclaration. En cas d'**indivision**, une seule déclaration est attendue par bien. En cas de **démembrement** de propriété, la déclaration incombe à l'usufruitier.
b. Le défaut de déclaration ainsi que l'**omission** ou l'**inexactitude** des renseignements fournis sont passibles d'une amende fiscale de 150 € par local. L'amende n'est toutefois pas due en cas d'application pour les mêmes faits d'une autre amende ou majoration plus élevée (CGI art. 1770 terdecies). L'amende est recouvrée comme la taxe foncière (CGI art. 1754, III bis).
c. La déclaration des propriétaires sert à l'établissement et au contrôle de la taxe d'habitation ainsi que de la taxe sur les logements vacants visée n° 75980.

PAIEMENT DE LA TAXE

Le paiement de la taxe d'habitation s'effectue dans les conditions indiquées nos 41555 s. Les propriétaires peuvent être mis en cause pour le paiement de la taxe due par leurs locataires (voir n° 77280, d). **43230** HAB-IV-1400 s

CONTRÔLE ET RÉCLAMATIONS

Les **omissions ou insuffisances d'imposition** imputables à l'administration peuvent être réparées par voie de rôle supplémentaire jusqu'au 31 décembre de l'année suivante (n° 77735). **43250** LPF art. L 173 HAB-IV-1600 s CF-II-2510 s

Les omissions ou insuffisances d'évaluation consécutives à l'**absence ou à l'insuffisance de la déclaration** que doit fournir le propriétaire, en cas de construction nouvelle ou de changements, peuvent être réparées par l'administration dans les conditions indiquées n° 42175, d.

Les contribuables qui s'estiment imposés à tort ou surtaxés peuvent présenter une **réclamation** au plus tard le 31 décembre de l'année suivant celle de la mise en recouvrement de la taxe (n° 81825). Pour le cas où la contestation porte sur la valeur locative retenue, voir n° 42265.

CHAPITRE 3

CONTRIBUTION ÉCONOMIQUE TERRITORIALE

SOMMAIRE

SECTION 1
COTISATION FONCIÈRE DES ENTREPRISES 43520

A. Champ d'application de la CFE 43520
1. Personnes et activités imposables 43525
2. Exonérations de plein droit 43540
3. Exonérations facultatives 43580
B. Base d'imposition 43660
C. Montant de la CFE 43710
D. Établissement de la CFE 43740
E. Paiement de la CFE 43770
F. Contrôle et contentieux 43800

SECTION 2
COTISATION SUR LA VALEUR AJOUTÉE DES ENTREPRISES 43850

A. Champ d'application de la CVAE 43855
B. Montant de la CVAE 43885
1. Calcul du chiffre d'affaires et de la valeur ajoutée 43910
a. Règles de droit commun 43915
b. Définitions particulières 43940
2. Taux d'imposition 44000
3. Dégrèvement en faveur des petites entreprises 44010
4. Franchise 44015
C. Établissement et paiement de la CVAE 44030
D. Contrôle et contentieux 44060

SECTION 3
PLAFONNEMENT EN FONCTION DE LA VALEUR AJOUTÉE 44100

COMPOSANTES DE LA CONTRIBUTION ÉCONOMIQUE TERRITORIALE

43500 CGI art. 1447-0 CET-I-1 s La contribution économique territoriale (CET) est composée de deux éléments distincts : la cotisation foncière des entreprises (CFE : nos 43520 s.) et la cotisation sur la valeur ajoutée des entreprises (CVAE : nos 43850 s.). Le total de ces deux cotisations est susceptible de faire l'objet d'un plafonnement en fonction de la valeur ajoutée produite par l'entreprise (nos 44100 s.).

CET-II-1 s

SECTION 1

COTISATION FONCIÈRE DES ENTREPRISES

A. Champ d'application de la CFE

43520 CET-II-300 s La CFE frappe toutes les personnes exerçant en France une activité professionnelle non salariée qui n'entre pas dans l'un des cas d'exonération, de plein droit ou facultative, limitativement prévus par la loi.

1. PERSONNES ET ACTIVITÉS IMPOSABLES

DÉFINITION DES ACTIVITÉS IMPOSABLES

43525 CGI art. 1447 CET-II-2300 s **Règles générales** Une activité est passible de la CFE lorsqu'elle remplit simultanément les conditions suivantes.

a. L'activité présente un **caractère habituel,** ce qui implique que les opérations soient effectuées de manière répétitive. Lorsque le nombre et l'importance des actes effectués (appréciés, le cas échéant, sur plusieurs années) caractérisent l'exercice habituel d'une profession, l'imposition est due même si l'activité n'est que saisonnière, intermittente, voire précaire.

b. L'activité est exercée **à titre professionnel,** ce qui exclut les personnes qui se bornent à gérer leur patrimoine privé (sous réserve du cas visé n° 43527) et les activités sans but lucratif. En revanche, le fait qu'une activité soit exercée dans des conditions illicites ne permet pas d'échapper à l'imposition.

c. Il s'agit d'une activité **non salariée.** Les titulaires de traitements et salaires au sens de l'impôt sur le revenu (y compris, notamment, les VRP salariés ou « statutaires » et les travailleurs à domicile) ne sont pas assujettis à la CFE. Mais les titulaires de revenus non commerciaux ayant opté pour le régime fiscal des salariés au regard de l'impôt sur le revenu (nos 13715 s.) demeurent imposables.

d. L'activité est **exercée en France.** La cotisation est due par les personnes (quelle que soit leur nationalité) qui exercent une activité professionnelle en France. Elle n'est pas due à raison des activités qui ne sont assujetties ni à l'impôt sur les sociétés ni à l'impôt sur le revenu en raison des règles de territorialité propres à ces impôts.

> Précisions Le **caractère professionnel** de l'activité suppose la recherche – mais non la réalisation effective – d'un bénéfice.
De même, l'appréciation du **but lucratif** dépend non de la forme juridique ou de l'objet social d'un organisme, mais des conditions concrètes dans lesquelles il exerce son activité.
Ainsi, une association ne se trouve hors du champ d'application de la CFE que si sa gestion est effectivement conduite de façon désintéressée et si son activité s'exerce selon des modalités plus favorables à l'intérêt général ou aux usagers que celles du secteur concurrentiel fournissant des prestations analogues.
Pour plus de précisions sur ces critères, communs à la CFE et aux autres impôts commerciaux (impôt sur les sociétés, TVA), voir nos 89400 s.
Pour la mise en **location-gérance** d'un fonds de commerce, voir n° 96020.

Cas particulier des locations ou sous-locations d'immeubles Les activités de location ou de sous-location d'immeubles, **autres que** les activités de location ou sous-location d'**immeubles nus à usage d'habitation,** sont réputées exercées à titre professionnel et donc passibles de la CFE. Toutefois, cette cotisation n'est pas due lorsque l'activité de location ou de sous-location d'immeubles nus est exercée par des personnes qui, au cours de la période de référence visée n° 43665, en retirent des recettes brutes hors taxe inférieures à 100 000 € ou un chiffre d'affaires, au sens indiqué n° 43915, inférieur à 100 000 €. **43527** CET-II-12550 s

Lorsque la période de référence ne correspond pas à une période de douze mois, le montant des recettes ou du chiffre d'affaires est ramené ou porté, selon le cas, à douze mois.

> Précisions a. La location ou la sous-location de **locaux meublés** constitue une activité imposable à la CFE, sauf exonération expresse (voir n° 90670). Est à cet égard sans incidence, la circonstance que la location meublée soit qualifiée de professionnelle ou de non professionnelle au regard de l'impôt sur le revenu (nos 90485 s.) (BOI-IF-CFE-10-20-20-30 n° 22).
b. Les activités de location ou de sous-location d'**immeubles nus à usage d'habitation** placées hors du champ de la CFE s'entendent de celles consistant, pour le propriétaire ou le locataire d'un bien immobilier, à le louer ou le sous-louer nu à, respectivement, un preneur ou un sous-locataire dans le cadre d'un bail d'habitation (CE 4-5-2018 n° 402897 : RJF 7/18 n° 762).
c. S'agissant des **activités de location ou de sous-location d'immeubles nus à usage autre que d'habitation,** le **seuil de 100 000 €** s'apprécie en fonction des recettes pour les entreprises relevant des régimes de valeur ajoutée des titulaires de revenus fonciers et des titulaires de bénéfices non commerciaux soumis à une comptabilité de caisse, et en fonction du chiffre d'affaires pour les autres entreprises (BOI-IF-CFE-10-20-30 n° 110).

PERSONNES REDEVABLES DE LA COTISATION

La CFE est due par les personnes physiques ou morales ou par les sociétés non dotées de la personnalité morale qui exercent l'activité imposable. **43530** CGI art. 1447 et 1476 CET-II-500 s

Lorsqu'il s'agit d'une **personne physique ou morale,** l'imposition est établie à son nom.

Lorsque l'activité est exercée par une **société non dotée de la personnalité morale** (société de fait, société en participation), la CFE est établie au nom du ou des gérants. Lorsque l'activité est exercée par un **organisme** (autre qu'une société) **non doté de la personnalité morale,** la CFE est due par la personne morale dont émane cet organisme ou, le cas échéant, par le fiduciaire (BOI-IF-CFE-10-10-20 n° 20).

2. EXONÉRATIONS DE PLEIN DROIT

Les exonérations de plein droit s'appliquent aux contribuables qui en remplissent les conditions, sans qu'une délibération des collectivités bénéficiaires de la cotisation (communes **43540** CET-II-20700 s et 70000 s et établissements publics de coopération intercommunale dotés d'une fiscalité propre) soit nécessaire et sans que ces collectivités puissent s'y opposer.

À l'exception de celles prévues en faveur des jeunes avocats (nº 43555) ou des établissements situés dans un bassin urbain à dynamiser (nº 43565) ou une zone de développement prioritaire (nº 43567), les exonérations de plein droit sont permanentes.

ACTIVITÉS ARTISANALES

43545 CGI art. 1452 CET-II-33800 s

Artisans et façonniers Les artisans et façonniers sont exonérés de la CFE lorsqu'ils **travaillent seuls** ou avec des **concours limités** : main-d'œuvre familiale (conjoint ou partenaire d'un Pacs, enfants, gendres et belles-filles) ; un ou plusieurs apprentis sous contrat (à condition qu'ils aient au plus 20 ans au début de l'apprentissage). La veuve qui continue, avec l'aide d'un seul ouvrier et d'un ou plusieurs apprentis, la profession exercée par son mari est également exonérée.

L'exonération concerne les **personnes physiques** ainsi que les entreprises unipersonnelles à responsabilité limitée (**EURL**) dont l'associé unique est une personne physique soumise au régime fiscal des sociétés de personnes.

> **Précisions** **a.** Les bénéficiaires de l'exonération s'entendent des travailleurs dont l'**activité** se caractérise par la prépondérance du travail manuel, l'absence de spéculation sur la matière première (ce qui exclut en principe, notamment, les boulangers, bouchers et charcutiers) et la faible importance du capital engagé (BOI-IF-CFE-10-30-10-90 nºs 30 à 50).
> **b.** Les conditions relatives aux **concours autorisés** s'apprécient au cours de la période de référence définie nº 43665.
> **c.** Lorsqu'ils ne sont pas exonérés mais emploient **au plus trois salariés**, les artisans sont susceptibles de bénéficier d'une réduction de leur base d'imposition (voir nº 43687).

43546 CGI art. 1453 à 1457

Activités assimilées Sont exonérés de la CFE :

– les chauffeurs de **taxi** ou **d'ambulance** remplissant certaines conditions ;

– les **pêcheurs** utilisant au plus deux bateaux, les inscrits maritimes se livrant personnellement à la pêche et les sociétés de pêche artisanale ;

– les sociétés **coopératives d'artisans ou de patrons bateliers,** leurs unions, et les sociétés **coopératives maritimes,** lorsque ces organismes fonctionnent conformément aux dispositions qui les régissent. L'exonération n'est toutefois pas applicable aux coopératives ou unions dont les parts sont admises aux négociations sur un marché réglementé ou offertes au public sur un système multilatéral de négociation, ou dont le capital est détenu pour au moins 20 % par des associés non coopérateurs et/ou des titulaires de certificats coopératifs d'investissement lorsque les statuts prévoient qu'ils peuvent être rémunérés. Une réduction de moitié de la base d'imposition peut cependant être accordée dans certains cas (voir nº 43688, b) ;

– les sociétés **coopératives de production** qui fonctionnent conformément aux dispositions qui les régissent, à l'exception de celles dont les parts sont admises aux négociations sur un marché réglementé ou offertes au public sur un système multilatéral de négociation ou dont plus de 50 % du capital est détenu par des associés non coopérateurs et/ou des titulaires de certificats coopératifs d'investissement ;

– les sociétés coopératives de production issues de la transformation d'autres sociétés (**Scop d'amorçage**) et dont l'ensemble des associés non coopérateurs s'engage au moment de la transformation à céder ou à obtenir le remboursement d'un nombre de titres permettant aux associés coopérateurs d'atteindre le seuil de détention de 50 % du capital au plus tard le 31 décembre de la septième année suivant celle de la transformation en Scop ;

– les sociétés coopératives de production qui ont constitué entre elles un groupement (**groupements de Scop**) et dont la majorité du capital est détenue par une ou plusieurs sociétés coopératives membres de ce groupement ou par des salariés employés par les autres sociétés coopératives membres de ce groupement ou conjointement par ces deux groupes d'associés ;

– les **vendeurs à domicile indépendants** lorsque la rémunération brute (toutes taxes comprises) qu'ils perçoivent au titre de cette activité au cours de la période de référence (nº 43665) est inférieure à 16,5 % du montant annuel du plafond de la sécurité sociale (nº 97260) en vigueur au 1er janvier de cette période. Les exonérations accordées à ces redevables sont soumises à la réglementation européenne concernant les aides de minimis (nºs 92660 s.).

ACTIVITÉS ET ORGANISMES AGRICOLES

43550 CGI art. 1450 et 1451 CET-II-24100 s

Exploitants agricoles Les exploitants agricoles sont exonérés de la CFE. L'exonération concerne toutes les **personnes physiques ou morales** qui exercent une **activité agricole** au sens de l'article 63 du CGI (nºs 15155 s.), soit les agriculteurs proprement dits, mais aussi notamment les éleveurs, les sylviculteurs, les obtenteurs de nouvelles variétés végétales.

Toutefois, l'activité de production de graines, semences et plants effectuée par l'intermédiaire de tiers (contrats de production ou de multiplication) est imposable lorsque l'entreprise réalise, au cours de la période de référence (n° 43665), un chiffre d'affaires supérieur à 4 573 000 € hors taxe.

Coopératives agricoles et Sica **a.** Les sociétés coopératives agricoles et les Sica (sociétés d'intérêt collectif agricole) sont exonérées de la CFE dans les conditions indiquées n° 43550 lorsqu'elles exercent elles-mêmes une activité agricole ou lorsque leur activité est le prolongement normal des opérations agricoles de leurs membres auprès desquels elles se fournissent exclusivement (CE 10-7-2017 n° 392752 : RJF 11/17 n° 1056). 43551

Par ailleurs, sont exonérées de la CFE :

– les sociétés coopératives agricoles et leurs unions, ainsi que les Sica, lorsqu'elles emploient au plus trois salariés ou, quel que soit leur effectif, lorsqu'elles se consacrent à l'électrification, à l'habitat ou à l'aménagement rural, à l'utilisation de matériel agricole, à l'insémination artificielle, à la lutte contre les maladies des animaux et des végétaux, au conditionnement des fruits ou légumes, à l'organisation de ventes aux enchères ;

– les coopératives agricoles et vinicoles, pour leurs activités autres que la vinification (embouteillage, conditionnement et commercialisation de la production de leurs adhérents) et quel que soit le mode de commercialisation employé, lorsque l'effectif salarié correspondant n'excède pas trois personnes.

L'**effectif salarié** est **déterminé,** en application des articles L 130-1, I du Code de la sécurité sociale et 1451, I du CGI combinés, en prenant en compte la moyenne du nombre de personnes employées au cours de chacun des mois de l'avant-dernière année précédant celle de l'imposition. Lorsqu'une société coopérative bénéficiant déjà de l'exonération constate un **dépassement du plafond d'effectif** pendant cinq années civiles consécutives, elle perd le bénéfice de l'exonération.

EXEMPLE

Une société coopérative agricole, qui employait trois salariés durant l'année N, a bénéficié de l'exonération de CFE en N + 2. Si son effectif passe durablement à quatre salariés de l'année N + 1 à l'année N + 5, elle perd le bénéfice de l'exonération de CFE en N + 7.

Les coopératives agricoles et Sica qui ne remplissent pas les conditions susvisées peuvent néanmoins être **exonérées sur délibération des collectivités** bénéficiaires de la CFE si elles emploient moins de onze salariés : voir n° 43647.

Celles qui ne peuvent prétendre ni à l'exonération de plein droit ni à l'exonération sur délibération des collectivités concernées bénéficient, quant à elles, d'une **réduction** de leur **base d'imposition** : voir n° 43688, a.

b. Sont **exclues** du bénéfice de l'exonération et imposables sans réduction de base :

– les sociétés coopératives agricoles, leurs unions et les Sica dont les parts sont admises aux négociations sur un marché réglementé ou offertes au public sur un système multilatéral de négociation ou dont le capital est détenu à concurrence de 20 % au moins par des associés non coopérateurs et/ou des titulaires de certificats coopératifs d'investissement lorsque les statuts prévoient qu'ils peuvent être rémunérés ;

– les Sica dans lesquelles plus de 50 % du capital ou des voix sont détenus par des associés non agriculteurs ;

– les coopératives et Sica qui ne fonctionnent pas conformément aux règles qui les régissent ;

– les sociétés mixtes d'intérêt agricole.

Organismes agricoles divers Sont exonérés de la CFE les organismes suivants : associations syndicales agricoles, associations foncières, syndicats professionnels agricoles, sociétés d'élevage, chambres d'agriculture, caisses locales d'assurances mutuelles agricoles ayant au plus deux salariés ou mandataires rémunérés, Gaec, groupements d'employeurs constitués exclusivement d'exploitants individuels agricoles ou de sociétés civiles exerçant une activité agricole, groupements d'intérêt économique constitués entre exploitations agricoles. 43552

> **Précisions** **a.** Les **sociétés de courses de chevaux** sont exonérées pour l'organisation de compétitions ayant pour but l'amélioration de la race chevaline et, lorsqu'elles sont constituées sous forme d'association dont la gestion est désintéressée, pour l'organisation du pari mutuel urbain ou du pari mutuel sur les hippodromes où elles organisent des courses (BOI-IF-CFE-10-30-10-30 n°s 420 et 430).

b. Les modalités d'appréciation de l'effectif salarié des **caisses locales d'assurances mutuelles agricoles** et les conséquences d'un dépassement du plafond d'effectif sont les mêmes que celles prévues pour les coopératives agricoles (n° 43551, a).

43553 **Méthanisation agricole** Sont exonérées de la CFE les activités de production par un ou plusieurs exploitants agricoles de biogaz, d'électricité et de chaleur par la méthanisation issue pour **au moins 50 %** de matières provenant de l'**exploitation agricole.**

ACTIVITÉS NON COMMERCIALES

43555 CGI art. 1460, 2° à 9° CET-II-50600 s et 70200 s

Sont exonérés de la CFE, sous réserve du respect de la réglementation européenne concernant les aides de minimis (n° 92660) (CGI art. 1460, modifié par loi 2023-1322 du 29-12-2023 art. 148) :

– les peintres, sculpteurs, graveurs et dessinateurs ne vendant que le produit de leur art ;
– les auteurs d'œuvres littéraires et dramatiques, musicales et chorégraphiques, ainsi que les coauteurs d'une œuvre audiovisuelle et les auteurs d'une œuvre radiophonique ;
– les professeurs de lettres, sciences et arts d'agrément (s'ils ne possèdent pas de véritable établissement ouvert au public).

Sont également exonérés de la CFE :

– les artistes lyriques et dramatiques ;
– les photographes-auteurs, pour leur activité relative à la réalisation de prises de vues et à la cession de leurs œuvres d'art ou de leurs droits patrimoniaux sur ces œuvres ;
– les sages-femmes, les gardes-malades et les aidants familiaux ne tenant pas de maternité ni de maison de repos ou de soins ;
– les sportifs, pour la seule pratique sportive ;
– les avocats ayant suivi le cursus de formation sanctionné par le Capa, pour les deux années suivant celle du début d'exercice de la profession ;
– les membres du corps de réserve sanitaire, pour leurs activités exercées à ce titre.

ÉTABLISSEMENTS D'ENSEIGNEMENT PRIVÉ

43556 CGI art. 1460, 1°, 1° bis et 3° CET-II-55000 s

Sont exonérés de la CFE :

– les établissements scolaires privés du **premier degré,** à condition qu'ils dispensent un enseignement conforme aux programmes officiels (tel est le cas notamment des établissements ayant passé un contrat avec l'État) ;
– les établissements privés du **second degré,** lorsqu'ils ont passé avec l'État un contrat en application de l'article L 442-1 du Code de l'éducation ;
– les établissements d'**enseignement supérieur** privés, lorsqu'ils ont été reconnus d'utilité publique ou ont passé une convention avec un établissement d'enseignement supérieur public en application de l'article L 718-16 du Code de l'éducation ;
– les établissements d'**enseignement supérieur consulaire** pour leurs activités de recherche et de formation professionnelle initiale et continue, ainsi que les organismes à gestion désintéressée visés n° 89480 au titre de leur participation dans ces établissements ou au titre du financement de leurs activités.

> **Précisions** **a.** Lorsque les conditions sont remplies, l'exonération porte sur l'ensemble des **activités d'enseignement** et sur celles qui en constituent le prolongement (**hébergement** des élèves et fourniture des **repas**).
> **b.** Les établissements privés d'**enseignement** et de **formation professionnelle agricole** ayant passé un contrat avec l'État en application des articles L 813-1 à L 813-7 du Code rural et de la pêche maritime bénéficient de l'exonération (BOI-IF-CFE-10-30-10-60 n°s 90 et 100).

ACTIVITÉS INDUSTRIELLES OU COMMERCIALES

43560 CGI art. 1458, 1458 bis et 1463 CET-II-42400 s et 45750 s

Sont exonérés de la CFE :

– les **éditeurs de publications périodiques** lorsque la partie littéraire, scientifique ou d'information forme le corps même de leurs publications, les annonces et la publicité n'en constituant que l'accessoire. L'exonération vise l'édition proprement dite, ainsi que l'impression et la diffusion lorsque ces opérations sont effectuées par les éditeurs ou par des sociétés de groupage et de distribution dont ces éditeurs détiennent majoritairement le capital. L'exonération s'applique également, sous certaines conditions, aux imprimeries de labeur-presse, aux entreprises de photocomposition et aux entreprises de brochage ;
– les **sociétés coopératives de groupage de presse** et les sociétés agréées de distribution de la presse en raison de l'activité de distribution groupée des journaux et publications périodiques ;

– les **services de presse** en ligne reconnus par la commission paritaire des publications et agences de presse ;
– les **agences de presse** agréées ;
– les **correspondants locaux de la presse** régionale ou départementale ;
– les **vendeurs-colporteurs de presse** ;
– les établissements qui vendent au public des écrits périodiques en qualité de mandataires inscrits à la commission du réseau de la diffusion de la presse et qui revêtent la qualité de **diffuseur de presse spécialiste.** L'exonération est réservée aux établissements relevant, au cours de la période de référence (nº 43665), d'une petite ou moyenne entreprise au sens indiqué nº 92650 dont le capital est détenu de manière continue à hauteur de 50 % au moins soit par des personnes physiques, soit par une société répondant à la définition de PME ci-dessus et détenue à hauteur de 50 % au moins par des personnes physiques. L'exonération est soumise à la réglementation européenne concernant les aides de minimis (nºs 92660 s.). L'entreprise doit formuler une demande d'exonération pour chaque établissement concerné dans la déclaration nº 1447 C (nº 43756), s'il s'agit d'une création ou d'une reprise d'établissement, ou dans la déclaration annuelle nº 1447 M (nº 43755), dans les autres cas ;
– les **concessionnaires de mines,** les amodiataires ou sous-amodiataires de concessions minières, les titulaires de permis d'exploitation de mines et les explorateurs de mines de pétrole et de gaz combustibles, mais seulement pour les opérations d'extraction, de manipulation et de vente de matières extraites. Mais les entreprises minières qui procèdent à l'agglomération du minerai de fer sont imposables pour cette activité. Il en est de même pour la fabrication de produits chimiques ou la production d'électricité.

En ce qui concerne l'exonération des **loueurs en meublé** qui louent ou sous-louent tout ou partie de leur habitation personnelle, voir nº 90670, a et b.

BASSINS URBAINS À DYNAMISER

43565 CGI art. 1463 A et 1466 B CET-II-70700

Les entreprises implantées dans un bassin urbain à dynamiser (BUD : voir nº 92540) et qui bénéficient de l'exonération d'impôt sur les bénéfices prévue à l'article 44 sexdecies du CGI (nº 10375) bénéficient également d'une exonération de CFE et de taxe foncière sur les propriétés bâties.

En matière de CFE, l'exonération concerne les **créations** d'établissements réalisées dans un BUD entre le 1er janvier 2018 et le 31 décembre 2026 (Loi 2023-1322 du 29-12-2023 art. 73, I-22°).

En matière de taxe foncière, l'exonération s'applique aux immeubles rattachés, entre le 1er janvier 2018 et le 31 décembre 2035 (Loi 2023-1322 du 29-12-2023 art. 73, I-22°), à un établissement remplissant les conditions requises pour bénéficier de l'exonération de CFE.

L'exonération porte, pendant **sept années** après la création, sur la **moitié de la base nette** imposée au profit de chaque commune ou établissement public de coopération intercommunale à fiscalité propre. À l'issue de la période d'exonération et au titre des **trois années suivant** l'expiration de celle-ci, la moitié de la base nette imposable fait l'objet d'un **abattement.** Le montant de cet abattement est égal, la première année, à 75 % de la base exonérée de la dernière année d'application de l'exonération, à 50 % la deuxième année et à 25 % la troisième année. Cet abattement ne peut réduire la moitié de la base d'imposition de l'année considérée de plus de 75 % de son montant la première année, 50 % la deuxième année et 25 % la troisième année.

Les communes et établissements publics de coopération intercommunale dotés d'une fiscalité propre peuvent, par **délibération,** adopter un dispositif identique d'exonération de CFE et de taxe foncière, puis d'abattement dégressif de la base imposable pour la **moitié non exonérée de plein droit** (nº 43627).

L'exonération est soumise à la même **réglementation européenne** que l'exonération d'impôt sur les bénéfices correspondante (nº 10375, précision c).

› Précisions a. En matière de CFE, l'exonération s'applique à compter de l'**année qui suit** celle de la **création.** Elle se poursuit après l'expiration de la période d'exonération d'impôt sur les bénéfices mais cesse de s'appliquer si les conditions prévues à l'article 44 sexdecies du CGI ne sont plus remplies (BOI-IF-CFE-10-30-45 nºs 430 à 450).
En matière de taxe foncière, la période d'exonération court également à compter de l'année qui suit celle de la création. Mais l'exonération ne peut en pratique s'appliquer qu'à compter du 1er janvier de l'année qui suit celle au cours de laquelle est intervenu l'achèvement ou le changement d'affectation qui marque le **rattachement** de l'immeuble à un établissement remplissant les conditions requises. Elle cesse de s'appliquer à compter du 1er janvier de l'année suivant celle où les immeubles ne sont plus affectés à une activité entrant dans le champ d'application de la CFE ou exercée par

une entreprise répondant aux conditions d'exonération de la CFE (BOI-IF-TFB-10-160-70 nos 350 à 370).

b. En cas de **reprise d'établissement** au cours d'une période d'exonération par un exploitant bénéficiant lui-même de l'exonération au titre des BUD, les exonérations en cours sont maintenues pour la période restant à courir (BOI-IF-CFE-10-30-45 n° 140 ; BOI-IF-TFB-10-160-70 n° 220).

c. Pour bénéficier de l'exonération de CFE, les entreprises doivent formuler leur **demande** pour chaque établissement concerné au plus tard, en principe, le 31 décembre de l'année de la création de l'établissement, dans la déclaration n° 1447 C (n° 43756) ou sur papier libre. Les personnes concernées par l'exonération de taxe foncière doivent quant à elles déclarer au service des impôts du lieu de situation des biens, sur un modèle établi par l'administration, les éléments d'identification des immeubles avant le 1er janvier de la première année d'application de l'exonération. Elles doivent également établir une déclaration sur l'honneur relative aux conditions de l'exonération d'impôt sur les bénéfices (BOI-IF-TFB-10-160-70 n° 520).

À défaut du dépôt des déclarations dans ces délais, l'exonération n'est pas accordée au titre de l'année concernée.

ZONES DE DÉVELOPPEMENT PRIORITAIRE

43567 CGI art. 1463 B et 1466 B bis CET-II-72500

Les entreprises implantées dans une zone de développement prioritaire (ZDP : voir n° 92540) et qui bénéficient de l'exonération d'impôt sur les bénéfices prévue à l'article 44 septdecies du CGI (n° 10395) bénéficient également d'une exonération de CFE et de taxe foncière sur les propriétés bâties.

En matière de CFE, l'exonération concerne les **créations** d'établissements réalisées dans une ZDP entre le 1er janvier 2019 et le 31 décembre 2026 (Loi 2023-1322 du 29-12-2023 art. 73, I-23°).

En matière de taxe foncière, l'exonération s'applique aux immeubles rattachés, entre le 1er janvier 2019 et le 31 décembre 2035 (Loi 2023-1322 du 29-12-2023 art. 73, I-23°), à un établissement remplissant les conditions requises pour bénéficier de l'exonération de CFE.

Le régime de faveur s'applique dans les mêmes conditions que celles prévues pour les entreprises créées dans les bassins urbains à dynamiser n° 43565 : exonération pendant **sept années** après la création sur la **moitié de la base nette,** puis application d'un **abattement** dégressif au titre des trois années suivantes.

Les communes et établissements publics de coopération intercommunale dotés d'une fiscalité propre peuvent, par **délibération,** adopter un dispositif identique d'exonération de CFE et de taxe foncière, puis d'abattement dégressif de la base imposable pour la **moitié non exonérée de plein droit** (n° 43628).

L'exonération est soumise à la même **réglementation européenne** que l'exonération d'impôt sur les bénéfices correspondante (n° 10395).

> Précisions **a.** En matière de CFE, l'exonération s'applique à compter de l'**année qui suit** celle de la **création.** Elle se poursuit après l'expiration de la période d'exonération d'impôt sur les bénéfices mais cesse de s'appliquer si les conditions prévues à l'article 44 septdecies du CGI ne sont plus remplies (BOI-IF-CFE-10-30-47 nos 430 à 450).

En matière de taxe foncière, la période d'exonération court également à compter de l'année qui suit celle de la création. Mais l'exonération ne peut en pratique s'appliquer qu'à compter du 1er janvier de l'année qui suit celle au cours de laquelle est intervenu l'achèvement ou le changement d'affectation qui marque le **rattachement** de l'immeuble à un établissement remplissant les conditions requises. Elle cesse de s'appliquer à compter du 1er janvier de l'année suivant celle où les immeubles ne sont plus affectés à une activité entrant dans le champ d'application de la CFE ou exercée par une entreprise répondant aux conditions d'exonération de la CFE (BOI-IF-TFB-10-160-80 nos 350 à 370).

b. En cas de **reprise d'établissement** au cours d'une période d'exonération par un exploitant bénéficiant lui-même de l'exonération au titre des ZDP, les exonérations en cours sont maintenues pour la période restant à courir (BOI-IF-CFE-10-30-47 n° 140 ; BOI-IF-TFB-10-160-80 n° 220).

c. Pour bénéficier de l'exonération de CFE, les entreprises doivent formuler leur **demande** pour chaque établissement concerné au plus tard le 31 décembre de l'année de la création de l'établissement, dans la déclaration n° 1447 C (n° 43756) ou sur papier libre. Les personnes concernées par l'exonération de taxe foncière doivent quant à elles déclarer au service des impôts du lieu de situation des biens, sur un modèle établi par l'administration, les éléments d'identification des immeubles avant le 1er janvier de la première année d'application de l'exonération. Elles doivent également établir une déclaration sur l'honneur relative aux conditions de l'exonération d'impôt sur les bénéfices (BOI-IF-TFB-10-160-80 n° 520).

À défaut du dépôt des déclarations dans ces délais, l'exonération n'est pas accordée au titre de l'année concernée.

COLLECTIVITÉS PUBLIQUES

43570 CGI art. 1447 bis et 1449 CET-II-21000 s

Les services et organismes de l'**État,** les **régions,** les **départements,** les **communes,** les établissements publics de coopération intercommunale et les **régies** non dotées de la personnalité morale, ainsi que les **établissements publics,** sont exonérés de la CFE pour leurs **activités** présentant un **caractère essentiellement culturel ou éducatif** (établissements d'enseignement public, centres des œuvres universitaires et scolaires, musées, etc.), **sanitaire ou social** (hôpitaux, maisons de retraite, distribution de l'eau, traitement des ordures ménagères, abattoirs, etc.), **sportif ou touristique** (campings, piscines, remontées mécaniques, etc.), à condition que ces activités ne soient pas concédées ou affermées (ni confiées à des entreprises gestionnaires).

Sont également exonérés les grands **ports** maritimes et fluvio-maritimes, les ports autonomes, ainsi que les autres ports, à l'exception des ports de plaisance.

En revanche, les collectivités publiques sont imposables pour leurs autres **activités industrielles et commerciales** qui n'entrent pas dans ces exonérations, ni dans celles visées n° 43645 (manufactures nationales, Imprimerie nationale, Monnaie de Paris, arsenaux, production et distribution du gaz et de l'électricité, transport de voyageurs ou de marchandises, etc.).

ORGANISMES OU GROUPEMENTS DIVERS

Sont, sous certaines conditions, exonérés de la CFE : 43575 CGI art. 1461 et 1461 A CET-II-56000 s

– les organismes d'habitations à loyer modéré (notamment, sociétés anonymes d'HLM et offices publics de l'habitat), ainsi que certaines structures regroupant des organismes d'HLM (notamment, sociétés anonymes de coordination) ;

– les sociétés de bains-douches et les sociétés de jardins ouvriers, les associations de jardins familiaux ;

– les biens affectés à des missions de service public des communautés professionnelles territoriales de santé conventionnées ;

– l'association Action Logement Groupe et les sociétés Action Logement Services et Action Logement Immobilier, pour certaines activités ;

– les syndicats professionnels et leurs unions, pour leurs activités portant sur l'étude et la défense des droits et intérêts collectifs de leurs membres ou des personnes qu'ils représentent ;

– certains organismes, pour les opérations de gestion et d'administration qu'ils réalisent pour le compte de l'Agirc et de l'Arrco.

3. EXONÉRATIONS FACULTATIVES

Les exonérations facultatives s'entendent des exonérations qui dépendent de la **décision des collectivités** bénéficiaires de la cotisation (communes et établissements publics de coopération intercommunale dotés d'une fiscalité propre). Les unes sont subordonnées à une délibération positive, les autres à l'absence d'opposition de ces collectivités. Les délibérations doivent être prises avant le 1er octobre d'une année pour être applicables l'année suivante (CGI art. 1639 A bis). 43580 CET-II-80000 s et 100000 s

Les exonérations facultatives sont pour la plupart **limitées dans le temps.** Toutefois, les exonérations visées nos 43635 s. s'appliquent tant que les collectivités concernées n'ont pas rapporté la délibération les instituant.

Les exonérations présentées ci-après ne peuvent en principe ni se cumuler entre elles ni avec celles de plein droit visées nos 43565 et 43567. Le contribuable qui remplit les conditions pour bénéficier de plusieurs de ces régimes doit opter pour l'un d'entre eux. L'**option,** irrévocable, peut s'exercer distinctement pour chaque établissement. Toutefois, les exonérations applicables sauf délibération contraire prévalent en règle générale sur les exonérations accordées sur délibération et le contribuable n'a alors aucune possibilité d'option.

AMÉNAGEMENT DU TERRITOIRE

Règles générales Dans certaines zones, les collectivités bénéficiaires peuvent exonérer totalement ou partiellement de la CFE les entreprises qui procèdent sur leur territoire aux opérations suivantes : 43582 CGI art. 1465 et 1465 B CET-II-107000 s

– création ou extension d'activités industrielles ou de recherche scientifique et technique, ou de services de direction, d'études, d'ingénierie et d'informatique ;

– reconversion dans le même type d'activités ;

– reprise d'établissements en difficulté exerçant le même type d'activités.

L'exonération s'applique aux opérations réalisées **jusqu'au 31 décembre 2027** (Loi 2023-1322 du 29-12-2023 art. 73, I-27° et 29°), dans les zones d'aide à finalité régionale (zones AFR), ainsi que, pour les petites et moyennes entreprises (CGI art. 1465 B), dans les zones d'aide à l'investissement des PME.

Dans les **zones AFR** (n° 92540), l'exonération s'applique à l'investissement initial dans les conditions et limites prévues par la réglementation européenne relative aux aides à finalité régionale (nos 92625 s.). Si l'entreprise n'est pas une PME, l'investissement initial doit être réalisé en faveur d'une nouvelle activité économique dans la zone concernée.

Dans les **zones d'aide à l'investissement des PME** (no 92540), l'exonération s'applique aux PME dans les limites prévues par la réglementation européenne relative aux aides aux PME (no 92645).

L'exonération est soit accordée sur **simple demande,** soit subordonnée à l'obtention d'un **agrément** préalable individuel, suivant la nature de l'opération.

La durée de l'exonération, fixée par les collectivités concernées, est de **cinq ans** au maximum. L'exonération cesse de s'appliquer avant son terme normal lorsque l'entreprise **ne remplit plus les conditions** requises ou lorsque le plafond résultant des règles européennes est atteint.

Par ailleurs, si l'entreprise **cesse** volontairement **son activité** pendant la période d'exonération, ou dans les cinq années suivant la fin de celle-ci, elle est tenue de reverser rétroactivement les sommes qu'elle n'a pas acquittées au titre de la CFE du fait de l'exonération.

> Précisions a. Pour l'application de la présente exonération, les **petites et moyennes entreprises** s'entendent des entreprises qui, au cours de la période de référence (no 43665), satisfont aux conditions d'effectif et de seuils financiers prévues par la réglementation européenne (no 92650).

Dans les zones d'aide à l'investissement des PME, le capital de ces entreprises, entièrement libéré, doit être détenu de manière continue pour 75 % au moins par des personnes physiques ou une société répondant aux mêmes conditions dont le capital est détenu, pour 75 % au moins, par des personnes physiques. Pour la détermination de ce pourcentage, les participations de certaines structures de capital-risque ne sont pas prises en compte.

b. La **durée** de l'exonération se décompte, selon le cas, à partir de l'année suivant celle de la création, de la reprise ou de la reconversion d'activité ou à partir de la deuxième année suivant celle de l'extension d'établissement.

c. L'**extension d'établissement** s'entend de toute augmentation des bases de CFE liée à une augmentation des moyens de production d'un établissement préexistant, dès lors que cette augmentation n'est pas la conséquence d'un transfert d'activité (BOI-IF-CFE-10-30-40-20 no 90).

43583 **Exonération sans agrément** L'exonération est acquise sans agrément, sur simple demande, en cas de **création ou d'extension d'établissements industriels ou** d'établissements **de recherche** scientifique et technique, dès lors que ces opérations se traduisent par la **création** d'un nombre **d'emplois** permanents et/ou la **réalisation** d'un volume **d'investissements** supérieurs à certains seuils (CGI ann. III art. 322 G).

Ces conditions de seuils s'apprécient en principe au 31 décembre de l'année de réalisation de l'opération (ou, en cas d'extension et pour les seuls investissements, à la fin de l'exercice de douze mois au cours duquel l'opération a été faite). Cependant, si les conditions ne sont pas remplies à cette date, l'entreprise peut demander à bénéficier de l'exonération **à titre provisoire,** en s'engageant à réaliser les conditions requises au plus tard au 31 décembre de la deuxième année suivant celle de l'opération (ou, pour les investissements, à la fin de l'exercice de douze mois clos au cours de cette même année) (CGI ann. III art. 322 J et 322 K).

L'exonération porte sur l'**augmentation nette des bases d'imposition** correspondant aux investissements réalisés (y compris les biens pris en crédit-bail).

> Précisions a. Le montant des **investissements réalisés** est calculé déduction faite des immobilisations prises en location ou mises gratuitement à la disposition de l'entreprise.

En cas d'**extension** d'établissement, les **seuils** d'emploi et d'investissements s'apprécient par rapport à la dernière année précédant l'opération ou à la moyenne des trois dernières années si elle est supérieure.

b. L'entreprise doit formuler la **demande d'exonération** sur un imprimé spécial no 1465 à joindre à la déclaration no 1447 C (no 43756) s'il s'agit d'une création, ou à la déclaration no 1447 M (no 43755) s'il s'agit d'une extension. En outre, l'entreprise doit **déclarer** chaque année les éléments entrant dans le champ d'application de l'exonération, sur l'imprimé spécial no 1465 à déposer dans le délai prévu pour la déclaration no 1447 M.

c. Lorsque l'entreprise a bénéficié de l'exonération **à titre provisoire,** elle doit justifier que les conditions requises sont effectivement réalisées à la date limite prévue dans l'engagement, en déposant, au plus tard le 31 décembre de l'année en cause, une déclaration sur l'imprimé spécial no 1465. À défaut, les cotisations dont l'entreprise avait été dispensée deviennent immédiatement exigibles.

Par ailleurs, lorsque, au cours d'une année, les investissements ou les emplois **deviennent inférieurs** aux seuils requis, l'exonération cesse de s'appliquer à compter du 1er janvier suivant (CGI ann. III art. 322 L).

43584 **Exonération sur agrément** L'exonération est soumise à agrément préalable pour ce qui concerne les opérations suivantes :

– **création ou extension** de **services de direction, d'études, d'ingénierie et d'informatique** ;

– **reconversion** d'activités industrielles ou de recherche scientifique et technique ou de services de direction, d'études, d'ingénierie et d'informatique ou **reprise d'établissements en difficulté** exerçant le même type d'activités.

L'agrément fixe les **conditions à remplir** par l'entreprise pour bénéficier de l'exonération. Dans tous les cas, l'exonération est subordonnée à la création ou au maintien d'un nombre d'emplois permanents supérieur à certains seuils (CGI ann. IV art. 121 quinquies DB sexies). Elle peut en outre être subordonnée à la réalisation d'un montant minimum d'investissements.

L'agrément précise l'**étendue de l'exonération.** En règle générale, celle-ci porte sur les éléments nouveaux d'imposition, mais elle peut, dans certains cas, être limitée à une partie de ceux-ci par la décision d'agrément.

> Précisions **a.** La **demande d'agrément** doit être adressée à la Direction générale des finances publiques, avant la réalisation de l'opération concernée (voir n° 90202). Elle doit être établie selon un modèle fixé par arrêté.
b. Les installations agréées doivent en principe être exploitées par le bénéficiaire de l'agrément. Toutefois, dans certains cas (fusions de sociétés, apports partiels d'actif, etc.), l'agrément peut être transféré au **nouvel exploitant.**
c. Les entreprises bénéficiaires doivent **déclarer** chaque année les éléments entrant dans le champ d'application de l'exonération, sur l'imprimé spécial n° 1465 à déposer dans le délai prévu pour la déclaration n° 1447 M (n° 43755).

ZONES DE REVITALISATION RURALE

Dans les zones de revitalisation rurale (ZRR) définies n° 92540, les entreprises qui procèdent, jusqu'au 30 juin 2024 (Loi 2023-1322 du 29-12-2023 art. 73, I-28°), aux opérations définies ci-après sont exonérées de la CFE pendant **cinq ans,** sauf délibération contraire des collectivités bénéficiaires. **43590** CGI art. 1465 A **CET-II-116000 s**

L'exonération concerne tout d'abord l'ensemble des **opérations visées à l'article 1465 du CGI,** c'est-à-dire les opérations de création ou d'extension d'activités industrielles ou de recherche scientifique et technique, ou de services de direction, d'études, d'ingénierie et d'informatique, les opérations de reconversion dans le même type d'activités et les opérations de reprise d'établissements en difficulté exerçant le même type d'activités, lorsqu'elles sont réalisées dans les ZRR. Elle est soumise aux mêmes conditions d'emploi, d'investissement et, éventuellement, d'agrément que l'exonération prévue au titre de l'aménagement du territoire et s'applique selon les mêmes modalités (étendue de l'exonération, obligations déclaratives, etc.) : voir n°s 43582 s.

L'exonération s'applique également :

– aux **créations d'activités** réalisées en ZRR **par des artisans** qui répondent aux deux conditions d'activité et de rémunération visées n° 43687 ou par des **entreprises qui exercent une activité professionnelle non commerciale,** même si l'activité exercée dans l'établissement créé n'est pas principalement une activité artisanale ou non commerciale ;

– et, dans les **communes de moins de 2 000 habitants** situées en ZRR, aux **créations d'activités commerciales** et aux **reprises d'activités commerciales, d'activités artisanales ou d'activités professionnelles non commerciales,** réalisées par des entreprises exerçant le même type d'activité, à condition que, au cours de l'année de la création ou de la reprise, l'effectif de l'établissement créé ou repris soit inférieur à cinq salariés.

Pour ces deux catégories d'opérations, l'exonération est acquise sans agrément et sans condition tenant à la création d'emplois ou à la réalisation d'investissements.

Dans tous les cas, l'exonération est soumise à la **réglementation européenne** concernant les aides de minimis (voir n°s 92660 s.). Toutefois, pour les opérations réalisées dans une zone située à la fois en ZRR et dans une zone d'aide à finalité régionale (n° 92540), l'entreprise peut opter pour l'application de la réglementation relative aux aides à finalité régionale (n°s 92625 s.). Cette option s'exerce distinctement pour chacun des établissements concernés.

> Précisions **a.** La **durée** de l'exonération est décomptée selon les modalités indiquées n° 43582, précision b.
b. Lorsque la **commune** d'implantation de l'entreprise **cesse d'être classée en ZRR** après la date de la création ou de la reprise de l'activité, l'exonération reste applicable pour sa durée restant à courir.
c. S'agissant des **opérations autres que celles visées à l'article 1465 du CGI,** les **conditions tenant à la nature de l'activité** exercée dans l'entreprise ou dans l'établissement (activité artisanale, commerciale ou non commerciale) doivent être remplies dès l'année de création ou de reprise de l'établissement. Si, par la suite, ces conditions ne sont **plus remplies,** l'exonération cesse de s'appliquer à compter de la deuxième année suivant celle du constat du changement d'activité.
Dans ce cadre, les immobilisations prises en location sont retenues dans le calcul des **immobilisations exonérées** (BOI-IF-CFE-10-30-40-40 n° 490).
Par ailleurs, l'exonération doit être demandée sur la **déclaration** n° 1447 C à souscrire avant le 1er janvier de l'année suivant celle de la création ou de la reprise (n° 43756).

ZONES DE REVITALISATION DES COMMERCES EN MILIEU RURAL

43592 CGI art. 1464 G CET-II-87400 s

Les établissements exerçant une **activité commerciale** dans une zone de revitalisation des commerces en milieu rural (Zorcomir) définie n° 92540 peuvent bénéficier d'une exonération partielle ou totale de CFE et/ou de taxe foncière sur les propriétés bâties pour les impositions établies au titre des années 2020 à 2024 (Loi 2023-1322 du 29-12-2023 art. 73, XVIII) sur délibération des collectivités bénéficiaires.

L'établissement doit dépendre d'une entreprise répondant aux conditions relatives à l'importance de l'**effectif salarié** et au montant du **chiffre d'affaires** ou du **total du bilan** présentées dans le tableau ci-après.

Zorcomir : conditions relatives à la taille de l'entreprise	
Effectif	Moins de 11 salariés 1
Chiffre d'affaires ou total de bilan	Chiffre d'affaires annuel hors taxe 2 ou total de bilan inférieur à 2 millions d'euros

1. L'effectif salarié est déterminé, en application des articles L 130-1, I du Code de la sécurité sociale et 1464 G du CGI combinés, en prenant en compte la moyenne du nombre de personnes employées au cours de chacun des mois de l'avant-dernière année précédant celle de l'imposition. Lorsqu'une entreprise bénéficie déjà de l'exonération, un franchissement du seuil d'effectif n'entraîne la perte de l'exonération qu'au terme de cinq années consécutives.
2. Le chiffre d'affaires réalisé au cours de la période de référence mentionnée n° 43665 est éventuellement corrigé pour correspondre à une année pleine.

L'exonération **cesse de s'appliquer** à compter du 1er janvier de l'année suivant celle au cours de laquelle l'établissement met fin à l'exercice de son activité commerciale.

L'exonération est soumise à la **réglementation européenne** relative aux aides de minimis (voir nos 92660 s.).

> Précisions a. Pour bénéficier de l'exonération de **CFE,** l'entreprise doit formuler une **demande d'exonération** pour chaque établissement concerné dans la déclaration n° 1447 C (n° 43756), s'il s'agit d'une création ou d'une reprise d'établissement, ou dans la déclaration annuelle n° 1447 M (n° 43755), dans les autres cas.

Pour bénéficier de l'exonération de **taxe foncière sur les propriétés bâties,** le redevable déclare au service des impôts du lieu de situation des biens sur un modèle établi par l'administration, avant le 1er janvier de l'année au titre de laquelle l'exonération est applicable, les éléments d'identification du ou des immeubles concernés.

b. La demande d'exonération de CFE vaut **option irrévocable** pour ce régime, à l'exclusion de certains régimes d'exonération dont le contribuable bénéficiait le cas échéant avant l'exercice de cette option.

ZONES FRANCE RURALITÉS REVITALISATION

43593 CGI art. 1466 G

Les **établissements** exerçant une activité industrielle, commerciale ou artisanale ou professionnelle non commerciale **créés** par les entreprises qui bénéficient de l'exonération d'impôt sur les bénéfices prévue à l'article 44 quindecies A du CGI (n° 10360) dans une zone France ruralités revitalisation (ZFRR ou ZFRR « plus » définies n° 92540) peuvent bénéficier d'une exonération de CFE et/ou de taxe foncière sur les propriétés bâties, sur délibération des collectivités bénéficiaires de ces taxes (Loi 2023-1322 du 29-12-2023 art. 73, I-33°, applicable aux impositions établies à compter de 2025).

Cette exonération s'applique également aux **extensions d'établissement** réalisées entre le 1er juillet 2024 et le 31 décembre 2029 dans une ZFRR « plus ».

En matière de taxe foncière, l'exonération s'applique aux immeubles situés dans ces zones et rattachés à un établissement qui remplit les conditions pour bénéficier de l'exonération de CFE.

L'exonération de CFE s'applique pendant **cinq ans** à compter de l'année suivant celle de la création ou à partir de la deuxième année suivant celle de l'extension d'établissement. Au titre des **trois années suivant** l'expiration de la période d'exonération, la base nette imposable des établissements concernés fait l'objet d'un **abattement** égal, la première année, à 75 % de la base nette imposable, à 50 % la deuxième année et à 25 % la troisième année. L'exonération de taxe foncière s'applique, dans les mêmes proportions et pendant la même durée que l'exonération de CFE, à compter du 1er janvier de l'année qui suit celle au cours de laquelle est intervenu le rattachement à un établissement remplissant les conditions requises et cesse de s'appliquer à compter du 1er janvier de l'année suivant celle où les immeubles ne sont plus affectés à une activité répondant aux conditions requises.

En matière de CFE et de taxe foncière, l'exonération est soumise à la même **réglementation européenne** que l'exonération d'impôt sur les bénéfices correspondante (n° 10362).

> Précisions a. En cas d'**extension d'établissement,** les bases exonérées sont déterminées dans les conditions indiquées n° 43700.

b. Pour bénéficier de l'exonération de CFE, les entreprises doivent formuler une **demande** pour chaque établissement concerné dans la déclaration n° 1447 C (n° 43756) s'il s'agit d'une création, ou dans la déclaration n° 1447 M (n° 43755) s'il s'agit d'une extension. Les personnes concernées par l'exonération de taxe foncière doivent quant à elles souscrire une déclaration spéciale avant le 1er janvier de la première année d'application de l'exonération, auprès du service des impôts fonciers.

c. La demande d'exonération vaut **option irrévocable** pour ce régime et empêche l'application de certains autres régimes d'exonération.

d. Sur les conséquences de la **cessation** volontaire de **l'activité** et de la **délocalisation** en dehors des ZFRR, voir n° 10364, précision c.

e. Pour que l'exonération puisse entrer en vigueur dès les **impositions dues au titre de 2025**, les collectivités bénéficiaires concernées doivent prendre une **délibération** en ce sens dans les quatre-vingt-dix jours suivant la publication de l'arrêté fixant la liste des communes classées en ZFRR.

ENTREPRISES CRÉÉES OU REPRISES

Les entreprises créées ou reprises peuvent bénéficier d'une exonération temporaire de CFE et/ou de taxe foncière sur les propriétés bâties, sur délibération des collectivités bénéficiaires de ces taxes. **43595** CGI art. 1464 B et 1464 C **CET-II-101500 s**

L'exonération concerne :

– les entreprises créées dans certaines zones du territoire, qui exercent une **activité réellement nouvelle** et bénéficient de l'exonération d'impôt sur les bénéfices prévue par l'article 44 sexies du CGI (nos 10260 s.) ;

– et/ou les entreprises créées ou reprises jusqu'au 30 juin 2024 (Loi 2023-1322 du 29-12-2023 art. 73, I-6°) dans les **zones de revitalisation rurale** et qui bénéficient de l'exonération d'impôt sur les bénéfices prévue par l'article 44 quindecies du CGI (nos 10365 s.).

La durée de l'exonération, comprise **entre deux et cinq ans,** est fixée par la délibération. L'exonération s'applique aux **établissements créés ou repris,** à compter de l'année suivant celle de la création ou de la reprise de l'entreprise elle-même.

EXEMPLE

Si l'exonération est instituée pour deux ans, une entreprise créée en 2023 sera susceptible d'en bénéficier au titre des années 2024 et 2025, pour les établissements créés ou repris en 2023, mais seulement au titre de 2025 pour les établissements créés ou repris en 2024.

En matière de CFE et de taxe foncière, l'exonération est soumise à la même **réglementation européenne** que l'exonération d'impôt sur les bénéfices correspondante.

Lorsque l'entreprise **ne remplit plus les conditions** requises pour bénéficier de l'exonération d'impôt sur les bénéfices, elle perd également le bénéfice de l'exonération d'impôts locaux (pour l'avenir, ou même rétroactivement dans certains cas).

Par ailleurs, si l'entreprise **cesse** volontairement **son activité** dans un délai pouvant aller, en matière de CFE, jusqu'à cinq ans après la fin de l'exonération, elle peut être tenue de reverser rétroactivement les sommes qu'elle n'a pas acquittées du fait de l'exonération.

> Précisions a. L'exonération concernait également, jusqu'en 2021, les sociétés créées pour la **reprise d'établissements** à une entreprise industrielle **en difficulté** et qui remplissaient les conditions pour bénéficier de l'exonération d'impôt sur les bénéfices prévue par l'article 44 septies du CGI, quel que soit leur lieu d'implantation. Cette exonération a été supprimée le 1er janvier 2022. Les délibérations prises avant cette date cessent de produire leurs effets. Toutefois, les entreprises bénéficiant sur le fondement de ces délibérations des exonérations de CFE et/ou de taxe foncière continuent à bénéficier, jusqu'à leur terme, des effets de ces exonérations (Loi 2021-1900 du 30-12-2021 art. 35, I et XIX).

b. Les **délibérations** prises avant le 1er octobre d'une année (n° 43580) s'appliquent aux entreprises créées ou reprises à compter du 1er janvier de cette année.

c. Pour bénéficier de l'exonération, les entreprises sont tenues à certaines **obligations déclaratives** :
– en ce qui concerne la **CFE,** elles doivent formuler une **demande d'exonération** pour chaque établissement concerné sur la déclaration n° 1447 C à souscrire avant le 1er janvier de l'année suivant celle de la création ou de la reprise (n° 43756) ;
– pour la **taxe foncière,** les entreprises doivent **déclarer** leurs acquisitions au service des impôts du lieu de situation des biens dans les quinze jours de la signature de l'acte.

JEUNES ENTREPRISES INNOVANTES

Sur délibération des collectivités bénéficiaires, les entreprises bénéficiant du statut de jeune entreprise innovante (ou de jeune entreprise universitaire), créées jusqu'au 31 décembre 2025, peuvent bénéficier d'une exonération de CFE et/ou de taxe foncière sur les propriétés bâties d'une durée de **sept ans.** **43600** CGI art. 1466 D **CET-II-135000 s**

L'exonération concerne les entreprises de moins de sept ans au 1er janvier de l'année d'imposition, qui remplissent les **conditions** définies n° 10400, tenant à leur taille, à la réalisation de dépenses de recherche ou à la valorisation de travaux de recherche universitaires, à la détention du capital, ainsi qu'au caractère réellement nouveau de l'activité, ces conditions étant appréciées au cours de la période de référence visée n° 43665.

L'exonération est soumise à la **réglementation européenne** concernant les aides de minimis (voir nos 92660 s.).

L'exonération **cesse définitivement de s'appliquer** à compter de l'année qui suit le septième anniversaire de l'entreprise ou, si elle est antérieure, de la deuxième année qui suit la période de référence pendant laquelle l'entreprise ne remplit plus les conditions de l'exonération.

> Précisions **a.** En matière de taxe foncière, l'exonération concerne les **immeubles** appartenant à une entreprise répondant aux conditions décrites ci-dessus et dans lesquels cette entreprise exerce son activité au 1er janvier de l'année d'imposition. Elle peut s'appliquer même si l'entreprise ne bénéficie pas effectivement de l'exonération de CFE.

b. En cas de **changement d'exploitant**, le nouvel exploitant bénéficie d'une nouvelle période d'exonération s'il remplit l'ensemble des conditions requises (BOI-IF-TFB-10-170-20 n° 210 ; BOI-IF-CFE-10-30-60-20 n° 290).

c. Pour bénéficier de l'exonération, les entreprises sont tenues à certaines **obligations déclaratives** :
– en ce qui concerne la **CFE**, elles doivent formuler une demande d'exonération pour chaque établissement concerné dans la déclaration n° 1447 C (n° 43756) s'il s'agit d'une création ou d'une reprise d'établissement, ou dans la déclaration n° 1447 M (n° 43755) dans les autres cas ;
– pour la **taxe foncière**, les entreprises doivent déclarer sur papier libre les immeubles concernés avant le 1er janvier de la première année d'application de l'exonération, auprès du service des impôts fonciers.

QUARTIERS PRIORITAIRES DE LA POLITIQUE DE LA VILLE

43610 CGI art. 1466 A, I CET-II-123150 s

Petites et moyennes entreprises Les collectivités bénéficiaires peuvent instituer une exonération temporaire de CFE en faveur des **créations** ou **extensions d'établissement** réalisées dans les quartiers prioritaires de la politique de la ville (QPPV) définis n° 92540. Les délibérations des collectivités fixent le **taux** de l'exonération, sa **durée,** qui ne peut excéder **cinq ans,** ainsi que le ou les quartiers prioritaires concernés.

L'exonération est réservée aux **établissements** employant **moins de 150 salariés** et dépendant d'une entreprise :

– qui emploie **moins de 250 salariés** (effectif moyen apprécié en tenant compte de l'ensemble des établissements) ;

– qui réalise un **chiffre d'affaires** annuel hors taxe n'excédant pas 50 millions d'euros ou qui dispose d'un **total de bilan** n'excédant pas 43 millions d'euros ;

– et dont le **capital** ou les **droits de vote** ne sont pas détenus, directement ou indirectement, à hauteur de 25 % ou plus par une ou plusieurs entreprises ne répondant pas aux conditions d'effectif, de chiffre d'affaires ou de total de bilan ci-dessus. Pour la détermination de ce pourcentage, les participations de certaines structures de capital-risque ne sont pas prises en compte.

L'ensemble des conditions concernant l'établissement et l'entreprise exploitante s'apprécie au cours de la période de référence (n° 43665) (au terme de cette période, pour le total du bilan). Lorsque, au cours d'une année de la période d'exonération, ces conditions ne sont plus remplies, l'exonération cesse de s'appliquer à compter de la deuxième année suivante.

L'exonération est limitée à un **montant** de base nette imposable actualisé chaque année en fonction de la variation des prix. Le dernier montant connu s'établit à 32 468 € pour 2024 (BOI-IF-CFE-10-30-50 n° 50).

> Précisions **a.** Le **chiffre d'affaires** à prendre en compte pour apprécier les conditions d'application de l'exonération est éventuellement corrigé pour correspondre à une année pleine. Pour la société mère d'un groupe intégré, il s'entend de la somme des chiffres d'affaires de chacune des sociétés membres du groupe.

b. La **durée** de l'exonération se décompte, selon le cas, à partir de l'année suivant celle de la création ou à partir de la deuxième année suivant celle de l'extension d'établissement. Deux périodes d'exonération ne peuvent courir simultanément du fait d'opérations successives.

c. En cas d'**extension d'établissement,** les bases exonérées sont déterminées dans les conditions indiquées n° 43700. En cas d'extension ultérieure d'un établissement bénéficiant déjà de l'exonération, les nouvelles bases sont également exonérées, dans le cadre de l'exonération en cours, sous réserve que la limite de base exonérée ne soit pas atteinte pour l'établissement.

d. L'entreprise doit formuler une **demande d'exonération** pour chaque établissement concerné dans la déclaration n° 1447 C (n° 43756) s'il s'agit d'une création, ou dans la déclaration n° 1447 M (n° 43755) s'il s'agit d'une extension.

Petites entreprises exerçant une activité commerciale Sauf délibération contraire des collectivités bénéficiaires, les **créations et extensions d'établissement** réalisées entre le 1er janvier 2017 et le 31 décembre 2024 (Loi 2023-1322 du 29-12-2023 art. 73, I-30°) dans les quartiers prioritaires de la politique de la ville (QPPV) définis n° 92540 peuvent bénéficier d'une exonération de CFE d'une durée de **cinq ans.** 43612 CGI art. 1466 A, I septies CET-II-125900 s

Pour bénéficier de l'exonération, l'établissement doit dépendre d'une **entreprise commerciale,** répondant aux conditions relatives à l'importance de l'**effectif salarié,** au montant du **chiffre d'affaires** ou du **total du bilan** et à la **détention du capital** présentées dans le tableau ci-après.

QPPV-petites entreprises : conditions relatives à la taille de l'entreprise	
Effectif	Moins de 50 salariés. 1
Chiffre d'affaires ou total de bilan	Chiffre d'affaires annuel hors taxe 2 ou total de bilan 3 inférieur à 10 millions d'euros.
Capital	Capital ou droits de vote non détenus, directement ou indirectement, à hauteur de 25 % ou plus 4 par une ou plusieurs entreprises dont l'effectif dépasse 250 salariés et dont le chiffre d'affaires annuel hors taxe excède 50 millions d'euros ou dont le total du bilan annuel excède 43 millions d'euros.

1. Pour les créations ou extensions d'établissement réalisées à compter de 2020, le seuil d'effectif s'apprécie au titre de chaque exercice en fonction des données de l'année civile précédente (CSS art. L 130-1). Lorsqu'une entreprise bénéficie déjà de l'exonération, un franchissement du seuil d'effectif n'entraîne la perte de l'exonération qu'au terme de cinq années consécutives.
Pour les créations ou extensions d'établissement réalisées avant 2020, le seuil d'effectif s'apprécie au 1er janvier 2017 ou à la date de la création de l'établissement sollicitant l'exonération si celle-ci est postérieure.
2. Chiffre d'affaires réalisé par l'entreprise au cours de la période de référence (n° 43665) retenue au cours de la première année d'activité dans l'établissement concerné (création ou extension d'établissement entre 2017 et 2019) ou, à notre avis, au cours de chaque période de référence (création ou extension d'établissement à compter du 1-1-2020). Il est éventuellement corrigé pour correspondre à une année pleine. Pour la société mère d'un groupe intégré, il s'entend de la somme des chiffres d'affaires de chacune des sociétés membres du groupe.
3. Total de bilan de l'entreprise au terme de la période de référence (n° 43665) retenue au 31 décembre de la première année d'activité dans l'établissement concerné (création ou extension d'établissement entre 2017 et 2019) ou, à notre avis, au cours de chaque période de référence (création ou extension d'établissement à compter du 1-1-2020).
4. Pourcentage apprécié au cours de chaque période de référence (n° 43665). Pour la détermination de ce pourcentage, les participations de certaines structures de capital-risque ne sont pas prises en compte.

L'exonération est limitée à un **montant** de base nette imposable actualisé chaque année en fonction de la variation des prix. Le dernier montant connu s'établit à 87 584 € pour 2024 (BOI-IF-CFE-10-30-50 n° 70).

À l'issue de la période initiale d'exonération de cinq ans, les établissements concernés bénéficient, sauf délibération contraire des collectivités bénéficiaires, d'un **abattement dégressif** pendant trois ans. Cet abattement est égal, la première année, à 60 % de la base exonérée de la dernière année d'application du dispositif initial d'exonération, à 40 % de cette base la deuxième année et à 20 % la troisième année. Toutefois, le montant de l'abattement est plafonné la première année à 60 %, la deuxième année à 40 % et la troisième année à 20 % de la base d'imposition de l'année considérée.

L'exonération et l'abattement sont soumis à la **réglementation européenne** concernant les aides de minimis (voir nos 92660 s.).

› Précisions **a.** Un dispositif similaire, réservé aux **très petites entreprises** (effectif de moins de 11 salariés et chiffre d'affaires annuel hors taxe ou total de bilan inférieur à 2 millions d'euros), s'applique, sauf délibération contraire des collectivités bénéficiaires, aux établissements qui ont fait l'objet d'une création ou d'une extension en 2015 ou 2016 dans les QPPV. Ces établissements, exonérés au plus tard jusqu'en 2022, sont susceptibles de bénéficier jusqu'en 2025 de l'abattement dégressif sur trois ans. 43613

b. Les **établissements existant au 1er janvier** 2017 situés dans les QPPV, exonérés jusqu'en 2021, bénéficient jusqu'en 2024 de l'abattement dégressif sur trois ans.

c. Les activités de gestion ou de **location d'immeubles nus ou meublés** sont exclues du dispositif d'exonération, à l'exception des locations assimilées à des **activités hôtelières** ou parahôtelières (BOI-IF-CFE-10-30-50-60 n° 230).

d. Pour les établissements qui font l'objet d'une création, le bénéfice de l'exonération est subordonné à l'existence d'un **contrat de ville** au 1er janvier de l'année d'implantation. Cette condition n'est pas exigée pour les implantations réalisées en 2024 (Loi 2023-1322 du 29-12-2023 art. 73, I-30° et XX-B).

e. La **période d'exonération** court à compter de l'année qui suit celle de la création ou, en cas d'extension d'établissement, à compter de la deuxième année qui suit celle de l'extension. Deux périodes d'exonération ne peuvent courir simultanément du fait d'opérations successives.
f. En cas d'**extension d'établissement,** les bases exonérées sont déterminées dans les conditions indiquées nº 43700. En cas d'extension ultérieure d'un établissement bénéficiant déjà de l'exonération, les nouvelles bases sont également exonérées, dans le cadre de l'exonération en cours, sous réserve que la limite de base exonérée ne soit pas atteinte pour l'établissement.
g. En cas de **changement d'exploitant** au cours de la période d'exonération, celle-ci est maintenue au bénéfice du nouvel exploitant pour la période restant à courir et dans les conditions prévues pour le prédécesseur.
h. L'entreprise doit formuler une **demande d'exonération** pour chaque établissement concerné dans la déclaration nº 1447 C (nº 43756) s'il s'agit d'une création, ou dans la déclaration nº 1447 M (nº 43755) s'il s'agit d'une extension.

ZONES DE REVITALISATION DES CENTRES-VILLES

43614 CGI art. 1464 F CET-II-89000 Les établissements exerçant une **activité commerciale ou artisanale** dans une zone de revitalisation des centres-villes (ZRCV) définie nº 92540 peuvent bénéficier d'une exonération partielle ou totale de CFE et/ou de taxe foncière sur les propriétés bâties pour les impositions établies au titre des années 2020 à 2026 (Loi 2023-1322 du 29-12-2023 art. 73, XVIII) sur délibération des collectivités bénéficiaires.

L'établissement doit, au cours de la période de référence mentionnée nº 43665, être exploité par une entreprise répondant à la **définition européenne des PME** visée nº 92650.

L'exonération **cesse de s'appliquer** à compter du 1er janvier de l'année suivant celle au cours de laquelle l'établissement met fin à l'exercice de son activité commerciale ou artisanale.

L'exonération est soumise à la **réglementation européenne** relative aux aides de minimis (voir nos 92660 s.).

> Précisions a. Pour bénéficier de l'exonération de **CFE,** l'entreprise doit formuler une **demande d'exonération** pour chaque établissement concerné dans la déclaration nº 1447 C (nº 43756), s'il s'agit d'une création ou d'une reprise d'établissement, ou dans la déclaration annuelle nº 1447 M (nº 43755), dans les autres cas.
Pour bénéficier de l'exonération de **taxe foncière sur les propriétés bâties,** le redevable déclare au service des impôts du lieu de situation des biens sur un formulaire nº 6771-SD, avant le 1er janvier de l'année au titre de laquelle l'exonération est applicable, les éléments d'identification du ou des immeubles concernés. La déclaration comporte un volet à faire remplir, le cas échéant, par l'occupant non propriétaire qui doit y déclarer sur l'honneur que l'entreprise dont il dépend remplit les conditions pour bénéficier de l'exonération de CFE.
b. La demande d'exonération de CFE vaut **option irrévocable** pour ce régime, à l'exclusion de certains régimes d'exonération dont le contribuable bénéficiait le cas échéant avant l'exercice de cette option.

ZONES FRANCHES URBAINES

43615 CGI art. 1466 A, I sexies CET-II-127870 s Sauf délibération contraire des collectivités bénéficiaires prise avant le 1er octobre 2013, les **créations et extensions d'établissement** réalisées jusqu'au 31 décembre 2014 dans les zones franches urbaines – territoires entrepreneurs (ZFU-TE) définies nº 92540 par des entreprises répondant à certaines conditions d'effectif, chiffre d'affaires ou bilan et détention de capital ont pu bénéficier d'une **exonération** de CFE d'une durée de **cinq ans** à compter de l'année suivant celle de la création ou de la seconde année suivant celle de l'extension. À l'issue de cette période d'exonération, les établissements concernés peuvent bénéficier d'un **abattement dégressif** pendant trois ou neuf ans.

Dans la **généralité des cas,** l'abattement s'applique sur la base d'imposition des **trois années suivant l'expiration de la période d'exonération** de cinq ans. Il est égal la première année à 60 %, la deuxième année à 40 % et la troisième année à 20 % de la base exonérée de la dernière année d'application du dispositif initial d'exonération retenue dans la limite d'un montant actualisé chaque année en fonction de la variation des prix. Ce montant est fixé à 87 584 € pour 2024 (BOI-IF-CFE-10-30-50 nº 60). Toutefois, le montant de l'abattement est plafonné, la première année à 60 %, la deuxième année à 40 % et la troisième année à 20 % de la base d'imposition de l'année considérée.

Pour les établissements situés en ZFU et dépendant d'une **entreprise de moins de cinq salariés,** l'abattement dégressif s'applique pendant **neuf ans.** Il est égal, les cinq premières années, à 60 % de la base exonérée de la dernière année d'application du dispositif initial d'exonération retenue dans la limite susvisée, à 40 % de cette base les sixième et septième années et à 20 % les huitième et neuvième années. Toutefois, le montant de cet abattement est plafonné, les cinq premières années à 60 %, les deux années suivantes à 40 % et les deux dernières années à 20 % de la base d'imposition de l'année considérée. L'effectif de l'entreprise s'apprécie au cours de la période de référence retenue pour la dernière année d'application du dispositif initial d'exonération. L'abattement est soumis à la **réglementation européenne** concernant les aides de minimis (voir nos 92660 s.).

BASSINS D'EMPLOI À REDYNAMISER

43620 CGI art. 1466 A, I quinquies A CET-II-132000 s

Sauf délibération contraire des collectivités bénéficiaires, les entreprises implantées dans les bassins d'emploi à redynamiser (BER : voir n° 92540) bénéficient d'une exonération de CFE et de taxe foncière sur les propriétés bâties d'une durée de **cinq ans.**

En matière de CFE, l'exonération concerne les **créations et extensions d'établissements** réalisées dans ces bassins jusqu'au 30 juin 2024 (Loi 2023-1322 du 29-12-2023 art. 73, I-30°).

En matière de taxe foncière, l'exonération s'applique aux **immeubles** situés dans ces bassins et rattachés, au plus tard le 30 juin 2024 (Loi 2023-1322 du 29-12-2023 art. 73, I-30°), à un établissement qui remplit les conditions requises pour bénéficier de l'exonération de CFE (même s'il ne bénéficie pas effectivement de cette exonération).

L'exonération est soumise à la **réglementation européenne** concernant les aides de minimis (voir nos 92660 s.). Toutefois, si l'entreprise dispose d'au moins un établissement situé à la fois dans un BER et dans une zone d'aide à finalité régionale (n° 92540), elle peut opter pour l'application de la réglementation concernant les AFR (nos 92625 s.). Cette option vaut pour l'ensemble des établissements de l'entreprise situés dans un BER et pour toutes les exonérations applicables au titre des BER (impôts locaux et impôt sur les bénéfices : n° 10370).

> Précisions a. En matière de CFE, la **durée** de l'exonération se décompte selon les modalités indiquées n° 43610, précision b. En matière de taxe foncière, l'exonération s'applique à compter du 1er janvier de l'année qui suit celle au cours de laquelle est intervenu le rattachement à un établissement remplissant les conditions requises. En cas de **changement d'exploitant** au cours de la période d'exonération, celle-ci est maintenue au bénéfice du nouvel exploitant pour la période restant à courir et dans les conditions prévues pour le prédécesseur.

b. En cas d'**extension d'établissement**, les bases exonérées sont déterminées dans les conditions indiquées n° 43700.

c. Pour bénéficier de l'exonération de CFE, les entreprises doivent remplir les **obligations déclaratives** indiquées n° 43593, précision b. Les personnes concernées par l'exonération de taxe foncière doivent quant à elles souscrire une déclaration spéciale n° 6693 avant le 1er janvier de la première année d'application de l'exonération, auprès du service des impôts fonciers.

ZONES DE RESTRUCTURATION DE LA DÉFENSE

43625 CGI art. 1466 A, I quinquies B CET-II-138000 s

Les collectivités bénéficiaires peuvent instituer une exonération de CFE et/ou de taxe foncière sur les propriétés bâties d'une durée de **cinq ans** en faveur des entreprises implantées dans les zones de restructuration de la défense (ZRD de première ou de deuxième catégorie : voir n° 92540).

En matière de CFE, l'exonération concerne les **créations et extensions d'établissements** réalisées dans le périmètre de ces zones pendant une **période de six ans** débutant à la date de publication de l'arrêté délimitant les zones ou au 1er janvier de l'année précédant celle au titre de laquelle le territoire est reconnu comme ZRD, si cette seconde date est postérieure.

En matière de taxe foncière, l'exonération s'applique aux immeubles situés dans ces zones et rattachés à un établissement qui remplit les conditions requises pour bénéficier de l'exonération de CFE (même s'il ne bénéficie pas effectivement de cette exonération).

L'exonération est soumise à la **réglementation européenne** concernant les aides de minimis (voir nos 92660 s.). Toutefois, si l'entreprise dispose d'au moins un établissement situé à la fois dans une ZRD et dans une zone d'aide à finalité régionale (n° 92540), elle peut opter pour l'application de la réglementation concernant les aides à finalité régionale (nos 92625 s.). Cette option vaut pour l'ensemble des établissements de l'entreprise situés dans une ZRD et pour toutes les exonérations applicables au titre des ZRD (impôts locaux et impôt sur les bénéfices : nos 10380 s.).

> Précisions a. En matière de CFE, la **durée** de l'exonération se décompte selon les modalités indiquées n° 43610, précision b. En matière de taxe foncière, l'exonération s'applique à compter du 1er janvier de l'année qui suit celle au cours de laquelle est intervenu le rattachement à un établissement remplissant les conditions requises. En cas de **changement d'exploitant** au cours de la période d'exonération, celle-ci est maintenue au bénéfice du nouvel exploitant pour la période restant à courir et dans les conditions prévues pour le prédécesseur.

b. En cas d'**extension d'établissement**, les bases exonérées sont déterminées dans les conditions indiquées n° 43700.

c. Pour bénéficier de l'exonération, les personnes concernées doivent remplir les **obligations déclaratives** indiquées n° 43593, précision b.

BASSINS URBAINS À DYNAMISER

43627 CGI art. 1466 B, CET-II-70700 s

Les collectivités bénéficiaires peuvent exonérer de CFE et de taxe foncière sur les propriétés bâties les entreprises implantées dans des bassins urbains à dynamiser qui bénéficient de l'exonération visée nº 43565, pour la **moitié non exonérée de plein droit.** L'exonération facultative s'applique dans les mêmes proportions et pendant la même durée de sept années que l'exonération de plein droit. Elle est suivie du même abattement dégressif pendant trois ans.

ZONES DE DÉVELOPPEMENT PRIORITAIRE

43628 CGI art. 1466 B bis, CET-II-72500 s

Les collectivités bénéficiaires peuvent exonérer de CFE et de taxe foncière sur les propriétés bâties les entreprises implantées dans des zones de développement prioritaire qui bénéficient de l'exonération visée nº 43567, pour la **moitié non exonérée de plein droit.** L'exonération facultative s'applique dans les mêmes proportions et pendant la même durée de sept années que l'exonération de plein droit. Elle est suivie du même abattement dégressif pendant trois ans.

MÉDECINS, AUXILIAIRES MÉDICAUX ET VÉTÉRINAIRES RURAUX

43630 CGI art. 1464 D CET-II-105200 s

Les collectivités bénéficiaires peuvent instituer une exonération en faveur :

– des **médecins et auxiliaires médicaux** qui, exerçant leur activité à titre libéral, s'installent ou se regroupent dans une **commune de moins de 2 000 habitants ou** dans une commune située dans une **zone de revitalisation rurale** (ZRR) définie nº 92540 (seules les exonérations en cours au 30 juin 2024 dans une ZRR continuant de s'appliquer jusqu'à leur terme : Loi 2023-1322 du 29-12-2023 art. 73, XXI-E) ou dans des **zones France ruralités revitalisation** (ZFRR et ZFRR « plus » définies nº 92540) ;

– des **médecins et auxiliaires médicaux** qui, exerçant leur activité à titre libéral, s'installent ou se regroupent sur un **site distinct** de leur **résidence professionnelle habituelle** et situé dans une commune répondant aux conditions précitées ou dans une zone caractérisée par une offre de soins insuffisante ou par des difficultés dans l'accès aux soins au sens de l'article L 1434-4 du Code de la santé publique ;

– des vétérinaires habilités comme **vétérinaires sanitaires** au sens de l'article L 203-1 du Code rural et de la pêche maritime, quel que soit leur lieu d'établissement, dès lors que cette habilitation concerne au moins 500 bovins de plus de deux ans en prophylaxie obligatoire ou équivalents ovins/caprins.

La durée de l'exonération, comprise **entre deux et cinq ans,** est fixée par la délibération. L'exonération s'applique à compter de l'année suivant celle de l'établissement du praticien.

L'exonération est soumise à la **réglementation européenne** concernant les aides de minimis (nºˢ 92660 s.).

> **Précisions** **a.** Les **auxiliaires médicaux** concernés sont les praticiens mentionnés au livre Iᵉʳ et au livre III de la quatrième partie du Code de la santé publique et soumis à l'impôt sur le revenu dans la catégorie des bénéfices non commerciaux. L'exonération peut donc viser les chirurgiens-dentistes, les infirmiers et infirmières, les masseurs-kinésithérapeutes, les pédicures-podologues, les orthophonistes, les orthoptistes, les diététiciens. Sont, en revanche, exclus de la mesure les opticiens-lunetiers, les audioprothésistes et les pharmaciens. Mais les **médecins propharmaciens** peuvent en bénéficier.
> Quant aux sages-femmes, elles bénéficient de plein droit d'une exonération permanente (nº 43555).
> **b.** L'exonération ne s'applique pas aux créations d'établissement résultant d'un **transfert,** lorsque le redevable a, au titre d'une ou plusieurs des cinq années précédant celle du transfert, bénéficié de l'exonération au titre de l'installation dans une **ZRR**.
> **c.** Les **délibérations** des collectivités peuvent porter sur une ou plusieurs des catégories visées. Elles doivent être prises avant le 1ᵉʳ octobre d'une année (nº 43580) pour s'appliquer à compter de l'année suivante aux praticiens visés qui s'installent ou se regroupent à compter du 1ᵉʳ janvier de l'année de la délibération.
> **d.** Les intéressés doivent formuler une **demande d'exonération** dans la déclaration nº 1447 C à souscrire avant le 1ᵉʳ janvier de l'année suivant celle de leur établissement (nº 43756) en apportant les justifications nécessaires.

ENTREPRISES DE SPECTACLES

43635 CGI art. 1464 A CET-II-80510 s

Les collectivités bénéficiaires peuvent instituer une exonération de CFE en faveur des **entreprises de spectacles vivants** qui relèvent des catégories suivantes :

– les **théâtres** nationaux ;

– les autres théâtres fixes ;

– les lieux de diffusion de **spectacles vivants** ayant une capacité moyenne d'accueil du public inférieure à 1 500 places et exploités par une entreprise exerçant l'activité d'exploitant de lieux de spectacles aménagés pour les représentations publiques au sens de l'article L 7122-1 du Code du travail ;

– les **tournées** théâtrales et les théâtres démontables exclusivement consacrés à des spectacles d'art dramatique, lyrique ou chorégraphique ;

– les **concerts** symphoniques et autres, les orchestres divers et les chorales ;

– les théâtres de marionnettes, les **cabarets** artistiques, les cafés-concerts, les music-halls et **cirques,** à l'exclusion des établissements où il est d'usage de consommer pendant les séances ;

– les **spectacles musicaux** et de **variétés.**

Les collectivités bénéficiaires fixent la quotité de l'exonération, dans la limite de 100 %.

Ces collectivités peuvent également exonérer de CFE :

– dans la limite de 100 %, soit l'ensemble des **établissements de spectacles cinématographiques** qui ont réalisé un nombre d'entrées inférieur à 450 000 au cours de l'année précédant celle de l'imposition, soit uniquement les établissements qui ont réalisé un **nombre d'entrées** inférieur à 450 000 au cours de l'année précédant celle de l'imposition et qui, en outre, bénéficient d'un classement « art et essai » au titre de l'année de référence (n° 43665) ;

– dans la limite de 33 %, les autres établissements de spectacles cinématographiques.

> **Précisions** Les spectacles forains, les exhibitions de chants et danses dans les lieux publics ne bénéficient pas de l'exonération. Sont également exclues les entreprises donnant des représentations théâtrales à caractère pornographique ainsi que les établissements spécialisés dans la projection de films à caractère pornographique ou d'incitation à la violence.

LIBRAIRIES

Librairies indépendantes de référence Les collectivités bénéficiaires peuvent exonérer de la CFE les **établissements** de **vente de livres neufs au détail** qui disposent, au 1er janvier de l'année d'imposition, du **label** de librairie indépendante de référence. **43640** CGI art. 1464 I CET-II-82500 s

Pour bénéficier de cette exonération, l'établissement doit, au cours de la période de référence (n° 43665), relever d'une **petite ou moyenne entreprise** au sens indiqué n° 92650, qui n'est pas liée à une autre entreprise par un contrat de **franchise** et dont le **capital** est détenu de manière continue à hauteur de 50 % au moins soit par des personnes physiques, soit par une société répondant aux conditions ci-dessus et détenue à hauteur de 50 % au moins par des personnes physiques.

L'exonération est soumise à la **réglementation européenne** concernant les aides en faveur de la culture (n° 92730).

> **Précisions** L'entreprise doit formuler une **demande d'exonération** pour chaque établissement concerné, dans la déclaration n° 1447 C (n° 43756), s'il s'agit d'une création ou d'une reprise d'établissement, ou dans la déclaration annuelle n° 1447 M (n° 43755) dans les autres cas.

Autres librairies Les collectivités bénéficiaires qui ont décidé d'exonérer de la CFE les **établissements** disposant du label de librairie indépendante de référence (n° 43640) peuvent également exonérer de la CFE les établissements réalisant, dans un **local librement accessible au public,** une activité de **vente de livres neufs au détail** représentant au minimum 50 % du chiffre d'affaires au cours de la période de référence et qui ne disposent pas du label précité. **43642** CGI art. 1464 I bis CET-II-83900 s

Pour bénéficier de cette exonération, l'établissement doit soit disposer du label de librairie de référence au 1er janvier de l'année d'imposition, soit relever au cours de la période de référence (n° 43665) d'une **petite ou moyenne entreprise** au sens indiqué n° 92650 ou d'une entreprise de taille intermédiaire au sens de l'article 3 du décret 2008-1354 du 18 décembre 2008. L'entreprise ne doit pas être liée à une autre entreprise par un contrat de **franchise.**

L'exonération est soumise à la **réglementation européenne** concernant les aides en faveur de la culture (n° 92730).

> **Précisions** L'entreprise doit formuler une **demande d'exonération** pour chaque établissement concerné, dans la déclaration n° 1447 C (n° 43756), s'il s'agit d'une création ou d'une reprise d'établissement, ou dans la déclaration annuelle n° 1447 M (n° 43755) dans les autres cas.

DISQUAIRES INDÉPENDANTS

Les collectivités bénéficiaires peuvent exonérer de la CFE les établissements ayant pour activité principale la vente au détail de phonogrammes. **43645** CGI art. 1464 M CET-II-85400 s

Pour bénéficier de cette exonération, l'établissement doit, au cours de la période de référence (n° 43665), relever d'une **petite ou moyenne entreprise** au sens indiqué n° 92650, qui n'est pas liée à une autre entreprise par un contrat de **franchise** et dont le **capital** est détenu de manière continue à hauteur de 50 % au moins soit par des personnes physiques, soit par une société répondant aux conditions ci-dessus et détenue à hauteur de 50 % au moins par des personnes physiques.

L'exonération est soumise à la **réglementation européenne** concernant les aides de minimis (nos 92660 s.).

> **Précisions** L'entreprise doit formuler une **demande d'exonération** pour chaque établissement concerné dans la déclaration n° 1447 C (n° 43756), s'il s'agit d'une création ou d'une reprise d'établissement, ou dans la déclaration annuelle n° 1447 M (n° 43755) dans les autres cas.

COOPÉRATIVES AGRICOLES

43647 CGI art. 1464 E CET-II-86700 s

Les collectivités bénéficiaires peuvent exonérer de la CFE :

– les sociétés coopératives agricoles et leurs unions ainsi que les Sica (sociétés d'intérêt collectif agricole) qui emploient entre plus de trois et moins de onze salariés ;

– les coopératives agricoles et vinicoles, pour leurs activités autres que la vinification (embouteillage, conditionnement et commercialisation de la production de leurs adhérents) et quel que soit le mode de commercialisation employé, lorsque l'effectif salarié correspondant est compris entre plus de trois et moins de onze personnes.

Cette exonération n'est pas applicable dans les cas visés n° 43551, b.

Elle est soumise à la **réglementation européenne** concernant les aides de minimis (nos 92660 s.).

> **Précisions** **a.** Les modalités **d'appréciation de l'effectif salarié** et les conséquences d'un **dépassement du plafond d'effectif** sont les mêmes que celles prévues pour l'exonération de plein droit des coopératives agricoles employant au plus trois salariés (n° 43551, a).
>
> **b.** L'entreprise doit formuler une **demande d'exonération** pour chaque établissement concerné dans la déclaration n° 1447 C (n° 43756), s'il s'agit d'une création ou d'une reprise d'établissement, ou dans la déclaration annuelle n° 1447 M (n° 43755) dans les autres cas.
>
> **c.** Les coopératives agricoles et Sica qui ne peuvent prétendre ni à la présente exonération, ni à l'exonération de plein droit exposée n° 43551, a bénéficient d'une **réduction** de leur **base d'imposition** : voir n° 43688, a.

AUTRES EXONÉRATIONS FACULTATIVES

43650 CGI art. 1464 CET-II-80300 s CGI art. 1464 H CET-II-81500 s

a. Les **caisses de crédit municipal** peuvent être exonérées de la CFE, en tout ou partie, sur délibération des collectivités bénéficiaires.

b. Les **activités industrielles et commerciales des établissements publics d'enseignement** supérieur ou de recherche peuvent être exonérées de la CFE, sur délibération des collectivités bénéficiaires, à condition que ces activités soient gérées par un service spécial (**SAIC**). Les établissements concernés doivent formuler une demande d'exonération dans la déclaration n° 1447 C (n° 43756), s'il s'agit d'une création ou d'une reprise d'établissement, ou dans la déclaration n° 1447 M (n° 43755) dans les autres cas.

c. En ce qui concerne l'exonération facultative des **loueurs en meublé** qui louent ou sous-louent tout ou partie de leur habitation personnelle, voir n° 90670, c et d.

B. Base d'imposition

43660 CGI art. 1467 CET-II-150000 s

La base d'imposition à la CFE est constituée par la **valeur locative des biens passibles d'une taxe foncière.**

Cette valeur locative peut faire l'objet de **réductions et abattements** : nos 43684 s. Par ailleurs, une **valeur locative « plancher »** s'applique dans certaines hypothèses de restructurations d'entreprises ou de cessions de biens ou d'établissements : n° 43695.

En outre, la base d'imposition peut faire l'objet d'une augmentation en cas d'**extension d'établissement** : n° 43700.

À noter enfin que la base d'imposition ainsi déterminée est dans certains cas remplacée par une **base minimum** utilisée pour le calcul de la cotisation minimum visée n° 43715.

PÉRIODE DE RÉFÉRENCE

43665 CGI art. 1467 A CET-II-150400 s

La période de référence retenue pour déterminer la base d'imposition est constituée par l'**avant-dernière année** précédant celle de l'imposition ou par le dernier exercice de douze mois clos au cours de cette même année s'il ne coïncide pas avec l'année civile.

C'est ainsi que, dans le cas général des entreprises dont l'exercice coïncide avec l'année civile, on prendra en considération les immobilisations de 2022 (déclarées en 2023, le cas échéant) pour l'établissement de la **CFE** en **2024.**

Pour le cas où il y a :
- diminution des bases d'imposition, voir n° 43720 ;
- changement d'exploitant ou création d'établissement, voir n°s 43746 et 43748.

DÉFINITION DES BIENS IMPOSABLES

La CFE est assise sur la valeur locative des biens passibles d'une taxe foncière (terrains, constructions, installations, etc.) situés en France. 43670 CET-II-150820 s

Les biens passibles d'une taxe foncière s'entendent des biens qui entrent dans le champ d'application de la taxe foncière sur les **propriétés bâties** (n°s 41900 s.) **ou** de la taxe foncière sur les propriétés **non bâties** (n°s 42500 s.), même s'ils bénéficient, en matière de taxe foncière, d'une exonération temporaire (exemple : constructions nouvelles) ou permanente (exemple : bâtiments utilisés par une coopérative agricole). Par exception, les outillages et autres installations et **moyens matériels d'exploitation des établissements industriels** (autres que les installations foncières et les ouvrages d'art et voies de communication), ainsi que les **mâts des éoliennes** (Loi 2023-1322 du 29-12-2023 art. 142) et les immobilisations destinées à la **production d'électricité d'origine photovoltaïque,** qui sont exonérés de taxe foncière (n° 41955), n'entrent pas dans la base d'imposition à la CFE.

Sont également exonérés de cette cotisation :
- les biens destinés à la fourniture et à la distribution de l'eau lorsqu'ils sont utilisés pour l'**irrigation** pour les 9/10es au moins de leur capacité. Les biens sont exonérés, même s'ils ne sont pas destinés à l'arrosage de terres agricoles (CE 22-9-2014 n° 352632 : RJF 12/14 n° 1113) ;
- les **parties communes** des immeubles dont dispose l'entreprise qui exerce une activité de **location** ou de sous-location **d'immeubles.**

Enfin, certaines immobilisations, telles que les installations antipollution, peuvent être exonérées sur délibération des collectivités bénéficiaires de la cotisation (voir n° 43685).

Disposition pour les besoins de la profession La valeur locative des biens passibles d'une taxe foncière n'est retenue dans les bases d'imposition que si ces biens sont à la disposition du redevable, pour les besoins de son activité professionnelle, à l'expiration de la période de référence définie n° 43665. 43675

Sont visés les biens placés sous le contrôle du redevable et matériellement utilisables pour la réalisation des opérations qu'il effectue, qu'ils fassent ou non l'objet d'une utilisation effective (CE 18-2-2002 n° 220796 : RJF 5/02 n° 520 ; BOI-IF-CFE-20-20-10-10 n° 30).

Il est tenu compte des biens **appartenant au contribuable,** ainsi que de ceux qu'il a pris en **location** ou en **crédit-bail,** ou qu'il **utilise à titre gratuit.**

> **Précisions a.** Les biens pris en **crédit-bail** sont imposables au nom du preneur pendant la durée du contrat. Mais, lorsque ces biens sont restitués à l'expiration ou en cas de résiliation du contrat, ils n'ont pas à être imposés au nom du crédit-bailleur qui n'a pas vocation à les utiliser lui-même matériellement (CE 27-7-2001 n° 219281 : RJF 11/01 n° 1391 ; BOI-IF-CFE-20-20-10-10 n° 40).
> **b.** Les locaux donnés en **location** ou en sous-location pour une **courte durée** sont considérés comme demeurant sous le contrôle du fournisseur de l'hébergement (CE (na) 4-10-2013 n° 360179 : RJF 12/13 n° 1154 ; BOI-IF-CFE-20-20-10-10 n° 30).
> **c.** Les personnes qui exercent **conjointement** une **activité exonérée** et une **activité imposable** ne sont soumises à la CFE que pour les moyens d'exploitation nécessaires à cette dernière activité. Si les deux activités sont exercées dans des locaux communs, la valeur locative des biens est prise en compte au prorata de leur temps d'utilisation pour l'activité imposable (CE 3-10-2003 n° 220280 : RJF 12/03 n° 1383).
> **d.** Les bases taxables des **sociétés civiles de moyens** (SCM) comprennent la valeur locative des locaux à usage non privatif des membres de la SCM (comme, par exemple, le local du secrétariat et de la salle d'attente servant à l'ensemble des membres de la SCM), dont elle assure la gestion et l'entretien. La base d'imposition de chaque membre de la SCM correspond à la valeur locative des seuls locaux dont il a la jouissance exclusive (BOI-IF-CFE-20-20-10-10 n° 50).

DÉTERMINATION DE LA VALEUR LOCATIVE IMPOSABLE

La valeur locative à retenir dans les bases de la CFE est calculée suivant les **règles fixées pour** l'établissement de la **taxe foncière** sur les propriétés bâties et, le cas échéant, de la taxe foncière sur les propriétés non bâties (n°s 42030 s. et 42560 s.). 43680 CET-II-153000 s

Cependant, il n'est pas tenu compte de l'**actualisation** qui s'est appliquée au 1er janvier 1980 pour ces impôts (n°s 42225 et 42570). Par ailleurs, la valeur locative retenue est la valeur locative cadastrale brute : les abattements forfaitaires prévus en matière de taxe foncière (n°s 42030 et 42560) ne sont pas applicables en matière de CFE.

Enfin, pour le calcul de la CFE, la valeur locative des **établissements industriels** évalués selon la méthode comptable (nos 42110 s.) fait l'objet d'un **abattement** de 30 %.

RÉDUCTIONS DE LA BASE D'IMPOSITION

43684 CGI art. 1518 A bis CET-II-157820

Installations de manutention portuaire Une réduction dégressive s'applique à la valeur locative des installations spécifiques de manutention portuaire cédées ou ayant fait l'objet d'une **cession** de droits réels par les grands ports maritimes à des **opérateurs de terminaux** dans les conditions prévues aux articles 7 à 9 de la loi 2008-660 du 4 juillet 2008 portant réforme portuaire. Cette réduction est égale à 100 % pour les deux premières années au titre desquelles les biens cédés entrent dans la base d'imposition des opérateurs et à 75 %, 50 % et 25 % respectivement pour chacune des trois années suivantes.

La réduction de valeur locative est soumise à la **réglementation européenne** concernant les aides de minimis (nos 92660 s.).

43685 CGI art. 1518 A CET-II-157400, 157500 s et 159100 s

Aéroports et installations antipollution Une réduction d'un tiers est pratiquée sur la valeur locative des **aéroports.**

Par ailleurs, une réduction de moitié s'applique à la valeur locative des **installations antipollution achevées avant 2011** ayant fait l'objet d'un amortissement exceptionnel. Pour les installations achevées à compter de 1992 (et avant 2011), les communes et établissements publics de coopération intercommunale dotés d'une fiscalité propre peuvent porter cette réduction de 50 à 100 %. Lorsqu'une telle décision est prise, les redevables de la CFE doivent formuler une demande d'exonération dans la déclaration no 1447 M (no 43755) ou, en cas de création d'établissement ou de changement d'exploitant, dans la déclaration no 1447 C (no 43756).

À noter que, pour les installations acquises à compter du 1er janvier 2002 (et avant 2011) et qui ouvraient droit à amortissement exceptionnel, la réduction de 50 ou 100 % est accordée même si l'entreprise n'a pas comptabilisé cet amortissement.

43686 CGI art. 1518 A quater CET-II-159220 s

Bâtiments affectés à la recherche Les communes et établissements publics de coopération intercommunale dotés d'une fiscalité propre peuvent instituer un abattement de 50 % sur la valeur locative des bâtiments qui font l'objet d'une **première imposition à compter du 1er janvier 2016,** affectés directement à des **opérations de recherche scientifique et technique** ouvrant droit au crédit d'impôt recherche (no 10475) et évalués selon la **méthode comptable** (nos 42110 s.).

L'abattement est soumis à l'**encadrement européen** des aides à la recherche (no 92710).

> **Précisions** **a.** Il n'est pas nécessaire, pour l'application de l'abattement, que le contribuable bénéficie effectivement du **crédit d'impôt recherche** (BOI-IF-CFE-20-20-30 no 270).
> **b.** Pour bénéficier de l'abattement, le redevable doit, en matière de CFE, en faire la **demande** dans la déclaration no 1447 M (no 43755) ou, en cas de création d'établissement ou de changement d'exploitant, dans la déclaration no 1447 C (no 43756). En matière de taxe foncière, le contribuable doit déclarer au service des impôts, avant le 1er janvier de chaque année au titre de laquelle l'abattement est applicable et sur un imprimé no 6670-D, les bâtiments concernés.

43687 CGI art. 1468, I-2° CET-II-155250 s

Artisans Lorsqu'ils ne sont pas exonérés de la CFE (nos 43545 s.), les chefs d'entreprise immatriculés au registre national des entreprises bénéficient d'une réduction de leur base d'imposition, s'ils remplissent simultanément les trois **conditions** suivantes :

– employer **au plus trois salariés** ;

– effectuer **principalement des travaux** de fabrication, de transformation, de réparation **ou des prestations de services.** Pour apprécier cette condition, il y a lieu de comparer les recettes correspondant d'une part à ces activités et d'autre part aux reventes en l'état, après avoir divisé les recettes procurées par chaque activité par le chiffre d'affaires limite approprié fixé pour le régime micro-BIC ;

– exercer une activité véritablement artisanale, c'est-à-dire une activité dans laquelle le **montant de la rémunération du travail** (bénéfice + salaires versés + cotisations sociales y afférentes) représente plus de 50 % du chiffre d'affaires global TTC.

La réduction de base bénéficie également aux entreprises de **batellerie artisanale** immatriculées au répertoire des métiers qui emploient au plus trois salariés.

Le **montant** de la réduction est égal :

– aux trois quarts de la base lorsque le redevable emploie un salarié (ou moins de deux) ;
– à la moitié lorsqu'il emploie deux salariés (ou moins de trois) ;
– à un quart lorsqu'il emploie trois salariés.

> Précisions **a.** Le nombre de salariés comme le **chiffre d'affaires** s'apprécient au cours de la période de référence (n° 43665). Pour déterminer le nombre de salariés, on prend en considération tous les salariés (y compris, le cas échéant, le conjoint de l'exploitant) employés par le redevable, dans l'ensemble de ses établissements. Les salariés à temps partiel sont retenus à concurrence de leur durée de travail effective. Il en va de même pour les travailleurs saisonniers et les salariés embauchés ou débauchés au cours de l'année de référence. Il est fait abstraction des apprentis sous contrat et des handicapés physiques.
b. La réduction n'est pas applicable aux contribuables dont l'activité présente un **caractère commercial prépondérant** (bouchers, charcutiers, boulangers, pâtissiers, traiteurs, confiseurs), ou qui tirent l'essentiel de leurs ressources du capital investi et non de leur travail (exploitants de laveries automatiques, de salles de cinéma, etc.).

Coopératives **a.** Lorsqu'elles ne sont pas exonérées de la CFE (nos 43551, a et 43647), les coopératives et unions de **coopératives agricoles** et les **Sica** (sociétés d'intérêt collectif agricole) bénéficient d'une **réduction de moitié** de leur base d'imposition. Toutefois, cette réduction n'est pas applicable dans les cas visés n° 43551, b. **43688** CGI art. 1468, I-1° CET-II-154970 s

b. Les sociétés **coopératives d'artisans ou de patrons bateliers,** ainsi que leurs unions, et les sociétés **coopératives maritimes** sont imposables à la CFE (n° 43546), mais sur des **bases réduites de moitié,** lorsque leur capital est détenu à concurrence de 20 % au moins et de 50 % au plus par des associés non coopérateurs et/ou des titulaires de certificats coopératifs d'investissement et que les statuts prévoient qu'ils peuvent être rémunérés. CGI art. 1468, I-3° CET-II-155140 s
En revanche, aucune réduction n'est applicable lorsque la part du capital ainsi détenu excède 50 %, lorsque les parts sont admises aux négociations sur un marché réglementé ou offertes au public sur un système multilatéral de négociation ou, enfin, lorsque les coopératives ne fonctionnent pas conformément aux dispositions qui les régissent.

Entreprises saisonnières La valeur locative fait l'objet de plein droit d'une réduction prorata temporis en fonction de la période d'inactivité pour les **hôtels de tourisme** saisonniers classés, les **restaurants,** les **cafés,** les **discothèques,** les **établissements de spectacles** ou **de jeux** et les établissements **thermaux,** exerçant une activité à **caractère saisonnier** (c'est-à-dire comprise entre 12 et 41 semaines dans l'année, que l'ouverture de l'établissement soit continue ou fractionnée sur plusieurs périodes). **43689** CGI art. 1478, V CET-II-155800 s
Cette réduction peut s'appliquer également, sur délibération des collectivités bénéficiaires, aux **parcs d'attractions** et de loisirs exerçant une activité saisonnière.

VALEUR LOCATIVE « PLANCHER »

La valeur locative des immobilisations corporelles acquises à la suite d'**apports, de scissions, de fusions de sociétés** ou de **cessions d'établissements** ne peut pas être inférieure : **43695** CGI art. 1518 B CET-II-153230 s
– aux 2/3 de la valeur locative retenue l'année précédant l'opération pour les opérations réalisées entre le 1er janvier 1976 et le 31 décembre 1988 ;
– à 85 % ou aux 2/3 de cette même valeur locative selon que les bases d'imposition de l'établissement représentaient, l'année précédant l'opération, plus ou moins de 20 % des bases de taxe professionnelle de la commune d'implantation, pour les opérations réalisées entre le 1er janvier 1989 et le 31 décembre 1991 ;
– à 80 % de la valeur locative retenue l'année même de l'opération pour les opérations réalisées à compter du 1er janvier 1992.
De même, la valeur locative des immobilisations corporelles acquises à la suite d'opérations de **transmissions universelles de patrimoine** réalisées à compter du 1er janvier 2010 ne peut pas être inférieure à 80 % de la valeur locative retenue l'année de l'opération.
Par exception, le seuil de 80 % est porté à 90 % pour les opérations d'apports, de scissions, de fusions de sociétés ou de cessions d'établissements réalisées à compter du 1er janvier 2006, ainsi que pour les opérations de transmissions universelles de patrimoine réalisées à compter du 1er janvier 2010, lorsque ces opérations interviennent entre sociétés membres d'un **groupe fiscalement intégré.** Le seuil est porté à 100 % pour les opérations d'apports, de scissions, de fusions de sociétés, de cessions d'établissements ou de transmissions universelles de patrimoine réalisées à compter du 1er janvier 2010 (pour ce qui concerne la CFE) ou du 1er janvier 2011 (pour ce qui concerne la taxe foncière), lorsque ces opérations interviennent entre **entreprises liées,** c'est-à-dire lorsque, directement ou indirectement, l'entreprise cessionnaire ou bénéficiaire de l'apport contrôle l'entreprise cédante, apportée ou scindée ou est contrôlée par elle, ou que ces deux entreprises sont contrôlées par la même entreprise.
En revanche, le seuil est ramené à 50 % pour certaines opérations de reprise des actifs d'une **entreprise en difficulté** réalisées à compter du 1er janvier 2005.

Par ailleurs, la valeur locative d'une **immobilisation corporelle isolée cédée** à compter du 1er janvier 2010 (pour ce qui concerne la CFE) ou du 1er janvier 2011 (pour ce qui concerne la taxe foncière) et **rattachée au même établissement avant et après la cession** ne peut être inférieure à 100 % de son montant avant l'opération, lorsque cette cession intervient entre **entreprises liées** au sens indiqué ci-dessus.

> Précisions **a.** La valeur locative plancher s'applique aux seules **immobilisations directement concernées** par l'opération. Elle s'apprécie distinctement pour chaque **catégorie** d'immobilisations (terrains et constructions).
Elle est revalorisée chaque année par application des **coefficients forfaitaires annuels** visés nº 42230.
b. Lorsque le contribuable a **omis de déclarer certaines immobilisations**, la valeur locative retenue pour la détermination de la valeur locative plancher s'entend de la valeur locative taxable avant l'opération, qu'elle ait été effectivement imposée ou non (BOI-IF-CFE-20-20-20-20 nº 105).
c. Pour l'application du seuil de 100 %, la notion de **contrôle** doit s'apprécier au regard des critères fixés par l'article L 233-3 du Code de commerce. La règle de fixité du prix de revient s'applique donc, non seulement en cas de contrôle exclusif par une seule entreprise, mais également en cas de contrôle conjoint exercé avec une autre entreprise (CE 13-7-2023 nos 460743 et 460744 : RJF 11/23 nº 834).
d. Pour les opérations réalisées en 2005, la valeur locative plancher de 50 % s'applique en cas de reprise d'immobilisations d'une entreprise en **redressement judiciaire,** pendant la procédure et les deux années suivant la clôture de celle-ci.
Pour les opérations réalisées à compter du 1er janvier 2006, elle s'applique (sous réserve des règles propres aux groupes intégrés ou aux entreprises liées) aux opérations de reprise d'immobilisations prévues par un plan de cession ou comprises dans une cession d'actifs en **sauvegarde,** en **redressement** ou en **liquidation judiciaire,** jusqu'à la deuxième année suivant celle du jugement ordonnant la cession ou autorisant la cession d'actifs en cours de période d'observation.

EXTENSION D'ÉTABLISSEMENT

43700 CGI art. 1468 bis CET-II-181050 s

L'extension d'établissement s'entend de l'**augmentation nette** de la base d'imposition par rapport à celle de l'année précédente multipliée, selon le cas, par le coefficient de mise à jour annuelle des valeurs locatives prévu pour les locaux industriels (coefficient forfaitaire national : nº 42230) ou professionnels (coefficient par catégorie et secteur d'évaluation : nº 42240). La base d'imposition s'entend, le cas échéant, de celle résultant de l'application du mécanisme de la cotisation minium de CFE (nº 43715).

Toutefois, il n'est **pas tenu compte** de l'évolution de la base d'imposition résultant :
– des changements de méthode de détermination de la valeur locative des biens industriels (méthode comptable ou règles prévues pour les locaux professionnels : nº 42110) ;
– des changements d'utilisation des locaux professionnels entraînant une modification de tarif (nº 42100) ;
– de la perte du bénéfice de la réduction de moitié des variations de valeur locative des locaux professionnels (ou « planchonnement » : nº 42100, précision a) ;
– de la réduction de valeur locative des aéroports, de certaines installations antipollution et installations spécifiques de manutention portuaire et des bâtiments affectés à la recherche (nos 43684 à 43686) ;
– de la modification des coefficients de localisation (nº 42250) et de l'actualisation des paramètres d'évaluation en matière de locaux professionnels (nº 42255) ;
– de la réduction prorata temporis de la valeur locative des biens affectés à une activité saisonnière (nº 43689) ;
– pour les établissements au sein desquels sont exercées conjointement une activité imposable et une activité exonérée, de l'évolution de la fraction de la valeur locative imposable ;
– de l'application des règles relatives à la cotisation minimum de CFE (sur les modalités d'évolution de cette cotisation, voir nº 43715).

> Précisions Cette définition s'applique à l'ensemble des dispositions relatives à la CFE, à l'**exception** toutefois de celles prévues pour les exonérations dans les zones d'aide à finalité régionale et les zones d'aide à l'investissement des PME (nº 43582), ainsi que dans les zones de revitalisation rurale (nº 43590).

C. Montant de la CFE

43710 CET-II-162000 s

Le montant de la CFE s'obtient en multipliant la **base d'imposition** (arrondie à l'euro le plus proche) par les **taux** d'imposition fixés dans les conditions indiquées nº 41525.

Ce montant est susceptible d'être affecté par l'application de **mesures spéciales,** examinées ci-après.

> Précisions **a.** Lorsque le redevable est **imposable dans plusieurs communes** (ou parties d'une même commune où s'appliquent des taux d'imposition différents), les éléments d'imposition rattachés à chaque commune sont taxés selon les taux propres à cette commune (ou partie de commune).
b. À la taxe ainsi déterminée s'ajoutent les **frais de gestion** de la fiscalité locale (n° 41535).

COTISATION MINIMUM

Les redevables de la CFE sont assujettis à une cotisation minimum établie au lieu de leur **principal établissement.** Cette cotisation est établie à partir d'une base dont le montant est fixé par la commune (ou l'établissement public de coopération intercommunale doté d'une fiscalité propre) selon un **barème** qui est revalorisé chaque année comme le taux prévisionnel d'évolution des prix. Les délibérations fixant le montant de la base doivent intervenir, en principe, avant le 1er octobre d'une année pour être applicables l'année suivante (CGI art. 1639 A bis). **43715** CGI art. 1647 D CET-II-162300 s

En ce qui concerne les délibérations prises avant le 1er octobre 2023 pour la CFE 2024, le barème est le suivant :

Montant du chiffre d'affaires ou des recettes [1] (en €)	Montant de la base minimum compris (en €)
Inférieur ou égal à 10 000	Entre 237 et 565
Supérieur à 10 000 et inférieur ou égal à 32 600	Entre 237 et 1 130
Supérieur à 32 600 et inférieur ou égal à 100 000	Entre 237 et 2 374
Supérieur à 100 000 et inférieur ou égal à 250 000	Entre 237 et 3 957
Supérieur à 250 000 et inférieur ou égal à 500 000	Entre 237 et 5 652
Supérieur à 500 000	Entre 237 et 7 349

1. Montant hors taxe réalisé au cours de la période de référence et éventuellement rapporté à douze mois (n° 43665).

> Précisions **a.** La cotisation minimum n'est **pas due** :
– par les contribuables qui bénéficient d'une exonération de CFE (nos 43540 s., 43580 s., 43749 et 43751) ;
– par les contribuables dont l'établissement principal est exonéré pour l'année de la création (n° 43748) ;
– par les redevables de la taxe pour frais de chambres de métiers et de l'artisanat assujettis au seul droit fixe (n° 45540) ;
– par les contribuables qui bénéficient de la réduction de 100 % des installations antipollution visée n° 43685 ;
– par les redevables réalisant un montant de chiffre d'affaires ou de recettes inférieur ou égal à 5 000 €. L'exonération est soumise à la réglementation européenne concernant les aides de minimis (voir nos 92660 s.) ;
– ainsi, bien entendu, que par tous les contribuables dont la CFE, calculée suivant les règles normales, excède la cotisation minimum.
b. Pour les **praticiens libéraux,** les **redevances de collaboration** doivent être déduites des recettes à prendre en compte pour le collaborateur et incluses dans les recettes à prendre en compte pour le titulaire (BOI-IF-CFE-20-20-40-10 n° 170).
c. Les montants de base minimum fixés par les délibérations sont, à compter de l'année suivant celle au titre de laquelle ils s'appliquent pour la première fois, **revalorisés** chaque année comme le taux prévisionnel d'évolution des prix.
d. Le barème à six tranches de chiffre d'affaires ou de recettes s'applique depuis le 1er janvier 2014. À **défaut de délibération** prise après cette date pour l'application de ce barème, les montants de base minimum antérieurement fixés continuent de s'appliquer (après leur revalorisation annuelle). Toutefois, pour les contribuables dont le montant du chiffre d'affaires ou des recettes au cours de la période de référence définie n° 43665 est inférieur ou égal à 100 000 €, ces montants ne peuvent excéder les plafonds résultant du barème à six tranches. De même, les délibérations ayant institué avant 2014 une **réduction du montant de la base minimum** pour les redevables exerçant leur activité à temps partiel ou pendant moins de neuf mois dans l'année, ou pour ceux réalisant moins de 10 000 € de chiffre d'affaires ou de recettes au cours de la période de référence, continuent de s'appliquer (sauf délibération contraire), sans que les montants réduits puissent excéder les plafonds résultant du barème à six tranches.
e. Le **principal établissement** est celui dans lequel s'exerce l'activité à titre principal (CE 10-7-2019 n° 413946 : RJF 10/19 n° 924). Quand ils ne disposent d'aucun local ou terrain :
– les redevables domiciliés en application d'un contrat de **domiciliation commerciale** ou d'une autre disposition contractuelle sont redevables de la cotisation minimum au lieu de leur domiciliation ;
– les **redevables non sédentaires** sont redevables de la cotisation minimum établie au lieu de la commune d'élection de domicile ou au lieu de leur habitation principale ;
– les **redevables situés à l'étranger** qui réalisent une activité de **location ou** de **vente** portant sur un ou plusieurs **immeubles situés en France** sont redevables de la cotisation

minimum au lieu de situation de l'immeuble dont la valeur locative foncière est la plus élevée au 1er janvier de l'année d'imposition ;

– les **redevables domiciliés fiscalement au lieu de leur habitation** sont redevables de la cotisation minimum à ce lieu.

DÉGRÈVEMENT POUR DIMINUTION DES BASES D'IMPOSITION

43720 CGI art. 1647 bis CET-II-165000 s

Les entreprises dont les bases d'imposition à la CFE diminuent entre l'année de référence (avant-dernière année : nº 43665) et l'année précédant celle de l'imposition bénéficient, sur leur demande, d'un **dégrèvement correspondant à la différence** entre les bases afférentes à ces deux années. Ainsi, pour les impositions de l'année N, il s'agit de la différence entre les bases de l'année N – 2 imposées en N et les bases de l'année N – 1 qui seront imposées en N + 1. Selon l'administration, le montant du dégrèvement se calcule comme suit (BOI-IF-CFE-40-30-20-20 nº 40) :

$$[\text{Imposition N} - (\text{imposition N} \times \frac{\text{bases N} - 1 \text{ imposées en N} + 1}{\text{bases N} - 2 \text{ imposées en N}})]$$

Le Conseil d'État retient une méthode de calcul différente, mais qui aboutit en principe au même résultat. Le dégrèvement doit, selon la Haute Assemblée, être calculé en appliquant à la différence entre les bases d'imposition de l'année de référence et de l'année précédant celle de l'imposition le taux effectif de CFE de l'année d'imposition, ce taux résultant du rapport entre la cotisation globale acquittée à raison de l'ensemble des établissements du contribuable et ses bases d'imposition (CE 1-3-1989 nº 70810 : RJF 5/89 nº 586 ; CE 27-7-2015 nº 375342 : RJF 11/15 nº 918).

> Précisions a. Les **bases à comparer** s'entendent des bases de l'ensemble des établissements de l'**entreprise,** à condition toutefois que ces établissements soient encore en activité au 1er janvier de l'année d'imposition (CE 16-9-1998 nº 160479 : RJF 10/98 nº 1129). Il est tenu compte des bases après imputation des réductions visées nº 43687 (artisans), nº 43688 (coopératives) ou encore nº 43689 (entreprises saisonnières). En revanche, l'abattement applicable en Corse (nº 92320) ne vient pas en diminution des bases. De même, la diminution des bases résultant d'une modification des règles d'assiette décidée par le législateur ou la variation des bases temporairement exonérées est sans incidence sur le montant du dégrèvement.

Par ailleurs, il n'y a pas lieu d'appliquer à la valeur locative foncière de l'année précédant celle de l'imposition le **coefficient de majoration forfaitaire** (nºs 42230 et 42570) applicable au titre de l'année suivant celle de l'imposition (CE 23-11-2007 nº 299769 : RJF 2/08 nº 156).

b. Le dégrèvement s'impute sur le total des cotisations de CFE et des taxes annexes.

c. La **demande de dégrèvement,** formulée sur papier libre, doit être présentée dans le délai normal de réclamation en matière d'impôts locaux (nº 81825), au service des impôts dont dépend le principal établissement de l'entreprise (auprès duquel est souscrite la déclaration annuelle de résultats). Pour les redevables relevant de la direction des grandes entreprises, voir nº 87475.

D. Établissement de la CFE

LIEU D'IMPOSITION

43740 CGI art. 1473 CET-II-175300 s

La CFE est établie **dans chaque commune où** le contribuable dispose de **locaux ou de terrains.** Lorsqu'une entreprise dispose de locaux ou de terrains **dans plusieurs communes,** elle est donc imposable sur la valeur locative des biens passibles d'une taxe foncière dans chaque commune où ces biens sont situés.

> Précisions a. La CFE due à raison des **activités de remplacement** (médecins, notamment) est établie au lieu du principal établissement mentionné par les intéressés sur leur déclaration de résultats lorsqu'ils ne disposent pas de locaux ou de terrains. Lorsqu'un médecin a effectué au cours de la même année plusieurs remplacements, il est imposable à l'adresse du cabinet où son activité a été prépondérante (CE 15-2-2012 nº 333677 : RJF 5/12 nº 478).

b. En ce qui concerne le lieu d'établissement de la **cotisation minimum** susceptible d'être due par les redevables qui ne disposent pas de locaux ou de terrains (**redevables non sédentaires,** notamment), voir nº 43715, précision e.

c. Les entreprises exploitant, dans une commune partiellement couverte par une **zone d'activités économiques,** des établissements situés dans la ZAE et des établissements situés hors de la ZAE doivent ventiler leurs éléments d'imposition entre les deux catégories d'établissements en vue de la souscription de deux déclarations distinctes.

d. La valeur locative des **ouvrages hydroélectriques** concédés ou d'une puissance supérieure à 500 kW fait l'objet d'une répartition suivant des règles particulières (CGI art. 1475).

ANNUALITÉ DE L'IMPÔT

En principe, la CFE est due pour l'année entière par le **redevable qui exerce** l'activité **au 1er janvier.** 43745 CGI art. 1478 CET-II-177000 s

Cette règle appelle cependant des précisions dans les cas suivants.

Changement d'exploitant Pour **l'année du changement,** les règles suivantes sont applicables : 43746 CET-II-185000 s

– lorsque le changement intervient **en cours d'année,** le cédant reste redevable de la cotisation pour l'année entière, aucune imposition n'étant établie au nom du successeur. Si l'acte de cession comporte une clause mettant tout ou partie de l'imposition à la charge du successeur, cette convention ne produit effet qu'entre les cocontractants, le cédant demeurant le seul débiteur légal vis-à-vis de l'administration ;

– lorsque le changement prend effet le **1er janvier,** le nouvel exploitant est imposé sur les bases relatives à l'activité de son prédécesseur, qui ont été déclarées au début du mois de mai de l'année précédant celle du changement par le cédant. Toutefois, lorsque le changement porte sur une seule partie de l'activité exercée, le nouvel exploitant n'est imposé que sur les bases correspondant aux éléments qu'il a acquis, tandis que le cédant reste imposé sur les éléments rattachables à l'activité qu'il poursuit (CE 30-3-1990 n° 57883 : RJF 5/90 n° 553 ; BOI-IF-CFE-20-50-30 n° 1).

Pour les **deux années suivantes,** le nouvel exploitant est imposé d'après la valeur locative des immobilisations dont il a disposé au 31 décembre de sa première année d'activité.

> Précisions **a.** Il y a changement d'exploitant, pour l'application de la CFE, lorsqu'un nouvel exploitant poursuit dans l'établissement la **même activité** que son prédécesseur (en cas de cession de fonds de commerce, par exemple), même dans des conditions assez différentes (réduction de l'effectif salarié, par exemple).
En revanche, lorsqu'un établissement est repris par un nouvel exploitant qui y exerce une **activité différente,** l'opération peut, selon la jurisprudence, s'analyser en une cessation d'activité suivie d'une création d'établissement.
b. Une opération de **restructuration** constitue un changement d'exploitant. Lorsqu'une convention de fusion conclue en cours d'année contient une clause de rétroactivité au 1er janvier, celle-ci n'est pas opposable à l'administration pour l'établissement de l'imposition (CE 16-3-2001 n° 202548 : RJF 6/01 n° 804).

Création d'établissement Lorsqu'une personne entreprend une activité en cours d'année sans avoir eu de prédécesseur (ouverture d'établissement) : 43748 CET-II-178000 s

– pour **l'année de la création,** la CFE n'est pas due ;

– pour les **deux années suivantes,** la base d'imposition est calculée d'après les immobilisations dont le redevable a disposé au 31 décembre de l'année de la création.

Cependant, la base d'imposition de la **première année suivant celle de la création** (première année d'imposition) est réduite de moitié.

> Précisions **a.** Peuvent être assimilées à une création d'établissement les opérations suivantes :
– la **reprise** d'un établissement préexistant en vue de l'exercice d'une activité différente (voir n° 43746, précision a) ;
– le **transfert** d'une activité dans une autre commune, à condition que le redevable n'ait pas de prédécesseur dans l'établissement où il s'installe et que l'opération ne s'analyse donc pas en un changement d'exploitant ;
– la reprise de l'activité après **suspension** dans les conditions décrites n° 43753, précision b.
En revanche, l'**extension** d'une activité dans le cadre d'un établissement préexistant ne constitue pas une création d'établissement.
b. Par exception, les établissements produisant de l'**énergie électrique** sont redevables de la cotisation à compter de leur raccordement au réseau.
c. Les entreprises sans salariés (ce qui peut notamment être le cas des **auto-entrepreneurs** et des **micro-entreprises**) doivent être considérées comme n'ayant pas encore débuté leur activité, et ne sont donc pas imposables à la CFE, tant qu'elles ne réalisent pas de chiffre d'affaires ou de recettes (BOI-IF-CFE-20-50-10 n° 20).
d. Cas particulier des **associations sans but lucratif** cessant de bénéficier de la **franchise** d'impôt à raison de leurs **activités commerciales accessoires** : voir n° 89490.

Les communes et établissements publics de coopération intercommunale à fiscalité propre **peuvent** décider que la CFE n'est **pas due** pendant une durée de **trois ans** à compter de l'année qui suit celle de la création d'un établissement, sous réserve d'une délibération prise avant le 1er octobre d'une année pour être applicable l'année suivante. Pour bénéficier de cette mesure, l'entreprise doit formuler une demande dans la déclaration n° 1447 C à souscrire avant le 1er janvier de l'année suivant celle de la création. 43749 CGI art. 1478 bis

En pratique, la CFE n'est pas due de plein droit l'année de création, et les trois années suivantes par application de ce dispositif facultatif d'exonération.

Aucune réduction de moitié de la base d'imposition ne s'applique à l'expiration de la période d'exonération de trois ans.

43751 CGI art. 1478 bis CET-II-181290

Extension d'établissement Les communes et établissements publics de coopération intercommunale à fiscalité propre **peuvent** décider que la CFE n'est **pas due** pendant une durée de **trois ans** à compter de la deuxième année qui suit celle au cours de laquelle l'extension d'un établissement (n° 43700) a eu lieu, sous réserve d'une délibération prise avant le 1er octobre d'une année pour être applicable l'année suivante. Pour bénéficier de cette mesure, l'entreprise doit formuler une demande dans la déclaration n° 1447 M à souscrire avant le 1er mai de l'année suivant celle de l'extension.

43753 CET-II-182000 s

Cessation d'activité Le contribuable qui cesse toute activité dans **un établissement** n'est pas redevable de la CFE pour les mois restant à courir, sauf en cas de **cession de l'activité exercée** dans l'établissement ou de **transfert d'activité.**

Il peut donc obtenir un dégrèvement prorata temporis (calculé par mois entiers), sur demande présentée dans le délai normal de réclamation en matière d'impôts locaux (n° 81825).

> **Précisions a.** La jurisprudence assimile à une cessation d'activité l'installation dans l'établissement d'un nouvel exploitant exerçant une activité différente (voir n° 43746, précision a).
> **b.** Une **suspension d'activité** s'analyse en une cessation d'activité suivie d'une création d'établissement lorsque sa durée est d'au moins douze mois consécutifs (CGI ann. II art. 310 HT).
> **c.** En ce qui concerne les **associations sans but lucratif** remplissant en cours d'année les conditions pour bénéficier de la **franchise** d'impôt à raison de leurs **activités commerciales accessoires,** voir n° 89490.

DÉCLARATIONS

43755 CGI art. 1477 CET-II-188000 s

Déclaration annuelle Légalement, tous les redevables de la CFE doivent souscrire une déclaration annuelle contenant les éléments servant à l'établissement de la cotisation.

La déclaration doit être produite pour **chaque commune** d'imposition au plus tard le deuxième jour ouvré suivant le 1er mai de l'année précédant celle de l'imposition (CGI ann. III art. 344 I-0 bis).

Cependant, l'administration n'exige la souscription d'une déclaration **n° 1447 M** (dite **déclaration modificative**) que dans les cas où, au cours de la période de référence (n° 43665), soit la **consistance des locaux** a varié, soit un quelconque des éléments de la déclaration précédemment déposée a été modifié, c'est-à-dire essentiellement si la **surface du ou des locaux** imposés est modifiée, si le redevable demande le bénéfice d'une **exonération facultative** (nos 43580 s.) ou si le **prorata** de la base imposable, en cas d'exercice conjoint d'une activité imposable et d'une activité non imposable (n° 43675, précision c), est modifié (BOI-IF-CFE-30-10 n° 10).

En cas de **défaut ou** de **retard de déclaration,** ou si la déclaration souscrite comporte des **inexactitudes** ou des omissions, les pénalités étudiées nos 80000 s. et 80075 s. sont applicables.

> **Précisions a.** Les contribuables qui n'emploient aucun salarié en France et qui n'y disposent d'**aucun établissement** mais qui y exercent une activité de location ou de vente d'immeubles doivent déposer leurs **déclarations au lieu** de situation de l'immeuble dont la valeur locative foncière est la plus élevée au 1er janvier de l'année d'imposition.
> **b.** Les **éléments à déclarer** sont ceux de l'année précédente. Mais, du fait du décalage de la période de référence, ces éléments servent de base pour le calcul de la cotisation due, non pas au titre de l'année même de la déclaration, mais au titre de l'année suivante. C'est ainsi qu'en 2024 les entreprises doivent, le cas échéant, déclarer les éléments de 2023, qui seront utilisés pour l'assiette de la cotisation en 2025.
> **c.** Les imprimés n° 1447 M sont fournis par l'administration. Toutefois, les redevables peuvent déposer des **déclarations reproduites par** voie **informatique** (logiciels d'édition).
> **d.** Nous publions chaque année au Feuillet rapide un guide consacré à la souscription de la déclaration n° 1447 M.

43756

Déclarations à souscrire en cas de création d'établissement ou de changement d'exploitant En cas de création d'établissement ou de changement d'exploitant, le **nouvel exploitant** doit souscrire une **déclaration n° 1447 C,** dite aussi déclaration **initiale,** avant le 1er janvier de l'année suivant celle de la création ou du changement.

Ainsi, en cas de création ou de changement en 2024, le redevable doit souscrire une déclaration n° 1447 C au plus tard le 31 décembre 2024 pour l'établissement de la CFE en 2025.

> **Précisions a.** Le redevable qui peut bénéficier d'une **exonération facultative** (nos 43580 s.) dès la première année suivant la création de l'établissement doit en faire la demande dans la déclaration n° 1447 C (BOI-IF-CFE-30-20 n° 10).

b. Sur le lieu de dépôt de la déclaration n° 1447 C pour les contribuables qui n'emploient **aucun salarié en France** et qui n'y disposent d'**aucun établissement** mais qui y exercent une activité de location ou de vente d'immeubles, voir n° 43755, précision a.

c. Comme l'imprimé n° 1447 M (n° 43755, précision c), l'imprimé n° 1447 C peut être reproduit par voie informatique.

d. Nous publions chaque année au Feuillet rapide un guide consacré à la souscription de la déclaration n° 1447 C.

En cas de changement d'exploitant, l'**ancien exploitant** doit en faire la déclaration auprès du service des impôts dont dépend l'établissement cédé, qu'il s'agisse d'une **cession totale ou partielle d'établissement.** Cette déclaration, sur papier libre, doit être souscrite avant le 1er janvier de l'année suivant celle du changement si le changement intervient en cours d'année, ou avant le 1er janvier de l'année du changement lorsque celui-ci prend effet au 1er janvier. 43757

S'il s'agit d'une cession partielle, l'ancien exploitant doit en outre souscrire, dans les mêmes délais, une déclaration rectificative de ses bases de CFE.

EXEMPLE

En cas de changement partiel d'exploitant au cours de l'année 2024, l'ancien exploitant doit déclarer la cession avant le 1er janvier 2025. Il doit en outre souscrire, dans le même délai, une déclaration rectificative n° 1447 M pour l'imposition de 2025, à moins que la cession, antérieure à la date limite de dépôt de la déclaration annuelle (n° 43755), n'ait déjà été prise en compte dans celle-ci.

E. Paiement de la CFE

La CFE est perçue par voie de rôle. Dans chaque commune où ils sont imposables, les redevables sont informés par un **avis d'imposition** dématérialisé du montant à payer et des conditions d'exigibilité de l'impôt. La CFE doit être payée dans le **délai** porté sur cet avis, sous peine d'une majoration de 5 % (n° 80170). 43770 CET-II-190000 s

Le **régime de droit commun** consiste dans le paiement d'une **cotisation annuelle,** après mise en recouvrement du rôle, certains redevables étant toutefois tenus de verser un **acompte** sans attendre la mise en recouvrement. Toutes les entreprises doivent s'acquitter de leurs cotisations par téléréglement (paiement direct en ligne) ou par prélèvement à l'échéance, quels que soient le montant du chiffre d'affaires et le régime d'imposition de l'entreprise. Le paiement par virement est proscrit, sauf pour les contribuables professionnels résidents dans l'un des États figurant sur la liste mentionnée à l'article 1681 sexies, 2 du CGI (CGI art. 1681 sexies, 3 et 4, modifié par l'article 121 de la loi 2023-1322 du 29-12-2023). Le non-respect de ces dispositions entraîne l'application d'une majoration de 0,2 % (n° 80200, b).

Les redevables ont cependant la faculté d'opter pour un **régime de mensualisation.**

> Précisions **a.** Les redevables peuvent, pour chaque échéance d'impôt, ordonner le **téléréglement** jusqu'à la date limite de paiement (CGI ann. III art. 382 E). Le prélèvement est opéré le lendemain de cette date limite.

Ils peuvent également exercer l'option pour le **prélèvement à l'échéance** jusqu'à la fin du mois qui précède la date limite de paiement indiquée sur l'avis d'imposition. Elle vaut pour l'échéance en cours et les échéances suivantes et peut être dénoncée jusqu'à la fin du mois qui précède la date limite de paiement d'une échéance. Dans ce cas, le prélèvement est opéré à la date limite de paiement (CGI ann. III art. 382 C).

En ce qui concerne l'option pour le paiement par **prélèvements mensuels,** voir n° 43790.

b. Les **impositions supplémentaires** peuvent être acquittées par téléréglement ou par un mode traditionnel de paiement, autre que le virement (BOI-IF-CFE-40-10 n° 410). Toutefois, elles doivent obligatoirement faire l'objet d'un téléréglement lorsque leur montant excède 50 000 €.

c. Les entreprises relevant de la **direction des grandes entreprises** doivent obligatoirement acquitter l'ensemble de leurs paiements par **téléréglement** quel qu'en soit le montant (voir n° 87460).

d. Les **propriétaires** peuvent être mis en cause pour le paiement de la CFE due par leurs **locataires** : voir n° 77280, d.

e. En pratique, l'administration admet le paiement de la CFE par **virement** pour tous les **non-résidents** (BOI-IF-CFE-40-10 n° 210).

RÉGIME DE DROIT COMMUN

Acompte Les redevables dont la **cotisation de l'année précédente** (CFE et taxes annexes), mise en recouvrement avant le 1er avril de l'année courante, a été **au moins de 3 000 €** sont tenus de verser un acompte, égal à **50 %** du montant de cette cotisation, qui vient ensuite s'imputer sur le montant de l'impôt finalement dû. En cas de pluralité d'établissements, un acompte est dû pour chacune des cotisations excédant cette limite. 43775 CGI art. 1679 quinquies CET-II-190350 s

L'acompte est exigible le 31 mai et doit être **réglé** au plus tard le **15 juin** (à défaut, les sanctions visées n° 80170 sont applicables). Le solde n'est exigible qu'à partir du 1er décembre (en fonction de la date de la mise en recouvrement du rôle).

Les redevables sont informés du montant de l'acompte qu'ils ont à verser par un **avis d'acompte** dématérialisé.

> Précisions **a.** S'il en fait la demande écrite au comptable chargé du recouvrement quinze jours au moins avant la date d'exigibilité (soit au plus tard le 15 mai) par une déclaration datée et signée, le contribuable peut obtenir une **réduction de l'acompte** dans les cas suivants :
– s'il estime que sa base d'imposition sera réduite de 25 % au moins par rapport à l'année précédente ;
– ou s'il prévoit la cessation de son activité en cours d'année ;
– ou encore s'il a demandé le plafonnement en fonction de la valeur ajoutée (nos 44100 s.) de ses cotisations de CET de l'année précédente. Dans ce cas, il peut déduire la moitié du dégrèvement obtenu ou attendu (BOI-IF-CFE-40-10 n° 40 ; BOI-IF-CFE-40-30-20-30 nos 240 et 250).
Si, à la suite de la mise en recouvrement du rôle, cette réduction se révèle inexacte de plus de 10 %, les sanctions visées n° 80170 s'appliquent aux sommes non réglées.
b. L'acompte n'est **pas dû** lorsque son montant réduit selon les modalités visées au a ci-dessus est inférieur à 1 500 €.

43780 **Cotisation annuelle** Le paiement de la CFE (ou du **solde,** pour les redevables ayant déjà acquitté l'acompte) intervient après la mise en recouvrement du rôle, dans les **délais** indiqués nos 76650 s. (à défaut, les sanctions visées n° 80170 sont applicables).

Les redevables qui bénéficient du **plafonnement** de la CET en fonction de la **valeur ajoutée** (nos 44100 s.) peuvent, sous leur responsabilité, déduire du montant du solde de la CFE le montant du dégrèvement auquel ils estiment avoir droit au titre de l'année d'imposition, en joignant à leur versement une déclaration datée et signée précisant le mode de calcul des imputations (cette opération ne donne pas lieu à inscription du privilège du Trésor : voir n° 77230).

> Précisions **a.** En ce qui concerne les redevables tenus au paiement de l'acompte, si l'acompte a été régulièrement versé, le solde de la cotisation n'est exigible qu'à partir du 1er décembre (n° 43775). Les impositions de CFE étant, d'une manière générale, mises en recouvrement en octobre, la date limite de **paiement du solde** est fixée, en pratique, au 15 décembre (BOI-IF-CFE-40-10 n° 110). Mais si tout ou partie de l'acompte n'a pas été versé le 15 juin, l'impôt restant dû est exigible en totalité dès la mise en recouvrement du rôle.
b. S'il s'avère qu'au titre du **plafonnement** en fonction de la **valeur ajoutée** le redevable a imputé sur le solde de sa cotisation un montant supérieur au dégrèvement auquel il a réellement droit, les sanctions visées n° 80170 sont encourues. Toutefois les contribuables peuvent imputer sans pénalité sur le solde de la CFE dont ils sont redevables le dégrèvement au titre du plafonnement en fonction de la valeur ajoutée obtenu l'année précédente (BOI-IF-CFE-40-30-20-30 n° 280).

RÉGIME DE LA MENSUALISATION

43790
CGI art. 1681 quater A
CET-II-191160 s

Quel que soit le montant de leur cotisation, les redevables (autres que les entreprises relevant de la DGE) ont la faculté d'opter auprès de l'administration fiscale pour un système de paiement mensuel de la CFE et des taxes additionnelles par prélèvements mensuels.

L'**option** exercée est tacitement reconduite d'année en année, sauf dénonciation.

Le système comporte dix **prélèvements automatiques** opérés, le 15 du mois, de janvier à octobre, à l'initiative de l'administration fiscale, sur un compte ouvert par le contribuable dans un établissement bancaire. Chacun de ces prélèvements est égal au dixième des taxes mises en recouvrement au titre de l'année précédente, diminuées du montant du dégrèvement attendu, au titre de cette même année, du **plafonnement** de la CET en fonction de la **valeur ajoutée** (nos 44100 s.).

La situation du redevable fait l'objet d'une **régularisation** lors de la mise en recouvrement du rôle.

> Précisions **a.** L'**option** est formulée selon les modalités fixées par l'administration et prend effet dans des conditions différentes selon la date où elle intervient (CGI ann. III art. 382-0 C à 382-0 C ter). Il en va de même pour la dénonciation de l'option (CGI ann. III art. 382-0 C quater).
b. Lorsque le dégrèvement effectivement prononcé au titre du **plafonnement** en fonction de la **valeur ajoutée** se révèle inférieur au dégrèvement attendu qui a servi de base au calcul des mensualités, le complément résultant de la régularisation de la base des prélèvements est acquitté avec le prélèvement suivant. Si, au contraire, le dégrèvement prononcé est supérieur au dégrèvement attendu, l'excédent résultant de la même régularisation est remboursé dans le délai d'un mois (CGI ann. III art. 382-0 C sexies).
c. Si la cotisation est mise en recouvrement au plus tard le 31 octobre, le **solde restant dû** est prélevé en novembre à concurrence du montant de l'une des mensualités

précédentes, le complément éventuel étant prélevé en décembre.

Si la cotisation est mise en recouvrement après le 31 octobre, le solde doit être acquitté dans les 45 jours suivant la mise en recouvrement du rôle.

Si la mise en recouvrement fait apparaître un **trop-perçu,** celui-ci est remboursé au contribuable au plus tard à la fin du mois qui suit.

d. Pour tenir compte d'une éventuelle variation de la cotisation d'une année à l'autre, le contribuable est autorisé à demander, sous sa responsabilité :

– soit la **modification** (à la hausse ou à la baisse) du montant de ses prélèvements, s'il estime que le montant de la cotisation dont il sera redevable différera de celui qui a servi de base aux prélèvements ;

– soit la **suspension** de ses prélèvements, s'il estime que leur montant a atteint celui de la cotisation dont il sera redevable.

Dans les deux cas, la **demande** doit être formulée au plus tard le dernier jour du mois qui précède celui du prélèvement effectif. Elle ne peut être postérieure au 30 septembre de l'année.

Si le montant des impositions présumé par le contribuable est inférieur de plus de 20 % au montant mis en recouvrement, la différence entre la moitié des impositions dues et les prélèvements opérés entre le mois de janvier et le mois de juin (majorée de 5 %) est prélevée avec la seconde mensualité suivant la mise en recouvrement du rôle.

e. Si un **prélèvement** mensuel n'est **pas opéré** à la date fixée, pour insuffisance de provision du compte, la somme qui devait être acquittée est réglée avec le prélèvement suivant. Si un **deuxième retard** est constaté au cours de la **même année** le contribuable perd le bénéfice de son option pour cette année et est soumis aux règles de paiement de droit commun (nos 43775 s.) (CGI art. 1724 quinquies).

F. Contrôle et contentieux

CET-II-193300 s

RÔLES SUPPLÉMENTAIRES

Les **erreurs ou omissions** concernant la CFE peuvent être **réparées** par l'administration, par voie de rôles supplémentaires, dans le délai indiqué n° 77735. 43800

RÉCLAMATIONS

Le contribuable qui s'estime imposé à tort à la CFE ou surtaxé peut présenter une réclamation, dans le délai prévu en matière d'impôts locaux (n° 81825) ou, le cas échéant, dans le délai spécial prévu en cas de procédure de reprise ou de rectification (n° 81830). 43810

La réclamation peut porter sur des éléments propres à la CFE (application d'une exonération ou d'une réduction de base, par exemple), mais aussi sur la valeur locative des biens dont le contribuable dispose, même s'il n'en est pas propriétaire (sur les motifs possibles de contestation de la valeur locative cadastrale et les effets de celle-ci, voir n° 42265).

En ce qui concerne le dégrèvement lié au plafonnement de la CET en fonction de la valeur ajoutée, voir nos 44100 s.

Pour les possibilités de recours gracieux, voir nos 82270 s.

SECTION 2

COTISATION SUR LA VALEUR AJOUTÉE DES ENTREPRISES

CET-III-1 s

La cotisation sur la valeur ajoutée des entreprises (CVAE) constitue le deuxième élément de la cotisation économique territoriale. Bien que son champ d'application soit lié à celui de la cotisation foncière des entreprises, il s'agit d'une cotisation distincte qui s'ajoute à cette dernière cotisation et obéit à des règles sensiblement différentes. 43850

La CVAE est **supprimée à compter de 2027** (Loi 2023-1322 du 29-12-2023 art. 79). L'année 2026 est donc la dernière année au titre de laquelle elle est perçue.

A. Champ d'application de la CVAE

PERSONNES ET ACTIVITÉS IMPOSABLES

43855 CGI art. 1586 ter, I CET-III-330 s

La CVAE est due par les personnes physiques ou morales, ainsi que les sociétés non dotées de la personnalité morale qui exercent une **activité imposable à la CFE** dans les conditions indiquées nos 43525 s. et dont le **chiffre d'affaires** hors taxes est supérieur à un certain montant (no 43860).

Les **organismes sans but lucratif** non soumis à la CFE ne sont pas passibles de la CVAE (CE 12-2-2020 no 420605 : RJF 5/20 no 447).

MONTANT DU CHIFFRE D'AFFAIRES

43860 CET-III-500 s

Sont **légalement** assujetties à la CVAE – et doivent par conséquent souscrire une déclaration de valeur ajoutée (nos 44035 s.) – les personnes dont le chiffre d'affaires hors taxes est supérieur à **152 500 €.** Toutefois ne sont effectivement soumis à cette cotisation que les redevables dont le chiffre d'affaires hors taxes est supérieur ou égal à **500 000 €** (nos 44000 s.).

> Précisions Le **chiffre d'affaires** pris en compte pour l'appréciation du seuil de 152 500 € s'entend du chiffre d'affaires défini nos 43910 s., réalisé au cours de la période de référence mentionnée nos 43900 s. Il s'apprécie **au niveau de l'entreprise,** sans tenir compte des consolidations prévues, dans certains cas, pour la détermination du taux d'imposition (nos 44003 s.) (BOI-CVAE-CHAMP-10-20 no 50).

Par ailleurs, on retient le chiffre d'affaires afférent à l'ensemble des activités entrant dans le champ d'application de la CVAE, que ces **activités** soient **imposables** ou **exonérées** de plein droit ou de manière facultative (BOI-CVAE-CHAMP-10-20 no 10).

EXONÉRATIONS

43870 CET-III-1200 s

L'ensemble des **exonérations de plein droit** applicables à la **CFE** (exonérations non liées à une délibération des communes ou des EPCI bénéficiaires de cette cotisation : nos 43540 s.), qu'il s'agisse d'exonérations permanentes ou temporaires, s'applique à la CVAE.

43875 **Depuis le 1er janvier 2024,** les communes, les EPCI et les départements n'ont plus la possibilité de prendre des délibérations relatives à l'application à la CVAE, pour la fraction de la valeur ajoutée taxée à leur profit, des **exonérations facultatives prévues en matière de CFE** (nos 43580 s.) (Loi 2023-1322 du 29-12-2023 art. 79, abrogeant les I à III de l'article 1586 nonies du CGI). Les **délibérations** en faveur de l'application de l'exonération à la CVAE – ou les **décisions** de ne pas s'opposer à l'application de l'exonération, selon le dispositif dont il s'agit – **prises avant cette date** par ces collectivités continuent à produire leurs effets jusqu'en 2026.

Les entreprises pouvant bénéficier d'une exonération de CVAE en application de ces délibérations ou décisions doivent en faire la **demande.**

> Précisions **a.** La **demande** d'exonération de CVAE doit être formulée, selon le cas, sur la déclaration de CFE no 1447 M (no 43755), no 1465 (nos 43583 s.) ou no 1447 C (no 43756) (BOI-CVAE-CHAMP-20-10 no 80).

b. En ce qui concerne le dispositif prévu dans les **quartiers prioritaires de la politique de la ville** pour les **petites et moyennes entreprises** (no 43610), l'exonération de CVAE s'applique dans la limite de 154 732 € de valeur ajoutée par établissement pour l'imposition due au titre de 2022. En ce qui concerne le dispositif prévu dans les **quartiers prioritaires de la politique de la ville** depuis 2017 pour les **petites entreprises commerciales** (no 43612), et auparavant pour les très petites entreprises (no 43613, a), et dans les **zones franches urbaines** (no 43615), cette limite est de 420 505 € pour l'imposition due au titre de 2022 (BOI-CVAE-CHAMP-20-10 no 100).

c. Le bénéfice des exonérations de CVAE est perdu lorsque les **conditions** de l'exonération correspondante de CFE ne sont plus réunies. En outre, le bénéfice de l'exonération de CVAE est, le cas échéant, subordonné au respect du même **règlement communautaire** que celui appliqué pour l'exonération de CFE dont l'établissement bénéficie.

B. Montant de la CVAE

43885 CGI art. 1586 ter, II CET-III-3000 s

La CVAE est égale à une **fraction de la valeur ajoutée** définie nos 43910 s., produite par l'entreprise au cours de la **période de référence** définie nos 43900 s.

> Précisions **a.** Pour déterminer le montant de la CVAE, on retient la valeur ajoutée produite par les **activités imposables** à cette cotisation, à l'exception par conséquent de celle afférente aux **activités exonérées** de plein droit ou de manière facultative.

b. En ce qui concerne les **entreprises de navigation maritime ou aérienne** qui exercent des activités conjointement en France et à l'étranger, la valeur ajoutée est retenue proportionnellement à la part, dans les recettes totales hors taxes de l'entreprise afférentes aux opérations directement liées à l'exploitation d'aéronefs et de navires armés au commerce, des recettes provenant de celles de ces opérations dont le point de départ (embarquement) et le point d'arrivée (débarquement) sont situés en France. Toutefois, lorsque le trafic assuré par l'entreprise est majoritairement en provenance ou à destination de la France, la proportion retenue ne peut être inférieure au dixième (CGI ann. II art. 317 septies E).

PÉRIODE DE RÉFÉRENCE

La CVAE est déterminée en fonction du chiffre d'affaires réalisé et de la valeur ajoutée produite au cours de l'**année d'imposition** ou au cours du dernier **exercice de douze mois** clos au cours de cette même année lorsque cet exercice ne coïncide pas avec l'année civile. **43900** CGI art. 1586 quinquies **CET-III-770 s**

Lorsque l'exercice clos au cours de l'année d'imposition est d'une **durée de plus ou de moins de douze mois,** on retient le chiffre d'affaires réalisé et la valeur ajoutée produite au cours de cet exercice.

Lorsque **aucun exercice** n'est **clôturé** au cours de l'année d'imposition, la CVAE est établie à partir du chiffre d'affaires réalisé et de la valeur ajoutée produite entre le premier jour suivant la fin de la période retenue pour le calcul de la CVAE de l'année précédente et le 31 décembre de l'année d'imposition. En cas de **création d'entreprise** au cours de l'année d'imposition, la période retenue correspond à la période comprise entre la date de création et le 31 décembre de l'année d'imposition.

Lorsque **plusieurs exercices** sont **clôturés** au cours de l'année d'imposition, on retient le chiffre d'affaires réalisé et la valeur ajoutée produite au cours de ces exercices, quelles que soient leurs durées respectives.

ATTENTION

Dans ces trois situations, le **chiffre d'affaires** est, pour l'appréciation du **seuil d'assujettissement** à la CVAE (n° 43860), la détermination du **taux d'imposition** (n°s 44000 s.) et l'application du **dégrèvement** en faveur des petites entreprises (n° 44010), **corrigé** pour correspondre à une **année pleine.** En revanche, cette correction n'est pas effectuée pour le **calcul de la cotisation,** même si la période de référence retenue n'est pas de douze mois.

Dans tous les cas, il n'est pas tenu compte, pour la détermination de la période de référence, de la fraction d'exercice clos qui se rapporte à une **période retenue** pour l'établissement de l'impôt dû au titre d'**une ou de plusieurs années précédant celle de l'imposition.** **43905**

1. CALCUL DU CHIFFRE D'AFFAIRES ET DE LA VALEUR AJOUTÉE

La valeur ajoutée qui constitue l'assiette de la CVAE est déterminée à partir du chiffre d'affaires, majoré d'autres produits et diminué de certaines charges. Pour l'ensemble de ces éléments sont prévues, d'une part, une définition de droit commun et, d'autre part, des définitions spécifiques pour les entreprises soumises au régime micro-BIC et celles relevant de secteurs particuliers (finance et assurances). **43910** CGI art. 1586 sexies **CET-III-6000 s**

› Précisions Sont pris en compte le chiffre d'affaires réalisé et la valeur ajoutée produite au cours de la **période de référence** définie n°s 43900 s.
Toutefois, lorsque les **plus-values** de cessions d'immobilisations ou de titres de nature à être comprises dans le chiffre d'affaires et la valeur ajoutée sont **réalisées l'année de création de l'entreprise,** elles sont comprises dans le chiffre d'affaires et la valeur ajoutée retenus au titre de l'année suivante.

a. Règles de droit commun

GÉNÉRALITÉ DES ENTREPRISES

Chiffre d'affaires Pour la généralité des entreprises, le chiffre d'affaires est égal à la **somme** : **43915** **CET-III-6430 s**

– des **ventes** de produits fabriqués, prestations de services et marchandises ;

– des **redevances** pour concessions, brevets, licences, marques, procédés, logiciels, droits et valeurs similaires ;

– des **plus-values** de cession d'immobilisations corporelles et incorporelles se rapportant à une activité normale et courante ;

– des **refacturations** de frais inscrites au compte de transfert de charges.

› Précisions Le chiffre d'affaires d'un **commissionnaire** est égal au montant total du prix des biens vendus ou des prestations assurées (CE 25-9-2013 n° 350794 : RJF 12/13 n° 1151). Il en va de même pour une société de **portage salarial** (CAA Lyon 13-10-2015 n° 14LY01968 : RJF 1/16 n° 37).

43916 CET-III-7280 s **Valeur ajoutée** La valeur ajoutée est égale à la **différence** entre :

a) d'une part, le **chiffre d'affaires** défini n° 43915, majoré :

– des autres produits de gestion courante, à l'exception de ceux pris en compte dans le chiffre d'affaires et des quotes-parts de résultat sur opérations faites en commun ;

– de la production immobilisée, à hauteur des seules charges qui ont concouru à sa formation et qui figurent parmi les charges déductibles de la valeur ajoutée. Il n'est pas tenu compte de la production immobilisée, hors part des coproducteurs, afférente à des œuvres audiovisuelles ou cinématographiques inscrites à l'actif du bilan d'une entreprise de production audiovisuelle ou cinématographique, ou d'une entreprise de distribution cinématographique pour le montant correspondant au versement du minimum garanti au profit d'un producteur, à condition que ces œuvres soient susceptibles de bénéficier de l'amortissement fiscal sur douze mois ;

– des subventions d'exploitation ;

– de la variation positive des stocks ;

– des transferts de charges déductibles de la valeur ajoutée, autres que ceux pris en compte dans le chiffre d'affaires ;

– des rentrées sur créances amorties lorsqu'elles se rapportent au résultat d'exploitation ;

b) et, d'autre part :

– les **achats** stockés de matières premières et autres approvisionnements, les achats d'études et prestations de services, les achats de matériel, équipements et travaux, les achats non stockés de matières et fournitures, les achats de marchandises et les frais accessoires d'achat, diminués des rabais, remises et ristournes obtenus sur achats ;

– la **variation** négative des **stocks** (y compris celle résultant des dons de marchandises consentis au profit d'organismes caritatifs : CE 16-3-2016 n° 383536 : RJF 6/16 n° 532) ;

– les **services extérieurs** diminués des rabais, remises et ristournes obtenus, à l'exception des loyers ou redevances afférents aux biens corporels pris en location ou en sous-location pour une durée de plus de six mois ou en crédit-bail et des redevances afférentes à ces biens lorsqu'elles résultent d'une convention de location-gérance (même si ces loyers ou redevances sont versés en exécution d'un contrat de délégation de service public : CE 24-2-2020 n° 433881 : RJF 5/20 n° 448). Toutefois, lorsque les biens pris en location par le redevable sont donnés en sous-location pour une durée de plus de six mois, les loyers sont retenus à concurrence du produit de cette sous-location. Lorsque le bien fait l'objet de plusieurs sous-locations au cours de la période de référence, il y a lieu, pour apprécier si cette règle s'applique, de retenir la durée globale de sous-location (CE 23-11-2015 n° 377390 : RJF 2/16 n° 149) ;

– les **taxes** sur le chiffre d'affaires et assimilées, les contributions indirectes et la taxe intérieure de consommation sur les produits énergétiques ;

– les autres **charges** de gestion courante, autres que les quotes-parts de résultat sur opérations faites en commun ;

– les dotations aux **amortissements** pour dépréciation afférentes aux biens corporels donnés en location ou en sous-location pour une durée de plus de six mois, donnés en crédit-bail ou faisant l'objet d'un contrat de location-gérance, en proportion de la seule période de location, de sous-location, de crédit-bail ou de location-gérance ;

– les **moins-values** de cession d'éléments d'immobilisations corporelles et incorporelles se rapportant à une activité normale et courante.

La valeur ajoutée ainsi déterminée fait l'objet d'un **plafonnement** (voir n° 43930).

> **Précisions** **a.** Les **remboursements de charges communes** versés à une **société civile de moyens** par ses associés constituent pour ces derniers des paiements de services extérieurs déductibles de leur valeur ajoutée (BOI-CVAE-BASE-20-20 n° 140).
> **b.** Les **dépenses de mécénat** sont déductibles de la valeur ajoutée lorsqu'elles relèvent de l'activité habituelle et ordinaire de l'entreprise et sont comptabilisées en charges d'exploitation (CE plén. 9-5-2018 n° 388209 : RJF 7/18 n° 764).
> **c.** Les **taxes** sur le chiffre d'affaires et assimilées **déductibles** de la valeur ajoutée sont la TVA et les seules autres taxes qui, en application des normes comptables, grèvent le prix des biens et services vendus par l'entreprise (CE 29-6-2018 n° 416346 : RJF 10/18 n° 973).
> **d.** Les **redevances dues pour brevets** sont regardées comme rémunérant l'acquisition d'éléments incorporels de l'actif immobilisé et ne sont donc pas déductibles de la valeur ajoutée lorsqu'elles permettent d'obtenir des droits constituant une source régulière de profits, dotés d'une pérennité suffisante et susceptibles de faire l'objet d'une cession (CE 29-11-2021 n° 451521 : RJF 2/22 n° 154).

TITULAIRES DE BNC SOUMIS À UNE COMPTABILITÉ DE CAISSE

Chiffre d'affaires Pour les titulaires de bénéfices non commerciaux soumis à une comptabilité de caisse (n° 13250), le chiffre d'affaires est égal à la somme : 43920 CET-III-6830 s

– du montant hors taxes des honoraires ou recettes encaissés en leur nom, diminué des rétrocessions ;

– et des gains divers.

> **Précisions** Les praticiens libéraux exerçant leur activité dans le cadre d'un **contrat de collaboration** doivent, pour la détermination de leur chiffre d'affaires, déduire des honoraires qu'ils perçoivent les **redevances** de collaboration versées. Les praticiens titulaires doivent de leur côté ajouter à leurs autres gains divers les redevances perçues (BOI-CVAE-BASE-20-10 n° 80).

Valeur ajoutée La valeur ajoutée est égale à la différence entre : 43921 CET-III-8600 s

– d'une part, le chiffre d'affaires défini n° 43920 ;

– et, d'autre part, les dépenses de même nature que les charges admises en déduction de la valeur ajoutée pour la généralité des entreprises, à l'exception de la TVA déductible ou décaissée.

La valeur ajoutée ainsi déterminée fait l'objet d'un **plafonnement** (voir n° 43930).

TITULAIRES DE REVENUS FONCIERS

Chiffre d'affaires Pour les redevables de la CVAE imposables à l'impôt sur le revenu dans la catégorie des revenus fonciers, le chiffre d'affaires comprend les recettes brutes hors taxes : loyers encaissés, dépenses mises par convention à la charge des locataires et recettes brutes diverses (nos 27260 s.). 43925 CET-III-7040 s

Valeur ajoutée La valeur ajoutée est égale à la différence entre : 43926 CET-III-8860 s

– d'une part, le chiffre d'affaires défini n° 43925 ;

– et, d'autre part, les charges de la propriété déductibles des revenus fonciers (nos 27325 s.), à l'exception des impôts et taxes (autres que ceux incombant normalement à l'occupant) et des intérêts d'emprunts.

La valeur ajoutée ainsi déterminée fait l'objet d'un **plafonnement** (voir n° 43930).

PLAFONNEMENT DE LA VALEUR AJOUTÉE

La valeur ajoutée définie nos 43916, 43921 et 43926 ne peut excéder un **pourcentage du chiffre d'affaires** mentionné respectivement nos 43915, 43920 et 43925. Ce pourcentage est fixé à : 43930 CET-III-9320 s

– **80 %** pour les contribuables dont le chiffre d'affaires est inférieur ou égal à 7 600 000 € ;

– **85 %** pour les contribuables dont le chiffre d'affaires est supérieur à 7 600 000 €.

Pour l'application de ce dispositif, la période retenue pour le chiffre d'affaires est la même que celle retenue pour la valeur ajoutée.

b. Définitions particulières

ENTREPRISES SOUMISES AU RÉGIME MICRO-BIC

La valeur ajoutée des entreprises soumises au régime micro-BIC (nos 11190 s.) est égale à 80 % de la différence entre le montant des recettes et, le cas échéant, celui des achats réalisés au cours de l'année d'imposition. 43940 CET-III-9600 s

ÉTABLISSEMENTS DE CRÉDIT, SOCIÉTÉS DE FINANCEMENT ET ENTREPRISES D'INVESTISSEMENT AGRÉÉES

Pour les établissements de crédit, les sociétés de financement et, lorsqu'elles sont agréées par l'Autorité de contrôle prudentiel, les entreprises mentionnées à l'article L 531-4 du Code monétaire et financier, le **chiffre d'affaires** comprend l'ensemble des produits d'exploitation bancaires et des produits divers d'exploitation autres que les produits suivants : 43950 CET-III-9800 s

– 95 % des dividendes sur titres de participation et parts dans les entreprises liées ;

– plus-values de cession sur immobilisations figurant dans les produits divers d'exploitation autres que celles portant sur les autres titres détenus à long terme ;

– reprises de provisions spéciales et de provisions sur immobilisations ;

– quotes-parts de subventions d'investissement ;

– quotes-parts de résultat sur opérations faites en commun.

43951 La **valeur ajoutée,** quant à elle, est égale à la différence entre :

a) d'une part, le chiffre d'affaires défini n° 43950, majoré des reprises de provisions spéciales et des récupérations sur créances amorties lorsqu'elles se rapportent aux produits d'exploitation bancaire ;

b) et, d'autre part :

– les charges d'exploitation bancaires autres que les dotations aux provisions sur immobilisations données en crédit-bail ou en location simple ;

– les services extérieurs, à l'exception des loyers ou redevances afférents aux biens corporels pris en location ou en sous-location pour une durée de plus de six mois ou en crédit-bail, ainsi que des redevances afférentes à ces biens lorsqu'elles résultent d'une convention de location-gérance. Toutefois, lorsque les biens pris en location par le redevable sont donnés en sous-location pour une durée de plus de six mois, les loyers sont retenus à concurrence du produit de cette sous-location (pour l'appréciation de la durée de sous-location lorsque le bien fait l'objet de plusieurs sous-locations au cours de la période de référence, voir n° 43916) ;

– les charges diverses d'exploitation, à l'exception des moins-values de cession sur immobilisations autres que celles portant sur les autres titres détenus à long terme et des quotes-parts de résultat sur opérations faites en commun ;

– les pertes sur créances irrécouvrables lorsqu'elles se rapportent aux produits d'exploitation bancaire.

ENTREPRISES DE GESTION D'INSTRUMENTS FINANCIERS

43955 CET-III-11600 s Sont visées les entreprises, autres que celles entrant dans les autres catégories (établissements de crédit : n° 43950 et entreprises d'assurances : n° 43965), qui ont pour **activité principale** la gestion d'instruments financiers. Il s'agit des entreprises qui remplissent au moins une des deux conditions suivantes :

– les immobilisations financières ainsi que les valeurs mobilières de placement détenues par l'entreprise ont représenté en moyenne au moins 75 % de l'actif net au cours de la période de référence définie n°s 43900 s. ;

– le chiffre d'affaires de l'activité de gestion d'instruments financiers correspondant aux produits financiers et aux produits sur cession de titres réalisés au cours de la période de référence définie n°s 43900 s. est supérieur au total des chiffres d'affaires des autres activités.

› Précisions Ces deux conditions, afférentes aux immobilisations et au chiffre d'affaires, s'apprécient :

– soit au niveau de l'entreprise lorsque celle-ci est une filiale d'un groupe bancaire ou d'assurance : sont visées les entreprises dont au moins 50 % des droits de vote sont détenus, directement ou indirectement, par une entreprise qui est soit un établissement de crédit, soit une entreprise d'assurance, ou conjointement par des établissements de crédit ou des entreprises d'assurance ;

– soit au niveau du groupe dans les autres cas : dans cette hypothèse, l'actif et le chiffre d'affaires du groupe auquel appartient la société au sens de l'article L 233-16 du Code de commerce sont calculés sur la base des comptes consolidés.

43956 **Chiffre d'affaires** Pour les entreprises concernées, le chiffre d'affaires comprend :

– le chiffre d'affaires tel qu'il est déterminé pour la généralité des entreprises (n° 43915) ;

– les produits financiers, à l'exception des reprises sur provisions et de 95 % des dividendes sur titres de participation ;

– les plus-values sur cession de titres, à l'exception des plus-values de cession de titres de participation.

43957 **Valeur ajoutée** La valeur ajoutée est égale à la différence entre :

– d'une part, le chiffre d'affaires défini n° 43956, majoré des rentrées sur créances amorties lorsqu'elles se rapportent à ce chiffre d'affaires ;

– et, d'autre part, les services extérieurs mentionnés dans la définition de la valeur ajoutée de droit commun (n° 43916), les charges financières, à l'exception des dotations aux amortissements et aux provisions, les moins-values de cession de titres autres que les titres de participation et les pertes sur créances irrécouvrables lorsqu'elles se rapportent au chiffre d'affaires défini n° 43956.

SOCIÉTÉS CRÉÉES POUR UNE OPÉRATION DE FINANCEMENT D'IMMOBILISATIONS CORPORELLES

43960 CET-III-12900 s Pour les sociétés et groupements créés pour la réalisation d'une opération unique de financement d'immobilisations corporelles qui soit sont détenues à 95 % au moins par un établissement de crédit ou une société de financement et réalisent l'opération pour le compte de l'établissement de crédit ou de la société de financement, ou d'une société elle-même détenue à 95 % au moins par l'établissement de crédit ou la société de financement, soit sont soumis aux dispositions de l'article 39 C, II-1 du CGI (sociétés ou groupements réalisant une activité de louage de biens corporels) ou à celles des articles 217 undecies, 217 duodecies ou244 quater Y (entreprises réalisant des investissements outre-mer) du CGI, le **chiffre d'affaires** comprend :

– le chiffre d'affaires tel qu'il est déterminé pour la généralité des entreprises (nº 43915) ;

– les produits financiers et les plus-values résultant de la cession au crédit-preneur des immobilisations financées dans le cadre de l'opération unique de financement.

La **valeur ajoutée,** quant à elle, est égale à la différence entre : 43961

– d'une part, le chiffre d'affaires défini nº 43960, majoré des rentrées sur créances amorties lorsqu'elles se rapportent à ce chiffre d'affaires ;

– et, d'autre part, les services extérieurs et les dotations aux amortissements mentionnés dans la définition de la valeur ajoutée de droit commun (nº 43916), les charges financières et les moins-values résultant de la cession au crédit-preneur des immobilisations financées dans le cadre de l'opération unique de financement et les pertes sur créances irrécouvrables lorsqu'elles se rapportent au chiffre d'affaires défini nº 43960.

ENTREPRISES D'ASSURANCE ET ASSIMILÉES

Sont visés les **mutuelles** et unions régies par le livre II du Code de la mutualité, les mutuelles et 43965 CET-III-13900 s
unions de retraite professionnelle supplémentaire mentionnées à l'article L 214-1 du même Code, les **institutions de prévoyance** régies par le titre III du livre IX du Code de la sécurité sociale, les institutions de retraite professionnelle supplémentaire mentionnées à l'article L 942-1 du même Code, les **entreprises d'assurance et de réassurance** régies par le Code des assurances et les fonds de retraite professionnelle supplémentaire mentionnés à l'article L 381-1 du même Code. Pour ces personnes, le **chiffre d'affaires** comprend :

– les primes ou cotisations ;

– les autres produits techniques ;

– les commissions reçues des réassureurs ;

– les produits non techniques, à l'exception de l'utilisation ou de reprises des provisions ;

– les produits des placements, à l'exception des reprises de provisions pour dépréciation, des plus-values de cession et de 95 % des dividendes afférents aux placements dans des entreprises liées ou dans des entreprises avec lien de participation, des plus-values de cession d'immeubles d'exploitation et des quotes-parts de résultat sur opérations faites en commun.

La **valeur ajoutée,** quant à elle, est égale à la différence entre : 43966

a) d'une part, le chiffre d'affaires défini nº 43965, majoré des subventions d'exploitation, de la production immobilisée, à hauteur des seules charges qui ont concouru à sa formation et qui sont déductibles de la valeur ajoutée, et des transferts ;

b) et, d'autre part :

– les prestations et frais payés ;

– les achats ;

– le montant des secours exceptionnels accordés par décision du conseil d'administration ou de la commission des secours lorsque celle-ci existe ;

– les autres charges externes ;

– les autres charges de gestion courante ;

– les variations des provisions pour sinistres ou prestations à payer, et des autres provisions techniques, y compris les provisions pour risque d'exigibilité pour la seule partie qui n'est pas admise en déduction du résultat imposable en application de l'article 39, 1-5º du CGI ;

– la participation aux résultats ;

– les charges des placements, à l'exception des moins-values de cession des placements dans des entreprises liées ou dans des entreprises avec lien de participation et des moins-values de cessions d'immeubles d'exploitation.

Toutefois ne sont pas déductibles de la valeur ajoutée :

– les loyers ou redevances afférents aux biens corporels pris en location ou en sous-location pour une durée de plus de six mois ou en crédit-bail, ainsi que les redevances afférentes à ces immobilisations lorsqu'elles résultent d'une convention de location-gérance. Toutefois, lorsque les biens pris en location par le redevable sont donnés en sous-location pour une durée de plus de six mois, les loyers sont retenus à concurrence du produit de cette sous-location (pour l'appréciation de la durée de sous-location lorsque le bien fait l'objet de plusieurs sous-locations au cours de la période de référence, voir n° 43916) ;

– les charges de personnel ;

– les impôts, taxes et versements assimilés, à l'exception des taxes sur le chiffre d'affaires et assimilées, des contributions indirectes et de la taxe intérieure de consommation sur les produits énergétiques ;

– les quotes-parts de résultat sur opérations faites en commun ;

– les charges financières afférentes aux immeubles d'exploitation ;

– les dotations aux amortissements d'exploitation ;

– les dotations aux provisions autres que les provisions techniques.

2. TAUX D'IMPOSITION

44000 CGI art. 1586 quater, I CET-III-3300 s

Le taux d'imposition à la CVAE varie selon le **montant du chiffre d'affaires** hors taxes réalisé par l'entreprise. Pour les impositions dues au titre de 2024, 2025 et 2026, il est déterminé comme suit (Loi 2023-1322 du 29-12-2023 art. 79) :

Montant du CA hors taxe	Taux d'imposition		
	2024	2025	2026
< 500 000 €	0 %	0 %	0 %
500 000 € ⩽ CA ⩽ 3 000 000 €	$\frac{0{,}094\ \% \times (\text{CA} - 500\,000\ €)}{2\,500\,000\ €}$	$\frac{0{,}063\ \% \times (\text{CA} - 500\,000\ €)}{2\,500\,000\ €}$	$\frac{0{,}031\ \% \times (\text{CA} - 500\,000\ €)}{2\,500\,000\ €}$
3 000 000 € < CA ⩽ 10 000 000 €	$\frac{0{,}169\ \% \times (\text{CA} - 3\,000\,000\ €)}{7\,000\,000\ €} + 0{,}094\ \%$	$\frac{0{,}113\ \% \times (\text{CA} - 3\,000\,000\ €)}{7\,000\,000\ €} + 0{,}063\ \%$	$\frac{0{,}056\ \% \times (\text{CA} - 3\,000\,000\ €)}{7\,000\,000\ €} + 0{,}031\ \%$
10 000 000 € < CA ⩽ 50 000 000 €	$\frac{0{,}019\ \% \times (\text{CA} - 10\,000\,000\ €)}{40\,000\,000\ €} + 0{,}263\ \%$	$\frac{0{,}013\ \% \times (\text{CA} - 10\,000\,000\ €)}{40\,000\,000\ €} + 0{,}175\ \%$	$\frac{0{,}006\ \% \times (\text{CA} - 10\,000\,000\ €)}{40\,000\,000\ €} + 0{,}087\ \%$
> 50 000 000 €	0,28 %	0,19 %	0,09 %

> Précisions **a.** Le **chiffre d'affaires** pris en compte pour déterminer le taux d'imposition s'entend du chiffre d'affaires défini nos 43910 s., réalisé au cours de la période de référence mentionnée nos 43900 s. Il s'agit du chiffre d'affaires afférent à l'ensemble des activités entrant dans le champ d'application de la CVAE, que ces **activités** soient **imposables** ou **exonérées** de plein droit ou de manière facultative (BOI-CVAE-LIQ-10 n° 40).
En principe, le chiffre d'affaires s'apprécie **au niveau de l'entreprise.** Par exception, une mesure de **consolidation du chiffre d'affaires** s'applique aux **sociétés remplissant les conditions pour être membres d'un groupe fiscalement intégré** dont le chiffre d'affaires consolidé est supérieur ou égal à 7 630 000 € (voir n° 44003). Un dispositif de même nature est prévu pour les **entreprises parties à une opération de restructuration** (voir n° 44006).
b. Les **taux** déterminés par application des formules ci-dessus sont exprimés en pourcentage et arrondis au centième le plus proche.

44001 EXEMPLE

1. Chiffre d'affaires hors taxes = 2 700 000 €.

$$\text{Taux d'imposition 2024} = \frac{0{,}094\ \% \times (2\,700\,000\ € - 500\,000\ €)}{2\,500\,000\ €} = 0{,}08\ \%$$

2. Chiffre d'affaires hors taxes = 6 200 000 €.

$$\text{Taux d'imposition 2024} = \frac{0{,}169\ \% \times (6\,200\,000\ € - 3\,000\,000\ €)}{7\,000\,000\ €} + 0{,}094\ \% = 0{,}17\ \%$$

CONSOLIDATION DU CHIFFRE D'AFFAIRES POUR LA DÉTERMINATION DU TAUX D'IMPOSITION

44003 CGI art. 1586 quater, I bis CET-III-3600 s

Entreprises membres d'un groupe économique Lorsqu'une entreprise, quels que soient son régime d'imposition des bénéfices, le lieu d'établissement, la composition du capital et le régime d'imposition des bénéfices des entreprises qui la détiennent, remplit les **conditions de détention pour être membre d'un groupe fiscalement intégré** (nos 40150 s.), le chiffre d'affaires à retenir pour déterminer son taux d'imposition s'entend de la somme de son chiffre d'affaires et des chiffres d'affaires des entreprises, assujetties ou non, qui remplissent les mêmes conditions pour être membres du même groupe. Toutefois, cette règle n'est pas applicable lorsque la somme des chiffres d'affaires est inférieure à 7 630 000 €.

> Précisions a. La consolidation du chiffre d'affaires s'applique à toutes les **entreprises,** qu'elles soient **soumises à l'impôt sur les sociétés** dans les conditions de droit commun ou non. Sont notamment concernés les entreprises exonérées totalement ou partiellement d'impôt sur les bénéfices (sociétés coopératives et leurs unions, sociétés de capital-risque, sociétés immobilières de gestion, sociétés immobilières d'investissement, etc.), les groupements d'intérêt économique, les sociétés de personnes non soumises à l'impôt sur les sociétés (sociétés en nom collectif, sociétés civiles, etc.), les sociétés en commandite simple, les entreprises unipersonnelles à responsabilité limitée et les sociétés en participation (BOI-CVAE-LIQ-10 n° 72).

b. Les **entreprises individuelles** sont exclues du champ d'application de la consolidation du chiffre d'affaires (BOI-CVAE-LIQ-10 n° 73).

c. Le chiffre d'affaires des **entités dépourvues de capital,** telles les sociétés en participation, doit être consolidé avec celui des entreprises qu'elles détiennent. En revanche, les chiffres d'affaires de ces entités ne sont pas consolidés entre eux (BOI-CVAE-LIQ-10 n°s 72 et 73).

d. La consolidation s'applique au chiffre d'affaires d'entreprises françaises détenues par l'intermédiaire d'**entreprises établies hors de France.** En revanche, le chiffre d'affaires des entreprises établies hors de France n'est pas à retenir dans la consolidation (BOI-CVAE-LIQ-10 n° 74).

e. Pour apprécier si une société est membre d'un groupe économique (cas des **entrées et sorties de groupe**), il y a lieu de se placer au 1er janvier de l'année d'imposition (sauf règles particulières en cas de sortie d'un groupe au cours d'une année et de pluralité d'exercices clos cette même année) (BOI-CVAE-LIQ-10 nos 82 à 87).

Entreprises parties à une opération de restructuration En cas d'**apport,** de **cession d'activité** ou de **scission d'entreprise** réalisés à compter du 22 octobre 2009 ou de **transmission universelle de patrimoine** réalisée à compter du 1er janvier 2010, le chiffre d'affaires à retenir pour déterminer le taux d'imposition de chacune des entreprises parties à l'opération est égal à la somme des chiffres d'affaires de ces entreprises lorsque les conditions suivantes sont remplies : **44006** CGI art. 1586 quater, III CET-III-4000 s

– l'entité à laquelle l'activité est transmise est, à un moment quelconque au cours des six mois qui précèdent la date de réalisation de l'opération, détenue, directement ou indirectement, à plus de 50 %, soit par l'entreprise cédante ou apporteuse, ou les associés de l'entreprise scindée réunis, soit par une entreprise qui détient, directement ou indirectement, à plus de 50 % l'entreprise cédante ou apporteuse ou les entreprises issues de la scission réunies, soit par une entreprise détenue, directement ou indirectement, à plus de 50 % par l'entreprise cédante ou apporteuse, ou par les associés de l'entreprise scindée réunis ;
– la somme des cotisations dues (minorées du dégrèvement visé n° 44010), d'une part, par l'entreprise cédante, apporteuse ou scindée, et, d'autre part, par le nouvel exploitant est inférieure d'au moins 10 % aux impositions de CVAE (minorées du dégrèvement visé n° 44010) qui auraient été dues par ces mêmes entreprises en l'absence de réalisation de l'opération ;
– l'activité continue d'être exercée par ces dernières ou par une ou plusieurs de leurs filiales ;
– les entreprises en cause ont des activités similaires ou complémentaires.

Ces dispositions peuvent se combiner avec celles visées n° 44003 lorsque l'opération implique une entreprise appartenant à un groupe économique (BOI-CVAE-LIQ-10 n° 95).

Ces dispositions ne s'appliquent plus à compter de la huitième année suivant celle de l'apport, de la cession d'activité, de la scission d'entreprise ou de la transmission universelle de patrimoine.

3. DÉGRÈVEMENT EN FAVEUR DES PETITES ENTREPRISES

Les entreprises dont le **chiffre d'affaires** hors taxes est **inférieur à 2 000 000 €** bénéficient d'un dégrèvement dont le **montant** est fixé à (Loi 2023-1322 du 29-12-2023 art. 79) : **44010** CGI art. 1586 quater, II CET-III-4200

– 188 € pour les impositions dues au titre de **2024** ;
– 125 € pour celles dues au titre de **2025** ;
– 63 € pour celles dues au titre de **2026.**

Le chiffre d'affaires est apprécié comme pour la détermination du seuil d'assujettissement à la CVAE (n° 43860). Le dégrèvement est pris en compte pour le calcul des acomptes et du solde de CVAE (BOI-CVAE-LIQ-10 n° 170).

4. FRANCHISE

La CVAE n'est pas due lorsque son montant annuel n'excède pas 63 € (Loi 2023-1322 du 29-12-2023 art. 79, applicable à la cotisation due au titre de 2024 à 2026). **44015** CGI art. 1586 septies

C. Établissement et paiement de la CVAE

ANNUALITÉ DE L'IMPÔT

44030 La CVAE est due par le redevable qui exerce l'activité au **1er janvier** de l'année d'imposition.

CGI art. 1586 octies, I
CET-III-22030 s

Toutefois, en cas d'**apport,** de **cession d'activité,** de **scission d'entreprise** ou de **transmission universelle de patrimoine** intervenant au cours de l'année d'imposition, la CVAE est due également par le redevable qui n'exerce aucune activité imposable au 1er janvier de l'année et auquel l'activité est transmise. Il en va ainsi que ce redevable existe ou non au 1er janvier (BOI-CVAE-CHAMP-10-10 n° 30).

DÉCLARATION DE LA VALEUR AJOUTÉE

44035 Les entreprises dont le chiffre d'affaires hors taxes est supérieur à 152 500 € doivent déclarer **par voie électronique** le montant de la valeur ajoutée sur un formulaire n° 1330-CVAE. Une **déclaration papier** est toutefois admise pour les entreprises assujetties relevant du régime micro-BIC (BOI-CVAE-BASE-20-20 n° 340).

CGI art. 1586 octies, II et III et 1649 quater B quater, IV
CET-III-17000 s et 22190 s

Légalement, cette déclaration doit être souscrite **au plus tard** le deuxième jour ouvré suivant le 1er mai de l'année suivant celle au titre de laquelle la CVAE est due. Mais l'administration accorde aux entreprises souscrivant leur déclaration par voie électronique un délai supplémentaire de quinze jours pour accomplir leur obligation déclarative (notamment BOI-CVAE-DECLA-10 n° 1).

La déclaration doit mentionner, par établissement ou par lieu d'emploi, le **nombre de salariés** employés au cours de la période pour laquelle elle est établie. Les salariés exerçant leur activité dans plusieurs établissements ou lieux d'emploi sont déclarés dans celui où la durée d'activité est la plus élevée, y compris si l'entreprise ne dispose pas de locaux dans ce lieu d'emploi dès lors que le salarié y exerce son activité plus de trois mois.

Par dérogation, les **entreprises monoétablissement,** à l'exception de celles relevant du régime micro-BIC, sont dispensées, sous certaines conditions, de déposer la déclaration n° 1330-CVAE (BOI-CVAE-DECLA-10 n° 20 ; BOI-CVAE-BASE-20-20 n° 340).

Remarque : Nous publions chaque année au Feuillet Rapide un **guide** consacré à la souscription de la déclaration n° 1330-CVAE.

44036 **> Précisions** **a.** En cas de **transmission universelle de patrimoine**, de **cession** ou de **cessation d'entreprise ou de l'exercice d'une profession commerciale,** d'ouverture d'une procédure de **sauvegarde,** de **redressement** ou de **liquidation** judiciaires ou de **décès** du contribuable, la déclaration n° 1330-CVAE ainsi que la déclaration liquidative n° 1329-DEF (n° 44050) doivent être souscrites dans un **délai** de soixante jours. Ce délai est décompté soit dans les conditions prévues pour les délais de dépôt des déclarations de résultat en cas de cession ou cessation d'entreprise ou d'activité, ou de décès (nos 11495 et 13675), soit au jour du jugement d'ouverture de la procédure collective.

Par exception, en cas d'ouverture d'une **procédure collective** qui ne met pas fin à la **poursuite de l'activité,** le redevable doit souscrire, dans un délai de soixante jours à compter du jour du jugement d'ouverture de la procédure, une déclaration liquidative n° 1329-DEF mentionnant une estimation du montant de la CVAE due au titre de l'année au cours de laquelle la procédure collective a été ouverte, déterminée en fonction du chiffre d'affaires et de la valeur ajoutée mentionnés dans la dernière déclaration de résultat exigée. Cette **obligation déclarative anticipée** ne se substitue pas aux obligations déclaratives de droit commun. Le redevable doit donc procéder l'année suivante au dépôt de la déclaration n° 1330-CVAE et à un nouveau dépôt de la déclaration n° 1329-DEF.

b. Les **entreprises de transport** doivent en principe déclarer les **effectifs affectés aux véhicules** au local ou au terrain qui constitue le lieu de stationnement habituel des véhicules ou, s'il n'en existe pas, au local où ils sont entretenus ou réparés par le redevable ; à défaut, les effectifs sont déclarés au principal établissement de l'entreprise.

c. Les contribuables qui n'emploient **aucun salarié en France** et ne disposent d'**aucun établissement en France** mais qui y exercent une **activité de location ou de vente d'immeubles** doivent indiquer sur une annexe spécifique à la déclaration n° 1330-CVAE (formulaire n° 1330-CVAE-ETE) la liste des immeubles loués ou vendus ainsi que leur valeur locative foncière.

d. Tout **manquement, omission ou erreur** concernant l'indication du **nombre de salariés** dans la déclaration n° 1330-CVAE est sanctionné par une amende spécifique égale à 200 € par salarié concerné, dans la limite d'un montant fixé à 100 000 € (CGI art. 1770 decies).

Par ailleurs, en cas de **défaut ou retard de production** de la déclaration ou d'**omissions ou inexactitudes** dans l'indication du **chiffre d'affaires** ou de la **valeur ajoutée** porté sur celle-ci, l'entreprise est passible des amendes exposées n° 80190. Ces sanctions ne sont pas applicables en cas d'application de l'amende spécifique pour manquement, erreur ou omission concernant l'indication du nombre de salariés.

Enfin, en cas de **non-respect de l'obligation de télédéclaration,** la majoration visée n° 80200 est applicable.

PAIEMENT

La CVAE est recouvrée comme la TVA. Elle doit être acquittée spontanément par les entreprises, dans les délais légaux (nº 76519). Tout **défaut ou retard de paiement** entraîne l'application des sanctions exposées nºs 80160 s. 44040 CGI art. 1681 septies, 3 CET-III-22620 s

Le paiement de la CVAE doit être effectué par **télérèglement** (en cas de paiement par un autre moyen, la majoration visée nº 80200 est applicable).

Acomptes Les entreprises dont la **CVAE** de l'**année précédant** celle de l'imposition est **supérieure à 1 500 €** doivent verser : 44045 CGI art. 1679 septies, al. 1 à 9 CET-III-22730 s

- au plus tard le 15 juin de l'année d'imposition, un premier acompte égal à 50 % de la CVAE ;
- au plus tard le 15 septembre de l'année d'imposition, un second acompte égal à 50 % de la CVAE.

La cotisation retenue pour le paiement des acomptes est calculée d'après la valeur ajoutée mentionnée dans la dernière **déclaration de résultat** exigée à la date du paiement des acomptes. Le cas échéant, le montant du second acompte est ajusté de manière à ce que le premier acompte corresponde à la valeur ajoutée mentionnée dans la déclaration de résultat exigée à la date du paiement du second acompte.

Le calcul des acomptes s'effectue sur un **relevé** nº 1329-AC.

> Précisions **a.** Les redevables peuvent, sous leur responsabilité, **réduire le montant de leurs acomptes** de manière que l'ensemble des acomptes versés ne soit pas supérieur au montant de la cotisation qu'ils estiment effectivement due au titre de l'année d'imposition. Pour déterminer cette réduction, ils tiennent compte de la réduction de leur valeur ajoutée imposable du fait des **exonérations** (de plein droit et facultatives) visées nºs 43870 s. et du **dégrèvement en faveur des petites entreprises** (nº 44010). Si, à la suite de la liquidation définitive de la CVAE, il s'avère que les versements effectués sont inexacts de plus du dixième, les sanctions exposées nºs 80160 s. s'appliquent (CGI art. 1731, 3).

b. Pour l'**application des exonérations facultatives,** les entreprises sont autorisées à limiter le paiement des acomptes de leur CVAE dans la proportion entre :
– d'une part, le montant total correspondant aux exonérations et abattements de CFE au titre de l'année précédente, en application des dispositifs d'exonérations facultatives ;
– et, d'autre part, ce même montant majoré du montant total des CFE dû au titre de l'année précédente.
Les entreprises qui appliquent cette méthode n'encourent aucune sanction, même s'il apparaît lors de la liquidation définitive de la CVAE que les versements effectués sont inexacts de plus du dixième (BOI-CVAE-DECLA-20 nº 110).

Liquidation définitive L'année suivant celle de l'imposition, l'entreprise redevable doit procéder à la liquidation définitive de la CVAE sur une **déclaration** spécifique à télétransmettre au plus tard le deuxième jour ouvré suivant le 1er mai (déclaration de liquidation et de régularisation nº 1329-DEF). 44050 CGI art. 1679 septies, al. 10 CET-III-22930 s

Cette déclaration doit s'accompagner, le cas échéant, du **versement du solde** correspondant.

Si la liquidation définitive fait apparaître que les acomptes versés sont supérieurs à la cotisation effectivement due, l'**excédent,** déduction faite des autres impôts directs dus par le redevable, est restitué dans les soixante jours suivant la date limite de dépôt de la déclaration (ou dans les soixante jours suivant la date de dépôt de la déclaration lorsque celle-ci est déposée après la date limite : BOI-CVAE-DECLA-20 nºs 40 et 130).

> Précisions Délai spécial de dépôt de la déclaration liquidative en cas de **transmission universelle de patrimoine**, de **cession** ou de **cessation d'entreprise ou de l'exercice d'une profession commerciale,** d'**ouverture d'une procédure collective** ou de **décès** du contribuable : voir nº 44036, a.

D. Contrôle et contentieux

La CVAE est recouvrée et contrôlée selon les mêmes procédures et sous les mêmes sanctions, garanties, sûretés et privilèges que la TVA. Toutefois, le **délai de reprise** de l'administration est celui visé nº 77735. 44060 CGI art. 1586 ter, II-3 CET-III-24000 s

Les **réclamations** relatives à la CVAE sont présentées, instruites et jugées selon les règles applicables à la CFE (nº 43810).

CGI art. 1647 B sexies CET-IV-200 s

SECTION 3

PLAFONNEMENT EN FONCTION DE LA VALEUR AJOUTÉE

44100 Outre les dégrèvements propres à la CFE ou à la CVAE, la loi prévoit un dégrèvement applicable à la contribution économique territoriale prise dans son ensemble : le **dégrèvement** lié au plafonnement de la contribution en fonction de la valeur ajoutée produite par l'entreprise.

Lorsque le montant de la contribution définie n° 44120 excède un pourcentage de la valeur ajoutée définie n° 44130, l'excédent peut faire l'objet d'un dégrèvement. Le **taux** du plafonnement est fixé à (Loi 2023-1322 du 29-12-2023 art. 79) :

– 1,531 % pour les impositions dues au titre de **2024** ;
– 1,438 % pour celles dues au titre de **2025** ;
– 1,344 % pour celles dues au titre de **2026**.

Ce dégrèvement est accordé sur **demande** du redevable, présentée dans le délai de réclamation prévu pour la CFE (n° 43810). Il est ordonnancé dans les six mois suivant celui du dépôt de la demande. Il **s'impute** sur la CFE. Il peut être imputé par anticipation sur le solde de la cotisation de l'année dans les conditions exposées n° 43780.

> Précisions **a.** Le plafonnement s'apprécie **au niveau de l'entreprise**, pour l'ensemble de ses établissements.
b. Le dégrèvement ne peut avoir pour effet de ramener la CET à un montant inférieur à celui de la **cotisation minimum de CFE** exposée n° 43715.
c. La **demande** de dégrèvement doit être formulée sur un imprimé spécial n° 1327-CET (cas général) ou n° 1327-S-CET (redevables soumis au régime des micro-entreprises). Elle doit être adressée au service des impôts dont dépend le principal établissement de l'entreprise. Pour les redevables relevant de la direction des grandes entreprises, voir n° 87475.
d. Le reversement des **sommes indûment restituées** est demandé selon les mêmes règles de procédure et sous les mêmes sanctions qu'en matière de CFE. Les **réclamations** sont présentées, instruites et jugées selon les règles de procédure applicables à cette cotisation.
e. Le dégrèvement ouvre droit au paiement d'**intérêts moratoires** (n° 81915) s'il est prononcé par l'administration au-delà du délai de six mois ou fait suite à une instance contentieuse (CE 20-10-2000 n°s 207798 et 207800 : RJF 1/01 n° 111).
f. **À compter des impositions dues au titre de 2027**, le plafonnement ne concernera plus, du fait de la suppression de la CVAE (n° 43850), que la **CFE** et son **taux** sera ramené à 1,25 % (Loi 2023-1322 du 29-12-2023 art. 79).

44120 CET-IV-400 s

Cotisation plafonnée

Le plafonnement s'applique sur la **CFE** et la **CVAE** diminuées, le cas échéant, de l'ensemble des réductions et dégrèvements dont ces cotisations peuvent faire l'objet. L'administration admet toutefois que le dégrèvement pour cessation d'activité (n° 43753) ne soit pas pris en compte pour le calcul de la cotisation à plafonner (BOI-IF-CFE-40-30-20-30 n° 30).

Le plafonnement ne s'applique pas aux taxes pour frais de chambres de commerce ou de métiers (ni aux frais de gestion prélevés par l'État sur ces taxes), ni à la cotisation minimum de CFE visée n° 43715.

> Précisions **a.** La **CFE** à prendre en compte s'entend de la somme des cotisations de chaque établissement établies au titre de l'année d'imposition.
La cotisation de chaque établissement est majorée du montant de la taxe pour la gestion des milieux aquatiques et la prévention des inondations, de la taxe spéciale au profit de la région Île-de-France et des taxes spéciales d'équipement additionnelles à la CFE. Elle comprend les **frais de gestion** y afférents perçus au profit de l'État (BOI-IF-CFE-40-30-20-30 n° 60).
b. Le montant des **réductions et dégrèvements** à déduire des cotisations servant de base au calcul du plafonnement (dégrèvement pour diminution des bases d'imposition, dégrèvements contentieux ou gracieux...) est retenu pour la seule part afférente à la CFE ou à la CVAE (à l'exclusion de la part afférente aux taxes consulaires).

44130 CET-IV-550 s

Détermination de la valeur ajoutée

La valeur ajoutée servant au calcul du plafonnement est en **règle générale** déterminée suivant les règles fixées pour la CVAE (n°s 43910 s.). La valeur ajoutée à prendre en compte est celle produite au cours de la période de référence retenue en matière de CVAE (n°s 43900 s.). Sauf en cas de cession ou de cessation d'entreprise, le montant de la valeur ajoutée est corrigé pour correspondre à une année pleine lorsque, au cours de l'année d'imposition, l'exercice clos est d'une durée de plus ou moins de douze mois, ou bien aucun exercice n'est clôturé, ou bien encore plusieurs exercices sont clôturés. 44130 (suite)

Par exception, pour les contribuables soumis au régime du **micro-BIC** ou du **micro-BNC,** la valeur ajoutée est égale à 80 % de la différence entre le montant des recettes et, le cas échéant, celui des achats réalisés au cours de l'année d'imposition.

CHAPITRE 4 TAXES ASSIMILÉES

GÉNÉRALITÉS

45500 En plus des principaux impôts directs locaux mentionnés n° 41500, il peut être perçu, au profit de certaines collectivités ou de certains organismes, diverses taxes annexes.

Certaines de ces **taxes,** étudiées ci-après nos 45510 s., sont **additionnelles** à un ou plusieurs **impôts locaux.**

> **Précisions** Il existe également d'autres **taxes** ayant une **base spécifique.** Il s'agit :
> – de la taxe sur la **cession de terrains devenus constructibles** que les communes peuvent instituer et qui est due par le cédant (voir nos 31430 s.) ;
> – des redevances communale et départementale des **mines,** dues par les concessionnaires de mines et assimilés, d'après les quantités de produits extraites (CGI art. 1519 et 1587 à 1589) ;
> – de l'imposition forfaitaire sur les **pylônes électriques,** perçue au profit des communes ou des établissements publics de coopération intercommunale traversés par des lignes dont la tension est au moins égale à 200 kilovolts et due par l'exploitant de ces lignes (CGI art. 1519 A) ;
> – de la taxe sur les **éoliennes maritimes,** notamment perçue au profit des communes d'où elles sont visibles, et assise sur le nombre de mégawatts installés dans chaque éolienne. Cette taxe est due par l'exploitant de ces installations (CGI art. 1519 B et 1519 C) ;
> – de l'imposition forfaitaire sur les **entreprises de réseaux** (Ifer) applicable à certaines catégories d'installations : éoliennes terrestres et hydroliennes ; centrales nucléaires ou thermiques à flamme ; centrales de production d'énergie photovoltaïque ou hydraulique ; centrales de production d'électricité par géothermie ; transformateurs électriques ; stations radioélectriques ; installations gazières et canalisations de transport de gaz naturel, d'autres hydrocarbures et de produits chimiques ; matériel roulant ferroviaire utilisé pour le transport de voyageurs ; équipements de télécommunications. Cette imposition est due, selon les cas, par les propriétaires, les exploitants ou les concessionnaires des installations. Elle est perçue au profit des collectivités territoriales et des établissements publics de coopération intercommunale, à l'exception de celle sur le matériel roulant utilisé pour les transports en commun en Île-de-France, affectée à l'établissement public Société des grands projets (CGI art. 1635-0 quinquies, 1519 D à 1519 HB, 1599 quater A, 1599 quater A bis et 1599 quater B).

TAXES SPÉCIALES D'ÉQUIPEMENT

45510 CGI art. 1607 bis, 1607 ter, 1609 G, 1609 H, 1609 I et 1636 C ASS-I-13000 s

Les taxes spéciales d'équipement sont **additionnelles** aux deux taxes foncières, à la taxe d'habitation sur les résidences secondaires et autres locaux meublés non affectés à l'habitation principale et à la cotisation foncière des entreprises (CFE).

Elles sont perçues au profit :

- des établissements publics fonciers locaux visés à l'article L 324-1 du Code de l'urbanisme, ainsi que de l'Office foncier de Corse ;
- des établissements publics fonciers d'État mentionnés à l'article L 321-1 du Code de l'urbanisme ;
- de l'établissement public Société des grands projets ;
- de l'établissement public local Société Grand Projet du Sud-Ouest.

Les taxes sont **dues par** toutes les personnes physiques ou morales assujetties aux taxes principales précitées dans les communes comprises dans la zone de compétence de l'établissement public. Toutefois, les propriétés agricoles visées n° 42525 échappent à l'ensemble de ces taxes (CGI art. 1607 A). Par ailleurs, les taxes ne sont **pas dues** par les organismes de HLM et les sociétés d'économie mixte pour les logements sociaux dont ils sont propriétaires et qui sont attribués sous condition de ressources, ni par les locataires redevables de la taxe d'habitation sur les résidences secondaires et autres locaux meublés non affectés à l'habitation principale au titre de ces locaux.

À chacune des taxes s'ajoutent les **frais de gestion** de la fiscalité locale (n° 41535).

TAXE ADDITIONNELLE À LA TAXE FONCIÈRE SUR LES PROPRIÉTÉS NON BÂTIES

45515 CGI art. 1519 I ASS-I-25000 s

Perçue au profit des communes et des établissements publics de coopération intercommunale, la taxe additionnelle à la taxe foncière sur les propriétés non bâties **concerne** les propriétés suivantes :

- carrières, ardoisières, sablières ;
- terrains à bâtir, rues privées ;

– terrains d'agrément, parcs et jardins et pièces d'eau ;
– chemins de fer, canaux de navigation et dépendances ;
– sols des propriétés bâties et des bâtiments ruraux, cours et dépendances.

L'**assiette** de la taxe est constituée par la valeur locative cadastrale de ces propriétés (n° 42560). Son **taux** est en principe égal à la somme des taux départemental et régional de la taxe foncière sur les propriétés non bâties appliqués en 2010 sur le territoire de la commune ou du groupement de communes, multipliée par un coefficient de 1,0485. Toutefois, pour la métropole du Grand Paris, le taux de la taxe est le taux appliqué en 2015 sur le territoire de chacune des communes membres.

À la taxe s'ajoutent les **frais de gestion** de la fiscalité directe locale (n° 41535).

TAXE SPÉCIALE AU PROFIT DE LA RÉGION ÎLE-DE-FRANCE

Perçue au profit de la région Île-de-France, la taxe spéciale prend la forme de **deux taxes additionnelles,** l'une à la taxe foncière sur les propriétés bâties et l'autre à la cotisation foncière des entreprises (CFE). **Due par** toute personne redevable de la taxe principale à laquelle elle s'ajoute, elle est assise sur les mêmes bases que la part communale (ou intercommunale) de cette taxe principale. 45517 CGI art. 1599 quater D ASS-I-27000

Deux **taux** distincts sont fixés chaque année pour chacune des deux taxes, en fonction notamment du produit voté par le conseil régional d'Île-de-France, des règles spécifiques étant prévues pour les établissements publics de coopération intercommunale dont le territoire n'est pas situé intégralement en Île-de-France.

À la taxe elle-même s'ajoutent les **frais de gestion** de la fiscalité locale (n° 41535).

TAXE D'ENLÈVEMENT DES ORDURES MÉNAGÈRES

Les communes et les établissements publics de coopération intercommunale assurant la collecte des déchets ménagers ont la faculté d'instituer une taxe d'enlèvement des ordures ménagères (**TEOM**) qui **porte sur** toutes les propriétés assujetties à la taxe foncière sur les propriétés bâties ou temporairement exemptées de cette contribution. 45520 CGI art. 1520 à 1526 ASS-I-200 s

La taxe s'applique sur le revenu servant de base à la taxe foncière sur les propriétés bâties, diminué du seul abattement forfaitaire pour frais de 50 % (n° 42030) (BOI-IF-AUT-90-10 n° 320). Les collectivités peuvent toutefois décider de plafonner la valeur locative des locaux et de leurs dépendances sur laquelle est assise la taxe.

L'imposition est **établie au nom** des propriétaires ou usufruitiers.

À la taxe s'ajoutent les **frais de gestion** de la fiscalité locale (n° 41535).

Remarques : **a.** L'institution d'une **redevance d'enlèvement des ordures ménagères** calculée en fonction de l'importance du service rendu (CGCT art. L 2333-76) entraîne la suppression de la TEOM.

b. Les locaux dont disposent les personnes assujetties à une **redevance spéciale pour l'élimination des déchets non ménagers** (CGCT art. L 2333-78) peuvent, sur délibération des collectivités bénéficiaires, être exonérés de la TEOM.

c. Les exploitants assujettis à une **redevance sur les terrains de camping ou de caravaning** (CGCT art. L 2333-77) ne sont pas imposables à la TEOM.

> **Précisions** **a.** Sont assujettis à la TEOM, quelle que soit leur situation au regard de la taxe foncière, les **grands ports maritimes** ou fluvio-maritimes, pour les propriétés situées dans leur emprise.

b. Sont **exonérés** les usines, les locaux sans caractère industriel ou commercial loués pour un service public et, sur délibération des collectivités bénéficiaires, les locaux à usage commercial, les locaux utilisés par les entreprises industrielles mais situés en dehors de l'enceinte de l'établissement industriel (siège social, locaux administratifs, etc.), ainsi que les immeubles munis d'un incinérateur d'ordures.

Les locaux situés dans la partie de la commune où ne fonctionne pas le service d'enlèvement des ordures sont, en principe, exonérés, sauf délibération contraire des collectivités concernées. En revanche, la taxe est due même en cas d'impossibilité juridique d'utiliser le service (CE 12-3-2021 n° 442583 : RJF 6/21 n° 662).

Les immeubles qui bénéficient d'une exemption permanente de taxe foncière (n°s 41940 s.) sont également exonérés de la taxe d'enlèvement des ordures ménagères. Toutefois, les fonctionnaires logés dans des bâtiments publics exonérés de taxe foncière sont nominativement imposés à cette taxe pour les locaux qu'ils occupent.

c. Dans une même commune (ou au sein d'un établissement public de coopération intercommunale), il peut être distingué plusieurs **zones de ramassage** dans lesquelles s'appliquent des taux de taxe différents, prenant en compte l'importance du service rendu à l'usager ou la présence sur le territoire communal d'une installation de transfert ou d'élimination des déchets prévue par un plan départemental (CGI art. 1636 B undecies, 2). Ce zonage ne peut pas concerner la part incitative de la taxe visée au d ci-après (BOI-IF-AUT-90-30-20 n° 10).

d. Les collectivités bénéficiaires peuvent instituer (le cas échéant, à titre expérimental, sur une part seulement de leur territoire et pour une durée limitée) une **part variable incitative de la taxe,** assise sur la quantité et, éventuellement, la nature des déchets produits ou le mode de collecte.

e. La collecte des **déchets non ménagers** peut être financée concurremment par la redevance spéciale visée à la remarque b et, pour la part non couverte par cette redevance, par la TEOM (CE 29-11-2021 n° 454684 : RJF 2/22 n° 222).

TAXE POUR FRAIS DE CHAMBRES D'AGRICULTURE

45525 CGI art. 1604 ASS-II-8050 s

Il s'agit d'une **imposition additionnelle** à la taxe foncière sur les propriétés non bâties perçue sur la même **base.**

Les **taux** de cette imposition varient en fonction du produit arrêté par les diverses chambres d'agriculture (départementale, interdépartementale ou de région).

À la taxe elle-même s'ajoutent les **frais de gestion** de la fiscalité locale (n° 41535).

Nonobstant toute clause ou disposition contraire, les propriétaires de terrains donnés en location ou en métayage sont autorisés à se faire rembourser directement par leurs **fermiers** ou métayers la moitié de la taxe pour frais de chambres d'agriculture mise à leur charge.

TAXE POUR FRAIS DE CHAMBRES DE COMMERCE ET D'INDUSTRIE

45530 CGI art. 1600, et 1600 A, ASS-II-200 s

La taxe pour frais de chambres de commerce et d'industrie est constituée de deux contributions :

– une **taxe additionnelle** à la cotisation foncière des entreprises (**CFE**), due par toute personne redevable de cette cotisation et assise sur la même base. La taxe est perçue à un taux national de 1,12 % (Loi 2023-1322 du 29-12-2023 art. 157). À la taxe s'ajoutent les frais de gestion de la fiscalité locale (n° 41535) ;

– une **taxe additionnelle** à la cotisation sur la valeur ajoutée des entreprises (**CVAE**), assise sur cette cotisation retenue après application du dégrèvement visé n° 44010. Elle n'est donc pas due par les entreprises réalisant moins de 500 000 € de chiffre d'affaires. La taxe est perçue à un taux national de 9,23 % (Loi 2023-1322 du 29-12-2023 art. 79, I-E).

> Précisions **a.** Pour les **artisans** inscrits au registre national des entreprises et qui restent portés sur la liste électorale de la chambre de commerce, la base d'imposition de la taxe additionnelle à la CFE est réduite de moitié.

b. Les personnes qui relèvent du régime du **micro-social** sont assujetties à une taxation spécifique proportionnelle au chiffre d'affaires, perçue à un taux compris entre 0,007 % et 0,044 %, et recouvrée comme en matière de cotisations sociales (CGI art. 1600 A).

c. Le **taux** de la **taxe additionnelle** à la **CVAE** sera de 13,84 % pour les impositions établies au titre de 2025 et 27,68 % pour celles établies au titre de 2026 (Loi 2023-1322 du 29-12-2023 art. 79, I-E).

45535 ASS-II-500 s

Exonérations Sont exonérés de la taxe (taxe additionnelle à la CFE et taxe additionnelle à la CVAE) :

– les redevables exerçant **exclusivement une activité non commerciale** au sens de l'article 92, 1 du CGI (voir nos 13150 s.) ;

– les **artisans** inscrits au registre national des entreprises et non portés sur la liste électorale de la chambre de commerce de leur circonscription ;

– les **coopératives agricoles** et les Sica ;

– les artisans **pêcheurs** et les sociétés de pêche artisanale ;

– les loueurs de **meublés** visés n° 90670, c et d ;

– les chefs d'institution et maîtres de pension ;

– certains organismes mutualistes ;

– les redevables réalisant un montant de chiffre d'affaires ou de recettes inférieur ou égal à 5 000 € et exonérés de cotisation minimale de CFE (voir n° 43715, précision a).

Les **entreprises créées ou reprises** avant le 1er janvier 2020 bénéficient, sous certaines conditions, d'une exonération d'une durée maximale de cinq ans (Loi 2019-1479 du 28-12-2019 art. 59, III).

TAXE POUR FRAIS DE CHAMBRES DE MÉTIERS ET DE L'ARTISANAT

45540 CGI art. 1601 et 1601-0 A ASS-II-5000 s

Cette taxe est **due par** les entreprises tenues de s'inscrire au registre national des entreprises et celles qui s'y immatriculent volontairement.

Sont toutefois **exonérés** les redevables réalisant un montant de chiffre d'affaires ou de recettes inférieur ou égal à 5 000 € et exonérés de cotisation minimale de CFE (voir n° 43715, précision a), ainsi que, sous certaines conditions, les entreprises créées ou reprises avant le 1er janvier 2021.

La taxe comprend :

– un **droit fixe** par ressortissant arrêté par CMA France (tête de réseau des chambres de métiers et de l'artisanat) dans la limite d'un plafond fixé à 0,3275 % du montant annuel du plafond de la sécurité sociale en vigueur au 1er janvier de l'année d'imposition ;

– un **droit additionnel** à la cotisation foncière des entreprises (**CFE**) (qui n'est donc payable que par les redevables de cette cotisation) dont le produit est arrêté par CMA France entre 60 % et 90 % du produit du droit fixe.

À la taxe s'ajoutent les **frais de gestion** de la fiscalité locale (n° 41535).

> **Précisions** **a.** La taxe pour frais de chambres de métiers fait l'objet de règles particulières dans les départements du **Bas-Rhin,** du **Haut-Rhin** et de la **Moselle.** Pour ces départements, le plafond du droit fixe est de 0,065 % du montant annuel du plafond de sécurité sociale en vigueur au 1er janvier de l'année d'imposition.
> **b.** Les personnes qui relèvent du régime du **micro-social** sont assujetties à une taxation spécifique proportionnelle au chiffre d'affaires, perçue à un taux compris entre 0,22 % et 0,83 %, et recouvrée comme en matière de cotisations sociales (CGI art. 1601-0 A).

TAXE SUR LES FRICHES COMMERCIALES

Les communes et les établissements publics de coopération intercommunale ayant une compétence d'aménagement des zones d'activités commerciales peuvent instituer une taxe annuelle sur les friches commerciales situées sur leur territoire. **45545** CGI art. 1530 **ASS-I-19000 s**

La taxe est **due par** le redevable de la taxe foncière (nos 41665 s.).

Cette taxe est **due pour** les biens professionnels visés n° 42100, à l'exception des bâtiments et terrains industriels qui ne figurent pas à l'actif d'une entreprise soumise à un régime réel d'imposition, lorsque ces biens ne sont plus affectés à une activité entrant dans le champ de la cotisation foncière des entreprises (nos 43525 s.) depuis au moins deux ans au 1er janvier de l'année d'imposition et sont restés inoccupés au cours de la même période.

Toutefois, la taxe n'est **pas due** lorsque l'inexploitation des biens est indépendante de la volonté du contribuable.

L'**assiette** de la taxe est constituée par le revenu net servant de base à la taxe foncière sur les propriétés bâties (n° 42030). Son **taux** est fixé à 10 % la première année d'imposition, 15 % la deuxième et 20 % à compter de la troisième année, ces taux pouvant être **majorés** dans la limite du double.

À la taxe elle-même s'ajoutent les **frais de gestion** de la fiscalité locale (n° 41535).

TAXE POUR LA GESTION DES MILIEUX AQUATIQUES ET LA PRÉVENTION DES INONDATIONS

Cette taxe est **additionnelle** aux taxes foncières sur les propriétés bâties et non bâties, à la taxe d'habitation sur les résidences secondaires et autres locaux meublés non affectés à l'habitation principale et à la cotisation foncière des entreprises. **45550** CGI art. 1530 bis **ASS-I-29000 s**

Les communes et les établissements publics de coopération intercommunale ayant une compétence de gestion des milieux aquatiques et de prévention des inondations peuvent instituer et percevoir une taxe en vue de financer l'exercice de cette mission sur leur territoire.

Les organismes d'habitations à loyer modéré et les sociétés d'économie mixte sont **exonérés** de la taxe au titre des locaux d'habitation et des dépendances dont ils sont propriétaires et qui sont attribués sous conditions de ressources. Les redevables au nom desquels une cotisation de taxe d'habitation sur les résidences secondaires et autres locaux meublés non affectés à l'habitation principale est établie au titre de ces locaux sont exonérés de la taxe.

La **base** de la taxe est déterminée dans les mêmes conditions que pour la part communale ou intercommunale de la taxe principale à laquelle la taxe s'ajoute.

Le produit de la taxe est arrêté chaque année dans la limite d'un **plafond** fixé à 40 € par habitant.

À la taxe elle-même s'ajoutent les **frais de gestion** de la fiscalité locale (n° 41535).

PARTIE 4

Taxe sur la valeur ajoutée

La taxe sur la valeur ajoutée **(en abrégé : TVA)** constitue la pièce maîtresse de notre système des taxes sur le chiffre d'affaires. Il s'agit d'un **impôt général de consommation** qui atteint, en principe, tous les biens et services consommés ou utilisés en France, qu'ils soient d'origine nationale ou étrangère. 46000

D'autres **taxes diverses** sur le chiffre d'affaires, souvent perçues dans les mêmes conditions que la TVA, sont traitées nos 73000 s. 46005

CARACTÈRES GÉNÉRAUX DE LA TVA

Le très rapide aperçu ci-après suit l'ordre de l'étude, de façon à permettre au lecteur de se reporter aux commentaires susceptibles de l'intéresser. 46015

1. Le **champ d'application** de la TVA (nos 46100 s.) est très large. Les **opérations imposables** (nos 46300 s.) comprennent les opérations effectuées à titre onéreux par un assujetti et celles spécialement désignées par la loi.

La loi prévoit cependant un certain nombre d'**exonérations** (no 46580). Certaines opérations normalement exonérées peuvent être taxées par voie d'**option** (no 46600).

2. Par ailleurs, la TVA comporte un caractère territorial, en ce sens qu'elle s'applique seulement aux **opérations** imposables considérées comme **localisées en France.** L'imposition pouvant résulter de l'application des règles de territorialité peut cependant se trouver neutralisée par l'effet de certaines exonérations prévues notamment en faveur des **exportations** et des **livraisons intracommunautaires,** des **services liés aux échanges extracommunautaires,** ou encore des **transports internationaux** (nos 48500 s.).

3. Après avoir défini les opérations qui sont effectivement soumises à la TVA, il convient de procéder au **calcul** et au **paiement** de la taxe (nos 52000 s.), c'est-à-dire à la détermination :

– de son **assiette** (ou base d'imposition) (nos 52200 s.) ;

– de son **fait générateur** et de son **exigibilité** (nos 52500 s.) ;

– du **taux** applicable (nos 52760 s.) ;

– des droits à déduction concernant la taxe ayant grevé les éléments du prix des opérations réalisées (voir le 4 ci-après) ;

– des **obligations** des assujettis (comptabilité, facturation, déclarations de chiffre d'affaires et paiement de l'impôt, etc.) (nos 53320 s.).

4. La TVA repose sur le **régime des déductions** (nos 55000 s.). L'**objectif** est de faire en sorte qu'à chaque **stade** de la production et de la distribution la taxe frappe seulement la « valeur ajoutée » (c'est-à-dire la plus-value conférée au produit), de telle façon qu'à la fin du cycle suivi par ce produit, la charge fiscale globale l'ayant finalement grevé corresponde à la taxe calculée sur le prix de vente au consommateur.

5. L'étude de la TVA ne serait pas complète sans l'exposé de divers **régimes particuliers.**

Le premier régime particulier a trait aux **opérations immobilières** (nos 58700 s.).

Les autres régimes particuliers (nos 59420 s.) concernent l'**agriculture,** les **opérations bancaires et financières,** les **biens d'occasion, œuvres d'art,** objets de collection ou d'antiquité, le régime de la **suspension** de taxe, les **produits pétroliers,** les **commissionnaires** et autres intermédiaires, les **agents de voyages,** la **presse,** les **auteurs** et artistes-interprètes, les **spectacles,** et enfin l'**or d'investissement.**

Les particularités concernant les **DOM** et la **Corse** sont respectivement étudiées nos 91560 s. et 92360 s.

LA TVA ET L'EUROPE

46025 Chacun des **États membres de l'Union** européenne a instauré un système de TVA, en principe totalement conforme à la **directive 2006/112/CE du 28 novembre 2006** relative au système commun de TVA (également nommée « directive TVA »). Cette directive, qui a procédé à la refonte des règles de TVA contenues, pour l'essentiel, dans la sixième directive du 17 mai 1977, s'est substituée à cette dernière à compter du 1er janvier 2007. L'article 411, 2 de la directive TVA précise à cet égard que les références faites à la sixième directive s'entendent comme faites à la directive 2006/112/CE et sont à lire selon le tableau de correspondance qui lui est annexé.

Le mécanisme prévu par la directive TVA (qui, sauf exception, prévoit l'exigibilité de la TVA de l'État où est établi l'acquéreur ou le preneur) n'a été mis en place à l'origine qu'à titre provisoire, l'objectif initialement prévu étant à terme de parvenir, dans les relations entre résidents de l'Union, à une taxation généralisée des biens et services dans le pays d'origine (Dir. TVA art. 402).

Mais, devant la difficulté pour les États membres d'atteindre cet objectif, la Commission européenne, dans une communication du 6 décembre 2011, a proposé de pérenniser le principe de l'imposition dans l'État de destination, en l'améliorant afin d'éviter les fraudes et d'alléger les obligations des redevables. À cette fin, elle a présenté une proposition de directive le 25 mai 2018, qui prévoit l'instauration du **régime définitif des opérations intracommunautaires entre assujettis.** Dans l'attente de la mise en place du système de TVA définitif, des solutions provisoires visant à renforcer le régime actuel (« quick fixes ») ont été adoptées et s'appliquent depuis le 1er janvier 2020.

Remarques : 1. La directive TVA fait l'objet d'un **règlement d'exécution** (Règl. UE/282/2011 du 15-3-2011 modifié), qui est juridiquement contraignant et directement applicable dans tout État membre.

2. De la **primauté du droit communautaire** il résulte notamment que les lois et règlements français ne sont applicables que pour autant qu'ils sont compatibles avec les objectifs définis par les directives et règlements communautaires en vigueur.

CHAPITRE 1

CHAMP D'APPLICATION DE LA TVA

SOMMAIRE

SECTION 1
RÈGLES GÉNÉRALES 46300

A. Opérations effectuées à titre onéreux par un assujetti 46450
1. Livraisons de biens corporels et prestations de services 46455
2. Opérations effectuées à titre onéreux 46485
3. Notion d'assujetti 46510

B. Opérations imposables en vertu d'une disposition spéciale 46560

C. Opérations exonérées 46580

D. Opérations imposées sur option 46600

SECTION 2
EXPOSÉS CATÉGORIELS 46680

1. Locations 46800
2. Aides et subventions 46920
3. Indemnités 46970
4. Activités libérales 46990
5. Enseignement 47030
6. Secteur de la santé 47110
7. Organismes de droit public 47200
8. Collectivités de droit privé 47260
9. Livraisons à soi-même 47370
10. Situations diverses 47450

Les **opérations** qui sont situées **dans le champ** d'application de la TVA sont des opérations **imposables** à la TVA. Cela signifie qu'elles sont **soit imposées** à la TVA, **soit exonérées** de la TVA. 46100

Les **opérations** situées **hors du champ** d'application de la TVA ne sont **pas imposables** à la TVA.

SECTION 1

RÈGLES GÉNÉRALES

Les **opérations imposables** à la TVA peuvent être classées en deux groupes (le premier étant bien plus étendu que le second) : 46300

– à titre général, les opérations **effectuées à titre onéreux par un assujetti** (nos 46450 s.) ;

– les opérations **désignées expressément par la loi** (n° 46560).

Bien qu'entrant en principe dans le champ d'application de la TVA, diverses **opérations** en sont **exonérées** par une disposition particulière de la loi (nos 46580 s.).

Enfin, pour certaines opérations normalement exonérées de la TVA, les intéressés peuvent, s'ils le désirent, renoncer à cette exonération en exerçant une **option pour** l'imposition à **la TVA** (nos 46600 s.).

A. Opérations effectuées à titre onéreux par un assujetti

Aux termes de l'article 256, I du CGI, sont soumises à la TVA les **livraisons de biens et les prestations de services** effectuées **à titre onéreux par un assujetti** agissant en tant que tel. 46450 CGI art. 256 et 256 A TVA-II-20 s

1. LIVRAISONS DE BIENS CORPORELS ET PRESTATIONS DE SERVICES

LIVRAISONS DE BIENS CORPORELS

46455 TVA-II-55 s La livraison d'un bien corporel s'entend, selon l'article 256, II-1° du CGI (qui transpose l'article 14,1 de la directive TVA), du **transfert du pouvoir de disposer** de ce bien comme un propriétaire.

> Précisions Selon la CJUE, cette définition va au-delà du transfert de propriété au sens formel du transfert juridique et englobe toute opération de transfert d'un bien corporel par une partie qui habilite l'autre à en disposer comme si elle était propriétaire de ce bien (CJUE 8-2-1990 aff. 320/88 : RJF 4/90 n° 504).

46460 **Biens concernés** Les biens concernés sont tous les **biens corporels.** Cela inclut les biens **meubles** (véhicules, meubles meublants, vêtements, produits alimentaires, animaux, etc.) mais également les biens **immeubles.** En pratique, cependant, les opérations concourant à la production ou à la livraison de biens immeubles obéissent à un ensemble de règles particulières (nos 58700 s.).

Sont en revanche exclus les **biens meubles incorporels,** les opérations portant sur ces biens étant considérées comme des prestations de services (voir n° 46475).

> Précisions **a.** Le **gaz, l'électricité,** la **chaleur,** le **froid** et les biens similaires sont considérés comme des biens meubles corporels (voir n° 52620).
b. La plupart des **droits réels immobiliers** sont également assimilés à des biens corporels et suivent le régime du bien immeuble auquel ils se rapportent (n° 58810).

46465 **Opérations concernées** Les livraisons de biens corporels s'identifient en premier lieu aux **ventes** portant sur de tels biens, mais il peut s'agir aussi du transfert de propriété d'un bien meuble corporel opéré en vertu d'une réquisition de l'autorité publique.

La remise matérielle d'un bien meuble corporel est assimilée à une livraison de bien lorsqu'elle est faite en exécution d'un contrat qui prévoit la **vente à tempérament** ou la **location-vente** de ce bien ou lorsqu'elle est opérée en vertu d'un contrat de vente comportant une clause de **réserve de propriété** (s'agissant de ces opérations, voir nos 52600 s.). S'agissant des ventes avec **faculté de rachat,** voir n° 58775, précision e.

Sont également considérés comme des livraisons de biens corporels :
- l'**apport en société** ;
- l'**échange** d'un bien contre un autre bien ;
- le **prêt de consommation** ;
- le **transfert** par un assujetti d'un bien de son entreprise **à destination d'un autre État membre de l'UE** (nos 49280 s.) ;
- les opérations d'**entremise** réalisées par des **intermédiaires opaques** (nos 61470 s.).

Pour les transactions portant sur certains titres représentant de l'**or d'investissement,** voir n° 61875.

PRESTATIONS DE SERVICES

46475 TVA-II-200 s Sont considérées comme des prestations de services les opérations autres que les livraisons de biens corporels.

Tel est le cas **notamment** :
- des cessions de biens meubles incorporels : cessions définitives ou temporaires (concessions) de droits, de brevets, de marques de fabrique, etc. ;
- du fait de s'obliger à ne pas faire ou à tolérer un acte ou une situation ;
- des opérations de façon ;
- des locations de biens meubles ou immeubles ;
- des transports et prestations accessoires ;
- des travaux immobiliers ;
- de l'exécution des obligations du fiduciaire (n° 91060) ;
- des ventes à consommer sur place de produits alimentaires ou de boissons (restaurants, débits de boissons) définies n° 53195 ;
- des opérations d'entremise des intermédiaires transparents (n° 61460) ;
- des opérations de change ou sur titres (voir nos 60335 et 60340) ;
- des travaux d'études, de recherches et d'expertises ;

– d'une manière générale, de toutes les activités qui relèvent du louage d'industrie ou du contrat d'entreprise par lequel une personne s'oblige à exécuter, moyennant une rémunération déterminée ou en échange d'un autre service, un travail quelconque ou à exercer des activités qui donnent lieu à la perception de profits divers (primes, participations, redevances).

OPÉRATIONS COMPLEXES

Certaines activités ou opérations peuvent être constituées de deux ou **plusieurs actes ou éléments** fournis au client et la question se pose alors de savoir si l'on est en présence d'une **opération unique,** et dans l'affirmative, si cette opération unique doit être qualifiée de **livraison de biens ou de prestation** de services, **ou,** au contraire, si l'on est en présence de plusieurs **opérations dissociables.** 46478 CGI art. 257 ter

Chaque opération imposable à la TVA est **en principe** considérée comme étant **distincte et indépendante** et suit son régime propre déterminé en fonction de son élément principal ou de ses éléments autres qu'accessoires (principe d'autonomie des opérations).

L'étendue d'une opération est déterminée à l'issue d'une **appréciation d'ensemble** réalisée du point de vue du consommateur, envisagé comme un **consommateur moyen,** tenant compte de l'importance qualitative et quantitative des différents éléments en cause ainsi que de l'ensemble des circonstances dans lesquelles l'opération se déroule (méthode dite du faisceau d'indices).

Plusieurs éléments doivent être **regroupés en une même opération** dans les deux cas suivants (exceptions au principe d'autonomie des opérations) :

– lorsque deux ou plusieurs éléments ou actes fournis par l'assujetti sont si étroitement liés qu'ils forment, objectivement, une seule **prestation économique indissociable** dont la décomposition revêtirait un caractère artificiel ;

– lorsqu'un ou plusieurs éléments doivent être considérés comme constituant l'**opération principale** alors que, à l'inverse, d'autres **éléments** doivent être regardés comme **accessoires.**

S'agissant du taux applicable lorsqu'une opération unique comprend plusieurs éléments soumis à des taux différents, voir n° 46480 ; des règles dérogatoires applicables aux agents de voyages, voir n°s 61520 s.

> Précisions a. Les dispositions de l'article 257 ter du CGI reprennent les principes dégagés par la CJUE (notamment CJUE 25-2-1999 aff. 349/96 : RJF 4/99 n° 512 ; CJUE 27-10-2005 aff. 41/04 : RJF 1/06 n° 112 ; CJUE 19-11-2009 aff. 461/08 : RJF 2/10 n° 191 ; CJUE 11-2-2010 aff. 88/09 : RJF 5/10 n° 553 ; CJUE 21-2-2013 aff. 18/12 : RJF 5/13 n° 569 ; CJUE 4-3-2021 aff. 581/19 : RJF 5/21 n° 550).

b. Deux **critères décisifs** permettent de déterminer l'étendue d'une opération. Ainsi :

– des éléments sont **regroupés** en une même opération lorsque le consommateur en **recherche spécifiquement la combinaison,** c'est-à-dire lorsque, par rapport à leur fourniture séparée, leur fourniture combinée répond à des besoins différents ou supplémentaires, s'agissant de la nature, de la qualité ou du prix des services rendus ;

– inversement, l'acquisition d'éléments auprès de **fournisseurs différents** dans le cadre d'**actes juridiques distincts** ne permet **pas** le **regroupement** en une opération unique, chaque élément étant taxé selon son régime propre et indépendamment les uns des autres, même lorsqu'ils présentent une forte connexité sur le plan matériel ou participent d'un même projet économique (BOI-TVA-CHAMP-60-20 n°s 130 et 150). Toutefois, selon la CJUE, si, en principe, des opérations réalisées par des opérateurs économiques distincts doivent être regardées comme distinctes et indépendantes, elles peuvent, dans certains cas, en raison des circonstances et des éléments caractéristiques de ces opérations, être regardées comme une opération unique (en ce sens, concernant des opérations d'assurance, CJUE 16-7-2015 aff. 584/13 : RJF 11/15 n° 981 ; concernant une opération de cession-bail, CJUE 27-3-2019 aff. 201/18 : n° 57295, précision b).

D'**autres critères** peuvent permettre de **corroborer** un critère décisif (pris isolément, chacun de ces critères peut être écarté s'il ne va pas dans le même sens que les autres). Il s'agit notamment de la faculté d'**acquérir séparément ou non** les éléments en cause et des **modalités de calcul ou de détermination du prix** (prix global ou prix séparés, facturation séparée, identification de la valeur de certains éléments sur une même facture). Les modalités de calcul du prix prennent une importance déterminante lorsque, combinées avec l'environnement contractuel, elles caractérisent un montage économique original mis en œuvre par la combinaison des différents éléments (BOI précité n°s 160 à 210).

c. Pour déterminer si un élément doit être considéré comme **accessoire** à un ou d'autres éléments au sein d'une opération unique (partageant alors le sort fiscal de l'élément principal), il convient de prendre en considération **deux critères** (CJUE 4-3-2021 aff. 581/19 précité ; CE 24-2-2022 n° 446128 : RJF 5/22 n° 435) :

– l'**absence de finalité autonome** de l'élément du point de vue du consommateur moyen, c'est-à-dire lorsqu'il ne constitue **pas pour la clientèle une fin en soi** mais le moyen de bénéficier dans les meilleures conditions de l'opération principale (notamment CJUE 25-2-1999 aff. 349/96 et CJUE 17-1-2013 aff. 224/11 précités ; CJUE 25-3-2021 aff. 907/19 : RJF 6/21 n° 674) ;

Remarque : À cette fin, la CJUE examine les circonstances dans lesquelles se déroule l'opération et recherche en particulier si celui-ci présente un **caractère facultatif** et s'il peut être fourni par un autre opérateur (en ce sens, CJUE 16-7-2015 aff. 584/13 : RJF 11/15 n° 981 ; voir également, s'agissant d'une prestation proposée à titre optionnel, CJUE 2-12-2010 aff. 276/09 : RJF 4/11 n° 532). Le Conseil d'État a même fait du caractère facultatif de l'opération un critère déterminant pour écarter la qualification d'opération accessoire (CE 24-4-2019 nos 411007-411013 et 418912 : RJF 7/19 nos 645 et 646). La position de l'administration est moins tranchée (fourniture d'une couverture d'assurance dommages-ouvrage facultative considérée comme une prestation distincte de l'activité de constructeur : BOI-RES-TVA-000057 ; services facultatifs d'audioguidage qualifiés d'accessoires : BOI-TVA-LIQ-30-20-60 n° 80) ;

— la **valeur respective** de chacun **des éléments** composant l'opération économique, l'une, appréciée sur les plans qualitatif et quantitatif, s'avérant minime, voire marginale, par rapport à l'autre (en ce sens, CJUE 22-10-1998 aff. 308/96 et 94/97 : RJF 12/98 n° 1521). Ce second critère constitue en réalité un indice du premier (BOI-TVA-CHAMP-60-20 n° 260).

d. Il existe une autre exception au principe d'autonomie des prestations, résultant de la directive TVA elle-même, concernant les « **opérations étroitement liées** » à une prestation exonérée, lesquelles, susceptibles d'être fournies par des acteurs économiques différents et à des destinataires différents, partagent l'exonération de celle-ci afin d'assurer la pleine efficacité de cette exonération (CJUE 4-3-2021 aff. 581/19 précité ; BOI-TVA-CHAMP-60-10 n° 120).

e. Les **droits d'accès** qui ne constituent pas des bons à usages multiples (n° 47475) et qui permettent d'accéder à une diversité de services présentant une proximité matérielle en contrepartie d'un prix forfaitaire, indépendant de la consommation effective des services, présentent pour le consommateur une finalité propre qui permet de les qualifier d'opération unique (par exemple, accès à un parc d'attractions en contrepartie d'un billet d'entrée ou offre donnant accès à plusieurs services numériques). Lorsque plusieurs droits d'accès ayant des périmètres de services différents sont commercialisés au sein d'une même offre, la question de savoir si cette offre doit être considérée comme une opération complexe unique nécessite, en revanche, d'appliquer la méthode du faisceau d'indices et les critères présentés ci-dessus (BOI-TVA-CHAMP-60-40 nos 160 à 190).

46479 Lorsqu'il a été constaté que différents éléments doivent être regroupés en une **opération unique,** il convient, pour qualifier cette opération de **livraison de biens ou** de **prestation de services,** de prendre en considération toutes les circonstances dans lesquelles se déroule l'opération pour en rechercher les éléments caractéristiques.

Alors même que le caractère matériel de la fourniture d'un bien corporel et du transfert du droit d'en disposer comme un propriétaire caractérise une livraison de biens, l'opération peut être qualifiée de prestation de services si, compte tenu de l'**importance** que les **services complémentaires** revêtent pour la clientèle, de leur **ampleur,** du **temps nécessaire à leur exécution** et de la **part de leur coût** dans le coût total, ceux-ci ne sont ni mineurs ni accessoires mais présentent un caractère prédominant par rapport à la livraison de sorte qu'ils constituent une **fin en soi pour le client** (notamment CJUE 11-2-2010 aff. 88/09 : RJF 5/10 n° 553 ; CE 10-6-2010 n° 296591 : RJF 10/10 n° 889 ; BOI-TVA-CHAMP-60-30 n° 60).

46480 Lorsqu'une opération complexe comprend **plusieurs éléments autres qu'accessoires relevant de taux différents,** le taux applicable à l'opération est le taux le plus élevé (ce taux n'étant pas nécessairement le taux normal) (CGI art. 278-0).

Lorsqu'une opération unique comprend des **éléments** dont certains sont **principaux** (non accessoires) **et** d'autres **accessoires,** le taux applicable à l'opération est celui de l'élément principal ou, en cas de pluralité d'éléments principaux, le taux déterminé dans les conditions exposées ci-dessus (CGI art. 257 ter, II).

> Précisions a. Les règles de taux applicables aux **abonnements** relatifs aux **livraisons d'électricité, de gaz naturel** combustible et **d'énergie calorifique** dérogent, selon l'administration, aux principes ci-dessus (voir n° 53035, précision a).

b. Il suffit qu'un **élément autre qu'accessoire,** même minoritaire, **relève du taux normal** pour écarter le bénéfice d'une exonération ou d'un taux réduit et, par conséquent, appliquer le taux normal à l'ensemble de l'opération (BOI-TVA-CHAMP-60-30 n° 100 ; en ce sens également, CJUE 19-7-2012 aff. 44/11 : RJF 11/12 n° 1090 ; CJUE 10-11-2016 aff. 432/15 : RJF 2/17 n° 203).

c. Lorsqu'**aucun élément autre qu'accessoire ne relève du taux normal** mais que certains éléments relèvent d'une exonération et d'autres relèvent d'un taux réduit, le taux normal s'applique néanmoins si l'opération prise dans sa globalité ne remplit pas les conditions d'éligibilité à une exonération ou un taux réduit (BOI précité n° 110).

2. OPÉRATIONS EFFECTUÉES À TITRE ONÉREUX

46485 Pour être imposables, les livraisons de biens meubles corporels et les prestations de services doivent (sous réserve du cas des transferts : nos 49280 s.) être effectuées à titre onéreux.
TVA-II-510 s

Les opérations effectuées à titre onéreux s'entendent de celles qui comportent la fourniture par l'acquéreur ou le bénéficiaire du service d'une **contrepartie,** quelle qu'en soit la nature (somme d'argent, bien livré ou service rendu, etc.) ou la valeur.

La taxe s'applique, en principe, à toutes les livraisons de biens et prestations de services effectuées à titre onéreux par un assujetti, quels qu'en soient les buts ou les résultats. Peu importe, à cet égard, que les opérations soient effectuées sans **but** lucratif ou sans **bénéfice.**

La notion d'opération effectuée à titre onéreux suppose toutefois l'existence d'un **« lien direct »** entre le service rendu (ou le bien livré) et la contre-valeur reçue.

Notion de lien direct La notion de lien direct contribue à limiter le domaine d'application de la TVA (par la mise hors champ de divers « opérateurs » et la non-imposition de certaines recettes). Progressivement affinée par la jurisprudence nationale mais aussi communautaire, cette notion peut être présentée comme suit : 46490 TVA-II-520 s

– il n'est pas de service taxable en l'absence d'un lien direct **entre celui qui fournit le service et son bénéficiaire** (en ce qui concerne les livraisons, voir n° 46495, précision a) ;

– un tel lien n'est caractérisé que si **deux conditions** sont remplies : d'une part, le **service** doit être rendu directement à un bénéficiaire déterminé (autrement dit, doit être **individualisé** ou individualisable) ; d'autre part, il doit exister une **« relation nécessaire »** (mais pas forcément équivalente) **entre le niveau des avantages** retirés par le bénéficiaire du service **et la contre-valeur** qu'il verse au prestataire (CJUE 8-3-1988 aff. 102/86 : RJF 8-9/88 n° 970 ; CE 9-5-1990 n° 82611 : RJF 6/90 n° 676 ; CE 6-7-1990 n° 88224 : RJF 8-9/90 n° 989).

Reprenant à son compte la notion de lien direct, l'administration a apporté, à cet égard, les précisions suivantes (BOI-TVA-CHAMP-10-10-10 n°s 30 à 180). 46495

a. La première condition (service individualisé) est remplie lorsqu'il y a un **engagement** exprès du prestataire **de fournir un service déterminé** à la personne qui assure le financement ou, en l'absence d'engagement exprès, lorsqu'une action a été entreprise ou que des moyens ont été mis en œuvre qui permettent d'établir l'existence d'un tel engagement.

L'existence d'un service individualisé n'est pas incompatible avec le fait que le **service** rendu soit **collectif** (à condition que les cotisants en tirent un avantage direct), ne soit **pas mesurable** avec précision ou s'inscrive dans le cadre d'une **obligation légale** (par exemple, services rendus par les associations interentreprises de médecine du travail).

b. L'existence d'une relation entre le service rendu et le prix perçu (seconde condition) ne fait pas de doute lorsqu'un prix est fixé dans le cadre de **relations contractuelles** définies par un contrat proprement dit, un **barème,** les **statuts** d'une association, etc.

Cette relation peut exister alors même que le prix :

– ne reflète pas la **valeur normale** de l'opération : la relation entre le prix et le service peut donc exister en cas d'**opération à perte.** Toutefois, lorsque le prix est fixé à un niveau très inférieur au prix du marché et dans des conditions telles qu'il traduit en réalité une **libéralité,** le prestataire ne peut être regardé comme exerçant une activité économique et, par suite, l'opération n'est pas imposable (pour l'application de ce principe dans le domaine locatif, voir n° 46895). De même, une opération effectuée gratuitement est hors du champ d'application de la TVA ;

– prend la forme d'un **rabais** ;

– n'est pas **payé par** le bénéficiaire mais par **un tiers** (voir n° 52220) ;

– est acquitté sous forme d'**abonnement.**

Si le **paiement volontaire** par le bénéficiaire du service laisse présumer qu'il existe un lien direct avec le service rendu, inversement le **caractère obligatoire du financement** laisse présumer qu'un tel lien n'existe pas, mais ces présomptions peuvent être renversées.

> **Précisions** **a.** La notion de lien direct peut concerner les **livraisons de biens.** Toutefois, à l'égard des critères examinés ci-dessus, cette catégorie d'opérations est, par nature, moins susceptible de susciter des difficultés.
> **b.** La notion de lien direct permet notamment d'analyser le régime des **aides** et **subventions** et des **indemnités** (voir n°s 46920 s. et 46970 s.).

Remboursements de frais Les livraisons de biens et les prestations de services sont imposables à la TVA même si elles sont **effectuées à prix coûtant** (remboursement de frais). 46500 TVA-II-760 s

> **Précisions** Certains services rendus à prix coûtant sont cependant exonérés par des dispositions spéciales (voir n°s 47280 s. et 47315).
> Par ailleurs, les sommes reçues en remboursement des dépenses exposées pour le compte d'un commettant sont exclues de la base d'imposition (n°s 52335 s.).

3. NOTION D'ASSUJETTI

46510 TVA-II-850 s TVA-II-1770 s L'« assujetti » à la TVA s'entend de toute personne qui **effectue de manière indépendante** une des **activités économiques** mentionnées à l'article 256 A du CGI. De plus, pour que ses opérations soient soumises à la TVA, l'assujetti doit **agir en tant que tel**.

› Précisions a. La qualité d'assujetti est indépendante du **statut juridique** des personnes, de leur situation au regard des **autres impôts**, de la forme ou de la **nature de leur intervention.** Par ailleurs, il importe peu que les opérations réalisées donnent effectivement lieu au **paiement** de la TVA **ou** soient **exonérées.** La notion d'assujetti est donc plus large que celle de redevable de la taxe (sur cette dernière notion, voir n° 54050).

b. Un régime facultatif de **groupe TVA** permet aux personnes assujetties établies en France et étroitement liées entre elles de constituer un **assujetti unique** (voir n°s 46545 s.).

EXERCICE D'UNE ACTIVITÉ ÉCONOMIQUE

46515 TVA-II-880 s La qualité d'assujetti à la TVA résulte de l'exercice (de manière indépendante) d'une des activités économiques mentionnées à l'article 256 A du CGI. Sont visées par ce texte toutes les activités de producteur, de commerçant ou de prestataire de services, y compris les activités libérales, agricoles, civiles ou extractives, exercées à titre habituel.

Le **caractère habituel** implique la réalisation répétée de prestations de services ou de livraisons de biens. Correspond notamment à cette définition l'exploitation d'un bien meuble corporel ou incorporel en vue d'en retirer des recettes ayant un caractère de permanence. En revanche, la personne qui réalise à titre occasionnel une opération économique n'a pas, en principe, la qualité d'assujetti (BOI-TVA-CHAMP-10-10-20 n° 330 ; en ce sens également, CJUE 26-9-1996 aff. 230/94 : RJF 11/96 n° 1370).

› Précisions La notion d'activité économique pour les **organismes de droit public** est appréciée par la CJUE selon des critères plus stricts que ceux qu'elle utilise pour les opérateurs privés. Cette plus grande rigueur se traduit, essentiellement, d'une part, par la distinction qu'il convient d'opérer en ce qui les concerne entre la notion de prestation de services effectuée à titre onéreux au sens de l'article 2, 1-c de la directive TVA et celle de « rémunération » caractérisant une activité économique au sens de l'article 9, 1 de la même directive (la Cour précisant à cet égard que l'existence d'une prestation de services à titre onéreux ne suffit pas pour constater l'existence d'une activité économique) et, d'autre part, par l'examen des conditions dans lesquelles la prestation de services est effectuée par l'organisme (en ce sens, voir CJUE 29-10-2009 aff. 246/08 ; CJUE 12-5-2016 aff. 520/14 : RJF 8-9/16 n° 775).

46520 Les **activités** économiques **concernées** sont les suivantes.

a. Activités de nature industrielle ou commerciale (opérations d'entremise, façons, transports, locations de biens meubles, ventes à consommer sur place, ventes de biens achetés en vue de la revente, etc.).

b. Activités libérales, quelles que soient leurs modalités d'exécution ou la forme juridique des entreprises qui les réalisent (certaines activités libérales touchant à la médecine et aux « soins » sont toutefois expressément exonérées de la TVA : n°s 47110 s.).

c. Activités agricoles (cependant, les exploitants sont en pratique placés de plein droit sous le régime du remboursement forfaitaire dès lors qu'ils ne sont pas imposés en vertu de dispositions expresses de la loi ou d'une option : n°s 59420 s.).

d. Activités civiles telles que la **location** de terrains non aménagés ou de locaux nus (voir n°s 46800 s.) ou la cession de brevets par les inventeurs ou leurs héritiers (n° 47510).

e. Activités extractives dans la mesure où elles se concrétisent par des livraisons de biens ou des prestations de services imposables à la TVA (voir n° 47530 à propos des carrières et des mines).

› Précisions a. La vente par un **particulier** de biens (diamants, or ou vins, par exemple) acquis sans intention de les revendre ne relève pas d'une activité économique. Même solution pour la livraison de biens en vente publique effectuée occasionnellement par un particulier.

b. Ne relève pas d'une activité économique le simple fait pour un **syndicat de copropriétaires** d'assurer sa mission de gestion patrimoniale privée (conservation et entretien de l'immeuble, administration des parties communes) et de prendre en charge les éléments d'équipement communs et les services collectifs nécessaires à cette mission. En revanche, relève d'une activité économique la fourniture aux copropriétaires de biens et services sans lien avec cette mission (CE sect. 7-12-2001 n° 212273 : RJF 2/02 n° 148).

c. Les recettes résultant de la **refacturation de frais par un holding** à ses filiales sont susceptibles de constituer la rémunération d'une activité économique imposable à moins que cette activité ne soit exercée qu'à titre occasionnel. Dans ce dernier cas, la refacturation peut toutefois être imposable lorsqu'elle est opérée par un holding assujetti à la TVA pour une autre activité économique exercée de manière permanente (CE 13-12-2017 n° 397580 : RJF 3/18 n° 264).

d. En ce qui concerne les **produits financiers,** voir n° 55765.

EXERCICE DE MANIÈRE INDÉPENDANTE

46525 TVA-II-1210 s
La qualité d'assujetti à la TVA résulte de l'exercice d'une activité économique de manière indépendante. Les personnes qui agissent de manière indépendante sont celles qui exercent une activité sous leur propre **responsabilité** et jouissent d'une totale **liberté** dans l'organisation et l'exécution des travaux qu'elle comporte.

Tel est le cas, notamment, des personnes qui exercent une activité professionnelle en vertu d'un contrat d'entreprise ou d'un contrat de mandat. Pour d'autres exemples, voir également nº 46535.

> Précisions Selon la CJUE, l'expression « d'une façon indépendante » exprime, comme celle « d'une manière autonome », le besoin d'apprécier le **lien de subordination** dans l'exercice d'une activité économique. Les critères d'appréciation de la condition d'indépendance, qui sont l'accomplissement par une personne de ses activités en son nom, pour son propre compte et sous sa propre responsabilité et la prise en charge du risque économique lié à l'exercice de ces activités, sont applicables à toutes les personnes, physiques ou morales, aussi bien publiques que privées (en ce sens, CJUE gr. ch. 29-9-2015 aff. 276/14 : RJF 12/15 nº 1080). L'exercice à titre indépendant est essentiellement une appréciation d'**éléments de fait.**

46530
Ne sont pas considérés comme agissant de manière indépendante, et ne sont donc **pas assujettis à la TVA** :

– les **salariés** et les autres personnes qui sont liés par un contrat de travail, ou par tout autre rapport juridique créant des liens de subordination en ce qui concerne les conditions de travail, les modalités de rémunération et la responsabilité de l'employeur ;

EXEMPLES

Journalistes ; simples vacataires des associations sans but lucratif.

– les **représentants de commerce** statutaires ou salariés ;

– les **travailleurs** (et ouvriers) **à domicile** dont les gains sont considérés comme des salaires, lorsqu'ils exercent leur activité dans les conditions prévues par les articles L 7412-1, L 7412-2 et L 7413-2 du Code du travail ;

– les **présidents** des **établissements publics,** fonctionnaires et assimilés qui assument en tant que **représentants de l'État ou d'organismes de droit public** des tâches de direction, de contrôle ou de conseil dans le secteur public ou parapublic et dont les rémunérations relèvent, en matière d'impôt sur le revenu, de la catégorie des traitements et salaires ;

– les **dirigeants de sociétés** personnes physiques dont les rémunérations sont fiscalement soumises au régime des traitements et salaires ou perçues dans l'exercice normal de leurs fonctions de direction, d'administration et de contrôle. En revanche, les rémunérations perçues par les personnes morales en leur qualité de dirigeantes de sociétés doivent être soumises à la TVA.

46535
> Précisions **a.** Les **expertises** effectuées de manière indépendante par des **fonctionnaires** désignés en raison des compétences développées dans leurs fonctions sont soumises à la TVA (BOI-TVA-CHAMP-10-10-60-50 nº 180).

b. Mandataires, les **syndics d'immeubles** sont assujettis à la TVA. Mais les retraités ou salariés qui se bornent à remplir les fonctions de syndic dans un immeuble dont ils sont eux-mêmes copropriétaires ne sont pas recherchés en paiement de la TVA (BOI-TVA-CHAMP-10-10-20 nº 310).

c. Les **GIE** étant dotés d'une personnalité morale distincte de celle de leurs membres, les opérations qu'ils réalisent avec leurs membres ou des tiers sont imposables dans les conditions de droit commun. Même solution pour les GEIE.

d. La **location d'un bien** à une **société civile par un associé** constitue une activité économique exercée de manière indépendante (CJUE 27-1-2000 aff. 23/98 : RJF 3/00 nº 438).

e. Les **services que rend un établissement français** (succursale, par exemple) **à son siège,** installé en France ou à l'étranger, sont situés hors du champ d'application de la TVA (les mouvements de fonds entre le siège et l'établissement échappent donc à la taxe) car il s'agit d'opérations internes à une même entité juridique, sauf si l'établissement français se comporte de manière autonome (en ce sens, CJUE 23-3-2006 aff. 210/04 : RJF 6/06 nº 806 repris au BOI précité nº 280 ; CJUE 24-1-2019 aff. 165/17 : RJF 4/19 nº 406 ; CE 5-4-2019 nº 389105 : RJF 6/19 nº 533).

Par ailleurs, les services échangés entre un siège et sa succursale, non établis dans le même État, constituent des opérations imposables lorsque l'une ou l'autre de ces entités (ou les deux) est membre d'un **groupe TVA** dans son État membre d'établissement (CJUE 17-9-2014 aff. 7/13 : RJF 12/14 nº 1161 ; CJUE 11-3-2021 aff. 812/19 : RJF 6/21 nº 673 ; CE 4-11-2020 nºs 435295 et 436082 : RJF 2/21 nº 137 ; BOI précité nº 285).

Sur les droits à déduction du siège et de la succursale, voir nº 55750, d ; sur le régime optionnel d'assujetti unique (groupe TVA) applicable en France, voir nºs 46545 s.

ASSUJETTI AGISSANT EN TANT QUE TEL

46540 TVA-II-1900 s Pour qu'une opération effectuée à titre onéreux puisse être regardée comme imposable à la TVA, il ne suffit pas qu'elle soit réalisée par un assujetti. Encore faut-il, comme l'exige l'article 256, I du CGI, que celui-ci agisse « en tant que tel ».

> Précisions **a.** Ne constituent pas des opérations réalisées par un assujetti agissant en tant que tel et sont, par suite, placées hors du champ d'application de la TVA :

– dans le cas d'une vente, par un assujetti, d'un immeuble qu'il exploite et dont une partie a été affectée dès l'acquisition à son usage privé, la vente de cette partie du bien (CJUE 4-10-1995 aff. 291/92 : RJF 12/95 n° 1447) ;

– la revente par une société, même commerciale par son objet ou par sa forme, de biens (lingots d'or en l'espèce) qu'elle a acquis non comme objet de négoce mais à titre de simple placement (CE 29-12-1995 n° 118754 : RJF 2/96 n° 186).

b. En ce qui concerne les produits financiers, voir n° 55765.

RÉGIME OPTIONNEL DE L'ASSUJETTI UNIQUE (GROUPE TVA)

46545 CGI art. 256 C Les **personnes assujetties** qui ont **en France** le siège de leur activité économique ou un établissement stable ou, à défaut, leur domicile ou leur résidence habituelle, à l'exception des établissements stables de ces assujettis qui ne sont pas situés en France, et qui, bien que juridiquement indépendantes, sont **étroitement liées entre elles** sur les plans financier, économique et de l'organisation (n° 46547) peuvent demander à constituer **un seul assujetti** au sens de l'article 256 A du CGI.

L'ensemble de ces conditions doit être rempli par tous les membres de l'assujetti unique au 1er janvier de l'année qui suit celle au cours de laquelle l'**option** pour sa création a été exercée et, de manière continue, pendant toute la durée de leur appartenance à l'assujetti unique (BOI-TVA-AU-10-20 n° 10).

> Précisions **a.** Un **assujetti partiel**, exerçant des activités dans le champ et en dehors du champ de la TVA, peut appartenir à un assujetti unique. Tel n'est pas le cas des **personnes non assujetties** dont toutes les activités sont situées hors du champ d'application (BOI-TVA-AU-10-10 nos 10 et 20).

Par ailleurs, une personne assujettie ne peut être **membre** que **d'un seul assujetti unique** et un assujetti unique ne peut pas lui-même être membre d'un autre assujetti unique.

b. L'assujetti unique ne regroupe pas l'ensemble des **établissements stables** de ses membres, mais uniquement ceux **établis en France.** Les établissements stables de ses membres **situés hors de France** constituent des assujettis distincts de l'assujetti unique de sorte que les opérations qu'ils réalisent au bénéfice de l'assujetti unique (ou acquièrent auprès de ce dernier) sont imposables, même lorsque ces opérations sont réalisées entre des établissements stables qui relèvent d'une même personne morale (BOI-TVA-AU-30 nos 50 et 60 ; sur les opérations réalisées dans le cadre des **relations siège-succursales** lorsque l'une de ces entités est membre d'un assujetti unique, voir également n° 46535, e).

Les établissements stables situés en France des **entreprises étrangères** peuvent également intégrer l'assujetti unique.

c. Concernant l'**exonération** de TVA dont bénéficient les **groupements autonomes de personnes,** limitée depuis la mise en place du régime de l'assujetti unique aux seuls groupements dont les membres sont soit des non assujettis, soit des assujettis qui exercent des activités d'intérêt général exonérées, voir nos 47280 s.

d. Le régime optionnel de l'assujetti unique est **distinct** du régime optionnel pour la **consolidation du paiement de la TVA** (nos 54200 s.). Ces deux régimes sont incompatibles entre eux (BOI-TVA-AU n° 50).

46547 Sont considérés comme **liés entre eux** :

1. Sur le plan financier, les assujettis contrôlés en droit, directement ou indirectement, par une même personne, y compris cette dernière. Ce **critère de contrôle** est satisfait lorsqu'un assujetti ou une personne morale non assujettie détient de manière continue pendant toute l'existence de l'assujetti unique plus de 50 % du capital d'un autre assujetti, directement ou indirectement par l'intermédiaire d'autres assujettis ou personnes morales non assujetties, ou plus de 50 % des droits de vote (notamment, ceux attachés aux actions ordinaires, aux actions à droits de vote multiples ou privilégiés et aux certificats de droits de vote) d'un autre assujetti ou d'une personne morale non assujettie dans les mêmes conditions (voir également les précisions ci-dessous).

2. Sur le plan économique, les assujettis exerçant soit :

– une **activité** principale **de même nature** : activités relevant d'un même secteur économique, portant sur la commercialisation de biens ou de services similaires ou de substitution, ou encore fondées sur l'utilisation des mêmes outils de production ;

– des activités **interdépendantes, complémentaires ou poursuivant un objectif économique commun** : activités fondées sur l'exploitation de compétences ou d'investissements communs, permettant le développement de synergies à l'intérieur du groupe, ou encore sur l'exploitation d'un réseau de distribution commun ; activités organisées autour d'une même chaîne de valeur, aux différents niveaux de la production ou des activités connexes. La dépendance ou la complémentarité peut également résulter d'une diversification imposée par les besoins de l'exploitation de certains actifs liés à l'activité principale ;

– une activité **réalisée en totalité ou en partie au bénéfice des autres membres** : mutualisation de services supports d'un groupe (comptabilité, finances, gestion des ressources humaines, informatique, etc.) dans une entité spécifique qui rend des services aux autres membres du groupe (BOI-TVA-AU-10-20-20 n°s 30 à 50).

3. Sur le plan de l'organisation, les assujettis qui sont en droit ou en fait, directement ou indirectement, sous une direction commune (société mère, y compris sise à l'étranger, organe central ou entité faîtière) ou qui organisent leurs activités totalement ou partiellement en concertation, via une structure de gestion partagée ou dans un cadre contractuel (BOI-TVA-AU-10-20-30 n°s 20 et 30).

Remarque : L'existence de liens financiers, économiques ou organisationnels, qui peut résulter d'une combinaison de ces différents critères, est suffisamment caractérisée dès lors que de tels liens peuvent être démontrés **avec au moins un autre membre** de l'assujetti unique.

› Précisions a. L'existence d'un **contrôle indirect** pour l'appréciation des **liens financiers** implique que chacun des **taux de détention successifs dans la chaîne des participations** soit supérieur à 50 %, l'éventuel choix de la (ou des) société(s) intermédiaire(s) de ne pas intégrer l'assujetti unique ne faisant pas obstacle à l'existence d'un lien financier indirect. Le taux de détention supérieur à 50 % peut également résulter d'un cumul de détentions indirectes au travers de **sociétés distinctes.**

Par ailleurs, le lien de contrôle peut être vérifié par l'intermédiaire d'entités qui ne respectent pas l'ensemble des conditions pour appartenir à l'assujetti unique, et notamment de **personnes morales non assujetties** à la TVA ou **établies à l'étranger** (BOI-TVA-AU-10-20-10 n°s 50 à 70).

b. Les **sociétés de coordination** (CCH art. L 423-1-2) sont également considérées comme **liées financièrement** aux organismes qui détiennent leur capital. Par ailleurs, certaines **entités non capitalistiques** (réseau des banques mutualistes ou coopératives, groupements prudentiels dans le domaine des assurances, personnes respectant les conditions pour l'établissement de comptes combinés, groupements paritaires de protection sociale) sont présumées présenter des liens financiers pour l'application du régime de l'assujetti unique. Pour ces dernières, les **critères légaux** peuvent être combinés avec des liens répondant au critère de contrôle exposé ci-dessus lorsque ces entités détiennent directement, indirectement ou conjointement la majorité du capital ou des droits de vote d'autres entités (BOI précité n°s 80 à 170).

Le contrôle, direct ou indirect, d'une majorité des voix au sein de l'assemblée générale d'une **association** constitue un élément de nature à caractériser l'existence de liens financiers. De même, dans le cas de **GIE**, l'existence des liens financiers implique le contrôle d'une majorité des voix à l'assemblée des membres du groupement (BOI précité n° 40).

Option pour le régime de l'assujetti unique et évolution de son périmètre 46549

La création de l'assujetti unique s'effectue sur **option** formulée par son représentant auprès du **service des impôts** dont il dépend. Elle ne peut être exercée qu'avec l'accord de chacun des membres de l'assujetti unique.

L'option doit être **formulée au plus tard** le 31 octobre de l'année qui précède son application. Elle prend **effet** au 1er janvier de l'année qui suit celle au cours de laquelle elle a été exprimée et couvre obligatoirement une **période** de trois années civiles.

EXEMPLE

Une société, qui souhaite former en 2025 un assujetti unique avec deux de ses filiales, doit notifier son option au service des impôts au plus tard le 31 octobre 2024. Cette option prend effet au 1er janvier 2025 pour une période minimale de trois ans, soit jusqu'au 31 décembre 2027.

L'option vaut **déclaration de création d'entreprise ou d'activité** (n° 53390) pour l'assujetti unique. Elle doit préciser la dénomination, la domiciliation et le représentant de l'assujetti unique ainsi que la nature des activités de chacun de ses membres et comporter la **liste des membres** avec le numéro individuel d'identification à la TVA qui leur a été attribué avant leur entrée dans le groupe (CGI art. 286, III).

› Précisions a. Le **représentant** de l'assujetti unique, choisi librement parmi les membres, s'engage, outre la formulation de l'option, à accomplir les obligations déclaratives et toute formalité en matière de TVA incombant à l'assujetti unique et, en cas d'opérations imposables, à acquitter la taxe en son nom ainsi qu'à obtenir le remboursement d'éventuels crédits de TVA (BOI-TVA-AU-50 n° 10). L'éventuelle sortie du représentant de l'assujetti unique n'a pas d'impact sur l'existence du groupe, si toutes les conditions pour son existence restent par ailleurs remplies (BOI-TVA-AU-10-30 n° 20).

b. La **liste des membres** de l'assujetti unique communiquée **lors de l'option** peut comporter des entités qui ne remplissent pas les conditions d'appartenance (nos 46545 s.) du moment que ces conditions sont remplies à la date de prise d'effet de l'option (BOI précité n° 40).

c. Le **crédit de TVA** constaté lors de l'entrée dans le groupe par un membre de l'assujetti unique au titre d'une **période antérieure à l'entrée en vigueur de l'option** donne lieu à remboursement au membre concerné dans les conditions de droit commun, sans condition de montant.

d. S'agissant du **coefficient de taxation provisoire** que l'assujetti unique doit déterminer l'année de sa création, voir n° 46553, précision a.

46550 Au cours de la **période obligatoire de trois ans** mentionnée n° 46549 :

– l'**introduction d'un nouveau membre** ne peut intervenir que s'il s'agit d'un assujetti qui ne remplissait pas les conditions de liens (nos 46545 s.) au jour de prise d'effet de l'option. S'il vient à les remplir, par exemple à la suite d'une opération de fusion, d'apport partiel d'actif ou de prise de participation dans le capital d'une autre entité, il peut alors intégrer l'assujetti unique sur demande formulée par son représentant, cette nouvelle adhésion, qui prend effet à compter du 1er janvier de l'année suivant celle de la demande, n'ayant aucune incidence sur la date de fin de la période obligatoire initiale ;

– la **sortie d'un membre** ne peut s'effectuer que si celui-ci ne remplit plus les conditions susvisées et a lieu, de plein droit, à compter du premier jour du mois suivant celui au cours duquel il ne remplit plus lesdites conditions ;

– il ne peut être **mis fin à l'assujetti unique** que si ces conditions ne sont plus remplies (lorsque, notamment, l'ensemble des membres ne vérifient plus l'un des critères de liens ou en cas de sortie de son avant-dernier membre), l'assujetti unique cessant de plein droit à la date à laquelle lesdites conditions ne sont plus remplies.

Dans ces deux derniers cas, le représentant de l'assujetti unique doit en informer l'administration sans délai.

À l'issue de la période obligatoire :

– tout nouveau membre remplissant les conditions de liens visées nos 46545 s. peut **intégrer l'assujetti unique** (sur demande formulée par le représentant de l'assujetti unique) à compter du 1er janvier de l'année suivante ;

– la **sortie d'un membre** peut être volontaire, ce retrait prenant effet à compter du 1er janvier de l'année suivante (avec l'accord du représentant de l'assujetti unique qui en informe l'administration au plus tard le 31 octobre de l'année qui précède la sortie), ou s'effectuer de plein droit dans les mêmes conditions que pendant la période obligatoire ;

– outre la dissolution de l'assujetti unique lorsque les conditions de liens ne sont plus remplies (comme indiqué ci-dessus pour la période obligatoire), il peut être **mis fin à l'assujetti unique** sur **dénonciation de l'option** formulée par son représentant (avec l'accord exprès de chacun des membres) à compter du premier jour du deuxième mois qui suit celui au cours duquel la dénonciation est intervenue.

> Précisions a. L'adhésion d'un assujetti à un assujetti unique ainsi que sa sortie (s'il reprend l'activité économique exercée jusqu'alors dans le secteur distinct de l'assujetti unique) sont traitées comme un **transfert d'une universalité totale** de biens au sens de l'article 257 bis du CGI et ne donnent lieu ni à taxation, ni à régularisation (voir n° 47520).

b. Le représentant unique doit communiquer **chaque année** à l'administration, par voie électronique (via le formulaire 3310-P-AU) et au plus tard le 10 janvier, la liste de ses membres appréciée au 1er janvier de la même année (CGI art. 256 C, III-5).

46552 **Règles de fonctionnement au sein de l'assujetti unique** L'exercice de l'option pour la constitution d'un assujetti unique implique la création d'un nouvel assujetti. Les membres de ce dernier perdent la qualité d'assujetti au sens de l'article 256 A du CGI et deviennent des **secteurs d'activités distincts** de l'assujetti unique aux fins de la TVA (chaque membre pouvant lui-même constituer des secteurs d'activités distincts, dénommés « **sous-secteurs** d'activités » : n° 56050).

Les opérations réalisées entre les membres sont traitées comme des **opérations internes** sans incidence pour l'application de la TVA (en ce qui concerne notamment les droits à déduction de l'assujetti unique, voir n° 46553, précision b).

L'assujetti unique est la seule entité fiscale existante **vis-à-vis des tiers.** Ainsi, toutes les livraisons de biens ou prestations de services effectuées par un membre en faveur d'une personne non membre sont réputées avoir été effectuées par l'assujetti unique lui-même (et non par le membre concerné). Réciproquement, les opérations effectuées par un tiers en faveur d'un ou de plusieurs membres sont considérées comme effectuées en faveur de l'assujetti unique lui-même.

Les opérations ainsi réalisées par l'assujetti unique sont soumises aux **règles de droit commun** applicables à ces opérations. Lorsque le régime applicable à l'opération est fonction de la qualité ou de la situation du vendeur, celle-ci s'apprécie toutefois au niveau du membre concerné (par exemple, pour l'appréciation de la qualité d'organisme sans but lucratif) (BOI-TVA-AU-30 nos 110 à 130).

L'assujetti unique, identifié par un numéro Siren et un **numéro individuel d'identification** à la TVA propre, est seul tenu de souscrire, par le biais de son représentant, les déclarations de TVA mensuelles et d'acquitter la taxe correspondante (voir n° 46554).

> **Précisions** **a.** Les **membres** de l'assujetti unique doivent continuer à respecter leurs **obligations d'ordre comptable** (nos 53440 s.). Ils **conservent** leurs **numéros individuels d'identification** à la TVA, à des fins de suivi des opérations des différents secteurs d'activité de cet assujetti et de contrôle (BOI-TVA-AU-50 n° 20).
> Ils restent également **redevables** de la TVA due au titre des opérations dont le fait générateur ou l'exigibilité est intervenue **avant la date de leur adhésion** à l'assujetti unique et, le cas échéant, des opérations dont la date du fait générateur est antérieure à leur adhésion mais dont l'exigibilité intervient postérieurement. Dans ce dernier cas, la déduction de la taxe s'opère toutefois chez l'assujetti unique (BOI-TVA-AU-10-30 n° 50).
> **b.** Les **opérations internes** à l'assujetti unique sont soumises au même régime que celui applicable aux opérations internes de tout assujetti, notamment s'agissant des **livraisons à soi-même** de biens et de services (nos 47370 s.) (BOI-TVA-AU-30 n° 40).
> **c.** **L'option formulée par un assujetti unique** pour l'assujettissement à la TVA des **opérations bancaires et financières** exonérées (nos 60375 s.) s'exerce par secteur d'activité que constitue chacun de ses membres (CGI art. 260 B, dernier al.). Elle vaut alors, sauf indication contraire de l'assujetti unique, également pour les **sous-secteurs** d'activités du membre concerné (BOI-TVA-SECT-50-10-30-20 n° 70). Une fois l'option exercée, l'assujetti unique décide librement de son application opération par opération, dans chacun des secteurs pour lesquels l'option a été exercée (n° 60387) (BOI-TVA-AU-10-30 n° 90).
> **d.** L'option pour le **paiement** de la TVA **d'après les débits** (n° 52665) formulée par l'assujetti unique peut être exercée par secteur d'activité (CGI art. 269, 2-c-dernier al.).
> **e.** Lorsque la livraison de biens ou la prestation de services est effectuée par le membre d'un assujetti unique, la **facture** doit comporter les **mentions obligatoires** visées n° 53625 et, notamment, les nom, adresse et numéro d'identification à la TVA de l'assujetti unique. Les factures doivent également porter la mention **spécifique** « Membre d'un assujetti unique » ainsi que le nom, l'adresse et le numéro individuel d'identification à la TVA de ce membre (CGI ann. II art. 242 nonies A, 5° bis).

Les **droits à déduction** de l'assujetti unique sont en principe déterminés dans les conditions de **droit commun** en fonction des différentes activités exercées par les membres du groupe, considérés comme des secteurs d'activités distincts (nos 55360 s. et, notamment, n° 55805 s'agissant du calcul du coefficient de taxation forfaitaire en cas de constitution de secteurs distincts). **46553**

Ainsi, le **principe d'affectation** s'applique en priorité pour la détermination du coefficient de taxation (la déduction de la TVA grevant une dépense utilisée exclusivement à des opérations ouvrant droit à déduction est intégrale alors qu'il n'y a lieu à aucune déduction si cette dépense est utilisée exclusivement à des opérations n'ouvrant pas droit à déduction, indépendamment de son rattachement à un secteur ou à un sous-secteur de l'assujetti unique : BOI-TVA-AU-40 nos 60 et 110). Le coefficient de taxation forfaitaire applicable aux **dépenses mixtes** (biens ou services utilisés pour la réalisation d'opérations ouvrant droit à déduction et d'opérations n'y ouvrant pas droit) **utilisées pour les opérations imposables d'un seul membre** prend en compte le seul chiffre d'affaires imposable de ce secteur ou du (des) sous-secteur(s) concerné(s) du même membre (BOI précité nos 140 à 160).

Toutefois, compte tenu des spécificités de ces assujettis uniques, les **dispositions particulières** suivantes s'appliquent :

1. Pour la détaxation des **dépenses mixtes utilisées par plusieurs de ses membres,** l'assujetti unique peut décider que le chiffre d'affaires à retenir pour le calcul du coefficient de taxation forfaitaire est celui afférent à l'ensemble des opérations imposables de cet assujetti unique (CGI ann. II art. 206, III-3-2°), le numérateur et le dénominateur dudit coefficient reprenant alors la somme des différents éléments que chaque membre retient pour le calcul du coefficient de taxation dédié aux dépenses mixtes qui lui sont propres (BOI précité nos 170 et 180).

2. Les dépenses de **frais généraux** (voir n° 55235) supportées par l'assujetti unique se voient attribuer un coefficient de taxation forfaitaire calculé par référence au chiffre d'affaires de l'ensemble des opérations imposables de l'assujetti unique. Toutefois, lorsque de telles dépenses sont **supportées par un membre** de l'assujetti unique **qui ne réalise aucune**

46553 (suite) **opération interne,** ce coefficient de taxation forfaitaire peut être déterminé par référence au seul chiffre d'affaires imposable de ce membre (BOI précité n° 190).

3. L'assujetti unique a la faculté de déroger aux règles de droit commun et de retenir des mécanismes particuliers de détaxation pour les dépenses suivantes :

– **dépenses individualisables** de biens autres que des immobilisations (fournitures, consommables, etc.) ou de services effectuées par un membre et faisant l'objet d'une **refacturation à l'euro-l'euro** à d'autres membres utilisant cette dépense pour les besoins de leurs propres opérations imposables : la taxe grevant une telle dépense peut être déduite soit au niveau du membre ayant réalisé la dépense en appliquant le coefficient de déduction de chaque membre utilisateur, à proportion de la dépense imputée, soit directement au sein de chaque membre utilisateur pour la part de dépense qui lui est imputée (BOI précité n°s 210 à 230) ;

– **dépenses,** y compris des frais généraux, **utilisées à plus de 90 %** (selon tout critère physique ou financier adapté : chiffre d'affaires, durée d'utilisation, surfaces, etc.) aux besoins des **opérations imposables du** seul **membre qui les a engagées** : ces dépenses peuvent être regardées comme intégralement utilisées à ces opérations imposables, et non comme des dépenses communes à plusieurs membres (BOI précité n° 240) ;

– **dépenses liées à un immeuble** : la détermination du coefficient de taxation peut être effectuée à l'issue d'une affectation (ou, le cas échéant, s'agissant des dépenses communes, d'une ventilation) préalable, entre ses différentes fractions tenant compte de leurs utilisations respectives (notamment, par des clés de surface). Le coefficient attribué à la dépense ou à la fraction de dépense ainsi affectée ou ventilée est alors déterminé en fonction de l'utilisation de la fraction de l'immeuble à laquelle elle se rattache (BOI précité n°s 250 et 260).

4. S'agissant de la possibilité de retenir, par année civile et pour l'ensemble des biens et services acquis (dépenses mixtes et non mixtes), un **coefficient de taxation unique** calculé de manière forfaitaire (n° 55830), cette option doit être mise en œuvre au **niveau de chacun des** secteurs distincts que constituent les **membres de l'assujetti unique** (ou à l'échelle d'un sous-secteur d'activité) et s'applique à l'ensemble des dépenses de ce membre. Le rapport servant à déterminer ce coefficient de taxation unique est alors établi de la manière suivante :

– au **numérateur,** le montant total annuel du chiffre d'affaires afférent aux opérations ouvrant droit à déduction, y compris les subventions directement liées au prix de ces opérations, majoré du produit entre, d'une part, le montant total annuel du chiffre d'affaires afférent aux opérations effectuées par le membre à destination des autres membres de l'assujetti unique et qui auraient été imposables en l'absence de constitution de cet assujetti unique (exception faite du montant afférent aux cessions de biens d'investissement : n° 55750, c et aux opérations financières et immobilières accessoires : n°s 55760 s. et 55780) et, d'autre part, un coefficient de taxation de l'assujetti unique déterminé à partir de l'ensemble du chiffre d'affaires de ses opérations imposables ;

– au **dénominateur,** le montant total annuel du chiffre d'affaires afférent aux opérations imposables, y compris les subventions directement liées au prix de ces opérations, majoré du montant total annuel du chiffre d'affaires afférent aux opérations effectuées par le membre à destination des autres membres de l'assujetti unique et qui auraient été imposables en l'absence de constitution de cet assujetti unique (exception faite du montant afférent aux mêmes opérations que celles visées ci-dessus) (BOI précité n°s 270 à 310 ; voir également la précision c ci-dessous).

> **Précisions** **a.** L'année de sa création (c'est-à-dire l'année suivant celle de l'exercice de l'option), l'assujetti unique doit déterminer un **coefficient de taxation provisoire** calculé à partir du dernier coefficient connu des membres ou selon toute autre méthode, sous sa propre responsabilité. Le coefficient de taxation définitif doit être arrêté avant le 25 mai de l'année suivante (BOI-TVA-AU-10-30 n° 120).
Il doit également procéder, le cas échéant, aux **régularisations annuelles ou globales** induites par sa création lorsque l'appréciation de l'utilisation des biens immobilisés d'un membre à des opérations ouvrant droit à déduction évolue du fait de son appartenance à l'assujetti unique (BOI précité n° 130).

b. La déduction de la TVA grevant les dépenses qu'un membre supporte pour effectuer des **opérations internes,** étrangères au système de la TVA, s'apprécie en fonction de leur utilisation aux seules opérations imposables de l'assujetti unique (taxées ou exonérées) par le ou les membres concernés. Par ailleurs, ces opérations internes ne doivent pas être prises en compte pour le calcul du coefficient de taxation (BOI-TVA-AU-40 n°s 1 et 140).

c. Le **coefficient de taxation unique** déterminé par le membre de l'assujetti unique doit être définitivement arrêté avant le 25 mai de l'année suivante (BOI précité n° 280). Par ailleurs, lorsque l'option pour un tel coefficient est exercée pour un membre du groupe, l'assujetti unique bénéficie également d'un **délai d'un mois supplémentaire** (soit au plus tard le

25 mai de l'année suivante) pour arrêter les coefficients de déduction définitifs (n° 55365) (CGI ann. II art. 206, V-2-al. 2) et pour procéder, le cas échéant, aux régularisations annuelles exigibles au titre des immobilisations (nos 57205 s.) (CGI ann. II art. 207, II-4-al. 2).

d. L'existence de l'assujetti unique aux fins de l'application de la TVA est en principe sans incidence sur les **autres impôts, taxes, droits** et prélèvements de toute nature dont sont redevables ses membres.

Pour la **taxe sur les salaires**, les opérations internes constituent du chiffre d'affaires ou des recettes qui n'ont pas ouvert droit à déduction au sens de l'article 231 du CGI et doivent être prises en compte au numérateur et au dénominateur du rapport d'assujettissement à cette taxe (BOI-TVA-AU-30 n° 80).

S'agissant des **obligations et formalités déclaratives,** l'assujetti unique est seul tenu de souscrire, par le biais de son représentant, les **déclarations de TVA mensuelles** (selon les modalités du régime réel normal d'imposition : nos 54160 s.) au titre de toutes les opérations réalisées par l'ensemble de ses membres avec des tiers et d'acquitter la taxe correspondante. La **date limite de dépôt** de ces déclarations est fixée au 24 du mois suivant (BOI-TVA-AU-50 n° 70). 46554

En **annexe** à sa déclaration de TVA, l'assujetti unique est également tenu de communiquer à l'administration, **pour chacun de ses membres,** les informations de la déclaration de TVA ainsi que le coefficient de taxation utilisé par le membre et le montant total du chiffre d'affaires afférent aux opérations réalisées par ce dernier au bénéfice d'autres membres qui auraient été imposables à la TVA en l'absence d'assujetti unique (CGI ann. IV art. 41-0 bis).

Le **service des impôts** compétent est celui dont dépend le représentant de l'assujetti unique (pour le cas où ce représentant relève de la DGE, voir nos 87400 s.).

> Précisions a. Les **crédits de TVA** constatés sur les déclarations souscrites pendant l'application du régime optionnel sont définitivement acquis à l'assujetti unique.

b. Les membres de l'assujetti unique restent **tenus solidairement** au paiement de la TVA due au titre des opérations réalisées avec des tiers et, le cas échéant, des pénalités correspondantes, à hauteur des montants dont ils seraient redevables s'ils n'étaient pas membres de l'assujetti unique. Par ailleurs, ils conservent l'obligation de déclarer et payer individuellement les **taxes assimilées** et les taxes intérieures de consommation dont ils sont redevables à titre personnel, ces taxes devant être télédéclarées le 25 de chaque mois (BOI précité n° 80).

c. On rappelle que l'assujetti unique doit également communiquer, chaque année, à l'administration la **liste de ses membres** (n° 46550, précision b) et est tenu d'exercer, par secteur d'activité, les **options** prévues en matière de TVA (n° 46552).

Modalités de contrôle de l'assujetti unique Le contrôle de la TVA des sociétés faisant partie d'un assujetti unique s'opère dans les conditions de droit commun (nos 77500 s.), sous réserve des règles particulières suivantes. 46556

Le contrôle du membre en sa qualité de **représentant de l'assujetti unique** porte sur la détermination de la TVA telle qu'indiquée sur la déclaration prévue à cet effet. L'avis de vérification précise que le contrôle vise le représentant de l'assujetti unique, l'ensemble des opérations réalisées par les membres pouvant alors être vérifié. Le débat oral et contradictoire a lieu avec le représentant de l'assujetti unique et l'ensemble des actes de procédure lui sont adressés (BOI-TVA-AU-60 nos 60 à 80).

Des contrôles peuvent être exercés, dans les conditions de droit commun, à l'encontre d'un ou de plusieurs **membres de l'assujetti unique** en matière de TVA comme s'ils n'étaient pas membres du groupe, sauf pour les opérations réalisées avec les autres membres. L'avis de vérification ou d'examen de comptabilité doit être adressé à chaque membre de l'assujetti unique faisant l'objet d'un contrôle. Le débat oral et contradictoire est mené avec le(s) membre(s) contrôlé(s) et les actes de procédure leur sont adressés. Le représentant de l'assujetti unique supporte le montant des rappels de TVA résultant des procédures de rectification à l'égard des membres (LPF art. 16 F). À cet égard, l'administration informe ce représentant, préalablement à la mise en recouvrement, du montant global des droits, intérêts de retard et pénalités dont il est redevable (LPF art. 16 G).

Il est fait exception à l'interdiction de renouveler une vérification dans les cas de **vérification** ou d'examen de la comptabilité du **représentant de l'assujetti unique ou** d'un **membre** de cet assujetti (LPF art. L 51, 5° bis). Le représentant de l'assujetti unique peut ainsi être contrôlé en tant que représentant et en tant que membre au titre d'une même période. De plus, les opérations des membres de l'assujetti unique peuvent être contrôlées en matière de TVA à leur niveau mais également dans le cadre du contrôle du représentant de l'assujetti unique au titre d'une même période. Le contrôle opéré chez le représentant de l'assujetti unique peut révéler la nécessité de mener un contrôle complémentaire sur certains points chez un ou plusieurs membres ayant déjà fait l'objet d'une vérification ou d'un examen de comptabilité portant sur la TVA pour la même période (BOI-TVA-AU-60 nos 130 et 140).

Sur la **solidarité** des membres d'un assujetti unique, voir no 46554, précision b.

> **Précisions** **a.** En cas de contrôle d'un membre, le dispositif de **déduction en cascade** « simple » (no 79600) des rappels de TVA s'applique à ce membre (LPF art. L 77, dernier al.).
> **b.** Un membre du groupe ne peut être **taxé d'office** à la TVA que s'il n'a pas démontré, dans les 30 jours d'une mise en demeure, avoir accompli les diligences nécessaires pour permettre le respect par l'assujetti unique de ses obligations déclaratives (LPF art. L 66 A).
> **c.** Le représentant de l'assujetti unique doit justifier de la TVA déductible et des **crédits de taxe** en résultant par la présentation de documents même établis **antérieurement à la période prescrite** visée no 77725 (LPF art. L 177, al. 3).
> S'agissant de la **procédure d'instruction sur place des demandes de remboursement** (voir no 56650, précision b), l'avis d'instruction est adressé au(x) membre(s) dont les opérations ont concouru à la formation du crédit dont le remboursement est demandé par le représentant de l'assujetti unique, ce dernier étant informé de l'engagement de la procédure. Les **délais** de 60 jours et de quatre mois laissés à l'administration pour prendre sa décision ne sont pas applicables à l'instruction d'une telle demande. Le ou les membres concernés sont informés de la décision transmise, par l'administration, au représentant du groupe.

B. Opérations imposables en vertu d'une disposition spéciale

46560 CGI art. 257 TVA-II-22400 s

Même si elles n'entrent pas dans la catégorie générale des opérations effectuées à titre onéreux par un assujetti, certaines opérations sont cependant soumises à la TVA en vertu d'une disposition spéciale de la loi.

L'article 257 du CGI donne une **liste d'opérations** que le législateur a entendu ainsi soumettre expressément et obligatoirement à la TVA (voir le tableau ci-après).

Outre l'article 257 du CGI, il existe quelques autres textes créant des cas spéciaux d'imposition. Les plus notables sont l'article 256 bis pour les **acquisitions intracommunautaires** (nos 49150 s.), l'article 291 pour les **importations** en provenance de pays tiers (nos 49600 s.) ainsi que l'article 298 bis, II pour certains **exploitants agricoles** (nos 59700 s.).

Cas de taxation prévus à l'article 257 du CGI	Commentaires (nos)
Livraisons à soi-même de biens ou services, y compris d'immeubles neufs (CGI art. 257, II)	47370 s. et 59000 s.
Livraisons à soi-même **de certains travaux immobiliers** réalisés dans le cadre de la **politique sociale du logement** (CGI art. 257, I-3-1°)	59120 s.
Livraisons à soi-même **d'immeubles du secteur social** réalisées **en dehors d'une activité économique** (CGI art. 257, I-3-2°)	58700, précision a
Changement d'affectation de **matériel naval ou aéronautique** (CGI art. 257, III-1° et 2°)	50485 et 50515

C. Opérations exonérées

46580 TVA-V-1 s

Il y a exonération lorsqu'une **opération** entrant **dans le champ d'application** de la TVA est **dispensée** de cette taxe **par une disposition particulière** de la loi.

L'**énumération** des exonérations donnée par la loi est **limitative.** La liste des exonérations de TVA actuellement en vigueur figure dans le tableau ci-après.

Nature de l'exonération	Commentaires (nos)
Exportations et opérations assimilées	49690 s.
Livraisons intracommunautaires	49260 s.
Certaines importations	49640 s.
Certaines acquisitions intracommunautaires	49190
Transports internationaux	50180 s.
DOM (exonérations spéciales)	91590 s.
Professions médicales et paramédicales	47120 s.

Nature de l'exonération	Commentaires (nos)
Établissements de santé (y compris les maisons de retraite médicalisées et les lieux de vie et d'accueil)	47170 s.
Enseignement et formation professionnelle par certains organismes	47030 s.
Certaines opérations bancaires et financières	60310 s.
Opérations portant sur l'or d'investissement	61850 s.
Opérations d'assurance et de réassurance	47460
Certaines locations immobilières (terres et bâtiments agricoles ; terrains non aménagés ; locaux nus ; baux à construction ou emphytéotiques)	46830, 46835 et 31040
Certaines locations de droits incorporels relevant de la gestion d'un patrimoine foncier (location du droit d'affichage, concession d'un droit de pêche ou de chasse)	46860
Certaines locations en meublé	90615 s.
Livraisons de **terrains non à bâtir** et d'**immeubles achevés depuis plus de cinq ans**	58830
Remboursements de frais par les adhérents de **groupements de moyens**	47280 s.
Sociétés de « pluripropriété »	47315
Organismes sans but lucratif (y compris organismes philosophiques, religieux, politiques, civiques ou syndicaux)	47270
Monuments aux morts	47565
Certains objets usagés vendus par leurs utilisateurs	61010 s.
Entraide agricole	59800
Pêche	47555
Maisons de jeux	47575
Jeux et paris (casinos ; courses et paris sportifs ; loto ; jeux de cercle en ligne)	47575
Transports sanitaires	47160
Analyses de biologie médicale	47130
Fournitures de prothèses dentaires par les prothésistes	47140
Organes, sang et lait humains	47150
Marchés à terme sur marchandises	47560
Timbres fiscaux, timbres-poste	47570
Crèches et haltes-garderies	47580
Service universel postal	47585
Mandataires judiciaires à la protection des majeurs	47590
Sont également exonérées certaines opérations réalisées avec les missions diplomatiques, les **organismes européens et internationaux** et les forces armées (CGI art. 262-00 bis) et, sur autorisation de la Commission européenne, les opérations portant sur les biens destinés aux **victimes de catastrophes** affectant le territoire d'un État membre (CGI art. 261, 8 et 291, II-2° bis).	

Remarques : **a.** L'exonération d'une opération entraîne en principe la **perte du droit à déduction** de la TVA qui a grevé les éléments du prix de cette opération (s'agissant des opérations exonérées ouvrant néanmoins droit à déduction, voir n° 55550). Si le client de l'entreprise exonérée est lui-même redevable de la TVA, il ne pourra donc pas (aucune taxe ne pouvant légalement lui être facturée par le fournisseur exonéré) déduire de la **taxe** dont il est redevable celle qui a grevé en **amont** le prix de revient de son fournisseur. 46585

b. Cependant, l'exonération des **exportations** et opérations assimilées, y compris **les livraisons intracommunautaires,** ainsi que celle des **transports internationaux** ont une portée plus large. En effet, ces opérations ouvrent **droit à récupération** de la taxe d'amont (n° 55550). Les exportateurs et assimilés bénéficient même d'une possibilité d'**achats en franchise** ou « suspension » (nos 50550 s.).

Les opérations portant sur l'**or d'investissement,** quant à elles, ouvrent un **droit à déduction spécifique** (n° 61895).

c. Le régime des exonérations ne doit pas être confondu avec le régime de **suspension** de taxe qui, dans les cas où il s'applique, a pour objet, sans altérer les droits à déduction, de reporter à un stade ultérieur l'exigibilité de l'impôt normalement dû (nos 61250 s.). Il doit être également distingué de la règle de non-livraison dont bénéficient les **transmissions d'universalités de biens** (n° 47520).

d. Du mécanisme des exonérations peut être rapproché le régime de **franchise en base** ouvert aux « petits redevables » (n° 54350).

e. Pour certaines des opérations exonérées de la TVA (mais pas pour toutes), les intéressés peuvent, s'ils le désirent, renoncer à cette exonération en exerçant une **option pour** l'imposition à la **TVA** (n° 46600).

Mais, en dehors de ces cas d'option, les opérations exonérées ne peuvent pas donner lieu au paiement volontaire de la TVA.

D. Opérations imposées sur option

46600 TVA-II-25200 s Les personnes physiques ou morales qui exercent **certaines activités exonérées** de la TVA (**ou même** placées **hors** de son **champ** d'application s'agissant des collectivités locales) se voient reconnaître, par ces dispositions expresses de la loi (articles 260 et suivants du CGI, principalement), la possibilité de se soumettre volontairement à la TVA, par le biais d'une option prévue à cet effet.

La **liste limitative** de ces options figure dans le tableau ci-après. L'option n'est pas possible pour les activités exonérées (ou non imposables) qui n'y figurent pas.

Personnes pouvant opter	Commentaires (n^os^)
Bailleurs d'immeubles nus à usage professionnel	46875 s.
Bailleurs de biens ruraux	46885
Collectivités locales au titre de certains services publics	47235 s.
Assujettis réalisant des livraisons de **terrains « non à bâtir »** ou d'**immeubles achevés depuis plus de cinq ans**	58830
Établissements bancaires et financiers (pour certaines opérations)	60375 s.
Personnes effectuant des opérations portant sur l'**or d'investissement** (pour certaines opérations)	61880 s.
Bailleurs de **baux à construction ou** de baux **emphytéotiques**	31040
Exploitants agricoles	59760 s.

L'option pour la taxation ne doit pas être confondue avec celle ouverte aux personnes désireuses d'échapper à la franchise en base évoquée n° 54350, ni avec celle propre aux acquisitions intracommunautaires des personnes bénéficiant du régime dérogatoire signalée n° 49230.

46605 **Conséquences et intérêt de l'option** Celui qui exerce l'option est tenu d'**acquitter la TVA** sur ses opérations et de se soumettre à l'ensemble des obligations (déclarations, comptabilité, contrôle, etc.) incombant aux redevables de la TVA. D'une manière plus générale, il est placé à tous égards sous le **même régime que les redevables de plein droit.**

En particulier, il peut **déduire** de la taxe dont il est redevable celle grevant ses **investissements et frais d'exploitation** (sauf ceux expressément exclus du droit à déduction : voitures de tourisme, notamment). Au début de son assujettissement, un droit à déduction lui est ainsi reconnu au titre de certains de ses investissements en cours d'utilisation depuis moins de 20 ans (immeubles) ou de cinq ans (autres biens) (n°s 57365 s.). Par ailleurs, la **taxe** dont il est redevable et qui est **facturée au client** est **récupérable** par ce dernier, s'il est lui-même redevable de la TVA. C'est dire que la **composition de la clientèle** (et spécialement la présence de clients ayant la possibilité de récupérer la TVA facturée) constitue un élément essentiel à prendre en considération lorsqu'il s'agit d'apprécier si l'option peut ou non être avantageuse. Un autre élément dont il doit être tenu compte est l'**importance des investissements** que l'intéressé envisage de réaliser, ainsi que la part des dépenses d'exploitation grevées de la TVA.

Il ne faut pas oublier enfin (et ce facteur est parfois loin d'être négligeable) que l'option entraîne l'**exonération de la taxe sur les salaires** (n° 73380).

SECTION 2

EXPOSÉS CATÉGORIELS

La mise en œuvre des règles générales qui définissent le champ d'application de la TVA (nos 46300 s.) appelle des **explications particulières** concernant **certaines catégories d'activités ou d'opérations.** 46680

Il en est ainsi notamment lorsque, dans un domaine donné, on se trouve simultanément en présence d'opérations susceptibles, selon le cas, soit d'être effectivement soumises à la TVA, soit d'en être exonérées, soit encore de se situer hors du champ d'application de la taxe. De tels problèmes de frontière se présentent, par **exemple,** pour les locations immobilières (nos 46800 s.), pour certains organismes publics (nos 47200 s.), ou encore pour certaines collectivités de droit privé (nos 47260 s.).

Parmi les autres situations appelant des explications particulières, on peut citer le cas où il est nécessaire de préciser la définition de certaines « opérations » de caractère purement fiscal, dont la taxation est prévue par une disposition spéciale de la loi. C'est le cas notamment des livraisons à soi-même de biens ou de services (nos 47370 s.).

Remarques : **a.** Lorsque, à la lumière des explications qui lui sont consacrées, une opération donnée apparaît comme devant être effectivement imposée à la TVA, elle obéit en principe, pour tout ce qui concerne ses **modalités d'imposition,** aux **règles de droit commun** exposées dans les études d'ensemble consacrées aux différents stades du processus d'imposition (territorialité, calcul et paiement, déductions, etc.). Si toutefois, sur un point quelconque de ce processus, l'opération en cause présente une particularité appelant une précision, celle-ci est intégrée dans l'étude d'ensemble correspondante. 46685

Par **exception,** la présente section comporte quelques rubriques dans lesquelles, en vue de faciliter la compréhension d'une matière à la fois spécifique et très complexe, il a été jugé préférable, après avoir défini les opérations imposables, d'aborder immédiatement le problème de leurs modalités d'imposition. Il en est ainsi, en particulier, pour le cas des « livraisons à soi-même » (nos 47370 s.).

b. Les activités pour lesquelles la loi a institué de véritables **régimes particuliers,** susceptibles d'affecter (souvent profondément) les différents aspects du processus d'imposition, et pas seulement la définition des opérations taxables, sont quant à elles examinées nos 58500 s.

1. LOCATIONS

Les locations, qui constituent des prestations de services, sont soumises en **principe** à la TVA. 46800 TVA-II-6400 s

Ce principe général vaut notamment pour les **locations immobilières,** avec cependant des exceptions résultant des exonérations spécialement prévues pour plusieurs d'entre elles (voir nos 46820 s.). Parmi les locations immobilières ainsi exonérées, certaines (mais pas toutes) peuvent être soumises à la TVA par **option** (nos 46870 s.). Restera enfin à évoquer le cas particulier des **locations à prix très faible** (no 46895).

› Précisions **a.** Les locations soumises à la TVA sont exonérées de **contribution sur les revenus locatifs** (voir nos 74800 s.).

b. Pour les loyers perçus dans le cadre des opérations de **crédit-bail** (mobilier, immobilier ou fonds de commerce), il est fait application, en principe, des règles prévues pour les locations (portant sur des biens de même nature).

c. Les personnes uniquement redevables de la TVA au titre de **locations civiles** sont réputées exploiter une **entreprise unique** (même si ces locations sont réalisées dans des immeubles ou ensembles d'immeubles situés en des lieux différents). Pour celles qui exercent d'autres activités imposables à la TVA (locations commerciales ou toute autre activité professionnelle), il faut distinguer les personnes morales (toujours considérées comme constituant une entreprise unique) et les **personnes physiques** (considérées comme exploitant des « **entreprises distinctes** » si leurs diverses activités relèvent de secteurs juridiquement différents dotés de moyens propres).

Ces distinctions sont, en principe, nécessaires pour l'application des différents **régimes d'imposition** et notamment pour l'appréciation de leurs chiffres limites. En cas d'entreprise unique, l'ensemble des opérations réalisées est retracé sur une même déclaration, tandis qu'en cas d'entreprises distinctes, il y a lieu de souscrire des **déclarations** séparées pour chaque « entreprise ».

LOCATIONS DE BIENS MEUBLES CORPORELS

46810 TVA-II-6410 s De manière générale, les locations de biens meubles corporels, neufs ou d'occasion, constituent des opérations soumises à la TVA. Il en est ainsi, **notamment,** des locations de tous matériels, de véhicules, de wagons, d'animaux, de livres, de films, de vêtements, etc.

LOCATIONS IMMOBILIÈRES

46815 TVA-II-6600 s Sont considérés comme **biens immeubles** pour l'application de la directive TVA.

a. Toute **partie déterminée de la terre,** située à ou sous sa surface, à laquelle peuvent être attachés des droits de propriété et de possession.

b. Tout **immeuble ou** toute **construction fixé(e) au sol** ou dans le sol au-dessus ou au-dessous du niveau de la mer, qui ne peut être aisément démonté(e) ou déplacé(e).

c. Tout **élément installé** et **faisant partie intégrante d'un immeuble** ou d'une construction sans lequel l'immeuble ou la construction est incomplet, tel que portes, fenêtres, toitures, escaliers et ascenseurs.

d. Tout élément, matériel ou **machine, installé à demeure** dans un immeuble ou une construction qui ne peut être déplacé sans destruction ou modification de l'immeuble ou de la construction (Règl. UE/282/2011 art. 13 ter).

46820 Selon les **distinctions** exposées nos 46825 s., les locations d'immeubles bâtis ou non bâtis sont **imposables** à la TVA ou, au contraire, **exonérées.**

46825 TVA-II-6920 s **Locations d'immeubles aménagés** Toutes les locations d'immeubles aménagés constituent des opérations de nature commerciale normalement soumises à la TVA sur le prix de location. Doit être regardée comme une location d'immeubles aménagés celle qui porte sur des **locaux à usage professionnel** ou des **terrains** (exemple : terrains de camping) qui sont **pourvus des aménagements nécessaires,** sans lesquels l'**exploitation commerciale** à laquelle ces immeubles sont destinés n'est pas possible (CE 26-12-2013 n° 360124 : RJF 3/14 n° 234).

Le principe de l'imposition comporte cependant une **exception** qui concerne la plupart des **locations meublées** à usage d'**habitation** (sur le régime fiscal applicable aux locations en meublé, voir nos 90615 s.).

46830 CGI art. 261 D, 1° TVA-II-7990 s **Locations de terres et bâtiments agricoles** Les locations de terres et bâtiments à usage agricole sont exonérées de la TVA. Ces opérations revêtent en principe un caractère civil. Il s'agit essentiellement des **baux à ferme** qui donnent lieu au versement de « fermages » par le preneur (fermier). Ces baux portent souvent, non seulement sur les terres et bâtiments, mais encore sur le matériel à usage agricole et sur le cheptel. L'exonération s'applique à la totalité du bail, quelle qu'en soit par ailleurs la forme (bail écrit ou location verbale) et même s'il y a participation du bailleur aux résultats du fermier.

> **Précisions** **a.** Certaines de ces locations peuvent, si le bailleur le désire, être taxées par voie d'**option** (n° 46885).
b. En ce qui concerne les locations ou concessions de **droits incorporels** (droit d'affichage, de chasse, de pêche, etc.) portant sur les biens en cause, voir n° 46860.

46835 CGI art. 261 D, 2° TVA-II-7370 s **Locations de terrains non aménagés et de locaux nus** Ces locations sont, en **principe,** exonérées de la TVA.

L'exonération s'applique à toutes les opérations de location (habitations, établissements à usage industriel, commercial ou professionnel, etc.), dès lors qu'elles s'analysent en des opérations de caractère civil, et quand bien même elles seraient réalisées par une société à forme commerciale.

Le principe de l'exonération comporte cependant deux **exceptions** qui concernent, d'une part, certaines situations spécialement visées par la loi dans lesquelles les locations sont réputées commerciales (n° 46840) et, d'autre part, les locations d'emplacements de parking (n° 46845).

> **Précisions** **a.** Certaines des locations ainsi exonérées peuvent, si le bailleur le désire, être taxées par voie d'**option** (nos 46875 s.).
b. En ce qui concerne les locations ou concessions de **droits incorporels** (droit d'affichage, de chasse, de pêche, etc.) portant sur les biens en cause, voir n° 46860.
c. Le régime applicable aux **locations** en **meublé** est exposé nos 90615 s. À cet égard, il est précisé que la location de locaux nus ou meublés dont la destination finale est le logement meublé est assimilée à une location en meublé (n° 90635).
d. La **sous-location** de locaux nus doit être regardée comme une location de locaux nus au sens de l'article 261 D, 2° du CGI. Ainsi jugé à propos de la sous-location de locaux nus consentie par une société qui disposait de ces locaux en vertu d'un contrat de crédit-bail (CE 16-11-2005 n° 257532 : RJF 2/06 n° 130).

Locations d'immeubles nus réputées commerciales En vertu d'une disposition expresse de l'article 261 D, 2° du CGI, les locations de terrains non aménagés et de locaux nus sont **exclues de l'exonération** visée n° 46835 (et sont donc soumises à la TVA) lorsque l'on se trouve dans l'une des trois situations suivantes (dans lesquelles la location de l'immeuble est en fait réputée commerciale) : 46840 TVA-II-7640 s

a. La location constitue pour le bailleur le moyen de **poursuivre,** sous une autre forme, l'**exploitation d'un actif commercial.**

EXEMPLE

La personne, ayant apporté son fonds de commerce à une société, lui donne en location l'immeuble nécessaire à l'exploitation de ce fonds.

b. La location constitue pour le bailleur un moyen d'**accroître ses débouchés** (tel peut être le cas lorsque le bailleur et les locataires font tous partie d'un « ensemble commercial intégré »).

c. Le bailleur **participe aux résultats** de l'entreprise locataire (cette participation devant s'entendre d'une association aux profits et aux aléas de l'exploitation du locataire).

Locations d'emplacements de stationnement En vertu d'une disposition expresse de l'article 261 D, 2° du CGI, les **locations d'emplacements pour le stationnement de véhicules** (garages, parkings, etc.) sont **exclues de l'exonération** visée n° 46835. Elles sont donc, en principe, obligatoirement soumises à la TVA. 46845 TVA-II-7500 s

Il en est ainsi quels que soient le véhicule pour le stationnement duquel l'emplacement est loué (automobiles, avions, bateaux, etc.), le type de l'emplacement loué (garages individuels, box, simples emplacements), le statut juridique de la personne qui loue les emplacements (collectivités locales, concessionnaires de parkings communaux, garagistes, simples particuliers...), la périodicité de la location ou son mode de rémunération. Peu importe également que la location s'accompagne ou non de prestations commerciales annexes telles que le gardiennage.

Par **exception,** la location d'un emplacement pour le stationnement des véhicules échappe à l'imposition lorsqu'elle est étroitement liée à la location – non soumise à la TVA – d'un local destiné à un autre usage, si les conditions suivantes sont réunies : l'emplacement et le local sont situés dans le même ensemble immobilier ; ils sont loués par le même bailleur au même locataire ; l'emplacement constitue (même si les baux et loyers sont distincts) l'accessoire d'un local ne donnant pas lieu lui-même à imposition (local d'habitation nu ou loué en meublé, local professionnel nu n'ayant pas donné lieu à l'option pour la TVA).

> Précisions **a.** La franchise en base (n° 54350) est susceptible, le cas échéant, de faire échapper à la taxation les locations d'emplacements de stationnement.
b. Les **frais de contrôle de stationnement irrégulier** perçus par une société chargée de l'exploitation d'un parc de stationnement sont soumis à la TVA (CJUE 20-1-2022 aff. 90/20 : RJF 4/22 n° 415).
c. Les **redevances** perçues par les collectivités locales pour le **stationnement sur les voies publiques** (le long des trottoirs, notamment) ne sont pas imposables à la TVA (BOI-TVA-CHAMP-10-10-30 n° 190 ; CJUE 14-12-2000 aff. 446/98 : RJF 3/01 n° 421).

LOCATIONS DE BIENS OU DROITS INCORPORELS

Ces locations entrent dans le champ d'application de la TVA et sont en **principe** imposables. 46855 TVA-II-8100 s

C'est notamment le cas pour la location (ou mise en gérance libre) d'un **fonds de commerce** (voir nos 47500 s.).

Voir également les explications données :

- n° 47510, pour les **brevets d'invention** ;
- n° 47530, pour la concession du droit d'exploitation de **mines ou** de **carrières.**

Le principe de l'imposition posé n° 46855 comporte une exception pour les droits portant sur des immeubles dont les locations bénéficient des exonérations visées n° 46830 (**terres et bâtiments à usage agricole**) et n° 46835 (**terrains non aménagés et locaux nus**). 46860 CGI art. 261 D, 3° TVA-II-8110 s

La cession à titre temporaire, c'est-à-dire la location ou la concession d'un **droit incorporel** portant sur ces biens, est également exonérée de la TVA dans la mesure où elle relève de la gestion d'un **patrimoine foncier,** c'est-à-dire lorsque les droits incorporels concernés ne font pas partie d'un actif commercial ou ne constituent pas un élément qu'il est d'usage de trouver dans un actif commercial.

Il en est ainsi de la location du **droit d'affichage** lorsque son produit entre dans la catégorie des revenus fonciers et ne constitue pas un élément de recettes d'une entreprise commerciale.

En revanche, les locations d'**emplacements publicitaires** sur les terrains de sport, consenties par les clubs sportifs, et les concessions par les organisateurs d'une foire du droit de publicité sur les palissades de cette foire sont soumises à la TVA.

La concession pure et simple d'un **droit de chasse ou de pêche,** non assortie d'autres prestations (telles qu'hébergement et nourriture des chasseurs ou pêcheurs, fourniture de personnel spécialisé), bénéficie également de l'exonération de la TVA, son produit entrant dans la catégorie des revenus fonciers.

LOCATIONS POUVANT ÊTRE IMPOSÉES PAR OPTION

46870 TVA-II-25400 s

Parmi les **locations immobilières exonérées** de la TVA, **certaines** peuvent faire l'objet d'une option pour le paiement volontaire de la TVA. Il s'agit :
– des locations de **biens nus à usage professionnel** (nos 46875 s.) ;
– des locations de **biens ruraux** (n° 46885).

Sur les conséquences et l'intérêt de l'option, on se reportera aux explications données n° 46605.

46875 CGI art. 260, 2° TVA-II-25410 s

Option concernant les locaux nus à usage professionnel Cette option pour la TVA peut être exercée par toute personne (physique ou morale) qui donne en **location** des locaux nus **pour les besoins de l'activité du preneur** (locataire), que celui-ci soit :
– **assujetti** à la TVA (industriel, commerçant, prestataire de services, profession libérale, etc.) ;
– ou, même, **non assujetti** à la TVA (exemples : bureau à usage professionnel donné en location à un VRP statutaire ; locaux à usage de bureaux donnés en location à une commune qui les utilise pour des activités non taxables). Cependant, en cas de location à un non-assujetti, l'option n'est autorisée que si le **bail** fait **mention expresse** de l'option exercée par le bailleur.

En tout état de cause, sont **exclus** du champ de l'option les locaux que les locataires utilisent pour des besoins autres que ceux de leur activité économique ou administrative. Tel est le cas des **locaux** destinés à l'**habitation** (ou à tout autre besoin privé) et des locaux destinés à un **usage agricole** (mais ceux-ci peuvent éventuellement être concernés par l'option spécialement prévue pour les locations de biens ruraux : n° 46885).

Pour les personnes qui donnent en location **plusieurs immeubles,** ou ensembles d'immeubles, l'option doit être exercée distinctement immeuble par immeuble. L'article 193, al. 3 de l'annexe II au CGI prévoit que, dans les immeubles ou ensembles d'immeubles comprenant **à la fois des locaux** nus donnés en location **ouvrant droit à l'option et d'autres locaux,** l'option ne s'étend pas à ces derniers mais elle s'applique globalement à l'ensemble des locaux de la première catégorie. Toutefois, le Conseil d'État a jugé que ces dispositions ne s'opposent pas à ce qu'un bailleur puisse opter pour la soumission à la TVA de certains seulement des locaux éligibles à l'option (CE 9-9-2020 n° 439143 : RJF 12/20 n° 989). Lors de l'exercice de l'option, le bailleur peut donc décider de mentionner les locaux pour lesquels il entend soumettre les loyers à la TVA, ce choix s'appréciant **par opération de location,** c'est-à-dire pour un même contrat de bail. La désignation doit alors être effectuée de **façon expresse, précise et non équivoque** (Rép. Grau : AN 16-11-2021 n° 38389 ; pour les options en cours à la date de la décision du Conseil d'État, voir précision f ci-dessous).

› Précisions a. L'option pour la TVA est ouverte même lorsque l'**immeuble** n'est **pas encore achevé.**
b. L'**usufruitier** d'un immeuble qui conclut un bail commercial a seul qualité pour opter.
c. L'option relative à un immeuble en **indivision** résulte – en raison de la nature juridique de l'indivision (entité distincte des membres qui la composent) – d'une décision globale des coïndivisaires. Elle est exercée, au nom de l'indivision, par le gérant ou un coïndivisaire muni d'un mandat exprès. Le juge admet toutefois une ratification implicite, par les indivisaires n'ayant pas donné leur consentement exprès, de l'option irrégulièrement exercée lorsque ceux-ci ont régulièrement acquitté au Trésor la TVA sur les loyers (CAA Paris 29-3-2007 n° 05-2104 : RJF 8-9/07 n° 904).
d. Quelle que soit la qualité du preneur, il n'est pas possible d'opter pour des locaux nus d'**habitation** (même si le contrat porte également sur des locaux à usage **professionnel,** commercial par exemple, pour lesquels l'option est possible). Mais l'option est possible au titre d'un local à **usage mixte,** c'est-à-dire d'un local utilisé à la fois comme local professionnel et d'habitation (Inst. 3 A-2-89, non reprise au Bofip), y compris lorsque l'usage professionnel n'est pas prépondérant (CE 2-7-1986 n° 54743 : RJF 10/86 n° 876).
e. L'option peut être exercée pour l'ensemble des locaux nécessaires à l'activité professionnelle du locataire. Elle couvre les locaux affectés à des personnels exerçant des **fonctions impliquant** par nature et au regard de l'activité exercée par le preneur une **résidence permanente sur les lieux mêmes du travail** et, en particulier, le logement du personnel chargé de fonctions permanentes de surveillance ou de sécurité (CE 7-9-2009 n° 313138 : RJF 12/09 n° 1074 ; BOI-TVA-CHAMP-50-10 n° 200).
f. S'agissant des **options en cours au 9 septembre 2020** pour lesquelles court la période de neuf années civiles (n° 46880), les bailleurs qui avaient opté globalement pour l'ensemble des locaux éligibles d'un même immeuble sur le fondement de l'article 193, al. 3 de

l'annexe II au CGI sont fondés, sous réserve d'en informer l'administration, à limiter la portée de cette option à certains des locaux éligibles, sans que cette limitation ait une incidence sur le décompte et le terme de cette période (Rép. Grau précitée).

Modalités et durée de l'option. L'option, qui doit être **expresse,** revêt en principe la forme d'une déclaration écrite adressée au service des impôts territorialement compétent (voir à cet égard la précision a ci-dessous ; voir par ailleurs, n° 54100, les indications concernant le service des impôts gestionnaire). 46880

Elle prend **effet** le premier jour du mois au cours duquel elle a été déclarée au service des impôts. L'option peut être dénoncée à partir du 1er janvier de la neuvième année civile qui suit celle au cours de laquelle elle a été exercée (ou l'immeuble achevé dans le cas d'une option exercée au titre d'un immeuble non encore achevé). La **dénonciation** prend effet à compter du premier jour du mois au cours duquel elle a été formulée auprès du service des impôts. L'option couvre donc obligatoirement une **période minimale** de huit années et un mois.

EXEMPLES

1. Une option formulée le 25 janvier 2024 prend effet le 1er janvier 2024 et pourra être dénoncée à compter du 1er janvier 2033. Si l'option est dénoncée en janvier 2033, la dénonciation prendra effet à compter du 1er janvier 2033 (application de l'exonération à compter de cette date).

2. Une option exercée le 5 décembre 2024 prend effet le 1er décembre 2024 et pourra être dénoncée à compter du 1er janvier 2033. Si l'option est dénoncée en mars 2033, la dénonciation prendra effet à compter du 1er mars 2033 (application de l'exonération à compter de cette date).

3. Une option est exercée en mars 2024 pour un immeuble non encore achevé. Celui-ci est achevé au cours de l'année 2025. L'option pourra être dénoncée à compter du 1er janvier 2034.

À défaut de dénonciation, l'option continue de produire ses effets tant qu'il n'y est pas mis fin.

› Précisions a. L'option doit en principe revêtir la forme d'une **déclaration écrite** (lettre simple) **adressée au service des impôts** territorialement compétent.

Toutefois, en cas de **création d'entreprise,** elle peut être exercée sur la **déclaration de création d'entreprise ou d'activité** (n° 53390), à condition que cette dernière comporte des indications suffisamment précises pour identifier le ou les immeubles auxquels l'option se rapporte (CE 23-12-2011 n° 323189 : RJF 3/12 n° 236).

b. L'**administration** considère que la **validité de l'exercice de l'option** n'est **pas subordonnée à** ce que la déclaration d'option soit accompagnée d'un **bail,** d'une promesse de bail ou de tout document analogue (BOI-TVA-CHAMP-50-10 n° 210). L'option peut être exercée et produire ses effets alors même que celui qui opte n'est **pas encore propriétaire** ou n'a **pas encore la jouissance** de l'immeuble sur lequel porte l'option. Elle peut ainsi être formulée au stade des avant-contrats de vente, d'apport, de bail ou de crédit-bail ou même à la constitution d'une société ayant vocation à donner à bail un immeuble (l'immeuble affecté à l'activité locative doit être désigné dans la lettre d'option) (BOI précité n° 230). Cette position est moins restrictive que celle adoptée par le **Conseil d'État** qui considère que l'option ne peut emporter d'effets qu'à compter du premier jour du mois au cours duquel elle est formulée ou, si elle est postérieure, de la date à laquelle sont souscrits, aux fins de location, immédiate ou future, des engagements contractuels (CE 13-1-2006 n° 253404 : RJF 4/06 n° 366 ; CE 21-12-2023 n° 474042 : RJF 3/24 n° 205).

c. Le **changement d'utilisation des locaux** est sans incidence sur la validité de l'option lorsqu'il s'agit d'un simple changement d'activité (exemple : assujetti qui change d'activité et devient un non-assujetti). En revanche, si le locataire n'utilise plus les locaux pour son activité économique ou administrative, l'option cesse de plein droit de produire ses effets pour les locaux concernés.

d. Le **changement de locataire** n'affecte pas la validité de l'option sous réserve que, si le nouveau bail est conclu avec un preneur non assujetti, il contienne bien la clause indiquant que l'option est exercée par le bailleur. Au cas où le nouveau preneur non assujetti n'accepte pas l'option, celle-ci cesse ses effets de plein droit pour les locaux concernés.

e. En cas de **renouvellement du bail sans changement de locataire,** l'option continue de produire ses effets jusqu'à son terme même si, le locataire étant un non-assujetti, le nouveau bail ne contient pas la clause requise pour l'exercice de l'option.

f. Dans l'hypothèse d'actes emportant **substitutions de détenteurs de l'immeuble** (tels que notamment les promesses de vente), l'option exercée peut être transférée à la personne venant aux droits sur l'immeuble.

Lors de la **transmission d'une universalité totale ou partielle** d'une activité locative soumise à la TVA sur option (n° 47520), l'option exercée par le cédant au titre de l'immeuble exploité peut être transmise au cessionnaire dès lors que ce dernier entend poursuivre une telle activité soumise à la taxe (BOI précité n° 240).

Régime des déductions. Lorsque l'option a été formulée en bonne et due forme (n° 46880), l'assujetti peut exercer son droit à déduction **immédiatement** même s'il n'a pas encore conclu de baux ou perçu de loyers, dès lors qu'il peut être établi, par des éléments objectifs, qu'il offre 46882 les immeubles à la location (BOI-TVA-CHAMP-50-10 n° 170). Sur la position (plus restrictive) du Conseil d'État, voir n° 46880, précision b.

Chaque immeuble, ensemble d'immeubles ou fraction d'immeuble ayant fait l'objet d'une option constitue un **secteur d'activité distinct** (n° 56050). En conséquence, les loueurs qui ont exercé des options afférentes à plusieurs immeubles sont tenus de suivre distinctement les déductions propres à chaque immeuble. De même, les loueurs qui exercent par ailleurs des activités passibles de la TVA sont tenus de séparer les deux catégories d'activités (BOI précité n° 130).

> Précisions a. Lorsque l'**immeuble** ou l'ensemble d'immeubles **regroupe à la fois des locaux** pour lesquels l'**option s'applique** (n° 46875) **et des locaux** pour lesquels une telle **option ne s'applique pas,** la TVA afférente à la construction ou à l'acquisition de l'immeuble ou de l'ensemble d'immeubles concerné n'est déductible qu'à concurrence de la surface des locaux effectivement couverts par l'option (en ce sens, BOI précité n° 160). Même solution en cas de réparation (Rép. Zimmermann : AN 23-11-2010 n° 78147, non reprise au Bofip).

b. Conformément aux dispositions de l'article 271, V-d du CGI (n° 48570), les locations de **locaux nus à usage professionnel** effectuées **dans un autre État membre** par une société établie en France ouvrent droit à la déduction de la **taxe d'amont supportée en France** pour les besoins de cette activité, sous réserve que ces locations soient effectivement soumises à la TVA dans cet État membre et que les conditions d'exercice de l'option pour leur taxation en France auraient été réunies si ces locations y avaient été imposables. La déduction de la TVA n'est donc pas conditionnée à la formalisation d'une quelconque option en France (Rép. Louwagie : AN 20-9-2022 n° 94).

46885 CGI art. 260, 6° TVA-II-26430 s

Option concernant les biens ruraux Les **locations de terres et bâtiments** d'exploitation à usage **agricole** (qui sont en principe exonérées de la TVA : n° 46830) peuvent, si le bailleur (personne physique ou morale) en décide ainsi, faire l'objet d'une option pour le paiement volontaire de la TVA, à condition que le preneur (**fermier**) soit lui-même **redevable de la TVA** de plein droit ou par option (ce qui exclut les exploitants placés sous le régime du remboursement forfaitaire : n°s 60040 s.).

Les **locaux** à usage d'**habitation** sont exclus de l'option, qui porte seulement sur les terres et bâtiments d'exploitation à usage agricole.

Selon le Conseil d'État, l'option ne peut valablement être exercée que pour la **totalité d'un bail** (CE 29-7-1998 n° 193473 : RJF 10/98 n° 1104). Selon l'administration, l'option est **globale et indivisible** et s'applique à tous les baux conclus avec des agriculteurs redevables de la TVA. Elle s'étend aux baux conclus avec un preneur devenant redevable de la TVA en cours de période d'option. Lorsque, pendant la même période, un fermier cesse d'être redevable de la TVA, l'option continue à produire ses effets (BOI-TVA-SECT-80-50-20 n° 1 ; la question de la compatibilité du caractère global de cette option avec la directive TVA peut toutefois se poser suite à la décision du Conseil d'État du 9-9-2020 examinée n° 46875).

L'option revêt la forme d'une **lettre** signée par le bailleur et accompagnée de la déclaration de création d'activité ou d'entreprise pour cette activité. Le bailleur joint à son option la preuve de la qualité de redevable du preneur (copie de sa déclaration de création d'entreprise ou d'activité ou de sa dernière déclaration de TVA).

Elle prend **effet** le premier jour du mois au cours duquel elle a été déclarée au service des impôts. Elle peut être dénoncée à partir du 1er janvier de la cinquième année civile qui suit celle au cours de laquelle elle a été exercée. La **dénonciation** prend effet à compter du premier jour du mois au cours duquel elle a été formulée auprès du service des impôts. L'option couvre donc obligatoirement une **période minimale** de quatre années et un mois.

EXEMPLES

1. Une option formulée le 25 janvier 2024 prend effet le 1er janvier 2024 et pourra être dénoncée à compter du 1er janvier 2029. Si l'option est dénoncée en janvier 2029, la dénonciation prendra effet à compter du 1er janvier 2029 (application de l'exonération à compter de cette date).

2. Une option exercée le 5 décembre 2024 prend effet le 1er décembre 2024 et pourra être dénoncée à compter du 1er janvier 2029. Si l'option est dénoncée en mars 2029, la dénonciation prendra effet à compter du 1er mars 2029 (application de l'exonération à compter de cette date).

3. L'option exercée en 2024 est dénoncée auprès du service des impôts le 20 mars 2031. Cette dénonciation prendra effet le 1er mars 2031 (application de l'exonération à compter de cette date).

À défaut de dénonciation, l'option continue de produire ses effets tant qu'il n'y est pas mis fin.

> Précisions a. Le **bailleur** qui a opté est imposable à la TVA selon le **régime simplifié agricole** examiné n°s 59790 s. (CGI art. 298 bis, II-6° ; TVA-II-26760 s.).

En ce qui concerne l'exercice des droits à **déduction**, il est admis que l'ensemble des baux soumis à la TVA soit regroupé au sein d'un seul secteur distinct d'activité. Cependant, deux

secteurs sont nécessaires lorsque le bailleur exerce également une activité agricole (dans ce cas, l'intéressé doit néanmoins regrouper l'ensemble de ses opérations sur la même déclaration de TVA).
b. Il est admis, sous certaines conditions, que l'option puisse être exercée (et le droit à déduction transféré) pour des baux consentis à des preneurs non personnellement redevables de la TVA qui, à la date de conclusion du contrat, sont **membres d'un groupement** (Gaec, etc.) **ou d'une société d'exploitation agricole** (SCEA, EARL, etc.) au profit desquels les biens pris à bail sont mis à disposition (TVA-II-26560).
c. L'option prévue par l'article 260, 6° du CGI est ouverte au **bailleur à métayage.** Ce dernier peut également exercer l'option prévue pour les exploitants agricoles (n° 59760, précision b).

LOCATIONS CONSENTIES À PRIX TRÈS FAIBLE

Dans cette situation (susceptible de se présenter, notamment, pour certains baux immobiliers), il convient d'opérer les distinctions suivantes : **46895** TVA-II-8270 s

a. Locations consenties par des personnes privées. Lorsque des locations sont consenties entre des personnes **liées** juridiquement ou économiquement, il arrive que le loyer soit fixé à un prix manifestement inférieur à celui du marché. Dans cette hypothèse (qui est celle d'un acte anormal de gestion), la location se trouve placée **hors** du champ d'application de la **TVA,** d'où le caractère inopérant de l'option qui aurait été exercée (qu'il s'agisse d'immeubles à usage professionnel ou de biens ruraux) et l'**obligation de reverser** :
– la totalité de la TVA déduite, lorsque les loyers sont anormalement faibles depuis le début de l'activité ;
– une fraction de la TVA déduite (calculée dans les conditions indiquées n°s 57400 s.), l'année où les loyers fixés à un niveau normal deviennent anormalement bas. Dans cette situation, la sortie de l'option est effective à compter du 1er janvier de l'année considérée.

b. Locations consenties par des collectivités locales. En vertu d'une disposition expresse, les collectivités locales qui financent l'acquisition, la construction ou la livraison d'un immeuble à usage professionnel qu'elles destinent à la location à titre onéreux soumise à la TVA peuvent déduire la taxe ayant grevé les différents éléments constitutifs du prix du loyer (Loi 2005-157 du 23-2-2005 art. 11). Ces collectivités peuvent donc déduire la TVA grevant ledit immeuble même si le montant des **loyers** ne couvre pas l'amortissement normal de ce bien.

2. AIDES ET SUBVENTIONS

Le bénéficiaire de sommes qualifiées d'aides, de subventions, d'abandons de créances ou de dons doit suivre la démarche suivante : **46920** TVA-II-3700 s
– rechercher tout d'abord si les **sommes versées** constituent la **contrepartie d'une opération** réalisée au profit de la partie versante. Dans l'affirmative, il s'agit du **prix payé** pour un service rendu ou pour une vente. Les sommes versées sont donc taxables (sauf exonération expresse de l'opération), quel que soit le statut de la partie versante (personne de droit public ou de droit privé) ou la dénomination donnée à ces sommes (subventions, crédits budgétaires, aides, abandons de créances, etc.) ;
– à défaut, rechercher si les sommes versées **complètent le prix** d'une opération imposable. Dans l'affirmative, elles doivent être comprises dans la base d'imposition à la TVA et doivent donc être taxées sauf si l'opération est expressément exonérée ;
– en cas de réponse négative aux deux premiers points, la subvention, l'aide ou le don n'est jamais imposable à la TVA (BOI-TVA-BASE-10-10-50 n° 10).

> Précisions **a.** Les **dons** sont soumis aux mêmes règles de TVA que les subventions. Les sommes qualifiées de dons sont donc imposables à la TVA lorsqu'elles rémunèrent en réalité un service. Tel est le cas des sommes versées en contrepartie d'une prestation de publicité ou de parrainage (par exemple, dons versés dans le cadre du parrainage de sportifs : n° 47010).
b. Sur l'incidence des subventions au regard des **déductions,** voir n°s 55790 s.
c. Pour les **aides entre entreprises,** la distinction entre aides à caractère commercial et aides à caractère financier, qui prévaut en matière de BIC (n°s 8920 s.), est sans portée en matière de TVA.
d. Les remises de dettes consenties dans le cadre des procédures de **redressement ou de liquidation judiciaires des entreprises** (C. com. art. L 631-1 s. et L 640-1 s.), de **conciliation des entreprises** (C. com. art. L 611-4 s.) ou de **sauvegarde des entreprises** (C. com. art. L 620-1 s.) ne sont pas soumises à la TVA. L'entreprise qui consent la remise de dette peut récupérer la TVA facturée dans les conditions exposées n°s 54400 s.
e. En ce qui concerne le régime applicable aux **aides versées dans le secteur agricole,** voir n° 59810, b ; aux **virements financiers internes,** voir n° 47225, a.

SUBVENTIONS CONSTITUANT LA CONTREPARTIE D'UNE OPÉRATION

46930 Lorsque les circonstances de droit ou de fait permettent d'établir l'existence d'un **engagement de fournir un bien ou un service** déterminé ou de constater la réalisation d'un tel engagement par le bénéficiaire de la subvention, les sommes versées constituent la contrepartie d'une prestation de services (ou de la fourniture d'un bien) entrant dans le champ d'application de la TVA.

Sont ainsi imposables selon l'administration, **notamment,** les sommes versées par une collectivité locale à une radio locale en contrepartie de diverses obligations contractuelles (information sur la vie locale, bulletins d'information, etc. : solution peu compatible avec l'arrêt CAA Nantes 29-6-1994 n°s 93-509 et 93-520 : RJF 12/94 n° 1313) ou à une entreprise chargée de relevés topographiques, ainsi que la réalisation par un organisme d'une étude au profit d'une collectivité publique moyennant une rémunération spécifique (BOI-TVA-BASE-10-10-50 n°s 30 et 40).

> **Précisions** Le financement d'un organisme (association, notamment) au seul vu des **buts généraux** qu'il s'est assigné ou qu'il prend l'engagement de satisfaire et l'exigence de **compte rendu quant à l'utilisation des fonds** publics ne permettent pas de caractériser, à eux seuls, la contrepartie d'une prestation de services qui serait rendue à la collectivité versante (BOI précité n° 190).

SUBVENTIONS COMPLÉMENT DE PRIX

46940 Lorsque la contrepartie d'une prestation de services (ou d'une livraison de biens) imposée à la TVA est versée par un **tiers** qui n'est pas le client, il n'y a pas de service rendu au tiers, mais la subvention versée par celui-ci au prestataire est imposable chez ce dernier, sur le fondement d'une règle d'assiette (CGI art. 266, 1-a), dès lors qu'elle constitue pour lui une **contrepartie obtenue à raison de son activité imposable et directement liée au prix.**

S'inspirant des critères dégagés par la CJUE (CJUE 22-11-2001 aff. 184/00 : RJF 2/02 n° 250 ; CJUE 15-7-2004 aff. 144/02, 381/01, 463/02 et 495/01 : RJF 11/04 n° 1214), l'administration a défini les « subventions directement liées au prix » comme celles répondant aux **conditions cumulatives** suivantes (BOI-TVA-BASE-10-10-50 n°s 50 à 90).

1. La subvention est versée par un tiers à celui qui réalise la livraison ou la prestation. Elle implique donc nécessairement la présence de **trois parties** : la personne qui accorde la subvention, la personne qui en bénéficie et l'acheteur ou le preneur.

2. La subvention constitue la **contrepartie totale ou partielle d'une livraison de biens ou d'une prestation de services.** Le principe du versement de la subvention doit exister en droit ou en fait avant l'intervention du fait générateur des opérations dont elle constitue la contrepartie. En outre, le prix du bien ou du service doit être déterminé, quant à son principe, au plus tard au moment du fait générateur. Il doit exister une relation entre la décision de la partie versante d'octroyer la subvention et la diminution des prix pratiqués par le bénéficiaire. La subvention doit être spécifiquement versée à l'organisme subventionné afin qu'il fournisse un bien ou effectue un service déterminé. Elle doit donc être identifiable comme la contrepartie d'une opération taxable et non versée globalement pour couvrir les coûts de l'organisme subventionné (il ne suffit pas que son versement permette indirectement à cet organisme de pratiquer des prix moins élevés). Cette relation, qui résulte de l'intention des parties, doit apparaître de manière non équivoque au terme d'une **analyse au cas par cas** des circonstances qui sont à l'origine du versement de la subvention. Les acheteurs du bien ou les preneurs du service doivent tirer profit de la subvention octroyée au bénéficiaire. En effet, il est nécessaire que le prix à payer par l'acheteur ou le preneur soit fixé de telle façon qu'il diminue à proportion de la subvention accordée au vendeur, laquelle constitue alors un élément de détermination du prix exigé. Ainsi une subvention ne saurait être qualifiée de complément de prix dès lors qu'elle n'est pas calculée de manière à couvrir spécialement l'insuffisance de recettes résultant de la tarification mais a pour objet de prendre en charge des coûts fixes et/ou variables.

3. La subvention permet au client de payer un **prix inférieur au prix du marché,** ou, à défaut, au prix de revient.

Les subventions complément de prix sont soumises aux **règles d'imposition** (taux, exonération éventuelle, etc.) applicables aux opérations dont elles complètent le prix.

ILLUSTRATIONS

À la lumière des critères définis ci-dessus, constituent **notamment** des subventions directement liées au prix d'opérations imposables les subventions suivantes :

– sommes **versées à un organisme de recherche** assujetti à la TVA en complément des recettes afférentes aux prestations de recherche qu'il réalise au profit d'une entreprise et contractuellement destinées à abaisser le prix de ces prestations en dessous de leur prix de marché ;

– subventions **versées à un organisateur de spectacles** afin que ce dernier diminue, en deçà du prix du marché, les prix qu'il pratique vis-à-vis du public, et ce, en rapport avec le montant des subventions octroyées (BOI précité n° 100) ;
– **subventions** versées par des collectivités **publiques** à des **Sicomi** qui se sont conventionnellement engagées à les **répercuter sur les loyers de crédit-bail du crédit-preneur,** qui s'est lui-même engagé conventionnellement à en **répercuter** l'effet sur les **loyers** qu'il demande à son **sous-locataire,** une société étrangère dont il s'agit de favoriser l'implantation en France (CE 27-1-2010 n° 299113 : RJF 4/10 n° 339 ; BOI précité n° 110) ;
– **subvention d'équilibre** versée seulement en cas de **déficit d'exploitation** par des collectivités publiques à l'exploitant de patinoires en contrepartie d'**obligations quant à la nature et au prix** des prestations offertes, qui ont été **souscrites avant le fait générateur** de la taxe (CE 10-6-2010 n° 301586 : RJF 10/10 n° 884) ;
– **abandon de créance** consenti par une société mère à sa **filiale structurellement déficitaire,** afin de compenser les pertes dues aux tarifs trop bas que lui impose une convention de groupe pour les services rendus à ses sociétés sœurs (CE 16-4-2012 n° 323232 : RJF 7/12 n° 693).

SUBVENTIONS NON IMPOSABLES

Les subventions qui ne constituent ni la contrepartie d'une livraison de bien ou d'une prestation de services (n° 46930) ni le complément de prix d'opérations imposables (n° 46940) ne sont pas soumises à la TVA, même si économiquement elles participent indirectement à la formation du prix (en ce sens, BOI-TVA-BASE-10-10-50 n°s 160 et 180). 46950

ILLUSTRATIONS

Ne sont **notamment** pas imposables les subventions suivantes :
– **subventions globales** versées par une ville et une chambre de commerce en fonction des « perspectives générales d'action » d'un organisme qui, dans le but de favoriser l'expansion économique d'une région, effectue des études, informe et conseille les communes et les entreprises de cette région (CE sect. 6-7-1990 n° 88224 : RJF 8-9/90 n° 989 ; BOI précité n° 190) ;
– subvention versée par une commune à un **organisateur de salons professionnels** dans la commune dès lors que le bénéficiaire n'a **souscrit aucune obligation** en contrepartie de ces subventions (CE 8-7-1992 n° 80731 ; BOI précité n° 190) ;
– subventions qui sont, au moment de leur versement, allouées pour le financement total ou partiel d'un bien d'investissement déterminé **(subvention d'équipement)** ;
– subventions dites **« à l'achat »,** destinées à prendre financièrement en charge l'achat par le bénéficiaire de biens ou de services déterminés auprès d'un autre assujetti (subventions de l'État versées aux entreprises dans le cadre des aides à l'emploi, de l'implantation dans certaines zones défavorisées, « chèques-conseils », etc.) ;
– subventions de **fonctionnement,** destinées à couvrir exclusivement une partie des frais d'exploitation d'un organisme (exemples : avances consenties puis abandonnées par le Centre national du cinéma et de l'image animée aux producteurs de films) ;
– subventions d'**équilibre** versées à une entreprise afin de compenser a posteriori un **déficit résultant de la conjoncture économique,** d'erreurs de gestion imputables à l'entreprise ou de tout événement ne relevant pas de sujétions particulières imposées par un tiers ;
– subventions dont le **montant** est **déterminé globalement** compte tenu des **coûts totaux d'exploitation** de l'activité économique du bénéficiaire, et qui ne sont pas directement liées à une opération taxable de celui-ci ;
– primes d'**aide à l'embauche** perçues par les entreprises, aides ou subventions destinées à couvrir des charges sociales (embauche d'apprentis par exemple) ou qui sont un encouragement pur et simple à l'embauche (par exemple, aide à la création d'emplois d'initiative locale) (BOI précité n° 200).

3. INDEMNITÉS

Pour être imposées à la TVA, les indemnités doivent constituer la **contrepartie d'une prestation de services individualisée** rendue à celui qui la verse ou d'une livraison de biens. 46970 TVA-II-5200 s

À l'inverse, les indemnités qui ont pour objet exclusif de réparer un **préjudice commercial,** fût-il courant, ou qui constituent de véritables **dommages et intérêts** (c'est-à-dire qui ne font que sanctionner l'inexécution d'une obligation ou, à titre général, la lésion d'un intérêt quelconque) n'ont pas à être soumises à cet impôt, dès lors qu'elles ne constituent pas la contrepartie d'une opération imposable.

Pour déterminer les règles de TVA applicables à une indemnité, il convient donc, dans chaque situation de fait, d'analyser les **conditions de son versement.** Si la somme représente, pour la personne qui la verse, la contrepartie d'un service qui lui est rendu, il convient de conclure au caractère taxable de cette somme indépendamment du fait qu'elle résulte de l'application du contrat ou de la loi ou qu'elle est fixée par le juge (BOI-TVA-BASE-10-10-50 n°s 240 et 250).

> Précisions a. Le fait que le versement de l'indemnité soit subordonné à la **renonciation** par le bénéficiaire à tout **recours juridictionnel** ne saurait être assimilé à un service rendu à la partie versante (BOI précité n° 250).
b. Selon l'**administration,** le versement d'**indemnités dites de résiliation,** notamment dans le cadre de l'interruption prématurée d'un contrat de crédit-bail, ne permet pas, à lui seul, de conclure au caractère taxable de cette somme (BOI précité n° 250). En revanche, une somme dont le paiement est prévu en cas de résiliation anticipée du contrat et qui a pour finalité d'assurer l'**équilibre économique du contrat** est taxable (BOI précité n° 260). Sur ces indemnités, voir les solutions figurant n°s 46975 s.

46975 Indemnités constituant la contrepartie d'un service

ILLUSTRATIONS

Peuvent **notamment** être considérées comme la contrepartie d'un service et sont, par suite, taxables les sommes suivantes :

– **dépôt de garantie** conservé par un promoteur immobilier en cas de désistement du candidat acquéreur d'un logement, cette somme constituant la rémunération du service de réservation du bien (CE 23-10-1998 n° 154039 : RJF 12/98 n° 1406 ; BOI-TVA-BASE-10-10-50 n° 260) ;
– indemnité versée en contrepartie d'une **réservation de capacité de production** non suivie d'une vente (CE 15-12-2000 n° 194696 : RJF 3/01 n° 293 ; BOI précité n° 260) ;
– indemnité versée dans le cadre de la **résiliation d'un contrat de travaux immobiliers,** lorsqu'elle constitue, en fait, la rémunération d'un commencement d'exécution (n° 52440) ;
– indemnités de mutations (temporaires ou définitives) versées entre les clubs de football professionnel lors du **transfert de joueurs** (BOI précité n° 280) ;
– indemnité de **résiliation anticipée** d'un contrat de **crédit-bail** immobilier rémunérant la réalisation d'un local individualisé adapté aux besoins spécifiques du preneur (CE 30-7-2003 n° 241371 : RJF 11/03 n° 1232) et celle dont le montant est égal à la somme de tous les loyers non payés par le preneur sur toute la durée du crédit-bail (CJUE 3-7-2019 aff. 242/18 : RJF 10/19 n° 997 ; BOI précité n° 260) ;
– indemnité versée en contrepartie de **travaux non prévus au contrat** (CE 17-5-2013 n° 339526 : RJF 8-9/13 n° 811) ;
– prix de **capacités réservées non utilisées** et non remboursables (par exemple, réservation de chambres d'hôtel, de visites, de voyages, d'activités, achat de cartes à entrées multiples et de carnets de tickets de cinéma, etc.) (BOI précité n° 260) ; dans le même sens concernant les sommes conservées par une compagnie aérienne au titre de la vente de billets d'avion émis mais non utilisés par les clients lorsque ces billets sont non remboursables (CJUE 23-12-2015 aff. 250/14 et 289/14 : RJF 3/16 n° 309 ; CE 13-4-2016 n° 365173 : RJF 7/16 n° 608), par un exploitant de salle de cinéma au titre des entrées comprises dans les carnets de tickets ou les cartes à entrées multiples qui ne sont pas utilisées par les clients (CE 15-4-2016 n° 373591 : RJF 7/16 n° 609) ou par un hôtelier lorsque le client ne se présente pas à la date convenue, que ces sommes correspondent à l'intégralité du prix du séjour versé (CAA Paris 10-6-2022 n° 20PA02348 : RJF 10/22 n° 836) ou au prix de la première nuitée (CAA Paris 20-1-2023 n° 21PA05850 : RJF 5/23 n° 360) ;
– sommes qui peuvent s'analyser comme la contrepartie d'une **faculté de dédit** par l'acquéreur, indépendamment de la circonstance qu'il l'exerce et y compris lorsque le vendeur se ménage la possibilité de commercialiser les capacités réservées auprès d'une tierce personne (par exemple, sommes s'intégrant à une politique tarifaire d'un opérateur visant à moduler le prix de la prestation en fonction d'une plus ou moins grande souplesse de renonciation par le client) (BOI précité n° 260) ; dans le même sens concernant les sommes conservées par une compagnie aérienne au titre de la vente de billets d'avion émis mais non utilisés par les clients lorsque ces billets sont remboursables, que le voyageur décide d'exercer ou non cette faculté de remboursement (CE 10-7-2019 n°s 419398, 423126 et 423128 : RJF 11/19 n° 1023) ;
– montant prédéterminé perçu par un opérateur économique en cas de **résiliation anticipée par son client,** ou pour un motif imputable à ce dernier, d'un **contrat de prestation de services** (en l'occurrence des services de télécommunication) prévoyant une période minimale d'engagement, que ce montant corresponde ou non au montant que cet opérateur aurait perçu pendant le reste de ladite période en l'absence de résiliation (CJUE 22-11-2018 aff. 295/17 : RJF 2/19 n° 232 ; CJUE 11-6-2020 aff. 43/19 : RJF 10/20 n° 843 ; BOI précité n° 260) ;
– sommes versées au titre de la **capture de cartes bancaires frauduleuses** ou en opposition (CAA Versailles 15-11-2016 n° 14VE03680 : RJF 3/17 n° 224) ;
– indemnités de **résiliation anticipée des baux commerciaux** lorsqu'elles rémunèrent la **renonciation** du locataire à son **droit d'occuper le bien** et qu'elles permettent ainsi au bailleur de conclure un nouveau bail dans des conditions plus avantageuses (CE 27-2-2015 n° 368661 : RJF 7/15 n° 576). La CJUE estime quant à elle que le régime de l'indemnité de résiliation anticipée doit être aligné sur celui du bail lui-même (exonération ou taxation, selon le cas), le régime d'un même bail ne pouvant faire l'objet d'un fractionnement (CJUE 15-12-1993 aff. 63/92 : RJF 3/94 n° 367). Reprenant ces deux jurisprudences, l'administration en déduit que, lorsqu'une telle indemnité entre dans le champ de la TVA, elle peut toutefois être exonérée si les loyers sont eux-mêmes exonérés (BOI précité n° 260) ;
– sommes versées en contrepartie d'une **dispense** accordée au preneur de l'obligation contractuelle de **remise en état des locaux** en fin de bail, ainsi que l'**indemnité d'immobilisation du bien** pour la période des travaux, intégrée par le bailleur dans le calcul de ces sommes (BOI précité n° 260)

Indemnités non imposables 46980

ILLUSTRATIONS

En revanche, ne peuvent pas être considérées comme la contrepartie d'un service, et ne sont donc pas taxables, **notamment,** les indemnités suivantes :
– **indemnités de résiliation versées à un loueur de véhicules** dans le cadre de l'article L 311-25 du Code de la consommation (devenu art. L 312-40 du même Code) (CE 20-3-2013 n° 346990 : RJF 6/13 n° 600) ;
– **arrhes** versées en application de l'article 1590 du Code civil conservées par un fournisseur ou un prestataire en cas de dédit de son client, ces sommes constituant des indemnités forfaitaires de résiliation perçues en réparation du préjudice subi du fait de cette défaillance (CJUE 18-7-2007 aff. 277/05 : RJF 11/07 n° 1363 ; BOI-TVA-BASE-10-10-50 n° 310). La circonstance que ces sommes aient été improprement qualifiées d'acomptes dans les documents contractuels est sans incidence à cet égard dès lors qu'il ressort des conditions générales de vente que leur conservation par le fournisseur ou le prestataire vise à l'indemniser forfaitairement du préjudice consécutif à l'annulation (CAA Bordeaux 25-10-2007 n° 04-1631 : RJF 3/08 n° 294) ;
– **indemnité d'immobilisation** conservée par le vendeur d'un immeuble en cas de défaut de réalisation de la vente du fait de la défaillance de l'acquéreur (CAA Lyon 31-10-2007 n° 06-525 : RJF 4/08 n° 420) ;
– **indemnité d'occupation sans titre** de locaux professionnels **accordée** au bailleur **par le juge judiciaire** au titre de l'occupation illégale par le preneur qui s'est maintenu dans les lieux après résiliation du bail, même si son montant a été fixé à celui de l'ancien loyer (CE 30-5-2018 n° 402447 : RJF 8-9/18 n° 840), ou fixée **par une clause pénale du bail** pour des situations où l'occupant ne se conforme pas à son obligation de quitter les lieux, lorsque, compte tenu des circonstances, aucune prestation de services ou livraison de bien ne constitue leur contrepartie (BOI précité n° 310) ;
– **indemnités versées par les compagnies d'assurance** à leurs assurés à la suite de sinistres (incendie, vol, etc.) ou en exécution d'un contrat d'assurance-crédit (BOI précité n°s 310 et 330) ;
– **indemnité pour perte de véhicule** perçue par un bailleur ou un crédit-bailleur de l'assureur du client qui correspond à la valeur vénale du bien au moment du sinistre et indemnité complémentaire versée par le client pour que la compensation à ce titre soit totale (CE 29-7-1998 n° 146333 : RJF 8-9/98 n° 926 ; BOI précité n° 340) ;
– indemnité perçue par un équipementier visant à **réparer le préjudice subi du fait de la résiliation unilatérale** d'un contrat de fabrication par le constructeur automobile et résidant dans les coûts qu'il a exposés à perte (CE 28-5-2004 n° 250817 : RJF 8-9/04 n° 916) ;
– **indemnité perçue d'un importateur** par une société de distribution de tabacs visant à réparer le préjudice subi par la société du fait de la résiliation du contrat de commercialisation (CE 21-11-2011 n° 316485 : RJF 2/12 n° 108) ;
– indemnité pour **rupture abusive du contrat de franchise** perçue par un franchiseur visant à réparer le préjudice subi du fait de la résiliation unilatérale du contrat de franchise par le franchisé (CE 10-6-2010 n° 308495 : RJF 10/10 n° 880) ;
– **indemnité perçue par un agent commercial** à raison de la rupture de son contrat par le mandant (BOI précité n° 310) ;
– pénalités pour **retard de livraison ou d'exécution** versées par un fournisseur ou un prestataire à son client (BOI-TVA-BASE-10-10-30 n° 70).

4. ACTIVITÉS LIBÉRALES

Sont, en **principe,** obligatoirement **soumises à la TVA,** dès lors qu'elles sont effectuées par des personnes agissant à titre indépendant, les opérations relevant de l'exercice d'une activité libérale, cette expression désignant ici, en pratique, les **professions libérales** proprement dites, les **charges et offices** (officiers publics et ministériels) et aussi les **autres activités** dont les profits sont soumis à l'impôt sur le revenu dans la catégorie des **bénéfices non commerciaux** (n°s 13000 s.). 46990 TVA-II-10650 s

EXEMPLES

Sont **notamment** soumis à la TVA les architectes et autres prestataires d'ingénierie et d'architecture (métreurs, ingénieurs-conseils, bureaux d'études, etc.), les conseils dans les divers domaines (tels que conseils en brevets d'invention, en informatique, en publicité, en formation, en organisation, en finance, etc.), les experts des diverses spécialités (tels qu'experts fonciers, agricoles, maritimes, en assurances, en automobiles, en objets d'art, en diagnostic d'entreprise, etc.), les géomètres experts, les experts-comptables, les commissaires aux comptes, les avocats et avocats au Conseil d'État et à la Cour de cassation, les notaires, les greffiers des tribunaux de commerce, les commissaires de justice (ex-huissiers et commissaires-priseurs judiciaires), les mandataires-liquidateurs et administrateurs judiciaires, les agents commerciaux, les traducteurs (voir également n° 47005), les dresseurs d'animaux (en ce qui concerne les dresseurs et entraîneurs de chevaux, voir n° 60010), les voyants, parapsychologues et cartomanciens.

Toutefois, certaines activités libérales, peu nombreuses, bénéficient d'**exonérations.** Il s'agit de certaines activités d'**enseignement** (n°s 47030 s.) et des **professions médicales et paramédicales** et autres activités relevant du secteur de la santé (voir n°s 47110 s.).

46995 La TVA s'applique à l'ensemble des honoraires perçus au titre de l'exercice des activités libérales, quelles que soient les **modalités de leur exécution** ou la **forme juridique** des entreprises qui les réalisent (entreprises individuelles, sociétés civiles professionnelles, sociétés de personnes, sociétés de capitaux, associations sans but lucratif, établissements publics...).

Les membres des professions libérales sont soumis aux mêmes **obligations** que les autres redevables, notamment au regard des règles de facturation.

47000 Plus généralement, les **modalités d'imposition** des opérations réalisées dans le cadre d'une activité libérale sont régies, en principe, aux différents stades (détermination de la base d'imposition, taux de TVA, régime des déductions, déclarations et autres obligations), par les **règles de droit commun** applicables à l'ensemble des assujettis.

Lorsque toutefois, sur tel ou tel point, des **particularités** se présentent pour les activités libérales ou pour certaines d'entre elles, les explications nécessaires sont incorporées dans l'étude correspondante. C'est ainsi, par **exemple,** que, pour les professions judiciaires ou juridiques, la détermination de la base d'imposition appelle des précisions concernant les honoraires rétrocédés (n° 52225) et les remboursements de débours (n° 52350) et les avocats peuvent bénéficier d'un système spécifique de franchise en base plus avantageux (n° 53860).

47005 **Auteurs et artistes-interprètes** Les auteurs des œuvres de l'esprit (ainsi que les traducteurs de ces œuvres : écrits littéraires, conférences, etc.), les artistes-interprètes et les artistes du spectacle agissant à titre indépendant sont, en principe, passibles de la TVA, mais ils bénéficient d'un **régime particulier** exposé nos 61680 s.

47010 TVA-II-11785 s **Sportifs** Les prestations effectuées à titre onéreux et **indépendant** par les sportifs sont imposables de plein droit à la TVA. Il en est ainsi notamment des **prestations publicitaires** rendues par les sportifs en dehors d'un contrat de travail, qui peuvent prendre la forme de la participation à des campagnes publicitaires ou de la concession du droit d'utiliser le nom et l'image du sportif.

En revanche, les sommes perçues dans le cadre d'un rapport juridique impliquant un **lien de subordination** ou qui n'ont pas de lien direct avec la fourniture d'une prestation de services ne sont pas imposables à la TVA. Ainsi, ne sont pas imposables, notamment, les sommes perçues dans le cadre d'un contrat de travail, les cachets, **prix ou primes** perçus à l'occasion de **compétitions,** l'aide personnalisée allouée aux athlètes de haut niveau.

> **Précisions** **a.** La TVA s'applique non seulement aux versements monétaires mais aussi, comme en matière d'échange (nos 52230 s.), aux **biens ou services reçus** le cas échéant **en contrepartie** de la prestation publicitaire rendue par le sportif.
b. Toutes les sommes perçues par un sportif dans le cadre d'un contrat de **parrainage** constituent la contrepartie de prestations de publicité et sont donc imposables.

47015 TVA-II-11570 s **Vétérinaires** L'exonération prévue pour les soins médicaux et paramédicaux (nos 47120 s.) concerne exclusivement la santé humaine et n'est donc pas applicable aux vétérinaires. Ceux-ci sont soumis à la **TVA** pour toutes les **opérations suivantes** : prestations de soins concourant au diagnostic, à la prévention ou au traitement des maladies des animaux, opérations effectuées sous couvert d'un mandat de police sanitaire et activités de prophylaxie collective ; fourniture de médicaments vétérinaires (accompagnant ou non un acte médical) ; fourniture de produits ne constituant pas des médicaments ; toilettage, prise en pension, tatouage.

> **Précisions** **a.** Sont placées hors du champ d'application de la TVA les activités qui ne sont pas effectuées à titre indépendant. Ainsi en est-il des prestations d'**enseignement** effectuées par les vétérinaires dans le cadre d'établissements scolaires ou universitaires et en contrepartie desquelles ils perçoivent des **rémunérations** soumises à l'impôt sur le revenu dans la catégorie des traitements et salaires.
b. Les ventes de **médicaments** vétérinaires administrés comme prolongement direct d'un acte médical ou chirurgical figurant sur une note globale d'honoraires sont soumises à la taxe, non lors de la livraison des médicaments mais, comme les prestations de soins qu'elles accompagnent, lors de l'**encaissement** du prix (BOI-TVA-BASE-20-20 n° 180).

5. ENSEIGNEMENT

47030 TVA-II-8600 s Les activités d'enseignement entrent, en **principe,** dans le **champ d'application de la TVA.** Toutefois, un **grand nombre** d'entre elles sont **exonérées** par la loi.

À cet égard, il faut **distinguer** entre les opérations de **formation professionnelle continue** (FPC) **et** les **autres** activités d'enseignement.

ACTIVITÉS D'ENSEIGNEMENT AUTRES QUE LA FPC

47040 TVA-II-8640 s

Sont **exonérés** de la TVA (sans possibilité d'option) :
– l'**enseignement scolaire et universitaire** (n° 47050) ;
– les **leçons ou cours particuliers** dispensés par des personnes physiques (n° 47055).

47045

Toutes les catégories d'enseignement (autres que la FPC) qui se situent **en dehors** des deux cas d'**exonération** visés n° 47040 sont soumises à la TVA. Tel est le cas **notamment** :
– des écoles ou laboratoires de **langues** ;
– des **organismes et sociétés de soutien scolaire** (CE 10-12-2021 n° 457050 : RJF 3/22 n° 250). Toutefois, l'exonération s'applique aux prestations de soutien scolaire dispensées par les établissements visés n° 47050 ou par des organismes sans but lucratif (BOI-TVA-CHAMP-30-10-20-50 n° 45) ;
– des établissements d'enseignement de la **conduite automobile** (auto-écoles) et du pilotage des **bateaux** ou des **aéronefs** ;
– des établissements d'enseignement des **arts d'agrément** ou des diverses **disciplines sportives** (voile, tennis, équitation, natation, judo, etc.).

En ce qui concerne :
– les activités d'enseignement musical ou artistique des **organismes publics,** voir n° 47217 ;
– les services de caractère éducatif rendus à leurs membres par des **organismes sans but lucratif,** voir n° 89525.

47050 CGI art. 261, 4-4°-a TVA-II-8695 s

Enseignement scolaire et universitaire L'exonération de TVA concerne :
– les établissements publics du **1er degré** (primaire), du **2nd degré** (secondaire) ou **supérieur,** ainsi que les établissements comparables du secteur privé ;
– les établissements du secteur public qui dispensent un enseignement **universitaire,** de même que les établissements privés visés aux articles L 613-7, L 714-2 et L 718-16 du Code de l'éducation ;
– les écoles techniques publiques ou privées qui dispensent un enseignement **technique ou professionnel** du 2nd degré ou supérieur (centres de formation d'apprentis, notamment) ;
– les établissements qui dispensent un enseignement et une formation professionnelle **agricoles** organisés par la loi 60-791 du 2 août 1960 ;
– les établissements publics ou les organismes privés régis par les articles L 444-1 à L 444-11 du Code de l'éducation et les textes subséquents qui dispensent, **à distance,** un enseignement primaire, secondaire, technique ou supérieur.

Pour les divers établissements visés ci-dessus, l'exonération s'applique aux **prestations d'enseignement** proprement dites ainsi qu'aux prestations de **services ou livraisons** de biens qui sont **étroitement liées à cet enseignement** : logement et nourriture des internes ou demi-pensionnaires ; articles ou fournitures scolaires, tels que livres ou cahiers, qui constituent le complément obligé et inséparable de l'enseignement dispensé (BOI-TVA-CHAMP-30-10-20-50 n° 40) ; mise à disposition d'un enseignant par un établissement d'enseignement à un autre établissement d'enseignement lorsque celle-ci présente un caractère indispensable à l'enseignement dispensé par l'établissement destinataire et qu'elle n'est pas essentiellement destinée à procurer des recettes supplémentaires par la réalisation d'une opération effectuée en concurrence directe avec des entreprises commerciales (CJUE 14-6-2007 aff. 434/05 : RJF 10/07 n° 1181). S'agissant de l'enseignement à distance, l'exonération s'applique aux ventes aux élèves de supports pédagogiques, que ces supports soient transmis par la voie postale ou diffusés en ligne via Internet (BOI-TVA-CHAMP-20-50-40-20 n° 200).

> Précisions **a.** L'exonération bénéficie, dans les mêmes conditions que pour les établissements d'enseignement français, aux **établissements étrangers** implantés en France, lorsqu'ils ont été agréés en qualité d'établissement d'enseignement par l'autorité de tutelle concernée de l'État dont ils relèvent et lorsque leur cycle d'enseignement correspond à leur programme général national. L'exonération ne s'applique qu'aux opérations effectuées dans le cadre de cet agrément.

b. Les **ventes** d'objets fabriqués et les **services** rendus par les **élèves** dans le cadre de la mise en pratique de l'enseignement dispensé sont exonérés tant que ces opérations ne revêtent pas une importance telle qu'elles concurrencent les opérations d'entreprises ou de professions soumises à la TVA et sous réserve de l'absence de recours à des méthodes commerciales de gestion. Ces principes sont notamment applicables aux **travaux de recherche** réalisés par des étudiants.

c. Indépendamment de l'exonération des prestations d'enseignement, les établissements publics d'enseignement supérieur (**universités, grandes écoles**) doivent, le cas échéant, acquitter la TVA sur les **opérations imposables** qu'elles réalisent, telles que notamment : travaux d'études et de recherches effectués au profit de tiers ; exploitation de droits intellectuels ; ventes de publications ; ventes de matériel pédagogique (sauf si elles sont étroitement liées à l'enseignement) (TVA-II-19260 s.).

d. L'exonération prévue par le a de l'article 261, 4-4° du CGI est limitée à l'éventuelle rémunération des cours et leçons donnés dans les établissements susvisés et perçue par ces derniers. Cette exonération ne s'étend pas à celle perçue par un **enseignant exerçant à titre libéral** au sein de l'un de ces établissements, dont les droits à exonération, lorsqu'il est assujetti à la TVA, sont exclusivement régis par le b du même article (n° 47055) (CE 11-4-2014 n° 353219 : RJF 7/14 n° 675).

e. Des prestations de **services pédagogiques** fournies par le **holding d'un groupe d'enseignement privé au profit de ses filiales** ne sont pas exonérées de TVA au titre des prestations étroitement liées à l'enseignement, dès lors qu'elles ne sont pas fournies par un établissement visé à l'article 261, 4-4°-a du CGI (Rép. Maillard : AN 3-11-2020 n° 31183).

47055 CGI art. 261, 4-4°-b TVA-II-9000 s

Leçons ou cours particuliers

Sont exonérés de la TVA les cours ou leçons particuliers dispensés par des **personnes physiques** qui perçoivent directement de leurs élèves la rémunération de leur activité enseignante (à noter, cependant, que la CJUE n'exige pas de lien contractuel direct entre l'élève et l'enseignant : CJUE 14-6-2007 aff. 445/05 : RJF 10/07 n° 1182).

L'exonération s'applique aux cours ou leçons :

– relevant de l'enseignement **scolaire** (mathématiques, français, langues étrangères, etc.), **universitaire, professionnel, artistique** (chant, piano, danse, etc.), **sportif** (éducation physique, natation, tennis, ski, judo, etc.) à l'exclusion de disciplines telles que le bridge, les autres jeux de cartes, le yoga, etc. ;

– dispensés par des personnes indépendantes exerçant leur activité **sans** l'aide d'aucun **salarié** (CE 27-1-2017 n° 391373 : RJF 4/17 n° 316) ni de **bénévoles** participant aux prestations d'enseignement (CAA Nantes 7-1-2022 n° 20NT03378 : RJF 4/22 n° 345, CE (na) 14-10-2022 n° 461781 : RJF 1/23 n° 12 ; dans le même sens, Rép. de Villiers : AN 2-6-2003 n° 6085, non reprise au Bofip).

› Précisions **a.** Compte tenu du rôle d'enseignement qui leur est conféré par la réglementation, les **guides** et accompagnateurs **de montagne** non salariés bénéficient de l'exonération lorsqu'ils sont rémunérés directement par leurs élèves et qu'ils facturent distinctement les autres prestations fournies telles que logement ou restauration (TVA-II-11765 s.).

b. En ce qui concerne l'application de l'exonération aux cours ou leçons d'**équitation,** voir n° 60010, précision f.

FORMATION PROFESSIONNELLE CONTINUE (FPC)

47065 CGI art. 261, 4-4°-a TVA-II-9650 s.

Pour les opérations de FPC, les règles diffèrent selon la nature de l'organisme qui les effectue. Il faut, en premier lieu, **distinguer** les **organismes publics** des **organismes privés.**

› Précisions Le **champ de la FPC** (dénommée désormais « formation professionnelle » dans le Code du travail) a été **étendu aux actions de formation par l'apprentissage** (C. trav. art. L 6313-1). La question se pose de savoir si les organismes qui seraient amenés à fournir des prestations de services (et des livraisons de biens qui leur sont étroitement liées) dans le cadre de ces actions de formation par l'apprentissage sont susceptibles de bénéficier de l'exonération de TVA prévue par l'article 261, 4-4°-a (al. 5 et 6) du CGI, dont le texte n'a, à ce jour, pas été modifié.

47070

Organismes publics

Les personnes morales de droit public (y compris les chambres de commerce et d'industrie, des métiers, d'agriculture et certains organismes à statut spécial assimilés : Banque de France, Comédie-Française, Ucanss, unions régionales d'organismes de sécurité sociale et centres de formation à la profession d'avocat) sont **exonérées** de TVA (sans possibilité d'option) pour les opérations qu'elles effectuent dans le cadre de la FPC, telle qu'elle est définie par les dispositions législatives et réglementaires qui la régissent.

L'exonération s'applique aux **opérations de FPC** proprement dites ainsi qu'aux **services** ou **livraisons** de biens qui leur sont étroitement liés (logement et nourriture des stagiaires, fourniture de documents pédagogiques).

47075

Organismes privés

Les actions de FPC assurées par des organismes privés ne sont exonérées qu'à certaines conditions. En pratique, il y a lieu de **distinguer ceux** qui sont **« reconnus »** par une attestation obtenue, à leur demande, auprès de l'autorité administrative compétente (n° 47080) **des autres** (n° 47085).

Cette distinction permet à nombre d'organismes privés de choisir le régime – imposition ou exonération – qui leur est le plus favorable.

› Précisions Selon certains juges du fond, l'article 261, 4-4°-a du CGI en tant qu'il prévoit que l'attestation n'est délivrée que sur demande du contribuable a pour effet de créer un droit d'option en dehors des cas limitativement prévus par l'article 137 de la **directive TVA** et n'est par suite, dans cette mesure, pas compatible avec ladite directive (CAA Marseille 12-6-2007 n° 04-1438 : RJF 1/08 n° 25 ; CAA Lyon 5-1-2012 n° 10LY00987 : RJF 6/12 n° 583 ; CAA Douai 4-6-2020 n° 17DA01777 : RJF 11/20 n° 879). Selon la CAA de Versailles, au contraire, l'exigence d'une attestation est compatible avec la directive TVA (CAA Versailles 20-2-2023 n° 21VE02440 : RJF 7/23 n° 538). Le Conseil d'État ne s'est pas prononcé sur la question à ce jour. Signalons que la CJUE semble considérer que la nécessité d'une démarche de l'assujetti pour obtenir la reconnaissance requise est compatible avec le droit de l'UE (en ce sens, CJUE 28-4-2022 aff. 612/20 : RJF 8-9/22 n° 809 à propos de l'obligation de conclure un partenariat avec un établissement d'enseignement exigée en droit roumain).

Les **organismes** de droit privé, personnes physiques ou morales, quelle que soit leur forme juridique (association loi de 1901, société commerciale, etc.), qui réalisent des opérations de FPC peuvent être exonérés de TVA s'ils sont **« reconnus »** (les opérateurs de compétence, ou Opco, relèvent du même dispositif). Pour ce faire, ils doivent obtenir de l'autorité administrative dont relèvent leurs actions de formation une **attestation** reconnaissant qu'ils remplissent les conditions fixées par la réglementation en vigueur pour exercer leur activité dans le cadre de la FPC. L'obtention de l'attestation entraîne l'**exonération** de TVA pour toutes les opérations de FPC réalisées par l'organisme ainsi « reconnu ». Cette exonération s'impose à l'organisme, qui ne peut pas y renoncer, l'assujettissement des opérations ne pouvant résulter que du retrait de l'attestation ou de la remise en cause de l'exonération que peut opérer le service des impôts à l'encontre d'un organisme, même titulaire de l'attestation, dont les opérations ne s'inscrivent pas dans le cadre de la FPC (voir précision b). 47080

L'exonération couvre les **opérations de FPC** proprement dites ainsi que les prestations de **services** et **livraisons** de biens qui leur sont étroitement liées (logement, nourriture des stagiaires, fourniture de documents pédagogiques).

> Précisions **a.** Sont également couverts par l'exonération la réalisation de **bilans de compétences,** la réalisation de **bilans de compétences approfondis** mis en œuvre au bénéfice des **demandeurs d'emploi** et s'inscrivant dans un parcours de formation ou d'accès à l'emploi, les **prestations d'accompagnement** des demandeurs d'emploi, y compris les prestations « Trajectoire Emploi » (BOI-TVA-CHAMP-30-10-20-50 n°s 340 et 350).

b. Lorsque l'administration constate à l'occasion du **contrôle** visé à l'article 202 D de l'annexe II au CGI que l'**activité au titre de laquelle** un **organisme a obtenu l'attestation** n'entre pas dans le champ de la FPC, elle ne peut, sauf cas de fraude, procéder à la remise en cause de l'exonération de TVA qu'à raison des opérations réalisées à compter de l'**abrogation** de l'attestation par l'autorité qui l'a délivrée, si tel a été le cas, ou, **à défaut d'abrogation,** à compter de la notification à l'organisme des résultats du contrôle. L'exonération appliquée à des **opérations autres** que celles correspondant à l'activité au titre de laquelle il a obtenu l'attestation peut être, quant à elle, remise en cause dans le délai de reprise visé n° 77725 (Avis CE 10-3-2020 n° 437592 : RJF 6/20 n° 525).

Pour les **organismes non « reconnus »,** c'est-à-dire ceux n'ayant pas d'attestation, les activités de FPC réalisées sont, dans leur ensemble, **taxables** au taux normal. 47085

Par dérogation à la règle générale, certains organismes non « reconnus » peuvent bénéficier d'**exonérations spécifiques.** Il s'agit :

– d'une part, des **organismes sans but lucratif** : organismes dits « **fermés** » agissant au profit de leurs membres, la formation professionnelle étant assimilée pour eux à un service de caractère éducatif (n° 89525) ; organismes dits « **ouverts** » exerçant des activités de FPC, dès lors que les critères de non-lucrativité sont remplis (n°s 89400 s.) ;

– d'autre part, des **organisations syndicales ou politiques** pour la formation de leurs militants (voir n° 89545, précision b).

6. SECTEUR DE LA SANTÉ

Dans ce secteur, **certaines** activités (au premier rang desquelles figurent les soins médicaux et paramédicaux) bénéficient d'**exonérations.** 47110

Les **autres** activités, pour lesquelles aucune exonération n'est expressément prévue par la loi, sont soumises à la **TVA.** C'est **notamment** le cas pour la fabrication et la distribution des **produits pharmaceutiques.**

SOINS MÉDICAUX ET PARAMÉDICAUX

Sont exonérés de la TVA (sans possibilité d'option) les soins dispensés aux personnes par les membres des professions médicales et paramédicales. 47120 CGI art. 261, 4-1° TVA-II-11975 s

On définira d'abord les **professions** puis les **prestations** (n° 47125) concernées par l'exonération.

Seuls, en principe, les **praticiens et auxiliaires** dont les **professions** sont **réglementées** par une disposition législative ou par un texte pris en application d'une telle disposition peuvent bénéficier de l'exonération au titre des soins qu'ils dispensent. Sont ainsi visés les médecins (omnipraticiens ou spécialistes), les chirurgiens-dentistes, les sages-femmes, les masseurs-kinésithérapeutes, les pédicures-podologues, les infirmiers, les orthoptistes, les orthophonistes, les diététiciens et les psychomotriciens.

Par **exception** à cette règle, les pharmaciens, les praticiens autorisés à faire usage légalement du titre d'ostéopathe, de chiropracteur, de psychologue ou de psychothérapeute ainsi que les psychanalystes non médecins mais titulaires d'un des diplômes requis par la réglementation, à la date de sa délivrance, pour être recrutés comme psychologues dans la fonction publique hospitalière sont exonérés, alors même que leur profession n'est pas « réglementée » au sens défini ci-dessus.

› Précisions a. Nous n'envisageons pas ici la situation des **établissements de santé,** examinée nos 47170 s.

b. L'exonération des soins médicaux et paramédicaux est **indépendante** de la **forme juridique** de l'assujetti qui fournit ces soins. Elle s'applique donc aux prestations de soins effectuées par des **personnes morales.** Ainsi jugé, notamment, à propos de prestations de soins à caractère thérapeutique effectuées par une société de capitaux gérant un service de soins ambulatoires fournis par du personnel infirmier qualifié (CJUE 10-9-2002 aff. 141/00 : RJF 12/02 n° 1433) et de traitements psychothérapeutiques dispensés par une fondation de droit privé à l'aide de psychothérapeutes employés par cette dernière (CJUE 6-11-2003 aff. 45/01 : RJF 1/04 n° 105).

c. Ne peuvent être regardées comme réalisées par un membre d'une profession médicale ou paramédicale des prestations informatisées fournies par un logiciel qui ne reposent pas sur un **dialogue et** une **interaction** réelle **entre patient et un professionnel de santé** (CE 29-12-2020 n° 426219 : RJF 3/21 n° 263).

d. Les personnes qui réalisent des actes médicaux ou rendent des services en **dehors du cadre de l'exercice légal de la médecine** – notamment, acupuncteurs, étiopathes, iridologues, sophrologues, thanatologues, ainsi que naturothérapeutes non reconnus par le ministère de la santé – ne peuvent bénéficier de l'exonération. Il en est de même des mages, magnétiseurs, guérisseurs et autres rebouteux.

e. La **directive TVA** renvoyant à la réglementation nationale la définition de la notion de professions paramédicales, des qualifications requises pour exercer ces professions et des activités spécifiques de soins à la personne qui relèvent de telles professions, la **limitation de l'exonération aux** seuls soins dispensés par les membres des **professions** médicales et paramédicales **réglementées** n'est par principe pas contraire à la directive (CE 16-4-2010 n° 318941 : RJF 8-9/10 n° 786). Toutefois, l'exclusion d'une profession ou d'une activité spécifique de soins à la personne de la définition des professions paramédicales exonérées serait contraire au **principe de neutralité fiscale** s'il pouvait être démontré que les personnes exerçant cette profession ou activité disposent, pour la fourniture de telles prestations de soins, de qualifications professionnelles aptes à assurer à ces prestations un niveau de qualité équivalant à celles fournies par des personnes bénéficiant, en vertu de la réglementation nationale, de l'exonération (CJUE 27-4-2006 aff. 443/04 et 444/04 : RJF 7/06 n° 973 ; CJUE 27-6-2019 aff. 597/17 : RJF 11/19 n° 1107 ; CE 16-4-2010 précité ; dans le même sens CE 30-12-2014 n° 360809 : RJF 3/15 n° 199, à propos des psychothérapeutes).

47125 S'agissant des **opérations concernées,** sont exonérées les **prestations de soins** dispensées aux personnes, c'est-à-dire celles qui concourent à l'établissement des diagnostics médicaux ou au traitement des maladies humaines.

Selon l'administration, l'exonération s'étend à certaines **fournitures de biens** effectuées par les praticiens et auxiliaires concernés, dans la mesure où elles constituent le prolongement direct des soins dispensés à leurs malades. Tel est le cas des **semelles orthopédiques** ou appareils podologiques fabriqués par des pédicures-podologues et vendus aux personnes auxquelles ils prodiguent leurs soins (BOI-TVA-CHAMP-30-10-20-10 n° 10), ainsi que des **fournitures de prothèses et d'implants dentaires** par les dentistes ou les stomatologues (CGI art. 261, 4-1° ; BOI-RES-TVA-000009).

À noter toutefois que, selon la CJUE, les fournitures de biens (médicaments ou autres biens) ne peuvent pas bénéficier de l'exonération, à moins qu'elles soient strictement nécessaires au moment de la prestation de soins et, par suite, matériellement et économiquement indissociables (CJUE 13-3-2014 aff. 366/12 : RJF 6/14 n° 649). Le Conseil d'État a jugé à cet égard que pouvaient ainsi bénéficier de l'exonération les livraisons de **médicaments** cytostatiques prescrits dans le cadre d'un **traitement ambulatoire contre le cancer** par des médecins exerçant à titre indépendant au sein d'un hôpital (CE 4-6-2019 nos 423435 et 423436 : RJF 8-9/19 n° 772 repris au BOI-TVA-CHAMP-30-10-20-20 n° 90).

› Précisions a. Une prestation de soins est susceptible de relever de l'exonération, **quel que soit le lieu** où elle est réalisée, qu'il s'agisse du cabinet du praticien, du domicile du patient, ou de tout autre lieu (CJUE 18-9-2019 aff. 700/17 : RJF 12/19 n° 1208), y compris s'il s'agit de consultations médicales réalisées par **téléphone** (CJUE 5-3-2020 aff. 48/19 : RJF 5/20 n° 512). En revanche, l'exonération ne s'applique pas lorsque les prestations informatisées fournies par un **logiciel** ne reposent pas sur un dialogue et une interaction entre le patient et le praticien (voir n° 47120, précision c).

b. En matière de **médecine et** de **chirurgie esthétique,** les actes qui bénéficient de l'exonération de TVA sont ceux qui sont pris en charge totalement ou partiellement par l'assurance maladie, c'est-à-dire notamment les actes de chirurgie réparatrice et certains actes de chirurgie esthétique justifiés par un risque pour la santé du patient ou liés à la reconnaissance d'un grave préjudice psychologique ou social. Lorsqu'ils ne sont pas pris en charge par l'assurance maladie, lesdits actes peuvent toutefois bénéficier de l'exonération s'ils présentent un intérêt diagnostique ou thérapeutique reconnu dans un avis rendu par l'autorité sanitaire compétente. Un acte de médecine ou de chirurgie esthétique non pris en charge par la sécurité sociale et dont l'intérêt thérapeutique n'a pas été reconnu doit donc être soumis à la TVA, quel que soit le type d'établissement (établissements de soins privés ou hôpitaux publics) dans lequel cet acte est pratiqué (BOI-TVA-CHAMP-30-10-20-10 n°s 40 à 45 confirmé par CE 27-12-2021 n° 453928 : RJF 4/22 n° 346).

c. Les soins que les **masseurs-kinésithérapeutes** sont habilités à dispenser dans l'exercice de leur profession réglementée sont exonérés, même s'ils ne sont pas effectués sur ordonnance médicale. Sont ainsi exonérés les massages même non prescrits (CE 15-2-1999 n°s 176931 et 176932 : RJF 4/99 n° 396).

d. S'agissant des soins dispensés par les **pharmaciens,** sont notamment exonérés les **actes de vaccination** qu'ils effectuent en vertu de l'article L 5125-1-1 A, 9° bis du CSP (BOI précité n° 95).

La TVA est en revanche exigible sur les **ventes de médicaments** que les **médecins propharmaciens** délivrent à leurs malades même si elles constituent le prolongement direct de leurs prestations de soins, ces médecins étant évidemment également taxables sur les autres ventes auxquelles ils peuvent procéder (médicaments ordonnés par d'autres praticiens, cosmétiques, etc. : voir toutefois ci-dessus la position de la CJUE et du Conseil d'État sur les fournitures de médicaments), sur les ventes de **prothèses** ou d'articles orthopédiques à des personnes auxquelles les praticiens n'ont pas prodigué de soins et sur les prestations de **conseils** effectuées au profit de laboratoires de produits pharmaceutiques ou de toute autre entreprise.

e. Les **expertises** médicales, qu'elles soient réalisées dans le cadre d'une instance ou dans celui d'un contrat d'assurance, sont soumises à la TVA (BOI précité n° 80). Sont toutefois exonérées les expertises médicales réalisées par les comités médicaux dans le cadre de visites d'aptitude pour l'admission à un emploi public, la réintégration à la suite de congés maladie, l'aménagement des conditions de travail ou le reclassement dans un autre emploi (Rép. Urvoas : AN 29-7-2014 n° 53452).

f. L'exonération des « prestations de soins à la personne » ne couvre pas l'**activité de collecte, d'analyse, de traitement de sang de cordon ombilical** et de stockage des cellules souches qu'il contient, ni l'**activité de transport d'organes** et de **prélèvements d'origine humaine** exercée par un tiers indépendant en faveur d'hôpitaux et de laboratoires. Ces activités ne bénéficient pas non plus de l'exonération prévue pour les établissements de santé (CJUE 10-6-2010 aff. 262/08 : RJF 10/10 n° 974 ; CJUE 2-7-2015 aff. 334/14 : RJF 10/15 n° 874). En revanche, l'**extraction** et la **culture de cellules cartilagineuses** humaines en vue de leur réimplantation à des fins thérapeutiques constituent des prestations de soins à la personne exonérées (CJUE 18-11-2010 aff. 156/09 : RJF 2/11 n° 259).

g. L'exonération s'applique également aux sommes reversées (**honoraires rétrocédés**) par un médecin remplacé au médecin **remplaçant** dès lors qu'elles rémunèrent une prestation de soins. En revanche, la **redevance** perçue par le médecin remplacé en contrepartie de la **mise à disposition** de ses **installations techniques et locaux** au médecin remplaçant est soumise à la TVA, sauf si le remplacement revêt un caractère occasionnel.

La redevance que le propriétaire du cabinet reçoit de son confrère, dans le cadre d'un **contrat de collaboration,** en contrepartie de la mise à disposition des installations doit également être soumise à la TVA (pour les conventions d'exercice conjoint, voir n° 47325, 1).

h. Un service de **suivi et de conseil nutritionnels** fourni au sein d'établissements sportifs, bien qu'assuré par une nutritionniste dotée d'une qualification professionnelle l'habilitant à effectuer des activités paramédicales, ne constitue pas des « prestations de soins à la personne » susceptibles d'être exonérées dès lors que ce service présente une finalité sanitaire (par exemple, prévention de l'obésité) mais pas thérapeutique (CJUE 4-3-2021 aff. 581/19 : RJF 5/21 n° 550).

TRAVAUX D'ANALYSE DE BIOLOGIE MÉDICALE

Sont exonérés de la TVA (sans possibilité d'option) les travaux d'analyse de biologie médicale, c'est-à-dire tous les examens biologiques destinés à faciliter la prévention, le diagnostic ou le traitement des maladies humaines, effectués dans des laboratoires qui fonctionnent conformément aux dispositions légales relatives aux **laboratoires** d'analyses de biologie médicale (CSP art. L 6211-1 s.). **47130** CGI art. 261, 4-1° TVA-II-13090 s

L'exonération s'applique également aux opérations de **contrôle** facultatif des analyses de biologie médicale que réalisent les laboratoires, contrôles qui sont effectués par des organismes publics ou des associations agréées.

L'**honoraire de transmission** perçu par le laboratoire non habilité à effectuer certaines analyses qui en confie le soin à un laboratoire spécialisé bénéficie également de cette exonération (CJUE 11-1-2001 aff. 76/99 : RJF 4/01 n° 575 ; BOI-TVA-CHAMP-30-10-20-10 n° 280).

FOURNITURES DE PROTHÈSES DENTAIRES PAR LES PROTHÉSISTES

47140 CGI art. 261, 4-1° TVA-II-13230 s

Une exonération (sans possibilité d'option) similaire à celle prévue pour les ventes de prothèses par les dentistes à leurs patients (n° 47125) s'applique aux fournitures de prothèses dentaires ou d'éléments séparés de prothèse par les prothésistes dentaires, sous les conditions suivantes :

– la **prothèse ou** l'**élément séparé de prothèse,** spécialement fabriqué pour l'usage exclusif d'un patient déterminé, est réalisé sur **commande d'un praticien prescripteur** à partir d'une prise d'empreinte préalable qu'il a effectuée ou de spécifications techniques qu'il a établies, mais il n'est pas exigé que le prothésiste fabricant soit en relation directe avec le praticien (il peut donc intervenir en tant que **sous-traitant**) ;

– le prothésiste doit être en mesure de **justifier,** par tout moyen, du nom et des coordonnées du praticien qui a passé commande et des spécifications techniques définies par ce dernier (BOI-TVA-CHAMP-30-10-20-10 n° 310).

Sont également exonérées les **prestations** de réparation, adaptation, amélioration, ou travail à façon réalisées directement ou en sous-traitance et portant sur des prothèses dentaires ou des éléments séparés de prothèse, dès lors que ces prestations sont réalisées sur commande préalable et spécifications formulées par un praticien et dont le prothésiste peut justifier (BOI précité n° 320).

> **Précisions** **a.** La **vente de matières** servant à la fabrication de prothèses ou d'éléments séparés ainsi que de tout élément standard qui n'est pas spécialement adapté pour l'usage d'un patient déterminé est exclue de l'exonération. Il en va de même de la fourniture d'orthèses dentaires telles que les **appareils orthodontiques** et les **gouttières dentaires** (aligneurs) et des prestations de services autres que celles visées ci-dessus qui ne se rattachent pas à la fourniture de prothèses dentaires (mise à disposition de personnel, location de chevilles, etc.) (BOI précité n° 330).
> **b.** Les **reventes en l'état** de prothèses ou d'éléments séparés de prothèse sont soumises à la TVA lorsque le prothésiste n'intervient ni dans leur fabrication ni dans leur mise au point. Elles peuvent toutefois bénéficier du régime particulier d'imposition sur la marge prévu pour les biens d'occasion (n°s 60785 s.) (BOI précité n° 340).
> **c.** Les prothésistes sont dispensés du paiement de la TVA lorsqu'ils cèdent, **en fin d'activité,** leur stock à prix coûtant (BOI précité n° 350).

OPÉRATIONS PORTANT SUR LES ORGANES, LE SANG ET LE LAIT HUMAINS

47150 CGI art. 261, 4-2° TVA-II-13500 s

Les opérations de livraison, de services d'intermédiation et de prestations de travail à façon portant sur les organes, le sang et le lait humains sont exonérées de la TVA (sans possibilité d'option). L'exonération est applicable aux opérations en cause effectuées par les établissements de transfusion sanguine ou par les établissements de santé publics, privés et privés d'intérêt collectif selon les modalités fixées par le Code de la santé publique.

L'exonération s'étend à d'**autres produits** d'origine humaine (urines, sperme, etc.) à condition qu'ils soient utilisés à des fins médicales (BOI-TVA-CHAMP-30-10-20-30 n°s 1 à 20).

Les opérations non visées ci-dessus (transports de ces produits, en particulier) sont taxables.

> **Précisions** L'exonération vise non seulement le sang total, mais aussi les **produits dérivés du sang total** (tels les concentrés de globules rouges, plaquettes, plasma, etc.) lorsqu'ils sont destinés à un **usage thérapeutique direct** (CJUE 5-10-2016 aff. 412/15 : RJF 12/16 n° 1142 ; BOI précité n° 1).

TRANSPORTS SANITAIRES

47160 CGI art. 261, 4-3° TVA-V-13680 s

Sont exonérés les transports de malades ou de blessés, à l'aide de véhicules (terrestres ou non) **spécialement aménagés** à cet effet, qu'effectuent les personnes titulaires de l'**agrément administratif** visé à l'article L 6312-2 du Code de la santé publique.

L'exonération ne s'applique pas aux transports sanitaires terrestres effectués à l'aide de **véhicules sanitaires légers** ni aux **transports mortuaires.** Ces activités doivent être constituées en secteur distinct (n° 56045).

> **Précisions** Les **transports effectués à l'aide d'hélicoptères** pour les vols de service médical d'urgence et les vols d'ambulance ne bénéficient pas de l'exonération car ces engins ne sont pas « spécialement aménagés » au sens de l'article 261, 4-3° du CGI (BOI-TVA-CHAMP-30-10-20-40 n° 90 ; CAA Lyon 8-6-2010 n° 08-2111 : RJF 12/10 n° 1156 ; position non partagée par CAA Paris 9-12-2005 n° 03-1109 : RJF 4/06 n° 368).

ÉTABLISSEMENTS DE SANTÉ

47170 CGI art. 261, 4-1° bis TVA-V-5510 s

Nous n'envisageons pas ici la situation des hôpitaux publics, qui sont en principe placés hors du champ d'application de la TVA (n° 47217, 1).

Dans les établissements de santé **privés titulaires de l'autorisation** mentionnée à l'article L 6122-1 du Code de la santé publique, les **frais d'hospitalisation et de traitement** (y **compris** les frais de mise à disposition d'une **chambre individuelle**) sont exonérés de la TVA (sans possibilité d'option).

Pour être exonérés, les actes envisagés doivent être consécutifs à une **prescription médicale** mais ils n'impliquent pas nécessairement la présence permanente du patient en milieu hospitalier. L'exonération concerne en effet toutes les formes d'hospitalisation (hôpital de jour ou de nuit, hospitalisation à domicile, établissements de soins ne disposant pas de moyens d'hospitalisation mais dotés d'équipements importants tels les centres de dialyse, etc.).

Les **prestations exonérées** sont :

– les **frais d'hospitalisation** qui comprennent en particulier les frais de **séjour** et de **soins** tels que logement (y compris le supplément chambre individuelle), nourriture et boissons, chauffage, fourniture et blanchissage du linge de maison, service infirmier, produits sanguins, ainsi que les frais de **salle d'opération** ou d'accouchement ;

– et les **frais de traitement,** c'est-à-dire les médicaments et pansements, prothèses, appareils orthopédiques, stimulateurs cardiaques, etc. fournis au cours du séjour dans l'établissement et en prolongement direct et immédiat des soins.

Sont, en revanche, **taxables** toutes les opérations qui ne présentent pas le caractère de frais d'hospitalisation et de traitement.

EXEMPLES

Suppléments correspondant à des exigences particulières du malade telles que boissons, nourriture, location de téléviseurs ; sommes versées à l'établissement par les praticiens libéraux qui y soignent leur clientèle (redevance pour clinique ouverte) ; locations diverses.

Les recettes correspondant aux repas et chambres fournis aux **personnes accompagnant les malades** sont taxables, sauf lorsque la présence d'une personne auprès du malade est consécutive à une prescription médicale. En pratique, il est admis que la fourniture exceptionnelle de repas à un visiteur ou la location d'une chambre pour une très courte période répondent à un souci thérapeutique (BOI-TVA-CHAMP-30-10-20-20 n° 80).

> Précisions **a.** Les **établissements qui ne répondent pas à la définition** donnée ci-dessus sont redevables de la TVA à moins qu'ils ne soient gérés par une collectivité publique ou un groupement sans but lucratif à objet social ou philanthropique, et qu'ils puissent alors bénéficier des dispositions d'ordre général correspondantes (non-assujettissement pour les organismes publics : n° 47217, 1 ; exonération pour les groupements sans but lucratif : n°s 89400 s.).

Cette remarque vaut notamment pour :

– les **établissements** privés qui dispenseraient des soins **sans** avoir obtenu une **autorisation** de l'autorité compétente, ou après le retrait de celle-ci ;

– les **établissements sociaux ou médico-sociaux** énumérés à l'article L 312-1 du Code de l'action sociale et des familles, à savoir, notamment, les maisons d'enfants à caractère social, les établissements médico-éducatifs qui reçoivent des jeunes handicapés ou inadaptés, les établissements d'aide par le travail, les foyers de jeunes travailleurs et les établissements qui assurent l'hébergement des adultes handicapés ou inadaptés, ou des personnes âgées (sur les maisons de retraite, voir cependant n° 47175 et, sur les lieux de vie et d'accueil, n° 47177).

b. Est exonéré le forfait technique perçu par les **groupements exploitant** un appareil d'imagerie médicale par résonance magnétique (**IRM**) (BOI-TVA-CHAMP-10-10-50-70 n° 220).

c. En ce qui concerne :

– les actes de **médecine** ou de **chirurgie esthétique,** voir n° 47125, précision b ;

– l'activité de **prélèvement de sang de cordon ombilical** et de stockage des cellules souches qu'il contient et l'activité de **transport d'organes et de prélèvements d'origine humaine** en faveur d'hôpitaux et de laboratoires, voir n° 47125, précision f ;

– les **livraisons de médicaments** cytostatiques effectuées par les établissements de soins dans le cadre de **traitements ambulatoires contre le cancer** prescrits par des médecins exerçant à titre indépendant au sein de ces établissements, voir n° 47125.

Maisons de retraite privées médicalisées Sont exonérés de la TVA les « **forfaits soins** » (forfaits de soins annuels globaux) versés par l'**assurance maladie** au bénéfice des personnes âgées hébergées dans les maisons de retraite privées médicalisées. **47175** CGI art. 261, 4-1° ter TVA-V-6600 s

Demeurent soumis à la TVA les soins médicaux et paramédicaux dispensés par le personnel salarié de ces établissements qui ne sont pas couverts par le « forfait soins », ainsi que les **autres prestations** de services fournies par ces derniers (BOI-TVA-LIQ-30-20-10-10 n° 150 ; sur l'application du taux réduit à certaines de ces prestations, voir n° 90650).

> Précisions Le « forfait soins » constitue la contrepartie de prestations de soins réalisées à titre onéreux au profit des résidents. Il relève donc du champ d'application de la TVA (CJUE 27-3-2014

aff. 151/13 : RJF 6/14 n° 648). Étant exonéré, il doit être inscrit au seul dénominateur du coefficient de taxation forfaitaire (CE 20-10-2014 n° 364715 : RJF 1/15 n° 19).
S'agissant de la **déduction** de la TVA grevant les dépenses de fonctionnement des établissements d'hébergement pour personnes âgées dépendantes (Ehpad), voir n° 55235, précision a.

47177 CGI art. 261, 7-1° quater TVA-V-7700 s

Lieux de vie et d'accueil Sont exonérées de la TVA (sans possibilité d'option) les prestations de **services et** les **livraisons de biens** qui leur sont **étroitement liées** effectuées dans les lieux de vie et d'accueil mentionnés à l'article L 312-1, III du Code de l'action sociale et des familles, conformément à leur objet.

47180 CGI art. 279, a quinquies TVA-II-16450 s

Établissements thermaux À la différence des hôpitaux publics, les établissements thermaux gérés par des collectivités publiques ne sont en principe pas placés hors du champ d'application de la TVA (n° 47217, 2). La TVA est donc applicable aux opérations réalisées par tous les établissements thermaux, qu'ils soient gérés par des exploitants **privés** ou par des **collectivités publiques** (commune, régie, etc.).

Cependant la TVA est calculée au **taux intermédiaire** pour les **prestations de soins** fournies par les établissements thermaux qui sont titulaires de l'autorisation de dispenser des soins aux assurés sociaux prévue à l'article L 162-21 du CSS. Pour les cures ne comportant pas exclusivement des pratiques thermales, proposées pour un tarif forfaitaire (semaine privée, forfait revitalisation, cure anti-tabac, etc.), la détermination du taux applicable relève d'une analyse au cas par cas, selon que les éléments sont dissociables ou doivent être regroupés (BOI-TVA-LIQ-30-20-100 n° 180 ; sur les critères à prendre en compte à cet égard, voir nos 46478 s.).

Par ailleurs, lorsqu'un établissement thermal (public ou privé) exerce soit exclusivement, soit en complément de son activité de cure thermale, une **activité de réadaptation ou de rééducation fonctionnelle** pour laquelle il est titulaire de l'autorisation mentionnée à l'article L 6122-1 du Code de la santé publique, les soins dispensés dans le cadre de cette activité spécifique ne sont pas soumis à la TVA.

Remarque : Le taux intermédiaire ne concerne pas les prestations des établissements de **thalassothérapie,** qui demeurent soumises au taux normal (comme les établissements thermaux, ces établissements sont en principe imposables même lorsqu'ils sont exploités par des collectivités publiques : n° 47217, 2).

7. ORGANISMES DE DROIT PUBLIC

47200 Les personnes morales de droit public ne sont obligatoirement **imposables** qu'à raison de **certaines** de leurs **activités.** Après avoir indiqué lesquelles, on examinera l'**option** ouverte, au titre de cinq services publics, aux collectivités locales.

Pour les activités d'**enseignement** ou de formation professionnelle continue réalisées par des organismes publics, voir nos 47030 s.

ACTIVITÉS IMPOSABLES DES ORGANISMES PUBLICS

47210 CGI art. 256 B TVA-II-17800 s

En vertu de l'article 13, 1 de la directive TVA (transposé à l'article 256 B du CGI), les personnes morales de droit public ne sont **pas** considérées comme des **assujettis** pour les **activités ou opérations** qu'elles accomplissent **en tant qu'autorités publiques,** même lorsque, à l'occasion de ces activités ou opérations, elles perçoivent des droits, redevances, cotisations ou rétributions.

Toutefois, lorsqu'elles effectuent de telles activités ou opérations, elles doivent être considérées comme des **assujettis pour ces activités ou opérations** dans la mesure où leur non-assujettissement conduirait à des **distorsions de concurrence** d'une certaine importance.

En tout état de cause, les organismes de droit public ont la qualité d'**assujettis** pour certaines **activités expressément désignées** et dans la mesure où celles-ci ne sont pas négligeables.

47215 **Activités accomplies en tant qu'autorités publiques dont le non-assujettissement entraînerait des distorsions de concurrence d'une certaine importance** Selon le Conseil d'État (Avis CE 12-4-2019 n° 427540 : RJF 7/19 n° 642 ; CE 28-5-2021 nos 441739 et 442378 : RJF 8-9/21 nos 797 et 798 ; CE 9-12-2021 n° 439617 : RJF 3/22 n° 249), il résulte de l'article 13 de la directive TVA, tel qu'interprété par la CJUE (notamment CJUE 29-10-2015 aff. 174/14 : RJF 1/16 n° 104), que le **non-assujettissement** à la TVA prévu en faveur des personnes morales de droit public, qui déroge à la règle générale d'assujettissement de toute **activité de nature économique** (voir précisions ci-dessous) est subordonné à deux **conditions cumulatives.**

1. La première condition tient à ce que l'activité soit exercée par un **organisme agissant en tant qu'autorité publique.**

Selon la jurisprudence de la CJUE, les activités exercées en tant qu'autorité publique sont celles accomplies par les organismes de droit public dans le cadre du **régime juridique qui leur est particulier** en vertu du droit national, à l'exclusion des activités qu'ils exercent dans les mêmes conditions juridiques que les opérateurs économiques privés. Tel est le cas lorsqu'il est fait usage de prérogatives de puissance publique (en ce sens, CJUE 14-12-2000 aff. 446/98 : RJF 3/01 n° 421 ; CJUE gr. ch. 16-9-2008 aff. 288/07 : RJF 1/09 n° 100 ; CE 16-2-2015 n° 364793 : RJF 5/15 n° 395 et Avis CE 12-4-2019 précité). Il en va de même, selon le Conseil d'État, notamment lorsque l'activité est accomplie en raison d'une obligation légale ou dans le cadre d'un monopole ou encore lorsqu'elle relève par nature des attributions d'une personne publique (Avis CE 12-4-2019 précité).

Cette condition peut également, si la législation de l'État membre le prévoit, être regardée comme remplie lorsque l'**activité** exercée est **exonérée en application, notamment, de l'article 132 de la directive** TVA (Dir. TVA art. 13, 2). En adoptant l'article 256 B du CGI, la France a fait usage de cette possibilité de regarder, notamment, comme des activités effectuées en tant qu'autorités publiques les services éducatifs et les services à caractère sportif (voir, s'agissant de l'exploitation par une commune d'une cantine scolaire et d'une piscine, CE 28-5-2021 précités ; voir également CE 9-12-2021 précité) ainsi que les services à caractère sociaux (voir, en ce qui concerne la gestion d'un Ehpad par une personne morale de droit public, CE 7-4-2023 n° 463241 : RJF 6/23 n° 446 ; CE 12-7-2023 n°s 466171, 466564, 466566 et 466809 : RJF 11/23 n° 813) rendus par les organismes publics.

Lorsqu'une activité économique exercée par un organisme de droit public n'est **pas accomplie** par celui-ci **en tant qu'autorité publique,** ce dernier est nécessairement assujetti à la TVA à raison de cette activité, sans préjudice des éventuelles **exonérations** applicables (CE 28-5-2021 n° 442378 et CE 9-12-2021 précités).

2. La seconde condition tient à ce que le non-assujettissement ne conduise pas à des **distorsions de concurrence d'une certaine importance.**

Ainsi, il résulte de la directive TVA, telle qu'interprétée par la jurisprudence de la CJUE (CJUE 16-9-2008 précité et CJUE 19-1-2017 aff. 344/15 : RJF 4/17 n° 398), que les distorsions de concurrence mentionnées à l'article 13, 1 de la directive **s'apprécient à la fois au regard de l'activité en cause et des conditions d'exploitation** de cette activité. L'existence de telles distorsions ne saurait, dès lors, résulter de la seule constatation que des prestations réalisées par un organisme de droit public sont identiques à celles réalisées par un opérateur privé, sans examen de l'état de la **concurrence réelle ou,** à défaut, **potentielle,** sur le marché en cause (Avis CE 12-4-2019 précité ; CE 28-5-2021 précité ; en ce sens également CE 23-12-2010 n° 307856 : RJF 3/11 n° 296).

Ainsi le non-assujettissement à la TVA d'une activité exercée par un organisme de droit public ne peut **pas** être regardé comme entraînant des **distorsions de concurrence** avec des opérateurs privés lorsque l'activité exercée par la commune en régie directe est **structurellement déficitaire,** que ce soit en raison du cadre réglementaire régissant cette activité (cantines scolaires, par exemple) ou de considérations purement factuelles visant à permettre un large accès de la population locale à cette activité (piscine municipale, par exemple) (CE 28-5-2021 précités).

L'expression « d'une certaine importance » doit être comprise dans le sens que les distorsions de concurrence (actuelles ou potentielles) doivent être plus que négligeables (CJUE 16-9-2008 précité).

> **Précisions** Aux deux conditions susvisées s'ajoute une **condition préalable** tenant à la réalisation d'une **activité économique,** notion qui est appréciée par la CJUE pour les organismes de droit public selon des critères plus stricts que ceux qu'elle utilise pour les opérateurs privés (voir n° 46515, Précisions). Ainsi, en l'absence d'activité économique, il n'est pas nécessaire d'examiner si l'organisme agit en tant qu'autorité publique ou si le non-assujettissement conduirait à des distorsions de concurrence pour conclure au non-assujettissement de l'activité en cause.

Critères administratifs des distorsions de concurrence. Selon la doctrine administrative (BOI-TVA-CHAMP-10-20-10-10 n°s 100 à 170 et BOI-TVA-CHAMP-10-20-10-30), sauf circonstances particulières qui ne peuvent être appréciées qu'au cas par cas, les activités des personnes morales de droit public également susceptibles d'être effectuées par des opérateurs privés peuvent être réparties en **trois catégories.** **47217**

1. Activités pour lesquelles la non-concurrence doit être présumée. Ces activités sont, **en principe,** placées **hors du champ** d'application **de la TVA,** étant toutefois précisé que la présomption de non-concurrence n'est qu'une **présomption simple** qui souffre la démonstration inverse.

Il s'agit des activités suivantes :

– opérations étroitement liées à l'**assistance sociale** et à la **sécurité sociale** (sont notamment concernées les activités fournies dans les foyers-logements, les maisons de retraite et les Ehpad : CE 7-4-2023 n° 463241 : RJF 6/23 n° 446 et CE 12-7-2023 n°s 466171, 466564, 466566 et 466809 : RJF 11/23 n° 813), ainsi que l'exploitation des **campings municipaux** lorsqu'elle procure à la commune moins de recettes annuelles que le seuil inférieur de la franchise en base concernant les prestations de services (nº 53780) ;

– **hospitalisation et soins médicaux** pour lesquels les établissements privés bénéficient d'une exonération (nº 47170), ainsi que les activités qui leur sont étroitement liées. Dans le cas contraire, les opérations réalisées par les hôpitaux publics entrent nécessairement en concurrence avec celles effectuées par les établissements de soins privés et doivent être soumises à la TVA (tel est notamment le cas des actes de médecine ou de chirurgie esthétique : voir nº 47125, précision b) ;

– prestations de services et livraisons de biens étroitement liées à la **protection de l'enfance et de la jeunesse** (centres de loisirs, centres de vacances) ;

– **prestations sportives et culturelles.** Sont notamment placés, en principe, hors du champ d'application de la TVA : les droits d'entrée perçus au titre de l'exploitation d'une **piscine** traditionnelle (dans le même sens, CE 28-5-2021 nº 442378 : voir nº 47215), d'une **patinoire,** d'une **bibliothèque,** de musées, de monuments historiques ; les droits d'entrée perçus au titre de l'organisation d'**expositions** d'intérêt local ; les recettes afférentes aux activités d'**enseignement musical ou artistique.**

Pour les **musées et monuments historiques** exploités par des organismes de droit public, la non-imposition concerne également les recettes assimilées aux droits d'entrée (droits de photographier, filmer, reproduire) et les subventions. En revanche, les activités accessoires (exploitation de buvettes, vente de cartes postales, etc.) sont taxables.

Les musées et monuments historiques exploités par des organismes sans but lucratif gérés de manière désintéressée bénéficient quant à eux, lorsqu'ils sont subventionnés, de l'exonération visée nºs 89400 s., pour les droits d'entrée et les subventions.

2. Activités pour lesquelles la concurrence doit être présumée. Ces activités sont, en principe, situées **dans le champ** d'application **de la TVA.**

Il s'agit des activités qui sont par leur nature, leur étendue ou la clientèle à laquelle elles s'adressent et les moyens mis en œuvre (publicité, tarifs pratiqués), en concurrence directe avec des entreprises commerciales qui proposent des services similaires.

EXEMPLES

Exploitation d'un golf, d'un parc zoologique ou botanique, d'un parc d'attractions, d'une salle de spectacle ou de cinéma, de l'organisation de spectacles de son et lumière ou de festivals (musique, théâtre), de l'exploitation d'établissements thermaux ou de thalassothérapie, des régies communales de pompes funèbres, des régies communales et intercommunales exploitant un crématorium.

Remarques : a. : Voir toutefois les arrêts du Conseil d'État (CE 28-5-2021 nºs 441739 et 442378 ; nº 47215) (nº 47215) qui pourraient entraîner la mise hors champ des services administratifs, sociaux, éducatifs, culturels et sportifs exercés en régie directe par une collectivité publique lorsque ces activités, soumises le plus souvent à des contraintes tarifaires spécifiques, sont structurellement déficitaires.

b. L'exploitation d'un **complexe aquatique** par une commune est soumise à la TVA, selon l'administration, si cette exploitation entre en concurrence avec un exploitant privé proposant effectivement le même service (Rép. Besson Sén. 20-1-2005 nº 14355, non reprise au Bofip). Le Conseil d'État considère toutefois qu'il convient d'abord de déterminer si la commune agit, à ce titre, en tant qu'autorité publique en examinant notamment, en pratique, si l'exploitation du complexe aquatique constitue ou non un service à caractère sportif (voir nº 47215, 1) (CE 9-12-2021 nº 439617 : RJF 3/22 nº 249).

3. Autres activités. Le régime de TVA applicable aux autres activités des personnes morales de droit public doit être apprécié **au cas par cas** compte tenu de la possibilité ou non pour le secteur privé de satisfaire les besoins concernés.

Lorsqu'une activité exercée par une personne morale de droit public n'est pas située hors du champ d'application de la TVA au regard des critères énoncés ci-dessus, elle est nécessairement située dans le champ d'application de la taxe, c'est-à-dire soit taxée, soit exonérée.

47220 **Activités expressément imposées** L'imposition à la TVA de certaines activités des personnes morales de droit public est expressément prévue par la loi.

Il s'agit des activités **désignées à l'article 256 B du CGI** : télécommunications ; fourniture d'eau dans les communes d'au moins 3 000 habitants ou par les établissements publics de coopération intercommunale dont le champ d'action s'exerce sur un territoire d'au moins 3 000 habitants ; distribution de gaz, d'électricité et d'énergie thermique ; transports de biens ;

prestations de services portuaires et aéroportuaires ; transports de personnes (voir également nº 47225, b) ; livraisons de biens neufs fabriqués en vue de la vente ; opérations des organismes d'intervention agricoles portant sur les produits agricoles et effectuées en application du règlement portant organisation commune du marché de ces produits ; organisation d'expositions à caractère commercial ; entreposages de biens meubles ; organisation de voyages et de séjours touristiques ; opérations des économats et établissements similaires ; diffusion ou redistribution de programmes de radiodiffusion ou de télévision.

Sont ainsi assujetties, par **exemple,** les Manufactures nationales ou encore les collectivités locales qui sont concessionnaires de ports de pêche, de commerce ou de plaisance.

> Précisions a. Les **virements financiers internes,** constatés **entre différents budgets** de l'État, des collectivités locales ou des établissements publics ne répondent pas à la définition des subventions dès lors qu'ils ne sont pas versés par une personne différente du bénéficiaire. Ces mouvements comptables ne doivent donc pas (ni ne peuvent) être soumis à la TVA (BOI-TVA-BASE-10-10-50 nº 70). 47225

b. Lorsqu'elle exploite directement un **service public de transports de voyageurs** (réseau routier, rail, métro, remontées mécaniques, etc.), la collectivité locale concernée (autorité organisatrice) est soumise au régime suivant : imposition des sommes provenant des usagers, non-imposition des « recettes » provenant du versement de transport et des virements internes (TVA-II-21550 s.).

Au titre des **transports scolaires,** la TVA n'est exigée des collectivités locales que si elles exploitent aussi, avec le même matériel, une ou plusieurs lignes régulières de transport de voyageurs. Lorsqu'elles n'effectuent que des opérations de transport scolaire à l'aide d'équipements non affectés à d'autres opérations, elles peuvent être exonérées (ce qui a pour contrepartie l'absence de tout droit à déduction) (BOI-TVA-CHAMP-10-20-10-30 nº 270). Par ailleurs, l'administration considère que lorsque la somme des participations financières perçues par un conseil régional auprès des familles d'élèves couvre moins de 10 % du coût de revient annuel des prestations relatives à l'ensemble des contrats de transports scolaires, l'activité de transport scolaire est située hors du champ d'application de la TVA (Rép. Bruneel : AN 15-5-2018 nº 4573).

c. La **redevance d'affermage** perçue, dans le cadre de la **délégation d'un service public,** par une collectivité publique de son délégataire en contrepartie de la mise à disposition à titre onéreux des investissements qu'elle a réalisés doit être soumise à la TVA, à moins que cette redevance soit dérisoire ou symbolique auquel cas la mise à disposition est considérée comme fournie à titre gratuit. Sont visés les contrats d'affermage, par lesquels le délégataire perçoit, pour son propre compte, les recettes sur les usagers du service. En revanche, ne sont pas concernés les contrats (même qualifiés de délégations de services publics), telles les régies intéressées, par lesquels le délégataire perçoit la rémunération sur l'usager au nom et pour le compte de la collectivité. Ne sont pas non plus concernés les contrats de concession dans lesquels le concessionnaire réalise les investissements nécessaires à l'exploitation du service (BOI-TVA-CHAMP-10-20-10-10 nºs 93 et 97).

OPTION DES COLLECTIVITÉS LOCALES

Les collectivités locales, leurs groupements ou leurs établissements publics (communes, départements, régions, ententes interrégionales, institutions ou organismes interdépartementaux, syndicats mixtes, établissements de coopération intercommunale visés à l'article L 5210-1-1 A du CGCT) peuvent opter pour leur assujettissement à la TVA au titre des seuls services publics suivants : **fourniture de l'eau** (étant souligné que ce service est obligatoirement imposé dans certaines collectivités, voir nº 47220) ; **assainissement** collectif et non collectif ; **abattoirs publics ; marchés d'intérêt national ; enlèvement et traitement des ordures,** déchets et résidus, lorsque ce service donne lieu au paiement de la redevance pour services rendus (on rappelle que l'institution de cette redevance entraîne la suppression de la taxe d'enlèvement des ordures ménagères : nº 45520, remarque a). 47235 CGI art. 260 A TVA-II-26960 s

L'option doit être exercée **distinctement pour chacun des services** ci-dessus énumérés, même si la collectivité ou l'organisme entend simultanément soumettre plusieurs de ces services à la TVA. L'option couvre l'**ensemble des opérations** relatives au service considéré.

Remarque : L'**intérêt** de l'option pour le paiement de la TVA par les collectivités locales a **diminué depuis** que, par le biais du Fonds de compensation de la TVA (**FCTVA**), elles peuvent également récupérer l'intégralité de la TVA ayant grevé leurs investissements.

La **demande d'option** doit être formulée par l'autorité compétente et être accompagnée d'un extrait du registre des délibérations de l'assemblée qui a pris la décision d'option. Celle-ci prend **effet** à compter du premier jour du mois suivant celui au cours duquel elle est déclarée. 47240

L'option peut être dénoncée à partir du 1er janvier de la cinquième année civile qui suit celle au cours de laquelle elle a été exercée. La **dénonciation** prend effet à compter du premier jour du mois suivant celui au cours duquel elle a été formulée auprès du service des impôts. L'option couvre donc obligatoirement une **période minimale** de quatre années et un mois.

EXEMPLES

1. Une option formulée le 15 janvier 2024 prend effet le 1er février 2024 et pourra être dénoncée à compter du 1er janvier 2029. Si l'option est dénoncée en janvier 2029, la dénonciation prendra effet à compter du 1er février 2029.

2. Une option exercée le 5 décembre 2024 prend effet le 1er janvier 2025 et pourra être dénoncée à compter du 1er janvier 2029. Si l'option est dénoncée en mars 2029, la dénonciation prendra effet à compter du 1er avril 2029.

À défaut de dénonciation, l'option continue de produire ses effets tant qu'il n'y est pas mis fin.

8. COLLECTIVITÉS DE DROIT PRIVÉ

47260 Le statut juridique de l'assujetti est sans influence sur l'exigibilité de la TVA (n° 46510, précision a). Par suite, les associations, fondations, organismes divers (tels que coopératives et groupements d'achats), sociétés de toutes formes et, plus généralement, toutes les collectivités de droit privé sont, en **principe,** passibles de la TVA lorsqu'ils réalisent des opérations entrant dans le champ d'application de cette taxe.

Cependant, **certaines** collectivités bénéficient d'**exonérations** expressément prévues par la loi. Pour **certaines autres,** non exonérées, l'application de la TVA appelle des **explications particulières,** compte tenu notamment de la spécificité de leur objet et de leur fonctionnement.

En ce qui concerne les exonérations prévues pour :
- les établissements d'**enseignement** (y compris la FPC), voir nos 47030 s. ;
- les établissements de **santé,** voir nos 47170 s.

ORGANISMES SANS BUT LUCRATIF

47270 Les organismes sans but lucratif (associations, fondations, congrégations, syndicats professionnels, etc.) sont passibles, en principe, de la TVA lorsqu'ils se livrent à des opérations entrant dans le champ d'application de cette taxe.

Cependant, des **exonérations** (exclusives, en principe, de toute option) sont spécialement prévues en faveur de diverses opérations réalisées par certains de ces organismes. Elles concernent les opérations suivantes :

- opérations réalisées au profit de leurs membres par les organismes sportifs, culturels ou socio-éducatifs légalement constitués agissant sans but lucratif et dont la gestion est désintéressée (**organismes dits « fermés »** : n° 89525) ;
- opérations faites au profit de toutes personnes par les œuvres sans but lucratif qui présentent un caractère social ou philanthropique et dont la gestion est désintéressée (**organismes dits « ouverts »** : nos 89400 s.) ;
- recettes de **six manifestations de bienfaisance ou de soutien** réalisées **dans l'année** par les organismes visés ci-dessus, ainsi que par les organismes permanents à caractère social des collectivités locales et des entreprises (n° 89530) ;
- prestations de services et livraisons de biens qui leur sont étroitement liées, fournies à leurs membres par des **organismes** légalement constitués agissant sans but lucratif et gérés de manière désintéressée qui poursuivent un **objectif de nature philosophique, religieuse, politique, patriotique, civique ou syndicale** (nos 89535 s.).

GROUPEMENTS DE MOYENS

47280 CGI art. 261 B TVA-V-8500 s

Les **services** rendus **à leurs adhérents** par les groupements constitués par des personnes physiques ou morales exerçant une activité exonérée de la TVA sur le fondement du 4 (à l'exception des travaux portant sur les monuments aux morts : n° 47565) et du 7 de l'article 261 du CGI ou pour laquelle elles n'ont pas la qualité d'assujetti sont **exonérés** de cette taxe à la **condition** qu'ils concourent directement et exclusivement à la réalisation de ces opérations exonérées ou exclues du champ d'application de la TVA, et que les sommes réclamées aux adhérents correspondent exactement à la part leur incombant dans les dépenses.

> Précisions a. Seuls sont exonérés de TVA les services rendus à leurs adhérents par les groupements constitués de personnes exerçant :
– une des **activités d'intérêt général** suivantes : prestations de soins, y compris ceux dispensés par les maisons de retraite médicalisées ; hospitalisation et traitement dans des établissements de santé privés ; opérations portant sur les organes, le sang et le lait humains ; transport de malades ou de blessés ; activités d'enseignement ou de formation professionnelle, leçons ou cours particuliers ; garde d'enfants ; prestations réalisées par les mandataires judiciaires à la protection des majeurs ; activités des organismes philosophiques, religieux, politiques ou syndicaux ;

opérations relevant du service universel postal ; services de caractère social, éducatif, culturel ou sportif rendus à leurs membres par les organismes sans but lucratif ; activités des organismes sans but lucratif présentant un caractère social ou philanthropique ; opérations réalisées par les associations intermédiaires, les associations agréées ou autorisées de services à la personne ou dans les lieux de vie et d'accueil ;
– une activité pour laquelle elles n'ont pas la qualité d'assujetti.

Ne peuvent donc pas bénéficier de l'exonération notamment les groupements dont les membres exercent une activité économique dans le domaine des **services bancaires et financiers** ou dans celui des **assurances,** qui ne constituent pas de telles activités d'intérêt général. Ces derniers ont toutefois la possibilité d'opter pour le régime de l'**assujetti unique** permettant l'effacement total des transactions économiques intragroupes au regard de la TVA (voir nos 46545 s.).

b. Selon la CJUE :
– l'exonération prévue par l'article 132, 1-f de la directive TVA (que transpose l'article 261 B du CGI) ne se limite pas aux groupements dont les membres exercent exclusivement une activité exonérée ou pour laquelle ils n'ont pas la qualité d'assujetti. Ainsi, les services rendus par un groupement dont les **membres exercent** également des **activités imposables** peuvent en bénéficier, mais seulement dans la mesure où ces services sont directement nécessaires pour les activités exonérées desdits membres ou pour lesquelles ils n'ont pas la qualité d'assujetti. À cet égard, la Cour semble admettre, s'agissant des services mixtes, une facturation des services hors TVA en fonction de la part qu'occupent dans l'ensemble des activités de ses membres les activités exonérées ou non imposables ;
– les membres du groupement ne peuvent pas déduire la TVA grevant les biens et services fournis au groupement pour les besoins de ses activités ;
– les services fournis par un membre au groupement doivent être considérés comme des opérations entre deux assujettis entrant dans le champ d'application de la TVA (CJUE 4-5-2017 aff. 274/15 : RJF 7/17 n° 761).

Groupements concernés

a. Il n'est pas exigé que le **groupement** soit légalement constitué, de sorte que la notion de groupement recouvre aussi bien des entités dotées de la **personnalité juridique** que de simples groupements **de fait.** **47285** TVA-V-8550 s

Parmi les groupements susceptibles de bénéficier de l'exonération on peut citer : les **GIE** ; les **GIP** ; les **sociétés civiles de moyens** ; les **groupements de fait** constitués entre entreprises ; certaines **associations sans but lucratif** (telles qu'organismes professionnels, syndicats patronaux ou ouvriers, groupements d'employeurs, etc.).

Sur le régime applicable aux opérations internes des sociétés de fait ou en participation et aux conventions d'exercice conjoint, voir n° 47325, 1.

b. Les **membres du groupement** (qui peuvent être des personnes physiques ou morales) doivent exercer une **activité d'intérêt général exonérée** (n° 47280, précision a) **ou** pour laquelle ils n'ont **pas** la **qualité d'assujetti.**

Parmi les personnes ainsi visées figurent **notamment** : les personnes physiques qui n'exercent pas une activité indépendante (salariés, travailleurs à domicile, VRP, etc.) ; la plupart des organismes de droit public pour les activités de leurs services administratifs, sociaux, éducatifs, culturels et sportifs ; les organismes légalement constitués, agissant sans but lucratif et dont la gestion est désintéressée ; les membres des professions médicales et paramédicales ; la plupart des établissements d'enseignement.

c. Il peut arriver que certaines des **personnes** physiques ou morales en cause soient **redevables de la TVA pour certaines de leurs opérations,** à titre obligatoire ou sur option. Cette circonstance n'exclut pas a priori le groupement du bénéfice de l'exonération au titre des services qu'il leur rend dès lors que, **pour chacune** d'entre elles, le pourcentage des recettes donnant lieu au paiement de la taxe par rapport aux recettes totales traduit le **caractère** nettement **prépondérant des opérations qui échappent à l'imposition.** Cette condition est présumée remplie si ce **pourcentage** est inférieur à 20 %. Au-delà, l'exonération ne s'applique en principe que si l'activité imposée présente tous les caractères d'autonomie liés à l'obligation de sectorisation (nos 56040 s.) (BOI-TVA-CHAMP-30-10-40 nos 50 et 60). Toutefois, pour les groupements qui comportent des membres soumis à la TVA pour plus de 20 % de leur chiffre d'affaires, il est admis que l'exonération s'applique aux **prestations qui concourent directement et exclusivement** à la réalisation des **activités non imposables ou exonérées des membres,** à l'exclusion des autres prestations, ce qui suppose un suivi précis de l'utilisation des services acquis par le membre (BOI-RES-TVA-000082).

› Précisions **a.** L'exonération est applicable aux services rendus à leurs membres par des **groupements transfrontaliers** si les conditions suivantes sont remplies :
– ces services sont, en vertu des règles de territorialité, situés en France ;
– le groupement et ses membres satisfont aux conditions d'application de l'article 261 B du CGI

(a, b et c ci-dessus et nos 47290 s.). La transposition de l'article 132, 1-f de la directive TVA par les autres États membres n'est donc pas une condition nécessaire ;
– les prestations taxables à l'étranger en vertu des règles de territorialité n'ouvrent pas droit à déduction pour le groupement établi en France ;
– le bénéficiaire de l'exonération doit pouvoir justifier qu'il remplit toutes les conditions prévues par la réglementation (BOI-TVA-CHAMP-30-10-40 n° 30).

b. La convention prévoyant la simple **mise à disposition de moyens par une société mère au profit de sa filiale** ne constitue pas un groupement de moyens, même si la mise à disposition est facturée à prix coûtant (CE 10-7-2012 n° 345595 : RJF 11/12 n° 1001).

c. Selon la **CJUE**, l'exonération peut s'appliquer aux prestations de services fournies par le groupement à un **assujetti unique** au sens de l'article 11 de la directive (transposé à l'article 256 C du CGI : nos 46545 s.) dès lors que tous les membres de cet assujetti sont également membres du groupement. Les services rendus à un assujetti unique d'un périmètre différent (alors considéré comme un tiers pour le groupement) sont en revanche taxables (CJUE 18-11-2020 aff. 77/19 : RJF 3/21 n° 340).

47290 TVA-V-8900 s **Opérations susceptibles d'être exonérées** Ne sont exonérées de la TVA que les **prestations de services** à l'exclusion, par conséquent, des livraisons de biens.

Parmi les prestations de services le plus couramment susceptibles de donner lieu à la perception de **simples remboursements de frais,** on peut citer **notamment** : la mise à disposition de personnels ou de matériels, le recrutement, la gestion et la paie du personnel, la gestion et l'entretien de locaux ou d'installations, les travaux d'informatique.

47295 Pour pouvoir bénéficier de l'exonération, les services doivent remplir **trois conditions** tenant à la qualité du **client,** à l'**utilisation** qui est faite du service et au mode de **rémunération.**

1. Les **services** doivent, à titre principal, être **rendus aux adhérents** du groupement (étant observé qu'ils peuvent être fournis à un seul ou à quelques-uns seulement des adhérents : CJUE 11-12-2008 aff. 407/07 : RJF 3/09 n° 304).

Les groupements de moyens peuvent rendre des **services** non seulement à leurs adhérents mais aussi **à des personnes** qui leur sont **étrangères,** ces services étant alors soumis à la TVA dans les conditions de droit commun (BOI-TVA-CHAMP-30-10-40 n° 120 ; sur les prestations rendues aux membres formant un assujetti unique, voir n° 47285, précision c).

Toutefois, selon l'administration, **si** au titre d'une **prestation déterminée** les recettes provenant des non-adhérents atteignent ou **dépassent la moitié** de celles perçues au total, le groupement doit soumettre à la TVA l'ensemble des sommes afférentes à cette prestation, y compris donc celles facturées à ses adhérents (doctrine applicable par année civile) (BOI précité n° 130). La CJUE et le Conseil d'État admettent également la possibilité pour les groupements de moyens de rendre des services à des tiers, mais, contrairement à l'administration, ils ne fixent pas de seuil au-delà duquel les services rendus au tiers feraient perdre le bénéfice de l'exonération pour les services rendus aux adhérents (CE 8-7-2002 n° 212867 : RJF 10/02 n° 1086 ; CJUE 20-11-2019 aff. 400/18 : RJF 2/20 n° 191).

2. Les services rendus par le groupement doivent **concourir directement et exclusivement** à la réalisation d'**opérations d'intérêt général exonérées ou** d'opérations **exclues du champ d'application de la TVA.**

Les **services** qui ne sont **pas directement nécessaires** à l'exercice des activités des adhérents du groupement ne peuvent pas bénéficier de l'exonération. Tel est le cas, en particulier, des opérations de restauration ou d'hébergement, des ventes à consommer sur place d'aliments ou de boissons, de la mise à disposition de moyens, en personnel ou en matériel, destinés à la satisfaction des besoins privés des adhérents.

En droit strict, les services rendus par le groupement devraient n'être utilisés par l'adhérent que **pour** la réalisation d'**opérations ne donnant pas lieu au paiement de la TVA.** L'administration estime cependant que cette condition doit être appréciée avec **largeur de vue,** et qu'il convient d'accorder l'exonération au titre des services qui sont **essentiellement** destinés à la réalisation d'opérations échappant à l'imposition (BOI précité n° 160).

3. Les **sommes réclamées aux adhérents** doivent correspondre **exactement** à la **part** leur incombant dans les **dépenses communes.**

Selon l'administration, le groupement ne peut réclamer à ses adhérents que des sommes couvrant le montant des **dépenses** communes **effectivement payées** au cours de la période de référence, et l'exonération ne peut être accordée lorsque le groupement perçoit des remboursements présentant un caractère forfaitaire. Il est admis toutefois que l'exonération bénéficie aux groupements qui réclament à leurs adhérents des sommes n'excédant pas leurs **charges communes de fonctionnement,** charges qui s'entendent des charges comptables certaines dans leur principe et leur montant engagées au cours de l'exercice, même si elles n'ont pas été réglées, en tout ou partie, au cours de cet exercice, des amortissements linéaires ou dégressifs régulièrement comptabilisés au titre des biens communs et, le cas échéant, de la provision pour congés payés (BOI précité n° 170).

La **répartition des dépenses** communes, qui doit être opérée au moins une fois par an, doit se faire :

– en imputant à chaque membre le **coût exact** des dépenses afférentes aux services qui lui sont rendus **ou,** lorsque ce coût ne peut être déterminé, en évaluant son montant de manière aussi équitable que possible, en fonction de **critères** (clef de répartition) **significatifs** ;

– en répartissant, dans la même proportion, les amortissements régulièrement comptabilisés de l'année, les frais à payer et, le cas échéant, la provision pour congés payés.

Le groupement peut, entre deux apurements, demander des **avances** à ses membres à condition que ces avances n'excèdent pas de façon notable le montant des charges grevant la période comprise entre ces deux apurements (BOI précité nos 180 à 200).

Obligations déclaratives des groupements Avec leur **déclaration de résultats,** les groupements de moyens bénéficiant de l'exonération de TVA doivent souscrire une déclaration complémentaire indiquant, pour la période en cause, les éléments nécessaires à l'identification des associés et à leurs droits dans le capital, ainsi que le montant, par nature, des charges réparties entre eux. 47305 CGI ann. III art. 96 A TVA-V-9200 s

Au regard des obligations de **déclaration des opérations** réalisées, les groupements de moyens qui réalisent des opérations **soumises à la TVA** (de manière habituelle ou ponctuelle) doivent souscrire des déclarations de TVA dans les conditions de droit commun.

SOCIÉTÉS DE « PLURIPROPRIÉTÉ »

Ces sociétés, dont l'**objet** est de **transférer gratuitement à leurs associés la jouissance d'un bien,** meuble ou immeuble, bénéficient en matière d'impôt sur les sociétés d'un régime particulier exposé n° 31000. Par ailleurs, elles sont exonérées de TVA pour les **services indispensables** à **l'utilisation** des biens et fournis aux associés moyennant, indépendamment des apports, le **strict remboursement de la part** qui leur incombe dans les **dépenses communes.** 47315 CGI art. 261 A TVA-V-10000 s

Les organismes concernés ne doivent donc réaliser aucun excédent de recettes et la répartition des dépenses doit se faire en imputant à chaque associé le coût réel des services le concernant.

En cas de réalisation d'**excédents,** c'est l'ensemble des sommes perçues qui est taxable et non la seule fraction excédant les dépenses communes.

> **Précisions** Les recettes des **sociétés privées concessionnaires de ports de plaisance** dont les actions confèrent un droit de mouillage relevant de l'exploitation du service public portuaire sont passibles de la TVA, tandis que celles relevant de la partie privée échappent en principe à l'impôt. Sont ainsi exonérées de TVA celles afférentes aux services rendus aux membres, dans la mesure où ces services sont indispensables à l'utilisation du bien et où ces recettes correspondent au strict remboursement de la part incombant aux associés dans les dépenses communes, ce qui exclut que ces recettes puissent couvrir des provisions et amortissements des biens.

SOCIÉTÉS EN PARTICIPATION ET SOCIÉTÉS DE FAIT

La situation de ces sociétés (définies nos 37800 s. et 37845) appelle certaines explications particulières en matière de TVA. 47325 TVA-II-15600 s

1. Les **mouvements financiers internes** aux sociétés en participation (et, par analogie, ceux effectués au sein de conventions d'exercice conjoint) ou aux sociétés de fait ne constituent pas des opérations imposables à la TVA. Tel est le cas des règlements relatifs à la répartition des dépenses sous réserve que cette répartition s'effectue exactement et porte sur de véritables dépenses (à l'exclusion donc des charges n'ayant pas ce caractère, comme les amortissements, provisions, etc.). Ne sont pas imposables les règlements relatifs à la répartition des bénéfices (ou des pertes).

2. En revanche, les **opérations réalisées avec des tiers** sont soumises à la TVA selon les règles de droit commun.

Il en est de même pour les **opérations** éventuellement **réalisées avec des associés, autres** que celles visées au 1 ci-dessus.

3. Les droits à **déduction** afférents aux biens utilisés pour les besoins de l'exploitation en société de fait ou en société en participation sont exercés dans le cadre de ces sociétés (l'administration considérant qu'elles constituent un « **secteur distinct** » des activités propres de ses membres, quelle que soit la durée du contrat de société). Il en est ainsi non seulement pour les **biens indivis,** mais également pour les biens **propres** à chacun des associés utilisés pour les besoins de l'activité commune.

Ce régime s'applique même dans l'hypothèse où les membres (ou certains des membres) de la société n'exerceraient par ailleurs aucune activité soumise à la TVA (société de fait, « pools » de wagons).

4. Les opérations réalisées dans le cadre de sociétés en participation (ou de société de fait) sont en principe **déclarées** par le gérant en même temps que ses propres affaires. Si les opérations réalisées dans ce cadre ont une certaine permanence, la souscription d'une déclaration séparée peut être autorisée par le service des impôts.

UNIONS COMMERCIALES

47345 TVA-VI-8300 s On peut brièvement résumer comme suit le régime de TVA applicable aux diverses activités des unions commerciales généralement constituées sous la forme d'associations de la loi de 1901 ou de GIE.

a. Activités de **défense des intérêts** matériels ou moraux des membres :

– si ces activités présentent un **caractère collectif,** exonération dans les conditions visées nos 89535 s. ;

– s'il s'agit de prestations de **caractère individuel,** imposition à la TVA.

b. Activités de **promotion commerciale** : imposition à la TVA.

Des solutions particulières sont prévues en cas d'utilisation du procédé du **timbre-escompte** ou de procédés similaires (**carte de fidélité**) pour l'octroi de **ristournes** aux clients des membres commerçants.

9. LIVRAISONS À SOI-MÊME

47370 TVA-II-22500 s L'article 257 du CGI rend imposables à la TVA certaines opérations particulières, communément qualifiées de « livraisons à soi-même ».

Le II de l'article 257 précité prévoit notamment la taxation, dans le cadre de la TVA de droit commun, de certaines **livraisons à soi-même de biens** (mobiliers ou immobiliers) **ou de services.**

> Précisions Les livraisons à soi-même prévues par l'article 257, II du CGI trouvent également à s'appliquer dans le cadre de la « **TVA immobilière** », mais comportent des spécificités étudiées nos 59000 s. Des dispositifs particuliers de livraisons à soi-même sont, par ailleurs, prévus par le I de l'article 257 précité concernant certains travaux de réhabilitation réalisés dans les logements sociaux (nos 59120 s.) et la construction, par des non-assujettis, de certains logements sociaux (no 58700, précision a).

47380 La livraison à soi-même est l'opération par laquelle une personne obtient, avec ou sans le concours de tiers, un bien ou une prestation de services à partir de biens, d'éléments ou de moyens lui appartenant.

En réalité, la technique de la livraison à soi-même est étroitement **associée au régime des déductions.**

EXEMPLES

1. Bien destiné à l'exploitation fabriqué par l'entreprise elle-même. Une entreprise décide de réaliser un investissement dans un nouveau bien (outillage, matériel, aménagements ou installations dans des locaux existants, etc.) destiné à l'exploitation :

– ou bien (cas le plus courant) elle acquiert ce bien auprès d'un fournisseur. Sur la TVA facturée par celui-ci, elle pourra exercer son droit à déduction mais, si ce droit est supprimé ou réduit par l'effet de l'une des exclusions ou limitations prévues par la loi, elle conservera la charge de la taxe (ou fraction de taxe) non récupérable ;

– ou bien elle décide de fabriquer elle-même le bien par ses propres moyens (travail de son personnel, notamment). En l'absence d'une disposition spéciale, ces opérations purement internes ne seraient pas soumises à la TVA et l'entreprise échapperait ainsi à la « rémanence » de taxe susceptible d'être constatée dans la première hypothèse.

C'est pour éviter une distorsion entre ces deux situations et respecter la neutralité fiscale que la loi prévoit, en cas de fabrication en interne, pour les déducteurs non intégraux, le recours à la technique de la livraison à soi-même. En pratique, l'entreprise sera considérée, par une sorte de « fiction » fiscale, comme étant à la fois le « fournisseur » et l'« acquéreur » du bien. En tant que « fournisseur », elle sera redevable de la TVA sur le prix de revient du bien. En tant qu'« acquéreur », elle pourra exercer son droit à déduction, mais (comme dans l'hypothèse d'une acquisition externe) ce droit sera supprimé ou réduit par l'effet des exclusions ou limitations légales.

2. Bien meuble cessant d'être utilisé pour les besoins de l'entreprise. Lorsqu'un bien meuble initialement affecté aux besoins de l'entreprise, et qui, à ce titre, a donné droit à la déduction (totale ou partielle) de la TVA correspondante, reçoit ultérieurement une autre affectation étrangère aux besoins de l'entreprise (par exemple, prélèvement pour les besoins privés de l'exploitant), le droit à déduction précédemment exercé n'est pas remis en cause, mais le changement d'affectation donne lieu à une imposition au titre de la livraison à soi-même.

Outre les biens, la taxation des livraisons à soi-même peut également s'appliquer à des **prestations de services** rendues **pour des besoins autres** que ceux de l'entreprise.

LIVRAISONS À SOI-MÊME DE BIENS

Il faut distinguer selon qu'il s'agit de biens affectés aux besoins de l'entreprise (nº 47395) ou de biens affectés à des besoins autres que ceux de l'entreprise (nº 47400). 47390 CGI art. 257, II-1 **TVA-II-22600 s**

Remarque : L'**articulation** entre les **livraisons à soi-même de biens** et les **régularisations** globales n'est pas toujours aisée, certains des événements susceptibles de déclencher une régularisation globale pouvant, légalement, également donner lieu à une livraison à soi-même (cas notamment du transfert d'un bien immobilisé vers un secteur exonéré, de la cession à titre gratuit d'un immeuble immobilisé, de la cessation d'activité). Dans ces hypothèses, il convient, selon l'administration, d'opérer une distinction selon que le bien est un bien meuble ou un bien immeuble. S'il s'agit d'un bien meuble, il y a lieu de constater une livraison à soi-même. S'il s'agit d'un bien immeuble, il y a lieu d'effectuer une régularisation (BOI-TVA-CHAMP-10-20-20 nº 160 ; BOI-TVA-DED-60-20-10 nºs 60 et 110). Le Conseil d'État semble, quant à lui, privilégier la régularisation (voir, en ce sens, CE 9-10-2019 nº 418100 : nº 57400).

Biens affectés aux besoins de l'entreprise

a. La **taxation** de la livraison à soi-même d'un bien affecté aux besoins de l'entreprise (sont essentiellement concernés les biens fabriqués : voir le b ci-après) n'est **effectivement exigible** que lorsque l'acquisition d'un tel bien auprès d'un autre assujetti n'ouvrirait pas droit à **déduction** complète parce que le droit à déduction de la taxe afférente au bien fait l'objet d'une **exclusion** ou d'une **limitation.** 47395

Cette règle s'applique quelle que soit la nature du bien (**immobilisation ou stock**).

b. La taxation de la livraison à soi-même est susceptible de s'appliquer, lors de leur mise en service, aux **biens fabriqués** (c'est-à-dire : produits, construits, extraits ou transformés) **par l'entreprise elle-même.**

Quant aux **biens acquis par l'entreprise** (achat, importation, acquisition intracommunautaire), ils ne sont pas susceptibles d'être soumis lors de leur acquisition à l'imposition de la livraison à soi-même, lorsque (ce qui est le cas le plus courant) ils sont immédiatement utilisés en l'état pour les besoins d'une activité taxable (la taxe y afférente étant déduite selon les règles de droit commun). Il n'y a pas non plus lieu à taxation d'une livraison à soi-même lorsque le bien, n'ayant **pas, au départ,** été **utilisé pour** les besoins d'une **activité taxable,** reçoit une telle **affectation par la suite.** En effet, dans cette hypothèse, cette affectation déclenche une régularisation (nºs 57365 s. et 57500).

Dans une situation inverse, des biens acquis **au départ** pour les besoins d'une **activité taxable** sont susceptibles **par la suite** d'être imposés au titre de la livraison à soi-même s'ils viennent à être affectés à un **secteur d'activité exonéré** n'ouvrant pas droit à déduction (voir la précision b ci-après).

> **Précisions** **a.** Les stocks fabriqués par une entreprise qui font l'objet d'un changement d'affectation (**passage en immobilisation ; nouvelle affectation** de biens en stocks conservant leur caractère de stocks) dans le cadre de la même activité, ou dans le cadre d'un transfert entre secteurs d'activités, doivent faire l'objet d'une taxation de la livraison à soi-même si le passage en immobilisation ou l'affectation nouvelle n'ouvre pas droit à déduction complète.
b. En vertu d'une disposition expresse (CGI art. 257, II-1-3º), l'**affectation** d'un bien **à un secteur d'activité exonéré** n'ouvrant pas droit à déduction doit être imposée au titre de la livraison à soi-même (sans déduction possible), dès lors que ce bien a ouvert droit à une déduction complète ou partielle de la TVA lors de son acquisition ou de sa précédente affectation. S'il s'agit d'un immeuble, il n'y a pas lieu de procéder à cette livraison à soi-même, mais à une régularisation de la déduction initiale dans les conditions décrites nºs 57320 s.
Le **transfert entre deux secteurs** d'activité **imposables,** qu'il s'agisse d'un bien meuble ou immeuble, donne toujours lieu à régularisation (nºs 57320 s.).

Biens affectés à des besoins autres que ceux de l'entreprise

Le prélèvement par un assujetti d'un bien de son entreprise pour ses besoins privés ou ceux de son personnel ou qu'il transmet à titre gratuit ou, plus généralement, qu'il affecte à des fins étrangères à son entreprise, entraîne en principe, au moment où il se produit, une imposition à la TVA selon les règles des livraisons à soi-même. 47400

47400 (suite) Ce principe a valeur générale (sous réserve des précisions ci-après), que le bien considéré constitue un **stock** ou une **immobilisation,** ou encore qu'il ait été **acquis** par l'entreprise (achat, importation, acquisition intracommunautaire) **ou fabriqué** directement par elle.

Cependant, l'**imposition** n'est exigible **que si la taxe ayant grevé ce bien** (ou les éléments le composant) a été totalement ou partiellement **déductible lors de son acquisition** (ou de son affectation initiale aux besoins de l'exploitation).

EXEMPLE

Une entreprise ayant acquis pour les besoins de son exploitation une voiture particulière totalement exclue du droit à déduction (nº 55905, a) ne supportera aucune taxation si cette voiture vient à être affectée aux besoins privés de l'exploitant ou d'un dirigeant.

Il faut souligner que, lorsqu'elle est exigible, la taxe motivée par le changement d'affectation d'un bien ne peut elle-même donner lieu à aucune **déduction.**

> Précisions a. Selon la CJUE, la taxation au titre de la livraison à soi-même prévue dans le cas d'un **prélèvement** par un assujetti **d'un bien** de son entreprise **qu'il transmet à titre gratuit** s'applique même lorsque cette opération est effectuée **pour les besoins de l'entreprise.** Ainsi jugé à propos de cadeaux remis contre des bons obtenus lors d'achats d'essence dans les stations-service (CJUE 27-4-1999 aff. 48/97 : RJF 6/99 nº 813).

S'agissant des **dons** effectués au profit de certaines associations, voir nº 89555, c.

b. Pour les **immeubles immobilisés,** la technique de la livraison à soi-même ne trouve pas application car leur sort est réglé par le dispositif des régularisations des déductions initiales (voir la remarque figurant nº 47390).

c. Il est admis que les **prélèvements** (**« autoconsommation »**) effectués pour les besoins privés normaux de l'**exploitant** d'une entreprise individuelle et de sa famille (mais non ceux des dirigeants de sociétés) ne soient pas considérés comme constituant des livraisons à soi-même taxables, ce qui implique la régularisation de la taxe d'amont ayant grevé les biens prélevés (voir nº 57540).

En ce qui concerne les **prélèvements** (nourriture et autres) effectués **pour** les besoins du **personnel,** voir nº 57545.

d. Les **cadeaux de faible valeur,** soit 73 € au maximum, prélevés pour les besoins de l'exploitation ne donnent pas lieu à imposition au titre des livraisons à soi-même (en pratique, le droit à déduction initialement exercé dans les conditions de droit commun reste donc acquis).

La limite de 73 € fixée par l'article 23 N de l'annexe IV au CGI (applicable depuis le 1-1-2021) est réévaluée tous les cinq ans et s'apprécie selon les règles indiquées nº 55980.

e. Les **échantillons** prélevés pour les besoins de l'entreprise ne donnent pas non plus lieu à imposition au titre des livraisons à soi-même, ni à la remise en cause de la déduction de la taxe ayant grevé ces biens, et cela, **quelle que soit la valeur** de ces biens. Selon l'administration, les échantillons, qui sont de petites quantités de marchandises destinées à donner une idée des produits disponibles sur le marché, sont cédés gratuitement aux clients potentiels dans un conditionnement différent de celui des produits commercialisés, qui les rend impropres à la vente. Ainsi, dans le domaine de la parfumerie et des cosmétiques, un bien constitue un échantillon si sa contenance est réduite et s'il comporte la mention « vente interdite » (en ce qui concerne les produits dits « presse-plus », voir nº 61600, Précisions). La remise d'un bien à titre gratuit qui ne correspond pas à cette définition entraîne l'imposition d'une livraison à soi-même, sous réserve des règles applicables aux cadeaux (d, ci-dessus), et la taxe exigible à cette occasion n'est pas déductible (BOI-TVA-DED-30-30-50 nºs 150 à 170).

Ces règles sont également applicables, selon l'administration, aux produits **« spécimens »** (biens identiques aux biens commercialisés, distribués en nombre limité à certaines personnes qui sont en mesure, en raison de leur activité professionnelle, de faire connaître au public les produits concernés), sous réserve que la mention « spécimen » soit apposée de manière claire et indélébile sur le produit et que le nombre de spécimens similaires remis gratuitement par une entreprise à une même personne soit fondé. Les entreprises distributrices doivent conserver une liste des bénéficiaires des spécimens qui mentionne la qualité commerciale de ces derniers (BOI précité nº 190).

La définition administrative de la notion d'échantillon et de spécimen est plus restrictive que celle donnée par la **CJUE** qui considère que cette notion ne se limite pas aux spécimens donnés sous une forme non disponible à la vente et qui admet que la remise d'une quantité considérable de spécimens d'un même produit à un destinataire donné puisse, dans certains cas, être nécessaire (CJUE 30-9-2010 aff. 581/08 : RJF 12/10 nº 1243).

f. En cas de **transmission d'une universalité de biens** (fonds de commerce, par exemple) **à titre gratuit** (donation ou succession) entre redevables, les biens faisant partie de cette universalité ne sont pas soumis à taxation (voir nº 47520).

g. En cas de **cessation d'activité,** le fait, pour l'exploitant, de conserver son **stock** pour son usage constitue, selon l'administration, une livraison à soi-même imposable, à moins que, les prélèvements pouvant être considérés comme répondant à des besoins privés normaux, on puisse faire jouer la dispense visée au c ci-dessus.

Les **biens mobiliers d'investissement** (matériel et outillage, mobilier de bureau, etc.) existant à la date de la cessation et prélevés pour être

transférés dans le patrimoine privé de l'intéressé (ou de ses ayants droit) doivent également faire l'objet d'une taxation au titre de la livraison à soi-même, dès lors qu'ils ont ouvert droit à la déduction totale ou partielle de la taxe les ayant grevés (BOI-TVA-CHAMP-10-20-20 n° 150).
Cette imposition ne concerne pas les **immeubles** qui demeurent passibles des régularisations (nos 57400 s.).
h. Dans le cas d'un bien prélevé qui n'a **pas** ouvert droit à **déduction lors de son achat** et qui a fait l'objet, **postérieurement** à son acquisition, de **travaux** pour lesquels la **TVA a été déduite,** seuls les éléments corporels intégrés au bien (c'est-à-dire ceux ne restant pas séparables et autonomes du bien) qui ont ouvert droit à déduction et qui ont entraîné une augmentation durable de la valeur du bien non totalement consommée lors du prélèvement donnent lieu à la taxation d'une livraison à soi-même (CJUE 17-5-2001 aff. 322/99 et 323/99 : RJF 8-9/01 n° 1165).

Modalités d'imposition des livraisons à soi-même de biens Dans les cas d'imposition effective définis nos 47395 et 47400, les livraisons à soi-même de biens sont taxées selon les modalités ci-après (étant précisé que pour les livraisons à soi-même d'immeubles il existe des spécificités examinées nos 59010 s.). **47405** CGI art. 266, 1-c TVA-II-23760 s

La **base d'imposition** est constituée :
– soit par le prix d'achat des biens en cause ou de biens similaires (en pratique, il s'agira de la valeur vénale du bien au jour de l'événement justifiant la livraison à soi-même) ;
– soit, à défaut de prix d'achat, par le prix de revient (voir la précision d ci-dessous).

Ces prix sont déterminés dans le lieu et au moment où la taxe devient exigible.
La **date d'exigibilité** de la taxe est fixée à la date de la première utilisation du bien ou du changement d'affectation.
Les livraisons à soi-même relèvent du **taux** applicable au bien objet de la livraison.
S'agissant du droit à **déduction,** la taxe acquittée au titre de la livraison à soi-même d'un bien affecté aux besoins de l'entreprise (n° 47395) est, selon le cas, soit non déductible (cas des biens exclus du droit à déduction), soit déductible seulement partiellement (cas des biens ayant un coefficient de déduction inférieur à un).
Comme déjà indiqué n° 47400, la taxe due sur les livraisons à soi-même effectuées pour des besoins autres que ceux de l'entreprise n'est jamais déductible.

> Précisions a. En cas de **transmission** d'un bien **à titre gratuit** donnant lieu à livraison à soi-même imposable, le **nouveau propriétaire** exerce ses droits à déduction dans les conditions de droit commun (au vu de la facture établie par l'assujetti et faisant apparaître la taxe qu'il a dû payer au titre de la livraison à soi-même).
b. Lorsque des **services** ont été **utilisés** de façon exclusive pour la réalisation d'une livraison à soi-même imposable, la taxe afférente à ces services est intégralement déductible.
c. Les livraisons à soi-même imposables d'immobilisations (mais pas les autres) restent en dehors du calcul du **coefficient de taxation forfaitaire** (n° 55750, c).
d. Selon l'administration, pour les **biens extraits, fabriqués ou transformés,** il y a lieu, en toute hypothèse, de retenir le prix de revient comme base de la taxation (BOI-TVA-BASE-10-20-50 n° 30). Mais cette position n'est pas partagée par la CJUE qui estime que le critère du « prix d'achat de biens similaires » doit être utilisé pour les biens qui n'ont pas été obtenus par l'assujetti au moyen d'un achat et que ce n'est qu'à défaut de prix d'achat des biens ou de biens similaires que la base d'imposition est constituée par le « prix de revient » (CJUE 23-4-2015 aff. 16/14 : RJF 7/15 n° 665).
e. Le **défaut de déclaration** de la taxe exigible au titre d'une livraison à soi-même entraîne l'application de l'**amende** de 5 % calculée sur le montant de la taxe déductible à ce titre (n° 56290). Toutefois, conformément à la loi, dans le cas des livraisons à soi-même, le montant de l'amende doit être multiplié par le rapport entre les coûts ou les dépenses non grevés de TVA figurant dans la base d'imposition de la livraison à soi-même et la totalité de cette base d'imposition (CGI art. 1788 A, 4-al. 2).

LIVRAISONS À SOI-MÊME DE SERVICES

Sont assimilées à des prestations de services à titre onéreux : **47410** CGI art. 257, II-2 TVA-II-23980 s

1° L'**utilisation d'un bien** affecté à l'entreprise pour les besoins privés de l'assujetti ou pour ceux de son personnel ou, plus généralement, **à des fins étrangères à son entreprise,** lorsque ce bien a ouvert droit à une déduction complète ou partielle de la TVA.

EXEMPLES

Doivent à ce titre faire l'objet d'une prestation de services à soi-même taxable l'utilisation partielle de l'ordinateur d'une entreprise pour les besoins privés d'un dirigeant ou d'un membre du personnel ; l'utilisation d'un bateau de plaisance affecté à la location un mois de l'année, à titre privé, par le dirigeant de la société de location.

N'est en revanche pas imposable l'utilisation, pour des besoins privés, d'une voiture de tourisme de société exclue de toute déduction.

L'utilisation s'entend de l'emploi d'un bien pour effectuer une prestation **sans** qu'il y ait **changement d'affectation** du bien, auquel cas il y aurait imposition de la livraison à soi-même (biens affectés à des besoins autres que ceux de l'entreprise : n° 47400) ou, s'agissant d'immeubles, régularisation de la déduction initiale (n° 47400, précision b).

2° Les **prestations de services à titre gratuit** effectuées par l'assujetti pour ses besoins privés ou pour ceux de son personnel ou, plus généralement, **à des fins étrangères à son entreprise.**

EXEMPLES

Prestations de conseil rendues gratuitement par un cabinet d'avocats à l'un de ses dirigeants.

Selon l'**administration,** l'imposition des prestations de services à soi-même prévue à l'article 257, II-2 du CGI n'est exigée que si **deux conditions** sont réunies :

– ces prestations sont faites pour des **besoins autres que ceux de l'entreprise** (tels que besoins privés de l'exploitant, de dirigeants, d'associés, du personnel, de tiers, ou autres fins étrangères à l'entreprise) ;

– la **taxe** ayant grevé les **biens ou éléments utilisés** pour réaliser ces prestations a ouvert droit à une **déduction** totale ou partielle (BOI-TVA-CHAMP-10-20-20 n° 50). Cette seconde condition n'est toutefois pas exigée, selon la **CJUE,** dans le cas n° 2 ci-dessus (en ce sens, voir précision b).

> Précisions a. En aucun cas l'utilisation d'un bien pour les **besoins de l'entreprise** au titre d'**opérations situées hors du champ d'application de la TVA** n'est susceptible de donner lieu à l'imposition d'une prestation de services à soi-même. Pour les conséquences de pareille utilisation au regard des déductions, voir nos 57400 s.

b. Une prestation de services consistant dans l'**utilisation d'un bien** affecté à l'entreprise pour les besoins privés de l'assujetti ou pour ceux de son personnel ou, plus généralement, à des fins étrangères à son entreprise, qui ne peut pas être assimilée à une prestation à titre onéreux, sur le fondement de l'article 26, 1-a de la directive TVA (cas n° 1 ci-dessus) au motif que le bien en question n'a pas ouvert droit à la déduction de la TVA payée en amont, contrairement à ce qui est exigé par cette disposition, ne saurait, à titre subsidiaire, être assimilée à une telle prestation sur le fondement de l'article 26, 1-b de cette directive (cas n° 2 ci-dessus) qui vise les **prestations de services effectuées à titre gratuit** par l'assujetti pour ses besoins privés ou pour ceux de son personnel ou, plus généralement, à des fins étrangères à son entreprise (CJUE 20-1-2021 aff. 288/19 : RJF 4/21 n° 440).

c. Ne constitue pas une prestation de services à soi-même (au sens visé au cas n° 2 ci-dessus) une prestation de services consistant, pour une entreprise, à **offrir des bons d'achat** à ses employés, **dans le cadre d'un programme** instauré par celle-ci, **visant** à gratifier et à **récompenser les employés les plus méritants** et performants et tendant, par là même, au bon fonctionnement et à la rentabilité de l'entreprise, une telle prestation ne pouvant être regardée comme effectuée à des fins étrangères à l'entreprise (CJUE 17-11-2022 aff. 607/20 : RJF 2/23 n° 168).

d. En ce qui concerne les chauffeurs de taxi utilisant leur véhicule à des fins personnelles, voir n° 55915, précision a.

47415 CGI art. 266, 1-c TVA-II-24180 s

Modalités d'imposition des livraisons à soi-même de services

Dans les cas d'imposition effective définis n° 47410, la TVA s'applique selon les modalités ci-après.

La **base d'imposition** est constituée par les dépenses engagées pour l'exécution de la prestation de services. Elle correspond donc, pour les prestations de services à soi-même au titre de l'utilisation de biens pour des usages étrangers à ceux de l'entreprise, à la valeur hors taxe des biens (autres que les immobilisations) et des services utilisés pour la réalisation de la prestation (pour autant qu'ils aient ouvert droit à déduction). En cas d'utilisation d'un bien immobilisé, il est également tenu compte de l'amortissement linéaire correspondant à la durée d'utilisation du bien (BOI-TVA-BASE-10-20-50 n° 60).

Lorsqu'un bien destiné à la location est également utilisé à des fins privées, la base d'imposition de la prestation de services à soi-même est calculée en fonction de la durée effective de l'utilisation privée.

Fixée à la date de l'exécution du service, l'**exigibilité** de la taxe intervient au fur et à mesure de la réalisation des prestations.

Les prestations de services à soi-même sont passibles du **taux** qui leur est propre (taux normal de manière générale).

La taxe résultant de l'imposition de la livraison à soi-même du service n'est **jamais déductible** (en revanche, celle supportée en amont l'est dans les conditions de droit commun).

Les prestations de services à soi-même imposables figurent aux deux termes du rapport servant au calcul du **coefficient de taxation forfaitaire** (n° 55750, c).

10. SITUATIONS DIVERSES

Les explications données nos 47460 s. concernent la situation, au regard du champ d'application de la TVA, d'un certain nombre d'activités ou opérations, de nature très diverse. 47450

En ce qui concerne :

– les opérations bancaires et financières, voir nos 60300 s. ;

– les commissionnaires et autres intermédiaires, voir nos 61440 s.

OPÉRATIONS D'ASSURANCE ET DE RÉASSURANCE

Sont **exonérées** de la TVA (sans possibilité d'option) les opérations d'assurance et de réassurance ainsi que les prestations de services afférentes à ces opérations effectuées par les courtiers et intermédiaires d'assurance. 47460 CGI art. 261 C, 2°

Opérations d'assurance Les opérations d'assurance se caractérisent par le fait qu'un assureur se charge de procurer à un assuré une prestation convenue (argent ou assistance) dans le cadre d'un contrat, d'une convention ou de tout autre document les liant, moyennant le paiement préalable d'une prime. Ces opérations impliquent donc par nature l'existence d'une **relation contractuelle entre le prestataire** du service d'assurance **et l'assuré** ainsi que d'un **risque à la charge de l'assureur** ou du réassureur. Est sans incidence sur le bénéfice de l'exonération le fait que l'opération d'assurance soit réalisée par un assujetti qui ne possède pas la **qualité d'assureur** au sens de la réglementation encadrant l'exercice des activités d'assurance ou de réassurance (CJUE 25-2-1999 aff. 349/96 : RJF 4/99 n° 512 ; CJUE 17-1-2013 aff. 224/11 : RJF 4/13 n° 449 ; CJUE 16-7-2015 aff. 584/13 : RJF 11/15 n° 981 ; BOI-TVA-CHAMP-30-10-60-10 nos 270 et 280). 47462 TVA-V-11000 s

Est ainsi **notamment** exonéré l'octroi d'une couverture d'assurance par un opérateur qui n'est pas lui-même assureur mais qui, dans le cadre d'une assurance collective, procure à ses clients une telle couverture, dès lors qu'il existe une relation contractuelle entre le prestataire du service d'assurance et la personne dont les risques sont couverts (CJUE 25-2-1999 précité ; BOI précité n° 270). De même, un crédit-bailleur qui assure lui-même les biens qu'il donne en crédit-bail et qui refacture le coût exact de l'assurance au crédit-preneur bénéficie de l'exonération au titre de l'opération de refacturation (CJUE 17-1-2013 précité). Même solution pour une société qui refacture à l'euro l'euro à ses filiales la quote-part d'une prime de contrat d'assurance de groupe souscrit auprès d'un assureur (BOI-RES-TVA-000058).

En revanche, en l'absence d'une telle relation contractuelle, l'**exonération ne s'applique pas** à des évaluations de dommages causés à des véhicules automobiles effectuées par une association dont les membres sont des sociétés d'assurance (CJUE 20-11-2003 aff. 8/01 : RJF 2/04 n° 208). Ne bénéficie pas non plus de l'exonération l'engagement d'une compagnie d'assurance d'exercer, en contrepartie d'une rémunération calculée sur la base des prix du marché, les activités d'une autre compagnie d'assurance, qui est sa filiale à 100 %, sans toutefois en assurer les risques (la filiale continuant de conclure les contrats d'assurance en son propre nom), dès lors qu'il n'existe, dans cette hypothèse, aucune relation juridique entre la compagnie gestionnaire et les clients de sa filiale (CJUE 8-3-2001 aff. 240/99 : RJF 6/01 n° 892 ; BOI-TVA-CHAMP-30-10-60-10 n° 270).

> Précisions **a.** Bénéficient, notamment, de l'exonération les **sociétés, compagnies d'assurance, mutuelles et tout autre assureur** pour les opérations d'assurance et de réassurance qu'ils effectuent **pour leur propre compte** (ou **en leur nom** et pour le compte d'un tiers), la circonstance qu'ils soient régis par le Code des assurances ou le Code de la mutualité étant indifférente (BOI précité n° 280).

b. La cession à titre onéreux **de contrats d'assurance** ou de réassurance ne constitue pas une opération d'assurance ou de réassurance au sens de l'article 135, 1-a de la directive TVA (CJUE 22-10-2009 aff. 242/08 : RJF 1/10 n° 91), mais une telle cession bénéficie du dispositif prévu pour le transfert d'une universalité de biens visé n° 47520 (BOI précité n° 275 qui n'exige pas, dans ce cas, que le cédant et le cessionnaire soient tous deux redevables de la TVA).

c. Lorsqu'une vente de bien ou une prestation de services s'accompagne d'une prestation d'assurance du bien ou du service, réalisée par le même assujetti ou des assujettis indépendants, la prestation d'assurance ne peut bénéficier de l'exonération si elle constitue, eu égard aux critères exposés n° 46478, précision c, une **prestation accessoire à** l'opération principale de **vente** du bien **ou** de **prestation** de services.

La prestation d'assurance accompagnant la vente d'un bien ou d'un service constitue une opération distincte de la fourniture de ce bien ou service, et est donc exonérée, dès lors que l'acquéreur a le choix de l'assureur et qu'elle est tarifée séparément (BOI-TVA-CHAMP-60-40 n° 20).

À cet égard, la refacturation de primes d'assurance dommages-ouvrage par un constructeur à ses clients constitue une prestation d'assurance distincte qui ne peut être regardée comme accessoire à l'activité de construction. Elle bénéficie de l'exonération dès lors qu'elle intervient pour un montant inchangé (BOI-RES-TVA-000057).

d. Bien qu'exonérées, les opérations d'assurance et de réassurance (ainsi que les courtages) concernant, soit des **assurés** ou réassurés domiciliés ou **établis en dehors de** l'UE, soit des **exportations** de biens à destination de pays situés hors de l'UE, ouvrent droit à **déduction** (CGI art. 271, V-a).

47465 **Prestations afférentes à des opérations d'assurance et de réassurance effectuées par les courtiers et intermédiaires d'assurance** La **notion de courtier ou d'intermédiaire d'assurance** dépend, non d'une qualification formelle ou statutaire (par référence à une réglementation sectorielle) mais du contenu même des activités en cause et suppose la réunion de **deux conditions** :

– d'une part, l'assujetti doit être en relation avec l'assureur et avec l'assuré (cette relation pouvant n'être qu'indirecte) ;

– d'autre part, les prestations en cause doivent être liées à la nature même du métier de courtier ou d'intermédiaire d'assurance, lequel consiste en la recherche de clients et la mise en relation de ceux-ci avec l'assureur, en vue de la conclusion de contrats d'assurance (sur la notion de prospection, voir précision b ci-dessous) (CJUE 17-3-2016 aff. 40/15 : RJF 6/16 n° 585 ; CJUE 25-3-2021 aff. 907/19 : RJF 6/21 n° 674 ; CE 9-10-2019 n° 416107 : RJF 1/20 n° 16 ; BOI-TVA-CHAMP-30-10-60-10 n°s 300 à 310).

La notion de **prestation de services afférente à des opérations d'assurance** et de réassurance inclut en principe toutes les prestations de services présentant un lien avec une opération d'assurance ou de réassurance (opérations nécessaires à l'émission de contrats, affiliation de nouveaux bénéficiaires pour un contrat existant, émission, appel et encaissement des primes, gestion et résiliation des polices, gestion et règlement des sinistres, évaluation de dommages, etc.). Toutefois, ces prestations ne sont **exonérées** de la TVA que si elles sont rendues par un assujetti qui agit en tant que courtier ou intermédiaire d'assurance au sens défini ci-dessus (BOI précité n° 315).

ILLUSTRATIONS

Les **prestations de prospection** déléguées par un assureur à un **courtier placeur** présentant les aspects essentiels des fonctions d'intermédiaire d'assurance, et le courtier placeur étant en lien direct avec l'assureur, les honoraires versés en rémunération du courtier placeur sont exonérés de TVA (BOI précité n° 315).

En revanche, ne peuvent **pas** bénéficier de l'**exonération** ni les **évaluations de dommages** causés à des véhicules automobiles effectuées **par une association** dont les membres sont des sociétés d'assurance (CJUE 20-11-2003 aff. 8/01 : RJF 2/04 n° 208), ni l'**octroi d'une licence d'utilisation d'un produit d'assurance** à un assureur pour qu'il puisse le proposer à ses clients et conclure, par ce biais, des contrats d'assurance, et ce, même si des services d'intermédiation (placement dudit produit, gestion des contrats d'assurance conclus) sont fournis, à titre accessoire, par la société ayant conçu le produit (CJUE 25-3-2021 aff. 907/19 : RJF 6/21 n° 674).

› Précisions **a.** L'exonération de TVA s'applique **notamment** aux prestations afférentes à des opérations d'assurance et de réassurance effectuées par :

– des **associations** qui gèrent les **sinistres couverts par** un contrat d'**assurance de groupe** souscrit par elles dans les conditions fixées par les articles L 141-1 s. du Code des assurances ;

– des **établissements de crédit** et sociétés de financement qui interviennent pour le **placement des contrats d'assurance de groupe** dans les conditions définies par le Code des assurances ;

– des **entreprises régies par le Code de la mutualité** qui font **souscrire** des **contrats d'assurance** pour le compte d'une société ou d'une compagnie d'assurance ou **gèrent un portefeuille** ou une branche de portefeuille d'une société ou compagnie d'assurance (BOI précité n° 315) ;

– des sociétés de **vente d'appareils électroménagers, informatiques et de télécommunication** qui proposent à leurs clients de souscrire lors de l'achat, auprès d'une entreprise d'assurance, une **extension de garantie** leur assurant la réparation ou le remplacement du produit acheté en cas de sinistre (CJUE 8-7-2021 aff. 695/19 : RJF 10/21 n° 992).

b. La **prospection** regroupe l'ensemble des actions qui consistent à identifier et contacter de nouveaux clients potentiels (prospects) dans le but de les amener à conclure un contrat (sans que la signature effective d'un contrat à l'issue de leur intervention ou la méthode utilisée pour réaliser l'action de prospection soient déterminantes) et couvre également les actions consistant à présenter de nouvelles garanties à un assuré ou à lui faire reconduire un contrat d'assurance déjà souscrit : **notamment,** renégociation ou reconduction d'un contrat d'assurance préexistant ayant pour objet sa prolongation, augmentation ou réduction des conditions prévues au contrat, actions visant à obtenir la souscription d'extensions de garanties d'un contrat appartenant au portefeuille confié à l'intermédiaire ou à chercher à faire souscrire un nouveau contrat par un potentiel client, y compris si celui-ci fait déjà partie de son portefeuille commercial au titre d'autres produits assurantiels, etc. (BOI précité n° 310).

c. S'agissant des **droits à déduction** afférents à des opérations de courtage exonérées concernant des assurés situés hors UE ou des exportations, voir n° 47462, précision d.

S'agissant plus particulièrement des services d'appui ou d'intendance (ou **services de « back office »**), ils ne sont **pas** susceptibles de bénéficier de l'**exonération** de TVA : 47467
– lorsqu'ils ne sont pas afférents à une opération d'assurance ou de réassurance ;

EXEMPLE

Réalisation par une société au profit d'une autre société de prestations d'intendance générale sous forme de services de comptabilité, d'assistance en matière juridique, d'assistance en matière d'administration générale et de gestion de plateforme téléphonique.

– ou lorsque, bien qu'afférents à une telle opération, ils ne sont pas effectués par un courtier ou un intermédiaire d'assurance au sens défini n° 47465.

EXEMPLES

Réalisation au profit d'un assureur de prestations de gestion de contrats et de sinistres sans que le prestataire s'intermédie dans la conclusion de contrats au titre du portefeuille géré ; services de règlement des sinistres fournis au nom et pour le compte d'un assureur, lesquels n'incluent pas la recherche de prospects et la mise en relation de ceux-ci avec l'assureur (CJUE 17-3-2016 aff. 40/15 : RJF 6/16 n° 585) ; réalisation au profit d'une entreprise d'assurance de services tels que la gestion de sinistres, l'émission, la gestion et la résiliation des polices ou le traitement des modifications contractuelles et tarifaires dès lors que les aspects essentiels à cette fonction (telle la prospection) font défaut (CJUE 3-3-2005 aff. 472/03 : RJF 5/05 n° 516 ; dans le même sens, CE 9-10-2019 n° 416107 : RJF 1/20 n° 16).

En revanche, de telles prestations sont **exonérées** de la TVA lorsqu'elles sont rendues par un courtier ou un intermédiaire d'assurance et qu'elles sont afférentes à des opérations d'assurance ou de réassurance. Ainsi, lorsqu'une société réalise au profit d'un assureur des prestations d'intermédiation en commercialisant ses produits d'assurance auprès de nouveaux clients, ainsi que des prestations de gestion de ces contrats et de sinistres, tant les opérations d'intermédiation que les opérations de gestion des contrats et des sinistres sont exonérées de la TVA (BOI précité n° 320).

BONS

Les bons, tels que définis ci-après, font l'objet, au regard de la TVA, de **règles particulières.** 47470 CGI art. 256 ter TVA-II-2940 s

Est considéré comme un bon tout instrument qui remplit les conditions suivantes : il est remis **à titre onéreux** à son bénéficiaire par son émetteur ou un tiers ; il est assorti d'une obligation de l'accepter comme **contrepartie totale ou partielle d'une ou plusieurs livraisons de biens ou prestations de services** ; les biens à livrer ou les services à fournir ou l'identité de leurs fournisseurs ou prestataires potentiels sont **indiqués** soit sur l'instrument même, soit dans la documentation correspondante, notamment dans les conditions générales d'utilisation de cet instrument (BOI-TVA-CHAMP-10-10-40-50 n°s 1, 10 et 30).

Il existe deux catégories de bons : le bon à usage unique (BUU) et le bon à usages multiples (BUM).

> Précisions Sont **exclus** du champ des dispositions de l'article 256 ter du CGI (BOI précité n°s 10 et 20) :
– les instruments pour lesquels, au moment de leur émission, la **livraison des biens ou la fourniture de services** pouvant être obtenus en contrepartie du transfert du bon ne sont **pas garanties** par l'émetteur ou soumises à un aléa (par exemple, certificats ou **jetons d'usage**, émis par une société en échange d'un financement participatif, pouvant donner droit à des services ou biens futurs réalisés par la société, non encore déterminés lors de l'émission de ces instruments. En revanche, si l'offre de jetons au public permet l'acquisition non de jetons d'usage mais de jetons donnant accès à un ensemble de biens ou de services déterminés au moment de l'émission, les règles prévues en matière de bons sont susceptibles de s'appliquer) ;
– les **actifs numériques** au sens du 2° de l'article L 54-10-1 du Code monétaire et financier contenant des unités de valeur non monétaire **acceptés** par des personnes physiques ou morales comme un **moyen d'échange** (« Bitcoins », par exemple) et les **jetons** mentionnés à l'article L 552-2 du même Code qui remplissent les caractéristiques des **instruments financiers** mentionnés à l'article L 211-1 dudit Code ;
– les **monnaies électroniques** au sens de l'article L 315-1 du Code monétaire et financier, qui sont des **moyens de paiement** ;
– les **titres-restaurant,** les **chèques-vacances** et les **chèques emploi-service universel** (Cesu) en ce qu'ils constituent des titres spéciaux de paiement ou des moyens de paiement ;
– les **bons de réduction** ou tout autre instrument permettant à leur détenteur de bénéficier d'une remise lors de l'achat de biens ou services mais n'incorporant pas un droit à recevoir ces biens ou services, ni l'obligation pour le fournisseur du bien ou le prestataire de services de les accepter ;
– les **timbres-poste** (dont le régime de TVA relève des dispositions de l'article 261 C, 3° du CGI : n° 47570) ;
– les **packages de voyages** commercialisés par les agences de voyages en leur nom qui relèvent du régime particulier de la marge des agences de voyages (n°s 61520 s.).

47472 Est considéré comme un **bon à usage unique (BUU)** un bon pour lequel le lieu de la livraison des biens ou de la prestation des services à laquelle le bon se rapporte et la TVA due sur ces biens ou services sont connus au moment de l'émission du bon (assiette, taux, territorialité).

Chaque **transfert** à titre onéreux d'un tel bon effectué par un assujetti agissant en son nom propre est considéré comme une livraison des biens ou une prestation des services à laquelle il se rapporte. La remise matérielle des biens ou la prestation effective des services en échange d'un BUU accepté en contrepartie totale ou partielle par le fournisseur ou le prestataire n'est pas considérée comme une opération distincte. Lorsque le fournisseur de biens ou le prestataire de services n'est pas l'assujetti qui a, en son nom propre, émis le bon à usage unique, ce fournisseur ou ce prestataire est néanmoins réputé avoir livré ou fourni à cet assujetti les biens ou la prestation des services en lien avec ce bon (BOI-TVA-CHAMP-10-10-40-50 n°s 40 et 60).

La **base d'imposition** de la livraison de biens ou de la prestation de services effectuée en échange d'un BUU est déterminée conformément au 1 de l'article 266 du CGI (n°s 52200 s.). À chaque transfert du bon effectué par un assujetti agissant en son nom propre, le **fait générateur** se produit et la taxe devient **exigible** dans les conditions applicables à l'opération sous-jacente en application des dispositions de l'article 269 du CGI (n°s 52500 s.). Le taux applicable dans le cadre de chaque transfert d'un BUU est le **taux** applicable à la prestation de services ou à la livraison de bien à laquelle le bon se rapporte (BOI-BASE-20-40 n° 270).

EXEMPLE

Un bon est émis et commercialisé par une société A qui permet à son bénéficiaire d'obtenir l'accès à une séance d'initiation à la conduite sportive sur circuit dans le cadre d'un encadrement spécialisé et sur des modèles de véhicules de collection. La prestation est offerte sur le territoire français (sur trois circuits automobiles différents) et par trois entreprises différentes (B, C, D). Le lieu d'imposition de la prestation (la France) et le montant de la TVA due au titre de la prestation (taux normal) étant déterminés dès l'émission du bon, celui-ci constitue un BUU. La TVA est due lors de la vente du bon par l'émetteur A au consommateur.
Lorsque ce dernier choisit d'utiliser le bon auprès de l'entreprise C, cette dernière est réputée avoir fourni la prestation, non pas au porteur du bon, mais à son émetteur. Elle doit donc soumettre à la TVA la contrepartie financière obtenue auprès de ce dernier en remboursement du bon. De son côté, l'émetteur est fondé à déduire la taxe correspondante dans les conditions de droit commun. Lorsqu'il en a été convenu contractuellement, la commission conservée par l'émetteur est elle-même soumise à la TVA et doit être facturée en tant que telle même si elle fait l'objet d'une compensation. Lorsque le porteur du BUU est un assujetti, l'utilisation du bon auprès de l'entreprise C ne doit pas donner lieu à la délivrance d'une facture au sens de l'article 289 du CGI (BOI-TVA-CHAMP-10-10-40-50 n° 60).

Les BUU qui ne sont **pas échangés** contre la remise d'un bien ou d'un service ne donnent pas droit au remboursement de la TVA collectée par l'émetteur, mais la déduction de la taxe grevant l'acquisition du bon n'est pas remise en cause (BOI précité n° 70).

47475 Est considéré comme un **bon à usages multiples (BUM)** un bon autre qu'un bon à usage unique. Dès lors qu'une des modalités de taxation (lieu de la livraison de biens ou de la prestation de services, TVA due) n'est pas établie de façon précise lors de l'émission du bon, le bon constitue un BUM (BOI-TVA-CHAMP-10-10-40-50 n° 50).

EXEMPLES

1. Un **coffret-cadeau** contenant un chèque-cadeau sans valeur faciale d'une durée limitée peut être utilisé par son bénéficiaire dans plusieurs pays de l'UE pour acquérir des **prestations de bien-être ou de loisirs.** Les formalités de réservation sont réalisées par le bénéficiaire lui-même directement auprès d'un des prestataires partenaires. Ce coffret-cadeau, qui peut être commercialisé directement par la société émettrice ou par l'intermédiaire de distributeurs, après avoir été remis par le bénéficiaire au prestataire qu'il a choisi, est ensuite adressé par ce dernier à la société émettrice qui procède à son remboursement à hauteur d'un prix contractuellement convenu avec lui, sous déduction d'une rémunération correspondant aux frais de gestion. Ce type d'instrument constitue un BUM dans la mesure où, lors de son émission, la taxe due sur les différentes prestations ne peut être liquidée, la nature et le taux des prestations qui seront réalisées en échange n'étant pas connus ou le lieu des prestations proposées n'est pas déterminé (BOI précité).
2. Une **carte donnant accès,** pendant une durée limitée et pour un certain montant, à des **attractions touristiques et des services de transport d'une même ville** (soumis à des taux de TVA différents ou exonérés) peut constituer un bon même si, en raison de la durée de validité limitée de cet instrument, un consommateur moyen ne saurait bénéficier de la totalité des services proposés. Il s'agit d'un BUM dans la mesure où la TVA due sur les services qui seront ultérieurement retenus par le titulaire de la carte n'est pas connue au moment de l'émission de celle-ci (CJUE 28-4-2022 aff. 637/20 : RJF 8-9/22 n° 808).

Pour cette catégorie de bons, en **l'absence de lien direct** entre la fourniture d'une livraison de biens ou d'un service et une contre-valeur perçue, les **sommes versées par les acquéreurs de BUM** à l'émission ou lors des transferts successifs sont situées hors du champ d'application de la TVA (les documents éventuellement émis à l'occasion de la délivrance du BUM ne doivent comporter aucune TVA facturée). Lorsque l'opération sous-jacente se réalise (**remise matérielle** des biens **ou** la **prestation effective** de services en échange du BUM accepté en contrepartie totale ou partielle par le fournisseur ou le prestataire), elle est soumise à la TVA, tous les éléments de nature à permettre la liquidation de la TVA étant alors connus (BOI précité n° 80).

La **base d'imposition** de la livraison de biens ou de la prestation de services effectuée en lien avec un BUM est égale à la contrepartie payée en échange du bon ou, en l'absence d'information sur cette contrepartie, à la valeur monétaire indiquée sur le BUM ou dans la documentation correspondante, diminuée du montant de la TVA afférente aux biens livrés ou aux services fournis (CGI art. 266, 1-a bis). Cette contrepartie correspond aux sommes perçues lors de l'émission du BUM lorsqu'il y a identité entre l'émetteur et le fournisseur ou le prestataire. Les sommes retenues au titre de la rémunération de sa prestation de services par la société émettrice sur le remboursement auquel donnent droit les bons ne peuvent venir en diminution de la base d'imposition des prestataires ou fournisseurs qui ont accepté les bons, mais ceux-ci peuvent déduire la TVA grevant les frais de gestion facturés par la société émettrice dans les conditions de droit commun (BOI-TVA-BASE-20-40 n° 280).

La taxe est **exigible** dans les conditions suivantes : dans le cas de ventes de biens, à la date de l'acceptation des bons par les fournisseurs dès lors qu'il peut être considéré que la livraison de ces biens est effectuée à l'instant où les bons sont repris en échange par les points de vente ; dans le cas des prestations de services, à l'encaissement du prix de l'opération, c'est-à-dire au moment de l'encaissement du remboursement effectué par la société émettrice ou lors de la reprise du bon lorsque le prestataire est l'émetteur du bon (BOI précité n° 280).

Si, à l'échéance de la date d'utilisation des BUM, ils ne sont **pas échangés** contre la remise d'un bien ou d'un service, aucune TVA n'est due (BOI-TVA-CHAMP-10-10-40-50 n° 90).

OPÉRATIONS SUR FONDS DE COMMERCE ET OPÉRATIONS SIMILAIRES

La **location (ou mise en gérance libre) d'un fonds de commerce** constitue une prestation de services imposable à la TVA. La base d'imposition comprend, non seulement la redevance payée pour le **fonds,** mais aussi le loyer de l'**immeuble** commercial (même si le bailleur du fonds n'est que locataire de l'immeuble, et même si en pareil cas le loyer de cet immeuble est versé directement par le gérant du fonds au propriétaire des murs). **47500** TVA-II-14250 s

Lorsque, au moment de la mise en gérance du fonds, le **stock** de marchandises neuves est **cédé** au nouvel exploitant, cette cession rend exigible la TVA, laquelle pourra être récupérée par l'intéressé dans les conditions du droit commun.

La **cession globale d'un fonds de commerce** constitue une opération normalement imposable à la TVA. Cependant cette opération, lorsqu'elle est réalisée au profit d'un redevable de la TVA, est susceptible de bénéficier du dispositif prévu pour les transmissions d'universalités de biens (voir n° 47520). **47505**

Les **cessions isolées d'un** ou plusieurs **éléments** corporels ou incorporels du fonds de commerce constituent des actes normaux de la profession qui entraînent l'exigibilité de la TVA. Elles sont toutefois dispensées de cette taxe lorsqu'elles s'accompagnent d'une cession, même implicite, de clientèle et sont de ce fait soumises au droit proportionnel d'enregistrement (n°s 65495 s.).

La **cession d'une marque de fabrique** exploitée donne ouverture au droit proportionnel d'enregistrement et se trouve donc exonérée de TVA, lorsqu'il y a cession de la clientèle attachée à la marque. Dans les autres cas (et, notamment, s'il s'agit d'une marque non exploitée), la TVA est exigible (BOI-TVA-CHAMP-10-10-30 n° 220 ; CE 3-9-2008 n°s 300420, 300421, 300422 : RJF 12/08 n° 1292 ; voir également n° 65550).

Opérations concernant les brevets d'invention et droits similaires Les **cessions** de brevets, les **concessions** de licences d'exploitation de brevets, ainsi que les cessions ou concessions d'autres droits similaires faisant l'objet d'une protection par l'Institut national de la propriété industrielle, constituent des prestations de services soumises à la **TVA.** **47510** TVA-II-14670 s

Peu importe à cet égard que de telles opérations soient effectuées par l'**inventeur** lui-même, par ses **héritiers** ou par des **tiers** qui cèdent des brevets ou concèdent des licences d'exploitation de brevets précédemment acquis de l'inventeur ou de ses héritiers.

> Précisions La cession à titre onéreux d'un brevet par son inventeur constitue une opération imposable, quel que soit le mode de rémunération de la cession et alors même qu'il n'en aurait retiré qu'une **recette unique** (CE 20-10-2000 n° 204129 : RJF 1/01 n° 19). Il en est de même pour la cession par un copropriétaire de sa quote-part dans la copropriété d'un brevet à un tiers à la copropriété (CAA Lyon 6-8-2020 n° 18LY03432 : RJF 1/21 n° 25).

TRANSMISSION D'UNE UNIVERSALITÉ DE BIENS

47520 CGI art. 257 bis TVA-II-13810 s

Lors de la **transmission à titre onéreux ou à titre gratuit** ou sous forme d'**apport** à une société d'une universalité totale ou partielle de biens effectuée entre redevables de la TVA, aucune livraison de biens ou prestation de services n'est réputée intervenir de sorte que les opérations concernées ne donnent lieu ni à taxation, ni à régularisation chez le cédant. Cette notion concerne le **transfert d'un fonds de commerce ou d'une partie autonome d'une entreprise,** comprenant des éléments corporels et, le cas échéant, incorporels qui, ensemble, constituent une entreprise ou une partie d'une entreprise susceptible de poursuivre une activité économique autonome.

1. Opérations concernées. Sont **notamment** regardés comme la transmission d'une universalité totale ou partielle de biens : les **apports globaux,** effectués dans le cadre d'une opération de fusion, d'absorption ou de scission, et les **apports partiels** d'actifs constatés à l'occasion, par exemple, de la restructuration d'un groupe (apport d'une branche complète d'activité) ; les **mutations** à titre onéreux et **apports de fonds de commerce ou d'exploitations** agricoles, commerciales ou professionnelles ; la transmission d'une entreprise à la suite d'une **procédure d'apurement collectif du passif** ; la transmission universelle de patrimoine réalisée dans le cadre d'une opération de **dissolution sans liquidation** ; le transfert en **fiducie** et la sortie de fiducie de biens constituant une universalité totale ou partielle de biens (n°s 91045 et 91085). L'**adhésion ou** la **sortie d'un membre d'un assujetti unique** constitué en application de l'article 256 C du CGI est également traitée comme un transfert d'universalité totale (n° 46550, précision a).

La **cession des actions d'une société** ne peut, indépendamment de l'importance de la participation transmise, être assimilée à la transmission totale ou partielle d'une universalité de biens que si elle s'accompagne de la transmission d'actifs permettant au cessionnaire de poursuivre une activité économique indépendante (CJUE 30-5-2013 aff. 651/11 : RJF 10/13 n° 994).

S'agissant des opérations liées à la **cession de biens immeubles,** voir précisions a et b ci-dessous.

2. Biens et services concernés. Cette règle de non-livraison, qui présente un **caractère obligatoire,** concerne l'**ensemble des biens et des services appartenant à l'universalité** transmise : marchandises neuves et autres biens détenus en stocks ; biens mobiliers corporels d'investissement ayant ouvert droit à déduction (n° 60995) ; biens mobiliers incorporels d'investissement ; immeubles et terrains à bâtir.

3. Nature du cédant et du bénéficiaire. Seules bénéficient de ce dispositif les transmissions intervenant entre deux assujettis **redevables de la TVA** au titre de l'universalité transmise (y compris si ceux-ci ont tous deux ou pour l'un seulement d'entre eux la qualité de redevable partiel).

En revanche, la règle de non-livraison ne s'applique pas lorsque le **bénéficiaire** de la transmission n'est **pas redevable** de la taxe (voir toutefois n° 59860, a, s'agissant de la cession d'une exploitation agricole par un exploitant assujetti à un non-assujetti et n° 47462, précision b, concernant la cession de contrats d'assurance ou de réassurance) **ou n'entend pas exploiter l'universalité** ainsi **transmise** mais simplement liquider immédiatement l'activité concernée.

4. Régime applicable. Le **bénéficiaire** de la transmission est **réputé continuer la personne du cédant** en poursuivant l'exploitation de l'universalité transmise (il n'est toutefois pas exigé qu'il ait préalablement exercé ni qu'il poursuive strictement la même activité que le cédant : BOI-TVA-CHAMP-10-10-50-10 n° 20). Le bénéficiaire doit donc, s'il y a lieu, procéder aux **régularisations** du droit à déduction (n°s 57205 s. et 57270 s.) et aux taxations des cessions ou des livraisons à soi-même (n°s 47370 s.) qui deviendraient exigibles postérieurement à la transmission et qui auraient en principe incombé au cédant si ce dernier avait continué à exploiter lui-même l'universalité (un engagement formel du bénéficiaire n'est pas nécessaire). S'il réalise des opérations dont la base d'imposition est assise sur la **marge** (n°s 58870 s., 61535 et 60785 s.), il doit la calculer en retenant au deuxième terme de la différence le montant qui aurait été retenu par le cédant si celui-ci avait réalisé l'opération.

Les transferts de biens d'investissement réalisés dans le cadre de la transmission ne donnent pas lieu, chez le **cédant,** aux régularisations du droit à déduction (n° 57430). Ce dernier peut par ailleurs déduire la TVA ayant grevé les dépenses exposées pour réaliser la transmission (en ce sens,

CJUE 22-2-2001 aff. 408/98 : RJF 6/01 n° 894 ; CAA Versailles 10-10-2017 n° 16VE00567 : RJF 6/18 n° 606 ; CAA Paris 21-3-2019 n° 18PA02009 : RJF 8-9/19 n° 773 ; CAA Lyon 1-4-2021 n° 19LY00379 : RJF 8-9/21 n° 799).

Le montant total hors taxe de la transmission (ou de l'apport) doit être mentionné sur la **déclaration de chiffre d'affaires** du cédant (ou de l'apporteur) et sur celle du bénéficiaire.

> Précisions a. L'absence de taxation (ou de régularisation) s'applique à la **cession d'un immeuble affecté à une activité de location immobilière** (immeubles non destinés à la revente) **soumise à la TVA** (de plein droit ou sur option) **avec reprise,** avec ou sans négociation, **du ou des baux en cours,** qui intervient au bénéfice d'un cessionnaire qui continue de soumettre la location à la TVA, la cession en cause s'inscrivant dans une logique de transmission d'entreprise (BOI-TVA-DED-60-20-10 n°s 282 et 285).

La cession peut également bénéficier de l'absence de taxation (ou de régularisation) si, au moment de la cession, l'**immeuble** est provisoirement **vacant** du fait par exemple d'un changement de locataire, dès lors que le cédant est en mesure de démontrer qu'il recherche activement un locataire (Rép. Gérard : AN 8-3-2016 n° 90962) ou si l'immeuble n'est **mis en location que depuis quelques mois** (CAA Versailles 25-2-2020 n° 18VE01521 : RJF 7/20 n° 590).

La circonstance qu'à la suite d'une telle transmission le cédant continue par ailleurs d'affecter d'autres immeubles de son patrimoine à une telle activité de location soumise à la TVA est sans incidence. Elle est écartée en revanche lorsque l'**immeuble** cédé n'était **affecté** que de **manière partielle à une activité locative,** de sorte qu'il ne constituait pas dans son ensemble une partie d'entreprise susceptible d'être qualifiée d'universalité partielle (BOI-TVA-CHAMP-10-10-50-10 n° 30). La règle de non-livraison ne bénéficie pas non plus aux assujettis ayant une activité d'achat-revente d'immeubles (**marchands de biens**...) qui, dans le cadre de cette activité, procède à la vente isolée d'un immeuble inscrit en stock, même si, dans l'attente de sa revente, cet immeuble a fait l'objet d'une location soumise à la TVA (BOI-TVA-DED-60-20-10 n° 285 ; position non partagée par CAA Lyon 1-4-2021 n° 19LY00379 précité).

b. Concernant les opérations de transmissions effectuées dans le cadre d'un **contrat de crédit-bail, l'absence de taxation** (ou de régularisation) couvre :

– la situation dans laquelle un immeuble, loué dans le cadre d'un contrat de crédit-bail immobilier soumis à la TVA, est cédé au crédit-preneur lors de sa levée d'option d'achat et que celui-ci, qui affectait l'immeuble à une activité de sous-location taxée, entend soit continuer à affecter l'immeuble à une telle activité locative soumise à la TVA (BOI précité n° 286), soit revendre l'immeuble le jour même de la levée d'option à un nouvel acquéreur qui entend inscrire l'immeuble à son actif immobilisé et l'affecter à une activité de location soumise à la TVA (CE 23-11-2015 n°s 375054 et 375055 : RJF 2/16 n° 129). Dans cette seconde situation, les deux ventes successives de l'immeuble bénéficient de l'absence de taxation ou de régularisation (Rép. Grau : AN 10-7-2018 n° 7359) ;

– les transferts de l'immeuble opérés pour le changement de crédits-bailleurs, au profit du crédit-preneur (qui lève l'option d'achat), puis d'un groupement de crédits-bailleurs (BOI précité n° 286) ;

– la cession de ses droits sur un contrat de crédit-bail immobilier par un crédit-preneur assujetti à la TVA (BOI-TVA-CHAMP-50-10 n° 240) ;

– la cession par un exploitant hôtelier à un crédit-bailleur des murs de l'hôtel dont il était propriétaire dans le cadre, soit d'un « lease-back », soit de la mise en place d'un crédit-bail avec un autre crédit-preneur. La circonstance qu'une partie des locaux de l'hôtel soit utilisée par le cédant pour d'autres activités (restauration, spa, accueil de séminaires) est sans incidence à cet égard (Rép. Louwagie : AN 4-7-2023 n° 5782).

En revanche, lorsqu'un exploitant hôtelier acquiert un immeuble qu'il prenait précédemment en location en crédit-bail, l'absence de taxation (ou de régularisation) **ne s'applique pas** chez le cédant dans la mesure où il s'agit de la simple acquisition d'une immobilisation affectée à l'activité préexistante dudit exploitant (Rép. Grau : AN 5-4-2022 n° 35808).

c. Constitue la transmission d'une universalité totale ou partielle de biens le **transfert de la propriété du stock de marchandises et de l'équipement** commercial d'un **magasin de détail,** concomitant à la **location,** au cessionnaire, **des locaux** dudit magasin pour une durée indéterminée, mais résiliable à court terme par les deux parties, à condition que les biens transférés suffisent pour que ledit cessionnaire puisse poursuivre de manière durable une activité économique autonome (CJUE 10-11-2011 aff. 444/10 : RJF 2/12 n° 202). En revanche, ne constitue pas une telle transmission l'opération par laquelle un **bien immeuble qui servait à une exploitation commerciale** est **donné en location,** avec tous les biens d'équipement et consommables nécessaires à cette exploitation, même si le locataire poursuit l'activité du bailleur sous la même enseigne (CJUE 19-12-2018 aff. 17/18 : RJF 3/19 n° 311).

CARRIÈRES ET MINES

Les activités extractives entrent dans le champ d'application de la TVA (n° 46520, e). **47530** TVA-II-14820 s

Par suite, la **vente, par l'exploitant, des matériaux** extraits d'une carrière, d'une sablière ou d'une mine est soumise à la TVA, même si l'exploitant est propriétaire du sol et du sous-sol.

De même, la **redevance** perçue par le propriétaire ou l'exploitant d'une carrière ou d'une sablière pour **décharge de déblais ou remblaiement** se situe dans le champ d'application de la TVA.

Mais les recettes perçues par le **titulaire du droit de propriété** ou d'usufruit sur le terrain, au titre de la **concession du droit d'exploitation** d'une carrière, bénéficient de l'exonération visée nº 46860, même si elles sont proportionnelles au tonnage extrait, dans la mesure où la location ne porte pas sur un établissement muni du matériel nécessaire à son exploitation et ne s'accompagne pas de la location d'éléments incorporels du fonds de commerce précédemment exploité par le propriétaire. Même solution en cas de **concession,** par le titulaire du droit de propriété ou d'usufruit, **du droit de décharger des déblais.**

OPÉRATIONS SUR LOGICIELS

47540 TVA-II-16580 s

En ce qui concerne le régime de TVA des fournitures de logiciels, les précisions suivantes peuvent être données :

a. Les **auteurs** de logiciels sont imposables à la TVA. Ils sont exclus du bénéfice de la franchise particulière et du taux intermédiaire prévus (nºs 61680 s.) pour les auteurs des œuvres de l'esprit (CGI art. 279, g et 293 B, III-2).

b. Les **cessions** de logiciels s'analysent :

– en des **ventes** de biens meubles corporels, lorsqu'elles portent sur des logiciels de série (logiciels **standards**), sauf si le contrat s'analyse en une cession de droits d'auteur ou si la cession intervient en l'absence de support matériel (transmission par voie électronique, par exemple) ;

– en des prestations de **services** dans les autres situations : cession de logiciels **spécifiques** (il s'agit des logiciels dont l'adaptation aux exigences du client n'est ni mineure ni accessoire, mais revêt au contraire un caractère prépondérant : CJUE 27-10-2005 aff. 41/04 : RJF 1/06 nº 112), cession de droits portant sur un logiciel standard ou absence de support matériel. Ces prestations sont imposables ou non en France conformément aux règles exposées nºs 49870 s. (si le preneur est un assujetti) ou nºs 50020 s. et 50050 s. (si le preneur est un non-assujetti).

c. La **location** de logiciels (mise à disposition moyennant redevance périodique) constitue une prestation de services.

d. L'**installation** de logiciels consécutive à leur cession constitue, en principe, l'accessoire de l'opération de cession et suit le même régime. Toutefois, si elle peut être détachée de la cession, elle constitue une prestation de services. Dans cette dernière hypothèse, si elle consiste en une intervention matérielle chez le client, elle relève des règles de territorialité applicables aux travaux et expertises sur biens meubles corporels (nºs 49870 s. si le preneur est un assujetti et nº 50005 si le preneur est un non-assujetti). Lorsque le logiciel est installé à distance (téléchargement) ou que l'intervention du fournisseur se limite à une assistance téléphonique, l'opération constitue une prestation « immatérielle » et est imposable ou non en France conformément aux règles exposées nºs 49870 s. (si le preneur est un assujetti) ou nºs 50050 s. (si le preneur est un non-assujetti).

e. Les services de **formation** fournis à l'occasion de la cession de logiciels constituent, en principe, l'accessoire de l'opération de cession et suivent le même régime. Toutefois, s'ils peuvent être détachés de l'opération de cession, ils peuvent, le cas échéant, être éligibles au bénéfice de l'exonération prévue pour la formation professionnelle continue (nºs 47065 s.).

f. Les opérations de **maintenance** suivent le régime de l'opération de cession d'un logiciel lorsqu'elles peuvent être regardées comme constituant l'accessoire de cette opération. Dans le cas contraire, elles constituent des prestations de services imposables selon les règles habituelles : celles qui se traduisent par une intervention à distance ou qui sont réalisées en exécution d'un contrat d'assistance par abonnement constituent des prestations « immatérielles » et sont ou non imposables en France conformément aux règles exposées nºs 49870 s. (si le preneur est un assujetti) ou nºs 50050 s. (si le preneur est un non-assujetti). Celles qui consistent en une intervention matérielle chez le client ou qui résultent d'un contrat d'assistance sur site constituent des travaux et expertises sur biens meubles corporels et sont ou non imposables en France conformément aux règles exposées nºs 49870 s. (si le preneur est un assujetti) ou nº 50005 (si le preneur est un non-assujetti).

g. Lorsque l'opération d'**adaptation** d'un logiciel standard est effectuée en fonction des besoins spécifiques d'un client, les opérations d'adaptation de ce logiciel constituent des prestations de services. Lorsque l'adaptation est elle-même standard, le régime des livraisons de biens s'applique (sous réserve, comme précisé ci-dessus, que l'adaptation soit fournie sur support matériel). Les opérations d'adaptation de logiciels spécifiques constituent toujours des prestations de services.

h. La qualification des opérations de fourniture de **mises à jour** doit s'opérer selon les critères définis au b ci-dessus.

i. Les logiciels (standard ou spécifiques) **importés** de pays tiers sur supports physiques sont imposables sur leur valeur totale, élément intellectuel compris (TVA-IV-15095 s.).

EXONÉRATIONS DIVERSES

Pêche Sont exonérées de la TVA les opérations effectuées par les **pêcheurs et armateurs à la pêche** et portant sur la **vente** des produits de leur pêche (poissons, crustacés, coquillages frais ou conservés à l'état frais par un procédé frigorifique). 47555 CGI art. 261, 2-4° TVA-V-12500 s

Cette exonération ne s'applique pas cependant aux **pêcheurs** professionnels **en eau douce,** qui relèvent du régime applicable aux exploitants agricoles (nos 59420 s.) : ils sont donc, soit imposables à la TVA selon le régime simplifié agricole, soit bénéficiaires du remboursement forfaitaire agricole.

Les opérations exonérées ouvrent néanmoins droit à déduction de la TVA d'amont (CGI art. 271, V-e issu de l'article 83 de la loi 2023-1322 du 29-12-2023).

Remarque : Sont également exonérées (par d'autres dispositions) les **importations** et **acquisitions intracommunautaires** des produits de la pêche maritime (nos 49645 et 49190) et les opérations portant sur les **bateaux** ainsi que sur les **engins et filets de pêche** (nos 50460 s.).

Marché à terme sur marchandises Les opérations à terme sur marchandises réalisées sur un marché réglementé sont exonérées de la TVA (à l'exception toutefois de celles qui déterminent l'arrêt de la filière et à la suite desquelles le dernier acheteur se fait livrer réellement le lot de marchandises). 47560 CGI art. 261, 1-4° TVA-V-12750 s

Monuments aux morts Sont exonérées de la TVA les opérations qui remplissent simultanément les trois conditions suivantes. 47565 CGI art. 261, 4-10° TVA-V-12600 s

1. Constituer des travaux de construction, d'aménagement, de réparation ou d'entretien.

2. Porter sur des monuments, **cimetières ou sépultures** commémoratifs des combattants, héros, victimes ou morts **des guerres.**

3. Être effectuées pour des collectivités publiques (État, départements, communes, etc.) ou pour des organismes légalement constitués agissant sans but lucratif (associations d'anciens combattants, de déportés, de résistants, de victimes de guerre, etc.).

Bien qu'exonérées, ces opérations ouvrent droit à **déduction.** La déduction peut notamment concerner la taxe facturée à l'entrepreneur titulaire du marché par les fournisseurs et sous-traitants, lesquels ne sont pas eux-mêmes couverts par l'exonération.

Timbres Sont exonérées de la TVA les livraisons, à leur valeur officielle, de **timbres fiscaux** et de **timbres-poste ayant cours** ou valeur d'affranchissement en France. 47570 CGI art. 261 C, 3° TVA-V-13000 s

Cette exonération ne concerne que les « livraisons », c'est-à-dire les **ventes,** à l'exclusion de toutes autres opérations (impression, transports, etc.).

Les opérations portant sur les **timbres de collection** sont soumises à la TVA selon les règles prévues pour l'ensemble des objets de collection (nos 60540 s. et, notamment, no 60580).

En ce qui concerne les prestations d'affranchissement proposées en complément d'une autre prestation, voir no 52255, h.

Jeux de hasard ou d'argent Sont exonérés de la TVA : 47575 CGI art. 261 E TVA-V-13100 s

– l'organisation de jeux de hasard ou d'argent soumis aux prélèvements progressifs mentionnés à l'article 1560 du CGI (**maisons de jeux**), à l'article L 2333-56 du CGCT (**casinos**) et à l'article 34 de la loi 2017-1775 du 28 décembre 2017 modifiée (**clubs de jeux**) ;

– le produit de l'exploitation des **paris mutuels hippiques,** de la loterie nationale et des jeux assimilés, du **loto** national, des **paris sur** des **compétitions sportives** et des **jeux de cercle en ligne, à l'exception** des rémunérations perçues par les **organisateurs** et les **intermédiaires** qui participent à l'organisation de ces jeux et paris.

> **Précisions a.** L'exonération prévue pour les **clubs et maisons de jeux et les casinos** s'applique à l'**ensemble des recettes perçues en contrepartie de l'organisation de jeux** de hasard ou d'argent, y compris celles qui ne sont pas retenues dans l'assiette des prélèvements progressifs, telles que les droits d'entrée perçus par les casinos, les droits de carte ou de table perçus par les clubs et maisons de jeux et les cotisations des membres (CE 10-5-1999 no 176468 : RJF 8-9/99 no 981 ; BOI-TVA-CHAMP-30-10-10 no 30).
> **b.** L'exclusion de l'exonération des **intermédiaires** ne concerne que les intermédiaires transparents. Les intermédiaires opaques qui interviennent dans des opérations relevant d'une exonération bénéficient en effet de la même exonération (no 61480).

En pratique, les **intermédiaires du loto national** sont dispensés du paiement de la TVA, leur rémunération étant comprise dans la base d'imposition de l'organisateur (BOI-TVA-LIQ-20-20 n° 350). Néanmoins, cette rémunération est assimilée, au regard des droits à **déduction,** à une recette soumise à la taxe (BOI-TVA-DED-10-20 n° 140).

c. La rémunération des **organisateurs de jeux en ligne** qui est soumise à la TVA ne comprend ni les prélèvements de l'État sur les mises, ni les gains des joueurs. La **base d'imposition** de ces opérateurs est donc déterminée en retranchant du montant des mises les prélèvements opérés au profit de l'État et les diverses sommes versées aux joueurs. Le produit ainsi obtenu constitue la rémunération TVA comprise de l'organisateur qui doit par conséquent calculer la TVA due « en dedans » de cette somme (BOI-TVA-CHAMP-30-10-10 n° 85).

Pour les **organisateurs de paris à cote fixe,** la base d'imposition à la TVA est constituée par le résultat brut des opérations au cours d'une période donnée d'imposition : les pertes éventuellement constatées au titre d'une opération peuvent faire l'objet d'une imputation sur la rémunération perçue au titre des autres opérations de jeux de l'opérateur, qu'il s'agisse des autres paris à cote ou des jeux ou paris en la forme mutuelle organisés au cours de la même période d'imposition (BOI-RES-TVA-000033).

47580
CGI art. 261, 4-8° bis
TVA-V-7520 s

Crèches et haltes-garderies Sont exonérées de la TVA les prestations de services et les livraisons de biens qui leur sont étroitement liées, effectuées dans le cadre de la garde d'enfants par les établissements visés aux deux premiers alinéas de l'article L 2324-1 du Code de la santé publique et assurant l'accueil des enfants de moins de trois ans.

L'exonération vise l'ensemble des **organismes** assurant l'accueil des enfants de moins de trois ans (crèches, haltes-garderies, etc.), quelle que soit la personne qui les gère (collectivité publique, association, entreprise). L'exonération n'est pas remise en cause si ces organismes reçoivent occasionnellement des enfants de moins de six ans (BOI-TVA-CHAMP-30-10-60-10 n° 420).

L'exonération s'applique à toutes les sommes qui constituent la contrepartie de **prestations de garde d'enfants,** quelles que soient, d'une part, leur dénomination (réservation de berceaux, subventions, prestation de services unique, participation des familles) et, d'autre part, la qualité de la personne qui les verse (parents, entreprises, collectivités publiques, caisses d'allocations familiales). Elle s'applique également à toutes les **prestations de services et livraisons de biens étroitement liées** à la garde d'enfants (fourniture de repas, délivrance de menus matériels, etc.).

En revanche, elle ne s'applique pas aux achats de biens ou de services effectués en amont par le gestionnaire (matériels de puériculture, denrées alimentaires, prestations de gestion administrative et financière, d'études ou de montage de projet, par exemple).

47585
CGI art. 261, 4-11°
TVA-II-18770 s

Service universel postal Sont exonérées de la TVA les prestations de **services et** les **livraisons de biens accessoires** à ces prestations, à l'exception des transports de personnes et télécommunications, qui relèvent du service universel postal tel que défini par l'article L 1 du Code des postes et des communications électroniques, effectuées par le prestataire en France du service universel postal tel que désigné à l'article L 2 du même Code (en l'occurrence « La Poste »).

En ce qui concerne les prestations d'affranchissement proposées en complément d'une autre prestation, voir n° 52255, h.

47590
CGI art. 261, 4-8° ter
TVA-V-14000 s

Mandataires judiciaires à la protection des majeurs Sont exonérées de la TVA les prestations de services réalisées par les mandataires judiciaires à la protection des majeurs au sens de l'article L 471-2 du Code de l'action sociale et des familles.

CHAPITRE 2

TERRITORIALITÉ

SOMMAIRE

SECTION 1
OPÉRATIONS PORTANT SUR DES BIENS 48900

A. Cas d'imposition en France 48950

B. Échanges intracommunautaires de biens 49030
1. Acquisitions intracommunautaires 49150
2. Livraisons intracommunautaires 49260
3. Mesures particulières 49340
4. État récapitulatif des clients 49420

C. Échanges extracommunautaires de biens 49460
1. Importations (en provenance de pays tiers) 49600
2. Exportations (à destination de pays tiers) 49690

D. Ventes à distance de biens (VAD) 49760

SECTION 2
PRESTATIONS DE SERVICES 49840

A. Cas d'imposition en France 49845
1. Définitions 49850
2. Règles générales 49865
3. Règles particulières 49950

B. Services liés aux échanges extracommunautaires de biens 50110

C. Transports internationaux 50180

SECTION 3
DISPOSITIONS DIVERSES 50400
1. Opérations portant sur les navires et les aéronefs 50450
2. Achats en franchise 50550
3. Entreprises étrangères 50600
4. Biens sous régime douanier de report des importations ou sous entrepôt fiscal 50740
5. Régimes particuliers de « guichet unique » 50850

PRÉSENTATION GÉNÉRALE

48500 TVA-III-1 s TVA-IV-1 s

Très large quant à la définition des opérations imposables, le **champ d'application de la TVA** n'est pas illimité dans l'espace ; il comporte au contraire un **caractère territorial.**

En présence d'une opération normalement imposable à la TVA, l'application des règles de territorialité permet de **déterminer** si, compte tenu de sa localisation, cette opération doit effectivement être soumise à la **TVA française ou bien** si, au contraire, elle doit y échapper comme se situant hors du champ d'application territorial de cette taxe (opération dite « **extraterritoriale** »).

Les **critères** à retenir à cet égard sont **différents** selon qu'il s'agit d'opérations portant sur des **biens** (livraisons, acquisitions) ou de prestations de **services.**

Les règles actuelles de territorialité résultent de la **directive** européenne 2006/112/CE **du 28 novembre 2006** modifiée dont les dispositions ont été **transposées dans le CGI.**

C'est ce qui explique les **distinctions** à faire (dans tous les cas pour les opérations portant sur les biens et dans certains cas pour les prestations de services), selon que les **échanges** interviennent **avec des États membres** de l'Union européenne **ou avec des pays « tiers ».**

Dans certains cas, l'imposition qui résulterait de l'application des règles de territorialité peut se trouver neutralisée par l'effet des **exonérations** spécialement prévues, **notamment** en faveur des exportations vers les pays tiers, des livraisons intracommunautaires (notion qui a remplacé celle d'exportation, pour les relations entre États membres), des services liés aux échanges extracommunautaires de biens, ou encore des transports internationaux.

48505 Les critères d'application territoriale de la TVA sont déterminés par **référence** au **lieu où l'opération** concernée est **réputée se situer.**

Le lieu de signature des contrats, celui du paiement, la nature de la monnaie utilisée, la nationalité des opérateurs n'ont aucune influence sur l'exigibilité de la TVA.

DÉFINITION DES TERRITOIRES

48515 TVA-III-70 s et 1940 s

Pour l'application des règles de territorialité de la TVA, il faut distinguer trois groupes de territoires : France, Union européenne, pays tiers.

48520 **France** Au regard de la TVA, l'expression **« en France »** englobe :
– le territoire métropolitain, constitué de la France continentale (y compris des zones franches du pays de Gex et de Savoie), des îles du littoral et de la Corse (voir nos 92360 s. les règles particulières prévues sur certains points) ;
– le territoire de Monaco où les règles nationales relatives à la TVA sur les importations sont directement applicables et où celles relatives aux autres opérations sont introduites par ordonnances princières (sous réserve des adaptations nécessaires) ;
– les eaux intérieures et les eaux territoriales ;
– le lit et le sous-sol de la mer dans la limite des eaux territoriales ;
– l'espace aérien ;
– le plateau continental.

S'agissant des départements d'outre-mer, voir nos 91560 s.

48525 L'expression « en France » ne couvre pas les **territoires** ci-après, qui sont donc **assimilés à des pays tiers** (n° 48540) : collectivités d'outre-mer de Saint-Pierre-et-Miquelon, de Saint-Barthélemy, de Saint-Martin, de Nouvelle-Calédonie, de Wallis-et-Futuna et de la Polynésie française ; Terres australes et antarctiques françaises ; Andorre ; île de Clipperton.

48530 CGI art. 256-0 **Union européenne** Pour l'application de la TVA, l'Union européenne comprend, outre la France (telle que définie ci-avant), les États membres suivants : Allemagne, Autriche, Belgique, Bulgarie, Chypre (y compris les zones de souveraineté britannique d'Akrotiri et de Dhekelia), Croatie, Danemark, Espagne, Estonie, Finlande, Grèce, Hongrie, Irlande, Italie, Lettonie, Lituanie, Luxembourg, Malte, Pays-Bas, Pologne, Portugal, Roumanie, Slovénie, Slovaquie, Suède et République tchèque.

L'Union européenne est donc constituée (France comprise) de **vingt-sept États membres.**

› Précisions Depuis le 1er janvier 2021, les règles de l'UE ne s'appliquent plus au Royaume-Uni. Toutefois, le protocole sur l'Irlande et l'**Irlande du Nord** prévoit que les règles de l'UE prévues pour les biens en matière de TVA continuent de s'appliquer en Irlande du Nord comme si ce territoire était un État membre au moins jusqu'au 31 décembre 2024. Les opérations comprenant des **mouvements de biens** entre l'Irlande du Nord et les États membres sont donc considérées comme des opérations intracommunautaires. Les opérations portant sur les **services** réalisées entre les États membres et l'Irlande du Nord ne sont en revanche pas couvertes par ledit protocole et sont traitées comme des opérations réalisées avec un pays tiers (Protocole art. 8 et section 1 de l'annexe 3).

48535 Au regard de la TVA, les **territoires** suivants ne sont **pas compris** dans le territoire européen de la TVA et sont donc **assimilés à des pays tiers** (n° 48540) :
– l'île de Helgoland et le territoire de Büsingen pour l'Allemagne ;
– les îles Féroé et le Groenland pour le Danemark ;
– Ceuta, Melilla et les îles Canaries pour l'Espagne ;
– les îles Åland pour la Finlande ;
– le mont Athos pour la Grèce ;
– Livigno, Campione d'Italia et les eaux nationales du lac de Lugano pour l'Italie.

48540 **Pays tiers** Les pays tiers, ou **hors Union européenne,** s'entendent de tous les pays autres que la France et les autres États membres de l'Union européenne.

En outre, les **territoires** visés nos 48525 et 48535 sont **assimilés** à des pays tiers.

TERMINOLOGIE

48550 Nous ne reviendrons pas ici sur les notions générales déjà définies par ailleurs (exemples : livraisons de biens, nos 46455 s. ; prestations de services, n° 46475 ; assujettis, nos 46510 s.).

Nous nous en tenons à des expressions et abréviations qui concernent plus spécialement la territorialité de la TVA.

a. Sens de certaines expressions

– **États membres** : États membres de l'Union européenne (n° 48530).

– **Pays tiers** : pays n'appartenant pas à l'Union européenne et territoires assimilés à ces pays tiers (n° 48540).

– **Opérations intracommunautaires** : opérations réalisées entre la France et d'autres États membres de l'Union européenne. Les **acquisitions intracommunautaires** (équivalent de ce que sont les importations en matière extracommunautaire) se traduisent par des transferts de biens d'un autre État membre vers la France (nos 49150 s.). Les **livraisons intracommunautaires** (équivalent de ce que sont les exportations en matière extracommunautaire) se traduisent par des transferts de biens de France vers un autre État membre (nos 49260 s.).

– **Opérations extracommunautaires** : opérations réalisées entre la France et des pays tiers (ou assimilés). C'est seulement en ce domaine qu'interviennent les notions d'**importation** (nos 49600 s.) et d'**exportation** (nos 49690 s.).

– **Opérations extraterritoriales** : opérations placées hors du champ d'application territorial de la TVA française (nos 48560 s.).

– **Preneur** : en matière de prestations de services, le « preneur » s'entend de la personne qui est le bénéficiaire effectif de la prestation.

– **Donneur d'ordre** : généralement le « preneur » (c'est-à-dire le client), en matière de prestations de services.

– **Identification** : numéro individuel d'identification TVA attribué aux assujettis redevables de la TVA, aux assujettis et personnes morales non assujetties qui effectuent des acquisitions intracommunautaires de biens, aux personnes ne bénéficiant plus du régime dérogatoire en matière d'acquisitions intracommunautaires de biens, aux assujettis effectuant en France des acquisitions intracommunautaires de biens pour les besoins de leurs opérations effectuées à l'étranger, aux prestataires et aux preneurs de services au titre desquels le preneur est redevable de la taxe, aux assujettis redevables de la TVA sur des importations ou lors de sorties de biens de régimes douaniers de report des importations ou d'un régime d'entrepôt fiscal (à l'exception de ceux visés no 53425), ainsi qu'aux assujettis uniques (no 53420).

– **Représentant fiscal** : à désigner, le cas échéant, par les entreprises étrangères établies dans un pays tiers n'ayant pas conclu de convention d'assistance au recouvrement des créances fiscales avec la France (nos 50645 s.).

– **Mandataire fiscal** : mandataire auquel peuvent avoir recours les entreprises étrangères établies dans un autre État membre de l'Union européenne ainsi que les entreprises établies dans un pays tiers ayant conclu une convention d'assistance au recouvrement des créances fiscales avec la France (nos 50635 et 50640).

b. Abréviations

– **UE** : Union européenne.
– **CDU** : Code des douanes de l'Union.
– **DAU** : document administratif unique pour les exportations (no 49705).
– **DES** : déclaration européenne des services (no 49890).
– **« IOSS »** : « Import One Stop Shop » (régime de guichet unique) (nos 50885 s.).
– **« OSS-non UE »** : « One Stop Shop-régime non UE » (régime de guichet unique) (no 50875).
– **« OSS-UE »** : « One Stop Shop-régime UE » (régime de guichet unique) (nos 50860 s.).
– **PBRD** : personnes bénéficiant du régime dérogatoire en matière d'acquisitions intracommunautaires (nos 49225 s.).
– **VAD** : vente à distance (nos 49760 s.).
– **VAD-BI** : vente à distance de biens importés (nos 49800 s.).
– **VAD-IC** : vente à distance intracommunautaire de biens (nos 49780 s.).

OPÉRATIONS « EXTRATERRITORIALES »

Il s'agit des opérations dont le lieu d'imposition ne se situe pas en France, au sens défini par la **48560** loi (nos 48950 s., pour les opérations portant sur des biens ; nos 49840 s., pour les prestations de services). Ces opérations ne sont **pas taxables en France,** dès lors qu'elles n'entrent pas dans le champ d'application territorial de la TVA française.

Situation des **intermédiaires** intervenant dans les opérations extraterritoriales : voir no 50160.

Le fait, pour une opération « extraterritoriale », de ne pas être imposée en France ne signifie **48565** nullement qu'elle puisse pour autant échapper à toute **taxation dans le pays étranger** où elle est réputée réalisée.

S'il s'agit d'un **pays tiers,** l'imposition suppose évidemment qu'il existe dans ce pays un système de taxes sur le chiffre d'affaires et que la réglementation propre à ce système prévoie effectivement la taxation de l'opération en cause.

S'il s'agit d'un **autre État membre** de l'UE, une corrélation existe normalement entre la non-taxation en France et la taxation dans cet autre État, dès lors que la directive TVA prévoit des règles de territorialité communes à tous les États membres. Autrement dit, lorsqu'une opération « à cheval » entre la France et un autre État membre est réputée ne pas se situer en France et échappe ainsi à la TVA française, elle sera considérée comme se situant dans l'autre

État et y sera donc soumise en principe à la TVA. Cette taxe sera calculée au taux propre à cet État et elle sera, en principe, perçue selon les modalités fixées par la réglementation de cet État, ces modalités pouvant sur certains points comporter des différences selon les États.

48570 CGI art. 271, V-d TVA-IX-8360 s

Bien que n'étant pas soumises à la TVA française, les opérations « extraterritoriales » ouvrent **droit à déduction de la taxe** ayant grevé les éléments de leur prix.

Cette déduction n'est cependant autorisée que **dans la mesure** où les opérations en cause ouvriraient droit à déduction (c'est-à-dire seraient effectivement **soumises** à la TVA) **si** leur **lieu d'imposition** se situait **en France.** Cette condition a pour effet d'exclure du droit à déduction les opérations exonérées en régime intérieur ou réalisées par des non-assujettis.

Pour les **assujettis établis en France** (ainsi que pour les assujettis non établis en France mais qui y réalisent des opérations imposables), la **récupération** de la taxe déductible peut se faire selon les **règles ordinaires,** c'est-à-dire par imputation ou remboursement (nos 56480 s.).

Pour les **assujettis établis hors de France** et qui ne réalisent en France aucune opération imposable, le droit à déduction ne peut s'exercer qu'en suivant la **procédure spéciale de remboursement** décrite nos 50675 s.

SECTION 1

OPÉRATIONS PORTANT SUR DES BIENS

48900 Seront tout d'abord exposées les règles de **territorialité** de la TVA applicables aux opérations portant sur des biens, ce qui revient à préciser leurs **cas d'imposition en France** (nos 48950 s.).

Seront ensuite examinées les dispositions particulières de TVA prévues en matière de **trafic international des biens.** Ces dispositions diffèrent selon qu'il s'agit d'**échanges « intracommunautaires »** entre États membres de l'UE (nos 49030 s.) ou d'**échanges « extracommunautaires »** avec des pays tiers (nos 49460 s.). Nous examinerons enfin le régime particulier des **VAD** (nos 49760 s.).

A. Cas d'imposition en France

48950 Les **critères** d'application territoriale de la TVA sont déterminés par **référence au lieu où** les opérations concernées sont réputées être **réalisées,** tel que ce lieu est défini par la loi.

À cet égard, s'agissant des opérations portant sur des biens meubles corporels, il faut distinguer entre les **livraisons de biens** (nos 48955 s.) et les **acquisitions intracommunautaires** (no 49005).

Deux situations peuvent se présenter :

– ou bien le **lieu** où l'opération est réputée réalisée se situe **hors de France** : il s'agit alors d'une opération « extraterritoriale » n'entrant **pas** dans le champ d'application de la **TVA** française (nos 48560 s.) ;

– ou bien ce **lieu** se situe **en France** : l'opération est alors passible de la **TVA** française.

Malgré la valeur générale de ces principes, leur portée peut cependant être affectée, dans certains cas, par l'effet des **dispositions particulières** intéressant les échanges intracommunautaires (nos 49030 s.) ou les échanges extracommunautaires (nos 49460 s.). On citera **notamment** à cet égard les dispositions concernant :

– les exonérations prévues pour les **livraisons intracommunautaires** (nos 49260 s.) et pour les **exportations** vers les pays tiers (nos 49690 s.) ;

– le régime particulier des **VAD** (nos 49760 s.).

LIEU DES LIVRAISONS DE BIENS

48955 TVA-III-800 s

Les règles diffèrent selon que les biens sont livrés en l'état (nos 48960 s.) ou après montage ou installation (no 48995).

Biens livrés en l'état Plusieurs situations peuvent se présenter selon le point de départ de l'expédition ou du transport (nos 48965 à 48975), ou en l'absence d'expédition ou de transport (n° 48980), ou encore pour les ventes à bord d'un bateau, avion ou train (n° 48985). Des règles particulières sont prévues pour les livraisons de gaz naturel, d'électricité, de chaleur et de froid (n° 48990). 48960

Lieu de départ situé en France Lorsque le bien est expédié ou transporté à partir de la France, et **quel que soit le lieu de destination** (France, autre État membre, pays tiers), le lieu de la livraison est situé en France et la TVA française est donc applicable (sous réserve notamment des exonérations prévues pour les livraisons intracommunautaires et pour les exportations). 48965 CGI art. 258, I-a TVA-III-840

Il en est ainsi que l'expédition ou le transport soit effectué par l'acquéreur ou pour son compte, ou par le vendeur ou pour son compte (sous réserve, dans ce second cas, de l'application éventuelle du régime des VAD-IC : nos 49780 s.).

Lieu de départ situé dans un autre État membre Lorsque le lieu de départ du bien expédié ou transporté se situe dans un autre État membre, le **lieu d'arrivée** se situant **en France,** le lieu de la livraison est situé dans cet autre État membre. 48970 TVA-III-850

Il en est ainsi que l'expédition ou le transport soit effectué par l'acquéreur ou pour son compte, ou par le vendeur ou pour son compte (sous réserve, dans ce second cas, de l'application éventuelle du régime des VAD-IC : nos 49780 s.).

Lieu de départ situé dans un pays tiers Est réputé se situer **en France** le lieu de la **livraison** d'un bien qui est **importé** et les éventuelles **livraisons subséquentes,** si le redevable de la TVA à l'importation est le vendeur de cette première livraison (ce qui est notamment le cas lorsqu'il a **opté** pour être désigné comme tel : n° 49634, b) (Loi 2023-1322 du 29-12-2023 art. 112, I-A). 48975 CGI art. 258, V-1°

En ce qui concerne le régime des **VAD-BI,** voir nos 49800 s.

Absence d'expédition ou de transport Lorsque le bien ne donne pas lieu à une expédition ou à un transport, la livraison est imposable si le bien est situé en France lors de sa **mise à disposition** de l'acquéreur. En revanche, elle échappe à l'imposition si le bien est situé à l'étranger lors de cette mise à disposition. 48980 CGI art. 258, I-c TVA-III-900

Ventes à bord d'un bateau, aéronef ou train à destination d'un autre État membre La livraison des biens meubles corporels vendus à bord d'un bateau, d'un aéronef ou d'un train est en principe imposable en France lorsque les biens se trouvent en France au moment du départ d'un transport dont le lieu d'arrivée est situé sur le territoire d'un autre État membre de l'UE. 48985 CGI art. 258, I-d TVA-III-930 s

Il est toutefois admis de ne pas taxer les ventes de biens destinés à être consommés à bord (BOI-TVA-CHAMP-20-20-10 n° 480) (en ce qui concerne les ventes à consommer sur place de produits alimentaires réalisées à bord d'un bateau, d'un aéronef ou d'un train : voir n° 49980).

> Précisions **a.** La disposition ci-avant ne concerne pas le cas où l'**arrivée** du moyen de transport se situe **dans un pays tiers.** En pareille hypothèse, le critère à retenir est normalement celui indiqué n° 48980 (s'agissant de biens qui se trouvent déjà à bord, au moment de la vente).

Cependant, comme on le verra n° 49735, les ventes faites à bord d'avions ou de navires à destination de pays tiers, et dont le lieu est en France en application de ce critère, sont exonérées en tant qu'exportations.

Nota : Les trajets à destination d'un État membre de l'UE avec escale dans un pays tiers doivent être considérés comme des voyages à destination de pays tiers (BOI-TVA-CHAMP-20-20-20 n° 110), étant précisé que constitue une escale en dehors de l'UE tout arrêt effectué dans un pays tiers au cours duquel les voyageurs peuvent quitter le moyen de transport, même pour une courte période (CJUE 15-9-2005 aff. 58/04 : RJF 12/05 n° 1495).

b. La disposition ci-avant ne concerne pas les livraisons de biens destinés à l'**avitaillement** des moyens de transport. Pour ces livraisons, le critère à retenir est celui indiqué n° 48965. Lorsqu'elles sont destinées à certains navires ou aéronefs, ces livraisons bénéficient de l'exonération visée n° 50525.

Livraisons de gaz naturel, d'électricité, de chaleur et de froid Des règles particulières sont prévues pour les livraisons de gaz naturel et d'électricité acheminés par réseau de transport et/ou de distribution à destination de l'acquéreur, ainsi que pour les livraisons de chaleur et de froid via les réseaux de chauffage ou de refroidissement à destination de l'acquéreur. 48990 CGI art. 258, III TVA-III-1000 s

Le **lieu** de ces livraisons est situé **en France** :

– lorsque ces biens sont consommés ou utilisés effectivement en France, quel que soit par ailleurs le lieu d'établissement de l'acquéreur ou du vendeur (le lieu de consommation ou d'utilisation effective est l'endroit où se trouve le compteur de gaz naturel, d'électricité, de chaleur ou de froid) ;

– dans les autres cas, c'est-à-dire en l'absence de consommation ou d'utilisation effective de ces biens en France, lorsque l'acquéreur a en France le siège de son activité économique ou un établissement stable pour lequel les biens sont livrés ou, à défaut, son domicile ou sa résidence habituelle (opérations d'achat-revente notamment).

Compte tenu de ces règles de territorialité, ni le régime prévu pour les échanges intracommunautaires de biens (nos 49030 s.) ni le régime fiscal des exportations (nos 49690 s.) ne s'appliquent aux livraisons de gaz naturel, d'électricité, de chaleur et de froid. Ainsi, l'introduction en France de gaz naturel, d'électricité, de chaleur ou de froid à partir d'un autre État membre pour les besoins d'une livraison dont le lieu est situé en France n'est **pas** assimilée à une **acquisition intracommunautaire** (no 49205, précision a) ; de même, le transfert de ces biens dans un autre État membre de l'UE pour les besoins d'une livraison dont le lieu y est situé n'est **pas** assimilé à une **livraison intracommunautaire** (no 49280, Précisions).

Pour les livraisons de gaz naturel, d'électricité, de chaleur ou de froid imposables en France effectuées par des fournisseurs établis hors de France ainsi que pour les livraisons de gaz naturel et d'électricité (et services liés visés no 50025, 9) faites à des fins autres que leur consommation ou leur utilisation effective en France (achat-revente) par des fournisseurs établis en France, la **taxe** doit être **acquittée** par l'acquéreur si celui-ci est identifié à la TVA en France (CGI art. 283, 2 quinquies). Dans les autres cas d'imposition en France, la taxe doit être acquittée par le fournisseur.

> Précisions **a.** Le montant total, hors TVA, des livraisons de gaz naturel, d'électricité, de chaleur ou de froid imposables sur le territoire d'un autre État membre de l'UE doit être identifié dans la **déclaration de chiffre d'affaires** (CGI art. 287, 5-a). Il en va de même du montant, hors TVA, des livraisons de gaz naturel, d'électricité, de chaleur ou de froid imposables en France et pour lesquelles l'acquéreur est désigné comme redevable de la taxe (CGI art. 287, 5-b).

b. Les **entreprises étrangères non établies dans l'UE** qui réalisent uniquement des livraisons de gaz naturel, d'électricité, de chaleur ou de froid pour lesquelles la taxe est due en France par l'acquéreur sont dispensées de désigner un représentant fiscal (CGI art. 289 A, I-2°).

c. Les entreprises étrangères non établies en France qui réalisent des livraisons de gaz naturel, d'électricité, de chaleur ou de froid pour lesquelles la taxe est due en France par l'acquéreur peuvent bénéficier de la procédure spéciale de remboursement de la TVA visée no 50675.

d. Pour les livraisons de gaz naturel, d'électricité, de chaleur et de froid transportés par réseau en provenance de pays tiers, le redevable de la **TVA à l'importation** est en principe le vendeur, sauf lorsque la livraison est faite à un assujetti-revendeur non établi en France, auquel cas le redevable est le destinataire effectif des biens. L'importation est exonérée de TVA (no 49645) et déclarée en opération non imposable par le redevable sur sa déclaration de chiffre d'affaires (BOI-TVA-DECLA-10-20 nos 80 et 90). L'option décrite no 49634, b est possible.

e. Les assujettis peuvent **acquérir ou importer en franchise** de TVA le gaz naturel, l'électricité, la chaleur ou le froid qu'ils destinent à une livraison située hors de France (nos 50550 s.).

48995 CGI art. 258, I-b TVA-III-950 s

Biens livrés après montage ou installation Le lieu de livraison des biens est situé **en France** lorsque le bien se trouve en France lors du **montage** ou de l'installation **par le vendeur ou pour son compte.**

En pratique, compte tenu de la définition des biens immeubles selon laquelle est considéré comme un bien immeuble tout élément, matériel ou machine, installé à demeure dans un immeuble ou une construction qui ne peut être déplacé sans destruction ou modification de l'immeuble ou de la construction (no 46815) et du principe selon lequel constitue une prestation de services se rattachant à un bien immeuble l'installation ou le montage de machines ou de matériel qui, après installation ou montage, sont considérés comme des biens immeubles (no 49970), la règle ci-avant ne trouve à s'appliquer que lorsque l'opération dans son ensemble (livraison et montage ou installation par le vendeur ou pour son compte) constitue une opération unique considérée comme une livraison de biens (voir nos 46478 s.).

> Précisions **a.** Lorsque la règle de territorialité ci-avant trouve à s'appliquer, une **entreprise étrangère** non établie en France qui y introduit des matériels, transportés à partir d'un autre **État membre,** destinés à être montés ou installés par elle-même ou pour son compte, est redevable de la TVA en France au titre de la livraison si le client n'est pas identifié à la TVA en France (dans le cas contraire, le client doit, en principe, autoliquider la taxe : no 50695). Le montant hors TVA de cette livraison doit être identifié dans la déclaration de chiffre d'affaires de l'entreprise étrangère lorsqu'elle est redevable (CGI art. 287, 5-b). L'introduction en France des matériels n'est pas considérée comme une acquisition intracommunautaire taxable (no 49210). L'entreprise étrangère redevable est tenue de s'identifier à la TVA en France directement (ou par l'intermédiaire d'un mandataire fiscal) auprès de l'administration lorsqu'elle est établie dans l'UE ou dans un pays tiers ayant conclu une convention d'assistance au recouvrement des créances fiscales avec la France (no 50635) ou de faire accréditer un représentant assujetti établi en France lorsqu'elle est établie dans un pays tiers n'ayant pas conclu une telle convention (no 50645).

De même, une entreprise étrangère non établie en France qui importe d'un **pays tiers** en

France des matériels dont elle assure le montage ou l'installation chez l'acquéreur doit acquitter la taxe, d'une part, lors de l'importation des matériels (voir, à cet égard, la précision b ci-après), d'autre part, si le client n'est pas identifié à la TVA en France (n° 50695), sur la livraison de ces matériels montés ou installés (sous déduction de la taxe payée à l'importation). À cet effet, elle est tenue de s'identifier à la TVA en France directement (ou par l'intermédiaire d'un mandataire fiscal) auprès de l'administration lorsqu'elle est établie dans l'UE ou dans un pays tiers ayant conclu une convention d'assistance au recouvrement des créances fiscales avec la France (n° 50635) ou de faire accréditer un représentant assujetti établi en France lorsqu'elle est établie dans un pays tiers n'ayant pas conclu une telle convention (n° 50645).

b. Pour les biens livrés après montage et installation importés d'un pays tiers, le redevable de la **TVA à l'importation** est toujours le vendeur (CGI art. 293 A, 2-1°) y compris lorsqu'il n'est pas établi en France et que l'acquéreur, identifié à la TVA en France, est redevable de la TVA sur la livraison. Il en va de même pour les livraisons à des non-assujettis. Le vendeur dispose toujours du droit à déduction de la TVA à l'importation et l'option décrite n° 49634, b n'est pas possible (BOI-TVA-DECLA-10-20 n° 80).

c. Les biens livrés après montage ou installation sont exclus du régime des **VAD** (CGI art. 256, II bis) (n° 49775, précision a).

LIEU DES ACQUISITIONS INTRACOMMUNAUTAIRES

a. Le lieu d'une acquisition intracommunautaire de biens meubles corporels est réputé se situer en France lorsque les **biens** se trouvent **en France** au moment de l'**arrivée** de l'expédition ou du transport à destination de l'acquéreur. **49005** CGI art. 258 C TVA-III-1600 s

> Précisions Par **« acquéreur »**, il faut entendre, selon le cas :
– la personne établie ou identifiée à la TVA en France ou y ayant désigné un représentant fiscal en application de l'article 289 A, I du CGI à laquelle le bien a été vendu ;
– l'assujetti qui a réalisé en France l'affectation d'un bien de son entreprise pour les besoins de celle-ci ;
– l'assujetti destinataire des biens qui obtient le pouvoir de disposer comme un propriétaire des biens expédiés ou transportés dans les conditions prévues à l'article 17 bis, 2 de la directive TVA dans les 12 mois suivant l'arrivée des biens en France (« régime des stocks sous contrat de dépôt » : n° 49390) ;
– l'assujetti agissant en son nom propre mais pour le compte d'autrui (intermédiaire « opaque » agissant pour le compte du vendeur ou de l'acquéreur) (BOI-TVA-CHAMP-20-30 n° 10).

b. Par exception à cette règle, lorsque les **biens** ne sont **pas expédiés** ou transportés **en France,** le lieu de l'acquisition est réputé néanmoins se situer en France si l'acquéreur a donné au vendeur son **numéro d'identification** à la TVA **en France** et s'il n'établit **pas** que l'acquisition a été soumise à la **TVA dans l'État membre** de destination des biens (mécanisme dit du « **filet de sécurité** »). Dans ce cas, la taxe due sur cette acquisition intracommunautaire n'ouvre pas droit à déduction dans la mesure où les biens ne sont pas réellement introduits en France (CJUE 22-4-2010 aff. 536/08 et 539/08 : RJF 7/10 n° 758 ; CE 23-12-2011 n° 330608 : RJF 3/12 n° 241). Cependant, si l'acquisition est ultérieurement soumise à la taxe dans l'État membre où est arrivé le bien expédié ou transporté, la base d'imposition en France est diminuée du montant de celle qui a été retenue dans cet État.

B. Échanges intracommunautaires de biens

Dans l'espace sans frontières que constitue aujourd'hui l'UE, les notions d'importation et d'exportation ont été remplacées respectivement par celles d'acquisition intracommunautaire et de livraison intracommunautaire. **49030** TVA-IV-200 s

Ainsi, un assujetti se livrant à des opérations intracommunautaires est considéré, selon le cas, comme effectuant :
– soit une **acquisition intracommunautaire** taxable dans l'État d'arrivée des biens (nos 49150 s.) ;
– soit une **livraison intracommunautaire** qui, bien qu'entrant en principe dans le champ d'application de la TVA dans l'État de départ des biens, s'y trouve le plus souvent exonérée (nos 49260 s.).

Les **particuliers** ne sont **pas concernés** directement par la réglementation des échanges intracommunautaires. C'est ainsi que les achats effectués par un particulier dans un autre État membre supportent en principe la seule TVA de cet État. Cependant, des dispositions spécifiques visant à limiter les risques de distorsion de concurrence sont prévues pour les **VAD-IC** (nos 49780 s.) et pour les **moyens de transport neufs** (nos 49340 s.).

Signalons enfin, pour les opérations des assujettis, les mesures particulières concernant les **opérations triangulaires** (n° 49375), les **stocks sous contrat de dépôt** et les **ventes à l'essai** (nos 49385 à 49395).

Remarques : **1.** Les opérations portant sur des biens placés ou destinés à être placés sous un **régime douanier de report des importations ou un entrepôt fiscal** font l'objet de dispositions spéciales exposées nos 50740 s.
2. Les échanges intracommunautaires de **biens d'occasion, œuvres d'art, objets de collection ou d'antiquité** sont examinés avec le régime particulier de ces biens (nos 60870 s.).

1. ACQUISITIONS INTRACOMMUNAUTAIRES

49150 CGI art. 256 bis TVA-IV-500 s

La **vente à partir d'un État membre,** par un assujetti, d'un **bien** meuble corporel qui est **expédié** ou transporté **en France,** par le vendeur, par l'acquéreur ou pour leur compte, à destination de l'**acquéreur,** constitue une acquisition intracommunautaire.

Dès lors que le **lieu** de cette acquisition, tel qu'il est défini n° 49005, est réputé situé **en France,** la **TVA** française est exigible en principe, selon les règles générales exposées nos 49160 s.

Ce régime n'intéresse pas les achats effectués par des particuliers. Il concerne, en revanche, les **acquisitions intracommunautaires** réalisées non seulement par des **assujettis,** mais encore par des **personnes morales non assujetties, sous réserve** toutefois (pour ces personnes morales et pour certains assujettis) de l'application éventuelle **du régime dérogatoire** décrit nos 49225 s.

Doivent également être examinées les dispositions particulières visant :
– les **exonérations** prévues pour certaines acquisitions intracommunautaires (n° 49190) ;
– les **opérations assimilées** à des acquisitions intracommunautaires (nos 49200 s.).

RÈGLES GÉNÉRALES

49160 CGI art. 283, 2 bis TVA-III-1610

Redevable Le redevable de la taxe due au titre d'une acquisition intracommunautaire dont le lieu (déterminé comme indiqué n° 49005) se situe en France est l'acquéreur. S'il n'est pas établi en France, il est tenu de s'identifier à la TVA en France directement (ou par l'intermédiaire d'un mandataire fiscal) auprès de l'administration lorsqu'il est établi dans l'UE ou dans un pays tiers ayant conclu une convention d'assistance au recouvrement des créances fiscales avec la France (n° 50635) ou de désigner un représentant fiscal lorsqu'il est établi dans un pays tiers n'ayant pas conclu une telle convention (n° 50645). Le vendeur est solidairement tenu au paiement de la taxe lorsque l'acquéreur n'est pas établi en France.

49165 CGI art. 266, 1-a TVA-IV-1750 s

Base d'imposition La base d'imposition des acquisitions intracommunautaires est constituée, comme en régime intérieur, par toutes les sommes, valeurs, biens ou services reçus ou à recevoir par le fournisseur en contrepartie de l'opération, y compris les subventions directement liées au prix.

En ce qui concerne les opérations facturées en **devises étrangères** : voir n° 52400.

49170 CGI art. 269, 1-a et 2-d TVA-IV-1940 s

Fait générateur et exigibilité Le **fait générateur** de la taxe intervient au moment où l'acquisition intracommunautaire est effectuée, c'est-à-dire au moment où la livraison à l'intérieur du pays de biens similaires est considérée comme effectuée ; voir à cet égard nos 52585 s.

Acquisition par un intermédiaire opaque : voir n° 61490.

La taxe est **exigible** le 15 du mois suivant celui au cours duquel s'est produit le fait générateur. Toutefois, la taxe devient exigible lors de la délivrance de la facture, à condition qu'elle précède la date d'exigibilité prévue ci-avant et qu'il ne s'agisse pas d'une facture d'acompte.

› Précisions **a.** La date de délivrance de la **facture** doit s'entendre comme la date de la facture.
b. Les **factures émises avant l'intervention du fait générateur,** qui ne peuvent s'analyser (sous réserve d'éventuels cas de facturation irrégulière) que comme des factures d'acompte, n'entraînent pas l'exigibilité de la TVA, sauf cependant dans les cas suivants (BOI-TVA-BASE-20-30 nos 50 à 70) :
– établissement d'une **facture** mentionnant le prix total de l'opération **au moment de l'expédition** de la marchandise alors que le transfert de propriété ne s'opère qu'à la réception du bien. Dans cette situation où la facture précède le fait générateur d'une période équivalente aux délais d'acheminement du bien, la taxe peut être acquittée à la date de la facture ; cette facture est alors également prise en considération pour l'exercice des droits à déduction ;
– **périodiques vendus par abonnements** (journaux, revues ou magazines hebdomadaires, mensuels, trimestriels). Dans cette situation où la facture est délivrée au début de la période d'abonnement (le client acquittant dès ce moment

le prix de toutes les livraisons à venir), il est admis, par mesure de simplification, que la facture délivrée au début de la période d'abonnement détermine l'exigibilité de la taxe pour l'ensemble des acquisitions de biens comprises dans la période d'abonnement.

c. Toute **facture établie après** la réalisation du **fait générateur** (mais avant le 15 du mois qui suit sa réalisation) rend la taxe exigible pour le montant total de l'opération, même si cette facture ne comporte de façon irrégulière que la mention d'une partie du prix.

49175 CGI art. 287, 5-b TVA-IV-2340 s

Obligations déclaratives La TVA afférente aux **acquisitions intracommunautaires taxables** (y compris aux transferts : nos 49200 s.) est liquidée et déclarée sur les déclarations de chiffre d'affaires : CA 3 pour les redevables au réel normal et CA 12A pour les agriculteurs au RSA. Les données à déclarer sont le montant total hors taxe des acquisitions intracommunautaires et la taxe correspondante.

Les **acquisitions intracommunautaires non taxées** (no 49190) sont également portées sur ces déclarations.

49180 CGI art. 271, II-1-d et II-2-b-1° TVA-IV-2500 s

Droits à déduction La taxe acquittée par les redevables au titre d'une acquisition intracommunautaire est déductible selon les principes de droit commun à condition qu'ils aient fait figurer sur leurs déclarations de chiffre d'affaires les données requises et qu'ils détiennent les factures correspondantes établies conformément à la réglementation communautaire (mention notamment du prix hors taxe et des numéros d'identification du fournisseur et de l'acquéreur).

> Précisions **a.** La taxe qui n'a pas été portée sur les déclarations de chiffre d'affaires est déductible en cas de **rappel** si les conditions de fond sont réunies, la taxe ainsi déductible étant imputée par l'administration dans le cadre de la procédure de rectification. Mais le rappel des droits déductibles est assorti d'une amende de 5 % (no 56290).

b. Non-déductibilité de la taxe acquittée au titre du mécanisme dit du « **filet de sécurité** » : voir no 49005, b.

ACQUISITIONS INTRACOMMUNAUTAIRES EXONÉRÉES

49190 CGI art. 262 ter, II TVA-IV-3600 s

Sont exonérées les acquisitions intracommunautaires :

– de biens dont la **livraison en France** serait **exonérée** (notamment prothèses dentaires fournies par les prothésistes ; organes, sang et lait humains ; timbres) ou assimilée aux échanges internationaux (navires, aéronefs et objets y afférents visés nos 50450 s. ; or, sous toutes ses formes, acquis par les instituts d'émission) ;

– de biens dont l'**importation** serait **exonérée** de TVA en application de l'article 291, II du CGI (la liste de ces biens est donnée no 49645) ;

– pour lesquelles l'**acquéreur non établi en France** bénéficierait, en application de l'article 271, V du CGI (no 50675), du **remboursement** total de la taxe qui serait due au titre de l'acquisition.

Acquisitions intracommunautaires d'or d'investissement : voir nos 61870 s.

OPÉRATIONS ASSIMILÉES À DES ACQUISITIONS INTRACOMMUNAUTAIRES

49200 CGI art. 256 bis, II TVA-IV-700 s

Les opérations définies ci-après (nos 49205 à 49215) sont assimilées à des acquisitions intracommunautaires effectuées à titre onéreux.

Remarque : Ces opérations sont susceptibles de bénéficier, **le cas échéant,** des **exonérations** des acquisitions intracommunautaires prévues no 49190.

49205

Affectation en France d'un bien de l'entreprise en provenance d'un autre État membre Est **assimilée à une acquisition intracommunautaire** effectuée à titre onéreux, soumise à ce titre à la TVA française, l'affectation par un assujetti pour les besoins de son entreprise en France d'un bien de son entreprise expédié ou transporté, par l'assujetti ou pour son compte, à partir d'un autre État membre dans lequel le bien a été produit, extrait, transformé, acheté, a fait l'objet d'une acquisition intracommunautaire ou a été importé par l'assujetti, dans le cadre de son entreprise.

Il s'agit principalement des **mouvements de stocks ou de biens d'investissement,** intervenant **sans changement de propriété.**

La **base d'imposition** de l'affectation est constituée, selon le cas, soit par le prix d'achat des biens ou de biens similaires soit, à défaut de prix d'achat, par le prix de revient.

L'**exigibilité** de la taxe intervient le 15 du mois suivant le **fait générateur** constitué par le départ de l'expédition ou du transport.

> **Précisions** **a.** Ne constituent **pas** des **affectations** assimilées à des acquisitions intracommunautaires les expéditions et les transports de biens à partir d'un État membre à destination de la France, lorsque les biens font l'objet : d'une livraison soumise au régime des **VAD-IC** (nos 49780 s.) ; d'une **exportation** à partir de la France (les biens doivent, dans ce cas, immédiatement faire l'objet des formalités douanières d'exportation) ; ou d'une expédition ou d'un **transport** dont une **partie** du trajet est effectuée **en France** alors que les lieux de **départ et d'arrivée** sont situés sur le territoire d'**autres** États membres. Dans les deux dernières situations, les biens peuvent être éventuellement transbordés, en France, d'un moyen de transport à un autre.
> N'est pas non plus assimilée à une acquisition intracommunautaire l'affectation en France de **gaz naturel,** d'**électricité,** de **chaleur** ou de **froid** à partir d'un autre État membre pour les besoins d'une livraison imposable en France (n° 48990) ou l'affectation de biens sous le régime des **stocks sous contrat de dépôt** (n° 49390).
> **b.** Un **assujetti étranger qui expédie des biens** de l'État membre de départ **directement chez son client** établi et identifié à la TVA en France peut choisir de traiter cette opération comme une affectation de biens assimilée à une acquisition intracommunautaire suivie d'une livraison interne audit client. Le fournisseur étranger réalise alors une acquisition intracommunautaire exonérée (n° 49190, 3e tiret) au titre de laquelle il doit s'identifier à la TVA en France ; la taxe afférente à la livraison interne est autoliquidée par le client identifié (n° 50695) (en ce sens, BOI-TVA-CHAMP-20-30 nos 50 et 60). À notre avis, cette tolérance devrait pouvoir s'appliquer dans l'hypothèse où le client est seulement identifié à la TVA en France (en ce sens, BOI-TVA-DECLA-10-10-20 n° 80).

49210 Par **exception,** la réception en France, par l'assujetti, d'un bien de son entreprise n'est pas assimilée à une acquisition intracommunautaire dans les situations ci-après :

– bien destiné à être **utilisé temporairement** en France dans des conditions qui ouvriraient droit à l'assujetti, si ce bien était importé, au bénéfice de l'admission temporaire en exonération totale de droits à l'importation ;

– bien destiné à être utilisé **temporairement** en France pour les besoins de **prestations de services** effectuées par l'assujetti ;

– bien destiné à faire l'objet de **travaux** ou d'**expertises,** à condition que le bien soit réexpédié ou transporté à destination de l'assujetti dans l'État membre de départ de l'expédition ou du transport (des mesures de simplification sont cependant admises dans certains cas : Doc. fiscale TVA-IV-8250 s.) ;

– bien destiné à être **monté ou installé en France** par l'assujetti établi dans un autre État membre ou pour son compte (la livraison est alors imposable en France : n° 48995) ;

– bien destiné à faire l'objet d'une **livraison à bord d'un moyen de transport,** effectuée par l'assujetti, dans les conditions mentionnées n° 48985 (sont ici visés en pratique les biens destinés à la vente à bord qui n'ont pas été vendus lors de l'arrivée du moyen de transport en France).

49215 **Réception en France, par une personne morale non assujettie, d'un bien qu'elle a importé sur le territoire d'un autre État membre** La réception en France, par une personne morale non assujettie **ne bénéficiant pas du régime dérogatoire** (nos 49225 s.), d'un bien qu'elle a importé sur le territoire d'un autre État membre doit être soumise à la TVA. La taxe acquittée à l'importation est remboursable dans l'État membre d'importation.

RÉGIME DÉROGATOIRE

49225 CGI art. 256 bis, I-2° et 260 CA **TVA-IV-2900 s**

Lorsqu'elles réalisent des **acquisitions intracommunautaires** d'un montant **ne dépassant pas** globalement **10 000 € par an,** certaines personnes bénéficient d'un régime dérogatoire qui leur permet de ne pas soumettre ces opérations à la TVA. Il s'agit des personnes suivantes, désignées par l'abréviation **PBRD** (c'est-à-dire « personnes bénéficiant du régime dérogatoire ») :

– personnes morales non assujetties à raison de l'activité pour laquelle l'acquisition est réalisée ;

– assujettis ne réalisant que des opérations n'ouvrant pas droit à déduction (bénéficiaires de la franchise en base, par exemple) ;

– exploitants agricoles au remboursement forfaitaire (nos 60040 s.).

Sont cependant **exclues** de l'application de ce régime dérogatoire les acquisitions intracommunautaires :

– de **moyens de transport neufs** (qui relèvent du régime spécifique exposé nos 49340 s.) ;

– de **produits** soumis à **accises,** toujours taxables selon le régime général.

Pour toutes les **autres acquisitions** en provenance d'autres États membres, réalisées par les personnes susvisées, le régime dérogatoire est applicable, dans la limite d'un **seuil annuel** fixé à **10 000 €** (pour l'appréciation et le calcul de ce seuil : voir n° 49235, précision a).

En dessous du seuil, les acquisitions en cause ne sont **pas** soumises en tant que telles à la **TVA.**

PRINCIPALES NOUVEAUTÉS

24

Chère lectrice, cher lecteur,

Afin de vous garantir une documentation fiable et directement opérationnelle, votre Mémento fait l'objet d'une mise à jour intégrale et régulière par notre équipe de rédaction.

Pour vous aider à faire le point face à une actualité très riche, il nous a paru utile de signaler dans ce cahier les principales nouveautés qui ont été intégrées au millésime 2024.

Ce cahier suit le plan de votre Mémento, partie par partie, chapitre par chapitre et paragraphe par paragraphe, et renvoie aux développements complets dans le corps de l'ouvrage.

Vous souhaitant une bonne lecture.

La rédaction

Impôt sur le revenu

Calcul de l'impôt sur le revenu

La réduction d'impôt Madelin est renforcée pour les investissements dans les jeunes entreprises innovantes

Les souscriptions réalisées entre le 1er janvier 2024 et le 31 décembre 2028 au capital de jeunes entreprises innovantes ouvrent droit à une réduction d'impôt au taux de 30 ou 50 % selon la part de leurs dépenses de recherche.

Pour en savoir plus, consultez les § **2600 s.**

La réduction d'impôt « Denormandie ancien » est prorogée

Le dispositif, qui devait prendre fin le 31 décembre 2023, est prorogé jusqu'au 31 décembre 2026. Par ailleurs, pour les investissements réalisés via une SCPI, les taux 2022 de la réduction d'impôt restent applicables pour les investissements réalisés depuis 2023.

Pour en savoir plus, consultez les § **2820 s.**

Le Defi-forêt est prorogé et aménagé

Le Defi-forêt est prorogé jusqu'au 31 décembre 2027 et aménagé pour plus d'attractivité. Il est par ailleurs constitutif désormais systématiquement d'un crédit d'impôt.

Pour en savoir plus, consultez les § **2930 s.**

Le crédit d'impôt en faveur des systèmes de charge pour véhicule électrique est modifié

Le plafond de dépenses pris en compte est porté de 300 à 500 € pour les dépenses exposées à compter du 1er janvier 2024, mais le dispositif est recentré sur les seules bornes de charge qui sont pilotables.

Pour en savoir plus, consultez les § **3045 s.**

Le crédit d'impôt autonomie est prorogé et son application davantage encadrée

Le crédit d'impôt est prorogé jusqu'au 31 décembre 2025, et recentré quant aux bénéficiaires sur ceux ayant des revenus intermédiaires, et quant aux dépenses y ouvrant droit à celles afférentes aux seuls équipements permettant l'adaptation des logements à la perte d'autonomie ou au handicap.

Pour en savoir plus, consultez les § **3110 s.**

La réduction d'impôt au titre des dons est renforcée

Le plafond majoré de la réduction d'impôt au titre des dons aux organismes d'aide aux personnes en difficulté est prorogé jusqu'en 2026. Les dons versés pour la sauvegarde du patrimoine religieux entre le 15 septembre 2023 et le 31 décembre 2025 ouvrent également droit à réduction d'impôt à un taux et à un plafond majorés.

Pour en savoir plus, consultez les § **3195 et 3198**

Bénéfices industriels et commerciaux

Dividendes de source européenne : mise en conformité avec la jurisprudence européenne

À l'issue d'un délai d'un exercice, les dividendes exclus du régime mère-fille versés à une mère ayant renoncé à l'intégration par des filiales européennes qui auraient pu appartenir à son groupe en cas d'implantation en France bénéficient de la neutralisation de 99 % de leur montant.

Pour en savoir plus, consultez le § **7957**

Les « punitive damages » entrent dans le champ des sanctions non déductibles

Les sanctions pour violation d'obligations légales étrangères prononcées par des autorités étrangères, sans équivalent en droit interne, tels les « punitive damages » américains, sont exclues des charges déductibles sauf si elles sont contraires à la conception française de l'ordre public international.

Pour en savoir plus, consultez le § **8905**

L'obligation documentaire des prix de transfert est élargie et sa sanction renforcée

Pour les exercices ouverts à compter du 1er janvier 2024, l'obligation de documentation des prix de transfert concerne les personnes morales dont le chiffre d'affaires annuel hors taxe ou l'actif brut du bilan est supérieur ou égal à 150 M€. Le montant minimum de l'amende pour non-respect de cette obligation est fixé à 50 000 € pour les infractions commises à compter du 1er janvier 2024.

Pour en savoir plus, consultez le § **8967**

Le dispositif d'amortissement exceptionnel des titres d'approvisionnement en électricité est rétabli

Les entreprises qui souscrivent en numéraire, à compter du 1er janvier 2023 et jusqu'au 31 décembre 2028, au capital de sociétés agréées ayant pour objet l'acquisition de contrats d'approvisionnement à long terme d'électricité peuvent pratiquer un amortissement exceptionnel.

Pour en savoir plus, consultez le § **9530**

La déduction exceptionnelle en faveur des véhicules peu polluants est étendue au retrofit

Le régime de déduction exceptionnelle s'applique aux entreprises qui transforment, entre le 1er janvier 2024 et le 31 décembre 2030, leurs véhicules à motorisation thermique en véhicules à motorisation électrique à batterie ou à pile à combustible ou qui procèdent, à compter du 1er janvier 2024 et jusqu'au 31 décembre 2030, à la première acquisition d'un véhicule ayant fait l'objet d'une telle transformation.

Pour en savoir plus, consultez le § **9620**

La déduction exceptionnelle en faveur du transport maritime et fluvial devient plus restrictive

Le régime de déduction exceptionnelle destiné à accélérer la transition énergétique des navires et bateaux de transport de passagers ou de marchandises devient moins favorable à compter du 1er janvier 2024.

Pour en savoir plus, consultez le § **9630**

La déduction exceptionnelle en faveur des engins non routiers peu polluants est rétablie

Le régime de déduction exceptionnelle est rétabli pour les entreprises qui acquièrent, à compter du 1er janvier 2024 et jusqu'au 31 décembre 2026, des engins non routiers utilisant des carburants alternatifs au GNR.

Pour en savoir plus, consultez le § **9635**

Un nouveau régime d'exonération d'impôt sur les bénéfices est créé en milieu rural

Les entreprises créées ou reprises entre le 1er juillet 2024 et le 31 décembre 2029 dans les zones France ruralités revitalisation ainsi que les activités créées ou reprises pendant cette période dans les zones France ruralités revitalisation « plus » peuvent bénéficier d'une exonération d'impôt sur les bénéfices. Afin d'assurer la transition avec ce nouveau régime, le dispositif d'exonération en zone de revitalisation rurale est prorogé jusqu'au 30 juin 2024.

Pour en savoir plus, consultez les § **10360 s. et 10365 s.**

Certains régimes zonés d'exonération d'impôt sur les bénéfices sont prorogés

Les régimes d'exonération prévus dans les zones franches urbaines-territoires entrepreneurs et dans les bassins d'emploi à redynamiser sont prorogés jusqu'au 31 décembre 2024. Ceux applicables dans les bassins urbains à dynamiser et dans les zones de développement prioritaire sont prorogés jusqu'au 31 décembre 2026.

Pour en savoir plus, consultez les § **10335 s., 10370, 10375 et 10395**

Jeunes entreprises innovantes : un nouveau statut mais plus d'exonération d'impôt sur les bénéfices

Le statut de JEI est étendu à compter du 1er janvier 2024 aux « jeunes entreprises de croissance », définies comme celles qui réalisent entre 5 et 15 % de dépenses de recherche et répondent à certains critères de performance économique. Parallèlement, l'exonération d'impôt sur les bénéfices est supprimée pour les JEI créées à compter du 1er janvier 2024.

Pour en savoir plus, consultez les § **10400 s.**

Une dépense externe payée directement par le cocontractant du donneur d'ordre est éligible au CIR

Les dépenses afférentes à des opérations de recherche externalisées peuvent être prises en compte pour déterminer le crédit d'impôt recherche du donneur d'ordre, alors même qu'elles font l'objet d'un paiement direct au sous-traitant par le cocontractant du donneur d'ordre.

Pour en savoir plus, consultez le § **10482**

Un crédit d'impôt pour investissements dans l'industrie verte est créé

Un crédit d'impôt pour investissements en faveur de l'industrie verte est instauré afin d'encourager les investissements de production de batteries, de panneaux solaires, d'éoliennes ou de pompes à chaleur. Sous réserve d'autorisation par la Commission européenne, ce nouveau dispositif concerne les projets d'investissement dont la demande d'agrément est déposée à compter du 27 septembre 2023 et pour lesquels l'agrément est délivré au plus tard le 31 décembre 2025.

Pour en savoir plus, consultez le § **10520**

Le crédit d'impôt théâtre est reconduit et étendu aux représentations de cirque

Le crédit d'impôt théâtre, qui devait cesser de s'appliquer aux dépenses réalisées après le 31 décembre 2024, est prorogé pour trois ans. En outre, pour les demandes d'agrément provisoire déposées à compter du 1er janvier 2024, le crédit d'impôt est étendu aux dépenses de création, d'exploitation et de numérisation de représentations de cirque.

Pour en savoir plus, consultez le § **10582**

Le crédit d'impôt en faveur de la création de jeux vidéo est encadré dans le temps

Le crédit d'impôt en faveur des entreprises de création de jeux vidéo ne s'applique qu'aux dépenses engagées jusqu'au 31 décembre 2026 ou après cette date si les dépenses se rapportent à des jeux dont l'agrément provisoire est délivré avant le 31 décembre 2026.

Pour en savoir plus, consultez le § **10615**

Prêts à taux zéro : un nouveau crédit d'impôt est instauré pour les prêts avance mutation

Un crédit d'impôt est créé en faveur des établissements de crédit, des sociétés de financement et des sociétés de tiers-financement qui accordent, à compter du 1er septembre 2024, des prêts avance mutation à taux zéro (« PAMTZ ») à des particuliers pour financer des travaux d'amélioration de la performance énergétique globale de certains logements.

Pour en savoir plus, consultez le § **10637**

Bénéfices non commerciaux

La rémunération des associés de SEL relève des BNC et non plus des TS

À compter de 2024, la rémunération des associés de SEL relève en principe des BNC, et peut être soumise au régime micro. La rémunération des gérants majoritaires peut être imposée suivant les règles de l'article 62 du CGI pour 5 % de son montant.

Pour en savoir plus, consultez les § **13525 et 13885**

Nouvelle exonération de l'indemnité compensatrice perçue par les agents généraux d'assurance

L'indemnité compensatrice versée à compter de 2023 par une compagnie d'assurances à un agent général d'assurance exerçant à titre individuel lors de la cessation d'un mandat conclu depuis au moins cinq ans peut être exonérée s'il cède son activité.

Pour en savoir plus, consultez le § **13725**

Bénéfices agricoles

La limite d'application du régime micro-BA est relevée

Le seuil de recettes est relevé de façon exceptionnelle de 91 900 à 120 000 € pour l'application du régime micro-BA en 2024 et 2025.

Pour en savoir plus, consultez le § **15500**

Une déduction temporaire pour hausse de valeur du stock de vaches laitières et allaitantes est créée

Pour les exercices clos du 1er janvier 2023 au 31 décembre 2024, les exploitants peuvent pratiquer une déduction en cas de hausse de la valeur du stock de vaches laitières et allaitantes.

Pour en savoir plus, consultez le § **15952**

Une exonération s'applique aux indemnités pour accidents du travail et maladies professionnelles

Pour l'imposition des revenus des années 2023 et suivantes, les indemnités journalières versées au titre d'un régime d'assurance obligatoire contre les accidents du travail et les maladies professionnelles sont exonérées à hauteur de 50 % de leur montant.

Pour en savoir plus, consultez le § **15962**

Le plafond annuel de la déduction pour épargne de précaution est réévalué

Le plafond annuel de la déduction, déterminé en fonction du bénéfice imposable, est relevé de façon exceptionnelle pour l'impôt sur le revenu dû au titre de 2024.

Pour en savoir plus, consultez le § **16255**

Le crédit d'impôt pour congé des exploitants devient plus attractif

Pour les dépenses engagées à compter du 1er janvier 2024, les taux du crédit d'impôt pour congé de l'exploitant sont relevés, le plafonnement lié au nombre de jours de remplacement est rehaussé et le taux majoré est étendu aux absences liées à la formation professionnelle.

Pour en savoir plus, consultez le § **16350**

Une certification en 2024 ouvre droit au crédit d'impôt en faveur des exploitations HVE

Le bénéfice du crédit d'impôt prévu pour les exploitations certifiées de haute valeur environnementale (HVE) est étendu aux exploitations qui disposent d'une certification délivrée au cours de l'année 2024.

Pour en savoir plus, consultez le § **16360**

Le forfait forestier est étendu pour des projets labellisés « Bas-Carbone »

Le forfait forestier est étendu, pour l'impôt sur le revenu dû au titre des années 2023 et suivantes, au bénéfice agricole provenant de la captation de carbone réalisée dans le cadre de projets forestiers admis au label « Bas-Carbone ».

Pour en savoir plus, consultez le § **16365**

Plus-values professionnelles

Le régime d'exonération des PV en fonction des recettes devient plus favorable aux exploitants agricoles

Les seuils d'exonération des plus-values professionnelles en fonction des recettes sont relevés en faveur des exploitants agricoles, l'exonération totale étant accordée lorsque les recettes annuelles n'excèdent pas 350 000 €, le seuil d'exonération partielle étant fixé à 450 000 €.

Pour en savoir plus, consultez les § **18215 s.**

La notion d'immeuble affecté à l'exploitation pour apprécier la prépondérance immobilière est précisée

Ne constituent pas des immeubles affectés par l'entreprise à sa propre exploitation, non retenus pour l'appréciation de la prépondérance immobilière au sens de l'article 219, I-a sexies-0 bis du CGI, les immeubles qui sont l'objet même de cette exploitation.

Pour en savoir plus, consultez le § **18780**

L'évaluation de titres non cotés au moyen de la seule méthode mathématique est possible

Le recours exclusif à la méthode mathématique pour évaluer des titres non cotés peut être admis eu égard à la situation particulière de la société émettrice.

Pour en savoir plus, consultez le § **18990**

Cession de locaux professionnels destinés à être transformés en logements : aménagements du dispositif

Le régime spécial en cas de cession de locaux professionnels destinés à être transformés en logements est prorogé de trois ans, étendu à la réalisation de locaux à usage mixte et le délai pour transformer ou construire des logements est porté à six ans pour les opérations d'envergure.

Pour en savoir plus, consultez les § **19447 et 19452**

Traitements et salaires

Frais de transport domicile-travail : de nouvelles incitations à la prise en charge patronale

Les exonérations des contributions facultatives de l'employeur à la prise en charge des frais de transport de ses salariés sont reconduites pour une année supplémentaire. Par ailleurs, les plafonds d'exonération en cas de cumul du forfait mobilités durables et de la prime transport, ainsi qu'en cas de cumul de ce forfait et d'un abonnement à un service public de transports en commun, sont augmentés de façon pérenne.

Pour en savoir plus, consultez le § **21735**

Revenus de capitaux mobiliers

Les titres souscrits en exercice de bons de souscription peuvent figurer sur un PEA

Selon le Conseil d'État, les titres acquis ou souscrits en exercice de bons de souscription de parts de créateurs d'entreprise (BCSPCE) peuvent être inscrits sur un PEA.

Pour en savoir plus, consultez le § **26160**

En cas de retrait d'obligations remboursables en actions (ORA) non cotées d'un PEA PME-ETI, une fraction du gain net est toujours imposable

En cas de retrait d'obligations remboursables en actions (ORA) non cotées ou d'actions reçues en remboursement de celles-ci d'un PEA « PME-ETI », une fraction du gain net est toujours imposable, que le retrait ait lieu avant ou après l'expiration de la cinquième année du plan.

Pour en savoir plus, consultez le § **26180**

Le régime fiscal du Péac est défini

Le régime fiscal applicable au plan d'épargne avenir climat (Péac) créé par la loi relative à l'industrie verte et destiné aux mineurs et jeunes adultes est défini.

Pour en savoir plus, consultez les § **26190 s.**

La retenue à la source sur les dividendes versés par une société étrangère domiciliée en France est déductible en droit interne

Selon le Conseil d'État, la retenue à la source pratiquée à l'étranger sur des dividendes versés par une société étrangère conventionnellement considérée comme domiciliée en France n'ouvre pas droit au crédit d'impôt conventionnel, mais elle peut être déduite des dividendes imposables en France en application de l'article 122 du CGI lorsque la convention ne s'y oppose pas et que le bénéficiaire des dividendes en a supporté la charge.

Pour en savoir plus, consultez le § **26515**

Revenus fonciers

Plusieurs anciens dispositifs d'investissements locatifs sont bornés dans le temps

La loi de finances pour 2024 fixe, pour plusieurs anciens dispositifs, une date limite soit d'achèvement du logement ou des travaux, soit de prorogation des conventions conclues avec l'Anah.

Pour en savoir plus, consultez les § **27800 s. et 2890**

Fiscalité immobilière

Les constructions sur terrains pollués peuvent être exonérées de taxe d'aménagement

Les organes et conseils délibérants compétents en matière de taxe d'aménagement peuvent exonérer, totalement ou partiellement, les constructions ou aménagements réalisés sur des terrains pollués réhabilités ou situés dans un secteur d'information sur les sols.

Pour en savoir plus, consultez le § **31115**

Les places de stationnement intégrées au bâti sont exonérées de taxe d'archéologie préventive

Les surfaces annexes, à usage de stationnement, aménagées au-dessus et en dessous des immeubles ou intégrées au bâti, dans un plan vertical sont, pour les autorisations d'urbanisme accordées depuis le 1er janvier 2024, exonérées de taxe d'archéologie préventive.

Pour en savoir plus, consultez le § **31345**

Plus-values réalisées par les particuliers

L'exonération des plus-values réalisées sur la vente d'immeubles destinés au logement social est prorogée et étendue au logement intermédiaire en zones tendues

Sont exonérées les plus-values réalisées jusqu'au 31 décembre 2025 lors de la cession d'immeubles destinés à la construction, reconstruction ou réhabilitation de bâtiments d'habitation collectifs suffisamment denses qui seront affectés au moins partiellement à du logement social ou, pour les immeubles situés en zones A, A bis ou B1, à du logement intermédiaire.

Pour en savoir plus, consultez le § **32185**

L'abattement exceptionnel applicable aux opérations de démolition-reconstruction est prorogé et son champ d'application étendu aux zones tendues

Font l'objet d'un abattement exceptionnel de 75 ou 60 % les plus-values réalisées suite à des promesses de vente ayant acquis date certaine jusqu'au 31 décembre 2025 lors de la cession d'immeubles bâtis situés dans le périmètre d'opérations d'aménagement complexes ou de la cession de terrains à bâtir ou d'immeubles bâtis situés en zones A, A bis ou B1, à condition que le cessionnaire s'engage à la construction, reconstruction ou réhabilitation de bâtiments d'habitation collectifs suffisamment denses. Le taux de cet abattement peut être porté à 85 % en cas d'engagement d'affecter au moins 50 % de la surface de ces logements à du logement social ou intermédiaire.

Pour en savoir plus, consultez les § **32250 s.**

Apport à une société contrôlée : la composition du quota des fonds d'investissement est modifiée

La composition du quota de 75 % que les structures de capital-investissement sont tenues de respecter en cas de réinvestissement économique intermédié est alignée sur celui des fonds « fiscaux » et des SCR mais les investissements pris en compte sont limités.

Pour en savoir plus, consultez le § **33316**

Exit tax : les obligations déclaratives sont renforcées

Le défaut de production de l'une des déclarations d'exit tax, y compris celle prévue en cas de survenance d'un évènement entraînant le dégrèvement ou la restitution de l'impôt, entraîne l'exigibilité immédiate de l'impôt.

Pour en savoir plus, consultez le § **33376**

L'obligation de déclarer les comptes d'actifs numériques étrangers est généralisée

L'obligation de déclarer les références des comptes d'actifs numériques ouverts, détenus, utilisés ou clos à l'étranger est étendue à toutes les personnes et entités juridiques domiciliées ou établies en France.

Pour en savoir plus, consultez le § **33630**

CSG et autres prélèvements sociaux

Taxation des retraits d'un PEA comme des produits de placement : peu importe l'origine des sommes

Le Conseil d'État juge que les gains nets de retraits partiels de sommes d'un PEA sont soumis aux prélèvements sociaux sur les revenus de placement, quelle que soit l'origine des sommes (y compris si ces sommes sont regardées comme des traitements et salaires).

Pour en savoir plus, consultez le § **34620**

Impôt sur les sociétés

Sociétés de personnes et assimilées

La rémunération versée à l'associé qui se retire en cours d'exercice n'est pas déductible

Une société de personnes ne peut déduire de ses résultats la rémunération versée à l'un de ses associés qui se retire en cours d'exercice, à raison de l'activité exercée avant son départ, cette rémunération constituant un élément du prix de cession des parts.

Pour en savoir plus, consultez le § **37660**

Fusions de sociétés et opérations assimilées

Transfert des déficits de l'absorbée : l'agrément peut ne porter que sur une partie des déficits

Le Conseil d'État juge que l'agrément demandé par la société absorbante pour le transfert des déficits de la société absorbée peut être accordé sur une fraction seulement des déficits.

Pour en savoir plus, consultez le § **39570**

Le contexte économique doit être pris en compte pour apprécier le changement significatif d'activité

La baisse importante du chiffre d'affaires et des effectifs, destinée à maintenir en période de crise l'activité à l'origine des déficits de l'absorbée dont le transfert est demandé, ne caractérise pas un changement significatif d'activité justifiant le refus d'agrément.

Pour en savoir plus, consultez le § **39570**

Groupes de sociétés

Intégration fiscale : l'exclusion des titres détenus par les salariés pour le périmètre est étendue

Pour le calcul du taux de détention du capital d'une filiale par la mère, l'exclusion des titres émis ou attribués aux salariés est maintenue lorsqu'un salarié rejoint une autre société du même groupe économique incluse dans le plan d'émission ou d'attribution de titres.

Pour en savoir plus, consultez le § **40240**

Régime des sociétés mères et filiales : mise en conformité avec la jurisprudence européenne

À l'issue d'un délai d'un exercice, le taux réduit de la quote-part de frais et charges s'applique notamment aux dividendes versés à une mère ayant renoncé à l'intégration par des filiales européennes qui auraient pu appartenir à son groupe en cas d'implantation en France.

Pour en savoir plus, consultez le § **40970**

Imposition minimale mondiale des groupes (« Pilier 2 »)

La directive UE/2022/2523 du 15 décembre 2022 dite « Pilier 2 » visant à assurer un niveau minimum d'imposition mondial pour les groupes d'entreprises multinationales et les groupes nationaux de grande envergure dans l'Union a été transposée en droit interne.

Pour en savoir plus, consultez les § **41100 s.**

Impôts directs locaux

Taxe foncière sur les propriétés bâties

Les exonérations des logements économes en énergie sont actualisées

À compter des impositions de 2024, peuvent être exonérés les logements neufs satisfaisant à des critères de performance énergétique supérieurs à ceux de la RE 2020 et, à compter des impositions de 2025, les logements anciens faisant l'objet de dépenses de rénovation énergétique entrant dans le champ du taux réduit de TVA.

Pour en savoir plus, consultez le § **41970**

Une exonération est créée en faveur des logements locatifs sociaux faisant l'objet d'une rénovation lourde

Les logements locatifs sociaux classés E, F ou G qui font l'objet de travaux de rénovation agréés leur permettant d'atteindre un niveau de performance énergétique de classe A ou B sont exonérés de taxe foncière pendant quinze à vingt-cinq ans à compter de l'année suivant celle de l'achèvement des travaux.

Pour en savoir plus, consultez le § **42002**

Contribution économique territoriale

Un nouveau dispositif d'exonération zoné est créé : France ruralités revitalisation

Pour les impositions établies à compter de 2025, les entreprises qui exercent une activité dans une ZFRR ou une ZFRR « plus » peuvent bénéficier, sur délibération des collectivités bénéficiaires, d'une exonération de CET et de taxe foncière.

Pour en savoir plus, consultez le § **43593**

La valeur locative plancher de 100 % s'applique en cas de contrôle conjoint

La règle de fixité du prix de revient des immobilisations transmises lors d'une restructuration s'applique, non seulement en cas de contrôle exclusif par une seule entreprise, mais également en cas de contrôle conjoint par plusieurs entreprises.

Pour en savoir plus, consultez le § **43695**

La CVAE est réduite progressivement, avant une suppression totale à compter de 2027

La suppression de la CVAE, qui devait intervenir en 2024, est repoussée à 2027, sauf pour les redevables de la cotisation minimum. D'ici là, le taux d'imposition est abaissé progressivement. Le taux du plafonnement en fonction de la valeur ajoutée est corrélativement réduit, selon le même calendrier.

Pour en savoir plus, consultez les § **43850, 44000 s., 44015 et 44100**

TVA

Champ d'application

Règles applicables aux opérations complexes

Les principes applicables aux opérations complexes, la méthode d'analyse à retenir pour déterminer si différents éléments doivent ou non être regroupés dans une même opération ainsi que les règles de détermination du traitement fiscal d'une opération composée de plusieurs éléments ont été précisés par la doctrine.

Pour en savoir plus, consultez les § **46478 s.**

Des règles particulières s'appliquent en matière de contrôle d'un assujetti unique

Si le contrôle s'applique en principe dans les conditions de droit commun, des particularités sont à signaler concernant notamment le contenu de l'avis de vérification et la dérogation à l'interdiction de renouveler une vérification.

Pour en savoir plus, consultez le § **46556**

Territorialité

Nouvelles mesures relatives à la TVA due à l'importation

De nouvelles mesures visant à lutter contre la fraude à la TVA à l'importation dans le cadre de l'activité de dropshipping et à procéder à des ajustements concernant la gestion du recouvrement de la TVA à l'importation sont mises en place.

Pour en savoir plus, consultez les § **49600 s. et 49800 s.**

La location de biens meubles à des non assujettis hors UE est taxée en France si le service y est utilisé

Les locations de biens meubles corporels, autres que des moyens de transport, fournies à un preneur non assujetti établi hors UE, sont imposables en France lorsque le service est utilisé en France, quel que soit le lieu d'établissement du prestataire.

Pour en savoir plus, consultez le § **50035**

Prestataire hors UE de services électroniques : création d'une injonction de mise en conformité fiscale

Une procédure de mise en conformité fiscale est créée, assortie d'un mécanisme d'injonction au déréférencement ou à la restriction d'accès aux interfaces en ligne donnant accès à des sites internet d'entreprises se livrant à des activités économiques depuis un pays tiers, sans acquitter la TVA exigible en France.

Pour en savoir plus, consultez le § **50060**

Obligations déclaratives des assujettis établis dans l'UE ou dans un pays tiers ayant conclu une convention d'assistance au recouvrement des créances fiscales

Les formalités d'identification à la TVA en France pour ces assujettis doivent être réalisées sur le portail du guichet des formalités des entreprises.

Pour en savoir plus, consultez le § **50640**

Taux

L'administration intègre les règles des opérations complexes et la directive « taux » dans sa doctrine

Lors de la mise à jour de la base Bofip concernant les règles de TVA applicables aux opérations dites « complexes », l'administration a réécrit les généralités sur les taux de TVA en tirant les conséquences du traitement fiscal applicable à ces opérations et de l'adoption de la directive UE/2022/542 du 5 avril 2022.

Pour en savoir plus, consultez les § **52770 s.**

Taux réduit sur les travaux de rénovation énergétique : report des nouvelles modalités d'application

La date limite d'entrée en vigueur du nouveau champ d'application du taux de 5,5 % sur les travaux de rénovation énergétique des locaux à usage d'habitation, initialement fixée au 1er janvier 2024 au plus tard, est reportée au 1er octobre 2024.

Pour en savoir plus, consultez le § **53048**

Obligations

L'autoliquidation applicable aux transferts de certificats et de garanties d'origine est élargie

Le mécanisme d'autoliquidation est étendu en particulier aux transferts de garanties d'origine de gaz renouvelable, de biogaz, de l'hydrogène renouvelable et de l'hydrogène bas carbone ainsi qu'aux transferts de certificats de production de biogaz.

Pour en savoir plus, consultez le § **54050**

Déductions

Les véhicules aménagés pour le transport de chevaux ouvrent droit à déduction

Les livraisons, importations, acquisitions intracommunautaires et prestations de services portant sur les véhicules aménagés pour le transport des équidés ne font l'objet d'aucune exclusion ou restriction du droit à déduction (coefficient d'admission égal à un).

Pour en savoir plus, consultez le § **55942**

Restitution d'une TVA facturée à tort : l'acquéreur doit prioritairement s'adresser à son fournisseur

Le Conseil d'État juge que pour obtenir la restitution de la TVA qui lui a été facturée à tort, l'acquéreur doit prioritairement s'adresser à son fournisseur si celui-ci n'a pas pris l'initiative de lui rembourser l'indu correspondant et, subsidiairement seulement, à l'administration.

Pour en savoir plus, consultez le § **56275**

Régimes particuliers

Logements sociaux situés dans des QPPV : des aménagements temporaires sont prévus

Pour l'application du taux de 5,5 %, notamment aux livraisons et livraisons à soi-même de certains logements sociaux situés dans des quartiers prioritaires de la politique de la ville (QPPV) qui ne répondent plus à cette définition depuis le 1er janvier 2024, un dispositif temporaire de maintien du taux de 5,5 % est prévu.

Pour en savoir plus, consultez le § **58895**

Le champ d'application du taux de 10 % dans le secteur du logement locatif intermédiaire est élargi

Le champ d'application du taux de 10 % prévu pour la livraison de certains logements locatifs du secteur intermédiaire est élargi à plusieurs égards : investisseurs visés, immeubles concernés, zones géographiques dans lesquelles se situent les immeubles et opérations éligibles.

Pour en savoir plus, consultez le § **58897**

Assujetti revendeur : la TVA grevant un immeuble ancien peut être déduite avant sa revente

L'administration précise les conditions et délais dans lesquels un acheteur-revendeur peut déduire la TVA ayant grevé le prix d'acquisition d'un immeuble ancien qu'il destine à la revente, ainsi que le sort de la TVA grevant les dépenses engagées en vue de cette revente.

Pour en savoir plus, consultez les § **58910 et 58915**

Agriculture : le taux réduit s'applique à l'enseignement et à la pratique de l'équitation dans les centres équestres

L'article 278-0 bis, O du CGI prévoit que le taux de 5,5 % s'applique désormais à l'enseignement et à la pratique de l'équitation et légalise le taux réduit, déjà prévu par la doctrine administrative, pour les animations, les activités de démonstration aux fins de découverte de l'environnement équestre et l'accès aux installations sportives destinées à l'utilisation des équidés.

Pour en savoir plus, consultez le § **60010**

Certains prestataires de services de paiement ont une obligation de tenue de registre

Les prestataires de services de paiement (à l'exception des prestataires de services d'information sur les comptes) ont l'obligation de tenir un registre détaillé des paiements transfrontaliers et des bénéficiaires de ces paiements sous peine de sanction.

Pour en savoir plus, consultez le § **60470**

Le régime de la marge peut s'appliquer en l'absence des mentions obligatoires sur la facture d'achat

Un assujetti-revendeur, qui a acquis des biens d'occasion, des œuvres d'art, des objets de collection ou d'antiquité mais ne dispose pas d'une facture d'achat comportant les mentions obligatoires spécifiques, peut faire application du régime de la marge lors de leur revente s'il est en mesure d'établir que les conditions de fond de ce régime sont satisfaites.

Pour en savoir plus, consultez le § **60755**

Les droits d'entrée à des compétitions de jeux vidéo sont soumis au taux réduit

L'application du taux de 5,5 % est étendue aux droits d'entrée des spectateurs aux compétitions de jeux vidéo.

Pour en savoir plus, consultez le § **61770**

Couplage de services de télévisions et d'autres services : les règles sont précisées

L'administration précise que, lorsqu'une même offre commerciale combine des services de télévision et d'autres services électroniques (services de rattrapage, vidéo à la demande, etc.), le regroupement ou la dissociation de ces services s'analyse au regard des règles applicables aux opérations complexes uniques.

Pour en savoir plus, consultez les § **61825 s.**

Droits d'enregistrement

Droits d'enregistrement intéressant les sociétés

Cession de parts de société à prépondérance immobilière : nouvelles obligations déclaratives

À compter du 1er janvier 2024, les actes et déclarations relatifs aux cessions de participations dans des personnes morales à prépondérance immobilière doivent comporter de nouvelles mentions.

Pour en savoir plus, consultez le § **66675**

Droits de succession et de donation

Les activités éligibles au régime Dutreil sont précisées

Pour les transmissions d'entreprise intervenues depuis le 17 octobre 2023, les activités commerciales éligibles au dispositif d'exonération partielle de droits de mutation à titre gratuit (« Dutreil-transmission ») sont définies par renvoi aux articles 34 et 35 du CGI. Les activités de gestion de son propre patrimoine sont toutefois expressément exclues à l'exception des holdings animatrices. Par ailleurs, la possibilité pour les entreprises exerçant une activité patrimoniale minoritaire de bénéficier de l'exonération est inscrite dans la loi.

Pour en savoir plus, consultez les § **68090 et 68105**

Les dettes de restitution du quasi-usufruitier ne sont pas déductibles

Pour les successions ouvertes depuis le 29 décembre 2023, les dettes de restitution portant sur une somme d'argent dont le défunt s'était réservé l'usufruit ne sont plus déductibles de l'actif successoral. La valeur de la dette non déductible est soumise aux droits de succession à la charge du nu-propriétaire.

Pour en savoir plus, consultez le § **68518**

L'abattement en cas de donation d'entreprise aux salariés est relevé

Le montant de l'abattement d'assiette applicable sur option en cas de donation d'entreprises aux salariés est porté de 300 000 à 500 000 € pour les transmissions réalisées depuis le 1er janvier 2024.

Pour en savoir plus, consultez le § **69290**

Impôt sur la fortune immobilière

Une nouvelle restriction à la déductibilité des dettes contractées par les sociétés

Pour la détermination de la valeur imposable des titres de société détenus par un redevable, les dettes contractées par la société qui ne sont pas afférentes à un actif imposable ne peuvent plus être déduites. Cette interdiction est toutefois assortie d'un double plafond.

Pour en savoir plus, consultez le § **71783**

Taxes diverses

Taxe sur les salaires

Les conditions d'exonération de taxe sur les salaires sont cumulatives

Selon le Conseil d'État, pour ne pas être redevable de la taxe sur les salaires au titre des rémunérations payées au cours d'une année civile, une personne doit non seulement être assujettie cette année-là à la TVA sur une partie au moins de son chiffre d'affaires, mais aussi l'avoir été l'année précédente à hauteur d'au moins 90 % de son chiffre d'affaires.

Pour en savoir plus, consultez le § **73380**

Les abandons de créances doivent figurer au numérateur du rapport d'assujettissement

Selon la Cour administrative d'appel de Paris, les abandons de créances consentis par une société mère à sa filiale constituent des recettes et doivent, par suite, être pris en compte dans le rapport d'assujettissement à la taxe sur les salaires.

Pour en savoir plus, consultez le § **73385**

Taxes sur l'affectation des véhicules à des fins économiques

Taxes sur l'affectation des véhicules à des fins économiques

La taxe sur les émissions de CO_2 due au titre des années 2024 et suivantes est fortement alourdie. La taxe sur l'ancienneté des véhicules de tourisme est remplacée à compter de 2024 (paiement en 2025) par une taxe sur les émissions de polluants atmosphériques, avec des tarifs également revus à la hausse. Par ailleurs la non-déductibilité de ces taxes du résultat imposable est étendue aux entreprises relevant de l'impôt sur le revenu.

Pour en savoir plus, consultez les § **75100 s.**

Taxe générale sur les activités polluantes

Taxe générale sur les activités polluantes

La TGAP « déchets » est étendue aux déchets radioactifs métalliques. Bénéficie toutefois d'une exemption de taxe la réception dans une installation de stockage autorisée de déchets radioactifs métalliques issus d'une valorisation de matière radioactive.

Pour en savoir plus, consultez le § **75210**

Autres taxes

Taxe sur les objets et métaux précieux : la notion de bijou est précisée

Le Conseil d'État juge qu'une montre peut être qualifiée de bijou, même si elle n'est pas composée de métaux précieux.

Pour en savoir plus, consultez le § **75920**

Taxe sur les conventions d'assurances : deux nouveautés

L'obligation de télédéclaration et de télépaiement entre en vigueur en 2024. L'exonération des véhicules électriques est prorogée mais réduite.

Pour en savoir plus, consultez les § **76000 s.**

Le « malus CO_2 » et le « malus au poids » sont aménagés à compter de 2024

Les tarifs de la taxe sur les émissions de CO_2 et de la taxe sur la masse en ordre de marche (dues lors de la première immatriculation en France) sont en forte hausse à compter de 2024. L'abattement « famille nombreuse » est plus encadré et de nouveaux abattements sont institués pour le « malus au poids ».

Pour en savoir plus, consultez les § **76035 s.**

Les taxes « Communication, numérique, culture » sont transférées dans le CIBS

Les dispositions législatives régissant les impositions des secteurs de la communication, de la culture et du numérique sont transférées du CGI vers le Code des impositions sur les biens et services (CIBS) à compter du 1er janvier 2024.

Pour en savoir plus, consultez les § **76130 s.**

Dispositions communes

Contrôle de l'impôt

L'administration pourra décider du lieu de réalisation des contrôles sur place

Le lieu du contrôle sur place (vérification de comptabilité et contrôle de la délivrance des reçus fiscaux) pourra être fixé dans ses propres locaux par l'administration, s'il n'y pas d'accord avec le contribuable sur un autre lieu en dehors des locaux de l'entreprise.

Pour en savoir plus, consultez les § **78120 et 78430**

Une nouvelle présomption de transferts de bénéfices est instituée

Dans le cadre de la mise en œuvre de l'article 57 du CGI, l'administration sera présumée (présomption simple) apporter la preuve d'un avantage anormal en cas de constat d'un écart entre le montant du prix de transfert déterminé selon la méthode effectivement suivie par l'entreprise et celui qui aurait été atteint si la méthode décrite dans la documentation particulière prévue par les articles L 13 AA et L 13 AB du LPF avait été respectée.

Pour en savoir plus, consultez le § **78267**

Les transferts d'actifs et droits incorporels difficiles à évaluer pourront être rectifiés « ex-post »

Pour les exercices ouverts à compter du 1er janvier 2024, l'administration pourra (sauf dans certaines situations) utiliser les résultats réels réalisés postérieurement à l'exercice au cours duquel a eu lieu le transfert d'actifs incorporels difficiles à évaluer pour présumer une sous-évaluation ou surévaluation des éléments en cause au moment du transfert. Toutefois, le contribuable pourra apporter la preuve d'une juste évaluation.

Pour en savoir plus, consultez le § **78277**

Rémunérations de services versées à l'étranger : le champ de l'article 155 A est étendu

Pour les revenus perçus à compter du 1er janvier 2024, l'administration pourra imposer sur le fondement de l'article 155 A du CGI les sommes versées en contrepartie de l'exploitation commerciale de droits attachés à l'image, au nom ou à la voix d'une ou de plusieurs personnes, de l'usage de droits d'auteur ou de droits voisins ou de la propriété industrielle ou commerciale.

Pour en savoir plus, consultez le § **78290**

Le champ de la procédure de visite et de saisie domiciliaire est étendu

Depuis le 1er janvier 2024, l'administration peut solliciter l'autorisation de procéder à une visite domiciliaire lorsqu'il existe des présomptions qu'un contribuable a souscrit des déclarations inexactes en vue de bénéficier de crédits d'impôts prévus en faveur des entreprises passibles de l'impôt sur le revenu ou les bénéfices.

Pour en savoir plus, consultez le § **78320**

L'administration va disposer de nouveaux moyens pour la recherche sur internet de données destinées au contrôle

L'expérimentation de l'exploitation des données de masse des plateformes en ligne est prolongée. Son champ d'application sera élargi aux minorations ou dissimulations de recettes et l'exploitation des données pourra viser les contenus publiquement accessibles y compris via l'inscription à un compte.

Par ailleurs, des agents des finances publiques spécialement habilités pourront être autorisés à mener des enquêtes sous pseudonyme sur les sites internet, réseaux sociaux et applications de messagerie pour établir la preuve de certaines infractions.

Pour en savoir plus, consultez les § **78415 et 78417**

Une nouvelle peine complémentaire sanctionnera la fraude fiscale aggravée

Pour les infractions commises à compter du 1er janvier 2024, la peine complémentaire de privation temporaire du droit au bénéfice des réductions et crédits d'impôts sur le revenu ou la fortune immobilière pourra, en cas de fraude fiscale aggravée, être prononcée par le juge pénal.

Pour en savoir plus, consultez le § **80265**

Un nouveau délit sanctionne la mise à disposition d'instruments de facilitation de la fraude fiscale

Les personnes physiques ou morales qui mettent à la disposition de tiers des moyens, services, actes ou instruments leur permettant de se soustraire à leurs obligations fiscales pourront être sanctionnées pénalement (amende et/ou emprisonnement) sur le fondement d'un texte spécifique. L'initiative des poursuites appartiendra à l'autorité judiciaire.

Pour en savoir plus, consultez le § **80285**

Recours des contribuables

Les intérêts moratoires sont désormais systématiquement dus en cas d'erreur de l'administration

Le paiement des intérêts moratoires en faveur du contribuable est étendu à toutes les situations dans lesquelles un dégrèvement est prononcé du fait d'une erreur commise par l'administration, même en l'absence de procédure contentieuse.

Pour en savoir plus, consultez le § **81915**

Conventions fiscales internationales

La nouvelle convention franco-danoise du 4 février 2022 est en vigueur

La convention en vue d'éviter les doubles impositions et prévenir la fraude et l'évasion fiscales signée entre la France et le Danemark le 4 février 2022 est entrée en vigueur le 29 décembre 2023. Ses dispositions s'appliquent à compter de 2024.

Pour en savoir plus, consultez les § **83300 s.**

Régimes spéciaux

Location meublée

Les règles d'imposition au régime micro-BIC des loueurs de meublés de tourisme sont aménagées

Le champ d'application du régime micro-BIC et ses modalités d'imposition sont modifiés pour les loueurs de meublés de tourisme à compter de l'imposition des revenus de 2023.

Pour en savoir plus, consultez le § **90510**

La réduction d'impôt en faveur des loueurs en meublé non professionnels est bornée dans le temps

La réduction d'impôt sur le revenu dite « Censi-Bouvard » est subordonnée à la condition que l'achèvement du logement ou des travaux intervienne au plus tard le 1er juillet 2025.

Pour en savoir plus, consultez le § **90575**

Le régime de la « parahôtellerie », partiellement incompatible avec la directive TVA, est aménagé

Le régime de la « parahôtellerie » est aménagé à la suite de l'avis du Conseil d'État qui a révélé une non-conformité partielle du dispositif actuel avec la directive TVA. Les règles de taxation sont redéfinies et s'appuient sur une distinction entre les prestations d'hébergement fournies dans le cadre du secteur hôtelier (ou assimilé) et les locations de logements meublés à usage résidentiel.

Pour en savoir plus, consultez les § **90615 s.**

Outre-mer

Zones franches d'activité : extension de l'abattement majoré

Le bénéfice de l'abattement majoré est étendu à trois nouveaux secteurs d'activité prioritaires pour les exercices ouverts à compter du 1er janvier 2024.

Pour en savoir plus, consultez le § **91492**

Les dispositifs de défiscalisation sont aménagés

Les dispositifs en faveur de l'investissement productif sont étendus aux friches hôtelières et industrielles et à certaines installations de production d'électricité solaire. En revanche, la défiscalisation des véhicules de tourisme et des locations meublées de tourisme est restreinte. Par ailleurs, les deux dispositifs en faveur de l'investissement dans le secteur locatif social sont assouplis.

Pour en savoir plus, consultez les § **91865 s. et 92080 s.**

Elles sont traitées comme les achats des particuliers, la **taxation** se situant exclusivement au niveau du **fournisseur** lors de la **livraison** (avec application, s'il y a lieu, des règles prévues pour les VAD-IC : nos 49780 s.).

En revanche, **au-dessus du seuil,** ces acquisitions suivent le **régime général** des acquisitions intracommunautaires et ces personnes ont un numéro d'identification TVA (no 53420). La taxe due sur les acquisitions intracommunautaires **taxables** doit obligatoirement être liquidée et déclarée sur des déclarations **CA 3.**

> Précisions L'**attribution** d'un **numéro d'identification** à la TVA à une PBRD en application du 4° ou du 5° de l'article 286 ter (voir no 53420, 4e et 5e tirets) ne lui fait pas perdre sa qualité de PBRD. En conséquence, l'intéressée doit préciser, dans sa demande d'attribution d'un numéro de TVA, si elle souhaite continuer à bénéficier ou non du régime dérogatoire en matière d'acquisitions intracommunautaires de biens. Toutefois, si elle **communique** ce **numéro à un fournisseur** dans le cadre d'une acquisition intracommunautaire de biens, elle est réputée avoir opté pour l'application du régime général (no 49230) (Régl. UE/282/2011 art. 4).

La personne bénéficiant du régime dérogatoire peut, si elle le désire, y renoncer en choisissant de soumettre par option toutes ses acquisitions intracommunautaires à la TVA selon le **régime général.** **49230**

L'option prend effet au premier jour du mois au cours duquel elle est exercée. Elle expire le 31 décembre de la deuxième année qui suit celle au cours de laquelle elle a été exercée. Elle est tacitement reconduite, par période de deux années civiles, sauf dénonciation formulée avant l'expiration de chaque période.

> Précisions **a.** Pour l'**appréciation du seuil de 10 000 €,** on retient le total, hors TVA, des acquisitions (autres que de moyens de transport neufs et de produits soumis à accises) ayant donné lieu, dans un autre État membre, à une livraison soumise à la TVA par le vendeur dans cet État (à l'exception, par conséquent, des livraisons exonérées dans ledit État). **49235**

Le régime dérogatoire s'applique si le montant d'achats ainsi déterminé n'a pas excédé durant l'**année précédente,** et n'excède pas durant l'**année en cours,** le seuil de 10 000 €. **Exemple** : une PBRD, dont les achats de l'année N – 1 n'ont pas dépassé 10 000 €, a réalisé durant le premier trimestre de l'année N 7 600 € d'achats, qui ont bénéficié du régime dérogatoire. Si, durant le deuxième trimestre, elle réalise un nouvel achat de 4 600 € (franchissement du seuil), cet achat sera entièrement taxable selon le régime général. De même pour les achats suivants qui interviendront avant la fin de l'année N ou durant toute l'année N + 1.

b. Dès qu'elles **ne remplissent plus les conditions** pour bénéficier du régime dérogatoire (dépassement du seuil, notamment), les personnes en cause doivent en informer par écrit et sans délai le service des impôts et, lorsqu'elles n'ont pas déjà satisfait à l'obligation de déclaration de création d'entreprise ou d'activité visée no 53390, souscrire un document en vue de l'attribution du numéro individuel d'identification à la TVA (CGI art. 286 bis et ann. II art. 242 decies).

c. Même si le régime dérogatoire ne concerne directement que les acquisitions intracommunautaires, la situation des **PBRD** présente cependant certaines **autres particularités,** notamment en matière de **livraisons intracommunautaires** (no 49270), de **VAD** (nos 49760 s.) et d'opérations sur **moyens de transport neufs** (no 49340).

d. Des **régimes dérogatoires analogues** à celui décrit ici pour la France existent également (avec des seuils propres à chaque pays) dans les **autres États membres** de l'UE.

2. LIVRAISONS INTRACOMMUNAUTAIRES

Dès lors qu'elles sont réputées faites en France (au sens défini no 48965), les livraisons intracommunautaires de biens, c'est-à-dire les **livraisons de France à destination d'un autre État membre,** entrent en principe dans le champ d'application de la **TVA** française. Mais elles en sont **exonérées** lorsque sont réunies les conditions indiquées no 49270. **49260** CGI art. 262 ter, I TVA-IV-4300 s

La situation est la même pour les **transferts** de biens **assimilés** à des livraisons intracommunautaires (no 49280).

Bien qu'exonérées, ces deux catégories d'opérations ouvrent **droit à déduction.** Les assujettis qui les réalisent peuvent donc déduire la TVA qui a grevé les éléments du prix des biens expédiés à l'étranger. Ils sont en droit, lorsqu'ils ne peuvent pas récupérer la taxe par imputation, d'en obtenir le **remboursement** (nos 56620 s.).

Par ailleurs, ils ont la faculté d'**acquérir** ou d'importer **en franchise** de taxe les biens qu'ils destinent à des livraisons à l'étranger en l'état ou après transformation (nos 50550 s.).

Le montant total des livraisons intracommunautaires de biens exonérées (y compris les transferts) doit être mentionné, de manière apparente, sur les **déclarations** de chiffre d'affaires

(CGI art. 287, 5-a). Elles doivent être portées sur ces déclarations (ainsi que sur l'état récapitulatif des clients : nos 49420 s.) le 15 du mois suivant celui au cours duquel s'est produit le fait générateur (CGI art. 269, 2-d).

Mentions que doivent comporter les **factures et délai de facturation** : voir nos 53625 et 53585.

Nota : En ce qui concerne :

– le régime particulier des **VAD-IC** : voir nos 49780 s. ;

– le régime spécifique des **moyens de transport neufs** : voir nos 49340 s. ;

– les livraisons intracommunautaires et transferts de **biens d'occasion, œuvres d'art, objets de collection ou d'antiquité** : voir nos 60875 et 60880, précision b.

LIVRAISONS INTRACOMMUNAUTAIRES EXONÉRÉES

49270
CGI art. 262 ter, I-1°
TVA-IV-4350 s

Sont exonérées de TVA les livraisons de **biens** expédiés ou **transportés sur le territoire d'un autre État membre** de l'UE **à destination d'un autre assujetti** ou d'une personne morale non assujettie.

L'exonération s'applique lorsque les **six conditions** suivantes sont réunies (BOI-TVA-CHAMP-30-20-10 n° 10) :

1. La livraison est effectuée **à titre onéreux** ;

2. Le **vendeur** est un **assujetti** agissant en tant que tel ;

3. L'**acquéreur** est un **assujetti** ou une **personne morale non assujettie** qui ne bénéficie **pas,** dans son État membre, du **régime dérogatoire** (du type décrit nos 49225 s.) autorisant à ne pas soumettre à la TVA les acquisitions intracommunautaires (**PBRD**) ;

4. Le bien est **expédié ou transporté hors de France** à destination d'un autre État membre (quelle que soit la personne qui effectue le transport). L'existence du transport ou de l'expédition est justifiée par tout moyen de **preuve** ; l'ensemble des indications résultant des documents commerciaux usuels (document de transport, facture du transporteur, bon de livraison, confirmation écrite par l'acquéreur de la réception des biens, etc.) doit permettre, en principe, d'apporter cette preuve (BOI-TVA-CHAMP-30-20-10 n° 50) (sur le dispositif communautaire de présomption de la preuve du transport : voir précision d ci-après).

5. L'**acquéreur** (assujetti ou personne morale non assujettie) est **identifié à la TVA** dans un **État membre autre que celui du départ** de l'expédition ou du transport des biens et **a communiqué son numéro d'identification** TVA au vendeur (voir précision e ci-après) ;

6. Le **vendeur** doit satisfaire à l'obligation de **dépôt de l'état récapitulatif des clients** auxquels il a livré des biens (nos 49420 s.), lequel doit **contenir toutes les informations correctes** concernant sa livraison (le manquement à cette obligation ne remet toutefois pas en cause l'exonération si le vendeur peut dûment en justifier à la satisfaction de l'administration fiscale).

› Précisions **a.** Ces dispositions ne s'appliquent pas aux livraisons réalisées par les bénéficiaires de la **franchise en base** (nos 53780 et 54350 s.), puisqu'elles sont déjà exonérées au titre de ladite franchise.

b. Lorsque l'acquéreur est une **PBRD bénéficiant** effectivement, dans son État membre, **du régime dérogatoire,** la livraison dont le lieu est réputé se situer en France ne bénéficie pas de l'exonération, sauf toutefois s'il s'agit de **produits soumis à accises.** Dans ce dernier cas, en effet, l'acquisition intracommunautaire sera taxée dans l'autre État membre, puisque les produits en cause sont exclus du régime dérogatoire (n° 49225).

c. Les livraisons en France de biens destinés à y faire l'objet de **travaux ou d'expertises** bénéficiant des mesures de simplification (Doc. fiscale TVA-IV-8250 s.) sont assimilées à des livraisons intracommunautaires exonérées.

d. L'article 45 bis du règlement UE/282/2011 prévoit une **présomption réfragable** (pouvant être réfutée par l'administration) de l'expédition ou du **transport** des biens dans un autre État membre de l'UE, assuré par le vendeur ou pour son compte, lorsque le vendeur dispose soit d'au moins deux documents (non contradictoires) relatifs à l'expédition ou au transport des biens (tels qu'un document ou une lettre CMR signé, un connaissement, une facture de fret aérien ou une facture du transporteur des biens) délivrés par deux parties différentes qui sont indépendantes l'une de l'autre, du vendeur et de l'acquéreur, soit d'un seul de ces documents et de l'un des documents suivants (non contradictoires), confirmant l'expédition ou le transport, délivrés par deux parties différentes qui sont indépendantes l'une de l'autre, du vendeur et de l'acquéreur : police d'assurance concernant l'expédition ou le transport des biens ou documents bancaires prouvant le paiement de l'expédition ou du transport des biens; documents officiels délivrés par une autorité publique, telle qu'un notaire, confirmant l'arrivée des biens dans l'État membre de destination; récépissé délivré par un entrepositaire dans l'État membre de destination attestant l'entreposage des biens dans cet État membre. Lorsque l'expédition ou le transport des biens est assuré par l'acquéreur ou pour son compte, le vendeur doit, en outre, être en possession d'une attestation de transport délivrée par l'acquéreur au plus tard le dixième jour du mois suivant la livraison et portant les mentions suivantes : État membre de destination ; date d'émission ; nom et adresse de l'acquéreur ; quantité et nature des biens ; date et lieu d'arrivée des biens ; si le bien est un moyen de transport, son numéro d'identification ; identification de la personne acceptant le bien au nom de l'acquéreur.

Lorsque les entreprises ne souhaitent pas se prévaloir de ces présomptions, le système de **preuves par tout moyen** décrit ci-avant au nº 4 s'applique (BOI-TVA-CHAMP-30-20-10 nº 90).

e. L'absence de **numéro d'identification de l'acquéreur sur la facture** constitue une présomption de non-communication de son numéro par l'acquéreur. Dès lors, le vendeur doit être en mesure de prouver qu'au moment de la livraison l'acquéreur était effectivement identifié à la TVA (copie de l'état récapitulatif des clients où est mentionnée l'opération, par exemple) (BOI-TVA-CHAMP-30-20-10 nº 110).

f. Lorsque plusieurs **livraisons successives** portant sur les mêmes biens donnent lieu à une expédition ou un **transport intracommunautaire unique** (les biens étant expédiés ou transportés d'un État membre vers un autre État membre, directement du premier fournisseur au dernier client dans la chaîne), cette expédition ou ce transport ne peut être imputé qu'à une seule de ces livraisons, qui sera la seule exonérée en tant que livraison intracommunautaire (CJUE 6-4-2006 aff. 245/04 : RJF 7/06 nº 971).

L'opération à laquelle doit être imputé l'expédition ou le transport est déterminée comme suit :

– en **principe,** l'expédition ou le transport n'est imputé qu'à la livraison effectuée à l'opérateur intermédiaire (lequel s'entend d'un assujetti dans la chaîne autre que le premier vendeur, qui expédie ou transporte les biens, soit lui-même, soit par l'intermédiaire d'un tiers agissant pour son compte) ;

– par **dérogation,** l'expédition ou le transport n'est imputé qu'à la livraison de biens effectuée par l'opérateur intermédiaire (au sens défini ci-avant) lorsque ce dernier a communiqué à son fournisseur le numéro d'identification TVA qui lui a été attribué par l'État membre à partir duquel les biens sont expédiés ou transportés (CGI art. 262 ter, I-1° bis).

Ce dispositif ne trouve donc à s'appliquer que si un **fournisseur** au sein de la chaîne **autre que le premier** fournisseur **effectue** (ou fait effectuer pour son compte) l'expédition ou le **transport des biens,** ce fournisseur étant alors désigné par les termes « opérateur intermédiaire ». Lorsque tel est le cas, l'exonération au titre de la livraison intracommunautaire bénéficie donc :

– soit à la seule livraison effectuée à l'opérateur intermédiaire par son fournisseur (ce dernier pouvant, selon le cas, être ou non le premier dans la chaîne) à condition que l'opérateur intermédiaire n'ait **pas communiqué** à son fournisseur un **numéro d'identification TVA** attribué par l'**État membre de départ** des biens (les autres livraisons dans la chaîne sont alors taxées, sauf application de la mesure de simplification décrite nº 49375) ;

– soit à la seule livraison effectuée par l'opérateur intermédiaire si ce dernier prouve qu'il **a communiqué** à son fournisseur le **numéro d'identification TVA** attribué par l'**État membre de départ** des biens (les autres livraisons dans la chaîne sont alors taxées, sauf application de la mesure de simplification décrite nº 49375).

Lorsque l'expédition ou le **transport des biens** est effectué par le **premier fournisseur ou le dernier client** (ou pour leur compte), le dispositif ne s'applique pas. Dans ces hypothèses, l'expédition ou le transport des biens est imputable à la livraison du premier fournisseur ou à celle du dernier fournisseur selon que l'expédition ou le transport des biens est réalisé par le premier fournisseur ou le dernier client.

g. En ce qui concerne :

– les livraisons intracommunautaires réalisées par l'entremise d'un **intermédiaire « opaque »** ou d'un **GIE** : voir nºs 61495 s. ;

– les livraisons intracommunautaires de **moyens de transport neufs** : voir nº 49360 ;

– les livraisons intracommunautaires d'**or d'investissement** : voir nºs 61870 s. ;

– les **stocks sous contrat de dépôt** : voir nº 49390.

Refus de l'exonération en cas de fraude L'exonération ne s'applique pas lorsqu'il est démontré que le fournisseur savait ou ne pouvait ignorer que le **destinataire** présumé de l'expédition ou du transport n'avait **pas d'activité réelle.** 49275

L'**administration** doit **démontrer** :

– d'une part, que le destinataire présumé n'a pas d'activité réelle. L'absence d'activité réelle est caractérisée en cas d'absence de substance du destinataire (défaut de locaux, de matériels, de personnel...) ou en cas d'absence d'activité économique du destinataire en rapport avec les marchandises acquises. Cette démonstration nécessite de rassembler un faisceau d'indices ;

– d'autre part, que le fournisseur savait (l'administration doit fournir des éléments objectifs incontestables) ou ne pouvait ignorer l'absence d'activité réelle de l'acquéreur. Pour le démontrer, l'administration peut s'appuyer, notamment, sur les indices suivants, classés par ordre d'importance : liens juridiques, économiques et personnels existant entre les opérateurs participant à la fraude ; livraisons répétées et portant sur un montant important avec le même destinataire ; adresse de domiciliation de l'acquéreur, absence de personnel et de moyens d'exploitation en adéquation avec le volume des transactions alléguées ; activité économique de l'acquéreur sans lien avec les livraisons de biens effectuées ; mode de règlement des achats ne correspondant pas à un usage commercial normalement établi dans la profession (BOI-TVA-CHAMP-30-20-10 nos 190 à 230).

› Précisions Selon la CJUE, l'administration ne peut obliger un **fournisseur,** qui a agi **de bonne foi** et présenté des **preuves** justifiant à première vue son droit à l'exonération d'une livraison intracommunautaire de biens, à acquitter ultérieurement la TVA sur ces biens lorsque les preuves se révèlent être fausses sans que soit établie la participation du fournisseur à la fraude fiscale, pour autant que ce dernier ait pris toute mesure raisonnable en son pouvoir pour s'assurer que la livraison qu'il effectue ne le conduit pas à participer à une telle fraude (CJUE 27-9-2007 aff. 409/04 : RJF 12/07 n° 1511). À cet égard, lorsque le vendeur ne dispose pas d'éléments lui permettant de soupçonner l'existence d'une fraude, son droit à exonération ne peut pas être remis en cause au seul motif qu'il n'a pas procédé à la **vérification** de la **validité du numéro d'identification à la TVA** de l'acquéreur dans la base administrative de données (CE 25-2-2011 n° 312290 : RJF 5/11 n° 562). En revanche, lorsque le fournisseur a dissimulé l'identité du véritable acquéreur afin de lui permettre d'éluder le paiement de la TVA, l'exonération de la livraison peut être refusée (CJUE 7-12-2010 aff. 285/09 : RJF 3/11 n° 394).

TRANSFERTS ASSIMILÉS À DES LIVRAISONS INTRACOMMUNAUTAIRES

49280 CGI art. 256, III et 262 ter, I-2° TVA-IV-4950 s

Le transfert, par un assujetti en France, d'un bien de son entreprise à destination d'un autre État membre de l'UE pour les besoins de son entreprise est assimilé à une livraison de biens. Il s'agit principalement des **mouvements de stocks ou de biens d'investissement,** intervenant **sans changement de propriété.**

Ce transfert entre, en **principe,** dans le **champ d'application** de la TVA.

Mais, à l'instar des livraisons intracommunautaires, le transfert est **exonéré** si l'assujetti dispose d'un numéro d'identification dans l'État membre d'arrivée des biens, s'il justifie de la réalité du transport ou de l'expédition par lui-même ou pour son compte du bien dans l'autre État membre et s'il a déposé un état récapitulatif des clients contenant toutes les informations correctes concernant son transport.

Symétriquement, l'affectation du bien dans l'autre État membre est assimilée à une acquisition intracommunautaire (n° 49205).

› Précisions Ne constituent **pas des transferts** les expéditions ou les transports de biens à partir de la France à destination d'un autre État membre lorsque les biens font l'objet : d'une livraison soumise au régime des **VAD-IC** (nos 49780 s.) ; ou d'une **exportation** à partir d'un autre État membre (cette exportation doit être immédiate et sa réalité doit être justifiée par la production du document douanier).
N'est pas non plus assimilé à une livraison intracommunautaire le transfert de **gaz naturel,** d'**électricité,** de **chaleur** ou de **froid** vers un autre État membre pour les besoins d'une livraison dont le lieu y est situé (n° 48990) ni le transfert d'un bien sous le régime des **stocks sous contrat de dépôt** (n° 49390).

49285 Par **exception,** ne constitue pas un transfert entrant dans le champ d'application de la TVA l'expédition ou le transport, par un assujetti, d'un bien destiné :

– à être **utilisé temporairement** dans l'autre État membre dans des conditions qui ouvriraient droit, si ce bien était importé dans cet État, au bénéfice de l'admission temporaire en exonération totale de droits à l'importation ;

– à être utilisé **temporairement** dans l'autre État membre pour les besoins de **prestations de services** effectuées par l'assujetti ;

– à faire l'objet dans l'autre État membre de **travaux** ou d'**expertises,** à condition que le bien soit réexpédié ou transporté en France à destination du donneur d'ordres assujetti (des mesures de simplification sont cependant admises dans certains cas : Doc. fiscale TVA-IV-8250 s.) ;

– à être **monté ou installé** par le vendeur ou pour son compte dans l'État membre d'arrivée du transport ou de l'expédition (la livraison est alors imposable dans cet État membre ; son montant doit néanmoins être mentionné sur la déclaration de chiffre d'affaires : CGI art. 287, 5-a) ;

– à faire l'objet d'une **livraison à bord d'un moyen de transport,** effectuée par l'assujetti, dans les conditions mentionnées à l'article 37 de la directive TVA (sont ici visés en pratique les biens destinés à la vente à bord qui n'ont pas été vendus lors de l'arrivée du moyen de transport dans l'autre État membre).

CGI art. 286 quater, I TVA-IV-5150 s

› Précisions Tout assujetti doit tenir un **registre des biens expédiés** ou transportés dans un État membre dans les cas ci-avant **à titre temporaire** (à l'exception par conséquent des biens montés ou installés ou destinés à être livrés à bord d'un moyen de transport). Ce registre comporte, dans l'ordre chronologique, les mentions suivantes (CGI ann. IV art. 41 bis) : désignation des biens ou matériaux ; quantité exprimée en poids, volume ou unité ; lieu de destination ; date de l'expédition ou du transport ; date du retour ; nature de l'opération ; s'il y a lieu, désignation par son numéro d'assujetti à la TVA du prestataire établi dans un autre État membre, auquel les biens ont été expédiés en vue de travaux. Modalités de tenue de ce registre et sanctions : voir nº 52385.

3. MESURES PARTICULIÈRES

ÉCHANGES INTRACOMMUNAUTAIRES DE MOYENS DE TRANSPORT NEUFS

Lorsqu'ils sont effectués par des **particuliers** ou par des **PBRD** (bénéficiaires d'un régime dérogatoire à la taxation des acquisitions intracommunautaires tel que celui applicable en France, décrit nos 49225 s.), ces échanges font l'objet de **règles particulières.** Elles reposent sur l'idée que les achats intracommunautaires de moyens de transport neufs (définis nº 49345) doivent être soumis à la TVA dans l'État membre de destination. Par suite, la personne résidant ou établie en France qui **achète** un tel bien **dans un autre État membre** est redevable **en France** de la **TVA** sur son **acquisition** (nº 49350). Par symétrie, les **livraisons** de ces biens expédiés ou transportés **dans un autre État membre** sont **exonérées** de la TVA française (nº 49360). 49340 CGI art. 298 sexies TVA-IV-6520 s

› Précisions a. Pour les opérations entre **redevables habituels** de la TVA, ce sont les **règles générales** des échanges intracommunautaires et des déductions qui s'appliquent (avec possibilité d'acquérir en franchise de taxe, dans les conditions prévues nos 50550 s., les moyens de transport neufs destinés à faire l'objet d'une livraison intracommunautaire ou d'une exportation exonérée).
Cependant, ces redevables habituels sont également concernés par celles des dispositions du régime particulier qui visent la **définition** des moyens de transport neufs (nº 49345), le **certificat fiscal** exigé pour les moyens de transport provenant d'un autre État membre (nº 49355) et les **obligations de facturation** en cas de livraison intracommunautaire (nº 49365). Par ailleurs, les redevables habituels (ainsi que les personnes morales non assujetties identifiées à la TVA) sont tenus à une obligation déclarative particulière : ils doivent en effet fournir à l'administration un **relevé détaillé** de leurs acquisitions de moyens de transport provenant d'un autre État membre (nº 49355).
b. Les présents commentaires ne concernent pas les opérations portant sur des **moyens de transport d'occasion,** qui relèvent du régime des biens d'occasion exposé nos 60540 s. (voir notamment, pour les véhicules automobiles d'occasion, les explications et le tableau récapitulatif figurant nos 61050 s.).
Cependant, même s'ils sont d'occasion, les moyens de transport provenant d'un autre État membre doivent faire l'objet du **certificat fiscal** et être mentionnés sur le **relevé détaillé,** visés nº 49355.

Définition Sont considérés comme **moyens de transport** au sens de ces dispositions : 49345
- les bateaux de plus de 7,5 m, à l'exception de ceux visés nº 50460 ;
- les aéronefs dont le poids total au décollage excède 1 550 kg, à l'exception de ceux visés nº 50495 ;
- les véhicules terrestres à moteur d'une puissance supérieure à 7,2 kW ou d'une cylindrée de plus de 48 cm^3.

Ces moyens de transport sont considérés comme **neufs** lorsqu'ils remplissent l'une des deux conditions suivantes, lesquelles doivent être appréciées au moment de la livraison du bien en cause au sens du nº 46455 (CJUE 18-11-2010 aff. 84/09 : RJF 2/11 nº 257) :
- être livrés dans les six mois suivant la première mise en service pour les véhicules terrestres, ou dans les trois mois pour les autres véhicules ;
- avoir parcouru moins de 6 000 km pour les véhicules terrestres, ou navigué moins de 100 heures pour les bateaux, ou volé moins de 40 heures pour les avions.

Nota : Cette définition des moyens de transport neufs vaut aussi pour les opérations réalisées par les redevables habituels (nº 49340, précision a).

Acquisitions L'achat d'un moyen de transport neuf **dans un autre État membre** par un non-redevable – particulier ou PBRD – est une acquisition intracommunautaire **taxable en France.** 49350

Le redevable de la taxe est l'acquéreur. La taxe est due au taux applicable au bien en France. La base d'imposition est constituée par le prix mentionné sur la facture délivrée à l'acquéreur, converti, le cas échéant, en euros comme indiqué nº 52400.

La taxe doit être acquittée auprès du service des impôts dans le **délai** de 15 jours suivant la livraison.

> Précisions Pour les acquisitions réalisées par les **particuliers,** le **règlement de la TVA** doit, en principe, être obligatoirement effectué par l'acquéreur (auprès du service des impôts ou par un chèque, émis par lui, libellé à l'ordre du Trésor public), même en cas de recours à un **intermédiaire transparent.** Dans cette dernière hypothèse, celui-ci est tenu d'informer son mandant de cette obligation, par écrit à la signature du contrat, sous peine de nullité de ce dernier (CGI art. 298 sexies, V ter). Toutefois, si l'intermédiaire est en mesure de produire le contrat de mandat faisant apparaître une telle information ainsi que la volonté expresse de l'acquéreur de faire procéder au paiement de la TVA par un chèque émis par l'intermédiaire lui-même, il est admis que le service des impôts accepte ce moyen de paiement (BOI-TVA-SECT-70-30-10 n° 90).

49355 Tout acquéreur d'un moyen de transport en provenance d'un autre État membre de l'UE est tenu de faire viser par l'**administration fiscale** un **certificat** attestant que le moyen de transport est en situation régulière au regard de la TVA, que ledit moyen de transport soit neuf ou d'occasion, que son introduction en France constitue ou non une acquisition intracommunautaire et que l'acquéreur procède ou non à son immatriculation en France ou à sa francisation (lorsque l'immatriculation ou la francisation est sollicitée, le certificat fiscal doit être obligatoirement présenté aux services compétents). Cette obligation concerne tant les particuliers et les PBRD que les redevables habituels (n° 49340, précision a).

En outre, les **redevables habituels** (ainsi que les personnes morales non assujetties, identifiées à la TVA) doivent joindre à leur déclaration de chiffre d'affaires un **relevé détaillé** (établi sur papier libre) indiquant, pour la période couverte par la déclaration, l'identification, le prix et la date de chacune de leurs acquisitions (taxables ou non) de moyens de transport (neufs ou d'occasion) en provenance d'un autre État membre. Cette obligation n'est toutefois pas exigée des assujettis bénéficiant d'une dispense de certificat fiscal (voir précision c ci-après) et des assujettis qui ne réalisent qu'une seule acquisition intracommunautaire de moyen de transport au cours de la période couverte par la déclaration (BOI-TVA-SECT-70-30-40 n°s 10 et 20).

> Précisions **a.** Les **certificats fiscaux** ne sont en principe **visés** par l'administration qu'**au moment où** la **taxe** due au titre de l'opération est **effectivement acquittée** ou qu'au vu des documents présentés attestant que l'opération n'est pas taxable.

Pour les **véhicules d'occasion** acquis par les acheteurs-revendeurs ou par l'intermédiaire d'un mandataire, le certificat fiscal n'est délivré que si le demandeur justifie du régime de TVA appliqué par le titulaire du certificat d'immatriculation (n° 61055, b).

b. Par dérogation à la règle exposée au 1er alinéa du a ci-avant, les certificats fiscaux des assujettis et personnes morales non assujetties (autres que les PBRD) peuvent être **visés par anticipation,** dès la réalisation de l'acquisition intracommunautaire et avant le dépôt de la déclaration périodique de TVA, lorsque les intéressés ont soit présenté une **caution** solvable solidaire agréée par l'administration, soit obtenu de l'administration une **dispense de caution.**

La dispense de caution, qui vaut pour une durée de trois mois renouvelable par tacite reconduction, ne peut être accordée qu'aux demandeurs qui présentent des garanties suffisantes de solvabilité. L'administration statue sur la demande de dispense dans un délai de 30 jours ; l'absence de prise de position dans ce délai vaut accord tacite. Si au cours de la période de validité de la dispense l'administration constate que le demandeur ne présente plus de garanties suffisantes de solvabilité, la dispense est rapportée. Cette décision, qui doit être motivée, est notifiée au demandeur.

c. Les assujettis qui ont obtenu une dispense de caution peuvent également solliciter une **dispense de certificat fiscal** pour les moyens de transport qu'ils destinent à la revente, lorsque le nombre de certificats à établir au cours d'une année représente une gêne marquée pour l'assujetti (ce peut être le cas, par exemple, des professionnels de l'automobile). Lorsqu'ils ont obtenu une telle dispense, les intéressés doivent tenir à l'appui de leur comptabilité un état récapitulant par année civile les véhicules ainsi dispensés de certificat fiscal (BOI-TVA-SECT-70-30-30 n°s 1 à 30).

49360 **Livraisons** Les particuliers et les PBRD sont considérés comme des **assujettis occasionnels** lorsqu'ils procèdent à la livraison intracommunautaire d'un moyen de transport neuf.

La livraison est **exonérée,** mais ouvre droit pour le vendeur (selon les modalités prévues par l'article 242 duodecies de l'annexe II au CGI) au **remboursement** de la TVA qu'il a supportée lors de l'achat, de l'importation ou de l'acquisition intracommunautaire de ce bien. Le remboursement est limité au montant de la taxe qui serait due si la livraison n'était pas exonérée.

Nota : Les assujettis bénéficiant de la **franchise en base** (n°s 53780 s.) sont soumis au régime ici décrit, pour leurs livraisons intracommunautaires de moyens de transport neufs.

49365 Toute personne effectuant une livraison intracommunautaire d'un moyen de transport neuf doit obligatoirement délivrer à l'acquéreur (quelle que soit sa qualité) une **facture comportant**

les noms et adresses du vendeur et de l'acquéreur, l'État membre de destination, l'identification complète du moyen de transport (nature, genre, marque, type et numéro de série, cylindrée, date de première mise en circulation, immatriculation), la date de la livraison, la distance parcourue, le prix de vente HT et la mention « Exonération de TVA, art. 298 sexies du CGI ».

> **Précisions** **a.** Pour les livraisons entre **redevables habituels,** qui sont également concernées par cette obligation de facturation (nº 49340, précision a), les éléments d'identification des moyens de transport peuvent être portés sur des documents annexés à la facture. Dans la mention « Exonération de TVA », on se réfère alors à l'article 262 ter (au lieu de 298 sexies) du CGI.
> **b.** Pour les livraisons qu'ils effectuent à destination de personnes non identifiées à la TVA, les redevables habituels doivent, afin de justifier de l'exonération, conserver une copie d'une pièce d'identité de l'acquéreur et d'un document justifiant d'un domicile ou d'un établissement hors de France.

OPÉRATIONS TRIANGULAIRES

Est ainsi qualifiée l'opération dans laquelle un assujetti A, identifié dans un État membre 1 de l'UE, vend un bien meuble corporel à un assujetti B, identifié pour cette opération dans un État membre 2, qui revend ce bien à un client C identifié dans un État membre 3, le bien étant directement expédié ou transporté de l'État membre 1 dans l'État membre 3. **49375** CGI art. 258 D TVA-IV-7450 s

Les principes d'imposition des opérations intracommunautaires impliquent, normalement, que l'acheteur-revendeur B soit identifié soit dans l'État membre 1 (à partir duquel il réalise alors une livraison intracommunautaire exonérée à destination du client C), soit dans l'État membre 3 (dans lequel il réalise alors une acquisition intracommunautaire, suivie d'une livraison interne TTC au client C). En pratique, sauf application du premier alinéa de l'article 262 ter, I-1º bis du CGI (nº 49270, précision f), l'acheteur-revendeur B ne peut être considéré comme réalisant une acquisition intracommunautaire dans l'État membre 3 (impliquant son identification dans cet État membre et ayant pour corollaire une livraison intracommunautaire exonérée effectuée par A) que si le transfert, au client C, du pouvoir de disposer du bien comme un propriétaire a lieu après la réalisation du transport intracommunautaire (notamment CJUE 26-7-2017 aff. 386/16 : RJF 11/17 nº 1141 ; CJUE 21-2-2018 aff. 628/16 : RJF 5/18 nº 566).

La directive TVA a prévu toutefois une **mesure de simplification** pour des opérations qui mettent en relation **3 opérateurs identifiés** à la TVA **dans 3 États membres différents.**

En application de cette mesure, l'acheteur-revendeur B, lorsqu'il est placé dans la deuxième hypothèse visée ci-avant, est dispensé du paiement de la taxe sur les opérations qu'il réalise dans l'État membre 3 et, par suite, de s'y faire identifier à la TVA, le client C étant alors redevable de la taxe afférente à la livraison consécutive réalisée par B dans cet État membre.

Les explications détaillées concernant le fonctionnement de ce système sont données dans la Documentation pratique fiscale (Doc. fiscale TVA-IV-7510 s.).

AUTRES MESURES PARTICULIÈRES

Les dispositions mentionnées ci-après résultent de mesures de simplification prévues pour certains contrats passés dans le cadre des échanges intracommunautaires. **49385**

Stocks sous contrat de dépôt Les stocks sous contrat de dépôt se caractérisent par le fait que le fournisseur place chez son client des biens qui deviennent la propriété de ce dernier au moment où celui-ci les revend lui-même en l'état à un sous-acquéreur ou les prélève pour les intégrer dans son processus de fabrication. **49390** CGI art. 256, III bis

Une **mesure de simplification harmonisée** est prévue pour les stocks sous contrat de dépôt, intracommunautaires, qui permet, lorsque certaines conditions sont réunies, de ne pas faire application du régime des transferts/affectations (nºs 49280 et 49205).

La mesure de simplification s'applique lorsque les **conditions** suivantes sont réunies :

– les biens sont expédiés ou transportés par le fournisseur assujetti (ou par un tiers pour son compte) vers un autre État membre afin d'y être livrés à un stade ultérieur et après leur arrivée, à un client assujetti qui pourra en disposer comme un propriétaire en vertu d'un accord existant entre le fournisseur et son client ;

– le fournisseur n'est pas établi ou ne dispose pas d'un établissement stable dans l'État membre d'arrivée des biens (en revanche, il peut y être identifié) ;

– le client est identifié à la TVA dans l'État membre d'arrivée des biens et il a communiqué son identité et ce numéro d'identification TVA au fournisseur au moment du départ de l'expédition ou du transport ;

– le fournisseur inscrit le transfert des biens dans un registre (voir précision a) et indique l'identité et le numéro d'identification TVA de son client dans l'état récapitulatif des clients.

Si ces conditions sont remplies, les règles suivantes s'appliquent lors du **transfert du pouvoir de disposer des biens comme un propriétaire** au client, pour autant que le transfert ait lieu **dans les 12 mois** suivant l'arrivée des biens dans l'État membre où ils sont stockés : le fournisseur est réputé effectuer une livraison intracommunautaire exonérée dans l'État membre de départ de l'expédition ou du transport (il n'a à déclarer ni transfert intracommunautaire dans l'État membre de départ, ni affectation intracommunautaire dans l'État membre d'arrivée) ; le client est réputé effectuer une acquisition intracommunautaire taxable dans l'État membre d'arrivée.

> Précisions a. Les fournisseurs, les acquéreurs et les entrepositaires doivent tenir un **registre** des biens qu'ils transfèrent ou qui leur sont livrés dans le cadre du régime des stocks sous contrat de dépôt (CGI art. 286 quater, I-2). Les informations à consigner dans ces registres sont fixées par l'article 41 bis A de l'annexe IV au CGI (BOI-TVA-DECLA-20-30-30 n° 25). Le manquement à son obligation de tenue de registre par l'acquéreur ne remet pas en cause l'application du régime des stocks sous contrat de dépôt (BOI-TVA-CHAMP-10-10-40-10 n° 400 ; BOI-TVA-CHAMP-10-10-40-20 n° 322).

b. Dans le délai de 12 mois susvisé, le fournisseur a la possibilité, sans être tenu de déclarer un transfert au titre de l'expédition ou du transport des biens :

– de **remplacer le client par un autre,** pour autant que toutes les autres conditions requises soient remplies et que ce remplacement soit inscrit par le fournisseur dans le registre susvisé. Le fournisseur doit également indiquer dans l'état récapitulatif des clients (nos 49420 s.), au titre du mois de remplacement, sous le code régime 20, le numéro de TVA du nouveau destinataire ;

– ou de **renvoyer les biens** dans l'État membre de départ lorsque le droit d'en disposer comme un propriétaire n'a pas été transféré, pour autant que le retour soit inscrit dans le registre susvisé et que le fournisseur indique sur son état récapitulatif des clients (nos 49420 s.), sous le code régime 10, le numéro d'identification à la TVA de l'assujetti auquel ces biens sont destinés avec une mention de renvoi (BOI-TVA-CHAMP-10-10-40-10 n° 420 ; BOI-TVA-DECLA-20-20-40 n° 97).

Le fournisseur est, en revanche, tenu de déclarer un transfert/affectation intracommunautaire :

– au moment où, **dans le délai de 12 mois, une des conditions** d'application de la mesure de simplification **cesse d'être remplie** ;

– le jour suivant l'**expiration de ce délai** pour les biens restant en stock.

Dans ces deux hypothèses, le fournisseur établi en France doit renseigner l'état récapitulatif sous le code régime 21 en indiquant son propre numéro d'identification à la TVA dans l'État membre où ces biens sont entreposés (BOI précité).

49395 TVA-IV-8150 s **Ventes à l'essai** Lorsque les **biens** sont **expédiés** ou transportés de la France **vers un autre État membre,** l'expédition ou le transport n'est pas considéré comme un transfert assimilé à une livraison ; le fournisseur réalise une livraison intracommunautaire qui doit être constatée lors du transfert de propriété.

Lorsque les **biens** sont **expédiés** ou transportés d'un autre État membre **vers la France,** la réception des biens en France n'est pas considérée comme une affectation assimilée à une acquisition intracommunautaire ; le client réalise une acquisition intracommunautaire lors du transfert de propriété (BOI-TVA-CHAMP-10-10-40-10 nos 200 et 210 ; CHAMP-10-10-40-20 nos 300 et 310).

4. ÉTAT RÉCAPITULATIF DES CLIENTS

49420 CGI art. 289 B, I et II Tout assujetti identifié à la TVA doit déposer un état récapitulatif des clients auxquels il a livré des biens dans les conditions prévues à l'article 262 ter, I du CGI (**livraisons intracommunautaires** et transferts assimilés : nos 49260 s.) ou auxquels des biens sont destinés dans les conditions prévues à l'article 256, III bis du CGI (**stocks sous contrat de dépôt** : n° 49390).

L'état récapitulatif, dont le contenu est détaillé à l'article 289 B, II du CGI, doit notamment comprendre le montant des opérations et le numéro d'identification à la TVA des acquéreurs.

Il s'agit d'une déclaration **mensuelle** qui doit être transmise à l'administration des douanes au plus tard le dixième jour ouvrable du mois suivant le mois considéré (CGI ann. III art. 96 K).

> Précisions a. S'agissant des **livraisons intracommunautaires** (y compris les transferts assimilés à de telles livraisons), le dépôt de l'état récapitulatif des clients comportant les informations correctes concernant les livraisons (ou transferts) est une condition expresse de l'exonération des livraisons ou transferts (n° 49270). Il constitue également une condition pour l'application du régime des **stocks sous contrat de dépôt** (n° 49390).

b. Pour les **entreprises étrangères** non établies en France, l'état récapitulatif des clients doit être souscrit par l'entreprise elle-même (ou son mandataire) lorsqu'elle est établie dans l'UE ou dans un pays tiers ayant conclu une convention d'assistance au recouvrement des créances fiscales avec la France (nos 50635 s.) ou par son représentant fiscal lorsqu'elle est établie dans un pays tiers n'ayant pas conclu une telle convention (n° 50645) (CGI ann. III art. 96 J).

c. Les assujettis bénéficiant du régime de **franchise en base** (nos 53780 s.) sont **dispensés** de déposer des états récapitulatifs (BOI-TVA-DECLA-20-20-40 n° 30).
d. Les **documents** nécessaires à l'établissement de l'état récapitulatif des clients doivent être **conservés** par les assujettis pendant un délai de **six ans** à compter de la date de l'opération faisant l'objet de cet état (CGI art. 289 B, IV-B).
e. La production de l'état récapitulatif des clients ne dispense pas le redevable de se conformer aux **autres obligations** prévues par la réglementation (nos 53320 s.), **notamment** en ce qui concerne les **déclarations de chiffre d'affaires** à souscrire auprès du service des impôts.
f. Indépendamment de l'état récapitulatif des clients, les mouvements de biens dans l'UE peuvent donner lieu à la tenue des **registres** suivants : registre des biens expédiés (n° 49285, Précisions), registre des stocks sous contrat de dépôt (n° 49390, précision a), registre des biens meubles corporels provenant d'un autre État membre et faisant l'objet de travaux ou expertises (n° 49870, précision b), registre des façonniers (n° 52385).

En ce qui concerne les **sanctions,** le défaut de production de l'état récapitulatif des clients dans les délais fait l'objet d'une **amende** de 750 € (portée à 1 500 € à défaut de production dans les 30 jours d'une mise en demeure) et chaque omission ou inexactitude d'une amende de 15 € avec un maximum de 1 500 €. L'amende est prononcée, dans le même délai de reprise qu'en matière de TVA, par l'administration (des douanes ou des impôts) qui constate l'infraction. Le recouvrement et le contentieux de cette amende suivent les mêmes règles que celles prévues pour la TVA. **49425** CGI art. 1788 A TVA-IV-10600 s

> Précisions **a.** L'état récapitulatif des clients est **obligatoirement** souscrit par **voie électronique** (CGI art. 289 B, IV-A). Le non-respect de cette obligation est sanctionné par une amende de 15 € par état récapitulatif déposé selon un autre procédé, sans que le total puisse être inférieur à 60 € ni supérieur à 150 € (CGI 1738, 1-al. 2).
b. Les **omissions ou inexactitudes** constatées par le déclarant ou portées à sa connaissance font l'objet, dès leur constat, d'un état récapitulatif **rectificatif** souscrit par l'intéressé, lequel est déposé sans délai jusqu'à l'expiration d'une période de six ans décomptée à partir du mois au titre duquel les omissions ou inexactitudes ont été commises (CGI ann. III art. 96 M).

C. Échanges extracommunautaires de biens

Après les échanges « intracommunautaires » se situant à l'intérieur de l'UE (nos 49030 s.), nous en arrivons aux échanges « extracommunautaires » qui résultent d'**opérations** réalisées **avec des pays tiers** (**ou** territoires **assimilés**), tels qu'ils sont définis n° 48540. **49460**

C'est seulement dans ce domaine que l'on retrouve les notions d'« **importation** » et d'« **exportation** » qui, en matière communautaire, ont été respectivement remplacées par celles d'« acquisition intracommunautaire » et de « livraison intracommunautaire ».

En réalité, les deux réglementations présentent entre elles certaines analogies, mais aussi de notables différences :

– comme les acquisitions intracommunautaires (nos 49150 s.), les **importations** en provenance **de pays tiers** sont passibles en principe de la TVA française (nos 49600 s.) ;

– comme les livraisons intracommunautaires (nos 49260 s.), les **exportations vers des pays tiers,** placées en principe dans le champ d'application de la TVA, en sont le plus souvent exonérées (nos 49690 s.).

Remarques : **1.** Les opérations portant sur des **biens** placés ou destinés à être placés **sous un régime douanier de report des importations ou un entrepôt fiscal** font l'objet de dispositions spéciales exposées nos 50740 s.

2. Les échanges extracommunautaires de **biens d'occasion, œuvres d'art, objets de collection ou d'antiquité** sont examinés avec le régime particulier de ces biens (nos 60900 s.).

3. En ce qui concerne les **prestations de services liées aux échanges extracommunautaires** de biens, voir nos 50110 s.

1. IMPORTATIONS (EN PROVENANCE DE PAYS TIERS)

L'introduction en France de biens en provenance de pays tiers ou assimilés (au sens défini n° 48540) donne lieu, selon les modalités indiquées nos 49615 s., à **perception de la TVA lors de l'importation** (sauf cas d'exonération visés nos 49640 s.) par la DGFiP (voir toutefois la précision a ci-après). L'importation est constituée, selon le cas, par : **49600** CGI art. 291, I TVA-IV-12000 s

– l'**entrée du bien** sur le territoire communautaire, lorsque ce bien est mis à la consommation en France (ou, éventuellement, placé sous un entrepôt fiscal ; dans cette dernière hypothèse, l'importation est effectuée en suspension de taxe : n° 50750) ;

– la **mise à la consommation** en France d'un bien précédemment placé sous l'un des régimes douaniers de report des importations suivants : conduite en douane, installations de stockage temporaire et lieux agréés aux fins du dépôt temporaire, zone franche, entrepôt d'importation, perfectionnement actif, admission temporaire en exonération totale de droits, transit externe ou transit communautaire interne (l'article 291, I-2-b du CGI vise également l'entrepôt franc, mais ce régime est supprimé depuis le 1er mai 2016).

> Précisions **a.** Relèvent de la **DGFiP** la gestion et le recouvrement de la TVA due à l'importation par les assujettis et les non-assujettis identifiés à la TVA, ainsi que de la TVA due lors de la sortie des biens d'un régime douanier de report des importations ou d'un entrepôt fiscal.
La **DGDDI** est quant à elle compétente pour recouvrer et contrôler, d'une part, la TVA due lors des importations de biens pour lesquelles le redevable est une personne non assujettie et non identifiée et, d'autre part, lorsque le redevable est un assujetti qui n'est pas tenu d'être identifié, la TVA due lors des importations de biens mis en libre pratique ou placés en admission temporaire en exonération partielle de droits sur la base d'une déclaration verbale et lors des importations de biens destinés à être utilisés ou cédés à titre gratuit dans le cadre de foires, expositions et manifestations similaires (CGI art. 1695, I-1° et 2° issu de la loi 2023-1322 du 29-12-2023 art. 112, I-I-1°).
b. Concernant les **prestations de services** se rapportant aux **importations,** voir nos 50120 s.
c. Concernant les **VAD-BI**, voir nos 49800 s.

PERCEPTION DE LA TVA À L'IMPORTATION

49615 CGI art. 292 TVA-IV-14200 s **Base d'imposition** La base d'imposition à l'importation est constituée par la **valeur** définie par la législation **douanière** conformément aux règlements communautaires en vigueur, cette valeur devant être **ajustée** comme indiqué ci-après.

La définition de la valeur en douane, donnée par le CDU, se fonde sur la notion de **valeur transactionnelle,** qui est constituée en principe par le **prix facturé.** Pour les opérations facturées en devises étrangères, voir n° 52400.

La base d'imposition est **constatée par la DGDDI,** y compris en cas de régularisation.

> Précisions **a.** La DGDDI est également compétente pour constater la base d'imposition des **opérations dispensées de TVA** listées à l'article 293 A, 3-2° du CGI : importations réalisées en franchise (nos 50550 s.), importations effectuées en suspension de la TVA (n° 50750, c et h), importations exonérées dans le cadre du régime des VAD-BI (n° 49802) et opérations pour lesquelles la taxe n'est pas perçue sur un autre fondement.
b. Les redevables doivent **communiquer à la DGDDI,** outre les informations nécessaires pour constater la base imposable, leur identifiant (numéro d'identification TVA ou numéro attribué dans le cadre du régime de guichet unique « IOSS ») et, le cas échéant, les autres informations utiles pour le contrôle de la TVA (CGI art. 293 A, 3). Les **manquements** à cette obligation de communication sont **sanctionnés** par une amende de 300 € à 3 000 € (C. douanes art. 410, 1 et 2-e).
c. Il ne peut être **disposé des marchandises** conduites en douane sans l'autorisation du service des douanes et sans que les droits et taxes acquittés à l'importation n'aient été préalablement payés, consignés ou garantis, que la base d'imposition à la TVA ait été constatée et que la validité des identifiants n'ait été vérifiée. Les opérateurs ont toutefois la possibilité de recourir à la **procédure du crédit d'enlèvement** (C. douanes art. 113, 1 et 114).

49620 Sont **à comprendre** dans la base d'imposition les **impôts,** droits, prélèvements **et autres taxes** dus en raison de l'importation, à l'exception de la TVA elle-même. Il s'agit notamment des droits de douane, des taxes fiscales perçues comme en matière de TVA, des droits d'accises. Sont toutefois expressément exclus de la base d'imposition à l'importation dans les DOM l'octroi de mer et l'octroi de mer régional (Loi 2004-639 du 2-7-2004 art. 45).

Viennent **en diminution** de la base d'imposition les remises, escomptes pour paiement anticipé, rabais et autres **réductions de prix** acquis au moment de l'importation (soit, en pratique, les réductions de prix figurant sur la facture présentée à l'appui de la déclaration d'importation, pour autant qu'elles correspondent à des pratiques commerciales normales).

49625 Sont à comprendre dans la base d'imposition à l'importation les **frais accessoires** (tels que les frais de commission, d'emballage, de transport et d'assurance) **intervenant jusqu'au premier lieu de destination** des biens **à l'intérieur** du pays. Par « premier lieu de destination », il faut entendre le lieu mentionné sur la lettre de voiture ou tout autre document de transport sous le couvert duquel les biens sont importés ; à défaut de cette mention, le premier lieu de destination est celui de la première rupture de charge.

Les frais accessoires visés ci-avant sont également à retenir lorsqu'ils découlent du **transport jusqu'à un autre lieu de destination** à l'intérieur de l'**UE** (c'est-à-dire jusqu'au lieu de destination réelle des biens à l'intérieur de l'UE), si ce lieu est connu au moment de l'importation (ce lieu pouvant être un autre État membre ou un autre lieu de destination à l'intérieur du pays).

49630

> Précisions a. Les frais accessoires ne sont à comprendre dans la base d'imposition que dans la mesure où ils sont **facturés distinctement et à l'identique** au destinataire final des biens (BOI-TVA-BASE-10-20-60-10 n° 180).

Lorsqu'ils ne sont **pas encore facturés,** les opérateurs peuvent évaluer les frais accessoires à inclure dans la base d'imposition. Cette évaluation est réputée conforme aux dispositions de l'article 292, 2° et 3° du CGI dès lors qu'elle a été faite de façon économiquement rationnelle et qu'il n'y a pas d'écart manifestement anormal avec le prix des prestations facturées. Lorsque les frais **ne peuvent être ni connus ni évalués** de façon économiquement rationnelle au moment de la déclaration d'importation, il est alors admis qu'ils ne soient pas compris dans la base d'imposition à condition d'avoir été soumis à la TVA en régime intérieur lors de leur facturation (BOI précité n° 240).

b. Les frais accessoires sont ceux relatifs à des **prestations qui concourent directement** à la réalisation de l'**opération d'importation** des marchandises proprement dite (BOI précité n° 190). Tel n'est pas le cas, notamment, des frais suivants : frais d'évaluation des dommages subis par les marchandises importées ; frais de contrôles de qualité et/ou de quantité ; frais de contrôle sanitaire ; pénalités ; frais bancaires. En revanche, les surestaries intervenant entre le lieu d'introduction des biens dans l'UE et le premier lieu de destination doivent (sous réserve de la mesure de tolérance exposée au a ci-avant et sauf exonération de la prestation à laquelle elles se rapportent) être comprises dans la base d'imposition (BOI précité n° 330).

c. Dans le cas où les **frais connexes au transport** (frais de stationnement des marchandises, de manutention, de magasinage, d'emballage, honoraires de représentants en douane) **intervenant après le premier lieu de destination** ne font pas l'objet d'une facturation distincte de celle du transport auprès du destinataire des marchandises ou d'une mention distincte sur la facture afférente au transport, ils ne doivent pas être retranchés de la base d'imposition à l'importation. Tout dépend en pratique des mentions portées sur le contrat de vente (BOI précité n° 220).

d. Lorsqu'un **bien placé sous l'un des régimes douaniers** mentionné n° 49600 est **mis à la consommation,** sont également à comprendre dans la base d'imposition les prestations de services effectuées sous le régime en suspension de taxe (n° 50750, f) et celles directement liées au placement du bien sous le régime, lors de son entrée sur le territoire (n° 50755, précision c), autres que les frais accessoires visés n° 49625.

e. Les biens exportés temporairement et réimportés après avoir fait l'objet d'une réparation, d'une transformation, d'une adaptation, d'une façon ou d'une ouvraison hors de l'UE (**réimportation en suite d'ouvraison ou de réparation** dans le cadre du régime de perfectionnement passif ou indépendamment de ce régime) sont soumis à la taxe, lors de leur réimportation, sur la valeur des biens et services fournis par le **prestataire étranger** (CGI art. 293). La base d'imposition est en conséquence constituée par le montant de la facture du prestataire étranger, augmentée éventuellement des droits de douane et impositions dus en raison de l'importation ainsi que des frais accessoires intervenant jusqu'au lieu de destination (Doc. fiscale TVA-IV-14910 s.). Dans une telle hypothèse, il est admis que la prestation, lorsqu'elle est située en France en raison du fait qu'elle est fournie à un preneur assujetti établi en France (n° 49870), ne soit pas effectivement soumise à la taxe dès lors qu'elle est déjà taxée lors de la réimportation des biens (n° 49875).

f. Pour les importations de **logiciels** : voir n° 47540, i.

Exigibilité et taux L'impôt devient **exigible** au moment où le bien est considéré comme importé, au sens indiqué n° 49600. 49632

CGI art. 293 A, 1 et 278-0 B
TVA-IV-12260 s

Les importations de biens, autres que les œuvres d'art (n° 60915), relèvent du **taux** prévu pour les livraisons portant sur les mêmes biens.

> Précisions a. En ce qui concerne le fait générateur et l'exigibilité de la TVA :
– des livraisons de biens réalisées par des **assujettis facilitant** des VAD-BI, ainsi que celles à destination de ces opérateurs, voir n° 49835 ;
– des opérations déclarées via le guichet unique « **IOSS** », voir n° 50885.

b. Concernant le taux de TVA applicable aux importations réalisées dans le cadre du **régime particulier** prévu à l'article 298 sexdecies I du CGI, voir n° 50905.

Redevable a. Le redevable de la taxe (hors le cas des VAD-BI) est : 49634

CGI art. 293 A et 293 A quater

– lorsque le bien fait l'objet d'une **livraison située en France** (nos 48955 à 48995), la personne qui réalise cette livraison ;
– dans les **situations autres** que celles visées au 1er tiret, le destinataire de la vente mentionnée à l'article 128 du règlement UE/2015/2447 du 24 novembre 2015, lorsque la valeur en douane est déterminée à partir de la valeur transactionnelle mentionnée à l'article 70 du CDU, ou, lorsque tel n'est pas le cas, le débiteur de la dette douanière déterminé en application de l'article 77, 3 ou de l'article 79, 3 ou 4 du CDU (Loi 2023-1322 du 29-12-2023 art. 112, I-G-1°).

b. Par dérogation au a ci-dessus, tout assujetti réalisant une activité économique pour les besoins de laquelle l'importation est réalisée peut **opter** pour être redevable de la TVA à l'importation lorsqu'il n'est pas désigné comme tel au sens donné ci-avant et lorsqu'il dépose la déclaration d'importation (ou mandate une personne à cette fin). Sur les modalités d'exercice de l'option, voir la précision c ci-après.

c. S'agissant des règles de détermination du redevable de la TVA afférente aux **VAD-BI,** voir n° 49812.

> **Précisions** **a.** Le **représentant en douane** est **solidairement tenu** au paiement de la taxe lorsqu'il agit en son nom propre et pour le compte d'autrui (**représentation indirecte**). Il transmet au redevable ou lui rend accessible par voie électronique, au plus tard lors de la réception des marchandises par le destinataire, l'information de la base imposable constatée, ainsi que les documents nécessaires pour l'exercice du droit à déduction (n° 49635) (Loi 2023-1322 du 29-12-2023 art. 112, I-G-2°).
b. Les **opérateurs établis dans un pays tiers n'ayant pas conclu de convention au recouvrement** des créances fiscales avec la France qui réalisent des importations en France sont tenus, en application de l'article 289 A du CGI (n° 50645), de désigner et de faire accréditer auprès de l'administration fiscale un **représentant fiscal** chargé d'accomplir à leur place les formalités déclaratives et de paiement de la TVA à l'importation, y compris lorsqu'ils réalisent uniquement des importations suivies de livraisons internes soumises à autoliquidation (BOI-TVA-DECLA-20-30-40-10 n° 30 ; BOI-TVA-DECLA-20-10-20 n° 105).
c. L'**option** visée ci-avant s'exerce par la mention, par la personne souhaitant opter, de son identifiant (n° 53420), en cours de validité, sur la déclaration d'importation.

49635 CGI art. 271, II TVA-IX-20000 s

Déduction La TVA qui peut être déduite à l'importation est celle qui est acquittée par les redevables eux-mêmes pour les importations ou sorties de régimes douaniers de report des importations sur leur déclaration de TVA souscrite auprès de la DGFiP.

Une personne peut déduire la TVA à l'importation lorsqu'elle remplit les **deux conditions cumulatives** suivantes :
– elle est **redevable** de cette TVA ;
– le bien importé est utilisé pour les **besoins** de ses **opérations imposables ouvrant droit à déduction.** À cette fin, il est nécessaire que cet assujetti soit **propriétaire du bien, sauf** à établir que la valeur des marchandises à l'importation est incorporée dans le prix de ses opérations taxées en aval ou fait partie de ses frais généraux (CJUE 25-6-2015 aff. 187/14 ; CJUE ord. 8-10-2020 aff. 621/19 : RJF 1/21 n° 101 ; BOI-TVA-DED-40-10-30 n° 30).

La TVA est déductible sous réserve que figurent sur la **déclaration de TVA** toutes les données nécessaires pour constater le montant de la taxe due et que le redevable détienne soit la **déclaration d'importation,** soit les documents mentionnant le numéro, la date de cette déclaration et la base imposable, au moyen desquels leur rend compte la personne remplissant, pour leur compte, les obligations détaillées n° 49615, précision b.

Lorsque ces documents font l'objet d'une **rectification,** le redevable doit régulariser sa situation dans les conditions indiquées n° 56262 à propos des factures rectificatives.

> **Précisions** **a.** Lorsqu'une entreprise redevable de la TVA à l'importation ne dispose **pas** du **droit à déduction,** cette TVA est susceptible de constituer une **charge fiscale rémanente.** Afin d'éviter une telle situation, la personne ayant le droit à déduction peut **opter** pour être désignée redevable de la TVA à l'importation (n° 49634, b) (BOI précité n° 45).
b. La **déclaration** de TVA en ligne est **préremplie,** le 14 de chaque mois, des bases d'imposition de TVA à l'importation, exigible au titre des importations taxables réalisées au cours du mois précédent, à partir des données figurant sur les déclarations en douane. Les assujettis redevables doivent vérifier ces montants préremplis et compléter la déclaration des bases taxables et non taxables et des montants dus au titre des sorties de régimes suspensifs, des bases non taxables relatives à certaines opérations d'importation (en suspension, exonération ou franchise de TVA) et du montant de TVA déductible afférent (BOI précité n° 65).
c. L'**amende** prévue à l'article 1788 A, 4 du CGI en cas de défaut de mention sur la déclaration de chiffre d'affaires d'une taxe que le redevable est en droit de déduire s'applique aux importations (n° 56290).
d. S'agissant des **VAD-BI**, voir n° 49815.

49636 **Recouvrement et contentieux** Lorsque la TVA à l'importation est recouvrée par la **DGFiP,** les redevables, qui doivent être identifiés à la TVA (n° 53420), déclarent, paient et, le cas échéant, déduisent, simultanément sur la même déclaration de chiffre d'affaires CA 3, la TVA due au titre des importations, ainsi que celle due en sortie de régime douanier de report des importations ou d'entrepôt fiscal. Le contentieux y afférent relève des juridictions administratives.

Lorsque la TVA à l'importation est recouvrée par la **DGDDI,** la TVA exigible est recouvrée et contrôlée selon les mêmes procédures et sous les mêmes sanctions, garanties, sûretés et privilèges que les droits de douane (CGI art. 1695, I-1°). Les règles se rapportant au contentieux douanier sont alors applicables (CGI art. 1790 ; LPF L 234).

> Précisions Il existe un mécanisme de **compensation** entre, d'une part, le montant de la TVA à laquelle est soumise une importation qui a été déclaré et acquitté auprès de la DGDDI et qui n'a pas été déduit par le redevable et, d'autre part, le montant qui aurait dû être déclaré et acquitté auprès de la DGFiP (LPF L 80-0 A issu loi 2023-1322 du 29-12-2023 art. 112, II-3°).

IMPORTATIONS EXONÉRÉES DE TVA

Diverses exonérations de TVA à l'importation sont prévues par le II de l'article 291 du CGI (nos 49645 et 49650) et par le III du même article (nos 49655 s.). 49640 CGI art. 291, II et III TVA-IV-12600 s

> Précisions a. Les biens destinés à une exportation ou à une livraison intracommunautaire peuvent être importés en **franchise de TVA** (nos 50550 s.).

b. Les **personnes morales non assujetties** qui ont acquitté la TVA lors de l'importation d'un bien en France et qui expédient ce bien vers un autre État membre peuvent obtenir le remboursement de la TVA acquittée, si elles justifient que l'acquisition intracommunautaire a été soumise à la TVA dans cet État (CGI art. 293 A bis : Doc. fiscale TVA-IV-17800).

c. En ce qui concerne les **biens placés sous un régime douanier** de report des importations, deux exonérations sont spécialement prévues, en matière de TVA à l'importation :

– la première (CGI art. 291, II-1°) intéresse, lors de leur **sortie du régime** douanier, les **biens** qui, pendant leur placement sous ce régime, ont fait l'objet d'une ou plusieurs livraisons en suspension de taxe (voir n° 50765) ;

– la seconde (CGI art. 291, III-2°) concerne les **services liés au placement**, sous l'un des régimes douaniers, **de biens** en provenance d'un pays tiers (voir n° 50755, précision c).

d. Concernant l'exonération prévue pour les **VAD-BI** dont la valeur intrinsèque des envois est inférieure à 150 € et pour lesquelles l'opérateur a recours au régime de guichet unique, voir n° 50885.

e. Importations d'**or d'investissement** : voir n° 61875.

Exonérations de l'article 291, II du CGI Les **produits suivants** sont exonérés de TVA à l'importation : 49645 TVA-IV-12640 s

– produits de la pêche (en l'état ou ayant fait l'objet d'opérations destinées à les préserver en vue de leur commercialisation) importés par les entreprises de pêche maritime ;

– navires, aéronefs, objets incorporés, engins et filets pour la pêche maritime, définis nos 50460, 50475 et 50495 à 50505 ;

– prothèses dentaires et éléments séparés de prothèses importés par les dentistes, les prothésistes dentaires ou les négociants en prothèses (sous réserve, pour ces deux dernières catégories d'importateurs, du respect des conditions exposées n° 47140) ;

– organes, sang total et produits dérivés employés pour des soins de santé ou à des fins thérapeutiques (n° 47150, Précisions) et lait humains ou autres produits d'origine humaine (urines, sperme, par exemple), utilisés à des fins médicales ;

– devises, billets de banque et monnaies qui sont des moyens de paiement légaux (à l'exception des billets et monnaies de collection) ;

– or, sous toutes ses formes, importé par les instituts d'émission ;

– œuvres d'art originales, timbres, objets de collection ou d'antiquité, lorsque leur importation est réalisée directement à destination d'établissements agréés par le ministre de la culture (n° 60920) ;

– gaz naturel (gaz naturel liquéfié et gaz naturel à l'état gazeux non utilisé comme carburant), électricité, chaleur et froid (voir également n° 48990, précision d).

Sont également exonérés de TVA à l'importation les biens importés définitivement dans le cadre des **franchises fiscales communautaires** et désignés par les articles 50 septies à 50 octies C de l'annexe IV au CGI (Doc. fiscale TVA-IV-42500). Parmi les biens ainsi visés figurent notamment ceux faisant l'objet des précisions a et b ci-après. 49650 TVA-IV-12800 s

Les dispositions en cause ont cessé d'avoir effet dans les relations intracommunautaires, mais elles conservent leur intérêt pour les relations avec les pays tiers.

> Précisions a. Les marchandises contenues dans les **bagages personnels** (et les coffres ou habitacles des voitures) **des voyageurs en provenance de pays tiers** bénéficient de la franchise des taxes sur le chiffre d'affaires et des droits de douane normalement exigibles à l'importation, à condition que ces marchandises ne traduisent, par leur nature ou leur quantité, aucune préoccupation d'ordre commercial et que leur valeur globale ne dépasse pas 430 € (utilisation d'un mode de transport aérien ou maritime) ou 300 € (utilisation d'un autre moyen de transport) par personne (150 € pour les enfants de moins de 15 ans, quel que soit le mode de transport ; pour les frontaliers, les montants sont fixés à 75 €, pour les

personnes de 15 ans et plus, et 40 € pour les moins de 15 ans).
Par ailleurs, des limites quantitatives sont fixées pour certains produits : tabacs, boissons alcoolisées. La valeur des marchandises soumises à limitation quantitative n'est pas prise en considération pour la détermination de la franchise.

b. Les marchandises en provenance de pays tiers faisant l'objet de **petits envois** sans caractère commercial, **entre particuliers,** bénéficient de la franchise des taxes sur le chiffre d'affaires lorsque leur valeur globale n'excède pas 45 €, des limites quantitatives étant par ailleurs prévues pour certaines marchandises (tabac, boissons alcoolisées, parfums).

49655 TVA-IV-13600 s **Exonérations de l'article 291, III du CGI** Est exonérée de TVA la **réimportation,** par la personne qui les a exportés, **de biens dans l'état où** ils ont été **exportés** et qui bénéficient de la franchise des droits de douane (ou qui en bénéficieraient s'ils étaient soumis à des droits de douane).

49660 Les **radoubs, réparations et transformations de navires** français à l'étranger sont exonérés de la TVA, à l'exception toutefois de celles de ces opérations qui portent sur des bateaux de sport ou de plaisance.

49665 Il peut arriver que des biens dont le **point de départ** se situe dans un **pays tiers** soient importés en France, alors que le **lieu d'arrivée** de l'expédition ou du transport est situé sur le territoire d'un **autre État membre** de l'UE. En pareil cas, l'importation est exonérée de la TVA française lorsque, sitôt après dédouanement, les biens font l'objet, par l'**importateur** lui-même, d'une **livraison intracommunautaire exonérée** dans les conditions indiquées n° 49270.

Lorsque l'importateur est une **entreprise étrangère** non établie en France, elle doit s'identifier à la TVA en France directement (ou par l'intermédiaire d'un mandataire fiscal) auprès de l'administration lorsqu'elle est établie dans l'UE ou dans un pays tiers ayant conclu une convention d'assistance au recouvrement des créances fiscales avec la France ou désigner un représentant fiscal lorsqu'elle est établie dans un pays tiers n'ayant pas conclu une telle convention, afin d'accomplir les formalités lui incombant ; elle peut toutefois, selon la même distinction, recourir aux services d'un mandataire ponctuel sans avoir à solliciter un numéro d'identification (n° 50640, précision e) ou désigner un représentant ponctuel (n° 50650).

> Précisions a. L'exonération de l'importation s'applique lorsque l'expédition du bien vers un autre État membre est consécutive à son importation et que l'assujetti importateur **fournit,** au moment de l'importation, les **informations suivantes** :
– s'agissant de l'**importateur** lui-même, son numéro d'identification à la TVA en France, ou, le cas échéant, lorsqu'il est établi à l'étranger et qu'il est dispensé de s'identifier à la TVA en France, le numéro d'identification attribué à son mandataire ponctuel ou son représentant fiscal ponctuel ;
– s'agissant du **destinataire des biens,** le numéro d'identification à la TVA qui lui a été attribué dans un autre État membre ou, en cas de transfert exonéré de TVA, celui qui a été attribué à l'importateur dans l'État membre d'arrivée de l'expédition ou du transport des biens ;
– s'agissant des **biens importés,** un élément de preuve justifiant que ces biens sont destinés à être transportés ou expédiés vers un autre État membre. À cette fin, l'assujetti importateur peut, notamment, produire l'un des documents suivants : un document de transport, une facture du transporteur ou un contrat d'assurance relatif au transport des biens vers un autre État membre, un contrat conclu avec l'acquéreur ou une correspondance commerciale mentionnant un lieu de destination dans un autre État membre, un bon de commande écrit émanant de l'acquéreur et indiquant que les biens doivent être expédiés ou transportés vers un autre État membre, un bon de livraison ou un bon d'enlèvement mentionnant un lieu de destination dans un autre État membre (CGI ann. III art. 96 P). Lorsqu'il utilise la procédure de dédouanement Delta, l'importateur n'est pas tenu de produire un document de preuve à l'appui du DAU, mais il doit pouvoir le présenter à toute réquisition du service des douanes (Inst. douanes 11-034 : BOD 6912).
S'agissant du **DAU,** voir n° 49705, précision d.

b. Selon la **CJUE,** l'exonération de l'importation ne peut pas être refusée :
– au seul motif que, à la suite d'un changement de circonstances intervenu après l'importation, les **biens** ont été **livrés à un assujetti autre** que celui dont le numéro d'identification TVA était indiqué dans la déclaration d'importation, si l'importateur a communiqué à l'administration toutes les informations relatives au nouvel acquéreur et si la livraison subséquente était bien une livraison intracommunautaire exonérée ;
– au motif que les biens ont été **pris en charge par des entreprises de transport et des entrepôts fiscaux** désignés par l'acquéreur, lorsque le pouvoir de disposer des biens comme un propriétaire a été transféré à ce dernier par l'importateur ;
– si la **livraison intracommunautaire subséquente** ne remplit pas les conditions de l'exonération en raison d'une **fraude de l'acquéreur,** sauf si l'importateur savait ou aurait dû savoir que l'acquéreur commettait une fraude et qu'il n'a pas pris toutes les

mesures raisonnables en son pouvoir pour éviter d'y participer (CJUE 20-6-2018 aff. 108/17 : RJF 12/18 n° 1302).
L'exonération ne peut pas non plus être refusée lorsque le **destinataire de la livraison** intracommunautaire subséquente commet une **fraude** **sur une opération postérieure** à cette livraison qui n'est pas liée à cette dernière, sauf si l'importateur savait ou aurait dû savoir que cette opération postérieure était impliquée dans une fraude commise par le destinataire (CJUE 14-2-2019 aff. 531/17 : RJF 5/19 n° 506).

2. EXPORTATIONS (À DESTINATION DE PAYS TIERS)

L'article 262, I du CGI vise les livraisons de biens expédiés ou transportés **en dehors de l'UE.** Les territoires d'exportation s'entendent donc uniquement des **pays tiers** (ou territoires **assimilés**) tels qu'ils sont définis n° 48540. 49690 CGI art. 262, I et II-12° TVA-IV-20000 s

Selon une conception générale comparable à celle retenue pour les livraisons intracommunautaires (nos 49260 s.), les exportations de France vers des pays tiers entrent en principe dans le champ d'application de la TVA française, mais elles en sont **exonérées** lorsque sont remplies les conditions fixées par la loi. Ces conditions sont différentes selon que l'**exportation** est réalisée **par le vendeur** (nos 49700 s.) **ou par un acheteur non établi en France** (nos 49715 s.).

Une exonération spéciale est prévue pour les **livraisons d'or aux instituts d'émission** (n° 49745).

Remarque : En ce qui concerne :

– les **prestations de services liées aux exportations** : voir nos 50135 s. ;

– les livraisons de **biens** placés ou destinés à être placés **sous régime douanier de report des importations ou d'entrepôt** fiscal : voir nos 50740 s. ;

– les exportations d'**or d'investissement** : voir nos 61870 s.

EXPORTATIONS PAR LE VENDEUR (OU POUR SON COMPTE)

Sont exonérées de TVA, lorsque sont remplies les conditions indiquées n° 49705, les livraisons de biens expédiés ou transportés par le vendeur ou pour son compte en dehors de l'UE. 49700 CGI art. 262, I-1° TVA-IV-20150 s

L'exonération s'applique, qu'il s'agisse de **livraisons directes** par l'exportateur ou de livraisons réalisées par l'entremise d'un **intermédiaire « transparent »** agissant au nom et pour le compte d'autrui.

Malgré l'exonération, les exportateurs conservent leur **droit à déduction.** Ils peuvent donc déduire la TVA qui a grevé les éléments du prix des biens exportés. Ils sont en droit, lorsqu'ils ne peuvent pas récupérer la taxe par imputation, d'en obtenir le **remboursement** (nos 56620 s.). Par ailleurs, ils ont la faculté d'**acquérir** ou d'importer **en franchise** de taxe les biens qu'ils destinent à l'exportation en l'état ou après transformation (nos 50550 s.).

› Précisions a. Sont assimilées à des exportations les livraisons faites par les membres d'un **GIE** à ce groupement agissant en leur nom, lequel, ayant pour unique activité l'exportation des biens de ses membres, les exporte en l'état. Le GIE est considéré comme intervenant en qualité de commissionnaire-exportateur.
Les membres du GIE doivent conserver un exemplaire de la facture délivrée au GIE et qui est visée par une personne habilitée ou autorisée à déclarer en douane et annotée des références permettant d'identifier la déclaration en douane correspondante (BOI-TVA-CHAMP-30-30-10-10 nos 203 et 208).
b. Les exportations réalisées par l'entremise d'un **intermédiaire opaque** agissant en son nom propre mais pour le compte d'autrui appellent des explications données nos 61495 s.
c. Il est admis que les personnes ayant leur résidence principale en France qui sont en instance d'**affectation ou de transfert de** leur **résidence principale vers un pays tiers** puissent acquérir des biens pour l'exportation en exonération de TVA, y compris des moyens de transport (BOI-TVA-CHAMP-30-30-10-20 nos 440 à 510).

Conditions de l'exonération L'exonération est subordonnée à la **justification de la réalité de l'exportation.** Cela implique (CGI ann. III art. 74) : 49705 TVA-IV-20500 s

– l'inscription des envois dans les **livres comptables** (ou, le cas échéant, sur le livre spécial visé n° 53450) ;

– la production soit de la **certification électronique de** la **sortie** du territoire de l'UE dans le cadre du dispositif communautaire ECS (Expert Control System) ou de l'**exemplaire n° 3 du DAU visé au verso** par le bureau des douanes du point de sortie de l'UE en cas d'utilisation de la procédure papier dite « procédure de secours » (s'agissant du DAU, voir précision d ci-après), soit de l'un des éléments de preuve alternatifs dont la liste figure ci-après précision b.

› Précisions a. Les conditions d'utilisation de la **déclaration d'exportation** sont les suivantes dans les cas les plus courants.
Exportation directe : lorsque la déclaration d'exportation est établie dans le cadre de la **procédure électronique,** l'assujetti exportateur

doit fournir la **certification électronique de sortie** délivrée par le bureau de douane de sortie et envoyée au bureau de douane d'exportation auprès duquel la déclaration d'exportation a été initialement déposée dans le système de téléprocédure Delt@. L'assujetti exportateur pourra se rapprocher de son déclarant pour obtenir cette certification électronique. En cas de recours à la **procédure papier,** l'exportateur conserve l'exemplaire « exportateur » qui lui est remis, après visa au verso, par le service des douanes ; s'il est souscrit par un représentant en douane, cet exemplaire, visé, est remis à l'exportateur.

Exportation par l'entremise d'un intermédiaire transparent : lorsque l'intermédiaire est désigné comme expéditeur des biens sur la déclaration d'exportation, le fournisseur doit conserver un exemplaire des factures visées par la personne habilitée ou autorisée à déclarer en douane et annotée des références permettant d'identifier la déclaration en douane correspondante ou le document informatique remis par le représentant en douane dans le cadre de la procédure de dédouanement exprès.

Groupage : lorsque des opérateurs interviennent dans le cadre d'une opération de groupage, chaque assujetti exportateur figure nommément dans la rubrique exportateur de la déclaration dématérialisée en case 2 bis. Le DAU généré par le système de téléprocédure Delt@ ne reprend en case 2 que le premier expéditeur renseigné par le déclarant en douane et comporte la mention « **expéditeurs multiples** » (voir précision d ci-après).

Chaque assujetti exportateur justifie de l'exonération de TVA dès lors qu'il est repris en tant que tel dans la rubrique 2 bis de la déclaration d'exportation. Ils peuvent également conserver à l'appui de leur comptabilité, comme justificatif de l'exportation, un exemplaire de leur facture visée par la personne habilitée en douane ou qui s'est chargée de réaliser le dépôt de la déclaration auprès du bureau de douane d'exportation et annotée des références permettant d'identifier la déclaration en douane d'exportation concernée (BOI-TVA-CHAMP-30-30-10-10 n° 210).

En cas de recours à la procédure papier, la justification de sortie de l'exportateur est constituée par un exemplaire de sa facture visé par la personne habilitée ou autorisée à déclarer en douane et annoté des références permettant d'identifier la déclaration en douane correspondante (CGI ann. III art. 74).

Exportation par GIE : voir n° 49700, précision a.

b. Lorsqu'il ne détient **pas** la **certification de sortie ou l'exemplaire n° 3 du DAU visé au verso** par le bureau des douanes compétent, l'exportateur doit, pour justifier de l'exonération, détenir l'un des **éléments de preuve alternatifs** suivants : pour les **exportations effectuées par le vendeur** ou pour son compte, déclaration d'importation authentifiée par l'administration des douanes du pays d'importation ou attestation de cette administration (accompagnée, le cas échéant, d'une traduction officielle), tout document de transport des biens vers un pays ou territoire tiers ou tout document afférent au chargement du moyen de transport quittant l'UE, documents douaniers de surveillance s'il s'agit de biens soumis à des contrôles particuliers, documents d'accompagnement ou tout autre élément de preuve alternatif accepté par la douane s'il s'agit de produits soumis à accises ; pour les **exportations effectuées par l'acheteur non établi en France** ou pour son compte, déclaration du transporteur ou du transitaire qui a pris en charge les biens, accompagnée de la preuve du paiement des biens par le client, étant précisé que, pour les produits soumis à accises ou à des contrôles particuliers, la preuve de l'exportation demeure constituée, pour la TVA, par la certification de sortie ou l'exemplaire n° 3 du DAU visé au verso (voir précision d ci-après).

c. Pour les marchandises d'une **valeur inférieure à 1 000 €** et d'un **poids net inférieur à 1 000 kg,** le DAU peut être remplacé par une simple facture commerciale dont l'exportateur doit conserver le deuxième exemplaire visé par le service des douanes. Cette facilité ne concerne pas les produits agricoles, les produits accompagnés de titres particuliers et les produits sensibles ou stratégiques soumis à prohibitions ou restrictions diverses.

Par ailleurs, les expéditions de biens par **paquets-poste** ou **colis postaux** d'une valeur inférieure à 8 000 € peuvent être justifiées par des documents particuliers.

d. Une refonte des systèmes informatiques douaniers est actuellement en cours, avec pour objectif un déploiement progressif (dont le calendrier reste à fixer) d'un nouveau système appelé « **Delta IE** » (Import/Export) qui a vocation à généraliser la dématérialisation des déclarations en douane. Le **DAU** en tant que tel serait, à cette occasion, supprimé.

EXPORTATIONS PAR L'ACHETEUR NON ÉTABLI EN FRANCE (OU POUR SON COMPTE)

49715 CGI art. 262, I-2° TVA-IV-22000 s

Sont exonérées de TVA les livraisons de biens expédiés ou transportés, hors de l'UE, par l'acheteur qui n'est pas établi en France, ou pour son compte, qu'il s'agisse d'exportations à caractère commercial (n° 49720) ou d'exportations à caractère touristique (n°s 49725 s.).

Sont **toutefois** exclues de l'exonération et, par conséquent, **taxables** en tout état de cause les livraisons de biens d'**équipement** et d'**avitaillement** des bateaux de plaisance, des avions de tourisme ou de tous autres **moyens de transport à usage privé** (voiture automobile notamment).

› Précisions **a.** Les livraisons exonérées portant sur des marchandises dont l'exportation est justifiée ouvrent droit chez le **vendeur** aux **déductions** prévues pour les exportations (nº 49700). Les vendeurs peuvent, en outre, bénéficier des possibilités d'**acquisitions en franchise** (nºs 50550 s.). Pour ces livraisons, les intéressés doivent tenir la **comptabilité** propre aux exportateurs et annexer à leurs **déclarations** périodiques un **relevé global** des opérations de l'espèce réalisées au cours de la période considérée.

b. Un fournisseur a droit à l'exonération prévue en matière d'exportation par l'acheteur en cas de **falsification** par ce dernier de la **preuve de l'exportation,** dès lors qu'il ne pouvait pas s'en rendre compte, même en déployant toute la diligence d'un commerçant avisé (CJUE 21-2-2008 aff. 271/06 : RJF 6/08 nº 763).

Exportations à caractère commercial L'exonération est applicable dans les situations où l'acheteur prend livraison des biens en France et en assure le transport par ses soins ou par l'intermédiaire d'un transporteur, lorsque les biens lui sont livrés, par exemple, aux conditions départ usine ou locaux du vendeur. Dans ces différents cas, les livraisons réalisées par le vendeur sont exonérées en application de l'article 262, I-2° du CGI, les opérations douanières d'exportation étant effectuées par l'acheteur (ou son représentant) (en ce qui concerne les justifications de la réalité de l'exportation, voir nº 49705). 49720

Exportations à caractère touristique Lorsque la livraison porte sur des biens à emporter dans les bagages personnels de voyageurs, l'exonération s'applique si les **conditions** suivantes sont réunies : 49725

– le **voyageur** n'a **pas** son domicile ou sa **résidence** habituelle en **France** (y compris les DOM) ou dans un autre État membre de l'**UE** (la qualité de résident hors UE doit être établie par des pièces justificatives : passeport, carte consulaire, carte d'identité, carte de séjour) ;

– la livraison ne doit **pas** porter sur les **produits ci-après** : tabacs manufacturés, marchandises qui correspondent par leur nature ou leur qualité à un approvisionnement commercial ainsi que celles qui sont frappées d'une prohibition de sortie ;

– les biens sont **transportés en dehors de l'UE avant la fin du troisième mois** suivant celui au cours duquel la livraison est effectuée ;

– la **valeur** globale de la livraison (totalité des achats réalisés par le client, dans le délai de trois jours calendaires, dans un même magasin, dans plusieurs magasins disséminés dans une même ville et identifiés sous le même numéro de TVA intracommunautaire ou dans différents magasins d'un même centre commercial lorsque ces achats sont regroupés sur un seul bordereau de vente), TVA comprise, doit **excéder 100 €.**

L'exonération est accordée selon la **procédure du bordereau de vente** (nº 49730, précision a).

› Précisions **a.** Avec le système du **bordereau de vente,** le vendeur peut faire profiter son client de la franchise de TVA, de deux façons : 49730

– soit lui accorder la **remise immédiatement** ;

– soit au contraire encaisser la taxe et lui en **ristourner** le montant **après** accomplissement des formalités de détaxe.

Dans les deux cas, il doit remettre à l'acheteur un bordereau de vente. Ce bordereau est en principe obligatoirement émis dans le cadre du téléservice **Pablo** (CGI ann. III art. 75). Il comporte un code-barres et le logo Pablo et mentionne les frais de gestion retenus par le vendeur. Le voyageur doit présenter le bordereau au visa du service des douanes du point de sortie définitive de France (bureaux de route, ports, aéroports, gares frontières) ou, pour les touristes transitant par un autre État membre, au visa de l'autorité compétente du dernier État membre de sortie définitive de l'UE.

L'octroi définitif de l'exonération est lié à l'**apurement des bordereaux** dans la base de données dédiée (visa par lecture optique à la borne de sortie Pablo). Pour justifier l'exonération, le bordereau doit avoir été visé à une date antérieure au dernier jour du troisième mois suivant celui de la vente.

Le bénéfice de la procédure du bordereau de vente concerne une large gamme de marchandises, y compris les alcools et boissons alcooliques. Sont toutefois exclus de la procédure notamment : les biens visés nºs 49715 et 49725, les biens soumis à embargo commercial, les biens à double usage, certaines armes et munitions.

b. Le vendeur peut également avoir recours aux services d'un **opérateur de détaxe,** spécialisé dans la gestion des opérations de détaxe qui intervient soit en son nom et pour son compte, soit au nom et pour le compte du vendeur affilié. En application de l'article 262-0 bis du CGI, l'opérateur de détaxe doit être agréé et, pour cela, il doit remplir les critères fixés par cet article. Les modalités pour l'obtention de l'agrément sont fixées par les articles 202 E et suivants de l'annexe II au CGI et par l'article 50 sexies L de l'annexe IV audit Code.

L'opérateur de détaxe est soumis à un certain nombre d'**obligations** : transmission à l'administration des données électroniques des bordereaux de vente au plus tard dans l'heure suivant leur émission ; utilisation d'un système d'évaluation et de gestion des risques liés au processus de détaxe ; formation et information régulière de son personnel et de ses clients ;

information de l'administration, dans les 30 jours, de toute modification de ses statuts et de tout changement ne lui permettant plus d'assurer le respect des conditions requises pour être agréé. Le non-respect de ces obligations peut entraîner l'application d'une **amende** dont le montant est fixé par l'article 202 L de l'annexe II au CGI.

49735 La procédure du bordereau de vente ne concerne pas les opérations suivantes, qui peuvent donc bénéficier de l'exonération à l'exportation sans condition de valeur ou de résidence :
– **livraisons à destination de pays tiers,** faites dans les **comptoirs de vente** « hors douane » installés dans certains **ports ou aéroports,** ainsi que dans la partie du terminal ferroviaire de Coquelles réservée aux passagers se rendant au Royaume-Uni ;
– **ventes** faites **à bord des navires ou aéronefs** à destination de **pays tiers.**

LIVRAISONS D'OR AUX INSTITUTS D'ÉMISSION

49745 CGI art. 262, II-12° TVA-IV-23400 Les livraisons d'or sous toutes ses formes à la Banque de France et aux autres instituts d'émission sont exonérées de TVA.
Ces opérations ouvrent droit à déduction (n° 60450).
Remarque : Une exonération semblable est prévue en matière d'importations (n° 49645).

D. Ventes à distance de biens (VAD)

49760 Le commerce électronique fait l'objet de certaines règles particulières qui conduisent notamment :
– à définir, **parmi les livraisons de biens,** une **sous-catégorie** d'opérations qualifiées de ventes à distance de biens (**VAD**) (n°s 49765 s.) ;
– à fixer des règles particulières en cas de livraisons de biens facilitées au moyen d'**interfaces électroniques** (n°s 49820 s.) (BOI-TVA-CHAMP-10-10-40-60 n° 1).

> **Précisions** S'agissant des **collectivités d'outre-mer,** voir n° 91575, précisions a et b.

49765 Les VAD sont des livraisons de biens meubles spécifiques qui répondent aux trois **conditions cumulatives** suivantes :
– la livraison est effectuée par le fournisseur ou pour son compte à destination de l'acquéreur ;
– le bien est expédié ou transporté à destination de l'acquéreur à partir d'un État autre que celui d'arrivée de l'expédition. Le bien doit ainsi traverser une frontière de la France métropolitaine (BOI-TVA-CHAMP-10-10-40-60 n° 20) ;
– l'acquéreur est une personne physique non assujettie ou une personne assimilée.

> **Précisions** Le lieu d'établissement du fournisseur (France, autre État membre, pays tiers) est sans incidence sur la qualification de VAD.

49770 Au sein des VAD, sont distinguées :
– les ventes à distance intracommunautaires de biens (**VAD-IC**) (n°s 49780 s.) ;
– les ventes à distance de biens importés de territoires tiers ou de pays tiers (**VAD-BI**), qui peuvent être qualifiées de ventes « directes » ou de ventes « indirectes » (n°s 49800 s.) (BOI-TVA-CHAMP-20-20-30 n° 1).
Une livraison de biens est qualifiée de VAD-IC lorsque le **lieu de départ** de l'expédition ou du transport à destination de l'acquéreur se situe dans un **État membre** de l'UE **autre que celui d'arrivée** de l'expédition ou du transport à destination de l'acquéreur.
Une livraison de biens est qualifiée de VAD-BI lorsque le **lieu de départ** de l'expédition ou du transport à destination de l'acquéreur se situe dans un territoire tiers ou un **pays tiers** de l'UE (BOI-TVA-CHAMP-10-10-40-60 n° 30).

CARACTÉRISTIQUES COMMUNES AUX VAD-IC ET VAD-BI

49775 Les VAD (VAD-IC et VAD-BI) présentent les caractéristiques suivantes :
– les livraisons portent sur des **biens** qui sont **expédiés ou transportés par le fournisseur ou pour son compte** à destination de l'acquéreur. Cette condition sera réputée remplie dès lors que le vendeur intervient directement ou indirectement dans le transport ou l'expédition des biens (BOI-TVA-CHAMP-10-10-40-60 n° 60) ;
– la VAD doit être effectuée à destination d'un **acquéreur** personne physique non assujettie, d'une PBRD (n°s 49225 s.) (sauf pour les produits soumis à accises : voir la précision c ci-après), ou d'une personne morale non assujettie dont les acquisitions sont exonérées de TVA en application de l'article 151 de la directive TVA (relations diplomatiques et consulaires,

organismes européens et internationaux, forces armées stationnées ou séjournant en dehors de leur État membre de rattachement) (BOI précité nº 80).

> Précisions **a.** Les livraisons de **moyens de transport neufs** ou de **biens livrés après montage ou installation,** avec ou sans essai de mise en service, par le fournisseur ou pour son compte ne peuvent jamais être qualifiées de VAD (BOI précité nº 70).

b. Les **biens d'occasion, œuvres d'art, objets de collection ou antiquités** (y compris les moyens de transport d'occasion) (nos 60540 s.) peuvent relever du régime des VAD, à condition que l'assujetti revendeur applique les règles de droit commun et, partant, renonce au régime de la marge bénéficiaire (nos 60750 s.) (BOI précité nº 70 ; BOI-TVA-CHAMP-20-20-30 nº 10 ; BOI-TVA-SECT-90-60 nº 20).

Concernant l'incidence de l'option pour le régime de guichet unique « OSS-UE » sur les ventes à distance intracommunautaires de ces biens, voir nº 50860, précision d.

Enfin, le régime de la marge ne peut pas s'appliquer aux reventes de ces biens lorsqu'ils ont fait l'objet d'une **VAD-BI** (BOI-TVA-SECT-90-20-20 nº 90).

c. Les **produits soumis à accises** relèvent du régime relatif aux VAD au même titre que les autres biens exception faite des ventes intracommunautaires de produits soumis à accises réalisées au profit de PBRD (nos 49225 s.) qui constituent des acquisitions intracommunautaires de biens (BOI-TVA-CHAMP-10-10-40-60 nos 70 et 80).

d. Le **fournisseur** est considéré comme **intervenant indirectement** dans l'expédition ou le transport des biens, en particulier dans les cas suivants :

– lorsque l'expédition ou le transport des biens est **sous-traité** par le fournisseur à un tiers qui livre les biens à l'acquéreur ou lorsqu'il est effectué par un tiers mais que le fournisseur **assume** en tout ou en partie la **responsabilité** de la livraison des biens à l'acquéreur ;

– lorsque le fournisseur **facture les frais de transport** à l'acquéreur et les perçoit auprès de celui-ci pour ensuite les reverser à un tiers qui assurera l'expédition ou le transport des biens ou lorsqu'il promeut par tout moyen les services de livraison d'un tiers auprès de l'acquéreur, **met en relation l'acquéreur et un tiers** ou communique à un tiers les informations nécessaires à la livraison des biens à l'acquéreur.

Les biens ne sont toutefois pas considérés comme expédiés ou transportés par le fournisseur ou pour son compte lorsque l'acquéreur transporte les biens lui-même ou lorsqu'il organise la livraison des biens avec un tiers et que le fournisseur n'intervient ni directement ni indirectement pour assurer ou aider à organiser l'expédition ou le transport des biens (Régl. UE/282/2011 art. 5 bis).

e. Le **lieu de départ de l'expédition ou du transport** s'entend du dernier lieu avant l'acheminement direct à l'acquéreur. En cas de pré-positionnement des biens dans un entrepôt, il est donc tenu compte de la localisation de l'entrepôt (BOI précité nº 30).

VENTES À DISTANCE INTRACOMMUNAUTAIRES DE BIENS (VAD-IC)

49780 CGI art. 256, II bis-1°

Une VAD-IC s'entend d'une livraison de **biens expédiés ou transportés par le fournisseur** ou pour son compte, y compris lorsque le fournisseur intervient indirectement dans le transport ou l'expédition des biens (sur cette notion, voir nº 49775, précision d), **à partir d'un État membre autre que celui d'arrivée** de l'expédition ou du transport à destination de l'acquéreur, **personne non assujettie ou PBRD** (personne bénéficiant d'un régime dérogatoire à la taxation des acquisitions intracommunautaires, tel que celui applicable en France décrit nos 49225 s.).

49785 CGI art. 258 A

Territorialité des VAD-IC Une VAD-IC est, en **principe, imposable en France** lorsque le territoire de la France métropolitaine constitue le lieu de l'arrivée de l'expédition ou du transport des biens. Inversement, lorsque les biens sont expédiés ou transportés de France métropolitaine à destination d'un autre État membre de l'UE, la VAD-IC est en principe **imposable** dans cet **autre État.**

Par **dérogation,** lorsque l'assujetti bénéficie du **régime des petits opérateurs** (nº 49790), le lieu des VAD-IC est réputé être situé au **lieu de départ de l'expédition ou du transport.** Dans ce cas, le lieu d'imposition d'une VAD-IC est situé en France lorsque les biens sont expédiés ou transportés par l'assujetti au départ du territoire de la France métropolitaine (BOI-TVA-CHAMP-20-20-30 nos 10 et 20).

49790

Le **régime des petits opérateurs** s'applique lorsque l'assujetti est établi dans un **unique État membre** de l'UE et que le montant total annuel du chiffre d'affaires afférent aux VAD-IC qu'il réalise et aux prestations de services de télécommunication, de télévision et radiodiffusion et de services électroniques (nos 50050 s.) qu'il rend à destination de non-assujettis établis dans un autre État membre n'a pas dépassé, durant l'année civile en cours et durant l'année civile précédente, le **seuil** de **10 000 € hors TVA** (BOI-TVA-CHAMP-20-20-30 nº 20).

> Précisions **a.** Pour la détermination du **seuil de 10 000 €** (fixé à l'article 259 D du CGI), il y a lieu de prendre en compte l'ensemble du **chiffre d'affaires** afférent :

– aux **prestations de télécommunication,** de **télévision** et de **radiodiffusion** et aux **services électroniques** (nos 50050 s.) fournis à des personnes non assujetties dans les autres États membres de l'UE (exception faite de celui réalisé dans l'État d'établissement du prestataire) ;

– et aux **VAD-IC** réalisées par ce même prestataire sur l'ensemble du territoire de l'UE (BOI-TVA-CHAMP-20-50-40-20 n° 220).

Lorsqu'une opération a pour effet le **franchissement** de ce **seuil,** elle est réputée se situer dans l'autre État membre (État membre d'établissement du preneur non assujetti ou État membre d'arrivée des biens). Il en est de même pour les opérations ultérieures, quel qu'en soit le montant.

b. Un assujetti peut **renoncer** au régime des petits opérateurs en exerçant une **option** pour l'application des **règles générales** de territorialité des VAD-IC (CGI art. 259 D, II-2). Cette option, formulée par écrit auprès du service des impôts des entreprises dont il relève, couvre obligatoirement une **période de deux années** civiles en plus de celle au cours de laquelle elle a été exercée et **prend effet** le premier jour du mois au cours duquel elle est déclarée. Elle est **renouvelable** par tacite reconduction par période de deux années civiles, sauf **dénonciation** formulée par écrit au cours de l'année d'échéance de l'option, au plus tard le 31 octobre (BOI précité n°s 240 à 260 ; BOI-TVA-CHAMP-20-20-30 n° 30).

Emporte également renonciation par l'assujetti au régime des petits opérateurs l'**adhésion au guichet unique « OSS-UE »** (n°s 50860 s.) (BOI précité ; BOI-TVA-DECLA-20-20-60-10 n° 120).

49795 **Obligations liées à la réalisation de VAD-IC** Sauf application du régime des petits opérateurs ou du régime de la marge (n°s 49790 et 50860, précision d), les VAD-IC sont imposables dans l'État membre d'arrivée de l'expédition ou de transport des biens. L'assujetti qui réalise des VAD-IC est donc en principe tenu de s'**identifier à la TVA** dans tous les États membres dans lesquels elles sont situées afin d'y déclarer et d'y payer la taxe afférente à ces opérations. Ces opérations doivent également donner lieu à l'établissement de **factures** (n°s 53565 s.) (CGI art. 289, I-1-b) et le montant total, hors TVA, des VAD-IC réalisées à partir de la France et taxables dans l'État membre d'arrivée doit être identifié dans la **déclaration de chiffre d'affaires** (CGI art. 287, 5-a), ainsi que celui des VAD-IC réalisées à partir d'un autre État membre et taxables en France (CGI art. 287, 5-b).

Toutefois, lorsque l'assujetti adhère au **guichet unique « OSS-UE »** (n°s 50860 s.) :

– il n'est immatriculé à la TVA aux fins de ses VAD-IC que dans un seul État membre et il remplit ses obligations déclaratives et de paiement auprès de ce seul État. Ainsi, l'assujetti non établi en France qui se prévaut dans un autre État membre du régime de guichet unique « OSS-UE » n'est pas tenu de s'identifier à la TVA en France (CGI art. 286 ter A, II-4°) ;

– il est dispensé d'émettre une facture pour ces opérations (n° 53565) ;

– il n'a pas à indiquer dans sa déclaration de chiffre d'affaires le montant de ses VAD (CGI art. 287, 6).

VENTES À DISTANCE DE BIENS IMPORTÉS (VAD-BI)

49800 CGI art. 256, II bis-2° Une VAD-BI s'entend d'une livraison de **biens expédiés** ou transportés par le fournisseur ou pour son compte, y compris lorsque le fournisseur intervient indirectement dans le transport ou l'expédition des biens (sur cette notion, voir n° 49775, précision d), **à partir d'un pays ou territoire tiers** à destination d'un acquéreur dans un État membre, lorsque la livraison de biens est effectuée **au profit d'une PBRD ou** de toute autre **personne non assujettie.**

On distingue deux catégories de VAD-BI :

– les **VAD-BI dites « directes »,** lorsque le bien fait l'objet d'une importation directement dans l'État membre de l'UE d'arrivée de l'expédition ou du transport de ce bien (l'État membre d'importation et l'État membre de destination finale de l'expédition ou du transport sont identiques) (n° 49805) ;

– les **VAD-BI dites « indirectes »,** lorsque le bien fait l'objet d'une importation dans un premier État membre de l'UE avant d'être acheminé jusqu'à un second État membre de l'UE (l'État membre d'importation et l'État membre de destination finale de l'expédition ou du transport sont différents) (n° 49810).

L'importation est réputée être réalisée dans l'État membre de l'UE où le bien est **mis en libre pratique** au sens du CDU (BOI-TVA-CHAMP-10-10-40-60 n° 40).

49802 En cas de recours au **guichet unique « IOSS »** (n°s 50885 s.) :

– la livraison est automatiquement territorialisée au lieu d'arrivée de l'expédition du transport et est exemptée de l'obligation de facturation (CGI art. 258, IV-b ; BOI-TVA-DECLA-20-20-60-10 n° 190) ;

– l'assujetti qui réalise la livraison est redevable de la TVA sur l'importation, mais elle est exonérée de TVA (CGI art. 291, II-11°). Il est également exempté d'obligations déclaratives (BOI-TVA-DECLA-20-20-10-20 n° 400) ;

– le fait générateur et l'exigibilité de la VAD-BI interviennent au moment où le paiement a été accepté (n° 49835, précision b) (CGI art. 298 sexdecies H, I-D).

Territorialité des VAD-BI La **VAD-BI dite « directe »** d'un bien acheminé en France métropolitaine est imposable en France lorsque l'**une des conditions** suivantes est remplie : 49805 CGI art. 258, IV-b et c et 258, V-2°

– l'assujetti réalisant la livraison est inscrit au guichet unique « **IOSS** » (nos 50885 s.) ;

– l'assujetti réalisant la livraison est également le **redevable** de la TVA sur l'opération d'importation. Tel est le cas, en cas de facilitation au moyen d'une interface électronique des VAD-BI n'excédant pas 150 € (n° 49830) ou, en l'absence de facilitation au moyen d'une interface électronique, lorsque le vendeur a opté pour être désigné redevable de la TVA à l'importation selon les modalités exposées n° 49634, précision c.

Est également réputé se situer en France le lieu d'une VAD-BI « directe », quelle que soit la valeur de l'envoi, qui n'est pas facilitée par une interface électronique et pour laquelle le vendeur n'a pas recours au guichet unique « IOSS », dès lors que la **base d'imposition** de la taxe due à l'importation est **inférieure** à celle qui aurait été déterminée pour la VAD si elle avait été localisée en France (Loi 2023-1322 du 29-12-2023 art. 112, I-A).

Les **VAD-BI dites « indirectes »** se limitent à **deux situations** : 49810 CGI art. 258, IV-a

– les **envois excédant 150 €** ;

– pour les envois n'excédant pas ce seuil, lorsqu'il est recouru au guichet unique « **IOSS** » (nos 50885 s.) (BOI-TVA-CHAMP-10-10-40-60 n° 40).

La VAD-BI « indirecte » d'un **bien importé dans un autre État membre et acheminé en France métropolitaine** est imposable en France en toutes circonstances (BOI-TVA-CHAMP-20-20-30 n° 70).

La VAD-BI « indirecte » d'un **bien importé en France métropolitaine et acheminé dans un autre État membre** est imposable dans cet État membre d'arrivée des biens en toutes circonstances (Dir. TVA art. 33, b). Dans cette hypothèse, les règles étudiées nos 49600 s. s'appliquent.

> Précisions a. Pour les **envois n'excédant pas 150 €**, dans la mesure où le recours au guichet unique « IOSS » est obligatoire pour réaliser une VAD-BI « indirecte », l'importation est exonérée (n° 49802). Pour les **envois excédant 150 €**, la taxe doit être acquittée, en principe, par la personne qui réalise cette livraison (c'est-à-dire le vendeur qui pourra déduire la TVA due sur l'opération d'importation).

b. Lorsque les VAD-BI « indirectes » excédant 150 € sont **facilitées** par un assujetti par l'utilisation d'une **interface électronique**, il est **dérogé** à la règle spécifique selon laquelle le **redevable** de la TVA à l'importation est l'**assujetti facilitateur** (n° 49820). Cette dérogation permet aux vendeurs de pouvoir se déclarer redevables de la TVA à l'importation et de pouvoir la déduire (BOI-TVA-DECLA-10-30 n° 10).

Redevable de la TVA Le redevable de la TVA due à l'importation, lorsque le bien fait l'objet d'une VAD-BI « directe » ou « indirecte », est la **personne qui réalise cette vente,** sous réserve des **deux exceptions** suivantes : 49812 CGI art. 293 A, 2-2° et 5

– en cas de **facilitation par une interface électronique,** le redevable de la TVA à l'importation est l'assujetti qui facilite cette vente par l'utilisation de cette interface, si toutes les conditions suivantes sont remplies :

• les biens se trouvent en France au moment de l'arrivée de l'expédition ou du transport à destination de l'acquéreur ;

• un tel assujetti intervient sans être réputé avoir réalisé la vente dans le cadre du schéma de l'achat-revente décrit nos 49825 s. ;

– en l'**absence de facilitation** par une interface électronique, le redevable de la TVA due à l'importation est le destinataire de la vente, si toutes les conditions suivantes sont remplies :

• les biens se trouvent en France au moment de l'arrivée de l'expédition ou du transport à destination de l'acquéreur ;

• la TVA sur la VAD-BI n'est pas déclarée via le guichet unique « IOSS » (nos 50885 s.) ;

• la base d'imposition de la taxe due à l'importation est égale à celle qui serait déterminée pour la VAD si elle était localisée en France (Loi 2023-1322 du 29-12-2023 art. 112, I-G-1°).

L'assujetti réalisant la VAD-BI, lorsqu'il n'est pas désigné comme redevable au sens donné ci-avant, peut **opter** pour être désigné comme tel selon les modalités exposées n° 49634, précision c.

> Précisions a. Sans préjudice du dispositif de solidarité prévu pour le représentant en douane (n° 49634, précision a), dans le cas des deux exceptions visées ci-avant, la personne qui réalise la livraison de bien importé et le destinataire de cette livraison sont **solidairement tenus** au paiement de la taxe (Loi 2023-1322 du 29-12-2023 art. 112, I-G-3°).

b. En l'**absence de facilitation** par une interface électronique, lorsque la base d'imposition de la taxe due à l'importation n'est pas égale à celle qui serait déterminée pour la VAD si elle était localisée en France, le **redevable** est alors la personne qui réalise la vente (et non plus le destinataire). Dans cette hypothèse, il existe un mécanisme de **compensation** entre, d'une part, le montant de TVA déclaré et acquitté par le destinataire auprès de la DGDDI et qui n'a pas été déduit par le redevable et, d'autre part, le supplément de taxe dû par la personne qui réalise la VAD-BI et qui aurait dû être déclaré et acquitté auprès de la DGFiP (LPF L 80-0 A issu de la loi 2023-1322 du 29-12-2023 art. 112, II-3°).

c. S'agissant des règles de détermination du redevable de la TVA à l'importation dans le cadre du **régime particulier** auquel il peut être recouru lorsque le guichet « IOSS » n'est pas utilisé, voir n° 50905.

49815 **Déductibilité de la TVA frappant l'opération d'importation** Les **VAD-BI** ouvrent droit à déduction dans les conditions de **droit commun** (n°s 55000 s.), quel que soit le lieu où elles sont territorialisées (BOI-TVA-DED-10-20 n° 190).

La **question de la déductibilité** de la TVA frappant l'opération d'**importation** résultant de la VAD-BI se pose lorsque cette importation est réalisée en France métropolitaine et lorsqu'il n'est pas recouru au guichet unique « IOSS » (en effet, en cas de recours à ce guichet, l'importation est exonérée et exemptée d'obligations déclaratives : n° 49802). Dans cette hypothèse, la TVA supportée au titre de l'importation en France métropolitaine est déductible par la personne qui la doit dans la mesure où elle est réalisée pour les besoins des opérations taxables que cette personne réalise. Dès lors que l'importation est réalisée pour les besoins de la VAD-BI, afin que la TVA y afférente soit déductible, il est nécessaire que le **redevable de la TVA à l'importation** soit la **personne qui réalise cette VAD-BI** (BOI précité n° 200).

OPÉRATIONS FACILITÉES AU MOYEN D'INTERFACES ÉLECTRONIQUES

49820 CGI art. 293 A, 2-2° **Cas de l'assujetti facilitateur redevable de la TVA à l'importation due en France** Pour les VAD-BI facilitées par un assujetti au moyen de l'utilisation d'une interface électronique, telle qu'une place de marché, une plateforme, un portail ou un dispositif similaire, le **redevable** de la TVA à l'importation en France métropolitaine est cet **assujetti facilitateur** (voir n° 49812). Cette règle ne s'applique toutefois **pas** aux **VAD-BI « indirectes » excédant 150 €,** lesquelles sont territorialisées dans un autre État membre (n° 49810, précision b) (BOI-TVA-DECLA-10-30 n° 10).

> Précisions a. Le **terme « facilite »** désigne l'utilisation d'une interface électronique permettant à un acquéreur et à un fournisseur qui met des biens en vente au moyen de cette interface électronique d'entrer en contact, ce qui aboutit à une livraison de biens au moyen de cette interface électronique. Seules les interfaces électroniques réalisant uniquement le traitement de paiements en rapport avec la livraison de biens et/ou le placement d'annonces concernant des biens ou la promotion de ceux-ci et/ou la réorientation ou le transfert des acquéreurs vers d'autres interfaces électroniques où des biens sont mis en vente, sans autre intervention dans la livraison, ne sont **pas** considérées comme un **fournisseur présumé** (Règl. UE/282/2011 art. 5 ter). Cette précision vaut également pour le schéma d'achat-revente (n°s 49825 s.).

b. En pratique, les cas dans lesquels l'assujetti facilitateur est **effectivement redevable** de la TVA sur l'opération d'importation en France se limitent aux VAD-BI « directes » dont la valeur de l'envoi :
– n'excède pas 150 € s'il n'a pas recours au guichet unique « IOSS » ;
– excède 150 €.

49825 CGI art. 256, V-2° **Schéma d'achat-revente** Les assujettis qui facilitent (au sens défini n° 49820, précision a) certaines ventes de biens au moyen d'interfaces électroniques sont regardés comme ayant **personnellement acquis et livré le bien** (schéma d'achat-revente). Il en résulte, aux fins de la TVA, **deux opérations distinctes** :
– le vendeur du bien est réputé réaliser une livraison du bien à destination de l'assujetti facilitateur. Cette livraison suit le régime normal des livraisons entre assujettis ;
– l'assujetti facilitateur est, pour les besoins de la TVA, réputé réaliser lui-même la livraison du bien, à destination de l'acquéreur final (BOI-TVA-CHAMP-10-10-40-60 n° 90).

L'**assujetti facilitateur** (dénommé « **fournisseur présumé** ») est alors **redevable** de la **TVA sur l'opération facilitée.**

> Précisions À moins de disposer d'informations contraires, un assujetti facilitateur **peut considérer** que le fournisseur qui vend des biens par son intermédiaire est un assujetti et que la personne qui acquiert ces biens est une personne non assujettie (**présomption réfragable**) (Règl. UE/282/2011 art. 5 quinquies).

49830 Sont soumises au schéma de l'achat-revente :
– les **VAD-IC** et **livraisons de biens domestiques** uniquement lorsque le **vendeur** n'est **pas** établi **dans l'UE.** Dans ce cas de figure, le bien n'est **pas importé,** c'est-à-dire qu'il est situé en France métropolitaine ou sur le territoire d'un autre État membre avant d'être vendu. Sont donc

concernées à la fois les VAD-IC et les livraisons internes à un État membre de l'UE (y compris les livraisons internes de biens d'occasion, objets d'art ou d'antiquité taxées sur le prix total, de moyens de transport neufs ou de biens livrés avec montage). Il peut également s'agir d'exportations exonérées telles que définies nos 49690 s. Dans cette dernière hypothèse, l'assujetti facilitateur est en droit de livrer les biens en exonération de TVA dans la mesure où il respecte l'ensemble des conditions d'exonération normalement applicables au fournisseur ;

– les **VAD-BI « directes » ou « indirectes »,** uniquement lorsque les biens sont contenus dans un envoi dont la valeur intrinsèque **ne dépasse pas 150 €.**

Seules sont concernées les livraisons réalisées par des assujettis **à des personnes non assujetties.** Les livraisons à des personnes morales non assujetties qui ne bénéficient pas du régime des PBRD (nos 49225 s.) ou à des assujettis ne sont donc pas concernées (BOI-TVA-CHAMP-10-10-40-60 nos 150 s.).

› Précisions a. Pour déclarer les opérations susvisées (y compris pour les livraisons domestiques), les assujettis facilitateurs peuvent recourir à l'un des régimes de **guichet unique** décrits nos 50860 s. et 50885 s.
En revanche, les **exportations de biens** ne devraient pas pouvoir, selon nous, relever du guichet unique « OSS-UE » (nos 50860 s.) puisque celui-ci ne concerne, s'agissant de livraisons de biens, que les VAD-IC et les livraisons domestiques facilitées que les interfaces électroniques sont réputées réaliser en application de l'article 256, V-2°-b du CGI (CGI art. 298 sexdecies G, I-3°-b et c ; BOI-TVA-DECLA-20-20-60-10 n° 110). Ces opérations d'exportation devraient donc être déclarées par les assujettis facilitateurs via leurs **déclarations de chiffre d'affaires CA 3.**
b. Dans le cas d'une **livraison de biens non importés par une personne non établie dans l'UE,** la première opération entre le vendeur et l'assujetti facilitateur qui résulte du schéma d'achat-revente est **exonérée** de TVA sans perte du **droit à déduction** pour le vendeur (CGI art. 262 ter, III ; BOI-TVA-CHAMP-30-10-60-10 nos 490 et 530).

Lorsque le bien fait l'objet d'un **transport** ou d'une expédition à destination de l'acquéreur final, ce transport ou cette expédition est rattaché à l'opération visée n° 49825, 2e tiret. **49835**

La **base d'imposition** de chacune des deux opérations est identique et déterminée dans les conditions de droit commun (nos 52200 s.).

Le **fait générateur** et l'**exigibilité** de la taxe se produisent au moment où le paiement par le client final a été accepté (CGI art. 269, 1-a sexies et 2-b).

Les deux opérations distinctes qui composent le schéma d'achat-revente (n° 49825) suivent les **règles de facturation** qui leur sont propres.

› Précisions a. Lorsque, pour déclarer et acquitter correctement la TVA due, un assujetti facilitateur est tributaire des informations transmises par les fournisseurs qui vendent des biens ou par d'autres tiers et que ces **informations** sont **erronées,** il n'est pas redevable d'un quelconque **montant de TVA excédant** la **TVA** qu'il a **déclarée** et payée dès lors qu'il peut démontrer qu'il ignorait et ne pouvait pas raisonnablement savoir que les informations reçues étaient incorrectes (Règl. UE/282/2011 art. 5 quater).
b. Le moment où le paiement par le client final est accepté désigne le moment où la **confirmation du paiement,** le message d'autorisation du paiement ou un engagement de paiement de la part de l'acquéreur est **reçu,** indépendamment du moment où le montant est effectivement versé, selon ce qui intervient en premier (Règl. UE/282/2011 art. 41 bis).

Tenue de registres Tout assujetti qui facilite par l'utilisation d'une interface électronique la livraison de biens ou la prestation de services à une personne non assujettie est tenue de consigner dans un **registre** ces livraisons ou prestations. **49837** CGI art. 286 quinquies

Sont ici visées les obligations de tenue de registres pesant sur les **assujettis** qui, au moyen d'une interface électronique, ont facilité la réalisation d'une livraison de biens ou d'une prestation de services, localisée sur le territoire de l'UE, à une personne non assujettie, **sans que** cette **intervention les rende redevables** de la TVA sur l'opération facilitée.

Il s'agit des assujettis qui facilitent :

– des livraisons de bien réalisées à l'intérieur de l'UE par un fournisseur établi sur le territoire européen ;

– des VAD-BI de territoire tiers ou de pays tiers contenus dans des envois dont la valeur intrinsèque excède 150 € ;

– des prestations de services pour lesquelles ils ne sont pas présumés agir en leur nom propre (BOI-TVA-DECLA-30-10-15 n° 80).

Ce registre doit mentionner, pour chaque opération, les **informations** listées à l'article 41 quinquies C de l'annexe IV au CGI, être suffisamment détaillé pour permettre de vérifier que la TVA a été correctement appliquée et être mis à disposition de l'administration, à sa demande, par voie électronique. Il doit être **conservé** pendant dix ans à compter du 31 décembre de l'année au cours de laquelle l'opération a été effectuée.

> **Précisions** Les obligations en matière de tenue de registres concernant les assujettis facilitateurs assimilés à des **acheteurs-revendeurs** diffèrent selon qu'ils ont ou non opté pour l'un des régimes de guichet unique. Si tel est le cas, leurs obligations de tenue de registres sont celles décrites nos 50875, 50860 s. ou 50885 s., selon le guichet unique auquel ils ont recours. Les assujettis facilitateurs assimilés à des acheteurs-revendeurs qui n'ont pas opté pour l'un des régimes de guichet unique restent soumis aux obligations d'ordre comptable traditionnelles prévues à l'article 286, 1-3° du CGI (nos 53440 s.).

SECTION 2 PRESTATIONS DE SERVICES

49840 En ce qui concerne les prestations de services (définies n° 46475), les **critères d'application territoriale de la TVA** sont déterminés **par référence au lieu où** ces opérations sont **réputées se situer,** tel que ce lieu est défini par la loi.

Cette idée de base est comparable à celle précédemment évoquée pour les opérations portant sur les biens (nos 48950 s.). Mais ce sont des **dispositions spécifiques** qui doivent être mises en œuvre lorsqu'il s'agit d'apprécier les cas dans lesquels les prestations de services doivent être considérées comme se situant en France et donc comme entrant dans le champ d'application de la TVA française.

Remarque : Nous avons précisé n° 48550 le sens de diverses **expressions et abréviations** utilisées dans l'étude de la territorialité de la TVA. On rappelle, notamment, que le **« preneur »** d'une prestation de services **ou** encore le **« donneur d'ordre »** désigne la personne qui est le bénéficiaire effectif de la prestation (CE 9-10-2015 n° 371794 : RJF 1/16 n° 14).

A. Cas d'imposition en France

49845 TVA-III-1900 s Après avoir défini un certain nombre de **notions utiles** pour la détermination du lieu des prestations de services (nos 49850 s.), nous exposerons les **règles générales** de territorialité applicables aux prestations de services tant dans les relations entre assujettis (relations dites « B to B » pour « Business to Business ») que dans les relations entre prestataires assujettis et preneurs non assujettis (relations dites « B to C » pour « Business to Consumer ») (nos 49865 s.).

Nous exposerons ensuite les **règles particulières** de territorialité applicables à certaines prestations de services, étant précisé que certaines de ces règles sont communes aux relations « B to B » et « B to C » (nos 49955 s.), alors que d'autres sont spécifiques aux seules relations « B to B » (n° 49985) ou aux seules relations « B to C » (nos 49990 s.).

1. DÉFINITIONS

49850 Aux fins de l'application des règles relatives au lieu des prestations de services, il convient de définir les notions de preneur assujetti et d'établissement en France.

NOTION DE PRENEUR ASSUJETTI

49855 CGI art. 259-0 TVA-III-2100 s Les règles de territorialité applicables aux services sont en principe différentes selon que le preneur est un assujetti ou une personne non assujettie. La qualité du preneur est dès lors déterminante pour localiser le lieu de taxation des prestations de services.

Doit être considéré comme ayant la qualité de preneur assujetti au regard des règles de territorialité des services :

– l'**assujetti de « droit commun »** (tel que défini nos 46510 s.), peu important le fait que les opérations qu'il réalise soient effectivement taxées ou exonérées ou bénéficient d'un régime de franchise ;

– pour tous les services qui lui sont fournis, un assujetti de « droit commun » qui exerce également des activités ou réalise des opérations placées hors du champ d'application de la

TVA. Un tel **assujetti « partiel »** a donc la qualité d'assujetti au regard des règles de territorialité des services même si la prestation est acquise pour les besoins de ses activités ou opérations situées hors champ de la TVA, pour autant que ces **activités non économiques** soient **exercées à titre professionnel** (CJUE 17-3-2021 aff. 459/19 : RJF 6/21 n° 672 ; dans le même sens, BOI-TVA-CHAMP-20-50-20 n° 220) ;

– une **personne morale non assujettie** qui est **identifiée à la TVA** ou tenue de l'être.

En revanche, un assujetti de « droit commun » ou une personne morale non assujettie mais identifiée à la TVA n'a pas la qualité d'assujetti au regard des règles de territorialité des services lorsque la **prestation** est **acquise pour** ses **besoins privés ou ceux de son personnel.** Dans une telle hypothèse, le preneur n'est **pas** en effet considéré comme un **assujetti agissant en tant que tel** au sens de l'article 259, 1° du CGI.

> Précisions **a.** Sauf s'il dispose d'informations contraires, le prestataire peut considérer qu'un preneur établi dans l'UE a le **statut d'assujetti** et que les **services** sont **destinés aux fins** de son **activité économique** lorsque ce dernier lui a communiqué son **numéro d'identification TVA** et s'il obtient la confirmation de la validité de ce numéro d'identification ainsi que du nom et de l'adresse y associés (Règl. UE/282/2011 art. 18, 1-a et 19). De son côté, l'administration indique que la communication par le preneur à son prestataire de son numéro d'identification à la TVA en cours de validité à la date de l'opération, la mention de ce numéro sur la facture ainsi qu'une référence à l'article 44 de la directive TVA faisant apparaître que le preneur a déclaré utiliser le service aux fins de son entreprise constituent une présomption simple que le preneur agit bien en tant qu'assujetti, mais elle ne dispense pas le prestataire de son obligation de vigilance et notamment de vérifier la validité du numéro d'identification de son preneur (BOI précité n° 230).

b. La définition de preneur assujetti donnée ci-dessus est également applicable aux **preneurs,** personnes physiques ou morales, **établis dans un pays tiers.** Il appartient alors au prestataire dans le cadre des relations d'affaires qu'il entretient avec son client de s'assurer de la position de son client au regard de cette définition par tout moyen (numéro d'identification propre au pays d'établissement, certificat d'assujettissement, documents commerciaux ou site internet du preneur attestant de l'exercice d'une activité économique, etc.) (BOI-TVA-CHAMP-20-50-10 n°s 80 et 90).

c. Lorsqu'une prestation de services est destinée **en partie à des besoins privés et** en partie **à des besoins professionnels** d'un preneur assujetti, le lieu de la prestation doit être déterminé, pour la totalité, selon les règles applicables aux relations « B to B » (BOI-TVA-CHAMP-20-50-20 n° 250).

d. L'**usage** effectif du service acquis par un preneur (usage professionnel ou privé) doit être **pris en considération uniquement au moment** où le **service est fourni.** Sauf abus de droit, le lieu d'imposition du service ne sera pas remis en cause par la modification ultérieure de l'utilisation qui en sera faite (BOI précité n° 260).

e. La seule circonstance qu'une **prestation** de services soit rendue au profit de plusieurs preneurs ne permet pas de la regarder comme comportant plusieurs prestations distinctes pour l'application des règles de territorialité. Il convient de rechercher si la prestation présente un caractère divisible permettant de la décomposer en plusieurs prestations ou si elle doit être regardée comme une prestation indivisible rendue au profit d'une unique entité économique (CE 9-2-2012 n° 330852 : RJF 5/12 n° 458).

NOTION D'ÉTABLISSEMENT EN FRANCE

Est considéré comme établi en France l'assujetti, prestataire ou preneur, qui a en France le siège de son activité économique ou un établissement stable à partir duquel le service est fourni ou utilisé ou, à défaut, son domicile ou sa résidence habituelle. 49860 TVA-III-2250 s

a. Pour déterminer le lieu du **siège de l'activité** économique d'un assujetti, il convient de prendre en considération un faisceau d'indices (siège statutaire de la société, lieu de son administration centrale, lieu de réunion de ses dirigeants sociaux, lieu où est arrêtée la politique générale de la société, etc.). En cas de contradiction d'indices, le lieu du siège de l'activité économique est en définitive le lieu où sont adoptées les décisions essentielles concernant la direction générale de la société et où sont exercées les fonctions d'administration centrale de celle-ci (CJUE 28-6-2007 aff. 73/06 : RJF 11/07 n° 1367).

La présence d'une société « boîte aux lettres » ou « écran » ne saurait conférer à un lieu le statut de siège d'une activité économique d'un assujetti s'il ne satisfait pas aux conditions précitées (BOI-TVA-CHAMP-20-50-10 n°s 100 à 120).

b. Le point de **rattachement** le plus utile afin de déterminer le lieu des prestations de services, du point de vue fiscal et, partant, **prioritaire,** est celui où l'assujetti a établi le siège de son activité économique. La prise en considération d'un autre établissement stable s'impose toutefois dans le cas où le rattachement au siège ne conduit pas à une solution fiscale rationnelle ou crée un conflit avec un autre État membre (notamment, CJUE 20-2-1997 aff. 260/95 : RJF 4/97 n° 406 ; CJUE 16-10-2014 aff. 605/12 : RJF 1/15 n° 88 ; BOI précité n° 130).

Un **établissement stable** en matière de TVA est caractérisé par un degré suffisant de permanence et une structure apte, du point de vue de l'équipement humain et technique, à rendre possible :

– soit la fourniture par cet établissement d'un service au sens de l'article 259, 2° du CGI (« **établissement stable prestataire** ») ;

– soit l'utilisation par cet établissement des services qui lui sont rendus au sens de l'article 259, 1° du CGI (« **établissement stable preneur** »). À cet égard, il n'est pas indispensable que l'établissement stable preneur exerce lui-même une activité économique (BOI précité n° 140).

> Précisions **a.** La CJUE a jugé qu'une structure dépourvue de son personnel propre ne peut pas constituer un établissement stable, tant prestataire que preneur (CJUE 3-6-2021 aff. 931/19 : RJF 8-9/21 n° 887). Toutefois, elle a nuancé cette solution en ce qui concerne la notion d'**établissement stable preneur** en considérant qu'il n'est pas requis d'un assujetti qu'il détienne des **moyens humains ou techniques** en propre mais seulement qu'il ait le pouvoir de disposer de ces moyens comme s'ils étaient les siens (par exemple, par des contrats de service ou de location mettant ces moyens à sa disposition et ne pouvant être résiliés à brève échéance). Les mêmes moyens ne peuvent toutefois pas être utilisés à la fois pour fournir des services et recevoir ces mêmes services (CJUE 7-4-2022 aff. 333/20 : RJF 7/22 n° 693 ; CJUE 29-6-2023 aff. 232/22 : RJF 10/23 n° 783).

À noter qu'il a également été jugé qu'est sans incidence sur la qualification d'**établissement stable prestataire** la circonstance que les **moyens techniques** nécessaires à la réalisation de l'activité ne soient pas possédés par l'établissement mais seulement loués ou mis à sa disposition à titre gratuit (CAA Nantes 11-2-2021 n° 19NT00976 ; CE (na) 22-12-2021 n° 451610 : RJF 4/22 n° 340).

Une **société de leasing** établie dans un État membre, qui loue dans un autre État membre à des clients y étant établis des **voitures particulières** en vertu de contrats de leasing (établis et signés à son siège) par l'entremise d'intermédiaires indépendants établis dans ce même autre État, n'effectue pas ses prestations à partir d'un établissement stable situé dans cet État dès lors qu'elle n'y dispose ni de bureau ni de lieu d'entreposage des voitures (CJUE 17-7-1997 aff. 190/95 : RJF 10/97 n° 999).

Une société irlandaise qui dispose en France, par l'intermédiaire d'une société sœur, de moyens humains qui lui permettent de prendre la décision de conclure avec un annonceur, un contrat lui ouvrant le bénéfice des services dont la société irlandaise assure l'exploitation doit être regardée comme possédant un établissement stable en France quand bien même les infrastructures techniques nécessaires à l'exercice de son **activité de marketing digital** (centre de données, serveurs, etc.) sont localisées hors de France (CE plén. 11-12-2020 n° 420174 : RJF 2/21 n° 196).

b. Une **succursale** française d'une société étrangère qui ne réalise que des opérations internes au profit de son siège n'entrant pas dans le champ d'application de la TVA constitue un « établissement stable preneur » si elle présente une consistance minimale rendant possible l'utilisation de services pour les besoins d'opérations exclusivement réalisées au profit du siège. De même, les **bureaux de représentation** et les **chantiers** n'ont pas, en principe, le caractère d'établissement stable prestataire mais peuvent néanmoins avoir une consistance suffisante pour constituer des établissements stables au regard de l'utilisation des services (BOI précité n°s 150 et 160).

c. Même s'il n'est pas exclu qu'une **filiale** constitue un « établissement stable preneur » de sa société mère, l'existence d'un tel établissement dans un État membre ne peut pas être déduite par un prestataire de services du seul fait que cette société y possède une filiale. Une telle qualification résulte de la réunion des conditions matérielles énoncées par le règlement UE/282/2011 appréciées à la lumière de la réalité économique et commerciale (CJUE 7-5-2020 aff. 547/18 : RJF 8-9/20 n° 749 ; CJUE 7-4-2022 aff. 333/20 précité).

S'agissant d'une filiale établie dans un État membre agissant en **simple auxiliaire** de la société mère établie dans un autre État membre, voir n° 61528, Précisions.

d. Le lieu de **domicile** d'une personne physique, assujettie ou non assujettie, est en principe celui qui résulte de l'adresse figurant dans le registre national de la population ou un registre similaire ou de celle déclarée à l'administration fiscale (à moins qu'il n'existe des preuves indiquant que cette adresse n'est pas conforme à la réalité). Sa **résidence habituelle** est le lieu où, au moment où les services sont fournis, cette personne réside habituellement en raison d'attaches professionnelles et/ou personnelles.

2. RÈGLES GÉNÉRALES

49865 Pour la détermination du lieu des prestations de services (autres que celles visées n°s 49950 s.), il convient de distinguer selon que la prestation est fournie à un preneur assujetti ou à un preneur non assujetti au sens défini n° 49855.

Remarques :

1. Lorsqu'une **prestation de services** est **réputée se situer en France** au sens des règles exposées n°s 49870 s., elle entre dans le champ d'application de la TVA française et est donc

imposable en France. Cette imposition ne sera cependant pas effective si la prestation en cause se trouve par ailleurs couverte :

- soit par l'une des **exonérations** légales listées n° 46580 ;
- soit par l'un des régimes de **suspension** de taxe mentionnés n° 61260.

2. Lorsque, au contraire, une **prestation de services** est **réputée se situer hors de France** au sens des mêmes règles, elle constitue une **opération « extraterritoriale »** n'entrant **pas** dans le champ d'application de la **TVA française** (n°s 48560 s.). Cependant, comme indiqué n° 48570, elle ouvre droit à **déduction** de la taxe ayant grevé les éléments de son prix, dans la mesure où elle serait effectivement soumise à la taxe si son lieu d'imposition se situait en France.

PRESTATIONS DE SERVICES FOURNIES À UN PRENEUR ASSUJETTI

Le lieu des prestations de services (autres que celles visées n°s 49955 et 49985) est, en **principe,** situé en France lorsque le **preneur** est un **assujetti agissant en tant que tel** qui a **en France** : 49870 CGI art. 259, 1° TVA-III-2910 s

- le siège de son activité économique, sauf lorsqu'il dispose d'un établissement stable non situé en France auquel les services sont fournis ;
- ou un établissement stable auquel les services sont fournis ;
- ou, à défaut, son domicile ou sa résidence habituelle.

> Précisions **a.** Sont **notamment concernés** par ces dispositions les prestations des intermédiaires transparents qui ne se rattachent pas à un bien immeuble, les transports de biens qu'il s'agisse de transports internationaux, intracommunautaires ou nationaux et leurs prestations accessoires, les expertises ou travaux portant sur des biens meubles corporels, les prestations immatérielles (visées n° 50025), les prestations de stockage consistant dans la fourniture d'une prestation complexe (voir n° 49970, précision c), les locations de moyens de transport (notamment en vertu d'un contrat de crédit-bail) autres que de courte durée et les prestations de services qui ont pour objet des activités culturelles, artistiques, sportives, scientifiques, éducatives, de divertissement ou similaires mais qui ne consistent pas à donner accès à des manifestations de cette nature.

S'agissant des prestations de télécommunication, de radiodiffusion et de télévision et des prestations de services électroniques, des **présomptions** relatives à la **localisation du preneur** assujetti sont prévues (voir n° 50060, précision a).

b. Les prestataires de services, autres que les façonniers, qui réalisent des travaux et expertises portant sur des biens meubles corporels doivent tenir un **registre spécial** indiquant, pour les **biens** expédiés à partir **d'un autre État membre** de l'UE par un assujetti identifié à la TVA dans cet État (ou pour son compte), la date de réception et celle où les biens quittent l'entreprise, la nature et la quantité des biens concernés, le nom et l'adresse du donneur d'ordre ainsi que son numéro de TVA intracommunautaire (CGI art. 286 quater, II-3). Sur les modalités de tenue de ce registre et les sanctions applicables, voir n° 52385.

Prestations utilisées hors de l'UE Par **dérogation** à la règle générale (n° 49870), il est admis que certaines prestations ne soient **pas soumises à la TVA en France** lorsqu'elles sont effectivement utilisées ou exploitées hors de l'UE, cette caractérisation résultant du fait qu'elles sont matériellement exécutées hors de l'UE (il s'agit ici de l'utilisation, par la doctrine administrative, de la faculté offerte aux États membres par l'article 59 bis, a, de la directive TVA). 49875

Sont concernés par cette mesure de tolérance (**liste limitative**) : les transports de marchandises et commissions y afférentes, les prestations de convoyage de moyens de transport pour les besoins de transport de marchandises, les locations de véhicules et de matériels pour les besoins de transport de marchandises, le gardiennage, le magasinage, la **manutention,** le **chargement** et le **déchargement** des marchandises, les prestations de réparation, de transformation, d'adaptation, de façon ou d'ouvraison portant sur les biens qui lors de leur réimportation sont soumis aux règles énoncées n° 49630, e (BOI-TVA-CHAMP-20-50-20 n°s 170, 180 et 200).

> Précisions À titre de **règle pratique,** les critères suivants peuvent être retenus :
- la distance parcourue hors de l'UE, s'agissant des transports de marchandises, des prestations de convoyage de moyens de transport, des locations de véhicules et de matériels et des commissions afférentes aux transports ;
- le lieu d'exécution matérielle, s'agissant du gardiennage, de la manutention ou du chargement et du déchargement (BOI précité n° 190).

S'agissant de l'exonération prévue pour la **location de bateaux de plaisance,** voir n° 49960, précision c.

Liquidation de la taxe Lorsque les prestations mentionnées n° 49870 sont fournies par un prestataire non établi en France au sens de l'article 283-0 du CGI (voir n° 50692), le **redevable** de la taxe est le **preneur** assujetti établi en France (**autoliquidation**). 49885 CGI art. 283, 2 TVA-III-3250 s

La taxe est alors **exigible** au moment où la prestation est effectuée ou, dans le cas des prestations de services donnant lieu à l'établissement de décomptes ou à des encaissements successifs, lors de l'expiration des périodes auxquelles ces décomptes et ces encaissements se rapportent, ou lors de l'encaissement des acomptes s'il en est perçu avant (CGI art. 269, 1-a et a bis et 2-b bis). Si les prestations ont lieu de manière continue sur une période supérieure à une année et ne donnent pas lieu à des décomptes ou à des paiements durant cette période, la taxe est exigible à l'expiration de chaque année civile tant qu'il n'est pas mis fin à la prestation (CGI art. 269, 1-a quater et 2-b bis).

La taxe est autoliquidée par le preneur sur sa **déclaration de chiffre d'affaires** (pour les preneurs assujettis non redevables par ailleurs, elle est obligatoirement autoliquidée sur un formulaire CA 3). Le montant hors taxe des achats de prestations de services fournies par un prestataire établi dans un autre État membre de l'UE ou en dehors de l'UE doit être déclaré, par le preneur, sur une **ligne spécifique** de la déclaration (« Achats de prestations de services réalisés auprès d'un assujetti non établi en France : art. 283, 2 du CGI »).

La taxe ainsi acquittée peut être déduite dans les conditions de droit commun (n°s 55000 s. et, notamment, 56290).

Lorsque le **prestataire et** le **preneur** assujetti sont tous les deux **établis en France,** la taxe est due par le prestataire dans les conditions de droit commun (sauf application d'un dispositif spécifique d'autoliquidation : n° 54050). Dans ce cas, le **preneur** est **solidairement tenu** au paiement de la taxe s'il savait ou ne pouvait ignorer que tout ou partie de la taxe due sur cette prestation ou toute prestation antérieure ne serait pas reversée de manière frauduleuse (voir n° 54055).

> Précisions **a.** La **facture** délivrée par le prestataire établi hors de France relative aux opérations pour lesquelles le **preneur** est **redevable** de la taxe en France en application de l'article 283, 2 du CGI peut être soumise, selon le cas, aux règles de facturation françaises ou aux règles de facturation d'un autre État membre si le prestataire est établi dans cet État membre (n° 53500, remarque 1). Lorsque ce sont les règles de facturation françaises qui s'appliquent, la mention « autoliquidation » doit figurer sur la facture (CGI ann. II art. 242 nonies A, I-13°).

b. Le **preneur établi en France** non déjà identifié à la TVA à un autre titre est tenu de s'**identifier** à la TVA lorsqu'il est redevable de la taxe en France en application de l'article 283, 2 du CGI (n° 53420).

c. S'agissant des règles d'**exigibilité,** une prestation de **services de nature ponctuelle** qui fait l'objet d'une rémunération **par paiements échelonnés** ne relève pas du champ d'application de l'article 64, 1 de la directive TVA (transposé en droit interne à l'article 269, 1-a bis du CGI) concernant les prestations de services donnant lieu à des décomptes ou à des paiements successifs (CJUE 28-10-2021 aff. 324/20 : RJF 1/22 n° 103).

49890 CGI art. 289 B, I et III TVA-III-9600 s

Déclaration européenne des services

Toute personne physique ou morale, établie ou domiciliée en France (à l'exclusion des DOM), doit déclarer, dès le premier euro, sur un état récapitulatif (dénommé « déclaration européenne des services » ou « DES » en France) les prestations de services relevant de la règle générale « B to B » (n° 49870) réalisées au profit de **preneurs assujettis** agissant en tant que tels qui sont **établis** ou domiciliés **dans un autre État membre** de l'UE et pour lesquelles la taxe est autoliquidée par le preneur en application de l'article 196 de la directive TVA.

Il s'agit d'une déclaration **mensuelle** qui doit être produite, obligatoirement par voie électronique (ou sur support papier pour les prestataires bénéficiant du régime de la franchise en base : n°s 53780 s.), dans les dix jours ouvrables du mois qui suit celui au cours duquel la TVA est devenue exigible dans l'autre État membre au titre des prestations de services réalisées ou celui au cours duquel une régularisation commerciale est notifiée au preneur.

Le contenu et les modalités de la DES, fixés par l'article 96 N de l'annexe III au CGI, sont précisés dans la Documentation pratique fiscale (TVA-III-9650 s.).

> Précisions **a.** Le prestataire n'a pas à déclarer sur sa DES les prestations de **services exonérées** dans l'État membre du preneur (BOI-TVA-DECLA-20-20-40 n° 140).

b. Le téléservice DES est accessible via le **portail électronique** de l'administration des douanes (www.douane.gouv.fr).

c. Les **sanctions** pour défaut de déclaration dans les délais de la DES et pour omission ou inexactitude sont identiques à celles prévues pour l'état récapitulatif des clients en matière de livraison de biens (voir n° 49425).

d. Le **prestataire établi en France** non déjà identifié à la TVA à un autre titre est tenu de s'**identifier** à la TVA lorsqu'il fournit une prestation de services au titre de laquelle seul le preneur est redevable de la taxe dans un autre État membre de l'UE en application de l'article 196 de la directive TVA (n° 53420).

e. En ce qui concerne le **délai de facturation** des prestations de services autoliquidées par le preneur établi dans un autre État membre de l'UE en application de l'article 196 de la directive TVA, voir n° 53585.

PRESTATIONS DE SERVICES FOURNIES À UN PRENEUR NON ASSUJETTI

Le lieu des prestations de services (autres que celles visées nos 49955 et 49990) fournies à un preneur non assujetti au sens défini n° 49855 est situé en France lorsque le **prestataire** : 49895 CGI art. 259, 2° et 259 C TVA-III-3400 s
– a **établi en France** le siège de son activité économique, sauf s'il dispose d'un établissement stable non situé en France à partir duquel les services sont fournis ;
– ou dispose d'un établissement stable en France à partir duquel les services sont fournis ;
– ou, à défaut, a en France son domicile ou sa résidence habituelle.

Le lieu de ces prestations est également situé en France lorsqu'elles sont fournies à un **preneur établi dans l'UE** par un **prestataire établi en dehors de l'UE** et que ces **services** sont **utilisés** ou exploités **en France.**

> Précisions **a.** Sont **notamment concernées** par ces dispositions les prestations destinées à la consommation des particuliers (coiffure, soins corporels, etc.), les prestations immatérielles (visées n° 50025) fournies à un preneur non assujetti établi dans l'UE, les prestations d'exécution testamentaire.
b. Les prestations de services fournies à des **collectivités publiques non assujetties établies hors de l'UE** par un prestataire établi en France sont considérées comme situées hors de l'UE et non soumises à la TVA en France dès lors qu'en règle générale l'utilisation de ces services s'effectue sur le territoire de ces collectivités (BOI-TVA-CHAMP-20-50-20 n° 320).
c. En ce qui concerne :
– les régimes de **guichet unique** dont peuvent se prévaloir certains prestataires fournissant des services à des personnes non assujetties, voir nos 50860 s. et 50875 ;
– l'obligation de tenue de **registre** par les **plateformes** facilitant la fourniture de prestations de services (ou la livraison de biens) à destination de non-assujettis, voir n° 49837.

3. RÈGLES PARTICULIÈRES

Par dérogation au critère du lieu d'établissement du preneur (relations « B to B » : n° 49870) ou au critère du lieu d'établissement du prestataire (relations « B to C » : n° 49895), des règles particulières sont prévues par les articles 259 A à 259 D du CGI, afin de déterminer le lieu d'imposition de certaines prestations de services. 49950

Certaines de ces **règles particulières** sont **communes aux relations « B to B »** et aux relations **« B to C »,** c'est-à-dire qu'elles s'appliquent aussi bien lorsque le preneur a la qualité d'assujetti que lorsque ce dernier est un non-assujetti. En revanche, un certain nombre d'**autres règles** sont **spécifiques soit** aux **seules relations « B to B », soit** aux **seules relations « B to C ».**

> Précisions En ce qui concerne :
– les régimes de **guichet unique** dont peuvent se prévaloir certains prestataires fournissant des services à des personnes non assujetties, voir nos 50860 s. et 50875 ;
– l'obligation de tenue de **registre** par les **plateformes** facilitant la fourniture de prestations de services (ou la livraison de biens) à destination de non-assujettis, voir n° 49837.

RÈGLES PARTICULIÈRES COMMUNES AUX RELATIONS « B TO B » ET « B TO C »

Les règles particulières de territorialité communes aux relations « B to B » et aux relations « B to C » concernent les prestations suivantes : **locations de moyens de transport de courte durée** (pour une meilleure lisibilité du régime, les développements figurant nos 49960 s. reprennent l'ensemble des règles de territorialité applicables aux locations de moyens de transport qu'elles soient ou non de courte durée) ; **prestations se rattachant à un immeuble** ; **transport de passagers** ; **ventes à consommer sur place.** 49955

Locations de moyens de transport Des règles particulières de territorialité sont prévues, par l'article 259 A, 1° du CGI, pour les locations de moyens de transport de courte durée fournies tant à des preneurs assujettis qu'à des preneurs non assujettis. Toutefois, pour une meilleure lisibilité du régime, les développements ci-après reprennent l'ensemble des règles de territorialité applicables aux locations de moyens de transport **qu'elles soient ou non de courte durée.** 49960 CGI art. 259, 259 A, 1° et 259 C TVA-III-7000 s

a. Le lieu des **locations** de moyens de transport de **courte durée** est situé en France lorsque le moyen de transport est effectivement mis à disposition du preneur, assujetti ou non assujetti, **en France,** c'est-à-dire lorsque le moyen de transport se trouve en France au moment où le preneur en prend effectivement et physiquement possession.

b. Les **locations** de moyens de transport **autres que** celles **de courte durée** relèvent des règles suivantes :
– lorsqu'elles sont fournies à des **preneurs assujettis,** elles relèvent de la règle générale « B to B » (n° 49870) avec application, le cas échéant, de la mesure de tolérance exposée n° 49875 lorsque la location du moyen de transport est utilisée en dehors de l'UE ;

49960 (suite) – lorsqu'elles sont fournies à des **preneurs non assujettis,** il convient de distinguer :

• si elles portent sur des **moyens de transport autres que des bateaux de plaisance,** leur lieu est situé en France lorsque le preneur est établi ou domicilié en France (quels que soient le lieu d'établissement du prestataire et le lieu d'utilisation de la prestation) ou lorsque le preneur est établi en dehors de l'UE et que l'utilisation ou l'exploitation effective de la location du moyen de transport s'effectue en France (quel que soit le lieu d'établissement du prestataire) (voir précision e),

• si elles portent sur des **bateaux de plaisance,** leur lieu est situé en France dans les cas suivants : le preneur est établi ou domicilié en France ; le preneur est établi à l'étranger (autre État membre ou pays tiers), le prestataire est établi en France et le bateau est effectivement mis à la disposition du preneur en France ; le preneur est établi dans un autre État membre, le prestataire est établi en dehors de l'UE et la location est utilisée en France ; le preneur est établi dans un pays tiers, le prestataire est établi à l'étranger (autre État membre ou pays tiers) et la location est utilisée en France (la location n'est toutefois pas située en France si le prestataire est établi dans l'État membre, autre que la France, où a lieu la mise à disposition du bateau).

› Précisions a. Pour l'application des règles ci-dessus, sont **considérés comme des moyens de transport** les véhicules, motorisés ou non, et les autres dispositifs ou équipements conçus pour transporter des personnes ou des objets d'un endroit à un autre, pouvant être tirés, tractés ou poussés par des véhicules (wagons, remorques, etc.) et normalement conçus et utilisés pour le transport. Ainsi, constituent **notamment** des moyens de transport les véhicules terrestres motorisés ou non (automobiles, motocyclettes, bicyclettes, tricycles, caravanes non fixées au sol, etc.), les bateaux et les aéronefs motorisés ou non, les véhicules spécialement conçus pour le transport de malades ou de blessés, les tracteurs et autres véhicules agricoles, les véhicules militaires (autres que ceux destinés au combat) et les véhicules de surveillance ou de défense passive, les véhicules à propulsion mécanique pour personnes handicapées.

En revanche, les **conteneurs** sont des biens meubles corporels autres que des moyens de transport. Leur location suit donc les règles exposées nos 49870 ou 50035 (BOI-TVA-CHAMP-20-50-30 nos 10 et 20).

b. La location de **courte durée s'entend** de la possession ou de l'utilisation continue du moyen de transport pendant une période ne dépassant pas 30 jours ou, dans le cas d'un moyen de transport maritime, 90 jours, étant précisé que ces notions s'apprécient au cas par cas, selon leur durée réelle, et que la durée contractuelle de possession ou d'utilisation continue n'est qu'une présomption simple. En cas de contrats de location successifs (interruption de moins de 48 heures) entre les mêmes parties sur un même moyen de transport, la durée du premier contrat est prise en compte pour évaluer si le deuxième contrat est de courte durée. L'existence d'une clause de reconduction tacite ne suffit pas pour considérer que la location n'est pas de courte durée.

c. S'agissant des **bateaux de plaisance,** pour les **contrats conclus depuis le 6 novembre 2020** (ou depuis le 1-12-2020 lorsqu'un bon de commande était signé à la date du 6-11-2020), la part des loyers (évaluée par le redevable) correspondant à la proportion de la durée d'utilisation ou d'exploitation effective du bateau en dehors des eaux territoriales de l'UE est **exonérée.** Les modalités d'évaluation de cette part diffèrent selon que le navire est doté ou non d'un système d'identification automatique conforme aux normes du chapitre V de la convention Solas. Cette règle est applicable que la location soit ou non de courte durée et que le preneur soit ou non un assujetti (BOI précité no 40 ; BOI-TVA-CHAMP-20-50-20 no 80 ; BOI-TVA-CHAMP-20-50-40-10 no 40).

d. Les locations de véhicules consenties à des preneurs assujettis pour les besoins de transport de marchandises et qui sont **effectivement utilisées** ou exploitées **hors de l'UE** ne sont pas soumises à la TVA en France (no 49875).

e. Les locations de moyens de transport autres que de courte durée sont **réputées être utilisées ou exploitées en France** à proportion des distances qui y sont parcourues. Afin d'apprécier ces éléments, le prestataire doit obtenir les informations nécessaires du preneur et en vérifier l'exactitude au moyen, le cas échéant, des dispositifs de localisation dont serait équipé le moyen de transport loué et qui permettent d'en déterminer la position géographique. À défaut de pouvoir établir de manière précise la proportion de l'utilisation en France sur la base de ces éléments, les véhicules dont l'immatriculation en France est imposée par la réglementation nationale sont présumés faire l'objet d'une utilisation ou exploitation effective en France (BOI-TVA-CHAMP-20-50-40-10 no 330).

f. Lorsque la location de moyens de transport autre que de courte durée est fournie à un **preneur non assujetti,** il est **présumé** que ce preneur est **établi** ou domicilié au lieu identifié comme tel par le prestataire sur la base de deux éléments de preuve non contradictoires figurant parmi les éléments suivants : adresse de facturation du preneur ; coordonnées bancaires (lieu de tenue du compte bancaire utilisé pour le paiement, adresse de facturation du preneur connue par la banque) ; informations détaillées sur l'immatriculation du moyen de transport loué si celle-ci est requise à l'endroit où le véhicule est utilisé ou autres informations similaires ; autres informations commerciales pertinentes (Règl. UE/282/2011 art. 24 quater et 24 sexies).

g. La **mise à disposition** à titre onéreux, **par un assujetti à son employé,** d'un **véhicule de l'entreprise** constitue une location de moyens de transport autre que de courte durée dès lors que l'employé dispose, en permanence, du droit d'utiliser ce véhicule à des fins privées et d'en exclure d'autres personnes, en contrepartie d'un loyer et pour une durée supérieure à 30 jours (CJUE 20-1-2021 aff. 288/19 : RJF 4/21 n° 440).

h. En ce qui concerne les **exonérations** prévues pour **certaines locations de navires ou aéronefs,** voir n° 50450 s. ; pour la location de moyens de transport liée à l'**exportation** de biens, voir n° 50135 s.

49965 Le **tableau** ci-après récapitule le **lieu** des **locations de moyens de transport autres que celles de courte durée** consenties à des preneurs assujettis ou non assujettis. Il est rappelé que les locations de moyens de transport de courte durée consenties à des preneurs assujettis ou non assujettis sont situées en France lorsque le moyen de transport est effectivement mis à la disposition du preneur en France.

Lieu d'établissement du preneur		Lieu d'établissement du prestataire		
		France	Autre État de l'UE	Pays Tiers
France	a. Il s'agit d'un assujetti	France 1	France 1	France 1
	b. Il s'agit d'un non-assujetti	France	France	France
Autre État de l'UE	a. Il s'agit d'un assujetti	État membre où est établi le preneur 2	État membre où est établi le preneur 2	État membre où est établi le preneur 2
	b. Il s'agit d'un non-assujetti	État membre où est établi le preneur 2, 4	État membre où est établi le preneur 2, 6	État membre où est établi le preneur 2, 5
Pays tiers	a. Il s'agit d'un assujetti	Pays tiers 3	Pays tiers 3	Pays tiers 3
	b. Il s'agit d'un non-assujetti			
	Service utilisé en France	France	France 6	France
	Service non utilisé en France	Pays tiers 4	Pays tiers 3, 6	Pays tiers 3

1. Sous réserve des locations de véhicules pour les besoins de transport de marchandises lorsqu'elles sont effectivement utilisées ou exploitées en dehors de l'UE (n° 49875).
2. Sauf si le service est utilisé dans un pays tiers et que l'État membre d'établissement du preneur a fait usage de la faculté offerte par l'article 59 bis, a de la directive TVA, auquel cas le lieu de la prestation est situé dans ce pays tiers.
3. Sauf si le service est utilisé dans un État membre autre que la France et que cet État membre a fait usage de la faculté offerte par l'article 59 bis, b de la directive TVA, auquel cas le lieu de la prestation est situé dans cet autre État membre.
4. S'agissant de la location de bateau de plaisance, lieu de la location en France si mise à disposition effective du bateau en France.
5. S'agissant de la location de bateau de plaisance, lieu de la location en France si utilisation en France.
6. Sauf si, s'agissant de la location de bateau de plaisance, le prestataire est établi dans l'État membre de mise à disposition du bateau.

49970 CGI art. 259 A, 2° TVA-III-4030 s

Prestations se rattachant à un immeuble Les prestations de services se rattachant à un immeuble ne sont imposables en France que lorsque l'**immeuble** est **situé en France.** C'est donc le lieu de situation de l'immeuble qui détermine le lieu d'imposition des prestations qui s'y rapportent.

> **Précisions** **a.** Sur la définition des biens immeubles, voir n° 46815.

b. Sont **notamment** considérés comme des **prestations** de services **se rattachant à un immeuble** : l'établissement de plans d'un immeuble ou de parties d'un immeuble destiné à être érigé sur une parcelle de terrain déterminée, indépendamment du fait que la construction ait effectivement lieu ; la prestation de surveillance ou de sécurité sur place ; la construction, la démolition, l'entretien, la rénovation et la réparation d'immeubles ou de parties d'immeubles, y compris les travaux, tels que le nettoyage, la pose de carrelage, de papier peint et de parquet ; la construction, la démolition, l'entretien, la rénovation et la réparation de structures permanentes telles que les réseaux de canalisations pour le gaz et l'eau, les égouts et les structures analogues ; les travaux effectués sur des terrains, y compris des services agricoles tels que le labourage, l'ensemencement, l'irrigation et la fertilisation ; l'étude et l'évaluation du risque et de l'intégrité du bien immeuble ; l'évaluation du bien immeuble, y compris à des fins d'assurance ; le crédit-bail ou la location d'un bien immeuble (autres que les services de publicité impliquant l'utilisation de biens immeubles), y compris l'entreposage de biens dans une partie spécifique du bien immeuble (garde-meubles, etc.) affectée à l'utilisation exclusive du preneur ; l'installation ou le montage de machines ou de matériel qui, après installation ou montage, sont considérés comme des biens immeubles ; l'entretien et la réparation, l'inspection et le contrôle de ces machines ou matériel ; la gestion de propriété, autre que la gestion des portefeuilles d'investissements immobiliers, consistant en l'exploitation de biens immobiliers commerciaux, industriels ou résidentiels, par le propriétaire ou pour le compte de celui-ci ; les services d'intermédiaire concernant la vente, le crédit-bail ou la location de biens immeubles et l'octroi ou le transfert de certains droits sur un bien immeuble ou de droits réels immobiliers ; les services juridiques relatifs au transfert d'un titre de propriété immobilière, à l'octroi ou au transfert de certains droits sur un bien immeuble ou de droits réels immobiliers ; la location de matériel aux fins de l'exécution de travaux sur un bien immeuble (échafaudages, par exemple) lorsque le prestataire est responsable de l'exécution des travaux.

En revanche, ne constituent **pas** des **prestations** de services **se rattachant à un immeuble,** et relèvent par suite des règles qui leur sont propres, l'établissement de plans d'immeuble ou de parties d'immeubles si l'immeuble n'est pas destiné à être érigé sur une parcelle de terrain déterminée ; l'entreposage de biens dans un immeuble si aucune partie spécifique du bien n'est affectée à l'usage exclusif du preneur ; les services de publicité même s'ils impliquent l'utilisation de biens immeubles ; les services d'intermédiaire dans la prestation de services d'hébergement dans le secteur hôtelier ou similaire si l'intermédiaire agit au nom et pour le compte d'autrui ; l'installation ou le montage, l'entretien et la réparation, l'inspection ou le contrôle de machines ou de matériel qui ne font pas partie du bien immeuble ou n'en deviennent pas partie ; la gestion de portefeuilles d'investissements immobiliers ; les services juridiques relatifs à des contrats autres que ceux visés ci-dessus (Règl. UE/282/2011 art. 31 bis et 31 ter). Il en va de même des opérations portant sur les parts de sociétés immobilières non transparentes (BOI-TVA-CHAMP-20-50-30 n° 190).

c. Les **prestations de stockage** relèvent de la règle générale « B to B » (n° 49870) ou « B to C » (n° 49895) lorsqu'elles consistent dans la fourniture d'une prestation complexe comprenant par exemple diverses prestations de conservation ou de logistique (BOI-TVA-CHAMP-20-50-20 n° 80 ; en ce sens également, CJUE 27-6-2013 aff. 155/12 : RJF 11/13 n° 1101).

d. La **mise à disposition** temporaire et, le cas échéant, le **transport** et le **montage** d'un **stand de foire ou d'exposition** à des exposants ne constituent pas une prestation de services se rattachant à un bien immeuble. Cette prestation ne présente en effet aucun lien direct avec un bien immeuble, le seul fait qu'un stand de foire ou d'exposition doive être ponctuellement et temporairement installé sur un bien immeuble, ou à l'intérieur d'un tel bien, n'étant pas suffisant à cet égard (CJUE 27-10-2011 aff. 530/09 : RJF 1/12 n° 87 ; BOI-TVA-CHAMP-20-50-30 n° 525). De telles prestations relèvent donc, dans les relations « B to B », de la règle générale exposée n° 49870.

49975 CGI art. 259 A, 4° TVA-III-4600 s

Transports de passagers

Les prestations de transport de passagers sont situées en France en fonction des **distances** qui y sont **parcourues.**

> Précisions a. Lorsqu'une **partie seulement du transport** est effectuée **en France,** la base d'imposition à la TVA française est constituée par la somme correspondant au **prix de cette fraction.** Si ce prix est déterminé (cas des transports ferroviaires, par exemple), il constitue la base de l'imposition. S'il ne l'est pas, c'est-à-dire lorsque le transport est effectué pour un prix global, la somme imposable est déterminée en appliquant au prix du transport le rapport entre la longueur du transport effectué en France et la longueur totale du transport.

b. La règle exposée ici n'a qu'une portée pratique limitée compte tenu des régimes particuliers d'exonération prévus en matière de **transports internationaux** (voir n°s 50180 s.).

c. La notion de prestation de transport inclut l'organisation de **promenades touristiques en bateau** dont l'élément essentiel consiste à déplacer des personnes sur des distances non négligeables, alors même que cette prestation commence et se termine en un même endroit (CJUE 1-8-2022 aff. 294/21 : RJF 11/22 n° 1017).

d. En ce qui concerne les transports entre la France continentale et la **Corse,** voir n°s 92405 s. ; les **locations** de moyens de transport, voir n°s 49960 s.

49980 CGI art. 259 A, 5°-b et c TVA-III-5000 s

Ventes à consommer sur place

Les ventes à consommer sur place (telles que définies n° 53195), y compris celles réalisées par les restaurants placés sous douane, entrent dans le champ d'application de la TVA française lorsqu'elles sont **matériellement exécutées ou ont effectivement lieu en France.**

Sont, par ailleurs, réputées effectuées en France les ventes à consommer sur place lorsqu'elles sont réalisées matériellement **à bord de navires, d'aéronefs ou de trains** au cours de la partie d'un transport de passagers effectuée à l'intérieur de l'UE et que le lieu de départ du transport de passagers est situé en France.

> Précisions **a.** La « **partie d'un transport de passagers effectuée à l'intérieur de l'UE** » est la partie d'un transport dont le point de départ et le point d'arrivée se situent à l'intérieur de l'UE sans escale en dehors de l'UE. Est inclus dans celle-ci le trajet effectué en dehors de l'UE sans escale, entre le lieu de départ et le lieu d'arrivée du transport de passagers qui sont situés dans l'UE (sur la notion d'escale, voir n° 48985, précision a).
Le lieu de départ d'un transport de passagers est le premier point d'embarquement de passagers prévu dans l'UE, le cas échéant après escale en dehors de l'UE.
Le lieu d'arrivée d'un transport de passagers est le dernier point de débarquement prévu dans l'UE, pour les passagers ayant embarqué dans l'UE, le cas échéant avant escale en dehors de l'UE.
En présence d'un transport de passagers **aller-retour,** le retour est considéré comme un transport distinct.
b. Les ventes à consommer à bord des **cars de tourisme** circulant sur le territoire français sont situées en France, de même que les ventes à consommer sur place réalisées en France par des **entreprises étrangères à l'occasion,** par exemple, de **foires** ou d'expositions.

RÈGLES SPÉCIFIQUES AUX SEULES RELATIONS « B TO B »

Des règles de territorialité spécifiques sont prévues dans le cadre des seules relations « B to B » (preneur assujetti) en ce qui concerne les **prestations de services consistant à donner accès** à des **manifestations culturelles, artistiques, sportives, scientifiques, éducatives, de divertissement ou similaires.** 49985 CGI art. 259 A, 5° bis TVA-III-6560 s
Les prestations de services consistant à donner accès à de telles manifestations (telles les foires et les expositions), ainsi que celles qui leur sont accessoires, fournies à un assujetti, entrent dans le champ d'application de la TVA française lorsque ces **manifestations ont effectivement lieu en France.**

> Précisions **a.** L'accès aux manifestations visées ci-dessus comprend les prestations de services dont les caractéristiques essentielles consistent, en échange d'un billet ou d'une rémunération, à octroyer un droit d'accès à une manifestation y compris une rémunération sous forme d'un abonnement ou d'une cotisation périodique. Font **notamment** partie de ces prestations : le droit d'accès à des spectacles, représentations théâtrales, spectacles de cirque, foires, parcs d'attractions, concerts, expositions, ainsi qu'à d'autres manifestations culturelles similaires; le droit d'accès à des manifestations sportives telles que matchs ou compétitions, à l'exclusion des droits d'engagement versés par les compétiteurs en contrepartie du droit de concourir; le droit d'accès à des manifestations éducatives et scientifiques telles que des conférences, des séminaires et des formations dès lors qu'elles n'excèdent pas sept jours ouvrés consécutifs (BOI-TVA-CHAMP-20-50-30 n° 325 ; dans le même sens, CJUE 13-3-2019 aff. 647/17 : RJF 7/19 n° 727), à l'exclusion, selon l'administration, de celles dans le cadre desquelles les prestations sont dispensées au profit d'un seul assujetti (BOI précité n° 320).
Ne font pas partie de ces prestations l'utilisation d'installations telles que des salles de gymnastique ou autres, en échange du paiement d'une cotisation.
b. Les **prestations** de services, fournies à un assujetti, qui ont pour objet des activités culturelles, artistiques, sportives, scientifiques, éducatives, de divertissement ou similaires mais **qui ne consistent pas à donner accès** à des manifestations de cette nature relèvent de la règle générale « B to B » (n° 49870).
c. Les **services accessoires** comprennent les services qui sont en relation directe avec l'accès à des manifestations culturelles, artistiques, sportives, scientifiques, éducatives, de divertissement ou similaires et qui sont fournis séparément à la personne qui assiste à une manifestation, moyennant une contrepartie distincte. De tels services accessoires comprennent notamment l'utilisation de vestiaires ou d'installations sanitaires, mais ne comprennent pas les simples services d'intermédiaires relatifs à la vente de billets.
d. S'agissant de la mise à disposition de **stands** de **foire** ou d'exposition, voir n° 49970, précision d.
e. À compter du **1er janvier 2025,** les règles de territorialité ci-dessus ne seront plus applicables aux prestations consistant à donner **accès, par une présence virtuelle,** aux manifestations susvisées (Loi 2023-1322 du 29-12-2023 art. 83, I-2°-b et II). Ces services relèveront de la règle générale « B to B » et seront donc situés au lieu d'établissement du preneur (n° 49870).

RÈGLES SPÉCIFIQUES AUX SEULES RELATIONS « B TO C »

Des règles de territorialité spécifiques sont prévues dans le cadre des seules relations « B to C », c'est-à-dire pour des prestations de services fournies à des **preneurs non assujettis.** 49990
Ces règles spécifiques **concernent** les prestations suivantes : transports intracommunautaires de biens, transports de biens autres qu'intracommunautaires, prestations accessoires aux transports (de biens ou de passagers), prestations culturelles, artistiques, sportives, scientifiques, éducatives, de divertissement ou similaires, travaux et expertises sur biens meubles corporels, prestations des intermédiaires transparents, certaines prestations immatérielles

lorsqu'elles sont fournies à des preneurs établis hors de l'UE, services de télécommunication, de radiodiffusion et de télévision et services électroniques.

> Précisions En ce qui concerne :
– les régimes de **guichet unique** dont peuvent se prévaloir certains prestataires fournissant des services à des personnes non assujetties, voir nos 50860 s. et 50875 ;
– l'obligation de tenue de **registre** par les **plateformes** facilitant la fourniture de prestations de services (ou la livraison de biens) à destination de non-assujettis, voir n° 49837.

49995 CGI art. 259 A, 3° TVA-III-5250 s

Transports intracommunautaires de biens Sont considérés comme transports intracommunautaires de biens les transports dont le lieu de **départ** et le lieu d'**arrivée** se trouvent **dans deux États membres** différents de l'UE.

Le lieu des transports intracommunautaires de biens fournis à des preneurs non assujettis est situé en France lorsque le lieu de **départ** est situé **en France.**

> Précisions **a.** Le **lieu de départ** est le lieu où commence effectivement le transport des biens, sans tenir compte des trajets effectués pour se rendre au lieu où se trouvent les biens. Le **lieu d'arrivée** est celui où s'achève effectivement le transport des biens.
b. Les transports intracommunautaires de biens dont le lieu est situé en France sont susceptibles de bénéficier, le cas échéant, des **exonérations** prévues pour les **transports internationaux** de marchandises (nos 50180 s.). Tel est le cas, notamment, des **transports d'approche intracommunautaires** portant sur des marchandises destinées à une **exportation hors de l'UE** (voir n° 50215, c). Ils sont également susceptibles de bénéficier d'une **suspension de la TVA** lorsque le bien est placé ou destiné à être placé sous un régime douanier de report des importations ou un entrepôt fiscal (n° 50755, b et c).
c. S'agissant des transports intéressant **Madère** et les **Açores**, voir n° 50245.

49997 CGI art. 259 A, 4° TVA-III-5400 s

Transports de biens autres qu'intracommunautaires Les transports de biens autres que les transports intracommunautaires, effectués pour des preneurs non assujettis, sont passibles de la TVA française pour la **distance parcourue en France** (s'agissant du cas où le transport est effectué pour partie en France, voir n° 49975, précision a).

> Précisions **a.** La règle exposée ici n'a qu'une portée pratique limitée compte tenu des régimes particuliers d'exonération prévus en matière de **transports internationaux** (voir nos 50180 s.).
b. En ce qui concerne :
– les transports entre la France continentale et la **Corse**, voir nos 92405 s. ;
– les transports de biens placés ou destinés à être placés sous un **régime douanier** de report des importations ou un **entrepôt fiscal**, voir n° 50755, b et c ;
– les **locations** de moyens de transport, voir nos 49960 s.

50000 CGI art. 259 A, 6°-a TVA-III-5500 s

Prestations accessoires aux transports Les prestations accessoires aux transports, de biens ou de passagers, de tous types (national, intracommunautaire, etc.) rendues à des preneurs non assujettis sont imposables en France lorsqu'elles y sont **matériellement exécutées.** Sont notamment visés le chargement, le déchargement, la manutention et les activités similaires.

> Précisions Les prestations accessoires aux transports de biens dont le lieu est réputé se situer en France peuvent, le cas échéant, bénéficier des **exonérations** prévues pour les services liés aux **échanges extracommunautaires** (nos 50110 s.). Il peut en être ainsi, notamment, lorsque les prestations concernent un transport portant sur des marchandises destinées à une **exportation hors de l'UE** (n° 50135). Elles sont également susceptibles de bénéficier d'une **suspension de la TVA** lorsqu'elles se rapportent à des biens placés ou destinés à être placés sous un régime douanier de report des importations ou un entrepôt fiscal (n° 50755, b et c).

50002 CGI art. 259 A, 5°-a TVA-III-6650 s

Prestations culturelles, artistiques, sportives, scientifiques, éducatives, de divertissement ou similaires Les prestations de services ayant pour objet des activités de cette nature, ainsi que les prestations des organisateurs de telles activités et les prestations accessoires à ces activités, fournies à des preneurs non assujettis, entrent dans le champ d'application de la TVA française lorsqu'elles sont **matériellement exécutées ou ont effectivement lieu en France.**

Sont concernées :
– les prestations délivrées à l'occasion d'événements ponctuels de nature culturelle, artistique (tels que concerts, spectacles, expositions), sportive (compétitions, matchs, rencontres sportives), scientifique (colloques, congrès), foires, salons, qui se tiennent en France, qu'il s'agisse des droits d'accès à ces événements lorsqu'il en est perçu ou, en amont, des prestations réalisées pour leur organisation ;

– les prestations qui, sans pouvoir être rattachées à un événement, sont fournies pour l'exercice d'une activité de cette nature telles que notamment la pratique d'un sport (adhésion à un club, abonnement à une salle de sport), l'accès à une installation sportive, à un musée, à un parc d'attractions situé en France, le suivi d'un enseignement dispensé par un établissement de formation situé en France (autre que les prestations d'enseignement fournies par voie électronique et sous réserve des exonérations prévues nos 47030 s.).

> Précisions **a.** Doit être considérée comme une activité de divertissement ou similaire la prestation de services consistant à permettre au public d'utiliser, contre rémunération, des **machines à sous installées dans des salles de jeu** établies sur le territoire d'un État membre (CJUE 12-5-2005 aff. 452/03 : RJF 8-9/05 n° 983).

b. Doivent être considérées comme des **prestations accessoires** les prestations de **sonorisation de manifestations artistiques ou récréatives**, dès lors qu'elles constituent une condition nécessaire à la réalisation de la prestation principale (CJUE 26-9-1996 aff. 327/94 : RJF 12/96 n° 1498).

c. À compter du **1er janvier 2025**, les dispositions de l'article 259 A, 5°-a du CGI ne s'appliqueront plus lorsque les prestations susvisées se rapporteront à des **activités diffusées ou mises à disposition virtuellement.** Le lieu de ces prestations sera situé à l'endroit où le preneur non assujetti est établi, a son domicile ou sa résidence habituelle (CGI art. 259-0 A et 259 D, III issus de la loi 2023-1322 du 29-12-2023 art. 83, I-1° à 3° et II).

Travaux et expertises sur biens meubles corporels Les **travaux** (**entretien, façon, réparation, transformation, analyses,** travaux divers) **et expertises** portant sur des biens meubles corporels réalisés au profit de preneurs non assujettis entrent dans le champ d'application de la TVA française lorsque ces prestations sont **matériellement exécutées en France.** 50005 CGI art. 259 A, 6°-b TVA-III-5600 s

> Précisions **a.** Une **prestation de services complexe** consistant à collecter, à trier, à transporter et à éliminer des **déchets** et des ordures ménagères relève de la règle générale exposée n° 49895 et non des règles particulières prévues pour les travaux sur biens meubles corporels, même lorsqu'un élément de cette prestation est sous-traité dans un État membre autre que celui où le titulaire du contrat principal est établi (CJUE 25-1-2001 aff. 429/97 : RJF 4/01 n° 578).

b. En ce qui concerne les **expertises** sur biens meubles corporels réalisées à la suite d'un **sinistre,** voir n° 50030, b.

Prestations des intermédiaires transparents Les prestations d'entremise réalisées par les intermédiaires transparents (qui agissent au nom et pour le compte d'autrui : n° 61445) **dans les opérations** (livraisons de biens ou prestations de services) **autres que les prestations se rattachant à un immeuble** (n° 49970), pour le compte de preneurs non assujettis, sont imposables en France lorsque le lieu de l'**opération principale** sur laquelle porte la prestation est situé **en France.** 50010 CGI art. 259 A, 7° TVA-III-5800 s

> Précisions **a.** Pour la détermination du lieu d'une activité d'intermédiaire, il est indifférent que l'opération principale soit soumise à la TVA ou qu'il s'agisse d'une opération non imposable. Dans ce dernier cas, le lieu de l'opération principale est déterminé selon les critères retenus pour les opérations de même nature situées dans le champ d'application de la TVA (BOI-TVA-CHAMP-20-50-40-10 n° 210).

b. Les prestations d'entremise dont le lieu est réputé se situer en France en application des règles exposées ci-dessus sont **exonérées** de la TVA lorsqu'elles portent sur des **exportations** ou opérations assimilées (n° 50160).

c. Les intermédiaires transparents qui s'entremettent, pour le compte de preneurs non assujettis, dans un service d'hébergement dans le **secteur hôtelier** ou des secteurs similaires, relèvent de la présente règle.

Prestations « immatérielles » Des règles particulières de territorialité sont prévues par l'article 259 B du CGI pour certaines prestations dites « immatérielles » lorsqu'elles sont fournies à des preneurs non assujettis établis hors de l'UE. Pour une meilleure lisibilité du régime, les développements exposés nos 50025 s. reprennent l'**ensemble des règles de territorialité applicables aux prestations « immatérielles »** fournies à des **preneurs non assujettis.** 50020 CGI art. 259, 2°, 259 B et 259 C TVA-III-5900 s

Remarque : Les **services de télécommunication, de radiodiffusion et de télévision et** les **services électroniques** fournis à des preneurs non assujettis, prestations par nature « immatérielles », obéissent toutefois à des règles de territorialité spécifiques (voir nos 50050 s.).

Prestations concernées. Les prestations « immatérielles » sont énumérées à l'article 259 B du CGI. Ces prestations sont les suivantes. 50025

1. Cessions et concessions de droits d'auteur, de brevets, de droits de licences, de marques de fabrique et d'autres droits similaires.

EXEMPLE

Concession de droits d'utilisation d'un logiciel spécifique ; cession du droit d'utilisation d'une photographie ; exploitation des droits « voisins du droit d'auteur » que détient un artiste-interprète.

2. Locations de biens meubles corporels (y compris opérations de crédit-bail) autres que des moyens de transport (pour ces derniers, voir nos 49960 s.).

3. Prestations de **publicité** (voir no 50030, a).

4. Prestations des **conseillers, ingénieurs, bureaux d'études** dans tous les domaines, y compris ceux de l'organisation, de la recherche et du développement, prestations des **experts-comptables** (voir no 50030, b).

5. Traitement de données et fournitures d'information (telles que les prestations des traducteurs et interprètes de langues étrangères, la fourniture par une entreprise des noms et adresses de personnes figurant sur son fichier).

6. Opérations bancaires et financières et d'assurance et de réassurance, à l'exception de la location de coffres-forts (pour les opérations bancaires et financières, voir nos 60300 s. et, notamment, no 60415 ; en ce qui concerne l'exonération de TVA prévue pour les opérations d'assurance et de réassurance, voir nos 47460 s.).

7. Mise à disposition de personnel, y compris le personnel indépendant, non employé à titre salarié par le prestataire (CJUE 26-1-2012 aff. 218/10 : RJF 4/12 no 434).

8. Obligation de ne pas exercer même à titre partiel une activité professionnelle ou un droit mentionné à l'article 259 B.

9. Accès aux réseaux de transport et de distribution **d'électricité ou de gaz naturel,** accès aux réseaux de **chauffage** ou de **refroidissement, acheminement** par ces réseaux et tous les autres services qui lui sont directement liés (voir no 50030, c).

50030 **> Précisions a.** Doivent être regardées comme des **prestations de publicité** visées no 50025, 3, toutes les opérations, quels qu'en soient les auteurs, la nature ou la forme, dont l'objet est de transmettre un message destiné à informer le public de l'existence et des qualités d'un bien ou d'un service dans le but d'en augmenter les ventes, ou qui font indissociablement partie d'une campagne publicitaire (CJUE plén. 17-11-1993 aff. 68/92 : RJF 1/94 no 115 ; CE 21-8-1996 nos 133816-133878 : RJF 10/96 no 1147 ; BOI-TVA-CHAMP-20-50-50 no 100). Il en est de même des opérations dont le but est d'augmenter la collecte des dons nécessaires au financement d'une association (TA Paris 19-10-2022 no 1918045 : RJF 2/23 no 94).

Constituent notamment des prestations de publicité les opérations qui consistent à concevoir des projets de campagnes publicitaires, à conseiller les annonceurs, à céder ou louer un espace publicitaire, à concevoir et assurer la diffusion d'annonces publicitaires, à fabriquer ou faire fabriquer des supports publicitaires (films, photographies, messages radiodiffusés ou télévisés, documents divers, objets destinés à être distribués gratuitement), à vendre des biens en vue de leur distribution gratuite aux consommateurs à l'occasion notamment de jeux ou concours, à organiser des manifestations de relations publiques (cocktails, séances récréatives, etc.), à promouvoir l'action de l'annonceur (promotion de l'image de marque de l'organisme, diffusion d'informations sur la vie de l'organisme, etc.).

Lorsque les diverses opérations effectuées par le prestataire en exécution du contrat conclu avec le preneur forment un **ensemble indissociable d'actions à finalité publicitaire,** la prestation s'analyse globalement comme une prestation de publicité.

Remarque : Le fait pour le prestataire de confier en totalité ou en partie l'exécution matérielle de la prestation de publicité à un ou plusieurs **sous-traitants** ne remet pas en cause la qualification de l'opération réalisée par le prestataire.

b. Sont concernés par les prestations des **conseillers, ingénieurs, bureaux d'études et experts-comptables** visées no 50025, 4, **notamment,** les commissaires aux comptes, avocats, notaires, conseillers en brevets d'invention, conseils en organisation, conseils en matière d'études de marché, conseils en informatique, conseils en ingénierie.

Entrent dans la catégorie des **prestations « immatérielles »** les **expertises sur biens meubles corporels** réalisées à la suite d'un sinistre qui ne comportent pas la réalisation de constatations matérielles. Il en est ainsi des expertises consistant à rechercher les causes des sinistres et les responsabilités des parties (en revanche, si l'expertise appelle des constatations matérielles, la règle indiquée no 50005 est applicable ; pour les expertises portant sur les immeubles, voir ci-dessous). Tel est également le cas des expertises judiciaires **sur biens meubles incorporels** (c'est le tribunal qui a commis l'expert qui est « preneur » de la prestation).

En revanche, **ne relèvent pas de cette catégorie** (mais de la règle générale exposée no 49895) les **services de règlement de sinistres** fournis pour le compte d'une société d'assurance lorsqu'ils constituent une prestation globale unique (CJUE 1-8-2022 aff. 267/21 : RJF 11/22 no 1018), les prestations d'un **membre d'un tribunal arbitral** (CJUE 16-9-1997 aff. 145/96 : RJF 11/97 no 1093), les prestations réalisées par un **exécuteur testamentaire** (CJUE 6-12-2007 aff. 401/06 : RJF 2/08 no 251 ; BOI-TVA-CHAMP-20-50-20 no 300), les actes de poursuite effectués par les commissaires de justice (BOI-TVA-CHAMP-20-50-50 n° 220).

Ne relèvent pas non plus de la catégorie des prestations « immatérielles » la **rédaction d'actes** par lesquels des droits réels ou personnels sont consentis sur un immeuble et les **expertises** portant sur des **immeubles,** qui relèvent des prestations visées n° 49970 (imposition en France, si l'immeuble est situé en France).

c. Constituent, notamment, des prestations visées n° 50025, 9, en matière de gaz naturel les prestations d'**accès au réseau** et d'**acheminement du gaz** (raccordement, réservations de capacité, acheminement, comptage, prestations optionnelles offertes par les gestionnaires de réseau de transport ou de distribution, etc.), le service d'accès aux terminaux méthaniers ou aux stockages souterrains; en matière d'**électricité**, les prestations d'accès et de transmission d'électricité sur le réseau de transport et de distribution (raccordement, acheminement, comptage, regroupement tarifaire de plusieurs points de livraison, suivi de la continuité et de la qualité du service de transport et de distribution, etc.), les prestations liées au maintien de l'équilibre entre la production et la consommation et à la sûreté du réseau, les services liés à l'interconnexion frontalière des réseaux de transport au transit d'électricité.

Les prestations de mise à disposition d'installation de stockage, d'injection du gaz dans les installations de stockage et de soutirage hors de ces installations, ainsi que les prestations de conversion du gaz relèvent de la catégorie des prestations « immatérielles » lorsqu'elles sont directement liées à des opérations de transport et/ou de distribution de gaz naturel.

Règles de territorialité applicables aux prestations « immatérielles ». Les règles de territorialité applicables aux prestations « immatérielles » énumérées n° 50025, fournies à un **preneur non assujetti,** sont les suivantes. **50035**

a. Lorsqu'elles sont réalisées par un **prestataire établi en France,** les prestations « immatérielles » sont **imposables en France** si le **preneur** est **établi dans l'UE** (France ou autre État membre).

b. Lorsqu'elles sont réalisées par un **prestataire établi en dehors de l'UE,** ces prestations sont **imposables en France** si le preneur est établi dans l'UE (France ou autre État membre) et si le **service** est **utilisé en France** (voir n° 50040, c, concernant l'utilisation du service en France).

c. Les **locations de biens meubles corporels, autres que des moyens de transport**, fournies à un **preneur établi hors UE,** sont imposables en France lorsque le **service** est **utilisé en France** (voir n° 50040, c), quel que soit le lieu d'établissement du prestataire (CGI art. 259 C, 3° issu de la loi 2023-1322 du 29-12-2023 art. 112, I-B).

d. Dans toutes les **hypothèses autres** que celles énumérées ci-dessus, les prestations immatérielles ne sont **pas imposables en France.**

Le **tableau** ci-après récapitule le **lieu** des **prestations « immatérielles »** fournies à des preneurs non assujettis.

Lieu d'établissement du preneur	Lieu d'établissement du prestataire			
	France	Autre État de l'UE	Pays tiers	
			Service non utilisé en France	Service utilisé en France
France	France	État membre où est établi le prestataire [1]	Pays tiers [2]	France
Autre État de l'UE	France [3]	État membre où est établi le prestataire [1]	Pays tiers [2]	France
Pays tiers	Pays tiers [2, 4]	Pays tiers [2, 4]	Pays tiers [2]	Pays tiers [4]

1. Sauf si le service est utilisé dans un pays tiers et que l'État membre d'établissement du prestataire a fait usage de la faculté offerte par l'article 59 bis, a de la directive TVA, auquel cas le lieu de la prestation est situé dans ce pays tiers.
2. Sauf si le service est utilisé dans un État membre autre que la France et que cet État membre a fait usage de la faculté offerte par l'article 59 bis, b de la directive TVA, auquel cas le lieu de la prestation est situé dans cet autre État.
3. Sauf prestations fournies à certaines organisations internationales (n° 50040, a).
4. Sauf pour les locations de biens meubles, autres que des moyens de transport, imposables en France si le service est utilisé en France.

> Précisions **a.** Normalement imposables en France, les prestations « immatérielles » rendues par des entreprises françaises à des **organisations internationales**, établies **dans un autre État membre** de l'UE (sans y être assujetties) et bénéficiant d'accords internationaux leur **50040**

garantissant l'effacement de l'incidence de la TVA, sont directement exonérées de TVA (tout en ouvrant droit à déduction). Cette exonération concerne les prestations immatérielles rendues à l'**Union européenne** dans le cadre des opérations qu'elle réalise conformément à l'article 308 du traité de Rome et pour les programmes comportant une contribution financière de l'Union (Lettre SLF du 12-6-1981 ; BOI-TVA-CHAMP-20-50-40-10 n°s 340 à 360 : TVA-III-6460 s.).

b. Il est admis qu'échappent à l'imposition les prestations « immatérielles » rendues par des entreprises françaises à des **ministères** (ou organismes publics) français lorsqu'elles concernent des **pays ou organismes** situés **hors de l'UE** (exemple : travaux d'études effectués dans le cadre de la **coopération africaine**) (BOI précité n° 370 : TVA-III-6475).

c. Les **critères d'utilisation ou d'exploitation effective** tiennent compte de la nature de chaque service et des conditions dans lesquelles celui-ci est utilisé ou exploité. L'**analyse** doit donc être effectuée **au cas par cas.** À titre d'**exemple,** les prestations de **publicité** sont situées en France lorsque l'endroit à partir duquel sont diffusés les messages publicitaires au public cible est situé en France, c'est-à-dire, notamment dans le cadre d'une campagne publicitaire par voie d'affichage, si les panneaux publicitaires sont situés en France, ou dans le cadre d'une campagne de presse si le média écrit est diffusé à titre principal en France, ou encore dans le cadre d'une campagne audiovisuelle, si le média émet à destination du public français. Le fait que le média puisse être reçu au-delà de la France est sans incidence lorsque le public cible est effectivement situé en France (BOI précité n°s 310 et 320).

50050 CGI art. 259 D TVA-III-7600 s

Services de télécommunication, de radiodiffusion et télévision et services électroniques Le lieu des prestations de services de télécommunication, de radiodiffusion et de télévision et des prestations de services électroniques fournies à un preneur non assujetti est, en principe, le lieu où le preneur est établi, a son domicile ou sa résidence habituelle, quel que soit le lieu d'établissement du prestataire. Toutefois, le lieu des prestations est, sous certaines conditions, le lieu d'établissement du prestataire (Dir. TVA art. 58 et CGI art. 259 D).

50055 **Prestations concernées.** Les prestations concernées sont **notamment** les suivantes.

a. Prestations de télécommunication : services de téléphonie fixe et mobile pour la transmission et la commutation de la voix, de données et d'images, y compris les services téléphoniques comportant une composante d'imagerie (services de vidéophonie) ; services téléphoniques fournis via internet, y compris le protocole de téléphonie vocale via internet [VoIP] (voir les précisions ci-dessous s'agissant des services fournis par des intermédiaires) ; messagerie vocale, appel en instance, transfert d'appel, identification de l'appelant, conversation à trois et autres services de gestion d'appels ; services de radiomessagerie ; services d'audiotexte ; télécopie, télégraphe et télex ; accès à internet, y compris le World Wide Web ; connexions privées fournissant des liens de télécommunication à l'usage exclusif du preneur (Règl. UE/282/2011 art. 6 bis ; BOI-TVA-CHAMP-20-50-40-20 n°s 10 à 40).

b. Services de radiodiffusion et de télévision : services consistant en la fourniture de contenus audio et audiovisuels tels que les programmes de radio ou de télévision fournis au grand public via des réseaux de communication par un fournisseur de services de médias et sous la responsabilité éditoriale de celui-ci, pour l'écoute ou le visionnage simultanés, sur la base d'une grille de programmes (Règl. UE/282/2011 art. 6 ter ; BOI précité n°s 50 et 60).

c. Services fournis par voie électronique : services fournis sur internet ou sur un réseau électronique et dont la nature rend la prestation largement automatisée, accompagnée d'une intervention humaine minimale, et impossible à assurer en l'absence de technologie de l'information (Règl. UE/282/2011 art. 7). Seuls sont donc concernés les services fournis par voie d'internet ou de réseaux électroniques qui ne correspondent ni à des livraisons de biens meubles corporels, ni à des prestations de services « traditionnels » accessibles par d'autres procédés de communication (tels que services financiers, services de conseil ou de publicité, services de réservation en ligne de billets d'accès à des manifestations culturelles, artistiques, sportives, scientifiques, éducatives, de divertissement ou autres manifestations similaires ou services d'hébergement, de location de voiture, de restauration, de transport de passagers ou services similaires), ni à des services de télécommunication (BOI précité n°s 70 à 140).

Sont notamment visés (**liste indicative et non exhaustive** fixée par l'article 98 C de l'annexe III au CGI) :

– la fourniture et l'hébergement de sites informatiques, la maintenance à distance de programmes et d'équipements ;

– la fourniture en ligne de logiciels et la mise à jour de ceux-ci ;

– la fourniture d'images, de textes et d'informations, et la mise à disposition de bases de données ;

– la fourniture de musique, de films et de jeux, y compris les jeux d'argent et de hasard, et d'émissions ou de manifestations politiques, culturelles, artistiques, sportives, scientifiques ou de divertissement ;

– la fourniture de services d'enseignement à distance.

> **Précisions** Lorsque des **services électroniques** ou des **services téléphoniques fournis via internet,** y compris le protocole de téléphonie vocale via internet (VoIP), sont fournis par l'intermédiaire d'un **réseau de télécommunication,** d'une **interface** ou d'un **portail** tel qu'une **plate-forme de téléchargement,** l'assujetti qui s'entremet dans cette prestation est **présumé agir,** en son nom propre mais pour le compte du fournisseur de ces services (**intermédiaire opaque**). Cette présomption peut être réfutée si le fournisseur est explicitement reconnu comme étant le prestataire par l'intermédiaire et que cela ressort des accords contractuels entre les parties. Pour combattre cette présomption, les conditions suivantes doivent être réunies : chaque facture émise ou mise à disposition de chaque assujetti participant à la fourniture du service électronique doit préciser les services rendus ainsi que le prestataire de ceux-ci ; il en est de même de la facture remise au consommateur final.
> En revanche, dès lors que l'intermédiaire autorise la facturation au preneur ou la fourniture des services ou qu'il fixe les conditions générales, il est obligatoirement considéré comme un intermédiaire opaque.
> Cette présomption d'opacité **ne s'applique pas** aux prestataires qui assurent uniquement le traitement des paiements et qui ne participent pas à la fourniture du service (Règl. UE/282/2011 art. 9 bis dont les dispositions ont été validées par CJUE gr. ch. 28-2-2023 aff. 695/20 : RJF 5/23 n° 426).

Règles de territorialité applicables aux services de télécommunication, de radiodiffusion et de télévision et aux services électroniques. En **principe,** le lieu de ces prestations de services est réputé se situer en France lorsqu'elles sont effectuées en faveur de **personnes non assujetties** qui sont **établies,** ont leur domicile ou leur résidence habituelle **en France,** quel que soit le lieu d'établissement du prestataire (CGI art. 259 D, I-1). 50060

Les services de même nature qui sont fournis par un assujetti établi en France à une personne non assujettie établie ou domiciliée **dans un autre État membre** de l'UE sont situés dans ce dernier État.

Les prestataires concernés ont la possibilité de se prévaloir du régime particulier de **guichet unique** « OSS-UE » (nos 50860 s.) (BOI-TVA-CHAMP-20-50-40-20 n° 210).

Remarques : 1. Sur les règles de territorialité applicables, par **dérogation,** à ces prestations réalisées par les **« petits opérateurs »**, voir n° 50065.

2. Lorsque des **prestataires non établis dans l'UE** qui fournissent des services par voie électronique à des personnes non assujetties établies en France par l'intermédiaire d'une **interface en ligne** ne déclarent pas, de manière répétée, la TVA due en France en violation de l'article 259 D, I-1 précité et ne s'en acquittent pas, une **procédure de mise en conformité fiscale** permet, sous conditions, à l'administration fiscale de demander, à tout fournisseur de moteur de recherche ou de comparateur en ligne, de cesser le classement de ces interfaces en ligne et, à tout prestataire technique, de prendre toute mesure utile destinée à en limiter l'accès, pour une durée de quatre mois (renouvelable une fois), sous peine d'une amende de 500 € par jour de retard. Un **décret** précise les modalités d'application de cette procédure (LPF art. L 80 P et CGI art. 1788 bis créés par loi 2023-1322 du 29-12-2023 art. 112, I-J, II-4° et V).

> **Précisions** **a.** Lorsqu'un prestataire de services de télécommunication, de radiodiffusion ou de télévision ou d'un service électronique fournit ces services dans un lieu tel qu'une cabine téléphonique, une zone d'accès sans fil, un café internet, un restaurant ou le foyer d'un hôtel, où la présence physique du **preneur (assujetti ou non assujetti)** est requise, il est **présumé** que le preneur est **établi** ou domicilié dans ce lieu. Si ce lieu se situe à bord d'un bateau, d'un avion ou d'un train effectuant un transport de passagers à l'intérieur de l'UE, le lieu de localisation du preneur est le pays de départ du transport (Règl. UE/282/2011 art. 24 bis).
> **b.** Lorsque des services de télécommunication, de radiodiffusion ou de télévision ou des services électroniques sont fournis à une **personne non assujettie** :
> – par l'intermédiaire de sa ligne fixe, le preneur est présumé établi ou domicilié au lieu d'installation de la ligne fixe ;
> – à partir de réseaux mobiles, le preneur est présumé établi ou domicilié dans le pays identifié par le code mobile national de la carte SIM utilisée ;
> – au moyen d'un décodeur, d'un dispositif similaire ou d'une carte de décryptage sans utilisation d'une ligne fixe, le preneur est présumé établi ou domicilié au lieu où se trouve le décodeur ou le dispositif similaire ou, si ce lieu n'est pas connu, au lieu où la carte de décryptage est envoyée pour y être utilisée ;
> – dans d'autres conditions que celles visées ci-avant et au a ci-dessus, le preneur est présumé établi ou domicilié au lieu identifié comme tel par le prestataire sur la base de deux éléments de preuve non contradictoires figurant sur la liste donnée précision d ci-dessous ou, si le chiffre d'affaires du prestataire n'excède pas 100 000 € au cours de l'année civile en cours et de l'année civile précédente, sur la base d'un seul de ces éléments (hormis les « autres informations commerciales ») fourni par une personne participant à la prestation, autre que le prestataire ou le preneur (Règl. UE 282/2011 art. 24 ter).

c. Un prestataire peut **réfuter** les **présomptions** mentionnées aux a et aux trois premiers tirets du b ci-dessus sur la base de trois éléments de preuve non contradictoires indiquant que le preneur est établi ou domicilié à un autre endroit (voir la liste des éléments autorisés en précision d ci-dessous). L'administration fiscale ne peut réfuter une présomption que lorsqu'il existe des indications d'abus ou de fraude. Le preneur du service ne peut jamais les réfuter (Règl. UE/282/2011 art. 24 quinquies).

d. Les **éléments de preuve** permettant de déterminer la localisation du preneur (précision b ci-dessus) ou de réfuter des présomptions (précision c ci-dessus) sont les suivants : adresse de facturation du preneur ; adresse IP du dispositif utilisé par le preneur ou toute autre méthode de géolocalisation ; coordonnées bancaires (lieu de tenue du compte utilisé pour le paiement ou adresse de facturation du preneur connue par la banque) ; code mobile national (MCC) de l'identité internationale de l'abonné mobile (Imsi) enregistré sur la carte SIM utilisée par le preneur ; localisation de la ligne fixe du preneur par l'intermédiaire de laquelle le service lui est fourni ; autres informations commerciales pertinentes (Règl. UE/282/2011 art. 24 septies).

50065 Par **dérogation** aux règles énoncées n° 50060, lorsque la valeur totale des prestations de services de télécommunication, de radiodiffusion et de télévision et de services électroniques réalisées par un prestataire en faveur de personnes non assujetties cumulée à la valeur de ses ventes à distance intracommunautaires de biens (VAD-IC) qu'il réalise est inférieure au seuil de 10 000 € hors TVA, ces prestations sont imposables en France lorsqu'elles sont fournies par un **prestataire établi uniquement en France** (ou, en l'absence d'établissement, qui a uniquement en France son domicile ou sa résidence habituelle) à des personnes non assujetties établies ou domiciliées dans d'autres États membres de l'UE.

Symétriquement, les prestations fournies par un prestataire établi **dans un seul autre État membre** de l'UE (ou, en l'absence d'établissement, qui a dans ce seul État membre son domicile ou sa résidence habituelle) à des personnes non assujetties établies ou domiciliées en France sont imposables dans cet autre État membre, lorsque cette même condition est remplie (BOI-TVA-CHAMP-20-50-40-20 n° 220).

Lorsque le **seuil de 10 000 €** est **dépassé** au cours d'une année civile, les règles décrites n° 50060 s'appliquent à compter du jour de ce dépassement. Le prestataire peut également **opter** pour que le lieu de ces prestations se situe dans l'État membre d'établissement des preneurs non assujettis (CGI art. 259 D, I-2 et 3 et II).

Remarque : L'adhésion au guichet unique « OSS-UE » (nos 50860 s.) emporte **renonciation** par l'assujetti au régime dérogatoire exposé ci-dessus.

Pour plus de précisions sur ce régime dit des « **petits opérateurs** » s'agissant, notamment, du calcul du seuil de 10 000 € et des modalités de l'option pour l'application des règles générales de territorialité, voir n° 49790.

B. Services liés aux échanges extracommunautaires de biens

50110 TVA-IV-27000 s

Plusieurs catégories de **prestations de services** liées aux échanges extracommunautaires de biens sont **exonérées de TVA.** Toutefois, bien qu'exonérées, ces prestations ouvrent, en principe, **droit à déduction** de la taxe d'amont ayant grevé les éléments de leur prix.

Remarques : **1.** Les **transports de marchandises à l'importation ou à l'exportation,** qui figurent parmi les prestations de services liées aux échanges extracommunautaires de biens, sont examinés dans la rubrique consacrée aux transports internationaux (nos 50180 s.).

2. S'agissant des services portant sur des biens placés ou destinés à être placés sous **un régime douanier de report des importations ou un entrepôt fiscal,** voir nos 50740 s.

SERVICES SE RAPPORTANT AUX IMPORTATIONS

50120 CGI art. 262, II-14° TVA-IV-28500 s

Les prestations de services se rapportant à l'importation de biens en France ou dans un autre État membre de l'UE et **dont la valeur est comprise dans la base d'imposition à l'importation** sont exonérées de TVA.

Il s'agit des prestations de services intervenant **jusqu'au lieu de destination** des biens visé n° 49625.

> Précisions **a.** La même règle est applicable pour les **transports** de biens à l'importation (n° 50200).

b. Pour bénéficier de l'exonération, les prestataires doivent apporter la **preuve** que le montant de leur rémunération est effectivement compris dans la base d'imposition à l'importation (BOI-TVA-BASE-10-20-60-20 n° 140). À relever en la matière le caractère peu formaliste de la jurisprudence (CE 7-5-1986 n° 62591 : RJF 7/86 n° 681 ; CJUE 7-9-2023 aff. 461/21 : RJF 12/23 n° 959).

c. Lorsque la valeur des **services** n'est **pas comprise** dans la **base d'imposition à l'importation**, le montant de ces services est imposable, en principe, dans les conditions de droit commun (voir toutefois la mesure de tolérance exposée n° 49875).

d. Les prestations de **services se rapportant à des importations exonérées** sont elles-mêmes exonérées, alors même qu'elles n'ont pas été soumises à la TVA en douane lors de l'importation (CJUE 4-10-2017 aff. 273/16 : RJF 12/17 n° 1265).

Prestations des intermédiaires transparents 50125 TVA-IV-35160 s

a. Les commissions perçues lors d'opérations d'entremise se rapportant à des importations de **biens vendus aux conditions de livraison en France** et effectuées par des intermédiaires transparents (agissant au nom et pour le compte d'autrui) qui ne prennent pas une part effective dans l'exécution de la vente ne sont pas soumises à la TVA dans la mesure où elles sont comprises dans la base d'imposition des biens à l'importation (n° 50120).

Pour bénéficier de cette exonération, les intermédiaires doivent apporter la **preuve** que leur commission est effectivement comprise dans la base d'imposition à l'importation (voir n° 50120, précision b).

b. Les intermédiaires transparents qui ne prennent pas une part effective dans l'exécution de la vente et dont l'entremise se rapporte à des importations de **biens vendus avant dédouanement ou aux conditions de livraison hors de France** sont exonérés de TVA en vertu de l'article 263 du CGI (n° 50160), dans la mesure où ils justifient (au moyen de factures, correspondance, etc.) que leur entremise porte sur de telles ventes (BOI-TVA-CHAMP-30-30-40 n° 20).

SERVICES LIÉS AUX EXPORTATIONS

Les prestations de services directement liées à l'exportation de biens meubles corporels (à destination de pays tiers ou territoires assimilés) sont **exonérées** de TVA. 50135 CGI art. 262, I-1° et 2° TVA-IV-27100 s

Ces dispositions présentent un **caractère général.** Elles s'appliquent, quels que soient la qualité et le lieu d'établissement du donneur d'ordre (preneur), aux opérations portant sur des biens destinés à l'exportation telle que cette notion est définie n°s 49690 s.

Outre les **transports** de marchandises à l'exportation (dont le régime est examiné n°s 50210 s.), ces dispositions concernent **notamment** les opérations suivantes :

– **prestations accessoires aux transports** à l'exportation ;

– **chargement et déchargement** des moyens de transport et **manutentions accessoires** des marchandises ;

– **locations des moyens de transport,** des contenants et des matériels pour la protection des marchandises exportées ;

– **gardiennage, magasinage et emballage** de ces marchandises.

> Précisions **a.** Voici d'**autres exemples** de prestations couvertes par l'exonération : travaux à façon portant sur des produits destinés à l'exportation ; expertises d'assurances sur les biens destinés à l'exportation et effectivement exportés ; opérations effectuées par les représentants en douane et inhérentes à l'exportation ; convoyage de moyens de transport entre deux points sans transport à titre onéreux de passagers ou de marchandises ; cession de certificats d'exportation dans le cadre de la politique agricole commune.

b. Il est admis que les **services liés aux exportations** de marchandises **effectuées depuis un autre État membre** de l'UE soient, lorsque leur lieu d'imposition est en France, exonérés sur le fondement de l'article 146, 1-e de la directive TVA (en ce sens, Lettre DLF du 30-10-2009).

c. En ce qui concerne les prestations des **intermédiaires transparents** intervenant dans les exportations ou dans les prestations de services énumérées ci-dessus, voir n° 50160.

d. À noter que la CJUE interprète de manière très restrictive la notion de « prestations directement liées à l'exportation ». Elle refuse, en effet, le bénéfice de l'exonération aux prestations qui sont liées à des exportations mais qui sont réalisées par des **sous-traitants** (n° 50215, b).

Formalités Pour les prestations mentionnées n° 50135 (autres que les transports de marchandises spécialement visés n°s 50210 s.), les conditions d'octroi de l'exonération diffèrent selon que le donneur d'ordre est établi en France ou à l'étranger, étant observé que, dans le second cas, il ne peut s'agir que d'un donneur d'ordre non assujetti (si le donneur d'ordre établi à l'étranger est un assujetti, la prestation n'est, en effet, pas imposable en France : n° 49870). 50140 TVA-IV-27450 s

a. Dans le premier cas (**donneur d'ordre établi en France**), c'est normalement au prestataire d'établir, par tout moyen reconnu valable, la **preuve** que le service rendu porte sur des biens destinés à l'exportation. S'il éprouve des difficultés pour apporter cette preuve, il peut demander à son donneur d'ordre de lui délivrer une **attestation** par laquelle celui-ci certifie que les prestations demandées portent sur des marchandises destinées à l'exportation et s'engage à acquitter la TVA au cas où ces marchandises ne recevraient pas cette destination.

Les solutions exposées pour les transports de marchandises, en ce qui concerne le moment de la délivrance de l'attestation et les mentions que doit comprendre celle-ci (nº 50235, b), sont transposables aux services liés aux exportations (BOI-TVA-CHAMP-30-30-20-10 nº 150).

Remarque : Les **emballeurs** et les **façonniers** peuvent éventuellement demander à leur donneur d'ordre la délivrance d'attestations d'achats en franchise (voir nº 50555, précision d).

b. Dans le second cas (**donneur d'ordre non assujetti établi à l'étranger**), la preuve résulte normalement de l'**attestation** que le **donneur d'ordre** (ou la personne agissant pour son compte) doit délivrer au prestataire, certifiant que les services exécutés portent sur des marchandises destinées à l'exportation. En outre, le **prestataire** est tenu d'inscrire, jour par jour, dans sa **comptabilité** ou sur le livre spécial (nº 53450) les services rendus (avec la date de l'inscription et les noms et adresses des donneurs d'ordre étrangers) et de mettre **à l'appui de sa comptabilité** les attestations qui lui sont délivrées par ses clients étrangers et les copies des factures que ces derniers doivent lui renvoyer, annotées des références aux déclarations d'exportation des marchandises sur lesquelles ont porté les prestations de services.

Toutefois, si le **prestataire** apporte la **preuve,** par tout moyen reconnu valable, que le service rendu a porté sur des marchandises destinées à l'exportation, il est dispensé d'exiger de son donneur d'ordre tant les attestations que les copies des factures (BOI précité nºs 160 et 180).

TRAVAUX PORTANT SUR DES BIENS EXPÉDIÉS ENSUITE HORS DE L'UE

50150 CGI art. 262, II-1° TVA-IV-27700 s

Sont exonérées de la TVA les prestations de services consistant en travaux (façon, réparation, entretien) portant sur des **biens** meubles **acquis ou importés en vue** de faire l'objet **de ces travaux** et qui sont **ensuite expédiés** ou transportés **en dehors** du territoire des États membres **de l'UE** par le prestataire de services ou par le **preneur** établi **hors de France** ou pour leur compte.

> Précisions **a.** La portée de cette exonération est limitée aux travaux effectués pour le compte de **preneurs non assujettis** établis hors de France, dès lors que les travaux sur biens meubles effectués pour le compte de preneurs assujettis établis hors de France ne sont pas imposables en France (nº 49870).

b. L'exonération concerne exclusivement les biens dont l'**état** nécessite **lors de leur acquisition ou de leur importation** des travaux que le preneur étranger fait effectuer en France avant leur expédition ou leur transport hors de l'UE.

Elle ne s'applique pas aux travaux de réparation et d'entretien (y compris la fourniture de biens d'équipement et de pièces détachées incorporées) portant sur des véhicules routiers, des bateaux de plaisance, des avions de tourisme ou tout autre **moyen de transport à usage privé,** et qui sont devenus nécessaires à la suite d'une **panne** ou d'un **accident** survenu **pendant le séjour en France** de ces moyens de transport. Ces travaux demeurent donc imposables, sous réserve de la suspension de la TVA qui s'attache aux biens placés sous un régime douanier de report des importations ou un entrepôt fiscal (nº 50755, b et c).

c. L'exonération ne s'applique pas aux travaux portant sur des **biens** qui sont ensuite **expédiés** ou transportés **dans un autre État membre** de l'UE. Elle ne s'applique pas non plus aux travaux de réparation et d'entretien portant sur des **bateaux fluviaux** ayant leur port d'attache dans un autre État membre ou sur des **bateaux de plaisance** battant pavillon **d'un autre État membre.**

PRESTATIONS DES INTERMÉDIAIRES TRANSPARENTS DANS LES EXPORTATIONS ET OPÉRATIONS HORS UE

50160 CGI art. 263 TVA-IV-35000 s

Les prestations de services effectuées par les intermédiaires transparents (agissant au nom et pour le compte d'autrui) sont **exonérées** de TVA lorsqu'ils interviennent soit dans les exportations et opérations assimilées exonérées par l'article 262 du CGI, soit dans les opérations réalisées hors de l'UE.

> Précisions **a.** S'agissant du cas où l'intervention concerne des **importations,** voir nº 50125, b.

b. La présente disposition ne s'applique pas aux prestations de services uniques fournies pour la réalisation d'un voyage par les **agences de voyages** et organisateurs de circuits touristiques. Mais l'article 262 bis du CGI exonère les prestations réalisées par les entreprises en cause, lorsqu'elles se rapportent à des services utilisés hors de l'UE (voir nº 61530).

C. Transports internationaux

50180 TVA-III-17000 s

Les **transports de passagers** ou de voyageurs sont passibles en principe de la TVA française pour la distance parcourue en France, quelle que soit la qualité du preneur, assujetti ou non assujetti (nº 49975).

S'agissant des transports **de marchandises ou de biens,** ceux effectués pour le compte de preneurs assujettis établis en France sont passibles en principe de la TVA française pour la distance totale du transport (nº 49870) et ceux effectués pour le compte de preneurs non assujettis sont passibles en principe de la TVA française :

– pour la distance totale du transport lorsqu'il s'agit d'un transport intracommunautaire et que le lieu de départ du transport se trouve en France (nº 49995) ;

– pour la distance parcourue en France lorsqu'il s'agit d'un transport autre qu'un transport intracommunautaire (nº 49997).

Toutefois, l'application effective de la TVA française en vertu de ces règles est limitée aux transports (de marchandises ou de voyageurs) qui ne bénéficient pas de l'une des **exonérations** expressément prévues en matière de **transports internationaux.**

Les transports ainsi exonérés ouvrent, en principe, **droit à déduction** de la taxe d'amont ayant grevé les éléments de leur prix.

Remarques : **1.** Les **autres services** (et notamment les prestations accessoires aux transports) liés aux **échanges extracommunautaires** de biens sont susceptibles d'être également exonérés de TVA dans les conditions exposées nºs 50110 s.

2. En ce qui concerne :

– les transports entre la France continentale et la **Corse,** voir nºs 92405 s. ;

– les transports de biens placés ou destinés à être placés sous **un régime douanier de report des importations ou un entrepôt fiscal,** voir nº 50755, b et c ;

– les **opérations** portant sur les **navires et aéronefs,** voir nºs 50450 s.

TRANSPORTS INTERNATIONAUX DE VOYAGEURS

Sont exonérés de TVA, même pour la partie du trajet située sur le territoire national : **50190** CGI art. 262, II-8° à 10° TVA-III-17200 s

– les transports **aériens ou maritimes** de voyageurs **en provenance ou à destination** de l'étranger ou des collectivités et départements d'outre-mer ;

– les transports **ferroviaires** de voyageurs effectués par les trains internationaux et sur des relations comprenant certains parcours, les transports de groupes en trafic international dont l'effectif correspond au moins à la capacité d'une voiture-lits ou d'une voiture du chemin de fer, au départ et à destination de localités desservies par des aérodromes ouverts au trafic des passagers, ainsi que les transports effectués dans le cadre de la liaison fixe transmanche ;

– les transports **par route** de voyageurs étrangers en provenance et à destination de l'étranger, circulant en **groupe** d'au moins dix personnes (il doit s'agir de voyageurs de nationalité étrangère ou de voyageurs français résidant à l'étranger). L'exonération s'applique, y compris dans l'hypothèse où les pays de provenance et de retour sont identiques. L'interruption du transport routier ne fait pas obstacle à l'exonération (tel est le cas lorsque les voyageurs s'arrêtent dans une ou plusieurs villes françaises ou lorsque les voyageurs disposent, pendant la durée du transport en France, de journées libres, le temps du passage en France ne devant cependant pas revêtir la forme d'un véritable séjour) (BOI-TVA-CHAMP-20-60-10 nºs 30 à 140).

TRANSPORTS DE MARCHANDISES À L'IMPORTATION

Les transports se rapportant à l'importation de biens en France ou dans un autre État membre de l'UE et dont la **valeur** est **comprise dans la base d'imposition à l'importation** sont exonérés de TVA, quel que soit le mode de transport utilisé. **50200** CGI art. 262, II-14° TVA-III-18250 s

Il s'agit des transports intervenant **jusqu'au lieu de destination** visé nº 49625.

› Précisions **a.** La même règle est applicable pour les **autres services** se rapportant aux importations (nº 50120).

b. Les **transports** de marchandises importées dont le lieu est situé en France et qui sont effectués **à partir du lieu de destination** susvisé sont imposables dans les conditions de droit commun (sauf si les biens importés sont placés ou destinés à être placés sous un régime douanier de report des importations ou un entrepôt fiscal, ces transports étant exonérés ou effectués en suspension de la TVA : nº 50755, b et c).

c. S'agissant des prestations de **déménagement**, voir nº 50215, précision d.

TRANSPORTS DE MARCHANDISES À L'EXPORTATION

Les prestations de services directement liées à l'exportation sont **exonérées** de TVA (nºs 50135 s.). **50210** CGI art. 262, I TVA-III-17950 s

Il en est ainsi des transports de marchandises à destination de pays situés en dehors de l'UE.

50215 **› Précisions** **a.** Il est admis que les **transports portant sur des marchandises exportées depuis un autre État membre** de l'UE soient, lorsque le lieu d'imposition est en France, exonérés sur le fondement de l'article 146, 1-e de la directive TVA (Lettre DLF du 30-10-2009).

b. Selon l'administration, les **transports effectués en sous-traitance** peuvent bénéficier de l'exonération prévue par l'article 262, I du CGI (en ce sens, BOI-TVA-CHAMP-20-60-20 n° 140). La jurisprudence du Conseil d'État est dans le même sens (CE 18-2-1976 n° 98967 : RJF 4/76 n° 168).

En revanche, selon la CJUE, les transports de biens à destination d'un pays tiers sont exclus de l'exonération lorsque ces services ne sont pas fournis directement à l'expéditeur ou au destinataire des biens mais au transporteur principal par un transporteur sous-traitant (CJUE 29-6-2017 aff. 288/16 : RJF 10/17 n° 1008).

c. L'exonération, qui s'applique aux **transports d'approche** effectués en vue d'acheminer des marchandises hors de l'UE, concerne aussi bien les transports d'approche **nationaux** que les transports d'approche **intracommunautaires** de marchandises qui sont (directement ou à la suite de transbordement) immédiatement exportées à partir de la France ou éventuellement d'un autre État membre.

Exemple : Une entreprise française confie à un transporteur français le transport de Paris à Gênes de marchandises qu'elle exporte en Asie. Cette prestation peut être exonérée par le transporteur, dès lors qu'elle porte sur des biens dont l'exportation est justifiée (pour les formalités, voir n° 50225) (BOI précité n°s 40 et 50).

d. Les prestations de **déménagement** sont imposables ou non en France conformément aux règles exposées n°s 49870 s. (si le preneur est un assujetti) ou n°s 49995 et 49997 (si le preneur est un non-assujetti).

Dans le cas d'un déménagement **depuis la France vers un pays tiers**, ces prestations de services, qui ne sont pas directement liées à des livraisons de biens, ne sont pas susceptibles d'être exonérées au titre de l'article 262, I-1° du CGI, bien qu'il y ait une opération d'exportation. Dans le cas d'un déménagement **depuis un pays tiers vers la France**, les biens personnels appartenant à des personnes physiques transférant en France leur résidence normale située en dehors de l'UE sont admis en exonération de la TVA lors de leur importation (CGI ann. IV art. 50 octies, 1°). Cette exonération ne s'applique qu'à l'introduction sur le territoire français des biens déménagés et ne concerne pas la prestation de déménagement visée ci-dessus (BOI précité n° 280).

En ce qui concerne les déménagements en provenance ou à destination de la **Corse**, voir n° 92410, a.

50220
TVA-III-18050 s **Formalités** L'exonération des transports de marchandises à l'exportation est subordonnée à la réalisation de formalités qui diffèrent selon la nature de ces transports.

50225 **Transports de marchandises vers un port ou aéroport en vue de leur transbordement.**

a. Pour ces transports, l'exonération est en principe subordonnée à la présentation d'une **attestation** délivrée par le **donneur d'ordre** (propriétaire, expéditeur ou commissionnaire de transport), visée par le service des impôts dont dépend ce donneur d'ordre et certifiant la destination des produits. L'attestation doit être délivrée au plus tard lors de la facturation du transport. Elle mentionne le nom du donneur d'ordre, la destination des produits et leurs caractéristiques.

Les donneurs d'ordre qui réalisent de nombreuses expéditions vers l'étranger peuvent, sur demande justifiée, être dispensés du visa des attestations. La facture du transporteur doit alors mentionner le numéro et la date de la décision de dispense.

b. L'attestation n'est pas exigée si le **transporteur** peut apporter la **preuve** par tout moyen reconnu valable (feuille de route ou récépissé de transport, par exemple) que le transport des marchandises est effectué à destination d'un port ou d'un aéroport en vue de leur transbordement vers un pays situé en dehors de l'UE (BOI-TVA-CHAMP-20-60-20 n°s 80 à 100).

› Précisions Les transporteurs qui éprouvent des difficultés pour présenter les justificatifs exigés pour bénéficier de l'exonération peuvent facturer en franchise de taxe sous le couvert des **attestations d'achats en franchise** (sur ce point, voir n° 50555, précision d).

50235 **Autres transports de marchandises.** Il s'agit essentiellement des transports de marchandises afférents aux expéditions directes vers un pays tiers et des transports d'approche (autres que ceux à destination d'un port ou d'un aéroport), effectués pour le compte d'un **donneur d'ordre** (assujetti ou non-assujetti) **établi en France ou** d'un **donneur d'ordre non assujetti établi à l'étranger** (si le donneur d'ordre établi dans un pays tiers est un assujetti, la prestation de transport n'est, en effet, pas imposable en France : n° 49870).

a. Pour ces transports, l'exonération est subordonnée à la **preuve** que les transports exécutés entrent dans les prévisions de l'article 262, I du CGI. Cette preuve, qui est fournie par tout moyen, incombe aux **transporteurs,** mais il appartient à l'administration d'apprécier, sous le contrôle du juge de l'impôt, les justifications fournies.

b. Les transporteurs qui éprouvent des difficultés pour apporter cette preuve peuvent demander à leur **donneur d'ordre** de leur délivrer une **attestation** par laquelle celui-ci certifie la destination des marchandises et s'engage à acquitter la TVA au cas où ces marchandises ne recevraient pas cette destination.

L'attestation doit être délivrée, au plus tard, au moment de la facturation du transport. Elle mentionne, outre le nom du donneur d'ordre et la destination des marchandises, les caractéristiques des marchandises transportées et, le cas échéant, tout renseignement concernant cette destination (notamment la référence à la déclaration d'exportation). Lorsqu'ils ne sont pas connus au moment de la délivrance de l'attestation, les renseignements peuvent être communiqués au transporteur, après cette délivrance, au moyen d'une note complémentaire portant référence à l'attestation concernée (BOI-TVA-CHAMP-20-60-20 nos 110 à 160).

S'agissant de la possibilité pour les transporteurs de facturer en **franchise** de taxe, voir n° 50225, Précisions.

TRANSPORTS DE BIENS INTÉRESSANT MADÈRE ET LES AÇORES

Les prestations de transport intracommunautaire de biens effectuées à destination ou en provenance des Açores ou de Madère sont **exonérées** de la TVA. **50245** CGI art. 262, II-11° bis TVA-III-18500

SECTION 3 DISPOSITIONS DIVERSES

Les dispositions particulières examinées ci-après, bien que concernant des sujets différents, ont entre elles un **point commun** : elles sont toutes susceptibles d'intéresser **à la fois,** de façon globale ou partielle, des **opérations portant sur des biens** et des **prestations de services.** **50400**

1. OPÉRATIONS PORTANT SUR LES NAVIRES ET LES AÉRONEFS

Plusieurs catégories d'opérations portant sur les navires, aéronefs et leur cargaison sont **exonérées** de la TVA. **50450** TVA-IV-30000 s

Remarques : **1.** Bien qu'exonérées, ces opérations ouvrent, en principe, **droit à déduction** de la taxe d'amont ayant grevé les éléments de leur prix (n° 55550).

2. Les entreprises qui réalisent des opérations exonérées sont soumises à certaines **formalités** particulières concernant les **justifications** à fournir (CGI ann. IV art. 42 à 46) : TVA-IV-30600 s., TVA-IV-31060 s. et TVA-IV-32220 s.

OPÉRATIONS AFFÉRENTES AUX NAVIRES

Les opérations définies nos 50470, 50475 et 50480 sont exonérées de TVA lorsqu'elles portent sur les navires suivants : **50460** CGI art. 262, II-2°, 3° et 7° TVA-IV-30200 s

– navires de **commerce maritime** d'une longueur hors tout supérieure ou égale à 15 mètres affectés à la navigation **en haute mer** qui remplissent cumulativement les conditions suivantes : inscription comme navires de commerce sur un registre commercial (pour les navires battant pavillon étranger, l'inscription s'entend de la reconnaissance par une autorité étrangère de l'affectation à une activité commerciale), présence à bord d'un équipage permanent, affectation à une activité commerciale, navigation en dehors des eaux territoriales françaises représentant au moins 70 % de l'ensemble des trajets du navire. Les sorties en mer doivent constituer l'activité principale du navire par rapport à son activité à quai (BOI-TVA-CHAMP-30-30-30-10 nos 10 et 30) ;

– bateaux utilisés pour l'exercice d'une **activité industrielle en haute mer** ;

– bateaux affectés à la **pêche professionnelle maritime** ;

– bateaux de **sauvetage** et d'**assistance en mer.**

› Précisions a. Selon la CJUE, l'exonération ne s'applique pas aux prestations de **location et d'affrètement de bateaux** fournies à des personnes qui les utilisent exclusivement **à des fins d'agrément ou de plaisance** et non dans un but lucratif, en dehors de toute activité économique (CJUE 22-12-2010 aff. 116/10 : RJF 3/11 n° 395). Ces prestations de location et d'affrètement effectuées pour les besoins de voyages d'agrément sont donc soumises à la TVA selon les règles de droit commun déterminées pour les besoins des navires de plaisance à usage privé. Il en va de même des opérations effectuées par des intermédiaires qui s'entremettent entre l'exploitant du navire et la personne qui l'utilise à des fins d'agrément (BOI précité n° 180).

En revanche, l'exonération s'applique aux opérations autres que la location et l'affrètement (livraison, réparation, transformation, entretien, avitaillement, amarrages, services portuaires, importation...) portant sur les navires mis à disposition avec équipage pour les besoins de l'agrément du client (en ce sens Rép. Marie-Jeanne : AN 20-9-2016 n° 84681).

À cet égard, dans le cas de ces navires, pour le respect du critère de 70 % de la navigation hors des eaux territoriales nationales (voir précision c ci-dessous), un contrat de charter constitue un unique trajet dès lors qu'aucun passager nouveau n'est embarqué ou qu'aucun passager n'est débarqué définitivement au cours d'une escale. Dans le cas contraire, il sera décompté autant de trajets que le contrat compte d'escales.

Une exonération particulière est prévue pour les locations de courte durée de navires de grande plaisance en Guadeloupe et à la Martinique (voir n° 91590).

b. S'agissant des **bateaux de sauvetage et d'assistance en mer**, seuls ceux effectivement utilisés à de telles missions peuvent prétendre à l'exonération, sans toutefois qu'une utilisation marginale à d'autres missions leur en fasse perdre le bénéfice (CE 23-12-2010 n° 309886 : RJF 3/11 n° 293).

c. S'agissant des navires de commerce maritime, le **pourcentage de 70 %** est déterminé chaque année et doit être justifié. Il résulte du rapport entre le nombre de trajets au cours desquels le navire de commerce maritime sort des eaux territoriales françaises au cours de l'**année civile précédant** l'année d'application de l'exonération de TVA et l'ensemble des trajets effectués au cours de la même période. Des modalités spécifiques de calcul de ce pourcentage sont prévues pour les navires ayant une activité spécifique et dont les sorties en mer sont aléatoires (navires chimiquiers ou câbliers, etc.) (BOI précité n° 20).

d. Les **exploitants** des **navires de commerce maritime** affectés à la navigation en haute mer doivent remettre à leurs fournisseurs une attestation établie sous leur propre responsabilité certifiant que le navire remplit les conditions visées ci-dessus et sur laquelle ils s'engagent à acquitter la taxe au cas où les conditions de l'exonération ne seraient pas remplies (BOI précité n° 140 ; BOI-LETTRE-000235).

50465 Les bateaux qui n'entrent pas dans l'une des catégories visées ci-dessus sont **exclus** de l'exonération. C'est notamment le cas des bateaux industriels utilisés **à l'intérieur des eaux territoriales,** des bateaux de **sport** ou de plaisance, des bâtiments de la **Marine nationale** (s'agissant toutefois de l'avitaillement des navires de guerre, voir n° 50525), des bateaux naviguant sur les **fleuves internationaux.** Les opérations portant sur ces bâtiments obéissent aux règles générales de territorialité (nos 48955 s. et 49870 s. ; voir également n° 50480, précision c).

50470 CGI art. 262, II-2° TVA-IV-30450 s

Opérations concernant les navires eux-mêmes Sont exonérées de la TVA les opérations de **livraison,** de **réparation,** de **transformation,** d'**entretien,** d'**affrètement** (total ou partiel) et de **location** qui portent sur les bâtiments visés n° 50460.

Les entreprises qui participent à des opérations de construction, de transformation ou de réparation en qualité de **sous-traitants** sont exonérées au même titre que le maître d'œuvre.

> Précisions Les opérations destinées à **transformer en navire de commerce maritime** un navire n'ayant pas encore cette affectation ne bénéficient pas de l'exonération (Comité MOA 23-5-2002 non repris au Bofip).

50475 CGI art. 262, II-3° TVA-IV-30820 s

Opérations portant sur les objets incorporés dans les navires et sur les engins et filets de pêche Les opérations de **livraison,** de **location,** de **réparation** et d'**entretien** portant sur les objets destinés à être incorporés dans les navires et bateaux visés n° 50460 ou utilisés pour leur exploitation sont exonérées de TVA. Il en est de même pour les engins et filets de pêche et certains vêtements utilisés pour la pêche professionnelle maritime.

Les **objets concernés** sont notamment :

– les produits, appareils et articles destinés soit à former le corps du bâtiment avec tous ses appareils et instruments de bord, soit à constituer l'outillage de celui-ci (conteneurs maritimes), l'ameublement des salons et cabines, leur mobilier et leur décoration ;

– les engins et filets pour la pêche maritime (c'est-à-dire les produits et objets susceptibles d'attirer, d'appâter, de prendre et de conserver le poisson) ;

– les vêtements professionnels (bottes, cirés, gants) livrés à des armateurs à la pêche ou à des patrons pêcheurs.

50480 CGI art. 262, II-7° TVA-IV-31400 s

Services rendus pour les besoins directs des bateaux et de leur cargaison

a. Les **services** effectués **pour les besoins directs des bateaux** visés n° 50460 sont exonérés.

Il s'agit notamment des **prestations suivantes** (CGI ann. III art. 73 B) : pilotage, remorquage, amarrage (y compris halage, lamanage et désamarrage) ; utilisation des installations portuaires ; opérations d'entretien du navire et du matériel de bord (désinfection, dératisation, désinsectisation, nettoyage et dégazage des cales, blanchissage du linge de bord) ; gardiennage et services de prévention et de lutte contre l'incendie ; visites de sécurité, examens de carènes, expertises techniques ; assistance et sauvetage du navire ; enlèvement d'une épave à l'entrée d'un port mais non les travaux de dragage ; opérations effectuées dans l'exercice de leur profession par les courtiers conducteurs et interprètes de navires, les consignataires et agents maritimes et les gérants de navires ; expertises d'assurances ; visa et paraphe du journal de mer, enregistrement ou affirmation du rapport de mer par les greffiers des tribunaux de commerce.

b. Bénéficient également de l'exonération les prestations de **services** effectuées **pour les besoins directs de la cargaison** des bateaux visés n° 50460.

Les **opérations concernées** sont notamment les suivantes (CGI ann. III art. 73 C) : chargement et déchargement du bateau ; manutention de la marchandise accessoire au chargement et au déchargement du bateau ; location de matériel pour le chargement et le déchargement ; location de contenants et de matériel de protection de la marchandise ; gardiennage de la marchandise ; stationnement et traction des wagons de marchandises sur les voies de quai ; magasinage de la marchandise nécessaire au transport par voie d'eau, dans la limite des 15 jours qui précèdent l'embarquement ou qui suivent le débarquement de la marchandise ; usage des halles à marée pour la vente aux enchères des produits de la pêche maritime ; embarquement et débarquement des passagers et de leurs bagages ; location de matériels d'équipement nécessaires aux opérations d'embarquement ou de débarquement des passagers et de leurs bagages, usage des gares maritimes ; expertises d'assurances.

> Précisions **a.** Les services en cause sont susceptibles d'être exonérés, qu'ils interviennent au stade final de commercialisation du service ou à un stade antérieur (service fourni par un **sous-traitant**...), dès lors que la finalité du service, eu égard à sa nature, peut être tenue pour certaine (CJUE 4-5-2017 aff. 33/16 : RJF 7/17 n° 763). En revanche, si le service est susceptible d'être détourné de sa finalité première (cas, par exemple, des prestations de transport de carburant), l'exonération n'est susceptible de s'appliquer qu'au stade final de commercialisation (CJUE 14-9-2006 aff. 181/04 : RJF 12/06 n° 1648).

b. Sont également exonérées les **participations financières** réclamées par les **grands ports maritimes** (ou ports autonomes) à certains usagers au titre des frais d'équipement, lorsqu'elles se rapportent aux prestations énumérées ci-dessus (exemple : surtaxe à la tonne déchargée) (BOI-TVA-CHAMP-30-30-30-10 n° 600).

c. Les services effectués pour les besoins de la cargaison des bateaux exécutant des transports internationaux sur les **fleuves, rivières et canaux** ne bénéficient pas de l'exonération. Toutefois, certaines prestations directement liées aux transports de marchandises à destination de pays tiers peuvent être exonérées en tant que prestations liées à des **exportations** (n° 50135). Mais les prestations effectuées pour les besoins de la cargaison des bateaux de rivière exécutant des transports internationaux à l'**importation** sont taxables dans les conditions de droit commun (sous réserve de l'exonération applicable lorsque les prestations sont incluses dans la base d'imposition à l'importation : n° 50120).

Changement d'affectation Lorsque les **bateaux ou matériels** visés n° 50460 et 50475 **cessent d'être affectés** exclusivement à la destination qui justifie l'exonération (notamment en cas de non-respect des conditions visées n° 50460), la TVA devient exigible (BOI-TVA-CHAMP-30-30-30-10 n° 130). Elle est déclarée, et le cas échéant déduite, dans les conditions de droit commun, sur la **déclaration de chiffre d'affaires** afférente au mois au cours duquel l'affectation à l'un des usages requis pour l'exonération a cessé. La base d'imposition est constituée par la valeur vénale du bien au jour du changement d'affectation (et non sa valeur nette comptable). Le taux applicable est celui en vigueur au jour de ce changement (BOI-TVA-CHAMP-10-20-40 n° 200). **50485** CGI art. 257, III-2° TVA-IV-30700 s et 31200 s

> Précisions La **revente d'un navire d'occasion par un négociant** est exonérée si l'acquéreur l'utilise pour une navigation privilégiée. Dans le cas contraire, elle est imposable dans les conditions indiquées n° 60750 s. ; cette imposition est indépendante de celle qui a pu être opérée lorsque la vente se traduit par un changement d'affectation.

OPÉRATIONS AFFÉRENTES AUX AÉRONEFS

Les opérations définies n° 50500, 50505 et 50510 sont exonérées de TVA lorsqu'elles portent sur les aéronefs utilisés par des **compagnies, françaises ou étrangères, de navigation aérienne** dont les services à destination ou en provenance de l'étranger (UE ou pays tiers) ou des territoires et départements d'outre-mer, à l'exclusion de la France métropolitaine, représentent au moins 80 % des services qu'elles exploitent. **50495** CGI art. 262, II-4°, 5° et 7° TVA-IV-32000 s

Pour que les exonérations soient applicables, il faut donc que le **trafic international** de la compagnie représente **au moins 80 %** des services qu'elle exploite.

> Précisions **a.** La condition tenant au seuil de 80 % est appréciée au vu des déclarations souscrites par les compagnies aériennes auprès de leur ministère de tutelle, sur la base des passagers/kilomètres ou des tonnes/kilomètres transportés (BOI-TVA-CHAMP-30-30-30-20 n° 10). Sont réputées satisfaire à cette condition l'ensemble des compagnies aériennes étrangères ainsi que les compagnies aériennes françaises figurant sur la liste publiée au BOI-ANNX-000215.

À noter que, pour la CJUE, les exonérations bénéficient aux compagnies aériennes, y compris celles pratiquant des vols charters (CJUE 19-7-2012 aff. 33/11 : RJF 11/12 n° 1089), dont les activités autres qu'internationales se révèlent sensiblement moins importantes que leurs activités internationales. Pour apprécier l'importance respective de ces activités, peuvent être pris en compte tous les éléments qui donnent une indication de l'importance relative du type de trafic concerné notamment le chiffre d'affaires (CJUE 16-9-2004 aff. 382/02 : RJF 12/04 n° 1291).

b. Les exonérations bénéficient aux **aéronefs utilisés pour des vols intérieurs** par les compagnies aériennes internationales concernées (CJUE 16-9-2004 précité).

50500 CGI art. 262, II-4° TVA-IV-32010 s

Opérations concernant les aéronefs eux-mêmes Sont exonérées de la TVA les opérations de **livraison,** de **transformation,** de **réparation,** d'**entretien,** d'**affrètement** et de **location** portant sur les aéronefs visés n° 50495.

Les entreprises qui participent à des opérations de construction, de transformation ou de réparation en qualité de **sous-traitants** sont exonérées au même titre que le maître d'œuvre.

> Précisions L'exonération s'applique également :
– à la **cession d'un contrat de crédit-bail** sur un aéronef intervenant entre compagnies aériennes qui remplissent la condition tenant au seuil de 80 % visée n° 50495 (BOI-TVA-CHAMP-30-30-30-20 n° 1) ;
– à la **livraison** d'un aéronef **à un opérateur qui n'est pas lui-même une compagnie remplissant la condition** susvisée mais qui acquiert cet aéronef aux fins de son utilisation exclusive par une telle compagnie (CJUE 19-7-2012 aff. 33/11 : RJF 11/12 n° 1089).

50505 CGI art. 262, II-5° TVA-IV-32400

Opérations portant sur les objets incorporés dans les aéronefs Les opérations de **livraison,** de **location,** de **réparation** et d'**entretien** portant sur les objets destinés à être incorporés dans les aéronefs visés n° 50495 ou utilisés pour leur exploitation en vol sont exonérées de TVA.

50510 CGI art. 262, II-7° TVA-IV-32500 s

Services rendus pour les besoins directs des aéronefs et de leur cargaison

a. Les **services** effectués **pour les besoins directs des aéronefs** visés n° 50495 sont exonérés de TVA.

Ces **prestations** sont notamment les **suivantes** (CGI ann. III art. 73 D) : atterrissage et décollage ; usage des dispositifs d'éclairage ; stationnement, amarrage et abri des aéronefs ; usage des installations aménagées pour la réception des passagers et des marchandises ; usage des installations destinées à l'avitaillement des aéronefs ; opérations techniques afférentes à l'arrivée, au stationnement et au départ des aéronefs ; opérations de nettoyage, d'entretien et de réparation de l'aéronef et des matériels et équipements de bord ; gardiennage et service de prévention et de lutte contre l'incendie ; visites de sécurité, expertises techniques ; relevage et sauvetage des aéronefs ; opérations réalisées dans l'exercice de leur profession par les consignataires d'aéronefs et agents aériens ; expertises d'assurances.

b. Bénéficient également de l'exonération de TVA les prestations de **services** effectuées **pour les besoins directs de la cargaison** des aéronefs visés n° 50495.

Les **opérations concernées** sont notamment les suivantes (CGI ann. III art. 73 E) : embarquement et débarquement des passagers et de leurs bagages ; chargement et déchargement des aéronefs ; manutention des marchandises accessoire au chargement et déchargement des aéronefs ; opérations d'assistance aux passagers ; opérations relatives à l'enregistrement des passagers et à celui de leurs bagages ; émission et réception de messages de trafic ; opérations de trafic et de transit-correspondance ; location de matériels et d'équipements nécessaires au trafic aérien et utilisés sur l'aire des aéroports ; location de contenants et de matériels de protection des marchandises ; gardiennage des marchandises ; magasinage des marchandises nécessaire au transport par voie aérienne, dans la limite des 15 jours qui précèdent l'embarquement ou qui suivent le débarquement des marchandises ; expertises d'assurances.

50515 CGI art. 257, III-1° TVA-IV-32270

Changement d'affectation Lorsque les **aéronefs** visés n° 50495 sont **revendus** à d'autres compagnies ne remplissant pas les conditions requises pour bénéficier de la franchise, l'exonération accordée lors de l'achat ou de l'importation n'est pas remise en cause, mais la cession entraîne la perception de la TVA ; cette perception est assurée par le service des impôts.

AVITAILLEMENT DES NAVIRES ET AÉRONEFS

50525 CGI art. 262, II-6° TVA-IV-33000 s

Les produits embarqués pour l'avitaillement des navires et aéronefs (**provisions de bord** destinées à la consommation à bord par l'équipage et les passagers – vivres, boissons, tabacs manufacturés ; **produits utilisables à bord** pour les besoins particuliers du personnel navigant ; **produits pétroliers** et assimilés destinés à être consommés comme combustibles, carburants ou lubrifiants pour tout usage nécessaire à la navigation) sont exonérés de TVA (BOI-TVA-CHAMP-30-30-30-10 n° 420 ; BOI-TVA-CHAMP-30-30-30-20 n° 190 ; BOI-TVA-CHAMP-40-40 n° 240).

La franchise s'applique à l'avitaillement :

– des navires visés n° 50460 ainsi que des navires de guerre (bâtiments de la Marine nationale, vedettes de la gendarmerie) ;

– des aéronefs visés n° 50495.

Les provisions de bord destinées aux bateaux affectés à la petite pêche côtière n'ouvrent, toutefois, pas droit à l'avitaillement en franchise (étant précisé que la petite pêche côtière s'entend de la pêche pratiquée au moyen de bateaux dont la longueur hors tout est inférieure à 12 mètres, n'utilisant que des engins non remorqués et dont la sortie n'excède pas 24 heures).

> **Précisions** **a.** Constituent également des biens destinés à l'avitaillement des aéronefs les **magazines et journaux** qu'une compagnie aérienne met à la disposition de ses passagers (BOI-RES-TVA-000038).
> **b.** Les formalités douanières à accomplir diffèrent selon que les marchandises sont livrées à bord des **aéronefs** ou mises en entrepôt d'avitaillement. Ces formalités sont fixées par la DGDDI (BOI-TVA-CHAMP-30-30-30-20 n° 210). Pour bénéficier de l'exonération, s'agissant des **navires,** l'assujetti exportateur doit établir, pour chaque livraison, une **déclaration en douane** conforme au modèle fourni par l'administration **ou** tout autre document en tenant lieu prévu par la réglementation douanière (**facture**) et conserver en comptabilité ces documents, après visa du service des douanes.
> **c.** Seules les **livraisons de biens faites à l'exploitant** de bateaux ou d'aéronefs qui utilisera ces biens pour l'avitaillement peuvent bénéficier de l'exonération, à l'exclusion des livraisons de biens faites à un stade antérieur de commercialisation (CJUE 26-6-1990 aff. 185/89 : RJF 11/90 n° 1413).
> Dans le même sens à propos de livraisons de biens (carburants) destinés à l'avitaillement de bateaux affectés à la navigation en haute mer faites à des intermédiaires agissant en leur nom propre, la Cour jugeant que l'exonération n'est, en principe, pas applicable même si, à la date de la livraison, la destination finale des biens est connue, dûment établie et que des preuves la confirmant sont présentées. La Cour a toutefois précisé que l'exonération peut s'appliquer si le transfert auxdits intermédiaires de la propriété des biens concernés est intervenu au plus tôt concomitamment au moment où les exploitants des bateaux se sont vu habiliter à disposer de ces biens comme s'ils en étaient les propriétaires, car dans ce cas les livraisons doivent être regardées comme étant faites directement aux exploitants des bateaux et non comme étant faites aux intermédiaires (CJUE 3-9-2015 aff. 526/13 : RJF 12/15 n° 1082).

2. ACHATS EN FRANCHISE

Les entreprises qui réalisent des **opérations relevant du commerce extérieur** ont, si elles le désirent, la possibilité d'**acquérir en franchise** de TVA les **biens ou services** destinés à ces opérations (n° 50555). **50550** CGI art. 275 TVA-IV-37000 s

L'**intérêt** de ce régime se situe sur le plan de la **trésorerie,** puisqu'il évite d'avoir à faire l'avance d'une taxe d'amont qui, sinon, ne serait récupérée qu'ultérieurement par voie d'imputation ou de remboursement.

Les possibilités offertes par ce système sont cependant limitées par l'existence d'un **contingent annuel** d'achats en franchise (n° 50565).

En outre, les entreprises qui utilisent ce mécanisme sont soumises à des **formalités** particulières essentiellement destinées à sauvegarder les droits du Trésor (n°s 50575 et 50580).

Remarque : Des dispositions spéciales sont prévues par les II et III de l'article 275 du CGI, en ce qui concerne respectivement :

– les achats en franchise effectués par des **organismes sans but lucratif** (voir n° 89555, c) ;

– les achats en franchise effectués par des revendeurs de **biens d'occasion, œuvres d'art, objets de collection ou d'antiquité** (voir n° 60835).

> **Précisions** **a.** Le Conseil d'État considère que l'exigence d'une attestation de l'« exportateur » visée par l'administration fiscale, établissant la vocation des biens à être exportés ou expédiés dans un autre État membre, afin de bénéficier du régime des livraisons en franchise, ne méconnaît pas le principe de proportionnalité et est donc compatible avec le **droit communautaire** (CE 20-3-2013 n° 351365 : RJF 6/13 n° 599).
> Selon la CAA de Nantes, le régime des achats en franchise, qui est entré en vigueur avant la consultation du comité consultatif de la TVA, constitue une transposition de la **directive TVA** intervenue en violation de celle-ci et est dès lors inapplicable (CAA Nantes 9-12-2010 n° 07-3555 : RJF 4/11 n° 422).
> **b.** En cas de **non-respect** des **conditions de fond** (marchandises ne faisant pas l'objet d'une livraison mentionnée n° 50555, non-respect du contingent d'achats en franchise visé n° 50565), le

paiement de la TVA est à la charge de l'exportateur (notamment CE 25-2-2011 n° 309574 : RJF 5/11 n° 563). En revanche, en cas de non-respect des **conditions de forme** (attestation préalable à la livraison, visa de l'attestation, certification que les biens sont effectivement destinés à faire l'objet d'une livraison exonérée et engagement d'acquitter à défaut la TVA), c'est le fournisseur qui est redevable de la taxe (notamment CE 14-1-2002 n° 219318 : RJF 4/02 n° 381).

CHAMP D'APPLICATION

50555 TVA-IV-37150 s Peuvent être **acquis en franchise** de TVA (dans la limite du contingent annuel visé n° 50565) les **biens,** ainsi que les **services** portant sur ces biens, **acquis en France ou dans l'UE ou importés, que** l'entreprise **destine** à faire l'objet :

– d'une livraison à l'**exportation** (nos 49690 s.) ;

– d'une **livraison intracommunautaire** exonérée (n° 49270) ;

– d'une livraison dont le lieu est situé dans un autre État membre de l'UE et qui relève du régime des **ventes à distance intracommunautaires** (VAD-IC : nos 49780 s., à l'exclusion de celles auxquelles est appliqué le régime des petits opérateurs ou celui de la marge pour les assujettis-revendeurs) ou qui concerne des **biens livrés après montage ou installation** par le vendeur ;

– d'une livraison de **gaz naturel,** d'**électricité,** de **chaleur** ou de **froid** située hors de France (n° 48990).

> Précisions a. Il n'est **pas exigé** que les marchandises ainsi livrées ou exportées soient **identiquement** celles qui ont été reçues en franchise de taxe ; ainsi, les assujettis peuvent reporter la totalité de leurs droits à la franchise sur les achats effectués auprès de quelques fournisseurs, quelle que soit la destination ultérieure des marchandises commandées.
La franchise ne peut toutefois s'appliquer qu'à des biens susceptibles de faire l'objet d'une livraison mentionnée ci-dessus, **en l'état ou après transformation** (produits finis, semi-produits, matières premières ou agents de fabrication) (BOI-TVA-CHAMP-30-30-50-10 nos 140 et 150).

b. Les **fournisseurs** qui livrent en franchise ne peuvent pas eux-mêmes s'approvisionner en franchise. Mais ils peuvent récupérer la taxe ayant grevé les éléments du prix des produits livrés en franchise, en l'imputant sur la taxe applicable à d'autres opérations ou, à défaut de possibilité d'imputation, en en demandant le remboursement (nos 56620 s.).

c. Lorsque l'exportation ou la livraison intracommunautaire est réalisée avec **entremise d'un intermédiaire opaque** (agissant en son nom propre pour le compte d'autrui), l'application du système des achats en franchise appelle des explications particulières que l'on trouvera n° 61500.
Ces explications sont également valables pour le bureau d'achat de maisons étrangères agissant en son nom propre ou pour le **GIE** agissant en son nom propre dont l'activité consiste exclusivement à expédier en l'état hors de France les biens de la fabrication ou du négoce de ses membres et que ceux-ci lui ont livrés.

d. Les **services** portant sur des biens acquis en franchise ne sont pas concernés eux-mêmes par le système de la franchise lorsqu'ils sont **déjà exonérés** par une disposition particulière. C'est notamment le cas des services liés aux exportations (n° 50135) et des transports à l'exportation (n° 50210).
Cependant, lorsque des **emballeurs** ou des **façonniers** travaillant pour le compte d'entreprises exportatrices éprouvent des difficultés pour apporter la preuve que leurs prestations portent sur des biens destinés à l'exportation (preuve nécessaire pour l'octroi de l'exonération ; n° 50140, a), il est admis qu'ils puissent facturer les prestations en franchise de TVA sous le couvert d'attestations visées n° 50575 délivrées par le donneur d'ordres.
Il en est de même pour les **transporteurs** qui effectuent, pour le compte d'entreprises exportatrices, des transports de biens qui, en l'état ou après transformation, font normalement l'objet du négoce à l'exportation de ces entreprises.

CONTINGENT ANNUEL D'ACHATS EN FRANCHISE

50565 TVA-IV-38000 s Le montant des achats de biens ou de services que l'entreprise peut effectuer chaque année en franchise de taxe est égal au **montant des livraisons** visées n° 50555 que l'entreprise a réalisées au cours **de l'année précédente** et qui ont porté sur des biens normalement passibles de la taxe.

Lorsque ce contingent est atteint, les achats restant à effectuer jusqu'à la fin de l'année en cours doivent, en principe, être effectués avec paiement de la TVA. Cette taxe d'amont pourra ensuite être récupérée par voie d'imputation ou de remboursement, selon les règles de droit commun.

> Précisions a. La valeur des **produits** passibles de la TVA qui, **sans être vendus,** font l'objet d'une **sortie définitive** de France (matériel loué, articles publicitaires, marchandises en dépôt...) peut être ajoutée au montant des ventes, pour le calcul du contingent (BOI-TVA-CHAMP-30-30-50-10 n° 200).

b. Comme **année de référence,** les entreprises

peuvent retenir soit l'année civile précédente, soit les 12 derniers mois lorsqu'il apparaît, en cours d'année, que les livraisons à prendre en compte faites pendant cette période sont plus élevées que celles de l'année précédente.

c. Le service local des impôts, lorsqu'il est saisi d'une **demande** à cet effet, peut accorder le cas échéant (avec dispense éventuelle du cautionnement visé n° 50580) :

– un **dépassement** du contingent légal, en cas d'augmentation des commandes ;

– pour les **entreprises nouvelles** ou réalisant nouvellement des ventes à l'étranger (et qui n'ont donc pas, au départ, de base de référence), un contingent fondé sur les approvisionnements nécessaires à la réalisation des marchés dont l'entreprise justifie qu'elle est titulaire avec l'étranger.

FORMALITÉS

Pour bénéficier de la franchise, les intéressés doivent adresser à leurs fournisseurs, en principe avant la livraison des marchandises ou la facturation des services, une **attestation certifiant** que les produits commandés par eux sont destinés à faire l'objet, en l'état ou après transformation, d'une livraison visée n° 50555 ou que les services commandés portent directement sur de tels produits, et **comportant l'engagement** d'acquitter la TVA au cas où ces produits ne recevraient pas la destination ayant motivé la franchise. **50575** TVA-IV-38400 s

Les entreprises qui effectuent des **acquisitions intracommunautaires** de biens en franchise de taxe n'adressent pas cette attestation à leurs fournisseurs mais doivent la conserver à l'appui de leur comptabilité.

Le bénéfice de la franchise **à l'importation** est subordonné à la présentation au service des douanes, par les intéressés, d'un **avis** d'importation modèle **A I 2.** Pour les opérateurs qui utilisent une **procédure dématérialisée Delt@,** la présentation d'un avis A I 2 au service des douanes est toutefois remplacée par l'utilisation de **codes spécifiques** et par une **mention spéciale** dans la **déclaration en douane** dématérialisée. L'avis A I 2 doit cependant être conservé à l'appui de la comptabilité lorsque l'opérateur n'est pas dispensé de visa ; dans le cas inverse, il doit seulement présenter au service des douanes, en début d'année, une copie de la dispense de visa (sur cette dispense, voir précision a ci-après).

> Précisions **a.** Les attestations et les avis A I 2 doivent en principe, préalablement à leur remise aux fournisseurs ou au service des douanes, **être visés par le service des impôts** dont relèvent les assujettis.

Cette formalité n'est cependant exigée que des entreprises nouvelles ou nouvellement exportatrices (sauf dispense exceptionnelle) et des entreprises ayant manqué à leurs obligations fiscales ou douanières. Les autres entreprises sont, sur leur demande, **dispensées de cette formalité.** La dispense de visa délivrée par l'administration est annuelle ; elle est renouvelée chaque année par celle-ci sans que l'entreprise ait à effectuer une nouvelle demande. La dispense de visa peut être retirée à tout moment (BOI-TVA-CHAMP-30-30-50-20 n°s 150 et 160).

Les entreprises dispensées de visa en informent chaque année leurs fournisseurs au moyen d'une copie de la dispense délivrée pour l'année en cours. Les attestations délivrées et les avis A I 2 doivent comporter les références de la dispense.

b. Les attestations et les avis A I 2 doivent, en principe, être établis pour un **montant déterminé.**

Les **entreprises dispensées de visa** ne sont toutefois **pas tenues de chiffrer les attestations** correspondant à des **achats en France** (elles doivent, en revanche, chiffrer les attestations correspondant à des acquisitions intracommunautaires et les avis A I 2).

c. Les compléments de prix facturés dans le cadre de marchés de fournitures comportant des **clauses de révision de prix** peuvent bénéficier de la franchise de taxe à condition qu'une attestation complémentaire soit délivrée.

d. Dans certains secteurs (céréales, produits laitiers, cuirs et peaux, notamment), les redevables peuvent être autorisés, s'ils justifient de circonstances particulières, à délivrer des **attestations** d'achat en franchise de TVA **après la livraison des biens.**

Sauf décision exceptionnelle, cette délivrance ne peut intervenir plus d'un mois jour pour jour après la comptabilisation de la livraison en franchise.

e. Les entreprises doivent déclarer le montant de leurs achats en franchise sur leurs **déclarations de TVA.**

f. Le **défaut de déclaration,** par une entreprise ayant bénéficié de la franchise, de la TVA dont le paiement lui incombe finalement lorsque ne sont **pas respectées** les **conditions d'application** de la livraison en franchise (CGI art. 284, I) est passible de **l'amende de 5 %** prévue par l'article 1788 A du CGI, dans les conditions exposées n° 56290 (BOI-CF-INF-20-20 n° 90).

Cautionnement Les entreprises effectuant des acquisitions en franchise peuvent être tenues de présenter une **caution** pour la garantie des droits et des pénalités. **En fait,** le cautionnement n'est exigible que des **entreprises nouvelles** ou réalisant nouvellement des ventes à l'étranger, de celles qui demandent une **augmentation** de leur **contingent** ou de celles dont la **solvabilité** est **douteuse.** **50580** CGI art. 276 TVA-IV-39150 s

3. ENTREPRISES ÉTRANGÈRES

50600 TVA-III-11000 s D'une manière générale, les entreprises (ou personnes) étrangères qui effectuent des **opérations** dont le **lieu d'imposition** se situe **en France** supportent la **même imposition que les entreprises françaises** réalisant les mêmes opérations.

50605 Sont ainsi concernées :

– les **livraisons de biens** effectuées en France (selon les critères énoncés nos 48950 s.) par des entreprises étrangères ou pour leur compte (à l'exception de celles visées n° 50695, pour lesquelles le redevable de la taxe est l'acquéreur des biens ou le destinataire de la livraison) ainsi que les livraisons relevant du régime des **ventes à distance** imposables en France (nos 49760 s.) ;

– les **acquisitions intracommunautaires** de biens dont le lieu est situé en France ;

– les **importations** de biens dont le lieu est situé en France ;

– les **prestations de services** imposables en France réalisées par des entreprises étrangères ou pour leur compte (à l'exception de celles visées n° 50690, pour lesquelles le redevable de la taxe est le preneur de la prestation) ;

– et enfin les opérations au titre desquelles une personne établie hors de France doit accomplir des **obligations déclaratives** en France **sans y être redevable** de la taxe (livraisons et acquisitions intracommunautaires de biens exonérées, par exemple).

50610 Pour les modalités d'imposition de ces diverses opérations, il faut **distinguer selon que** les entreprises étrangères sont **établies en France** (n° 50620) **ou non établies en France** (nos 50630 s.). Sur la notion d'établissement en France, on se reportera n° 49860.

Une **procédure spéciale de remboursement** de la taxe ayant grevé leurs acquisitions faites en France est prévue pour les entreprises non établies en France qui n'y réalisent pas de livraisons de biens ou de prestations de services (n° 50675).

Nous examinerons enfin les dispositions concernant les **opérations** pour lesquelles l'acquéreur des biens, le destinataire de la livraison ou le preneur de la prestation (c'est-à-dire le **client**) est **redevable** de la TVA (**autoliquidation**) (nos 50690 s.).

ENTREPRISES ÉTRANGÈRES ÉTABLIES EN FRANCE

50620 TVA-III-11070 s Pour les opérations visées n° 50605, ces entreprises sont soumises aux mêmes formalités et doivent acquitter la **TVA dans les mêmes conditions que les entreprises françaises** exerçant une activité identique imposable en France.

Ce régime s'applique notamment :

– aux **succursales** d'entreprises étrangères établies en France, et, d'une manière générale, à tout **établissement de vente** en France appartenant à une firme étrangère ;

– aux **personnes étrangères** qui n'ont ni leur siège d'activité ni établissement **en France,** mais qui y ont établi leur **domicile ou** leur **résidence habituelle** et y réalisent des opérations imposables.

ENTREPRISES ÉTRANGÈRES NON ÉTABLIES EN FRANCE

50630 TVA-III-11100 s Lorsqu'elles réalisent en France des **opérations** visées n° 50605, ces entreprises sont, en principe, passibles de la **TVA.**

Toutefois la portée de ce principe se trouve réduite du fait des dispositifs d'**autoliquidation de la taxe** par le **client** visés n° 50690.

Cela dit, pour les **opérations pour lesquelles les entreprises non établies** en France **demeurent redevables de la TVA** (ou au titre desquelles elles doivent accomplir en France des obligations déclaratives sans y être redevables de la TVA), il faut **distinguer** selon que ces entreprises sont **établies dans un autre État membre de l'UE ou dans un pays tiers ayant conclu une convention d'assistance au recouvrement** des créances fiscales avec la France (nos 50635 s.) **ou dans un pays tiers n'ayant pas conclu une telle convention** (nos 50645 s.).

Par ailleurs, les entreprises étrangères non établies en France qui n'y réalisent **pas de livraisons de biens ou de prestations de services** entrant dans le champ d'application territorial de la TVA peuvent, sous certaines conditions, obtenir le remboursement de la **taxe** ayant grevé certains **biens ou services acquis en France** selon une **procédure spéciale de remboursement** examinée nos 50675 s.

50635 TVA-III-11110 s **Entreprises étrangères établies dans l'UE ou dans un pays tiers ayant conclu une convention d'assistance au recouvrement des créances fiscales** Les assujettis établis dans un autre État membre de l'UE ou dans un pays tiers ayant conclu une convention d'assistance au recouvrement des créances fiscales avec la France, qui réalisent en France des opérations visées n° 50605 pour lesquelles ils sont redevables de la TVA (ou au titre desquelles ils sont tenus d'accomplir en France des obligations déclaratives sans y être redevables de la TVA), n'ont ni l'obligation ni la possibilité de désigner un représentant fiscal. Ils doivent **s'identifier** à la TVA, **déclarer** les opérations imposables réalisées en France et, le cas échéant, **acquitter la taxe directement** auprès de l'administration.

Ces assujettis ont **toutefois** la **possibilité de désigner un mandataire** fiscal chargé d'effectuer à leur place tout ou partie des formalités déclaratives leur incombant et d'acquitter, le cas échéant, la taxe en leur nom (CGI ann. III art. 95, III). Mais, à la différence du représentant fiscal (n° 50645), ce mandataire **agit sous la responsabilité exclusive de l'assujetti** mandant qui reste seul redevable de la taxe. Ainsi, en cas d'absence d'accomplissement ou d'accomplissement partiel des formalités déclaratives et de paiement dont le mandataire a été chargé, l'assujetti mandant est responsable des formalités omises, de même qu'il est responsable en cas d'absence de restitution par le mandataire d'un trop-perçu.

La **liste** des **pays tiers** ayant conclu avec la France une convention d'assistance au recouvrement des créances fiscales a été fixée par l'arrêté BUDE1309683A du 15 mai 2013 modifié. Les assujettis établis dans ces pays sont soumis, en matière d'identification, de déclaration et de paiement de la TVA, aux mêmes règles que les assujettis établis dans un autre État membre de l'UE. Il s'agit des pays suivants : Australie, Azerbaïdjan, Géorgie, Inde, Islande, Mexique, Moldavie, Norvège, république de Corée, Saint-Barthélemy, ainsi que, depuis le 25 mars 2017, Afrique du Sud, Aruba, Curaçao, Ghana, Groenland, îles Féroé, Japon, Maurice, Nouvelle-Zélande, Polynésie française, Saint-Martin, Sint Maarten, Tunisie, Ukraine (Arrêté 28-2-2017 : JO du 24-3, avec rectificatif au JO du 22-4) et, depuis le 27 février 2021, Antigua-et-Barbuda, Arménie, Bosnie-Herzégovine, Cap-Vert, Dominique, Équateur, Grenade, Îles Cook, Jamaïque, Kenya, Koweït, Macédoine du Nord, Nauru, Niue, Pakistan, Royaume-Uni de Grande-Bretagne et d'Irlande du Nord, Turquie, Vanuatu (Arrêté 16-2-2021 : JO du 26-2).

> Précisions **a.** L'assujetti communautaire ou établi dans un pays tiers ayant conclu une convention d'assistance au recouvrement des créances fiscales qui fait appel à un mandataire fiscal doit **adresser la version scannée du mandat signé au service des impôts** compétent et conserver l'original. Ce **mandat** doit être **exclusif**, rédigé en langue française, signé par une personne habilitée à engager l'entreprise et accepté du mandataire. Il doit faire apparaître, de manière obligatoire, certaines informations (notamment les formalités que le mandataire est habilité à accomplir) (BOI-TVA-DECLA-20-30-40-20 n°s 20 et 30). La qualité de **représentant fiscal désigné dans le cadre de l'ancien régime** (soit avant le 1-1-2002 s'agissant des assujettis communautaires, avant le 1-1-2013, le 25-3-2017 ou le 27-2-2021 s'agissant des assujettis établis dans un pays tiers ayant conclu une convention d'assistance au recouvrement des créances fiscales avec la France : voir n° 50635) et non révoqué après cette date donne nécessairement mandat à ce représentant pour accomplir l'ensemble des formalités pouvant être confiées à un mandataire fiscal en application de l'article 95, III de l'annexe III au CGI (CE 30-7-2010 n° 308854 : RJF 11/10 n° 1014).

b. Les assujettis établis dans l'UE ou dans un pays tiers ayant conclu une convention d'assistance au recouvrement des créances fiscales avec la France qui commencent à exercer une activité en France doivent procéder aux **formalités d'identification** à la TVA sur le portail du **guichet des formalités des entreprises** accessible **en ligne** sur le site formalites.entreprises.gouv.fr (BOI-TVA-DECLA-20-30-40-10 n° 35 pour les assujettis établis hors UE).

En cas de **cessation d'activité,** de modification de dénomination sociale, d'adresse du siège social ou de correspondance tant en France que dans l'État membre ou le pays tiers où se trouve le siège social, ces assujettis doivent en informer expressément le service des impôts compétent, de même qu'en cas de **rupture de mandat** ou de modification d'un de ses termes (BOI-TVA-DECLA-20-30-40-20 n° 110).

c. Les entreprises établies dans un autre État membre de l'UE ou dans un pays tiers ayant conclu une convention d'assistance au recouvrement des créances fiscales avec la France ont l'obligation de souscrire leur déclaration par voie électronique (**télédéclaration**). Il en va de même pour les demandes de remboursement des crédits de TVA (n° 56650).

50640 Cette obligation de télétransmettre les déclarations rend en pratique sans portée les dispositions de l'article 95, I de l'annexe III au CGI fixant le lieu de dépôt de ces déclarations. Les principes résultant de ces dispositions gardent cependant un intérêt pour déterminer le **service des impôts dont dépendent les redevables** et auquel ils doivent s'adresser en cas de besoin (courriers, réclamations...). Ces principes sont les suivants :

– le service dont ces redevables dépendent est, en **principe,** le service des impôts des entreprises étrangères de la direction des impôts des non-résidents, 10 rue du Centre, 93465 Noisy-le-Grand Cedex. Toutefois, pour les **assujettis** établis dans un pays tiers ayant conclu une convention d'assistance au recouvrement des créances fiscales avec la France qui avaient désigné un **représentant fiscal en France avant le 1er janvier 2013, le 25 mars 2017 ou le 27 février 2021** (voir n° 50635), le service compétent est le service des impôts du lieu d'imposition de l'ancien représentant ;

– en outre, les assujettis qui disposent en France d'**immeubles donnés en location** et ne réalisent pas d'autres opérations pour lesquelles ils sont redevables de la taxe en France dépendent du service des impôts du lieu de situation de l'immeuble. Si l'application de cette règle conduit à une pluralité de services, les redevables sont rattachés au service des impôts des résidents étrangers (les propriétaires d'immeubles loués meublés et dont les loyers sont imposés dans la catégorie des BIC relèvent toutefois, dans cette hypothèse, du service des impôts du lieu de situation du bien générateur du chiffre d'affaires le plus élevé).

La **date limite de dépôt** des déclarations de TVA est fixée, pour les assujettis soumis au régime réel normal d'imposition qui dépendent du service des impôts des résidents étrangers, au 19 du mois suivant celui des opérations au titre desquelles la déclaration est effectuée. Pour les importateurs et pour les assujettis qui dépendent du service des impôts du lieu de situation des immeubles ou au lieu d'imposition de l'ancien représentant fiscal, elle est fixée au 24 du même mois.

d. Les entreprises établies dans un autre État membre de l'UE ou dans un pays tiers ayant conclu une convention d'assistance au recouvrement des créances fiscales avec la France ont également l'obligation de régler la TVA par voie électronique (**téléréglement**) si elles détiennent un compte bancaire ouvert dans une banque domiciliée en France ou auprès d'un établissement étranger acceptant les prélèvements Sepa interentreprises. À défaut, elles doivent régler la TVA par virement bancaire.

e. Les assujettis communautaires ou établis dans un pays tiers ayant conclu une convention d'assistance au recouvrement des créances fiscales avec la France peuvent, sans avoir à s'identifier à la TVA, recourir aux services d'un **mandataire ponctuel** lorsqu'ils réalisent, en France, **exclusivement** les opérations suivantes pour lesquelles ils sont dispensés du paiement de la TVA :

– **sorties** de biens d'un **régime douanier de report des importations** ou d'un **entrepôt fiscal** lorsque ces biens font l'objet d'une **exportation ou** d'une **livraison intracommunautaire** exonérée (CGI art. 277 A, II-4 : n° 50765, remarque 1) ;

– **importations** de biens faisant l'objet par l'importateur, après dédouanement, d'une **livraison intracommunautaire** exonérée (CGI art. 291, III-4° : n° 49665).

Ce mandataire ponctuel, tacitement désigné, est chargé d'accomplir, au nom et pour le compte de ses mandants, les formalités leur incombant et, le cas échéant, d'acquitter la taxe devenue exigible.

Le mandataire ponctuel, auquel est attribué (outre un numéro d'identification à la TVA qui lui est propre) un numéro d'identification spécifique unique pour l'ensemble de ses mandants, doit souscrire, au lieu et place des déclarations habituelles de chiffre d'affaires, un état trimestriel qui regroupe l'ensemble des opérations pour lesquelles il a été mandaté. Cet état doit être souscrit, sur support papier ou informatique, auprès du service des impôts des non-résidents au plus tard le 25 du mois qui suit chaque trimestre civil (CGI ann. III art. 95 B).

Le mandataire ponctuel est réputé agir exclusivement sous la responsabilité de l'assujetti mandant qui reste seul redevable légal de la taxe lorsque les conditions de la dispense de paiement ou de l'exonération ne sont pas remplies.

Les assujettis qui ont recours à un mandataire ponctuel peuvent demander, selon la procédure examinée n°s 50675 s., le **remboursement** de la TVA française qui leur a été facturée.

Les dispositifs existants de mandataire ponctuel examiné ci-dessus et de représentant fiscal ponctuel (n° 50650) seront, **à compter du 1er janvier 2025,** regroupés sous un même **dispositif unifié de mandataire ponctuel** : voir n° 50650, précision c.

f. Lorsqu'ils réalisent uniquement des **opérations en suspension de TVA** portant sur des biens placés ou destinés à être placés **sous un régime douanier de report des importations** ou un **entrepôt fiscal,** les assujettis communautaires sont dispensés de s'identifier à la TVA en France (n° 50755, précision d).

50645 CGI art. 289 A, I et IV TVA-III-11700 s

Entreprises étrangères établies dans un pays tiers n'ayant pas conclu de convention d'assistance au recouvrement des créances fiscales Les assujettis établis dans un pays tiers n'ayant pas conclu de convention d'assistance au recouvrement des créances fiscales avec la France qui réalisent en France des opérations visées n° 50605 pour lesquelles ils sont redevables de la taxe (ou au titre desquelles ils sont tenus d'accomplir en France des obligations déclaratives sans y être redevables de la TVA) doivent faire accréditer, auprès du service des impôts, un **représentant** assujetti établi en France **qui s'engage à remplir les formalités** leur incombant **et,** en cas d'opérations imposables, à **acquitter la taxe** à leur place.

Dans certaines situations où aucune taxe n'est due en France, ces assujettis ont la possibilité de recourir à une forme simplifiée de représentation fiscale : voir n° 50650.

Les assujettis établis dans un pays tiers n'ayant pas conclu de convention d'assistance au recouvrement des créances fiscales ne peuvent désigner qu'un **seul représentant** pour l'ensemble des opérations concernées qu'ils réalisent en France (voir précision d ci-après).

50645 (suite)

Le service des impôts qui agrée la désignation du représentant fiscal attribue à chaque assujetti représenté un **numéro d'identification** à la TVA.

Le **représentant** fiscal doit lui-même être **assujetti** à la TVA.

Lorsque la TVA est acquittée par le représentant fiscal de l'assujetti étranger, c'est à lui qu'il appartient normalement de délivrer les **factures** (il doit alors indiquer expressément sur les factures qu'il agit en qualité de représentant de l'assujetti étranger). L'assujetti étranger a cependant la faculté de procéder lui-même à cette formalité ; mais il doit, dans un tel cas, préciser, sur les factures qu'il délivre, le nom, l'adresse et le numéro d'identification à la TVA de son représentant fiscal.

À **défaut de** désignation d'un **représentant** accrédité, la taxe et, le cas échéant, les pénalités qui s'y rapportent sont dues par le **destinataire** de l'opération imposable (celui-ci n'ayant, toutefois, que la qualité de débiteur solidaire et non de redevable de la taxe, les rehaussements ne peuvent lui être directement notifiés : CE 5-4-2006 n° 276602 : RJF 6/06 n° 699 et BOI-TVA-DECLA-20-30-40-10 n° 130). Noter que la portée pratique de cette disposition paraît limitée du fait des mécanismes d'autoliquidation de la taxe par le client visés n° 50690.

D'autre part, en cas de non-désignation d'un représentant ou d'inexécution par celui-ci de ses obligations, **l'intermédiaire** peut être recherché en paiement de la taxe au lieu et place de l'entreprise étrangère (n° 50655).

> **Précisions** **a.** Sont dispensés de désigner un représentant fiscal les assujettis qui réalisent uniquement des **opérations en suspension** de TVA portant sur des **biens** placés ou destinés à être **placés sous un régime douanier de report des importations** ou un **entrepôt fiscal** (n° 50755, précision d ; pour les opérations de sortie de ces biens, voir n° 50650) ou qui réalisent uniquement des opérations pour lesquelles la taxe est due en France par le client (dispositif d'autoliquidation) (n° 50690 s.). Il en va de même des prestataires non établis dans l'UE qui fournissent des **services à des non-assujettis** et qui relèvent du régime spécial de **guichet unique « OSS-non UE »** décrit n° 50875.
>
> **b.** Le représentant fiscal doit acquitter pour le compte de l'entreprise étrangère la totalité de la taxe dont celle-ci est redevable, que cette taxe résulte des déclarations qu'il dépose ou des redressements opérés par l'administration. Dans ce dernier cas, alors même que l'entreprise étrangère demeure l'unique redevable de la taxe, l'administration est fondée à conduire avec le représentant les **procédures de contrôle et de redressement** des déclarations et, le cas échéant, la procédure d'établissement des pénalités (CE 24-7-2009 n°s 304672 et 309278 : RJF 11/09 n°s 930 et 931).
>
> **c.** Le représentant fiscal dépose les **déclarations de chiffres d'affaires et acquitte la TVA,** le cas échéant.
>
> Il doit obligatoirement souscrire la déclaration de chiffre d'affaires par voie électronique (**télédéclaration**) (BOI-TVA-DECLA-20-20-20-10 n° 70). Il en va de même pour la demande de remboursement des crédits de TVA (n° 56650).
>
> Selon le BOI précité, le **télérèglement** demeure facultatif pour les entreprises en cause, mais elles peuvent y recourir si elles détiennent un compte bancaire ouvert dans une banque domiciliée en France. Toutefois, selon le site impots.gouv.fr/international-professionnel/paiement-en-ligne, les entreprises étrangères non établies en France entrent dans le champ de l'obligation de télépaiement.
>
> **d.** Le **représentant fiscal** est **unique** pour l'ensemble des obligations incombant à l'entreprise étrangère en matière de TVA, de prélèvements sur les jeux et paris, de retenue à la source sur les salaires, pensions et rentes viagères, de contributions sur les boissons non alcooliques, de TGAP et de taxe sur les produits phytopharmaceutiques (CGI art. 302 decies), ainsi que des obligations concernant les impositions relevant du CIBS (notamment accises, taxes sur les véhicules, taxes maritimes et aériennes, taxes sur l'industrie et l'artisanat, taxe sur certains services numériques, taxe sur la mise en relation par voie électronique pour la fourniture de certaines prestations de transport) (CIBS art. L 152-3), sauf disposition contraire. Les accréditations des représentants obtenues avant le 1-1-2019 demeurent valides (sous réserve de remplir les conditions définies précision e ci-dessous) et sont étendues à l'ensemble des obligations des entreprises étrangères concernées.
>
> Les obligations concernant l'entreprise représentée en matière de TVA sont en principe remplies auprès du service des impôts dont relève le représentant fiscal. Toutefois, dans le cas où ce représentant doit également accomplir les obligations de l'entreprise étrangère en matière de retenue à la source sur salaires, pensions et rentes viagères, le service compétent est le service des impôts des entreprises étrangères de la direction des impôts des non-résidents (10 rue du Centre, 93465 Noisy-le-Grand Cedex) (CGI ann. III art. 111 quinquies).
>
> **e.** Pour obtenir l'**accréditation,** le représentant doit remplir les **conditions** suivantes :
>
> – ne pas avoir commis, ainsi que son ou ses dirigeants lorsqu'il s'agit d'une personne morale, d'infractions graves ou répétées aux dispositions fiscales, ne pas avoir fait l'objet des sanctions prévues aux articles L 651-2 et L 653-8 du Code de commerce au cours des trois années qui précèdent et ne pas faire l'objet d'une mesure d'interdiction en cours d'exécution prévue par l'article L 653-8 précité ;
>
> – disposer d'une organisation administrative et de moyens humains et matériels lui permettant d'assurer sa mission de représentation ;

– disposer d'une solvabilité financière en relation avec ses obligations de représentant ou d'une garantie financière à hauteur d'un quart des sommes nées de ces obligations ou, si ces sommes ne peuvent être déterminées pour une personne représentée, à hauteur de 10 000 € (Arrêté CCPE2138416A du 20-4-2022).

La demande d'accréditation doit être déposée, pour chaque assujetti représenté, soit par voie électronique, soit par lettre recommandée avec demande d'avis de réception, auprès du service des impôts du représentant (CGI ann. II art. 242 septdecies).

50650 CGI art. 289 A, III TVA-III-12050 s

Une **forme simplifiée de représentation** fiscale est prévue pour les entreprises (ou personnes) qui réalisent **exclusivement** les opérations suivantes, pour lesquelles elles sont dispensées du paiement de la TVA :

– **sorties** de biens **d'un régime douanier de report des importations ou** d'un **entrepôt fiscal,** lorsque ces biens font l'objet d'une **exportation ou d'une livraison intracommunautaire** exonérée (CGI art. 277 A, II-4 : n° 50765, remarque 1) ;

– **importations** de biens faisant l'objet par l'importateur, après dédouanement, d'une **livraison intracommunautaire** exonérée (CGI art. 291, III-4° : n° 49665).

Ces entreprises peuvent charger un assujetti établi en France, accrédité par le service des impôts des non-résidents selon les mêmes conditions que celles prévues n° 50645, précision e, d'accomplir les **obligations déclaratives** afférentes à l'opération en cause (« **représentant fiscal ponctuel** »). À la différence du régime de droit commun (n° 50645), plusieurs représentants ponctuels peuvent ainsi être désignés par un même assujetti.

Ce représentant « ponctuel », auquel est attribué (outre un numéro d'identification à la TVA qui lui est propre) un numéro d'identification spécifique unique pour l'ensemble des entreprises représentées, doit souscrire, au lieu et place des déclarations habituelles de chiffre d'affaires, un **état trimestriel** qui regroupe l'ensemble des opérations pour lesquelles il a été désigné. Cet état doit être souscrit, sur support papier ou informatique, auprès du service des impôts des entreprises étrangères de la direction des impôts des non-résidents (10 rue du Centre, 93465 Noisy-le-Grand Cedex) au plus tard le 25 du mois qui suit chaque trimestre civil (CGI ann. III art. 95 A).

> Précisions **a.** Le représentant fiscal ponctuel est redevable de la taxe afférente à l'opération pour laquelle il doit effectuer les obligations déclaratives, ainsi que des pénalités qui s'y rapportent, **lorsque** les **conditions** auxquelles sont subordonnées la dispense de paiement ou l'**exonération** ne sont **pas remplies.**

b. Les entreprises qui ont désigné un représentant ponctuel peuvent demander, selon la procédure examinée n°s 50675 s., le **remboursement** de la TVA française qui leur a été facturée.

c. Les dispositifs existants de représentant fiscal ponctuel examiné ci-dessus et de mandataire ponctuel examiné n° 50635, précision e seront, **à compter du 1er janvier 2025,** regroupés sous un même **dispositif unifié de mandataire ponctuel,** codifié sous un nouvel article 289 A bis du CGI, auquel pourront avoir recours toutes les entreprises établies hors de France (Loi 2023-1322 du 29-12-2023 art. 112, I-E et F). Une entreprise non établie et non identifiée en France pourra recourir au nouveau dispositif lorsque les seules opérations soumises à la TVA en France qu'elle réalise sont des importations pour lesquelles la TVA est intégralement déductible et des opérations, déterminées par décret, portant sur des biens dans le cadre des échanges avec les territoires tiers et faisant l'objet d'une exonération ouvrant droit à déduction, d'une dispense de paiement ou d'une suspension de l'exigibilité. Le mandataire ponctuel devra remplir les conditions prévues par l'article 289 A bis, II du CGI.

50655 CGI art. 266, 1-b TVA-III-12400 s

Sont passibles de la **TVA sur le montant total de la transaction** les personnes établies en France agissant au nom et pour le compte d'autrui (**intermédiaires transparents**) qui s'entremettent dans la livraison de biens ou l'exécution de services par des entreprises étrangères établies dans un pays tiers n'ayant pas conclu de convention d'assistance au recouvrement des créances fiscales avec la France. Cette disposition particulière ne trouve cependant à s'appliquer **qu'en l'absence** de désignation (dans les conditions indiquées n° 50645) **d'un représentant fiscal** par l'entreprise étrangère, ou en cas d'inexécution de ses obligations par la personne ainsi désignée, et pour autant que la prestation de l'intermédiaire est imposable en France.

> Précisions **a.** Sont concernés par cette disposition les intermédiaires qui prennent une **part active à l'exécution** des opérations imposables : mandataires qui concluent les contrats de vente avec les clients des firmes étrangères pour le compte de celles-ci ou qui participent à l'exécution de services imposables rendus par ces firmes ; représentants des entreprises étrangères qui soumettent les marchandises au choix des acheteurs et réexportent les produits non retenus ; dépositaires qui assurent les livraisons suivant les instructions des entreprises étrangères.

b. Ne sont **pas concernés** en revanche : les courtiers qui se bornent à rapprocher acheteurs et vendeurs sans traiter eux-mêmes les opérations et sans intervenir dans leur exécution ; les représentants de commerce dont l'activité se limite à recueillir les ordres des clients et à les transmettre aux entreprises étrangères qu'ils représentent sans intervenir dans l'exécution des commandes ; les transitaires ou représentants en douane qui se bornent à effectuer leurs opérations professionnelles de dédouanement et de réexpédition en l'état des marchandises.

c. Selon la CAA de Paris, les dispositions de l'article 266, 1-b du CGI examinées ci-dessus ne sont pas compatibles avec les dispositions de l'article 73 de la **directive TVA** qui limitent la base d'imposition des prestations de services à la seule contrepartie obtenue ou à obtenir par le prestataire (CAA Paris 26-10-2005 n° 04-2889 et 04-3936 : RJF 3/06 n° 249).

PROCÉDURE SPÉCIALE DE REMBOURSEMENT DE LA TVA AUX ENTREPRISES ÉTRANGÈRES NON ÉTABLIES EN FRANCE

Les **entreprises étrangères** qui réalisent des **opérations** dont le lieu est situé **en France** et pour lesquelles elles sont **redevables** de la TVA (ou au titre desquelles elles sont tenues d'accomplir en France des obligations déclaratives sans y être redevables de la TVA) ou qui, à partir d'un **établissement stable** en France, effectuent des opérations ouvrant droit à déduction sont placées au regard du **droit à déduction** dans la **même situation que les entreprises françaises.** **50675** CGI art. 271, V-d CGI ann. II art. 242-0 M TVA-III-13700 s

Quant aux **entreprises (ou personnes) non établies en France et qui n'y réalisent pas de livraisons de biens ou de prestations de services** entrant dans le champ d'application territorial de la TVA, elles peuvent, dans les limites et selon la **procédure spéciale** indiquées ci-après, obtenir le **remboursement de la taxe** ayant grevé leurs **acquisitions faites en France** à des fins professionnelles.

a. Les **personnes concernées** par la procédure spéciale sont les **assujettis** qui, au cours de la période sur laquelle porte la demande de remboursement, sont **établis à l'étranger** (États autres que la France et Monaco), dans les collectivités d'outre-mer, en Guyane ou à Mayotte (à l'exclusion de la Martinique, de la Guadeloupe et de La Réunion) et qui n'ont **pas réalisé de livraisons de biens ou de prestations de services situées en France.**

La réalisation en France d'acquisitions intracommunautaires de biens visées aux articles 256 bis et 258 C du CGI ne fait donc pas obstacle à l'application de la procédure spéciale.

Par ailleurs, certaines opérations ne sont **pas considérées comme réalisées en France** et ne font donc pas perdre le bénéfice de la procédure spéciale. Il s'agit, **notamment,** des opérations pour lesquelles la **taxe** est **due par le client** (n°s 50690 s.) et de certaines **opérations exonérées** de TVA, comme les transports à l'exportation (n° 50210), les prestations accessoires (n° 50135), les transports internationaux de voyageurs ou de marchandises (n°s 50180 s.), les services rendus pour les besoins des bateaux et aéronefs (n°s 50480 et 50510).

Peuvent également obtenir, selon cette procédure, le remboursement de la TVA supportée en France pour les besoins de leurs opérations les **assujettis** non établis en France qui ont désigné un **mandataire ponctuel** (n° 50640, e) ou un **représentant ponctuel** (n° 50650).

Il en va de même pour les assujettis non établis en France qui ont recours à l'un des **régimes de guichet unique** visés n°s 50860 s., 50875 et 50885 s., sauf s'ils sont tenus de se faire identifier en France pour des activités non couvertes par ledit régime particulier.

b. Quel que soit le lieu où sont établis les intéressés (UE ou pays tiers), la **taxe remboursable** est celle ayant grevé tous les services qui leur ont été rendus et les biens meubles qu'ils ont acquis ou importés en France au cours de la période de référence (sous réserve des exclusions et limitations de droit commun applicables dans ce pays), pour la réalisation ou pour les besoins :

– d'opérations dont le lieu d'imposition se situe à l'étranger, mais qui ouvriraient droit à déduction si leur lieu d'imposition était situé en France ;

– d'opérations dont le lieu est réputé ne pas être situé en France (désignées ci-dessus au a.).

> Précisions a. Pour bénéficier du remboursement, un **assujetti communautaire** doit effectuer des **opérations ouvrant droit à déduction** dans son État membre. S'il a la qualité de **redevable partiel,** le remboursement ne peut porter que sur la seule quote-part de la TVA française afférente aux opérations ouvrant droit à déduction, déterminée conformément à l'article 173 de la directive TVA tel qu'appliqué dans son État membre. Si après l'introduction d'une demande de remboursement ce prorata de déduction est corrigé, l'intéressé doit rectifier le montant dont le remboursement a été demandé (au moyen d'une demande de remboursement corrigée ou, à défaut, au moyen d'une déclaration spéciale via le portail électronique de son État membre).

Pour les **assujettis établis hors de l'UE,** la taxe à rembourser est en principe déterminée selon les règles de droit à déduction applicables en France.

b. Comme indiqué n° 49885, les entreprises étrangères disposant d'un simple **« établissement stable preneur de services »** en France (succursale, bureau de représentation, chantier, etc. : n° 49860) sont tenues d'autoliquider la taxe relative à la prestation fournie par un assujetti établi hors de France audit établissement stable en France, sur une déclaration de chiffre d'affaires. Dans cette hypothèse, l'entreprise étrangère peut opérer la déduction de la TVA grevant l'ensemble de ses dépenses supportées en France dans les conditions de droit commun (BOI-TVA-DED-50-20-30-10 n° 60).

c. Cas d'une **TVA facturée à tort** à un assujetti étranger : voir n° 54400, précision d.
Cas des **factures rectificatives** mentionnant une TVA déductible qui ne figurait pas dans la facture initiale du fournisseur : voir n° 56340, précision c.

50680 S'agissant des **modalités du remboursement,** il faut **distinguer** selon que les entreprises sont établies dans un autre État membre de l'UE ou en dehors de l'UE.

a. Les demandes de remboursement des **assujettis établis dans un autre État membre** de l'UE doivent être adressées au service des impôts via le **portail électronique** mis à leur disposition par leur **État membre,** accompagnées d'une copie électronique des factures ou documents d'importation lorsque la base d'imposition est au moins égale à 1 000 € ou 250 € pour les factures portant sur des dépenses de carburant. Elles doivent être introduites au plus tard le 30 septembre de l'année civile qui suit la période de remboursement (laquelle ne peut être supérieure à une année civile ni inférieure à trois mois civils, sauf si elle constitue le solde d'une année civile). L'État membre d'établissement vérifie que le requérant a la qualité d'assujetti avant de transmettre sa demande à l'administration fiscale française.

La demande de remboursement n'est recevable que si le montant à rembourser est au moins égal à 400 € si elle porte sur une période comprise entre trois mois et une année civile ou à 50 € si la période correspond à une année civile ou au solde de l'année civile.

La **décision d'accorder ou de rejeter** la demande de remboursement des assujettis communautaires doit en principe être prise dans le **délai** de quatre mois à compter de la réception de la demande. Ce délai est porté à six mois au minimum et sept mois au maximum en cas de première demande d'informations complémentaires et à huit mois au maximum en cas d'autres demandes d'informations complémentaires. Lorsque le remboursement est accepté, il doit faire l'objet d'un paiement au plus tard dans les dix jours ouvrables à compter de l'expiration de ces délais. À défaut, le requérant a droit au versement d'**intérêts moratoires** selon les modalités prévues n° 81915.

b. Les demandes de remboursement des **assujettis établis en dehors de l'UE** doivent être souscrites par voie électronique par le représentant assujetti en France désigné à cet effet. Elles doivent être accompagnées d'un tableau récapitulatif faisant apparaître l'ensemble des factures ou documents d'importation justifiant du montant du remboursement demandé ainsi que de la copie de ces factures ou documents lorsque la base d'imposition qui y est mentionnée est au moins égale à 1 000 € ou 250 € pour les factures portant sur des dépenses de carburant.

Elles ne sont recevables que si elles portent sur une somme minimale fixée à 400 € pour les demandes trimestrielles et 50 € pour les demandes annuelles.

Les demandes peuvent être adressées au cours du mois suivant la période (trimestre civil ou année civile) à laquelle elles se rapportent. En tout état de cause, elles doivent être déposées avant la fin du sixième mois suivant l'année civile au cours de laquelle la taxe à restituer est devenue exigible.

Les demandes ne sont réputées introduites qu'à la condition qu'elles comprennent l'ensemble des éléments ci-dessus ainsi que les informations listées à l'article 242-0 Z septies de l'annexe II au CGI.

Les décisions sont notifiées dans des conditions analogues à celles concernant les demandes de remboursement de crédits de taxe présentées par les entreprises établies en France. Les remboursements aux assujettis établis hors de l'UE donnent lieu au paiement d'intérêts moratoires dans les mêmes conditions que pour les demandes de remboursement de crédit de TVA présentées par les entreprises établies en France (n° 56650, précision c).

OPÉRATIONS POUR LESQUELLES LE CLIENT EST REDEVABLE DE LA TVA

50690 CGI art. 283-0, et 283, 1 et 2 TVA-III-12500 s

Nous examinons ci-après le cas des opérations réalisées par des **fournisseurs ou** des **prestataires non établis en France** pour lesquelles l'acquéreur, le destinataire ou le preneur (c'est-à-dire le **client**) est, en vertu de dispositions particulières, **redevable** de la TVA. Il s'agit, autrement dit, des opérations pour lesquelles le client doit procéder à l'**autoliquidation** de la taxe.

Il existe **plusieurs dispositifs** d'autoliquidation de la taxe par le client, qui répondent, chacun, à leurs règles propres. Sont ainsi prévus :

– un **dispositif général** d'autoliquidation, qui s'applique (sauf exceptions et sous réserve des dispositifs spécifiques d'autoliquidation) à l'ensemble des opérations (livraisons de biens et prestations de services) réalisées par des fournisseurs ou prestataires non établis en France à destination de clients agissant en tant qu'assujettis et identifiés à la TVA en France. Ce dispositif est examiné ci-après nos 50695 s. ;

– un **dispositif spécifique** d'autoliquidation qui concerne les **prestations de services** relevant de la **règle générale de territorialité « B to B »** réalisées par des prestataires non établis en France à destination de preneurs assujettis établis en France. Ce dispositif est examiné dans le cadre de l'étude de cette règle générale de territorialité (no 49885) ;

– d'**autres dispositifs spécifiques** d'autoliquidation qui concernent **certaines opérations** particulières **réalisées** par des **fournisseurs** non établis en France et qui sont examinés dans d'autres parties : no 48990 (livraisons de gaz, d'électricité, de chaleur ou de froid) ; no 49160 (acquisitions intracommunautaires) ; no 49375 (opérations triangulaires intracommunautaires).

> Précisions À noter qu'il existe également d'autres dispositifs d'autoliquidation, qui s'appliquent notamment dans des secteurs particuliers (voir la liste figurant no 54050).

Notion de fournisseur ou de prestataire établi en France pour la détermination du redevable L'autoliquidation de la taxe par le preneur implique, en principe, que le fournisseur ou le prestataire ne soit pas établi en France (no 50690). **50692** CGI art. 283-0 TVA-III-12510 s

À cet égard, l'article 283-0 du CGI prévoit expressément qu'un assujetti qui réalise, à partir du siège de son activité économique, d'un établissement stable ou de son domicile situé hors de France, une **livraison de biens ou** une **prestation de services** située **en France** en application des règles de territorialité est considéré, pour les seuls besoins de la détermination du redevable, comme non établi en France quand bien même il disposerait d'un **établissement stable en France,** dès lors que ce dernier **ne participe pas** à la réalisation de cette opération.

A contrario, lorsque l'établissement stable français d'un tel assujetti participe à l'opération imposable en France, cet assujetti est considéré comme établi en France et est donc redevable de la taxe due au titre de cette opération. Dans une telle hypothèse, le preneur n'a donc pas à autoliquider la taxe.

Les dispositions de l'article 283-0 du CGI demeurent sans incidence dans le cas d'un assujetti ayant établi le **siège** de son activité économique **en France** qui y réalise par ailleurs des opérations imposables. Dans cette hypothèse, l'assujetti doit être considéré comme établi en France pour la détermination du redevable même si ce siège ne participe pas à la réalisation de ces opérations (BOI-TVA-DECLA-10-10-10 nos 1, 10 et 40).

Remarque : Ces dispositions ont une portée très large : elles concernent non seulement les prestations de services mais également les livraisons de biens et ont vocation à s'appliquer dans tous les cas où il est prévu un mécanisme d'autoliquidation de la taxe par le client au titre d'opérations réalisées par un opérateur établi à l'étranger.

> Précisions a. La notion d'établissement stable « participant à la réalisation de l'opération », au sens défini ci-après, s'entend uniquement d'un établissement stable qui exerce lui-même une activité économique (caractérisée par la réalisation de livraisons de biens ou de prestations de services à titre onéreux au profit de personnes tierces à l'entreprise). En d'autres termes, un établissement d'une entreprise étrangère qui est considéré comme « **établissement stable preneur de services** » au sens du 2e tiret du b du no 49860, mais qui n'exerce pas lui-même une activité économique, ne constitue pas un établissement stable au sens de l'article 283-0 du CGI (en ce sens, Règl. UE/282/2011 art. 11, 2 et 53, 1).

b. Un établissement stable est **considéré comme participant** à la réalisation des opérations imposables en France lorsque les moyens techniques et humains de cet établissement sont utilisés à cette fin, avant ou pendant la réalisation de l'opération (Règl./UE 282/2011 art. 53, 2). Selon la doctrine administrative française, l'établissement doit également être considéré comme participant à la réalisation de l'opération lorsqu'il intervient après la réalisation de l'opération (« service après-vente ») en application du contrat ou de clauses de garanties (BOI-TVA-DECLA-10-10-10 no 10). Un établissement stable n'est, en revanche, pas considéré comme participant à la réalisation de l'opération lorsqu'il ne mobilise ses moyens que pour des tâches de support administratif (comptabilisation, facturation, recouvrement des créances...). Le fait qu'un assujetti dispose en France d'un établissement stable identifié à la TVA ne suffit pas en tant que tel pour que cet assujetti soit regardé comme établi en France au sens de l'article 283-0 du CGI, c'est-à-dire que cet établissement participe à l'opération en cause et soit redevable en lieu et place du preneur. Toutefois, lorsque la facture mentionne le numéro d'identification à la TVA attribué à un établissement stable situé en France, ce dernier est présumé participer à la réalisation de l'opération (BOI précité no 20).

Dès lors que les prestations peuvent être rattachées à un établissement considéré comme participant aux opérations imposables, il n'y a pas lieu de rechercher si ce rattachement est fiscalement plus rationnel qu'un rattachement au siège de l'activité économique du prestataire (CE plén. 11-12-2020 no 420174 : RJF 2/21 no 196 ;

CE 5-7-2022 n° 458293 : RJF 10/22 n° 824 ; CE 15-6-2023 n° 465719 : RJF 10/23 n° 705).

c. Lorsque l'assujetti est considéré comme établi en France (pour les besoins de la détermination du redevable) du fait de la présence de son siège ou d'un établissement stable participant à la réalisation de l'opération, la TVA afférente à cette opération doit être déclarée par le siège ou cet établissement stable sur sa déclaration de chiffre d'affaires alors même que cette opération ne sera pas à prendre en compte pour la détermination du résultat imposable en matière d'impôt direct (BOI précité n° 50).

d. L'attractivité du siège économique et de l'établissement stable participant à l'opération n'a de portée qu'au regard de la détermination du redevable de la TVA. Elle est **sans incidence** pour la détermination du **lieu** de taxation des opérations et des **droits à déduction.** Ainsi, il n'y a pas lieu de prendre en compte dans le calcul du coefficient de taxation forfaitaire du siège (ou de l'établissement stable) français les opérations réalisées par un établissement stable (ou le siège) étranger mais pour lesquelles le siège (ou l'établissement stable) français est redevable de la taxe (BOI précité n° 60).

50695 CGI art. 283, 1-al. 2 TVA-III-12700 s

Dispositif général d'autoliquidation Lorsqu'une **livraison de biens** ou une **prestation de services** est **effectuée par un assujetti non établi en France,** la TVA doit être acquittée par l'acquéreur, le destinataire ou le **preneur** qui **agit en tant qu'assujetti** (c'est-à-dire le client) dès lors que ce dernier **dispose d'un numéro d'identification à la TVA en France.**

Ce dispositif d'autoliquidation de la taxe par le client est **obligatoire,** en ce sens que les opérateurs ne peuvent y déroger.

Ce dispositif d'autoliquidation est général, en ce sens qu'il s'applique, en principe, à l'**ensemble des livraisons de biens et des prestations de services** réalisées par des assujettis établis à l'étranger (États membres de l'UE ou pays tiers) et ne disposant pas en France d'un établissement participant à l'opération (au sens défini n° 50692) au bénéfice de clients agissant en tant qu'assujettis (au sens défini n° 49855) et identifiés à la TVA en France (sur le domaine d'attribution du numéro d'identification TVA : voir n° 53420), que ces clients soient eux-mêmes établis ou non en France.

Toutefois, ce dispositif d'autoliquidation **ne s'applique pas,** en principe, aux **opérations soumises à un dispositif spécifique d'autoliquidation.**

Il ne s'applique pas non plus aux **opérations** suivantes, **pour lesquelles le CGI fixe des règles particulières** : locations de locaux nus à usage professionnel ou de terres et bâtiments d'exploitation à usage agricole soumises à la TVA sur option (nos 46875 à 46885) ; opérations portant sur les biens d'occasion, œuvres d'art, objets de collection ou d'antiquité soumises à la TVA « sur marge » (nos 60750 s.) ; opérations réalisées en franchise de TVA et sous régime suspensif (nos 50550 s., 50740 s. et 61355 s.) ; importations (nos 49600 s.).

Enfin, ce dispositif d'autoliquidation ne s'applique pas lorsque le **client** n'est **pas identifié à la TVA en France.** Dans cette hypothèse, le fournisseur ou le prestataire étranger demeure redevable de la TVA.

En pratique, sont **notamment concernées** les opérations suivantes : livraisons internes, livraisons après montage ou installation, prestations de services se rattachant à un immeuble situé en France, prestations consistant à donner accès à des manifestations culturelles, artistiques, sportives, scientifiques, éducatives, récréatives, prestations de transport de passagers, locations de moyens de transport de courte durée, prestations des agents de voyages.

La taxe est **liquidée** par le client (ou par son mandataire ou son représentant fiscal) sur sa déclaration de chiffre d'affaires ; le montant total hors taxe de l'opération doit être identifié sur une ligne spécifique de cette déclaration : ligne « Achats de biens ou de prestations de services réalisés auprès d'un assujetti non établi en France (article 283, 1 du CGI) ». La taxe ainsi acquittée peut être **déduite** par l'intéressé dans les conditions de droit commun (nos 55000 s. et notamment n° 56290).

> Précisions a. La **facture** délivrée par le fournisseur ou le prestataire établi hors de France relative aux opérations couvertes par le dispositif général d'autoliquidation peut être soumise, selon le cas, aux règles de facturation françaises ou à celles d'un autre État membre si le fournisseur ou le prestataire est établi dans cet État membre (n° 53500, remarque 1).

Lorsque ce sont les règles de facturation françaises qui s'appliquent, la facture ne doit pas faire **mention** de la TVA exigible (Rép. Cresta : AN 9-12-2014 n° 19197). En revanche, la mention « autoliquidation » doit être indiquée (CGI ann. II art. 242 nonies A, I-13°).

b. Lorsque le **fournisseur** ou le prestataire non établi en France est tenu au dépôt de **déclarations de chiffre d'affaires** en France (parce qu'il réalise, par exemple, d'autres opérations au titre desquelles il est redevable de la taxe), il doit mentionner dans sa déclaration sur la ligne prévue à cet effet (ligne « Ventes de biens ou de prestations de services réalisées par un assujetti non établi en France : article 283, 1 du CGI ») le montant total hors taxe de ses opérations relevant du dispositif général d'autoliquidation.

4. BIENS SOUS RÉGIME DOUANIER DE REPORT DES IMPORTATIONS OU SOUS ENTREPÔT FISCAL

Un dispositif de **suspension du paiement de la TVA** (ou régime « suspensif ») est prévu pour les opérations portant sur des biens placés ou destinés à être placés dans une situation d'attente d'assignation à un régime douanier ou sous un régime douanier de report des importations ou sous un entrepôt fiscal. 50740 CGI art. 277 A TVA-IV-25000 s

Comme les autres régimes de suspension de la taxe, ce dispositif a pour objet de **reporter** à un stade ultérieur l'**exigibilité de l'impôt** normalement dû (nº 61250).

Bien qu'effectuées en suspension de taxe, les opérations concernées par ce dispositif ouvrent, en principe, **droit à déduction** de la taxe d'amont ayant grevé les éléments de leur prix (nº 55550).

OPÉRATIONS CONCERNÉES

Sont effectuées en suspension du paiement de la TVA les opérations suivantes : 50750 TVA-IV-25045 s et 25530 s

a. Livraisons de biens destinés à être placés dans une situation d'attente d'assignation à un régime douanier ou sous l'un des **régimes douaniers** suivants prévus par les règlements communautaires en vigueur (ci-après « régimes douaniers de report des importations ») : conduite en douane, installations de stockage temporaire et lieux agréés aux fins du dépôt temporaire, entrepôts d'importation ou d'exportation, perfectionnement actif ;

b. Livraisons de biens destinés à être placés sous l'un des régimes d'**entrepôt fiscal** suivants :

– **régime fiscal suspensif** ;

– **entrepôt de stockage de biens négociés** sur un marché à terme international et dont la liste est fixée par l'article 29 A de l'annexe IV au CGI ;

– **entrepôt destiné à la fabrication de biens réalisée en commun** par des entreprises, dont une au moins n'a pas d'établissement en France, en exécution d'un contrat international fondé sur le partage de cette fabrication et la propriété indivise des biens produits entre les entreprises contractantes ;

c. Importations de biens destinés à être placés sous un régime d'**entrepôt fiscal** ;

d. Acquisitions intracommunautaires de biens destinés à être placés sous l'un des **régimes douaniers** de report des importations **ou entrepôts fiscaux** mentionnés aux a et b ci-dessus ;

e. Prestations de services (visées nº 50755, précision b) **afférentes aux opérations** mentionnées aux a, b, c et d ci-dessus ;

f. Livraisons de biens et prestations de **services** (visées nº 50755, précision b) effectuées **sous les régimes** énumérés aux a et b ci-dessus, avec maintien, selon le cas, d'une des situations mentionnées auxdits a et b ;

g. Livraisons de biens placés sous le régime de l'**admission temporaire** en exonération totale des droits à l'importation, du **transit** externe ou du transit communautaire interne, avec maintien du même régime, ainsi que les prestations de **services** (visées nº 50755, précision b) afférentes à ces livraisons ;

h. Importations de **biens en provenance d'un DOM** (nº 91570) **ou d'un territoire assimilé à un pays tiers** (nºs 48525 et 48535) **qui rempliraient** les **conditions** pour bénéficier du régime d'**admission temporaire** en exonération totale s'il s'agissait de biens en provenance de pays tiers, ainsi que les livraisons de ces biens, avec maintien du même régime ou situation et les prestations de services (visées nº 50755, précision b) y afférentes.

> Précisions **a.** L'ouverture d'un entrepôt fiscal (ou la **modification** de l'un de ses éléments constitutifs) est soumise à une **autorisation** de l'administration qui est délivrée dans les conditions et selon les modalités prévues par les articles 85 à 85 B de l'annexe III et 29 B de l'annexe IV au CGI. La **fermeture** d'un entrepôt fiscal est prononcée sur demande du titulaire de l'autorisation d'ouverture ou à l'initiative de l'administration, dans les conditions prévues par l'article 85 C de l'annexe III précitée. 50755

Les articles 85 F et 85 G de la même annexe III définissent les biens pouvant être admis sous les différents entrepôts fiscaux ainsi que les interdictions et limites.

b. Les **prestations de services** visées aux e, f, g et h du nº 50750 s'entendent des prestations suivantes (CGI ann. III art. 85 J) : **transports de marchandises** et commissions afférentes à ces transports ; **chargement et déchargement** des véhicules de transport et **manutentions accessoires** des marchandises ; **locations de véhicules et de matériels** utilisés pour les opérations mentionnées ci-avant et locations de contenants et de matériels pour la protection des marchandises ; **gardiennage, magasinage et emballage** des marchandises ; opérations effectuées par les **représentants en douane** et inhérentes à l'exportation ou aux régimes douaniers ; **manipulations et ouvraisons** autorisées par les règlements communautaires en vigueur et portant sur des marchandises soumises à l'un des régimes douaniers ; manipulations et ouvraisons identiques à celles mentionnées ci-avant portant sur des biens placés sous le régime fiscal suspensif ; manipulations usuelles destinées à assurer la conservation des marchandises placées en entrepôt de stockage de biens négociés sur un marché à terme international, à améliorer leur présentation ou leur qualité marchande, ou à préparer leur distribution ou leur revente ; manipulations, montage, assemblage, adaptation à d'autres marchandises, transformation, réparation, remise en état et mise au point de marchandises placées en entrepôt destiné à la fabrication de biens réalisée en commun par des entreprises, en exécution d'un contrat international.

Remarque : La **location des biens** placés sous un régime douanier de report des importations ou sous un entrepôt fiscal demeure imposable dans les conditions de droit commun. Il en est de même des **prestations réalisées** éventuellement **avec ces biens** (travaux immobiliers, par exemple).

c. L'introduction en France de **biens** provenant d'un **pays tiers, placés sous un régime douanier** communautaire (y compris la zone franche) lors de leur entrée sur le territoire, ne donne pas non plus lieu au paiement de la TVA, ces biens n'étant considérés comme importés que s'ils sont mis à la consommation en France (n° 49600).

Les **prestations de services** directement **liées au placement,** en France ou dans un autre État membre de l'UE, de biens sous un régime douanier de report des importations sont **exonérées** de TVA (CGI art. 291, III-2°). Sont concernés par cette exonération les prestations visées au b ci-dessus (sous réserve bien entendu des manipulations et ouvraisons) ainsi que le convoyage de moyens de transport entre deux points sans transport à titre onéreux de voyageurs ou de marchandises (CGI ann. III art. 73 G).

Le bénéfice de l'exonération est subordonné à la délivrance, par le donneur d'ordres, au prestataire, d'une **attestation** certifiant que les marchandises sur lesquelles porte le service sont placées sous un régime douanier de report des importations. Le prestataire est par ailleurs tenu d'inscrire, jour par jour, dans sa **comptabilité** ou sur le livre spécial (n° 53450), les services rendus (avec la date de l'inscription et les noms et adresses des donneurs d'ordres) et de mettre à l'appui de sa comptabilité les attestations qui lui sont délivrées par les donneurs d'ordres (CGI ann. III art. 73 H).

A noter que, selon la CJUE, l'exonération des services directement liés à des importations de biens placés sous un régime douanier (Dir. TVA art. 146, 1-c que transpose l'article 291, III-2° du CGI) ne vaut que pour les prestations rendues directement à l'importateur ; celles réalisées par un **sous-traitant** sont exclues de l'exonération (CJUE 29-6-2017 aff. 288/16 : RJF 10/17 n° 1009).

d. Les **entreprises étrangères non établies** en France qui réalisent uniquement des opérations en suspension de TVA mentionnées n° 50750 sont **dispensées** de **s'identifier** à la TVA en France lorsqu'elles sont établies dans l'UE ou dans un pays tiers ayant conclu une convention d'assistance au recouvrement des créances fiscales avec la France et de déposer une déclaration (CGI ann. III art. 95, II) ou dispensées de désigner un **représentant fiscal** lorsqu'elles sont établies dans un pays tiers n'ayant pas conclu une telle convention (CGI art. 289 A, I-al. 2-2°).

Lorsque ces entreprises effectuent des **acquisitions intracommunautaires** de biens destinés à être placés sous un entrepôt fiscal, et qu'elles ne sont pas elles-mêmes titulaires du régime, elles doivent communiquer au vendeur le **numéro d'identification spécifique attribué au titulaire du régime** d'entrepôt fiscal (BOI-TVA-CHAMP-40-20-40 n° 20).

e. Il est admis que les **comptoirs de vente** exploités dans les ports ou aéroports où les flux de voyageurs à destination des pays tiers et des autres États membres de l'UE ne sont pas séparés, ainsi que ceux situés dans la partie du terminal ferroviaire de Coquelles réservée aux passagers se rendant au Royaume-Uni, exercent leur activité sous le couvert de l'entrepôt douanier d'importation ou sous le régime fiscal suspensif. Il en va de même des boutiques exploitées à bord des navires ou aéronefs dont les approvisionnements sont réalisés indifféremment pour les besoins de ventes à emporter à bord de navires ou d'aéronefs se rendant dans un pays tiers ou dans un autre État membre de l'UE. Ils peuvent toutefois renoncer au bénéfice de la suspension de la TVA et opter pour la procédure des achats en franchise décrite nos 50550 s. (BOI-TVA-CHAMP-20-20-20 nos 120, 130 et 200).

SORTIE DE RÉGIME

50765 TVA-IV-25230 s et 26540 s

La **sortie** du bien de l'un des régimes visés n° 50750 **met fin à la suspension** du paiement de la TVA, de même que le **retrait de l'autorisation** d'ouverture d'un entrepôt fiscal.

a. Redevable de la taxe. Lorsque le bien n'a fait l'objet d'**aucune livraison pendant son placement** sous le régime, la taxe doit être acquittée, selon le cas, par l'une des personnes suivantes :

- pour les livraisons de biens, le destinataire ;
- pour les importations, la personne désignée selon les règles exposées n° 49634 ;
- pour les acquisitions intracommunautaires, l'acquéreur ;
- pour les prestations de services, le preneur.

Lorsque le bien a fait l'objet d'**une ou plusieurs livraisons pendant** son **placement** sous le régime (nº 50750, f, g et h), la taxe doit être acquittée par le destinataire de la dernière de ces livraisons. Selon la loi, la personne qui a obtenu l'autorisation du régime est **solidairement tenue** au paiement de la taxe. Mais il faut noter que, selon la CJUE, le gérant d'un entrepôt autre que douanier ne peut pas être tenu solidairement au paiement de la taxe lorsqu'il est de bonne foi ou qu'aucune faute ou négligence ne peut lui être reprochée (CJUE 21-12-2011 aff. 499/10 : RJF 4/12 nº 436).

b. Taxe due. Lorsque le bien n'a fait l'objet d'**aucune livraison pendant** son **placement** sous le régime, la taxe due est, selon le cas, la taxe afférente à la livraison, l'importation ou l'acquisition intracommunautaire effectuée avant le placement du bien sous le régime et, le cas échéant, la taxe se rapportant aux prestations de services afférentes à cette opération et aux prestations de services effectuées sous le régime.

Lorsque le bien a fait l'objet d'**une ou plusieurs livraisons pendant** son **placement** sous le régime (nº 50750, f, g et h), la taxe due est la taxe afférente à la dernière de ces livraisons, augmentée, le cas échéant, de la taxe afférente aux prestations de services effectuées en suspension (nº 50750, e à h) soit après cette dernière livraison, soit avant si le preneur est le destinataire de cette dernière livraison. Dans cette hypothèse, pour les biens en provenance de pays tiers à l'UE placés sous un régime douanier de report des importations, la sortie du régime est traitée comme une importation (nº 49600), mais cette importation est exonérée de TVA (CGI art. 291, II-1º).

Lorsque le bien ne représente qu'une partie des biens placés sous le régime (**sortie partielle des biens**), la taxe due est la taxe afférente, selon le cas, aux opérations visées ci-dessus pour leur quote-part se rapportant audit bien.

Lorsque les biens placés sous le régime fiscal suspensif en vue de leur expédition ou de leur exportation hors de France sont reversés sur le marché local, la taxe due est assortie de l'intérêt de retard (calculé à compter du premier jour du mois suivant celui au cours duquel la taxe devenue exigible a été suspendue jusqu'au dernier jour du mois précédant celui au cours duquel les biens sont sortis du régime).

c. Modalités de perception de la taxe. La TVA due lors de la sortie (ou du retrait de l'autorisation d'ouverture) de l'un des régimes visés nº 50750, a et b doit être liquidée sur les déclarations de chiffre d'affaires (CGI art. 287, 5-b quater).

Remarques : **1.** La personne qui doit acquitter la taxe est **dispensée du paiement** lorsque le bien fait l'objet d'une **exportation** ou d'une **livraison intracommunautaire** exonérée. Lorsque cette personne n'est pas établie en France, elle doit s'identifier à la TVA en France directement (ou par l'intermédiaire d'un mandataire fiscal) auprès de l'administration lorsqu'elle est établie dans l'UE ou dans un pays tiers ayant conclu une convention d'assistance au recouvrement des créances fiscales avec la France ou désigner un représentant fiscal afin d'accomplir les formalités lui incombant lorsqu'elle est établie dans un pays tiers n'ayant pas conclu une telle convention ; elle peut toutefois, selon la même distinction, recourir aux services d'un mandataire ponctuel sans avoir à solliciter un numéro d'identification (nº 50640, e) ou désigner un représentant ponctuel (nº 50650).

2. Par ailleurs, aucune taxe ne doit être acquittée lors de la sortie du régime si l'opération en cause (livraison, importation, acquisition intracommunautaire ou prestation de services) bénéficie d'une **exonération** légale ou a été **soumise à la TVA pendant le placement** du bien sous le régime.

OBLIGATIONS ET FORMALITÉS

50775 TVA-IV-26300 s

La personne **titulaire de l'autorisation** d'ouverture d'un **entrepôt fiscal** doit, au lieu de situation des biens :

– tenir un **registre des stocks et des mouvements de biens** et un **registre des opérations réalisées sous l'entrepôt.** Les assujettis peuvent regrouper les informations contenues dans ces registres dans une comptabilité matières identifiant les biens placés sous les régimes d'entrepôt ainsi que la date d'entrée et de sortie desdits régimes ;

– être en possession du **double des factures** et des différentes pièces justificatives relatifs aux opérations effectuées en suspension.

> Précisions a. Les registres doivent comporter, dans l'ordre chronologique des opérations, les **mentions** suivantes :

– **registre des stocks et des mouvements de biens** : la désignation du bien; la quantité exprimée en masse nette, volume ou unité; les éléments nécessaires à l'identification et au suivi du bien pendant la durée du placement; la date d'entrée et de sortie du bien; l'adresse complète des lieux de provenance et de destination du bien ; la fonction utilisée, lorsque le titulaire de l'autorisation d'ouverture d'un régime fiscal suspensif a sollicité l'application de plusieurs fonctions (stockage à l'importation ou à l'exportation et transformation) ; à l'issue de ces opérations, pour chaque bien, les stocks détenus sous le régime, le cas échéant par fonction pour le régime fiscal suspensif ; pour le régime fiscal suspensif et l'entrepôt de fabrication de biens réalisée en commun, les indications nécessaires au suivi et à l'identification des biens qui font l'objet de prestations de services ;

– **registre des opérations réalisées sous l'entrepôt,** pour chaque bien et par livraison, importation ou acquisition intracommunautaire : la date de l'opération ; le montant de l'opération avec sa contre-valeur en euros, lorsqu'il est exprimé en devises ; les nom et adresse et, s'il y a lieu, le numéro d'identification à la TVA du fournisseur et du client ; la désignation du bien et la référence dans le registre des stocks et mouvements ; la fonction utilisée, lorsque le titulaire de l'autorisation d'ouverture d'un régime fiscal suspensif a sollicité l'application de plusieurs des fonctions (stockage à l'importation ou à l'exportation et transformation). Pour les prestations de services, le registre doit contenir, en outre, la nature de l'opération et, s'il y a lieu, la désignation du bien auquel est afférente la prestation ainsi que la référence dans le registre des stocks et mouvements.

Les registres doivent être conservés pendant le délai et selon les modalités énoncés n° 78065.

b. Les **registres et factures** sont conservés au lieu de situation ou d'utilisation des biens ou des installations mentionné sur la demande d'autorisation d'ouverture du régime. Sur justifications présentées lors du dépôt de la demande d'autorisation, une **dispense de détention** permanente **du double des factures** peut être accordée lorsque cette obligation est susceptible de provoquer des difficultés sérieuses pour les opérateurs (respect du secret commercial, par exemple).

c. Les **manquements aux obligations** et formalités ci-dessus, qui peuvent être recherchés par l'administration des douanes et l'administration des impôts dans le cadre du droit de contrôle (n° 78345, précision c), peuvent entraîner le **retrait de l'autorisation** d'ouverture de l'entrepôt.

Par ailleurs, le défaut de présentation ou de tenue des registres, du double des factures et des différentes pièces justificatives est sanctionné d'une **amende** de 750 €, et chaque omission ou inexactitude relevée dans les renseignements devant figurer sur les registres, d'une amende de 15 €. En outre, les manquants ou excédents constatés dans le cadre du droit de contrôle donnent lieu à des amendes d'un montant égal à 80 % de la TVA calculée sur la valeur d'achat sur le marché intérieur, à la date de constatation de l'infraction, de biens ou services similaires. L'amende est prononcée, dans le même délai de reprise qu'en matière de TVA, par l'administration (des douanes ou des impôts) qui constate l'infraction. Le recouvrement et le contentieux de cette amende suivent les mêmes règles que celles prévues pour la TVA. Lorsqu'une infraction a fait l'objet d'une amende prononcée par l'une des deux administrations, elle ne peut plus être sanctionnée par l'autre (CGI art. 1788 A).

50790 TVA-IV-25180 et 26395

Les personnes qui effectuent des livraisons ou des prestations de services sous un régime douanier de report des importations ou sous un entrepôt fiscal (n° 50750, f, g et h) sont tenues d'**indiquer sur leurs factures** le numéro d'autorisation du régime douanier ou de l'entrepôt fiscal ainsi que les nom et adresse du titulaire du régime et du gestionnaire ou de l'entreposeur lorsqu'il s'agit d'une personne distincte.

50795 TVA-IV-26425 s

Les entreprises qui reçoivent en suspension de la TVA des biens ou des services en application de l'article 277 A du CGI peuvent être tenues de présenter une **caution** pour la garantie des droits et des pénalités. En fait, le cautionnement n'est, a priori, exigible que dans les cas suivants : exercice de l'activité depuis moins d'un an (sous réserve des exceptions qui peuvent être consenties), solvabilité douteuse, absence de dépôt de déclarations, retard persistant dans le paiement de l'impôt, soupçon de fraude fortement motivé, contentieux né de fraudes caractérisées.

5. RÉGIMES PARTICULIERS DE « GUICHET UNIQUE »

50850 CGI art. 298 sexdecies F à 298 sexdecies I TVA-III-8400 s

Les régimes particuliers de « guichet unique » donnent la possibilité aux opérateurs concernés d'**opter** pour l'application d'un régime spécial pour la liquidation de la taxe due dans les différents États membres de l'UE, leur permettant de satisfaire à toutes leurs obligations (**identification, déclaration et paiement**) par voie électronique auprès d'**un seul portail électronique.**

Trois régimes particuliers **de guichet unique** coexistent :

– un régime applicable aux ventes à distance intracommunautaires de biens (VAD-IC), aux livraisons de biens effectuées dans un État membre par des assujettis non établis dans l'UE via des plateformes et à tous les services fournis à des non-assujettis par des assujettis établis dans un État membre de l'UE autre que dans l'État membre de consommation (« One Stop Shop – régime UE » ou « **OSS-UE** ») : n°s 50860 s. ;

– un régime applicable à toutes les prestations de services fournies à des non-assujettis par des assujettis non établis sur le territoire de l'UE (« One Stop Shop – régime non UE » ou « **OSS non UE** ») : nº 50875 ;

– un régime applicable aux ventes à distance de biens importés de pays ou territoires tiers (VAD-BI) contenus dans un colis d'un montant inférieur ou égal à 150 € (« régime d'importation » ou « Import One Stop Shop – **IOSS** ») : nºs 50885 s.

Les assujettis peuvent également avoir recours à un **régime particulier pour la déclaration et le paiement de la TVA à l'importation** pour l'importation de biens faisant l'objet d'une VAD-BI (nº 50905) lorsque le guichet « IOSS » n'est pas utilisé.

> **Précisions** **a.** Les champs des régimes particuliers ne présentent aucune intersection : une même opération ne peut relever que d'un seul des régimes ; un même assujetti peut donc **recourir à plusieurs des régimes** particuliers pour ses différentes catégories d'opérations. Si tel est le cas, il opte alors séparément pour chacun d'entre eux, sans que le choix de recourir ou non à l'un des régimes ait d'incidences sur les opérations relevant du champ des autres régimes (BOI-TVA-DECLA-20-20-60-10 nº 10).
> **b.** L'option pour l'un des régimes particuliers suppose de recourir à ce régime **pour l'ensemble des opérations** couvertes par le champ de ce régime (y compris celles réalisées en tant qu'intermédiaire opaque ou en tant qu'assujetti « facilitateur ») (BOI précité).
> **c.** Lorsqu'il est recouru à l'un des régimes particuliers en France, l'assujetti ne peut plus recourir au régime particulier équivalent mis en place dans un autre État membre de l'UE (BOI précité).
> **d.** Pour l'application des régimes de guichet unique, les **collectivités d'outre-mer,** qu'elles soient ou non couvertes par le traité sur le fonctionnement de l'UE, sont considérées comme des **territoires tiers à l'UE,** tant pour les livraisons de biens que pour les prestations de services. Ainsi, les régimes de guichet unique ne sont pas applicables aux opérations territorialisées outre-mer, qu'il s'agisse de livraisons de biens, de prestations de services ou d'importations, y compris lorsque la TVA s'y applique (Guadeloupe, Martinique et La Réunion). Mais les personnes établies outre-mer, sans être établies dans l'UE, qui réalisent des opérations en métropole ou dans un autre État membre accèdent à ces régimes dans les conditions prévues pour les personnes établies en dehors de l'UE (BOI précité nº 1).

Inscription et exclusions des régimes Lorsqu'un assujetti retient la France comme État membre d'identification, il doit **notifier** cette décision d'inscription à l'administration via son espace fiscal professionnel sur le site impots.gouv.fr. **50855**

Il est **mis fin** à l'un des trois régimes particuliers dans les cas suivants : l'assujetti notifie (ou l'administration établit) qu'il ne réalise plus d'opérations couvertes par le régime considéré ; il ne remplit plus les conditions requises pour se prévaloir dudit régime ; de manière systématique, il ne se conforme pas aux règles relatives audit régime.

Lorsqu'un assujetti est exclu d'un guichet unique en raison d'une **non-conformité systématique** avec la réglementation relative au régime concerné, l'**exclusion** vaut pour tout régime particulier **dans tout État membre** pendant une **période** de deux ans suivant la période de déclaration au cours de laquelle il a été exclu (Règl. UE/282/2011 du 15-3-2011 art. 58 ter, 1).

> **Précisions** La **non-conformité systématique** est caractérisée dans trois cas (Règl. précité art. 58 ter, 2) : lorsque des rappels suite à non-dépôt de déclaration ont été émis pour les trois périodes de déclaration immédiatement précédentes et la déclaration de TVA non déposée sous dix jours suivant l'émission du rappel; lorsque des rappels suite à non-paiement total ou partiel ont été émis pour les trois périodes de déclaration immédiatement précédentes et la déclaration de TVA non déposée sous dix jours suivant l'émission du rappel, sauf si le solde impayé est inférieur à 100 € pour chaque période de déclaration; lorsque, après une demande de l'administration et un mois après un rappel de celle-ci, l'assujetti n'a pas mis à disposition par voie électronique les registres visés nºs 50865 et 50895.

« OSS-UE » (PRESTATAIRES ÉTABLIS DANS L'UE, VAD-IC, PLATEFORMES)

Peut se prévaloir du régime « OSS-UE » en France (« État membre d'identification ») : **50860** CGI art. 298 sexdecies G

– tout **prestataire** de services qui a **en France** le siège de son activité ou un établissement stable et qui fournit des prestations de services à des personnes non assujetties dont le lieu d'imposition est situé dans un autre État membre que la France et dans lequel il n'est pas établi ;

– tout **assujetti** (y compris un opérateur de plateforme) qui effectue des **VAD-IC** ;

– tout opérateur de **plateforme** qui facilite la livraison de biens dans l'UE par un assujetti non établi sur le territoire de l'UE à une personne non assujettie, lorsque les lieux de départ et d'arrivée du transport des biens se situent dans le même État membre (**livraisons domestiques**).

Ce régime est applicable à tous les biens et services ainsi fournis dans l'UE.

> Précisions **a.** Lorsqu'un assujetti voulant appliquer le régime UE a établi le siège de son activité dans un État membre, cet État membre est obligatoirement l'État membre d'identification. L'assujetti est donc tenu d'utiliser le guichet unique de cet État.

b. L'assujetti qui se prévaut de ce régime en France n'est **identifié,** pour les opérations imposables dans le cadre de ce régime, **qu'en France** en utilisant le numéro individuel d'identification qui lui a été attribué en application de l'article 286 ter du CGI (n° 53420).

c. Lorsque les **biens** sont **expédiés** ou transportés **à partir d'un État membre autre que la France** (État membre d'identification) **ou** lorsque l'assujetti fournissant des services couverts par le régime particulier dispose d'un ou de **plusieurs établissements stables** situés ailleurs qu'en France **à partir desquels les services sont fournis,** la déclaration de TVA faite à partir du guichet français doit contenir les informations relatives à toutes ces opérations ventilées par État membre de consommation (voir n° 50865) ainsi que le numéro individuel d'identification à la TVA ou le numéro d'enregistrement fiscal attribué par chacun de ces États membres.

d. Il résulte des règles de fonctionnement du régime « OSS-UE » que l'ensemble des VAD-IC réalisées par l'assujetti adhérent doivent être territorialisées dans l'État membre de consommation des biens (c'est-à-dire celui de l'arrivée de l'expédition ou du transport). Dès lors, l'adhésion à l'« OSS-UE » emporte **renonciation** par l'assujetti aux autres régimes qui conduisent à une territorialité différente, et en particulier au **régime des petits opérateurs** (n° 49790). L'assujetti qui réalise à la fois des ventes à distance de biens neufs et des ventes à distance de **biens d'occasion,** œuvres d'art, d'objets de collection ou d'antiquité conserve la possibilité de soumettre ces dernières au régime particulier de la marge bénéficiaire (nos 60750 s.) tout en optant pour la déclaration et le paiement des ventes à distance de biens neufs dans l'« OSS-UE ». Toutefois, s'il décide de ne pas soumettre certaines de ses ventes à distance de biens d'occasion, œuvres d'art, d'objets de collection ou d'antiquité au régime de la marge bénéficiaire, celles-ci devront également être déclarées dans l'« OSS-UE » (BOI-TVA-DECLA-20-20-60-10 n° 120).

e. Un assujetti établi dans un pays tiers n'ayant pas conclu de convention d'assistance au recouvrement des créances fiscales et qui souhaite utiliser le régime particulier « OSS-UE » en France doit faire accréditer préalablement un **représentant fiscal** (n° 31000). Cette obligation ne s'applique pas aux personnes établies dans les collectivités d'outre-mer, que la TVA s'y applique ou non et qu'elles soient ou non régies par le traité sur le fonctionnement de l'UE (BOI précité n° 100).

50865 **Modalités de fonctionnement** Un assujetti qui souhaite s'inscrire au régime « OSS-UE » en France doit communiquer à l'administration les **informations** listées à l'article 50 sexies J de l'annexe IV au CGI. Le régime **s'applique à partir** du premier jour du trimestre civil suivant celui au cours duquel l'assujetti a informé l'administration de son souhait d'y adhérer. Toutefois, lorsque la première opération devant relever de ce régime a lieu avant cette date, le régime particulier s'applique à partir de la date de cette première opération à condition que toutes les informations relatives au commencement de l'activité soient communiquées à l'administration au plus tard le dixième jour du mois suivant cette première opération (Règl. UE/282/2011 du 15-3-2011 art. 57 quinquies, 1).

Pour chaque **trimestre civil,** l'assujetti doit déposer (par voie électronique) une **déclaration** de TVA libellée en euros (même si aucune opération couverte par le régime n'a été effectuée au titre de cette période). Cette déclaration doit comporter le numéro d'identification (communiqué par l'administration) et, pour chaque État membre de consommation dans lequel la taxe est due, la valeur totale hors TVA des opérations pour la période imposable et le montant total de la taxe correspondante ventilé par taux d'imposition. Les taux applicables et le montant total de la taxe due sont également indiqués. Les éventuelles modifications apportées ultérieurement aux montants qui figurent dans la déclaration s'effectuent par des ajustements sur des déclarations ultérieures dans un délai de trois ans à compter de la date de dépôt de la déclaration initiale (CGI art. 298 sexdecies G, V à VIII).

Le **paiement** doit être effectué obligatoirement par **virement** auprès de la direction départementale des finances publiques de l'Oise au moment du dépôt de la déclaration concernée ou, au plus tard, le dernier jour du mois suivant la période de déclaration et indiquer le numéro de référence de la déclaration à laquelle il se rapporte (BOI-TVA-DECLA-20-20-60-20 n° 160).

La taxe d'amont ne peut pas, en principe, être **déduite** sur cette déclaration ; elle est remboursée selon la procédure spéciale visée n° 50675. Lorsque l'assujetti se prévalant d'un régime de guichet unique dans un autre État membre est tenu de se faire identifier à la TVA en France pour des activités non couvertes par ce régime, il peut déduire, sur la déclaration de TVA de droit commun qu'il est tenu de déposer, les montants de TVA qui sont liés à ses activités couvertes par le régime de guichet unique.

Les assujettis ayant recours aux régimes de guichet unique sont soumis, par dérogation aux règles de droit commun, aux règles de **facturation** de l'État dans lequel ils sont identifiés à cette fin (Dir. TVA art. 219 bis). Ainsi, un assujetti qui est identifié aux fins du guichet unique en France est soumis aux règles de facturation françaises, quel que soit le lieu d'établissement du preneur (CGI art. 289-0) (nº 53500).

L'assujetti doit tenir (et conserver pendant dix ans), dans les conditions prévues par l'article 41 quinquies A de l'annexe IV au CGI, un **registre** des opérations relevant du régime particulier qui doit, sur demande, être mis (par voie électronique) à la disposition de l'administration fiscale et des États membres de consommation.

« OSS-NON UE » (PRESTATAIRES NON ÉTABLIS DANS L'UE)

Ce régime, qui s'applique à l'ensemble des services fournis par des **prestataires établis hors de l'UE** à des **preneurs non assujettis établis dans l'UE,** permet aux intéressés de s'identifier, de déclarer leurs prestations et de s'acquitter des taxes dues à ce titre dans les différents États membres auprès de l'État membre de leur choix (l'ensemble de ces obligations s'effectuant par voie électronique). 50875 CGI art. 298 sexdecies F

Pour se prévaloir du régime spécial, l'assujetti ne doit pas avoir établi le siège de son activité économique dans l'UE, ni disposer d'un établissement stable dans l'UE (un assujetti non établi dans l'UE mais qui y est identifié à la TVA peut donc se prévaloir du régime spécial). Il n'est pas nécessaire que des prestations soient territorialisées en France métropolitaine et, même si l'assujetti est immatriculé ou est tenu de s'immatriculer à la TVA dans un autre État membre pour des opérations autres que les services relevant de ce guichet, il peut se prévaloir du régime français pour les opérations correspondantes (BOI-TVA-DECLA-20-20-60-10 nº 30).

Les modalités de fonctionnement de ce régime sont identiques à celles décrites nº 50865, étant précisé que les prestataires établis dans un pays tiers n'ayant pas conclu de convention d'assistance au recouvrement des créances fiscales avec la France sont dispensés de désigner un représentant fiscal pour obtenir le remboursement de leur taxe d'amont (CGI ann. II art. 242-0 Z decies).

« RÉGIME D'IMPORTATION » (« IMPORT ONE STOP SHOP » OU « IOSS »)

Lorsqu'il réalise des **VAD-BI** de pays ou territoires tiers (nºs 49800 s.) contenus dans des envois d'une **valeur intrinsèque ne dépassant pas 150 €** peut se prévaloir du « régime d'importation » en France (« État membre d'identification ») l'assujetti qui remplit l'une des **conditions** suivantes (BOI-TVA-DECLA-20-20-60-10 nº 140) : 50885 CGI art. 298 sexdecies H

– il a le **siège** de son activité économique en France **ou,** à défaut de siège dans l'UE, un **établissement stable en France.** Les assujettis qui ont leur siège dans un autre État membre sont éligibles au seul régime « IOSS » mis en place dans cet État membre. Par ailleurs, lorsque l'assujetti n'a pas son siège dans l'UE, mais y dispose d'une multiplicité d'établissements, il peut choisir, parmi les États membres concernés, celui dans lequel il s'inscrit au régime ;

– il est **représenté par un intermédiaire** qui remplit la condition mentionnée au tiret précédent. Cette obligation concerne tant les assujettis qui ne sont pas établis dans l'UE que ceux qui y sont établis mais veulent recourir au régime français sans avoir d'établissement stable en France ;

– il est **établi** sur le territoire d'un pays tiers avec lequel l'UE a conclu un accord d'assistance mutuelle en matière de recouvrement des créances fiscales. Le seul État concerné par un tel accord est la **Norvège** (Décision d'exécution UE/2021/942 du 10-6-2021).

En cas d'option pour ce régime, l'assujetti doit l'appliquer à l'ensemble de ses VAD-BI entrant dans le champ d'application dudit régime.

L'assujetti ou l'intermédiaire qui se prévaut du régime particulier n'est **identifié,** pour les opérations imposables dans le cadre de ce régime, **qu'en France.** L'administration lui attribue un **numéro** individuel d'identification **spécifique** pour l'application du régime.

Lorsqu'un assujetti a recours à un tel régime particulier et qu'il présente, au plus tard au moment du dépôt de la déclaration d'importation, le numéro d'identification à la TVA spécifique, l'**importation** des biens effectuée dans ce cadre est **exonérée** de la TVA (nº 49802) (CGI art. 291, II-11º).

Par ailleurs, en cas de recours au présent régime pour la déclaration de la TVA, le **fait générateur** de la taxe de la VAD-BI intervient, et la taxe devient **exigible,** au moment de la livraison, les biens étant considérés comme ayant été livrés au moment où le paiement a été accepté.

> Précisions a. Ce régime particulier ne s'applique pas aux **produits soumis à accises,** y compris lorsqu'un envoi, quelle que soit sa valeur, comprend à la fois des produits soumis à accises et d'autres produits (BOI précité nº 170).

b. La **valeur intrinsèque** d'un envoi s'entend du prix des marchandises contenues dans l'envoi, à l'exclusion des frais de transport et d'assurance (sauf s'ils sont compris dans le prix et ne sont pas indiqués séparément sur la facture) et de toutes autres taxes et impositions (BOI-TVA-CHAMP-10-10-40-60 nº 180).

c. L'**intermédiaire** est une personne désignée par l'assujetti comme étant le redevable de la TVA et devant remplir les obligations prévues par le régime particulier pour le compte de l'assujetti. Un assujetti ne peut pas désigner plus d'un intermédiaire en même temps.
L'intermédiaire est accrédité selon les mêmes modalités que le représentant fiscal prévu à l'article 289 A du CGI (nº 50645, précision e) lorsqu'il représente un assujetti établi dans un pays tiers n'ayant pas conclu de convention d'assistance au recouvrement des créances fiscales avec la France ou l'UE (BOI-TVA-DECLA-20-20-60-10 nº 160).
Les responsabilités et obligations de l'intermédiaire sont similaires à celles du représentant fiscal. L'assujetti qui dispose d'un représentant fiscal peut désigner celui-ci comme intermédiaire (BOI précité).

50895 **Modalités de fonctionnement** Un assujetti qui souhaite s'inscrire au régime « IOSS » en France doit communiquer à l'administration les **informations** listées à l'article 50 sexies K de l'annexe IV au CGI. L'administration lui attribue ensuite un numéro individuel d'identification (numéro « IOSS ») spécifiquement dédié à l'utilisation de ce régime. Le régime **s'applique à partir** du jour où l'assujetti (ou son intermédiaire) reçoit ce **numéro « IOSS »** (Régl. UE/282/2011 du 15-3-2011 art. 57 quinquies, 1).

L'assujetti (ou l'intermédiaire) doit souscrire, par voie électronique, une **déclaration de TVA mensuelle** (même si aucune VAD-BI n'a été effectuée) libellée en euros.

Cette déclaration doit être déposée avant la fin du mois qui suit l'expiration de la période imposable.

Elle comporte le numéro d'identification de TVA visé nº 50885 et, pour chaque État membre de consommation dans lequel la TVA est due, la valeur totale, hors TVA, des VAD-BI pour lesquelles la taxe est devenue exigible pendant la période imposable et le montant total de la taxe correspondante ventilé par taux d'imposition. Les taux de TVA applicables et le montant total de la taxe due sont également indiqués.

Le **paiement** doit être effectué obligatoirement par **virement** auprès de la direction départementale des finances publiques de l'Oise au moment du dépôt de la déclaration concernée, ou au plus tard le dernier jour du mois suivant la période de déclaration, et doit indiquer le numéro de référence de la déclaration à laquelle il se rapporte (BOI-TVA-DECLA-20-20-60-20 nº 160).

Les éventuelles **modifications** ultérieures à une déclaration s'effectuent selon les modalités décrites nº 50865.

L'assujetti qui se prévaut du « régime d'importation » dans un autre État membre ne peut, en principe, en ce qui concerne ses activités imposables couvertes par ce régime particulier, **déduire** aucun montant de TVA en France et doit utiliser la procédure spéciale de **remboursement** visée nºs 50675 s.

Toutefois, si l'assujetti est tenu de se faire identifier en France pour des activités non couvertes par ce régime, il peut déduire la TVA afférente aux biens et services utilisés pour les besoins de ses opérations imposables couvertes par ce régime dans les conditions de droit commun.

L'assujetti (ou l'intermédiaire pour chacun des assujettis qu'il représente) doit tenir, dans les conditions prévues par l'article 41 quinquies B de l'annexe IV au CGI, un **registre** reprenant ses opérations couvertes par ledit régime qui doit être conservé pendant dix ans à compter du 31 décembre de l'année de l'opération et qui doit, sur demande, être mis par voie électronique à la disposition de l'administration et des États membres de consommation.

Il est **mis fin à ce régime** dans les cas visés nº 50855.

Par ailleurs, l'administration exclut l'intermédiaire du régime dans les cas suivants : il n'a pas agi en tant que tel pour le compte d'un assujetti pendant une période de deux trimestres civils consécutifs ; il ne remplit plus les conditions nécessaires pour agir en tant qu'intermédiaire ; de manière systématique (voir nº 50855, Précisions), il ne se conforme pas aux règles relatives au régime « IOSS » (CGI art. 298 sexdecies H, IV-2). Dans cette dernière hypothèse, l'intermédiaire n'est plus autorisé à agir en cette qualité pendant les deux années qui suivent le mois au cours duquel il a été radié du registre d'identification (BOI précité nº 100).

50905 CGI art. 298 sexdecies I **Régime particulier pour la déclaration et le paiement de la TVA à l'importation** Lorsque, pour l'importation de biens faisant l'objet d'une VAD-BI (sauf produits soumis à accises) contenus dans des envois d'une valeur intrinsèque **ne dépassant pas 150 €** (sur cette valeur, voir nº 50885, précision b), le « régime d'importation » (« IOSS ») visé nºs 50885 s. n'est pas utilisé, il est permis à la **personne qui présente les marchandises en douane** pour le compte du destinataire des biens de déclarer et d'acquitter la taxe due à l'importation en ce qui concerne les biens expédiés à destination de la France. 50905 (suite)

Le **redevable** légal de la TVA est le destinataire des biens, l'option prévue par l'article 293 A quater du CGI (n° 49634, b) n'étant pas applicable.

Le **taux** applicable est le taux normal.

Le **paiement** de la taxe due doit intervenir au plus tard à la fin du mois suivant son exigibilité (selon l'article 369 septvicies ter de la directive TVA, non transposé sur ce point par l'article 298 sexdecies I du CGI, la taxe est exigible chaque mois dans le délai de paiement applicable au paiement des droits à l'importation).

La personne qui présente les biens en douane doit déclarer, par voie électronique, dans une **déclaration** mensuelle, la TVA perçue au titre de ce régime. Elle doit également tenir, dans les conditions prévues par l'article 41 quinquies D de l'annexe IV au CGI, un **registre** des opérations couvertes par ce régime particulier et le conserver pendant dix ans à compter du 31 décembre de l'année de l'opération.

> **Précisions** Les marchandises ne sont pas présentées pour le compte de la personne destinataire des biens lorsque la **base d'imposition** à l'importation est **différente** de celle qui serait déterminée pour la **VAD-BI si elle était située en France** (Loi 2023-1322 du 29-12-2023 art. 112, I-H) (nos 49805 et 49812).

CHAPITRE 3

CALCUL ET PAIEMENT DE LA TVA

SOMMAIRE

SECTION 1
BASE D'IMPOSITION DE LA TVA 52200
SECTION 2
FAIT GÉNÉRATEUR ET EXIGIBILITÉ DE LA TVA 52500
1. Livraisons de biens corporels 52585
2. Prestations de services 52645
SECTION 3
TAUX DE LA TVA 52760
A. Taux normal 52900
B. Taux réduit 52930
C. Taux intermédiaire 53050
SECTION 4
OBLIGATIONS DES ASSUJETTIS ET PAIEMENT DE LA TVA 53320
A. Déclarations administratives et numéro d'identification 53385
B. Obligations d'ordre comptable 53440
C. Obligations tenant à la facturation 53500
1. Délivrance des factures 53565
2. Mentions à porter sur les factures 53625
3. Mention abusive de la TVA sur les factures 53650
D. Déclaration des opérations et paiement 53700
1. Champ d'application des régimes réels et de la franchise en base 53750
a. Franchise en base 53780
b. Régime simplifié 53900
c. Régime réel normal 54000
2. Règles communes aux régimes réels normal et simplifié 54050
a. Notion de redevable de la TVA 54050
b. Modalités de déclaration et de paiement de la TVA 54100
3. Régime réel normal 54160
4. Régime simplifié 54260
5. Franchise en base 54350
E. Récupération de la taxe en cas d'opérations résiliées, annulées ou impayées 54400

52000 Une fois définies les opérations imposables et celles effectivement soumises à la TVA française compte tenu des règles de territorialité, il convient d'examiner les règles de calcul et de paiement de la taxe.

Le calcul de la TVA comporte deux étapes : le calcul de la taxe « d'aval » due sur les opérations réalisées par le redevable, puis le calcul de la taxe « d'amont » qui lui a été facturée et dont il peut opérer la déduction.

Le redevable ne verse au Trésor que la différence entre ces deux sommes.

Le régime des déductions faisant l'objet d'une étude distincte (nos 55000 s.), seront ici examinées les questions suivantes :

– **sur quelle base** l'opération doit-elle être soumise à la TVA ? Il s'agit de déterminer la **base d'imposition** (ou « assiette ») de la TVA ;

– **à quel moment** la taxe est-elle due ? C'est la question de son **« exigibilité »** ;

– quel est le **taux** applicable ?

– quelles sont les **modalités de paiement** de la TVA ? Sera envisagé l'ensemble des **obligations** des assujettis.

SECTION 1

BASE D'IMPOSITION DE LA TVA

La base d'imposition (ou **assiette**) de la TVA est constituée de la contrepartie des livraisons de biens et des prestations de services soumises à la taxe. 52200 CGI art. 266 et 267 TVA-VI-1 s

La détermination de cette base d'imposition s'opère selon les **règles générales** exposées nos 52220 s.

Sauf exceptions, ne seront pas traitées ici les opérations ou les catégories de redevables pour lesquelles la détermination de la base d'imposition à la TVA obéit à des **règles spécifiques** ou n'est que l'un des éléments d'un **régime particulier**. 52205

Le **tableau récapitulatif** ci-après présente la liste des opérations en cause avec, pour chacune, la référence aux commentaires correspondants.

Opérations soumises à des règles d'assiette particulières	Commentaires (nos)
Livraisons à soi-même	47405, 47415
Acquisitions intracommunautaires et affectation en France d'un **bien transféré**	49165 et 49205
Importations	49615 s.
Opérations des commissionnaires et autres **intermédiaires**	61440 s.
Agents de voyages	61535 s.
Agriculture	59805 s.
Rétrocessions aux agriculteurs par les coopératives ou les entreprises privées	59970 et 59980
Opérations immobilières	58700 s.
Produits pétroliers	61370
Biens d'occasion, œuvres d'art, objets de collection ou d'antiquité	60750 s.
Consignations d'emballages	61030 s.
Travaux immobiliers	52440
Opérations bancaires et financières	60425
Bail à construction	31040
Tabacs	52435
Fiducie	91045 s.

DÉFINITION GÉNÉRALE

La base d'imposition est **constituée,** pour les livraisons de biens et les prestations de services, **par** toutes les sommes, valeurs, biens ou services reçus ou à recevoir par le fournisseur ou le prestataire en contrepartie de l'opération réalisée. 52220 TVA-VI-200 s

La contrepartie peut être **acquittée** soit **par** l'acheteur du bien ou le preneur du service, soit pour tout ou partie par un tiers (par le biais, en particulier, de subventions : voir nos 46920 s.).

En cas de **paiement en nature,** il faut tenir compte de la valeur de tous les biens ou services qui constituent la contrepartie des prestations de services ou des livraisons de biens (BOI-TVA-BASE-10-10 no 30).

> **› Précisions** Lorsque le prix est payé par l'acheteur au moyen d'une **carte de crédit** ou de débit et versé au vendeur par l'émetteur de la carte après retenue d'une commission, cette retenue doit être comprise dans la base d'imposition du vendeur (CJUE 25-5-1993 aff. 18/92 : RJF 8-9/93 no 1251 ; Règl. UE/282/11 du 15-3-2011 art. 42).
> De même, en cas de **vente avec crédit gratuit** accordé par un tiers (société de financement, notamment) qui paie directement au vendeur, après déduction d'une commission, le prix des marchandises achetées (l'acheteur remboursant au tiers un montant égal au prix de vente qui lui est facturé par le vendeur), la base d'imposition du vendeur est constituée par le montant total dû par l'acheteur, sans que la commission retenue par le tiers puisse être déduite (CJUE plén. 15-5-2001 aff. 34/99 : RJF 8-9/01 no 1166). Même solution lorsque le vendeur verse à l'établissement prêteur une somme égale au coût du crédit qu'auraient supporté les clients emprunteurs (CE 20-11-2013 no 358331 : RJF 2/14 no 136). En ce qui concerne les **bons,** voir nos 47470 s.

La base d'imposition est déterminée sans tenir compte de l'**échelonnement dans le temps du versement** des contreparties. Peu importe que ces versements interviennent avant, au moment ou après la conclusion du contrat ou la réalisation de l'opération. 52225 TVA-VI-310 s

Pour les **livraisons de biens** (ventes, notamment), la base d'imposition est constituée par le prix convenu entre les parties, sans tenir compte du fait que ce prix peut se décomposer en versements d'acomptes, du prix principal et du solde.

Pour les **prestations de services,** la base d'imposition comprend la totalité des sommes constituant la contrepartie du service rendu (acomptes, rémunération principale, solde, etc.), y compris celles destinées à être rétrocédées (honoraires des notaires ou avocats, en particulier).

> Précisions a. Dans les cas où certains **éléments accessoires** du prix ne sont pas déterminés de façon précise lors de la livraison de la marchandise (n° 52585), toutes les sommes perçues postérieurement à celle-ci donneront lieu à imposition dès leur encaissement.

b. Quand un prestataire a opté pour le paiement de la taxe en fonction de ses **débits** (n° 52665), sa base d'imposition est constituée par le montant total de la facture, sous réserve des exclusions expressément prévues par la loi (par exemple, débours : n°s 52335 s.). Si des **factures complémentaires ou rectificatives** sont établies après que le prix principal a été réglé, les suppléments de prix qu'elles comportent doivent être soumis à la taxe lors de leur inscription au débit du compte client (BOI-TVA-BASE-10-20-40-10 n° 320).

c. Arrhes conservées en cas de dédit du client : voir n° 46980.

52230 CGI ann. III art. 76, 1 **TVA-VI-2100 s**

Échanges En cas d'échange de **biens,** chacun des échangistes est considéré comme effectuant une vente. La taxe est assise sur la valeur des produits reçus en paiement du bien livré, augmentée, le cas échéant, du montant de la soulte encaissée.

Ainsi, dans le cas d'une **vente de voiture avec reprise** d'une voiture usagée, la base d'imposition est égale à la somme de la soulte versée par l'acheteur et de la valeur réelle de la voiture reprise.

De même, lorsque des **déchets** sont livrés **en échange d'un bien neuf,** leur valeur entre dans la base d'imposition lorsqu'elle est imputée sur le prix du bien neuf.

La règle est la même en cas d'**échange standard** d'une pièce ou d'un organe (moteur, par exemple), lorsque le montant de la soulte demandée au client est fixé forfaitairement d'après la nature des pièces ou organes échangés, et non d'après le coût réel des réparations à effectuer sur les pièces en mauvais état (échange-vente) : la cession au client de la nouvelle pièce est imposable sur la valeur de la pièce usagée augmentée de la soulte, étant précisé que si la nouvelle pièce est simplement réparée (et non rénovée), le régime d'imposition est celui des biens d'occasion (n°s 60540 s.). Au contraire, si le montant de la soulte est fixé d'après le coût des réparations à effectuer (échange-réparation), la taxe porte sur la somme versée par le client, à l'exclusion de la valeur de la pièce usagée abandonnée par ce dernier.

En ce qui concerne les ventes de véhicules avec reprise d'un véhicule usagé dans le cadre d'opérations promotionnelles, voir n° 61065.

52235 Les échanges de **services** doivent être imposés à la TVA sur la base des services rendus mutuellement.

De la même façon, l'échange d'un **bien contre un service** est normalement imposable.

> Précisions a. En cas de rémunération de la présentation de nouveaux clients par la livraison d'articles constitutifs d'une **prime en nature,** la base d'imposition de cette livraison, au titre de l'échange de biens contre des services, comprend, outre le prix d'achat de l'article par le fournisseur, les frais d'expédition que celui-ci prend en charge (CJUE 3-7-2001 aff. 380/99 : RJF 10/01 n° 1341).

b. En cas de remise d'objets de faible valeur par des **entreprises de vente à domicile** à des **hôtesses** qui organisent à titre indépendant des réunions à leur domicile, il est admis de ne pas prendre en considération cet échange lorsque le prix d'achat ou de revient de l'objet remis n'excède pas le montant mentionné n° 55980 par an et par hôtesse et que cette dernière n'est pas, par ailleurs, redevable de la TVA (BOI-TVA-DED-30-30-50 n° 210).

52240 **Opérations distinctes proposées pour un prix unique** Lorsqu'une offre comprenant divers biens ou services à un prix unique peut être décomposée en plusieurs opérations, il convient d'isoler la partie du prix unique afférente à chacune d'entre elles, c'est-à-dire de **ventiler** ce prix unique entre les opérations identifiées.

À cette fin, il convient d'utiliser, par **principe,** la **méthode de la valeur de marché** (répartition du prix forfaitaire à proportion de la valeur de marché de chacune des opérations, notamment établie par comparaison avec des offres semblables ne comprenant que l'une des opérations). Par **exception,** il est admis qu'il puisse être recouru à la **méthode par les coûts** (répartition du prix à proportion des coûts respectifs afférents à chacune des opérations), lorsqu'il est établi que cette méthode rend fidèlement compte de la structure réelle du forfait et que la méthode de la valeur de marché est matériellement impossible à mettre en œuvre en l'absence d'éléments de comparaison.

Dans la majorité des cas, les deux méthodes devraient produire des résultats proches. Une **disproportion** entre les deux est un indice important que l'offre est en fait une opération unique car elle caractérise des liens économiques étroits entre les éléments en cause (BOI-TVA-CHAMP-60-30 nos 130 à 180 ; sur le traitement fiscal des opérations complexes uniques, voir nos 46478 s.).

FRAIS DIVERS ACQUITTÉS PAR LE CLIENT

La base d'imposition inclut tous les frais acquittés par le client et qui peuvent être considérés comme des **compléments de prix,** ainsi que les **frais accessoires** aux livraisons de biens ou services, tels que frais d'emballage ou de transport demandés aux clients. **52250** CGI art. 267, I-2° TVA-VI-3520 s

Doivent **notamment** être compris dans la base d'imposition : **52255**

a. Les **frais de brevets** ou les **redevances** perçues en contrepartie de l'utilisation des brevets ;

b. Les **primes et bonifications** que le client s'engage à verser pour obtenir une livraison rapide ;

c. Les suppléments de prix que les vendeurs facturent à leurs clients à titre de **frais d'emballage,** qu'ils soient calculés de manière forfaitaire ou en pourcentage de la valeur du bien (pour les **consignations** d'emballages, voir nos 61030 s.) ;

d. Les **frais d'assurance** qui sont normalement à la charge du fournisseur (tel est le cas des primes d'assurance-crédit, sous réserve de l'exemption prévue pour les débours : nos 52335 s.) ;

e. Les **majorations** de prix pour frais de facturation (par exemple, pour « faible facture ») ;

f. Les sommes perçues à titre de **droits d'entrée, loyers d'avance, pas-de-porte, etc.**, que les loueurs réclament à leurs clients (pour lesquels elles constituent des compléments de loyers). Les sommes ainsi perçues sont passibles de la TVA dès leur perception, dès lors que la location est elle-même taxable à titre obligatoire ou par option (nos 46800 s.). Selon l'administration, les sommes versées par les preneurs à titre de **dépôts de garantie** (ou de **cautionnements**), en sus du loyer, deviennent passibles de la TVA lorsqu'elles cessent d'être remboursables à ces derniers. Mais, si le dépôt n'est pas intégralement destiné à prémunir le loueur d'un bien meuble contre les aléas normaux du contrat, celui-ci doit soumettre à la TVA, dès leur encaissement, les sommes excédant le risque réel encouru (risque évalué forfaitairement à 15 % de la valeur TTC des voitures de tourisme et des motos prises en crédit-bail de quatre ou cinq ans) (BOI-TVA-BASE-10-10-10 nos 20 et 30) ;

g. Les **frais de déplacement** (billet de train ou d'avion, location d'un véhicule, frais d'hôtel, etc.) qu'un prestataire de services engage à l'occasion de la mission qu'il est chargé de réaliser ;

h. Selon l'administration, les **frais d'affranchissement** des simples **correspondances.** En effet, elle considère qu'ils ne peuvent être exclus de la base d'imposition que si, engagés pour le compte des destinataires et leur étant réclamés à l'euro près, ils font l'objet d'une facturation exacte et distincte, exception non applicable en cas de « vente par correspondance » (BOI-TVA-BASE-10-10-10 n° 530). Elle considère, par ailleurs, que les frais d'affranchissement des **colis** et **paquets** suivent le régime des frais de transport (n° 52285), mais admet que l'exception susvisée peut jouer en cas de vente « départ » (BOI-TVA-BASE-10-20-10 n° 280).

Pour le Conseil d'État, lorsque les prestations d'affranchissement sont proposées en complément d'une autre prestation, elles doivent être considérées comme des opérations distinctes devant suivre leur régime propre (exonération en application des articles 261, 4-11° et 261 C, 3° du CGI : nos 47570 et 47585) si elles sont facultatives et font l'objet d'une facturation séparée (CE 24-4-2019 n° 411007 : RJF 7/19 n° 645).

Sur les critères permettant de déterminer si l'on est en présence d'une opération unique ou d'opérations dissociables soumises à leur régime propre, voir nos 46478 s.

Les **frais** normalement inclus dans le coût d'une opération et **payés directement par le client, en l'acquit du fournisseur** de biens ou du prestataire de services, **entre les mains d'un tiers** (d'un sous-traitant, par exemple), sont à comprendre dans la base d'imposition. Il en est de même pour les **commissions** versées à des intermédiaires. Ces divers frais constituent en effet des charges d'exploitation pour le fournisseur. **52260** TVA-VI-3550 s

De même, sont à comprendre dans le prix imposable d'une entreprise de louage de main-d'œuvre les frais de transport, de nourriture et de logement du personnel mis à la disposition de son client et qu'assume ce dernier.

En revanche, n'ont pas à être compris dans ce prix les **frais à la charge de l'acheteur** qui sont réglés directement par ses soins.

52265 TVA-VI-4300 s **Intérêts** Les intérêts demandés aux clients sont au nombre des frais accessoires aux livraisons de biens ou prestations de services à inclure dans la base d'imposition.

Il faut toutefois distinguer les intérêts pour délais de paiement, les intérêts moratoires et les autres sommes réclamées aux clients.

En ce qui concerne les **intérêts dus sur les arrhes et acomptes** versés par les clients, voir nº 52325, a.

52270 **a. Intérêts pour délais de paiement.** Les intérêts facturés par un fournisseur qui accorde à son client un sursis de paiement pour une période postérieure au fait générateur (nºs 52585 et 52645) constituent la contrepartie d'une **opération de crédit** exonérée (nº 60315).

En l'absence de facturation distincte d'intérêts au client, l'ensemble du prix est soumis à la TVA (BOI-TVA-BASE-10-10-10 nº 180).

52275 **b. Intérêts moratoires.** Les intérêts acquittés, à l'issue ou non d'une procédure juridictionnelle, par un **client** qui n'a **pas payé** le prix à l'**échéance** sont hors du champ d'application de la TVA. De tels intérêts peuvent notamment être réclamés en application de l'article 1231-6 du Code civil, de l'article L 441-10 du Code de commerce ou encore en matière d'exécution des marchés publics.

52280 **c. Autres sommes.** Les sommes qui ne constituent ni des intérêts pour délais de paiement exonérés ni des intérêts moratoires entrent dans la **base d'imposition** à la TVA si l'opération à laquelle elles se rattachent est elle-même taxée.

Il s'agit principalement :

– des intérêts réclamés au titre d'une période antérieure au fait générateur ;

– des sommes qui ne sont pas facturées en tant qu'intérêts.

Tel est le cas notamment lorsque le fournisseur ne diffère pas la date d'encaissement du prix au-delà des délais de paiement prévus par les conditions générales de vente, le contrat, les usages de la profession ou, éventuellement, la réglementation.

52285 TVA-VI-5055 s **Frais de transport** Les frais de transport que le fournisseur d'un bien facture à son client constituent en principe des **frais accessoires** à la livraison de ce bien et doivent, à ce titre, être inclus dans la base d'imposition de cette livraison (alors même qu'ils feraient l'objet d'un décompte distinct ou qu'ils seraient réglés directement par l'acquéreur à une tierce personne).

Cependant, le prix du transport peut être **dissocié** du montant de la vente et soumis au régime propre aux opérations de transport (notamment en ce qui concerne la territorialité, l'exigibilité et le taux de la taxe), à **condition** qu'il constitue la rémunération effective et normale d'une prestation de services que l'acquéreur et le vendeur ont entendu expressément disjoindre et rémunérer distinctement de l'opération de vente elle-même (BOI-TVA-BASE-10-20-10 nº 140).

Sur les critères permettant de déterminer si l'on est en présence d'une opération unique ou d'opérations dissociables soumises à leur régime propre, voir nºs 46478 s.

52290 TVA-VI-4700 s **Pourboires** Les **majorations de prix** réclamées à la clientèle au titre du « service » par certaines entreprises commerciales (hôtels, restaurants, cafés, salons de coiffure, etc.), également qualifiées de « pourboires obligatoires », doivent être comprises dans la base d'imposition à la TVA de l'entreprise prestataire, qu'elles soient centralisées par l'employeur ou perçues directement auprès de la clientèle par les employés (CJUE 29-3-2001 aff. 404/99 : RJF 6/01 nº 893 ; BOI-TVA-BASE-10-20-40-20 nº 100).

En revanche, les **simples gratifications** versées spontanément par les clients aux employés d'une entreprise où le service est déjà incorporé dans les prix facturés ne sont pas imposables.

IMPÔTS, DROITS ET TAXES

52300 CGI art. 267, I-1º TVA-VI-2920 s La base d'imposition ne comprend **pas la TVA** elle-même. Autrement dit, la partie du prix qui représente la TVA est exclue de la base d'imposition.

Les **taux** légaux de la taxe s'appliquent donc à des **prix hors TVA.**

De même, l'**octroi de mer** et l'octroi de mer régional perçus dans les DOM sont exclus de la base d'imposition à la TVA.

La solution est identique pour la **taxe de séjour,** mais la taxe de séjour **forfaitaire** est à comprendre dans la base imposable à la TVA.

52305 Quelle que soit leur nature, tous les **autres impôts, taxes, droits et prélèvements** doivent en principe être compris dans la base d'imposition à la TVA.

C'est le cas **notamment** :
– des taxes spéciales perçues comme en matière de TVA, notamment les contributions sur les boissons non alcooliques ;
– des droits indirects et taxes diverses perçus selon des taux spécifiques, notamment accise sur les alcools et boissons alcooliques mentionnée à l'article L 313-1 du CIBS (sauf dans les DOM) ;
– des taxes d'urbanisme, lorsqu'elles sont exigibles ;
– de la taxe générale sur les activités polluantes ;
– de la contribution pour la collecte et l'élimination des déchets d'équipements électriques et électroniques ménagers ;
– des taxes départementale et communale sur les remontées mécaniques ;
– de la rémunération pour copie privée due par les fabricants et importateurs de supports d'enregistrement ;
– des redevances perçues par les gestionnaires des services des eaux et d'assainissement des collectivités locales ;
– des redevances sanitaires d'abattage encaissées par les abattoirs auprès de leurs usagers, ainsi que de la redevance d'usage.

> Précisions a. Les **officiers** publics et ministériels et les **auxiliaires** de justice doivent calculer la TVA en sus des rémunérations tarifées, lesquelles sont réputées hors TVA par le décret 94-757 du 26 août 1994.
b. En ce qui concerne la **taxe sur les transactions financières**, voir n° 60425, Précisions.

RÉDUCTIONS DE PRIX

Les réductions de prix que les fournisseurs et les prestataires de services consentent à leurs clients peuvent être déduites de la base d'imposition à la TVA quelles que soient leur dénomination – **escomptes de caisse, remises, rabais, ristournes, etc.** – et les modalités suivant lesquelles elles sont accordées. 52315 CGI art. 267, II-1° TVA-VI-1000 s
Les réductions de prix sont **exclues** de la base d'imposition sous réserve de répondre aux deux **conditions** suivantes :
1. Elles doivent **bénéficier** effectivement et pour leur montant exact à l'**acheteur.** Lorsque la réduction de prix est versée par l'**entremise** de commissionnaires, groupements d'achats, etc., le vendeur doit pouvoir justifier du montant individuel des avoirs réellement versés à chaque client (ce qui implique une reddition de comptes exacte des ristournes réparties par ces intermédiaires) ;
2. Les réductions de prix ne doivent **pas** constituer la **rémunération ou** la **contrepartie** d'une prestation de services.

Les **réductions acquises** et chiffrables lors de l'opération et directement liées à celle-ci doivent être mentionnées sur les factures (sur chaque ligne de la facture, sauf lorsqu'elles ne peuvent être connues qu'en fin de facture, par exemple dans le cas de remises liées au montant global de la facture) (n° 53625). 52320

Lorsque la **réduction** de prix est **accordée après** la délivrance de la facture, la diminution de la base d'imposition (qui doit entraîner corrélativement une régularisation des déductions chez le client) est subordonnée à la **rectification** du prix et de la taxe portés sur la facture initiale. Cette rectification est opérée par l'envoi d'une **nouvelle facture** ou d'une **note d'avoir** (voir n° 54410).
Relève de cette catégorie une ristourne convenue avant la vente mais utilisable par le client seulement après l'opération. Dans ce cas, la base d'imposition n'est réduite qu'au moment où la ristourne est utilisée par le client (CJUE 29-5-2001 aff. 86/99 : RJF 8-9/01 n° 1167).

52325 **> Précisions a.** Peuvent également être exclus de la base d'imposition à la TVA les **intérêts** portant sur les sommes exigées par un vendeur à des clients à titre **d'arrhes ou d'acomptes** en application de l'article L 214-2 du Code de la consommation dès lors que ces intérêts viennent en déduction du montant nominal de la vente.
b. Les fabricants peuvent soustraire de leur base d'imposition à la TVA les sommes remboursées aux détaillants ou aux consommateurs au titre des **bons de réduction ou de remboursement** qu'ils ont émis, même en l'absence de relation directe avec les détaillants ou les consommateurs (CJUE 24-10-1996 aff. 317/94, Elida Gibbs Ltd : RJF 2/97 n° 192 ; CJUE plén. 15-10-2002 aff. 427/98 : RJF 1/03 n° 129). Les bons de réduction ou de remboursement doivent se rapporter à des opérations réalisées par les fabricants au titre desquelles ils sont redevables de la TVA en France. Le montant à déduire à ce titre s'entend de la valeur nominale des bons, ramenée hors taxe, à l'exclusion des frais remboursés en sus. Les fabricants doivent être en mesure de présenter les bons remboursés ainsi que la preuve du remboursement correspondant (les comptes rendus des organismes de gestion des bons peuvent servir de justificatifs) (BOI-TVA-BASE-10-20-10 n°s 60 à 90).

Les **détaillants** doivent inclure dans leur base d'imposition les sommes perçues des fabricants en remboursement des bons de réduction qu'ils ont acceptés de la part des consommateurs (CJUE 16-1-2003 aff. 398/99 : RJF 4/03 n° 525 ; BOI précité n° 100).

Remarque : Les principes définis par la CJUE dans l'arrêt « Elida Gibbs » susvisé ne s'appliquent pas lorsqu'un intermédiaire (en l'occurrence, une agence de voyages) accorde au consommateur final, de sa propre initiative et à ses propres frais, une réduction de prix sur la prestation fournie par l'opérateur principal (en l'occurrence, l'organisateur de circuits touristiques) (CJUE 16-1-2014 aff. 300/12 : RJF 4/14 n° 421).

Le régime des bons décrit n°s 47470 s. ne s'applique pas aux bons de réduction ou de remboursement.

c. Les **primes de « volume » ou « d'objectifs » versées,** notamment dans le secteur automobile, par un constructeur **à** ses **filiales françaises** de distribution, aux **concessionnaires indépendants** ou à des **sociétés de location,** en fonction du volume des achats ou des objectifs de vente réalisés par les acquéreurs, s'analysent comme des rabais.

Il en va de même des primes de « volume » **versées** par un constructeur **à la société mère d'un groupe** en contrepartie d'achats réalisés par ses filiales françaises ou européennes (directement auprès du constructeur ou auprès de son réseau primaire), sous réserve du respect des conditions suivantes (à défaut, la prime constitue la contrepartie d'un service « d'apport d'affaires » taxable) : les relations contractuelles (contrat-cadre de distribution, etc.) doivent faire apparaître que la société mère agit au nom et pour le compte de ses filiales pour la répartition des primes ; le constructeur peut justifier, par le double des notes d'avoir qu'il a émises et la reddition de comptes établie par la société mère, que le montant des primes bénéficie effectivement et pour son montant exact aux filiales. Même solution pour les primes de « volume » **versées** par un constructeur **à la société « chef d'une chaîne de location »** en contrepartie des achats réalisés par les sociétés de location.

Enfin, les primes de « volume » **versées** par un constructeur **à des organismes financiers** en contrepartie d'achats de biens destinés à être donnés en location à des sociétés de location peuvent être considérées comme des rabais si les parties respectent strictement le formalisme qui s'y attache (BOI-TVA-BASE-10-10-40 n°s 30 à 180).

d. Constituent également des rabais :

– les **primes de « conjoncture »** versées par un constructeur à ses concessionnaires afin de permettre à ces derniers de vendre à leurs clients à des prix concurrentiels ;

– les **remises « additionnelles »** accordées aux concessionnaires à l'occasion d'une campagne promotionnelle portant sur un type de véhicule donné (BOI précité n° 40).

e. L'administration admet que, lorsqu'en application de l'article L 441-3, III-3° du Code de commerce, les **obligations destinées à favoriser la relation commerciale** entre le fournisseur et le distributeur ou le prestataire de services auxquelles s'engage ce dernier constituent des éléments de formation du prix de l'opération de vente, ces obligations ne sont pas constitutives de services distincts de l'opération de vente et doivent donner lieu à des réductions de prix de la part du fournisseur. En revanche, les services dits « de coopération commerciale » visés à l'article L 441-3, III-2° du Code précité doivent faire l'objet d'une facture de la part du distributeur ou du prestataire de services (BOI-TVA-DECLA-30-20-10-10 n° 10).

REMBOURSEMENT DE DÉBOURS POUR LE COMPTE D'AUTRUI

52335 CGI art. 267, II-2° TVA-VI-6200 s

Les intermédiaires n'ont pas à soumettre à la TVA les sommes que leur remboursent leurs commettants dans la mesure où ces remboursements, qui correspondent à des **dépenses engagées au nom et pour le compte de leurs mandants,** ont donné lieu à une reddition de comptes précise, sont inscrits dans des comptes de passage et sont justifiés dans leur nature ou leur montant exact auprès de l'administration.

Remarques : **a.** Les dispositions de l'article 267, II-2° du CGI ne concernent que les sommes versées à des tierces personnes par un mandataire, au nom et pour le compte de son commettant, à l'**exclusion** des dépenses engagées par un redevable pour les **besoins de sa propre entreprise** (salaires versés au personnel, frais de transport de ce personnel, prix d'acquisition de biens ou services, etc.). Voir toutefois n° 52350, précision b, pour les avocats collaborateurs.

b. Selon le Conseil d'État, ces dispositions ne s'appliquent qu'aux personnes qui interviennent pour l'exécution d'actes juridiques **dans l'intérêt de leurs mandants** (CE 15-2-1982 n° 27954 : RJF 4/82 n° 351).

c. Ces dispositions ne s'appliquent pas aux **agents de voyages** lorsque le régime spécifique prévu à leur égard s'applique (n°s 61535 s.).

52340 Pour bénéficier de la non-imposition des débours, l'intermédiaire doit remplir simultanément les **conditions** suivantes :

1. Il doit agir en vertu d'un **mandat préalable et explicite** (ce qui exclut toute opération réalisée de la propre initiative de l'intermédiaire). Le mandat **tacite** peut toutefois être admis dès lors qu'il est suffisamment vraisemblable pour ne pas être mis en doute.

La preuve du contrat de mandat peut être apportée par tous moyens, même en l'absence d'écrit (CE 4-3-1987 n° 70321 : RJF 5/87 n° 503).

2. Il doit **rendre compte** exactement à son commettant de l'engagement et du montant de ces dépenses.

Le Conseil d'État a une conception peu formaliste de la reddition de comptes.

3. Il doit **justifier,** auprès du service des impôts compétent, de la **nature ou** du **montant exact des débours,** par tous moyens appropriés (factures des fournisseurs de biens ou services, copie des comptes rendus ou factures détaillées adressées aux mandants, etc.). Cette dernière condition est destinée à éviter que ne soient dissociées arbitrairement du prix de l'opération réalisée des dépenses constituant de simples charges d'exploitation.

4. Les dépenses doivent être portées en comptabilité dans des **comptes de passage** (en pratique, dans des comptes de tiers pour les redevables astreints aux règles de la comptabilité commerciale, dans des comptes spécifiques pour les autres redevables).

Intermédiaires Les **commissionnaires, courtiers** ou autres intermédiaires visés nos 61440 s. peuvent, pour leurs **remboursements de frais,** bénéficier du régime des débours s'ils remplissent les conditions requises. Cependant, ces dispositions ne sont susceptibles de s'appliquer qu'aux remboursements de **dépenses engagées au nom d'autrui** et qui ne se rattachent pas à l'opération d'entremise. 52345

› Précisions L'intermédiaire doit faire apparaître au fournisseur du bien ou du service qui fait l'objet du remboursement qu'il est le représentant de la personne au nom de qui il agit.

Il ne doit **pas** s'agir de **dépenses d'exploitation** de l'intermédiaire engagées pour les besoins de l'opération d'entremise mais de frais extérieurs à celle-ci.

Par ailleurs, les **frais** remboursés doivent être clairement **détachables** de la livraison du bien ou de la prestation de services objet de la **transaction** dans laquelle l'intermédiaire **s'entremet.**

À titre d'**exemple,** sont exclus de la base d'imposition d'un intermédiaire, dont la seule mission est d'assurer l'achat en son nom propre de biens pour le compte d'un commettant, les frais d'entreposage engagés pour le compte de ce dernier lorsque le contrat passé avec l'entrepositaire fait apparaître le commettant, clairement identifié, en qualité de bénéficiaire réel de la prestation.

Professions judiciaires ou juridiques Les membres des professions judiciaires ou juridiques peuvent, au titre des débours, exclure de leur base d'imposition les **frais de procédure** engagés au nom et pour le compte des clients (si les conditions requises sont remplies). 52350

› Précisions **a.** Il en est ainsi **notamment** des sommes suivantes : pour les **notaires,** dépenses couvertes par un mandat légal (dépenses de délivrance d'états hypothécaires ou d'extraits cadastraux, notes de géomètre, documents d'arpentage et frais d'insertions légales) ; pour les **commissaires de justice,** droits d'enregistrement des exploits et autres actes de procédure, honoraires des avocats engagés au nom et pour le compte des clients, indemnités de déplacement versées aux personnes (commissaires, etc.) dont l'intervention est requise, rémunérations dues aux témoins, frais de gardiennage des biens saisis, frais réels d'affranchissement des lettres recommandées prévues par la loi comme formalité obligatoire de procédure, droits fiscaux effectivement dus ; pour les **mandataires-liquidateurs,** sommes versées aux officiers publics et ministériels, aux experts et avocats dont le concours est nécessaire à leur mission, taxes et droits fiscaux payés pour le compte de l'entreprise ; pour les **greffiers** près les **tribunaux de commerce,** frais d'affranchissement effectivement supportés pour renvoyer les bordereaux d'inscription ou de radiation du privilège aux comptables du Trésor ; pour les **avocats,** frais de procédure, droits de plaidoirie, frais de publicité légale, de greffe, honoraires d'experts, frais et émoluments des commissaires de justice.

b. Il est admis que les **avocats collaborateurs** rémunérés sous forme de rétrocession d'honoraires puissent exclure de leur base d'imposition les remboursements de frais de transport, d'hôtellerie et de restauration perçus de l'avocat « en premier », s'ils remplissent les conditions visées aux 1, 2 et 4 du n° 52340 et si les factures des fournisseurs sont établies au nom de l'avocat « en premier ». Les avances qu'ils peuvent, le cas échéant, percevoir n'échappent à l'imposition que si la nature et le montant exact des frais qui seront exposés pour le compte de l'avocat « en premier » sont mentionnés en tant que débours sur le document qui lui est adressé (BOI-TVA-BASE-10-20-40-30 n° 150).

Impôts ou charges répercutés sur les locataires par les bailleurs Le traitement de ces charges diffère selon qu'il s'agit de charges locatives ou de charges incombant aux bailleurs. 52355

a. Charges locatives. Bien qu'agissant en leur nom propre, les propriétaires de locaux faisant l'objet d'une location soumise à la TVA (de plein droit ou sur option) peuvent exclure de leur base d'imposition les remboursements perçus des locataires au titre des **charges et réparations locatives** lorsque les **conditions** suivantes sont réunies :

– les remboursements doivent concerner des charges récupérables ou des réparations locatives visées par les décrets 87-712 et 87-713 du 26 août 1987 et 82-955 du 9 novembre 1982, à l'exclusion toutefois des impositions et redevances y figurant, et ce même si la location en cause n'est pas régie par ces textes ;

– les conditions visées aux 2, 3 et 4 du n° 52340 doivent être satisfaites.

Il est admis que les **provisions pour charges** soient exclues de la base d'imposition du bailleur, à condition qu'il soit procédé à leur régularisation au moins une fois par an (BOI-TVA-BASE-10-10-30 nos 300 à 320).

b. Charges incombant aux bailleurs. Ces sommes sont remboursées au propriétaire, auquel elles incombent normalement, en contrepartie de la location consentie : elles doivent donc être incluses dans l'assiette de la TVA (BOI précité n° 290). Cette interprétation a été confirmée par la Cour de cassation à propos de la taxe foncière remboursée au propriétaire d'un local commercial par son locataire (Cass. com. 4-12-2007 n° 06-21.149 F-D : RJF 4/08 n° 433).

EXPLICATIONS PARTICULIÈRES

52370 TVA-VI-7110 s

Services comportant des fournitures

La réalisation d'un service entraîne souvent l'utilisation de fournitures ou de pièces détachées.

1. Les **fournitures** sont les matières ou produits indispensables à la réalisation du service et dont l'incorporation dans l'objet réparé nécessite un façonnage, une transformation ou une adaptation préalable (exemple : tissu utilisé pour la réparation d'un fauteuil par le tapissier), ou qui disparaissent avec la réalisation de la prestation (exemple : friction faite par le coiffeur).

En principe, la valeur des fournitures constitue un élément du **prix du service.**

2. Les **pièces détachées** sont des objets normalisés qui ont un rôle déterminé dans un ensemble, font l'objet d'une simple opération de pose et peuvent être ultérieurement enlevés sans détérioration de l'objet réparé (exemple : remplacement d'un pare-chocs, d'une roue de voiture, d'un bloc moteur). Les **menues fournitures** (vis, fils électriques, etc.) suivent le régime défini au 1.

En principe, les pièces détachées doivent être considérées comme faisant l'objet d'une **vente.** Cependant, il est admis que si leur **valeur** est **inférieure** à celle de l'**opération de pose** (ces deux valeurs étant exprimées hors taxe) ou si elles ont dû subir un travail d'adaptation préalable (ajustage, découpage, soudure, etc.) pour être incorporées dans l'objet réparé au même titre que les fournitures, les pièces détachées constituent un élément de l'opération de réparation. Selon l'administration, la **comparaison** entre la valeur des pièces et celle de l'opération de pose peut s'opérer globalement (et non pièce par pièce), en retenant la valeur totale des pièces et fournitures, d'une part, et le coût total de la réparation, d'autre part. Ainsi, les pièces détachées et les fournitures suivent le régime de la prestation si leur valeur globale n'excède pas 50 % du coût total. Il en va ainsi, en particulier, dans le secteur automobile (BOI-TVA-BASE-10-20-40-20 nos 140 à 160).

> **Précisions a.** La doctrine visée ci-dessus ne semble toutefois plus tout à fait en phase avec les dispositions de l'article 257 ter du CGI concernant les opérations complexes (nos 46478 s.).
> **b.** **Travaux dans les locaux d'habitation** comportant la fourniture d'équipements : voir nos 53048 et 53280.

52375 TVA-VI-7250 s

Réparations

L'opération de « réparation » consiste **à remettre en état,** c'est-à-dire à restituer les caractéristiques initiales de l'objet à l'état neuf. Il s'agit d'une prestation de services pour laquelle la TVA est exigible sur le prix réclamé au client (pour le cas où la livraison entraîne l'utilisation de fournitures ou de pièces détachées, voir n° 52370).

La réparation doit être **distinguée** de la **transformation** et de la **rénovation,** qui sont définies n° 60570, précision a, et dont le régime d'imposition est celui des produits neufs.

52380 TVA-II-2480 s

Façons

Travailler à façon signifie que l'on transforme un produit appartenant à un tiers. Pour qu'il y ait contrat de façonnage, les façonniers doivent remplir les quatre **conditions** suivantes :

– ils ne doivent pas devenir propriétaires des produits mis en œuvre ;

– la valeur des matières complémentaires qu'ils apportent doit être inférieure à celle des matières confiées par le donneur d'ouvrage augmentée du coût de l'intervention ;

– il doit y avoir restitution à l'identique des matières fournies par le donneur d'ouvrage ou, sous certaines conditions et entre assujettis seulement, restitution à l'équivalent (voir précisions ci-après) ;

– à partir des matériaux mis en œuvre, un produit nouveau est réalisé.

Si ces conditions sont remplies, il y a opération de façon, forme particulière de service (n° 46475).

Si l'une de ces conditions n'est pas remplie, l'opération réalisée est une fabrication.

En matière de **base d'imposition,** le façonnier est, en principe, comme les autres prestataires de services, imposable à la TVA sur le prix de son intervention. S'il n'y a pas façon, la taxe est due sur le tout.

En matière de **taux,** la distinction entre façon et fabrication est en principe sans portée. La distinction entre la façon et les autres prestations de services revêt un intérêt dès lors qu'une prestation de façon peut relever, dans certains cas, du taux applicable au produit obtenu, alors que les autres prestations de services sont en règle générale soumises au taux normal (sur les produits concernés, voir n° 52800).

Pour les **règles de territorialité** applicables aux façons, voir n°s 49870 s. (relations « B to B ») et n° 50005 (relations « B to C »). Voir également n°s 50135 s. pour les façons à l'**exportation** et n° 54050 pour celles portant sur les **déchets neufs d'industrie et matières de récupération.**

> **Précisions** La condition de **restitution à l'identique** n'est **pas exigée,** pour les opérations **entre assujettis,** si les **conditions** suivantes sont remplies : les matières premières mises en œuvre sont fournies par les donneurs d'ordre préalablement au façonnage ; les quantités de produit livrées par le façonnier aux donneurs d'ordre correspondent aussi exactement que possible aux quantités mises en œuvre par le façonnier ; le façonnier tient à disposition du service des impôts sa comptabilité matière (BOI-TVA-CHAMP-10-10-50-40 n° 40).

Obligations particulières. Tout façonnier doit tenir un **registre spécial** mentionnant, dans l'ordre chronologique de la réception des biens et matériaux : **52385** CGI art. 286 quater, II-1 RIE-IV-15180 s

– l'identité du donneur d'ordre, c'est-à-dire son nom ou sa désignation sociale, ainsi que son adresse ou le lieu de son siège social. Lorsque les biens à façonner sont expédiés à partir d'un autre État membre de l'UE par un assujetti (ou pour son compte) identifié à la TVA dans cet État, le registre doit comporter le numéro d'identification à la TVA du donneur d'ordre ;

– pour chaque donneur d'ordre et lors de chacune des opérations d'entrée et de sortie : la nature et la quantité de matériaux devant faire l'objet du travail à façon ainsi que la date d'entrée ; la nature et la quantité de produits transformés ainsi que la date de sortie.

À l'issue de ces opérations, le registre indique les **stocks** détenus. La situation du stock peut être tenue mensuellement.

Le registre est tenu et conservé (pendant le délai et selon les modalités énoncés n° 78065) dans chaque établissement, lieu de dépôt ou lieu de stockage des biens, matériaux ou produits transformés. Ainsi, pour une même entreprise, plusieurs registres de même nature peuvent être tenus en des lieux différents. Le défaut de présentation ou de tenue est sanctionné par une amende fiscale de 750 € et chaque omission ou inexactitude relevée d'une amende de 15 € (CGI art. 1788 B).

Remarque : Les précisions données dans l'alinéa ci-dessus valent aussi pour le **registre des biens expédiés** décrit n° 49285, Précisions, et pour le **registre des biens meubles corporels faisant l'objet de travaux ou d'expertises** décrit n° 49870, précision b.

Lorsque le façonnier réalise directement ou indirectement (cas de sous-traitance) **plus de 50 % de son chiffre d'affaires** avec un **même donneur d'ordre,** ce dernier est **solidairement** tenu au **paiement** de la taxe à raison des opérations qu'ils ont réalisées ensemble. Le pourcentage de 50 % s'apprécie pour chaque déclaration mensuelle ou trimestrielle (ou annuelle s'agissant des redevables au régime simplifié) : il doit donc être déterminé à partir des factures encaissées (ou établies, en cas d'option pour les débits) au titre de chaque période considérée. Cette solidarité n'est toutefois pas mise en œuvre lorsque le donneur d'ordre établit qu'il n'a pas eu connaissance du non-respect par le façonnier de ses obligations fiscales afférentes à la période au titre de laquelle ils ont réalisé des opérations ensemble. **52390** CGI art. 283, 5 TVA-II-2625 s

Le donneur d'ordre peut s'**exonérer de la solidarité** en produisant une **attestation,** fournie par le façonnier et délivrée à ce dernier par le service des impôts dont il dépend, certifiant du respect de ses obligations déclaratives et du paiement de la TVA due au Trésor (Inst. 12 C-3-99, non reprise au Bofip ; CE 18-11-2015 n° 369162 : RJF 2/16 n° 130). Cette attestation doit être exigée du façonnier lors de la conclusion du contrat puis à chaque échéance annuelle lorsque la durée de celui-ci est supérieure à un an (Inst. 12 C-3-99 précitée).

52392 CGI art. 268 bis TVA-VI-17000 s **Offres d'abonnement numérique** Les offres d'abonnement numérique sont des **offres composites** comprenant plusieurs services, dont au moins un service de télécommunication, de radiodiffusion ou de télévision ou un service électronique, qui sont fournis en contrepartie d'un **prix forfaitaire,** et constituées de **plusieurs opérations** imposables à la TVA.

La **base d'imposition** de l'une des opérations comprises dans une telle offre est constituée, lorsqu'il existe une **offre identique** ne comprenant pas tout ou partie des services de cette opération et commercialisée par le fournisseur dans des conditions comparables, par la différence entre le prix forfaitaire mentionné ci-dessus et le prix de l'offre identique (c'est-à-dire le supplément de prix payé par le client par rapport à une offre composite identique, commercialisée dans des conditions comparables, mais ne comprenant pas tout ou partie des services proposés dans l'offre de référence).

En l'**absence d'offre identique,** il convient de procéder à une ventilation comme indiqué n° 52240.

> Précisions **a.** Le **droit d'accès** constitué d'une offre donnant accès à divers services numériques présente pour le consommateur final une finalité propre qui permet de le qualifier d'**opération unique,** nonobstant la diversité des services offerts (voir n° 46478, précision e).

b. Lorsque **plusieurs droits d'accès,** avec des périmètres de services différents, sont commercialisés **au sein d'une même offre,** le regroupement des différents droits d'accès en une même opération est à réaliser selon la méthode du **faisceau d'indices** exposée n° 46478, étant précisé que, si le **métier historique de l'opérateur** ou la circonstance qui en découle que l'essentiel ou la totalité de ses offres comprennent le **service qu'il produit lui-même** peuvent être écartés de l'analyse (sauf situations exceptionnelles), les **durées d'engagement contractuelles** présentent, en revanche, un caractère essentiel pour le consommateur. Lorsque cette durée est commune à plusieurs droits d'accès au sein d'une même offre, il existe une présomption de liens étroits entre les droits d'accès, qui peut toutefois être renversée s'il s'avère que le consommateur peut renoncer à l'un des droits d'accès en cours de contrat pour bénéficier d'une baisse de prix (BOI-TVA-CHAMP-60-40 n°s 200 et 210).

52395 TVA-VI-700 s **Opérations imposables non soumises à la TVA** Lorsque des opérations imposables n'ayant **pas, à tort,** été **soumises à la TVA** lors de leur réalisation sont taxées après coup par le redevable lui-même ou l'administration (procédure de rectification) ou lorsqu'il s'avère qu'une **opération** a été **taxée à un taux erroné inférieur** au taux légal, la base d'imposition doit être déterminée à partir du **prix convenu ferme et définitif** entre les parties (c'est-à-dire le prix dont le vendeur ou le prestataire peut exiger le paiement de son client en application des règles de droit privé).

a. Lorsque le **redevable** de la taxe est le **vendeur ou le prestataire,** le prix convenu doit toujours être considéré comme TTC même si le prix est expressément mentionné hors taxe (ventes en franchise, ventes à l'exportation, etc.). Dans cette hypothèse, il faut retrancher du prix réputé TTC la taxe elle-même pour obtenir la base d'imposition (conformément à la règle générale indiquée n° 52300).

EXEMPLE

1. Livraison non soumise à la TVA imposable au taux de 20 % (coefficient de conversion : 0,833).
Prix mentionné sur la facture initiale : 1 000 €.
Base d'imposition : 1 000 × 0,833 = 833 €.
TVA exigible : 833 × 20 % = 166,60 €.
La facture rectificative est à établir sur cette base.

Les **parties** peuvent cependant **expressément convenir** d'ajouter au prix mentionné, en cas d'assujettissement de l'opération à la TVA, un **supplément de prix** égal au montant de la TVA : dans ce cas, la base d'imposition est égale au montant total du prix mentionné (considéré donc comme hors taxe).

EXEMPLE

2. Mêmes données que l'exemple 1 mais une clause du contrat prévoit que, en cas d'imposition à la TVA, le client acquittera un supplément de prix égal à la TVA.
Le prix convenu ferme et définitif est dans ce cas de : 1 200 € (1 000 € mentionnés sur la facture initiale + supplément de prix convenu 200 €).
Base d'imposition : 1 000 €.
TVA exigible : 1 000 × 20 % = 200 €.
La facture rectificative est à établir sur cette base.

Si l'**exigibilité** de la TVA n'est pas intervenue en ce qui concerne le **supplément de prix** lors de la constatation du caractère imposable de l'opération, le prix mentionné doit être considéré comme TTC et le supplément de prix (considéré également comme TTC) doit être soumis à la TVA lorsque la taxe y afférente devient exigible.

EXEMPLE

3. Mêmes données que l'exemple 2 mais il s'agit d'une prestation de services initialement facturée 1 000 € « HT ».
Lors de la constatation du caractère imposable de l'opération, l'exigibilité de la TVA n'est intervenue qu'à hauteur de la somme effectivement encaissée, soit 1 000 €, considérée comme TTC.
Base d'imposition : 1 000 × 0,833 = 833 €.
TVA exigible : 833 × 20 % = 166,60 €.
Lors de l'encaissement du supplément de prix (200 €) prévu au contrat, celui-ci doit être soumis à la TVA dans les conditions suivantes :
Base d'imposition : 200 × 0,833 = 166,60 €.
TVA exigible : 166,60 × 20 % = 33,32 €.

Remarque : Les règles ci-dessus ne concernent que le cas où le prix est stipulé sans mentionner la TVA. Lorsque celle-ci est réclamée au client, la base d'imposition est constituée du prix déterminé hors TVA.

b. Lorsque le **redevable** est l'**acquéreur du bien ou** le **bénéficiaire du service,** le prix convenu ferme et définitif doit toujours être considéré comme hors taxe, même dans le cas exceptionnel où le vendeur ou le prestataire aurait, en cas d'imposition à la TVA, accepté par une stipulation expresse d'accorder à son client une réduction de prix égale au montant de la TVA.

> Précisions Les règles ci-dessus résultent de la doctrine administrative (BOI-TVA-BASE-10-20-20 nos 100 à 180), laquelle s'appuie sur les principes dégagés par le Conseil d'État (CE sect. 14-12-1979 n° 11798 : RJF 2/80 n° 99 ; CE sect. 28-7-1993 n° 62865 : RJF 8-9/93 n° 1140).
Il convient toutefois de noter que :
– la Cour de cassation n'applique pas les mêmes principes lorsque le vendeur et le client sont des commerçants puisqu'elle a jugé que, selon un usage constant entre commerçants, les prix s'entendent hors taxe, sauf convention contraire (Cass. com. 9-1-2001 n° 97-22.212 FP-P : RJF 4/01 n° 476) ;
– selon la CJUE, le prix convenu sans mention de la TVA doit être considéré comme incluant déjà cette taxe dans le cas où le fournisseur (redevable de la TVA) n'a pas la possibilité de récupérer, auprès de l'acquéreur, la TVA réclamée par l'administration (CJUE 7-11-2013 aff. 249/12 et 250/12 : RJF 1/14 n° 109 ; CJUE 1-7-2021 aff. 521/19 : RJF 10/21 n° 991).

Opérations libellées en devises Lorsque les éléments servant à déterminer la base d'imposition sont exprimés dans une monnaie autre que l'euro, le **taux de change** à appliquer est celui du dernier taux publié par la Banque centrale européenne, connu au jour de l'exigibilité de la taxe. **52400** CGI art. 266, 1 bis TVA-VI-10600 s

Cette disposition concerne tous les assujettis qui, dans le cadre de **contrats internationaux,** facturent et règlent en devises étrangères certaines opérations soumises à la TVA en France.

Elle s'applique également, le cas échéant, pour la détermination de la base d'imposition des **acquisitions intracommunautaires** mais, en pratique, les opérateurs sont autorisés à évaluer ces acquisitions selon le taux de change utilisé pour déterminer la valeur en douane des importations et la valeur statistique, c'est-à-dire le taux de change mensuel (à condition de s'en tenir à cette méthode pour toutes les opérations intracommunautaires de l'année considérée) (BOI-TVA-DECLA-30-20-20-10 n° 410).

> Précisions a. Pour les règles de **facturation,** lorsque l'exigibilité intervient lors de l'encaissement, l'entreprise peut indiquer à son client que la TVA sera fonction du taux de change fixé lors de l'encaissement des acomptes ou du prix (BOI précité n° 400) et, ultérieurement, lui délivrer un document faisant référence à la facture initiale et mentionnant le montant du règlement et le taux de change.
b. En cas de **non-paiement** ou de résiliation, la TVA à récupérer selon la procédure décrite nos 54400 s. est celle acquittée lors de l'exigibilité.
c. Le taux de change retenu pour déterminer la valeur en douane peut être utilisé également pour calculer la taxe exigible sur les biens sortant d'un **régime douanier de report des importations ou** d'un **entrepôt fiscal** (BOI-TVA-CHAMP-40-10-30 n° 170 ; BOI-TVA-CHAMP-40-20-50 n° 160).

SOLUTIONS DIVERSES

Services après-vente Certains fabricants assurent aux concessionnaires revendeurs de leurs marques une **rémunération particulière** (souvent attribuée sous forme de remise) pour tenir compte des « services après-vente » que les revendeurs s'engagent à rendre aux clients, notamment dans le cadre de l'exécution de la clause de garantie attachée à la vente. Les fabricants ne peuvent déduire cette rémunération de leur prix de vente initial. **52415** TVA-VI-7270

Les sommes perçues d'un acheteur en contrepartie d'une **garantie complémentaire** sont imposables au taux normal. Le vendeur peut déduire la taxe grevant les dépenses exposées pour la réparation des biens ainsi garantis.

52420 RIE-IV-2040 s **Maisons à succursales multiples** Il est admis que la TVA soit acquittée sur les **livraisons** faites par la **maison mère à ses succursales.** Ces livraisons sont imposées avec un décalage d'un mois (exemple : les livraisons faites en janvier par la maison mère à ses succursales sont déclarées en mars).

La **valeur imposable** est constituée par le prix de vente pratiqué par la succursale et doit tenir compte des variations de prix éventuellement intervenues entre la livraison à la succursale et la vente aux consommateurs.

52425 TVA-VI-9450 s **Travaux en régie** Les entrepreneurs de travaux en régie qui rendent compte au maître d'œuvre de toutes les dépenses qu'ils ont engagées au nom et pour le compte de celui-ci ne sont redevables de la TVA que sur leur rémunération (qui ne doit couvrir que leurs frais généraux et leur bénéfice).

Ils ne peuvent en revanche soustraire de leur base d'imposition le montant des salaires versés à leur propre personnel.

52430 TVA-VI-8600 s **Concessionnaires de droits communaux** Les concessionnaires, adjudicataires et fermiers de droits communaux sont imposables à la TVA soit sur le montant de leurs recettes atténué de la redevance versée aux communes s'ils perçoivent les droits de place pour leur propre compte, soit sur la rémunération fixe ou proportionnelle qu'ils reçoivent des communes lorsqu'ils recouvrent les droits pour le compte de ces dernières.

52435 CGI art. 298 quaterdecies TVA-VI-15500 s **Tabacs** Les tabacs manufacturés sont soumis à la TVA **sur la base du** prix de vente au détail, y compris l'accise sur les tabacs mentionnée aux articles L 314-1 s. du CIBS, mais à l'exclusion de la TVA elle-même.

Seuls les **fournisseurs** sont en principe redevables de la TVA, qui est liquidée et acquittée dans les mêmes conditions que l'accise sur les tabacs.

Les **débitants de tabac** ne sont redevables de la TVA ni sur les ventes de tabac ni sur les remises qui leur sont allouées. Néanmoins, ils peuvent opérer, dans les conditions habituelles, la déduction de la taxe grevant les dépenses (y compris d'investissement) supportées au titre de l'activité de débit de tabac (BOI-TVA-DED-20-10-20 n° 310). En ce qui concerne les commissions qu'ils perçoivent en tant qu'intermédiaires ou détaillants du loto, voir n° 47575, précision b.

Les **hôteliers, restaurateurs, débitants de boissons,** exploitants de stations-service, compagnie internationale des wagons-lits, etc., **autorisés à rétrocéder** les tabacs doivent uniquement soumettre à la TVA, dans les conditions de droit commun, le supplément de prix qu'ils réclament en sus du prix de vente au détail.

> **Précisions** Lorsqu'ils sont titulaires du statut d'acheteur-revendeur de tabacs manufacturés, les assujettis exploitant des **comptoirs de vente** situés dans les ports et aéroports ou à bord de moyens de transport sont redevables de la TVA, dans les conditions de droit commun, au titre des ventes faites à des voyageurs se rendant dans un autre État membre. Ils peuvent corrélativement déduire la taxe supportée lors de l'achat, de l'importation ou de l'acquisition intracommunautaire de ces produits, ou lors de la sortie d'un régime suspensif (BOI-TVA-CHAMP-20-20-20 n°s 310 et 330).

52440 CGI art. 266, 1-f TVA-XV-14840 s **Travaux immobiliers** La base d'imposition des travaux immobiliers est **constituée par** le montant des marchés, mémoires ou factures, lequel comprend **notamment** : les primes et bonifications pour avance dans la livraison des ouvrages ; les indemnités de résiliation correspondant au prix des travaux déjà exécutés ; la retenue de garantie ; les frais de transport des matériaux utilisés pour l'exécution des travaux ; de manière générale, toute somme versée pour un motif quelconque en sus du prix fixé au marché de travaux (BOI-TVA-BASE-10-20-50 n° 70).

SECTION 2

FAIT GÉNÉRATEUR ET EXIGIBILITÉ DE LA TVA

52500 CGI art. 269 TVA-VII-1 s Le **fait générateur** de la taxe est défini par l'article 62 de la directive 2006/112/CE comme le fait par lequel sont réalisées les conditions légales nécessaires pour l'exigibilité de la taxe.

L'**exigibilité** est définie comme le droit que le Trésor peut faire valoir aux termes de la loi, à partir d'un moment donné, auprès du redevable pour le paiement de la taxe, même si le paiement peut en être reporté.

Pour certaines opérations, le fait générateur de la taxe et son exigibilité coïncident, c'est-à-dire interviennent **au même moment**. C'est essentiellement le cas des livraisons de biens meubles corporels (nos 52585 s.). 52505

Pour d'autres opérations, au contraire, les deux dates **ne coïncident pas.** Il en est ainsi, en principe, pour les prestations de services (nos 52645 s.).

La notion d'**exigibilité** revêt une plus grande **importance pratique.** 52510

a. En effet, l'exigibilité (et non le fait générateur) **détermine la période** (mois, trimestre, etc.) au titre de laquelle le montant des opérations imposables doit faire l'objet d'une **déclaration,** avec **paiement** de l'impôt correspondant (nos 53700 s.).

En outre, c'est le moment où la taxe applicable aux biens ou services acquis, importés ou livrés à soi-même devient exigible qui détermine la date à laquelle le droit à **déduction** prend naissance **chez l'utilisateur** de ces biens ou services (no 56320).

b. Le **fait générateur** est utilisé, en pratique, pour déterminer le régime applicable en cas de **changement de législation.** Cette notion est également parfois retenue en cas de **changement de taux** (bien qu'un tel changement ne s'analyse pas en un changement de législation).

Règles particulières Indépendamment des dispositions générales concernant les livraisons de biens corporels (nos 52585 s.) et les prestations de services (nos 52645 s.), le fait générateur et l'exigibilité de la TVA sont déterminés, pour certaines opérations, selon des **règles spécifiques.** 52515

Le **tableau récapitulatif** figurant ci-après présente la liste de ces opérations avec, pour chacune, la référence aux commentaires correspondants.

Opérations soumises à des règles particulières en matière de fait générateur et d'exigibilité	Commentaires (nos)
Livraisons à soi-même	47405, 47415
Acquisitions intracommunautaires et affectation en France d'un **bien transféré**	49170 et 49205
Importations	49632
Prestations de services pour lesquelles la **taxe** doit être **autoliquidée** par le preneur en vertu de l'article 283, 2 du CGI	49885
Opérations réalisées par ou à destination des **plateformes en ligne** facilitant les ventes à distance de biens importés et certaines livraisons de biens à un non-assujetti	49835
Ventes à distance de biens importés en cas de recours au **guichet unique** « IOSS »	50885
Agriculture	59820
Opérations immobilières	58700 s.
Opération dans laquelle intervient un **commissionnaire**	61490
Produits pétroliers	61370
Presse	61600, 61630
Spectacles	61755
Travaux immobiliers	52680 s.
Appareils automatiques	61800
Bons	47470 s.

Remarque : Les **entreprises qui cessent leur activité,** ou qui perdent la qualité de redevable, doivent soumettre à la TVA les sommes perçues après la date de la cessation d'activité dès lors qu'elles se rapportent à des opérations réalisées avant cette date et pour lesquelles l'exigibilité intervient lors de l'encaissement. Ces sommes doivent alors faire l'objet d'une déclaration CA 3. 52520

1. LIVRAISONS DE BIENS CORPORELS

RÈGLES GÉNÉRALES

Pour les livraisons de biens corporels, le **fait générateur** de la TVA **et** son **exigibilité coïncident** et interviennent tous deux au moment où l'opération est effectuée. 52585 CGI art. 269, 1-a, 1-a bis et 2-a TVA-VII-300 s

Ainsi, la TVA afférente aux opérations en cause (ventes, échanges, prêts de consommation, etc.) devient exigible, en principe, lors du transfert de propriété ou du « **pouvoir de disposer du bien comme un propriétaire** ».

L'administration donne les précisions suivantes.

1. Le transfert du pouvoir de disposer comme un propriétaire intervient généralement lors de l'**échange des consentements** même si le bien n'a pas été délivré ou si le prix n'a pas été payé (C. civ. art. 1583).

2. Toutefois, ce principe comporte des **exceptions,** à savoir **notamment** :

a. Son application est limitée aux **choses certaines** : ainsi, à l'exception des ventes dans lesquelles la marchandise est déterminée par sa localisation (ventes en bloc visées à l'article 1586 du Code civil), le transfert de propriété des biens vendus au poids, au compte ou à la mesure n'intervient qu'au moment où ceux-ci sont pesés, comptés ou mesurés (C. civ. art. 1585). Par ailleurs, le transfert de propriété de biens meubles futurs n'intervient qu'à l'achèvement du bien (vente d'une récolte non encore venue à maturité : la livraison n'intervient qu'au moment de la récolte) ;

b. Il n'a pas de caractère d'ordre public : les parties peuvent retarder la formation du contrat et donc du transfert de propriété en prévoyant une **condition suspensive.** Dans ce cas, le transfert de propriété ne s'opère qu'au moment de la réalisation de la condition. Ce type de clause doit être distingué de la **condition résolutoire** pour laquelle le transfert de propriété intervient dès la conclusion du contrat, celui-ci pouvant être rétroactivement résilié si la condition se réalise.

Les conséquences fiscales sont les suivantes (sous réserve du versement d'un acompte préalable : n° 52590) :

– dans le cas d'une vente sous condition suspensive, le fait générateur n'intervient qu'au moment de la réalisation de la condition (et la taxe ne devient exigible qu'à cette date) ;

– dans le cas d'une vente sous condition résolutoire, le fait générateur (et l'exigibilité) intervient dès l'échange des consentements (BOI-TVA-BASE-20-10 n°s 40 à 57).

52590 En cas de versement préalable d'un **acompte** portant sur des livraisons de biens, la taxe devient exigible au moment de son encaissement (sur cette notion, voir n° 52655), à concurrence du montant encaissé.

> **Précisions** Le versement d'acomptes avant qu'une livraison de biens (ou une prestation de services) ne soit effectuée donne lieu à **exigibilité** de la TVA dès l'encaissement à la **double condition** que, au moment du versement de l'acompte, les biens soient désignés avec précision et que la réalisation de la livraison ne soit pas incertaine (CJUE gr. ch. 21-2-2006 aff. 419/02 : RJF 5/06 n° 647 ; CJUE 13-3-2014 aff. 107/13 : RJF 6/14 n° 651 ; CJUE 31-5-2018 aff. 660/16 et 661/16 : RJF 8-9/18 n° 920 ; CE 24-2-2021 n° 429647 : RJF 5/21 n° 470 ; CAA Nantes 28-5-2021 n° 19NT03579 : RJF 8-9/21 n° 800). S'agissant des acomptes versés avant la réalisation d'une **livraison de biens,** l'**administration** ne reprend expressément que la condition relative à la désignation précise des biens (BOI-TVA-BASE-20-10 n° 65).
> Sur les mentions obligatoires devant figurer sur les **factures d'acomptes,** voir n° 53625, remarque 7.

EXPLICATIONS PARTICULIÈRES

52600 TVA-VII-830 **Ventes payables à terme ou à tempérament** La circonstance que le prix ait été stipulé payable à terme ou à tempérament n'emporte aucune incidence sur la validité de la vente, laquelle doit être soumise à la TVA lors de la **remise matérielle** du bien vendu.

Pour les ventes assorties d'une clause de réserve de propriété, voir n° 52615.

52605 TVA-VII-840 s **Location-vente de biens meubles** La location-vente est une convention qui prévoit que, à l'expiration d'un contrat de louage de chose, la propriété du bien loué sera transférée à la personne qui en était jusque-là simplement locataire.

Bien que la location-vente se décompose fiscalement en un contrat de louage de chose suivi d'une vente, chacune de ces conventions suivant son régime propre, les livraisons de biens meubles effectuées dans le cadre d'un tel contrat sont soumises à la TVA lors de la **remise matérielle** (BOI-TVA-BASE-20-10 n° 120).

Dès la remise matérielle, la taxe, **assise** sur le montant cumulé des loyers prévus (ou, le cas échéant, sur le prix prévisionnel du bien tel qu'il peut ressortir du contrat), peut être **facturée** par le bailleur et **déduite** par le locataire (si le bien loué ouvre droit à déduction).

52610 **Remarques** : **a.** Seuls les **biens meubles corporels** sont concernés par cette disposition, à l'exclusion des biens immobiliers (CGI art. 256, II-3°-c).

b. Selon l'administration, sont également exclus de cette disposition les **contrats de leasing ou de crédit-bail mobilier,** c'est-à-dire les contrats qui s'analysent en des locations, assorties pour le preneur d'une simple faculté d'achat moyennant un prix convenu qui tient compte, au moins pour partie, des versements effectués au titre des loyers (BOI-TVA-BASE-20-10 n° 120). Pour les loyers perçus dans le cadre de ces opérations, la taxe est exigible selon les règles prévues pour les prestations de services (n°s 52645 s. ; pour les dépôts de garantie éventuellement exigés, voir n° 52255).

Lorsqu'en fin de contrat l'option d'achat est levée par le preneur, la cession opérée suit le régime des cessions de biens mobiliers d'investissement (n°s 60985 s.).

Selon la **CJUE,** s'il peut être déduit des conditions financières du contrat que l'exercice de l'option apparaît comme le seul choix économiquement rationnel que le preneur sera susceptible de faire si le contrat est exécuté jusqu'à son terme (versement d'une somme symbolique pour l'exercice de l'option, par exemple), l'opération doit être considérée comme une livraison rendant la TVA exigible dès la remise matérielle du bien (CJUE 4-10-2017 aff. 164/16 : RJF 12/17 n° 1263 ; voir également CAA Bordeaux 16-6-2020 n° 18BX02182 : RJF 11/20 n° 875 pour une application de cette jurisprudence).

Ventes assorties d'une clause de réserve de propriété Pour se garantir contre le non-paiement de leur créance, les vendeurs peuvent inclure dans le contrat une clause différant le transfert de propriété à l'acheteur jusqu'au paiement intégral du prix. 52615 TVA-VII-900 s

En pareil cas, la TVA est exigible dès la **remise matérielle** du bien à l'acheteur, sans qu'il y ait lieu d'attendre le paiement du prix et donc le transfert de propriété (une règle semblable est prévue en matière de BIC : n° 7875).

La taxe afférente à la vente est **déductible** chez l'acquéreur dans les conditions de droit commun, c'est-à-dire à la date de la remise matérielle du bien.

En cas de **non-paiement du prix** entraînant la **reprise du bien** par le vendeur, celui-ci peut récupérer la taxe précédemment acquittée dans les conditions prévues pour les opérations résiliées, annulées ou impayées (nos 54400 s.). Corrélativement, l'acquéreur doit reverser la taxe initialement déduite (n° 54410).

Livraisons à exécution échelonnée Pour les livraisons de biens meubles corporels donnant lieu à l'établissement de **décomptes** ou à des **encaissements successifs,** le fait générateur de la taxe est réputé intervenir lors de l'expiration des périodes auxquelles ces décomptes ou encaissements se rapportent. 52620 TVA-VII-1600 s

L'exigibilité intervient soit, comme le fait générateur, lors de l'**expiration des périodes** auxquelles les décomptes ou encaissements se rapportent, soit, sur option, au moment du **débit** (n° 52665) et, en tout état de cause, à concurrence de leur montant, dès la perception d'**acomptes** s'il en est demandé avant l'intervention du fait générateur ou du débit.

Sont concernées les livraisons de biens meubles corporels effectuées en vertu de contrats « à exécution échelonnée » qui ne portent pas sur des quantités de biens finies ou déterminées avec précision, mais en vertu desquels les quantités de biens livrées dépendent seulement de la volonté de l'une des parties. Il s'agit essentiellement des fournitures de biens effectuées de façon continue dans le cadre de contrats d'**abonnement,** tels que le **gaz** ou l'**électricité,** l'**eau** ou le **chauffage urbain** (qui donnent lieu à des relevés périodiques).

2. PRESTATIONS DE SERVICES

RÈGLES GÉNÉRALES

Pour les prestations de services, le fait générateur de la taxe ne coïncide pas, en principe, avec son exigibilité (voir n° 52510 la portée de cette observation). 52645 CGI art. 269, 1-a, 1-a bis et 2-c TVA-VII-2500 s

1. Le **fait générateur** intervient lorsque la prestation est effectuée. Il est donc constitué par l'**exécution** des services ou des travaux.

Lorsque les services donnent lieu à l'établissement de **décomptes** ou à des **encaissements successifs,** le fait générateur est réputé intervenir lors de l'expiration des périodes auxquelles ces décomptes et ces encaissements se rapportent.

2. L'**exigibilité** de la taxe intervient lors de l'**encaissement** des acomptes, du prix ou de la rémunération, ou, sur **option** du redevable, d'après les **débits** (n° 52665). Par ailleurs, les entrepreneurs de travaux immobiliers peuvent, sous certaines conditions, opter pour le **paiement** de la taxe **lors de la livraison** (nos 52680 s.).

S'agissant des conditions dans lesquelles le versement d'avances ou d'**acomptes** avant la réalisation d'une prestation donne lieu à exigibilité de la taxe, voir n° 52590, Précisions.

Opérations concernées Les règles exposées n° 52645 sont applicables à toutes les opérations considérées comme des prestations de services (n° 46475) : réparations, façons, transports, cessions ou concessions de biens meubles incorporels (brevets, marques, mines et carrières, etc.), locations (sauf les locations-ventes visées n° 52605), ventes à consommer sur place, travaux immobiliers (avec toutefois la particularité évoquée nos 52680 s.), etc. 52650

Il est toutefois rappelé que des règles spécifiques d'exigibilité sont prévues pour les prestations de services pour lesquelles la **taxe** est **autoliquidée par le preneur** en vertu de l'article 283, 2 du CGI (n° 49885).

52655 TVA-VII-2700 s **Définition de l'encaissement** Par « encaissements imposables », il faut entendre notamment toutes les sommes perçues du chef de la réalisation de l'opération ou de l'exécution des travaux, à quelque titre que ce soit (**avances, acomptes, règlements pour solde**) et quelle que soit la destination de ces sommes (achats de matières ou matériaux, paiement de sous-traitants, versements d'agios, etc.).

Sur les conditions d'exigibilité de la taxe en cas de versement d'avances ou d'acomptes, voir n° 52590, Précisions.

> Précisions a. En cas de paiement par **chèque,** la taxe n'est exigible, en principe, que lors de l'**encaissement** de ce chèque soit directement, soit par inscription au compte. Cependant, **en pratique,** le redevable soumis au paiement de la TVA d'après les encaissements et qui reçoit un chèque en paiement doit acquitter la taxe **dès remise** du chèque par son client. Toutefois, le paiement n'est confirmé que lorsque le chèque est encaissé. Dès lors, si le **chèque** n'est **pas provisionné,** l'exigibilité doit être considérée comme n'étant pas effectivement intervenue et le redevable peut opérer l'**imputation** de la taxe acquittée lors de la remise du chèque. Pour cela, il n'a pas à suivre la procédure spéciale décrite n°s 54400 s. Il lui suffit de faire figurer le montant de la taxe à imputer sur sa prochaine déclaration CA 3 (ou, s'il est soumis au régime simplifié de déclaration, de ne pas comprendre l'opération dans les opérations imposables à porter sur la déclaration annuelle CA 12). Si, par la suite, il obtient de son client le remboursement en espèces du montant du chèque en cause, il doit soumettre à la taxe la somme correspondante.

b. Lorsque le paiement est fait par **virement** bancaire ou postal, la date de l'inscription au compte du fournisseur constitue la date d'exigibilité de la taxe.

c. Lorsque le paiement est effectué par **effet de commerce,** l'encaissement (et, par conséquent, l'exigibilité de la taxe) est considéré comme intervenant à la date d'échéance de l'effet (ou, si celui-ci n'est pas honoré à cette date, au moment du règlement effectif par le client), même si l'effet est remis à **l'escompte.**

d. En cas de **transmission de créance,** l'exigibilité de la taxe intervient à la date du paiement de la dette transmise entre les mains du bénéficiaire de la transmission. Cette règle vaut quel que soit le mode de transmission de la créance (cession pure et simple, cession ou nantissement par bordereaux « Dailly », affacturage, titrisation, etc.).

Il en est de même pour les avances consenties par un établissement de crédit au titulaire d'un **marché public** imposable sur ses encaissements (BOI-TVA-BASE-20-20 n°s 90 et 100).

e. Le **paiement direct** d'un **sous-traitant** par le maître de l'ouvrage vaut, selon l'administration, encaissement chez le titulaire du marché qui doit donc acquitter la taxe correspondante au titre du mois au cours duquel il est informé du règlement du sous-traitant (Lettre SLF du 2-6-1981).

f. Un **abandon de créances** par un prestataire de services n'équivaut pas à un encaissement et ne rend pas la TVA exigible (CE 2-5-2018 n° 404161 : RJF 7/18 n° 740).

OPTION POUR LE PAIEMENT D'APRÈS LES DÉBITS

52665 TVA-VII-4000 s Les redevables qui effectuent des **opérations pour lesquelles l'exigibilité** est constituée par l'**encaissement** (prestataires de services, agriculteurs, éditeurs de publications de presse, etc.) peuvent opter pour le paiement de la taxe d'après leurs débits. Il en va de même des redevables qui effectuent des livraisons de biens meubles corporels donnant lieu à l'établissement de décomptes ou à des encaissements successifs (**livraisons à exécution échelonnée**), pour lesquelles l'exigibilité intervient normalement lors de l'expiration des périodes auxquelles les décomptes ou encaissements se rapportent (n° 52620).

À cet effet, ils doivent adresser, par lettre simple, une **déclaration écrite** au service des impôts dont ils relèvent. Cette option peut être formulée à tout moment.

L'option **prend effet** pour les opérations réalisées (ou pour les périodes qui expirent) à compter du premier jour du mois suivant celui au cours duquel elle a été exercée. Elle est **globale** et s'applique donc à l'ensemble des opérations réalisées. Elle demeure valable tant que les intéressés n'expriment pas par écrit leur volonté de revenir au régime de droit commun. En cas de **renonciation** à l'option, le régime de droit commun s'applique aux opérations réalisées (ou aux périodes qui expirent) à compter du premier jour du mois suivant celui au cours duquel cette renonciation a été déclarée.

Le débit (c'est-à-dire l'inscription de la somme correspondante au débit du compte « client ») coïncide, en principe, avec la **facturation.** L'administration considère cependant que le paiement de l'impôt d'après les débits ne peut **pas** avoir pour effet de permettre au contribuable de **s'acquitter** de la TVA **postérieurement à l'encaissement** des acomptes, du prix ou de la rémunération des services, même s'ils ne correspondent pas à une exécution partielle du service fourni (BOI-TVA-BASE-20-50-10 n° 70).

Pour permettre à leurs clients d'opérer leurs droits à déduction dès réception de la facture lorsque celle-ci précède le paiement du prix, dans des conditions régulières (n°s 56320 s.), l'administration recommande aux redevables ayant opté pour le paiement de la TVA d'après les débits de faire **mention** de cette option sur leurs **factures** (BOI précité).

> Précisions **a.** En cas de ventes et prestations de services faisant l'objet d'une **facturation unique,** l'exigibilité de la TVA est constituée, en principe, par la livraison des marchandises en ce qui concerne les ventes et par les encaissements en ce qui concerne les prestations de services. L'option pour le paiement de la taxe d'après les débits permet ainsi aux redevables d'éviter les difficultés pratiques liées à la discordance entre les dates d'exigibilité.

b. Même s'il n'a **pas effectivement opté** pour les débits, un redevable est lié par la référence à cette option portée sur ses factures.

c. Concernant l'option formulée par un **assujetti unique,** voir n° 46552, précision d.

TRAVAUX IMMOBILIERS

52680 CGI art. 269, 2-c-al. 3 TVA-XV-15310 s

Les travaux immobiliers sont considérés comme des **prestations de services.** Conformément aux règles prévues pour l'ensemble des prestations de services, l'exigibilité de la TVA applicable aux travaux immobiliers intervient donc, en **principe,** lors de l'**encaissement** des acomptes, des avances constituant un paiement anticipé ou du montant des mémoires ou factures (nos 52645 s.), sauf si les entrepreneurs de travaux immobiliers ont décidé d'opter pour le paiement de la TVA d'après les **débits** (n° 52665).

Ils peuvent également **opter pour** le paiement de la **TVA lors de la livraison des travaux.** Cette livraison s'entend de la remise des ouvrages en la possession du maître de l'ouvrage, sans pouvoir cependant se situer après l'occupation ou l'utilisation réelle des locaux ou installations. La **date** de livraison à retenir est donc celle de la réception provisoire des travaux par le maître de l'ouvrage ou celle de l'occupation ou de l'utilisation effective si elle intervient avant.

52685 Cette option concerne les travaux immobiliers exécutés dans le cadre d'un **marché unique comportant à la fois** la fourniture de biens meubles et l'installation ou l'incorporation à un ouvrage immobilier des matériels ou appareils fournis. La **valeur** de vente (tous frais et taxes compris) des matériels ou appareils fournis et indispensables au fonctionnement de l'installation ou incorporés à l'ouvrage immobilier doit excéder 50 % du montant total du marché.

Sont **exclus** de l'option les travaux immobiliers concourant :

– à la construction, à la livraison, à la réparation ou à la réfection des voies et bâtiments de l'État et des collectivités locales, ainsi que de leurs établissements publics autres que ceux à caractère industriel ou commercial assujettis à la TVA ;

– à la construction et à la livraison des immeubles destinés à être affectés à l'habitation pour les trois quarts au moins de leur superficie ;

– à la réparation et à la réfection des locaux d'habitation ainsi que des parties communes des immeubles dont les trois quarts au moins de la superficie sont affectés à l'habitation ;

– à la construction, à la livraison, à la réparation et à la réfection des immeubles affectés à l'exercice public du culte et des locaux annexes nécessaires à cette activité.

Sont **également exclus** de l'option les travaux immobiliers réalisés par les redevables inscrits au registre national des entreprises en tant qu'entreprise du secteur des métiers et de l'artisanat placés par option sous le régime simplifié de déclaration.

> Précisions **a.** L'exercice de l'option est **subordonné** au dépôt par l'entrepreneur, auprès du service des impôts dont il dépend, d'une **déclaration** par laquelle il prend l'engagement d'acquitter la taxe lors de la livraison des travaux immobiliers pour tous les marchés qui seront passés à compter de la date de cette déclaration et rempliront les conditions indiquées ci-dessus.

b. L'entrepreneur doit indiquer, par une **mention expresse** dans les **contrats** établis pour les marchés en cause et sur tous les **mémoires** y afférents, qu'il a opté pour le paiement de la TVA lors de la livraison. Pour permettre à ses clients redevables de la TVA d'opérer les déductions dans des conditions régulières (nos 56320 s.), il est recommandé à l'entrepreneur de reproduire cette indication sur toutes les **factures** qu'il délivre.

La **facturation de la TVA** ne peut être faite avant que la livraison des travaux soit intervenue. Le non-respect de ces conditions (mention de l'option sur les contrats et mémoires et facturation après livraison) entraînerait l'annulation de l'option et rendrait la taxe immédiatement exigible sur les encaissements reçus au titre des marchés en cours.

c. L'option exercée n'est pas irrévocable et l'entrepreneur peut y renoncer à tout moment. Cette **renonciation,** qui doit faire l'objet d'une déclaration auprès du service des impôts, prend effet à la date de cette déclaration et rend exigible le paiement immédiat de la taxe afférente aux encaissements reçus au titre des marchés en cours.

La renonciation n'est pas irrévocable. Cependant, une **nouvelle option** ne peut être formulée qu'à l'expiration d'un délai d'un an à compter de la date de renonciation.

SECTION 3

TAUX DE LA TVA

52760 Une fois fixée la base d'imposition d'une opération donnée, il faut déterminer quel **taux** doit être **appliqué** à cette **base d'imposition** pour obtenir le montant de TVA exigible à raison de l'opération.

STRUCTURE DES TAUX

52770 TVA-VIII-40 s. Il existe légalement **cinq taux principaux** de TVA : le taux normal, les taux réduits de 5,5 % et de 10 %, le taux particulier de 2,1 % et le taux zéro (exonération ouvrant droit à déduction). Dans les départements d'outre-mer (DOM) où la TVA est applicable, deux taux légaux principaux moins élevés s'appliquent.

À ces taux principaux s'ajoutent des **taux spécifiques** applicables en Corse et dans les DOM.

52780 En **France continentale,** les taux sont les suivants :

– le taux normal de 20 % ;

– le taux réduit de 5,5 % ;

– le taux réduit de 10 % ;

– le taux particulier de 2,1 % qui concerne les publications de presse et la presse en ligne (n° 61600), les médicaments remboursables par la sécurité sociale ou soumis à autorisation temporaire et produits sanguins (nos 53065 s.), les 140 premières représentations théâtrales ou de cirque (n° 61785) et les ventes d'animaux de boucherie et de charcuterie à des non-assujettis (n° 59835) ;

– le taux zéro (exonération ouvrant droit à déduction), propre au transport international de voyageurs (n° 50190) et aux opérations effectuées par les pêcheurs et armateurs à la pêche (n° 47555).

Les taux de 2, 1 %, de 5,5 %, de 10 % ainsi que le taux zéro s'appliquent exclusivement à certaines opérations expressément et limitativement énumérées par la loi. Toutes les autres opérations relèvent du taux de 20 %.

Sur les taux principaux et les taux spécifiques applicables dans les **DOM** et en **Corse,** voir respectivement nos 91610 et 92370 s.

Remarque : Les taux de 2,1 %, de 5,5 % et de 10 % sont tous les trois légalement considérés comme des taux « réduits ». Cependant, pour des raisons de commodité, nous utilisons les termes de « **taux particulier** » pour désigner le taux de **2,1 %,** de « **taux réduit** » pour désigner le taux de **5,5 %** et de « **taux intermédiaire** » pour désigner le taux de **10 %.**

52785 **> Précisions a.** Les **taux légaux** s'appliquent **à des prix hors TVA** (n° 52300).

Les **coefficients de conversion** qui permettent d'obtenir le prix hors TVA en partant du prix TVA comprise sont calculés à partir de la formule 100 / (100 + T).

Pour les principaux taux légaux, les coefficients de conversion fixés par l'administration sont les suivants :

– taux normal de 20 % : 0,833 ;

– taux réduit de 5,5 % : 0,947 ;

– taux intermédiaire de 10 % : 0,909 ;

– taux particulier de 2,1 % : 0,979.

b. Quand ils réalisent des **opérations relevant de taux différents,** les redevables doivent **ventiler** les recettes correspondantes suivant chacun des régimes d'imposition applicables (voir, sur ce point, nos 53460, c, et 53470 s.).

De la même manière, lorsque des opérations distinctes sont **proposées pour un prix global,** chaque opération suit en principe son régime propre et il appartient au redevable de ventiler ce prix unique entre les opérations identifiées (voir n° 52240).

En revanche, lorsqu'une telle offre constitue une **opération complexe unique** au sens défini nos 46478 s., un traitement fiscal unique s'applique de sorte que toute ventilation du taux sur la base imposable est exclue. Dans ce cas, les règles exposées n° 46480 s'appliquent.

c. En ce qui concerne les opérations taxées à un **taux erroné** inférieur au taux légal, voir n° 52395 ; les offres d'**abonnement numérique,** voir n° 52392.

OPÉRATIONS CONCERNÉES PAR L'APPLICATION D'UN TAUX RÉDUIT

52800 CGI art. 278-0 B Lorsqu'une livraison de biens est éligible à un taux réduit, ce taux s'applique aux **acquisitions intracommunautaires** et aux **importations** portant sur ces biens (autres que les œuvres d'art : pour le taux applicable aux opérations portant sur ces dernières, voir n° 60595), aux opérations assimilées telles que les **livraisons à soi-même** et les **transferts intracommunautaires,** ainsi qu'aux opérations d'acquisition et de livraisons de biens que sont réputés avoir réalisées les **intermédiaires opaques** (n° 61470) et les assujettis qui facilitent certaines ventes de biens au moyen d'**interfaces électroniques** (nos 49825 s.) (BOI-TVA-LIQ-10 n° 30).

Les **prestations de façon** portant sur un bien ou conduisant à la fabrication d'un bien relèvent en principe du taux normal. Toutefois, ces prestations relèvent du taux prévu pour les livraisons portant sur le bien obtenu au moyen de ce travail à façon lorsque ces prestations portent sur des **biens d'origine agricole,** de la pêche, de la pisciculture ou de l'aviculture, tels que définis n° 52986, qui sont normalement destinés à être utilisés dans la production agricole, à être utilisés dans la préparation de denrées alimentaires ou à être consommés en l'état par l'homme (voir précision a ci-après). L'administration admet en outre que le taux réduit s'applique à certaines opérations de façon portant sur les **livres** (n° 53045).

> Précisions a. Afin d'être éligible au taux réduit, une prestation de services portant sur un bien d'origine agricole, de la pêche, de la pisciculture ou de l'aviculture doit avoir le caractère d'une **opération de façon** au sens défini n° 52380 et le bien issu de cette opération doit être éligible au taux réduit, ce qui implique que l'opération de façon n'a pas conduit à lui conférer une destination autre que l'alimentation humaine (nos 52945 s.) ou animale (nos 52982 s.) ou la production agricole (n° 52986) (BOI-TVA-SECT-80-70 n° 20).
Lorsque le taux réduit s'applique à l'opération de façon, il s'applique à l'ensemble des **services accessoires** à cette opération réalisés par le même opérateur dans le cadre de la même opération (BOI précité).

b. En revanche, lorsqu'un bien relève d'un taux réduit, ce taux **ne s'applique pas** aux prestations de **location** de ce bien (sauf si la loi le prévoit expressément), aux prestations des **intermédiaires transparents** intervenant dans le cadre d'une livraison de ce bien (n° 61460) et aux importations déclarées dans le cadre du **régime particulier** pour la déclaration et le paiement de la TVA à l'**importation** (n° 50905) (BOI-TVA-LIQ-10 nos 30 et 40).

A. Taux normal

Le taux normal, qui est le **taux de droit commun,** est fixé à **20 %.** 52900 CGI art. 278 TVA-VIII-750 s

Le champ d'application du taux normal n'est pas défini de manière limitative, puisqu'il englobe toutes les opérations imposables pour lesquelles un autre taux n'est pas spécialement prévu.

Il ne nous paraît donc pas utile de donner ici une liste d'opérations ou de produits relevant du taux normal.

B. Taux réduit

Le taux réduit s'applique à **certains produits ou biens et prestations de services,** limitativement désignés par la loi. Le **tableau récapitulatif** ci-après en donne la liste avec référence aux commentaires correspondants. 52930

Produits et services relevant du taux réduit	Commentaires (nos)
Produits destinés à la consommation humaine (y compris l'eau et les boissons, à l'exclusion, d'une part, des boissons alcooliques et de quelques produits alimentaires solides et, d'autre part, des ventes à consommer sur place et des ventes à emporter ou à livrer en vue d'une consommation immédiate)	52945 s.
Produits destinés à la consommation animale	52982 s.
Produits d'origine agricole, de la pêche, de la pisciculture ou de l'aviculture destinés à la production agricole	52986
Certains appareillages et **équipements** pour **handicapés**	52990 s.
Certaines prestations (logement et nourriture notamment) fournies dans les **maisons de retraite** et dans les **établissements** accueillant des **personnes handicapées**	90650
Prestations de logement et de nourriture fournies dans les **logements-foyers,** les **établissements** de réadaptation, de préorientation et **de rééducation** professionnelle, les centres d'accueil notamment d'urgence, les foyers de jeunes travailleurs ; prestations d'hébergement et d'accompagnement social dans certaines **résidences hôtelières à vocation sociale**	90650
Produits de **protection hygiénique** féminine	53010
Masques, produits d'hygiène et tenues de protection contre la **Covid-19**	53012

Produits et services relevant du taux réduit	Commentaires (nos)
Certains **services d'aide aux personnes âgées dépendantes et aux personnes handicapées**	53015
Fourniture de repas dans les **cantines scolaires**	53025
Collecte séparée et en déchetterie, **tri** et **valorisation** matière de **déchets** ménagers	53030 s.
Abonnements au **gaz**, à l'**électricité** de petite puissance et à l'énergie calorifique, **fourniture de chaleur**	53035
Livres	53040 s.
Travaux portant sur des **infrastructures de recharge pour véhicules électriques**	53046
Travaux d'amélioration de la **qualité énergétique** des logements (et **livraisons à soi-même** portant sur ces travaux)	53048
Préservatifs, trousses de prévention de la contamination par les virus du sida et des hépatites et **autotests de dépistage du VIH**	53080
Spectacles vivants (théâtres, théâtres de chansonniers, cirques, concerts, spectacles de variétés), **cinéma** (ainsi que certaines cessions de droits portant sur les œuvres cinématographiques), **réunions sportives, parcs zoologiques,** compétitions de jeux vidéo (**e-sport**)	61770
Façons sur **certains produits au taux réduit**	52800
Activités équestres	60010
Certaines opérations portant sur les **œuvres d'art** et les **objets de collection** ou **d'antiquité**	60595

Remarques : **1.** Pour les opérations se rattachant à une activité faisant l'objet d'une étude particulière (spectacles, etc.), les commentaires relatifs aux taux sont intégrés dans cette étude.
2. Le taux réduit s'applique également à certaines opérations portant sur certains locaux et **logements sociaux** (nos 58895, 59060 et 59120).

PRODUITS DESTINÉS À LA CONSOMMATION HUMAINE

52945 CGI art. 278-0 bis, A-1° TVA-VIII-1500 s

Les livraisons portant sur les denrées alimentaires **destinées à la consommation humaine,** les produits **normalement destinés à être utilisés dans la préparation** de ces denrées et les produits normalement utilisés pour **compléter ou remplacer** ces denrées relèvent du taux réduit, à l'**exception** des produits de confiserie, des chocolats et produits composés contenant du chocolat ou du cacao, des margarines et graisses végétales, du caviar (nos 52965 s.) et des boissons alcooliques (n° 52960) (BOI-TVA-LIQ-30-10-10 n° 1). Hormis ces exceptions, le taux réduit s'applique à toutes les **opérations** définies n° 52800 portant sur les produits susvisés.

Sont donnés nos 52946 s. les principes généraux relatifs au taux réduit applicable à ces produits, ainsi que les précisions particulières qu'appellent les boissons et les produits exclus du bénéfice de ce taux.

> **Précisions a.** Le taux réduit s'applique **sous réserve** des dispositions de l'article 279, n du CGI, qui soumettent au **taux intermédiaire** les **ventes à emporter ou à livrer** de produits alimentaires préparés en vue d'une consommation immédiate (nos 53205 s.), et des dispositions de l'article 279, m du CGI, qui soumettent au même taux la fourniture de produits alimentaires intervenant dans le cadre de **ventes à consommer sur place** (n° 53195) (BOI précité).

> **b.** Les **produits d'origine agricole, de la pêche, de la pisciculture et de l'aviculture,** tels que définis n° 52986, qu'ils soient ou non transformés, relèvent du taux réduit lorsqu'ils sont destinés à l'alimentation humaine, comme tout autre produit qui a cette destination (BOI-TVA-LIQ-30-10-30 n° 30).

> **c.** S'agissant des **prestations de façon,** voir n° 52800.

52946 **Principes** Les notions de « **denrées alimentaires destinées à la consommation humaine** » et de « **produits normalement utilisés pour compléter ou remplacer des denrées alimentaires** » visent tous les produits contenant des **nutriments** constitutifs, énergétiques et régulateurs de l'organisme humain, nécessaires au maintien, au fonctionnement et au développement de cet organisme, consommés afin d'apporter ces nutriments à celui-ci (CJUE 1-10-2020 aff. 331/19 : RJF 12/20 n° 1060).

Ainsi, l'éligibilité au taux réduit est conditionnée par l'existence d'une **fonction nutritionnelle.** Celle-ci n'implique pas nécessairement un effet bénéfique sur la santé et n'est pas exclusive d'autres fonctions ou vertus, établies ou alléguées, telles que la création de la sensation de plaisir ou la génération d'effets particuliers sur l'organisme (BOI-TVA-LIQ-30-10-10 n° 20).

> **Précisions** **a.** Ont le caractère de denrées alimentaires les **produits « diététiques » ou de « régime »** qui ne présentent pas un caractère médicamenteux et sous réserve des exceptions visées nos 52965 s. (BOI précité).
> **b.** Les **compléments alimentaires,** qui s'entendent des denrées alimentaires dont le but est de compléter le régime alimentaire normal et qui constituent une source concentrée de nutriments ou d'autres substances ayant un effet nutritionnel ou physiologique seuls ou combinés, commercialisés sous forme de doses (gélules, pastilles, comprimés, sachets de poudre, ampoules, etc.), sont considérés comme des denrées alimentaires ou assimilées pouvant bénéficier du taux réduit selon les principes exposés ci-avant. En revanche, ils relèvent du taux normal s'ils n'ont aucune fonction nutritionnelle (BOI précité nos 270 et 280). Les compléments alimentaires qualifiés de médicaments relèvent du taux intermédiaire ou de 2,1 % (no 53065) (BOI précité no 1).

Les produits **normalement destinés à être utilisés dans la préparation** des denrées alimentaires destinées à la consommation humaine (dits « **intrants** ») désignent des produits autres que ceux décrits no 52946, à savoir **notamment** : 52947
– les animaux vivants, les graines, les plantes ou d'autres ingrédients lorsqu'ils ne constituent pas des produits finis susceptibles d'être consommés directement par le consommateur final en tant que denrées alimentaires ;
– les produits n'ayant pas de fonction nutritionnelle en tant que tels, mais qui sont incorporés aux denrées, comme certains additifs alimentaires (voir précision b ci-après) (BOI-TVA-LIQ-30-10-10 no 50).

> **Précisions** **a.** Les **produits alimentaires pour des animaux** qui constituent eux-mêmes des intrants de la production de l'alimentation humaine bénéficient du taux réduit dans les conditions exposées nos 52982 s.
> **b.** Les **additifs alimentaires** sont des produits divers, d'origine naturelle ou de synthèse, normalement destinés à être incorporés aux produits alimentaires, tels que : arômes, agents de sapidité, colorants, antioxydants, épaississants, produits dits « améliorants de boulangerie ». Ils sont soumis au taux réduit selon les principes exposés nos 52945 à 52948. La circonstance que la denrée alimentaire que vient compléter l'additif soit exclue du taux réduit est sans incidence (BOI précité nos 250 et 260).

Afin que les produits soient éligibles au taux réduit, leur **destination « normale »** doit être d'entrer dans la chaîne alimentaire humaine, le cas échéant après une ou plusieurs opérations de transformation ou de combinaison avec d'autres produits. Les produits remplissent cette condition lorsque, à titre habituel et de manière générale, ils sont destinés à entrer dans la chaîne alimentaire humaine (CJUE 3-3-2011 aff. 41/09 : RJF 8-9/11 no 1015) (BOI-TVA-LIQ-30-10-10 no 60). 52948

La destination « normale » d'un produit est appréciée de manière générale et à titre habituel, sans qu'il y ait lieu de rechercher la destination particulière ou effective du produit lors de chaque livraison. Elle est déterminée au regard des **caractéristiques intrinsèques du produit,** notamment sa composition, son état et son conditionnement, et de l'usage qui en est généralement fait dans la société, appréciées au moment du **fait générateur.**

La survenance d'**évènements postérieurs** à la vente ne peut conduire à remettre en cause le taux initialement appliqué, la destination effective pouvant donc être différente de la destination « normale » (BOI précité nos 70 et 80).

Par ailleurs, lorsque cette analyse conduit à ce que **plusieurs destinations « normales »** relèvent de taux différents, il est retenu le taux le plus bas (BOI-TVA-LIQ-30-10-30 no 40 ; BOI-ANNX-000484 no 1).

Boissons Les opérations définies no 52800 relèvent du taux réduit lorsqu'elles portent sur l'**eau** délivrée par les **réseaux d'adduction.** Il en est ainsi quelle que soit la personne qui réalise ces opérations (service public municipal de l'eau, associations syndicales autorisées propriétaires de leurs installations ou entreprises privées) et quelle que soit la destination de l'eau (alimentation en eau potable, usages industriels, agricoles, sanitaires, ménagers, etc.) (BOI-TVA-LIQ-30-10-10 no 100). 52950 TVA-VIII-1250 s

> **Précisions** **a.** Les **prestations** relatives à la **fourniture** et à l'**évacuation** de l'eau sont soumises au taux intermédiaire (no 53215).
> **b.** Le taux réduit ne s'applique pas aux liquides non destinés à l'alimentation humaine, notamment, l'eau de mer, les **eaux de laboratoire** filtrées, stérilisées ou pasteurisées et les **eaux distillées,** de conductibilité ou de même degré de pureté (BOI précité nos 110).

Le taux réduit s'applique à l'ensemble des **boissons autres que les boissons alcooliques** (notamment eaux minérales, de source, eaux, gazéifiées ou non, additionnées de sucres, d'édulcorants ou d'arômes ; bières dites « sans alcool », c'est-à-dire d'un titre alcoométrique volumique n'excédant pas 0,5 % ; toute autre boisson d'un titre alcoométrique volumique 52960 CGI art. 278-0 bis, A-1°-e TVA-VIII-1310 s n'excédant pas 1,2 % ; boissons chocolatées et poudres pour la confection de ces boissons) (BOI-TVA-LIQ-30-10-10 nos 140 et 210).

Les **boissons alcooliques** relèvent en revanche du taux normal. Sont considérées comme alcooliques les boissons dont le titre alcoométrique volumique acquis excède 1,2 % vol. ou, pour les bières de malt et mélanges de bières de malt et de boissons non alcooliques, 0,5 % vol. (CGI art. 298 octodecies, 2° ; CIBS art. L 111-4, 2°).

> **Précisions** **a.** Les **produits alimentaires liquides** ne pouvant être qualifiés de boissons ne sont pas concernés par l'exclusion du taux réduit relative à un titre alcoométrique volumique excédant ces seuils. Tel est le cas, par exemple, des produits suivants : lait, crème de lait, yoghourts à l'état liquide, sirops, fruits ou légumes mixés non mélangés à des jus, soupes, vinaigres (BOI précité n° 140).
> **b.** Les **vins, alcools** et lies de vin non parvenues à dessiccation ainsi que les cidres utilisés pour la **fabrication des vinaigres comestibles** sont soumis au taux réduit (BOI précité).

52965 CGI art. 278-0 bis, A-1°-c TVA-VIII-2030 s

Margarines et graisses végétales

Relèvent du taux normal les margarines et les autres mélanges de **matières grasses** qui ne sont **pas exclusivement d'origine laitière** mentionnés aux parties B et C de l'appendice II de la partie VII de l'annexe VII du règlement UE/1308/2013.

Les **huiles végétales livrées à des fins non alimentaires** (par exemple celles livrées pour la production de biocarburants ou celles livrées aux savonniers) sont également soumises au taux normal (BOI-TVA-LIQ-30-10-10 n° 230).

52970 CGI art. 278-0 bis, A-1°-a TVA-VIII-2005 s

Produits de confiserie

Les produits de confiserie (tels que bonbons, dragées, pralines, caramels, nougats, chewing-gums, fruits confits, pâtes d'amandes, etc.) relèvent du taux normal quelle que soit leur teneur en sucre, y compris si celle-ci est égale à zéro (pour les bonbons de chocolat, voir toutefois n° 52975). En revanche, les **sucres sous toutes leurs formes** (saccharose, dextrose, lactose, glucose, fructose, maltose), à l'exception des produits médicamenteux (n° 53065), sont soumis au taux réduit (BOI-TVA-LIQ-30-10-10 nos 150 à 170).

52975 CGI art. 278-0 bis, A-1°-b TVA-VIII-1630 s et 2020

Chocolats

Les chocolats et produits composés contenant du chocolat ou du cacao relèvent en principe du taux normal. Cependant, le taux réduit est applicable à certaines catégories de chocolats, aux fèves de cacao et au beurre de cacao et à certains produits composés de chocolat ou de cacao.

a. Produits bénéficiant du taux réduit. Sont concernés :

– l'ensemble des produits de chocolat relevant de la catégorie « chocolat » visée au point 3 du A de l'annexe I au décret 76-692 du 13 juillet 1976 modifié, quelle que soit leur présentation (tablettes, bâtons, vermicelles, flocons, moulages de sujets ou d'objets composés de « chocolat ») ;

– les produits de chocolat relevant de la catégorie « chocolat de ménage au lait » visée au point 5 du A de ladite annexe, compte tenu de leur mode traditionnel de conditionnement ;

– les bonbons de chocolat visés au point 10 du A de ladite annexe. Selon l'administration, sont concernés, en pratique, les produits dont la dimension n'excède pas cinq centimètres et la masse vingt grammes ;

– les fèves et le beurre de cacao (BOI-TVA-LIQ-30-10-10 n° 190) ;

– les produits suivants composés de chocolat ou de cacao : biscuits ou gaufrettes, barres céréalières lorsque le chocolat ou le succédané représente au maximum 50 % du poids total du produit (si le produit contient une confiserie consommable isolément, cet ingrédient est pris en compte pour apprécier si la limite de 50 % est atteinte) ; farines composées pour enfants, préparations liquides ou en poudre pour petits déjeuners, crèmes desserts et pâtes à tartiner ; préparations pour nappage ou glaçage ; viennoiseries et pâtisseries contenant du chocolat ou du cacao (BOI précité n° 210).

b. Produits relevant du taux normal. Sont concernés les produits de chocolat relevant des catégories visées aux points 4 (« chocolat au lait »), 6 (« chocolat blanc »), 7 (« chocolat fourré »), 8 (« chocolate a la taza ») et 9 (« chocolate familiar a la taza ») du A de l'annexe I au décret 76-692 du 13 juillet 1976 modifié, ainsi que tous les produits composés contenant du chocolat ou du cacao autres que ceux énumérés ci-avant.

52980 CGI art. 278-0 bis, A-1°-d TVA-VIII-2055

Caviar

Le caviar (œufs d'esturgeon) relève du taux normal. Il en va de même des produits dérivés du caviar tels que le beurre de caviar (BOI-TVA-LIQ-30-10-10 n° 240).

PRODUITS DESTINÉS À LA CONSOMMATION ANIMALE

Sont soumises au taux réduit les opérations définies n° 52800 portant sur les denrées alimentaires destinées à la consommation des **animaux producteurs de denrées alimentaires** elles-mêmes **destinées à la consommation humaine,** les produits normalement destinés à être utilisés dans la **préparation de ces denrées** et les produits normalement utilisés pour **compléter ou remplacer ces denrées**. 52982 CGI art. 278-0 bis, A-1°-00 bis TVA-VIII-9800 s

> Précisions a. La définition des produits destinés à l'alimentation animale obéissant aux mêmes principes que celle des produits destinés à l'alimentation humaine, les commentaires des n°s 52945 s. sont directement transposables. Ainsi sont concernés à la fois les denrées et produits assimilés qui ont une **fonction nutritionnelle pour l'animal** et les **intrants** de la production alimentaire animale, définis sur la base de leur destination « normale » qui est d'entrer dans la chaîne alimentaire animale (BOI-TVA-LIQ-30-10-20 n° 20).

b. S'agissant des **prestations de façon,** voir n° 52800.

Les produits susceptibles de bénéficier du **taux réduit** sont les **matières premières** (y compris les produits d'origine agricole, de la pêche, de la pisciculture ou de l'aviculture définis n° 52986), les **aliments composés** et les **additifs** et **prémélanges** utilisés pour l'alimentation des animaux producteurs de denrées alimentaires destinées à la consommation humaine. 52984

Par « **animal producteur** » **de denrées alimentaires,** il convient d'entendre tout animal nourri, élevé ou détenu pour la production de denrées alimentaires destinées à la consommation humaine, et ce, quelle que soit leur utilisation effective. Il s'agit notamment du bétail (tous les animaux de boucherie et de charcuterie à savoir les équidés, bovidés, ovidés, suidés, caprins), des animaux de basse-cour (volailles, lapins producteurs de viande, pigeons domestiques), des poissons d'élevage destinés à la consommation humaine, des escargots, des abeilles, du gibier d'élevage et des cailles (BOI-TVA-LIQ-30-10-20 n° 40).

En revanche, relèvent du **taux normal** les denrées destinées à l'alimentation des animaux de compagnie (chiens, chats, lapins familiers, etc.) et des **autres animaux** non producteurs de denrées alimentaires (animaux d'agrément tels que les poissons d'aquarium, les poules naines, etc., les animaux d'expérimentation, les animaux à fourrure et les animaux de cirque, même lorsque la consommation de leur viande est possible) sauf lorsqu'elles relèvent des intrants agricoles éligibles au taux réduit (voir n° 52986) (BOI précité n°s 1, 50 et 150), ainsi que les **médicaments vétérinaires** et les **aliments médicamenteux,** constitués de produits relevant du taux réduit (matières premières, aliments composés, etc.) et de médicaments relevant du taux normal (BOI précité n°s 150 et 170).

> Précisions a. Une liste non exhaustive des **matières premières** des aliments pour animaux est fournie à la partie C du règlement UE/68/2013. Sont **notamment** visés les grains de céréales, les graines ou fruits oléagineux, les graines de légumineuses, les tubercules et racines, les fourrages, autres plantes et algues, les produits laitiers, les produits d'animaux terrestres, les poissons et autres animaux aquatiques, les minéraux, ainsi que les produits dérivés de toutes ces matières ; les produits et sous-produits de fermentation de micro-organismes ; les anciennes denrées alimentaires (BOI précité n°s 70 et 80).

b. Un **aliment composé** est un mélange d'au moins deux matières premières telles que visées ci-avant au point a, comprenant ou non des additifs pour l'alimentation animale, et qui est destiné à l'alimentation animale par voie orale, sous la forme d'un aliment complet ou d'un aliment complémentaire pour animaux (BOI précité n° 90).

c. Les **additifs** se définissent comme des substances, micro-organismes ou préparations, autres que les matières premières pour aliments des animaux et les prémélanges, délibérément ajoutés aux aliments pour animaux ou à l'eau pour remplir une ou plusieurs fonctions mentionnés à l'article 5, 3 du règlement CE/1831/2003 et répondant aux critères d'autorisation fixés par celui-ci. Les catégories d'additifs autorisés sont les suivantes (liste limitative) : additifs technologiques, sensoriels, nutritionnels, zootechniques, coccidiostatiques et histomonostatiques (BOI précité n°s 100 et 110).

Les additifs qui ne répondent pas à cette définition, notamment lorsque leur présentation commerciale leur confère un **caractère médicamenteux,** sont soumis au taux normal (s'ils sont considérés comme des médicaments destinés à la médecine humaine, ils sont toutefois passibles du taux intermédiaire ou du taux particulier de 2,1 % : n° 53065) (BOI précité n° 180).

d. Les **prémélanges** (mélanges d'additifs pour l'alimentation animale ou mélanges d'un ou de plusieurs additifs pour l'alimentation animale avec des matières premières pour aliments des animaux ou de l'eau utilisées comme supports, qui ne sont pas destinés à l'alimentation directe des animaux) bénéficient du taux réduit (BOI précité n°s 120 et 150).

e. Lorsque un **produit** est, à titre général et habituel, **utilisé indifféremment pour l'alimentation** à la fois d'**animaux producteurs de denrées** alimentaires et d'animaux **non producteurs,** notamment parce que l'espèce en cause peut avoir les deux usages (les lapins, par exemple), le taux de 5,5 % s'applique (BOI précité n° 160).

PRODUITS D'ORIGINE AGRICOLE, DE LA PÊCHE, DE LA PISCICULTURE OU DE L'AVICULTURE DESTINÉS À LA PRODUCTION AGRICOLE

52986 CGI art. 278-0 bis, A-1°-0 bis TVA-VIII-8600 s

Sont soumis au taux réduit les produits d'origine agricole, de la pêche, de la pisciculture ou de l'aviculture lorsqu'ils sont d'un type normalement **destiné à être utilisé dans la production agricole.**

Ces produits s'entendent de **tous les produits du règne animal et du règne végétal, vivants ou morts,** transformés ou non, issus de ces productions, y compris la chasse et la pêche, la conchyliculture (coquillages), l'astaciculture et la pénéiculture (crustacés), la coraliculture et l'algoculture. Sont également compris les **sous-produits** du règne animal et végétal obtenus au stade de la production agricole, tels que la laine, le lait, les morceaux d'animaux morts, etc. (BOI-TVA-LIQ-30-10-30 n° 10).

Le taux de 5,5 % s'applique, notamment, aux **aliments** pour les **animaux non producteurs de denrées** alimentaires (n° 52984) **élevés dans** le cadre de l'**exploitation agricole** (BOI précité n° 30).

> Précisions **a.** La notion de **destination « normale »,** telle que définie n° 52948, est prise en compte pour apprécier l'application du taux réduit aux produits destinés à entrer dans la production agricole (BOI-TVA-LIQ-30-10-10 n° 60). Par ailleurs, on rappelle que les produits d'origine agricole peuvent également être soumis au taux de 5,5 % lorsqu'ils ont pour destination l'alimentation humaine (n° 52945, précision b) ou l'alimentation des animaux producteurs de denrées alimentaires (n° 52984).

b. La **production agricole** comprend la culture et l'élevage en liaison avec l'exploitation du sol (Dir. TVA ann. VII, 1 et 2) mais pas la pêche ni la sylviculture (BOI-TVA-LIQ-30-10-30 n° 1).

c. Les produits du **règne animal** sont les animaux de boucherie et de charcuterie (bovidés, ovidés, suidés, caprins), les équidés, les volailles, les pigeons, les lapins, le gibier, les poissons de mer, de rivière ou de lac, les coquillages et les crustacés. En revanche, les ventes d'animaux de compagnie et d'animaux non producteurs de denrées alimentaires (n° 52984) relèvent du taux normal (BOI-ANNX-000484 n° 10).

Les **sous-produits** du règne animal (sang classé « alimentaire », os à moelle, carcasses, demi-carcasses, viande en quartier, produits du cinquième quartier) sont éligibles au taux réduit dès lors qu'ils sont destinés à l'alimentation humaine (n°s 52945 s.), à l'alimentation des animaux producteurs de denrées alimentaires (n°s 52982 s.) ou à la production agricole. En revanche, les autres sous-produits (dépouilles, cuir salé ou non, sang et graisses non alimentaires, suifs, os, plumes, duvets, laine) relèvent en principe du taux normal (BOI-ANNX précité).

d. S'agissant du **règne végétal,** les fruits, légumes, céréales et tubercules, ainsi que la paille et le foin, relèvent du taux réduit, sauf s'ils présentent des caractéristiques qui les destinent spécifiquement à des usages autres que l'alimentation ou l'agriculture (auquel cas le taux normal s'applique). Les fientes, le lisier et le digestat issu de matières organiques constituent des matières fertilisantes soumises au taux intermédiaire (n° 53135) (BOI-ANNX précité n° 20).

e. S'agissant des **équidés,** voir n° 60010 ; des **prestations de façon,** voir n° 52800.

APPAREILLAGES ET ÉQUIPEMENTS POUR HANDICAPÉS

52990 CGI art. 278-0 bis, A-2° TVA-VIII-2400 s

Appareillages Le taux réduit s'applique aux appareillages visés aux chapitres 1er, 3 à 7 du titre II et aux titres III et IV de la **liste des produits et prestations remboursables** prévue à l'article L 165-1 du CSS **ou pris en charge au titre des prestations d'hospitalisation** définies aux articles L 162-22 et L 162-22-7 du même Code et dont la liste est fixée par l'article 30-0 A de l'annexe IV au CGI. Sont ainsi concernés : orthèses (bandages herniaires, colliers cervicaux, etc.), appareils électroniques correcteurs de surdité, prothèses externes non orthopédiques (prothèses de seins, canules trachéales, etc.), prothèses oculaires et faciales, podo-orthèses (chaussures orthopédiques, etc.), orthoprothèses (prothèses des membres, appareillage du tronc, etc.), dispositifs médicaux implantables, véhicules pour handicapés physiques (étant précisé que les fauteuils roulants et scooters médicaux non inscrits sur la liste susvisée sont également susceptibles de bénéficier du taux réduit, voir n° 52995, Précisions).

Le taux réduit s'applique aux **opérations** définies n° 52800 qui portent sur les appareillages désignés ci-avant ainsi que sur leurs **pièces détachées** et adjonctions lorsqu'elles sont inscrites sur la liste des produits et prestations remboursables (les piles et accumulateurs pour audioprothèses, lorsqu'ils ne sont pas remboursables, ainsi que les chargeurs, cassettes de rechange et batteries nécessaires au fonctionnement des prothèses vocales sont soumis au taux normal sauf s'ils sont livrés avec la prothèse).

Il est admis que les opérations de rechange et de **réparation** bénéficient du taux réduit lorsqu'elles portent sur des appareillages soumis à ce taux et qu'elles sont elles-mêmes prévues aux chapitres concernés de la liste des produits et prestations remboursables.

> Précisions **a.** Même s'ils ne font pas l'objet d'une inscription nominative par produit sur la liste des produits et prestations remboursables, les **stimulateurs cardiaques** et les **prothèses auditives** bénéficient du taux réduit dès lors qu'ils sont titulaires du marquage CE (BOI-TVA-LIQ-30-10-50 nos 50 et 110).
b. Les systèmes haute fréquence destinés à être adaptés sur les **audioprothèses** sont admis au bénéfice du taux réduit (BOI précité n° 50).
Bénéficie également de ce taux réduit la prestation d'adaptation (ou de réglage) associée à l'acquisition d'une audioprothèse, qu'elle apparaisse distinctement ou non sur la facture remise au patient (Rép. Vannson : AN 17-4-2007 n° 119943, non reprise au Bofip).
c. Il est admis que les appareillages suivants, qui relèvent du titre I de la liste des produits et prestations remboursables, bénéficient du **taux intermédiaire** : cannes, béquilles et déambulateurs, couteaux et couteaux-fourchettes pliants avec étui, destinés aux handicapés ayant des prothèses de mains, urinaux (BOI précité n° 100).
d. Les **implants dentaires** ne figurent pas au titre III de la liste des prestations et produits remboursables et ne peuvent, par suite, bénéficier du taux réduit (CE sect. 16-12-2005 n° 272618 : RJF 3/06 n° 294). De même, les **orthèses dentaires** ne figurant pas au chapitre 4 du titre II de cette liste relèvent du taux normal (BOI-TVA-LIQ-30-10-50 n° 60). S'agissant de l'exonération applicable aux prothèses dentaires, voir n° 47140.

Équipements spéciaux Le taux réduit s'applique aux **opérations** définies n° 52800, aux **réparations** et aux **locations** portant sur les équipements spéciaux, dénommés **aides techniques** et autres appareillages, conçus exclusivement pour les personnes handicapées en vue de la compensation d'incapacités graves et dont la liste est fixée par l'article 30-0 B de l'annexe IV au CGI. **52995** TVA-VIII-2900 s

> Précisions Les équipements bénéficiant du taux réduit, listés à l'article 30-0 B précité, sont classés en fonction des personnes auxquelles ils sont destinés : **handicapés moteurs, aveugles et malvoyants, sourds et malentendants, autres handicapés** pour certains équipements spécifiques, **ensemble des handicapés** pour les équipements destinés à faciliter la **conduite ou l'accès des véhicules** (le taux réduit s'appliquant à ces derniers équipements même lorsqu'ils sont livrés avec un véhicule, ainsi qu'aux frais d'installation, sous réserve que ces équipements soient mentionnés distinctement sur la facture : BOI-TVA-LIQ-30-10-50 n° 170), ainsi que pour les équipements destinés à faciliter la **pratique d'une activité sportive.**
Le taux réduit s'applique à l'ensemble des **éléments constitutifs** qui participent au fonctionnement direct de l'appareil et qui ne peuvent être dissociés de l'appareil lui-même (par exemple, microphone ou processeur vocal liés aux implants cochléaires) (BOI précité n° 210 ; sur les critères permettant de déterminer si l'on est en présence d'une opération unique ou d'opérations dissociables, voir nos 46478 s.
Les appareillages conçus exclusivement pour les personnes handicapées qui ne figurent pas sur la liste de l'article 30-0 B précité ne peuvent en revanche pas bénéficier du taux réduit (en ce sens, CE 21-6-2019 n° 411740 : RJF 10/19 n° 895 ; BOI précité n° 150).

Appareillages pour personnes diabétiques, stomisées ou incontinentes **53000** TVA-VIII-3130 s

Le taux réduit est applicable aux **opérations** définies n° 52800 et aux **réparations** portant sur :

– les autopiqueurs (y compris les embases, lancettes et systèmes d'autopiqûre), les appareils pour lecture automatique chiffrée de la glycémie (agréés ou non), les seringues pour insuline (voir précision d ci-après), les stylos injecteurs, les pompes à insuline et les produits pour l'**autocontrôle du diabète** (bandelettes, comprimés, capteurs, électrodes) ;

– les appareillages de recueil pour **incontinents** et **stomisés** digestifs ou urinaires, les appareillages d'irrigation pour colostomisés, les sondes d'urétérostomie cutanée pour stomisés urinaires, les solutions d'irrigation vésicale et les sondes vésicales pour incontinents urinaires (BOI-TVA-LIQ-30-10-50 nos 280 à 450).

> Précisions **a.** Bénéficient également du taux réduit les **accessoires** nécessaires à l'utilisation des stylos injecteurs et des pompes à insuline. Il en va de même des accessoires pour appareillages de recueil (y compris les pâtes ou barrettes de protection péristomiale) ainsi que des accessoires stériles nécessaires à la pose des sondes vésicales.
Pour les **pompes à insuline,** le taux réduit s'applique aussi à l'ensemble des prestations énumérées aux codes 1131170 et 1146183 de la LPP, notamment aux **locations** et aux **formations** initiales et continues pour leur utilisation.
b. Les « **kits** » destinés aux diabétiques qui sont composés principalement d'objets relevant eux-mêmes du taux réduit bénéficient également de ce taux réduit dans leur ensemble.
c. Les **solutions de contrôle** du diabète **utilisées par les laboratoires** demeurent soumises au taux normal.
d. Le taux réduit s'applique aux **seringues pour insuline ou hormone de croissance** (à usage unique ou réutilisables), quels que soient leur usage effectif (utilisation pour une personne diabétique ou pour toute autre personne) et la nature du produit effectivement injecté (insuline, hormone de croissance, interféron, etc.).

Ascenseurs et matériels assimilés Le taux réduit s'applique aux **opérations** définies n° 52800, à l'**installation,** aux frais d'**entretien** et de **réparation** (y compris les pièces détachées **53005** TVA-VIII-3450 s utilisées pour ces opérations), et aux **locations** portant sur les ascenseurs et matériels assimilés, spécialement conçus pour les personnes handicapées et dont les caractéristiques sont fixées par l'article 30-0 C de l'annexe IV au CGI.

> Précisions Le taux réduit s'applique aux matériels suivants spécialement conçus pour le déplacement d'une personne handicapée :
– appareils **élévateurs verticaux**, installés à demeure, comportant une plate-forme aménagée en vue du transport d'une personne handicapée, debout ou en fauteuil roulant, avec ou sans accompagnateur, qui répondent aux conditions énumérées au 1 de l'article 30-0 C de l'annexe IV au CGI ;
– **élévateurs à déplacement incliné** spécialement conçus pour le déplacement d'une personne handicapée accompagnée ou non, installés à demeure, se déplaçant le long de guides inclinés, desservant des niveaux définis, circulant ou non le long d'une ou de plusieurs parois ou éléments de parois, qui répondent aux conditions énumérées au 2 de l'article 30-0 C précité.
L'application du taux réduit aux ascenseurs et matériels assimilés est subordonnée à la **certification** par le vendeur que le matériel livré satisfait à l'ensemble des critères prévus pour la catégorie à laquelle il appartient. La certification peut résulter des mentions portées sur les factures de vente. Ces mentions constituent une présomption que les matériels peuvent bénéficier du taux réduit (BOI-TVA-LIQ-30-10-50 n° 240).

53007 CGI art. 278-0 bis, A-2°-g

Dispositifs médicaux innovants Le taux réduit s'applique aux opérations définies n° 52800 portant sur les **appareillages, matériels** et **équipements pour handicapés** bénéficiant :
– du forfait de prise en charge prévu à l'article L 165-1-1 du CSS pour les produits innovants (« **forfait innovation** ») ;
– ou de la prise en charge transitoire prévue à l'article L 165-1-5 du même Code (« **prise en charge précoce** »).

PRODUITS DE PROTECTION HYGIÉNIQUE FÉMININE

53010 CGI art. 278-0 bis, A-1° bis TVA-VIII-2200 s

Le taux réduit s'applique aux opérations définies n° 52800 portant sur les produits de protection hygiénique féminine, qu'ils soient **à usage unique ou lavables** (notamment, serviettes périodiques, tampons, protège-slips et coupes menstruelles) (BOI-TVA-LIQ-30-10-60 n° 80).

PRODUITS DESTINÉS À LA LUTTE CONTRE LA COVID-19

53012 CGI art. 278-0 bis, K bis et 278-0 bis, K ter

Les livraisons, importations et acquisitions intracommunautaires portant, d'une part, sur les **masques et tenues de protection,** d'autre part, sur les **produits destinés à l'hygiène corporelle,** adaptés à la lutte contre la propagation du virus Covid-19 sont soumises **à titre temporaire, jusqu'au 31 décembre 2024,** au taux réduit (Loi 2020-473 du 25-4-2020 art. 5 et 6 modifiés par loi 2023-1322 du 29-12-2023 art. 83, III).

Le taux réduit s'applique :
– aux masques de protection dont les caractéristiques sont fixées à l'article 30-0 E de l'annexe IV au CGI ;
– aux produits destinés à l'hygiène corporelle dont les caractéristiques sont fixées à l'article 30-0 F de la même annexe ;
– aux tenues de protection dont les caractéristiques sont fixées à l'article 30-0 G de l'annexe précitée (BOI-TVA-LIQ-30-10-55 n°s 260 à 280).

SERVICES D'AIDE AUX PERSONNES ÂGÉES DÉPENDANTES ET AUX PERSONNES HANDICAPÉES

53015 CGI art. 278-0 bis, D TVA-VIII-5700 s

Le taux réduit s'applique aux prestations de services exclusivement liées aux gestes essentiels de la vie quotidienne des personnes âgées dépendantes et des personnes handicapées qui sont dans l'incapacité de les accomplir, fournies par les associations, entreprises ou **organismes** qui remplissent les **conditions** exposées n° 53260.

Les **services** doivent être **effectués au domicile** des personnes physiques situé en France (ou dans l'environnement immédiat de celui-ci s'ils contribuent au maintien à domicile des personnes en constituant une alternative à l'hospitalisation ou au long séjour en établissement spécialisé).

Les services bénéficiant du taux réduit sont les suivants (CGI ann. III art. 86, I) : **assistance** aux personnes handicapées ou aux personnes âgées dépendantes qui ont besoin d'une aide personnelle à domicile, à l'exclusion d'actes de soins relevant d'actes médicaux ; **garde-malade,** à l'exclusion des soins ; assistance aux personnes handicapées, y compris les activités d'interprète en langue des signes, de technicien de l'écrit et de codeur en langage parlé complété ; prestation de **conduite du véhicule personnel** des personnes dépendantes, du domicile au travail, sur le lieu de vacances, pour les démarches administratives, **aide à la mobilité**

et transport de personnes ayant des difficultés de déplacement et **accompagnement** des personnes âgées ou handicapées dans leurs **déplacements en dehors de leur domicile** (promenades, transport, actes de la vie courante) à la condition, pour ces trois derniers services, que la prestation soit **comprise dans une offre de services** incluant un ensemble d'activités réalisées à domicile.

Les autres services à la personne fournis par les structures concernées sont, en principe, soumis au taux intermédiaire (n° 53260).

> Précisions a. Les personnes qui ont une activité de services relative à l'assistance aux personnes âgées, aux personnes handicapées ou aux autres personnes qui ont besoin d'une aide personnelle à leur domicile ou d'une aide à la mobilité doivent obtenir un **agrément** (C. trav. art. L 7232-1) ou une **autorisation** (CASF art. L 313-1). Cet agrément ou cette autorisation sont, en principe, distincts de la déclaration visée n° 53260 qui conditionne l'application du taux réduit.

b. Les **associations** exerçant une activité d'aide à la personne soumise à agrément ou à autorisation, qu'elles soient ou non déclarées en application de l'article L 7232-1-1 du Code du travail, sont susceptibles d'être exonérées (voir n° 89555, b).

c. Un donneur d'ordre agréé ne peut faire appel qu'à un **sous-traitant** agréé pour les mêmes activités et la même zone géographique. Par ailleurs, le donneur d'ordre et le sous-traitant doivent être déclarés pour les mêmes activités pour bénéficier des avantages fiscaux. La **facture** remise par le sous-traitant à son donneur d'ordre doit être établie au taux normal. Lorsque les deux prestataires de services à la personne sont déclarés pour les mêmes activités, la facture remise par le donneur d'ordre à son client pour les prestations de services à la personne matériellement réalisées par son sous-traitant est établie au taux réduit (ou intermédiaire s'il s'agit de services d'aide à la personne visés n° 53260) (BOI-TVA-LIQ-30-20-80 nos 225 et 227 ; dans le même sens s'agissant de l'application du taux normal à la prestation facturée par le sous-traitant au donneur d'ordre : CAA Bordeaux 7-4-2016 n° 14BX03392 : RJF 7/16 n° 613).

d. Lorsque les entreprises ou organismes fournissent des services de **placement de travailleurs auprès d'un particulier employeur** en application de l'article L 7232-6, 1° du Code du travail (**mode mandataire**), ces services et la prestation d'intermédiation sont soumis au **taux normal** si le bénéficiaire du service agit en tant qu'employeur du salarié qui effectue le service à la personne (l'entreprise intervenant alors en tant qu'intermédiaire transparent entre l'employeur et le salarié).

En revanche, lorsque le bénéficiaire du service n'est pas l'employeur du salarié, l'entreprise intervient en tant qu'intermédiaire opaque entre le bénéficiaire et l'entreprise qui exécute la prestation de service à la personne. Le **taux réduit** de 5,5 % (**ou le taux intermédiaire** de 10 %) est alors applicable à la prestation d'intermédiation (BOI-RES-TVA-000128).

FOURNITURE DE REPAS DANS LES CANTINES SCOLAIRES

Le taux réduit s'applique à la fourniture de repas par des **prestataires extérieurs agissant comme gestionnaires** de la cantine dans les établissements publics ou privés d'**enseignement du premier et du second degré** (écoles maternelles, écoles élémentaires, collèges et lycées, que ceux-ci dispensent un enseignement général, technologique, professionnel ou agricole) (BOI-TVA-LIQ-30-20-10-20 n° 290). **53025** CGI art. 278-0 bis, E TVA-VIII-6200 s

Il concerne la **fourniture des repas aux élèves** des établissements susvisés, y compris s'ils relèvent de l'enseignement supérieur (élèves de classes préparatoires dans les lycées, par exemple) ainsi qu'**aux enseignants** et **au personnel administratif** de ces établissements (BOI précité n° 300).

> Précisions a. Lorsque l'**établissement d'enseignement** est le **gestionnaire de la cantine,** la fourniture de repas par un fournisseur extérieur qui constitue une livraison de denrées alimentaires demeure soumise au taux réduit sur le fondement de l'article 278-0 bis, A-1° du CGI (nos 52945 s.). Dans cette configuration, les repas servis aux élèves par l'établissement d'enseignement sont exonérés (n° 47050).

b. La fourniture de repas par des prestataires extérieurs agissant comme gestionnaires de cantines dans des **établissements d'enseignement autres** que ceux visés ci-dessus est soumise au taux intermédiaire (n° 53195, précision c).

COLLECTE, TRI ET VALORISATION DE DÉCHETS

Les prestations de **collecte séparée**, de **collecte en déchetterie,** de **tri et** de **valorisation matière** (notamment recyclage) des déchets des ménages et des autres déchets que les collectivités mentionnées à l'article L 2224-13 du CGCT (notamment communes, établissements publics de coopération intercommunale) peuvent, eu égard à leurs caractéristiques et aux quantités produites, collecter et traiter sans sujétions techniques particulières sont soumises au taux réduit. Il en est de même des prestations de **services qui concourent au bon déroulement** de ces opérations. **53030** CGI art. 278-0 bis, M

Le taux réduit s'applique sous réserve de **deux conditions cumulatives** tenant, d'une part, à la catégorie de déchets et, d'autre part, au contenu et à la nature de l'opération (voir n° 53032) (BOI-TVA-LIQ-30-20-70 n° 10).

> Précisions a. Lorsqu'elles ne relèvent pas du taux réduit, les prestations de collecte et de traitement des déchets des ménages et des déchets assimilés, ainsi que les prestations de services qui concourent au bon déroulement de ces opérations, relèvent du **taux intermédiaire** (n° 53235) (BOI précité n° 1).

b. Les **autres opérations,** qu'il s'agisse de prestations de services autres que celles susmentionnées (gestion d'autres types de déchets, comme les déchets médicaux ou les déchets industriels) ou de livraisons de biens (comme les ventes de matériels ou d'équipements liés à la collecte), relèvent du **taux normal** même lorsqu'elles participent du service public de gestion des déchets (BOI précité). Ainsi relèvent **notamment** du taux normal :

– les **prestations préalables** à la mise en place d'un système de collecte et de traitement des déchets des ménages (prestations d'ingénierie et de conseil, réalisation d'études, notamment) (BOI précité n° 190) ;

– les livraisons de biens réalisées pour les besoins du **service public de gestion des déchets des ménages** et assimilés (construction d'installations, notamment d'une usine d'incinération ou d'une déchetterie, vente de véhicules de collecte, de bacs roulants, de conteneurs et d'autres matériels, vente de déchets). Cependant, lorsqu'elle est intégrée à une prestation de services fournie par le même opérateur et qu'elle peut être considérée comme accessoire à cette dernière, la livraison de biens relève du taux applicable à cette prestation (BOI précité n° 200) ;

– les prestations de **collecte en dépôts sauvages** (BOI-ANNX-000481) ;

– la **vente de compost** issu des opérations de valorisation biologique ou organique (sauf si les produits sont assimilables à des engrais : voir n° 53135) (BOI-ANNX précité).

53032 Seuls sont concernés par le taux réduit l'**ensemble des déchets,** qu'ils soient dangereux ou non dangereux, inertes ou non inertes, **produits par des ménages** (C. envir. art. R 541-8), ainsi que les déchets qui leur sont **assimilés,** à savoir les déchets des activités économiques que les collectivités peuvent, eu égard à leurs caractéristiques et aux quantités produites, collecter et traiter sans sujétions techniques particulières dans le cadre du service public de gestion des déchets (BOI-TVA-LIQ-30-20-70 n°s 15 s.).

En outre, le taux réduit ne s'applique qu'aux trois catégories de prestations suivantes : les prestations de **collecte séparée** ou de collecte **en déchetterie** (C. envir. art. L 541-1-1), les prestations de **tri** des déchets et de **valorisation matière** et les prestations de **services concourant au bon déroulement** des prestations précitées (BOI précité n°s 50 s.).

Selon les modes d'organisation du service (régie, marchés, délégations, sous-traitance), les différents acteurs impliqués sont susceptibles de réaliser des opérations éligibles au taux réduit. **Aucune condition** n'est prévue quant à la **qualité de la personne qui réalise les opérations** ou les acquiert dans le cadre de la gestion du service public des déchets des ménages (BOI précité n° 170).

> Précisions a. La **collecte « séparée »** consiste à collecter un flux de déchets conservé séparément en fonction de son type et de sa nature afin de faciliter un traitement spécifique. Cette collecte peut également porter sur des déchets de type et de nature différents tant que cela n'affecte pas leur capacité à faire l'objet d'une préparation en vue de la réutilisation, d'un recyclage ou d'autres opérations de valorisation. Les déchets concernés par ce type de collecte sont essentiellement les matériaux recyclables « propres et secs » (verre, papiers, cartons, journaux et magazines, plastiques, métaux), les déchets végétaux, les textiles, les encombrants et les déchets diffus spécifiques (BOI précité n° 70). Sur la **collecte en mélange,** voir n° 53235.

b. Le **tri,** soumis au taux réduit, couvre l'ensemble des opérations réalisées sur des déchets qui permettent de séparer ces déchets et de les conserver séparément, par catégories, en fonction de leur type et de leur nature. Il s'agit de séparer des déchets faisant l'objet de la même collecte séparée afin de les regrouper suivant leurs caractéristiques de recyclage (BOI précité n° 110). En revanche, le traitement des **refus de tri** consécutifs à une prestation de tri est soumis au taux intermédiaire (BOI-ANNX-000481).

c. La **valorisation des déchets** comprend toute opération dont le résultat principal est que des déchets servent à des fins utiles en substitution à d'autres substances, matières ou produits qui auraient été utilisés à une fin particulière, ou que des déchets soient préparés pour être utilisés à cette fin, y compris par le producteur de déchets. La valorisation est qualifiée de **valorisation « matière »** lorsque les déchets ne sont pas utilisés dans les conditions suivantes : utilisation de déchets combustibles comme moyen de génération d'énergie par incinération directe avec ou sans autres déchets, retraitement des déchets en matières destinées à servir de combustible, tout autre moyen par lequel les déchets sont utilisés pour produire de l'énergie (BOI-TVA-LIQ-30-20-70 n° 120). Sur la **valorisation énergétique,** voir n° 53235.

d. Les prestations énumérées ci-après **concourant au bon déroulement de prestations**

soumises au taux réduit bénéficient également de ce taux (liste non limitative) :
– les prestations de location et de maintenance de bacs roulants ou de conteneurs, ainsi que de véhicules de collecte dont les caractéristiques ou les conditions contractuelles les destinent spécifiquement à la collecte séparée ;
– les prestations de transport et de transit des déchets (lors de la collecte, entre le centre de tri et les lieux de traitement, etc.), ainsi que de transport et de stockage des résidus du traitement ;
– les prestations de conditionnement des déchets ;
– les prestations d'entretien des installations ou du matériel dédié à la gestion des déchets qui nécessitent des fournitures représentant une part minime du coût total des prestations ;
– les prestations d'accueil et de gardiennage des installations de collecte, de tri et de traitement ;
– les prestations de communication et de sensibilisation auprès des usagers destinées à réduire la quantité de déchets produits, à faciliter la mise en œuvre et le développement du tri à la source et de la collecte séparée des déchets ;
– les services des courtiers (C. envir. art. R 541-54-1, 2°), lorsqu'ils agissent au nom de leur commettant ;
– les prestations de contrôle et d'analyse des flux de collecte séparée ;
– les prestations de compactage des déchets collectés en déchetterie avant traitement (BOI précité n° 160 ; BOI-ANNX-000481).

ABONNEMENTS AU GAZ, À L'ÉLECTRICITÉ DE PETITE PUISSANCE ET À L'ÉNERGIE CALORIFIQUE, FOURNITURE DE CHALEUR

53035 CGI art. 278-0 bis, B **TVA-VIII-5200 s**

Le taux réduit s'applique aux abonnements relatifs aux livraisons d'électricité d'une puissance maximale inférieure ou égale à 36 kilovoltampères (kVA), d'énergie calorifique et de gaz naturel combustible, **distribués par réseaux,** ainsi qu'à la **fourniture de chaleur** lorsqu'elle est **produite** au moins à 50 % **à partir de certaines énergies renouvelables** : biomasse, géothermie, déchets et énergie de récupération, énergie solaire thermique. Pour les abonnements à l'électricité, la puissance maximale prise en compte correspond à la totalité des puissances maximales souscrites par un même abonné sur un même site.

Le taux réduit s'applique également aux abonnements relatifs aux livraisons de gaz de pétrole liquéfiés distribués par réseaux (BOI-TVA-LIQ-30-20-20 n° 10).

L'abonnement s'entend de la **part fixe du tarif** de livraison de l'électricité, de l'énergie calorifique ou du gaz naturel combustible.

> Précisions **a.** Hormis dans le cas de la fourniture de chaleur également éligible au taux réduit (précision c ci-après), les dispositions portant application du taux réduit aux abonnements constituent une **règle ad hoc** qui déroge aux principes généraux de détermination du taux applicables aux opérations complexes (n°s 46478 s.) (BOI précité n° 5).

b. Les abonnements relatifs à des **livraisons d'électricité d'une puissance maximale supérieure à 36 kVA** sont soumis au taux normal. Le taux normal est également applicable aux **consommations de gaz et d'électricité** (quelle que soit la puissance souscrite), ainsi qu'aux sommes ou redevances diverses facturées au client en sus de l'abonnement (frais de raccordement, petites interventions, etc.) et aux locations de matériels de stockage. Toutefois, lorsque la **couverture de frais fixes,** à l'instar des coûts de stockage, est incluse dans la part abonnement facturée par le prestataire, elle n'est pas soumise au taux normal (BOI précité n° 70). Voir sur ce point la précision a ci-avant.

c. Les abonnements à l'énergie calorifique distribuée par réseaux (réseaux de « chaleur » ou de « chauffage urbain ») sont soumis au taux réduit, quels que soient l'origine de cette énergie et le mode d'exploitation du réseau.

Lorsque l'**énergie calorifique** est produite **au moins à 50 %** à partir de la **biomasse,** de la **géothermie,** de l'**énergie solaire thermique,** des **déchets** ou d'**énergie de récupération,** le taux réduit s'applique également aux **livraisons** (consommations). En revanche, les livraisons d'énergie calorifique produite à partir de ces énergies renouvelables mais ne répondant pas au seuil de 50 % relèvent du taux normal. Il en va de même des livraisons d'énergie calorifique produite à partir d'autres énergies renouvelables (éolienne, houlomotrice, marémotrice, hydraulique, etc.) ou d'énergies non renouvelables (gaz, etc.).

L'appréciation du **seuil** de 50 % se fait de manière globale pour **chaque réseau,** même s'il comporte plusieurs sites de production. Il est toutefois admis pour le cas où l'exploitant du réseau concédé est contraint, compte tenu notamment des spécificités géographiques du territoire communal, de distribuer la chaleur via deux réseaux techniquement distincts, que le seuil soit apprécié à l'échelle de l'ensemble du réseau concédé à l'opérateur (BOI précité n° 150).

La **période de référence** à retenir pour l'appréciation du seuil de 50 % est l'année civile précédant celle de la facturation (N – 1) ou une période de 12 mois consécutifs différente de l'année civile sur la base de laquelle l'exploitant établit habituellement son rapport technique d'exploitation (saison de chauffe). En cas de circonstances particulières affectant de manière temporaire la composition habituelle du bouquet énergétique du réseau, la période de référence peut être la moyenne des années N – 2 et N – 3 ou, si ces circonstances affectent les deux années N – 1 et N – 2, la moyenne des années N – 3 et N – 4 (BOI précité n° 160).

LIVRES

53040 CGI art. 278-0 bis, A-3° TVA-VIII-3800 s Le taux réduit s'applique aux livres sur tout type de support physique et à ceux fournis par téléchargement, y compris les livres audio. La **définition** du livre est la suivante : un livre, qu'il s'agisse d'un livre sur support physique (ensemble imprimé, disque compact, cédérom, clé USB, etc.) ou d'un livre téléchargé, a pour objet la reproduction et la représentation d'une œuvre de l'esprit créée par un ou plusieurs auteurs, constituée d'éléments graphiques (textes, illustrations, dessins, etc.) et publiée sous un titre.

Pour être considéré comme un livre, un ouvrage doit remplir les **trois conditions cumulatives** suivantes :

– comporter une partie rédactionnelle suffisante pour permettre de conférer à l'ensemble le caractère d'une œuvre intellectuelle. Peuvent toutefois bénéficier du taux réduit les ouvrages qui, bien que dépourvus de contenu rédactionnel au sens strict, comportent un apport éditorial avéré, caractérisé par la recherche, la sélection et la mise en forme de données conférant à l'ensemble une homogénéité et une cohérence globale (BOI-TVA-LIQ-30-10-40 n° 90) ;

– ne pas présenter un caractère commercial ou publicitaire marqué ;

– ne pas contenir un espace important destiné à être rempli par le lecteur.

En pratique, pour l'appréciation de ces deux derniers critères, la surface consacrée à la publicité (annonces commerciales, noms de marques, logos professionnels, etc.) ou à des blancs intégrés au texte en vue d'être utilisés par le lecteur ne doit pas dépasser le tiers de la surface totale de l'ouvrage (BOI précité n° 40).

Remarque : Le Conseil d'État n'exige pas que l'**apport intellectuel,** dont le rôle doit être apprécié au cas par cas en fonction des caractéristiques de l'ouvrage, soit prépondérant (CE 16-7-2014 n° 364477 : RJF 11/14 n° 1000).

53042 **ILLUSTRATIONS**

Pour un certain nombre d'ouvrages, la question de savoir s'ils répondent ou non à cette définition peut poser quelques problèmes. À titre d'exemples, on citera :

– parmi ceux que l'administration **considère comme des livres** : les dictionnaires, encyclopédies, formulaires scientifiques, annuaires de personnalités, répertoires portant sur un secteur d'activité particulier, guides touristiques, guides d'hôtels-restaurants, méthodes et partitions de musique, répertoires juridiques, catalogues et répertoires bibliographiques donnant des renseignements sur les livres parus ou disponibles, recueils de photographies et de reproduction d'œuvres, catalogues artistiques, ouvrages de cotation, cartes géographiques (reliées ou pliables) et atlas, albums et livres de coloriage (lesquels sont réputés satisfaire à la dernière condition visée n° 53040), cahiers d'exercice ou de vacances, documents de propagande électorale (bulletin de vote, profession de foi, circulaire, journal de campagne, programme électoral) ;

– parmi ceux auxquels elle **refuse le régime des livres** : les annuaires téléphoniques, barèmes, tarifs, distanciers, indicateurs, livres muraux, livres-maquette, livres-frise, livres conçus pour être découpés, affiches électorales.

53045 En ce qui concerne le taux à retenir pour les différentes **opérations** portant sur les livres, il convient de faire les distinctions suivantes :

a. Lorsqu'il s'agit de livres répondant à la définition donnée n° 53040, le **taux réduit** s'applique non seulement aux opérations visées n° 52800, mais aussi aux opérations de **location.** L'administration admet également que les opérations de **façon** concourant à la fabrication des livres (composition, impression, brochage, reliure, dorure, etc.) peuvent bénéficier du taux réduit applicable aux livres eux-mêmes (BOI-TVA-LIQ-10 n° 40 et BOI-TVA-LIQ-30-10-40 n°s 210 à 300).

En revanche, les **cessions de tous droits** portant sur les livres sont soumises au **taux intermédiaire** (CGI art. 279, g).

b. Le **taux normal** s'applique aux opérations portant sur les ouvrages ne répondant pas à la définition des livres.

Relèvent également de ce taux même s'ils se rapportent à des ouvrages répondant à la définition des livres :

– les matières premières (papiers, cartons, encres, colles, ficelles, toiles, etc.) utilisées pour l'impression et la fabrication des livres. Cependant, la livraison des matériaux nécessaires aux travaux d'impression (papier, encre) des ouvrages considérés comme des livres bénéficie du taux réduit si elle n'est pas mentionnée distinctement sur la facture des travaux (BOI-TVA-SECT-40-20-20 n°s 90 et 140) ;

– les reliures mobiles, étuis, emboîtages, etc., non vendus en même temps que le livre, lorsque, compte tenu de leur aspect (forme, dimensions, titre, etc.), ils n'apparaissent pas comme conçus pour la présentation d'un livre bien déterminé, mais comme des éléments « banalisés » et non personnalisés.

c. En ce qui concerne la base d'imposition à retenir pour les **services de livres en ligne** qui font partie d'une **offre d'abonnement numérique** comprenant plusieurs services, dont au moins un service de télécommunication, un service de radiodiffusion ou de télévision ou un service électronique, voir n° 52392.

d. En vertu d'une disposition spéciale (CGI art. 279 bis, 1°) sont exclues du bénéfice des taux réduit et intermédiaire et relèvent donc du **taux normal** les opérations (y compris les cessions de droits) portant sur les **publications de toute nature** (livres, journaux, albums, etc.) qui, présentant un caractère **pornographique** ou d'incitation à la violence, tombent sous le coup d'au moins **deux** des **interdictions** prévues par la loi 49-956 du 16 juillet 1949 (interdiction de vente aux mineurs ; interdiction d'exposition à la vue du public et de publicité par voie d'affiche ; interdiction de toute publicité). Les publications visées sont désignées par arrêtés du ministre de l'intérieur publiés au JO.

TRAVAUX PORTANT SUR DES INFRASTRUCTURES DE RECHARGE POUR VÉHICULES ÉLECTRIQUES

Le taux réduit s'applique aux **prestations de pose, d'installation et d'entretien** d'infrastructures de recharge pour véhicules électriques qui répondent aux **conditions** suivantes : **53046** CGI art. 278-0 bis, N

1. Les infrastructures de recharge sont installées dans des **locaux à usage d'habitation** et sont destinées aux **résidents.**

2. La configuration des infrastructures de recharge répond aux **exigences techniques** fixées par l'arrêté ECOE2311568A du 22 juin 2023.

3. Les prestations sont réalisées par une **personne** répondant à des **critères de qualification** définis par l'arrêté susmentionné.

> **Précisions a.** Sur la **notion de locaux à usage d'habitation**, voir n° 53275, étant précisé que le taux réduit s'applique aux prestations susvisées quelle que soit la date d'achèvement de l'immeuble sur lequel elles sont réalisées.
> **b.** La qualité des **preneurs** auxquels lesdits travaux sont facturés (propriétaires, syndicats de copropriétaires, locataires, etc.) est sans incidence. Aucune **attestation** n'est à remettre à l'entreprise prestataire pour bénéficier du taux réduit (contrairement aux autres travaux portant sur des locaux d'habitation : n°s 53048 et 53285).

TRAVAUX D'AMÉLIORATION DE LA QUALITÉ ÉNERGÉTIQUE DES LOCAUX D'HABITATION

Les travaux d'amélioration de la qualité énergétique des locaux à usage d'habitation achevés depuis plus de deux ans bénéficient, sous certaines conditions, du taux réduit. **53048** CGI art. 278-0 bis A **TVA-VIII-6800 s**

Le taux réduit concerne les travaux réalisés dans les **locaux à usage d'habitation achevés depuis plus de deux ans** (sur cette notion, voir n° 53275).

Les **travaux concernés** par l'application du taux réduit sont les travaux d'**amélioration de la qualité énergétique des logements.** Il s'agit des travaux portant sur la pose, l'installation et l'entretien des matériaux et équipements mentionnés à l'article 200 quater, 1 du CGI, dans sa rédaction antérieure à celle résultant de l'article 79 de la loi 2017-1837 du 30 décembre 2017, dès lors qu'ils respectent des caractéristiques techniques et des critères de performance minimale fixés par l'article 18 bis de l'annexe IV au CGI (conformément à l'article 30-0 D de ce même Code, pour les matériels ou équipements qui ne sont plus mentionnés à l'article 18 bis, sont retenus les caractéristiques techniques et critères de performances minimales fixés par cet article dans sa dernière rédaction qui les mentionne). Bénéficient également de ce taux les **travaux induits** qui sont indissociablement liés aux travaux de pose, d'installation ou d'entretien des matériaux et équipements susvisés (par exemple : travaux de remise en état à la suite de la dégradation due aux travaux). En revanche, sont **exclus** du taux réduit et doivent être soumis au taux normal les travaux, réalisés sur une période de deux ans au plus, qui concourent à la production d'un immeuble neuf ou augmentent la surface de plancher des locaux existants de plus de 10 %.

Le taux réduit s'applique, toutes autres conditions étant remplies, quelle que soit la **qualité du preneur** des travaux et qu'il soit une personne physique ou une personne morale, pour autant que les prestations rendues correspondent à des travaux éligibles.

Les **modalités d'application** du taux réduit sont les suivantes : le **client** doit, en principe, remettre au prestataire une **attestation** (en utilisant les modèles d'attestation fixés par l'administration ou, pour les petits travaux, en portant certaines mentions sur la facture : n° 53285) mentionnant que l'immeuble est achevé depuis plus de deux ans, qu'il est affecté à un usage d'habitation et que les travaux ne concourent pas à la production d'un immeuble neuf ou n'aboutissent pas à une augmentation de surface de plus de 10 % ; cette attestation doit également préciser la nature des travaux de rénovation énergétique et/ou des travaux induits réalisés.

En ce qui concerne le moment de la remise de l'attestation, l'obligation concernant sa conservation, les conséquences en cas de défaut d'attestation ou d'informations manquantes, incomplètes ou inexactes et la dispense prévue pour les petits travaux, voir n° 53285 les indications données pour l'application de l'article 279-0 bis du CGI, qui sont transposables pour l'application de l'article 278-0 bis A du même Code.

> Précisions **a.** Le taux réduit bénéficie également à la **fourniture des matériaux, équipements et appareils** eux-mêmes lorsqu'ils sont fournis et facturés par le prestataire qui réalise les travaux (BOI-TVA-LIQ-30-20-95 n° 40).

b. Pour bénéficier du taux réduit, les **travaux induits** :

– doivent porter sur la même pièce que celle sur laquelle ont porté les travaux d'amélioration de la qualité énergétique ou sur les éléments du bâti directement affectés par les travaux d'amélioration de la qualité énergétique (par exemple, les travaux de plâtrerie et de peinture dans une salle de bains après la pose d'une fenêtre double vitrage dans cette pièce bénéficient du taux réduit). Les autres travaux de rénovation réalisés concomitamment suivent leur régime propre (par exemple, les travaux de peinture réalisés dans une cuisine en même temps que les travaux de peinture réalisés dans la salle de bains où a été posée une fenêtre double vitrage sont exclus du taux réduit) ;

– doivent être **facturés** dans un **délai maximum** de trois mois à compter de la date de facturation des travaux d'amélioration de la qualité énergétique bénéficiant du taux réduit auxquels ils sont liés. Lorsque les travaux induits précèdent ces travaux d'amélioration (par exemple : les travaux de forage et de terrassement nécessaires à l'installation de l'échangeur de chaleur souterrain des pompes à chaleur géothermique), ces derniers doivent être facturés dans un délai maximum de trois mois à compter de la facturation des travaux induits. À défaut, les travaux induits s'apprécient comme des travaux indépendants qui doivent être soumis au taux qui leur est propre (BOI précité n° 50).

c. Le taux réduit s'applique aux **livraisons à soi-même** portant sur les travaux susvisés dès lors que ces travaux répondent aux conditions fixées par l'article 278-0 bis A du CGI rappelées ci-avant (CGI art. 278-0 B, III).

d. S'agissant des prestations réalisées sur des **infrastructures de recharge pour véhicules électriques,** voir n° 53046.

e. Le **champ** d'application du taux réduit sur les travaux de rénovation énergétique sera **redéfini** à compter de la publication d'un arrêté, et **au plus tard au 1er octobre 2024** (Loi 2022-1726 du 30-12-2022 art. 65 modifié par loi 2023-1322 du 29-12-2023 art. 71, VIII). Jusqu'à cette date, les dispositions ci-avant s'appliquent.

C. Taux intermédiaire

53050 Le taux intermédiaire s'applique à **certains produits ou biens et prestations de services,** limitativement désignés par la loi. Le **tableau récapitulatif** ci-après en donne la liste avec référence aux commentaires correspondants.

Produits et services relevant du taux intermédiaire	Commentaires (nos)
I. Produits	
Médicaments non remboursables	53065
Produits de l'horticulture et de la floriculture d'ornement	53095
Bois de chauffage	53110
Produits à usage agricole (engrais, fertilisants, produits phytopharmaceutiques)	53135
Ventes à emporter ou à livrer de produits alimentaires préparés en vue d'une consommation immédiate	53205 s.
Livraisons d'**œuvres d'art** par des assujettis-utilisateurs	60595
II. Prestations de services	
Soins dispensés par les **établissements thermaux autorisés**	47180
Transports de voyageurs	53165
Fourniture de logement en hôtel ou en meublé et dans les **terrains de camping** classés	90640 s.

Produits et services relevant du taux intermédiaire	Commentaires (n^{os})
Locations d'emplacements sur les **terrains de camping** classés	53175
Locations d'**aires d'accueil** ou de terrains de passage des **gens du voyage**	53185
Ventes à consommer sur place de produits alimentaires ou de boissons	53195
Prestations relatives à la **fourniture et à l'évacuation de l'eau**	53215
Prestations de **balayage des caniveaux et voies publiques** et prestations de **déneigement des voies publiques**	53225
Collecte et traitement des **déchets ménagers**	53235
Travaux forestiers réalisés **au profit d'exploitants agricoles**	53250
Services d'**aide à la personne**	53260
Travaux portant sur des **locaux d'habitation** (et **livraisons à soi-même** portant sur ces travaux)	53270 s.
Presse :	
– cessions d'informations entre des entreprises de presse	61605, c
– fourniture d'éléments d'information par les agences de presse	61625
– travaux de composition et d'impression des écrits périodiques	61635 s.
Certains **jeux et divertissements** (attractions, musées, monuments, expositions, parcs et jardins, etc.)	61775
Abonnements télévisions privées (ainsi que rémunérations versées par les collectivités territoriales aux télévisions locales ayant conclu un contrat d'objectifs et de moyens)	61825 s.
Cessions de droits par les **auteurs des œuvres de l'esprit** et **artistes-interprètes**	61690 s.
Cessions de droits portant sur les **livres** et sur les **œuvres cinématographiques**	53045, a et 61770, précision c

Remarques : **1.** Pour les opérations se rattachant à une activité faisant l'objet d'une étude particulière (spectacles, etc.), les commentaires relatifs au taux sont intégrés dans cette étude.
2. Le taux intermédiaire s'applique également :
– à certaines **livraisons à soi-même de travaux** portant sur certains locaux et **logements sociaux** (n° 59120 s.) ;
– à certaines livraisons et livraisons à soi-même **de logements locatifs** dans les **secteurs social et intermédiaire** (n°s 58895 s. et 59060).

MÉDICAMENTS

Médicaments remboursables Les opérations définies n° 52800 relèvent du taux de 2,1 % ou du taux intermédiaire selon qu'elles portent sur des médicaments pris en charge ou non par la sécurité sociale. **53065** CGI art. 278 quater et 281 octies TVA-VIII-11400 s

Par médicaments, on entend les produits regroupés sous les dénominations suivantes :

– **préparations magistrales** préparées selon une prescription médicale destinée à un malade déterminé en raison de l'absence de spécialité pharmaceutique disponible ;

– **médicaments officinaux** qui sont des médicaments préparés en pharmacie, inscrits à la **pharmacopée** (française ou européenne) ou au formulaire national et destinés à être dispensés directement aux patients ;

– **médicaments** ou **produits pharmaceutiques** destinés à l'**usage de la médecine humaine** et faisant l'objet de l'**autorisation de mise sur le marché** prévue à l'article L 5121-8 du Code de la santé publique.

Les produits énumérés ci-avant bénéficient du taux de 2,1 % lorsqu'ils sont **remboursables** aux assurés sociaux conformément à l'article L 162-17 du CSS ou **agréés à l'usage des collectivités publiques** et divers services publics (en particulier établissements de soins) en application des articles L 5123-2 et L 5123-3 du CSP.

En revanche, lorsqu'ils ne sont ni remboursables par la sécurité sociale ni agréés, ces produits relèvent du taux intermédiaire.

Médicaments soumis à une autorisation ou un cadre de prescription compassionnelle Relèvent du taux de 2,1 % les opérations définies n° 52800 portant sur les médicaments soumis à une autorisation ou un cadre de prescription compassionnelle prévus aux articles L 5121-12 et L 5121-12-1 du Code de la santé publique. **53070**

Produits sanguins Le taux de 2,1 % s'applique aux opérations définies n° 52800 portant sur les **produits sanguins labiles** destinés à des fins de recherche sur la personne humaine et les dispositifs médicaux de **diagnostic in vitro,** lorsqu'ils sont **préparés à partir du sang ou de ses composants.** **53075**

On rappelle que le sang total ainsi que les produits sanguins à usage thérapeutique direct sont exonérés (n° 47150).

53080 **Solutions diverses** Nous donnons ici des précisions concernant divers produits :

– relèvent du taux normal les **formes pharmaceutiques** (seringues autres que celles visées n° 53000, flacons, poches à sang vides, etc.) et les **médicaments** à usage **vétérinaire** ;

– il est admis que la **gélatine destinée à la fabrication de gélules** renfermant des médicaments soit soumise au taux réduit (BOI-TVA-LIQ-30-10-60 n° 40) ;

– le taux réduit s'applique aux opérations définies n° 52800 portant sur les **préservatifs** (masculins ou féminins) (CGI art. 278-0 bis, A-1° ter issu de la loi 2023-1322 du 29-12-2023 art. 90) ;

– les **trousses de prévention** de la contamination par les virus du **sida** et des **hépatites,** y compris les trousses dites « modèle de rue », sont soumises au taux réduit (BOI-TVA-LIQ-30-10-50 n° 270) ;

– le taux réduit est également applicable aux **autotests** de détection de l'infection par les virus de l'immunodéficience humaine (**VIH**) (CGI art. 278-0 bis, K). Ces dispositifs médicaux de diagnostic in vitro doivent être revêtus du marquage CE pour leur mise sur le marché (BOI-TVA-LIQ-30-10-60 n° 90).

En ce qui concerne les **compléments alimentaires,** voir n° 52946, précision b.

PRODUITS DE L'HORTICULTURE ET DE LA FLORICULTURE D'ORNEMENT

53095 CGI art. 278 bis, 3° bis-d TVA-VIII-9120 s

Le taux intermédiaire s'applique aux opérations définies n° 52800 portant sur les produits de l'horticulture et de la floriculture d'ornement à la condition qu'ils n'aient subi **aucune transformation** : plants horticoles d'ornement, plantes vivantes, fleurs fraîches ou séchées, etc.

› Précisions **a.** Ces produits bénéficient du taux intermédiaire lorsqu'ils sont vendus **à l'unité ou assemblés** sous forme de bottes ou de bouquets, sur un support ou dans un contenant, dès lors qu'au cours de l'assemblage des fleurs, feuillages, plantes ou éléments végétaux naturels n'intervient aucune manipulation des autres éléments de décoration et que le support ou contenant est exclusivement destiné à en assurer le transport, la protection ou la conservation. Est sans incidence le fait que ces produits soient renforcés d'un nœud ou d'un ruban, enveloppés de papier, de cellophane ou de feuilles plastiques. Dès lors que les éléments d'assemblage ou que les biens ajoutés au produit présentent un caractère accessoire, le taux intermédiaire s'applique à l'ensemble du prix (n°s 46478 s.). En revanche, dès lors qu'ils ne présentent plus un caractère accessoire, le taux normal s'applique à l'ensemble (BOI-TVA-LIQ-30-10-35 n° 90).

Le Conseil d'État considère que le taux normal s'applique aux fleurs ayant subi une modification substantielle au moyen d'une part importante de main-d'œuvre ou de l'usage d'un procédé technologique (CE 28-1-2015 n° 370455 : RJF 4/15 n° 310).

b. Le **gazon en plaque** bénéficie du taux intermédiaire (BOI précité n° 80).

BOIS DE CHAUFFAGE

53110 CGI art. 278 bis, 3° bis-a à c TVA-VIII-9300 s

Le taux intermédiaire s'applique aux opérations définies n° 52800 portant sur les bois de chauffage (y compris les produits de la sylviculture agglomérés et les déchets de bois). Il importe peu que le bois de chauffage soit destiné à un **usage domestique** (chauffage de locaux d'habitation) **ou** à un **autre usage** (chauffage de locaux professionnels, commerciaux ou industriels, production et revente de la chaleur, revente en l'état du bois de chauffage, etc.).

Selon la CJUE, le bois de chauffage désigne tout bois dont les propriétés objectives **le destinent exclusivement à être brûlé** (CJUE 3-2-2022 aff. 515/20 : RJF 4/22 n° 417).

› Précisions Les **produits de la sylviculture** sont en principe soumis au taux normal. Il en est ainsi pour les arbres sur pied, les arbres abattus simplement ébranchés et éventuellement tronçonnés et les bois abattus (grumes, rondins d'une longueur au moins égale à un mètre et bois de trituration) ainsi que pour les travaux à façon portant sur ces produits (sauf s'ils sont réalisés au profit d'exploitants agricoles : n° 53250).

PRODUITS À USAGE AGRICOLE (ENGRAIS, FERTILISANTS, PRODUITS PHYTOPHARMACEUTIQUES)

53135 CGI art. 278 bis, 5° TVA-VIII-10500 s

Le taux intermédiaire est applicable aux opérations définies n° 52800 portant sur les produits suivants :

– **engrais et amendements calcaires** mentionnés à l'annexe I au règlement CE/889/2008 ;

– **matières fertilisantes ou supports de culture** d'origine organique agricole autorisés à la vente dans les conditions prévues à l'article L 255-2 du Code rural et de la pêche maritime ;

– **produits phytopharmaceutiques,** mentionnés à l'annexe II au règlement CE/889/2008, utilisables en agriculture biologique (BOI-TVA-LIQ-30-10-30 n°s 60 à 200).

TRANSPORTS DE VOYAGEURS

Le **taux intermédiaire** s'applique à tous les transports de voyageurs **quel que soit leur mode** (rail, route, mer, eau, air, taxis, remontées mécaniques). 53165 CGI art. 279, b quater TVA-VIII-15550 s

Ce taux est également applicable (BOI-TVA-LIQ-30-20-60 nos 30 et 45) :

– aux **suppléments** de prix réclamés pour les **bagages** accompagnés ou pour des prestations se rattachant étroitement au transport lui-même (supplément pour **couchettes** ou **wagons-lits, locations** de places, droits de **consigne,** etc.) ;

– aux **transports de petits véhicules** (bicyclettes, etc.) qui ne sont que l'**accessoire** d'un transport de voyageurs ;

– aux **commissions** versées aux entreprises de transport de personnes ;

– à la **rémunération des prestataires de services qui gèrent** les réseaux de transport public de voyageurs de l'autorité exploitante. Cette rémunération est constituée des sommes qu'ils reçoivent ou conservent pour couvrir leurs dépenses propres (en particulier, charges du personnel qu'ils fournissent et financement du matériel demeurant leur propriété).

En revanche, c'est le **taux normal** qui est applicable :

– aux recettes de **messageries** ;

– aux transports de **marchandises** ;

– aux **portages de bagages** réalisés en dehors du cadre d'un contrat de transport de voyageurs, par une entreprise de manutention distincte de l'entreprise de transport.

> Précisions a. Les **locations, avec chauffeur, de véhicules** conçus pour le transport des personnes bénéficient du taux intermédiaire lorsqu'elles s'analysent en de véritables contrats de transport (compte tenu des termes du contrat, notamment en ce qui concerne l'assurance et la responsabilité du propriétaire du véhicule, et des conditions concrètes d'exploitation : modalités de tarification, maîtrise du déplacement par le propriétaire du véhicule, etc.). Dans le cas contraire, elles relèvent du taux normal (BOI précité nos 20 et 220 ; dans le même sens, CE 20-3-2013 no 337259 : RJF 6/13 no 608 ; CE QPC7-10-2015 no 389306 : RJF 1/16 no 21). Pour l'application de ces principes aux opérations de mise à disposition de bateaux fluviaux avec équipage, voir ci-après précision d.

b. Les entreprises de **pompes funèbres** relèvent du taux normal pour l'ensemble de leurs prestations, à l'exception des transports de corps avant et après mise en bière réalisés au moyen de véhicules spécialement aménagés, lesquels sont soumis au taux intermédiaire (les transports de corps par porteurs relèvent, en revanche, du taux normal). Le taux intermédiaire est également applicable aux transports de voyageurs éventuellement réalisés par elles (BOI précité nos 160 à 190). Cette application de taux différenciés aux opérations des entreprises de pompes funèbres a été jugée compatible avec la réglementation de l'Union (CJUE 6-5-2010 aff. 94/09 : RJF 8-9/10 no 868).

c. L'activité des services de « **radio-taxis** » (répartition par radio des appels des clients) relève du taux normal.

d. Les **croisières et excursions maritimes ou fluviales,** dans lesquelles les divers services proposés aux passagers (hébergement, restauration, visites de sites, etc.) ne sont que l'accessoire du transport, doivent être considérées comme constituant des prestations uniques de transport soumises dans leur totalité au taux intermédiaire. Dès lors que les bateaux sont affectés de manière exclusive à ces activités de transport, la taxe grevant les dépenses y afférentes est déductible (BOI précité nos 90, 100 et 210).

e. En ce qui concerne les **opérations complexes uniques** composées de plusieurs éléments relevant de taux différents, voir nos 46478 s.

LOCATIONS D'EMPLACEMENTS SUR TERRAINS DE CAMPING CLASSÉS

Les locations d'emplacements sur les terrains de camping-caravaning classés relèvent du taux intermédiaire. 53175 CGI art. 279, a TVA-VIII-12300 s

> Précisions a. Les **locations par des exploitants à des intermédiaires** ne sont pas exclues de ce régime. En revanche, les locations **par les propriétaires des terrains aux exploitants** des campings ne bénéficient pas du taux intermédiaire (CE 30-12-2009 no 301077 : RJF 4/10 no 342).

b. Sont admis à ce régime les terrains de **« camping à la ferme »** subventionnés (BOI-TVA-LIQ-30-20-10-30 no 90).

c. Il résulte d'un arrêt du Conseil d'État, rendu sous l'empire de la procédure de classement des campings antérieure à la loi 2009-888 du 22 juillet 2009, que le bénéfice du taux intermédiaire ne peut être refusé à des locations d'emplacements sur des **terrains de camping** qui n'ont **pas** été **autorisés** par arrêté de classement (CE 10-5-2012 no 328216 : RJF 8-9/12 no 809).

d. En ce qui concerne la **fourniture de logement** sur les terrains de camping classés, voir no 90645 ; les **locations d'aires d'accueil** ou de terrains de passage des **gens du voyage,** voir no 53185.

LOCATIONS D'AIRES D'ACCUEIL OU DE TERRAINS DE PASSAGE DES GENS DU VOYAGE

Les locations d'aires d'accueil ou de terrains de passage des gens du voyage relèvent du taux intermédiaire. 53185 CGI art. 279, a-dernier al. TVA-VIII-12900 s

VENTES À CONSOMMER SUR PLACE DE PRODUITS ALIMENTAIRES

53195 CGI art. 279, m TVA-VIII-13100 s

Les ventes à consommer sur place de produits alimentaires ou de boissons bénéficient du taux intermédiaire. Elles consistent en la fourniture de nourriture préparée ou non et/ou de boissons, destinées à la consommation humaine, accompagnée de services connexes suffisants pour permettre leur consommation immédiate sur place. Sont ainsi visés les **établissements spécialisés dans la restauration** et/ou la consommation de boissons (restaurants traditionnels, restauration rapide, cafétérias, bars, cafés, etc.) ainsi que les exploitants de tous **autres espaces dédiés à la consommation** situés par exemple dans des établissements de spectacles, des enceintes sportives, des stations-service, des centres commerciaux, etc.

Les **boissons alcooliques** (telles que définies n° 52960) sont toutefois exclues du bénéfice du taux intermédiaire.

Les autres produits alimentaires qui relèvent du taux normal lorsqu'ils sont vendus à emporter ou à livrer en vue d'une consommation immédiate (nos 53205 et 52965 s.) bénéficient du taux intermédiaire lorsqu'ils font l'objet d'une vente à consommer sur place.

> Précisions **a.** Lorsque le client compose le contenu de son repas en choisissant séparément différents éléments, chacun de ces éléments relève du taux qui lui est propre. Par dérogation au principe général selon lequel une opération ne peut être soumise à plusieurs taux de TVA, lorsque les différents éléments d'un **menu** s'analysent comme une prestation de restauration unique et indivisible, le redevable doit néanmoins procéder à une ventilation du prix du menu afin d'en isoler la fraction représentative des boissons alcooliques. Cette fraction relève du taux normal et l'autre fraction du taux intermédiaire. Lorsque le prix des boissons alcooliques ne peut être identifié en tant que tel, il appartient au redevable d'utiliser une méthode de ventilation économiquement rationnelle et d'être en mesure de justifier de cette dernière auprès de l'administration (BOI-TVA-LIQ-30-20-10-20 n° 80).

b. Lorsqu'il réalise des ventes à consommer sur place, le **traiteur** peut facturer sa prestation pour un prix global comprenant, outre la fourniture de nourriture préparée ou non, un ensemble de services tels que le service à table (comprenant le service de préparation des mets), la fourniture de matériels nécessaires à la consommation du repas (vaisselles, tables, chaises, équipements mobiles de réchauffage des mets, etc.), la mise en place et la décoration des espaces dédiés à la consommation (tables, buffets, etc.) ainsi que la fourniture d'espaces fixes ou mobiles (salles, tentes, etc.) permettant la consommation sur place. Le taux intermédiaire s'applique sur l'ensemble de la prestation, que celle-ci soit facturée globalement (prix global par personne) ou que les différentes composantes de la prestation soient facturées distinctement (BOI précité n° 100).

En revanche, les prestations de mise à disposition d'hôtesses, de vestiaire, de voiturier et de chauffeur sont soumises au taux normal.

c. Les **cantines d'entreprises** (gestionnaire et prestataire extérieur) et les **prestataires extérieurs** fournissant des repas dans les **établissements d'enseignement** (autres que les établissements d'enseignement du premier et du second degré, dans lesquels la fourniture de repas peut bénéficier du taux réduit : voir n° 53025), ainsi que dans les **établissements de santé ou à vocation sociale** (autres que ceux visés n° 90650, dans lesquels la fourniture de nourriture bénéficie du taux réduit) peuvent bénéficier du taux intermédiaire en application du dispositif de l'article 279, m du CGI dans les conditions exposées ci-avant.

En ce qui concerne le taux applicable aux cantines d'entreprises en Corse, voir n° 92380.

d. S'agissant des **opérations complexes uniques** composées de plusieurs éléments relevant de taux différents, voir nos 46478 s.

VENTES À EMPORTER OU À LIVRER DE PRODUITS ALIMENTAIRES PRÉPARÉS EN VUE D'UNE CONSOMMATION IMMÉDIATE

53205 CGI art. 279, n TVA-VIII-14100 s

Les ventes à emporter ou à livrer de produits alimentaires préparés en vue d'une **consommation immédiate** relèvent du taux intermédiaire (sous réserve des exceptions visées ci-après).

Sont potentiellement concernés les **établissements** de restauration rapide, grandes surfaces alimentaires, vendeurs ambulants, marchés, bars, salles de cinéma, boulangeries, stations-service, maisons de la presse, services de restauration à bord des trains, etc. (BOI-TVA-LIQ-30-10-10 n° 340).

Le taux intermédiaire s'applique aux ventes à emporter ou à livrer, consistant en la fourniture de nourriture préparée et/ou de boissons, destinées à une **consommation** immédiate, c'est-à-dire **dans les instants suivant l'achat.** Ces produits ne sont pas destinés à être conservés par le consommateur. Cette situation découle des **caractéristiques du produit** lorsqu'il est nécessaire de le consommer très rapidement pour que son goût ne s'altère pas ou pour que le produit ne se gâte pas. La circonstance que le client n'entende pas consommer immédiatement le produit en question ne fait pas obstacle à sa taxation au taux intermédiaire (BOI précité n° 310).

En tout état de cause, ne peuvent pas bénéficier du taux intermédiaire les ventes à emporter ou à livrer, en vue d'une consommation immédiate, de **boissons alcooliques** et autres aliments visés n°s 52960 s., lesquelles relèvent du taux normal (BOI-ANNX-000495).

Relèvent **notamment** du taux intermédiaire, lorsqu'ils sont préparés en vue d'une consommation immédiate, les **produits vendus chauds,** tels que les quiches, les pizzas, les hamburgers, les pop-corn, les hot dogs, les crêpes chaudes, les frites, les kebabs, les falafels ainsi que les boissons autres qu'alcooliques présentées dans des récipients non hermétiques (BOI-TVA-LIQ-30-10-10 n° 320). 53207

Les produits vendus sous un **emballage permettant leur conservation** (notamment, les conserves ou emballages sous vide) bénéficient du taux réduit (BOI précité n° 330).

En revanche, les **sandwichs,** les **salades** salées vendues **avec assaisonnement séparé ou couverts** et les salades sucrées (même composées d'un seul fruit) vendues avec couverts, quels que soient l'emballage et le lieu de vente, sont considérés comme des ventes en vue d'une consommation immédiate relevant du taux intermédiaire, sauf lorsqu'ils sont vendus surgelés, auquel cas ils sont soumis au taux réduit (BOI-ANNX-000495).

› Précisions **a.** Demeurent soumis au **taux réduit** les viennoiseries, pâtisseries et produits de boulangerie, les sachets de chips, les yaourts même vendus avec une cuillère, les fruits même vendus à l'unité ou avec des couverts (BOI-TVA-LIQ-30-10-10 n° 330 ; BOI-ANNX-000495).

b. Les produits alimentaires vendus **surgelés** ainsi que les **plats cuisinés** relèvent du taux réduit, sous réserve qu'ils ne puissent pas être consommés sur place (BOI-TVA-LIQ-30-10-10 n°s 320 et 330 ; BOI-ANNX-000495).

c. Les ventes de nourriture préparée et/ou de boissons destinées à une consommation immédiate directement livrées au client (à son domicile, sur son lieu de travail, etc.) et les ventes de **plateaux-repas** sont soumises au taux intermédiaire (BOI-TVA-LIQ-30-10-10 n° 320).

d. Les **boissons non alcooliques** sont destinées à une consommation immédiate lorsqu'elles sont servies dans des contenants ne permettant pas leur conservation (gobelets, verres en plastique, tasses en carton, etc.). Elles restent soumises au taux réduit lorsqu'elles sont vendues dans des contenants permettant leur conservation (bouteilles, cannettes, briques, etc.) (BOI-TVA-LIQ-30-10-10 n° 330 ; BOI-ANNX-000495).

e. Les **glaces vendues à l'unité** relèvent du taux intermédiaire (BOI-TVA-LIQ-30-10-10 n° 320).

f. Les ventes de produits par les **distributeurs automatiques** en portion individuelle, autres que les boissons en bouteille ou cannettes et les chips en paquet, sont considérées comme des ventes à emporter ou à livrer en vue d'une consommation immédiate soumises au taux intermédiaire. Est sans incidence la circonstance que le prix soit payé directement par le consommateur lors de la délivrance du produit par l'appareil doté d'un système de paiement intégré (à pièces, à jetons, magnétique ou électronique) ou globalement par la société dépositaire lorsque celle-ci prend en charge les dépenses d'approvisionnement de l'appareil automatique mis gratuitement à la disposition de son personnel (BOI précité n° 320).

PRESTATIONS RELATIVES À L'EAU

Le taux intermédiaire s'applique aux prestations relatives à la fourniture et à l'évacuation de l'eau effectuées dans le cadre de la gestion municipale du service public municipal de l'eau ou de l'assainissement (collectif et non collectif). 53215 CGI art. 279, b **TVA-VIII-16350 s**

En pratique, les prestations doivent répondre à trois critères :

– un critère d'**objet** : les prestations doivent être effectuées pour permettre aux communes d'assurer la **gestion du service public** municipal de l'eau ;

– un critère relatif aux **biens** sur lesquels elles portent : ne sont concernées que les prestations portant sur l'**eau** (eau captée, distribuée, évacuée et traitée dans le cadre de la gestion du service municipal de l'eau) ou les **installations** nécessaires au service public municipal (réseaux de distribution, d'évacuation, etc.) ;

– un critère relatif à la **nature des prestations** fournies : soit prestations portant sur les installations (entretien, nettoyage, etc.) à l'exclusion des travaux immobiliers, soit prestations effectuées sur l'eau (étude, assainissement, etc.).

Quant aux **personnes** susceptibles de bénéficier du taux intermédiaire, ce sont :

– soit l'exploitant du service municipal de l'eau lui-même (commune ou groupement de communes ; concessionnaire ou fermier du service public ; mandataire agissant pour leur compte) ;

– soit les personnes qui fournissent les prestations concernées pour le compte de l'exploitant du service municipal de l'eau ou d'une agence régionale de santé.

On rappelle que les **ventes** d'eau effectuées par le service public municipal de l'eau bénéficient du taux réduit (n° 52950).

PRESTATIONS DE BALAYAGE DES CANIVEAUX ET VOIES PUBLIQUES

53225 CGI art. 279, k et l TVA-VIII-16900 s

Les remboursements et les rémunérations versés par les communes ou leurs groupements aux exploitants assurant les prestations de **balayage des caniveaux et voies publiques** ainsi que les **prestations de déneigement des voies publiques** bénéficient du taux intermédiaire lorsqu'elles se rattachent au **service public de voirie communale.**

Le taux intermédiaire s'applique également aux prestations de **déneigement** des voies publiques réalisées pour le compte des départements ou de leurs groupements, lorsqu'elles se rattachent au **service public de voirie départementale.**

> Précisions **a.** Le balayage, qui peut être manuel ou mécanisé, recouvre l'ensemble des **opérations de nettoiement** des déchets et détritus divers situés au sol (exemples : déjections animales, papiers, emballages alimentaires, sacs en plastique vides ou pleins, sables, graviers, graisses, huiles, mégots, feuilles mortes, etc.).

b. Les **sous-traitants** qui, tout en intervenant dans le cadre du service public de voirie communale, ne sont pas fournisseurs directs des communes ou de leurs groupements doivent soumettre leurs opérations au taux propre à la prestation qu'ils effectuent (BOI-TVA-LIQ-30-20-100 nº 480).

c. Les prestations de balayage des caniveaux et voies publiques qui se rattachent au service public de voirie départementale sont exclues du bénéfice du taux intermédiaire.

d. Lorsqu'elles se rattachent au **service public municipal de l'eau,** les prestations de balayage des caniveaux et voies publiques peuvent bénéficier du taux intermédiaire en application de l'article 279, b du CGI (nº 53215) (BOI-TVA-LIQ-30-20-30 nº 100).

e. Les **opérations préventives de salage,** qu'elles soient effectuées dans le cadre d'une opération de déneigement ou réalisées indépendamment des opérations de déneigement, bénéficient du taux intermédiaire (BOI-TVA-LIQ-30-20-100 nº 530).

COLLECTE ET TRAITEMENT DES DÉCHETS MÉNAGERS

53235 CGI art. 279, h

Lorsqu'elles ne relèvent pas du taux réduit prévu à l'article 278-0 bis, M du CGI (nºs 53030 s.), les prestations de **collecte** (collecte en mélange) et de **traitement** (traitement des refus de tri, valorisation énergétique, stabilisation, incinération, stockage ou toute autre forme d'élimination, valorisation de produits issus de procédés de traitement) des déchets des ménages et des autres déchets assimilés que les collectivités mentionnées à l'article L 2224-13 du CGCT (notamment communes, établissements publics de coopération intercommunale) peuvent, eu égard à leurs caractéristiques et aux quantités produites, collecter et traiter **sans sujétions techniques particulières,** ainsi que les **prestations** de services **qui concourent au bon déroulement de ces opérations,** peuvent relever du taux intermédiaire.

Les prestations qui ne remplissent ni les conditions de l'article 278-0 bis, M du CGI, ni celles de l'article 279, h du même Code sont soumises au taux normal (nº 53030, précision b).

> Précisions Les **prestations** énumérées nº 53032, précision d, à l'exception des prestations de contrôle et d'analyse des flux de collecte séparée qui sont toujours soumises au taux réduit, **concourant au bon déroulement** des prestations soumises au taux intermédiaire bénéficient également de ce taux (BOI-TVA-LIQ-30-20-70 nº 190). Il en est de même des prestations de contrôle et d'analyse des réfioms, mâchefers et digestats dans le cadre de leur valorisation, ainsi que de la location de véhicules de collecte dont les caractéristiques ou les conditions contractuelles les destinent à la collecte en mélange et des prestations de maintenance et d'entretien afférentes à ces véhicules (BOI-ANNX-000481).

TRAVAUX FORESTIERS AU PROFIT D'EXPLOITANTS AGRICOLES

53250 CGI art. 279, b septies TVA-XII-7220 s

Le taux intermédiaire s'applique aux travaux sylvicoles et d'exploitation forestière réalisés au profit d'exploitants agricoles **jusqu'au 31 décembre 2025.** Sont concernés l'**ensemble des travaux forestiers,** notamment : déboisement et reboisement, plantations, taille des arbres et des haies, élagage des arbres, abattage et tronçonnage des arbres, débardage des bois, stockage du bois dans le cadre de l'exploitation forestière et location d'aires de stockage du bois, opérations de défrichage, dessouchage, débroussaillage, brûlage, andainage forestier, entretien des sentiers forestiers. Il s'applique aussi à l'épandage de produits phytosanitaires (Rép. Dutreil : AN 15-1-2001 nº 51351, non reprise au Bofip).

Le bénéfice du taux intermédiaire est, en principe, réservé aux travaux forestiers **réalisés au profit d'exploitants agricoles,** c'est-à-dire au profit de personnes relevant du régime de la TVA agricole, **pour les besoins de leur activité agricole.** Cette définition englobe l'ensemble des exploitants agricoles, quels que soient l'activité exercée (sylviculture, arboriculture, agriculture générale, élevage, etc.), leur statut juridique (personne physique ou morale : société, établissement public, commune forestière, etc.), le mode juridique d'exploitation (propriétaire, fermier, métayer) et le régime de TVA agricole (remboursement forfaitaire ou régime simplifié agricole). Les travaux de **prévention des incendies de forêt** menés **par** des associations syndicales autorisées (**ASA**) ayant pour objet la réalisation de ces travaux bénéficient toutefois du taux intermédiaire même si le client n'a pas la qualité d'exploitant agricole.

> Précisions **a.** Ne constituent pas des travaux forestiers, et relèvent donc du taux qui leur est propre, les **travaux** réalisés **sur les arbres après** les opérations de **débardage ou** de **stockage,** et en particulier les prestations fournies aux industriels ou transformateurs qui utilisent les produits des exploitations forestières pour la réalisation de leurs opérations (exemple : travaux de sciage).
b. Les travaux forestiers réalisés au profit d'entreprises ayant des activités agricoles et des activités non agricoles, dont les recettes provenant de ces dernières activités excèdent les limites fixées par l'article 298 bis, III bis du CGI et qui n'ont pas été autorisées à confondre toutes leurs activités en un seul secteur relevant du régime général de la TVA (n° 59960), peuvent bénéficier du taux intermédiaire lorsqu'ils sont réalisés pour les besoins de leur activité agricole (BOI-TVA-SECT-80-70 n° 100).
c. Hormis le cas des travaux de prévention des incendies de forêt menés par des ASA, les **travaux** forestiers qui ne sont **pas réalisés pour les besoins d'une activité agricole** demeurent soumis, en principe, au taux normal. Tel est le cas des travaux réalisés au profit de l'État ou des collectivités locales à raison des arbres plantés en bordure des voies, sur les places et dans les parcs et jardins et des travaux réalisés au profit d'exploitants agricoles ou de particuliers à raison des arbres situés dans les parcs et jardins d'agrément.
d. Demeurent également soumises au taux normal les prestations comprenant l'exécution de **travaux immobiliers,** tels que la construction d'aires de stockage du bois (BOI précité n° 30).

SERVICES D'AIDE À LA PERSONNE

Le taux intermédiaire s'applique aux prestations de services d'aide à la personne (autres que celles visées n° 53015, qui bénéficient du taux réduit) fournies par les associations, entreprises ou **organismes déclarés** en application de l'article L 7232-1-1 du Code du travail et qui exercent leur **activité** de services à la personne **à titre exclusif ou** qui bénéficient d'une **dérogation** à la condition d'activité exclusive selon l'article L 7232-1-2 du même Code. Bénéficient d'une telle dérogation, notamment, les communes et centres d'action sociale, les établissements et services médico-sociaux (tels les établissements et services d'aide par le travail), les régies de quartiers, les résidences-services et les prestataires des copropriétés avec services. **53260** CGI art. 279, i TVA-VIII-18000 s

Les activités de services à la personne doivent être **effectuées au domicile** des personnes physiques situé en France (ou dans l'environnement immédiat de celui-ci si elles contribuent au maintien au domicile des personnes en constituant une alternative à l'hospitalisation).

Les activités bénéficiant du taux intermédiaire sont **limitativement énumérées** à l'article 86, II de l'annexe III au CGI. À titre d'exemple, on peut citer notamment l'entretien de la maison et les travaux ménagers, les prestations « hommes toutes mains », la garde d'enfant à domicile, le soutien scolaire à domicile, la préparation de repas à domicile, la livraison de repas à domicile lorsqu'elle est comprise dans une offre de services incluant un ensemble d'activités effectuées à domicile, l'assistance administrative à domicile.

> Précisions **a.** Les **associations** exerçant une activité d'aide à la personne agréées ou autorisées, qu'elles soient ou non déclarées en application de l'article L 7232-1-1 du Code du travail, sont en principe exonérées pour les services fournis aux personnes en situation de fragilité ou de dépendance (voir n° 89555, b).
b. En ce qui concerne le recours à la **sous-traitance,** voir n° 53015, précision c ; les situations dans lesquelles l'entreprise ou organisme intervient en **mode mandataire,** voir n° 53015, précision d.
c. À compter du **1er janvier 2025,** bénéficieront également d'une **dérogation à la condition d'activité exclusive,** sous certaines conditions, les entrepreneurs individuels soumis au régime de la micro-entreprise et du micro-social et les entreprises de moins de 11 salariés (C. trav. art. L 7232-1-2 modifié par loi 2023-1322 du 29-12-2023 art. 34).

TRAVAUX PORTANT SUR DES LOCAUX D'HABITATION

La TVA est perçue au taux intermédiaire sur les travaux d'amélioration, de transformation, d'aménagement et d'entretien, autres que les travaux d'amélioration de la qualité énergétique (lesquels bénéficient du taux réduit : voir n° 53048), portant sur des locaux à usage d'habitation achevés depuis plus de deux ans. **53270** CGI art. 279-0 bis TVA-VIII-19200 s

> Précisions Le taux intermédiaire s'applique également aux **livraisons à soi-même** portant sur les travaux visés ci-dessus dès lors que ces travaux répondent aux conditions prévues nos 53275 s. (CGI art. 278-0 B, III).

Locaux concernés Pour bénéficier du taux intermédiaire, les travaux doivent porter sur des locaux **à usage d'habitation** (maisons individuelles, logements situés dans des immeubles collectifs, établissements affectés à titre principal ou accessoire à l'hébergement de personnes **53275**

53275 (suite) physiques, logements de fonction) qui sont achevés depuis plus de deux ans à la date du début d'exécution des travaux.

1. Locaux affectés totalement à l'habitation. Dès lors que l'ensemble des pièces de la maison individuelle ou du logement situé dans l'immeuble collectif est à usage d'habitation, le taux intermédiaire s'applique à la totalité des travaux portant sur ces locaux, qu'ils soient effectivement **occupés ou** bien **vacants** et qu'il s'agisse d'**habitations principales ou secondaires.**

Le taux intermédiaire s'applique également aux travaux portant :

– sur certains **locaux d'habitation atypiques** : habitations légères et structures préfabriquées (mobile homes, etc.) incorporées au sol et non aisément démontables et déplaçables ; péniches amarrées en un point fixe ;

– sur les **dépendances usuelles** des locaux à usage d'habitation : caves, greniers, loggias, terrasses, cours d'immeubles, garages même non attenants lorsque les travaux ne sont pas à la charge d'une personne les exploitant à titre professionnel. Demeurent, en revanche, au taux normal les travaux portant sur les bâtiments à usage agricole (écuries, granges, serres et autres communs) ou sur les dépendances particulières des bâtiments hors normes tels que les châteaux (chapelle, pigeonnier).

2. Locaux affectés partiellement à l'habitation. Le taux intermédiaire s'applique à l'ensemble des travaux portant sur des locaux **principalement** (au moins à 50 % de la superficie totale hors dépendances) **affectés à l'habitation.**

Pour les locaux **affectés pour plus de 50 % à un usage autre** que l'habitation, le taux intermédiaire s'applique, en tout état de cause, aux travaux réalisés dans les pièces affectées exclusivement à l'habitation.

3. Locaux affectés exclusivement à un usage autre que l'habitation. Les travaux portant sur des locaux exclusivement affectés à une activité professionnelle, commerciale, industrielle, agricole ou administrative sont soumis au taux normal. En ce qui concerne les **établissements d'hébergement,** sont considérés comme exploités à titre commercial les établissements (hôtels notamment) dont la location ou l'exploitation n'est pas exonérée de TVA en application notamment des articles 261 D, 4° (locations meublées) ou 261, 7-1° (organismes sans but lucratif) du CGI. Le taux normal s'applique aux travaux portant sur ces établissements même si l'exploitant bénéficie de la franchise en base de TVA.

› Précisions a. Il est admis que le taux intermédiaire s'applique aux travaux portant sur les **établissements à caractère social ou médico-social,** indépendamment du caractère taxable ou non de leur activité, lorsque la **durée moyenne de séjour** des personnes permet de considérer que l'activité d'hébergement constitue l'objet prépondérant de ces établissements (à titre de règle pratique, sont considérés comme entrant dans cette catégorie les établissements dont la durée moyenne de séjour est supérieure à un mois). Sont notamment concernés les résidences universitaires ou étudiantes, les logements-foyers de jeunes travailleurs, les maisons de retraite et assimilées, les établissements psychiatriques, les foyers d'hébergement d'enfants, adolescents ou adultes, handicapés ou confrontés à des problèmes sociaux, y compris les orphelinats (à l'exclusion des crèches). Ces établissements sont éligibles au taux intermédiaire même lorsqu'ils comportent une unité de soins ou lorsqu'ils sont rattachés à un hôpital (dans cette hypothèse, le taux intermédiaire ne s'applique pas aux travaux afférents aux parties communes à ces structures et à d'autres structures). En revanche, les travaux portant sur des établissements de soins (cliniques, hôpitaux) autres que ceux visés ci-avant sont exclus du taux intermédiaire, à l'exception de ceux portant sur les « maisons des parents ».

b. Peuvent également bénéficier du taux intermédiaire les travaux afférents aux locaux affectés à l'hébergement (chambres, dortoirs, sanitaires, etc.) des **établissements dont l'activité d'hébergement n'est que l'accessoire** d'une autre activité : établissements scolaires avec internats ; établissements d'éducation spéciale pour l'enfance et la jeunesse handicapée ; couvents et monastères ; casernes militaires, de gendarmerie ou de pompiers, établissements pénitentiaires ou relevant de la protection judiciaire de la jeunesse (à l'exclusion des centres d'action éducative réservés à l'accueil de jour). Les travaux réalisés dans les locaux de ces établissements affectés à titre principal à l'usage des personnes hébergées (cuisines, cantines, réfectoires, etc., à l'exclusion des équipements sportifs) bénéficient également du taux intermédiaire.

c. Les **travaux** réalisés dans les **parties communes des immeubles collectifs** qui comprennent au moins 50 % de locaux à usage d'habitation relèvent en totalité du taux intermédiaire. Pour les immeubles collectifs comprenant moins de 50 % de locaux à usage d'habitation, ce taux s'applique à proportion des locaux affectés à l'habitation. La répartition entre les logements et les autres locaux est effectuée une fois par an au moment de l'assemblée générale des copropriétaires, à partir des éléments communiqués par ces derniers et la proportion de 50 % est appréciée par rapport aux tantièmes généraux ou spéciaux de copropriété ou, si l'immeuble appartient à une seule personne, par rapport à l'état de répartition des charges récupérables. Les règles ci-avant s'appliquent aux travaux portant sur les équipements communs des lotissements (voiries, réseaux).

d. Le taux normal s'applique aux travaux portant sur des **locaux** à usage d'habitation **achevés depuis moins de deux ans.** Peuvent toutefois bénéficier du taux intermédiaire les **travaux d'urgence** réalisés dans ces locaux, c'est-à-dire les travaux nécessaires pour maintenir ou rendre au logement une habitabilité normale (travaux de plomberie en cas de fuite, travaux de serrurerie en cas d'effraction, de perte de clés, réfection d'une toiture ou d'une façade à la suite d'un sinistre naturel, assèchement de locaux à la suite de dégâts des eaux, etc.). Peuvent également bénéficier du taux intermédiaire les travaux de **transformation en logement** d'un local affecté préalablement à un autre usage, dès lors que l'immeuble est achevé depuis plus de deux ans et que la transformation ne concourt pas à la production d'un immeuble neuf.

e. Lorsqu'ils ne remplissent pas les conditions d'application du taux intermédiaire prévu par l'article 279-0 bis du CGI, les travaux portant sur certains locaux et **logements sociaux** sont néanmoins susceptibles de bénéficier de ce taux (ou du taux réduit) dans le cadre d'un dispositif de livraison à soi-même (nos 59120 s.).

Travaux concernés Le **taux intermédiaire** s'applique aux travaux d'**amélioration,** de **transformation,** d'**aménagement** et d'**entretien** autres que les travaux d'amélioration de la qualité énergétique (lesquels bénéficient du taux réduit : voir no 53048). Sont concernées non seulement les prestations de **main-d'œuvre** directement liées à l'exécution de ces travaux ainsi que les **matières premières et fournitures** (pièces de faible valeur) nécessaires à la réalisation des travaux lorsqu'elles sont fournies et facturées par le prestataire, mais également la **fourniture de certains équipements** (voir précision b). 53280

Bénéficient également du taux intermédiaire les **prestations d'études** réalisées par un prestataire qui assure également la maîtrise d'œuvre ou la réalisation des travaux éligibles.

En revanche, le **taux normal** s'applique aux travaux suivants :

- travaux, réalisés sur une période de deux ans au plus, qui concourent à la production d'un **immeuble neuf** au sens de l'article 257, I-2-2° du CGI (voir no 58800) ;
- travaux, réalisés sur une période de deux ans au plus, à l'issue desquels la **surface de plancher** des locaux existants est **augmentée de plus de 10 %.** Il est toutefois admis que soient soumis au taux intermédiaire les travaux conduisant à une augmentation de la surface de plancher ou de la surface au sol n'excédant pas 9 m² (cas notamment des travaux d'installation d'une chaudière ou d'un ascenseur rendant nécessaire la création d'une addition de construction) ;
- travaux de **nettoyage,** sauf lorsqu'ils sont préalables ou consécutifs à des travaux éligibles au taux intermédiaire et que l'ensemble de l'opération est facturé par un même prestataire (voir également la précision f ci-après) ;
- travaux d'aménagement et d'entretien des **espaces verts** (voir toutefois la précision c ci-après) ;
- **travaux de démolition** qui ne s'inscrivent pas dans le cadre de travaux éligibles au taux intermédiaire (travaux de démolition totale suivie ou non de travaux de reconstruction).

> Précisions a. Seuls les travaux **facturés directement au client** peuvent être soumis au taux intermédiaire. Ce taux s'applique, quelle que soit la qualité du preneur (propriétaire, locataire, syndicat de copropriétaires, marchand de biens, compagnie d'assurance, agence immobilière, etc.). Le taux intermédiaire est applicable dans les mêmes conditions aux travaux réalisés par l'intermédiaire d'une société d'économie mixte intervenant comme **tiers financeur.**

En cas de **sous-traitance,** les travaux facturés par le sous-traitant à l'entrepreneur principal relèvent du taux normal. En cas de paiement effectué directement par le maître d'ouvrage (client) au sous-traitant, les sommes ainsi versées incluent une TVA au taux normal, mais elles ne peuvent excéder le montant du marché principal passé entre le client et l'entrepreneur principal. Ce dernier doit adresser au client une facture définitive soumise au taux intermédiaire.

b. Les **équipements** suivants bénéficient du taux intermédiaire lorsqu'ils sont **fournis et facturés par le prestataire** dans le cadre de sa prestation de travaux : équipements sanitaires (baignoires y compris à remous, bacs à douche, lavabos, etc.) ; équipements de sécurité (alarmes, digicodes, caméras de surveillance, batardeaux, etc.) ; équipements électriques et d'éclairage (tableaux électriques, prises, spots intégrés, etc.) ; équipements divers (escaliers, antennes de télévision, cheminées, etc.).

En revanche, tous ces biens restent soumis au taux normal lorsqu'ils sont **achetés directement** par le client.

Sont également exclus du taux intermédiaire, même s'ils sont fournis et facturés par le prestataire :

– les **gros équipements** suivants fournis dans le cadre de travaux d'installation ou de remplacement du système de chauffage, des ascenseurs, de l'installation sanitaire ou du système de climatisation : équipements collectifs de chauffage situés dans un immeuble comportant plusieurs locaux (chaudière utilisée comme mode de chauffage ou de production d'eau chaude, cuve à fioul, citerne à gaz et pompe à chaleur) ; ascenseurs (les ascenseurs conçus pour les handicapés bénéficient toutefois du taux réduit : n° 53005) ; cabines hammam ou sauna prêtes à poser ; tous systèmes de climatisation ainsi que les pompes à chaleur de type air/air ;

– les **équipements ménagers ou mobiliers.** Le taux intermédiaire s'applique toutefois aux équipements de cuisine, de salle de bains et de rangement qui s'encastrent ou s'incorporent au bâti et qui ne restent pas à l'état d'éléments dont le désassemblage serait possible sans détériorer le bâti ou le meuble.

c. S'agissant des **travaux effectués en extérieur ou dans les espaces verts,** peuvent bénéficier du taux intermédiaire les travaux afférents au tracé, au revêtement et à l'aménagement des voies d'accès principales à la maison d'habitation, de même que les travaux de clôture (construction et réparation) d'un terrain entourant une maison d'habitation. Relèvent en revanche du taux normal les travaux portant sur les équipements sportifs et de détente (piscine, spa, court de tennis, etc.) et sur les constructions de jardin (serre, abri, etc.). Les **travaux d'abattage, de tronçonnage, d'élagage et d'enlèvement des arbres** qui constituent le **préalable nécessaire à des travaux d'entretien** (même lorsque ces derniers sont réalisés par un prestataire distinct ou par le client lui-même) portant sur des locaux d'habitation achevés depuis plus de deux ans (locaux d'habitation proprement dits, dépendances usuelles, voies d'accès principales à l'habitation, murs de clôture et portails) ou qui constituent des travaux d'urgence bénéficient du taux intermédiaire (BOI-TVA-LIQ-30-20-90-30 n° 40).

d. Les travaux de rénovation ou d'entretien portant sur les **balcons, loggias, terrasses, vérandas,** cours d'immeubles et emplacements de parking non couverts, achevés depuis plus de deux ans, bénéficient du taux intermédiaire. Il en va de même des travaux de fermeture d'un balcon ou d'une loggia s'ils ne conduisent pas à une augmentation de plus de 10 % de la surface de plancher des locaux d'habitation existants. En revanche, les travaux de construction et/ou d'extension de balcon, loggia, terrasse ou véranda ne bénéficient pas du taux intermédiaire, sauf lorsque la surface créée n'excède pas 9 m^2.

e. La part privative des travaux de **raccordement aux réseaux publics** (électricité, gaz, assainissement, adduction d'eau, etc.) bénéficie du taux intermédiaire. Il en va de même des **travaux d'assainissement non collectif** (installation, mise aux normes et entretien des systèmes d'assainissement individuel), des travaux d'installation de captage d'eau (même si l'immeuble d'habitation desservi est par ailleurs raccordé au réseau d'eau public), des travaux d'évacuation et récupération des eaux pluviales et des travaux de terrassement, de drainage et de creusement des tranchées.

f. Les travaux d'**entretien,** de **désinfection et** de **dépannage** (y compris les contrats de maintenance ou d'entretien) bénéficient du taux intermédiaire, dans la mesure où ils portent sur des locaux ou des équipements (même pris en location) éligibles à ce taux. Bénéficient également du taux intermédiaire les travaux de **« nettoyage »** nécessitant le **recours à des équipements et à des techniques** qui dépassent le stade de la simple opération de nettoyage courant et ont pour objet de contribuer au maintien et au bon fonctionnement d'un équipement (nettoyage des cuves à fioul, etc.).

Pour les contrats d'entretien d'installations de **chauffage collectif** comportant une **clause de « garantie totale »,** il est admis que la part de la redevance correspondant à l'éventuel remplacement d'appareils de chauffage relevant du taux normal soit fixée forfaitairement à 20 % du montant total hors taxe du contrat.

53285 **Modalités d'application du taux intermédiaire** Pour bénéficier du taux intermédiaire, le **client** doit, en principe, **remettre au prestataire,** avant le commencement des travaux ou au plus tard au moment de la facturation ou de l'achèvement des travaux, une **attestation** remplie, datée et signée par lui. Cette attestation doit mentionner que l'immeuble est achevé depuis plus de deux ans, qu'il est affecté à un usage d'habitation et que les travaux ne concourent pas à la production d'un immeuble neuf ou n'aboutissent pas à la création de surfaces significatives au sens du n° 53280, 1er et 2e tirets (les preneurs des travaux doivent utiliser les modèles d'attestation fixés par l'administration, lesquels ont un caractère impératif : modèle n° 1300-SD pour les travaux affectant les composantes du gros œuvre et/ou les éléments de second œuvre ; modèle simplifié n° 1301-SD pour les autres travaux ; voir également la mesure de simplification ci-après). Le client doit **conserver copie** de cette **attestation,** ainsi que les **factures** ou notes émises par le prestataire, jusqu'au 31 décembre de la cinquième année suivant la réalisation des travaux.

Le **prestataire,** quant à lui, doit **conserver** cette **attestation** à l'appui de sa comptabilité. Il doit également faire apparaître distinctement dans sa **comptabilité** et sur les **factures** la part des travaux relevant du taux intermédiaire et, le cas échéant, celle relevant du taux normal.

À **défaut d'attestation ou** lorsque les **informations** que l'attestation (ou la facture : voir mesure de simplification ci-après) doit comporter sont **manquantes, incomplètes ou inexactes,** le taux normal s'applique à l'ensemble des travaux réalisés. Il en est de même lorsque l'attestation n'a pas été conservée par le prestataire. Le preneur est solidairement tenu au paiement du complément de taxe si les mentions portées sur l'attestation s'avèrent inexactes de son fait.

À titre de **simplification,** pour les **travaux de réparation et d'entretien** dont le **montant** est **inférieur à 300 € TTC,** l'attestation simplifiée peut être remplacée par les mentions suivantes sur la facture : nom et adresse du client et de l'immeuble objet des travaux, nature des travaux et mention selon laquelle l'immeuble est achevé depuis plus de deux ans (BOI-TVA-LIQ-30-20-90-40 nº 90).

> Précisions **a.** Pour les **travaux sur parties communes,** lorsque des informations erronées sur l'affectation des différents lots de l'immeuble ont été communiquées au prestataire, le syndic (ou l'administrateur de biens) peut être recherché en paiement du complément de taxe si c'est lui-même qui a déterminé sous sa propre responsabilité la proportion de l'immeuble affectée à usage d'habitation ou s'il n'a pas fidèlement reporté les informations communiquées par les copropriétaires.

b. Lorsqu'une entreprise effectue des **interventions multiples** de maintenance, d'entretien ou de réparation, **pour** le compte **d'un même opérateur gérant un parc important** de logements (qu'il soit bailleur ou gestionnaire), ce dernier peut remettre à l'entreprise une attestation qui vaut pour l'année. À cette attestation doit alors être annexé un document comportant notamment la liste des immeubles concernés (BOI précité nº 100).

c. Lorsque les **travaux d'urgence** (nº 53275, précision d) sont réalisés en l'absence de l'occupant du local et que la facturation ne peut être différée, il est admis que le taux intermédiaire s'applique à condition que le prestataire mentionne sur sa facture que sa prestation a été effectuée dans une urgence telle que la délivrance de l'attestation avant les travaux ou leur facturation était impossible et que, au vu des éléments dont il dispose, son intervention a eu lieu dans un local d'habitation.

d. Il est admis que le taux intermédiaire s'applique dès le premier **acompte** même si l'attestation n'est remise par le client qu'au moment de la facturation finale ou de l'achèvement des travaux (BOI précité nº 70).

e. En cas de facturation de travaux à tort au taux normal, le prestataire peut envoyer au client une **facture rectificative** faisant apparaître le taux intermédiaire, à condition que l'attestation lui soit délivrée au plus tard à la date de la nouvelle facture (en ce sens, Cass. com. 3-4-2012 nº 11-14.631 F-D : RJF 7/12 nº 699). La doctrine administrative est dans le même sens (BOI précité nº 230).

SECTION 4

OBLIGATIONS DES ASSUJETTIS ET PAIEMENT DE LA TVA

Les personnes assujetties à la TVA sont tenues de respecter un certain nombre d'obligations et formalités que nous examinons ci-après. **53320** RIE-IV-200 s

Ces obligations et formalités présentent :

– les unes, un **caractère général** car elles intéressent l'ensemble des assujettis ;

– les autres, un **caractère particulier** dans la mesure où elles concernent seulement certaines catégories d'assujettis ou d'opérations.

Le **tableau récapitulatif** figurant ci-après présente la liste de ces obligations ou formalités avec, pour chacune, la référence aux commentaires correspondants.

Obligations des assujettis à la TVA	Commentaires (nºs)
I. Obligations de caractère général	
Déclarations administratives de création d'entreprise ou d'activité ou de cessation ; identifiant communautaire	53385 s.
Obligations d'ordre comptable (tenue de la comptabilité ; ventilation des recettes par taux d'imposition)	53440 s.
Obligations relatives à l'établissement des factures	53500 s.
Déclarations des opérations réalisées et paiement de l'impôt	53700 s.
II. Obligations ou formalités particulières (personnes ou opérations concernées)	
Redevables relevant du régime simplifié	54260 s.
Redevables relevant du régime simplifié agricole	59875 s.
Bénéficiaires de la franchise en base	54360
Redevables de la TVA sur les opérations immobilières	58900, 59070

Obligations des assujettis à la TVA	Commentaires (nos)
Redevables utilisant des logiciels ou systèmes de caisse	53485
Exploitants de salles de spectacles	61810
Entreprises étrangères établies dans un pays tiers n'ayant pas conclu de convention d'assistance au recouvrement des créances fiscales avec la France	50645 s.
Organismes sans but lucratif	89625, b
Façonniers	52385 s.
Personnes versant des droits d'auteur	61705 s.
Exploitants d'entrepôts ou de plateformes logistiques	78040 s.
Opérateurs de plateformes en ligne	49837
Opérations sur biens placés ou destinés à être placés sous entrepôt fiscal ou régime douanier de report des importations	50775 s.
Échanges de biens dans l'UE (état récapitulatif et registres)	49420 s., 49285, Précisions 49390, précision a
Prestations de services à destination d'assujettis communautaires (déclaration)	49890
Régimes de « guichet unique »	50850 s.
Exportations	49705
Livraisons en franchise aux exportateurs et au titre des livraisons UE	50575
Acquisitions intracommunautaires	49175
Importations	49634 s.
Travaux et expertises sur biens meubles corporels en provenance d'un autre État membre de l'UE (registre)	49870, précision b
Acquisitions de moyens de transport en provenance d'un autre État membre de l'UE (certificat fiscal et relevé des acquisitions)	49355
Déclaration d'option pour la TVA	46600
Déclaration d'option pour le paiement de la TVA d'après les débits	52665
Déclaration d'option pour le paiement de la TVA sur les livraisons (travaux immobiliers)	52680 s.
Déclaration d'option pour la centralisation du paiement de la TVA	54210
Déclaration d'option pour la constitution d'un assujetti unique (groupe TVA)	46549
Régime suspensif de TVA des produits pétroliers	61370
Récupération de la taxe sur opérations résiliées, annulées ou impayées	54400 s.
Remboursements de crédits de taxe	56620 s.
Création de secteurs distincts d'activité	56070
Travaux portant sur des locaux d'habitation bénéficiant du taux réduit ou du taux intermédiaire	53048, 53285
Paiements transfrontaliers (registre)	60470
Opérations portant sur l'or d'investissement	61900

A. Déclarations administratives et numéro d'identification

DÉCLARATIONS ADMINISTRATIVES

53385 CGI art. 286, I-1° et 2° RIE-V-1050 s Toute personne (physique ou morale) assujettie à la TVA doit, dans certains cas fixés par la loi, souscrire des déclarations concernant son activité.

53390 Ces déclarations doivent être produites dans trois circonstances.

1. Dans les 15 jours du **commencement** de ses opérations, l'assujetti doit normalement souscrire une **déclaration de création** d'entreprise ou d'activité. Il doit fournir en outre tous **renseignements** relatifs à son **activité professionnelle** (s'agissant de l'option pour la création d'un assujetti unique, qui vaut déclaration de création d'entreprise ou d'activité, voir n° 46549).

2. Ces déclarations doivent être renouvelées en cas de **modification substantielle des conditions d'exercice** de l'activité (ouverture d'un établissement secondaire, d'une agence ou d'une succursale ; une déclaration identique doit être faite également au service dans le ressort duquel se trouve cet établissement, agence ou succursale) ou de modification de la forme juridique de l'entreprise (CGI ann. IV art. 35).

3. En cas de **cessation de l'exercice de leur activité,** les redevables de la TVA doivent, dans les 30 jours de cette cessation, en faire la déclaration (CGI ann. IV art. 36).

> Précisions a. En pratique, l'accomplissement des formalités administratives auprès du **guichet unique électronique** (n° 88200) vaut tant à l'égard des obligations TVA que des obligations prévues pour les redevables des BIC (n° 11490), des BNC (n° 13675) ou pour les personnes morales passibles de l'IS (n° 36405, a). Notons toutefois que les délais prévus en matière de TVA sont inférieurs, pour la déclaration de création d'entreprise ou d'activité, à celui prévu pour l'IS et, pour la déclaration de cession ou cessation, à celui prévu pour les BIC et BNC.

b. Les assujettis bénéficiant du régime dérogatoire (PBRD) au régime général de taxation des acquisitions intracommunautaires (n° 49225) sont également concernés par cette déclaration de création d'entreprise ou d'activité. Même obligation, le cas échéant, pour les **entreprises étrangères** non établies en France qui y réalisent des opérations (n°s 50630 s.).

c. Cas particulier des **auteurs** soumis à la retenue de TVA : voir n°s 61705 s.

d. Le **défaut de production,** ou la production tardive des déclarations, est sanctionné par une amende fiscale (n° 80190).

e. **Renonciation** à la **franchise** en base en début d'activité : voir n° 53785.

Service compétent pour recevoir les déclarations En principe, les déclarations administratives de création et de cessation visées n° 53390 doivent (comme les déclarations de TVA : n° 54100) être souscrites par les redevables de la TVA auprès du service des impôts auquel doit parvenir leur déclaration de bénéfice ou de revenu ou, pour les bailleurs d'immeubles, auprès du service des impôts du lieu de situation de l'immeuble. 53400 CGI ann. IV art. 32 et 33 RIE-V-1250

En pratique, cependant, comme indiqué n° 53390, précision a, ces formalités doivent obligatoirement être accomplies auprès du **guichet unique électronique** (n° 88200), par l'établissement d'un document commun.

NUMÉRO INDIVIDUEL D'IDENTIFICATION

Un numéro individuel d'identification est **attribué** : 53420 CGI art. 286 ter RIE-IV-15500 s

- aux assujettis redevables de la taxe ou réalisant des opérations, autres que celles visées n° 53425, au titre desquelles ils bénéficient d'un droit à déduction (s'agissant des DOM, voir n° 91575, précision a) ;
- aux assujettis et personnes morales non assujetties qui effectuent des acquisitions intracommunautaires soumises à la TVA, aux personnes (PBRD) visées n° 49225 lorsqu'elles sont imposables, de plein droit ou sur option, au titre de leurs acquisitions intracommunautaires ainsi qu'aux assujettis redevables de la TVA pour des importations ou des sorties de régimes douaniers de report des importations ou entrepôts fiscaux (à l'exception de ceux visés n° 53425) ;
- aux assujettis qui effectuent en France des acquisitions intracommunautaires de biens ou qui sont redevables de la taxe pour des importations ou des sorties de régimes douaniers de report des importations ou entrepôts fiscaux pour les besoins de leurs opérations effectuées à l'étranger ;
- aux assujettis établis en France qui sont preneurs d'une prestation de services au titre de laquelle ils doivent autoliquider la TVA en application de l'article 283, 2 du CGI (n° 49885, précision b) ;
- aux prestataires établis en France qui fournissent une prestation de services au titre de laquelle seul le preneur est redevable de la taxe dans un autre État membre de l'UE en application de l'article 196 de la directive TVA (n° 49890, précision d) ;
- aux assujettis uniques au sens de l'article 256 C du CGI (n°s 46545 s.), sans préjudice du numéro d'identification attribué à leurs membres.

Cet « identifiant » à 13 caractères (dont le préfixe « FR » pour France) vise à garantir la sûreté des **échanges** entre assujettis au sein de l'**UE.** Il peut être **vérifié,** par le biais de la base administrative électronique européenne VIES, en particulier par les partenaires communautaires de son attributaire (de son côté, celui-ci peut vérifier les identifiants, à structure variable selon les États membres, desdits partenaires).

En pratique, le numéro d'identification doit figurer notamment sur les **factures** (voir n° 53625) ainsi que sur l'**état récapitulatif** des clients auxquels des biens ont été livrés (visé n° 49420) et la déclaration européenne des services (visée n° 49890). Il en est également fait mention sur les déclarations de TVA (il est normalement prérempli). Par ailleurs, le redevable de la TVA à l'importation doit renseigner son numéro d'identification (ou, le cas échéant, son numéro « IOSS » : n° 50895) sur la déclaration en douane.

Dans le cadre des échanges intracommunautaires de biens, la communication au fournisseur par l'acquéreur de son numéro d'identification constitue une **condition** de l'**exonération des livraisons intracommunautaires** de biens (n° 49270).

> Précisions **a.** En ce qui concerne :
– le numéro d'identification spécifique aux « **mandataires et représentants fiscaux ponctuels** » : voir nos 50640, précision e et 50650 ;
– le numéro spécifique du titulaire du **régime douanier de report des importations** ou de l'**entrepôt fiscal** pour les acquisitions intracommunautaires réalisées sous un tel régime par les entreprises étrangères : voir n° 50755, précision d ;
– le numéro spécifique utilisé pour déclarer des ventes à distance de biens importés via le régime de guichet unique prévu à l'article 298 sexdecies H du CGI (« **IOSS** ») : voir n° 50885.
b. L'administration peut, avant ou après la délivrance du numéro individuel d'identification, **demander** aux opérateurs des **informations complémentaires** pour statuer sur l'attribution ou le maintien de leur numéro d'identification ; elle peut également demander aux opérateurs de justifier de la réalisation ou de l'intention de réaliser des activités économiques (LPF art. L 10 BA).
À noter que, pour la CJUE, l'administration ne peut, en principe, refuser d'attribuer un numéro TVA sauf suspicion de fraude (CJUE 14-3-2013 aff. 527/11 : RJF 7/13 n° 795).
c. Le numéro d'identification peut ne pas être attribué ou être invalidé dans l'une des cinq hypothèses prévues à l'article L 10 BA, IV du LPF. En outre, lorsqu'il existe des indices concordants indiquant que le numéro individuel d'identification est utilisé par un **assujetti qui savait ou ne pouvait ignorer être impliqué dans une fraude** visant à ne pas reverser la taxe due en France ou dans l'UE, l'administration peut procéder à son **invalidation** au terme de la procédure fixée à l'article L 10 BA, V du LPF.

53425 CGI art. 286 ter A Ne sont **pas** tenus de s'identifier par un **numéro individuel** les assujettis qui effectuent **exclusivement** les opérations suivantes :

– des opérations (livraisons de biens ou prestations de services) pour lesquelles la taxe est due par le destinataire (toutefois, si le fournisseur réalise préalablement à la livraison une importation des biens ou une sortie de régime suspensif, il doit s'identifier en application de l'article 286 ter du CGI) ;

– des sorties de biens de régimes douaniers de report des importations ou d'entrepôts fiscaux donnant lieu à dispense de paiement en application de l'article 277 A, II-4-2° du CGI, des importations exonérées en application de l'article 291, II-1° du même Code ;

– des ventes à distance de biens importés soumises au régime particulier prévu à l'article 298 sexdecies H du CGI ainsi que des importations effectuées dans le cadre de ce régime. Ces assujettis se voient attribuer un numéro individuel de TVA aux seules fins de l'application de ce régime (n° 50885) ;

– lorsque les assujettis ne sont pas établis en France, des livraisons de biens ou des prestations de services pour lesquelles ils ont recours, dans un autre État membre, à l'un des régimes particuliers de guichet unique prévus par la directive TVA : guichet pour les services fournis par des non-établis dans l'UE (Dir. TVA art. 358 bis s.) ; guichet pour les services fournis par des assujettis établis dans l'UE et pour les ventes à distance intracommunautaires de biens (Dir. TVA art. 369 bis s.) ; guichet pour les ventes à distance de biens importés (Dir. TVA art. 369 terdecies s.) ;

– des importations de biens ne donnant lieu à aucun paiement de la TVA. Sont visées les importations exonérées conformément aux II-2°, 2° bis, 5° et 10° et au IV de l'article 291 du CGI, à savoir : importations définitives dans le cadre des franchises fiscales communautaires des biens ; importations de biens au profit des victimes de catastrophes affectant le territoire d'un État membre de l'UE ; importations de navires, aéronefs, objets incorporés, engins et filets pour la pêche maritime ; importations de gaz naturel, d'électricité, de chaleur ou de froid ; importations de biens effectuées dans le cadre des relations consulaires ou diplomatiques ou destinées à des organismes internationaux ou de l'UE ou aux forces armées, dont la livraison est exonérée en application de l'article 262-00 bis du CGI (CGI ann. III art. 95 bis) ;

– des importations de biens mis en libre pratique ou placés en admission temporaire en exonération partielle de droits sur la base d'une déclaration verbale en application des articles 135 ou 136 du règlement UE/2015/2446 (Loi 2023-1322 du 29-12-2023 art. 112, I-D) ;

– des importations de biens destinés à être utilisés ou cédés à titre gratuit dans le cadre de foires, d'expositions et de manifestations similaires (Loi 2023-1322 du 29-12-2023 art. 112, I-D).

N'ont pas non plus à être identifiés les assujettis effectuant, à titre occasionnel, des livraisons de biens ou des prestations de services entrant dans le champ d'application de la TVA.

> Précisions Un nouveau cas de dispense d'identification à la TVA en France sera mis en place **à compter du 1er janvier 2025**. Il concernera les entreprises étrangères effectuant exclusivement des opérations pour lesquelles elles auront désigné un mandataire en application de l'article 289 A bis du CGI (voir n° 50650, précision c) (Loi 2023-1322 du 29-12-2023 art. 112, I-D).

B. Obligations d'ordre comptable

Les personnes assujetties à la TVA doivent : 53440 CGI art. 286, I-3° RIE-IV-250 s

– **tenir une comptabilité** leur permettant de justifier du détail des opérations qu'elles réalisent **ou,** à défaut, un **livre spécial** (nos 53450 s.) ;

– lorsque leurs **recettes** sont passibles de taux différents, les **ventiler par taux d'imposition** (nos 53470 s.).

Par ailleurs, les assujettis qui enregistrent leurs opérations au moyen d'un **logiciel ou** d'un **système de caisse** ont en principe l'obligation d'utiliser un logiciel ou un système **sécurisé** (n° 53485).

TENUE D'UNE COMPTABILITÉ

Les personnes assujetties à la TVA (y compris les personnes, dites « PBRD », visées n° 49225 53450 RIE-IV-300 s
lorsqu'elles sont imposables, de plein droit ou sur option, au titre de leurs acquisitions intracommunautaires) doivent tenir une comptabilité leur permettant de **justifier les opérations,** imposables ou non, qu'elles effectuent. Ces justifications concernent la nature des opérations réalisées et le montant des recettes encaissées. D'une manière générale, la comptabilité doit permettre à l'assujetti de fournir l'ensemble des renseignements demandés et dont la mention figure sur les formulaires de déclaration des opérations.

À défaut d'une telle comptabilité, les assujettis doivent tenir un **livre spécial** aux pages numérotées sur lequel ils inscrivent jour par jour, sans blanc ni rature, le montant de chacune des opérations, en distinguant, au besoin, leurs opérations taxables de celles qui ne le sont pas. Le livre spécial n'a pas à être coté ou paraphé.

> Précisions Les **opérations au comptant** peuvent être inscrites globalement à la fin de chaque journée lorsque leur valeur n'excède pas 76 € taxes comprises, limite qui s'apprécie par opération de vente et non article par article. Cette mesure de simplification s'applique à l'ensemble des contribuables (BIC, BNC, BA) pour la détermination de leurs bénéfices imposables. La faculté ainsi offerte ne dispense pas ceux qui l'utilisent de produire à l'appui de leur comptabilité ou livre spécial tous documents propres à justifier du montant de ces opérations (bandes de caisse enregistreuse, fiches de caisse, livres brouillards, etc.). Sur les conséquences de l'absence de ces documents : voir nos 78815 s.

Outre les opérations imposables, la comptabilité ou le livre spécial doit notamment faire 53455
apparaître d'une manière distincte :

– les **opérations** non taxables à la TVA ;

– les opérations faites en suspension de ladite taxe ;

– pour chaque **acquisition** de biens, services et travaux, l'indication de son montant, de la TVA correspondante, ainsi que le nom et l'adresse du fournisseur ;

– pour chaque opération ayant donné lieu à l'émission d'une **facture** comportant mention de la TVA, le montant hors TVA de l'opération, le montant de la TVA au taux exigible facturé, ainsi que le nom et l'adresse du client.

> Précisions **a.** La comptabilité doit faire 53460
apparaître le **chiffre d'affaires hors taxe** (le montant des opérations à déclarer devant être déterminé hors TVA : n° 52300).

Cependant, les redevables qui pratiquent ordinairement des recettes taxes comprises (**détaillants** notamment) peuvent les inscrire en comptabilité taxes comprises. Lors de l'établissement des déclarations, ils reconstituent leur base d'imposition hors taxe en appliquant aux recettes taxes comprises les **coefficients de conversion** appropriés (voir n° 52785, a).

Cette reconstitution leur permet de présenter leur compte de résultat hors taxe (voir n° 7415).

b. Possibilité pour les redevables relevant du régime simplifié et n'ayant pas renoncé aux formalités simplifiées de ne tenir qu'une **comptabilité de trésorerie** : voir n° 11135.

c. L'obligation de **comptabiliser séparément** les recettes **exonérées** et les recettes **taxables** s'impose aux assujettis. À défaut, l'administration risque d'exiger le paiement de la TVA sur la totalité des recettes.

La même obligation exige de comptabiliser distinctement les opérations dont le **taux** d'imposition n'est **pas identique.** À défaut de ventilation (voir à cet égard, pour les commerçants, nos 53470 s.), le redevable est passible de la TVA au taux le plus élevé sur la totalité de ses opérations et selon les règles d'**exigibilité** propres à celles relevant de ce taux.

Redevables qui effectuent des opérations portant sur des **biens d'occasion,** des **œuvres d'art,** des **objets de collection ou d'antiquité** : voir n° 60830.

Comptabilisation séparée des **opérations situées hors du champ** d'application de la TVA et des opérations imposables : voir n° 55505.

d. Il peut être satisfait aux obligations comptables au moyen d'une comptabilité établie par **informatique** (sur le contrôle des comptabilités informatisées, voir n° 78140 ; sur le recours obligatoire à des systèmes sécurisés, voir n° 53485).

VENTILATION DES OPÉRATIONS PAR TAUX D'IMPOSITION

53470 Les entreprises qui commercialisent des **produits** soumis à la TVA à des **taux différents** (ou éventuellement **exonérés** de cette taxe) sont tenues de répartir les recettes qu'elles réalisent par catégories d'opérations et par taux d'imposition.

Les méthodes de vente ainsi que les modalités de comptabilisation des recettes de ces entreprises doivent donc être adaptées en conséquence.

> **Précisions** Ces règles ne concernent pas les opérations constituées par plusieurs éléments et qui sont qualifiées d'opérations uniques, les différents éléments constituant l'opération unique étant alors soumis au même régime fiscal (n°s 46478 s.).

53475 Cette obligation peut soulever des difficultés pour les entreprises dont les **ventes, faites au comptant à des consommateurs,** ne donnent pas lieu à une facturation (cas des négociants qui exploitent des magasins à rayons multiples ou qui vendent des produits soumis à plusieurs taux). C'est pourquoi l'administration autorise ces entreprises à répartir leurs recettes au moyen de l'une des **trois méthodes de reconstitution** de caractère **empirique** qu'elle a définies (sur autorisation spéciale de l'administration, une entreprise peut éventuellement choisir une autre méthode mieux adaptée à sa situation propre).

Ces trois méthodes (ainsi que les formalités de leur adoption) sont exposées dans notre Documentation pratique (RIE-IV-1780 s.).

UTILISATION DE LOGICIELS OU SYSTÈMES DE CAISSE SÉCURISÉS

53485 RIE-IV-500 s Les assujettis qui effectuent des **opérations** (livraisons et prestations de services) **ne donnant pas lieu à facturation** conformément à l'article 289 du CGI et qui enregistrent ces opérations au moyen d'un logiciel ou d'un système de caisse ont l'obligation d'utiliser un logiciel ou un système sécurisé satisfaisant à des conditions d'inaltérabilité, de sécurisation, de conservation et d'archivage des données en vue du contrôle de l'administration fiscale, attestées par un certificat délivré par un organisme accrédité ou par une attestation individuelle délivrée par l'éditeur (CGI art. 286, I-3° bis).

Les assujettis exonérés de TVA, ceux bénéficiant de la franchise en base (n°s 53780 s.) ainsi que ceux placés sous le régime du remboursement forfaitaire agricole (n°s 60040 s.) sont expressément **exclus de cette obligation** (CGI art. 286, II-2). Il en va de même des entreprises étrangères immatriculées à la TVA non établies en France. En revanche, les succursales et filiales de sociétés étrangères sont concernées par cette obligation (BOI-TVA-DECLA-30-10-30 n° 20).

> **Précisions** **a.** Les assujettis qui réalisent l'intégralité de leur chiffre d'affaires avec un ou des professionnels sont exclus du dispositif, puisque les **opérations réalisées entre professionnels** uniquement font obligatoirement l'objet d'une facturation. En revanche, les assujettis qui réalisent **à la fois des opérations avec** des clients **assujettis** à la TVA (clients professionnels) **et des non-assujettis** (clients particuliers) relèvent du champ d'application du dispositif. Un assujetti qui décide de délivrer des **factures à un particulier** sans que la réglementation fiscale l'y oblige ne s'exonère pas, par cette délivrance de facture, du respect de l'obligation de sécurisation de son logiciel ou système de caisse (BOI précité n° 10).
>
> **b.** Un **logiciel ou système de caisse** est un système informatique doté d'une fonctionnalité de caisse, laquelle consiste à **mémoriser** et à **enregistrer extra-comptablement des paiements** reçus en contrepartie d'une vente de marchandises ou de prestations de services, c'est-à-dire que le paiement enregistré ne génère pas concomitamment, automatiquement et obligatoirement la passation d'une écriture comptable.
>
> Sont visés tous les logiciels ou systèmes de caisse permettant l'enregistrement des règlements des clients (y compris les logiciels de facturation qui disposent d'une fonctionnalité de caisse), **quel que soit le mode de règlement** (espèces, chèques, CB, virements, prélèvements...). Cette obligation s'applique y compris en cas d'enregistrement sur un logiciel ou système accessible en ligne.
>
> Par tolérance, lorsque tous les paiements reçus en contrepartie de toutes ses ventes ou prestations de services sont réalisés avec l'**intermédiation directe d'un établissement de crédit** auprès duquel l'administration peut exercer son droit de communication (ou d'un établissement bancaire établi au sein d'un pays de l'UE soumis à l'obligation d'échange automatique d'informations), l'assujetti est dispensé de l'obligation d'utiliser un logiciel ou système de caisse sécurisé.
>
> Par ailleurs, il est précisé que dans le cas de **logiciels multifonctions** (comptabilité/gestion/caisse/facturation), seule la fonctionnalité de caisse enregistreuse/encaissement, et non l'ensemble du logiciel, doit être sécurisée (BOI précité n°s 30 à 40).
>
> **c.** Les logiciels ou systèmes de caisse concernés doivent permettre d'assurer l'inaltérabilité, la sécurisation, la conservation et l'archivage des données en vue du contrôle de l'administration fiscale, et doivent notamment à cette fin permettre un **accès de l'administration** aux données enregistrées, comporter un **procédé technique fiable** garantissant la restitution de

celles-ci, prévoir une clôture et un archivage périodiques, etc. (BOI précité nos 60 à 260).

Les **données concernées** sont toutes les données liées à la réalisation d'une transaction, qu'il s'agisse d'une opération de vente d'un bien ou d'une prestation de services et qui peut conduire à l'émission, qu'elle soit antérieure, simultanée ou consécutive au règlement, d'un justificatif (note, ticket, facture, etc.) ainsi que de toutes les données liées à la réception (immédiate ou attendue) du paiement en contrepartie (BOI précité n° 50).

d. L'utilisation d'un logiciel ou système de caisse respectant les conditions visées ci-dessus doit être justifiée par la production d'un **certificat établi par un organisme accrédité ou** d'une **attestation** individuelle **délivrée par l'éditeur** (BOI précité nos 270 à 390). Afin de s'assurer de la détention de ces documents, l'administration dispose d'une procédure de **contrôle inopiné** (LPF art. L 80 O). En cas de manquement, l'**amende** prévue par l'article 1770 duodecies du CGI, fixée à 7 500 € par logiciel ou système de caisse concerné, pourra être appliquée.

C. Obligations tenant à la facturation

La réglementation de la TVA comporte des dispositions qui définissent : 53500 RIE-IV-2400 s

– les cas dans lesquels les assujettis ont l'**obligation de délivrer des factures** (nos 53565 s.) ;

– les **mentions à porter sur ces factures** (nos 53625 s.) ;

– les conséquences que peut entraîner une **mention abusive de la TVA** sur les factures (nos 53650 s.).

Remarques : **1.** Les règles de facturation décrites nos 53565 à 53630 s'appliquent aux **opérations suivantes** : opérations réputées situées en France, à l'exclusion de celles réalisées par un assujetti établi dans un autre État membre de l'UE et pour lesquelles l'acquéreur ou le preneur doit autoliquider la taxe (sauf si l'assujetti leur a donné mandat pour facturer en son nom et pour son compte) ; opérations réalisées par un assujetti établi en France mais situées dans un autre État membre et pour lesquelles la taxe doit être autoliquidée dans cet autre État par l'acquéreur ou le preneur (sauf si l'assujetti leur a donné mandat pour facturer en son nom et pour son compte) ; opérations réalisées par un assujetti établi en France et dont le lieu est situé dans un pays tiers ; opérations pour lesquelles le prestataire se prévaut du régime de guichet unique prévu à l'article 298 sexdecies F du CGI (« OSS-non UE ») ou de celui prévu à l'article 298 sexdecies G du même Code (« OSS-UE »).

2. Lorsqu'elles affectent le calcul de l'impôt, les **infractions** commises en matière de facturation peuvent évidemment donner lieu à des **rectifications** de la base d'imposition, qui sont effectuées dans les conditions (**et** avec application des **sanctions**) prévues par les règles **de droit commun** (nos 77500 s.).

En outre, des **sanctions particulières** sont prévues pour les achats et ventes sans facture, pour les factures « de complaisance » et pour les omissions ou inexactitudes constatées dans les factures (n° 80195).

Les manquements aux règles de facturation peuvent être recherchés dans le cadre du **droit d'enquête** examiné n° 78345.

3. En ce qui concerne le **délai et le mode de conservation** des factures : voir n° 78065.

4. Nous traitons uniquement **ici** de l'**obligation fiscale** de facturer, telle qu'elle résulte des textes applicables en matière de TVA.

Cette obligation se juxtapose, sans y faire échec, à l'**obligation** de même nature prévue dans certains cas par la **réglementation économique.** Pour l'étude de ces dernières règles, on pourra se reporter à notre Mémento pratique Concurrence-Consommation.

1. DÉLIVRANCE DES FACTURES

OPÉRATIONS DONNANT LIEU À FACTURATION

Tout **assujetti** est tenu de s'assurer qu'une facture est émise, par lui-même, ou en son nom et pour son compte, par son client ou par un tiers : 53565 CGI art. 289, I

– pour les **livraisons de biens** ou les **prestations de services** qu'il effectue **pour un autre assujetti, ou pour une personne morale non assujettie** et qui ne sont **pas exonérées** en application des articles 261 à 261 E du CGI ;

– pour les **ventes à distance intracommunautaires** de biens (nos 49780 s.), sauf lorsque l'assujetti se prévaut du guichet unique prévu par l'article 298 sexdecies G du CGI (« OSS-UE ») (nos 50860 s.) ;
– pour les **livraisons de biens à destination de plateformes** qui facilitent la livraison d'un bien dans l'UE (livraison domestique ou vente à distance intracommunautaire de biens) par un assujetti non établi sur le territoire de l'UE à une personne non assujettie (voir nos 49825 s.) ;
– pour les **livraisons** et transferts **intracommunautaires** de biens exonérés en application des règles énoncées nos 49260 s. et pour les livraisons intracommunautaires exonérées de moyens de transport neufs (no 49365) (quelle que soit la qualité du client, s'agissant de ces dernières opérations) ;
– pour les **acomptes** qui lui sont versés avant que l'une des opérations visées aux trois premiers tirets ci-dessus ne soit effectuée. Il n'y a pas lieu d'établir une facture pour les acomptes versés au titre des livraisons intracommunautaires de biens (y compris de moyens de transport neufs) exonérées ;
– pour les **livraisons aux enchères publiques de biens d'occasion, d'œuvres d'art, d'objets de collection ou d'antiquité** (no 60955, Précisions).

L'assujetti doit **conserver un double** de tous les documents émis.

> Précisions a. Pour l'application des règles ci-dessus, il faut entendre :
– par « **assujetti** », toute personne qui réalise une activité économique à titre indépendant (même si non effectivement soumise à la TVA), étant rappelé que sont également considérées comme des assujettis les personnes effectuant à titre occasionnel la livraison intracommunautaire d'un moyen de transport neuf ;
– par « **facture** », tout document délivré dans les conditions prévues par le CGI et ses annexes, notamment au regard des mentions obligatoires (no 53625), quelle que soit la qualification donnée à ce document par les parties (quittance, note, relevé, compte rendu, etc.).

b. Tout **document ou message qui modifie la facture** initiale (y compris lorsque celle-ci est dématérialisée : no 53595) et qui fait référence à la facture initiale de façon spécifique et non équivoque est assimilé à une facture. Il doit comporter l'ensemble des mentions requises (no 53625) (cas particulier des opérations résiliées, annulées ou impayées : voir nos 54410 et 54415).

c. Les assujettis sont dispensés de l'obligation de délivrer une facture pour les opérations (livraisons de biens et prestations de services) qui sont exonérées en application des articles 261 à 261 E du CGI. Il s'agit des **opérations exonérées de TVA en régime interne** et plus particulièrement des opérations bancaires. Cette disposition s'applique également aux factures d'acompte afférentes à de telles opérations (BOI-TVA-DECLA-30-20-10-10 no 10).

Ne sont, en revanche, pas concernées par la **dispense de facturation** les opérations qui sont exonérées de TVA en vertu d'autres dispositions : exportations et opérations assimilées (nos 49690 s.) ; livraisons intracommunautaires (nos 49260 s.) dont on rappelle qu'elles font l'objet d'une obligation de facturation spécifique (voir ci-dessus) ; transports internationaux (nos 50180 s.) ; opérations portant sur l'or d'investissement (no 61875) ; opérations exonérées dans les DOM (nos 91590 s.) ; livraisons de biens à destination des plateformes qui facilitent certaines livraisons à destination de personnes non assujetties (nos 49825 s.).

Ne sont pas non plus concernés par la dispense de facturation les opérations bénéficiant d'un régime suspensif (nos 61250 s.), les opérations bénéficiant de la franchise en base (nos 54350 s.), les agriculteurs soumis au régime du remboursement forfaitaire agricole (nos 60040 s.), les opérations qui auraient pu être exonérées de taxe mais pour la taxation desquelles l'assujetti a opté (BOI précité).

d. En vue de réprimer le travail clandestin, les **prestations de services comportant l'exécution de travaux immobiliers** fournis par un commerçant ou un artisan à un **particulier** doivent donner lieu à l'établissement d'une note (CGI art. 290 quinquies). La note remise en original au client, et dont le double est conservé par le prestataire dans la limite du droit de reprise de l'administration, doit comporter : le nom et l'adresse des parties, la nature et la date de l'opération, le montant du prix et le montant de la TVA.

Les sanctions pour retard ou défaut de délivrance ou de conservation de la note et celles prévues pour omission ou inexactitude d'une mention obligatoire sont identiques à celles prévues en matière de facturation (voir no 80195).

e. Les **ventes à distance de biens importés** (nos 49800 s.) ne sont soumises à aucune obligation de facturation.

ÉMETTEUR DE LA FACTURE

53575 L'obligation de facturation repose normalement sur l'assujetti (vendeur ou prestataire de services). Toutefois, les factures peuvent être matériellement émises par le client (**autofacturation**) ou par un tiers (**sous-traitance de la facturation**) lorsque l'assujetti leur donne **mandat** à cet effet avant l'émission des factures ; sous réserve de son acceptation par l'assujetti, chaque facture est alors émise en son nom et pour son compte. Le mandat de facturation peut être délivré pour une série d'opérations données ou pour tout ou partie des opérations réalisées par le mandant sur une période donnée déterminée par le contrat.

> Précisions a. Lorsque le **mandataire** est établi **en France,** dans un **autre État membre ou** dans un **pays tiers** ayant conclu une **convention d'assistance au recouvrement des créances fiscales** avec la France (dont la liste est donnée n° 50635), **aucun formalisme** n'est requis et le mandat peut être matérialisé par un écrit ou prendre la forme d'un mandat tacite. En tout état de cause, les parties doivent cependant être en mesure de démontrer l'existence du mandat si l'administration leur en fait la demande (BOI-TVA-DECLA-30-20-10-30 n°s 120 et 130).
Lorsque le **mandataire** est établi dans un **pays tiers** n'ayant **pas** conclu une **convention d'assistance au recouvrement des créances fiscales** avec la France, le mandat est nécessairement un **mandat écrit** et l'administration doit être informée de son existence lorsque le mandataire établit de manière régulière des factures en son nom et pour son compte (CGI ann. II art. 242 nonies). À cette fin, l'assujetti dépose auprès de son service des impôts un état mentionnant l'identité et les coordonnées des clients ou tiers ainsi désignés, dans les mêmes délais que sa déclaration de résultats ou de bénéfices, étant précisé que le dépôt de cet état n'est pas exigé si le nombre d'opérations facturées n'excède pas dix par année civile (BOI précité n° 270). Les factures doivent être émises dès l'intervention du fait générateur sans que puisse être utilisée la possibilité de délivrer des factures périodiques (CGI ann. II art. 242 nonies).
Les modalités du mandat de facturation, et notamment son champ d'application, sont librement définies par le fournisseur et son mandataire. Le mandat peut ainsi porter sur les seules factures initiales ou également sur les factures rectificatives (BOI précité n° 140).
b. Afin d'éviter toute ambiguïté, il est recommandé, en cas de sous-traitance de la facturation, de porter sur les factures concernées une **mention** du type « Facture établie par A au nom et pour le compte de B ». Lorsque la facture est établie par le client, la mention « Autofacturation » est obligatoire.
c. Il est admis qu'un mandat de facturation entre un assujetti et son mandataire (client ou tiers) puisse prévoir que l'**établissement matériel des factures** peut être **effectué par un sous-traitant du mandataire,** sous réserve du respect de certaines conditions (notamment : le fournisseur ou le prestataire doit donner son accord ; l'administration doit être informée si le sous-traitant est établi dans un pays tiers n'ayant pas conclu une convention d'assistance au recouvrement des créances fiscales avec la France) (BOI précité n°s 100 et 280).
d. Lorsque la TVA est acquittée par le **représentant fiscal** d'une entreprise étrangère (n° 50645), c'est à lui qu'il appartient normalement d'établir les factures. L'entreprise étrangère concernée a cependant la faculté de procéder elle-même à cette formalité mais elle doit, dans un tel cas, préciser sur les factures qu'elle délivre non seulement ses propres coordonnées et numéro d'identification à la TVA en France, mais encore le nom (ou la raison sociale), l'adresse (ou le lieu du siège social) et le numéro d'identification à la TVA de son représentant (BOI précité n°s 50 et 60).

MOMENT DE LA REMISE

La **facture** doit, en principe, être émise dès la réalisation de la livraison de biens ou de la prestation de services. Pour les livraisons intracommunautaires de biens (y compris de moyens de transports neufs) exonérées et pour les prestations de services pour lesquelles la taxe est autoliquidée par le preneur en application de l'article 196 de la directive TVA, la facture doit être délivrée au plus tard le 15 du mois suivant celui du fait générateur. 53585

La facture **peut être établie de manière périodique** pour plusieurs livraisons de biens ou prestations de services distinctes réalisées entre l'assujetti et son client au titre du même mois civil. Elle doit alors être établie à la fin de ce même mois. Il est rappelé que les factures périodiques ne sont pas admises dans le cadre du mandat de facturation confié à un client ou un tiers établi dans certains pays tiers : voir n° 53575, précision a (il en est de même en cas de sous-traitance de la facturation confiée à un tiers établi dans ces mêmes pays).

> Précisions Un **différé de facturation** est admis **à titre général** s'il ne dépasse pas les quelques jours que peuvent justifier les nécessités de la gestion administrative des entreprises. Un différé de facturation est également admis dans certaines **situations particulières** (livraisons de biens meubles corporels dont le fait générateur intervient lors du transfert de propriété avant la remise du bien au client ; ventes dont le prix n'est pas fixé au moment de la vente) (BOI-TVA-DECLA-30-20-10-40 n°s 10 et 30).

FORME DE LA FACTURE

Les factures sont transmises sous forme **papier ou,** sous réserve de l'acceptation du destinataire, sous une **forme électronique,** quelle qu'elle soit. 53595 CGI art. 289, VI et VII

Toutefois, l'**authenticité** de l'origine, l'**intégrité** du contenu et la **lisibilité** de la facture doivent être assurées à compter de son émission et jusqu'à la fin de sa période de conservation.

Tel est le cas lorsque la facture est transmise par voie électronique soit au moyen d'une **signature électronique « qualifiée »,** soit sous la forme d'un **message structuré selon une**

53595 (suite) **norme convenue entre les parties,** permettant une lecture par ordinateur et pouvant être traité automatiquement et de manière univoque, soit en recourant à une procédure de **cachet électronique qualifié**.

Lorsque la facture est transmise sous forme **papier ou** sous une **forme électronique autre** que celles visées ci-dessus, des **contrôles** documentés et permanents doivent être mis en place par l'entreprise et doivent permettre d'établir une **piste d'audit fiable** entre la facture émise ou reçue et la livraison de biens ou prestation de services qui en est le fondement. Ces contrôles sont soumis à leur vérification par l'administration.

Les factures ainsi transmises tiennent lieu de facture d'origine.

> Précisions a. L'échange de factures par voie électronique est permis tant pour les opérations internes que pour les opérations intracommunautaires ou extracommunautaires.

b. Les caractéristiques que doit présenter la **signature électronique « qualifiée »** sont définies par l'article 96 F de l'annexe III au CGI par référence au règlement UE/910/2014. Cette signature s'appuie sur un certificat électronique, délivré par un prestataire de services de certification, qui fait l'objet, par le destinataire des factures et dans les conditions prévues à l'article 96 F bis de l'annexe III au CGI, de vérifications relatives à l'authenticité et l'intégrité des factures transmises.

c. Les systèmes de transmission des factures par la voie d'un **échange de données structuré,** dont le fonctionnement peut être contrôlé de manière inopinée par l'administration, doivent être conformes aux spécifications définies par les articles 96 G et 96 H de l'annexe III au CGI et par l'article 41 septies de l'annexe IV au même Code : identité du message émis et reçu, constitution d'une liste récapitulative séquentielle des messages émis et reçus et d'un fichier des partenaires avec lesquels sont échangées des factures dématérialisées, archivage des données dans leur contenu originel et dans les conditions et délais prévus nº 78065 et restitution des données en langage clair (le cas échéant, sur support papier) sur demande de l'administration.

d. Les caractéristiques du **cachet électronique qualifié**, qui repose sur un certificat qualifié de cachet électronique, sont définies par l'article 96 F ter de l'annexe III au CGI par référence au règlement UE/910/2014. Le destinataire de la facture doit procéder, dans les conditions précisées par l'article 96 F quater de l'annexe III au CGI, aux vérifications concernant l'authenticité de l'origine et l'intégrité du contenu de la facture.

e. Les assujettis qui transmettent par voie électronique au même destinataire un **lot comprenant plusieurs factures** peuvent, sous certaines conditions, ne mentionner qu'une seule fois les mentions communes à ces factures.

f. Les contrôles internes établissant la **piste d'audit fiable** doivent être organisés et permanents.

La piste d'audit doit permettre : de **reconstituer,** dans un ordre chronologique, la **totalité du processus** de facturation, depuis son origine (par exemple, le bon de commande) jusqu'au document facture, c'est-à-dire de reconstituer le processus documenté (bons de commande, bons de livraison, extraits de compte, etc.) d'une opération et de relier les différents documents de ce processus ; de garantir que la facture émise ou reçue **reflète l'opération** qui a eu lieu, en permettant d'établir un lien entre la facture et la livraison de biens ou la prestation de services qui la fonde ; de **justifier** toute opération par une pièce d'origine à partir de laquelle il doit être possible de remonter par un cheminement ininterrompu à la facture et réciproquement. Dans tous les cas, le point de départ de la piste d'audit fiable doit correspondre au point de départ du processus de facturation (BOI-TVA-DECLA-30-20-30-20 nºs 130 et 140).

La piste d'audit peut être constituée de **documents** établis par l'entreprise elle-même (devis, bon de commande) ou par des tiers (extraits de compte) (BOI précité nº 140).

La taille de l'entreprise, la nature de son activité, ses systèmes d'information, la volumétrie des factures qu'elle émet et qu'elle reçoit sont des paramètres à prendre en compte pour déterminer le niveau adéquat de contrôles. Dans une **très petite entreprise,** une comparaison manuelle des factures avec les documents commerciaux (devis, bons de commande, bons de livraison, justificatifs de paiement) peut constituer un contrôle suffisant mis en place par l'assujetti (BOI précité nºs 50 et 70).

L'**absence** ou l'**insuffisance** de ces **contrôles internes chez l'émetteur de la facture,** soumis à vérification par l'administration (LPF art L13 D et L13 E), peut entraîner, sauf justification contraire, la remise en cause du droit à déduction de la TVA chez le récepteur de la facture. La taxe reste en revanche due par l'émetteur. L'absence ou l'insuffisance des **contrôles internes chez le récepteur de la facture** entraîne automatiquement la remise en cause de la déduction de la taxe (BOI-TVA-DECLA-30-20-30-50 nºs 90 à 110).

Les **éléments constitutifs** de ces **contrôles internes** peuvent être **conservés** pendant le délai de six ans sur support papier ou informatique, au choix de l'entreprise, quelle que soit leur forme originale (LPF art. L 102 B, I bis). Les modalités de **numérisation** de ces documents (ainsi que de la documentation décrivant les modalités de réalisation des contrôles internes) sont fixées par l'article A 102 B-1 du LPF.

g. L'**acceptation du destinataire** des factures électroniques est matérialisée soit dans le contrat liant les parties, soit par le traitement ou le paiement de la facture reçue ou, à défaut, par l'octroi d'un délai raisonnable au destinataire pour réclamer une facture papier, soit encore par la conclusion d'un contrat d'interchange entre entreprises qui ont recours à la dématérialisation des factures ou d'un contrat de services avec un prestataire de facturation par voie électronique (BOI-TVA-DECLA-30-20-30-10 n° 190).

h. Selon l'administration, une facture créée sous forme électronique qui est envoyée et reçue sous format papier ne constitue pas une facture électronique. De même, une **facture initialement conçue sur support papier puis numérisée,** envoyée et reçue par courrier électronique ne constitue pas une facture électronique mais une facture papier (BOI précité n° 80).

i. Une **obligation** de recourir à la **facturation électronique entre assujettis** (« e-invoicing ») ainsi qu'une obligation de transmettre à l'administration de manière dématérialisée des informations qui ne sont pas issues des factures électroniques (« e-reporting ») seront progressivement mises en place à compter du 1er septembre 2026, selon le calendrier suivant (Loi 2022-1157 du 16-8-2022 art. 26 modifié par loi 2023-1322 du 29-12-2023 art. 91) :

– **réception de factures électroniques** : obligatoire pour tous les assujettis, quelle que soit la taille de leur entreprise, à compter du 1er septembre 2026 ;

– **émission de factures électroniques** et **e-reporting** :

- obligatoire à compter du 1er septembre 2026 pour les grandes entreprises, les membres d'un assujetti unique et les entreprises de taille intermédiaire (ETI) ;
- obligatoire à compter du 1er septembre 2027 pour les petites et moyennes entreprises (PME) et les microentreprises.

Les conditions et modalités d'application techniques concernant ces obligations sont définies par le décret 2022-1299 du 7 octobre 2022 et l'arrêté ECOE2218934A du même jour. Les entreprises peuvent également trouver des éléments d'information dans la foire aux questions accessible sur le site impots.gouv.fr (rubrique « Professionnel » puis « Passer à la facturation électronique »).

2. MENTIONS À PORTER SUR LES FACTURES

TABLEAU RÉCAPITULATIF

53625 CGI ann. II art. 242 nonies A RIE-IV-3900 s

Les obligations incombant aux assujettis sont résumées dans le tableau suivant.

Opérations concernées	Destinataire de la facture	Mentions obligatoires
Cas général : livraisons de biens ou prestations de services ainsi qu'acomptes perçus au titre de ces opérations	Un autre assujetti ou une personne morale non assujettie	**Obligations générales** consistant en : **a.** Mentions relatives aux parties : - noms du fournisseur et du client (ou désignation sociale) ; - leur adresse (ou lieu du siège social) ; - numéro individuel d'identification à la TVA du fournisseur ou prestataire de services **b.** Date et numéro de la facture **c.** Mentions concernant les opérations réalisées : - devant figurer sur chaque ligne de la facture : • date de l'opération lorsqu'elle diffère de la date de la facture ; • quantité et dénomination précise des biens livrés ou des services fournis ; • prix unitaire hors TVA ; • rabais ou ristournes acquis et chiffrables lors de l'opération et directement liés à celle-ci ; • taux de TVA applicable ou bénéfice d'une exonération - relatives à l'ensemble des opérations facturées : • montant de la taxe à payer et, par taux d'imposition, total hors taxe et taxe correspondante ; • rabais ou ristournes non rattachables à des opérations particulières ; • référence à la disposition pertinente du CGI, de la directive 2006/112/CE ou à toute autre mention indiquant que l'opération bénéficie d'une exonération ; • mention indiquant que l'opération est soumise à l'autofacturation

53625 (suite)

Opérations concernées	Destinataire de la facture	Mentions obligatoires
Livraisons de biens et prestations de services pour lesquelles l'acquéreur ou le preneur est redevable de la TVA (**opérations soumises à autoliquidation**)	Un autre assujetti ou une personne morale non assujettie	Obligations générales mentionnées ci-dessus (voir cependant la remarque 6 ci-dessous) + le numéro d'identification à la TVA fourni par l'acquéreur + la mention « Autoliquidation »
Opérations soumises à un **régime particulier de marge bénéficiaire**	Un autre assujetti ou une personne morale non assujettie	Obligations générales mentionnées ci-dessus + la mention du régime particulier applicable (par exemple : « Régime particulier - agences de voyages », « Régime particulier - biens d'occasion », « Régime particulier - objets d'art »)
Ventes à distance intracommunautaires (et acomptes y afférents) (n°s 49780 s.)	Non-assujetti ou PBRD	Obligations générales mentionnées ci-dessus (Dispense de facturation en cas de recours au guichet unique de l'article 298 sexdecies G du CGI : n° 53565)
Livraisons intracommunautaires et transferts assimilés exonérés en application de l'article 262 ter, I du CGI ainsi qu'acomptes y afférents (n°s 49260 s.)	Un autre assujetti ou une personne morale non assujettie	Obligations générales mentionnées ci-dessus + le numéro d'identification à la TVA de l'acquéreur (étant précisé que, pour les transferts, il s'agit du numéro d'identification à la TVA attribué à l'assujetti par l'État membre d'arrivée des biens)
Opérations effectuées par un membre d'un **assujetti unique**	Un autre assujetti ou une personne morale non assujettie	Obligations générales mentionnées ci-dessus + le nom, l'adresse et le numéro d'identification à la TVA du membre de l'assujetti unique + la mention « Membre d'un assujetti unique »

Remarques : **1.** Les factures peuvent mentionner l'**adresse** de l'**établissement principal ou** d'un établissement **secondaire** de l'entreprise cliente, au lieu de celle de son siège social, à condition que le nom ou la raison sociale figurant sur les factures adressées à ces établissements correspondent exactement au nom ou à la raison sociale de l'entreprise cliente (BOI-TVA-DECLA-30-20-20-10 n° 20).

2. Les **montants** figurant sur la facture peuvent être exprimés **dans toute monnaie,** pour autant que le montant de taxe à payer ou à régulariser soit déterminé en euros en utilisant le mécanisme de conversion prévu n° 52400.

Lorsqu'elle est rédigée dans une **langue étrangère,** le service des impôts peut, à des fins de contrôle, exiger une traduction en français certifiée par un traducteur juré (CGI art. 289, IV).

3. Par **« prix hors TVA »,** on entend le prix retenu pour la base d'imposition de la TVA (n°s 52200 s.).

4. La mention du **taux** de TVA (ou du bénéfice d'une **exonération**), au lieu d'être répétée pour chaque ligne, peut être indiquée une seule fois sur la facture, pour chaque rubrique de fournitures soumises au même taux d'imposition (ou à la même mesure d'exonération), à condition qu'il n'en résulte aucune ambiguïté.

5. Les factures dont le **montant** total HT est **inférieur ou égal à 150 € et** les **documents faisant référence à la facture initiale** peuvent prendre une **forme simplifiée** : elles peuvent (sauf exceptions) ne pas mentionner le numéro TVA du fournisseur ou du prestataire et la disposition exonérant l'opération. Cette mesure de simplification ne s'applique toutefois pas aux factures relatives aux ventes à distance intracommunautaires de biens (dans l'hypothèse où la dispense de facturation ne s'applique pas : n° 53565), aux livraisons intracommunautaires et aux opérations soumises à autoliquidation dans un autre État membre (ces dernières bénéficient cependant d'une mesure de simplification propre : voir remarque 6 ci-dessous).

6. Les factures délivrées par des **fournisseurs ou prestataires établis en France** et relatives à des **opérations** soumises à **autoliquidation en France** ne doivent pas faire **mention** de la TVA exigible (BOI-TVA-DECLA-10-10-20 n°s 290, 370, 440, 510 et 536). Il en va de même des factures relatives à des opérations soumises au **dispositif général d'autoliquidation** de la taxe par le client prévu par l'article 283, 1-al. 2 du CGI (n° 50695, précision a).

Les factures relatives aux opérations soumises à **autoliquidation dans un autre État membre** peuvent ne pas mentionner les rabais ou ristournes acquis, le prix unitaire hors taxe, le taux de la taxe applicable et la TVA exigible (CGI ann. II art. 242 nonies A, II-c).

7. Les **factures d'acomptes** peuvent ne pas mentionner l'ensemble des mentions obligatoires lorsque les informations nécessaires à leur établissement ne sont pas connues au moment de leur émission (par exemple : la quantité ou le prix exact du bien lorsqu'ils sont variables ou aléatoires) (BOI-TVA-DECLA-30-20-20-20 n°s 160 et 170).

8. Pour les **opérations exonérées** qui n'entrent pas dans le champ de la dispense de facturation (n° 53565, précision c), les factures ne comportent pas d'indication de taux ni de montant de TVA. Il en va de même pour les opérations réalisées par les négociants en **biens d'occasion,** en **œuvres d'art, objets de collection** ou **d'antiquité** imposables sur la **marge** : voir n° 60825. En ce qui concerne les **agents de voyages** : voir n° 61550.

9. Des mentions spécifiques sont également exigées dans les situations suivantes :
- bénéficiaires de la **franchise** de l'article 293 B du CGI (n° 54360) ;
- **livraisons intracommunautaires** de **moyens de transport** neufs (n° 49365) ;
- opérations portant sur l'**or d'investissement** imposées sur option (n° 61885) ;
- livraisons de biens déjà placés sous **entrepôt fiscal** ou sous **régime douanier de report des importations** (n° 50790) ;
- opérations portant sur les **animaux de boucherie et de charcuterie** (n° 59930).

Cas particuliers **a.** Les opérateurs (vendeurs ou prestataires de services) n'ont aucune obligation de mentionner sur leurs factures le montant des **taxes particulières** ou des taxes spéciales sur le chiffre d'affaires dont ils sont redevables, sauf disposition expresse contraire. 53630 RIE-IV-4545 s et 4860 s

b. Les entreprises installées en France qui sont amenées à facturer à leurs clients étrangers la **taxe sur la valeur ajoutée d'un pays tiers** à l'UE doivent préciser clairement sur leurs factures la nature de cette taxe.

c. Les **avocats** qui procèdent au recouvrement direct de leurs prestations auprès de la partie condamnée aux dépens doivent porter sur le compte détaillé remis aux parties la mention suivante : « TVA récupérable dans les conditions prévues par l'article 271 du CGI, uniquement par le ou les clients de l'avocat soussigné ».

d. Les **reçus** délivrés aux **péages** d'autoroutes sont considérés comme des factures dès lors qu'ils comportent un espace réservé aux informations suivantes à fournir par l'usager : nom ou raison sociale, adresse ou lieu du siège social, numéro d'immatriculation du véhicule et nom de l'utilisateur, objet du déplacement. Les mêmes dispositions s'appliquent aux notes délivrées par les **automates** (tickets de parking, etc.) (BOI-TVA-DECLA-30-20-20-20 nos 80 à 120).

e. Afin de tenir compte des spécificités pratiques du **secteur de la restauration,** il est admis que les éléments d'identification du client (nom, raison sociale, adresse ou lieu du siège social) ne soient pas mentionnés sur la facture par l'entreprise qui émet celle-ci, mais inscrits par le client lui-même dans un espace réservé sur le document remis. Cet assouplissement ne concerne pas les factures d'un montant total hors taxe supérieur à 150 €. La déduction de la TVA figurant sur le document remis est notamment subordonnée à la mention, par le client, de son identification complète sur la partie du document prévue à cet effet (BOI précité nos 130 à 150).

3. MENTION ABUSIVE DE LA TVA SUR LES FACTURES

La mention de la TVA sur une **facture délivrée à un redevable** ouvre droit en principe, chez ce dernier, à une **déduction** d'égal montant (nos 55000 s.). 53650 CGI art. 283, 3 et 4 RIE-IV-7400 s

Toutefois, en vue de prévenir les **fraudes** susceptibles de se produire en ce domaine, il est fait échec à cette règle en cas de facturation erronée ou d'opérations fictives.

> **Précisions** Il existe d'**autres dispositions** ayant également pour objet de prévenir les fraudes en matière de TVA et notamment les **fraudes de type « carrousel »** (CGI art. 262 ter, I-1°-al. 3 concernant la remise en cause de l'exonération appliquée à des livraisons intracommunautaires de biens : voir n° 49275 ; CGI art. 283, 4 bis et 4 ter concernant la solidarité en paiement de la taxe pesant sur l'acquéreur : voir n° 54055 et n° 61050, remarque 2 ; CGI art. 272, 3 concernant la remise en cause du droit à déduction de l'acquéreur : voir n° 55270).

FACTURATION ERRONÉE

Règle générale L'article 283, 3 du CGI prévoit que toute personne qui mentionne la TVA sur une facture est **redevable de la taxe du seul fait de sa facturation.** 53655 CGI art. 283, 3

Cette disposition vise principalement le cas de facturation de taxe à un **taux erroné** ou à l'occasion d'une **opération non passible** de la TVA.

Dans cette situation, la taxe acquittée à tort est due par le **fournisseur,** dès lors qu'il l'a facturée.

Malgré cela, le **client** ne peut pas en principe déduire la taxe facturée à tort, car l'article 271, II-1-a du CGI prévoit que la taxe n'est déductible que si elle pouvait légalement figurer sur la facture (voir la position du Conseil d'État à cet égard : n° 56275, précision b).

Ce principe admet toutefois un important **assouplissement** qui consiste à laisser une possibilité de régularisation à l'émetteur de la facture (voir n° 53660).

> **Précisions** **a.** Un non-redevable n'ayant facturé la TVA que pour certaines opérations ne peut pas être constitué redevable sur ce fondement pour ses autres opérations (CE 11-12-1987 n° 49894 : RJF 2/88 n° 157).
> **b.** En matière de **TVA immobilière,** le seul fait de mentionner dans un **acte authentique** un prix de vente comprenant la TVA équivaut à la facturation de cette taxe (CE 24-11-1986 n° 50200 : RJF 1/87 n° 30).
> **c.** Un assujetti qui n'a pas contesté le montant erroné de TVA mentionné sur la **facture émise par le destinataire** des biens ou des services est redevable du montant indiqué (CJUE 17-9-1997 aff. 141/96 : RJF 11/97 n° 1095).

Assouplissement Dans la mesure où la **bonne foi** des parties n'est pas contestée, l'**administration** admet que la personne qui a **facturé la TVA** au titre d'**opérations non passibles** de cette taxe **ou** pour lesquelles la taxe a été facturée à **un taux supérieur au taux légalement applicable** peut **récupérer** la taxe acquittée à tort. Cette récupération est effectuée par voie d'**imputation ou** de **restitution,** dans les conditions prévues pour les opérations résiliées ou annulées (voir nos 54400 s.). 53660

Le fournisseur intéressé doit envoyer à son client une **facture nouvelle** annulant et remplaçant la précédente, faisant référence à la facture initiale et portant mention explicite de l'annulation de cette dernière. À la réception de ce document, le client est tenu de reverser la taxe déduite à tort (n° 56262) (BOI-TVA-DECLA-30-20-20-30 n° 390).

> Précisions a. Cette doctrine est **plus restrictive que** la jurisprudence. En effet, la **CJUE** (CJUE 13-12-1989 aff. 342/87 : RJF 2/90 n° 237 ; CJUE 19-9-2000 aff. 454/98 : RJF 1/01 n° 125 ; CJUE 18-6-2009 aff. 566/07 : RJF 10/09 n° 901) et le **Conseil d'État** (CE 14-4-2008 n° 297059 : RJF 7/08 n° 801 ; CE 16-5-2011 n° 330153 : RJF 8-9/11 n° 934 ; CE 15-2-2016 n° 375667 : RJF 5/16 n° 450) opèrent une distinction selon que le **risque de perte de recettes fiscales** a été complètement **éliminé ou non** :

– lorsque le risque de perte de recettes fiscales n'a pas été complètement éliminé, la récupération de la TVA par l'émetteur de la facture peut être subordonnée par les États membres à une condition de bonne foi de l'émetteur et à la condition qu'il ait envoyé au bénéficiaire des services effectués une facture rectifiée ne mentionnant pas ladite taxe ;

– en revanche, lorsque ce risque a été complètement éliminé (par exemple, lorsque l'émetteur de la facture a récupéré et détruit la facture avant son utilisation par le destinataire ou lorsque l'administration a annulé ou remis en cause, par un avis devenu définitif, la déduction opérée par le destinataire) ou lorsqu'il est inexistant (somme facturée par erreur comme TVA par une personne non assujettie à un preneur également non assujetti : CJUE 6-11-2003 aff. 78/02 à 80/02 : RJF 1/04 n° 107 ; sommes facturées exclusivement à des consommateurs finals sans droit à déduction de la TVA d'amont : CJUE 8-12-2022 aff. 378/21 : RJF 3/23 n° 266), le **principe de neutralité** de la TVA implique qu'une possibilité de régularisation de la taxe facturée à tort ne dépendant pas du pouvoir discrétionnaire de l'administration fiscale soit laissée à l'émetteur de la facture, sans condition de bonne foi. En outre, dans une telle hypothèse, selon la **CJUE**, la récupération de la taxe par le fournisseur ne peut **pas** être subordonnée à la **rectification de la facture** erronée (CJUE 11-4-2013 aff. 138/12 : RJF 8-9/13 n° 894).

b. En ce qui concerne la TVA acquittée pour une opération non passible de cette taxe ou faisant l'objet d'une réduction de prix réalisée avec un **client assujetti étranger non établi en France,** voir n° 54400, précision d.

OPÉRATIONS FICTIVES

53670 CGI art. 283, 4

Lorsque la **facture ne correspond pas à** la livraison d'une **marchandise ou** à l'exécution d'une prestation de **services,** ou fait état d'un **prix** qui ne doit **pas** être **acquitté effectivement** par l'acheteur, la taxe est due par la personne qui l'a facturée.

Dans cette situation (qui est notamment celle des factures correspondant à des opérations fictives), la taxe est due par la personne qui l'a facturée (application de l'article 283, 4 du CGI) mais ne peut faire l'objet d'aucune déduction par la personne qui a reçu la facture (CGI art. 272, 2 : n° 56275).

> Précisions Même dans une telle situation, la **récupération** de la **taxe par l'émetteur** de la facture est toutefois possible, selon la CJUE, dans les mêmes conditions que celles prévues pour la récupération de la TVA en cas de facturation erronée (n° 53660, précision a). À noter cependant que, contrairement à la position de la CJUE, le Conseil d'État exige que le fournisseur émette une **facture rectificative** lorsqu'il s'agit d'opérations fictives même si le risque de perte de recettes fiscales a été complètement écarté (CE 15-2-2016 n° 374458 : RJF 5/16 n° 424).

D. Déclaration des opérations et paiement

53700 CGI art. 287, 1 RIE-IV-8300 s

Tout redevable de la TVA identifié conformément aux règles énoncées n°s 53420 et 53425 est tenu de remettre au service des impôts dont il dépend, dans le délai fixé par arrêté, une déclaration conforme au modèle prescrit par l'administration.

Les **modalités déclaratives** des opérations réalisées **diffèrent selon le régime** sous lequel se trouvent placés les redevables : régime **réel normal** d'imposition ou régime **simplifié** de déclaration, dont le champ d'application est déterminé, en matière de taxes sur le chiffre d'affaires, en fonction du chiffre d'affaires réalisé par l'entreprise et du montant de la taxe exigible (des exclusions du régime simplifié étant toutefois prévues).

Les redevables soumis au régime réel normal souscrivent une déclaration mensuelle (ou, dans certains cas, trimestrielle) des opérations réalisées au cours du mois (ou du trimestre civil) précédent et versent l'impôt correspondant lors du dépôt de la déclaration (n°s 54160 s.), étant précisé qu'ils peuvent bénéficier sous certaines conditions d'un régime d'acomptes provisionnels. Pour les redevables soumis au régime simplifié, le paiement de la taxe est effectué par le versement d'acomptes semestriels suivis d'une régularisation à la suite du dépôt de la déclaration annuelle (n°s 54260 s.).

Par ailleurs, les plus petites entreprises assujetties à la TVA sont susceptibles de bénéficier d'un régime de **franchise en base** (n°s 54350 s.), qui n'est pas à proprement parler un régime d'imposition mais un régime d'« exonération » dispensant les entreprises concernées de la déclaration et du paiement de la TVA. Le champ d'application de ce dispositif est déterminé (sauf exclusions) en fonction du seul chiffre d'affaires réalisé par l'entreprise.

Des **règles spéciales** sont prévues en matière de déclarations et de paiement de l'impôt :

- pour les **groupes de sociétés** (à ne pas confondre avec le régime de l'assujetti unique étudié n°s 46545 s.) : ils peuvent, sous certaines conditions, opter pour un régime de **centralisation** (ou de consolidation) du **paiement de la TVA** (n°s 54200 s.) ;
- pour les redevables de la **TVA** sur **opérations immobilières** (n°s 58700 s.) ;
- pour les redevables placés sous le **régime simplifié agricole** (n°s 59885 s.).

En ce qui concerne les **entreprises étrangères** non établies en France qui y réalisent des opérations, voir n°s 50630 s. S'agissant des **organismes sans but lucratif** redevables de la TVA, voir n° 89625, a et b.

1. CHAMP D'APPLICATION DES RÉGIMES RÉELS ET DE LA FRANCHISE EN BASE

Les domaines respectifs du régime réel normal, du régime simplifié et de la franchise, applicables en matière de TVA (et de taxes assimilées), sont d'abord fonction du **chiffre d'affaires** annuel des entreprises. Un second critère concernant le **montant de la TVA exigible** est également pris en compte pour déterminer les champs d'application respectifs des régimes réels normal et simplifié. Certaines **exclusions** sont en outre prévues soit pour la franchise de TVA, soit pour le régime simplifié. 53750

Par ailleurs, des systèmes d'**options** permettent aux assujettis relevant du régime simplifié de se placer sous le régime réel normal et à ceux bénéficiant de la franchise de renoncer à celle-ci et d'opter pour l'imposition à la TVA selon le régime simplifié ou le régime réel normal.

Le **tableau** ci-après fait ressortir, sous forme synoptique, la situation des assujettis en 2024 au regard des différents régimes et de la franchise en base.

Seuils de chiffre d'affaires à retenir selon l'activité		**Régime applicable**	**Possibilités d'option pour un autre régime**
Ventes de biens corporels, restauration, mise à disposition de logement	Autres activités (prestations de services)		
Recettes supérieures à 840 000 € [1]	Recettes supérieures à 254 000 € [1]	Réel normal	Aucune
Recettes supérieures à 91 900 € et n'excédant pas 840 000 € [1]	Recettes supérieures à 36 800 € et n'excédant pas 254 000 € [1]	Régime simplifié [2 et 3]	Réel normal
Recettes n'excédant pas 91 900 € [1]	Recettes n'excédant pas 36 800 € [1]	Franchise en base [3 et 4]	Paiement de la TVA selon le régime simplifié ou le réel normal

1. En ce qui concerne les modalités d'appréciation des seuils en cas d'exercice d'une **activité mixte**, voir n°s 53780 et 53840.
2. Le régime simplifié n'est toutefois pas applicable si le **montant de taxe exigible** au titre de l'année précédente dépasse 15 000 € ou en cas de réalisation d'acquisitions intracommunautaires, d'importations ou de sorties de régimes d'entrepôt fiscal.
3. Le chiffre d'affaires à retenir est celui de l'année précédente.
4. En ce qui concerne les seuils spécifiques aux **avocats, auteurs et artistes-interprètes,** voir n° 53860.

a. Franchise en base

ENTREPRISES CONCERNÉES

La **franchise** en base de **TVA** est applicable, au titre d'une année N, aux **assujettis établis en France métropolitaine** dont le **chiffre d'affaires de l'année précédente** n'excède pas : 53780 CGI art. 293 B RIE-II-10000 s

- 91 900 € ou 101 000 € (mais à condition, dans ce dernier cas, que le chiffre d'affaires de la pénultième année ou N – 2 n'excède pas 91 900 €) s'il s'agit d'assujettis dont le commerce principal est de **vendre des marchandises,** objets, fournitures et denrées à emporter ou à consommer sur place, ou de **fournir le logement** ;

– 36 800 € ou 39 100 € (mais à condition, dans ce dernier cas, que le chiffre d'affaires de la pénultième année ou N - 2 n'excède pas 36 800 €) pour les autres activités de **prestations de services.**

Les limites de la franchise s'apprécient **hors taxe.**

ATTENTION

Lorsqu'un assujetti effectue **à la fois** des **livraisons de biens et** des prestations de **services,** la franchise ne lui est applicable que s'il n'a pas réalisé au cours de l'année précédente un chiffre d'affaires global supérieur à 91 900 € (ou à 101 000 € mais à condition, dans ce dernier cas, que le chiffre d'affaires global de la pénultième année n'excède pas 91 900 €) et un chiffre d'affaires afférent à des prestations de services autres que des ventes à consommer sur place et des prestations d'hébergement supérieur à 36 800 € (ou à 39 100 € mais à condition, dans ce dernier cas, que le chiffre d'affaires de la pénultième année afférent à ces services n'excède pas 36 800 €).

La franchise cesse de s'appliquer aux assujettis dont le **chiffre d'affaires de l'année en cours** excède, selon le cas, la **limite majorée** de 101 000 € ou de 39 100 €. Les entreprises concernées deviennent redevables de la TVA pour les opérations effectuées à compter du premier jour du mois au cours duquel cette limite majorée est dépassée (voir n° 53840).

Les entreprises susceptibles de bénéficier de la franchise en base peuvent **opter** pour le **paiement de la TVA** (n° 53820). Cette option n'a pas d'incidence sur l'application d'un régime micro en matière de bénéfices.

> Précisions Plusieurs aménagements seront apportés au régime de la franchise en base **à compter du 1er janvier 2025** (Loi 2023-1322 du 29-12-2023 art. 82 transposant la directive UE/2020/285 du 18-2-2020).

En particulier, les **plafonds de chiffre d'affaires** permettant de bénéficier de la franchise en France seront modifiés comme suit :

– la **franchise de droit commun** s'appliquera, au titre d'une année N, aux assujettis dont le chiffre d'affaires réalisé en France au titre de l'année civile précédente n'excède pas : 85 000 € pour les activités de vente de biens corporels, de ventes à consommer sur place ou de fourniture de prestations d'hébergement ; 37 500 € pour les autres activités de prestations de services. La franchise cessera immédiatement de s'appliquer si le chiffre d'affaires de l'année en cours dépasse respectivement 93 500 € ou 41 250 €. Le mécanisme de **maintien de la franchise** de droit commun **l'année suivant le dépassement** du chiffre d'affaires lorsque la limite majorée n'a pas été dépassée (n° 53840) sera **supprimé** ;

– les **franchises particulières** visées n° 53860 s'appliqueront aux assujettis ayant réalisé au cours de l'année civile précédente un chiffre d'affaires hors taxe afférent à leur activité spécifique n'excédant pas 50 000 € ; elles cesseront de s'appliquer lorsque le chiffre d'affaires hors taxe de l'année en cours afférent à cette activité dépassera 55 000 €. Pour les opérations qui ne sont pas couvertes par la franchise particulière, les assujettis bénéficieront de la franchise à condition que le chiffre d'affaires de l'année précédente réalisé à ce titre n'excède pas 35 000 € ; la franchise cessera de s'appliquer dès lors que le chiffre d'affaires de l'année en cours relatif à ces opérations dépasse 38 500 €.

Par ailleurs, pourra bénéficier de la **franchise en France** non seulement tout assujetti établi en France mais également tout assujetti établi dans un autre État membre dès lors que le chiffre d'affaires réalisé sur l'ensemble du territoire de l'UE n'excède pas 100 000 €.

De la même façon, un **assujetti établi en France** pourra **bénéficier** du régime de la **franchise dans un autre État membre de l'UE** pour les opérations qu'il y réalise.

53785 La franchise en base de TVA concerne à la fois les **entreprises individuelles** et les **sociétés.**

Les **entreprises nouvelles** relèvent de plein droit de la franchise en base la première année d'activité, tant que leur chiffre d'affaires n'a pas atteint la limite de 101 000 € ou 39 100 € (BOI-TVA-DECLA-40-10-10 n° 20). Si elles ne souhaitent pas en bénéficier, il leur appartient donc de l'indiquer au service des impôts dès le début de l'activité (voir à cet égard n° 53825, Précisions).

Pour apprécier si la franchise est applicable aux entreprises nouvelles les années suivant celle de leur création, les limites de 91 900 € ou 36 800 € et de 101 000 € ou 39 100 € doivent être ajustées au prorata du temps d'exploitation de l'entreprise ou d'exercice de l'activité pendant l'année de création (CGI art. 293 D, III).

Cet ajustement ne concerne pas les **entreprises saisonnières** ni celles dont l'activité est exercée de manière intermittente (BOI-TVA-DECLA-40-10-10 n° 295).

EXCLUSIONS DE LA FRANCHISE EN BASE

53800 CGI art. 293 C RIE-II-10300 s et 10450 s

La franchise en base de TVA ne s'applique pas aux opérations suivantes : opérations relevant du régime simplifié de l'**agriculture** (nos 59790 s.) ; opérations soumises à la **TVA sur option** (nos 46600 s.) ; **opérations immobilières** soumises à la TVA en application de l'article 257, I du CGI (nos 58700 s.) ;

livraisons intracommunautaires de **moyens de transport neufs** (nº 49360). Sont également exclus du bénéfice de la franchise les redevables qui exercent une **activité occulte** au sens de l'article L 169 du LPF (nº 77715). Il en est de même de ceux à l'encontre desquels l'administration a dressé un procès-verbal de **flagrance fiscale,** au titre de l'année ou de l'exercice au cours duquel ce procès-verbal a été établi (CGI art. 293 BA : nºs 78330 s.).

APPRÉCIATION DES LIMITES

Les opérations à retenir pour l'appréciation des chiffres d'affaires limites s'entendent **hors TVA** lorsqu'elles ont été soumises à cette taxe, mais il n'y a pas lieu de retrancher une TVA fictive lorsqu'elles n'y ont pas été soumises (en ce sens, CE 13-2-2013 nº 342197 : RJF 5/13 nº 481). **53810** CGI art. 293 D, I RIE-II-10830 s

Il convient, en principe, de retenir les **livraisons** effectuées et les prestations réalisées au cours de l'année civile de référence (année précédente ou pénultième année le cas échéant) et non les encaissements. Toutefois, les titulaires de revenus non commerciaux doivent retenir les **recettes** effectivement **encaissées** (BOI-TVA-DECLA-40-10-10 nº 210).

Pour l'appréciation de la **limite de 91 900 €,** le montant des opérations à retenir comprend, selon l'administration, l'ensemble des livraisons de biens, des ventes à consommer sur place et des prestations d'hébergement taxables, les opérations immobilières non taxées, les exportations et livraisons intracommunautaires ainsi que les ventes à distance taxables dans un autre État membre (voir toutefois précision d ci-après) et les livraisons réalisées en franchise ou en suspension de taxe (BOI précité nº 220).

Pour l'appréciation de la **limite de 36 800 €,** le montant des opérations à retenir comprend l'ensemble des prestations de services taxables (autres que celles visées ci-dessus), les prestations de services non soumises à la taxe en France en application des règles de territorialité (voir toutefois précision d ci-après), les prestations de services exonérées ou effectuées en suspension de taxe en vertu des articles 262, I et II-1º à 7º et 14º , 263 et 277 A du CGI et les opérations immobilières, bancaires et financières exonérées n'ayant pas un caractère accessoire (BOI précité nº 230).

Sont **exclus** de l'appréciation du chiffre d'affaires limite, quelle que soit la catégorie à laquelle ils se rattachent : les opérations situées hors du champ d'application de la TVA ; les subventions non taxables (les subventions taxables sont à retenir) ; les opérations à caractère exceptionnel telles que la cession de biens d'investissement corporels ou incorporels ; les livraisons à soi-même ; les opérations immobilières, bancaires et financières accessoires ; les opérations exonérées autres que celles mentionnées ci-dessus ; les acquisitions intracommunautaires ; les achats de biens ou de services pour lesquels le preneur doit autoliquider la taxe ; les opérations d'importation et les sorties des régimes de suspension de la TVA (BOI-TVA-DECLA-40-10-10 nº 280).

Bien qu'étant exclues du champ d'application de la franchise, les opérations ayant fait l'objet d'une **option** pour le paiement de la TVA doivent être prises en compte pour l'appréciation du chiffre d'affaires limite.

S'agissant des modalités d'appréciation du seuil de chiffre d'affaires pour les entreprises nouvelles, voir nº 53785.

› Précisions a. Les **honoraires** et recettes **rétrocédés** par les membres des professions libérales doivent être pris en compte. En revanche, les **débours** ne sont pas retenus.

b. Pour les **opérations taxables sur la marge** (ventes d'objets d'occasion, d'œuvres d'art, d'objets de collection ou d'antiquité, prestations des agents de voyages), il convient de retenir le montant total du chiffre d'affaires et non la seule marge.

c. Pour les **assujettis exploitant personnellement plusieurs établissements,** il convient de retenir le montant du chiffre d'affaires global réalisé dans l'ensemble de ces établissements, même si les activités exercées relèvent les unes des BIC et les autres des BNC.

Lorsque deux ou plusieurs **membres d'une même famille** imposés à l'impôt sur le revenu sous une cote unique **exploitent des entreprises distinctes,** il convient de considérer isolément la situation de chacun des membres de la famille (l'existence d'entreprises distinctes résulte des circonstances de fait, mais le régime matrimonial est sans incidence).

La même solution s'applique dans le cas où un industriel ou un **commerçant** est, en outre, **membre d'une société de personnes** ou assimilée (BOI précité nºs 300 à 320).

d. Infirmant la doctrine administrative exposée ci-dessus, la **CJUE** a jugé que le chiffre d'affaires limite en deçà duquel s'applique la franchise doit être déterminé en tenant compte du **seul chiffre d'affaires** annuel réalisé par l'entreprise **dans l'État membre dans lequel elle est établie,** à l'exclusion de celui réalisé dans d'autres États membres (CJUE 26-10-2010 aff. 97/09 : RJF 1/11 nº 120).

e. En ce qui concerne la situation au regard de la TVA des loueurs qui, en matière d'impôt sur le revenu, relèvent des revenus fonciers, voir nº 46800, précision c.

OPTION POUR LE PAIEMENT DE LA TVA

53820 **Intérêt de l'option** Ayant les effets d'une exonération, la franchise dispense les redevables concernés de la déclaration et du paiement de la TVA mais elle les prive corrélativement de la possibilité de déduire la TVA grevant leurs acquisitions de biens et services. L'option pour le paiement de la TVA peut leur permettre de **récupérer la TVA** d'amont et en particulier la taxe grevant leurs investissements. Elle peut se révéler avantageuse pour les assujettis ayant une clientèle de redevables pouvant récupérer la TVA ainsi que pour ceux ayant une activité d'exportation.

Pour les assujettis qui ont été soumis à un régime réel, l'option peut également permettre, en cas d'**abaissement du chiffre d'affaires** au-dessous des limites, d'éviter d'avoir à procéder aux régularisations qu'entraîne la perte de la qualité de redevable (voir nos 57390 s.).

L'option pour le paiement de la TVA n'a pas d'incidence sur l'application d'un **régime micro** en matière de bénéfices. Les bénéficiaires de la franchise, bien que dispensés du paiement de la TVA, sont, en principe, exonérés de la **taxe sur les salaires** (no 73435, a). L'option pour le paiement de la TVA reste donc sans incidence sur la taxe sur les salaires.

53825 **Modalités de l'option** L'option pour le paiement de la TVA peut être exercée à tout moment par les assujettis en droit de bénéficier de la franchise en base. Formulée par écrit auprès du service des impôts du lieu du principal établissement, elle prend **effet** le premier jour du mois au cours duquel elle est déclarée (BOI-TVA-DECLA-40-10-20 no 240).

CGI art. 293 F
RIE-II-12000 s

ATTENTION

L'option est globale et couvre obligatoirement une **période** de deux années, y compris celle au cours de laquelle elle est déclarée (par exemple, une option déclarée le 14 août 2024 produira ses effets à compter du 1er août 2024 et jusqu'au 31 décembre 2025).

L'option est **renouvelable** par tacite reconduction pour une même durée, sauf **dénonciation** formulée au plus tard à l'expiration de chaque période. Toutefois, les assujettis qui ont obtenu un **remboursement de crédit de taxe** au cours ou à l'issue d'une période d'option ne peuvent pas dénoncer l'option à la fin de cette période. Celle-ci est donc reconduite de plein droit pour une nouvelle période de deux ans (voir no 56665, Précisions).

Les personnes qui exercent l'option sont soumises à l'ensemble des obligations qui incombent aux redevables de la TVA. Elles relèvent du régime simplifié de déclaration (sous réserve des entreprises du bâtiment visées no 53910) ou, sur option, du régime réel normal.

> **Précisions** Pour les **entreprises nouvelles**, l'option pour le paiement de la TVA doit être exercée lors du dépôt de la déclaration de création d'entreprise ou d'activité qui doit intervenir dans les 15 jours du début d'activité. Elle prend effet à la date de début d'activité, y compris lorsque le dépôt de cette déclaration intervient au cours du mois suivant le début d'activité (BOI précité).

FRANCHISSEMENT DES LIMITES DE LA FRANCHISE EN BASE DE TVA

53840 **Augmentation du chiffre d'affaires** La franchise en base reste applicable au titre des deux premières années de **franchissement de la limite de 91 900 € ou 36 800 €,** à condition que le chiffre d'affaires n'excède pas une limite majorée de 101 000 € ou 39 100 € suivant la nature de l'activité (voir no 53810). L'obligation d'acquitter la TVA s'applique alors à compter de la deuxième année suivant celle du franchissement des limites (sauf si le chiffre d'affaires de l'année N + 1 s'abaisse en deçà de ces seuils : voir no 53845).

CGI art. 293 B, I et II
RIE-II-11600 s

Si la **limite de 101 000 € ou 39 100 €** est **franchie,** l'exploitant perd le bénéfice de la franchise en base à compter du premier jour du mois au cours duquel intervient ce dépassement.

ATTENTION

En cas d'**activités mixtes** (ventes et prestations de services), le maintien de la franchise en base au titre des deux premières années de franchissement des limites suppose que le chiffre d'affaires global n'excède pas 101 000 € et qu'à l'intérieur de ce plafond le chiffre d'affaires des prestations de services n'excède pas 39 100 €.

En ce qui concerne les titulaires de BNC qui bénéficient de **seuils de franchise spécifiques,** et d'une **franchise spéciale** pour certaines opérations, voir no 53860.

Sur la suppression, à compter de 2025, du mécanisme de maintien de la franchise l'année suivant le dépassement du chiffre d'affaires lorsque la limite majorée n'a pas été dépassée, voir no 53780, Précisions.

53845 **Abaissement des recettes en deçà des seuils** L'abaissement du chiffre d'affaires, au cours d'une année N, en dessous du seuil de 91 900 € ou 36 800 € rend la **franchise**

RIE-II-11800

applicable de droit à compter du 1er janvier de l'année suivante (N + 1). S'il souhaite rester redevable de la taxe, l'assujetti doit exercer **l'option** pour le paiement de la TVA avant le 1er février de l'année N + 1.

FRANCHISES PARTICULIÈRES

Les avocats, les auteurs et les artistes-interprètes bénéficient d'une franchise particulière à raison de leur activité spécifique. **53860** CGI art. 293 B, III à VI et 293 G RIE-II-13000 s TVA-XV-19200 s

Cette franchise s'applique aux personnes qui ont réalisé au cours de l'année civile précédente un chiffre d'affaires hors taxe n'excédant pas la **limite de 47 700 €** au titre :

– des opérations réalisées par les **avocats** et les avocats au Conseil d'État et à la Cour de cassation dans le cadre de leur activité spécifique réglementée (conseil, assistance, représentation, plaidoirie, notamment) ;

– de la livraison de leurs œuvres et de la cession des droits patrimoniaux qui leur sont reconnus par la loi par les **auteurs d'œuvres de l'esprit** ;

– et de l'exploitation des droits patrimoniaux qui leur sont reconnus par la loi par les **artistes-interprètes.**

La franchise particulière cesse de s'appliquer aux avocats, auteurs et artistes-interprètes dont le chiffre d'affaires hors taxe de l'année en cours dépasse 58 600 €. Les professionnels concernés deviennent redevables de la TVA pour les opérations effectuées à compter du premier jour du mois au cours duquel le chiffre d'affaires limite est dépassé.

Le mécanisme de maintien de la franchise **l'année suivant le dépassement** du chiffre d'affaires limite (voir n° 53840) ne s'applique pas aux assujettis bénéficiant des franchises particulières.

Les limites des franchises s'apprécient **hors taxe.**

Pour les **opérations qui ne sont pas couvertes par la franchise particulière,** les avocats, auteurs des œuvres de l'esprit et artistes-interprètes bénéficient d'une **franchise spéciale** lorsque le chiffre d'affaires de l'année précédente réalisé à ce titre n'a pas excédé **19 600 €.** Cette franchise cesse de s'appliquer dès lors que le chiffre d'affaires de l'année en cours dépasse **23 700** € pour ces opérations. Le dépassement des limites de la franchise particulière fait perdre automatiquement le bénéfice de la franchise spéciale de 19 600 €, de même que l'option pour la TVA exercée au titre des opérations réglementées (sauf si le montant cumulé des opérations réglementées devenues imposables et des opérations non réglementées est inférieur à 19 600 €). Le dépassement de la limite de 19 600 € (ou de 23 700 €) est, en revanche, sans incidence sur l'application de la franchise particulière, de même que l'option pour la TVA au titre des opérations non réglementées (BOI-TVA-DECLA-40-20 n° 235).

Le **cumul de franchises** ne peut pas avoir pour effet d'augmenter les plafonds de chiffre d'affaires permettant de bénéficier de la franchise particulière : en cas de dépassement de ces seuils, l'excédent de chiffre d'affaires ne peut pas bénéficier de la franchise spéciale (BOI précité n° 230).

ATTENTION

En cas de **pluralité d'activités,** le bénéfice des franchises « avocat », « auteur » ou de la franchise de 19 600 € s'apprécie distinctement en fonction des chiffres d'affaires respectifs de chaque activité, étant précisé que, selon l'administration, si un assujetti cumule l'activité d'auteur et celle d'artiste-interprète, la limite de 47 700 € s'apprécie toutes opérations confondues, la franchise particulière concernant l'ensemble des opérations (BOI-TVA-DECLA-40-30 n° 200). L'assujetti qui remplit simultanément les conditions pour bénéficier des franchises « avocat » et « auteur » et qui n'a pas opté pour le paiement de la TVA ne bénéficie d'aucune franchise lorsque le chiffre d'affaires cumulé de ces activités majoré le cas échéant du chiffre d'affaires bénéficiant effectivement de la franchise de 19 600 € excède 67 300 € l'année précédente ou 82 300 € l'année en cours.

Les assujettis susceptibles de relever de la franchise spécifique de 47 700 € (avocats, auteurs, artistes-interprètes) peuvent bénéficier pour l'ensemble de leurs opérations de la **franchise de droit commun** (seuils de 91 900 € et 101 000 € pour les livraisons de biens et de 36 800 € et 39 100 € pour les prestations de services). Mais ces franchises ne peuvent pas se cumuler.

> **Précisions** a. Les **œuvres** de l'esprit concernées par la franchise particulière sont, à l'exception des œuvres d'architecture, les œuvres désignées aux 1° à 12° de l'article L 112-2 du Code de la propriété intellectuelle. On peut citer notamment : les œuvres littéraires, dramatiques ou musicales, les œuvres audiovisuelles ou radiophoniques, les œuvres chorégraphiques, les œuvres graphiques, photographiques ou plastiques, les traductions ou adaptations d'œuvres de l'esprit. En revanche, les logiciels (visés au 13° de l'article L 112-2 précité) ne sont pas concernés.

Les **droits patrimoniaux** reconnus par la loi aux auteurs et aux artistes-interprètes sont énumérés n° 61690, c.

b. Les plafonds de chiffres d'affaires à retenir seront modifiés à compter du 1er janvier 2025 : voir n° 53780, Précisions.

b. Régime simplifié

ENTREPRISES CONCERNÉES

53900 CGI art. 287, 3 bis et 3 ter CIBS art. L 162-3 s RIE-I-2520 s RIE-I-2700 s

Le régime réel simplifié de TVA s'applique **de plein droit** aux entreprises qui remplissent les **conditions** suivantes :

– elles ne bénéficient **pas** de la **franchise** en base ;

– leur **chiffre d'affaires** hors taxe de l'**année civile précédente** n'excède pas 840 000 €, s'il s'agit d'entreprises dont l'activité principale est la vente de biens corporels, la restauration ou la mise à disposition de logement, ou 254 000 €, pour les autres activités. Ces seuils de chiffre d'affaires s'appliquent pour 2023, 2024 et 2025 ;

– le montant de la **taxe exigible** au titre de l'**année civile ou** de l'**exercice** comptable **précédent** n'excède pas 15 000 € (nº 53925). Les redevables dont la TVA exigible excède ce montant relèvent en effet obligatoirement du régime réel normal d'imposition en matière de TVA, même si le chiffre d'affaires de cette année n'excède pas les seuils indiqués ci-avant. Ils peuvent toutefois rester placés sous le régime simplifié en matière de bénéfices ;

– elles ne réalisent aucune des **opérations** suivantes : acquisitions intracommunautaires de biens, importations, sorties de régimes d'entrepôt fiscal (voir nº 53910) ;

– elles ne sont pas placées sous le régime du remboursement forfaitaire agricole et leurs opérations ne sont pas intégralement déclarées selon le régime simplifié agricole.

Le régime simplifié s'applique également **sur option** aux exploitants relevant normalement de la franchise en base (voir nºs 53820 s.).

Le régime réel simplifié de TVA concerne les **exploitants individuels,** les **sociétés ou organismes** dont les résultats sont imposés selon le régime des sociétés de personnes et les personnes morales passibles de l'impôt sur les sociétés. Une **exception** est cependant prévue pour les **associations sans but lucratif** qui réalisent des opérations imposables à la TVA (nº 89625, a).

Les entreprises relevant du régime simplifié de TVA peuvent opter pour le régime réel normal (nºs 53940 s.).

EXCLUSIONS DU RÉGIME SIMPLIFIÉ

53910 RIE-I-2600 s RIE-IV-17050 s

Sont **exclus** du régime simplifié et doivent souscrire pour l'ensemble de leurs opérations des déclarations de TVA mensuelles les **redevables** qui réalisent des importations, des sorties de régimes d'entrepôt fiscal (régime fiscal suspensif, entrepôt de stockage de biens négociés sur un marché à terme international, entrepôt destiné à la fabrication de biens réalisée en commun) ou des acquisitions intracommunautaires. Toutefois, si la taxe exigible annuellement est inférieure à 4 000 €, ils sont admis à souscrire des déclarations trimestrielles (CGI art. 287, 3 ter).

Les **entreprises nouvelles dans le secteur du bâtiment** (réalisant des travaux de construction au sens du nº 54050, précision e) sont **temporairement** exclues du régime simplifié de déclaration en matière de taxes sur le chiffre d'affaires, étant précisé qu'elles peuvent en revanche être placées sous ce régime en matière de bénéfices. Le régime simplifié de déclaration est applicable, sous réserve d'en respecter les conditions, sur option, exercée au plus tôt pour le premier exercice suivant une année civile complète au cours de laquelle le déclarant a déposé ses déclarations selon le régime normal d'imposition (CIBS art. L 162-2).

Enfin, sont exclues du régime simplifié les **opérations** occasionnelles ainsi que les opérations immobilières soumises à la TVA en application de l'article 257, I du CGI (CGI ann. II art. 204 quater). S'agissant des opérations immobilières, voir toutefois nº 58900, Précisions.

ATTENTION

D'autres **exclusions** du régime simplifié sont **liées à des agissements frauduleux** des redevables. Tel est le cas :

– des personnes physiques ou morales et des groupements de droit ou de fait à l'encontre desquels l'administration a dressé un **procès-verbal de flagrance fiscale** : l'exclusion du régime simplifié concerne l'exercice au cours duquel ce procès-verbal est dressé (CIBS art. L 162-9, 1º) ;

– de ceux qui exercent une **activité occulte** au sens du deuxième alinéa de l'article L 169 du LPF (CIBS art. L 162-9, 2º) ;

– des redevables de la TVA placés sous le régime simplifié qui font l'objet d'un contrôle et qui ont **reçu ou émis** pendant la période contrôlée au moins une **facture fictive ou de complaisance** : ils relèvent du régime réel normal de TVA pour l'exercice au cours duquel la facturation a été établie (LPF art. L 16 D).

En ce qui concerne les modalités d'imposition des **organismes non lucratifs,** redevables de la TVA, voir nº 89625, a.

APPRÉCIATION DES LIMITES

Seuils de chiffre d'affaires Si le déclarant a exercé une activité au cours de l'année civile précédant l'exercice comptable, le chiffre d'affaires à comparer aux limites est celui réalisé au cours de cette année (CIBS art. L 162-4). 53920 CGI art. 287, 3 bis RIE-I-2750 s

Les principes qui régissent la définition du chiffre d'affaires à prendre en considération pour l'appréciation des limites de la franchise en base de TVA (n° 53810) s'appliquent pour l'essentiel pour la détermination des chiffres limites du régime simplifié.

Seuil de taxe exigible Le montant de TVA exigible ne doit pas excéder 15 000 € au cours de l'année civile précédant l'exercice comptable. Toutefois, lorsque le déclarant relève du régime simplifié au cours de l'exercice comptable précédent, le seuil est apprécié au titre de cet exercice (CIBS art. L 162-7). 53925 RIE-I-2700 s

Afin d'apprécier si le seuil est franchi, il convient de se référer au montant indiqué à la **ligne « TVA due »** de la déclaration annuelle **CA 12,** souscrite au titre de l'année précédente ou de l'exercice précédent si l'entreprise clôture ses exercices en cours d'année civile (BOI-TVA-DECLA-20-20-30-10 nos 260 et 300).

OPTION POUR LE RÉEL NORMAL

53940 CGI ann. II art. 267 quinquies RIE-I-5550 s

L'option des **entreprises relevant du régime simplifié** pour le régime réel normal en matière de TVA doit être exercée avant le 1er février de l'année au titre de laquelle les entreprises désirent appliquer le réel normal. Elle n'emporte pas de conséquence en ce qui concerne le régime d'imposition des bénéfices. L'option est valable pour une période irrévocable de deux ans et reconduite tacitement. La renonciation à l'option doit être formulée avant le 1er février de l'année suivant la période pour laquelle elle a été exercée ou reconduite tacitement.

EXEMPLE

Une option exercée début 2024 est valable pour 2024 et 2025. Pour le retour au régime simplifié à compter de 2026, la renonciation à l'option doit être formulée avant le 1er février 2026.

En ce qui concerne la faculté ouverte aux entreprises relevant du régime simplifié de **renoncer aux formalités simplifiées** en matière de **TVA,** voir n° 54310.

Les entreprises relevant de la **franchise** peuvent opter pour le régime réel normal d'imposition à la TVA dans les conditions précisées n° 53825, une telle option ne remettant pas en cause l'application d'un régime micro en matière de bénéfices.

FRANCHISSEMENT DES LIMITES DU RÉGIME SIMPLIFIÉ

Augmentation du chiffre d'affaires ou de la TVA exigible Lorsque le **chiffre d'affaires** d'une entreprise s'élève au-dessus des limites du régime simplifié, elle peut rester placée sous ce régime pour l'exercice en cours sous réserve que le montant de la taxe exigible au titre de l'année précédente (ou de l'exercice précédent) n'ait pas dépassé 15 000 € (voir n° 53900). 53950 RIE-I-7800 s

Le maintien du régime simplifié suppose en outre que, au cours de l'exercice comptable, le montant des opérations réalisées par le déclarant depuis le début de l'année civile n'excède pas une **limite majorée** fixée à 925 000 € hors taxe (entreprises dont l'activité principale est la vente de biens corporels, la restauration ou la mise à disposition de logement) ou 287 000 € hors taxe (autres activités) (CIBS art. L 162-5).

Si ces **seuils** majorés de chiffre d'affaires sont **dépassés en cours d'exercice,** l'entreprise relève du régime normal d'imposition à la TVA à compter du 1er jour de l'exercice en cours. Elle est alors tenue de déposer le mois suivant celui du dépassement une déclaration CA 3 qui récapitule les opérations réalisées depuis le début de l'exercice jusqu'au mois de dépassement et des déclarations mensuelles CA 3 à compter du mois suivant. Les acomptes de TVA exigibles au cours de l'exercice (n° 54270), qu'ils aient été antérieurement acquittés ou non, sont déduits sur la déclaration récapitulative (BOI-TVA-DECLA-20-20-30-10 n° 120).

Quel que soit le montant de son chiffre d'affaires, une entreprise est obligatoirement placée sous le régime normal lorsque le **montant de la taxe exigible** au titre de l'année ou de l'exercice précédent a franchi le seuil de 15 000 €. L'administration admet dans cette situation que, dans la mesure où les entreprises n'ont une connaissance précise du dépassement du seuil qu'au moment de la souscription de la déclaration annuelle CA 12 relative au dernier exercice, la première déclaration mensuelle CA 3 porte sur la période d'imposition qui court du 1er jour de l'exercice jusqu'au mois de souscription de la déclaration annuelle de TVA (BOI-TVA-DECLA-20-20-30-10 nos 260 et 270).

EXEMPLE

Une entreprise **clôturant** son exercice **le 31 décembre 2023** et qui souscrit le 3 mai 2024 sa déclaration CA 12 afférente à cet exercice constate que le montant de « TVA due » figurant en ligne 28 est supérieur à 15 000 € : elle doit alors télétransmettre au plus tard entre le 15 et le 24 juin 2024 (CGI ann. IV art. 39) une déclaration CA 3 portant sur la période du 1er janvier au 31 mai 2024. Elle déclare ensuite la TVA tous les mois.

53955
RIE-I-7950 s

Abaissement des recettes ou de la TVA exigible en deçà du seuil Les entreprises relevant du régime réel normal dont le **chiffre d'affaires** s'abaisse en deçà des limites du régime simplifié sont placées sous ce régime sous réserve que le montant de la taxe exigible au titre de l'année précédente (ou de l'exercice précédent) n'excède pas 15 000 €. Elles peuvent toutefois demeurer sous le **régime réel normal** en exerçant une **option** en ce sens, dans les conditions indiquées n° 53940.

Lorsque le montant de **TVA exigible** au titre de l'année ou de l'exercice précédent **redevient inférieur** au seuil de 15 000 € et si le chiffre d'affaires ne dépasse pas les seuils prévus, l'assujetti relève alors de plein droit du régime simplifié de déclaration dès le 1er jour de l'exercice suivant. L'administration précise que, s'il ne souhaite pas continuer à relever du régime réel normal, il doit **notifier** son **souhait de relever du régime simplifié de déclaration,** par courrier ou courriel, au service des impôts des entreprises dont il dépend. Ce régime s'applique à compter du 1er jour de l'exercice au cours duquel il a informé son SIE (BOI-TVA-DECLA-20-20-30-10 n° 315).

c. Régime réel normal

54000 Le régime réel normal de TVA s'applique **de plein droit** aux entreprises dont le chiffre d'affaires annuel ou le montant de taxe exigible excède les limites du régime simplifié et à celles qui sont expressément exclues de ce régime. Il peut s'appliquer, **sur option,** aux exploitants relevant de la franchise en base ou du régime simplifié.

2. RÈGLES COMMUNES AUX RÉGIMES RÉELS NORMAL ET SIMPLIFIÉ

CGI art. 283
RIE-IV-8420 s

a. Notion de redevable de la TVA

54050 Le paiement de la TVA incombe en règle générale aux **personnes qui réalisent les opérations imposables,** c'est-à-dire aux fournisseurs et prestataires de services, qui sont les seuls à pouvoir normalement être recherchés en paiement. Ainsi, un acheteur ne peut se voir réclamer une taxe qui aurait dû être acquittée par son fournisseur. De même, l'administration ne dispose d'aucune action directe contre les clients d'un commerçant en liquidation pour en récupérer le montant.

Cette règle comporte cependant des **exceptions,** lorsque la loi désigne expressément l'acquéreur du bien ou le preneur de services comme redevable de la TVA. Le tableau ci-après récapitule les situations dans lesquelles il convient de mettre en œuvre ce mécanisme d'inversion du redevable, communément appelé « **autoliquidation** de la taxe par le client ».

Le défaut d'autoliquidation peut être sanctionné par une **amende** : voir n° 56290.

Opérations concernées	Redevable (ou débiteur solidaire) de la TVA	Commentaires (nos)
Acquisitions intracommunautaires	L'**acquéreur**	49160
Opérations triangulaires intracommunautaires **bénéficiant de la mesure de simplification**	Le **destinataire** des marchandises	49375
Livraisons de biens et prestations de services autres que celles visées ci-dessous ou expressément exclues, réalisées par un **fournisseur** ou un **prestataire établi à l'étranger**	Le **client** dès lors qu'il **agit en tant qu'assujetti** et qu'il dispose d'un numéro d'**identification** à la TVA **en France**	50695
Prestations de services relevant de la règle générale de territorialité de l'**article 259, 1° du CGI** fournies par un **prestataire établi à l'étranger**	Le **preneur** lorsqu'il est un **assujetti établi en France**	49885

54050 (suite)

Opérations concernées	Redevable (ou débiteur solidaire) de la TVA	Commentaires (n^{os})
Livraisons de gaz naturel, d'électricité, de chaleur ou de froid effectuées par un fournisseur établi à l'étranger	L'**acquéreur** lorsqu'il est **identifié** à la TVA **en France**	48990
Livraisons de gaz naturel et d'électricité par un fournisseur établi en France, à des fins autres que leur consommation ou leur utilisation effective en France	L'**acquéreur** lorsqu'il est **établi et identifié** à la TVA **en France**	48990
Livraisons et prestations de façon portant sur les **déchets neufs d'industrie et matières de récupération**	Le **destinataire ou** le **preneur** lorsque celui-ci est **identifié** à la TVA **en France**	remarque 1 et précision b ci-après
Livraisons d'or d'investissement imposées sur option et livraisons d'**or industriel** sous forme de matière première ou de produits semi-ouvrés d'une pureté égale ou supérieure à 325 millièmes	Le **destinataire**	61890 et 61850, précision b
Droits d'auteur (lorsqu'ils donnent lieu à retenue à la source de la TVA)	La personne qui verse les droits (sauf renonciation de l'auteur au système de retenue à la source)	61705
Sortie des biens d'un **régime douanier de report des importations ou** d'un **entrepôt fiscal**	Selon les cas, le destinataire, l'acquéreur ou le preneur des prestations de services	50765
Transferts de quotas d'émission de gaz à effet de serre	L'**assujetti bénéficiaire** du transfert lorsqu'il est établi en France	remarque 1 et précision c ci-après
Transferts de certificats de garantie d'origine d'énergie (électricité, gaz renouvelable, biogaz, hydrogène renouvelable ou hydrogène bas carbone), de garantie de capacités d'électricité et de production de biogaz	L'**assujetti bénéficiaire** du transfert lorsqu'il est établi en France	remarque 1 ci-après
Services de communications électroniques non soumis à la taxe fiscale de l'article L 453-1 du CIBS	Le **preneur établi et identifié** à la TVA **en France** si le prestataire est également établi en France	remarque 1 et précision d ci-après
Travaux dans le bâtiment effectués par une **entreprise sous-traitante**	Le **preneur assujetti**	remarque 1 et précision e ci-après

Remarques : **1.** Lorsque le **prestataire** est **établi à l'étranger**, le dispositif d'autoliquidation prévu dans cette situation à l'article 283, 2 du CGI (voir n° 49885) prime sur les règles spécifiques prévues pour les prestations de **façon portant sur les déchets neufs d'industrie et matières de récupération**, les **transferts de quotas** d'émission de gaz à effet de serre, les **transferts de certificats d'énergie** et les **services de communication électronique.**

S'agissant des **travaux en sous-traitance** dans le bâtiment, lorsque le prestataire est établi à l'étranger, le BOI-TVA-DECLA-10-10-20 n° 180 fait primer le dispositif général d'autoliquidation (n° 50695) sur le dispositif spécifique prévu pour ces prestations par l'article 283, 2 nonies du CGI (précision e ci-dessous). Cette position est en contradiction avec le n° 30 du même BOI qui prévoit que, notamment, les opérations soumises à autoliquidation en application de l'article 283, 2 nonies précité restent soumises aux règles qui leur sont propres. Par conséquent, en application du paragraphe 30, les opérations de sous-traitance de travaux immobiliers ne devraient pas, en principe, être soumises au dispositif général d'autoliquidation prévu à l'article 283, 1-al. 2 du CGI.

2. Lorsqu'il est constaté une urgence impérieuse tenant à un **risque de fraude à la TVA** présentant un caractère soudain, massif et susceptible d'entraîner pour le Trésor des pertes financières considérables et irréparables, un arrêté du ministre chargé du budget peut prévoir que la taxe est acquittée par l'assujetti destinataire des biens ou le preneur de services (CGI art. 283, 2 decies).

3. Outre les dispositifs mentionnés ci-dessus, il existe deux autres dispositifs communément désignés sous le terme d'« autoliquidation » concernant les **importations** (n°s 49634 s.) et les **livraisons à soi-même** (n°s 47370 s.).

> Précisions a. Toute **personne** (qu'elle soit ou non redevable de la TVA) qui a été **autorisée à recevoir** des biens ou services **en franchise,** en **suspension de taxe ou** sous le bénéfice d'un **taux réduit,** est tenue au paiement de l'impôt ou du complément de l'impôt, lorsque les conditions auxquelles est subordonné l'octroi de cette franchise, de cette suspension ou de ce taux réduit ne sont pas remplies (CGI art. 284, I).

b. Pour les livraisons et les prestations de façon portant sur des **déchets neufs d'industrie et** des **matières de récupération,** le dispositif spécifique d'autoliquidation (CGI art. 283, 2 sexies) est **obligatoire** dès lors que le client dispose d'un numéro d'identification à la TVA, à quelque titre que ce soit. En revanche, lorsque le client ne dispose pas d'un tel numéro, la taxe est acquittée par le fournisseur ou le façonnier.

Les opérations concernées par le dispositif spécifique d'autoliquidation sont les **livraisons** de déchets neufs d'industrie (entendus de façon générale comme les chutes de fabrication inutilisables en l'état, c'est-à-dire qui ne peuvent être normalement reprises en fabrication sans une préparation ou un traitement préalable) et de matières de récupération (produits et objets hors d'usage ou mis au rebut et récupérés en vue d'être valorisés ou recyclés dans un nouveau processus de production, provenant des particuliers, des entreprises ou des collectivités), ainsi que les prestations de **façon.** Les acquisitions intracommunautaires et les importations de ces produits sont imposées dans les conditions de droit commun (nos 49160 s. et 49615 s.).

c. Le mécanisme spécifique d'autoliquidation prévu pour les **transferts de quotas d'émission de gaz à effet de serre,** au sens de l'article 3 de la directive 2003/87/CE du 13 octobre 2003, s'applique également au transfert d'autres unités pouvant être utilisées par les opérateurs en vue de se conformer à cette directive. Sont notamment concernées les unités de réduction d'émissions certifiées (CER) et les unités de réduction d'émissions vérifiées (VER) (BOI-RES-TVA-000075). La taxe doit être autoliquidée par l'assujetti bénéficiaire du transfert (CGI art. 283, 2 septies).

d. Les **services de communications électroniques** concernés par le dispositif spécifique d'autoliquidation (CGI art. 283, 2 octies) sont les **services acquis en vue de leur revente** par les fournisseurs de communications électroniques : ventes en gros de services fixes (abonnement de téléphonie fixe et Internet, services à valeur ajoutée) ou mobiles (voix et messagerie, Internet, SMS, MMS, e-mail, services à valeur ajoutée), dont la fourniture de services de télécommunication sous forme de cartes prépayées ou de recharge ; ventes en gros de services de capacité ; prestations d'interconnexion et d'accès, accès dégroupé au réseau local de télécommunication, fourniture en gros de bandes passantes ; prestations d'itinérance (BOI-TVA-DECLA-10-10-20 n° 490).

e. Le mécanisme spécifique d'autoliquidation prévu pour les travaux dans le bâtiment effectués par une entreprise sous-traitante s'applique également aux travaux de construction, y compris ceux de réparation, de nettoyage, d'entretien, de transformation et de démolition effectués en relation avec un bien immobilier situé en France, **par** une **entreprise sous-traitante,** au sens de l'article 1er de la loi 75-1334 du 31 décembre 1975 relative à la sous-traitance (CGI art. 283, 2 nonies).

SOLIDARITÉ EN PAIEMENT DE LA TVA

54055 CGI art. 283, 4 bis RIE-IV-10330 s

L'assujetti en faveur duquel a été effectuée une livraison de biens ou une prestation de services et qui savait, ou ne pouvait ignorer, que tout ou partie de la TVA due sur cette livraison, ou sur toute livraison antérieure des mêmes biens, ou sur cette prestation ou toute prestation antérieure des mêmes services ne serait pas reversée, de manière frauduleuse, est solidairement tenu, avec la personne redevable, d'acquitter cette taxe. Toutefois, cette solidarité en paiement, destinée à lutter notamment contre la **fraude de type « carrousel »,** ne peut pas être mise en œuvre cumulativement pour un même bien ou un même service avec les dispositions prévues par l'article 272, 3 du CGI permettant de remettre en cause le droit à déduction de l'acquéreur du bien ou du preneur de services (n° 55270). Ce non-cumul ne vaut, selon le Conseil d'État, qu'à l'égard d'un même opérateur, les deux dispositifs pouvant être mis en œuvre de manière cumulative à l'égard de deux opérateurs distincts de la chaîne frauduleuse (CE 29-5-2017 n° 396896 : RJF 8-9/17 n° 798).

ATTENTION

L'**administration** doit apporter la **preuve,** sur la base d'éléments objectifs incontestables, que l'acquéreur des biens ou le preneur des services avait connaissance de la fraude.
À défaut de tels éléments, elle doit prouver, à partir d'éléments de fait, que l'acquéreur des biens ou le preneur des services ne pouvait ignorer l'existence de la fraude.
La solidarité ne concerne que la taxe non reversée par le redevable principal, à l'exclusion des pénalités ou intérêts de retard (BOI-TVA-DECLA-10-10-30-10 nos 30 s.).

Un **dispositif similaire** a été mis en place pour combattre la fraude liée à l'utilisation indue du régime de la **marge** sur les ventes de **véhicules d'occasion** : voir n° 61050, remarque 2.

D'**autres dispositifs** de solidarité en paiement de la TVA (ou du complément de taxe) sont également prévus concernant :
- les opérateurs de **plateforme en ligne** : voir n° 54060 ;
- le **donneur d'ordre de travaux à façon** : voir n° 52390 ;
- le **preneur de travaux dans le logement** bénéficiant du taux réduit ou du taux intermédiaire : voir nos 53048 et 53285 ;
- le **vendeur** s'agissant des **livraisons d'or** d'investissement imposées sur option et des livraisons d'or industriel : voir nos 61890 et 61850, précision b ;
- en cas de **vente à distance de biens importés**, la personne qui réalise la livraison du bien importé et le destinataire de cette livraison : voir n° 49812, précision a.

Sauf pour les opérations pour lesquelles elles sont considérées comme des acheteurs-revendeurs (voir nos 49825 s.), les entreprises qui, en qualité d'**opérateurs de plateforme en ligne,** mettent en relation à distance, par voie électronique, des personnes en vue de la vente d'un bien, de la fourniture d'un service ou de l'échange ou du partage d'un bien ou d'un service peuvent, quel que soit leur lieu d'établissement, être **solidairement tenues** de payer la **TVA due par** les personnes suivantes : **54060** CGI art. 283 bis et 293 A, ter **RIE-IV-10550 s**

– les **assujettis,** quel que soit leur lieu d'établissement (France, autre État membre de l'UE, pays tiers), qui effectuent ou fournissent à destination ou **au profit de personnes non assujetties,** par l'intermédiaire d'une plateforme en ligne, des **livraisons de biens ou** des **prestations de services dont le lieu d'imposition est situé en France** ;

– les **personnes,** quel que soit leur lieu d'établissement (France, autre État membre de l'UE, pays tiers), qui réalisent, par le biais d'une plateforme en ligne, des **importations taxables en France.**

Le mécanisme de solidarité en paiement peut être mis en œuvre à la suite d'un signalement effectué par l'administration fiscale auprès de l'opérateur de la plateforme en ligne, comportant les informations énumérées à l'article 190 de l'annexe IV au CGI, selon lequel il existe des présomptions que l'assujetti concerné se soustrait à ses obligations en matière de déclaration ou de paiement de la TVA (BOI-TVA-DECLA-10-10-30-20 n° 30).

Lorsqu'un assujetti lui a été signalé, l'**opérateur de la plateforme en ligne** doit **prendre les mesures** de nature à permettre à cette personne de régulariser sa situation et notifier à l'administration les mesures prises (CGI ann. IV art. 191). Si les présomptions persistent après un délai d'un mois à compter de la notification des mesures par l'opérateur ou, s'il n'a pas procédé à une telle notification, à compter du signalement qui lui a été fait, l'administration peut mettre l'opérateur en demeure de prendre des mesures supplémentaires ou, à défaut, d'exclure la personne concernée de la plateforme en ligne (CGI ann. IV art. 192). L'opérateur doit notifier à l'administration les mesures prises. En l'**absence de mise en œuvre** des mesures ou de l'exclusion susvisées après un délai d'un mois à compter de la notification des mesures supplémentaires ou, à défaut d'une telle notification, à compter de la mise en demeure de l'opérateur par l'administration, la taxe dont est redevable la personne est solidairement due par l'opérateur.

La solidarité en paiement de l'opérateur de plateforme en ligne est limitée au montant de TVA due sur les transactions réalisées par l'assujetti par l'intermédiaire de cet opérateur (BOI-TVA-DECLA-10-10-30-20 n° 280).

L'**identité des opérateurs de plateforme** en ligne qui ont fait l'objet d'une mise en recouvrement de la taxe en tant que redevables solidaires est **susceptible d'être publiée** sur le site internet de l'administration (n° 80330).

b. Modalités de déclaration et de paiement de la TVA

RECOURS AUX PROCÉDURES DÉMATÉRIALISÉES

Toutes les entreprises, qu'elles soient soumises au régime réel normal, au régime simplifié ou au régime simplifié agricole, ont l'**obligation** de déclarer et de payer la TVA par voie électronique. L'obligation de déclaration par voie électronique concerne les déclarations de TVA et leurs annexes ainsi que les demandes de remboursement de crédit de TVA. **54100** CGI art. 1649 quater B quater, III et 1695 quater **RIE-IV-12230 s**

Cette obligation de **télédéclaration et télérèglement** concerne donc, en principe, à la fois les entreprises établies en France (y compris les DOM), celles établies à l'étranger qui réalisent sur le territoire national des opérations imposables à la TVA (s'agissant du télérèglement par les entreprises établies à l'étranger, voir toutefois nos 50640, précision d et 50645, précision c) et les collectivités locales.

ATTENTION

Le **non-respect de l'obligation** de télédéclaration et/ou de télérèglement est sanctionné par une **majoration** de 0,2 % du montant des droits correspondant à la déclaration déposée suivant un autre procédé et/ou du montant des sommes dont le versement a été effectué selon un autre mode de paiement (n° 80200).

En cas de besoin (**courriers, réclamations,** etc.), les redevables s'adressent en principe au **service des impôts** dont dépend le lieu de leur direction ou de l'exercice de la profession s'agissant des entreprises individuelles ou des sociétés non soumises à l'IS, ou le lieu de leur principal établissement s'agissant des sociétés soumises à l'IS (CGI ann. IV art. 32). Dans certains cas, les adresses de domiciliation peuvent être retenues pour déterminer le service compétent.

ATTENTION

Des règles particulières concernant le service des impôts compétent s'appliquent aux personnes qui sont redevables de la TVA à raison de **locations de nature civile** (locations d'immeubles nus à usage professionnel imposées par option, locations d'emplacements de parking) :
– les **personnes physiques** propriétaires d'immeubles loués ou de monuments historiques ouverts au public dont les loyers ou les recettes taxables sont imposables à l'impôt sur le revenu dans la catégorie des **revenus fonciers** dépendent du service des impôts du lieu de situation de l'immeuble ou, en cas de pluralité d'immeubles, du service du lieu de situation du bien dont le chiffre d'affaires est le plus élevé (CGI ann. IV art. 33). Pour les immeubles en indivision, cette règle s'applique à l'indivisaire ou au mandataire qui encaisse les loyers ;
– les **personnes physiques** dont les loyers sont imposables à l'impôt sur le revenu dans la catégorie des **BIC** ainsi que les **personnes morales** dépendent du service des impôts des entreprises du lieu de souscription de la déclaration de revenus correspondante. Pour les immeubles indivis, le service compétent est celui dont dépend la personne qui encaisse les loyers.
Les mêmes règles s'appliquent aux redevables résidant dans les **DOM** qui louent en métropole des locaux visés ci-dessus. Ceux résidant en Guyane ou à Mayotte dépendent, en métropole, du service du lieu de situation de l'immeuble loué, ou, en cas de pluralité d'immeubles, du service du lieu de situation du plus important (BOI-TVA-DECLA-20-20-10-20 n°s 200 à 240).
S'agissant du service compétent pour les **loueurs en meublé,** voir n° 90635, précision b.

SANCTIONS DU RETARD DE DÉCLARATION OU DE PAIEMENT

54115 Le **défaut ou retard de** souscription de **la déclaration** de TVA est susceptible d'entraîner la taxation d'office au titre de la période correspondant à cette déclaration et l'application d'un intérêt de retard et d'une majoration de droits (voir n°s 79060 s. et 80075 s.). Lorsque la déclaration ne donne pas lieu à paiement de taxe (déclaration négative, par exemple), l'infraction est en principe sanctionnée par une amende fiscale (voir n° 80190).

Quant au simple **retard de paiement** de l'impôt exigible, il entraîne l'application d'un intérêt de retard et d'une majoration (voir n°s 80160 s.).

> **Précisions** En cas de souscription tardive de la déclaration en contravention avec l'obligation de télédéclaration, ou en cas de paiement tardif par un moyen autre que le télérèglement, seules les sanctions de droit commun sont appliquées (BOI-CF-INF-10-40-50 n°s 33 à 37) à l'exclusion de la majoration due en cas de non-respect de l'obligation de **télédéclaration** ou de **télérèglement** (n° 54100).

CONTRÔLE DES DÉCLARATIONS

54125 Toute personne redevable de la TVA est tenue de fournir aux agents des impôts, ainsi qu'à ceux des autres services financiers désignés par décret pour chaque catégorie de redevables, tant au principal établissement que dans les succursales ou agences, toutes **justifications** nécessaires à la **fixation des opérations imposables** (CGI art. 286, I-4°).

D'une manière plus générale, la loi confère à l'administration fiscale le pouvoir de **vérifier** et, s'il y a lieu, de **rectifier** les déclarations de chiffre d'affaires. L'ensemble des règles applicables en cette matière est exposé n°s 77500 s. Nos lecteurs peuvent se reporter aux explications données dans cette étude pour ce qui concerne **notamment** :
– l'exercice par l'administration de son droit de contrôle (n°s 77860 s.), dont l'une des formes est constituée par les vérifications de comptabilité (n°s 78110 s.) ;
– le délai de reprise (prescription : n°s 77700 s.) ;
– les procédures de rectification (procédure normale ; imposition d'office : n°s 78480 s.) ;
– les pénalités pour insuffisance de déclaration (n°s 80000 s.) ;
– les réclamations que les contribuables peuvent formuler contre les bases d'imposition retenues par l'administration (n°s 81650 s.).

Des **particularités** sont prévues pour le contrôle des membres d'un **groupe ayant opté pour la centralisation du paiement de la TVA** (voir n° 54225) ainsi que pour le contrôle d'un **assujetti unique** (n° 46556).

3. RÉGIME RÉEL NORMAL

DÉCLARATIONS À SOUSCRIRE

54160 Les redevables de la TVA soumis, de plein droit ou sur option, au régime réel normal d'imposition sont tenus de souscrire **chaque mois** une **déclaration CA 3** indiquant, pour le mois précédent, d'une part, le montant total **des opérations** réalisées et, d'autre part, le détail des opérations taxables (par exemple, les opérations réalisées en janvier doivent être déclarées en février).

CGI art. 287, 1 et 2-al. 1 et 1692
RIE-IV-11000 s

ATTENTION

Plusieurs catégories de redevables peuvent être dispensées du dépôt d'une déclaration mensuelle. Tel est le cas :

– des redevables qui exercent une **activité saisonnière** qui peuvent, sur demande expresse adressée au service des impôts dont ils relèvent, être dispensés de souscrire des déclarations pendant la période de fermeture de leurs établissements ;

– des personnes qui réalisent d'une manière constante et exclusive des **opérations exonérées** de TVA, qui peuvent être dispensées de la souscription de déclaration par le service des impôts ;

– des titulaires de **revenus non commerciaux** placés sous un régime réel d'imposition qui n'effectuent **pas plus de quatre opérations taxables par an** (conseils de sociétés, par exemple), qui peuvent, sur demande adressée au service des impôts dont ils dépendent, être autorisés à ne souscrire des déclarations CA 3 que lors de la perception des honoraires taxables (souscription à effectuer le mois suivant cette perception) (BOI-TVA-DECLA-20-20-10-10 n°s 150 à 170).

Les entreprises possédant **plusieurs établissements** ne souscrivent qu'une seule déclaration pour les opérations réalisées dans l'ensemble de leurs établissements.

Lorsque la **taxe** exigible annuellement est **inférieure à 4 000 €**, les redevables sont admis à souscrire leurs déclarations par **trimestre civil.** Ce seuil s'apprécie au début de chaque trimestre par rapport au montant total de la taxe exigible les quatre trimestres civils précédents (CE 17-10-2022 n°s 458767 et 458988 : RJF 1/23 n° 15). S'ils souhaitent **revenir à** une **périodicité mensuelle,** afin notamment de bénéficier du remboursement mensuel de leurs crédits de taxe non imputables (n° 56640), ils doivent formuler une demande en ce sens au plus tard dans le mois qui précède la souscription de la première déclaration mensuelle de TVA, qui prend effet à compter du 1er jour du trimestre civil au cours duquel le choix a été exprimé (Inst. 3 D-2-09 n°s 14 et 15, non reprise au Bofip).

Le **paiement de l'impôt** intervient **au moment** même de la souscription **de la déclaration.**

Les **dates limites** de souscription des déclarations de chiffre d'affaires et de paiement des taxes correspondantes sont fixées sur le plan national selon l'**échéancier** donné n° 54175.

54165

> Précisions a. Un redevable qui n'a réalisé **aucune opération taxable,** au cours d'un mois (ou d'un trimestre), doit néanmoins souscrire une **déclaration « néant ».**

b. Durant la **période des congés payés,** les entreprises qui éprouvent des difficultés pour déterminer dans les délais impartis les éléments nécessaires à l'établissement de la déclaration de TVA souscrivent la déclaration relative au mois pour lequel la comptabilité ne peut être arrêtée à temps en raison des congés payés, mais elles sont autorisées à ne pas remplir les rubriques habituelles à condition de **verser** un acompte au moins égal à 80 % de la somme acquittée le mois précédent (au titre de la TVA et des taxes assimilées) ou de la somme réellement exigible (au même titre). La situation de l'entreprise doit être régularisée lors de la déclaration souscrite au titre du mois suivant (BOI-TVA-DECLA-20-20-10-10 n°s 260 à 280).

c. Les entreprises connaissant d'importantes **difficultés de trésorerie** peuvent se voir accorder des délais supplémentaires de paiement : voir n°s 76670 s.

d. Sur la situation des **auteurs** n'ayant pas renoncé à la retenue à la source et qui perçoivent des droits de plusieurs sources : voir n° 61710, a.

e. Lorsqu'une entreprise a, de bonne foi, omis de déclarer des recettes imposables, les **insuffisances** de déclaration peuvent, en principe, être **corrigées spontanément** en ajoutant les recettes non déclarées au chiffre d'affaires taxable porté sur la déclaration relative au mois de la découverte de l'omission. Le montant des recettes omises, ventilées par taux, doit alors être inscrit dans le cadre réservé à la correspondance, avec l'indication de la TVA correspondante et de la période de réalisation des opérations. Toutefois, la correction des omissions ne peut être faite que par la souscription de déclarations rectificatives lorsque la **déclaration initiale** à laquelle est rattachée l'erreur était **créditrice** et a été suivie d'un remboursement de crédits de taxe ou, en cas de **déclaration initiale débitrice relative à un exercice comptable antérieur**, lorsque le montant de TVA rectifié excède 4 000 € en droits (BOI-TVA-DECLA-20-20-20-10 n°s 240 et 245).

ÉCHÉANCIER DES DÉCLARATIONS ET PAIEMENTS

54175 CGI ann. IV art. 39

Le tableau figurant ci-après présente la date limite à laquelle les redevables soumis au régime **réel normal** doivent déclarer et acquitter la TVA, chaque mois au titre du mois précédent (ou, le cas échéant, dans le premier mois de chaque trimestre civil, au titre du trimestre précédent). Cet échéancier s'applique également aux redevables relevant du **régime simplifié** pour le versement des acomptes semestriels (voir n°s 54270 s.).

Les dates prévues varient, d'une part, selon que le **lieu d'imposition** du redevable est situé à Paris (et dans les départements de la « petite couronne »), ou dans les autres départements, et aussi, pour les sociétés de la région parisienne, selon le **numéro d'identification** attribué par l'Insee, qui ne doit pas être confondu avec le numéro de code « Activité principale exercée », ou code APE, également attribué par l'Insee et, d'autre part, selon que le redevable a réalisé ou non des importations.

En ce qui concerne la date de dépôt de déclaration prévue pour les assujettis uniques, voir nº 46554 ; pour la déclaration récapitulative en cas d'option pour le paiement consolidé de la TVA, voir nº 54215 ; pour les assujettis déclarant des mises à la consommation de produits pétroliers en sortie du dispositif de suspension de la TVA, voir nº 61370.

ATTENTION

Lorsque la **date limite** prévue par l'échéancier pour la souscription des déclarations et le paiement des taxes tombe **un samedi, un dimanche ou un jour férié**, la date d'expiration du délai est reportée au premier jour ouvrable suivant (CGI ann. IV art. 39, 1-3º).

En cas de **cession** ou de **cessation d'activité,** les redevables relevant du **réel normal** doivent souscrire leur **dernière déclaration** CA 3 dans les **30 jours** (CGI art. 287, 4).

Catégories d'entreprises	Date limite
I. Paris, Hauts-de-Seine, Seine-Saint-Denis et Val-de-Marne (1)	
a. Entreprises individuelles	
Nom patronymique de l'exploitant (2) commençant par :	
- A, B, C, D, E, F, G, H	15
- I, J, K, L, M, N, O, P, Q, R, S, T, U, V, W, X, Y, Z	17
b. Toutes sociétés autres que les sociétés anonymes	
Numéro d'identification attribué par l'Insee commençant par l'un ou l'autre des groupes de deux chiffres ci-après :	
- 00 jusqu'à 68 inclus	19
- 69 jusqu'à 78 inclus	20
- 79 jusqu'à 99 inclus	21
c. Sociétés anonymes	
Numéro d'identification attribué par l'Insee commençant par l'un ou l'autre des groupes de deux chiffres ci-après :	
- 00 jusqu'à 74 inclus	23
- 75 jusqu'à 99 inclus	24
d. Autres redevables (collectivités locales, associations, etc.)	24
II. Autres départements (1)	
a. Entreprises individuelles	
Nom patronymique de l'exploitant (2) commençant par :	
- A, B, C, D, E, F, G, H	16
- I, J, K, L, M, N, O, P, Q, R, S, T, U, V, W, X, Y, Z	19
b. Toutes sociétés autres que les sociétés anonymes	21
c. Sociétés anonymes	24
d. Autres redevables (collectivités locales, associations, etc.)	24

(1) La date limite de dépôt de la déclaration de TVA est décalée pour tous les redevables qui réalisent des **importations** au 24 du mois ou du trimestre suivant l'importation (CGI ann. IV art. 39, 1-2º).
(2) Pour les **exploitantes individuelles mariées**, la date d'échéance est déterminée en fonction de leur nom de jeune fille (et non pas de leur nom d'épouse).

RÉGIME DES ACOMPTES PROVISIONNELS

54185 CGI art. 287, 2-al. 2 et 1693 RIE-IV-12800 s

Les redevables qui éprouvent des difficultés pour transmettre leurs déclarations de chiffre d'affaires dans les délais réglementaires bénéficient d'un **délai supplémentaire d'un mois** pour souscrire leur **déclaration,** sous réserve de verser, **dans le délai normal,** un **acompte** évalué dans des conditions prévues par la loi. Une **régularisation** est effectuée le mois suivant lors de la transmission de la déclaration.

L'application de ce régime, qui ne concerne que les redevables souscrivant des déclarations mensuelles, est subordonnée à une **autorisation préalable** de l'administration, qui nécessite la présentation d'une **demande motivée** au service des impôts dont dépend l'entreprise pour le paiement de la TVA. Le redevable doit **justifier** qu'en raison de la nature de ses activités ou de la structure particulière de son entreprise il n'est pas en mesure d'établir ses déclarations dans le délai normal.

L'autorisation peut être retirée à tout moment lorsque les conditions requises cessent d'être remplies.

Le régime des acomptes provisionnels est mis en œuvre suivant les modalités suivantes. 54190

Pour les **opérations réalisées au cours du premier mois** (m) d'application du régime, les redevables versent au cours du **deuxième mois** (m + 1), et dans le délai habituel de paiement (n° 54175), un acompte qu'ils évaluent eux-mêmes et qui doit être au moins égal à 80 % de la somme réellement due.

ATTENTION

Si l'**acompte** versé se révèle **inférieur à 80 %** de la somme réellement due, le redevable encourt l'**intérêt de retard**, appliqué sur la différence entre l'acompte théorique de 80 % et l'acompte réellement versé, ainsi que la majoration mentionnée nos 80160 s. (CGI art. 1784).

Le versement de l'acompte est accompagné d'une **déclaration CA 3** portant :

– dans le cadre réservé à la correspondance, la mention « Acompte pour le mois de... (m) »,

– dans le cadre « Décompte de la TVA à payer », ligne 5B (« sommes à ajouter »), le montant de l'acompte versé.

À partir du troisième mois (m + 2), les redevables transmettent la déclaration mensuelle de chiffre d'affaires proprement dite établie dans les conditions habituelles et servie dans toutes ses parties. Ils transmettent également (par voie électronique : n° 54100) un bulletin de régularisation n° 3515-SD faisant apparaître la somme à verser effectivement, compte tenu de l'impôt dû, de l'acompte déjà versé et du nouvel acompte évalué pour les opérations du mois précédent. Les lignes 5B (« sommes à ajouter ») et 2C (« sommes à imputer ») de la déclaration CA 3 sont servies d'après le bulletin n° 3515-SD. Enfin, la somme à payer est acquittée (BOI-TVA-DECLA-20-20-10-10 n° 70).

> Précisions **a.** Pendant la **période de congés payés,** les entreprises placées sous le régime des acomptes provisionnels peuvent bénéficier de la tolérance signalée n° 54165, précision b, sous réserve cependant de modalités particulières de régularisation (BOI-TVA-DECLA-20-20-10-10 n° 290).
b. Un régime particulier est prévu pour les **agriculteurs** (nos 59885 s.).

GROUPES DE SOCIÉTÉS : RÉGIME OPTIONNEL DE PAIEMENT CENTRALISÉ DE LA TVA

Les groupes de sociétés remplissant les conditions décrites ci-après peuvent opter pour la **centralisation** au niveau de la société tête de groupe du **paiement de la TVA et des taxes assimilées** dues par l'ensemble (ou seulement certaines) des sociétés membres du groupe ou, le cas échéant, du remboursement par l'administration des crédits de taxe déductible dont celles-ci bénéficient. 54200 CGI art. 1693 ter RIE-IV-13050 s

Le régime de consolidation s'applique à compter du premier jour du **premier exercice comptable suivant la formulation de l'option.**

> Précisions L'option pour la centralisation du paiement de la TVA, dont la finalité est limitée aux modalités de recouvrement de la TVA, doit être **distinguée** du **régime optionnel de l'assujetti unique,** qui permet l'effacement des transactions économiques intragroupes au regard de la TVA. En ce qui concerne l'option pour l'assujetti unique (laquelle est incompatible avec celle pour le paiement centralisé), voir nos 46545 s.

Groupes concernés Peuvent opter pour le régime de la consolidation du paiement de la TVA les groupes remplissant les conditions suivantes : 54205

– la société **tête de groupe** doit **détenir,** directement ou indirectement, **plus de 50 % du capital ou des droits de vote** des filiales. La détention doit être continue sur toute la période couverte par l'option, mais le seuil de 50 % peut être atteint par l'intermédiaire de sociétés non membres du groupe ;

– les **membres du groupe** (y compris la tête de groupe) doivent relever de la Direction des grandes entreprises (**DGE** : voir n° 87410), ouvrir et clore leurs **exercices comptables aux mêmes dates** et, enfin, relever du **régime réel normal** d'imposition en matière de **TVA** (sans être soumis au régime des acomptes provisionnels exposé nos 54185 s., ni souscrire de déclarations trimestrielles).

> Précisions Pour les **groupes bancaires mutualistes,** la condition tenant aux liens en capital n'est pas exigée : l'option pour la consolidation du paiement de la TVA peut être exercée par l'organe central ou une caisse départementale ou interdépartementale, à condition que le groupe soit placé sous le régime de l'intégration fiscale (nos 40150 s.).

Modalités et durée de l'option L'option doit être formulée par la société tête de groupe **auprès de la DGE** avant le début du premier exercice au titre duquel l'application du régime de groupe est demandée. Les membres doivent formaliser leur **accord** par une attestation conforme au modèle établi par l'administration. 54210 CGI ann. III art. 384 D

L'option prend **effet** pour la taxe exigible à compter du premier jour de l'exercice comptable suivant celui au cours duquel elle est exprimée, et couvre une **période initiale** de trois exercices. Tant qu'elle n'est pas dénoncée, l'option produit tous ses effets. La dénonciation de l'option peut intervenir au cours du premier mois du troisième exercice comptable suivant sa prise d'effet. Elle prend effet le premier jour de l'exercice au cours duquel elle est formulée.

EXEMPLE

Une société tête de groupe, dont les membres ont des exercices comptables coïncidant avec l'année civile, formule l'option le 15 mars 2024. Cette option s'appliquera à compter du 1er janvier 2025 et pourra être dénoncée entre le 1er janvier et le 31 janvier 2028, avec effet au 1er janvier 2028.

Le **périmètre de la consolidation** du paiement de la TVA peut être **modifié** au cours de la période couverte par l'option : la société tête de groupe peut par exemple, avec leur accord, exclure certains membres du groupe ou en introduire de nouveaux. Les modifications du périmètre de consolidation ne peuvent cependant prendre effet qu'à compter du second exercice compris dans la période initiale de l'option et n'ont pas d'incidence sur la durée de cette période.

> Précisions **a.** La **notification de l'option** à l'administration est accompagnée de la liste des membres du groupe (formulaire 3310-CA3-P-SD) et des attestations par lesquelles les membres font connaître leur accord pour que le redevable du groupe s'acquitte à leur place de la TVA et des taxes assimilées.

b. Le redevable du groupe adresse à la DGE, au plus tard à la date de la **clôture de chacun des exercices** arrêtés au cours de la période de validité de l'option, la liste des personnes morales membres du groupe mise à jour pour l'exercice suivant (formulaire 3310-CA3-P-SD). Dans le même délai, il adresse, le cas échéant, les attestations d'accord produites par les entités devenant membres du groupe.

c. Lorsqu'un membre ne remplit plus les conditions mentionnées nº 54205, il **cesse d'appartenir au groupe** à compter du 1er jour du mois suivant, et il doit en informer le service des impôts dont il dépend au plus tard avant la date limite de souscription de la déclaration du mois concerné.

54215 **Fonctionnement du régime de consolidation** Les sociétés **membres du groupe** (y compris la société mère) ne sont pas déliées de leurs obligations déclaratives : elles doivent donc, dans les délais habituels, transmettre leur **déclaration CA 3** de TVA, sans toutefois l'accompagner d'un paiement ni d'une demande de remboursement (la case 0005 de la CA 3 doit être cochée).

La société **tête de groupe** transmet en outre, chaque mois, une **déclaration récapitulative** (formulaire 3310-CA3G-SD). En cas de solde positif entre la somme des taxes nettes dues et la somme des crédits de taxe résultant des déclarations souscrites par les membres concernés, la déclaration est accompagnée d'un **paiement** de TVA égal à ce solde. Si un solde négatif est dégagé, la société tête de groupe pourra en **demander le remboursement** ou le reporter sur la déclaration récapitulative suivante. La déclaration récapitulative doit également être accompagnée du paiement des taxes assimilées à la TVA dues par les membres.

La **date** limite particulière pour la transmission de la déclaration récapitulative est fixée au 24 du mois suivant celui concerné par la déclaration.

ATTENTION

Chaque membre reste **solidairement tenu** avec la société tête de groupe au paiement de la TVA et des taxes assimilées (et, en cas d'infraction, des pénalités correspondantes) à hauteur des **droits et pénalités** dont il serait redevable en l'absence d'option. En revanche, le redevable du groupe encourt seul les pénalités pour **infractions liées au recouvrement** de la TVA et des taxes assimilées.

Le **crédit de TVA** constaté par une société membre du groupe au titre d'une **période antérieure à l'entrée en vigueur de l'option** pour la consolidation du paiement de la TVA est obligatoirement remboursé à cette société et ne peut pas être reporté sur une déclaration dont les éléments sont pris en compte au niveau de la déclaration récapitulative.

Inversement, le crédit de TVA constaté sur la déclaration d'un membre du groupe **pendant l'application du régime de consolidation** ne peut pas faire l'objet d'un report sur une déclaration ultérieure de cette société ; il ne peut être utilisé que par la société tête du groupe. En cas de dénonciation ou de caducité de l'option, le crédit de TVA existant à l'issue de la période couverte par l'option fait l'objet d'une restitution à la société tête de groupe (CGI art. 1693 ter A).

Par exception, lorsqu'un membre mentionne sur une déclaration souscrite pendant l'application du régime de groupe, dans le délai prévu nº 56340, un montant de TVA collectée à tort ou dont la déduction a été omise sur une déclaration souscrite avant la prise d'effet du régime, ce montant est pris en compte pour la détermination de la TVA due par le groupe (BOI-TVA-DECLA-20-20-50 n° 340).

Cessation du régime Le régime de groupe prend fin pour tous ses membres lorsque le **redevable du groupe dénonce** l'option, à l'issue de la période minimale de trois exercices comptables. Il en va de même si le redevable du groupe **reste seul membre,** ne relève **plus du régime réel normal** d'imposition ou s'il **cesse d'être assujetti** à la TVA en France. 54220

Le **crédit de TVA** constaté sur la déclaration récapitulative souscrite au titre du dernier mois d'application du régime est transmis définitivement au redevable du groupe. Il lui est remboursé, sans que lui soient opposés les seuils minimums de remboursement prévus n°s 56630 et 56640.

Tout assujetti faisant partie d'un groupe qui a cessé devient à nouveau redevable de la TVA et des taxes assimilées liquidées sur ses propres opérations à compter du premier jour du mois suivant celui de la cessation du groupe et doit acquitter les taxes exigibles dans les conditions de droit commun.

› Précisions a. Lorsque le **redevable du groupe est absorbé** par un assujetti à la TVA pendant l'application du régime de groupe de consolidation, le groupe cesse à moins que l'absorbante ne se constitue redevable de la TVA et des taxes assimilées dues par le groupe. Cette possibilité n'est ouverte que si l'absorbante satisfait les conditions pour être membre et redevable du groupe, ce qui suppose notamment qu'elle arrête ses exercices comptables à la même date que les membres du groupe.
Elle informe alors l'administration au cours du mois de la fusion de la modification du périmètre du groupe, et joint les attestations d'accord des membres. La durée d'application du régime optionnel de consolidation est décomptée à partir de la prise d'effet de l'option notifiée initialement par la société absorbée.
Lorsque la société absorbante avait elle-même constitué, précédemment à l'opération de fusion, un groupe de consolidation, elle peut élargir le périmètre de ce groupe et se constituer seule redevable de la TVA et des taxes assimilées dues par ses membres et les membres du groupe dont le redevable commun est absorbé. Tous les membres du groupe ainsi formé doivent clore leur exercice comptable à la même date. L'absorbante informe l'administration au cours du mois de la fusion de l'élargissement du périmètre de son groupe et joint les attestations d'accord des nouveaux membres. La durée d'application du régime optionnel de consolidation est alors décomptée à partir de la prise d'effet de l'option notifiée par la société absorbante (BOI-TVA-DECLA-20-20-50 n°s 570 et 580).
b. Pour les **groupes bancaires mutualistes,** le régime de paiement consolidé de la TVA cesse également du fait de la seule sortie d'une des banques, caisses et sociétés membres du groupe bancaire (BOI précité n° 590).

Contrôle des membres du groupe consolidé Les déclarations de TVA des membres du groupe sont soumises au contrôle de l'administration dans les conditions habituelles (n° 54125), sous réserve de certaines règles particulières. 54225

Lorsque des rectifications sont envisagées, l'indication de leurs **conséquences financières** dans la proposition de rectification ou dans la notification des bases d'imposition d'office adressée à la **société membre du groupe** porte, en ce qui concerne la TVA, les taxes assimilées et les pénalités correspondantes, sur les montants dont elle aurait été redevable en l'absence d'appartenance au groupe (LPF art. L 48, al. 3). L'administration informe le **redevable du groupe,** préalablement à la notification de l'avis de mise en recouvrement correspondant, du montant global par impôt des droits, pénalités et intérêts de retard qu'il doit acquitter à la suite du contrôle des sociétés membres, eu égard à sa propre situation (LPF art. R* 256-1, 5e al.).

La taxe mentionnée sur les déclarations des membres du groupe et qui a concouru à la détermination du **crédit de taxe** dont bénéficie la société tête de groupe peut être remise en cause à hauteur du montant de ce crédit, même si le **délai de reprise** visé n° 77725 est expiré. Si le groupe a cessé d'exister, cette règle demeure applicable pour le contrôle des crédits de taxe constatés sur les déclarations des membres du groupe pendant l'application du régime de consolidation et transmis à la société tête de groupe (LPF art. L 176, al. 5 et 6).

L'obligation de **justifier** du montant de la **taxe déductible** et du **crédit de taxe** dont le bénéfice est demandé, par la présentation de documents même établis antérieurement à l'ouverture de la période non prescrite, s'applique aux membres d'un groupe consolidé pour la taxe déductible et le crédit de taxe dont la société tête de groupe a demandé à bénéficier (LPF art. L 177, al. 2).

4. RÉGIME SIMPLIFIÉ

Les entreprises relevant du régime simplifié n'ont aucune déclaration à souscrire en cours d'année ou d'exercice. Elles sont tenues au versement d'**acomptes semestriels** (n°s 54270 s.) qui font l'objet d'une **régularisation** lors du dépôt de la **déclaration annuelle** CA 12/CA 12 E (n°s 54290 s.). 54260 CGI art. 287, 3 RIE-IV-17000 s

Les entreprises commerciales relevant du régime simplifié ont toutefois la possibilité de **renoncer** à ces **formalités simplifiées** (nº 54310).

S'agissant de la procédure de **remboursement** des crédits de taxe non imputables applicable à ces redevables, voir nº 56685.

VERSEMENT DES ACOMPTES SEMESTRIELS

54270 RIE-IV-18150 s Les entreprises relevant du régime simplifié de déclaration doivent verser en cours d'année (ou d'exercice) deux acomptes semestriels.

Ces versements sont réalisés par télérèglement en **juillet** et **décembre,** selon l'échéancier figurant nº 54175, et sont accompagnés de la transmission par voie électronique d'un **avis d'acompte** (nº 3514-SD) indiquant l'échéance concernée, son montant et, le cas échéant, les éléments permettant de déterminer le montant de crédit de taxe déductible sur les immobilisations (nº 54280).

Le **complément** d'impôt **éventuellement exigible** est versé lors de la souscription de la déclaration annuelle.

ATTENTION

Lorsqu'un **acompte** est acquitté **hors délai** ou **indûment minoré,** le montant mis à la charge du redevable est soumis à la majoration de 5 % et aux intérêts de retard dans les conditions de droit commun.

Les redevables sont **dispensés du versement d'acomptes** lorsque la **taxe** due au titre **de l'année ou de l'exercice précédent,** avant déduction de la TVA relative aux biens constituant des immobilisations, est **inférieure à 1 000 €.** Dans ce cas, le montant total de l'impôt exigible est acquitté lors de la souscription de la déclaration annuelle.

54275 **Montant des acomptes** L'acompte de juillet s'élève à **55 %** de la **taxe due** au titre **de l'année ou de l'exercice précédent** avant déduction de la TVA relative aux biens constituant des **immobilisations.** Celui de décembre s'élève à **40 %** de ce montant. Les versements peuvent toutefois faire l'objet de **modulations** dans les conditions examinées ci-après.

ATTENTION

Les **nouveaux redevables** sont autorisés, lors de leur première année d'imposition, à déterminer eux-mêmes le montant des acomptes semestriels mais chaque versement doit représenter au moins **80 % de l'impôt réellement dû** pour le semestre correspondant.

En cas de crédit de taxe au titre d'un semestre de la première période d'imposition, aucune somme n'est due au titre de l'acompte correspondant. Ce crédit de taxe peut être imputé sur l'acompte suivant ou faire l'objet d'un remboursement dans les conditions exposées nº 56685 lorsqu'il correspond à de la taxe déductible grevant l'acquisition d'immobilisations (BOI-TVA-DECLA-20-20-30-20 nºs 200 et 210).

Lorsque la **période de référence** servant de base au calcul des acomptes est **inférieure à 12 mois,** leur montant est calculé à partir d'une taxe ajustée pour correspondre à une période de 12 mois.

Les **redevables nouvellement placés sous le régime simplifié** déterminent eux-mêmes leurs acomptes. À titre de règle pratique, les redevables précédemment soumis au régime réel normal peuvent déterminer ces acomptes sur la base de la TVA due au titre de l'année ou de l'exercice précédent, avant déduction de la taxe grevant les immobilisations, telle qu'elle résulte des déclarations CA 3, sans se voir opposer la « règle des 80 % », à condition d'utiliser la même méthode pour les deux acomptes (BOI-TVA-DECLA-20-20-30-20 nº 220).

En cas de **souscription tardive** ou de **défaut** de souscription de la **déclaration annuelle,** les acomptes antérieurs sont reconduits provisoirement, puis régularisés (droits et pénalités) lors du dépôt spontané de la déclaration ou en cas de taxation d'office.

54280 **Modulation des acomptes** Les redevables peuvent dans certaines situations procéder à une **modulation** ou une **suspension** des acomptes semestriels sur l'**avis d'acompte** nº 3514-SD qui accompagne chaque versement semestriel (BOI-TVA-DECLA-20-20-30-20 nº 250).

Une **modulation à la hausse** des versements peut être effectuée par les redevables qui estiment que la taxe due en définitive sera supérieure d'au moins 10 % à celle qui a servi de base aux acomptes.

La **modulation à la baisse** des acomptes peut être réalisée dans les conditions suivantes :

a. Les redevables sont autorisés à **imputer** le **crédit de taxe et/ou l'excédent de versement** d'acomptes éventuels **constatés sur** la déclaration annuelle **CA 12/CA 12 E,** dont le remboursement n'a pas été sollicité, sur le ou les acomptes suivant le dépôt de ladite déclaration (cette possibilité d'imputation peut être combinée avec la modulation visée ci-après au d) (BOI précité nº 360).

b. Ils peuvent, par ailleurs, **suspendre** le paiement du **deuxième acompte** s'ils estiment que le montant de l'acompte déjà versé au titre de l'année ou de l'exercice est égal ou supérieur au montant de la taxe qui sera finalement due.

c. Ils peuvent également **diminuer** le montant du **deuxième acompte ou** du **premier acompte avant suspension** (cas visé au b ci-dessus), si le **paiement partiel** effectué à ce titre **représente le solde** de la taxe dont ils estiment être débiteurs au titre de l'année ou de l'exercice.

d. Enfin, lorsqu'ils estiment que la **taxe due à raison** des opérations réalisées au cours **d'un semestre, après imputation** de la **taxe** déductible au titre des **immobilisations,** est **inférieure d'au moins 10 %** au montant de l'acompte correspondant, les redevables peuvent diminuer à due concurrence le montant de cet acompte. Si ces opérations ont été réalisées au cours d'une période inférieure à six mois, la modulation n'est admise que si la taxe réellement due est inférieure d'au moins 10 % à l'acompte réduit au prorata du temps (BOI précité n°s 280 et 290).

ATTENTION

Lorsque la **taxe** déductible au titre des **immobilisations** n'est pas imputée sur l'acompte du semestre correspondant (ou ne peut l'être qu'en partie), son montant (ou le reliquat non imputable) peut faire l'objet d'une demande de **remboursement** dans les conditions exposées n° 56685. Mais le reliquat non imputable ne peut pas être reporté pour imputation sur les acomptes suivants (hormis dans le cas visé au a ci-dessus).

En ce qui concerne les **sanctions** applicables lorsqu'un acompte a été **indûment minoré,** voir n° 54275.

DÉCLARATION ANNUELLE

Les redevables placés sous le régime simplifié de déclaration doivent souscrire au titre de chaque année ou exercice une déclaration permettant de déterminer la **taxe due au titre de la période** et le montant des **acomptes semestriels pour la période ultérieure.** Les montants de chiffre d'affaires et de taxes doivent être déclarés exactement. L'administration admet que les entreprises pratiquent au titre de leurs achats autres que ceux portant sur des biens constituant des immobilisations, des matières premières et des produits destinés à la revente, c'est-à-dire au titre de leurs **« frais généraux »,** une **déduction forfaitaire** fixée uniformément à 0,20 % du chiffre d'affaires hors taxe mentionné sur la déclaration annuelle (BOI-TVA-DECLA-20-20-30-20 n°s 100 et 110). La déclaration fait apparaître le **solde à verser,** qui doit être acquitté immédiatement, ou le **solde excédentaire** (crédit de taxe et/ou excédent de versement d'acomptes) qui peut être imputé sur les acomptes suivants (n° 54280) ou, le cas échéant, être remboursé (voir n° 56685). 54290 CGI ann. II art. 242 sexies et 242 septies RIE-IV-17420 s

Les **entreprises dont l'exercice coïncide avec l'année civile** doivent souscrire la déclaration annuelle (**modèle CA 12**) au plus tard le deuxième jour ouvré suivant le 1er mai de l'année qui suit celle au titre de laquelle elle est déposée (soit le 3 mai 2024 pour la déclaration afférente à l'exercice 2023). Cette déclaration permet d'établir le montant des acomptes exigibles en juillet et décembre de l'année de dépôt.

ATTENTION

Dans le cadre d'une **vérification de comptabilité,** l'administration peut contrôler les opérations réalisées ou facturées par le redevable dès le début du deuxième mois suivant leur réalisation ou leur facturation indépendamment de toute échéance déclarative (LPF art. L 16 D). Ce contrôle peut permettre la mise en œuvre d'une procédure de flagrance fiscale définie n°s 78330 s.

En cas de **cession,** de **cessation** d'activité, de **redressement ou liquidation judiciaire,** les entreprises doivent souscrire dans un délai de 60 jours la déclaration relative à l'année ou l'exercice en cours ainsi que, le cas échéant, celle qui n'aurait pas été déposée au titre de l'année civile ou de l'exercice précédent (CGI ann. II art. 242 septies et 242 septies L).

Pour les **redevables** imposables sur les **encaissements,** les **sommes restant à percevoir après** la date de la **cessation d'activité** ne sont pas comprises dans le montant du chiffre d'affaires mentionné sur la déclaration annuelle. En conséquence, lors de leur encaissement effectif, ces sommes devront être considérées comme des opérations soumises à la TVA à titre occasionnel et faire l'objet d'une déclaration CA 3.

La déclaration de régularisation CA 12 fait l'objet d'un **guide** spécial que nous publions tous les ans au « Feuillet rapide ».

Entreprises dont l'exercice est clos en cours d'année Les entreprises qui arrêtent un exercice en cours d'année civile souscrivent leur déclaration (**modèle CA 12 E**) dans les trois mois suivant la date de clôture. Cette déclaration souscrite au titre d'une 54295 RIE-IV-17500 s période d'imposition détermine les acomptes exigibles durant la période d'imposition suivante (CGI ann. II art. 242 septies A).

ATTENTION

Si **aucun exercice n'est clôturé au cours d'une année civile,** l'entreprise doit souscrire une déclaration pour la période courue depuis la fin du précédent exercice jusqu'au 31 décembre de l'année considérée. Cette déclaration est souscrite au plus tard le 2e jour ouvré qui suit le 1er mai de l'année suivante. La nouvelle période d'imposition, totalement distincte de la précédente, donne lieu à la souscription d'une déclaration dans les trois mois de la clôture de l'exercice (CGI ann. II art. 242 septies D).

Alors même que les déclarations sont souscrites en fonction de l'exercice, c'est cependant l'année civile qui sert de référence pour l'appréciation des **chiffres limites** des régimes d'imposition.

OPTION POUR LE RÉGIME DU « MINI-RÉEL »

54310 CGI ann. II art. 204 ter A RIE-IV-19230 s

Les entreprises qui relèvent - de plein droit ou sur option - du régime simplifié de déclaration peuvent **renoncer aux formalités simplifiées** de déclaration et de paiement de la TVA, tout en restant placées sous ce régime en matière de bénéfices. Dans le cadre de ce régime dit du « mini-réel », elles souscrivent des **déclarations CA 3** dans les mêmes conditions et selon la même périodicité que les entreprises soumises au régime réel normal (voir nos 54160 s.).

Cette renonciation (qui, selon l'administration, n'est pas ouverte aux titulaires de revenus non commerciaux ou de revenus fonciers imposables à la TVA) doit être expresse. Elle est exercée par une option valable deux ans, irrévocable et tacitement reconductible pour la même durée, qui est notifiée par lettre recommandée avec accusé de réception. Elle prend effet au 1er janvier de l'année au cours de laquelle elle est exercée si elle est notifiée avant la date limite de dépôt de la déclaration CA 12 (voir no 54260), ou au 1er janvier de l'année suivante en cas de notification après cette date.

Les entreprises qui exercent cette option restent tenues de souscrire la **déclaration récapitulative** CA 12 des opérations réalisées durant l'année ou l'exercice précédant son entrée en vigueur (CGI ann. II art. 242 septies F). Celles dont l'option prend effet au 1er janvier de l'année au cours de laquelle elle est exercée souscrivent en outre, dans le mois qui suit la notification de l'option, une déclaration CA 3 récapitulative des opérations réalisées entre le 1er janvier et le mois au cours duquel l'option a été notifiée.

EXEMPLE

En cas d'option pour la renonciation aux formalités simplifiées notifiée le 15 mars 2024, l'entreprise devra souscrire en avril 2024 une déclaration CA 3 récapitulative des opérations réalisées du 1er janvier 2024 au 31 mars 2024. Elle devra également souscrire le 3 mai 2024 la déclaration CA 12 récapitulant les opérations de l'année 2023.

La renonciation à l'option doit intervenir au moins 30 jours avant le terme de sa période d'application (BOI-TVA-DECLA-20-20-30-30 no 100).

5. FRANCHISE EN BASE

54350 CGI art. 293 B à 293 F RIE-II-10000 s

La franchise de TVA, qu'il s'agisse de la franchise de droit commun (dont le champ d'application est examiné nos 53780 s.) ou d'une des franchises particulières visées no 53860, **dispense** les assujettis de la déclaration et du paiement de la TVA (ainsi que, en principe, des **taxes spéciales** qui sont recouvrées suivant les mêmes règles que la TVA, à l'exception de celles qui sont codifiées dans le CIBS : BOI-TVA-DECLA-40-10-20 no 70). Les contribuables qui en bénéficient ne peuvent pratiquer aucune **déduction** de TVA, ni faire apparaître la taxe sur leurs **factures.**

Lorsqu'ils réalisent des **importations** pour lesquelles ils sont redevables de la TVA, ils doivent s'immatriculer à la TVA (no 53420). Cette immatriculation aux seules fins de la déclaration des importations n'a pas d'incidence sur l'application de la franchise aux autres opérations éligibles à ce régime. La TVA à l'importation ne peut pas faire l'objet d'une déduction (BOI-TVA-DECLA-40-10-20 no 35).

En ce qui concerne les **acquisitions** de biens **dans un État membre de l'UE** par les bénéficiaires de la franchise en base, voir nos 49225 s.

OBLIGATIONS

54360 CGI art. 286, II et 293 E RIE-II-12400 s

Les bénéficiaires de la franchise sont soumis aux obligations générales suivantes : déclarations de **création d'entreprise** ou d'activité et déclaration de **cessation** (nos 53385 s.) ; remise à l'administration de toutes justifications nécessaires au **contrôle** (no 54125).

Leurs **obligations comptables** sont allégées.

Ils ne sont pas soumis à l'obligation d'utiliser un **logiciel** ou **système de caisse sécurisé** (nº 53485). S'ils délivrent des **factures,** celles-ci doivent porter la mention « TVA non applicable, art. 293 B du CGI ».

Des obligations spécifiques sont prévues pour les bénéficiaires de la franchise en base qui réalisent dans un **autre État membre de l'UE** des prestations de **services** qui doivent être autoliquidées par le preneur dans cet État (voir nº 49890).

Concernant l'obligation d'identification en cas de réalisation d'**importations**, voir nº 54350.

E. Récupération de la taxe en cas d'opérations résiliées, annulées ou impayées

La **TVA** acquittée **à l'occasion** d'opérations (**ventes ou services**) qui sont par la suite **résiliées, annulées ou** dont les créances correspondantes sont devenues définitivement irrécouvrables (opérations **impayées**) peut être récupérée par le **redevable qui l'a acquittée.** Cette récupération est réalisée par voie d'imputation sur les taxes dues ultérieurement ou, le cas échéant, par voie de remboursement. **54400** CGI art. 272, 1 TVA-IX-30400 s

Il en est de même lorsqu'une partie seulement du prix demeure impayée, notamment en cas de **rabais,** ristournes ou remises consentis après l'établissement de la facture initiale (nºs 52315 et 52320).

Dans cette hypothèse, de même qu'en cas d'**impayé partiel,** la récupération ne peut porter que sur la fraction de la taxe afférente à la partie du prix qui reste finalement impayée.

Au contraire, lorsque l'opération est entièrement résiliée, annulée ou impayée, c'est la totalité de la taxe correspondante qui peut être récupérée.

> Précisions **a.** Il n'y a pas lieu à reversement de la **taxe « d'amont »**, que l'impayé soit total ou partiel.

b. En ce qui concerne les **impayés, la procédure** spéciale décrite ici n'est pas applicable aux opérations pour lesquelles la **TVA** est **exigible lors de l'encaissement** du prix. Pour le cas où cette taxe a été acquittée dès la remise d'un **chèque** qui s'est ensuite révélé **sans provision,** on se reportera aux explications données nº 52655, précision a.

c. L'administration autorise le redevable de bonne foi à récupérer, selon la procédure décrite ici, la **taxe** qu'il a **acquittée par erreur** (voir nº 53660). Toutefois, lorsque la taxe n'a pas été facturée, le recours à cette procédure n'est pas indispensable. Les **excédents de déclaration** signalés par l'administration ou constatés par les entreprises peuvent être imputés directement ligne 2C de la déclaration CA 3 assortie d'une note justificative.

d. Lorsqu'un **client assujetti étranger non établi en France** a été **facturé à tort** d'une TVA française et que cette taxe lui a déjà été remboursée selon la procédure décrite nºs 50675 s., l'envoi d'une facture rectificative n'est pas admis (les notes d'avoir éventuelles doivent préciser que les rabais ou ristournes sont nets de taxe) et le fournisseur ou le prestataire n'est pas en droit de récupérer la taxe en cause.

En revanche, lorsque le client étranger n'a pas demandé le remboursement de cette TVA, le fournisseur ou le prestataire peut récupérer cette taxe dans les conditions suivantes : le client étranger doit informer le service des impôts de sa volonté de renoncer à obtenir le remboursement de la taxe en lui joignant la facture litigieuse ; le service des impôts doit lui adresser en retour un justificatif prenant acte de sa renonciation ; au vu de ce document, le fournisseur ou le prestataire peut adresser à son client une facture rectificative (BOI-TVA-DED-50-20-30-20 nºs 30 et 40).

e. Les **représentants en douane** ne peuvent pas récupérer selon cette procédure la taxe qu'ils ont versée en douane et qui ne leur a pas été remboursée par l'importateur.

f. Les fournisseurs de **tabac** peuvent récupérer selon la procédure des opérations impayées la TVA afférente aux marchandises restées impayées par les débitants.

CONDITIONS EXIGÉES POUR LA RÉCUPÉRATION

Opérations annulées, résiliées ou faisant l'objet d'un rabais Pour les opérations annulées, résiliées ou faisant l'objet d'un rabais, la récupération de la taxe est subordonnée à la **rectification de la facture initiale.** **54410**

À cet effet, le redevable doit envoyer à son client :

– soit une **facture nouvelle** annulant et remplaçant la précédente ; cette facture de remplacement doit porter référence exacte à la facture initiale et la mention expresse de l'annulation de celle-ci, et comporter l'ensemble des mentions requises ;

– soit une **note d'avoir** portant référence à la facture initiale et indiquant le montant « hors taxe » du rabais consenti ainsi que le montant de la TVA correspondante ; en cas d'impossibilité de mentionner la référence à la facture initiale (remises de fin d'année, etc.), la note d'avoir peut faire référence à un ensemble de factures ou au contrat auquel se rapportent les factures en cause (dans ce cas, la note doit préciser la période au cours de laquelle ces factures ont été émises). La note doit, en outre, mentionner les noms et adresses des parties ainsi que le montant du total hors taxe et de la TVA due après application de la réduction de prix.

Corrélativement, le client assujetti à la TVA est tenu, s'il a déjà opéré la déduction de la taxe figurant sur la facture initiale, de **rectifier** le montant de cette **déduction** à concurrence de la taxe figurant sur la facture de remplacement ou la note d'avoir.

> **Précisions a.** Les factures rectificatives ou les notes d'avoir doivent en principe comporter les **mentions** énumérées à l'article 242 nonies A de l'annexe II au CGI. Toutefois, lorsque les pièces produites par le redevable permettent d'établir le bien-fondé de sa demande, des omissions ou erreurs entachant une facture rectificative ou une note d'avoir ne font pas obstacle au droit à la récupération de la TVA (CE 12-7-2021 n° 433977 : RJF 11/21 n° 1012).
> **b.** Si elle renonce à la récupération de la taxe (par exemple, en cas de reprise de produits périmés), la personne qui a réalisé l'opération taxable peut faire connaître à son client que l'**avoir** est **« net de taxe »**. Sous la double réserve qu'une mention dans ce sens soit apposée sur la note d'avoir et que le montant de la TVA porté sur la facture initiale ne soit pas modifié, le client est alors dispensé de procéder à la rectification de la déduction opérée au vu de cette facture.
> **c.** Lorsqu'une facture porte mention d'un **escompte** qui sera **consenti en cas de paiement comptant ou sous un certain délai,** l'administration admet que le vendeur soit dispensé d'adresser ultérieurement une note d'avoir à ses clients, sous réserve qu'une mention apposée sur la facture précise que, dans le cas où ceux-ci usent de la faculté de bénéficier d'un escompte qui leur est offerte, seule la taxe correspondant au prix effectivement payé par eux ouvre droit à déduction (BOI-TVA-DED-40-10-20 n° 100). Par analogie avec la solution visée au b ci-dessus, le vendeur peut aussi renoncer à l'imputation de la taxe correspondant à l'escompte offert ; il doit, dans ce cas, apposer sur sa facture une mention précisant que l'escompte offert est « net de taxe ». La CAA de Paris a cependant accordé au client un droit à déduction intégrale de la TVA facturée (y compris donc la taxe correspondant à l'escompte) en l'absence d'une telle mention (CAA Paris 12-6-1990 n° 1927).

54415 **Opérations impayées** Dans le cas de non-paiement, total ou partiel, d'une facture, le redevable doit envoyer à son client défaillant un **duplicata de la facture** initiale avec ses indications réglementaires (prix « net » et montant de la TVA correspondante) surchargées de la **mention** ci-après en caractères très apparents :

« Facture demeurée impayée pour la somme de... € (prix net) et pour la somme de... € (TVA correspondante) qui ne peut faire l'objet d'une déduction (article 272 du CGI) ».

Les entreprises titulaires de **plusieurs** créances **impayées** à l'encontre d'un **même débiteur** peuvent remplacer les duplicata par un **état récapitulatif** de ces différentes créances.

Le duplicata ou l'état récapitulatif **tient lieu de rectification** de la facture initiale.

Au reçu du duplicata ou de l'état récapitulatif, le client doit rectifier ses déductions en conséquence.

> **Précisions** La rectification de la facture initiale doit être justifiée auprès de l'administration fiscale. Selon le Conseil d'État, cette **justification** est requise même en cas de liquidation judiciaire du client (CE 28-3-2012 n° 320470 : RJF 6/12 n° 587). Mais elle peut intervenir après la clôture de la liquidation ; en revanche, la demande de récupération doit être faite dans le délai prévu n° 54430 (CE 28-7-2011 n° 318872 : RJF 11/11 n° 1145).

54420 La récupération de la taxe ne peut être obtenue que si le redevable est en mesure d'établir, par tous moyens de droit ou de fait, que sa **créance** est **réellement irrécouvrable.**

> ATTENTION
>
> La constitution d'une **provision pour dépréciation de la créance** n'est pas suffisante pour permettre de récupérer la taxe correspondante.
> En revanche, le versement d'une indemnité dans le cadre d'un contrat d'**assurance-crédit** permet d'attester du caractère définitivement irrécouvrable de la créance, l'assuré constatant par ailleurs dans ses écritures comptables l'extinction de la créance et l'enregistrement d'une perte (BOI-TVA-DED-40-10-20 n° 40).

En **pratique,** une créance est considérée comme définitivement irrécouvrable à la date où le créancier, dans l'impossibilité de recouvrer ce qui lui est dû et ayant épuisé son droit de poursuites à l'égard du débiteur, inscrit sa créance à un compte de charge définitif.

Bien entendu **si, par la suite,** tout ou partie des sommes impayées pouvait être **récupéré,** leur montant devrait être soumis à la taxe.

> **Précisions** **a.** Lorsque le débiteur fait l'objet d'une des **procédures collectives** régies par les articles L 620-1 s. du Code de commerce, la récupération de la taxe peut être effectuée :
> – en cas de **liquidation judiciaire,** dès la date de la décision de justice qui prononce la liquidation (CGI art. 272, 1), étant observé que ces dispositions ne font pas obstacle à ce qu'à tout moment et par tout moyen, dès avant le prononcé de la liquidation judiciaire, le créancier établisse le caractère définitivement irrécouvrable de la créance notamment dans les cas où il ne l'aurait pas déclarée en temps utile ou en aurait fait totalement ou partiellement abandon (CE 1-6-2005 n° 260401 : RJF 8-9/05 n° 848) ;
> – si l'**entreprise** défaillante **poursuit son activité,** à la date du jugement arrêtant le plan de redressement qui fixe la quotité des créances demeurant impayées (BOI précité n° 50).
> La récupération de la taxe peut être justifiée par un extrait du registre du commerce et des sociétés ou du Bulletin officiel des annonces civiles et commerciales mentionnant cette décision de justice.
> En cas de procédure de **conciliation** (C. com. art. L 611-4 s.) ou de **sauvegarde,** ni la conclusion de l'accord de conciliation ni le prononcé du jugement arrêtant le plan de sauvegarde ne justifient à eux seuls la récupération de la TVA facturée aux clients et versée au Trésor. Mais la taxe peut être récupérée lorsqu'une remise de dettes est consentie dans le cadre de l'une ou l'autre de ces procédures (BOI précité n° 120).
> **b.** Le vendeur qui établit avoir été payé par un **chèque volé** démontre le caractère irrécouvrable de sa créance. Il en est de même lorsqu'il établit que le prix a été réglé au moyen d'un **chèque sans provision** et qu'il a exercé toutes les voies de recours prévues par la loi (BOI précité n° 40).
> **c.** L'irrécouvrabilité peut résulter de la **disparition** dûment établie du **débiteur.**
> **d.** Le fournisseur d'un bien (ou le prestataire d'un service en cas d'option pour le paiement sur les débits) qui fait appel à une société d'**affacturage** pour recouvrer sa créance peut émettre une facture rectificative et récupérer la TVA acquittée au titre du bien ou du service lorsque le factor l'**informe** de l'échec des poursuites intentées contre le débiteur et lui fournit les indications nécessaires pour établir le caractère irrécouvrable de la créance. Même solution lorsque la créance a été cédée à un **fonds commun de créances ou de titrisation** et que son recouvrement est confié à un tiers.

MODALITÉS DE LA RÉCUPÉRATION

La récupération s'opère en principe par **imputation,** la taxe à récupérer étant portée ligne 21 de la déclaration CA 3. Lorsque l'imputation n'est pas possible, la récupération peut s'opérer par voie de **remboursement,** selon les modalités prévues pour les remboursements de crédits de taxe non imputables (n°s 56620 s.). 54430

Lorsque le redevable a cessé d'être assujetti à la TVA à raison de l'activité génératrice des taxes en cause (cas de **cession, cessation ou décès**), une demande en **restitution** peut être adressée au directeur des finances publiques du lieu d'imposition, dans la forme prévue pour les réclamations ordinaires (n°s 81800 s.).

Les **demandes** d'imputation ou de restitution doivent être faites **au plus tard le 31 décembre de la seconde année** suivant celle au cours de laquelle s'est produit l'événement ouvrant droit à récupération.

> **Précisions** Un jugement condamnant un contribuable à reverser une somme TTC à un client alors qu'il avait cessé d'être redevable de la TVA constitue un événement ouvrant, à compter de sa notification, le délai dont dispose le contribuable pour demander la restitution de la taxe versée (CE 11-5-1994 n° 98309 : RJF 7/94 n° 789).

CHAPITRE 4

DÉDUCTIONS TVA

SOMMAIRE

SECTION 1
PRINCIPES GÉNÉRAUX DE DÉDUCTION 55200

SECTION 2
DÉTERMINATION DU MONTANT DE TAXE DÉDUCTIBLE 55360

A. Coefficient d'assujettissement 55500

B. Coefficient de taxation 55540
1. Coefficient de taxation égal à l'unité 55700
2. Coefficient de taxation égal à zéro 55720
3. Coefficient de taxation forfaitaire 55740
4. Coefficient de taxation unique 55830

C. Coefficient d'admission 55860

D. Secteurs d'activité distincts 56030

SECTION 3
CONDITIONS D'EXERCICE DU DROIT À DÉDUCTION 56250
1. Conditions formelles : justification de la TVA déductible 56250
2. Conditions de fond 56320

SECTION 4
MODALITÉS DE RÉCUPÉRATION DE LA TAXE DÉDUCTIBLE 56480
1. Imputation 56600
2. Remboursement des crédits de taxe non imputables 56620

SECTION 5
RÉGULARISATIONS 56800

A. Régularisations applicables aux immobilisations 56950
1. Notions utiles 57100
2. Régularisations annuelles 57205
3. Régularisations globales 57270

B. Régularisations applicables aux biens autres que les immobilisations et aux services 57490

INTRODUCTION

55000 TVA-IX-1 s Comme son nom l'indique, la TVA tend à frapper, **à chaque stade** de la production ou de la commercialisation, la « **valeur ajoutée** », c'est-à-dire la plus-value conférée au produit considéré, de sorte qu'à la fin du cycle industriel et commercial suivi par le produit – et quelle que soit la longueur de ce cycle –, la charge fiscale globale ayant grevé finalement ce produit corresponde à la taxe calculée sur le prix de vente au consommateur.

Pour atteindre cet objectif, le législateur a choisi le **mécanisme des déductions** qui, schématiquement, se présente comme suit.

À chaque stade de la production ou de la distribution, le redevable calcule et facture à son client une taxe (**taxe « d'aval »**) correspondant au **prix de vente** qu'il pratique. Mais, **lors du règlement au Trésor,** l'intéressé **impute** sur cet impôt le montant de la taxe **(taxe « d'amont ») qui a grevé** les éléments de son **prix de revient** (matières premières achetées, marchandises en stock, immobilisations, prestations de services, etc.) et il **ne verse que la différence** entre la taxe facturée au client et la taxe déductible.

Remarque : Indépendamment de ce régime général de déduction de la taxe « d'amont », une procédure particulière permet la **récupération de la taxe « d'aval »** acquittée par une entreprise pour des **opérations** qui, par la suite, sont **résiliées, annulées,** font l'objet de **rabais** ou demeurent **impayées** (voir n°s 54400 s.).

55005 Concrètement, la taxe déductible relative à chaque bien ou service est déterminée en proportion de son « **coefficient de déduction** », qui constitue une formule synthétique tenant compte à la fois de son degré d'utilisation pour des opérations ouvrant droit à déduction et des restrictions éventuelles prévues par la loi ou le règlement. Résultant du **produit de trois coefficients** – coefficient **d'assujettissement,** coefficient **de taxation** (le cas échéant déterminé de manière forfaitaire) **et** coefficient **d'admission** – qui expriment toute la diversité des situations rencontrées, ce coefficient de déduction permet à la fois de déterminer les montants de taxe déductible et, au travers de ses variations, les régularisations de taxe auxquelles l'assujetti est tenu.

SECTION 1

PRINCIPES GÉNÉRAUX DE DÉDUCTION

Le principe fondamental sur lequel repose tout le système de la TVA est que la taxe qui a grevé les éléments du prix d'une opération imposable **(taxe « d'amont »)** est **déductible de la** taxe applicable à cette opération **(taxe « d'aval »).** 55200 CGI art. 271, I-1 TVA-IX-250 s

En réalité, ce principe ne peut s'appliquer à la lettre, car les redevables n'acquittent **pas** l'impôt **opération par opération.** Comme ils procèdent à la **liquidation** de la taxe pour l'ensemble des opérations réalisées au cours d'une période déterminée (mois, trimestre, année), ils sont nécessairement conduits à opérer **globalement** l'imputation de la taxe qui a grevé l'ensemble des acquisitions de biens ou de services réalisées au cours d'une **période** de même durée (CGI art. 271, III).

L'application du mécanisme des déductions, qui vise à assurer la **neutralité** du système de TVA (nº 55215), est déterminée par l'acquisition d'un bien ou d'un service par un **assujetti agissant en tant que tel** (nº 55225) auprès d'un autre assujetti. Encore faut-il, cependant, que ce bien ou ce service entretienne un **lien direct et immédiat avec une ou plusieurs opérations en aval ouvrant droit à déduction** ou, à défaut, avec l'ensemble de l'activité économique de l'assujetti (**frais généraux**) (nºs 55235 s.). 55205

PRINCIPE DE NEUTRALITÉ DU SYSTÈME DE TVA

Le régime des déductions vise à **soulager** entièrement l'entrepreneur du **poids de la TVA,** due ou acquittée, dans le cadre de toutes ses activités économiques. Le système commun de la TVA garantit, par conséquent, la parfaite neutralité quant à la charge fiscale de toutes les activités économiques, quels que soient les buts ou les résultats de ces activités, à condition que lesdites activités soient elles-mêmes soumises à la TVA (notamment CJUE 14-2-1985 aff. 268/83, Rompelman : Rec. 1985-2 p. 655 ; CJUE 21-9-1988 aff. 50/87, Commission c/ France : RJF 11/88 nº 1255 ; CJUE plén. 22-6-1993 aff. 333/91, SA Satam : RJF 7/93 nº 986 ; CJUE 21-11-2018 aff. 664/16 : RJF 2/19 nº 237). 55215 TVA-IX-350 s

Le principe de neutralité de la TVA ne joue donc que pour autant que l'on se situe **dans le cadre d'activités soumises à la TVA.**

› Précisions a. Le principe de neutralité de la TVA quant à la charge fiscale de l'entreprise exige que les **premières dépenses d'investissement** effectuées pour les besoins et en vue d'une entreprise soient considérées comme des **activités économiques.** Il serait contraire à ce principe que lesdites activités ne débutent qu'au moment où un bien immeuble est effectivement exploité, c'est-à-dire où le revenu taxable prend naissance. Quiconque accomplit de tels actes d'investissement étroitement liés et nécessaires pour l'**exploitation future** d'un bien immeuble doit, par conséquent, être considéré comme assujetti et peut exercer le droit à déduction de la taxe y afférente (CJUE 14-2-1985 précité). En pratique, s'agissant des sociétés, les États membres doivent accorder ce droit à déduction soit aux fondateurs de la société en création, soit à cette dernière une fois créée (CJUE 1-3-2012 aff. 280/10 : RJF 5/12 nº 545).

b. En application de ce principe, lorsque l'administration fiscale a admis la qualité d'assujetti à la TVA d'une **société qui a déclaré son intention** de commencer une activité économique donnant lieu à des opérations imposables, elle ne peut pas, **sauf** en cas de **situations frauduleuses ou abusives,** lui retirer cette qualité de manière rétroactive et remettre en cause le droit à déduction lorsque la société concernée renonce finalement à réaliser de telles opérations (CJUE 29-2-1996 aff. 110/94, Inzo : RJF 5/96 nº 690 ; CJUE 28-2-2018 aff. 672/16, Imofloresmira : RJF 5/18 nº 567 ; CJUE 17-10-2018 aff. 249/17 : RJF 2/19 nº 236 ; dans le même sens, CE 5-7-2023 nº 469778 : RJF 10/23 nº 713).

De même, le droit à déduction de la taxe afférente à des **biens et services destinés à être utilisés** dans le cadre d'opérations ouvrant droit à déduction n'est pas, dans son principe, remis en cause lorsque, en raison de **circonstances étrangères** à sa volonté, l'assujetti ne fait, **en définitive, pas usage** de ces biens et services pour la réalisation d'opérations ouvrant droit à déduction (CJUE 15-1-1998 aff. 37/95, Ghent Coal Terminal NV : RJF 3/98 nº 359 ; CJUE 17-10-2018).

Ce droit à déduction subsiste même lorsque l'**administration** fiscale **sait, dès** la première **liquidation** de la taxe, **que l'activité économique envisagée,** qui devait donner lieu à des opérations taxées, **ne sera pas exercée** (CJUE 8-6-2000 aff. 400/98, Brigitte Breitsohl : RJF 11/00 nº 1394) ou lorsqu'une **modification législative postérieure à la fourniture** de biens ou services acquis en vue de réaliser certaines opérations de location **mais antérieure au début desdites opérations prive** cet assujetti **du droit de renoncer à l'exonération** de celles-ci, même si la TVA a été liquidée sous réserve d'un contrôle a posteriori (CJUE 8-6-2000 aff. 396/98 : RJF 11/00 nº 1393).

Dans les situations visées ci-dessus, la déduction initialement opérée est susceptible de faire l'objet des **régularisations** prévues par la directive TVA (voir à cet égard nº 56695, précision c).

ACQUISITION D'UN BIEN OU D'UN SERVICE PAR UN ASSUJETTI AGISSANT EN TANT QUE TEL

55225 TVA-IX-700 s Le droit à déduction est subordonné à la **qualité d'assujetti** (CJUE 20-6-1991 aff. 60/90, Polysar Investments Netherlands BV : RJF 10/91 n° 1324).

Mais, pour que le droit à déduction de la taxe grevant un bien ou un service puisse être exercé, encore faut-il que ce bien ou ce service ait été acquis par l'assujetti agissant en tant que tel.

C'est l'acquisition des biens ou des services par un assujetti agissant en tant que tel qui détermine l'application du système de TVA et, partant, du mécanisme de déduction. L'**utilisation** qui est faite des biens ou des services, ou qui est envisagée pour eux, **ne détermine que l'étendue de la déduction initiale** à laquelle l'assujetti a droit **et l'étendue des** éventuelles **régularisations** au cours des périodes suivantes. Il s'ensuit qu'une acquisition faite à des **fins privées** puis affectée ultérieurement à des fins professionnelles n'ouvre pas droit à déduction (CJUE 11-7-1991 aff. 97/90, Lennartz : RJF 10/91 n° 1325). Il en va de même d'une acquisition faite par un **organisme de droit public** en tant qu'autorité publique, c'est-à-dire en qualité de non-assujetti (CJUE 2-6-2005 aff. 378/02 : RJF 8-9/05 n° 991).

Pour déterminer si une personne (notamment un particulier ou un organisme public) acquiert des biens en tant qu'assujetti – lorsqu'il n'y a pas utilisation immédiate des biens à des activités économiques –, il faut se référer à son **intention,** laquelle est mise en évidence par des éléments de fait comme la **nature des biens** concernés ou la **période écoulée** entre acquisition et utilisation professionnelle (CJUE 11-7-1991 précité ; CJUE 22-3-2012 aff. 153/11 : RJF 6/12 n° 671 ; CJUE 22-10-2015 aff. 126/14 : RJF 1/16 n° 108 ; CJUE 25-7-2018 aff. 140/17 : RJF 12/18 n° 1304 ; CJUE 14-10-2021 aff. 45/20 et 46/20 : RJF 1/22 n° 105) ou encore l'**enregistrement en tant qu'assujetti à la TVA avant** la livraison et **l'acquisition** du bien en cause (CJUE 25-7-2018 aff. 140/17 précité).

Si une **déclaration univoque et expresse** de l'intention d'affecter le bien à un usage économique lors de son acquisition peut être suffisante pour conclure que le bien a été acquis par l'assujetti agissant en tant que tel, l'absence d'une telle déclaration n'exclut pas qu'une telle **intention** puisse **apparaître de manière implicite** (CJUE 14-10-2021 aff. 45/20 et 46/20 précité). À cet égard, l'intention affichée d'affecter le bien à une activité hors champ et la concrétisation d'une telle affectation n'excluent pas en soi que ledit bien, eu égard à sa nature, soit utilisé à des fins économiques (CJUE 25-7-2018 aff. 140/17 précité).

> **Précisions** En France, le **coefficient d'assujettissement** d'un bien ou d'un service est égal à sa proportion d'utilisation pour la réalisation d'opérations situées dans le champ d'application de la TVA, imposées ou légalement exonérées. Il est donc égal à zéro pour un bien utilisé exclusivement pour la réalisation d'opérations placées hors champ d'application de la TVA (n° 55510). Par ailleurs, les **régularisations** annuelles et globales ne sont **pas applicables** aux biens immobilisés dont le **coefficient d'assujettissement de référence** est **nul** (n°s 57245 et 57430). Le mécanisme du coefficient d'assujettissement et son articulation avec les règles de régularisation font dès lors obstacle à la mise en œuvre de la règle exposée ci-dessus selon laquelle c'est l'acquisition d'un bien ou d'un service par un assujetti agissant en tant que tel qui détermine le mécanisme des déductions et des régularisations, et non pas l'utilisation qui peut être faite initialement du bien ou du service (qui ne détermine que l'étendue de la déduction initiale). En effet, les **biens immobilisés utilisés initialement pour** la réalisation d'**opérations placées hors du champ** d'application de la TVA et qui sont **ensuite utilisés pour** la réalisation d'**opérations imposables** ouvrant droit à déduction se voient automatiquement attribuer un coefficient d'assujettissement égal à zéro, ce qui les exclut du dispositif des régularisations. Par suite, de tels biens ne peuvent pas ouvrir droit, en pratique, à une déduction complémentaire, alors même qu'ils auraient été acquis par un assujetti agissant en tant que tel. Une modification de la réglementation française sur ce point serait souhaitable.

LIEN DIRECT ET IMMÉDIAT ENTRE BIENS ET SERVICES UTILISÉS ET OPÉRATIONS TAXÉES

55235 CGI art. 271, II-1 TVA-IX-800 s Le droit à déduction de la TVA ayant grevé des biens ou des services implique, en principe, que ceux-ci soient utilisés pour la **réalisation d'une opération soumise à la TVA.**

Pour la CJUE, l'existence d'un **lien direct et immédiat** entre une **opération** particulière **en amont** et une ou plusieurs **opérations en aval** ouvrant droit à déduction est, en principe, nécessaire pour qu'un droit à déduction de la TVA d'amont soit reconnu à l'assujetti et pour déterminer l'étendue d'un tel droit. Ce lien direct et immédiat présuppose que les dépenses effectuées pour acquérir les biens et les services fassent partie des éléments constitutifs du prix des opérations en aval ouvrant droit à déduction (ce principe s'applique également pour les importations : CJUE ord. 8-10-2020 aff. 621/19 : RJF 1/21 n° 101). À défaut d'un tel lien, un droit à déduction peut néanmoins être reconnu si les dépenses font partie des **frais généraux** de l'entreprise, lesquels sont, en tant que tels, des éléments constitutifs du prix des produits d'une entreprise et entretiennent ainsi, en principe, un **lien direct et immédiat avec l'ensemble de l'activité économique de l'assujetti** (CJUE 8-6-2000 aff. 98/98, Midland Bank : RJF 9-10/00 n° 1187 ; CJUE 22-2-2001 aff. 408/98, Abbey National : RJF 6/01 n° 894 ; CJUE 27-9-2001 aff. 16/00, Cibo Participations SA : RJF 12/01 n° 1611 ; CJUE 29-10-2009 aff. 29/08, AB SKF : RJF 1/10 n° 90 ; CJUE 16-7-2015 aff. 108/14 et 109/14, Larentia + Minerva et Marenave Schiffahrts : RJF 11/15 n° 982). 55235 (suite)

EXEMPLES

Ont notamment été rangées, soit par l'administration, soit par la jurisprudence, dans la catégorie des **frais généraux** les dépenses supportées pour la réalisation d'opérations en capital (n° 55250), les dépenses occasionnées par l'entremise d'une personne dans la vente d'un fonds de commerce (n° 55245), les dépenses engagées pour percevoir les pénalités de retard (BOI-TVA-DED-40-10-20 n° 210) et les honoraires des commissaires aux comptes (CJUE 6-4-1995 aff. 4/94 : RJF 6/95 n° 804).

Le lien direct et immédiat entre une opération effectuée en amont et une ou plusieurs opérations assurées en aval ou l'ensemble de l'activité économique de l'assujetti est fonction du **contenu objectif du bien ou du service** acquis par cet assujetti (apprécié à partir de toutes les circonstances d'espèce dans lesquelles s'est déroulée l'acquisition), la cause exclusive de l'opération en amont constituant un critère de détermination du contenu objectif (CJUE 21-2-2013 aff. 104/12 : RJF 5/13 n° 570 ; CJUE 17-10-2018 aff. 249/17 : RJF 2/19 n° 236).

› Précisions a. Pour les dépenses constituant des **frais généraux**, les **redevables partiels**, c'est-à-dire les redevables qui réalisent des opérations imposables dont certaines n'ouvrent pas droit à déduction, peuvent uniquement déduire la partie de la TVA qui est proportionnelle au montant afférent aux opérations ouvrant droit à déduction (CJUE 22-2-2001 précité). **En pratique,** les dépenses constituant des frais généraux devant être affectées en totalité à l'ensemble de l'activité imposable de l'assujetti, leur coefficient d'assujettissement sera toujours égal à un, le montant de la taxe déductible étant en définitive fonction du seul coefficient de taxation (n°s 55540 s.) dans la mesure où ces dépenses ne font pas l'objet d'une exclusion ou d'une limitation du droit à déduction.

Selon la **CJUE**, à laquelle s'est rallié le **Conseil d'État**, la **répercussion financière** du coût des **frais généraux** dans le prix des opérations taxées ou exonérées des redevables partiels n'a pas pour effet de les requalifier en « dépenses en lien direct et immédiat avec des opérations en aval taxées ou exonérées » et n'a donc pas d'incidence sur l'étendue du droit à déduction les concernant. Par conséquent, même lorsque les frais généraux sont répercutés **dans le prix des seules opérations exonérées,** ils doivent néanmoins être considérés comme un élément constitutif du prix de l'opération imposable et peuvent être détaxés (CJUE 18-10-2018 aff. 153/17, Volkswagen Financial Services : RJF 1/19 n° 119). Dans l'hypothèse inverse où les frais généraux doivent être répercutés dans le prix **des seules opérations taxées,** leur détaxation ne peut être que partielle, par application du coefficient de taxation forfaitaire. Ainsi jugé à propos des **Ehpad,** dont l'intégralité du coût des dépenses d'administration générale et de fonctionnement et d'entretien général de leurs bâtiments est obligatoirement incorporée dans les tarifs de leurs seules opérations taxées (tarifs hébergement et dépendance) en application des dispositions du CASF, l'incorporation de ces dépenses au secteur soins exonéré n'étant pas légalement possible (CE 7-10-2020 n° 426661 : RJF 1/21 n° 27). Ces jurisprudences pourraient remettre en cause le critère de la répercussion financière des dépenses dans le prix des opérations en aval en tant que critère décisif pour l'appréciation du premier lien direct et immédiat (qui est notamment retenu s'agissant de dépenses engagées à l'occasion d'une cession de titres exonérée : voir n° 55255).

La **CJUE** admet par ailleurs que la **déduction** puisse être **totale** si les dépenses font partie des frais généraux afférents à une partie des activités économiques de l'assujetti qui est clairement délimitée et dont toutes les opérations sont soumises à la TVA, de telles dépenses présentant ainsi un lien direct et immédiat avec cette partie de ses activités économiques (CJUE 22-2-2001 précité). Pour des services utilisés en conséquence et à la suite d'une opération ouvrant droit à déduction (tels que des frais d'avocat exposés pour se défendre contre une action en responsabilité), la déduction peut également être totale si l'assujetti établit, par des éléments objectifs, que les dépenses en cause font partie du coût de l'opération en aval (CJUE 8-6-2000 précité).

b. La circonstance que des **dépenses** engagées par un assujetti **profitent également à un tiers** ne fait pas obstacle à leur détaxation au titre des **frais généraux,** la déduction devant toutefois être limitée à la TVA ayant grevé la partie de ces dépenses qui est objectivement nécessaire pour lui permettre d'effectuer ses opérations taxées (CJUE 14-9-2017 aff. 132/16 : RJF 12/17 n° 1268 ; CJUE 16-9-2020 aff. 528/19 : RJF 2/21 n° 232). L'avantage que le tiers en retire doit cependant être accessoire par rapport aux besoins de l'assujetti (CJUE 1-10-2020 aff. 405/19 : RJF 12/20 n° 1061). Par ailleurs, une telle circonstance ne fait pas non plus obstacle à la détaxation de la TVA dans le cas où les dépenses constituent des frais imputables à des **opérations en aval déterminées,** dont certaines sont effectuées par l'assujetti et d'autres par le tiers, pour autant que ces dépenses entretiennent un lien direct et immédiat avec les opérations taxées de l'assujetti, au regard de l'ensemble des circonstances dans

lesquelles se sont déroulées ces opérations (CJUE 1-10-2020 aff. 405/19 précité).
En outre peuvent être détaxées au titre des frais généraux les dépenses d'acquisition ou de production de **biens d'investissements mis gratuitement à la disposition du public** (il s'agissait en l'espèce d'un parcours récréatif), dès lors qu'elles peuvent être considérées comme un moyen de réaliser l'activité économique envisagée (en l'occurrence la vente de souvenirs, d'aliments et de boissons aux visiteurs dudit parcours) (CJUE 22-10-2015 aff. 126/14 : RJF 1/16 n° 108).

55240 Le principe exposé n° 55235 comporte cependant un correctif : bien que non soumises à la TVA, certaines **opérations** (exportations, livraisons intracommunautaires, par exemple) sont, en vertu de dispositions spéciales, **assimilées à des opérations taxées,** pour l'exercice du droit à déduction. Les opérations effectivement soumises à la TVA et les opérations qui leur sont assimilées forment la catégorie des **« opérations ouvrant droit à déduction »,** dont la **liste** est donnée n° 55550.

55245
TVA-IX-2520 s

Entremise pour la vente de fonds de commerce La TVA facturée par celui qui s'est entremis dans la vente globale du fonds (éléments corporels et incorporels) est déductible au titre des **frais généraux** chez le vendeur, même si le dispositif prévu par l'article 257 bis du CGI (voir n° 47520) s'applique.

Est également déductible la taxe facturée à l'occasion de la **cession isolée** d'éléments incorporels du fonds non effectivement soumise à la TVA en raison de sa soumission aux droits proportionnels d'enregistrement (n° 47505).

55250
TVA-IX-1700 s

Dépenses supportées pour la réalisation d'opérations en capital Selon l'administration, les dépenses exposées par les entreprises assujetties à la TVA pour la réalisation de leurs opérations en capital (introduction en bourse, augmentation de capital, prise de participation s'accompagnant ou non d'une immixtion dans la gestion de l'entreprise, fusion, scission, apport d'une universalité totale ou partielle) font partie des **frais généraux** de l'entreprise (au sens défini n° 55235) et ouvrent donc droit à **déduction** dans les **conditions** suivantes :

– si toutes les opérations imposables de l'entreprise ouvrent droit à déduction, le montant de la taxe est déductible en totalité dans les conditions de droit commun ;

– si aucune de ses opérations imposables n'ouvre droit à déduction, l'entreprise ne peut pas, en revanche, déduire la TVA grevant ces dépenses ;

– si ses opérations imposables n'ouvrent pas toutes droit à déduction, la TVA grevant les dépenses en cause est, en principe, déductible partiellement à raison du coefficient de taxation déterminé de manière forfaitaire comme indiqué n°s 55740 s. (BOI-TVA-DED-20-10-20 n°s 480 et 490). Toutefois, en pareil cas, un droit à déduction intégral peut être exercé si l'entreprise établit que les dépenses entretiennent un lien direct et immédiat avec une partie de l'activité économique taxable (CJUE 22-2-2001 aff. 408/98, Abbey National : RJF 6/01 n° 894).

> Précisions a. On insistera sur le fait que, pour l'**administration,** les dépenses exposées à l'occasion d'une prise de participation présentent le caractère de frais généraux, que cette prise de participation s'accompagne ou non d'une immixtion dans la gestion de l'entreprise (sur la notion d'immixtion, voir précision d ci-après). De même, selon elle, la circonstance que l'entreprise perçoive par ailleurs des recettes non imposables (dividendes, produits financiers non imposables, etc.) est sans incidence (BOI précité). En d'autres termes, pour l'administration, les dépenses supportées pour la réalisation d'opérations en capital constituent en totalité des frais généraux, même lorsque l'entreprise a la qualité d'**assujetti partiel** (assujetti réalisant à la fois des activités économiques et des activités non économiques).
La jurisprudence de la **CJUE,** à laquelle s'est rallié le **Conseil d'État,** est moins favorable. Faisant application du principe de l'affectation, la Cour estime, en effet, que les dépenses en cause supportées par les assujettis partiels, au nombre desquels elle range les sociétés holdings ne s'immisçant pas à titre onéreux dans la gestion de leurs filiales, mais exerçant néanmoins une autre activité économique ou ne s'immisçant à titre onéreux dans la gestion que de certaines filiales, ne sont détaxables que dans la mesure où elles peuvent être imputées aux activités économiques de l'assujetti (en ce sens, CJUE 13-3-2008 aff. 437/06, Securenta : RJF 6/08 n° 764 ; CJUE 16-7-2015 aff. 108/14 et 109/14, Larentia + Minerva : RJF 11/15 n° 982 ; CJUE 5-7-2018 aff. 320/17, Marle Participations SARL : RJF 10/18 n° 1053 ; CE 20-5-2016 n° 371940 : RJF 8-9/16 n° 703 ; CE 19-12-2018 n° 396945 : RJF 3/19 n° 259).
À noter que, si l'administration a cité les arrêts CJUE 16-7-2015 et CE 20-5-2016 précités dans un BOI-TVA-SECT-50-40 n° 280 en date du 7 décembre 2016, elle n'en a tiré aucune conséquence s'agissant du BOI-TVA-DED-20-10-20 susvisé, maintenant en l'état la doctrine exprimée par ce dernier.
b. Les **dépenses exposées par un holding** dans le cadre d'une **opération,** même assujettie à la TVA, **réalisée non par le holding** dans le cadre de son exploitation propre **mais par une**

filiale, ne peuvent pas être incluses dans les frais généraux du holding. Par suite, la taxe grevant les honoraires exposés par un holding à l'occasion de l'acquisition, par l'une de ses filiales, de participations dans une société n'est pas déductible (CE 6-10-2008 n° 299265 : RJF 12/08 n° 1318).
Toutefois, un holding mixte peut déduire la TVA grevant les dépenses qu'il a exposées en vue d'une **prise de participation réalisée par** une de ses **filiales ayant un objet purement patrimonial,** à **condition** de justifier que, compte tenu de l'organisation du groupe, lui seul effectuera des prestations de services taxables au profit des sous-filiales acquises ; de telles dépenses constituent en tout état de cause des frais généraux lorsque la prise de participation dans des sociétés qui étaient appelées à devenir des filiales ou des sous-filiales ne se réalise pas (CE 24-6-2013 n° 350588 : RJF 10/13 n° 927).
Lorsque de telles dépenses font l'objet d'une **refacturation aux filiales** concernées (même sans marge), soumise à la TVA, et que cette refacturation présente les caractéristiques d'un **service au sens de la TVA,** elles peuvent être détaxées dès lors qu'il existe un lien direct et immédiat entre ces dernières et la réalisation de l'opération de refacturation imposable (CAA Versailles 17-12-2019 n° 17VE02839 : RJF 5/20 n° 433).

c. Les **dépenses exposées** par un holding **en vue de conserver une participation** (telles des dépenses relatives à des actions judiciaires) peuvent être regardées comme faisant partie de ses frais généraux si elles ne se rattachent pas à une activité purement patrimoniale de gestion de titres mais peuvent être imputées à l'activité économique du holding (CE 26-12-2013 n° 350797 : RJF 4/14 n° 328).

d. Notion d'immixtion dans la gestion. L'immixtion directe ou indirecte d'un holding dans la gestion de ses filiales doit être considérée comme une **activité économique** (lui permettant de déduire la taxe grevant ses frais généraux, comme les frais liés à l'acquisition de participations dans ses filiales). Elle doit être entendue comme recouvrant **toutes les opérations constitutives d'une activité économique,** au sens de la directive TVA, **effectuées par un holding au profit de ses filiales** (CJUE 5-7-2018 aff. 320/17 précité). Tel est notamment le cas :

– de la fourniture de **services administratifs, financiers, commerciaux et techniques** par le holding à ses filiales (notamment CJUE 20-6-1991 aff. 60/90, Polysar Investments : RJF 10/91 n° 1324 ; CJUE 27-9-2001 aff. 16/00, Cibo Participations SA : RJF 12/01 n° 1611 ; CJUE 16-7-2015 aff. 108/14 et 109/14 précité) ;

– de la **location taxable d'un immeuble** par un holding à sa filiale (CJUE 5-7-2018 aff. 320/17 et CE 19-12-2018 n° 396945 précités) ;

– des **refacturations de frais** aux filiales taxables (en ce sens, a contrario, CJUE ord. 12-1-2017 aff. 28/16, MVM : RJF 4/17 n° 401 ; sur la notion de refacturation de frais taxables, voir n° 46520, précision c).

En revanche, l'**immixtion à titre gratuit** d'un holding dans la gestion de ses filiales ne constitue pas une activité économique (CJUE ord. 12-1-2017 aff. 28/16 précité).

Remarque : En application du principe exposé n° 55215, une société peut déduire intégralement la taxe grevant les dépenses exposées en vue de l'acquisition d'actions d'une autre société dans la gestion de laquelle elle avait l'intention de s'immiscer, même si cette **activité économique** n'a **finalement pas** été **réalisée** (CJUE 17-10-2018 aff. 249/17 : RJF 2/19 n° 236 ; dans le même sens, CJUE 12-11-2020 aff. 42/19 : RJF 2/21 n° 233).

S'agissant des **dépenses engagées à l'occasion** d'une opération de **cession de titres** réalisée en dehors des opérations visées n° 55250, la **CJUE** a estimé dans son arrêt AB SKF que la TVA les ayant grevées, quel que soit le régime de l'opération de cession (hors champ ou dans le champ de la TVA mais exonérée de cette taxe) peut être déduite si ces dépenses ont un lien direct et immédiat avec l'ensemble de l'activité économique de l'assujetti (frais généraux). Tel est le cas, dans l'hypothèse d'une cession de titres exonérée, lorsque ces dépenses ne sont pas incorporées dans le prix de cession des titres et qu'elles sont imputables aux activités économiques de l'assujetti (CJUE 29-10-2009 aff. 29/08, AB SKF : RJF 1/10 n° 90 ; dans le même sens, CJUE 30-5-2013 aff. 651/11 : RJF 10/13 n° 994). 55255
Sur la condition tenant à la non-**répercussion financière** du coût des dépenses dans le prix des opérations en aval exonérées, voir toutefois la jurisprudence exposée n° 55235, précision a, qui semble marquer une évolution.

S'agissant de la détaxation des dépenses exposées à l'occasion d'une cession d'actions **hors champ,** on notera cependant qu'un arrêt ultérieur de la Cour de justice (CJUE 8-11-2018 aff. 502/17 : n° 55765, Précisions) est susceptible de semer le doute : alors même qu'elle était saisie d'une question concernant la détaxation de frais de conseils engagés en vue d'une cession de titres, la Cour s'est focalisée dans cet arrêt sur le point de savoir si cette opération entrait ou non dans le champ d'application de la TVA. La réponse étant négative, elle en a déduit de manière lapidaire que la TVA afférente aux prestations préparatoires à cette cession n'était pas déductible. La portée à donner à cette décision au regard de la jurisprudence évoquée ci-dessus n'est pas évidente et méritera d'être confirmée.

Le **Conseil d'État,** auquel la doctrine administrative s'est ralliée, fait quant à lui la **distinction** suivante s'agissant des frais de cession de **titres de participation** :

– les **dépenses exposées en vue de la préparation de la cession** (frais d'expertise, de conseils, etc.) sont réputées faire partie des frais généraux et peuvent être détaxées à ce titre, sous réserve de produire des pièces justificatives. Il en va ainsi lorsque la cession des titres ne se réalise

55255 (suite) pas. Lorsque la cession est intervenue (que celle-ci soit hors champ ou dans le champ mais exonérée), l'administration peut toutefois remettre en cause la déduction quand, compte tenu des éléments portés à sa connaissance et au vu des pièces qu'il appartient le cas échéant à l'assujetti qui les détient de produire, elle établit que cette opération a revêtu un caractère patrimonial du fait de la distribution du produit de cette cession (quelles que soient les modalités de cette distribution) ou que, en l'absence d'éléments contraires produits par l'assujetti, ces dépenses ont été incorporées dans le prix de cession des titres ;

– les **dépenses inhérentes à la transaction** elle-même (frais d'intermédiation bancaire, courtages, etc.) présentent, en principe, un lien direct et immédiat avec la cession et ne peuvent donc être détaxées. L'assujetti peut néanmoins déduire la taxe si, compte tenu de la nature des titres cédés (titres cotés dont le prix de cession correspond à leur cotation) ou par tous éléments probants tels que sa comptabilité analytique, il établit que ces dépenses n'ont pas été incorporées dans leur prix de cession et que, par suite, elles doivent être regardées comme faisant partie de ses frais généraux. Ces derniers principes trouvent à s'appliquer même si les dépenses ont été payées à un même intermédiaire chargé à la fois de préparer la cession et de réaliser la transaction, dès lors que ces deux catégories de prestations n'ont pas donné lieu à une rémunération distincte (CE 23-12-2010 n° 307698 : RJF 3/11 n° 301, CE 26-12-2013 n° 350797 : RJF 4/14 n° 328 et CE 22-11-2019 n° 423805 : RJF 2/20 n° 112 ; BOI-TVA-DED-20-10-20 n° 70).

> Précisions a. Selon l'administration, les critères ainsi dégagés par le Conseil d'État ont vocation à s'appliquer à d'**autres opérations que celles portant sur les cessions de titres** (BOI précité).

b. S'agissant de la **présomption de déductibilité** de la TVA grevant les dépenses exposées en vue de préparer une cession de titres de participation par une société holding, on notera qu'en pratique il suffit à l'administration d'alléguer que les dépenses en cause ont été incorporées dans le prix de cession des titres pour renverser cette présomption et qu'en l'absence d'éléments contraires produits par la société la déduction sera refusée (en ce sens, CE 4-2-2015 n° 370525 : RJF 4/15 n° 312).

c. La **preuve,** par l'assujetti, que les dépenses en cause n'ont pas été incorporées dans le prix de cession des titres peut notamment être apportée, outre par la nature des titres cédés (comme indiqué ci-dessus), par le **contenu des actes de cession** excluant expressément ces dépenses des frais incombant au cédant (CAA Douai 30-4-2013 n° 12DA01108 : RJF 8-9/13 n° 817) ou en se fondant sur la nature particulière de la **procédure de fixation du prix** des titres cédés lorsqu'une telle procédure (telle celle dite d'« open bid ») n'est pas susceptible d'intégrer dans le prix de cession les dépenses en cause (CAA Paris 30-4-2013 n° 11PA02843 : RJF 8-9/13 n° 818).

d. Des frais de courtage acquittés par une société à l'occasion d'une cession de **titres de placement** (opération située hors du champ d'application) font partie des frais généraux de l'entreprise et peuvent être détaxés, dès lors qu'en raison de graves et durables difficultés financières cette cession était nécessaire au maintien de l'activité économique taxable de la société (CE 10-6-2010 n° 292389 : RJF 10/10 n° 893).

e. Selon le Conseil d'État, les **dépenses** d'honoraires d'avocat versés par un holding à l'occasion d'un accord transactionnel le conduisant à verser une indemnité **à raison de la garantie de passif** qu'il a consentie au cessionnaire des titres de ses filiales se rattachent à l'opération de cession des titres, opération en l'occurrence exonérée n'ouvrant pas droit à déduction (CE 13-7-2012 n° 345204 : RJF 11/12 n° 1004). À noter toutefois que, saisie pour régler l'affaire au fond, la cour de Douai s'est prononcée dans le sens de la détaxation au titre des frais généraux en se fondant sur la convention de garantie de passif dont il résultait que les conséquences financières du litige étaient exclues du champ de la garantie (CAA Douai 30-4-2013 précité).

f. S'agissant de **dépenses contentieuses liées à l'exécution d'une cession,** le Conseil d'État a jugé que la TVA grevant les frais d'avocat et d'instance engagés par un holding mixte en vue d'obtenir en justice le paiement du solde du prix de la cession des titres d'une filiale n'est pas déductible dans le cas où ces dépenses se rattachent à une opération à caractère purement patrimonial qui n'entre pas dans le champ de la TVA. Ces dépenses ne présentent pas de lien direct et immédiat avec l'ensemble de l'activité du holding mixte, indépendamment de la circonstance qu'elles n'ont pas été incorporées dans le prix de cession des titres (CE 28-9-2021 n° 440987 : RJF 12/21 n° 1101).

g. Selon la CAA de Versailles, les dépenses exposées par un holding à raison de la **cession de titres de participation** détenus non par ce holding mais **par une filiale** font partie de ses frais généraux dès lors que cette cession, décidée par le holding afin de pérenniser son activité et son développement et dont le produit lui a été finalement versé, s'inscrit dans le cadre d'une stratégie consistant à **recentrer son activité sur son cœur de métier** en se désengageant de certaines activités et participations minoritaires. Par suite, la TVA ayant grevé de tels frais est déductible dès lors qu'il est établi qu'ils n'ont pas été incorporés dans le prix de cession des titres et que l'opération n'a pas revêtu un caractère patrimonial (CAA Versailles 31-3-2015 n° 13VE02435 : RJF 8-9/15 n° 686).

CAS DES BIENS OU SERVICES PARTIELLEMENT UTILISÉS POUR LA RÉALISATION D'OPÉRATIONS IMPOSABLES

Le droit à déduction n'est pas subordonné dans son principe à une utilisation exclusive des biens ou services pour la réalisation d'opérations imposables (c'est-à-dire situées dans le champ d'application de la TVA). Mais ce droit ne se justifie qu'à **proportion de l'utilisation** des biens ou services pour la réalisation de telles opérations. Autrement dit, leur utilisation pour partie pour la réalisation d'opérations non imposables (situées hors du champ d'application de la TVA) implique un correctif qui met en œuvre le **principe de l'affectation** (en ce sens, CJUE 13-3-2008 aff. 437/06, Securenta : RJF 6/08 n° 764 ; CJUE 16-7-2015 aff. 108/14 et 109/14, Larentia + Minerva : RJF 11/15 n° 982 ; CE 20-5-2016 n° 371940 : RJF 8-9/16 n° 703). 55260 TVA-IX-1200 s

Ce correctif résulte de l'application du **coefficient d'assujettissement** (nos 55500 s.).

Il est susceptible de jouer également pour les dépenses partiellement utilisées à des fins étrangères à l'entreprise. À cet égard, il y a lieu de distinguer deux hypothèses (mis à part le cas des biens ou services utilisés à plus de 90 % à des fins étrangères à l'entreprise, pour lesquels toute déduction est, par simplification, exclue : voir n° 55875) :

a. Affectations distinctes : lorsqu'il est possible, selon des critères objectifs, de déterminer la part d'utilisation d'un bien (meuble ou immeuble) ou d'un service à usage mixte, seule la fraction de la taxe afférente à la partie du bien ou du service qui est utilisée pour les besoins de l'entreprise est déductible.

EXEMPLE

Un commerçant qui a acheté un immeuble neuf comprenant un niveau affecté à des locaux à usage commercial et un niveau affecté à l'appartement qu'il occupe peut opérer la déduction de la TVA ayant grevé l'immeuble au prorata de la surface du niveau occupé par les locaux à usage commercial par rapport à la surface totale de l'immeuble (à défaut de ventilation du prix dans l'acte), de la taxe ayant grevé l'installation électrique selon le même critère et de la taxe ayant grevé l'installation du chauffage central en proportion du nombre des éléments de radiateurs installés dans les locaux commerciaux.

b. Affectations indistinctes : lorsqu'un même bien meuble (plus rarement un service) affecté initialement à l'entreprise fait l'objet d'**utilisations alternatives ou successives,** d'une part, pour les besoins de l'entreprise, d'autre part, à des fins étrangères à l'entreprise, il n'existe pas de critères fiables permettant de déterminer au préalable la quotité du droit à déduction correspondant à l'utilisation professionnelle du bien meuble ou service. En conséquence, **au moment de l'acquisition,** les biens meubles et services concernés ouvrent droit à **déduction** comme s'ils étaient exclusivement affectés aux besoins de l'exploitation (coefficient d'assujettissement égal à 1). Mais, en **contrepartie** de l'exercice du droit à déduction ainsi accordé, l'utilisation du bien ou service pour des besoins étrangers à l'exploitation donne lieu à **taxation** dans le cadre des **livraisons de services à soi-même** (nos 47410 s.) (BOI-TVA-DED-30-10 n° 10).

> Précisions La perception de dividendes par un holding mixte ne constitue pas une activité économique ; elle n'entre donc pas dans le champ d'application de la TVA, qu'il y ait ou non **immixtion dans la gestion de la filiale** (sur cette notion, voir n° 55250, précision d) (CJUE plén. 22-6-1993 aff. 333/91, SA Satam : RJF 7/93 n° 986 ; CJUE 27-9-2001 aff. 16/00, Cibo Participations SA : RJF 12/01 n° 1611 ; CJUE 29-10-2009 aff. 29/08, AB SKF : RJF 1/10 n° 90). Elle n'est donc pas susceptible d'entraîner une dégradation des **droits à déduction** du holding (notamment CJUE 16-7-2015 aff. 108/14 et 109/14 et CE 20-5-2016 n° 371940 précités, repris au BOI-TVA-SECT-50-40 n° 280).

FRAUDE

En vertu d'une disposition expresse (CGI art. 272, 3), la TVA afférente à une **livraison de biens** ou à une **prestation de services** ne peut faire l'objet d'aucune déduction lorsqu'il est démontré que l'acquéreur savait ou ne pouvait ignorer que, par son acquisition, il participait à une fraude consistant à ne pas reverser la taxe due à raison de cette livraison ou de cette prestation. Ces dispositions, dont l'application pour un même bien ou un même service ne peut se cumuler, à l'égard d'un même opérateur, avec la solidarité en paiement décrite n° 54055, reprennent en substance la jurisprudence de la CJUE relative à la **fraude** à la TVA **de type « carrousel »** (notamment CJUE 6-7-2006 aff. 439/04 et 440/04, Kittel : RJF 10/06 n° 1301 ; CJUE 18-12-2014 aff. 131/13, 163/13 et 164/13, « Italmoda » : RJF 3/15 n° 286), étant observé que la Cour a jugé qu'il n'est pas nécessaire que l'assujetti ait participé activement à cette fraude (CJUE ord. 14-4-2021 aff. 108/20 : RJF 7/21 n° 779), mais que, inversement, un assujetti ayant participé à son insu à un circuit de fraude ne perd pas le droit de déduire la TVA acquittée en amont (CJUE 12-1-2006 aff. 354/03, 355/03 et 484/03, Optigen : RJF 4/06 n° 488). 55270 TVA-IX-2850 s

En ce qui concerne la remise en cause du droit à déduction de la taxe facturée au titre d'**opérations fictives** : voir n° 53670.

> Précisions **a.** L'application du dispositif est limitée aux **relations directes entre assujettis.** La remise en cause du droit à déduction ne peut donc s'exercer qu'à raison de la seule taxe facturée directement à l'acquéreur par son fournisseur défaillant (BOI-TVA-DED-10-30 n° 20).

b. L'**administration doit démontrer** :

– d'une part, l'existence d'une **fraude** réalisée par le fournisseur direct et consistant pour celui-ci à ne pas reverser au Trésor la TVA facturée à son client et déduite par ce dernier dans le cadre d'un circuit frauduleux ;

– d'autre part, que l'**acquéreur savait** (l'administration doit fournir des éléments objectifs incontestables) **ou ne pouvait ignorer** participer à une fraude consistant à ne pas reverser la TVA. Pour démontrer que l'acquéreur ne pouvait ignorer participer à une fraude, l'administration n'a pas à établir la connivence ou la complicité ; elle doit réunir un **faisceau d'indices** parmi lesquels, notamment (par ordre d'importance) : l'existence de liens juridiques, économiques et personnels entre les opérateurs ; un prix payé inférieur au prix le plus faible que l'acquéreur pouvait raisonnablement s'attendre à payer pour ces biens ou ces services sur le marché ou au prix exigé pour toute livraison ou prestation similaire antérieure ; des acquisitions sur de courtes périodes et pour des montants importants auprès de fournisseurs successifs défaillants ; une adresse de domiciliation du fournisseur, l'absence de personnel et de moyens d'exploitation en adéquation avec le volume des transactions alléguées ; l'absence de documents relatifs à la livraison des marchandises ou à la réalisation de la prestation ; une activité économique du fournisseur sans lien avec les livraisons ou prestations effectuées ; un mode de règlement qui ne correspond pas à un usage commercial normal (en ce sens, BOI précité n°s 30 à 50).

c. Faisant application de la jurisprudence communautaire susvisée, le **Conseil d'État** a jugé que lorsque les indices permettent de **soupçonner une méconnaissance,** par un fournisseur de biens ou de services, de ses obligations de déclaration ou de paiement de la TVA, l'assujetti qui a acquis certains de ces biens ou services en vue de les revendre doit s'assurer que, en ce qui concerne ces biens et/ou ces services, son fournisseur s'est acquitté de ses obligations. Mais il incombe à l'**administration** fiscale d'**établir les éléments objectifs** permettant de conclure que l'assujetti **savait ou aurait dû savoir** que l'opération était impliquée dans une **fraude.** Lorsque sont en cause des opérations similaires réalisées par des **sociétés différentes** pendant une courte période, ces éléments doivent porter sur chacune d'elles, qu'il s'agisse de l'existence de la fraude reprochée, des indices permettant à l'assujetti mis en cause de la soupçonner ou encore des mesures qui peuvent raisonnablement être exigées (CE 14-10-2019 n° 421925 : RJF 1/20 n° 20 ; CE 22-3-2021 n° 434902 : RJF 6/21 n° 579). Les juges du fond ne peuvent dès lors, sans méconnaître les règles relatives à la **charge de la preuve,** considérer que de tels éléments ont été établis en se bornant à se référer aux seules allégations de l'administration mentionnées dans la proposition de rectification (CE 14-10-2019 n° 421925 précité).

ABSENCE DE CONDITION DE NÉCESSITÉ AUX BESOINS DE L'EXPLOITATION

55280 TVA-IX-4150 s La déduction de la taxe grevant les biens et services acquis par les redevables n'est pas subordonnée à la condition que ces biens et services soient nécessaires à l'exploitation. Les assujettis peuvent ainsi déduire la TVA qui grève leurs **dépenses,** pour autant que ces dépenses ne soient pas visées par une mesure d'exclusion particulière et qu'elles soient **utilisées pour les besoins de leurs opérations ouvrant droit à déduction.** Il importe donc uniquement que la dépense en cause soit affectée par l'assujetti à son activité économique, c'est-à-dire qu'elle réponde aux besoins de son exploitation (BOI-TVA-DED-30-10 n° 10).

ABSENCE DE CONDITION TENANT À LA PROPRIÉTÉ DU BIEN

55290 TVA-IX-4550 s Le fait qu'un redevable ne soit pas propriétaire des biens qu'il utilise ne s'oppose pas à la déduction de la taxe les ayant grevés, dès lors que les investissements en cause ont été constatés et supportés par le redevable lui-même dans le cadre de son exploitation (BOI-TVA-DED-40-30 n° 20 ; s'agissant des importations, voir toutefois n° 49635).

S'agissant des **biens** pour lesquels la **remise matérielle** est **assimilée à un transfert de propriété,** voir n°s 52605 et 52615.

ASSUJETTIS ÉTRANGERS

55300 D'une manière générale, et sous réserve des cas d'autoliquidation de la taxe par le client (n°s 50690 s.), les entreprises (ou personnes) étrangères qui effectuent des **opérations** dont le **lieu d'imposition** se situe **en France** supportent la **même imposition que les entreprises françaises** réalisant les mêmes opérations. Les **règles de déduction** édictées par la législation française leur sont donc, en principe, applicables pour les opérations qu'elles réalisent en France.

S'agissant du remboursement de la TVA aux **assujettis étrangers non établis en France** et qui n'y réalisent **pas d'opérations imposables,** voir n°s 50675 s.

SECTION 2

DÉTERMINATION DU MONTANT DE TAXE DÉDUCTIBLE

La TVA grevant un bien ou un service qu'un assujetti à cette taxe acquiert, importe ou se livre à lui-même est déductible à proportion de son **coefficient de déduction.** 55360 CGI ann. II art. 205 et 206, I TVA-IX-7000 s

Le montant de la taxe déductible s'obtient donc de la manière suivante :

TVA déductible = TVA acquittée en amont × coefficient de déduction

Le coefficient de déduction permet à la fois de déterminer les montants de **taxe déductible initialement** et, au travers de ses variations, les **régularisations** de taxe auxquelles l'assujetti pourra être tenu (nos 56800 s.). Il doit donc être déterminé **même** si l'opérateur est un **redevable intégral.**

Le coefficient de déduction est lié à un bien ou à un service et peut donc varier d'un bien ou d'un service à l'autre. Les assujettis doivent ainsi calculer un coefficient de déduction **pour chaque bien ou service grevé de TVA.**

Le coefficient de déduction est égal au **produit de trois coefficients** : coefficients d'assujettissement, de taxation et d'admission. Il se calcule donc de la manière suivante :

Coefficient de déduction = coefficient d'assujettissement × coefficient de taxation × coefficient d'admission

Remarques : 1. Les **règles de déduction** étudiées ci-après sont **identiques** pour tous les biens (immobilisés ou non) et services.

2. Les règles applicables en cas de **secteurs d'activité distincts** appellent des précisions particulières exposées nos 56030 s.

› Précisions a. Préalablement au calcul du produit, chacun des trois coefficients (assujettissement, taxation et admission) doit être **arrondi** à la deuxième décimale par excès. Le produit des trois coefficients (qui donne le coefficient de déduction) est lui-même arrondi à la deuxième décimale par excès (CGI ann. II art. 206, V-2).

b. Si l'un des trois coefficients est **égal à zéro**, l'opérateur n'a aucun droit à déduction. L'opérateur doit néanmoins calculer le coefficient de déduction du bien ou du service considéré (qui sera par définition égal à zéro).

c. Si les assujettis n'ont pas l'obligation de suivre les coefficients en **comptabilité,** ils doivent cependant être en mesure de justifier auprès de l'administration que le montant de taxe déduite ou régularisée correspond à l'application des règles prévues par les articles 205 à 209 de l'annexe II au CGI (BOI-TVA-DED-20-10 n° 30).

Coefficients provisoires et coefficients définitifs

Chacun des coefficients est **d'abord déterminé de façon provisoire** lors de l'acquisition du bien ou du service. Ils doivent ensuite être **définitivement arrêtés avant le 25 avril de l'année suivante** ou, pour ceux qui deviennent redevables de la TVA, avant le 31 décembre de l'année suivante. 55365 CGI ann. II art. 206, V-2 TVA-IX-7200 s

La différence constatée entre le montant définitif de la taxe déductible et le montant de la déduction opérée au titre de l'année fait l'objet d'une **déduction complémentaire ou** d'un **reversement** selon que cette différence est positive ou négative. Cette régularisation doit être effectuée **quel que soit l'écart** entre le coefficient de déduction provisoire et le coefficient de déduction définitif.

EXEMPLE

Une société acquiert le 1er mars de l'année N un ordinateur pour un prix hors taxe de 4 000 €, soit une TVA correspondante de 800 €. Lors de l'acquisition du bien, le coefficient d'assujettissement est égal à 1, le coefficient de taxation à 0,45 et le coefficient d'admission à 1. Le coefficient de déduction provisoire attaché à cette dépense au moment de son acquisition en N est ainsi égal à : 1 × 0,45 × 1, soit 0,45. L'entreprise a pu ainsi déduire provisoirement 800 × 0,45, soit 360 €. Avant le 25 avril de l'année N + 1, l'entreprise arrête définitivement ses coefficients. Les coefficients d'assujettissement et d'admission restent égaux à 1, tandis que le coefficient de taxation est finalement égal à 0,5. La société peut donc déduire, en complément de la déduction opérée lors de l'acquisition du bien, un montant égal à : 800 × 0,5 – 360, soit 40 €.

Sur les **incidences** de cette régularisation en matière d'impôt sur les **bénéfices,** voir n° 7612.

> Précisions **a.** Les **coefficients d'assujettissement et de taxation provisoires** sont déterminés en fonction de l'utilisation du bien ou du service au moment de son achat ou de sa première utilisation.
b. Les **coefficients d'assujettissement et de taxation définitifs** doivent être déterminés par rapport à l'utilisation réelle du bien ou du service sur la **durée d'utilisation réelle.** Lorsqu'un bien est utilisé pendant une durée inférieure à l'année civile (acquisition ou cession en cours d'année, transfert entre secteurs d'activité, etc.), il n'y a **pas** lieu d'appliquer un **prorata temporis** (en ce sens, BOI-TVA-DED-60-20-40 n° 30).
c. Lorsque le **coefficient de taxation** doit être calculé de manière **forfaitaire** (n°s 55740 s.), il convient d'appliquer, pour la détermination du coefficient **provisoire,** le dernier rapport définitif connu (Inst. 3 D-1-07 n° 23, non reprise au Bofip). Le coefficient de taxation forfaitaire provisoire est donc en principe calculé sur la base des opérations de l'année précédente. Ce n'est que lorsqu'une telle référence fait défaut ou lorsqu'elle n'est pas significative que le coefficient de taxation provisoire peut être estimé provisoirement sur la base du chiffre d'affaires prévisionnel de l'année en cours.
d. En ce qui concerne l'hypothèse d'une **régularisation globale antérieure à la détermination des coefficients définitifs** lorsque des biens cessent d'être utilisés à des opérations ouvrant droit à déduction ou viennent à être utilisés pour de telles opérations au cours de la première année, voir n° 57455.
e. Les **établissements publics administratifs de l'État** sont dispensés de procéder à la régularisation normalement exigée lors du calcul du coefficient de taxation définitif lorsque l'écart constaté entre les coefficients provisoire et définitif n'excède pas un dixième en valeur absolue (BOI-TVA-DED-20-10-20 n° 460).
f. Sur le **délai supplémentaire** accordé dans le cadre du régime optionnel de l'**assujetti unique**, voir n° 46553, précision c.

55370 Lorsque le **bien** est **utilisé** au cours de l'année ou de la période d'utilisation dans une **proportion différente** pour des opérations imposables, il y a lieu de calculer une **moyenne pondérée** pour déterminer la valeur du **coefficient d'assujettissement définitif.** Celle-ci permet de traduire de manière exacte l'affectation du bien à des opérations imposables au titre de l'année.

EXEMPLE

Si un bien est acquis le 1er janvier de l'année N et que l'assujetti l'affecte au moment de son acquisition à des opérations imposables dans une proportion de 60 %, le coefficient d'assujettissement provisoire du bien est de 0,6. Toutefois, si après les huit premiers mois il modifie cette affectation en ramenant cette proportion à 40 %, l'assujetti devra tenir compte de cette nouvelle valeur avant le 25 avril de l'année N + 1 lorsqu'il arrêtera définitivement le coefficient d'assujettissement du bien (qui sera ici également le coefficient de référence : n°s 57140 s.). Le coefficient d'assujettissement définitif sera ainsi égal à $(0,6 \times 8 + 0,4 \times 4) / 12 = 0,5333...$ arrondi à 0,54.

S'agissant du **coefficient de taxation,** quelle que soit la valeur retenue à titre provisoire ou l'utilisation du bien en fin d'année, la valeur retenue à titre définitif doit également traduire l'utilisation du bien à des opérations ouvrant droit à déduction sur la base de l'année entière (BOI-TVA-DED-20-10-40 n° 10). Dès lors, si un bien est **utilisé** au cours de l'année ou de la période d'utilisation **alternativement ou successivement** à des opérations ouvrant droit à déduction et à des opérations n'ouvrant pas droit à déduction, le coefficient de taxation définitif sera obligatoirement un coefficient de taxation forfaitaire (n°s 55740 s.).

A. Coefficient d'assujettissement

55500 CGI ann. II art. 206, II TVA-IX-7300 s

Le coefficient d'assujettissement est égal, pour chaque bien ou service, à la **proportion d'utilisation** de ce bien ou de ce service pour la **réalisation d'opérations imposables.**
Il est rappelé que les opérations imposables s'entendent des opérations situées dans le champ d'application de la TVA, qu'elles soient imposées ou légalement exonérées (n° 46100).
Dès l'acquisition, l'importation ou la première utilisation d'un bien ou d'un service, l'assujetti doit donc procéder à son **affectation** afin de déterminer la valeur du coefficient d'assujettissement.

55505 Les **opérations** situées **hors du champ** d'application de la TVA et les **opérations imposables** doivent être comptabilisées dans des **comptes distincts** pour l'application du droit à déduction (CGI ann. II art. 209, I). Cette obligation est remplie dès lors que la comptabilité tenue l'est de manière suffisamment précise pour que le suivi de la proportion d'utilisation des biens et services soit possible. En revanche, il n'est pas exigé qu'il y ait deux comptabilités distinctes (D. adm. 3 D-1625 n° 2, non reprise au Bofip mais dont la solution nous paraît conserver sa valeur).

55510 Le coefficient d'assujettissement d'un **bien ou** d'un **service utilisé exclusivement pour** la réalisation d'**opérations** non imposables (opérations placées **hors du champ** d'application de la TVA) est égal à zéro.

Le coefficient d'assujettissement d'un bien ou d'un service utilisé **exclusivement pour** la réalisation d'**opérations imposables** est égal à l'unité, que ces opérations soient effectivement taxées ou légalement exonérées.

Le coefficient d'assujettissement d'un bien ou d'un service utilisé **à la fois** pour la réalisation d'**opérations non imposables et** pour la réalisation d'opérations **imposables** est égal à la proportion d'utilisation de ce bien ou de ce service pour la réalisation d'opérations imposables. Cette **proportion** est **déterminée par l'assujetti** sous sa propre responsabilité. Elle doit traduire correctement l'utilisation réelle de chaque bien ou service.

Une fois calculé, le coefficient d'assujettissement est, on le rappelle, **arrondi** par excès à la deuxième décimale (n° 55360, précision a).

EXEMPLE

Un entrepreneur individuel acquiert un immeuble neuf de 245 m^2, qu'il entend affecter en partie à son entreprise. Il décide de conserver dans son patrimoine privé la partie de l'immeuble qu'il réserve à son usage privatif (logement à usage d'habitation) d'une surface de 85 m^2. Le coefficient d'assujettissement de l'immeuble, déterminé l'année de son acquisition, est égal à (245 – 85) / 245, soit 0,65306... arrondi à 0,66.

Le coefficient d'assujettissement est d'abord déterminé de façon **provisoire** et doit ensuite être **définitivement arrêté** dans les conditions indiquées n° 55365.

POSSIBILITÉ D'UTILISER UN COEFFICIENT D'ASSUJETTISSEMENT UNIQUE

L'assujetti doit, en principe, calculer un coefficient d'assujettissement pour chacun des biens et services qu'il acquiert (n° 55500). Toutefois, il peut, **par année civile,** sans formalité préalable et sous réserve d'être en mesure d'en justifier, retenir pour l'**ensemble des biens et des services utilisés à la fois pour** des **opérations imposables et** pour des **opérations non imposables** un coefficient d'assujettissement unique. **55520** CGI ann. II art. 206, V-1-1° TVA-IX-7650

POSSIBILITÉ D'APPLIQUER UNE CLÉ DE RÉPARTITION FINANCIÈRE À L'ENSEMBLE DES DÉPENSES

Par dérogation au principe de l'affectation, l'administration peut autoriser les entreprises à appliquer pour l'ensemble de leurs **dépenses (mixtes ou non mixtes)** une clé de répartition calculée en fonction de la **quote-part des recettes taxables par rapport aux recettes totales.** Autrement dit, toutes les dépenses sont réputées mixtes. **55525** TVA-IX-7700

Cette **autorisation** doit être sollicitée sur papier libre et s'applique pendant une **année civile entière.** Elle est renouvelée par tacite reconduction sauf dénonciation par le contribuable ou par l'administration avant le 31 décembre de l'année considérée (BOI-TVA-DED-20-10-10 n°s 30 et 40).

B. Coefficient de taxation

Le coefficient de taxation traduit le principe posé par l'article 271, II-1 du CGI selon lequel, au sein des **opérations imposables,** seule peut être déduite la taxe grevant des **biens ou des services utilisés pour la réalisation d'opérations ouvrant droit à déduction** (n° 55550). **55540** CGI ann. II art. 206, III TVA-IX-7850 s

La **détermination** du coefficient de taxation doit être effectuée lors de l'acquisition, de l'importation ou de la première utilisation du bien ou du service.

Cette détermination se fait de manière **identique quelle que soit la nature du bien ou du service** (immobilisation, autre bien ou service).

Le coefficient de taxation est d'abord déterminé de façon **provisoire** lors de l'acquisition du bien ou du service et doit ensuite être **définitivement arrêté** dans les conditions indiquées n° 55365.

OPÉRATIONS OUVRANT DROIT À DÉDUCTION

Les opérations ouvrant droit à déduction comprennent, au premier chef, les **opérations** effectivement **soumises à la TVA.** **55550** CGI art. 271, I-1, V et VI TVA-IX-8100 s

Les **opérations n'entrant pas dans le champ d'application** de la TVA n'ouvrent pas droit à déduction. Il en est de même, en principe, des **opérations entrant dans le champ d'application** de la taxe **mais** qui en sont **exonérées** par une disposition expresse.

Toutefois, **certaines opérations exonérées** (exportations et livraisons intracommunautaires, notamment) sont, en vertu de dispositions spéciales, expressément **assimilées à des opérations soumises à la TVA,** pour l'exercice du droit à déduction. Il s'agit **essentiellement** d'opérations que l'on peut considérer comme relevant du commerce extérieur.

Dans le tableau ci-après, on trouvera la **liste** des opérations ouvrant droit à déduction avec, pour chacune, la référence aux commentaires correspondants.

Opérations ouvrant droit à déduction	Références (n^os^)
Opérations soumises à la TVA	46300 s.
Livraisons intracommunautaires	49260 s.
Exportations (vers des pays tiers)	49690 s.
Livraisons de biens à destination d'une **plateforme** facilitant la livraison de ces biens dans l'UE par un assujetti non établi dans l'UE à une personne non assujettie	49830, précision b
Services liés aux échanges extracommunautaires de biens	50110 s.
Transports internationaux	50180 s.
Opérations portant sur les navires et les aéronefs	50450 s.
Opérations extraterritoriales qui seraient soumises à la **TVA si leur lieu d'imposition** se situait **en France**	48570
Opérations légalement effectuées en suspension de taxe	61250 s.
Ces opérations comprennent **notamment** les opérations sous **régimes douaniers de report des importations et entrepôts fiscaux** (nos 50740 s.).	
Livraisons aux personnes réalisant des opérations relevant du commerce extérieur (régime des **achats en franchise**)	50550 s.
Opérations d'assurance concernant soit des **assurés** domiciliés ou établis **hors de l'UE,** soit des **exportations** de biens	47462, précision d
Opérations effectuées par les **pêcheurs et armateurs à la pêche** (hors pêche en eau douce)	47555
Services bancaires ou financiers rendus à des **personnes** domiciliées ou établies **hors de l'UE** ou se rapportant à des **exportations** de biens	60450
Livraisons d'or d'investissement	61895
Opérations d'entremise des **mandataires de presse**	61650
Opérations des **intermédiaires du Loto**	47575, précision b
Travaux de construction, d'aménagement ou d'entretien des **monuments aux morts** effectués pour certaines collectivités	47565
Prestations des **agents de voyages** se rapportant aux services exécutés **hors de l'UE**	61545
Livraisons de biens à des **touristes en croisière** en **Martinique** et en **Guadeloupe**	91600

Remarque : ouvrent également droit à déduction, bien qu'exonérées, les opérations réalisées avec les missions diplomatiques, les **organismes européens et internationaux** et les forces armées (CGI art. 262-00 bis) ainsi que, sur autorisation de la Commission européenne, les opérations portant sur les biens destinés aux **victimes de catastrophes** affectant le territoire d'un État membre (CGI art. 261, 8 et 291, II-2° bis).

> Précisions **a.** Selon le Conseil d'État, les opérations légalement imposables et non expressément exonérées par la loi ouvrent droit à déduction même si elles ne sont **pas effectivement taxées** en raison d'une **tolérance** administrative (CE sect. 3-11-1978 n° 2409 : RJF 12/78 n° 530 ; CE plén. 28-6-1991 n° 63066 : RJF 8-9/91 n° 1073).

Dans une situation un peu différente, la **CJUE** a toutefois jugé que, lorsqu'un assujetti n'a pas acquitté la TVA sur ses opérations en raison d'une **exonération** prévue par le droit national **en violation** des dispositions de la **directive TVA,** il ne peut pas se prévaloir d'un droit à déduction de la taxe d'amont (CJUE 28-11-2013 aff. 319/12 : RJF 2/14 n° 204 ; CJUE 26-2-2015 aff. 144/13, 154/13 et 160/13 : RJF 5/15 n° 456).

b. Les **exportations ou les livraisons intracommunautaires de biens dont les ventes en France sont exonérées** n'ouvrent pas droit à déduction, même si, s'agissant des opérations intracommunautaires, l'État membre de destination des biens soumet lesdites ventes à la TVA (CJUE 7-12-2006 aff. 240/05 : RJF 2/07 n° 245 ; dans le même sens, CE (na) 18-7-2023 n° 470911 : RJF 11/23 n° 816).

c. Celui qui a **facturé à tort la TVA** pour une **opération non taxable** est de ce seul fait redevable de cette taxe (CGI art. 283, 3 : nos 53655 s.). Pour autant, il n'a aucun droit à déduction de la taxe d'amont ayant grevé cette opération (CE 22-11-1978 n° 4012 : RJF 1/79 n° 10 ; CE 16-11-1983 n° 36970 : RJF 1/84 n° 29).

d. Le droit à déduction ouvert aux opérations mentionnées dans le tableau figurant ci-avant peut, le cas échéant, se trouver supprimé ou réduit par l'effet des **exclusions ou restrictions particulières** visées n° 55865.

1. COEFFICIENT DE TAXATION ÉGAL À L'UNITÉ

55700 TVA-IX-8800 s Le coefficient de taxation d'un bien ou d'un service est égal à l'unité lorsque les **opérations imposables** pour lesquelles il est utilisé **ouvrent toutes droit à déduction.**

Le fait qu'un bien ou un service utilisé pour des opérations imposables ouvrant droit à déduction soit **également utilisé pour** la réalisation d'**opérations non imposables** est sans incidence sur le calcul de son coefficient de taxation ; dans une telle hypothèse, l'utilisation du bien ou du service pour la réalisation d'opérations non imposables est en effet prise en compte au niveau du seul coefficient d'assujettissement (nos 55500 s.).

EXEMPLE

Le coefficient de taxation d'un bien utilisé à la fois pour la réalisation d'opérations imposables et pour la réalisation d'opérations non imposables sera égal à l'unité si les opérations imposables auxquelles il est affecté ouvrent toutes droit à déduction (le coefficient d'assujettissement d'un tel bien sera, en revanche, inférieur à l'unité).

2. COEFFICIENT DE TAXATION ÉGAL À ZÉRO

Le coefficient de taxation d'un bien ou d'un service est nul lorsque les **opérations** pour lesquelles il est utilisé **n'ouvrent pas droit à déduction.** 55720 TVA-IX-8900 s

Il peut s'agir des hypothèses suivantes :

– soit le bien ou le service est utilisé **uniquement** pour la réalisation d'**opérations non imposables.** Dans ce cas, le coefficient de taxation et le coefficient d'assujettissement défini nos 55500 s. sont tous les deux égaux à zéro (pour les besoins des éventuelles régularisations : nos 56800 s., il est nécessaire de déterminer les coefficients d'assujettissement et de taxation, y compris lorsqu'ils sont tous les deux égaux à zéro) ;

– soit le bien ou le service est utilisé **uniquement** pour la réalisation d'**opérations imposables mais n'ouvrant pas droit à déduction.** Dans ce cas, le coefficient d'assujettissement est égal à un et le coefficient de taxation est égal à zéro ;

– soit le bien ou le service est utilisé **concurremment** pour la réalisation d'**opérations non imposables** et pour la réalisation d'opérations **imposables n'ouvrant pas droit à déduction.** Dans ce cas, le coefficient d'assujettissement, calculé comme indiqué no 55510, est compris entre zéro et un, et le coefficient de taxation est égal à zéro.

3. COEFFICIENT DE TAXATION FORFAITAIRE

Le coefficient de taxation est déterminé de manière forfaitaire lorsque le **bien** ou le **service** est **utilisé concurremment pour** la réalisation d'**opérations imposables ouvrant droit à déduction et** pour la réalisation d'opérations imposables **n'ouvrant pas droit à déduction.** 55740 TVA-IX-9000 s

Il importe peu que le bien ou le service soit ou non **utilisé également pour** la réalisation d'**opérations non imposables.** L'utilisation du bien ou du service pour la réalisation d'opérations non imposables est, en effet, prise en compte au niveau du seul coefficient d'assujettissement (nos 55500 s.).

Pour les biens et les services d'utilisation mixte, le coefficient de taxation est égal au **rapport** entre : 55745

a. Au **numérateur,** le montant total annuel du chiffre d'affaires afférent aux opérations ouvrant droit à déduction (no 55550), y compris les subventions directement liées au prix de ces opérations ;

b. Au **dénominateur,** le montant total annuel du chiffre d'affaires afférent aux opérations imposables, y compris les subventions directement liées au prix de ces opérations. On doit donc retenir ici :

– le chiffre d'affaires correspondant aux opérations ouvrant droit à déduction (qui figure déjà au numérateur),

– et le chiffre d'affaires correspondant aux opérations n'ouvrant pas droit à déduction (tel est le cas, notamment, de la plupart des opérations exonérées de TVA en régime intérieur).

Les sommes mentionnées aux deux termes de ce rapport s'entendent **tous droits et taxes compris, à l'exclusion de la TVA.**

Le coefficient de taxation est d'abord déterminé de façon **provisoire** en fonction du **chiffre d'affaires de l'année précédente** et doit ensuite être **définitivement arrêté** dans les conditions indiquées no 55365.

Il est **arrondi** par excès à la deuxième décimale (no 55360, précision a).

› Précisions **a.** Un assujetti doit en principe calculer un coefficient de taxation pour chacun des biens et services acquis. Il peut toutefois retenir un **coefficient unique,** calculé de manière forfaitaire, pour l'ensemble des biens et services acquis (voir no 55830).

b. Le **chiffre d'affaires à retenir** pour le calcul du rapport (numérateur et dénominateur) est celui correspondant aux opérations pour lesquelles l'exigibilité de la taxe (au sens défini no 52500) est intervenue au cours de l'année considérée, les opérations exonérées devant être prises en compte à la date à laquelle l'exigibilité serait intervenue en cas de soumission à la TVA (BOI-TVA-DED-20-10-20 n° 50 ; en ce sens également CE 11-12-2020 n° 427136 : RJF 3/21 n° 267).

c. Le coefficient de taxation d'un bien ou d'un service utilisé à la fois pour réaliser des opérations imposables ouvrant droit à déduction et des opérations imposables n'ouvrant pas droit à déduction est toujours déterminé de manière forfaitaire, le cas échéant dans le cadre des secteurs d'activité distincts (n° 55805). En revanche, selon l'**administration,** quand bien même une affectation plus fine serait possible, les montants de chiffres d'affaires à prendre en compte au numérateur et au dénominateur ne peuvent **en aucun cas** être limités au **chiffre d'affaires auquel la dépense concourt effectivement.**

Par exemple, si le chiffre d'affaires d'une entreprise réalisant exclusivement des opérations imposables s'élève au titre des opérations ouvrant droit à déduction à 150 k€ et au titre des opérations n'ouvrant pas droit à déduction à 50 k€ et que cette entreprise supporte une dépense qui concourt à des opérations ouvrant droit à déduction à hauteur de 12 k€ et à des opérations n'ouvrant pas droit à déduction à hauteur de 30 k€, le coefficient de taxation forfaitaire de cette dépense mixte est égal à 150 / 200 = 0,75 (et non à 12 / 42) (BOI précité n° 80).

Cette position de l'administration n'est peut-être plus aussi évidente que par le passé au regard de la jurisprudence de la **CJUE.** Si, jusqu'alors, il ne faisait pas de doute qu'un assujetti ne pouvait utiliser qu'un seul et même prorata de déduction pour l'ensemble de ses dépenses mixtes (sauf sectorisation), la question de l'utilisation de prorata multiples (en dehors de toute sectorisation) se pose aujourd'hui suite à l'arrêt « Morgan Stanley » du 24 janvier 2019 (aff. 165/17), dans lequel la Cour a considéré, s'agissant des dépenses à usage mixte d'une succursale affectées exclusivement à la fois aux opérations taxées et aux opérations exonérées de son siège étranger, que la succursale devait calculer un prorata de déduction tenant compte de ces seules opérations (voir n° 55750, d).

d. Les **travaux en cours** qui n'ont pas encore été livrés ou qui n'ont pas donné lieu à l'établissement de décomptes et/ou à des encaissements d'acomptes ne doivent pas être inclus dans le dénominateur du rapport (CJUE 26-5-2005 aff. 536/03 : RJF 8-9/05 n° 988).

e. Les **redevables** qui sont **imposables à la TVA sur la marge** retiennent, pour le calcul du rapport, le chiffre d'affaires réalisé et non pas la seule base d'imposition à la taxe (différence représentant la marge). Il s'agit notamment des agents de voyages (n° 61535) et des assujettis revendeurs de biens d'occasion, œuvres d'art, objets de collection ou d'antiquité (n°s 60785 s.) (BOI précité n° 80).

55750 **Remarques** **a.** À la différence des recettes provenant d'opérations « dans le champ » n'ouvrant pas droit à déduction (qui doivent figurer au dénominateur du coefficient de taxation forfaitaire : n° 55745), les sommes qui se rapportent à des **opérations situées hors du champ d'application** de la TVA sont exclues des deux termes du rapport qui détermine ce coefficient (CJUE plén. 22-6-1993 aff. 333/91, SA Satam : RJF 7/93 n° 986 ; CE 29-12-1997 n° 140829 : RJF 2/98 n° 151 ; CE 11-2-1998 n° 142871 : RJF 3/98 n° 255 ; CE 2-6-1999 n° 191937 : RJF 7/99 n° 851).

b. La question de savoir dans quels cas les **produits financiers** perçus par les entreprises ou sociétés doivent ou non être pris en compte pour le calcul du coefficient de taxation forfaitaire appelle des commentaires particuliers, donnés n°s 55760 s.

Il en est de même pour les **recettes immobilières** (n° 55780) et pour les **subventions** (n°s 55790 s.).

c. Les **sommes** suivantes sont expressément **exclues du calcul du coefficient de taxation forfaitaire** (c'est-à-dire n'ont à figurer ni au numérateur ni au dénominateur) alors même qu'elles sont afférentes à des opérations situées dans le champ d'application de la TVA (BOI-TVA-DED-20-10-20 n° 150) :

– **livraisons à soi-même de biens immobilisés** imposées à la TVA (dans le même sens, s'agissant de livraisons à soi-même de biens immobiliers, CE (na) 30-6-2023 n° 466257 : RJF 10/23 n° 716) (les autres livraisons ou prestations à soi-même imposables figurent aux deux termes du rapport : n°s 47405, précision c et 47415) ;

– **cessions de biens d'investissement** corporels ou incorporels, que ces cessions soient imposées ou exonérées de la TVA (CGI ann. II art. 206, III-3-3°-a). Toutefois, les cessions de biens d'investissement qui font partie intégrante des activités économiques habituelles de l'entreprise (telles les cessions de véhicules par une entreprise de crédit-bail à l'issue des contrats de location-vente) doivent être prises en compte pour le calcul du coefficient de taxation forfaitaire (en ce sens, CJUE 6-3-2008 aff. 98/07 : RJF 5/08 n° 625 ; CE 20-3-2015 n° 371914 : RJF 6/15 n° 522 ; BOI précité n°s 160 et 170) ;

– recettes correspondant à la **taxe sur les conventions d'assurance** recouvrée par les assureurs sur leurs clients ;

– encaissements d'un **mandataire** qui, ne correspondant **pas** à de **véritables recettes,** n'entrent pas dans sa base d'imposition à la taxe, à savoir : remboursement de débours, du type frais de procédure (n°s 52335 s.) ; recettes encaissées pour le compte d'un tiers pour lui être reversées (à l'exclusion, bien sûr, des honoraires rétrocédés imposables, à prendre en compte aux deux termes du rapport) et sommes perçues avec mandat de les répartir au bénéfice d'autres personnes et d'en rendre un compte exact ;

– pour le calcul du coefficient de taxation forfaitaire des éditeurs, producteurs ou organismes de gestion collective de droits : **droits d'auteur** sur lesquels ils acquittent la TVA par retenue (nº 61705).

d. Selon la Cour de justice, il n'est pas possible d'appliquer un « **prorata mondial** » intégrant le chiffre d'affaires des succursales étrangères : un assujetti ne peut pas prendre en compte pour le calcul de son « prorata » de déduction (coefficient de taxation forfaitaire en France), même dans le cadre d'un secteur d'activité, le chiffre d'affaires total de ses succursales établies dans d'autres États membres, ni celui de ses succursales établies dans des pays tiers (CJUE 12-9-2013 aff. 388/11 : RJF 12/13 nº 1192 ; dans le même sens, CE 28-5-2014 nº 301849 : RJF 8-9/14 nº 864). Par ailleurs, la Cour de justice (à laquelle s'est rallié le Conseil d'État) a jugé qu'une **succursale** (**non autonome** vis-à-vis de son siège : nº 46535, e) immatriculée dans un État membre est en droit de déduire, dans cet État, la TVA grevant les biens et les services acquis présentant un lien direct et immédiat avec la réalisation des opérations taxées, y compris celles de son siège établi dans un autre État membre, avec lequel cette succursale forme un **seul assujetti,** à condition que ces dernières opérations ouvrent également droit à déduction si elles avaient été effectuées dans l'État d'immatriculation de la succursale. En ce qui concerne les **dépenses supportées par** une telle **succursale,** qui sont **affectées, exclusivement, à la fois à des opérations taxées et** à des opérations **exonérées, réalisées par son siège,** il y a lieu d'appliquer un **prorata de déduction** dont le dénominateur est formé par le chiffre d'affaires, hors TVA, constitué par ces seules opérations et dont le numérateur est formé par les opérations taxées qui ouvriraient également droit à déduction si elles étaient effectuées dans l'État membre de la succursale, y compris lorsque ce droit à déduction résulte de l'exercice d'une option. S'agissant des **frais généraux** d'une telle succursale, qui concourent à la réalisation à la fois de ses propres opérations et des opérations réalisées par son siège, il convient, si l'activité économique de l'assujetti consiste à la fois en des opérations taxées et des opérations exonérées, de faire application d'un prorata de déduction dont le dénominateur doit tenir compte des opérations réalisées tant par la succursale que par son siège et au numérateur duquel doivent figurer, outre les opérations taxées effectuées par la succursale, les seules opérations taxées réalisées par ledit siège qui ouvriraient également droit à déduction si elles étaient effectuées dans l'État d'immatriculation de la succursale (CJUE 24-1-2019 aff. 165/17, Morgan Stanley : RJF 4/19 nº 406 ; CE 5-4-2019 nº 389105 : RJF 6/19 nº 533). Selon la CAA de Versailles, ces modalités de calcul du droit à déduction sont transposables dans l'hypothèse inverse de **dépenses** à usage mixte engagées par un **siège pour les besoins** de sa **succursale** située dans un autre État membre (CAA Versailles 4-7-2019 nº 16VE02700 : RJF 11/19 nº 1037 ; CAA Versailles 19-9-2019 nºs 15VE00454 et 17VE01071 : RJF 2/20 nº 115). En revanche, elles ne sont pas applicables lorsque la succursale située dans un autre État membre fait partie d'un **groupe TVA** au sens de l'article 11 de la directive TVA (transposé à l'article 256 C du CGI : nºs 46545 s.) : les prestations de services fournies par le siège à sa succursale devant être regardées, dans cette hypothèse, comme des opérations imposables réalisées entre deux **assujettis distincts** (nº 46535, e), la détaxation des coûts engagés par le siège pour les besoins de l'activité de sa succursale dépend des opérations de refacturation au groupe auquel elle appartient, lesquelles sont susceptibles, le cas échéant, d'ouvrir droit à déduction (CE 4-11-2020 nºs 435295 et 436082 : RJF 2/21 nº 137 ; BOI-TVA-CHAMP-10-10-20 nº 285).

PRODUITS FINANCIERS

Indépendamment des établissements bancaires ou financiers (qui font l'objet d'une rubrique spéciale : nºs 60300 s. et, notamment, nº 60455), de nombreuses entreprises ou sociétés perçoivent des produits financiers de diverses natures (dividendes d'actions, produits d'obligations, de Sicav ou FCP, intérêts de dépôts, prêts ou placements, etc.). 55760 CGI ann. II art. 206, III-3-3º-b TVA-IX-10300 s

Le sort de ces produits au regard du droit à déduction nécessite d'examiner leur situation au regard du champ d'application de la TVA.

Situation au regard du champ d'application de la TVA La perception de **dividendes** n'étant pas la contrepartie d'une activité économique, elle n'entre pas dans le champ d'application de la TVA, même dans l'hypothèse où le holding qui perçoit des dividendes s'immisce dans la gestion de ses filiales en leur fournissant des prestations de services soumises à la taxe (nº 55260, Précisions). 55765

Il en est de même de l'**achat** et de la **vente de titres** négociables, tels que des actions, des participations dans des fonds d'investissement (Sicav, FCP, etc.), des obligations, des bons du Trésor et autres titres de créances négociables (CJUE 29-4-2004 aff. 77/01, EDM : RJF 7/04 nº 827 ; CJUE 29-10-2009 aff. 29/08, AB SKF : RJF 1/10 n° 90 ; BOI-TVA-CHAMP-10-10-30 n° 310). Tel est également le cas de l'achat et de la vente d'actions et d'autres titres dans le cadre de la gestion d'un trust caritatif (CJUE 20-6-1996 aff. 155/94, Wellcome Trust : RJF 8-9/96 n° 1111). Toutefois, les opérations portant sur des titres relèvent du champ d'application de la TVA lorsqu'elles sont effectuées dans le cadre d'une activité commerciale de négociation de titres, pour réaliser une immixtion directe ou indirecte dans la gestion (sur cette notion, voir n° 55250, précision d) des sociétés dans lesquelles s'est opérée la prise de participation ou qu'elles constituent le prolongement direct, permanent et nécessaire de l'activité taxable au sens défini n° 55770 (CJUE 20-6-1996 précité ; CJUE 6-2-1997 aff. 80/95, Harnas & Helm CV : RJF 4/97 n° 407 ; CJUE 29-10-2009 précité).

Des placements dans des **fonds d'investissement** ne constituent pas des prestations de services effectuées à titre onéreux au sens de l'article 2, 1-c de la directive TVA ; les **produits** de tels placements ne relèvent donc pas du champ d'application de la TVA (CJUE 29-4-2004 précité ; BOI précité n° 340).

Des **placements par une entreprise dans des dépôts bancaires** ou dans des titres tels que des **bons du Trésor** ou des **obligations** constituent des prestations de services effectuées à titre onéreux par un assujetti agissant en tant que tel consistant en la mise à disposition d'un capital au profit d'un tiers. Les **intérêts** perçus en rémunération de ces placements sont situés dans le champ d'application de la TVA (CJUE 29-4-2004 précité ; BOI précité n°s 380 et 390). À relever cependant, s'agissant des **intérêts d'obligations,** qu'une solution inverse (mise hors champ desdits intérêts) a été prise expressément par la Cour de justice dans un arrêt antérieur (CJUE 6-2-1997 précité) et implicitement par le Conseil d'État dans un arrêt postérieur (CE 5-3-2018 n° 393647 : RJF 5/18 n° 480).

Sont également situés dans le champ d'application de la TVA les **intérêts** perçus par un holding en rémunération **de prêts** accordés aux sociétés dans lesquelles il détient une participation, quelles que soient les raisons pour lesquelles ces prêts sont octroyés (soutien économique, placement d'excédents de trésorerie, etc.) (CJUE 29-4-2004 précité ; BOI précité n°s 380 et 390). Cette solution, qui a une portée générale, a vocation à s'appliquer à toute entreprise.

> Précisions Selon la **CJUE**, une **opération de cession d'actions envisagée mais non réalisée** qui ne trouve **pas** sa **cause exclusive directe dans l'activité économique taxable** de la société mère **ou** qui ne constitue **pas** le **prolongement direct, permanent et nécessaire** de cette activité économique ne relève pas du champ d'application de la TVA (ce qui fait obstacle à la déduction de la taxe grevant les dépenses exposées à l'occasion de cette cession : sur ce point, voir toutefois n° 55255). Tel est le cas lorsque l'opération n'est **pas** effectuée en vue d'**affecter le produit de la cession à l'activité économique** taxable de la société mère (ou du groupe dont elle fait partie). Ainsi jugé à propos d'une cession, par une société mère, des actions de sa sous-filiale (dans la gestion de laquelle elle s'immisçait), finalement non réalisée, qui visait uniquement à acquitter les dettes dues à l'établissement bancaire, qui avait racheté le groupe en raison de la défaillance de l'ancien propriétaire du groupe dans le remboursement d'un prêt qui lui avait été consenti (CJUE 8-11-2018 aff. 502/17 : RJF 1/19 n° 118).

55770 **Situation au regard du droit à déduction** Elle repose sur les distinctions ci-après.

1. Lorsque les opérations se situent **hors du champ d'application de la TVA,** leurs **recettes** sont sans influence sur le calcul du coefficient de taxation forfaitaire (n° 55750, a). Quant aux **dépenses** engagées à l'occasion de ces opérations, elles peuvent bénéficier d'un coefficient d'assujettissement supérieur à zéro dans la mesure où elles présentent le caractère de frais généraux (n° 55235) (pour les dépenses supportées pour la réalisation d'opérations en capital, voir n° 55250).

On rappelle que la perception de **dividendes,** bien que n'entrant pas dans le champ d'application de la TVA, n'est pas susceptible d'entraîner une dégradation des droits à déduction (n° 55260, Précisions).

2. Lorsque les opérations se situent **dans le champ d'application de la TVA,** elles sont prises en compte pour le calcul du coefficient de taxation forfaitaire.

En fait, la plupart des produits financiers sont **exonérés** de la TVA en vertu de l'article 261 C, 1° du CGI (n°s 60310 s.) et n'ouvrent donc pas droit à déduction. Ces produits doivent donc, en **principe,** être portés **au dénominateur du coefficient de taxation forfaitaire** (ce qui a évidemment pour effet de réduire les déductions calculées sur la base de ce coefficient de taxation forfaitaire).

Cependant, une **dérogation** est apportée à ce principe par l'article 206, III-3-3°-b de l'annexe II au CGI. Ce texte exclut pour le calcul du coefficient de taxation forfaitaire les produits des **opérations financières accessoires.** Sont accessoires, selon ce texte, les opérations financières qui ont un lien avec l'activité principale de l'entreprise et dont la réalisation nécessite une utilisation limitée au maximum à un dixième des biens et des services grevés de TVA qu'elle a acquis. En pratique, cependant, le Conseil d'État, auquel s'est ralliée l'administration, se fondant sur la jurisprudence de la Cour de justice (notamment CJUE 29-10-2009 aff. 174/08 : RJF 1/10 n° 92), exige en outre, pour leur reconnaître un caractère accessoire, que les opérations financières ne soient pas dans le **prolongement direct, permanent et nécessaire** de l'activité taxable de l'assujetti (CE 21-10-2011 n° 315469 : RJF 1/12 n° 24 ; BOI-TVA-DED-20-10-20 n° 210) (voir à cet égard les précisions a et b ci-dessous).

Pour l'application du **critère de la faible utilisation** de biens et services grevés de TVA (fixée à 10 % par l'article 206, III-3-3°-b susvisé), il est nécessaire de déterminer, pour chaque bien ou service grevé de TVA, la proportion d'utilisation pour la réalisation d'opérations financières présentant un lien avec l'activité principale de l'entreprise. La proportion d'utilisation ainsi calculée doit ensuite être appliquée à la valeur d'acquisition de chacun de ces biens et services pour déterminer la valeur d'utilisation.

Le seuil de 10 % est apprécié au regard du rapport existant entre la somme des valeurs d'utilisation des biens et services grevés de TVA et le montant total de leur valeur d'acquisition.

› Précisions a. Dans sa jurisprudence postérieure à l'arrêt du 21 octobre 2011 susvisé, le **Conseil d'État** retient une **interprétation extensive** du critère **du prolongement direct, permanent et nécessaire** de l'activité taxable de l'assujetti en ne faisant **pas** dépendre le caractère nécessaire des opérations financières de leur **caractère indispensable** à la viabilité de l'entreprise. Il a en effet jugé, à propos d'une société exerçant une activité d'émission et de vente de titres-restaurant qui place auprès d'un établissement financier les sommes correspondant à la valeur faciale des titres cédés aux employeurs dans l'attente de leur reversement aux restaurateurs, que ces opérations financières, **indissociablement liées** à l'activité et normalement pratiquées par les organismes en question, en constituent non seulement le prolongement direct et permanent mais aussi le prolongement nécessaire, la double circonstance que ces opérations financières ne sont pas rendues obligatoires par la réglementation et qu'elles ne conditionnent pas la rentabilité de la société étant à cet égard indifférente (CE 1-10-2015 n° 369846 : RJF 12/15 n° 1008).

b. S'agissant des **opérations de prêts** rémunérés réalisées avec ses fonds propres par un holding s'immisçant dans la gestion de ses **filiales**, au profit de ces dernières, le critère du prolongement direct, permanent et nécessaire est **inopérant** pour déterminer si les **intérêts** correspondant constituent ou non des opérations financières accessoires ; seul peut donc trouver à s'appliquer, dans ce cas, le critère tenant à la faible utilisation de biens et services grevés de TVA (CJUE 14-11-2000 aff. 142/99 : RJF 1/01 n° 127 ; CJUE 29-4-2004 aff. 77/01 : RJF 7/04 n° 827 ; CE 5-3-2018 n° 393647 : RJF 5/18 n° 480).

c. Pour l'application de l'article 206, III-3-3°-b de l'annexe II au CGI, l'administration a admis les solutions suivantes :

– à titre de **règle pratique**, la condition liée à la faible utilisation des biens et services grevés de TVA est également réputée satisfaite lorsque le produit des opérations financières exonérées présentant un lien avec l'activité principale n'excède pas 5 % du chiffre d'affaires TTC de l'entreprise (BOI précité n° 230) ;

– lorsque la perception de produits financiers présente un lien avec l'activité principale mais **ne répond pas à la condition liée à la très faible utilisation des biens et services** grevés de TVA, les opérations financières peuvent être sectorisées sous réserve que le redevable se soumette à l'ensemble des dispositions de l'article 209, I de l'annexe II au CGI (n°s 56030 s.) (BOI précité n° 240).

d. L'administration considère qu'il doit être fait abstraction des dépenses de **frais généraux** (au sens défini n° 55235) pour le calcul du rapport servant à apprécier le **seuil des 10 %.** Ce rapport doit donc être calculé en retenant au numérateur la somme des dépenses grevées de TVA supportées pour la réalisation des opérations financières exonérées (hors frais généraux) et au dénominateur les dépenses totales de l'entreprise grevées de TVA (hors frais généraux) (BOI précité n° 220).

RECETTES IMMOBILIÈRES

Sont ici visées les recettes d'opérations immobilières **exonérées** de la TVA (c'est essentiellement le cas, rappelons-le, des locations de terres et bâtiments agricoles : n° 46830, des locations de terrains non aménagés et de locaux nus : n° 46835, et des locations meublées à usage d'habitation : n° 90625). **55780** CGI ann. II art. 206, III-3-3°-b TVA-IX-10900 s

Dès lors qu'elles n'ouvrent pas droit à déduction, les recettes immobilières ainsi exonérées de la TVA doivent, en **principe,** être portées au **dénominateur du rapport** servant au calcul du coefficient de taxation forfaitaire.

Cependant, pour les recettes immobilières **accessoires,** l'article 206, III-3-3°-b de l'annexe II au CGI prévoit une **dérogation** semblable à celle prévue pour les produits financiers accessoires. Lorsque cette dérogation est applicable (ce qui implique que les opérations en cause présentent un caractère accessoire au sens défini n° 55770), les recettes immobilières en cause sont **exclues du rapport** servant à déterminer le coefficient de taxation forfaitaire.

Les opérations immobilières concernées doivent être exonérées de TVA et ne doivent pas consister en des cessions d'immobilisations puisque celles-ci ne sont pas prises en compte, en tout état de cause, pour le calcul du rapport (nº 55750, c).

> Précisions Selon la CJUE, l'article 174, 2-b de la directive TVA doit être interprété en ce sens que, dans le cas d'une **entreprise de construction,** la vente par celle-ci d'immeubles réalisés pour son propre compte (opération en l'occurrence exonérée) ne saurait être qualifiée d'« opération accessoire immobilière » au sens de cette disposition, dès lors que cette activité constitue le prolongement direct, permanent et nécessaire de son activité taxable, sans qu'il y ait lieu d'apprécier in concreto la mesure dans laquelle cette activité de vente, considérée isolément, implique une utilisation de biens ou de services grevés de TVA (CJUE 29-10-2009 aff. 174/08 : RJF 1/10 nº 92).

SUBVENTIONS

55790 CGI ann. II art. 206, III-3-1° TVA-IX-10150 s

Il convient de prendre en compte pour le calcul du **coefficient de taxation forfaitaire** :

– au numérateur du rapport servant à déterminer ce coefficient, le montant total annuel du chiffre d'affaires afférent aux opérations ouvrant droit à déduction, y compris les subventions directement liées au prix de ces opérations ;

– au dénominateur, le montant total annuel du chiffre d'affaires afférent aux opérations imposables (ouvrant ou non droit à déduction), y compris les subventions directement liées au prix de ces opérations.

Il en résulte que sont à prendre en compte pour le calcul du rapport les **seules subventions** directement liées au prix des opérations imposables (ouvrant ou non droit à déduction) ou constituant la contrepartie de telles opérations (et non l'ensemble des subventions).

55795 Les **subventions qui doivent être prises en compte** pour le calcul du coefficient de taxation forfaitaire sont ainsi :

– les subventions constituant la **contrepartie d'une opération imposable** réalisée au profit de la partie versante. Il s'agit en fait du prix payé pour un service rendu ou pour une vente (nº 46930). Ces subventions sont à inscrire **aux deux termes du rapport** si elles constituent la contrepartie d'une opération imposable ouvrant droit à déduction ou **au seul dénominateur** du rapport si elles constituent la contrepartie d'une opération imposable n'ouvrant pas droit à déduction ;

– les subventions **complétant le prix d'une opération imposable** (nº 46940). Ces subventions sont à inscrire **aux deux termes du rapport** si elles complètent le prix d'une opération imposable ouvrant droit à déduction ou **au seul dénominateur** du rapport si elles complètent le prix d'une opération imposable n'ouvrant pas droit à déduction.

Les subventions qui n'entrent dans aucune de ces deux catégories ne sont pas prises en compte pour le calcul du coefficient de taxation forfaitaire.

> Précisions a. Les subventions constituant la contrepartie ou complétant le prix d'une opération imposable n'ouvrant pas droit à déduction (subventions non imposables à inscrire au seul dénominateur du rapport) devraient être rares en pratique.

b. En ce qui concerne les subventions perçues dans le **domaine agricole,** voir nº 59810, b.

SECTEURS D'ACTIVITÉ DISTINCTS

55805 CGI ann. II art. 206, III-3-2° TVA-IX-15100 s

Lorsqu'un assujetti a constitué des secteurs d'activité distincts (nºs 56030 s.), le **chiffre d'affaires à retenir** pour le calcul du rapport servant à déterminer le coefficient de taxation forfaitaire est celui du ou des secteurs pour lesquels le bien ou le service est utilisé.

Lorsque le bien ou le service est utilisé pour plusieurs secteurs d'activité sans être utilisé pour tous les secteurs d'activité, le coefficient de taxation est déterminé au vu du chiffre d'affaires de ces quelques secteurs.

EXEMPLE

Un entrepreneur exerce trois activités distinctes au regard des règles applicables en matière de TVA : une activité de conseil soumise à la taxe de plein droit; une activité de formation professionnelle exonérée; enfin il décide de louer une partie de ses locaux nus à usage professionnel, en optant pour la taxation de ses loyers. Il a constitué trois secteurs distincts, au sens de l'article 209 de l'annexe II au CGI, pour chacune de ses activités qui ont dégagé respectivement un chiffre d'affaires annuel hors taxe de 100, 50 et 150. Le coefficient de taxation de l'immeuble, utilisé pour les trois secteurs d'activité distincts, est égal à 100 + 150 / 100 + 50 + 150, soit 0,8333... arrondi à 0,84. L'assujetti fait également appel à un prestataire afin de l'aider dans son activité de formation professionnelle et de location. Le coefficient de taxation retenu pour cette dépense d'un montant de 4 000 € HT est égal à 150 / 50 + 150, soit 0,75. Par ailleurs, l'assujetti a acquis une voiture d'une valeur de 15 000 € HT qu'il utilise pour ses activités de formation et de conseil. Le coefficient de taxation retenu pour cette dépense est égal à 100 / 100 + 50, soit 0,6666... arrondi à 0,67. Pour l'usage de ce véhicule, il achète sur l'année 1 000 € HT de gazole, dont le coefficient de taxation est également de 0,67.

Pour les règles applicables aux **assujettis uniques** dont les membres constituent des secteurs distincts, voir nº 46553.

4. COEFFICIENT DE TAXATION UNIQUE

En principe, l'assujetti doit calculer un coefficient de taxation pour chacun des biens et services qu'il acquiert (nº 55540). Toutefois, **sans** avoir besoin de l'**autorisation préalable** de l'administration, il peut, par année civile, retenir pour l'ensemble des biens et services acquis un coefficient de taxation unique, calculé de manière forfaitaire (BOI-TVA-DED-20-10-20 nº 20), cette possibilité étant réservée aux redevables dits « partiels », qui, au titre de l'année civile, ont réalisé des opérations imposables ouvrant droit à déduction et des opérations imposables n'y ouvrant pas droit (CE 11-12-2020 nº 427136 : RJF 3/21 nº 267). **55830** CGI ann. II art. 206, V-1-2º TVA-IX-11300 s

Cette option est exercée **séparément pour chacun des secteurs** constitués dans les conditions exposées nºs 56040 s. et s'applique aux biens et services utilisés pour les besoins des opérations imposables de ce secteur (CGI ann. II art. 206, V-1-2º-al. 2).

Sur les modalités spécifiques de calcul du coefficient de taxation unique lorsque cette option est exercée pour l'un des membres d'un **assujetti unique,** voir nº 46553.

C. Coefficient d'admission

Contrairement au coefficient d'assujettissement et au coefficient de taxation, qui dépendent de l'activité de l'assujetti et de l'utilisation qu'il fait des biens et services qu'il achète, le coefficient d'admission d'un bien ou d'un service dépend uniquement de la réglementation en vigueur. Il a en effet pour objet de prendre en compte l'existence de dispositifs particuliers d'**exclusion ou de restriction du droit à déduction.** **55860** CGI ann. II art. 206, IV TVA-IX-11390 s

Il exprime la proportion maximale de taxe que la réglementation autorise à déduire sur une dépense, avant prise en compte des spécificités propres à l'activité de l'assujetti.

Le coefficient d'admission d'un bien ou d'un service est :

- **égal à un** lorsque ce bien ou ce service ne fait l'objet d'aucune mesure d'exclusion ou de restriction du droit à déduction ;
- **nul** lorsque le bien ou le service fait l'objet d'une mesure d'exclusion du droit à déduction ;
- **compris entre zéro et un** lorsque le bien ou le service fait l'objet d'une restriction du droit à déduction.

› Précisions a. Si le **coefficient d'admission est égal à zéro,** l'opérateur n'a aucun droit à déduction.
L'opérateur doit néanmoins calculer le coefficient de déduction du bien ou du service (qui sera par définition égal à zéro). Il devra en outre conserver dans son système de gestion les éléments de ce calcul et son résultat afin de justifier auprès de l'administration le montant déduit ou régularisé (nº 55360, précision c).

b. Le coefficient d'admission est d'abord déterminé de façon **provisoire** lors de l'acquisition du bien ou du service et doit ensuite être **définitivement arrêté** dans les conditions indiquées nº 55365.
Dans la plupart des cas, il ne devrait subir aucune variation (sauf en cas de changement de réglementation : voir précision c ci-dessous).

c. Lorsqu'il intervient un **changement de réglementation** se traduisant soit par la création d'une nouvelle exclusion du droit à déduction, soit au contraire par la suppression d'une exclusion existante, cette modification réglementaire peut entraîner une régularisation pour les immobilisations en cours d'utilisation (voir nºs 57350 s.).
En cas de **changement de réglementation en cours d'année,** la **valeur** du coefficient d'admission **à retenir au titre d'une année** est celle constatée en début de période, quelles que soient les évolutions de la réglementation intervenues au cours de ladite année (BOI-TVA-DED-20-10-30 nº 10). Cette règle ne concerne que les **immobilisations en cours d'utilisation au moment de la modification** législative ou réglementaire créant ou supprimant une exclusion du droit à déduction. Elle reflète la combinaison des règles prévues nºs 57350 s. (obligation de procéder à une régularisation globale en cas de modification des règles d'exclusion) et nºs 57445 s. (prise en compte des modifications des coefficients de référence seulement pour le calcul des régularisations annuelles à compter de l'année suivant celle de la modification législative ou réglementaire).
Pour les **autres biens et services** ou pour les **immobilisations acquises postérieurement au changement de réglementation,** il convient de prendre la valeur du coefficient d'admission en vigueur au moment de la dépense ou de l'acquisition.

55865 TVA-IX-11530 **Tableau récapitulatif** Le tableau récapitulatif figurant ci-après présente la liste des exclusions et restrictions du droit à déduction avec, pour chacune, la référence aux commentaires correspondants. On notera que, pour les dispositions concernant certains biens ou entreprises qui font l'objet d'une étude spéciale (par exemple : produits pétroliers), les explications correspondantes sont intégrées dans cette étude.

Biens, services ou redevables pour lesquels le droit à déduction comporte des exclusions ou restrictions particulières	Commentaires (nos)
Produits pétroliers (utilisateur final)	61395 s.
Biens ou services utilisés à plus de 90 % à des fins étrangères à l'entreprise	55875
Dépenses de logement au profit des dirigeants ou du personnel	55885 s.
Véhicules de transport des personnes	55900 s.
Transports de personnes et opérations accessoires	55955 s.
Biens fournis sans rémunération	55970 s.
Services afférents à des biens exclus du droit à déduction	55995
Publicités prohibées (boissons)	56005
Agents de voyages	61545
Négociants en biens d'occasion, œuvres d'art, objets de collection ou d'antiquité	60815 s.

BIENS OU SERVICES UTILISÉS À PLUS DE 90 % À DES FINS ÉTRANGÈRES À L'ENTREPRISE

55875 CGI ann. II art. 206, IV-2-1° TVA-IX-11540 s Le coefficient d'admission est nul lorsque le bien ou le service est utilisé par l'assujetti à plus de 90 % à des fins étrangères à l'entreprise.

Les hypothèses visées sont les suivantes :

a. Biens et services acquis par une entreprise **pour** être mis à la disposition ou utilisés principalement par le **chef d'entreprise,** le **dirigeant,** le **personnel** ou un **tiers,** ou plus généralement à des **fins étrangères à l'entreprise** : le coefficient d'admission provisoire et le coefficient d'admission définitif sont nuls ;

EXEMPLES

Acquisition ou prise en crédit-bail d'un lecteur DVD mis à la disposition du dirigeant et devant servir exceptionnellement pour des besoins de formation professionnelle interne ; bateau de plaisance utilisé principalement à des fins privées et donné en location une semaine par an.

b. Biens et services **normalement affectés aux besoins de l'entreprise** lors de leur acquisition mais qui **dans les faits,** à l'issue de l'année d'acquisition, ont fait l'**objet d'une utilisation privée pour plus de 90 %** : le coefficient d'admission provisoire est égal à l'unité et le coefficient d'admission définitif est nul. Dans cette situation, l'entreprise devra reverser intégralement la TVA qu'elle aura déduite initialement. Si le bien, après avoir ouvert droit à déduction, devient, au cours de la période de régularisation, exclu du droit à déduction par suite d'une utilisation à des fins étrangères à l'entreprise supérieure à 90 %, la taxe à reverser est calculée dans le cadre du dispositif des régularisations annuelles (nos 57205 s.).

> Précisions La valeur du **coefficient d'assujettissement** d'un bien ou d'un service utilisé à plus de 90 % à des fins étrangères à l'entreprise est **obligatoirement** comprise **entre 0,01 et 0,09.** Des régularisations annuelles pourront donc être constatées si le bien cesse d'être utilisé à plus de 90 % à des fins étrangères à l'entreprise, et pour autant que le produit des coefficients d'assujettissement et de taxation de l'année vienne à différer du produit des coefficients d'assujettissement et de taxation de référence de plus d'un dixième (BOI-TVA-DED-30-10 n° 10).

DÉPENSES DE LOGEMENT AU PROFIT DES DIRIGEANTS OU DU PERSONNEL

55885 CGI ann. II art. 206, IV-2-2° TVA-IX-11620 s Le coefficient d'admission est nul lorsque le bien ou le service est relatif à la **fourniture à titre gratuit** du logement des dirigeants ou du personnel de l'entreprise, à l'**exception** de celui du **personnel de gardiennage, de sécurité ou de surveillance** sur les chantiers ou dans les locaux de l'entreprise.

En revanche, la fourniture à titre gratuit du logement à des **tiers** à l'entreprise ouvre droit à déduction dans les conditions de droit commun. La fourniture à titre gratuit du logement à des tiers est donc affectée, en principe, d'un coefficient d'admission de un.

> Précisions a. La notion de dépenses de logement inclut les dépenses d'**hébergement** occasionnel, telles que les frais d'hôtel (CE 5-4-2004 n° 250356 : RJF 6/04 n° 602).

b. Lorsque les **dépenses de logement** sont supportées **concurremment** au bénéfice de **tiers** et de **dirigeants ou salariés,** la taxe déductible peut être déterminée en proportion du nombre de tiers par rapport à l'ensemble des personnes ayant bénéficié des dépenses portées sur la facture. À cette fin, l'identité et la qualité des bénéficiaires doivent être portées sur les factures délivrées par les fournisseurs (BOI-TVA-DED-30-30-10 n° 1).

55890 TVA-IX-11820 s

Exception Par exception à la règle selon laquelle sont exclues du droit à déduction les dépenses de logement fourni à titre gratuit supportées au bénéfice des dirigeants ou du personnel de l'entreprise, ouvrent droit à déduction les dépenses relatives à la fourniture à titre gratuit du **logement** sur les chantiers ou dans les locaux d'une entreprise **du personnel de surveillance, de sécurité ou de gardiennage.** Pour ces dépenses, le coefficient d'admission est donc égal à un.

> **Précisions** Sont concernés, en particulier, les loges ou appartements de **concierge** ou de **gardien** compris dans les immeubles ou ensembles immobiliers à usage d'ateliers ou de bureaux.
> La déduction peut s'appliquer dès lors que les fonctions de surveillance et de sécurité rendent nécessaire l'utilisation d'un logement sur le lieu de travail, même si, ces fonctions n'étant pas exclusives, les intéressés sont affectés en outre à d'autres tâches. Mais la déduction ne s'étend pas à l'ensemble des dépenses des **logements de fonction** des personnels (cadres, maîtrise ou autres) et de leur famille, même si le logement sur place répond aux nécessités de l'entreprise (BOI-TVA-DED-30-30-10 n° 40).

VÉHICULES DE TRANSPORT DES PERSONNES

55900 CGI ann. II art. 206, IV-2-6° et 7° TVA-IX-12500 s

Le coefficient d'admission est nul pour les **véhicules ou engins, terrestres, maritimes ou aériens,** quelle que soit leur nature, **conçus pour transporter des personnes ou à usages mixtes.**

Le coefficient d'admission est également nul pour les **éléments constitutifs, pièces détachées et accessoires** de ces véhicules ou engins.

L'exclusion comporte cependant les exceptions indiquées n°s 55910 s. ; la plus importante concerne les véhicules acquis par les entreprises de transports publics de voyageurs.

Par ailleurs, l'exclusion est limitée pour les avions et les hélicoptères compte tenu de la doctrine administrative qui admet la déduction de la taxe grevant ces biens lorsqu'ils sont utilisés pour la fourniture de prestations de services aériens soumises à la TVA (voir n° 55905, b).

Les **services** (réparations, etc.) afférents à des véhicules n'ouvrant pas droit à déduction sont eux-mêmes exclus, en principe, du droit à déduction (n° 55995).

Remarque : L'article 206, IV-2-6° de l'annexe II au CGI, en ce qu'il exclut la déductibilité de la TVA afférente aux moyens de transport utilisés à des fins professionnelles, ne contrevient pas aux dispositions de la **directive TVA.** La CJUE a en effet jugé que la clause de gel de l'article 176 de la directive autorise le maintien de l'exclusion du droit à déduction de la TVA afférente aux moyens de transport qui constituent l'outil même de l'activité de l'assujetti (ou un outil indispensable à son exercice) ou qui ne peuvent pas faire l'objet d'une utilisation privée (CJUE 18-6-1998 aff. 43/96 : RJF 8-9/98 n° 1062 ; CJUE 5-10-1999 aff. 305/97 : RJF 12/99 n° 1632).

55905

> **Précisions a.** Dans le domaine des véhicules **automobiles,** l'exclusion du droit à déduction vise, notamment, tous les véhicules qui sont réceptionnés par le service des mines comme autocars ou autobus (sauf les exceptions visées n°s 55910 s.) ou comme voitures particulières (conduite intérieure, break, etc.). Ne sont pas frappés d'exclusion, en revanche, les triporteurs, camionnettes, camions, tracteurs, ainsi que les véhicules classés par le Code de la route sous les rubriques « **véhicules très spéciaux** » qui ne sont pas conçus pour le transport de personnes ou à usages mixtes.
> La catégorie dans laquelle un véhicule a été réceptionné par le service des mines ne saurait, à elle seule, faire échec aux critères d'exclusion. Ainsi, par exemple, sont exclus du droit à déduction les **camping-cars,** lesquels – bien que classés dans les catégories « véhicules automoteurs spécialisés » – sont des véhicules à usages mixtes.
> En ce qui concerne les véhicules de type « **4 × 4 pick-up** », l'exclusion du droit à déduction ne s'applique pas lorsqu'ils sont pourvus d'une simple cabine, c'est-à-dire lorsqu'ils ne comportent que 2 sièges ou une banquette, ou comprennent une simple cabine approfondie dans laquelle sont placés, outre les sièges ou la banquette avant, des strapontins destinés à faire l'objet d'un usage occasionnel. En revanche, les autres véhicules, qui comportent 4 ou 5 places assises hors strapontins (notamment ceux rangés dans la catégorie des véhicules dits à « double cabine »), sont exclus du droit à déduction (BOI-TVA-DED-30-30-20 n° 20), étant précisé qu'il existe cependant une exception en ce qui concerne les véhicules affectés exclusivement à l'exploitation des remontées mécaniques et des domaines skiables (voir n° 55940).
> L'exclusion du droit à déduction ne s'applique pas aux **véhicules dits « dérivés VP »** qui ne comportent que 2 places, également commercialisés sous les appellations « société », « affaire » ou « entreprise » (BOI précité n° 20).
> Les véhicules dénommés « **quads** » ouvrent droit à déduction lorsqu'ils présentent les

caractéristiques propres aux véhicules agricoles ou forestiers. En revanche, les quads de loisir sont exclus du droit à déduction (BOI précité nos 340 à 370).

Les **motocyclettes** et les **scooters** sont exclus du droit à déduction, même si des **transformations** ont été apportées avant toute utilisation (par exemple, pour les besoins d'une activité de livraison de colis ou de pizzas) qui en modifient les caractéristiques et les transforment en véhicules utilitaires inaptes au transport d'un passager (CAA Paris 28-3-2002 n° 97-3169 : RJF 2/03 n° 172 ; Rép. Vignal : AN 22-12-2015 n° 50403).

Les **vélos-cargos** ouvrent droit à déduction lorsqu'ils ne sont pas dotés des équipements de sécurité requis par le Code de la route pour le transport de personnes et que leurs caractéristiques intrinsèques (conception industrielle adaptée au transport de charges lourdes) permettent de les considérer comme destinés à un usage utilitaire (Rép. Gouffier Valente : AN 18-4-2023 n° 4630).

b. Dans le domaine **aéronautique** ouvrent droit à déduction (outre les aéronefs qui ne sont pas conçus pour le transport des personnes) les avions et les hélicoptères conçus pour le transport des personnes ou à usages mixtes qui sont utilisés, même de façon alternative, pour la réalisation à titre onéreux de prestations de services aériens soumises à la TVA, notamment : transport public de voyageurs, transport de fret, enseignement du pilotage, manutention de matériel, hélitreuillage et levage, publicité, prise de vues, vols panoramiques, vols de démonstration, largage de parachutistes, opérations aériennes agricoles, etc. Les entreprises concernées doivent être en mesure de justifier de l'utilisation effective des aéronefs, ce qui suppose que les obligations résultant de la réglementation qui régit l'aéronautique civile soient respectées. Lorsqu'une entreprise utilise de façon alternative un appareil pour les besoins d'opérations ouvrant droit à déduction et d'opérations n'ouvrant pas droit à déduction (transport sanitaire, par exemple), il convient de lui affecter un coefficient de taxation forfaitaire (nos 55740 s.). Lorsque les aéronefs sont également utilisés à d'autres fins (utilisation privative, par exemple), cette utilisation donne lieu en principe à la taxation d'une prestation de services à soi-même (nos 47410 s.).

c. Les **véhicules** – voitures de **course**, motocyclettes de **compétition** – non réceptionnables par le service des mines et dès lors non susceptibles d'être autorisés, à titre permanent, à circuler sur la voie publique ouvrent droit à déduction. Même solution pour les **voiliers** exclusivement conçus pour les **compétitions** de vitesse. Jugé à cet égard que l'exclusion du droit à déduction ne trouve pas à s'appliquer aux véhicules ou engins qui, en raison des caractéristiques de leur conception, n'ont pas pour fonction d'assurer le transport des personnes, même s'ils ne peuvent se déplacer sans la présence à leur bord d'un conducteur, d'un pilote ou d'un équipage (CE 21-12-1994 nos 134131-134137 et 134133-134135 : RJF 2/95 nos 176).

d. N'ouvrent pas droit à déduction les véhicules acquis par des unions commerciales pour être offerts à titre de **cadeaux publicitaires** à l'occasion de manifestations promotionnelles.

e. Les **remonte-pentes** ou les **téléphériques** acquis par les entreprises de transports publics de voyageurs et utilisés exclusivement pour ces transports ouvrent droit à déduction (n° 55915). Il en est de même des téléphériques ou **télébennes** utilisés pour le transport des minerais ou matériaux (BOI précité n° 20).

55910 **Exceptions** La règle selon laquelle les véhicules conçus pour le transport des personnes sont exclus du droit à déduction comporte un certain nombre d'exceptions. Pour les véhicules ou engins concernés par celles-ci, le coefficient d'admission est égal à un.

› Précisions **a.** S'agissant des **véhicules terrestres** fonctionnant exclusivement au moyen de l'énergie électrique, une disposition particulière ouvre droit à déduction, non pour les véhicules eux-mêmes, mais pour l'**électricité** consommée par eux (n° 55945).

b. En ce qui concerne les **avions et hélicoptères,** voir n° 55905, b.

55915 CGI ann. II art. 206, IV-2-6°-f TVA-IX-13175 s **Entreprises de transports publics de voyageurs.** Les véhicules ou engins, acquis par les entreprises de transports publics de voyageurs et affectés de façon exclusive à la réalisation desdits transports, ouvrent droit à déduction (coefficient d'admission égal à un), quelle que soit la nature des véhicules : voitures particulières, autocars, autobus, bateaux de plaisance, aéronefs, remonte-pentes, téléphériques.

La déduction est subordonnée à une **affectation exclusive** à une activité de transports publics de personnes. La déduction n'est toutefois pas remise en cause du seul fait que les entreprises en question soient amenées à réaliser, **à titre accessoire ou occasionnel,** des transports de **marchandises ou** de **messageries** (BOI-TVA-DED-30-30-20 n° 130).

Pour les avions et les hélicoptères, voir n° 55905, b.

Remarque : La condition d'affectation exclusive des véhicules à la réalisation des transports publics de voyageurs est compatible avec l'objectif de la directive TVA (CE 24-3-1999 n° 188968 : RJF 5/99 n° 553).

› Précisions **a.** Pour les **exploitants de taxis,** la déduction est possible même si leur véhicule est utilisé durant leurs jours de repos pour leurs déplacements personnels et il est admis de ne pas taxer la valeur de cette utilisation privée (BOI-TVA-CHAMP-10-20-20 n° 190).

Comme indiqué ci-dessus, la déduction n'est pas remise en cause du seul fait des transports de marchandises ou de messageries réalisés à titre accessoire ou occasionnel. Pour les artisans taxis, on considère que tel est le cas, en pratique, lorsque les recettes correspondantes sont inférieures à 7 630 € TTC par an et n'excèdent pas 30 % des recettes totales annuelles TTC (BOI-TVA-DED-30-30-20 n° 140).

b. Ne peuvent pas bénéficier de la déduction les entreprises (supermarchés, hôteliers, etc.) qui affectent des **véhicules à l'usage** de leur **clientèle** (BOI précité n° 170).

En revanche, ouvrent droit à déduction (coefficient d'admission égal à un) :

– les **véhicules de transports sanitaires légers** affectés exclusivement à l'activité taxable de transports de malades ou de blessés (BOI précité n° 180) ;

– les corbillards servant tant au transport des corps qu'à celui des familles, dès lors qu'ils sont utilisés exclusivement pour les **transports funéraires** (BOI précité n° 180) ;

– les véhicules utilisés par les **entreprises d'aide à la personne** qui les affectent au **transport de personnes handicapées,** de personnes **âgées** ou d'**enfants** (Rép. Lesage : AN 29-1-2013 n° 7457).

S'agissant des bateaux utilisés pour des **croisières et excursions maritimes ou fluviales,** voir n° 53165, précision d.

Véhicules destinés à être revendus à l'état neuf. Les véhicules ou engins, conçus pour transporter des personnes ou à usages mixtes, destinés à être revendus à l'état neuf ouvrent droit à déduction (coefficient d'admission égal à un). **55920** CGI ann. II art. 206, IV-2-6°-a TVA-IX-13065 s

Sont ici visés, notamment, les véhicules et engins acquis par les **concessionnaires** ou **négociants en automobiles** qu'ils destinent à la revente à l'état neuf.

Le régime applicable aux **voitures de démonstration** est exposé n° 61060.

Véhicules donnés en location. Les véhicules ou engins, conçus pour transporter des personnes ou à usages mixtes, donnés en location ouvrent droit à déduction (coefficient d'admission égal à un). **55925** CGI ann. II art. 206, IV-2-6°-b TVA-IX-13085 s

Cette situation concerne, **en particulier,** les véhicules ou engins acquis par les **entreprises de location.**

> **Précisions** **a.** Le Conseil d'État a jugé qu'ouvrent droit à déduction les véhicules affectés à une **activité locative à titre principal** et a annulé, en conséquence, la précision figurant au BOI-TVA-DED-30-30-30 n° 60 qui exigeait une affectation exclusive des véhicules à l'activité de location (CE 21-10-2020 n° 440526 : RJF 1/21 n° 28).
> **b.** Cette exception à l'exclusion du droit à déduction s'applique non seulement aux locations consenties par le propriétaire des biens mais également aux **sous-locations consenties par le locataire au sous-locataire** (en ce sens, BOI-TVA-CHAMP-20-50-20 n° 160 à propos de l'affrètement d'aéronefs par des courtiers aériens).

Véhicules amenant le personnel sur le lieu de travail. Ouvrent droit à déduction (coefficient d'admission égal à un) les véhicules ou engins comportant, outre le siège du conducteur, plus de 8 places assises et qui sont utilisés par des entreprises pour amener leur personnel sur les lieux du travail. **55930** CGI ann. II art. 206, IV-2-6°-c TVA-IX-13115 s

En cas de versement d'une participation, de la part des travailleurs, pour utiliser ces transports, cette participation est taxable.

Véhicules affectés à l'enseignement de la conduite. Ouvrent droit à déduction (coefficient d'admission égal à un) les véhicules ou engins de transport de personnes ou à usages mixtes (véhicules routiers automobiles, motocyclettes, avions, hélicoptères, bateaux, etc.) affectés de façon exclusive à l'enseignement de la conduite. **55935** CGI art. 273 septies A et CGI ann. II art. 206, IV-2-6°-d TVA-II-9420 s

> **Précisions** **a.** La condition d'**affectation exclusive** à l'enseignement de la conduite est compatible avec la directive TVA (CJUE 14-6-2001 aff. 345/99 : RJF 10/01 n° 1342).
> Il est admis que cette condition soit réputée remplie lorsque le véhicule est affecté, en dehors de l'activité d'enseignement, à l'une ou plusieurs des activités autorisant la déduction sur les véhicules ou engins de transport des personnes ou à usages mixtes (transport public de voyageurs, location imposable de véhicules, etc.), à l'exclusion du transport de marchandises (BOI-TVA-DED-30-30-20 n° 320).
> Par ailleurs, le fait que le véhicule affecté à l'enseignement soit également utilisé à des fins étrangères à l'entreprise (**besoins privés** du dirigeant, etc.) ne fait pas obstacle au droit à déduction, mais cette utilisation privative constitue une prestation de services à soi-même taxable (n° 47410 s.).
> En ce qui concerne les avions et les hélicoptères, voir n° 55905, b.
> **b.** La circonstance que des motocyclettes utilisées pour l'enseignement de la conduite ne sont **pas munies d'équipements spéciaux** destinés à cet usage ne fait pas obstacle à la déduction (CAA Nantes 17-12-2003 n° 00-923 : RJF 5/04 n° 475).
> **c.** Selon le Conseil d'État, le fait que la prestation d'enseignement soit exercée dans un contexte de loisir et n'ait pas un caractère diplômant est sans incidence sur le bénéfice du droit à déduction. Les véhicules de transport de personnes utilisés pour une **activité d'initiation**

au pilotage sur circuit peuvent ainsi ouvrir droit à déduction si, compte tenu de l'activité effective exercée, ils peuvent être regardés comme affectés de façon exclusive à l'enseignement professionnel de la conduite (CE 11-7-2018 n° 410924 : RJF 11/18 n° 1093).

55940 CGI art. 273 septies C et CGI ann. II art. 206, IV-2-6°-e TVA-IX-13140 s

Véhicules tout-terrain affectés aux remontées mécaniques et aux domaines skiables. Ouvrent droit à déduction (coefficient d'admission égal à un) les véhicules ou engins de type tout-terrain (il s'agit en pratique de véhicules **« 4 × 4 pick-up »** double ou simple cabine) affectés exclusivement à l'exploitation des remontées mécaniques et des domaines skiables, selon les conditions fixées par l'article 84 A de l'annexe III au CGI.

> Précisions Ouvrent droit à déduction, compte tenu de leurs caractéristiques techniques, des **scooters des neiges** acquis par une société exploitant le parc de remontées mécaniques d'une station de sports d'hiver (CE 25-11-2009 n° 319649 : RJF 2/10 n° 114).

55942 CGI art. 273 septies C

Véhicules aménagés pour le transport des équidés. Ouvrent droit à déduction (coefficient d'admission égal à un) les véhicules aménagés pour le transport des équidés (Loi 2023-1322 du 29-12-2023 art. 89).

55945 CGI art. 273 septies B TVA-IX-12560

Véhicules électriques. À défaut de dérogation spécifique prévue à leur égard (et sauf, évidemment, lorsqu'ils entrent dans l'une des exceptions visées n°s 55910 à 55942), les véhicules fonctionnant exclusivement au moyen de l'énergie électrique sont, conformément à la règle générale, **exclus** du droit à déduction, dès lors qu'ils sont conçus pour transporter des personnes ou à usages mixtes.

Cependant, en vertu d'une disposition particulière, ouvre **droit à déduction** (coefficient d'admission égal à un) l'**électricité consommée** par les **véhicules terrestres** exclus de ce droit, lorsque ces véhicules sont utilisés pour les besoins d'opérations ouvrant droit à déduction et qu'ils fonctionnent exclusivement au moyen de l'énergie électrique. Il en va de même lorsque les véhicules de cette nature sont pris en location et que la taxe relative à cette location n'est pas déductible (n° 55995).

TRANSPORT DE PERSONNES

55955 CGI ann. II art. 206, IV-2-5° TVA-IX-13310 s

Le coefficient d'admission est nul pour les prestations de transport de personnes. Il en est ainsi quels que soient la voie et les moyens utilisés (**route, fer, air, eau**).

L'exclusion s'étend aux **opérations accessoires,** c'est-à-dire à l'ensemble des opérations en relation étroite avec le transport lui-même : location de places, etc.

55960 **Exceptions** La déduction est autorisée (coefficient d'admission égal à un) dans les deux cas suivants :

a. Transports réalisés **pour** le compte d'une **entreprise de transports publics** de voyageurs ; ces entreprises bénéficient ainsi de la déduction de la taxe qui leur est facturée par d'autres transporteurs ;

b. Transports réalisés en vertu d'un **contrat permanent de transport** conclu par les entreprises redevables (y compris agricoles) pour amener leur **personnel** sur les lieux de travail.

BIENS FOURNIS SANS RÉMUNÉRATION OU POUR UN PRIX TROP BAS

55970 CGI ann. II art. 206, IV-2-3° TVA-IX-11960 s

Sous réserve des exceptions mentionnées n°s 55980 et 55985, le coefficient d'admission est nul lorsque le bien est cédé sans rémunération ou moyennant une rémunération très inférieure à son prix normal, **notamment** à titre de **commission, salaire, gratification, rabais, bonification, cadeau.** Il en est ainsi quelle que soit la qualité du **bénéficiaire** (client, fournisseur, personnel, etc.) ou la **forme** de la distribution, et quand bien même l'opération serait effectuée dans l'**intérêt de l'entreprise.**

55975 **> Précisions** **a.** S'agissant des cessions faites moyennant une **« rémunération très inférieure à leur prix normal »**, l'exclusion joue en principe lorsque la différence entre le prix normal (c'est-à-dire le prix pratiqué par l'entreprise pour des biens similaires, ou, à défaut, le prix de marché, ou encore leur prix de revient incluant une quote-part des charges d'amortissement) et le prix effectif dépasse très largement les rabais et remises couramment pratiqués.

b. Ne tombe pas sous le coup de l'exclusion du droit à déduction la **fourniture d'articles supplémentaires** (treize à la douzaine ou remise d'articles par les concessionnaires automobiles, par exemple) faite à des clients, dès lors que cette fourniture s'analyse en une réduction du prix, ce qui suppose, selon l'administration (BOI-TVA-DED-30-30-50 n° 130), qu'il en soit fait état sur une facture (exigence partagée par CAA Bordeaux 30-12-1994 n° 93-856 : RJF 4/95 n° 472, mais non par CAA Nancy 20-10-1994 n° 92-548 : RJF 3/95 n° 318).

c. Le Conseil d'État estime que les cessions gratuites qui présentent un **caractère obligatoire** et dont le coût est un **élément inévitable du prix de revient** des opérations imposables réalisées échappent à l'exclusion du droit à déduction. Ainsi jugé pour des travaux de superstructure remis gratuitement par un aménageur de zone à la commune avec laquelle il avait contracté (CE 7-5-1986 n° 49991 : RJF 7/86 n° 685).

d. L'exclusion du droit à déduction ne s'applique pas à la taxe grevant le prix d'achat des décorations offertes aux membres du personnel qui deviennent titulaires de la **médaille d'honneur du travail,** dès lors que cette dépense d'intérêt social présente un caractère exceptionnel et que la décision de son attribution est prise par une autorité publique (BOI précité n° 140).

e. Selon l'administration, lorsque le bien cédé gratuitement ou pour un prix trop bas a, lors de son **acquisition,** donné lieu à une **déduction** totale ou partielle (parce qu'il était destiné à une opération ouvrant droit à déduction) **ou** a été **fabriqué** par le cédant, celui-ci doit acquitter la TVA au titre de la **livraison à soi-même** de ce bien, et la taxe résultant de cette imposition n'est pas déductible (n° 47400).

Mais le droit à déduction exercé au titre d'**échantillons** ou de produits **« spécimens »** reste acquis sans qu'il y ait lieu à imposition au titre des livraisons à soi-même (voir n° 47400, précision e).

f. L'article 206, IV-2-3° de l'annexe II ne vise que des biens meubles corporels (CE 6-10-2004 n° 250715 : RJF 12/04 n° 1240). Il en résulte que les **services gratuits rendus dans l'intérêt de l'entreprise** ouvrent droit à déduction (sauf s'ils sont exclus du droit à déduction par une disposition particulière du type de celles décrites n°s 55875, 55885, 55955 et 55995).

En revanche, les **services rendus sans aucune contrepartie** pour l'entreprise (pures « libéralités ») sont exclus du droit à déduction, en application des principes généraux (n°s 55200 s.). Cette exclusion se traduira, s'il y a lieu, par une taxation à titre de livraison de services à soi-même (voir n°s 47410 s.).

g. Selon l'administration, que le gestionnaire d'un **programme de fidélisation de clientèle** livre directement les cadeaux aux clients des enseignes adhérentes ou qu'il recoure à un fournisseur pour réaliser cette livraison, il peut déduire dans les conditions de droit commun la TVA d'amont qu'il supporte (BOI précité n° 290). À noter toutefois que le Conseil d'État a, à cet égard, une position moins favorable (CE 7-12-2016 n°s 396460 à 396463 : RJF 3/17 n° 230).

En revanche, les enseignes adhérentes du programme ne peuvent pas déduire la fraction de la taxe qui leur est facturée au titre de la livraison des cadeaux à leurs clients (sauf biens de très faible valeur). La fraction de la TVA grevant les autres prestations, telle celle de gestion, est déductible dans les conditions de droit commun (BOI précité).

h. En ce qui concerne les **produits « presse-plus »,** voir n° 61600, Précisions.

Exceptions **Biens de très faible valeur.** L'exclusion du droit à déduction ne joue pas quand il s'agit de biens de très faible valeur (conçus spécialement ou non pour la publicité). 55980 TVA-IX-12195 s

La condition de valeur est considérée comme remplie lorsque la **valeur unitaire** des objets n'excède pas 73 €, taxes comprises (CGI ann. IV art. 28-00 A).

Pour les biens qui remplissent cette condition de valeur, le coefficient d'admission est donc égal à un.

La **valeur à retenir** est soit le prix d'achat par l'entreprise distributrice, soit le prix de revient si elle procède elle-même, ou fait procéder pour son compte, à la fabrication des objets.

Lorsque la **distribution** gratuite **se renouvelle,** la valeur des objets donnés ne doit pas excéder la limite de 73 € au cours de l'année pour un même bénéficiaire.

À noter que, lorsque cette condition de valeur est remplie, il n'y a ni exclusion du droit à déduction ni livraison à soi-même taxable (n° 47400, précision d).

> **Précisions** Le montant mentionné ci-dessus fait l'objet d'une **réévaluation tous les cinq ans,** proportionnellement à la variation de l'indice mensuel des prix à la consommation, hors tabac, de l'ensemble des ménages et arrondi à l'euro supérieur (Arrêté BUDF0500039A du 12-10-2005 art. 3). Il est fixé à 73 € depuis le 1er janvier 2021 (Arrêté ECOE2108012A du 9-6-2021) et sera réévalué au 1er janvier 2026.

Objets de nature publicitaire. Ouvrent droit à déduction dans les conditions de droit commun (coefficient d'admission égal à un) les matériels et objets de nature publicitaire remis gratuitement à un bénéficiaire, directement ou par l'intermédiaire d'un grossiste, par un fabricant ou une entreprise commercialisant des produits, lorsque les **conditions** suivantes sont réunies : 55985 TVA-IX-12135 s

– le bénéficiaire contribue à la commercialisation des produits de ce fabricant ou de cette entreprise ;

– le coût des biens est supporté par ledit fabricant ou ladite entreprise ;

– le bien remis est, par nature, destiné à assurer la **promotion,** la **vente,** le **rangement** ou la **présentation des produits** du fabricant ou de l'entreprise. Sont notamment visés les présentoirs publicitaires (affiches, panonceaux, pancartes, enseignes, meubles, etc.) utilisés chez le client comme support matériel pour la présentation commerciale d'un produit ou d'une marque sur le lieu de vente, les matériels de tirage de pression et accessoires de terrasse remis par les fournisseurs de boissons, les enseignes lumineuses. Mais la déduction n'est pas subordonnée à la mention de la marque des produits sur les biens ainsi remis ;

– la remise des biens est justifiée par les besoins de l'activité commerciale du fabricant ou de l'entreprise qui en supporte le coût (BOI-TVA-DED-30-30-50 n° 280).

SERVICES AFFÉRENTS À DES BIENS EXCLUS

55995 CGI ann. II art. 206, IV-2-10° TVA-IX-13480 s

Sont exclues du droit à déduction (coefficient d'admission égal à zéro) les prestations de services de toute nature, notamment la location, afférentes aux biens dont le coefficient d'admission est nul en application des dispositions des 1° à 8° de l'article 206, IV-2 (nos 55875 à 55985, 56005 et 61395 s.).

Sont **notamment concernées,** outre la location, les opérations de réparation, de transport, de commission, de courtage portant sur des biens exclus du droit à déduction (BOI-TVA-DED-30-30-70 n° 10).

Ne sont pas concernés par l'exclusion, en revanche, les services afférents aux biens acquis ou construits par les opérateurs imposés sur la marge.

Remarque : Ouvre droit à déduction la taxe afférente aux **emplacements de stationnement** achetés ou loués pour être mis à la disposition des clients et des membres du personnel, dirigeants ou non, sur le lieu de travail (BOI-TVA-DED-40-40 n° 30).

PUBLICITÉS PROHIBÉES

56005 CGI ann. II art. 206, IV-2-4° TVA-IX-13435 s

Le coefficient d'admission est égal à zéro lorsque le bien ou le service est utilisé pour des publicités prohibées par les articles L 3323-2, L 3323-4 et L 3323-5 du Code de la santé publique. Il s'agit des publicités pour **boissons alcooliques.** En pratique, la déduction est refusée lorsque le redevable a été frappé de l'amende prévue en pareil cas.

D. Secteurs d'activité distincts

56030 CGI ann. II art. 209 TVA-IX-14000 s

L'article 209, I-al. 2 de l'annexe II au CGI prévoit que les secteurs d'activité qui ne sont pas soumis à des dispositions identiques au regard de la TVA doivent être comptabilisés dans des comptes distincts pour l'application du droit à déduction.

Remarque : S'agissant de dispositions concernant l'application des règles de la TVA, on ne parle, en principe, de « secteur distinct » qu'à propos d'**opérations** situées **dans le champ d'application de la TVA.**

CAS DE CONSTITUTION DE SECTEURS DISTINCTS

56040 TVA-IX-14100 s

Le texte légal prévoit l'application du régime spécial lorsqu'un assujetti a des **secteurs d'activité « qui ne sont pas soumis à des dispositions identiques** au regard de la TVA ».

Les cas de constitution de secteurs distincts résultent :

– soit de l'application du principe énoncé à l'article 209, I-al. 2 de l'annexe II au CGI (n° 56045) ;

– soit de l'application des dispositions particulières prévues aux 1° à 6° du I du même article et à l'article 260 B de l'annexe II au CGI (n° 56050).

56045 En **application du principe général** énoncé par l'article 209, I-al. 2 de l'annexe II au CGI, il y a lieu de constituer des secteurs distincts lorsque les **deux conditions** suivantes sont réunies :

a. Exercice par un même assujetti de **plusieurs activités.** Cette condition s'apprécie en retenant un certain nombre de **critères** tenant à la fois à la nature économique de chaque activité et, surtout, à l'utilisation de moyens différents d'exploitation (investissements, personnels distincts), et à la tenue d'une comptabilité séparée (BOI-TVA-DED-20-20 n° 20) ;

b. Activités différentes **non soumises à des dispositions identiques** au regard de la TVA. Tel est le cas lorsqu'un redevable exerce à la fois une activité imposable et une activité exonérée. En revanche, le régime des secteurs distincts ne trouve pas son application si toutes les activités de l'assujetti comprennent exclusivement des opérations ouvrant droit à déduction (BOI précité n° 30).

Lorsque les **conditions** énoncées ci-dessus sont **réunies,** la **constitution** de secteurs distincts est **de droit,** et elle s'impose, tant aux entreprises qu'à l'administration, dès le début de l'activité considérée. Si une **contestation** survient sur le point de savoir s'il existe ou non des secteurs répondant effectivement à la définition donnée par le texte, c'est à la juridiction administrative qu'il appartient de se prononcer (BOI précité nos 10 et 120).

EXEMPLES

On trouvera ci-après une **liste (non limitative)** de situations imposant la constitution de secteurs distincts en application du principe général :
– activités civiles, libérales ou commerciales exonérées, exercées concurremment avec une activité économique (libérale ou commerciale) imposable (par exemple, ambulancier effectuant des transports mortuaires ou des transports en véhicule sanitaire léger : n° 47160) (BOI précité n° 60) ;
– sociétés en participation et sociétés de fait (quelle que soit la durée du contrat) (n° 47325) ;
– Cridon dépourvu de la personnalité juridique (afin de traiter dans des secteurs distincts les activités propres des chambres et les activités de prestations de services aux notaires) (BOI-TVA-CHAMP-10-10-50-50 n° 120) ;
– activités de l'État et des collectivités locales (BOI-TVA-DED-20-20 n° 220).
Pour les activités financières exercées à titre accessoire, voir n° 55770, précision c.

En application des **dispositions** réglementaires **particulières** doivent être constituées en secteurs distincts pour l'exercice des déductions les activités ou personnes suivantes : **56050**

– **location** d'immeubles nus à usage professionnel **imposée par option** (nos 46875 s.) ;
– **collectivités locales** ayant plusieurs services soumis à la TVA par option (n° 47235) ;
– **organismes sans but lucratif** (n° 89625, c) ;
– chaque opération de **lotissement ou** d'**aménagement de zone** réalisée par les collectivités territoriales ou leurs groupements (CGI ann. II art. 209, I-5°) ;
– livraisons à soi-même de **logements sociaux à usage locatif** ou de certains travaux de réhabilitation réalisés dans les mêmes logements (n° 59125, Précisions) ;
– **activité agricole** imposable selon le régime **simplifié** agricole (nos 59735, 59740 et 59960) ;
– chaque **membre d'un assujetti unique** (n° 46552), sans préjudice des secteurs constitués par ce membre en application du principe général (n° 56045) et des cinq premiers tirets ci-dessus (CGI ann. II art. 209, I-6°).

CONSÉQUENCES DE LA SECTORISATION

En cas de fractionnement, les **secteurs** font l'objet de **comptes distincts pour** l'application du **droit à déduction.** **56060** CGI ann. II art. 209, I TVA-IX-14900 s

Il en résulte les conséquences suivantes.

a. La **comptabilité** de l'entreprise doit **suivre distinctement** pour chaque secteur les acquisitions de biens ou de services, le montant des opérations taxables et exonérées, les cessions d'immobilisations ou leur transfert à d'autres secteurs (BOI-TVA-DED-20-20 n° 130).

b. La **détermination du montant déductible** de la taxe ayant grevé les biens et services afférents à un secteur distinct s'effectue dans les conditions de **droit commun** (nos 55360 s.). En ce qui concerne le coefficient de taxation à appliquer pour les biens et services communs à plusieurs secteurs, voir n° 55805.

c. En cas de **transfert d'immobilisations entre secteurs,** il faut procéder à une régularisation, dans les conditions indiquées nos 57320 s. (et sous la réserve énoncée n° 47395, précision b, à propos de certaines affectations à un secteur exonéré).

d. Les **transferts** de biens en **stock** d'un secteur à un autre secteur ne donnent pas lieu à imposition, sauf s'ils s'analysent en une livraison à soi-même imposable à la TVA (n° 47395, précision a).

En ce qui concerne les **immeubles nus à usage professionnel,** au titre desquels une option pour la TVA a été exercée, qui regroupent à la fois des locaux pour lesquels l'option s'applique et des locaux pour lesquels elle ne s'applique pas, voir n° 46882, précision a.

Déclarations Les personnes qui exercent plusieurs activités n'ont pas **en principe** à établir une déclaration de chiffre d'affaires pour chacun de leurs secteurs d'activité. Elles doivent souscrire **une seule déclaration** sur laquelle sont **regroupés** les éléments propres à chaque secteur d'activité. **56065** TVA-IX-15330 s

Cette déclaration récapitule la TVA brute afférente aux **recettes** provenant de l'ensemble des activités de l'entreprise, ainsi que la totalité des **droits à déduction, tous secteurs confondus.**

Avant leur globalisation sur la déclaration unique, les **droits à déduction** doivent être préalablement **calculés par secteur,** en fonction des limitations particulières éventuellement applicables à chacun de ces secteurs.

Les entreprises peuvent joindre à leur déclaration CA 3 la **déclaration annexe n° 3310 ter-SD** (transmise par voie électronique) destinée à justifier de la quotité des droits à déduction mentionnés sur leur déclaration. Son utilisation spontanée est susceptible d'accélérer l'instruction des demandes de remboursement (BOI-TVA-DED-20-20 n° 170).

En ce qui concerne l'obligation pour les **assujettis uniques** de déposer une annexe retraçant les opérations de chaque secteur, voir nº 46554.

56070 CGI ann. IV art. 40, 2 TVA-IX-15600 s

Formalités Les assujettis qui adoptent un **coefficient de taxation forfaitaire distinct pour** une **activité nouvellement créée** doivent, dans les 15 jours, en faire la déclaration au service des impôts dont ils dépendent (en sont dispensées les personnes pour lesquelles la constitution d'un secteur distinct est prévue par une disposition particulière : nº 56050).

Par ailleurs, doivent être déclarées les modifications aboutissant à la **création d'un secteur exonéré.**

SECTION 3

CONDITIONS D'EXERCICE DU DROIT À DÉDUCTION

1. CONDITIONS FORMELLES : JUSTIFICATION DE LA TVA DÉDUCTIBLE

56250 CGI art. 271, II TVA-IX-17100 s

Le redevable qui procède à la **déduction** de la taxe ayant grevé des biens ou des services doit être en mesure d'en **justifier.**

Dans le **cas général,** cette justification est constituée par la mention de la taxe sur les **factures d'achat** (nºs 56260 s.).

Des **règles particulières** sont prévues lorsque la taxe est due à l'**importation** (nº 49635) **ou** lorsqu'elle a été **acquittée par le redevable lui-même** (nº 56290).

MENTION SUR LES FACTURES D'ACHAT

56260 CGI art. 271, II et 272, 2 TVA-IX-17200 s

Qu'il s'agisse de biens ou de services, la taxe dont le redevable peut opérer la déduction est, en principe, selon les textes, celle qui figure sur les **factures établies conformément** aux dispositions de l'**article 289 du CGI** et si la taxe pouvait **légalement figurer** sur lesdites factures.

En outre, la déduction ne peut être opérée que si le redevable est **en possession de la facture** correspondante **au moment** où il opère la **déduction.**

56262

Lorsque les **factures** font l'objet d'une **rectification,** le client redevable doit apporter les rectifications correspondantes dans ses déductions et les mentionner sur la déclaration qu'il souscrit au titre du mois au cours duquel il a connaissance de cette rectification (CGI art. 271, II-3).

Voir également les précisions données :

– nº 53660, pour la rectification de factures ayant fait état d'une TVA non exigible en réalité ou calculée à un taux supérieur au taux légalement applicable ;

– nº 56340, précision c, pour les factures rectificatives faisant suite à un redressement opéré chez le fournisseur ;

– nºs 54410 et 54415, pour les rectifications de factures se rapportant à des opérations annulées, résiliées, faisant l'objet d'un rabais ou impayées.

56265

Nécessité d'une facture En application de l'article 271, II-2 du CGI, le redevable doit, pour pouvoir exercer son droit à déduction, être en possession de la facture.

La facture (au sens défini nº 56267) constitue, selon l'**administration,** un document fondamental pour l'exercice du droit à déduction (BOI-TVA-DED-40-10-10 nº 55). Le fait de ne pas être en possession de la facture d'achat mentionnant la TVA fait obstacle, selon elle, à l'imputation de cette taxe (Rép. Alduy : AN 31-1-1970 nº 8548).

Le **Conseil d'État** refuse également tout droit à déduction de la taxe en l'absence de facture (notamment CE 12-5-1980 nº 13883 : RJF 7-8/80 nº 586 ; CE 20-4-1983 nº 29468 : RJF 6/83 nº 777), la production d'autres documents qui ne constituent pas des factures ne pouvant suppléer à cette absence.

De même, selon la **CJUE,** l'exercice du droit à déduction est subordonné à la détention d'une facture établie conformément à l'article 226 de la directive TVA (CJUE 5-12-1996 aff. 85/95 : RJF 6/97 nº 638 ; CJUE 29-4-2004 aff. 152/02 : RJF 7/04 nº 834 ; CJUE 21-11-2018 aff. 664/16 : RJF 2/19 nº 237 ; CJUE 21-10-2021 aff. 80/20 : RJF 1/22 nº 107).

Conditions d'établissement de la facture Aux termes de l'article 271, II-1-a du CGI, pour ouvrir doit à déduction, la facture détenue par le redevable doit avoir été établie **conformément aux dispositions de l'article 289 du CGI** (voir n°s 53500 s. l'exposé d'ensemble consacré aux obligations tenant à la facturation ; on y trouvera notamment les mentions qui doivent être portées sur les factures). 56267

Tout document délivré dans les conditions prévues par le CGI et ses annexes, au regard notamment des mentions obligatoires, peut constituer une facture, quelle que soit la qualification donnée à ce document par les parties (n° 53565, précisions a et b).

Lorsque les factures sont établies sur support **papier,** seul le **document original** permet en principe de justifier la déduction de la taxe. Cette règle est appliquée strictement par le juge national, qui n'admet aucune exception (notamment CE 3-2-1989 n° 56965 : RJF 3/89 n° 297 ; CE 22-4-1992 n° 75784 : RJF 6/92 n° 871).

Les **factures** peuvent également être **transmises par voie électronique** dans les conditions exposées n° 53595. Les factures ainsi transmises tiennent alors lieu de facture d'origine.

› Précisions a. L'article L 102 B, I du LPF autorise les assujettis à recourir, pour leur conservation, à la **numérisation des factures papier** reçues de leurs fournisseurs, dans les conditions fixées par l'article A 102 B-2 du même Livre (n° 78065). Si la facture d'origine (émise et transmise dans son format initial) reste en principe la **pièce justificative** pour la déduction de la TVA, l'archivage numérique de cette facture est toutefois considéré, par l'administration, comme une pièce justificative valable pour la déduction de la TVA, à la condition que les modalités de numérisation des factures papier fixées par l'article A 102 B-2 précité soient respectées. Si le contribuable présente à l'administration une **facture numérisée qui ne remplit pas** ces **conditions** et que ce dernier n'est plus en possession de la facture papier, l'administration considère qu'elle n'est pas en mesure de s'assurer de l'authenticité de la facture et qu'elle peut, dans un tel cas qu'elle assimile à un défaut de facture, remettre en cause la déduction de la taxe opérée (BOI-CF-COM-10-10-30-10 n° 107).

b. Sur les conséquences, en matière de droit à déduction, de l'inexistence ou de l'insuffisance des contrôles internes pour établir une **piste d'audit fiable** entre les factures et les opérations réalisées, voir n° 53595, précision f.

Conséquences des omissions ou inexactitudes affectant la facture 56270

L'**administration** admet que la seule **omission ou inexactitude de l'une des mentions obligatoires** devant figurer sur la facture n'entraîne pas nécessairement la remise en cause de la validité d'une facture pour l'exercice des droits à déduction dès lors que l'opération est justifiée dans sa réalité et qu'elle satisfait par ailleurs aux autres conditions posées pour l'exercice du droit à déduction. La facture doit, en tout état de cause, permettre de justifier la naissance et l'exercice du droit à déduction par le client (BOI-TVA-DED-40-10-10 n° 55).

De même, la **CJUE** a jugé que les autorités fiscales d'un État membre ne sauraient refuser le droit à déduction de la TVA pour la seule raison que l'assujetti détient une facture qui ne remplit pas les conditions requises par l'article 226 de la directive TVA, alors que ces autorités disposent de toutes les informations nécessaires pour vérifier que les conditions de fond relatives à l'exercice de ce droit sont satisfaites (CJUE 15-9-2016 aff. 516/14, Barlis 06 : RJF 12/16 n° 1145 ; en ce sens également, CJUE 15-9-2016 aff. 518/14, Senatex : RJF 12/16 n° 1146 ; CJUE ord. 24-5-2023 aff. 690/22 : RJF 10/23 n° 786). Ce n'est que si la violation des exigences formelles est telle qu'elle a pour effet d'empêcher d'apporter la preuve certaine que les **exigences de fond** ont été satisfaites que le droit à déduction peut être refusé. À cet égard, un document ne constitue pas une facture au sens de la directive TVA lorsqu'il est entaché de vices tels qu'ils privent l'administration fiscale des données nécessaires pour fonder le droit à déduction (CJUE 21-10-2021 aff. 80/20 : RJF 1/22 n° 107). Ainsi, l'indication du **fournisseur** sur la facture constitue une condition formelle du droit à déduction mais sa **qualité d'assujetti** relève des conditions matérielles de ce droit : si sa véritable identité fait défaut, le client doit établir cette qualité sur la base de preuves objectives (sauf si l'administration dispose déjà des données nécessaires à cet effet), sous peine de se voir refuser le droit à déduction pour cette facture (CJUE 11-11-2021 aff. 281/20 : RJF 2/22 n° 231 ; CJUE 9-12-2021 aff. 154/20 : RJF 4/22 n° 418) et ce, même en l'absence de fraude (CJUE aff. 154/20 précité).

Le **Conseil d'État** a jugé pour sa part que l'**absence du nom et** de l'**adresse du client** sur la facture, ou leur **caractère erroné,** n'empêche pas celui-ci de déduire la taxe y mentionnée à condition qu'il apporte la preuve par tout moyen du règlement effectif par lui-même de cette facture pour les besoins de ses propres opérations imposables (CE 26-3-2012 n° 326333 : RJF 6/12 n° 589).

En tout état de cause, la directive n'interdit pas de procéder à la **rectification** de factures erronées afin de permettre la déduction (CJUE 8-5-2013 aff. 271/12 : RJF 8-9/13 n° 892). À cet égard, la Cour a précisé que la rectification d'une facture **visant une mention obligatoire** produit un **effet rétroactif** de sorte que le droit à déduction de la taxe mentionné sur la facture rectifiée porte sur l'année au cours de laquelle cette facture a été initialement établie et non sur l'année au cours de laquelle elle a été rectifiée (Arrêt Senatex précité).

> Précisions a. S'agissant des **dépenses de restaurant,** le Conseil d'État considère qu'une entreprise ne peut pas déduire la TVA mentionnée sur des factures établies au nom de salariés, à l'occasion de leurs déplacements professionnels, et non pas à son nom (CE 17-4-2013 n° 334423 : RJF 7/13 n° 718). Il est toutefois rappelé que l'administration a prévu en matière de restauration une mesure de tolérance concernant les éléments d'identification du client (n° 53630, e).

b. La taxe qui a grevé une acquisition faite par un **fondateur** dans l'intérêt d'une **société** non encore créée peut ouvrir droit à déduction pour la société si celle-ci a ratifié cet achat et si le fondateur n'a pas utilisé le bien acquis pour exercer lui-même une activité taxable (CE plén. 30-4-1980 n° 15506 : RJF 6/80 n° 485 ; en ce sens également, CJUE 1-3-2012 aff. 280/10 : RJF 5/12 n° 545).

56275 **Facturation irrégulière de la TVA** La règle selon laquelle la taxe n'est déductible que si elle pouvait **légalement figurer** sur la facture (n° 56260) a une portée générale et conduit, en principe, à interdire dans tous les cas la déduction de la TVA irrégulièrement facturée, qu'il s'agisse de factures afférentes à des opérations fictives ou frauduleuses ou de simples erreurs de facturation (voir toutefois les précisions ci-dessous).

> Précisions a. Une facture correspondant à des opérations fictives ou de complaisance (facture par prête-nom, etc.) n'ouvre droit à aucune déduction pour celui qui a reçu la facture, bien que la taxe soit due par celui qui l'a facturée (voir nos 53655 et 53670).

Toutefois, selon la CJUE, lorsque la prestation a été effectivement fournie, la déduction de la TVA facturée par une personne autre que le fournisseur, ou par un opérateur considéré comme inexistant au regard de la réglementation nationale (**facture de complaisance**), ne peut être refusée qu'à la **double condition** que les faits soient constitutifs d'un comportement frauduleux et qu'il soit établi, au vu d'éléments objectifs, que le client savait ou aurait dû savoir que l'opération était impliquée dans cette fraude (CJUE 13-2-2014 aff. 18/13 : RJF 5/14 n° 525 ; CJUE 22-10-2015 aff. 277/14 : RJF 1/16 n° 109 ; en ce sens également, CE 30-12-2015 n° 374816 : RJF 3/16 n° 264 ; CE 11-10-2017 n° 392121 : RJF 1/18 n° 21). En toute hypothèse, si la **qualité d'assujetti du fournisseur** ne peut pas être établie, la TVA facturée n'est pas déductible, même en l'absence de fraude (CJUE 11-11-2021 aff. 281/20 et CJUE 9-12-2021 aff. 154/20 : n° 56270).

En présence d'une **opération fictive,** la remise en cause du droit à déduction n'est pas subordonnée à la preuve de la mauvaise foi du contribuable, la preuve de l'**absence d'une livraison ou** d'une **prestation effective** par l'administration fiscale étant en soi suffisante (CJUE 27-6-2018 aff. 459/17 et 460/17 : RJF 10/18 n° 1054 ; CE 24-10-2018 nos 394101 et 394102 : RJF 1/19 n° 27). En cas de **simples soupçons non étayés de l'administration** sur ce dernier point, le droit à déduction ne peut être refusé à l'assujetti qui fournit la facture afférente à l'opération économique au motif qu'il n'est pas en mesure de fournir d'autres éléments de preuve de sa réalisation effective (CJUE 4-6-2020 aff. 430/19 : RJF 10/20 n° 847).

S'agissant des livraisons de biens ou des prestations de services faites à des acquéreurs ayant participé à une fraude consistant à ne pas reverser la taxe due à ce titre (**fraude de type « carrousel »** notamment), voir n° 55270.

b. Le **Conseil d'État** s'est souvent prononcé pour des cas de **taxe** déduite alors qu'elle avait été **irrégulièrement facturée** (taxe facturée pour une opération non taxable ou selon une assiette ou un taux erronés) :

– cette jurisprudence autorise le **client de bonne foi** à déduire la taxe facturée par un fournisseur qui se présente plausiblement comme redevable (autrement dit, par un fournisseur dont il n'est pas manifeste que l'activité n'est pas taxable) (CE 22-11-1978 n° 2419 : RJF 1/79 n° 12). Cette jurisprudence concerne notamment les cas où la taxe est facturée au titre d'opérations exonérées mais ouvrant droit à option sans qu'une mention relative à l'option ait à figurer sur les factures ;

– lorsque la taxe est facturée à tort au titre d'**opérations** qui sont **exonérées,** sans ouvrir droit au paiement par option et sans dérogation, le Conseil d'État estime qu'elle n'est pas déductible du fait qu'elle n'est manifestement pas due (CE 25-5-1977 n° 52307 ; CE 16-11-1983 n° 38029 : RJF 1/84 n° 31). Il en est de même de la taxe facturée à tort grevant une indemnité de résiliation n'entrant pas dans le champ d'application de la TVA (CE 21-11-2011 n° 316485 : RJF 2/12 n° 108) ;

– lorsque la taxe a été calculée à un **taux erroné** (par exemple au taux normal, alors que le produit ou le service relevait en réalité d'un taux réduit), cette jurisprudence considère que la déduction doit être limitée à la fraction de la taxe correspondant au montant qui serait résulté d'une liquidation correcte (CE 29-12-1978 n° 9405 : RJF 2/79 n° 70).

De façon plus générale, on peut dire que cette jurisprudence sanctionne d'un refus de droit à déduction la méconnaissance d'une règle objective que l'acquéreur d'un bien ou service doit connaître.

On relèvera enfin que pour obtenir la **restitution** de la **TVA** qui lui a été **facturée à tort,** l'acquéreur doit prioritairement s'adresser à son fournisseur si celui-ci n'a pas pris l'initiative de lui rembourser l'indu correspondant et, seulement à titre subsidiaire, à l'administration fiscale si l'obtention de la restitution de la taxe indue auprès du fournisseur est impossible ou excessivement difficile (CE 15-11-2019 n° 420251 : RJF 2/20 n° 119 ; CE 29-11-2023 n° 469111 : RJF 2/24 n° 126).

La position de l'**administration** en ce qui concerne la taxe illégalement facturée entre personnes de bonne foi est fondée sur le système des **factures rectificatives** (voir n° 53660).

TAXE ACQUITTÉE À L'IMPORTATION

La TVA supportée à l'importation par un assujetti à la TVA peut faire l'objet d'une déduction dans les conditions décrites nos 49635 s. 56280

TAXE ACQUITTÉE PAR LE REDEVABLE LUI-MÊME

Les redevables peuvent déduire la taxe qu'ils ont acquittée eux-mêmes dans les différents cas prévus par la loi, récapitulés dans le tableau ci-après avec, pour chacun, la référence aux commentaires correspondants : 56290 CGI art. 271, II TVA-IX-20800 s.

Opérations d'autoliquidation	Commentaires (nos)
Acquisitions intracommunautaires	49150 s.
Livraisons à soi-même d'immeubles et d'autres biens ou de services	47370 s.
Livraisons de biens et prestations de services visées à l'article 283, 1-al. 2 du CGI lorsque le fournisseur ou le prestataire n'est pas établi en France	50695
Prestations de services visées à l'article 283, 2 du CGI lorsque le prestataire n'est pas établi en France	49885
Livraison consécutive désignée à l'article 258 D, I-2° du CGI	49375
Livraisons de gaz naturel, d'électricité, de chaleur ou de froid mentionnées à l'article 258, III du CGI	48990
Paiement de la taxe en lieu et place d'une entreprise établie dans un pays tiers n'ayant pas conclu de convention d'assistance au recouvrement des créances fiscales avec la France	50645
Livraisons d'or industriel et livraisons d'or d'investissement taxées sur option	61850, précision b et 61890
Livraisons et façons portant sur les déchets neufs d'industrie et matières de récupération. Transferts de quotas de gaz à effet de serre Services de communications électroniques non soumis à la taxe fiscale de l'article L 453-1 du CIBS Transferts de certificats de garantie d'origine d'énergie (électricité, gaz renouvelable, biogaz, hydrogène renouvelable et hydrogène bas carbone), de garantie de capacités d'électricité et de production de biogaz Travaux effectués dans le secteur du bâtiment par les entreprises sous-traitantes	54050
Taxe donnant lieu à la retenue à la source sur droits d'auteur par les éditeurs	61705

Dans ces différents cas, la justification de la déduction est apportée par la **mention** de l'opération **sur les déclarations** que le redevable souscrit lui-même pour le paiement de la taxe dont il opère la déduction (étant rappelé que, pour les acquisitions intracommunautaires de biens, des mentions spécifiques sur la facture sont également nécessaires : n° 49180).

Lorsque la taxe exigible n'a pas été déclarée et fait l'objet d'un **rappel,** le redevable se voit appliquer une **amende** égale à 5 % de la somme déductible (CGI art. 1788 A, 4), les sanctions de droit commun (intérêt de retard visé n° 79860, augmenté le cas échéant de la majoration visée n° 80040) s'appliquant à la taxe non déductible. Cette amende n'est toutefois pas appliquée à un contribuable qui régularise sa situation en souscrivant de façon spontanée, avant toute action de l'administration, une **déclaration rectificative** (BOI-CF-INF-20-20 n° 100). Sur la base de calcul de l'amende applicable en cas de défaut de déclaration d'une livraison à soi-même de biens, voir n° 47405, précision e.

> **Précisions** **a.** Lorsque les conditions de fond du droit à déduction sont remplies, seule l'amende de 5 % calculée sur la TVA déductible est notifiée et motivée dans la **proposition de rectification.** Il n'est pas procédé au rappel de la TVA non déclarée suivi de son imputation (BOI précité n° 90).
b. Un assujetti, qui est redevable, en tant que destinataire de services, de la TVA y afférente, conformément aux articles 193 à 197 de la directive TVA, n'est pas obligé d'être en possession d'une **facture** établie en conformité avec les articles 220 et suivants de ladite directive pour pouvoir exercer son droit à déduction (CJUE 1-4-2004 aff. 90/02 : RJF 6/04 n° 673).

2. CONDITIONS DE FOND

NAISSANCE DU DROIT À DÉDUCTION ET DATE DE LA DÉDUCTION

56320 CGI art. 271, I-2 et 3 TVA-IX-21530 s

En suivant l'ordre chronologique, il faut déterminer tout d'abord le moment où le **droit à déduction** est censé prendre **naissance,** la date de la déduction étant définie par rapport à ce moment.

Le droit à déduction prend naissance **lorsque la taxe « d'amont »** afférente à l'opération motivant la déduction (vente, prestation de services, etc.) **devient exigible** chez le redevable de cette taxe, c'est-à-dire **chez le fournisseur** des biens ou des services dans le cas général (ou chez l'assujetti lui-même dans le cas particulier où c'est lui qui est redevable de la taxe « d'amont » : n°s 49635 et 49636, et n° 56290).

La naissance du droit à déduction coïncide donc avec la date d'exigibilité de la taxe « d'amont » correspondante. Cette date d'exigibilité, qui peut varier selon la nature des opérations, est déterminée dans les conditions indiquées nos 52500 s.

La **déduction** de la taxe est opérée par imputation **sur la taxe due** par le redevable **au titre du mois pendant lequel le droit à déduction a pris naissance.**

EXEMPLE

Une entreprise achète des marchandises (destinées à la revente) et en prend livraison le 15 mai. Aucun acompte n'est versé. C'est à cette date que la taxe correspondante devient exigible chez le fournisseur (n° 52585) et que, par conséquent, prend naissance le droit à déduction. La déduction de cette taxe doit donc être opérée au titre du mois de mai. La mention de la taxe déductible sera portée sur la déclaration des opérations de mai souscrite en juin (voir n° 56330).

Les règles exposées ci-dessus s'appliquent qu'il s'agisse de biens constituant des immobilisations, de biens autres que les immobilisations ou de services.

> Précisions a. Pour les achats de biens, c'est en **principe** la livraison qui déclenche en même temps l'exigibilité de la taxe chez le fournisseur et la naissance du droit à déduction chez l'acheteur. En ce qui concerne l'hypothèse où des **acomptes** ont été versés avant la livraison : voir n° 52590.

b. Par exception à la règle générale, les personnes qui effectuent des **opérations occasionnelles** soumises à la TVA n'exercent leur droit à déduction qu'au moment de la livraison (CGI art. 271, I-2-al. 2).

c. Pour pouvoir exercer son droit à déduction, c'est-à-dire pour mentionner le montant de taxe déductible sur sa déclaration de chiffre d'affaires, l'assujetti doit (comme indiqué nos 56265 et 56267) être en **possession de la facture.** En ce qui concerne les importations, voir n° 49635.

Lorsque l'exigibilité est intervenue, c'est-à-dire lorsque le droit à déduction a pris naissance chez l'assujetti, et que ce dernier est entré en possession du document, la question qui se pose est de savoir sur quelle déclaration de chiffre d'affaires il peut exercer son droit à déduction. Il convient de considérer que, dès lors que l'assujetti est en possession du document **à la date de souscription de sa déclaration** de chiffre d'affaires **couvrant la période d'imposition** au cours de laquelle la **taxe** est **devenue exigible,** il est en mesure d'exercer son droit à déduction sur cette déclaration, la condition formelle justifiant la déduction de la taxe pour laquelle le droit à déduction est né étant respectée. La circonstance qu'il soit effectivement entré en possession de la facture à une date postérieure à l'échéance de la période d'imposition en cause est indifférente (BOI-TVA-DED-10-30 n° 10 ; BOI-TVA-DED-40-20 n° 20).

Dans l'**exemple** ci-dessus, si l'assujetti se voit délivrer la facture non pas au cours du mois de mai mais le 5 juin, il est fondé à exercer son droit à déduction en mentionnant la TVA déductible sur sa déclaration des opérations de mai souscrite en juin.

MENTION DE LA TAXE DÉDUCTIBLE SUR LES DÉCLARATIONS

56330 CGI ann. II art. 208, I TVA-IX-22300 s

Les redevables doivent mentionner le montant de la taxe déductible sur les déclarations qu'ils souscrivent pour le paiement de la TVA. En ce qui concerne la **date** à laquelle le droit à déduction doit être ainsi mentionné sur les déclarations, on se reportera aux explications données n° 56320.

On notera cependant que, lorsque la **mention** du droit à déduction a été **omise** sur la déclaration ainsi définie, cette omission peut être réparée dans les conditions et délais indiqués n° 56340.

La **récupération de la taxe déductible** mentionnée sur les déclarations est opérée selon les modalités exposées nos 56480 s.

PÉREMPTION DU DROIT À DÉDUCTION

56340 CGI ann. II art. 208, I TVA-IX-22500 s

Lorsque la **mention** d'une taxe déductible a été **omise** dans la déclaration sur laquelle elle aurait dû normalement figurer, le redevable conserve cependant la **possibilité de réparer** cette omission : en effet, la taxe dont la déduction a été omise peut valablement figurer sur les déclarations ultérieures souscrites jusqu'au 31 décembre de la deuxième année qui suit celle de l'omission.

Ce **délai** de péremption **court à compter** de la date limite à laquelle la déclaration comportant la TVA déductible omise aurait dû être souscrite (CE 23-11-2020 n° 428497 : RJF 2/21 n° 141).

EXEMPLES

1. Pour une déduction qui aurait dû être mentionnée sur la **déclaration mensuelle** des opérations de septembre 2023, le délai de réparation de l'omission expirera le 31 décembre 2025. Passé cette date, le droit à déduction sera définitivement perdu.
2. Pour une déduction qui aurait dû être mentionnée sur la déclaration des opérations de décembre 2023 (à souscrire en janvier 2024), le délai de réparation de l'omission expirera définitivement le 31 décembre 2026.
3. Un redevable placé sous le **régime simplifié** (de droit commun ou agricole) a omis de déclarer un montant de TVA déductible constaté en 2023 sur la **déclaration annuelle** CA 12 (ou CA 12A) de 2023, à souscrire au plus tard le 3 mai 2024. Le délai de régularisation de cette taxe expirera définitivement le 31 décembre 2026.

Le **montant** de taxe **reporté** sur les déclarations suivantes est identique à celui omis : il est calculé selon les règles en vigueur à la date à laquelle le droit à déduction a pris naissance (BOI-TVA-DED-40-20 n° 90).

> Précisions **a.** En cas de réparation de l'omission, la déduction doit être mentionnée sur une **ligne particulière** de la **déclaration de TVA.** Selon la CAA de Paris, cette formalité est incompatible avec la directive TVA (CAA Paris 19-2-2009 n° 07-1498 : RJF 7/09 n° 630), mais cette analyse n'est pas partagée par l'administration, qui a réaffirmé la nécessité de la mention de la déduction omise sur une ligne spécifique (BOI précité n° 60).
b. L'administration admet que le redevable qui fait l'objet d'une **procédure de rectification** peut obtenir, dans le cadre de la **compensation** opérée en vertu des règles générales de procédure (nos 81940 s.), le bénéfice de la déduction au titre de la taxe déductible dont il aurait omis la mention sur les déclarations souscrites au cours de la période vérifiée (BOI-CF-PGR-30-50 n° 60). Cependant, le Conseil d'État exclut la compensation lorsque le droit à déduction est atteint de péremption (CE 10-1-1990 n° 74020 : RJF 3/90 n° 336).
c. Pour déduire la TVA dont la déclaration a été omise, il incombe à l'assujetti qui a acquitté une **facture ne faisant pas apparaître** le montant de la **taxe déductible,** alors qu'il **a acquitté cette taxe auprès du fournisseur** et qu'il n'ignore pas que le fournisseur en est redevable, de se faire délivrer une **facture rectificative** dans le délai de péremption courant à compter de la date d'exigibilité de la taxe (en ce sens, CE 31-12-2008 nos 305517 et 307142 : RJF 4/09 n° 326 ; BOI-TVA-DED-40-20 nos 40 et 50).
Lorsque la **facture initiale** a été **émise HT** (parce que l'opération a été considérée comme non taxable) **ou mentionne un taux inférieur au taux légalement applicable,** le délai de péremption du droit à déduction ouvert à l'assujetti court **en principe** à compter de la réception de la facture rectificative. **Toutefois, si l'assujetti** ne **pouvait pas objectivement ignorer que la taxe était due** au titre de l'opération en cause (ou qu'un taux de taxe supérieur était applicable), le délai de péremption court à compter de la date d'exigibilité de la taxe. Tel est le cas lorsque l'assujetti fait preuve d'un **manque de diligence** ou dans l'hypothèse d'une **situation abusive ou** d'une **collusion frauduleuse** entre le fournisseur et son client (CJUE 21-3-2018 aff. 533/16 : RJF 6/18 n° 711 ; CJUE 12-4-2018 aff. 8/17 : RJF 8-9/18 n° 919). Ces principes valent notamment en cas de factures rectificatives faisant suite à un **redressement du fournisseur.** La **doctrine administrative** admet toutefois, dans cette hypothèse, que l'assujetti opère la déduction complémentaire de taxe jusqu'au 31 décembre de la deuxième année qui suit celle de la facturation rectificative sans exiger, contrairement à la CJUE, que l'assujetti soit de bonne foi (BOI précité n° 80). Le Conseil d'État admet également, dans l'hypothèse où l'entreprise ignorait que son fournisseur serait finalement redevable de la TVA (par exemple à la suite d'un rehaussement), la récupération de la taxe par l'assujetti via la procédure de réclamation (CE 23-6-1976 nos 97388 et 97389 : RJF 9/76 n° 421). Pour le cas où le client a cessé son activité, voir n° 56690.
d. Le délai de péremption ne concerne que la mention de la TVA déductible. Il ne concerne pas la **date de la récupération effective,** laquelle n'est pas limitée dans le temps (n° 56650).
e. Le délai de prescription de deux ans prévu par l'article 208, I de l'annexe II au CGI n'est pas contraire aux dispositions de la **directive TVA,** dont l'article 180 n'interdit pas que soient prévues en droit national des forclusions du droit à déduction (CE 31-12-2008 nos 305517 et 307142 précité).
f. Un redevable peut régulariser spontanément un défaut de déclaration d'**opérations « autoliquidées »** sans que lui soit opposé le délai de prescription du droit à déduction (BOI-CF-INF-20-20 n° 100).

REMISE EN CAUSE DE LA DÉDUCTION

La **déduction** présente, en principe, un caractère définitif lorsqu'elle a été **opérée à bon escient** (CGI ann. II art. 207, I). **56350** TVA-IX-23000 s

Elle peut cependant être remise en cause **dans certains cas** limitativement fixés. Appelées **« régularisations »,** ces révisions des déductions initiales diffèrent selon qu'elles concernent soit des immobilisations, soit d'autres biens ou des services (voir l'étude d'ensemble nos 56800 s.).

56355 Lorsque la **déduction** a été **opérée à tort,** l'administration peut procéder aux **rectifications** nécessaires dans le cadre de son pouvoir de contrôle. Il peut en être ainsi, par **exemple,** lorsque la déduction concerne des biens ou services exclus du droit à déduction (nos 55860 s.), ou lorsque l'entreprise ne peut présenter les documents justificatifs prévus par la réglementation (nos 56250 s.), ou encore en cas d'erreurs commises par le redevable dans le calcul des déductions.

Pour tout ce qui concerne les conditions d'exercice de ce contrôle (vérifications de comptabilité, délai de reprise de l'administration, procédures de rectification, sanctions, recours contentieux, etc.), il est fait application des règles générales exposées nos 77500 s.

SECTION 4 MODALITÉS DE RÉCUPÉRATION DE LA TAXE DÉDUCTIBLE

56480 TVA-IX-27000 s Nous exposons ici le mécanisme général concernant la récupération de la taxe « d'amont » supportée en France par les **assujettis,** français ou étrangers, **qui réalisent en France des opérations ouvrant droit à déduction.**

S'agissant du remboursement de la TVA supportée en France par les **assujettis étrangers non établis en France** et qui n'y réalisent **pas d'opérations imposables,** voir nos 50675 s.

En ce qui concerne les dispositions particulières permettant la **récupération de la taxe « d'aval »** acquittée par une entreprise en raison des **opérations résiliées, annulées ou impayées,** voir nos 54400 s.

56485 **Remboursement aux entreprises françaises de la TVA supportée dans un autre État de l'UE**

S'agissant des assujettis établis en France qui y réalisent des opérations ouvrant droit à déduction et qui supportent de la TVA dans un autre État membre de l'UE dans lequel ils ne sont pas établis, ils peuvent, conformément à l'article 289 D du CGI, en demander le remboursement en souscrivant une demande sur le **portail électronique** mis à leur disposition à cet effet (sur le site impots.gouv.fr). Cette demande doit être faite **avant le 30 septembre** qui suit l'année civile au cours de laquelle la taxe est devenue exigible. Le service des impôts accuse réception, par voie électronique, de la demande – qui est réputée introduite lorsque toutes les informations exigées par l'État membre de remboursement sont fournies – dans les meilleurs délais. Le requérant est informé par voie électronique de la décision de transmettre ou non à l'autre État membre la demande de remboursement, qui est ensuite traitée conformément à la législation applicable dans cet État. La demande n'est pas transmise par l'administration lorsque, au cours de la période de remboursement, le requérant établi en France n'était pas assujetti à la TVA, ou n'a effectué que des livraisons de biens ou des prestations de services exonérées sans droit à déduction de la TVA payée à un stade antérieur en vertu des articles 261 à 261 E du CGI, ou a bénéficié de la franchise en base, ou du remboursement forfaitaire agricole (Dir. 2008/9/CE du 12-2-2008 ; CGI ann. III art. 96 O).

1. IMPUTATION

56600 CGI art. 271, I-3 et III-al. 1 et CGI ann. II art. 208, II TVA-IX-27150 s Normalement et **en priorité,** c'est par voie d'**imputation** que doit s'opérer la récupération de la taxe déductible mentionnée sur les déclarations. Cette imputation s'effectue **sur la TVA dont l'entreprise est elle-même redevable** du chef de ses opérations imposables (ou, le cas échéant, à raison de la régularisation des déductions opérées antérieurement).

Si le montant de la taxe déductible mentionné sur une déclaration excède le montant de la taxe due d'après les éléments qui figurent sur cette déclaration, l'**excédent** – lorsqu'il ne fait pas l'objet d'une demande de remboursement (nos 56620 s.) – est **reporté,** jusqu'à épuisement, sur la ou les déclarations suivantes.

EXEMPLES

1. Si la déclaration fait apparaître une taxe due de 2 000 € et une taxe déductible de 1 500 €, le montant du versement à faire effectivement au Trésor, compte tenu de l'imputation, sera de : 2 000 – 1 500 = 500 €.

2. Si, la taxe due étant toujours de 2 000 €, la taxe déductible s'élève à 3 000 €, aucun versement n'aura à être fait au titre de la période considérée. L'excédent de 1 000 € (3 000 – 2 000) sera reporté sur la ou les déclarations suivantes, sauf s'il fait l'objet d'une demande de remboursement.

En cas d'**omission de report** sur les déclarations de chiffre d'affaires suivantes **d'un excédent de taxe déductible,** le redevable peut réparer cette omission dans le **délai** prévu à l'article 208, I de l'annexe II au CGI, soit jusqu'au 31 décembre de la deuxième année qui suit celle de l'omission (no 56340) (CE 28-12-2005 no 263982 : RJF 3/06 no 253). Ce délai **court à compter** de la date limite à laquelle le redevable devait déclarer le premier report du crédit de TVA ainsi constaté (CE 23-11-2020 no 428497 : RJF 2/21 no 141).

EXEMPLES

1. Un redevable a constaté un crédit de TVA sur sa **déclaration mensuelle** de novembre 2023, qui n'a pas été reporté sur la déclaration de décembre 2023, ni sur les déclarations suivantes. Le délai de régularisation de cette omission court à compter de la date limite de souscription de la déclaration de décembre 2023 (au cours du mois de janvier 2024) et expire le 31 décembre 2026.

2. Un redevable placé sous le **régime simplifié** (de droit commun ou agricole) a constaté un crédit de TVA au titre de l'année 2023, qui n'a pas été reporté sur la déclaration CA 12 (ou CA 12A) souscrite au titre de l'année 2024. Le délai de réparation de cette omission court à compter de la date limite de souscription de cette dernière déclaration (en mai 2025) et expire le 31 décembre 2027.

2. REMBOURSEMENT DES CRÉDITS DE TAXE NON IMPUTABLES

La taxe déductible dont l'imputation n'a pu être opérée peut faire l'objet, sur demande des redevables, d'un remboursement annuel ou, sous certaines conditions, mensuel ou trimestriel. **56620** CGI art. 271, IV **TVA-IX-27400 s**

La procédure de remboursement comporte toutefois des **particularités** pour certaines catégories de redevables (nos 56680 s.).

Remarques : **1.** Le remboursement ne peut porter que sur une **taxe déductible,** ce qui écarte la taxe grevant des biens ou services exclus du droit à déduction (nos 55860 s.). De même, pour les biens et services dont le coefficient de déduction est inférieur à un mais supérieur à zéro (nos 55360 s.), le remboursement possible est limité à la fraction de la taxe qui est déductible en application dudit coefficient.

2. La remise en cause d'un **remboursement de crédit de taxe obtenu indûment** entraîne l'application des majorations en cas d'insuffisance de déclaration (voir no 80040).

3. En ce qui concerne les **groupes** de sociétés **ayant opté pour la consolidation** du paiement de la TVA, voir no 54215.

› Précisions Le principe de neutralité de la TVA fait obstacle à ce qu'une demande de remboursement de crédit de taxe soit acceptée lorsque la **taxe d'aval** correspondante n'est plus **exigible.** À cet égard, le droit au remboursement d'un crédit de taxe doit s'apprécier non à la date à laquelle l'assujetti a présenté sa demande de remboursement, mais à la **date à laquelle l'administration prend sa décision** sur cette demande (CE 10-6-2013 no 293478 : RJF 8-9/13 no 820). Solution rendue à propos du remboursement d'un crédit de TVA à l'importation, mais qui pourrait avoir valeur générale.

REMBOURSEMENT ANNUEL

Le **crédit remboursable** est constaté au terme de chaque année civile. **56630** CGI ann. II art. 242-0 A et 242-0 C, I-1 **TVA-IX-27820 s**

Les entreprises peuvent obtenir le remboursement intégral du crédit de taxe dont elles disposent en fin d'année, à la seule condition que ce crédit soit au moins égal à **150 €.**

REMBOURSEMENT MENSUEL OU TRIMESTRIEL

Les redevables qui souscrivent des **déclarations** de chiffre d'affaires **selon une périodicité mensuelle (ou trimestrielle)** peuvent bénéficier d'un remboursement mensuel (ou trimestriel) de leurs crédits de TVA dès lors que la demande de remboursement porte sur un montant **minimum de 760 €.** **56640** CGI ann. II art. 242-0 C, II **TVA-IX-27860 s**

› Précisions La procédure du remboursement mensuel intéresse seulement les **11 premiers mois** de l'année civile (ou, s'agissant des redevables souscrivant des déclarations trimestrielles, les **trois premiers trimestres** civils) car, au terme du mois de décembre (ou du dernier trimestre), il est fait application des règles (plus souples) prévues pour le remboursement annuel.

DEMANDES DE REMBOURSEMENT

56650 CGI ann. II art. 242-0 A et 242-0 C TVA-IX-28020 s

Le remboursement est accordé sur demande. Cette demande est faite, en principe, sur le formulaire n° 3519-SD, qui est obligatoirement transmis par **voie électronique** en même temps que la déclaration de TVA (n° 54100).

Dans la procédure de **remboursement annuel,** la demande doit être souscrite au cours du mois de janvier de l'année suivante, en même temps que la déclaration CA 3 afférente aux opérations de décembre (ou du dernier trimestre).

Lorsqu'il s'agit d'un **remboursement mensuel** (**ou trimestriel** pour les redevables déclarant par trimestre), la demande doit être souscrite au cours du mois suivant le mois (ou le trimestre) considéré, en même temps que la déclaration CA 3 afférente aux opérations du mois (ou du trimestre) considéré.

Les entreprises qui ne respectent pas ces **délais** ne perdent pas pour autant le droit de demander ultérieurement le remboursement d'un crédit de taxe tant que celui-ci subsiste, à condition toutefois d'être reporté sur les déclarations suivantes (CE 28-12-2005 n° 263982 : RJF 3/06 n° 253 ; CE 27-7-2009 n° 297474 : RJF 11/09 n° 928). Pour le risque de perte du crédit de taxe due à une omission de report, voir n° 56600.

› Précisions **a.** La première demande de remboursement des entreprises nouvelles (n° 56695) doit être accompagnée du relevé des **factures d'achat**. Pour les autres demandes, ce relevé n'est à fournir que s'il est réclamé par le service des impôts (BOI-TVA-DECLA-20-30-10-20 n° 150).

b. Pour instruire les demandes de remboursement, l'administration peut, après l'envoi d'un avis d'**instruction sur place,** procéder dans les locaux de l'assujetti à des constats matériels et consulter les livres ou documents comptables et les pièces justificatives. Elle peut également prendre copie de ces documents dans les conditions indiquées n° 78125, e.

En cas d'opposition du contribuable à l'instruction sur place, la demande de remboursement peut être rejetée pour défaut de justification.

En tout état de cause, l'administration doit prendre sa **décision** dans le double **délai** de quatre mois à compter de la notification au contribuable de l'avis d'instruction sur place et de 60 jours à compter de la première intervention sur place. À défaut, il est fait droit à la demande (LPF art. L 198 A).

Procédure d'instruction sur place de demandes de remboursement souscrite par le représentant de l'**assujetti unique** : voir n° 46556, précision c.

c. La demande de remboursement constituant une réclamation contentieuse, son **rejet,** partiel ou total, qui doit être motivé, peut être attaqué devant le **tribunal administratif** dans les délais et formes habituels (n°s 82110 s.) (CE plén. 8-1-1982 n° 9766 : RJF 3/82 n° 300). Si, à la suite du rejet (exprès ou tacite) de cette réclamation, le redevable obtient le remboursement qui lui avait été refusé initialement, il a droit à des **intérêts moratoires** qui courent à compter de la date de la demande de remboursement (CE 20-10-2000 n°s 194730 et 198304 : RJF 1/01 n°s 109 et 110 ; CE 20-5-2016 n° 390927 : RJF 8-9/16 n° 705).

d. Exceptionnellement, l'administration peut accorder des **dégrèvements d'office** (n° 82310) :
– au redevable qui n'aurait pas, pour une raison indépendante de sa volonté, souscrit en temps voulu sa demande ;
– à celui qui n'aurait plus la possibilité d'utiliser son crédit par voie d'imputation ou d'en obtenir ultérieurement le remboursement (redevable ayant cessé son activité, par exemple ; voir également n° 56690) (BOI-CTX-DRO-10 n° 180).

e. L'administration fiscale et les juges du fond ne peuvent pas se fonder sur les seules **écritures comptables** pour remettre en cause le bien-fondé d'un crédit de TVA, le traitement comptable d'une créance de TVA (même erronée ou injustifiée), de même que les mentions de cette créance dans les déclarations d'impôt sur les sociétés, étant sans influence sur le droit au remboursement de celle-ci en matière de TVA (CE 21-12-2018 n° 412984 : RJF 4/19 n° 327).

56655 CGI ann. II art. 242-0 J TVA-IX-29750 s

Cautionnement Tout redevable qui demande un remboursement de crédit peut, **à la demande de l'administration,** être tenu de présenter une caution solvable qui s'engage, solidairement avec lui, à reverser les sommes dont il aurait obtenu indûment le remboursement.

En pratique, le cautionnement n'est exigé qu'**exceptionnellement** lorsqu'il apparaît que la restitution demandée est de nature à mettre en péril les intérêts du Trésor, en raison, d'une part, de son importance relative et, d'autre part, de la situation financière et fiscale de l'entreprise en cause. Il peut être exigé des **entreprises nouvelles** (n° 56695, précision c) (BOI-TVA-DECLA-20-30-10-30 n°s 20 à 50).

› Précisions La demande de présentation d'une caution ne constitue qu'une proposition faite au contribuable pour lui permettre de bénéficier d'une avance provisoire de trésorerie sous réserve de caution ; elle ne peut donc faire l'objet d'aucun recours (CE sect. 27-5-2002 n° 241670 : RJF 8-9/02 n° 926 ;

CE 30-12-2011 nº 316741 : RJF 4/12 nº 354). Mais l'absence de présentation d'une caution est sans incidence sur le droit à remboursement et ne saurait constituer un motif de rejet d'une demande de remboursement (CE 30-12-2002 nº 244645 : RJF 4/03 nº 428).

CONSÉQUENCES DU REMBOURSEMENT

L'entreprise qui fait une demande de remboursement doit, **dès la souscription de sa demande,** réduire son crédit du montant du remboursement demandé. **56665** CGI ann. II art. 242-0 E TVA-IX-27940 s

Lorsque le remboursement a été effectué, le **crédit remboursé** est définitivement **annulé.** Si le montant remboursé est égal à celui qui figurait sur la demande, l'entreprise ne modifie pas la réduction opérée lors de la souscription de celle-ci ; dans le cas contraire, elle la rectifie.

> Précisions Lorsqu'un **bénéficiaire de la franchise** en base (franchise de droit commun ou franchises propres aux avocats ou aux auteurs et artistes-interprètes) a **opté** pour le paiement de la TVA et **obtient,** au cours ou à l'issue d'une période d'option, **un remboursement** de crédit de taxe déductible, il ne peut pas renoncer à l'**option** à la fin de cette période (nº 53825). L'option est **reconduite de plein droit pour une nouvelle période.** Il en va de même pour l'**auteur ayant renoncé à la retenue de** TVA à la source (nº 61710, b).
En revanche, un tel remboursement ne fait pas obstacle à la dénonciation des options concernant les locations immobilières (nºs 46875 s. et 46885), les collectivités locales (nºs 47235 s.), les exploitants agricoles (nºs 59760 s.) et les opérations bancaires et financières (nºs 60375 s.).

PARTICULARITÉS CONCERNANT CERTAINS REDEVABLES

Pour diverses catégories de redevables, la procédure de remboursement des crédits de taxe comporte, sur certains points, des modalités spécifiques. **56680**

Remarque : Des règles particulières sont également prévues en ce qui concerne les **entreprises étrangères** non établies en France (nºs 50675 s.) et les **exploitants agricoles** (nº 59850).

Redevables placés sous le régime simplifié Pour ceux qui n'ont pas choisi de renoncer aux formalités simplifiées et **qui ne souscrivent** donc **pas** de déclarations **CA 3** mais une déclaration de régularisation CA 12 ou CA 12E (nºs 54260 s.), les modalités particulières de remboursement sont les suivantes. **56685** CGI ann. II art. 242-0 C, I-2 et III, 242 septies J TVA-IX-28465 s

Chaque année ou chaque exercice, lors de la souscription de la **déclaration CA 12** ou CA 12E (nºs 54290 s.), les redevables déterminent, pour la période écoulée, la TVA nette due ou le crédit de taxe non imputé. Ce crédit peut leur être remboursé en totalité à condition que la somme à rembourser soit au moins égale à 150 € (les éventuels excédents de versement d'acomptes, pour leur part, sont remboursables quel que soit leur montant). La demande de **remboursement** est formulée directement sur la déclaration de régularisation (au cadre prévu à cet effet).

Les assujettis peuvent, toutefois, demander un **remboursement semestriel** du **crédit** constitué par la **taxe déductible** ayant grevé l'acquisition de biens constituant des **immobilisations** lorsque son montant est au moins égal à 760 €. Ce remboursement a un caractère **provisionnel** et donne lieu à régularisation lors de la souscription de la déclaration annuelle. Les **modalités** de ce remboursement provisionnel de crédits de taxe, mentionnés sur les avis d'acomptes semestriels (nºs 54270 s.), **diffèrent** selon que l'entreprise souscrit une déclaration annuelle en fonction de l'année civile ou de l'exercice :

– pour les entreprises qui souscrivent une **déclaration annuelle en fonction de l'année civile,** le montant de ce remboursement provisionnel peut être sollicité exclusivement sur l'avis de l'acompte de juillet. Le montant du remboursement, indiqué sur cet avis, est calculé en fonction des opérations réalisées entre le 1er janvier et le 30 juin. En revanche, les entreprises n'ont pas la possibilité de demander un remboursement de crédit de TVA sur investissements à l'appui de l'avis d'acompte du mois de décembre, cette demande s'effectuant directement sur la déclaration annuelle, souscrite au plus tard le deuxième jour ouvré suivant le 1er mai (BOI-TVA-DECLA-20-30-10-20 nº 283) ;

– pour les entreprises qui souscrivent une **déclaration annuelle en fonction de l'exercice,** le montant du remboursement provisionnel peut être indiqué sur l'avis d'acompte du mois de juillet (il est alors calculé en fonction des opérations réalisées sur la période d'imposition en cours au 30 juin comprise entre le 1er décembre de l'année précédente ou la date d'ouverture de la période d'imposition si elle est postérieure au 1er décembre de l'année précédente et le 30 juin de l'année en cours) ou du mois de décembre (il est alors calculé en fonction des opérations réalisées sur la période d'imposition en cours au 30 novembre comprise entre le 1er juillet ou la date d'ouverture de la période d'imposition si elle est postérieure au 1er juillet et le 30 novembre).

La demande de remboursement est effectuée, par voie électronique, sur le formulaire n° 3519-SD, simultanément à la souscription des avis d'acompte semestriel susvisés. Elle doit être accompagnée de la ou des factures (originaux) qui mentionnent notamment la taxe déductible sur les immobilisations à l'origine du crédit (BOI précité n° 300).

> **Précisions** **a.** La taxe afférente aux **livraisons à soi-même d'immobilisations** ne peut pas faire l'objet de remboursements provisionnels (BOI précité n° 290). Cette taxe est liquidée sur la déclaration de régularisation.
> **b.** La **TVA déductible** afférente aux **immobilisations** peut également être imputée sur le montant des **acomptes** semestriels (voir n° 54280).

56690 CGI ann. II art. 242-0 G TVA-IX-29340 s

Redevables qui perdent cette qualité Cette situation se présente en cas de **cessation d'activité ou** encore lorsque l'intéressé, bien que continuant son activité, **cesse d'être imposable** (par exemple, au terme d'une période d'option). Lorsqu'un redevable perd ainsi cette qualité, la **totalité du crédit** de taxe qu'il détient lui est **remboursée**.

Le cas échéant, le crédit à lui rembourser est déterminé **après** qu'ont été opérées les **régularisations** lui incombant (nos 56800 s.) (BOI-TVA-DED-50-20-20 n° 130).

Les redevables peuvent, dans les mêmes conditions, demander le remboursement de la taxe figurant sur des **factures rectificatives reçues postérieurement à leur cessation** (tel peut être le cas lorsque le fournisseur a fait l'objet d'un redressement, voir n° 56340, précision c).

> **Précisions** **a.** Selon le Conseil d'État, la perte de la qualité de redevable ouvrant droit à remboursement d'un crédit de TVA résulte de l'impossibilité pour l'assujetti de récupérer, par voie d'imputation sur les taxes dont il est redevable, le crédit dont il disposait. Un assujetti, quelle que soit l'activité qu'il a exercée, doit être regardé comme ayant perdu la qualité de redevable lorsqu'il n'est **plus en mesure de réaliser** aucune **opération donnant lieu à collecte de TVA.** Tel est le cas non seulement lorsqu'il ne peut plus effectuer aucune des opérations qui constituaient son activité normale (soit qu'il ait cédé l'ensemble des marchandises qu'il avait pour objet de vendre, soit qu'il ait cessé totalement d'effectuer les prestations de services qu'il avait pour objet de rendre), mais également lorsqu'il ne dispose plus de biens, stocks ou éléments d'actif immobilisé, dont la cession est soumise à la TVA (CE 30-12-2011 n° 323188 : RJF 3/12 n° 242).
> À noter, toutefois, que l'administration ne semble pas vouloir, selon nos renseignements, modifier sa doctrine qui est fondée sur la jurisprudence antérieure à l'arrêt du 30 décembre 2011 précité, et selon laquelle la date de cessation d'activité, pour les entreprises dont l'activité consiste en la vente de marchandises, correspond à la date à laquelle elles ont vendu la totalité de leur stock de marchandises, même si elles ont procédé à la cession d'éléments d'actif immobilisé à une date ultérieure. Elle retient cependant cette dernière date en cas de procédure d'apurement collectif du passif (BOI précité n° 130).
> **b.** La taxe grevant les **charges** liées à l'activité taxée mais **supportées postérieurement à la cessation** de cette activité peut, sauf fraude ou abus, être récupérée s'il existe un lien direct et immédiat entre ces charges et l'activité qui était exercée. Tel est le cas, par exemple, du loyer et des charges afférentes au local ayant servi pour l'activité que l'entreprise continue à payer du fait d'une clause de non-résiliation du bail (CJUE 3-3-2005 aff. 32/03 : RJF 5/05 n° 519).
> Le Conseil d'État a aussi admis la déductibilité de la TVA grevant les travaux réalisés pour le compte d'une entreprise de construction ayant cessé son activité mais tenue de réaliser ces travaux au titre de la garantie décennale (CE 30-4-2004 n° 253488 : RJF 7/04 n° 702). En revanche, il n'a pas admis la déduction de la TVA grevant la refacturation au cédant par la société cessionnaire de **travaux de dépollution des sols,** exécutés **en application d'arrêtés préfectoraux antérieurs à la cession,** dans la mesure où le cessionnaire n'a fourni aucune prestation de services au cédant, peu important le fait que ces travaux auraient constitué le prolongement de l'activité antérieure du cédant dès lors que l'activité polluante sur les sites était exercée par une de ses filiales (CE 30-12-2011 n° 319835 : RJF 4/12 n° 353).
> **c.** Les redevables qui perdent cette qualité doivent présenter leur demande de remboursement de crédit de taxe déductible dans les **délais** prévus par l'article R 196-1 du LPF (n° 81825) (CE 28-12-2005 n° 263982 : RJF 3/06 n° 253).
> **d.** En cas de **fusion-absorption** de sociétés et de **dissolution sans liquidation** au sens de l'article 1844-5 du Code civil, la société absorbée (ou confondue) peut transférer à la société absorbante (ou confondante) le crédit de TVA dont elle dispose à la date où elle cesse juridiquement d'exister, dans la mesure où cette dernière peut être considérée comme pleinement subrogée aux droits et obligations de la société absorbée (ou confondue). À cet égard, il est précisé que la charge résultant, le cas échéant, de la remise en cause par l'administration de tout ou partie du montant d'un crédit de TVA injustifié et transféré à tort à la société absorbante (ou confondante) sera supportée par cette dernière (BOI précité n° 130).

56695 TVA-IX-29040 s

Nouveaux redevables Les nouveaux redevables peuvent récupérer la taxe déductible dans les mêmes conditions que les autres redevables, c'est-à-dire par voie d'imputation ou, éventuellement, par voie de remboursement, avec quelques particularités.

Lorsqu'il s'agit d'une **entreprise nouvelle redevable de plein droit** de la TVA, le droit à déduction peut être exercé par voie de remboursement, toutes autres conditions étant supposées remplies, dès que l'entreprise a manifesté l'intention d'effectuer des opérations imposables (la sincérité de cette intention devant toutefois être étayée par des éléments d'information : voir précision c), même si de telles opérations n'ont pas encore été réalisées à la date de souscription de la demande de remboursement. Lorsqu'il s'agit d'une **entreprise ayant exercé l'option** pour le paiement de la taxe, le droit à déduction peut être exercé à compter de la **date d'effet** de l'option (voir notamment n° 46882 s'agissant de l'option concernant les locaux nus à usage professionnel).

Cependant, conformément à la règle générale, le remboursement implique la souscription préalable d'une **déclaration** de chiffre d'affaires, négative le cas échéant.

> Précisions a. La première demande de remboursement doit être accompagnée du relevé des **factures d'achat** (BOI-TVA-DECLA-20-30-10-20 n° 150).

b. L'administration semble subordonner le droit à déduction à la condition que le nouveau redevable ait au préalable souscrit une **déclaration de création d'entreprise** ou d'activité (n° 53390) (BOI-TVA-DED-50-20-10 n° 90).

Selon la CJUE, cependant, le fait qu'un assujetti ne se serait **pas identifié** à la TVA **avant d'utiliser les biens** acquis pour son activité taxable ne s'oppose pas à ce qu'il puisse déduire la taxe grevant ces biens, dans la mesure où il remplit les conditions de fond pour déduire celle-ci et s'identifie auprès de l'administration dans un délai raisonnable à partir de la réalisation des opérations qui donnent lieu au droit à déduction (CJUE 21-10-2010 aff. 385/09 : RJF 1/11 n° 126 ; en ce sens également, CJUE 9-7-2015 aff. 183/14 : RJF 11/15 n° 979). De même, le **refus** par l'administration d'attribuer un numéro **d'identification** à la TVA ne peut, en principe, exercer aucune influence sur le droit à déduction de l'assujetti s'il respecte lesdites conditions (CJUE 14-3-2013 aff. 527/11 : RJF 7/13 n° 795).

c. Lorsque l'entreprise demande le remboursement alors même qu'elle n'a **pas encore réalisé effectivement d'opérations** imposables, le service des impôts examine s'il y a lieu de demander un **cautionnement** à l'entreprise (n° 56655).

Par ailleurs, le service des impôts est en droit d'exiger de l'entreprise des **éléments d'information** confirmant son intention de réaliser des opérations imposables : acquisition de moyens d'exploitation propres à la réalisation des opérations projetées, embauche de salariés, réalisation d'une étude de marché, dépenses de publicité, ouverture d'un compte bancaire professionnel, accomplissement de stages professionnels par le déclarant, souscription d'une assurance spécifique à l'activité envisagée, etc. À défaut d'éléments confirmant l'intention de réaliser des opérations imposables, le remboursement est refusé. Il en va de même en cas de fraude ou d'abus. En présence d'éléments confirmant une telle intention mais faisant également apparaître que l'entreprise a cessé ultérieurement d'effectuer des actes de nature à permettre la réalisation d'opérations imposables (sans pour autant avoir déclaré sa cessation d'activité), seule la taxe dont le droit à déduction a pris naissance avant la cessation (diminuée des régularisations éventuellement exigibles) est remboursée (BOI précité n° 100).

À partir du moment où une entreprise sait que, pour un motif quelconque, elle **ne concrétisera pas** son intention de réaliser des opérations imposables, elle doit souscrire, dans un délai de 30 jours, une déclaration de cessation d'activité (n° 53390). Elle doit alors procéder, dans les conditions de droit commun, à la régularisation de la taxe remboursée au titre de la période antérieure à la date de la perte de la qualité d'assujetti et reverser intégralement la taxe remboursée au titre de la période postérieure à cette date (BOI précité n° 110).

SECTION 5 RÉGULARISATIONS

Sous réserve du droit de contrôle de l'administration, la **taxe initialement déduite** par un assujetti lui est en principe **définitivement acquise.** La réglementation prévoit toutefois un certain nombre de cas où la déduction initiale doit être régularisée par l'application de règles différentes selon qu'elles concernent des immobilisations (nos 56950 s.) ou d'autres biens et services (nos 57490 s.). 56800 TVA-IX-33000 s

DISTINCTION ENTRE LES IMMOBILISATIONS ET LES AUTRES BIENS OU SERVICES

Comme pour les impôts directs (n° 7500), la notion d'**immobilisation** recouvre les biens et valeurs (meubles ou immeubles, corporels ou incorporels) qui sont acquis ou créés par l'entreprise, non 56815 TVA-IX-33100 s pour être vendus ou transformés, mais pour être **utilisés durablement dans l'entreprise** (durée d'utilisation supérieure à 12 mois).

EXEMPLES

Terrains ; constructions ; matériel et outillage ; matériel de transport ; mobilier, agencements (rayonnages, etc.), installations ; immobilisations incorporelles (éléments du fonds de commerce, brevets, licences, etc.).

Par ailleurs, en matière de bénéfices, il est admis que certains **petits matériels,** outillages ou mobiliers soient passés immédiatement en charges déductibles (nº 7540). L'entreprise qui utilise cette possibilité doit considérer les biens concernés comme ne constituant pas des immobilisations pour l'exercice du droit à déduction en matière de TVA.

> **Précisions** **a.** En ce qui concerne les **emballages,** biens pour lesquels il y a lieu de distinguer selon qu'ils sont ou non récupérables, on se reportera nºs 61025 s.
b. Des **immeubles** conservés **en stock** doivent, dans certaines conditions, être considérés comme immobilisés (voir nº 58915).

56820 Les **biens ne constituant pas des immobilisations** sont tous les biens qui, dans la comptabilité des entreprises, doivent figurer parmi les **stocks et productions en cours** (valeurs d'exploitation) et qui sont destinés à la vente en l'état ou au terme d'un processus de production à venir ou en cours (nºs 7675 s.).

EXEMPLES

Marchandises ; matières premières ; matières et fournitures consommables.

S'agissant de la notion de **services,** sont concernés les services les plus divers qu'une entreprise est susceptible d'acquérir pour les besoins de son exploitation.

EXEMPLES

Locations et charges locatives des locaux professionnels ; services d'entretien et de réparation ; frais d'études, de recherches, de documentation ; redevances pour brevets, marques ou licences ; prestations de services d'entremise ; frais de transport.

Bien qu'il s'agisse de prestations de services, l'administration considère que les **services immobilisés** (installation d'une immobilisation, par exemple) suivent le sort de l'immobilisation au point de vue du droit à déduction (en ce sens, D. adm. 3 D-1221 nº 4, non reprise au Bofip).

A. Régularisations applicables aux immobilisations

56950
CGI ann. II art. 207
TVA-IX-33300 s

Le dispositif prévu par l'article 207 de l'annexe II au CGI distingue deux catégories de régularisations :

– les **régularisations dites « annuelles »,** qui tiennent compte de l'évolution de l'utilisation d'un bien immobilisé dans le temps et traduisent le fait que, l'année en cause, le bien a été utilisé différemment de ce que la situation initiale laissait présager (nºs 57205 s.) ;

– et les **régularisations dites « globales »,** qui sont déclenchées par la survenance de certains événements et traduisent le fait que, pour l'avenir, le bien sera utilisé différemment de ce que la situation initiale laissait présager (nºs 57270 s.).

Ces deux types de régularisation sont appréhendés à partir de la **variation** dans le temps **de la valeur des éléments du coefficient de déduction** (coefficient d'assujettissement, coefficient de taxation et coefficient d'admission).

1. NOTIONS UTILES

PÉRIODE DE RÉGULARISATION

57100
TVA-IX-33400 s

La **régularisation** (annuelle ou globale) de la **taxe initialement déduite** ne doit être opérée **que pendant une certaine période** dont le point de départ et la durée sont fixés par l'article 207, II de l'annexe II au CGI.

La période de régularisation est de **cinq ans** pour les **biens meubles** immobilisés et de **20 ans** pour les **immeubles** immobilisés.

Le **point de départ** de la période de régularisation se situe l'année au cours de laquelle le bien a été acquis, importé, achevé, utilisé pour la première fois ou transféré entre secteurs d'activité distincts.

EXEMPLE

Pour un immeuble acquis en 2024, la période de régularisation court jusqu'au 31 décembre 2043. Un matériel acquis au cours de l'année 2024 sera sujet à régularisation jusqu'au 31 décembre 2028 ; il en sera dispensé au-delà.

Remarque : Le délai de régularisation est indépendant de la **durée d'amortissement.**

> Précisions **a.** **L'année au cours de laquelle** le **bien** immobilisé **a été acquis,** importé, achevé, utilisé pour la première fois ou transféré entre secteurs d'activité compte pour une année entière.

b. Il n'est prévu d'ouvrir un nouveau délai de régularisation que pour les **biens qui changent de patrimoine** ou, par assimilation, qui sont transférés d'un secteur d'activité à un autre secteur d'activité.

c. Par « immeubles », il faut entendre non seulement les **immeubles bâtis** au sens de la fiscalité immobilière (ceux entrant dans le champ d'application de l'article 257, I-2 du CGI), mais aussi les **droits assimilés aux immeubles** visés à l'article 257, I-1 du CGI (n° 58810), ainsi que les travaux d'**amélioration** ou d'**agrandissement.** En revanche, les **agencements commerciaux** sont à considérer comme des immobilisations autres que les immeubles. Sur la notion de biens immeubles, voir aussi n° 46815.

d. Dès lors que le bénéficiaire d'une **transmission d'une universalité de biens** (n° 47520) est réputé continuer la personne de l'apporteur ou du cédant, le point de départ et la durée de la période de régularisation des biens transmis demeurent inchangés pour le bénéficiaire. Il n'y a donc pas remise à zéro du délai de régularisation.

e. Pour les **immeubles donnés en location par** contrat de **crédit-bail,** le délai de régularisation est égal au nombre d'années qui courent jusqu'à l'échéance du contrat de bail, arrondi à l'entier supérieur, sans pouvoir excéder 20 ans, et la régularisation s'opère par fractions égales à l'inverse de cette durée.

f. S'agissant des **régularisations globales,** si l'un des six événements mentionnés n°s 57295 s. intervient au cours de l'année N + 4 pour les biens meubles ou de l'année N + 19 pour les immeubles, le mode de calcul des régularisations globales (qui prend en compte les années restantes jusqu'au terme de la période de régularisation à partir de l'année suivant celle de l'événement) aboutit en fait à un reversement ou à une déduction complémentaire nuls. **En pratique** donc, aucun reversement ne sera exigible ou aucune déduction complémentaire ne bénéficiera à l'assujetti si l'événement intervient après le 31 décembre de l'année N + 3 (meubles) ou N + 18 (immeubles) (en ce sens, BOI-TVA-DED-60-20-10 n°s 190 et 200 et BOI-TVA-DED-60-20-20 n° 30).

g. Lorsque la **livraison à soi-même** d'un bien immobilisé affecté aux besoins de l'entreprise n'est **pas exigée** (biens fabriqués par un assujetti déducteur intégral), le **point de départ** du délai de régularisation est fixé, **pour les immeubles,** à la date d'achèvement du bien immobilier réputé être intervenu lors du dépôt en mairie de la déclaration prévue par la réglementation relative au permis de construire en application de l'article 244, I de l'annexe II au CGI. Pour les **biens meubles** immobilisés, il est fixé en principe à la date de la première utilisation du bien (BOI-TVA-DED-60-20-10 n°s 150 et 170).

Lorsqu'un assujetti a procédé ou fait procéder à la construction d'un bien et qu'une **livraison à soi-même** doit être **constatée** en application de l'article 257, II-1-2° du CGI, le **point de départ** du délai de régularisation se situe : pour les **immeubles,** à la date à laquelle la taxe est devenue exigible chez l'assujetti au titre de la livraison à soi-même de l'immeuble ; pour les **biens meubles,** au moment de la première utilisation (BOI précité).

TAXE INITIALE SERVANT AU CALCUL DES RÉGULARISATIONS

La taxe initiale s'entend, selon le cas : 57120 CGI ann. II art. 207, V-1 TVA-IX-33600 s

- de la taxe mentionnée sur les **factures d'achat** (n°s 56260 s.) ;
- de la taxe acquittée à l'**importation** (n° 49635) ;
- de la **taxe acquittée par les redevables eux-mêmes** en vertu du mécanisme d'autoliquidation (acquisition intracommunautaire, achat auprès d'un assujetti non établi en France, livraison à soi-même, etc.) (n° 56290) ;
- de la taxe mentionnée sur les attestations lors du **transfert du droit à déduction** en cas de vente non soumise à la taxe ou de transfert entre secteurs (n°s 57305 et 57325).

> Précisions **a.** La notion de **taxe initiale** est différente de celle de taxe initialement déduite. La taxe initiale correspond à la **taxe acquittée en amont,** laquelle est supérieure à la taxe initialement déduite lorsque le coefficient de déduction d'un bien ou d'un service est inférieur à un.

b. Selon nos renseignements, lorsque la **livraison à soi-même** d'un **bien immobilisé affecté aux besoins de l'entreprise** n'est pas **exigée** (biens fabriqués par un assujetti déducteur intégral : n° 47395), la base de la régularisation est constituée par les seules dépenses ayant réellement supporté de la TVA, et non par le prix de revient global du bien.

COEFFICIENTS DE RÉFÉRENCE

57140 TVA-IX-33650 s Les régularisations afférentes aux immobilisations sont appréhendées à partir de la **variation** dans le temps **de la valeur des éléments du coefficient de déduction.** Les variations de ces valeurs sont mesurées à partir d'un coefficient de référence.

57145 CGI ann. II art. 207, V-2 Chaque bien immobilisé possède trois coefficients de référence **initialement égaux** aux trois **coefficients** retenus pour le calcul de la déduction opérée **lors de l'acquisition** (ou de l'achèvement ou de la première utilisation du bien fabriqué pour le cas visé n° 57100, précision g), **l'importation ou la livraison à soi-même** :

- un coefficient d'assujettissement de référence ;
- un coefficient de taxation de référence ;
- un coefficient d'admission de référence.

Le **coefficient de déduction de référence** est égal au **produit** de ces **trois coefficients de référence.**

Les coefficients de référence sont **susceptibles de varier** au cours du temps, en fonction de la **survenance de certains événements limitativement énumérés** qui déclenchent une régularisation globale. Il s'agit des quatre événements suivants :

- transfert d'un bien entre secteurs d'activité ;
- modification législative ou réglementaire des règles d'exclusion ;
- bien utilisé, en tout ou partie, pour des opérations imposables dont aucune n'ouvre droit à déduction venant à être utilisé pour la réalisation d'opérations ouvrant droit à déduction ;
- bien utilisé pour la réalisation d'opérations ouvrant droit à déduction venant à être utilisé pour des opérations imposables n'ouvrant pas droit à déduction ou pour des opérations non imposables.

Lorsque l'une de ces régularisations globales a été effectuée, les coefficients de référence prennent une **nouvelle valeur** qui sera utilisée pour d'éventuelles régularisations futures.

> **Précisions** **a.** Les coefficients de référence initiaux décrits ci-dessus sont égaux aux **coefficients provisoires** attribués aux biens immobilisés lors de leur acquisition, achèvement, importation ou première utilisation. Si aucun événement motivant une régularisation globale de nature à modifier leur valeur n'est intervenu au cours de l'année d'acquisition, importation ou première utilisation, les coefficients de référence prennent la valeur des coefficients définitifs.
> **b.** Ce n'est que lorsque l'événement intervient **pendant la période de régularisation** qu'il y a lieu d'attribuer une nouvelle valeur aux coefficients de référence. En effet, une fois la période de régularisation expirée, les coefficients de référence n'ont plus à être modifiés lors de la survenance de l'un des événements mentionnés ci-dessus.
> **c.** S'agissant des **biens immobilisés en cours d'utilisation au 1er janvier** 2008 pour lesquels le délai de régularisation n'était pas expiré à cette date, les assujettis ont dû déterminer, selon des modalités particulières, la valeur des coefficients d'assujettissement, de taxation, d'admission et de déduction de référence (voir Doc. fiscale TVA-IX-33700 s.).

2. RÉGULARISATIONS ANNUELLES

CAS DE RÉGULARISATION ANNUELLE

57205 TVA-IX-33900 s Chaque année durant la période de régularisation (n° 57100) et sous réserve des exceptions mentionnées n° 57245, une régularisation de la taxe initialement déduite sur les biens immobilisés doit être opérée lorsque la **différence entre** le **produit des coefficients d'assujettissement et de taxation de l'année,** d'une part, et le **produit des coefficients d'assujettissement et de taxation de référence** (nos 57140 s.), d'autre part, est **supérieure, en valeur absolue, à un dixième.**

En d'autres termes, il y a donc lieu d'opérer une régularisation de la taxe initialement déduite uniquement si la proportion d'utilisation du bien immobilisé à des opérations ouvrant droit à déduction, le cas échéant déterminée en partie de façon forfaitaire, a varié de plus d'un dixième, **à la hausse ou à la baisse,** par rapport à la situation exprimée par le biais des coefficients de référence (BOI-TVA-DED-60-10 n° 1).

> **Précisions** **a.** Le produit du coefficient d'assujettissement par le coefficient de taxation traduit la **proportion d'utilisation du bien à des opérations ouvrant droit à déduction,** le cas échéant déterminée en partie de façon forfaitaire. La régularisation annuelle s'opère uniquement au vu de cette variation de l'utilisation du bien. C'est pour cette raison qu'il n'est tenu compte que des coefficients d'assujettissement et de taxation (à l'exclusion du

coefficient d'admission) pour le calcul du produit servant à déterminer s'il y a lieu ou non à régularisation annuelle.
b. Le **produit des coefficients** d'assujettissement et de taxation de l'année et celui des coefficients d'assujettissement et de taxation de référence ne doivent **pas être arrondis à la deuxième décimale par excès** pour déterminer si la différence entre ces deux produits est ou non supérieure à un dixième. Seuls les coefficients eux-mêmes doivent être arrondis (n° 55360, précision a) et non leur produit.
c. Sur les **incidences** de cette régularisation en matière d'impôt sur les **bénéfices,** voir n° 7612.

Les **coefficients d'assujettissement et de taxation** de l'année sont déterminés au titre d'une **année civile,** y compris pour les redevables dont l'exercice comptable ne coïncide pas avec l'année civile. Ils doivent refléter la réalité de l'utilisation du bien à des opérations imposables ouvrant droit à déduction pendant l'année. 57210

> Précisions Si le bien n'est **utilisé qu'une partie de l'année** (cas des biens qui quittent le patrimoine de l'assujetti ou par assimilation sont transférés à un autre secteur), il n'y a **pas** lieu d'effectuer un calcul **prorata temporis.**
En revanche, lorsque l'**utilisation du bien varie en cours d'année,** les coefficients de l'année doivent tenir compte de cette variation de l'utilisation (voir n° 55370).

FORME ET MONTANT DE LA RÉGULARISATION ANNUELLE

Pour les **immeubles immobilisés,** la régularisation opérée au titre d'une année est égale au **vingtième** du produit de la taxe initiale par la différence entre le coefficient de déduction de ladite année et le coefficient de déduction de référence. Le calcul de la régularisation s'effectue de la manière suivante : 57220 TVA-IX-34100 s

Montant de la régularisation = taxe initiale × (coefficient de déduction de l'année – coefficient de déduction de référence) / 20

Pour les **biens immobilisés autres que les immeubles,** la régularisation opérée au titre d'une année est égale au **cinquième** de ce produit. Ce calcul est le suivant :

Montant de la régularisation = taxe initiale × (coefficient de déduction de l'année – coefficient de déduction de référence) / 5

> Précisions a. S'il n'est pas tenu compte de la valeur du **coefficient d'admission** au titre d'une année pour déterminer s'il y a lieu ou non de procéder à une régularisation annuelle (n°s 57205 s.), en revanche la valeur du coefficient d'admission de l'année est prise en compte pour le calcul de cette régularisation. En ce qui concerne la détermination du coefficient d'admission de l'année, voir n° 55860, précision c.
b. Si la **valeur de l'un des trois coefficients de référence** (assujettissement, taxation, admission) constituant le coefficient de déduction de référence est **modifiée en cours d'année** en raison de la survenance de l'un des événements affectant cette valeur (n° 57145), la **valeur des coefficients de référence à retenir pour le calcul de la régularisation annuelle** à opérer au titre de ladite année est la valeur des coefficients de référence avant l'intervention de cet événement (n° 57445).

La régularisation annuelle prend la forme : 57225
– **soit** d'une **déduction complémentaire** si le coefficient de déduction de l'année est supérieur au coefficient de référence (le résultat de l'opération est alors positif) ;
– **soit** d'un **reversement** de taxe lorsque le coefficient de déduction de l'année est inférieur au coefficient de référence (le résultat de l'opération est alors négatif).

EXEMPLE

Une société acquiert le 1er mars de l'année N un ordinateur pour un prix hors taxe de 4 000 €, soit une TVA correspondante de 800 €. Le coefficient d'assujettissement définitif de cette dépense est égal à 1, son coefficient de taxation définitif est égal à 0,5 et le coefficient d'admission définitif est de 1. Ces coefficients deviennent les coefficients de référence de l'ordinateur. Le coefficient de déduction de référence est donc égal à : 1 × 0,5 × 1 = 0,5.
À l'issue de l'année N + 1, la société constate que le coefficient de taxation à retenir pour les dépenses mixtes est égal à 0,62. L'écart entre le produit des coefficients d'assujettissement et de taxation de l'année (1 × 0,62) et le produit des coefficients d'assujettissement et de taxation de référence (1 × 0,5) étant supérieur à un dixième, l'entreprise doit opérer une déduction complémentaire égale à (1 × 0,62 × 1 – 1 × 0,5 × 1) × 800 € / 5, soit 19,20 €. En N + 2, le coefficient de taxation applicable aux dépenses mixtes s'avère égal à 0,44. L'écart entre (1 × 0,44) et (1 × 0,5) n'étant pas supérieur à un dixième, aucune régularisation n'est effectuée. À l'issue de l'année N + 3, le coefficient de taxation applicable aux dépenses mixtes est égal à 0,2. L'écart entre

(1 × 0,2) et (1 × 0,5) étant supérieur à un dixième, il doit être procédé à une régularisation qui, en l'occurrence, prend la forme d'un reversement pour un montant égal à (1 × 0,2 × 1 − 1 × 0,5 × 1) × 800 € / 5, soit − 48 €.

MODALITÉS DE RÉGULARISATION

57235 TVA-IX-34200 s La régularisation annuelle (déduction complémentaire ou reversement) doit intervenir, en principe, **avant le 25 avril de l'année suivante.**

En pratique, pour les redevables souscrivant des déclarations CA 3, la régularisation est opérée au plus tard lors de la souscription de la **déclaration** CA 3 afférente aux opérations de mars ou du premier trimestre (en utilisant les lignes prévues à cet effet : lignes « Autre TVA à déduire » ou « TVA antérieurement déduite à reverser »). Pour les redevables qui souscrivent des déclarations annuelles (redevables au réel simplifié n'ayant pas renoncé aux formalités simplifiées, exploitants agricoles ne souscrivant pas de CA 3), la régularisation est opérée sur ces déclarations.

Dans l'hypothèse où la **déduction complémentaire** à laquelle le cas échéant le redevable est en droit de prétendre n'a **pas** été **opérée dans ce délai,** il peut la faire figurer sur les déclarations ultérieures jusqu'au 31 décembre de la deuxième année qui suit celle de l'omission (Lettre DLF du 26-12-2005).

Sur le délai supplémentaire accordé dans le cadre du régime de l'**assujetti unique** lorsque l'option pour un coefficient de taxation unique est exercée pour l'un de ses membres, voir n° 46553, précision c.

EXCEPTIONS À LA RÉGULARISATION

57245 CGI ann. II art. 207, II-5 TVA-IX-34300 En vertu de l'article 207, II-5-1° de l'annexe II au CGI, aucune régularisation ne doit être opérée (il ne peut donc y avoir, en vertu de ce texte, ni reversement ni déduction complémentaire) pour les biens immobilisés dont le **coefficient d'assujettissement de référence** est **nul.** Il s'agit des biens qui sont dès l'origine (ou au cours de leur utilisation) exclusivement utilisés à la réalisation d'opérations placées hors du champ d'application de la taxe (en ce sens, BOI-TVA-DED-60-10 n° 30).

On rappelle toutefois que ce texte, qui privilégie le critère de l'utilisation du bien et non celui de la qualité (assujetti agissant en tant que tel ou non) en laquelle la personne a acquis le bien, n'est pas en phase avec la jurisprudence de la CJUE (voir n° 55225).

3. RÉGULARISATIONS GLOBALES

57270 TVA-IX-34600 s La taxe initialement déduite sur les biens immobilisés doit faire l'objet d'une régularisation lorsque certains **événements** interviennent **avant l'expiration de la période de régularisation** (n° 57100).

Ces régularisations dites « globales », qui correspondent à la **somme des régularisations annuelles** qui devraient intervenir jusqu'au terme de la période de régularisation, conduisent l'assujetti à procéder globalement et en une fois à toutes ces régularisations annuelles auxquelles il serait tenu jusqu'à l'expiration de la période de régularisation si sa situation, telle qu'elle résulte de l'événement en cause, demeurait en l'état jusqu'à ce terme.

Les régularisations globales sont **exigibles** dès la survenance des événements qui en sont à l'origine et doivent être **effectuées en une seule fois** pour tout le temps de la période de régularisation restant à courir.

> **> Précisions** La **régularisation** globale doit être calculée et **prise en compte même si** la **différence** entre le produit des coefficients d'assujettissement et de taxation considérés pour les années restant à courir, d'une part, et le produit des coefficients d'assujettissement et de taxation de référence, d'autre part, est **inférieure ou égale, en valeur absolue, à un dixième.**

MODALITÉS DE CALCUL

57280 CGI ann. II art. 207, III-2 TVA-IX-34700 s Concrètement, l'**événement** qui motive la régularisation **va entraîner la modification de la valeur de l'un des coefficients de l'année** parmi les trois coefficients d'assujettissement, de taxation et d'admission. La valeur des coefficients de l'année qu'il convient de retenir au titre des années restantes afin de déterminer chacune des régularisations annuelles qui devront être sommées pour établir le montant de la régularisation globale est fixée par l'article 207, III-2 de l'annexe II au CGI.

Hormis dans le cas prévu à l'article 207, III-1-2° (vente d'un bien en TVA pendant la période de régularisation : n°s 57335 s.), l'article 207, III-2 précité **ne fixe pas** la **valeur** qu'il convient de retenir **pour les trois coefficients de l'année mais uniquement** la **valeur** qu'il convient de retenir **pour l'un d'entre eux,** selon le cas, le coefficient d'assujettissement de l'année, le coefficient de taxation de l'année ou le coefficient d'admission de l'année.

En effet, la valeur des deux autres coefficients de l'année qu'il convient de retenir pour pouvoir effectuer le calcul découle de la logique même du mécanisme des régularisations globales, à savoir anticiper les régularisations annuelles qui auraient été opérées à raison d'événements qui affectent, par nature, un seul coefficient sur les trois. Les **deux autres coefficients de l'année** doivent donc être **réputés égaux à leur valeur de référence,** puisque aucun événement n'a entraîné leur modification.

Le calcul de la régularisation globale s'effectue sur la base de la **TVA initiale** qui a été définie n° 57120.

CAS DE RÉGULARISATION GLOBALE

Cession ou apport non soumis à la TVA sur le prix total, la valeur totale ou la marge Toutes les formes de cession (à titre onéreux ou à titre gratuit) et d'apport (apports purs et simples ou à titre onéreux, apports globaux ou partiels) sont visées. Mais elles ne constituent une cause de régularisation que lorsque la cession ou l'apport ne sont **pas soumis à la TVA** sur le prix total ou la valeur totale du bien (ou sur la marge), de sorte que la régularisation ne concerne guère en pratique que les **immeubles.** 57295 CGI ann. II art. 207, III-1-1° TVA-IX-34850 s

En effet, la cession ou l'apport en société, par leurs utilisateurs, de **biens mobiliers** d'investissement (outillage, matériels, etc.) usagés est imposable à la TVA lorsque (ce qui est fréquent) ces biens ont ouvert droit à déduction complète ou partielle de la TVA lors de leur acquisition (nos 60985 s.). Corrélativement, de telles cessions n'entraînent pas de régularisation de la déduction antérieure, même lorsque les biens font l'objet d'une exportation ou d'une livraison intracommunautaire exonérée (n° 61005, b) ou lorsqu'ils bénéficient du dispositif prévu en cas de transmission ou d'apport en société d'une universalité totale ou partielle de biens (n° 47520). En revanche, la régularisation est exigible lorsque la cession bénéficie d'une autre exonération (sauf celle visée n° 61010 pour les biens n'ayant pas ouvert droit à déduction) (en ce sens, BOI-TVA-DED-60-20 n° 1).

Échappent également à la régularisation globale les immeubles dont la cession ou l'apport est imposable à la TVA (nos 58770 s.), même si cette cession ou cet apport relèvent du dispositif de transmission d'une universalité totale ou partielle de biens (n° 47520).

> **Précisions** **a.** Sont **notamment** visées par ce cas de régularisation globale les cessions d'immeubles immobilisés non soumises à la TVA : cession d'un **terrain** qui ne répond **pas** à la définition des terrains **à bâtir** ou d'un **immeuble** achevé depuis **plus de cinq ans** lorsque l'**option** pour l'imposition à la TVA n'a **pas** été **exercée.**
> **b.** Selon la **CJUE,** échappe à la régularisation une **opération de cession-bail** (ou « sale and lease back ») non soumise à la TVA, consistant pour l'assujetti à donner un droit d'emphytéose sur cet immeuble, moyennant une redevance immédiate, à des institutions financières, lesquelles lui ont concédé immédiatement l'usage du bien en vertu d'un crédit-bail immobilier avec option d'achat prévoyant le paiement d'un loyer sur 15 ans dont le montant total correspond à celui de la redevance, augmenté des intérêts. Dans une telle situation, les opérations en cause forment en effet, en application de la jurisprudence relative aux opérations complexes (n° 46478, précision a), une opération financière unique ne pouvant être qualifiée de « livraison de biens » au sens de l'article 188 de la directive (CJUE 27-3-2019 aff. 201/18 : RJF 7/19 n° 734).

Dans cette hypothèse, il y a lieu de procéder à une régularisation globale (en une seule fois) en **réputant que le bien** sera **utilisé, pour chacune des années restantes** de la période de régularisation, **à une activité exonérée** n'ouvrant pas droit à déduction. La régularisation est ainsi égale à la **somme des régularisations annuelles** qui auraient été effectuées jusqu'au terme de la période de régularisation en considérant que, pour chacune des années restantes, le **coefficient de taxation** sera égal à **zéro.** 57300

Cette régularisation prend nécessairement la forme d'un **reversement** de la TVA initialement déduite.

Lorsque le bien cédé constitue également une immobilisation pour le **nouveau détenteur** (bénéficiaire de la cession ou de l'apport), le cédant peut lui « **transférer** » une partie de la TVA initiale, à proportion de la durée de régularisation non encore courue. 57305

Le nouveau détenteur peut ainsi déduire une **fraction du montant de la TVA ayant grevé initialement le bien,** à proportion du rapport entre le nombre d'années restant à courir, pour le cédant ou l'apporteur, jusqu'au terme de la période de régularisation et le nombre d'années total de celle-ci.

Montant de la taxe transférée = TVA initiale × nombre d'années restant à courir / nombre total d'années de la période de régularisation

La déduction que le nouveau détenteur est en droit d'opérer est calculée dans les mêmes conditions que celles décrites nos 55360 s. Le nouveau détenteur doit ainsi calculer un nouveau coefficient de déduction pour le bien immobilisé et appliquer ce coefficient au montant de la « taxe transférée ».

Montant du droit à déduction du nouveau détenteur = TVA transférée × coefficient de déduction du nouveau détenteur

Pour que ce mécanisme puisse fonctionner, l'**ancien détenteur** (cédant ou apporteur) est tenu de **délivrer** au nouveau un **document** mentionnant le montant de la taxe que ce dernier est en droit de déduire. L'article 207, III-3 de l'annexe II au CGI parle à cet égard d'une « **attestation** » mentionnant le montant de la taxe qu'il est en droit de déduire. Mais, à notre avis, l'ancien détenteur peut, en pratique, délivrer à l'acquéreur une **facture « complétée »** comportant, outre les mentions habituelles (date, identification des parties, description sommaire des biens et prix), la date d'acquisition par l'ancien détenteur, la date de cession et le montant de la taxe susceptible d'être déduite.

57310 **> Précisions** **a.** L'acquisition du bien ouvre une **nouvelle période de régularisation** pour le nouveau détenteur (no 57100). La **taxe initiale** servant de base au calcul des régularisations éventuelles auxquelles le nouveau détenteur peut être tenu est égale au montant de la « taxe transférée ».

b. Le mécanisme décrit no 57305 peut jouer également si l'**ancien détenteur** n'a pu opérer **aucune déduction au moment où il a acquis** le bien, en raison soit de sa situation personnelle au regard de la TVA (entreprise exonérée, agriculteur non soumis à la TVA), soit d'une exclusion du droit à déduction frappant le bien. Mais le nouveau détenteur ne peut utiliser ce droit à déduction que s'il est lui-même redevable et si le bien ne tombe pas pour lui sous le coup d'une exclusion. Il peut en être ainsi, par **exemple**, en cas de cession par une entreprise commerciale d'une voiture de tourisme que l'acquéreur utilisera pour une activité de taxi. Dans de telles situations, l'ancien détenteur peut délivrer au nouveau le document visé no 57305, alors même qu'il n'est tenu à aucun versement ni à taxation de la cession.

En revanche, un **non-assujetti** n'est pas en droit de délivrer des attestations ou des factures « complétées ».

57315 EXEMPLE

Une entreprise acquiert en l'année N un immeuble neuf pour un montant HT d'un million d'euros, auxquels s'ajoutent 200 000 € de TVA. Il s'avère que le coefficient d'assujettissement de ce bien est de 0,8 et son coefficient de taxation de 0,5. Son coefficient d'admission étant égal à l'unité, le coefficient de déduction de ce bien est égal à 0,4 et l'entreprise a pu déduire initialement pour 80 000 € de TVA. Ces coefficients ne varient pas tout au long de la vie de l'entreprise. Au cours de l'année N + 7, l'entreprise cède son immeuble à une autre entreprise. Cette cession n'étant pas soumise à la TVA (l'option visée no 58830 n'ayant pas été exercée), l'entreprise cédante est tenue à une régularisation globale, qui est égale à la somme des régularisations qui auraient eu lieu au cours des années N + 8 à N + 19 (soit 12 années), si, pour chacune de ces années, elle avait constaté que le coefficient de taxation de l'immeuble était nul. Cette régularisation, qui prend la forme d'un reversement, est donc égale à :

$$\sum_{8}^{19} (0 - 0{,}4) \times 200\,000 \,/\, 20, \text{ soit } -48\,000\ €.$$

L'immeuble acquis par l'entreprise cessionnaire constituant pour elle une immobilisation, l'entreprise cédante peut lui transférer un montant de TVA égal à 12 / 20 × 200 000, soit 120 000 €. Il s'avère que, pour le nouveau détenteur, le coefficient d'assujettissement de l'immeuble est égal à 1 et son coefficient de taxation est égal à 0,35. Le nouveau détenteur pourra donc déduire : 120 000 € × 0,35 = 42 000 €. Il sera lui-même tenu aux régularisations éventuelles pendant les 19 années suivant son acquisition, sur la base d'une TVA initiale égale à la TVA transférée, soit 120 000 €.

57320 **Transfert entre secteurs d'activité** Il s'agit du cas où un redevable ayant des secteurs d'activité distincts transfère une immobilisation d'un secteur à un autre secteur (sur la notion de secteurs d'activité distincts, voir nos 56030 s.).

CGI ann. II art. 207, III-1-1° TVA-IX-35250 s

Un tel transfert est traité **comme une cession non soumise à la TVA** suivie d'un **éventuel « transfert » du droit à déduction** au profit du **secteur d'activité « d'arrivée »** si le bien y est immobilisé.

57325 Dans cette hypothèse, il y a lieu de procéder à une régularisation globale (en une fois) en **réputant que le bien** sera **utilisé,** pour **chacune des années restantes** de la période de régularisation, à une **activité exonérée n'ouvrant pas droit à déduction.** La régularisation est ainsi égale à la **somme des régularisations annuelles** qui auraient été effectuées jusqu'au terme de la période de régularisation en considérant que, pour chacune des années restantes, le **coefficient de taxation** sera égal à **zéro.**

Cette régularisation prend, en **principe,** la forme d'un **reversement** de la TVA initialement déduite. **Toutefois,** le calcul de cette régularisation conduit à un résultat nul lorsque le **bien transféré n'a pas ouvert droit à déduction** dans le secteur « de départ » (bien utilisé dans un secteur exonéré ou bien utilisé pour la réalisation d'opérations n'ouvrant pas droit à déduction dans un secteur taxable), le coefficient de taxation du bien étant déjà égal à zéro.

Lorsque le **bien transféré** est immobilisé dans le secteur « d'arrivée », l'opérateur « **transfère** » dans ce secteur **une partie de la TVA initiale** dans les mêmes conditions que celles décrites n° 57305.

> Précisions **a.** Le **transfert d'un bien mobilier d'investissement vers un secteur exonéré** donne lieu à imposition d'une livraison à soi-même sur le fondement de l'article 257, II-1-3° du CGI (n° 47395, précision b). Le montant de la taxe transférée (non déductible dans le secteur d'arrivée) doit correspondre, dans cette hypothèse, au montant de la TVA déclarée au titre de la livraison à soi-même.

b. Le transfert d'un bien immobilisé entre secteurs d'activité ouvre une **nouvelle période de régularisation** (n° 57100). La taxe initiale servant de base au calcul des régularisations dans le secteur « d'arrivée » est égale au montant de la « taxe transférée ».

c. Le transfert entre secteurs d'activité fait partie des événements qui entraînent la **modification des coefficients de référence** du bien (n° 57145). Lorsque, dans le nouveau secteur, le bien est également immobilisé, l'opérateur a pu déduire une partie de la taxe transférée en fonction des coefficients d'assujettissement, de taxation et d'admission découlant de la nouvelle utilisation du bien. Les coefficients de référence prennent alors la valeur de ces nouveaux coefficients.

EXEMPLE 57330

Une entreprise acquiert en l'année N un immeuble neuf pour un montant hors taxe d'un million d'euros, auxquels s'ajoutent 200 000 € de TVA. Elle l'affecte aux besoins d'un premier secteur d'activité. Il s'avère que le coefficient de taxation de ce bien est de 0,4. Ses coefficients d'assujettissement et d'admission étant égaux à l'unité, le coefficient de déduction de ce bien est égal à 0,4 et l'entreprise a pu déduire initialement pour 80 000 € de TVA. Ces coefficients ne varient pas tout au long de la vie de l'entreprise. Au cours de l'année N + 7, l'entreprise transfère son immeuble vers un second secteur d'activité, dans lequel le coefficient de taxation de l'immeuble est de 0,35. L'entreprise est tenue au titre de ce premier secteur à une régularisation globale, qui est égale à la somme des régularisations qui auraient eu lieu au cours des années N + 8 à N + 19 (soit 12 années), si, pour chacune de ces années, elle avait constaté que le coefficient de taxation de l'immeuble était nul. Cette régularisation, qui prend la forme d'un reversement, est donc égale à :

$$\sum_{8}^{19} (0 - 0{,}4) \times 200\,000 \,/\, 20, \text{ soit } - 48\,000\,€.$$

Symétriquement, si le bien constitue également une immobilisation dans son nouveau secteur d'activité, une partie de la taxe initiale est « transférée ». Son montant est égal à : 200 000 € × 12 / 20 = 120 000 €. Le montant du droit à déduction dans le secteur « d'arrivée » est égal à : 120 000 € × 0,35 = 42 000 €.

Avant le transfert, l'entreprise avait constaté que les coefficients de référence du bien étaient égaux, pour le coefficient d'assujettissement à 1, pour le coefficient de taxation à 0,4 et pour le coefficient d'admission à 1. Après le transfert, les coefficients de référence du bien seront égaux, pour le coefficient d'assujettissement à 1, pour le coefficient de taxation à 0,35 et pour le coefficient d'admission à 1.

Cession ou apport soumis à la taxe sur le prix total, la valeur totale ou la marge

57335 CGI ann. II art. 207, III-1-2° TVA-IX-35550 s

Ce cas de régularisation concerne l'hypothèse où une **cession ou un apport soumis** à la TVA porte sur des **biens** qui précédemment, **lors de leur acquisition,** n'ont **pas** fait l'objet d'une **détaxation totale,** qu'il y ait eu soit seulement une déduction partielle, soit même aucune déduction (exclusion).

Sont **notamment** visés les **biens mobiliers d'investissement** (outillage, matériel, etc.) **usagés,** dont la cession par leur utilisateur est imposable à la TVA dès lors qu'ils ont antérieurement donné lieu, lors de leur acquisition, à une déduction partielle (n° 60995) (si la déduction initiale a été totale, il n'y a évidemment pas matière à la présente régularisation).

Sont également concernés les **immeubles** cédés ou apportés soumis de plein droit ou sur option à la TVA (nos 58770 s.).

> Précisions **a.** Ce cas de régularisation trouve aussi à s'appliquer lorsque la cession n'est pas effectivement soumise à la TVA parce que le **bien** est **exporté** ou fait l'objet d'une **livraison intracommunautaire** : exportation ou livraison intracommunautaire directes ou cession à un exportateur ou à une personne effectuant des livraisons intracommunautaires, y compris s'il s'agit d'un bien exclu du droit à déduction (véhicule de tourisme, par exemple).

b. Parmi les cessions répondant aux conditions examinées ici, on peut également citer le cas des biens mobiliers exclus du droit à déduction lors de leur acquisition lorsque, la **cession** étant faite **à un négociant en biens d'occasion,** le cédant choisit, comme il en a le droit (nº 61015, b), de la soumettre à la TVA.

c. Une personne qui **achète un bien en qualité de non-assujetti** et qui, par la suite, **vend ce bien en qualité d'assujetti** ne bénéficie pas d'un droit à régularisation en vue d'opérer une déduction de TVA acquittée lors de l'achat dudit bien (nº 55225).

57340 Le bien est réputé avoir été utilisé, **pour chacune des années restantes** de la période de régularisation, à une activité telle que son **coefficient de déduction** (produit des trois coefficients) est **égal à un.**

La régularisation est égale à la **somme des régularisations annuelles** qui auraient été effectuées jusqu'au terme de la période de régularisation en considérant que, **pour chacune des années restantes** de cette période, le **coefficient de déduction** est **égal à l'unité.**

Elle se traduit nécessairement par une **déduction complémentaire** de TVA.

57345 EXEMPLE

Une banque achète au début de l'année N des ordinateurs auprès d'un fournisseur belge pour un montant total de 100 000 € HT. La TVA déclarée par la banque au titre de l'acquisition intracommunautaire de ces biens est donc de 20 000 €. Les ordinateurs portables sont immobilisés et affectés à l'ensemble de l'activité de la banque. Le coefficient de taxation de ces biens étant de 0,05 et les deux autres coefficients égaux à l'unité, le coefficient de déduction est égal à 0,05. La TVA déclarée sur l'acquisition intracommunautaire de biens est donc déduite à hauteur de 1 000 € (20 000 € × 0,05). À la fin de l'année N + 2, la banque revend les ordinateurs à un négociant établi hors de l'UE. La vente de ces biens exportés est exonérée de TVA. La banque doit donc procéder à une régularisation globale qui est égale à la somme des régularisations annuelles qui auraient eu lieu au cours des années N + 3 à N + 4 (soit deux années), si, pour chacune de ces années, elle avait constaté que le coefficient de déduction des ordinateurs était égal à l'unité. La régularisation, qui prend la forme d'une déduction complémentaire, est égale à la somme des deux régularisations annuelles, chacune étant égale à (1 – 0,05) × 20 000 / 5 = 3 800 €, soit une déduction complémentaire de 2 × 3 800 € = 7 600 €. Une régularisation de même nature aurait été également possible si, au lieu d'une exportation, les ordinateurs d'occasion avaient fait l'objet d'une livraison interne imposable à la TVA ou bien d'une livraison intracommunautaire exonérée de TVA, ou encore d'une cession en franchise de TVA à un négociant effectuant lui-même des exportations ou des livraisons intracommunautaires.

57350 CGI ann. II art. 207, III-1-3° TVA-IX-35850 s

Modification législative ou réglementaire des règles d'exclusion

Il s'agit du cas (peu fréquent) où un changement de réglementation affecte la situation, au regard du droit à déduction, d'une **immobilisation en cours d'utilisation.**

Cette modification se traduit par un **changement** de la valeur du **coefficient d'admission de référence du bien.**

› Précisions Ce cas de régularisation ne concerne **pas** la situation dans laquelle le **bien** devient **exclu du droit à déduction** du fait d'une **utilisation à des fins étrangères** à l'entreprise **supérieure à 90 %.** Dans cette situation, en effet, il y a lieu de procéder à une régularisation annuelle dans la mesure où une telle utilisation affecte également le coefficient d'assujettissement du bien (nº 55875).

57355 La régularisation est égale à la **somme des régularisations annuelles** qui auraient été effectuées jusqu'au terme de la période de régularisation en considérant que, **pour chacune des années restantes** de cette période, le **coefficient d'admission** est **égal à sa nouvelle valeur.**

Si le bien **cesse d'ouvrir droit à déduction** (coefficient d'admission passant à zéro), le redevable doit procéder à un **reversement** d'une fraction de la taxe initialement déduite.

Si le **bien cesse d'être exclu** du droit à déduction (coefficient d'admission devenant supérieur à zéro), le redevable peut bénéficier d'une **déduction complémentaire.**

› Précisions a. Dès lors que le bien est maintenu dans le même patrimoine, ce cas de régularisation ne conduit **pas à reprendre à zéro** le décompte du **délai de régularisation** (nº 57100, précision b). Le délai d'origine se poursuit.

b. Une fois la régularisation globale effectuée, le **coefficient d'admission de référence** est **modifié** et prend la valeur qui résulte de la modification législative ou réglementaire des règles d'exclusion. Les coefficients d'assujettissement et de taxation de référence restent quant à eux inchangés.

57360

EXEMPLE

Une entreprise dont l'activité est intégralement soumise à la TVA a acquis l'année N un bien meuble immobilisé exclu du droit à déduction pour un montant de 10 000 € HT. La TVA y afférente, soit 2 000 €, n'a pas été déduite car le coefficient d'admission attaché à ce bien était nul, les coefficients d'assujettissement et de taxation du bien étant, quant à eux, égaux à l'unité. En N + 2, une disposition réglementaire ouvre partiellement le droit à déduction à hauteur de 65 % pour les biens de cette nature. Une régularisation globale est effectuée en considérant que, pour l'ensemble des années restant à courir dans la période de régularisation, le coefficient d'admission du bien est égal à 0,65. L'entreprise peut opérer une déduction complémentaire égale à :

$$\sum_{3}^{4} (1 \times 1 \times 0{,}65 - 1 \times 1 \times 0) \times 2\,000 / 5, \text{ soit } 520\,€.$$

Pour le calcul des régularisations ultérieures, globales ou annuelles, le coefficient d'admission de référence du bien devient égal à 0,65. En N + 3, une nouvelle disposition réglementaire vient cette fois lever totalement l'exclusion. L'entreprise pourra opérer une nouvelle déduction complémentaire égale à :

$$\sum_{4}^{4} (1 \times 1 \times 1 - 1 \times 1 \times 0{,}65) \times 2\,000 / 5, \text{ soit } 140\,€.$$

Une fois cette régularisation opérée, le coefficient d'admission de référence sera égal à 1.

Biens devenant utilisés pour des opérations ouvrant droit à déduction Il s'agit du cas où des **biens** immobilisés, **utilisés jusqu'alors,** en tout ou partie, pour la réalisation d'**opérations imposables dont aucune n'ouvre droit à déduction,** viennent à être utilisés pour la réalisation d'opérations imposables ouvrant droit à déduction. 57365 CGI ann. II art. 207, III-1-4° TVA-IX-36050 s

En revanche, lorsqu'un **bien** est **utilisé initialement pour** la réalisation d'**opérations non imposables** (coefficient d'assujettissement de référence nul) et que ce bien est ensuite utilisé pour la réalisation d'opérations imposables ouvrant droit à déduction, aucune régularisation ne peut être opérée, selon l'article 207, III-4-2°-b de l'annexe II au CGI, et aucun coefficient de référence n'est modifié. Voir toutefois sur ce point la jurisprudence de la CJUE analysée n° 55225.

Selon la réglementation française, les **biens concernés** par ce cas de régularisation sont donc ceux dont le coefficient d'assujettissement de référence est compris entre zéro et un, ou encore est égal à l'unité et dont le coefficient de taxation de référence est nul.

EXEMPLE

Dans son BOI-TVA-DED-60-20-30 n° 80, l'administration donne l'exemple suivant, étant observé que, selon nous, l'impossibilité de constater une déduction complémentaire ne vaut que si l'immeuble a été acquis par la collectivité locale en tant qu'autorité publique (voir sur ce point la jurisprudence de la CJUE analysée n° 55225).

Une collectivité locale acquiert l'année N un immeuble, pour un montant d'un million d'euros hors taxe, auxquels s'ajoutent 200 000 € de TVA. Cet immeuble a été affecté à 100 % à une activité placée hors du champ de la taxe en application de l'article 256 B du CGI ; son coefficient d'assujettissement de référence est donc égal à 0. En N + 3, la collectivité décide d'utiliser ce bien à une activité soumise de plein droit à la taxe en application de ce même article. Elle ne peut prétendre à aucune déduction complémentaire.

Ce cas de régularisation concerne en particulier les **nouveaux redevables** pour l'ensemble de leurs immobilisations neuves ou en cours d'utilisation à la date à laquelle ils deviennent redevables. Mais il peut également concerner un **bien immobilisé pris isolément.**

La régularisation est égale à la **somme des régularisations annuelles** qui auraient été effectuées jusqu'au terme de la période de régularisation en considérant que, **pour chacune des années restantes** de cette période, le **coefficient de taxation** est **égal à sa nouvelle valeur,** laquelle découle de la nouvelle utilisation du bien. 57370

Cette régularisation se traduit par une **déduction complémentaire.**

› Précisions **a.** Dès lors que le bien est maintenu dans le même patrimoine, il n'y a **pas à reprendre à zéro** le décompte du **délai de régularisation** (n° 57100, précision b). Le délai d'origine se poursuit.

b. Une fois la régularisation opérée, le **coefficient de taxation de référence** est **modifié** et prend la valeur qui découle du nouvel usage du bien. Les coefficients d'assujettissement et d'admission de référence du bien restent inchangés.

c. Sur les règles applicables lorsque cette **régularisation** globale intervient **au cours de l'année d'acquisition** (ou de l'achèvement ou de la première utilisation du bien fabriqué pour le cas visé n° 57100, précision g), de l'importation ou de la livraison à soi-même, voir n° 57455.

57375 EXEMPLE

Un entrepreneur individuel a acquis l'année N un immeuble pour un montant d'un million d'euros hors taxe, auxquels s'ajoutent 200 000 € de TVA. Cet immeuble a été affecté à 20 % à un usage privé (son coefficient d'assujettissement est donc égal à 0,8). L'entrepreneur individuel exerce une activité de formation professionnelle, exonérée de TVA. Le coefficient de taxation de l'immeuble est donc nul, tandis que son coefficient d'admission est égal à l'unité. En N + 9, cet entrepreneur débute une activité de conseil, soumise à la taxe, de telle sorte que le coefficient de taxation de l'immeuble, affecté de manière mixte aux activités, se révèle égal à 0,3. L'entrepreneur est en droit de déduire une fraction de la taxe initialement supportée, égale à :

$$\sum_{10}^{19} (0{,}8 \times 0{,}3 \times 1 - 0) \times 200\,000 \,/\, 20, \text{ soit } 24\,000\,€.$$

Pour le calcul des régularisations ultérieures, globales ou annuelles, le coefficient de taxation de référence est égal à 0,3.

57380 La **taxe initiale** ayant grevé l'acquisition d'un **bien immobilisé non encore utilisé** et venant à être utilisé pour la réalisation d'opérations ouvrant droit à déduction peut être **déduite à proportion du coefficient de déduction résultant de ce changement d'utilisation** (CGI ann. II art. 207, IV-2).

57390 Biens cessant d'être utilisés à des opérations ouvrant droit à déduction

CGI ann. II art. 207, III-1-4° et 5°
TVA-IX-36350 s

Biens restant utilisés à des opérations imposables. Il s'agit du cas où les biens cessent d'être utilisés pour la réalisation d'opérations ouvrant droit à déduction mais continuent à être utilisés pour la réalisation d'opérations situées dans le champ qui sont exonérées sans ouvrir droit à déduction. Il peut s'agir **notamment** des cas suivants : dénonciation ou non-renouvellement d'une option pour l'imposition à la TVA ; disposition légale exonérant à compter d'une certaine date les opérations pour la réalisation desquelles les biens sont utilisés ; chiffre d'affaires s'abaissant au-dessous de la limite de la franchise en base ; bien immobilisé pris isolément, jusqu'alors utilisé uniquement à des opérations imposables ouvrant droit à déduction ou concurremment à des opérations imposables ouvrant droit à déduction et à des opérations imposables n'ouvrant pas droit à déduction, devenant utilisé à des opérations imposables n'ouvrant pas droit à déduction.

57395 La régularisation est égale à la **somme des régularisations annuelles** qui auraient été effectuées jusqu'au terme de la période de régularisation en considérant que, **pour chacune des années restantes** de cette période, le **coefficient de taxation** est **égal à zéro.**

Cette régularisation prend nécessairement la forme d'un **reversement** de la TVA initialement déduite.

> Précisions **a.** Dès lors que le bien est maintenu dans le même patrimoine, ce cas de régularisation ne conduit **pas** à **reprendre** à **zéro** le décompte du **délai de régularisation** (n° 57100, précision b). Le délai d'origine se poursuit.
b. Une fois la régularisation effectuée, le **coefficient de taxation de référence** est **modifié** et devient nul. Les coefficients d'assujettissement et d'admission de référence restent inchangés.
c. Dès lors que le coefficient d'assujettissement du bien demeure non nul, le **bien** reste dans le cycle des régularisations. Il est **disponible**, le cas échéant, **pour une nouvelle régularisation** (qui s'effectuerait selon les règles prévues nos 57365 s.) durant la période de régularisation restant à courir, dans le cas où il serait de nouveau utilisé, en tout ou partie, à des opérations ouvrant droit à déduction.
d. Sur les règles applicables lorsque cette **régularisation** globale intervient **au cours de l'année d'acquisition** (ou de l'achèvement ou de la première utilisation du bien fabriqué pour le cas visé n° 57100, précision g), de l'importation ou de la livraison à soi-même, voir n° 57455.

57400 **Biens cessant d'être utilisés à des opérations imposables.** Dans ce cas, le **coefficient d'assujettissement** du bien devient **nul,** ainsi que son coefficient de taxation. Il y a donc lieu de procéder à une régularisation globale. Ce cas de régularisation globale recouvre des situations très variées, et **notamment** les cas suivants : affectation des biens aux services administratifs, sociaux, éducatifs, culturels et sportifs non imposables des personnes morales de droit public ; affectation des biens aux services non imposables des organismes collecteurs de taxes obligatoires ou des organismes à but non lucratif percevant des dons et des legs ; locations gratuites de locaux précédemment affectés à la location à titre onéreux imposable à la TVA de plein droit ou sur option ; prélèvement de biens par l'assujetti pour ses besoins privés ou ceux de son personnel ou à des fins étrangères à l'entreprise et prélèvement de biens lors de la cessation d'activité par l'assujetti ou par ses ayants droit (ce cas de régularisation ne vaut que pour les immeubles, s'agissant des biens mobiliers d'investissement voir les précisions ci-dessous) ; biens distraits de l'actif de l'entreprise sans faire l'objet d'une destruction, d'un vol ou d'un détournement justifiés (disparition pure et simple).

> Précisions L'administration précise que, s'agissant des **biens mobiliers d'investissement,** le prélèvement par un assujetti pour ses besoins privés ou la cessation d'activité donne lieu non pas à régularisation mais à la taxation d'une **livraison à soi-même,** lorsque ce bien ou les éléments le composant ont ouvert droit à déduction complète ou partielle de la TVA (BOI-TVA-DED-60-20-10 nos 50 et 60 ; voir également n° 47400, précision g). Le Conseil d'État, quant à lui, semble considérer que, dans une telle situation, il y a lieu de procéder à une régularisation et non pas à une livraison à soi-même (CE 9-10-2019 n° 418100 : RJF 1/20 n° 22).

Selon le **Conseil d'État,** en cas de **cessation d'activité,** une entreprise n'est tenue de procéder 57402
à une régularisation globale qu'à compter de l'événement qui caractérise de façon certaine la **désaffectation définitive d'une immobilisation à la réalisation d'opérations taxables** (CE 9-10-2019 n° 418100 : RJF 1/20 n° 22).

En d'autres termes, lorsqu'un assujetti cesse, au cours de la période de régularisation, d'exercer l'activité taxable à laquelle était affecté un bien immobilisé, cette seule désaffectation et la conservation du bien dans le patrimoine de l'entreprise ne peuvent être regardées comme caractérisant la cessation de son utilisation à des opérations imposables, entraînant une régularisation globale. Ce n'est qu'une fois le destin du bien définitivement scellé qu'une telle régularisation doit, le cas échéant, être opérée.

> Précisions Cette solution infirme la **doctrine administrative** selon laquelle, en cas de cessation d'activité (ou dans l'hypothèse d'entreprises en sommeil), la régularisation doit être opérée nonobstant la conservation des biens immobilisés dans le patrimoine de l'entreprise (BOI-TVA-DED-60-20-10 nos 40 à 60).

En cas de **procédure collective d'apurement collectif** du passif, l'administration considère toutefois que la cessation d'activité intervient à la date à laquelle les stocks sont cédés ou à la date à laquelle tous les biens mobiliers d'investissement sont cédés ou mis au rebut, si celle-ci est postérieure (BOI précité n° 50). Selon la **CJUE,** en cas de procédure de faillite, l'assujetti n'a pas à procéder automatiquement à la régularisation des déductions effectuées lorsque l'ouverture d'une telle procédure ne fait pas obstacle à la poursuite de l'activité économique, notamment aux fins de liquidation de l'entreprise (CJUE 3-6-2021 aff. 182/20 : RJF 8-9/21 n° 891), à moins qu'il ne soit établi que les biens d'investissements ne seront plus utilisés, et ce, de manière définitive, dans le cadre de cette activité (CJUE 6-10-2022 aff. 293/21 : RJF 12/22 n° 1096).

La régularisation globale est égale à la **somme des régularisations annuelles** qui auraient 57405
été effectuées jusqu'au terme de la période de régularisation en considérant que, **pour chacune des années restantes** de cette période, le **coefficient d'assujettissement** du bien est **égal à zéro.**

Cette régularisation prend nécessairement la forme d'un **reversement** de la TVA initialement déduite.

> Précisions a. Cet événement (bien cessant d'être utilisé à des opérations imposables) entraîne la modification du **coefficient d'assujettissement de référence** du bien, qui devient **nul.** Le coefficient de taxation de référence devient également nul.

b. Selon l'**administration,** une fois la régularisation effectuée, le bien sort définitivement du cycle des régularisations, de sorte qu'**aucune déduction complémentaire** ne pourra plus à l'avenir être effectuée, même si le bien est à nouveau utilisé à des opérations imposables ouvrant droit à déduction (BOI-TVA-DED-60-20-30 n° 100). Voir toutefois la jurisprudence de la **CJUE** analysée n° 55225, qui nous paraît pouvoir jouer également dans ce cas de figure.

EXEMPLE 57410

L'année N, un entrepreneur individuel, exerçant une activité intégralement soumise à la TVA, fait l'acquisition d'un immeuble neuf, qu'il décide d'affecter à son exploitation. Le coût d'acquisition s'élève à 100 000 € hors taxe. Il déduit 20 000 €. En N + 6, l'immeuble est affecté au patrimoine privé de l'exploitant.

Celui-ci est tenu à un reversement égal à :

$$\sum_{7}^{19} (0 \times 0 \times 1 - 1 \times 1 \times 1) \times 20\,000 \,/\, 20, \text{ soit } - 13\,000\,€.$$

Le coefficient d'assujettissement de référence du bien devient nul, ainsi que le coefficient de taxation de référence. En N + 8, il réaffecte son immeuble à son activité professionnelle. Il ne peut prétendre, selon l'administration (n° 57405, précision b), à aucune déduction complémentaire.

Nota : Selon l'administration, le prélèvement dans les mêmes conditions d'un **bien mobilier d'investissement** ne donnerait pas lieu à une régularisation mais à la taxation d'une livraison à soi-même (n° 57400, Précisions).

MODALITÉS DE RÉGULARISATION

57420 TVA-IX-36950 s

Le **reversement ou** la **déduction complémentaire** auxquels donne lieu la régularisation de la taxe doivent être mentionnés sur la déclaration souscrite au titre de la période (mois, trimestre, année) au cours de laquelle l'événement qui motive la régularisation est intervenu.

> Précisions a. En pratique, pour les redevables souscrivant des CA 3, la régularisation doit être mentionnée distinctement (ligne « TVA antérieurement déduite à reverser » ou ligne « Autre TVA à déduire ») sur la **déclaration** souscrite au titre du mois ou du trimestre durant lequel s'est produit l'événement qui motive cette régularisation.
Pour les redevables souscrivant des déclarations annuelles (redevables au régime simplifié n'ayant pas renoncé aux formalités simplifiées, exploitants agricoles ne souscrivant pas de CA 3), la régularisation est opérée sur ces déclarations.
Lorsque la **déduction complémentaire** n'a pas été **opérée dans le délai** indiqué ci-dessus, le redevable peut la faire figurer sur ses déclarations ultérieures jusqu'au 31 décembre de la deuxième année qui suit celle de l'omission (Lettre DLF du 26-12-2005).
b. Le **reversement** de TVA consécutif à une cession d'immobilisations ne peut pas être retardé jusqu'à la date du **paiement du prix** par l'acheteur ; l'obligation de reversement existe alors même que la **créance** du vendeur sur l'acquéreur des immobilisations serait **douteuse** (CE 27-7-1988 n° 65933 : RJF 11/88 n° 1209).

EXCEPTIONS À LA RÉGULARISATION

57430 CGI ann. II art. 207, III-4 TVA-IX-37150 s

Les assujettis n'ont pas à procéder à la régularisation de la taxe afférente aux biens immobilisés dans les cas suivants :
– biens dont la cession ou l'apport relèvent du dispositif de l'article 257 bis du CGI relatif aux **transmissions d'universalité totale ou partielle de biens** (n° 47520) ;
– biens qui ont été **volés** ou **détruits** dès lors que ce vol ou cette destruction fait l'objet d'une justification (n° 57435) ;
– biens dont le **coefficient d'assujettissement de référence** est **nul** (cette exception a pour objet d'interdire aux opérateurs concernés de bénéficier d'une déduction complémentaire : voir toutefois sur ce point la jurisprudence de la CJUE analysée n° 55225).

57435 La régularisation n'est pas exigée :
– en cas de **destruction** du bien, à condition qu'il en soit **justifié,** cette destruction pouvant être fortuite (sinistre) ou volontaire (outillage mis au rebut et détruit) ;
– en cas de cession de biens devenus inutilisables et destinés à la **mise au rebut,** à la **casse** ou à la ferraille ;
– en cas de **vol ou détournement** des biens, à condition qu'il en soit **justifié** (par le dépôt d'une plainte pour vol ou pour abus de confiance).

ARTICULATION ENTRE RÉGULARISATIONS ANNUELLES ET RÉGULARISATIONS GLOBALES

57445 TVA-IX-37500 s

Les quatre événements mentionnés n° 57145 entraînent une modification des valeurs des coefficients de référence.

Les **modifications des valeurs des coefficients de référence** induites par une régularisation globale doivent être **prises en compte** :
– pour le **calcul** des **régularisations annuelles à compter de l'année suivante** ;
– pour le **calcul** des **régularisations globales ultérieures,** y compris celles qui interviendraient lors de l'année en cours.

En revanche, les modifications des valeurs des coefficients de référence induites par une régularisation globale ne doivent **pas** être **prises en compte pour** le **calcul** de la **régularisation annuelle due au titre de l'année au cours de laquelle est intervenue la régularisation globale,** et ce, même si cette régularisation annuelle peut être liquidée jusqu'au 25 avril de l'année suivante, donc postérieurement à la régularisation globale.

57450 EXEMPLES

1. Cession soumise à la taxe sur le prix total. Une banque ayant opté pour le paiement de la TVA acquiert l'année N un immeuble grevé de 200 000 € de TVA. Ses coefficients d'assujettissement, de taxation et d'admission de référence sont égaux, respectivement, à 1, 0,25 et 1. Le 1er juillet N + 4, la banque vend l'immeuble en TVA. Elle peut prétendre à une déduction complémentaire, égale à :

$$\sum_{5}^{19} (1 \times 1 \times 1 - 1 \times 0,25 \times 1) \times 200\,000 / 20 = 112\,500\,€.$$

Sur le premier semestre, le bien avait été utilisé de manière mixte, et la banque constate, avant le 25 avril N + 5, que le coefficient de taxation des biens utilisés de manière mixte est égal à 0,1. Elle est alors tenue à une régularisation annuelle au titre de l'année N + 4 sur l'immeuble qu'elle a cédé au 1er juillet, qui prend la forme d'un reversement d'un montant égal à (1 × 0,1 × 1 - 1 × 0,25 × 1) × 200 000 / 20, soit 1 500 €.

2. Transfert entre secteurs d'activité. Une entreprise ayant constitué deux secteurs d'activité acquiert l'année N un immeuble grevé de 200 000 € de TVA. Ce bien est utilisé exclusivement pour les besoins de son premier secteur d'activité. Son coefficient de déduction provisoire, auquel s'avérera égal son coefficient de déduction définitif – et, par conséquent, son coefficient de déduction de référence –, est égal à 0,6. Elle a donc déduit 120 000 €. Le 15 mai de l'année N + 1, elle transfère cet immeuble à son autre secteur d'activité, dans lequel le coefficient de déduction provisoire du bien est égal à 0,9. Elle procède tout d'abord à une régularisation globale, égale à un reversement de :

19
Σ (0 - 0,6) × 200 000 / 20 = - 108 000 €.
2

Elle transfère d'un secteur à l'autre un montant de taxe déductible égal à 200 000 × 18 / 20 = 180 000 €, que l'entreprise déduit à proportion du coefficient de déduction du bien dans le second secteur d'activité (soit une déduction de : 180 000 € × 0,9 = 162 000 €). Avant le 25 avril de l'année N + 2, l'entreprise constate que, au titre de l'année N + 1, le coefficient de déduction des biens utilisés sur le premier secteur est égal à 0,4 et que le coefficient de déduction des biens utilisés sur le second secteur est égal à 0,95. Dès lors que le transfert entre secteurs est assimilé à une vente, l'entreprise ne doit pas considérer que le bien a été utilisé concurremment aux deux secteurs au cours de l'année N + 1. Elle doit au contraire constater, au titre du premier secteur, qu'elle est tenue d'opérer une régularisation annuelle, qui, au cas présent, prend la forme d'un reversement de (0,4 - 0,6) × 200 000 / 20 = - 2 000 € (étant précisé que l'écart entre le produit des coefficients d'assujettissement et de taxation de l'année, d'une part, et le produit des coefficients d'assujettissement et de taxation de référence, d'autre part, est supérieur à un dixième). Elle constate également, au titre du second secteur, que le coefficient de déduction définitif diffère du coefficient de déduction provisoire retenu au moment du transfert et à ce titre procède à une déduction complémentaire égale à 0,95 × 180 000 € - 162 000 € = 9 000 €. Le fait que l'écart entre le coefficient de déduction définitif et le coefficient de déduction provisoire soit inférieur à un dixième est sans incidence. Le coefficient de déduction de référence du bien est désormais égal à 0,95.

Régularisation globale la première année **Deux cas** de régularisation globale sont ici visés. Il s'agit des cas suivants : 57455 TVA-IX-37550

– un bien utilisé exclusivement à des opérations n'ouvrant pas droit à déduction au début de l'année N (année de l'acquisition, de l'importation, de l'achèvement ou de la première utilisation du bien fabriqué pour le cas visé n° 57100, précision g ou de la livraison à soi-même) vient, au cours de ladite année, à être utilisé exclusivement à des opérations ouvrant droit à déduction (n° 57365) ;

– un bien utilisé exclusivement à des opérations ouvrant droit à déduction au début de l'année N (année de l'acquisition, de l'importation, de l'achèvement, de la première utilisation du bien ou de la livraison à soi-même) vient, au cours de ladite année, à être utilisé exclusivement à des opérations imposables n'ouvrant pas droit à déduction (n° 57390).

Dans ces deux hypothèses, l'opérateur doit procéder à une **régularisation globale** dès la survenance de ces événements, qui se traduira par un reversement d'une partie de la TVA initialement déduite ou par une déduction complémentaire. Cette régularisation globale étant antérieure à la détermination des coefficients définitifs, les coefficients de référence utilisés pour l'effectuer seront les coefficients provisoires. La régularisation globale portera sur les quatre années (biens mobiliers) ou les 19 années (biens immobiliers) suivant celle de l'acquisition.

Au titre de l'année N, les biens ayant été utilisés successivement pour des opérations ouvrant droit et n'ouvrant pas droit à déduction, leur **coefficient de taxation définitif arrêté en N + 1** dans les conditions prévues n° 55365 est obligatoirement forfaitaire (n° 55370). L'opérateur doit opérer un reversement ou une déduction complémentaire de TVA avant le 25 avril N + 1 en raison de la différence existant entre le coefficient de taxation définitif et le coefficient de taxation provisoire. Le calcul de ce reversement ou de cette déduction complémentaire ne doit porter que sur le montant de TVA correspondant à l'année N, soit un cinquième (biens mobiliers) ou un vingtième (biens immobiliers) de la TVA initiale.

B. Régularisations applicables aux biens autres que les immobilisations et aux services

57490 CGI art. 271, III et CGI ann. II art. 207, IV-2 et VI TVA-IX-38000 s

Les régularisations examinées ici se rapportent exclusivement aux biens (marchandises, etc.) autres que les immobilisations et aux services définis n° 56820.

La régularisation de la TVA initialement déduite pour ces biens et services doit être opérée **quelle que soit la date** où l'événement la justifiant se produit (contrairement à ce qui se passe pour les immobilisations, il n'existe pas, dans ce cas, de date limite au-delà de laquelle la régularisation ne serait plus obligatoire).

BIENS DEVENANT UTILISÉS À DES OPÉRATIONS OUVRANT DROIT À DÉDUCTION

57500 TVA-IX-38850 s

Lorsqu'un bien en stock cesse d'être utilisé exclusivement pour la réalisation d'opérations exonérées et vient à être utilisé pour la réalisation d'opérations ouvrant droit à déduction (coefficient de taxation cessant d'être nul), la **taxe initiale** ayant grevé l'acquisition de ce bien peut être **déduite à proportion du coefficient de déduction résultant de ce changement d'utilisation** (n°s 55360 s.).

Ce cas de régularisation, qui se traduit donc par une déduction complémentaire, concerne en particulier les **nouveaux redevables** pour leurs biens en stock à la date à laquelle ils deviennent redevables. Mais il peut également concerner un **bien en stock pris isolément.**

Cette déduction complémentaire doit être mentionnée sur la **déclaration** souscrite au titre de la période (mois, trimestre, année) au cours de laquelle le changement d'utilisation est intervenu.

DISPARITION DES MARCHANDISES

57510 TVA-IX-38150 s

Les redevables sont tenus de procéder à une régularisation des déductions antérieures lorsque les marchandises ont disparu **avant** d'avoir reçu l'**utilisation** en vue de laquelle elles avaient été acquises.

Il en est ainsi quel que soit le lieu où ces biens ont disparu (usines, entrepôts, chez un tiers, en cours de transport, etc.) et que ces marchandises aient été destinées à la revente (en l'état ou après transformation) ou aient correspondu à des frais généraux de l'entreprise.

C'est à la personne qui est **propriétaire** des biens au moment de leur disparition qu'il appartient d'opérer la régularisation (BOI-TVA-DED-60-30 n° 20).

57515 TVA-IX-38350 s

Exceptions **a.** La régularisation n'est pas exigée en cas de **destruction** des biens, à condition qu'il soit **justifié** de cette destruction qui peut être accidentelle (incendie, inondation, etc.) ou volontaire (destruction de biens devenus inutilisables en l'état pour l'usage auquel ils étaient destinés).

b. De même, la régularisation n'est pas exigée en cas de **vol** ou de **détournement justifiés** (par le dépôt d'une plainte pour vol ou pour abus de confiance).

Il est admis que dans le secteur de la distribution (détaillants ou grandes surfaces) la **« démarque inconnue »** n'entraîne pas de régularisation dès lors que son taux n'est pas exagéré (et sans que le dépôt d'une plainte soit exigé) (BOI-TVA-DED-60-30 n° 50).

c. L'obligation de régulariser ne s'impose pas non plus en cas de **déperdition justifiée des marchandises** subie à l'occasion de l'accomplissement d'opérations imposables et du fait des **modalités de l'activité.** Caractérise une telle déperdition le non-retour par les destinataires, malgré leur engagement, des livres à l'essai qu'une société de vente par correspondance leur a adressés, à leur demande, en vue d'une éventuelle commande (CE 23-2-2000 n° 174240 : RJF 4/00 n° 480).

57520 TVA-IX-39100

Forme et modalités de la régularisation La régularisation consiste dans le **reversement de l'intégralité de la taxe** dont la déduction avait été opérée.

Pour le calcul du reversement, il est admis que l'assujetti utilise, le cas échéant, des **méthodes forfaitaires,** sous réserve du droit de contrôle de l'administration (BOI-TVA-DED-60-30 n° 120). Il peut en être ainsi notamment en cas de fourniture gratuite de repas au personnel (n° 57545).

Le reversement doit être opéré **avant le 25 du mois qui suit** l'événement qui le motive.

En pratique, pour les redevables souscrivant des CA 3, la régularisation doit être mentionnée distinctement (ligne « TVA antérieurement déduite à reverser ») sur la **déclaration** souscrite au titre **du mois** durant lequel s'est produit l'événement. Pour les redevables qui souscrivent des déclarations annuelles (entreprises placées sous le régime simplifié qui n'ont pas renoncé aux formalités simplifiées, exploitants agricoles ne souscrivant pas de CA 3), le reversement est opéré lors de la souscription de ces déclarations.

Il est également admis que les régularisations relatives aux **prélèvements** effectués pour les **besoins privés normaux** du chef d'une entreprise individuelle (n° 57540) s'effectuent en fin d'année (BOI précité n° 130).

UTILISATION DES BIENS OU SERVICES POUR UNE OPÉRATION N'OUVRANT PAS DROIT À DÉDUCTION

La taxe ayant grevé des **services** doit faire l'objet d'une régularisation lorsque ceux-ci sont utilisés pour une opération qui n'est pas effectivement soumise à la TVA parce que exonérée de taxe (sauf s'il s'agit d'une opération exonérée qui ouvre droit à déduction : n° 55550) ou non réalisée. **57530** TVA-IX-38600 s

La taxe ayant grevé des **biens** qui ne constituent pas des immobilisations ne doit être régularisée que lorsqu'ils ne sont pas effectivement utilisés pour une opération ouvrant droit à déduction et que cette utilisation n'est pas soumise à l'imposition au titre d'une livraison à soi-même de biens (n°s 47370 s.). Les opérations en cause s'entendent des opérations non imposables ou exonérées (et n'ouvrant pas droit à déduction). Tel est également le cas des prélèvements, utilisations, affectations, cessions non soumis à l'imposition au titre d'une livraison à soi-même de biens, comme par exemple les prélèvements effectués pour les besoins normaux du chef d'une entreprise individuelle (n° 57540), ainsi que de l'utilisation de biens détenus en stock par les personnes qui deviennent bénéficiaires de la **franchise en base** (n° 54350).

La régularisation, qui prend ici la forme d'un **reversement,** doit être opérée selon les mêmes **modalités** que celles exposées n° 57520.

> **Précisions** **a.** Les **cessions et apports de marchandises** peuvent, dans certains cas, échapper à la TVA sans pour autant donner lieu à reversement (voir n° 47520). **57535**
> **b.** Il n'y a pas lieu de reverser la taxe d'amont dans le cas des **opérations** imposables qui, étant demeurées **impayées,** ouvrent droit à restitution de la taxe correspondante (n° 54400, précision a).
> **c.** Pour la TVA ayant grevé les **dons** faits **aux œuvres humanitaires,** voir n° 89555, c.

Prélèvements pour les besoins du chef d'entreprise Les prélèvements sur stocks, effectués pour les **besoins privés normaux** du **chef d'une entreprise individuelle et** pour les besoins des membres de sa **famille à sa charge (« autoconsommation »)**, ne sont pas considérés comme des livraisons à soi-même taxables (n° 47400, précision c). Corrélativement, cette dispense d'imposition rend obligatoire la **régularisation** de la taxe d'amont grevant les biens prélevés pour cette consommation (TVA déduite lors de l'achat des produits correspondants ou des matières et des services ayant servi à les fabriquer). **57540** TVA-II-23390

Nota : Les **prélèvements manifestement exagérés** ne bénéficient pas de la dispense d'imposition. Étant ainsi taxables à titre de livraison à soi-même, ils ne s'accompagnent donc pas d'une régularisation de la taxe d'amont.

Il en est de même pour les prélèvements opérés par les **dirigeants d'entreprises en société,** ces prélèvements étant considérés comme des livraisons à soi-même taxables (BOI-TVA-CHAMP-10-20-20 n° 110).

Prélèvements pour les besoins du personnel **a.** Pour les **entreprises qui nourrissent gratuitement** leur personnel, la taxe comprise dans le coût de revient des repas fournis au personnel doit donner lieu à reversement dans les conditions suivantes : **57545** TVA-II-24070 s

- soit pour son montant exact (justifié comptablement) ;
- soit selon des bases forfaitaires : le prix du repas – évalué selon les règles exposées n° 21555 – étant réputé correspondre pour 85 % à des produits relevant du taux réduit de 5,5 % et pour 15 % à des produits taxés au taux normal de 20 % (BOI-TVA-CHAMP-10-20-20 n° 100).

b. Les **autres prélèvements** opérés pour les besoins du personnel donnent lieu obligatoirement à imposition des livraisons à soi-même (attributions de charbon par les houillères, par exemple).

c. Certaines particularités sont à signaler dans le domaine de l'**agriculture** (voir n° 59810, c).

CHAPITRE 5

RÉGIMES PARTICULIERS

SOMMAIRE

SECTION 1
OPÉRATIONS IMMOBILIÈRES 58700
1. Livraisons d'immeubles 58770
2. Livraisons à soi-même d'immeubles neufs 59000
3. Livraison à soi-même de travaux dans les logements sociaux 59120

SECTION 2
AGRICULTURE 59420
A. Régime de la TVA dans l'agriculture 59550
1. Exploitants redevables de la TVA à titre obligatoire 59700
2. Exploitants imposés à la TVA sur option 59760
3. Régime simplifié d'imposition de l'agriculture (RSA) 59790
a. Opérations imposables et base d'imposition 59800
b. Exigibilité de la TVA 59820
c. Taux de la TVA 59830
d. Régime des déductions 59845
e. Obligations des exploitants agricoles relevant du RSA 59875
4. Explications particulières 59955
B. Régime du remboursement forfaitaire 60040

SECTION 3
OPÉRATIONS BANCAIRES ET FINANCIÈRES 60300
A. Champ d'application de la TVA 60300
B. Modalités de taxation 60415

SECTION 4
BIENS D'OCCASION, ŒUVRES D'ART, OBJETS DE COLLECTION OU D'ANTIQUITÉ 60540
1. Ventes par les assujettis-revendeurs 60750
2. Échanges internationaux 60870
3. Autres opérations 60945
4. Explications particulières 60985

SECTION 5
AUTRES RÉGIMES PARTICULIERS 61250
1. Régime suspensif 61250
2. Produits pétroliers 61340
3. Commissionnaires et autres intermédiaires 61440
4. Agents de voyages 61520
5. Presse 61570
6. Auteurs et artistes-interprètes 61680
7. Spectacles, jeux et divertissements 61730
8. Or d'investissement 61850

58500 Outre les régimes particuliers étudiés dans le présent chapitre, la réglementation de la TVA comporte des **particularités** pour **certains produits, opérations, activités ou territoires** dont la liste est reprise ci-après.

Autres régimes particuliers de TVA	Commentaires (n^os)
Exonérations	46580 s.
Échanges intracommunautaires	49030 s.
Importations	49600 s.
Exportations et opérations assimilées	49690 s.
Livraisons à soi-même	47370 s.
Transports internationaux	50180 s.
Régime des petites entreprises (régime simplifié, franchise)	53700 s.
Corse	92360 s.
Départements d'outre-mer	91560 s.

SECTION 1

OPÉRATIONS IMMOBILIÈRES

Les opérations immobilières réalisées par un **assujetti agissant en tant que tel dans le cadre de son activité économique** obéissent aux règles générales de la TVA, sous réserve de certaines particularités. 58700 CGI art. 257, I IMMO-I-500 s

Entrent dans le champ d'application de la TVA :

– les **livraisons** d'immeubles réalisées à titre onéreux (nos 58770 s.) ;

– certaines **livraisons à soi-même d'immeubles neufs** (nos 59000 s.) ;

– les **livraisons à soi-même** de divers **travaux** portant sur des **locaux sociaux** (nos 59120 s.).

> Précisions **a.** Même réalisée **en dehors d'une activité économique,** est soumise à la TVA la livraison à soi-même de **logements sociaux** visés à l'article 278 sexies du CGI (nos 58895 et 59060) (CGI art. 257, I-3-2°).
b. Ne sont pas étudiées ici les opérations techniques, telles que les **travaux d'aménagement du terrain ou de construction et d'équipement de l'immeuble** exécutés par les différents corps de métiers. Ces travaux immobiliers sont soumis à la TVA selon les règles de droit commun (sous réserve des spécificités signalées nos 52440 et 52680 s.).
c. S'agissant des **taux** applicables aux **livraisons à soi-même** de **travaux de rénovation énergétique** de logements ou de **travaux portant sur des locaux d'habitation** achevés depuis plus de deux ans, voir respectivement no 53048, précision b et no 53270, Précisions.
d. Les règles applicables en matière de **droits d'enregistrement** sont étudiées nos 66000 s.

NOTION D'ASSUJETTI AGISSANT EN TANT QUE TEL

Conformément au droit commun, une livraison d'immeuble est imposable à la TVA lorsqu'elle est réalisée dans le cadre d'une **activité économique** par un assujetti agissant en tant que tel (nos 46510 s.). Selon l'administration (BOI-TVA-IMM-10-10-10-10 nos 10 s.), il convient de distinguer : 58720

– s'agissant des opérations réalisées par un **investisseur** (particulier, société civile) : celles qui relèvent de l'activité d'un investisseur agissant à titre **privé** et qui tiennent au simple exercice du droit de propriété, et celles d'un investisseur **professionnel** dont les opérations constituent une activité économique ;

– s'agissant des opérations d'une **personne assujettie au titre de son activité courante** (professionnels de l'immobilier, autres entreprises industrielles, commerciales, artisanales, libérales ou agricoles) : celles qui sont réalisées dans le cadre d'une activité économique, et celles qui sont réalisées dans un cadre patrimonial (hors du champ de la TVA).

La qualité d'assujetti permet par ailleurs de bénéficier de régimes de faveur en matière de droits d'enregistrement (voir nos 66275 s. et 66290 s.).

> Précisions **a.** Un **particulier qui cède des immeubles** est présumé ne pas réaliser une activité économique, sauf s'il recourt à des **démarches actives de commercialisation** foncière, telles que la réalisation de travaux de viabilisation ou la mise en œuvre de moyens de commercialisation de type professionnel (CE 9-6-2020 no 432596 : RJF 8-9/20 no 686 ; BOI précité no 60) ou celles entreprises dans le cadre d'une opération d'aménagement d'un terrain à bâtir, d'une ampleur telle qu'elles ne sauraient relever de la simple gestion du patrimoine privé (CE 9-12-2022 no 459206 : RJF 3/23 no 188). Si le renversement de cette présomption nécessite, selon l'administration, un faisceau d'indices concordants alors qu'isolément ils ne suffisent pas (nombre et mode d'acquisitions des immeubles vendus, durée sur laquelle s'étalent les opérations, importance des recettes tirées au regard des autres ressources, engagement de dépenses d'aménagement significatives voire prépondérantes dans la valeur des cessions réalisées, démarches actives de commercialisation, etc. : BOI précité no 70), le Conseil d'État a jugé que l'importance des travaux préalables de viabilisation d'un terrain à bâtir peut, à elle seule, suffire à caractériser des démarches actives de commercialisation (CE 9-6-2020 précité).
b. La cession d'un **actif inscrit au bilan** présente normalement le caractère d'une opération économique réalisée en tant que telle. En revanche, la cession d'un immeuble par une entreprise qui, à cette occasion, vise seulement à mieux tirer parti d'un bien devenu étranger à son activité économique peut être considérée, selon l'administration, comme en dehors du champ d'application de la TVA. De même, un **agriculteur** qui vend des **terrains non inscrits** au bilan n'agit pas, en principe, en tant qu'assujetti. Il en ira à l'inverse, notamment, s'il réalise sur ces terrains des travaux, par exemple de viabilisation, et met en œuvre des moyens de commercialisation avérés (BOI précité nos 80 et 90 ; dans le même sens : CJUE 15-9-2011 aff. 180/10 et 181/10 : RJF 12/11 no 1406).
Se rattache également à l'activité économique d'une **SCI** assujettie à la TVA, ayant pour objet social l'acquisition de terrains ou d'immeubles en vue de la location, la revente de parcelles

pour lesquelles la construction de l'immeuble envisagé n'est pas possible (CE 21-12-2022 n° 459476 : RJF 3/23 n° 187). De même, se rattache à l'activité économique d'une SCI de construction-vente la revente, avec transfert des permis de démolir et de construire, d'un tènement immobilier (CE (na) 5-1-2023 n° 459710 : RJF 4/23 n° 285).

c. Les livraisons d'immeubles réalisées à titre onéreux par les **personnes morales de droit public** entrent en concurrence avec celles des opérateurs privés et sont soumises à la TVA lorsqu'elles s'inscrivent dans une démarche économique d'aménagement de l'espace ou de maîtrise d'ouvrage (BOI précité n° 120).

TERRITORIALITÉ DE LA TVA

58730 CGI art. 258, II Les livraisons d'immeubles et opérations assimilées sont imposables en France si elles portent sur un **immeuble situé en France.** Cette expression désigne les territoires où s'applique la TVA française (nos 48520 et 91560).

Peu importe le lieu de signature des contrats ou de paiement du prix, ainsi que la nationalité ou le lieu d'établissement des parties au contrat.

1. LIVRAISONS D'IMMEUBLES

58770 Le régime d'imposition des livraisons d'immeubles à titre onéreux diffère selon la nature de l'immeuble (ou des droits immobiliers qui lui sont assimilés). Certaines livraisons sont imposables de plein droit. Les autres sont exonérées, mais peuvent être imposées sur option.

NOTION DE LIVRAISON À TITRE ONÉREUX

58775 La livraison s'entend du **transfert du pouvoir de disposer** de l'immeuble comme un propriétaire (voir nos 46455 s.). Sont visés les ventes ou cessions, les apports en société (qu'il s'agisse d'apports purs et simples ou à titre onéreux), ainsi que les fusions, scissions de sociétés et apports partiels d'actif, les expropriations ou les échanges (ces dernières opérations s'analysent en une double vente).

Pour entrer dans le champ d'application de la TVA, les livraisons d'immeubles doivent être réalisées à titre onéreux.

> Précisions a. En ce qui concerne les opérations réalisées entre redevables de la TVA dans le cadre de la **transmission d'une universalité de biens,** voir n° 47520.

b. Le cas particulier des **ventes** de terrains à bâtir **moyennant remise d'immeubles à construire** est examiné n° 58860, précision b.

c. Le régime des **baux à construction** (également applicable aux **baux emphytéotiques** concourant à la production d'immeubles) est étudié n° 31040.

d. Selon l'administration, si une **expropriation** est supposée ne pas constituer une opération économique pour l'exproprié dès lors que la contrepartie reçue a le caractère d'une indemnité, il en va autrement lorsque l'exproprié établit que cette livraison répond par ailleurs aux besoins de son entreprise (BOI-TVA-IMM-10-10-10-10 n° 100).

e. La **vente avec faculté de rachat** (ou « vente à réméré ») est un contrat par lequel le vendeur cède son bien, mais se réserve le droit de le reprendre dans un certain délai moyennant, en plus du prix de vente initial, une somme complémentaire représentative des frais de la vente, des réparations, etc. (C. civ. art. 1659 s.). Si la vente initiale du bien entraîne un transfert de propriété à l'acheteur et constitue une livraison de biens imposable à la TVA, tel n'est pas le cas de l'exercice, par le vendeur initial, de la faculté de rachat, laquelle s'analyse comme une **condition résolutoire** replaçant les parties en l'état où elles se trouvaient avant la vente. La somme correspondant à la différence entre le prix de rachat et le prix de vente initial rémunère donc une **prestation de services** visant à réserver au vendeur la possibilité d'obtenir la résolution de la vente pour récupérer son bien dans le délai fixé au contrat et doit être soumise à la TVA (CE 7-10-2021 n° 430136 : RJF 1/22 n° 12).

LIVRAISONS IMPOSABLES DE PLEIN DROIT

58780 CGI art. 257, I-1 et 2 IMMO-I-2800 s Sont imposables de plein droit à la TVA les livraisons à titre onéreux de terrains à bâtir, d'immeubles bâtis dans les cinq ans qui suivent leur achèvement et les opérations portant sur les droits assimilés à ces immeubles.

58790 **Définition des terrains à bâtir** Sont considérés comme terrains à bâtir pour l'application de la TVA les terrains sur lesquels des **constructions peuvent être autorisées** en application d'un **plan local d'urbanisme,** d'un document d'urbanisme en tenant lieu, d'une **carte communale** ou de l'article L 111-3 du Code de l'urbanisme. Sont essentiellement visés les terrains classés, **au moment de la livraison,** dans les zones urbaines, les zones ouvertes immédiatement à l'urbanisation des zones à urbaniser et les périmètres constructibles des zones naturelles et forestières d'un plan local d'urbanisme.

La définition, objective, des terrains à bâtir est indépendante de tout critère de constructibilité effective (surface, densité, consistance, etc.), de l'**intention de l'acquéreur** du terrain et de l'emploi qui en est effectivement fait (BOI-TVA-IMM-10-10-10-20 n°s 10 et 20). Ces derniers éléments ont en revanche une incidence en matière de droits d'enregistrement (voir n°s 66290 s.).

> Précisions **a.** Un terrain qui comporte des **constructions,** même destinées à être substantiellement rénovées, voire démolies, ne constitue pas un terrain à bâtir. Toutefois, un immeuble dont l'état le rend **impropre à un quelconque usage** est assimilé à un terrain à bâtir : ruine, bâtiment durablement abandonné, immeuble frappé d'un arrêté de péril, etc. (BOI précité n° 120). Une **construction nouvelle inachevée** qui n'est utilisable d'aucune façon est assimilée à un terrain à bâtir (BOI précité n° 300). Il en est de même d'un immeuble achevé depuis plus de cinq ans rendu inutilisable à la suite de **travaux de rénovation inachevés** (BOI-TVA-IMM-10-10-10-30 n° 10).
b. **Droits à construire** attachés à un immeuble bâti : voir n° 58800, précision c.
c. Un terrain classé en **zone agricole** peut être considéré comme un terrain à bâtir si l'acte de cession indique qu'il bénéficie d'une autorisation de construire (BOI-TVA-IMM-10-10-10-20 n° 100).
d. Un terrain sur lequel a été autorisée, en application d'un document d'urbanisme, la construction d'**habitations légères de loisirs** constitue un terrain à bâtir, dès lors que ces dernières doivent être regardées comme des constructions au sens de l'article 257, I-2-1° du CGI dans la mesure où elles sont posées sur des murets faits de parpaings scellés au béton et fixés au sol par des fondations et n'ont pas vocation, dans une utilisation normale et courante, à être déplacées (CE (na) 21-10-2019 n° 429940 : RJF 1/20 n° 15).

Définition des immeubles neufs Sont considérés comme immeubles neufs pour l'application de la TVA les immeubles qui ne sont **pas achevés depuis plus de cinq ans** (sur la date d'achèvement, voir la précision a ci-après). Sont visés les **constructions nouvelles,** les **surélévations** d'immeubles existants et les **immeubles rénovés** lorsque les travaux rendent à l'état neuf : 58800

- soit la majorité des fondations ;
- soit la majorité des éléments hors fondations déterminant la résistance et la rigidité de l'ouvrage ;
- soit la majorité de la consistance des façades hors ravalement ;
- soit l'ensemble des éléments de second œuvre mentionnés à l'article 245 A de l'annexe II au CGI, dans une proportion au moins égale aux deux tiers pour chacun d'eux.

> Précisions **a.** L'**achèvement** coïncide, en règle générale, avec le dépôt à la mairie de la déclaration d'achèvement et de conformité des travaux au permis de construire (**Daact**) (BOI-TVA-IMM-10-20-20 n° 60). Une **autre date** peut cependant être retenue pour déterminer le point de départ du délai de cinq ans (CE (na) 14-4-2022 n° 457246 : RJF 7/22 n° 633 rendu dans le cadre du régime de TVA immobilière applicable avant le 11-3-2010). La **date d'achèvement des travaux** mentionnée sur la Daact, antérieure à la date de dépôt de cette déclaration en mairie, peut notamment, sauf preuve contraire, prévaloir sur celle-ci.
Voir également, s'agissant des livraisons à soi-même d'immeubles neufs, n° 59040.
b. Les **éléments de second œuvre** pris en compte pour l'appréciation du dernier critère sont : les planchers non porteurs, les huisseries extérieures, les cloisons intérieures, les installations sanitaires et de plomberie, les installations électriques et, en métropole, le système de chauffage. Chacun de ces six éléments doit être rendu à l'état neuf pour les 2/3 au moins. Un immeuble ne comportant pas l'un des lots (**planchers non porteurs,** par exemple) ne peut donc pas être considéré comme neuf au regard de ce critère pour l'application de la TVA (BOI-TVA-IMM-10-10-10-20 n° 250). Il peut l'être en revanche pour l'application des régimes de faveur en matière de droits de vente visés n°s 66270 et 66290 s. (BOI-ENR-DMTOI-10-40 n° 120).
c. Le régime applicable à la cession d'un immeuble bâti auquel sont attachés des **droits à construire résiduels** (notamment par surélévation) est déterminé en fonction de la date d'achèvement du bâti existant (BOI-TVA-IMM-10-10-10-40 n° 30).
d. En cas d'**addition de construction** ou de **surélévation d'un immeuble achevé depuis plus de cinq ans** qui n'est pas lui-même rénové, chacune des deux fractions d'immeuble suit, lors de la cession de l'ensemble, le régime de TVA (champ d'application, exigibilité, base d'imposition) qui lui est propre.
e. **Immeuble inachevé** : voir n° 58790, précision a.

Droits assimilés Certains droits immobiliers sont assimilés à des biens corporels et suivent le régime de l'immeuble auquel ils se rapportent. Tel est le cas des : 58810 IMMO-I-4500 s

- **droits réels immobiliers,** à l'exception des locations résultant des baux qui confèrent un droit de jouissance : sont visés les droits démembrés (nue-propriété et usufruit), les droits indivis, le droit de superficie, les servitudes, etc. ;
- **droits relatifs aux promesses de vente** : sont visés notamment les droits du preneur d'un crédit-bail immobilier ;

– **parts d'intérêt ou actions** de sociétés dont la **possession** assure en droit ou en fait la propriété ou la jouissance de l'**immeuble,** quelle que soit sa destination ;

– droits au titre d'un contrat de **fiducie** représentatifs d'un immeuble.

Les opérations portant sur ces droits sont soumises de plein droit à la TVA si les droits se rapportent à un terrain à bâtir ou à un immeuble neuf.

> **Précisions** **a.** À l'exception des droits relatifs aux promesses de vente, les opérations portant sur des droits personnels, telles les **locations immobilières,** suivent le régime applicable aux biens meubles incorporels (nº 46475).
> **b.** Droits réels attachés à un **bail à construction** : voir nº 31065.

LIVRAISONS EXONÉRÉES IMPOSABLES SUR OPTION

58830 CGI art. 261, 5 et 260, 5° bis IMMO-I-3800 s

Les livraisons de **terrains qui ne répondent pas à la définition des terrains à bâtir** ainsi que les livraisons d'**immeubles achevés depuis plus de cinq ans** sont exonérées de TVA. Il en va de même des opérations portant sur des droits assimilés à de tels immeubles (nº 58810). Lorsqu'elles sont réalisées par un assujetti agissant en tant que tel, ces opérations sont toutefois imposables sur option.

L'**option** pour l'imposition à la TVA des livraisons exonérées doit être **expresse.** Elle doit être exprimée dans l'**acte** constatant la mutation, et de manière distincte lorsque des immeubles, fractions d'immeuble ou droits immobiliers relèvent de règles différentes pour la détermination de la base d'imposition (prix total ou marge du cédant : voir nºs 58860 s.) (CGI ann. II art. 201 quater).

> **Précisions** **a.** En cas de **cession par lots** d'un immeuble achevé depuis plus de cinq ans, l'option peut n'être formulée que pour une partie des lots cédés. Si un lot présenté sous un prix global résulte de la réunion d'une fraction d'immeuble pouvant être taxée sur la marge du cédant et d'une autre fraction devant être taxée sur le prix total, sa cession peut être soumise à la TVA sur le prix total, sous réserve que le montant de la taxe soit mentionné dans l'acte (BOI-TVA-IMM-10-10-10-30 nº 40).
> **b.** L'option ne peut pas être exercée lorsqu'un immeuble est cédé dans le cadre de la **transmission d'une universalité de biens** visée nº 47520 (BOI-TVA-IMM-10-10-10-40 nº 50).

MODALITÉS D'IMPOSITION

58850 CGI art. 283, 1 IMMO-I-5200 s

Redevable de la TVA

La taxe est due par le **vendeur.** Cette règle s'applique à toutes les opérations, qu'elles portent sur des immeubles, des fractions d'immeuble ou des droits sociaux.

Toutefois, en application du dispositif général d'**autoliquidation** exposé nº 50695, la taxe est due par l'acquéreur agissant en tant qu'assujetti et disposant d'un numéro d'identification à la TVA en France lorsque le cédant est un assujetti non établi en France.

58860 CGI art. 266, 2-b IMMO-I-5400 s

Assiette de la TVA

L'assiette de la TVA est en principe constituée :

– par le **prix** de cession hors taxe, le montant de l'indemnité ou la valeur des droits sociaux rémunérant l'apport, augmenté des charges qui s'y ajoutent (à l'exclusion, en principe, des intérêts du prix lorsque celui-ci est payable à terme : voir nº 52270) ;

– ou, si elle est supérieure, par la **valeur vénale** réelle des biens, sous réserve que l'administration établisse que la différence de prix résulte de la fraude ou de l'évasion fiscale (BOI-TVA-IMM-10-20-10 nº 190).

En ce qui concerne le coefficient à appliquer lorsque le **prix** est fixé **taxe comprise,** voir nº 58890.

> **Précisions** **a.** Constituent notamment des charges augmentatives du prix à inclure dans la base d'imposition la **commission** de l'intermédiaire payée par l'acquéreur pour le compte du vendeur et les prestations supplémentaires imposées contractuellement à l'acquéreur (BOI précité nºs 140 et 150).
> **b.** En cas de **vente** d'un terrain à bâtir **moyennant l'obligation pour l'acquéreur de remettre des locaux neufs au vendeur,** l'assiette de la taxe est représentée par la valeur vénale, au jour de la livraison du terrain, des constructions remises au vendeur (BOI précité nº 450).

58870 CGI art. 268 IMMO-I-5850 s

En cas de livraison d'un **terrain à bâtir** (imposable de plein droit) ou d'un **immeuble bâti achevé depuis plus de cinq ans** (imposable sur option), la base d'imposition est constituée de la marge du cédant s'il est établi que l'**acquisition** du terrain à bâtir ou de l'immeuble bâti par le cédant **n'a pas ouvert droit à déduction** (voir nºs 58872 et 58874). À défaut, l'opération est taxée sur le prix total.

La **marge** est égale à la différence entre, d'une part, le prix exprimé majoré des charges et, d'autre part, les sommes versées par le cédant, à quelque titre que ce soit, pour l'acquisition du bien, ou la valeur nominale des droits sociaux rémunérant l'apport. Le « prix exprimé » s'entend de la différence entre le montant payé au cédant par le cessionnaire ou, pour tout ou partie, par un tiers et le montant de la TVA afférente à la marge résultant de ce prix (BOI-TVA-IMM-10-20-10 nº 250).

La marge taxable peut donc être calculée de la manière suivante :

Marge taxable = (montant payé par le cessionnaire ou par un tiers + charges augmentatives - prix d'achat) / [(100 + taux applicable à l'opération) / 100]

Le prix d'achat comporte toutes les dépenses qui ont été supportées par l'acquéreur à ce titre, notamment les droits de mutation, à l'exception des frais et honoraires d'acquisition grevés d'une TVA déductible.

> Précisions **a.** Lorsque la **marge** est **nulle ou négative,** la base d'imposition est égale à zéro.
b. Dans le cas de **revente par lot** d'un **immeuble ou** d'un **terrain à bâtir** acheté en une seule fois pour un prix global, chaque vente de lot constitue une opération distincte, à raison de laquelle le vendeur doit acquitter la TVA calculée sur la base de la différence entre, d'une part, le prix de vente de ce lot et, d'autre part, son **prix de revient** estimé en imputant à ce lot une fraction du prix d'achat global de l'immeuble ou du terrain. Cela ne permet pas au contribuable, dans le cas où la vente d'un lot s'effectue à un prix inférieur au prix de revient, de déduire la moins-value résultant de cette vente de la base d'imposition dégagée par d'autres ventes. Toutefois, ces règles ne s'opposent pas à ce que le contribuable impute sur le prix de revient de chacun des lots vendus une fraction du prix d'acquisition des terrains **cédés gratuitement ou pour l'euro symbolique** à une commune en vue de la réalisation d'aménagements de voirie, lorsque cette cession **conditionne** la réalisation de l'opération immobilière (CE 13-10-2021 n° 433745 : RJF 1/22 n° 13 ; CE 18-2-2022 n° 449811 : RJF 5/22 n° 438).
c. En cas de **cession de parts ou actions** d'une société donnant vocation à l'**attribution** d'un terrain à bâtir ou d'un immeuble achevé depuis plus de cinq ans, l'imposition sur la marge peut s'appliquer :
– lorsque les **droits** ont été **reçus** en contrepartie d'un apport en nature, sans que l'acquisition du bien immeuble apporté ait ouvert droit à déduction pour l'apporteur ;
– ou lorsque les **droits** portant respectivement sur un terrain à bâtir ou un immeuble bâti ont été **acquis** sans que leur acquisition ait ouvert droit à déduction.
d. Opération réalisée par un **fiduciaire** : voir n° 91067.

Première condition d'application de la TVA sur marge : le **bien revendu** doit être **identique** au **bien acquis** quant à sa **qualification juridique.** Le régime de la marge s'applique aux opérations 58872
de cession de terrains à bâtir qui ont été acquis (sans ouvrir droit à déduction de la TVA : voir n° 58874) en vue de leur revente et ne s'applique pas aux cessions de **terrains à bâtir** qui, **lors de leur acquisition,** avaient le caractère d'un **terrain bâti,** y compris quand le bâtiment qui y était édifié a fait l'objet d'une démolition de la part du cédant (CJUE ord. 10-2-2022 aff. 191/21 : RJF 5/22 n° 516 ; CE 27-3-2020 n° 428234, SARL Promialp : RJF 6/20 n° 524 ; BOI-TVA-IMM-10-20-10 n° 20 ; dans le même sens, Rép. Bazin : AN 29-9-2020 n° 30676 qui précise que l'intention du cédant, dès l'acquisition du terrain bâti, de le transformer en terrain à bâtir est sans incidence).

Sont également exclues de ce régime les livraisons de **terrains à bâtir** lorsque ces terrains, **acquis non bâtis,** sont devenus, entre le moment de leur acquisition et celui de leur revente par l'assujetti, des terrains à bâtir (CJUE 30-9-2021 aff. 299/20, Icade Promotion SAS : RJF 12/21 n° 1148 ; CE 12-5-2022 n° 416727, Sté Icade Promotion : RJF 8-9/22 n° 717 rendus dans le cadre du régime de TVA immobilière applicable avant le 11-3-2010 mais transposables au régime actuel).

La TVA sur la marge ne s'applique pas non plus :
– dans le cas d'une cession d'un immeuble, plus de cinq ans après son achèvement, par un investisseur qui en a assuré la maîtrise d'ouvrage, dès lors que le **bien** n'a **pas** été **acquis en son état d'immeuble bâti,** même si le terrain d'emprise a été acquis par le cédant lui-même antérieurement à la construction, voire que celle-ci ait fait suite à une acquisition en l'état d'immeuble ancien elle-même suivie d'une démolition (BOI précité) ;
– dans le cas d'un **lot** revendu comme terrain à bâtir qui a été **acquis comme terrain d'assiette** d'un immeuble bâti et comme tel assimilé à ce dernier (Rép. Vogel : Sén. 17-5-2018 n° 4171 ; Rép. Falorni : AN 24-9-2019 n° 1835).

> Précisions **a.** En cas de division parcellaire en vue de céder séparément des parties ne constituant pas le terrain d'assiette du bâtiment, il convient de rechercher dans les actes de vente si les terrains ont été **acquis** initialement comme **terrains à bâtir, distinctement des terrains supportant des constructions** (CE 11-10-2022 n° 464561 : RJF 1/23 n° 11).
b. Le régime de la marge peut s'appliquer à des livraisons de terrains à bâtir lorsque ces terrains ont fait l'objet, entre le moment de leur acquisition et celui de leur revente par l'assujetti, de **modifications** de leurs **caractéristiques physiques** telles qu'une division en lots ou la réalisation de travaux d'aménagement permettant l'installation de réseaux desservant lesdits terrains (notamment, réseaux de gaz ou d'électricité) (CJUE 30-9-2021 précité ; CJUE 10-2-2022 précité ; CE 12-5-2022 précité ; Rép. Vogel précitée ; Rép. Falorni précitée).
c. Est sans incidence sur l'application du régime de la marge la circonstance qu'un bien immobilier figure comptablement à l'**actif circulant (en stock) ou** à l'actif **immobilisé** de l'assujetti (Rép. Grau : AN 26-4-2021 n° 35554).

58874 **Deuxième condition** d'application de la TVA sur marge : les **biens revendus** ne doivent pas avoir ouvert **droit à déduction.**

Selon la **CJUE,** le régime de la marge s'applique à des livraisons de terrains à bâtir :
– lorsque leur acquisition a été soumise à la TVA, sans que l'assujetti qui les revend ait eu le droit de déduire cette taxe ;
– ou lorsque leur acquisition n'a pas été soumise à la TVA alors que le prix auquel l'assujetti-revendeur a acquis ces biens incorpore un montant de TVA qui a été acquitté en amont par le vendeur initial.

En dehors de cette hypothèse, le régime de la TVA sur la marge ne s'applique pas à des livraisons de terrains à bâtir dont l'acquisition initiale n'a pas été soumise à la TVA, soit qu'elle se trouve en dehors de son champ d'application, soit qu'elle s'en trouve exonérée (CJUE 30-9-2021 aff. 299/20, Icade Promotion SAS : RJF 12/21 n° 1148 ; CE 12-5-2022 n° 416727, Sté Icade Promotion : RJF 8-9/22 n° 717, rendus dans le cadre du régime de TVA immobilière applicable avant le 11-3-2010 mais transposables au régime actuel).

L'**administration** considère, quant à elle, comme n'ayant pas ouvert droit à déduction l'acquisition d'un bien :
– qui n'était pas soumise à la TVA. Mais le régime de la marge ne peut pas s'appliquer lorsque le cédant a bénéficié, lors de son acquisition, d'un transfert de droits à déduction en application de l'article 207, III-3 de l'annexe II au CGI (n° 57305) ;
– ou pour laquelle le coefficient d'assujettissement visé n°s 55500 s. était nul lors de l'affectation initiale du bien, le fait que celui-ci ait par la suite été affecté à la réalisation d'opérations taxables demeurant sans incidence (BOI-TVA-IMM-10-20-10 n° 40 ; voir toutefois sur ce point la jurisprudence de la CJUE analysée n° 55225) ;
– ou lorsque aucune taxe déductible ne figurait dans l'acte d'acquisition ou dans tout autre document valant facture.

> **Précisions** **a.** S'agissant des **opérations immobilières en cours,** le BOI-TVA-IMM-10-20-10 précité demeure applicable aux reventes intervenant postérieurement à la date de publication des futures précisions doctrinales si l'acquisition est intervenue ou a fait l'objet d'un compromis de vente antérieurement à la publication de ces précisions (Rép. Grau : AN 1-2-2022 n° 42486).
> **b.** **L'acquisition d'un terrain avant le 11 mars 2010** qui a fait l'objet d'un engagement de construire et d'une autoliquidation de la TVA (CGI ancien art. 285, 3°) est réputée ne pas avoir ouvert droit à déduction. Le régime de la marge est applicable lors de la revente des mêmes surfaces comme terrain à bâtir (BOI précité n° 230 ; CAA Lyon 4-6-2020 n° 18LY03464 : RJF 11/20 n° 876).
> **c.** Lorsque l'immeuble a été acquis dans le cadre de la **transmission d'une universalité de biens** (n° 47520), la condition d'acquisition n'ayant pas ouvert droit à déduction s'apprécie chez le cédant de l'universalité, et la marge se calcule par rapport au prix d'achat par ce dernier.

58880 CGI art. 269, 1-a et 269, 2-a et a bis **IMMO-I-6350 s**

Fait générateur et exigibilité de la TVA

La TVA est, en règle générale, exigible à la date du fait générateur, c'est-à-dire **au moment de la livraison** de l'immeuble, indépendamment du fait qu'un acte ait été ou non établi et présenté à la formalité. S'agissant de l'exigibilité de la TVA portant sur des **acomptes** afférents à des livraisons de biens, voir n° 52590.

En cas de **livraisons d'immeubles à construire** (vente en l'état futur d'achèvement essentiellement), le fait générateur intervient lors de la réception des travaux à l'issue desquels l'immeuble est considéré comme achevé au sens de l'article R 261-1 du CCH (Rép. Louwagie : AN 13-9-2022 n° 96) et la taxe y afférente est exigible lors de chaque versement des sommes correspondant aux différentes échéances prévues par le contrat en fonction de l'avancement des travaux.

58890 CGI art. 278 **IMMO-I-6500 s**

Taux de la TVA

Le taux de droit commun applicable aux livraisons d'immeubles est le **taux normal** de 20 %. En cas de fixation d'un prix taxe incluse, le prix hors taxe s'obtient en appliquant le coefficient de conversion de 0,833.

En ce qui concerne les tarifs spéciaux applicables en **Corse** et dans les **DOM,** voir n°s 92370 s. et 91610.

58895 CGI art. 278 sexies et 278 sexies-0 A **IMMO-I-12000 s**

Dans le secteur du **logement locatif social,** certaines livraisons d'immeubles bénéficient d'un taux réduit d'imposition dans les conditions suivantes. Sont soumises au **taux réduit de 5,5 %** :
– les livraisons de logements locatifs sociaux neufs financés par un prêt locatif aidé d'intégration (PLAI) ou financés par un prêt locatif à usage social (PLUS) et relevant de la politique de renouvellement urbain, lorsque le destinataire de l'opération est bénéficiaire des aides ou des prêts ouvrant droit à l'aide personnalisée au logement (APL) pour le logement livré ;
– les cessions de droits immobiliers démembrés des logements visés au tiret ci-dessus, lorsque l'usufruitier bénéficie du PLAI ou du PLUS et a conclu la convention conditionnant l'application de l'APL ;

– les livraisons de locaux dans le cadre de l'acquisition-amélioration financées par un PLAI, un PLUS ou un prêt locatif social (PLS), sous réserve, pour ce dernier prêt, que les travaux consistent en une transformation en logements locatifs sociaux de locaux à usage autre que d'habitation ;

– les livraisons de logements dans le cadre de l'acquisition-amélioration financées par un PLAI, PLUS ou PLS (sous réserve, pour ce dernier prêt, de la condition de transformation visée au tiret ci-dessus) et réalisées dans le cadre d'une vente d'immeuble à rénover (CCH art. L 262-1) ;

– les livraisons de locaux dans les secteurs de l'accession sociale à la propriété, de l'hébergement temporaire ou d'urgence et de l'accueil des personnes âgées, handicapées, des jeunes travailleurs ou des personnes de moins de 21 ans relevant de l'aide sociale à l'enfance ;

– l'ensemble des livraisons d'immeubles réalisées dans le cadre d'un bail réel et solidaire.

Sont soumises au **taux intermédiaire de 10 %** :

– les livraisons de logements locatifs sociaux neufs autres que ceux susvisés ;

– les cessions de droits immobiliers démembrés des logements visés au tiret ci-dessus ;

– les livraisons de logements assimilés à des logements locatifs sociaux en vertu de l'article 278 sexies, II-C du CGI.

Le taux réduit ou le taux intermédiaire appliqué à la première livraison (ou livraison à soi-même : nº 59060) des logements, terrains et locaux mentionnés ci-dessus est applicable à toutes les **livraisons postérieures de ces mêmes logements,** terrains et locaux (quelles que soient les modifications de taux intervenues entre ces deux opérations).

Bénéficient également du taux intermédiaire les **livraisons de terrains à bâtir** destinés à la construction de logements sociaux (à l'exception des livraisons de terrains à bâtir à un organisme de foncier solidaire soumises au taux de 5,5 %), lorsque l'acquéreur atteste de cette destination dans l'acte de vente.

> **Précisions** **a.** Lorsque les **conditions d'application** d'un des **taux** réduit ou intermédiaire prévus pour les livraisons (ou livraisons à soi-même) visées ci-dessus **cessent d'être remplies** dans un délai de 15 ans (ramené à dix ans dans certains cas) ou, s'agissant des organismes de **foncier solidaire,** ne sont **pas remplies** dans les cinq ans qui suivent le fait générateur de l'opération, un complément de TVA (égal à la différence entre le taux normal et ce taux) doit en principe être versé, assorti de l'intérêt de retard (CGI art. 284, II et IV). Le **droit de reprise** de l'administration s'exerce jusqu'à la fin de la troisième année suivant celle au cours de laquelle les conditions cessent d'être remplies (LPF art. L 176, al. 4).
>
> **b.** Pour l'application du taux de 5,5 % aux livraisons et livraisons à soi-même de certains logements sociaux, situés dans des **quartiers prioritaires de la politique de la ville** (QPPV) qui **ne répondent plus à cette définition depuis le 1er janvier 2024,** et à certaines opérations d'accession sociale à la propriété de logements, situés dans ces mêmes quartiers, l'article 278 sexies B du CGI prévoit de **maintenir temporairement** l'application du taux réduit aux opérations, passées ou engagées, dans le cadre du zonage tel que défini jusqu'au 31 décembre 2023. Il en va de même pour les livraisons à soi-même de travaux d'amélioration, de transformation, d'aménagement, d'entretien ou de démolition de ces logements (nº 59120, 1er tiret). Ce dispositif s'applique aux logements locatifs sociaux faisant l'objet d'une demande d'aide de l'État ou de prêt réglementé **au plus tard le 31 décembre 2026,** aux logements et travaux faisant l'objet d'un contrat d'accession à la propriété pour lesquels la demande de permis de construire est déposée au plus tard à cette même date et, enfin, aux travaux portant sur des logements situés dans d'anciens QPPV engagés au plus tard à cette même date (Loi 2023-1322 du 29-12-2023 art. 86, I).

Dans le secteur du **logement locatif intermédiaire,** les livraisons bénéficient du **taux intermédiaire** lorsque les **conditions cumulatives** suivantes sont remplies : **58897** CGI art. 279-0 bis A **IMMO-I-19900 s**

1. Les logements (y compris ceux faisant partie de résidences-services) sont destinés par le preneur à la location à **usage de résidence principale en exonération de TVA pour des personnes physiques.** Les **ressources** des locataires et le **montant des loyers** ne doivent pas dépasser certains plafonds ;

2. Le destinataire de la livraison ou, en cas de démembrement de la propriété, l'usufruitier est une **personne morale** ;

3. Les logements sont situés sur **certains territoires** particuliers définis au 3° de l'article 279-0 bis A précité (notamment communes classées en zone A ou B1 en application de l'article D 304-1 du CCH, communes de réindustrialisation où sont réalisés des projets d'intérêt national majeur, communes ayant conclu un contrat de projet partenarial d'aménagement ou une convention d'opération de revitalisation du territoire, zones dans le périmètre d'une grande opération d'urbanisme…) ;

4. Les logements sont situés dans une commune comptant déjà plus de 25 % de logements locatifs sociaux ou sont situés dans un quartier prioritaire de la politique de la ville (QPPV) ou encore sont intégrés au sein d'un ensemble immobilier dont les logements locatifs sociaux excèdent 25 % des logements (**condition dite de « mixité »**). Cette condition n'est pas applicable aux logements faisant partie d'une résidence-services ;

5. Les logements résultent d'une **construction nouvelle** ou d'une **transformation de locaux affectés à un usage autre que l'habitation** ou encore d'une **opération d'acquisition-amélioration** dans des bâtiments à usage résidentiel qui conduit à une amélioration significative de la performance énergétique (dans ce dernier cas, le taux intermédiaire s'applique également aux travaux d'amélioration relevant d'une telle opération réalisés par l'acquéreur sur ces immeubles) (Loi 2023-1322 du 29-12-2023 art. 71, III-12°, 13° et XI).

> Précisions a. La production et la mise en location de logements intermédiaires dont la livraison relève des dispositions ci-dessus doivent faire l'objet d'une **information** auprès de l'**administration,** sous peine d'application d'une amende de 500 € ou 1 500 € (CCH art. L 302-16-1, L 302-16-2 et D 302-31 s.).

b. Lorsque les **conditions d'application** du taux intermédiaire **cessent d'être remplies** dans un délai de 20 ans, un complément de TVA (égal à la différence entre le taux normal et ce taux) doit en principe être versé, assorti de l'intérêt de retard (CGI art. 284, II bis). Le **droit de reprise** de l'administration s'exerce dans les conditions exposées n° 58895, précision a.

58900 IMMO-I-8000 s **Déclaration et paiement de la TVA** Les assujettis doivent déclarer leurs opérations immobilières imposables sur les **déclarations CA 3** habituellement utilisées pour toutes les opérations relevant de la TVA selon le régime réel normal (n°s 54160 s.).

La mutation doit être portée sur la déclaration établie au titre du mois au cours duquel elle est intervenue (ou au titre du trimestre dans certains cas : voir n°s 54160 s.). Les déclarations mentionnent l'ensemble des opérations effectuées au cours de la période considérée et font état, globalement, des droits à déduction ouverts pendant la même période.

La déclaration est obligatoirement souscrite par la voie électronique (**télédéclaration**).

Le paiement de l'impôt, qui doit également être opéré par la voie électronique (**télépaiement**), intervient en principe au moment de la souscription de la déclaration.

> Précisions Les opérations immobilières sont en principe exclues du **régime simplifié** de la TVA (n° 53910). L'administration semble toutefois admettre que les redevables relevant du régime simplifié au titre d'autres opérations mentionnent les livraisons d'immeubles sur la déclaration CA 12/CA 12 E (n°s 54290 s.).

58910 IMMO-I-9500 s **Régime des déductions** Le régime des déductions (n°s 55000 s.) est applicable aux opérations immobilières. La **TVA ayant grevé les éléments du prix d'une livraison d'immeuble soumise à la TVA,** de plein droit ou sur option, est donc déductible dans les conditions de droit commun. Le coefficient de déduction est déterminé par immeuble (ou fraction d'immeuble identifiée lors de son affectation initiale).

Lorsque l'immeuble est destiné à la revente, son utilisation dans l'attente de sa cession peut entraîner des régularisations particulières (voir n° 58915).

> Précisions a. La TVA ayant grevé les **frais directement attachés à la livraison** d'un immeuble imposable de plein droit est immédiatement déductible. En revanche, lorsque la livraison porte sur un terrain qui n'est pas à bâtir ou sur un immeuble achevé depuis plus de cinq ans, la TVA ayant grevé ces frais ne peut être déduite qu'une fois effectivement exercée l'option (BOI-TVA-IMM-10-30 n° 80 ; Rép. Louwagie : AN 27-6-2023 n° 5633).

La TVA afférente aux frais d'une cession d'immeuble non soumise à la TVA peut être déduite au titre des frais généraux (n°s 55235 s.) à condition que le redevable établisse que, dans les circonstances propres à cette cession et à son activité, les frais de cession sont normalement intégrés dans les charges courantes (BOI précité n° 90).

b. Est déductible la TVA ayant grevé des **travaux** non immobilisés effectués sur un **immeuble affecté à une activité n'ouvrant pas droit à déduction,** mais engagés en vue de sa **cession soumise à la TVA.** Les règles de péremption du droit à déduction (n° 56340) ne sont pas applicables dans cette hypothèse (BOI précité n° 100).

58915 Selon l'**administration,** un **immeuble conservé en stock** parce qu'il a vocation à être cédé à plus ou moins court terme doit être considéré comme utilisé en vue de cette livraison. Cette qualification ouvre un droit à déduction immédiat de la taxe ayant grevé les dépenses engagées initialement (construction ou acquisition). Cette situation n'est pas remise en cause tant que l'immeuble n'est **affecté à aucune utilisation** (BOI-TVA-IMM-10-30 n° 310).

Mais l'**utilisation de l'immeuble** dans l'attente de sa revente peut entraîner une **régularisation** de la déduction :

– si l'immeuble est utilisé à une activité ou à une **opération située hors du champ** d'application de la TVA, la taxe déjà déduite doit être reversée (n° 57530). Si cette affectation ne concerne qu'une fraction de l'immeuble, cette dernière doit faire l'objet d'une livraison à soi-même au titre de l'article 257, II-1-1° du CGI (n° 47400) ;

– si l'immeuble (ou une fraction d'immeuble) est utilisé pour une **opération relevant d'une activité économique** pendant plus d'un an au-delà du 31 décembre de la deuxième année suivant celle de son achèvement, il est assimilé à une immobilisation pour l'application des régularisations annuelles visées nos 57205 s. et des régularisations globales dues en cas de cession visées nos 57295 s. et 57335 s. (CGI ann. II art. 207, IV-3). Cette assimilation est définitive et constitue le point de départ de la période de régularisation.

Le **Conseil d'État** considère, quant à lui, que, lorsqu'un **immeuble achevé depuis plus de cinq ans** est **acquis en vue de sa revente,** la TVA ayant éventuellement grevé le prix d'acquisition n'est **pas déductible sauf** exercice, **au moment de la revente,** de l'**option** prévue à l'article 260, 5° bis du CGI (n° 58830). Par suite, la taxe acquittée lors de l'acquisition du bien n'est pas déductible avant cette date, quand bien même l'immeuble donnerait lieu, dans l'attente de sa revente, à des opérations de location soumises à la TVA (sur ce dernier point, voir toutefois la précision a ci-après) (CE 27-11-2020 n° 426091 : RJF 2/21 n° 133).

> Précisions a. Si l'**acquisition** d'un **immeuble achevé depuis plus de cinq ans** a été grevée de **TVA,** le cédant ayant opté pour soumettre à la TVA sa livraison (n° 58830), le mécanisme de l'assimilation ci-avant décrit fonde en pareil cas l'acquéreur assujetti à en opérer la déduction (Rép. Louwagie : AN 27-6-2023 n° 5633 ; dans le même sens, BOI précité n° 360). Ainsi, en pratique, un acheteur-revendeur ayant acquis un immeuble achevé depuis plus de cinq ans avec TVA pourra déduire la taxe dès que l'immeuble stocké sera assimilé à une immobilisation, c'est-à-dire passé le délai d'un an (délai décompté à partir de l'instant où il donne l'immeuble en location taxable ou recherche des locataires), sans avoir à attendre la revente de l'immeuble en TVA. L'administration atténue ainsi les effets de la jurisprudence du Conseil d'État précitée.

b. Un assujetti-revendeur qui a **acquis** en **exonération de TVA un immeuble achevé depuis plus de cinq ans** et l'a inscrit en stock peut déduire une fraction de la TVA ayant initialement grevé le bien chez le cédant, dans les conditions exposées nos 57305 s., dès lors que l'immeuble est assimilé à une immobilisation en raison de son affectation à une activité économique ouvrant droit à déduction depuis plus d'un an (Rép. Louwagie précitée ; dans le même sens, BOI précité n° 390).

2. LIVRAISONS À SOI-MÊME D'IMMEUBLES NEUFS

L'**achèvement de l'immeuble** peut, dans certains cas limités, constituer pour le constructeur un chef d'imposition à la TVA. Il s'agit ici de l'application aux opérations immobilières de la pratique de la livraison à soi-même qui, dans certaines situations, consiste à considérer, en l'absence de toute cession ou opération équivalente, que le redevable est néanmoins censé, par une sorte de fiction purement fiscale, « se livrer à lui-même » certains biens ou services (nos 47370 s.). **59000** IMMO-I-7000 s

Sur la **notion d'achèvement** de l'immeuble, voir n° 59040.

CAS D'IMPOSITION

L'imposition à la TVA de la livraison à soi-même des immeubles neufs est exigée, en application des dispositions générales de l'article 257, II-1-2° du CGI, lorsque les immeubles sont construits en vue de leur **affectation à l'exploitation** et que l'**assujetti** réalisant l'opération n'est **pas** un **déducteur intégral,** c'est-à-dire lorsque les immeubles en cause sont susceptibles de faire l'objet d'une exclusion ou d'une limitation du droit à déduction. **59010** IMMO-I-7100 s

Il en résulte en pratique que :

– les **immeubles construits en vue de la vente** (stock) ne sont pas soumis à livraison à soi-même, dès lors qu'ils ouvrent droit à déduction intégrale pour le constructeur (voir n° 58915) ;

– les **immeubles construits en vue de leur affectation à l'exploitation** (immobilisation) ne sont pas soumis à livraison à soi-même au titre de l'achèvement si l'activité de l'entreprise ouvre droit à la récupération intégrale de la TVA d'amont. La livraison à soi-même est en revanche exigible dans le cas contraire (location exonérée, par exemple).

MODALITÉS D'IMPOSITION

Redevable de la TVA Le redevable de la TVA sur les livraisons à soi-même d'immeubles neufs est la personne assujettie qui construit elle-même l'immeuble ou qui a confié la construction, pour son compte, à des tiers. **59030** CGI art. 283, 1 IMMO-I-7300 s

Fait générateur et exigibilité de la TVA Le fait générateur et l'exigibilité de la TVA sur les livraisons à soi-même d'immeubles neufs sont fixés au moment du dépôt à la mairie de la **déclaration attestant l'achèvement et la conformité** des travaux (Daact), prévue par la réglementation relative au permis de construire. **59040** CGI art. 269, 1-b et 2-b

Dans le mois qui suit la date du dépôt en mairie de cette déclaration, le redevable de la livraison à soi-même doit informer l'administration, par un **formulaire spécial n° 940-SD,** de la date à laquelle est intervenu l'achèvement de l'immeuble (CGI ann. II art. 244).

Sur les **délais de paiement** de la TVA, voir n° 59070.

> Précisions a. En l'**absence de dépôt** de la Daact par le constructeur, le fait générateur de la livraison à soi-même est réputé intervenu lorsque sont réunies les circonstances de fait qui rendent exigible cette déclaration (construction complètement exécutée sur tous les points relevant du permis de construire, conforme à ses prescriptions et respectant la destination qui y est énoncée).

Voir également, s'agissant des livraisons d'immeubles neufs, n° 58800, précision a.

b. Dans le cas de la construction d'un **groupe d'immeubles,** la livraison à soi-même doit être réalisée au fur et à mesure de l'achèvement de chacun des immeubles.

59050 CGI art. 266, 1-c et 2-a

Assiette de la TVA Le **prix de revient** total des immeubles, y compris le coût des terrains ou leur valeur d'apport, constitue la base imposable à la TVA.

Le prix de revient comprend notamment les frais financiers exposés pour la construction, sauf pour les immeubles ou fractions d'immeuble destinés à l'habitation (BOI-TVA-IMM-10-20-10 n° 340). Il comprend également les frais généraux supportés pour la construction, ainsi que les taxes et redevances dues par les constructeurs (n°s 31090 s.).

Le prix de revient doit être déterminé « **hors TVA** ».

> Précisions a. Selon l'administration, lorsque le **prix d'acquisition du terrain n'est pas connu,** sa valeur vénale doit être retenue (BOI précité).

b. Le coût du **terrain acquis par un office public HLM auprès d'une collectivité territoriale** sans avoir donné lieu à déduction de la TVA peut être exclu du prix de revient pour la fraction destinée à la construction de logements (BOI-TVA-IMM-20-10-10-10 n° 230).

c. Données à propos des livraisons à soi-même taxées au titre de l'article 257, I du CGI (CGI art. 266, 2-a : n° 58700, précision a), les précisions ci-dessus sont valables pour l'imposition des livraisons à soi-même d'immeubles neufs au titre de l'article 257, II-1-2° du CGI (en ce sens, BOI-TVA-IMM-10-20-10 n° 330).

59060 CGI art. 278 sexies, 278 sexies-0 A et 278 sexies A IMMO-I-7750 et 12000 s

Taux de la TVA Les livraisons à soi-même imposables donnent lieu, en principe, à l'application du **taux normal** de 20 %.

Par dérogation, les articles 278 sexies et 278 sexies-0 A du CGI soumettent au **taux** réduit de **5,5 % ou** au taux intermédiaire de **10 %** les livraisons à soi-même d'immeubles relevant du secteur du **logement social** dont l'acquisition aurait bénéficié de ces taux (voir n° 58895).

L'administration étend également aux livraisons à soi-même de certains logements neufs dans le **secteur locatif intermédiaire** le bénéfice du taux de **10 %** applicable aux livraisons visées à l'article 279-0 bis A du CGI (voir n° 58897) (BOI-TVA-IMM-30 n° 140).

Sur la remise en cause du taux réduit ou intermédiaire lorsque les conditions d'application ne sont plus remplies, voir n° 58895, précision a et n° 58897, précision b.

Les taux de **5,5 %** ou de **10 %** sont par ailleurs applicables à la livraison à soi-même des travaux d'**extension ou de remise à l'état neuf** de certains logements sociaux faisant l'objet d'une convention conditionnant l'application de l'APL ou de locaux du secteur social et médico-social faisant l'objet d'une convention entre le bailleur et l'État, sous réserve de la prise en compte de ces opérations dans la convention (CGI art. 278 sexies A, I-1°). Sur la remise en cause du taux réduit ou intermédiaire pour ces travaux, voir n° 59125.

Des taux particuliers sont applicables en **Corse** et dans les **DOM** : voir n°s 92370 s. et 91610.

59070 CGI art. 270, II IMMO-I-8600 s

Déclaration et paiement de la TVA Le constructeur dispose d'un délai qui court jusqu'au **31 décembre de la deuxième année** qui suit celle au cours de laquelle est intervenu l'achèvement (quelle qu'en soit la date) pour déclarer et liquider la TVA due sur la livraison à soi-même d'un immeuble neuf. Ce délai peut être prorogé une ou plusieurs fois, sur demande motivée, lorsque la base d'imposition ne peut pas être définitivement arrêtée à cette date (CGI ann. II art. 245).

Toutefois, pour les livraisons à soi-même de **certains logements locatifs sociaux** neufs, ce délai est réduit et court jusqu'au **dernier jour du sixième mois** qui suit celui au cours duquel est intervenu l'achèvement de l'immeuble. Ce délai ne peut faire l'objet d'**aucune prorogation.**

La livraison à soi-même doit être déclarée distinctement sur la déclaration CA 3 utilisée pour l'ensemble des opérations imposables (n° 58900). Il doit y être fait référence à la déclaration spéciale d'achèvement visée n° 59040.

Le **défaut de déclaration** de la TVA due sur la livraison à soi-même dans le délai imparti entraîne l'application d'une amende égale à 5 % de la TVA effectivement déductible (n° 56290). Pour la base de calcul de l'amende, voir n° 47405, précision e.

> Précisions a. Si l'immeuble est cédé pendant le délai prorogé, la TVA sur la livraison à soi-même doit être liquidée avant cette mutation (CGI ann. II art. 245).
b. Les redevables relevant d'un régime simplifié déclarent au plus tard leurs livraisons à soi-même imposables sur la déclaration annuelle CA 12/CA 12 E (n°s 54290 s.) ou CA 12 A s'agissant des exploitants agricoles (n°s 59885 s.) souscrite la troisième année qui suit la date d'achèvement de l'immeuble (BOI-TVA-IMM-10-20-30 n° 270).

Régime des déductions La TVA qui a **grevé les dépenses de construction** d'un immeuble neuf (acquisition et aménagement du terrain, travaux de construction, services utilisés pour la construction) est déductible dans les conditions de droit commun. En effet, les immeubles étant destinés à une livraison à soi-même imposable, le coefficient de déduction (n°s 55360 s.) est égal à l'unité. 59080 IMMO-I-9600 s

> Précisions a. En cas de construction par une personne qui n'effectue que des **opérations occasionnelles** soumises à la TVA et ne dispose pas d'un numéro individuel d'identification (n°s 53420 s.), le droit à déduction de la TVA afférente aux dépenses de construction ne peut être exercé qu'au moment de la livraison à soi-même (BOI-TVA-IMM-10-30 n° 10).
b. Sur l'obligation de constituer des **secteurs distincts d'activité** dans le secteur du logement social, voir n° 59125, Précisions.
c. S'agissant du cas des **immeubles** conservés en stock, mais **utilisés dans l'attente de leur revente**, voir n° 58915.
d. Les livraisons à soi-même d'immeubles sont exclues du **calcul du coefficient de taxation forfaitaire** (n° 55750, c).

La TVA qui a **grevé la livraison à soi-même d'un immeuble immobilisé** est, selon le cas, soit non déductible (cas notamment des immeubles affectés à une activité n'ouvrant pas droit à déduction), soit déductible seulement partiellement (cas des immeubles ayant un coefficient de déduction inférieur à un : n°s 55360 s.). 59085

Le **coefficient de déduction** doit être déterminé à la date d'achèvement de l'immeuble. Ce coefficient de référence peut être fixé par immeuble ou fraction d'immeuble identifiée lors de l'affectation initiale des locaux.

Le point de départ de la période de **régularisation** étant fixé à la date d'achèvement de l'immeuble, des régularisations annuelles rétroactives peuvent être nécessaires au moment de la liquidation de la taxe due sur la livraison à soi-même, dans les conditions indiquées n°s 57205 s.

La cession ultérieure de l'immeuble, selon qu'elle est ou non soumise à TVA, peut entraîner une régularisation globale de la TVA initialement déduite (n°s 57270 s.).

3. LIVRAISON À SOI-MÊME DE TRAVAUX DANS LES LOGEMENTS SOCIAUX

Certains travaux réalisés dans les logements sociaux donnent lieu à livraison à soi-même imposable afin de les soumettre à un taux de TVA inférieur à celui auquel ils ont été facturés par le prestataire. 59120 CGI art. 257, I-3-1° et 278 sexies A IMMO-I-17400 s

L'article 278 sexies A du CGI soumet :

– au **taux réduit de 5,5 %** les livraisons à soi-même de travaux réalisés dans le cadre de l'acquisition-amélioration financés par un prêt locatif aidé d'intégration (PLAI), un prêt locatif à usage social (PLUS) ou un prêt locatif social (PLS) (sous réserve, pour ce dernier prêt, de remplir la condition de transformation visée au 3e tiret du n° 58895), de travaux d'amélioration, de transformation, d'aménagement ou d'entretien (autres que des espaces verts et de nettoyage) et de démolition portant sur des logements locatifs sociaux situés dans les quartiers relevant de la politique de renouvellement urbain (sur ces travaux, voir également n° 58895, précision b), de travaux réalisés dans le cadre d'un bail réel et solidaire et de travaux lourds de rénovation énergétique portant sur des logements sociaux d'au moins 40 ans (Loi 2023-1322 du 29-12-2023 art. 71, III-11°) ;

– au **taux intermédiaire de 10 %** les livraisons à soi-même de travaux d'amélioration, de transformation, d'aménagement ou d'entretien (autres que des espaces verts et de nettoyage) portant sur les autres logements locatifs sociaux, sur les logements faisant l'objet d'un contrat de location-accession et sur les locaux relevant du secteur social et médico-social.

> Précisions a. Les travaux susvisés qui répondent aux conditions d'application de l'article 278-0 bis A du CGI (n° 53048) ou de l'article 279-0 bis du même Code (n°s 53270 s.) bénéficient de l'application directe du taux réduit ou intermédiaire et le recours au dispositif de la

livraison à soi-même susvisé n'est **pas obligatoire.** En revanche, lorsque ces travaux ne peuvent pas bénéficier du taux réduit ou intermédiaire prévu par ces deux dispositifs, ils peuvent néanmoins bénéficier d'une livraison à soi-même au taux réduit ou intermédiaire si les conditions prévues par l'article 278 sexies A du CGI sont remplies (BOI-TVA-IMM-20-10-20-10 nos 10 et 275).

b. En ce qui concerne les **travaux d'extension ou de mise à l'état neuf** de certains logements sociaux, voir n° 59060.

59125 Le bailleur doit liquider la TVA sur le prix de revient total des travaux (CGI art. 266, 6), en principe dès leur achèvement. Toutefois, le fait générateur et l'exigibilité de la taxe due sur les travaux d'entretien interviennent le dernier jour du trimestre civil au cours duquel ils ont été réalisés (CGI art. 269, 1-d et 2-b).

Si les **conditions** d'application des taux réduits **cessent d'être remplies** dans un délai de trois ans, un complément de TVA est dû (CGI art. 284, III). Pour les travaux réalisés dans le cadre d'un bail réel et solidaire, la remise en cause du taux réduit s'effectue toutefois dans les conditions exposées n° 58895, précision a.

L'imposition de la livraison à soi-même permet la déduction de la TVA ayant grevé les travaux. En revanche, la TVA due sur la livraison à soi-même n'est pas elle-même déductible, l'activité de location des logements étant exonérée de TVA.

> Précisions Qu'il s'agisse de logements sociaux construits ou réhabilités, chaque immeuble, fraction d'immeuble ou ensemble d'immeubles constitue un **secteur distinct d'activité** (CGI ann. II art. 209, I-1° ; voir nos 56030 s.). Un secteur peut regrouper l'ensemble des travaux de réhabilitation et d'entretien effectués, par année civile, par un bailleur pour l'ensemble des logements locatifs sociaux lui appartenant (BOI-TVA-IMM-20-10-20-20 n° 280).

SECTION 2 AGRICULTURE

59420 TVA-XII-1 s Les **exploitants agricoles** constituent des « assujettis » à la TVA, au sens défini nos 46510 s., mais ils ne sont pas tous pour autant redevables de cette taxe.

Les **plus nombreux** sont, à titre obligatoire ou par option, effectivement soumis à l'imposition à la **TVA** d'après le **régime simplifié de l'agriculture (« RSA »** : nos 59550 s.). Les autres, non redevables de la TVA, sont de plein droit placés sous le **régime du remboursement forfaitaire,** qui est destiné à compenser la charge de la TVA ayant grevé leurs achats (nos 60040 s.).

59425 TVA-XII-80 s **Notion d'exploitant agricole** Est exploitant agricole quiconque obtient des produits au cours ou à la fin d'un **cycle de production végétal ou animal** (céréalier, forestier, betteravier, horticulteur, viticulteur, éleveur, apiculteur, aviculteur, pisciculteur, ostréiculteur, conchyliculteur, mytiliculteur, etc.).

Toute personne qui exerce des activités de nature agricole a, pour ces opérations, la qualité d'exploitant agricole :

– quel que soit son statut : personne physique ou morale, y compris les sociétés de capitaux, association, groupement, collectivité locale, établissement public, EARL, etc. ;
– quelle que soit sa situation au regard de la Mutualité sociale agricole ;
– quel que soit le mode juridique d'exploitation : propriétaire, fermier, métayer.

> Précisions **a.** En cas de bail à **métayage,** le bailleur (propriétaire) et son métayer ont tous deux la qualité d'exploitant agricole.

Dans le **bail à ferme** (n° 46830), seul le fermier est considéré comme un exploitant agricole. Le bailleur (même s'il reçoit des fermages en nature qu'il commercialise par la suite) n'exerce pas une activité agricole.

b. Comme en matière d'impôt sur le revenu (n° 15165), l'**élevage** d'animaux de toutes espèces constitue une activité de caractère agricole, quelle que soit la provenance des aliments utilisés.

En cas d'élevage par un tiers, l'éleveur à façon et le propriétaire (éleveur sans sol) sont tous deux considérés comme des exploitants agricoles (BOI-TVA-SECT-80 n° 80 ; BOI-TVA-SECT-80-30-10 nos 200 et 230).

c. Constituent également des activités de nature agricole les **activités équestres** (préparation et entraînement des équidés domestiques en vue de leur exploitation, etc. : voir n° 60010).

d. La situation particulière des exploitants agricoles qui exercent aussi des **activités non agricoles** est examinée nos 59955 s.

A. Régime de la TVA dans l'agriculture

Les exploitants agricoles, imposables à titre obligatoire (nos 59700 s.) ou à la suite d'une option (nos 59760 s.), sont soumis à la TVA d'après le **régime simplifié de l'agriculture** (RSA : nos 59790 s.). 59550

Certaines situations, pour lesquelles se pose notamment un problème de frontière entre le RSA et le régime de droit commun, sont régies par des **règles particulières** : **activités non agricoles** exercées par certains exploitants agricoles (nos 59955 s.), **coopératives agricoles** (nos 59970 s.), **négociants en bestiaux** (no 59995) et **activités équestres** ou liées au cheval (no 60010).

1. EXPLOITANTS REDEVABLES DE LA TVA À TITRE OBLIGATOIRE

EXPLOITANTS DONT LES RECETTES DÉPASSENT 46 000 €

Sont obligatoirement imposables à la TVA, à compter du 1er janvier de l'année suivante, les exploitants agricoles dont le **montant moyen des recettes** d'exploitation, calculé sur les **deux années** civiles consécutives **précédentes,** dépasse 46 000 €. 59700 CGI art. 298 bis, II-5° TVA-XII-700 s

Par **exemple,** un exploitant (non soumis jusqu'alors à la TVA), qui a réalisé au cours des années 2022 et 2023 des recettes s'élevant respectivement à 38 000 € et 61 000 €, sera soumis au RSA à compter du 1er janvier 2024, puisque la moyenne des recettes des années 2022 et 2023 s'établit à 49 500 €.

> Précisions **a.** Exploitation en métayage (TVA-XII-16250 s.) :
1. Chaque coexploitant (bailleur et métayer) est soumis à la TVA dès lors que les recettes totales tirées de la métairie (ou de plusieurs métairies exploitées conjointement) dépassent 46 000 € (moyenne de deux années consécutives) (BOI-TVA-SECT-80-10-20-10 nos 210 et 220).
2. Lorsqu'un coexploitant de métairie, non imposable à raison du critère figurant au 1 ci-dessus, exerce d'autres activités agricoles (faire-valoir direct, fermage, métairie avec un autre coexploitant), il devient obligatoirement soumis à la TVA si la moyenne de l'ensemble des recettes agricoles lui revenant en propre, appréciée sur deux ans, dépasse le seuil de 46 000 € (BOI précité nos 230 et 240).
b. Exploitation en Gaec (TVA-XII-19265 s.). Lorsque tous les associés participent effectivement et régulièrement par leur travail personnel à l'activité du Gaec, il y a imposition obligatoire lorsque la moyenne des recettes de deux années consécutives dépasse, selon le nombre d'associés, les montants suivants :
– 2 associés : 92 000 € ;
– 3, 4 et 5 associés : 138 000 € ;
– 6 associés et plus : 27 600 € multiplié par le nombre d'associés (exemple : 276 000 € pour 10 associés).

Les **recettes à retenir pour l'appréciation du seuil** de 46 000 € s'entendent de toutes celles reçues par l'exploitant en contrepartie des opérations agricoles réalisées dans l'ensemble de ses exploitations non dotées d'une personnalité juridique distincte. Il est tenu compte du montant (hors TVA et hors remboursement forfaitaire) des recettes **encaissées** (et non des créances acquises) au cours de chacune des deux années de référence. 59715 TVA-XII-830 s

Il est fait **abstraction** des recettes accessoires ne relevant pas du RSA (no 59955) et de divers produits (autoconsommation, rétrocessions pour les besoins de la consommation familiale, cessions d'éléments d'actif immobilisé, entraide agricole, subventions d'équipement, ristournes et intérêts statutaires de coopératives, prix obtenus à l'occasion de foires-expositions ou concours).

Par contre doit être **pris en compte** l'ensemble des recettes provenant des opérations agricoles (y compris notamment les subventions compléments de prix, les indemnités d'assurance, les fermages en nature versés) même si ces recettes, au cas où la limite est atteinte, échappent à l'imposition.

> Précisions **a.** Certaines recettes exceptionnelles peuvent n'être retenues que pour un tiers de leur montant. Il en est ainsi de celles perçues par les éleveurs d'animaux à cycle long victimes d'**épizootie** et du produit des ventes par les sylviculteurs (exploitants privés ou communes forestières) de coupes de **bois sinistrés** (BOI-TVA-SECT-80-10-20-10 no 300).
Les aides versées aux victimes de la **sécheresse** et destinées à couvrir l'achat ou le transport de fourrage n'ont pas à être prises en compte (Rép. Chassaigne : AN 27-7-2004 no 28423, non reprise au Bofip).
b. Les **communes forestières** doivent, pour l'appréciation de la limite de 46 000 €, retenir non seulement les recettes provenant de la vente des bois communaux, mais aussi la valeur vénale des bois distribués en nature dans le cadre de l'affouage ou remis en échange d'un service. La taxe d'affouage n'a pas à être retenue (BOI-TVA-SECT-80-10-20-20 nos 230 et 250)

L'**assujettissement** selon le RSA porte obligatoirement sur une **première période de trois ans** (ou de trois exercices s'agissant des redevables ayant opté pour la souscription d'une déclaration annuelle par exercice : no 59892), quel que soit le montant des recettes réalisées au cours de cette période. 59720 TVA-XII-1260 s

Par la suite, l'assujettissement est, en principe, obligatoirement **reconduit,** par périodes d'un an (ou d'un exercice).

Cependant, si la moyenne des recettes (hors TVA) de trois années ou exercices tombe au-dessous du seuil de 46 000 €, l'exploitant peut **cesser** d'être assujetti à compter du 1er janvier ou du 1er jour de l'exercice suivant, à condition :

– d'une part, de le signaler au service des impôts (lettre recommandée) avant le 1er février ou avant le 1er jour du deuxième mois de l'exercice (à défaut, l'assujettissement serait tacitement reconduit pour une durée d'un an ou d'un exercice) ;

– d'autre part, de ne pas avoir bénéficié d'un remboursement de crédit de taxe (n° 59850), au cours de ces trois périodes annuelles d'imposition (si un tel remboursement est intervenu, la sortie du régime ne pourra se faire en tout état de cause avant le 1er janvier de la quatrième année ou le 1er jour du quatrième exercice suivant l'année ou l'exercice de ce remboursement).

EXEMPLES

Un exploitant qui a réalisé en 2021 et 2022 une moyenne de recettes dépassant 46 000 € est obligatoirement assujetti selon le RSA à compter du 1er janvier 2023 pour les trois années 2023, 2024 et 2025, quel que soit le montant des recettes réalisées au cours de cette période.

a. Si les recettes perçues au titre de ces années s'élèvent respectivement à 49 000 €, 46 000 € et 40 000 € (soit une moyenne de 45 000 €, inférieure au seuil précité), l'exploitant pourra, s'il n'a pas perçu de remboursement de crédit de taxe durant cette période, cesser d'être assujetti à compter du 1er janvier 2026, à condition d'informer le service des impôts avant le 1er février 2026.

b. Si les recettes réalisées ont été de 46 000 €, 48 700 € et 47 200 € (soit une moyenne de 47 300 €, supérieure au seuil précité), l'assujettissement sera obligatoirement reconduit pour l'année 2026. Fin 2026, lorsque sera connu le montant des recettes de ladite année, il y aura lieu d'apprécier si la moyenne des recettes des trois dernières années d'assujettissement (2024-2025-2026) est supérieure à 46 000 €, auquel cas l'assujettissement sera reconduit pour un an, et ainsi de suite.

AUTRES CAS D'ASSUJETTISSEMENT OBLIGATOIRE

59730 TVA-XII-1500 s

Même si leur **chiffre d'affaires** est **inférieur à 46 000 €,** les exploitants agricoles qui se trouvent dans l'une des **deux situations** visées nos 59735 et 59740 sont obligatoirement assujettis à la TVA.

Remarque : La **portée pratique** de ces deux cas d'imposition obligatoire est en réalité assez **limitée,** les exploitants en cause réalisant, le plus souvent, des recettes annuelles dépassant le seuil de 46 000 €. Ils entrent alors, pour l'ensemble de leurs opérations agricoles, dans le cas général d'assujettissement en fonction des recettes, qui prime les autres cas d'assujettissement.

59735 CGI art. 298 bis, II-1° TVA-XII-1520 s

Exploitants agricoles utilisant des méthodes commerciales ou des procédés industriels Sont obligatoirement imposables à la TVA les exploitants agricoles dont les activités sont, par leur nature ou leur importance, assimilables à celles exercées par des industriels ou des commerçants, même si ces opérations constituent le prolongement de l'activité agricole.

Ces activités sont les suivantes (CGI ann. II art. 260 A) :

a. Ventes de produits agricoles (en l'état ou transformés) dans les trois hypothèses suivantes :

– ventes sur les **marchés,** à place fixe, avec un personnel exclusivement affecté à ces ventes ;

– ventes dans un **magasin** ou une installation spécialement agencés pour la vente (voir cependant n° 59955, précision a) ;

– ventes à l'aide de **moyens publicitaires** relevant des usages commerciaux ou avec le concours de **représentants** ou placiers, lorsque ces produits sont vendus sous un **conditionnement** et présentés sous une **marque.**

b. Ventes de **produits** agricoles **transformés,** préparés ou conservés, lorsque l'intéressé utilise, pour les opérations de transformation, de préparation ou de mise en conserve, des **moyens** (installations, agencements ou matériels) **importants** de la nature de ceux dont se servent, pour les opérations semblables, les industriels et les commerçants.

Ne sont **toutefois** pas imposables sur ce fondement les opérations entrant dans les **usages normaux et habituels** de l'agriculture : notamment, transformation de lait en beurre ou fromage, vinification et mise en bouteilles, fabrication d'huile d'olive, de choucroute, confection, mise en conserve et vente de terrines et de foies (dont les foies gras), abattage d'arbres, transformation de l'osier produit en vue de la vente d'articles de vannerie (BOI-TVA-SECT-80-10-20-30 n° 140).

› Précisions **a.** Les opérations visées par cette disposition particulière sont considérées comme conservant un **caractère agricole** (et sont donc taxables dans le cadre du RSA), lorsqu'elles portent sur des produits provenant de l'exploitation agricole de l'intéressé.

Toutefois, lorsqu'un exploitant agricole se livre à des opérations qui, dans les conditions où elles sont réalisées, apparaissent comme constitutives d'une véritable activité commerciale, industrielle ou non commerciale (exemple : vente de produits achetés ne provenant pas de l'exploitation), ces **activités non agricoles** relèvent en principe de la TVA de droit commun (voir nos 59955 s.).

b. Pour l'application de la disposition particulière examinée ici, l'imposition, établie selon les règles du RSA, porte **seulement** sur les **ventes remplissant les conditions** prévues par cette disposition. Elle s'effectue, dans le cadre de l'exploitation agricole, comme celle d'un **secteur d'activité distinct** des autres activités agricoles qui demeurent, le cas échéant, exonérées (CGI ann. II art. 260 B).

59740 CGI art. 298 bis, II-3° TVA-XII-1950 s

Exploitants ayant une activité commerciale portant sur des animaux de boucherie et de charcuterie Sont soumises obligatoirement à la TVA selon le RSA (nos 59790 s.), pour leurs **activités agricoles,** les personnes qui effectuent également des achats, des livraisons, des importations, des acquisitions intracommunautaires, ou des services d'intermédiation portant sur des **animaux vivants de boucherie et de charcuterie** listés à l'article 65 A de l'annexe III au CGI (équidés, bovidés, ovidés, suidés et caprins).

Dans cette situation, les activités agricoles de l'intéressé sont obligatoirement soumises à la TVA, même si le montant des recettes correspondantes n'atteint pas le seuil de 46 000 € au-delà duquel on entre dans le cas général d'assujettissement en fonction des recettes.

Sont notamment concernés les négociants en bestiaux (voir également n° 59995) et les professionnels de la viande (bouchers, charcutiers, chevillards, fabricants de salaisons, etc.) qui ont des activités d'élevage.

> Précisions **a.** Il est indifférent que les activités agricoles et les opérations commerciales susvisées soient **complémentaires ou non** les unes des autres (CE 12-4-1996 n° 138363 : RJF 6/96 n° 727).

b. Pour leurs **bénéfices agricoles,** ces exploitants sont obligatoirement imposables d'après leur bénéfice réel (n° 15600).

c. Les **professionnels de la viande** qui élèvent des animaux de boucherie et de charcuterie relèvent en principe du régime général de la TVA pour leur activité commerciale et du RSA pour leurs activités agricoles, mais peuvent demander au directeur des finances publiques l'autorisation de confondre toutes leurs activités en un seul secteur soumis au régime général de la TVA (BOI-TVA-SECT-80-10-20-40 n° 20).

2. EXPLOITANTS IMPOSÉS À LA TVA SUR OPTION

59760 CGI art. 298 bis, I et III TVA-XII-2500 s

Lorsqu'ils n'entrent pas dans l'un des cas d'assujettissement obligatoire à la TVA (nos 59700 s.), les exploitants agricoles sont normalement placés sous le régime du remboursement forfaitaire (nos 60040 s.). Ils peuvent cependant se soumettre volontairement à la TVA au titre de leurs activités agricoles, en exerçant une option expresse pour le régime du RSA examiné nos 59790 s.

Cette option couvre l'**ensemble des opérations agricoles, y compris** les **ventes** ou livraisons d'**animaux de boucherie et de charcuterie** définis n° 59740.

Les exploitants ayant exercé l'option doivent notamment se conformer aux **obligations particulières** visant les opérations sur animaux de boucherie et de charcuterie (voir nos 59915 s.).

> Précisions **a.** L'option couvre les activités agricoles de l'exploitant même réalisées dans **plusieurs exploitations,** dès lors que celles-ci relèvent d'une même entité juridique (BOI-TVA-SECT-80-20-10 n° 10).

b. En cas de **métayage,** l'option peut être exercée soit **conjointement,** par le métayer et le bailleur, soit **séparément** par l'un des deux. L'option de l'un des exploitants de métairie entraîne l'assujettissement à la TVA de sa part des recettes de la métairie comme de l'ensemble de ses activités agricoles sous quelque statut juridique qu'elles soient exercées (BOI précité nos 40 et 50).

Sur les règles de déduction applicables lorsqu'un seul des coexploitants de métairie est assujetti et sur les obligations de facturation, voir nos 59845, précision b et 59910, précision a.

c. L'option pour l'imposition à la TVA est totalement indépendante des options prévues en matière de **bénéfice agricole** (nos 15640 s.).

d. Une possibilité spéciale d'option pour la TVA, indépendante à celle examinée ici, est également ouverte aux **bailleurs de biens ruraux,** y compris aux bailleurs à métayage (voir n° 46885).

59765 TVA-XII-2660 s

Modalités d'exercice et durée de l'option L'option ne nécessite aucune formalité particulière : elle est **exercée par le paiement** et la déclaration **pour la première fois de la TVA** par l'exploitant (nos 59885 s.).

L'option porte sur une **première période de trois ans.** À la fin de cette première période, elle est renouvelable par **tacite reconduction** pour des périodes successives de **cinq ans.**

L'option prend obligatoirement **effet** au 1er janvier de la première année de la période qu'elle recouvre (les périodes de trois et de cinq ans qu'elle peut recouvrir se comptent donc en années civiles).

> **Précisions** **a.** Lorsque le **début de l'exploitation** agricole est **postérieur au 1er janvier,** l'option prend effet à la date du début d'exploitation et est réputée avoir été exercée au 1er janvier pour le décompte de ces périodes.
b. Pour les exploitants qui ont exercé, à la fois, l'option pour le RSA et l'option pour la souscription d'une **déclaration annuelle en fonction de l'exercice** (n° 59892), l'option pour le RSA est prorogée jusqu'au dernier jour de l'exercice couvert par cette option. Soit, par **exemple,** un exploitant dont l'exercice comptable débute le 1er juin et se termine le 31 mai et qui exerce une option pour le RSA en 2024. Cette option pour le RSA prend effet le 1er janvier 2024. L'exploitant opte également pour la souscription d'une déclaration annuelle en fonction de l'exercice. Le terme de l'option pour le RSA devrait être normalement le 31 décembre 2026. Mais cette option est prorogée jusqu'au 31 mai 2027, qui est le terme de la période annuelle d'imposition couverte par l'option.
c. En cas de décès d'un exploitant ayant exercé l'option, le conjoint, l'héritier ou l'indivision reprenant l'activité sont dispensés de formalités pour le maintien de l'option.

59770 La **renonciation à l'option** doit être formulée, par lettre recommandée adressée au service des impôts, au moins deux mois avant l'expiration de la période couverte par l'option.

EXEMPLE

Un exploitant ayant opté pour le RSA avec effet au 1er janvier 2022 et dont l'exercice correspond à l'année civile désire renoncer à l'option à compter de 2025. Il devra manifester sa renonciation avant le 31 octobre 2024.

La renonciation à l'option fait perdre la qualité de redevable et entraîne certaines **régularisations** des déductions déjà opérées (n° 59860, b).

3. RÉGIME SIMPLIFIÉ D'IMPOSITION DE L'AGRICULTURE (RSA)

59790 CGI art. 298 bis, I TVA-XII-5000 s

Les exploitants agricoles assujettis à la TVA, que ce soit à titre obligatoire (nos 59700 s.) ou sur option (nos 59760 s.), sont placés, pour leurs opérations agricoles, sous le RSA, lequel comporte certaines **particularités** concernant l'exigibilité, la déclaration et le paiement de la taxe. Sur les autres points, les **règles de droit commun** sont en principe applicables mais appellent, parfois, certaines précisions.

a. Opérations imposables et base d'imposition

59800 TVA-XII-5200 s

Conformément aux règles de droit commun (nos 46300 s.), les exploitants agricoles assujettis à la TVA sont imposables, dans le cadre du RSA, sur l'ensemble des opérations à caractère agricole qu'ils effectuent, c'est-à-dire en particulier sur :
- les **ventes** ;
- les **livraisons aux coopératives** ;
- les **livraisons à soi-même** (voir n° 59810, c) ;
- les **façons** (exemples : élevage ou engraissement d'animaux appartenant à des tiers, saillies, insémination de testage) ;
- les **échanges** (échanges **céréales-aliments,** notamment).

Remarques : **1.** L'imposition n'est évidemment pas applicable aux opérations qui bénéficient d'une **exonération** prévue par une disposition spéciale (n° 46580) : notamment, prestations réalisées dans le cadre de l'**entraide** entre agriculteurs (CGI art. 261, 2-3°), simple concession du **droit de chasse ou de pêche** sans prestations annexes (voir n° 46860), **exportations** à destination de pays tiers (nos 49690 s.).
2. Les exploitants agricoles relevant du RSA bénéficient du régime d'exonération des **livraisons intracommunautaires** (nos 49260 s.). Le régime particulier des **ventes à distance intracommunautaires** de biens (nos 49780 s.) leur est également applicable, s'il y a lieu. Si une livraison intracommunautaire réalisée par un exploitant agricole est effectivement soumise à la TVA française, cette taxe est exigible lors de l'encaissement des acomptes ou du prix (n° 59820).

Les **acquisitions intracommunautaires** réalisées par des exploitants agricoles relevant du RSA sont soumises aux règles énoncées nos 49150 s. (et, notamment, n° 49170 concernant l'exigibilité de la taxe).

59805 En ce qui concerne la détermination de la **base d'imposition,** les règles générales exposées nos 52200 s. sont applicables, en principe, aux opérations imposables relevant du RSA.

Pour les **livraisons à des coopératives,** les exploitants agricoles imposables à la TVA doivent acquitter la taxe sur les versements (acomptes, primes, ristournes ou compléments de prix en fin de campagne, etc.) effectués par ces coopératives. Seuls les intérêts statutaires versés aux sociétaires, porteurs de parts, échappent à l'imposition. À défaut d'encaissements en espèces, le prix imposable est constitué par la valeur du produit reçu en paiement (BOI-TVA-SECT-80-30-20-20 n° 70). S'agissant des **rétrocessions** faites par les coopératives à leurs sociétaires, voir n°s 59970 et 59980.

Les prélèvements opérés sur le prix de vente par les coopératives ou les groupements de producteurs au profit de **fonds de péréquation** ou de régularisation doivent être incorporés à la base d'imposition. En contrepartie, les sommes distribuées par les caisses de péréquation ne sont pas imposables (BOI précité n° 100).

59810 **> Précisions a.** Les **prix** reçus à l'occasion de concours ou de foires-expositions ne sont pas imposables, ni à retenir pour le calcul du coefficient de taxation forfaitaire (BOI-TVA-SECT-80-30-20-10 n° 60).

De même pour les **fermages payés en nature**, dès lors qu'ils constituent, pour le fermier, non une vente, mais le règlement du prix d'une location (BOI-TVA-SECT-80-30-20-20 n° 250).

b. Les **aides et subventions** versées aux exploitants agricoles qui ne constituent ni la contrepartie directe ni un complément de prix d'opérations imposables n'ont pas à être soumises à la TVA (n°s 46920 s.) et ne sont pas prises en compte pour la détermination du coefficient de taxation forfaitaire (n°s 55790 s.). Ne constituent pas un complément de prix d'opérations imposables :

– les aides versées par les **offices agricoles** pour **soutenir le fonctionnement des marchés** ;

– les aides versées pour compenser une **perte de revenus** consécutive par exemple à un **changement ou à l'abandon d'une production** ou à une nouvelle politique agricole (aides à l'élevage, primes de reconversion des vignobles, indemnités compensatrices de handicaps naturels, etc.) ;

– les aides versées pour financer un équipement déterminé (primes de restructuration des vignobles, aides aux investissements dans les serres, etc.) ;

– les aides dites **« à l'achat »** (aides d'État dans le cadre des opérations de prophylaxie, aides en réparation de calamités agricoles, etc.).

c. Le régime des **livraisons à soi-même** (n°s 47370 s.) est applicable aux exploitants agricoles relevant du RSA, mais avec certaines adaptations (TVA-XII-5350 s).

La livraison à soi-même de biens affectés aux besoins de l'exploitation n'est imposable, le cas échéant, que s'il s'agit de biens constituant des **immobilisations.**

La dispense de taxation au titre des livraisons à soi-même des prélèvements (**« autoconsommation »**) effectués pour les besoins privés normaux de l'**exploitant** et de sa **famille** (entraînant la régularisation de la taxe d'amont : n° 57540) s'étend à la consommation du **personnel,** mais seulement lorsqu'il est d'usage que les repas soient pris en commun par le personnel, l'exploitant et sa famille.

Les vins (provenant de l'exploitation) distribués pendant la période des **vendanges** au personnel permanent ou saisonnier ne sont pas taxables, dans la limite du maximum prévu par les conventions collectives départementales.

b. Exigibilité de la TVA

59820 CGI art. 298 bis, I-2° TVA-XII-6250 s

Dans le cadre du RSA, la TVA est exigible sur l'**encaissement des acomptes ou du prix.**

Tous les encaissements perçus par l'exploitant agricole pendant la période d'imposition sont taxables, quelle que soit la date de la conclusion de l'opération ou de la livraison correspondante. Toutefois, pendant les **trois premiers mois** de l'imposition, les encaissements qui se rapportent à des ventes faites, avant la date d'effet de l'imposition, à des clients non redevables de la TVA ne sont pas imposables.

Les encaissements postérieurs à la **cessation d'activité** ou à la **renonciation à l'option** sont imposables lorsqu'ils se rapportent à des ventes pour lesquelles la délivrance des biens est intervenue avant cet événement.

> Précisions En ce qui concerne :

– le cas où le paiement est effectué par **effet de commerce,** voir n° 52655, précision c ;

– les **acquisitions et livraisons intracommunautaires,** voir n° 59800, remarque 2 ;

– la possibilité d'opter pour le **paiement** de la TVA **d'après les débits,** voir n° 52665.

c. Taux de la TVA

59830 TVA-XII-6800 s

Les **règles générales** exposées n°s 52760 s., qui fixent les champs d'application respectifs du **taux normal** de 20 %, du **taux intermédiaire** de 10 % et du **taux réduit** de 5,5 %, sont applicables dans le cadre du RSA.

En ce qui concerne, notamment, le taux applicable aux **travaux à façon** dans le secteur agricole, voir n° 52800 ; au **secteur hippique,** voir n° 60010.

59835 CGI art. 281 sexies, 296 bis et 297 TVA-XII-7500 s

Les **ventes d'animaux vivants de boucherie et de charcuterie** (définis n° 59740) faites **à des non-assujettis** à la TVA (particuliers, collectivités locales) et aux agriculteurs soumis au remboursement forfaitaire bénéficient du taux particulier de 2,1 % en France continentale (et des taux spécifiques de 0,9 % en Corse et de 1,75 % dans les DOM).

> Précisions **a.** Le défaut de mention sur la **facture** de la qualité de non-assujetti de l'acheteur (nº 59930) n'est pas de nature à priver le vendeur d'animaux vivants de boucherie ou de charcuterie du bénéfice du taux de 2,10 % (CE 30-12-2009 nº 312277 : RJF 4/10 nº 343).

b. Le taux de 2,1 % ne peut être appliqué qu'aux ventes à des personnes non assujetties d'animaux vivants (équidés, etc.) **immédiatement destinés** à l'usage de boucherie et de charcuterie (CJUE 8-3-2012 aff. 596/10 : RJF 6/12 nº 669 ; BOI-TVA-SECT-80-10-30-30 nº 50 et BOI-TVA-SECT-80-10-30-50 nº 10).

d. Régime des déductions

59845 TVA-XII-7700 s Pour les exploitants agricoles imposés selon le RSA, l'application des **règles générales** afférentes à la récupération de la taxe « d'amont » ayant grevé les différents éléments de leurs prix de revient (nºs 55000 s.) appelle certaines explications particulières concernant, notamment, le remboursement des crédits de taxe et les cas de régularisation des déductions initiales.

> Précisions **a.** Sur la situation des **aides et subventions** perçues par les exploitants, voir nº 59810, b.

b. Cas particulier du **métayage** (TVA-XII-16545 s.) : **lorsqu'un seul** des coexploitants est **redevable** de la TVA (obligatoirement ou sur option) au titre de son activité de métayage, il doit déterminer un coefficient de taxation forfaitaire (nºs 55740 s.) au dénominateur duquel il doit inscrire l'ensemble des recettes de métairie. Si les recettes du coexploitant ne sont pas connues, elles sont appréciées, dans la proportion du contrat, sur la base de celles du redevable.

Dans cette hypothèse, il est toutefois admis que l'activité en métayage puisse être sectorisée si elle diffère par nature de celle exploitée sous un autre statut (exemple : élevage et viticulture). Sur les conséquences de cette sectorisation, voir nºs 56060 s.

c. Pour les exploitants qui ont exercé l'option pour la souscription d'une **déclaration annuelle en fonction de l'exercice** (nº 59892), le **coefficient de taxation forfaitaire** doit être calculé par période annuelle d'imposition (et non par année civile), étant précisé qu'il y a lieu pour ce calcul de se référer à la période annuelle d'imposition précédente lorsque la période d'imposition est inférieure à un an (BOI-TVA-SECT-80-30-40 nº 210). La faculté d'appliquer, pour l'ensemble des biens et services utilisés concurremment à des opérations imposables et à des opérations non imposables, un **coefficient d'assujettissement unique** (nº 55520) et la possibilité d'appliquer, pour l'ensemble des biens et services, un **coefficient de taxation unique** (nº 55830) s'exercent par période d'imposition. Le calcul des **coefficients définitifs** (nºs 55365 s.) et les **régularisations annuelles** (nºs 57205 s.) doivent être effectués avant le cinquième jour du cinquième mois suivant la clôture de l'exercice (CGI ann. II art. 260 K).

59850 TVA-IX-28630 s **Remboursement des crédits de taxe non imputables** Les exploitants agricoles imposés selon le RSA peuvent bénéficier de la procédure de remboursement des excédents de taxe déductible selon la procédure de droit commun (nºs 56620 s.), mais les modalités de présentation des **demandes de remboursement** diffèrent selon le régime déclaratif des exploitants :

1. Les exploitants placés sous le régime des **acomptes trimestriels** (nºs 59890 s.) peuvent effectuer des demandes de remboursement **relatif à une année** ou à un exercice lors de la souscription de leur déclaration annuelle de régularisation CA 12A ou CA 12AE, si ce crédit est au moins égal à 150 € (nº 56630).

Remarque : Les exploitants qui ont exercé l'option pour la souscription d'une déclaration annuelle en fonction de l'exercice (nº 59892) peuvent faire des demandes de remboursement lors de la souscription de déclarations relatives à des périodes inférieures à un an.

2. Les exploitants ayant **opté pour** le régime des **déclarations trimestrielles ou mensuelles CA 3** (nº 59895) peuvent obtenir des remboursements soit **annuels,** soit éventuellement **mensuels ou trimestriels** si leur déclaration CA 3 mensuelle ou trimestrielle fait apparaître un crédit minimum de 760 € (nº 56640).

59855 TVA-XII-7730 s **Régularisations des déductions initiales** Pour les exploitants agricoles relevant du RSA, les cas nécessitant une régularisation des déductions antérieures et les modalités de cette régularisation obéissent aux **règles générales** exposées nºs 56800 s.

Remarque : Dans les exploitations agricoles, les **immobilisations** susceptibles d'être soumises aux régularisations décrites nºs 56950 s. sont les immeubles, le matériel agricole et les véhicules, ainsi que les plantations et les animaux si l'exploitant veut les considérer comme tels et pratique les amortissements correspondants dans sa comptabilité (voir nº 15915).

59860 **> Précisions** Les précisions ci-après concernent plus particulièrement les régularisations à effectuer (ou non) en cas de **perte de la qualité de redevable** (TVA-XII-7800 s.).

a. Mutation (à titre onéreux ou gratuit) portant sur l'ensemble de l'exploitation. Si le cédant et le cessionnaire sont redevables de la TVA, l'absence de taxation et de régularisation prévue en matière de TVA pour les transmissions d'une universalité de biens (nº 47520) s'applique, même lorsque le cédant conserve une parcelle de subsistance, ou les stocks, ou

encore les bâtiments d'exploitation qu'il donne à bail au nouvel exploitant (dans ce dernier cas, l'ancien exploitant n'a pas de régularisation à effectuer s'il opte pour le paiement de la TVA au titre de sa location : n° 46885).
Lorsque le cédant est redevable de la TVA et que le cessionnaire ne l'est pas, il est admis que la même solution s'applique à condition que le cessionnaire apporte simultanément les biens à une entreprise elle-même redevable de la TVA et que cette dernière soumette à la TVA les cessions ultérieures et procède, le cas échéant, aux régularisations susvisées (BOI-TVA-CHAMP-10-10-50-10 n° 30).

b. Renonciation à l'option. Lorsqu'un exploitant agricole ayant volontairement opté pour son assujettissement à la TVA renonce par la suite à cette option (n° 59770), il doit procéder aux régularisations des déductions opérées au titre des biens constituant des immobilisations (n°s 57390 s.), des biens neufs ne constituant pas des immobilisations : engrais, semences, animaux (pour ces derniers, s'ils sont nés sur l'exploitation, le reversement doit porter sur la taxe déduite au titre des biens utilisés pendant leur croissance : aliments du bétail, produits vétérinaires, etc.) et de la préparation des récoltes en terre (engrais, semences, etc.).

c. Cessation d'activité. À la différence des situations visées ci-dessus, la cessation d'activité s'entend de l'**abandon** de l'ensemble de l'activité. Selon l'administration, la cessation d'activité intervient seulement au moment de la **liquidation finale des stocks** (sur la position du Conseil d'État, voir n° 56690, précision a). La date de cessation d'activité ne coïncide donc pas nécessairement avec la date de cessation de l'exploitation, lorsque l'exploitant déclare avoir l'intention de vendre les produits en stock après la cessation de l'exploitation.
L'exploitant demeure redevable de la taxe au titre de ses ventes de stocks, même si elles interviennent après la cessation de l'exploitation (sauf dans l'hypothèse où, s'agissant d'un exploitant ayant opté, il aurait dénoncé son option antérieurement aux ventes).
Les stocks conservés par l'ancien exploitant lors de la cessation d'activité donnent normalement lieu à taxation au titre de livraison à soi-même, sauf application de la dispense prévue pour les prélèvements effectués pour les besoins privés normaux de l'exploitant et de sa famille (voir n° 57540).
Sur la régularisation des déductions opérées au titre des **biens immobilisés,** voir n°s 57400 s.

e. Obligations des exploitants agricoles relevant du RSA

OBLIGATIONS COMMUNES À TOUS LES EXPLOITANTS

Formalités administratives Les exploitants agricoles doivent souscrire, dans les 15 jours du commencement de leurs opérations, une **déclaration de création d'entreprise ou d'activité** et fournir tous les **renseignements** relatifs à leur **activité professionnelle** (n° 53390). 59875 TVA-XII-8440 s

> Précisions En cas de **décès** d'un exploitant soumis au RSA (de plein droit ou sur option), ce régime continue de s'appliquer dans les mêmes conditions au **conjoint**, à l'**héritier** ou à l'indivision **reprenant l'exploitation** (CGI art. 298 bis, II bis). Par conséquent, le nouvel exploitant est dispensé de ces formalités administratives.

En cas de **cessation d'activité**, l'exploitant agricole redevable de la TVA doit en faire la déclaration dans les 30 jours de cette cessation (n° 53390). 59880 TVA-XII-8500

Toutefois, si l'intéressé est soumis au système de paiement de l'impôt par acomptes trimestriels (n°s 59890 s.), la déclaration annuelle de régularisation (CA 12A ou CA 12AE) afférente à la dernière année ou fraction d'année d'activité peut être souscrite jusqu'au deuxième jour ouvré suivant le 1er mai de l'année suivante ou jusqu'au cinquième jour du cinquième mois suivant la date de clôture du dernier exercice.

En ce qui concerne :

- la **renonciation à l'option,** voir n° 59770 ;
- les **régularisations** à effectuer dans les différents cas de perte de la qualité de redevable, voir n° 59860.

Déclarations et paiement de l'impôt Les dispositions spécifiques prévues en cette matière dans le cadre du RSA comportent, d'une part, un système (général) de paiement par acomptes trimestriels (n°s 59890 s.) et, d'autre part, un système (optionnel) de paiement sur déclarations trimestrielles ou mensuelles (n° 59895). 59885 CGI art. 298 bis, I-1° et 1693 bis TVA-XII-9500 s

> Précisions Dans les deux systèmes, les **modalités de déclaration et de paiement** (par voie électronique), de **contrôle** des déclarations et les **sanctions** applicables, le cas échéant, pour défaut, retard ou insuffisance de déclaration sont celles exposées n°s 54100 s.

Paiement par acomptes trimestriels. L'exploitant agricole acquitte en principe la TVA en cours d'année par acomptes trimestriels et régularise sa situation, l'année ou l'exercice suivant, au moyen d'une déclaration annuelle. 59890

a. Acomptes trimestriels. Le montant de chaque acompte est au moins égal au **cinquième de l'impôt** dû au titre **de l'année précédente.**

Pour la **première année d'imposition,** les nouveaux assujettis peuvent, pour ladite année, déterminer eux-mêmes le montant des acomptes, mais chacun doit représenter plus de 70 % de l'impôt réellement dû pour le trimestre correspondant (si les acomptes versés sont inférieurs de plus de 30 % au montant de l'impôt réellement dû, les sanctions pour retard de paiement sont applicables : CGI art. 1785).

Le paiement des acomptes trimestriels doit s'accompagner de la souscription, par voie électronique, d'un **bulletin d'échéance** (n° 3525-BIS-SD).

La **date** limite pour remplir ces obligations est respectivement fixée, pour chacun des quatre trimestres, au 5 des mois de mai, août, novembre et février (CGI ann. IV art. 39, 1-1°-a).

Les exploitants agricoles peuvent toutefois **suspendre le versement des acomptes** trimestriels (sans être dispensés de souscrire le **bulletin d'échéance**) s'ils estiment que les acomptes déjà payés atteignent le montant de l'impôt dont ils seront finalement redevables, cette disposition pouvant jouer dès le premier acompte dû. Les sanctions pour retard de paiement sont encourues si le montant de l'impôt finalement dû se révèle supérieur de plus de 30 % au montant des acomptes versés.

Les exploitants agricoles sont par ailleurs **dispensés du versement d'acomptes** trimestriels (et de la souscription des **bulletins d'échéance**) lorsque la taxe due au titre de l'année civile précédente ou du dernier exercice clos, avant déduction de la TVA relative aux biens constituant des immobilisations, est **inférieure à 1 000 €.** Ces redevables acquittent ainsi la taxe en une seule fois lors de la souscription de la déclaration annuelle.

b. Déclaration annuelle de régularisation. Au début de l'année suivante, l'impôt ayant donné lieu au versement des acomptes trimestriels est définitivement liquidé lors de la souscription, par voie électronique, de la déclaration annuelle de régularisation (modèle **CA 12A**), au plus tard le deuxième jour ouvré suivant le 1er mai (CGI ann. III art. 344 I-0 bis), soit le 3 mai pour les déclarations à souscrire en 2024.

Les exploitants dont l'exercice comptable ne coïncide pas avec l'année civile peuvent toutefois **opter** pour une **déclaration annuelle correspondant à cet exercice** (voir n° 59892).

59892 Les exploitants dont l'exercice comptable ne coïncide pas avec l'année civile peuvent, sur **option,** souscrire par voie électronique une **déclaration annuelle correspondant à cet exercice** (modèle **CA 12AE**) avant le cinquième jour du cinquième mois qui suit la clôture de celui-ci. L'option doit être formulée, par lettre recommandée avec accusé de réception adressée au service des impôts, avant le début du premier exercice pour lequel elle est souscrite (ou lors de la souscription de la déclaration de création d'entreprise ou d'activité : n° 59875). Elle porte sur une **première période de cinq ans** et est ensuite renouvelable par **tacite reconduction** pour des périodes de cinq ans.

La **renonciation** à cette option doit être formulée, par lettre recommandée, deux mois au moins avant son expiration.

> Précisions **a.** Pour les exploitants ayant exercé cette option, les **acomptes trimestriels** sont déterminés par référence à l'impôt dû au titre du dernier exercice clos. Sur la possibilité de suspendre ou de se dispenser du versement d'acomptes, voir n° 59890, a.

b. Les exploitants ayant exercé ladite option doivent, au titre de la **période comprise entre le 1er janvier et la date d'ouverture du premier exercice concerné par l'option,** souscrire une déclaration liquidant l'impôt dû au titre de cette période entre le deuxième jour ouvré suivant le 1er mai et le cinquième jour du cinquième mois de cet exercice.

Dans l'hypothèse d'une **modification de la date de clôture** de l'exercice, ils doivent souscrire une déclaration au titre de l'**exercice** de « raccordement » si celui-ci est **inférieur à 12 mois** et deux déclarations s'il est **supérieur à 12 mois** (la première déclaration correspondant à la première période de 12 mois). L'option est, le cas échéant, prorogée jusqu'au dernier jour de la nouvelle période annuelle d'imposition choisie par l'exploitant.

c. Dans le cas des exploitants ayant exercé, **à la fois, l'option pour le RSA** (nos 59760 s.) et **l'option** pour la souscription d'une **déclaration annuelle par exercice,** les deux options sont calées l'une sur l'autre : elles sont exercées pour une première période de trois ans et sont ensuite renouvelables, par périodes de cinq ans, par tacite reconduction. Soit, par **exemple,** un exploitant agricole dont l'exercice commence le 1er juin et se clôture le 31 mai, qui opte en 2024 pour le RSA. Cette option prend effet au 1er janvier 2024. Par ailleurs, il opte pour la souscription d'une déclaration annuelle en fonction de son exercice. Dans cette hypothèse, le terme de l'option pour le RSA est le 31 mai 2027 (n° 59765, précision b). La durée de l'option pour la déclaration par exercice s'aligne alors sur celle de l'option pour le RSA. Les deux options arrivent ainsi à échéance le 31 mai 2027 et sont renouvelables par tacite reconduction par périodes de cinq ans.

Paiement au vu de déclarations mensuelles ou trimestrielles. Les exploitants relevant du RSA peuvent, sur **option,** choisir d'acquitter la TVA au vu de déclarations trimestrielles ou mensuelles (**régime dit « de l'effectif »**), souscrites sur des formulaires **CA 3** habituels. 59895

Les **déclarations mensuelles** doivent être souscrites aux dates prévues par l'échéancier figurant n° 54175.

Les **déclarations trimestrielles** doivent être souscrites au plus tard le 5 des mois de mai, août, novembre et février (les exploitants dont l'exercice ne coïncide pas avec l'année civile doivent également souscrire ces déclarations selon les trimestres civils).

L'option est exercée, par lettre recommandée, pour une **période de cinq ans** tacitement reconductible. Elle **prend effet** à compter du 1er janvier de l'année au cours de laquelle elle est exercée si elle est notifiée avant la date limite de souscription de la déclaration annuelle CA 12A (soit au plus tard le deuxième jour ouvré suivant le 1er mai : n° 59890, b) ou le 1er janvier de l'année suivante si elle est notifiée après cette date.

La **renonciation** à l'option (également formulée par lettre recommandée) doit intervenir avant le 31 janvier ou, pour les déclarations trimestrielles, au plus tard le 5 février de l'année du retour au régime de la déclaration annuelle.

> Précisions Les **exploitants qui avaient opté pour l'imposition annuelle selon l'exercice comptable** ont également la possibilité d'opter pour le paiement de la TVA suivant des déclarations mensuelles ou trimestrielles. S'ils souhaitent souscrire des **déclarations mensuelles,** ils doivent renoncer au préalable à leur option pour une imposition annuelle selon l'exercice comptable deux mois au moins avant l'expiration de cet exercice. L'option pour la souscription de **déclarations trimestrielles** entraîne la renonciation à la déclaration selon l'exercice comptable et le retour à des déclarations selon les trimestres civils ; celle-ci peut être formulée à tout moment. Pour la période comprise entre la date de clôture du dernier exercice entièrement couvert par l'option et le 31 décembre de la dernière année d'imposition selon l'exercice comptable, ils doivent souscrire une déclaration au plus tard le cinquième jour du cinquième mois de l'année suivante (BOI-TVA-SECT-80-30-60-20 nos 150 et 190).

Inversement, les exploitants qui avaient opté pour le régime dit « de l'effectif » et désirent **revenir à une imposition annuelle selon l'exercice comptable** doivent d'abord renoncer au régime de l'effectif, puis opter expressément pour la déclaration annuelle en fonction de l'exercice. Les impositions dues au titre de la période allant du 1er janvier à la date de début de l'exercice comptable doivent être acquittées au plus tard le cinquième jour du cinquième mois suivant cette période au moyen d'une déclaration annuelle CA 12AE, sous déduction des acomptes versés. L'exploitant agricole souscrit ensuite des déclarations CA 12AE calées sur l'exercice comptable (BOI précité n° 140).

Obligations comptables La comptabilité des exploitants agricoles imposables à la TVA doit comporter au minimum un **livre des ventes** avec ventilation des encaissements et un **livre des achats** avec ventilation des droits à déduction. 59905 TVA-XII-8540 s

Facturation Les exploitants agricoles imposables selon le RSA doivent, en principe, se conformer aux **règles générales** concernant la facturation (voir nos 53500 s. et, notamment, n° 53625 les mentions à porter sur les factures). 59910 TVA-XII-8640 s

Ces exploitants peuvent confier l'établissement matériel de leurs factures à un tiers (**sous-traitance de la facturation**) ou à leur client (**autofacturation**) comme les autres redevables (voir n° 53575). Cependant deux **tempéraments** sont admis à leur égard (BOI-TVA-SECT-80-30-50-10 nos 140 à 160) :

1. Les **clients** des exploitants agricoles peuvent établir des **décomptes de livraison** ou de règlement (ou toutes autres pièces analogues, émises notamment par des coopératives agricoles) valant factures, dès lors qu'ils sont **certifiés par** la signature des **exploitants** agricoles.

2. Les **clients** (coopératives agricoles, par exemple) des exploitants agricoles peuvent **rédiger matériellement les factures** que ces derniers doivent établir sous réserve de détenir une attestation du fournisseur certifiant qu'il est redevable de la TVA. En outre, le fournisseur qui a opté doit mentionner sur l'attestation son numéro d'identification.

> Précisions **a.** Lorsqu'un **métayer, seul redevable** de la TVA, commercialise sa part de production et tout ou partie de celle du propriétaire, et que le **partage** est fait en fonction des **recettes,** il doit établir des factures mentionnant distinctement la part taxable et la part non taxable du prix (BOI précité n° 210).

b. Les dispositions qui répriment la **facturation abusive** de la TVA (nos 53650 s.) sont susceptibles de s'appliquer, le cas échéant, en matière agricole. Ainsi, un **agriculteur** soumis au régime du **remboursement forfaitaire** (nos 60040 s.) est redevable de la TVA s'il l'a facturée à l'un de ses clients (BOI précité n° 180).

c. S'agissant des factures concernant les **animaux** de boucherie ou de charcuterie, voir n° 59930.

OBLIGATIONS PARTICULIÈRES CONCERNANT LES OPÉRATIONS SUR ANIMAUX DE BOUCHERIE ET DE CHARCUTERIE

59915 CGI ann. II art. 267 quater TVA-XII-8800 s

Les **personnes concernées** par ces obligations particulières concernant les opérations portant sur les animaux de boucherie et de charcuterie (définis n° 59740) sont les exploitants agricoles relevant de la TVA à titre obligatoire ou par option, les négociants et commissionnaires en bestiaux, ainsi que les professionnels de la viande qui effectuent des achats commerciaux d'animaux en vue de vendre la viande après l'abattage (chevillards, bouchers, charcutiers, etc.) mais seulement, pour ces derniers, en ce qui concerne l'obligation de tenue d'une comptabilité-matières.

59920 CGI ann. II art. 267 ter TVA-XII-8850 s

Identification Cette obligation concerne normalement tous les animaux dont le redevable est propriétaire ou dont il a la garde.

Cependant, il n'est pas tenu d'identifier, pour son compte, les animaux qui font déjà l'objet d'une identification. Dans ce cas, en effet, les animaux conservent la même identification, même lorsqu'ils changent de propriétaire ou de gardien.

Les animaux sont identifiés grâce à un système d'identification permanente et généralisée (IPG). Les dispositions relatives à cette identification sont codifiées dans le Code rural et de la pêche maritime aux articles D 212-17 s. pour les bovins, D 212-24 s. pour les ovins et les caprins, D 212-34 s. pour les porcins et D 212-46 s. pour les équidés.

59925 TVA-XII-9000 s

Tenue d'une comptabilité-matières Cette comptabilité-matières doit comporter les **mentions** indispensables suivantes :

– aux entrées : description des animaux, avec l'indication du numéro d'identification ; nature de l'événement ou de l'opération motivant la prise en charge (naissance, acquisition, réception) ; nom et adresse du fournisseur (ou du propriétaire en cas de garde) ; date correspondante ;

– aux sorties : même description des animaux (lorsque l'opération de sortie est portée sur la même ligne que l'opération d'entrée, cette description n'a pas à être renouvelée) ; nature de l'événement ou de l'opération (perte, vente, livraison) ; nom et adresse du client (ou du propriétaire en cas de garde) ; date correspondante.

Cette comptabilité-matières doit être **tenue** au jour le jour et doit comporter les résultats d'inventaires réels qui doivent être effectués en nombre d'animaux tous les mois pour les négociants et les exploitants agricoles ayant également une activité de négoce et tous les ans pour les exploitants agricoles.

Les exploitants agricoles ayant également une activité de **négoce** ou ayant des animaux en **garde** doivent tenir deux comptabilités-matières.

Remarque : Un **registre des bovins** doit également être tenu par tout propriétaire ou détenteur d'animaux de l'espèce bovine (C. rur. art. D 212-19, III).

59930 TVA-XII-9090 s

Factures : mentions particulières Les redevables concernés doivent délivrer des factures comportant, outre les mentions habituelles, les mentions particulières suivantes : espèce, numéro d'identification, qualité de non-assujetti de l'acheteur lorsque la vente, en raison même de cette qualité, est soumise au taux particulier de 2,1 % (voir n° 59835).

Remarque : L'exigence de ces mentions particulières ne paraît pas en phase avec la jurisprudence de la Cour de justice (CJUE 18-7-2013 aff. 78/12 : RJF 12/13 n° 1191).

4. EXPLICATIONS PARTICULIÈRES

ACTIVITÉS NON AGRICOLES EXERCÉES PAR DES EXPLOITANTS AGRICOLES

59955 TVA-XII-15100 s

Les exploitants agricoles qui exercent des **activités économiques** (non salariées) relevant, en matière d'impôt sur le revenu, d'une catégorie autre que les bénéfices agricoles – essentiellement **BIC ou BNC** – sont, à ce titre, obligatoirement redevables de la **TVA** selon les règles de droit commun, et non selon le RSA.

À titre d'**exemples** de ces activités non agricoles, on peut citer :

– la vente, en l'état ou après transformation ou mise en conserve, de produits d'achat ne provenant pas de l'exploitation agricole de l'intéressé ;

– des prestations diverses, telles que : transports, travaux agricoles ou forestiers effectués pour le compte de tiers, prestations parahôtelières, prise en pension ou gardiennage d'animaux autrement qu'à des fins d'élevage (la prise en pension de chevaux constitue toutefois une activité agricole : n° 60010), cession ou concession de brevets ou de certificats d'obtention de variétés végétales, activités d'expertise, production et vente d'électricité.

> **Précisions** **a.** La vente au détail de produits de l'exploitation dans un magasin ou une installation spécialement agencés pour la vente figure parmi les procédés qui, sans pour autant faire perdre leur caractère agricole aux opérations réalisées par l'exploitant, ont pour effet de le rendre obligatoirement imposable à la TVA selon le RSA (n° 59735). L'administration considère cependant que, lorsque l'installation a un **caractère permanent,** la taxation correspondante doit être établie selon les règles prévues pour les activités non agricoles (BOI-TVA-SECT-80-10-10 n° 1 et 10).
> **b.** Les opérations non agricoles échappent évidemment à la taxation lorsqu'elles sont couvertes par une des **exonérations** mentionnées n° 46580.

Seules les **activités non agricoles** exercées par l'exploitant agricole sont **imposées** à la TVA selon les **règles de droit commun.** 59960

Les **opérations agricoles** sont taxables selon les règles spéciales du **RSA** (nos 59790 s.) si l'exploitant se trouve dans l'un des cas d'assujettissement obligatoire examinés nos 59700 s. ou s'il a exercé l'option visée nos 59760 s.

Ainsi, l'exploitant concerné doit, en **principe,** constituer deux **secteurs d'activités distincts.** Cependant, en vue de simplifier la gestion des intéressés, des **exceptions** sont possibles dans les deux situations ci-après.

a. Lorsque les **activités non agricoles** ne présentent qu'un **caractère accessoire** aux activités agricoles, elles **peuvent être imposées selon le RSA.** CGI art. 298 bis, III bis TVA-XII-15560 s

Sont considérées comme ne présentant qu'un caractère accessoire par rapport aux recettes agricoles les **recettes non agricoles** dont la moyenne annuelle, taxes comprises, des trois années d'imposition précédentes n'excède pas **100 000 € et 50 %** de la moyenne annuelle, taxes comprises, des recettes agricoles desdites années. Pour les **trois premières années d'activité,** le caractère accessoire s'apprécie au regard des mêmes seuils en retenant les recettes réalisées l'année civile précédente.

Les redevables qui souhaitent bénéficier de ce dispositif doivent en informer le service des impôts par simple lettre (cette formalité n'a pas à être renouvelée les années suivantes).

Si, au cours d'une période de référence, les recettes non agricoles réalisées sur l'exploitation **deviennent supérieures aux limites** ci-dessus, elles doivent être imposées au titre de la période annuelle suivante selon les règles de droit commun et le redevable doit en informer le service des impôts.

Remarques : 1. L'imposition selon le RSA entraîne renonciation à la franchise en base visée nos 54350 s. Les agriculteurs concernés peuvent toutefois renoncer à la confusion de l'ensemble de leurs activités sous le RSA en y déclarant uniquement leurs activités agricoles afin de pouvoir bénéficier de la franchise pour leurs activités non agricoles.
2. Des dispositions analogues existent en matière de bénéfices agricoles (voir n° 15200).

b. Lorsqu'il **ne désire pas user de la possibilité mentionnée au a** ci-dessus **ou** lorsque ses **recettes non agricoles excèdent les limites** visées au même a, l'exploitant peut, sur demande adressée à l'administration, être autorisé à confondre les activités non agricoles et agricoles en un seul secteur relevant du **régime de droit commun** (et non du RSA), à la condition cependant que les **activités** agricoles et non agricoles soient **économiquement liées.** TVA-XII-15980 s

EXEMPLE

Viticulteurs exerçant le négoce des vins ; éleveurs exploitant un abattoir ; négociants en bestiaux exerçant une activité de chevillard, de boucher ou de fabricant de produits de charcuterie.

Remarque : Selon nos renseignements, les exploitants qui choisissent d'opérer une telle confusion peuvent bénéficier de la franchise en base pour l'ensemble de leurs activités agricoles et non agricoles, s'ils en remplissent les conditions.

COOPÉRATIVES AGRICOLES

Les coopératives de **production, de transformation, de conservation et de vente** de produits agricoles (et leurs unions) sont imposables à la TVA de plein droit, quels que soient les moyens et méthodes employés pour la réalisation de leurs opérations. Elles sont soumises au régime de **droit commun de la TVA** et non pas au RSA (sous réserve de celles assimilées à des négociants en bestiaux : voir n° 59995, précision a). 59970 TVA-XII-19450 s

> **Précisions** Les rétrocessions de produits faites par des coopératives agricoles à leurs sociétaires pour les besoins de leur **consommation familiale** (y compris les vins) suivent les mêmes règles que les cessions faites par des entreprises privées à leurs fournisseurs agriculteurs (voir n° 59980).

Cessions faites par des entreprises privées à leurs fournisseurs agriculteurs

59980 CGI art. 267 bis TVA-XII-19650 s

Les ventes faites à des exploitants agricoles (redevables ou non de la TVA), pour leur **consommation familiale,** de produits fabriqués par des entreprises de transformation à partir de produits agricoles fournis par ces agriculteurs sont imposées sur une **base réduite** constituée par la **différence** entre la valeur des produits fabriqués et la valeur des produits correspondants fournis par les agriculteurs concernés. Les valeurs à retenir s'entendent tous frais et taxes compris, à l'exception de la TVA et des prélèvements de toute nature assis en addition à cette taxe.

> Précisions Les **livraisons** de produits effectuées **par les exploitants agricoles** dans le cadre de ces rétrocessions ne sont **pas imposables**, même si ces exploitants sont redevables de la TVA. En conséquence, aucun agriculteur n'est en droit de faire figurer la TVA sur les **factures** correspondant à ces fournitures et, corrélativement, l'entreprise de transformation à laquelle une telle taxe aurait été irrégulièrement facturée ne peut la déduire (CE plén. 26-4-1985 n° 40746 : RJF 6/85 n° 852).

D'ailleurs, pour ces transactions, les exploitants agricoles ne versent en général aux entreprises de transformation que le « prix de façon » et ne perçoivent aucun prix pour leurs propres livraisons. Lorsque tel n'est pas le cas, il appartient à ces dernières d'indiquer aux agriculteurs la valeur, non taxable, des produits qu'ils ont livrés en vue de leur rachat après transformation. Les agriculteurs déduisent ensuite les valeurs ainsi indiquées de leurs encaissements à soumettre à la TVA ou qui donnent lieu au remboursement forfaitaire (BOI-TVA-SECT-80-30-20-20 n° 150).

59985 Coopérative d'utilisation de matériel agricole ou d'insémination artificielle

CGI art. 298 bis, II-7°
TVA-XII-19920 s

Les coopératives d'utilisation de matériel agricole **(Cuma)** et les coopératives d'insémination artificielle **(CIA)** sont imposables de plein droit selon les règles du **RSA** (n°s 59790 s.) pour les opérations qu'elles réalisent conformément à leur objet au bénéfice de leurs sociétaires et dans les limites de leur circonscription territoriale. Il en va de même pour les ventes de semences effectuées à l'étranger par les unions de coopératives.

Pour leurs autres opérations, les Cuma et les CIA relèvent du **régime de droit commun.** Elles peuvent toutefois soumettre l'**ensemble** de leurs activités soit au RSA, soit au régime de droit commun dans les conditions exposées n° 59960 (BOI-TVA-SECT-80-40-10 n° 60).

NÉGOCIANTS EN BESTIAUX

59995

CGI art. 298 bis, II-4°
TVA-XII-17000 s

Les négociants en bestiaux sont obligatoirement **imposables** à la TVA selon le RSA (n°s 59790 s.) pour leurs opérations de négoce.

S'ils sont **également exploitants** agricoles, les négociants en bestiaux sont obligatoirement soumis à la TVA d'après le RSA pour l'ensemble de leurs opérations (voir n° 59740).

Ils sont notamment soumis aux **obligations** particulières décrites n°s 59915 s.

> Précisions **a.** Les **coopératives agricoles**, les sociétés d'intérêt collectif agricole **(Sica)** et les associations ou syndicats reconnus **groupements de producteurs**, qui commercialisent des animaux de boucherie et de charcuterie, sont assimilés à des négociants en bestiaux.

b. Les **commissionnaires** en bestiaux sont imposables à la TVA sur le montant total des ventes, effectuées en leur nom propre, dans lesquelles ils s'entremettent, que leurs commettants soient imposables à la TVA ou non (n°s 61470 s.).

c. Les **négociants-exploitants** agricoles doivent suivre distinctement en **comptabilité** (comptabilité commerciale et comptabilité-matières) les deux activités (négoce et agriculture), lesquelles peuvent toutefois être confondues dans une déclaration globale.

Leur **bénéfice agricole** est déterminé selon les règles du réel (n° 15600).

d. Les négociants en bestiaux **également bouchers ou chevillards** peuvent, sur demande, regrouper l'ensemble de leurs activités en un seul secteur relevant de la TVA de droit commun (voir n° 59960, b).

ACTIVITÉS ÉQUESTRES OU LIÉES AU CHEVAL

60010

TVA-XII-17400 s

Les activités suivantes, de nature agricole, sont soumises à la TVA selon les modalités du régime agricole (**RSA** de plein droit ou sur option), quels que soient le mode d'exploitation et la situation au regard de l'imposition des bénéfices :

– activités d'entraînement, de préparation (prédébourrage, dressage, etc.) et de prise en pension de **chevaux de course** exercées, ensemble ou séparément, par les éleveurs, les propriétaires ou les entraîneurs ;

– activités d'enseignement de l'équitation (voir toutefois précision f ci-après), de prise en pension de chevaux, de location d'équidés quelle que soit leur finalité (promenades, randonnées, travail, etc.), de dressage (débourrage notamment) et d'entraînement de chevaux exercées par les **centres équestres,** les éleveurs, les agriculteurs ou les cavaliers professionnels.

Ces activités, qui constituent des prestations de services, ne sont pas éligibles au remboursement forfaitaire.

Les autres activités réalisées par les centres équestres, telles que les ventes de denrées alimentaires, ventes et locations d'objets divers, prestations de restauration et d'hébergement, spectacles, relèvent en principe du **régime général** de la TVA (avec application du taux propre à ces activités) mais peuvent toutefois, lorsqu'elles présentent un caractère accessoire, être imposées selon le RSA dans les conditions indiquées n° 59960, a.

> Précisions **a.** Les **ventes de chevaux** (et de poulains) sont en principe soumises au taux normal. Elles peuvent toutefois bénéficier, dans certains cas, du taux réduit (n°s 52945 s. et 52986) ou du taux particulier de 2,1 % (n° 59835).

b. Le taux normal de la TVA s'applique en principe à toutes les **prises en pension de chevaux,** sauf s'ils sont destinés à être utilisés dans la production agricole ou à des fins reproductives (étalons, poulinières) pour lesquels le taux de 5,5 % s'applique. Ce taux réduit s'applique également pour l'élevage d'équidés et de poulains de moins de trois ans qui relèvent d'une race dont les caractéristiques morphologiques les prédestinent à usage de trait ou de production de viande, lorsqu'ils ne sont pas commercialisés dans des lieux où se fournissent habituellement les personnes qui recherchent des chevaux de course (BOI-TVA-80-10-30-50 n°s 30 et 50 ; Rép. Savary : Sén. 31-8-2023 n° 06219).

Les **frais accessoires** à la pension (soins vétérinaires, tonte des chevaux, maréchalerie, transport, etc.) suivent les règles applicables à celle-ci lorsqu'ils sont compris dans le prix global réclamé au titre de la pension. Lorsqu'ils ne sont pas compris dans le prix global, les remboursements perçus à ce titre ne sont pas à soumettre à la TVA si les conditions d'application du régime des débours sont remplies (n°s 52335 s.). Si tel n'est pas le cas, la refacturation de ces frais peut suivre le régime de TVA agricole s'ils s'inscrivent bien dans le cadre de l'activité d'entraînement, de préparation ou de prise en pension des équidés (BOI précité n° 60).

c. Les **opérations de préparation** – prédébourrage, débourrage, dressage – sont en principe soumises au taux normal, sauf si ces opérations portent sur des chevaux destinés à être utilisés dans la production agricole, auquel cas le taux réduit s'applique (BOI précité n°s 30, 50 et 100).

Le taux de 5,5 % est applicable à l'**enseignement et la pratique de l'équitation,** aux **animations et aux activités de démonstration aux fins de découverte et de familiarisation avec l'environnement équestre,** à l'accès aux **installations sportives** destinées à l'utilisation des équidés (CGI art. 278-0 bis, O issu de la loi 2023-1322 du 29-12-2023 art. 88 ; BOI précité n° 20), ainsi qu'à la **location** d'équidés à des fins de promenades ou de randonnées.

La vente de **paille** est soumise au taux réduit (n° 52986, précision d) mais la vente de **fumier** relève du taux intermédiaire (n° 53135) (BOI-TVA-SECT-80-10-30-30 n° 50).

d. Les **gains de course** (et de concours hippiques) ne sont pas soumis à la TVA. Ce non-assujettissement est sans incidence sur les **droits à déduction** des personnes qui les perçoivent lorsqu'elles sont, par ailleurs, assujetties à la TVA. La taxe grevant les dépenses supportées par un assujetti au titre de la préparation et de la participation de chevaux à des courses hippiques est notamment déductible dès lors que ces dépenses font partie de ses **frais généraux** et entretiennent un lien direct et immédiat avec l'ensemble de son activité économique (BOI-TVA-SECT-80-10-30-20 n°s 30 à 60 ; dans le même sens, CJUE 10-11-2016 aff. 432/15 : RJF 2/17 n° 203).

e. Les **locations de boxes sans entretien du cheval** constituent des opérations de mise à disposition de locaux spécialement aménagés soumises à la TVA de plein droit selon le régime général (n° 46825), quelle que soit la qualité de celui qui loue les boxes.

f. Les **leçons ou cours d'équitation** dispensés par une personne physique rémunérée directement par ses élèves sans le concours de salariés participant à l'enseignement bénéficient de l'exonération mentionnée n° 47055.

g. Les **syndicats d'étalons** sont soumis à la TVA, selon les modalités du régime agricole, au titre des saillies supplémentaires et des saillies dites « gratuites » (les saillies individuelles, même mises « en pool », sont taxables chez les copropriétaires). Les **saillies** constituent des travaux à façon bénéficiant du taux réduit (n° 52800). Les opérations doivent être déclarées par l'un des copropriétaires et être érigées, pour l'exercice des droits à déduction, en secteur d'activité distinct des activités propres des membres du syndicat ou de son gérant.

B. Régime du remboursement forfaitaire

Les **exploitants agricoles** qui ne sont **pas redevables de la TVA** bénéficient tous du **remboursement forfaitaire,** dont l'**objet** est de compenser d'une manière forfaitaire la charge de la TVA ayant grevé les achats de produits et de biens effectués par ces exploitants ainsi que les services qui leur ont été rendus. Il consiste en un **versement** effectué directement **par l'État** aux intéressés et dont le montant est **liquidé annuellement** en appliquant un **pourcentage** au montant des **ventes ou livraisons** faites à certaines catégories de personnes ou à l'exportation (au sens large). **60040** CGI art. 298 quater et 298 quinquies TVA-XII-12000 s

En ce qui concerne :
– l'**incidence** du remboursement forfaitaire **sur le bénéfice** agricole imposable, voir n° 15875 ;
– les **acquisitions intracommunautaires** des agriculteurs au remboursement forfaitaire, voir n° 49225.

OPÉRATIONS OUVRANT DROIT AU REMBOURSEMENT FORFAITAIRE

60055 TVA-XII-12250 s Les opérations de vente ou de livraison (à l'exclusion de toutes autres opérations telles que les services, façons, locations, etc.) portant sur des **produits agricoles autres que les animaux de boucherie et de charcuterie,** provenant de la propre exploitation de l'agriculteur, ouvrent droit au remboursement forfaitaire dans les trois situations suivantes.

1. Livraisons (ventes) de produits agricoles faites **en France** à des assujettis autres que les agriculteurs bénéficiant en France du remboursement forfaitaire, c'est-à-dire les livraisons **à des assujettis** (commerçants, industriels, exploitants au RSA, etc.) **redevables de la taxe** en France.

2. Livraisons de produits agricoles **intracommunautaires** (c'est-à-dire à destination d'un autre État membre de l'UE), dans les cas indiqués sous la précision ci-après.

3. Exportations de produits agricoles à destination des **pays** et territoires **tiers** à l'UE.

> Précisions Les **livraisons intracommunautaires** de produits agricoles ouvrent droit au remboursement forfaitaire dans les cas ci-après (BOI-TVA-SECT-80-60-10-10 n° 60) :
– livraisons faites soit à des assujettis redevables de la TVA dans l'État d'arrivée, soit à des personnes morales non assujetties (ou à des assujettis qui ne réalisent que des opérations n'ouvrant pas droit à déduction) qui effectuent des acquisitions intracommunautaires imposables dans l'État d'arrivée. En pratique, le remboursement forfaitaire est accordé pour les livraisons intracommunautaires effectuées au profit d'un acquéreur qui a fourni son numéro d'identification à la TVA dans un autre État membre ;
– livraisons faites à destination d'un autre exploitant agricole qui bénéficie dans l'État d'arrivée du régime forfaitaire des producteurs agricoles.

60060 TVA-XII-12430 s En ce qui concerne les opérations portant sur des **animaux vivants de boucherie et de charcuterie** (définis n° 59740), le remboursement forfaitaire est accordé dans les cas suivants.

1. Livraisons en France : à un assujetti redevable de la taxe lors de la vente des mêmes animaux (négociant en bestiaux, notamment) ; en vue de l'abattage, à un chevillard ou à un boucher ; à un exploitant lui-même au remboursement forfaitaire lorsqu'il destine les animaux aux opérations précitées.

2. Livraisons dans un autre État membre de l'UE : à un assujetti redevable ; à un exploitant agricole soumis au régime forfaitaire des producteurs agricoles ; à une personne morale non assujettie lorsqu'elle réalise des acquisitions intracommunautaires imposables dans l'État d'arrivée. Il en va de même des livraisons à une personne assujettie dans un autre État membre qui ne réalise que des opérations n'ouvrant pas droit à déduction lorsqu'elle effectue des acquisitions intracommunautaires taxables dans l'État d'arrivée (BOI-TVA-SECT-80-60-20 n° 60).

3. Exportations à destination des **pays** et territoires **tiers** à l'UE.

60065 TVA-XII-12700 s Le **fait générateur** du remboursement forfaitaire (c'est-à-dire le moment où ce droit prend naissance) est constitué, en principe, par l'**encaissement du prix** de la vente ou de la livraison par l'exploitant agricole concerné.

Remarque : Ouvrent droit au remboursement forfaitaire les ventes dont l'**irrécouvrabilité** est établie dans le cadre d'une procédure de redressement ou de liquidation judiciaire.

BASE DE CALCUL DU REMBOURSEMENT FORFAITAIRE

60075 CGI ann. II art. 263 TVA-XII-12900 s Le remboursement forfaitaire est liquidé sur le **montant net des encaissements** correspondant aux ventes ou aux livraisons qui ouvrent droit à ce remboursement.

Par « montant net des encaissements », il faut entendre la somme perçue par l'agriculteur, déduction faite des **commissions et taxes** à la charge du producteur se rapportant à la transaction ou aux produits vendus. Lorsque la perception des taxes spécifiques est assurée par l'intermédiaire de l'acheteur, le prix sur lequel est calculé le remboursement forfaitaire est évidemment le prix net payé par l'acheteur à l'agriculteur.

En cas de vente par l'intermédiaire d'un commissionnaire, la **commission** versée à celui-ci par l'exploitant agricole doit être déduite du prix vendu. Il en est de même de tous **frais assimilables** à une commission et facturés par les coopératives ou les Sica en cas de vente par leur intermédiaire.

› Précisions a. Pour les **animaux de boucherie et de charcuterie dont le prix de cession dépasse la valeur courante** en poids de viande (reproducteurs, par exemple), le remboursement forfaitaire est, en principe, calculé sur la base d'un prix déterminé par référence au poids de l'animal fixé par arrêté annuel (CGI ann. II art. 267 bis, 7). Toutefois, en l'absence de publication de l'arrêté (ce qui est le cas depuis plusieurs années), le remboursement forfaitaire doit être calculé sur le montant net des encaissements (n° 60075). 60080

b. Pour les **ventes d'animaux de boucherie** et de charcuterie **entre un naisseur et un éleveur** bénéficiant tous deux du remboursement forfaitaire, ce remboursement est liquidé comme suit :
– le naisseur perçoit le remboursement sur le montant des encaissements provenant de ses ventes à l'éleveur ;
– l'éleveur perçoit le remboursement sur la différence entre le montant des encaissements provenant de ses ventes et le montant des paiements faits au naisseur.

TAUX DU REMBOURSEMENT FORFAITAIRE

Ce taux diffère selon la nature des produits : 60090 TVA-XII-13300 s

– **5,59 %** pour le **lait,** les **animaux de basse-cour,** les **œufs,** les **animaux de boucherie et de charcuterie** (n° 59740) ainsi que les **céréales,** les **graines oléagineuses** et les **protéagineux** mentionnés à l'annexe I de l'ancien règlement CE/73/2009 du 19 janvier 2009 ;
– **4,43 %** pour les **autres produits.**

FORMALITÉS

Le **remboursement forfaitaire** est **liquidé annuellement** à raison des opérations de l'année précédente **et** son montant est **versé** directement **par l'État** aux exploitants concernés. 60100 CGI art. 290 bis et CGI ann. II art. 265 et 266 TVA-XII-13500 s

Pour que le remboursement soit accordé, il est cependant nécessaire que certaines **formalités** soient accomplies par les **clients** (n° 60105) et par les **exploitants** eux-mêmes (n° 60110).

Obligations des acheteurs Les **clients français** d'un exploitant agricole redevables de la TVA doivent délivrer à ce dernier : 60105 TVA-XII-13540 s

– un **bulletin d'achat** ou un bon de livraison lors de tout paiement d'un achat, lequel doit mentionner le nom, la profession et l'adresse de l'acheteur, le nom et l'adresse de l'exploitant agricole vendeur, la date, la nature et la valeur de l'achat ;
– au début de chaque année, une **attestation récapitulant** tous les paiements effectués à cet exploitant au cours de l'année civile précédente pour les achats ouvrant droit au remboursement forfaitaire.

Ces formalités s'imposent également lorsque le client de l'exploitant agricole est lui-même exploitant agricole, bénéficiaire du remboursement forfaitaire.

Obligations des exploitants agricoles Pour obtenir le remboursement forfaitaire, les exploitants agricoles doivent adresser au service des impôts une **déclaration annuelle** récapitulant les **encaissements de l'année précédente** ouvrant droit au remboursement (s'agissant des **documents justificatifs,** voir précision a). 60110 TVA-XII-13770 s

Établies en double exemplaire sur un **formulaire** n° 3520-SD, les déclarations sont recevables **jusqu'au 31 décembre** de l'année suivant celle des encaissements concernés.

En cas de production de la **déclaration hors délai,** la procédure de dégrèvement d'office (n° 82310) est susceptible d'être appliquée.

› Précisions a. Les **documents justificatifs** ci-après n'ont pas à être fournis à l'appui de la déclaration, mais ils doivent être conservés par les exploitants, car ils pourront être réclamés ultérieurement par l'administration : pour les ventes en France, attestations annuelles des clients ; pour les livraisons intracommunautaires, double des factures correspondantes ; pour les exportations, copie des déclarations en douane ou attestation du commissionnaire certifiant l'exportation effectuée par son intermédiaire.

b. La production de **déclarations ou** de **justifications inexactes** est sanctionnée par l'application, le cas échéant, des majorations visées n° 80040, décomptées sur la base des remboursements indus.

c. Les exploitants au remboursement forfaitaire sont tenus d'établir des **factures** dans les conditions de droit commun (nos 53500 s.) (sans mention de TVA). Ceux réalisant des livraisons intracommunautaires doivent demander l'attribution d'un **numéro d'identification** à la TVA (n° 53420).

d. Les exploitants agricoles placés sous le régime du remboursement forfaitaire ne sont **pas** soumis à l'obligation d'utiliser un **logiciel** ou un système **de caisse sécurisé** (n° 53485).

SECTION 3

OPÉRATIONS BANCAIRES ET FINANCIÈRES

A. Champ d'application de la TVA

60300 TVA-XV-28000 s Les opérations se rattachant aux activités bancaires et financières entrent en principe dans le champ d'application de la TVA. Mais seules certaines d'entre elles sont effectivement **taxables de plein droit** en raison des nombreux cas d'**exonération** prévus par la loi. Cependant, pour certaines opérations normalement exonérées, il est prévu une possibilité d'imposition par **option** réservée à certains opérateurs.

Autrement dit, les opérations bancaires et financières se classent en trois catégories selon qu'elles sont exonérées de TVA, imposables par option ou imposables de plein droit.

Un régime particulier est prévu pour les opérations portant sur l'**or d'investissement** (voir nos 61850 s.).

OPÉRATIONS EXONÉRÉES

60310 CGI art. 261 C, 1° TVA-XV-28130 s La loi fixe une liste limitative d'opérations de nature bancaire ou financière exonérées de TVA. L'exonération, liée à la nature de l'opération, est applicable quelle que soit la **qualité des personnes** qui réalisent les opérations et même si ces personnes ne les réalisent qu'à titre **accessoire.**

60315 **Opérations relatives au crédit** Sont exonérés l'**octroi** et la **négociation** de crédits, la **gestion** de crédits effectuée par celui qui les a octroyés (aussi bien lorsque celui-ci assume seul le risque de l'opération que lorsqu'il joue le rôle de « chef de file » d'un pool prêteur : CE 18-6-1997 n° 133230 : RJF 8-9/97 n° 778). Les recettes concernées sont, par **exemple,** les intérêts de crédit et rémunérations assimilées, les commissions d'attente, d'engagement, d'ouverture ou de confirmation de crédit, du plus fort découvert, d'ouverture d'accréditif, les frais de dossier de prêt.

> **Précisions** **a.** En ce qui concerne la gestion de crédits effectuée par les **intermédiaires,** voir n° 60350.
b. Lorsque l'opération de **crédit** est **réalisée concomitamment à la fourniture d'un bien** et que le crédit est **distribué par le vendeur,** cette fourniture et cette distribution sont susceptibles d'être regroupées dans une même opération taxée (voir nos 46478 s.), sans préjudice de l'exonération applicable à l'opération entre l'établissement de crédit et le vendeur (BOI-TVA-SECT-50-10-10 n° 35). Ainsi, un **crédit à la consommation gratuit** affecté ou lié à la vente d'un bien ou service (ou un crédit souscrit par un professionnel et répondant aux mêmes caractéristiques) est, par son objet même, accessoire et taxé dans le cadre de l'opération dont relève le bien ou service acheté. Inversement, un tel crédit proposé à titre **facultatif et onéreux** est une opération distincte de la vente du bien ou service lié et, partant, exonérée (BOI-TVA-CHAMP-60-40 nos 60 et 70).
c. Les opérations dites de « **cessions de crédit** » ou de « **désencadrement** » réalisées **entre établissements financiers,** assujettis à l'obligation de réserves sont exonérées de TVA, même chez les organismes bénéficiaires ayant exercé l'option.
d. La **mise à disposition de cartes de carburants** par une société mère au profit de ses filiales, permettant à ces dernières le ravitaillement en carburant des véhicules dont elles assurent le transport, peut être qualifiée de service d'octroi de crédit exonéré de TVA au sens de l'article 135, 1-b de la directive TVA (transposé en droit interne à l'article 261 C, 1°-a du CGI), dès lors que, en finançant à l'avance l'achat du carburant, la société mère fournit à ses filiales un service financier, dont la majoration de 2 % appliquée lors de la refacturation du carburant constitue la rémunération, et agit à ce titre comme une institution financière ou de crédit ordinaire (CJUE 15-5-2019 aff. 235/18 : RJF 8-9/19 n° 868 ; dans le même sens, s'agissant de la **vente d'essence au crédit-preneur** d'un véhicule **financée par le crédit-bailleur,** CJUE 6-2-2003 aff. 185/01 : RJF 4/03 n° 524).

60320 **Prêts et pensions de titres** Sont exonérés les prêts de titres effectués dans les conditions fixées par les articles L 211-22 à L 211-26 du Code monétaire et financier et les pensions de titres réalisées dans les conditions fixées par les articles L 211-27 à L 211-34 dudit Code.

60325 **Opérations relatives à la constitution de garanties** Sont exonérées la **négociation** et la **prise en charge** d'engagements, de cautionnements et d'autres sûretés et garanties, ainsi que la **gestion** de garanties de crédits effectuée par celui qui a octroyé les crédits (voir toutefois n° 60350). Cette exonération vise, par **exemple,** les commissions de caution, d'aval, de ducroire, de confirmation de crédit documentaire, commissions de gestion de contrat de cautionnement réclamées en sus de la commission de caution proprement dite.

› Précisions L'exonération ne s'applique pas aux **engagements autres que financiers,** tels que l'engagement de rénovation d'un bien immeuble (CJUE 19-4-2007 aff. 455/05 : RJF 7/07 n° 875).

Opérations relatives aux dépôts de fonds, paiements, créances, effets de commerce Sont exonérées les opérations, y compris la négociation, concernant les dépôts de fonds à vue ou à échéance, comptes courants, paiements, virements, créances, bons de caisse, chèques bancaires ou postaux et autres effets de commerce, à l'**exception** du **recouvrement** de créances. 60330

Sous cette seule réserve, toutes les opérations concernant les créances (négociation, garantie, gestion, etc.) sont exonérées, quelle que soit la nature de la créance : commerciale ou civile, court ou long terme, hypothécaire ou chirographaire, etc.

› Précisions a. La CJUE définit la **notion de « recouvrement de créances »** comme étant une opération financière tendant à obtenir le paiement d'une dette d'argent (CJUE 26-6-2003 aff. 305/01 : RJF 10/03 n° 1193). À cet égard, sont sans incidence le fait que le service soit fourni au moment de l'échéance des dettes concernées et non après leur échéance (la notion de « recouvrement de créances » n'étant pas limitée à des créances pour lesquelles le débiteur est déjà en situation de défaut de paiement) et l'absence d'application de mesures coercitives en vue du paiement des dettes concernées (CJUE 28-10-2010 aff. 175/09 : RJF 2/11 n° 258).

Entre dans la notion de « recouvrement de créances », selon la Cour, l'**affacturage,** qui constitue donc une opération taxable de plein droit (CJUE 26-6-2003 précité). À noter toutefois que l'administration définit les opérations d'affacturage comme des achats fermes de créances exonérés (BOI-TVA-SECT-50-10-10 n° 110).

b. Selon la CJUE, un opérateur qui **achète,** à son propre risque, des **créances douteuses à un prix inférieur à leur valeur nominale** n'effectue pas une prestation de services à titre onéreux, au sens de l'article 2, 1 de la directive TVA, et n'accomplit pas une activité économique relevant du champ d'application de cette directive lorsque la **différence** entre la valeur nominale desdites créances et le prix d'achat de celles-ci **reflète** la **valeur économique effective des créances** en cause au moment de leur cession (CJUE 27-10-2011 aff. 93/10 : RJF 1/12 n° 88).

c. Les **frais** facturés par une banque à ses clients lors du traitement d'un **avis à tiers détenteur** ne rémunèrent aucune prestation de services, ni au bénéfice desdits clients ni au bénéfice du Trésor public. Par suite, ces opérations ne sont pas soumises à la TVA (CE 24-4-2019 n° 412570 : RJF 7/19 n° 641).

d. Les rémunérations perçues à l'occasion d'**opérations de paiement** sont exonérées (par exemple, commissions pour services de caisse rendus à certains de leurs clients par les établissements bancaires) (BOI-TVA-SECT-50-10-10 n° 160).

En revanche, les **frais supplémentaires** facturés par le vendeur au titre de l'**utilisation d'un moyen de paiement** sont, par leur objet même, accessoires (au sens défini n° 46478, précision c) et taxés dans le cadre de l'opération dont relève le bien ou service acheté (en ce sens, CJUE 2-12-2010 aff. 276/09 : RJF 4/11 n° 532). Tel est également le cas de la faculté accordée par le vendeur à l'acheteur, contre rémunération, de reporter le paiement jusqu'à la fourniture effective du bien ou service (BOI-TVA-CHAMP-60-40 n° 50).

e. Des **services de messagerie électronique** fournis à des établissements financiers afin de leur permettre de réaliser des paiements interbancaires et des opérations portant sur des titres ne bénéficient pas de l'exonération en cause ni de celle (visée n° 60340) prévue pour les opérations sur titres, dès lors qu'ils n'ont pas pour objet de transférer des fonds ou des titres et que la responsabilité du prestataire est limitée aux aspects techniques des opérations financières concernées (CJUE 28-7-2011 aff. 350/10 : RJF 11/11 n° 1253).

f. Des services fournis par une société à une banque pour la **gestion de distributeurs automatiques de billets,** consistant à rendre et à maintenir opérationnels ces distributeurs, à les approvisionner, à y installer du matériel informatique et des logiciels afin de lire les données des cartes bancaires, à transmettre une demande d'autorisation de retrait d'espèces à la banque émettrice de la carte bancaire utilisée, à distribuer les espèces demandées et à enregistrer les opérations de retrait, ne constituent pas une opération concernant les paiements exonérée de TVA (CJUE 3-10-2019 aff. 42/18 : RJF 12/19 n° 1207).

g. Des **cartes** donnant droit à des **réductions** de prix sur des produits ou services vendus par des entreprises affiliées ne constituent ni des titres ni des effets de commerce au sens de la directive TVA, de sorte que leur vente n'est pas exonérée (CJUE 12-6-2014 aff. 461/12 : RJF 10/14 n° 968).

h. Concernant l'intervention des **intermédiaires,** voir n° 60350.

i. L'émission de **titres-restaurant** et de **chèques-vacances** est exonérée.

j. Les établissements émetteurs de **cartes de paiement ou de crédit** sont exonérés pour les droits d'adhésion ou cotisations annuelles versés par les titulaires de cartes, ainsi que pour les commissions prélevées sur le montant des factures présentées en paiement par les commerçants. S'agissant des opérations portant sur les machines destinées au fonctionnement du système des cartes, voir n° 60365, précision b.

60335 **Opérations sur devises, billets et monnaies ayant cours légal** Sont exonérées les opérations de toute nature, y compris la négociation, portant sur les devises, les billets de banque et les monnaies qui sont des moyens de paiement légaux (à l'exception des monnaies et billets de collection : n° 60360). L'exonération concerne toutes les opérations de **change** : rémunérations perçues lors de l'achat ou de la vente des monnaies étrangères (change manuel), commissions perçues lors de l'émission ou de l'encaissement de chèques de voyage, profits résultant des opérations de change scriptural, etc.

Sont de même exonérées les opérations de change de la devise virtuelle « bitcoin » contre des devises traditionnelles (CJUE 22-10-2015 aff. 264/14 : RJF 1/16 n° 105).

En ce qui concerne les **importations et acquisitions intracommunautaires** de devises, voir n°s 49645 et 49190.

60340 **Opérations sur titres et valeurs mobilières** Sont exonérées les opérations, **autres que** celles de **garde** et de **gestion,** portant sur les actions, les parts de sociétés ou d'associations, les obligations et les autres titres (à l'exclusion des titres représentatifs de marchandises et des parts d'intérêts dont la possession assure en droit ou en fait l'attribution en propriété ou en jouissance d'un bien immeuble ou d'une fraction d'un bien immeuble). À l'exception des opérations de garde ou de gestion (n° 60360), cette exonération concerne toutes les opérations (commissions sur ordres de bourse, commissions de souscription ou de placement, etc.) qui portent sur des titres tels qu'actions, parts de fondateur ou parts bénéficiaires, certificats représentatifs d'actions ou de parts, obligations ou bons des sociétés, associations, groupements, organismes de droit public, rentes et valeurs d'État, etc.

> Précisions a. Concernant la notion de **négociation sur titres,** voir n° 60350.
b. S'agissant des opérations réalisées par les participants au **Matif**, sont exonérées la **commission** d'enregistrement perçue par la chambre de compensation et la commission de négociation versée aux adhérents (intermédiaires financiers) ; il en est de même des **profits** réalisés par les donneurs d'ordre.
c. Les concours financiers apportés par les **Sofica** au moyen de souscriptions au capital de sociétés agréées (et l'encaissement des dividendes correspondants) sont situés hors du champ d'application de la TVA. Les versements en numéraire réalisés par contrat d'association à la production et les droits sur les recettes sont exonérés (sans possibilité d'option). Ces versements ne sont pas imposables chez le producteur et ne viennent pas restreindre son coefficient de taxation forfaitaire.
d. L'exonération couvre les services fournis par un établissement de crédit sous la forme d'une **garantie d'émission** et contre rémunération à une société souhaitant émettre des actions, en application de laquelle cet établissement s'engage à acquérir les actions qui ne seraient pas souscrites à l'expiration de la période de souscription (CJUE 10-3-2011 aff. 540/09 : RJF 6/11 n° 765).
e. Les prestations de **gestion de portefeuille** qui consistent à prendre des décisions autonomes d'achat et de vente de valeurs mobilières et à exécuter ces décisions par l'achat et la vente de valeurs mobilières ne bénéficient pas de l'exonération en cause ni de celle visée n° 60345 concernant la gestion des OPCVM (CJUE 19-7-2012 aff. 44/11 : RJF 11/12 n° 1090).
f. En ce qui concerne :
– les **services de messagerie électronique** au profit d'établissements financiers, voir n° 60330, précision e ;
– les **cartes** donnant droit à des **réductions** de prix sur des produits ou services vendus par des entreprises affiliées, voir n° 60330, précision g.

60345 **Gestion des OPCVM et organismes similaires** Est exonérée la gestion des organismes de placement collectif en valeurs mobilières ou OPCVM mentionnés à l'article 1er, 2 de la directive 2009/65/CE du 13 juillet 2009 (revêtant la forme de **Sicav** ou de **fonds communs de placement,** y compris les fonds à capital fixe : CJUE 28-6-2007 aff. 363/05 : RJF 11/07 n° 1366), ainsi que des **organismes de placement collectif** présentant des **caractéristiques similaires.**

Les organismes concernés sont les suivants (CGI ann. III art. 71) :

– **fonds ouverts à des investisseurs non professionnels** : fonds d'investissement à vocation générale ; fonds de capital investissement prenant la forme de fonds communs de placement à risques (FCPR), de fonds communs de placement dans l'innovation (FCPI) ou de fonds d'investissement de proximité (FIP) ; organismes de placement collectif immobilier prenant la forme de sociétés professionnelles de placement à prépondérance immobilière à capital variable (Spppicav), de fonds de placement immobilier et d'organismes de placement collectif immobilier à compartiments ; sociétés civiles de placement immobilier (SCPI), sociétés d'épargne forestière et groupements forestiers d'investissement ; sociétés d'investissement à capital fixe ; fonds de fonds alternatifs ;

– **fonds ouverts à des investisseurs professionnels** : fonds professionnels à vocation générale ; organismes professionnels de placement collectif immobilier ; fonds professionnels spécialisés ; fonds professionnels de capital investissement ; sociétés de libre partenariat ;

– **fonds d'épargne salariale** : fonds communs de placement d'entreprise (FCPE) ; sociétés d'investissement à capital variable d'actionnariat salarié (Sicavas) ;

– organismes de financement suivants : organismes de titrisation (fonds communs et sociétés de titrisation) ; organismes de financement spécialisé (fonds et sociétés de financement spécialisé) ;

– sociétés ayant opté pour le régime fiscal des sociétés de capital-risque prévu à l'article 208, 3° septies du CGI.

Sont exonérés les frais et commissions perçus pour les services de **gestion du portefeuille** (émission et rachat des parts, par exemple) et pour les services de **gestion administrative et comptable** (y compris ceux fournis par un gestionnaire tiers) qui sont **indissociables** de l'activité des organismes (comptabilité achats/ventes, établissement des valeurs liquidatives, inventaire des actifs, surveillance des ratios réglementaires, etc.). En revanche, les fonctions de **dépositaire,** qui relèvent du contrôle et de la surveillance de ces fonds, ne bénéficient pas de cette exonération (CJUE 4-5-2006 aff. 169/04 : RJF 7/06 n° 972).

L'administration considère que sont également exonérées les rémunérations perçues lors du **placement** de parts ou d'actions de placements collectifs dont la gestion est éligible à l'exonération de TVA (BOI-TVA-SECT-50-10-10 n° 340).

> Précisions a. En ce qui concerne la **gestion de portefeuille sous mandat,** voir n° 60340, précision e.

b. Bénéficient de l'exonération les prestations de **conseil en placement de valeurs mobilières fournies par un tiers à un gestionnaire de fonds** communs de placement, quand bien même le tiers n'aurait pas agi en exécution d'un mandat (CJUE 7-3-2013 aff. 275/11 : RJF 6/13 n° 683). Il en va de même des services rendus par des tiers à de tels gestionnaires consistant à veiller à l'imposition conforme à la loi nationale des revenus du fonds perçus par les participants et en l'octroi d'un droit d'utilisation d'un logiciel servant exclusivement à effectuer des calculs essentiels à la gestion des risques et à la mesure des performances, s'ils présentent un lien intrinsèque avec la gestion de fonds communs de placement et s'ils sont fournis exclusivement aux fins de la gestion de tels fonds, quand bien même ils ne seraient pas externalisés dans leur intégralité (CJUE 17-6-2021 aff. 58/20 et 59/20 : RJF 10/21 n° 990).

c. La gestion de **placements collectifs autres** que ceux mentionnés ci-dessus, notamment ceux qui relèvent de la catégorie des « autres fonds d'investissement alternatifs » mentionnée à l'article L 214-24, III du Code monétaire et financier, bénéficie également de l'exonération, sous réserve que ces fonds satisfassent aux quatre **conditions** suivantes : être un placement collectif, fonctionner selon le principe de répartition des risques, être soumis à un contrôle étatique et avoir un retour sur investissement subordonné à la performance des investissements (BOI-TVA-SECT-50-10-10 n° 335).

d. Une **prestation unique de services de gestion** fournie par une plateforme informatique appartenant à un fournisseur tiers **au profit** d'une société de gestion de fonds qui comprend **à la fois des fonds communs de placement et d'autres fonds** ne relève pas de l'exonération prévue à l'article 135, 1-g de la directive TVA dès lors que ces services ne peuvent **pas** être regardés comme **spécifiques** à la gestion de FCP (CJUE 2-7-2020 aff. 231/19 : RJF 11/20 n° 972).

Entremise dans des opérations bancaires et financières La qualification à donner à l'intervention d'intermédiaires en opérations bancaires et financières a fait l'objet de décisions de jurisprudence à propos : 60350

– d'opérations de **crédit** et de **garanties de crédit** : est exonérée l'activité d'un organisme, servant d'intermédiaire entre ses adhérents et une banque, qui consiste notamment à préparer les dossiers de prêt, à apprécier les risques financiers et les garanties offertes et à exécuter les instructions de la banque, car une telle activité se rattache exclusivement à l'octroi et à la négociation de crédits ou à la négociation et à la prise en charge de cautionnements (CE 21-1-1991 n° 86017 : RJF 3/91 n° 273 et CE 11-12-1992 n° 119138 : RJF 2/93 n° 204). Il en résulte que sont exonérés les **actes de gestion** qui ne sont **pas** réellement **détachables** d'opérations de négociation de crédits ou de garanties de crédits (sauf revendication du bénéfice de la doctrine administrative de large imposition des intermédiaires exprimée aux BOI-TVA-SECT-50-10-10 n° 20 et SECT-50-10-20 n° 20) ;

– d'opérations sur **titres** : les **services d'un « call center »** se limitant à fournir des informations sur un produit financier, à réceptionner et traiter les demandes de souscription des titres correspondants sans les émettre ne constituent pas une opération de négociation sur titres bénéficiant de l'exonération (CJUE 13-12-2001 aff. 235/00 : RJF 3/02 n° 353) ;

– d'opérations sur **virements et paiements** : les prestations relatives à des opérations de virement, de paiement ou portant sur des titres fournis à des banques par un **centre**

informatique sont elles-mêmes exonérées si elles forment un ensemble distinct et sont spécifiques et essentielles pour les opérations exonérées (CJUE 5-6-1997 aff. 2/95 : RJF 8-9/97 n° 871) ;

– d'opérations relatives à la **constitution de garanties** : les opérations qui se résument à la **simple délivrance,** par une société à un courtier mandaté par une société d'assurance, d'**informations** sur les personnes susceptibles d'être intéressées par la conclusion d'un contrat de garantie, sans qu'elles soient assorties de prestations d'entremise visant à la conclusion individuelle d'un tel contrat, ne constituent pas des opérations de négociation de garantie bénéficiant de l'exonération de TVA (CE 17-9-2010 n° 307508 : RJF 12/10 n° 1154).

OPÉRATIONS IMPOSABLES DE PLEIN DROIT

60360 TVA-XV-29600 s

Il s'agit en premier lieu de toutes les **opérations bancaires et financières** qui ne sont pas exonérées dans les conditions indiquées nos 60310 s. soit parce qu'elles sont expressément exclues de l'exonération, soit parce qu'elles ne sont pas visées par les textes d'exonération.

Tel est notamment le cas des opérations suivantes :

– opérations de **recouvrement** de créances (sur la définition de cette notion : voir n° 60330, précision a) ;

– opérations de **garde** ou de **gestion** portant sur des **valeurs mobilières** (sont notamment imposables à ce titre les droits de garde, commissions de gestion, commissions d'encaissement de coupons, commissions de remboursement de titres) ;

– opérations de **gestion de crédits ou** de gestion **de garanties** de crédits effectuées par des personnes autres que celle qui a octroyé les crédits (voir toutefois n° 60350) ;

– opérations portant sur les **monnaies** (pièces ou billets) **de collection** (voir la définition n° 60580, précision b) ;

– commissions perçues en rémunération de **conseils** ou d'**études financières,** commissions de renseignements commerciaux, etc.

60365 Sont en second lieu imposables à la TVA selon les règles du droit commun les **diverses opérations réalisées par les banques** ou les établissements financiers mais qui ne se rattachent pas au commerce des valeurs et de l'argent. Tel est, par exemple, le cas des locations de matériels, des opérations de fabrication et de vente d'imprimés, de certaines prestations informatiques ou télématiques (voir toutefois n° 60350), des consultations juridiques ou fiscales.

> **Précisions** **a.** Les **locations de coffres-forts** sont considérées comme des locations de biens immobiliers aménagés et sont imposables de plein droit à la TVA, dès lors qu'elles se rattachent à un immeuble situé en France, quelle que soit la nationalité du locataire.
> **b.** Les **émetteurs de cartes bancaires** sont imposables pour leurs opérations (locations, ventes) portant sur les machines destinées au fonctionnement du système des cartes de paiement.
> **c.** Les opérations de **crédit-bail** suivent le même régime que les locations de biens (mobiliers ou immobiliers selon le cas) sur lesquels elles portent (voir nos 46800 s., 49870 s., 49960 s. et 50025, 2 ; pour les déductions, voir n° 60450, Précisions).

OPÉRATIONS IMPOSABLES PAR OPTION

60375 CGI art. 260 B et 260 C TVA-XV-29860 s

Certaines opérations bancaires et financières, normalement exonérées, peuvent, sur option, être soumises à la TVA. Cette option, qui ne peut être exercée que par certains opérateurs, s'applique aux **seules opérations déterminées** par ces derniers.

60380 TVA-XV-29870 s

Personnes pouvant exercer l'option Ce sont les personnes physiques ou morales qui appartiennent à l'une des deux catégories suivantes :

1. Professionnels du commerce des valeurs et de l'argent (établissements de crédit, prestataires de services d'investissement, changeurs, escompteurs et remisiers) ;

2. Personnes, autres que celles visées au 1, qui réalisent **à titre habituel** des opérations se rattachant aux activités **bancaires ou financières.** Si ce critère cesse d'être rempli, l'option exercée devient caduque.

> **Précisions** **a.** Pour cette seconde catégorie de personnes, le critère de l'exercice à titre habituel a été substitué, par la doctrine administrative, à celui (plus restrictif), prévu par l'article 70 sexies de l'annexe III au CGI, de l'exercice à titre principal (BOI-TVA-SECT-50-10-30-20 n° 60).
> **b.** L'option exercée par un **siège** (ou un **établissement stable**) établi en France pour ses propres opérations ne couvre pas les prestations réalisées par un **établissement stable (ou le siège)** établi **à l'étranger** et dont le lieu est situé en France. Néanmoins, une **option distincte** peut être exercée pour ces dernières prestations (BOI-TVA-SECT-50-10-30-10 n° 140).
> **c.** Concernant l'option formulée par un **assujetti unique,** voir n° 46552, précision c.

Modalités et effets de l'option L'option pour la taxation des opérations bancaires et financières revêt la **forme** d'une déclaration écrite et prend **effet** le premier jour du mois suivant son dépôt au service des impôts des entreprises dont relève l'assujetti. Sauf indication contraire de ce dernier, elle vaut pour l'**ensemble** de ses **secteurs distincts** (BOI-TVA-SECT-50-10-30-20 n° 70). **60385** TVA-XV-30720 s

L'option peut être **dénoncée** à partir du 1er janvier de la cinquième année qui suit celle au cours de laquelle elle a été exercée. La dénonciation prend effet à compter du premier jour du mois suivant celui au cours duquel elle a été formulée auprès du service des impôts (BOI précité n° 110). L'option couvre donc obligatoirement une **période minimale** de quatre années et un mois. À défaut de dénonciation, l'option continue de produire ses effets tant qu'il n'y est pas mis fin.

Sur les modalités d'exercice de l'option par un **assujetti unique,** voir n° 46552, précision c.

Une fois l'option exercée (n° 60385), l'assujetti qui effectue une opération bancaire ou financière entrant dans son champ d'application (n° 60390) peut choisir de la soumettre à la taxe ou de l'exonérer. Il peut donc décider d'**appliquer** l'option **opération par opération** mais également par **catégorie ou type d'opérations ou** encore, dans une approche globale, à l'**ensemble des opérations** bancaires ou financières situées dans le champ de l'option, selon les motivations qui lui sont propres. **60387**

La taxation sur option d'une opération ne requiert **aucun formalisme spécifique.** En revanche, dès lors que l'assujetti soumet à la TVA une opération bancaire ou financière en application de l'option, la facture qu'il délivre à ce titre doit comporter toutes les mentions obligatoires (n° 53625), notamment la mention de son montant hors taxe et de la taxe y afférente (BOI-TVA-SECT-50-10-30-20 n° 70).

> **Précisions** **a.** La **notion d'« opération »** est définie au sens de l'article 257 ter du CGI (n° 46478). Il en résulte que l'option est exercée pour l'ensemble des éléments qui compose une opération sans que ces éléments puissent être soumis à des régimes de TVA différents. Ainsi, elle ne peut être exercée pour une **prestation économique indissociable** comprenant des **opérations** bancaires ou financières **exonérées** dont certaines sont **éligibles à l'option et d'autres non** (en vertu de l'article 260 C du CGI : n° 60390), sauf à ce que les opérations non éligibles présentent un caractère accessoire.
> Par ailleurs, lorsqu'une opération bancaire ou financière est soumise à la TVA par application de l'option, la taxation s'applique également aux **éléments** qui en sont l'**accessoire.** Inversement, lorsqu'une telle opération est exclue de l'option (opérations visées à l'article 260 C du CGI (n° 60390) ou n'ayant pas donné lieu à l'application de l'option, par choix de l'assujetti), l'exonération dont bénéficie cette opération s'applique de plein droit aux éléments accessoires (BOI précité).
> **b.** Sur les **droits à déduction** applicables pour les opérations soumises à la taxe sur option, voir n° 60450.

Portée de l'option Les opérations bancaires ou financières normalement exonérées de TVA peuvent être imposées par voie d'option, sauf lorsqu'elles entrent dans l'une des catégories expressément exclues de l'option par l'article 260 C du CGI. **60390** TVA-XV-29990 s

Opérations exonérées ne pouvant pas faire l'objet de l'option (liste limitative) :
Intérêts, agios et rémunérations assimilables [1]
Profits sur prêts de titres et pensions de titres
Frais et commissions perçus lors de l'émission et du placement des actions (y compris de Sicav) [2]
Commissions sur l'émission et le placement d'emprunts obligataires
Sommes perçues lors des cessions de créances et en rémunération de la gestion des créances cédées [4]
Profits sur le Matif
Cessions de valeurs mobilières et de titres de créance négociables
Financement d'exportations, de livraisons intracommunautaires exonérées et d'opérations situées hors de France [5]
Opérations sur les devises et monnaies
Certaines opérations effectuées par les Sofica (voir n° 60340, précision c)
Opérations portant sur les produits de capitalisation relevant du Code des assurances
Opérations soumises à la taxe sur les conventions d'assurance
Sommes versées par le Trésor à la Banque de France
Opérations effectuées entre eux par certains organismes : caisses d'épargne et banques populaires, caisses de crédit mutuel, caisses de crédit agricole mutuel
Opérations exonérées entrant dans le champ de l'option :
Opérations de crédit et de garantie, sauf les intérêts et rémunérations assimilées [1]
Opérations sur effets de commerce, sauf les agios d'escompte et rémunérations assimilées [1]
Opérations sur comptes et chèques bancaires
Commissions sur ordres de bourse

Opérations de gestion des OPCVM et des autres organismes de placement collectif présentant des caractéristiques similaires [2]
Opérations d'affacturage [3]
Émission de titres-restaurant (sauf les recettes ayant la nature d'intérêts de placement des fonds)
Commissions d'enregistrement et de négociation perçues par les intermédiaires intervenant sur le Matif
Toutes autres opérations exonérées non expressément exclues de l'option

1. La liste des **rémunérations assimilables à des intérêts ou agios** (et donc exclues, comme ceux-ci, de l'option) est la suivante (CGI ann. IV art. 23 O) :
– commissions : du plus fort découvert ; d'endos ; d'attente, d'engagement, d'ouverture ou de confirmation de crédit ; de caution, d'aval ou de ducroire ; d'acceptation ; de garantie de placement d'obligations ou de bonne fin d'augmentation de capital ; de garantie de bonne fin d'opérations immobilières ;
– frais de gestion réglementés perçus par les sociétés de crédit différé ;
– rémunération perçue par l'intermédiaire placeur d'emprunts émis par voie d'adjudication.
2. Bien qu'elles ne soient pas visées par l'article 260 C du CGI, les commissions perçues lors de l'**émission et** du **placement des parts de fonds communs de placement ou de fonds communs de créances ou de titrisation** sont également exclues de l'option (CE 24-5-2000 n° 183483 : RJF 7-8/00 n° 915 ; BOI-TVA-SECT-50-10-30-10 n° 230).
3. L'administration considère que l'**affacturage** est exonéré de TVA (n° 60330, précision a), mais qu'il peut faire l'objet de l'option (BOI-TVA-SECT-50-10-10 n° 150) ; selon leur intérêt, les sociétés d'affacturage peuvent inclure dans l'option l'ensemble des rémunérations perçues (BOI-TVA-50-10-30-10 n° 90) ou en exclure celles, assimilées à des intérêts ou agios, correspondant à la mobilisation des créances avant leur échéance (CE 5-6-1989 n° 96641 : RJF 8-9/89 n° 945).
4. L'administration considère que seule la **gestion de créances** consécutive à leur cession est exclue de l'option (BOI-TVA-SECT-50-10-10 n° 140).
5. L'option ne s'applique pas, en principe, aux opérations bancaires afférentes au **financement d'exportations, de livraisons intracommunautaires** exonérées (nos 49260 s.) ou d'opérations situées hors de France, dont la liste est fixée par l'article 23 P de l'annexe IV au CGI. L'article 260 C, 9° du CGI précise toutefois que l'option englobe ces commissions lorsque, par l'effet de l'option, les commissions de même nature afférentes au financement de livraisons internes sont soumises à la TVA (BOI-TVA-50-10-30-10 n° 110).
L'administration a donné à cet égard les précisions suivantes :
– lorsqu'elles sont englobées par l'option, les commissions afférentes au financement d'exportations sont exonérées par l'article 262, I du CGI (nos 50135 s.) ; elles ouvrent cependant droit à déduction, comme indiqué n° 60450 ;
– les commissions liées au financement de livraisons intracommunautaires exonérées doivent être soumises à la TVA lorsque l'option a été exercée et qu'elles sont situées en France en application des règles de territorialité (n° 60415).
Remarque : L'article 260 C, 9° du CGI et la doctrine citée ci-dessus ne semblent cependant pas tout à fait en phase avec les modalités d'application de l'option puisque celle-ci n'est pas globale mais peut être appliquée opération par opération (nos 60385 s.).

B. Modalités de taxation

TERRITORIALITÉ DE LA TAXE

60415 TVA-XV-31050 s
Les opérations bancaires ou financières relèvent de la règle générale de territorialité exposée nos 49870 s. (relations « B to B ») ou des règles de territorialité exposées nos 50020 s. (relations « B to C »), selon que le preneur a ou non la qualité d'assujetti.

Les opérations autres que les opérations bancaires ou financières réalisées par les banques ou les établissements de crédit relèvent des règles de territorialité qui leur sont propres.

Pour les locations de **coffres-forts** et les opérations de **crédit-bail,** on se reportera aux explications données n° 60365, précisions a et c.

LIQUIDATION DE LA TAXE

60425 TVA-XV-31370 s
Pour les opérations bancaires ou financières imposables (de plein droit ou par option), la **base d'imposition** à la TVA est constituée par le montant brut des profits réalisés, même dans le cas où l'opération s'analyse en un achat-revente (BOI-TVA-SECT-50-30 n° 10).

Peuvent être déduits de la base d'imposition les **frais** dont la charge n'incombe pas normalement au banquier et que celui-ci se borne à avancer pour le compte du client (le remboursement doit toutefois correspondre exactement au seul montant effectif des frais engagés par le banquier).

En revanche, ne sont notamment pas déductibles les frais d'affranchissement d'avis d'exécution d'ordres de bourse, les frais de port et d'assurance des titres achetés en bourse et les frais de garde des titres confiés par l'établissement dépositaire à un autre établissement qui en assure la conservation matérielle (BOI précité n° 20).

> **Précisions** La refacturation éventuelle de la **taxe sur les transactions financières** (prévue par l'article 235 ter ZD du CGI : nos 76021 s.) par le prestataire de services d'investissement ou le teneur du compte conservateur au client final qui a acquis les titres n'est pas soumise à la TVA (BOI-TVA-BASE-10-10-30 n° 445).

En ce qui concerne le **fait générateur** et l'**exigibilité** de la taxe, il est fait application des règles générales exposées nos 52500 s. La taxe est donc, en principe, exigible lors de l'encaissement, dans le cas général des prestations de services (avec possibilité d'opter pour le paiement d'après les débits : no 52665). 60430

L'ensemble des opérations bancaires ou financières imposables (de plein droit ou par option) relève du **taux** normal de la TVA. 60435

DÉDUCTIONS

Pour les opérations bancaires et financières, le système des déductions fonctionne, en principe, selon les règles générales exposées nos 55000 s. Cependant, certaines particularités doivent être signalées en ce qui concerne la nature des opérations ouvrant droit à déduction (no 60450) et le coefficient de taxation forfaitaire (no 60455). 60445 TVA-XV-31730 s

Remarque : Ne seront pas ici examinées les règles de déduction relatives aux produits financiers de toute nature (dividendes d'actions, produits d'obligations, etc.) perçus par des redevables (entreprises, sociétés, etc.) **autres que les établissements bancaires ou financiers.** Cette situation fait l'objet d'un exposé particulier nos 55760 s.

Opérations ouvrant droit à déduction Conformément aux **règles générales,** ouvrent droit à déduction : 60450

– les **opérations réalisées en France** imposables soit de plein droit (nos 60360 s.), soit à la suite d'une option valablement exercée et appliquée (nos 60375 s.) ;

– les opérations qui, étant placées **hors du champ d'application territorial** de la TVA, ne sont pas imposables en France, dans la mesure où elles donneraient lieu effectivement au paiement de la TVA si leur lieu d'imposition se situait en France. Il s'agit des opérations imposables de plein droit (BOI-TVA-SECT-50-40 no 140) et de celles taxables sur **option** lorsque le redevable a exercé l'option. Dans ce dernier cas, il est réputé avoir appliqué l'option spécifiquement aux opérations bancaires ou financières en cause (BOI-TVA-SECT-50-10-30-20 no 90 ; dans le même sens, BOI-TVA-SECT-50-10-30-10 no 160).

Ouvrent également droit à déduction, en vertu de **dispositions propres** au secteur des opérations bancaires et financières :

– les opérations bancaires ou financières visées nos 60315 à 60340 lorsqu'elles sont faites au profit de personnes domiciliées ou établies hors de l'UE ou se rapportent à des exportations de biens (CGI art. 271, V-b). S'agissant des intérêts de prêts consentis par le siège d'une banque à ses succursales ou inversement : voir no 60455, précision d ;

– les livraisons d'or aux instituts d'émission.

> **Précisions** La taxe afférente aux biens exclusivement affectés à une activité de **crédit-bail** imposable est intégralement déductible (au sein du secteur distinct constitué pour cette activité, selon l'administration).

Coefficient de taxation forfaitaire Le rôle et les modalités de calcul du coefficient de taxation forfaitaire font l'objet d'un **exposé d'ensemble** auquel il convient de se reporter (nos 55740 s.). 60455

> **Précisions** **a.** Qu'ils proviennent de titres de placement ou de participation, immobilisés ou non, les **dividendes** perçus par les établissements financiers et assimilés n'ont pas à être inscrits au dénominateur du rapport servant au calcul du coefficient de taxation forfaitaire. La perception de dividendes étant une opération située hors du champ d'application de la TVA, les dépenses exclusivement utilisées pour la réalisation de cette opération sont affectées d'un coefficient d'assujettissement égal à zéro (no 55510) et n'ouvrent donc pas droit à déduction, selon l'administration (BOI-TVA-SECT-50-40 no 210 ; sur ce dernier point, voir toutefois les précisions données no 55260, Précisions).
>
> **b.** La situation de certaines opérations au regard des droits à déduction a été précisée par la doctrine administrative, reprise dans la Documentation pratique fiscale à laquelle il convient de se reporter. Tel est le cas, notamment :
>
> – des cessions de titres réalisées pour leur propre compte par les établissements de crédit et assimilés (BOI précité nos 200 à 220 : Doc. fiscale TVA-XV-31920 s.) ;
>
> – des transmissions de créances (BOI précité nos 230 à 260 : Doc. fiscale TVA-XV-32120) ;
>
> – des opérations de change (BOI précité nos 60 à 110 : Doc. fiscale TVA-XV-32140 s.) ;
>
> – des opérations sur instruments financiers à terme portant sur les taux d'intérêt, les actions et les indices boursiers (BOI précité nos 310 à 380 : Doc. fiscale TVA-XV-32000 s.).
>
> **c.** Le montant des recettes à inscrire au dénominateur du rapport servant au calcul du coefficient de taxation forfaitaire au titre des **opérations de crédit** est constitué par toutes les sommes, et notamment par les intérêts, versées par les emprunteurs, sans qu'il y ait lieu d'en déduire les frais que le prêteur a pu devoir

exposer pour se procurer les fonds prêtés (CE 16-9-1998 n° 177005 : RJF 11/98 n° 1286).

d. Les **intérêts de prêts** consentis par le **siège** d'une banque situé en France à ses **succursales** situées **hors UE** n'ont pas le caractère de recettes entrant dans le champ d'application de la TVA et ne peuvent donc figurer ni au numérateur ni au dénominateur du rapport servant à calculer le coefficient de taxation forfaitaire du siège (CE 29-6-2001 n° 176105 : RJF 10/01 n° 1217). De même, les intérêts qu'une **succursale** bancaire **française** reçoit de son **siège** situé **hors UE** au titre du prêt qu'elle lui a consenti ne peuvent figurer ni au numérateur ni au dénominateur du rapport servant à calculer le coefficient de taxation forfaitaire de la succursale lorsqu'elle rend par ailleurs des services à des tiers (Rép. Guéna : AN 23-11-1987 n° 29039, non reprise au Bofip). Pour plus de précisions sur les règles applicables aux opérations réalisées entre un siège et ses succursales, voir n° 46535, précision e.

OBLIGATIONS

60465 TVA-XV-32350 s

Les personnes physiques ou morales qui réalisent des opérations bancaires ou financières imposables (de plein droit ou par option) sont soumises à toutes les obligations des assujettis (nos 53320 s.). Il en est ainsi notamment pour les obligations relatives à l'établissement des **factures** (nos 53500 s.), étant toutefois rappelé que les opérations exonérées en régime interne bénéficient d'une dispense de facturation (n° 53565, précision c). Lorsque les banques sont soumises à l'obligation de facturation, les **bordereaux ou relevés** qu'elles délivrent à leurs clients peuvent valoir facturation, à condition de comporter les mentions visées n° 53625. Il est toutefois admis que ces mentions ne soient pas portées sur les factures ou documents délivrés à des particuliers, c'est-à-dire à toutes les personnes autres que les commerçants, industriels, artisans et prestataires de services.

Les entreprises qui réalisent des opérations bancaires ou financières peuvent, le cas échéant (si elles remplissent les conditions requises à cet effet), être imposées selon le **régime simplifié** (nos 53900 s. et 54260 s.).

60470 CGI art. 286 sexies

Les prestataires de services de paiement (établissements de paiement, de monnaie électronique, de crédit (à l'exception des prestataires de services d'information sur les comptes) ainsi que les offices de chèques postaux) établis en France continentale, à La Réunion, en Martinique ou en Guadeloupe doivent tenir, sous un **format électronique**, un **registre** détaillé des **paiements transfrontaliers** et des **bénéficiaires** de ces paiements lorsque, au cours d'un trimestre civil, ils fournissent des services de paiement, définis à l'article L 314-1, II-3° à 6° du Code monétaire et financier, correspondant à plus de 25 paiements transfrontaliers destinés à un même bénéficiaire. Les informations figurant au registre, fixées par l'article 242 vicies de l'annexe II au CGI, sont transmises trimestriellement à l'administration fiscale.

Les paiements transfrontaliers s'entendent des paiements pour lesquels le payeur se trouve dans un État membre et le bénéficiaire se situe dans un autre État membre ou dans un pays ou territoire tiers.

Le registre doit être conservé pendant une période de trois années civiles à compter de la fin de l'année civile de la date de paiement.

Le défaut de transmission des informations dans les délais prescrits ainsi que les inexactitudes ou les omissions relevées dans le registre détaillé entraînent l'application d'une **amende** de 15 € par paiement non déclaré ou déclaré tardivement ou par inexactitude, dans la limite de 500 000 € par prestataire de services de paiement et par trimestre civil auquel l'information se rattache. Cette amende n'est toutefois pas applicable en cas de première infraction commise au cours de l'année civile en cours et des trois années précédentes, lorsque les intéressés ont réparé leur omission soit spontanément, soit à la première demande de l'administration avant la fin de la période de transmission des registres (CGI art. 1736, XI).

> Précisions Le prestataire de services de paiement informe ses clients personnes physiques que les données figurant sur le registre et transférées à l'administration fiscale française sont communiquées à l'administration fiscale d'un autre État membre de l'UE.

SECTION 4

BIENS D'OCCASION, ŒUVRES D'ART, OBJETS DE COLLECTION OU D'ANTIQUITÉ

Des **règles particulières** sont prévues, en matière de TVA, à l'égard des opérations portant sur les biens d'occasion, œuvres d'art, objets de collection ou d'antiquité. 60540 CGI art. 297 A à 297 G TVA-XV-5 s

Tels qu'ils sont définis nos 60565 s., les **biens** appartenant à l'une **des quatre catégories** concernées suivent en principe le **même régime**, avec toutefois quelques **particularités** pour les œuvres d'art, les objets de collection ou d'antiquité. La première de ces particularités concerne les **taux** de TVA (nos 60595 s.). Les autres particularités seront signalées dans l'exposé (nos 60775, 60805 et 60915 s.).

Le régime spécial est essentiellement axé sur la situation des **« assujettis-revendeurs »,** qui acquièrent, pour les revendre, des biens d'occasion, des œuvres d'art, des objets de collection ou d'antiquité. La loi prévoit à leur égard un système de **taxation sur la marge,** c'est-à-dire sur la différence entre le prix de vente et le prix d'achat. 60545

Les opérations portant sur des biens d'occasion, des œuvres d'art ou des objets de collection ou d'antiquité mais qui se situent **en amont du régime spécial** (c'est-à-dire qui sont réalisées au stade antérieur à l'application de ce régime) obéissent en principe aux règles de droit commun. Leur situation au regard de la TVA peut d'ailleurs dépendre à la fois de la nature de ces opérations et de la personne qui les réalise. 60550

C'est ainsi qu'en matière d'œuvres d'art un **artiste** (tel que peintre, sculpteur...) qui vend ses œuvres relève en principe de la TVA au taux réduit de 5,5 %, mais il est susceptible de bénéficier de la franchise en base particulière prévue pour les auteurs d'œuvres de l'esprit (n° 53860).

La vente de biens d'occasion (voitures, par exemple), d'œuvres d'art, d'objets de collection ou d'antiquité par de **simples particuliers** n'est pas imposable dès lors qu'elle ne constitue pas une activité économique.

La situation est différente pour les **ventes de biens mobiliers d'investissement usagés** faites **par** les personnes (« **assujettis-utilisateurs** ») qui les ont utilisés pour les besoins de leur exploitation. Ces ventes sont soumises à la TVA lorsque les biens cédés ont auparavant ouvert droit à déduction totale ou partielle de la TVA chez le cédant (CGI art. 261, 3-1°-a). Cette disposition ne fait pas partie intégrante du régime proprement dit des biens d'occasion (CGI art. 297 A s.), mais elle en est cependant très proche. Elle fait l'objet d'un commentaire particulier nos 60985 s.

Des rubriques spéciales seront consacrées enfin : 60555

– aux **emballages,** pour lesquels il faut distinguer selon qu'ils sont consignés ou vendus avec la marchandise (nos 61025 s.) ;

– aux **véhicules d'occasion,** qui relèvent de l'ensemble des règles applicables aux biens d'occasion, mais pour lesquels il paraît utile de récapituler les solutions à retenir dans les différentes situations susceptibles de se présenter dans la pratique (nos 61050 s.).

Nota : Les **déchets neufs d'industrie et matières de récupération** ne constituent pas des biens d'occasion et sont soumis, le cas échéant, à un dispositif d'autoliquidation (voir n° 54050).

DÉFINITIONS

Les quatre catégories de biens concernés par le régime spécial, à savoir les biens d'occasion, les œuvres d'art, les objets de collection ou d'antiquité, sont respectivement définies comme suit. 60565 CGI ann. III art. 98 A TVA-XV-20 s

Biens d'occasion Les biens d'occasion sont les **biens meubles corporels susceptibles de remploi, en l'état ou après réparation,** autres que des objets d'art, de collection ou d'antiquité et autres que des métaux précieux ou des pierres précieuses. 60570 CGI ann. III art. 98 A, I TVA-XV-30 s

Ce sont donc les biens qui, sortis de leur cycle de production, par suite d'une vente ou d'une livraison à soi-même réalisée par un producteur, ont fait l'objet d'une utilisation, mais sont encore propres à être employés en l'état ou après réparation.

> **Précisions** **a.** Les objets d'occasion peuvent éventuellement subir une **réparation,** dès lors qu'elle aboutit simplement à une **remise en état,** c'est-à-dire à une restitution des caractéristiques initiales de l'objet à l'état neuf.
> En revanche, les opérations qui se traduisent soit par une transformation par rapport à l'objet initial avant usage, soit par une véritable **rénovation** de l'objet usagé font perdre à ce dernier la qualification de bien d'occasion. Il devient un **produit nouveau** dont le régime d'imposition est celui des produits neufs. On entend par « **transformation** » les opérations ayant pour but de modifier les caractéristiques essentielles de l'objet initial (**exemples** : substitution d'un moteur diesel à un moteur à essence, montage d'une pelle mécanique sur un châssis-cabine de camion, adjonction d'un moteur à un chaland constitué d'une simple coque, substitution d'une carrosserie d'apparence différente de l'ancienne).
> Il y a **rénovation** lorsque la valeur des éléments, neufs ou d'occasion, utilisés pour la remise en état est **supérieure** à celle de l'objet usagé augmentée du coût de l'opération.
> **b.** Constituent des biens d'occasion les **pièces usagées** provenant de véhicules automobiles hors d'usage et destinées à être **revendues comme pièces de rechange** (CJUE 18-1-2017 aff. 471/15 : RJF 4/17 n° 400), ainsi que les **véhicules hors d'usage vendus pour pièces** sans que les pièces en aient été détachées (CJUE 17-5-2023 aff. 365/22 : RJF 8-9/23 n° 684).
> **c.** Les **métaux précieux** (en barres, lingots, feuilles, plaques, fils, tubes et matériaux similaires) ainsi que les **pierres précieuses** (brutes ou taillées, mais non montées) ne sont jamais considérés comme des biens d'occasion.
> **d.** La notion de biens d'occasion concerne les objets mobiliers. La situation des **immeubles** bâtis revendus par leurs utilisateurs fait l'objet de dispositions spécifiques (n°s 58700 s.).
> Des règles particulières sont également prévues à l'égard de certains **navires et aéronefs** (n°s 50485 et 50515).
> **e.** Les **animaux vivants** peuvent être considérés comme des biens d'occasion. Ainsi jugé pour des chevaux achetés à des particuliers et revendus après dressage (CJUE 1-4-2004 aff. 320/02 : RJF 6/04 n° 672).

60575 CGI ann. III art. 98 A, II TVA-XV-280 s

Œuvres d'art Sont réputées œuvres d'art les réalisations ci-après :

1. Tableaux, collages et tableautins similaires, peintures et dessins, entièrement exécutés à la main par l'artiste, à l'exclusion des dessins d'architectes, d'ingénieurs et autres dessins industriels, commerciaux, topographiques ou similaires, des articles manufacturés décorés à la main, des toiles peintes pour décors de théâtre, fonds d'ateliers ou usages analogues.

2. Gravures, estampes et **lithographies** originales tirées en nombre limité directement en noir ou en couleurs, d'une ou de plusieurs planches entièrement exécutées à la main par l'artiste quelle que soit la technique ou la matière employée, à l'exception de tout procédé mécanique ou photomécanique.

3. Productions originales de l'art statuaire ou de la **sculpture** en toutes matières dès lors que les productions sont exécutées entièrement par l'artiste ; fontes de sculptures à tirage limité à huit exemplaires et contrôlé par l'artiste ou ses ayants droit.

4. Tapisseries et textiles muraux faits à la main sur la base de cartons originaux fournis par les artistes, à condition qu'il n'existe pas plus de huit exemplaires de chacun d'eux.

5. Exemplaires uniques de **céramique,** entièrement exécutés par l'artiste et signés par lui.

6. Émaux sur cuivre, entièrement exécutés à la main, dans la limite de huit exemplaires numérotés et comportant la signature de l'artiste ou de l'atelier d'art.

7. Photographies prises par l'artiste, tirées par lui ou sous son contrôle, signées et numérotées dans la limite de 30 exemplaires, tous formats et supports confondus. Tout autre critère que ceux mentionnés ci-avant, en particulier celui tenant au caractère artistique des photographies, est exclu (CJUE 5-9-2019 aff. 145/18 : RJF 11/19 n° 1113 ; CE 2-12-2019 n° 400837 : RJF 2/20 n° 110).

> **Précisions** Ne répondent pas à cette définition des œuvres d'art :
> – les articles d'**orfèvrerie,** de **bijouterie** et de **joaillerie** (même ayant perdu leur fonction première) ;
> – les **objets manufacturés** fabriqués par des artisans ou des industriels dits « **artisans ou industriels d'art** ».

60580 CGI ann. III art. 98 A, III TVA-XV-800 s

Objets de collection Sont considérés comme objets de collection, à l'exception des biens neufs :

– les **timbres**-poste, timbres fiscaux, marques postales, enveloppes « premier jour », entiers postaux et analogues, oblitérés, ou bien non oblitérés mais n'ayant pas cours et n'étant pas destinés à avoir cours ;

– les **collections et spécimens** pour collections de zoologie, de botanique, de minéralogie, d'anatomie, ou présentant un intérêt historique, archéologique, paléontologique, ethnographique ou numismatique.

Les véhicules sont considérés comme **véhicules de collection** lorsqu'ils sont âgés d'au moins 30 ans, qu'ils correspondent à un modèle ou type dont la production a cessé et qu'ils sont dans leur état d'origine (c'est-à-dire sans modification substantielle du châssis, de la carrosserie, du système de direction, de freinage, de transmission ou de suspension ni du moteur). Il en va de même des véhicules automobiles ayant participé à un événement historique et des véhicules automobiles conçus et utilisés exclusivement pour la compétition et possédant un palmarès sportif significatif (Inst. douanes 14-028 du 8-9-2014).

Lorsqu'ils respectent certains critères (rareté, utilisation différente de la destination initiale, transactions spéciales en dehors du commerce habituel des objets similaires utilisables, valeur élevée, réalisation d'un pas caractéristique de l'évolution des réalisations humaines ou illustration d'une période de cette évolution : mobilier « Art nouveau » ou « Arts déco », par exemple), les **meubles meublants de moins de 100 ans d'âge,** les articles de **joaillerie,** d'**orfèvrerie** et de **bijouterie** ainsi que les articles des **arts de la table** et de **mode vestimentaire** répondent à la définition d'objets de collection (BOI-TVA-SECT-90-10 n° 360).

> Précisions **a.** Lorsqu'ils constituent des **biens neufs,** les objets de collection ne sont pas concernés par le régime spécial (voir cependant n° 60890, c, pour certains **timbres).**
b. Sont considérés comme des **monnaies et billets de collection** les pièces en or (autres que les pièces d'or d'investissement visées n° 61860), en argent ou autre métal, ainsi que les billets qui ne sont pas normalement utilisés dans leur fonction comme moyen de paiement légal ou qui présentent un intérêt numismatique (CGI art. 256, IV-2°-a).

Objets d'antiquité Les objets d'antiquité sont les biens meubles, autres que des œuvres d'art et des objets de collection, ayant plus de 100 ans d'âge. **60585** CGI ann. III art. 98 A, IV TVA-XV-920

TAUX DE TVA

Le taux de TVA applicable aux biens d'occasion, œuvres d'art, objets de collection ou d'antiquité est, en **principe,** le **taux normal** (le taux réduit de 5,5 % pour les livres : voir n°s 53040 s.). **60595** CGI art. 278-0 bis, I et 278 septies TVA-XV-1100 s

Toutefois, le **taux réduit** de 5,5 % est applicable :

– aux **importations** d'**œuvres d'art et d'objets de collection ou d'antiquité,** quelle que soit la qualité de l'importateur (assujetti-revendeur, intermédiaire opaque, particulier, etc.), et aux **acquisitions intracommunautaires,** effectuées par un assujetti ou une personne morale non assujettie, d'œuvres d'art, d'objets de collection ou d'antiquité qu'ils ont **importés** sur le territoire d'un **autre État membre** de l'UE ;

– aux **acquisitions intracommunautaires** d'**œuvres d'art** qui ont fait l'objet d'une livraison dans un autre État membre par d'autres assujettis que des assujettis-revendeurs ainsi qu'aux **livraisons** d'œuvres d'art effectuées **par leur auteur** ou ses ayants droit (lorsque, bien entendu, ils ne sont pas couverts par la franchise en base particulière visée n° 53860).

Le **taux intermédiaire** de 10 % s'applique aux **livraisons** d'**œuvres d'art effectuées à titre occasionnel** par les personnes qui les ont utilisées pour les besoins de leurs exploitations et chez qui elles ont ouvert droit à déduction de la TVA. Il s'agit des livraisons effectuées par des **entreprises** autres que des assujettis-revendeurs qui ont acheté, dans le cadre du **mécénat,** des œuvres d'art qu'elles ont comptabilisées comme immobilisations et pour lesquelles elles ont eu un droit à déduction.

> Précisions **a.** Le taux intermédiaire est également applicable aux **cessions des droits** reconnus aux auteurs des œuvres (n° 61690).
b. À compter du **1er janvier 2025,** toutes les livraisons d'**œuvres d'art, objets de collection ou d'antiquité** bénéficieront du **taux réduit, sauf** lorsque la base d'imposition est déterminée selon le **régime de la marge** (n°s 60750 s.), auquel cas le taux normal s'appliquera. Le taux de 5,5 % s'appliquera également aux importations et aux acquisitions intracommunautaires de ces objets (Loi 2023-1322 du 29-12-2023 art. 83, I-6° et II).

1. VENTES PAR LES ASSUJETTIS-REVENDEURS

Les « assujettis-revendeurs » sont les **assujettis qui achètent en vue de les revendre** des biens d'occasion, œuvres d'art, objets de collection ou d'antiquité : négociants en biens d'occasion, antiquaires, brocanteurs, galeristes, etc. **60750** CGI art. 297 A à 297 F TVA-XV-1500 s

Les assujettis-revendeurs sont passibles de la **TVA.** Mais (et c'est la spécificité de leur régime particulier) cette TVA s'applique seulement, en principe, **sur la marge,** c'est-à-dire sur la différence entre le prix de vente et le prix d'achat.

Pour leurs **opérations autres** que celles relevant de ce régime particulier, les intéressés demeurent soumis aux règles de **droit commun,** c'est-à-dire à la **taxation** sur le **prix de vente** total.

› Précisions Selon la CJUE, une entreprise qui, dans l'exercice normal de son activité, revend des **véhicules** qu'elle a **acquis d'occasion** en vue de les **affecter** à son **activité de location-vente** et pour laquelle la **revente** n'est pas, au moment de l'opération d'acquisition du bien d'occasion, l'objectif principal mais seulement son **objectif secondaire,** accessoire à celui de la location, peut être considérée comme un « assujetti-revendeur » (CJUE 8-12-2005 aff. 280/04 : RJF 4/07 n° 523).

CHAMP D'APPLICATION DU RÉGIME DE TAXATION SUR LA MARGE

60755 CGI art. 297 A, I-1° TVA-XV-1550 s

La taxation sur la marge s'applique, en principe, aux livraisons par un assujetti-revendeur de **biens** d'occasion, d'œuvres d'art, d'objets de collection ou d'antiquité qui lui ont été **livrés** :

– **par un non-redevable** de la TVA (particulier, assujetti exonéré au titre de la cession du bien ou assujetti exonéré au titre de l'ensemble de son activité) ;

– **ou par une personne** qui n'est **pas autorisée à facturer la TVA** au titre de cette livraison (assujetti bénéficiant de la franchise en base, autre assujetti-revendeur soumis au régime de la marge pour cette livraison).

Dans ces différents cas, le bien n'a **pas** ouvert de droit à **déduction** chez l'assujetti-revendeur.

Concernant l'articulation entre l'option pour le régime « OSS-UE » et l'application du régime de la marge aux **ventes à distance** intracommunautaires de biens d'occasion, voir n° 50860, précision d.

› Précisions Un assujetti-revendeur peut, en principe, appliquer le régime particulier de taxation sur la marge lors de la revente d'un bien d'occasion acquis en France auprès d'un autre assujetti-revendeur (ou, s'agissant d'un bien d'occasion acquis dans un autre État membre de l'UE auprès d'un assujetti-revendeur, bénéficier du régime de non-taxation de l'acquisition intracommunautaire et appliquer le régime de la marge lors de la revente : n° 60885) sans autre **condition** que celle tenant à la détention d'une **facture** délivrée par le fournisseur mentionnant explicitement que celui-ci a appliqué lors de la vente le régime particulier de la marge. Mais l'**administration** peut **remettre en cause** l'application du régime de faveur en démontrant que l'assujetti-revendeur ne pouvait ignorer que son fournisseur n'était pas autorisé à appliquer lui-même le régime de la marge (CE 4-8-2006 n° 278274 : RJF 11/06 n° 1335 ; CE 7-12-2023 n° 467358 : RJF 3/24 n° 207 ; dans le même sens, CJUE 18-5-2017 aff. 624/15 : RJF 8-9/17 n° 896).

Par ailleurs, la circonstance qu'un assujetti-revendeur, qui a acquis des biens auprès d'un autre assujetti-revendeur, ne dispose **pas** d'une **facture d'achat comportant** les **mentions obligatoires** mentionnées n° 60825 ne fait pas obstacle à ce qu'il puisse faire application du régime de la marge lors de la revente de ces biens **s'il établit** que les **conditions de fond** indiquées ci-dessus sont satisfaites (CE 12-12-2023 n° 466239 : RJF 3/24 n° 206).

60760 En revanche, le régime de la marge n'est **pas applicable si** le bien vendu a ouvert droit à **déduction** lors de son acquisition par l'**assujetti-revendeur.**

Il en est ainsi lorsque les reventes portent sur des **biens** qui ont été soit **importés** (y compris les biens faisant l'objet de ventes à distance de biens importés – VAD-BI –, que celles-ci soient ou non facilitées au moyen d'une interface électronique : n°s 49800 s. et 49820 s.), soit **achetés** auprès d'un assujetti qui a **facturé** de la taxe au titre de sa livraison, ou bien encore qui ont fait l'objet d'une **acquisition intracommunautaire** taxable. Il en va de même des **livraisons de biens non importés soumises au schéma de l'achat-revente,** la livraison de biens réalisée par le fournisseur à l'interface électronique étant exonérée de TVA avec droit à déduction (n° 49830, précision b) (BOI-TVA-SECT-90-20-20 n°s 90 à 110).

De telles reventes sont normalement imposables selon les règles de droit commun, c'est-à-dire sur le prix de vente total (et avec exercice du droit à déduction dans les conditions habituelles).

› Précisions Le régime de la marge n'est, par hypothèse, pas non plus applicable aux ventes de **biens collectés gratuitement** (Rép. Idrac : AN 2-4-2001 n° 51128, non reprise au Bofip mais dont la solution nous paraît conserver sa valeur).

S'agissant des **biens acquis en franchise,** voir n° 60835.

60765 Les principes ainsi énoncés peuvent cependant faire l'objet, à l'initiative des redevables, d'une **double dérogation** permettant soit d'appliquer le régime général à des opérations relevant normalement du régime particulier de la marge (n° 60770), soit, à l'inverse, d'appliquer le régime de la marge à certaines opérations relevant normalement du régime général (n° 60775).

60770 CGI art. 297 C TVA-XV-1660 s

Option pour l'imposition sur le prix de vente total Pour chaque livraison de biens d'occasion, d'œuvres d'art, d'objets de collection ou d'antiquité relevant normalement du régime de la marge (selon le principe énoncé n° 60755), les assujettis-revendeurs peuvent, s'ils le désirent, appliquer le régime général de la TVA, au lieu du régime particulier de la marge.

Peuvent être ainsi concernées les ventes faites en France et celles à destination d'un autre État de l'UE ou à destination d'un pays tiers. Ces opérations sont alors soumises au régime général de la TVA, c'est-à-dire qu'elles sont **taxables sur leur prix de vente total,** sous réserve des

exonérations accordées (lorsque les conditions sont réunies) pour les **livraisons intracommunautaires et les exportations.**

L'**option** pour le régime général s'effectue **sans formalité** particulière, **opération par opération.** L'option pour le régime général ouvre droit pour l'assujetti-revendeur à la **déduction** de la TVA ayant grevé les biens en cause.

Remarques : 1. Une telle option entraîne, le cas échéant, l'application des règles de territorialité des **VAD-IC** (voir nos 49780 s.).

2. Lorsque l'assujetti-revendeur, ayant également exercé l'option pour la marge visée no 60775, décide finalement (comme il en a le droit) de soumettre à la TVA sur leur prix total certaines ventes d'œuvres d'art ou d'objets de collection ou d'antiquité, il peut déduire la taxe y afférente. Mais cette **déduction** ne peut intervenir qu'au moment de la livraison des biens en cause (CGI art. 297 D, II).

3. À compter du **1er janvier 2025,** une telle option permettra l'application du taux réduit lors de la revente des œuvres d'art et des objets de collection ou d'antiquité (voir no 60595, précision b).

Option pour la marge Selon cette mesure (qui, contrairement à la précédente, ne s'étend pas aux biens d'occasion), les assujettis-revendeurs peuvent opter pour l'application du régime de la marge pour les livraisons d'**œuvres d'art,** de **biens de collection ou d'antiquité** subséquentes à une importation, une **acquisition** intracommunautaire ou une livraison **soumises au taux réduit** ou au taux **intermédiaire** dans les conditions indiquées no 60595 (en l'absence d'option, ces opérations seraient taxées selon le régime général, conformément au principe énoncé no 60760). 60775 CGI art. 297 B TVA-XV-1750 s

L'**option** doit être **formulée expressément** par lettre adressée au service des impôts des entreprises dont relève l'assujetti-revendeur. Elle prend effet le premier jour du mois suivant celui au cours duquel elle est formulée et vaut jusqu'à la fin de la deuxième année civile suivante. Elle est **renouvelable** par tacite reconduction par périodes de deux années civiles, sauf **dénonciation** formulée avant l'expiration de chaque période.

> Précisions a. La **base d'imposition** de la livraison est constituée par la différence entre le prix de vente et le prix d'achat TVA comprise (CGI art. 297 A, I-4°).

Selon la **CJUE**, la TVA acquittée par un assujetti-revendeur au titre d'une **acquisition intracommunautaire** d'objet d'art, dont la livraison en aval est soumise au régime de la marge bénéficiaire, fait partie de la base d'imposition de cette livraison, le prix d'achat s'entendant donc hors TVA (CJUE 13-7-2023 aff. 180/22 : RJF 11/23 no 868).

b. L'option pour la marge **prive** l'assujetti-revendeur **de la déduction** de la TVA au taux réduit ou intermédiaire payée lors de l'achat du bien, lors de son importation ou lors de son acquisition intracommunautaire (no 60815).

Par ailleurs, une telle option exclut l'application des **règles** des **VAD-IC** aux opérations en cause (voir no 60880, précision a).

c. Bien qu'ayant exercé l'option, l'assujetti-revendeur conserve cependant la **possibilité,** s'il le souhaite, d'appliquer la **TVA** sur le **prix de vente total** et d'exercer un droit à **déduction** au titre des biens en cause (voir no 60770, remarque 2).

d. L'option pour le régime de la marge sera **supprimée** à compter du **1er janvier 2025** (Loi 2023-1322 du 29-12-2023 art. 83, I-8° et II).

FONCTIONNEMENT DU RÉGIME DE TAXATION SUR LA MARGE

Pour les opérations placées sous le régime de la marge, la **base d'imposition** est constituée par la **différence entre le prix de vente et le prix d'achat.** 60785 CGI art. 297 A, I-1° TVA-XV-1950 s

Dans l'hypothèse la plus classique, qui est celle où l'assujetti-revendeur indique à son client un prix taxe comprise, la marge à soumettre à la TVA est la différence entre le prix de vente TTC et le prix d'achat (net de taxe ou TTC, selon le cas) **ramenée hors taxe** par application du coefficient de conversion adéquat (no 52785, a).

EXEMPLE

Soit un bien acheté auprès d'un particulier 1 000 € et revendu, après remise en état, 1 500 €, taxe comprise. La base d'imposition est de 500 € taxe comprise et de 500 × 0,833 = 416,50 € hors taxe (on suppose qu'il s'agit d'un bien relevant du taux normal de 20 %). Le montant de la taxe due sera de : 416,50 × 20 % = 83,30 €.

Ce **système** est souvent désigné par l'expression **« coup par coup »,** puisqu'il nécessite un calcul distinct **pour chaque opération** (ce qui implique de connaître lors de chaque vente le prix d'achat correspondant et exclut la compensation entre opérations bénéficiaires et opérations déficitaires).

Les assujettis-revendeurs peuvent, s'ils le désirent, appliquer un autre **système,** dit **« de la globalisation ».** Il consiste à calculer, **chaque mois,** la base imposable en retenant la **différence** 60795 CGI art. 297 A, II TVA-XV-2100 s existant entre le montant **total des ventes** et le montant **total des achats** de biens d'occasion, d'œuvres d'art, d'objets de collection ou d'antiquité réalisés au cours du mois considéré.

La marge globale ainsi obtenue est une marge TTC qui doit être ramenée au montant hors taxe par application du coefficient de conversion approprié (n° 52785, a).

> **Précisions** **a.** Dans ce système de la globalisation, la valeur d'achat des **objets exportés** ou ayant fait l'objet d'une **livraison intracommunautaire** exonérée doit venir en diminution des achats déductibles.
> **b.** Lorsque le montant des **achats** d'un mois **dépasse** celui des **ventes,** l'excédent est ajouté aux achats du mois suivant.
> **c.** Le système nécessite une **régularisation annuelle** destinée à tenir compte des variations enregistrées dans la valeur des **stocks** au début et à la fin de chaque année :
> – si, à la fin d'une année donnée, la valeur du stock a diminué, la différence représente la valeur d'achat de marchandises vendues au cours de l'année écoulée. Elle s'ajoute aux achats de l'année suivante et vient, comme ceux-ci, en atténuation du montant des ventes imposables sur la marge ;
> – corrélativement, si cette valeur a augmenté, la différence représente la valeur d'achat de marchandises mises en stock au cours de l'année écoulée et vient réduire à due concurrence le montant des achats de l'année suivante à retenir pour le calcul de la marge.

60800 TVA-XV-2010 s

Lots hétérogènes. Les acquéreurs de lots hétérogènes (produits dont la nature est indéterminée au moment de l'acquisition : usine désaffectée, par exemple) sont obligés de procéder à un tri à la suite duquel ils déterminent la nature exacte des produits qu'ils revendent. Ceux-ci peuvent être soit des matières de récupération destinées à entrer dans un nouveau circuit de fabrication, soit des **articles d'occasion** susceptibles de remploi. Pour ces derniers, à défaut d'une connaissance exacte du prix d'achat correspondant, la base d'imposition peut être fixée à la **moitié du prix de cession.**

La même solution est admise lorsque certains éléments susceptibles de remploi sont vendus après la **casse** d'un matériel ancien ou accidenté.

Lorsque le vendeur indique à son client un **prix taxe comprise,** la **base d'imposition** est **reconstituée** en appliquant à ce prix un coefficient de conversion correspondant à un taux effectif égal à la moitié du taux légal et en ne retenant que la moitié du résultat obtenu (BOI-TVA-SECT-90-20-20 n°s 180 et 190).

EXEMPLE

Bien vendu 1 000 € TTC (TVA à 20 %). Calcul du prix HT : 1 000 × 0,909 (coefficient correspondant à un taux effectif de 20/2 = 10 %) = 909 €. Base d'imposition : 909/2 = 454,50 €. TVA correspondante : 454,50 × 20 % = 90,90 €.

60805 CGI art. 297 A, III TVA-XV-2290 s

Marge forfaitaire. Pour les livraisons d'œuvres d'art, lorsqu'il n'est **pas possible de déterminer** avec précision le **prix d'achat** payé par un assujetti-revendeur au vendeur **ou** lorsque ce prix n'est **pas significatif,** la base d'imposition peut être constituée par une **fraction du prix de vente** égale à **30 %** de celui-ci.

Lorsque le vendeur indique au client un prix TTC, la reconstitution de la base d'imposition HT s'opère en appliquant au prix TTC le coefficient de conversion correspondant au taux effectif de 30 % du taux légal, puis en ne retenant que 30 % du résultat obtenu.

EXEMPLE

Tableau vendu pour 10 000 € TTC (TVA à 20 %). Calcul du prix HT : 10 000 × 0,943 (coefficient correspondant à un taux effectif de 20 × 30 % = 6 %) = 9 430 €. Base d'imposition : 9 430 × 30 % = 2 829 €. TVA correspondante : 2 829 × 20 % = 565,80 €.

La marge forfaitaire ne concerne en principe que les **œuvres d'art** définies n° 60575.

> **Précisions** **a.** Il est admis que la marge forfaitaire s'applique aux **pièces d'ébénisterie** de plus de 100 ans d'âge dont la rareté et l'estampille attestent l'originalité, ainsi qu'aux livraisons d'**œuvres d'art en stock depuis** plus de **six ans.**
> **b.** L'assujetti-revendeur doit **justifier d'actions de promotion** en faveur d'artistes ou d'œuvres **ou** de l'existence **de contrats** avec des artistes. Pour les assujettis-revendeurs remplissant cette condition, l'application de la marge forfaitaire n'est pas limitée aux seules œuvres des artistes objet de ces actions de promotion ou contrats.
> **c.** La possibilité de déterminer forfaitairement la base d'imposition pour les œuvres d'art sera **supprimée** à compter du **1er janvier 2025** (Loi 2023-1322 du 29-12-2023 art. 83, I-8°-c et II).

60815 CGI art. 297 D, I TVA-XV-2420 s

Déductions L'application du régime de la marge **exclut** toute déduction par l'**assujetti-revendeur** de la TVA afférente à l'achat, l'acquisition intracommunautaire ou l'importation des biens.

Mais quel que soit le système appliqué (coup par coup, globalisation, marge forfaitaire), l'assujetti-revendeur dispose néanmoins d'un droit à déduction limité aux éléments qui ont grevé le **coût de son intervention** (matières premières utilisées pour la remise en état du bien, par exemple).

Pour le calcul du **coefficient de taxation forfaitaire,** les intéressés portent tant au numérateur qu'au dénominateur du rapport servant à ce calcul le montant total des recettes afférentes à ces opérations (n° 55745, précision e).

De son côté, l'**acquéreur** de biens d'occasion, d'œuvres d'art, d'objets de collection ou d'antiquité taxés sur la marge par l'assujetti-revendeur ne bénéficie d'**aucun droit à déduction** de la taxe incluse dans le prix de son acquisition. 60820

Facturation et comptabilisation Les assujettis-revendeurs qui appliquent le régime de la marge (au coup par coup, globalement, de plein droit ou sur option) ne peuvent **pas** faire apparaître la **TVA** sur leurs factures. Ils doivent, en revanche, y indiquer l'une des mentions suivantes : « Régime particulier-Biens d'occasion », « Régime particulier-Objets d'art » ou « Régime particulier-Objets de collection ou d'antiquité » (n° 53625). 60825 CGI art. 297 E TVA-XV-2545 s

Sur les conséquences, au regard de l'application du régime de la marge, du défaut de l'une de ces mentions spécifiques sur la facture d'achat, voir n° 60755, Précisions.

Les assujettis qui effectuent des opérations portant sur des biens d'occasion, des œuvres d'art, des objets de collection ou d'antiquité doivent comptabiliser **distinctement par mode d'imposition** – marge ou régime général – leurs opérations portant sur ces biens. 60830 CGI art. 297 F TVA-XV-2580 s

Achats en franchise Les assujettis-revendeurs ne peuvent **pas** taxer sur la **marge,** lors de la revente, les biens d'occasion, œuvres d'art, objets de collection ou d'antiquité qu'ils ont reçus ou importés en franchise de TVA dans les conditions indiquées n°s 50550 s. 60835 CGI art. 275, III TVA-XV-3420 s

Les biens ainsi acquis ou importés en franchise doivent donc, lors de leur revente, être obligatoirement soumis au régime général.

2. ÉCHANGES INTERNATIONAUX

ÉCHANGES INTRACOMMUNAUTAIRES

Quelle que soit la qualité de l'acheteur, les échanges intracommunautaires de biens d'occasion, d'œuvres d'art, d'objets de collection ou d'antiquité relevant du **régime de la marge** sont en principe taxés (sur la marge) dans l'État de l'assujetti-revendeur. 60870 TVA-XV-2810 s

Mais, comme sur le marché interne, les assujettis-revendeurs ont la faculté, pour chaque opération, d'opter pour les règles du **régime général.**

D'où une possible dualité de régimes, tant pour les livraisons intracommunautaires (ventes de France vers un autre État membre) que pour les acquisitions intracommunautaires (ventes d'un autre État membre vers la France).

Livraisons intracommunautaires Pour les livraisons de biens d'occasion, d'œuvres d'art, d'objets de collection ou d'antiquité effectuées en France par un assujetti-revendeur à destination d'un autre État membre, deux cas peuvent se présenter. 60875 CGI art. 262 ter, I-1° TVA-XV-2870 s

a. Le premier cas est celui où l'opération relève soit de plein droit (n° 60755), soit sur option (n° 60775), du **régime de la marge.** En pareil cas, l'exonération prévue pour les livraisons intracommunautaires n'est pas applicable.

Quelle que soit la qualité de l'acquéreur, l'assujetti-revendeur doit acquitter la **TVA sur la marge** au taux applicable en France, comme pour les opérations internes (n°s 60785 s.), et ne peut pas faire figurer la taxe sur sa **facture** (mais il doit néanmoins y indiquer clairement que l'opération bénéficie du régime particulier de la marge : voir n° 60825).

b. Le second cas est celui où l'opération relève soit de plein droit (n° 60760), soit sur option (n° 60770), du **régime général.** En pareil cas, l'opération bénéficie, dès lors que sont remplies les conditions prévues à l'article 262 ter, I-1° du CGI, de l'**exonération** des livraisons intracommunautaires, avec ouverture du droit à **déduction** (voir n°s 49260 s.).

> Précisions **a.** Le régime des VAD-IC (n°s 49780 s.) n'est pas applicable aux livraisons de biens d'occasion, d'œuvres d'art, d'objets de collection ou d'antiquité qui relèvent du régime de la marge (cas visé n° 60875, a). 60880

En revanche, les livraisons qui relèvent du régime général (cas visé n° 60875, b) sont soumises à ce régime (sous réserve, bien entendu, que soient remplies les conditions requises à cet effet).

Concernant l'articulation entre l'option pour le régime « OSS-UE » et l'application du régime de la marge aux ventes à distance intracommunautaires de biens d'occasion, d'œuvres d'art, d'objets de collection ou d'antiquité, voir n° 50860, précision d.

b. Cas des « **transferts** » (CGI art. 297 A, I-3° : TVA-XV-3030 s.) : le **déplacement de biens** d'occasion, d'œuvres d'art, d'objets de collection ou d'antiquité dans l'UE **sans** qu'il y ait **vente** (notamment à l'occasion de **foires** ou de **salons** au cours desquels les biens sont présentés en vue d'une vente éventuelle) constitue un transfert assimilé à une livraison suivie d'une acquisition par le même assujetti-revendeur dans l'autre État membre. Lorsque le bien est placé sous le régime de la marge, la livraison est taxable en France sur la différence entre la valeur de transfert et le prix d'achat du bien ; ces deux montants étant en principe identiques, la base d'imposition est nulle. L'acquisition dans le pays d'arrivée n'est pas taxable.

La taxation du transfert selon ce schéma peut n'intervenir qu'au terme d'un certain délai ou lors de la vente. C'est le cas des biens qui sont déplacés dans un autre État membre et qui auraient pu être importés dans cet État membre sous le régime douanier de l'admission temporaire s'ils provenaient de pays tiers.

La **livraison subséquente** au transfert est soumise à la TVA sur la marge dans l'État membre où se trouve le bien.

60885 CGI art. 256 bis, I-2° bis TVA-XV-2890 s

Acquisitions intracommunautaires

On retrouve ici une distinction analogue à celle indiquée n° 60875 pour les livraisons intracommunautaires.

a. Les acquisitions de biens d'occasion, d'œuvres d'art, d'objets de collection ou d'antiquité par un assujetti ou une personne morale non assujettie ne sont **pas taxables en France lorsque le vendeur** est un assujetti-revendeur qui a appliqué le **régime de la marge** dans son **État membre.** La taxe étrangère incluse dans le prix des biens taxés dans ces conditions ne peut faire l'objet d'aucune déduction.

Cette taxe étrangère ne peut pas apparaître distinctement sur la **facture.** Toutefois, les négociants doivent veiller à ce que la facture mentionne clairement que l'opération a bénéficié du régime particulier de la marge dans l'État membre du vendeur (cette seule mention suffit, en principe, pour justifier du caractère non taxable de l'acquisition intracommunautaire : voir n° 60755, Précisions). À défaut, l'acquéreur français risquerait d'être présumé avoir effectué une acquisition intracommunautaire et de se voir réclamer la taxe en France sur le montant total de la transaction.

La **revente ultérieure,** par l'assujetti-revendeur français, est taxable sur la marge (différence entre le prix de vente et le prix d'achat TVA étrangère incluse).

b. Lorsque, dans l'**autre État membre,** l'opération a été placée non sous le régime particulier de la marge mais sous le **régime général** (livraison intracommunautaire exonérée chez le vendeur), elle se traduit, du côté français, par une **acquisition intracommunautaire taxable** selon les règles indiquées n°s 49150 s. (pour les taux applicables, voir n° 60595).

La **revente** ultérieure, par l'assujetti-revendeur français, est taxable sur le prix de vente total, avec déduction de la taxe ayant grevé l'acquisition intracommunautaire.

Bien entendu, cette revente peut être exonérée (avec maintien du droit à déduction) si elle constitue à son tour soit une livraison intracommunautaire vers un autre État membre (n° 60875, b), soit une exportation vers un pays tiers (n° 60900).

60890 **> Précisions** **a.** Le régime des **VAD-IC** (n°s 49780 s.) n'est pas applicable aux livraisons de biens d'occasion, d'œuvres d'art, d'objets de collection ou d'antiquité qui relèvent du régime de la marge (cas visé n° 60885, a).

En revanche, les livraisons qui relèvent du régime général (cas visé n° 60885, b) sont soumises à ce régime (sous réserve, bien entendu, que soient remplies les conditions requises à cet effet).

Concernant l'articulation entre l'option pour le régime « OSS-UE » et l'application du régime de la marge aux ventes à distance intracommunautaires de biens d'occasion, d'œuvres d'art, d'objets de collection ou d'antiquité, voir n° 50860, précision d.

b. Exonération des acquisitions intracommunautaires destinées à des **établissements agréés** par le ministre de la **culture** : voir n° 60920.

c. Cas des **timbres non oblitérés vendus à leur valeur faciale** et ayant **valeur d'affranchissement dans le pays d'émission** (TVA-XV-2970). Lorsque ces timbres livrés dans un autre État membre à un assujetti-revendeur français sont exonérés de TVA sur la base de l'article 135, 1-h de la directive TVA, il est admis qu'il n'y ait pas d'acquisition taxable en France. À l'importation, ces timbres, bien que neufs, peuvent être soumis au taux réduit. La livraison subséquente peut être soumise au régime de la marge comme les autres biens de collection.

Ces dispositions ne s'appliquent qu'aux timbres proprement dits à l'exclusion des autres productions philatéliques telles que, par exemple, les enveloppes « premier jour d'émission » ou les notices, qui suivent le régime de droit commun des biens neufs ou des biens de collection selon le cas (BOI-TVA-SECT-90-60 n° 80).

ÉCHANGES EXTRACOMMUNAUTAIRES

60900 TVA-XV-3200 s

Exportations

Les livraisons directes à l'exportation, à destination de pays tiers, de biens d'occasion, d'œuvres d'art, d'objets de collection ou d'antiquité sont **exonérées** de TVA (n°s 49690 s.).

La **taxe** ayant éventuellement grevé ces biens est néanmoins **déductible** par les assujettis-revendeurs, à condition que cette taxe figure distinctement sur la facture (ou l'avis d'importation) relative à l'acquisition (ou ait été régulièrement déclarée et liquidée, en cas d'acquisition intracommunautaire).

Importations Les **importations de biens d'occasion** sont imposées comme des importations de biens neufs (nos 49600 s.). 60910 TVA-XV-3230 s

Les ventes ultérieures de ces biens sont également imposées selon les règles prévues pour les biens neufs (avec déduction de la taxe payée à l'importation). Il est, en effet, rappelé que les reventes des biens importés (y compris dans le cadre d'une VAD-BI, facilitée ou non au moyen d'une interface électronique) ne peuvent pas être soumises au régime de la marge (no 60760).

Les **importations d'œuvres d'art, d'objets de collection ou d'antiquité** sont soumises à la TVA sur la valeur en douane, au taux réduit (no 60595). 60915

La revente ultérieure par les assujettis-revendeurs est taxée, en principe, au taux normal :

– soit selon le régime de la marge, en cas d'option visée no 60775 ;

– soit selon le régime général : taxation sur le prix de vente total et déduction de la TVA payée à l'importation.

> **Précisions** Le régime des VAD-BI (nos 49800 s.) n'est pas applicable aux livraisons d'œuvres d'art, d'objet de collection ou d'antiquité effectuées par un assujetti-revendeur qui applique le régime de la marge (CGI art. 258, IV-d).

Sont **exonérées** de TVA les **importations d'œuvres d'art** originales, timbres, objets de **collection** ou d'**antiquité** directement **destinés à des établissements agréés** par le ministre de la culture. 60920 CGI art. 291, II-8° TVA-XV-3280 s

Cette exonération s'applique également aux **acquisitions intracommunautaires** de ces biens effectuées par lesdits établissements (CGI art. 262 ter, II-2°).

3. AUTRES OPÉRATIONS

OPÉRATIONS DES INTERMÉDIAIRES

L'intervention d'un **intermédiaire opaque** (agissant en son nom propre : nos 61470 s.) est assez fréquente dans les transactions portant sur des biens d'occasion (véhicules notamment), œuvres d'art, objets de collection ou d'antiquité (galeries agissant comme intermédiaires d'artistes, ventes sur offres de biens de collection, etc.). Dans de telles hypothèses, l'intermédiaire est réputé avoir personnellement acquis et vendu le bien, et il est donc traité selon les **règles des assujettis-revendeurs** (nos 60750 s.). Lorsqu'il est taxable sur la marge, celle-ci est constituée par la différence entre le montant total facturé à l'acheteur par l'intermédiaire et le montant net payé par cet intermédiaire à son commettant. Cette marge TTC est ramenée hors taxe par application du coefficient de conversion (no 60785). 60945 TVA-XV-3650 s

Quant aux **intermédiaires transparents** (agissant au nom d'autrui : no 61460), ils sont imposables à la TVA sur leur rémunération. Il en est ainsi, même lorsqu'il s'agit d'une cession elle-même exonérée (sous réserve du cas des exportations : no 50160).

VENTES AUX ENCHÈRES PUBLIQUES

Les ventes aux enchères publiques de biens d'occasion, d'œuvres d'art, d'objets de collection ou d'antiquité sont, en principe, soumises à la **TVA** lorsque le **vendeur** est un **assujetti redevable** de la taxe. 60955 TVA-XV-3785 s

En fait, ces ventes sont effectuées **le plus souvent** (mais pas toujours) par un **commissaire de justice** (ventes judiciaires) ou par un **commissaire-priseur** (ventes volontaires), qui intervient en qualité d'intermédiaire transparent (agissant au nom d'autrui) ou d'intermédiaire opaque (agissant en son nom propre) à la vente. Dans cette seconde situation (la plus fréquente), l'opération est censée se décomposer en une double vente, d'abord du vendeur à l'intermédiaire, puis de l'intermédiaire à l'acquéreur.

En définitive, la situation des ventes en cause au regard de la TVA se présente comme suit.

a. Les ventes réalisées par un **intermédiaire opaque** sont soumises à la TVA selon les règles prévues pour les assujettis-revendeurs (nos 60750 s.). Selon les distinctions indiquées nos 60755 s., l'intermédiaire opaque est donc taxable sur la marge ou sur le prix d'adjudication total. La marge de l'intermédiaire est constituée par la différence entre le prix total payé par l'adjudicataire et le montant net reversé par l'intermédiaire à son commettant (CGI art. 297 A, I-2°), c'est-à-dire, en fait, par le montant total des commissions (sur l'acheteur et sur le vendeur). Cette marge TTC est ramenée hors taxe par application du coefficient de conversion (no 60785).

Si le bien fait l'objet d'une livraison intracommunautaire ou d'une exportation, on applique les règles respectivement indiquées nos 60875 et 60900.

b. Pour les ventes réalisées avec l'intervention d'un **intermédiaire transparent,** la rémunération de celui-ci est taxable (sauf en cas d'exportation : no 50160).

La vente elle-même est soumise à la TVA lorsque le vendeur est un assujetti redevable de la taxe. Si le vendeur est un assujetti-revendeur, il est taxable sur la marge ou sur le prix total, selon les distinctions faites nos 60755 s. (en cas de livraison intracommunautaire ou d'exportation, on applique les règles respectivement indiquées nos 60875 et 60900).

Lorsque le vendeur n'est pas assujetti à la TVA ou est exonéré, la vente n'est pas imposable.

> **Précisions** Les assujettis-revendeurs, y compris les commissaires de justice ou commissaires-priseurs opaques, sont tenus de s'assurer qu'une **facture** est émise, par eux-mêmes, ou en leur nom et pour leur compte, par leur client ou par un tiers, pour les livraisons aux enchères publiques de biens d'occasion, d'œuvres d'art, d'objets de collection ou d'antiquité (CGI art. 289, I-1-d).
> Le **compte rendu** qui est obligatoirement remis par l'intermédiaire à son commettant peut tenir lieu de facture pour ce dernier.

4. EXPLICATIONS PARTICULIÈRES

CESSIONS DE BIENS MOBILIERS D'INVESTISSEMENT

60985 CGI art. 261, 3-1°-a TVA-XV-5900 s

Il ne s'agit plus ici de l'« assujetti-revendeur » (nos 60750 s.), mais de l'« assujetti-utilisateur », qui vend des biens usagés qu'il a utilisés pour les besoins de son exploitation.

Lorsque ces **biens** n'ont précédemment ouvert **aucun droit à déduction** chez l'intéressé (voiture de tourisme, par exemple), leur **cession** est **exonérée** de TVA (nos 61010 s.).

Au contraire, s'il s'agit (ce qui est fréquent) de **biens** qui ont ouvert droit à **déduction totale ou partielle** de la taxe les ayant grevés, leur **cession** est **imposable** à la TVA (nos 60995 s.).

Aucune livraison n'est cependant réputée intervenir lorsque la cession est réalisée dans le cadre d'une **transmission d'une universalité de biens** (no 47520).

60990

> **Précisions** **a.** Les biens « usagés » visés par le texte légal s'entendent, en règle générale, des **biens mobiliers d'investissement** de toute nature utilisés par le redevable (exemples : matériel et outillage industriel ou commercial, matériel de transport, matériel et mobilier de bureau et informatique, etc.). Le critère commun est l'utilisation préalable du bien par l'entreprise, sans condition de durée minimale d'affectation à ses besoins.
> En revanche, les **immeubles** ne sont pas concernés par le régime particulier. Mais les cessions ou apports d'immeubles qui interviennent durant la période visée no 57100 sont susceptibles de donner lieu à une régularisation des déductions initiales (voir nos 57295 s.).
> **b.** Le dispositif concerne en principe toutes les **cessions** à titre onéreux de biens mobiliers d'investissement ainsi que les **apports en société** effectués à titre onéreux ou à titre pur et simple (sous réserve du dispositif prévu en cas de transmission d'une universalité de biens : no 47520).
> **c.** Qu'elles soient imposables ou non à la TVA, les cessions de biens usagés faites par leurs utilisateurs ne sont pas prises en compte pour le calcul du **coefficient de taxation forfaitaire** (voir no 55750, c).
> **d.** Le régime examiné ici est applicable aux objets cédés en fin de **contrat de crédit-bail mobilier** (voir no 52610, b).
> **e.** Le présent dispositif ne concerne pas les ventes de **navires et aéronefs** spécialement régies par les 1° et 2° du III de l'article 257 du CGI (voir nos 50485 et 50515).

60995 TVA-XV-6100 s

Régime de l'imposition Sauf application du dispositif examiné no 47520, sont imposables les ventes de **biens usagés ayant ouvert droit à déduction complète ou partielle** de la TVA lors de leur acquisition, acquisition intracommunautaire, importation ou livraison à soi-même, faites par des personnes qui les ont utilisés pour les besoins de leur exploitation industrielle, commerciale ou agricole ou pour l'exercice d'une activité libérale.

Peu importe, d'une part, que ce droit à déduction ait été effectivement exercé ou non et, d'autre part, que l'ouverture du droit à déduction se soit située à une date postérieure à l'acquisition du bien (par exemple à la suite du changement d'affectation du bien) au lieu de coïncider avec cette acquisition. De même, la durée de détention des biens et la qualité de l'acheteur (autre utilisateur, négociant en biens d'occasion, simple particulier) sont sans incidence sur le régime applicable lors de leur cession.

> **Précisions** Un assujetti personne physique qui acquiert un bien d'investissement pour l'utiliser à la fois à des fins professionnelles et à des fins privées (**bien à usage mixte**) peut choisir : soit de le conserver entièrement dans son patrimoine privé, sa cession n'est alors pas taxable ; soit de l'intégrer entièrement dans son patrimoine professionnel, sa cession est alors intégralement soumise à la TVA ; soit de ne l'intégrer dans son patrimoine professionnel

que pour la partie utilisée à des fins professionnelles, seule la cession de cette partie est alors soumise à la TVA. L'**affectation** du bien au **patrimoine privé ou professionnel** ne dépend ni de son utilisation effective ni de l'exercice du droit à déduction sur des dépenses d'entretien du bien (CJUE 8-3-2001 aff. 415/98 : RJF 6/01 n° 891).

Pour ces cessions imposables de biens mobiliers d'investissement, la **TVA** est **exigible** lors de la livraison des biens cédés. 61000

Elle doit être mentionnée sur les **déclarations** de chiffre d'affaires du redevable (ligne A2 de la déclaration CA 3, ou ligne 11 de la déclaration annuelle CA 12/CA 12E, selon que l'intéressé relève du régime du réel normal ou du régime simplifié).

La **base d'imposition** est constituée par le prix de vente total du bien cédé (ou, en cas d'apport, par la valeur de l'apport). Les cessions de l'espèce sont en effet exclues du régime de la « marge » (noter d'ailleurs que, si le bien est cédé à un « assujetti-revendeur », la revente par celui-ci ne pourra pas non plus être placée sous le régime de la marge, dès lors que l'acquisition aura été facturée avec TVA : n° 60760).

Le cédant doit établir dans les conditions réglementaires une **facture** mentionnant la TVA.

L'**acquéreur** pourra ainsi bénéficier du droit à **déduction** de la taxe correspondante, selon les conditions de droit commun.

> Précisions a. Lorsque les biens cédés font l'objet d'une **livraison intracommunautaire ou** d'une **exportation,** la cession est **exonérée** de TVA, en application des dispositions propres à ces opérations (nos 49260 s. et 49690 s.). 61005

Les cessions ainsi exonérées n'en restent pas moins assimilables par ailleurs aux cessions de même nature taxables en régime interne (avec, notamment, les conséquences indiquées aux b et c ci-après).

b. L'imposition à la TVA de la cession des biens mobiliers d'investissement a pour effet de **dispenser** le cédant **de toute régularisation des déductions initiales** (n° 57295). Ces déductions n'ont donc pas à être remises en cause, même si la cession intervient au cours du délai de cinq ans visé n° 57100. Cette dispense de régularisation vaut également dans le cas (mentionné au a ci-dessus) où le bien cédé fait l'objet d'une livraison intracommunautaire ou d'une exportation exonérée de TVA.

c. En cas de cession imposable d'un **bien** n'ayant donné lieu antérieurement qu'à une **déduction partielle** de la taxe l'ayant grevé, le cédant peut éventuellement pratiquer une **déduction complémentaire,** dans les conditions exposées nos 57335 s. Cette déduction complémentaire peut être pratiquée même dans le cas (mentionné au a ci-dessus) où le bien considéré fait l'objet d'une livraison intracommunautaire ou d'une exportation exonérée de TVA (voir n° 57335, précision a).

Régime de l'exonération

Les ventes, par leurs utilisateurs, de **biens usagés qui n'ont pas ouvert droit à déduction** de la TVA lors de leur acquisition, acquisition intracommunautaire, importation ou livraison à soi-même sont exonérées de la TVA. 61010 TVA-XV-6300 s

L'exonération s'applique donc aux cessions de biens mobiliers d'investissement suivants : biens exclus du droit à déduction (voitures de tourisme, par exemple), biens n'ayant pas ouvert droit à déduction en raison de leur affectation à une activité exonérée ou hors du champ d'application de la TVA, biens dont la cession est expressément exonérée ou qui ne pouvaient pas être soumis à la taxe lors de leur acquisition.

L'exonération est applicable quelle qu'ait été la durée de détention du bien par le cédant. Elle est acquise, que le bien soit cédé sur le marché intérieur, dans un autre État de l'UE (livraison intracommunautaire) ou dans un pays tiers (exportation) (pour ces deux derniers cas : voir n° 61015, c).

> Précisions a. Lorsque le bien qui n'a pas ouvert droit à déduction chez l'utilisateur est **cédé avant** l'expiration du délai de **cinq ans** visé n° 57100, le **nouveau détenteur** du bien peut se voir attribuer un **droit à déduction** dans les conditions exposées nos 57305 s. (voir, notamment, n° 57310, précision b). 61015

b. Lorsque la **cession** dans les cinq ans est faite **à un négociant en biens d'occasion,** la mesure indiquée au a ne peut pas s'appliquer, puisque l'acquéreur n'utilisera pas le bien comme une immobilisation. Mais dans cette situation, la cession d'un bien exclu du droit à déduction peut être **volontairement** soumise à la **TVA** par le **cédant.** Celui-ci bénéficiera alors d'une **déduction complémentaire** dans les conditions exposées nos 57335 s.

c. Le cédant peut bénéficier d'une **déduction complémentaire** lorsque le bien est **exporté ou** fait l'objet d'une **livraison intracommunautaire** (voir nos 57335 s.).

EMBALLAGES

Les emballages et, plus globalement, tous les éléments du conditionnement d'un bien livré, sont en principe des **éléments constitutifs accessoires** de cette livraison, même lorsqu'ils sont tarifés en sus du bien livré ou qu'ils sont consignés, et suivent donc le traitement fiscal du bien livré qu'ils emballent. 61025 CGI art. 267, I-2° et III TVA-XV-4260 s

Toutefois, un emballage **perd** son **caractère accessoire lorsque,** cumulativement, il présente :
– pour l'acquéreur, un intérêt propre, autre que sa fonction première, une fois dépourvu de son contenu ;
– et des caractéristiques (matière, forme, valeur marchande, usage) qui vont au-delà de ce qui est utile, ou généralement pratiqué dans le secteur en cause, pour assurer la fourniture du bien, y compris son transport, sa conservation ou sa mise en valeur (BOI-TVA-CHAMP-60-40 nos 90 et 100).

Comme en matière de BIC (nos 7520, a et 7910, Précisions), il convient toutefois de distinguer selon qu'il s'agit d'emballages **consignés** destinés à être récupérés (nos 61030 s.) ou d'emballages **vendus avec la marchandise** (nos 61040 s.).

61030 **Emballages consignés** Les emballages consignés constituent en principe des **immobilisations.** Toutefois, ceux qui ne sont pas commodément identifiables peuvent être, le cas échéant, assimilés à des **stocks** (voir, sur ce point, les précisions apportées en matière de BIC, no 7520, a).

> **Précisions** L'acquisition des emballages consignés ouvre **droit à déduction** selon les règles de droit commun, selon qu'ils constituent ou non des immobilisations et en fonction du régime de TVA des opérations auxquelles ces emballages contribuent (généralement la revente de l'emballage ou son utilisation pour conditionner un bien vendu) (BOI-TVA-SECT-90-30 no 20).

61032 Le **montant des consignations** perçues lors de la livraison peut ne **pas** être pris en compte pour la détermination de la **base d'imposition** à la TVA de cette opération, lorsque les **conditions** cumulatives suivantes sont remplies :
– la taxe afférente au montant de ces consignations ne doit pas avoir été facturée ;
– les emballages livrés aux clients doivent être rendus par les intéressés dans le délai en usage dans la profession considérée, lequel peut varier selon la nature des produits commercialisés et la contenance des emballages. Passé ce délai, les consignations doivent être incorporées dans la base d'imposition (BOI-TVA-SECT-90-30 no 30).

> **Précisions** Lorsque les **fournisseurs facturent** à leurs clients **la TVA** sur le montant de la consignation afin de se prémunir contre l'exigibilité de la taxe dont ils seraient redevables dans l'hypothèse où les emballages qu'ils consignent ne seraient pas rendus, les règles relatives aux emballages vendus perdus sont applicables (voir nos 61040 s.).

61035 Lorsque l'**emballage consigné** n'est **pas rendu** et qu'il ne peut être considéré comme un accessoire du contenu (no 61025), il est considéré comme vendu au **prix** de la consignation et taxé selon son **régime propre** (BOI-TVA-SECT-90-30 no 40).

61040 **Emballages vendus avec la marchandise** Lorsque l'emballage ne peut **pas** être considéré comme **accessoire** au contenu (no 61025), le taux retenu sera celui le plus élevé parmi celui dont relève le contenu et celui dont relève l'emballage (voir no 46480) et une éventuelle exonération ne sera appliquée que si l'emballage et le contenant y sont chacun éligibles (BOI-TVA-SECT-90-30 no 60).

Par ailleurs, lorsqu'il peut être considéré que l'**emballage et** le **contenu** font en fait l'objet de **deux opérations séparées** (notamment, lorsque l'emballage n'est pas repris par le vendeur après la transaction et qu'un prix cohérent avec sa valeur marchande est convenu entre les parties indépendamment de celui du contenu), chacune suivra son régime propre (BOI précité no 60 ; BOI-TVA-CHAMP-60-40 no 110).

> **Précisions** Le vendeur opère la **déduction** de la TVA qui a grevé l'acquisition de l'emballage selon les règles propres aux biens qui ne constituent pas des immobilisations et en fonction du régime de TVA des opérations auxquelles ces emballages contribuent (généralement la revente de l'emballage ou son utilisation pour conditionner un bien vendu). Ainsi, les emballages utilisés pour le conditionnement de contenus exonérés dont ils sont l'accessoire n'ouvrent droit à aucune déduction (BOI-TVA-SECT-90-30 no 100).

61042 L'**emballage acquis neuf** qui est **séparé de son contenu** par le destinataire devient un article d'occasion. Sa revente par le destinataire, en l'absence de contenu ou lorsqu'elle constitue une opération distincte d'un contenu vendu par ce destinataire, est éligible au régime des **biens d'occasion** (nos 60540 s.).

Si l'emballage neuf était **accessoire au contenu** acquis par le destinataire, la valeur d'achat de l'emballage, incorporée dans le prix d'achat de la marchandise elle-même, n'étant pas déterminée, l'emballage revendu, devenu d'occasion, doit, par conséquent, être imposé sur son prix de vente total lors de sa revente (BOI-TVA-SECT-90-30 no 110).

VÉHICULES AUTOMOBILES D'OCCASION

Les opérations portant sur des véhicules automobiles d'occasion sont soumises, en principe, au **régime des objets d'occasion** exposé nos 60540 s. 61050 TVA-XV-4740 s

En raison du nombre et de la diversité de ces opérations, il nous a paru utile d'établir un **tableau récapitulatif** (figurant ci-après) qui présente, de façon schématique, le régime de TVA applicable dans les différents cas de **ventes** de véhicules automobiles d'occasion (voitures de tourisme ou autres) faites par des redevables, non seulement **sur le marché intérieur,** mais aussi à destination d'autres États de l'UE (**livraisons intracommunautaires**) ou de pays tiers (**exportations**). On y rappelle également les règles applicables en France aux **acquisitions intracommunautaires** et aux **importations.**

Les opérations réalisées par des **intermédiaires** et les **ventes aux enchères publiques,** qui ne figurent pas dans le tableau, sont étudiées nos 60945 et 60955.

Enfin, des explications particulières concernant les **voitures de démonstration** et certaines **opérations promotionnelles** sont apportées, respectivement, nos 61060 et 61065).

Remarques : 1. Selon la **définition** générale des biens d'occasion (no 60570), un **véhicule automobile** doit, en principe, être considéré comme **d'occasion** dès lors qu'il a fait l'objet d'une utilisation et qu'il est susceptible de remploi, quels que soient son kilométrage ou sa date de première mise en circulation. Cependant, une définition spéciale est prévue pour les **échanges intracommunautaires** (no 61055, a).

2. L'assujetti en faveur duquel a été effectuée une livraison de véhicules terrestres à moteur et qui savait ou ne pouvait ignorer que tout ou partie de cette livraison ou de toute livraison antérieure des mêmes véhicules ne pouvait pas bénéficier du régime particulier de la marge (nos 60750 s.) est **solidairement tenu** d'**acquitter,** avec tout assujetti partie à cette livraison ou à toute livraison antérieure des mêmes véhicules, la **taxe frauduleusement éludée** (CGI art. 283, 4 ter).

Une autre **mesure anti-fraude** est également prévue s'agissant des achats de véhicules terrestres à moteur d'occasion provenant d'un autre État membre (voir no 61055, b).

Nature des opérations	Régime applicable
I. Vente par un utilisateur non assujetti à la TVA (particulier) Pas de distinction à faire selon la nature du véhicule (voiture de tourisme ou autre), la qualité de l'acquéreur (particulier, utilisateur professionnel, assujetti-revendeur, négociant en biens d'occasion, etc.) ou la destination du véhicule (marché intérieur, autre État membre de l'UE, pays tiers).	Pas de TVA (no 60550).
II. Vente par un utilisateur professionnel assujetti à la TVA	
A. Véhicule n'ayant donné lieu, lors de son acquisition, à aucune déduction de TVA : cas général des voitures de tourisme (nos 55900 s.).	Pas de TVA (nos 61010 s.).
B. Véhicule ayant donné lieu, lors de son acquisition, à une déduction totale ou partielle de la TVA (véhicules utilitaires en général, ou encore voiture de tourisme appartenant à un exploitant de taxi, à une société de location ou à une auto-école : nos 55910 s.).	TVA exigible sur le prix de vente (nos 60995 s.), sauf si le véhicule vendu fait l'objet d'une livraison intracommunautaire[1] ou d'une exportation. Possibilité de déduction complémentaire si la déduction initiale de TVA n'a été que partielle (no 61005, c).
III. Vente par un assujetti-revendeur (négociant en biens d'occasion, etc.)	
A. Vente sur le marché intérieur	TVA exigible : – sur la « marge » (nos 60785 s.) dans les cas visés no 60755 (sauf si l'option visée no 60770 a été exercée) ; – sur le prix de vente total, dans les cas visés no 60760 (ou si l'option visée no 60770 a été exercée).
B. Vente dans un autre État de l'UE (livraisons intracommunautaires)[1]	– Dans les cas visés no 60755 (et sauf si l'option visée no 60770 a été exercée) : TVA exigible sur la « marge » (nos 60875, a et 60880). – Dans les cas visés no 60760 (ou si l'option visée no 60770 a été exercée) : pas de TVA française (no 60875, b).
C. Vente dans un pays tiers (exportation)	Exonération de TVA (no 60900).

Nature des opérations	Régime applicable
IV. Acquisition intracommunautaire[1] (véhicule acquis dans un autre État de l'UE)	– Acquisition non taxable en France si, dans l'autre État membre, le vendeur a appliqué le régime de la marge (nos 60885, a et 60890).[2] – Dans le cas contraire, taxation en France, en tant qu'acquisition intracommunautaire (nos 60885, b et 60890).[2]
V. Importation (véhicule acquis dans un pays tiers)	TVA exigible à l'importation (n° 60910).

1. Pour les échanges intracommunautaires : voir n° 61055.
2. Lorsqu'elle porte sur un véhicule acquis auprès d'un assujetti-utilisateur n'ayant donné lieu chez ce dernier à aucune déduction de TVA, l'acquisition est exonérée dès lors que la même livraison en France serait exonérée (n° 49190).

61055 **Remarques concernant les échanges intracommunautaires** : Le tableau consacré aux véhicules automobiles d'occasion ne reprend évidemment pas les dispositions particulières prévues pour les échanges intracommunautaires de moyens de transport neufs, telles qu'elles sont décrites nos 49340 s. Cependant, ces dispositions affectent sur trois points le régime des véhicules automobiles d'occasion faisant l'objet de livraisons ou d'acquisitions intracommunautaires :

a. L'article 298 sexies du CGI donne une **définition spéciale** des moyens de transport neufs en matière d'échanges intracommunautaires (n° 49345). Corrélativement, doivent seuls être considérés comme **des véhicules automobiles d'occasion,** lorsqu'ils font l'objet de livraisons ou d'acquisitions intracommunautaires, les véhicules qui sont livrés plus de six mois après leur première mise en service et qui ont parcouru plus de 6 000 kilomètres.

b. Le **certificat fiscal** visé n° 49355 est, en principe, exigé de tout acquéreur d'un moyen de transport provenant d'un autre État membre, même s'il s'agit d'un véhicule d'occasion.

À noter que, pour obtenir la délivrance du certificat fiscal et bénéficier du régime de la marge, l'assujetti-revendeur qui effectue une opération portant sur un **véhicule terrestre à moteur** d'occasion doit justifier, dans les conditions fixées par l'article 242 quaterdecies, 4° de l'annexe II au CGI, du régime de TVA appliqué par le titulaire du certificat d'immatriculation du véhicule. La même justification doit être apportée par les mandataires pour obtenir la délivrance du certificat fiscal qu'ils sont tenus de demander pour le compte de leur mandant (CGI art. 298 sexies A).

c. Le **relevé détaillé** mentionné n° 49355, qui est en principe exigé des assujettis et personnes morales non assujetties identifiés à la TVA, doit reprendre toutes les acquisitions de moyens de transport provenant d'un autre État membre réalisées par ces personnes, y compris les acquisitions portant sur des véhicules d'occasion.

Sur le libellé des **factures,** lorsque la livraison ou l'acquisition intracommunautaire est taxée sur la **marge,** voir les précisions données nos 60875, a, et 60885, a.

61060
TVA-XV-5370 s
Voitures de démonstration Les véhicules automobiles **acquis neufs** qu'une entreprise, garagiste ou simple concessionnaire, a **utilisés** comme véhicules de **démonstration** constituent lors de leur **revente** des véhicules automobiles d'**occasion** et non des véhicules neufs (CE 22-4-1985 n° 35962 : RJF 6/85 n° 854 ; CE 7-10-1985 n° 52012 : RJF 12/85 n° 1509).

La **taxe grevant** des voitures acquises pour être utilisées comme véhicules de démonstration n'est en principe pas déductible par le concessionnaire. De la même manière, lorsqu'un véhicule est prélevé sur le stock pour être affecté à la démonstration, la taxe initialement déduite est normalement reversée.

Les **ventes** de véhicules de démonstration sont normalement soumises au régime des ventes de biens d'occasion par des assujettis-revendeurs (nos 60750 s.). Toutefois, l'administration admet que le concessionnaire qui a déduit la taxe ne procède à aucun reversement lors de l'affectation du véhicule à la démonstration. La revente du véhicule est alors soumise au régime des ventes de biens neufs.

Pour les voitures de tourisme, le **choix** suivant s'offre donc au vendeur :

– acquitter la taxe sur la différence entre le prix de vente et le prix d'achat. La taxe d'amont ne doit pas avoir été déduite au moment de l'achat (coefficient d'admission égal à zéro) ou doit avoir été reversée spontanément (le coefficient d'admission égal à l'unité devient nul). Elle est alors définitivement exclue du droit à déduction (n° 60815) ;

– ou acquitter la taxe sur le prix de vente total. La vente est imposée obligatoirement de cette manière si la taxe d'amont a été déduite (coefficient d'admission égal à un) ou n'a pas été reversée. Si tel n'a pas été le cas (coefficient d'admission égal à zéro), le vendeur peut déduire, au moment de la vente, la totalité de la taxe supportée lors de l'achat (le coefficient d'admission devient égal à un).

> Précisions a. Le choix peut être exercé au coup par coup et au moment de la vente. Cependant, le régime peut être déterminé par les déductions pratiquées.
b. Le régime décrit vaut aussi, notamment, pour les **motocyclettes** de démonstration.
c. Sur la situation des voitures de démonstration en matière de **BIC**, voir n° 7520, c.

Opérations promotionnelles Il s'agit ici d'opérations promotionnelles dans lesquelles les concessionnaires automobiles s'engagent, lors de la vente d'un nouveau véhicule (neuf ou d'occasion), à **reprendre l'ancien véhicule** de leur client pour une somme minimale forfaitaire. Le régime applicable diffère selon que le véhicule repris est **destiné à la revente ou à la casse.** 61065 TVA-XV-5220 s
Dans le premier cas, la vente du nouveau véhicule est taxable sur l'intégralité du prix de vente. Le véhicule repris et revendu ensuite est soumis au régime des biens d'occasion.
Dans le second cas (ancien véhicule détruit), le montant de la reprise est considéré comme un rabais qui vient en déduction de la base d'imposition du nouveau véhicule. Les sommes reçues (du constructeur, notamment) par le concessionnaire en contrepartie de cette opération sont taxées. Le véhicule repris ne doit pas figurer dans les achats du mois (système de la globalisation).

SECTION 5

AUTRES RÉGIMES PARTICULIERS

1. RÉGIME SUSPENSIF

Le régime de la suspension de taxe (ou régime « suspensif ») a pour objet de **reporter à un stade ultérieur l'exigibilité de l'impôt** normalement dû. 61250 TVA-XV-7200 s
L'application de ce régime est généralement assortie de **conditions** soit formelles (attestation), soit de fait (qualité du client ou utilisation du produit). Lorsque ces conditions ne sont pas satisfaites ou cessent de l'être, la taxe devient exigible (n° 54050, précision a).
L'administration peut éventuellement exiger la garantie d'une **caution** (CGI art. 276).

Les opérations légalement effectuées en suspension de la taxe (CGI art. 277 A, I) ouvrent notamment **droit à déduction.** Les assujettis qui réalisent de telles opérations peuvent donc récupérer la **taxe « d'amont »** y afférente, soit par voie d'imputation s'ils ont un secteur taxable (n° 56600), soit, à défaut, par voie de remboursement (n°s 56620 s.). 61255
Comme l'ensemble des opérations ouvrant droit à déduction, les opérations faites en suspension de taxe figurent aux deux termes du rapport établissant le **coefficient de taxation forfaitaire** (n° 55745).

On trouvera dans le tableau ci-après la **liste** (limitative) **des régimes suspensifs** existants. 61260

Cas d'application de la suspension de taxe	Commentaires (n^os)
Situations ou régimes douaniers de report des importations et entrepôts fiscaux	50740 s.
Matières premières textiles	61265
Produits pétroliers	61355 s.
En ce qui concerne le **régime des achats en franchise** par les assujettis qui réalisent des livraisons à l'exportation ou des livraisons intracommunautaires exonérées, voir n°s 50550 s.	

Matières premières textiles Le régime de la suspension de TVA s'applique aux **importations** (et, par analogie, aux **acquisitions intracommunautaires**) ainsi qu'aux **reventes en l'état** portant sur les matières désignées ci-après : 61265 Décisions ministérielles 28-12-1967 et 12-7-1974 TVA-XV-7240 s
– peaux d'agneaux (et regords) lainées, fraîches ou salées vertes ; peaux d'agneaux (et regords) lainées, salées sèches et séchées, pour délainage ; peaux lainées de moutons, fraîches

ou salées vertes, pour délainage ; peaux lainées de moutons, salées sèches et séchées, pour délainage ; peaux lainées d'autres ovins, fraîches, salées ou séchées ;

– laines en suint ; lin brut ou roui ; étoupes de lin (à l'exclusion des effilochés) ; ramie en lanières, broyée, teillée ou en étoupe ; coton en masse ; chanvre brut ou roui, étoupes (à l'exclusion des effilochés) ; abaca ou chanvre de Manille, en filasse et étoupe ; jute en filasse et étoupes ; autres fibres textiles végétales brutes (à l'exclusion des effilochés).

2. PRODUITS PÉTROLIERS

61340 CGI art. 298 TVA-XIV-1 s

Le régime d'imposition à la TVA des opérations portant sur les produits pétroliers présente un certain nombre de particularités. Le premier stade de ce processus, qui concerne essentiellement les **entreprises pétrolières,** se traduit par l'application du régime fiscal suspensif de TVA, avec quelques adaptations (nos 61355 s.). En revanche, les règles de droit commun de la TVA s'appliquent en principe aux opérations réalisées en dehors de ce régime suspensif (c'est-à-dire après la sortie des produits pétroliers du régime suspensif ou lorsque les conditions d'application de ce régime ne sont pas remplies), étant observé que des restrictions du droit à déduction sont toutefois prévues pour certains des **redevables utilisant des produits pétroliers** (nos 61385 s.).

Le régime suspensif concerne les **produits pétroliers et assimilés, à l'exclusion** du gaz naturel. Il s'agit :

– des **produits pétroliers proprement dits,** qui comprennent essentiellement le pétrole brut, des hydrocarbures naturels et des produits issus de la distillation du pétrole (essences, gazoles, fiouls, lubrifiants, bitumes, butane, propane, etc.) ;

– des **« préparations » pétrolières** qui sont des mélanges à base de produits pétroliers ;

– certains **produits énergétiques** qui ne contiennent **aucun produit pétrolier** (carburant B100, éthanol-diesel ED95, etc.) (BOI-TVA-CHAMP-40-40 nos 100 et 110).

> **Précisions** **a.** Bien que contenant des produits pétroliers, certaines préparations ou certains **produits constitués d'hydrocarbures** sont hors du champ des règles relatives au régime particulier : certains hydrocarbures de composition chimiquement pure (éthane, propane d'une pureté supérieure à 99 %, butane d'une pureté supérieure à 98 %) ou en mélanges, autres que les essences, lorsque les constituants aromatiques prédominent en poids ; biogaz ; houilles, lignites, cokes ; cires préparées ; certains produits ayant des usages autres que carburant ou combustible, etc.
> Les critères fixant la frontière entre les **préparations pétrolières** éligibles au régime particulier et les autres varient selon la nature, la composition ou l'utilisation des produits. Le service des douanes peut être saisi des difficultés rencontrées pour classer un produit (BOI précité nos 110 et 120).
> **b.** Certains **gaz de pétrole et autres hydrocarbures gazeux** sont soumis au régime des produits pétroliers, mais avec des particularités (no 61370).
> **c.** Dans les **départements d'outre-mer,** les opérations portant sur les produits pétroliers sont exonérées de TVA (no 91590).

RÉGIME SUSPENSIF APPLICABLE AUX PRODUITS PÉTROLIERS

61355 CGI art. 298, 1 bis TVA-XIV-500 s

Les produits pétroliers et assimilés placés sous les régimes mentionnés à l'article L 142-1 du CIBS qui suspendent l'accise sur les énergies mentionnée à l'article L 312-1 du même Code perçue, en métropole, sur les produits énergétiques autres que les gaz naturels et les charbons sont placés de plein droit (et sans qu'il soit possible d'y renoncer ou d'opter pour ce régime si les conditions ne sont pas remplies) sous le **régime fiscal suspensif de TVA** prévu à l'article 277 A, I-2°-a du CGI. Il en résulte que, par dérogation au droit commun, la TVA afférente à certaines opérations dont le fait générateur intervient lorsque ces produits sont placés sous ces régimes ou destinés à être placés sous ces régimes devient exigible lors de leur sortie du régime suspensif (voir no 61370).

Le régime fiscal suspensif applicable aux produits pétroliers et assimilés comporte toutefois quelques **spécificités** par rapport aux règles applicables aux autres régimes suspensifs relevant de l'article 277 A, I-2°-a précité (nos 50740 s.) concernant :

– les **opérations concernées** (voir no 61360) ;

– le fonctionnement du régime suspensif : l'autorisation d'**ouverture du régime** fiscal suspensif de TVA (no 50755, précision a) n'est pas requise pour les opérations relatives aux produits pétroliers ; la **sortie** de ce régime est constituée par la sortie des régimes de suspension d'accises sur les énergies, laquelle peut résulter d'une décision régulière ou d'une irrégularité résultant du non-respect de l'une des obligations imposées par ces régimes de suspension ; les **obligations** prises en application de l'article 277 A, III du CGI (registre, pièces justificatives) sont celles régissant les régimes de suspension de l'accise sur les énergies.

La liquidation de la TVA sur les **importations de produits pétroliers** qui ne sont **pas directement placés sous un régime de suspension d'accises** sur les énergies est également régie par certaines règles communes avec les sorties des régimes suspensifs (voir nos 61370 et 61375).

> Précisions a. Le régime de **suspension** de la TVA **ne s'applique pas** aux produits pétroliers et assimilés détenus, produits, transformés, vendus ou importés en dehors des régimes de suspension de l'accise sur les énergies (notamment lorsque leur mise à la consommation en France ou dans un autre État membre est déjà intervenue ou parce qu'ils sont introduits en France sans recourir à un régime de suspension), y compris si ces produits restent soumis à des obligations au titre de cette accise. Les opérations portant sur ces produits, lorsqu'elles relèvent du champ de la TVA, suivent en principe les règles de droit commun sous réserve, le cas échéant, des dérogations qui leur sont propres, notamment en matière de déduction (voir nos 61395 s.) (BOI-TVA-CHAMP-40-40 nos 30 et 80).

b. Le preneur de prestations ou le destinataire de livraisons peut **renoncer au bénéfice de la suspension** pour les **opérations d'amont** mentionnées au second tiret du no 61360. Dans ce cas, la TVA supportée par le preneur ou le destinataire est déduite dans les conditions de droit commun (BOI précité no 180).

c. Sur les conséquences du **non-respect** des **conditions** subordonnant la suspension de TVA, voir no 54050, précision a.

Peuvent être effectuées **en suspension** du paiement de la TVA, lorsqu'elles sont réalisées avant la sortie du régime suspensif : 61360

– les opérations **portant directement sur les produits pétroliers** : livraisons, importations, acquisitions et livraisons intracommunautaires, prestations d'intermédiation, de façon, d'entreposage et de transformation, prestations de transport par pipe-line **à l'exclusion** des autres prestations de transport ;

– les opérations réalisées en amont qui sont **utilisées pour l'extraction, la fabrication, le transport par pipe-line ou le stockage de produits pétroliers** placés sous le régime suspensif de TVA : livraisons de matières premières non pétrolières (catalyseurs, produits chimiques, savons), d'agents de fabrication (électricité, etc.), d'emballages ou d'huiles usagées utilisées pour la fabrication ; travaux de mise en exploitation d'un gisement de produits pétroliers placés, à leur extraction, sous le régime suspensif ; acquisition (ou construction) et prestations de location, d'entretien, de réparation ou de contrôle portant sur les immeubles ou le matériel utilisés pour ces opérations (BOI-TVA-CHAMP-40-40 nos 130 à 160).

> Précisions a. Le montant des opérations ci-dessus doit être porté sur la **déclaration de TVA** au titre des opérations non taxables (CGI art. 287, 2). Pour les livraisons de biens et les prestations de services, la **facture** comporte le numéro d'accise de la personne au nom de laquelle les produits seront stockés en suspension de droits (ou sont stockés, pour les opérations d'amont) ainsi que le nom de la personne titulaire de l'entrepôt fiscal (BOI précité no 200).

b. Ne relèvent pas du régime suspensif et sont soumis à la **TVA de droit commun** les transports réalisés autrement que par pipe-line, ainsi que les travaux de recherche de gisements (recherches géologiques et géophysiques, photographies aériennes, forages de recherche improductifs), les cessions de licences d'exploitation ou de brevets, les travaux de prospection, les services de gardiennage et les services publicitaires ou de promotion des produits (BOI précité no 170).

Liquidation, paiement et contrôle de la TVA en sortie du régime suspensif 61370

CGI art. 298, 1 bis-4° et 5° et 2

TVA-XIV-750 s

La TVA relative aux opérations réalisées en suspension de taxe (opérations portant directement sur les produits pétroliers et opérations d'amont : no 61360) devient **exigible** au moment où les produits pétroliers sortent du régime fiscal suspensif ou à l'importation de ces produits lorsqu'ils ne sont pas immédiatement placés sous un régime de suspension de l'accise sur les énergies.

Des **exonérations** sont toutefois applicables dans les cas où les produits pétroliers et assimilés, préalablement sortis du régime de suspension, sont exportés, font l'objet d'une livraison intracommunautaire ou sont livrés pour avitaillement de navires et d'aéronefs (voir no 50525 ; s'agissant de l'exonération applicable dans les DOM, voir no 91590).

Le **redevable** de la TVA est le redevable de l'accise sur les énergies désigné à l'article L 311-26, 2° du CIBS (c'est-à-dire celui qui procède à la sortie du régime suspensif de l'accise) ou, le cas échéant, en cas d'irrégularités, aux articles L 311-32 et L 311-33 du même Code (personnes ayant participé à l'irrégularité ou ayant garanti l'accise exigible). L'exploitant de l'entrepôt suspensif d'accises est toutefois solidairement tenu au paiement de la taxe.

La **valeur imposable** à la sortie du régime suspensif ou à l'importation de ces produits est fixée **forfaitairement,** pour chaque produit, à partir du prix moyen des produits importés ou faisant l'objet d'une acquisition intracommunautaire, augmenté des droits et taxes autres que la TVA.

Le **taux** applicable est le taux normal (BOI-TVA-CHAMP-40-40 n°s 230 à 290 ; pour le taux applicable aux produits pétroliers en Corse, voir n° 92390).

Le montant de la taxe ainsi liquidé est porté sur les **déclarations** de TVA, l'assiette totale afférente aux importations de produits pétroliers et aux sorties de ces produits du régime suspensif devant être mentionnée distinctement sur cette déclaration (CGI art. 287, 5-b quinquies). Les déclarations CA 3 afférentes à ces opérations doivent être **souscrites au plus tard** le 24 du mois suivant le mois ou le trimestre au cours duquel la taxe est devenue exigible (CGI ann. IV art. 39, 1-1°-g).

> **Précisions** **a.** Le **fait générateur** de la TVA est celui des opérations pour lesquelles l'exigibilité de la TVA a été suspendue. En l'absence de fait générateur intervenant lorsque le produit est placé sous le régime suspensif, aucune TVA n'est donc due (BOI précité n° 220).
> **b.** Les produits ayant **déjà** fait l'objet d'une **mise à la consommation dans un autre État membre** de l'UE suivent le régime général des acquisitions intracommunautaires (n°s 49150 s.).
> **c.** Pour les **gaz de pétrole** et autres hydrocarbures gazeux repris aux numéros 2711-14 et ex-2711-19 du tarif des douanes, non destinés à être utilisés comme carburants, la taxe est calculée non pas sur une valeur forfaitaire mais dans les conditions exposées n° 50765, b.
> **d.** La sortie des produits pétroliers du régime suspensif et les importations par des assujettis de ces produits lorsqu'ils ne sont pas immédiatement placés sous un régime de suspension de l'accise sur les énergies sont régies par les règles de droit commun de la TVA concernant le **recouvrement,** le **contrôle** et le **contentieux** (BOI précité n° 320).

61375 CGI art. 271, II-1-b et II-2 et 298, 3

S'agissant des **droits à déduction,** la TVA ayant grevé les biens et services utilisés pour les opérations réalisées en suspension de taxe (n° 61360) et la taxe acquittée par les redevables eux-mêmes pour les sorties des produits pétroliers du régime fiscal suspensif de TVA ou pour les importations par les assujettis de ces produits lorsqu'ils ne sont pas immédiatement placés sous un régime de suspension de l'accise sur les énergies (n° 61370) sont déductibles dans les **conditions de droit commun.**

La déduction ne peut donc être opérée que si les redevables :

– sont en possession des **factures** (n°s 56250 s.) ou respectent les conditions exposées n° 49635 s'agissant des **importations** de produits pétroliers ;

– et, s'agissant de la **sortie** des produits pétroliers du **régime fiscal suspensif,** s'ils ont fait figurer sur la **déclaration de TVA** toutes les données nécessaires pour constater le montant de la taxe due au titre de cette opération (n° 61370) et détiennent les documents attestant de la sortie de ce régime ainsi que les factures, déclarations d'importation et autres documents à partir desquels la base d'imposition a été calculée.

Les redevables qui n'ont pas porté sur cette déclaration le montant de la taxe due au titre des importations ou de la sortie du régime fiscal suspensif peuvent opérer la déduction lorsque les conditions de fond sont remplies, sous réserve toutefois de l'application de l'amende prévue à l'article 1788 A, 4 du CGI (n° 56290).

OPÉRATIONS RELATIVES AUX PRODUITS PÉTROLIERS RÉALISÉES EN DEHORS DU RÉGIME SUSPENSIF

61385 TVA-XIV-1500 s

Les opérations qui portent sur les produits pétroliers effectuées en dehors du régime suspensif de TVA (c'est-à-dire **après la sortie** des produits pétroliers **du régime suspensif ou** lorsque les **conditions d'application du régime de suspension de l'accise** sur les énergies ne sont **pas remplies** : n° 61355, précision a) sont passibles de la **TVA** dans les conditions **de droit commun** (s'agissant des droits à déductions, voir toutefois n°s 61390 s.).

Le **taux** applicable est le taux mentionné n° 61370.

Les livraisons en cause sont imposables à la **TVA sur leur prix total** hors TVA, qu'elles soient faites par des grossistes ou des détaillants (pompistes) et qu'elles portent sur des carburants, des combustibles, des lubrifiants ou d'autres produits.

61390 CGI art. 298, 3 et 4-1° bis TVA-XIV-2200 s

Produits pétroliers ouvrant droit à déduction dans les conditions de droit commun L'ensemble des produits pétroliers et assimilés ouvre en principe **droit à déduction** de la TVA dans les conditions de droit commun (n°s 55000 s.), à l'exception de ceux qui sont expressément cités à l'article 298, 4-1° du CGI et pour lesquels une limitation du droit à déduction s'applique, pour l'utilisateur final du produit (voir n°s 61395 s.).

Ainsi ouvre en principe droit à déduction intégrale la TVA ayant grevé l'ensemble des produits pétroliers et assimilés :

– que l'acquéreur **revend en l'état ou sous forme d'autres produits** pétroliers, pour lesquels les restrictions du droit à déduction prévues à l'article 298, 4-1° précité ne s'appliquent pas ;

EXEMPLES

1. Les pompistes assujettis à la TVA sur les ventes de carburants et de lubrifiants peuvent déduire la taxe qui a grevé l'acquisition de ces produits.
2. Les huiles neuves mises dans les moteurs, vidangés et nettoyés, de véhicules vendus d'occasion sont réputées vendues en l'état et ouvrent donc droit à déduction (CE 12-11-1990 n° 71042 : RJF 1/91 n° 47).

– utilisés comme **combustibles,** c'est-à-dire pour produire de l'énergie thermique ;

– utilisés comme **carburant pour** activer **un moteur** qui n'a **pas pour objet** d'assurer la **propulsion d'un véhicule** ou d'un engin ;

– utilisés pour les besoins de **véhicules et engins ouvrant droit à déduction** (tels que camions, camionnettes, voitures d'auto-école, etc.) ou pris en location lorsque le preneur peut déduire la taxe afférente à la location (BOI-TVA-DED-30-30-40 n°s 40 à 60 et 90).

Le **coefficient d'admission** de ces produits est donc égal à un (sur cette question, voir n°s 55860 s.).

› Précisions a. La TVA ayant grevé les livraisons de produits pétroliers **utilisés à des fins privées** par des tiers, des dirigeants ou le personnel de l'entreprise n'est pas déductible (par exemple, gazole acquis par une entreprise pour les besoins des déplacements personnels de ses dirigeants ou employés). Est en revanche déductible la taxe ayant grevé les livraisons de produits pétroliers utilisés pour les déplacements professionnels des dirigeants ou du personnel au moyen de véhicules de tourisme (BOI précité n° 70).
b. Dans l'hypothèse où l'**affectation** des produits pétroliers n'est **pas connue lors de l'approvisionnement**, la taxe peut être déduite en totalité, mais l'entreprise est tenue de procéder à une livraison à soi-même (n°s 47400 s.) en cas d'utilisation de celui-ci à des fins privées (BOI précité n° 80).

61395 CGI art. 298, 4-1° TVA-XIV-2300 s

Limitation du droit à déduction chez l'utilisateur final Lorsqu'il est redevable de la TVA, l'utilisateur final des produits pétroliers peut, **en principe,** déduire la taxe ayant grevé les achats, importations, acquisitions intracommunautaires, livraisons et services portant sur ces produits.

Cependant, la portée de ce principe se trouve restreinte en pratique par l'effet de dispositions spéciales qui, **pour certains produits,** prévoient une **limitation** du droit à déduction, **totale** (lubrifiants et carburéacteurs : n° 61400) **ou partielle** (essences, gazoles, gaz naturels et gaz de pétrole liquéfiés : n° 61405), laquelle s'applique **uniquement** pour des **véhicules ou engins exclus du droit à déduction** ou des véhicules ou engins pris en location quand le preneur ne peut pas déduire la taxe relative à cette location.

› Précisions Pour toutes les **autres utilisations** des produits susvisés ou pour tous les **produits non visés** par ces dispositions, le droit à déduction subsiste pour l'utilisateur final et peut être exercé selon les règles de droit commun (voir n° 61390).

Produits totalement exclus du droit à déduction 61400

Sont exclus du droit à déduction (coefficient d'admission égal à zéro) lorsqu'ils sont utilisés pour les **véhicules, engins ou aéronefs exclus du droit à déduction** (n°s 55900 s.) ainsi que pour les véhicules, engins ou aéronefs pris en location quand le preneur ne peut pas déduire la taxe relative à cette location (n° 55995) :

a. Les produits pétroliers utilisés pour la **lubrification** de ces véhicules et engins.

Remarque : S'agissant des huiles neuves mises dans les moteurs de véhicules vendus d'occasion, voir n° 61390.

b. Les carburants relevant de la catégorie fiscale des **carburéacteurs** au sens de l'article L 312-22 du CIBS (Jet A1, pétroles lampants classés en huile moyenne et ne contenant pas de biodiesel).

Produits exclus partiellement du droit à déduction 61405

Lorsqu'ils sont utilisés pour les **véhicules et engins exclus du droit à déduction** (n°s 55900 s.) ainsi que pour les véhicules et engins pris en location quand le preneur ne peut pas déduire la taxe relative à cette location (n° 55995) :

a. Les **carburants** relevant des catégories fiscales des **gazoles** (gazole B7 ; gazoles classés en huiles lourdes contenant ou non du biodiesel) et des **essences** (essence SP95-E5 ; essences pour moteur classées en huiles légères et préparations et ne contenant pas de biodiesel) au sens de l'article L 312-22 du CIBS n'ouvrent droit à déduction qu'à hauteur de **80 %** du montant de la taxe les ayant grevés (coefficient d'admission égal à 0,8).

Est toutefois déductible en totalité la taxe grevant ces produits utilisés pour les **essais** effectués pour les besoins de la fabrication de moteurs ou d'engins à moteur, quelle que soit la situation au regard des droits à déduction des véhicules ou engins dans lesquels ces gazoles ou essences sont utilisés, ainsi que celle grevant ces produits utilisés pour la mise au point de carburants.

b. Les **carburants** relevant des catégories fiscales des **gaz naturels** (gaz naturel de type H ; gaz naturel liquéfié ou à l'état gazeux) et des **gaz de pétrole liquéfiés** (propane ; gaz de pétrole et autres hydrocarbures gazeux liquéfiés, à l'exception du gaz naturel) au sens de l'article L 312-22 du CIBS n'ouvrent droit à déduction qu'à hauteur de **50 %** du montant de la taxe les ayant grevés (coefficient d'admission égal à 0,5).

Remarque : L'**administration** considère toutefois dans sa doctrine que la taxe afférente aux gaz de pétrole et autres hydrocarbures lorsqu'ils sont liquéfiés ou au gaz naturel utilisés comme carburants est intégralement déductible, quelle que soit la situation au regard du droit à déduction des véhicules pour les besoins desquels ils sont utilisés (BOI-TVA-SECT-10-30 n° 230, 5-4-2017 ; dans le même sens, BOI-TVA-DED-30-30-40 n°s 50 et 200).

3. COMMISSIONNAIRES ET AUTRES INTERMÉDIAIRES

61440 TVA-VI-16000 s De façon générale, l'intermédiaire **s'entremet entre** deux personnes, la personne pour le compte de laquelle il agit (ou **« commettant »**) **et un tiers.**

Son activité se caractérise :

– juridiquement, par l'existence d'un **mandat,** qui lui permet d'agir pour le compte d'autrui (l'intermédiaire n'agit pas de sa propre initiative) ;

– économiquement, par le fait qu'il ne fournit **pas** avec ses propres **moyens d'exploitation** les biens et services objet de la transaction dans laquelle il s'entremet.

L'intermédiaire n'est donc jamais propriétaire des biens qu'il est chargé d'acheter ou de vendre, ni l'exécutant des services pour lesquels il s'entremet (BOI-TVA-CHAMP-10-10-40-40 n° 10).

S'il intervient toujours **pour le compte d'un commettant,** l'intermédiaire peut opérer de deux façons différentes :

– ou bien il se présente comme **agissant au nom d'autrui** : il est dit alors **« transparent »** ;

– ou bien il se présente vis-à-vis des tiers comme **agissant en son nom propre** : il est dit alors **« opaque ».**

Cette distinction est importante au regard de la TVA : l'intéressé sera considéré, dans le premier cas, comme un simple prestataire de services taxable sur sa rémunération et, au contraire, dans le second cas, comme un « acheteur-revendeur » taxable sur le montant total de la transaction.

Remarques : 1. L'application des différents **statuts** dont relèvent les intermédiaires en application du **Code de commerce** est, en tant que telle (sous réserve des précisions respectivement données n°s 61445 et 61450 pour les agents commerciaux et les commissionnaires), sans incidence sur les règles applicables pour les besoins de la TVA, déterminées au regard des **conditions objectives, contractuelles et matérielles,** de réalisation des opérations concernées (BOI précité n° 10).

2. Les présents commentaires ne concernent pas les **représentants de commerce** salariés ou statutaires, dès lors qu'ils ne sont pas assujettis à la TVA (n° 46530).

61445 **Définition de l'intermédiaire transparent** Dans ses relations avec les tiers cocontractants (acheteurs ou vendeurs), l'intermédiaire **agissant au nom d'autrui apparaît clairement** comme le représentant du commettant. C'est pourquoi il est dit « transparent ».

> Précisions a. Tel est notamment le cas lorsque l'**intermédiaire contracte personnellement avec le tiers** et que :

– le **contrat** mentionne expressément qu'il agit au nom d'autrui (cette condition n'est remplie que si le contrat indique le nom ou la raison sociale, l'adresse, ainsi que le numéro d'assujetti du commettant) ;

– en l'absence de contrat écrit, la **facture** est établie directement par le commettant (entremise « à la vente ») ou adressée directement par le tiers au commettant (entremise « à l'achat »). Si la facture est établie par l'intermédiaire ou adressée à l'intermédiaire, elle doit faire apparaître que celui-ci agit au nom d'autrui dans les mêmes conditions qu'à l'alinéa ci-dessus ;

– en l'absence de facture et de contrat écrit, les **circonstances de droit** (notamment, l'examen des clauses du contrat unissant l'intermédiaire au commettant) **ou de fait** permettent d'établir que le tiers avait connaissance du fait que l'intermédiaire agissait au nom d'autrui et de tous les éléments d'information mentionnés ci-dessus.

Lorsqu'ils sont assujettis, les **agents commerciaux** au sens de l'article L 134-1 du Code de commerce relèvent de cette catégorie (BOI-TVA-CHAMP-10-10-40-40 n° 20).

b. Selon le **Conseil d'État**, une société qui, en l'absence de contrat de mandat, met en relation deux entreprises, de sa propre initiative, n'agit pas au nom et pour le compte de l'une des deux entreprises et ne peut pas être regardée comme un intermédiaire transparent (CE 26-3-2012 n° 323375 : RJF 6/12 n° 580).

Par ailleurs, n'a pas la qualité d'intermédiaire opaque, mais celle d'intermédiaire transparent, celui qui ne devient jamais propriétaire des biens objet de la transaction dans laquelle il s'entremet (CE 21-11-2011 n° 320089 : RJF 2/12 n° 113).

Définition de l'intermédiaire opaque L'intermédiaire **agit en son nom propre** (et est donc dit « opaque ») lorsqu'il ne remplit pas les conditions permettant de considérer qu'il agit au nom d'autrui (n° 61445). 61450

Le **commissionnaire** appartient à cette catégorie dès lors que l'article L 132-1 du Code de commerce le définit comme celui qui agit en son propre nom ou sous un nom social pour le compte d'un commettant (BOI-TVA-CHAMP-10-10-40-40 n° 30).

> **Précisions** **a.** Selon la **CJUE**, la qualification d'intermédiaire opaque nécessite, outre l'existence d'un mandat, une **identité entre les opérations** acquises par le commissionnaire et les opérations vendues au commettant, cette dernière condition supposant qu'il y ait également, le cas échéant, un **transfert du droit de propriété** qui y est rattaché (CJUE 12-11-2020 aff. 734/19 : RJF 2/21 n° 235). Voir également n° 61445, précision b, la définition de l'intermédiaire opaque donnée par le **Conseil d'État.**
> **b.** En ce qui concerne la **présomption d'opacité** des intermédiaires intervenant dans la fourniture de **services électroniques** ou de services **téléphoniques** fournis **via internet** à des non-assujettis, voir n° 50055, Précisions.

RÉGIME APPLICABLE AUX INTERMÉDIAIRES TRANSPARENTS

Dès lors que ces intermédiaires agissent au nom d'autrui (au sens défini n° 61445), leurs opérations d'entremise sont regardées, pour les besoins de la TVA, comme des **prestations de services** indépendantes. Ces prestations suivent leur **régime propre,** notamment en terme de taux, indépendamment du régime de TVA des livraisons ou services objet de l'entremise (BOI-TVA-CHAMP-10-10-40-40 n° 40). 61460 TVA-VI-16260 s

La **base d'imposition** est constituée par toutes les sommes reçues en contrepartie du service rendu (n° 52225) et les remboursements de débours sont traités comme indiqué n° 52335 s. Le **taux** applicable à ces prestations est en principe le taux normal (en ce sens, CE 11-12-2020 n° 440587 : RJF 3/21 n° 264 ; Rép. Trompille : AN 16-11-2021 n° 40711).

En ce qui concerne la **territorialité** de la TVA, les règles applicables sont celles prévues pour les prestations de services : lorsque la prestation d'intermédiation transparente est rendue à un preneur assujetti, elle est située au lieu d'établissement du preneur (n° 49870) ; lorsque la prestation est rendue à un preneur non assujetti, elle est située au lieu où l'opération principale est elle-même située (n° 50010).

S'agissant des intermédiaires transparents intervenant dans des **opérations portant sur l'or d'investissement,** voir n° 61870 s. ; dans des **exportations** et opérations assimilées ou des **opérations réalisées hors de l'UE,** voir n° 50160.

RÉGIME APPLICABLE AUX INTERMÉDIAIRES OPAQUES

Lorsqu'il s'entremet dans une livraison de biens ou une prestation de services, l'intermédiaire opaque agissant en son nom propre (au sens défini n° 61450) est **considéré,** au regard de la TVA, **comme ayant personnellement acquis et livré le bien,** ou reçu et fourni les services considérés. De même, si l'intermédiaire opaque s'entremet dans une acquisition intracommunautaire, il est réputé avoir personnellement acquis et livré le bien. 61470 CGI art. 256, V-1° et 256 bis, III TVA-VI-16300 s

Par **exemple,** un commissionnaire « à la vente » de biens est réputé acheter les biens à son commettant et les vendre au tiers acheteur. Un commissionnaire « à l'achat » de biens est réputé acheter les biens au tiers fournisseur et les vendre à son commettant.

> **Précisions** Sont également réputés avoir acquis et livré les biens les assujettis qui facilitent, par l'utilisation d'une **plateforme,** certaines ventes à distance de biens importés ou certaines livraisons de biens (voir n° 49825 s.).

L'intermédiaire opaque, considéré comme un « acheteur-revendeur », est donc réputé livrer lui-même le bien ou rendre lui-même le service au commettant s'il agit « à l'achat », au tiers cocontractant s'il agit « à la vente ». Sa **base d'imposition** est égale au montant total de la transaction. Elle correspond au **prix acquitté par le tiers ou le commettant,** commission comprise (s'agissant de la commission, voir la précision a ci-dessous). 61475 CGI art. 266, 1-b

EXEMPLES

1. Hypothèse d'un intermédiaire « à la vente » qui commercialise un bien auprès d'un client établi en France pour le prix de 100 € HT et qui retient 20 € à titre de commission, la somme de 80 € HT étant restituée au commettant (établi en France). La base d'imposition de l'intermédiaire, pour cette opération, est de 100 €.

2. Hypothèse d'un intermédiaire « à l'achat » qui achète à un fournisseur établi en France un bien de 200 € HT et le livre à son commettant (établi en France) pour le prix HT de 240 € (commission = 40 €). La base d'imposition de l'intermédiaire, pour la livraison au commettant, est de 240 €.

3. Hypothèse d'un intermédiaire « à l'achat » qui achète un bien de 300 € HT à un fournisseur assujetti établi en Italie et qui le livre à son commettant (établi en France) pour le prix HT de 360 € (commission = 60 €).
La base d'imposition de l'intermédiaire est :
– de 300 € pour l'acquisition intracommunautaire au fournisseur italien ;
– de 360 € pour la livraison de bien au commettant.

L'intermédiaire peut soustraire de sa base d'imposition les **frais remboursés** par son commettant dès lors qu'ils ne se rattachent pas à l'opération d'entremise (voir n° 52345).

Le fournisseur du bien ou service (c'est-à-dire le **tiers** cocontractant en cas d'entremise « à l'achat » **ou** le **commettant** en cas d'entremise « à la vente ») est réputé livrer le bien ou rendre le service à l'intermédiaire. La **base d'imposition** de cette opération est égale au **prix hors commission.**

› Précisions a. Selon la **CJUE**, le libellé de l'article 28 de la directive TVA (qui concerne les intermédiaires opaques intervenant dans des prestations de services) ne prévoit **aucune condition tenant au caractère onéreux de l'entremise** dans la prestation de services (CJUE 19-12-2019 aff. 707/18 : RJF 3/20 n° 290). Il en va de même du libellé de l'article 14, 2-c de ladite directive (qui concerne les intermédiaires opaques intervenant dans des livraisons de biens). Il en résulte que, pour la CJUE, le régime des intermédiaires opaques s'applique même si l'intermédiaire ne perçoit aucune rémunération de la part de son mandant, dès lors que les conditions d'application dudit régime sont réunies.
b. Lorsque des **règles particulières** s'appliquent en matière de **base d'imposition,** ces règles s'appliquent également à l'intermédiaire opaque : tel est notamment le cas pour un intermédiaire en vente de biens d'occasion (voir n°s 60540 s.).

61480 Sous réserve de certaines particularités examinées n°s 61490 s., les opérations ainsi qualifiées des intermédiaires opaques, des commettants et des tiers cocontractants sont soumises aux **règles de droit commun** de la TVA.

C'est ainsi notamment que les opérations des intermédiaires opaques suivent chacune le régime de TVA des livraisons de biens ou prestations de services qui sont intermédiées, notamment en matière de **taux** ou de **territorialité** (BOI-TVA-CHAMP-10-10-40-40 n° 60). De même, les intermédiaires opaques qui interviennent dans des opérations relevant d'une **exonération** bénéficient de la même exonération au titre de leur activité d'entremise (en ce sens, CJUE 14-7-2011 aff. 464/10 : RJF 11/11 n° 1254).

Les intermédiaires opaques doivent facturer la TVA sur la vente du bien ou la fourniture du service qu'ils sont réputés réaliser. L'**obligation de facturation** incombe également aux commettants qui font appel à des intermédiaires opaques. Les intermédiaires opaques ainsi que leurs commettants sont, en ce qui concerne l'obligation de facturation, soumis en principe aux règles de droit commun. Il est toutefois admis que le compte rendu délivré par un intermédiaire à la vente à son commettant dispense ce dernier de lui adresser une facture, à condition que ce document fasse clairement apparaître le montant de l'opération du commettant et que l'intermédiaire détienne un mandat de facturation écrit de son commettant ou, à défaut, que ce dernier ait signé le compte rendu (BOI-TVA-DED-40-10-10 n° 230).

Les intermédiaires opaques exercent leurs **droits à déduction** dans les conditions de droit commun.

Pour l'application notamment des règles de la franchise en base (n° 54350) et des **régimes d'imposition** (n°s 53700 s.), le chiffre d'affaires des intermédiaires opaques est déterminé compte tenu du montant total des transactions dans lesquelles ils s'entremettent.

61490
CGI art. 269, 1-a ter
TVA-VI-16420 s

Fait générateur de la taxe Pour les livraisons de biens, les prestations de services et les acquisitions intracommunautaires réputées être effectuées à un intermédiaire opaque ou par lui, le fait générateur se produit « au moment où l'opération dans laquelle cet assujetti s'entremet est effectuée ». La livraison de biens ou la prestation de services dont le fait générateur sert de référence est celle qui intervient entre l'intermédiaire et le tiers cocontractant (**opération qui est l'objet de l'entremise**).

EXEMPLES

1. Entremise **à la vente** de biens ou de services : si le fait générateur de la livraison de biens (ou de la prestation de services) effectuée par l'intermédiaire opaque au profit du tiers cocontractant intervient le 30 mars, le fait générateur de la livraison de biens (ou de la prestation de services) réputée effectuée par le commettant au profit de l'intermédiaire intervient également le 30 mars.
2. Entremise **à l'achat** de biens ou de services : si le fait générateur de la livraison de biens (ou de la prestation de services) effectuée par le tiers cocontractant au profit de l'intermédiaire opaque intervient le 25 mai, le fait générateur de la livraison de biens (ou de la prestation de services) réputée effectuée par l'intermédiaire au profit du commettant intervient le 25 mai.

Lorsqu'un intermédiaire opaque intervient dans une **livraison de biens en provenance d'un autre État membre** de l'UE, le fait générateur de l'acquisition intracommunautaire que réalise cet intermédiaire intervient au moment où la livraison au tiers cocontractant ou au commettant est effectuée.

Intermédiaires opaques intervenant dans les opérations du commerce extérieur Les intermédiaires opaques intervenant dans des **opérations intracommunautaires** sont soumis aux règles applicables aux **livraisons** et aux **acquisitions** intracommunautaires de biens et aux obligations qui en découlent (voir nos 49030 s.). 61495 TVA-VI-16570

Le régime des **exportateurs** s'applique aux intermédiaires opaques lorsque leur entremise aboutit à l'expédition des biens vers un pays ou un territoire tiers (nos 49700 s.).

61500

> Précisions L'application du système des **achats en franchise** (nos 50550 s.) appelle des explications particulières lorsque les exportations ou les livraisons intracommunautaires sont réalisées avec **entremise d'un intermédiaire opaque** (généralement, un commissionnaire en marchandises) (TVA-IV-39510 s.).

a. Le **commissionnaire** en marchandises (intermédiaire opaque) **qui s'entremet dans des exportations ou des livraisons intracommunautaires** exonérées peut, dès lors qu'il est réputé réaliser personnellement ces opérations, **acquérir en franchise** (dans les conditions visées nos 50550 s.) les biens faisant l'objet de l'exportation ou de la livraison intracommunautaire qui sont livrés par son fournisseur (l'assujetti dont les biens font l'objet de l'exportation ou de la livraison intracommunautaire) ainsi que les services portant sur ces biens. Il doit toutefois remettre à son fournisseur une attestation particulière faisant apparaître qu'il agit en son nom propre mais pour le compte d'autrui et devant, en principe, être établie pour un montant déterminé. Cependant, s'il est dispensé du visa de ses attestations par le service des impôts, le commissionnaire n'est pas tenu de chiffrer les attestations correspondant à des achats en France.

Le **fournisseur du commissionnaire** peut également acquérir en franchise les biens qu'il livre à cet intermédiaire et qui font l'objet par celui-ci d'une exportation ou d'une livraison intracommunautaire. Pour la détermination du contingent d'achats en franchise du fournisseur, il y a lieu de retenir le montant des livraisons en franchise effectuées l'année précédente par ce fournisseur à des commissionnaires agissant en leur nom propre.

Ces dispositions sont applicables au bureau d'achat de maisons étrangères qui agit en son nom propre et au GIE agissant en son nom propre dont l'activité consiste exclusivement à expédier en l'état hors de France les biens de la fabrication ou du négoce de ses membres et que ceux-ci lui ont livrés.

b. Le commissionnaire à la vente ou à l'achat (intermédiaire opaque) qui **s'entremet entre une personne réalisant une exportation ou une livraison intracommunautaire** de biens exonérée **et le fournisseur** des biens peut acquérir en franchise, auprès de ce fournisseur, les biens qu'il livre à la personne réalisant l'exportation ou la livraison intracommunautaire.

Pour la détermination du contingent d'achats en franchise, il y a lieu de retenir le montant des livraisons hors taxe faites l'année précédente par le commissionnaire aux personnes réalisant des exportations ou des livraisons intracommunautaires, sous couvert d'attestations en franchise délivrées par ces personnes.

4. AGENTS DE VOYAGES

Les différents éléments fournis pour la réalisation d'un voyage par une **agence de voyages ou** un **organisateur de circuits touristiques** qui agit en son nom propre à l'égard des voyageurs et **recourt** à des livraisons de biens ou des prestations de services d'**autres assujettis** constituent une **prestation de services unique** en matière de TVA suivant son régime propre (CGI art. 257 ter, III). La doctrine administrative admet qu'il puisse également s'agir de services d'**organismes non assujettis** (BOI-TVA-SECT-60 no 50). 61520 TVA-XV-16500 s

Les spécificités de ce régime particulier concernent la territorialité, la détermination de la base d'imposition et, corrélativement, des droits à déduction.

Remarques : **1.** Le régime spécifique des agents de voyages ne dépend pas de la qualité de l'opérateur et s'applique à tous les **opérateurs économiques, titulaires ou non d'une licence** d'agent de voyages (CJUE 22-10-1998 aff. 308/96 et 94/97 : RJF 12/98 no 1521 ; dans le même sens, BOI précité no 20).

2. Le bénéfice du régime particulier n'est pas limité au cas de vente de voyages aux voyageurs mais s'étend aux **ventes à tout client** (notamment, CJUE 26-9-2013 aff. 296/11 : RJF 12/13 no 1190 ; CJUE 27-1-2021 aff. 787/19 : RJF 6/21 no 677). Il peut ainsi s'appliquer, notamment, aux recettes perçues de personnes relevant elles-mêmes de ce régime dès lors qu'elles résultent de la vente de voyages (BOI précité no 40).

61525 **> Précisions a.** Seules les **opérations d'entremise** sont susceptibles d'être concernées par le régime particulier des agents de voyages. Ne relèvent donc pas de ce régime les services qu'un agent de voyages rend à ses clients à l'aide de moyens d'exploitation dont il est propriétaire ou locataire (BOI-TVA-SECT-60 n° 60 ; voir également n° 61540, b).

b. Seules les opérations d'entremise effectuées par l'agent de voyages ou l'organisateur de circuits touristiques **en son nom propre** à l'égard du client (intermédiation opaque) entrent dans le champ du régime particulier. Lorsqu'il intervient en tant qu'intermédiaire agissant au nom et pour le compte d'autrui, ce sont les règles propres aux prestations des intermédiaires transparents qui s'appliquent (voir n° 61460). Notamment, lorsqu'un agent de voyages vend des billets de transport d'une compagnie aérienne, il est considéré comme intervenant en tant qu'intermédiaire transparent dans la **vente de billets d'avion** et non en tant que prestataire d'un service de transport de voyageurs. La commission qu'il perçoit de ses clients doit, dès lors, être soumise à la TVA (au taux normal) pour la distance parcourue sur le territoire français (elle est toutefois exonérée lorsqu'elle concerne un transport à destination ou en provenance de l'étranger ou des DOM : n° 50160). Les clients assujettis peuvent déduire dans les conditions de droit commun la taxe ainsi facturée par l'agent de voyages (Rép. Franco : AN 7-6-2005 n° 60261, non reprise au Bofip).

c. Pour que le régime particulier trouve à s'appliquer, la prestation d'entremise doit comprendre **au moins le transport et/ou l'hébergement.**

Même dans le cas où l'agent de voyages ne fournit qu'une prestation de transport ou d'hébergement, le régime particulier trouve à s'appliquer dès lors que la prestation offerte ne se réduit pas à la fourniture de ladite prestation mais comprend des prestations annexes telles que la délivrance d'**informations** ou de **conseils** propres à orienter le client dans son choix (CJUE 12-11-1992 aff. 163/91 : RJF 3/93 n° 472 ; BOI précité n° 50). Ainsi, une société qui exploite un **site internet** proposant à ses clients, afin d'assurer leurs déplacements lors de leurs voyages, de comparer les tarifs de différents loueurs de voitures de tourisme, avec lesquels elle est liée par contrat, de réserver leur véhicule et qui, outre la **location de véhicules** (sous-traitée à des tiers), fournit des prestations d'information et de conseil pour la réservation des véhicules exerce une activité d'agence de voyages (CE 7-12-2015 n° 371403 : RJF 3/16 n° 235).

On notera toutefois que, dans des arrêts ultérieurs, la Cour de justice a **abandonné, pour** les **services d'hébergement,** le **critère** tenant à la « délivrance d'informations ou de conseils ». Elle a en effet jugé que le régime particulier s'applique à la mise à disposition par une agence de voyages d'une résidence de vacances louée auprès d'autres assujettis (CJUE 19-12-2018 aff. 552/17 : RJF 3/19 n° 315) ou à la prestation d'un assujetti consistant à revendre des services d'hébergement dans des hôtels ou établissements similaires achetés auprès d'autres assujettis, bien que ces prestations d'hébergement ne soient accompagnées d'aucun service supplémentaire (CJUE 29-6-2023 aff. 108/22 : RJF 10/23 n° 785).

d. En revanche, les **ventes ou prestations** de services effectuées par les agents de voyages qui ne sont **pas comprises dans un voyage ou un séjour** proposé à la clientèle pour un prix global et forfaitaire ne relèvent pas du régime spécifique (locations de places de spectacle, opérations de change, vente de guides ou de photos, etc.) (BOI précité n° 70 ; dans le même sens, CJUE 9-12-2010 aff. 31/10 : RJF 10/11 n° 1110).

61528 CGI art. 259 A, 8° TVA-XV-16790 s

Territorialité La prestation de services unique d'un agent de voyages (au sens défini n° 61520) est taxable **en France** lorsque celui-ci y a le **siège de son activité économique** (sauf si la prestation est fournie à partir d'un établissement stable situé à l'étranger) **ou** lorsque, ayant le siège de son activité économique à l'étranger, il dispose en France d'un **établissement stable** à partir duquel la prestation de services unique est fournie.

Les prestations fournies par un agent de voyages ne répondant pas à la définition de la prestation de services unique suivent les règles de territorialité qui leur sont propres.

> Précisions Lorsqu'un organisateur de **circuits touristiques** établi dans un État membre fournit à des voyageurs des prestations de services **par l'intermédiaire d'une filiale** (dont il détient la totalité du capital) opérant en qualité d'agent dans un autre État membre, ces prestations sont imposables à la TVA dans ce dernier État dès lors que cette filiale, qui agit comme un simple auxiliaire de l'organisateur, dispose des moyens humains et techniques qui caractérisent un établissement stable (CJUE 20-2-1997 aff. 260/95 : RJF 4/97 n° 406).

61530 CGI art. 262 bis

Les prestations de services uniques (au sens défini n° 61520) sont en principe **exonérées** pour la partie qui se rapporte à des **services exécutés hors de l'UE.** La partie de ces opérations qui se rapporte à des services exécutés en France ou dans un autre État membre de l'UE est en revanche normalement taxable.

> Précisions Les opérations d'entremise relatives à la vente de **voyages organisés** dans les **DOM** sont exonérées lorsque les services sont facturés par une agence métropolitaine ou une agence située dans un DOM autre que celui de réalisation du voyage (sous réserve du cas particulier des relations entre la Guadeloupe et la Martinique : n° 91565).

Base d'imposition La base d'imposition des prestations de services uniques (au sens défini n° 61520) effectuées par des agents de voyages est constituée par la **différence,** calculée par période d'imposition (mois ou trimestre), entre les **encaissements** perçus et les **dépenses** (factures reçues) (BOI-TVA-SECT-60 n° 200), autrement dit par la **marge.** 61535 CGI art. 266, 1-e TVA-XV-16920 s

Le montant de cette différence étant taxe comprise, il faut, pour déterminer la **valeur hors taxe** de la base d'imposition, lui appliquer le **coefficient de conversion** correspondant au **taux normal** (n° 52785, a).

À chacun des deux termes de la différence ne doit être retenu que ce qui se rapporte aux **opérations** situées **dans le champ d'application territorial** de la TVA. Pour chaque encaissement ou dépense, il y a donc lieu de **ventiler** dans les écritures comptables la part taxable et celle correspondant à des opérations exonérées en application des règles de territorialité.

Pour les **voyages organisés** se déroulant à la fois **dans l'UE et hors** de celle-ci, une solution pratique facilitant cette ventilation est prévue. Ainsi, les organisateurs d'un voyage peuvent ventiler leurs encaissements proportionnellement au pourcentage global de dépenses se rapportant à des opérations taxables et non taxables, constaté pour ce voyage.

› Précisions **a.** Pour les **autres prestations** de services effectuées par les agents de voyages (en particulier celles qu'ils effectuent en tant qu'intermédiaires transparents ou celles pour lesquelles ils utilisent des biens ou des services fournis par eux-mêmes), la base d'imposition est constituée par le montant de la commission ou de la rémunération. Le **régime des débours** engagés pour le compte d'autrui est susceptible de s'appliquer pour ces prestations lorsque le régime spécifique de la prestation unique ne s'applique pas (n°s 52335 s.). 61540

b. Lorsqu'un opérateur effectue, contre le paiement d'un **prix forfaitaire,** des opérations composées de **prestations** de services **fournies en partie par lui-même et** en partie **par d'autres** assujettis, la taxation sur la marge s'applique uniquement aux prestations de services fournies par les tiers (CJUE 22-10-1998 aff. 308/96 et 94/97 : RJF 12/98 n° 1521 ; CJUE 25-10-2012 aff. 557/11 : RJF 2/13 n° 243). La partie du forfait qui correspond à ses prestations propres doit être isolée par l'opérateur sur la base de leur **valeur de marché,** dès lors que cette valeur peut être déterminée. L'opérateur peut toutefois utiliser le critère des coûts réels s'il est en mesure de démontrer que ce critère rend fidèlement compte de la structure réelle du forfait. Les deux critères peuvent être combinés dans le cas où la valeur de marché ne peut pas être déterminée pour l'intégralité des prestations propres (CJUE 6-10-2005 aff. 291/03 : RJF 12/05 n° 1496). L'opérateur peut également recourir, le cas échéant, à d'autres critères que ceux de la valeur de marché ou des coûts effectifs, à condition d'en justifier (CE 15-11-2006 n° 276006 : RJF 2/07 n° 143).

Ces règles s'appliquent en particulier aux **transporteurs routiers organisant des voyages** (BOI-TVA-SECT-60 n°s 400 à 420).

c. Les **frais d'annulation, de dédit ou de résiliation** retenus par une agence de voyages sont inclus dans le **calcul de la marge** s'ils s'analysent comme la contrepartie d'une **prestation de services** individualisée, y compris en l'absence d'exécution (n° 46975). Par exemple, dans le cas où le client ne met pas en œuvre son droit au voyage ou séjour après avoir versé l'intégralité du prix, ce prix est soumis à la TVA lorsque le client n'est pas autorisé par les conditions contractuelles à réclamer un remboursement, même partiel. Tel n'est pas le cas en revanche si ces frais ont pour seul objet d'**indemniser un préjudice** (n° 46980) (BOI précité n° 230). Les frais retenus par l'agence font également l'objet de la ventilation mentionnée n° 61535 en application des règles de territorialité.

d. Selon la **CJUE,** la marge bénéficiaire des agents de voyages doit être déterminée en se référant à chaque prestation de services unique fournie par l'agence de voyages prise isolément, et non **pas de manière globale** (CJUE 26-9-2013 aff. 189/11 : RJF 12/13 n° 1190 ; CJUE 27-1-2021 aff. 787/19 : RJF 6/21 n° 677).

En cas de versement d'**acomptes** (pour lesquels la taxe est exigible au moment de l'encaissement), lorsque le montant de l'acompte correspond au prix total du service touristique ou à une partie significative de ce prix et que l'agence n'a encore supporté aucun coût effectif, ou seulement une part limitée du coût total individuel de ce service, ou encore lorsque le coût effectif individuel du voyage supporté par l'agence ne peut pas être déterminé au moment du paiement de l'acompte, la marge bénéficiaire peut être déterminée sur le fondement d'une **estimation du coût effectif total,** en tenant compte des coûts déjà effectivement supportés lors de l'encaissement de l'acompte (CJUE 19-12-2018 aff. 422/17 : RJF 4/19 n° 405).

Déductions Dès lors qu'ils sont imposables seulement sur leur marge, les agents de voyages ne peuvent pas déduire la **TVA** qui leur est facturée par les **prestataires qui exécutent matériellement** les services utilisés par les clients (hôteliers, restaurateurs, transporteurs...). Le coefficient d'admission applicable à ces services est donc égal à zéro. 61545 CGI ann. II art. 206, IV-2-9° TVA-XV-17220 s

Ils ont en revanche la possibilité de déduire, dans les conditions de droit commun, la TVA qui grève les divers éléments de leur propre prestation d'entremise (**immobilisations, frais généraux** : publicité, notamment).

L'exonération visée nº 61530 ne réduit pas leurs droits à déduction.

Pour le calcul du **coefficient de taxation forfaitaire,** voir nº 55745, précision e.

61550 TVA-XV-17275 s **Facturation** Les agents de voyages peuvent se **dispenser de mentionner** distinctement **la TVA** afférente à leurs prestations de services uniques (au sens défini nº 61520), même sur les factures remises à des redevables (BOI-TVA-SECT-60 nº 360).

5. PRESSE

61570 CGI art. 298 septies à 298 terdecies TVA-XV-23400 s Les publications périodiques remplissant les conditions requises pour avoir la qualité de **publications de presse** (presse « papier ») ainsi que les services de **presse en ligne** sont soumis à la TVA, avec cependant certaines particularités comportant notamment le bénéfice du taux particulier de 2,1 % (nºs 61585 s.).

La situation des **fournisseurs de la presse** écrite (imprimeurs, agences de presse...) est, quant à elle, examinée nºs 61620 s.

> **Précisions** Les publications **périodiques n'ayant pas la qualité de publications de presse** sont en principe imposables, soit au taux normal, soit au taux réduit de 5,5 %, si elles répondent à la définition fiscale du livre (nºs 53040 s.). S'agissant des publications pornographiques, voir nº 53045, d.

PUBLICATIONS DE PRESSE ET PRESSE EN LIGNE

61585 CGI ann. III art. 72 et 73 TVA-XV-23840 s **Publications papier** S'agissant des publications de presse, les articles 72 et 73 de l'annexe III au CGI définissent les deux catégories de publications susceptibles de bénéficier du régime spécial de la presse.

a. Dans la **première catégorie (article 72)** entrent les publications présentant un lien direct avec l'actualité (apprécié au regard de l'objet de la publication) qui remplissent simultanément les conditions suivantes :

– présenter un contenu original composé d'informations ayant fait l'objet d'un traitement à caractère journalistique (notamment dans la recherche, la collecte, la vérification et la mise en forme de ces informations) réalisé par une équipe rédactionnelle composée de journalistes professionnels ou apporté par une agence de presse agréée ;

– avoir un caractère d'intérêt général quant à la diffusion de la pensée ;

– satisfaire aux obligations de la loi du 29 juillet 1881 sur la liberté de la presse ;

– paraître régulièrement au moins une fois par trimestre sans qu'il puisse y avoir un intervalle supérieur à quatre mois entre deux parutions ;

– faire l'objet d'une vente effective au public, au numéro ou par abonnement, à un prix marqué ayant un lien réel avec les coûts, sans que la livraison de la publication soit accompagnée de la fourniture gratuite ou payante de marchandises ou de prestations de services n'ayant aucun lien avec son objet principal ;

– ne pas avoir plus des deux tiers de leur surface consacrés aux annonces classées (sans que celles-ci excèdent la moitié de la surface totale), à la publicité et aux annonces judiciaires et légales ;

– respecter l'obligation d'information du lecteur quant à l'identification des publicités publiées (mention « publicité » ou « communiqué » avant tout article de publicité) ;

– ne pas être assimilables à certains écrits tels que, notamment, feuilles d'annonces, tracts, guides, prospectus, catalogues, almanachs, répertoires, index, lexiques, cotations, horaires, programmes ; les publications ayant pour objet essentiel l'insertion à titre d'information des programmes de radiodiffusion et de télévision ou des cotes de valeurs mobilières sont toutefois susceptibles de bénéficier du régime de la presse au titre de l'article 72 ;

– ne pas être susceptibles de choquer le lecteur par une représentation dégradante de la personne humaine portant atteinte à sa dignité et à la décence ou présentant sous un jour favorable la violence.

Des dispositions spéciales sont applicables aux suppléments, numéros spéciaux et hors-série.

Remarque : S'agissant des **publications d'associations ou de groupements,** la condition tenant au traitement journalistique réalisé par une équipe rédactionnelle composée de journalistes professionnels n'est pas exigée (CGI ann. III art. 72, III). Ne peuvent toutefois pas bénéficier du régime spécial de la presse au titre de l'article 72 précité, notamment, les publications qui ont pour objet principal d'informer sur la vie interne d'un groupement ou qui constituent un instrument de publicité ou de propagande pour celui-ci ainsi que les publications dont le prix est compris dans une cotisation à une association ou à un groupement (ces dernières pouvant bénéficier, le cas échéant, de ce régime au titre de l'article 73 de l'annexe III au CGI : voir b ci-dessous).

b. Dans la **deuxième catégorie (article 73)** figurent :
- les publications d'anciens combattants, mutilés ou victimes de guerre ;
- les publications éditées par les organisations syndicales de salariés ;
- les publications politiques, sauf celles qui sont éditées par ou pour le compte d'une personne morale de droit public ;
- les publications mutualistes ;
- les publications, de diffusion nationale ou internationale, éditées par les organismes à but non lucratif et ayant pour objet de contribuer, à titre manifestement désintéressé, à lutter par des actions ou programmes contre les atteintes ou menaces graves à la dignité, à la santé et à la vie humaines, sous réserve d'être destinées à un public large et diversifié et de faire appel au soutien du lecteur ;
- les journaux scolaires publiés ou imprimés sous la direction et la responsabilité des instituteurs ou des professeurs.

Les publications relevant de l'article 73 doivent répondre aux conditions tenant au caractère d'intérêt général, au respect de la loi sur la liberté de la presse et à la périodicité mentionnées au a ci-dessus.

Elles doivent en outre présenter un lien avec l'actualité et ne doivent entrer dans aucune des catégories visées à l'avant-dernier tiret du a. La publicité et les annonces ne doivent pas excéder 20 % de la surface totale de ces publications.

> Précisions Le respect des conditions réglementaires par les publications de presse est apprécié par l'administration fiscale après avis de la **Commission paritaire** des publications et agences de presse (CPPAP). Pour pouvoir bénéficier du régime spécial de la presse, les diverses publications de presse visées ci-dessus (première et deuxième catégories) doivent donc : obtenir d'abord un **certificat d'inscription** à la CPPAP, délivré pour une durée de cinq ans maximum (Décret 97-1065 du 20-11-1997 art. 7 modifié) ; obtenir ensuite une **décision favorable** de l'**administrateur des finances publiques** territorialement compétent (sur demande accompagnée d'une copie du certificat ci-dessus et d'au moins deux numéros différents de la publication) (TVA-XV-23490 s.).

Le refus par la commission paritaire de délivrer le certificat d'inscription (refus qui doit être motivé) ainsi que le retrait de ce certificat par la commission (CE sect. 27-5-1994 n° 142878 : RJF 1/95 n° 17) peuvent faire l'objet d'un **recours** pour excès de pouvoir. Il en est de même de la lettre de l'administrateur des finances publiques notifiant le retrait du certificat prononcé par la commission.

Presse en ligne Constitue un service de presse en ligne, en application de l'article 1er modifié de la loi 86-897 du 1er août 1986 portant réforme du régime de la presse, tout service de communication au public en ligne édité à titre professionnel par une personne physique ou morale qui a la maîtrise éditoriale de son contenu, consistant en la production et la mise à disposition du public d'un contenu original, d'intérêt général, renouvelé régulièrement, composé d'informations présentant un lien avec l'actualité et ayant fait l'objet d'un traitement à caractère journalistique, qui ne constitue pas un outil de promotion ou un accessoire d'une activité industrielle ou commerciale (BOI-TVA-SECT-40-40 n° 10). **61590** TVA-XV-25120 s

Pour bénéficier du régime particulier de la presse, les services de presse en ligne doivent être **reconnus par** la **CPPAP** qui procède à leur inscription sur la liste des services de presse en ligne en application du décret 97-1065 du 20 novembre 1997. Pour être reconnus comme tels, ils doivent remplir les conditions prévues par l'article 1er modifié du décret 2009-1340 du 29 octobre 2009.

> Précisions a. Pour répondre aux **conditions** de l'article 1er modifié du décret 2009-1340 du 29 octobre 2009, le service de presse en ligne doit :
- satisfaire aux obligations de l'article 6, III-1 de la loi 2004-575 du 21 juin 2004 ;
- répondre aux obligations fixées par l'article 93-2 de la loi 82-652 du 29 juillet 1982, à savoir notamment disposer d'un directeur de la publication ;
- être édité à titre professionnel ;
- offrir, à titre principal, un contenu utilisant essentiellement le mode écrit, faisant l'objet d'un renouvellement régulier et non pas seulement de mises à jour ponctuelles et partielles (tout renouvellement doit être daté) ;
- mettre à disposition du public un contenu original, composé d'informations présentant un lien avec l'actualité et ayant fait l'objet, au sein du service de presse en ligne, d'un traitement à

caractère journalistique (notamment dans la recherche, la vérification et la mise en forme de ces informations) réalisé par une équipe rédactionnelle composée de journalistes professionnels ou apporté par une agence de presse agréée ;
– avoir un contenu présentant un caractère d'intérêt général quant à la diffusion de la pensée (instruction, éducation, information, récréation du public) et non susceptible de choquer l'internaute par une représentation de la personne humaine portant atteinte à sa dignité et à la décence ou présentant la violence sous un jour favorable ;
– ne pas avoir pour objet principal la recherche ou le développement des transactions d'entreprises commerciales, industrielles, bancaires, d'assurances ou d'autre nature, dont il serait en réalité l'instrument de publicité ou de communication, et ne pas apparaître comme étant l'accessoire d'une activité industrielle, artisanale, commerciale ou de prestation de services autre que la mise à disposition du public d'informations ayant fait l'objet d'un traitement journalistique ;
– respecter l'obligation d'information du lecteur quant à l'identification des publicités publiées (toute publicité doit être clairement identifiée comme telle et rendre clairement identifiable la personne physique ou morale pour le compte de laquelle elle est réalisée, sans préjudice des dispositions réprimant les pratiques commerciales trompeuses) ;
– avoir un éditeur qui a la maîtrise éditoriale du contenu publié à son initiative ;
– mettre en œuvre des dispositifs appropriés de lutte contre les contenus illicites sur les espaces de contribution personnelle des internautes.

b. Le service de presse en ligne bénéficie du taux de 2,1 % du seul fait de sa reconnaissance par la CPPAP, **sans** qu'il soit nécessaire d'obtenir un **agrément fiscal.**

61600 TVA-XV-25240 s **Régime des ventes de publications de presse et de la presse en ligne** Quelle que soit leur périodicité, les ventes, **au numéro ou par abonnement,** des publications de presse (y compris leurs versions numérisées) et des services de presse en ligne sont, en matière de TVA, régies sur certains points par les dispositions particulières mentionnées ci-après.

Sur les autres points, et notamment en ce qui concerne la déduction de la taxe « d'amont » ou les obligations des redevables (déclarations, facturation, etc.), ce sont les règles de droit commun qui sont applicables en principe.

a. S'agissant de la **base d'imposition,** les éditeurs doivent acquitter la **TVA sur le prix de vente total** au public (CGI art. 298 undecies). Il en est ainsi même lorsque les publications sont vendues au numéro par l'intermédiaire de distributeurs rémunérés par une partie du prix de vente, ces distributeurs étant eux-mêmes dispensés du paiement de la TVA sur leur rémunération (n° 61650).

En ce qui concerne la base d'imposition à retenir pour l'application du taux de 2,1 % aux **services de presse en ligne** qui font partie d'une **offre d'abonnement numérique** comprenant plusieurs services, dont au moins un service de télécommunication, un service de radiodiffusion ou de télévision ou un service électronique, voir n° 52392.

b. La TVA est calculée au **taux** particulier **de 2,1 %** en France métropolitaine (y compris la Corse) et de 1,05 % dans les DOM (coefficients de conversion respectifs : 0,979 et 0,989) (CGI art. 298 septies).

Pour les publications vendues au numéro, en provenance ou à destination des **DOM,** voir n° 91575, c.

c. L'**exigibilité** de la TVA, pour les **publications de presse imprimées,** intervient lors de l'**encaissement** des acomptes ou du prix (CGI art. 298 nonies).

L'exigibilité de la taxe intervient, bien entendu, également à l'encaissement pour les **services de presse en ligne** (n° 52645).

› Précisions Pour les **produits de presse composites** comportant une **publication imprimée** (bénéficiant du régime de la presse) assortie pour un prix global d'un bien dit « plus-produit » (cédérom, compact-disc, etc.), il est notamment admis, à titre de règle pratique, que ce dernier soit considéré comme un **échantillon ou cadeau** et ne donne pas lieu à imposition (mais il convient alors, pour le droit à déduction, de faire application des règles exposées n°s 55970 s.) lorsqu'il est proposé moins d'une fois par mois avec une publication hebdomadaire ou moins d'une fois par trimestre avec une publication mensuelle et que son prix de revient n'excède pas 15 % du prix de vente hors taxe de la publication ou, quelle que soit la fréquence, lorsque son prix de revient n'excède pas 7 % du prix de vente hors taxe de la publication (BOI-TVA-SECT-40-10-10 n° 230).
La **CJUE** a jugé, quant à elle, que la remise d'un cadeau (en l'occurrence, une tablette ou un smartphone) en contrepartie de la souscription d'un abonnement à des revues périodiques constitue une incitation à l'abonnement et n'a d'autre finalité que d'augmenter le nombre d'abonnés et, partant, d'accroître les bénéfices de l'éditeur, de sorte qu'elle constitue une **prestation accessoire** (au sens défini n° 46478, précision c) à la prestation principale consistant en la livraison de périodiques (CJUE 5-10-2023 aff. 505/22 : RJF 1/24 n° 95).

Régime des autres opérations Certaines opérations portant sur des publications de presse appellent des précisions. 61605 TVA-XV-25870 s

a. La taxation des publications **importées** ou faisant l'objet d'une **acquisition intracommunautaire,** au taux applicable à ces publications en régime intérieur, s'opère en général selon des modalités particulières.

Notamment, lorsque, pour l'importation de publications, l'abonnement a été souscrit auprès d'un intermédiaire établi en France et que les revues sont directement adressées de l'étranger à l'abonné ou que ce dernier a directement souscrit l'abonnement auprès d'un éditeur étranger, ces flux remplissent les conditions de qualification de **VAD-BI** (nos 49800 s.). Dans ces situations, la TVA à l'importation est en principe due par l'abonné en tant que destinataire des marchandises (le représentant en douane enregistré chargé des formalités de dédouanement pouvant se prévaloir du régime particulier exposé no 50905 pour la déclaration et le paiement de la TVA à l'importation, alors soumise, selon l'administration, au taux normal), à moins que l'intermédiaire ou le vendeur étranger n'opte pour être désigné redevable de la taxe sur l'opération d'importation. Cette option entraîne notamment la territorialisation de la VAD-BI en France, l'intermédiaire ou l'éditeur étranger pouvant opter pour le guichet unique « IOSS » (nos 50885 s.) pour déclarer la taxe due sur l'opération (BOI-TVA-SECT-40-10-20 nos 267 à 298).

b. Les **services d'intermédiation** sont passibles du taux applicable aux publications ou services de presse en ligne auxquels ils se rapportent.

c. Les autres opérations sont passibles de la TVA au taux qui leur est propre. Tel est notamment le cas pour :

– les recettes de **publicité** ou d'**annonces** (taux normal) ;

– les **cessions** et rétrocessions **d'éléments d'information** entre entreprises de presse pour des publications bénéficiant du régime privilégié (taux intermédiaire de 10 %) (CGI art. 298 octies, al. 2) ;

– les cessions du **droit d'emploi des titres** des publications (taux normal).

d. La livraison à soi-même des exemplaires **distribués gratuitement** pour les besoins de la **promotion des ventes** d'une publication de presse peut, dans certains cas, ne pas être taxée.

e. Les **« tirages à part »,** qui ne diffèrent des publications de presse dont ils portent le titre que par la qualité du papier utilisé pour leur impression, sont admis au même régime fiscal que ces publications.

Il en est de même pour les **recueils d'invendus brochés,** à condition que leur vente n'ait qu'un caractère accessoire et qu'ils soient composés non pas d'un tirage spécial, mais exclusivement d'invendus. Ne remplit pas cette condition la personne qui se borne à se procurer auprès de l'éditeur des invendus en vue de les revendre.

Les **« bouillons » de presse** vendus (à l'unité ou groupés sous un emballage) à des fins de lecture sont soumis au même régime que les publications dont ils émanent, quelle que soit la qualité du vendeur : éditeur de la publication, mandataire ou professionnel de la vente d'objets soldés. Lorsqu'ils ne sont pas destinés à la lecture, ils sont considérés comme des matières de récupération et sont soumis, le cas échéant, à un régime d'autoliquidation (voir no 54050).

Les ventes à l'unité ou par abonnement des **versions numérisées** d'une publication de presse imprimée bénéficiant du taux de 2,1 % en bénéficient également.

FOURNISSEURS DE LA PRESSE

La situation de certains fournisseurs de la presse appelle des explications particulières. 61620 TVA-XV-26350 s

Remarques : **1.** Les **journalistes** professionnels ne sont pas soumis à la TVA (no 46530).

2. Les **correspondants locaux** de presse suivent le régime de TVA des auteurs des œuvres de l'esprit (voir nos 61680 s.).

Agences de presse Celles figurant sur la liste fixée par arrêté, après avis favorable de la CPPAP, bénéficient du taux intermédiaire de 10 % au titre de l'ensemble de leurs fournitures d'éléments d'information (CGI art. 298 octies, al. 2). 61625 TVA-XV-26360 s

Matières premières Quel que soit leur acquéreur, toutes les matières premières nécessaires à l'impression des publications de presse (**papiers, encres, solvants,** etc.) sont passibles du taux normal (voir toutefois no 61640 pour les matières fournies dans le cadre de travaux d'impression). 61630 TVA-XV-26470 s

> **Précisions** L'exigibilité de la taxe due sur les **ventes de papier de presse** intervient au moment de l'encaissement des acomptes ou du prix pour les entreprises qui participent à la constitution, au maintien et au financement d'un **« stock de précaution »** (CGI art. 298 nonies).

61635 CGI art. 298 octies, al. 1 TVA-XV-26600 s

Travaux de composition et d'impression Par « travaux de composition et d'impression », on entend :

– les travaux de **composition** manuelle, mécanique, photographique, planographique qui se matérialisent par la fourniture des clichés d'imprimerie (et leurs épreuves photographiques accessoires) ou aboutissent aux « formes imprimantes » (offset), sans distinguer les « clichés d'information » et les « clichés de publicité » ;

– les travaux d'**impression** proprement dits (typographie, héliographie, taille-douce, offset, etc.) ;

– les opérations de **brochage** ou de **massicotage** (calibrage ou mise à dimension).

Tous ces travaux sont imposables à la TVA :

– au **taux** intermédiaire de 10 % lorsqu'ils portent sur des **écrits périodiques** (ce terme recouvre ici toutes les publications périodiques, qu'elles aient ou non obtenu un certificat d'inscription à la CPPAP) ;

– au taux normal pour les affiches, tarifs et les écrits non périodiques.

Remarque : Les travaux de composition et d'impression des ouvrages répondant à la définition fiscale du **livre** peuvent bénéficier du taux réduit (n° 53045, a).

61640 **> Précisions** **a.** Lorsque les travaux de composition et d'impression sont réalisés dans le cadre de **travaux d'édition informatisés,** il est admis que la **mise au point de la maquette** soit assimilée à des travaux de composition. Tel est le cas de la saisie et de la mise en page d'un texte et des photographies, dessins ou graphiques illustrant ce texte sur un support informatique et se matérialisant par la remise d'une disquette, ou d'un support équivalent, au photograveur pour impression (BOI-TVA-SECT-40-20-20 n° 80).

b. La livraison des matériaux nécessaires aux travaux d'impression de périodiques (**papier, encre**) bénéficie du taux intermédiaire de 10 %, pour autant que la fourniture de ces matériaux ne soit pas mentionnée distinctement sur la facture des travaux (BOI précité n°s 90 et 160).

c. Selon l'administration, l'application du taux intermédiaire aux travaux de composition et d'impression est subordonnée à la condition que l'éditeur assure pleinement la **responsabilité éditoriale** de la publication, ce qui est notamment le cas lorsque l'éditeur effectue lui-même la rédaction du contenu de la publication ou en assure le contrôle au moyen d'un « bon à tirer » (BOI précité n° 120).

d. Suivent leur régime propre (taux normal) :
– les **matières** premières, **surfaces sensibles et matériels** (« flans de clicherie » notamment), utilisés **pour** la fabrication des **clichés d'imprimerie** ;
– les prestations de **services** se situant à un stade **antérieur aux travaux de composition** (agences fournissant des mannequins, dessinateurs, photographes...).

e. Quant aux **déchets d'imprimerie,** ce sont des déchets neufs d'industrie. Ils relèvent, le cas échéant, du régime d'autoliquidation décrit n° 54050.

61645 TVA-XV-27100 s

Opérations de routage et de transport Sont imposables au taux normal :

– les prestations de services rendues par les entreprises spécialisées dans le routage des publications vendues par abonnement ;

– l'acheminement des publications par les entreprises de transport.

> Précisions Il est cependant admis que le taux applicable aux travaux de composition et d'impression (n° 61635) s'applique lorsque la prestation de **routage** est **réalisée par l'imprimeur,** même si elle apparaît distinctement sur la facture (Rép. Pérol-Dumont : Sén. 27-2-2020 n° 01737). Cette doctrine, qui considère, de manière implicite, que le caractère facultatif ou non de l'opération de routage (permettant notamment de déterminer le caractère accessoire ou non de l'opération : n° 46478, précision c) est sans incidence pour déterminer le taux de TVA, s'écarte toutefois ici d'une décision de non-admission rendue par le Conseil d'État (CAA Bordeaux 18-1-2018 n° 16BX00835 ; CE (na) 15-3-2019 n° 419034 : RJF 7/19 n° 649).

61650 CGI art. 298 undecies TVA-XV-26910 s

Diffusion des publications vendues au numéro Les opérations réalisées par les **sociétés agréées de distribution de la presse,** les **dépositaires** centraux de presse, les **sous-dépositaires** de presse (marchands en boutique, en kiosque, en terrasse...), ainsi que les **personnes vendant en « ambulance »** sont dispensées du paiement effectif de la TVA, l'éditeur devant obligatoirement acquitter cette taxe sur le montant total du prix de vente au public (n° 61600, a).

Cette dispense est cependant subordonnée à la justification par les intéressés de leur qualité de mandataires régulièrement inscrits à la Commission du réseau de la diffusion de la presse.

Bien que non effectivement taxées, ces opérations sont cependant considérées comme l'ayant été au regard des droits à déduction.

Sur la situation des éditeurs effectuant des ventes au numéro de publications en métropole et dans les **DOM,** voir n° 91575, c.

Intermédiaires pour la souscription d'abonnements Les intermédiaires pour la souscription d'abonnements (agences d'abonnement, libraires...), qui possèdent la qualité de commissionnaire à la vente, peuvent bénéficier du régime défini n° 61650 s'ils sont inscrits à la Commission du réseau de la diffusion de la presse. 61655 TVA-XV-27010 s

Dans le cas contraire, ils doivent acquitter la taxe sur leurs opérations selon le régime propre aux intermédiaires (nos 61440 s.) et au taux prévu pour la publication correspondante.

6. AUTEURS ET ARTISTES-INTERPRÈTES

Les livraisons de biens et les prestations de services effectuées par les auteurs des œuvres de l'esprit, les artistes-interprètes et les artistes du spectacle **agissant à titre indépendant** sont, en principe, soumises à la TVA de plein droit (n° 61690). 61680 TVA-XV-17800 s

Pour la perception de la TVA sur les **droits d'auteur,** un mécanisme particulier de **retenue à la source** est prévu (nos 61705 s.).

Remarques : **1.** L'assujettissement à la TVA s'étend aux **ayants droit** des auteurs et des artistes-interprètes ainsi qu'aux **organismes de gestion** collective de droits.

2. Le fait que les **auteurs des œuvres de l'esprit** soient soumis à l'impôt sur le revenu selon les règles des traitements et salaires (nos 13735 s.) ne modifie pas leur situation au regard de la TVA.

RÈGLES D'ASSUJETTISSEMENT

a. Sont imposables les sommes perçues par les **auteurs** au titre de l'**exploitation des droits d'auteur** et de l'exercice du droit de reproduction. 61690 TVA-XV-17830 s

Les **interprètes** des œuvres de l'esprit et artistes du spectacle sont imposables au titre de l'**exploitation du droit d'autoriser** (pour les sommes n'ayant pas le caractère de salaires).

b. La **base d'imposition** des auteurs et artistes-interprètes comprend l'ensemble des sommes taxables qui leur reviennent, avant tout prélèvement effectué pour leur compte par les organismes de gestion collective de droits, les éditeurs ou les producteurs.

c. Les cessions taxables des droits patrimoniaux reconnus par la loi aux auteurs des œuvres de l'esprit et aux artistes-interprètes (droits de représentation, de reproduction et d'autoriser) sont soumises au **taux intermédiaire** de 10 % (CGI art. 279, g).

Ne bénéficient cependant pas de l'application du taux intermédiaire :

– les cessions de droits portant sur des œuvres d'architecture et des logiciels (CGI art. 279, g-al. 2) ;

– les cessions de droits portant sur des publications et spectacles pornographiques ou violents (nos 53045, d et 61795) (CGI art. 279 bis, 1°, 2° et 3°) ;

– les cessions de droits portant sur des œuvres de l'esprit dont les droits d'auteur sont protégés en vertu des dispositions du Code de la propriété intellectuelle qui ne relèvent ni des « objets d'art » au sens de la directive TVA ni d'aucune des prestations de services ou des livraisons de biens mentionnées à l'annexe III de cette directive. Ainsi jugé à propos d'une cession de droits d'auteurs portant sur une bibliothèque de livres et d'images constituée à partir d'images triées et regroupées en différentes catégories et s'apparentant à un fonds documentaire (CE 7-7-2022 n° 448012 : RJF 11/22 n° 945).

En ce qui concerne le taux applicable aux cessions de droits portant sur les œuvres cinématographiques et sur les livres, voir respectivement n° 61770, précision c, et n° 53045, a.

d. Les auteurs et les artistes-interprètes bénéficient d'une **franchise en base particulière** (voir n° 53860).

> Précisions **a.** Les sommes perçues en France au titre de la **rémunération pour copie privée** par les auteurs, artistes-interprètes et producteurs ne sont pas soumises à la TVA (BOI-TVA-LIQ-30-20-100 nos 250 et 265 ; en ce sens également CJUE 18-1-2017 aff. 37/16 : RJF 4/17 n° 397). 61695

Tel est également le cas des sommes perçues par les auteurs au titre du **droit de suite** prévu à l'article L 122-8 du Code de la propriété intellectuelle et par les artistes-interprètes au titre du droit à la **rémunération dite « équitable »** prévu à l'article L 214-1 du même Code (BOI précité n° 265).

b. Les sommes perçues par les auteurs et artistes-interprètes à titre de **prix,** de **récompense** ou d'**aide** ne sont pas non plus imposables à la TVA, dès lors qu'elles ne rémunèrent pas une livraison de biens ou une prestation de services.

Par ailleurs, les rémunérations reçues par les intéressés de leurs élèves, pour des cours ou leçons relevant de l'**enseignement** scolaire, universitaire, professionnel ou artistique sont susceptibles de bénéficier de l'exonération visée n° 47055.

c. Le terme **« cession de droits »** recouvre en pratique toutes les opérations relatives à l'exploitation des droits protégés, que le cédant personne physique ou morale soit l'auteur lui-même ou agisse en qualité de cessionnaire des droits et quelle que soit la nature de l'activité exercée par le bénéficiaire de la cession.

RETENUE À LA SOURCE DE LA TVA SUR LES DROITS D'AUTEUR

61705 CGI art. 285 bis TVA-XV-20400 s Les **éditeurs,** les **organismes de gestion collective** de droits et les **producteurs** qui versent des droits d'auteur taxables doivent retenir le montant de la TVA due par l'auteur, sous déduction de droits à déduction fixés forfaitairement à 0,8 % des droits (0,4 % dans les DOM), et déclarer et verser ce montant au Trésor dans les mêmes conditions et sous les mêmes sanctions que la TVA afférente à leurs propres opérations. La **déduction forfaitaire** est exclusive de toute autre déduction par l'auteur.

EXEMPLE

Droits dus (HT) par l'éditeur : 100 €.
Montant de la TVA retenu par l'éditeur et à acquitter au Trésor : 10 – 0,80 = 9,20 €.
Versement de l'éditeur à l'auteur : 110 – 9,20 = 100,80 €.
Taxe déductible par l'éditeur : 10 €.

Sauf **renonciation** expresse de l'auteur (voir nº 61710, b), ce régime particulier s'applique, y compris à l'égard des auteurs situés dans le champ de la franchise visée nº 53860.

Les auteurs soumis à la retenue ne sont astreints, en matière de TVA, qu'à des **obligations** très allégées. C'est ainsi que, s'ils ne perçoivent que des droits soumis à retenue, ils sont dispensés des déclarations de création d'entreprise ou d'activité ou de cessation, ainsi que des déclarations de chiffre d'affaires. Ils ne sont par ailleurs tenus à aucune obligation d'ordre comptable au titre de la TVA. Ils doivent cependant conserver les relevés de droits que leur adresse la partie versante.

61710 **> Précisions a.** Les auteurs n'ayant pas renoncé à la retenue et qui **perçoivent des droits taxables d'autres personnes** que celles tenues de la pratiquer souscrivent au titre de ces droits, lorsqu'ils ne bénéficient pas de la franchise particulière visée nº 53860, une déclaration annuelle et appliquent la déduction au taux forfaitaire.

b. La **renonciation à la retenue à la source** doit être notifiée par l'auteur à tous les éditeurs, organismes de gestion collective de droits ou producteurs qui lui versent des droits ainsi qu'à son service des impôts. Elle vaut pour l'ensemble des droits qu'il perçoit.

La renonciation prend effet le premier jour du mois qui suit celui au cours duquel elle est déclarée. Elle couvre obligatoirement une période de cinq années, y compris celle au cours de laquelle elle est déclarée. Elle est renouvelable par tacite reconduction, sauf dénonciation à l'expiration de chaque période. Elle est reconduite de plein droit pour la période de cinq années suivant celle au cours ou à l'issue de laquelle l'auteur a bénéficié d'un remboursement de crédit de taxe.

c. Sur l'incidence de la retenue à la source de TVA en matière d'**impôt sur le revenu,** voir nº 13740, précision c.

7. SPECTACLES, JEUX ET DIVERTISSEMENTS

61730 TVA-XV-7800 s Les spectacles proprement dits (cinéma, théâtre, spectacles de variétés ou de music-hall, concerts, cirques, etc.) ainsi que les jeux et divertissements sont, pour la plupart, soumis à la TVA. Cette imposition est établie selon les règles de droit commun, avec cependant certaines particularités.

Remarques : 1. Sont **exonérés** de la TVA, dans certaines conditions, l'organisation de jeux de hasard ou d'argent (voir nº 47575) et les droits d'entrée perçus pour la visite de musées et de monuments historiques (nº 47217, 1), de certains châteaux ou de grottes naturelles non aménagées (nº 61775, précisions c et d).

2. S'agissant des règles de **territorialité** de la TVA pour les spectacles, voir nºs 49985 et 50002.

BASE D'IMPOSITION

61745 TVA-XV-9580 s La base imposable à la TVA est constituée par le **prix exigé du spectateur,** à l'exclusion de la TVA elle-même. Pour les recettes perçues dans les **salles de cinéma,** la base imposable comprend la **taxe** sur les spectacles cinématographiques prévue à l'article L 452-5, 1º du CIBS.

> Précisions a. Les **entrées gratuites** dans les salles de spectacle ne sont pas imposables à la TVA sauf lorsqu'elles sont délivrées en contrepartie de la fourniture d'un bien ou d'un service (service de publicité, d'affichage, élément de rémunération du personnel, etc.).

b. En ce qui concerne les **cartes de cinéma** non utilisées, voir nº 46975.

EXIGIBILITÉ DE LA TVA

61755 TVA-XV-9650 s La TVA applicable aux spectacles est normalement exigible lors de l'**encaissement** du prix du billet d'entrée.

Les entreprises de spectacles peuvent cependant **opter** pour le paiement de la TVA d'après les **relevés de recettes** établis à l'issue de chaque journée ou représentation (nº 61810). Cette option est exercée dans les mêmes conditions que l'option pour le paiement de la TVA d'après les débits (nº 52665).

TAUX DE LA TVA

Selon le cas, les spectacles (cinéma, spectacles proprement dits, jeux, appareils automatiques et divertissements) sont soumis à la TVA soit au **taux réduit** de 5,5 %, soit au **taux intermédiaire** de 10 %, soit au **taux particulier** de 2,1 % prévu pour les premières représentations, soit enfin au **taux normal** de 20 %. 61765 TVA-XV-9700 s

Remarques :

1. Lorsque le droit d'admission à un parc (ou à un site) permettant l'**accès à diverses activités** soumises à des **taux différents** consiste en un **prix forfaitaire,** indépendant des activités réellement réalisées par le client au sein du parc, il doit être considéré comme une opération unique relevant du taux de TVA le plus élevé parmi les éléments, non accessoires, le composant. Lorsque le visiteur acquitte des **sommes additionnelles aux droits d'admission** pour accéder à certaines activités, elles relèvent du taux applicable à l'accès au parc si elles peuvent être regardées comme accessoires à celui-ci ou, dans le cas contraire (ou si ces activités ne sont pas étroitement liées aux activités des droits d'admission), sont soumises au taux qui leur est propre, étant précisé qu'un élément est considéré comme accessoire lorsqu'il ne constitue pas, pour les clients, une fin en soi mais le moyen de bénéficier dans de meilleures conditions des autres prestations ou qu'il présente un intérêt limité au sein de l'ensemble de l'offre (BOI-TVA-LIQ-30-20-50 nos 140 à 160).

2. Les **commissions** perçues par le prestataire de services qui se borne à assurer dans ses bureaux ou agences la **vente des billets,** pour le compte de l'organisateur du spectacle, ne peuvent pas bénéficier des taux réduit ou intermédiaire ni du taux particulier de 2,1 % (CAA Bordeaux 28-12-1995 n° 94-617 : RJF 4/96 n° 435).

3. Des taux spécifiques s'appliquent dans les **DOM** et en **Corse** (voir nos 91610 et 92370 s.).

Spectacles, jeux et divertissements relevant du taux réduit

61770 CGI art. 278-0 bis, F, G, H, J et L TVA-XV-8945 s, TVA-XV-9715 s et TVA-XV-11950 s

La TVA est perçue au taux réduit de 5,5 % pour les spectacles, jeux ou divertissements suivants :

- **théâtre** et théâtre de **chansonniers** ;
- **concerts** et spectacles de **variétés** (y compris music-hall) ;
- **cirque** ;
- **cinéma** (voir précision c ci-après) ;
- droits d'entrée des spectateurs aux **compétitions de jeux vidéo** (Loi 2023-1322 du 29-12-2023 art. 87) ;
- droits d'entrée perçus par les organisateurs de **réunions sportives** ;
- droits d'entrée perçus dans les **parcs zoologiques** (zoos, aquarium, vivarium) répondant à des conditions fixées par l'arrêté DEVN0430016A du 25 mars 2004 modifié.

> Précisions a. Lorsque le spectacle est donné dans un établissement où il existe un **service de consommations** payantes, la règle est la suivante (TVA-XV-10210 s.) :

– s'agissant des interprétations originales d'œuvres musicales nécessitant la présence physique d'au moins un artiste du spectacle percevant une rémunération (**concerts, spectacles de disc-jockeys** notamment) données dans des établissements où il est servi facultativement des consommations pendant le spectacle, le taux réduit de 5,5 % s'applique à l'ensemble du prix du billet à l'exclusion, s'il y a lieu, de la part relative aux ventes à consommer sur place et de la part relative aux boissons alcooliques ;

– s'agissant des **spectacles** donnés dans des établissements où il est d'usage de consommer pendant les séances (notamment cabarets, cafés-théâtres), le taux réduit de 5,5 % s'applique à la part du prix du billet donnant accès au spectacle à condition que ces établissements soient affiliés au Centre national de la musique (CNM), le taux intermédiaire s'appliquant sur la part relative aux ventes à consommer sur place à l'exclusion de celles relatives aux boissons alcooliques. Pour les établissements non affiliés au CNM, la part du prix du billet donnant accès au spectacle est soumise au taux normal, sauf si le service des consommations est totalement interrompu pendant toute la durée du spectacle et si le caractère non obligatoire des consommations servies avant ou après le spectacle est établi, en droit comme en fait, de manière certaine, cette part pouvant alors bénéficier du taux réduit de 5,5 % (BOI-TVA-LIQ-30-20-40 nos 60 à 125).

Le taux de 2,1 % (n° 61785) ne s'applique pas aux spectacles susvisés (BOI-TVA-LIQ-40-20 n° 70).

b. Le taux réduit de 5,5 % s'applique non seulement aux rémunérations perçues par les organisateurs et entrepreneurs qui assument le risque commercial du spectacle, mais également aux **cessions ou concessions du droit d'exploitation** effectuées par les producteurs de ces spectacles, même si leur rémunération est indépendante des gains ou pertes réalisés par l'organisateur (TVA-XV-10565 s.).

Lorsqu'il s'agit de « premières représentations » visées n° 61785, c'est également le taux de 5,5 % (et non le taux particulier de 2,1 %) qui doit, selon l'interprétation administrative, s'appliquer aux sommes perçues par le producteur du spectacle au titre de la cession ou concession du droit d'exploitation de ce spectacle (en ce sens, BOI-TVA-LIQ-30-20-40 n° 200 et BOI-TVA-LIQ-40-20 n° 230).

c. En ce qui concerne le **cinéma,** le taux réduit de 5,5 % s'applique aux **droits d'entrée dans les salles,** quels que soient le procédé de fixation ou de transmission et la nature du support des œuvres ou documents audiovisuels qui sont présentés. Il s'applique également aux **cessions de droits** (sur cette notion, voir n° 61695, c) portant sur les œuvres cinématographiques représentées au cours de **séances** de spectacles cinématographiques à **caractère non commercial,** ou dans le cadre de **festivals de cinéma.** Dans les autres situations, les cessions de tous droits portant sur les œuvres cinématographiques sont soumises au taux intermédiaire de 10 % (CGI art. 279, g).
S'agissant de la base d'imposition à retenir pour l'application du taux réduit aux abonnements au cinéma qui font partie d'une **offre d'abonnement numérique** comprenant plusieurs services, dont au moins un service de télécommunication, un service de radiodiffusion ou de télévision ou un service électronique, voir n° 52392.
d. Les droits d'entrée perçus par les organisateurs de **réunions sportives** soumis au taux de 5,5 % sont les sommes acquittées par les spectateurs pour assister aux manifestations ou compétitions sportives organisées, agréées ou autorisées par une fédération sportive ayant reçu un agrément du ministre chargé des sports ou dans le cas d'une compétition internationale, à l'exclusion des droits d'engagement perçus par les organisateurs et versés par les participants (BOI-TVA-LIQ-30-20-40 n° 40). Il en est de même s'agissant de l'organisation de **compétitions de jeux vidéo.**

61775 CGI art. 279, b bis et b nonies TVA-XV-12050 s

Spectacles, jeux et divertissements relevant du taux intermédiaire La TVA est perçue au taux intermédiaire de 10 % pour les spectacles, jeux ou divertissements suivants :
- **loteries foraines** ;
- droits d'admission aux **expositions, sites et installations à caractère culturel, ludique, éducatif ou professionnel,** étant précisé que ces dispositions ne s'appliquent pas aux opérations relevant du taux réduit de 5,5 % (n° 61770) ou aux sommes payées pour utiliser des installations ou équipements sportifs (n° 61790), assister à des spectacles, faire fonctionner des appareils automatiques (n° 61800) ou participer à des jeux d'argent et de hasard.

> Précisions a. Le taux intermédiaire s'applique aux sommes versées pour utiliser les **loteries foraines** ainsi que les **appareils automatiques assimilés** à ces loteries (grues, derby, bazooka, etc.) (BOI-TVA-LIQ-30-20-50 n° 130).
b. Pour les **jeux et divertissements** visés ci-dessus au second tiret, le taux intermédiaire s'applique à la **double condition** que les opérations aient le caractère de **droits d'admission** à des expositions, sites et installations qui présentent, de manière objective au regard de la finalité recherchée, un **caractère culturel, ludique, éducatif ou professionnel.**
Relèvent, **notamment,** du taux de 10 % les droits d'entrée (ou recettes) perçus pour les activités suivantes : **foires, salons, expositions** (culturelles, industrielles et/ou commerciales) ; **jeux et manèges,** labyrinthes végétaux, escape game, laser game et structures gonflables ; **parcs et complexes de loisirs,** parcs aquatiques, jardins botaniques, parcours acrobatiques ou de mini-golf ; **musées, monuments, grottes, sites** et **discothèques** (BOI précité n°s 10 à 70).
En ce qui concerne les droits d'admission à un parc (ou à un site) ouvrant droit à des activités soumises à des **taux différents,** voir n° 61765, remarque 1.
c. Les droits d'entrée encaissés par les propriétaires de **châteaux** présentant un caractère historique ou artistique, classés ou non, sont **exonérés** de TVA, par tolérance administrative, sous réserve que leur aménagement n'ait pas été effectué dans un but commercial, mais reste dans les limites d'une simple mise en valeur artistique du domaine. Il en est de même des ventes de cartes postales ou d'autres menus objets évoquant le château (BOI-TVA-CHAMP-30-10-60-20 n° 1). Les personnes concernées peuvent toutefois renoncer de manière irrévocable à cette exonération (voir TVA-XV-11870 s.).
d. Sont exonérés de la TVA les droits de visite perçus par les propriétaires de **grottes** naturelles non dotées d'aménagements importants (autres que ceux strictement nécessaires à l'accès du site naturel), qui ne font pas une large publicité, n'utilisent pas un personnel nombreux et ne mettent pas à la disposition des visiteurs des services commerciaux indissociables de l'exploitation de la visite des grottes (BOI-TVA-CHAMP-30-10-50 n° 80 ; TVA-XV-11830 s.).
e. Pour les musées et monuments historiques exploités par des **organismes de droit public ou sans but lucratif,** voir n° 47217, 1.

61785 CGI art. 281 quater TVA-XV-9820 s

« Premières représentations » bénéficiant du taux particulier de 2,1 % La taxe est perçue au taux de 2,1 % pour les recettes réalisées aux entrées des **140 premières représentations théâtrales** d'œuvres dramatiques, lyriques, **musicales** ou **chorégraphiques** nouvellement créées en France, ou d'œuvres classiques faisant l'objet d'une nouvelle mise en scène.
Parmi les représentations susceptibles de bénéficier de l'allégement figurent les spectacles (récitals, concerts, tours de chant, etc.) donnés par un **artiste de variétés** ou un **groupe musical,** quel que soit le genre musical abordé (musique de variétés, rock, pop, etc.), les spectacles donnés dans les théâtres de **chansonniers** dès lors qu'ils ne comportent que des œuvres nouvelles et sont conçus autour d'un thème central, ainsi que les spectacles nouveaux composés de **monologues** et de **sketches.**

Bénéficient également du taux de 2,1 % les 140 premières représentations de **spectacles de cirque** comportant exclusivement des créations originales (numéros et tours de cirque dont les auteurs sont juridiquement protégés) conçues et produites par l'entreprise, et faisant appel aux services réguliers d'au moins deux musiciens.

> **Précisions a.** Il est admis que le **décompte** des 140 représentations ne soit pas interrompu en cas de cession et se poursuive au niveau du cessionnaire lorsque le spectacle est cédé à un nouveau diffuseur qui l'exploite avec la même mise en scène (notamment spectacle partant en tournée). Bien entendu, si le cessionnaire exploite le spectacle avec une nouvelle mise en scène, le décompte des 140 premières représentations repart de zéro (BOI-TVA-LIQ-40-20 n° 170).
> **b.** En ce qui concerne la **cession ou concession du droit d'exploitation** du spectacle, voir n° 61770, précision b.

Spectacles, jeux et divertissements soumis au taux normal Outre les spectacles pornographiques et l'exploitation de certains appareils automatiques, il s'agit de tous les spectacles, jeux et divertissements qui ne relèvent pas du taux réduit de 5,5 % (n° 61770), du taux intermédiaire de 10 % (n° 61775) ou du taux particulier de 2,1 % (n° 61785). 61790 TVA-XV-10450 s et TVA-XV-12480 s

EXEMPLES

Courses d'animaux non qualifiées de manifestations sportives (courses de lévriers, notamment), corridas, défilés de chars organisés lors de certaines fêtes locales, spectacles de catch et spectacles pyrotechniques, etc. (BOI-TVA-LIQ-30-20-40 n° 50).

De même, relèvent du taux normal les sommes payées pour utiliser des **installations ou** des **équipements sportifs** (stades, piscines, terrains de golf, circuits utilisés pour la pratique de sports mécaniques, etc.) (BOI-TVA-LIQ-30-20-50 n°s 100 et 110 ; voir toutefois n° 60010, précision c, s'agissant des installations hippiques).

Spectacles pornographiques (ou d'incitation à la violence). Le taux normal s'applique au prix d'entrée dans les salles où sont données des œuvres désignées comme pornographiques ou violentes, qu'il s'agisse de la projection de **films** cinématographiques ou d'œuvres sur support vidéographique ou de la représentation de **spectacles théâtraux** (sans application possible dans ce cas du taux mentionné n° 61785). Le taux normal s'applique en outre aux **cessions de droits** portant sur ces œuvres et sur leur interprétation. 61795 CGI art. 279 bis, 2° à 4° TVA-XV-9210 s et 10360 s

Le taux normal s'applique également aux prestations de services (shows) et aux ventes (livres, revues, articles divers, à l'exception des préservatifs visés n° 53080) réalisées dans les établissements (**sex-shops,** etc.) qui, en raison de leur caractère licencieux ou pornographique, sont **interdits d'accès aux mineurs** soit en vertu des pouvoirs de police des maires et des préfets (CGCT art. L 2212-2, L 2212-3 et L 2215-1), soit en application de l'ordonnance 59-28 du 5 janvier 1959.

Exploitation d'appareils automatiques. Le produit de l'exploitation des appareils automatiques est **passible de la TVA.** Sont notamment visés les appareils automatiques (tels que billards électriques, jeux vidéo, flippers, simulateurs, etc.), installés dans les lieux publics, qui procurent un spectacle, une audition, un jeu ou un divertissement et qui sont pourvus d'un dispositif mécanique, électrique ou autre permettant leur mise en marche, leur fonctionnement ou leur arrêt. 61800 TVA-XV-12600 s

La TVA est due sur les **encaissements,** qui, matériellement, sont constatés lors du relevé des caisses.

Le **taux** applicable est le taux normal (à l'exception des appareils automatiques assimilés à des loteries foraines soumis au taux de 10 % : voir n° 61775), quelles que soient les modalités de versement ou de tarification (monnayeurs, droit d'accès à une salle dédiée) (BOI-TVA-LIQ-30-20-50 n° 120). Les recettes étant réputées comprendre la TVA, la base d'imposition est déterminée par application du coefficient de conversion correspondant (n° 52785, a).

La **base d'imposition** est constituée par la recette totale, sans que puisse en être distraite la remise versée au dépositaire de l'appareil, sur laquelle celui-ci est lui-même taxable.

L'exercice des **droits à déduction** des exploitants d'appareils automatiques s'effectue selon les règles de droit commun (n°s 56250 s.).

Les **fiches de caisse** établies par les exploitants peuvent, si elles sont aménagées en conséquence, valoir **facture** de la TVA relative à la **remise** versée au dépositaire.

OBLIGATIONS

Outre les **obligations générales** imposées à l'ensemble des assujettis à la TVA (voir n°s 53320 s.), les exploitants d'un lieu de spectacle comportant un **prix d'entrée** (y compris les cafés-théâtres) doivent délivrer un **billet** à chaque spectateur ou enregistrer et conserver dans un système informatisé les données relatives à l'entrée (**billet dématérialisé**), avant l'accès au lieu du 61810 CGI art. 290 quater TVA-XV-10700 s spectacle. Ils sont également tenus d'établir, dès la fin de chaque journée ou représentation, un **relevé** comportant, pour chaque catégorie de places : le nombre de billets émis, le prix de la place et la **recette** correspondante, ainsi que, pour les billets qui ne sont pas émis par le biais de systèmes informatisés, les numéros des premiers et derniers billets délivrés. Pour les exploitants de cinéma, le titre de chaque film projeté doit être indiqué. Tous registres ou documents comportant ces indications peuvent tenir lieu de relevés. En cas d'utilisation de caisses automatisées ou de systèmes informatisés, des états récapitulatifs d'entrées et de recettes se substituent à ce relevé.

Les **infractions** en matière de billets sont recherchées, constatées, poursuivies et sanctionnées selon les règles propres aux contributions indirectes, sous deux réserves : l'amende prévue à l'article 1791, I du CGI est remplacée par une amende de 15 à 30 € (CGI art. 1791, II) et seuls les agents des finances publiques sont compétents (CGI art. 1825 G).

> **Précisions a.** Échappent à l'obligation de billetterie les activités qui ne sont pas le fait d'établissements de spectacle à proprement parler, notamment les visites de **châteaux**, de **musées**, de **monuments**, de **grottes** ou de **sites aménagés** et de **parcs zoologiques** comportant pour seule attraction la présence d'animaux.
b. En ce qui concerne les exploitants de **discothèques** et **cafés dansants**, il faut distinguer deux situations :
– lorsqu'ils ne font pas payer un prix d'entrée et qu'ils ne disposent pas d'un système informatisé, les intéressés sont tenus de remettre à leurs clients un ticket (émis par une caisse enregistreuse présentant certaines caractéristiques) en même temps que les consommations servies ;
– lorsqu'ils font payer un prix d'entrée, ils peuvent choisir entre la délivrance d'un billet d'entrée (ou l'enregistrement et la conservation des données relatives à l'entrée dans un système informatisé) ou la remise d'un ticket, émis par caisse enregistreuse, non seulement pour les recettes provenant des consommations servies, mais aussi pour celles correspondant aux entrées (BOI-TVA-DECLA-20-30-20-40 n°s 60 à 90).
c. La tenue d'une billetterie permettant l'enregistrement des règlements acquittés par les spectateurs relève, selon nous, de l'obligation d'utiliser un **logiciel ou système de caisse sécurisé** (n° 53485).

TÉLÉVISION-AUDIOVISUEL

61825 CGI art. 279, b octies TVA-XV-12900 s

Les **abonnements** à des services de télévision (dits « **télévisions privées** ») par voie hertzienne ou sur réseau de communications électroniques relèvent du taux intermédiaire de 10 %.

> **Précisions a.** Les **services de télévision** s'entendent de « tout service de communication au public par voie électronique destiné à être reçu simultanément par l'ensemble du public ou par une catégorie de public et dont le programme principal est composé d'une suite ordonnée d'émissions comportant des images et des sons ».
En revanche, les services électroniques, tels que les **services de rattrapage** et les services de **vidéo à la demande,** qui ne constituent pas des services de télévision, sont soumis au **taux normal.** Plus globalement, tel est le cas de tous les services d'accès par voie électronique à des contenus audiovisuels qui ne répondent pas aux conditions cumulatives ci-dessus, quelle que soit leur qualification juridique ou commerciale (BOI-TVA-LIQ-30-20-100 n°s 55 et 60).
En ce qui concerne le couplage, dans une même offre commerciale, de services de télévision et d'autres services, voir n° 61830.
b. Bénéficie du taux intermédiaire l'**abonnement collectif** souscrit auprès des télédistributeurs par des **sociétés** de gestion privées agissant dans le cadre d'une délégation de service public et qui **servent d'interface** entre ces télédistributeurs et les patients d'un établissement hospitalier (Rép. Gaultier : AN 16-6-2009 n° 41881, non reprise au Bofip).
De même, la **fourniture aux patients** par une société de l'**accès à des chaînes de télévision** par l'intermédiaire de **postes installés à titre permanent** dans les chambres relève de la vente de services de télévision bénéficiant à ce titre du taux intermédiaire (CAA Paris 29-1-2020 n°s 18PA03731 et 18PA03732 : RJF 7/20 n° 592 ; CE (na) 16-2-2021 n°s 439758 et 439759 : RJF 5/21 n° 471).
c. Le taux intermédiaire est également applicable aux rémunérations versées par les collectivités territoriales aux **télévisions locales** ayant conclu un contrat d'objectifs et de moyens (CGI art. 279, j).

61830 Couplage commercial de services de télévision et d'autres services

Lorsqu'une même offre commerciale combine des services de télévision et d'autres services, le regroupement ou la dissociation de ces services s'analyse au regard des règles applicables aux opérations complexes (n°s 46478 s.).

Trois situations doivent être distinguées (BOI-TVA-LIQ-30-20-100 n°s 65 à 120) :

1. Autres services accessoires aux services de télévision. Les services de télévision et les autres services accessoires sont taxés ensemble au taux intermédiaire.

Présentent **notamment** un caractère accessoire les services qui consistent en une **simple fonctionnalité de rattrapage** destinée à permettre au spectateur de visionner un contenu lorsqu'il aura manqué sa diffusion en linéaire (en principe, lorsque les programmes proposés restent disponibles sur des périodes au plus égales à un mois postérieurement à leur diffusion), les **fonctionnalités améliorant l'utilisation du service de télévision** (capacité à visionner différents programmes sur plusieurs écrans ou de programmer l'enregistrement des programmes) et la présence de contenus diffusés avec des fonctionnalités de rattrapage plus étendues, ou même en tant que services à la demande indépendamment de toute diffusion en linéaire, lorsque la **valeur économique** de ces contenus pour le consommateur est **négligeable.**

2. Services de télévision dissociables des autres services. Les services de télévision et, le cas échéant, leurs services accessoires sont taxés au taux intermédiaire et les autres services au taux qui leur est propre.

Les services peuvent être considérés comme dissociables **notamment** lorsque les **services de télévision** sont **commercialisés sous la forme d'un droit d'accès** (voir n° 46478, précision e) et que, en sus, le consommateur peut acquérir individuellement des contenus à la demande en contrepartie d'un prix d'achat ou de location. Tel est également le cas lorsque les **services de télévision et** les **autres services** sont **commercialisés sous forme de droits d'accès distincts,** mais regroupés dans une même offre commerciale, sous réserve que le consommateur dispose d'une capacité de dissociation des deux droits d'accès.

3. Services de télévision non dissociables des autres services non accessoires. L'ensemble du prix est taxé au taux le plus élevé parmi ceux dont relèvent les services autres qu'accessoires. Par **exemple,** lorsqu'une offre par abonnement comprend, pour un tarif unique et de manière indissociable, un service de télévision relevant du taux intermédiaire et l'accès à un catalogue de livres numériques relevant du taux réduit (n°s 53040 s.), l'ensemble de l'offre relève du taux de 10 %.

> Précisions a. Ne présentent qu'un caractère circonstanciel et indirect dans l'analyse des offres proposées, outre l'activité principale de l'opérateur (n° 52392, précision b), la dénomination commerciale employée pour qualifier les services, celle utilisée en amont dans le cadre des rapports juridiques par lesquels le fournisseur acquiert les droits de diffusion ou encore la catégorie juridique dont ils relèvent (BOI précité n° 65).

b. En ce qui concerne la **base d'imposition** à retenir pour l'application du taux intermédiaire s'agissant des services de télévision qui font partie d'une **offre d'abonnement numérique** comprenant plusieurs services, dont au moins un service de télécommunication, un service de radiodiffusion ou de télévision ou un service électronique, voir n° 52392.

8. OR D'INVESTISSEMENT

Les opérations portant sur l'or d'investissement, défini n° 61860, sont soumises, en matière de TVA, à un **régime particulier** (n°s 61870 s.). 61850 CGI art. 298 sexdecies A à 298 sexdecies E TVA-XV-21510 s

> Précisions a. Ce régime particulier s'applique quelle que soit la qualité de l'opérateur. Est donc concerné **tout assujetti** effectuant des opérations visées par le régime particulier, **qu'il soit ou non un professionnel du commerce des valeurs et de l'argent** ou une personne qui en fait son activité principale.

Il ne concerne pas, en revanche, les ventes de lingots d'or acquis par un assujetti à titre de simple placement qui constituent des opérations se situant hors du champ d'application de la TVA (n° 46540) ni les ventes d'or monétaire que des particuliers effectuent dans le cadre de la gestion de leur patrimoine (n° 46520, précision a).

b. L'or **industriel,** défini comme l'or qui ne correspond pas aux spécifications de l'or d'investissement, n'est pas concerné par le régime particulier examiné n°s 61870 s. Les opérations portant sur l'or industriel sont soumises à la **TVA** dans les **conditions de droit commun.** Toutefois, il est signalé que la taxe est **acquittée par le destinataire** pour les livraisons à un autre assujetti d'or industriel sous forme de matière première ou de produits semi-ouvrés d'une pureté égale ou supérieure à 325 millièmes, le vendeur étant solidairement tenu au paiement de la taxe (CGI art. 283, 2 quater).

DÉFINITION DE L'OR D'INVESTISSEMENT

Sont considérés comme or d'investissement : 61860 CGI art. 298 sexdecies A, 2 TVA-XV-21640 s

– l'or sous la forme d'une **barre,** d'un **lingot** ou d'une **plaquette** d'un poids **supérieur à un gramme** et dont la pureté est égale ou supérieure à **995 millièmes,** représenté ou non par des titres ;

– les **pièces** d'une pureté égale ou supérieure à **900 millièmes** qui ont été **frappées après 1800,** ont ou ont eu **cours légal** dans leur pays d'origine et dont le **prix de vente** n'excède pas de plus de 80 % la valeur de l'or qu'elles contiennent.

> Précisions **a.** Le critère de pureté de l'or sous forme de **barre, lingot ou plaquette** est présumé satisfait lorsque l'or répond aux caractéristiques de **marquage** (insculpation) ou de **certification** (bulletin d'essai) qui attestent un degré de pureté au moins égal à 995 millièmes. À défaut de marquage ou de certification, l'acquéreur ou l'importateur doit produire les éléments justifiant de la pureté de l'or pour bénéficier du régime particulier. S'agissant du critère de forme, est considéré comme or d'investissement l'or présenté en barres, lingots ou plaquettes d'un poids supérieur à un gramme qui répondent aux **formes** conformes aux normes commerciales qui sont **admises sur les marchés internationaux de l'or** (BOI-TVA-SECT-30-10 n°s 50 et 60).

b. À titre de règle pratique, la Commission européenne publie chaque année une **liste des pièces** devant être considérées comme de l'or d'investissement pendant l'année suivante. Pour l'année 2024, cette liste a été publiée au JOUE C/2023/854 du 24 novembre 2023. Les pièces en or qui ne figurent pas sur cette liste peuvent néanmoins bénéficier du régime particulier dès lors qu'elles remplissent les critères énoncés ci-dessus.

c. Les pièces qui ne répondent pas à la définition de l'or d'investissement sont susceptibles de relever du régime des objets de collection (n° 60580) ou de bénéficier de l'exonération prévue pour les monnaies qui sont des moyens de paiement légaux (n° 60335).

RÉGIME APPLICABLE

61870 Le régime particulier repose sur un **principe d'exonération** des opérations portant sur l'or d'investissement (n° 61875) qui est **assorti d'un droit à déduction spécifique** (n° 61895). Des **possibilités de taxation sur option** sont toutefois prévues en faveur de certains opérateurs (n°s 61880 s.). Enfin, des **obligations spécifiques** sont mises à la charge des opérateurs (n° 61900).

61875 CGI art. 298 sexdecies A, 1 TVA-XV-21800 s

Principe d'exonération Sont exonérées de la TVA :

– les **livraisons** (internes, intracommunautaires ou à l'exportation), les **acquisitions intracommunautaires** et les **importations** d'or d'investissement, **y compris** lorsque ce dernier est négocié sur des **comptes-or** ou sous la forme de **certificats ou** de **contrats qui confèrent** à l'acquéreur **un droit de propriété ou de créance** sur cet or (les négociations ou transactions y afférentes étant ainsi assimilées à des livraisons, acquisitions intracommunautaires ou importations d'or d'investissement) ;

– les prestations de services rendues par les assujettis qui interviennent au nom et pour le compte d'autrui dans les opérations visées ci-dessus (**intermédiaires transparents**).

> Précisions **a.** Les autres opérations portant sur l'or d'investissement ne sont pas concernées par le régime particulier. Il s'agit essentiellement des **prestations de services à caractère financier** (notamment, négociations portant sur des contrats d'option qui ne transmettent pas un droit de créance sur l'or physique, mais confèrent à leur titulaire le droit d'acheter ou de vendre à une échéance donnée une quantité d'or déterminée à un prix convenu) qui sont susceptibles de bénéficier de l'exonération prévue par l'article 261 C, 1°-g du CGI lorsqu'elles sont réalisées par des professionnels du commerce des valeurs et de l'argent, sans possibilité d'option pour l'imposition à la TVA (CGI art. 260 C, 11°).

b. Il est rappelé que sont également exonérées les **livraisons d'or aux instituts d'émission** (n° 49745) ainsi que les **acquisitions intracommunautaires** et les **importations** d'or par ces mêmes instituts (n°s 49190 et 49645).

c. Bien qu'exonérées, les opérations visées ci-dessus ne bénéficient pas de la dispense de facturation mentionnée n° 53565, précision c.

Afin de pouvoir bénéficier de l'exonération au titre des opérations portant sur les **pièces d'or** d'investissement, les **factures** correspondantes **doivent mentionner** : la dénomination des pièces, l'année et le pays de leur émission, leur poids en or et le cours de l'or fin sur le marché libre au jour de la livraison (CGI ann. III art. 98 B). Toutefois, les deux dernières mentions ne sont pas exigées lorsque les pièces cédées figurent sur la liste annuelle visée n° 61860, précision b (BOI-TVA-SECT-30-10 n° 430).

61880 CGI art. 298 sexdecies B TVA-XV-21900 s

Option pour la taxation Certains opérateurs ont la possibilité de soumettre volontairement à la TVA certaines de leurs opérations. Sont concernées les personnes et les opérations suivantes.

a. Les **assujettis qui produisent de l'or d'investissement** (exploitation aurifère) **ou qui transforment de l'or en or d'investissement** (fondeurs, affineurs) peuvent, sur option, soumettre à la TVA les **livraisons d'or d'investissement** (sous toutes ses formes, y compris les pièces d'or) réalisées **au profit d'un autre assujetti.**

En revanche, les livraisons d'or d'investissement à des non-assujettis ne peuvent pas donner lieu à option. Il en va de même des acquisitions intracommunautaires et des importations d'or d'investissement.

Remarque : L'option exercée par le vendeur dans un autre État membre au titre de sa livraison intracommunautaire n'a pas pour effet de rendre taxable l'acquisition intracommunautaire correspondante qui demeure, en tout état de cause, exonérée (sans possibilité d'option).

b. Les **assujettis qui réalisent habituellement des livraisons d'or d'investissement destiné à un usage industriel** peuvent, sur option, soumettre à la TVA les **livraisons à un autre assujetti** qui portent sur l'**or d'investissement** sous la **forme** de barres, lingots ou plaquettes mentionnées n° 61860. Les livraisons de pièces d'or ne peuvent donc pas donner lieu à option.

Remarque : Les banques et établissements financiers sont susceptibles de bénéficier de ce dispositif d'option (BOI-TVA-SECT-30-10 n° 200).

c. Les assujettis qui interviennent au nom et pour le compte d'autrui (**intermédiaires transparents**) dans des livraisons, des acquisitions intracommunautaires ou des importations d'or d'investissement peuvent, sur option, soumettre leur prestation à la TVA lorsque l'**opération dans laquelle ils s'entremettent** est **elle-même** soumise **à la TVA sur option** (cas visés aux a et b ci-dessus). Les intermédiaires intervenant à l'achat dans des opérations transfrontalières ne peuvent donc pas soumettre leur prestation à la TVA sur option, dès lors que l'opération réalisée par le mandant est une acquisition intracommunautaire ou une importation qui ne peut, elle-même, donner lieu à option.

Modalités d'exercice de l'option. L'option pour la taxation peut être exercée pour chaque livraison ou prestation de services (**option au coup par coup**). **61885** TVA-XV-21970

Cette option ponctuelle, qui ne nécessite aucune formalité particulière auprès de l'administration, est **exercée** directement **sur la facture** en y portant la **mention** « Application des articles 348 à 351 de la directive TVA ». En l'absence de cette mention sur la facture, l'option est réputée ne pas avoir été exercée.

Conséquences de l'option. L'exercice de l'option pour la taxation a pour effet de soumettre l'opération concernée au **régime général de la TVA.** Le fait générateur, l'exigibilité, le taux de la taxe et les droits à déduction sont donc déterminés dans les conditions habituelles. Il en va de même pour la base d'imposition, qui est ainsi constituée pour les livraisons par le prix total de la transaction (et non par le profit brut), même en cas de dématérialisation de l'or. **61890** TVA-XV-22000 s et 22140 s

Une particularité est cependant prévue en ce qui concerne le **redevable** de la **taxe due au titre des livraisons** d'or d'investissement imposées sur option : la taxe exigible à ce titre doit en effet être acquittée par le destinataire (la taxe ne doit donc pas être facturée par le vendeur). Le vendeur est toutefois solidairement tenu au paiement de la taxe. CGI art. 298 sexdecies D

> **Précisions** Les livraisons d'or d'investissement pour lesquelles l'option a été exercée sont susceptibles de bénéficier des exonérations prévues pour les **exportations** (nos 49690 s.) et les **livraisons intracommunautaires** (nos 49270 s.). On rappelle que, dans ce dernier cas, l'acquisition intracommunautaire correspondante demeure soumise au régime particulier (exonération sans possibilité d'option : n° 61880, a).
> Les prestations de services des intermédiaires transparents pour lesquelles l'option a été exercée peuvent bénéficier de l'exonération visée n° 50160 lorsqu'elles se rapportent à des exportations d'or d'investissement.

Droit à déduction Les livraisons d'or d'investissement et les prestations d'entremise soumises à la TVA sur option ouvrent droit à déduction dans les conditions habituelles (n° 61890). **61895** CGI art. 298 sexdecies C TVA-XV-22270 s

Lorsque l'option n'a pas été exercée, les **livraisons d'or d'investissement,** bien qu'**exonérées,** ouvrent un **droit à déduction spécifique.** À cet égard, il faut distinguer :

a. Situation commune à tous les assujettis effectuant des livraisons d'or d'investissement. Les assujettis qui réalisent des livraisons d'or d'investissement exonérées peuvent déduire la TVA qui a grevé :

– leurs **achats d'or d'investissement** lorsque ces achats ont été **soumis à la taxe** sur option du vendeur (n° 61880) ;

– leurs achats d'or autre que d'investissement (**achats d'or industriel**) lorsque cet or a été acquis ou importé en vue de sa transformation en or d'investissement ;

– les **prestations de services** ayant pour objet un **changement de forme, de poids ou de pureté** de l'or, y compris l'or d'investissement.

b. Assujettis produisant de l'or d'investissement ou transformant de l'or en or d'investissement. Lorsqu'ils réalisent des livraisons d'or d'investissement exonérées, ces assujettis peuvent déduire (outre la taxe visée au a ci-dessus) la TVA qu'ils ont supportée au titre des livraisons, des acquisitions intracommunautaires et des importations des **biens ou** des **services directement liés à la production ou à la transformation** de cet or.

61900 CGI art. 298 sexdecies E TVA-XV-22420 s

Obligations Les assujettis qui réalisent des opérations portant sur l'or d'investissement sont soumis aux **obligations spécifiques** suivantes.

a. Les **assujettis qui achètent et revendent** de l'or d'investissement doivent **conserver** pendant six ans à l'appui de leur comptabilité les **documents permettant d'identifier** leurs **clients** pour toutes les opérations d'un **montant** égal ou **supérieur à 15 000 €.**

Lorsqu'ils sont astreints à la tenue du registre prévu à l'article 537 du CGI, les assujettis peuvent répondre à l'obligation d'identification susvisée par la production dudit registre.

b. Les assujettis doivent **comptabiliser distinctement** les opérations portant sur l'or d'investissement **en** les **distinguant** selon qu'elles sont **exonérées** ou ont fait l'objet de l'**option.**

c. Mentions à porter sur les **factures** :

– correspondant aux opérations portant sur les **pièces d'or** d'investissement, voir n° 61875, précision c ;

– en cas d'**option** pour la taxation, voir n° 61885.

PARTIE 5

Droits d'enregistrement

Les droits d'enregistrement (fixes, proportionnels ou progressifs) sont des impôts perçus sur certains **actes juridiques et mutations verbales.** Les ventes d'immeubles ou de fonds de commerce, les échanges, les partages, certains actes ou opérations concernant la vie des sociétés, les donations et successions en sont les principaux exemples. Ils ont ainsi le caractère d'impôts indirects ou d'impôts sur le capital. 63500 ENR-I-1 s

L'**impôt sur la fortune immobilière** (IFI), dont les règles d'assiette et de recouvrement s'apparentent à celles des droits de succession, est étudié dans une autre partie de l'ouvrage (nos 71000 s.).

CHAPITRE 1

RÉGLEMENTATION GÉNÉRALE DES DROITS D'ENREGISTREMENT

SOMMAIRE

A. Formalité de l'enregistrement 63550
1. Actes et mutations assujettis à la formalité 63700
2. Formalité fusionnée (ou unique) 63725
3. Formalité « autonome » de l'enregistrement 63790
4. Formalité de publicité foncière 63810
5. Effets juridiques de la formalité de l'enregistrement 63830
B. Calcul et paiement des droits d'enregistrement 63865
1. Règles d'exigibilité 64000
2. Montant des droits 64020
3. Paiement des droits 64080
4. Tableau des tarifs 64100

Certains actes juridiques ou, en l'absence d'acte, certaines transmissions de biens sont soumis à enregistrement auprès des services compétents de l'administration. Cette formalité, dite « formalité de l'enregistrement » (nos 63550 s.), donne lieu généralement à un prélèvement fiscal, ou droit d'enregistrement, calculé et acquitté selon les règles exposées nos 63865 s. **63510**

A. Formalité de l'enregistrement

La formalité de l'enregistrement s'applique soit à des actes juridiques, soit à des mutations verbales, énumérés par la loi. **63550**
De caractère essentiellement fiscal (sur ses effets juridiques, voir nos 63830 s.), elle peut se combiner avec une autre formalité de finalité différente, celle de publicité foncière qui joue un rôle d'information en matière immobilière. Lorsque les deux formalités sont associées, on parle de « formalité fusionnée » (ou « unique »), qui s'opère au service chargé de la publicité foncière. Lorsqu'elles sont exécutées de façon autonome, la formalité de l'enregistrement est de la compétence du service des impôts et la formalité de publicité foncière de celle du service chargé de la publicité foncière. On distingue ainsi **trois types de formalités** : la formalité fusionnée (ou unique), la formalité « autonome » de l'enregistrement et la formalité « autonome » de publicité foncière.

1. ACTES ET MUTATIONS ASSUJETTIS À LA FORMALITÉ

Certains **actes** sont soumis obligatoirement à la formalité de l'enregistrement du seul fait de leur rédaction : **63700** CGI art. 635 s. ENR-I-100 s
– en raison de la **qualité des personnes** qui les rédigent et quelle que soit la nature des conventions qu'ils contiennent : il s'agit essentiellement des actes notariés (toutefois, certains de ces actes sont dispensés de la formalité de l'enregistrement et les droits auxquels ces actes donnent ouverture sont payés, en principe, sur états) ;
– en considération de la **nature des conventions** qu'ils renferment (par exemple : cessions de fonds de commerce, augmentation de capital ou fusion de sociétés).

La formalité de l'enregistrement s'applique en outre obligatoirement à certaines **mutations** même s'il n'a pas été dressé d'acte pour les constater ou si l'acte qui a été rédigé est tenu secret (par exemple : les transmissions par succession, certaines cessions de droits sociaux : voir n° 66675, b, certains dons manuels : voir n° 69190). Les parties doivent alors souscrire une déclaration de mutation dans un délai de rigueur. À défaut, l'administration est en droit de réclamer l'impôt en prouvant l'existence de la mutation.

Les **actes sous seing privé** autres que ceux expressément soumis à la formalité de l'enregistrement par les dispositions du CGI sont dispensés de cette formalité. Mais ils peuvent être volontairement présentés à la formalité (en vue, par exemple, de leur conférer date certaine), moyennant la perception d'un droit fixe (nº 64035).

2. FORMALITÉ FUSIONNÉE (OU UNIQUE)

CHAMP D'APPLICATION

63725 CGI art. 647, I et II ENR-I-170 s

La formalité fusionnée de l'enregistrement et de la publicité foncière ne peut s'appliquer qu'à des **actes,** à l'exclusion des mutations verbales. Selon le cas, elle est obligatoire ou facultative. Certains actes en sont expressément exclus.

63730 **Actes soumis obligatoirement à la formalité fusionnée** Sauf exceptions limitativement énumérées (nº 63740), la formalité fusionnée s'applique de plein droit aux **actes qui relèvent obligatoirement à la fois de l'enregistrement et de la publicité foncière.** Il en est ainsi, quels que soient le régime fiscal (actes soumis aux droits d'enregistrement ou à la TVA, par exemple) ou la forme de ces actes (civils, administratifs, extrajudiciaires, etc.), que ce soient des actes dont toutes les dispositions sont soumises à publicité ou des **actes mixtes,** c'est-à-dire des actes qui contiennent à la fois des dispositions soumises à publicité et d'autres qui ne le sont pas. Il faut toutefois, en principe, qu'il s'agisse d'actes **authentiques,** c'est-à-dire établis par notaire ou autre officier public, car le défaut d'authenticité est une cause de refus de dépôt de l'acte (nº 63760).

63735 **Actes soumis facultativement à la formalité fusionnée** La formalité fusionnée peut s'appliquer aux **actes soumis facultativement à publicité foncière** (promesses unilatérales de vente ou de bail de plus de douze ans, conventions relatives à l'exercice des servitudes légales et documents auxquels sont annexés ou dans lesquels sont reproduits des actes soumis ou admis à publicité, même si ces derniers n'ont pas été dressés en la forme authentique).

Pour ces actes, la formalité fusionnée doit être **expressément requise** (CGI ann. III art. 253, IV). La réquisition de la formalité fusionnée doit intervenir obligatoirement dans le délai imparti pour la formalité de l'enregistrement, soit, en général, dans le mois de la date de l'acte. À défaut, les deux formalités (enregistrement et publicité foncière) doivent être effectuées distinctement.

63740 **Actes exclus de la formalité fusionnée** Sont expressément écartés de la formalité fusionnée les décisions judiciaires et les actes pour lesquels il est impossible de procéder à la formalité fusionnée. Ces actes sont donc en principe successivement soumis à la formalité de l'enregistrement et à celle de la publicité foncière selon les modalités propres à chacune d'elles.

> Précisions a. Les actes pour lesquels la formalité fusionnée est impossible sont (CGI ann. III art. 249) :

– d'une part, les actes relatifs à des **immeubles situés dans** les départements de la **Moselle,** du **Bas-Rhin et** du **Haut-Rhin,** où la publicité des transactions immobilières est assurée au moyen d'un livre foncier tenu par les magistrats de l'ordre judiciaire. Toutefois, les actes relatifs à des immeubles situés pour partie dans ces départements et pour partie dans d'autres départements sont soumis à la formalité fusionnée si le rédacteur de ces actes réside en dehors de ces trois départements (CGI ann. III art. 250). Lorsque la formalité fusionnée n'est pas applicable, la perception est néanmoins fusionnée ;

– d'autre part, les **actes** ayant fait l'objet d'un **refus de publier** (nº 63760) et dont la régularisation ne peut pas être opérée ; dans ce cas, les deux formalités sont données distinctement et l'enregistrement est alors subordonné à la seule justification du refus, ainsi qu'à l'affirmation du déposant qu'il n'est pas en mesure de procéder à la régularisation demandée.

b. Les **cessions de droits sociaux,** constituant en toute hypothèse, au point de vue juridique, des transmissions de droits mobiliers, échappent dans tous les cas à la formalité de publicité foncière et, par voie de conséquence, à la formalité fusionnée (voir nº 66675, a).

EXÉCUTION DE LA FORMALITÉ FUSIONNÉE

63750 CGI art. 657 et 647, III ENR-I-800 s, 860 s et 1000 s

La formalité est accomplie au **service chargé de la publicité foncière** (service de la conservation de la propriété immobilière à Mayotte) où est tenu, par commune, un « fichier immobilier » (à ne pas confondre avec le cadastre, tenu dans chaque mairie) assurant la publicité juridique des immeubles. Le service compétent est celui du **lieu** de situation de l'immeuble, quelle que soit la résidence du rédacteur de l'acte. Le **délai** imparti pour requérir la formalité est d'un mois à compter de la date de l'acte (deux mois en cas d'adjudication notariée). Le dépassement des délais donne lieu à application des pénalités de retard.

Lorsqu'un acte concerne des immeubles ou droits immobiliers situés dans le ressort de **plusieurs services,** la formalité fusionnée est exécutée, dans le délai d'un mois, au service où la formalité est requise en premier lieu, au choix du requérant. La publicité foncière doit néanmoins être faite dans les autres services, moyennant un délai supplémentaire d'un mois (CGI ann. III art. 251 et 253, II).

> Précisions **a.** Pour les actes obligatoirement soumis à la formalité fusionnée, l'enregistrement, avec tous les effets qu'il produit, résulte de la seule publication au service chargé de la publicité foncière dans le délai légal. L'institution de la formalité fusionnée a pour corollaire l'**interdiction** faite aux comptables de la DGFiP **d'enregistrer** les actes qui y sont soumis à titre obligatoire. Cette interdiction ne s'applique pas aux actes ayant fait l'objet d'un refus de publier et dont la régularisation est impossible (n° 63740, précision a). De même, et sur réquisition, la formalité de l'enregistrement peut être réalisée par les comptables de la DGFiP pour un acte soumis à la formalité fusionnée, après exécution de celle-ci (ENR-I-5440 s.).
b. Pour l'accomplissement de la formalité, la plupart des actes notariés doivent, sous peine de refus du dépôt, être transmis au service de la publicité foncière via la plateforme Télé@ctes (Décret 2017-770 du 4-5-2017 ; Arrêté CPAE1716114A du 2-6-2017 modifié).

REFUS OU REJET

Refus du dépôt Le refus du dépôt des actes entraîne le refus d'exécuter la formalité fusionnée. L'acte dont le dépôt est refusé est **réputé non enregistré** et les documents présentés ainsi que la provision versée sont restitués au déposant (sur les conséquences du refus de publier, voir également n° 63740, précision a et 63765). **63760** CGI ann. III art. 257 ENR-I-1400 s

Le refus de dépôt peut être prononcé par le service de la publicité foncière pour différentes **causes** dont les principales sont les suivantes : défaut d'authenticité des actes ; présentation défectueuse en la forme des documents déposés ; défaut de mention de certification de l'identité des parties ; défaut de désignation individuelle des immeubles ; absence d'extrait cadastral et d'extrait d'acte.

Rejet de la formalité Après avoir accepté un acte en dépôt, le service chargé de la publicité foncière peut refuser d'accomplir la formalité de publicité foncière. On dit alors qu'il y a « rejet de la formalité ». **63765** ENR-I-1650 s

Outre la possibilité de prononcer un rejet pour une cause de refus de dépôt (par hypothèse non opposée par le service), les principales **causes** de rejet sont : l'omission de l'une des mentions non essentielles exigées obligatoirement dans la désignation des parties et dans celle des immeubles ; la discordance entre, d'une part, l'identification des parties ou la désignation des immeubles contenue dans le document à publier et, d'autre part, les énonciations correspondantes contenues dans les titres de propriété déjà publiés depuis le 1er janvier 1956 ; les inexactitudes, omissions ou imprécisions dans la mention de certification de l'identité des parties.

À compter de la notification de la cause du rejet (qui doit, en principe, être faite dans le mois qui suit le dépôt), le contribuable a un mois pour **régulariser** sa situation.

En cas de rejet définitif de la formalité faute de régularisation, l'acte est néanmoins **réputé enregistré** à la date de son dépôt au service chargé de la publicité foncière (CGI art. 647, IV) ; les droits et taxes perçus ne sont pas restituables.

3. FORMALITÉ « AUTONOME » DE L'ENREGISTREMENT

La formalité de l'enregistrement n'est effectuée de manière autonome (c'est-à-dire hors formalité fusionnée) que pour les actes soumis obligatoirement ou volontairement à l'enregistrement mais qui **ne relèvent pas de la formalité fusionnée,** ainsi que pour les mutations assujetties réalisées sans acte (qui ne peuvent en aucun cas relever de la formalité fusionnée). **63790** ENR-I-2550 s

Elle s'applique également aux actes qui, soumis à la formalité fusionnée, ont fait l'objet d'un **refus de publier** au service chargé de la publicité foncière et dont la régularisation ne peut pas être opérée (n° 63740, précision a).

Cette formalité doit être accomplie au **service des impôts.** Pour les actes notariés, le service des impôts compétent est celui de la résidence du notaire. Pour les actes sous seing privé, c'est soit celui du lieu de situation des biens, soit celui du domicile des parties. **63795** CGI art. 650 s. ENR-I-3500 s, 3950 s et 4900 s

Le **délai** d'enregistrement des actes soumis obligatoirement à la formalité est en général d'un mois à compter de leur date (CGI art. 635 s.).

Lorsque les prescriptions légales relatives à l'accomplissement de la formalité ne sont pas respectées (en particulier s'il s'agit d'un acte qui doit obligatoirement être soumis à la formalité fusionnée), la **formalité** est **refusée.**

4. FORMALITÉ DE PUBLICITÉ FONCIÈRE

63810 ENR-I-7000 s Régie par les décrets 55-22 du 4 janvier 1955 et 55-1350 du 14 octobre 1955, la publicité foncière a pour **objet** d'informer les tiers de la transmission ou de la constitution de droits réels immobiliers. La formalité de publicité foncière se distingue donc par nature de la formalité de l'enregistrement.

Son **champ d'application** s'étend à la quasi-totalité des actes affectant des droits réels immobiliers. Elle est toutefois fusionnée avec la formalité de l'enregistrement pour la plupart des actes soumis à publication (n° 63730).

La formalité de publicité foncière ne concerne donc en tant que formalité autonome – outre les inscriptions d'hypothèques et les « mentions en marge » – que certains actes exclus de la formalité fusionnée. Ce sont notamment :

– les décisions judiciaires comportant des dispositions sujettes à publication ;

– les actes concernant des immeubles situés dans les départements de la Moselle, du Bas-Rhin et du Haut-Rhin (voir n° 63740, précision a) ;

– les actes ayant fait l'objet d'un refus de publier et dont la régularisation ne peut pas être opérée (voir n° 63740, précision a).

Les actes admis à titre facultatif à la formalité fusionnée (n° 63735) peuvent être publiés séparément lorsque la formalité fusionnée n'a pas été requise.

En principe, seuls les actes établis en la **forme** authentique peuvent donner lieu à publication. Le défaut d'authenticité entraîne le refus du dépôt de l'acte (voir n° 63760).

63815 La formalité de publicité foncière est accomplie par le service chargé de la publicité foncière (voir toutefois n° 63740, précision a, pour les départements de la Moselle, du Bas-Rhin et du Haut-Rhin).

Le **service compétent** est celui du lieu de situation des immeubles.

Le **délai** d'accomplissement de la formalité de publicité foncière est en général de trois mois à compter de la date des actes ou des documents (sauf délais spéciaux notamment pour certaines décisions judiciaires et les attestations notariées).

5. EFFETS JURIDIQUES DE LA FORMALITÉ DE L'ENREGISTREMENT

63830 ENR-I-5900 s La formalité de l'enregistrement est essentiellement une formalité fiscale. Toutefois, elle n'est pas totalement dépourvue d'effets juridiques, qu'elle soit exécutée comme formalité autonome ou, sous réserve des adaptations nécessaires, comme formalité fusionnée.

Tout d'abord, l'enregistrement donne **date certaine** aux actes sous seing privé à l'égard des tiers et peut constituer entre les parties un commencement de preuve par écrit ou, tout au moins, une présomption d'existence d'un titre.

En second lieu, la formalité de l'enregistrement permet d'assurer la **surveillance de la forme** des actes, en matière domaniale et en matière de publicité foncière, ainsi que de leur **contenu** (mesure préventive contre les faux en écriture).

Enfin, exceptionnellement, l'enregistrement peut être une **condition de validité** des actes. Il est ainsi formellement prévu :

– par le Code civil pour le contrat de fiducie (voir n° 90920) et pour la promesse unilatérale de vente (voir n° 63835) ;

– par le Code de commerce pour la publication des mutations de fonds de commerce : avant sa publication (dans un journal d'annonces légales et au Bodacc), l'acte de vente doit être enregistré à peine de nullité de la publication (C. com. art. L 141-13).

63835 C. civ. art. 1589-2 ENR-I-6200 s

L'enregistrement, condition de validité de la promesse unilatérale de vente

Toute promesse unilatérale de vente afférente à un immeuble, à un droit immobilier, à un fonds de commerce, à un droit à un bail portant sur tout ou partie d'un immeuble, ou aux titres des sociétés visées aux articles 728 et 1655 ter du CGI (sociétés immobilières de copropriété) est nulle et de nul effet si elle n'est pas constatée par un acte authentique ou par un acte sous seing privé enregistré – au service des impôts du domicile de l'une des parties – dans le **délai** de

dix jours à compter de la date de son acceptation par le bénéficiaire. L'**acceptation** d'une promesse unilatérale de vente par le bénéficiaire ne s'entend pas de la levée de l'option ayant pour effet de transformer la promesse unilatérale de vente en promesse synallagmatique, mais s'entend du fait, pour le bénéficiaire, de prendre acte de l'offre de vente, sans assumer aucune obligation d'acheter. Cette acceptation a pour seul effet de transformer une simple pollicitation – c'est-à-dire une offre exprimée mais non encore acceptée – en une promesse unilatérale de vente, liant le promettant pendant la durée de la promesse.
La sanction est la même pour toute **cession portant sur lesdites promesses** qui n'a pas fait l'objet d'un acte authentique ou d'un acte sous seing privé enregistré dans les dix jours de sa date.
Sur le **tarif** applicable, voir n° 64100.

B. Calcul et paiement des droits d'enregistrement

Les impositions auxquelles donne lieu la formalité de l'enregistrement sont désignées de deux façons différentes selon le service administratif compétent pour l'exécuter (CGI art. 662 à 664) : elles portent l'appellation de **« droits d'enregistrement »** lorsqu'il s'agit des services des impôts et celle de **« taxes de publicité foncière »** pour les actes formalisés au service chargé de la publicité foncière. **63865** ENR-I-8500 s

Les actes relevant de la formalité fusionnée, accomplie au service de la publicité foncière (n° 63750), sont donc assujettis à une imposition unique dite « taxe de publicité foncière » – à laquelle s'ajoute toutefois la contribution de sécurité immobilière – tandis que les actes et mutations relevant de la seule formalité de l'enregistrement, effectuée par le service des impôts (n° 63795), sont soumis à un droit d'enregistrement. Quant aux actes exclus de la formalité fusionnée et relevant de la double formalité de l'enregistrement et de la publicité foncière (n° 63740), ils sont soumis à une perception unique de l'impôt au service des impôts (droit d'enregistrement) ; la publication ultérieure de ces actes au service chargé de la publicité foncière est alors dispensée de la taxe de publicité foncière (CGI art. 665) et ne donne lieu qu'à la perception de la contribution de sécurité immobilière. Les actes admis facultativement à la formalité fusionnée mais pour lesquels cette formalité n'a pas été requise (n° 63735) sont éventuellement, lorsqu'ils sont présentés volontairement à la formalité de publicité foncière, soumis successivement à une double perception au titre du droit d'enregistrement (droit fixe) et de la taxe de publicité foncière.

Notons, en ce qui concerne la **terminologie,** que les impositions afférentes à la formalité fusionnée et à celle de l'enregistrement représentent un seul et même impôt obéissant à des règles uniformes d'exigibilité, d'assiette, de liquidation et de paiement, impôt que l'on peut, par simplification, désigner sous l'appellation générique de « droit d'enregistrement » (la taxe de publicité foncière désignant alors plus particulièrement l'imposition afférente à la formalité « autonome » de publicité foncière).

Sur la **contribution de sécurité immobilière,** voir n° 97350.

1. RÈGLES D'EXIGIBILITÉ

Les droits d'enregistrement, comme la formalité de même nom, sont exigibles soit sur des actes juridiques, soit sur certaines conventions, même non constatées par acte. On les distingue ainsi parfois en « **droits d'actes** », dus seulement en cas de rédaction d'un écrit, et « **droits de mutation** », exigibles même en l'absence d'acte, par le seul fait de l'existence d'une convention taxable. Ils sont perçus, respectivement, à l'occasion de la présentation des actes à la formalité ou de la déclaration des mutations. **64000** ENR-I-9300 s

Le droit prévu pour une opération juridique déterminée n'est dû que si celle-ci a un effet actuel et certain. Les actes ou mutations verbales affectés d'une **condition suspensive** (par exemple, condition de passer un acte, d'obtenir un prêt, de fournir une caution) donnent seulement ouverture, sauf exceptions, au droit fixe des actes innomés (n° 64035) ; c'est la réalisation de la condition – même non constatée par acte – qui rend exigible l'impôt afférent à l'opération. En revanche, la condition **résolutoire** ou le **terme** n'affectent pas l'exigibilité du droit (cependant, la réalisation d'une condition résolutoire autorise la restitution des droits perçus sur l'acte résolu s'il s'agit de résolution légale ou pour cas fortuit ou force majeure).

Les actes qui interviennent uniquement pour constater un **fait juridique dérivant directement de la loi** sont, en principe, affranchis du droit proportionnel ou progressif. Tel est le cas en matière d'acquisition par voie d'accession ou de prescription. Les mutations par décès sont en revanche soumises aux droits d'enregistrement même en cas de dévolution légale.

Dans la plupart des cas, les actes dispensés de la **formalité** de l'enregistrement sont également exonérés d'impôt. S'ils sont présentés volontairement à la formalité, ils sont soumis au droit fixe des actes innomés (CGI art. 679, 3°) ou au droit visé n° 64045 pour les baux à durée limitée d'immeubles, de fonds de commerce et de clientèles. Les actes soumis à la formalité mais exonérés d'impôt sont enregistrés gratuitement.

64005 En vertu de la règle dite **« non bis in idem »,** la même opération juridique ne peut pas être frappée deux fois du droit proportionnel ou progressif prévu d'après sa nature (n° 64055), quel que soit le nombre d'actes qui la constatent (exemple : actes sous seing privé en plusieurs exemplaires).

Lorsqu'un acte contient **plusieurs dispositions dépendantes,** il n'est dû qu'un seul droit (en principe le plus élevé) pour l'ensemble. Pour les actes comportant des dispositions **indépendantes** ou ne dérivant pas nécessairement les unes des autres, un droit distinct est, en principe, dû pour chacune de ces dispositions, selon sa nature ; toutefois, si ces dispositions sont toutes soumises à des droits fixes, seul le droit le plus élevé est perçu et s'il est dû à la fois des droits proportionnels ou progressifs et des droits fixes, ces derniers ne sont pas perçus (sauf, le cas échéant, le plus élevé comme minimum de perception) (CGI art. 670, 671 et 672).

ATTENTION

Si elle estime que les stipulations de l'acte ne correspondent pas aux conventions réellement conclues, l'administration peut restituer à l'acte son véritable objet en mettant en œuvre la procédure d'**abus de droit** (nos 79185 s.). Elle peut établir qu'une vente **dissimule** une donation ou inversement.

Par ailleurs, en application de la théorie de la **propriété apparente,** l'administration est fondée à tenir pour propriétaire véritable d'un bien celui qui apparaît comme tel aux yeux des tiers, en vertu de clauses formelles de titres, de la loi ou de ses agissements. Il en résulte que toute modification ultérieure de cette situation opère une mutation taxable, même s'il est établi que ce changement ne correspond pas, au regard des parties, à une véritable transmission (cas, par exemple, d'acquisition et de revente par un prête-nom).

2. MONTANT DES DROITS

64020 Les droits d'enregistrement sont fixes, proportionnels ou progressifs.
ENR-I-8700 s

DROITS FIXES

64030 Les droits fixes atteignent tous les actes non expressément assujettis à un droit proportionnel ou progressif ainsi que ceux exemptés de l'enregistrement mais présentés volontairement à cette formalité.

Il existe deux catégories de **tarifs** de droits fixes.

64035 **Droit fixe de 125 €** C'est tout d'abord le tarif des **actes innomés,** c'est-à-dire ceux qui ne se trouvent ni exonérés ni tarifés par aucun autre article du CGI et qui ne peuvent donner lieu à une imposition proportionnelle ou progressive (CGI art. 680). Il s'applique en général aux actes, notamment sous seing privé, qui sont **soumis volontairement à l'enregistrement.**

Il s'applique par ailleurs, en vertu de dispositions spécifiques, à de nombreuses opérations.

64045 **Droit fixe de 25 €** Ce droit est perçu sur divers actes, notamment les actes constatant des baux à durée limitée d'immeubles, de fonds de commerce et de clientèles lorsque ces actes sont présentés à la formalité (n° 65150). Le droit fixe de 25 € constitue par ailleurs le **minimum de perception** des droits proportionnels et progressifs (CGI art. 674).

DROITS PROPORTIONNELS ET PROGRESSIFS

64055 Les **droits proportionnels** s'appliquent essentiellement aux mutations à titre onéreux d'immeubles – à l'exclusion des obligations (engagements de payer une somme d'argent) ou des libérations (acquittements de dettes) –, aux actes de partage et d'échange et aux mutations à titre gratuit entre certains collatéraux et entre non-parents.

Les **droits progressifs** atteignent les mutations à titre onéreux de fonds de commerce et certaines successions et donations.

Les **tarifs** des droits proportionnels et progressifs sont indiqués dans l'étude consacrée à chaque type d'opération taxable.

Assiette Les droits proportionnels et progressifs sont normalement calculés sur la base du **prix stipulé** (ventes) ou de l'**évaluation fournie** à défaut de prix (échanges, partages, mutations à titre gratuit). Mais l'administration est en droit de démontrer que le prix ou l'évaluation sont inférieurs à la **valeur vénale réelle** du bien (voir nos 78215 s.). **64060** CGI art. 666 ENR-I-13120 s

En ce qui concerne le **barème** servant à déterminer la valeur de la **nue-propriété** et de l'**usufruit** pour la liquidation des droits d'enregistrement, voir n° 68460.

3. PAIEMENT DES DROITS

Le paiement de l'impôt est, en principe, **préalable** à l'accomplissement de la formalité **et indivisible** comme cette dernière (CGI art. 1701). **64080** ENR-I-14000 s

Toutefois, dans certains cas, le paiement des droits d'enregistrement peut être **fractionné ou différé** (CGI art. 1717) ; il en est ainsi de certains droits de succession (nos 68930 s.) ou de donation (n° 69360, b), du droit d'apport en société d'immeubles ou de fonds de commerce lorsqu'il s'agit d'apports purs et simples soumis au droit de mutation (et des taxes additionnelles) (n° 66880) ou des droits de mutation sur certaines opérations : acquisitions par les rapatriés ou acquisitions d'entreprises en difficulté (n° 65410).

> Précisions **a.** Les contractants sont solidairement **débiteurs des droits** pour le paiement au Trésor public (CGI art. 1705), mais la charge est supportée en définitive (sauf conventions contraires) par l'acquéreur ou le bénéficiaire de la convention (CGI art. 1712).
b. Les redevables doivent acquitter les droits qui leur sont réclamés. S'ils estiment la perception excessive, ils peuvent demander la restitution du trop-versé par voie de **réclamation** (voir nos 81800 s.).

4. TABLEAU DES TARIFS

Nous donnons ci-après dans l'**ordre alphabétique** les tarifs applicables à **certains actes,** conventions **ou opérations** non étudiés par ailleurs. La plupart de ces actes ou opérations donnent ouverture à un **droit fixe** ; dans ce cas, la **mention « DF »** est portée dans la dernière colonne avec renvoi au numéro qui indique le tarif de ce droit fixe (les tarifs des droits proportionnels et progressifs sont indiqués dans l'étude consacrée à chaque type d'opération taxable). **64100** ENR-I-22000 s

Acte de dépôt (sommes ou valeurs ne dépassant pas 75 €) (CGI art. 1116)	Enregistrement gratuit
Acte de notoriété	
Actes de notoriété autres que ceux constatant l'usucapion (CGI art. 846 bis, al. 1)	DF (n° 64045)
Actes de notoriété constatant l'usucapion : TPF[1], sauf pour les immeubles situés en Corse (n° 92430) et à Mayotte (n° 91630)	
Adjudication	
Adjudication aux enchères publiques de biens meubles incorporels non soumis à un tarif différent (en cas de présentation volontaire du procès-verbal à l'enregistrement) (CGI art. 733)	1,20 %
Adjudication sur réitération des enchères de biens immeubles (à prix identique ou inférieur) (CGI art. 685)	DF (n° 64035)
Arrêts, voir Jugements et arrêts	
Attestation notariée de propriété après décès (BOI-ENR-DG-20-30-30-10 n° 50)	DF (n° 64035)
Command (déclaration de) sous certaines conditions (CGI art. 686)	DF (n° 64035)
Consentement à une **assistance médicale à la procréation** (AMP) et reconnaissance de filiation dans le cadre d'une AMP (CGI art. 847 bis)	Exonération
Contrat créant une obligation réelle environnementale avec une collectivité publique, un établissement public ou une personne morale de droit privé (C. envir. art. L 132-3, al. 4)	Exonération
Contrat de mariage lorsqu'il ne donne pas lieu à la perception d'une imposition progressive ou proportionnelle plus élevée (CGI art. 847, 1°)	Enregistrement gratuit
Apport d'un immeuble en communauté par contrat de mariage ou changement de régime matrimonial : publication obligatoire au service chargé de la publicité foncière et TPF [1] sur les droits que l'époux se voit conférer sur l'immeuble (ENR-I-7120 s. et 7150 s.)	
Déclaration d'insaisissabilité ou de renonciation (et états descriptifs de division) **des immeubles non professionnels** de l'entrepreneur individuel (CGI art. 846 bis, al. 2)	DF (n° 64045)
Délivrance de legs (BOI-ENR-DG-20-30-30-20 n° 20)	DF (n° 64035)
Hypothèque (ENR-XI-1600 s.)	
Inscription hypothécaire (taxe de publicité foncière) : selon les cas, taxe proportionnelle [1] ou taxe fixe (n° 64045) (CGI art. 844)	

64100 (suite)

Exonération pour certains prêts spéciaux consentis pour la construction, l'acquisition ou l'amélioration de logements (CGI art. 845, 3°)	
Mainlevée d'hypothèque : selon le cas, taxe fixe ou droit fixe (n° 64045) (CGI art. 846 bis, al. 1) .	
Reconstitution de la documentation hypothécaire détruite par un cas de force majeure (CGI art. 1125)	Exonération
Jugements et arrêts (ENR-IX-7450 s.)	
A. Décisions des juridictions judiciaires : exemption générale (CGI art. 1089 A)	
Exceptions	
a. Les décisions demeurent soumises à la formalité dans les conditions de droit commun, lorsqu'elles donnent ouverture à un droit proportionnel (adjudication d'immeuble ou de fonds de commerce, partage, etc.) ou progressif (reconnaissance de don manuel, par exemple).	
Les décisions qui ne portent pas mutation de propriété ou d'usufruit, tout en donnant normalement ouverture à un droit proportionnel ou progressif, sont exonérées de ce droit lorsque l'une des parties à l'instance au moins bénéficie de l'aide juridictionnelle (CGI art. 1090 A, I).	
b. Les décisions des juridictions répressives (et des juridictions des forces armées : Code de justice militaire art. L 269-1 et CGI art. 1018 A bis) sont soumises à un droit fixe de procédure dont le tarif varie de 31 € à 527 € selon la juridiction (CGI art. 1018 A) (tarif majoré de 210 € en cas de condamnation pour conduite après usage de stupéfiants : C. proc. pén. art. A 38-6).	
Le droit fixe n'est pas dû : lorsque le condamné est mineur ou qu'il bénéficie de l'aide juridictionnelle ; lorsque les juridictions répressives statuent uniquement sur les intérêts civils.	
c. À titre expérimental, pour chaque instance introduite devant le tribunal des activités économiques, le demandeur doit acquitter une contribution pour la justice économique (voir n° 76055).	
B. Décisions des juridictions administratives : aucune imposition (BOI-ENR-DG-20-30-10 n° 200)	
C. Actes des secrétariats des juridictions judiciaires et administratives : dispense générale de tout droit ou taxe (CGI art. 1089 B)	
Exception : voir c. du A ci-avant	
D. Introduction des instances d'appel devant les juridictions judiciaires : droit fixe, voir n° 76060	
Mandat (ou procuration)	
Mandat à effet posthume (BOI-ENR-DMTG-10-40-20-10 n° 310)	DF (n° 64035)
Autres mandats (ou procurations) par acte notarié (ou SSP présenté volontairement à la formalité) (CGI art. 846 bis, al. 1)	DF (n° 64045)
Nantissement (BOI-ENR-DG-20-30-30-20 n° 20)	DF (n° 64035)
Notoriété, voir Actes de notoriété	
Procuration et pouvoir, voir Mandat	
Promesse unilatérale de vente (BOI-ENR-DG-20-30-30-20 n° 20)	DF (n° 64035)
Réméré (ou faculté de rachat) (acte authentique) si retrait dans le délai stipulé (BOI-ENR-DMTOI-10-10-30-40 n° 80)	DF (n° 64035)
Salaire différé en agriculture (CGI art. 1037)	Exonération [2]
Testament [3]	DF (n° 64035)

1. 0,70 % auquel s'ajoute le prélèvement pour frais d'assiette et de recouvrement visé n° 66230, portant le **taux global** à 0,71498 %.
2. La TPF est toutefois due sur l'acte qui constate l'**attribution de biens immobiliers en règlement de la créance** de salaire différé.
3. Les **testaments reçus par les notaires** doivent être enregistrés dans un délai de trois mois à compter de la date du décès du testateur ; les **testaments-partages** qui donnent lieu au paiement du droit de partage sont enregistrés au plus tard lors du partage de la succession (CGI art. 636).

CHAPITRE 2 BAUX

SOMMAIRE

1. Baux à durée limitée d'immeubles, de fonds de commerce ou de clientèles 65150
2. Baux à durée illimitée ou à vie d'immeubles, de fonds de commerce ou de clientèles 65180
3. Baux de nature particulière 65205

GÉNÉRALITÉS

Le contrat de location est, en droit fiscal, considéré comme un contrat **translatif** emportant mutation de la jouissance du bien. En matière de formalités et de droits d'enregistrement, le régime des mutations de jouissance varie essentiellement en fonction de la durée de la location et de la nature du bien loué. 65000 ENR-III-1 s

1. BAUX À DURÉE LIMITÉE D'IMMEUBLES, DE FONDS DE COMMERCE OU DE CLIENTÈLES

Les baux écrits à durée limitée d'immeubles, de fonds de commerce ou de clientèles sont dispensés de la **formalité de l'enregistrement.** En cas de **présentation volontaire** à la formalité, ils sont soumis à un droit fixe de 25 € (CGI art. 739). 65150 ENR-III-1450 s

> Précisions a. Si ces baux sont **rédigés par un notaire** en la forme authentique, ils sont en principe **obligatoirement** soumis à la formalité de l'enregistrement (n° 63700), éventuellement dans le cadre de la formalité fusionnée (n°s 63725 s.) lorsqu'il s'agit de baux à durée limitée d'immeubles de plus de douze ans visés n° 65160.

b. Les **cessions, subrogations, rétrocessions et résiliations de baux à durée limitée de biens de toute nature,** présentées volontairement à la formalité, sont passibles du droit fixe de 125 € (CGI art. 738, 1°).

La cession d'un bail ne doit pas être confondue avec celle du **droit au bail** qui supporte en principe un droit progressif (voir n°s 65620 s.).

Les **baux** à durée limitée **d'immeubles de plus de douze ans** sont soumis à publicité au service chargé de la publicité foncière. Ils donnent ouverture à la **taxe de publicité foncière** de 0,70 %. La taxe est liquidée sur le prix exprimé augmenté des charges (sous réserve du contrôle de la valeur locative du bien : voir n°s 78215 s.), pour toute la durée du bail (CGI art. 742), limitée toutefois à vingt années (BOI-ENR-JOMI-10 n° 80). À cette taxe s'ajoute le prélèvement pour frais d'assiette et de recouvrement visé n° 66230, portant le taux global à 0,71498 %. 65160 ENR-III-1800 s

Lorsque le bail est soumis à la TVA, il est fait abstraction de cette dernière taxe pour le calcul de la taxe de publicité foncière (BOI-ENR-JOMI-10 n° 120).

Sont **exonérés** de la taxe de publicité foncière :

– les baux ruraux à long terme et les baux ruraux cessibles hors du cadre familial (CGI art. 743, 2° et 4°) et les cessions de ces baux ;

– les baux à construction (CGI art. 743, 1°), les baux emphytéotiques concourant à la production d'immeubles ainsi que les baux réels immobiliers conclus dans le cadre des articles L 254-1 s. du CCH et consentis à un preneur avec obligation de construire (BOI-ENR-JOMI-10 n° 150) ;

– sur délibération du conseil départemental, les baux à réhabilitation (CGI art. 1594 J) et les baux portant sur des résidences de tourisme soumises au classement prévu à l'article L 321-1 du Code du tourisme (CGI art. 1594 J bis). En ce qui concerne les départements dans lesquels cette exonération est applicable, voir n° 97320 ;

– les baux réels solidaires conclus en application de l'article L 255-3 du CCH (CGI art. 743, 5°), c'est-à-dire les baux réels solidaires conclus entre l'organisme de foncier solidaire (OFS) et l'opérateur ainsi que ceux conclus entre l'OFS et le ménage bénéficiaire acquéreur des droits réels immobiliers (BOI-ENR-JOMI-10 n° 160) ;

– les baux de plus de douze ans à durée limitée publiés en vue de l'application de la législation sur les habitations à loyer modéré (CGI art. 743, 6°, issu de l'article 21 de la loi 2023-1322 du 29-12-2023, applicable aux baux conclus à compter du 1er janvier 2024).

Les baux conclus par une personne publique et les autorisations d'occupation temporaire du domaine public (notamment dans le cadre de contrats de partenariat) ne donnent ouverture qu'au **droit fixe** des actes innomés visé n° 64035 (CGI art. 1048 ter, 1° à 3°).

2. BAUX À DURÉE ILLIMITÉE OU À VIE D'IMMEUBLES, DE FONDS DE COMMERCE OU DE CLIENTÈLES

65180 CGI art. 744 ENR-III-3000 s Les baux à vie ou à durée illimitée portant sur des immeubles, des fonds de commerce ou des clientèles sont **assimilés aux ventes** de ces biens. Ils sont soumis aux mêmes impositions (et, le cas échéant, aux mêmes régimes de faveur) que les ventes des biens en cause.

> **Précisions** **a.** Les baux écrits à durée illimitée ou à vie sont soumis, dans le délai d'un mois à compter de leur date, à la **formalité** fusionnée s'ils se rapportent à des immeubles et à la formalité de l'enregistrement s'ils se rapportent à des fonds de commerce ou de clientèle.
> **b.** Pour les baux à durée illimitée, la valeur servant de **base** à l'impôt est de vingt fois la rente ou le prix annuel augmenté des charges. Pour les baux à vie, elle est de dix fois la même somme.
> **c.** Les **cessions, résiliations et rétrocessions** de baux à vie ou à durée illimitée d'immeubles donnent ouverture au droit d'enregistrement dans les mêmes conditions que les baux eux-mêmes (BOI-ENR-JOMI-10 n° 260).

3. BAUX DE NATURE PARTICULIÈRE

BAIL À CONSTRUCTION

65205 Voir n° 31040.

BAIL EMPHYTÉOTIQUE

65215 ENR-III-5020 s **a.** Comme les autres baux d'immeubles à durée limitée, l'**acte constitutif** de l'emphytéose est, sauf s'il est rédigé par un notaire en la forme authentique, dispensé de la formalité de l'enregistrement (voir n° 65150). Il est soumis à la taxe de publicité foncière dans les conditions indiquées n° 65160 lors de sa publication au fichier immobilier (CGI art. 689), sauf lorsqu'il concourt à la production d'immeubles (dans ce cas, il est assujetti, sur option, à la TVA selon les règles applicables aux baux à construction et, par suite, exonéré de la taxe de publicité foncière) (BOI-ENR-JOMI-30 n°s 40 à 60).

b. Les **cessions des droits du bailleur ou du preneur** d'un bail emphytéotique sont soumises au régime fiscal des mutations d'immeubles (CGI art. 1378 bis).

c. Les **résiliations et résolutions volontaires** de baux emphytéotiques ne donnent ouverture qu'au droit fixe visé n° 65150, précision b (BOI-ENR-JOMI-30 n° 100).

d. Les actes relatifs aux **baux emphytéotiques administratifs** conclus par les **collectivités territoriales,** leurs groupements ou leurs établissements publics et aux **baux emphytéotiques hospitaliers** sont passibles du droit fixe des actes innomés visé n° 64035 (CGI art. 1048 ter, 4°). Il en est de même des **baux emphytéotiques administratifs conclus par l'État** ou certains de ses établissements publics en vue de la restauration, la réparation ou la mise en valeur de leurs biens immobiliers (CGI art. 1048 ter, 1°).

LOCATION-VENTE

65225 ENR-V-4000 s Lorsqu'elles comportent un **transfert immédiat de propriété,** les opérations qualifiées de « locations-ventes » sont soumises au droit de vente, selon la nature du bien qui en fait l'objet.

Lorsqu'elle s'analyse en une **location assortie d'une promesse de vente,** la location est imposable en tant que telle suivant la nature des biens loués et, le cas échéant, l'option exercée par le bailleur.

CRÉDIT-BAIL (LEASING)

65235 ENR-III-5500 s Les contrats de **crédit-bail immobilier** dont la durée est supérieure à douze ans sont soumis à la taxe de publicité foncière dans les conditions indiquées n° 65160. L'assiette de la taxe est réduite du montant de la quote-part des loyers correspondant aux frais financiers versés par le preneur, qui doit être indiquée distinctement dans le contrat de crédit-bail (CGI art. 743 bis).

Les contrats conclus par les collectivités territoriales, leurs groupements ou leurs établissements publics ne sont passibles que du droit fixe des actes innomés visé n° 64035 (CGI art. 1048 ter, 3°).

En ce qui concerne l'acquisition des immeubles par les sociétés de crédit-bail dans le cadre de contrats de cession-bail (ou lease-back) et l'acquisition des immeubles par le crédit-preneur, voir n° 66345.

Les contrats de **crédit-bail mobilier**, portant sur des biens corporels, ne sont pas soumis au droit de mutation lors de l'acquisition des biens par le locataire. **65240** ENR-III-5400 s

Dans le cadre d'un **crédit-bail sur fonds de commerce,** le bail n'est pas soumis à la formalité de l'enregistrement. L'acquisition du fonds par le locataire donne lieu au paiement du droit de mutation de fonds de commerce liquidé seulement sur le prix de cession (voir nos 65400 s.), quelle que soit la valeur vénale du bien à la date de son acquisition par le locataire (BOI-ENR-DMTOM-10-30-30 no 140). **65245** ENR-III-6200 s

CONCESSIONS DE LICENCE D'EXPLOITATION DE BREVET ET DE DROITS DE POSSESSION INDUSTRIELLE

Voir respectivement nos 65540 et 65545. **65250**

CONCESSIONS DANS LES CIMETIÈRES

Les **concessions perpétuelles** dans les cimetières sont dispensées de la formalité de l'enregistrement (CGI art. 637 bis). En cas de présentation volontaire à l'enregistrement, les actes de concessions perpétuelles sont soumis aux mêmes droits que les baux d'immeubles à durée illimitée (voir no 65180). **65255** ENR-III-6400 s

Les **concessions temporaires** dans les cimetières sont dispensées de la formalité de l'enregistrement. En cas de présentation volontaire à l'enregistrement, la concession temporaire est assujettie au droit fixe visé no 65150 pour les baux d'immeubles à durée limitée (BOI-ENR-JOMI-30 no 410).

BAUX DE PÊCHE ET DE CHASSE

Quelle que soit leur durée, les locations de droits de chasse ou de droits de pêche sont dispensées de la **formalité de l'enregistrement.** **65265** ENR-III-6750

La **présentation volontaire** à la formalité des actes constatant des **baux** de droits de chasse ou de droits de pêche donne ouverture au droit fixe des actes innomés visé no 64035. Il en est de même de la présentation à la formalité des **cessions, subrogations, rétrocessions et résiliations de baux à durée illimitée** de droits de chasse ou de pêche (BOI-ENR-JOMI-30 no 550). Sur la présentation à la formalité des cessions, subrogations, rétrocessions et résiliations de **baux à durée limitée** de droits de chasse ou de pêche, voir no 65150, précision b.

CHAPITRE 3

CESSIONS DE FONDS DE COMMERCE ET OPÉRATIONS ASSIMILÉES

SOMMAIRE

A. Cessions de fonds de commerce et de clientèles 65485
B. Conventions de successeur 65580
C. Cessions de droit au bail et assimilées 65610
D. Cessions d'offices publics ou ministériels et opérations assimilées 65665

65400 ENR-IV-1 s **Économie générale du dispositif** Les cessions de fonds de commerce et de clientèles, les conventions de successeur, les cessions de droit au bail et les cessions d'offices publics ou ministériels sont, sauf régime spécial, soumises à un barème progressif (voir nos 65520 s.).

Remarque : Ces opérations échappent d'une manière générale à la **TVA** (voir n° 47505).

65405 ENR-IV-8100 s **Formalités à accomplir** Les cessions de fonds de commerce et opérations assimilées sont en principe constatées par un **acte** qui doit être enregistré dans le mois de sa date.

À **défaut d'acte,** ces opérations doivent être déclarées dans le mois de l'entrée en possession (CGI art. 638).

> **Précisions** En ce qui concerne les cessions de fonds de commerce et de clientèles (constatées ou non par un acte), les parties doivent en outre souscrire en triple exemplaire les **imprimés n° 2672-SD** (identification de la mutation) et **n° 2676-SD** (état détaillé et estimatif du matériel et des marchandises neuves cédées).

65410 **Paiement** Conformément au principe général, le droit doit en principe être intégralement acquitté avant l'enregistrement de l'acte (voir n° 64080). Sauf convention contraire, il est supporté par l'**acquéreur.**

ENR-I-16650 s > **Précisions** Des possibilités de **paiement fractionné** sont prévues en faveur des acquisitions totales ou partielles d'entreprises dans le cadre d'une procédure de sauvegarde, de redressement ou de liquidation judiciaires (CGI ann. III art. 396, 3° et 404 D), des suppressions d'offices publics ou ministériels (CGI ann. III art. 396, 4° et 404 E) et des acquisitions par les Français rapatriés d'outre-mer à l'aide de prêts de reclassement (CGI ann. III art. 396, 5° et 404 F).

A. Cessions de fonds de commerce et de clientèles

CHAMP D'APPLICATION

65485 CGI art. 719 ENR-IV-200 s Le droit s'applique aux mutations à titre onéreux ayant pour objet tout ou partie d'un fonds de commerce ou d'une clientèle.

> **Précisions** **a.** La **notion de mutation à titre onéreux** est similaire à celle retenue en matière de vente d'immeuble (n° 66160). C'est ainsi que sont principalement taxables les ventes et les adjudications. Échappent en revanche à la taxation les concessions de l'usage d'un nom commercial (Cass. com. 12-1-1993 n° 90-18.616 P : RJF 5/93 n° 741) et les reprises de contrat de crédit-bail (Cass. com. 24-1-1995 n° 93-12.420 P : RJF 4/95 n° 556).
> **b.** Sur les cessions d'**entreprises individuelles** ou d'**EIRL** ayant exercé l'option visée nos 87200 s., voir n° 67135.

Cession globale de fonds de commerce L'imposition s'applique aux mutations à titre onéreux ayant pour objet l'ensemble des **éléments constitutifs** du fonds de commerce. 65490

> **Précisions** Les éléments constitutifs du fonds sont :
> – les éléments **incorporels** : clientèle, droit au bail, brevets d'invention, marques de fabrique, marchés en cours, licences et autorisations administratives (les créances ne font pas partie du fonds) ;
> – les éléments **corporels** : matériel, mobilier, approvisionnements, marchandises neuves.

Cession isolée d'éléments du fonds La cession isolée d'éléments corporels ou incorporels du fonds est soumise en principe au régime fiscal qui lui est propre (régime des ventes de meubles ordinaires pour le matériel et le mobilier, etc.) dès lors que la **séparation** de ces éléments est **sérieuse et effective.** Toutefois, une telle cession est soumise au régime des cessions de fonds de commerce lorsqu'elle s'accompagne d'une **cession explicite ou implicite de clientèle.** 65495

Le point de savoir si une cession d'éléments du fonds de commerce constitue ou non une cession du fonds est une **question de fait.**

EXEMPLES

Le droit prévu à l'article 719 du CGI a été reconnu applicable dans les cas suivants :
– cessions successives au même acquéreur et à des dates rapprochées (ou non) des divers éléments composant un fonds de commerce ;
– cession d'un droit au bail à un commerçant appelé, en fait, à recueillir la clientèle du quartier ;
– cession de matériel corrélative à l'apport pur et simple en société des éléments incorporels.

Cession de clientèle Le droit est applicable : 65500
– aux cessions de **clientèles commerciales** ;
– aux cessions de **clientèles civiles** attachées à des professions exercées au moyen d'un courant d'affaires avec le public (architectes, avocats, experts-comptables, etc.). S'agissant des conventions entre médecins prévoyant la présentation du successeur à la clientèle, voir nº 65580.

ASSIETTE

Le droit exigible sur les cessions de fonds de commerce et de clientèles est liquidé sur le **prix** exprimé augmenté des charges. L'administration peut toutefois substituer au prix exprimé la **valeur vénale** si elle est supérieure (nos 78215 s.). 65510 ENR-IV-5030 s

> **Précisions** **a.** Les ventes de **marchandises neuves** corrélatives à la cession du fonds sont exonérées de droit d'enregistrement lorsqu'elles sont soumises à la TVA (nº 47505) ou non taxées en application de l'article 257 bis du CGI (nº 47520) (CGI art. 723).
> **b.** La notion de **charges** en matière de cession de fonds de commerce est identique à celle retenue en matière de vente d'immeubles (nº 66205).

DROITS EXIGIBLES

Les cessions de fonds de commerce et de clientèles sont soumises au droit prévu par l'article 719 du CGI (droit budgétaire perçu au profit de l'État) auquel s'ajoutent des taxes locales additionnelles départementale (CGI art. 1595) et communale (CGI art. 1584 et 1595 bis). 65520 ENR-IV-6550 s

Ces droits et taxes sont calculés en faisant application du barème suivant :

Fraction du prix (ou de la valeur vénale)	Droit budgétaire	Taxe départe-mentale	Taxe communale	Imposition totale
N'excédant pas 23 000 € [1]	0 %	0 %	0 %	0 %
Comprise entre 23 000 € et 107 000 €	2 %	0,60 %	0,40 %	3 %
Comprise entre 107 000 € et 200 000 €	0,60 %	1,40 %	1 %	3 %
Supérieure à 200 000 €	2,60 %	1,40 %	1 %	5 %

1. Les cessions n'excédant pas 23 000 € sont soumises au minimum de perception visé nº 64045 (BOI-ENR-DMTOM-10-20-20 nº 10).

RÉGIMES SPÉCIAUX

Acquisitions dans certaines zones géographiques Les acquisitions de fonds de commerce ou de clientèles situés dans les **zones franches urbaines-territoires entrepreneurs,** dans les **zones de revitalisation rurale** ou dans les **zones France ruralités revitalisation** (CGI art. 722 bis, modifié par l'article 73, I-11° de la loi 2023-1322 du 29-12-2023, applicable à compter du 1er juillet 2024) (telles que 65530 CGI art. 722 bis ENR-IV-6700 s définies n° 92540) sont soumises, sous réserve que l'acquéreur prenne l'engagement de maintenir l'exploitation du fonds pendant cinq ans, au barème de taxation suivant :

Fraction du prix (ou de la valeur vénale)	Droit budgétaire	Taxe départe-mentale	Taxe communale	Imposition totale
N'excédant pas 23 000 € [1]	0 %	0 %	0 %	0 %
Comprise entre 23 000 € et 107 000 €	0 %	0,60 %	0,40 %	1 %
Comprise entre 107 000 € et 200 000 €	0,60 %	1,40 %	1 %	3 %
Supérieure à 200 000 €	2,60 %	1,40 %	1 %	5 %

1. Les acquisitions n'excédant pas 23 000 € sont soumises au minimum de perception visé n° 64045 (BOI-ENR-DMTOM-10-20-20 n° 10).

Remarques

a. Le bénéfice de la réduction de tarif est subordonné au respect du règlement communautaire concernant l'application des **aides « de minimis »** (voir n°s 92660 s.).

b. L'administration admet d'appliquer la réduction de tarif aux cessions d'**offices publics ou ministériels** et opérations assimilées (n°s 65665 s.) (BOI-ENR-DMTOM-10-30-20 n° 30).

65535
CGI art. 732 ter
ENR-IV-5850 s

Abattement applicable à certaines cessions aux salariés ou aux proches La cession en pleine propriété de **fonds de commerce,** de fonds artisanaux, de clientèles d'une entreprise individuelle, de fonds agricoles ou de **parts ou actions d'une société (à concurrence de la fraction de la valeur des titres représentative du fonds** ou de la clientèle) bénéficie d'un **abattement** de 500 000 € (Loi 2023-1322 du 29-12-2023 art. 22, applicable aux cessions réalisées à compter du 1er janvier 2024) sur l'assiette des droits de mutation si les **conditions** suivantes sont remplies :

– l'entreprise ou la société exerce une activité industrielle, commerciale, artisanale, agricole ou libérale ;

– les acquéreurs sont soit titulaires d'un contrat de travail à durée indéterminée depuis deux ans au moins exerçant leurs fonctions à temps plein ou d'un contrat d'apprentissage, soit des proches du cédant (conjoint, partenaire d'un Pacs, ascendants ou descendants en ligne directe, frères ou sœurs) ;

– les acquéreurs poursuivent à titre d'activité professionnelle unique et de manière effective et continue, pendant cinq ans à compter de la cession, l'exploitation du fonds ou l'activité de la société. Par ailleurs, l'un d'eux assure, pendant la même période, la direction effective de l'entreprise ;

– les biens ou les droits sociaux sont détenus depuis plus de deux ans par le cédant si ce dernier les avait acquis à titre onéreux.

› Précisions **a.** L'acquéreur peut être une **EURL**, une **EARL unipersonnelle**, une **Selarl unipersonnelle** ou une **Sasu** (BOI-ENR-DMTOM-10-20-20 n° 160).

b. L'**engagement** de poursuivre l'exploitation pendant cinq ans doit être pris **dans l'acte d'acquisition** ou dans un acte complémentaire déposé auprès du service chargé de l'enregistrement avant le 31 décembre de la deuxième année qui suit la date de l'acte initial.

c. L'abattement **ne s'applique qu'une fois** entre un même cédant et un même acquéreur. Si la valeur de cession est inférieure à 500 000 €, le **reliquat d'abattement** ne peut pas être utilisé ultérieurement à l'occasion d'une autre cession entre les mêmes personnes (BOI-ENR-DMTOM-10-20-20 n° 270).

d. La **liquidation judiciaire** de l'entreprise au cours des cinq années suivant la cession n'entraîne pas la déchéance du régime de faveur. De même, la **mise en société** de l'entreprise individuelle au cours des cinq années suivant la cession ne remet pas en cause le bénéfice de l'abattement lorsque les biens transmis sont apportés à une société créée pour l'occasion et détenue en totalité par les bénéficiaires de l'abattement et lorsque les titres reçus en contrepartie de cet apport sont conservés par les associés jusqu'au terme de la période de cinq ans (BOI-ENR-DMTOM-10-20-20 n° 200).

65540
CGI art. 731 et 738, 2°
ENR-IV-8530 s

Brevets d'invention Lorsqu'il est **exploité,** le brevet d'invention s'analyse en un élément du fonds de commerce, support d'une clientèle. Sa **cession** constitue une cession de fonds de commerce qui doit être obligatoirement enregistrée (n° 65405) moyennant cependant le paiement du simple droit fixe visé n° 64035. Sa **concession** constitue une location du fonds (dispensée d'enregistrement sauf présentation à la formalité : n° 65150).

Lorsqu'il n'est **pas exploité,** le brevet d'invention s'analyse en un meuble incorporel. Sa **cession,** lorsqu'elle est soumise – obligatoirement (acte notarié) ou volontairement – à la formalité de l'enregistrement, donne ouverture au droit fixe visé n° 64035. S'agissant d'un bail à durée limitée de meuble autre qu'un fonds de commerce, sa **concession** n'est pas taxable mais donne ouverture au droit fixe visé n° 64035 en cas de présentation de l'acte à l'enregistrement.

> Précisions a. Lorsqu'un brevet (exploité ou non) est cédé en même temps que les **autres éléments** du fonds, les parties sont admises à déterminer, au moyen d'une déclaration estimative, la partie du prix applicable au brevet afin de la soustraire au droit de l'article 719 du CGI.
b. En ce qui concerne la situation des cessions et des concessions de licences d'exploitation de brevets au regard de la **TVA** : voir n° 47510.

Droits de possession industrielle La cession de droits de possession industrielle (**savoir-faire, secret de fabrication**, etc.) et la concession de licences d'exploitation de ces droits sont soumises : 65545 ENR-IV-8700 s
– au régime des cessions de fonds de commerce, si les droits sont cédés en même temps que le fonds dont ils dépendent (n° 65520) ;
– au régime des cessions et concessions de licences d'exploitation de brevets d'invention dans le cas contraire (n° 65540).

Marques de fabrique La **cession d'une marque** de fabrique **exploitée** est soumise au tarif visé n° 65520 : 65550 ENR-IV-8800 s
– en tant que cession de fonds de commerce si la marque est cédée en même temps que le fonds ;
– en tant que cession de clientèle si la clientèle attachée à la marque est cédée indépendamment du fonds.

La **cession d'une marque non exploitée,** de même que la **concession** de licence d'exploitation de marques (exploitées ou non), sont soumises au même régime fiscal que celui prévu pour les cessions et concessions de licences d'exploitation de brevets d'invention (n° 65540).

EXONÉRATIONS

a. Les **achats** de fonds de commerce effectués **en vue de la revente** par des assujettis à la TVA sont exonérés de tous droits et taxes de mutation lorsque les conditions prévues à l'article 1115 du CGI sont réunies (n°s 66275 s.). 65555

b. Les **acquisitions** de fonds de commerce réalisées **par les collectivités locales** sont exonérées de toute imposition (droit d'enregistrement) (CGI art. 1042, I-al. 2).

B. Conventions de successeur

Toute convention à titre onéreux ayant pour effet de permettre à une personne d'exercer une **profession,** une fonction ou un emploi occupé par un précédent titulaire est soumise au régime des cessions de fonds de commerce (tarif : n° 65520 avec application, le cas échéant, des régimes spéciaux : n°s 65530 s.), même si elle ne s'accompagne pas d'une cession de clientèle. 65580 CGI art. 720 ENR-IV-800 s

ILLUSTRATIONS

Peu importe la **nature** de l'activité transmise (civile ou commerciale : BOI-ENR-DMTOM-10-10-30 n° 10).
L'article 720 du CGI est ainsi applicable aux conventions passées entre **médecins, vétérinaires, chirurgiens-dentistes** contenant engagement de ne pas se rétablir et de présenter son successeur à la clientèle (BOI-ENR-DMTOM-10-10-30 n° 250).
Sont également susceptibles de relever de cette disposition les cessions de portefeuille d'**agent général d'assurances,** de cartes de **VRP** non salarié, d'autorisation de stationnement de **taxi,** de licences de **débits de boissons,** de cabinets d'**experts-comptables** (BOI-ENR-DMTOM-10-10-30 n°s 280 s.).

L'application de l'article 720 du CGI est subordonnée à la réunion des **conditions** suivantes : 65585
– l'opération résulte d'un accord contractuel entre l'ancien et le nouveau titulaire de l'activité ;
– la convention est conclue à titre onéreux ;
– l'activité exercée par l'acquéreur est identique à celle exercée par le cédant, cette identité pouvant être partielle ;
– l'opération n'entre pas dans les prévisions d'une autre disposition fiscale. C'est ainsi que les actes de cession d'un fonds agricole composé en tout ou partie des éléments énumérés au dernier alinéa de l'article L 311-3 du Code rural et de la pêche maritime ou de cession de gré à gré d'un navire de pêche artisanale, qui sont enregistrés gratuitement (CGI art. 732 et 732 A), échappent à la taxation des conventions de successeur.

C'est à l'administration d'apporter la **preuve** que les différentes conditions d'application de l'article 720 du CGI sont réunies (Cass. com. 22-7-1986 n° 85-11.604 et n° 85-11.605).

ILLUSTRATIONS

Convention à titre onéreux. Une cession de biens **entre sociétés d'un même groupe** peut être taxée comme convention de successeur. Le fait que cette opération soit réalisée dans le cadre d'une réorganisation interne du groupe ne lui ôte pas son caractère onéreux, celui-ci résultant du seul paiement d'un prix de cession (Cass. com. 3-4-2013 n° 12-10.042 P : RJF 7/13 n° 775).
Identité des activités successives. L'article 720 du CGI n'est pas applicable lorsqu'un médecin résilie la **concession** qui lui avait été accordée pour exercer dans une clinique et cède à cette clinique en qualité de gérant d'une **société civile de moyens** le matériel installé pour l'exercice de l'activité (Cass. com. 21-1-1997 n° 94-20.411 P : RJF 5/97 n° 493).
Opération entrant dans le champ d'une autre disposition fiscale. Ne peuvent pas être taxées en tant que conventions de successeur les **mutations de jouissance temporaire** (Cass. com. 5-3-1991 n° 89-17.515 P : RJF 5/91 n° 697), les **apports en société** (Cass. com. 17-12-1991 n° 89-17.028 P : RJF 3/92 n° 411) et les **cessions de droits sociaux** (Cass. com. 22-3-1988 n° 86-17.052), à l'exception toutefois des cessions de parts de sociétés civiles de moyens corrélatives à la cessation d'activité du cédant (Cass. com. 8-11-1983 n° 81-15.482 : RJF 7/84 n° 913).

ASSIETTE

65590 ENR-IV-6100 s Lorsqu'une convention est taxable en tant que convention de successeur, le droit est calculé sur **toutes les sommes** dont le paiement est imposé au successeur, sous quelque dénomination que ce soit, ainsi que sur **toutes les charges** lui incombant au même titre.

C. Cessions de droit au bail et assimilées

65610 CGI art. 725 ENR-IV-10000 s Sont soumises au tarif des cessions de fonds de commerce les cessions de droit au bail d'immeubles ainsi que les opérations ayant pour effet de transférer le droit à la jouissance de locaux industriels et commerciaux.

CESSION DE DROIT AU BAIL

65620 Toute cession de droit au bail ou d'une promesse de bail portant sur tout ou partie d'un immeuble est assujettie au même **tarif** que les cessions de fonds de commerce (n° 65520), quelle que soit sa forme ou sa qualification (cession de pas-de-porte, indemnité de départ, etc.).

Pour que cette taxation s'applique, il faut :

- qu'un bail ait été conclu ou une promesse de bail consentie ;
- que la cession intervienne entre un **preneur sortant** et un **preneur entrant** (Cass. com. 4-5-1993 n° 91-15.160 P : RJF 7/93 n° 1072), c'est-à-dire entre l'ancien et le nouveau locataire ;
- que le droit au bail soit cédé indépendamment du fonds (dans le cas contraire, il est taxé en tant qu'élément incorporel du fonds, sa valeur étant alors incluse dans le prix de vente global : voir n° 65490).

> **Précisions** **a.** La somme exigée par le propriétaire à titre de **droit d'entrée** lors de la conclusion d'un bail revêt en principe, quelle que soit son importance, le caractère d'un supplément de loyer.
> **b.** Bail faisant suite à la **résiliation d'un bail précédent** : voir n° 65635, précision c.

65625 **Assiette** Le droit est liquidé :

- soit sur le montant du **prix** ou de l'**indemnité** stipulée au profit du cédant ;
- soit sur la **valeur vénale** du droit, déterminée par une déclaration estimative des parties, si elle est supérieure ou qu'aucun prix n'a été stipulé.

TRANSFERT DU DROIT À LA JOUISSANCE DE LOCAUX INDUSTRIELS OU COMMERCIAUX

65635 Les actes ou conventions ayant pour effet de transférer de quelque manière que ce soit le droit à la jouissance de locaux entrant dans les prévisions des articles L 145-1 à L 145-3 du Code de commerce sont soumis au régime des cessions de droit au bail.

Pour qu'il en soit ainsi, l'administration doit pouvoir invoquer des **éléments de fait** de nature à établir que les actes ou conventions en cause dissimulent en réalité une cession de droit au bail.

> **Précisions** **a.** Sont essentiellement visés les **locaux à usage commercial, industriel ou artisanal**, les locaux des **entreprises publiques** ou des établissements publics à caractère industriel ou commercial ainsi que ceux abritant des **établissements d'enseignement.**

b. Pour **prouver** la cession de droit au bail, l'administration peut notamment invoquer la brièveté du délai écoulé entre le départ de l'ancien occupant et l'arrivée du nouveau locataire, la valeur vénale du droit au bail, le montant du loyer, les liens d'intérêt unissant les parties ou encore leur intention manifestée (BOI-ENR-DMTOM-30 n° 250).

c. Le régime des cessions de droit au bail n'est **pas applicable notamment** dans les cas suivants :
– convention attribuant un droit de jouissance à l'occupant des lieux sans constituer un bail commercial ;
– location d'un local neuf ou précédemment occupé par son propriétaire ;
– résiliation (ou non-renouvellement) du bail d'un local dont le propriétaire veut se réserver la jouissance ou qu'il désire vendre libre.

D. Cessions d'offices publics ou ministériels et opérations assimilées

CESSIONS PROPREMENT DITES

Les cessions à titre onéreux d'offices publics ou ministériels (**notaires, huissiers de justice, commissaires-priseurs judiciaires,** avocats au Conseil d'État et à la Cour de cassation, **greffiers** des tribunaux de commerce) sont soumises au même droit d'enregistrement que les cessions de fonds de commerce (**tarif** : n°s 65520 et 65530). 65665 CGI art. 724, I ENR-IV-12020 s

Ce droit est **exigible** dès l'acte de cession bien que les cessions d'offices soient conclues sous la condition suspensive de l'agrément du successeur par le ministre de la justice (CGI art. 859).

Il est restituable en totalité ou en partie en cas de refus de l'agrément ou de réduction du prix par le ministre (CGI art. 1964).

Assiette Le droit progressif est liquidé sur le **prix** exprimé dans l'acte augmenté des **charges.** 65670
Il s'applique ainsi au prix principal, aux honoraires restant dus par les clients au cédant ou encore aux objets mobiliers même s'ils font l'objet d'un prix particulier.

OPÉRATIONS ASSIMILÉES

Sont assimilées à des cessions d'offices et taxées comme telles les **créations** et **suppressions** d'offices (création d'une nouvelle charge, nomination d'un nouveau titulaire lorsque l'ancien a été destitué, changement de résidence du titulaire, etc.). 65680 CGI art. 724, II et III ENR-IV-12500 s et 12600 s

Le droit est exigible sur l'indemnité imposée aux nouveaux titulaires ou à ceux bénéficiant de la suppression (aucun droit n'est dû si aucune indemnité n'est fixée).

> Précisions a. Le **fait générateur** de l'imposition est constitué par l'arrêté ministériel fixant le montant et la répartition de l'indemnité et non, comme en matière de cession d'office, par l'accord des parties (Cass. com. 5-2-1980 n° 78-12.233 : RJF 9/80 n° 739 ; Cass. com. 22-1-1985 n° 83-14.633 : RJF 7/85 n° 1142).
b. Paiement fractionné en cas de suppression d'office : voir n° 65410, Précisions.

CHAPITRE 4 VENTES D'IMMEUBLES

SOMMAIRE

A. Champ d'application	**66150**
B. Calcul du droit de vente	**66185**
C. Régimes de faveur	**66260**

ÉCONOMIE DU DISPOSITIF

66000 ENR-V-1 s
Le droit de vente d'immeubles est exigible sur la plupart des mutations à titre onéreux d'immeubles, qu'elles soient ou non par ailleurs soumises à la TVA. Il est en principe perçu au taux global de 5,09 % (porté à 5,80 % par la plupart des départements). Un certain nombre de mutations bénéficient toutefois d'un taux réduit de taxation ou échappent à l'imposition du fait de régimes spéciaux prévus par la loi. Certaines ventes de bureaux en Île-de-France sont, par ailleurs, soumises à une taxe additionnelle de 0,6 %.

En ce qui concerne les règles applicables en matière de **TVA,** voir nos 58700 s.

> **› Précisions** Sur un plan **terminologique,** dans les développements qui suivent, les mutations à titre onéreux sont désignées par le terme **« ventes »** (principale mutation concernée) sauf lorsque le régime applicable dépend de l'acquéreur (auquel cas elles sont désignées par le terme **« acquisitions »**).
> Les droits exigibles sont quant à eux désignés par la terminologie générale de **droit de vente d'immeubles.**

FORMALITÉS À ACCOMPLIR

66015
Les ventes d'immeubles doivent être constatées par **acte authentique** (acte notarié ou émanant d'une autorité administrative ou judiciaire) qui doit être enregistré et publié au fichier immobilier.

Cette formalité produit :

– des effets juridiques, en conférant à la vente une date certaine et en la rendant opposable aux tiers ;

– des effets fiscaux, puisque le droit de vente est perçu à cette occasion.

Les actes sont en principe soumis à la **formalité fusionnée** au service chargé de la publicité foncière dans le mois de leur date.

Toutefois, s'il s'agit d'actes relevant de la **double formalité** (voir n° 63740), ils doivent être enregistrés au service des impôts dans le délai général d'un mois et être soumis à la publicité foncière au service qui en est chargé dans les trois mois.

> **ATTENTION**
> Les ventes constatées par **acte sous seing privé** ne peuvent être ni enregistrées ni publiées au fichier immobilier (CGI art. 660) ; elles doivent néanmoins être présentées à la formalité afin que le droit de vente puisse être perçu. Il en va de même dans le cas exceptionnel d'**absence d'acte,** les parties étant alors tenues d'y suppléer par des déclarations estimatives et détaillées dans le mois de l'entrée en possession.

PAIEMENT DU DROIT DE VENTE

66025
Conformément au principe général, le droit de vente d'immeubles doit en principe être intégralement acquitté avant l'accomplissement de la formalité. Sauf convention contraire, il est supporté par l'**acquéreur.**

A. Champ d'application

66150 CGI art. 683, I-al. 1 ENR-V-300 s
Pour délimiter le champ d'application du droit de vente d'immeubles, il convient de préciser les conventions imposables (nos 66160 s.), les biens imposables (n° 66170) puis les règles de territorialité (n° 66175).

> Précisions Certaines opérations sont expressément exonérées du droit de vente. Ces **exonérations,** qui sont liées soit à la qualité des contractants, soit au but poursuivi à travers l'opération, sont répertoriées dans le tableau figurant nº 66260.

CONVENTIONS IMPOSABLES

Le droit de vente s'applique aux mutations à titre onéreux telles que les **ventes** proprement dites, **adjudications, transactions, rétrocessions, annulations et résolutions amiables, soultes d'échanges,** soultes **de partages** (autres que de successions ou de communautés conjugales et assimilées : voir nº 70425). 66160 ENR-V-400 s

Il ne s'applique pas en revanche aux annulations judiciaires (CGI art. 1961, al. 3), aux déclarations de command (nº 64100), aux retraits dans le cadre de l'exercice d'une clause de rachat (BOI-ENR-DMTOI-10-10-30-40 nº 70), aux apports en société (nºˢ 66710 s.) ni aux échanges (nºˢ 70505 s.).

Pour que le droit de vente d'immeubles soit exigible, il faut que la **vente** soit parfaite et produise des **effets certains et actuels.** 66165

Une vente est **parfaite** lorsqu'il y a accord réciproque entre le vendeur et l'acheteur sur un immeuble ou un droit immobilier moyennant un prix déterminé ou déterminable.

> Précisions **a.** Les **promesses unilatérales de vente** (enregistrement obligatoire : nº 63835) ne donnent ouverture qu'au droit fixe des actes innomés (tarif : nº 64035).

b. En cas de **vente sous condition suspensive** (condition qui affecte l'existence même du contrat), la convention est enregistrée au droit fixe des actes innomés, le droit proportionnel de vente d'immeubles ne devenant exigible que lors de la réalisation de la condition.

En cas de **vente sous condition résolutoire** (condition qui ne s'oppose pas au transfert de la propriété), le droit de vente d'immeubles est immédiatement exigible. En cas de réalisation de la condition, le contrat de vente est anéanti, mais, sauf en cas de résolution légale ou fondée sur un cas de force majeure, l'impôt ne peut pas être restitué (CGI art. 1961, al. 1).

En ce qui concerne les acquisitions en commun avec clause d'accroissement (**tontine**), voir nº 68250.

c. Les droits de vente acquittés initialement ne sont restituables que si l'**annulation** de la vente a été prononcée par une décision **judiciaire** passée en force de chose jugée (CGI art. 1961, al. 2). Les **annulations amiables** ne peuvent pas, en revanche, donner lieu à restitution des droits acquittés initialement (ENR-VII-15210 s.).

BIENS IMPOSABLES

Sont imposables les mutations à titre onéreux ayant pour objet des immeubles tels qu'ils sont définis par le Code civil. Sont ainsi visés les **immeubles** par nature (terrains, constructions, etc.), par destination (matériel affecté à l'exploitation d'un fonds agricole ou industriel, etc.), par l'objet auquel ils s'appliquent (usufruit d'immeubles, droit d'usage ou d'habitation, hypothèques, etc.) ou encore par détermination de la loi (cas de certaines indemnités attachées à des immeubles). 66170 ENR-V-1500 s

Le droit de vente d'immeubles est également susceptible de s'appliquer aux cessions de **titres de sociétés immobilières dotées de la transparence fiscale** (voir nº 67195).

En ce qui concerne par ailleurs le cas des **ventes simultanées de meubles et d'immeubles,** voir nº 66210.

TERRITORIALITÉ

Seules les ventes d'**immeubles situés en France** (y compris dans les Drom) sont en principe imposables. Lorsque la vente est constatée par un **acte passé à l'étranger,** elle doit être déclarée au service des impôts de la situation des biens dans le mois de l'entrée en possession et donne ouverture au droit de vente d'immeubles dans les conditions de droit commun. 66175 ENR-V-2400 s

Les ventes d'**immeubles situés à l'étranger** (ou dans les collectivités d'outre-mer où l'enregistrement n'est pas établi) constatées par un **acte passé en France** sont soumises à un droit unique de 5 % lorsque l'acte est assujetti à la formalité en raison de sa forme (acte notarié essentiellement) (CGI art. 714). Ce droit n'est dû que sous réserve de l'application des **conventions internationales** (voir nº 83300 la liste des conventions visant les droits d'enregistrement).

B. Calcul du droit de vente

Les ventes d'immeubles et mutations assimilées donnent ouverture à un droit départemental et à des impositions additionnelles calculés sur le prix indiqué dans l'acte translatif de propriété. 66185

> Précisions Lors de leur publication au service chargé de la publicité foncière, les actes de vente d'immeubles donnent également ouverture à la **contribution de sécurité immobilière** : voir n° 97350.

En ce qui concerne par ailleurs les **honoraires (ou émoluments) de notaire,** voir n°s 97370 s.

ASSIETTE DU DROIT DE VENTE

66190 Le droit de vente d'immeubles est liquidé sur le prix exprimé en y ajoutant toutes les charges en capital ainsi que toutes les indemnités stipulées au profit du cédant à quelque titre et pour quelque cause que ce soit.

CGI art. 683, I-al. 2

ENR-V-5000 s

L'administration peut toutefois substituer au prix exprimé la valeur vénale de l'immeuble si elle est supérieure (voir n°s 78215 s.).

ATTENTION

En cas de **vente** de l'**usufruit ou** de la **nue-propriété** d'un immeuble, les dispositions de l'article 669 du CGI (**barème** en fonction de l'âge de l'usufruitier : n° 68460) priment sur celles de l'article 683 du CGI (liquidation sur le prix exprimé) (BOI-ENR-DMTOI-10-10-10 n° 125).

66195 **Prix proprement dit** Le prix est généralement constitué par une **somme d'argent** payable comptant. Le droit de vente est alors assis sur le prix exprimé dans l'acte (sous réserve du contrôle de la valeur vénale du bien cédé).

Le prix exprimé s'entend du prix hors TVA lorsque le montant de la **TVA** (sur le prix total ou sur la marge) due par le cédant est mentionné distinctement dans l'acte et sur le prix payé par l'acquéreur incluant la TVA dans le cas contraire (BOI-ENR-DMTOI-10-10-20-20 n° 210).

ILLUSTRATIONS

Lorsque le prix consiste en une **rente viagère,** l'impôt s'applique au capital de la rente exprimé dans l'acte ou déterminé par une déclaration estimative des parties (BOI-ENR-DMTOI-10-10-20-10 n° 60).

Lorsque des **biens mobiliers** sont remis en paiement, le prix est réputé égal à la valeur de ces biens déterminée par une déclaration estimative. Lorsqu'il consiste en une créance, le droit de vente est toutefois calculé, selon l'administration, sur le capital nominal de ladite créance (BOI-ENR-DMTOI-10-10-20-10 n° 50).

Dans le cas où le **prix** est **payable par annuités,** l'impôt s'applique au total des annuités, sans déduction des intérêts sauf si, dans l'intention des parties, la ventilation du prix et des intérêts est sérieuse et correspond à la fixation d'un prix en capital avec stipulation d'intérêts (BOI-ENR-DMTOI-10-10-20-10 n° 70).

Lorsque le **prix** est **payable à terme,** l'impôt ne s'applique pas aux intérêts afférents à la période postérieure à l'entrée en jouissance de l'acquéreur (BOI-ENR-DMTOI-10-10-20-10 n° 20).

Si le prix stipulé à terme est assorti d'une **clause d'indexation,** il convient d'opérer la distinction suivante (BOI-ENR-DMTOI-10-10-20-10 n°s 100, 110 et 140) :

– le prix est définitif : l'impôt est liquidé définitivement sur le prix stipulé dans l'acte ou sur l'estimation faite par les parties (cas où l'indexation a seulement pour effet de faire varier l'expression monétaire du prix à chaque échéance) ;

– la détermination du montant du prix dépend d'événements ultérieurs : l'impôt est liquidé provisoirement sur l'évaluation faite par les parties.

66205 **Charges augmentatives du prix** Elles s'entendent des prestations supplémentaires incombant au vendeur et imposées à l'acquéreur.

Tel peut être le cas :

– des **frais de vente** (hors frais d'acte, d'emblée à la charge de l'acquéreur) ;

– de certains **impôts** (par exemple, taxe foncière pour la période antérieure à l'entrée en jouissance des locaux).

ILLUSTRATIONS

La **commission de l'agent immobilier** mise contractuellement à la charge du vendeur et versée en ses lieu et place par l'acquéreur constitue une charge augmentative du prix (BOI-ENR-DMTOI-10-10-20-20 n° 40). En revanche, la commission mise contractuellement dans le mandat à la charge de l'acquéreur ne constitue pas une charge augmentative du prix (Cass. com. 12-12-1995 n° 94-10.791 D : RJF 3/96 n° 383).

Le reliquat du **prêt immobilier** contracté par le vendeur et repris par l'acquéreur constitue une charge augmentative du prix (Rép. Reynès : AN 7-3-2017 n° 98694).

66210 **Ventes simultanées de meubles et d'immeubles** Les actes portant mutation simultanée de meubles et d'immeubles donnent ouverture au droit de vente d'immeubles sur la totalité du prix à moins qu'il ne soit stipulé un **prix particulier** pour les objets mobiliers et qu'ils ne soient désignés et estimés article par article dans le contrat.

CGI art. 735

ENR-V-6300 s

TAUX DU DROIT DE VENTE

Taux de droit commun En principe fixé à 5,09 % (5,09006 % exactement), le **taux global** de taxation s'élève en pratique à **5,80 %** (5,80665 % précisément) dans la plupart des départements. Ce taux concerne toutes les ventes d'immeubles imposables qui ne peuvent bénéficier d'un régime plus favorable. 66220 ENR-V-7000 s ENR-XI-280 s

Ce taux se compose :

– d'un **droit départemental** normalement égal à 3,80 % mais que les conseils départementaux peuvent **modifier** tous les ans, avec effet au 1er juin, dans une fourchette comprise entre 1,20 % et 4,50 % (CGI art. 1594 D, al. 2 et 1594 E). En pratique, la plupart des départements ont voté un taux de 4,50 % ;

– d'une **taxe** additionnelle perçue **au profit de la commune** ou d'un fonds de péréquation départemental de 1,20 % (CGI art. 1584 et 1595 bis) ;

– d'un **prélèvement pour frais d'assiette et de recouvrement** du droit départemental calculé sur le montant du droit départemental (et non sur la base imposable) de 2,37 % (CGI art. 1647, V-a).

> **Précisions** **a.** La **liste des départements** ayant relevé le taux du droit départemental est donnée n° 97290 (avec indication du taux voté et de la date de prise d'effet du relèvement).
> **b.** En présence d'un **avant-contrat** signé avant la date d'entrée en vigueur de la délibération du conseil départemental, le taux du droit départemental applicable est celui en vigueur à la date de signature de l'acte authentique de vente (BOI-ENR-DMTOI-10-20 n° 105).
> **c.** Le droit perçu au profit du département prend le nom, selon le cas, de **taxe de publicité foncière** (acte soumis à la formalité fusionnée) ou de **droit d'enregistrement** (acte soumis à la double formalité).

EXEMPLE 66225

Un appartement situé à Paris est vendu entre particuliers, le 1er février 2024, pour un prix de 500 000 €. Montant des droits exigibles :

Droit départemental : 500 000 € × 4,50 % =	22 500 €
Taxe communale : 500 000 € × 1,20 % =	6 000 €
Prélèvement pour frais d'assiette : 22 500 € × 2,37 % =	533 €
Total :	29 033 €

Taux réduit Certaines mutations bénéficient d'un régime spécial se traduisant par l'application d'un taux réduit de **0,715 %** (plus précisément 0,71498 %). 66230 ENR-V-7350 s

Il se décompose de la manière suivante : 0,70 % de **droit départemental** (non modulable) auquel s'ajoutent 2,14 % de **prélèvement pour frais d'assiette et de recouvrement** calculés sur le montant du droit départemental (CGI art. 1647, V-b).

TAXE ADDITIONNELLE SUR LES VENTES DE BUREAUX EN ÎLE-DE-FRANCE

Une taxe additionnelle au droit de vente est perçue au profit de la région Île-de-France sur les mutations à titre onéreux, autres que celles visées n° 66270 (mutations d'immeubles neufs soumises de plein droit à la TVA sur le prix total), de locaux à usage de **bureaux,** de **locaux commerciaux** et de **locaux de stockage** tels que définis aux a, b et c du n° 31390. 66240 CGI art. 1599 sexies ENR-XI-750 s

Le taux de cette taxe est fixé à **0,6 %.**

> **Précisions** **a.** La taxe ne s'applique pas aux **mutations exonérées** du droit de vente (BOI-ENR-DG-60-10-20 n° 110).
> **b.** Même si l'acte fait l'objet d'une publication en Île-de-France, la mutation d'un **immeuble situé hors Île-de-France** n'est pas soumise à la taxe (BOI précité).
> **c.** La taxe est **assise, recouvrée et contrôlée** selon les mêmes procédures et sous les mêmes sanctions, garanties, sûretés et privilèges que le droit de vente auquel elle s'ajoute.

C. Régimes de faveur

Certaines ventes bénéficient d'un régime spécial se traduisant : 66260

– soit par l'application du droit de vente au **taux réduit** ;

– soit par une **exonération de droit proportionnel** (de plein droit ou sur décision du conseil départemental) ;

– soit par l'application d'un **abattement** sur l'assiette des droits (de plein droit ou sur décision du conseil départemental).

66260 (suite) La plupart de ces mesures sont récapitulées ci-après avec, le cas échéant, la référence aux commentaires correspondants.

Mutations soumises de plein droit **à la TVA** sur le prix total	Taux réduit	n° 66270
Acquisitions par un **assujetti à la TVA qui prend un engagement de revendre**	Taux réduit	n°s 66275 s.
Acquisitions par un **assujetti à la TVA qui prend un engagement de construire**	Exonération [1]	n°s 66290 s.
Acquisitions d'immeubles ruraux par les **fermiers**	Taux réduit	n°s 66325 s.
Acquisitions d'immeubles destinés à être exploités par les **jeunes agriculteurs** dans les **ZRR** et les **ZFRR**	Taux réduit	n° 66335
Acquisitions et cessions par les **Safer**	Exonération	n° 66340
Opérations immobilières par les sociétés **coopératives agricoles** de céréales ou d'insémination artificielle et d'utilisation du matériel agricole (CGI art. 1030 et 1031 : ENR-V-17500 s.)	Taux réduit	
Acquisitions de **terres incultes ou sous-exploitées** (CGI art. 1025 et 1594-0 F sexies : ENR-V-18000 s.)	Taux réduit	
Acquisitions par l'État, les établissements publics de recherche, d'enseignement, d'assistance ou de bienfaisance et les établissements publics fonciers de l'État (CGI art. 1040, I : ENR-V-19100 s.)	Exonération	
Acquisitions par les communes ou syndicats de communes, les **départements,** les **régions,** les établissements publics communaux, départementaux ou régionaux et les établissements publics fonciers locaux (CGI art. 1042, I : ENR-V-19500 s.)	Exonération	
Expropriations pour cause d'utilité publique (CGI art. 1045 : ENR-V-20240 s.) et opérations assimilées	Exonération	
Acquisitions par les collectivités publiques de biens situés dans les zones d'aménagement différé (**ZAD**) et de biens soumis au droit de **préemption** urbain (DPU) ou au droit de préemption dans les espaces naturels sensibles ; acquisitions par les établissements publics fonciers dans le cadre d'une opération de requalification des copropriétés dégradées (**Orcod**) d'intérêt national (CGI art. 1594-0 G, B : ENR-V-21400 s.)	Exonération	
Mutations dans le cadre d'**opérations de rénovation urbaine** (CGI art. 1594 F quinquies, B : ENR-V-20800 s.)	Taux réduit	
Cessions gratuites aux collectivités locales de **terrains classés comme espaces boisés** à conserver, à protéger ou à créer (CGI art. 1594 F quinquies, C : ENR-V-19200 s.)	Taux réduit	
Transfert par une œuvre d'intérêt public **à un établissement d'utilité publique**	Exonération [1]	n° 66350
Opérations effectuées dans le cadre de la législation sur les **HLM** (CGI art. 1049 : ENR-V-24450 s.)	Exonération	
Cessions de logements à leurs **locataires** par les organismes **HLM** ou par les sociétés d'économie mixte (CGI art. 1594 G : ENR-V-24600 s.)	Exonération facultative [2]	
Rachats par les organismes d'**HLM** et les sociétés d'économie mixte de **logements acquis dans le cadre d'une opération d'accession à la propriété** (CGI art. 1594 H et 1594 H-0 bis : ENR-V-25200 s.)	Exonération facultative [2]	
Acquisitions par les organismes **HLM** ou par les sociétés d'économie mixte de lots de **copropriétés en difficulté** en vue de leur revente (CGI art. 1594 F quinquies, L : ENR-V-25890 s.)	Taux réduit	
Acquisitions d'immeubles par les **organismes d'aide sociale et d'assistance à l'enfance** (CGI art. 1066 et 1067 : ENR-V-27020 s.)	Taux réduit	
Acquisitions par les organismes de **sécurité sociale** (CGI art. 1027, 1084 et 1085, 1084 et 1085 : ENR-V-27480 s.)	Exonération	
Acquisitions d'immeubles par la **Croix-Rouge** française (CGI art. 1071, al. 2 : ENR-V-27900)	Taux réduit	
Acquisitions d'immeubles destinés à une exploitation **hôtelière** ou touristique dans les **Drom** (CGI art. 1594 I bis : ENR-V-28620 s.)	Exonération facultative [2]	
Cessions de parts de **copropriétés hôtelières loi « Pons »** (CGI art. 1594 I ter : ENR-V-28900 s.)	Exonération facultative [2]	
Acquisitions de **terrains** compris dans le périmètre de certains lotissements agréés dans les **Drom**	Taux réduit	n° 91630
Ventes d'**immeubles d'habitation et de garages**	Abattement facultatif	n° 66355

Première cession à titre onéreux de **logements acquis neufs** entre le 1-6-1993 et le 31-12-1994	Abattement	n° 66360
Ventes « à la découpe » (CGI art. 1584 bis et 1594 F sexies : ENR-V-28000 s.)	Taux réduits facultatifs	
Acquisitions dans le cadre de contrats de « **cession-bail** »	Taux réduit	n° 66345
Opérations de **remembrement** foncier effectuées à l'amiable avec autorisation ou par les associations foncières urbaines (CGI art. 1055 : ENR-IX-2220 s.)	Taux réduit	
Acquisitions d'immeubles **par les mutuelles de retraite des anciens combattants** et victimes de guerre (CGI art. 1594 I : ENR-V-27620 s.)	Exonération facultative [2]	

1. Un droit fixe est exigible.
2. L'exonération s'applique sur décision du conseil départemental. Liste des départements concernés : n° 97320.

MUTATIONS SOUMISES DE PLEIN DROIT À LA TVA SUR LE PRIX TOTAL

66270 CGI art. 1594 F quinquies, A ENR-V-9100 s

Les acquisitions de **terrains à bâtir** et d'**immeubles neufs** bénéficient du droit de vente au taux réduit (n° 66230) lorsque la vente est soumise de plein droit à la TVA sur le prix total (voir n°s 58700 s.).

Sont en pratique concernées :

– les acquisitions de terrains à bâtir auprès d'un assujetti à la TVA lorsque l'acquisition initiale du terrain a ouvert droit à déduction de la TVA ;

– les acquisitions d'immeubles achevés depuis moins de cinq ans auprès d'un assujetti à la TVA.

› Précisions **a.** Le taux réduit s'applique également, sous certaines conditions, aux acquisitions d'**immeubles rénovés** qui ne sont pas considérés comme neufs au regard de la TVA : voir n° 58800, précision b.

b. Lorsque le **cédant** est un **redevable habituel** placé sous le régime des relevés **CA3, l'acte de mutation** doit comporter l'indication de son numéro d'identification (ou, à défaut, la date de la déclaration d'existence) et la désignation du service des impôts qui l'a pris en charge.

ACHATS ASSORTIS D'UN ENGAGEMENT DE REVENDRE

66275 CGI art. 1115 ENR-V-9650 s

Les acquisitions d'**immeubles** réalisées par des **assujettis à la TVA** au sens défini n° 58720 bénéficient du droit de vente au taux réduit (n° 66230) à condition que l'acquéreur s'engage à **revendre** les biens **dans un délai de cinq ans** à compter de la date de l'acte d'acquisition. Les acquisitions de **fonds de commerce** et de **parts de sociétés** immobilières non transparentes sont, sous les mêmes conditions, totalement exonérées.

En cas de **mutations successives** entre assujettis, le délai imparti au premier s'impose à chacun des autres (le bien doit donc être revendu avant le terme de ce délai à un non-assujetti ou à un assujetti prenant un engagement de construire ou encore à un assujetti ne prenant aucun engagement).

› Précisions **a.** L'apport en société n'est pas retenu pour apprécier si la condition de revente dans le délai légal est remplie. Il en est de même en cas de **transfert dans un patrimoine fiduciaire** (CGI art. 1115, al. 3).

b. La **donation** du bien avant l'expiration du délai légal entraîne la déchéance du régime de faveur (BOI-ENR-DMTOI-10-50 n° 80).

c. Le délai de revente est ramené à deux ans pour les reventes d'immeubles par lots (**ventes « à la découpe »**) déclenchant un droit de préemption des locataires (CGI art. 1115, al. 4). Ce délai ne s'applique toutefois pas si, lors de la revente, les lots sont libres de toute occupation (Cass. com. 7-7-2015 n° 13-23.366 FS-PB : RJF 11/15 n° 965).

d. Les aménageurs de terrains dans les **ZAC** peuvent demander une **prorogation** annuelle renouvelable du délai pour revendre auprès du directeur départemental ou régional des finances publiques (CGI art. 1594-0 G, A-IV bis).

66280 CGI art. 1840 G ter

Non-respect de l'engagement de revendre À défaut de revente dans le **délai** imparti, l'acquéreur est tenu d'acquitter spontanément, dans le mois suivant l'expiration du délai, les droits et taxes de mutation dont la perception a été différée assortis de l'intérêt de retard (n° 79860).

En cas de **revente partielle** d'un immeuble acquis pour un prix global, le complément de droits est calculé sur la différence entre le prix d'acquisition de la totalité du bien et le prix de revente de la fraction pour laquelle l'engagement a été respecté (BOI-ENR-DMTOI-10-50 n° 110).

› Précisions **a.** L'intérêt de retard court depuis le premier jour du mois suivant la date d'expiration du délai de présentation de l'acte d'achat à la formalité (BOI-ENR-DMTOI-10-50 n° 110).

b. La prescription du droit de reprise de l'administration court à compter de l'expiration du délai imparti pour revendre (Cass. com. 31-10-2006 n° 05-10.396 F-D : RJF 4/07 n° 509).

c. En cas d'**acquisitions successives** entre assujettis, seul le dernier détenant le bien à l'expiration du délai ne respecte pas l'engagement et acquitte les droits et pénalités à raison de son acquisition.

d. L'acquéreur empêché de revendre dans le délai légal peut invoquer la **force majeure** afin d'obtenir une dispense de régularisation (BOI-ENR-DMTOI-10-50 n° 70).

e. L'administration fiscale n'est pas tenue d'attendre l'expiration du délai de cinq ans pour constater la déchéance du régime fondée sur un **autre motif** que le non-respect du délai imparti pour revendre. Ainsi, par exemple, en cas d'acquisition de parts d'une société immobilière, l'acquéreur perd le bénéfice du régime de faveur si la société cède l'unique immeuble de son patrimoine (Cass. com. 24-11-2021 n° 19-17.281 FS-D : RJF 3/22 n° 311).

66285 CGI art. 1594-0 G, A-II-al. 3

Substitution d'engagement L'acquéreur qui a pris l'engagement de revendre peut y substituer, avant son échéance, un **engagement de construire** (n°s 66290 s.). Ce nouvel engagement prend effet à compter de la date à laquelle il est souscrit et vaut accomplissement de l'engagement de revendre.

> Précisions La substitution résulte de l'envoi au service des impôts par pli **recommandé avec avis de réception** d'une **déclaration** précisant l'objet et la consistance des travaux prévus ainsi que le montant des droits dont l'exonération est subordonnée à leur exécution (CGI ann. III art. 266 bis, V).

ACHATS ASSORTIS D'UN ENGAGEMENT DE CONSTRUIRE

66290 CGI art. 1594-0 G, A ENR-V-10700 s

Les acquisitions d'immeubles réalisées par les **assujettis à la TVA** au sens défini n° 58720 sont exonérées de droit de vente (sous réserve du droit fixe de 125 € prévu par l'article 691 bis du CGI) à condition que l'acquéreur s'engage, dans l'acte, à effectuer, dans un **délai de quatre ans** à compter de la date de cet acte, les **travaux** conduisant à la production d'un immeuble neuf (au sens défini n° 58800) ou nécessaires pour terminer un immeuble inachevé.

Une **prolongation** annuelle renouvelable de ce délai de quatre ans peut être accordée **sur demande** adressée au directeur des finances publiques du lieu de situation des immeubles. En l'absence de refus motivé dans les deux mois, la demande est réputée acceptée.

En cas de **mutations successives** entre assujettis, l'engagement de construire pris par le cédant peut être repris par l'acquéreur auquel s'impose alors le délai (de quatre ans éventuellement prorogé) imparti au cédant. Cette faculté est ouverte sans préjudice de l'engagement de construire que le nouvel acquéreur doit souscrire pour son propre compte s'il entend bénéficier également du régime de faveur (BOI-ENR-DMTOI-10-40 n° 350).

L'acquéreur (ou le sous-acquéreur repreneur de l'engagement) doit, à l'expiration du délai de quatre ans (éventuellement prorogé), **justifier de l'achèvement** des travaux. La justification du respect de l'engagement résulte du dépôt (CGI ann. III art. 266 bis, I) :

– au service des impôts dont dépend l'acquéreur, de la déclaration n° 940-SD dans le mois de l'achèvement de l'immeuble, si une **livraison à soi-même** est constatée (immeuble n'ouvrant pas droit à une déduction complète de TVA ; n°s 59000 s.) ;

– en mairie, de la déclaration attestant de l'achèvement et de la conformité des travaux (Daact) prescrite par l'article L 462-1 du Code de l'urbanisme, lorsque la production d'un immeuble neuf ne donne **pas** lieu à la constatation d'une **livraison à soi-même**.

> Précisions **a.** Le régime de faveur s'applique également, sous certaines conditions, aux acquisitions d'**immeubles** que l'acquéreur s'engage à **rénover** lorsque les travaux envisagés ne peuvent pas être qualifiés de remise à neuf au regard de la TVA : voir n° 58800, précision b.

b. En l'absence d'engagement dans l'**acte d'acquisition**, le droit de vente est exigible dans les conditions de droit commun. L'engagement peut toutefois être pris a posteriori dans un **acte complémentaire** et les droits d'enregistrement restitués à la demande de l'acquéreur dans le délai de réclamation (BOI-ENR-DMTOI-10-40 n° 270).

c. L'**engagement** doit préciser l'objet (construction nouvelle, surélévation, remise à neuf ou travaux d'achèvement) et la consistance des travaux sur lesquels il porte (CGI ann. III art. 266 bis, III).

d. La **demande de prorogation** doit, s'il y a lieu, être adressée par pli recommandé avec accusé de réception au plus tard dans le mois qui suit l'expiration du délai imparti pour effectuer les travaux. Elle doit être motivée et préciser la consistance des travaux prévus dans l'engagement primitif sur lesquels porte la prorogation demandée ainsi que le montant des droits dont l'exonération est subordonnée à leur exécution (CGI ann. III art. 266 bis, III).

e. Est sans incidence sur l'exonération le fait que les **travaux** aient été **réalisés par un tiers**, par exemple par le preneur à bail (Cass. com. 29-1-2020 n° 17-26.018 : RJF 6/20 n° 561) ou par un sous-acquéreur n'ayant pas repris l'engagement (CA Bordeaux 29-11-2023 n°s 21/06718 et 21/06721 : RJF 3/24 n° 264).

66295 **Condition de superficie** L'exonération est applicable :

– dans la limite de 2 500 m² par maison (ou, si elle est supérieure, de la superficie minimale exigée pour la délivrance du permis de construire), s'il s'agit de la construction de **maisons individuelles** ;

– sans limitation de superficie, à condition que les immeubles couvrent avec leurs cours et jardins la totalité des terrains, s'il s'agit de la construction d'**immeubles collectifs** ;

– dans la limite des surfaces occupées par les constructions et par les dépendances nécessaires à l'exploitation de ces constructions (y compris les espaces verts), s'il s'agit d'**immeubles non affectés à l'habitation** pour les trois quarts au moins de leur superficie.

Le prix correspondant au surplus du terrain est soumis au droit de vente dans les conditions de droit commun (sauf application du régime des achats en vue de la revente : voir nos 66275 s.).

> Précisions **a.** En cas d'acquisition d'un terrain destiné à la construction d'une maison et dont la **superficie excède 2 500 m²** (ou la superficie minimale exigée pour le permis), la fraction exonérée du prix d'acquisition est égale au rapport existant entre 2 500 m² (ou la superficie minimale) et la surface totale (CGI ann. III art. 266 bis, II).
b. En cas d'acquisition d'un immeuble sur lequel l'acquéreur s'engage à réaliser des travaux de **surélévation,** la fraction exonérée du prix d'acquisition est égale au rapport entre la surface de plancher des locaux résultant de la surélévation et la surface de plancher totale (de l'immeuble existant et de la surélévation réalisée) (CGI ann. III art. 266 bis, II).
En revanche, lorsque l'acquisition ne porte que sur le **droit de surélévation,** l'exonération est acquise à proportion de la surface de plancher construite rapportée à la superficie de l'emprise du bâtiment qui la supporte (BOI-ENR-DMTOI-10-40 n° 220).

Non-respect de l'engagement de construire Faute de pouvoir justifier de l'achèvement des travaux à l'expiration du délai imparti, l'acquéreur est tenu d'acquitter spontanément, dans le mois suivant l'expiration de ce délai, les droits et taxes de mutation dont la perception a été différée assortis de l'intérêt de retard visé n° 79860 (calculé depuis le premier jour du mois suivant la date d'expiration du délai de présentation de l'acte d'achat à la formalité : BOI-ENR-DMTOI-10-40 n° 450). 66300 CGI art. 1840 G ter

> Précisions **a.** La **prescription du droit de reprise** de l'administration court à compter de l'expiration du délai imparti à l'acquéreur pour justifier de l'exécution des travaux (Cass. com. 3-12-2002 n° 01-02.822 F-D : RJF 3/03 n° 380). Le délai de reprise est, en principe, le délai de six ans fixé à l'article L 186 du LPF. C'est cependant la prescription abrégée qui s'applique lorsque l'administration a refusé une demande de prorogation de délai pour construire (Cass. com. 15-7-1992 n° 90-15.980 D : RJF 11/92 n° 1583).
b. En cas d'acquisitions successives par des assujettis avec **reprise de l'engagement** initial, le dernier propriétaire de l'immeuble doit acquitter les droits dont il a lui-même été dispensé. Quant à l'intérêt de retard, il est liquidé à raison du montant des droits éludés lors de chacune des mutations successives et de la durée courue jusqu'à la mutation suivante (BOI précité n° 390).
c. En cas de **modification des documents d'urbanisme** n'autorisant plus les constructions projetées, les droits sont liquidés sur la valeur vénale du bien telle qu'elle résulte de cette modification et l'intérêt de retard est décompté du premier jour du mois suivant la date d'effet de celle-ci (BOI précité n° 460).
d. Lorsque l'acquéreur a **substitué un engagement de construire à un engagement de revendre** (nos 66275 s.), l'intérêt de retard est décompté depuis la date de substitution et non depuis la date d'acquisition initiale (BOI précité n° 450).

Substitution d'engagement La personne à laquelle s'impose l'engagement de construire peut, dans la limite de cinq années à compter de la date de l'engagement initial (sous réserve, au-delà de quatre ans, d'avoir obtenu une prorogation de délai pour construire : n° 66290), y substituer un **engagement de revendre** (nos 66275 s.) qui est alors réputé avoir pris effet à compter de cette même date. Selon l'administration, cette faculté est cantonnée aux cinq années qui suivent une première acquisition ayant bénéficié d'un régime de faveur au regard de l'article 1115 (engagement de revendre) ou de l'article 1594-0 G, A-I (engagement de construire) du CGI (BOI-ENR-DMTOI-10-40 n° 490). 66305

> Précisions La substitution résulte de l'enregistrement, dans les conditions prévues pour les actes notariés, d'un **acte complémentaire** comportant l'engagement d'origine auquel se substitue le nouvel engagement. Cet acte précise l'objet et la consistance des travaux auxquels il est renoncé ainsi que la valeur de l'acquisition pour laquelle est sollicité le bénéfice rétroactif des dispositions de l'article 1115 du CGI (CGI ann. III art. 266 bis, VI).
L'enregistrement de cet acte donne lieu au paiement du droit de vente au taux réduit (n° 66230) assorti de l'**intérêt de retard** (n° 79860) décompté du premier jour du mois suivant la date d'expiration du délai légal de présentation à la formalité de l'acte qui fait l'objet de la substitution (BOI précité n° 510).

ACQUISITIONS D'IMMEUBLES RURAUX PAR LES FERMIERS

Les acquisitions d'immeubles ruraux par les fermiers bénéficient, quelle que soit leur importance, du droit de vente au taux réduit (voir n° 66230), à la **double condition** : 66325 CGI art. 1594 F quinquies, D ENR-V-13500 s

– qu'au jour de l'acquisition les immeubles soient exploités depuis deux ans au moins soit en vertu d'un **bail** consenti à l'acquéreur (personne physique ou morale), soit en vertu d'une **mise à disposition** par le preneur au profit de la personne morale acquéreur ;

– que l'acquéreur prenne l'**engagement,** pour lui et ses ayants cause à titre gratuit (héritiers, légataires ou donataires), de mettre personnellement en valeur lesdits biens pendant un délai minimal de **cinq ans** à compter de la date du transfert de propriété.

Le même régime est applicable aux acquisitions d'immeubles ruraux faites, sous les mêmes conditions, en vue de l'**installation d'un enfant majeur** (ou mineur émancipé) de l'exploitant en place titulaire du bail. Dans ce cas, l'engagement d'exploiter est pris par le descendant seulement.

> Précisions **a.** Les immeubles ruraux s'entendent des **immeubles** principalement **affectés à la production agricole** sans qu'il y ait lieu de distinguer selon qu'il s'agit d'un immeuble bâti ou non bâti. C'est ainsi que des bâtiments servant à l'habitation de l'exploitant et de son personnel constituent des immeubles ruraux dans la mesure où ils constituent véritablement l'accessoire de l'exploitation agricole (BOI-ENR-DMTOI-10-70-30 n° 20).

b. Lorsque l'acquéreur est une personne physique, le **bail** peut être consenti à l'acquéreur lui-même ou à son conjoint, à ses ascendants ou aux ascendants de son conjoint. Lorsque l'acquéreur est une personne morale (société civile d'exploitation agricole, Gaec, GFA, EARL, etc.), la location peut être consentie à la personne morale acquéreur ou à l'un de ses associés qui met alors l'immeuble à la disposition de l'acquéreur.

66330 **Déchéance du régime de faveur** La déchéance du régime de faveur est encourue en **principe** en cas :

– de **cessation** de l'**exploitation personnelle** par l'acquéreur ou ses ayants cause à titre gratuit, ou par le descendant installé, dans le délai de cinq ans à compter de l'acquisition ;

– de **cession** à titre onéreux en totalité ou en partie du fonds dans le même délai (en pleine propriété ou en nue-propriété).

Lorsqu'elle est encourue, la déchéance entraîne l'exigibilité du **complément de droit** dont l'acquéreur avait été dispensé et de l'intérêt de retard (n° 79860) (CGI art. 1840 G ter).

> Précisions **a.** Par **dérogation,** le bénéfice du régime est maintenu notamment dans les cas suivants :

– **force majeure** ;

– **cession** à titre onéreux ou **location,** soit à un **descendant** ou au **conjoint** d'un descendant de l'acquéreur qui s'engage lui-même à continuer l'exploitation personnelle du fonds jusqu'à l'expiration du délai de cinq ans à compter de la date de l'acquisition initiale, soit au descendant pour l'installation duquel l'acquisition a été réalisée ;

– **échange,** à la double condition que les biens reçus en contre-échange soient d'une valeur au moins égale à celle des immeubles cédés et que l'engagement d'exploitation personnelle, souscrit pour les biens cédés, soit reporté sur les biens reçus. Si ces derniers ont une valeur inférieure à celle des biens acquis initialement, la déchéance n'est encourue que pour la différence de valeur ;

– **apport** pur et simple à un **GFA,** à un **Gaec,** à une **EARL** ou à une **SCEA** (société civile d'exploitation agricole) à condition que l'apporteur prenne l'engagement pour lui, son conjoint ou ses ayants cause de conserver les parts jusqu'à l'expiration du délai de cinq ans à compter de l'acquisition initiale des biens ;

– **transfert de jouissance** à titre onéreux (par bail notamment) à un **GFA,** à un **Gaec,** à une **EARL,** à une **SCEA** ou encore à un **GFR** (BOI-ENR-DMTOI-10-70-30 n° 440) à condition que l'acquéreur ou ses ayants cause continuent de mettre en valeur les biens dans le cadre du groupement ou de la société jusqu'à l'expiration du délai de cinq ans à compter de la date d'acquisition.

b. En cas de **rupture partielle** de l'engagement d'exploitation, la déchéance n'atteint que la fraction du prix d'acquisition afférente aux immeubles affectés par l'événement qui la provoque (BOI précité n°s 450 et 480).

ACQUISITIONS D'IMMEUBLES RURAUX DANS LES ZRR ET LES ZFRR

66335 CGI art. 1594 F quinquies, E ENR-V-15400 s

Les acquisitions d'immeubles ruraux situés dans les zones de revitalisation rurale (ZRR) et dans les zones France ruralités revitalisation (ZFRR) (Loi 2023-1322 du 29-12-2023 art. 73, I-35°, applicable à compter du 1er juillet 2024) (définies n° 92540, d et e) sont soumises, sous certaines conditions, au droit de vente au taux réduit (voir n° 66230) sur la fraction du prix (ou de la valeur) n'excédant pas **99 000 €,** le surplus étant imposé selon le régime de droit commun (n° 66220).

Ce régime concerne exclusivement les acquisitions d'immeubles ruraux (au sens défini n° 66325, précision a) destinés à être exploités par les jeunes agriculteurs (**exploitants individuels** ou **associés de société civile** à objet agricole) **bénéficiaires des aides à l'installation** prévues aux articles D 343-9 et D 343-13 du Code rural et de la pêche maritime (dotation d'installation et prêts à moyen terme spéciaux). Ses conditions et modalités d'application diffèrent selon la qualité de l'acquéreur.

a. Acquisitions par les jeunes agriculteurs. Pour bénéficier du taux réduit, les conditions suivantes doivent être réunies :

– l'acquisition doit intervenir (en une ou plusieurs fois) dans le délai de quatre ans suivant l'octroi des aides à l'installation (le plafond de 99 000 € est, en ce cas, apprécié sur l'ensemble des acquisitions effectuées dans ce délai) ;

– en cas de pluralité d'acquisitions, l'acte doit préciser la valeur des terres acquises depuis l'octroi des aides sous le bénéfice du tarif réduit ;

– à l'acte doit être joint un certificat délivré sans frais par le directeur départemental des territoires précisant la date de l'octroi des aides ou une attestation de l'établissement bancaire ayant accordé le prêt pour les bénéficiaires des prêts à moyen terme spéciaux.

La perte des conditions d'octroi des aides à l'installation entraîne l'exigibilité du complément de droit dont l'acquéreur avait été dispensé et de l'intérêt de retard (CGI art. 1840 G ter).

b. Acquisitions d'immeubles pour les donner à bail à de jeunes agriculteurs. Pour bénéficier de la taxation réduite, l'acquéreur (personne physique ou morale) doit prendre dans l'acte d'acquisition l'engagement pour lui et ses ayants cause de justifier dans le délai d'un an à compter du transfert de propriété que le bien acquis a été donné à bail à long terme (ou à bail cessible hors du cadre familial) à un jeune agriculteur bénéficiaire des aides à l'installation. Cette justification résulte de la production d'une copie du bail et du certificat du directeur départemental des territoires attestant l'octroi des aides à l'installation du preneur (BOI-ENR-DMTOI-10-70-20 nº 40).

En cas de non-respect de l'engagement ou lorsque le bail n'atteint pas son terme de dix-huit ans, les sanctions exposées ci-dessus (a) sont exigibles.

ACQUISITIONS ET CESSIONS D'IMMEUBLES RURAUX PAR LES SAFER

Sont exonérés de tous droits : **66340** CGI art. 1028 bis et 1028 ter **ENR-V-16400 s**

– l'ensemble des acquisitions et des cessions **réalisées directement** par les Safer conformément à leurs missions et moyens d'action définis par l'article L 141-1 du Code rural et de la pêche maritime ;

– les acquisitions réalisées par une **personne substituée** dans les droits à l'achat conférés à une Safer par une promesse de vente ayant acquis date certaine, sous réserve que ces acquisitions interviennent dans les six mois de la conclusion de la promesse.

> **Précisions** Pour les cessions réalisées par les Safer ou les acquisitions réalisées par substitution aux droits des Safer, l'exonération est subordonnée à la **condition** que l'acquéreur s'engage, pour lui et ses ayants cause, à conserver au bien acquis une destination conforme aux dispositions de l'article L 141-1 du Code rural et de la pêche maritime pendant dix ans à compter du transfert de propriété. Le **non-respect de l'engagement** entraîne l'exigibilité du droit de vente auquel s'ajoute l'intérêt de retard, étant précisé que la **rupture partielle** de l'engagement n'entraîne qu'une déchéance partielle.

ACQUISITIONS DANS LE CADRE DE CONTRATS DE CRÉDIT-BAIL

Les **acquisitions** d'immeubles **par les sociétés de crédit-bail** en vue d'en concéder immédiatement la jouissance au vendeur par un contrat de crédit-bail (conventions dénommées « cession-bail » ou « de **lease-back** ») sont soumises au droit de vente au taux réduit (voir nº 66230). Ce régime est subordonné à la condition que le contrat de crédit-bail soit régulièrement publié si sa durée est supérieure à douze ans. **66345** CGI art. 1594 F quinquies, H **ENR-III-5500 s**

Les **acquisitions par les locataires** de sociétés de crédit-bail d'immeubles qui leur sont loués en vertu d'un contrat de crédit-bail relèvent du régime de droit commun (nº 66220). Le droit de vente est toutefois assis sur le prix de levée de l'option quelle que soit la valeur vénale de l'immeuble, à condition, pour les seuls contrats de crédit-bail conclus depuis le 1er janvier 1996 pour une durée de plus de douze ans, qu'ils aient été soumis à la formalité de publicité foncière (BOI-ENR-DMTOI-10-60 nºs 70 et 75).

TRANSFERT SANS CONTREPARTIE DE BIENS PAR UNE ŒUVRE D'INTÉRÊT PUBLIC À UN ÉTABLISSEMENT D'UTILITÉ PUBLIQUE

Les transmissions, effectuées sans contrepartie, au profit d'un **organisme reconnu d'utilité publique** de tout ou partie des biens appartenant à un organisme poursuivant une œuvre d'intérêt public sont soumises à une imposition fixe (tarif : voir nº 64045). **66350** CGI art. 1020 et 1039 **ENR-V-22300 s**

Ce régime de faveur est subordonné à la double **condition** que les biens dont il s'agit restent affectés au même objet et que leur transmission intervienne dans un intérêt général ou de bonne administration, la réalisation de cette double condition devant être constatée par le décret en Conseil d'État ou l'arrêté préfectoral autorisant le transfert.

Le régime est applicable aux **associations déclarées** ayant pour **but exclusif** l'assistance ou la bienfaisance si elles justifient de leur affiliation à un organisme reconnu d'utilité publique (BOI-ENR-DMTOI-10-80-20 nº 370).

VENTES D'IMMEUBLES D'HABITATION ET DE GARAGES (RÉGIME FACULTATIF)

66355 CGI art. 1594 F ter ENR-V-23100 s

Les conseils départementaux peuvent instituer un **abattement** compris entre 7 600 € et 46 000 €, fixé par tranches de 7 600 €, sur l'assiette du droit départemental dû sur les ventes d'immeubles d'habitation et de garages. Ils peuvent en limiter le bénéfice aux seules opérations portant sur des immeubles situés dans les **zones de revitalisation rurale** (ce qui est en pratique le cas dans les départements l'ayant institué : voir liste nº 97300) ou dans les **zones France ruralités revitalisation** (Loi 2023-1322 du 29-12-2023 art. 73, I-23°, applicable à compter du 1er juillet 2024).

L'application de cet abattement (une fois voté) est subordonnée à **l'engagement** de l'acquéreur :

– s'agissant des immeubles (ou fractions d'immeubles), de ne pas les affecter à un usage autre que l'habitation pendant une durée minimale de trois ans à compter de la date de l'acte ;

– s'agissant des terrains ou locaux à usage de garage, de ne pas les affecter à une exploitation à caractère commercial ou professionnel pendant la même durée.

En cas de non-respect de l'engagement, l'acquéreur est tenu d'acquitter le complément de droit dont il avait été dispensé ainsi que l'intérêt de retard (CGI art. 1840 G ter).

PREMIÈRE CESSION À TITRE ONÉREUX DE LOGEMENTS ACQUIS NEUFS ENTRE LE 1ER JUIN 1993 ET LE 31 DÉCEMBRE 1994

66360 CGI art. 1055 bis ENR-V-24000 s

La première cession à titre onéreux d'immeubles acquis neufs entre le 1er juin 1993 et le 31 décembre 1994 bénéficie, sous certaines conditions, d'un **abattement** de 91 000 € sur l'assiette du droit de vente d'immeubles.

Entre autres conditions, l'immeuble cédé doit avoir été exclusivement affecté à l'**habitation principale pendant au moins cinq ans** depuis son acquisition (ou son achèvement) et l'acquéreur doit prendre l'engagement de ne pas affecter l'immeuble à un usage autre que l'habitation (principale ou secondaire) pendant une durée minimale de trois ans à compter de la date de l'acte d'acquisition.

CHAPITRE 5

DROITS D'ENREGISTREMENT INTÉRESSANT LES SOCIÉTÉS

SOMMAIRE

A. Caractéristiques communes 66500
B. Droits exigibles lors de la formation des sociétés 66710
1. Apports purs et simples 66850
2. Apports à titre onéreux 66900
3. Apports mixtes 66925
C. Droits exigibles durant l'existence des sociétés 66970
D. Droits exigibles en fin de société 67060
E. Droits exigibles sur les cessions de droits sociaux 67130
F. Régimes spéciaux et particularités 67190
G. Tableau récapitulatif des droits intéressant les sociétés 67240

A. Caractéristiques communes

Les diverses opérations auxquelles sont parties les sociétés et qui affectent le plus souvent leurs statuts sont soumises à des règles spécifiques en matière de droits d'enregistrement. **66500** ENR-VI-1 s

SOCIÉTÉS CONCERNÉES

Les droits d'enregistrement relatifs aux sociétés intéressent : **66660** ENR-VI-10 s

– les **sociétés** proprement dites, commerciales ou civiles, généralement dotées de la personnalité morale ;

– divers **groupements,** de droit privé ou de droit public, le plus souvent dotés de statuts légaux spécifiques. Tel est le cas des groupements d'intérêt économique (GIE), des groupements européens d'intérêt économique (GEIE), des groupements d'intérêt public (GIP), des associations régies par la loi du 1er juillet 1901 et des syndicats professionnels, d'organismes publics divers dotés de la personnalité juridique.

Ils ne s'appliquent pas, en principe, aux indivisions ni à certains groupements recevant des apports, tels que les associations syndicales de propriétaires.

FORMALITÉS

Opérations concernant la vie des sociétés a. Les **actes** constatant la **transformation** d'une société ou l'**augmentation** de son **capital** (autre que par apports en numéraire ou par incorporation de bénéfices, réserves ou provisions) doivent, en principe, être **enregistrés,** dans le délai d'un mois à compter de leur date, au service de l'enregistrement du service des impôts des entreprises (SIE) (de la résidence du notaire s'il s'agit d'un acte notarié ou du domicile de l'un des associés ou du siège social si l'acte est sous seing privé). Toutefois, lorsqu'ils concernent – exclusivement ou non – des immeubles, ces actes relèvent de la formalité fusionnée (nos 63725 s.) et doivent alors être présentés dans le mois de leur date au service de la publicité foncière du lieu de situation de l'immeuble. **66670** CGI art. 635, 1-5° et 638 A ENR-VI-20 s

Les actes constatant les **autres opérations** de la vie des sociétés (formation, augmentation de capital en numéraire ou par incorporation de bénéfices, réserves ou provisions, amortissement ou réduction de capital, prorogation ou dissolution) sont dispensés de l'enregistrement. Ils peuvent cependant être présentés volontairement à la formalité afin de leur conférer date certaine.

ATTENTION

Les actes dispensés de l'enregistrement peuvent toutefois être obligatoirement soumis à la formalité en raison de la qualité de leur rédacteur (notaire notamment) ou des dispositions qu'ils renferment (transmission de propriété d'immeubles ou de fonds de commerce) (voir n° 63700).

b. En l'**absence d'acte** (conventions verbales), la formation ou la transformation d'une société ainsi que l'augmentation de son capital (autre que par apports en numéraire ou par incorporation de bénéfices, réserves ou provisions) doivent être **déclarées** (sur un formulaire n° 2651-2) au service de l'enregistrement du SIE dans le mois qui suit leur réalisation.

Les services des impôts territorialement compétents pour recevoir les déclarations sont les suivants :

– en cas de formation de société : services dans le ressort desquels les biens sont situés ou, si ces biens n'ont pas une assiette matérielle fixe, service du siège social ou du domicile de l'un des apporteurs et, à défaut de siège social ou de domicile en France, recette des non-résidents de la Direction des impôts des non-résidents (DINR) ;

– pour les autres opérations : services dans le ressort desquels sont situés soit le siège statutaire, soit la direction effective, soit le principal établissement de la société.

Déclaration en cas de changement de régime fiscal (passage à l'IS) : voir n° 38810, précision d.

> Précisions En cas d'**acte passé à l'étranger** portant sur des biens situés en France dont la mutation est obligatoirement soumise à l'impôt, le droit de mutation doit être acquitté dans les mêmes conditions que s'il s'agissait d'une mutation verbale (BOI-ENR-DG-20-10 n° 120).

66675 CGI art. 635, 2-7° et 2-7° bis

Cessions de droits sociaux

a. Les **actes** portant cession de droits sociaux (y compris de participations dans des sociétés à prépondérance immobilière au sens défini n° 67145, c) doivent être **enregistrés,** dans le délai d'un mois à compter de leur date, au service de l'enregistrement du SIE du domicile de l'une des parties (ou de la résidence du notaire s'il s'agit d'un acte notarié).

CGI art. 639 et CGI ann. III art. 281 P

b. À **défaut d'acte,** une **déclaration spéciale** doit être souscrite, dans le mois de la cession, pour les cessions de parts sociales, les cessions d'actions de sociétés non cotées (sociétés dont les titres ne sont pas négociés sur un marché réglementé d'instruments financiers ou sur un système multilatéral de négociation) et les cessions de participations dans des personnes morales non cotées à prépondérance immobilière. Cette déclaration est établie sur un formulaire n° 2759-SD à déposer au service de l'enregistrement du SIE du domicile de l'une des parties (ou à la recette des non-résidents de la DINR lorsque les deux parties résident à l'étranger) (CGI ann. III art. 281 P, issu de l'article 3 du décret 2023-1325 du 29-12-2023, applicable à compter du 1er janvier 2024). Elle peut également, sauf exceptions, être effectuée en ligne (sur l'espace personnel ou professionnel sécurisé du cédant ou du cessionnaire sur le site https://www.impots.gouv.fr/accueil).

> Précisions **a.** Les actes et déclarations ayant pour objet une cession de participations dans une **personne morale à prépondérance immobilière** doivent **indiquer expressément** si cette personne morale est une société mentionnée à l'article 1655 ter du CGI, si les participations cédées confèrent au cessionnaire direct ou indirect le droit à la jouissance d'immeubles ou de fractions d'immeubles au sens de l'article 728 du CGI, si le cessionnaire a acquitté ou s'engage à acquitter, directement ou indirectement, des dettes contractées auprès du cédant par cette personne morale, en précisant, le cas échéant, leur montant (CGI art. 726, III-B, issu de l'article 119 de loi 2023-1322 du 29-12-2023 applicable à compter du 1er janvier 2024).

Par ailleurs, lorsque la cession donne lieu à taxation selon le régime des plus-values immobilières des particuliers, l'acte de vente doit comporter certaines mentions sous peine de refus de la formalité de l'enregistrement (voir n° 32430).

b. Les **actes passés à l'étranger** sont en principe traités comme des conventions verbales (voir n° 66670, Précisions).

Toutefois, les cessions réalisées à l'étranger de participations dans des **personnes morales à prépondérance immobilière** doivent être constatées par un acte reçu en la forme authentique par un notaire exerçant en France dans le délai d'un mois (CGI art. 726, III-A), quelle que soit la nationalité des parties. Cet acte est alors, conformément à la règle générale, enregistré dans le délai d'un mois.

c. Lorsque les cessions sont réalisées au profit des **administrateurs** ou des **membres du conseil de surveillance** de la société, la déclaration spéciale peut également être déposée au SIE dont dépend le siège social de la société (BOI-ENR-DMTOM-40-10-20 n° 220).

d. À compter d'une date fixée par arrêté et au plus tard le 1er juillet 2025, la **déclaration** et le paiement **en ligne** seront **obligatoires** (Décret 2020-772 du 24-6-2020).

PAIEMENT DES DROITS

66685 ENR-VI-100 s

Conformément au **principe général** (n° 64080), les droits d'enregistrement sur les sociétés doivent être intégralement versés au moment de la formalité (enregistrement de l'acte ou déclaration spéciale). Ce principe comporte cependant deux **exceptions** dont la portée est très limitée :

– lorsqu'ils sont soumis à la formalité de l'enregistrement (voir nº 66670), les actes constitutifs de sociétés commerciales sont provisoirement enregistrés gratuitement ; les droits et taxes normalement dus sont exigibles, au plus tard, à l'expiration d'un délai de trois mois à compter de la date de l'acte (sous réserve, le cas échéant, du fractionnement visé ci-après) (CGI art. 1717 bis). Cette mesure spéciale ne s'applique pas aux sociétés civiles (BOI-ENR-AVS-10-60 nº 70). En sont également exclus les apports soumis à la TVA (BOI-ENR-AVS-10-60 nº 90) ;

– dans les cas exceptionnels où les apports purs et simples sont soumis au droit de mutation (voir nºs 66870 s.), le paiement de ce droit peut être fractionné. Le fractionnement est également possible dans le cadre d'un changement de régime fiscal de la société (voir nº 38810, précision e).

B. Droits exigibles lors de la formation des sociétés

La formation d'une société implique la réalisation d'**apports** faits par les associés à la société. On distingue suivant qu'ils sont « purs et simples » (nºs 66850 s.), « à titre onéreux » (nº 66900) ou « mixtes » (nºs 66925 s.). **66710** ENR-VI-500 s

› Précisions **a.** Les apports font l'objet d'une autre distinction, selon qu'ils sont **en espèces** (numéraire) ou **en nature**, portant sur des biens mobiliers ou immobiliers autres que l'argent (par exemple : fonds de commerce, immeubles, matériels, créances, brevets).
b. **Régimes spéciaux et particularités**, voir nºs 67190 s.

1. APPORTS PURS ET SIMPLES

Les apports sont purs et simples lorsqu'ils confèrent à l'apporteur, en échange de sa mise, de simples droits sociaux (parts sociales ou actions) exposés à tous les **risques de l'entreprise** et notamment à la perte éventuelle de cette mise. **66850** ENR-VI-700 s

APPORTS PURS ET SIMPLES ENREGISTRÉS GRATUITEMENT (CAS GÉNÉRAL)

Lorsqu'ils figurent dans un acte présenté à l'enregistrement ou une déclaration (voir nº 66670), les apports purs et simples **autres que ceux qui sont expressément soumis au droit de mutation** visés nºs 66870 s. sont enregistrés gratuitement. Exemples : apports en espèces, apports à des sociétés non passibles de l'impôt sur les sociétés (y compris les SARL de caractère familial et les SA, SAS et SARL non cotées qui optent, lors de leur constitution, pour le régime des sociétés de personnes : nºs 36960 et 36980), apports entre sociétés passibles de l'impôt sur les sociétés (sauf cas visé nº 66870, précision b). **66860** CGI art. 810, I ENR-VI-900 s

Les apports passibles de la **TVA** sont également enregistrés gratuitement, qu'ils soient purs et simples ou à titre onéreux (CGI art. 810, IV : ENR-VI-36650 s.).

› Précisions Les **dispositions, autres que celles concernant les apports,** figurant dans les actes ou déclarations ainsi que leurs annexes établis à l'occasion de la constitution de sociétés, sont également enregistrées gratuitement (CGI art. 810 bis : ENR-VI-7520 s.).

APPORTS PURS ET SIMPLES SOUMIS AU DROIT DE MUTATION

Conditions d'application du droit de mutation Les apports purs et simples sont assujettis à un droit de mutation lorsqu'ils sont faits à une **personne** morale passible de l'impôt sur les sociétés par une personne (physique ou morale) non soumise à cet impôt, dans la mesure où ils ont pour **objet** : **66870** CGI art. 809, I-3º et 810, III ENR-VI-3600 s

– des immeubles ou biens assimilés (actions ou parts d'une société immobilière transparente) ;

– des droits immobiliers (usufruit, nue-propriété, droit d'usage et d'habitation, servitudes réelles) ;

– un fonds de commerce ou une clientèle civile ou commerciale (exemple : clientèle d'un expert-comptable) ;

– un droit à un bail ou à une promesse de bail portant sur tout ou partie d'un immeuble.

Toutefois, ces apports sont **enregistrés gratuitement** si l'apporteur s'engage à conserver pendant trois ans les titres remis en contrepartie de l'apport. Pour les immeubles et droits immobiliers, l'enregistrement gratuit est en outre subordonné à la condition qu'ils soient compris dans l'apport de l'ensemble des éléments d'actif immobilisé affectés à l'exercice d'une activité professionnelle.

En cas de **non-respect de l'engagement** de conservation des titres, le droit de mutation est immédiatement exigible, sans possibilité de fractionnement. Mais la reprise n'est pas effectuée en cas de **décès** ou en cas de **donation,** si le donataire prend dans l'acte et respecte l'engagement de conserver les titres jusqu'au terme de la troisième année suivant l'apport.

> Précisions a. Le droit spécial de mutation n'est dû que si les **biens** apportés sont **situés en France** (Cass. com. 15-12-2021 nº 18-20.216 F-B : RJF 5/22 nº 501).
b. Lorsque la personne morale passible de l'IS à laquelle les biens ont été apportés par une personne non passible de cet impôt sans être soumis au droit de mutation (enregistrement gratuit) les **apporte à son tour à une autre société passible de l'IS,** ce nouvel apport est, par exception à la règle énoncée nº 66860, soumis au droit de mutation visé nº 66880. Ce nouvel apport peut toutefois être enregistré gratuitement si l'apporteur prend l'engagement de conserver les titres pendant trois ans.
c. En ce qui concerne le **partage ultérieur** des biens enregistrés gratuitement, voir nº 67090.
d. Apports passibles de la **TVA,** voir nº 66860.

66880 CGI art. 810, III et 1717 ENR-VI-4300 s ENR-VI-4550 s

Montant et paiement du droit de mutation Lorsqu'il est dû, le droit de mutation est en principe perçu :
– pour les apports d'**immeubles** ou de droits immobiliers, au **taux** global de 5 % (ou 5,60 % s'il s'agit de locaux situés en Île-de-France visés, ci-après, précision b) ;
– pour les apports de **fonds de commerce,** de clientèles, de droits au bail ou à une promesse de bail, au taux global de 3 % sur la fraction comprise entre 23 000 € et 200 000 € et de 5 % sur celle excédant 200 000 €, la fraction jusqu'à 23 000 € étant non imposable (nº 65520).

Le droit est calculé sur la **valeur vénale** des biens concernés (les éventuelles insuffisances d'évaluation pouvant être redressées dans les conditions indiquées nºs 78215 s.). Lorsque la propriété des biens est démembrée, la valeur de la nue-propriété et de l'usufruit est déterminée par application du barème de l'article 669 du CGI visé nº 68460 (BOI-ENR-DMTOI-10-10-10 nº 125).

Sur demande de la société assortie d'une offre de garantie, le **paiement** du droit dû peut être **fractionné** en cinq annuités égales. Les annuités autres que la première donnent lieu au versement d'intérêts au taux indiqué nº 68930 (CGI ann. III art. 396, 2º et 404 C).

> Précisions a. S'il est moins élevé que le droit de mutation, le **droit de vente** est applicable (BOI-ENR-AVS-10-10-20 nº 320).
b. Le droit de mutation perçu sur les apports d'immeubles se **décompose** comme suit : droit budgétaire de 2,20 % (CGI art. 810, III-al. 1), taxe départementale de 1,60 % (CGI art. 1595) et taxe communale de 1,20 % (CGI art. 1584 ou 1595 bis). S'y ajoute la taxe régionale de 0,6 % visée nº 66240 lorsqu'il s'agit de locaux à usage de **bureaux,** de locaux commerciaux ou de stockage situés en **Île-de-France.**

2. APPORTS À TITRE ONÉREUX

66900 ENR-VI-5400 s

Les **apports** sont dits « à titre onéreux » lorsqu'ils sont rémunérés par un équivalent ferme et actuel, définitivement acquis à l'apporteur et par conséquent **soustrait aux risques sociaux** (par exemple : espèces, obligations ou, cas le plus courant, prise en charge par la société d'un passif incombant à l'apporteur). Dans ce cas, l'associé ne fait pas une véritable mise sociale ; son apport prend le caractère d'une vente faite à la société.

Lorsqu'ils portent sur des **immeubles** ou des droits immobiliers, les apports à titre onéreux sont soumis à une taxation spécifique de 5 % (ou 5,60 % s'il s'agit de locaux situés en Île-de-France visés, ci-après, précision c).

Ceux qui ont pour objet des **biens autres** que des immeubles sont soumis, quel que soit le régime fiscal de la société qui les reçoit, aux droits de mutation ordinaires selon la nature des biens ainsi apportés (fonds de commerce, droits sociaux, etc.). Il convient donc de se reporter aux règles exposées pour les ventes des biens concernés (par exemple : nºs 65400 s. pour les fonds de commerce, clientèles et droits à un bail).

> Précisions a. Lorsque sont remplies les conditions requises pour leur application, les **régimes spéciaux** prévus en faveur de certaines ventes peuvent également jouer pour les apports à titre onéreux se trouvant dans la même situation. Tel est le cas, par exemple, pour les dispositions concernant les acquisitions de fonds de commerce réalisées dans certaines zones géographiques (nº 65530), ou encore pour celles concernant les cessions de brevets d'invention (nº 65540).
b. Apports passibles de la **TVA,** voir nº 66860.
c. La taxation spécifique perçue sur les apports d'immeubles se **décompose** comme suit : droit budgétaire de 2,20 % (CGI art. 683 bis), taxe départementale de 1,60 % (CGI art. 1595) et taxe communale de 1,20 % (CGI art. 1584 ou 1595 bis). S'y ajoute la taxe régionale de 0,6 % visée nº 66240 lorsqu'il s'agit de locaux à usage de **bureaux,** de locaux commerciaux ou de stockage situés en **Île-de-France.**

3. APPORTS MIXTES

CAS GÉNÉRAL

Un apport est mixte lorsqu'il est rémunéré : 66925 ENR-VI-7200 s

– en partie au moyen de la remise d'actions ou parts sociales. Il est soumis pour cette **partie au régime des apports purs et simples** (nos 66850 s.) ;

– en partie par un avantage soustrait aux aléas sociaux (par exemple : somme d'argent, ou prise en charge d'un passif incombant à l'apporteur). Il est soumis pour cette **partie au régime des apports à titre onéreux** (no 66900).

Les parties sont libres de **désigner, parmi les biens** apportés, ceux qui constituent un apport pur et simple et ceux qui représentent un apport à titre onéreux. Elles ont tout intérêt à utiliser cette faculté, en rangeant dans la seconde catégorie les biens (par exemple : marchandises neuves, créances, meubles) dont la vente est exonérée de droits d'enregistrement ou supporte les tarifs les moins élevés. À défaut, l'administration procéderait (ce qui serait plus coûteux) à une imputation proportionnelle sur les biens de chaque nature apportés par l'intéressé. 66930

> **Précisions** Le principe de la libre imputation du passif pour le calcul des droits d'enregistrement dus en cas d'apport en société est applicable même lorsque le passif grevant l'apport consiste en un **emprunt contracté pour l'acquisition** d'un bien compris dans l'apport (BOI-ENR-AVS-10-30 no 20).

EXEMPLE 66935

Soit une SA à laquelle il est apporté un immeuble d'une valeur de 400 000 € et des créances d'un montant de 100 000 €, à charge pour la société d'acquitter un passif de 80 000 € incombant à l'apporteur (les autres éléments d'actif de l'entreprise étant apportés par un tiers).

Cet apport est à titre onéreux à concurrence de 80 000 € et pur et simple pour le surplus, soit 420 000 €.

On aura intérêt à préciser dans l'acte que le passif de 80 000 € est imputable entièrement sur les créances. L'apport de 400 000 € portant sur l'immeuble pourra être considéré en totalité comme un apport pur et simple enregistré gratuitement si l'apporteur s'engage à conserver les titres pendant trois ans (no 66870).

Si aucune précision n'était portée dans l'acte, on devrait procéder à une imputation proportionnelle du passif, soit 16 000 € sur les créances et 64 000 € sur l'immeuble. De ce fait, la charge fiscale se trouverait alourdie, puisque l'apport de l'immeuble serait considéré comme pur et simple à concurrence de 336 000 € seulement et comme à titre onéreux (tarif de 5 % : no 66900) à concurrence de 64 000 €.

APPORT EN SOCIÉTÉ D'UNE ENTREPRISE INDIVIDUELLE

En cas d'apport à une société, par une personne physique, de l'ensemble des éléments d'actif immobilisé affectés à l'exercice d'une activité professionnelle, dans les conditions indiquées nos 19720 s., l'apport à titre onéreux résultant de la **prise en charge par la société du passif** incombant à l'apporteur est assimilé à une mutation à titre onéreux. L'apport est soumis : 66940 CGI art. 809, I bis et 810, III ENR-VI-7350 s

– lorsque le passif est imputé sur des immeubles ou droits immobiliers, à un droit de 5 % ou 5,60 % (quelle que soit la valeur des biens) (pour le détail de ces taux, voir no 66900, précision c) ;

– lorsqu'il est imputé sur des fonds de commerce, clientèles, droits à un bail ou à une promesse de bail, à un droit de 3 % sur la fraction comprise entre 23 000 € et 200 000 € et de 5 % sur celle excédant 200 000 €, la fraction jusqu'à 23 000 € étant quant à elle non imposable (no 65520).

Cet apport peut toutefois être **enregistré gratuitement** si l'apporteur s'engage à conserver les titres pendant trois ans (il s'agit des titres remis en contrepartie de l'apport de l'actif net, lequel doit être à titre pur et simple). Les conditions de l'engagement de conservation des titres ainsi que les conséquences de son non-respect sont identiques à celles définies pour les apports purs et simples soumis au droit de mutation (no 66870). Comme pour ces derniers et sous les mêmes conditions, la reprise n'est pas effectuée en cas de décès ou de donation.

> **Précisions** Les exploitants qui procèdent à l'apport en société de leur entreprise individuelle peuvent également bénéficier, sous certaines conditions et sur option, d'un report d'imposition des **plus-values** réalisées à cette occasion (voir à ce sujet nos 19710 s.).

C. Droits exigibles durant l'existence des sociétés

Il s'agit des droits d'enregistrement dus, le cas échéant, à raison des diverses modifications susceptibles d'affecter les sociétés durant leur existence. Ces modifications peuvent concerner 66970 ENR-VI-9000 s soit le capital social (augmentation, réduction, etc.), soit d'autres aspects du statut de la société (tel que le changement de forme ou de régime fiscal).

> Précisions **a.** Les **régimes spéciaux et particularités** pouvant, notamment en cas d'augmentation de capital, intéresser certains groupements ou sociétés sont traités n°s 67190 s.
b. La réglementation applicable en cas de **cession de droits sociaux** consentie par un associé est examinée n°s 67130 s.
c. Lorsqu'ils sont **présentés volontairement à l'enregistrement,** les actes portant **prorogation** pure et simple de société sont enregistrés gratuitement (CGI art. 811, 1°).

AUGMENTATION DE CAPITAL

66975 CGI art. 809, I-3° et 810, I et III ENR-VI-9900 s

Augmentation par apports nouveaux Les apports faits en cours de société à l'occasion d'une augmentation de capital sont soumis au même régime fiscal que les apports faits lors de la formation de la société (n°s 66710 s.).

En cas de présentation à la formalité (n° 66670), les **apports purs et simples** sont enregistrés gratuitement sauf en cas d'apport de certains biens à une société passible de l'impôt sur les sociétés par une personne non soumise à cet impôt. Dans ce cas, les apports purs et simples donnent ouverture, pour les immeubles, au droit de 5 % ou 5,60 % et, pour les fonds de commerce, clientèles ou droits à un bail, au droit de 3 % sur la fraction comprise entre 23 000 € et 200 000 € et de 5 % sur celle excédant 200 000 € (pas de taxation sur la fraction inférieure à 23 000 €). Toutefois, ces apports sont enregistrés gratuitement si l'apporteur prend l'engagement de conserver les titres remis en contrepartie de son apport pendant trois ans.

Les **apports à titre onéreux** donnent ouverture soit (pour les immeubles) au droit de 5 % ou 5,60 %, soit (pour les autres biens) aux droits de mutation ordinaires (n° 66900). L'apport à titre onéreux résultant de la prise en charge par la société d'un passif incombant à l'apporteur d'une entreprise individuelle est soumis au droit de mutation (pour les immeubles : 5 % ou 5,60 % ; pour les fonds de commerce, clientèles ou droits à un bail : 0 % sur la fraction inférieure à 23 000 €, 3 % sur la fraction comprise entre 23 000 € et 200 000 € et 5 % sur celle excédant 200 000 €). Cet apport peut être enregistré gratuitement si l'apporteur prend l'engagement de conserver les titres pendant trois ans, voir n° 66940.

Les apports passibles de la **TVA** sont enregistrés gratuitement (CGI art. 810, IV).

> Précisions **a.** Lorsqu'il en existe, les **primes d'apport** suivent le sort des augmentations de capital correspondantes.
b. Dans le cas particulier des **sociétés à capital variable,** l'augmentation nette de capital constatée à la clôture d'un exercice est, en cas de présentation à la formalité du procès-verbal de l'assemblée générale des associés statuant sur les résultats de l'exercice, enregistrée gratuitement (CGI art. 825).

66985 CGI art. 812 ENR-VI-11000 s

Incorporation de réserves, bénéfices ou provisions En cas de présentation à l'enregistrement (n° 66670), les actes constatant les augmentations de capital par incorporation de réserves, de bénéfices ou de provisions sont enregistrés gratuitement.

RÉDUCTION DU CAPITAL

66995 CGI art. 814 C ENR-VI-14530 s

Lorsque l'acte la constatant est présenté à l'enregistrement (n° 66670) :
– la réduction de capital contre annulation ou **réduction du nominal** ou du **nombre de titres** avec **remboursement** corrélatif **aux associés** est enregistrée gratuitement sous réserve de l'application de la théorie de la mutation conditionnelle des apports (n° 67090) ;
– la réduction de capital **sans remboursement** aux associés est soumise au droit fixe des actes innomés visé n° 64035 (BOI-ENR-AVS-20-20 n° 100).

> Précisions **a.** **L'amortissement du capital,** opération (peu courante dans la pratique) qui consiste à rembourser aux associés tout ou partie du montant nominal de leurs titres par prélèvement sur les réserves, mais sans réduction du capital, est enregistré, en cas de présentation de l'acte à la formalité (n° 66670), moyennant le paiement du droit fixe des actes innomés (ENR-VI-15100).
b. La réduction du capital d'une entreprise ou d'une **société unipersonnelle ou uninominale** est soumise, le cas échéant, au droit fixe des actes innomés (BOI-ENR-AVS-20-20 n° 60).

67000 ENR-VI-14880 s

Rachat par une société de ses propres titres suivi d'une réduction du capital Dans ce cas (qui est une variante du précédent), les règles applicables à la réduction de capital consécutive au rachat de titres lorsque l'acte est présenté à la formalité (n° 66670) sont les suivantes :

a. Quand un **seul acte** est établi pour constater les deux opérations, la réduction de capital, lorsqu'elle s'accompagne d'une attribution de biens sociaux aux associés, y compris du numéraire, est enregistrée gratuitement sous réserve de l'application de la théorie de la mutation conditionnelle des apports (nº 67090). Si le prix ne consiste pas en l'attribution de biens sociaux (par exemple, attribution de rentes viagères), l'acte est soumis au droit de cession de droits sociaux (nºs 67130 s.) sauf cas d'exonération (nº 67155) ;

b. Lorsque **deux actes** distincts sont établis, l'un pour le rachat des titres, l'autre pour la réduction du capital, le premier est assujetti au droit de cession de droits sociaux. Le second est enregistré gratuitement sous réserve de la théorie de la mutation conditionnelle des apports (nº 67090).

CHANGEMENT DE RÉGIME FISCAL D'UNE SOCIÉTÉ

Les conséquences au regard des différents impôts (y compris les droits d'enregistrement) des opérations réalisées par les sociétés qui se traduisent par un changement de régime fiscal (notamment certaines **transformations**) font l'objet d'une étude d'ensemble nºs 38500 s. 67010

TRANSFERT DU SIÈGE SOCIAL

Le transfert du siège social n'entraîne en principe aucune taxation particulière. Si l'acte est présenté volontairement à l'enregistrement, seul est perçu le droit fixe des actes innomés (nº 64035). 67020 ENR-VI-16300 s

Il en est ainsi lorsque le transfert est réalisé à l'intérieur du territoire français (y compris Drom et autres collectivités d'outre-mer). En revanche, en cas de **transfert international** du siège (de la France à l'étranger ou de l'étranger en France) emportant changement de la nationalité de la société, l'opération entraîne création d'une personne morale nouvelle et peut, à ce titre, donner ouverture aux droits exigibles lors de la formation des sociétés (nºs 66710 s.) sous réserve de l'application des règles de territorialité définies à l'article 808 A du CGI (en cas de transfert du siège d'une société de capitaux à l'intérieur de l'Union européenne) et des conventions internationales.

FUSIONS DE SOCIÉTÉS ET OPÉRATIONS ASSIMILÉES

Les règles prévues, au regard des différents impôts (y compris les droits d'enregistrement), pour les fusions de sociétés et opérations assimilées (scissions de sociétés, apports partiels d'actif) font l'objet d'une étude d'ensemble nºs 39000 s. 67040

D. Droits exigibles en fin de société

Lorsqu'elle intervient, la dissolution de la société est suivie d'une période de liquidation ayant pour but la réalisation des éléments d'actif et le paiement des créanciers. L'actif net subsistant après cette liquidation fait l'objet d'un partage entre les associés. 67060 ENR-VI-23500 s

> **Précisions** Les **régimes spéciaux et particularités** pouvant concerner, en cas de dissolution, liquidation et partage, un certain nombre de sociétés ou groupements (tels que sociétés de fait ou en participation, sociétés immobilières de copropriété ou d'accession progressive à la propriété, groupements fonciers agricoles) sont exposés nºs 67190 s.

DISSOLUTION DE SOCIÉTÉ

Lorsqu'il est présenté à l'enregistrement (nº 66670), l'acte de dissolution de sociétés qui ne comporte **aucune transmission** de biens meubles ou immeubles entre les associés ou autres personnes est enregistré gratuitement (CGI art. 811, 2º). S'il y a **transmission** de biens, la dissolution est soumise au régime prévu en cas de liquidation (nº 67080). 67070 ENR-VI-23600 s

S'agissant de la dissolution après **réunion de tous les droits sociaux en une seule main,** voir nº 67170.

LIQUIDATION DE SOCIÉTÉ

La personnalité morale de la société subsiste pour les besoins de sa liquidation. Par suite, les ventes de biens sociaux réalisées **au cours de la liquidation** sont réputées faites par la société elle-même et soumises aux droits de mutation selon la nature des biens. 67080 ENR-VI-24000 s

En ce qui concerne les opérations **postérieures à la liquidation** (et avant partage) **ou** intervenant **en l'absence de toute liquidation,** la personnalité morale de la société ayant disparu, les associés détiennent un droit de copropriété indivise sur les éléments composant le fonds social. Le régime applicable est le suivant :

a. Cessions à des tiers : droit de vente selon la nature des biens ;

b. Cessions à des associés :

– si la société est passible de l'impôt sur les sociétés : même régime que celui qui est indiqué n° 67090 pour les biens n'ayant pas été soumis au droit de mutation ; pour les autres biens, droit de mutation sur les parts acquises, comme pour les licitations (n° 70455, b),

– si la société n'est pas passible de l'impôt sur les sociétés, combinaison du régime des licitations et de la théorie de la mutation conditionnelle des apports (n° 67100) : pour les « corps certains » apportés par le cessionnaire, même régime qu'indiqué n° 67105, b-1 ; pour les « corps certains » apportés par d'autres associés, exigibilité du droit de vente selon la nature des biens, à moins que le cessionnaire ne soit l'héritier ou le donataire de l'apporteur ou n'ait acquis ses droits en ayant supporté le droit de mutation sur les biens correspondants ; pour les autres biens (acquêts sociaux et choses fongibles), droit de vente sur les parts acquises, comme pour les licitations (n° 70455, b).

PARTAGE DE SOCIÉTÉ

67090 ENR-VI-26600 s **Société passible de l'impôt sur les sociétés** Lorsque les **biens n'ont pas été soumis au droit de mutation** en raison de l'engagement de l'apporteur de conserver les titres reçus en contrepartie de l'apport (nos 66870 s.), leur **attribution,** lors du partage de la société, **à un associé autre que l'apporteur** donne ouverture aux droits de mutation à titre onéreux (CGI art. 810, III) et non au droit de partage (application de la théorie de la mutation conditionnelle des apports : n° 67100).

S'ils sont attribués **à l'apporteur,** aucun droit de mutation ou de partage n'est dû. Toutefois, la reprise par l'apporteur initial d'un immeuble entraîne la perception de la taxe de publicité foncière au taux de 0,70 %, à laquelle s'ajoute le prélèvement pour frais d'assiette et de recouvrement de 2,14 %, soit un taux global d'environ 0,715 %.

67095 ENR-VI-25920 s Le partage de **biens autres** que ceux visés n° 67090 donne lieu en principe au paiement du droit de partage de 2,50 % prévu à l'article 746 du CGI. Ce droit est exigible sur l'intégralité de l'actif net partagé, sans qu'il y ait lieu de tenir compte de la personne de l'attributaire (apporteur ou autre associé).

Les droits de mutation à titre onéreux sont dus sur le montant des **soultes,** lorsqu'il en existe.

> **Précisions** **a.** L'actif **net partagé** s'entend de l'actif subsistant après paiement des dettes et remboursement du capital social. En revanche, les sommes correspondant aux primes d'émission et de fusion et à la réserve de décapitalisation non incorporées au capital social ne peuvent être déduites de l'actif brut (Cass. com. 26-9-2018 n° 16-24.070 F-PB : RJF 1/19 n° 97).
> Le **passif** peut comprendre **notamment** les frais de liquidation (honoraires du liquidateur, frais de publicité relatifs à la clôture de la liquidation, etc.), ainsi que les impôts à la charge de la société du fait de la liquidation (BOI-ENR-AVS-30-20-10 n° 170).
> **b.** Le partage est considéré comme comportant une **soulte** lorsqu'un associé reçoit des biens dont la valeur excède la part d'actif qui devrait normalement lui revenir, compte tenu de ses droits sociaux. La soulte est taxée comme une vente, le droit de mutation étant exigible au taux prévu pour les biens en cause. Si ces biens sont de nature différente, la soulte est répartie proportionnellement à leur valeur respective. L'actif net partagé, déduction faite de la soulte, est soumis au droit de partage.

67100 ENR-VI-25100 s **Société non passible de l'impôt sur les sociétés** Lorsque les biens partagés constituent des **« acquêts sociaux »,** les règles exposées n° 67095 sont applicables. Sont considérés comme des acquêts sociaux non seulement les biens acquis ou créés par la société durant son existence, mais encore les choses fongibles ou le numéraire apportés à la société, ainsi que les biens de toute nature ayant fait l'objet d'un apport à titre onéreux (n° 66900).

Les règles sont différentes lorsque le partage porte sur des **« corps certains »** (c'est-à-dire sur des biens identifiables, tels qu'immeubles, fonds de commerce, etc.) **ayant fait l'objet d'un apport** pur et simple à la société lors de sa formation ou d'une augmentation de capital. Selon la **théorie de la « mutation conditionnelle des apports »,** le droit de mutation non perçu lors de cet apport devient rétroactivement exigible si les biens en cause sont attribués, lors du partage de la société, à un associé autre que l'apporteur. Au contraire, aucun droit n'est perçu si les biens sont attribués à l'apporteur, puisque celui-ci est réputé n'avoir jamais cessé d'en être propriétaire.

67105 En définitive, les droits exigibles lors du partage d'une société non passible de l'impôt sur les sociétés doivent être réglés comme suit.

a. Partage des acquêts sociaux. Il est soumis au droit de partage de 2,50 % sur l'actif net partagé. En cas de soulte, les droits de mutation sont exigibles dans la limite de cette soulte (sur ces deux points, voir les précisions données n° 67095).

b. Partage de corps certains ayant fait l'objet d'un apport pur et simple. Il faut faire la distinction suivante :

1. si les biens sont **attribués à l'apporteur** (ou à ses héritiers ou donataires), cette attribution ne donne ouverture ni au droit de mutation ni même au droit de partage. Cependant, s'il s'agit d'immeubles ou droits immobiliers, la taxe de publicité foncière de 0,70 % à laquelle s'ajoute le prélèvement pour frais d'assiette et de recouvrement de 2,14 % (soit un taux global d'environ 0,715 %) est due lors de la publication de l'acte au service de la publicité foncière ;

2. si les biens sont **attribués à un associé autre que l'apporteur,** le droit de vente correspondant à la nature des biens en cause est exigible sur la valeur des biens à la date du partage et selon le tarif en vigueur à cette date.

Remarque : En cas de dissolution d'une société immobilière non passible de l'IS, l'attribution de l'immeuble à un associé autre que celui qui l'a apporté à titre pur et simple ne donne ouverture qu'au droit de partage (au lieu du droit de mutation) lorsque l'**apport** a été **soumis à la TVA immobilière** (BOI-ENR-AVS-30-20-20 n° 250).

E. Droits exigibles sur les cessions de droits sociaux

Les cessions de droits sociaux à un tiers ou à un autre associé donnent en principe lieu au paiement d'un droit de mutation. **67130** ENR-VI-26800 s

Sur les régimes spéciaux ou particularités, voir n° 67190 s.

CESSIONS TAXABLES

Seules sont susceptibles de donner lieu à taxation les **cessions** de droits sociaux (**actions, parts sociales**) réalisées **à titre onéreux,** ce qui exclut les opérations ne constituant pas une cession et les opérations réalisées à titre gratuit (soumises aux droits de succession ou de donation dans les conditions visées n° 67500 s.). **67135** CGI art. 726 ENR-VI-27050 s

Les cessions d'**actions cotées** ne sont toutefois taxées que si elles sont constatées par un acte (n° 67145, a).

> **Précisions a.** Les cessions d'**entreprises individuelles** ou d'**EIRL** ayant exercé l'option prévue n° 87200 s. sont assimilées à des cessions de droits sociaux (CGI art. 726, I bis).
> **b.** La cession de l'**usufruit** de droits sociaux, qui n'emporte pas mutation de la propriété des droits sociaux, échappe au droit de vente (Cass. com. 30-11-2022 n° 20-18.884 FS-B : RJF 2/23 n° 160).

ILLUSTRATIONS **67137**

La **remise d'actions** détenues en portefeuille en **paiement des dividendes** ne constitue pas une cession passible du droit de vente de droits sociaux (Cass. com. 31-5-1988 n° 87-10.134 P ; BOI-ENR-DMTOM-40-10-10 n° 70). Confirmation de ce principe dans l'hypothèse où les dividendes sont payés par **remise de droits immobiliers** appartenant à la société (non-exigibilité dans ce cas des droits de vente d'immeubles) (Cass. com. 6-6-1990 n° 88-17.133 P : RJF 8-9/90 n° 1126 ; 12-2-2008 n° 05-17.085 F-PB : RJF 5/08 n° 612) ou de parts de sociétés transparentes (Cass. com. 6-4-1993 n°s 90-21.940 D et 90-21.941 D : RJF 7/93 n° 1071).

Le **« rachat » par une société** de ses propres titres, lorsque les statuts prévoient que les légataires de l'**associé défunt** n'ont droit qu'au prix de rachat desdites parts, constitue un rachat de créance non soumis au droit de vente (Cass. com. 22-10-2013 n° 12-23.737 FS-PB : RJF 2/14 n° 191).

Le droit de vente ne s'applique pas lors de l'**émission** d'une **obligation échangeable** ou **convertible** en actions existantes; il s'applique en revanche lors de la **conversion ou** de **l'échange** de l'obligation (BOI-ENR-DMTOM-40-10-10 n° 50).

Territorialité a. Conformément aux principes généraux relatifs à la territorialité des droits d'enregistrement, les cessions de titres de **sociétés françaises** cotées ou non cotées (autres que des sociétés à prépondérance immobilière visées au b) constatées par **actes passés à l'étranger** sont, sous réserve des conventions internationales, soumises aux droits de vente aux taux habituels mentionnés n° 67145, a et b (sauf imputation, le cas échéant, pour les cessions d'actions, des droits d'enregistrement effectivement acquittés à l'étranger ; CGI art. 726, I-1°). Ces opérations ne sont taxables que si elles se situent dans le champ de l'impôt et ne sont pas réalisées dans des cas similaires à ceux qui donnent droit à une exonération (BOI-ENR-DMTOM-40-10-10 n° 220). **67140** CGI art. 718 et 718 bis ENR-VI-27300 s

Les cessions de titres de **sociétés étrangères** ne sont soumises au droit de vente que si elles font l'objet d'un **acte passé en France.** Les actes passés à l'étranger échappent donc à la taxation (voir toutefois b).

b. La cession d'une participation dans une **société, française ou étrangère, à prépondérance immobilière** dont l'actif est principalement constitué d'immeubles ou de droits immobiliers situés en France est soumise au droit de vente au taux normal visé n° 67145, c (après imputation, le cas échéant, des droits d'enregistrement effectivement acquittés à l'étranger) même si l'acte de cession est passé à l'étranger (dans ce cas, un acte doit également être établi en France : voir n° 66675, précision b).

c. Sur la **formalité de l'enregistrement,** voir n° 66675.

RÉGIME NORMAL

67145 CGI art. 726, I ENR-VI-28350 s, 27800 s et 29350 s

Droits exigibles **a.** Les cessions d'**actions,** de parts de fondateur ou de parts bénéficiaires sont soumises à un droit de 0,1 %.

Dans les sociétés par actions **cotées** (sociétés dont les titres sont négociés sur un marché réglementé d'instruments financiers ou sur un système multilatéral de négociation), le droit n'est exigible que si les cessions sont constatées par un acte, lequel s'entend de tout écrit (ou ensemble d'écrits) formant titre à l'égard de chacune des parties et constatant leur accord sur la chose et sur le prix, quelle qu'en soit la forme. Dans les sociétés **non cotées,** en revanche, le droit est exigible même en l'absence d'acte.

b. Les cessions de **parts sociales** dans les sociétés dont le capital n'est pas divisé en actions (SARL, sociétés civiles, etc.) sont soumises à un droit de 3 %, qu'elles soient ou non constatées par un acte. Cependant, les cessions de titres en capital souscrits par les clients des établissements de crédit mutualistes ou coopératifs suivent le régime des cessions d'actions de sociétés non cotées (visé au a).

c. Les cessions de **participations dans des sociétés à prépondérance immobilière** sont soumises à un droit de 5 %, qu'il s'agisse d'actions ou de parts sociales. Est considérée comme à prépondérance immobilière la personne morale, quelle que soit sa nationalité, dont les droits sociaux ne sont pas négociés sur un marché réglementé d'instruments financiers ou sur un système multilatéral de négociation dont l'actif est, ou a été au cours de l'année précédant les cessions en cause, principalement constitué d'immeubles ou de droits immobiliers situés en France ou de participations dans des personnes morales, quelle que soit leur nationalité, dont les droits sociaux ne sont pas négociés sur un marché réglementé d'instruments financiers ou sur un système multilatéral de négociation et elles-mêmes à prépondérance immobilière.

Pour l'appréciation de la prépondérance immobilière, les immeubles affectés par la société à sa propre exploitation sont pris en compte au numérateur (contrairement à ce qui est prévu pour le régime des plus-values : n°s 18780 et 32525) ; en revanche, les immeubles par destination ne le sont pas (Cass. com. 2-12-2020 n° 18-25.559 FS-PR : RJF 3/21 n° 320).

Ne sont pas considérés comme étant à prépondérance immobilière :

– les organismes d'HLM, les sociétés d'économie mixte exerçant une activité de construction ou de gestion de logements sociaux et les sociétés foncières solidaires agréées « Esus » (hors foncières solidaires agricoles) visées n° 2689 ;

– la personne morale qui a perdu sa prépondérance immobilière du fait de la cession, au cours de l'année précédant la cession de ses propres titres, des immeubles ou participations dans des personnes morales à prépondérance immobilière qu'elle détenait à son actif (BOI-ENR-DMTOM-40-10-10 n° 190).

> **Précisions** **a.** Les cessions de droits sociaux soumises à la **TVA « immobilière »** (n° 58810) donnent lieu à la perception d'un droit fixe de 125 € (CGI art. 730). En fait, il s'agit souvent d'actions ou parts de sociétés immobilières « transparentes », dont la cession fait l'objet des explications données n° 67195.
> **b.** Lorsqu'elles sont constatées par un acte notarié ou par un acte sous seing privé présenté volontairement à l'enregistrement, les **cessions d'obligations** sont soumises au seul droit fixe indiqué n° 64035.

67150 CGI art. 726, I-1° bis et II ENR-VI-30150 s

Assiette Le droit de vente est assis sur le **prix exprimé** et le capital des charges qui peuvent s'ajouter au prix, ou sur l'**estimation des parties** si la valeur réelle est supérieure au prix augmenté des charges (les éventuelles insuffisances de prix ou d'évaluation peuvent être redressées dans les conditions indiquées n°s 78215 s.).

Pour les cessions de **parts sociales** (autres que celles de sociétés à prépondérance immobilière), l'assiette du droit de vente est réduite d'un **abattement** égal, pour chaque part, au rapport entre 23 000 € et le nombre total de parts de la société.

EXEMPLE

Soit une société dont le capital est divisé en 500 parts. Un associé en cède 200 pour un prix de 60 000 €. Assiette des droits : 60 000 € – (23 000 € × 200 parts cédées/500 parts dans la société) = 50 800 €. Montant des droits = 50 800 × 3 % = 1 524 €.

> Précisions Selon la Cour de cassation, la **répartition conventionnelle des bénéfices de l'exercice de cession** entre cédant et acquéreur constitue un élément du prix de cession des parts, qui sert d'assiette au droit de mutation (Cass. com. 28-11-2006 n° 04-17.486 FS-PBIR : RJF 3/07 n° 357). La doctrine administrative considère au contraire que, dans le cas où la cession a lieu en cours d'exercice et où le cessionnaire reçoit les bénéfices attachés aux parts, le droit de cession prévu par l'article 726 du CGI ne frappe que le prix de cession des parts proprement dites, après ventilation et sous réserve du droit de contrôle de l'administration (BOI-ENR-DMTOM-40-10-20 n° 60). Les contribuables peuvent continuer à se prévaloir de cette doctrine.

EXONÉRATIONS

Sont exonérées de droit d'enregistrement les cessions de droits sociaux résultant d'**opérations de pension** régies par les articles L 211-27 à L 211-34 du Code monétaire et financier. **67155** CGI art. 726, II ENR-VI-27400 s

Sont également exonérées, **sauf** si elles portent sur des titres de **sociétés à prépondérance immobilière** :

– les acquisitions de droits sociaux réalisées dans le cadre du **rachat** par une société **de ses propres titres** destinés à être cédés aux adhérents d'un plan d'épargne d'entreprise (**PEE**) ou d'une **augmentation de capital** à l'exclusion des rachats de leurs actions effectuées par des sociétés non cotées dans les conditions prévues à l'article L 225-209-2 du Code de commerce (Mémento sociétés commerciales n°s 68975 s.) ;

– les acquisitions de droits sociaux de **sociétés** placées sous procédure de **sauvegarde ou** en **redressement judiciaire** ;

– les acquisitions de droits sociaux entre sociétés membres du **même groupe,** au sens de l'article L 233-3 du Code de commerce (qui définit la notion de contrôle d'une société sur l'autre : Mémento sociétés commerciales n°s 79013 s.) ou au sens des articles 223 A ou 223 A bis du CGI (régime de l'intégration fiscale : n°s 40150 s.) ;

– les acquisitions intervenant dans les conditions prévues aux articles 210 A (**fusions** : n° 39210) ou 210 B (**apport partiel d'actif** d'une branche complète d'activité : n°s 39235 s. ; **scission de société** : n° 39220) ;

– les opérations taxées au titre de l'article 235 ter ZD du CGI (**taxe sur les transactions financières** : n°s 76021 s.).

RÉGIMES DÉROGATOIRES

Cession de parts sociales représentatives d'un apport en nature réalisé depuis moins de trois ans (sociétés non passibles de l'IS) Lorsqu'elles interviennent dans les trois ans de la réalisation définitive de l'apport fait à la société, les cessions de parts sociales sont considérées, du point de vue fiscal, comme ayant pour objet les biens en nature représentés par les titres cédés : elles sont donc soumises aux **droits de vente** correspondant à la nature des biens en cause et non au droit de cession de droits sociaux. Cette présomption légale (qui est irréfragable) ne vise toutefois que les cessions d'actions ou de parts émises par les personnes morales non passibles de l'impôt sur les sociétés. **67160** CGI art. 727 ENR-VI-31400 s

La présomption légale est écartée, en tout état de cause, lorsque les parts cédées sont représentatives d'un bien (terrain à bâtir, par exemple) dont l'**apport** a été soumis à la **TVA** (n° 66860).

Cessions massives de droits sociaux Elles sont soumises, en **principe,** aux mêmes règles que les autres cessions de droits sociaux (n°s 67145 à 67160). Il en est ainsi même lorsqu'elles affectent la totalité ou la quasi-totalité des titres de la société concernée, et même si elles font suite à la transformation de la société ou sont suivies à brève échéance de modifications statutaires importantes. **67165** ENR-VI-32300 s

> Précisions a. L'article 720 du CGI qui prévoit l'imposition des **conventions « de successeur »** n'est pas applicable, voir à cet égard n°s 65580 s.

b. En ce qui concerne les effets des cessions massives de droits sociaux au regard des **impôts directs,** voir n° 11400.

Réunion de tous les droits sociaux en une seule main Les actes portant cession de droits sociaux, qui aboutissent à la concentration de l'ensemble de ces droits entre les mains **67170** ENR-VI-32400 s d'une même personne, ne donnent ouverture, en principe, qu'aux droits visés nº 67145 (sauf application, le cas échéant, de la présomption de l'article 727 du CGI : nº 67160).

> **Précisions** **a.** En cas de **dissolution,** l'appropriation de l'actif par l'associé unique ne donne pas lieu au droit de partage. La reprise de certains biens par l'intéressé est cependant susceptible de donner ouverture à un droit de mutation en application de la théorie de la mutation conditionnelle des apports (nºs 67100 s.) ou, s'agissant des immeubles n'entrant pas dans le champ d'application de cette théorie, à la taxe de publicité foncière de 0,70 % à laquelle s'ajoute le prélèvement pour frais d'assiette et de recouvrement (soit un taux global d'imposition d'environ 0,715 %).
> **b.** Sur le **régime juridique** applicable à ces opérations, voir Mémento sociétés commerciales nºs 86050 s.

F. Régimes spéciaux et particularités

67190 Certains groupements ou sociétés sont soumis à des régimes spéciaux ou particularités.

Sur tous les **points autres** que ceux visés par ces mesures spécifiques, il convient de faire application des **règles de droit commun** prévues pour la généralité des sociétés.

SOCIÉTÉS IMMOBILIÈRES D'ATTRIBUTION

67195 ENR-VI-37600 s Les sociétés visées sont celles qui sont dotées de la **« transparence fiscale »** en application de l'article 1655 ter du CGI (nºs 30770 s.).

Lorsqu'ils sont soumis à la formalité de l'enregistrement ou présentés volontairement à l'enregistrement (voir nº 66670), les actes réalisés par ces sociétés sont enregistrés gratuitement lorsqu'ils ont pour objet une **augmentation de capital** (par voie d'apports purs et simples ou par incorporation de réserves), une **prorogation de la durée** de la société ou l'attribution exclusive en propriété des immeubles entre leurs membres par voie de **partage** en nature pur et simple (CGI art. 828, I-2º). Les sociétés assujetties à la **TVA** immobilière doivent justifier à cet effet du règlement de la TVA due sur les opérations de construction.

Par ailleurs, la **cession d'actions ou parts** de ces sociétés est réputée porter sur les immeubles (ou fractions d'immeubles) auxquels les titres donnent vocation, et par suite est soumise, lorsqu'elle est effectuée à titre onéreux, au même régime fiscal que les ventes d'immeubles, régime exposé nºs 66000 s. (CGI art. 728 et 729). Mais si la cession donne lieu au paiement de la TVA « immobilière » (nº 58810), c'est seulement un droit fixe de 125 € qui est dû (CGI art. 730). Les actes de cession sous seing privé doivent être enregistrés, dans le délai d'un mois, au service des impôts de la situation des biens.

> **Précisions** **a.** La **transformation en société transparente** d'une société « de droit commun » entraîne les mêmes conséquences qu'une dissolution de société (nº 67070).
> **b.** Le régime prévu pour les cessions de droits sociaux dans les sociétés immobilières d'attribution est étendu aux sociétés qui n'ont pas en fait pour unique objet celui défini à l'article 1655 ter du CGI, mais dont cependant les actions ou parts confèrent à leurs possesseurs le droit à la jouissance d'immeubles ou fractions d'immeubles. Tel est notamment le cas des actions ou parts de sociétés concessionnaires de **ports de plaisance** donnant vocation à la jouissance d'un anneau d'amarrage, ainsi que, selon la doctrine administrative, des actions ou parts de sociétés d'attribution d'**immeubles en jouissance à temps partagé** (« multipropriété ») (BOI-ENR-DMTOM-40-30 nº 90).

SCI D'ACCESSION PROGRESSIVE À LA PROPRIÉTÉ

67200 ENR-VI-39200 s Les sociétés civiles immobilières d'accession progressive à la propriété sont des sociétés créées par des organismes d'HLM en vue de permettre au locataire d'un logement social respectant certains plafonds de ressources d'en devenir propriétaire en achetant progressivement les parts représentatives de ce logement (CCH art. L 443-6-2 s.).

Lorsqu'ils sont soumis à la formalité de l'enregistrement ou présentés volontairement à l'enregistrement (voir nº 66670), les **actes de dissolution et de partage** de ces sociétés sont enregistrés gratuitement (CGI art. 828, I-4º).

Une exonération facultative du droit départemental de vente d'immeubles et de taxe communale additionnelle est accordée sur délibération des collectivités territoriales concernées, pour les **cessions,** autres que la première, de chacune **des parts** de ces sociétés (CGI art. 1584 ter et 1594 H bis). Pour la période du 1er juin 2023 au 31 mai 2024, l'exonération facultative n'a été votée que par le département des Hautes-Pyrénées et les communes de Lamentin en Guadeloupe et de Tsingoni à Mayotte.

SOCIÉTÉS DE FAIT ET SOCIÉTÉS EN PARTICIPATION

Comme pour les sociétés dotées de la personnalité morale, il est admis, sous certaines conditions, que les associés des sociétés de fait et des sociétés en participation peuvent **céder leurs « parts »** moyennant le paiement du droit visé nº 67145, b (sauf application de l'article 727 du CGI, en cas de cession dans les trois ans de l'apport : nº 67160) (BOI-ENR-DMTOM-40-50-20 nº 170). Toutefois, les immeubles et droits immobiliers demeurent en dehors de ces règles. Par suite, la fraction des droits sociaux qui est représentative de ces biens est soumise, lors de la cession, aux droits de vente d'immeubles (BOI-ENR-DMTOM-40-50-20 nº 200). 67205 ENR-VI-33600 s

En cas de **partage** d'une société de fait ou d'une société en participation, les règles sont les suivantes.

a. Cas général où la société était, lors de sa dissolution, soumise au **régime des sociétés de personnes** : il convient de distinguer selon la nature des biens partagés :

– immeubles : aucune taxation (y compris au titre de la taxe de publicité foncière), si l'immeuble est attribué à l'apporteur d'origine. Dans le cas contraire, droits de vente d'immeubles ;

– fonds de commerce, clientèles et droits au bail apportés pour une durée indéterminée : aucune taxation si les biens sont attribués à l'apporteur d'origine (application de la théorie de la mutation conditionnelle des apports : nº 67100), droits de mutation si l'attribution est faite à un associé autre que l'apporteur ;

– autres biens et acquêts sociaux : droit de partage visé nº 70410 (sous réserve, en cas de soulte, de l'application des droits de mutation dans la limite de cette soulte).

b. Cas particulier où la société était, lors de sa dissolution, soumise à l'**impôt sur les sociétés** : droit de partage (sous réserve de l'application des droits de mutation dans les cas visés nºs 67090 et 67095). Cependant, le partage des immeubles obéit aux règles indiquées au a ci-dessus.

S'agissant, par ailleurs, de la **transformation** d'une société de fait en société de droit, voir nº 37850.

GROUPEMENTS D'INTÉRÊT ÉCONOMIQUE (GIE)

Les GIE et organismes assimilés (groupements européens d'intérêt économique [GEIE] et groupements d'intérêt public [GIP]) sont soumis à un **régime** fiscal analogue à celui des sociétés. 67210 ENR-VI-45600 s, 46260 s et 46400 s

Les **cessions de participations** dans des GIE (et organismes assimilés) donnent toutefois ouverture non au droit de 3 % (prévu à l'article 726, I-1° bis du CGI) mais au droit fixe des actes innomés (nº 64035) lorsque l'acte est présenté volontairement à la formalité de l'enregistrement.

SOCIÉTÉS ET GROUPEMENTS AGRICOLES

Les sociétés et groupements ayant une activité agricole (il s'agit essentiellement de ceux visés nºs 16425 s.) font l'objet, sur certains points, de dispositions particulières. 67215 ENR-VI-40000 s

Les **apports** à titre onéreux résultant de la prise en charge du passif grevant les immeubles apportés à un Gaec, à un GFA, à un groupement agricole foncier, à un groupement forestier, à un groupement foncier rural ou à une EARL sont soumis au régime des apports purs et simples (BOI-ENR-AVS-10-20 nºs 390 et 400) exposé nºs 66860 (constitution du groupement) et 66975 (augmentation de capital).

Les **cessions** de gré à gré **de parts** de Gaec et d'EARL non passibles de l'impôt sur les sociétés sont enregistrées au droit fixe de 125 € (et non au droit de 3 %), quel que soit le type d'apport qu'elles représentent ; il en va de même des cessions de gré à gré de parts de sociétés civiles à objet principalement agricole, constituées depuis au moins trois ans avant la cession (CGI art. 730 bis). Parmi les sociétés civiles à objet principalement agricole figurent notamment les sociétés civiles d'exploitation agricole (SCEA), les GFA même non exploitants, les groupements agricoles fonciers, les groupements forestiers et les groupements fonciers ruraux (BOI-ENR-DMTOM-40-50-20 nº 1).

Le **partage d'un GFA** (ou la **licitation** de ses biens) donne ouverture au droit de partage de 2,50 % (y compris sur les soultes de partage) en ce qui concerne les biens qui se trouvaient dans l'indivision lors de leur apport et qui sont attribués dans le cadre familial (CGI art. 748 bis et 750 bis).

ASSOCIATIONS DE LA LOI DE 1901 ET SYNDICATS PROFESSIONNELS

Les **apports immobiliers** faits à des associations de la loi de 1901 ou à des syndicats professionnels sont soumis aux mêmes droits ou taxes que les apports aux sociétés civiles ou commerciales (CGI art. 809, I-2°). Les **apports mobiliers** (autres que ceux visés nº 66870) sont soumis, en cas de présentation à la formalité, au droit fixe des actes innomés (tarif : nº 64035) (BOI-ENR-AVS-40-80-10 nº 40). 67220 ENR-VI-44100 s

Les opérations de **restructuration** auxquelles participent des **syndicats de défense des appellations d'origine** et des **syndicats agricoles** reconnus comme organisations de producteurs sont enregistrées gratuitement (CGI art. 810, VI).

AUTRES RÉGIMES SPÉCIAUX

67225 Ils concernent :

– les souscriptions de parts de fonds communs de placement (**FCP**) ou de sociétés de libre partenariat (**SLP**), ainsi que les rachats de parts et les répartitions des actifs entre porteurs : exonération (CGI art. 749 et 832 : ENR-VI-45340). Exonération également pour les cessions de parts de fonds communs de placement à risques (**FCPR**), de fonds professionnels de capital investissement (**FPCI**) et de SLP (CGI art. 730 quater : ENR-VI-45360) ;

– les opérations portant sur les titres de fonds de placement immobilier (**FPI**) et de sociétés de placement à prépondérance immobilière à capital variable (**Sppicav**) : enregistrement gratuit, sous certaines conditions, des souscriptions, cessions et rachats de ces titres ; sinon droit d'enregistrement de 5 % (CGI art. 832 A, 730 quinquies, 749 et 825 : ENR-VI-45500 s.). Les cessions et rachats taxables doivent être enregistrés dans le délai d'un mois à compter de l'acte les constatant ou, à défaut d'acte, déclarés dans le délai d'un mois à compter de leur date (CGI art. 635, 2-10° et 640 A) ;

– les acquisitions d'actions de **sociétés d'économie mixte locales,** réalisées par les collectivités locales (communes, départements, régions et leurs groupements) dans le cadre de l'article L 1522-1 du Code général des collectivités territoriales : exonération sous une condition de forme (CGI art. 1042, II : ENR-VI-27420 s.) ;

– les **sociétés créées pour le rachat d'entreprises par leurs salariés** dans les conditions prévues à l'article 220 nonies du CGI (sur ces conditions, voir n° 10620) : les actes constatant les apports mobiliers faits à ces sociétés sont enregistrés gratuitement (CGI art. 810 quater) ;

– les **cessions** de parts ou actions de sociétés consenties **aux salariés ou aux proches** : application, sous certaines conditions, d'un abattement sur la fraction de la valeur des titres représentative d'un fonds ou d'une clientèle (voir n° 65535).

G. Tableau récapitulatif des droits intéressant les sociétés

67240 Le tableau ci-après résume, sous une forme schématique, les règles de droit commun applicables aux **principales opérations** intéressant les sociétés.

Nature de l'opération	Droits d'enregistrement
A. Constitution	
1. **Apports purs et simples** (n°s 66850 s.)	
a. D'immeubles, droits immobiliers, fonds de commerce (sauf marchandises neuves), clientèles, droits à un bail ou promesse de bail :	
• à une société non passible de l'IS	Enregistrement gratuit
• à une société passible de l'IS par une société également passible de l'IS	Enregistrement gratuit [1]
• à une société passible de l'IS par une personne (physique ou morale) non passible de cet impôt :	
– immeubles	5 % (ou 5,60 % [2]) ou enregistrement gratuit
– fonds de commerce et assimilés	5 %, 3 % ou 0 % selon la tranche d'imposition ou enregistrement gratuit
b. De biens autres que ceux énumérés ci-dessus	Enregistrement gratuit
2. **Apports à titre onéreux** (n° 66900)	
• résultant de la prise en charge du passif constaté lors de la mise en société d'une entreprise individuelle :	
– immeubles	5 % (ou 5,60 % [2]) ou enregistrement gratuit
– fonds de commerce et assimilés	5 %, 3 % ou 0 % selon la tranche d'imposition ou enregistrement gratuit
• d'immeubles	5 % (ou 5,60 % [2])
• d'autres biens	Droit de mutation
3. **Apports passibles de la TVA** (n° 66860)	Enregistrement gratuit

67240 (suite)

Nature de l'opération	Droits d'enregistrement
B. Augmentation de capital (nos 66975 s.)	
1. **Apports purs et simples**	
a. D'immeubles, droits immobiliers, fonds de commerce (sauf marchandises neuves), clientèles, droits à un bail ou promesse de bail :	
• à une société non passible de l'IS	Enregistrement gratuit
• à une société passible de l'IS par une société également passible de l'IS	Enregistrement gratuit [1]
• à une société passible de l'IS par une personne (physique ou morale) non passible de cet impôt :	
– immeubles	5 % (ou 5,60 % [2]) ou enregistrement gratuit
– fonds de commerce et assimilés	5 %, 3 % ou 0 % selon la tranche d'imposition ou enregistrement gratuit
b. De biens autres que ceux énumérés ci-dessus	Enregistrement gratuit
2. **Apports à titre onéreux**	
• résultant de la prise en charge du passif en cas d'apport en société d'une entreprise individuelle :	
– immeubles	5 % (ou 5,60 % [2]) ou enregistrement gratuit
– fonds de commerce et assimilés	5 %, 3 % ou 0 % selon la tranche d'imposition ou enregistrement gratuit
• d'immeubles	5 % (ou 5,60 % [2])
• d'autres biens	Droit de mutation
3. **Apports passibles de la TVA**	Enregistrement gratuit
4. **Capitalisation de réserves**	Enregistrement gratuit
C. Réductions de capital (nos 66995 s.)	
1. **Réduction du nominal ou du nombre de titres**	
– avec remboursement aux associés	Enregistrement gratuit sous réserve de la théorie de la mutation conditionnelle des apports
– sans remboursement aux associés	Droit fixe (125 €)
2. **Rachat par une société de ses propres titres**	
• Un seul acte est établi à la fois pour le rachat et la réduction de capital :	
– avec attribution de biens sociaux aux associés	Enregistrement gratuit, sous réserve de la théorie de la mutation conditionnelle des apports
– sans attribution de biens sociaux aux associés	Droit de cession de droits sociaux (sauf exonération)
• Deux actes sont établis (un pour le rachat des titres et un pour la réduction de capital) :	
– acte de rachat des titres	Droit de cession de droits sociaux (sauf exonération)
– acte de réduction du capital	Enregistrement gratuit, sous réserve de la théorie de la mutation conditionnelle des apports
D. Transformations (nos 38660 et 38680)	
1. **Ne rendant pas la société passible de l'IS**	
– sans création d'une personne morale nouvelle	Droit fixe (125 €)
– avec création d'une personne morale nouvelle	Voir : constitution
2. **Rendant la société passible de l'IS**	
• sans création d'une personne morale nouvelle :	
– apports d'immeubles	5 % (ou 5,60 % [2]) ou enregistrement gratuit
– apports de fonds de commerce	5 %, 3 % ou 0 % selon la tranche d'imposition ou enregistrement gratuit
– autres apports	Droit fixe (125 €)
• avec création d'une personne morale nouvelle	Voir : constitution
E. Changement de régime fiscal (société devenant passible de l'IS) (nos 38805 s.)	
– apports d'immeubles	5 % (ou 5,60 % [2]) ou enregistrement gratuit
– apports de fonds de commerce	5 %, 3 % ou 0 % selon la tranche d'imposition ou enregistrement gratuit

67240
(suite)

Nature de l'opération	Droits d'enregistrement
F. Fusions (n° 39630)	
1. **Apports purs et simples**	Enregistrement gratuit
2. **Apports à titre onéreux** :	
– prise en charge du passif de la société absorbée	Enregistrement gratuit
– autres apports	Voir : constitution
G. Dissolution (n° 67070) sans transmission de biens	Enregistrement gratuit
H. Partage (n°s 67090 s.)	
1. **Société passible de l'IS**	
a. Partage pur et simple :	
• de biens n'ayant pas été soumis au droit de mutation (voir n°s 66870 s.) :	
– attribution à l'apporteur	Exonération 3
– attribution à un associé autre que l'apporteur	Droits de mutation
• d'autres biens	Droit de partage (2,50 %)
b. Partage avec soulte	Droits de mutation sur la soulte Droit de partage (2,50 %) sur l'actif net partagé déduction faite de la soulte
2. **Société non passible de l'IS**	
• Partage des acquêts sociaux :	
– pur et simple	Droit de partage (2,50 %)
– avec soulte	Droits de mutation sur la soulte Droit de partage (2,50 %) sur l'actif net partagé déduction faite de la soulte
• Partage de corps certains ayant fait l'objet d'un apport pur et simple :	
– attribution à l'apporteur	Exonération 3
– attribution à un associé autre que l'apporteur	Droits de mutation
I. Cession de droits sociaux (n°s 67130 s.)	
1. Cession d'**actions**	
• de sociétés cotées :	
– non constatée par un acte	Exemption
– constatée par un acte	0,1 %
• de sociétés non cotées :	
– cas général	0,1 %
– sociétés à prépondérance immobilière	5 %
2. Cession de **parts sociales**	
– cas général	3 % (après application d'un abattement)
– sociétés à prépondérance immobilière	5 % (sans abattement)
– parts sociales représentatives d'un apport en nature de moins de trois ans (sociétés non passibles de l'IS) (n° 67160)	Droit de mutation correspondant à la nature du bien apporté

1. Par exception, les biens sont soumis au droit de 5 % (immeubles ; s'y ajoute éventuellement la taxe additionnelle de 0,6 % : voir 2) ou 5 %, 3 % ou 0 % selon la tranche d'imposition (fonds de commerce) s'ils ont déjà fait l'objet d'un précédent apport enregistré gratuitement. Le nouvel apport peut toutefois de nouveau être enregistré gratuitement si l'apporteur prend l'engagement de conserver les titres pendant trois ans.
2. Pour les bureaux, locaux commerciaux ou de stockage situés en Île-de-France : taxe additionnelle de 0,6 %.
3. Toutefois, lorsqu'il s'agit d'immeubles ou de droits immobiliers, la taxe de publicité foncière de 0,70 % à laquelle s'ajoute le prélèvement pour frais d'assiette et de recouvrement de 2,14 % (soit un taux global d'environ 0,715 %) est due.

CHAPITRE 6

DROITS DE SUCCESSION ET DE DONATION

SOMMAIRE

SECTION 1
SUCCESSIONS 67700

A. Détermination de l'actif successoral taxable 67850
1. Biens taxables 68000
2. Exonérations 68060
3. Cas particuliers 68225

B. Assiette et calcul 68290
1. Évaluation des biens 68400
2. Déduction du passif 68495
3. Calcul 68550

C. Déclaration et paiement 68700
1. Déclaration 68850
2. Paiement 68900

SECTION 2
DONATIONS 69040
1. Champ d'application 69150
2. Assiette des droits 69225
3. Calcul 69260
4. Paiement 69360
5. Cas particuliers 69385

Les mutations à titre gratuit sont, quelle qu'en soit la cause (successions ou donations), soumises à des régimes fiscaux similaires. 67500

SECTION 1

SUCCESSIONS

Les droits de succession sont dus sur toutes les transmissions de biens procédant d'un décès, qu'elles résultent : 67700 ENR-X-200 s
- des règles de la dévolution légale ;
- de dispositions testamentaires (legs universel, à titre universel ou particulier).

A. Détermination de l'actif successoral taxable

Sous réserve des cas d'exonération prévus par la loi, les droits de succession frappent en principe tous les biens qui composaient le patrimoine du défunt au jour du décès et qui, de ce fait, sont transmis à ses héritiers ou légataires. 67850

1. BIENS TAXABLES

En règle générale, le patrimoine imposable est déterminé selon les règles du droit civil. Cependant, un certain nombre de dispositions, de nature purement fiscale, dérogent à ce principe (présomptions de propriété établies par la loi fiscale, règles particulières à certains biens, etc.). 68000

C'est ainsi, par exemple, que, du fait de l'extinction naturelle de l'usufruit, la **réunion de l'usufruit à la nue-propriété** par le décès de l'usufruitier ne donne ouverture en principe à aucun droit (CGI art. 1133), sous réserve de la présomption de propriété édictée par l'article 751 du CGI (n° 68030) et du dispositif prévu en cas de quasi-usufruit de somme d'argent (n° 68518).

TERRITORIALITÉ

68010 CGI art. 750 ter ENR-X-4500 s

Dans le cas général où le **défunt** était **domicilié en France** (nos 495 s.), tous les biens meubles et immeubles sont imposables en France, quelles que soient leur nature ou leur situation. Ainsi, les meubles corporels et les immeubles situés à l'étranger sont imposables en France, de même que les créances et les valeurs mobilières étrangères ou encore les biens ou droits étrangers composant un trust (tel que défini n° 68670, précision a) ainsi que les produits qui y sont capitalisés.

La double imposition est évitée par l'imputation des droits acquittés à l'étranger sur l'impôt exigible en France à raison des meubles et immeubles situés hors de France (CGI art. 784 A).

Dans le cas où le **défunt** était **domicilié hors de France,** il convient d'opérer la distinction suivante :

– le **bénéficiaire** (héritier, légataire ou bénéficiaire d'un trust) est **domicilié en France** au jour de la transmission et l'a été pendant au moins six ans au cours des dix dernières années : tous les biens meubles ou immeubles (reçus par ce bénéficiaire) situés en France ou hors de France sont imposables en France ;

– le **bénéficiaire** est **domicilié hors de France** : seuls les biens français qu'il reçoit (meubles corporels et immeubles situés en France, créances et valeurs mobilières françaises, actifs français d'un trust) sont imposables en France.

> Précisions **a.** Lorsque le défunt était domicilié à l'étranger et que le bénéficiaire l'est également, les valeurs mobilières étrangères échappent, en principe, aux droits de succession. Toutefois, sont considérées comme partiellement françaises (et sont donc partiellement imposables) **les actions ou parts de sociétés étrangères** non cotées dont l'actif est constitué pour plus de 50 % d'immeubles ou de droits immobiliers situés en France, c'est-à-dire, selon l'administration, lorsque la valeur de ces biens représente plus de 50 % de la valeur de l'actif social situé en France (BOI-ENR-DMTG-10-10-30 n° 140). Pour l'appréciation de ce pourcentage, les immeubles affectés par la société à sa propre exploitation industrielle, commerciale, agricole ou à l'exercice d'une profession non commerciale ne sont pas pris en compte.

Ces actions ou parts sont imposables à concurrence de la proportion existant entre la valeur des immeubles situés en France, d'une part, et celle de l'actif total de la société situé tant en France qu'à l'étranger, d'autre part.

Les droits sont dus même si la société a été assujettie à la taxe annuelle de 3 % sur les immeubles (voir nos 75965 s.).

b. Sont également imposables les **immeubles** (ou droits immobiliers) **détenus** en France par des non-résidents **par l'intermédiaire** de toute **personne morale** ou organisme dans lequel le défunt détenait directement ou indirectement plus de la moitié des actions, parts ou droits. La valeur des immeubles (ou droits immobiliers) situés en France n'est retenue qu'à proportion de la valeur de ces biens dans l'actif total de l'organisme ou de la personne morale. Les immeubles affectés par la société à sa propre exploitation industrielle, commerciale, agricole ou à l'exercice d'une profession non commerciale ne sont pas pris en considération.

68015 **Incidence des conventions internationales** La France a signé des conventions internationales destinées à éviter les doubles impositions en matière de droits de succession qui dérogent aux règles exposées ci-dessus n° 68010, par exemple en excluant certains biens du champ d'application des droits. Mais, dans cette situation, la plupart de ces conventions permettent à la France – y compris lorsque le défunt était domicilié dans le pays contractant – d'appliquer la règle dite du « **taux moyen effectif** » (pour maintenir la progressivité des droits) suivant un mécanisme comparable à celui décrit n° 83060 en matière d'impôt sur le revenu.

PREUVE DU DROIT DE PROPRIÉTÉ DU DÉFUNT

68025 ENR-X-5000 s

La preuve du droit de propriété du défunt résulte de l'application des règles de droit civil telles que :

– la règle de la **propriété apparente** (est propriétaire celui qui est désigné comme tel dans un acte) ;

– la présomption de l'article 2276 du Code civil (est réputé **propriétaire d'un meuble celui qui en a la possession**) ;

– la théorie de l'**accession** (la propriété d'une chose donne droit sur ce qui s'y unit accessoirement).

68030 La preuve du droit de propriété peut également résulter d'une des présomptions édictées par la loi fiscale. Ces **présomptions** sont les suivantes.

a. Les **biens appartenant en usufruit au défunt et en nue-propriété à ses héritiers** ou à leurs descendants (même renonçants ou exclus par testament), à ses donataires ou légataires, ou encore à des personnes interposées sont réputés, sauf preuve contraire, appartenir en pleine propriété au défunt. Toutefois, cette présomption ne joue pas lorsque le démembrement a été réalisé par contrat de mariage ou par une donation régulière consentie plus de trois mois avant le décès (CGI art. 751). Elle ne joue pas non plus pour les biens recueillis de son vivant en usufruit par le défunt et en nue-propriété par ses héritiers à la suite d'une succession ou en vertu de dispositions testamentaires (BOI-ENR-DMTG-10-10-40-10 n° 70).

La preuve contraire peut notamment résulter d'une **donation de deniers** constatée par un acte ayant date certaine, quel qu'en soit l'auteur, en vue de financer, plus de trois mois avant le décès, l'acquisition de tout ou partie de la nue-propriété d'un bien, sous réserve de justifier de l'origine des deniers dans l'acte en constatant l'emploi. La donation peut revêtir la forme d'un don manuel régulièrement enregistré (BOI-ENR-DMTG-10-10-40-10 n° 310).

b. Est réputé propriétaire du point de vue fiscal :

– d'un **immeuble,** celui au nom duquel l'immeuble est inscrit au rôle de la taxe foncière et qui a effectué des paiements d'après ce rôle (CGI art. 1881) ;

– d'un **fonds de commerce,** celui qui apparaît comme tel dans les actes ou écrits ou au nom duquel le fonds est inscrit au rôle des impôts locaux et qui a effectué des paiements en vertu de ce rôle, sauf preuve contraire (CGI art. 1882).

c. Sont présumés, sauf preuve contraire, appartenir au défunt les **valeurs mobilières,** biens ou droits placés dans un **trust, parts sociales** et **créances** dont il a eu la propriété, a perçu les revenus ou à raison desquels il a effectué une opération quelconque moins d'un an avant le décès. Cette présomption n'est pas appliquée aux biens ayant fait l'objet d'une libéralité graduelle ou résiduelle (CGI art. 752).

Constituent notamment la preuve contraire les **retraits opérés sur le compte bancaire** du défunt. Ces retraits (même opérés moins d'un an avant le décès) n'ont donc pas à figurer dans l'actif successoral, sauf si l'administration établit que les fonds ont été conservés par le défunt jusqu'au jour du décès (Cass. com. 1-4-1997 n° 95-13.257 PB : RJF 7/97 n° 751).

d. Les titres, sommes ou valeurs faisant l'objet de **comptes indivis ou collectifs** (« comptes joints ») avec solidarité sont considérés, sauf preuve contraire, appartenir conjointement aux déposants et dépendre de la succession de chacun d'eux pour une part virile (CGI art. 753). Il en est de même des sommes, titres ou objets trouvés dans un **coffre-fort** loué conjointement à plusieurs personnes (CGI art. 754).

2. EXONÉRATIONS

La loi prévoit un certain nombre d'exonérations liées soit à la qualité du défunt ou du successeur, soit à la nature des biens transmis. Certaines sont communes aux successions et aux donations. 68060

SUCCESSIONS ENTRE ÉPOUX OU ENTRE PARTENAIRES D'UN PACS

La part recueillie par le conjoint survivant ou par le partenaire lié au défunt par un Pacs est totalement exonérée de droits de succession. 68070 CGI art. 796-0 bis ENR-X-34100 s

› Précisions a. Les personnes liées par un **partenariat civil conclu à l'étranger** et non contraire à l'ordre public bénéficient de l'exonération (BOI-ENR-DMTG-10-50-30 n° 40).
b. **L'ex-conjoint divorcé** bénéficie de l'exonération à raison des donations à cause de mort consenties par contrat de mariage et des donations éventuelles consenties pendant le mariage, dès lors qu'elles ont été expressément maintenues au moment du divorce ou qu'elles sont réputées irrévocables (BOI-ENR-DMTG-10-20-10 n° 15).

SUCCESSIONS ENTRE FRÈRES ET SŒURS VIVANT ENSEMBLE

La part recueillie par chaque frère ou sœur du défunt est exonérée de droits de succession à la triple condition : 68080 CGI art. 796-0 ter ENR-X-34150 s

– que le frère (ou la sœur) soit, au moment de l'ouverture de la succession, **célibataire, veuf, divorcé ou séparé de corps** ;

– qu'il soit, toujours au moment de l'ouverture de la succession, **âgé de plus de 50 ans ou atteint d'une infirmité** le mettant dans l'impossibilité de subvenir par son travail aux nécessités de l'existence ;

– qu'il ait été constamment **domicilié avec le défunt** pendant les cinq années ayant précédé le décès.

› Précisions L'exonération peut être accordée lorsque le **logement commun** a été **quitté pour raison de santé** (hospitalisation, placement en maison médicalisée, etc.). La condition de cohabitation effective pendant cinq ans est alors appréciée en se plaçant à la date de ce départ (BOI-ENR-DMTG-10-20-10 n° 50).

PARTS OU ACTIONS DE SOCIÉTÉS (« DUTREIL-TRANSMISSION »)

68090 CGI art. 787 B ENR-X-42600 s

Les **transmissions par décès** et les **donations** de parts ou actions de sociétés ayant fait l'objet d'un engagement collectif ou unilatéral de conservation (ou « pacte Dutreil ») sont exonérées de droits de mutation à titre gratuit à concurrence des **trois quarts** de leur valeur (sans limitation de montant).

Cette exonération partielle s'applique aux transmissions de parts ou actions de sociétés (quel que soit leur régime fiscal) dont l'**activité principale** est **industrielle, commerciale,** au sens des articles 34 et 35 du CGI, **artisanale, agricole ou libérale,** qui ont fait l'objet d'un engagement collectif ou unilatéral de conservation dans les conditions indiquées n° 68095. Sont exclues les sociétés ayant une activité de gestion de son propre patrimoine mobilier ou immobilier à l'exception des **holdings animatrices** de leur groupe c'est-à-dire des sociétés qui, outre la gestion d'un portefeuille de participations, ont pour activité principale la participation active à la conduite de la politique de leur groupe constitué de sociétés contrôlées directement ou indirectement, exerçant une activité opérationnelle auxquelles elles rendent, le cas échéant et à titre purement interne, des services spécifiques, administratifs, juridiques, comptables, financiers et immobiliers (Loi 2023-1322 du 29-12-2023 art. 23 applicable aux transmissions intervenues depuis le 17-10-2023, qui a légalisé la doctrine relative aux activités commerciales visées, inscrit dans la loi l'éligibilité des sociétés ayant une activité mixte et défini les holdings animatrices).

Le dispositif est également applicable aux transmissions de parts ou actions de **sociétés interposées.** Il s'agit des parts ou actions de sociétés détenant, soit directement (simple niveau d'interposition), soit indirectement par l'intermédiaire d'une autre société (double niveau d'interposition), une participation dans la société dont les titres font l'objet de l'engagement collectif ou unilatéral de conservation. L'exonération partielle porte alors sur la valeur des droits sociaux de la société détenus directement par le redevable dans la limite de la fraction de la valeur réelle de l'actif brut de celle-ci représentative de la participation directe ou indirecte ayant fait l'objet de cet engagement.

> **Précisions** **a.** Le **caractère prépondérant** de l'**activité** industrielle, **commerciale,** artisanale, agricole ou libérale s'apprécie en considération d'un faisceau d'indices déterminés d'après la nature de l'activité et les conditions de son exercice (CE 23-1-2020 n° 435562 : RJF 4/20 n° 405 ; Cass. com. 14-10-2020 n° 18-17.955 FS-PB : RJF 1/21 n° 92). À titre de règle pratique, l'administration admet qu'une société exerce une activité industrielle, commerciale, artisanale, agricole ou libérale de façon prépondérante lorsque le chiffre d'affaires procuré par cette activité représente au moins 50 % du montant de son chiffre d'affaires total et que la valeur vénale de l'actif brut immobilisé et circulant affecté à cette activité représente au moins 50 % de la valeur vénale de son actif brut total. Si une société exerce **plusieurs activités** de nature industrielle, commerciale, artisanale, agricole ou libérale, il est tenu compte de l'ensemble de ces activités pour l'appréciation de leur caractère prépondérant (BOI-ENR-DMTG-10-20-40-10 n° 20).
>
> **b.** Le **caractère prépondérant** de l'activité d'animation d'une **holding** est retenu notamment lorsque la valeur vénale des titres des filiales représente plus de 50 % de son actif total (Cass. com. 14-10-2020 n° 18-17.955 FS-PB : RJF 1/21 n° 92). Lorsque ce critère est insuffisant, la valeur des autres actifs affectés à l'activité d'animation peut être prise en compte (CA Paris 24-10-2022 n° 21/00555 : RJF 2/23 n° 161).
>
> **c.** L'**activité opérationnelle** doit être **exercée** à compter de la conclusion de l'engagement collectif ou unilatéral et jusqu'au terme de l'engagement individuel de conservation (disposition applicable aux transmissions intervenues depuis le 18-7-2022 ainsi qu'à celles intervenues avant cette date lorsque l'un des engagements de conservation est en cours et que la société n'a pas cessé d'exercer une activité opérationnelle).
>
> **d.** Les **donations d'usufruit ou avec réserve d'usufruit** peuvent bénéficier de l'exonération partielle, celle-ci s'appliquant alors à la valeur de l'usufruit ou de la nue-propriété des titres déterminée conformément aux règles de droit commun par application du barème de l'article 669 du CGI (n° 68460).
>
> **e.** Peuvent bénéficier de l'exonération partielle :
> – les transmissions de titres de **sociétés étrangères** (BOI-ENR-DMTG-10-20-40-10 n° 30) ;
> – les transmissions de parts ou actions réalisées en pleine propriété à un **fonds de pérennité** mentionné à l'article 177 de la loi 2019-486 du 22 mai 2019 ;
> – les transmissions par décès **au profit d'une personne morale** (BOI-ENR-DMTG-10-20-40-10 n° 1).
>
> **f.** Les **droits** calculés sur la fraction taxable de la donation peuvent éventuellement bénéficier d'une **réduction** si le donateur a moins de soixante-dix ans (n° 69320).
>
> **g.** Les parts ou actions déposées sur un **compte PME innovation** (nos 26210 s.) ou souscrites dans ce même compte ne peuvent pas faire l'objet d'un engagement de conservation (C. mon. fin. art. L 221-32-5, IV-C-3).

Conditions d'application L'exonération partielle est subordonnée aux conditions suivantes. 68095 ENR-X-43250 s

a. Les parts ou actions de la société ayant une activité industrielle, commerciale, artisanale, agricole ou libérale doivent avoir fait l'objet d'un **engagement collectif de conservation** d'une **durée** minimale de deux ans commençant à courir à compter de l'enregistrement de l'acte le constatant (à compter de la date de l'acte, s'il s'agit d'un acte authentique). Il est pris par le défunt (ou le donateur), pour lui et ses ayants cause à titre gratuit, avec un ou plusieurs autres associés, personnes physiques ou morales. Il peut également être pris par une personne seule, pour elle et ses ayants cause à titre gratuit, sous les mêmes conditions (**engagement unilatéral**). Cet engagement doit, en principe, être en cours à la date de la transmission. Dans le cas d'**interposition de sociétés,** l'engagement est souscrit par la société qui détient directement la participation dans la société dont les titres font l'objet de l'engagement de conservation. Le bénéfice de l'exonération est alors subordonné à la condition que les participations soient conservées inchangées à chaque niveau d'interposition pendant toute la durée de l'engagement collectif ou unilatéral, le régime de faveur n'étant toutefois pas remis en cause en cas d'augmentation de la participation détenue par les sociétés interposées. Les participations doivent également être conservées inchangées durant la période d'engagement individuel.

L'engagement collectif ou unilatéral doit porter :

– s'il s'agit de titres de **sociétés cotées,** sur au moins 10 % des droits financiers et 20 % des droits de vote attachés aux titres émis par la société (20 % des droits financiers et des droits de vote pour les engagements souscrits avant 2019) ;

– s'il s'agit de titres de **sociétés non cotées,** sur respectivement au moins 17 % et 34 % de ces mêmes droits (34 % des droits financiers et des droits de vote pour les engagements souscrits avant 2019).

Ces pourcentages doivent être respectés tout au long de la durée de l'engagement de conservation des titres.

L'**engagement** collectif ou unilatéral de conservation est **réputé acquis** lorsque le défunt (ou donateur) seul ou avec son conjoint, partenaire de Pacs ou concubin notoire (tel que défini n° 71090) détient, directement ou indirectement (dans la limite de deux niveaux d'interposition : BOI-ENR-DMTG-10-20-40-10 n° 230), depuis deux ans au moins le quota de titres requis pour la conclusion de cet engagement et que l'un d'eux exerce dans la société concernée depuis plus de deux ans son activité principale ou, lorsque la société est soumise à l'IS, l'une des fonctions de direction énumérées à l'article 975, III-1-1° du CGI (n° 72820).

Par ailleurs, en l'absence d'engagement pris avant la transmission par décès, un ou des héritiers ou légataires peuvent entre eux ou avec d'autres associés, conclure un engagement collectif de conservation (ou prendre seul un engagement unilatéral : BOI-ENR-DMTG-10-20-40-10 n° 220) dans les six mois qui suivent la transmission (**engagement « post mortem »**).

b. Au moment de la transmission, chacun des héritiers ou légataires (ou donataires) doit à son tour s'engager, pour lui et ses ayants cause à titre gratuit, à conserver les titres transmis pendant une période de quatre ans commençant à courir à compter de l'expiration de l'engagement collectif ou unilatéral de conservation des titres (ou, lorsque l'engagement de conservation est réputé acquis, de la date du décès ou en cas de donation, de la date de l'acte authentique ou de celle de l'enregistrement de l'acte sous seing privé). Cet **engagement individuel de conservation** est pris dans la déclaration de succession ou l'acte de donation.

EXEMPLE

Soit trois associés d'une société qui, par acte enregistré le 12 janvier 2024, ont pris l'engagement de conserver pendant deux ans (soit jusqu'au 12 janvier 2026) 35 % du capital de cette société. En cas de décès de l'un des associés le 15 février 2025, ses héritiers peuvent bénéficier de l'exonération partielle sous réserve qu'ils poursuivent l'engagement pris par le défunt jusqu'au 12 janvier 2026 et prennent l'engagement de conserver les titres qui leur sont transmis jusqu'au 12 janvier 2030.

c. L'un des associés signataires de l'engagement collectif ou unilatéral de conservation des titres ou l'**un des héritiers** ou légataires (ou donataires) ayant pris l'engagement individuel de conservation doit exercer dans la société pendant la durée de l'engagement collectif et pendant les trois années qui suivent la transmission :

– s'il s'agit d'une société de personnes, son **activité principale** ;

– s'il s'agit d'une société soumise à l'IS (de plein droit ou sur option), l'une des **fonctions de direction** énumérées à l'article 975, III-1-1° du CGI (voir n° 72820).

En cas d'**engagement réputé acquis,** la fonction de direction doit, postérieurement à la transmission, être exercée par l'un des héritiers, donataires ou légataires mais cela n'exclut pas que le donateur exerce également une autre fonction de direction (BOI-ENR-DMTG-10-20-40-10 n° 395).

> Précisions a. Pour les **donations avec réserve d'usufruit,** les **droits de vote de l'usufruitier** doivent statutairement être limités aux décisions concernant l'affectation des bénéfices.

b. Les parts ou actions ne doivent pas, jusqu'au terme de l'engagement individuel de conservation, être inscrites sur un **compte PME innovation** (CPI) visé n° 26210.

c. Lorsque l'engagement collectif ou unilatéral porte sur des **titres cotés,** il doit être notifié à l'Autorité des marchés financiers.

d. La **durée initiale** de l'engagement collectif ou unilatéral de conservation peut être automatiquement **prorogée** par une disposition prévue dans l'acte initial. Elle peut également être prorogée par avenant (acte devant être enregistré avant le terme de l'engagement en cours). En toute hypothèse, la **dénonciation** d'une prorogation doit être notifiée à l'administration pour lui être opposable (BOI-ENR-DMTG-10-20-40-10 n° 170).

e. Avant la transmission, les **signataires de l'engagement collectif** peuvent effectuer **entre eux** des **cessions** ou **donations** des titres soumis à l'engagement. En ce qui concerne les **cessions à des tiers,** voir n° 68100.

f. De nouveaux associés peuvent adhérer à un pacte déjà conclu à condition que l'engagement collectif (ou devenu collectif) soit reconduit pour une durée minimale de deux ans.

g. L'**engagement individuel** des héritiers ou légataires (ou donataires) peut ne porter que sur une partie des titres (l'exonération partielle ne s'appliquant alors qu'à cette partie) (BOI-ENR-DMTG-10-20-40-10 n° 360).

Si les titres sont reçus en indivision, l'engagement doit être pris par chaque coïndivisaire, le partage ultérieur des titres entraînant seulement un report de cet engagement sur l'attributaire (BOI-ENR-DMTG-10-20-40-10 n° 340).

Si les titres font l'objet d'une donation-partage avec soulte, l'engagement individuel doit être souscrit par l'attributaire des titres (BOI-ENR-DMTG-10-20-40-10 n° 340).

h. Il n'est pas nécessaire que la **direction** de la société soit exercée par la même personne pendant toute la durée de l'obligation d'exercice de fonctions de direction (BOI-ENR-DMTG-10-20-40-10 n° 275).

Durant l'engagement collectif ou unilatéral de conservation, la fonction de direction éligible peut être exercée par une **personne morale** si celle-ci est signataire de l'engagement (BOI-ENR-DMTG-10-20-40-10 n° 290).

68097 ENR-X-44850 s **Obligations déclaratives** La **déclaration de succession ou de don manuel** ou l'**acte de donation** doit être appuyé de la copie de l'acte portant engagement collectif ou unilatéral de conservation des titres et de l'attestation de la société dont les titres font l'objet de cet engagement certifiant que l'engagement est en cours au jour de la transmission et qu'il a porté jusqu'à cette date sur le quota de titres requis pour le bénéfice du régime.

Après la transmission, **si l'administration en fait la demande,** l'héritier ou le légataire (ou le donataire) doit produire dans les trois mois une attestation établie par la société certifiant que l'ensemble des conditions d'application du dispositif ont été respectées de manière continue depuis la date de la transmission. Dans un délai de trois mois à compter du **terme de l'engagement individuel,** chacun des héritiers ou légataires (ou donataires) est, par ailleurs, tenu d'adresser à l'administration une attestation, que la société lui transmet, certifiant que l'ensemble des conditions d'application du dispositif ont été respectées jusqu'à leur terme.

En cas de **détention indirecte** des titres, chacune des sociétés composant la chaîne de participations doit s'il y a lieu (demande expresse de l'administration ou terme de l'engagement individuel) transmettre, aux personnes soumises aux engagements de conservation, une attestation certifiant du respect, à son niveau, des obligations de conservation.

68100 ENR-X-45300 s **Remise en cause de l'exonération partielle** En cas de **non-respect de l'engagement collectif ou unilatéral de conservation** des titres, tous les **héritiers** ou légataires (ou donataires) doivent, en principe, acquitter le complément de droits de mutation à titre gratuit majoré de l'intérêt de retard visé n° 79860 (CGI art. 1840 G ter). Toutefois, en cas de cession des parts ou actions, les ayants cause à titre gratuit des **autres signataires** échappent à la remise en cause s'ils conservent leurs titres jusqu'au terme initialement prévu et que les seuils de détention restent atteints ou si le cessionnaire s'associe à l'engagement à raison des titres cédés afin que les seuils demeurent respectés, sous réserve, dans ce dernier cas, que l'engagement soit reconduit pour une durée minimale de deux ans. Par ailleurs, en cas de cession ou de donation d'une partie seulement des parts ou actions transmises, l'exonération partielle n'est remise en cause à l'égard du cédant ou du donateur qu'à hauteur des seules parts ou actions cédées ou données si le cessionnaire ou le donataire est un autre associé du pacte (signataire de l'engagement ou l'un de ses ayants cause à titre gratuit sur les titres reçus de ce dernier : BOI-ENR-DMTG-10-20-40-20 n° 50).

En cas de **non-respect** de la **condition liée à l'exercice d'une activité** principale ou d'une fonction de direction, tous les héritiers ou légataires (ou donataires) sont tenus d'acquitter le complément de droits de mutation à titre gratuit majoré de l'intérêt de retard.

En cas de **non-respect** par un héritier, un légataire ou un donataire (ou, le cas échéant, par ses ayants cause à titre gratuit) de son **engagement individuel de conservation** des titres, celui-ci (ou ses ayants cause à titre gratuit) est tenu d'acquitter le complément de droits de mutation à titre gratuit majoré de l'intérêt de retard.

> Précisions **a.** Le régime de faveur n'est pas remis en cause lorsque le non-respect des engagements collectif, unilatéral ou individuel de conservation résulte de l'**apport** – à titre pur et simple ou partiellement rémunéré par la prise en charge d'une soulte consécutive à un partage – des titres **à une société holding** lorsque les conditions suivantes sont réunies :

– la valeur réelle de l'actif brut de la société holding est, à l'issue de l'apport et jusqu'au terme des engagements de conservation, composée à **plus de 50 % de participations** dans la société soumises à ces engagements ;

– la société holding est, à l'issue de l'apport, détenue à hauteur de **75 % au moins du capital et des droits de vote** par les personnes soumises aux obligations de conservation. L'administration considère que, au cours de l'engagement individuel de conservation, cette condition s'apprécie en ne retenant que les droits des personnes tenues par un engagement individuel de conservation. Elle admet cependant que le ou les donateurs puissent détenir plus de 25 % du capital et des droits de vote de la holding, à la condition que la majorité du capital et des droits de vote soit détenue par les bénéficiaires de l'exonération partielle (BOI-ENR-DMTG-10-20-40-20 n° 86) ;

– la société holding est dirigée directement par une ou plusieurs de ces personnes. Durant l'engagement individuel, la **fonction de direction** peut être exercée par le donateur même s'il a transmis tous les titres qui y sont soumis (BOI-ENR-DMTG-10-20-40-20 n° 87) ;

– la société holding ainsi que les héritiers ou légataires (ou donataires) prennent respectivement l'**engagement de conserver** les titres apportés et les titres reçus en contrepartie de l'apport jusqu'au terme des engagements de conservation.

Cette mesure s'applique également, sous les mêmes conditions, à l'apport de titres d'une **société interposée** détenant directement les parts ou actions de la société objet du pacte. Dans ce cas, à l'issue de l'apport et jusqu'au terme des engagements de conservation, la valeur réelle de l'actif brut de la société holding doit être composée à plus de 50 % de participations directes, ou indirectes avec un niveau d'interposition au plus, dans la société cible (BOI-ENR-DMTG-10-20-40-20 n° 88).

b. Le régime de faveur n'est pas remis en cause lorsque l'engagement individuel de conservation n'est plus respecté par suite d'une **donation,** à condition que le ou les donataires soient le ou les **descendants** du donateur et qu'il(s) poursuive(nt) l'engagement individuel de conservation jusqu'à son terme.

c. Le régime de faveur n'est pas remis en cause lorsque le seuil minimal de détention exigé pour la conclusion d'un engagement collectif ou unilatéral ou lorsque l'engagement individuel de conservation n'est plus respecté par suite :

– d'une **fusion, d'une scission,** d'une **augmentation de capital** ou d'une offre publique d'échange (**OPE**) préalable à une fusion ou une scission dès lors que cette fusion ou cette scission est opérée dans l'année qui suit la clôture de l'OPE, sous réserve que les titres reçus en contrepartie soient conservés jusqu'au terme de l'engagement ;

– d'une **annulation de titres** pour cause de pertes ou de liquidation judiciaire.

d. Un **changement de régime matrimonial** ayant pour effet de rendre communs des titres de société qui étaient auparavant des biens propres du bénéficiaire de la transmission à titre gratuit n'entraîne pas la rupture des engagements collectif ou unilatéral et individuel sous réserve que les titres soient conservés par les conjoints jusqu'au terme de ces engagements (BOI-ENR-DMTG-10-20-40-20 n° 210).

e. Le **non-respect** de la **condition liée à la non-inscription des titres sur un CPI** par l'un des signataires entraîne la remise en cause de l'exonération partielle dont il a bénéficié.

f. Le **décès du dirigeant** est un cas de **force majeure** empêchant la remise en cause du régime si aucun des associés tenus par l'engagement collectif ou un engagement individuel de conservation n'est en capacité d'assurer cette direction (enfants mineurs, incapacité) (BOI-ENR-DMTG-10-20-40-20 n° 70).

ENTREPRISES INDIVIDUELLES

Les **transmissions par décès et** les **donations** de biens meubles et immeubles, corporels ou incorporels affectés à l'exploitation d'une entreprise individuelle dont l'activité principale est industrielle, commerciale, au sens des articles 34 et 35 du CGI, artisanale, agricole ou libérale sont exonérées de droits de mutation à titre gratuit à concurrence des **trois quarts** de leur valeur. Les activités de gestion de son propre patrimoine mobilier ou immobilier sont exclues (Loi 2023-1322 du 29-12-2023 art. 23 applicable aux transmissions intervenues depuis le 17-10-2023, qui a légalisé la doctrine relative aux activités commerciales visées et inscrit dans la loi l'éligibilité des entreprises ayant une activité mixte). **68105** CGI art. 787 C ENR-X-47000 s

L'exonération partielle s'applique lorsque les **conditions** suivantes sont remplies.

a. L'entreprise doit avoir été détenue pendant deux ans par le défunt (ou le donateur) si celui-ci l'avait acquise à titre onéreux. Aucune **durée de détention** n'est en revanche exigée en cas d'acquisition à titre gratuit ou en cas de création. L'exploitation de l'entreprise par le défunt au jour de son décès n'est pas nécessaire (Cass. com. 10-9-2013 n° 12-21.140 FS-PB : RJF 12/13 n° 1180).

b. Chacun des héritiers ou légataires (ou donataires) doit prendre dans la déclaration de succession (ou l'acte de donation), pour lui et ses ayants cause à titre gratuit, l'**engagement de conserver pendant quatre ans** à compter de la transmission les biens affectés à l'exploitation de l'entreprise.

c. L'un des héritiers ou légataires (ou donataires) ayant pris l'engagement de conservation doit effectivement **poursuivre pendant trois ans l'exploitation** de l'entreprise, ce qui implique, selon l'administration, qu'il y exerce effectivement à titre habituel et principal son activité (BOI-ENR-DMTG-10-20-40-40 n° 90 ; en sens contraire : CA Grenoble 8-9-2015 n° 13/00609 : RJF 4/16 n° 384).

› Précisions **a.** Les sociétés unipersonnelles (EURL, EARL, Sasu, etc.) ne relèvent pas de ce régime mais de celui prévu en faveur des transmissions de parts ou actions de sociétés (nos 68090 s.) (BOI-ENR-DMTG-10-20-40-40 n° 10).

b. Les **donations de droits démembrés** (usufruit ou nue-propriété) peuvent bénéficier de l'exonération partielle.

c. La transmission peut porter sur la **totalité** ou sur une **quote-part indivise** des biens.

d. L'engagement de conservation porte sur l'ensemble des biens transmis. Mais le **remplacement ou la cession isolée d'un élément d'actif** ne caractérise pas la rupture de leur engagement (BOI-ENR-DMTG-10-20-40-40 n° 50).

e. L'exploitation de l'entreprise peut être poursuivie soit sous la forme **individuelle**, soit sous la forme **sociétaire**.

f. Chacun des héritiers, donataires ou légataires doit joindre à sa **déclaration de succession ou de don manuel** ou à **l'acte de donation** une attestation certifiant que la condition tenant à la durée de détention de l'entreprise est remplie. Par ailleurs, **sur demande** de l'administration ainsi qu'au **terme de l'engagement**, l'héritier, le donataire ou le légataire doit adresser au service des impôts une attestation certifiant que l'engagement de conservation des biens et l'obligation de poursuite de l'exploitation ont été respectés depuis la date de transmission et jusqu'à la date de la demande ou jusqu'au terme de ces obligations. Cette attestation doit être produite dans les trois mois de la demande ou du terme de l'engagement (CGI ann. II art. 294 quater).

g. Les **droits** calculés sur la fraction taxable de la donation peuvent éventuellement bénéficier d'une **réduction** si le donateur a moins de soixante-dix ans (n° 69320).

68110 ENR-X-47850 s En cas de **non-respect de l'engagement de conservation des biens** par un héritier, un légataire ou un donataire (ou le cas échéant par ses ayants cause à titre gratuit), **celui-ci** (ou ses ayants cause à titre gratuit) est tenu d'acquitter le complément de droits de mutation à titre gratuit majoré de l'intérêt de retard visé n° 79860 (CGI art. 1840 G ter).

En cas de **non-respect de la condition liée à la poursuite de l'exploitation, tous les héritiers** ou légataires (ou donataires) sont tenus d'acquitter le complément de droits et l'intérêt de retard.

› Précisions Le régime de faveur n'est pas remis en cause lorsque l'engagement de conservation des biens n'est pas respecté par suite d'une **donation** à condition que le ou les donataires soient le ou les **descendants** du donateur et qu'il(s) poursuive(nt) l'engagement de conservation jusqu'à son terme.

BOIS ET FORÊTS

68120 CGI art. 793, 2-2° et 1840 G ENR-X-34200 s Les transmissions à titre gratuit intéressant les propriétés en nature de bois et forêts sont exonérées de droits, à concurrence des **trois quarts** de leur montant, à **condition** :

– que les parties produisent un **certificat** du directeur départemental des territoires (ou directeur départemental des territoires et de la mer dans les départements du littoral) attestant que ces bois et forêts sont susceptibles de présenter une des garanties de gestion durable prévues aux articles L 124-1 à L 124-4 et L 313-2 du Code forestier ;

– qu'elles prennent pour elles et leurs ayants cause l'**engagement** d'appliquer pendant trente ans à ces bois et forêts l'une des garanties de gestion durable précitées ou, si au moment de la mutation aucune garantie de gestion durable n'est appliquée, de présenter une telle garantie dans le délai de trois ans à compter de la mutation et de l'appliquer jusqu'à l'expiration du délai de trente ans.

Le bénéficiaire de l'exonération doit en outre produire, tous les dix ans à compter de la date du dépôt de la déclaration de succession (ou de la signature de l'acte de la donation), un **bilan de la mise en œuvre du document de gestion durable** (CGI ann. III art. 281 H bis).

La **rupture** de l'**engagement** entraîne l'exigibilité du complément de droits et d'un droit supplémentaire égal respectivement à 30 %, 20 % et 10 % du complément selon que le manquement est constaté avant l'expiration de la dixième, de la vingtième ou de la trentième année suivant la transmission. Le complément de droits est assorti de l'intérêt de retard visé n° 79860 au taux de droit commun pour les cinq premières annuités, puis réduit pour les annuités suivantes d'un cinquième, d'un quart ou d'un tiers selon que le manquement est constaté avant l'expiration de la dixième, de la vingtième ou de la trentième année suivant la transmission (CGI art. 1727, IV-7). La **rupture partielle** de l'engagement n'entraîne qu'une remise en cause partielle du régime de faveur. Pour la **garantie** de ces droits, le Trésor dispose de l'hypothèque légale prévue par l'article L 269, III du LPF.

> **Précisions** **a.** La **cession** n'est pas par elle-même une cause de déchéance mais, en cas de **non-respect par l'acquéreur de l'engagement** de gestion durable, le cédant est déchu du régime de faveur (Cass. com. 11-6-2013 n° 12-19.890 F-PB : RJF 10/13 n° 982).
> **b.** La **déchéance** du régime de faveur n'est **pas encourue** si les bois et forêts sont cédés (à titre gratuit ou à titre onéreux) à l'État, aux collectivités territoriales ou organismes mentionnés à l'article 1042 du CGI (tels les établissements publics fonciers) ou à des établissements ou sociétés en vue de la réalisation d'équipements d'intérêt public. Il en va de même en cas d'expropriation ou d'interdiction de reconstituer les boisements après coupe rase en application de l'article L 126-1, al. 2 à 9 du Code rural et de la pêche maritime.

PARTS DE GROUPEMENTS FORESTIERS

Les parts de groupements forestiers ont un régime d'exonération pratiquement analogue à celui qui est prévu en faveur des bois et forêts (exonération à concurrence des trois quarts sous certaines conditions : n° 68120), sous réserve des **particularités** suivantes : **68130** CGI art. 793, 1-3° ENR-X-34900 s

a. L'exonération ne s'applique pour les parts acquises à titre onéreux que si ces parts sont détenues depuis plus de deux ans ;

b. L'engagement d'appliquer aux bois une garantie de gestion durable est souscrit par le groupement qui s'engage en outre à reboiser ses friches et landes dans un délai de cinq ans ;

c. L'exonération partielle est limitée à la fraction de la valeur nette des parts correspondant aux biens directement liés à l'objet de ces groupements (bois et forêts, friches et landes, terrains pastoraux et sommes déposées sur un Cifa).

> **Précisions** **a.** Les parts de **sociétés d'épargne forestière** sont assimilées fiscalement aux parts de groupements forestiers (C. mon. fin. art. L 214-121). Les transmissions à titre gratuit de ces parts peuvent donc bénéficier du régime d'exonération partielle prévu pour les parts de groupements forestiers.
> **b.** Le régime peut se cumuler avec celui prévu en faveur des **transmissions de parts ou actions de sociétés** (n° 68090 s.), dès lors que l'ensemble des conditions prévues par chacun des dispositifs est rempli (BOI-ENR-DMTG-10-20-30-10 n° 180). L'exonération partielle s'applique alors sur la fraction de valeur restant taxable en vertu de l'autre régime.

BIENS RURAUX DONNÉS À BAIL À LONG TERME OU À BAIL CESSIBLE ET PARTS DE GFA

Les **biens ruraux** donnés à bail à long terme ou à bail cessible hors du cadre familial bénéficient, pour chaque transmission à titre gratuit, d'une exonération partielle de droits. Cette exonération est subordonnée à la **condition** que le bénéficiaire reste propriétaire des biens pendant cinq ou dix ans (voir n° 68150). **68140** CGI art. 793, 2-3° et 1-4° et 793 bis ENR-X-35600 s et 38200 s

Pour les donations intervenues au profit du preneur ou d'un de ses proches parents, l'exonération ne s'applique que si le bail a été consenti depuis deux ans au moins à la date de la donation.

Les transmissions à titre gratuit des **parts de groupements fonciers agricoles** (GFA) sont également partiellement exonérées de droits lorsque les **conditions** suivantes sont réunies : **68145**

- les statuts du groupement doivent lui interdire l'exploitation en faire-valoir direct ;
- les immeubles à destination agricole du groupement doivent faire l'objet d'un bail rural à long terme ou d'un bail rural cessible hors du cadre familial ;
- les parts doivent avoir été détenues depuis deux ans au moins par le défunt (ou le donateur), ce délai n'étant toutefois pas exigé pour les parts attribuées en rémunération d'apports d'immeubles ou de droits immobiliers à destination agricole effectués lors de la constitution du groupement ;
- le bénéficiaire de la transmission doit rester propriétaire des biens pendant cinq ou dix ans ;
- pour les donations intervenues au profit du preneur ou d'un de ses proches parents, le bail doit être consenti depuis deux ans au moins à la date de la donation.

L'exonération ne s'applique qu'à la **fraction** de la valeur nette des parts **correspondant aux biens donnés à bail à long terme** ou à bail cessible hors du cadre familial et à concurrence d'un certain pourcentage (voir nº 68150).

68150 **Portée de l'exonération** Les biens ruraux loués par bail à long terme ou par bail cessible hors du cadre familial, ou les parts de GFA (pour la fraction correspondant à de tels biens), transmis par le défunt (ou le donateur) à chaque héritier ou légataire (ou donataire) sont exonérés à concurrence de :

– 75 % de leur valeur **jusqu'à 300 000 €** à condition de conserver les biens pendant cinq ans, **ou** jusqu'à **500 000 €** en cas de conservation des biens pendant dix ans ;

– 50 % de leur valeur **au-delà de ces limites.**

EXEMPLE

Transmission par décès à deux enfants le 3 janvier 2024 d'une exploitation agricole louée par bail à long terme d'une valeur totale de 800 000 €. On suppose qu'il n'existe pas de donation antérieure.

La part de chaque enfant se calcule comme suit : 800 000/2 = 400 000 €.

Le 1er enfant souhaite **conserver** les biens reçus pendant au moins **dix ans.**

Fraction exonérée : (400 000 × 75 %) =	300 000 €
Fraction taxable : 400 000 – 300 000 =	100 000 €
Abattement personnel (nº 68565)	– 100 000 €
Part nette taxable	0 €

Le 2nd enfant souhaite **conserver** les biens reçus pendant au moins **cinq ans** (mais moins de dix ans).

Fraction exonérée : (300 000 × 75 %) + (100 000 × 50 %) =	275 000 €
Fraction taxable : 400 000 – 275 000 =	125 000 €
Abattement personnel (nº 68565)	– 100 000 €
Part nette taxable	25 000 €

> Précisions **a.** La limite s'apprécie au niveau de chaque part héréditaire ou de chaque légataire s'il s'agit d'une succession, ou de chaque donateur et donataire s'il s'agit de mutation à titre gratuit entre vifs.
b. Lorsque les biens transmis comprennent à la fois des **parts de GFA** et des **immeubles ruraux loués** par bail à long terme ou par bail cessible hors du cadre familial, la limite trouve à s'appliquer au titre de chaque catégorie de biens.
c. La limite est appréciée en tenant compte des **donations antérieurement consenties** par la même personne, à l'exception des donations passées depuis plus de **quinze ans.**
d. Pour l'application du rappel fiscal, l'administration peut **rectifier la valeur** des donations antérieurement consenties prises en compte (LPF art. L 181 B, al. 2).
e. La déclaration de succession (ou l'acte de donation) doit comporter certains **renseignements,** notamment le rappel des donations antérieures intervenues entre le défunt (ou le donateur) et chaque donataire, héritier ou légataire et leur montant (CGI ann. III art. 281 A et 281 B).

68155 **Déchéance de l'exonération partielle** Si le bénéficiaire vend ou fait donation des biens ruraux ou des parts de GFA en cause pendant la période d'obligation de conservation, il doit acquitter le complément de droits dont il a été dispensé et l'intérêt de retard visé nº 79860. En revanche, le décès du bénéficiaire durant cette période n'entraîne pas la remise en cause de l'exonération partielle. Il en va de même en cas d'expropriation, de force majeure, d'attribution à un indivisaire résultant d'un partage avec soulte ou d'une licitation, d'apport en jouissance à une société civile agricole (GFA notamment), d'apport pur et simple à un Gaec ou encore sous certaines conditions en cas d'échange (BOI-ENR-DMTG-10-20-30-20 nº 320).

> Précisions **a.** La déchéance encourue ne porte que sur les **biens cédés** et non sur la totalité des biens donnés à bail (Cass. com. 10-7-2018 nº 16-26.083 F-PB : RJF 12/18 nº 1287).
b. En cas de non-respect de la durée de conservation de dix ans, sous réserve que le **bien** ait été **conservé pendant au moins cinq ans,** l'exonération partielle n'est remise en cause qu'à hauteur de la fraction de la valeur du bien supérieure à 300 000 € qui a bénéficié du taux de 75 % au lieu du taux de 50 % (BOI-ENR-DMTG-10-20-30-20 nº 280).

PARTS DE GROUPEMENTS FONCIERS RURAUX

Les parts de groupements fonciers ruraux (GFR) sont soumises, en matière de droits de mutation à titre gratuit : 68165 CGI art. 848 bis ENR-X-39900 s

– pour leur **fraction représentative de biens de nature forestière,** aux dispositions applicables aux parts de groupements forestiers ;

– pour leur **fraction représentative de biens de nature agricole,** aux dispositions applicables aux parts de groupements fonciers agricoles (GFA).

L'application aux transmissions à titre gratuit de parts de GFR des règles concernant les parts de groupements forestiers et celles de GFA conduit à les faire bénéficier, dans les mêmes conditions, des exonérations partielles prévues nos 68130 et 68145 s.

COMPTE D'INVESTISSEMENT FORESTIER ET D'ASSURANCE

Les transmissions à titre gratuit des sommes déposées sur un compte d'investissement forestier et d'assurance (Cifa) régi par les articles L 352-1 à L 352-5 du Code forestier sont exonérées de droits, à concurrence des **trois quarts** de leur montant, lorsque les **conditions** suivantes sont réunies : 68167 CGI art. 793, 3 et 1840 G ENR-X-35500 s

– il est produit un **certificat** du directeur départemental des territoires (ou du directeur départemental des territoires et de la mer, dans les départements du littoral) attestant que les bois et forêts du titulaire du compte sont susceptibles de présenter une des garanties de gestion durable prévues à l'article L 124-1 du Code forestier ;

– les héritiers ou légataires (ou donataires) prennent pour eux et leurs ayants cause l'**engagement** d'employer les sommes conformément à l'article L 352-3 du Code forestier pendant trente ans.

La **rupture** de l'**engagement** entraîne (partiellement en cas de rupture partielle) l'exigibilité du complément de droits et d'un droit supplémentaire égal respectivement à 30 %, 20 % et 10 % du complément selon que le manquement est constaté avant l'expiration de la dixième, de la vingtième ou de la trentième année suivant la transmission. S'y ajoute l'intérêt de retard (no 79860). Pour la garantie de ces droits, le Trésor dispose de l'hypothèque légale prévue par l'article L 269, III du LPF.

PROPRIÉTÉS NON BÂTIES INCLUSES DANS CERTAINS ESPACES NATURELS PROTÉGÉS

Les **successions et** les **donations entre vifs** intéressant les propriétés non bâties autres qu'en nature de bois et forêts incluses dans certains espaces naturels protégés (sites « Natura 2000 », parcs nationaux, réserves naturelles, sites classés et espaces naturels remarquables du littoral) sont exonérées de droits de mutation à titre gratuit, à concurrence des **trois quarts** de leur montant. Cette exonération est subordonnée à la **double condition** : 68170 CGI art. 793, 2-7° et 1840 G ENR-X-35400 s

– qu'il soit produit un certificat du directeur départemental des territoires (du directeur départemental des territoires et de la mer, dans les départements du littoral) attestant que les propriétés concernées font l'objet d'un engagement de gestion conforme aux objectifs de conservation de ces espaces ;

– que les héritiers ou légataires (ou donataires) prennent pour eux et leurs ayants cause l'engagement d'appliquer pendant dix-huit ans aux espaces naturels concernés des garanties de gestion conformes aux objectifs de conservation de ces espaces.

Cette exonération ne peut **pas se cumuler avec une autre exonération** en matière de droits de mutation à titre gratuit.

La **rupture** de l'**engagement** entraîne (partiellement en cas de rupture partielle) l'exigibilité du complément de droits et d'un droit supplémentaire égal respectivement à 30 % ou 20 % du complément selon que le manquement est constaté avant ou après l'expiration de la dixième année suivant la transmission. Le complément de droits est assorti de l'intérêt de retard visé no 79860 au taux de droit commun pour les cinq premières annuités, puis réduit pour les annuités suivantes d'un cinquième ou d'un quart selon que le manquement est constaté avant ou après l'expiration de la dixième année suivant la transmission (CGI art. 1727, IV-7).

En cas de transmission (à titre gratuit ou à titre onéreux) des biens à l'État, aux collectivités territoriales ou organismes mentionnés à l'article 1042 du CGI ou à des établissements ou des sociétés en vue de la réalisation d'équipements d'intérêt public, l'**exonération** est **définitivement acquise.**

IMMEUBLES ACQUIS NEUFS ENTRE LE 1-6-1993 ET LE 31-12-1994 OU ENTRE LE 1-8-1995 ET LE 31-12-1995

68175 CGI art. 793, 2-4° 793, 2-5° et 793 ter ENR-X-49400 s et ENR-X-49470 s

La **première transmission** à titre gratuit de logements acquis neufs entre le 1er juin 1993 et le 31 décembre 1994 ou entre le 1er août 1995 et le 31 décembre 1995 bénéficie d'une exonération partielle de droits de mutation à titre gratuit (abattement de 46 000 € par part) sous certaines conditions.

Le bénéfice de l'exonération est, entre autres **conditions,** réservé aux immeubles qui ont été affectés de façon exclusive et continue à l'**habitation principale** pendant :

– au moins cinq ans depuis l'acquisition, pour les immeubles acquis neufs entre le 1er juin 1993 et le 31 décembre 1994 ;

– au moins deux ans depuis l'acquisition, pour les immeubles acquis neufs entre le 1er août 1995 et le 31 décembre 1995. Par ailleurs, dans ce cas, le **bénéficiaire** de la transmission à titre gratuit doit prendre l'**engagement** de ne pas affecter les immeubles à un autre usage que l'habitation (principale ou secondaire) pendant une durée minimale de trois ans à compter de la transmission.

IMMEUBLES LOCATIFS ACQUIS ENTRE LE 1-8-1995 ET LE 31-12-1996

68180 CGI art. 793, 2-6° et 793 ter ENR-X-49530 s

Les immeubles d'habitation et les garages acquis sous le régime des droits d'enregistrement entre le 1er août 1995 et le 31 décembre 1996 bénéficient, lors de leur **première mutation** à titre gratuit, d'une exonération partielle de droits (à concurrence des 3/4 de la valeur de l'immeuble, plafonnée à 46 000 € par part).

Pour bénéficier de l'exonération, les immeubles doivent, dans les six mois de leur acquisition et pendant au moins neuf ans, avoir été donnés en location à une personne autre qu'un membre du foyer fiscal, un ascendant ou un descendant du propriétaire qui les a affectés de manière exclusive et continue à son **habitation principale,** la location devant avoir été consentie dans le secteur intermédiaire (plafonds de loyers et de ressources du locataire).

IMMEUBLES DONT LES TITRES DE PROPRIÉTÉ ONT ÉTÉ RECONSTITUÉS ENTRE LE 1-10-2014 ET LE 31-12-2027

68182 CGI art. 793, 2-8° ENR-X-49600 s

Les immeubles et droits immobiliers dont les titres de propriété ont été reconstitués par un acte régulièrement transcrit ou publié entre le 1er octobre 2014 et le 31 décembre 2027 bénéficient, lors de leur **première mutation** à titre gratuit, d'une exonération partielle de droits à concurrence de 50 % de la valeur des biens.

Cette exonération ne peut pas se cumuler avec l'application, au même bien, au titre de la même mutation ou d'une mutation antérieure, de toute autre exonération de droits de mutation à titre gratuit.

MONUMENTS HISTORIQUES

68185 CGI art. 795 A ENR-X-41300 s

a. Les **immeubles** qui sont, pour l'essentiel, **classés ou inscrits** au titre des monuments historiques, ainsi que les **meubles** qui en constituent le complément historique ou artistique, sont exonérés de droits de mutation à titre gratuit. Cette exonération est subordonnée à la souscription par les héritiers ou légataires (ou donataires) avec le préfet de région du lieu de situation du bien, après avis conforme du ministre chargé du budget, d'une **convention** à durée indéterminée. Cette convention doit prévoir le maintien dans l'immeuble des meubles exonérés et leurs conditions de présentation, les modalités d'**accès du public,** ainsi que les conditions d'entretien des biens exonérés.

b. L'exonération est également applicable aux **parts de sociétés civiles** immobilières (cas où le monument historique est détenu par l'intermédiaire d'une telle société) à condition, notamment, que les héritiers ou légataires (ou donataires) adhèrent au préalable à la convention conclue entre la société et le préfet de région du lieu de situation du bien et conservent les parts pendant cinq ans.

c. En cas de **non-respect** des règles fixées par la **convention,** les biens exonérés sont soumis aux droits de mutation sur la base de leur valeur au jour où la convention n'est pas respectée, ou de la valeur déclarée lors du décès si cette valeur est supérieure. Les taux applicables sont ceux auxquels ils auraient été soumis lors de leur transmission. Les droits ainsi rappelés sont majorés de l'intérêt de retard calculé à compter du premier jour du mois suivant la dénonciation de la convention (CGI art. 1727, IV-8).

Il en est de même, selon l'administration, en cas de vente des biens exonérés, ou de donation, si le donataire ne souscrit pas à la convention en vigueur (BOI-ENR-DMTG-10-20-30-60 n° 290). En revanche, l'exonération n'est pas remise en cause en cas de **cessions de droits indivis et de**

partages intervenant **entre les héritiers,** légataires ou donataires restés en indivision (BOI-ENR-DMTG-10-20-30-60 n° 300).

Le non-respect de l'**obligation de conserver les parts** entraîne également l'exigibilité des droits de mutation à titre gratuit, dont la mutation initiale des parts a été exonérée, majorés de l'intérêt de retard visé n° 79860.

AUTRES EXONÉRATIONS MOTIVÉES PAR LA QUALITÉ DU DÉFUNT OU DU SUCCESSEUR

Sont notamment exonérés : 68190 ENR-X-48000 s

– les **successions** des victimes de **guerre** ou d'**actes de terrorisme** et celles des **militaires** décédés dans le cadre d'opérations extérieures ou d'opérations mobilisant des capacités militaires (CGI art. 796) ;

– les successions des **sapeurs-pompiers** décédés dans le cadre d'opérations de secours et des **policiers, gendarmes et agents des douanes** décédés dans l'accomplissement de leur mission ou des suites de leurs blessures, lorsqu'ils sont cités à l'ordre de la Nation (CGI art. 796) ;

– les successions des personnes attributaires de la mention « **morts pour le service de la République** » (CGI art. 796) ;

– les **rentes** et **indemnités** versées ou dues au défunt en réparation de **dommages corporels** liés à un accident ou à une maladie (la valeur nominale des rentes ou indemnités est déduite de l'actif successoral) (CGI art. 775 bis) ;

– les successions des **personnes dispensées** du dépôt **de** la **déclaration de succession** (voir n° 68850) (CGI art. 796-0) ;

– les dons et legs consentis à l'État, aux collectivités territoriales, aux **établissements publics scientifiques, d'enseignement, d'assistance** et de **bienfaisance** ainsi qu'aux établissements publics **fonciers de l'État** (CGI art. 1040, I) ;

– les dons et legs consentis aux **organismes,** reconnus d'utilité publique, dont les ressources sont affectées à des **œuvres d'assistance et de bienfaisance,** à la **défense de l'environnement** naturel ou à la **protection des animaux,** ainsi que ceux consentis aux associations simplement déclarées qui poursuivent un but exclusif d'assistance et de bienfaisance (CGI art. 795, 4°) ;

– les dons et legs consentis **aux établissements publics** ou d'utilité publique répondant aux caractéristiques prévues pour le bénéfice de la réduction d'impôt sur le revenu (voir n°s 3175 et 3180) (CGI art. 795, 2°) ;

– les dons et legs faits aux **fondations universitaires,** aux **fondations partenariales** et **établissements d'enseignement supérieur** reconnus d'utilité publique (CGI art. 795, 5°) ;

– les dons et legs consentis au profit des **fonds de dotation** répondant aux conditions prévues pour le bénéfice de la réduction d'impôt sur le revenu (voir n°s 3175 et 3180) (CGI art. 795, 14°).

› Précisions Les exonérations mentionnées ci-dessus (prévues à l'article 795 du CGI) s'appliquent également aux dons et legs consentis à des **organismes** agréés dont le siège est **situé dans un État de l'Espace économique européen** (EEE) sous réserve que les dons et legs reçus soient affectés à des activités similaires à celles des organismes français. Si les donataires ou légataires n'ont pas sollicité d'agrément préalable, ils doivent produire, dans le délai de dépôt de la déclaration de succession ou de donation, les pièces justificatives attestant, d'une part, qu'ils poursuivent des objectifs et présentent des caractéristiques similaires aux organismes français éligibles et, d'autre part, que les biens reçus sont affectés à des activités similaires à celles de ces organismes (CGI art. 795-0 A).

AUTRES EXONÉRATIONS

Échappent également aux droits de mutation à titre gratuit : 68195

– les **réversions de rentes viagères** entre parents en ligne directe (CGI art. 793, 1-5° ; ENR-X-49100 s.) ;

– le **droit de retour légal des ascendants** (mais pas celui des collatéraux) (CGI art. 763 bis ; ENR-X-20080 s.) ;

– la **renonciation anticipée à l'action en réduction** prévue à l'article 929 du Code civil (CGI art. 756 bis ; ENR-X-50160) ;

– les **assurances** en cas de décès contractées par le défunt au profit de bénéficiaires déterminés, dans certaines limites, voir n°s 68225 s. ;

– les **œuvres d'art,** livres, objets de collection ou documents de haute valeur artistique ou historique dont il est fait **don à l'État** avec son agrément (CGI art. 1131 ; ENR-X-40450 s.).

Sont également exonérés de droits de succession (mais non de droits de donation) les **immeubles non bâtis indivis** (ou les droits portant sur de tels immeubles) pour lesquels le **droit**

de propriété du défunt n'a **pas** été **constaté** antérieurement à son décès par un acte **régulièrement** transcrit ou publié, dans la limite d'une parcelle par succession d'une valeur inférieure à 5 000 € ou de deux parcelles contiguës d'une valeur inférieure à 10 000 €, à condition que les attestations notariées relatives à ces biens soient publiées dans un délai de vingt-quatre mois à compter du décès (CGI art. 797 ; ENR-X-49700 s.).

De même sont exonérées de droits de mutation par décès les transmissions de **biens culturels spoliés** dans le contexte des persécutions antisémites perpétrées entre le 30 janvier 1933 et le 8 mai 1945 lorsque la transmission résulte d'une **restitution aux ayants droit** prononcée, depuis le 22 juillet 2023, dans le cadre de certaines procédures (CGI art. 796-0 quinquies issu de l'art. 25 de la loi 2023-1322 du 29-12-2023).

En ce qui concerne les **immeubles situés en Corse** ou dans un département ou une région d'**outre-mer,** voir respectivement nos 92450 et 91630.

En ce qui concerne par ailleurs les versements effectués dans le cadre du dispositif de **partage des plus-values** de cession de titres avec les salariés, voir n° 88690, précision c.

3. CAS PARTICULIERS

CONTRATS D'ASSURANCE DÉCÈS

68225 Les **sommes** stipulées **payables lors du décès** de l'assuré **à un bénéficiaire déterminé ou à ses héritiers** ne font pas partie de la succession de l'assuré, quel que soit le degré de parenté existant entre ce dernier et le bénéficiaire (C. ass. art. L 132-12). Ces sommes sont donc en principe exonérées.

Cependant, la portée de cette exonération est doublement limitée par les textes fiscaux :

– d'une part, l'article 757 B du CGI soumet aux droits de succession, après application d'un abattement de 30 500 €, les primes versées après l'âge de soixante-dix ans ainsi que les sommes dues à raison du décès, après l'âge de soixante-dix ans, du titulaire d'un plan d'épargne retraite (PER) ;

– d'autre part, l'article 990 I du même Code soumet à un prélèvement spécifique les sommes dues par les organismes d'assurance et assimilés sur la fraction revenant à chaque bénéficiaire qui excède 152 500 €.

Remarque : Les règles prévues en cas de décès du titulaire d'un PER sont également applicables, sous les mêmes conditions, en cas de décès du titulaire d'un sous-compte français du produit paneuropéen d'épargne individuelle (PEPP). Les caractéristiques des PER et PEPP sont précisées n° 96580.

68230 CGI art. 757 B ENR-X-8800 s **Droits de succession** Les sommes versées par un assureur à un bénéficiaire déterminé (ou déterminable) à raison du décès de l'assuré sont soumises aux droits de succession à concurrence de la fraction des **primes versées après** l'âge de **soixante-dix ans.** Par exception, les sommes versées en cas de décès, après l'âge de soixante-dix ans, du titulaire d'un **PER** donnent ouverture à ces droits pour leur montant total.

Les sommes versées ne sont effectivement taxées qu'après application d'un abattement de 30 500 €. Cet abattement est global et doit, le cas échéant, être partagé entre les **différents contrats** conclus sur la tête d'un même assuré.

En cas de **pluralité de bénéficiaires,** l'abattement est réparti entre les bénéficiaires en fonction de leur part dans les sommes taxables. Si l'un des bénéficiaires est exonéré de droits de mutation par décès (par exemple, le conjoint, le partenaire d'un Pacs et, dans certains cas, le frère ou la sœur : voir nos 68070 et 68080), l'abattement est réparti entre les autres bénéficiaires (BOI-ENR-DMTG-10-10-20-20 n° 220).

En cas de **démembrement de la clause bénéficiaire,** le nu-propriétaire et l'usufruitier sont considérés comme bénéficiaires au prorata de la part leur revenant, déterminée selon le barème prévu à l'article 669 du CGI. L'abattement de 30 500 € (ou, en présence d'autres bénéficiaires et/ou d'autres contrats, une fraction de celui-ci) est réparti de la même façon (BOI-ENR-DMTG-10-10-20-20 n° 225).

Les **droits** sont **calculés** compte tenu du lien de parenté existant entre le bénéficiaire et l'assuré.

Ce dispositif s'applique aux seuls contrats souscrits (ou ayant subi des modifications substantielles) depuis le 20 novembre 1991. Les contrats souscrits avant le 20 novembre 1991 ne donnent ouverture à aucun droit de mutation par décès.

> Précisions **a.** L'âge de l'assuré au moment du **versement des primes** (ou lors de son **décès** s'il s'agit d'un PER) est le critère déterminant d'assujettissement aux droits de succession des sommes dues par l'assureur.

Il en résulte que peu importent :

– l'âge de l'assuré au moment de la souscription du contrat ;

– l'âge du souscripteur dans le cas où celui-ci serait une personne différente de l'assuré.

b. Pour les **contrats souscrits avant le 20 novembre 1991**, le versement de nouvelles primes ou de primes disproportionnées par rapport à celles payées avant cette date n'est pas considéré comme une modification substantielle du contrat (BOI-ENR-DMTG-10-10-20-20 n° 110).

De même, un contrat d'assurance-vie en euros garde son antériorité en cas de **transformation** en contrat en unités de comptes (BOI-ENR-DMTG-10-10-20-20 n° 130).

En outre, l'**adhésion conjointe** de l'épouse à un contrat d'assurance-vie souscrit initialement par son mari ne fait pas non plus perdre l'antériorité au contrat (Cass. 1e civ. 19-3-2015 n° 13-28.776 F-PB : RJF 7/15 n° 653).

c. Lorsque les **sommes versées au décès** sont **inférieures aux primes** versées après les soixante-dix ans de l'assuré, les droits sont dus sur le montant des capitaux versés par l'assureur diminué de l'abattement de 30 500 € (BOI-ENR-DMTG-10-10-20-20 n° 190).

d. Les **bénéficiaires** des contrats d'assurance en cas de vie ou de décès doivent **déclarer** au décès de l'assuré dans le délai de la déclaration de succession (voir n° 68870) tous les contrats d'assurance en vertu desquels des primes ont été versées après le soixante-dixième anniversaire de l'assuré (même si les primes versées n'excèdent pas 30 500 €) (CGI ann. II art. 292 A, al. 1). De même, les bénéficiaires de PER dits assurantiels (ayant donné lieu à adhésion à un contrat d'assurance) dont le titulaire décède après l'âge de soixante-dix ans doivent les déclarer à son décès dans le délai de déclaration de succession (CGI ann. II art. 292 A, al. 2).

Les **assureurs** sont quant à eux également tenus de déclarer à l'administration, dans les soixante jours de la prise de connaissance du décès, les caractéristiques des contrats, le montant des primes versées après le soixante-dixième anniversaire de l'assuré, ou s'agissant de PER le montant total des sommes dues aux bénéficiaires et leurs modalités de versement (capital ou rente), ainsi que la répartition des sommes entre tous les bénéficiaires pour chaque contrat (CGI ann. II art. 292 B).

Sur les modalités de déclaration, voir nos 68860 (bénéficiaires) et 26950 (assureurs).

Prélèvement spécifique Les sommes dues par les organismes d'assurance et assimilés (notamment les mutuelles et les institutions de prévoyance) à raison du décès de l'assuré sont assujetties, à concurrence de la **part** revenant à chaque bénéficiaire (éventuellement réduite de l'abattement proportionnel visé n° 68237) **qui excède 152 500 €,** à un prélèvement égal à **20 %** pour la fraction inférieure ou égale à 700 000 € et à **31,25 %** pour la fraction excédant cette limite. **68235** CGI art. 990 I ENR-XI-11000 s

EXEMPLE

Sommes dues par un assureur à deux bénéficiaires déterminés à raison du décès de l'assuré intervenu le 1er août 2024 (l'assuré avait 68 ans lors du versement de la prime réalisé à la souscription du contrat en 2018).

Part revenant à chaque bénéficiaire : 1 500 000 €.

Part taxable : 1 500 000 € – 152 500 € = 1 347 500 €.

Montant du prélèvement : (700 000 € × 20 %) + (647 500 € × 31,25 %) = 342 344 €.

Ce prélèvement ne s'applique qu'aux **contrats souscrits depuis le 13 octobre 1998** ainsi qu'aux **primes versées depuis cette date** sur des contrats en cours.

Sont **exclus** du champ d'application de ce prélèvement :

– les contrats rente-survie (voir n° 3345) ;

– les contrats d'assurance de groupe souscrits dans le cadre d'une activité professionnelle (autres que les PER) ainsi que les sommes dues à raison des rentes viagères constituées dans le cadre d'une activité professionnelle, d'un plan d'épargne retraite populaire (Perp) ou d'un plan d'épargne retraite individuel (Perin) moyennant le versement de primes régulièrement échelonnées dans leur montant et leur périodicité, pendant une durée d'au moins quinze ans et dont l'entrée en jouissance intervient, au plus tôt, à compter de la liquidation de la pension du redevable dans un régime obligatoire d'assurance vieillesse ou à l'âge légal de la retraite ;

– les sommes correspondant aux primes versées au-delà de soixante-dix ans dans le cadre de contrats souscrits depuis le 20 novembre 1991 ainsi que les sommes versées à raison du décès, après l'âge de soixante-dix ans, du titulaire d'un plan d'épargne retraite, qui relèvent des droits de succession (voir n° 68230) ;

– les sommes versées aux organismes exonérés de droits de mutation à titre gratuit en vertu de l'article 795 ou 795-0 A du CGI (voir n° 68190) ;

– les sommes versées au **conjoint** ou **partenaire** de l'assuré ou à ses **frères et sœurs** remplissant les **conditions** pour bénéficier de l'exonération de droits de succession (voir nos 68070 et 68080).

68236 **> Précisions** **a.** Le prélèvement constitue une **taxation spécifique** « sui generis » et non pas un droit de mutation à titre gratuit.

b. En cas de **démembrement de la clause bénéficiaire,** le nu-propriétaire et l'usufruitier sont considérés comme bénéficiaires au prorata de la part leur revenant, déterminée selon le barème prévu à l'article 669 du CGI. L'abattement de 152 500 € et, s'il y a lieu, l'abattement proportionnel sont répartis de la même façon. Il est pratiqué autant d'abattements qu'il y a de couples « usufruitier/nu-propriétaire ».

En cas de **pluralité de nus-propriétaires,** chaque nu-propriétaire partage un abattement avec l'usufruitier en fonction des droits revenant à chacun en application du barème prévu à l'article 669 du CGI. Dans cette situation, l'usufruitier ne peut toutefois bénéficier au total que d'un abattement maximum de 152 500 € sur l'ensemble des capitaux décès reçus à raison de contrats d'assurance-vie du chef du décès d'un même assuré (BOI-TCAS-AUT-60 n° 310).

Lorsque l'**un des bénéficiaires** est **exonéré** (par exemple, conjoint survivant ou partenaire lié au défunt par un Pacs), la fraction d'abattement non utilisée ne bénéficie pas aux autres bénéficiaires (BOI-TCAS-AUT-60 n° 310).

c. Le bénéficiaire est soumis au prélèvement dès lors qu'il a son **domicile fiscal** en France (au sens défini nos 495 s.) au moment du décès et qu'il l'a eu pendant au moins six ans au cours des dix années précédentes ou dès lors que l'assuré a son domicile fiscal en France au moment du décès.

d. N'entrent pas dans le champ d'application du prélèvement les **contrats « homme clé »** souscrits par les entreprises pour se prémunir contre les conséquences de la disparition de leurs dirigeants ou de certains de leurs collaborateurs (BOI-TCAS-AUT-60 n° 50).

e. Un contrat d'assurance-vie en euros souscrit avant le 13 octobre 1998 garde son antériorité en cas de **transformation** en contrat en unités de compte (BOI-TCAS-AUT-60 n° 90).

f. L'**assiette** du prélèvement est constituée :

– pour les **contrats rachetables,** par les sommes, rentes ou valeurs correspondant à la fraction rachetable (valeur de rachat au jour du décès de l'assuré ou, s'il s'agit d'un contrat à terme fixe, valeur de rachat au jour du versement des sommes) et par les primes correspondant à la fraction non rachetable ;

– pour les **contrats non rachetables,** par la prime annuelle ou par la prime versée à la conclusion du contrat s'il s'agit d'une prime unique.

g. Le prélèvement est précompté par les assureurs et **versé** au comptable des impôts dans les quinze jours qui suivent la fin du mois au cours duquel les sommes ont été versées aux bénéficiaires.

Il est **recouvré** suivant les mêmes règles et sous les mêmes garanties et sanctions que la taxe sur les conventions d'assurance (voir n° 76000).

Le bénéficiaire doit produire à l'assureur une **attestation** indiquant le montant des abattements déjà appliqués à des sommes reçues d'autres assureurs à raison du décès du même assuré.

Les **assureurs** sont quant à eux tenus de déclarer à l'administration, préalablement à tout versement, le dénouement des contrats (voir n° 26950) (CGI art. 806, IV).

h. Le prélèvement est applicable aux **sommes provenant de contrats d'assurance-vie en déshérence** reversées au bénéficiaire par la Caisse des dépôts et consignations (CDC) lorsqu'elles entrent dans le champ d'application de ce prélèvement au jour de leur dépôt à la CDC (CGI art. 990 I, I ter ; ENR-XI-13000 s.).

Lorsqu'elles n'entrent pas dans le champ d'application de ce prélèvement (et ne constituent pas des produits soumis au régime visé n° 26025), les sommes sont soumises au prélèvement spécifique prévu par l'article 990 I bis du CGI. Ce prélèvement est calculé selon les mêmes modalités que le prélèvement spécifique de l'article 990 I sous réserve du montant de l'abattement fixé à 15 000 € (au lieu de 152 500 €). Il n'est pas applicable lorsque le bénéficiaire a été exonéré de droits de mutation à titre gratuit.

Le prélèvement (de l'article 990 I ou de l'article 990 I bis) est déclaré (CGI ann. III art. 344 G nonies), précompté et reversé au Trésor par la CDC dans les quinze jours qui suivent la fin du mois au cours duquel les sommes ont été versées aux bénéficiaires. Il est recouvré suivant les mêmes règles et sous les mêmes garanties et sanctions que la taxe sur les conventions d'assurance (voir n° 76000).

68237 ENR-XI-11700 s **Cas particulier des contrats « vie-génération ».** L'assiette du prélèvement est réduite d'un **abattement proportionnel de 20 %** lorsque les sommes dues sont issues de contrats dans lesquels les primes versées sont représentées par une ou plusieurs **unités de compte** constituées :

– de parts ou actions d'organismes de placement collectif en valeurs mobilières (OPCVM) ou de certains fonds d'investissement alternatifs (FIA) ou d'organismes européens de même nature ;

– de parts ou actions de sociétés à prépondérance immobilière européennes, d'organismes de placement collectif immobilier (OPCI) ou de sociétés civiles de placement immobilier (SCPI).

Ces contrats doivent être **investis** notamment dans les actifs suivants :

a. Titres d'OPCVM, de FIA ou d'organismes européens de même nature dont l'actif est constitué par :

– des actifs relevant de l'économie sociale et solidaire ;

– des parts de fonds communs de placement à risques (FCPR), de fonds professionnels de capital investissement (FPCI), de sociétés de libre partenariat (SLP), de fonds communs de placement dans l'innovation (FCPI), de fonds d'investissement de proximité (FIP), d'actions de sociétés de capital-risque (SCR) ou d'organismes européens similaires ;

– des actions ou parts d'entreprises de taille intermédiaire (ETI telles que définies n° 26155) exerçant une activité industrielle ou commerciale sous réserve que le souscripteur du contrat ne détienne pas avec son groupe familial (son conjoint, leurs ascendants et descendants) pendant la durée du contrat, directement ou indirectement, plus de 25 % des droits dans les bénéfices sociaux (ou n'ait pas détenu une telle participation au cours des cinq années précédentes) ;

b. Titres de sociétés à prépondérance immobilière, d'OPCI ou de SCPI contribuant au financement du logement social ou intermédiaire.

Ces **actifs ciblés** (logement social et intermédiaire, économie sociale et solidaire, capital-risque, ETI) doivent représenter **au moins 33 %** des actifs de chaque unité de compte du contrat.

La part de chaque bénéficiaire, nette de l'abattement proportionnel de 20 %, est ensuite réduite de l'**abattement fixe de 152 500** € visé n° 68235.

EXEMPLE

Mêmes données que dans l'exemple figurant n° 68235 mais en supposant qu'il s'agit d'un contrat vie-génération.

Part taxable : 1 500 000 € – (1 500 000 € × 20 %) = 1 200 000 €.

1 200 000 € – 152 500 € = 1 047 500 €.

Montant du prélèvement : (700 000 € × 20 %) + (347 500 € × 31,25 %) = 248 594 €.

Sont concernés les **contrats souscrits depuis le 1er janvier 2014 (ou** souscrits avant cette date et **transformés** entre le 1-1-2014 et le 1-1-2016).

> Précisions a. Si une **partie des primes** est **affectée à l'acquisition d'unités de compte non éligibles** au dispositif, la proportion de 33 % est appréciée en tenant compte du rapport existant entre la prime versée et la part de cette prime représentée par les unités de compte éligibles.

b. Le quota de 33 % doit être atteint à l'issue du **premier versement de primes** puis, en principe, respecté pendant toute la durée du contrat après chaque opération d'**arbitrage entre unités de compte,** de **rachat partiel** ou de **versement de nouvelles primes.** Le passage sous le seuil de 33 % n'est en revanche pas sanctionné lorsqu'il est dû à une autre cause (une baisse de la valeur des actifs ciblés du contrat, par exemple) (CGI ann. II art. 306-0 F bis, III).

Tableau récapitulatif Le tableau ci-après récapitule les régimes fiscaux susceptibles de s'appliquer selon la date de souscription du contrat et la date de versement des primes (hors PER). 68240

Date de souscription du contrat	Primes versées	
	• avant le 13 octobre 1998	• à partir du 13 octobre 1998
Contrat souscrit avant le 20 novembre 1991 (et n'ayant pas subi de modification substantielle depuis cette date)	Pas de taxation	Prélèvement de 20 % puis 31,25 %, après application de l'abattement de 152 500 €
Contrat souscrit (ou substantiellement modifié) à partir du 20 novembre 1991 :		
• primes versées avant le soixante-dixième anniversaire de l'assuré	Pas de taxation	Prélèvement de 20 % puis 31,25 %, après application de l'abattement de 152 500 € (et éventuellement de l'abattement proportionnel de 20 % : voir n° 68237)
• primes versées après le soixante-dixième anniversaire de l'assuré	Droits de succession sur la fraction des primes qui excède 30 500 €	Droits de succession sur la fraction des primes qui excède 30 500 €

BIENS RECUEILLIS EN VERTU D'UNE CLAUSE DE TONTINE

En cas d'**acquisition en commun** d'un bien quelconque, les parties peuvent stipuler qu'au décès de chacune d'entre elles, sa part reviendra aux survivants de sorte que le dernier survivant sera réputé propriétaire de la totalité du bien (clause dite « d'accroissement », « de condition de survie » ou « de tontine »). 68250 CGI art. 754 A ENR-X-2350 s

Ce transfert de propriété est soumis aux **droits de succession** selon le régime de droit commun, c'est-à-dire d'après le lien existant entre le défunt et le ou les bénéficiaires de l'accroissement, et sur la valeur de la part transmise à chacun d'eux. Par conséquent, la part recueillie par le conjoint survivant ou le partenaire d'un Pacs est exonérée de ces droits (BOI-ENR-DMTG-10-10-10-10 n° 300).

Une exception à ce régime d'imposition est prévue en faveur des immeubles affectés à l'habitation principale commune à deux acquéreurs, lorsque ces immeubles ont une valeur inférieure à 76 000 € au moment du premier décès. Dans cette situation, la part transmise au survivant est passible des **droits de vente d'immeubles** (voir nos 66220 s.), le bénéficiaire ayant toutefois la possibilité d'opter pour l'application des droits de succession si ce régime s'avère plus avantageux.

> **Précisions** **a.** Ces règles ne s'appliquent qu'aux **contrats conclus après le 5 septembre 1979** (BOI-ENR-DMTG-10-10-10-10 n° 270).
> **b.** Les **clauses** de tontine **non insérées dans un contrat d'acquisition en commun** (par exemple, dans les statuts d'une société) ne donnent pas ouverture aux droits de succession, mais au droit de vente (BOI-ENR-DMTG-10-10-10-10 n° 280).

RÉVERSIONS D'USUFRUIT

68260 CGI art. 796-0 quater ENR-X-2650 s Les réversions d'usufruit relèvent du régime des droits de succession.

Lorsque le bénéficiaire est le **conjoint survivant,** le **partenaire d'un Pacs** ou certains **frères et sœurs,** la réversion est donc exonérée (puisque les successions concernées sont exonérées : voir nos 68070 et 68080).

Pour les **autres bénéficiaires,** les droits de succession sont calculés en se plaçant à la date du décès de l'usufruitier précédent, en fonction du lien de parenté entre le stipulant et le bénéficiaire.

B. Assiette et calcul

68290 Les droits de succession sont assis sur la valeur des biens transmis. Ils sont calculés sur la part revenant à chaque héritier ou légataire imposable après déduction du passif.

1. ÉVALUATION DES BIENS

68400 Les droits de succession sont assis sur une déclaration estimative des redevables. En principe, les biens transmis sont évalués à leur valeur vénale réelle au jour du décès.

Cependant, pour certains biens, il existe des bases légales d'évaluation auxquelles les déclarants doivent se conformer (nos 68420 à 68470).

NOTION DE VALEUR VÉNALE

68410 ENR-VII-30250 s Il n'existe pas de définition légale de la valeur vénale. C'est une notion essentiellement économique. Elle correspond au prix que le **jeu normal de l'offre et de la demande** permettrait au propriétaire de retirer de la vente d'un bien déterminé, à un moment donné, compte tenu des données du marché, des particularités physiques, juridiques et économiques de ce bien, abstraction faite de toute valeur de convenance.

> **Précisions** **a.** La valeur vénale dépend donc essentiellement, lorsqu'il s'agit d'**évaluations immobilières** :
> 1. Des caractéristiques spécifiques du bien, dont les différents éléments conditionnent son utilisation :
> – **éléments physiques** (situation et possibilité d'accès, superficie et configuration, culture du sol et du sous-sol) ;
> – éléments ou **facteurs juridiques** : réglementations d'urbanisme, servitudes diverses, indivision (sous réserve qu'elle ne résulte pas de la transmission : BOI-ENR-DMTG-20-30-10 n° 90 ; Cass. com. 3-6-2014 n° 13-18.180 F-D : RJF 10/14 n° 949 ; voir également n° 71760, Précisions), bien loué ou libre d'occupation. En ce qui concerne la prise en compte de l'occupation d'un immeuble par le propriétaire, voir n° 68420 ;
> – éléments relatifs à l'**environnement économique** (développement économique de la région, démographie, habitat, transports, secteurs sensibles ou touristiques, morcellement des exploitations, etc.) ;
> 2. Des données du **marché** immobilier **local** : la valeur doit se déterminer par référence au marché, par rapport à des transactions locales et contemporaines portant sur des biens comparables en qualité et en quantité.
> **b.** Afin de faciliter l'évaluation de leurs immeubles, les redevables peuvent consulter la base « demande de valeurs foncières » (**DVF**), via la plateforme https://app.dvf.etalab.gouv.fr/, regroupant l'ensemble des informations détenues par l'administration fiscale sur les valeurs foncières déclarées lors des mutations immobilières intervenues durant les cinq dernières années. Les informations mises à la disposition du public sont relatives à la date et à la nature de la mutation, au prix de l'immeuble, à son

adresse, à sa description et à ses références cadastrales.

c. Les **fonds de commerce** et biens assimilés doivent, conformément à la règle générale, être évalués à leur valeur vénale réelle au jour du décès. En ce qui concerne la prise en compte de la dépréciation éventuelle du fonds en raison du décès de l'exploitant, voir nº 68440, b.

Les bâtiments servant à l'exploitation du fonds, les créances (et les dettes), le portefeuille de valeurs mobilières ou de droits sociaux ainsi que le numéraire en caisse font l'objet d'une évaluation distincte.

d. La valeur vénale peut être déterminée de différentes façons selon la nature des biens. Les diverses **méthodes d'évaluation** couramment utilisées sont brièvement rappelées nºs 78225 s. Pour des explications détaillées sur ces méthodes par catégories de biens, voir notre ouvrage « Évaluation ».

IMMEUBLES

Conformément à la règle générale (nº 68410), les immeubles sont estimés à leur valeur vénale à la date du décès. Pour les immeubles occupés par leur propriétaire, cette valeur est réputée correspondre à leur valeur libre de toute occupation. **68420** CGI art. 761 ENR-X-14000 s

Par dérogation à ces principes :

– il est effectué un **abattement de 20 %** sur la valeur vénale réelle de l'immeuble constituant au jour du décès la **résidence principale du défunt,** lorsque, à la même date, cet immeuble est également occupé à titre de résidence principale par le conjoint survivant, par le partenaire lié au défunt par un Pacs, ou par un ou plusieurs enfants mineurs ou majeurs protégés du défunt, de son conjoint ou de son partenaire de Pacs. Ces dispositions s'appliquent dans les mêmes conditions lorsque les enfants majeurs du défunt, de son conjoint ou de son partenaire de Pacs sont incapables de travailler dans des conditions normales de rentabilité en raison d'une infirmité physique ou mentale, congénitale ou acquise (CGI art. 764 bis) ;

– lorsque, dans les **deux années qui ont précédé ou suivi** le décès, les immeubles ont fait l'objet d'une **adjudication publique** soit par autorité de justice, soit volontaire avec admission des étrangers, l'impôt ne peut être calculé sur une somme inférieure au prix d'adjudication augmenté des charges, à moins qu'il ne soit justifié que l'immeuble a subi dans l'intervalle des transformations susceptibles d'en modifier la valeur.

MEUBLES CORPORELS

L'évaluation des meubles corporels doit être faite selon les règles prévues à l'article 764 du CGI. **68430** CGI art. 764 ENR-X-12550 s

Ces bases légales d'évaluation, qui supportent la **preuve contraire** dans les formes compatibles avec la procédure écrite, sont récapitulées dans le tableau ci-après.

Meubles meublants	Bijoux, pierreries, objets d'art et de collection	Autres meubles corporels
1. En cas de vente publique dans les deux ans du décès : prix net de la vente (frais déduits)	1. En cas de vente publique dans les deux ans du décès : prix net de la vente (frais déduits)	1. En cas de vente publique dans les deux ans du décès : prix net de la vente (frais déduits)
2. À défaut de vente publique, estimation contenue dans les inventaires notariés dressés dans les formes prévues à l'article 789 du Code civil dans les cinq ans suivant le décès	2. À défaut de vente publique, la plus élevée des valeurs figurant : – soit dans un acte estimatif dressé dans les cinq ans du décès (inventaire quelconque, même non conforme aux dispositions de l'article 789 du Code civil, partage, délivrance de legs, etc.) – soit dans un contrat d'assurance contre le vol ou l'incendie en cours au jour du décès, datant de moins de dix ans et conclu par le défunt, son conjoint ou ses auteurs (s'il existe plusieurs contrats, il convient de retenir la moyenne des évaluations)	2. À défaut de vente publique, valeur figurant dans un acte estimatif dressé dans les cinq ans du décès (inventaire quelconque, même non conforme aux dispositions de l'article 789 du Code civil, partage, délivrance de legs, etc.)
3. À défaut d'inventaire, déclaration détaillée et estimative des héritiers sans que la valeur puisse être inférieure à 5 % de la valeur brute des autres biens du défunt	3. À défaut d'acte et de contrat d'assurance, déclaration détaillée et estimative des redevables (sans aucun minimum forfaitaire)	3. À défaut d'acte estimatif, déclaration détaillée et estimative des redevables (sans aucun minimum forfaitaire)

> **Précisions** **a.** Les **meubles meublants** s'entendent des meubles destinés à l'usage et à l'ornement des immeubles d'habitation : tapisseries, tableaux, lits, sièges, glaces, pendules, tables, argenterie, porcelaines et autres objets de même nature. Les **autres meubles corporels** s'entendent quant à eux notamment de la vaisselle, des vêtements, des voitures.
b. Lorsqu'il est applicable, le **forfait de 5 %** se calcule sur l'ensemble des biens, autres que les meubles meublants, composant l'actif successoral avant déduction du passif.
c. Les **pièces et lingots d'or** sont imposés d'après les cours publiés à titre indicatif par CPoR Devises ou par la Banque de France, en retenant le cours le plus proche de la date du décès.

TITRES DE SOCIÉTÉS ET ASSIMILÉS

68440 Il convient de distinguer selon qu'il s'agit de titres de sociétés cotées ou non cotées en bourse, ou encore de parts de fonds communs de placement (FCP).

CGI art. 759
ENR-X-13320 s

a. Les **valeurs mobilières cotées** sont évaluées d'après le cours moyen de la bourse au jour du décès (moyenne du cours le plus haut et du cours le plus bas ou cours unique s'il n'y a eu qu'un cours) ou, au choix des héritiers ou légataires, d'après la moyenne des trente derniers cours qui précèdent le décès.

À noter que, si seule la **nue-propriété** est transmise, la valeur des titres doit subir l'abattement correspondant au barème d'évaluation des usufruits (Cass. com. 23-2-1999 n° 96-19.507 P : RJF 7/99 n° 935) (voir n° 68460).

CGI art. 758
ENR-X-13400 s

b. Les **valeurs mobilières non cotées** doivent faire l'objet d'une déclaration détaillée et estimative (méthodes d'évaluation, voir n° 78240).

CGI art. 764 A
ENR-X-15000 s

L'article 764 A du CGI prévoit qu'en cas de **décès** de certains **dirigeants** d'entreprise la **dépréciation éventuelle** résultant dudit décès et affectant la valeur des **titres non cotés** ou des actifs incorporels (**fonds de commerce et clientèles**) ainsi transmis peut être prise en compte pour la liquidation des droits de succession. Les dirigeants visés sont : les gérants de SARL ou de sociétés en commandite par actions non cotées, les associés en nom de sociétés de personnes, les personnes qui assument la direction générale des sociétés par actions non cotées, les exploitants de fonds de commerce ou d'une clientèle, les titulaires d'offices publics ou ministériels. Pour l'application de cette disposition, les héritiers peuvent justifier la perte de la valeur de l'entreprise par tous moyens de preuve existant du vivant du dirigeant (charge de travail, cumul de fonctions, savoir-faire ou talent particulier du dirigeant directement lié à l'objet social) ou survenus entre la date du décès et l'expiration du délai pour déposer la déclaration de succession (perte de contrats ou autres événements) (BOI-ENR-DMTG-10-40-10-40 n° 220).

CGI art. 799
ENR-X-27990

c. Les **parts de FCP** doivent faire l'objet d'une déclaration comportant la désignation du fonds, le nombre de parts, leur valeur unitaire de rachat à la date de la transmission ainsi que leur valeur globale. Il n'est pas nécessaire de donner l'énumération et le cours de bourse de toutes les valeurs figurant dans le fonds.

CRÉANCES

68450
CGI art. 760
ENR-X-13600 s

Les créances dues au défunt au jour de son décès sont prises en compte pour leur **montant nominal** en ajoutant tous les **intérêts** échus et non encore payés au décès ainsi que ceux courus à la même date.

> **Précisions** **a.** Les créances **indéterminées dans leur montant** doivent faire l'objet d'une déclaration estimative. Il y a lieu, le cas échéant, à révision de la perception lorsque son montant exact est connu (BOI-ENR-DMTG-10-40-10-40 n° 60).
b. Une **créance venue à échéance** avant le décès doit être évaluée par la déclaration détaillée et estimative des parties, sans distraction des charges, conformément à l'article 758 du CGI (Cass. com. 9-10-2007 n° 06-16.528 F-PB : RJF 1/08 n° 89). Elle doit donc être évaluée non à sa valeur nominale mais à sa valeur probable de recouvrement.
c. Les créances sur un **débiteur en état de procédure de sauvegarde, redressement ou liquidation judiciaires ou de déconfiture** sont imposées sur une déclaration estimative des redevables.

ÉVALUATION DES BIENS EN USUFRUIT ET EN NUE-PROPRIÉTÉ

68460
CGI art. 669
ENR-X-14500 s

La valeur imposable de l'usufruit viager et de la nue-propriété correspondante est fixée **forfaitairement** à une fraction de la valeur de la propriété entière, **d'après l'âge de l'usufruitier,** conformément au barème ci-après :

Âge de l'usufruitier	Valeur de l'usufruit	Valeur de la nue-propriété
Jusqu'à 20 ans	90 %	10 %
De 21 à 30 ans	80 %	20 %

Âge de l'usufruitier	Valeur de l'usufruit	Valeur de la nue-propriété
De 31 à 40 ans	70 %	30 %
De 41 à 50 ans	60 %	40 %
De 51 à 60 ans	50 %	50 %
De 61 à 70 ans	40 %	60 %
De 71 à 80 ans	30 %	70 %
De 81 à 90 ans	20 %	80 %
À partir de 91 ans	10 %	90 %

› Précisions **a.** En cas **d'usufruit à durée fixe,** celui-ci est évalué à 23 % de la valeur de la pleine propriété pour chaque période de dix ans, sans fraction et sans égard à l'âge de l'usufruitier (CGI art. 669, II). Toutefois, la valeur ainsi déterminée ne peut excéder celle de l'usufruit viager, qui constitue une évaluation maximale.

b. En ce qui concerne les **réversions d'usufruit,** voir n° 68260.

c. Ne pouvant avoir une durée supérieure à trente ans (C. civ. art. 619), les **usufruits** constitués **au profit d'une personne morale** ont une valeur maximale de 69 %.

d. En cas de **transmission de la nue-propriété** consentie **avant le 1er janvier 2004** (date d'entrée en vigueur du barème de l'article 669 du CGI) suivie de la **renonciation à l'usufruit après cette date,** l'administration a admis que la quotité de la valeur de l'usufruit servant d'assiette à la liquidation des droits soit plafonnée de telle sorte que son addition à celle ayant servi d'assiette à la liquidation de la donation de la nue-propriété (selon l'ancien barème de l'article 762 du CGI) n'excède pas 100 % (BOI-ENR-DMTG-10-40-10-50 n° 20).

BIENS GREVÉS D'UN DROIT D'HABITATION ET D'USAGE

Pour la liquidation des droits de mutation à titre gratuit, la valeur des droits d'habitation et d'usage est de 60 % de la valeur de l'usufruit viager déterminée conformément à l'article 669, I du CGI (voir n° 68460). **68470** CGI art. 762 bis ENR-X-14700

Cette évaluation s'applique sans distinction à tous les droits d'usage et d'habitation, qu'ils soient institués par la loi ou par la volonté des parties (Rép. Dassault : Sén. 6-12-2007 n° 344, non reprise dans Bofip).

› Précisions Lorsque ce droit s'exerce en faveur du **conjoint survivant** en application de l'article 764 du Code civil, l'**âge** du conjoint survivant à prendre en compte est celui au terme de l'exercice du droit temporaire au logement, soit un an après le décès (BOI-ENR-DMTG-10-40-10-50 n° 90). Cette évaluation est sans incidence pour le conjoint survivant, qui est exonéré de droits de succession (voir n° 68070), mais est utile pour la détermination du montant des droits de succession dus par les **héritiers recevant les biens grevés du droit.**

2. DÉDUCTION DU PASSIF

DETTES DÉDUCTIBLES

Sont déduites de l'actif successoral, sur justifications fournies par les héritiers, les dettes à la charge du défunt lorsque leur existence au jour du décès est justifiée par tous modes de preuve compatibles avec la procédure écrite. **68495** CGI art. 768 ENR-X-15420 s

Dette existant au jour du décès Seules sont déductibles les dettes à la charge personnelle du défunt au jour de l'ouverture de la succession. Cette condition s'oppose à la déduction des dettes prenant naissance postérieurement au décès. **68500**

Il n'est pas nécessaire, en revanche, que la dette soit liquide ; il suffit qu'elle soit **certaine** dans son principe. Si son montant n'est pas encore connu à la date du dépôt de la déclaration de succession, la dette ne peut, en principe, être déduite que postérieurement par voie de réclamation.

Les **dettes dont l'existence est incertaine** à la date du décès ne sont pas déductibles. Tel est le cas des dettes soumises à une **condition suspensive** ou des **dettes litigieuses** ; en cas de réalisation de la condition ou de reconnaissance judiciaire postérieure, l'impôt perçu en trop est restituable sur réclamation.

Par **exception,** certaines dettes nées postérieurement au décès sont déductibles. Ainsi en est-il par exemple :

– des frais funéraires pour un montant forfaitaire de 1 500 € (sans justificatifs) (CGI art. 775) ;

– des frais d'ouverture d'un testament (BOI-ENR-DMTG-10-40-20-10 n° 250) ;
– des sommes versées au titre de la récupération des aides sociales (BOI-ENR-DMTG-10-40-20-20 n° 190) ;
– des indemnités de préavis et de licenciement dues à raison de la rupture du contrat de travail du fait du décès de l'employeur, qui peuvent, selon l'administration, être déduites de l'actif successoral sous réserve qu'elles n'aient pas été comptabilisées en charges dans le cadre d'une activité professionnelle (BOI-ENR-DMTG-10-40-20-10 n° 20) ;
– du montant des loyers ou indemnités d'occupation effectivement remboursé par la succession au conjoint survivant ou au partenaire lié au défunt par un Pacs au titre du droit temporaire au logement (CGI art. 775 quater) ;
– de la rémunération du mandataire à titre posthume si elle est déterminée de manière définitive dans les six mois suivant le décès. La déduction, qui ne peut excéder 0,5 % de l'actif successoral géré, est plafonnée à 10 000 € (CGI art. 775 quinquies) ;
– des frais de reconstitution des titres de propriété des immeubles ou droits immobiliers pour lesquels le droit de propriété du défunt n'a pas été constaté antérieurement à son décès par un acte régulièrement transcrit ou publié, mis à la charge des héritiers par le notaire, à la condition que les attestations notariées relatives à ces biens soient publiées dans les vingt-quatre mois du décès. La déduction est limitée à la valeur déclarée de ces biens (CGI art. 775 sexies).

ILLUSTRATIONS

Sont notamment déductibles :
– les **impôts** dus par le défunt, même mis en recouvrement postérieurement au décès (les droits de succession qui ne prennent naissance qu'après le décès ne sont pas déductibles) ;
– les **emprunts** pour un montant égal au capital restant dû augmenté des intérêts échus et non payés et des intérêts courus. Bien entendu, il n'y a pas lieu de déduire les sommes restant dues par l'emprunteur à son décès lorsqu'elles sont remboursées au prêteur en exécution d'un contrat d'assurance-vie.
Une **dette fiscale** établie par une rectification est incertaine lorsqu'elle est **contestée** par le redevable, de sorte qu'elle ne peut être déduite de l'actif successoral aussi longtemps qu'elle reste litigieuse (Cass. com. 16-11-1999 n° 97-10.072 PB : RJF 2/00 n° 300).

68505 **Preuve de la dette** L'existence de la dette doit être prouvée par les **modes de preuve** compatibles avec la procédure écrite, c'est-à-dire par des actes ou écrits ou encore par des présomptions suffisamment graves, précises et concordantes. Les **dettes commerciales** sont justifiées conformément aux règles du droit commercial (livres de commerce, correspondance commerciale, notamment).

Les dettes dont la déduction est demandée doivent être détaillées dans un **inventaire** à joindre à la déclaration de succession (CGI art. 770).

> **Précisions** Pour les **dettes résultant d'actes authentiques,** les héritiers doivent indiquer soit la date de l'acte, le nom et la résidence de l'officier public qui l'a reçu, soit la date de la décision judiciaire et la juridiction dont elle émane.
> Pour les **autres dettes,** ils doivent présenter les titres, actes ou écrits que le créancier ne peut, sous peine de dommages-intérêts, se refuser à communiquer sous récépissé.
> Dans tous les cas, l'administration a la faculté d'exiger du créancier une **attestation** certifiant l'existence de la dette (LPF art. L 20).

DETTES NON DÉDUCTIBLES

68515 CGI art. 773 ENR-X-17100 s Outre les dettes qui ne sont pas à la charge personnelle du défunt au jour du décès (n° 68495), ne sont pas déductibles les dettes énumérées ci-après.

a. Dettes **échues depuis plus de trois mois** lors de l'ouverture de la succession : elles sont présumées remboursées, mais la preuve contraire peut être rapportée au moyen de l'attestation du créancier.

b. Dettes d'origine contractuelle consenties au profit d'**héritiers** ou de **personnes** réputées **interposées** : pour ces dettes présumées fictives, la preuve contraire n'est admise que si elles résultent d'un acte authentique ou d'un acte sous seing privé ayant acquis date certaine avant le décès (CGI art. 773, 2° ; Cons. const. 1-12-2017 n° 2017-676 QPC : RJF 2/18 n° 198). Une exception à cette règle est prévue en faveur des héritiers créanciers de salaires différés en agriculture (CGI art. 774).

c. Dettes reconnues par **testament.**

d. Dettes **hypothécaires** garanties par une **inscription périmée** depuis plus de trois mois à la date du décès. Dans la mesure où elles sont **échues,** ces dettes sont présumées remboursées et les débiteurs ne sont pas admis à apporter la preuve contraire. Si elles ne sont pas échues, elles sont déductibles sur production de l'attestation du créancier.

e. Dettes **prescrites** au sens de la loi civile (capital et intérêts) : elles ne sont pas déductibles, sauf si les héritiers établissent que, la prescription ayant été interrompue, elle n'est pas acquise.

Dettes de restitution du quasi-usufruitier Pour les successions ouvertes depuis le 29 décembre 2023 (Loi 2023-1322 du 29-12-2023 art. 26), les **dettes** de restitution **portant sur une somme d'argent** dont le défunt s'était réservé l'usufruit (quasi-usufruit) ne sont plus déductibles de l'actif successoral. Le demeurent toutefois les dettes de restitution contractées sur le prix de cession d'un bien dont le défunt s'était réservé l'usufruit, sous réserve qu'il soit justifié qu'elles ne l'ont pas été dans un objectif principalement fiscal, ainsi que celles résultant de l'usufruit successoral du conjoint survivant visé aux articles 757 ou 1094-1 du Code civil. 68518 CGI art. 774 bis

Par dérogation au principe énoncé n° 68000, le nu-propriétaire, devenu plein propriétaire du fait du décès, est redevable des **droits de succession** sur la valeur de la dette de restitution non déductible calculés d'après le degré de parenté entre ce dernier et l'usufruitier, au moment de la succession ou de la constitution de l'usufruit, si les droits dus sont inférieurs. Les droits acquittés lors de la constitution de l'usufruit sont imputables sur les droits de succession dus par le nu-propriétaire sans pouvoir donner lieu à restitution. Pour la liquidation de ces droits, il n'est pas fait application du rapport fiscal des donations antérieures (n° 68640).

DETTES SOUMISES À IMPUTATION SPÉCIALE

Les dettes contractées pour l'achat (ou dans l'intérêt) de **biens exonérés** sont imputées par priorité sur la valeur de ces biens. 68525 CGI art. 769 ENR-X-17720 s

> Précisions a. Lorsque l'**exonération** du bien auquel se rapporte la dette est **partielle** (bois et forêts, par exemple), la dette est déductible de l'actif imposable dans la même proportion que la valeur soumise à l'impôt.

b. Les **dettes garanties par des biens exonérés** doivent également être imputées sur la valeur de ces biens s'il est établi que les emprunts ont été contractés en vue de soustraire tout ou partie du patrimoine aux droits de succession.

3. CALCUL

Les droits de succession sont calculés sur la part nette revenant à chaque héritier ou légataire. 68550

Le calcul des droits comporte trois étapes :

– application d'abattements sur la part nette de chaque redevable (n°s 68560 s.) ;

– calcul des droits selon un tarif dont le taux varie selon le lien existant entre le défunt et le bénéficiaire (n°s 68600 s.) ;

– le cas échéant, application de la réduction de droits en faveur des mutilés de guerre (n° 68630).

À noter que les droits sont calculés en tenant compte des donations consenties antérieurement par le défunt, à l'exception toutefois de celles remontant à plus de quinze ans (n° 68640).

Remarque En cas de **partage sans soulte,** les droits sont liquidés en tenant compte des biens mis effectivement dans le lot de chaque copartageant. Il peut arriver ainsi que la transmission d'un **bien exonéré** (n°s 68060 s.) profite exclusivement à un seul héritier. Lorsque cette solution s'avère onéreuse, il peut donc être avantageux de procéder à un partage avec soulte.

ABATTEMENTS

La part nette revenant à chaque héritier ou légataire est diminuée d'abattements dont le montant varie selon la qualité du bénéficiaire. En outre, certains dons consentis par les héritiers peuvent être également déduits. 68560

Abattement en ligne directe Pour la perception des droits afférents aux mutations en ligne directe, il est pratiqué un abattement de 100 000 €, sur la part de **chacun des ascendants et** sur la part de chacun des **enfants vivants ou représentés** par suite du prédécès ou de la renonciation de l'enfant. 68565 CGI art. 779, I ENR-X-22130 s

Entre les **représentants des enfants prédécédés ou renonçants,** cet abattement se divise d'après les règles de la dévolution légale, abstraction faite de tous avantages particuliers qui ont pu être consentis par le défunt à certains de ses descendants.

EXEMPLE

Une personne décède le 3 janvier 2024 en laissant pour lui succéder – par suite du prédécès de son fils unique – quatre petits-enfants dont l'un est handicapé. Ce dernier bénéficie de l'abattement spécial de 159 325 € (voir n° 68580) qui se cumule avec sa quote-part dans l'abattement personnel de 100 000 € (soit 25 000 €). Chacun des trois autres petits-enfants bénéficie d'un abattement de 25 000 €.

L'abattement est **personnel.** Il en résulte que, lorsque la part nette dévolue à un ayant droit ne permet pas à celui-ci de bénéficier de l'intégralité de l'abattement auquel il peut prétendre, il n'y a **pas** lieu de **reporter l'excédent d'abattement** sur l'émolument des autres ayants droit.

> Précisions a. Bénéficient du régime fiscal des mutations en ligne directe :
– les transmissions entre adoptants et adoptés ayant fait l'objet d'une **adoption plénière** ;
– les transmissions aux **pupilles de l'État, de la Nation ou de la République** (qui n'ont pas fait l'objet d'une adoption simple) et aux enfants en garde, lorsque le défunt ou le donateur a pourvu à leur entretien pendant cinq ans au moins au cours de leur minorité (CGI art. 787 A ; ENR-X-25800 s.).
En revanche, il n'est, en principe, pas tenu compte du lien de parenté résultant de l'**adoption simple** (CGI art. 786 ; ENR-X-25460 s.). Des exceptions à ce principe sont notamment prévues à l'égard des transmissions faites en faveur :
– des **enfants** (et leurs descendants) issus d'un premier mariage **du conjoint de l'adoptant** (même en cas de divorce postérieur à l'adoption) auxquels sont assimilés les enfants adoptés précédemment (adoption plénière) par le conjoint de l'adoptant simple et ceux nés d'une autre union (hors mariage) du conjoint de l'adoptant ;
– des **pupilles de l'État, de la Nation ou de la République** ;
– d'**adoptés mineurs** au moment du décès de l'adoptant, ou d'adoptés mineurs au moment de la donation consentie par l'adoptant qui, pendant cinq ans au moins, ont reçu de celui-ci des secours et des soins ininterrompus au titre d'une prise en charge continue et principale ;
– d'**adoptés majeurs** au moment de la transmission qui, soit dans leur minorité et pendant cinq ans au moins, soit dans leur minorité et leur majorité et pendant dix ans au moins, ont **reçu de l'adoptant des secours et des soins** ininterrompus au titre d'une prise en charge continue et principale.
Dans ces cas, l'adopté bénéficie du régime fiscal des transmissions en ligne directe.
b. Les petits-enfants qui succèdent à leur aïeul après **renonciation, prédécès** ou **indignité** de leur auteur, **enfant unique** du défunt, peuvent bénéficier de l'abattement en ligne directe (BOI-ENR-DMTG-10-50-20 n° 50).

68570 CGI art. 779, IV ENR-X-22300 s

Abattements entre frères et sœurs Un abattement de 15 932 € est applicable sur la part de chaque frère et sœur vivant ou représenté par suite de prédécès ou de renonciation, l'abattement se divisant entre les représentants d'après les règles de la dévolution légale.

> Précisions a. Cet abattement n'est opéré que si l'**exonération** visée n° 68080 ne trouve pas à s'appliquer.
b. En cas de **représentation,** seul l'abattement en faveur des frères ou sœurs a vocation à s'appliquer à l'exclusion de l'abattement personnel en faveur des **neveux ou nièces** (n° 68575), qui n'est applicable que lorsque le neveu ou la nièce vient à la succession de son propre chef. Il est précisé à cet égard que les neveux ou nièces n'héritent par représentation qu'en cas de pluralité de souches (c'est-à-dire lorsque le défunt avait plusieurs frères et sœurs). En cas de souche unique, ils héritent de leur propre chef (BOI-ENR-DMTG-10-50-80 n° 330).

68575 CGI art. 779, V ENR-X-22480 s

Abattement en faveur des neveux ou nièces Il est pratiqué un abattement de 7 967 € sur la part de chaque neveu ou nièce.

Sur la définition des **neveux ou nièces** concernés, voir n° 69175, précision b et n° 68570, précision b.

68580 CGI art. 779, II ENR-X-22550 s

Abattement en faveur des handicapés Les personnes handicapées ont droit à un abattement spécifique de 159 325 €.

Cet abattement s'applique, quel que soit le lien de parenté existant entre la personne handicapée et le défunt.

Il profite à chaque héritier ou légataire atteint, à la date de la transmission, d'une **infirmité** physique ou mentale, congénitale ou acquise, l'empêchant de se livrer, dans des conditions normales de rentabilité, à toute activité professionnelle ou, s'il a moins de dix-huit ans, d'acquérir une instruction ou une formation professionnelle d'un niveau normal.

> Précisions a. Pour **justifier de son état,** l'infirme peut avoir recours à tous les éléments de preuve (certificat médical circonstancié, certification d'un établissement scolaire spécialisé, carte d'invalidité, etc.).
b. L'abattement **s'ajoute,** le cas échéant, à ceux dont les handicapés peuvent bénéficier à titre personnel (notamment en tant que descendant) ou encore à celui concernant les dons faits par les héritiers à certains organismes (n° 68590).

68585 CGI art. 788, IV ENR-X-22900 s

Abattement applicable à défaut d'autre abattement Un abattement de 1 594 € est applicable sur chaque part successorale à défaut d'autre abattement, à l'exception de celui prévu en faveur des dons consentis par des héritiers à certains organismes avec lequel il est cumulable (n° 68590).

> Précisions a. Cet abattement est susceptible de bénéficier à la part de tout héritier ou légataire qui ne peut pas bénéficier des abattements visés nos 68565 à 68580.

En revanche, il ne peut pas profiter à un héritier qui a épuisé l'abattement auquel il pouvait prétendre à la suite de donations que le défunt lui avait antérieurement consenties (BOI-ENR-DMTG-10-50-20 no 210).

b. En cas de représentation, lorsque le partage de l'abattement du représenté aboutit à ce que chaque représentant dispose d'un abattement inférieur à l'abattement applicable à défaut d'autre abattement, il y a lieu d'appliquer sur la part de chacun ce dernier abattement.

Abattement pour les dons faits par les héritiers à certains organismes Le montant des dons consentis à certains organismes par les bénéficiaires d'une succession ou d'un legs peut, sous certaines conditions, être soustrait de l'assiette des droits de succession incombant à l'héritier ou au légataire. **68590** CGI art. 788, III ENR-X-23000 s

Seuls peuvent être déduits les **dons** effectués à titre **définitif** et en **pleine propriété** dans les **douze mois du décès** au profit :

– des **fondations ou associations reconnues d'utilité publique** répondant aux conditions fixées à l'article 200, 1-b du CGI (voir nos 3175 et 3180) ;

– de l'**État,** de ses **établissements publics** et des organismes mentionnés à l'article 794 du CGI (notamment **collectivités territoriales** et leurs établissements publics).

Les **dons** peuvent être consentis **en numéraire** ou **en nature.** Dans ce dernier cas, l'abattement est égal à la valeur vénale des biens à la date du décès.

> Précisions a. Cet abattement est cumulable avec les **autres abattements** (nos 68565 s.), y compris l'abattement applicable à défaut d'autres abattements (no 68585). En revanche, pour un même don, l'héritier ou le légataire doit choisir entre l'abattement et la **réduction d'impôt sur le revenu** (nos 3170 s.), les deux avantages n'étant pas cumulables. La déduction ne se cumule pas davantage avec la **réduction d'IFI** à laquelle les dons peuvent sous certaines conditions ouvrir droit (no 72120).

b. Une **attestation** du montant et de la date du don ainsi que de l'identité des bénéficiaires doit être jointe à la **déclaration de succession.** Dans le cas où la déclaration de succession serait déposée avant la réalisation du don, l'administration admet, sous certaines conditions, que les droits puissent être assis et liquidés sans tenir compte de la valeur du bien dont la donation est envisagée (BOI-ENR-DMTG-10-50-20 no 370).

TARIFS

Les tarifs des droits de succession varient selon le lien unissant le défunt et l'ayant droit. **68600** CGI art. 777 ENR-X-23300 s

Successions en ligne directe Elles sont soumises au tarif suivant : **68605** ENR-X-23330 s

Fraction de part nette taxable		Tarif applicable	Formule de calcul des droits P = part nette taxable
N'excédant pas	8 072 €	5 %	P x 0,05
Comprise entre	8 072 € et 12 109 €	10 %	(P x 0,1) - 404 €
	12 109 € et 15 932 €	15 %	(P x 0,15) - 1 009 €
	15 932 € et 552 324 €	20 %	(P x 0,2) - 1 806 €
	552 324 € et 902 838 €	30 %	(P x 0,3) - 57 038 €
	902 838 € et 1 805 677 €	40 %	(P x 0,4) - 147 322 €
Au-delà de	1 805 677 €	45 %	(P x 0,45) - 237 606 €

> Précisions Ce tarif est applicable à toutes les transmissions en ligne directe, quel que soit le **degré de parenté.** Il s'applique ainsi de la même manière aux successions entre parents et enfants, grands-parents et petits-enfants ou encore entre arrière-grands-parents et arrière-petits-enfants.

En ce qui concerne les **enfants adoptifs,** voir no 68565, précision a.

Successions entre frères et sœurs Le tarif est le suivant : **68610** ENR-X-23475 s

Fraction de part nette taxable	Tarif applicable	Formule de calcul des droits P = part nette taxable
N'excédant pas 24 430 €	35 %	P x 0,35
Supérieure à 24 430 €	45 %	(P x 0,45) - 2 443 €

> Précisions **a.** Ce tarif est applicable à la part revenant aux **neveux et nièces** venant à la succession de leur oncle ou tante **en représentation** de leur auteur (frère ou sœur du défunt), prédécédé ou renonçant. Sur la notion de représentation, voir n° 68570, précision b.
b. Ce tarif concerne également, lorsqu'ils ne sont pas exonérés (n° 68190), les **établissements publics,** les **associations** reconnues d'utilité publique et les **fondations** reconnues d'utilité publique.

68615 ENR-X-23550 s **Autres successions** Elles sont soumises au tarif ci-après :

Fraction de part nette taxable	Tarif applicable
Entre parents jusqu'au 4e degré inclusivement	55 %
Entre parents au-delà du 4e degré et entre personnes non parentes	60 %

RÉDUCTION DE DROITS EN FAVEUR DES MUTILÉS DE GUERRE

68630 CGI art. 782 ENR-X-23610 s Les droits de succession dus par les mutilés de guerre frappés d'une **invalidité de 50 % au minimum** sont réduits de moitié sans que la réduction puisse excéder 305 €.

RAPPORT DES DONATIONS ANTÉRIEURES

68640 CGI art. 784 ENR-X-24100 s Le rapport fiscal des donations antérieures doit être distingué du rapport civil.
a. Le mécanisme du **rapport civil** consiste à rapporter à la succession les donations en avancement de part successorale consenties par le défunt afin de déterminer la part de chaque héritier. Ce dispositif n'a pas d'incidence fiscale directe.
Les biens rapportés sont évalués, en principe, au jour du partage (C. civ. art. 860), en fait à celui de la déclaration, sauf stipulation contraire du contrat de donation. Mais ils ne sont pas imposés une seconde fois dès lors que, quel que soit le mode d'évaluation adopté, les donations sont déduites de la part taxable de l'héritier qui effectue le rapport (et, en cas d'excédent, proportionnellement sur la part taxable des autres héritiers : BOI-ENR-DMTG-10-50-10 n° 70) pour le montant pour lequel elles ont été rapportées.
b. Le mécanisme du **rapport fiscal** a, en revanche, une incidence directe sur le calcul de l'impôt. En application de ce dispositif, en effet, en cas de donations antérieures consenties par le défunt au même bénéficiaire, la perception des droits est effectuée en ajoutant à la valeur des biens compris dans la déclaration de succession la valeur des biens qui ont fait l'objet de donations antérieures à l'exception de celles passées depuis plus de quinze ans.
Pour les **donations de moins de quinze ans** (seules concernées par ce dispositif), le rapport fiscal entraîne les conséquences suivantes :
– les **abattements** sont appliqués déduction faite de ceux dont les intéressés ont bénéficié sur les donations qui leur ont été consenties par le défunt depuis moins de quinze ans ;
– lorsqu'il y a lieu à application d'un **tarif progressif,** ceux des biens dont la transmission n'a pas encore été assujettie au droit de mutation à titre gratuit sont considérés comme inclus dans les tranches les plus élevées de l'actif imposable (les tranches les plus basses qui ont totalement servi pour l'imposition des donations de moins de quinze ans ne sont pas utilisées, celles ayant servi en partie n'étant reprises que pour leur solde).
Les **donations de plus de quinze ans** sont quant à elles dispensées de rapport fiscal. L'héritier ou le légataire peut alors bénéficier à plein des abattements et des tranches les plus basses du barème progressif.

> Précisions **a.** La dispense de rappel des donations de plus de quinze ans s'applique à toutes les formes de donations (**donations notariées, sous seing privé, dons manuels**) sous réserve qu'elles aient été enregistrées et soumises aux droits de donation (même si la donation n'a pas donné lieu à la perception effective de droits, notamment en raison de l'application des abattements : BOI-ENR-DMTG-10-50-50 n° 190).
b. Le rapport fiscal n'est pas applicable dans certaines hypothèses de **quasi-usufruit** (n° 68518).
c. Pour l'application du rappel fiscal, l'administration peut **rectifier la valeur** des biens ayant fait l'objet d'une donation antérieure et compris dans une nouvelle donation ou dans une déclaration de succession (LPF art. L 181 B, al. 1). La procédure de rectification concerne la donation ou la déclaration de succession dans laquelle a été rappelée la donation antérieure de moins de quinze ans, et non cette dernière. En conséquence, le **droit de reprise** de l'administration s'exerce jusqu'au 31 décembre de la troisième année qui suit celle au cours de laquelle a été enregistré l'acte ou la déclaration dans lequel est rappelée la donation antérieure (ou de la sixième année suivant celle du décès à défaut de déclaration : voir n° 77740) (BOI-ENR-DMTG-10-50-50 n° 140).

68645

EXEMPLE

Soit la succession de A, veuf, laissant comme héritiers ses deux fils B et C. On suppose que les donations antérieures sont rapportées civilement pour leur valeur au jour de la donation.

1. Donation en avancement de part successorale consentie le 20 juillet 2005

par **A** à son fils **B** de	40 000 €
Abattement alors applicable	– 50 000 €
Somme taxable	néant
Dû :	néant

2. Donation en avancement de part successorale consentie le 18 août 2013

par **A** à son fils **C** (qui a trois enfants) de	160 000 €
Abattement alors applicable	– 100 000 €
Somme taxable	60 000 €
À 5 % sur 8 072 €	403,6 €
À 10 % sur 4 037 €	403,7 €
À 15 % sur 3 823 €	573,45 €
À 20 % sur 44 068 €	8 813,6 €
Réduction alors applicable	– 610 €
Dû :	9 584 € (après arrondissement)

3. Décès de A le 15 janvier 2024.

Après **rapport,** la part nette de chaque enfant est, par hypothèse, de 250 000 €.

Droits dus par B :

Part reçue	250 000 €
Son rapport	– 40 000 €
Somme taxable	210 000 €
Abattement personnel (intégralement disponible, la donation remontant à plus de 15 ans)	– 100 000 €
Somme imposable :	110 000 €
Droits dus : (110 000 € × 0,2) – 1 806 € =	20 194 €

Droits dus par C :

Part reçue	250 000 €
Son rapport	– 160 000 €
Somme taxable	90 000 €

Lors de la donation en 2013, l'abattement de 100 000 € a été intégralement utilisé.

Somme imposable : 90 000 €.

Par ailleurs, les tranches de 5 %, 10 % et 15 % ont déjà été utilisées et une partie de la tranche à 20 % a été absorbée (ENR-X-24500 s.).

Droits dus : 90 000 € × 20 % = 18 000 €

CAS PARTICULIERS

Renonciation à succession Les règles diffèrent selon que la renonciation est pure et simple ou translative. 68655 ENR-X-20720 s et 25200 s

En cas de **renonciation pure et simple, l'héritier renonçant** est censé n'avoir jamais été héritier. Les **héritiers acceptants** sont taxés sur l'ensemble des biens qu'ils reçoivent selon les règles de droit commun.

En cas de **renonciation translative,** c'est-à-dire au profit d'une personne déterminée qui l'accepte, l'opération s'analyse en une double mutation. Le renonçant doit alors acquitter les

droits de mutation sur la part successorale lui revenant, le bénéficiaire de la renonciation devant quant à lui acquitter les droits sur la donation qui lui est ainsi faite.
Toutefois, lorsqu'elle ne modifie pas en fait les règles de la dévolution légale, la renonciation au profit d'une personne déterminée est assimilée à une renonciation pure et simple (BOI-ENR-DMTG-10-50-80 n° 300).

ILLUSTRATIONS

La **renonciation à un legs incluse dans une transaction** mettant fin au litige entre les héritiers constitue une renonciation à titre onéreux. Dès lors, le légataire doit payer les droits de succession sur le legs auquel il a renoncé (Cass. com. 26-6-2012 n° 11-21.160 FS-PB : RJF 10/12 n° 959).

68660 CGI art. 788 bis ENR-X-2200 s

Cantonnement de l'émolument En cas de cantonnement de l'émolument du légataire (C. civ. art. 1002-1) ou du conjoint survivant (C. civ. art. 1094-1, al. 2), les biens recueillis par les autres successibles par suite de l'exercice de cette faculté sont réputés transmis par le défunt. Par conséquent :
– le **légataire** n'est imposé que sur ce qu'il prend effectivement dans son legs ;
– le **conjoint survivant** est exonéré (voir n° 68070) ;
– les **autres successibles** (héritiers ou légataires) sont imposés sur ce qu'ils reçoivent en plus selon les règles applicables en fonction de leur lien de parenté avec le défunt.

68665

Libéralités graduelles et résiduelles Le régime des libéralités graduelles et résiduelles qui concerne à la fois les droits de succession et de donation est étudié n° 69415.

68670 CGI art. 792-0 bis ENR-IX-18300 s

Transmission d'un bien ou droit mis en trust Les règles de taxation diffèrent selon que la transmission réalisée par l'intermédiaire du trust peut ou non recevoir la qualification de donation ou de succession au regard du droit fiscal français.
a. La **transmission par donation ou succession** de biens ou droits placés dans un trust ainsi que des produits qui y sont capitalisés est soumise aux droits de mutation à titre gratuit en fonction du lien de parenté entre le constituant et le bénéficiaire. Les droits sont assis sur la valeur vénale nette des biens, droits ou produits concernés à la date de la transmission. Ils sont exigibles dans les conditions de droit commun.
b. Dans le cas où la **qualification de donation ou de succession ne s'applique pas,** les biens, droits ou produits capitalisés placés dans un trust qui sont transmis aux bénéficiaires au décès du constituant sans être intégrés à sa succession ou qui restent dans le trust après le décès du constituant sont soumis aux droits de mutation par décès dans les conditions suivantes :
– si, à la date du décès, la **part** des biens, droits ou produits capitalisés qui est **due à un bénéficiaire est déterminée,** cette part est soumise aux droits de mutation par décès selon le lien de parenté entre le constituant et le bénéficiaire. Les droits sont exigibles dans les conditions de droit commun ;
– si, à la date du décès, une **part déterminée** des biens, droits ou produits capitalisés est **due globalement à des descendants** du constituant, cette part est soumise à des droits de mutation à titre gratuit par décès au taux de 45 %. Les droits sont acquittés et versés au comptable public compétent par l'administrateur du trust dans les délais visés n° 68870 ;
– dans les **autres cas** (par exemple, s'il y a transmission collective incluant des personnes qui ne sont pas des descendants du constituant décédé), la valeur des biens, droits ou produits capitalisés placés dans le trust, nette des parts mentionnées dans les deux premiers cas, est soumise à des droits de mutation à titre gratuit par décès au taux de 60 %. Les droits sont acquittés et versés au comptable public compétent par l'administrateur du trust dans les délais visés n° 68870.

> **Précisions** **a.** Le **trust** s'entend de l'ensemble des relations juridiques créées dans le droit d'un État autre que la France par une personne qui a la qualité de constituant, par acte entre vifs ou à cause de mort, en vue d'y placer des biens ou droits, sous le contrôle d'un administrateur, dans l'intérêt d'un ou de plusieurs bénéficiaires ou pour la réalisation d'un objectif déterminé.
Le **constituant** du trust est soit la personne physique qui l'a constitué, soit, lorsqu'il a été constitué par une personne physique agissant à titre professionnel ou par une personne morale, la personne physique qui y a placé des biens et droits.
b. Pour l'application de ces règles de taxation, le bénéficiaire est **réputé** être un **constituant** du trust, à raison des biens, droits et produits capitalisés placés dans un trust dont le constituant est décédé avant le 31 juillet 2011 et à raison de ceux qui ont déjà fait l'objet d'une transmission soumise aux droits de donation ou de succession selon les modalités définies ci-dessus. Cette règle permet la taxation des **transmissions successives** des avoirs restant dans le trust

(trust « dynastique » ou « d'accumulation »). Dans chacune de ces deux situations, le bénéficiaire est réputé constituant du trust, y compris lorsque les biens et droits placés en trust n'ont pas été effectivement imposés en raison de l'application des **conventions internationales** (BOI-DJC-TRUST n° 100).

c. Dans le cas où la transmission est qualifiée de succession (visé au a ci-dessus) et dans le cas où la transmission ne peut pas être qualifiée de donation ou de succession et que la part revenant au bénéficiaire est déterminée (visé au b, 1er tiret), la perception des droits de succession est effectuée en ajoutant la valeur des biens, droits et produits qu'ils imposent à celle des autres biens compris dans la déclaration de succession pour l'application des **barèmes** et des **abattements.**

Par ailleurs, le **rapport fiscal** des donations antérieures (n° 68640) est applicable pour le calcul des droits dus en cas de mutation réalisée par l'intermédiaire d'un trust. De même, les donations réalisées par l'intermédiaire d'un trust sont rapportables en cas de mutation ultérieure.

d. À **défaut de paiement** des droits **par l'administrateur** du trust (cas visés au b, 2e et 3e tirets) et dans le cas où l'administrateur du trust est soumis à la loi d'un État ou territoire non coopératif (tel que défini n° 78310) ou n'ayant pas conclu avec la France une convention d'assistance mutuelle en matière de recouvrement, les bénéficiaires du trust sont solidairement responsables de leur paiement.

e. Par **exception,** les droits de donation et les droits de succession sont dus au taux de 60 % lorsque l'administrateur du trust est soumis à la loi d'un **État ou territoire non coopératif** (tel que défini n° 78310, 1° et 2°) **ou** lorsque le trust a été créé après le 11 mai 2011 par un **constituant fiscalement domicilié en France** lors de la constitution.

f. Pour permettre à l'administration d'exercer son contrôle sur l'imposition des biens, droits et produits capitalisés placés dans le trust, l'administrateur du trust est soumis à certaines **obligations déclaratives** exposées n° 78307.

C. Déclaration et paiement

La liquidation et le paiement des droits de succession sont effectués au vu d'une déclaration souscrite par les redevables. **68700**

1. DÉCLARATION

La souscription de la déclaration est en principe obligatoire. Elle doit être souscrite par les héritiers ou légataires même si aucun droit n'est dû (par exemple, en raison de l'application des abattements). **68850** CGI art. 800 ENR-X-27050 s

Par **exception,** le dépôt de la déclaration de succession n'est pas exigé :

– pour les transmissions en ligne directe et entre époux ou entre partenaires d'un Pacs lorsque l'actif brut successoral est inférieur à 50 000 € (dispense subordonnée à l'absence de donations ou de dons manuels antérieurs non enregistrés ou non déclarés) ;

– pour les autres transmissions, lorsque l'actif brut successoral est inférieur à 3 000 €.

> Précisions a. Sont également dispensés de déclaration les héritiers et légataires des **victimes d'actes de terrorisme,** même si l'actif brut successoral est supérieur aux seuils légaux (BOI-ENR-DMTG-10-20-10 n° 140).

b. Les **dépositaires,** détenteurs ou débiteurs de **titres, sommes ou valeurs dépendant d'une succession** qu'ils sauraient ouverte doivent adresser à l'administration la liste de ces titres, sommes ou valeurs (CGI art. 806, I : ENR-X-30380 s.). Toutefois, ces organismes sont dispensés de cette déclaration lorsque les sommes sont d'un montant inférieur à 1 500 € (successions dévolues à des collatéraux ou des non-parents) et 7 600 € (pour les successions en ligne directe ou revenant au conjoint survivant) (BOI-ENR-DMTG-10-70-10 n° 70). De même, les **compagnies d'assurance** doivent adresser à l'administration les renseignements sur les polices portant sur les **bijoux, pierreries** et **objets d'art ou de collection** (CGI art. 805 : ENR-X-30650 s.).

FORME

La déclaration est souscrite sur les formulaires n°s 2705-SD et 2705-S-SD et, le cas échéant, 2705-A-SD (pour les contrats d'assurance-vie). Les notaires peuvent souscrire la déclaration sur support informatique. **68860**

DÉLAI ET MODALITÉS DE SOUSCRIPTION

La déclaration doit être enregistrée dans un délai de **six mois** à compter **du jour du décès** lorsque celui-ci s'est produit en France, et d'une année dans le cas contraire (CGI art. 641). **68870**

Elle est déposée au pôle enregistrement du **service** des impôts **du domicile du défunt.** Si le défunt n'était pas domicilié en France, la déclaration est déposée auprès de la Direction des impôts des non-résidents, recette des non-résidents, TSA 50014, 10 rue du Centre, 93465 Noisy-le-Grand Cedex (CGI ann. III art. 281 O modifié par l'article 2 du décret 2023-1325 du 29-12-2023) ou, s'il résidait habituellement dans la principauté de Monaco, au service départemental de l'enregistrement de Nice, Centre des finances publiques, 22 rue Joseph Cadeï, 06172 Nice Cedex (CGI ann. IV art. 121 Z quinquies).

La déclaration est souscrite en double exemplaire (CGI ann. III art. 281 O) sauf lorsque l'actif brut est inférieur ou égal à 15 000 € (BOI-ENR-DMTG-10-60-30 n° 30).

> **Précisions** **a.** Pour les successions comportant des **immeubles** (ou des droits immobiliers) pour lesquels le **droit de propriété** du défunt n'a **pas** été **constaté** avant son décès par un acte **régulièrement** transcrit ou publié, le délai de déclaration est porté à **vingt-quatre mois** à condition que les attestations notariées relatives à ces biens soient publiées dans ce même délai (CGI art. 641 bis).
> **b.** La déclaration peut être **souscrite par un seul héritier** pour le compte de tous. Elle peut également être souscrite par le **notaire** dûment mandaté par les héritiers.
> **c.** En cas de défaut de souscription de la déclaration ou de retard, les **sanctions** prévues nos 80075 s. sont encourues.
> **d.** Les déclarations de succession seront obligatoirement souscrites par **voie dématérialisée,** au plus tard le 1er juillet 2025.

CONTENU

68880 La déclaration doit contenir tous les **renseignements** relatifs à l'identité du défunt, de ses héritiers et légataires. Elle doit indiquer les dispositions testamentaires du défunt ainsi que, s'il y a lieu, son contrat de mariage et les donations qu'il a pu consentir antérieurement à son décès au profit de ses successibles, y compris les donations antérieures de plus de quinze ans (CGI art. 784). Mais les donations antérieures de plus de quinze ans ne sont pas rapportées à la succession pour la liquidation des droits (nos 68640 s.).

La déclaration doit contenir également la **désignation** et l'**estimation** de chacun **des biens** dépendant de la succession (y compris les biens exonérés) ainsi qu'une **affirmation de sincérité.**

ILLUSTRATIONS

La souscription d'une **déclaration** de succession **incomplète** peut être considérée comme un défaut de déclaration qui peut être sanctionné, en l'absence de régularisation, par une taxation d'office (Cass. com. 14-2-2012 n° 11-10.765 FS-PB : RJF 5/12 n° 536).

2. PAIEMENT

68900 En principe, les droits de succession doivent être payés au comptant au moment du dépôt de la déclaration.

Toutefois, sous certaines conditions, ils peuvent faire l'objet d'un paiement différé ou fractionné (voir nos 68930 s.).

DÉBITEUR DES DROITS

68910 CGI art. 1709 ENR-I-19800 s Les droits de succession sont payés par les **héritiers** ou **légataires.**

Les cohéritiers, à l'exception de ceux exonérés de droits de succession, sont **solidaires** pour leur paiement.

En revanche, la solidarité n'existe pas entre les héritiers et les légataires, même universels, ni entre les légataires (BOI-ENR-DG-50-10-20 n° 170).

MODE DE PAIEMENT

68920 ENR-I-17200 s Les droits de succession sont normalement payables par les modes de paiement usuels (voir nos 76720 s.).

Par ailleurs, lorsque le montant des droits est au moins égal à 10 000 €, tout héritier ou légataire peut, sous réserve d'un agrément préalable, acquitter les droits de mutation à titre gratuit par la **remise** (CGI art. 1716 bis) :

– **d'œuvres d'art,** de livres, d'objets de collection ou de documents de haute valeur artistique ou historique ;

– de certains immeubles situés dans les zones d'intervention du Conservatoire de l'espace littoral et des rivages lacustres ;

– de **bois et forêts** ou d'espaces naturels pouvant être incorporés au domaine forestier de l'État.

> **Précisions** Quels que soient les motifs de l'attribution d'un titre d'indemnisation aux **Français rapatriés d'outre-mer,** les droits de succession exigibles sur la créance revenant à chaque

ayant droit peuvent être acquittés par imputation sur cette créance, que la dévolution successorale s'effectue en ligne directe, en ligne collatérale ou entre non-parents (CGI art. 1716 A).

PAIEMENT FRACTIONNÉ OU DIFFÉRÉ

Qu'il soit fractionné ou différé, le crédit de paiement est subordonné à une demande, laquelle doit comporter une offre de garanties. **68930** CGI art. 1717

Lorsque la demande de crédit est acceptée, les droits donnent lieu en principe au paiement d'**intérêts** (CGI ann. III art. 401). Le **taux** d'intérêt est de 2,2 % pour les demandes présentées en 2024. Il demeure inchangé pendant toute la durée du crédit.

> **Précisions** Il y a **déchéance du crédit** en cas de défaut de constitution des garanties dans les délais ou en cas de retard dans le paiement des droits ou intérêts échus entraînant l'exigibilité immédiate des sommes en suspens, majorées des pénalités de retard.

Paiement fractionné Le paiement des droits de succession peut être acquitté en plusieurs **versements** égaux et à intervalles de six mois au plus, sur une **période maximale** d'un an (leur nombre est limité à trois). **68935** CGI ann. III art. 396, 1° et 404 A **ENR-I-16150 s**

Ce délai maximal d'un an est porté à trois ans (avec un nombre de versements limité à sept) à la condition que l'actif héréditaire comprenne, à concurrence de 50 % au moins, des biens non liquides.

> **Précisions** Les **biens non liquides** sont ceux énumérés à l'article 404 A, I de l'annexe III au CGI. Il s'agit notamment des immeubles, des fonds de commerce, des valeurs mobilières non cotées, des objets d'antiquité, d'art ou de collection.

Paiement différé Le paiement des droits peut être différé : **68940** CGI ann. III art. 397 et 404 B **ENR-I-16260 s**

– lorsque la succession comporte **dévolution de biens en nue-propriété** ;

– lorsque la succession donne lieu à l'**attribution préférentielle** d'une exploitation agricole ou en cas de réduction de libéralités ayant pour objet l'un des biens susceptibles de donner lieu à une attribution préférentielle (CGI art. 1722 bis) ;

– en cas de succession pour laquelle le **conjoint survivant** exerce l'**option pour le droit viager** d'habitation et d'usage sur sa résidence principale, dans la limite des droits correspondant à la valeur imposable de l'immeuble (Décret 2023-1324 du 28-12-2023 art. 1er applicable depuis le 1-2-2024 ; avant cette date : BOI-ENR-DG-50-20-20 n° 135).

Le paiement des droits peut être **différé jusqu'à** l'expiration d'un délai de six mois à compter :

– soit de la date de la réunion de l'usufruit à la nue-propriété ou de la cession totale ou partielle de cette dernière (toutefois, lorsque le montant de la cession est inférieur à celui des droits exigibles, le bénéfice du paiement différé peut être conservé pour le solde des droits à condition que cette somme soit versée à titre d'acompte sur les droits en suspens : BOI-ENR-DG-50-20-30 n° 240) ;

– soit du terme du délai imparti à l'attributaire, au légataire ou au donataire pour le paiement des sommes dont il est débiteur envers ses cohéritiers ;

– soit du décès du conjoint successible, soit de la conversion du droit viager en rente viagère ou en capital.

Le paiement différé est **limité** aux droits afférents soit à la nue-propriété, soit aux soultes ou récompenses payables à terme.

> **Précisions** **a.** Le bénéficiaire du paiement différé pour les biens transmis en nue-propriété peut être **dispensé** du **paiement des intérêts** à condition que les droits de succession soient calculés sur la valeur imposable (à la date du décès) de la pleine propriété des biens recueillis en nue-propriété. L'option pour le paiement différé sans intérêts est irrévocable (CA Paris 14-3-2022 n° 20/07717 : RJF 7/22 n° 686).
> **b.** La **cession** de titres d'un portefeuille de valeurs mobilières effectuée **par l'usufruitier** n'entraîne déchéance du crédit de paiement différé des droits de succession accordé au nu-propriétaire que si l'administration établit que le produit de la cession n'a pas été intégralement affecté à l'acquisition de nouvelles valeurs (BOI-ENR-DG-50-20-30 n° 260).
> **c.** En cas de **cession du bien** attribué ou légué, les droits deviennent immédiatement exigibles.

Paiement fractionné et différé : transmissions d'entreprises Le paiement des droits dus sur les transmissions à titre gratuit d'entreprises (individuelles ou titres de sociétés non cotées) ayant une activité industrielle, commerciale, artisanale, agricole ou libérale peut être différé pendant cinq ans (versement annuel des seuls intérêts du crédit) et, à l'expiration de ce délai, être fractionné sur dix ans à raison de 1/20 tous les six mois assorti d'un intérêt exigible semestriellement. **68945** CGI ann. III art. 397 A et 404 GA à 404 GD **ENR-I-15460 s**

a. Conditions d'application S'il s'agit d'une **entreprise individuelle,** la mutation doit porter sur l'ensemble des biens qui en dépendent (sauf en cas de copropriété de deux époux ou de biens dépendant de la communauté, auquel cas la mutation peut porter sur la moitié des biens). L'entreprise devait être exploitée par le défunt (ou le donateur).

En cas de transmission de **droits sociaux,** les titres ne doivent pas être cotés et le bénéficiaire doit recevoir 5 % au moins du capital social.

b. Intérêt du crédit Le taux de base (voir nº 68930) est **réduit** des deux tiers (d'où un taux de 0,7 % pour les demandes formulées en 2024) lorsque la valeur de l'entreprise ou la valeur nominale des titres comprise dans la part taxable de chaque héritier ou légataire (ou donataire) est supérieure à 10 % de la valeur de l'entreprise ou du capital social, ou lorsque, globalement, plus du tiers du capital social est transmis (CGI ann. III art. 404 GC).

c. Déchéance du terme La **cession** – autrement que par décès – **de plus du tiers des biens** reçus par chaque bénéficiaire entraîne l'exigibilité immédiate des droits en suspens.

Toutefois, l'**apport pur et simple en société** des biens reçus ne remet pas en cause le bénéfice du régime de faveur à la condition que le bénéficiaire prenne l'engagement de conserver les titres reçus en contrepartie de son apport jusqu'à l'échéance du dernier terme du paiement fractionné (CGI ann. III art. 404 GD). N'entraînent pas non plus, sous la même condition, la déchéance du régime de faveur les opérations de **fusion** ou de **scission** concernant des sociétés dont les titres bénéficient du paiement différé et fractionné (BOI-ENR-DG-50-20-50 nºs 470 et 490).

68950 **> Précisions** **a.** Le paiement fractionné et différé est accordé aux transmissions de la **nue-propriété de droits sociaux** qui portent sur au moins 5 % du capital d'une société non cotée même si le nu-propriétaire reçoit moins de 5 % de ce capital en valeur (BOI-ENR-DG-50-20-50 nºs 220 s.).
b. Seul le **principal** des droits peut être différé ou fractionné à l'exclusion des **pénalités.**
c. Lorsqu'une transmission porte sur une entreprise individuelle ou des titres de sociétés non cotées et d'**autres biens,** seule la fraction des droits afférents aux premiers biens, déterminée par une **double liquidation,** peut être différée et fractionnée.
d. Le régime du paiement fractionné et différé des droits est applicable aux transmissions de parts de sociétés **holdings animatrices** effectives de leur groupe de sociétés (BOI-ENR-DG-50-20-50 nº 160).

SECTION 2 DONATIONS

69040 ENR-X-50000 s Les donations sont soumises en règle générale au même régime fiscal que les successions avec cependant certaines particularités exposées ci-après.

Remarque Lorsqu'elles portent sur des **immeubles,** les donations donnent, en outre, ouverture à la taxe de publicité foncière de 0,60 % (CGI art. 791) à laquelle s'ajoute le prélèvement pour frais d'assiette et de recouvrement de 2,37 % (CGI art. 1647, V-a). La taxe est calculée sur la valeur vénale de l'immeuble, sans distraction, selon l'administration, des charges éventuellement déductibles en application de l'article 776 bis du CGI (nº 69235) (BOI-ENR-DMTG-20-30-10 nº 270).

1. CHAMP D'APPLICATION

69150 Sous réserve des règles de territorialité et des exonérations prévues par la loi, sont susceptibles d'être soumises aux droits de donation toutes les donations, qu'il s'agisse de **donations simples** ou de **donations-partages.**

> Précisions **a.** S'agissant des **donations-partages** portant uniquement sur des **biens nouveaux,** les droits de mutation à titre gratuit sont en principe seuls exigibles à l'exclusion du droit de partage, qui n'est dû qu'en cas d'acte séparé.
b. Les **donations-partages** qui constatent uniquement la **reprise de donations antérieures** ne sont pas soumises aux droits de mutation à titre gratuit (CGI art. 776 A) mais au droit de partage. Toutefois, les **donations-partages transgénérationnelles** incorporant des donations antérieures avec réattribution du bien initialement donné à un descendant du donataire sont soumises aux droits de mutation à titre gratuit (au tarif prévu entre grands-parents et petits-enfants) lorsque la **donation initiale** remonte à **moins de quinze ans.** Dans ce cas, les droits acquittés lors de la

première donation à raison du bien réincorporé sont imputés sur les droits dus à raison du même bien lors de la donation-partage.

c. En cas de donation-partage portant **à la fois** sur des **biens nouveaux** et sur des biens **réincorporés** (provenant de donations antérieures), les droits de mutation à titre gratuit sont exigibles sur les nouveaux biens donnés et les biens réincorporés sont soumis au droit de partage, pour leur valeur à la date de l'acte (BOI-ENR-DMTG-20-20-10 n° 170).

d. Les **soultes de partage** ne donnent ouverture à aucun droit (même si la soulte est à la charge d'un tiers attributaire d'une entreprise).

TERRITORIALITÉ

Les règles de territorialité des droits de succession prévues par l'article 750 ter du CGI (nos 68010 s.) sont également applicables aux droits de donation. À noter toutefois qu'en la matière : 69160

– il n'y a pas lieu de distinguer selon que l'acte de donation est ou non passé en France ;

– les conventions fiscales internationales destinées à éviter les doubles impositions sont peu nombreuses (voir la liste n° 83300).

DONATIONS EXONÉRÉES

La plupart des **exonérations prévues en matière de droits de succession** sont applicables sous les mêmes conditions aux droits de donation, étant précisé que les conditions tenant au défunt doivent alors être remplies par le donateur et celles tenant aux héritiers et légataires par les donataires, les actes de donation devant quant à eux comporter les mêmes mentions et être accompagnés des mêmes documents que les déclarations de succession. Sous ces réserves, sont ainsi applicables aux donations les exonérations prévues en faveur des transmissions : 69170

– d'entreprises (sociétés : nos 68090 s. ; entreprises individuelles : nos 68105 s.) ;

– de bois et forêts (n° 68120) et de parts de groupements forestiers (n° 68130) ;

– de biens ruraux loués par bail à long terme ou par bail cessible hors du cadre familial et de parts de groupements fonciers agricoles (nos 68140 s.) ;

– de parts de groupements fonciers ruraux (n° 68165) ;

– des sommes déposées sur un compte d'investissement forestier et d'assurance (n° 68167) ;

– de propriétés non bâties incluses dans des espaces naturels protégés (n° 68170) ;

– de monuments historiques (n° 68185) ;

– de certains biens à des organismes déterminés ou à certaines personnes (nos 68190 et 68195).

Sont également applicables les exonérations prévues en faveur de la première transmission à titre gratuit de logements acquis neufs entre le 1er juin 1993 et le 31 décembre 1994 ou entre le 1er août 1995 et le 31 décembre 1995 (n° 68175), de logements locatifs acquis entre le 1er août 1995 et le 31 décembre 1996 (n° 68180), ou encore d'immeubles dont les titres de propriété ont été reconstitués entre le 1er octobre 2014 et le 31 décembre 2027 (n° 68182).

Ne s'appliquent pas, en revanche, aux droits de donation les exonérations de droits de succession prévues en faveur du conjoint ou partenaire survivant (n° 68070), ainsi que, sous certaines conditions, aux frères et sœurs du défunt (n° 68080).

Certaines **exonérations** sont **propres aux donations.** Elles sont examinées ci-après.

En ce qui concerne par ailleurs les **dons** de sommes d'argent ou de titres consentis à certains organismes **donnant lieu à une réduction d'IFI,** voir n° 72130.

Dons familiaux en espèces Les dons de sommes d'argent consentis en pleine propriété au profit d'un **enfant,** d'un **petit-enfant,** d'un **arrière-petit-enfant** ou, à défaut d'une telle descendance, d'un **neveu** ou d'une nièce, ou, par représentation, d'un **petit-neveu** ou d'une petite-nièce, sont exonérés de droits de donation dans la limite de 31 865 € à la double condition que le donateur ait, à la date de la donation, **moins de quatre-vingts ans** et que le bénéficiaire de la donation soit majeur ou mineur émancipé. 69175

CGI art. 790 G
ENR-X-64300 s

Le **plafond** s'applique aux donations (quel que soit leur nombre) consenties par un même donateur à un même donataire.

L'exonération se **cumule** avec les abattements dont bénéficient par ailleurs les intéressés (nos 69270 s.).

Les dons de sommes d'argent exonérés n'ont pas à être fiscalement rapportés lors d'une nouvelle donation ou d'une succession entre les mêmes personnes.

Les dons doivent être **déclarés ou enregistrés** par le donataire dans le délai d'un mois qui suit la date du don.

L'exonération est **renouvelable** tous les quinze ans.

› Précisions **a.** Par « dons de **sommes d'argent** », il faut entendre les dons effectués par chèque, par virement, par mandat ou par remise d'espèces (BOI-ENR-DMTG-20-20-20 n° 140).

b. Par « **neveu ou nièce,** » il convient d'entendre les seuls enfants des frères et sœurs du donateur, à l'exclusion de ceux du conjoint de ce dernier. S'il est prélevé sur la communauté des époux, le don est considéré comme consenti pour sa totalité par l'oncle ou la tante pour son compte personnel, sous réserve que son conjoint n'intervienne pas comme codonateur à la donation ou à la déclaration du don (BOI-ENR-DMTG-20-20-20 n° 180).

c. En cas de **pluralité de petits-neveux** ou de petites-nièces venant en représentation de leur auteur, le montant de l'abattement se divise entre eux (BOI-ENR-DMTG-20-20-20 n° 210).

d. L'**obligation déclarative** est accomplie soit par la souscription, en double exemplaire, d'un formulaire n° 2735-SD à déposer au service des impôts chargé de l'enregistrement du lieu du domicile du donataire (CGI ann. III 281 N modifié par l'article 1er du décret 2023-1325 du 29-12-2023), soit en ligne dans l'espace particulier du donataire sur le site www.impots.gouv.fr. En cas de rédaction d'un acte de donation, c'est cet acte qui est enregistré (BOI-ENR-DMTG-20-20-20 nos 240).

69187 CGI art. 796 bis ENR-X-65000 s

Dons en numéraire aux victimes d'actes de terrorisme Les dons en numéraire reçus par les **victimes** d'actes de terrorisme sont exonérés de droits de mutation à titre gratuit. En cas de décès de la victime, l'exonération bénéficie aux dons reçus par son **conjoint, partenaire** lié par un Pacs ou **concubin** notoire, ses **descendants** et **ascendants** et les personnes considérées comme à sa charge (au sens des articles 196 et 196 A bis du CGI : voir nos 1850 s. et 1960 s.).

Cette exonération s'applique dans les mêmes conditions aux dons en numéraire reçus par les **militaires, policiers, gendarmes, sapeurs-pompiers** ou **agents des douanes** blessés en opération ou dans le cadre de leur mission (n° 68190) ou, s'ils sont décédés, aux dons reçus par leurs proches (tels que définis ci-dessus).

› Précisions L'exonération est applicable aux dons reçus dans les **douze mois** suivant l'acte de terrorisme ou, dans les autres situations, la blessure ou le décès. Aucun délai n'est toutefois prévu lorsque les dons sont versés par une fondation, une association reconnue d'utilité publique ou une œuvre ou un organisme d'intérêt général.

DONS MANUELS

69190 CGI art. 635 A, 757 et 784 ENR-X-56500 s

Les dons manuels ne sont susceptibles d'être soumis aux droits de donation que dans les situations suivantes (CGI art. 757) :

– lorsqu'ils sont déclarés par le donataire (ou ses représentants) dans un **acte** soumis à l'enregistrement, quelle que soit sa nature ;

– lorsqu'ils font l'objet d'une **reconnaissance judiciaire** ;

– lorsqu'ils sont **révélés** par le donataire **à l'administration** fiscale soit spontanément, soit, lorsque leur montant est supérieur à 15 000 €, à la suite d'une demande de l'administration ou au cours d'une procédure de contrôle fiscal (CGI art. 635 A et 757, al. 2 ; Cass. com. 4-3-2020 n° 18-11.120 F-PB : RJF 6/20 n° 563).

En cas de révélation, le donataire doit **déclarer** le don dans le **délai** d'un mois. Toutefois, en cas de révélation spontanée et à condition que le don soit d'un montant supérieur à 15 000 €, la déclaration peut être souscrite, sur **option** du donataire lors de la révélation, dans le mois suivant le décès du donateur (CGI art. 635 A).

Par ailleurs, les dons manuels sont soumis à la règle du rapport fiscal à l'occasion d'une **donation postérieure** constatée par un acte et intervenue entre les mêmes personnes ainsi que lors du décès du donateur si le donataire figure parmi les successibles (application de l'article 784 du CGI, voir n° 68640). Ils sont donc taxables à cette occasion sauf lorsqu'ils ont déjà été imposés antérieurement lors de leur déclaration, reconnaissance judiciaire ou révélation ou que, sans avoir été imposés (du fait notamment que le montant des biens donnés était inférieur à celui des abattements personnels), ils ont été enregistrés ou déclarés.

En dehors des situations énumérées ci-dessus, les dons manuels échappent à tout droit.

› Précisions **a.** La déclaration des dons manuels révélés doit être souscrite en double exemplaire sur un **formulaire n° 2735-SD** déposé au service des impôts (pôle enregistrement) du domicile du donataire (cet imprimé doit être utilisé, y compris pour les dons familiaux de sommes d'argent exonérés, voir n° 69175, précision d). Elle comporte les éléments utiles à l'identification du don et des parties concernées, au rappel des donations antérieures et à la liquidation des droits (CGI ann. III art. 281 E). Le paiement des droits de donation est effectué lors du dépôt de la déclaration.

La déclaration peut également être souscrite **par voie électronique** dans l'espace particulier du donataire sur le site www.impots.gouv.fr et les droits correspondants payés en ligne.

La révélation des dons d'une valeur supérieure à 15 000 € (et l'option pour la déclaration et le paiement des droits après le décès du donateur) est effectuée sur un **formulaire n° 2734-SD** à déposer en double exemplaire au service des impôts (pôle enregistrement) du domicile du donataire. Elle ne donne lieu à aucune perception (BOI-ENR-DMTG-20-10-20-10 n° 90).

b. En cas d'**option** du donataire pour la déclaration dans le mois suivant le décès du donateur, le **droit de reprise** de l'administration s'exerce jusqu'à l'expiration de la sixième année suivant le décès du donateur (LPF art. L 181 A).

c. Les dispositions de l'article 757 du CGI ne s'appliquent pas aux dons manuels consentis aux **organismes d'intérêt général** mentionnés à l'article 200 du CGI (nos 3175 s.). Les associations de financement d'une campagne électorale ou d'un parti politique sont réputées d'intérêt général (BOI-ENR-DMTG-20-10-20-10 n° 120).

Pour les dons manuels soumis aux droits de donation en application de l'article 757 du CGI (déclaration dans un acte enregistré, reconnaissance judiciaire ou révélation), les droits sont calculés sur la **valeur** du don au jour de sa déclaration ou de son enregistrement ou sur la valeur au jour de la donation si celle-ci est supérieure. 69195

2. ASSIETTE DES DROITS

ÉVALUATION DES BIENS

Les règles d'évaluation des biens exposées nos 68400 s. à propos des successions sont applicables aux donations sous les réserves suivantes : 69225

– l'abattement de 20 % pour l'évaluation de la **résidence principale** (n° 68420) n'est pas applicable ;

– n'est pas non plus applicable le forfait mobilier de 5 % pour l'évaluation des **meubles meublants** (n° 68430) ;

– à défaut de vente publique et en présence de contrats d'assurance, la valeur des **bijoux,** pierreries, objets d'art ou de collection est fixée à 60 % de la valeur assurée (CGI art. 776, II) au lieu de 100 % pour les successions (n° 68430) ;

– en cas de donation de **valeurs mobilières cotées,** il n'est pas possible d'opter pour l'évaluation d'après la moyenne des trente derniers cours de bourse qui précèdent la transmission. Les titres sont en principe évalués d'après le cours moyen de la bourse au jour de la donation. Il est toutefois admis que soit retenu, pour la liquidation des droits de donation, le cours de clôture de la veille du jour du fait générateur de l'impôt (BOI-ENR-DMTG-20-30-10 n° 60) ;

– la déduction du **passif** obéit à des règles spécifiques (voir n° 69235).

PASSIF DÉDUCTIBLE

Dettes mises à la charge du donataire Les dettes contractées par le donateur **pour l'acquisition ou dans l'intérêt des biens** objet de la donation qui sont **mises à la charge du donataire dans l'acte** de donation et dont la prise en charge par le donataire est **notifiée au créancier** sont déductibles sous les réserves suivantes concernant l'**identité du créancier** : 69235 CGI art. 776 bis ENR-X-51880 s

– lorsque la donation porte sur la totalité ou une quote-part indivise des biens meubles et immeubles corporels et incorporels affectés à l'exploitation d'une **entreprise individuelle** ayant une activité industrielle, commerciale, artisanale, agricole ou libérale, la dette ne doit pas avoir été contractée auprès soit du donataire ou du conjoint de ce dernier, soit de son conjoint ou de ses ascendants, soit de ses frères, sœurs ou descendants, soit de ses ascendants ou de leurs frères et sœurs ;

– lorsque la donation porte sur des **biens autres,** la dette doit avoir été contractée auprès d'un établissement de crédit.

> Précisions a. En cas de **donation portant sur une quote-part indivise d'un bien** ou sur des **droits démembrés** avec présence d'un passif affecté à l'ensemble du bien, seule peut être déduite la fraction du passif correspondant à la fraction transmise du bien. De même, en cas de donation d'une branche d'activité d'une **entreprise** en présence d'un passif non affectable précisément, il convient de procéder à la répartition de ce passif au prorata de la valeur des biens transmis (BOI-ENR-DMTG-20-30-10 n° 200).

b. L'administration peut exiger du donataire la **preuve du paiement effectif** de la dette jusqu'à la fin de la troisième année suivant celle de l'échéance de la dette telle qu'elle est mentionnée dans l'acte de donation. La remise en cause de la déduction est ainsi possible au-delà du délai de prescription de droit commun.

c. La déduction des dettes mises à la charge du donataire ne s'applique que pour le calcul des droits de donation. En cas de donation d'un immeuble, la **taxe de publicité foncière** reste assise sur la valeur brute de l'immeuble, sans déduction du passif (BOI-ENR-DMTG-20-30-10 n° 270).

69240 CGI art. 776 quater ENR-X-52200 s **Frais de reconstitution des titres de propriété d'immeubles** Les frais de reconstitution des titres de propriété d'immeubles ou de droits immobiliers engagés dans les vingt-quatre mois précédant une donation entre vifs pour permettre de constater le droit de propriété du donateur et mis à la charge de ce dernier par le notaire sont admis en déduction de la valeur déclarée des biens transmis, dans la limite de cette valeur.

Applicable, sur justificatifs, cette déduction est subordonnée à la condition que les **attestations notariées** relatives aux biens aient été publiées dans les six mois précédant l'acte de donation.

3. CALCUL

69260 Les droits de donation sont calculés sur la part de chaque donataire dans l'actif donné, après réintégration des donations consenties depuis moins de quinze ans par le même donateur au même bénéficiaire (règle du rapport fiscal des donations antérieures étudiée nos 68640 s.).

Tout comme pour les successions, le calcul des droits de donation comporte l'application d'abattements, d'un tarif et, le cas échéant, de réductions de droits.

> **Précisions a.** Lorsqu'une **donation-partage** est **consentie par deux époux** mariés sous un régime de communauté, chacun des parents transmet aux **enfants communs** la moitié des **biens de la communauté** auxquels s'ajoutent, le cas échéant, ses biens propres. Les droits sont calculés (abattements, tarifs, éventuellement réductions) distinctement sur la part reçue par chaque donataire de chacun des donateurs.
> Les donations-partages conjonctives de biens communs à des **enfants de lits différents** sont soumises sur l'intégralité de la valeur de ces biens au tarif prévu en ligne directe (CGI art. 778 bis).
> **b.** En cas de **donations-partages** associant des **descendants de degrés différents** (C. civ. art. 1075-1), les droits sont liquidés en fonction du lien de parenté entre l'ascendant donateur et les descendants allotis (CGI art. 784 B). Les donations de moins de quinze ans aux petits-enfants au lieu et place et avec le consentement des enfants (C. civ. art. 1078-4) ne sont pas fiscalement rapportables à la succession de ces derniers (CGI art. 776 ter).

ABATTEMENTS

69270 Les donations bénéficient, au même titre que les successions, des abattements prévus :
- en **ligne directe** (n° 68565) ;
- entre **frères et sœurs** (n° 68570) ;
- en faveur des **neveux et nièces** (n° 68575) ;
- en faveur des **handicapés** (n° 68580).

En revanche, elles ne bénéficient pas des autres abattements prévus en matière de succession.

Des abattements spécifiques sont prévus pour les donations consenties entre époux ou partenaires d'un Pacs (voir n° 69275), aux **petits-enfants** (voir n° 69280) et aux **arrière-petits-enfants** (voir n° 69285). Enfin, un abattement particulier est susceptible de s'appliquer en cas de **donation d'entreprise aux salariés** (voir n° 69290).

> **Précisions a.** En cas de **donation conjointe** de biens communs ou indivis par **deux époux** à un enfant commun, l'abattement en ligne directe s'applique deux fois, mais il ne s'applique qu'une fois en cas de donation de biens communs **par un époux avec le consentement de l'autre.**
> **b.** En cas de **donations successives à une même personne,** l'administration refuse au redevable des droits la possibilité de renoncer, lors de la première donation, au bénéfice des abattements applicables sur l'actif transmis, pour les reporter sur une donation ultérieure (BOI-ENR-DMTG-20-30-20-20 n° 10).

69275 CGI art. 790 E et 790 F ENR-X-53030 et 53060 s **Abattement en cas de donation entre époux ou entre partenaires d'un Pacs** Les donations entre époux ou entre partenaires de Pacs ouvrent droit à un abattement de 80 724 €.

Cet abattement se **cumule** éventuellement avec l'abattement prévu en faveur des handicapés (n° 68580).

La règle du rappel des **donations antérieures** remontant à moins de quinze ans est applicable (l'abattement ne peut jouer qu'une fois tous les quinze ans) (voir nos 68640 s.).

> **Précisions a.** L'abattement entre partenaires d'un Pacs est remis en cause en cas de **rupture du Pacs** au cours de l'année civile de sa conclusion ou de l'année suivante pour un motif autre que le mariage entre les partenaires ou le décès de l'un d'entre eux.
> **b.** Les personnes liées par un **partenariat civil conclu** régulièrement **à l'étranger** et non contraire à l'ordre public bénéficient, en matière de droits de mutation à titre gratuit, du régime applicable aux personnes liées par un Pacs, notamment de l'abattement (BOI-ENR-DMTG-20-30-20-20 n° 30).

Abattement en cas de donation aux petits-enfants Les donations consenties par des grands-parents (quel que soit leur âge) à leurs petits-enfants ouvrent droit à un abattement spécifique de 31 865 € par part. 69280 CGI art. 790 B ENR-X-53120 s

Cet abattement se **cumule,** le cas échéant, avec les exonérations de dons de sommes d'argent (n° 69175), avec l'abattement visé n° 68565 dont peuvent bénéficier les petits-enfants qui viennent en représentation de leur auteur ainsi qu'avec celui prévu en faveur des handicapés (n° 68580).

L'abattement est applicable aux donations consenties à des **arrière-petits-enfants** venant en représentation de leur mère ou père prédécédé.

La règle du rappel des **donations antérieures** remontant à moins de quinze ans est applicable (l'abattement ne peut jouer qu'une fois tous les quinze ans) (voir nos 68640 s.).

Abattement en cas de donation aux arrière-petits-enfants Les donations consenties par des arrière-grands-parents (quel que soit leur âge) à leurs arrière-petits-enfants donnent droit à un abattement spécifique de 5 310 € par part. 69285 CGI art. 790 D ENR-X-53270 s

Cet abattement est **cumulable,** le cas échéant, avec les exonérations de dons de sommes d'argent (n° 69175), avec l'abattement visé n° 68565 (arrière-petits-enfants venant en représentation de leurs auteurs) et avec l'abattement prévu en faveur des handicapés (n° 68580).

La règle du rappel des **donations antérieures** remontant à moins de quinze ans est applicable (l'abattement ne peut jouer qu'une fois tous les quinze ans) (voir nos 68640 s.).

Abattement en cas de donation d'entreprise aux salariés Les **donations** en **pleine propriété** de fonds artisanaux, de fonds de commerce, de fonds agricoles ou de clientèles d'une entreprise individuelle ou de parts ou actions d'une société ouvrent droit, sur **option** du donataire, à un abattement de 500 000 € sur la valeur du fonds ou de la clientèle ou sur la fraction de la valeur des titres représentative du fonds ou de la clientèle. 69290 CGI art. 790 A ENR-X-63400 s

Le bénéfice de cet abattement est subordonné aux **conditions** suivantes :

– l'entreprise ou la société exerce une **activité** industrielle, commerciale, artisanale, agricole ou libérale ;

– le **fonds** (ou la clientèle) doit être détenu depuis plus de deux ans par le donateur ou la société lorsqu'il a été **acquis à titre onéreux** ;

– lorsque la transmission porte sur des **parts ou actions acquises à titre onéreux,** le donateur doit les détenir depuis plus de deux ans ;

– les donataires sont titulaires d'un **contrat de travail** à durée indéterminée depuis deux ans au moins et exercent leurs fonctions à temps plein, ou sont titulaires d'un contrat d'apprentissage. Ces contrats sont conclus avec l'entreprise dont le fonds (ou la clientèle) est transmis ou avec la société dont les parts ou actions sont transmises ;

– les donataires poursuivent à titre d'activité professionnelle unique et de manière effective et continue, pendant cinq ans à compter de la transmission, l'**exploitation du fonds** ou l'activité de la société. Par ailleurs, l'un d'eux assure, pendant la même période, la **direction** effective de l'entreprise.

L'abattement ne peut s'appliquer qu'une fois entre un même donateur et un même donataire.

> Précisions **a.** L'abattement de 500 000 € se **cumule** éventuellement avec :
– les abattements de droit commun (n° 69270) ;
– l'exonération partielle prévue en faveur des transmissions à titre gratuit d'entreprises (nos 68090 s. et 68105 s.) sur la fraction de la valeur de l'entreprise ou des parts ou actions transmises représentative de la valeur du fonds ou de la clientèle. Pour le calcul des droits, l'abattement fixe de 500 000 € est imputé après celui de 75 % (BOI-ENR-DMTG-20-30-20-20 nos 320 et 350). La réduction de droits visée n° 69320 peut éventuellement être appliquée sur le reliquat.

b. En cas d'option pour l'abattement, la **fraction** de la valeur de l'entreprise ou des parts ou actions transmises **représentative des actifs autres** que le fonds ou la clientèle ne peut pas bénéficier de l'exonération partielle prévue en faveur des transmissions à titre gratuit d'entreprises (nos 68090 s. et 68105 s.).

c. La **liquidation judiciaire** de l'entreprise au cours des cinq années suivant la transmission n'entraîne pas la déchéance du régime de faveur (BOI-ENR-DMTG-20-30-20-20 n° 310).

d. Avant le 1er janvier 2024 (Loi 2023-1322 du 29-12-2023 art. 22), le **montant de l'abattement** était fixé à 300 000 €.

TARIF

Les donations en **ligne directe,** en **ligne collatérale** et **entre non-parents** sont assujetties au même tarif que les successions (nos 68600 s.). 69300

Seul figure donc ci-après le tarif applicable entre époux et entre partenaires d'un Pacs.

69305 CGI art. 777 ENR-X-53380 s

Donations entre époux et entre partenaires d'un Pacs Le tarif des droits de donation applicable entre époux et partenaires d'un Pacs est le suivant :

Fraction de part nette taxable		Tarif applicable	Formule de calcul des droits P = part nette taxable
N'excédant pas	8 072 €	5 %	P × 0,05
Comprise entre	8 072 € et 15 932 €	10 %	(P × 0,1) - 404 €
	15 932 € et 31 865 €	15 %	(P × 0,15) - 1 200 €
	31 865 € et 552 324 €	20 %	(P × 0,2) - 2 793 €
	552 324 € et 902 838 €	30 %	(P × 0,3) - 58 026 €
	902 838 € et 1 805 677 €	40 %	(P × 0,4) - 148 310 €
Au-delà de	1 805 677 €	45 %	(P × 0,45) - 238 594 €

RÉDUCTIONS DE DROITS

69315 Comme les successions, les donations bénéficient de la réduction de droits en faveur des **mutilés de guerre** (nº 68630).

Il existe, en outre, une réduction de droits spécifique aux donations d'entreprises.

69320 CGI art. 790 ENR-X-53550 s

Réduction de droits spécifique aux donations d'entreprises Les donations **en pleine propriété** d'entreprises individuelles ou de parts ou actions de sociétés qui réunissent les conditions de l'exonération partielle visée respectivement nos 68105 s. et 68090 s. bénéficient d'une réduction de droits de 50 % si le donateur a **moins de soixante-dix ans.**

Lorsqu'elle porte sur une entreprise individuelle, la donation doit porter sur la totalité ou sur une quote-part indivise de l'ensemble des biens meubles et immeubles, corporels ou incorporels, affectés à l'exploitation.

> **Précisions** La réduction de droits s'applique après, le cas échéant, la **réduction** de droits en faveur **des mutilés de guerre.**
> Lorsque la **donation comprend à la fois des biens transmis en pleine propriété et des biens démembrés,** il convient de calculer distinctement les droits dus sur chaque catégorie de biens. Pour optimiser l'avantage résultant de la réduction, les biens n'en bénéficiant pas sont compris, s'il y a lieu, dans les premières tranches du tarif ; les abattements et la réduction de droits en faveur des mutilés de guerre, éventuellement applicables, sont effectués en priorité sur ces mêmes biens (BOI-ENR-DMTG-20-30-20-50 nº 37).

EXEMPLE DE LIQUIDATION DES DROITS

69335 Soit une donation-partage avec réserve d'usufruit consentie le 2 février 2024 par des parents (père âgé de 72 ans, mère âgée de 66 ans) à leurs deux enfants communs, Pierre et Jacques, des biens suivants (pas de donation antérieure) :

Biens de **communauté**		600 000 €
Biens **propres de la mère**		300 000 €
Biens **propres du père**		200 000 €
	Total :	1 100 000 €

Calcul des droits

Biens **donnés en nue-propriété par le père**

• 1/2 communauté (donateur âgé de 72 ans)	300 000 × 70 % =	210 000 €
• Biens propres (donateur âgé de 72 ans)	200 000 × 70 % =	140 000 €
	Total :	350 000 €
	1/2 à chaque enfant	175 000 €

Biens **donnés en nue-propriété par la mère**

• 1/2 communauté (donateur âgé de 66 ans)	300 000 × 60 % =	180 000 €
• Biens propres (donateur âgé de 66 ans)	300 000 × 60 % =	180 000 €
	Total :	360 000 €
	1/2 à chaque enfant	180 000 €

Droits dus par **Pierre**

• Biens donnés en nue-propriété par le **père**		175 000 €
Abattement		- 100 000 €
	Taxable	75 000 €

Montant des droits bruts
(75 000 × 0,2) - 1 806 = ... 13 194 €

Dû .... 13 194 €

- Biens donnés en nue-propriété par la **mère** .... 180 000 €

Abattement .... - 100 000 €

Taxable .... 80 000 €

Montant des droits bruts
(80 000 × 0,2) - 1 806 = ... 14 194 €

Dû 14 194 €

Total dû par Pierre : 13 194 € + 14 194 € = **27 388 €.**
Droits dus par **Jacques**
Droits liquidés comme ci-dessus pour Pierre ....
Total dû par Jacques : **27 388 €.**
Total général des droits de donation exigibles : 27 388 € + 27 388 € = **54 776 €.**

4. PAIEMENT

a. Les droits de donation sont en principe supportés par le **donataire.** Cela étant, le donateur a la faculté de se substituer à celui-ci pour le paiement des droits. 69360 ENR-X-54200 s

À cet égard, il est précisé que **la prise en charge par le donateur des frais et droits** de donation, même par un acte séparé postérieur, ne constitue pas une libéralité supplémentaire et, de ce fait, n'entraîne aucune perception complémentaire et distincte (Cass. com. 28-2-2006 n° 03-12.310 FS-P : RJF 5/06 n° 611). Le montant de ces frais et droits n'est pas ajouté à la valeur des biens donnés pour calculer l'impôt exigible (BOI-ENR-DG-50-10-20 n° 150).

Toutes les parties à l'acte de donation sont **solidaires** pour le paiement des droits (CGI art. 1705).

b. Les droits doivent en principe être acquittés au **comptant.** En effet, les régimes de paiement fractionné ou différé des droits prévus en matière de successions ne sont pas applicables aux donations, à l'exception toutefois de celui prévu en faveur des **transmissions d'entreprises** (n° 68945). (Dans ce dernier cas, le régime de paiement fractionné et différé est limité aux droits de donation à l'exclusion de la taxe de publicité foncière exigible lorsque la donation d'entreprise porte en tout ou partie sur des immeubles.)

c. Comme celui des droits de succession, le paiement des droits de donation peut être effectué par **remise d'œuvres d'art** ou de **certains immeubles** (voir n° 68920).

5. CAS PARTICULIERS

CONVERSION D'USUFRUIT EN RENTE VIAGÈRE

a. Dans les actes de **donation** de la nue-propriété d'un bien, il arrive fréquemment que le donateur se **réserve,** en même temps que l'usufruit, la **faculté de convertir** ce dernier en rente viagère. En pareil cas, l'administration considère que l'acte de conversion s'analyse en un complément de donation avec charge soumis aux droits de donation (BOI-ENR-DMTG-20-10-10 n° 170). 69385 ENR-V-3830 s

Lorsque la **faculté de conversion** n'a **pas** été **prévue** dans la donation, l'administration applique les droits de mutation à titre onéreux sauf preuve de l'intention libérale (BOI-ENR-DMTG-20-10-10 n° 180).

b. La conversion de l'**usufruit du conjoint survivant** dans les conditions prévues par le Code civil est soumise au droit fixe des actes innomés (tarif : voir n° 64035). Il en est de même de la conversion de ses **droits viagers d'habitation et d'usage.** ENR-X-19840 s

Dans le cas où la **conversion** de l'usufruit du conjoint survivant est **stipulée avec effet rétroactif à la date du décès,** les droits de succession dus par les enfants sont liquidés (ou reliquidés) en déduisant de l'actif successoral taxable la valeur de capitalisation de la rente (BOI-ENR-DMTG-10-50-10 n° 130).

RÈGLEMENTS FINANCIERS APRÈS DIVORCE

Versements au profit d'un enfant Les versements en capital au profit d'un enfant sont exonérés de droits de mutation à titre gratuit **à concurrence de 2 700 €** par année restant à courir jusqu'à la majorité du bénéficiaire. En cas de transfert de biens ou droits immobiliers, la publication au service chargé de la publicité foncière donne ouverture à la taxe départementale de publicité foncière au taux réduit visé n° 69040. 69400 CGI art. 757 A ENR-X-58650 s

Lorsque le versement en capital excède 2 700 € par année jusqu'à la majorité du bénéficiaire, cet **excédent** est soumis aux droits de mutation à titre gratuit dans les mêmes conditions qu'une donation de parent à enfant.

> **Précisions** Pour l'application de l'article 757 A du CGI, il convient d'entendre par « versement en capital » le versement d'une somme d'argent ainsi que l'abandon de l'usufruit de biens meubles ou immeubles. Ne constituent un « versement en capital » ni l'affectation de biens productifs de revenus, ni une prestation compensatoire prenant la forme d'une rente viagère (BOI-ENR-DMTG-20-10-20-20 n° 40).

69405 CGI art. 1133 ter ENR-X-58750 s

Prestations compensatoires entre ex-époux Les versements en capital entre ex-époux provenant de **biens propres** de l'époux débiteur et réalisés sur une **période inférieure à un an** donnent ouverture à un droit fixe de 125 € ou, en cas de remise d'un bien ou d'un droit immobilier, à la taxe de publicité foncière au taux de 0,70 % à laquelle s'ajoute le prélèvement pour frais d'assiette et de recouvrement visé n° 66230. Ce régime s'applique en outre aux **conversions de rentes en capital,** ainsi qu'aux **attributions d'une fraction de la rente en capital.**

Si les versements sont réalisés sur une **période supérieure à un an,** les prestations compensatoires sont assimilées à des rentes viagères et échappent par suite à tout droit d'enregistrement.

S'ils proviennent de **biens acquis en indivision** pendant le mariage par des époux séparés de biens ou s'ils sont constitués de **biens de communauté,** les versements sont soumis au droit de partage sur la valeur de l'actif partagé, sans déduction des soultes ou plus-values (voir n° 70425).

LIBÉRALITÉS GRADUELLES ET RÉSIDUELLES

69415 CGI art. 784 C ENR-X-2110 s

Au **décès du testateur ou lors de la donation,** le légataire ou le donataire institué en premier est redevable des droits de mutation à titre gratuit (droits de succession ou de donation) dans les conditions de droit commun. Le légataire ou le donataire institué en second n'est redevable d'aucun droit.

Au **décès du premier gratifié** (légataire ou donataire), le second bénéficiaire est imposable aux droits de succession ou de donation d'après son degré de parenté avec le testateur (ou le donateur) dont il tient directement ses droits. Les **taux** applicables et la **valeur imposable** des biens transmis sont déterminés en se plaçant à la date du décès du premier gratifié. Mais les **droits payés** qui ont été acquittés par le premier gratifié sont imputés sur ceux dus sur les mêmes biens par le second bénéficiaire.

> **Précisions** **a.** Une **libéralité graduelle** impose au gratifié (le grevé) la double charge de conserver sa vie durant les biens qui lui ont été donnés ou légués et de les transmettre, à son décès, à une autre personne (l'appelé ou le second gratifié) désignée par le disposant lui-même (C. civ. art. 1048 s.).
> Une **libéralité résiduelle** impose à son bénéficiaire la charge de transmettre le bien, mais non de le conserver (C. civ. art. 1057 s.).
> **b.** Les biens concernés ne tombent pas sous le coup de la **présomption de propriété** de l'article 752 du CGI (n° 68030).

DONATIONS APRÈS RETOUR DANS LE PATRIMOINE DU DONATEUR

69425 CGI art. 791 ter ENR-X-53900 s

En cas de donation en ligne directe de biens antérieurement transmis à un premier donataire en ligne directe et ayant fait retour au donateur en application des articles 738-2 (droit de **retour légal des père et/ou mère**), 951 et 952 (**retour conventionnel**) du Code civil, les **droits acquittés** lors de la première donation sont **imputés** sur les droits dus lors de la seconde donation. La nouvelle donation doit intervenir dans les **cinq ans** du retour des biens dans le patrimoine du donateur.

Par ailleurs, le retour des biens dans le patrimoine du donateur en exercice du droit de retour légal des père et/ou mère ou du droit de retour conventionnel ouvre droit dans le délai de réclamation à **restitution des droits** de mutation à titre gratuit acquittés au titre de la donation.

L'imputation des droits en cas de nouvelle donation suppose bien entendu que les droits acquittés lors de la première donation n'aient pas fait l'objet d'une telle restitution.

Imputation et restitution peuvent cependant être combinées lorsque la nouvelle donation intervient avant le 31 décembre de la deuxième année qui suit le décès du donataire (BOI-ENR-DMTG-20-30-20-60 n° 50). Ainsi, lorsque les droits dus sur la seconde donation sont inférieurs à ceux acquittés sur la première, l'excédent non imputable est restituable sur réclamation.

> **Précisions** L'administration accepte que l'intégralité des droits acquittés lors de la première donation soit imputée lors de la **seconde donation**, même si celle-ci ne porte que sur une **partie seulement des biens** ayant fait retour dans le patrimoine du donateur (BOI-ENR-DMTG-20-30-20-60 n° 30).

CHAPITRE 7

CONVENTIONS DIVERSES

SOMMAIRE

A. Partages et opérations assimilées 70250
1. Partages 70400
2. Licitations et cessions de droits successifs 70455
B. Échanges 70500

A. Partages et opérations assimilées

70250 Diverses opérations ont pour objet de mettre fin à une indivision : partages, licitations et cessions de droits successifs. Elles sont étudiées ci-après.

Eu égard à leur caractère prédominant de libéralité, les **donations-partages** sont examinées nº 69150.

En ce qui concerne les **partages de sociétés,** on se reportera nos 67090 s. et 67190 s. pour les régimes spéciaux (sociétés de fait, GFA, etc.).

1. PARTAGES

70400 CGI art. 746 à 748 ENR-II-200 s

Le partage est le contrat qui met fin à une indivision par la répartition des biens indivis entre les coïndivisaires.

Les partages peuvent être purs et simples, ou faits avec soultes ou plus-values.

PARTAGES PURS ET SIMPLES

70410 ENR-II-400 s

Le partage pur et simple est celui qui attribue à chaque copartageant des biens d'une valeur égale à ses droits dans la masse. L'acte de partage donne ouverture au seul **droit de partage** calculé sur l'actif net partagé (actif brut diminué des charges). Le **taux** du droit de partage est fixé à 2,50 %. Ce taux est ramené à 1,10 % pour les partages des intérêts patrimoniaux consécutifs à une séparation de corps, à un divorce ou à une rupture de Pacs.

› Précisions **a.** Si l'**actif net** n'est pas déterminé dans l'acte, les parties doivent fournir une déclaration estimative détaillée.

b. La **valeur taxable** des biens partagés est leur valeur vénale réelle à la date du partage (ou à la date qui y est indiquée comme étant celle de la jouissance divise).

Bénéficient toutefois d'un régime de faveur les **partages de copropriété** (voir nº 70430, précision b).

c. Parmi les charges déductibles figurent notamment les **frais de l'acte** de partage.

d. Un **partage verbal** non repris ultérieurement dans un acte n'est pas soumis au droit de partage.

Ainsi, le partage verbal du **produit de la vente du domicile commun des époux préalable au divorce** est soumis au droit de partage lors de l'intégration – obligatoire – du produit de la vente dans l'état liquidatif du régime matrimonial annexé à la convention de divorce (Rép. Descœur : AN 1-9-2020 nº 10159).

PARTAGES AVEC SOULTE OU PLUS-VALUE

70420 ENR-II-2200 s

Les partages sont faits avec **soulte** lorsque certains copartageants reçoivent des attributions supérieures à leurs droits, à charge de verser aux autres une somme d'argent ou de supporter une part de passif supérieure à celle qui leur incombe normalement. La **plus-value** s'entend de l'excédent d'un lot sur les droits de son attributaire, sans que ce dernier ait à fournir une compensation.

Sauf pour les partages de successions ou de communautés conjugales et partages assimilés, cette soulte ou plus-value est soumise aux droits de mutation à titre onéreux et non au droit de partage.

70425 CGI art. 748 **Partages de successions ou de communautés conjugales et assimilés** Les partages qui portent sur des biens dépendant d'une succession ou d'une communauté conjugale donnent ouverture au seul **droit de partage** sur la valeur nette de l'actif partagé (nº 70410), y compris les soultes ou plus-values (qui, dans ce cas, échappent aux droits de mutation à titre onéreux).

Il en est de même des partages portant sur des biens indivis issus d'une **donation-partage** et des partages portant sur des biens indivis entre **époux** ou partenaires d'un **Pacs,** qu'ils aient été acquis avant ou pendant le mariage ou le pacte.

> **Précisions** **a.** Le partage doit intervenir uniquement entre les **membres originaires de l'indivision,** leur conjoint, des ascendants, des descendants ou des ayants droit à titre universel de l'un ou de plusieurs d'entre eux.
b. Le régime spécial est applicable :
– au partage de biens acquis en **remploi** de biens provenant d'une succession, d'une communauté conjugale, d'une indivision entre époux ou entre partenaires d'un Pacs, ou d'une indivision issue d'une donation-partage (BOI-ENR-PTG-10-20 nº 350) ;
– à certains **versements en capital entre époux** à la suite d'un **divorce** (voir nº 69405).

70430 CGI art. 747 **Autres partages** Les partages avec soulte ou plus-value qui ne relèvent pas du régime spécial décrit nº 70425 donnent ouverture :

a. sur la soulte ou plus-value, au prorata de la valeur respective des biens compris dans le lot grevé de la soulte ou de la plus-value : au **droit de vente** selon la nature des biens (ou à la TVA s'il y a lieu) ;
b. sur l'actif net partagé, déduction faite du passif et des soultes ou plus-values : au **droit de partage.**

> **Précisions** **a.** Si la soulte consiste en l'obligation, pour le copartageant, d'acquitter une **part du passif** supérieure à celle correspondant à ses droits, on ne peut pas déduire à la fois la soulte et l'intégralité du passif ; seul le passif doit être déduit (BOI-ENR-PTG-10-20 nº 270).
b. Les **partages de copropriété** d'immeubles bâtis, de groupes d'immeubles bâtis ou d'ensembles immobiliers et la redistribution des parties communes qui en résulte sont exonérés du droit de partage ; mais le droit de vente demeure exigible sur la soulte (CGI art. 749 A).

2. LICITATIONS ET CESSIONS DE DROITS SUCCESSIFS

LICITATIONS

70455 CGI art. 750 ENR-II-5500 s La licitation est la vente aux enchères de biens indivis suivie du partage du prix entre les copropriétaires (C. civ. art. 1686).

a. Les **licitations de biens dépendant d'une succession ou d'une communauté conjugale** sont soumises à un droit proportionnel de 2,50 %. Il en est de même des licitations de biens indivis issus d'une **donation-partage** et des licitations de biens indivis entre **époux** ou partenaires d'un **Pacs,** qu'ils aient été acquis avant ou pendant le mariage ou le pacte, et ce, quel que soit leur régime matrimonial.

La licitation doit être tranchée au profit des **membres originaires de l'indivision,** de leur conjoint, de leurs ascendants ou descendants, ou des ayants droit à titre universel de l'un ou de plusieurs d'entre eux.

Le droit de 2,50 % est en principe liquidé sur les parts acquises, c'est-à-dire sur le prix stipulé, augmenté des charges, déduction faite de la part de l'adjudicataire dans le bien adjugé à son profit. Toutefois, lorsque la licitation fait cesser l'indivision, le droit est liquidé sur la valeur totale des biens, sans soustraction de la part de l'acquéreur.

b. Les **autres licitations** sont taxées comme des ventes. Lorsque la licitation est **tranchée au profit d'un tiers étranger à l'indivision,** le droit de vente est calculé sur la totalité du prix, d'après la nature des biens licités. Lorsque la licitation est **tranchée au profit d'un indivisaire,** le droit de vente n'est exigible que sur les parts acquises par ce dernier dans les biens licités.

Régime de faveur des **groupements fonciers agricoles** : voir nº 67215.

CESSIONS DE DROITS SUCCESSIFS

70465 CGI art. 750 ENR-II-7600 s La cession de droits successifs est un contrat par lequel une personne appelée à une succession ouverte vend à un cohéritier ou à un tiers tous ses droits, actifs et passifs, dans cette succession.

a. Les **cessions de droits successifs consenties** à un ou plusieurs **membres originaires de l'indivision,** leur conjoint, des ascendants, des descendants ou des ayants droit à titre universel de l'un ou plusieurs d'entre eux donnent ouverture à un droit proportionnel de 2,50 % calculé sur le prix stipulé augmenté des charges ou sur la valeur vénale des biens correspondant aux droits cédés. Si la cession met fin à l'indivision, ce droit est perçu sur l'actif net, c'est-à-dire sur la valeur totale des biens, déduction faite du passif.

b. Les **autres cessions de droits successifs** sont imposées comme des ventes, le droit de mutation étant calculé sur le prix augmenté des charges ou sur la valeur vénale réelle des biens au taux correspondant à la nature des biens transmis. Toutefois, si l'hérédité ne comprend que de l'**argent,** la cession des droits successifs moyennant un prix s'analyse en une opération de partage passible du droit de 2,50 %.

B. Échanges

L'échange est un contrat par lequel les parties se donnent respectivement une chose pour une autre (C. civ. art. 1702). Il est **pur et simple** si les biens échangés sont d'égale valeur, **avec soulte ou plus-value** dans le cas contraire. **70500** ENR-IX-200 s

ÉCHANGES D'IMMEUBLES

a. En cas d'**échange pur et simple** (sans soulte ni plus-value), il est dû un droit fixé à 5 % sur la valeur de l'un des lots. Les immeubles sont estimés à leur valeur vénale réelle à la date de l'échange (déclaration estimative des parties). **70505** CGI art. 684 ENR-IX-400 s

b. En cas d'**échange avec soulte ou plus-value,** le droit de 5 % est dû sur la valeur du lot le plus faible. La soulte ou plus-value est soumise au droit de vente d'immeubles (voir n°s 66000 s.).

Régimes particuliers **a. Échanges d'immeubles ruraux.** Les **aménagements fonciers collectifs** sont exonérés de tout droit (CGI art. 1023). **70510**

Les **échanges individuels ou multilatéraux** faits conformément aux articles L 124-3 et L 124-4 du Code rural et de la pêche maritime sont exonérés du droit d'échange, seules les soultes ou plus-values résultant de ces échanges étant soumises au droit de vente d'immeubles (CGI art. 708).

Les **échanges** d'immeubles ruraux effectués **par les Safer** sont soumis au même régime que les acquisitions ou les cessions par les Safer. Ils bénéficient donc d'une exonération (voir n° 66340).

b. Remembrements urbains. Certaines opérations de remembrement foncier urbain bénéficient d'un régime spécial d'exonération ou de taxation réduite (voir n° 66260).

ÉCHANGES DE MEUBLES OU DE MEUBLES CONTRE DES IMMEUBLES

Les échanges de biens meubles (parts sociales, fonds de commerce, etc.) contre des immeubles ou d'autres biens meubles relèvent du régime de droit commun des mutations à titre onéreux, mais il n'est dû qu'un seul impôt de mutation (celui dont le taux est le plus élevé) en vertu de l'article 670 du CGI (voir n° 64005). En cas de soulte, celle-ci est taxée comme le prix de vente du lot le plus fort sur lequel elle s'impute. **70515** ENR-IX-2800 s

EXEMPLE

Échange d'un immeuble valant 900 000 € contre des actions (même valeur). Le droit de vente d'immeubles est applicable sur 900 000 €.

Échange de parts de SCI (valeur 100 000 €) appartenant à A contre des actions (valeur 110 000 €) appartenant à B qui reçoit de A une soulte de 10 000 €. Le droit de vente de parts de SCI est applicable sur 100 000 €, le droit de vente d'actions sur 10 000 €.

Échange de parts de SCI (valeur 110 000 €) appartenant à A contre des actions (valeur 100 000 €) appartenant à B, ce dernier versant à A une soulte de 10 000 €. Le droit de vente de parts de SCI est applicable sur 110 000 €.

PARTIE 6

Impôt sur la fortune immobilière

L'impôt sur la fortune immobilière (IFI) est un impôt annuel dû par les personnes physiques dont le patrimoine immobilier, apprécié au niveau du foyer fiscal le 1er janvier de l'année d'imposition, excède un certain seuil. Il est payable tous les ans, d'après une déclaration que le contribuable doit souscrire en même temps que sa déclaration d'ensemble des revenus n° 2042. **71000** ENR-XIII-1 s

CHAPITRE 1 CHAMP D'APPLICATION

SOMMAIRE

A. Personnes imposables 71085

B. Actifs imposables 71140

1. Biens et droits immobiliers 71150
2. Parts ou actions de sociétés 71160
3. Cas particuliers 71275

C. Exonérations 71400

Généralités L'IFI est dû par les personnes physiques dont le patrimoine immobilier, apprécié globalement au niveau des différentes personnes soumises à une déclaration commune, excède le seuil d'imposition au 1er janvier. Les personnes domiciliées hors de France ne sont imposables que sur les biens situés en France. 71010

Seuil d'imposition Le seuil d'imposition est fixé à **1 300 000 €** (CGI art. 964). 71020

Les personnes dont le patrimoine net taxable au 1er janvier de l'année est égal ou inférieur à cette somme ne sont pas soumises à l'IFI.

A. Personnes imposables

PERSONNES PHYSIQUES

Seules les personnes physiques sont assujetties à l'IFI. 71085 CGI art. 964 et 965 ENR-XIII-1000 s

Les **personnes morales** ne le sont jamais, qu'il s'agisse de sociétés, d'associations, de groupements ou de personnes morales de droit public ; elles n'ont donc aucune déclaration à souscrire. Mais les actions et parts sociales des sociétés sont, sauf exclusion (nos 71170 s.) ou exonération (au titre des actifs professionnels essentiellement : nos 72730 s.), taxées à l'IFI entre les mains des associés personnes physiques à hauteur de la fraction de leur valeur représentative de biens immobiliers. Il en va de même des actifs imposables détenus au travers de sociétés et groupements dépourvus de personnalité morale (sociétés de fait ou en participation).

Imposition par foyer Les couples **mariés,** quel que soit leur régime matrimonial, sont soumis à une imposition commune au titre de l'IFI, sauf dans deux cas : d'une part, lorsqu'ils sont séparés de biens et ne vivent pas sous le même toit et, d'autre part, lorsque, en instance de divorce ou de séparation de corps, ils ont été autorisés à avoir des domiciles séparés. 71090 ENR-XIII-1700 s

Les personnes liées par un pacte civil de solidarité (**Pacs**) font également l'objet d'une imposition commune à l'IFI.

Les personnes vivant en **concubinage** notoire (relation stable et continue entre deux personnes qui vivent en couple) sont elles aussi soumises à une imposition commune, sauf si elles sont mariées par ailleurs, auquel cas elles sont imposées avec leur conjoint légal.

Les biens appartenant aux **enfants mineurs** sont imposés avec ceux de leurs parents qui ont l'administration légale de leurs biens. Ils peuvent être répartis par moitié entre les deux parents lorsque ces derniers font l'objet d'une imposition séparée à l'IFI tout en exerçant conjointement l'autorité parentale (BOI-PAT-IFI-20-10 nos 140 et 150).

La composition du foyer fiscal s'apprécie au 1er janvier de l'année d'imposition.

TERRITORIALITÉ

Personnes physiques domiciliées en France Quelle que soit leur nationalité, les personnes physiques ayant leur domicile fiscal en France sont soumises à une obligation fiscale 71100 CGI art. 964 ENR-XIII-1100 s illimitée, et tous les **actifs immobiliers** (tels que définis nos 71140 s.) leur appartenant, qu'ils soient situés **en France ou hors de France,** entrent dans le champ d'application de l'impôt.

Toutefois, des dérogations peuvent résulter des conventions internationales à l'égard des redevables disposant de biens hors de France (voir no 83300). En l'absence de convention, la double imposition est évitée par imputation sur l'IFI dû en France de l'**impôt** sur la fortune (ou sur le capital) **acquitté à l'étranger** en raison des actifs (imposables en France) situés hors de France (voir no 72210).

Par ailleurs, les **personnes qui transfèrent leur domicile en France** après avoir été fiscalement domiciliées à l'étranger pendant les cinq années civiles précédentes ne sont temporairement imposables à l'IFI que sur leurs actifs français. Ce dispositif est applicable au titre de chaque année au cours de laquelle le redevable conserve son domicile fiscal en France, et ce, jusqu'au 31 décembre de la cinquième année suivant celle de son installation en France.

71105 **Personnes physiques domiciliées hors de France** Les personnes qui n'ont pas leur domicile fiscal en France sont imposables à raison de :

– leurs **biens et droits immobiliers** situés **en France** ;

– leurs **parts ou actions de sociétés** ou d'organismes (établis en France ou à l'étranger) à hauteur de la fraction de leur valeur représentative de biens ou droits immobiliers situés en France déterminée dans les conditions précisées nos 71160 s.

71110 **Détermination du domicile fiscal** Sous réserve des conventions internationales, le domicile fiscal est celui défini par l'article 4 B du CGI pour l'application de l'impôt sur le revenu (voir nos 495 s.). Il est apprécié au 1er janvier de l'année d'imposition.

Par analogie avec les règles applicables en matière d'impôt sur le revenu, les critères du domicile doivent être appréciés au regard de chacune des personnes composant le **foyer fiscal.** Ainsi, les actifs immobiliers situés à l'étranger et appartenant au conjoint et aux enfants du contribuable ne sont passibles de l'IFI que pour autant que le conjoint et les enfants sont personnellement considérés comme domiciliés en France (BOI-PAT-IFI-10-20-20 no 100).

71115 **Incidence des conventions internationales** Elle se situe à deux niveaux. Les questions liées à la détermination du **domicile fiscal** doivent être résolues d'après les règles prévues par les conventions en matière d'impôt sur la fortune ou, à défaut, d'impôt sur le revenu.

En ce qui concerne les problèmes relatifs, notamment, au **partage** entre les États **du droit d'imposer** et à l'élimination des risques de double imposition, voir no 83010.

B. Actifs imposables

71140 CGI art. 965 ENR-XIII-3000 s L'IFI est, sous réserve de certaines exonérations et exclusions, assis sur le patrimoine immobilier appartenant, au 1er janvier de l'année d'imposition, au redevable et aux membres de son foyer fiscal (no 71090).

Le patrimoine immobilier s'entend non seulement des biens et droits immobiliers proprement dits (no 71150) mais également des parts ou actions de sociétés (ou d'organismes) pour leur fraction représentative de tels biens ou droits (nos 71160 s.).

> **Précisions** **a.** En matière de **preuve du droit de propriété**, il est fait application des règles de droit civil, en particulier de la théorie de l'accession (voir no 68025).
> S'agissant des actions de sociétés non cotées, la preuve du droit de propriété peut également résulter de la présomption pesant sur les dirigeants des sociétés émettrices édictée par l'article 754 B du CGI (ENR-X-7685 s.) (CGI art. 967).
> **b.** Dans les développements qui suivent, les termes « **parts ou actions de sociétés** » désignent en réalité les « parts ou actions de sociétés ou d'organismes », qui constituent la formule légale exacte.

DATE D'APPRÉCIATION

71145 ENR-XIII-270 s La consistance du patrimoine imposable est appréciée à la date du fait générateur de l'impôt, c'est-à-dire au 1er janvier de l'année d'imposition. Les **variations** que le patrimoine peut subir **entre le 1er janvier et la date de la déclaration,** notamment par suite d'achats ou de ventes, ne sont pas prises en considération pour la détermination de la base d'imposition, à moins que l'événement ultérieur intervenu n'ait un effet rétroactif (vente annulée, partage de succession, par exemple).

> Précisions **a.** Les actifs immobiliers faisant l'objet d'une **mutation sous condition suspensive,** de l'obtention d'un prêt notamment, continuent d'appartenir au vendeur ou au donateur jusqu'à ce que la condition se réalise. À l'inverse, lorsqu'ils font l'objet d'une condition **résolutoire,** les biens appartiennent à l'acquéreur ou au donataire tant que la condition ne s'est pas réalisée.

b. Lorsqu'un **événement modifiant rétroactivement** la consistance du patrimoine – tel un **partage** notamment – intervient après le dépôt de la déclaration d'IFI, le redevable doit souscrire une déclaration complémentaire ou rectificative (BOI-PAT-IFI-10-10 n° 90 ; BOI-PAT-IFI-20-20-40 nos 20 et 30).

1. BIENS ET DROITS IMMOBILIERS

Tous les biens et droits immobiliers appartenant au contribuable et aux membres de son foyer fiscal (n° 71090) entrent dans le champ d'application de l'IFI. Sont visés : **71150** CGI art. 965, 1° ENR-XIII-3100 s

– les **immeubles bâtis,** quelle qu'en soit leur affectation (résidence principale ou secondaire, usage d'habitation ou professionnelle, etc.) ;

– les immeubles **non bâtis** (terrains à bâtir, terres agricoles, bois et forêts, landes, etc.) ;

– les **droits réels** immobiliers (usufruit, droit d'usage, droit du preneur d'un bail à construction notamment).

Les immeubles **en cours de construction** constituent également un élément du patrimoine imposable.

2. PARTS OU ACTIONS DE SOCIÉTÉS

Les parts ou actions des sociétés (établies en France ou à l'étranger) sont, en principe, imposables **à hauteur de la fraction de leur valeur représentative de biens ou droits immobiliers** détenus directement ou indirectement – quel que soit le nombre de niveaux d'interposition – par la société. **71160** CGI art. 965, 2° ENR-XIII-3500 s

Pour déterminer la fraction imposable, il est appliqué à la valeur des parts ou actions un **coefficient** correspondant au rapport suivant :

$$\frac{\text{valeur vénale réelle des biens ou droits immobiliers imposables (+ le cas échéant valeur des parts ou actions représentatives de ces mêmes biens)}}{\text{valeur vénale réelle de l'ensemble des actifs de la société}}$$

En cas de **chaîne de participations,** il convient de rechercher le coefficient de taxation applicable à chaque niveau de la chaîne (société, filiale, sous-filiale, etc.) en commençant par le niveau le plus bas et en remontant jusqu'à la société dont le redevable détient les titres.

EXEMPLE

Un redevable possède 50 % des titres d'une société A qui détient à la fois des immeubles et des titres d'une société B, elle-même propriétaire d'immeubles. L'actif de la société A s'élève à 10 M€ dont 4 M€ d'actifs immobiliers et 2 M€ de titres B. Au passif, les dettes s'élèvent à 4 M€.
On suppose que le coefficient immobilier de la société B (valeur de l'immobilier imposable détenu par B / valeur de l'actif total de B) est de 0,9.
Valeur des titres A détenus par le redevable : 50 % × (10 M€ – 4 M€) = 3 M€
Coefficient immobilier de A : [4 M€ + (2 M€ × 0,9)] / 10 M€ = 0,58
Valeur imposable des titres A détenus par le redevable (sauf exclusion ou exonération) : 3 M€ × 0,58 = 1,74 M€

EXCLUSION DE L'IMMOBILIER AFFECTÉ À L'ACTIVITÉ OPÉRATIONNELLE

Notion d'activité opérationnelle Exerce une activité opérationnelle la société (ou l'organisme) dont l'activité est industrielle, commerciale, artisanale, agricole ou libérale. **71170** CGI art. 966 ENR-XIII-3880 s

Tel n'est pas le cas, pour la détermination de l'assiette de l'IFI, d'une société qui a pour activité la **gestion de son propre patrimoine immobilier.**

Sont, en revanche, considérées comme commerciales :

– les activités mentionnées aux articles 34 et 35 du CGI (autrement dit les **activités industrielles, commerciales ou artisanales** dont les résultats se rattachent aux BIC : nos 7015 s.) autres que l'activité de gestion de son propre patrimoine immobilier ;

– les activités des **sociétés holdings animatrices** (définition : voir n° 72885).

S'agissant de la définition des activités **libérales** et des activités **agricoles,** voir n° 72660.

ATTENTION

Pour la détermination de l'assiette de l'IFI, les sociétés pratiquant la **location nue ou meublée** (c'est-à-dire une activité de gestion de leur propre patrimoine immobilier) ne sont donc pas considérées comme ayant une activité opérationnelle.
Mais, pour l'application de l'exonération des actifs professionnels, la location meublée de locaux d'habitation peut en revanche être considérée comme une activité commerciale (voir nº 90700).

71180 CGI art. 965, 2°-a et b ENR-XIII-4300 s et 4400 s

Immeubles affectés à l'activité opérationnelle Ne sont pas retenus pour le calcul de la fraction imposable visée nº 71160 :

- Les biens ou droits immobiliers détenus directement par la société dans laquelle le redevable est associé ou par une filiale (quel que soit le nombre de niveaux d'interposition) et **affectés par la société qui les détient à sa propre activité** opérationnelle ;
- Les biens ou droits immobiliers détenus (directement ou indirectement) par une société opérationnelle dans laquelle le redevable détient (directement ou indirectement) des parts ou actions et **affectés à l'activité** opérationnelle d'une **société du groupe,** à savoir :

– la société dans laquelle le redevable détient (directement ou indirectement) les titres,
– la société propriétaire des biens,
– ou, enfin, une société dans laquelle la société dont le redevable possède (directement ou indirectement) des titres détient, directement ou par personne interposée, la majorité des droits de vote ou y exerce en fait le pouvoir de décision.

> **Précisions** **a.** Lorsque les immeubles sont affectés par la société qui les détient à sa **propre activité,** il n'est pas exigé que la société exerce à titre principal une activité opérationnelle ni que l'immobilier soit affecté en totalité à cette activité (BOI-PAT-IFI-20-20-20-10 nºs 170 et 180).
b. Lorsque les immeubles sont affectés à l'activité d'une société qui les **détient indirectement** (par exemple, biens mis à la disposition d'une société mère par l'une de ses filiales qui les détient), cette société doit, selon l'administration, exercer de façon exclusive une activité opérationnelle. Elle admet cependant que la société puisse exercer une activité civile annexe si l'**activité** opérationnelle reste **significativement prépondérante.** Il en est ainsi lorsque la valeur vénale réelle des actifs qui sont affectés à cette activité et le chiffre d'affaires afférent à cette activité représentent au moins 80 % de la valeur vénale de l'ensemble des éléments de l'actif et du chiffre d'affaires total de l'entreprise (BOI-PAT-IFI-20-20-20-10 nº 220).
De même, lorsque les biens sont affectés à l'activité d'une **société contrôlée,** l'administration considère que, si la société qui contrôle la société utilisatrice doit en principe exercer exclusivement une activité opérationnelle, elle peut également exercer une autre activité sous réserve que l'activité opérationnelle demeure significativement prépondérante (BOI-PAT-IFI-20-20-20-10 nº 270).
c. En cas d'**affectation partielle** des biens à une **activité opérationnelle,** la valeur à retenir pour le calcul de la fraction imposable est calculée au prorata de la superficie de l'immeuble affectée à l'activité opérationnelle, sauf impossibilité de distinguer les surfaces affectées à une activité en particulier (BOI-PAT-IFI-20-20-20-10 nºs 180, 230 et 280).

71185 EXEMPLE

Un contribuable détient les titres d'une société commerciale A, qui détient elle-même des titres dans deux sociétés B et C qu'elle contrôle, ainsi que dans la société D, non contrôlée.
Les biens immobiliers inscrits à l'actif de C et utilisés par A, B ou C pour leur propre activité opérationnelle sont hors du champ de l'impôt. Les biens détenus par D et utilisés par A (société commerciale dont le redevable détient les titres) sont également hors champ. Mais les biens détenus par A, par B ou par C, et mis à la disposition de D sont inclus dans l'assiette de l'impôt, car A ne contrôle pas D (ils peuvent, le cas échéant, être exonérés au titre des actifs professionnels si le redevable exerce son activité professionnelle principale ou des fonctions dirigeantes dans la société D : voir nºs 72730 s.).

EXCLUSION DES PARTICIPATIONS MINORITAIRES

71200 CGI art. 965, 2°-al. 3 à 5 ENR-XIII-4900 s

Participations de moins de 10 % dans des sociétés opérationnelles Les parts ou actions de sociétés opérationnelles dont le redevable détient directement et, le cas échéant, indirectement moins de 10 % du capital et des droits de vote échappent à l'imposition.

Par ailleurs sont exclues du calcul de la fraction imposable visée nº 71160 les parts ou actions de sociétés opérationnelles détenues (directement ou indirectement) par la société dans laquelle le redevable est associé, lorsque le redevable détient indirectement et, le cas échéant, directement moins de 10 % du capital et des droits de vote de ces sociétés.

L'exclusion des participations minoritaires est subordonnée aux **conditions** suivantes :
– la société concernée doit exercer une **activité opérationnelle** au sens défini nº 71170 ;

– l'activité doit, selon l'administration, être exercée à titre exclusif. Il est cependant admis que la société puisse exercer une autre activité sous réserve que l'activité opérationnelle reste **significativement prépondérante** au sens défini nº 71180, précision b (BOI-PAT-IFI-20-20-20-20 nº 20) ;

– le redevable doit détenir moins de 10 % à la fois du **capital** et des **droits de vote.** Pour l'appréciation de ce seuil, il est tenu compte de l'ensemble des participations, directes ou indirectes, détenues par le redevable et les membres de son foyer fiscal (nº 71090).

EXEMPLES

1. Un redevable détient 14 % des titres d'une société commerciale A, laquelle détient 70 % d'une société commerciale B.
La participation indirecte du redevable dans B se tient au-dessous du seuil de 10 % : 14 % × 70 % = 9,8 %.
Les titres A détenus par le redevable entrent dans le champ de l'IFI, mais les immeubles détenus par la société B ne sont pas pris en compte pour déterminer le ratio immobilier de la société A. Autrement dit, la fraction imposable de sa participation est calculée sans tenir compte de l'immobilier détenu par B.

2. Un redevable possède 16 % des titres d'une société commerciale A, laquelle détient 30 % des titres d'une autre société commerciale B.
Le redevable possède également directement 6 % des titres de B. La participation du redevable dans la société B est supérieure à la limite de 10 % : 6 % + (16 % × 30 %) = 10,8 %.
Il est donc soumis à l'IFI à la fois sur la valeur de sa participation dans la société A, appréciée en tenant compte de l'immobilier imposable détenu par la société B, et sur la valeur de sa participation dans la société B (à hauteur de l'immobilier imposable détenu par B).

3. Un redevable possède 7 % des titres d'une société commerciale A, laquelle détient 40 % des titres d'une autre société commerciale B.
Le redevable possède également directement 8 % des titres de B. La participation du redevable dans la société B est supérieure à la limite de 10 % : 8 % + (7 % × 40 %) = 10,8 %.
Il échappe donc à l'IFI sur ses titres A mais y est soumis sur sa participation dans B (à hauteur de l'immobilier imposable détenu par B).

Un **dispositif anti-abus** prévoit que sont pris en compte pour la détermination de la fraction imposable (sauf exclusion visée nº 71180) les biens et droits immobiliers détenus directement par les sociétés ou organismes que le redevable **contrôle** ou dont il se réserve la **jouissance** (ou un membre de son foyer fiscal). **71210** ENR-XIII-5150 s

Le contrôle de la société est apprécié selon les règles fixées à l'article 150-0 B ter, III-2º du CGI (nº 33310, précision a) au regard des droits détenus par le redevable, seul ou conjointement avec son conjoint, partenaire de Pacs ou concubin notoire, leurs ascendants, descendants ou leurs frères et sœurs (BOI-PAT-IFI-20-20-20-20 nº 90).

EXEMPLE

Le redevable qui détient une participation dans une société dans laquelle il dispose seul de 9 % du capital et des droits de vote mais dont les parents détiennent 42 % des droits de vote est imposé sur sa participation dans la société concernée, à hauteur de sa fraction représentative de l'immobilier imposable (BOI-PAT-IFI-20-20-20-20 nº 90).

71220 CGI art. 972 bis ENR-XIII-5250 s

Participations de moins de 10 % dans certains OPC Les parts ou actions d'organismes de placement collectif (OPC) ne sont pas retenues dans l'assiette de l'impôt à la double condition que le redevable détienne moins de 10 % des droits et que l'**actif** soit **composé** (directement ou indirectement), à hauteur de **moins de 20 %,** de biens ou droits immobiliers imposables.

Sont visés les titres d'**OPCVM,** de **fonds d'investissement** à vocation générale, de fonds de capital investissement, de fonds de fonds alternatifs, de fonds professionnels à vocation générale, de fonds déclarés, de **fonds d'épargne salariale,** de **Sicaf** et d'organismes de financement.

> **Précisions** **a.** Selon l'administration, pour l'appréciation du seuil de détention de 10 %, il faut tenir compte des **droits détenus indirectement** par l'intermédiaire d'une société ou au travers des unités de compte d'un contrat d'assurance-vie ou d'un bon ou contrat de capitalisation (BOI-PAT-IFI-20-20-20-20 nº 140).
> **b.** L'exclusion s'applique dans les mêmes conditions aux **OPC étrangers** présentant les mêmes caractéristiques établis dans un État de l'EEE ou dans un État ayant conclu avec la France une convention d'assistance administrative (BOI-PAT-IFI-20-20-20-20 nº 180).

71230 CGI art. 972 ter ENR-XIII-5400 s

Participations de moins de 5 % dans les SIIC Les actions de sociétés d'investissement immobilier cotées (SIIC) – même si la société n'a pas opté pour le régime d'exonération d'IS visé nos 30930 s. (BOI-PAT-IFI-20-20-20-20 n° 210) – échappent à l'imposition lorsque le redevable détient directement et, le cas échéant, indirectement, seul ou conjointement avec les membres de son foyer fiscal moins de 5 % du capital et des droits de vote de la société.

> **Précisions** L'exclusion s'applique dans les mêmes conditions aux **sociétés étrangères** présentant les mêmes caractéristiques établies dans un État de l'EEE ou dans un État ayant conclu avec la France une convention d'assistance administrative (BOI-PAT-IFI-20-20-20-20 n° 210).

REDEVABLES NE DISPOSANT PAS DES INFORMATIONS NÉCESSAIRES

71240 CGI art. 965, 3° ENR-XIII-4600 s

Aucun rehaussement n'est effectué si le redevable, de **bonne foi,** démontre qu'il n'était pas en mesure de disposer des informations nécessaires à l'estimation de la fraction imposable visée n° 71160, à moins que lui-même ou un membre de son foyer fiscal ne se réserve, en fait ou en droit, la jouissance des biens ou droits immobiliers détenus indirectement.

Cette clause de sauvegarde ne vaut que pour les redevables qui détiennent une **participation minoritaire** dans la société **propriétaire** de l'immobilier. Elle ne s'applique pas lorsque le redevable possède (directement ou indirectement) plus de 10 % du capital ou des droits de vote de la société qui détient directement les biens ou droits immobiliers imposables. Le seuil de 10 % est apprécié en tenant compte des droits détenus par les membres du foyer fiscal du redevable (n° 71090).

Elle ne peut pas non plus être invoquée par le redevable qui **contrôle,** au sens de l'article 150-0 B ter, III-2° du CGI (nos 33310, précision a et 71210), **la société** qui détient **directement** les biens ou droits immobiliers imposables.

3. CAS PARTICULIERS

BIENS GREVÉS D'UN DROIT D'USUFRUIT, D'HABITATION OU D'USAGE

71275 CGI art. 968 ENR-XIII-5630 s

Les actifs immobiliers (définis n° 71140) grevés d'un usufruit, d'un droit d'habitation ou d'un droit d'usage accordé à titre personnel sont compris dans le **patrimoine de l'usufruitier** ou du titulaire du droit pour leur valeur en pleine propriété, aucun abattement n'étant applicable au titre du démembrement (Cass. com. 20-3-2007 n° 05-16.751 F-PB : RJF 7/07 n° 858). Corrélativement, le nu-propriétaire n'a rien à déclarer au titre de l'IFI.

Il s'agit là d'une **présomption irréfragable** de propriété. Mais l'usufruitier ou le titulaire du droit n'est imposable que sur la **fraction** de la pleine propriété **correspondant au droit** dont il dispose (ainsi, l'usufruitier d'un quart du bien ne doit déclarer que le quart de la toute propriété). En outre, la loi prévoit plusieurs **exceptions** au principe de l'imposition de l'usufruitier sur la toute propriété du bien (voir n° 71280, précision a).

71280

> **Précisions a.** Dans les cas limitativement énumérés ci-après, l'usufruitier et le nu-propriétaire sont **imposés séparément** sur la valeur de leur droit déterminée en fonction de l'âge de l'usufruitier (barème forfaitaire prévu à l'article 669 du CGI, voir n° 68460) à condition que l'usufruit ne soit ni vendu ni cédé à titre gratuit par son titulaire :
> – démembrement résultant de la vente d'un bien dont le **vendeur s'est réservé l'usufruit** ou le droit d'usage ou d'habitation à **condition** que l'acquéreur de la nue-propriété ne soit pas l'une des personnes visées à l'article 751 du CGI (voir n° 68030, a) ;
> – **démembrement** de propriété résultant de l'une des dispositions suivantes du Code civil concernant les **droits des conjoints** : articles 757 ou 767 dans sa rédaction applicable aux successions ouvertes avant le 1er juillet 2002 (usufruit légal du conjoint survivant), 1094 dans sa rédaction applicable aux successions ouvertes avant le 1er janvier 2007 (usufruit légal réservé aux ascendants survivants après donation entre époux de la partie réservataire en nue-propriété, en l'absence de descendants) et 1098 (usufruit forcé du second conjoint en présence d'enfants du premier lit), à l'exclusion de toute autre et notamment de l'article 1094-1 du Code civil (donation entre époux en présence de descendants) ;
> – démembrement résultant d'une **donation ou d'un legs avec réserve d'usufruit à l'État, aux départements, communes** ou syndicats de communes et à leurs établissements publics, aux établissements publics nationaux à caractère administratif, aux **associations reconnues** d'utilité publique et aux **fondations reconnues d'utilité publique,** à condition pour ces dernières que la libéralité ait reçu au préalable l'autorisation prévue à l'article 910 du Code civil.
>
> **b.** Le **prêt à usage** ou commodat n'est pas visé par l'article 968 du CGI. Le propriétaire du bien prêté doit le comprendre dans son patrimoine, sous réserve du droit de contrôle de l'administration quant au but recherché par les parties (BOI-PAT-IFI-20-20-30-10 n° 260).
> De même, les **actions et parts sociales données en location** conformément aux articles L 239-1 et suivants du Code de commerce doivent être comprises dans le patrimoine du propriétaire pour leur fraction représentative de l'immobilier imposable.

c. Un bien faisant l'objet d'une **donation temporaire d'usufruit** doit, pendant la période de dessaisissement, être compris, non plus dans le patrimoine du donateur, mais, le cas échéant, dans celui de l'usufruitier (sauf abus de droit). À cet égard, l'administration s'est engagée à ne pas remettre en cause sur le fondement de l'abus de droit les donations temporaires d'usufruit consenties aux associations et fondations reconnues d'utilité publique, sous réserve notamment qu'elles soient constatées par un acte notarié pour une durée au moins égale à trois ans (BOI-PAT-IFI-20-20-30-10 n° 280).

d. Lorsque l'usufruitier (ou le nu-propriétaire) est une **personne morale**, la fraction imposable visée n° 71160 est, sous réserve du droit de contrôle de l'administration quant au but recherché lors du démembrement, déterminée en retenant la seule valeur de l'usufruit (ou de la nue-propriété) détenue par la société.

Dans le cas d'un actif imposable qui serait détenu pour l'usufruit par le redevable et pour la nue-propriété par une personne morale dont le redevable détient, directement ou indirectement, des parts ou actions, il est admis que le redevable neutralise, pour la valorisation de ses parts ou actions, la valeur de la nue-propriété de l'actif imposable déjà imposée directement entre ses mains (BOI-PAT-IFI-20-20-30-10 n° 40).

CONTRAT D'ASSURANCE-VIE ET DE CAPITALISATION

Pendant la phase d'épargne, les **contrats d'assurance rachetables** et les bons ou contrats de capitalisation exprimés **en unités de compte** doivent être déclarés par le souscripteur pour la fraction de leur valeur de rachat au 1er janvier de l'année d'imposition représentative des actifs immobiliers imposables (définis nos 71140 s.) compris dans les unités de compte. Cette valeur est, en principe, communiquée chaque début d'année par l'assureur. **71285** CGI art. 972 ENR-XIII-7200 s

La détermination des actifs imposables est effectuée selon les règles exposées nos 71150 et 71160 s. (y compris la règle d'exclusion des participations minoritaires dans les SIIC non visée par la loi : BOI-PAT-IFI-20-20-30-30 n° 160).

› Précisions Les contrats **non rachetables** ne sont pas taxables à l'IFI. À cet égard ne sont pas considérés comme rachetables les contrats suivants : assurance temporaire en cas de décès, assurance de capitaux de survie et de rente de survie, assurance en cas de vie sans contre-assurance et rentes viagères différées sans contre-assurance. Les contrats d'assurance de groupe (PER, « Madelin », Perp) entrent, en principe, également dans cette catégorie. En ce qui concerne les PER, voir toutefois n° 96580.

CONTRATS DE CRÉDIT-BAIL ET DE LOCATION-ACCESSION

Les actifs immobiliers (définis n° 71140) faisant l'objet d'un contrat de crédit-bail ou d'un contrat de location-accession sont compris dans le **patrimoine du preneur** ou de l'accédant pour leur valeur appréciée au 1er janvier de l'année d'imposition. L'assiette est **réduite** du montant des loyers ou redevances restant à courir jusqu'à l'expiration du bail ou jusqu'au terme prévu pour la levée de l'option ainsi que du montant de l'option d'achat. **71290** CGI art. 971 ENR-XIII-7500 s

› Précisions Cette règle d'imposition s'applique non seulement lorsque le **preneur du contrat de crédit-bail** est le redevable lui-même mais également lorsqu'il s'agit d'une **société** dans laquelle le redevable détient directement ou indirectement des parts ou actions.

TONTINE

Les biens acquis en commun dans les conditions prévues à l'article 754 A du CGI (contrat avec clause dite « d'accroissement », « de condition de survie » ou « de tontine » : n° 68250) sont inclus dans le patrimoine de chacun des contractants au **prorata** des sommes investies par chacun des survivants dans le contrat. Ce prorata est effectué en tenant compte des seuls survivants au 1er janvier de l'année d'imposition. **71300** CGI art. 968 bis ENR-XIII-7600 s

Relèvent en particulier de ce régime les **sociétés à forme tontinière** (BOI-PAT-IFI-20-20-30-30 n° 280).

FIDUCIE ET TRUST

Les actifs immobiliers imposables transférés en **fiducie** demeurent imposables chez le constituant pour leur valeur vénale au 1er janvier de l'année d'imposition : voir n° 90955. **71310** CGI art. 969 et 970 ENR-XIII-7750 s

Ceux placés dans un **trust** (tel que défini n° 68670, précision a) sont compris, pour leur valeur vénale nette au 1er janvier de l'année d'imposition, dans le patrimoine du constituant ou du bénéficiaire réputé être un constituant sauf si le constituant rapporte la **preuve** que les biens en cause ne lui confèrent aucune capacité contributive, cette preuve ne pouvant résulter uniquement du caractère irrévocable du trust et du pouvoir discrétionnaire de gestion de son administrateur (Cons. const. 15-12-2017 n° 2017-679 QPC : RJF 3/18 n° 293). L'imposition ne concerne toutefois pas les trusts « caritatifs » ni, selon l'administration (BOI-PAT-IFI-20-20-30-20 n° 50), les trusts « retraite ».

À défaut de déclaration, ces biens sont soumis à un prélèvement spécifique (n° 75977).

C. Exonérations

71400 En dehors des **actifs professionnels** (nos 72500 s.), seuls certains biens ruraux ou forestiers sont susceptibles de bénéficier d'une exonération d'IFI.

BOIS ET FORÊTS ET PARTS DE GROUPEMENTS FORESTIERS

71430 CGI art. 976, I et II ENR-XIII-20000 s

Lorsqu'ils ne constituent pas des actifs professionnels susceptibles d'être exonérés en totalité, ces biens bénéficient d'une exonération partielle à concurrence des **trois quarts de leur valeur** sous les **conditions** fixées pour l'exonération des droits de succession (nos 68120 et 68130) : engagement d'appliquer une des garanties de gestion durable pendant trente ans, production du certificat du directeur départemental des territoires et d'un bilan de mise en œuvre du document de gestion durable et, pour les parts de groupements forestiers acquises à titre onéreux, délai de détention minimum de deux ans et engagement de reboiser friches et landes dans les cinq ans.

› Précisions **a.** L'**engagement** et le **certificat** doivent pouvoir être produits à la demande de l'administration à compter de la première déclaration d'IFI comprenant des biens pour lesquels l'exonération partielle est demandée. Le certificat et le bilan doivent être renouvelés tous les dix ans.
Le certificat fourni et l'engagement pris pour bénéficier de l'exonération au titre de l'**ISF** demeurent valables au titre de l'IFI pour le temps restant à courir.
b. L'exonération partielle des **parts de groupements forestiers** ne s'applique qu'à la fraction de la valeur des parts correspondant aux biens directement liés à l'objet de ces groupements (biens visés à l'article 793, 1-3° du CGI : voir n° 68130, c).
c. En cas de **rupture de l'engagement** d'appliquer une des garanties de gestion durable, l'impôt non acquitté est exigible, majoré d'un droit supplémentaire et de l'intérêt de retard dont les taux varient en fonction de la date à laquelle intervient la déchéance (voir n° 68120).
d. La **vente** des bois et forêts avant l'expiration du délai de trente ans ne constitue pas en soi une cause de déchéance du régime de faveur. Mais, si l'acquéreur ne respecte pas l'**engagement** pris par le cédant, ce dernier perd le bénéfice des exonérations précédemment obtenues (Cass. com. 11-6-2013 n° 12.19-890 F-PB : RJF 10/13 n° 982).
e. Les parts de **sociétés d'épargne forestière** ne bénéficient pas de l'exonération partielle d'IFI (C. mon. fin. art. L 214-121).

BIENS RURAUX DONNÉS À BAIL À LONG TERME OU À BAIL CESSIBLE ET PARTS DE GROUPEMENTS FONCIERS AGRICOLES (GFA)

71440 CGI art. 976, III, IV et V ENR-XIII-16000 s

Ces deux catégories de biens sont susceptibles de bénéficier soit d'une exonération totale s'ils remplissent certaines conditions permettant de les assimiler à des actifs professionnels, soit d'une exonération partielle.
Ces exonérations concernent :

a. Les **biens ruraux loués,** pour une durée minimum de dix-huit ans, dans les conditions prévues aux articles L 416-1 à L 416-6, L 416-8 et L 416-9 du Code rural et de la pêche maritime (bail à long terme) ou dans les conditions prévues par les articles L 418-1 à L 418-5 du même Code (bail cessible) ;

b. Les **parts de GFA non exploitants** ou de groupements agricoles fonciers qui remplissent, en outre, les conditions de l'article 793, 1-4° du CGI (interdiction statutaire de l'exploitation en faire-valoir direct ; obligation de donner les immeubles à bail à long terme ou à bail cessible ; délai de détention des parts de deux ans au moins apprécié au 1er janvier de l'année d'imposition sauf lorsqu'elles ont été attribuées en rémunération d'apports d'immeubles agricoles effectués lors de la constitution ou d'une augmentation de capital du groupement).

71445 **Exonération totale** Les biens ruraux donnés à bail à long terme ou à bail cessible et les parts de GFA sont totalement exonérés lorsque :

– le **bail** est **consenti** par le bailleur à certains membres de son groupe familial (conjoint/partenaire de Pacs/concubin notoire, leurs ascendants ou descendants ou conjoints/partenaires de Pacs/concubins notoires respectifs, leurs frères et sœurs) ou encore, s'agissant des GFA, au détenteur de parts (ou à un membre de son groupe familial) ;

– le **preneur utilise le bien** dans l'exercice de sa profession principale (n° 72680).

Les biens en cause sont également totalement exonérés en cas de location (ou de mise à disposition du bien loué ou encore d'apport du droit au bail y afférent) à une société à objet principalement agricole contrôlée à plus de 50 % par les membres du groupe familial ou les détenteurs de parts, l'exonération n'étant alors applicable qu'**à concurrence de la participation** détenue dans la société par celles de ces personnes qui y exercent leur activité professionnelle principale.

Quant aux **parts de GFA,** elles doivent, en outre, être représentatives d'**apports** constitués par des **immeubles** ou des droits immobiliers **à destination agricole.**

> **Précisions** Lorsque le bail est consenti à des **copreneurs** dont l'un est membre du groupe familial, le bien rural est considéré comme actif professionnel, à hauteur de la part de ce copreneur, sous réserve de remplir les autres conditions (BOI-PAT-IFI-30-10-50 n° 70).
> Si le bail est consenti à une **indivision** formée entre les membres du groupe familial, l'exonération totale peut s'appliquer (Rép. César : Sén. 17-12-1992 n° 22733, non reprise dans Bofip).

Exonération partielle Lorsque les conditions visées n° 71445 ne sont pas satisfaites, les biens ou parts sont exonérés partiellement à concurrence de 75 % de leur valeur lorsque celle-ci n'excède pas 101 897 € et à concurrence de 50 % au-delà de cette limite. 71450

> **Précisions** **a.** Pour que l'exonération s'applique, il faut, outre les conditions déjà mentionnées (voir n° 71440), que les **descendants majeurs du preneur** ne soient pas privés du droit au maintien du bail à leur profit.
> **b.** Selon l'administration, seule la **fraction des parts de GFA** représentative de la valeur des biens donnés à bail à long terme ou à bail cessible bénéficie de l'exonération (BOI-PAT-IFI-30-20 n° 210).
> **c.** Lorsqu'une personne détient **à la fois des parts de GFA et des biens ruraux** donnés à bail, la limite de 101 897 € doit s'apprécier distinctement pour chaque catégorie de biens.
> **d.** La **limite** au-delà de laquelle l'exonération passe de 75 % à 50 % s'apprécie au 1er janvier de l'année d'imposition.

PARTS DE GROUPEMENTS FONCIERS RURAUX (GFR)

Elles sont soumises au régime des parts de groupements forestiers pour leur fraction représentative de biens de nature forestière et au régime des parts de GFA pour leur fraction représentative de biens de nature agricole. 71455

CHAPITRE 2

ASSIETTE ET CALCUL DE L'IMPÔT

SOMMAIRE

A. Évaluation des actifs imposables 71750
B. Déduction du passif 71810
C. Calcul de l'impôt 71840
1. Tarif applicable 71950
2. Réduction IFI-dons 72100
3. Plafonnement de l'IFI 72150
4. Impôt sur la fortune acquitté hors de France 72210

GÉNÉRALITÉS

71600 L'IFI est assis sur la valeur nette des actifs immobiliers imposables (CGI art. 965). Les contribuables doivent donc procéder à l'évaluation de leur patrimoine immobilier au 1er janvier de l'année d'imposition puis déduire les dettes le grevant. L'impôt dû est ensuite calculé en appliquant à la valeur nette du patrimoine ainsi déterminée le barème progressif prévu par la loi. Le montant obtenu fait l'objet, le cas échéant, d'une réduction d'impôt accordée au titre des dons consentis à certains organismes puis d'un plafonnement en fonction des revenus du redevable.

A. Évaluation des actifs imposables

71750 CGI art. 973 ENR-XIII-22000 s D'une manière générale, la valeur servant de base à l'impôt est déterminée par le contribuable, sous réserve du contrôle de l'administration (voir nos 78215 s.). Excepté dans le cas où le législateur a fixé des bases d'évaluation, la valeur à déclarer est la **valeur vénale** déterminée à la date du fait générateur de l'impôt, c'est-à-dire au 1er janvier de chaque année.

La valeur des actifs imposables est déterminée suivant les **règles** d'évaluation prévues en matière de **mutation par décès.** Il convient donc de se reporter, à cet égard, aux développements figurant nos 68400 s., sauf à tenir compte des règles d'évaluation propres à l'IFI ou qui intéressent essentiellement cet impôt, lesquelles sont exposées ci-après.

En ce qui concerne par ailleurs les règles particulières prévues pour l'évaluation des biens grevés d'un **usufruit, assurance-vie, tontine, crédit-bail,** voir nos 71275 s.

71755 **Remarque** Lorsqu'ils sont imposables, les **actifs situés à l'étranger,** y compris les actions ou parts de sociétés ayant leur siège social hors de France, sont évalués dans les mêmes conditions que les biens situés en France. L'administration fiscale française peut avoir recours aux administrations fiscales étrangères lorsque des conventions prévoient sur ce point une assistance administrative.

IMMEUBLES

71760 ENR-XIII-22180 s Par dérogation au principe selon lequel la valeur vénale des immeubles dont le propriétaire a l'usage est réputée égale à leur valeur libre de toute occupation, un abattement de 30 % est effectué sur la valeur vénale lorsque l'immeuble est occupé, au 1er janvier de l'année d'imposition, à titre de **résidence principale** par son propriétaire. Il en est de même pour les héritiers, lorsque l'immeuble est grevé d'un **droit temporaire au logement du conjoint survivant** (BOI-PAT-IFI-20-30-20 n° 40).

En cas d'imposition commune, un seul immeuble est susceptible de bénéficier de l'abattement.

Cette mesure concerne également les parts de sociétés immobilières transparentes (BOI-PAT-IFI-20-30-20 n° 50).

ATTENTION

Le redevable ne peut, en revanche, pas prétendre au bénéfice de cet abattement forfaitaire de 30 % lorsque l'immeuble qu'il occupe à titre de résidence principale est détenu au travers d'une **société civile immobilière** (Cons. const. 17-1-2020 n° 2019-820 QPC : RJF 4/20 n° 374).

Par ailleurs, l'évaluation des immeubles classés **monuments historiques** doit tenir compte des contraintes particulières dont ils sont grevés (ouverture au public, lourdes charges d'entretien).

> Précisions Une **résidence principale détenue en indivision** par des époux mariés sous le régime de la séparation de biens doit être évaluée sans tenir compte de l'état d'indivision, celui-ci n'affectant pas la valeur de l'immeuble (Cass. com. 27-3-2019 n° 18-10.933 F-PB : RJF 11/19 n° 1094).

ACTIONS ET PARTS DE SOCIÉTÉS

Les actions et parts de sociétés ne sont imposables que pour la seule fraction de leur valeur représentative de biens ou de droits immobiliers imposables détenus directement ou indirectement par la société. Le redevable doit donc d'abord déterminer la **valeur vénale** de ses titres puis lui appliquer le **coefficient de taxation** correspondant au ratio immobilier de la société (voir nos 71160 s.), étant précisé que ce ratio doit éventuellement être **corrigé** du fait de l'existence au passif de la société de dettes dont la loi interdit ou limite la prise en compte pour l'évaluation des titres du redevable. 71770

La valeur vénale des **actions et parts de sociétés non cotées** est estimée selon les règles d'évaluation exposées n° 78240. 71775

Quant aux **valeurs mobilières cotées,** lorsqu'elles sont imposables – ce qui est rare en pratique compte tenu de l'exemption des participations minoritaires (voir n° 71200) – elles sont évaluées selon le dernier cours connu ou selon la moyenne des trente derniers cours qui précèdent le 1er janvier de chaque année. Pour chaque catégorie de titres, les redevables peuvent donc **choisir** celle des deux références qui conduit à l'estimation la plus modérée de leur portefeuille.

> Précisions S'agissant de l'évaluation des titres de **sociétés étrangères non cotées,** voir n° 71755. Pour les valeurs mobilières étrangères **cotées** uniquement sur des places étrangères **hors zone euro,** le dernier cours connu ou les trente derniers cours sont convertis en euros d'après le taux de change de la devise à la date ou aux dates considérées (BOI-PAT-IFI-20-30-20 n° 130).

Règles anti-abus

Dettes afférentes à un actif imposable. La fraction de valeur taxable des parts et actions détenues par le redevable est, en principe, déterminée sans tenir compte des dettes **contractées** (directement ou indirectement) **par la société** : 71780 CGI art. 973, II et IV ENR-XIII-22610 s

– pour l'**acquisition** d'un actif imposable au redevable ou à un membre de son foyer fiscal qui contrôle, seul ou conjointement avec son foyer fiscal, la société ;

– **auprès d'un redevable** ou d'un membre de son foyer fiscal pour l'acquisition d'un actif imposable ou pour le financement de certaines dépenses afférentes à un tel actif ;

– **auprès d'un membre du groupe familial** du redevable (autre que son conjoint et ses enfants mineurs) pour l'acquisition d'un actif imposable ou pour certaines dépenses afférentes à un tel actif ;

– **auprès d'une société contrôlée,** directement ou par l'intermédiaire de plusieurs sociétés interposées, par le redevable ou un membre de son groupe familial pour l'acquisition d'un actif imposable ou pour le financement de certaines dépenses afférentes à un tel actif.

Sauf en cas d'achat au redevable d'un actif immobilier imposable, l'exclusion de la dette ne joue qu'à proportion de la participation de l'associé (seul ou conjointement avec son foyer fiscal) dans la société.

Ces règles anti-abus ont pour seul objet de corriger l'évaluation des titres détenus par le redevable et sont donc sans incidence sur l'**évaluation des titres détenus par les autres associés** également assujettis à l'IFI (BOI-PAT-IFI-20-30-30 nos 20 et 190).

> Précisions **a.** Peu importe la **forme** de la dette : emprunt bancaire, compte courant d'associé, etc. (BOI-PAT-IFI-20-30-30 n° 30).

b. Le foyer fiscal est défini n° 71090. Le **groupe familial** comprend, en outre, les ascendants, descendants majeurs et frères et sœurs du couple.

c. Le **contrôle de la société** est apprécié selon les règles fixées à l'article 150-0 B ter, III-2° du CGI (n° 33310, précision a).

Le redevable peut **éviter l'exclusion de la dette** s'il justifie que le prêt n'a pas été contracté dans un objectif principalement fiscal ou, en cas de prêt contracté auprès d'un membre du groupe familial, s'il justifie du caractère normal des conditions du prêt (notamment du respect du terme des échéances, du montant et du caractère effectif des remboursements). 71782

> Précisions **a.** La notion d'**objectif principalement fiscal** s'apprécie au regard de la charge d'IFI à laquelle est assujetti le redevable. Peuvent être susceptibles de caractériser un objectif autre que fiscal les circonstances que la dette a été souscrite avant la création de l'IFI (soit avant 2018) ou à une date très antérieure à celle à compter de laquelle le foyer fiscal est devenu redevable de l'IFI (BOI-PAT-IFI-20-30-30 n° 240).

b. Selon l'administration, le **caractère normal des conditions du prêt** s'apprécie notamment au regard des pratiques bancaires usuelles dans le domaine concerné (BOI-PAT-IFI-20-30-30 n° 270).

71783 **Dettes non afférentes à un actif imposable.** La fraction de valeur taxable des parts et actions détenues par le redevable est déterminée sans tenir compte des dettes **contractées** (directement ou indirectement) **par la société** et qui ne sont pas afférentes à un actif imposable (CGI art. 973, IV, issu de l'article 27 de la loi 2023-1322 du 29-12-2023).

Sans préjudice des dispositions visées nos 71780 et 71782, l'application de cette règle ne peut avoir pour effet de porter la valeur imposable des parts ou actions au-delà de leur valeur vénale déterminée dans les conditions de droit commun ou de la valeur vénale des actifs imposables de la société, diminuée des dettes y afférentes qu'elle a contractées, à proportion de la fraction de capital de la société à laquelle donnent droit les parts ou actions comprises dans le patrimoine du redevable.

71785
CGI art. 973, III
Règles particulières en cas de prêts « in fine » ou sans terme Pour l'évaluation des parts ou actions de sociétés, les dettes correspondant aux prêts « in fine » et aux prêts ne prévoyant pas de terme **contractés par la société,** directement ou indirectement, pour l'achat d'un actif imposable sont prises en compte chaque année à hauteur du montant déductible défini n° 71815.

B. Déduction du passif

DETTES DÉDUCTIBLES

71810
CGI art. 974, I
ENR-XIII-24050 s
Les dettes contractées par le redevable peuvent être déduites de l'actif imposable lorsqu'elles **existent au 1er janvier** de l'année d'imposition et qu'elles sont **effectivement supportées** par le redevable.

Seules peuvent être déduites les dettes **afférentes à des actifs imposables,** le cas échéant, **à proportion** de la fraction de leur valeur imposable (cas des biens partiellement exonérés tels que les bois et forêts, par exemple). Ne sont donc pas déductibles les dettes contractées par un nu-propriétaire servant à financer une dépense affectée à un bien démembré compris en pleine propriété dans le patrimoine imposable de l'usufruitier ni celles qui se rapportent à des actifs professionnels exonérés (BOI-PAT-IFI-20-40-10 n° 160).

ATTENTION

S'agissant des dettes afférentes à la **résidence principale,** l'administration considère qu'elles sont déductibles pour leur montant total sans toutefois pouvoir excéder la valeur imposable de la résidence principale (soit 70 % de la valeur vénale réelle) (BOI-PAT-IFI-20-40-10 n° 160).

Pour être déductibles, les dettes doivent être **utilisées** pour la réalisation des dépenses limitativement énumérées n° 71812.

> Précisions a. Toutes conditions étant supposées remplies, sont notamment déductibles les **emprunts bancaires,** les sommes restant dues aux prestataires de services ou aux entrepreneurs de travaux, le capital constitutif de la rente viagère en cas d'acquisition moyennant le paiement d'une rente viagère.

La dette résultant d'un **rachat de prêt** par un établissement bancaire est déductible lorsque la dette correspondant au prêt racheté était elle-même déductible (BOI-PAT-IFI-20-40-10 n° 170).

b. L'administration admet que les redevables de l'IFI qui, **avant le 1er janvier 2018,** ont acquis des actifs immobiliers en **remploi d'une indemnité** perçue en réparation d'un dommage corporel lié à un accident ou une maladie, ou d'un préjudice moral ou économique, du fait d'un dommage corporel causé à un proche, puissent déduire, de l'actif imposable que représentent ces actifs immobiliers, le montant actualisé de l'indemnité ainsi perçue (Rép. Goasguen : AN 18-9-2018 n° 8489 ; Rép. Straumann : AN 16-4-2019 n° 11597).

Cette tolérance concerne les indemnités perçues en capital ou sous forme de rente (notamment d'accident du travail). Pour en bénéficier, le redevable doit prouver que la **rente** a bien été employée à l'**acquisition de biens immobiliers.** À défaut d'affectation précise, il convient de déterminer un prorata de déduction calculé en fonction de la totalité de l'actif patrimonial au 1er janvier 2017 et non des seuls biens immobiliers (CA Poitiers 4-1-2022 n° 20/01941 : RJF 12/22 n° 1084).

c. L'existence, l'objet et le montant des dettes doivent pouvoir être **justifiés** par le redevable. L'administration peut, en effet, lui demander des **éclaircissements** et des **justifications** en vue du contrôle de l'impôt (voir n° 72320).

71812
ENR-XIII-24300 s
Liste des dépenses ouvrant droit à déduction La loi énumère les dépenses ouvrant droit à déduction des dettes. Ainsi, seules sont déductibles les dettes afférentes aux :

– dépenses d'**acquisition de biens ou droits immobiliers** ;

– dépenses **de réparation et d'entretien** effectivement supportées par le propriétaire, y compris celles qu'il a réglées pour le compte du locataire et dont il n'a pas pu obtenir le remboursement au 31 décembre de l'année du départ du locataire ;

– dépenses **d'amélioration, de construction, de reconstruction ou d'agrandissement** ;

– **impositions** dues à raison des propriétés, autres que celles incombant normalement à l'occupant, dont le fait générateur se situe au plus tard le 1er janvier de l'année d'imposition et qui restent à payer à cette date. Le redevable ne peut pas, en revanche, déduire les impositions dues à raison des revenus générés par son patrimoine immobilier ;

– dépenses d'**acquisition des parts ou actions** au prorata de la valeur des biens ou droits immobiliers imposables.

Cette liste est **limitative.** Il en résulte que ne sont pas déductibles, notamment, les pensions alimentaires (BOI-PAT-IFI-20-40-10 n° 150) et les dépôts de garantie reçus par les propriétaires, qui doivent être restitués en fin de bail (BOI-PAT-IFI-20-40-10 n° 30).

ILLUSTRATIONS

Impôts déductibles : les taxes foncières ; éventuellement la taxe sur les locaux vacants ; les taxes annuelles sur les bureaux ; les droits de mutation en instance de paiement au 1er janvier.

Impôts **non déductibles** : la taxe d'habitation (taxe d'habitation sur les résidences secondaires et les autres locaux meublés non affectés à l'habitation principale) ; l'impôt sur le revenu (revenus fonciers ou BIC) et les prélèvements sociaux grevant le revenu foncier du propriétaire bailleur (BOI-PAT-IFI-20-40-10 n° 220).

L'**IFI** lui-même est à retrancher de sa propre base de calcul dans les conditions suivantes :

– calculer l'IFI dû sur le montant net du patrimoine, sans tenir compte de l'IFI lui-même ;

– retrancher de ce résultat, le cas échéant, l'impôt sur la fortune acquitté hors de France ;

– ajouter le montant de l'IFI ainsi obtenu au passif déductible et effectuer un nouveau calcul de l'impôt pour obtenir l'IFI à payer (BOI-PAT-IFI-20-40-10 n° 80).

Cas des prêts « in fine » ou sans terme Lorsque le redevable a contracté un prêt prévoyant le **remboursement du capital au terme du contrat** (prêt « in fine »), la déduction est **limitée** à la somme des annuités théoriques restant à courir jusqu'au terme prévu. Ce montant est obtenu comme suit : **71815** CGI art. 974, II ENR-XIII-24900 s

montant total de l'emprunt – (montant total de l'emprunt × nombre d'années écoulées depuis le versement du prêt / nombre d'années total de l'emprunt)

EXEMPLE

Un redevable a financé l'acquisition d'un immeuble par un emprunt « in fine » d'un montant de 250 000 € d'une durée de 10 ans à rembourser le 1er janvier 2030. La dette qui peut être portée au passif déductible de l'IFI 2024 s'élève donc à : 250 000 € – (250 000 € × 4 / 10) = 150 000 €.

De même, dans le cas d'un prêt ne prévoyant **pas de terme pour le remboursement du capital,** la dette n'est déductible qu'à hauteur du montant total de l'emprunt diminué d'une somme égale à un vingtième de ce montant par année écoulée depuis le versement du prêt.

Seuls sont visées par ces règles particulières de déduction les prêts contractés pour l'**acquisition d'actifs imposables** ; les emprunts contractés pour financer des **travaux** ne sont pas concernés.

En ce qui concerne les règles prévues pour la valorisation des parts ou actions lorsque de tels prêts ont été conclus par la **société,** voir n° 71785.

> Précisions **a.** Par simplification, l'administration admet de ne pas prendre en compte pour ces calculs les **fractions d'année** commencées et non achevées (BOI-PAT-IFI-20-40-20 nos 20 et 40).

b. Ces règles particulières de déduction s'appliquent aux **contrats en cours au 1er janvier 2018** (BOI-PAT-IFI-20-40-20 n° 10).

EXCLUSION DES EMPRUNTS FAMILIAUX

La loi interdit la déduction des prêts contractés directement, ou indirectement par l'intermédiaire d'une ou de plusieurs sociétés ou organismes interposés, **auprès du redevable** ou d'un membre de son **foyer fiscal** (voir n° 71090). **71820** CGI art. 974, III ENR-XIII-25030 s

Sauf à **justifier** du **caractère normal** des conditions du **prêt,** notamment du respect du terme des échéances, du montant et du caractère effectif des remboursements (sur l'appréciation de ce caractère, voir n° 71782, précision b), la déduction est également écartée pour les dettes suivantes :

– prêts contractés directement, ou indirectement par l'intermédiaire d'une ou de plusieurs sociétés ou organismes interposés, **auprès d'un proche** (enfant majeur, ascendant ou frère ou sœur du couple) ;

– prêts contractés par le redevable ou un membre de son foyer fiscal **auprès d'une société contrôlée** par le groupe familial (au sens de l'article 150-0 B ter, III-2° du CGI : voir n° 33310, précision a).

PLAFOND DE DÉDUCTION POUR LES TITULAIRES DE PATRIMOINES IMPORTANTS

71825 CGI art. 974, IV ENR-XIII-25300 s Lorsque la **valeur vénale du patrimoine taxable** est **supérieure à 5 M€** et que le montant des dettes excède 60 % de cette valeur, le montant des dettes excédant ce seuil n'est déductible qu'à hauteur de 50 % de cet excédent.

EXEMPLE

Un redevable est propriétaire de biens immobiliers taxables d'une valeur brute de 8 M€, il a contracté des dettes pour leur acquisition d'un montant de 5 M€, représentant donc plus de 60 % de la valeur des biens (4,8 M€). L'excédent de 200 000 € n'est déductible qu'à hauteur de 50 %, soit 100 000 €. Le montant des dettes déductibles se trouve alors limité à 4,9 M€.

Ce plafonnement ne s'applique pas aux dettes dont le redevable **justifie** qu'elles n'ont **pas** été contractées dans un **objectif principalement fiscal** (sur cette notion, voir n° 71782, précision a).

> Précisions **a.** Le **patrimoine taxable** s'entend de l'ensemble de l'actif imposable (biens et droits immobiliers et parts ou actions pour leur valeur représentative de tels biens). Il s'apprécie avant imputation des dettes afférentes à ces biens.
b. Les **dettes concernées** par le plafonnement sont celles dont l'article 974, I, II et III du CGI autorise la déduction (voir nos 71810 s. et 71820).

C. Calcul de l'impôt

71840 Le montant de l'impôt est calculé en appliquant à la valeur nette du patrimoine imposable le **barème** fixé par l'article 977 du CGI. L'impôt ainsi calculé peut ensuite être réduit, dans certaines conditions et limites, à raison des dons faits à certains organismes (voir nos 72100 s.) et fait l'objet, le cas échéant, d'un **plafonnement** en fonction des revenus du contribuable (voir nos 72150 s.). Les impôts sur la fortune acquittés à l'étranger viennent enfin en déduction (voir n° 72210).

1. TARIF APPLICABLE

71950 CGI art. 977 ENR-XIII-27100 s Lorsque le patrimoine excède le **seuil d'imposition** (1 300 000 € : n° 71020), il est imposé conformément au barème ci-après :

Fraction de la valeur nette taxable du patrimoine		Tarif applicable (en pourcentage)	Formule de calcul des droits B = base nette taxable
N'excédant pas	800 000 €	0	
De	800 001 € à 1 300 000 €	0,50	B × 0,005
De	1 300 001 € à 2 570 000 €	0,70	(B × 0,007) - 6 600 €
De	2 570 001 € à 5 000 000 €	1	(B × 0,01) - 14 310 €
De	5 000 001 € à 10 000 000 €	1,25	(B × 0,0125) - 26 810 €
Supérieure à	10 000 000 €	1,50	(B × 0,015) - 51 810 €

Pour atténuer l'effet de seuil (taxation dès 800 000 € alors que le seuil d'imposition est de 1 300 000 €), une **décote** est prévue pour les patrimoines dont la valeur nette taxable est égale ou supérieure à 1 300 000 € et inférieure à 1 400 000 €. La réduction du montant de l'imposition est la suivante : 17 500 € - 1,25 % P, P étant la valeur nette taxable du patrimoine.

EXEMPLE

Soit un patrimoine taxable dont la valeur nette est de 22 M€ au 1er janvier 2024. L'impôt est liquidé comme suit :
– sur 800 000 € à 0 % .... 0 €
– sur 500 000 € à 0,5 % .... 2 500 €
– sur 1 270 000 € à 0,7 % .... 8 890 €
– sur 2 430 000 € à 1 % .... 24 300 €
– sur 5 000 000 € à 1,25 % .... 62 500 €
– sur 12 000 000 € à 1,5 % .... 180 000 €
Total .... 278 190 €
ou avec la formule de calcul :
(22 000 000 € × 0,015) – 51 810 € = 278 190 €

2. RÉDUCTION IFI-DONS

Les redevables qui effectuent des dons au profit de certains organismes peuvent imputer, sur le montant de leur IFI, 75 % de leurs versements (réduction « IFI-dons »). Le montant de l'avantage fiscal au titre des dons est plafonné à 50 000 € par an. 72100 CGI art. 978 ENR-XIII-27300 s

CHAMP D'APPLICATION

Ouvrent droit à la réduction d'impôt les dons effectués **en numéraire** ainsi que les dons en pleine propriété de **titres** admis aux négociations sur un marché réglementé français ou étranger au profit : 72110
- des **établissements de recherche** ou **d'enseignement supérieur** ou d'enseignement **artistique** publics ou privés, d'intérêt général, à but non lucratif ou aux établissements d'enseignement supérieur **consulaires** (EESC) ;
- des **fondations reconnues d'utilité publique** (mais non des associations reconnues d'utilité publique) ;
- des **entreprises d'insertion** et des entreprises de travail temporaire d'insertion ;
- des **associations intermédiaires** ;
- des ateliers et chantiers d'insertion ;
- des entreprises adaptées ;
- des **groupements d'employeurs** pour l'insertion et la qualification (GEIQ) qui bénéficient de la reconnaissance de la qualité de GEIQ ;
- de l'Agence nationale de la recherche ;
- des **fondations universitaires** et des fondations **partenariales** ;
- des **associations reconnues d'utilité publique** ayant pour objet le financement et l'accompagnement de la **création** et de la **reprise d'entreprises.**

> Précisions **a.** Le bénéfice de la réduction d'impôt est subordonné au respect par l'organisme (s'il relève du secteur concurrentiel) de la **réglementation communautaire** (aides de minimis nos 92660 s.).
b. Les dons doivent être versés à des **organismes** dont le siège est **situé en France** ou à des organismes **agréés** situés dans un État de l'**Espace économique européen.** Si ces derniers ne sont pas préalablement agréés par l'administration fiscale, le donateur doit produire, dans le délai légal de déclaration, les pièces justificatives attestant que l'organisme présente des caractéristiques similaires aux organismes français éligibles.
c. Les versements effectués à des **organismes collecteurs de fonds** ouvrent droit à la réduction d'impôt sous réserve que l'organisme bénéficiaire final entre dans le champ de la réduction, que les dons restent individualisés jusqu'à leur remise au bénéficiaire final et que le reçu fiscal soit délivré par le bénéficiaire final. La réduction d'impôt est acquise au donateur au titre de la période où le don est reversé par l'organisme collecteur à l'organisme éligible (BOI-PAT-IFI-40-20-10 n° 40).

MODALITÉS D'APPLICATION

Les **dons pris en compte** sont ceux effectués entre la date limite de dépôt de la déclaration de l'année précédant celle de l'imposition et la date de dépôt de la déclaration de l'année d'imposition. 72120

La fraction des versements donnant lieu à la réduction d'IFI ne peut pas ouvrir droit à un autre avantage fiscal (notamment à la **réduction d'impôt sur le revenu** visée nos 3170 s.).

EXEMPLE

Le 5 janvier 2024, des époux donnent 100 000 € à un établissement d'enseignement supérieur. Sur cette somme, ils choisissent d'affecter 40 000 € à la réduction d'IFI et 60 000 € à la réduction d'impôt sur le revenu.
Au titre de 2024, les époux sont susceptibles de bénéficier d'une réduction d'IFI égale à : 40 000 € × 75 % = 30 000 €.
La réduction d'impôt sur le revenu sera calculée sur une assiette de 60 000 €.

Le redevable bénéficiant de la réduction IFI-dons n'est pas tenu de joindre à sa déclaration d'IFI les **reçus** remis par les organismes bénéficiaires. Il doit être néanmoins en mesure de répondre aux demandes de l'administration (BOI-PAT-IFI-40-20-20 n° 270).

Conséquences en matière de droits de donation et de plus-values

72130 ENR-XIII-30000 s

Les dons pris en compte pour la détermination de la réduction d'impôt sont exclus du champ d'application des **droits de mutation à titre gratuit** (CGI art. 757 C).

Corrélativement, lorsqu'ils portent sur des titres de sociétés admis aux négociations sur un marché réglementé français ou étranger, les dons relèvent de l'imposition des **plus-values de cession de valeurs mobilières et droits sociaux.** Le gain net (différence entre la valeur des titres retenue pour la détermination de la réduction d'impôt et la valeur d'acquisition de ces titres) est taxable dans les conditions exposées nos 32805 s. (CGI art. 150 duodecies).

3. PLAFONNEMENT DE L'IFI

72150 CGI art. 979 ENR-XIII-30900 s Le plafonnement a pour but d'éviter que le total formé par l'IFI et l'impôt sur le revenu n'excède 75 % des revenus de l'année précédente. En cas d'excédent, celui-ci vient en diminution de l'IFI à payer.

ATTENTION

Le texte légal réserve le bénéfice du plafonnement aux seuls **redevables** de l'IFI ayant leur **domicile fiscal en France** (voir n° 71110). L'administration l'accorde également aux **non-résidents** lorsqu'ils perçoivent en France la totalité ou quasi-totalité de leurs revenus (BOI-PAT-IFI-40-30-10 n° 20).

REVENUS SERVANT AU CALCUL DU PLAFONNEMENT

72160 ENR-XIII-31500 s Il s'agit de la somme algébrique :

– des **revenus mondiaux** (plus-values incluses), nets de frais professionnels, de l'année précédente après déduction des seuls déficits catégoriels dont l'imputation est autorisée pour l'impôt sur le revenu ;

– des **revenus exonérés** d'impôt sur le revenu réalisés, en France ou hors de France, au cours de l'année précédant l'année d'imposition à l'IFI ;

– et des **produits soumis à un prélèvement libératoire** de l'impôt sur le revenu réalisés, en France ou hors de France, au cours de l'année précédant l'année d'imposition à l'IFI.

Les revenus et produits à retenir sont ceux des **membres du foyer fiscal** qui sont soumis à une imposition commune au titre de l'IFI (et non pas au titre de l'IR ; voir n° 71090).

Les plus-values ainsi que tous les revenus sont déterminés sans considération des **exonérations,** des **seuils, réductions** et **abattements** prévus par le CGI (à l'exception de ceux représentatifs de frais professionnels). C'est ainsi que les traitements et salaires et les rémunérations des gérants majoritaires de SARL sont à retenir après déduction de l'abattement de 10 % (ou des frais professionnels réels). En revanche, les pensions et rentes viagères à titre gratuit sont retenues avant déduction de l'abattement de 10 %, et les dividendes avant application éventuelle de l'abattement de 40 % (voir nos 24635 s.).

> Précisions **a.** Les **revenus réalisés,** imposables ou exonérés, s'entendent de ceux pour lesquels un fait générateur d'imposition est intervenu au cours de l'année précédente (la cession pour les plus-values, l'encaissement pour des revenus ou, pour les produits financiers, selon le cas, l'inscription en compte ou le retrait, le rachat, le dénouement ou la clôture d'un contrat, d'un compte ou d'un plan) (BOI-PAT-IFI-40-30-10 n° 170). Les plus-values de cession de valeurs mobilières ou droits sociaux placées en **report ou** en **sursis d'imposition** sont prises en compte l'année d'expiration du report ou du sursis (BOI-PAT-IFI-40-30-10 n° 190).

b. Les revenus nets à retenir s'entendent des **revenus réalisés mais pas nécessairement perçus** par le redevable. Ainsi, la plus-value immobilière réalisée par une SCI que les associés ont mise en réserve est prise en compte à raison des parts détenues par le redevable (Cass. com. 28-3-2019 n° 17-23.671 FS-PB : RJF 10/19 n° 983).

c. Selon l'administration doivent être pris en compte les **intérêts** et primes d'épargne **des plans d'épargne logement** pour leur montant soumis aux prélèvements sociaux (BOI-PAT-IFI-40-30-10 n° 180).

d. Les **déficits** pris en compte sont ceux constatés au cours de l'année précédente dans une catégorie de revenus et dont l'imputation est autorisée sur le revenu global. Les déficits non déduits au titre de l'année de leur réalisation sont retenus pour le calcul du plafonnement au titre de l'année de leur imputation pour le calcul de l'impôt sur le revenu du redevable (BOI-PAT-IFI-40-30-10 nos 200 et 210).

e. **L'appréciation du total des revenus** s'effectue avant déduction, le cas échéant, des charges du revenu global, de l'abattement en faveur des personnes âgées ou invalides et de l'abattement pour enfants mariés ou chargés de famille (BOI-PAT-IFI-40-30-10 n° 180).

72165 ENR-XIII-32050 s **Clause anti-abus** Sont réintégrés dans les revenus à prendre en compte les **revenus distribués à une société** passible de l'IS **contrôlée par le redevable** (au sens défini par l'article L 233-3 du Code de commerce), si l'existence de cette société et le choix d'y recourir ont pour **objet principal d'éluder tout ou partie de l'IFI** en bénéficiant d'un avantage fiscal allant à l'encontre de l'objet ou de la finalité du plafonnement.

Toutefois, seule est réintégrée la part des revenus distribués correspondant à une diminution artificielle des revenus retenus dans le calcul du plafonnement.

> Précisions Selon l'administration, cette clause anti-abus vise plus particulièrement les deux situations concrètes suivantes (BOI-PAT-IFI-40-30-20 n° 40) :
– la société que le redevable contrôle **finance**, directement ou indirectement, des dépenses se rattachant à son **train de vie** ou à la constitution de son patrimoine (hors bien sûr du cas des rémunérations et avantages de toute nature régulièrement soumis à l'impôt) ;
– les revenus distribués thésaurisés dans cette société servent, directement ou indirectement, de **garantie financière** pour le redevable (financement du train de vie, de la constitution du patrimoine, etc.).
La clause anti-abus est, en revanche, susceptible de ne pas s'appliquer aux distributions faites par une **société holding animatrice** de groupe ou à une société **holding patrimoniale** servant à faciliter l'organisation ou la transmission d'un patrimoine lorsque ces sociétés ont une activité conforme à ces objets (BOI-PAT-IFI-40-30-20 n° 50).
En cas de **contrôle,** la charge de la preuve de l'objet principal de la société incombe à l'administration (BOI-PAT-IFI-40-30-20 n° 80). En cas de désaccord sur les rectifications notifiées, le litige peut, à la demande du redevable ou de l'administration, être soumis à l'avis du comité de l'abus de droit fiscal (voir n° 79195).

IMPÔTS À AJOUTER À L'IFI POUR LE CALCUL DU PLAFONNEMENT

Ce sont les impôts dus en France et à l'étranger au titre des revenus et produits de l'année précédant celle de l'exigibilité de l'IFI, calculés avant imputation des seuls crédits d'impôt représentatifs d'une imposition acquittée à l'étranger et des retenues non libératoires. 72170 ENR-XIII-31040 s

Remarque : Le **prélèvement à la source** de l'impôt sur le revenu, qui conduit, pour la généralité des revenus, à prélever l'impôt dû au titre de ces mêmes revenus l'année de leur perception sous forme de retenue à la source ou d'acompte, n'a pas pour effet de modifier les modalités de calcul du plafonnement. Ainsi, l'impôt pris en considération pour apprécier le seuil de 75 % demeure celui afférent aux revenus de l'année précédente dont le montant est définitivement arrêté à partir de la déclaration souscrite l'année suivante (BOI-PAT-IFI-40-30-10 n° 130).

> Précisions **a.** Il y a lieu d'ajouter à l'IFI l'**impôt sur le revenu** calculé non seulement d'après le barème progressif mais aussi à un taux proportionnel, les **prélèvements et contributions additionnels** à l'impôt sur le revenu (contribution exceptionnelle sur les hauts revenus, prélèvements sociaux) ainsi que les **prélèvements libératoires de l'IR.** Il y a lieu également de tenir compte, notamment, de la taxe sur les métaux précieux, de la taxe sur les plus-values immobilières élevées et des taxes (communale et nationale) sur les cessions de terrains devenus constructibles (BOI-PAT-IFI-40-30-10 n°s 120 et 140).
b. Il convient de retenir les impôts dus à raison de l'ensemble des **revenus des membres du foyer fiscal** qui sont soumis à une imposition commune au titre de l'IFI (n° 71090).
En revanche sont exclus les revenus des **personnes dont les biens n'entrent pas dans les bases de l'IFI du redevable** (cas, notamment, des revenus des enfants majeurs rattachés ou du conjoint décédé au cours de l'année précédant celle de l'exigibilité de l'IFI). En pareil cas, l'impôt sur le revenu du redevable de l'IFI est réduit suivant le pourcentage que représente le revenu de ces personnes par rapport au revenu total.

4. IMPÔT SUR LA FORTUNE ACQUITTÉ HORS DE FRANCE

Les impôts sur la fortune (ou sur le capital) acquittés à l'étranger **au cours de l'année d'imposition** à raison des biens situés hors de France sont, le cas échéant, imputables sur l'IFI dû en France. Le montant imputable de l'impôt étranger est limité à la **fraction** de l'impôt français afférent aux seuls biens et droits immobiliers situés hors de France ou sur la valeur des parts et actions représentative de ces mêmes biens. 72210 CGI art. 980 ENR-XIII-32600 s

> Précisions **a.** Seuls sont imputables les impôts dont les caractéristiques sont **similaires** à celles de **l'IFI,** ce qui exclut notamment les impôts comparables aux impôts locaux français (mais les impôts comparables à la taxe foncière devraient, le cas échéant, pouvoir faire partie du passif déductible, voir n° 71812). Ils peuvent être perçus au profit des États étrangers ou de territoires situés hors de France mais aussi au profit des subdivisions politiques ou des collectivités locales de ces États ou territoires (BOI-PAT-IFI-50-20 n° 50).
b. Si l'impôt étranger a été **acquitté après le paiement de l'IFI,** il convient de procéder par voie de restitution (BOI-PAT-IFI-50-20 n° 60).

CHAPITRE 3

DÉCLARATION ET PAIEMENT

DÉCLARATION DU PATRIMOINE

72300 CGI art. 982 ENR-XIII-35110 s

Les redevables dont la valeur du patrimoine immobilier taxable au 1er janvier de l'année d'imposition excède 1 300 000 € doivent faire figurer le détail et l'estimation des biens composant leur patrimoine (et, le cas échéant, des dettes y afférentes) sur une **déclaration spécifique n° 2042-IFI** souscrite en même temps que la déclaration d'ensemble de leurs revenus n° 2042 (nos 3660 s.).

Aucun **justificatif** ne doit, en principe (certificat de gestion durable et engagement d'exploitation pour les bois et forêts partiellement exonérés : voir toutefois n° 71430, précision a), être joint à la déclaration, mais le redevable doit être en mesure de répondre aux demandes de l'administration (BOI-PAT-IFI-50-10-20 n° 40).

> Précisions **a.** Les **concubins notoires** (soumis à déclaration commune pour l'IFI mais à déclaration séparée pour l'impôt sur le revenu) mentionnent la valeur brute et la valeur nette de leur patrimoine sur l'une ou l'autre de leur déclaration de revenus à laquelle ils joignent la déclaration annexe.

b. Pour les personnes mariées ou liées par un Pacs, sauf dans les cas d'imposition séparée (n° 71090), la déclaration est **signée** par les deux époux ou partenaires. Cette règle, analogue à celle prévue en matière d'impôt sur le revenu (n° 335), autorise l'administration à considérer que la déclaration signée par un seul des époux ou partenaires de Pacs (notamment lorsque la déclaration est souscrite par voie électronique) est opposable à l'autre.

c. En cas de **décès du redevable** entre le 1er janvier et la date fixée pour le dépôt de la déclaration, elle est souscrite par ses héritiers. Le cas échéant, la déclaration peut être produite par le notaire chargé de la succession, à la demande des ayants droit, si la succession n'est pas liquidée à la date de la production de la déclaration.

d. Les **biens exonérés** n'ont pas, en principe, à être déclarés. En revanche, les **biens mixtes** (utilisés pour partie à usage professionnel) doivent être détaillés et ventilés.

e. Les **sociétés** dont le redevable détient, seul ou conjointement avec les personnes de son foyer, des parts ou actions dont tout ou partie de la valeur est imposable, sont tenues de lui communiquer, sur sa **demande**, dans un délai raisonnable, toutes les informations nécessaires pour remplir sa déclaration et en particulier la valeur des parts ou actions et la fraction imposable de cette valeur. En cas de chaîne de participations, cette obligation s'applique à chaque niveau de la chaîne. Le redevable dispose d'un **droit d'information** similaire auprès des **OPC** et des **organismes d'assurance** (CGI ann. III art. 313 BQ quater).

72310 CGI art. 981 ENR-XIII-36750 s

Mesures de contrôle Le contrôle de l'IFI s'effectue, sauf dispositions contraires, selon les règles prévues en matière de droits d'enregistrement dans les **délais** visés n° 77740.

De même, sauf dispositions contraires, le contentieux de l'IFI suit celui applicable en matière de droits d'enregistrement et relève des **juridictions de l'ordre judiciaire** (nos 82195 s.).

72315 En l'**absence de mention de la valeur nette taxable du patrimoine** sur la déclaration d'ensemble des revenus ou en cas de **défaut de souscription** de la déclaration, la procédure de taxation d'office peut s'appliquer. Mais l'administration doit au préalable mettre en œuvre une procédure contradictoire selon les modalités indiquées n° 79070, c au cours de laquelle le redevable peut réparer son omission. Par ailleurs, les **pénalités** prévues nos 80075 s. sont encourues.

En ce qui concerne l'impossibilité d'imputer la réduction **IFI-dons** (nos 72100 s.) en cas d'application de certaines **majorations,** voir n° 79880.

72320 LPF art. L 23 A ENR-XIII-36780 s

En vue du contrôle de l'impôt, l'administration peut demander des **éclaircissements** et des **justifications** sur la composition de l'actif et du passif du patrimoine. Les demandes peuvent porter, par exemple, sur des discordances et anomalies décelées dans la déclaration des redevables (incohérences relevées dans les actifs déclarés et les dettes y afférentes, minoration de l'évaluation par rapport à l'année précédente, etc.). L'administration peut également demander au redevable de justifier l'existence, l'objet et le montant des dettes dont la déduction a été opérée ou encore l'éligibilité et les modalités de calcul des exonérations ou réductions d'impôt dont il a fait application.

Ces demandes, qui sont indépendantes d'une procédure d'examen de situation fiscale personnelle, assignent au contribuable un délai de réponse qui ne peut être inférieur à deux mois. En l'absence de réponse ou en cas de réponse insuffisante, l'administration peut rectifier les déclarations en se conformant à la procédure contradictoire (voir nos 78600 s.).

Les redevables **non domiciliés** en France, à l'exception de ceux qui résident dans un État de l'Union européenne, en Islande ou en Norvège, peuvent être invités à désigner, dans un délai de 90 jours, un **représentant en France,** habilité à recevoir les communications relatives à l'assiette, au recouvrement et au contentieux de l'IFI. **72325** CGI art. 983 ENR-XIII-36980 s

Le défaut de désignation d'un représentant en France par un non-résident entraîne la taxation d'office (LPF art. L 72 A).

PAIEMENT DE L'IMPÔT

L'IFI est recouvré par voie de rôle, distinct de l'impôt sur le revenu. **72330** CGI art. 1679 ter CGI ann. III art. 382 F ENR-XIII-36200 s

L'IFI doit en principe être acquitté par **téléréglement** (même règle que pour les impôts locaux : voir n° 41555). Il peut être acquitté par remise d'œuvres d'art ou d'immeubles lorsque les conditions exposées n° 68920 sont remplies.

Sur l'imputation des **impôts acquittés à l'étranger,** voir n° 72210.

Le **débiteur** de l'IFI est la personne qui a souscrit la déclaration, mais les **époux** et les partenaires liés par un pacte civil de solidarité (**Pacs**) sont solidaires pour le paiement (CGI art. 1723 ter-00 B). En cas de **divorce** ou de **séparation,** ils peuvent cependant obtenir la décharge de leur obligation au paiement (voir n° 77280, c). En cas de **décès** du redevable, les cohéritiers (mais non les légataires) sont également solidaires pour le paiement de l'IFI établi au nom de l'indivision successorale (CGI art. 1709). **72335**

Sur les **sanctions** applicables en cas de défaut ou de retard de paiement, voir n° 80150.

CHAPITRE 4

ACTIFS PROFESSIONNELS

SOMMAIRE

A. Actifs affectés à une exploitation individuelle 72650
B. Actifs affectés à l'activité d'une société 72730
1. Associés exerçant au sein d'une société de personnes 72800
2. Dirigeants d'une société soumise à l'IS 72810
3. Nature de l'activité sociale 72880

GÉNÉRALITÉS

72500 Les actifs professionnels sont expressément exclus de l'assiette de l'IFI. Les articles 975 et 976 du CGI donnent une définition précise de ces biens, qui peuvent être regroupés en trois catégories : les actifs immobiliers affectés à une exploitation individuelle, ceux affectés à l'activité d'une société dans laquelle le redevable exerce sa profession ou dont il est dirigeant, et les biens ruraux visés nos 71400 s.

A. Actifs affectés à une exploitation individuelle

72650 CGI art. 975, I ENR-XIII-8600 s Les biens ou droits immobiliers et les parts ou actions de sociétés représentatives de ces mêmes biens ou droits constituent des actifs professionnels exonérés d'IFI lorsque ces biens ou droits sont affectés à l'activité principale industrielle, commerciale, artisanale, agricole ou libérale du redevable.

PROFESSION INDUSTRIELLE, COMMERCIALE, ARTISANALE, AGRICOLE OU LIBÉRALE

72660 ENR-XIII-8650 s Les biens ou droits immobiliers affectés à l'exercice d'une activité ne peuvent être considérés comme des actifs professionnels que si cette activité correspond à l'exercice d'une véritable profession. La notion de « profession » suppose l'existence d'une activité **effectivement exercée** à titre habituel et constant et dans un but lucratif. Il faut en outre que cette activité soit de nature industrielle, commerciale, artisanale, agricole ou libérale, étant précisé que les activités commerciales s'entendent de celles définies no 71170 (voir toutefois la précision b ci-après). D'une manière générale, il s'agit donc des activités professionnelles dont les résultats sont classés dans la catégorie des BIC, BA ou BNC.

> **Précisions** **a.** Les professions **libérales** englobent l'ensemble des professions imposables dans la catégorie des BNC, y compris les charges et offices (notaires, commissaires de justice, etc.). Les agents d'assurances sont concernés, même s'ils ont opté pour le régime fiscal des salariés.
> Les **activités assimilées aux BNC** (no 13205) sont exclues dès lors qu'elles n'ont pas le caractère d'une profession. Exemples : opérations de bourse effectuées par les particuliers dans des conditions analogues à celles des professionnels de la bourse, opérations réalisées par les propriétaires de chevaux de course qui ne sont ni éleveurs ni entraîneurs, entremise occasionnelle, etc.
> **b.** Sont écartées les activités civiles, autres que libérales, agricoles ou assimilées fiscalement à des activités commerciales. Par suite, la **location d'immeubles nus** est en principe exclue mais, lorsqu'elle est consentie au profit d'une société dans laquelle le propriétaire exerce son activité professionnelle principale ou des fonctions dirigeantes et que l'immeuble est nécessaire à l'activité de la société, l'immeuble peut être exonéré dans les conditions et limites indiquées nos 72730 s.
> Est, en revanche, considérée comme commerciale et donc éligible à l'exonération l'activité de **location d'établissements commerciaux ou industriels** munis du mobilier ou du matériel nécessaire à leur exploitation. Il en est ainsi de

la location ou de la location-gérance d'un fonds de commerce ou d'industrie (BOI-PAT-IFI-30-10-10-10 n° 70).

En ce qui concerne par ailleurs les **loueurs en meublé,** voir n° 90700.

c. Les **activités salariées** ne sont pas visées par la loi. Toutefois, les actifs imposables affectés à l'exercice d'une profession salariée sont exonérés d'IFI lorsque cette affectation résulte d'une obligation légale ou réglementaire faite au salarié ou découle intrinsèquement et directement des conditions de fait d'exercice de la profession (BOI-PAT-IFI-30-10-10-10 n° 120).

d. Les biens ruraux donnés à **bail à long terme** ou à **bail cessible** sont, sous certaines conditions, exonérés d'IFI (n°s 71440 s.).

PROFESSION EXERCÉE PAR LE PROPRIÉTAIRE DES ACTIFS OU SON CONJOINT

Compte tenu de la définition du foyer fiscal (n° 71090), les actifs peuvent être détenus et utilisés par l'un quelconque de ses membres, y compris le **partenaire** d'un Pacs, le **concubin notoire** et les **enfants mineurs.** Ainsi, par exemple, lorsque la profession est exercée par l'un des parents, les biens appartenant aux enfants mineurs peuvent être retenus comme actifs professionnels s'ils sont affectés à cette profession (BOI-PAT-IFI-30-10-10-20 n° 50). 72670 ENR-XIII-9300 s

> Précisions En cas de **démembrement** de la propriété, peut se prévaloir du régime des actifs professionnels celui qui est imposable, c'est-à-dire en général l'usufruitier ou le titulaire du droit d'habitation ou d'usage (n°s 71275 s.), à la condition bien entendu qu'il soit aussi l'exploitant.

PROFESSION EXERCÉE À TITRE PRINCIPAL

En cas de pluralité d'activités, la profession principale est celle qui constitue l'**essentiel des activités économiques** du contribuable (compte tenu notamment du temps consacré à chaque activité, de l'importance des responsabilités, de la taille des exploitations, etc.). Si ce critère est inopérant (par exemple, lorsque les activités professionnelles sont d'égale importance), l'activité principale est celle qui procure la plus grande part des revenus. 72680 ENR-XIII-9600 s

> Précisions a. Dans le cadre du **foyer fiscal,** le caractère principal de la profession s'apprécie distinctement pour chaque époux, partenaire d'un Pacs ou concubin notoire.

b. Pour déterminer la profession principale, la comparaison doit se faire en tenant compte de toutes les activités, y compris les **activités salariées.** En revanche, on fait abstraction des **revenus** perçus **sans rapport avec une activité professionnelle** (revenus fonciers, revenus mobiliers, etc.) ou qui se rattachent à une activité professionnelle antérieure (pensions de retraite).

c. Lorsqu'un même **actif** immobilier est **affecté** par son propriétaire **à plusieurs activités,** il ne peut être retenu au titre des actifs professionnels que pour la fraction correspondant à l'utilisation effective pour les besoins de l'activité professionnelle principale.

Lorsque les activités sont soit **similaires,** soit **connexes** et **complémentaires,** la condition d'activité principale s'apprécie au regard de l'ensemble des activités.

Pour le cas où le redevable détient également des **titres dans des sociétés soumises à l'IS,** voir n° 72825, précision c.

ACTIFS AFFECTÉS À L'EXERCICE DE LA PROFESSION

Les actifs professionnels s'entendent des immeubles (ou des droits immobiliers) qui, ayant un lien de **causalité directe** suffisant avec l'exploitation, sont utilisés effectivement pour les besoins de l'activité professionnelle ou ne pourraient être utilisés à un autre usage, qu'ils soient situés en France ou à l'étranger. L'exonération concerne également les parts et actions que l'exploitant détient dans une société (SCI, par exemple) pour la fraction de leur valeur représentative des immeubles (détenus directement ou indirectement) que le redevable utilise pour les besoins de l'exploitation. 72690 ENR-XIII-10000 s

Conformément à la règle générale (n° 71145), c'est à la **date** du 1er janvier de l'année d'imposition qu'il convient d'apprécier la **composition de l'actif** professionnel.

Lorsque le redevable tient un **bilan** ou un tableau des immobilisations (registre des immobilisations pour les professions non commerciales), le caractère professionnel est normalement **présumé** pour les immeubles qui y sont inscrits et inversement. Mais cette présomption souffre la preuve contraire. Par exemple, un immeuble inscrit au bilan mais donné en location ou mis à la disposition de tiers ne peut pas être considéré comme un actif professionnel. D'une manière générale, la Cour de cassation reconnaît à l'administration la faculté de contester le caractère professionnel d'un bien inscrit à l'actif d'une entreprise mais non affecté effectivement à l'exercice de la profession (Cass. com. 15-6-1993 n° 91-12.745 P : RJF 8-9/93 n° 1244). Inversement, un élément non porté au bilan peut être considéré comme un actif professionnel si l'exploitant établit son affectation et son utilisation effective pour les besoins de l'exploitation.

Les **immeubles affectés par nature** à l'exploitation sont également considérés comme actifs professionnels, même non inscrits au bilan.

> **Précisions** **a.** Si un immeuble, même inscrit à l'actif du bilan d'une entreprise, est **affecté en partie à l'exploitation** et se trouve pour le surplus mis, gratuitement ou non, à la disposition privative de l'exploitant ou d'un tiers, seule la fraction de l'immeuble utilisée à l'exercice de l'activité professionnelle peut être considérée comme un actif professionnel (BOI-PAT-IFI-30-10-10-40 n° 50).
> **b.** Sont présumés professionnels les **terrains** et les **chantiers** directement utilisés pour les besoins d'une exploitation industrielle ou commerciale ainsi que les terrains nus inscrits au bilan depuis moins de deux ans (BOI-PAT-IFI-30-10-10-40 n° 50).
> Sont également considérés comme professionnels les bâtiments affectés au **logement du personnel** (autre que les dix ou cinq dirigeants ou cadres les mieux rémunérés selon que l'effectif excède ou non 200 salariés) et aux **œuvres sociales** de l'entreprise (BOI-PAT-IFI-30-10-10-40 n° 50).
> **c.** Pour les **agriculteurs** sont notamment considérées comme des actifs professionnels, les immobilisations utilisées de manière durable pour les besoins de leur exploitation (terres, améliorations foncières, plantations, bâtiments d'exploitation, etc.), même si l'exploitant a opté pour le maintien des terres dans son patrimoine privé. En revanche, les locaux d'habitation ne constituent pas des actifs professionnels (BOI-PAT-IFI-30-10-10-40 n° 80).
> **d.** Lorsque l'immeuble est détenu par **société interposée,** l'exonération s'applique à la fraction de la valeur des parts ou actions détenues par le redevable (déterminée comme indiqué n° 71160) représentative de l'immeuble affecté à l'exploitation.

B. Actifs affectés à l'activité d'une société

72730 ENR-XIII-10700 s Les immeubles (ou droits immobiliers) détenus par le redevable sont, sous certaines conditions, exonérés d'IFI lorsqu'ils sont affectés à l'activité d'une société dans laquelle le redevable exerce son activité professionnelle principale (hypothèse où il est associé d'une société de personnes : n° 72800) ou des fonctions dirigeantes (hypothèse où il est associé dirigeant d'une société assujettie à l'IS : nos 72810 s.). En cas de détention indirecte, l'exonération s'applique également à la valeur des titres représentatifs de tels actifs.

Dans tous les cas, l'exonération est réservée aux actifs immobiliers que la société affecte à une activité industrielle, commerciale, artisanale, agricole ou libérale (n° 72880).

ATTENTION

L'exonération de l'immobilier professionnel n'a vocation à s'appliquer qu'aux **actifs** qui ne sont pas **exclus du champ d'application de l'IFI** (cas de l'immobilier affecté à l'activité opérationnelle d'une société : voir n° 71180). Seuls sont donc en principe visés par l'exonération les **immeubles** (ou les droits immobiliers) qui sont la **propriété** (directe ou indirecte) **du redevable** et qui sont **loués ou mis à la disposition** de la société de personnes dans laquelle il exerce son activité professionnelle principale ou de la société IS qu'il dirige.

Sur le cas particulier de l'immobilier détenu par une société pratiquant la **location meublée** de locaux d'habitation et au sein de laquelle le redevable exerce son activité principale ou des fonctions dirigeantes, voir toutefois n° 90700. Dans cette hypothèse, comme dans celle d'une société pratiquant la location d'établissements commerciaux ou industriels munis du mobilier ou du matériel nécessaire à leur exploitation, le redevable, qui ne peut pas bénéficier de l'exclusion visée n° 71180 (l'activité n'étant pas réputée commerciale pour le champ d'application de l'IFI : voir n° 71170), peut, en revanche, le cas échéant, bénéficier de l'exonération à raison des immeubles (ou des droits immobiliers) figurant à l'actif de la société et affectés à son activité de location (cette activité étant réputée commerciale pour l'application de l'exonération : voir n° 72880). Les titres détenus par le redevable dans cette société sont alors exonérés à hauteur de la fraction de leur valeur représentative des immeubles en cause.

1. ASSOCIÉS EXERÇANT AU SEIN D'UNE SOCIÉTÉ DE PERSONNES

72800 CGI art. 975, II et VI ENR-XIII-10800 s Sont concernés les redevables qui exercent leur **activité professionnelle à titre principal et de manière effective** au sein d'une société de personnes soumise à l'impôt sur le revenu, quel que soit le pourcentage de participation détenu. Il s'agit des sociétés dont les bénéfices sont imposés au nom des associés dans la catégorie des BIC, des BA ou des BNC, selon la nature de l'activité exercée (n° 72880).

Pour être considérés comme des actifs professionnels partiellement exonérés d'IFI, les **immeubles** (ou les droits immobiliers) doivent être affectés à l'activité de la société dans laquelle le redevable exerce sa profession (ce qui exclut les immeubles affectés à l'activité d'une filiale ou sous-filiale), peu important qu'ils soient donnés en location ou mis à disposition gratuite. Ils peuvent être détenus, directement ou au travers d'une société interposée (quel que soit le nombre de niveaux d'interposition), par l'un quelconque des membres du foyer fiscal (nº 71090). Les biens en cause sont exonérés à concurrence de la participation du redevable dans la société d'exploitation.

En cas de **détention indirecte** (via une SCI, par exemple), l'exonération s'applique – dans la limite de la participation du redevable dans la société de personnes dans laquelle il exerce son activité – à la fraction de la valeur des titres de la SCI représentative des immeubles affectés à l'exploitation de cette société de personnes.

> Précisions a. Les **sociétés** concernées sont plus précisément celles visées aux **articles 8 et 8 ter du CGI** : sociétés en nom collectif ; sociétés en commandite simple à concurrence des droits des commandités ; sociétés civiles par leur forme et par leur objet ; sociétés en participation et sociétés de fait, en ce qui concerne les droits des associés indéfiniment responsables et dont l'identité a été révélée à l'administration ; SARL de famille qui ont opté pour le régime fiscal des sociétés de personnes ; EURL dont l'associé unique est une personne physique ; EARL ; sociétés civiles professionnelles.

b. Le **caractère principal de l'activité** professionnelle exercée dans la société est apprécié à partir de critères identiques à ceux retenus pour les exploitants individuels (nº 72680).
Lorsque le redevable exerce dans **plusieurs sociétés** de personnes, l'activité principale s'apprécie au regard de l'activité exercée dans l'ensemble des sociétés en cause lorsque ces sociétés ont des activités soit similaires, soit connexes et complémentaires.
Pour le cas où l'associé détient également des titres dans des sociétés soumises à l'IS, voir nº 72825, précision c.

2. DIRIGEANTS D'UNE SOCIÉTÉ SOUMISE À L'IS

Les immeubles (ou les droits immobiliers) affectés à l'activité d'une société soumise, de droit ou sur option, à l'impôt sur les sociétés peuvent être considérés comme des actifs professionnels partiellement exonérés d'IFI lorsque le redevable dirige la société. L'exonération trouve également à s'appliquer lorsque les immeubles sont détenus par l'intermédiaire d'une ou de plusieurs sociétés interposées. Elle ne s'applique pas, en revanche, lorsque les immeubles sont utilisés pour les besoins d'une filiale ou d'une sous-filiale de la société dont le redevable est dirigeant. **72810** CGI art. 975, III et IV ENR-XIII-11200 s

Deux sortes de **conditions** sont prévues qui ont trait, d'une part, à la nature des fonctions exercées dans la société et à leurs conditions d'exercice, d'autre part, à l'importance de la participation détenue.

La **date de référence** à laquelle les conditions requises doivent être remplies est le 1er janvier de l'année d'imposition.

FONCTIONS DE DIRECTION

Pour pouvoir bénéficier de l'exonération, le redevable doit exercer à titre principal dans la société une fonction de direction. Selon le type de société, les dirigeants concernés sont les suivants : **72820** ENR-XIII-11260 s

– dans les **SARL,** les gérants de droit nommés conformément aux statuts ;

– dans les **sociétés anonymes,** le président du conseil d'administration, le directeur général et les directeurs généraux délégués, les membres du directoire et le président du conseil de surveillance ;

– dans les **SAS,** le président, le directeur général, les directeurs généraux délégués, le président du conseil de surveillance et les membres du directoire (BOI-PAT-IFI-30-10-30-10 nº 140) ;

– dans les **sociétés en commandite par actions,** les gérants commandités et, selon la Cour de cassation, le président du conseil de surveillance, l'expression « sociétés par actions » utilisée par le texte légal visant toutes les sociétés par actions (Cass. com. 11-10-2005 nº 04-13.063 FS-PBIR : RJF 1/06 nº 99) ;

– dans les **sociétés de personnes** soumises sur option à l'impôt sur les sociétés (sociétés en nom collectif, en commandite simple, sociétés civiles, sociétés en participation, etc.), chacun des associés en nom (dans la mesure où il exerce des fonctions dans les conditions exposées ci-après).

Les fonctions doivent être **effectivement exercées.**

Les fonctions exercées doivent donner lieu à une **rémunération normale** au regard des rémunérations de même type versées au titre de fonctions analogues dans l'entreprise ou dans les entreprises similaires établies en France. En cas d'exercice simultané au sein de la même société d'une fonction de direction et d'une autre activité, l'administration admet de prendre **72825** également en compte la rémunération attachée à cette dernière activité pour apprécier le caractère normal de la rémunération (BOI-PAT-IFI-30-10-30-10 nº 270).

La rémunération doit en outre représenter **plus de la moitié des revenus professionnels** du redevable.

Pour apprécier le caractère normal et prépondérant de la rémunération, les **revenus à prendre en compte** s'entendent des revenus soumis à l'impôt sur le revenu dans les catégories des traitements et salaires, BIC, BA, BNC et revenus des gérants et associés mentionnés à l'article 62 du CGI (pour cette dernière catégorie, voir nº 72830, Précisions). En revanche, il est fait abstraction des revenus perçus sans rapport avec une activité professionnelle : revenus fonciers, revenus mobiliers, pensions de retraite, etc. Par ailleurs, les jetons de présence ordinaires (qui sont imposés dans la catégorie des revenus de capitaux mobiliers) ne sont pas pris en compte ; en revanche, les jetons de présence spéciaux peuvent être retenus pour leur fraction imposable dans la catégorie des traitements et salaires (voir nº 23580).

> Précisions **a.** La **période de référence** à prendre en considération pour apprécier le caractère prépondérant de la rémunération s'entend, en principe, de l'année précédant le 1er janvier de l'année d'imposition. Toutefois, lorsque le seuil de 50 % n'est pas atteint au cours de cette période (en cas, par exemple, de création ou de restructuration d'entreprises ou de prise de fonctions de direction), l'administration admet de prendre en considération les revenus professionnels de l'année au titre de laquelle l'IFI est dû (BOI-PAT-IFI-30-10-30-10 nº 430).

b. Dans le cadre du **foyer fiscal**, la proportion de 50 % s'apprécie distinctement pour chaque époux (ou concubin notoire ou partenaire lié par un Pacs) (BOI-PAT-ISF-30-10-30-10 nº 440).

c. Les immeubles affectés à l'activité de **plusieurs sociétés soumises à l'IS** sont exonérés si chaque participation prise isolément satisfait aux conditions de l'exonération, la condition tenant au montant de la rémunération (seuil de 50 %) étant toutefois appréciée globalement. Lorsque les activités des sociétés présentent des liens de similitude ou de connexité et de complémentarité, le caractère normal de la rémunération s'apprécie globalement au regard des fonctions exercées par le redevable dans l'ensemble des sociétés.

Les immeubles affectés par un **entrepreneur individuel** ou un **associé d'une société de personnes** à l'activité d'une ou de plusieurs sociétés soumises à l'IS peuvent être exonérés si les conditions relatives à la participation détenue, à la nature des fonctions exercées et à la rémunération (caractère normal et prépondérant) sont remplies dans chaque entreprise.

d. Dans le cas d'une **entreprise nouvellement créée**, l'exonération des biens professionnels n'est pas remise en cause à raison du niveau de la rémunération du dirigeant pendant deux ans. Il en est de même s'agissant d'une entreprise rencontrant des **difficultés économiques, commerciales ou financières** lorsque le contribuable en fait état dans sa déclaration (BOI-PAT-IFI-30-10-30-10 nº 330).

SEUIL MINIMUM DE PARTICIPATION DANS LA SOCIÉTÉ

72830 ENR-XIII-13350 s Une participation minimale de 25 % est en principe exigée des **gérants minoritaires de SARL** et des associés **dirigeants de sociétés anonymes.** Ces dirigeants sont toutefois dispensés de respecter ce seuil minimum de détention lorsque la valeur brute de leur participation excède 50 % de la valeur brute du patrimoine total du redevable (nº 72840).

> Précisions Ne sont pas concernés par ces règles les **gérants et associés visés à l'article 62 du CGI,** à savoir :
– les gérants de SARL majoritaires ou appartenant à un collège de gérance majoritaire ; la qualité de gérant majoritaire est appréciée selon les règles exposées nº 23625 et, en cas de gérance collégiale, chaque gérant est réputé majoritaire si les gérants possèdent à eux tous plus de la moitié des parts sociales ;
– les gérants des sociétés en commandite par actions ;
– les associés en nom des sociétés de personnes qui ont opté pour l'impôt sur les sociétés.

72835 ENR-XIII-13440 s **Appréciation du seuil** La détention d'une **participation minimum de 25 %,** appréciée au 1er janvier de l'année d'imposition, s'entend de la détention de 25 % des **droits de vote** attachés aux titres émis par la société. Les parts ou actions ordinaires détenues en usufruit sont retenues (BOI-PAT-IFI-30-10-30-20 nº 90).

Pour la détermination du seuil de 25 %, il peut être tenu compte :
– de la participation détenue directement par le redevable et les membres de son groupe familial au sens large, à savoir : outre le redevable lui-même, son conjoint, partenaire pour les personnes liées par un Pacs ou concubin notoire, ses ascendants, descendants, frères et sœurs ainsi que ceux de son conjoint, partenaire ou concubin notoire ;
– de la participation que ces mêmes personnes détiennent par l'intermédiaire d'une ou de plusieurs sociétés possédant une participation dans la société où s'exercent les fonctions, dans

la limite d'un seul niveau d'interposition, ce qui exclut les sous-filiales (la détention par l'intermédiaire d'un FCPE n'est en revanche pas prise en compte : Cass. com. 18-1-2011 n° 10-11.941 FS-PB : RJF 4/11 n° 521).

Le respect de la condition tenant au seuil de détention minimum de 25 % n'est pas exigé en cas d'**augmentation de capital** si les conditions suivantes sont réunies :

– le seuil de 25 % a été respecté pendant les cinq années qui ont précédé l'opération ;

– à la suite de l'augmentation de capital, le redevable doit détenir au moins 12,5 % des droits de vote dans l'entreprise ;

– le redevable doit avoir conclu un pacte avec d'autres associés ou actionnaires représentant au moins 25 % des droits de vote et exerçant un pouvoir d'orientation sur la société.

> Précisions a. Les parts ou actions appartenant en propre au **conjoint des frères et sœurs ou des descendants** du redevable ne sont pas retenues pour l'appréciation du seuil de 25 %. Celles appartenant à la communauté conjugale des descendants et des frères et sœurs sont retenues pour la totalité de leur valeur, qu'elles soient la propriété de ces personnes ou celle de leur conjoint (Cass. com. 27-10-1992 n° 90-16.473 P : RJF 1/93 n° 163).

b. Dans les **groupes de sociétés,** la prise en compte de la **détention indirecte** s'applique quels que soient la forme juridique de la société interposée, l'importance des droits détenus dans son capital et son objet social (holding, par exemple).

Dispense du seuil liée à la valeur des titres Lorsque le seuil minimum de détention de 25 % n'est pas atteint, l'exonération peut néanmoins s'appliquer à condition que la **valeur brute** des parts ou actions que le redevable détient directement dans la société qu'il dirige, appréciée au 1er janvier de l'année d'imposition, **excède 50 % de la valeur brute de son patrimoine total** (y compris les biens et droits immobiliers qu'il affecte à l'activité de la société). 72840 ENR-XIII-13950 s

> Précisions a. Pour l'appréciation du seuil de 50 %, il est tenu compte des parts appartenant au redevable et aux membres du foyer fiscal (voir n° 71090).

b. Les éléments composant le patrimoine total sont pris en compte pour leur **valeur brute** sans faire application des règles spécifiques d'assiette applicables en matière d'IFI, telles que l'abattement de 30 % sur la résidence principale (BOI-PAT-IFI-30-10-30-20 n° 170).

c. L'administration admet que soit retenue, en sus de la valeur des droits directement détenus par le contribuable ou les membres de son foyer fiscal dans la société qu'il dirige, celle des **participations détenues indirectement** par l'intermédiaire d'une ou de plusieurs sociétés, dans la limite d'un seul niveau d'interposition (BOI-PAT-IFI-30-10-30-20 n° 190).

d. Dans le cas où le redevable possède des **participations dans plusieurs sociétés,** il est fait masse de la valeur des participations détenues (directement ou par l'intermédiaire d'une société interposée) si le contribuable exerce des fonctions de direction dans chaque société et que le total des rémunérations qu'il perçoit excède la moitié de ses revenus professionnels (BOI-PAT-IFI-30-10-30-20 n° 200).

EXONÉRATION PARTIELLE

Lorsque les **immeubles** (ou les droits immobiliers) utilisés par la société IS dirigée par le redevable appartiennent directement à l'un des membres du foyer fiscal (n° 71090), la valeur de l'immeuble loué ou mis à disposition est exonérée **à hauteur de la participation du redevable** dans la société d'exploitation. 72845 CGI art. 975, VI ENR-XIII-14700

Lorsqu'ils appartiennent à une société (telle une SCI) dans laquelle l'un des membres du foyer fiscal détient (directement ou indirectement) des titres, la **valeur des parts ou actions** détenues par le foyer fiscal est exonérée dans la **limite** de :

> fraction de la valeur des parts ou actions représentative des immeubles loués ou mis à la disposition de la société d'exploitation par la société immobilière × participation du redevable dans la société d'exploitation

EXEMPLE

M. X détient 80 % des droits de vote d'une SAS dont il est le dirigeant.

Il possède, par ailleurs, avec son épouse l'intégralité des titres d'une SCI qui détient un immeuble, d'une valeur de 1 M€, donné en location à la SAS et divers actifs mobiliers d'une valeur de 1,5 M€. Compte tenu des dettes contractées par la SCI, les titres de cette société valent, par hypothèse, 2 M€.

L'immeuble donné en location à la SAS représente 40 % de l'actif de la SCI (1 M€ / 2,5 M€). Les titres de la SCI sont exonérés à hauteur de : 80 % × (40 % × 2 M€) = 640 000 € ; ils sont imposables pour le surplus, soit : (40 % × 2 M€) – 640 000 € = 160 000 €.

CAS PARTICULIERS

72850
ENR-XIII-10520 s

Exercice d'une profession libérale en SARL ou SA Lorsqu'une profession libérale est exercée en société anonyme ou SARL, il est admis que les biens et droits immobiliers détenus, directement ou indirectement, par l'intermédiaire des parts de ces sociétés constituent des actifs professionnels dans le cas où la détention de ces parts ou actions est la condition nécessaire à l'exercice de la profession libérale pour l'associé. Toutefois, les actifs imposables que représentent ces parts ou actions ne sont considérés comme professionnels qu'à hauteur de la fraction des parts correspondant à la quotité exigée par les statuts ou, à défaut, à celle nécessaire à l'exercice de son activité par l'intéressé.

Il est également admis, dans ce cas, que les actifs détenus par l'intermédiaire de ces parts constituent des actifs professionnels à hauteur de la fraction de ceux affectés à l'activité éligible de l'entreprise si leur détenteur y exerce sa profession principale, même s'il ne répond pas aux conditions de seuil de détention et de nature des fonctions exercées.

Si le redevable exerce la même **activité dans plusieurs sociétés** dont il détient des titres, l'ensemble de ses participations peut être considéré comme un actif professionnel unique. Ces participations sont exonérées si les fonctions exercées constituent l'essentiel de ses activités économiques ou, à défaut, lui procurent la plus grande partie de ses revenus professionnels (BOI-PAT-IFI-30-10-10-40 n° 130).

72855
ENR-XIII-15000 s

Fusions, scissions et apports partiels d'actif Des règles particulières sont prévues pour l'appréciation du caractère professionnel des parts ou actions détenues, le 1er janvier suivant l'opération, dans la société bénéficiaire des apports. Les associés ou actionnaires de cette société peuvent bénéficier d'un régime spécial fondé sur la **recherche d'une équivalence** entre les parts ou actions détenues à cette date dans la société bénéficiaire des apports et celles qui étaient ou auraient été détenues, si l'opération n'avait pas eu lieu, dans chacune des sociétés concernées (BOI-PAT-IFI-30-10-30-30 nos 1 s.).

3. NATURE DE L'ACTIVITÉ SOCIALE

72880
CGI art. 975, V
ENR-XIII-8680 s

L'activité exercée par la société, y compris lorsque celle-ci relève de l'impôt sur les sociétés, doit être de nature **industrielle, commerciale, artisanale, agricole ou libérale** (voir n° 72660).

Sont ainsi notamment couvertes les sociétés qui exercent une activité de marchand de biens, d'agent immobilier, de promoteur immobilier ou de lotisseur. Tel n'est, en principe, pas le cas en revanche d'une société de gestion immobilière qui donne en **location nue** les immeubles dont elle est propriétaire (voir toutefois, n° 72885, le cas des holdings animatrices).

Sont, par ailleurs, expressément assimilées à des opérations commerciales pour l'application de l'exonération des biens professionnels l'activité de **loueur en meublé** de locaux d'habitation (voir n° 90700) et l'activité de location d'établissements commerciaux ou industriels munis du mobilier ou du matériel nécessaires à l'exploitation.

> **> Précisions** S'agissant des titres de **sociétés immobilières**, ils peuvent être exonérés pour une fraction de leur valeur lorsque les immeubles possédés par cette société sont donnés en location à la société dans laquelle le redevable exerce son activité professionnelle principale (voir n° 72800) ou des fonctions de direction (voir n° 72845).

72885
ENR-XIII-14800 s

Cas des holdings animatrices L'activité des sociétés holdings animatrices de leur groupe est expressément considérée par la loi comme une activité commerciale (CGI art. 966, II). Sont visées les sociétés holdings (y compris les holdings à forme civile) qui, outre la gestion d'un portefeuille de participations, participent activement à la conduite de la politique de leur groupe et au contrôle de leurs filiales et rendent, le cas échéant et à titre purement interne au groupe, des services spécifiques administratifs, juridiques, comptables, financiers ou immobiliers. L'exercice de ce rôle d'animation ne suppose pas nécessairement l'existence de structures importantes au sein de la holding (Cass. com. 27-9-2005 n° 03-20.665 FS-PB : RJF 1/06 n° 100), mais implique que les structures et moyens mis en place soient concrètement mis en œuvre (Cass. com. 3-3-2021 n° 19-22.397 FS-PR : RJF 1/22 n° 90). L'identité des dirigeants de la société mère et de la filiale est impropre, à elle seule, à caractériser le rôle d'animation (Cass. com. 19-11-1991 n° 89-19.474 P : RJF 2/92 n° 270).

Lorsque le redevable donne en location ou met à la disposition de la holding animatrice des immeubles (ou droits immobiliers) qu'il détient en propre ou par société interposée, l'**exonération des actifs professionnels** s'applique à ces immeubles ou aux titres de sociétés interposées sous les conditions et limites visées nos 72810 s. Il faut en particulier que le redevable (ou l'un des membres du foyer fiscal) exerce des **fonctions de direction** dans la holding et que cette fonction donne lieu à une rémunération normale représentant plus de la moitié des revenus professionnels du dirigeant. Si les fonctions exercées par le redevable dans la holding ne sont **pas (ou peu) rémunérées,** l'exonération est néanmoins applicable à la double condition suivante : 72885 (suite)

– l'intéressé exerce simultanément des fonctions de direction dans une ou plusieurs filiales dont la société mère détient 50 % ou 25 % selon que cette dernière poursuit une activité industrielle ou commerciale propre ou limite son activité à l'animation de son groupe ;

– le montant cumulé des rémunérations qu'il perçoit dans ces sociétés et dans la holding représente plus de la moitié de ses revenus professionnels (BOI-PAT-IFI-30-10-40 n° 160).

> Précisions **a.** Une société qui a pour **activité principale l'animation** de filiales au sein desquelles elle détient une participation majoritaire ne perd pas son statut de holding animatrice dans le cas où elle détient également une **participation minoritaire** dans une autre société, dont elle n'assure **pas l'animation** (Cass. com. 19-6-2019 nos 17-20.560 F-D et 17-20.559 F-D : RJF 11/19 n° 1093). En revanche, si la **valeur des filiales** animées est résiduelle par rapport à la valeur de l'ensemble des actifs de la société holding, cette dernière ne peut pas être qualifiée de holding animatrice (Cass. com. 11-10-2023 n° 21-24.760 F-D : RJF 2/24 n° 178).

b. Lorsque la société n'a **pas la qualité de holding animatrice,** le redevable peut, le cas échéant, bénéficier de l'exonération à raison des immeubles donnés en location ou mis à la disposition des filiales ou sous-filiales de la holding, toutes conditions (fonctions de direction, rémunération) étant par ailleurs remplies (voir nos 72810 s.).

PARTIE 7

Taxes diverses

La présente partie est consacrée à l'étude d'un certain nombre de taxes diverses qui, pour la plupart, sont recouvrées par les services des impôts. Cette partie comprend six chapitres consacrés, respectivement, à l'examen : 73000

- des taxes et participations sur les salaires (nos 73010 s.) ;
- de la contribution sur les revenus locatifs (nos 74800 s.) ;
- de la contribution sociale de solidarité des sociétés (nos 75000 s.) ;
- des taxes sur les véhicules de tourisme affectés à des fins économiques (nos 75100 s.) ;
- de la taxe générale sur les activités polluantes (nos 75200 s.) ;
- enfin, d'un certain nombre d'autres taxes telles que la taxe sur le chiffre d'affaires des exploitants agricoles, la taxe sur les objets et métaux précieux, les taxes sur la communication audiovisuelle ou en ligne, la taxe annuelle de 3 % sur les immeubles, la taxe sur les surfaces commerciales, la taxe sur les conventions d'assurances, la taxe sur les transactions financières, etc. (nos 75900 s.).

Sont étudiées dans d'autres parties de l'ouvrage :

- les taxes de nature immobilière : taxe d'aménagement (nos 31100 s.) et autres taxes ou redevances de nature immobilière (nos 31315 s.) ;
- les taxes assimilées aux impôts directs locaux (nos 45500 s.).

CHAPITRE 1

TAXES ET PARTICIPATIONS SUR LES SALAIRES

SOMMAIRE

SECTION 1
TAXE SUR LES SALAIRES 73350

A. Personnes imposables 73350
B. Calcul de la taxe 73465
C. Paiement de la taxe 73530

SECTION 2
INVESTISSEMENT OBLIGATOIRE DANS LA CONSTRUCTION 74300

La taxe sur les salaires et la participation des employeurs à l'effort de construction ont ceci en commun que leur **assiette** est constituée par les salaires. 73010

Remarque : Une autre taxe assise sur les salaires, destinée à financer le développement de la formation professionnelle dans le **secteur de la réparation automobile** et liquidée sur les déclarations de TVA, est examinée n° 76120.

SECTION 1

TAXE SUR LES SALAIRES

A. Personnes imposables

Due, en principe, par toutes les entreprises et tous les organismes qui paient des sommes à titre de rémunérations aux salariés, la taxe sur les salaires a un champ d'application effectif singulièrement réduit, par l'application du principe de territorialité (n° 73370), par la dispense totale ou partielle dont bénéficient les employeurs redevables de la TVA (nos 73380 s.) et, enfin, par l'existence de certaines exemptions ou exonérations prévues au profit de certains organismes ou secteurs (nos 73400 s.). 73350 CGI art. 231, 1 TPS-I-300 s

REDEVABLES DE LA TAXE

Normalement, la taxe sur les salaires est à la charge des entreprises et organismes qui paient des rémunérations. Toutefois, lorsque la personne qui assure matériellement le paiement des sommes imposables n'est pas l'employeur des bénéficiaires de ces rémunérations, la taxe doit être réclamée à l'**employeur,** c'est-à-dire à celui qui détient le pouvoir de nommer et de révoquer le salarié et de lui donner des directives quant à l'exécution de ses tâches (BOI-TPS-TS-10-10-10 n° 30). 73360 TPS-I-400 s

CRITÈRE DE TERRITORIALITÉ

Les employeurs qui paient des rémunérations ne peuvent être passibles de la taxe sur les salaires que pour autant qu'ils sont **domiciliés ou établis** en France (BOI-TPS-TS-10-10-10 n° 70). 73370 TPS-I-1300 s

› Précisions Pour que l'employeur soit considéré comme établi en France, il suffit qu'il y possède un **centre d'opérations** présentant un caractère de permanence suffisant et doté d'une certaine autonomie. Il n'y a pas lieu de distinguer à cet égard selon que les fonds servant au paiement des rémunérations proviennent de ressources propres ou de l'entreprise située à l'étranger (BOI précité n° 80). Le domicile du salarié et le lieu d'exercice de l'activité sont sans incidence sur l'exigibilité de la taxe. En conséquence, la taxe est due sur les rémunérations versées par un employeur établi en France aux **salariés détachés à l'étranger** (sauf s'ils relèvent sur place d'un centre d'opérations pré sentant un caractère de permanence suffisant et doté d'une certaine autonomie) (CE 13-7-2022 n° 460386 : RJF 11/22 n° 950) et aux **frontaliers** (BOI précité n°s 140 à 160).

EMPLOYEURS TAXABLES À LA TVA

73380 TPS-I-2200 s

Selon l'article 231, 1 du CGI, les employeurs assujettis à la taxe sur les salaires sont ceux qui ne sont **pas assujettis à la TVA ou ne l'ont pas été sur 90 %** au moins de leur chiffre d'affaires au titre de l'année civile précédant celle du paiement des rémunérations.

Le chiffre d'affaires à prendre en compte s'entend du total des recettes et autres produits, y compris ceux correspondant à des opérations qui n'entrent pas dans le champ d'application de la TVA. Il est toutefois admis de ne pas prendre en compte les recettes et autres produits réalisés dans le cadre d'une transmission d'universalité de biens définie n° 47520 (Lettre DLF du 11-7-2006).

L'expression « sur 90 % au moins de leur chiffre d'affaires » ne vise que la condition relative à l'année précédente (CE 21-5-1986 n° 49766 : RJF 7/86 n° 679).

En conséquence :

a. Échappent complètement à la taxe sur les salaires au titre des rémunérations versées une année N les employeurs qui répondent aux deux **conditions cumulatives** suivantes :

– être assujettis à la TVA l'année N sur une partie au moins de leur chiffre d'affaires ;

– avoir été assujettis à la TVA l'année précédente (année N – 1) à hauteur d'au moins 90 % de leur chiffre d'affaires (CE 31-3-2023 n° 460838 : RJF 6/23 n° 452).

b. Sont **redevables de la taxe** sur les salaires au titre des rémunérations versées une année N, **dans la limite du rapport** existant, au titre de l'année civile précédant celle du versement (N – 1), entre le chiffre d'affaires non imposé à la TVA et le chiffre d'affaires total hors TVA :

– les employeurs dont le chiffre d'affaires de l'année N n'est pas soumis à la TVA ;

– ainsi que les employeurs dont le chiffre d'affaires de l'année N – 1 a été soumis à la TVA à hauteur d'une fraction inférieure à 90 %.

Lorsque le **rapport** d'assujettissement **est compris entre 10 % et 20 %,** une décote est prévue. Pour chaque valeur du rapport (mentionnée en maigre), le taux d'assujettissement à la taxe sur les salaires (mentionné en gras) est le suivant : 10/**0** ; 11/**2** ; 12/**4** ; 13/**6** ; 14/**8** ; 15/**10** ; 16/**12** ; 17/**14** ; 18/**16** ; 19/**18** ; 20/**20** (BOI-TPS-TS-20-30 n° 220).

> **Précisions** **a.** Dans certaines hypothèses, la référence à l'année précédente est soit impossible, soit susceptible d'aboutir à des anomalies, et les entreprises peuvent déterminer leur **rapport d'assujettissement** à la taxe sur les salaires d'après les données de l'**année du paiement des rémunérations** (aucune taxe n'étant due si ce rapport prévisionnel est inférieur à 10 %). Il en est ainsi pour :
>
> – les **entreprises nouvelles** (pour la taxe due sur les salaires versés l'année de création) ;
>
> – les entreprises **ayant opté** pour la TVA (pour la taxe sur les salaires due sur ceux versés l'année de la date d'effet de l'option et l'année suivante) ;
>
> – les entreprises **devenant passibles de la TVA en cours d'activité,** par suite d'une extension du champ d'application de la TVA notamment (pour la taxe sur les salaires due sur ceux versés pendant l'année où elles deviennent passibles de la TVA).
>
> De même, lorsque la référence au rapport de l'année antérieure conduit à une anomalie manifeste, à raison d'une **variation importante** de leurs **conditions d'activité** (due, notamment, à une opération de fusion ou à la cession d'une branche d'activité), les entreprises peuvent demander l'autorisation de retenir le chiffre d'affaires de l'année même du paiement des rémunérations. Cette tolérance peut être appliquée dès le paiement de la taxe intervenant au moment du paiement des rémunérations (BOI précité n°s 240 à 300). Elle ne s'applique pas en cas de diminution des dividendes encaissés (CAA Lyon 8-1-2019 n° 17LY02510 : RJF 1/20 n° 25).
>
> Dans toutes les hypothèses ci-dessus, une **régularisation** doit intervenir en cas d'insuffisance de versement de taxe sur les salaires (rapport définitif d'assujettissement supérieur à celui retenu initialement), le versement complémentaire pouvant être effectué, à l'aide d'une déclaration rectificative, sans pénalité de retard jusqu'au 30 avril inclus de l'année suivante. Dans le cas contraire, l'excédent de versement est imputé sur les versements suivants ou remboursé sur demande présentée à l'administration fiscale (BOI-TPS-TS-30 n°s 290 et 300).
>
> **b.** Lorsque, pour les **salaires payés en début d'année,** les assujettis partiels à la taxe sur les salaires calculent leur **rapport** d'assujettissement à cette taxe d'après des chiffres provisoires de **l'année précédente,** ils doivent, lorsque le rapport définitif d'assujettissement, une fois connu, se révèle différent du rapport provisoire, procéder à une **régularisation.** En cas d'insuffisance de versement de taxe sur les salaires, celle-ci peut être réparée sans pénalité de retard lors du plus prochain versement de taxe, soit, pour les redevables ne relevant pas du régime du paiement annuel (n° 73540), au plus tard le 15 mai (ou le 15 juillet en cas de versement trimestriel). Dans le cas contraire, l'excédent de taxe peut être

imputé ou remboursé dans les conditions exposées au a ci-dessus sur demande présentée à l'administration fiscale.

c. Les entreprises **non soumises à la TVA** en vertu d'une **interprétation** admise par l'**administration** (c'est-à-dire par tolérance) sont redevables de la taxe sur les salaires (CGI art. 231, 1-al. 3). Actuellement, ce dispositif ne doit guère avoir de portée.

d. S'agissant des employeurs dont le **chiffre d'affaires n'excède pas** les limites de la **franchise en base de TVA,** voir n° 73435, a.

Calcul du rapport d'assujettissement Le **numérateur** du rapport d'assujettissement à la taxe sur les salaires reprend le total des recettes et autres produits qui n'ont pas ouvert droit à déduction de la TVA (c'est-à-dire les produits ou recettes correspondant à des opérations situées en dehors du champ d'application de la TVA ou exonérées de cette taxe : CE 15-4-2015 n° 369652 : RJF 7/15 n° 585 ; CE 14-2-2018 n° 410302 : RJF 5/18 n° 483) ainsi que les subventions non imposables à la TVA (CE 17-6-2015 n° 371162 : RJF 10/15 n° 782). 73385

Doivent notamment figurer au numérateur du rapport d'assujettissement les **dividendes** perçus par une entreprise (CE 29-6-2001 n° 176105 : RJF 10/01 n° 1217 ; CE 14-2-2018 n° 410302 précité ; BOI-TPS-TS-20-30 n° 90), la **quote-part de bénéfices de sociétés de personnes** perçue par une société en détenant des parts (CAA Versailles 20-10-2020 n°s 18VE03966 et 18VE03967 ; CE (na) 21-9-2021 n° 447998 : RJF 12/21 n° 1103), les **abandons de créance** consentis par une société mère à sa filiale (CAA Paris 15-3-2023 n° 22PA02077 : RJF 10/23 n° 719), ainsi que, pour les employeurs membres d'un **assujetti unique** constitué aux fins de la TVA, le montant des **opérations internes** qu'ils réalisent avec les autres membres du groupe (BOI-TVA-AU-30 n° 80).

Le **dénominateur** du rapport comprend les sommes figurant au numérateur plus les recettes afférentes aux opérations ouvrant droit à déduction de la TVA.

S'agissant des **sommes exclues du calcul du rapport** d'assujettissement, voir précision a ci-dessous.

› Précisions a. En pratique, l'administration admet de ne **pas prendre en compte pour le calcul** du rapport les sommes suivantes : indemnités d'assurances ; sommes exclues du calcul du coefficient de taxation forfaitaire visées n° 55750, c ; subventions à caractère exceptionnel, subventions d'équipement (n° 46950) ; produits financiers lorsque leur montant total (produits exonérés et/ou hors champ de la TVA) n'excède pas 5 % des recettes totales (BOI précité n°s 90 à 165).

De la même manière, les sommes ne correspondant pas à du chiffre d'affaires ou des recettes ne sont à inscrire ni au numérateur ni au dénominateur du rapport d'assujettissement (BOI précité n° 110). Tel est le cas, notamment, des **débours,** des sommes correspondant aux prestations de **services internes à une même entité juridique** (services entre une succursale et son siège, par exemple, à l'exception du cas où ces services sont imposables : voir n° 46535, e) et de celles correspondant aux **livraisons à soi-même de biens immobilisés** imposées à la TVA (CE 9-11-2015 n° 384536 : RJF 2/16 n° 131 ; CE 7-2-2018 n° 391094 : RJF 5/18 n° 484).

Par ailleurs, les **succursales françaises d'entreprises étrangères** qui rendent **exclusivement des services à leur siège** sont autorisées à calculer un rapport d'assujettissement en réputant que ces services internes suivent le régime de TVA qui aurait été applicable s'ils avaient été rendus à une tierce personne (BOI précité n° 120). À noter que, selon la cour de Versailles, la situation au regard de la taxe sur les salaires d'une succursale française de société étrangère dont elle est dépendante doit être appréciée en fonction du degré d'assujettissement à la TVA du siège (CAA Versailles 5-2-2009 n° 06-36 : RJF 7/09 n° 635).

b. Le rapport d'assujettissement peut être **arrondi** à l'unité inférieure (BOI précité n° 80).

Constitution de secteurs d'activité distincts Les entreprises ayant constitué des secteurs d'activité distincts en matière de TVA (n°s 56030 s.) doivent déterminer la taxe sur les salaires en appliquant aux rémunérations des salariés affectés spécialement à chaque secteur le **rapport d'assujettissement** propre à ce secteur. Pour les rémunérations des salariés concurremment affectés à plusieurs secteurs, la taxe sur les salaires doit être déterminée en leur appliquant le rapport d'assujettissement général de l'entreprise (CE 28-7-1999 n°s 144542 et 164100 : RJF 10/99 n° 1173 ; BOI-TPS-TS-20-30 n° 190). 73390

Les **dirigeants de holdings mixtes** sont présumés être affectés indifféremment au secteur financier non soumis à TVA et au secteur commercial soumis à cette taxe. Toutefois, la rémunération d'un dirigeant peut échapper à la taxe sur les salaires si le holding justifie, compte tenu de l'organisation adoptée, de l'absence d'attribution (absence de contrôle et de responsabilité) du dirigeant dans le secteur financier (notamment, CE 8-6-2011 n°s 331848, 331849, 341018 et 340863 : RJF 8-9/11 n° 936 ; BOI précité n° 195). Pour les dirigeants de société, voir également n° 73465, précision b.

L'administration considère qu'une **activité hors du champ d'application de la TVA** est, au regard de la taxe sur les salaires, assimilée à un secteur d'activité (BOI précité n° 200).

Les redevables dont les **produits financiers** (exonérés et/ou hors champ de la TVA) excèdent le seuil de 5 % visé n° 73385, précision a peuvent, pour les seuls besoins de la taxe sur les salaires, constituer un secteur « financier » sous réserve que ce secteur dispose de moyens propres en personnel et en matériel pour la réalisation des opérations financières (BOI précité n° 210).

> **Précisions** Pour la cour de Versailles, l'**assujettissement** à la taxe sur les salaires doit, en cas de sectorisation, être apprécié secteur par secteur en fonction du chiffre d'affaires assujetti à la TVA propre à chaque secteur (CAA Versailles 3-12-2013 n° 11VE04229 : RJF 3/14 n° 240).

EXEMPTIONS ET EXONÉRATIONS SPÉCIFIQUES

73400 À côté de l'exemption principale en fonction de l'imposition à la TVA (nos 73380 s.), il existe un certain nombre de mesures visant à exonérer ou exempter des catégories déterminées d'employeurs.

73405 TPS-I-3900 s **Employeurs agricoles** Sont passibles, en principe, de la taxe sur les salaires :

– d'une part, les **organismes coopératifs, mutualistes et professionnels** agricoles (CGI ann. III art. 53 bis) ;

– d'autre part, les autres employeurs agricoles, à raison d'opérations de **transformation ou de vente** de produits agricoles effectuées dans des établissements présentant un **caractère industriel ou commercial** (CGI ann. III art. 53 ter).

Dans les **DOM,** les employeurs ci-dessus sont, comme les autres employeurs agricoles, dispensés du versement de la taxe sur les salaires (CGI ann. III art. 53 quater).

73410 Tous les **autres employeurs agricoles** sont dispensés du versement de la taxe sur les salaires (BOI-TPS-TS-10-20 nos 310 à 400).

> **Précisions** Ces autres employeurs s'entendent de ceux qui exercent une profession agricole au sens des **dispositions régissant la mutualité sociale agricole** (MSA). La **liste** de ces professions est expressément donnée par l'article L 722-1 du Code rural et de la pêche maritime (entraîneurs, dresseurs et éleveurs d'animaux, ostréiculteurs, pisciculteurs, exploitants de travaux agricoles ou forestiers...), auquel se réfère l'administration.
> Les employeurs non inclus dans cette liste sont passibles de la taxe sur les salaires, même si le personnel qu'ils emploient est affilié à la MSA : c'est le cas des particuliers ou des collectivités qui emploient des **gardes-chasse, gardes-pêche, gardes forestiers, jardiniers,** etc. (mais l'emploi d'un jardinier par un particulier ouvre droit à l'exonération visée n° 73430).
> Lorsque l'activité agricole est exercée **simultanément** et de manière indissociable avec une **activité** industrielle ou **commerciale** (exemple : entrepreneurs de parcs et jardins, paysagistes), l'activité dominante est prise en considération. En cas d'exercice de deux activités distinctes, l'une agricole et l'autre commerciale, chacune d'elles est considérée isolément, alors même que l'activité agricole serait, au regard de l'impôt sur le revenu, réputée accessoire à l'activité commerciale en vertu de l'article 155 du CGI (n° 7925).
> **Remarque** : Selon le Conseil d'État, la **qualification d'activité agricole** implique que l'activité s'inscrive dans le déroulement et la maîtrise d'un cycle biologique de caractère végétal ou animal, quelle que soit la finalité poursuivie (en ce sens, CE 8-7-2015 n° 369730 : RJF 11/15 n° 907).

73415 TPS-I-6340 s et 6400 s **Collectivités publiques** La taxe sur les salaires n'est pas due à raison des rémunérations versées par l'**État** sur le budget général lorsque cette exonération n'entraîne pas de distorsion dans les conditions de la concurrence (CGI art. 231, 1-dernier al.). Sont également exonérés les **collectivités locales,** leurs régies personnalisées gérant des services publics administratifs et leurs groupements.

Leurs **établissements publics** ne bénéficient pas de cette exonération, sous réserve des exceptions suivantes : établissements publics de coopération culturelle, établissements publics de coopération environnementale (Loi 2023-1250 du 26-12-2023 art. 8), services départementaux de lutte contre l'incendie, Établissement français du sang, centres de formation des personnels communaux, centres d'action sociale dotés d'une personnalité propre lorsqu'ils sont subventionnés par les collectivités locales, caisses des écoles (CGI art. 231, 1-al. 1).

> **Précisions** La doctrine administrative admet que l'exonération prévue pour les collectivités locales s'étende à leurs **régies** lorsqu'elles ne sont **pas dotées de la personnalité morale** (BOI-TPS-TS-10-10-20 n° 40). Mais, selon le Conseil d'État, les exploitations industrielles ou commerciales des collectivités territoriales, quelle qu'en soit la forme, doivent (sous réserve de leur situation au regard de la TVA) acquitter la taxe sur les salaires à laquelle seraient assujetties des entreprises privées effectuant les mêmes opérations (CE 17-6-2015 n° 371162 : RJF 10/15 n° 782).

73420 CGI art. 231, 1-al. 1 TPS-I-6600 s **Établissements d'enseignement supérieur** Sont exonérés de taxe sur les salaires les établissements d'enseignement supérieur qui organisent des formations conduisant à la délivrance au nom de l'État d'un diplôme sanctionnant cinq années d'études après le baccalauréat (**diplôme d'État bac + 5**), les diplômes classés aux niveaux 7 et 8 du cadre national des certifications professionnelles remplissant cette condition. Les établissements concernés sont ceux visés au livre VII du Code de l'éducation : universités, écoles de commerce, grandes écoles, établissements d'enseignement supérieur privés, etc.

> **Précisions** **a.** L'exonération s'applique à l'ensemble des rémunérations versées par les établissements concernés à leur personnel salarié, **quelle que soit la fonction exercée,** enseignante ou non enseignante (CE 9-3-2016 n° 386911 : RJF 6/16 n° 522).
> **b.** L'exonération bénéficie aux établissements d'enseignement formant aux diplômes bac + 5 même s'ils ne délivrent pas eux-mêmes les diplômes (CE 27-6-2016 n° 380773 : RJF 11/16 n° 956).
> **c.** Les rémunérations versées aux **personnels mis à la disposition** d'un **établissement d'enseignement supérieur consulaire** mentionné à l'article L 711-17 du Code de commerce qui organise les formations susvisées sont exonérées de taxe sur les salaires (CGI art. 231 bis V).

Centres techniques industriels Les rémunérations versées par les centres techniques industriels mentionnés à l'article L 521-1 du Code de la recherche sont exonérées de taxe sur les salaires. **73425** CGI art. 231 bis U TPS-I-6690 s

Employeurs de salariés à domicile Sont exonérées de taxe sur les salaires les rémunérations versées par un particulier pour l'emploi d'un seul salarié à domicile (**employé de maison**) dans les conditions prévues à l'article 199 sexdecies du CGI (même champ d'application, sans plafonnement des rémunérations, que l'avantage fiscal visé nos 3230 s.) ou d'un seul **assistant maternel.** L'emploi d'un seul salarié à domicile (ou d'un seul assistant maternel) s'entend d'une personne à temps plein ou de plusieurs personnes à temps partiel représentant un équivalent temps plein. Un particulier occupant à la fois au maximum un salarié à domicile (à temps plein) et un assistant maternel (à temps plein) peut bénéficier de l'exonération. **73430** CGI art. 231 bis P TPS-I-6800 s

La même exonération s'applique pour l'emploi de plusieurs salariés à domicile à temps plein dont la présence au domicile de l'employeur est nécessitée par l'obligation pour ce dernier ou toute autre personne présente à son foyer de recourir à l'assistance d'une tierce personne pour accomplir les actes ordinaires de la vie (BOI-TPS-TS-10-10-20 nos 190 à 230).

Les employeurs bénéficiant de l'exonération ci-dessus sont dispensés de **déclaration des salaires** (n° 22200, précision a).

Autres employeurs **a.** Les employeurs dont le **chiffre d'affaires** de l'année civile précédente **n'excède pas les limites de la franchise en base de TVA** (n° 53780) sont exonérés de taxe sur les salaires, même s'ils ne bénéficient pas effectivement de cette franchise (CGI art. 231, 1-al. 2). Le chiffre d'affaires à prendre en compte doit s'apprécier au regard de l'ensemble des recettes et autres produits, y compris ceux qui n'entrent pas dans le champ d'application de la TVA (notamment la perception de dividendes et de subventions non imposables à la TVA) (CE 27-6-2012 n° 348578 : RJF 10/12 n° 910 ; BOI-TPS-TS-10-10-20 n° 180). **73435**

b. Les **caisses de congés payés** ne sont pas redevables de la taxe sur les indemnités qu'elles versent au personnel des entreprises redevables de la TVA (BOI-TPS-TS-20-20 n° 330).

c. Bien qu'elle soit légalement due, la taxe n'est pas réclamée aux employeurs ci-après :

- personnes **âgées** ou **handicapées** accueillies à titre onéreux par des particuliers agréés (BOI-TPS-TS-10-10-20 n° 270) ;
- **ambassades et consulats étrangers** (BOI précité n° 300) ;
- **organisations internationales.**

d. Certaines **cantines** (cantines scolaires gérées par des établissements publics et les associations loi 1901, restaurants et cantines des foyers de jeunes travailleurs, restaurants et cantines gérés par les centres régionaux des œuvres universitaires) sont exemptées de la taxe sur les salaires à raison des rémunérations versées à leur personnel, même si elles sont exonérées de la TVA. Bien qu'en principe réservée au personnel exclusivement affecté à la fourniture des repas, l'exemption est également admise pour le personnel affecté concurremment à d'autres services, pour la partie du salaire correspondant au service de la cantine (la partie du salaire exonérée est obtenue en répartissant d'abord la totalité de la rémunération entre les tranches du barème visé n° 73485, puis en appliquant au montant ainsi obtenu le rapport entre les services autres que la cantine et l'ensemble des services auxquels est affecté le salarié : CE 6-8-2008 n° 288453 : RJF 11/08 n° 1188).

Dans les établissements comme les hôpitaux ou les maisons de retraite, il est admis que les salaires du personnel affecté au service de la restauration soient exonérés dans la proportion existant entre le nombre des repas servis aux employés de l'établissement et le nombre total des repas servis par l'établissement (BOI-TPS-TS-20-20 nos 280 à 310).

e. Les **armateurs** et les sociétés d'armement à la pêche maritime, ainsi que les **artisans-pêcheurs** et les sociétés de pêche artisanale, sont exonérés de la taxe sur les salaires (BOI précité n° 315).

f. S'agissant des **organismes sans but lucratif,** voir n°s 73470 et 73500.

B. Calcul de la taxe

BASE DE LA TAXE SUR LES SALAIRES

73465 CGI art. 231, 1-al. 1 TPS-I-8000 s

La base de la taxe sur les salaires est alignée sur l'**assiette de la CSG applicable aux salaires** et assimilés, prévue à l'article L 136-1 du Code de la sécurité sociale (voir Mémento social n°s 25100 s.). Toutefois, pour la détermination de cette base, il ne doit être tenu compte ni de la déduction forfaitaire pour frais professionnels visée au I de l'article L 136-2 du même Code, ni des gains de levée d'options sur actions et d'attributions d'actions gratuites visés aux I des articles 80 bis et 80 quaterdecies du CGI. Sont également exclues de l'assiette de la taxe sur les salaires les sommes correspondant à des revenus de remplacement, tels que les indemnités servies en cas d'accident de travail ou les indemnités journalières versées en cas de maladie et, plus généralement, toute somme correspondant à des prestations de sécurité sociale versée par l'entremise de l'employeur (BOI-TPS-TS-20-10 n° 80).

Certaines sommes bénéficient par ailleurs d'une exonération spécifique de taxe sur les salaires (n° 73470).

> Précisions a. Les rémunérations de **certaines catégories de salariés,** fixées par arrêtés, peuvent être assujetties à la CSG non pas sur l'assiette réelle, mais sur une **base forfaitaire.** Cette assiette forfaitaire a vocation à s'appliquer pour la taxe sur les salaires, sauf lorsque l'employeur a opté pour le régime de l'assiette réelle en matière sociale, auquel cas les rémunérations assujetties à la taxe sur les salaires doivent être prises en compte pour leur montant réel.
Par ailleurs, les **solutions doctrinales** retenues **en matière sociale** sont applicables à la taxe sur les salaires (BOI précité n°s 50 et 60).
b. Sont soumises à la taxe sur les salaires les **rémunérations** des **dirigeants de société** qui sont obligatoirement affiliés au régime général de la sécurité sociale en application des dispositions combinées des articles L 311-2 et L 311-3 du CSS, qu'ils soient expressément visés à l'article L 311-3 (tels les présidents du conseil d'administration, directeurs généraux et directeurs généraux délégués de SA, les gérants minoritaires de SARL et les présidents et dirigeants de SAS) ou non (tels les membres du directoire) (CE 21-1-2016 n°s 388676 et 388989 : RJF 4/16 n°s 331 et 332 ; CE 19-6-2017 n° 406064 : RJF 10/17 n° 934 ; BOI précité n° 30). Les rémunérations des gérants majoritaires de SARL, qui ne relèvent pas du régime prévu par les dispositions précitées du CSS, ne sont pas soumises à la taxe (CAA Nantes 19-4-2018 n° 16NT02756 : RJF 7/18 n° 748).

73470 CGI art. 231 bis D à 231 bis N, 231 bis Q et 231 bis R TPS-I-9000 s

Rémunérations exonérées Certaines sommes sont expressément exonérées de la taxe sur les salaires et ne sont donc pas à comprendre dans la base de cette taxe, même si elles sont soumises à la CSG.

Les exonérations spécifiques de taxe sur les salaires sont notamment les suivantes :

– **rémunérations** versées aux **enseignants** des centres de formation d'apprentis (**CFA**) ;

– prime d'impatriation versée aux **impatriés** (salariés et dirigeants de sociétés de capitaux soumis au régime fiscal des salariés) dont la prise de fonction en France est intervenue depuis le 6 juillet 2016 à hauteur du même montant et sous les mêmes conditions de domiciliation fiscale et de durée que ceux prévus pour l'application de l'exonération d'impôt sur le revenu de l'article 155 B, I-1 du CGI (n°s 4715 s.). Pour les salariés et personnes éligibles à l'option prévue au premier alinéa de l'article 155 B, I-1 précité (n° 4727), l'exonération porte sur une fraction de 30 % de leur rémunération ;

– rémunérations versées aux salariés bénéficiaires d'un contrat d'**accompagnement dans l'emploi** (Mémento social n° 20820) ;

– salaires versés par les organismes sans but lucratif aux personnes qu'ils recrutent à l'occasion et pour la durée des **manifestations** de bienfaisance et de soutien **exonérées de TVA** (n° 89530) ;

– **allocations de chômage** et contributions assimilées.

> Précisions Sont également exonérées de taxe sur les salaires, pendant la durée d'attribution de l'aide mentionnée à l'article L 5132-2 du Code du travail, et à concurrence de la part n'excédant pas le Smic, les rémunérations versées aux salariés embauchés en contrat à durée déterminée dans les **ateliers et chantiers d'insertion** (Loi 2013-1203 du 23-12-2013 art. 20, IV).

Application du rapport d'assujettissement Les employeurs **redevables partiels de la TVA** déterminent la base effective de la taxe sur les salaires au moyen de leur rapport d'assujettissement à la taxe sur les salaires défini nos 73380 s. 73475

Ce rapport d'assujettissement doit être appliqué **après** la **répartition des rémunérations entre les tranches du barème** progressif d'imposition visé no 73485 (Avis CE 23-11-1998 no 197839 : RJF 12/98 no 1420).

Pour un exemple d'application, voir no 73490, b.

TAUX DE LA TAXE SUR LES SALAIRES

La taxe comporte un taux normal et des taux majorés qui frappent les rémunérations individuelles dépassant un certain chiffre. En ce qui concerne les taux en vigueur dans les **DOM,** où les taux majorés ne sont pas applicables, voir no 91640. 73485 CGI art. 231, 1 et 231, 2 bis TPS-I-15050 s et 15250 s

a. Taux normal : le taux normal de la taxe sur les salaires est de 4,25 %.

b. Taux majorés : le taux de la taxe sur les salaires est porté de 4,25 % :

– à 8,50 % (soit une majoration de 4,25 %) pour la fraction des rémunérations individuelles annuelles supérieures à 8 985 € et inférieures ou égales à 17 936 € ;

– à 13,60 % (soit une majoration de 9,35 %) pour la fraction de ces rémunérations excédant 17 936 €.

› Précisions **a.** Les **seuils** de 8 985 € et 17 936 € ne jouent que pour le calcul de la taxe due à raison des rémunérations versées en 2024. Les seuils sont en effet relevés chaque année dans la même proportion que la limite supérieure de la première tranche du barème de l'IR de l'année précédente.

Pour 2023, le taux de 8,50 % s'appliquait à la fraction des rémunérations supérieures à 8 573 € et inférieures ou égales à 17 114 €, et le taux de 13,60 % à celle excédant 17 114 €.

b. Les **salaires à retenir** pour le calcul de la majoration de la taxe sur les salaires s'entendent des rémunérations individuelles annuelles. Pour apprécier si la majoration est exigible, il faut donc prendre en considération le montant des rémunérations que chaque salarié reçoit au cours de l'année et non pas la masse globale des salaires versés à l'ensemble du personnel de l'entreprise.

c. La taxe sur les salaires de 4,25 % est calculée sur la totalité des salaires versés, le montant de la majoration étant déterminé séparément en appliquant le taux de :

– 4,25 % à la fraction des rémunérations individuelles payées au cour s du mois, qui est comprise entre 749 € et 1 495 € ;

– 9,35 % à la fraction de ces rémunérations excédant 1 495 €.

Le tableau suivant donne une formule de calcul direct à partir des rémunérations individuelles mensuelles :

Rémunération brute mensuelle versée (R)	Montant de la taxe (I)
R ⩽ 749 €	I = 0,0425 R
749 € < R ⩽ 1 495 €	I = 0,085 R - 31,83 €
R > 1 495 €	I = 0,136 R - 108,08 €

Une **régularisation** est ensuite effectuée en fin d'année (no 73550).

EXEMPLE 73490

a. Entreprise non soumise à la TVA. Soit une entreprise qui paie les rémunérations suivantes :

– salaire total de quatre employés (salaires individuels supérieurs à 8 985 € et inférieurs ou égaux à 17 936 €) 60 000 €

– salaire total de sept employés et cadres (salaires individuels supérieurs à 17 936 €) 430 000 €

Total .... 490 000 €

Le total de la taxe sur les salaires se calcule comme suit :

Taux normal (4,25 %) : 490 000 × 4,25 % .... 20 825 €

Taux majorés :

– majoration de 4,25 % :

[(60 000 – 35 940) × 4,25 %] + [(125 552 – 62 895) × 4,25 %] 3 685,47 €

– majoration de 9,35 % : [(430 000 – 125 552) × 9,35 %] .... 28 465,89 €

Total .... 52 976,36 €

arrondi à 52 976 €

b. Entreprise partiellement soumise à la TVA. Supposons que l'entreprise visée au a ci-dessus, redevable partiellement de la TVA, ait un rapport d'assujettissement à la taxe sur les salaires de 40 % (voir nos 73380 s.).

Le montant de la taxe (au taux normal ou aux taux majorés) sera de :

Taux normal : 490 000 × 40 % × 4,25 %	8 330 €
Taux majorés :	
– majoration de 4,25 % : 86 717 × 40 % × 4,25 %	1 474,19 €
– majoration de 9,35 % : 304 448 × 40 % × 9,35 %	11 386,36 €
Total	21 190,55 €
	arrondi à 21 191 €

ABATTEMENT DES ASSOCIATIONS

73500 CGI art. 1679 A TPS-I-15800 s

Les **associations,** les **syndicats professionnels** et leurs unions, les **congrégations,** les **associations intermédiaires** conventionnées, certaines **mutuelles** régies par le Code de la mutualité (voir précision d ci-dessous), les **fondations** reconnues d'utilité publique, les **centres de lutte contre le cancer** mentionnés à l'article L 6162-1 du Code de la santé publique, ainsi que les **groupements de coopération sanitaire et** les groupements **de coopération sociale et médico-sociale** lorsqu'ils sont exclusivement constitués de personnes morales mentionnées ci-avant, bénéficient d'un abattement sur le montant de la taxe sur les salaires normalement due. Cet abattement est de **23 616 €** pour la taxe due au titre des salaires versés en **2024** (il était de 22 535 € pour la taxe due au titre des salaires versés en 2023). Il est en principe relevé chaque année dans la même proportion que la limite supérieure de la première tranche du barème de l'IR.

> Précisions **a.** Pour les **associations,** l'application de l'abattement n'est pas subordonnée au caractère désintéressé de la **gestion** (BOI-TPS-TS-30 no 420).

b. Les organismes qui estiment que le montant annuel de leur taxe n'excédera pas le montant de l'abattement sont dispensés, le cas échéant, des versements mensuels ou trimestriels (no 73540).

S'il en est autrement, l'abattement peut, au choix du redevable, lorsque ce dernier ne relève pas du régime du paiement annuel, être **imputé** intégralement et jusqu'à épuisement de son montant **sur les premiers versements** de taxe de chaque année **ou réparti sur l'ensemble** de l'année par voie d'une réduction d'un quart de son montant par trimestre ou d'un douzième par mois.

Si la taxe due pour l'ensemble de l'année est inférieure au montant de l'abattement, la fraction inutilisée de l'exonération ne peut être ni remboursée ni reportée (BOI précité nos 520 et 530).

c. Les employeurs sont dispensés de souscrire la **déclaration annuelle** de liquidation et de régularisation (no 73550) lorsque le montant annuel de la taxe n'excède pas le montant de l'abattement (BOI précité no 530).

d. Les **mutuelles** relevant des **livres I et II** du **Code de la mutualité** bénéficient de l'abattement lorsqu'elles emploient moins de 30 salariés. Les mutuelles relevant du **livre III** du Code de la mutualité peuvent bénéficier dudit abattement quel que soit le nombre de leurs salariés.

e. L'abattement peut se cumuler, le cas échéant, avec l'exonération prévue pour les **manifestations de bienfaisance** ou de soutien (no 73470). Dans ce cas, son montant (ou la fraction restant à pratiquer au moment où ont lieu les manifestations) doit s'imputer sur la taxe déterminée en fonction des seules rémunérations restant soumises à la taxe sur les salaires (BOI précité no 570).

f. Un organisme ne peut bénéficier, chaque année, que d'un seul abattement sur la taxe sur les salaires dont il est redevable, même s'il dispose de plusieurs **établissements,** dès lors qu'en principe ces derniers ne jouissent pas de l'autonomie financière et d'une personnalité juridique distincte (établissements des associations, sections des mutuelles ou caisses autonomes mutualistes). Cet abattement peut être pratiqué par les maisons ou établissements fondés par une congrégation lorsque ceux-ci jouissent de l'autonomie financière et sont dotés d'une personnalité juridique distincte (BOI précité nos 420, 430 et 480).

FRANCHISE ET DÉCOTE

73510 CGI art. 1679 TPS-I-16100 s

La taxe sur les salaires n'est pas due lorsque son montant annuel n'excède pas 1 200 €. Les redevables qui estiment que le montant annuel de leur taxe n'excédera pas le montant de cette **franchise** sont dispensés, le cas échéant, des versements mensuels ou trimestriels (no 73540). Si le montant annuel de la taxe est finalement supérieur à 1 200 €, les pénalités pour versement tardif sont normalement applicables.

Lorsque le montant annuel de la taxe est supérieur à 1 200 € sans excéder 2 040 €, l'impôt exigible est minoré d'une **décote** égale aux trois quarts de la différence entre 2 040 € et ce montant. L'impôt finalement dû (Id) est calculé selon la formule suivante (dans laquelle « Ie » représente l'impôt annuel normalement exigible) : Id = 1,75 × Ie - 1 530.

Les redevables susceptibles de bénéficier de la décote peuvent, le cas échéant, l'imputer **en cours d'année** sur leurs versements trimestriels (montant trimestriel de la taxe compris entre 300 € et 510 €) ou mensuels (montant mensuel compris entre 100 € et 170 €). La décote est alors égale aux trois quarts de la différence entre 510 € et le montant trimestriel calculé, ou entre 170 € et le montant mensuel calculé (BOI-TPS-TS-30 nos 370 à 390).

Les insuffisances de versement résultant d'un calcul erroné sont passibles des pénalités pour paiement tardif.

> **Précisions** **a.** L'administration paraît exclure qu'une **association** puisse bénéficier de la franchise ou de la décote sur le montant de taxe due après application de l'abattement du n° 73500 (BOI précité n° 560).
> **b.** Les redevables dont le montant annuel de la taxe n'excède pas le montant de la franchise sont dispensés de souscrire la **déclaration annuelle** visée n° 73550.

C. Paiement de la taxe

La taxe est entièrement à la charge de l'employeur. Celui-ci est tenu de la verser **spontanément** au comptable de l'administration fiscale. À défaut, il est personnellement imposé par voie d'avis de mise en recouvrement d'une somme égale à celle qu'il aurait dû verser (CGI art. 1679 bis). 73530 TPS-I-16400 s et 18000 s

Tous les employeurs redevables de la taxe sur les salaires ont l'**obligation** de la payer par voie électronique (**télérèglement**) (CGI art. 1681 septies, 5), qu'il s'agisse d'un versement provisionnel ou du solde de la taxe due (BOI-TPS-TS-40 n° 210). Lorsqu'ils n'ont **pas effectué les paiements dans les délais** prescrits ou ont effectué des **versements insuffisants,** les employeurs sont sanctionnés par les pénalités pour défaut ou retard de paiement (intérêt de retard et majoration de 5 % : nos 80160 s.). Le non-respect de l'obligation de paiement par télérèglement est également sanctionné d'une majoration de 0,2 % des sommes dont le versement a été effectué selon un autre mode de paiement, le montant de cette majoration ne pouvant être inférieur à 60 € (n° 80200, b).

PÉRIODICITÉ

La périodicité des versements varie en **fonction** du montant total **de la taxe acquittée au titre de l'année précédente** : 73540 CGI ann. III art. 369 et 374 TPS-I-16660 s

- si ce **montant** est **inférieur à 4 000 €,** la taxe est versée **annuellement,** dans les 15 premiers jours de l'année suivant celle du paiement des rémunérations (cet unique versement accompagne la souscription de la déclaration annuelle : n° 73550) ;
- si ce **montant** est **compris entre 4 000 € et 10 000 €,** la taxe est versée **trimestriellement,** dans les 15 premiers jours du trimestre suivant celui du paiement des rémunérations ;
- si ce **montant** est **supérieur à 10 000 €,** la taxe est versée **mensuellement,** dans les 15 premiers jours du mois suivant celui du paiement des rémunérations.

Les versements sont **arrondis** à l'euro le plus proche, les fractions égales ou supérieures à 0,50 € étant comptées pour 1 €.

> **Précisions** **a.** En ce qui concerne la taxe afférente aux rémunérations à la charge de l'État et des **collectivités publiques,** les sommes éventuellement dues sont obligatoirement versées trimestriellement.
> **b.** Lorsque l'échéance de la taxe sur les salaires tombe pendant la **période des congés payés,** les entreprises peuvent, sans encourir de sanctions, verser seulement un acompte dont le montant ne doit pas être inférieur à 80 % du versement précédent, à charge pour elles de régulariser leur situation lors de l'échéance suivante (BOI-TPS-TS-40 n° 110).
> **c.** Il est rappelé que les redevables qui estiment que le montant annuel de leur taxe n'excédera pas le montant de la **franchise** ou celui de l'abattement bénéficiant aux **associations** sont dispensés des versements mensuels ou trimestriels (n° 73500, précision b et n° 73510).
> **d.** Tous les employeurs doivent **transmettre par voie électronique** les relevés de versements provisionnels (modèle 2501-SD), qui accompagnent chaque versement mensuel ou trimestriel (BOI précité n° 100), et procéder au **télérèglement** desdits versements (n° 73530).

RÉGULARISATION ET DÉCLARATION ANNUELLES

73550 CGI art. 1649 quater B quater CGI ann. II art. 143 et 144 CGI ann. III art. 369 TPS-I-16980 s et 18130 s

Les employeurs doivent souscrire, au plus tard le 15 janvier de l'année suivant celle du paiement des rémunérations, une **déclaration annuelle de liquidation et de régularisation** (modèle 2502-SD) de la taxe sur les salaires. Toutefois, l'administration admet que la déclaration puisse être souscrite au plus tard le 31 janvier de l'année qui suit celle au titre de laquelle la taxe est due (BOI-TPS-TS-40 n° 280). La déclaration annuelle doit être transmise par voie électronique (**télédéclaration**).

Cette déclaration doit comporter, notamment, le montant des rémunérations versées au cours de l'année, le montant de la taxe correspondante, le montant des sommes restant dues ou devant être restituées après déduction, le cas échéant, des sommes déjà versées mensuellement ou trimestriellement au titre de la même année. Elle est accompagnée du télérèglement de l'impôt ou du **complément d'impôt** exigible au titre de cette même année.

Lorsque la régularisation fait apparaître un **excédent de versement,** l'employeur indique sur la déclaration s'il entend utiliser cet excédent sur les versements de l'année suivante ou s'il en demande le remboursement.

En cas de **cession** ou de **cessation** d'activité, la déclaration (accompagnée du télérèglement y afférent) doit être souscrite dans les 60 jours et au plus tard le 15 janvier de l'année suivante. En cas de **décès** de l'employeur, la déclaration (accompagnée du télérèglement y afférent) doit être souscrite dans les six mois du décès et au plus tard le 15 janvier de l'année suivante. Dans ces deux situations, l'administration admet toutefois que la déclaration puisse être souscrite au plus tard le 31 janvier de l'année qui suit celle au titre de laquelle la taxe est due (BOI précité n° 50).

Le défaut ou retard de production de cette déclaration entraîne l'application, le cas échéant, de la **taxation d'office** (nos 78920 s.).

On rappelle que les employeurs bénéficiant de la **franchise** et les **associations** et organismes dispensés de paiement en raison de l'abattement sont dispensés de produire la déclaration annuelle (nos 73500, précision c et 73510, précision b).

> **Précisions** Outre l'obligation de souscrire la déclaration annuelle, les employeurs doivent notamment indiquer, dans la **déclaration des salaires** (en principe la dernière DSN souscrite au titre de l'année civile : voir n° 22200), s'ils sont ou non assujettis à la taxe et, s'ils sont assujettis, préciser pour chaque salarié le montant brut servant de base à la taxe et l'assiette des taux majorés (CGI ann. III art. 39 ; BOI précité nos 240 et 250). Les bases de la taxe sur les salaires doivent y être déclarées sans application du pourcentage d'imposition en cas d'assujettissement partiel à la TVA (nos 73380 s.).

73555 Des discordances entre le total des versements effectués au cours de l'année et le montant de la taxe due peuvent apparaître dans les cas suivants :

- **erreurs** commises lors des versements mensuels ou trimestriels ;
- application de la **décote,** le cas échéant.

Par ailleurs, l'application des **taux majorés** donne également lieu à régularisation annuelle.

En particulier, compte tenu du caractère annuel des seuils d'application des taux majorés, la régularisation annuelle peut faire apparaître un excédent de versement de taxe dans le cas de **salariés n'ayant pas travaillé toute l'année dans l'entreprise** (salariés partis en cours d'année, par exemple).

Enfin, comme déjà indiqué n° 73380, précisions a et b, les **employeurs** partiellement **redevables de la TVA** peuvent être astreints à certaines régularisations lorsqu'ils ont utilisé un rapport d'assujettissement provisoire et que le rapport définitif se révèle différent du premier.

SECTION 2

INVESTISSEMENT OBLIGATOIRE DANS LA CONSTRUCTION

GÉNÉRALITÉS

Les employeurs occupant au moins cinquante salariés sont soumis à l'obligation d'investir dans la construction de logements, à titre de participation à l'effort de construction. Si cette obligation n'est pas remplie, ils sont redevables d'une cotisation. 74300 CCH art. L 313-1 à L 313-5 CGI art. 235 bis TPS-IV-1 s

EMPLOYEURS ASSUJETTIS

Sous réserve des exonérations exposées ci-après, les employeurs établis ou domiciliés en France sont soumis à l'obligation d'investir, quels que soient la nature de l'activité, le régime d'imposition ou la forme juridique de l'exploitation, dès lors qu'ils respectent un **seuil d'effectif** minimum de cinquante salariés. En sont **exonérés** : 74310 TPS-IV-200 s

– l'**État,** les collectivités territoriales et leurs établissements publics administratifs (mais non leurs établissements ou organismes à caractère industriel ou commercial) ;

– les **employeurs agricoles** visés aux articles 53 bis et 53 ter de l'annexe III au CGI (nº 73405) ainsi que les autres employeurs agricoles lorsque leur activité agricole est prépondérante (sur cette notion, voir nº 73410, Précisions).

Selon l'article L 716-2 du Code rural et de la pêche maritime, cette dernière exonération ne s'applique pas aux employeurs occupant au minimum **cinquante salariés agricoles** définis par l'article L 722-20 du même Code.

Selon le Conseil d'État, sont assujettis à la participation-construction, les **employeurs établis en France** à raison des rémunérations versées aux salariés qu'ils emploient, indépendamment du lieu où ceux-ci exercent leur activité. La participation est également due par les employeurs dont le **siège social** est situé **à l'étranger** et qui disposent d'une installation en France, à raison des rémunérations versées aux salariés rattachés à cette installation (CE 2-4-2021 nº 428684 : RJF 6/21 nº 582).

CONDITION D'EFFECTIF

Les règles de **décompte** de l'effectif et de **franchissement du seuil** de cinquante salariés sont alignées sur celles applicables aux cotisations de sécurité sociale. Il en est de même s'agissant des salariés agricoles (C. rur. art. L 716-2). 74315

ATTENTION

Les entreprises comptant au moins cinquante salariés au 31 décembre 2019 et bénéficiaires à cette date du **dispositif de réduction temporaire** prévu à l'ancien article L 313-2 du CCH (applicable en cas de franchissement du seuil d'effectif minimum fixé à vingt salariés), abrogé depuis le 1er janvier 2020, continuent d'appliquer ce mécanisme (Loi 2019-486 du 22-5-2019 art. 11, XII).

Effectif de référence L'effectif salarié **annuel** de l'employeur pris en compte pour le calcul et le recouvrement des cotisations et contributions de sécurité sociale correspond, y compris s'il s'agit d'une personne morale comportant plusieurs établissements, à la **moyenne** du nombre de personnes employées au cours de chacun des mois de l'**année civile précédente,** sans comptabiliser les mois au cours desquels aucun salarié n'est employé. 74320 CSS art. L 130-1, I R 130-1

> Précisions **a.** L'effectif à prendre en compte pour l'année de **création du premier emploi** correspond à l'effectif présent le dernier jour du mois au cours duquel cette première embauche a eu lieu.

b. En cas de **modification de la situation juridique de l'employeur** (Mémento social nos 74560 s.), y compris si elle entraîne une création d'entreprise, l'effectif pris en compte pour l'année de transfert des contrats est l'effectif présent le dernier jour du mois au cours duquel ce transfert a été réalisé.

c. L'effectif salarié annuel de l'employeur est **arrondi,** s'il y a lieu, au centième (il n'est pas tenu compte de la fraction au-delà de la deuxième décimale).

Personnes prises en compte Sont uniquement prises en compte pour la détermination de l'effectif salarié annuel de l'employeur les personnes titulaires d'un **contrat de travail** (même si elles sont absentes ou si leur contrat est suspendu). 74325 CSS art. R 130-1

Les salariés à **temps plein** sont intégralement pris en compte dans l'effectif de l'entreprise au cours du mois. Ceux à **temps partiel,** quelle que soit la nature du contrat de travail, sont pris en compte en divisant la somme totale des horaires inscrits dans leur contrat de travail par la durée légale ou la durée conventionnelle du travail (C. trav. art. L 1111-2, 3°).

En cas d'**embauche** ou de **départ en cours de mois,** les personnes sont décomptées à due proportion du nombre de jours d'emploi dans le mois. Pour un salarié à temps partiel dans cette situation, il y a donc lieu de procéder à une double proratisation.

> **Précisions a.** Sont **exclues** de l'effectif les personnes suivantes : le salarié sous CDD remplaçant un salarié absent ou dont le contrat de travail est suspendu, le stagiaire, le volontaire en service civique (CSS art. R 372-4), l'apprenti, le titulaire d'un contrat de professionnalisation (pour la durée de l'action de professionnalisation), d'un contrat initiative-emploi (CIE) et d'un contrat d'accompagnement dans l'emploi (CAE) (pendant la durée d'attribution de l'aide afférente) et le mandataire social relevant du régime général du seul fait de son mandat (pour les dirigeants concernés, voir Mémento social nos 28430 s.).
> **b.** L'effectif de l'entreprise de **travail temporaire** tient compte des salariés permanents et des contrats de mission, en les décomptant à due proportion du nombre de jours du mois pendant lequel ils ont été employés.
> **c.** Les salariés **mis à disposition** par une **entreprise extérieure** (sous-traitants, prestataires, etc.) sont pris en compte dans l'effectif de leur employeur.
> Les salariés mis à disposition par des **groupements d'employeurs** sont pris en compte dans l'effectif du groupement, et non pas dans celui de l'entreprise utilisatrice. Toutefois, à compter d'une date fixée par décret (à paraître) et au plus tard le 1er janvier 2026, ces salariés seront pris en compte dans l'effectif de l'entreprise utilisatrice à due proportion de leur temps de travail, et non plus dans celui du groupement (CSS art. L 130-1, III et IV, applicable à compter du 1-1-2026).

74330 CSS art. L 130-1, II **Variation de l'effectif** Le franchissement **à la hausse** d'un seuil d'effectif salarié est pris en compte lorsque ce seuil a été atteint ou dépassé pendant cinq années civiles consécutives. À l'inverse, le franchissement **à la baisse** d'un seuil d'effectif sur une année civile a pour effet de faire à nouveau courir la règle de prise en compte du franchissement à la hausse précité. Autrement dit, une entreprise dont la diminution de l'effectif conduit à la faire passer sous un seuil dispose à nouveau de cinq ans pour être soumise à l'obligation attachée au franchissement à la hausse du seuil en question.

MONTANT ET DÉLAI DE RÉALISATION

74335 TPS-IV-2500 s Le montant des sommes à investir chaque année est égal à une fraction fixée à 0,45 % des **revenus d'activités** versés l'année précédente, tels qu'ils sont pris en compte pour le calcul de l'assiette des cotisations de sécurité sociale (voir Mémento social nos 22320 s.).

La **période de référence** à retenir pour le calcul de l'investissement est constituée dans tous les cas (quelle que soit la date de clôture de l'exercice comptable) par l'année civile. Le délai d'investissement expire le 31 décembre de l'année suivant celle du paiement des salaires.

L'assiette de la participation doit être mentionnée chaque année sur la **déclaration des salaires** (n° 22200). Pour les établissements placés dans le champ de la déclaration sociale nominative (DSN), ces éléments sont fournis dans la DSN souscrite en janvier au titre de décembre (CGI ann. III art. 39, 1°-f).

Seules les **sommes effectivement versées** par les employeurs sont libératoires. Dans le cas des prêts consentis par les employeurs à leurs salariés, seuls sont considérés comme libératoires les fonds mis à la disposition des salariés par versement direct ou ouverture d'un compte courant à leur nom.

Les employeurs qui, au cours d'une année déterminée, ont investi des sommes supérieures au montant de la participation exigible peuvent reporter l'**excédent** sur les années suivantes, sans limitation de durée.

RÉALISATION DE L'INVESTISSEMENT

74340 Les employeurs peuvent effectuer des versements à des organismes collecteurs ou réaliser des investissements directs.

ATTENTION

Dans le cadre de la consultation sur la politique sociale de l'entreprise, les conditions de travail et l'emploi, et à défaut d'accord collectif en définissant le contenu, le **comité social et économique** doit être informé sur l'affectation de la contribution sur les salaires au titre de l'effort de construction (C. trav. art. L 2312-22 et L 2312-26, II-7°).

74345 TPS-IV-5000 s **Versements aux organismes collecteurs** La **société Action Logement Services** collecte les versements.

Peuvent également être agréés à collecter les versements les **organismes de HLM** et les **sociétés d'économie mixte** exerçant à titre principal une activité de construction, d'acquisition ou de gestion de logements sociaux ainsi que la **société immobilière des chemins de fer français.**

Les versements aux organismes collecteurs agréés peuvent être faits sous forme de **prêts sans intérêts** ou de **subventions** (CCH art. R 313-6).

> Précisions Fiscalement, les subventions versées à ces organismes sont **déductibles** du résultat imposable si elles sont conformes à la réglementation de la participation-construction. Les prêts ne peuvent faire l'objet d'aucune déduction.
Sur la possibilité de constituer une **provision** à raison de la participation-construction : voir nº 9860, précision b.

Investissements directs Les investissements directs peuvent être réalisés sous forme de **prêts à taux réduits** consentis aux salariés pour le financement de la construction d'un logement affecté à leur résidence principale ou à celle de leur conjoint, de leurs ascendants ou descendants (CCH art. R 313-7, 1°). **74350** TPS-IV-5300 s

À titre exceptionnel et sur autorisation préfectorale, les employeurs peuvent également réaliser au titre des investissements directs :

– des **constructions de logements locatifs,** à condition que ces logements bénéficient des prêts mentionnés aux articles D 331-1 (prêts locatifs aidés) ou D 331-72 (prêts conventionnés) du CCH ;

– des **travaux d'amélioration d'immeubles anciens** leur appartenant, loués ou destinés à être loués à leurs salariés et compris dans un programme d'intérêt général d'amélioration de l'habitat mentionné à l'article R 327-1 du même Code (CCH art. R 313-7, 2°).

Ces différentes formes de participation doivent remplir un certain nombre de conditions prévues aux articles R 313-14 à R 313-17 du CCH.

> Précisions **a.** Les **prêts** aux salariés sont soumis à des **conditions** de performance énergétique du logement. Leur durée maximale ne doit pas être supérieure à trente ans. Leur montant ne doit pas excéder 30 % du coût total de l'opération, dans la limite d'un montant par logement fixé par zone géographique (CCH art. R 313-20-1). Leur taux d'intérêt est fixe et ne doit pas dépasser un taux plafond égal au taux du livret A en vigueur au 31 décembre de l'année précédant l'émission de l'offre de prêt ou au taux de 1 % si le taux du livret A devient inférieur à ce montant. Ils doivent enfin être accordés aux ménages respectant des conditions de ressources.
b. Les **constructions de logements locatifs** et les **travaux d'amélioration d'immeubles anciens** ne peuvent excéder 10 % du prix de revient de l'opération, dans la limite d'un montant par logement fixé par zone géographique (CCH art. R 313-7, 2° et R 313-20-2).
c. **Fiscalement,** les prêts aux salariés ne sont pas déductibles du résultat imposable. Les logements construits directement par l'employeur, qui doivent être inscrits à l'actif de son bilan, sont amortissables dans les conditions de droit commun. Il en va de même pour les travaux d'amélioration entrepris sur des immeubles inscrits au bilan, dans la mesure où ces travaux ont normalement pour effet d'augmenter la valeur d'actif ou la durée d'utilisation des immeubles.
d. Les employeurs occupant au minimum cinquante **salariés agricoles** peuvent notamment financer les opérations de rénovation du patrimoine rural bâti destiné aux logements sociaux, les opérations de construction ou d'acquisition de logements en zone rurale, ou les aides directes à des personnes physiques pour le changement de logement ou l'accès au logement locatif. Ils peuvent également effectuer des versements ayant pour objet de financer des interventions à caractère très social dans le domaine du logement, notamment sous la forme d'opérations relatives au logement ou à l'hébergement des personnes défavorisées (C. rur. art. L 716-2).

CONSERVATION DES INVESTISSEMENTS

À l'exception des subventions aux organismes collecteurs, les investissements doivent être conservés pendant une durée de **20 ans au moins** à compter de la réalisation de l'investissement. Cette durée peut être divisée en plusieurs périodes dont aucune, sauf la dernière, ne doit être inférieure à 5 ans. S'agissant des prêts aux salariés, cette disposition a pour but de garantir à ces derniers l'octroi d'un prêt d'une durée minimale de 5 ans (que ce prêt soit consenti à titre de premier investissement ou de réinvestissement) ; le remboursement du prêt peut s'opérer librement par annuités. Les sommes remboursées à la fin de chaque période doivent être réinvesties dans un délai de 3 mois ou au plus tard le 31 décembre de l'année. **74360** CCH art. R 313-9 TPS-IV-4750 s

> Précisions **a.** Les **remboursements anticipés** (remboursements volontaires) doivent être réinvestis dans les 3 mois. À cette condition, la cotisation de 2 % (nº 74370) n'est pas due, même si le remboursement anticipé intervient moins de 5 ans après que le prêt a été consenti (BOI-TPS-PEEC-30 nº 510).

b. L'administration admet que les employeurs **imputent sur les sommes à réinvestir** les investissements effectués avant le remboursement ou même les investissements excédentaires des années précédentes (BOI-TPS-PEEC-30 n° 490).

ABSENCE OU INSUFFISANCE D'INVESTISSEMENT

74370 CCH art. L 313-4 TPS-IV-6500 s

Les employeurs qui n'ont pas ou pas assez investi au cours d'une année donnée sont redevables d'une **cotisation de 2 %,** calculée sur les revenus versés par eux au cours de l'année précédente. En pratique, la base de cotisation s'obtient en multipliant par 10 000/45 l'insuffisance d'investissement.

EXEMPLE

Une entreprise a versé, au cours de l'année 2023, 1 M€ de rémunérations. Elle doit donc investir avant le 1-1-2025 une somme de 4 500 €. Cette entreprise a réalisé en 2024 des investissements libératoires pour un montant de 4 000 €. Elle est passible de la cotisation de 2 % à raison de l'insuffisance de 500 €, calculée comme suit : [500 × (10 000/45)] × 2 % = 2 222 €.

La cotisation est acquittée spontanément par l'employeur au moyen du **bordereau** n° 2485-SD. Lorsque les investissements effectués au 31 décembre d'une année sont insuffisants, le bordereau et le paiement doivent être remis au plus tard le 30 avril de l'année suivante. La cotisation est recouvrée selon les modalités et sous les sûretés, garanties et sanctions applicables aux taxes sur le chiffre d'affaires.

> Précisions **a.** En cas de **déclaration tardive** ou de **défaut de déclaration** du bordereau, la cotisation de 2 % est assortie de l'intérêt de retard (n° 79860) et d'une majoration de 10 %, qui est portée à 40 % lorsque le bordereau n'a pas été déposé dans les trente jours suivant la réception d'une mise en demeure (n° 80085).
En cas d'**omissions** ou d'**inexactitudes** relevées dans le bordereau, la cotisation de 2 % est assortie de l'intérêt de retard et d'une majoration de 40 % en cas de manquement délibéré ou de 80 % si le contribuable s'est rendu coupable de manœuvres frauduleuses (n° 80040). Le **paiement tardif** de la cotisation de 2 % donne lieu au versement de l'intérêt de retard et de la majoration de 5 % (n° 80160).
b. Les employeurs qui se trouvent dans l'impossibilité d'acquitter le montant de la cotisation de 2 % peuvent solliciter la **remise gracieuse** pour cause de gêne (nos 82270 s.).
c. La cotisation de 2 % est intégralement **déductible** du bénéfice imposable (n° 8527).

CESSION, CESSATION OU DÉCÈS

74395 TPS-IV-9000 s

En application des règles de droit commun, les employeurs restent tenus d'investir 0,45 % des rémunérations versées l'année précédente et du 1er janvier à la date de la cession, de la cessation ou du décès. Cette **contribution** est immédiatement **exigible.** En cas de décès, cessation ou cession d'entreprise, les employeurs disposent d'un délai spécial pour déclarer leur qualité d'assujetti (ou de non-assujetti) et, en cas d'assujettissement, les assiettes taxables correspondantes pour l'année précédente et celle où est survenu cet événement. En cas de cession ou de cessation totale ou partielle d'entreprise, ce délai est de 60 jours ; en cas de décès, il est de 6 mois sans pouvoir dépasser le 31 janvier de l'année suivante (CGI art. 89). Pour les établissements placés dans le champ de la DSN, ces éléments sont fournis dans la dernière DSN souscrite avant l'expiration du délai imparti.

> Précisions Dans tous les cas de cession d'entreprise, d'apport en société ou de décès de l'employeur, le **nouvel exploitant** peut demander à être subrogé dans l'ensemble des droits et obligations de l'ancien exploitant. L'intéressé peut ainsi bénéficier du **droit** au report des investissements excédentaires de son prédécesseur. En revanche, il est tenu d'assumer les **obligations** susceptibles d'incomber à l'ancien exploitant à raison, notamment, d'investissements antérieurs. Dans cette situation, le nouvel exploitant doit reprendre ces investissements à son bilan et s'engager expressément à se soumettre aux obligations pouvant incomber à son prédécesseur du chef de ces investissements. Cet engagement doit être transmis au service des impôts dont relève l'entreprise (BOI-TPS-PEEC-40 nos 250 et 260).

ENTREPRISES EN DIFFICULTÉ

74400 TPS-IV-9250 s

Les sociétés en **procédure de sauvegarde, de redressement ou de liquidation** restent assujetties, tout au long de cette période, à l'**obligation d'investir** dès lors que la condition d'effectif reste remplie. Le cas échéant, elles doivent procéder au règlement de la cotisation de 2 % ainsi qu'au dépôt du bordereau correspondant (BOI-TPS-PEEC-40 n° 290). Mais les sociétés en liquidation n'ont pas à **réinvestir** les sommes qui viendraient à leur être remboursées avant le délai de vingt ans (CCH art. R 313-9).

CHAPITRE 2

CONTRIBUTION SUR LES REVENUS LOCATIFS

GÉNÉRALITÉS

Les loyers relatifs à des immeubles achevés depuis quinze ans au moins appartenant à certaines personnes morales supportent une contribution dénommée contribution sur les revenus locatifs (CRL). 74800 CGI art. 234 nonies à 234 quindecies IMMO-VI-1 s

La CRL est à la charge du bailleur. Toutefois, lorsqu'elle est due au titre de locaux loués à usage commercial situés dans des immeubles comportant, à concurrence de la moitié au moins de leur superficie totale, des locaux loués affectés à usage d'habitation ou à l'exercice d'une profession, elle est, sauf convention contraire, supportée à concurrence de la moitié par le locataire (Loi 99-1172 du 30-12-1999 art. 12, P-I).

CHAMP D'APPLICATION

Personnes imposables La CRL est due uniquement par les **personnes morales** suivantes : personnes morales passibles de l'impôt sur les sociétés, organismes sans but lucratif, personnes morales non imposables et sociétés de personnes (et assimilées) dont un membre au moins (même seulement usufruitier : CE 24-10-2014 nos 378039 et 378015 : RJF 1/15 no 26) est soumis à l'impôt sur les sociétés dans les conditions de droit commun. 74805 CGI art. 234 nonies IMMO-VI-50 s

Les **personnes physiques et les sociétés de personnes** (et assimilées) dont aucun membre n'est soumis à l'impôt sur les sociétés dans les conditions de droit commun échappent, quant à elles, à cette contribution.

> **Précisions** **a.** Pour les sociétés et groupements relevant du régime des **sociétés de personnes** ainsi que pour les fonds de placement immobilier (**FPI**), la présence d'un seul membre assujetti à l'impôt sur les sociétés de droit commun conduit à l'assujettissement de la société, du groupement ou du FPI à la CRL sur la totalité des loyers perçus. Cette condition est appréciée à la clôture de l'exercice.
> **b.** Les **associés de sociétés immobilières dotées de la transparence fiscale** au sens de l'article 1655 ter du CGI sont personnellement soumis à la CRL s'il s'agit de personnes morales assujetties (pour la définition des sociétés transparentes : voir nos 30770 s.).

Locations imposables La CRL est applicable aux revenus tirés de la location de locaux situés dans des **immeubles achevés depuis quinze ans au moins** au 1er janvier de l'année d'imposition. Ainsi, la CRL n'est exigible au titre de 2024 que si les locaux sont situés dans des immeubles achevés au plus tard le 31 décembre 2008. 74810

Même achevés depuis plus de quinze ans, les immeubles ne donnent toutefois pas lieu à contribution s'ils ont subi depuis moins de quinze ans des **transformations** susceptibles de les assimiler à des constructions nouvelles.

> **Précisions** **a.** Un immeuble est considéré comme **achevé** lorsque l'état d'avancement des travaux en permet l'utilisation ou l'occupation effective (sur la notion d'achèvement : voir également les indications données en matière de taxe foncière sur les propriétés bâties au no 41966, précision a).
> **b.** Les **sous-locations** consenties par le locataire principal ne sont pas assujetties.
> **c.** Les **locations d'immeubles non bâtis** (terrains nus...) ne sont pas concernées.
> **d.** Les **prestations de logement accessoires à un contrat de travail** échappent à la CRL lorsque, en raison de la nature du service requis, l'exécution du contrat de travail implique nécessairement l'occupation du logement (BOI-RFPI-CTRL-20-20 no 570).
> **e.** Sous réserve de l'application des conventions internationales, la CRL est due par les bailleurs, domiciliés ou non en France, à raison des loyers provenant des **immeubles situés en France.**

Exonérations Échappent à la CRL : 74815

– les loyers dont le **montant,** par local, **n'excède pas** 1 830 € au cours de la période d'imposition à laquelle ils sont rattachés. La limite doit être ajustée prorata temporis lorsque la période d'imposition à la CRL est d'une durée supérieure ou inférieure à douze mois, mais pas lorsque la location est d'une durée inférieure à la période d'imposition. Les recettes à prendre en compte sont celles définies nº 74835 ;

– les **revenus qui donnent lieu** au paiement effectif de la **TVA** soit de plein droit, soit sur option (les bénéficiaires de la franchise en base visés nºs 53780 s. sont donc en principe assujettis à la CRL) ;

– les revenus des locations consenties à l'**État** ou aux **établissements publics nationaux** scientifiques, d'enseignement, d'assistance ou de bienfaisance ;

– les revenus des immeubles appartenant ou destinés (notamment dans le cadre de contrats de partenariat) à appartenir à l'**État,** aux **collectivités territoriales** (régions, départements, communes) et aux **établissements publics** qui en dépendent ;

– les revenus des immeubles appartenant aux organismes **HLM** ;

– les revenus des locations de locaux par des organismes agréés au titre de l'**aide sociale** (notamment les associations participant à l'assistance à l'enfance ou des organismes gestionnaires de foyers de personnes âgées : BOI-RFPI-CTRL-20-20 nºs 530 et 170) ;

– les revenus des locations des logements appartenant aux **organismes sans but lucratif** ou aux **unions d'économie sociale** réalisant les activités mentionnées à l'article L 365-1 du CCH, et dont les dirigeants de droit ou de fait ne sont pas rémunérés ;

– les revenus des locations de logements ayant fait l'objet de **travaux de réhabilitation** financés à hauteur d'au moins 15 % de leur montant par une **subvention versée par l'Anah,** l'exonération s'appliquant pour les quinze années suivant celle de l'achèvement des travaux ;

– les revenus des locations de **logements antérieurement vacants** pendant une durée d'au moins un an, lorsqu'ils sont loués dans le cadre d'une convention APL conclue depuis le 1er juillet 2004, l'exonération s'appliquant jusqu'au 31 décembre de la troisième année suivant celle de la conclusion du bail ;

– les revenus des immeubles appartenant aux **sociétés d'économie mixte** de construction ou ayant pour objet la rénovation urbaine ou la restauration immobilière dans le cadre d'opérations confiées par les collectivités publiques, et ceux appartenant aux **houillères de bassin** ;

– les revenus des **locations à vie ou à durée illimitée** ;

– les revenus des locaux d'habitation qui font partie d'une **exploitation agricole** ou sont annexés à celle-ci (exonération étendue en pratique à l'ensemble des bâtiments ruraux) ;

– les revenus des locaux dont les propriétaires ont procédé au **rachat de l'ancien prélèvement sur les loyers** ;

– les revenus des locations de locaux abritant les **ambassades** et **consulats** (BOI-RFPI-CTRL-20-20 nº 530) ;

– les revenus des locations d'immeubles faisant partie de **villages de vacances** ou de **maisons familiales** de vacances agréés.

TAUX

74825 CGI art. 234 quindecies IMMO-VI-5800 La CRL est calculée au taux de **2,50 %** sur l'assiette définie nº 74835.

ASSIETTE

74835 IMMO-VI-4300 s La CRL est assise sur le montant des **recettes nettes perçues** au cours de la période d'imposition (c'est-à-dire l'année civile ou l'exercice selon les redevables : voir nº 74845).

Les recettes nettes s'entendent du revenu brut tel qu'il est défini en matière de revenus fonciers (voir nº 27260). C'est ainsi que les recettes soumises à la CRL comprennent notamment, outre le loyer en principal, les recettes exceptionnelles comme les indemnités versées par le locataire (droit d'entrée ou « pas-de-porte » sauf application de la TVA ou des droits de mutation, indemnité de déspécialisation lorsqu'elle est destinée à compenser une perte de recettes ou un accroissement des charges du propriétaire...), la valeur des avantages en nature stipulés au bail, les subventions, primes et indemnités destinées à financer des charges déductibles, les recettes accessoires.

Les **entreprises comptabilisant les produits courus** doivent retraiter leurs écritures comptables pour déterminer l'assiette de la contribution.

En ce qui concerne les **loueurs en meublé** : voir nº 90690.

PÉRIODE D'IMPOSITION

Selon la qualité du redevable, la période d'imposition est l'exercice ou l'année civile. 74845

La CRL est assise sur les revenus de l'**exercice** (nos 7325 s.) :

– pour les personnes morales assujetties à l'impôt sur les sociétés de plein droit ou sur option ;

– pour les sociétés relevant du régime des sociétés de personnes (et assimilées) ;

– pour les organismes sans but lucratif soumis à l'impôt sur les sociétés dans les conditions visées nos 89700 s.

La CRL est calculée sur les revenus de location de l'**année civile** lorsque le redevable est une personne morale non passible de l'impôt sur les sociétés et ne relevant pas du régime des sociétés de personnes.

MODALITÉS D'IMPOSITION

Les modalités d'imposition sont celles de l'impôt sur les sociétés pour l'ensemble des personnes morales (même non soumises à cet impôt). 74855

Personnes morales passibles de l'impôt sur les sociétés Pour les personnes morales passibles de l'impôt sur les sociétés (autres que les organismes sans but lucratif ; pour ces derniers : voir no 74875), l'assiette de la CRL est portée sur la **déclaration** de résultats no 2065. 74860 CGI art. 234 duodecies **IMMO-VI-8900 s**

La CRL est **payée** spontanément au comptable de la DGFiP aux dates prévues pour le paiement du solde de l'impôt sur les sociétés, à l'appui du formulaire no 2572. 74865

Elle donne lieu au versement d'un **acompte provisionnel unique,** au plus tard à la date de paiement du dernier acompte d'impôt sur les sociétés. Cet acompte (porté sur le relevé no 2571) est égal à 2,5 % des recettes imposables à la contribution perçues au cours de l'exercice précédent.

> **Précisions** **a.** Les **dates limites de versement** de la CRL et de l'acompte dépendent de la date de clôture de l'exercice (voir no 36640 le tableau des échéances d'impôt sur les sociétés).
> **b.** L'**acompte** n'est pas exigible lorsque son montant **n'excède pas** 100 € (CGI ann. III art. 376).
> **c.** Comme en matière d'impôt sur les sociétés, l'entreprise peut, sous sa responsabilité, **limiter le montant de l'acompte** versé lorsqu'elle estime que la contribution dont elle sera finalement redevable sera inférieure à la somme due au titre de l'acompte. Si, au moment de la liquidation de la contribution, le montant de l'acompte versé s'avère inexact par rapport à celui qui aurait dû être versé, les pénalités visées nos 80160 s. s'appliquent à la différence constatée.
> **d.** Les crédits d'impôt de toute nature de même que la créance née du **report en arrière** des déficits ne sont pas imputables sur le montant de la contribution.
> **e.** La CRL est contrôlée et recouvrée sous les mêmes **garanties** et **sanctions** que l'impôt sur les sociétés.
> **f.** Sur les modalités de paiement pour les **personnes morales relevant de la DGE** : voir no 87460.

Sociétés ou groupements relevant du régime des sociétés de personnes 74870 CGI art. 234 terdecies **IMMO-VI-10600 s**

Lorsqu'ils sont redevables de la CRL (voir no 74805), les sociétés et groupements relevant du régime des sociétés de personnes (et assimilés) doivent en principe **acquitter** spontanément la CRL au comptable de la DGFiP au plus tard à la date de dépôt de la déclaration de résultats.

L'assiette de la CRL est portée sur la **déclaration** de résultats no 2072-C (sociétés immobilières) ou sur la déclaration spécifique no 2582 (autres sociétés et groupements).

Un **acompte provisionnel unique** doit être versé en principe au plus tard le 15 du dernier mois de l'exercice, au vu du formulaire no 2581 (délai également applicable aux sociétés civiles immobilières, quelle que soit leur date de clôture).

Cet acompte est **égal à** 2,5 % des recettes imposables à la contribution perçues au cours de l'exercice précédent.

> **Précisions** **a.** L'**acompte** n'est pas exigible lorsque son montant **n'excède pas** 100 € (CGI ann. III art. 379).
> **b.** Le **montant de l'acompte** peut être **limité** dans les conditions exposées no 74865, précision c.
> **c.** Les sociétés ou groupements soumis au régime des sociétés de personnes doivent obligatoirement effectuer par virement les **versements de CRL supérieurs à** 50 000 € (CGI art. 1681 quinquies, 4).
> **d.** En ce qui concerne les modalités de paiement pour les **sociétés relevant de la DGE** : voir no 87460.
> **e.** La CRL est contrôlée et recouvrée sous les mêmes **garanties et sanctions** que l'impôt sur les sociétés.

74875 CGI art. 234 quaterdecies, dernier al. IMMO-VI-12300 s

Organismes sans but lucratif Les organismes soumis à l'IS au taux réduit sur les revenus de leur patrimoine acquittent la CRL au vu de la **déclaration** n° 2070 qui leur est réservée (n° 89730), dans les mêmes conditions que l'IS dont ils sont redevables.

74880 CGI art. 234 quaterdecies, 1er, 2e et 3e al. IMMO-VI-13350 s

Personnes morales non imposables Les personnes morales ou organismes, de droit public ou privé, **non passibles de l'impôt sur les sociétés** aux taux normal ou réduit, et autres que les sociétés et groupements soumis au régime des sociétés de personnes, acquittent la contribution au comptable des impôts au plus tard le 15 octobre de l'année qui suit celle de la perception des revenus.

Un **acompte** égal à 2,5 % des trois quarts (soit 1,875 %) des recettes nettes perçues au cours de l'année précédente doit être versé au plus tard le 15 octobre de chaque année. Il n'est toutefois pas exigible lorsque son montant n'excède pas 100 € (CGI ann. III art. 381 bis).

L'acompte et le solde sont acquittés au vu d'une **déclaration** spéciale n° 2073.

La contribution est contrôlée et recouvrée selon les mêmes règles et sous les mêmes **garanties** et **sanctions** qu'en matière d'impôt sur les sociétés.

CHAPITRE 3

CONTRIBUTION SOCIALE DE SOLIDARITÉ DES SOCIÉTÉS

Les sociétés sont soumises à une contribution sociale de solidarité (ou **C3S**) recouvrée par l'Urssaf Provence-Alpes-Côte d'Azur, dont le montant est **déductible** des résultats de l'entreprise versante (voir n° 9860, précision e). **75000** CSS art. L 137-30 s **TD-XV-5 s**

CHAMP D'APPLICATION

Entreprises redevables de la contribution Il s'agit des **sociétés** (ou des personnes) dont la structure juridique est l'une de celles énumérées ci-après : **75005** CSS art. L 137-30 **TD-XV-100 s**

– sociétés **anonymes** (y compris les sociétés d'exercice libéral à forme anonyme : Cass. soc. 4-7-2002 n° 01-20.229 F-D : RJF 11/02 n° 1241) et sociétés par actions simplifiées, quelles que soient, le cas échéant, la nature et la répartition de leur capital ;

– sociétés **à responsabilité limitée,** même en cas d'option pour le régime fiscal des sociétés de personnes (Cass. soc. 18-6-1986 n° 84-10.254 P), y compris les entreprises unipersonnelles à responsabilité limitée ;

– sociétés en **commandite** ;

– **personnes morales de droit public,** dans les limites de leur activité concurrentielle ;

– groupements d'intérêt public (**GIP**) assujettis à la TVA selon les règles de droit commun ;

– personnes morales ayant leur **siège hors de France** (métropole et DOM), à raison des affaires réalisées en France et les rendant passibles de l'impôt sur les sociétés, même si elles y échappent en fait en application de conventions internationales (Cass. soc. 28-11-1996 n° 94-12.449 D : RJF 1/97 n° 24) ;

– sociétés en **nom collectif** ;

– groupements d'intérêt économique (**GIE**) ;

– groupements européens d'intérêt économique (**GEIE**) à raison des affaires réalisées sur le territoire de la France métropolitaine ou des DOM ;

– établissements et entreprises mentionnés aux I et II de l'article L 511-1 du Code monétaire et financier et relevant des chapitres I à VII ainsi que de la section 2 du chapitre VIII du titre Ier du livre V du même Code, c'est-à-dire les **organismes financiers,** indépendamment de leur forme juridique ;

– **entreprises ou sociétés d'assurance,** de capitalisation et de réassurance de toute nature régies par le Code des assurances, **mutuelles** et leurs unions relevant du livre II du Code de la mutualité, **institutions de prévoyance** et leurs unions relevant du titre III du livre IX du CSS ou du titre VII du livre VII du Code rural et de la pêche maritime, indépendamment de leur forme juridique ;

– **fonds** de retraite professionnelle supplémentaire mentionnés à l'article L 381-1 du Code des assurances, des **mutuelles** ou unions de retraite professionnelle supplémentaire mentionnées à l'article L 222-12 du Code de la mutualité et **institutions de retraite professionnelle supplémentaire,** indépendamment de leur forme juridique ;

– sociétés **coopératives** ou organismes non visés ci-dessus régis par la loi 47-1775 du 10 septembre 1947 **à l'exception** des sociétés coopératives agricoles et leurs unions visées à l'article L 521-1 du Code rural et de la pêche maritime, des sociétés coopératives artisanales et leurs unions visées au titre Ier de la loi 83-657 du 20 juillet 1983, des sociétés coopératives d'entreprises de transport routier et des sociétés coopératives artisanales de transport fluvial visées aux articles L 3441-2 et L 4431-2 du Code des transports et des sociétés coopératives maritimes et leurs unions, ainsi que des sociétés coopératives d'intérêt maritime visées aux articles L 931-5, L 931-24 et L 931-28 du Code rural et de la pêche maritime ;

– **sociétés européennes** au sens de l'article L 229-1 du Code de commerce et **sociétés coopératives européennes** au sens du règlement CE/1435/2003 du 22 juillet 2003.

Les sociétés (ou personnes) mentionnées ci-dessus qui ont réalisé en 2023 un **chiffre d'affaires inférieur ou égal à 19 000 000** € ne sont pas redevables de la contribution (n° 75020), ni tenues de souscrire la déclaration visée n° 75050.

75010 CSS art. L 137-31 TD-XV-400 s **Entreprises non soumises à la contribution** Sont exonérées de la contribution :
– les sociétés d'habitation à loyer modéré et de crédit immobilier régies par les articles L 411-1 s. du CCH, ainsi que les unions de ces sociétés ;
– les sociétés immobilières de copropriété régies par les articles L 212-1 à L 212-13 du CCH ;
– les sociétés d'économie mixte de construction ou d'aménagement pour les activités qu'elles réalisent dans le cadre des missions de service d'intérêt général mentionnées aux onzième à treizième alinéas de l'article L 411-2 du CCH ;
– les sociétés de rédacteurs de presse ;
– les sociétés de gestion immobilière visées à l'article 4 de la loi 69-717 du 8 juillet 1969, à but non lucratif (charitable, éducatif, social, sanitaire, cultuel ou culturel) ;
– les sociétés d'investissement régies par les articles L 214-7 à L 214-7-4, L 214-24-29 à L 214-24-33 et L 214-127 à L 214-135 du Code monétaire et financier (sociétés d'investissement à capital variable ou fixe : Sicav et Sicaf) ;
– les sociétés d'aménagement foncier et d'établissement rural (Safer) ;
– les sociétés en nom collectif et les GIE constitués exclusivement entre des sociétés exonérées énumérées ci-dessus, pour la réalisation d'opérations que ces sociétés peuvent mettre en œuvre directement avec le bénéfice de cette exonération ;
– les sociétés de libre partenariat régies par l'article L 214-154 du Code monétaire et financier.

ASSIETTE

75020 CSS art. L 137-32 et L 137-33 TD-XV-600 s La contribution due au titre d'une année donnée est assise sur le chiffre d'affaires global déclaré à l'administration fiscale au cours de l'année civile précédente, après application d'un **abattement** égal à **19 000 000 €.** En pratique, cet abattement conduit à exonérer de la C3S due au titre de l'année 2024 les entreprises dont le chiffre d'affaires n'a pas excédé 19 000 000 € en 2023. Pour les entreprises dont le chiffre d'affaires a excédé ce montant, la base de la C3S est diminuée dudit montant.

Le **chiffre d'affaires** servant de base à la contribution due en 2024 est constitué, pour les redevables de la TVA souscrivant des déclarations CA 3, par l'addition des chiffres d'affaires imposables ou non imposables déclarés mensuellement ou trimestriellement en 2023, à partir du total des sommes portées aux lignes A1, E1, E2 et F2 (augmenté, le cas échéant, des sommes constitutives de chiffre d'affaires pour l'entreprise portées à la ligne A2) de la **déclaration CA 3** (voir toutefois la précision g ci-après).

Pour les entreprises exonérées de TVA et dispensées de souscrire des déclarations CA 3, le chiffre d'affaires servant de base à la contribution est celui résultant de leur compte de résultat.

Le chiffre d'affaires retenu s'entend :
– hors taxe sur le chiffre d'affaires (TVA et taxes assimilées n° 75025) ;
– après déduction de certaines taxes et droits indirects (n° 75030).

> Précisions **a.** Pour les **sociétés en nom collectif,** les **GIE,** les **GEIE** et les **GIP,** la part du chiffre d'affaires correspondant à des refacturations de prestations de services à leurs membres ou associés (fournies à l'aide de moyens acquis auprès de ces derniers) n'est pas soumise à la contribution. Ce correctif ne s'applique pas aux prestations rendues aux membres ou associés par la société ou le groupement à l'aide de ses propres moyens ou de moyens acquis auprès de tiers (Cass. soc. 27-2-2003 n° 01-21.324 FS-P ; Cass. soc. 6-3-2003 n° 01-21.077 F-D : RJF 6/03 n° 706).

Les SNC, GIE, GEIE et GIP n'ont pas à soumettre non plus à la contribution les ventes de biens réalisées avec ceux de leurs membres ou associés acquittant la contribution et détenant au moins (directement ou indirectement) 20 % des droits à leurs résultats, à condition que ces biens soient vendus à l'issue d'opérations de production effectuées par ces sociétés ou groupements.

Les autres catégories de redevables, à l'exception des organismes financiers, des entreprises ou sociétés d'assurance, des mutuelles et institutions de prévoyance visés n° 75005, déterminent leur contribution sans tenir compte de la part du chiffre d'affaires correspondant à des ventes de biens réalisées avec des sociétés en nom collectif, des GIE, des GEIE ou des GIP acquittant la contribution, dans lesquels ils détiennent une participation (directe ou indirecte) au moins égale à 20 %, à condition que ces biens soient utilisés pour les besoins d'opérations de production effectuées par ces sociétés ou groupements.

b. Pour les **organismes financiers,** quelle que soit leur forme juridique, la part du chiffre d'affaires correspondant à des intérêts reçus à raison d'opérations de centralisation, à l'échelon régional ou national, de leurs ressources financières n'est pas soumise à la contribution dans la limite du montant des intérêts servis en contrepartie de ces mêmes opérations.

c. Pour les **établissements de crédit,** les **sociétés de financement** et les **entreprises d'investissement agréées** par l'Autorité de contrôle prudentiel, le chiffre d'affaires à retenir dans l'assiette de la contribution est celui retenu pour le calcul de la CVAE (n° 43950), étant précisé toutefois que le chiffre d'affaires annuel afférent aux contrats d'échanges de taux d'intérêt, aux opérations sur devises et aux autres instruments financiers à terme est constitué par le résultat net positif de chacune de ces catégories.

Pour les **sociétés d'assurance,** de réassurance et de capitalisation ainsi que pour les **mutuelles** et les institutions de prévoyance, le chiffre d'affaires à retenir dans l'assiette de la contribution est celui retenu pour le calcul de la CVAE (n° 43965), à l'exception des reprises sur réserves de capitalisation (étant précisé que le chiffre d'affaires annuel afférent aux opérations sur devises et aux ajustements sur opérations à capital variable est constitué par le résultat net positif de chacune de ces catégories). Sont exclues du chiffre d'affaires à retenir dans l'assiette les cotisations, primes et acceptations provenant de contrats d'assurance maladie dits « responsables et solidaires », les remises perçues dans le cadre de leur participation à la gestion d'un régime légal d'assurance maladie et maternité ainsi que, pour les mutuelles et institutions de prévoyance, les subventions accordées par le fonds prévu à l'article L 421-1 du Code de la mutualité.

d. Pour les **commissionnaires** au sens de l'article L 132-1 du Code de commerce, l'assiette de la contribution est constituée par le montant de leur commission, sous réserve que les conditions suivantes soient simultanément remplies :

– l'opération d'entremise est rémunérée exclusivement par une commission dont le taux est fixé au préalable d'après le prix, la quantité ou la nature des biens ou des services ou n'est pas rémunérée (Cass. 2e civ. 6-1-2022 n° 20-17.077 F-D : RJF 4/22 n° 351) ;

– il est rendu compte au commettant du prix auquel l'intermédiaire a traité l'opération avec l'autre contractant ;

– l'intermédiaire qui réalise ces opérations d'entremise doit agir en vertu d'un mandat préalable et ne jamais devenir propriétaire des biens ;

– les opérations ne sont pas réalisées par des personnes établies en France qui s'entremettent dans la livraison de biens ou l'exécution de services par des redevables qui n'ont pas établi dans l'UE le siège de leur activité, un établissement stable, leur domicile ou leur résidence habituelle.

Corrélativement, dans le cas d'entremise à la vente, les **commettants** des intermédiaires auxquels cette disposition s'applique majorent leur chiffre d'affaires du montant des commissions versées.

e. L'assiette de la contribution due par une société gérante d'une **société en participation** doit inclure le chiffre d'affaires réalisé par celle-ci (Cass. soc. 28-3-2002 n° 00-18.076 FS-D : RJF 10/02 n° 1091). Le fait que la société gérante soit autorisée sur le plan fiscal à déclarer séparément les opérations en participation est à cet égard sans incidence (Cass. soc. 12-12-1991 n° 89-16.603 P : RJS 1/92 n° 83).

f. Les établissements de **vente en gros** de **produits pharmaceutiques** et les entreprises assurant l'**exploitation d'une ou de plusieurs spécialités pharmaceutiques** sont exonérés de la contribution sur la partie de leur chiffre d'affaires correspondant aux médicaments.

g. La Cour de justice a conditionné l'inclusion des **transferts intracommunautaires de biens** dans l'assiette de la C3S à la vérification de certaines exigences (absence de prise en compte dans l'assiette de la valeur des biens lors de leur vente ultérieure dans l'État membre d'arrivée, possibilité de déduire cette valeur de l'assiette lorsque lesdits biens ne sont pas destinés à être vendus dans l'État d'arrivée ou ont été réacheminés dans l'État membre d'origine sans avoir été vendus, avantages résultant de l'affectation de la C3S ne compensant pas intégralement la charge supportée par le produit national commercialisé sur le marché national) (CJUE 14-6-2018 aff. 39/17 : RJF 10/18 n° 1044). La Cour de cassation a considéré que la condition relative à la possibilité de déduction exigée par la CJUE n'était pas remplie lorsqu'il était uniquement permis au cotisant d'agir en remboursement des contributions indûment acquittées sur le fondement de l'article L 243-6 du CSS et en a conclu que, dans cette hypothèse, les transferts intracommunautaires de biens (qui sont compris dans le montant figurant ligne F2 de la CA 3) n'ont pas à être inclus dans l'assiette taxable (Cass. 2e civ. 16-2-2023 nos 21.14-237 F-B et 21.14-238 F-D : RJF 6/23 n° 456). Prenant en compte cette jurisprudence, la notice publiée par l'Urssaf prévoit toujours que les transferts intracommunautaires de biens sont à inclure dans la base de calcul de la C3S, mais précise désormais que, si les biens transférés et déclarés ne sont pas destinés à être vendus dans l'autre État membre ou ont été acheminés en France sans avoir été vendus dans l'autre État membre, leur valeur peut être déduite du chiffre d'affaires réalisé l'année du réacheminement.

h. En cas de **fusion ou** d'**absorption,** la C3S dont est redevable la société absorbante ou nouvelle est assise sur le **cumul** des chiffres d'affaires réalisés par elle et par les sociétés absorbées ou fusionnées l'année de réalisation de l'opération, l'**abattement** de 19 000 000 € ne s'appliquant que sur ce cumul et non sur chaque chiffre d'affaires pris séparément (Cass. 2e civ. 25-11-2021 n° 20-16.979 F-BR : RJF 3/22 n° 256).

Taxes sur le chiffre d'affaires et assimilées déductibles Sont déductibles du chiffre d'affaires servant de base à la contribution la **TVA** ainsi que toutes les taxes rangées par le CGI dans la catégorie des « taxes sur le chiffre d'affaires et taxes assimilées » (Cass. 2e civ. 26-5-2016 n° 15-18.357 F-D : RJF 10/16 n° 829). 75025

75030 **Droits indirects déductibles** L'accise sur les énergies mentionnée à l'article L 312-1 du CIBS (anciennement « taxes intérieures de consommation ») et les taxes et droits indirects grevant les produits médicamenteux et de parfumerie, les boissons ainsi que les produits pétroliers sont, en principe, déductibles par les **entreprises** qui **acquittent elles-mêmes** ces taxes.

Les entreprises qui supportent ces taxes ou droits du fait qu'ils sont inclus dans les prix d'achat à leurs fournisseurs, mais qui n'ont pas la charge de les verser elles-mêmes au Trésor, ne peuvent pas déduire ces redevances de l'assiette de la contribution sociale.

> Précisions **a.** Sont notamment déductibles :
— pour les **entreprises pétrolières,** le montant de l'accise sur les énergies mentionnée à l'article L 312-1 du CIBS qu'elles ont effectivement acquitté ;
— pour les fabricants de **spiritueux,** le montant de l'accise sur les alcools mentionnée à l'article L 313-1 du CIBS (anciennement droit de consommation) qu'ils ont la charge de verser eux-mêmes au Trésor.

b. Les entreprises locales de distribution d'énergie doivent inclure dans l'assiette de la contribution la fraction de l'accise sur les énergies perçue sur l'électricité (anciennement « taxes sur la consommation finale d'électricité ») et la contribution tarifaire d'acheminement, qu'elles sont tenues de recouvrer pour le compte des collectivités locales (Rép. Filippetti : AN 2-3-2010 n° 49083).

TAUX

75040 CSS art. L 137-32, L 137-33 et D 137-30 à D 137-32 TD-XV-1500 s

Le taux de la contribution sociale de solidarité est fixé à **0,16 %** du chiffre d'affaires défini n° 75020.

> Précisions **a.** Par **dérogation,** le montant de la C3S est **plafonné** pour les entreprises suivantes à **3,08 %** de leur **marge brute** lorsque cette dernière ne dépasse pas elle-même 4 % du chiffre d'affaires hors taxe :

1. Entreprises de **commerce international et intracommunautaire** qui réalisent plus de la moitié de leurs achats ou de leurs ventes hors taxe hors de France ;
2. Entreprises de **négoce en gros de combustibles** et de **commerce de détail des carburants,** lorsqu'elles exercent cette activité à titre principal (Cass. 2e civ. 7-7-2016 n° 15-21.249 F-D : RJF 11/16 n° 958) ;
3. Entreprises ayant pour activité le **négoce en gros et en l'état des produits du sol et de l'élevage, engrais et produits connexes** et réalisant plus de la moitié de leurs achats ou ventes hors taxe avec les producteurs et coopératives agricoles.

Remarque : Une entreprise dont la **marge brute** est **nulle** est en droit de bénéficier du taux réduit de 3,08 %, ce qui a pour effet d'exonérer purement et simplement une telle entreprise de la C3S (Cass. 2e civ. 31-5-2006 n° 04-30.697 F-D : RJF 10/06 n° 1183).

b. Pour les **établissements de crédit,** les **sociétés de financement** et les **entreprises d'investissement agréées** visés n° 75020, précision c dont le produit net bancaire est au plus égal à 10 % du chiffre d'affaires (tel que déterminé comme indiqué à cette même précision c), le montant de la C3S est **plafonné** à **1,6 % du produit net bancaire.**

RECOUVREMENT

75050 CSS art. L 137-34 à L 137-38 et D 137-33 à D 137-36 TD-XV-3300 s

La contribution sociale de solidarité fait l'objet d'un **versement unique** qui doit être effectué le 15 mai au plus tard. Le recouvrement de la C3S est assuré par l'Urssaf Provence-Alpes-Côte d'Azur (adresse postale : Urssaf C3S – TSA 62101 – 69833 Saint-Priest cedex 9 ; téléphone : 0 806 804 260).

Une **déclaration annuelle** doit être souscrite par les entreprises visées n° 75005 le 15 mai au plus tard, accompagnée s'il y a lieu du paiement de la contribution. Les entreprises dont le chiffre d'affaires est inférieur ou égal au montant de l'abattement de 19 000 000 € mentionné n° 75020 sont toutefois dispensées de souscrire une déclaration.

La déclaration et le paiement de la C3S doivent obligatoirement être effectués via internet (**télédéclaration** et **téléreglement**) sur le site www.net-entreprises.fr.

> Précisions **a.** En cas de **cessation** définitive d'activité, de **cession** totale ou de **dissolution** intervenant entre le 1er janvier et la date d'exigibilité, le montant de la contribution est dû immédiatement et dans son intégralité.

b. Des **sanctions** (fixation d'office, majorations) sont prévues en cas de retard de déclaration, de paiement tardif, de non-respect de l'obligation de télédéclaration ou de téléréglement, d'absence de réponse ou de réponse insuffisante à une demande de renseignements ou de documents complémentaires.

Le **délai de prescription** de l'organisme de recouvrement est le même que celui prévu en matière de cotisations de sécurité sociale : le contrôle peut donc porter sur les trois dernières années civiles et l'année en cours (Mémento social n° 24270).

Les contestations relatives à la contribution de solidarité sont soumises au **contentieux** de la sécurité sociale (Mémento social nos 15400 s.).

CHAPITRE 4

TAXES SUR L'AFFECTATION DES VÉHICULES DE TOURISME À DES FINS ÉCONOMIQUES

Les véhicules de tourisme affectés à des fins économiques sont soumis à **deux taxes annuelles,** l'une sur les émissions de dioxyde de carbone et l'autre sur les émissions de polluants atmosphériques (taxe sur l'ancienneté des véhicules jusqu'en 2023). **75100** CIBS art. L 421-94 s TD-IV-1 s

Ces deux taxes ne sont pas déductibles du résultat imposable (CGI art. 39, 1-4° issu de loi 2023-1322 du 29-12-2023 art. 100, II).

REDEVABLES DES TAXES

Les taxes annuelles sur les véhicules de tourisme sont dues par l'**entreprise affectataire** du véhicule, laquelle s'entend de la personne : **75105** CIBS art. L 421-98 et L 421-159

– qui détient le véhicule (c'est-à-dire le propriétaire ou, en cas de location de longue durée, le preneur s'il ne met pas le véhicule à disposition d'un tiers) ;

– ou qui en dispose dans le cadre d'une location ou d'une mise à disposition ;

– ou qui prend en charge les frais liés à son acquisition ou son utilisation.

En revanche, échappent en principe à ces taxes, sous certaines conditions, les **personnes physiques** exerçant leur activité professionnelle en nom propre ainsi que **certains organismes** sans but lucratif (voir n° 75115).

> **Précisions** Les entreprises s'entendent des **personnes assujetties à la TVA** en application des articles 256 A et 256 B du CGI dans la mesure où elles agissent en tant que telles (CIBS art. L 111-2 et L 421-93). Il s'agit des assujettis, quel que soit leur statut juridique, qui effectuent de manière indépendante une activité économique visés n°s 46510 s. et des personnes morales de droit public assujetties à la TVA pour les opérations énumérées n°s 47210 s.

VÉHICULES TAXABLES

Catégories de véhicules Les taxes concernent les véhicules de tourisme, définis comme : **75110** CIBS art. L 421-2

– les véhicules de la **catégorie M1** autres que les véhicules à usage spécial mais y compris ceux qui sont accessibles en fauteuil roulant ;

– parmi les véhicules de la **catégorie N1,** ceux (déterminés par décret) qui, compte tenu de leur carrosserie, de leurs équipements et de leurs autres caractéristiques techniques et à l'exception des véhicules exclusivement affectés à l'exploitation des remontées mécaniques et des domaines skiables, sont susceptibles de recevoir les mêmes usages que les véhicules de la catégorie M1 (Loi 2023-1322 du 29-12-2023 art. 97, 1°).

> **Précisions a.** Les voitures particulières classées dans la **catégorie « M1 »** sont réparties en différents types de carrosseries : berline, voiture à hayon arrière, break, coupé, cabriolet et véhicule à usages multiples destiné au transport de voyageurs et de leurs bagages ou de leurs biens dans un compartiment unique (BOI-TFP-TVS-10-20 n° 20).
> **b.** La **catégorie « N1 »** regroupe les véhicules conçus et construits pour le transport de marchandises dont le poids maximal ne dépasse pas 3,5 tonnes et les véhicules à usages multiples qui correspondent aux véhicules dont la carte grise porte la mention camionnette ou « CTTE » mais qui disposent de plusieurs rangs de places assises. Comme pour la taxe sur les véhicules de société (BOI-TFP-TVS-10-20 n° 43) devraient demeurer cependant hors du champ des taxes les véhicules utilitaires disposant de plusieurs rangs de places assises mais affectés en pratique au transport de marchandises. Il devrait en être de même des voitures particulières transformées en véhicules utilitaires, dits « dérivés VP », ne disposant que d'un seul rang de places assises à l'avant et destinés au transport de marchandises (BOI-RES-000024).

75112 CIBS art. L 421-95 à L 421-97 **Affectation du véhicule à des fins économiques** Seuls entrent dans le champ des taxes sur les véhicules de tourisme les véhicules affectés à des fins économiques en **France métropolitaine,** en **Guadeloupe,** en **Martinique,** en **Guyane,** à **La Réunion** et à **Mayotte.** Est considéré comme affecté à des fins économiques un véhicule qui remplit l'une des conditions suivantes :

– il est **détenu** (c'est-à-dire possédé ou pris en location de longue durée) par une entreprise, immatriculé en France et les deux conditions ci-dessous ne sont pas remplies ;

– il circule sur la voie publique et **une entreprise prend à sa charge** totalement ou partiellement les **frais** engagés par une personne physique pour son acquisition ou son utilisation ;

– dans les situations autres que les deux premières, il circule sur la voie publique pour les **besoins de la réalisation d'une activité économique.**

> Précisions Sont réputés ne pas être affectés à des fins économiques :
– les véhicules autorisés à circuler pour les seuls besoins de leur **construction,** de leur **commercialisation,** de leur **réparation ou** de leur **contrôle technique** et qui ne réalisent effectivement aucune opération de transport autre que celles strictement nécessaires pour ces besoins ;
– les véhicules **immobilisés ou mis en fourrière** à la demande des pouvoirs publics. Il en est de même des épaves, dès lors qu'elles ne sont pas autorisées à circuler sur la voie publique.

VÉHICULES EXONÉRÉS

75115 **Véhicules exonérés des deux taxes** Sont exonérés des deux taxes annuelles sur les véhicules de tourisme :

– les **véhicules accessibles en fauteuil roulant** (CIBS art. L 421-123 et L 421-136) ;

– les véhicules affectés aux besoins des **opérations exonérées de TVA** des **organismes** philosophiques, religieux, politiques, patriotiques, civiques ou syndicaux et des organismes sans but lucratif dont la gestion est désintéressée visés à l'article 261, 7 du CGI (CIBS art. L 421-126 et L 421-138) ;

– les véhicules affectés à des fins économiques par une **personne physique exerçant son activité professionnelle** en nom propre (CIBS art. L 421-127 et L 421-139), étant précisé que le bénéfice de cette exonération est subordonné au respect de la réglementation relative aux aides de minimis (n° 92660). Les entrepreneurs individuels devraient, à notre avis, bénéficier de l'exonération même s'ils ont opté pour leur assimilation à une EURL ou à une EARL ;

– les véhicules exclusivement **affectés** soit à la **location,** soit à la **mise à disposition temporaire** de clients en remplacement de leur véhicule immobilisé (CIBS art. L 421-128 et L 421-140) ;

– les véhicules **pris en location de courte durée** (période d'au plus un mois civil ou trente jours consécutifs) (CIBS art. L 421-129 et L 421-141) ;

– les véhicules affectés à certaines activités économiques : **activités agricoles ou forestières** (sous réserve du respect du règlement de minimis agricole : n° 92660, précision b), **transport public de personnes, enseignement** de la conduite ou du pilotage, **compétitions** sportives (CIBS art. L 421-130 à L 421-132 et L 421-142 à L 421-144).

75117 CIBS art. L 421-124 et L 421-125 **Véhicules exonérés de la seule taxe sur les émissions de dioxyde de carbone** Sont exonérés de la taxe sur les émissions de CO_2 les véhicules dont la **source d'énergie** est l'**électricité,** l'**hydrogène ou** une **combinaison des deux.**

L'exonération concerne également les **véhicules hybrides** dont la source d'énergie combine :

– soit, d'une part, l'électricité ou l'hydrogène et, d'autre part, le gaz naturel, le gaz de pétrole liquéfié, l'essence ou le superéthanol E85 ;

– soit, d'une part, le gaz naturel ou le gaz de pétrole liquéfié et, d'autre part, l'essence ou le superéthanol E85.

L'**exonération** des véhicules hybrides est **permanente** lorsque les émissions de dioxyde de carbone n'excèdent pas, pour les véhicules immatriculés en recourant à la méthode WLTP (voir n° 75145), 60 g/km ou, pour ceux immatriculés pour la première fois à compter du 1er juin 2004 et qui n'étaient pas affectés à des fins économiques par l'entreprise affectataire avant le 1er janvier 2006 (n° 75150), 50 g/km ou, pour les autres véhicules (n° 75155), lorsque la puissance administrative n'excède pas 3 CV. L'exonération s'applique également de manière **temporaire** lorsque les émissions ou la puissance administrative n'excèdent pas le double de ces seuils et que l'ancienneté du véhicule, déterminée à partir de sa date de première immatriculation, n'excède pas trois années.

> Précisions L'**exonération** en faveur des véhicules hybrides sera **remplacée** à compter du 1er janvier 2025 par un abattement applicable aux véhicules dont la source d'énergie comprend le superéthanol E85 (Loi 2023-1322 du 29-12-2023 art. 97, 23°).

MONTANT DES TAXES

Le montant des taxes est calculé en appliquant un tarif tenant compte de la proportion d'affectation annuelle du véhicule à des fins économiques. Pour les véhicules détenus ou utilisés par des personnes physiques qui font l'objet de remboursement de frais, un coefficient pondérateur, fonction du nombre de kilomètres parcouru, et un abattement (appelé « minoration ») s'appliquent. 75120

Détermination de la proportion d'affectation à des fins économiques 75125
Sauf si l'option mentionnée n° 75135 a été exercée, la proportion d'affectation annuelle du véhicule à des fins économiques est égale au quotient entre, au numérateur, la durée de l'affectation du véhicule en France à des fins économiques, **en jours,** et, au dénominateur, le nombre de jours de l'année civile. CIBS art. L 421-107 et L 421-108

Lorsque les **véhicules** affectés à des fins économiques sont **détenus par des personnes physiques** et que les **frais pris en charge par l'entreprise affectataire** sont déterminés en fonction de la distance parcourue par le véhicule pour les déplacements professionnels, le quotient mentionné n° 75125 est multiplié par le pourcentage suivant, déterminé en fonction de cette distance, exprimée en kilomètres sur une année : 75130 CIBS art. L 421-109 à L 421-111

Distance annuelle parcourue (en km)	Pourcentage
de 0 à 15 000	0
de 15 001 à 25 000	25
de 25 001 à 35 000	50
de 35 001 à 45 000	75
supérieure à 45 000	100

> **Précisions a.** Lorsqu'une **même personne physique** recourt **successivement** à **plusieurs véhicules** au cours d'une même année civile, ce pourcentage est déterminé pour chacun de ces véhicules, à partir de la somme des distances relatives à tous ces véhicules.
> **b.** Le **montant cumulé des taxes pour l'ensemble des véhicules de tourisme** affectés à des fins économiques par une même entreprise fait l'objet (sous réserve du respect de la réglementation relative aux aides de minimis) d'une **minoration de 15 000 €.**

Sur **option** du redevable, la proportion d'affectation annuelle du véhicule à des fins économiques peut, à titre temporaire, être calculée **forfaitairement** sur une **base trimestrielle** et non journalière. La proportion annuelle est alors égale à 25 % du nombre de périodes de trois mois d'affectation du véhicule. Une période de trois mois d'affectation s'entend : 75135 CIBS art. L 421-112 à L 421-118
– d'un trimestre civil au premier jour duquel l'entreprise détient le véhicule ;
– de toute période au premier jour de laquelle l'entreprise affecte un véhicule à des fins économiques sans le détenir et qui s'achève à la fin du trimestre civil lorsque cette période débute au premier jour d'un trimestre civil ou, à défaut, à l'issue de quatre-vingt-dix jours consécutifs. Si une telle période s'achève l'année suivant celle durant laquelle elle a débuté, les affectations réalisées au cours de cette période sont réputées être intervenues au cours de l'année durant laquelle débute cette période.

ATTENTION

Lorsqu'une même personne **physique recourt successivement à plusieurs véhicules** au cours d'une même période de trois mois d'affectation, l'entreprise est réputée n'avoir affecté que celui des véhicules pour lequel la distance prise en charge au titre de cette période est la plus élevée.

L'**option** est exercée par le redevable conjointement pour la taxe annuelle sur les émissions de dioxyde de carbone et pour la taxe annuelle sur les émissions de polluants atmosphériques au plus tard au moment où il constate ces taxes. Elle s'applique à l'ensemble des véhicules de tourisme affectés par le redevable à des fins économiques.

Cette **possibilité d'option** est **supprimée** à compter du 1er janvier 2025 (Ord. 2021-1843 du 22-12-2021 art. 37, 6°).

Tarif de la taxe sur les émissions de dioxyde de carbone À compter du 1er janvier 2024 (taxe à acquitter en 2025), le tarif annuel est déterminé au moyen d'un barème associant un tarif marginal à chaque fraction de la masse des émissions de dioxyde de carbone (barème WLTP ou barème NEDC) ou à chaque fraction de puissance administrative (barème en fonction de la puissance administrative). Le tarif est alors égal à la somme des produits de chaque fraction par le tarif marginal associé (Loi 2023-1322 du 29-12-2023 art. 97, 17°). 75140 CIBS art. L 421-119-1 à L 421-122

75145 Pour les **véhicules immatriculés** ayant été homologués en application du protocole **WLTP** (véhicules immatriculés à compter du 1er mars 2020, à l'exception de ceux pour lesquels les émissions de CO_2 n'ont pas pu être déterminées), le **tarif marginal,** fixé pour 2024 est le suivant (Loi 2023-1322 du 29-12-2023 art. 97, 18°) :

Fraction des émissions de CO_2 (en g/km)	Tarif marginal (en €)
Jusqu'à 14	0
De 15 à 55	1
De 56 à 63	2
De 64 à 95	3
De 96 à 115	4
De 116 à 135	10
De 136 à 155	50
De 156 à 175	60
À partir de 176	65

EXEMPLE

Pour un véhicule de tourisme émettant 145 grammes de dioxyde de carbone par kilomètre relevant du barème WLTP, la taxe 2024 s'élève à 933 € (soit 0 € pour la tranche 0-14, 41 € pour la tranche 15-55, 16 € pour la tranche 56-63, 96 € pour la tranche 64-95, 80 € pour la tranche 96-115, 200 € pour la tranche 116-135 et 500 € pour la tranche 136-155).

75150 Pour les **véhicules** autres que ceux mentionnés n° 75145 ayant fait l'objet d'une **réception européenne,** ayant été immatriculés pour la première fois à **compter du 1er juin 2004** et qui n'étaient pas affectés à des fins économiques par l'entreprise affectataire avant le 1er janvier 2006 (barème **NEDC),** le **tarif marginal,** fixé pour 2024 est le suivant :

Fraction des émissions de CO_2 (en g/km)	Tarif marginal (en €)
Jusqu'à 12	0
de 13 à 45	1
de 46 à 52	2
de 53 à 79	3
de 80 à 95	4
de 96 à 112	10
de 113 à 128	50
de 129 à 145	60
À partir de 146	65

75155 Pour les **autres véhicules** ne répondant pas aux critères énoncés nos 75145 et 75150, le barème est calculé en fonction de la **puissance administrative** du véhicule. Le tarif marginal, fixé pour 2024 est le suivant :

Fraction de puissance administrative (en CV)	Tarif marginal (en €)
Jusqu'à 3	1 500
De 4 à 6	2 250
De 7 à 10	3 750
De 11 à 15	4 750
À partir de 16	6 000

EXEMPLE

Pour un véhicule de tourisme de 10 CV relevant du barème en puissance administrative, la taxe 2024 s'élève à 7 500 € (soit 1 500 € pour la tranche 0-3, 2 250 € pour la tranche 4-6 et 3 750 € pour la tranche 7-10).

Tarif de la taxe sur les émissions de polluants atmosphériques La taxe sur les émissions de polluants atmosphériques a remplacé la taxe sur l'ancienneté des véhicules à compter du 1er janvier 2024 (taxe à acquitter en 2025) (Loi 2023-1322 du 29-12-2023 art. 97, 24°). Le tarif annuel, déterminé en fonction de l'appartenance du véhicule à l'une des trois **catégories** d'émissions de polluants définies ci-après, est le suivant : **75160** CIBS art. L 421-134 et L 421-135

Catégorie d'émissions de polluants	Tarif annuel (€)
Catégorie E	0
Catégorie 1	100
Véhicules les plus polluants	500

La **catégorie E** regroupe les véhicules dont la source d'énergie est exclusivement l'électricité, l'hydrogène ou une combinaison des deux.

La **catégorie 1** regroupe les véhicules alimentés par un moteur thermique à allumage commandé et qui respectent les valeurs limites d'émissions « Euro 5 » ou « Euro 6 ».

La catégorie des **véhicules les plus polluants** regroupe les véhicules qui ne relèvent pas de la catégorie E ou de la catégorie 1.

DÉCLARATION ET PAIEMENT DES TAXES

Les taxes annuelles sur l'affectation des véhicules à des fins économiques sont constatées par le redevable au moyen d'une **déclaration.** Toutefois, lorsque le montant de l'une des taxes est nul, l'absence de déclaration vaut constatation de cette taxe. **75170** CIBS art. L 421-162 à L 421-165

Les entreprises doivent tenir, pour chacune des taxes dont elles sont redevables, un **état récapitulatif annuel des véhicules** qu'elles affectent à leur activité et qui sont dans le champ de la taxe. Cet état fait apparaître, pour chaque véhicule, les paramètres techniques intervenant dans la détermination du tarif, la date de première immatriculation et la date de première immatriculation en France, les conditions de l'affectation, ainsi que les périodes d'affectation. Les véhicules exonérés sont présentés distinctement par motif d'exonération. L'état récapitulatif est à jour au plus tard à la date de la déclaration. Il est tenu à la disposition de l'administration et lui est communiqué à sa première demande.

Les **modalités de déclaration et de paiement** des taxes doivent être fixées par décret. Dans l'attente de la publication de ce décret, les règles prévues par l'article 1010 sexies du CGI issu de l'article 55 de la loi de finances pour 2021 s'appliquent. En effet, l'abrogation des dispositions du CGI relatives à la déclaration et au paiement des taxes ne prend effet qu'à compter de l'entrée en vigueur des dispositions prises en application ou pour l'application des dispositions législatives du CIBS (Ord. 2021-1843 du 22-12-2021 art. 38, 2°). Ainsi, les taxes dues au titre de la période du 1er janvier N au 31 décembre N doivent être télédéclarées : **75172**

– pour les **redevables soumis au régime normal de TVA** : sur l'annexe n° 3310-A-SD à la déclaration de TVA à déposer au cours du mois de janvier N + 1 ;

– pour les **non-redevables de la TVA** : sur l'annexe n° 3310-A-SD à déposer au plus tard le 25 janvier N + 1 ;

– pour les **redevables de la TVA selon le régime simplifié** d'imposition, sur le formulaire n° 3517, qui doit être déposé au titre de l'exercice au cours duquel la taxe est devenue exigible.

CONTRÔLE, RECOUVREMENT ET CONTENTIEUX

Les sanctions encourues en cas de non-respect des obligations de déclaration et de paiement des taxes annuelles sur l'affectation des véhicules à des fins économiques sont celles applicables en matière de **taxes sur le chiffre d'affaires** (voir n° 54115). De même, le recouvrement et le contrôle de ces taxes sont assurés selon les procédures, sûretés et garanties applicables en matière de taxes sur le chiffre d'affaires. **75175** CIBS art. L 421-166 et L 180-1

CHAPITRE 5

TAXE GÉNÉRALE SUR LES ACTIVITÉS POLLUANTES

75200 C. douanes art. 266 sexies à 266 undecies TD-VIII-5 s La taxe générale sur les activités polluantes (**TGAP**) porte sur les **catégories d'activités polluantes** suivantes : stockage et traitement des déchets ; émission de substances polluantes dans l'atmosphère ; livraison ou utilisation de préparations pour lessives ; livraison ou utilisation de matériaux d'extraction. Les modalités de déclaration et de paiement (examinées nº 75290) sont communes à l'ensemble des composantes de la TGAP.

> **Précisions** Sous réserve des tarifs fixés jusqu'en 2025 par la loi elle-même pour les installations de stockage et de traitement des déchets non dangereux, les **tarifs** de la TGAP sont **relevés chaque année** dans une proportion égale au taux de croissance de l'indice des prix à la consommation hors tabac de l'avant-dernière année. À compter du 1er janvier 2026, l'ensemble des tarifs de la taxe sera indexé dans les conditions prévues par les articles L 132-1 et L 132-2 du CIBS (Loi 2023-1322 du 29-12-2023 art. 104, I-B et V-B).

DÉCHETS

75210 TD-VIII-250 s La taxe est **due** par les exploitants des installations de stockage ou de traitement thermique de déchets dangereux ou non dangereux soumises à autorisation en application du titre Ier du livre V du Code de l'environnement (installations classées ICPE) et par les personnes qui transfèrent ou font transférer des déchets vers un autre État en application du règlement CE/1013/2006 du 14 juin 2006. La taxe est également due par les exploitants d'installations de stockage de déchets radioactifs métalliques soumises à autorisation en application du titre Ier du livre V précité (Loi 2023-1322 du 29-12-2023 art. 102).

La taxe **ne s'applique pas** aux installations exclusivement utilisées pour les déchets que l'exploitant produit. Elle ne s'applique pas non plus aux réceptions et transferts de déchets vers un autre État lorsqu'ils sont destinés à faire l'objet d'une valorisation comme matière. En outre, la TGAP ne s'applique pas aux réceptions de déchets suivants :

– déchets de matériaux de construction et d'isolation contenant de l'amiante et déchets d'équipement de protection individuelle et de moyens de protection collective pollués par des fibres d'amiante ;

– déchets générés par une catastrophe naturelle ;

– déchets réceptionnés par les installations de co-incinération ;

– déchets préparés sous forme de combustibles solides de récupération, associés ou non à un autre combustible, aux fins de la production de chaleur ou d'électricité ;

– résidus issus du traitement de déchets dont la réception a relevé du champ d'application de la taxe lorsque ces résidus constituent des déchets dangereux et que les déchets dont ils sont issus ont fait l'objet d'un traitement thermique ou lorsqu'ils constituent des déchets non dangereux qu'il n'est pas possible techniquement de valoriser ;

– déchets relevant du champ d'application de l'accise sur les énergies mentionnée à l'article L 312-1 du CIBS pour les fractions perçues sur les produits énergétiques à l'exception de l'électricité (anciennes taxes intérieures de consommation prévues respectivement aux articles 265, 266 quater, 266 quinquies et 266 quinquies B du Code des douanes) ;

– hydrocarbures ne relevant pas de l'accise sur les énergies mentionnée à l'article L 312-1 du CIBS faisant l'objet d'un traitement thermique sans faire l'objet d'une combustion en vue de leur valorisation ;

– déchets ne relevant pas de l'accise sur les énergies mentionnée à l'article L 312-1 du CIBS réceptionnés en vue de les transformer, par traitement thermique, en combustibles destinés soit à cesser d'être des déchets, soit à être utilisés dans une installation autorisée de co-incinération ;

– déchets qui ne se décomposent pas, ne brûlent pas et ne produisent aucune autre réaction physique ou chimique, ne sont pas biodégradables et ne détériorent pas d'autres matières avec lesquelles ils entrent en contact, d'une manière susceptible d'entraîner une pollution de l'environnement ou de nuire à la santé humaine ;

– déchets dont la valorisation matière est interdite ou dont l'élimination est prescrite (liste fixée par arrêté TREP1835243A du 31-12-2018 modifié) ;

– déchets en provenance d'un dépôt non autorisé de déchets abandonnés dont les producteurs ne peuvent être identifiés et que la collectivité territoriale chargée de la collecte et du traitement des déchets des ménages n'a pas la capacité technique de prendre en charge (conditions d'exonération fixées par décret 2019-1176 du 14-11-2019) ; 75210 (suite)

– déchets en provenance d'une installation de stockage où ils ont été préalablement réceptionnés et qui, soit n'est plus exploitée depuis le 1er janvier 1999, soit a fait l'objet d'une autorisation pour le stockage de déchets, mais n'est plus exploitée à la date de transfert des déchets et déchets en provenance de dépôts situés à moins de 100 mètres du trait de côte dans une zone soumise à érosion ou dans une zone de submersion marine potentielle (dépôts fixés par arrêté) (Loi 2023-1322 du 29-12-2023 art. 103) ;

– résidus issus du traitement de certains déchets (boues de forage, terres, cailloux et boues de dragage, déchets de dessablage, minéraux constituant des déchets provenant du traitement mécanique des déchets, boues provenant de la décontamination des sols, terres et pierres constituant des déchets des jardins et parcs) lorsque l'installation de stockage se trouve sur la même emprise foncière que l'installation de traitement dont ces résidus à stocker sont issus et lorsqu'au moins 70 % des déchets réceptionnés par cette installation de traitement ont fait l'objet d'une valorisation matière et que cette dernière émet dans l'atmosphère des substances polluantes dont les valeurs sont inférieures aux seuils d'assujettissement indiqués n° 75220 ;

– déchets radioactifs métalliques issus d'une valorisation de matière radioactive (Loi 2023-1322 du 29-12-2023 art. 102).

La taxe est **assise** sur le poids des déchets reçus ou transférés.

Le **tarif** de la taxe varie, pour les **déchets autres que les déchets radioactifs métalliques**, en fonction de la nature et des caractéristiques des installations. Pour les **installations autorisées,** le tarif applicable est le suivant :

– déchets réceptionnés dans une **installation de stockage de déchets non dangereux** :

• réalisant une valorisation énergétique de plus de 75 % du biogaz capté (par tonne) : 52 € en 2023 et 59 € en 2024,

• stockés et traités selon la méthode d'exploitation du bioréacteur, si l'installation réalise une valorisation énergétique du biogaz capté (par tonne) : 58 € en 2023 et 61 € en 2024,

• relevant à la fois des deux catégories ci-dessus (valorisation de plus de 75 % ou méthode du bioréacteur) : 51 € en 2023 et 58 € en 2024,

• autre (par tonne) : 61 € en 2023 et 63 € en 2024 ;

– déchets réceptionnés dans une **installation de traitement thermique de déchets non dangereux** et assimilés :

• A - certifiée ISO 50001 (par tonne) : 20 € en 2023 et 22 € en 2024,

• B - dont les valeurs d'émission de NOx (oxydes d'azote) sont inférieures à 80 mg/Nm^3 (par tonne) : 20 € en 2023 et 22 € en 2024,

• C - réalisant une valorisation énergétique élevée dont le rendement énergétique est supérieur ou égal à 0,65 (par tonne) : 14 € en 2023 et 2024,

• relevant à la fois des A et B qui précèdent (par tonne) : 17 € en 2023 et 20 € en 2024,

• relevant à la fois des A et C qui précèdent (par tonne) : 13 € en 2023 et 14 € en 2024,

• relevant à la fois des B et C qui précèdent (par tonne) : 12 € en 2023 et 14 € en 2024,

• relevant à la fois des A, B et C qui précèdent (par tonne) : 12 € en 2023 et 14 € en 2024,

• dont le rendement énergétique est supérieur ou égal à 0,70 et réalisant une valorisation énergétique des résidus à haut pouvoir calorifique qui sont issus des opérations de tri performantes : 6 € en 2023 et 7 € en 2024,

• autre (par tonne) : 23 € en 2023 et 24 € en 2024 ;

– déchets réceptionnés dans une installation de traitement thermique de **déchets dangereux** (par tonne) : 13,51 € en 2023 et 14,23 € en 2024 ;

– déchets réceptionnés dans une installation de stockage de déchets dangereux (par tonne) : 27,01 € en 2023 et 28,44 € en 2024.

Le tarif pour les **déchets radioactifs métalliques** réceptionnés dans une installation de stockage est fixé à 200 € en 2024.

> Précisions **a.** L'exploitant s'entend de la personne titulaire de l'autorisation d'exploiter ou de l'exploitant de fait de l'installation soumise à autorisation (BOI-TCA-POLL-40-20 n° 20).

b. Les tarifs ci-dessus prévus pour les déchets autres que les déchets radioactifs métalliques s'appliquent également aux **transferts** de déchets vers de telles installations situées dans un autre

État. Mais le seuil minimal de taxation (450 € par installation) ne s'applique pas dans le cas des déchets transférés.

c. Les tarifs de la TGAP sur le stockage et le traitement thermique de **déchets non dangereux** applicables sur les territoires des collectivités d'**outre-mer** relevant de l'article 73 de la Constitution sont les suivants :

– à **La Réunion**, en **Martinique** et en **Guadeloupe** : réfaction de 35 % en 2023 et 2024 sur les tarifs métropolitains indiqués ci-dessus (la réfaction étant ramenée à 25 % en 2025) ;

– en **Guyane** : s'agissant des installations de stockage, 3 € par tonne en 2023 et 2024 si les installations ne sont pas accessibles par voie terrestre, réfaction de 75 % sur les tarifs métropolitains en 2023 et 2024 dans le cas contraire (réfaction ramenée à 70 % en 2025) ; s'agissant des installations de traitement thermique, réfaction de 75 % en 2023 et 2024 sur les tarifs métropolitains (réfaction ramenée à 70 % en 2025) ;

– à **Mayotte** : réfaction de 75 % 2023 et 2024 sur les tarifs métropolitains, pour les installations de stockage et les installations de traitement thermique (réfaction ramenée à 70 % en 2025).

Par ailleurs dans toutes ces collectivités (Guadeloupe, La Réunion, Martinique, Guyane, Mayotte) sont exonérées les réceptions, par des installations autorisées, des déchets utilisés pour produire de l'électricité distribuée par le réseau dans ces territoires.

d. Lorsqu'ils sont traités dans une **installation non autorisée** ou en méconnaissance des prescriptions de l'autorisation, les réceptions de déchets non dangereux relèvent du tarif le plus élevé prévu pour les installations de stockage ou de traitement thermique, majoré de 110 € par tonne.

e. Les **déchets** réceptionnés par les installations destinées à valoriser le biogaz ne peuvent, de ce seul fait, bénéficier des tarifs réduits accordés à ces installations dès lors qu'ils sont eux-mêmes **insusceptibles de produire du biogaz** (Cons. const. 17-9-2015 n° 2015-482 QPC : RJF 12/15 n° 1041 ; CE 19-7-2016 n° 389845 : RJF 11/16 n° 1029). Un arrêté TREP1733787A du 28 décembre 2017 (JO 31) donne dans son annexe I la liste des déchets susceptibles de produire du biogaz pour les besoins de l'application des tarifs réduits de la taxe.

f. Les redevables de la taxe la **répercutent** dans les prix facturés **aux personnes** physiques ou morales **dont ils réceptionnent les déchets.** Ils doivent adresser chaque année à ces dernières **copie** des **éléments d'assiette et de tarifs** déclarés à l'administration.

g. Le **tarif** pour les déchets réceptionnés dans une installation de **stockage de déchets non dangereux** sera **majoré, à compter du 1er janvier 2025**, pour la fraction de déchets excédant l'**objectif de réduction de mise en décharge** fixé par l'article L 541-1, I-7° du Code de l'environnement. Le tarif de cette majoration sera fixé par arrêté entre un minimum de 5 € et un maximum de 10 € par tonne. La majoration ne sera pas applicable aux déchets réceptionnés dans les installations situées dans les départements et régions d'outre-mer ou transférés dans des installations situées hors de France pour lesquelles les règles nationales ne définissent aucun objectif annuel (Loi 2023-1322 du 29-12-2023 art. 104, I-A et V-A).

ÉMISSIONS DE SUBSTANCES POLLUANTES DANS L'ATMOSPHÈRE

75220 TD-VIII-1100 s La taxe est **due** par les installations classées suivantes soumises à autorisation ou enregistrement : installations de combustion dont la puissance thermique maximale est supérieure ou égale à 20 MW ; installations d'incinération d'ordures ménagères dont la capacité est supérieure à 3 tonnes par heure ; installations n'entrant pas dans les deux catégories précédentes mais rejetant en une année une ou plusieurs substances polluantes excédant certains seuils (le seuil relatif à chaque substance polluante est mentionné ci-après à la suite de chacun des tarifs).

La taxe est **assise** sur le poids des substances suivantes émises dans l'atmosphère et son **taux** varie selon leur nature (les seuils d'assujettissement indiqués ci-après ne valent que pour la 3e catégorie d'installation visée ci-dessus, les deux premières catégories étant taxées, sauf en ce qui concerne les poussières totales en suspension, sans avoir à les dépasser : BOI-TCA-POLL-30 n° 110) :

– oxydes de soufre et autres composés soufrés (par tonne) : 148 € en 2023 et 155,84 € en 2024 (le seuil d'assujettissement étant fixé à 150 tonnes par an) ;

– acide chlorhydrique (par tonne) : 50,37 € en 2023 et 53,04 € en 2024 (le seuil d'assujettissement étant fixé à 150 tonnes par an) ;

– protoxyde d'azote (par tonne) : 75,58 € en 2023 et 79,59 € en 2024 (le seuil d'assujettissement étant fixé à 150 tonnes par an) ;

– oxydes d'azote et autres composés oxygénés de l'azote, à l'exception du protoxyde d'azote (par tonne) : 178,64 € en 2023 et 188,11 € en 2024 (poids exprimé en équivalent dioxyde d'azote ; le seuil d'assujettissement étant fixé à 150 tonnes par an) ;

– hydrocarbures non méthaniques, solvants et autres composés organiques volatils (par tonne) : 148 € en 2023 et 155,84 € en 2024 (le seuil d'assujettissement étant fixé à 150 tonnes par an) ;

– poussières totales en suspension (par tonne) : 282,77 € en 2023 et 297,76 € en 2024 (le seuil d'assujettissement étant fixé à 5 tonnes par an) ;

– arsenic (par kg) :544,06 € en 2023 et 572,90 € en 2024 (le seuil d'assujettissement étant fixé à 20 kg par an) ;

– sélénium (par kg) : 544,06 € en 2023 et 572,90 € en 2024 (le seuil d'assujettissement étant fixé à 20 kg par an) ;

– mercure (par kg) : 1 088,10 € en 2023 et 1 145,77 € en 2024 (le seuil d'assujettissement étant fixé à 10 kg par an) ;

– benzène (par kg) : 5,45 € en 2023 et 5,74 € en 2024 (le seuil d'assujettissement étant fixé à 1 000 kg par an) ;

– hydrocarbures aromatiques polycycliques (par kg) : 54,42 € en 2023 et 57,30 € en 2024 (le seuil d'assujettissement étant fixé à 50 kg par an) ;

– plomb : 10,67 € en 2023 et 11,24 € en 2024 (le seuil d'assujettissement étant fixé à 200 kg par an) ;

– zinc : 5,34 € en 2023 et 5,62 € en 2024 (le seuil d'assujettissement étant fixé à 200 kg par an) ;

– chrome : 21,36 € en 2023 et 22,49 € en 2024 (le seuil d'assujettissement étant fixé à 100 kg par an) ;

– cuivre : 5,34 € en 2023 et 5,62 € en 2024 (le seuil d'assujettissement étant fixé à 100 kg par an) ;

– nickel : 106,78 € en 2023 et 112,44 € en 2024 (le seuil d'assujettissement étant fixé à 50 kg par an) ;

– cadmium : 533,92 € en 2023 et 562,22 € en 2024 (le seuil d'assujettissement étant fixé à 10 kg par an) ;

– vanadium : 5,34 € en 2023 et 5,62 € en 2024 (le seuil d'assujettissement étant fixé à 10 kg par an).

Les **contributions ou dons** de toute nature versés au profit d'un **organisme de surveillance** de la qualité de l'air dont l'exploitant est membre sont déductibles de la taxe due au titre des installations situées dans la zone surveillée par l'organisme. Les contributions ou dons versés dans les douze mois précédant la date limite de souscription de la déclaration (nº 75290) sont déductibles dans une limite de 171 000 € ou, si c'est plus avantageux, à hauteur de 25 % du montant de la taxe. Pour les personnes disposant de plusieurs installations, cette limite ou ce plafond est déterminé par installation. En ce qui concerne la déduction des contributions ou dons du montant de l'acompte dû, voir nº 75290, précision b.

› Précisions Les **poussières totales en suspension** s'entendent des particules d'un diamètre compris entre 2,5 et 10 micromètres, appelées « PM 10 » et des particules de diamètre inférieur à 2,5 micromètres, appelées « PM 2,5 ».
Entrent dans le champ de la TGAP celles qui sont rejetées dans l'atmosphère par l'intermédiaire de dispositifs conçus pour leur évacuation. Ne sont donc notamment pas taxées les poussières émises à l'air libre lors de la circulation des véhicules ou des engins, y compris de travaux publics, et les poussières émises par des dispositifs ayant une autre fonction (dispositifs dédiés à l'aération, y compris les puits ou cheminées d'aération ; puits de lumière ou entrées de galeries souterraines) (BOI-TCA-POLL-30 nºs 70 et 80).

PRÉPARATIONS POUR LESSIVES

La taxe est **due** par toute personne qui, pour les besoins de son activité économique, livre pour la première fois en France, en dehors des collectivités régies par l'article 74 de la Constitution, de la Nouvelle-Calédonie, des Terres australes et antarctiques françaises et de l'île de Clipperton, ou y utilise pour la première fois des préparations pour lessives, y compris des préparations auxiliaires de lavage, ou des produits adoucissants ou assouplissants pour le linge relevant respectivement des rubriques 34022090, 34029090 et 38091010 à 38099100 du tarif douanier. **75240** TD-VIII-3500 s

La taxe est **assise** sur le poids net des préparations ou des produits concernés. Son **taux** (par tonne) varie en fonction de la teneur en phosphate de ces préparations et produits :

– teneur inférieure à 5 % du poids : 46,02 € en 2023 et 48,46 € en 2024 ;

– teneur comprise entre 5 % et 30 % du poids : 198,28 € en 2023 et 208,79 € en 2024 ;

– teneur supérieure à 30 % du poids : 330,48 € en 2023 et 348 € en 2024.

La taxe peut être **répercutée** dans les prix facturés aux clients.

> **Précisions** **a.** Sont **exonérées** de TGAP les livraisons des produits mentionnés ci-dessus expédiés ou transportés hors de France par le redevable ou pour son compte.
> **b.** Les livraisons de préparations pour lessives, y compris des préparations auxiliaires de lavage, ou des produits adoucissants ou assouplissants pour le linge à une personne qui les destine, dans le cadre de son activité économique, à une expédition ou un transport hors de France peuvent être effectuées en **suspension** de taxe. À cette fin, l'acquéreur établit, au plus tard à la date de facturation, une attestation en double exemplaire certifiant que le produit est destiné à être expédié ou transporté hors de France et comportant la mention du recours au régime de suspension (un modèle d'attestation figure au BOI-LETTRE-000253). Un exemplaire est remis au fournisseur. Si les produits sont affectés à une autre destination, la taxe est exigible auprès de l'acquéreur dès ce changement d'affectation et au plus tard lors de leur livraison en France ou de tout événement rendant impossible l'expédition ou le transport hors de France.

MATÉRIAUX D'EXTRACTION

75250 TD-VIII-4300 s La taxe est **due** par toute personne qui, pour les besoins de son activité économique, livre pour la première fois en France, en dehors des collectivités régies par l'article 74 de la Constitution, de la Nouvelle-Calédonie, des Terres australes et antarctiques françaises et de l'île de Clipperton, ou y utilise pour la première fois certains matériaux d'extraction.

Sont **soumis à la taxe** les matériaux qui se présentent naturellement sous la forme de grains, ou qui sont obtenus à partir de roches concassées ou fractionnées, dont la plus grande dimension est inférieure ou égale à 125 millimètres et qui répondent aux caractéristiques et usages ci-après (Décret 2020-442 du 16-4-2020 art. 2 et 3) :

– relever des positions et sous-positions suivantes de la nomenclature combinée figurant en annexe I au règlement CEE/2658/87 du 23 juillet 1987 : sables naturels de la position 2505 ; cailloux, graviers et pierres concassées de la sous-position 2517 10 ; granulés, éclats et poudre de diverses pierres des sous-positions 2517 41 et 2517 49 ;

– être utilisés : soit pour la fabrication des couches d'assises et de surface, y compris les ballasts, des immeubles, notamment les voies de circulation, à l'exclusion de la fabrication du liant des enrobés ; soit pour la fabrication de béton, à l'exclusion de la fabrication du liant.

La taxe est **assise** sur le poids net des matériaux d'extraction. Son **taux** (par tonne) est fixé à 0,21 € en 2023 et 0,22 € en 2024.

> **Précisions** **a.** Sont **exonérées** de TGAP les livraisons des produits mentionnés ci-dessus expédiés ou transportés hors de France par le redevable ou pour son compte.
> **b.** Les livraisons de matériaux d'extraction à une personne qui les destine dans le cadre de son activité économique, à une expédition ou un transport hors de France peuvent être effectuées en **suspension** de taxe. Les conditions d'application de cette suspension sont identiques à celles des préparations pour lessives : voir n° 75240, précision b.
> **c.** Lorsque les matériaux doivent faire l'objet d'un **usage autre** que ceux mentionnés ci-dessus, que leur usage n'est **pas déterminé** avec certitude au moment de la livraison **ou** que **plusieurs usages** sont envisagés, le destinataire de la livraison peut établir une **attestation** (dont un modèle figure au BOI-LETTRE-000260), au plus tard à la date de la facturation, en double exemplaire (dont un exemplaire remis au vendeur) qui mentionne que le destinataire sait qu'il est redevable de la taxe s'il utilise ou livre les matériaux pour des usages mentionnés ci-dessus (Décret 2020-442 du 16-4-2020 art. 4). La livraison de ces matériaux ne constitue alors pas un fait générateur de la taxe.
> Une personne ayant acquis des produits sous le couvert d'une telle attestation peut à son tour les céder sous le couvert d'une attestation émise par le nouvel acquéreur. Le fait générateur de la taxe peut ainsi être décalé sur plusieurs stades de la chaîne économique jusqu'à l'utilisation finale du bien, qui constituera alors le fait générateur si cette utilisation est réalisée pour un usage taxable.
> Le vendeur conserve l'attestation à l'appui de sa comptabilité pour justifier de l'exclusion des livraisons réalisées du champ de la taxe (BOI-TCA-POLL-10 nos 150 à 180).

DÉCLARATION ET PAIEMENT

75290 TD-VIII-7900 s La TGAP est déclarée, contrôlée et recouvrée selon les règles, garanties, privilèges et sanctions prévus pour les taxes sur le chiffre d'affaires.

La TGAP est ainsi déclarée et liquidée par les redevables **par voie électronique** sur une **déclaration annuelle** n° 2020-TGAP-SD, auprès du service des impôts dont ils relèvent, selon les modalités suivantes :

– concomitamment à la déclaration CA 3 déposée en avril pour les **redevables de la TVA soumis au régime réel normal trimestriel** d'imposition ;

– concomitamment à la déclaration CA 3 déposée en mai pour les **redevables de la TVA soumis au régime réel normal mensuel** d'imposition ;

– concomitamment à la déclaration CA 12 ou CA 12 A déposée en mai, ou dans les trois mois de la clôture de l'exercice comptable si celui-ci ne coïncide pas avec l'année civile, pour les **redevables de la TVA soumis au régime réel simplifié** de déclaration ; 75290 (suite)

– au plus tard le 25 avril dans tous les **autres cas** (non redevables de la TVA) (BOI-TCA-POLL-50 nos 20 à 40).

La taxe fait l'objet d'un **acompte** unique et d'une régularisation. L'acompte est égal à la somme des valeurs déterminées comme suit pour chacune des composantes de la TGAP (sur les spécificités concernant la composante sur les émissions polluantes, voir précision b ci-après) : composante devenue exigible au cours de l'année précédente majorée dans une proportion égale au taux de croissance de l'indice des prix à la consommation hors tabac de l'avant-dernière année (pour 2024, il s'agit de l'indice pour 2022, soit 5,3 %). L'acompte est versé en octobre à l'aide d'un formulaire 2020-TGAP-AC à souscrire par voie électronique (au plus tard à la date limite de dépôt de la déclaration CA 3 au cours du mois d'octobre, pour les redevables de la TVA soumis au régime réel normal mensuel ou trimestriel ; au plus tard le 24 octobre, pour les redevables de la TVA soumis au régime réel simplifié de déclaration ; au plus tard le 25 octobre, dans les autres cas). La **régularisation** est opérée au moyen de la déclaration annuelle souscrite l'année suivante. Si la déclaration fait apparaître un montant à restituer, celui-ci est imputé sur l'acompte dû au cours de la même année ou, en cas d'absence ou d'insuffisance, remboursé sur demande (Décret 2020-442 du 16-4-2020 art. 5 à 8 modifié).

> Précisions **a.** Les redevables de l'une des composantes de la TGAP qui ne sont **pas établis** dans un État membre ou dans un État ayant conclu avec la France une convention d'assistance au recouvrement des créances fiscales (n° 50635) doivent faire accréditer auprès du service des impôts compétent, dans les conditions prévues n° 50645, un **représentant** assujetti à la TVA établi en France qui s'engage à remplir les formalités au nom et pour le compte du représenté et, le cas échéant, à acquitter la taxe à sa place.

b. Concernant l'**acompte** relatif à la composante sur les **émissions polluantes**, deux **spécificités** s'appliquent :

– pour la détermination du montant de l'acompte dû en octobre N, il est tenu compte du montant dû au titre de N – 1, avant prise en compte de la déduction des contributions et dons éligibles réalisés dans les 12 mois précédant la déclaration effectuée en N de la composante due au titre de N – 1 ;

– peuvent être imputés sur l'acompte versé en N – 1 et sur la régularisation versée en N de la composante due au titre de l'année N – 1 les contributions et dons éligibles réalisés dans les 12 mois précédant la déclaration effectuée en année N (BOI précité n° 130).

c. Les redevables qui estiment que le **montant d'acompte** déterminé pour une composante conduirait à excéder le montant de la taxe définitivement dû au titre de cette composante peuvent le **minorer**, sous réserve que le montant finalement dû au titre de cette composante ne soit pas supérieur de plus de 20 % à la valeur minorée. L'intérêt de retard prévu à l'article 1727 du CGI et la majoration prévue à l'article 1731 du même Code sont appliqués à la différence positive entre, d'une part, le montant qui aurait été versé en l'absence de modulation à la baisse et, d'autre part, le montant effectivement versé.

d. En cas de **cessation d'activité** du redevable avant la date de versement de l'acompte, ce dernier n'est pas dû et le montant de la taxe qui est devenue exigible au cours de l'année de cessation d'activité est établi immédiatement. La taxe est déclarée, acquittée et, le cas échéant, régularisée, par voie électronique sur un formulaire 2020-TGAP-SD, selon les modalités prévues pour la TVA dont il est redevable ou, à défaut, dans les 60 jours suivant la cessation d'activité. Les mêmes règles s'appliquent en cas de cessation d'activité entre la date de paiement de l'acompte et celle du dépôt de la déclaration (BOI précité n° 50).

e. En cas de **fusion-absorption**, lorsque l'opération intervient entre le 1er janvier N et la date du dépôt de la déclaration de TGAP, la société absorbante transmet, si elle était elle-même redevable de la TGAP avant la fusion-absorption, une déclaration annuelle commune reprenant l'activité des deux sociétés sur l'année précédente (N – 1). Le cas échéant, l'acompte calculé et payé au titre de l'année N – 1 par la société absorbée est ajouté à celui de la société absorbante. Si la société absorbante n'était pas redevable de la TGAP antérieurement à la fusion-absorption, elle transmet une déclaration reprenant l'activité de la société absorbée et les acomptes calculés et payés par celle-ci au titre de N – 1.

Par ailleurs, quelle que soit la date de la fusion-absorption en année N, la société absorbante ajoute en N + 1, dans sa déclaration annuelle au titre de l'année N, à sa propre activité celle de la société absorbée du 1er janvier à la date effective de la fusion (BOI précité n° 60).

CHAPITRE 6

AUTRES TAXES

SOMMAIRE

Taxe sur les surfaces commerciales (Tascom) 75900
Taxe sur le chiffre d'affaires des exploitants agricoles 75910
Taxe sur les objets et métaux précieux 75915
Taxe annuelle de 3 % sur les immeubles 75965
Prélèvement spécifique sur les trusts 75977
Taxe sur les logements vacants 75980
Taxe sur les conventions d'assurances 76000
Taxe sur les excédents de provisions des entreprises d'assurances 76020
Taxe sur les transactions financières 76021
Taxe pour le financement du fonds de soutien aux collectivités territoriales 76024
Droits sur les jeux de hasard 76025
Droits de timbre et taxes afférents à certains documents 76030
Taxes sur l'immatriculation des véhicules (cartes grises) 76035
Contribution pour la justice économique 76055
Droit fixe d'appel 76060
Redevances sanitaires 76065
Contributions sur les boissons non alcooliques 76110
Taxe pour le développement de la formation professionnelle dans la réparation automobile 76120
Taxes dans les secteurs de la communication, de la culture et du numérique 76130

TAXE SUR LES SURFACES COMMERCIALES (TASCOM)

75900 Loi 72-657 du 13-7-1972 modifiée TD-XV-4100 s

Champ d'application La Tascom est due, quelle que soit la forme juridique de l'entreprise exploitante, par les **établissements de commerce de détail** ouverts depuis le 1er janvier 1960 et dont le **chiffre d'affaires** annuel est au moins égal à 460 000 € :

– lorsqu'ils ont une **surface de vente** supérieure à 400 m² ;

– ou lorsque leur surface de vente est inférieure ou égale à 400 m², s'ils sont contrôlés directement ou indirectement par une même personne (« tête de réseau ») et exploités sous une même enseigne commerciale dans le cadre d'une **chaîne de distribution intégrée** dont les établissements ont une surface de vente cumulée excédant 4 000 m².

> Précisions a. Un **établissement** s'entend de l'unité locale constituée par les locaux d'une même entreprise formant un **ensemble géographiquement cohérent** pour l'exercice de tout ou partie de l'activité de cette entreprise. Tel peut être le cas même si ces locaux, exploités sous des enseignes différentes, sont situés à des adresses distinctes, ne sont pas reliés par des voies privatives spécialement aménagées et font l'objet d'une imposition séparée au titre de la cotisation foncière des entreprises (CE 29-9-2023 n° 470164 : RJF 12/23 n° 955).

b. Les établissements de **commerce de gros** dont la clientèle est composée de professionnels ou de collectivités (auxquelles sont assimilés les organismes à but non lucratif) ne sont pas considérés comme des magasins de commerce de détail. S'ils réalisent à titre accessoire (moins de 50 % du chiffre d'affaires total) des **ventes à des consommateurs** pour un usage domestique, ils conservent leur qualité de commerces de gros et ne sont soumis à la taxe que sur leur activité de détail lorsque celle-ci atteint 460 000 €. Si les ventes au détail représentent plus de 50 % du chiffre d'affaires, la taxe est due sur le chiffre d'affaires total (BOI-TFP-TSC n° 63).

c. Les établissements de commerce de détail **ouverts avant le 1er janvier 1960** ne sont pas redevables de la Tascom.

À cet égard, le Conseil d'État a jugé que, pour échapper à la Tascom, l'activité de commerce de détail exercée dans l'établissement antérieurement au 1er janvier 1960 doit avoir continué à y être exercée depuis cette date de façon continue dans l'ensemble des surfaces de cet établissement. Cette condition n'est plus satisfaite en cas de destruction de l'immeuble dans lequel était situé l'établissement ouvert antérieurement au 1er janvier 1960 (CE 2-4-2021 n° 429709 : RJF 6/21 n° 665 ; CE 22-4-2021 nos 432588 et 432737 : RJF 7/21 n° 768). De même, un établissement situé sur deux parcelles différentes dont l'une était exploitée avant 1960 et l'autre non est redevable de la Tascom (CE 25-6-2018 n° 415698 : RJF 10/18 n° 1034). En revanche, un établissement ouvert avant 1960 qui a réduit depuis lors sa surface exploitée par rapport aux surfaces affectées initialement à la vente au détail n'est pas redevable de la Tascom (CE 12-10-2018 n° 418315 : RJF 1/19 n° 109).

L'exercice d'une activité de commerce de détail de façon continue depuis avant le 1er janvier 1960 n'implique pas l'identité des activités exercées successivement dans les locaux (CE (na) 28-2-2019 n° 424459 : RJF 7/19 n° 719).

Fait générateur et calcul de la taxe Le fait générateur de la taxe est normalement constitué par l'existence de l'établissement au 1er janvier de l'année au titre de laquelle elle est due. 75901 TD-XV-4550 s

Le montant dû est calculé par application à la **surface** totale de vente au détail d'un **taux** qui varie en fonction du chiffre d'affaires hors taxe par mètre carré réalisé au cours de l'année civile précédente et qui est fixé comme suit :

Chiffre d'affaires annuel hors taxe par m² (CA/S)	Établissements ayant également une activité de vente au détail de carburants, 1 2 et 3	Autres établissements
Inférieur à 3 000 €	8,32 €	5,74 €
De 3 000 € à 12 000 €	8,32 € + [0,00304 × (CA/S - 3 000)]	5,74 € + [0,00315 × (CA/S - 3 000)]
Supérieur à 12 000 €	35,70 €	34,12 €
CA = chiffre d'affaires annuel hors taxe de l'établissement assujetti. S = surface de vente au détail.		

1. À l'**exception** des établissements ayant pour activité principale la vente ou la réparation de véhicules.
2. Les **établissements concernés** sont non seulement ceux qui exploitent une installation de vente au détail de carburants située sur le même site, mais aussi ceux qui contrôlent (directement ou indirectement) une telle installation ou qui sont placés avec celle-ci sous le contrôle (direct ou indirect) de la même personne.
3. La **surface de vente** à prendre en compte pour le calcul de la taxe est **majorée** de 70 m² par position de ravitaillement, sauf si ces positions sont exploitées par un établissement distinct, y compris si ce dernier est contrôlé directement ou indirectement par l'établissement de vente au détail ou si les deux établissements sont contrôlés par une même personne (BOI-TFP-TSC n° 270).

Des **réductions de taux,** qui peuvent se cumuler, sont prévues comme suit :

– 30 % en faveur des professions dont l'exercice à titre principal requiert des superficies de vente anormalement élevées (vente de meubles meublants, véhicules automobiles, machinisme agricole, matériaux de construction ou de fleurs, plantes, graines, engrais, produits phytosanitaires, animaux de compagnie et aliments pour ces animaux). La condition d'exercice à titre principal est remplie si la vente des catégories de marchandises susvisées représente plus de la moitié du chiffre d'affaires total (BOI-TFP-TSC n° 410) ;

– 20 % pour les établissements dont la surface de vente au détail est inférieure à 600 m² et dont le chiffre d'affaires annuel est au plus égal à 3 800 €/m².

Les établissements situés à l'intérieur des quartiers prioritaires de la politique de la ville bénéficient par ailleurs d'un **abattement** de 1 500 € sur le montant de la taxe due.

Des **majorations du montant de la taxe** sont au contraire prévues dans les situations suivantes :

– 30 % pour les établissements dont la superficie est supérieure à 5 000 m² et dont le chiffre d'affaires annuel hors taxe est supérieur à 3 000 €/m² ;

– 50 % pour les établissements dont la surface de vente excède 2 500 m². Cette majoration s'applique sur le montant de la taxe due après application, le cas échéant, des réductions de taux et de montant et de la majoration de 30 % visées ci-dessus mais avant l'éventuelle modulation du montant de la taxe par la collectivité locale affectataire.

Les **collectivités locales** auxquelles est affecté le produit de la taxe, à l'exclusion de la majoration de 50 % destinée au budget de l'État, peuvent en effet appliquer à la part leur revenant un **coefficient multiplicateur** compris entre 0,8 et 1,2, mais qui ne peut varier de plus de 0,05 chaque année. Le seuil maximal du coefficient multiplicateur est porté à 1,3 pour les collectivités locales qui ont mis en place des abattements sur la base d'imposition à la taxe foncière en application de l'article 1388 quinquies C du CGI (n° 42030, précision e).

› Précisions a. En cas d'**exploitation sur une partie seulement de l'année précédente** (création d'établissement, nouvel exploitant, fermeture temporaire, etc.), le chiffre d'affaires est annualisé pour apprécier le seuil d'assujettissement de 460 000 € et déterminer le taux de la taxe. Le montant de la taxe est ensuite calculé au prorata de la durée d'exploitation.

b. La **cessation d'exploitation** d'un établissement **en cours d'année** (cessation définitive, cession, fusion, absorption : BOI-TFP-TSC nos 220 et 295) constitue un fait générateur de la taxe, laquelle est due, dans ce cas, par l'exploitant au prorata de sa période d'activité l'année de la cessation. Pour apprécier le seuil d'assujettissement et déterminer le taux de la taxe, le chiffre d'affaires est annualisé. La surface à prendre en compte est celle existant au jour de la cessation.

c. Aucune diminution de l'assiette de la Tascom n'est appliquée à raison de la présence, sur une **surface unique,** de **différentes sociétés concessionnaires** de portions de surface inférieures à 400 m^2. La société qui conserve la maîtrise de la surface globale doit être considérée comme l'exploitant redevable de la taxe au titre de l'ensemble du magasin (BOI précité n° 237 ; en même sens CE 12-4-2019 n°s 411500, 411508 et 411509 : RJF 7/19 n° 718).

d. Le chiffre d'affaires à retenir pour le calcul de la Tascom est le chiffre d'affaires global des ventes au détail, y compris celui réalisé sur des surfaces exclues de l'assiette de la taxe (Rép. Berville : AN 22-12-2020 n° 33149). Ainsi, s'agissant des **« drive »** et des magasins de **vente par internet,** le produit des ventes au détail réalisées sur les surfaces où sont stockées les marchandises à retirer et les surfaces auxquelles le public a accès pour effectuer le retrait des marchandises, qui n'ont pas à être prises en compte pour la détermination de la surface totale soumise à la taxe (Rép. Gosselin : AN 24-2-2015 n° 70363), entre dans le chiffre d'affaires retenu pour déterminer le taux de la taxe dont est redevable l'établissement (CE 10-3-2020 n° 436879 : RJF 6/20 n° 569).

75902 TD-XV-5700 s **Déclaration et paiement de la taxe** Payable auprès du service des impôts des entreprises du lieu où se situe l'établissement, la taxe est déclarée et versée annuellement par l'exploitant **avant le 15 juin,** au moyen d'une déclaration spécifique (3350-SD). Cette déclaration doit mentionner, le cas échéant, le nom de « l'enseigne commerciale » sous laquelle les établissements sont exploités (BOI-TFP-TSC n°s 520 à 540).

Les redevables soumis à la **majoration de 50 %** du montant de la taxe (n° 75901) doivent verser un **acompte,** égal à la moitié de la taxe ainsi majorée, qui s'impute sur le montant de la taxe dû l'année suivante. L'excédent éventuel est restitué. Pour la taxe due au titre de l'année N + 1, l'acompte est déclaré et payé à l'appui de la déclaration 3350-SD en même temps que la taxe due au titre de l'année N (BOI précité n°s 560 et 565).

La **taxe** est **déductible** du résultat fiscal (voir n° 9860, précision e).

> Précisions **a.** La taxe due en cas de **cessation** d'exploitation en cours d'année doit être déclarée (sur un formulaire 3350-C-SD) et payée avant le 15 du sixième mois suivant la cessation, après imputation le cas échéant de l'acompte versé l'année de la cessation (l'excédent éventuel est restitué).

b. Le **recouvrement** et le contrôle de la Tascom s'effectuent comme en matière de TVA, les **réclamations** étant instruites et jugées selon les règles applicables à cette taxe. Toutefois, la Tascom étant un impôt local du fait de l'affectation de la majorité de son produit aux collectivités locales, le tribunal administratif statue en premier et dernier ressort sur les litiges relatifs à cette taxe (CE sect. avis 2-6-2017 n° 405595 : RJF 8-9/17 n° 864).

75903 CGI art. 302 bis ZA TD-XV-6200 s **Taxe additionnelle à la Tascom** Une taxe additionnelle à la taxe sur les surfaces commerciales est due par les **personnes** assujetties à cette taxe et à la TVA **qui achètent et revendent des fruits et légumes** à des personnes non assujetties à la TVA et qui ne sont pas partie à des accords de modération des marges de distribution des fruits et légumes frais. Sont toutefois exonérées les personnes dont le chiffre d'affaires annuel afférent aux ventes de fruits et légumes (et celui du groupement de distributeurs dont elles font, le cas échéant, partie) est inférieur à 100 millions d'euros. Le montant de la taxe est égal au résultat de la formule suivante :

$$\text{Montant dû au titre de la Tascom} \times \frac{\text{CA ventes de fruits et légumes}}{\text{CA total}} \times 3$$

La taxe est déclarée et acquittée lors du dépôt de la déclaration relative à la Tascom (y compris en cas de cessation d'activité : BOI-TFP-TASC n° 30).

Elle est liquidée, recouvrée et contrôlée sous les mêmes sanctions, garanties, sûretés et privilèges que la TVA.

TAXE SUR LE CHIFFRE D'AFFAIRES DES EXPLOITANTS AGRICOLES

75910 CGI art. 302 bis MB TD-II-50 s Cette taxe est due par les exploitants agricoles au titre de leurs activités agricoles, c'est-à-dire celles qui relèvent d'un régime de TVA agricole (n°s 59550 s.).

Sont **exonérés** les exploitants agricoles placés sous le régime du remboursement forfaitaire agricole, les activités de pêche en eau douce, de conchyliculture et de sylviculture. Par ailleurs, aucune taxe n'est due par les entreprises nouvelles l'année de leur création (BOI-TCA-CAEA n° 200).

L'**assiette** de la taxe est constituée par le chiffre d'affaires hors TVA de l'année précédente ou du dernier exercice clos (tel que défini pour l'application de la franchise en base : n° 53810).

Les **aides européennes** accordées dans le cadre de la politique agricole commune doivent être prises en compte.

Le **tarif** de la taxe est composé d'une partie forfaitaire fixée, par l'article 50 terdecies-0 de l'annexe IV au CGI, à 90 € par exploitant et d'une partie variable fixée à 0,19 % jusqu'à 370 000 € de chiffre d'affaires et à 0,05 % au-delà.

La taxe fait l'objet d'une **déclaration** et d'une liquidation annuelles :

– sur la déclaration de régularisation CA 12A/CA 12AE, pour les exploitants soumis au régime simplifié agricole (RSA) et n'ayant pas opté pour la souscription de déclarations CA 3 trimestrielles ou mensuelles ;

– sur l'annexe 3310 A-SD à la déclaration CA 3 souscrite au titre du premier trimestre ou du mois de mars de l'année au cours de laquelle la taxe est due (ou du premier trimestre ou du troisième mois de l'exercice au titre duquel elle est due), pour les exploitants soumis au RSA qui ont opté pour la souscription de déclarations CA 3 trimestrielles ou mensuelles ;

– sur l'annexe 3310 A-SD à la déclaration CA 3 des opérations du premier trimestre ou du mois de mars de l'année au titre de laquelle la taxe est due, pour les exploitants ayant été autorisés à soumettre l'ensemble de leurs opérations au régime de droit commun de la TVA.

Le **paiement** de la taxe est effectué au plus tard à la date limite de souscription de ces déclarations. Aucune compensation avec la TVA ne peut être effectuée.

Le **recouvrement** et le contrôle de la taxe s'effectuent comme en matière de TVA, les **réclamations** étant présentées, instruites et jugées selon les règles applicables à cette taxe.

> Précisions **a.** Pour les Gaec dits « **totaux** » (constitués d'associés dont aucun n'exerce, à titre individuel, d'activité agricole), le montant de la partie forfaitaire de la taxe est multiplié par le nombre d'associés. De même, pour la détermination de la partie variable, le seuil de 370 000 € est multiplié par le nombre d'associés.

Les Gaec dits « **partiels** » (c'est-à-dire ceux dont l'ensemble des associés exerce, à titre individuel, une activité agricole) sont dispensés du versement de la taxe. Dans cette hypothèse, la taxe est acquittée par les associés au titre de leur exploitation individuelle : chaque associé est redevable de la partie forfaitaire et la partie variable est déterminée en appliquant le tarif par tranches au chiffre d'affaires réalisé à titre individuel augmenté de la quote-part de chiffre d'affaires du Gaec lui revenant (BOI précité n°s 140 et 150).

b. Lorsque la taxe est acquittée au titre d'une **période d'imposition inférieure à 12 mois,** la partie forfaitaire de la taxe et le seuil de 370 000 € sont ajustés prorata temporis, sauf en cas de cession ou de cessation au cours de l'année précédente (BOI précité n°s 120, 190 et 210).

TAXE SUR LES OBJETS ET MÉTAUX PRÉCIEUX

Les cessions à titre onéreux et les exportations de métaux précieux, de bijoux, d'objets d'art, de collection ou d'antiquité sont soumises à une taxe forfaitaire proportionnelle au prix de cession (ou à la valeur en douane), tenant lieu d'imposition des plus-values. **75915** CGI art. 150 VI à 150 VM TD-VII-1 s

Le vendeur ou l'exportateur peut toutefois opter pour le **régime** d'imposition de droit commun **des plus-values** sur biens meubles (n°s 32740 s.) à condition de justifier de la date et du prix d'acquisition du bien ou que le bien est détenu depuis plus de vingt-deux ans. Cette **option** est irrévocable (CGI ann. II art. 74 S septies).

> Précisions **a.** Le vendeur a intérêt à opter si le **bien** est **possédé depuis plus de vingt-deux ans**, la plus-value étant exonérée par le jeu de l'abattement annuel. L'option est également avantageuse en cas de **vente aux enchères d'objets reçus par succession** depuis deux ans au plus, la plus-value étant nulle du fait que la valeur d'acquisition (qui est celle retenue pour les droits de succession : n° 68430) est égale au prix de vente.

b. L'option est en principe exercée, dans le mois qui suit la cession ou lors de l'accomplissement des formalités douanières, sur un **imprimé n° 2092-SD** qui sert également à déclarer la plus-value réalisée. L'impôt doit être payé en même temps. Si l'opération fait intervenir un **intermédiaire** domicilié en France ou, en l'absence d'intermédiaire, un **acquéreur assujetti à la TVA** établi en France, c'est cet intermédiaire ou cet acquéreur qui souscrit la déclaration mais il est dégagé de toute responsabilité tant en raison des renseignements fournis par le vendeur ou l'exportateur que, le cas échéant, du calcul de la plus-value imposable (CGI ann. II art. 74 S quinquies).

Champ d'application

Dès lors que les entreprises industrielles et commerciales n'y sont pas soumises, la taxe s'applique essentiellement aux **particuliers** résidant en France qui vendent ou exportent : **75920** TD-VII-200 s

– des **métaux précieux** (or, argent, platine) ;

– des **bijoux, objets d'art, de collection ou d'antiquité** dont le prix de cession ou la valeur en douane excède 5 000 €.

Les **opérations imposables** sont les **cessions à titre onéreux,** quel que soit l'État dans lequel les biens sont physiquement situés (Cons. const. 27-11-2020 nº 2020-868 QPC : RJF 2/21 nº 188), et les **exportations,** autres que temporaires, hors de l'Union européenne. Les cessions sont localisées dans l'État dans lequel se situe physiquement le bien au jour de l'opération (CGI ann. II art. 74 S bis).

Sont **exonérés** :

– les vendeurs ou exportateurs qui n'ont pas leur domicile fiscal en France ; l'exportateur doit toutefois pouvoir justifier d'une importation antérieure, d'une introduction antérieure ou d'une acquisition en France ;

– les cessions à certains musées, aux bibliothèques publiques et aux services d'archives publics ;

– les exportations sous condition de retour en France (exportations temporaires) ;

– la vente ou l'exportation par les artistes de leurs propres œuvres lorsqu'ils en ont la propriété continue depuis la création (BOI-RPPM-PVBMC-20-10 nº 150).

> Précisions **a.** Les **monnaies** d'or ou d'argent sont considérées comme des métaux précieux lorsqu'elles sont postérieures à 1800 et comme des objets de collection dans le cas contraire (BOI-RPPM-PVBMC-20-10 nºs 20 et 80).
b. Les **bijoux** s'entendent des objets ouvragés, précieux par la matière ou le travail, destinés à être portés à titre de parure, y compris lorsqu'ils ne sont pas composés de métaux précieux. Les **montres** sont donc en particulier susceptibles d'être taxées en tant que bijoux (CE 12-12-2023 nº 470249 : RJF 3/24 nº 266).
c. La **limite de 5 000 €** s'apprécie objet par objet, sauf lorsque les objets cédés ou exportés forment un ensemble (BOI-RPPM-PVBMC-20-10 nº 250).

75930 TD-VII-1200 s et TD-VII-1300 s **Calcul et paiement de la taxe** La taxe est calculée sur le **prix de cession** de l'objet ou, en cas d'exportation, sa valeur en douane. Elle est due au **taux** de :

– 11 % pour les métaux précieux ;

– 6 % pour les bijoux, objets d'art, de collection ou d'antiquité.

Si le vendeur ou l'exportateur est domicilié fiscalement en France, la CRDS au taux de 0,5 % est également applicable (CGI art. 1600-0 I ; Ord. 96-50 du 24-1-1996 art. 17).

75931 La taxe est **exigible** au moment de la cession ou de l'exportation. Elle est **supportée** par le vendeur ou l'exportateur et, en principe, **acquittée** par lui. Toutefois, en cas d'intervention d'un intermédiaire établi fiscalement en France ou, en l'absence d'intermédiaire, si l'acquéreur est un assujetti à la TVA établi en France, la taxe doit être versée par cet intermédiaire ou acquéreur sous sa responsabilité.

Une **déclaration,** accompagnée du **paiement** de la taxe, doit être déposée selon les modalités suivantes :

a. Lorsqu'il est assujetti à la TVA, l'**intermédiaire** domicilié fiscalement en France (qui peut être un officier ministériel) ou, en l'absence d'intermédiaire, l'**acquéreur** déclare la taxe :

– s'il est **redevable de la TVA** : sur l'annexe 3310 A-SD à la déclaration CA 3 déposée au titre de la période au cours de laquelle la taxe est devenue exigible ou, s'il est soumis au régime simplifié, sur la déclaration CA 12 relative à l'exercice au cours duquel la taxe est devenue exigible ;

– s'il n'est **pas redevable de la TVA** : sur l'annexe à la déclaration CA 3 déposée auprès du service dont relève le principal établissement au plus tard le 25 du mois qui suit celui au cours duquel la taxe est devenue exigible.

L'**intermédiaire** qui n'est **pas assujetti à la TVA** souscrit une déclaration nº 2091-SD dans le mois qui suit la cession au service des impôts dont il dépend ou, s'il s'agit d'un officier ministériel, au service des impôts compétent pour l'enregistrement de l'acte.

b. Pour les **exportations** ou les cessions dans un pays tiers de biens exportés temporairement, la déclaration est effectuée sur un formulaire nº 2091-SD, en même temps que les formalités douanières, par l'intermédiaire domicilié en France ou l'exportateur.

c. Pour les **autres cessions,** le vendeur dépose une déclaration nº 2091-SD au service des impôts dont il relève dans le mois qui suit la cession.

Les **infractions** sont sanctionnées par une amende fiscale égale à 25 % du montant des droits éludés (CGI art. 1761, 2).

TAXE ANNUELLE DE 3 % SUR LES IMMEUBLES

75965 CGI art. 990 D à 990 G ENR-XI-8500 s **Champ d'application** La taxe concerne en principe toutes les **entités juridiques françaises ou étrangères,** qu'il s'agisse de personnes morales, organismes, fiducies ou institutions comparables (trusts, fonds d'investissement), qui, directement ou par entité interposée, possèdent un ou plusieurs immeubles en France (ou des droits réels portant sur ces biens). De **nombreuses exceptions** réduisent toutefois de façon sensible le champ d'application de la taxe.

> Précisions Est considérée comme une **entité interposée** toute entité juridique qui détient une participation, quelles qu'en soient la forme et la quotité, dans une autre personne morale, organisme, fiducie ou institution comparable propriétaire de biens ou droits immobiliers situés en France (interposition simple) ou qui détient une participation dans une troisième personne morale, organisme, fiducie ou institution comparable, elle-même propriétaire des biens ou droits, ou interposée dans une chaîne de participations (interposition multiple), quel que soit le nombre d'entités juridiques interposées.
Lorsqu'un immeuble situé en France appartient à une entité qui constitue le premier maillon d'une **chaîne de participations,** les entités redevables de la taxe sont les entités non exonérées qui constituent le maillon le plus proche de l'immeuble. Lorsque ce dernier est une entité exonérée, il convient de remonter à l'échelon supérieur pour taxer, éventuellement au prorata de ses droits dans la ou les entités interposées, l'entité non exonérée.

Entités exonérées Échappent à la taxe de 3 % : 75970 CGI art. 990 E ENR-XI-9050 s

a. Les **organisations internationales,** les **États** souverains, leurs subdivisions politiques et territoriales et les personnes morales, organismes, fiducies (ou institutions comparables) qu'ils contrôlent majoritairement ;

b. Les entités juridiques (personnes morales, organismes et fiducies ou institutions comparables) dont les **immeubles** situés en France représentent **moins de 50 % des actifs français détenus directement ou indirectement.** Pour calculer la limite de 50 %, on ne retient pas les immeubles affectés par ces entités (ou les entités interposées) à leur propre activité professionnelle autre qu'immobilière ou à celle d'une entité juridique avec laquelle elles ont un lien de dépendance au sens de l'article 39, 12 du CGI (n° 10425, précision a). Ne sont ainsi pas retenus au numérateur du rapport les immeubles loués à des entités opérationnelles du même groupe. Par ailleurs, les immeubles des marchands de biens et des promoteurs immobiliers sont pris en compte pour déterminer la prépondérance immobilière mais ne sont pas soumis à la taxe (voir n° 75975) ;

c. Les **entités** juridiques **cotées** dont les actions, parts et autres droits font l'objet de négociations significatives et régulières sur un marché réglementé ainsi que les personnes morales dont ces entités détiennent directement ou indirectement la totalité du capital social ;

d. À condition d'avoir leur siège en **France,** dans un État de l'**Union européenne** ou dans un pays ou territoire ayant conclu avec la France une **convention fiscale d'assistance** administrative en vue de lutter contre la fraude et l'évasion fiscales ou dans un État ayant conclu avec la France un traité comportant une **clause d'égalité de traitement** :

– les entités juridiques dont la **quote-part** du ou des immeubles situés en France ou des droits réels détenus directement ou indirectement portant sur ces biens est **inférieure à 100 000 € ou à 5 %** de la valeur vénale desdits biens ou droits (l'administration apprécie ces seuils bien par bien : BOI-PAT-TPC-20-20 n° 180) ;

– les entités gérant des **régimes de retraite** (et leurs groupements) et les **groupements reconnus d'utilité publique** ou dont la gestion est désintéressée, dont l'activité ou le financement justifie la propriété des immeubles ou droits immobiliers ;

– les sociétés de placement à prépondérance immobilière à capital variable (**Sppicav**) et les fonds de placement immobilier (**FPI**) non constitués sous la forme d'organismes professionnels de placement collectif immobilier et les organismes étrangers équivalents ;

– les entités juridiques qui prennent, dans les deux mois suivant la date d'acquisition de l'immeuble ou de la participation (BOI-PAT-TPC-20-20 n° 450), l'**engagement de communiquer à l'administration,** sur sa demande, certaines informations concernant le ou les immeubles et les actionnaires, associés ou autres membres détenant plus de 1 % des actions, parts ou autres droits. Les sociétés qui souscrivent chaque année une déclaration n° 2072-SD (**sociétés immobilières de location**) ou une déclaration n° 2038-SD (**sociétés de « multipropriété »**) n'ont pas à produire cet engagement. Il en va de même des sociétés civiles immobilières dispensées de souscrire la déclaration n° 2072-SD dans les conditions prévues au n° 30740, précision a (BOI-PAT-TPC-20-20 n° 380) ;

– les entités juridiques qui souscrivent chaque année une **déclaration n° 2746-SD** comportant les indications suivantes (sur les modalités de déclaration, voir n° 75975) : le lieu de situation des immeubles, leur consistance et leur valeur vénale au 1er janvier ainsi que l'identité des actionnaires, associés ou autres membres détenant plus de 1 % des actions, parts ou autres droits et le nombre d'actions, parts ou autres droits détenus par chacun. Dans ce cas, l'**exonération** est **proportionnelle** au nombre de titres pour lesquels l'identité et l'adresse du détenteur ont été révélées.

> **Précisions** L'entité qui ne respecte pas son **engagement de communication** (absence de réponse à la demande de l'administration ou réponse insuffisante) doit souscrire une déclaration n° 2746-SD et payer la taxe au titre de l'année de rupture de l'engagement et des années antérieures non prescrites (LPF art. R 23 B-1).
L'entité peut **recouvrer le bénéfice de l'exonération** à compter de l'année où elle communique à l'administration fiscale les informations qu'elle s'était engagée à fournir et prend un nouvel engagement (CGI art. 990 F, al. 2).

75975
CGI art. 990 D, 990 F et 990 G
ENR-XI-10230 s

Liquidation et paiement de la taxe La taxe est assise, au taux de 3 %, sur la **valeur vénale** des immeubles ou droits immobiliers possédés au 1er janvier de l'année d'imposition, à l'exception des biens régulièrement inscrits dans les stocks des personnes morales exerçant la profession de **marchand de biens** ou de **promoteur-constructeur.** Toute **entité** juridique **interposée** entre le ou les débiteurs de la taxe et les immeubles ou droits immobiliers est solidairement responsable du paiement de cette taxe.

Les redevables doivent souscrire, chaque année au plus tard le 15 mai, une **déclaration** n° 2746-SD par voie **électronique** (CGI art. 1649 quater B quater, XII) et procéder au **télérèglement** de la taxe (CGI art. 1681 septies, 7 bis) concomitamment à la déclaration.

La taxe n'est **pas déductible** de l'assiette de l'impôt sur les sociétés ni de l'impôt sur le revenu.

> **Précisions** **a.** Les **entités étrangères** redevables qui ne sont pas établies dans l'Union européenne, en Islande ou en Norvège peuvent être invitées par le service des impôts à désigner un **représentant en France** dans les conditions visées n° 36405, b (BOI-PAT-TPC-30 n° 100).
b. En cas de **cession des immeubles** par une entité qui n'est établie ni dans l'Union européenne, ni en Islande ou en Norvège, le représentant en France visé n° 32687 est responsable du paiement de la taxe restant due à la date de la cession.
c. La taxe est recouvrée suivant les règles, **sanctions** et garanties applicables aux droits d'enregistrement (voir notamment nos 80160 s.).
d. À **défaut de déclaration** dans les trente jours d'une mise en demeure préalable, l'entité juridique encourt la taxation d'office (nos 78920 s.). Par tolérance, en cas de **première infraction,** la taxe n'est pas due (pour l'ensemble des années non prescrites) si l'entité régularise sa situation dans le délai imparti (BOI-PAT-TPC-30 n° 20).
e. Le **formulaire papier** continue à être utilisé pour les déclarations rectificatives ou souscrites à des fins de régularisation au titre d'années antérieures à 2021.

PRÉLÈVEMENT SPÉCIFIQUE SUR LES TRUSTS

75977
CGI art. 990 J
ENR-IX-19600 s

En cas de **défaut de déclaration d'actifs** placés dans un trust (déclaration à l'IFI par les constituants ou bénéficiaires réputés constituants du trust ou, lorsque leur patrimoine immobilier est inférieur au seuil d'imposition, déclaration spécifique par l'administrateur du trust ; voir respectivement nos 71310 et 78307), un prélèvement fixé au taux maximum de l'IFI, soit actuellement **1,50 %,** est exigible.

Bénéficient d'une **exonération** les trusts dont l'administrateur est soumis à la loi d'un État ou territoire ayant conclu avec la France une convention d'assistance administrative en vue de lutter contre la fraude et l'évasion fiscales, les trusts « caritatifs » et ceux constitués en vue de gérer les droits à pension acquis, au titre de leur activité professionnelle, par les bénéficiaires dans le cadre d'un régime de retraite mis en place par une entreprise ou un groupe d'entreprises.

Sont **redevables** du prélèvement les personnes physiques constituants ou bénéficiaires réputés constituants d'un trust (BOI-PAT-IFI-20-20-30-20 n° 150 ; CE 11-12-2020 n° 442320 : RJF 3/21 n° 324) :

– domiciliées en France, à raison de l'ensemble des actifs compris dans l'assiette de l'IFI (n° 71310) composant le trust (situés en France ou hors de France) ;

– domiciliées hors de France, à hauteur des seuls actifs imposables à l'IFI mentionnés à l'article 964, 2° du CGI (n° 71105) composant le trust.

L'**assiette** du prélèvement est constituée par la valeur vénale au 1er janvier de l'année d'imposition des actifs composant le trust (sans application des exonérations prévues en matière d'IFI : BOI-PAT-IFI-20-20-30-20 n° 190).

Une **déclaration,** accompagnée du **paiement** du prélèvement, doit être effectuée par l'administrateur du trust au plus tard le 15 juin de chaque année à la recette des non-résidents de la direction des impôts des non-résidents. À défaut, le constituant et les bénéficiaires (autres que ceux qui ont régulièrement déclaré les actifs imposables du trust à l'IFI ou, s'ils ne sont pas redevables de l'IFI, pour qui l'administrateur du trust a souscrit la déclaration spécifique) sont solidairement responsables du paiement du prélèvement.

> **Précisions** **a.** La **non-déclaration d'actifs exonérés d'IFI** ne vaut pas défaut de déclaration entraînant l'application du prélèvement. Il en est de même lorsque l'absence de déclaration résulte de l'application d'une **convention fiscale** (BOI-PAT-IFI-20-20-30-20 n° 200).
> **b.** Le prélèvement sur les trusts n'est pas couvert par les stipulations des **conventions internationales** d'élimination des doubles impositions en matière d'impôt sur le revenu et la fortune (BOI-PAT-IFI-20-20-30-20 n° 130 ; en sens contraire, au sujet de la convention franco-canadienne : CA Paris 6-2-2023 n° 21/10189 : RJF 7/23 n° 577).
> **c.** L'application du prélèvement spécifique sur les actifs placés en trust non déclarés exclut toute imposition des **mêmes biens** à l'IFI (CE QPC 25-9-2017 n° 412024 : RJF 12/17 n° 1225).

TAXE SUR LES LOGEMENTS VACANTS

Champ d'application Cette taxe s'applique dans des communes où il existe un déséquilibre marqué entre l'offre et la demande de logements (zones dites « tendues »), déterminées suivant des critères différents suivant qu'elles appartiennent ou non à des agglomérations de plus de 50 000 habitants. La liste des communes concernées est fixée par le décret 2013-392 du 10 mai 2013, modifié, à compter du 1er janvier 2024, par le décret 2023-822 du 25 août 2023. **75980** CGI art. 232 TD-XX-6000 s

La taxe frappe les **logements habitables volontairement laissés inoccupés depuis au moins un an** au 1er janvier de l'année d'imposition.

Les **redevables** sont les personnes physiques ou morales qui ont la qualité de propriétaire du logement, d'usufruitier ou de preneur d'un bail à construction, d'un bail à réhabilitation ou d'un bail emphytéotique.

> **Précisions** Ne sont pas soumis à la taxe :
> – les **logements occupés plus de quatre-vingt-dix jours consécutifs** au cours de la période de référence ;
> – les logements meublés (**résidences secondaires**) soumis à la taxe d'habitation (BOI-IF-AUT-60 n° 80) ;
> – les locaux dont la mise en état d'habitation nécessiterait des **travaux** importants, d'un montant supérieur en pratique à 25 % de la valeur vénale du logement (BOI-IF-AUT-60 n° 60) ;
> – les **logements** dont la vacance est involontaire, tels ceux **mis en location ou en vente** au prix du marché et ne trouvant pas preneur (BOI-IF-AUT-60 n° 140).

Calcul et paiement L'**assiette** de la taxe est constituée par la valeur locative du logement retenue pour la taxe d'habitation sur les résidences secondaires et autres locaux meublés non affectés à l'habitation principale (n° 43120). **75985** TD-XX-6550 s

Le **taux** d'imposition varie en fonction de la durée de vacance du bien : 17 % la première année d'imposition et 34 % à compter de la deuxième.

L'imposition est établie annuellement dans la commune de situation du logement. Le contrôle, le recouvrement, le contentieux, les garanties et les sanctions de la taxe sont régis comme en matière de taxe foncière sur les propriétés bâties.

> **Précisions** Aucune obligation déclarative propre à la taxe sur les logements vacants n'incombe aux contribuables. Toutefois, la **déclaration des locaux d'habitation** exigée des propriétaires (n° 43210) en matière de taxe d'habitation sur les résidences secondaires et autres locaux meublés non affectés à l'habitation principale sert également à l'établissement et au contrôle de la taxe sur les logements vacants.

TAXE SUR LES CONVENTIONS D'ASSURANCES

Sous réserve des exonérations expressément prévues, toute convention d'assurance conclue avec une société ou compagnie d'assurance ou avec tout autre assureur français ou étranger est soumise, quels que soient le lieu et la date auxquels elle est ou a été conclue, à une taxe annuelle obligatoire. **76000** CGI art. 991 à 1004 ENR-XI-16000 s

L'**assiette** de cette taxe est constituée par le montant des sommes stipulées au profit de l'assureur (primes, cotisations, etc.) et des accessoires dont celui-ci bénéficie directement ou indirectement du fait de l'assuré (frais dérivant du contrat, indemnités de résiliation, etc.).

Le **tarif** de la taxe varie selon le risque assuré (voir n° 76010).

Le **fait générateur** de la taxe est la date d'échéance des primes ou cotisations.

La taxe est liquidée au moyen de la **déclaration n° 2787-SD,** transmise par voie **dématérialisée,** et payée par l'assureur, le courtier ou l'intermédiaire par **téléréglement** dans les quinze jours qui suivent la fin du mois considéré (Décret 2023-962 du 19-10-2023, applicable aux faits générateurs intervenant à compter du 1er janvier 2024).

Les assureurs, les courtiers, les intermédiaires et les assurés sont tenus solidairement pour le paiement de la taxe et des pénalités (CGI art. 1708). Les **assureurs étrangers** établis en dehors de l'EEE sont tenus de faire agréer un représentant en France personnellement responsable du paiement de la taxe (CGI art. 1004).

À la taxe sur les conventions d'assurances proprement dite s'ajoutent, le cas échéant, des **contributions additionnelles** destinées pour la plupart à l'alimentation de certains fonds de garantie (voir nº 76015).

> Précisions La **déclaration effectuée en janvier 2024** (relative aux faits générateurs intervenus en décembre 2023) a été souscrite au format papier et déposée au service des impôts compétent (CGI ann. III art. 385 à 390) et la taxe a dû être payée par virement direct sur le compte du Trésor ouvert à la Banque de France si son montant dépassait 1 500 € (CGI ancien art. 1723 qindecies).

76005 CGI art. 995 à 1000 ENR-XI-17000 s

Exonérations Sont **notamment** exonérés de la taxe sur les conventions d'assurances :

– les contrats d'**assurance** sur la **vie** et assimilés (y compris les contrats de rente viagère) à l'exception des contrats d'assurance décès souscrits (ou, en cas de prolongation, augmentation ou réduction de la prime ou du capital assuré, reconduits ou renégociés : BOI-TCAS-ASSUR-10-40-30-10 nº 195) depuis le 1er janvier 2019 en garantie du remboursement d'un prêt (CGI art. 995, 5º) ;

– les assurances **de groupe** ou les opérations d'assurances collectives souscrites dans un cadre professionnel ou dans un cadre de régime collectif de retraite (CGI art. 998, 1º) ;

– les assurances dites « **indemnités de fin de carrière** » ainsi que celles prévoyant le versement d'**indemnités de cessation d'activité,** lorsque certaines conditions sont remplies (CGI art. 998, 3º) ;

– les contrats d'assurance **dépendance** (CGI art. 995, 14º) ;

– les contrats d'assurance **maladie complémentaire** soumis à la taxe de solidarité additionnelle visée à l'article L 862-4 du CSS (CGI art. 995, 18º) ;

– les contrats d'assurance sur marchandises transportées et responsabilité civile du transporteur des **transports terrestres** (CGI art. 995, 7º) ;

– les contrats d'assurance contre les risques de toute nature relatifs aux **véhicules utilitaires** d'un poids total autorisé en charge (PTAC) supérieur à 3,5 tonnes, à l'exception de la part se rapportant à la garantie obligatoire d'assurance de responsabilité civile (CGI art. 995, 11º) ;

– pour les **véhicules fonctionnant exclusivement à l'électricité** dont le **certificat d'immatriculation** a été émis **en 2023** : l'intégralité du montant des primes, cotisations et accessoires se rapportant à une convention dont l'échéance intervient au 31 décembre 2023 et 75 % du montant des primes, cotisations et accessoires se rapportant à une convention dont l'échéance intervient en 2024 (CGI art. 995, 11º bis, modifié par l'article 141 de la loi 2023-1322 du 29-12-2023) ;

– pour les **véhicules fonctionnant exclusivement à l'électricité** dont le **certificat d'immatriculation** a été émis **en 2024,** 75 % du montant des primes, cotisations et accessoires se rapportant à une convention pour laquelle la prise d'effet des garanties intervient en 2024. Cette exonération partielle s'applique pendant une durée de vingt-quatre mois à compter de la prise d'effet des garanties afférentes au véhicule et bénéficie seulement au premier contrat souscrit après l'émission du certificat d'immatriculation (CGI art. 995, 11º ter, issu de l'article 141 de la loi 2023-1322 du 29-12-2023) ;

– les contrats d'assurance contre les risques de **navigation maritime, fluviale ou aérienne** (CGI art. 995, 3º et 4º) ;

– les contrats d'assurance sur les **installations d'énergies marines renouvelables** au sens de l'article L 111-6 du Code des assurances (CGI art. 995, 19º) ;

– les contrats d'assurance couvrant les risques de toute nature afférents aux récoltes, aux cultures, au cheptel vif, au cheptel mort, aux bâtiments affectés aux **exploitations agricoles** et exclusivement nécessaires à leur fonctionnement ainsi qu'aux véhicules agricoles à l'exception de la part se rapportant à la garantie de responsabilité civile des véhicules agricoles (CGI art. 995, 12º) ;

– les contrats garantissant les **risques de gel et de tempêtes sur récoltes** ou sur bois sur pied (CGI art. 995, 6º) ;

– les contrats souscrits par les exploitants de **remontées mécaniques** dans le cadre du système mutualiste d'assurance contre les aléas climatiques (CGI art. 995, 17º) ;

– les assurances des **crédits à l'exportation** (CGI art. 995, 8º) ;

– les contrats de garantie souscrits auprès des entreprises d'assurances au profit des **fonds communs de créances** (CGI art. 995, 9º) ;

– les contrats d'assurance de responsabilité civile des centres de **transfusion sanguine** (CGI art. 995, 10º).

Tarifs

76010 CGI art. 1001 ENR-XI-23000 s

Objet des contrats	Tarif [1]
Assurance **incendie** (CGI art. 1001, 1° et 2) :	
– Tarif normal	30 %
– Contrats souscrits auprès des caisses départementales	24 %
– Risques agricoles non exonérés	7 %
– Biens affectés à une activité industrielle, commerciale, artisanale ou agricole et bâtiments administratifs des collectivités locales	7 %
– Pertes d'exploitation consécutives à l'incendie des mêmes biens	7 %
Assurance de **protection juridique** n'ayant pas pour objet exclusif ou principal la réparation d'un préjudice personnel de l'assuré, à la suite d'un accident (CGI art. 1001, 5° ter)	13,4 %
(L'assurance de protection juridique ayant pour objet exclusif ou principal la réparation d'un préjudice personnel de l'assuré, à la suite d'un accident, est passible du taux des assurances non tarifées spécialement.)	
Assurance relative aux risques non exonérés afférents aux **véhicules terrestres à moteur** (risques de toute nature autres que l'obligation d'assurance de responsabilité civile prévue à l'article L 211-1 du Code des assurances) (CGI art. 1001, 5° bis)	18 %
Assurance relative à l'obligation d'assurance de responsabilité civile pour les véhicules d'un PTAC supérieur à 3,5 tonnes et les véhicules des exploitations agricoles (sauf véhicules électriques visés au n° 76005) (CGI art. 1001, 5° quater-al. 1)	15 %
Assurance relative à l'obligation d'assurance de responsabilité civile pour les autres véhicules (sauf véhicules électriques visés au n° 76005) (CGI art. 1001, 5° quater-al. 2)	33 %
Navigation maritime ou fluviale des bateaux de sport ou de plaisance (CGI art. 1001, 3°)	19 %
Assurances **non tarifées** spécialement (CGI art. 1001, 6°)	9 %

1. Les tarifs sont réduits de moitié en **Guyane** (BOI-TCAS-ASSUR-30-10 n° 1) et à **Mayotte** (CGI art. 1001, dernier al.).

Taxes additionnelles Nous donnons ci-après les taux des principales contributions perçues en addition à la taxe spéciale sur les conventions d'assurances au profit de divers **fonds de garantie** ou de l'**État**. 76015 ENR-XI-27000 s

a. Fonds de garantie des assurances obligatoires de **dommages** (C. ass. art. A 421-3 et A 421-4 et décret 2013-526 du 20-6-2013) : CGI art. 1629 C. ass. art. L 421-4 à L 421-4-2, L 421-6-1 et L 421-8

– assurés : 1,2 % et 0,8 % des primes pour les **automobilistes** et 0,02 € par personne garantie pour les **chasseurs** ;

– responsables d'accident non assurés (automobilistes et chasseurs) : 10 % des indemnités restant à leur charge (tarif réduit à 5 % dans certains cas).

b. Fonds national de gestion des **risques en agriculture** (FNGRA) : CGI art. 1635 bis A C. rur. art. L 361-2

– contribution additionnelle à raison des contrats d'assurance garantissant, d'une part, les dommages aux **bâtiments** et au **cheptel** mort affectés aux exploitations agricoles et, d'autre part, les risques de responsabilité civile et de dommages aux **véhicules utilitaires** affectés à ces exploitations : 11 % ;

– contribution additionnelle particulière aux **exploitations conchylicoles** : 100 % des primes ou cotisations afférentes aux conventions d'assurances contre l'incendie et aux conventions d'assurance couvrant les risques nautiques desdites exploitations.

c. Fonds de garantie des victimes d'actes de **terrorisme** et d'autres infractions : contribution à raison des contrats d'assurance de biens souscrits auprès d'une entreprise visée à l'article L 310-2 du Code des assurances : 5,9 € par contrat jusqu'au 30 juin 2024 (Arrêté ECFT1630204A du 10-11-2016) et 6,50 € par contrat à compter du 1er juillet 2024 (Arrêté ECOT2329656A du 22-12-2023). C. ass. art. L 422-1

d. Prélèvement de 12 % des primes additionnelles relatives à la garantie contre le risque de **catastrophes naturelles** prévues à l'article L 125-2 du Code des assurances. CGI art. 235 ter ZE

e. Fonds de garantie des dommages consécutifs à des **actes de prévention, diagnostic ou soins des professionnels de santé** : contribution à raison des contrats de responsabilité civile ou administrative souscrits par les professionnels de santé : 15 €, 20 € ou 25 € en fonction de la profession exercée (Arrêté EFIT1207983A du 23-4-2012). C. ass. art. L 426-1

TAXE SUR LES EXCÉDENTS DE PROVISIONS DES ENTREPRISES D'ASSURANCES

La fraction des **provisions pour sinistres devenues sans objet** et rapportées aux résultats donne lieu au versement d'une taxe égale à 0,40 % par mois écoulé depuis la constitution de ces provisions et assise sur un pourcentage des excédents de provisions réintégrés 76020 CGI art. 235 ter X TD-VI-10 s correspondant au taux de l'impôt sur les sociétés en vigueur au titre de l'exercice au cours duquel les provisions ont été constituées.

Cette taxe ne s'applique pas aux entreprises de **réassurance** de dommages.

La taxe n'est pas déductible des résultats imposables. Elle doit être déclarée et liquidée sur l'annexe 3310 A-SD à la **déclaration** de TVA (CA 3) du mois d'avril ou du deuxième trimestre de l'année au cours de laquelle la taxe est due (ou, si l'exercice ne coïncide pas avec l'année civile, du quatrième mois ou deuxième trimestre qui suit la clôture de l'exercice) ou, pour les redevables de la TVA soumis au régime simplifié, sur la déclaration annuelle CA 12/CA 12 E. Pour les non-redevables de la TVA, la taxe est déclarée et liquidée sur l'annexe 3310 A-SD au plus tard le 25 juin de l'année au cours de laquelle elle est due.

TAXE SUR LES TRANSACTIONS FINANCIÈRES

76021 CGI art. 235 ter ZD TD-VI-1400 s

Cette taxe, qui frappe l'**acquisition de titres,** est l'une des deux taxes dues au titre de certaines opérations financières.

La seconde taxe, qui concerne les **opérations à haute fréquence** réalisées par l'intermédiaire de dispositifs de traitement automatisé (CGI art. 235 ter ZD bis et ann. III art. 58 S : TD-VI-2400 s.), n'est pas étudiée dans le Mémento.

76022 TD-VI-1420 s

Champ d'application La taxe sur les transactions financières s'applique aux acquisitions de **titres de capital,** au sens de l'article L 212-1 A du Code monétaire et financier, ou de **titres assimilés,** au sens de l'article L 211-41 du même Code, **cotés** sur un marché réglementé, lorsque ces titres sont émis par une entreprise française dont la capitalisation boursière excède un milliard d'euros au 1er décembre de l'année précédant celle de l'imposition. La **liste des sociétés** concernées au 1er décembre 2023 est publiée au Bofip (BOI-TCA-FIN-10-10 n° 1 ; BOI-ANNX-000467).

Sont susceptibles d'être taxés les actions et autres titres donnant ou pouvant donner accès au capital ou aux droits de vote, y compris lorsqu'ils sont émis sur le fondement de droits étrangers (BOI précité n° 10).

La taxe concerne également les titres représentant les titres mentionnés ci-dessus émis par une société, quel que soit son lieu d'établissement, c'est-à-dire les certificats représentatifs d'actions françaises tels que les « American depositary receipts » (ADR) ou les « European depositary receipts » (EDR) (BOI précité n° 20).

L'**acquisition** s'entend de l'achat (y compris dans le cadre d'une option ou d'un achat à terme), de l'échange ou de l'attribution de titres de capital en contrepartie d'apports. Elle doit donner lieu à un transfert de propriété matérialisé par l'inscription des titres acquis au compte-titres de l'acquéreur. Les opérations qui ne sont pas matérialisées par une inscription en compte, telles les opérations d'**achat et de vente d'un même titre au cours d'une même journée,** ne sont donc pas soumises à la taxe (BOI précité n° 60).

La **taxe** n'est **pas applicable** aux transactions effectuées sur un marché primaire, aux opérations réalisées par une chambre de compensation ou un dépositaire central, aux acquisitions réalisées dans le cadre d'activités de tenue de marché, aux opérations réalisées pour le compte d'émetteurs en vue de favoriser la liquidité de leurs actions, aux acquisitions intragroupe ou réalisées dans le cadre d'une fusion, d'une scission, d'un apport partiel d'actif ou du rachat d'une entreprise par ses salariés, aux cessions temporaires de titres, aux acquisitions réalisées dans le cadre de l'épargne salariale et aux acquisitions d'obligations échangeables ou convertibles en actions.

76023 TD-VI-1750 s

Modalités d'application L'**assiette** de la taxe est constituée de la valeur d'acquisition du titre. En cas d'échange de titres, la taxe est assise sur la valeur d'acquisition exprimée dans le contrat ou, à défaut, sur la cotation du titre sur le marché le plus pertinent en termes de liquidité à la clôture du jour de bourse de la veille de l'échange.

La taxe est **exigible** au premier jour du mois suivant l'acquisition des titres. Son **taux** est fixé à 0,3 %.

La **taxe** est **due et liquidée** par le prestataire de services d'investissement (PSI) ayant exécuté l'ordre d'achat, quel que soit son lieu d'établissement, ou, lorsque l'acquisition a eu lieu sans l'intervention d'un PSI, par l'établissement assurant la fonction de tenue de compte-conservation, y compris si ce dernier est établi à l'étranger.

Le **reversement au Trésor** de la taxe liquidée par le PSI ou l'établissement assurant la tenue du compte-conservation est effectué, selon les situations, soit par le dépositaire central teneur du compte d'émission du titre acquis (auprès duquel le PSI ou l'établissement assurant la tenue du compte-conservation a acquitté la taxe avant le 5 du mois suivant l'acquisition des titres), soit par le redevable lui-même (en particulier lorsque le dépositaire central est établi hors de France).

Une **déclaration** n° 3374-SD doit être souscrite par le dépositaire central (ou le redevable) auprès de la DGE avant le 25 du mois suivant l'acquisition des titres.

Le **recouvrement** et le contrôle de la taxe s'effectuent comme pour les taxes sur le chiffre d'affaires, les **réclamations** étant présentées, instruites et jugées selon les règles applicables à ces taxes.

TAXE POUR LE FINANCEMENT DU FONDS DE SOUTIEN AUX COLLECTIVITÉS TERRITORIALES

Cette taxe est due par les entreprises du secteur de la banque définies à l'article L 612-2, I-A-1° à 4° du Code monétaire et financier qui relèvent de la compétence de l'Autorité de contrôle prudentiel et de résolution et sont soumises à des **exigences minimales de fonds propres** s'élevant à au moins 500 M€. 76024 CGI art. 235 ter ZE bis

Son **assiette** est constituée des exigences minimales en fonds propres définies au cours de l'exercice clos l'année civile précédente.

Son **taux** est fixé à 0,0642 % en 2024.

La taxe n'est pas déductible des résultats imposables. Elle est déclarée et recouvrée sur l'annexe 3310 A-SD à la **déclaration** CA 3 de la TVA déposée au titre du mois de mai ou du deuxième trimestre au cours duquel elle est due ou, pour les non-redevables de la TVA, au plus tard le 25 juin.

Le **recouvrement** et le contrôle de la taxe s'effectuent comme pour les taxes sur le chiffre d'affaires, les **réclamations** étant présentées, instruites et jugées selon les règles applicables à ces taxes.

DROITS SUR LES JEUX DE HASARD

Les jeux de hasard sont passibles des droits brièvement évoqués ci-après, qui sont étudiés en détail dans la Documentation pratique fiscale. 76025 TD-XX-8000 s

a. Prélèvements sur les jeux et paris (TD-XX-8100 s.) : les sommes engagées par les parieurs **hippiques** sont, quelle que soit la forme du pari (pari en ligne ou « en dur »), passibles d'un prélèvement de 20,2 % du produit brut des jeux (CGI art. 302 bis ZG et 302 bis ZK) et d'un prélèvement de 6,9 % (CSS art. L 137-20). Le produit brut des jeux au titre des paris **sportifs** est soumis à un prélèvement de 27,9 % pour ceux commercialisés en réseau physique et 33,7 % pour les paris sportifs en ligne (CGI art. 302 bis ZH et 302 bis ZK) ainsi que, sur la même assiette et respectivement pour chacun d'eux, de prélèvements de 6,6 % et 10,6 % (CSS art. L 137-21). Les sommes misées sur les **jeux de cercle en ligne** sont, quant à elles, passibles d'un prélèvement de 1,8 % (CGI art. 302 bis ZI et 302 bis ZK) et d'un prélèvement de 0,2 % (CSS art. L 137-22). Les sommes misées sur les **courses étrangères** sont passibles d'un prélèvement de 12 % (CGI art. 302 bis ZO).

b. Prélèvements en faveur de l'Agence nationale du Sport (TD-XX-8600 s.) : le produit brut des jeux de loterie exploités en France par la Française des jeux est soumis à un prélèvement de 5,1 % (CGI art. 1609 novovicies). Le produit brut des jeux au titre des paris sportifs est soumis à un prélèvement fixé à 6,6 % pour ceux commercialisés en réseau physique et à 10,6 % pour les paris sportifs en ligne (CGI art. 1609 tricies et 1609 untricies).

c. Redevance au profit des sociétés de course (TD-XX-8800 s.) : les sommes misées en ligne sur les courses hippiques organisées par des sociétés françaises sont passibles d'une redevance de 25,2 % (taux applicable depuis le 21-12-2023 : décret 2023-1202 du 18-12-2023) due par les opérateurs de paris hippiques en ligne (CGI art. 1609 tertricies).

DROITS DE TIMBRE ET TAXES AFFÉRENTS À CERTAINS DOCUMENTS

76030 ENR-VIII-200 s et ENR-VIII-20000 s

I. Passeports (CGI art. 953)	
– Passeports délivrés aux **personnes majeures** (valables dix ans)	89 € [1]
– Passeports délivrés aux **mineurs de plus de quinze ans** (valables cinq ans)	45 € [1]
– Passeports délivrés aux **mineurs de moins de quinze ans** (valables cinq ans)	20 € [1]
– Passeports **délivrés en urgence** (valables un an)	30 €
Gratuité pour les passeports de service et de mission délivrés aux agents civils et militaires de l'État.	
1. Tarif diminué de 3 € si le demandeur fournit deux photos d'identité.	

II. Cartes nationales d'identité (CGI art. 1628 bis)	
– Renouvellement de la carte nationale d'identité en cas de non-présentation de celle précédemment délivrée	25 €
– Autres cas	gratuit
III. Autres documents	
– Titres de séjour et titres de voyage des étrangers	Voir ENR-VIII-20500 s. et ENR-VIII-20750 s.
– Navigation de plaisance	Voir ENR-VIII-20900
– Permis de chasser	Voir ENR-VIII-20850
– Renouvellement du permis de conduire en cas de non-présentation de celui précédemment délivré ou de détérioration (CIBS art. L 421-171)	25 €

TAXES SUR L'IMMATRICULATION DES VÉHICULES (CARTES GRISES)

76035 CIBS art. L 421-29 s ENR-VIII-2350 s

Avant de circuler sur la voie publique, tous les véhicules terrestres à moteur (voitures, deux-roues, camping-cars, camions, engins agricoles, etc.) doivent être immatriculés. La délivrance des certificats d'immatriculation donne lieu au paiement de différentes taxes : une taxe régionale et une taxe fixe pour tous les véhicules, auxquelles s'ajoutent une taxe particulière pour les véhicules de transport routier ou, le cas échéant, un malus CO_2 et un malus « au poids » pour les véhicules de tourisme.

ATTENTION

Les **frais d'acheminement** des certificats d'immatriculation donnent par ailleurs lieu au paiement d'une redevance d'un montant de 2,76 € (Décret 2008-850 du 26-8-2008 ; Loi 2008-1425 du 27-12-2008 art. 68 ; Arrêté INTF1521989A du 21-9-2015).

Les différentes taxes sont **payées** par le propriétaire du véhicule directement auprès de l'administration (par télérèglement sur le site de l'ANTS) ou auprès de tiers collecteurs (notamment professionnels de l'automobile habilités) (CIBS art. L 421-85-1, issu de l'article 3 de l'ord. 2023-1210 du 20-12-2023). En l'absence de paiement ou en cas d'insuffisance de paiement, un titre de perception est adressé au contribuable (LPF art. L 256 B).

› Précisions a. Pour l'application des taxes, sont assimilés à un **changement de propriétaire** : la première immatriculation en France du véhicule ; en cas de copropriété, toute modification du régime de celle-ci ; la mise à disposition du véhicule au bénéfice d'un preneur dans le cadre d'une formule locative de longue durée (sur cette notion, voir ci-après précision c).

En revanche, n'est pas considérée comme étant consécutive à un changement de propriétaire la délivrance de certificat d'immatriculation à la suite d'un transfert ou d'un retrait de compétence de la personne ou de l'organisme publics (l'État, les collectivités territoriales, leurs groupements et les établissements publics de coopération intercommunale) utilisant le véhicule.

b. Pour l'application des taxes, la **personne qui détient un véhicule** s'entend du propriétaire ou, lorsque le véhicule fait l'objet d'une formule locative de longue durée (voir ci-après précision c), du preneur qui ne le met pas à disposition d'un tiers dans le cadre d'une telle formule (CIBS art. L 421-25).

c. Une **formule locative de longue durée** s'entend du contrat par lequel le propriétaire d'un véhicule met ce dernier à la disposition d'un preneur, soit pendant une durée d'au moins deux ans, soit dans le cadre d'une opération de crédit (CIBS art. L 421-24).

d. Les dénominations utilisées pour les **catégories** (et sous-catégories) **de véhicules** sont celles mentionnées dans les règlements européens listés à l'article L 421-1 du CIBS.

e. Les règles relatives aux procédures de **contrôle** et aux **sanctions** sont celles du CGI et du LPF qui leur sont propres ou qui sont applicables aux droits d'enregistrement. Les règles relatives au **recouvrement** (autre que le paiement spontané) et au **contentieux** sont celles qui leur sont propres ou qui sont applicables aux impôts directs, ainsi que celles prévues à l'article 55, III-B de la loi 2010-1658 du 29-12-2010 (majoration de 10 % pour retard de paiement des créances qui font l'objet d'un titre de perception) (CIBS art. L 421-91).

76036 CIBS art. L 421-37 s ENR-VIII-2700 s

Taxe fixe La taxe fixe est due au titre de **toute délivrance** d'un certificat d'immatriculation (CIBS art. L 421-33). Son **montant** est de 11 €.

Sont **exonérées** :

– la délivrance de certificats d'immatriculation ayant un ou plusieurs des objets suivants : mettre à jour l'adresse y figurant ; corriger une erreur de saisie lors d'une opération d'immatriculation ; tirer les conséquences d'une usurpation du numéro d'immatriculation du véhicule ; convertir le numéro d'immatriculation du véhicule au système d'immatriculation mis en œuvre à compter du 1er janvier 2009 ;

– la première édition du certificat d'immatriculation d'un véhicule acquis en remplacement d'un véhicule détruit lors d'intempéries ;

– la réédition d'un certificat d'immatriculation détruit lors d'intempéries.

Taxe régionale La taxe régionale est due au titre de toute délivrance d'un certificat d'immatriculation consécutive à un **changement de propriétaire** d'un véhicule à moteur (sur cette notion, voir nº 76035, précision a) (CIBS art. L 421-33). 76038 CIBS art. L 421-41 s ENR-VIII-2900 s

Elle est **égale à** :

> tarif régional (fixé par le conseil régional dans la limite de 60 €) × puissance administrative du véhicule

La taxe est **réduite de moitié** pour certains véhicules : tracteurs routiers conçus essentiellement pour le transport de marchandises ayant un poids maximal inférieur ou égal à 3,5 tonnes (catégorie N1) ; véhicules conçus essentiellement pour le transport de marchandises ayant un poids maximal supérieur à 3,5 tonnes (catégories N2 et N3) ; véhicules conçus pour le transport de personnes et de leurs bagages, comportant, outre le siège du conducteur, plus de huit places assises (catégories M2 et M3) ; motocycles à deux roues avec ou sans side-car (catégories L3e et L4e) ; véhicules (autres que ceux précités) pour lesquels la première immatriculation est antérieure d'au moins dix ans.

Le tarif régional est **nul** pour les deux-roues motorisés légers et cyclomoteurs à trois roues (catégories L1e et L2e).

Des **exonérations** de taxe sont par ailleurs prévues dans les cas suivants :

– ajout ou suppression d'un nom sur le certificat d'immatriculation en cas de mariage, divorce, conclusion ou dissolution d'un Pacs, décès de l'un des époux ou partenaires de Pacs ;

– première édition d'un certificat d'immatriculation d'un véhicule acquis en remplacement d'un véhicule détruit lors d'intempéries ;

– première immatriculation d'un véhicule affecté à la démonstration (sur une période inférieure à un an) lorsque sa masse en charge techniquement admissible n'excède pas 3,5 tonnes ;

– véhicules agricoles ou forestiers à roues ou à chenilles (catégories T et C), remorques (catégorie R), engins interchangeables tractés (catégorie S) et machines agricoles automotrices ne faisant pas l'objet d'une réception européenne ;

– véhicules détenus par l'État ;

– véhicules fonctionnant exclusivement à l'électricité et/ou à l'hydrogène.

S'ajoute à la taxe un **prélèvement pour frais d'assiette et de recouvrement** de 2,5 % calculé sur le montant de celle-ci (CGI art. 1647, VIII).

> **Précisions** **a.** Sur **délibération** du conseil régional, le **tarif réduit ou nul** peut s'appliquer aux véhicules hybrides ou non polluants (fonctionnant au gaz naturel, au gaz de pétrole liquéfié, au superéthanol E85).
> **b.** Sur la définition des différentes **catégories de véhicules,** voir nº 76035, précision d.
> **c.** La **délivrance du certificat d'immatriculation** est réputée intervenir dans la **région** du domicile habituel du propriétaire du véhicule (ou du preneur en cas de location longue durée). Lorsque la personne qui détient le véhicule est une personne morale, la délivrance du certificat d'immatriculation est réputée intervenir dans la région où se situe l'établissement auquel le véhicule est affecté à titre principal. Lorsque le véhicule est affecté à la location pour des durées de moins de deux ans, cet établissement est celui où le véhicule est mis à la disposition du locataire au titre du premier contrat de location.
> Par exception, la délivrance d'un certificat d'immatriculation **provisoire** est réputée être réalisée sur le territoire de la région où est adressée la demande.

Taxe sur les véhicules de transport La taxe est due au titre de toute délivrance d'un certificat d'immatriculation consécutive à un **changement de propriétaire** (sur cette notion, voir nº 76035, précision a) d'un véhicule classé en catégorie N (véhicules conçus essentiellement pour le **transport de marchandises,** quel que soit leur poids maximal) ou en catégories M2 ou M3 (véhicules de **transport de personnes** et de leurs bagages comportant, outre le siège du conducteur, **plus de huit places assises**) qui ne sont pas des véhicules à usage spécial (CIBS art. L 421-33 et L 421-30). 76040 CIBS art. L 421-55 s ENR-VIII-3500 s

Le **montant** de la taxe, fonction de la masse en charge maximale techniquement admissible (définie à l'article L 421-23 du CIBS), est fixé par arrêté dans les limites suivantes :

– masse inférieure ou égale à 3,5 tonnes : entre 30 et 38 € ;

– masse supérieure à 3,5 tonnes et inférieure ou égale à 6 tonnes : entre 125 et 135 € ;

– masse supérieure à 6 tonnes et inférieure ou égale à 11 tonnes : entre 180 et 200 € ;
– masse supérieure à 11 tonnes : entre 280 et 305 €.

> Précisions **a.** Les **véhicules de collection** (définis à l'article L 421-3 du CIBS) sont exonérés de taxe.
b. Sur la définition des différentes **catégories de véhicules,** voir n° 76035, précision d.

76042 CIBS art. L 421-58 s ENR-VIII-3800 s **Taxe sur les émissions de dioxyde de carbone** Cette taxe (couramment dénommée « malus CO_2 ») s'applique lors de la **première immatriculation en France** d'un **véhicule de tourisme** (tel que défini n° 75110) autre qu'une « camionnette » (CIBS art. L 421-33 et L 421-30 modifié par l'article 97, 3° de la loi 2023-1322 du 29-12-2023).

Échappent à la taxe :
– les véhicules **accessibles en fauteuil roulant** ;
– dans la limite d'un véhicule par bénéficiaire, les véhicules détenus soit par une personne titulaire de la **CMI-invalidité** (mentionnée à l'article L 241-3 du Code de l'action sociale et des familles) ou d'une carte d'invalidité militaire, soit par une personne qui assume la charge effective et permanente d'un enfant titulaire de l'une de ces cartes et relevant du même foyer ;
– les véhicules **fonctionnant exclusivement à l'électricité et/ou à l'hydrogène** ;
– les véhicules hors route (véhicules appartenant à la catégorie N ou M et présentant des caractéristiques techniques spécifiques permettant leur utilisation en dehors des routes normales) exclusivement affectés aux besoins des services de l'État chargés des missions de **sécurité civile,** des associations de sécurité civile agréées et des différents services publics pour leurs missions opérationnelles de prévention, de surveillance et de **lutte contre les incendies.**

ATTENTION

Lorsque, au moment de sa première immatriculation en France, un véhicule n'est pas un véhicule de tourisme ou est un véhicule de tourisme accessible en fauteuil roulant (exonéré), le malus s'applique également lors de l'**immatriculation consécutive à la première modification de ses caractéristiques techniques** le faisant répondre à la définition d'un véhicule de tourisme ou lui faisant perdre le bénéfice de l'exonération (CIBS art. L 421-36).

76043 À compter de 2024, pour les véhicules immatriculés selon la **norme WLTP** (n° 75145), le montant du malus, déterminé en fonction des émissions de CO_2 exprimées en gramme par kilomètre (g/km) (**barème CO_2**), s'échelonne de 50 € pour les véhicules émettant 118 g de CO_2/km à 60 000 € pour les véhicules émettant plus de 193 g de CO_2/km.

Pour les véhicules immatriculés selon la **norme NEDC,** le montant du malus s'échelonne de 50 € pour les véhicules émettant 110 g de CO_2/km à 20 000 € pour les véhicules émettant plus de 184 g de CO_2/km.

Pour les autres véhicules, le montant du malus, fonction de la puissance administrative du véhicule exprimée en chevaux-vapeur (CV) (**barème en puissance administrative**), s'élève à 1 000 € pour un véhicule de 4 CV et va jusqu'à 60 000 € pour les véhicules de plus de 15 CV.

Pour l'application de ces barèmes, les émissions de CO_2 ou la puissance administrative du véhicule font l'objet des **abattements** suivants :
– véhicule fonctionnant au **superéthanol E85** qui n'émet pas plus de 250 g de CO_2/km ou dont la puissance administrative n'excède pas 12 CV : 40 % ou 2 CV ;
– véhicule détenu par des **familles nombreuses** : 20 g CO_2/km ou 1 CV par enfant, dans la limite d'un seul véhicule d'au moins cinq places par foyer sur une période de deux ans (CIBS art. L 421-70, modifié par l'article 97, 10° de la loi 2023-1322 du 29-12-2023, applicable à compter du 1-1-2024) ;
– véhicule comportant **au moins huit places assises** détenu par des **personnes morales** : 80 g CO_2/km ou 4 CV.

> Précisions **a.** L'abattement en faveur des véhicules fonctionnant au superéthanol est, le cas échéant, **imputé** avant les autres abattements.
L'abattement « famille nombreuse » ne peut pas se **cumuler** avec l'abattement « grand monospace » : seul le plus élevé des deux est retenu.
b. Pour les véhicules ayant fait l'objet d'une **précédente immatriculation** (tels les véhicules d'occasion achetés **à l'étranger** ou les véhicules issus de la transformation d'un véhicule utilitaire), le montant du malus résultant de l'application des barèmes est réduit de 10 % pour chaque période de douze mois entamée depuis la date de la première immatriculation, la première période de douze mois n'étant réputée entamée qu'à compter du premier jour du septième mois. Cette réduction est appliquée, le cas échéant, après les abattements.
c. **L'abattement « famille nombreuse »** s'applique lorsque le propriétaire du véhicule assume la charge effective et permanente d'au moins trois enfants répondant à l'une des conditions prévues à l'article L 512-3, 1° ou 2° du CSS et relevant du même foyer fiscal ou faisant l'objet d'un placement au sein de son foyer dans le

cadre de l'article L 421-2 du Code de l'action sociale et des familles.

Pour bénéficier de l'abattement, le propriétaire du véhicule (ou le preneur en cas de location longue durée) doit adresser, par voie électronique, au plus tard le 31 décembre de la deuxième année qui suit celle de l'immatriculation, une **demande de remboursement** accompagnée des pièces justificatives (certificat d'immatriculation, livret de famille, dernier avis d'imposition, attestation de la CAF, etc.). Par exception, lorsque le demandeur n'a pas accès à un moyen de communication électronique, la demande est adressée par voie postale au service des impôts dont les coordonnées figurent sur l'avis d'imposition à l'impôt sur le revenu du demandeur (Décret 2021-1914 du 30-12-2021 art. 39, 40 et 41).

76045 CIBS art. L 421-71 s ENR-VIII-4350 s

Taxe sur la masse en ordre de marche Cette taxe (autrement dénommée « malus au poids ») s'applique lors de la **première immatriculation en France** (sur cette notion, voir n° 76042, attention) d'un **véhicule de tourisme** (tel que défini n° 75110) autre qu'une « camionnette » (CIBS art. L 421-33 et L 421-30 modifié par l'article 9, VI-34° de la loi 2022-1157 du 16-8-2022).

Échappent à la taxe :

– les véhicules **accessibles en fauteuil roulant** ;

– dans la limite d'un véhicule par bénéficiaire, les véhicules détenus soit par une personne titulaire de la **CMI-invalidité** (mentionnée à l'article L 241-3 du Code de l'action sociale et des familles) ou d'une carte d'invalidité militaire, soit par une personne qui assume la charge effective et permanente d'un enfant titulaire de l'une de ces cartes et relevant du même foyer ;

– les véhicules **fonctionnant exclusivement à l'électricité et/ou à l'hydrogène** ;

– jusqu'au 31 décembre 2024, les véhicules **hybrides** électriques **rechargeables** de l'extérieur, lorsque leur **autonomie** équivalente en mode tout électrique en ville est **supérieure à 50 km** (à compter de 2025, voir n° 76046) ;

– les véhicules hors route (véhicules appartenant à la catégorie N ou M et présentant des caractéristiques techniques spécifiques permettant leur utilisation en dehors des routes normales) exclusivement affectés aux besoins des services de l'État chargés des missions de **sécurité civile,** des associations de sécurité civile agréées et des différents services publics pour leurs missions opérationnelles de prévention, de surveillance et de **lutte contre les incendies.**

76046

Le montant du malus est **égal** à :

(masse du véhicule – 1 800 kg) × 10 €

Pour le calcul du malus, la masse en ordre de marche (définie à l'article L 421-23 du CIBS) fait l'objet des **abattements** suivants :

– véhicule détenu par des **familles nombreuses** : 200 kg par enfant, dans la limite d'un seul véhicule d'au moins cinq places par foyer sur une période de deux ans (CIBS art. L 421-81, modifié par l'article 97, 15° de la loi 2023-1322 du 29-12-2023, applicable à compter du 1-1-2024) ;

– véhicule comportant **au moins huit places assises** détenu par des **personnes morales** : 500 kg (CIBS art. L 421-77, modifié par l'article 97, 13° de la loi 2023-1322 du 29-12-2023, applicable à compter du 1-1-2024) ;

– véhicule **hybride non rechargeable** de l'extérieur et véhicule hybride **rechargeable** de l'extérieur dont l'**autonomie** équivalente en mode tout électrique en ville est **inférieure ou égale à 50 km** : 100 kg (CIBS art. L 421-79-1, issu de l'article 99 de la loi 2023-1322 du 29-12-2023 applicable à compter du 1-1-2024) ;

– à compter du 1er janvier 2025, véhicule **hybride** électrique **rechargeable** de l'extérieur dont l'**autonomie** équivalente en mode tout électrique en ville est **supérieure à 50 km** : 200 kg, plafonné à 15 % de la masse (CIBS art. L 421-79, modifié par l'article 97, 14° de la loi 2023-1322 du 29-12-2023).

Le montant de la taxe (après imputation, le cas échéant, des abattements et de la réduction visée précision b) est **plafonné** au montant suivant :

tarif maximal du malus CO_2 (éventuellement après réduction) – montant du malus CO_2 applicable au véhicule (après abattements et réduction)

> Précisions **a.** Les deux abattements ne sont pas **cumulables** : seul le plus élevé des deux est retenu.

b. Pour les véhicules ayant fait l'objet d'une **précédente immatriculation** (tels les véhicules d'occasion achetés **à l'étranger** ou les véhicules issus de la transformation d'un véhicule utilitaire), le montant du malus résultant de l'application des barèmes est réduit de 10 % pour chaque période de douze mois entamée depuis la date de la première immatriculation, la première période de douze mois n'étant réputée entamée qu'à compter du premier jour du septième mois. Cette réduction est appliquée, le cas échéant, après les abattements.

c. Sur les conditions et les modalités d'application de l'**abattement « famille nombreuse »,** voir n° 76043, précision c.

CONTRIBUTION POUR LA JUSTICE ÉCONOMIQUE

76055 Loi 2023-1059 du 20-11-2023 art. 27

À titre expérimental, pour chaque instance introduite devant le tribunal des activités économiques, le **demandeur** doit acquitter une contribution pour la justice économique, sous peine d'irrecevabilité de la demande que le juge peut prononcer d'office, dont le montant est fixé par un barème défini par décret (à paraître) dans la limite de 5 % du montant des demandes cumulées au stade de l'acte introductif d'instance et pour un montant maximal de 100 000 € (Loi 2023-1059 du 20-11-2023 art. 27).

La contribution n'est **pas due** :

– par le demandeur à l'ouverture d'une procédure amiable ou collective prévue au livre VI du Code de commerce et aux articles L 351-1 à L 351-7-1 du Code rural et de la pêche maritime ;

– par l'État, les collectivités territoriales et leurs groupements ;

– par les personnes physiques et les personnes morales de droit privé employant moins de 250 salariés.

La vérification et le **recouvrement** de cette contribution sont assurés gratuitement par les greffiers des tribunaux de commerce, le cas échéant, par voie électronique.

En cas de **contestation,** le président de la juridiction ou le magistrat délégué à cet effet statue par ordonnance.

En cas de recours à un **mode amiable de règlement du différend** emportant extinction de l'instance et de l'action ou en cas de **désistement,** la contribution est remboursée.

> **Précisions** À titre expérimental, les compétences des tribunaux de commerce sont élargies, notamment en matière de difficulté des entreprises (Loi 2023-1059 du 20-11-2023 art. 26). Dans ce cadre, le tribunal de commerce est renommé **tribunal des activités économiques.** Les tribunaux concernés seront désignés par arrêté.

DROIT FIXE D'APPEL

76060 CGI art. 1635 bis P **ENR-IX-8400 s**

Un droit de 225 € s'applique, jusqu'au 31 décembre 2026, aux procès en appel devant les **juridictions judiciaires** lorsque le **ministère d'avocat** est obligatoire (ce qui n'est pas le cas en matière prud'homale : Circ. justice 5-7-2016). Ce droit est dû par toutes les parties à l'instance (appelant[s] et intimé[s]), à l'exception toutefois de celles qui bénéficient de l'aide juridictionnelle. Il est acquitté par l'avocat, par voie électronique, pour le compte de son client. Le juge peut in fine le mettre à la charge de la partie perdante en l'incorporant dans les dépens.

Le **défaut de paiement** du droit entraîne l'irrecevabilité de l'appel ou des défenses selon le cas (CPC art. 963).

REDEVANCES SANITAIRES

76065 CGI art. 302 bis N à 302 bis R **TD-II-10000 s**

Redevance sanitaire d'abattage La redevance est due en **France métropolitaine** pour les **opérations d'abattage** d'animaux en vue de la vente effectuées dans les établissements d'abattage agréés (y compris les salles d'abattage à la ferme) ou non, ainsi que pour les opérations de **traitement du gibier sauvage** dans les ateliers ayant reçu l'agrément prévu à l'article L 233-2 du Code rural et de la pêche maritime.

Sont **redevables** de la taxe :

– en ce qui concerne les opérations d'abattage, la personne qui, lors de l'abattage, est propriétaire ou copropriétaire des animaux abattus en vue de la vente. En cas d'abattage à façon, cette taxe est acquittée par le tiers abatteur pour le compte du propriétaire ;

– en ce qui concerne les opérations de traitement du gibier sauvage, la personne qui fait traiter le gibier dans l'atelier agréé. En cas de traitement à façon, la redevance est acquittée par l'atelier pour le compte du propriétaire.

76066 Le **fait générateur** de la redevance est constitué par l'opération d'abattage ou, s'agissant du gibier sauvage, par l'opération de traitement des pièces entières.

La redevance est assise sur le nombre de carcasses de chaque espèce.

Le **tarif** applicable est le suivant (par carcasse) : bovins adultes, 5 € ; veaux, 2 € ; solipèdes domestiques (chevaux, ânes, etc.), 3 € ; ovins et caprins, 0,15 € si le poids de la carcasse est inférieur à 12 kg, 0,25 € s'il est supérieur ; porcins, 0,50 € si le poids de la carcasse est inférieur à 25 kg, 1 € s'il est supérieur ; volailles du genre Gallus et pintades, 0,005 € ; canards et oies, 0,01 € ; dindes, 0,025 € ; lapins domestiques, 0,005 € ; gibier d'élevage et sauvage, 0,005 € pour le petit gibier à plumes, 0,01 € pour le petit gibier à poil, 0,5 € pour les ratites (autruche, émeu, nandou), 1,5 € pour le sanglier, 0,5 € pour les ruminants (CGI ann. IV art. 50 terdecies).

Ces tarifs peuvent faire l'objet d'une modulation (pouvant aller jusqu'à 20 % à la hausse ou à la baisse) qui varie selon l'espèce concernée et la catégorie dans laquelle est classé l'abattoir (CGI ann. III art. 111 quater J ; Arrêté AGRG1209264A du 12-10-2012).

Les redevables doivent remplir trois **obligations** : souscrire préalablement à toute opération une déclaration de création d'entreprise ou d'activité ; tenir un registre indiquant jour par jour les éléments nécessaires à la constatation, à la **liquidation** et au contrôle de la redevance ; déclarer et acquitter la redevance sur l'annexe 3310 A-SD à la **déclaration** CA 3 souscrite au titre de chaque mois ou de chaque trimestre civil pour les redevables de la TVA soumis au régime réel normal d'imposition ou lors de la souscription de la déclaration annuelle (CA 12/CA 12E) pour les redevables soumis au régime simplifié. En pratique, les personnes assujetties à la TVA à raison de leurs opérations de façon n'ont à satisfaire qu'à la troisième de ces obligations. 76067

La redevance est constatée, **recouvrée** et **contrôlée** comme en matière de TVA. Les **réclamations** sont présentées et instruites selon les règles applicables à cette même taxe.

Les bénéficiaires de la **franchise en base de TVA** sont dispensés de son paiement (BOI-TCA-RSAB n° 110).

Redevance sanitaire de découpage Cette redevance est acquittée par toute personne qui procède à des opérations de **découpage de viande avec os en France métropolitaine.** Elle est perçue auprès de l'abatteur, du tiers abatteur ou de l'atelier de traitement du gibier sauvage ayant reçu l'agrément prévu à l'article L 233-2 du Code rural et de la pêche maritime, pour le compte du propriétaire des viandes à découper. 76070 CGI art. 302 bis S à 302 bis W TD-II-12000 s

Son **fait générateur** est soit l'opération de découpage chez l'abatteur, le tiers abatteur ou dans l'atelier de traitement du gibier sauvage, soit l'enlèvement des viandes à découper chez ces derniers.

La redevance n'est pas due lorsque les viandes à découper font l'objet d'achat par les organismes d'intervention ou sont destinées à être exportées, à faire l'objet d'une livraison intracommunautaire exonérée (nos 49270 s.) ou d'une livraison non localisée en France par application des règles des ventes à distance intracommunautaires de biens (nos 49780 s.), en l'état, et qu'il est justifié de l'exportation, de l'expédition ou du transport.

Pour les viandes de volaille, de lapin domestique ou de gibier d'élevage ou sauvage autre qu'ongulé, la redevance sanitaire de découpage n'est pas due sur les carcasses pour lesquelles il est justifié d'une destination autre qu'un atelier de découpe agréé (CGI ann. III art. 111 quater M).

La redevance est perçue sur les acquisitions intracommunautaires (nos 49150 s.) de viandes avec os à découper et est due par la personne qui réalise l'acquisition, lors de celle-ci.

L'**assiette** de la redevance est constituée par le poids de viande fraîche net.

Le **tarif** applicable est le suivant (par tonne) : pour les viandes d'ongulé domestique, 2 € ; pour les viandes de volaille et de lapin, 1,5 € ; pour les viandes de gibier d'élevage et sauvage : 1,5 € pour le petit gibier à plumes ou à poil, 3 € pour les ratites (autruche, émeu, nandou), 2 € pour le sanglier et les ruminants (CGI ann. IV art. 50 quaterdecies).

Les règles de **liquidation,** de **recouvrement,** de **contrôle** et de **contentieux** de la redevance de découpage sont identiques à celles de la redevance d'abattage (voir n° 76067), les bénéficiaires de la **franchise en base de TVA** étant également dispensés de son paiement (BOI-TCA-RSD n° 230).

La redevance est également perçue à l'**importation** des viandes, préparées ou non. Elle est due par l'importateur ou le déclarant en douane et est constatée et recouvrée selon les règles douanières.

Redevance sanitaire sur le lait cru et les ovoproduits Sont **redevables** de cette redevance les centres de collecte ou les établissements de transformation recevant du lait cru et les établissements de fabrication ou de traitement d'ovoproduits, titulaires de l'agrément prévu à l'article L 233-2 du Code rural et de la pêche maritime. 76075 CGI art. 302 bis WC TD-II-18000 s

Le **fait générateur** de la redevance est constitué par l'introduction du lait cru ou des œufs en coquille dans le centre ou l'établissement.

Son **assiette** est constituée par le volume de lait cru ou le poids d'œufs de poule en coquille ainsi introduits.

Les **taux** applicables sont : pour le lait, 0,02 € par mètre cube ; pour les ovoproduits, 0,46 € par tonne d'œufs en coquille (CGI ann. IV art. 50 quaterdecies-0 A ter).

Les règles de **liquidation,** de **recouvrement,** de **contrôle** et de contentieux sont les mêmes que celles de la redevance d'abattage (voir n° 76067), les bénéficiaires de la **franchise en base de TVA** étant également dispensés du paiement de la redevance. Tel est également le cas des exploitants agricoles placés sous le régime du **remboursement forfaitaire agricole** (BOI-TCA-CSR n° 80).

Redevances sanitaires sur les produits de la pêche et de l'aquaculture 76080 CGI art. 302 bis WA et 302 bis WB TD-II-20000 s

a. Redevance de première mise sur le marché. Cette redevance doit être acquittée par toute personne qui procède au premier achat ou à la première réception de produits de la pêche ou de l'aquaculture.

Elle est **assise** sur le poids des produits.

Son **fait générateur** est constitué par l'opération de première réception ou de première vente.

La redevance n'est **pas perçue** :

– lors de la vente ou de la cession directe sur les lieux mêmes de débarquement ou sur un marché par un pêcheur, au détaillant ou au consommateur, d'une quantité n'excédant pas 100 kg ;

– en cas de retrait définitif dans le cadre de l'organisation commune des marchés instituée par le règlement UE/1379/2013 du 11 décembre 2013 ;

– en cas de débarquement direct de produits de la pêche par un navire de pêche battant pavillon d'un pays tiers à l'Union européenne ;

– sur les produits de la pêche ou de l'aquaculture provenant d'un autre État membre dans lequel ils ont déjà été soumis à la redevance ;

– sur les produits de la pêche préparés ou transformés, débarqués par un navire-usine ou un navire-congélateur battant pavillon d'un autre État membre ;

– sur les produits issus d'une ferme aquacole et destinés à une préparation sur place, ainsi que sur les coquillages vivants (BOI-TCA-PPA n° 30).

Les **taux** applicables sont les suivants (par tonne) : 1 € pour les 50 premières tonnes et 0,50 € pour les tonnes suivantes. Ces taux sont respectivement ramenés à 0,50 € et à 0,25 € pour les premières ventes réalisées dans les halles à marée (sauf pour les premières ventes réalisées en cas d'absence ou d'insuffisance de classement ou de calibrage). Pour certaines espèces de poissons, il est perçu, par lot, un montant maximum de 50 € (CGI ann. IV art. 50 quaterdecies-0 A).

b. Redevance de transformation. Cette redevance doit être acquittée par toute personne qui procède à la préparation ou à la transformation de produits de la pêche ou de l'aquaculture, dans un établissement terrestre ou dans un navire-usine.

Elle est **assise** sur le poids des produits introduits dans un établissement pour y subir des opérations de préparation ou de transformation ou qui proviennent d'un navire-usine.

Son **fait générateur** est constitué par l'introduction des produits dans l'établissement terrestre ou leur débarquement du navire-usine.

Le **taux** de la redevance s'établit à 0,50 € par tonne de produits de la pêche ou de l'aquaculture (CGI ann. IV art. 50 quaterdecies-0 A bis).

c. Règles communes aux deux redevances. Les règles de **liquidation,** de **recouvrement,** de **contrôle** et de contentieux sont les mêmes que celles de la redevance d'abattage (voir n° 76067), les bénéficiaires de la **franchise en base de TVA** étant dispensés de leur paiement (BOI-TCA-PPA n° 60 ; BOI-TCA-TPA n° 50).

76082 CGI art. 302 bis WD à 302 bis WG TD-II-21000 s

Redevance pour l'agrément des établissements du secteur de l'alimentation animale Cette redevance est due par les établissements qui préparent, manipulent, entreposent ou cèdent des substances et des produits destinés à l'alimentation des animaux.

Son **fait générateur** est constitué par la délivrance de l'agrément prévu à l'article L 235-1 du Code rural et de la pêche maritime, par son renouvellement et par le contrôle du respect des conditions d'agrément.

Son **tarif** est fixé à un niveau forfaitaire de 125 € par établissement agréé.

La redevance doit être **déclarée et acquittée** l'année suivant celle de la délivrance, du renouvellement ou du contrôle de l'agrément sur l'annexe 3310 A-SD à la déclaration CA 3 souscrite au titre du mois de mars ou du premier trimestre de l'année civile pour les redevables de la TVA soumis au régime réel normal d'imposition ou lors de la souscription de la déclaration annuelle (CA 12/CA 12E) pour les redevables soumis au régime simplifié.

Le **recouvrement** est effectué comme en matière de TVA.

CONTRIBUTIONS SUR LES BOISSONS NON ALCOOLIQUES

76110 CGI art. 1613 ter TD-X-10 s

Contributions sur les boissons contenant des sucres ajoutés Cette contribution s'applique aux boissons contenant des sucres ajoutés et relevant des codes NC 2009 et NC 2202 du tarif des douanes (à l'exclusion, notamment, des laits infantiles), conditionnées dans des récipients destinés à la vente au détail ou préalablement assemblées afin d'être consommables en l'état, qui ne sont pas des boissons alcooliques au sens de l'article L 111-4, 2° du CIBS (c'est-à-dire dont le titre alcoométrique n'excède pas 1,2 % vol. ou, pour les bières de malt et mélanges de bières de malt et de boissons non alcooliques, 0,5 % vol.).

Sont **redevables** de cette contribution les personnes qui réalisent la première livraison de ces produits (ou leur consommation dans le cadre d'une activité économique), à titre gratuit ou onéreux, en France. Les livraisons de produits expédiés ou transportés hors de France par le redevable, ou pour son compte, sont **exonérées.** Les livraisons de produits en France par le redevable à une personne qui les destine, dans le cadre de son activité commerciale, à une expédition ou un transport hors de France peuvent également être effectuées en **suspension de contribution.** Lorsque le redevable de la contribution (ou la personne acquérant les produits en suspension de taxe) n'est pas établi dans un État membre de l'UE ou dans un pays tiers ayant conclu avec la France une convention d'assistance au recouvrement des créances fiscales, il est tenu de faire accréditer auprès du service des impôts compétent, dans les conditions prévues n° 50645, un **représentant fiscal** établi en France et assujetti à la TVA (voir n° 50645, précision d), pour remplir les formalités et acquitter la contribution à sa place.

La contribution est **exigible** lors de cette livraison.

Les **tarifs** sont fixés de 3,34 € à 26,09 € en fonction du poids de sucres (en kg) ajoutés par hectolitre de boisson. Au-delà de 15 kg, le tarif applicable par kg supplémentaire est fixé à 2,21 € par hectolitre de boisson.

La contribution est **déclarée** et acquittée, pour les redevables de la TVA, sur l'annexe 3310 A-SD à la déclaration CA 3 souscrite au titre du mois ou du trimestre au cours duquel la contribution est devenue exigible ou lors de la souscription de la déclaration CA 12/CA 12E ou CA 12A/CA 12AE et, pour les personnes non redevables de la TVA, sur l'annexe à la déclaration CA 3 à souscrire au plus tard le 25 avril de l'année suivant celle au cours de laquelle la contribution est devenue exigible.

La contribution est **recouvrée** et **contrôlée** comme en matière de taxes sur le chiffre d'affaires. Les réclamations sont instruites et jugées selon les règles applicables à ces mêmes taxes.

Contribution sur les eaux et les boissons édulcorées Une contribution est perçue sur les eaux, boissons et préparations visées ci-dessous (autres que les boissons alcooliques au sens de l'article L 111-4, 2° du CIBS, c'est-à-dire autres que les boissons dont le titre alcoométrique volumique excède 1,2 % et, pour les bières de malt et mélanges de bières de malt et de boissons non alcooliques, 0,5 %) aux **tarifs** suivants : **76112** CGI art. 1613 quater TD-X-10 s

a. 0,54 € par hectolitre pour les eaux minérales naturelles ou artificielles, eaux de source et autres eaux potables, eaux de laboratoire filtrées, stérilisées ou pasteurisées, ainsi que pour les autres boissons non alcoolisées (autres que les sirops, les jus de fruits ou de légumes et les nectars de fruits), lorsque ces produits sont livrés en fûts, bouteilles ou boîtes ;

b. 3,34 € par hectolitre pour les produits contenant des édulcorants de synthèse (codes 2009 et 2202 du tarif des douanes), sans être des denrées destinées à des fins médicales spéciales ou des aliments hyperprotéinés destinés aux personnes dénutries, lorsque ces produits sont conditionnés dans des récipients destinés à la vente au détail ou sont préalablement assemblés afin d'être consommables en l'état.

Pour les produits relevant à la fois du a et du b ci-dessus, chacun des deux montants est dû.

Pour le reste, le régime de la contribution (**redevables,** exonérations ou suspension, **exigibilité,** modalités de **déclaration,** représentant fiscal, recouvrement, contrôle et contentieux) est identique à celui de la contribution sur les boissons contenant des sucres ajoutés (voir n° 76110).

Contribution sur les eaux minérales Les communes sur le territoire desquelles sont situées des sources d'eaux minérales ont la **faculté** de percevoir une contribution sur ces eaux dans la **limite** de 0,58 € par hectolitre (limite portée à 0,70 € pour les communes pénalisées par le mode de calcul en vigueur depuis 2002). La contribution **ne s'applique pas** aux eaux minérales non conditionnées et livrées aux curistes, sur le territoire de la commune où la source de ces eaux est située, par l'exploitant d'une station thermale. **76115** CGI art. 1582 TD-X-10 s

Est **redevable** de la contribution l'exploitant de la source à raison des livraisons des eaux qu'il réalise, à titre gratuit ou onéreux. Les livraisons de produits expédiés ou transportés hors de France par le redevable, ou pour son compte, sont **exonérées.**

La contribution est **exigible** lors de cette livraison.

Pour le reste, le régime de la contribution (modalités de **déclaration,** recouvrement, contrôle et contentieux) est identique à celui de la contribution sur les boissons contenant des sucres ajoutés (voir n° 76110), à l'exception des règles concernant le représentant fiscal.

TAXE POUR LE DÉVELOPPEMENT DE LA FORMATION PROFESSIONNELLE DANS LA RÉPARATION AUTOMOBILE

a. Champ d'application. Cette taxe est due par les entreprises ayant une activité principale ou secondaire de réparation, d'entretien, de pose d'accessoires, de contrôle technique, d'échanges de pièces, et autres opérations assimilables, sur les véhicules automobiles, les cycles et les motocycles, donnant lieu à facturation à des tiers. **76120** CGI art. 1609 sexvicies TD-III-6000 s

En sont exonérées les entreprises qui bénéficient de la **franchise en base de TVA.**

b. Calcul et paiement. La taxe est calculée, au **taux** de 0,75 %, sur le montant non plafonné des **rémunérations** retenues pour le calcul des cotisations de sécurité sociale (voir Mémento social nos 22320 s.) versées aux salariés concourant directement au fonctionnement des ateliers et services affectés aux activités ci-dessus.

Elle doit être **déclarée et acquittée** dans les conditions suivantes :

– pour les redevables soumis au régime réel normal de TVA, la taxe doit être calculée sur les salaires versés au cours du dernier mois ou du dernier trimestre échu et acquittée sur l'annexe 3310 A-SD à chaque déclaration CA 3 mensuelle ou trimestrielle souscrite au cours du mois suivant la période considérée ;

– pour les redevables soumis au régime simplifié de TVA qui souscrivent une déclaration annuelle CA 12/CA 12E, la taxe doit être acquittée lors de cette déclaration, au titre des salaires versés au titre de l'année précédente.

Le **recouvrement** et le contrôle de la taxe, ainsi que les **réclamations,** obéissent aux règles applicables en matière de taxes sur le chiffre d'affaires.

TAXES DANS LES SECTEURS DE LA COMMUNICATION, DE LA CULTURE ET DU NUMÉRIQUE

76130 CIBS art. L 452-28 à L 452-37 TD-V-14000 s

Taxe sur les vidéogrammes Cette taxe (ancienne composante de la taxe sur la diffusion en vidéo physique et en ligne de contenus audiovisuels prévue à l'article 1609 sexdecies B du CGI) est **due** à raison de la **livraison ou** de la **location** de vidéogrammes (DVD, Blu-ray, etc.) lorsqu'elle répond aux conditions cumulatives suivantes :

– l'opération est réalisée en vue d'un usage privé du vidéogramme ;

– l'opération est réputée être située sur le **territoire de taxation** comprenant la métropole, la Guadeloupe, la Martinique, La Réunion, la Guyane, Mayotte, Saint-Barthélemy, Saint-Martin et Saint-Pierre-et-Miquelon.

La location d'un vidéogramme est réputée intervenir au lieu où le loueur est établi, a son domicile ou sa résidence habituelle.

Sont **redevables** de la taxe les personnes qui encaissent la contrepartie des opérations mentionnées ci-dessus.

Le **taux** de la taxe est fixé à 3,3475 %. Il est porté à 15 % pour les contreparties des vidéogrammes sur lesquels sont enregistrés des contenus à caractère pornographique ou d'incitation à la violence.

Le **fait générateur** de la taxe est constitué par l'opération de livraison ou le début de l'opération de location. La taxe devient **exigible** à chaque encaissement d'une contrepartie mentionnée ci-dessus. Elle est déductible du résultat imposable.

Les **modalités de déclaration et de paiement** de la taxe doivent être fixées par décret. Dans l'attente de la publication de ce décret, les règles prévues pour l'ancienne taxe mentionnée ci-dessus s'appliquent. En effet, l'abrogation des dispositions du CGI relatives à la déclaration et au paiement des taxes ne prend effet qu'à compter de l'entrée en vigueur des dispositions prises en application ou pour l'application des dispositions législatives du CIBS (Ord. 2021-1843 du 22-12-2021 art. 38). Ainsi, les personnes soumises au régime du réel normal de TVA (ou du mini-réel) doivent déclarer la taxe, accompagnée du **paiement,** sur l'annexe 3310 A-SD à la **déclaration** CA 3 souscrite au titre de la période concernée (mois ou trimestre). Les personnes soumises au régime simplifié doivent déclarer et acquitter la totalité de la taxe lors de la souscription de la déclaration annuelle (CA 12/CA 12E) (en ce sens, BOI-TCA-VLV nos 250 et 260).

Le **recouvrement** ainsi que le **contrôle** et le **contentieux** de la taxe obéissent aux règles applicables en matière de taxes sur le chiffre d'affaires (CIBS art. L 180-1).

> **Précisions** Une société ayant une activité de vente de vidéogrammes est redevable de la taxe à raison des **ventes effectuées aux particuliers, directement ou en kiosques,** par l'intermédiaire de sociétés de distribution (CE 21-6-2019 n° 407012 : RJF 10/19 n° 986).

76135 CIBS art. L 453-1 à L 453-12 TD-V-18000 s

Taxe sur les services de communications électroniques Est **redevable** de cette taxe (ancienne taxe sur les services fournis par les opérateurs de communication électronique prévue à l'article 302 bis KH du CGI) tout opérateur de communications électroniques qui fournit un service au public ou via un réseau ouvert au public au sens de l'article L 32, 4° du Code des postes et des communications électroniques en France métropolitaine, autre qu'un service exclusivement fourni via un réseau interne (réseau de communications électroniques entièrement établi sur une même propriété sans emprunter ni le domaine public ni une propriété tierce).

La taxe est **assise** sur le montant hors TVA des abonnements et autres sommes acquittés par les usagers à l'opérateur en rémunération des services de communications électroniques fournis. Le montant des **amortissements** comptabilisés au cours de l'exercice clos au titre de l'année au cours de laquelle la taxe est devenue exigible est déduit de l'assiette lorsqu'ils sont afférents aux matériels et équipements acquis à compter du 7 mars 2009 pour les besoins des infrastructures et réseaux de communications électroniques établis sur le territoire national et dont la durée d'amortissement est au moins égale à dix ans.

Sont **exclues de l'assiette** de la taxe les sommes acquittées par les opérateurs au titre des prestations d'interconnexion et d'accès faisant l'objet des conventions définies à l'article L 34-8, I du Code des postes et des communications électroniques et des prestations de diffusion ou de transport des services de communication audiovisuelle (voir cependant ci-dessous pour les services compris dans une offre composite), ainsi que les sommes acquittées au titre de l'utilisation de services universels de renseignements téléphoniques mentionnés au quatrième alinéa de l'article L 34 du Code des postes et des communications électroniques.

Le **fait générateur** de la taxe est constitué par l'achèvement de l'année civile au cours de laquelle une personne a encaissé une ou plusieurs contreparties d'un service taxable ou, en cas de cessation d'activité, par cette cessation.

La taxe est calculée au **taux** de 1,3 % sur la fraction de l'assiette qui excède 5 000 000 €. Lorsque les services de communications électroniques fournis sont compris dans une **offre composite** comprenant, à titre non accessoire, des services de télévision, les sommes versées au titre de la taxe font l'objet d'un abattement de 50 %.

Les **modalités de déclaration et de paiement** de la taxe doivent être fixées par décret. Dans l'attente de la publication de ce décret, les règles prévues à l'article 1693 sexies du CGI s'appliquent. En effet, l'abrogation des dispositions du CGI relatives à la déclaration et au paiement des taxes ne prend effet qu'à compter de l'entrée en vigueur des dispositions prises en application ou pour l'application des dispositions législatives du CIBS (Ord. 2021-1843 du 22-12-2021 art. 38). Ainsi, la taxe est liquidée lors de la souscription des **déclarations** CA 3 par **acomptes** mensuels ou trimestriels au moins égaux, respectivement, au douzième ou au quart du montant de la taxe due au titre de l'année civile précédente et fait l'objet d'une **régularisation** annuelle sur la déclaration CA 3 du mois de mars ou du premier trimestre de l'année suivante.

Le **recouvrement,** le **contrôle** et le **contentieux** de la taxe obéissent aux règles applicables en matière de taxes sur le chiffre d'affaires (CIBS art. L 180-1).

Taxe sur les services d'accès à des contenus audiovisuels à la demande Est **redevable** de cette taxe (ancienne composante de la taxe sur la diffusion en vidéo physique et en ligne de contenus audiovisuels prévue à l'article 1609 sexdecies B du CGI) toute personne qui a encaissé la contrepartie de services donnant accès à des contenus audiovisuels sur demande individuelle formulée par voie de communications électroniques et mis à disposition à titre onéreux à des personnes qui sont établies, ont leur domicile ou ont leur résidence habituelle sur le territoire de taxation mentionné n° 76130. **76140** CIBS art. L 453-25 à L 453-34 **TD-V-14000 s**

L'**assiette** de la taxe est constituée par les prix payés par les utilisateurs en contrepartie de l'accès aux contenus audiovisuels par ce service, encaissés au cours de l'année civile. Pour chaque opération, sont, le cas échéant, **déduits** de ces prix les montants acquittés au titre des impositions de toutes natures mises en place dans un autre État membre de l'Union européenne et portant spécifiquement sur ces services.

Le **taux** de la taxe est fixé à 5,15 %. Il est porté à 15 % pour la fraction de la contrepartie représentative de l'accès à des contenus à caractère pornographique ou d'incitation à la violence.

Le **fait générateur** de la taxe est constitué par l'achèvement de l'année civile au cours de laquelle une personne a encaissé une ou plusieurs contreparties d'un service taxable ou, en cas de cessation d'activité, par cette cessation. La taxe devient **exigible** à chaque encaissement d'une contrepartie mentionnée ci-dessous. Elle est déductible du résultat imposable.

La **déclaration** et le **paiement** de la taxe ainsi que le **recouvrement,** le **contrôle** et le **contentieux** obéissent aux règles exposées n° 76130.

Taxe sur les exploitants de plateformes de mise en relation par voie électronique en vue de fournir certaines prestations de transport Les exploitants de plateformes numériques opérant dans les secteurs du transport de passagers ou de la livraison sont redevables d'une taxe sur la fourniture en France de services de mise en relation des personnes par voie électronique en vue de la réalisation d'**opérations** comprenant au moins un transport soit, de passagers et, le cas échéant, de leurs bagages au moyen d'une **76145** CIBS art. L 453-35 à L 453-44 **TD-XX-13000 s**

voiture de transport avec chauffeur, soit de marchandises au moyen de véhicules à deux ou trois roues. Le transport doit être réalisé par un travailleur indépendant. L'exploitant du service de mise en relation doit déterminer le prix et les caractéristiques de l'opération.

Le **fait générateur** de la taxe est constitué par l'achèvement de l'année civile au titre de laquelle la marge brute de l'exploitant du service est positive ou de la cessation d'activité. La taxe est exigible lors de l'intervention du fait générateur (CIBS art. L 141-2).

Elle est **assise** sur la marge brute de l'exploitant, laquelle s'entend de la différence entre les sommes qu'il a encaissées et celles qu'il a versées aux utilisateurs du service au cours de l'année civile. Sont prises en compte toutes les sommes se rapportant au service de mise en relation.

Le **taux** de la taxe est fixé annuellement par un arrêté dans la limite de 0,5 %.

Les **modalités de déclaration et de paiement** de la taxe doivent être fixées par décret. Dans l'attente de la publication de ce décret, les règles prévues aux articles 98 ter, 98 quater de l'annexe III au CGI et 50 duodecies A de l'annexe IV au CGI s'appliquent. En effet, l'abrogation des dispositions du CGI relatives à la déclaration et au paiement des taxes ne prend effet qu'à compter de l'entrée en vigueur des dispositions prises en application ou pour l'application des dispositions législatives du CIBS (Ord. 2021-1843 du 22-12-2021 art. 38). Ainsi, les exploitants doivent télédéclarer et liquider annuellement la taxe l'année suivant celle au cours de laquelle la taxe est devenue exigible selon les modalités suivantes : sur l'annexe 3310 A-SD à la déclaration CA 3 souscrite en avril au titre du mois de mars (ou du premier trimestre si la TVA exigible annuellement n'excède pas 4 000 €) pour ceux qui relèvent du régime réel normal de TVA ; sur la CA 12/CA 12E pour ceux qui sont éligibles au régime simplifié de TVA ; sur l'annexe à la CA 3 souscrite au plus tard le 25 avril dans les autres cas (essentiellement les redevables de la taxe non assujettis à la TVA en France).

Le **recouvrement,** le **contrôle** et le **contentieux** de la taxe obéissent aux règles applicables en matière de taxes sur le chiffre d'affaires (CIBS art. L 180-1).

> **› Précisions a.** Les services de mise en relation sont réputés être fournis en **France** (métropole, Guadeloupe, Guyane, La Réunion, Martinique, Mayotte, Saint-Barthélemy, Saint-Martin et Saint-Pierre-et-Miquelon) lorsque le lieu de départ ou d'arrivée du transport est situé en France.
> **b.** Les redevables non établis dans un État membre de l'Union européenne ou dans un État ayant conclu avec la France un accord d'assistance mutuelle en matière de recouvrement de créances fiscales sont tenus de désigner un **représentant fiscal.**

76150 CIBS art. L 453-45 à L 453-83 TD-XX-50

Taxe sur certains services numériques Les plus grandes entreprises du secteur numérique sont soumises à cette taxe (ancienne taxe sur certains services fournis par les grandes entreprises du secteur numérique, dite « taxe Gafa », prévue aux articles 299 à 300 du CGI) sur les sommes encaissées en contrepartie de la fourniture en France des services suivants :

– la mise à disposition, par voie de communications électroniques, d'une interface numérique qui permet aux utilisateurs d'entrer en contact avec d'autres utilisateurs et d'interagir avec eux, notamment en vue de la livraison de biens ou de la fourniture de services directement entre ces utilisateurs (**services d'intermédiation** : par exemple, place de marché, site de rencontre) ;

– les **services de ciblage publicitaire** commercialisés auprès des annonceurs (ou de leurs mandataires). Au nombre de ces prestations figurent la **vente de données** des internautes collectées en ligne aux fins du ciblage, les services de gestion des données relatives aux utilisateurs, ainsi que les services d'achat, de stockage et de diffusion de messages publicitaires, de contrôle publicitaire et de mesures de performance.

Seules sont soumises à la taxe les **entreprises, établies ou non en France,** pour lesquelles le montant annuel des **sommes encaissées** en contrepartie des services taxables excède, lors de l'année civile précédant l'année d'imposition, les **seuils cumulatifs** suivants :

– 750 millions d'euros au titre des services fournis au niveau mondial ;

– 25 millions d'euros au titre des services fournis en France.

Le **fait générateur** est constitué par l'achèvement de l'année civile au cours de laquelle l'entreprise a encaissé des sommes en contrepartie de la fourniture en France des services taxables. L'**exigibilité** intervient au moment du fait générateur.

Le **redevable** est la personne qui encaisse ces sommes (sur la possibilité de centraliser la déclaration et le paiement de la taxe dans les groupes, voir la précision b ci-après).

La **base d'imposition** est constituée par le montant, hors TVA, des encaissements reçus en contrepartie des services taxables fournis en France, quelles que soient les modalités de rémunération et la localisation du payeur. Ce montant est lui-même déterminé en appliquant à la **totalité des encaissements** versés au cours d'une année donnée un **taux annuel d'empreinte**

nationale représentant la part des services rattachés à la France (sur la détermination de ce taux annuel, voir la précision c ci-après). **76150** (suite)

Le montant de taxe due est obtenu en appliquant à la base d'imposition ainsi déterminée le **taux** de 3 %.

Les **modalités de déclaration et de paiement** de la taxe doivent être fixées par décret. Dans l'attente de la publication de ce décret, les règles prévues aux articles 300 et 1693 quater à 1693 quater B du CGI s'appliquent. En effet, l'abrogation des dispositions du CGI relatives à la déclaration et au paiement des taxes ne prend effet qu'à compter de l'entrée en vigueur des dispositions prises en application ou pour l'application des dispositions législatives du CIBS (Ord. 2021-1843 du 22-12-2021 art. 38). Ainsi, la taxe fait l'objet d'une **déclaration** annuelle. Cette déclaration intervient l'année suivant celle au cours de laquelle la taxe est devenue exigible selon les modalités suivantes : sur l'annexe 3310 A-SD à la déclaration CA 3 souscrite en avril au titre du mois de mars (ou du premier trimestre) pour les redevables de la taxe qui relèvent du régime réel normal de TVA ; sur la CA 12/CA 12E pour ceux qui relèvent du régime simplifié de TVA ; sur l'annexe à la CA 3 souscrite au plus tard le 25 avril dans les autres cas (essentiellement les redevables de la taxe non assujettis à la TVA en France).

Les redevables qui déclarent la taxe sur l'annexe 3310 A-SD à la déclaration CA 3 mensuelle doivent verser deux **acomptes** au cours de l'année d'imposition, chacun égal au moins à la moitié de la taxe due au titre de l'année précédente : le premier acompte est versé en avril lors de la déclaration annuelle, le second au mois d'octobre de la même année. La taxe est soumise à **régularisation** au moment de la déclaration l'année suivante.

Le **recouvrement,** le **contrôle** et le **contentieux** de la taxe obéissent aux règles applicables en matière de taxes sur le chiffre d'affaires (CIBS art. L 180-1).

> Précisions a. Un service est considéré comme **fourni en France** (métropole et départements d'outre-mer : Guyane, Guadeloupe, Martinique, La Réunion et Mayotte) lorsqu'il repose sur l'activité d'internautes localisés en France, entendus comme ceux qui se connectent au service au moyen d'un terminal situé en France (en ce sens, BOI-TCA-TSN-10-20 n° 30).

b. Le respect des **seuils** de 750 millions et 25 millions d'euros est apprécié **au niveau du groupe** pour les **entreprises liées par une relation de contrôle** telle que définie par l'article L 233-16, II du Code de commerce (c'est-à-dire celles faisant partie d'un groupe dans lequel s'applique l'obligation de dépôt de comptes consolidés).

Par ailleurs, les entreprises membres d'un tel groupe peuvent désigner en leur sein un représentant chargé de déclarer et d'acquitter la taxe pour l'ensemble des membres. Cette **option** pour **centraliser la déclaration et le paiement** de la taxe est exercée avec l'accord de l'ensemble des redevables du groupe dans les conditions fixées par l'article 1693 quater B du CGI. Dans ce cas, le dispositif du paiement de la TVA et des taxes assimilées pour les groupes de sociétés (n°s 54200 s.) ne s'applique pas à cette taxe.

c. Le **taux annuel d'empreinte nationale** est égal :

– pour les services d'intermédiation permettant à leurs utilisateurs de réaliser des livraisons de biens ou des prestations de services, à la proportion des opérations impliquant un utilisateur localisé en France (acheteur ou vendeur) ;

– pour les services d'intermédiation ne permettant pas la réalisation de livraisons de biens ou de prestations de services, à la proportion des utilisateurs qui disposent d'un compte ayant été ouvert depuis la France et permettant d'accéder à tout ou partie des services disponibles à partir de l'interface et qui ont utilisé cette interface durant l'année civile concernée ;

– pour les services de publicité, à la proportion des messages publicitaires (entendus comme les affichages publicitaires sur l'écran d'un internaute) placés sur une interface numérique en fonction de données relatives à un utilisateur qui consulte cette interface en étant localisé en France ;

– pour les ventes de données d'utilisateurs, à la proportion des internautes ayant, depuis la France, eu une activité sur une interface numérique à partir de laquelle les données vendues ont été collectées ou générées.

d. Les **redevables non établis dans un État membre de l'UE,** ou dans tout autre État partie à l'accord sur l'EEE ayant conclu avec la France une convention qui contient une clause d'assistance administrative en vue de lutter contre la fraude et l'évasion fiscales ainsi qu'une convention d'assistance mutuelle en matière de recouvrement de l'impôt, sont tenus de désigner un **représentant fiscal** assujetti à la TVA, accrédité par le service des impôts compétent, qui s'engage, le cas échéant, à remplir les formalités et à acquitter la taxe en leur nom et pour leur compte (voir n° 50645, précision d).

e. Pendant le délai de reprise de l'administration (qui s'exerce jusqu'à la fin de la sixième année, ou de la dixième année si un procès-verbal de flagrance fiscale a été dressé, suivant celle au cours de laquelle la taxe est devenue exigible : LPF art. L 177 A), les redevables doivent **conserver** l'information des sommes encaissées mensuellement en contrepartie de chacun des services taxables fournis en distinguant, le cas échéant, celles relatives à la mise à disposition d'une interface pour la vente de produits soumis à accises (non prises en compte dans l'assiette de la taxe) et en précisant, lorsque des sommes sont encaissées dans une autre monnaie que l'euro, les montants convertis en euros et les taux de change retenus. Les redevables doivent également conserver les éléments quantitatifs mensuels utilisés pour calculer le taux d'empreinte national. Ces informations doivent être communiquées à l'administration à première demande (CIBS art. L 453-80).

L'administration dispose d'une procédure de demande de justification spécifique (LPF art. L 16 C).

76160 CIBS art. L 454-16 à L 454-28 TD-V-14000 s

Taxe sur la publicité diffusée au moyen de services d'accès à des contenus audiovisuels à la demande Est **redevable** de cette taxe (ancienne composante de la taxe sur la diffusion en vidéo physique et en ligne de contenus audiovisuels prévue à l'article 1609 sexdecies B du CGI) toute personne qui a encaissé la contrepartie de services de diffusion de messages publicitaires et de parrainage sur un **service d'accès à des contenus audiovisuels** qui répond aux conditions cumulatives suivantes :

– il donne ou permet l'accès à des contenus audiovisuels fournis sur demande individuelle formulée par voie de communications électroniques de personnes qui sont établies, ont leur domicile ou ont leur résidence habituelle sur le territoire de taxation mentionné n° 76130 ;

– il ne constitue pas un service de télévision au sens de l'article L 454-3 du CIBS ;

– lorsqu'il est **fourni à titre gratuit,** l'accès aux contenus audiovisuels mentionnés au premier tiret ci-dessus ne présente pas un caractère accessoire et son objet principal n'est ni l'information du public, ni la promotion auprès du public d'œuvres cinématographiques ou audiovisuelles, ni la fourniture d'informations relatives à ces œuvres.

À cette fin, lorsque le service d'accès à des contenus audiovisuels est fourni à titre gratuit, les contreparties encaissées par une personne autre que le fournisseur de ce service qui sont reversées sont réputées être encaissées par le bénéficiaire de ce reversement.

Aussi, lorsque **plusieurs personnes** sont **redevables** au titre d'un même service d'accès à des contenus audiovisuels, le montant de la taxe est établi séparément pour chacune d'elles à partir des seules contreparties que chacune a encaissées et, lorsqu'un service d'accès à des contenus audiovisuels est fourni à titre gratuit, le seuil de 100 000 € ci-dessous est pris en compte à hauteur de la proportion des contreparties de ce service qu'elle a encaissées.

L'**assiette** de la taxe est constituée par la somme des contreparties des services de diffusion de messages publicitaires et de parrainage taxables encaissées au cours de l'année civile, cette somme étant préalablement **minorée** dans les conditions suivantes :

– pour le service d'accès à des contenus audiovisuels fourni à titre gratuit et dont l'objet principal est de donner accès à des contenus audiovisuels créés par des utilisateurs privés à des fins de partage et d'échanges au sein de communautés d'intérêts, les contreparties sont comptabilisées à hauteur de 34 % de leur valeur ;

– sont déduits les montants acquittés au titre des impositions de toutes natures mises en place dans un autre État membre de l'Union européenne et portant spécifiquement sur le service taxable ci-dessus.

Le **taux** de la taxe est fixé à 5,15 % sur la fraction de l'assiette qui excède 100 000 €. Il est porté à 15 % pour la fraction des contreparties des services de diffusion de messages publicitaires et de parrainage taxables se rapportant à l'accès à des contenus à caractère pornographique ou d'incitation à la violence sur le service d'accès à des contenus audiovisuels.

Le **fait générateur** de la taxe est constitué par l'achèvement de l'année civile au cours de laquelle une personne a encaissé une ou plusieurs contreparties d'un service taxable ou, en cas de cessation d'activité, par cette cessation. La taxe devient **exigible** à chaque encaissement d'une contrepartie mentionnée ci-dessous. Elle est déductible du résultat imposable.

La **déclaration** et le **paiement** de la taxe ainsi que le **recouvrement,** le **contrôle** et le **contentieux** obéissent aux règles exposées n° 76130.

76170 CIBS art. L 454-29 à L 454-38 TD-XX-5000 s

Taxe sur la publicité diffusée au moyen de documents imprimés Est **redevable** de cette taxe l'entreprise dont le chiffre d'affaires de l'année civile précédente est au moins égal à 763 000 € hors TVA qui engage des **dépenses** ayant pour **objet** la réalisation et la distribution, pour les besoins de la promotion de ses activités économiques, de messages publicitaires diffusés au moyen d'un support taxable en France métropolitaine, Guadeloupe, Martinique, Guyane, à La Réunion et à Mayotte. Le **support taxable** peut prendre la forme :

– soit, d'un imprimé publicitaire, lequel s'entend de tout document destiné à être distribué aux lecteurs dont la fonction principale est la diffusion des messages publicitaires qui y sont imprimés. Les imprimés publicitaires (prospectus, brochures, lettres, catalogues, etc.) peuvent être adressés ou non et sont destinés à des particuliers ou à des professionnels (BOI-TCA-CDP n° 20 ; CE 3-12-1999 n° 198919 : RJF 1/00 n° 136) ;

– soit, d'un journal gratuit, c'est-à-dire de toute publication imprimée à destination du public, à caractère périodique et dont les exemplaires sont majoritairement mis gratuitement à la disposition des lecteurs.

Ne constitue, en revanche, **pas un support taxable,** le catalogue adressé nominativement par voie postale dont l'objet est de permettre la réalisation intégrale, au moyen de techniques de communication à distance, d'une livraison de biens ou d'une prestation de services et qui décrit les caractéristiques de ces opérations et les moyens de les conclure.

Sont **exonérées** de la taxe, la réalisation et la distribution de messages publicitaires pour les besoins des opérations exonérées de TVA par les articles 261, 4-9° (nos 89535 s.) ou 261, 7-1° du CGI (nos 89200 s.) (organismes sans but lucratif).

Le **taux** de la taxe est fixé à **1 % des dépenses** imposables engagées au cours de l'année civile précédente.

Les **modalités de déclaration et de paiement** de la taxe doivent être fixées par décret. Dans l'attente de la publication de ce décret, les règles prévues à l'article 302 bis MA, V du CGI s'appliquent. En effet, l'abrogation des dispositions du CGI relatives à la déclaration et au paiement des taxes ne prend effet qu'à compter de l'entrée en vigueur des dispositions prises en application ou pour l'application des dispositions législatives du CIBS (Ord. 2021-1843 du 22-12-2021 art. 38). Ainsi, la taxe est déclarée et liquidée sur l'annexe 3310 A-SD à la déclaration CA 3 déposée au plus tard le 25 avril et afférente aux opérations du mois de mars (ou du 1er trimestre) de l'année au titre de laquelle elle est due (ou à souscrire séparément dans le même délai pour les personnes exonérées de TVA) ou sur la déclaration annuelle CA 12/CA 12E pour les redevables au régime simplifié. Elle est acquittée au plus tard lors de la souscription de ces déclarations.

Le **recouvrement,** le **contrôle** et le **contentieux** de la taxe obéissent aux règles applicables en matière de taxes sur le chiffre d'affaires (CIBS art. L 180-1).

> Précisions **a.** Le seuil de 763 000 € s'apprécie, comme en matière de franchise en base, en retenant toutes les opérations effectuées (hormis les opérations à caractère exceptionnel), quel que soit leur régime au regard de la TVA (no 53810).
Il n'a pas à être ajusté prorata temporis pour déterminer si les **entreprises nouvelles** sont ou non redevables de la taxe l'année suivant celle de leur création (aucune taxe n'étant due l'année de la création).
b. Les **dépenses imposables** s'entendent de toutes les dépenses concourant à la réalisation (conception de la campagne, recherche de l'argumentation, réalisation de maquettes, travaux de composition et d'impression, etc.) et à la distribution (expédition, affranchissement, etc.) des imprimés publicitaires et à la publication des annonces et insertions, que ces opérations soient effectuées par l'annonceur avec ses propres moyens d'exploitation ou que ce dernier ait recours à des prestataires extérieurs (agences, imprimeurs, éditeurs, routeurs, etc.) et quel que soit le mode de facturation (global ou séparé) (BOI-TCA-CDP no 10).
c. Lorsqu'un **organisme réalise ou fait réaliser des dépenses** de publicité **pour le compte d'autres organismes,** les bénéficiaires restent redevables de la taxe au titre de ces dépenses si cet organisme intervient en tant que simple intermédiaire ou en tant que prestataire (dès lors qu'il leur fournit des justificatifs permettant d'identifier les dépenses). À défaut, il est redevable de la taxe (BOI-TCA-CDP no 70).

Taxe sur la cession de droits d'exploitation audiovisuelle des manifestations sportives Cette taxe (ancienne contribution sur la cession à un service de télévision des droits de diffusion de manifestations ou de compétitions sportives prévue à l'article 302 bis ZE du CGI) est due, au taux de 5 %, sur la **cession du droit d'exploitation** d'une manifestation sportive lorsque les conditions suivantes sont cumulativement remplies : 76180 CIBS art. L 455-28 à L 455-36 TD-XX-7000 s

– la manifestation est organisée, en tout ou partie, par une association sportive, une société sportive, une société d'économie mixte, une fédération sportive ou une ligue professionnelle ou par une autre personne autorisée ;

– la cession porte sur le droit de diffuser la manifestation au moyen d'un service de télévision ou d'un service de médias audiovisuels à la demande ;

– la cession est réalisée entre la personne mentionnée au premier tiret (ou une personne agissant directement ou indirectement pour son compte) et une personne qui édite ou distribue un service de communication audiovisuelle mentionnée au deuxième tiret.

Les **modalités de déclaration et de paiement** de la taxe doivent être fixées par décret. Dans l'attente de la publication de ce décret, les règles prévues pour l'ancienne taxe mentionnée ci-dessus s'appliquent. En effet, l'abrogation des dispositions du CGI relatives à la déclaration et au paiement des taxes ne prend effet qu'à compter de l'entrée en vigueur des dispositions prises en application ou pour l'application des dispositions législatives du CIBS (Ord. 2021-1843 du 22-12-2021 art. 38). Ainsi, la taxe fait l'objet d'une **déclaration,** accompagnée du **paiement,** sur l'annexe 3310 A-SD à la déclaration CA 3 du mois ou du trimestre pour les personnes relevant du régime réel normal de TVA (ou du mini-réel). La contribution est également déclarée et liquidée sur l'annexe 3310 A-SD à la déclaration CA 3 par les personnes exonérées de TVA. Les personnes relevant du régime simplifié doivent déclarer et liquider la totalité de la contribution lors de la déclaration annuelle CA 12/CA 12E (en ce sens, BOI-TCA-RSP n°s 160 à 180).

Le **recouvrement,** le **contrôle** et le **contentieux** de la taxe obéissent aux règles applicables en matière de taxes sur le chiffre d'affaires (CIBS art. L 180-1).

76190 CGI art. 1609 sexdecies C **Taxe sur les locations de phonogrammes et de vidéomusiques** Sont soumises à cette taxe (dite « taxe sur le streaming musical ») les **locations** en France de phonogrammes et de vidéomusiques destinés à l'usage privé du public dans le cadre d'une mise à disposition à la demande sur les réseaux en ligne, ainsi que les **mises à la disposition** du public d'un service offrant, à titre autre qu'accessoire, l'accès à titre onéreux ou à titre gratuit à des enregistrements phonographiques ou vidéomusicaux, sur demande individuelle formulée par un procédé de communication électronique. Ces services sont réputés mis à la disposition du public **en France** lorsqu'ils sont effectués en faveur des personnes qui sont établies ou ont leur domicile ou leur résidence habituelle en France. En revanche, n'est **pas soumis** à la taxe le service gratuit dont l'objet principal est d'assurer la fourniture d'informations relatives à des œuvres musicales et leur promotion auprès du public.

Son **assiette** est constituée, pour chaque année civile, de deux éléments :

– le montant hors TVA du prix acquitté par le public au titre des opérations mentionnées ci-dessus ;

– 34 % du montant hors TVA des sommes versées par les annonceurs et les parrains pour la diffusion de leurs messages publicitaires sur un service donnant ou permettant l'accès à des enregistrements phonographiques ou vidéomusicaux ou donnant accès gratuitement à des contenus créés par des utilisateurs privés à des fins de partage et d'échanges au sein de communautés d'intérêts.

Le **taux** de la taxe est de 1,2 % sur la fraction de l'assiette qui excède 20 millions d'euros, ce seuil étant apprécié séparément pour chacun des services visés ci-dessus.

En sont **redevables** les personnes, établies ou non en France, qui encaissent les prix, les sommes ou les revenus composant l'assiette de la taxe. À cette fin, les contreparties encaissées par une personne autre que le fournisseur qui sont reversées sont réputées être encaissées par le bénéficiaire de ce reversement. Lorsque **plusieurs personnes** sont redevables au titre d'un même service, le montant de la taxe est établi séparément pour chacune d'elles à partir des seules contreparties qu'elle a encaissées et le seuil de 20 millions d'euros est réparti entre ces redevables en proportion des montants encaissés.

Le **fait générateur** de la taxe intervient à l'achèvement de l'année civile au cours de laquelle des prix, des sommes ou des revenus mentionnés ci-dessus ont été encaissés. La taxe devient **exigible** à chacun de ces encaissements intervenant à compter du dépassement du seuil de 20 millions d'euros.

Elle est constatée, liquidée, recouvrée et **contrôlée** comme en matière de TVA (c'est-à-dire sur l'annexe à la déclaration CA 3), les **réclamations** étant instruites et jugées selon les règles applicables à cette même taxe.

PARTIE 8

Dispositions communes

Les dispositions qui régissent le **recouvrement,** le **contrôle** et le **contentieux,** de même que les dispositions des **conventions internationales,** sont très largement communes aux différents impôts et taxes examinés dans les précédentes parties de cet ouvrage. Elles font donc l'objet d'une étude d'ensemble, qui signale néanmoins les particularités propres à chaque impôt ou taxe. 76500

CHAPITRE 1

PAIEMENT ET RECOUVREMENT DE L'IMPÔT

SOMMAIRE

A. Créance du Trésor 76515
1. Mise en recouvrement 76515
2. Délai de recouvrement 76530
B. Paiement de l'impôt 76650
1. Délais de paiement 76650
2. Modes de paiement 76715
3. Défaut de paiement à l'échéance 76760
C. Poursuites en recouvrement 76900
1. Délai d'engagement des poursuites 76900
2. Mesures de poursuites 76980
3. Frais de poursuites 77025
4. Opposition aux poursuites 77040
D. Garanties de recouvrement du Trésor 77080
1. Privilège 77200
2. Hypothèque légale 77250
3. Responsabilité solidaire 77275

Le recouvrement des **impôts autres que les contributions indirectes** est assuré, à titre principal, par les agents de la Direction générale des finances publiques (DGFiP). **76510**

Seules les **règles communes** de recouvrement sont exposées dans le présent chapitre. Les **particularités** de paiement propres à certains impôts font l'objet de développements spécifiques dans les parties du présent ouvrage qui leur sont consacrées.

A. Créance du Trésor

1. MISE EN RECOUVREMENT

On distingue les impositions recouvrées par voie de **rôle** de celles qui donnent lieu à l'émission d'un **avis de mise en recouvrement (AMR).** Le rôle et l'AMR sont les **titres exécutoires** émis par l'administration qui lui permettent de poursuivre le recouvrement forcé de sa créance. **76515** REC-I-120 s

Sont notamment recouvrés **par voie de rôle** : **76516** REC-I-950 s
- l'impôt sur le revenu ;
- les impôts directs locaux autres que la cotisation sur la valeur ajoutée des entreprises ;
- la CSG et autres prélèvements sociaux sur les revenus du patrimoine ;
- l'impôt sur la fortune immobilière.

> **Précisions** L'administration peut également procéder au recouvrement de ces impôts par voie d'AMR (CGI art. 1658). En pratique, cette faculté concerne certaines impositions supplémentaires établies à l'issue d'une procédure de contrôle fiscal.

Le contribuable débiteur d'impôts recouvrés par voie de rôle est informé du montant de sa dette par un **avis d'imposition** qui mentionne, par nature d'impôt, le total des sommes à acquitter, les conditions d'exigibilité, la date de mise en recouvrement du rôle et la date limite de paiement (LPF art. L 253). L'avis d'imposition doit également mentionner le caractère obligatoire, préalablement à un recours juridictionnel, de la réclamation d'assiette et le délai imparti pour adresser celle-ci à l'administration (sur les conséquences de l'absence de cette mention, voir n° 81845, précision c). **76517** REC-I-1350 s

Sont notamment recouvrés **par voie d'AMR,** à **défaut de paiement spontané** à l'échéance : **76519**
- l'impôt sur les sociétés ;
- les taxes sur le chiffre d'affaires ;

– les droits d'enregistrement et assimilés et les droits de timbre ;
– la taxe sur les salaires ;
– la cotisation sur la valeur ajoutée des entreprises.

Le paiement de ces impositions n'est pas précédé de l'émission d'un titre de perception : l'impôt, calculé par le contribuable lui-même, doit être **acquitté spontanément** dans les délais fixés par les textes législatifs et réglementaires. Ce n'est qu'en cas de défaut de paiement à l'échéance que le comptable public est amené à émettre un **avis de mise en recouvrement** (nº 76775).

76521 Ces règles comportent des **exceptions.** Ainsi, certains impôts donnent lieu à des **versements provisionnels** que le contribuable doit effectuer avant la liquidation définitive des sommes dues. Par ailleurs, dans un certain nombre de cas, l'impôt donne lieu, dès le versement ou la réalisation des revenus correspondants, à l'application de **retenues à la source ou prélèvements** susceptibles de s'imputer sur son montant définitif de l'impôt, ou même d'en être libératoires.

76522 REC-I-2540 REC-I-10350 s CF-VIII-23800 s **> Précisions** **a.** Qu'il s'agisse d'impositions primitives ou d'impositions supplémentaires résultant de la rectification des bases d'imposition déclarées, la mise en recouvrement du rôle ou la notification de l'avis de mise en recouvrement doit intervenir avant l'expiration du **délai de reprise** imparti à l'administration pour établir l'impôt (sur ce délai de prescription, voir nºs 77700 s., et plus particulièrement nº 77705).
Par ailleurs, dans le cas où l'administration met en œuvre une procédure de rectification, le paiement de l'impôt ne peut être demandé sans que soient respectés certains **délais** visant à **garantir les droits du contribuable** (par exemple, dans la procédure de rectification contradictoire, le délai de réponse à la proposition de rectification ou le délai de saisine des commissions administratives). Ces règles sont précisées dans les développements relatifs aux procédures de rectification : nºs 78480 s.

b. Les cotisations d'**impôts directs recouvrés par voie de rôle** ne sont pas mises en recouvrement lorsqu'elles sont d'un montant inférieur à 12 € par article de rôle (CGI art. 1657, 2) ; le **seuil de recouvrement** est toutefois plus élevé pour l'impôt sur le revenu (nº 2335) et les prélèvements sociaux sur les revenus du patrimoine (nº 34580, précision a). Quant aux **autres impôts,** ils ne sont mis en recouvrement que si leur montant cumulé excède 16 € (CGI art. 1724 A).
c. Sauf exception prévue par la loi, le recouvrement des **pénalités** encourues en cas d'infractions fiscales (nºs 79850 s.) s'effectue selon les règles applicables à la catégorie d'impôts qu'elles concernent ou, si elles ne sont pas calculées sur un impôt, selon les règles applicables aux taxes sur le chiffre d'affaires (CGI art. 1754, I et II).
d. En ce qui concerne les règles d'**arrondissement** des cotisations ou versements à effectuer, voir nº 97510.

2. DÉLAI DE RECOUVREMENT

PRESCRIPTION DE L'ACTION EN RECOUVREMENT

76530 LPF art. L 274 REC-II-10000 s Les comptables publics disposent d'un délai de **quatre ans,** à compter du jour de la mise en recouvrement du rôle ou de l'envoi de l'avis de mise en recouvrement, pour obtenir le paiement de la créance du Trésor. Le délai de prescription de l'action en recouvrement est porté à **six ans** pour les redevables établis dans un État non membre de l'Union européenne avec lequel la France n'a pas d'accord similaire à celui prévu par la directive 2010/24/UE du 16 mars 2010 relative à l'assistance mutuelle en matière de recouvrement.

La **prescription** de l'action en recouvrement intervient si **aucun acte** interruptif ou suspensif n'est effectué par le comptable public au cours du délai de quatre ou six ans qui lui est imparti. Celui-ci est cependant tenu de respecter les délais de paiement dont bénéficie le contribuable (nºs 76650 s.).

SUSPENSION DE LA PRESCRIPTION

76535 REC-II-12400 s La suspension de la prescription en arrête temporairement le cours sans effacer le délai déjà couru. Celui-ci recommence à courir lorsque la cause de suspension disparaît (C. civ. art. 2230).

La prescription est notamment suspendue lorsque le contribuable demande le bénéfice du **sursis de paiement,** qu'il soit tenu ou non de présenter des garanties (nºs 81885 s.).

INTERRUPTION DE LA PRESCRIPTION

76540 REC-II-10700 s L'**interruption** a pour effet de substituer à la prescription en cours une nouvelle prescription de même durée (C. civ. art. 2231).

Sont interruptifs de la prescription :
– la **mise en demeure** de payer (LPF art. L 257) ;
– le **commandement** de payer aux fins de saisie-vente (Cass. 2e civ. 13-5-2015 nº 14-16.025 FS-PBRI) ;

– les **mesures conservatoires** prises en application du Code des procédures civiles d'exécution et les **actes d'exécution forcée** (saisie administrative à tiers détenteur, saisie-vente, saisie-attribution...) (C. civ. art. 2244) ;

– la **demande en justice** ; l'effet interruptif de la demande se prolonge jusqu'à l'extinction de l'instance (C. civ. art. 2241 et 2242) ;

– la **décision du juge pénal** déclarant, en application de l'article 1745 du CGI, une **personne solidairement tenue,** avec le redevable légal de l'impôt, au paiement des droits fraudés (CE 4-12-2017 n°s 394903, 394907 et 394908 : RJF 3/18 n° 322). Il en va de même de la **décision du juge judiciaire** déclarant sur le fondement de l'article L 267 du LPF un dirigeant de société solidairement responsable du paiement des impositions dues par la société ; toutefois, en application de l'article L 111-4 du Code des procédures civiles d'exécution, cette décision ouvre au comptable public un nouveau délai de dix ans (et non de quatre ans) pour poursuivre le recouvrement (CE 18-7-2018 n° 406638 : RJF 11/18 n° 1178) ;

– la **reconnaissance de dette** (demande de délai de paiement, versement d'un acompte, etc.) (C. civ. art. 2240) ;

– la **compensation** fiscale de recouvrement (BOI-REC-EVTS-30-20 n°s 260 à 280) ;

– la **déclaration,** par le comptable chargé du recouvrement, de ses **créances à la procédure collective** ; l'effet interruptif de la déclaration se prolonge jusqu'à la clôture de cette procédure (C. com. art. L 622-25-1).

L'interpellation faite à l'un des **débiteurs solidaires** par une demande en justice ou par un acte d'exécution forcée ou la reconnaissance de sa dette par le débiteur interrompt le délai de prescription contre tous les autres (C. civ. art. 2245).

B. Paiement de l'impôt

1. DÉLAIS DE PAIEMENT

RÈGLE GÉNÉRALE

Sous réserve des cas d'exigibilité immédiate (n° 76660), les **impôts recouvrés par voie de rôle** (n° 76516) sont exigibles trente jours après la date de mise en recouvrement du rôle (CGI art. 1663, 1). **76650** REC-II-100 s

La date limite de paiement est celle prévue pour l'application de la majoration qui sanctionne le retard de paiement de ces impôts (n°s 80140 s.).

Les **autres impôts** (n° 76519) doivent être payés au plus tard à leur **date d'exigibilité.**

> **›Précisions** Lorsque la **date limite de paiement** ou de prélèvement des impôts, droits, taxes et redevances prévus dans le CGI coïncide avec un **samedi,** un **dimanche** ou un **jour férié,** celle-ci est **prorogée** jusqu'au premier jour ouvrable suivant (CGI ann. IV art. 199-0). Cette règle concerne l'ensemble des impôts prévus par le CGI, quel que soit leur mode de recouvrement.

EXIGIBILITÉ IMMÉDIATE DES IMPÔTS DIRECTS

Entraînent l'exigibilité immédiate de la totalité de l'impôt dès la mise en recouvrement du rôle : **76660** CGI art. 1663, 2 à 4 REC-II-4300 s

– le **déménagement** hors du ressort du service chargé du recouvrement, sauf justification du nouveau domicile ;

– la **vente** volontaire ou forcée des biens du contribuable.

Entraîne également l'exigibilité immédiate et totale l'application d'une **majoration pour défaut, retard ou insuffisance de déclaration** des revenus et bénéfices imposables.

En cas de **déménagement à l'étranger,** les impôts déjà mis en recouvrement ou en cours d'établissement sont exigibles immédiatement. Leur paiement peut toutefois être différé sur production d'une garantie estimée suffisante par le comptable chargé du recouvrement.

Sont également immédiatement exigibles pour leur totalité :

– l'impôt sur le revenu et l'impôt sur les sociétés dus en cas de **cession** ou **cessation** d'entreprise ou de l'exercice d'une profession non commerciale ou de **décès** de l'exploitant ou du contribuable ;

– les **droits et pénalités** visés aux articles 1679 bis (n° 73530), 1729 B (n° 80190) et 1731 (n°s 80160 s.) du CGI.

Enfin, en cas d'application d'une **majoration** prévue par l'article 1729 G du CGI (n°s 3816, 3833 et 3850, précision b), l'**impôt sur le revenu** et les autres impositions figurant sur le même article de rôle sont exigibles en totalité dès leur mise en recouvrement. Ces dispositions sont également applicables si un prélèvement mensuel prévu à l'article 1663 B, 3 du CGI (n° 3860) n'est pas opéré (CGI art. 1724 quinquies, III).

DÉLAIS SUPPLÉMENTAIRES DE PAIEMENT

76670 REC-II-850 s **Délais accordés par l'administration** Les contribuables qui éprouvent **ponctuellement des difficultés** pour acquitter, dans les délais légaux, leurs impôts autres que les droits d'enregistrement peuvent demander à bénéficier de délais supplémentaires de paiement. L'octroi de délais constitue une **mesure gracieuse** laissée à l'**appréciation du comptable** chargé du recouvrement de la créance.

Les comptables publics peuvent également accepter les demandes de règlement échelonné présentées par des **entreprises** confrontées à des difficultés passagères exceptionnelles et imprévisibles (agriculteurs victimes de calamités naturelles, par exemple) (BOI-REC-PREA-20-10-10 n° 20).

La souscription d'un plan de règlement entraîne la **suspension gracieuse des poursuites** et dispense l'administration d'avoir à **publier le privilège du Trésor** pour les créances qui font l'objet du plan (BOI-REC-PREA-20-10-10 n° 105) : voir n° 77230.

Enfin, en cas d'**événements graves** (secteur économique en péril, catastrophes naturelles, etc.), le ministère du budget peut prendre des mesures de report ou de facilités de paiement.

76675 REC-II-1600 s **Délais accordés par la commission des chefs des services financiers** Dans chaque département, une commission spéciale (**commission des chefs des services financiers**) est chargée d'examiner la situation des débiteurs retardataires et peut, sur saisine du débiteur, du comptable chargé du recouvrement ou d'une autre personne autorisée, établir des plans de recouvrement échelonné des dettes fiscales du débiteur (BOI-REC-PREA-20-10-20).

76680 REC-II-1414 s **Délais accordés aux créanciers de l'État** Les particuliers et les entreprises, débiteurs d'impôts directs dus à l'État, qui justifient détenir une créance certaine et exigible sur l'État ouvrant droit à paiement et dont l'échéance est antérieure à celle de leur dette fiscale, bénéficient **automatiquement** de délais de paiement à hauteur du montant de leur créance et dans la limite du délai prévu pour que l'État règle sa propre dette (BOI-REC-PREA-20-10-10 n° 10).

CF-IV-48120 **› Précisions** Les PME **créancières de l'État** au titre des marchés publics, achats sur facture de travaux, fournitures et services qui sont susceptibles de bénéficier d'une suspension des contrôles fiscaux (n° 79475, b) mais qui ne remplissent les conditions de cette suspension qu'après la clôture de la procédure de rectification bénéficient, sauf risque de prescription, d'une mise en recouvrement des rappels d'impôt différée de quarante-cinq jours (BOI-CF-DG-40-20 n° 160).
En ce qui concerne par ailleurs la possibilité pour l'administration de procéder à une **compensation** entre créances et dettes d'impôt plutôt qu'au remboursement, voir n° 76740.

SURSIS DE PAIEMENT

76690 Le contribuable qui introduit une **réclamation contentieuse d'assiette** dans les délais légaux peut demander à surseoir au paiement de la partie contestée de ses impôts : voir n°s 81885 s.

2. MODES DE PAIEMENT

PAIEMENT OBLIGATOIRE PAR VOIE ÉLECTRONIQUE

76715 REC-III-500 s La plupart des impôts doivent, sous peine d'une majoration de 0,2 % (n° 80200), être obligatoirement acquittés par **télérèglement, prélèvement ou virement.** Pour certains d'entre eux, cette obligation ne s'applique toutefois que lorsque les sommes dues excèdent un certain montant.

Les impôts concernés sont récapitulés dans le tableau suivant.

Impôts concernés	Commentaires (n°)
Prélèvement sur les dividendes et distributions assimilées	24590
Retenue à la source de l'article 119 bis du CGI (et retenues assimilées)	24865 et 24896
Prélèvement sur les produits de placement à revenu fixe	25385
Impôt sur les sociétés et contribution sociale	36525, 36610 et 36730
Taxes foncières et taxe d'habitation	41555 s.
Cotisation foncière des entreprises	43770
Cotisation sur la valeur ajoutée des entreprises	44040
TVA et taxes assimilées	54100
Impôt sur la fortune immobilière	72330
Taxe sur les salaires	73530
Taxe de 3 % sur les immeubles	75975
Taxe sur les conventions d'assurance et contributions assimilées	76000

> **Précisions** **a.** Les contribuables personnes physiques qui résident dans des zones où aucun service mobile n'est disponible (« **zones blanches** ») sont dispensés de l'obligation de télépaiement de leurs impôts jusqu'au 31 décembre 2024 (CGI art. 1649 quater B quinquies et 1738, 5).
> **b.** L'obligation faite à certains contribuables de payer leurs dettes fiscales par un **moyen autre que le chèque ou les espèces,** sous peine de sanction, ne remet pas en cause le **caractère libératoire du paiement** de ces dettes par l'un de ces deux moyens (Rép. Meslot : AN 15-1-2013 n° 5884).
> **c.** En cas de paiement par **télérèglement,** la **date** à prendre en compte pour apprécier le respect du délai de paiement est celle du jour au cours duquel est effectuée l'opération de télérèglement (BOI-CF-INF-10-30 n° 60). En cas de paiement par **virement,** la date de paiement est celle du règlement interbancaire qui figure sur la copie de l'avis de virement transmis par la Banque de France au comptable public (BOI-REC-PART-10-20-10 n° 170 ; BOI-CF-INF-10-30 n° 50).
> **d.** En ce qui concerne les modalités de paiement des impôts dus par les **entreprises relevant de la Direction des grandes entreprises,** voir nos 87460 s.
> **e.** Sur le prélèvement à la source de l'**impôt sur le revenu,** voir nos 3740 s.

AUTRES MODES DE PAIEMENT

Lorsque le paiement par télérèglement, prélèvement ou virement n'est pas obligatoire, l'impôt peut être acquitté soit par l'un de ces moyens de paiement dématérialisé (n° 76715), soit par l'un des **moyens traditionnels de paiement** : espèces (dans la limite de 300 € : CGI art. 1680), chèque, titre interbancaire de paiement (TIP-SEPA), carte bancaire, mandat cash. 76720

> **Précisions** **a.** Dans la **limite de 300 €,** tous les montants payables aux guichets de la DGFiP peuvent être **acquittés chez un buraliste agréé,** en espèces ou par carte bancaire (Loi 2018-1317 du 28-12-2018 art. 201). La **liste** des buralistes agréés figure sur le site impots.gouv.fr/paiement-de-proximite.
> **b.** Lorsque le moyen de paiement est envoyé par **correspondance,** la date à retenir pour apprécier le respect du délai de paiement est la date d'envoi authentifiée par le cachet postal apposé sur l'enveloppe (LPF art. L 286 ; BOI-CF-INF-10-30 nos 30 et 40).

Les **droits de succession ou de donation** ainsi que l'**impôt sur la fortune immobilière** peuvent être acquittés par **remise** de certains biens : voir nos 68920 et 72330. 76725

Le paiement des **impôts des professionnels** peut, à la demande des intéressés, être effectué par **imputation des créances** détenues sur le Trésor public au titre de ces mêmes impôts (crédit de TVA, excédent d'impôt sur les sociétés, créance de report en arrière des déficits, crédits d'impôt sur les sociétés, dégrèvements donnant lieu à restitution...) (BOI-REC-PRO-10-20-30). 76730 REC-III-2400 s

Lorsque le contribuable a droit à un remboursement, à un dégrèvement ou à une restitution d'impôts, droits, taxes, pénalités ou intérêts de retard, le comptable public compétent peut conserver ces sommes et procéder d'office à une **compensation** en les affectant au paiement d'impôts, droits, taxes, pénalités et intérêts de retard dus par ce contribuable (LPF art. L 257 B). Le comptable doit notifier au redevable un avis lui précisant la nature et le montant des sommes affectées au paiement de la dette. Le redevable peut contester les effets de la compensation en formant une opposition aux poursuites (LPF art. R 257 B-1). 76740 REC-III-3500 s

3. DÉFAUT DE PAIEMENT À L'ÉCHÉANCE

Le défaut de paiement à l'échéance entraîne l'application de pénalités et le recours aux poursuites. Celles-ci ne peuvent être engagées avant l'accomplissement d'actes de procédure préliminaires. 76760

PÉNALITÉS

Le défaut ou le retard de paiement des impôts entraîne l'application de pénalités fiscales. Ces pénalités diffèrent selon les impôts : majoration de 10 % pour les uns et intérêt de retard auquel s'ajoute, sauf exception, une majoration de 5 % pour les autres : voir nos 80140 s. 76765

ACTES PRÉLIMINAIRES AUX POURSUITES

Il s'agit des actes devant être nécessairement accomplis par le comptable public avant l'engagement, et **à peine d'irrégularité,** des mesures de recouvrement forcé à l'encontre du contribuable. 76770

Avis de mise en recouvrement Contrairement aux impositions recouvrées par voie de rôle, pour lesquelles un titre exécutoire (le rôle) existe dès leur mise en recouvrement et permet à l'administration d'effectuer les autres actes préliminaires aux poursuites (lettre de relance et mise en demeure) (n° 76516), le paiement forcé des impositions non recouvrées par voie de rôle (n° 76519) nécessite la **constitution préalable d'un titre exécutoire.** Par suite, un avis de mise en 76775 LPF art. L 256 REC-I-10100 s recouvrement doit donc avoir été **notifié aux contribuables** concernés avant l'accomplissement des autres actes préliminaires aux poursuites.

› Précisions **a.** L'avis de mise en recouvrement doit **indiquer** pour chaque impôt ou taxe le montant global des droits, des pénalités et des intérêts de retard qui font l'objet de cet avis (LPF art. R 256-1). Il doit également mentionner le caractère obligatoire, préalablement à un recours juridictionnel, de la réclamation d'assiette et le délai imparti pour adresser celle-ci à l'administration (sur les conséquences de l'absence de cette mention, voir n° 81845, précision c).

b. L'avis de mise en recouvrement peut être **notifié** par lettre simple, par courrier recommandé ou par ministère d'huissier (commissaire de justice) (LPF art. R 256-6).

c. La notification de l'avis de mise en recouvrement a pour **effet** d'ouvrir :
– le délai de recours contentieux contre les impositions qui font l'objet de cet avis (nos 81825 s.) ;
– le délai de prescription de l'action en recouvrement (n° 76530).

76780 Lorsque le comptable poursuit le recouvrement d'une créance à l'égard de **débiteurs tenus conjointement ou solidairement** au paiement, il doit notifier préalablement un avis de mise en recouvrement à chacun d'eux, à moins qu'ils n'aient la qualité de représentants ou ayants cause au sens de l'article 1682 du CGI (LPF art. R 256-2).

En outre, avant de réclamer l'impôt à un débiteur solidaire, il doit avoir notifié un avis de mise en recouvrement au débiteur principal (CE 9-12-2015 n° 367310 : RJF 3/16 n° 248).

76782 LPF art. L 257-0 B, 1 REC-I-17500 s

Lettre de relance

Lorsque le redevable ne s'acquitte pas, à la date limite de paiement, des sommes mentionnées sur l'avis d'imposition ou sur l'avis de mise en recouvrement, le comptable public lui adresse une **lettre de relance.**

Le comptable est **dispensé de cette formalité** lorsqu'une **autre défaillance de paiement** a été constatée pour le contribuable concerné au titre d'une même catégorie d'impositions au cours des trois années précédant la date limite de paiement ou la date de mise en recouvrement de l'imposition dont le recouvrement est poursuivi.

Cette formalité **ne s'applique pas** non plus dans les cas suivants :

– impositions résultant d'une **procédure de rectification** ou d'une procédure d'**imposition d'office** ;

– impositions autres que les droits d'enregistrement recouvrées par voie d'**avis de mise en recouvrement,** taxe de publicité foncière et droits de timbre ;

– créances d'un **montant supérieur** à 15 000 € ;

– créances nées postérieurement au jugement d'ouverture d'une **procédure collective** ;

– **créances des entreprises** tenues de souscrire leurs déclarations de résultats auprès de la **Direction des grandes entreprises.**

› Précisions **a.** Pour l'appréciation de l'existence d'une **précédente défaillance de paiement** dans la même catégorie d'impositions, trois catégories d'impositions sont définies (LPF art. R 257-0 B-1) :

1. l'impôt sur le revenu, l'acompte dû au titre du prélèvement à la source de l'impôt sur le revenu en application de l'article 1663 C du CGI, les prélèvements sociaux recouvrés comme en matière d'impôt sur le revenu, la taxe d'habitation, les taxes foncières sur les propriétés bâties et non bâties, les impositions recouvrées comme les impositions précitées, ainsi que l'impôt sur la fortune immobilière ;

2. les droits d'enregistrement, la taxe de publicité foncière et les droits de timbre ;

3. les impositions autres que celles mentionnées aux 1 et 2 ci-dessus.

b. L'administration est également dispensée de l'envoi d'une lettre de relance dans certains cas d'**exigibilité immédiate** des impôts directs : voir n° 76784, précision b.

c. La lettre de relance est **adressée** au contribuable par courrier simple (BOI-REC-PREA-10-20 n° 110).

d. La lettre de relance n'est pas un acte de poursuite ; elle ne peut donc pas être **contestée** par la voie de l'opposition aux poursuites (BOI-REC-PREA-10-20 n° 100).

76784 LPF art. L 257, L 257-0 A, L 257-0 B, 2 et L 260 REC-I-20000 s

Mise en demeure de payer

Lorsque, dans les trente jours suivant la notification de la **lettre de relance,** le redevable n'a pas acquitté les sommes dues, le comptable public peut lui adresser une mise en demeure de payer.

Lorsque l'envoi d'une **lettre de relance** n'est **pas exigé,** le comptable public peut, sans délai, adresser une mise en demeure de payer au contribuable si celui-ci n'a pas acquitté l'acompte de prélèvement à la source visé n° 3850, les sommes mentionnées sur l'avis d'imposition à la date limite de paiement ou les sommes mentionnées sur l'avis de mise en recouvrement.

› Précisions **a.** Conformément à l'article L 277 du LPF, le **sursis de paiement** suspend l'exigibilité de la créance et la prescription du délai d'action en recouvrement jusqu'à la décision définitive de l'administration ou du tribunal compétent sur l'imposition contestée (nos 81885 s.)

b. La mise en demeure est un acte de poursuite qui n'est pas générateur de frais au sens de

l'article 1912 du CGI (n° 77025). Elle est un **préalable obligatoire** aux poursuites devant donner lieu à des frais. La **saisie administrative à tiers détenteur** n'étant pas considérée comme un acte de poursuite devant donner lieu à des frais, une mise en demeure préalable à la notification de la saisie n'est pas obligatoire (BOI-REC-FORCE-30-20 n° 20).
c. En cas de déménagement, de vente ou d'application d'une majoration pour défaut, retard ou insuffisance de déclaration entraînant l'**exigibilité immédiate** des impôts directs (n° 76660), le comptable public peut faire signifier une mise en demeure de payer dès cette date d'exigibilité.
d. La mise en demeure peut être **notifiée** par lettre simple.
e. La mise en demeure **interrompt** la prescription de l'action en recouvrement (n° 76540) et vaut **commandement de payer** en matière de saisie-vente (n° 77020). Elle peut être **contestée** par la voie de l'opposition aux poursuites.

C. Poursuites en recouvrement

1. DÉLAI D'ENGAGEMENT DES POURSUITES

Les poursuites en recouvrement peuvent être engagées **sans délai** après la notification de la mise en demeure non suivie de paiement, **sauf** si celle-ci porte à la connaissance du redevable l'application de **sanctions fiscales.** Dans ce cas, aucune poursuite n'est engagée, conformément à l'article L 80 D, alinéa 2 du LPF (voir n°s 80220 s.), avant l'expiration d'un délai de trente jours décompté depuis la date de notification de la mise en demeure. **76900** LPF art. L 257-0 A, 2 et L 257-0 B REC-I-20650 s REC-V-100 s

En cas de **déménagement,** de **vente** ou d'application d'une **majoration pour défaut, retard ou insuffisance** de déclaration entraînant l'exigibilité immédiate des impôts directs (n° 76660), la saisie peut être pratiquée un jour franc après la signification de la mise en demeure de payer (LPF art. L 260).

2. MESURES DE POURSUITES

SAISIE ADMINISTRATIVE À TIERS DÉTENTEUR

Les comptables publics peuvent, pour le recouvrement de tous impôts, couverts ou non par le privilège du Trésor, notifier une saisie administrative à tiers détenteur aux dépositaires, détenteurs ou débiteurs de sommes d'argent appartenant ou devant revenir au contribuable. **76980** LPF art. L 262 REC-V-60000 s

La saisie administrative à tiers détenteur permet d'appréhender des créances **existantes** ou en germe, **exigibles ou conditionnelles,** ou encore **à exécution successive** (BOI-REC-FORCE-30-10 n° 50). En revanche, les **créances futures, éventuelles ou hypothétiques** ne peuvent être saisies (BOI-REC-FORCE-30-10 n° 90).

Comme la saisie-attribution de droit commun, la saisie administrative à tiers détenteur emporte, à concurrence des sommes pour lesquelles elle est pratiquée, **attribution immédiate de la créance saisie,** disponible entre les mains du tiers. Elle a pour effet d'affecter, dès sa réception, les fonds dont le versement est demandé au paiement des sommes dues par le redevable, quelle que soit la date à laquelle les créances même conditionnelles ou à terme que le redevable possède à l'encontre du tiers saisi deviennent effectivement exigibles.

La saisie administrative à tiers détenteur peut être utilisée pour faire opposition sur des **comptes bancaires** ou postaux selon les règles exposées n° 77000. Lorsqu'elles portent sur des **salaires,** les règles de saisissabilité exposées n° 76990 doivent être respectées.

> Précisions **a.** Une saisie administrative à tiers détenteur peut être notifiée aux **gérants, administrateurs, directeurs ou liquidateurs de sociétés** pour le recouvrement des impositions dues par ces sociétés. **76982**
b. Une seule saisie peut être notifiée pour le recouvrement de **plusieurs créances,** même si elles sont de nature différente (par exemple, une créance fiscale et une créance étrangère à l'impôt).
c. La saisie administrative à tiers détenteur peut porter sur un **contrat d'assurance rachetable.** En pareil cas, elle entraîne le rachat forcé du contrat. Elle a pour effet d'affecter au comptable public la valeur de rachat du contrat d'assurance au jour de la notification de la saisie, dans la limite du montant de cette dernière. Ces dispositions s'appliquent au redevable souscripteur ou adhérent d'un contrat d'assurance rachetable, y compris si la possibilité de rachat fait l'objet de limitations.
d. Le montant des **frais bancaires** afférents à la saisie administrative à tiers détenteur perçu par les établissements de crédit ne peut dépasser 10 % du montant dû au Trésor public, dans la limite d'un plafond fixé, toutes taxes comprises, à 100 € (Décret 2018-1118 du 10-12-2018).
e. Les comptables publics ne peuvent pas notifier de saisie administrative à tiers détenteur lorsque les **poursuites** contre le redevable sont **suspendues.** Tel peut être le cas en

présence d'une procédure de sauvegarde, d'un redressement ou d'une liquidation judiciaires ou bien encore d'une procédure de surendettement (BOI-REC-FORCE-30-10 nº 180). La saisie administrative à tiers détenteur n'est pas utilisable non plus lorsque le contribuable bénéficie d'un sursis de paiement ou lorsque ses impositions font l'objet d'un plan de règlement échelonné qu'il respecte (BOI-REC-FORCE-30-10 nº 190). La validité d'une saisie à tiers détenteur portant pour partie sur des impôts contestés avec demande de sursis de paiement et pour partie sur des impositions non contestées est limitée à ces dernières (Cass. com. 29-1-2013 nº 12-12.128 F-D : RJF 5/13 nº 555).

f. Le comptable public n'est pas tenu d'adresser au contribuable une **mise en demeure de payer** préalablement à la notification d'une saisie administrative à tiers détenteur : voir nº 76784, précision b.

g. Lorsque le comptable public recourt à la saisie à tiers détenteur, la mise en œuvre du **privilège du Trésor** (voir nº 77200) se concrétise par la mention, sur l'acte, que la créance en cause est garantie par ce privilège (BOI-REC-GAR-10-10-20-20 nºs 1 et 80).

76984 **Notification de la saisie** L'**avis** de saisie administrative est **notifié au tiers détenteur** par voie postale ou par voie électronique.

Les saisies adressées aux **établissements de crédit** sont obligatoirement notifiées par voie électronique. Les saisies adressées aux **autres tiers détenteurs** peuvent être notifiées par voie électronique. Les établissements de crédit ainsi que, à compter du 1er janvier 2024, les employeurs tenus de souscrire une DSN, doivent mettre en œuvre les conditions nécessaires à la réception des saisies par voie électronique et les traiter par la même voie. Les saisies notifiées par voie électronique **prennent effet** à la date et à l'heure de leur mise à disposition, telles qu'enregistrées par le dispositif électronique sécurisé mis en œuvre par l'administration (Loi 2013-1279 du 29-12-2013 art. 17, II modifié par loi 2021-1900 du 30-12-2021 art. 130 et décret 2015-243 du 2-3-2015).

Un exemplaire de l'avis de saisie est **notifié au redevable** par voie postale. Cet exemplaire doit indiquer, sous peine de nullité, les délais et voies de recours.

76986 **Obligations du tiers saisi** Le tiers saisi est tenu de **déclarer** immédiatement, par tous moyens, l'étendue de ses obligations à l'égard du redevable dans les conditions prévues à l'article L 211-3 du Code des procédures civiles d'exécution. S'il **s'abstient,** sans motif légitime, de faire cette déclaration ou s'il fait une **déclaration inexacte ou mensongère,** il peut être condamné, à la demande de l'administration fiscale, au paiement des sommes dues à celle-ci, sans préjudice d'une condamnation à des dommages et intérêts.

Le tiers saisi doit **verser,** dans les trente jours suivant la réception de la saisie, les fonds qu'il détient ou qu'il doit, à concurrence des sommes dues par le redevable. Lorsque la saisie porte sur des créances conditionnelles, à terme ou à exécution successive, il est tenu de verser immédiatement les fonds dès que ces créances deviennent exigibles. À **défaut de paiement,** il peut se voir réclamer les sommes saisies majorées du taux d'intérêt légal.

› Précisions a. Lorsqu'une personne est simultanément destinataire de **plusieurs saisies** administratives à tiers détenteur, elle doit, en cas d'insuffisance des fonds, exécuter ces saisies en proportion de leurs montants respectifs.

b. À compter du 1er janvier 2024, les **employeurs tenus de souscrire une DSN** auxquels une saisie administrative à tiers détenteur est notifiée par voie électronique doivent déclarer l'étendue de leurs obligations à l'égard du débiteur et verser les sommes saisies par le biais de la DSN.

SAISIE DES RÉMUNÉRATIONS

76990 Les rémunérations dues par un employeur peuvent être saisies par tout créancier muni d'un titre exécutoire constatant une créance liquide et exigible. Toutefois, la **quotité saisissable** est limitée. Cette quotité est déterminée en appliquant à la rémunération annuelle le **barème** suivant (C. trav. art. R 3252-2) :

C. trav. art. L 3252-2 REC-V-65950 s et 71000 s

- 1/20 sur la fraction de la rémunération annuelle qui est inférieure ou égale à 4 370 € ;
- 1/10 sur la fraction supérieure à 4 370 € et inférieure ou égale à 8 520 € ;
- 1/5 sur la fraction supérieure à 8 520 € et inférieure ou égale à 12 690 € ;
- 1/4 sur la fraction supérieure à 12 690 € et inférieure ou égale à 16 820 € ;
- 1/3 sur la fraction supérieure à 16 820 € et inférieure ou égale à 20 970 € ;
- 2/3 sur la fraction supérieure à 20 970 € et inférieure ou égale à 25 200 € ;
- la totalité sur la fraction supérieure à 25 200 €.

Ces seuils sont augmentés de 1 690 € par personne à charge du débiteur saisi, sur justificatif présenté par l'intéressé (C. trav. art. R 3252-3).

Dans tous les cas, la saisie ne peut avoir pour effet de réduire la somme laissée à la disposition du salarié à un niveau inférieur au montant forfaitaire du revenu de solidarité active (**RSA**) pour une personne seule (C. trav. art. R 3252-5).

Ces dispositions sont applicables en cas de saisie opérée par les comptables chargés du recouvrement de l'impôt par voie de saisie des rémunérations de droit commun ou par voie de saisie administrative à tiers détenteur.

Pour plus de détails sur la saisie des rémunérations salariales, voir Mémento social n°s 70940 s.

> Précisions **a.** Sont considérés comme **personnes à charge** pour l'application du barème :
— le conjoint, le partenaire lié par un Pacs ou le concubin du débiteur saisi, dont les ressources personnelles sont inférieures au montant du RSA pour une personne seule ;
— tout enfant ouvrant droit aux prestations familiales et se trouvant à la charge effective et permanente du débiteur ainsi que tout enfant à qui ou pour le compte de qui le débiteur saisi verse une pension alimentaire ;
— l'ascendant dont les ressources personnelles sont inférieures au montant du RSA et qui habite avec le débiteur ou auquel le débiteur saisi verse une pension alimentaire.
b. Le **barème,** avec son correctif pour personnes à charge, est **révisé** annuellement par décret en fonction de l'évolution de l'indice des prix à la consommation (C. trav. art. R 3252-4). Le barème ci-dessus, issu du décret 2023-1228 du 20 décembre 2023, s'applique aux rémunérations versées à compter du 1er janvier 2024.

SAISIES SUR LES COMPTES DE DÉPÔT

Les saisies (saisie-attribution, saisie administrative à tiers détenteur ou saisie conservatoire) pratiquées sur un compte bancaire ou postal comportent des modalités particulières de prise en compte des opérations de débit ou de crédit en cours. 77000 Code des procédures civiles d'exécution art. L162-1 et L162-2 REC-IV-17645 REC-V-64900 s REC-V-70780

Ainsi, les sommes laissées en compte sont **indisponibles** pendant un délai de quinze jours ouvrables suivant la saisie. En cas de **saisie administrative à tiers détenteur,** cette indisponibilité est toutefois limitée au montant de la saisie lorsque ce montant est inférieur à 2 000 € (LPF art. L 262, 1-al. 4 et Décret 2018-1353 du 28-12-2018).

Pendant ce délai de quinze jours, le solde du compte peut être affecté, à l'avantage ou au préjudice du créancier saisissant, par certaines **opérations** dont la date est **antérieure à la saisie.** Ainsi, le solde est augmenté du montant des chèques ou effets de commerce remis à l'encaissement avant la saisie mais non encore portés en compte ; à l'inverse, il est diminué du montant des chèques tirés par le saisi s'ils ont été remis à l'encaissement avant la saisie, des chèques portés au crédit du compte avant la saisie et revenus impayés, des retraits par billetterie effectués avant la saisie, et des paiements par carte dès lors que leurs bénéficiaires ont été crédités antérieurement à la saisie. Les effets de commerce remis à l'escompte avant la saisie et non payés à leur présentation (ou à leur échéance, lorsqu'elle est postérieure à la saisie) peuvent être contre-passés dans le délai d'un mois suivant la saisie. Le solde « saisi attribué » n'est toutefois affecté par ces éventuelles opérations de régularisation que si leur résultat cumulé est négatif et supérieur aux sommes non frappées par la saisie au jour de leur règlement.

Lorsqu'un compte fait l'objet d'une saisie, le tiers saisi doit laisser à la **disposition** du débiteur saisi personne physique, dans la limite du solde créditeur du compte, une somme à caractère alimentaire d'un montant égal au montant forfaitaire du revenu de solidarité active **(RSA)** pour un allocataire seul.

Le montant des **autres sommes insaisissables** dont le titulaire peut demander le versement sur justificatif est diminué du montant des sommes équivalant au RSA mises à sa disposition.

À condition de fournir des garanties suffisantes (consignation de sommes ou caution bancaire), le contribuable peut obtenir du comptable la levée de l'indisponibilité de ses comptes de dépôt (Code des procédures civiles d'exécution art. R 211-21, al. 2).

> Précisions **a.** Le blocage des comptes de dépôt est également utilisé comme mesure conservatoire à l'encontre des **personnes qui changent fréquemment de lieu de séjour** ou qui séjournent dans des **locaux d'emprunt** ou des **locaux meublés** (LPF art. L 270 et L 273).
b. Sur les modalités de **notification des saisies administratives à tiers détenteur** adressées aux établissements de crédit : voir n° 76984. Sur le plafonnement des **frais bancaires** afférents à ces saisies : voir n° 76982, d.

AUTRES SAISIES

Les comptables publics peuvent, pour recouvrer l'impôt, recourir aux **voies d'exécution de droit commun** qui permettent aux créanciers de saisir et faire vendre des biens appartenant à leur débiteur. Il s'agit **notamment** : 77020 REC-V-72000 s, 75000 s et 78000 s

- de la saisie-vente (saisie des biens **meubles corporels**) ;
- de la saisie immobilière (saisie des **immeubles**) ;
- de la saisie des **droits d'associés** et des **valeurs mobilières.**

Lorsque la saisie-vente porte sur les éléments corporels d'un **fonds de commerce,** le comptable public peut – comme tout créancier et le débiteur lui-même – demander au tribunal de commerce qu'il soit procédé à la vente globale du fonds avec le matériel et les marchandises qui en dépendent (C. com. art. L 143-3 et L 143-4), mais le comptable dispose d'une procédure exorbitante du droit commun qui lui permet de faire ordonner par le président du tribunal judiciaire que la vente soit effectuée dans les formes prévues pour la vente des biens appartenant aux mineurs, c'est-à-dire aux enchères sur mise à prix fixée par le président du tribunal (LPF art. L 268).

> **Précisions** La saisie-vente et la saisie immobilière doivent être précédées de la signification au débiteur, dans les conditions de droit commun, d'un **commandement** de payer, c'est-à-dire de l'acte par lequel il est fait sommation au débiteur d'acquitter le montant de sa dette sous peine d'y être contraint par la saisie ou la vente forcée de ses biens. Toutefois, la notification de la **mise en demeure de payer** tient lieu du commandement prescrit par le Code des procédures civiles d'exécution lorsqu'une saisie-vente est diligentée pour le recouvrement d'impôts (LPF art. L 257, al. 4). La saisie peut alors être pratiquée, selon le cas, à l'expiration des délais mentionnés nº 76900.

3. FRAIS DE POURSUITES

77025 CGI art. 1912 REC-V-1500 s

Les poursuites entraînent à la charge des contribuables des frais de poursuites qui sont calculés par application d'un pourcentage qui ne peut excéder **5 %** du montant total des créances (droits et pénalités) dont le paiement est réclamé, dans la **limite** de **500 €**.

> **Précisions** **a.** Les pourcentages appliqués sont les suivants : 3 % (commandement de payer) ; 5 % (saisie de biens meubles) ; 2,5 % (opposition sur saisie antérieure) ; 1,5 % (signification de vente) ; 1,5 % (affiches) ; 1 % (inventaire des biens saisis) ; 1 % (procès-verbal de vente). Il est appliqué un **minimum** de **perception** de 7,5 € pour le commandement de payer et de 15 € pour les autres actes de poursuites. En cas de saisie interrompue par un versement immédiat auprès du comptable public ou du commissaire de justice, ou de libération dans le délai d'un jour franc à compter de la saisie, les frais sont réduits à 1 % (CGI ann. II art. 396 C).
> **b.** Les frais de poursuites sont **recouvrés** par les comptables publics chargés du recouvrement de l'impôt.
> **c.** Les frais de poursuites peuvent faire l'objet de demandes en **remise gracieuse** (LPF art. L 247, 2° bis).

4. OPPOSITION AUX POURSUITES

77040 LPF art. L 281 et R 281-1 à R 281-4 REC-VI-3000 s

Le redevable d'impôts ou la personne tenue solidairement ou conjointement avec lui peut faire opposition aux poursuites dont il est l'objet en contestant :
– soit la **régularité en la forme** de l'acte de poursuite ;
– soit l'**obligation au paiement,** le **montant de la dette** compte tenu des paiements effectués ou l'**exigibilité** de la somme réclamée.

Les **contestations** relatives au recouvrement de l'impôt **ne peuvent pas** remettre en cause le **bien-fondé** de la créance (pour les réclamations relatives à l'assiette et au calcul de l'impôt, voir nºs 81650 s.).

77045 Quel que soit l'impôt dont le recouvrement est contesté, l'**opposition** doit, à peine d'irrecevabilité, être formée dans un **délai** de deux mois à partir de la notification soit de l'acte de poursuite dont la régularité en la forme est contestée, soit de tout acte de poursuite si le motif invoqué porte sur l'obligation au paiement ou sur le montant de la dette, soit du premier acte de poursuite permettant de contester l'exigibilité de la somme réclamée.

Le contribuable (ou la personne tenue solidairement ou conjointement) doit **adresser** sa réclamation, établie sur papier libre, au directeur départemental ou régional des finances publiques du département dans lequel a été prise la décision d'engager la poursuite ou au responsable du service à compétence nationale des finances publiques. Ce chef de service doit **accuser réception** de la réclamation.

L'administration doit **se prononcer** dans un **délai** de deux mois à compter du dépôt de la demande.

Si la décision rendue par l'administration (voir précision b en cas de silence de l'administration) ne le satisfait pas, le contribuable (ou la personne tenue solidairement ou conjointement) dispose d'un délai de deux mois à compter de la notification de la décision pour saisir :
– le **juge de l'exécution** (président du tribunal judiciaire) lorsque l'opposition porte sur la régularité formelle de l'acte ;

– le **juge de l'impôt** en cas de contestation de l'existence, de la quotité ou de l'exigibilité de l'impôt, c'est-à-dire le tribunal administratif lorsqu'il s'agit d'impôts directs ou de taxes sur le chiffre d'affaires, le tribunal judiciaire lorsqu'il s'agit de droits d'enregistrement et droits assimilés ou de l'impôt sur la fortune immobilière.

› Précisions **a.** Le recours préalable devant l'administration étant obligatoire, toute **opposition portée directement devant le tribunal** est irrecevable. Toutefois, cette irrecevabilité ne peut être relevée que si le contribuable a été précisément **informé,** par l'acte de poursuite, des **modalités et délais** dont il disposait **pour contester les poursuites** (Cass. com. 4-6-2002 nº 98-19.511 FS-P : RJF 11/02 nº 1320). En outre, lorsque l'acte de poursuite ne comporte pas ces informations, le délai de deux mois imparti pour former un recours préalable devant l'administration n'est pas opposable au réclamant (CE 25-5-2007 nº 285747 : RJF 10/07 nº 1167 ; Cass. com. 3-6-2014 nº 13-18.713 FD : RJF 10/14 nº 945). Dans cette hypothèse, le recours préalable doit toutefois, selon le Conseil d'État, être exercé dans un **délai raisonnable,** égal, sauf circonstances particulières invoquées par le réclamant, à un an à compter de la date de la notification de l'acte de poursuite (CE sect. 31-3-2017 nº 389842 : RJF 6/17 nº 616).
b. Le délai raisonnable d'un an s'applique également pour la saisine de la juridiction compétente lorsque la réponse de l'administration à l'opposition ne mentionne pas les voies et délais de recours juridictionnel ou lorsque l'administration **s'abstient de répondre** (rejet implicite). Dans le premier cas, le délai court à compter de la date de la notification de la réponse de l'administration, dans le second cas, soit à compter de la date de la naissance de la décision implicite de rejet, s'il est établi que le contribuable a été informé des conditions de cette naissance, soit de la date de l'événement qui établit que le contribuable a eu connaissance de la décision implicite (CE 10e-9e ch. 13-11-2020 nº 427275 : RJF 2/21 nº 205).
c. En matière d'**impôts directs,** si le contribuable adresse une réclamation concernant le recouvrement par **erreur** au **service de l'assiette,** ce service doit la transmettre au service du recouvrement et informer le contribuable de cette transmission ; la date d'enregistrement de la réclamation est celle de sa réception par le service de l'assiette (LPF art. R 190-2).
d. En ce qui concerne le destinataire des réclamations concernant des créances recouvrées par la **direction des grandes entreprises,** voir nº 87475.
e. Lorsqu'il a saisi le juge administratif d'une demande en décharge de l'obligation de payer, le contribuable poursuivi peut demander au juge administratif du référé la **suspension de l'exécution de l'acte de poursuite** si l'urgence le justifie et s'il fait état d'un moyen propre à créer, en l'état de l'instruction, un doute sérieux quant à l'existence de l'obligation de payer, au montant de la dette compte tenu des paiements effectués ou à l'exigibilité de la somme réclamée (CE 10-4-2002 nº 241604 : RJF 7/02 nº 856).

D. Garanties de recouvrement du Trésor

Le recouvrement des créances fiscales est garanti par : 77080
– des sûretés réelles sur les biens du contribuable : le privilège et l'hypothèque légale ;
– la responsabilité solidaire de certains tiers.

1. PRIVILÈGE

Le privilège du Trésor est le droit attribué au comptable public d'être **payé par préférence** aux autres créanciers d'un débiteur, même hypothécaires. Conformément à l'article 1920 du CGI, le privilège garantit le recouvrement des **impositions de toutes natures** et des taxes assimilées, des **amendes** fiscales et pénales, du droit fixe de procédure prévu par l'article 1018 A du CGI (nº 64100), ainsi que des **créances** de toute nature en matière de contributions indirectes recouvrées par les comptables publics. Sont donc concernés : 77200 CGI art. 1920 et 1929 quater REC-IV-50 s
– les impôts directs et taxes assimilées, notamment l'impôt sur le revenu, l'impôt sur les sociétés, la cotisation foncière des entreprises, la taxe d'habitation sur les résidences secondaires et autres locaux meublés non affectés à l'habitation principale, les taxes foncières, les impositions annexes à ces taxes (taxe d'enlèvement des ordures ménagères, par exemple) et l'impôt sur la fortune immobilière ;
– les taxes sur le chiffre d'affaires et assimilées ainsi que les taxes recouvrées sous les mêmes sanctions et garanties ;
– les droits d'enregistrement, taxe de publicité foncière, droits de timbre, autres droits et taxes assimilés ;
– les droits, taxes, redevances, soultes et autres impositions perçus en matière de contributions indirectes.

> Précisions a. Le privilège du Trésor couvre le principal de l'impôt, les acomptes versés en l'acquit ainsi que les **pénalités** (d'assiette et de recouvrement) qui s'y rattachent.

b. Le privilège du Trésor s'exerce sur tous les **meubles et effets mobiliers** du contribuable, en quelque lieu qu'ils se trouvent. En matière de contributions directes et de taxes sur le chiffre d'affaires, il s'exerce aussi sur tout le **matériel** servant à l'exploitation d'un **établissement commercial,** même si ce matériel est immeuble par destination, pourvu qu'il ne soit pas grevé d'une hypothèque conventionnelle. En revanche, il ne s'étend pas aux biens mobiliers qui n'appartiennent pas au contribuable, tels ceux appartenant à une **caution solidaire** (Cass. com. 19-12-2006 n° 05-11.290 FP-PBRI : RJF 5/07 n° 622).

RANG

77210 REC-IV-2000 s Le privilège du Trésor **prime** tous les privilèges mobiliers généraux ou spéciaux du Code civil. Toutefois, des dispositions expresses peuvent déroger à ce principe. Ainsi, le privilège du Trésor **est primé notamment** par le « superprivilège » des salariés (C. trav. art. L 3253-2 et L 3253-4), le privilège des frais de justice (C. civ. art. 2331), le privilège de conciliation (C. com. art. L 611-11) et le privilège dont bénéficient les titulaires de certaines créances nées régulièrement après le jugement d'ouverture d'une procédure collective (C. com. art. L 622-17 et L 641-13).

En outre, en cas de procédure de sauvegarde ou de redressement judiciaire ou encore de règlement amiable concernant une entreprise agricole en difficulté, des cessions de rang de privilège ou d'hypothèque visant à garantir les créances du Trésor public ou l'abandon de ces sûretés peuvent être accordées par l'administration (C. com. art. L 626-6, al. 4, L 631-19, I et C. rur. art. L 351-4).

DURÉE

77220 REC-IV-1790 s Le privilège n'a d'autre limite dans le temps que la prescription de la créance à laquelle il est attaché.

PUBLICITÉ

77230 REC-IV-3000 s Les sommes garanties par le privilège qui sont dues par les commerçants et les personnes morales de droit privé, même non commerçantes, au titre de l'impôt sur le revenu, de l'impôt sur les sociétés, de la taxe sur les salaires, de la cotisation foncière des entreprises (et des taxes annexes), des taxes sur le chiffre d'affaires (et des taxes annexes) et des contributions indirectes doivent, sous certaines conditions, être publiées.

La publicité du privilège ne peut être faite qu'à compter, selon la nature de la créance, de l'émission du titre exécutoire ou de la date à laquelle le redevable a encouru une majoration pour défaut de paiement. Elle est obligatoire dès lors que les sommes, dues par le redevable à un même poste comptable ou service assimilé et susceptibles d'être inscrites, dépassent, au terme d'un semestre civil, 200 000 € (CGI ann. III art. 416 bis). La publicité doit être requise dans le mois qui suit le semestre civil et au plus tard le 31 janvier pour les sommes dues au 31 décembre de l'année précédente et le 31 juillet pour les sommes dues au 30 juin de l'année courante (CGI ann. II art. 396 bis).

Par exception, les sommes imputées par les redevables de la **cotisation économique territoriale** sur le solde de leur **cotisation foncière des entreprises** et correspondant au dégrèvement attendu du plafonnement en fonction de la valeur ajoutée (n° 43780) ne sont pas soumises à la publicité.

Échappent également à la publicité les sommes normalement soumises à cette formalité lorsque le débiteur :

– a obtenu un **plan d'apurement échelonné de sa dette** et respecte ce plan ainsi que ses obligations fiscales courantes. À défaut de respect par le redevable du plan ou de ses obligations fiscales courantes, le comptable public doit dénoncer le plan d'apurement et procéder à l'inscription du privilège dans un délai de deux mois à compter de la réception de cette dénonciation par l'intéressé ;

– a déposé une réclamation d'assiette recevable assortie d'une demande de **sursis de paiement.** Dans ce cas, le comptable public doit procéder à l'inscription du privilège dans un délai de deux mois à compter de l'expiration du délai dont dispose le redevable pour saisir le tribunal compétent après notification de la décision de l'administration ou, en cas de poursuite du litige, de la notification du jugement de la juridiction saisie.

Le **défaut d'inscription** dans les délais impartis d'une créance qui devait être soumise à la publicité entraîne, pour cette créance, la perte du privilège en cas d'ouverture d'une procédure de sauvegarde, de redressement ou de liquidation judiciaires.

Les inscriptions **se prescrivent** par quatre ans, sauf renouvellement (C. com. art. R 521-12).

2. HYPOTHÈQUE LÉGALE

Pour garantir le recouvrement des impositions de toute nature, le Trésor dispose d'une hypothèque légale sur les biens immeubles du contribuable. Elle peut être **inscrite** à partir de la date à laquelle le comptable public dispose d'un titre exécutoire. **77250** LPF art. L 269 REC-IV-5000 s

Elle prend **rang** au jour de son inscription et demeure **valable** dix ans ou jusqu'à l'expiration d'un délai d'un an après la dernière échéance lorsque des délais de paiement ont été accordés.

> Précisions En outre, le Trésor dispose de garanties particulières pour le recouvrement de certains droits d'enregistrement ; ainsi, une hypothèque légale qui porte sur les **immeubles successoraux** garantit le paiement des droits de mutation par décès (LPF art. L 269, II).

3. RESPONSABILITÉ SOLIDAIRE

DIRIGEANTS

Toute personne exerçant en droit ou en fait, directement ou indirectement, la **direction effective d'une société, d'une personne morale ou d'un groupement** peut, si elle n'est pas déjà tenue au paiement des dettes sociales en vertu d'une autre disposition, être déclarée, par le président du tribunal judiciaire, solidairement responsable du paiement des impositions et pénalités dues par la société, le groupement ou la personne morale lorsqu'elle est responsable de manœuvres frauduleuses ou d'inobservation grave et répétée des obligations fiscales qui ont rendu impossible le recouvrement de ces impositions et pénalités. **77275** LPF art. L 267 REC-IV-10100 s

L'administration doit engager cette action en justice dans des **délais** satisfaisants ; ces délais sont appréciés souverainement par les juges du fond (BOI-REC-SOLID-10-10-30 n° 10). Par ailleurs, le juge ne peut pas prononcer la solidarité si la dette fiscale de la société est prescrite au moment où il statue (Cass. com. 8-7-1997 n° 95-16.757 P : RJF 12/97 n° 1178).

Sur le **délai** pendant lequel le dirigeant condamné en responsabilité solidaire par une décision définitive du juge judiciaire peut être poursuivi, voir n° 76540.

En ce qui concerne la responsabilité des dirigeants pour le paiement de la **pénalité pour distributions occultes,** voir n° 24775.

AUTRES CAS DE RESPONSABILITÉ SOLIDAIRE

a. Le **cessionnaire d'une entreprise industrielle, commerciale** ou artisanale peut être poursuivi en paiement de l'impôt sur le revenu dû par le cédant, à raison des bénéfices réalisés par ce dernier pendant l'année ou l'exercice de la cession (et même, dans certains cas, des bénéfices de l'année ou de l'exercice précédent). Le cessionnaire n'est toutefois responsable qu'à concurrence du prix du fonds de commerce et ne peut être mis en cause que pendant 90 jours à compter du jour de l'avis de cession adressé à l'administration par le cédant ou du dernier jour imparti pour effectuer cette déclaration administrative. Toutefois, si la cession porte sur un **fonds de commerce,** ce délai court à compter du jour du dépôt de la déclaration de résultat et peut être réduit à 30 jours si l'avis de cession et la déclaration de résultat prévus à l'article 201 du CGI ont été déposés en temps utile (n° 11495) et que, au dernier jour du mois précédant la cession du fonds, le cédant est à jour de ses obligations déclaratives et de paiement en matière fiscale. À défaut de déclaration de résultat dans les délais, le délai de solidarité court à compter de l'expiration du délai imparti pour souscrire cette déclaration de résultat. **77280** CGI art. 1684, 1 et 2 REC-IV-14500 s

Les mêmes dispositions s'appliquent à l'impôt sur les sociétés et à la taxe d'apprentissage.

Une responsabilité analogue pèse, en matière d'impôt sur le revenu et d'impôt sur les sociétés, sur le successeur du contribuable en cas de **cession à titre onéreux d'une charge ou d'un office ministériel** (commissaires de justice, notaires, etc.) ou d'une **entreprise non commerciale.**

b. Le **propriétaire d'un fonds** de commerce non exploitant est responsable du paiement des impôts directs dus par l'exploitant à raison de l'exploitation du fonds jusqu'à la publication du contrat de location-gérance. Cette solidarité est subordonnée à la condition que le propriétaire ait pu connaître l'existence des manquements ayant entraîné l'application aux impositions en cause des majorations de 40 ou 80 % pour défaut, retard ou insuffisance de déclaration (n°s 80040 et 80085). CGI art. 1684, 3 REC-IV-14900 s

c. Les **époux et partenaires liés par un Pacs** sont solidairement tenus au paiement de l'impôt sur le revenu lorsqu'ils font l'objet d'une imposition commune et au paiement de la taxe d'habitation sur les résidences secondaires et autres locaux meublés non affectés à l'habitation principale lorsqu'ils vivent sous le même toit. Ils sont également tenus solidairement au paiement de la taxe d'aménagement et des pénalités afférentes, de même qu'au paiement de la taxe d'archéologie préventive. Cette solidarité ne s'étend pas au paiement des prélèvements CGI art. 1691 bis REC-IV-13500 s sociaux sur les revenus du patrimoine et assimilés, même s'ils sont recouvrés comme l'impôt sur le revenu (CE 10-7-2012 n° 336492 : RJF 11/12 n° 1072).

En **cas de divorce ou de séparation,** et à condition qu'il y ait une disproportion marquée entre le montant de la dette d'impôt et la situation financière et patrimoniale des intéressés, ceux-ci peuvent, dans certaines limites, obtenir la décharge de leur obligation au paiement. Cette demande en décharge de responsabilité concerne également les époux et partenaires liés par un Pacs, solidaires pour le paiement de l'impôt sur la fortune immobilière (n° 72335).

CGI art. 1686 et 1687 REC-IV-16100 s — **d.** Les **propriétaires** – ou les **principaux locataires** – peuvent être tenus d'acquitter la taxe d'habitation sur les résidences secondaires et autres locaux meublés non affectés à l'habitation principale et la cotisation foncière des entreprises dues par les locataires qui ont quitté les lieux (pour la cotisation foncière des entreprises : fraction afférente à l'exercice de la profession au cours du mois précédent et du mois courant). Ces personnes – sauf, pour la taxe d'habitation, les logeurs en garni – **dégagent** toutefois **leur responsabilité** en informant le comptable public du déménagement de leurs locataires.

CGI art. 1682 REC-IV-15600 s — **e.** Les **héritiers** peuvent être poursuivis personnellement, chacun en proportion de ce qu'il reçoit, à raison des impôts directs recouvrés par voie de rôle dus par ceux dont ils ont hérité ou auxquels ils ont succédé.

CGI art. 1691 REC-IV-16400 s — **f.** Les **complices** de contribuables qui se sont frauduleusement soustraits ou ont tenté de se soustraire frauduleusement au paiement de leurs impôts directs, en organisant leur insolvabilité ou en mettant obstacle par d'autres manœuvres au paiement de l'impôt, sont tenus solidairement avec les contribuables au paiement desdits impôts. Il en va de même des coauteurs ou complices de personnes sanctionnées pour défaut de versement des retenues à la source opérées en application des articles 182 A et 182 B du CGI sur certains revenus versés à des personnes non domiciliées fiscalement en France.

CGI art. 1688 REC-IV-16300 s — **g.** Toute personne locataire d'un bureau meublé est tenue de verser au Trésor, à la fin de chaque mois, sous la responsabilité du **loueur du bureau** et par son entremise, une somme égale à 25 % du prix de location. À défaut, le loueur est tenu au paiement des impôts directs dus par le locataire jusqu'à concurrence des sommes dont la consignation aurait été omise.

CGI art. 1724 quater à 1724 quater C REC-IV-16500 s — **h.** La responsabilité solidaire de l'employeur ainsi que d'autres personnes (maître d'ouvrage, donneur d'ordre, client...) en matière de **travail dissimulé** est étudiée dans notre Mémento social n°s 79120 s.

77290 **i.** En matière de **droits d'enregistrement,** sauf exception, toutes les **parties** sont solidaires envers l'administration, pour le paiement non seulement des droits simples, mais encore des amendes et pénalités (CGI art. 1705 à 1710 : ENR-I-19410 s.).

j. Certains cas de solidarité sont prévus en matière de **TVA** : voir n°s 54055 s.

k. Sur les personnes tenues de régler la **taxe d'aménagement** solidairement avec le bénéficiaire de l'autorisation de construire, voir n° 31155, précision e.

CHAPITRE 2

CONTRÔLE DE L'IMPÔT

SOMMAIRE

SECTION 1
DÉLAI D'ACTION DE L'ADMINISTRATION 77700

A. Délais de reprise 77710

B. Prorogation des délais de reprise 77760

C. Interruption de la prescription 77780

SECTION 2
MODALITÉS D'EXERCICE DU CONTRÔLE 77860

A. Demandes d'éclaircissements ou de justifications 78000

B. Droit de communication 78030

C. Examen contradictoire de la situation fiscale personnelle 78090

D. Vérification de comptabilité 78110

1. Lieu et modalités d'intervention des vérificateurs 78120
2. Pouvoirs des vérificateurs 78135
3. Conséquences des irrégularités de la vérification de comptabilité 78185

E. Examen de comptabilité 78190

F. Mesures particulières de contrôle 78210

1. Contrôle des droits d'enregistrement 78210
2. Répression de l'évasion fiscale internationale 78260
3. Procédures d'enquête et de perquisition 78320
4. Déclarations spéciales 78355
5. Autres mesures particulières de contrôle 78393

SECTION 3
PROCÉDURES DE RECTIFICATION 78480

A. Procédure de rectification contradictoire 78600

1. Champ d'application 78750
2. Déroulement de la procédure 78775
3. Commissions administratives des impôts 78840

B. Procédure d'imposition d'office 78920

1. Cas d'imposition d'office 79050
2. Conséquences de l'imposition d'office 79125

C. Procédures spéciales 79175

1. Procédure de régularisation en cours de contrôle 79175
2. Procédure d'abus de droit 79185

SECTION 4
DROITS ET GARANTIES DES CONTRIBUABLES 79280

A. Rescrit fiscal 79370

B. Garanties prévues en cas de contrôle sur pièces 79380

C. Garanties prévues en cas de vérification 79400

1. Garanties communes 79410
2. Garanties en matière de vérification de comptabilité 79445
3. Garanties en matière d'examen de comptabilité 79480
4. Garanties en matière d'ESFP 79485

D. Garantie contre les changements de doctrine 79530

1. Opposabilité de l'interprétation administrative des textes fiscaux 79540
2. Opposabilité de l'appréciation des situations de fait 79560

E. Déduction en cascade 79590

SECTION 5
SANCTIONS 79700

A. Pénalités fiscales 79850

1. Insuffisances de déclaration 80000
2. Défaut ou retard de production des déclarations 80075
3. Défaut ou retard de paiement 80140
4. Autres infractions 80190
5. Motivation des sanctions 80220

B. Sanctions pénales 80250

1. Délit de fraude fiscale 80260
2. Autres délits 80285

C. Sanctions particulières 80310

ÉTENDUE ET LIMITES DU POUVOIR DE CONTRÔLE DE L'ADMINISTRATION

77500 L'administration dispose du pouvoir de contrôler les déclarations et les actes utilisés pour l'établissement de l'impôt (LPF art. L 10 et L 45, notamment), suivant différentes modalités.

Lorsqu'elle constate des omissions, insuffisances ou erreurs d'imposition, elle peut procéder à des rectifications, assorties, le cas échéant, de sanctions. Ce droit de reprise est cependant limité dans le temps.

Par ailleurs, le contribuable dispose d'un certain nombre de droits et garanties.

CF-II-1 s

SECTION 1

DÉLAI D'ACTION DE L'ADMINISTRATION

77700 Sous réserve du cas de la « compensation » (n°s 81940 s.), le droit de réparer les omissions, insuffisances ou erreurs commises dans l'établissement de l'impôt ne peut être exercé par l'administration que pendant un délai spécifique, dit « **délai de reprise** » ou « **de prescription** », à l'expiration duquel aucune imposition, primitive ou supplémentaire, ne peut plus être établie.

Si ce délai est en général d'une durée de trois ans, des durées spécifiques sont prévues en matière d'impôts directs locaux, de droits d'enregistrement et d'impôt sur la fortune immobilière.

Il peut être interrompu dans les conditions indiquées n°s 77780 s.

> **Précisions** Le délai de reprise limite dans le temps le droit de l'administration de procéder à des **rectifications,** c'est-à-dire à réclamer des compléments de droits au titre d'une période d'imposition déterminée. En revanche, il ne s'applique pas à l'exercice de son droit de **vérification,** qui peut donc porter sur des années prescrites au regard du délai de reprise, lorsque les opérations effectuées au cours de ces années ont influencé les impositions d'une période postérieure non couverte par la prescription (les rectifications ne pouvant, bien entendu, être établies qu'au titre de cette période). **Exemples** : vérification d'exercices prescrits en vue de remettre en cause un déficit reporté par une entreprise sur les résultats d'exercices non prescrits ; vérification des reliquats de TVA déductible dont dispose le contribuable à l'ouverture de la période non prescrite.
>
> Par ailleurs, l'administration peut contester la valeur des éléments d'actif acquis au cours d'un exercice prescrit pour remettre en cause, par exemple, des amortissements ou des provisions constatés au titre d'exercices non prescrits (n° 7625).

77705 Pour être valables, les impositions doivent être **mises en recouvrement** avant l'expiration du délai de reprise.

En ce qui concerne les impôts directs perçus par voie de rôle (impôt sur le revenu notamment), c'est la date de mise en recouvrement du rôle qui est prise en considération : l'imposition est valable si cette date est antérieure à l'expiration du délai de prescription, même si l'avis d'imposition ne parvient qu'après au contribuable.

En ce qui concerne l'impôt sur les sociétés, les taxes sur le chiffre d'affaires, les droits d'enregistrement et les autres impôts susceptibles de faire l'objet d'un avis de mise en recouvrement, on retient la date de notification de cet avis.

Remarque : La mise en recouvrement des impositions marque le point de départ de la prescription de l'action en recouvrement (n°s 76530 s.), qui doit être distinguée de la prescription du droit de reprise.

A. Délais de reprise

IMPÔT SUR LE REVENU ET IMPÔT SUR LES SOCIÉTÉS

77710 Le délai de reprise de droit commun de l'administration expire, en principe, à la fin de la ***troisième année suivant* celle au titre de laquelle l'imposition est due.**

LPF art. L 169 s. CF-II-900 s et 10300 s

Par **exemple,** pour les revenus de l'année 2024 imposables cette même année (revenus déclarés en 2025), le délai de reprise expirera le 31 décembre 2027.

> **Précisions** **a.** Lorsqu'aucun **exercice** n'est **clos au cours d'une année** et que l'exercice comptable comprend deux périodes d'imposition distinctes correspondant à des années différentes, le délai de trois ans s'apprécie séparément pour chacune de ces périodes

(exemple : une entreprise nouvelle créée le 1er octobre 2023 décide d'arrêter son premier exercice le 31 décembre 2024 ; les résultats et le chiffre d'affaires de la période 1er octobre-31 décembre 2023 ne pourront plus être redressés après le 31 décembre 2026).

Ce principe n'est pas applicable pour les entreprises nouvelles passibles de l'impôt sur les sociétés, dispensées de souscrire une déclaration provisoire au titre de la première année civile d'activité en vertu de l'article 209, I-al. 2 du CGI (n° 7330). Il n'y a donc qu'une seule période d'imposition et le droit de reprise s'exerce sur l'ensemble de l'exercice.

b. Point de départ du délai de reprise pour le **crédit d'impôt recherche** et le crédit d'impôt **métiers d'art** : voir respectivement nos 10505 et 10535, précision c.

c. Particularités concernant le contrôle des **déficits** dans les **groupes de sociétés** ayant opté pour le régime d'intégration fiscale : voir n° 40810.

d. **Réouverture** du délai de reprise dans le cadre de l'**exit tax** : voir n° 33373, précision c.

e. Particularités concernant les délais de prescription afférents aux **agréments** relatifs aux aides fiscales en faveur des **investissements outre-mer** : voir n° 91870, précision d.

f. Droit de reprise spécifique aux rectifications « ex-post » des **transferts d'actifs et droits incorporels difficiles à évaluer** : voir n° 78277.

Cas d'extension du délai Par exception, le droit de reprise s'exerce jusqu'à la fin de la **dixième année** suivant celle au titre de laquelle l'imposition est due : 77715

– en cas d'**activité occulte** du contribuable ou lorsqu'il est bénéficiaire de revenus distribués par une personne morale exerçant une activité occulte. L'activité est réputée occulte lorsque le contribuable, ou la personne morale, n'a déposé dans le délai légal aucune déclaration fiscale au titre de son activité et soit n'a pas fait connaître cette activité à l'organisme unique chargé des formalités des entreprises, soit s'est livré à une activité illicite ;

– lorsque l'administration a dressé un procès-verbal de **flagrance fiscale** au titre d'une année postérieure ;

– lorsque les **obligations déclaratives** concernant les **structures établies dans un pays à régime fiscal privilégié** (nos 78280 et 78285), les **comptes** détenus à **l'étranger** et les **contrats d'assurance-vie** souscrits auprès d'organismes établis **à l'étranger** (n° 78305) ou encore les **trusts** (n° 78307) n'ont pas été respectées. Ce droit de reprise concerne les seuls revenus ou bénéfices afférents aux obligations déclaratives non respectées.

› Précisions **a.** L'administration admet, sous certaines conditions, de ne pas procéder à des rectifications pour la période excédant le délai normal de reprise dans le cas où le contribuable a **spontanément déclaré** son activité avant l'engagement du contrôle fiscal (BOI-CF-PGR-10-70 nos 120 et 130).

b. Le contribuable peut faire échec au délai spécial de reprise de dix ans pour **activité occulte** s'il établit qu'il a commis une erreur justifiant qu'il ne se soit acquitté d'aucune de ses obligations déclaratives (CE 21-6-2018 n° 411195 : RJF 10/18 n° 991). La réalité de cette erreur s'apprécie en fonction des circonstances de l'espèce (CE 27-11-2020 n° 428898 : RJF 2/21 n° 178).

c. La prorogation du délai de reprise en cas de non-respect de l'**obligation de déclarer les comptes détenus à l'étranger** ne s'applique pas lorsque le contribuable apporte la preuve que le total des soldes créditeurs de ses comptes à l'étranger n'a pas excédé 50 000 € à un moment quelconque de l'année au titre de laquelle la déclaration devait être faite.

Délais spéciaux Le délai de reprise peut se trouver étendu par l'effet d'autres délais spéciaux. Il en est ainsi dans les cas suivants : 77720

– erreurs sur la **nature de l'impôt** ou sur le **lieu d'imposition** : ces erreurs peuvent être réparées jusqu'à l'expiration de l'année suivant celle de la décision qui a prononcé la décharge de l'imposition initiale (LPF art. L 171). Une décision de dégrèvement d'office n'ouvre pas droit à ce délai spécial ;

– décès du contribuable : les omissions ou insuffisances constatées, à la suite de l'ouverture de la **succession,** dans les impositions établies au nom du défunt au titre de l'année du décès ou de l'une des quatre années antérieures peuvent être réparées jusqu'à la fin de la deuxième année *suivant celle de la déclaration* de succession ou, si aucune déclaration n'a été faite, celle du paiement par les héritiers des droits de mutation par décès (LPF art. L 172) ;

– **agissements frauduleux,** recours à **l'assistance administrative internationale,** ouverture d'une **enquête judiciaire pour fraude fiscale, omission** ou insuffisance **révélée par une procédure juridictionnelle ou une réclamation** : voir nos 77760 s.

TAXES SUR LE CHIFFRE D'AFFAIRES

En matière de taxes sur le chiffre d'affaires (TVA, taxes assimilées…), le droit de reprise s'exerce **jusqu'à la fin de la troisième année suivant** celle au cours de laquelle la taxe est devenue exigible. Lorsque l'**exercice ne coïncide pas avec l'année civile,** le délai de reprise a pour point de départ le début de la période sur laquelle s'exerce le droit de reprise pour l'impôt sur les 77725 LPF art. L 176 CF-II-3000 s et 10300 s bénéfices concernant le même contribuable et expire le 31 décembre de la troisième année suivant celle durant laquelle a été arrêté l'exercice de réalisation des opérations.

Par **exemple,** l'administration peut, jusqu'au 31 décembre 2026, exercer son droit de reprise à l'égard des opérations réalisées depuis le 1er janvier 2023 (exercice coïncidant avec l'année civile) ou depuis l'ouverture de l'exercice 2022-2023 (exercice arrêté en cours d'année).

Par exception, le délai de reprise expire à la fin de la **dixième année** suivant celle de la réalisation des opérations en cas d'exercice d'une **activité occulte** dans les conditions définies n° 77715 ou lorsque l'administration a dressé un procès-verbal de **flagrance fiscale** au titre d'une année postérieure.

› Précisions a. Cas où **aucun exercice** n'est **clos en cours d'année** : voir n° 77710, précision a.

b. Prorogation du délai en cas d'**agissements frauduleux,** de recours à **l'assistance administrative internationale,** d'ouverture d'une **enquête judiciaire pour fraude fiscale** ou **d'omission,** ou insuffisance **révélée par une procédure juridictionnelle ou une réclamation** : voir nos 77760 s.

c. Particularités concernant le contrôle des **crédits de TVA** dans les **groupes de sociétés** ayant opté pour le régime de consolidation du paiement de la TVA : voir n° 54225.

IMPÔTS DIRECTS LOCAUX

77735 LPF art. L 173 et L 174 CF-II-2500 s et 10300 s

En matière de **taxes foncières, taxe d'habitation** sur les résidences secondaires et autres locaux meublés non affectés à l'habitation principale, ainsi que pour taxes annexes établies sur les mêmes bases, le délai général de reprise expire le 31 décembre de l'**année suivant** celle au titre de laquelle l'imposition est due.

En ce qui concerne la **cotisation foncière des entreprises** et la **cotisation sur la valeur ajoutée des entreprises,** le délai de reprise expire en principe le 31 décembre de la **troisième année** suivant celle au titre de laquelle l'imposition est due (ainsi, pour les cotisations de 2023, le délai expirera le 31 décembre 2026). Par exception, ce délai expire à la fin de la **dixième année** suivant celle au titre de laquelle l'imposition est due en cas d'exercice d'une **activité occulte** dans les conditions définies n° 77715 ou lorsque l'administration a dressé un procès-verbal de **flagrance fiscale** au titre d'une année postérieure.

› Précisions a. Des dispositions spéciales sont applicables, en matière de taxe foncière sur les propriétés bâties, pour la remise en cause des **allégements** liés au revenu, au nombre de personnes à charge ou au quotient familial du contribuable (n° 42325, g). Il en va de même pour la réparation des **omissions ou insuffisances d'évaluation** de cette même taxe (n° 42175, d) et de la taxe d'habitation sur les résidences secondaires et autres locaux meublés non affectés à l'habitation principale (n° 43250).

b. Prorogation des délais en cas d'**agissements frauduleux,** de recours à **l'assistance administrative internationale,** d'ouverture d'une **enquête judiciaire pour fraude fiscale** ou **d'omission,** ou insuffisance **révélée par une procédure juridictionnelle ou une réclamation** : voir nos 77760 s.

DROITS D'ENREGISTREMENT ET IFI

77740 LPF art. L 180 et L 186 CF-II-3700 s ENR-VII-3700 s

Pour les droits d'enregistrement et l'impôt sur la fortune immobilière (IFI), l'action en reprise de l'administration se prescrit :

– **le 31 décembre de la troisième année** suivant celle au cours de laquelle l'exigibilité des droits ou taxes a été suffisamment révélée par l'enregistrement d'un acte ou d'une déclaration sans qu'il soit nécessaire de recourir à des recherches ultérieures (**même délai** pour établir l'**insuffisance** de prix ou de valeur d'un immeuble, d'un fonds de commerce ou d'un autre bien visé n° 78885) ;

– dans les **autres cas** (absence de déclaration ou d'acte présenté à la formalité, ou nécessité de recherches ultérieures), et sauf exceptions visées aux précisions b et c, le **31 décembre de la sixième année** suivant celle du fait générateur de l'impôt, c'est-à-dire de l'événement donnant naissance à la créance d'impôt (date du décès en matière de droits de mutation par décès ; date de mutation ou de l'acte, lorsque celui-ci a acquis date certaine, pour les autres droits d'enregistrement ; date de la réalisation de la condition suspensive pour les conventions ou créances d'impôt affectées d'une telle condition ; expiration du délai imparti pour exécuter un engagement pris afin de bénéficier d'un régime de faveur ; 1er janvier de l'année d'imposition en matière d'impôt sur la fortune immobilière).

› Précisions a. En matière d'**impôt sur la fortune immobilière** (IFI), la prescription de longue durée s'applique en l'absence de mention de la valeur du patrimoine taxable dans la **déclaration** annuelle des revenus, en l'absence de production des annexes spéciales ou en cas d'omission d'un bien dans ces annexes. Il en est de même en cas de contrôle de la qualification de biens professionnels déclarés (Cass. com. 20-9-2011 n° 10-24.523 : RJF 12/11 n° 1390). En revanche, la prescription abrégée est applicable lorsque l'exigibilité de l'impôt au titre d'une année est suffisamment révélée par la déclaration correspondante (notamment en cas de simples insuffisances d'évaluation dans une déclaration régulière), même lorsque le contribuable n'a pas indiqué la méthode d'évaluation des biens retenue (Cass. com. 30-5-2007 n° 06-14.236 : RJF 11/07 n° 1350).

b. Le droit de reprise peut s'exercer jusqu'au 31 décembre de la dixième année suivant le fait générateur lorsque l'exigibilité des impôts ou droits relatifs à des **avoirs détenus à l'étranger** sur des **comptes** bancaires, des **contrats d'assurance-vie** ou dans des **trusts** n'a pas été suffisamment révélée dans le document enregistré ou présenté à la formalité ou, pour l'IFI, par la déclaration annuelle des revenus et ses annexes (LPF art. L 181-0 A).

c. S'agissant des sommes provenant des **contrats d'assurance-vie en déshérence** reversées par la Caisse des dépôts et consignations au bénéficiaire, le droit de reprise peut s'exercer, à défaut d'acte ou de déclaration révélant suffisamment l'exigibilité des droits de mutation à titre gratuit, jusqu'à l'expiration de la sixième année suivant celle du versement des sommes (LPF art. L 181-0 B).

d. En matière de **taxe de 3 %** sur les immeubles des sociétés étrangères la prescription abrégée n'est pas applicable lorsque le nom du bénéficiaire économique mentionné dans les déclarations annuelles est distinct de celui de l'actionnaire principal figurant dans les statuts ou les documents officiels établis par l'État dans lequel est établie la personne morale propriétaire du bien (Cass. com. 30-8-2023 n° 21-15.743 : RJF 12/23 n° 952).

e. Prorogation des délais en cas d'**agissements frauduleux**, de recours à **l'assistance administrative internationale**, d'ouverture d'une **enquête judiciaire pour fraude fiscale** ou d'**omission,** ou insuffisance **révélée par une procédure juridictionnelle ou une réclamation** : voir nos 77760 s.

f. Sur le délai de reprise applicable lorsque le bénéficiaire d'un **don manuel** opte pour la **déclaration et le paiement des droits au décès du donateur,** voir n° 69190, précision b.

g. La valeur des biens ayant fait l'objet d'une **donation antérieure** peut être rectifiée dans le cadre de leur rapport lors d'une nouvelle donation ou d'une succession (voir n° 68640, précision c).

IMPÔTS ET TAXES DIVERS

Le droit de reprise de l'administration s'exerce dans les conditions suivantes à l'égard des principaux impôts et taxes autres que ceux que nous venons d'examiner. **77745**

a. Retenues à la source et prélèvements sur les **revenus mobiliers** : expiration du délai de reprise à la fin de la troisième année (ou dixième année dans certains cas pour la retenue à la source de l'article 119 bis du CGI) suivant celle au cours de laquelle les versements étaient exigibles.

b. Taxes et participations sur les **salaires.** Taxe sur les salaires : même régime que l'impôt sur le revenu (nos 77710 et 77720). Cotisation de 2 % au titre de la participation-construction, même régime que les taxes sur le chiffre d'affaires (nos 77725 s.). Contributions au titre de la formation professionnelle et de l'alternance : même régime qu'en matière de sécurité sociale (Mémento social n° 24270).

c. Taxe sur les **véhicules** des sociétés : même régime que les taxes sur le chiffre d'affaires (nos 77725 s.).

d. Taxe sur les **conventions d'assurance** : même régime que les taxes sur le chiffre d'affaires (nos 77725 s.).

e. Contribution sur les **revenus locatifs** : même régime que l'impôt sur les sociétés (nos 77710 et 77720).

f. Taxe d'aménagement : expiration du délai de reprise à la fin de la troisième année suivant celle de la date d'exigibilité (LPF art. L 175 A, al. 1) ou à la fin de la sixième année suivant celle de l'achèvement des constructions ou aménagements en cas de non-respect de la réglementation (LPF art. L 175 A, al. 2).

g. CSG et CRDS sur les revenus d'activité ou de remplacement : même régime qu'en matière de sécurité sociale (Mémento social n° 24270). CSG, CRDS et prélèvement social (et contributions additionnelles) sur les revenus du capital : régime de l'impôt sur le revenu (nos 77710 et 77720) ou des prélèvements sur les revenus mobiliers (ci-dessus a), selon le mode de recouvrement de ces contributions.

h. ***Contribution sociale de solidarité des sociétés*** : même régime qu'en matière de sécurité sociale (n° 75050, précision b).

i. Prélèvements sur les plus-values immobilières des non-résidents. Réalisées à titre habituel : même régime que les droits d'enregistrement (n° 77740). Réalisées à titre occasionnel : même régime que l'impôt sur le revenu (nos 77710 et 77720).

PÉNALITÉS FISCALES

Les amendes fiscales sanctionnant des **infractions** aux dispositions qui régissent l'**assiette** et le **paiement** des impôts de toute nature sont prescrites dans le même délai et les mêmes conditions que les droits simples et majorations de droits afférents aux impôts auxquels elles se rapportent. **77750** LPF art. L 188 CF-II-9000 s

77755 Les **autres amendes fiscales** sont prescrites à l'expiration de la quatrième année suivant celle au cours de laquelle l'infraction a été commise. Quant aux amendes et confiscations **prononcées** par les **tribunaux répressifs,** leur recouvrement se prescrit dans les mêmes délais que les peines correctionnelles de droit commun.

B. Prorogation des délais de reprise

AGISSEMENTS FRAUDULEUX

77760
LPF art. L 187
CF-II-9600 s

Lorsque la découverte d'agissements frauduleux entraîne le dépôt d'une **plainte** en vue de l'application d'une sanction pénale, l'administration peut opérer des contrôles et procéder à des rehaussements au titre des deux années excédant le délai ordinaire de prescription. Par **exemple,** si une vérification de comptabilité effectuée en matière d'impôt sur le revenu et portant sur les années 2021 à 2023 donne lieu à une proposition de rectification en juin 2024 et au dépôt d'une plainte en août 2024, le vérificateur peut, après cette date et jusqu'au 31 décembre 2024, procéder à une **nouvelle vérification** et proposer des rectifications pour les années 2019 et 2020.

Cette prorogation de délai est opposable aux auteurs des agissements, à leurs complices et, le cas échéant, aux personnes pour le compte desquelles la fraude a été commise.

> **Précisions** Moyennant constitution de garanties, il est **sursis au recouvrement** des impositions supplémentaires afférentes aux deux années en cause jusqu'à la décision de la juridiction pénale.
> Ces impositions deviennent caduques si la plainte déposée est close par une ordonnance de non-lieu ou si les personnes poursuivies sont relaxées, ainsi que dans tous les autres cas où le juge pénal ne retient pas une qualification qui justifie l'application d'une sanction pénale, par exemple en cas d'extinction de l'action pénale par suite du décès du contribuable en cours d'instance (notamment CE 29-9-1989 n° 75305 : RJF 11/89 n° 1197).

ASSISTANCE ADMINISTRATIVE INTERNATIONALE

77765
LPF art. L 188 A
CF-II-11300 s

Lorsque l'administration a, **dans le délai initial de reprise,** demandé des renseignements concernant un contribuable à une **autorité étrangère** dans le cadre de l'assistance administrative internationale, les omissions ou erreurs d'imposition afférentes à cette demande peuvent être réparées, même si le délai initial est expiré, jusqu'à la fin de l'année qui suit celle de la réception de la réponse et, au plus tard, jusqu'au 31 décembre de la troisième année suivant celle au titre de laquelle le délai initial est expiré.

> **Précisions** La prolongation du délai de reprise est subordonnée à la condition que le **contribuable** ait été **informé** de l'existence de la demande de renseignements dans le **délai** de 60 jours suivant son envoi, ainsi que de l'intervention éventuelle de la réponse de l'autorité sollicitée dans le délai de 60 jours suivant sa réception par l'administration.
> Sur le **décompte de l'intérêt de retard** en cas de rectification des bases d'imposition, voir n° 80015.

OUVERTURE D'UNE ENQUÊTE JUDICIAIRE POUR FRAUDE FISCALE

77770
LPF art. L 188 B
CF-VIII-45350 s

Lorsque l'administration a, **dans le délai de reprise,** déposé une **plainte** ayant abouti à l'ouverture d'une enquête judiciaire pour fraude fiscale dans les cas visés n° 80275, précision d, les omissions ou insuffisances d'imposition afférentes à la période couverte par le délai de reprise peuvent, même si celui-ci est écoulé, être réparées jusqu'à la fin de l'année qui suit la décision qui met fin à la procédure et, au plus tard, jusqu'à la fin de la dixième année qui suit celle au titre de laquelle l'imposition est due.

> **Précisions** La prorogation du délai de reprise concerne **toutes les impositions** comprises dans le délai initial non expiré à la date du dépôt de la plainte, et non les seules impositions dues au titre des années visées par la procédure judiciaire (Cass. com. 30-11-2022 n° 20-22.383 : RJF 3/23 n° 257).
> L'administration estime, quant à elle, que le délai spécial concerne toutes les impositions dues au titre de la période visée par la plainte (BOI-CF-INF-40-10-10-30 n° 145).

OMISSION OU INSUFFISANCE RÉVÉLÉE PAR UNE PROCÉDURE JURIDICTIONNELLE OU PAR UNE RÉCLAMATION

77775
LPF art. L 188 C
CF-II-14500 s

Même si les délais de reprise sont écoulés, les omissions ou insuffisances d'imposition révélées par une procédure judiciaire, par une procédure devant les juridictions administratives ou par une réclamation contentieuse peuvent être réparées jusqu'à la fin de l'année suivant celle de la décision qui a clos la procédure et, au plus tard, jusqu'à la fin de la dixième année qui suit celle au titre de laquelle l'imposition est due.

> Précisions a. La réparation d'omissions ou d'insuffisances révélées par une réclamation contentieuse peut s'exercer à l'égard d'**années d'imposition** qui ne sont pas visées dans la réclamation (CE 21-12-2001 nº 204181 : RJF 3/02 nº 309).
b. L'application du délai spécial de reprise est indépendante de celle du délai normal et peut donc intervenir que celui-ci soit écoulé ou non (CE 28-12-2016 nº 391071 : RJF 3/17 nº 249). Ce délai spécial ne joue pas lorsque l'**administration** est **en possession d'éléments suffisants** lui permettant d'établir des omissions ou insuffisances par la mise en œuvre de ses propres moyens d'investigation, qu'elle dispose de ces éléments dans le délai normal de reprise (CE 29-4-2009 nº 299949 : RJF 7/09 nº 669) ou après l'expiration de ce délai (CE 23-12-2013 nº 350967 : RJF 3/14 nº 262).
c. Lorsque la **procédure** ayant révélé les omissions ou insuffisances est **déclarée irrégulière** par le juge compétent, le contribuable peut demander la décharge des impositions mises à sa charge dans le délai spécial (CE 30-3-2016 nº 375116 : RJF 7/16 nº 642).

C. Interruption de la prescription

Certains événements, lorsqu'ils interviennent avant l'expiration du délai de reprise, ont pour effet d'interrompre la prescription et d'ouvrir à l'administration un nouveau délai pour mettre en recouvrement les droits omis. **77780** LPF art. L 189 et L 76 CF-II-25000 s

Une **proposition de rectification** notifiée au contribuable avant l'expiration du délai de reprise interrompt la prescription dans la limite du montant des rectifications proposées (à moins qu'elle ne soit irrégulière ou consécutive à une procédure irrégulière). Il en est de même d'une notification des bases d'imposition d'office. L'administration dispose alors d'un nouveau délai de même durée que celui interrompu, compté du 1er janvier suivant, pour établir l'imposition (exemple : proposition de rectification notifiée en novembre 2024 au titre de l'impôt sur les revenus de 2021 ; possibilité d'établir jusqu'au 31 décembre 2027 les impositions correspondantes).

> Précisions a. La notification interrompt également la prescription pour les **pénalités fiscales** afférentes aux rehaussements dès lors qu'elle mentionne que celles-ci pourront éventuellement être appliquées. Notons cependant que dans la plupart des cas l'administration est tenue de notifier le montant même des pénalités (voir nºs 79425 s.).
b. La prescription est interrompue dès lors que le pli contenant la proposition de rectification a été présenté à l'adresse du contribuable avant l'expiration du délai de reprise. Il en va de même lorsque le pli n'a **pas pu être remis** à l'intéressé lors de sa présentation et que, avisé de sa mise en instance, il ne l'a retiré qu'après l'expiration du délai de reprise ou a négligé de le retirer (CE 14-10-2015 nº 378503 : RJF 1/16 nº 55).
c. Après une première proposition de rectification, l'administration peut proposer des rectifications supplémentaires en envoyant une **nouvelle notification avant l'expiration du délai initial de reprise.** La seconde notification est alors également interruptive de prescription (notamment CE 14-6-1996 nº 148696 : RJF 8-9/96 nº 1044). Après l'expiration du délai initial de reprise, l'administration peut seulement **modifier les motifs** d'une première notification adressée dans ce délai : dans ce cas, la seconde notification ne prive pas la première de son effet interruptif de prescription, mais elle n'entraîne pas elle-même une nouvelle interruption (notamment CE 12-6-1992 nº 72194 : RJF 8-9/92 nº 1209).
d. La proposition de rectification adressée à une **société de personnes** agit vis-à-vis des associés (nº 78785, b).
e. Interruption de la prescription en cas d'application de la **déduction « en cascade »** des rappels de taxes sur le chiffre d'affaires : voir nº 79600.

La prescription peut également être interrompue par des **déclarations ou notifications de procès-verbaux,** par tous actes comportant **reconnaissance des redevables** (versement d'un acompte, demande de délai, de remise de pénalités, écritures comptables précises, etc.) ou par **tous autres actes interruptifs** de droit commun (demande en justice, acte d'exécution forcée). **77785**

SECTION 2

MODALITÉS D'EXERCICE DU CONTRÔLE

77860 Pour l'exercice de sa mission de contrôle fiscal, l'administration dispose essentiellement :

– de **pouvoirs d'investigation** : opérations de contrôle proprement dites visées ci-dessous, enquêtes et perquisitions ;

– de procédures lui permettant d'obtenir des **renseignements** et d'effectuer, éventuellement, des recoupements : demandes d'éclaircissements ou de justifications, droit de communication, ainsi que diverses mesures spéciales (n°s 78305, 78355 s. et 78393 s.).

Les opérations de contrôle revêtent elles-mêmes diverses **formes.** Il peut s'agir d'un simple examen critique des déclarations souscrites, par l'agent chargé du contrôle, à l'aide des renseignements et documents figurant au dossier (**contrôle sur pièces**).

Il peut également s'agir d'un contrôle ponctuel effectué sur **demande du contribuable** (n° 78410).

Il peut enfin s'agir d'un contrôle approfondi impliquant des investigations plus importantes, à savoir une **vérification.** Lorsqu'elle concerne des bases d'imposition déterminées à partir d'une comptabilité, cette opération prend la forme soit d'une **vérification de comptabilité,** soit d'un **examen de comptabilité.** Lorsqu'elle porte sur l'exactitude du revenu global servant de base à l'impôt sur le revenu, elle constitue un **examen contradictoire de la situation fiscale personnelle.**

On notera que ces différentes formes de contrôle, loin d'être exclusives les unes des autres, sont, au contraire, souvent complémentaires. Ainsi, l'engagement d'une vérification est, dans de nombreux cas, précédé d'un contrôle sur pièces mettant en évidence la nécessité d'un contrôle plus approfondi. De même, l'administration procède généralement, à l'occasion de la vérification de la comptabilité d'une entreprise individuelle ou d'une société, à l'examen de la situation fiscale de l'exploitant ou des dirigeants.

77865 CF-I-6000 s **Services et agents chargés du contrôle** Différents **services** de la Direction générale des finances publiques (DGFiP) sont chargés du contrôle fiscal : directions à compétence nationale, directions de contrôle fiscal dont le ressort est interrégional, directions départementales, services locaux. Entre ces différents services, la répartition des tâches s'opère en fonction de plusieurs critères, notamment l'emplacement géographique, le montant du chiffre d'affaires réalisé ou du revenu imposable, l'appartenance à un groupe de sociétés ou la relation d'intérêts avec l'étranger, et le secteur d'activité ou la catégorie socioprofessionnelle.

Les **agents** compétents pour procéder aux vérifications et notifier les propositions de rectification sont les agents de catégorie A (inspecteurs des finances publiques, notamment) et les agents de catégorie B (contrôleurs des finances publiques). Ces agents peuvent se faire assister, pour les opérations de contrôle, par d'autres agents ou par des fonctionnaires stagiaires. Ils peuvent contrôler les contribuables dont le lieu de déclaration ou d'imposition se situe dans le ressort territorial du service auquel ils sont affectés, ainsi que les personnes ou groupements liés à ces contribuables (personnes appartenant à un même foyer fiscal, à un même groupe d'intérêts, etc.) (CGI ann. III art. 350 terdecies).

> Précisions a. Les agents territorialement compétents pour procéder à la vérification des déclarations de revenu global ou des déclarations professionnelles du contribuable peuvent contrôler l'ensemble des impositions dues par l'intéressé, quel que soit le lieu de déclaration ou d'imposition (CGI ann. III art. 350 terdecies, II).

De même, les agents compétents à l'issue d'un **changement de lieu de déclaration ou d'imposition** d'un contribuable peuvent également asseoir et contrôler l'ensemble des impôts ou taxes non prescrits dus au titre de la période antérieure à ce changement (LPF art. L 45-0 A).

b. Les agents des services de contrôle de la DGFiP peuvent effectuer le contrôle fiscal des actes déposés au **service national de l'enregistrement** et qui concernent des personnes physiques ou morales domiciliées ou établies dans le ressort territorial de leur service d'affectation (CGI ann. III art. 350 terdecies, III).

c. Des **fonctionnaires** des administrations **des autres États membres de l'Union européenne** dûment habilités par les autorités étrangères par un mandat écrit et autorisés par l'administration française peuvent assister aux opérations de contrôle ou y participer en recourant à des moyens de communication électronique. Ils peuvent également mener un contrôle conjoint avec les agents de la DGFiP. Tout refus opposé par le contribuable à la présence de ces fonctionnaires est considéré comme un refus opposé aux agents de l'administration et entraîne l'application, le cas échéant, des pénalités fiscales exposées nos 78070 et 79100 (LPF art. L 45, II-E).

d. Les agents des services de contrôle de la DGFiP peuvent exercer certaines attributions dévolues à la direction des impôts des **non-résidents** afin de contrôler les personnes physiques ou morales non domiciliées en France mais qui y réalisent des opérations taxables ou perçoivent des revenus qui y sont imposables (CGI ann. III art. 350 terdecies, VIII).

e. Lorsque, compte tenu des conditions d'exercice de sa mission et des circonstances particulières de la procédure, la révélation de son **identité** est susceptible de mettre en **danger** l'agent chargé du contrôle ainsi que ses proches, celui-ci peut être autorisé à n'être identifié que par un **numéro d'immatriculation** administrative, sa qualité et son service d'affectation. Cette autorisation est valable pour toute la durée de la procédure et pour l'ensemble des actes liés à la mission en question. Les **juridictions** ont accès à l'identité des agents concernés et apprécient la suite à donner aux demandes de communication de l'identité formulées au contentieux. En cas de contestation d'un acte de procédure dont l'examen de la régularité nécessite la révélation de l'identité de l'agent, elles statuent sans verser cet élément au débat contradictoire (LPF art. L 286 B, R 286 B-1 et R 286 B-2).

A. Demandes d'éclaircissements ou de justifications

MISE EN ŒUVRE DE LA PROCÉDURE

Lorsqu'elle **contrôle la déclaration d'ensemble des revenus,** l'administration peut demander au contribuable des **éclaircissements,** c'est-à-dire (CE 16-4-2012 n° 320912 : RJF 7/12 n° 679) des commentaires ou des informations sur les mentions portées sur ses déclarations. **78000** LPF art. L 16 et L 16 A CF-IV-700 s

Elle peut également demander au redevable des **justifications,** c'est-à-dire la production de documents sur :

– sa situation ou ses charges de famille (extrait de naissance, certificat de scolarité...) ;

– les charges retranchées du revenu net global ou ouvrant droit à une réduction d'impôt (factures, quittances...) ;

– des avoirs ou revenus d'avoirs à l'étranger ;

– les éléments servant de base à la détermination des revenus fonciers (voir n° 27595), des gains de cession de valeurs mobilières ou de droits sociaux (voir n° 33280), et des plus-values de cession d'immeubles ou de biens meubles (voir n° 32425, précision e, et n° 32780) ;

ou lorsque l'agent a réuni des éléments permettant d'établir que le contribuable peut avoir des revenus plus importants que ceux qui font l'objet de sa déclaration. Cette condition est remplie, notamment, lorsque le total des montants crédités sur ses relevés de compte représente au moins le double de ses revenus déclarés ou excède ces derniers d'au moins 150 000 €.

La procédure de demande de justifications revêt ainsi une grande importance pratique. Grâce à sa connaissance des **mouvements de capitaux** ou des **variations** survenues dans les **patrimoines,** l'administration est notamment à même d'interroger le contribuable sur l'**origine** de fonds déposés sur ses comptes bancaires ou ayant servi à financer des acquisitions au cours de la période contrôlée dès lors que l'importance des sommes en cause au regard des montants déclarés laisse supposer l'existence de revenus dissimulés. Elle ne peut toutefois exiger de l'intéressé qu'il lui communique le détail de ses dépenses.

Les demandes d'éclaircissements ou de justifications doivent indiquer explicitement les points sur lesquels elles portent et prévoir un **délai de réponse** qui ne peut être **inférieur** à deux mois. L'administration peut accorder un délai de réponse complémentaire au contribuable qui en a fait la demande écrite (en ce qui concerne les conséquences d'un tel délai sur la durée de l'examen contradictoire de la situation fiscale personnelle, voir n° 79491).

> Précisions **a.** Conformément au principe général posé par l'article L 10 du LPF, l'administration a toujours la faculté de demander aux contribuables (verbalement ou par écrit) des renseignements ou des **justifications concernant les déclarations** souscrites. Dans ce cas, le contribuable dispose en principe d'un délai de 30 jours pour répondre (LPF art. 11). Mais l'octroi d'un délai plus court n'est sanctionné que si l'irrégularité a porté atteinte à ses droits (CE 22-1-2010 n° 314010 : RJF 4/10 n° 315). En tout état de cause, en dehors des cas prévus par l'article L 16 du LPF, le défaut de réponse n'est pas de nature à entraîner une taxation d'office : l'administration doit suivre la procédure de rectification contradictoire.

b. Les **demandes de justifications** visées par l'article L 16 du LPF ne peuvent être formulées que dans les **cas** limitativement énumérés ci-dessus. Ainsi, sauf pour ce qui concerne les revenus fonciers, les gains de cession de valeurs mobilières ou de droits sociaux, et les plus-values mobilières et immobilières, cette procédure ne peut être utilisée pour le contrôle des frais et charges portés en déduction pour la détermination d'un **revenu net catégoriel** (CE 16-4-2012 n° 320912 : RJF 7/12 n° 679).

Par ailleurs, l'administration ne peut adresser une demande de justifications à un contribuable titulaire de **bénéfices professionnels** (BIC, BNC, BA) qu'à la condition de pouvoir faire état d'indices sérieux permettant d'établir que l'intéressé a disposé de revenus provenant d'une source autre que cette activité professionnelle (notamment CE 24-7-1987 n° 50364 : RJF 10/87 n° 959).

c. Après avoir procédé à l'examen de sa situation fiscale personnelle, l'administration ne peut adresser au contribuable une demande de justifications sans lui avoir préalablement **restitué les documents** remis par celui-ci à l'occasion du contrôle et qui lui sont utiles pour formuler sa réponse (notamment CE 3-9-1997 n° 147419 : RJF 10/97 n° 880). L'absence de restitution en temps utile des documents entraîne l'irrégularité de la procédure d'imposition, sauf si l'intéressé est en situation de taxation d'office pour défaut de déclaration (CE 11-5-1994 n° 77959 : RJF 7/94 n° 769). En revanche, l'administration n'est pas tenue de transmettre au contribuable les relevés de compte qu'elle a obtenus directement auprès de sa banque, dans l'exercice de son droit de communication, avant de lui adresser une demande de justifications (CE 30-12-2002 n° 220281 : RJF 3/03 n° 256).

d. Lorsque la demande d'éclaircissements ou de justifications n'a pas d'autre origine que les constatations faites au cours d'une **vérification** (vérification de comptabilité ou examen de la situation fiscale personnelle), les **irrégularités** commises au cours de cette vérification entachent également la procédure de demande d'éclaircissements ou de justifications et, par voie de conséquence, la taxation d'office susceptible d'en résulter (CE 22-6-1983 n° 27923 : RJF 8-9/83 n° 932 ; CE 18-5-1984 n° 34234 : RJF 7/84 n° 813).

e. Demandes d'éclaircissements ou de justifications portant sur les opérations retracées dans des comptes utilisés à la fois à titre privé et professionnel (**comptes « mixtes »**) : voir n° 78145.

78002 **Cas particuliers** Une procédure distincte de demande d'éclaircissements ou de justifications existe en matière d'**impôt sur la fortune immobilière** (voir n° 72320) pour le contrôle de la **taxe sur les services numériques** (voir n° 76150, précision f), ainsi qu'à l'égard des contribuables n'ayant **pas déclaré** leurs **avoirs détenus à l'étranger** (voir n° 78305).

RÉPONSE DU CONTRIBUABLE

78005 Si, dans le délai qui lui est imparti, le contribuable ne répond pas à la demande d'éclaircissements ou de justifications, s'il ne fournit aucune réponse écrite ou encore s'il n'apporte que des réponses imprécises ou invérifiables sans les assortir d'éléments de justification (CE 3-2-2021 n° 430852 : RJF 4/21 n° 350), il peut être taxé d'office (sauf cas particulier visé à la précision b).

En revanche, si, dans le délai imparti, il fournit des éléments réponse et de justification mais que ceux-ci sont insuffisants, l'administration doit le **mettre en demeure** d'apporter des précisions complémentaires dans un délai de 30 jours en indiquant les éléments de la réponse initiale à compléter et les justifications manquantes (en ce qui concerne les conséquences de ce nouveau délai sur la durée de l'examen contradictoire de la situation fiscale personnelle, voir n° 79491). Sous peine d'irrégularité de la procédure, cette mise en demeure ne peut pas être adressée avant l'expiration du délai de réponse fixé par la demande d'éclaircissements ou de justifications (CE 8-6-2011 n° 310524 : RJF 8-9/11 n° 918).

Si dans le nouveau délai imparti le contribuable n'apporte aucune réponse écrite ou ne fournit pas les renseignements et les justifications demandés, la procédure de taxation d'office lui est applicable.

Sur ces hypothèses d'intervention de la taxation d'office et le déroulement de cette procédure, voir nos 79090 et 79125 s.

> Précisions **a.** Pour échapper à la taxation d'office, le contribuable doit apporter des **éléments précis** : il ne peut pas valablement limiter sa réponse à de simples affirmations ou allégations de caractère général, imprécis et invérifiable.

La nature des justifications à fournir dépend, bien entendu, des questions posées par l'agent des impôts. Le contribuable peut faire état, par exemple, de la réalisation d'**avoirs antérieurs.** Toutefois, s'agissant des cessions d'**actifs couverts par l'anonymat,** des dispositions particulières sont prévues par la loi. Ainsi, selon l'article L 16, alinéa 3 du LPF, le contribuable ne peut, en réponse à une demande de justifications, alléguer de la vente ou du remboursement de **bons** visés à l'article 125 A, III bis-2° du CGI dans sa rédaction antérieure à la loi 2017-1837 du 30 décembre 2017 (bons assimilés aux anciens bons du Trésor sur formules, bons de caisse des établissements de crédit) ou de titres de même nature pouvant bénéficier de l'anonymat (notamment, bons de capitalisation) lorsqu'il a, au moment de leur souscription, refusé que son identité et son domicile fiscal soient communiqués à l'administration. Il en va de même pour les ventes d'**or** lorsque l'identité et le domicile du vendeur n'ont pas été enregistrés par l'intermédiaire ou lorsqu'elles ne sont pas attestées par la

comptabilité de l'intermédiaire. Ces dispositions ne font cependant pas obstacle à ce que l'intéressé apporte ensuite, devant la commission des impôts directs et des taxes sur le chiffre d'affaires puis, le cas échéant, au cours de la procédure contentieuse, la preuve du caractère exagéré de l'imposition en démontrant la réalité de la vente ou du remboursement allégué (CE 30-3-2011 n° 334895 : RJF 6/11 n° 678).
Le contribuable peut également justifier que des sommes qu'il a perçues lui ont été versées par l'un de ses parents. Ces sommes sont alors présumées correspondre à un **prêt familial** et non à des revenus imposables, sauf si le contribuable et l'auteur du versement sont en relation d'affaires ou de travail (CE 17-12-2003 n° 241920 : RJF 3/04 n° 297 ; CE 17-7-2013 n° 343868 : RJF 11/13 n° 1001).
b. Lorsque la **mise en demeure** invite le contribuable à apporter des éléments de réponse non seulement pour les sommes au sujet desquelles il a produit des éléments de réponse insuffisants, mais aussi pour des **sommes pour lesquelles aucune réponse n'a été apportée** dans le délai requis, l'administration ne peut pas procéder à la taxation d'office des sommes n'ayant donné lieu initialement à aucune réponse si le contribuable a suffisamment répondu à la suite de la mise en demeure (CE 8-10-2012 n° 346853 : RJF 12/12 n° 1099).

B. Droit de communication

Alors qu'ils sont, sauf cas précis de dérogation, astreints à la règle du **secret professionnel,** les agents de l'administration fiscale ont le droit d'obtenir communication de documents et de renseignements détenus par des tiers afin d'effectuer le contrôle des déclarations souscrites par les contribuables. **78030** LPF art. L 81 CF-III-1 s

L'administration fiscale a ainsi la possibilité de compléter les informations qui doivent lui être légalement fournies soit spontanément (déclaration des salaires et honoraires, déclaration des paiements de revenus mobiliers, etc.), soit sur demande particulière de sa part (relevés des ventes autres que les ventes au détail, par exemple), par certains contribuables ou organismes.

> Précisions a. Le droit de communication permet à l'administration de demander à un **tiers** ou éventuellement au **contribuable lui-même,** de manière ponctuelle, des renseignements dont celui-ci dispose, ou de prendre connaissance de certains documents qui se rapportent à l'activité professionnelle de la personne auprès de laquelle ce droit est exercé. Le droit de communication doit ainsi être distingué de la **vérification de comptabilité,** qui comporte une comparaison entre les déclarations souscrites par le contribuable et les écritures comptables, ainsi qu'un contrôle de l'exactitude de la comptabilité (CE 6-10-2000 n° 208765 : RJF 12/00 n° 1497).
b. Lorsque, par l'exercice de son droit de communication ou le recours à l'assistance administrative internationale, l'administration a régulièrement connaissance de documents, pièces ou informations, elle peut les utiliser dans le cadre de l'ensemble des procédures de contrôle et de rectification dont elle dispose, à l'exclusion des visites domiciliaires, sans que ces éléments puissent être écartés au seul motif de leur **origine** (LPF art. L 10-0 AA). Toutefois, pour établir l'imposition, elle ne peut se prévaloir de pièces ou documents obtenus par une autorité administrative ou judiciaire dans des conditions déclarées ultérieurement illégales par le juge (CE 15-4-2015 n° 373269 : RJF 7/15 n° 613). En revanche, la détention d'informations d'origine irrégulière sur le contribuable **avant** le déclenchement de son examen contradictoire de la situation fiscale personnelle (ESFP) est sans incidence sur la régularité de la procédure (CE 20-10-2016 n° 390639 : RJF 1/17 n° 44).

ÉTENDUE DU DROIT DE COMMUNICATION

Les personnes ou organismes assujettis au droit de communication sont limitativement énumérés par la loi. Il s'agit : **78040** LPF art. L 81, al. 2, L 82 A à L 102 AE et R 85-1 à R 101-1 CF-III-200 s

– des personnes physiques ou morales ayant la qualité de **commerçant,** c'est-à-dire soumises aux obligations comptables du Code de commerce ;
– des **artisans** ;
– des membres de certaines **professions non commerciales** ;
– des **professions agricoles** ;
– des **tribunaux** (autorité judiciaire, ministère public) ;
– des **organismes de sécurité sociale** ;
– des **administrations publiques** et assimilées ;
– d'**établissements, de personnes ou d'organismes** divers, notamment des banques ; des sociétés civiles ; des personnes ou organismes qui payent des produits de valeurs mobilières ; des institutions et organismes qui n'ont pas la qualité de commerçant et qui paient des salaires, honoraires ou rémunérations quelconques, encaissent, gèrent ou distribuent des fonds pour le

compte de leurs adhérents (sociétés coopératives, associations...) ; des établissements de jeu ; des personnes effectuant des opérations d'assurance ; des professionnels de l'immobilier réalisant des opérations relatives à des locaux commerciaux ; des opérateurs de communications électroniques, des fournisseurs d'accès ou d'hébergement et de certains prestataires en ligne, ainsi que des concepteurs et éditeurs de logiciels de comptabilité ou de gestion, ou de systèmes de caisse et des personnes qui interviennent techniquement sur les fonctionnalités de ces produits ; des opérateurs de plateforme en ligne ; des exploitants d'entrepôts logistiques ; des personnes ou entités soumises à une obligation de vigilance en matière de blanchiment d'argent et de financement du terrorisme.

L'administration peut adresser des **demandes de renseignements** à des personnes non soumises au droit de communication (**salariés,** notamment), mais celles-ci ne sont pas légalement tenues d'y répondre. Ces demandes ne doivent pas être susceptibles d'induire la personne questionnée en erreur sur son droit de s'abstenir de répondre.

78045 **> Précisions** **a.** Pour l'établissement de l'assiette et le contrôle de l'impôt, le droit de communication peut porter sur des informations relatives à des **personnes non identifiées,** dans les conditions fixées par l'article R 81-3 du LPF.

b. Le droit de communication prévu à l'égard des **entreprises commerciales** permet aux agents des finances publiques de prendre connaissance des livres, registres et rapports dont la tenue est rendue obligatoire par le Code de commerce, ainsi que de tous documents relatifs à leur activité.

c. Les membres des **professions non commerciales** soumis au droit de communication sont :

– les personnes dont l'activité autorise l'intervention dans des transactions, la prestation de services à caractère juridique, financier ou comptable, ou la détention de biens ou de fonds pour le compte de tiers : agents d'assurances, agents commerciaux, avocats, avocats au Conseil d'État et à la Cour de cassation, commissaires aux comptes, commissaires de justice, experts-comptables, géomètres, greffiers des tribunaux de commerce (voir également f. ci-après), notaires, représentants libres, etc. ;

– celles dont l'activité consiste, à titre principal, en la prestation de services à caractère décoratif ou architectural, ou en la création et la vente de biens ayant le même caractère (architectes, urbanistes, artistes peintres, dessinateurs, stylistes, sculpteurs, décorateurs, paysagistes et assimilés, etc.).

Ces personnes sont tenues de communiquer aux agents des finances publiques l'identité du client, le montant, la date et la forme du versement, ainsi que les pièces annexes de ce versement. Lorsqu'elles sont soumises au **secret professionnel,** l'administration ne peut leur demander des renseignements sur la nature des prestations fournies.

Les professions médicales et paramédicales ne sont pas soumises au droit de communication.

d. En ce qui concerne les **professions agricoles** (exploitants individuels, sociétés, groupements et coopératives agricoles), le droit de communication porte sur les documents comptables, pièces justificatives de recettes et de dépenses tenues par ces professionnels et, plus généralement, sur tous documents relatifs à leur activité.

e. La communication de pièces ou de dossiers par l'**autorité judiciaire** ou le ministère public s'effectue soit spontanément, soit sur demande préalable de l'administration fiscale (CE 3-12-1990 n° 103101 : RJF 2/91 n° 200). En ce qui concerne les conséquences de la mise en œuvre de cette procédure sur la durée de l'examen contradictoire de la situation fiscale personnelle, voir n° 79490.

f. Assujettis au droit de communication en tant que membres des professions non commerciales visées par la loi (voir c. ci-dessus) les **greffiers des tribunaux de commerce** disposent par ailleurs de la faculté de communiquer spontanément à l'administration tous les renseignements ou documents qu'ils recueillent dans l'exercice de leurs missions, y compris celle de tenue des registres légaux, de nature à faire présumer une fraude (LPF art. L 101 A).

g. À l'égard des **caisses de sécurité sociale,** le droit de communication consiste, notamment, à mettre à la charge de ces organismes l'établissement et l'envoi aux services des impôts d'un relevé récapitulatif annuel, par médecin, chirurgien-dentiste, sage-femme, auxiliaire médical, pharmacie d'officine, laboratoire d'analyses médicales, fournisseur de dispositifs et d'équipements médicaux et entreprise effectuant des transports sanitaires, des feuilles de maladie et notes de frais remises par les assurés (**relevé individuel des praticiens**).

h. S'agissant des **administrations publiques** et assimilées, le droit de communication porte sur les documents de service. À cet égard, il peut s'agir de documents établis à partir de tableurs fournis par l'administration fiscale sur lesquels sont reportées des données brutes détenues dans le cadre des obligations de service (CE 26-4-2017 n° 398405 : RJF 7/17 n° 714).

Les agents de la DGFiP, de la Direction générale des douanes et des droits indirects (DGDDI), ainsi que de la Direction générale de la concurrence, de la consommation et de la répression des fraudes (DGCCRF) peuvent se communiquer, spontanément ou sur demande, tous les renseignements et documents recueillis dans le cadre de leurs missions respectives (LPF art. L 83 A).

i. Les organismes financiers (**banques,** Banque de France, Caisse des dépôts et consignations...) sont notamment tenus de communiquer aux agents des finances publiques des renseignements relatifs aux comptes de leurs clients, à certains transferts de fonds à l'étranger, ainsi que l'identité des demandeurs de chèques non barrés (LPF art. L 96 A).

j. En ce qui concerne les **sociétés civiles,** le droit de communication porte sur les documents sociaux et, le cas échéant, les documents comptables et autres pièces de recettes et de dépenses détenues par ces sociétés et relatives à leur activité.

k. Les **concepteurs et éditeurs de logiciels de comptabilité** ou de gestion, ou de systèmes de caisse, ainsi que les personnes qui interviennent techniquement sur les fonctionnalités de ces produits, doivent présenter aux agents des finances publiques tous codes, données, traitements ou documentations qui s'y rattachent. Ces codes, données, traitements et documentations doivent être conservés jusqu'à l'expiration de la troisième année suivant celle au cours de laquelle le logiciel ou le système de caisse a cessé d'être diffusé (LPF art. L 102 D).

l. Les **exploitants d'entrepôts ou de plate-formes logistiques** où sont stockés des biens importés destinés à être vendus en France ou dans un autre État membre de l'Union européenne doivent tenir à la disposition de l'administration les informations relatives à l'origine, la nature, la qualité et la détention des biens stockés, ainsi qu'aux propriétaires de ces biens. Ces informations, prévues par l'article 50 sexies M de l'annexe IV au CGI, doivent être conservées jusqu'à l'expiration de la sixième année suivant celle durant laquelle a eu lieu l'opération d'importation (CGI art. 298 sexdecies J et LPF art. L 96 K).

EXERCICE DU DROIT DE COMMUNICATION

Sauf exceptions (voir n° 78045, e, f, g et h), le droit de communication s'exerce à l'initiative de l'administration fiscale. **78060** CF-III-30000 s

Les agents des finances publiques prennent connaissance des documents concernés **sur place** (c'est-à-dire, en principe, pour les entreprises, au siège de la direction et, pour les sociétés soumises à l'impôt sur les sociétés, au lieu d'imposition : BOI-CF-COM-10-10-20 n°s 50 et 60) ou **par correspondance, y compris électronique.** Ils peuvent prendre **copie** des documents concernés, les dépenses correspondantes étant prises en charge par l'administration.

Aucune **formalité** particulière n'est prévue. Toutefois, l'administration recommande à ses agents, lorsqu'ils exercent le droit de communication sur place, d'adresser ou de remettre à l'intéressé un avis de passage (BOI-CF-COM-10-10-20 n° 80). Elle admet, de plus, que ce dernier puisse se faire assister d'un **conseil** (BOI-CF-PGR-20-20 n° 10).

La collecte des informations ne doit s'accompagner d'aucun examen critique des documents comptables, sur lesquels aucune mention ne doit être apposée.

> **Précisions** **a.** Lorsqu'elle exerce son droit de communication auprès d'un **tiers**, l'administration n'est pas tenue d'en informer préalablement le contribuable, ni de l'inviter à être présent lors de la consultation des pièces (CE 27-6-2012 n° 346392 : RJF 10/12 n° 936). Cependant, si elle se fonde sur les renseignements et documents recueillis pour établir des impositions supplémentaires, elle doit informer le contribuable de leur teneur et de leur origine : voir n° 78777.
> **b.** Des **fonctionnaires** des administrations **des autres États membres de l'Union européenne** peuvent assister à l'exercice du droit de communication dans les conditions exposées n° 77865, précision c (LPF art. L 81, dernier al.).

Conservation des documents Les livres, registres, documents ou pièces quelconques sur lesquels peuvent s'exercer les droits de communication, d'enquête et de contrôle de l'administration doivent être conservés pendant un **délai** de six ans à compter de la date de la dernière opération mentionnée sur les livres ou registres, ou de la date à laquelle les documents ou pièces ont été établis (sauf pour les cas visés n° 78045, précisions k et l). On notera qu'il s'agit d'une obligation d'ordre exclusivement fiscal, indépendante des dispositions de l'article L 123-22 du Code de commerce qui fixe à dix ans le délai de conservation des documents comptables des entreprises commerciales. **78065** LPF art. L 102 B et L 102 C CF-III-31550 s CF-IV-36000 s

Les **pièces justificatives** (factures, copies de lettres, etc.) et les autres documents comptables établis ou reçus sur support papier peuvent être conservés sur support informatique ou sur support papier pendant une durée égale au délai de six ans mentionné ci-dessus. Les modalités de numérisation des factures papier sont fixées par l'article A 102 B-2 du LPF.

Par ailleurs, lorsque des documents soumis au droit de communication sont établis ou reçus sur **support informatique,** ils doivent être conservés sous cette forme jusqu'à l'expiration du délai de six ans mentionné ci-dessus. Les autres informations, données ou traitements soumis au contrôle décrit n° 78140 doivent être conservés sur support informatique jusqu'à l'expiration du délai de reprise visé n° 77710. La documentation relative aux analyses, à la programmation et à l'exécution des traitements doit, quant à elle, être conservée jusqu'à l'expiration de la troisième année suivant celle à laquelle elle se rapporte.

Enfin, certaines obligations tenant au lieu de **stockage des factures** et aux conditions d'accès à celles-ci sont mises à la charge des assujettis à la TVA.

Sur la tenue de la comptabilité, voir aussi nos 10950, 11120 s. et 11330 (BIC), nos 13485 s. et 13610 (BNC), nos 16030 s. (BA), no 78135, précision a (comptabilité tenue en langue étrangère) et no 78140 (comptabilités informatisées).

78070 CGI art. 1734, al. 1 et 3 CF-III-34000 s

Sanctions Le **refus de communication** des documents et renseignements demandés par l'administration, l'**absence de tenue** de ces documents, la **destruction** de ceux-ci avant le délai défini no 78065 ou tout **comportement faisant obstacle à la communication** entraîne l'application d'une amende de 10 000 €. En cas de refus de communication, l'amende s'applique pour chaque demande pour laquelle tout ou partie des documents ou renseignements sollicités n'ont pas été communiqués.

L'amende est toutefois écartée lorsque les agissements visés ci-dessus constituent une **opposition individuelle au contrôle fiscal** entraînant une évaluation d'office et punie des sanctions fiscales et pénales exposées no 79100 (BOI-CF-INF-10-40-20 no 20).

> **Précisions** **a.** En cas de défaut de conservation ou de présentation des codes, données, traitements ou documentations afférents aux **logiciels de comptabilité** ou de gestion, ou aux systèmes de caisse (no 78045, précision k), l'amende encourue est égale à 10 000 € par logiciel, application ou système de caisse vendu ou par client pour lequel une prestation a été réalisée dans l'année.
> **b.** En cas de refus de communication des renseignements relatifs aux **transferts de fonds à l'étranger,** les organismes financiers sont passibles d'une sanction spécifique (CGI art. 1735, I).
> **c.** Le refus de coopération des **opérateurs de plateforme** en ligne peut également être sanctionné par la mesure de **publicité** visée no 80330.
> **d.** En ce qui concerne l'incidence de l'absence de présentation des documents comptables, par l'entreprise contrôlée, sur la **charge de la preuve** en cas de réclamation, voir no 78815.

C. Examen contradictoire de la situation fiscale personnelle

78090 LPF art. L 12 CF-IV-51000 s

L'examen contradictoire de la situation fiscale des personnes physiques (**ESFP**) a pour but de vérifier la sincérité et l'exactitude de la **déclaration d'ensemble des revenus.**

Il peut être mis en œuvre de manière autonome ou à la suite d'un contrôle sur pièces, ou encore venir en complément d'une vérification de comptabilité pour apprécier la situation de l'exploitant ou des principaux dirigeants ou associés de l'entreprise.

Il consiste à contrôler la **cohérence** entre, d'une part, les revenus déclarés et, d'autre part, la situation patrimoniale, la situation de trésorerie et les éléments du train de vie des membres du foyer fiscal.

Il se caractérise généralement par la mise en œuvre des articles L 16, L 16 A et L 69 du LPF, dont les dispositions combinées permettent à l'administration de taxer d'office au niveau du revenu global les sommes (solde débiteur d'une balance de trésorerie, crédits bancaires, etc.) dont le contribuable n'a pu justifier l'origine.

L'ESFP se déroule, en règle générale, dans les **locaux** du service des impôts. Il peut également avoir lieu chez le conseil du contribuable, au siège de son entreprise ou à son domicile si l'intéressé en formule la demande.

Les contribuables qui font l'objet d'un ESFP bénéficient d'un certain nombre de **garanties,** analogues, pour certaines d'entre elles, à celles prévues en matière de vérification de comptabilité.

78095

> **Précisions** **a.** L'administration peut procéder à l'examen contradictoire de la situation fiscale des personnes physiques, qu'elles aient ou non leur **domicile fiscal** en France, lorsqu'elles y ont des obligations au titre de l'impôt sur le revenu. Elle peut également engager un tel examen, après l'expiration du délai de déclaration, afin précisément de **rechercher** si un contribuable est soumis à une **obligation déclarative** en France (CE 17-5-2013 no 346827 : RJF 8-9/13 no 801). À cet effet, elle peut adresser au contribuable des **demandes de justifications** portant, notamment, sur des avoirs ou revenus d'avoirs à l'étranger (CE 17-3-2016 no 383335 : RJF 6/16 no 505).
> **b.** Selon le Conseil d'État, l'ESFP inclut toutes les **démarches** qui tendent à recueillir, pour les besoins de cet examen, des informations ou des documents soit auprès du contribuable lui-même, soit auprès de tiers. L'administration doit donc, une fois l'avis d'ESFP notifié, respecter un **délai raisonnable** (sur cette notion, voir no 79410, précision a) avant d'effectuer de telles démarches (CE 11-7-1988 no 73302 : RJF 10/88 no 1055).

Toutefois, l'exercice du **droit de communication** est distinct de l'ESFP (CE 23-3-1992 n° 76586 : RJF 5/92 n° 593) et n'a donc pas à être précédé d'un avis d'ESFP.

c. L'avis d'ESFP mentionne la **liste des comptes** connus de l'administration pour lesquels les relevés de comptes sont directement demandés aux établissements financiers qui les détiennent. La production de la liste et des relevés des autres comptes peut être demandée au contribuable dans le même avis. Sur les conséquences de leur non-production dans les 60 jours, voir n° 79491.

d. En ce qui concerne l'examen des comptes financiers utilisés à la fois à titre privé et professionnel (**comptes « mixtes »**), ainsi que le cas où l'ESFP révèle l'existence d'une **activité occulte**, voir n° 78145.

e. Le vérificateur peut prendre des **copies des documents** consultés dans le cadre de l'ESFP, dans les conditions indiquées n° 78125, e.

f. À l'issue de l'ESFP, l'administration ne peut adresser une **demande de justifications** au contribuable qu'après lui avoir restitué les documents que celui-ci lui avait remis : voir n° 78000, précision c.

Par ailleurs, en cas de **taxation d'office** pour défaut de réponse à une demande d'éclaircissements ou de justifications, la **commission** des impôts directs et des taxes sur le chiffre d'affaires peut être saisie : voir n° 79090, précision b.

g. L'**irrégularité** de l'ESFP (qui peut résulter du non-respect de certaines garanties : n° 79405) vicie l'imposition mise à la charge du contribuable, sauf si le contribuable se trouve en situation de taxation d'office pour défaut de déclaration et que cette situation n'a pas été révélée par la vérification (notamment CE 12-5-1997 n° 140887 : RJF 7/97 n° 646).

Incidence de l'irrégularité de l'ESFP sur une demande de justifications consécutive : voir n° 78000, précision d.

h. L'administration peut utiliser des renseignements recueillis au cours d'un ESFP pour fonder des rehaussements en matière de **droits d'enregistrement** (Cass. com. 18-11-1997 n° 95-17.599 : RJF 3/98 n° 338).

D. Vérification de comptabilité

Lorsque les bases d'imposition sont établies à partir de documents comptables, l'administration, en plus du simple examen du dossier, est habilitée à procéder à une vérification sur place de ces documents. La vérification de comptabilité permet ainsi à l'administration de s'assurer de la régularité et du caractère probant des écritures comptables et de les confronter aux déclarations du redevable afin d'établir, le cas échéant, les rehaussements nécessaires. **78110** LPF art. L 13 CF-IV-7000 s

La vérification de comptabilité peut être pratiquée en matière de **bénéfices industriels et commerciaux,** de **bénéfices non commerciaux,** de **bénéfices agricoles réels,** d'**impôt sur les sociétés** et de **taxes sur le chiffre d'affaires.** En revanche, elle ne peut être utilisée pour le contrôle de catégories de revenus pour lesquels les contribuables ne sont pas astreints à la tenue d'une comptabilité (revenus fonciers, par exemple).

La procédure doit être directement suivie à l'encontre de l'**exploitant** (dans le cadre de l'imposition par foyer, celui des époux ou celui des partenaires du Pacs qui exerce l'activité).

Dans tous les cas, le vérificateur doit respecter les **garanties** légales prévues en faveur des contribuables vérifiés.

> Précisions **a.** La vérification de comptabilité doit être distinguée du **droit de communication,** qui, s'il peut s'exercer également sur place, doit se limiter à un relevé passif des écritures, sans examen critique (voir n° 78030, précision a). En effet, la vérification de comptabilité obéit à des règles précises (octroi d'une série de garanties au contribuable à peine, dans certains cas, de nullité de la procédure), alors que le droit de communication s'exerce sans modalités particulières (n° 78060).

b. Une vérification de comptabilité ne peut être régulièrement engagée au titre d'une année pour laquelle le **délai de déclaration** n'est **pas encore expiré** (CE 8-4-1998 n° 157508 : RJF 6/98 n° 696). La loi prévoit toutefois une exception à cette règle pour les redevables de la TVA relevant du régime simplifié d'imposition : voir n° 54290.

c. Les **droits d'enregistrement** et assimilés peuvent faire l'objet d'une vérification de comptabilité lorsqu'ils procèdent d'une activité professionnelle ou qu'ils sont assis sur des éléments comptables d'une telle activité (Cass. com. 31-10-2006 n° 04-11.180 : RJF 2/07 n° 236). Lorsqu'il s'agit de droits étrangers à l'activité professionnelle, la vérification ne peut pas porter directement sur ces droits, l'administration ayant cependant la possibilité d'utiliser les renseignements recueillis au cours d'une vérification concernant un autre impôt pour fonder une rectification (Cass. com. 31-10-2006 n° 03-20.995 : RJF 2/07 n° 237).

d. Les contribuables placés sous le régime des **micro-entreprises** peuvent faire l'objet d'une vérification de comptabilité (Rép. Lett : AN 19-12-2006 p. 13277 n° 105771, non reprise dans le Bofip).

1. LIEU ET MODALITÉS D'INTERVENTION DES VÉRIFICATEURS

La vérification a lieu, en principe, dans les **locaux de l'entreprise.** Elle peut également, à l'initiative du contribuable ou de l'administration, se tenir ou se poursuivre dans tout **autre lieu** **78120** CF-IV-10500 s et 15200 s déterminé d'un **commun accord** entre les intéressés. Faute d'accord, l'administration peut décider de procéder aux opérations de contrôle dans ses propres locaux (Loi 2023-1322 du 29-12-2023 art. 117, applicable aux vérifications en cours ou engagées à compter du 1-1-2024).

Lorsque le contrôle a lieu dans l'entreprise ou dans un autre endroit où se trouvent les documents comptables, le vérificateur est autorisé à en prendre copie (n° 78125, e), mais il ne peut les emporter que sur **demande** écrite et préalable du contribuable en lui remettant un reçu détaillé de ces pièces, dont l'administration devient alors dépositaire.

Quel que soit le lieu où sont effectuées les opérations de vérification, le contribuable doit avoir la possibilité d'un **débat oral et contradictoire** avec le vérificateur (n° 79470).

En principe, le contribuable doit être informé par avance (par un avis de vérification : n° 79410) de la date du début des opérations de contrôle. Le vérificateur peut toutefois effectuer des **interventions inopinées** pour une première phase de vérification limitée à des opérations de constatations matérielles (inventaire physique des moyens de production et du stock, inventaire des valeurs en caisse, relevé des prix pratiqués, existence et état des documents comptables) et à la prise de copies de fichiers informatiques (n° 78140, précision a).

Dans ce cas, l'avis de vérification est remis au début des opérations de constatations matérielles, le contribuable étant invité à en accuser réception sur une copie.

78125 **> Précisions** **a.** En ce qui concerne les **services et agents compétents** pour procéder aux vérifications de comptabilité, voir n° 77865.

b. Selon la nature de l'activité vérifiée, les opérations de contrôle sur place peuvent être conduites par le vérificateur soit aux **heures normales d'ouverture** des locaux professionnels, soit pendant un **cycle de fabrication** ou de **production** (Rép. Herment : Sén. 6-10-1994 p. 2399 n° 7060, non reprise dans le Bofip). En cas d'**activité nocturne**, les vérifications peuvent être faites de nuit aux heures d'ouverture au public (Cass. crim. 2-12-2009 n° 09-80.568 : RJF 7/10 n° 738).

c. Le vérificateur est en droit de **visiter les locaux et installations professionnels** de l'entreprise vérifiée afin de s'assurer de la conformité des inscriptions au bilan (stocks, par exemple). Mais il ne peut se faire **ouvrir un coffre** sans l'accord du contribuable (CE 25-4-1990 n° 83490-83491 : RJF 6/90 n° 722).

d. Les opérations de contrôle peuvent avoir lieu au siège social de l'entreprise, simple **adresse de domiciliation,** si les documents comptables y ont été transférés d'un commun accord entre le vérificateur et le contribuable et si ce dernier a été invité par l'administration à désigner un représentant pour suivre les opérations sur place (CE 16-6-2010 n° 311752 : RJF 10/10 n° 934).

Lorsque la société vérifiée n'a **plus de local en France,** elle doit proposer au vérificateur un lieu en France où pourront avoir lieu les opérations de contrôle, en présence des personnes habilitées à la représenter (CE 16-3-2016 n° 379626 : RJF 6/16 n° 542).

e. Le vérificateur peut prendre des **copies** des documents qu'il est amené à consulter. Le contribuable ne peut pas s'y opposer, sous peine d'une amende de 1 500 € par document, applicable dans une limite globale de 50 000 € (LPF art. L 13 F et CGI art. 1734, al. 2).

f. Lorsque le contribuable établit que le vérificateur a **emporté**, dans des conditions irrégulières, un ou plusieurs **documents** comptables (ou même un document extra-comptable, mais utilisé par le vérificateur pour établir l'imposition), la vérification est irrégulière (notamment CE 6-6-1984 n° 42802 : RJF 8-9/84 n° 1014).

D'une façon générale, sur les **conséquences des irrégularités** ayant affecté la vérification de comptabilité, voir n° 78185.

g. À l'issue du contrôle inopiné, un état des constatations opérées est dressé contradictoirement par le vérificateur et le contribuable. L'examen au fond des documents comptables ne peut être entrepris, en tout état de cause, avant l'expiration d'un délai raisonnable (sur cette notion, voir n° 79410, précision a) permettant au contribuable de s'organiser pour se faire **assister** d'un conseil (LPF art. L 47, al. 5).

h. En ce qui concerne la **durée de la vérification sur place** pour les **petites entreprises,** voir n°s 79460 s.

2. POUVOIRS DES VÉRIFICATEURS

78135
CF-IV-9950 s

Pour apprécier l'exactitude des résultats déclarés par l'entreprise, l'administration dispose d'un large pouvoir d'**investigation dans sa comptabilité.**

Ainsi, les entreprises doivent présenter aux vérificateurs tous les documents comptables que la loi leur prescrit de tenir pour justifier leurs déclarations. Il s'agit d'une obligation générale qui s'exerce à l'égard de toute forme de contrôle fiscal.

CF-IV-14600 s Le **défaut de présentation** de la comptabilité ou des documents en tenant lieu est constaté par procès-verbal, que le contribuable est invité à contresigner (LPF art. L 13 A). Il emporte certaines conséquences sur la charge de la **preuve** en cas de procédure contentieuse : voir n° 78815.

> Précisions **a.** Si la comptabilité est tenue en **langue étrangère**, une traduction certifiée par un traducteur juré doit être présentée à la demande de l'administration (CGI art. 54, al. 2).

b. L'administration peut demander l'assistance d'un **expert,** public ou privé, dans l'exercice de ses missions de contrôle, d'établissement de l'impôt ou d'instruction des réclamations lorsque ces missions requièrent des connaissances ou des compétences particulières (LPF art. L 103 A).

c. Les **irrégularités** entachant le **procès-verbal de défaut de présentation de la comptabilité,** si elles privent celui-ci de sa valeur probante, sont sans incidence sur la régularité de la procédure d'imposition (CE 17-12-2010 n° 312486 : RJF 3/11 n° 335).

CONTRIBUABLES SOUMIS AU SECRET PROFESSIONNEL

Le vérificateur peut demander toute **information** relative au montant, à la date et à la forme du versement des **recettes** perçues par les contribuables tenus au secret professionnel. Mais il ne peut solliciter aucun renseignement sur les **prestations** fournies en contrepartie de ces recettes. La révélation d'une information couverte par le secret professionnel vicie la procédure et entraîne la décharge de l'imposition lorsqu'elle découle d'une demande du vérificateur, en méconnaissance de ces dispositions, ou lorsque, alors même qu'elle serait imputable au seul contribuable, elle fonde tout ou partie de la rectification (CE 24-6-2015 n° 367288 : RJF 10/15 n° 812). Par exemple, l'administration, au cours des opérations de contrôle, peut prendre connaissance des factures clients nominatives établies par un avocat dès lors qu'elles ne comportent aucune indication des prestations qui leur ont été délivrées sans pouvoir obtenir de renseignements supplémentaires sur l'identité des clients ou les prestations délivrées. Toutefois, en cas d'ambiguïté, l'administration peut interroger l'avocat sur la domiciliation de ses clients afin de déterminer les règles applicables en matière de TVA (CE 4-5-2016 n° 387466 : RJF 7/16 n° 632). **78137** LPF art. L 13-0 A CF-IV-10200 s

ACCÈS À LA COMPTABILITÉ ANALYTIQUE ET AUX COMPTES CONSOLIDÉS

Les **grandes entreprises** sont tenues de présenter au vérificateur leur comptabilité analytique si elles en tiennent une. Cette obligation concerne : **78138** LPF art. L 13, II et III CF-IV-46800 s

– les entreprises dont le chiffre d'affaires de l'exercice excède 152,4 M€, s'il s'agit d'entreprises dont le commerce principal est de vendre des marchandises, objets, fournitures et denrées à emporter ou à consommer sur place ou de fournir le logement, ou 76,2 M€, s'il s'agit d'autres entreprises, ainsi que les entreprises, quel que soit leur chiffre d'affaires, dont le total de l'actif brut est supérieur ou égal à 400 M€ à la clôture de l'exercice ;

– les personnes morales ou groupements de personnes de droit ou de fait détenant à la clôture de l'exercice, directement ou indirectement, plus de la moitié du capital ou des droits de vote d'une personne morale ou d'un groupement répondant aux conditions de chiffre d'affaires ou d'actif brut visées ci-dessus, ainsi que les personnes morales ou groupements de personnes de droit ou de fait dont la majorité du capital ou des droits de vote est détenue par de telles personnes ou groupements ;

– les sociétés membres d'un groupe fiscal lorsque celui-ci comprend au moins une personne répondant aux conditions de chiffre d'affaires ou d'actif brut visées ci-dessus.

Par ailleurs, les sociétés commerciales qui établissent des comptes consolidés sont tenues de les présenter au vérificateur.

Le non-respect de ces obligations est sanctionné par une **amende** de 20 000 € (CGI art. 1729 E).

PRÉLÈVEMENTS D'ÉCHANTILLONS DE PRODUITS À FIN D'EXPERTISE

Dans le cadre de la vérification de comptabilité et pour le **contrôle des taxes sur le chiffre d'affaires,** les agents de l'administration fiscale sont autorisés à procéder ou faire procéder à des prélèvements d'échantillons des produits ou marchandises aux fins d'analyse ou d'expertise. **78139** LPF art. L 16 E CF-IV-14350

Cette opération doit être réalisée en présence du propriétaire ou du détenteur des produits, de leur représentant ou, à défaut, d'un témoin spécialement requis.

Chaque prélèvement fait l'objet d'un **procès-verbal** signé par les agents de l'administration fiscale, ainsi que par la personne présente. Cette dernière peut y faire insérer toute déclaration qu'elle juge utile. Une copie du procès-verbal lui est remise.

> Précisions a. Les **modalités** de réalisation des **prélèvements,** ainsi que de **conservation** et de **restitution** des échantillons sont précisées aux articles R 16 E-1 à R 16 E-3 et R 16 E-5 du LPF.

b. Le procès-verbal décrit les opérations et comporte les indications utiles (LPF art. R 16 E-4) pour garantir l'**authenticité** des échantillons prélevés.

CONTRÔLE DES COMPTABILITÉS INFORMATISÉES

78140 LPF art. L 13, IV et L 47 A CF-IV-34000 s

Lorsque la comptabilité est tenue au moyen de systèmes informatisés, le contribuable doit présenter ses documents comptables en remettant à l'administration une **copie des fichiers** des écritures comptables sous forme dématérialisée, au début des opérations de contrôle.

Le contrôle peut porter sur l'ensemble des informations, données et traitements qui concourent directement ou indirectement à la formation des résultats comptables ou fiscaux et à l'élaboration des déclarations rendues obligatoires par le CGI, ainsi que sur la documentation informatique.

Lorsque la réalisation du contrôle nécessite la mise en œuvre de **traitements informatiques,** ces traitements sont effectués, au choix du contribuable, soit sur le matériel de l'entreprise, par les agents de l'administration ou par le contribuable lui-même suivant les indications de ceux-ci, soit au moyen de copies fournies par l'entreprise sur support informatique.

Lorsque le contribuable choisit d'effectuer lui-même les traitements informatiques nécessaires, il est tenu de mettre à la disposition de l'administration, dans les 15 jours de sa demande (délai franc), les copies des documents, données et traitements soumis à contrôle. De même, lorsqu'il opte pour la réalisation de ces traitements par l'administration hors de l'entreprise, il est tenu de mettre ces éléments à sa disposition dans les 15 jours de la formalisation de son choix (délai franc). Dans les deux cas, l'administration peut effectuer sur ces éléments tout ou partie des traitements informatiques nécessaires à la vérification et doit en communiquer les résultats, lorsqu'ils donnent lieu à des rehaussements, au plus tard lors de l'envoi de la proposition de rectification.

› Précisions **a.** Dans le cadre d'un **contrôle inopiné** (n°s 78120 s.), le vérificateur est autorisé à prendre deux **copies** (placées sous scellés) des fichiers informatiques, l'une étant remise au contribuable et l'autre conservée par le service (LPF art. L 47 A, III). En cas d'altération des scellés ou fichiers copiés ou de non-présentation par le contribuable de sa copie, l'administration peut effectuer les opérations de contrôle, y compris les traitements informatiques, sur sa propre copie. Par ailleurs, l'administration est autorisée à consulter sa copie et à la comparer aux fichiers conservés par le contribuable nécessaires aux traitements informatiques, même si ce dernier produit sa propre copie sans altération des fichiers ou scellés. Le résultat de cette comparaison est opposable à l'intéressé.

b. L'**obligation de présentation** sous forme dématérialisée des comptabilités informatisées concerne les contribuables imposés à l'impôt sur les sociétés et à l'impôt sur le revenu dans la catégorie des BIC, des BNC et des BA selon un régime réel (BOI-CF-IOR-60-40-10 n° 20).

Le **défaut de présentation** de la comptabilité sous forme dématérialisée (ou la remise de fichiers non conformes aux normes) entraîne l'application d'une amende de 5 000 € ou, en cas de rectification et si le montant est plus élevé, d'une majoration de 10 % des droits mis à la charge du contribuable (CGI art. 1729 D). Il en va de même en cas de défaut de mise à disposition, dans les normes et délais prévus, des fichiers ou copies de ces fichiers qui nécessitent des traitements informatiques (CGI art. 1729 H). L'amende ne s'applique qu'une seule fois par contrôle (BOI-CF-IOR-60-40-10 n° 290 et BOI-CF-IOR-60-40-30 n° 560).

c. Lorsqu'elle envisage des **traitements informatiques,** l'administration doit décrire la nature des investigations souhaitées, dans un courrier remis au contribuable. Ce dernier indique sur le courrier l'option qu'il retient pour la mise en œuvre des traitements (BOI-CF-IOR-60-40-30 n° 130).

Si le contribuable choisit de réaliser lui-même les traitements, l'administration doit lui communiquer la description technique des travaux informatiques à effectuer (CE 7-3-2019 n° 416341 : RJF 6/19 n° 559).

Les noms et adresses administratives des agents par qui ou sous le contrôle desquels les opérations sont réalisées sont également communiqués au contribuable (voir toutefois le cas particulier visé n° 77865, précision e).

d. Les **copies de fichiers** remises au vérificateur doivent répondre aux normes fixées par les articles A 47 A, 1 et A 47 A, 2 du LPF. Elles doivent être détruites en totalité avant la mise en recouvrement ou après l'envoi de l'avis d'absence de rectification.

e. En ce qui concerne l'incidence sur la **durée de la vérification des petites entreprises** du délai pris par l'entreprise pour produire des documents comptables dématérialisés et de la mise en œuvre de traitements informatiques, voir n° 79465.

f. Le contribuable encourt l'évaluation d'office pour **opposition au contrôle fiscal** (n° 79100) lorsqu'il refuse de transmettre des documents comptables dématérialisés ou s'oppose à la mise en œuvre des traitements informatiques nécessaires au contrôle. Tel est le cas lorsque les traitements informatiques sont impossibles, en dépit des diligences normales entreprises par le vérificateur, du fait de la suppression délibérée d'une partie des données par le contribuable après qu'il a été averti du contrôle (CE 24-6-2015 n° 367288 : RJF 10/15 n° 812).

g. Procédure spécifique de contrôle des assujettis à la **TVA** utilisateurs de **logiciels** de comptabilité ou de gestion, ou de systèmes de caisse : voir n° 53485, précision d.

CONTRÔLE DES COMPTES MIXTES

Au cours d'une vérification de comptabilité, l'administration peut examiner les opérations figurant sur des **comptes financiers utilisés à la fois à titre privé et professionnel** (comptes « mixtes ») et demander au contribuable tous éclaircissements ou justifications sur ces opérations sans que cela constitue le début d'un examen de situation fiscale personnelle (ESFP). 78145 CF-IV-30100 s

De même, au cours d'un ESFP, l'administration peut procéder aux mêmes contrôles, sans que ceux-ci constituent le début d'une vérification de comptabilité ou d'un examen de comptabilité.

L'administration peut tenir compte, dans chacune de ces procédures, des constatations résultant de l'examen des comptes ou des réponses aux demandes d'éclaircissements ou de justifications, et faites dans le cadre de l'autre procédure conformément aux seules règles applicables à cette dernière (LPF art. L 47 B).

Elle ne peut toutefois redresser directement les bénéfices professionnels à partir des constatations opérées sur les comptes au cours d'un ESFP (CE 6-1-1993 n° 64209 : RJF 3/93 n° 397).

Cependant, lorsque l'administration découvre, au cours d'un ESFP, des **activités occultes** ou des activités exercées dans des conditions non déclarées (par exemple, activité déclarée comme individuelle, mais exercée en société de fait, ou activité occulte connexe à une activité principale déclarée), elle peut régulariser la situation fiscale au regard de cette activité sans engager une vérification de comptabilité (LPF art. L 47 C). CF-IV-31500 s

APPRÉCIATION DES ACTES DE GESTION (IMPÔT SUR LES BÉNÉFICES)

Un contribuable n'est jamais obligé de tirer de la gestion d'un bien ou d'une entreprise le profit le plus élevé possible. En principe, donc, un exploitant est juge de l'**opportunité** de sa gestion, et l'administration ne peut se substituer à lui pour apprécier ce qui aurait le mieux convenu à son entreprise. L'exploitant peut, par exemple, sans que le vérificateur puisse critiquer son choix, décider de financer un investissement par l'emprunt (générateur de charges financières) plutôt que sur ses fonds propres. 78150 CF-I-2500 s

Toutefois, ce **principe de non-immixtion** de l'administration dans la gestion des entreprises ne s'oppose pas, selon la jurisprudence, à ce que le vérificateur rectifie les conséquences des « actes de gestion anormaux » en matière d'impôt sur les bénéfices (en matière de TVA, ce n'est que très rarement et dans des hypothèses bien particulières qu'il est fait référence à la notion d'« acte anormal de gestion »).

D'une manière générale, l'**acte anormal de gestion** est celui par lequel une entreprise décide de s'appauvrir à des fins étrangères à son intérêt (CE plén. 21-12-2018 n° 402006 : RJF 3/19 n° 246). Par exemple un acte qui met une dépense ou une perte à la charge de l'entreprise ou qui la prive d'une recette sans être **justifié** par les intérêts de l'exploitation commerciale (pour les illustrations les plus significatives de cette notion, voir n°s 8155 et 8920 s.).

Lorsque l'administration invoque le caractère anormal d'un acte de gestion, elle doit apporter la **preuve** que cet acte n'a pas été accompli dans l'intérêt du contribuable. Toutefois, dans le cas où, du fait de la procédure d'imposition, le contribuable supporte la charge de la preuve (impositions d'office : n° 79140 ; défaut ou graves irrégularités de la comptabilité : n° 78815), il doit démontrer l'intérêt que revêt pour lui l'opération contestée.

ERREURS ET DÉCISIONS DE GESTION (IMPÔT SUR LES BÉNÉFICES)

Pour délimiter le droit de l'administration de rectifier les déclarations souscrites par les contribuables et celui des contribuables eux-mêmes de demander à rectifier celles-ci lorsqu'ils y ont intérêt, la jurisprudence distingue entre les « erreurs » et les « décisions de gestion » : 78155 CF-I-2900 s

– lorsque la loi ouvre une **faculté de choix** entre plusieurs solutions, celle que retient le contribuable dans sa déclaration procède d'une **décision de gestion** qui ne peut être rectifiée ni à son initiative ni à celle de l'administration (notamment CE 11-2-1994 n° 117302 : RJF 4/94 n° 388). Exemples : pour une immobilisation ouvrant droit à l'amortissement dégressif, fixation d'une annuité d'amortissement comprise entre l'annuité minimale et l'annuité dégressive ; défaut de comptabilisation, ou comptabilisation partielle, d'une provision ; inscription au bilan, ou maintien dans le patrimoine privé, d'éléments tels que les immeubles, les titres, les dettes ;

– dans les autres cas, si la solution retenue par le contribuable n'est pas conforme à la loi, elle s'analyse en une **erreur,** que le vérificateur peut rectifier dans la limite du délai de reprise ou dont le redevable peut, si elle lui est préjudiciable, demander la correction par voie de réclamation ou par compensation avec les rehaussements dont il fait l'objet par ailleurs (notamment CE 6-5-1996 n° 135283 : RJF 6/96 n° 814). Exemples : omission en comptabilité de frais déductibles ou d'éléments actifs ou passifs (créances acquises, dettes certaines…) ; comptabilisation d'un élément d'actif ou de passif (immobilisation, stock, etc.) pour une valeur inexacte.

La jurisprudence retient parfois une notion intermédiaire, qui est celle d'**erreur comptable délibérée** (ou de décision de gestion irrégulière), opposable au contribuable mais non à l'administration (notamment CE 12-5-1997 n° 160777 : RJF 6/97 n° 535). Exemples : omission volontaire de recettes, déduction de charges fictives, etc. Cette erreur volontaire doit avoir été commise intentionnellement par une société ou ses dirigeants, et ne peut pas résulter d'une simple carence de la société en matière de contrôle interne des agissements irréguliers des salariés (CE 9-3-2016 n° 380808 : RJF 6/16 n° 513).

Toutefois, le choix d'une solution autorisée par une doctrine administrative mais illégale n'est pas constitutif d'une décision de gestion. S'il est opposable à l'administration (garantie contre les changements de doctrine, voir nos 79540 s.), il ne l'est pas au contribuable, qui peut revenir sur son choix (CE 12-6-1987 n° 41369 : RJF 8-9/87 n° 902 ; CE 7-10-1987 n° 66210 : RJF 11/87 n° 1124).

THÉORIE DES « CORRECTIONS SYMÉTRIQUES » (IMPÔT SUR LES BÉNÉFICES)

78160 CF-I-3600 s

Le bénéfice imposable à l'impôt sur le revenu dans la catégorie des bénéfices industriels et commerciaux, ou des bénéfices agricoles (régimes du bénéfice réel), ou à l'impôt sur les sociétés est constitué par la différence entre les valeurs de l'actif net à la clôture et à l'ouverture de l'exercice (n° 7340). Tout rehaussement affectant l'actif net de clôture a donc pour effet de majorer le bénéfice. Pour éviter cependant qu'un tel rehaussement ne dégage un bénéfice sans existence réelle, la jurisprudence oblige l'administration, lorsqu'elle rectifie au bilan de clôture une erreur génératrice d'une sous-estimation de l'actif net correspondant, **à rectifier symétriquement le bilan d'ouverture** de l'exercice **si la même erreur** se retrouve dans ce bilan. Il peut en être ainsi dans le cas où le vérificateur réintègre certains éléments de passif (par exemple, une dette éteinte maintenue à tort au bilan) ou substitue une méthode correcte d'évaluation à une méthode erronée suivie par l'entreprise (par exemple en matière de détermination des créances, d'évaluation des stocks, etc.).

78165 CGI art. 38, 4 bis CF-I-3950 s

Mais le mécanisme des corrections symétriques connaît une importante limite qui résulte de la règle d'**intangibilité du bilan d'ouverture** du plus ancien exercice non atteint par la prescription.

En **principe,** ce bilan exprime une valeur d'actif net qui doit être regardée comme définitive et, s'il comporte des erreurs qui ont entraîné une sous-estimation (ou une surestimation) de l'actif net, ces erreurs ne peuvent plus être réparées dans ce bilan. Par suite, l'administration est en droit de rehausser les insuffisances d'actif net en rectifiant le seul bilan de clôture de l'exercice.

EXEMPLE

Une entreprise ayant pour activité la vente de marchandises comptabilise par erreur ses recettes au moment de l'encaissement au lieu de se conformer à la règle de rattachement des « créances acquises » (prise en compte à la date de livraison : n° 7875). Elle fait l'objet d'une vérification commencée en 2024 et portant sur les exercices 2021 à 2023. On suppose que la méthode suivie par l'entreprise a entraîné l'omission des créances acquises pour un montant de 10 000 € au bilan de clôture de l'exercice 2020, de 12 000 € en 2021, de 21 000 € en 2022 et de 30 000 € en 2023 (les recettes correspondantes ayant été seulement comptabilisées lors de leur encaissement au début de l'exercice suivant). Pour l'exercice 2023, le vérificateur procédera de ce chef à un rehaussement de 30 000 € (rectification du bilan de clôture) – 21 000 € (correction symétrique du bilan d'ouverture) = 9 000 €. De la même façon, le rehaussement sera de 21 000 € – 12 000 € = 9 000 € pour l'exercice 2022. En ce qui concerne l'exercice 2021 (1er exercice non couvert par la prescription : n° 77710), la même méthode devrait dégager un rehaussement égal à : 12 000 € – 10 000 € = 2 000 € ; mais, en raison de l'intangibilité du bilan d'ouverture de cet exercice, c'est en définitive à 12 000 € que s'élèvera le rehaussement pour 2021 (ce qui aboutit, on peut le constater, à transférer sur 2021 l'imposition de 10 000 € de recettes réalisées au cours d'une année prescrite).

Le principe d'intangibilité du bilan d'ouverture du premier exercice non prescrit comporte toutefois des **limites.** Il ne s'applique pas dans les cas suivants :

– lorsque l'entreprise établit que les **erreurs** ou omissions à l'origine de l'insuffisance d'actif net ont été **commises plus de sept ans avant** l'ouverture du premier exercice non prescrit (« droit à l'oubli ») ;

– *lorsque l'entreprise a*, en période prescrite, pratiqué des **amortissements excessifs** au regard des usages ou passé en **charges** des dépenses qui auraient dû venir en **augmentation de l'actif** immobilisé.

Autrement dit, la correction d'erreurs de ce type n'a pas d'incidence sur le résultat imposable et ne peut pas donner lieu à rehaussement de la part de l'administration. En contrepartie, l'augmentation des valeurs d'actif qui en résulte ne peut être prise en compte ni pour le calcul des amortissements ou des provisions ni pour la détermination du résultat de cession des éléments concernés. Par **exemple,** si le prix de revient d'un élément d'actif immobilisé a été porté par erreur en charges au cours d'un exercice prescrit, son inscription ultérieure à l'actif du bilan d'un exercice non prescrit n'aura aucune incidence sur le résultat dudit exercice. Mais ce bien ne pourra donner lieu ni à amortissement ni à provision, et, en cas de cession, la plus-value de cession sera égale au prix de cession.

> Précisions **a.** La théorie des corrections symétriques ne peut s'appliquer à des **contribuables non astreints à la tenue d'un bilan** tels que les contribuables imposés dans la catégorie des BNC (CE 7-1-1991 nº 58794 : RJF 2/91 nº 204). 78170

b. Le **premier exercice non prescrit** dont le bilan d'ouverture est intangible est déterminé, sauf dispositions particulières, en fonction du délai de reprise (trois ans en général) dont dispose l'administration, y compris dans le cas où des **déficits** en provenance d'exercices prescrits sont reportés sur les résultats d'un exercice non prescrit.

c. Le **contribuable** concerné peut lui-même prendre l'**initiative** de demander une rectification symétrique des valeurs d'actif soit par voie de réclamation, soit en vertu du droit de compensation. Dans ce cas, le bilan dont les données sont intangibles reste le bilan d'ouverture du premier exercice non prescrit, et non pas celui du premier exercice pour lequel le délai de réclamation n'est pas expiré (CE 2-3-1977 nº 97397 : RJF 5/77 nº 279).

d. Le contribuable peut se prévaloir de la règle de l'intangibilité du bilan d'ouverture même lorsque la surestimation de l'actif net d'ouverture du premier exercice non prescrit résulte d'une **erreur délibérée** de sa part (CE plén. 5-12-2016 nº 398859 : RJF 2/17 nº 155).

e. Le mécanisme des corrections symétriques et de l'intangibilité du bilan d'ouverture ne permet pas de rectifier une erreur commise au cours d'un exercice prescrit dont les **résultats** ont été **arrêtés d'office** et soumis à une imposition devenue définitive (CE 2-2-1983 nº 33959 : RJF 4/83 nº 536), sauf si, pour procéder à l'évaluation d'office, l'administration ne s'est pas fondée sur une réévaluation, consécutive à un examen de la comptabilité, du niveau d'un ou de plusieurs des postes du bilan (CE 26-11-2014 nº 360141 : RJF 2/15 nº 138).

f. Par ailleurs, ce mécanisme est en principe réservé aux **écritures qui se retrouvent d'un bilan à l'autre** (dettes, créances, provisions...), à l'exclusion des écritures fongibles (écritures du compte de résultat : charges, recettes...). C'est ainsi qu'une entreprise qui a omis de comptabiliser, dans les écritures d'un exercice prescrit, des charges effectivement supportées au cours de cet exercice n'est pas fondée à les déduire des résultats du premier exercice non prescrit (notamment CE 9-12-1992 nº 70397 : RJF 2/93 nº 252).
L'application de cette règle joue, le plus souvent, au profit de l'administration en entraînant, par exemple, le rattachement au premier exercice non prescrit des créances non comptabilisées afférentes à un exercice prescrit. Mais elle peut aussi être favorable au contribuable en lui permettant de déduire des résultats d'un exercice non prescrit des charges qu'il a effectivement acquittées au cours de cet exercice, alors que la dette devenue certaine dans son principe et dans son montant au cours d'un exercice prescrit n'avait pas été constatée au bilan de cet exercice (notamment CE 1-7-1992 nº 84938 : RJF 10/92 nº 1404).

g. Les **valeurs d'actif ou de passif** à retenir sont déterminées, lorsqu'elles diffèrent des **règles comptables,** par les **règles fiscales** en vigueur (CE 30-6-2008 nº 288314 : RJF 10/08 nº 1100).

h. L'exception au principe d'intangibilité du bilan d'ouverture du premier exercice non prescrit prévue à l'égard des **erreurs ou omissions intervenues plus de sept ans** avant le début de la période non prescrite (« droit à l'oubli ») ne concerne que les **éléments individualisés** qui figuraient dans le bilan de clôture d'un des exercices clos depuis plus de sept ans (Avis CE 17-5-2006 nº 288511 : RJF 8-9/06 nº 1070). Par ailleurs, elle ne joue pas pour les **erreurs volontaires** exclusives de bonne foi (CE (na) 25-7-2013 nº 365679 : RJF 11/13 nº 1062), la preuve du caractère délibéré des erreurs ou omissions incombant à l'administration (CE 15-6-2023 nº 464997 : RJF 10/23 nº 751), ou pour les **inscriptions injustifiées de provisions** (CE 11-5-2015 nº 370533 : RJF 8-9/15 nº 716).

i. La même exception s'exerce aussi bien lorsque l'erreur affecte un **élément de l'actif que du passif du bilan** ; par ailleurs, une erreur affectant de manière constante un élément d'actif ou de passif, même reconduite de bilan en bilan, n'est pas constitutive d'une **erreur récurrente** interdisant de bénéficier du « droit à l'oubli », dès lors que le contribuable n'est pas tenu comptablement de procéder à un **réexamen de l'écriture** erronée à la clôture de chaque exercice (CE 24-1-2018 nº 397732 : RJF 4/18 nº 410).

REJET DE LA COMPTABILITÉ

À l'issue de la vérification, le vérificateur procède aux rectifications qu'il croit devoir apporter, après compensation s'il y a lieu avec les erreurs commises par le contribuable à son préjudice (nos 81940 s.), aux bases d'imposition déclarées. Ces rectifications sont opérées en mettant en œuvre la procédure de rectification contradictoire. 78175 CF-IV-18980 s

Normalement, les nouvelles bases d'imposition doivent être fixées en partant des éléments comptables et en apportant à ceux-ci les corrections nécessaires. Cependant, dans certains cas, le vérificateur peut être amené à **rejeter** la comptabilité et à substituer de nouvelles bases d'imposition à celles qui avaient été déclarées. Le rejet de la comptabilité est possible dans deux cas :

– lorsque la **comptabilité est jugée irrégulière** en raison d'erreurs, omissions ou inexactitudes graves et répétées, en l'absence de pièces justificatives ou en cas de non-présentation de tout ou partie des livres et documents comptables dont la tenue est obligatoire ;

– lorsque, la **comptabilité étant apparemment régulière,** le vérificateur a néanmoins des **raisons sérieuses d'en contester la sincérité.** Exemples : pourcentage anormal de bénéfice brut, enrichissement du patrimoine de l'exploitant ou des associés hors de proportion avec l'importance des bénéfices déclarés (sous réserve, dans le cas des sociétés, que le vérificateur puisse établir que l'enrichissement des associés a sa source dans l'entreprise).

En cas de rejet de la comptabilité, le vérificateur détermine les **bases d'imposition** à l'aide de tous les éléments dont il dispose. Il peut, notamment, reconstituer le montant des recettes dissimulées en appliquant un **coefficient de bénéfice brut** sur achats au prix de revient des marchandises vendues. Il peut également, lorsqu'il a constaté un **enrichissement** inexpliqué du dirigeant ou de l'exploitant, se fonder sur cet enrichissement pour reconstituer le chiffre d'affaires ou le bénéfice de l'entreprise ou de la société.

> Précisions Le Conseil d'État n'admet la méthode de reconstitution des bases d'imposition d'après l'enrichissement inexpliqué que dans des cas bien déterminés. Pour les **sociétés,** cette méthode ne peut être appliquée que lorsque la comptabilité est dépourvue de valeur probante, que le dirigeant se comporte en seul maître de l'affaire (c'est-à-dire qu'il a, au sein de la société, la capacité à disposer des fonds sociaux comme des siens propres) et qu'il existe une confusion entre son patrimoine et celui de la société (notamment CE 5-7-2023 n° 469947 : RJF 10/23 n° 700).

Dans les **entreprises individuelles,** lorsque la comptabilité est régulière en la forme, l'enrichissement de l'exploitant ne peut être considéré comme provenant de bénéfices dissimulés que si l'on peut démontrer l'existence de bénéfices dissimulés par des anomalies de la comptabilité (taux de bénéfice brut manifestement insuffisant) ou des faits propres au fonctionnement même de l'entreprise (notamment CE 23-5-1984 n° 37081 : RJF 7/84 n° 878).

3. CONSÉQUENCES DES IRRÉGULARITÉS DE LA VÉRIFICATION DE COMPTABILITÉ

78185 CF-IV-20900 s L'irrégularité de la vérification de comptabilité, qui peut résulter de l'**emport** des documents comptables sans autorisation du contribuable (n° 78125, f) ou du non-respect de certaines **garanties** prévues en faveur des contribuables (n° 79405), emporte des conséquences différentes selon la procédure d'imposition mise en œuvre à l'issue de la vérification.

Lorsque l'administration doit suivre la **procédure de rectification contradictoire,** l'irrégularité de la vérification entraîne la nullité de l'imposition supplémentaire, ainsi que celle des actes de procédure postérieurs à la vérification (jurisprudence constante, notamment CE 9-10-1992 n° 82144 : RJF 12/92 n° 1646). Dans ce cas, la notification de la proposition de rectification perd son effet interruptif de prescription.

En revanche, lorsque l'imposition est établie par voie de **taxation ou d'évaluation d'office,** l'irrégularité de la vérification est sans incidence sur la régularité de la procédure, sauf si l'imposition d'office n'est justifiée que par des **éléments tirés de la vérification irrégulière** (notamment CE plén. 22-12-1989 n° 45814-46114 : RJF 2/90 n° 209).

E. Examen de comptabilité

78190 LPF art. L 13 G et L 47 AA CF-IV-49000 s Lorsqu'elle considère que les **enjeux** et la **typologie** d'une entreprise, dont la comptabilité est tenue de manière informatisée, ne nécessitent pas de procéder à des investigations sur place, l'administration peut recourir à la procédure d'**examen de comptabilité** plutôt que d'engager une vérification de comptabilité. Cet examen est effectué à distance d'après les **fichiers des écritures comptables** (FEC) communiqués par l'entreprise. Il constitue une procédure **distincte** de la procédure de contrôle des comptabilités informatisées prévue par l'article L 47 A du LPF en matière de vérification de comptabilité (n° 78140).

78192 L'engagement de l'examen doit être précédé d'une **information du contribuable** au moyen d'un avis précisant la période concernée, la faculté qui lui est ouverte de se faire assister par un conseil, ainsi que la disponibilité en ligne de la charte du contribuable vérifié dont le contenu est opposable (n° 79415). Dans les **quinze jours** suivant la réception de l'avis, le contribuable doit **adresser à l'administration** une copie des fichiers des écritures comptables (FEC) sous une forme dématérialisée répondant aux normes prévues pour les vérifications de comptabilité informatisées (LPF art. A 47 A-1 et A 47 AA-1). À défaut, l'administration peut annuler l'examen de comptabilité et engager une vérification de comptabilité lui permettant de procéder à des investigations sur place.

L'administration peut effectuer des tris, classements, ainsi que tous calculs permettant de vérifier la **concordance** entre la copie des FEC et les déclarations du contribuable. Elle peut également effectuer des traitements informatiques sur les fichiers, autres que les FEC, transmis par le contribuable.

En cours d'examen, des demandes complémentaires, portant notamment sur les **pièces justificatives,** sont possibles.

> Précisions **a.** Les fichiers peuvent également être adressés à l'administration sur **supports physiques** (clef USB, CD-ROM, etc.) par voie postale ou de dépôt dans les locaux du service (BOI-CF-DG-40-20 n° 350).
b. S'agissant des **garanties** en matière d'examen de comptabilité, voir nos 79410 s. et 79480.
c. Outre l'annulation possible de la procédure d'examen, le défaut de transmission des FEC, ou la transmission de fichiers non conformes, entraîne l'application de l'amende de 5 000 € prévue par l'article 1729 D du CGI (n° 78140, précision b). Celle-ci s'applique également en cas de transmission d'un fichier non conforme ou incomplet suite à une demande de mise en conformité (BOI-CF-DG-40-20 n° 420). Dans l'hypothèse où l'examen de comptabilité porte sur **plusieurs exercices**, l'amende est applicable pour chaque exercice pour lequel aucun FEC n'est adressé à l'administration ou pour chaque exercice pour lequel le FEC n'est pas conforme aux normes de l'article A 47 AA-1 du LPF (BOI-CF-DG-40-20 n° 430).

F. Mesures particulières de contrôle

1. CONTRÔLE DES DROITS D'ENREGISTREMENT ENR-VII-100 s

OBJET DU CONTRÔLE

Le contrôle des droits d'enregistrement (et de la taxe de publicité foncière perçue sur les actes soumis à la « formalité fusionnée ») s'exerce principalement dans les trois directions suivantes : 78210

– **recherche des actes et mutations** obligatoirement soumis à l'enregistrement et non présentés à la formalité. Lorsqu'elle établit l'existence de tels actes ou mutations, l'administration peut procéder aux régularisations nécessaires suivant la procédure de taxation d'office ;

– détermination du **véritable caractère d'un contrat.** En cas de dissimulation à cet égard, l'administration peut restituer à l'acte sa nature réelle en mettant en œuvre la procédure d'**abus de droit** ;

– contrôle de la **valeur déclarée,** examiné ci-après.

CONTRÔLE DE LA VALEUR DÉCLARÉE

Les droits proportionnels ou progressifs d'enregistrement étant, en règle générale, calculés sur la valeur vénale des biens transmis (lorsque cette valeur est supérieure au prix s'il s'agit d'une vente), l'administration est en droit d'établir que le prix stipulé dans un contrat est inférieur à la valeur vénale ou que l'évaluation fournie n'est pas suffisante (insuffisance de prix ou d'évaluation). Elle peut également soutenir, si elle est en mesure de le prouver, que le prix stipulé dans un acte est inférieur à celui réellement convenu (dissimulation de prix). 78215

Insuffisance de prix ou d'évaluation Pour démontrer que le prix déclaré (ou l'évaluation fournie) est inférieur à la valeur réelle, l'administration utilise des méthodes d'**estimation,** que nous décrivons sommairement ci-après. Une fois l'insuffisance établie, la **rectification** correspondante est opérée suivant la procédure normale, avec intervention, s'il y a lieu, de la commission départementale de conciliation. Les droits correspondant à l'insuffisance sont majorés d'un **intérêt de retard** assorti d'une **majoration** si le manquement est délibéré ou si le contribuable s'est rendu coupable de manœuvres frauduleuses. 78220 LPF art. L 17 ENR-VII-800 s et 2900 s

> Précisions À noter que, pour se prémunir contre des rectifications ultérieures, les contribuables peuvent consulter l'administration dans le cadre de deux procédures spéciales : le **« rescrit valeur »,** en cas de donation d'entreprises (voir n° 79373) ; le **contrôle sur demande** des actes de donation et déclarations de succession (voir n° 78250).

Évaluation des biens transmis Il existe certains cas, essentiellement **en matière de successions,** où le législateur a fixé des règles spécifiques d'appréciation de la valeur des biens pour le calcul des droits d'enregistrement (voir nos 68400 s.). Hormis ces cas particuliers, la valeur 78225 ENR-VII-30000 s vénale réelle des biens transmis, au jour de la mutation, sert de base au calcul des droits d'enregistrement. Cette valeur, qui n'est pas définie par la loi, correspond au prix que le jeu normal de l'offre et de la demande permettrait de retirer de la vente du bien, abstraction faite de toute valeur de convenance. Suivant la nature des éléments, elle peut être déterminée de différentes façons, examinées ci-après.

Pour une étude approfondie de ces méthodes, voir notre **ouvrage « Évaluation »**.

78230 Pour les **terrains et les immeubles bâtis,** la valeur vénale doit être déterminée par comparaison. Cette méthode consiste à se référer aux prix constatés dans des transactions afférentes à un nombre suffisant d'immeubles similaires, qui constituent ainsi des termes de comparaison. Cette comparaison peut être faite « en bloc », mais elle est opérée le plus souvent à partir de prix moyens unitaires : prix à l'hectare (terrains agricoles), au mètre carré (terrains à bâtir), au mètre carré de superficie bâtie, etc. En raison de sa fiabilité, tirée essentiellement de la référence au marché immobilier local, cette méthode est la plus utilisée par les experts, les tribunaux et l'administration fiscale.

D'autres méthodes peuvent être utilisées à titre subsidiaire : évaluation par le revenu pour les immeubles de rapport (souvent rejetée comme arbitraire par les tribunaux, elle consiste à prendre en considération le prix du loyer auquel on applique un taux de capitalisation approprié) ; évaluation par réajustement d'une valeur antérieure.

78235 La valeur vénale des **fonds de commerce** et des clientèles doit, elle aussi, être déterminée par comparaison avec des cessions, en nombre suffisant, de biens similaires.

Toutefois, des barèmes établis par profession et en pourcentages de chiffre d'affaires sont également utilisés, à l'exception de certains cas particuliers tels que l'évaluation des commerces de gros (dont la valeur est souvent déterminée sur la base d'une ou de deux années de bénéfices et du matériel), des succursales, etc.

Les méthodes d'évaluation par les bénéfices, d'après le loyer du local commercial ou par référence à des valeurs antérieures, peuvent être utilisées en complément.

78240 L'évaluation des **titres de sociétés non cotées** fait intervenir plusieurs éléments. L'élément essentiel est constitué par la valeur mathématique ou valeur intrinsèque du titre (valeur de l'actif actualisée au jour de la mutation, diminuée du passif et divisée par le nombre de titres). Pour les petites sociétés, cette valeur s'identifie souvent avec la valeur vénale du titre (avec un abattement pouvant aller de 10 % à 20 % lorsque la transaction porte sur un paquet minoritaire). Pour les sociétés plus importantes, la valeur mathématique se combine fréquemment avec la valeur de rendement du titre ou la valeur de productivité de l'entreprise, d'autres éléments pouvant également être pris en considération (perspectives d'avenir, marché du titre, etc.).

Les méthodes suivantes peuvent aussi être utilisées : valeur tirée de la marge brute d'autofinancement ou « cash flow » ; survaleur ou « goodwill » ; valeur de comparaison (cette dernière méthode prime sur les autres si les éléments produits répondent aux critères d'objectivité et de pertinence exigés par la jurisprudence ; en ce sens, Cass. com. 7-7-2009 nº 08-14.855 : RJF 12/09 nº 1173).

78245 ENR-VII-500 s et 3050 s **Dissimulation de prix** Il ne faut pas confondre « dissimulation » et « insuffisance » de prix. Pour réclamer un complément de droits à raison d'une insuffisance de prix, l'administration doit établir que le prix stipulé dans un contrat est **inférieur** à la valeur vénale du bien transmis. En revanche, pour soutenir qu'il y a dissimulation de prix, elle doit prouver que le prix **réellement convenu** entre les parties est supérieur à celui indiqué dans l'acte.

Lorsqu'elles sont établies, les dissimulations entraînent, en plus de la perception des droits simples sur la fraction de prix dissimulée, l'application de trois sortes de **sanction** : une sanction civile (nullité de la contre-lettre ; C. civ. art. 1202), une sanction fiscale (intérêt de retard et majoration de 80 % pour manœuvres frauduleuses) et une sanction pénale (peines correctionnelles pour les auteurs de la dissimulation et leurs complices ; CGI art. 1837).

PROCÉDURE SPÉCIALE DE CONTRÔLE SUR DEMANDE (DONATIONS ET SUCCESSIONS)

78250 LPF art. L 21 B ENR-VII-5700 s Pour sécuriser leur situation fiscale, les bénéficiaires d'une transmission à titre gratuit – donation ou succession – peuvent demander à l'administration fiscale d'effectuer le contrôle de l'acte de donation ou de la déclaration de succession dans les douze mois qui suivent cette demande. En utilisant cette possibilité, ils **limitent à un an le délai de reprise** de l'administration, qui ne peut proposer aucun rehaussement d'imposition au-delà de cette durée, décomptée à partir de la date de réception de la demande de contrôle et éventuellement prorogée dans les conditions prévues par l'article L 21 B du LPF.

Cette garantie comporte toutefois des **restrictions.** Elle ne s'applique pas aux redressements découlant de l'omission de la mention d'un bien ou d'une donation antérieure, de la remise en cause d'un régime de faveur pour non-respect d'un engagement ou d'une condition, ou de la mise en œuvre de la procédure d'abus de droit. En revanche, elle fait obstacle à la remise en cause de la valeur déclarée des biens une fois le délai d'un an expiré.

> Précisions La demande, pour être **recevable,** doit être signée par les bénéficiaires d'au moins un tiers de l'actif net. Elle doit se rapporter à une déclaration ou un acte enregistré avant réception d'un avis de mise en recouvrement ou d'une mise en demeure. Elle doit être présentée au plus tard dans le délai de trois mois suivant l'enregistrement de la déclaration ou de l'acte, sans pouvoir être antérieure à la date de cet enregistrement.

2. RÉPRESSION DE L'ÉVASION FISCALE INTERNATIONALE

Outre les dispositions qui peuvent figurer dans les conventions internationales, le droit interne français édicte plusieurs mesures, que nous examinons ci-après, destinées à lutter contre l'évasion fiscale internationale. **78260**

TRANSFERTS INDIRECTS DE BÉNÉFICES À L'ÉTRANGER

L'article 57 du CGI a pour objet d'empêcher le transfert à l'étranger de bénéfices **normalement imposables** en France en permettant à l'administration de **rapporter** aux résultats de l'entreprise les bénéfices irrégulièrement transférés. À cet effet, il institue un régime de présomptions de transfert indirect de bénéfices lorsque sont réunies des conditions tenant aux liens entre les entreprises et à l'existence d'avantages anormaux. **78265** CGI art. 57 CF-IX-250 s

Les **entreprises visées** sont celles (y compris leurs succursales) qui relèvent de l'impôt sur les sociétés ou de l'impôt sur le revenu (catégorie BIC) et qui sont sous la dépendance (de droit ou de fait) ou qui possèdent le contrôle d'entreprises situées hors de France, ainsi que celles qui sont sous la dépendance d'une entreprise ou d'un groupe possédant également le contrôle d'entreprises situées hors de France. L'administration supporte la charge de la preuve du lien de dépendance. Toutefois, cette preuve n'est pas exigée lorsque le transfert s'effectue : **78266**

– avec des entreprises établies dans un pays ou territoire dont le régime fiscal est privilégié au sens indiqué n° 78295 ou avec des établissements, installés dans ces pays ou territoires, d'entreprises dont le siège se trouve dans un pays à fiscalité normale ;

– avec des entreprises établies ou constituées dans un État ou territoire non coopératif au sens indiqué n° 78310. Mais, le contribuable peut justifier (clause de sauvegarde) que les opérations réalisées correspondent à des opérations réelles n'ayant ni pour objet ni pour effet de permettre la localisation de bénéfices dans un tel État ou territoire (BOI-INT-DG-20-50-20 n° 430).

L'administration doit, par ailleurs, apporter la preuve de l'octroi d'**avantages anormaux** aux entreprises étrangères sous forme de majorations ou de minorations de prix ou de tout moyen de transfert analogue. Toutefois, cette preuve n'est pas requise lorsque, s'agissant des entreprises astreintes à la production de la documentation prévue aux articles L 13 AA et L 13 AB du LPF (n° 8967), il est constaté un écart entre le montant du prix de transfert déterminé selon la méthode effectivement suivie par l'entreprise et celui qui aurait été atteint si la méthode décrite dans la documentation avait été respectée. Dans cette situation, l'écart est donc présumé constituer un bénéfice irrégulièrement transféré (Loi 2023-1322 du 29-12-2023 art. 116, applicable aux exercices ouverts à compter du 1-1-2024). **78267**

La démonstration par l'administration du caractère anormal des prix facturés aux entreprises liées requiert normalement une **comparaison** avec les prix pratiqués par l'entreprise française (comparaison « interne ») ou des entreprises similaires (comparaison « externe ») avec des clients dépourvus de liens de dépendance avec elles, sans que l'écart constaté à cette occasion s'explique par la situation différente de ces clients (par exemple, la qualité de distributeur ou de consommateurs : CE 16-3-2016 n° 372372 : RJF 6/16 n° 514). Les éléments de comparaison doivent donc être **pertinents.** Cependant, certains **avantages** revêtent **par** leur **nature** un caractère anormal (et dispensent donc de toute comparaison) : par exemple, prêt sans intérêts, renonciation à recettes, non-facturation de services, etc. (mais pas la déduction d'une subvention d'un prix facturé : CE 19-9-2018 n° 405779 : RJF 12/18 n° 1216).

La présomption de transferts indirects de bénéfices est une **présomption simple.** Elle peut donc être combattue par l'entreprise en apportant la preuve de l'absence de transfert, par exemple en justifiant que les avantages consentis sont motivés par l'obtention de **contreparties** au moins équivalentes et favorables à sa propre exploitation (par exemple, le développement de sa propre politique commerciale). **78268**

Lorsque l'administration n'est pas fondée à invoquer la présomption de l'article 57 du CGI, elle doit établir que l'entreprise française a consenti un avantage à l'entreprise étrangère, constitutive d'un **acte anormal de gestion,** résultant d'un écart injustifié entre le prix convenu et la valeur vénale du bien ou du service qui en est la contrepartie.

78269 Les entreprises sont susceptibles d'être soumises au paiement de la **retenue à la source** sur les rehaussements afférents aux bénéfices transférés à l'étranger lorsque ceux-ci sont constitutifs de **revenus distribués** (nos 24845 s.), sauf si elles engagent avec l'administration la procédure de régularisation prévue à l'article L 62 A du LPF. Cette procédure, qui ne s'applique pas lorsque le bénéficiaire des revenus distribués est situé dans un État ou territoire non coopératif, doit être mise en œuvre postérieurement à la proposition de rectification et antérieurement à la mise en recouvrement des rappels de retenue à la source (BOI-CF-IOR-20-20 n° 60).

Les entreprises qui réalisent des opérations transfrontalières avec des entreprises qui leur sont liées peuvent solliciter de l'administration la conclusion d'un **accord préalable sur la méthode de détermination des prix de transfert** (n° 8965).

78270 LPF art. L 13 B **CF-IX-3600 s**

Obligations documentaires **a.** Lorsque, au cours d'une vérification ou d'un examen de comptabilité, l'administration a réuni des éléments faisant présumer qu'une entreprise, autre que celles mentionnées au b ci-après, a opéré un transfert indirect de bénéfices au sens de l'article 57 du CGI, elle peut, dans les conditions énoncées par l'article L 13 B du LPF, **demander** à cette entreprise des **informations et documents** sur les relations entretenues avec des entreprises étrangères et sur la méthode de détermination des prix des transactions. La demande doit être précise, mais elle n'a pas à être motivée (BOI-CF-IOR-60-50 n° 130).

Si l'entreprise **ne répond pas** à la demande, ou à une mise en demeure postérieure, ou si sa réponse à cette mise en demeure est insuffisante, l'administration est autorisée à évaluer le montant du transfert de bénéfices à partir des éléments dont elle dispose (CGI art. 57). Elle doit pour cela suivre la procédure de rectification contradictoire, sauf si l'entreprise était en situation de taxation d'office avant l'engagement de la procédure de demande d'informations. En outre, une amende fiscale spécifique est applicable, égale à 10 000 € pour chaque exercice visé par la demande (CGI art. 1735, II).

b. Par ailleurs, les entreprises appartenant à des groupes économiquement importants ont l'obligation d'élaborer une **documentation particulière aux prix de transfert** et d'en adresser chaque année une version allégée à l'administration : voir nos 8967 s. Lorsque le groupe établit des comptes consolidés et réalise un chiffre d'affaires consolidé au moins égal à 750 M€, une **déclaration** d'informations **pays par pays** doit être produite : voir n° 8972.

TRANSFERTS D'ACTIFS HORS DE FRANCE

78275 CGI art. 238 bis-0 I **CF-IX-10000 s**

Les entreprises sont imposables annuellement sur les produits des actifs qu'elles ont transférés hors de France entre les mains d'une personne, d'un organisme, d'un trust ou d'une institution comparable, à charge pour cette entité de **gérer ces actifs** dans l'intérêt de l'entreprise ou d'**assumer pour son compte** un engagement existant ou futur. Cette règle vise les actifs que l'entreprise a transférés directement ou indirectement, elle-même ou par l'intermédiaire d'un tiers, quelle que soit la date du transfert. Elle prend en compte le fait que l'entreprise ne s'est pas véritablement dessaisie des actifs ainsi transférés, en la soumettant en France à l'impôt sur les sociétés ou, éventuellement, à l'impôt sur le revenu à raison des résultats de la gestion de ces actifs, de leur disposition ou, le cas échéant, des biens acquis en remploi.

L'**imposition des résultats** est établie selon les modalités précisées par l'article 238 bis-0 I du CGI et les articles 64 bis à 64 quater de l'annexe III au même Code. La base d'imposition peut être fixée forfaitairement si l'entreprise ne remplit pas ses obligations déclaratives. Le montant des droits éludés est en outre assorti de l'intérêt de retard et d'une majoration de 40 % (CGI art. 1758).

> **Précisions** Le dispositif concerne les actifs transférés sans contrepartie immédiate, et plus particulièrement certaines opérations financières, telles les émissions restructurées de **titres subordonnés à durée indéterminée** (TSDI) et les opérations de **« defeasance » de dettes** (transferts d'éléments d'actif, à charge pour le tiers d'assumer le service d'une dette incombant à l'entreprise auteur du transfert). Sont expressément écartés les transferts qui résultent de l'exécution de **contrats d'assurance** ou de **mandats.**

TRANSFERTS D'ACTIFS INCORPORELS DIFFICILES À ÉVALUER

78277 CGI art. 238 bis-0 I ter

L'administration dispose de la possibilité de **rectifier** la valeur d'actifs incorporels difficiles à évaluer (**AIDV**), transférés entre entreprises associées, sur la base des **résultats postérieurs** à l'exercice au cours duquel a eu lieu la transaction.

Sont visés les actifs ou droits incorporels mentionnés à l'article 1649 AH, II-E-2° du CGI, c'est-à-dire ceux pour lesquels il n'existe, au moment du transfert, ni comparables fiables ni prévisions suffisamment certaines des flux de trésorerie ou de revenus futurs, ou du niveau de réussite finale de l'opération.

La rectification de la valeur de ces actifs ou droits incorporels sur la base des résultats réels postérieurs est toutefois **exclue** dans les cas suivants :

– le transfert en cause est couvert par un accord préalable en matière de prix bilatéral ou multilatéral, en vigueur pour la période concernée, entre les juridictions du cessionnaire ou du cédant ;

– l'écart entre la valorisation résultant des prévisions établies au moment de la transaction et celle constatée au vu des résultats réels est inférieur à 20 % ;

– une durée de commercialisation de cinq ans s'est écoulée après l'année au cours de laquelle l'actif ou droit a produit pour la première fois des revenus provenant d'une entité non liée au cessionnaire et, durant cette période, l'écart entre les prévisions établies au moment de la transaction et les résultats réels est inférieur à 20 %.

Par ailleurs, le **contribuable** peut faire **échec à la rectification** :

– d'une part, en fournissant des informations détaillées sur les prévisions utilisées, au moment du transfert, pour déterminer les prix, notamment les modalités de prise en compte des risques et des évènements raisonnablement prévisibles ainsi que leur probabilité de réalisation ;

– et, d'autre part, en établissant que la différence significative entre ces prévisions et les résultats réels est due à la survenance d'évènements imprévisibles lors de la détermination du prix, ou à la réalisation d'évènements prévisibles dont la probabilité n'a pas été significativement sous-estimée ou surestimée.

> Précisions **a.** Le présent dispositif est applicable aux **exercices ouverts à compter du 1er janvier 2024** (Loi 2023-1322 du 29-12-2023 art. 116).

b. L'administration dispose, pour procéder aux rectifications, d'un **droit de reprise spécial** qui expire à la fin de la sixième année qui suit celle au titre de laquelle l'imposition est due (CGI art. L 171 B : Loi 2023-1322 du 29-12-2023 art. 116).

c. De plus, la **garantie** relative à l'interdiction de renouveler une vérification ou un examen de comptabilité (nos 79450 s.) n'est pas applicable.

BÉNÉFICES PROVENANT DE SOCIÉTÉS ÉTABLIES DANS UN PAYS À RÉGIME FISCAL PRIVILÉGIÉ

L'article 209 B du CGI vise à dissuader les entreprises françaises de localiser leurs bénéfices dans des entités étrangères bénéficiant d'un régime fiscal privilégié, c'est-à-dire installées généralement dans des « paradis fiscaux ». **78280** CGI art. 209 B CF-IX-5000 s

En vertu de cet article, lorsqu'une **personne morale** établie en France et **passible de l'impôt sur les sociétés** exploite une entreprise établie hors de France ou détient directement ou indirectement plus de 50 % des actions, parts, droits financiers ou droits de vote dans une entité juridique (personne morale, organisme, fiducie ou institution comparable) établie ou constituée hors de France et que cette entreprise ou entité juridique est soumise à un régime fiscal privilégié au sens indiqué no 78295, les résultats bénéficiaires de cette entreprise ou entité juridique sont **imposables** à l'impôt sur les sociétés en France.

L'imposition est opérée de la manière suivante :

– lorsque l'entité détenue à l'étranger est une entreprise (établissement ou succursale), ses bénéfices ou revenus positifs sont **taxés en tant que bénéfices** de la personne morale établie en France, à condition toutefois que la convention fiscale conclue avec l'État d'implantation réserve expressément l'application de l'article 209 B du CGI (CE 28-6-2002 no 232276 : RJF 10/02 no 1080) ;

– lorsqu'il s'agit d'une entité juridique, ses résultats ou revenus positifs sont réputés constituer un **revenu de capitaux mobiliers** imposable de la personne morale établie en France dans la proportion des actions, parts ou droits financiers qu'elle détient.

Par **exception,** l'article 209 B n'est pas applicable aux résultats des implantations réalisées dans un État de l'**Union européenne** si l'exploitation de l'entreprise ou la détention des titres ne peut être regardée comme constitutive d'un montage artificiel ayant pour but de contourner la législation fiscale française.

Pour les **autres implantations,** il ne s'applique pas non plus lorsque la personne morale établie en France démontre que les opérations de l'entreprise ou de l'entité juridique établie ou constituée hors de France ont principalement un objet et un effet autres que de permettre la localisation de bénéfices dans un État ou territoire où elle est soumise à un régime fiscal privilégié. Cette condition est **réputée remplie** notamment lorsque l'entreprise ou l'entité juridique établie ou constituée hors de France a principalement une activité industrielle ou commerciale effective exercée sur le territoire de l'État de son établissement ou de son siège.

> Précisions a. Le **taux de détention** de 50 % est ramené à 5 % lorsque plus de 50 % des actions, droits ou parts de l'entité étrangère sont détenus par des entreprises établies en France qui, dans le cas où l'entité étrangère est cotée sur un marché réglementé, agissent de concert ou bien par des entreprises qui sont placées dans une situation de contrôle ou de dépendance à l'égard de la personne morale établie en France.

b. L'article 209 B (complété par les articles 102 SA à 102 ZB de l'annexe II au même Code) précise la **notion de détention indirecte** et les **modalités de détermination et d'imposition des bénéfices** ou revenus réalisés à l'étranger, et fixe les **obligations déclaratives** de la personne morale française. Un délai de reprise spécial s'applique en cas de non-respect de ces obligations : voir nº 77715. En outre, une amende spécifique est encourue en cas de défaut de déclaration malgré une mise en demeure. Cette amende est égale à 1 500 € par manquement constaté ou à la majoration de droit commun pour défaut ou insuffisance de déclaration (majoration de 40 % visée nº 80085 ou majoration de 40 % ou 80 % visée nº 80040) si l'application de celle-ci aboutit à un montant supérieur (CGI art. 1763 A).

PARTICIPATIONS DANS DES STRUCTURES FINANCIÈRES ÉTABLIES DANS UN PAYS À RÉGIME FISCAL PRIVILÉGIÉ

78285 CGI art. 123 bis CF-IX-25200 s

Sauf exception (voir précision a ci-après), toute **personne physique** domiciliée en France **qui détient,** directement ou indirectement, **10 %** au moins des actions, parts, droits financiers ou droits de vote dans une entité juridique – personne morale, organisme, fiducie ou institution comparable – établie ou constituée hors de France et dont le patrimoine est principalement composé d'actifs financiers et monétaires est imposable en France à raison des bénéfices ou revenus positifs de cette entité lorsqu'elle est soumise à un régime fiscal privilégié au sens indiqué nº 78295, c'est-à-dire établie dans un « paradis fiscal ». La détention de 10 % est **présumée** :

– à l'égard du constituant ou du bénéficiaire réputé constituant d'un trust au sens de l'article 792-0 bis du CGI (nº 68670), même si le trust présente un caractère irrévocable et discrétionnaire et quel que soit le territoire où il est situé ;

– lorsque la personne physique a transféré des biens ou droits à une entité juridique située dans un État ou territoire non coopératif au sens indiqué nº 78310.

Pour le **Conseil d'État,** les dispositions de l'article 123 bis du CGI visent à imposer les résidents fiscaux à raison des bénéfices réalisés à l'étranger par certaines entités établies dans des États ou territoires dans lesquels elles sont soumises à un régime fiscal privilégié, sur lesquelles ces résidents **exercent un contrôle,** même partagé, **quelle que soit sa forme** juridique et, **dans le cas où il est quantifiable,** supérieur à 10 % (CE 12-5-2022 nº 444994 : RJF 8-9/22 nº 775).

Même en l'absence de distributions effectives, la personne physique est imposée dans la catégorie des **revenus de capitaux mobiliers** sur les bénéfices ou revenus positifs de la structure étrangère, dans la proportion des actions, parts ou droits financiers qu'elle détient, directement ou indirectement. Les revenus ainsi imposés sont retenus pour 125 % de leur montant. Toutefois, les droits détenus par l'intermédiaire du groupe familial (conjoint, ascendants, descendants), qui sont retenus pour l'appréciation du seuil de 10 %, ne sont pas pris en compte pour le calcul du revenu.

> Précisions a. Le dispositif n'est pas applicable (clause de sauvegarde), lorsque l'entité juridique est établie ou constituée dans un État de l'**Union européenne** ou dans un État ou territoire ayant conclu avec la France une **convention d'assistance** en vue de lutter contre la fraude et l'évasion fiscales et une convention d'assistance en matière de recouvrement et qui n'est pas non coopératif au sens indiqué au nº 78310, si l'exploitation de l'entreprise ou la détention des titres ou droits de cette entité par la personne domiciliée en France ne peut être regardée comme constitutive d'un montage artificiel dont l'objet serait de contourner la législation fiscale française. Lorsque l'entité est établie dans un **autre État,** l'exclusion du dispositif suppose la preuve par la personne domiciliée en France que l'exploitation de l'entreprise ou la détention des parts ou droits a principalement un objet et un effet autres que la localisation de bénéfices ou revenus dans un État ou territoire où elle est soumise à un régime fiscal privilégié.

b. La **présomption de détention** de 10 % prévue à l'encontre des personnes physiques ayant transféré des biens ou droits à une entité juridique située dans un État ou territoire non coopératif ne s'applique pas si le contribuable justifie que les opérations réalisées correspondent à des opérations réelles n'ayant ni pour objet ni pour effet de permettre la localisation de bénéfices dans un tel État ou territoire (BOI-INT-DG-20-50-20 nº 140).

Lorsque cette présomption est mise en œuvre, la totalité des bénéfices ou revenus positifs de l'entité est imposée entre les mains du

contribuable, sauf si l'intéressé établit la proportion exacte des actions, parts ou droits qu'il détient dans l'entité, auquel cas il est imposé dans cette proportion (BOI-INT-DG-20-50-20 nos 120 et 130). De même, en cas de mise en œuvre de la présomption afférente aux trusts, la totalité des bénéfices ou revenus positifs du trust sont imposés entre les mains du constituant ou du bénéficiaire réputé constituant, sauf si ce dernier établit la quotité exacte de sa détention, auquel cas il est imposé dans cette proportion (BOI-RPPM-RCM-10-30-20-20 n° 385).
c. L'article 123 bis du CGI (complété par les articles 50 bis à 50 septies de l'annexe II au même Code) précise la **notion de détention indirecte** et fixe les **modalités de détermination et d'imposition des revenus** réalisés à l'étranger, ainsi que les **obligations déclaratives** de la personne française. Un délai de reprise spécial s'applique en cas de non-respect de ces obligations : voir n° 77715.
d. En cas de **distribution** effective par l'entité étrangère, cette distribution n'est pas imposable à hauteur des revenus antérieurement réputés distribués.
e. Calcul des **prélèvements sociaux** sur les bénéfices ou revenus en cause : voir n° 34570, précision b.

RÉMUNÉRATIONS DE PRESTATIONS DE SERVICES VERSÉES À L'ÉTRANGER

L'article 155 A du CGI est destiné à faire obstacle aux pratiques visant à éluder l'impôt français en versant la rémunération de prestataires, notamment professionnels du sport ou du spectacle, à des personnes physiques ou morales établies à l'étranger dont ces prestataires sont les salariés. **78290** CGI art. 155 A CF-IX-16900 s

Ainsi, les sommes perçues par une personne physique ou morale domiciliée ou établie hors de France, en **contrepartie de services ou de l'exploitation de droits** attachés à l'image, au nom ou à la voix d'une ou plusieurs personnes, de l'usage de droits d'auteurs ou de droits voisins ou de la propriété industrielle ou commerciale ou de droits assimilés rendus ou concédés par une ou plusieurs **personnes domiciliées ou établies en France,** sont imposables en France au nom de ces dernières :

– lorsque celles-ci contrôlent, directement ou indirectement, la personne qui perçoit la rémunération des services ;

– ou lorsqu'elles n'établissent pas que cette personne exerce, de manière prépondérante, une activité industrielle ou commerciale autre que la prestation de services ;

– ou, en tout état de cause, lorsque la personne qui perçoit la rémunération des services est domiciliée ou établie dans un pays étranger où elle est soumise à un régime fiscal privilégié au sens indiqué n° 78295, c'est-à-dire en général dans un « paradis fiscal ».

Ce régime est également applicable aux **personnes domiciliées hors de France** qui prêtent leur concours à des personnes domiciliées ou établies hors de France. Dans ce cas, la rémunération reçue au titre des services rendus en France est soumise à une retenue à la source versée par le débiteur « primaire » des rémunérations, c'est-à-dire l'« employeur » exerçant son activité en France (voir nos 4560 s., 4595 s. et 4640 s.).

› Précisions **a.** L'extension du **champ d'application** de l'article 155 A du CGI aux sommes versées en contrepartie de **l'exploitation commerciale de droits** attachés à l'image, au nom ou à la voix, de l'usage de droits d'auteur ou de la propriété industrielle ou commerciale s'applique aux revenus perçus depuis le 1er janvier 2024 (Loi 2023-1322 du 29-12-2023 art. 10).
b. Le dispositif ne s'applique qu'aux prestations qui correspondent à un **service rendu pour l'essentiel** par le contribuable et pour lequel la facturation par une personne domiciliée ou établie hors de France ne trouve aucune **contrepartie réelle** dans une intervention propre de cette dernière, permettant de regarder ce service comme ayant été rendu pour son compte (CE 20-3-2013 nos 346642 et 346643 : RJF 6/13 n° 578).
La circonstance que le service rendu par un contribuable domicilié ou établi en France n'est qu'une **composante, non essentielle, d'un ensemble de prestations** facturées par la personne domiciliée ou établie hors de France ne fait pas obstacle à l'imposition entre les mains du contribuable de la fraction de la rémunération versée à l'étranger correspondant à son intervention propre, par la personne établie ou domiciliée hors de France,
c. L'imposition est établie par l'administration dans la **catégorie d'imposition des revenus** correspondant à l'activité exercée ou au titre de l'impôt sur les sociétés si le contribuable relève de cet impôt.
Pour la détermination de la catégorie d'imposition, il est fait référence aux relations entre la personne domiciliée ou établie en France qui a rendu les services facturés et celle qui en a bénéficié (CE 4-11-2020 n° 436367 : RJF 1/21 n° 2).
d. La personne qui perçoit la rémunération est **solidairement responsable,** à hauteur de cette rémunération, du paiement de l'imposition.
e. En cas de **reversement** à la personne domiciliée ou établie en France par la personne établie ou domiciliée hors de France de tout ou partie des sommes imposées sur le fondement de l'article 155 A du CGI, l'impôt correspondant à ce revenu est réputé avoir déjà été acquitté (Loi 2023-1322 du 29-12-2023 art. 10).

PAIEMENTS À DES RÉSIDENTS ÉTRANGERS SOUMIS À UN RÉGIME FISCAL PRIVILÉGIÉ

78295 CGI art. 238 A CF-IX-14300 s

Pour l'assiette de l'**impôt sur le revenu** (quelle que soit la catégorie de revenus) et de l'**impôt sur les sociétés,** certaines charges payées ou dues par une personne physique ou morale domiciliée ou établie en France à des personnes physiques ou morales domiciliées ou établies dans un État étranger ou un territoire situé hors de France ne sont admises en **déduction,** lorsque le bénéficiaire est soumis à un **régime fiscal privilégié** dans ledit État ou territoire, qu'à condition que le débiteur de ces dépenses apporte la preuve qu'elles correspondent à des opérations réelles et qu'elles ne présentent pas un caractère anormal ou exagéré. Si le bénéficiaire est domicilié ou établi dans un État ou territoire **non coopératif** au sens indiqué nº 78310, la déduction n'est possible que si le débiteur démontre en outre que les opérations auxquelles correspondent les dépenses ont principalement un objet et un effet autres que de permettre la localisation de ces dépenses dans un État ou territoire non coopératif (auquel cas les dépenses déduites doivent être déclarées sur un relevé détaillé : voir nº 8990). Les intérêts d'emprunts conclus avant le 1er mars 2010 ou d'emprunts assimilables échappent toutefois à cette restriction.

Les charges concernées sont les suivantes :

– **intérêts,** arrérages et autres produits des obligations, créances, dépôts et cautionnements (à l'exclusion des intérêts, arrérages et autres produits des obligations émises sous le régime de l'article 131 ter du CGI décrit nº 26540 : BOI-BIC-CHG-80-10 nº 30) ;

– **redevances** de cession ou concession de **licences** d'exploitation, de brevets d'invention, de marques de fabrique, procédés ou formules de fabrication et autres droits analogues ;

– **rémunérations de services** (salaires, honoraires, commissions...).

S'agissant de la **notion de régime fiscal privilégié,** l'article 238 A du CGI précise qu'une personne est réputée soumise à un tel régime dans l'État ou le territoire considéré si elle n'y est pas imposable ou lorsqu'elle y est assujettie à des impôts sur les bénéfices ou les revenus inférieurs de 40 % ou plus à ceux dont elle aurait été redevable dans les conditions de droit commun en France si elle y avait été domiciliée ou établie. Sont ainsi visés, essentiellement, les « paradis fiscaux » ou « États refuges ». En cas de contestation, l'administration doit justifier de l'existence d'un régime fiscal privilégié hors de France (CE 21-3-1986 nº 53002 : RJF 5/86 nº 470). Il lui appartient d'apporter tous les éléments circonstanciés portant sur l'ensemble des modalités (et pas seulement sur le taux d'imposition) selon lesquelles des activités du type de celles qu'exerce le bénéficiaire sont imposées dans le pays où il est domicilié (CE 24-4-2019 nº 413129 : RJF 7/19 nº 624).

› Précisions **a.** Le **bénéficiaire** s'entend de la personne ou de l'entité établie dans un pays à fiscalité privilégiée qui **reçoit directement** les paiements opérés par le contribuable résident en France, sans qu'il soit nécessaire de rechercher si, le cas échéant, elle **reverse les sommes** en cause à des tiers qui en seraient les bénéficiaires effectifs (CE 5-6-2020 nº 425789 : RJF 8-9/20 nº 671).

b. Le régime prévu par l'article 238 A du CGI s'applique également lorsque les charges font l'objet de versements sur un compte tenu par un **organisme financier** établi dans un des États ou territoires visés. Il en est ainsi quel que soit le domicile ou le lieu d'établissement du titulaire du compte (CE 18-5-1998 nº 157974 : RJF 7/98 nº 790). Pour déterminer si le titulaire du compte est soumis à un régime fiscal privilégié, il convient de comparer l'imposition hypothétique dont il aurait fait l'objet s'il était établi et exerçait l'activité ayant donné lieu aux versements dans le même État que l'organisme financier avec l'imposition dont il aurait été redevable en France s'il y était établi et s'il réalisait depuis la France l'activité en cause (CE 24-4-2019 nº 412284 : RJF 7/19 nº 623).

c. Les **impositions à prendre en compte** pour apprécier l'existence d'un **régime fiscal privilégié** s'entendent de l'ensemble des impositions directes sur les bénéfices et les revenus prévues par la législation de l'État ou du territoire considéré (CE 29-6-2020 nº 433937 : RJF 10/20 nº 767). Par ailleurs, pour déterminer l'**imposition que supporterait en France** une personne morale étrangère si elle y était établie, il y a lieu de prendre en compte la possibilité dont disposerait, le cas échéant, l'intéressée d'opter pour le régime des sociétés mères (CE 14-2-2022 nº 442061 et 442062 : RJF 5/22 nº 453).

d. Les rehaussements qualifiés de **revenus distribués** sont soumis au paiement de la **retenue à la source** visée nºs 24845 s., sauf si la société débitrice engage avec l'administration la procédure de régularisation prévue à l'article L 62 A du LPF. Cette procédure, qui ne s'applique pas lorsque le bénéficiaire des revenus distribués est situé dans un État ou territoire non coopératif (au sens visé nº 78310, 1º et 2º), doit être mise en œuvre postérieurement à la proposition de rectification et antérieurement à la mise en recouvrement des rappels de retenue à la source (BOI-CF-IOR-20-20 nº 60).

DÉCLARATION DES TRANSFERTS DE FONDS VERS OU EN PROVENANCE DE L'ÉTRANGER

Certains transferts de fonds réalisés par les **personnes physiques,** vers ou en provenance d'un autre État, membre ou non de l'Union européenne, sont soumis à une obligation déclarative auprès de l'administration des douanes. **78300** CGI art. 1649 quater A **CF-IX-18680 s**

Cette obligation découle à la fois du droit européen (en dernier lieu, règlement UE 2018/1672 du 23 octobre 2018 relatif aux contrôles de l'argent liquide entrant dans l'Union européenne ou sortant de l'Union) et de la législation interne (CGI art. 1649 quater A, renvoyant à C. mon. fin. art. L 152-1 et s.).

L'obligation de déclaration concerne les personnes physiques qui, pour elles-mêmes ou pour le compte d'un tiers, **transportent de l'argent liquide** (sur elles, dans leurs bagages ou leur moyen de transport) d'un montant égal ou supérieur à 10 000 € vers un **État membre de l'Union européenne ou en provenance** de cet État (C. mon. fin. art. L 152-1). Lorsque le transfert est réalisé sans l'intervention d'un porteur, c'est-à-dire qu'il est opéré par **voie postale ou fret,** les agents des douanes peuvent exiger de l'expéditeur ou du destinataire (ou de leur représentant) la production d'une déclaration de divulgation et retenir l'argent liquide jusqu'à l'accomplissement de cette formalité (C. mon. fin. art. L 152-1-1). **78302**

Les mêmes obligations pèsent sur les personnes qui **entrent ou sortent de l'Union européenne** avec au moins 10 000 € d'argent liquide ou réalisent un transfert sans l'intervention d'un porteur (Règl. UE/2018/1672 du 23-10-2018 art. 3 et 4).

Ces différentes déclarations ne seront pas réputées exécutées si les informations qui y sont reportées sont incorrectes ou incomplètes, si l'argent liquide n'est pas mis à la disposition de l'administration des douanes à sa demande à l'occasion d'un contrôle lors d'un transport et si la déclaration de divulgation n'est pas établie dans les délais. Il en va de même pour les transferts de sommes d'argent supérieures à **50 000 €** vers un État membre de l'UE ou en provenance de celle-ci lorsque les déclarations ne sont pas accompagnées des documents permettant de **justifier de la provenance** des sommes transférées (C. mon. fin. art. L 152-1-2).

Le **non-respect** des **obligations déclaratives** est sanctionné par une **amende** égale à 50 % du montant de l'argent liquide sur lequel a porté l'infraction ou la tentative d'infraction. L'administration des douanes peut procéder à la **retenue temporaire** de la somme (pendant au maximum 90 jours), à sa consignation et dans certains cas à sa confiscation (C. mon. fin. art. L 152-4).

Enfin, les fonds transférés irrégulièrement (de même que ceux transférés par l'intermédiaire de comptes ou contrats d'assurance-vie non déclarés : n° 78305) constituent, sauf preuve contraire, un **revenu imposable.**

› Précisions a. Les **modalités de souscription** des déclarations sont définies par les articles R 152-6 (transferts par porteur) et R 152-7 du C. mon. fin. (transferts sans l'intervention d'un porteur).
Les modalités de justification de la provenance des sommes d'argent supérieures à 50 000 € sont fixées par l'article D 152-8 du même Code.

b. L'**argent liquide** s'entend des espèces (billets, pièces de monnaie en circulation), des instruments négociables au porteur (chèques, chèques de voyage, billets à ordre ou mandats), des marchandises servant de réserve de valeurs très liquides (c'est-à-dire aisément convertibles en espèces sur le marché d'échange, principalement l'or) et des cartes prépayées (Règl. UE/2018/1672 du 23-10-2018 art. 2).

c. La **décision de retenue temporaire** de l'argent liquide peut être contestée par la personne à qui elle est notifiée devant le président de la chambre de l'instruction de la cour d'appel du lieu de la direction des douanes dont dépend le service chargé de la procédure (C. mon. fin. art. L 152-5).

d. Une retenue temporaire est possible lorsque le transfert, même inférieur à 10 000 €, est suspecté être lié à une **activité criminelle** (C. mon. fin. art. L 152-4-1 et R 152-9).

e. La **présomption de revenu imposable** s'applique aux sommes non déclarées lors d'un contrôle douanier avant la frontière (CE 9-4-2014 n° 355866 : RJF 7/14 n° 660). Elle ne s'applique pas, en revanche, aux sommes transférées sans déclaration depuis l'étranger vers la France par des personnes fiscalement domiciliées à l'étranger (CE 1-7-2010 n° 309363 : RJF 11/10 n° 984).
Le contribuable peut faire échec à la présomption en établissant que les ressources ayant contribué à constituer la somme transférée ont par elles-mêmes déjà été imposées ou ne devaient, ou ne pouvaient, pas l'être, non seulement au titre de l'année du transfert, mais aussi, le cas échéant, au titre d'années antérieures ; à défaut, la somme transférée est imposée dans la catégorie des revenus d'origine indéterminée (CE 4-2-2015 n° 365180 : RJF 4/15 n° 294).
Les rappels d'impôt correspondants sont assortis de l'intérêt de retard et d'une majoration de 40 % (CGI art. 1758). S'agissant des transferts de fonds non déclarés, cette majoration n'est pas mise en œuvre lorsque l'amende susvisée est appliquée.

DÉCLARATION DES AVOIRS DÉTENUS À L'ÉTRANGER

78305 CGI art. 1649 A, al. 2 et 3 et 1649 AA CF-IX-21500 s et 24000 s

Les personnes physiques, les associations et les sociétés n'ayant pas la forme commerciale, domiciliées ou établies en France, doivent déclarer, en même temps que leurs déclarations de revenus ou de résultats, les références des **comptes financiers ouverts, détenus, utilisés ou clos** par elles **à l'étranger.** Chaque compte doit faire l'objet d'une déclaration distincte, établie sur un formulaire n° 3916-3916 bis.

De même, les personnes physiques domiciliées fiscalement en France qui souscrivent des contrats de capitalisation ou des placements de même nature, notamment des **contrats d'assurance-vie,** auprès d'organismes établis hors de France sont tenues de déclarer sur un formulaire n° 3916-3916 bis, en même temps que leur déclaration de revenus, les références des contrats ou placements, la date d'effet et la durée de ces contrats ou placements, les opérations de remboursement ou de versement des primes effectuées au cours de l'année précédente et, le cas échéant, la valeur de rachat ou le montant du capital garanti, y compris sous forme de rente, au 1er janvier de l'année de la déclaration.

Le **défaut de production** de la **déclaration** emporte les conséquences suivantes :

– le contrevenant encourt une **amende forfaitaire** de 1 500 € (CGI art. 1736, IV-2 et 1766) par compte ou contrat non déclaré, montant porté à 10 000 € lorsque le compte ou le contrat est détenu dans un État ou territoire qui n'a pas conclu avec la France une convention d'assistance administrative permettant l'accès aux renseignements bancaires. Toutefois, une **majoration de 80 %** s'applique à tous les rappels d'impôt résultant du défaut de déclaration des comptes et contrats détenus à l'étranger, à l'exclusion de toute autre majoration ou amende forfaitaire. Le montant de cette majoration ne peut être inférieur au montant de l'amende forfaitaire qui aurait été appliquée en cas d'absence de rappels d'impositions (CGI art. 1729-0 A). Par ailleurs, le contrevenant est privé de la possibilité d'imputer certains avantages fiscaux (n° 79880) ;

– les sommes, titres ou valeurs transférés à l'étranger ou en provenance de l'étranger par l'intermédiaire des comptes ou contrats non déclarés constituent, sauf preuve contraire, des revenus imposables (n° 78302) ;

– un **délai spécial de reprise** s'applique (voir nos 77715 et 77740, précision b).

Lorsque l'obligation déclarative n'a pas été respectée au moins une fois au titre des dix années précédentes, l'administration peut demander aux personnes physiques de fournir dans un délai de 60 jours des **informations ou justifications** sur l'**origine** et les **modalités d'acquisition** des avoirs placés sur leurs comptes ou contrats dissimulés et, en l'absence de réponse, **taxer d'office** les revenus considérés aux droits de mutation à titre gratuit au taux de 60 %. En cas de réponse insuffisante, la taxation d'office ne peut intervenir que si, après mise en demeure de compléter cette réponse dans un délai de 30 jours, il n'est pas satisfait à cette demande (LPF art. L 23 C, L 71 et CGI art. 755).

> Précisions **a.** Les **comptes financiers** détenus à l'étranger, adossés à un compte ouvert en France et destinés à réaliser des **transactions en ligne** (achats ou ventes de biens), n'ont pas à être déclarés, sauf ceux sur lesquels des encaissements liés à des ventes excèdent 10 000 € par an (BOI-CF-CPF-30-20 n° 85).

b. Un compte est réputé être **détenu** à l'étranger lorsque la personne tenue à l'obligation déclarative en est titulaire, cotitulaire, bénéficiaire économique ou ayant droit économique (CGI ann. III art. 344 A, III).

c. La **taxation d'office** pour défaut de réponse à une demande d'informations ou de justifications est mise en œuvre sur **décision** d'un agent ayant au moins le grade d'inspecteur divisionnaire, qui appose son visa sur la notification des bases imposées d'office (LPF art. R 71-1).

Les **droits de mutation à titre gratuit** sont assis sur la valeur la plus élevée connue de l'administration des avoirs du compte ou du contrat au cours des dix années précédant l'envoi de la demande d'informations ou de justifications, diminuée de la valeur des avoirs dont l'origine et les modalités d'acquisition ont été justifiées.

d. L'administration peut **demander communication auprès de tiers** des relevés de comptes bancaires ou d'assurance-vie au titre desquels les obligations déclaratives ne sont pas satisfaites pour examiner ces comptes dans le cadre d'un simple contrôle sur pièces (LPF art L 10-0 A). Elle peut examiner dans les mêmes conditions les relevés qui lui sont **spontanément transmis** par des tiers.

e. En ce qui concerne l'obligation de déclaration des références des **comptes d'actifs numériques** utilisés à l'étranger, voir n° 33630.

DÉCLARATIONS DES ADMINISTRATEURS DE TRUSTS

78307 CGI art. 1649 AB, 1736, IV bis et 1754, V-8 ENR-IX-20200 s

L'administrateur d'un trust dont le constituant ou l'un au moins des bénéficiaires a son domicile fiscal en France (au 1er janvier) ou qui comprend un bien ou un droit qui y est situé, celui qui a son domicile fiscal en France, ainsi que l'administrateur établi ou résidant en dehors de l'Union européenne lorsqu'il acquiert un bien immobilier ou qu'il entre en relation d'affaires en France sont tenus de déclarer les informations suivantes :

– **la constitution**, la **modification** ou l'**extinction** du trust, le contenu de ses termes, ainsi que l'identité des **bénéficiaires effectifs** (déclaration dite « événementielle » à souscrire dans le mois qui suit l'événement) ;

– **la valeur vénale** au 1er janvier des biens, droits et produits capitalisés composant le trust, quel que soit le lieu de situation de ces biens et droits, lorsqu'il s'agit de personnes domiciliées en France, ou seulement situés en France pour les autres personnes (déclaration annuelle à déposer, sauf report, au plus tard le 15 juin).

Le **non-respect** de ces obligations déclaratives est **sanctionné** par une amende de 20 000 €. Toutefois, une **majoration de** 80 % s'applique à tous les rappels d'impôt résultant du défaut de déclaration des avoirs placés dans des trusts non déclarés, à l'exclusion de toute autre majoration ou amende forfaitaire. Le montant de cette majoration ne peut être inférieur au montant de l'amende forfaitaire qui aurait été appliquée en cas d'absence de rappels d'impositions (CGI art. 1729-0 A). Le constituant et les bénéficiaires soumis au prélèvement sont solidairement responsables avec l'administrateur du trust du paiement de cette amende. Par ailleurs, un **délai de reprise** spécial s'applique : voir nos 77715 et 77740, précision b.

> Précisions **a.** La **déclaration annuelle** par l'administrateur du trust de la valeur vénale au 1er janvier de l'année des biens et droits conditionne l'exonération de prélèvement des personnes non redevables de l'IFI (voir n° 75977).

b. Les déclarations sont souscrites en langue française sur un **imprimé** n° 2181-TRUST1 (déclaration événementielle) ou n° 2181-TRUST2 (déclaration annuelle), et déposées au service des impôts des entreprises étrangères (CGI ann. II art. 369 et 369 A).

Les informations contenues dans ces déclarations sont conservées dans un **registre** placé sous la responsabilité du ministre chargé du budget.

c. S'agissant de l'impossibilité d'imputer certains **avantages fiscaux** en cas d'application de la majoration, voir n° 79880.

DÉCLARATIONS DES DISPOSITIFS TRANSFRONTIÈRES

Les **intermédiaires** (avocats, comptables, établissements de crédit...) ou, le cas échéant, les contribuables ayant participé à la mise en œuvre de certains dispositifs transfrontières sont astreints à une obligation déclarative vis-à-vis de l'administration fiscale. **78308** CGI art. 1649 AD à 1649 AH et 1729 C ter CF-IX-35000 s

Sont visés les dispositifs présentant la forme d'un **accord,** d'un **montage** ou d'un **plan** ayant ou non force exécutoire et concernant la **France et un autre État,** membre ou non de l'Union européenne. Ceux-ci doivent présenter certaines caractéristiques qualifiées de « marqueurs » permettant d'identifier un **risque potentiel d'évasion fiscale.**

La déclaration doit, sauf exceptions, être souscrite, sous forme dématérialisée, dans un **délai** de 30 jours à compter de la première des dates suivantes : lendemain du jour de la mise à disposition aux fins de mise en œuvre du dispositif concerné ; lendemain du jour où le dispositif est prêt à être mis en œuvre ; jour de la réalisation de la première étape de la mise en œuvre. Elle doit comporter notamment l'identification des intermédiaires et des contribuables concernés, ainsi que des entreprises associées à ces derniers, des **informations** détaillées sur les marqueurs, un résumé du contenu du dispositif, la date de la première étape de sa mise en œuvre, ainsi que sa valeur (CGI ann. III art. 344 G octies A).

Le **non-respect** de l'obligation déclarative (ou de notification, voir ci-dessous) est sanctionné par une **amende** de 10 000 € (5 000 € s'il s'agit de la première infraction de l'année civile en cours et des trois années précédentes). Cette amende ne peut excéder 100 000 € par année civile pour un même intermédiaire ou contribuable.

> Précisions **a.** Pour les intermédiaires soumis au **secret professionnel,** la souscription de la déclaration est subordonnée à l'accord du client. Faute d'accord, l'intermédiaire doit notifier à un autre intermédiaire ayant la qualité de client l'obligation déclarative qui lui incombe (Loi 2023-1322 du 29-12-2023 art. 120).

En l'absence d'autre intermédiaire, l'obligation déclarative doit être notifiée (avec les informations utiles) au contribuable concerné.

b. Les intermédiaires doivent communiquer à l'administration fiscale par voie dématérialisée au plus tard les 31 mars, 30 juin, 30 septembre et 31 décembre de chaque année (CGI ann. III art. 344 G octies B) toute **modification** affectant certaines informations déclarées relatives aux « dispositifs commercialisables » (dispositifs prêts à être mis en œuvre sans avoir besoin d'une adaptation importante).

c. Chaque **contribuable** concerné par un dispositif transfrontière doit déclarer chaque année, selon des modalités fixées par arrêté, l'utilisation qu'il en a faite au titre de l'année précédente.

OPÉRATIONS RÉALISÉES AVEC DES ÉTATS OU TERRITOIRES NON COOPÉRATIFS

78310 CGI art. 238-0 A CF-IX-30000 s

Les États ou territoires non coopératifs (ETNC) sont les entités politiques qui refusent les standards internationaux d'échange des informations fiscales ou dont la législation favorise la fraude et l'optimisation fiscales. Les opérations réalisées avec ces États ou territoires (dont la liste est fixée par arrêté) font l'objet de mesures restrictives.

Sont **considérés comme non coopératifs** :

1° les États et territoires qui ont fait l'objet d'une évaluation par l'OCDE en matière d'échange d'informations à des fins fiscales et qui n'ont pas conclu avec la France une convention d'assistance administrative permettant l'échange de tout renseignement nécessaire à l'application de la législation fiscale des parties, ni signé avec au moins douze États ou territoires une telle convention ;

2° les États et territoires figurant sur la liste « noire » de l'Union européenne (décision du Conseil du 5 décembre 2017) au motif qu'ils facilitent la création de structures ou de dispositifs extraterritoriaux destinés à attirer des bénéfices qui n'y reflètent pas une activité économique réelle ;

3° les États et territoires inscrits sur cette même liste européenne au motif qu'ils ne respectent pas certains critères (transparence fiscale, absence de mesures fiscales préférentielles potentiellement dommageables, mise en œuvre du projet « Beps »).

› Précisions **a.** La liste des ETNC répondant aux critères (1° à 3°) ci-dessus a été fixée par un arrêté du 12 février 2010 (JO 17 p. 2923), modifié en dernier lieu par un arrêté ECOE2301091A du 3 février 2023 (JO 5-2 @ texte n° 5). Sont inscrits sur la liste les États ou territoires suivants : îles Vierges britanniques et Seychelles (critère 1°) ; Anguilla (critères 1° et 2°) ; Panama (critères 1° et 3°) ; Bahamas, îles Turques et Caïques et Vanuatu (critère 2°) ; Fidji, Guam, îles Vierges américaines, Palaos, Samoa américaines, Samoa et Trinité et Tobago (critère 3°).

b. En principe, la liste des ETNC doit être actualisée au moins une fois par an par arrêté des ministres de l'économie et du budget, après avis du ministre des affaires étrangères. Les mesures de durcissement des dispositifs fiscaux s'appliquent à compter du premier jour du troisième mois suivant la publication de cet arrêté. Elles cessent immédiatement de s'appliquer à ceux qui sont **retirés** de la liste.

c. Les **mesures restrictives** visant les opérations réalisées avec des États ou territoires non coopératifs affectent un certain nombre de régimes dont elles durcissent les conditions d'application. Nous les signalons lors de l'examen de ces régimes. À noter que certaines mesures restrictives ne s'appliquent pas aux entités implantées dans les États et territoires inscrits sur la liste européenne pour les motifs indiqués au 3° ci-dessus.

3. PROCÉDURES D'ENQUÊTE ET DE PERQUISITION

DROIT DE VISITE ET DE SAISIE

78320 LPF art. L 16 B CF-IX-65200 s

Les agents des finances publiques disposent d'un droit de visite et de saisie pour la recherche des infractions en matière d'**impôts directs et de taxes sur le chiffre d'affaires.**

Cette mesure permet à l'administration de rechercher en **tous lieux, même privés,** la preuve d'agissements frauduleux lorsqu'il existe des présomptions qu'un contribuable se soustrait à l'établissement ou au paiement de l'impôt sur le revenu ou sur les bénéfices, ou des taxes sur le chiffre d'affaires, ou souscrit des déclarations inexactes en vue de bénéficier de crédits d'impôt prévus en faveur des entreprises passibles de l'impôt sur le revenu ou sur les bénéfices (Loi 2023-1322 du 29-12-2023 art. 122, applicable à compter du 1-1-2024) en se livrant à des achats ou à des ventes sans facture, en utilisant ou en délivrant des factures ou des documents ne se rapportant pas à des opérations réelles, ou en omettant sciemment de passer ou de faire passer des écritures, ou en passant ou faisant passer sciemment des écritures inexactes ou fictives dans des documents comptables dont la tenue est prescrite par le CGI. De telles présomptions peuvent résulter, notamment, des constatations opérées par l'administration dans le cadre du droit d'enquête visé n° 78345 (LPF art. L 80 H).

78322 ***Exercice du droit*** Le droit de visite et de saisie est encadré par des règles très strictes, définies par l'article L 16 B du LPF. En particulier, chaque visite doit être **autorisée** par une ordonnance du juge des libertés et de la détention. La visite et la saisie de documents s'effectuent sous son autorité et son contrôle. Il désigne à cet effet le chef de service qui nomme un **officier de police judiciaire** chargé d'assister à ces opérations et de le tenir informé de leur déroulement.

La **visite** peut se dérouler partout où les pièces et documents se rapportant à la fraude présumée sont susceptibles d'être détenus ou d'être accessibles ou disponibles, quel qu'en soit le support. Elle ne peut pas être commencée avant 6 heures ni après 21 heures et est effectuée en présence de l'occupant des lieux visités. En cas d'impossibilité, l'officier de police judiciaire désigne deux témoins en dehors des personnes placées sous son autorité ou celle de la DGFiP.

La **saisie** ne peut porter que sur des documents de nature à apporter la preuve des agissements frauduleux dont la recherche a été autorisée par l'autorité judiciaire. Il peut s'agir de copies de fichiers informatiques se trouvant sur des serveurs distants, même localisés à l'étranger et appartenant à des sociétés tierces, dès lors que la saisie est opérée à partir d'ordinateurs se trouvant dans les lieux visités (Cass. com. 26-2-2013 n° 12-14.772 : RJF 6/13 n° 628).

Lorsque l'occupant des lieux ou son représentant **fait obstacle à l'accès** aux pièces ou **documents présents sur un support informatique,** à leur lecture ou à leur saisie, les agents des finances publiques peuvent saisir ce support et le placer sous scellés. Ils disposent alors d'un délai de 15 jours à compter de la date de la visite (délai prorogeable sur autorisation judiciaire) pour procéder, à partir d'une copie du support, aux opérations nécessaires à l'accès aux pièces ou documents et à leur mise au clair, et pour restituer le support et sa copie. Le contribuable encourt l'évaluation d'office pour opposition à contrôle fiscal lorsque l'opposition est constatée dans ses locaux ou ceux occupés par son représentant, ainsi qu'une amende spécifique (CGI art. 1735 quater).

Sauf cas particulier visé ci-dessus, les documents saisis doivent être **restitués** dans les six mois de la visite. La restitution dans ce délai doit également avoir lieu avant le début de la vérification de comptabilité ou, du moins, dans un délai ne privant pas le contribuable d'un débat oral et contradictoire sur place avec le vérificateur (CE 22-10-2012 n° 326806 : RJF 1/13 n° 65).

Il est établi un **procès-verbal** relatant les modalités et le déroulement de l'opération, consignant les constatations effectuées ; un inventaire des documents saisis lui est annexé, de même que le compte rendu de l'audition éventuellement effectuée. Une copie du procès-verbal et de l'inventaire est remise aux intéressés.

> Précisions **a.** L'ordonnance d'autorisation de visite et de saisie doit mentionner la faculté pour le contribuable de faire **appel à un conseil** de son choix. Toutefois, l'exercice de cette faculté par le contribuable n'entraîne pas la suspension des opérations de visite et de saisie. Les opérations de visite et de saisie peuvent donc débuter sans la présence effective du conseil (en ce sens : Cass. com. 9-6-2015 n° 14-17.039 : RJF 10/15 n° 808).

b. L'obligation, pour l'occupant des lieux ou son représentant, de fournir sous peine de sanctions les **codes d'accès** aux pièces et documents présents sur des **supports informatiques** concerne aussi bien les supports qui se trouvent dans les locaux visités que ceux qui se trouvent sur des serveurs distants (Loi 2023-1322 du 29-12-2023 art. 122, applicable à compter du 1-1-2024).

c. En cas de saisie d'une **comptabilité informatisée**, le contribuable doit être avisé de la nature et des résultats des traitements informatiques réalisés et qui concourent aux rehaussements au plus tard lors de l'envoi de la proposition de rectification ou de la notification de ses bases imposées d'office.

Pour le cas où la **majoration pour activités illicites** est encourue, voir n° 78395 précision d.

d. Sauf application de la procédure de flagrance fiscale, les **informations recueillies** (y compris celles qui procèdent des traitements informatiques réalisés sur la comptabilité informatisée) ne peuvent être **opposées au contribuable** qu'après restitution des documents saisis et mise en œuvre d'un examen de la situation fiscale personnelle du contribuable ou d'une vérification de comptabilité. Toutefois, si la restitution ne peut avoir lieu du fait du contribuable, les informations peuvent être utilisées après un délai de 30 jours suivant une mise en demeure. Dans cette hypothèse, le contribuable doit être informé de la teneur de ces informations et peut à tout moment obtenir la restitution des documents (LPF art. L 76 C). Par ailleurs, la non-restitution de documents saisis auprès de tiers n'a d'incidence sur l'imposition du contribuable qu'en cas d'atteinte aux droits de la défense ou au caractère contradictoire de la procédure (CE 16-10-2013 n° 339035 et 346561 : RJF 1/14 n° 48).

Voies de recours L'ordonnance d'**autorisation de la visite** peut faire l'objet d'un appel devant le premier président de la cour d'appel, dans un délai de 15 jours à compter de la notification ou de la signification de l'ordonnance. Le **déroulement des opérations de visite et de saisie** peut également faire l'objet d'un recours devant ce magistrat, dans un délai de 15 jours à compter de la remise ou de la réception du procès-verbal ou de l'inventaire. Dans les deux cas, l'ordonnance rendue par le premier président est susceptible d'un pourvoi en cassation dans un délai de 15 jours. Aucun de ces recours n'est suspensif. 78325

› Précisions a. Les **délais** de 15 jours susmentionnés ne sont pas des délais francs : ils comprennent le jour où le délai expire, mais pas celui où il commence à courir; ils sont éventuellement prolongés jusqu'au premier jour ouvrable.

b. L'administration fiscale **ne peut établir** d'impositions en se fondant sur des éléments recueillis au cours d'une procédure de visite et de saisie déclarée **irrégulière,** que cette opération ait été conduite à l'égard du contribuable lui-même ou à l'égard de tiers (CE 23-11-2016 n° 387485 : RJF 2/17 n° 141).

PROCÉDURE DE FLAGRANCE FISCALE

78330 LPF art. L 16-0 BA et L 252 B CF-IX-78500 s

Mise en œuvre La procédure de flagrance fiscale permet aux agents des finances publiques ayant au moins le grade de contrôleur de dresser un **procès-verbal** des faits frauduleux qu'ils ont été amenés à constater. Ce procès-verbal emporte divers effets sur les régimes d'imposition des auteurs des faits constatés, ainsi que sur les procédures de contrôle et de reprise dont ils peuvent faire l'objet. Il permet également la prise immédiate de mesures conservatoires, sans autorisation préalable du juge.

Sa mise en œuvre n'est possible qu'en cas de circonstances susceptibles de menacer le recouvrement d'une créance fiscale et à l'encontre des contribuables se livrant à une activité professionnelle pour lesquels il est constaté l'**un au moins des faits** suivants :

– exercice d'une activité occulte (sauf si le contribuable a satisfait, au titre d'une période antérieure, à l'une de ses obligations fiscales déclaratives) ;

– exercice d'une activité illicite entrant dans le champ de l'article 1649 quater-0 B bis du CGI (n° 78395), telle que le trafic de stupéfiants, de fausse monnaie, d'armes, etc. ;

– délivrance ou comptabilisation de factures fictives ou de factures afférentes à des livraisons de biens ou à des prestations de services au titre desquelles la TVA ne peut donner lieu à aucune déduction (notamment, « fraude carrousel » : n° 55270) ;

– réitération d'achats, de ventes ou de prestations non comptabilisés ou utilisation frauduleuse de logiciels de comptabilité ou de caisse permissifs, lorsque ces faits sont de nature à priver la comptabilité de valeur probante ;

– infraction à la législation sociale en matière de travail dissimulé visée à l'article L 8221-1 du Code du travail ;

– absence réitérée de souscription de la déclaration mensuelle de TVA ;

– absence du respect d'au moins deux des obligations déclaratives suivantes au titre de la dernière période échue : déclaration mensuelle du prélèvement à la source de l'IR par les employeurs ; déclaration annuelle d'ensemble des revenus ; déclaration annuelle des bénéfices professionnels au régime du réel ; déclaration annuelle de résultat à l'IS ; déclarations de recettes en matière de TVA ; et, également, absence réitérée du respect d'au moins une de ces obligations déclaratives durant les deux dernières périodes échues.

La procédure peut être appliquée au titre des périodes pour lesquelles l'une des obligations déclaratives prévues en matière d'impôt sur le revenu, d'impôt sur les sociétés ou de TVA n'est pas échue (uniquement au titre de la période en cours en cas d'exercice d'une activité illicite). Les mêmes règles valent pour l'obligation de déclaration mensuelle du prélèvement à la source de l'IR par les employeurs.

› Précisions a. Les **constatations** peuvent être réalisées dans le cadre du droit de visite et de saisie, du droit d'enquête, de la procédure de contrôle en matière de TVA pour les entreprises relevant du régime simplifié d'imposition (n° 54290), de la vérification sur place de la TVA et du contrôle inopiné (nos 78110 s.), de la procédure de contrôle du respect des obligations en matière d'épargne réglementée et de moyens de paiement (n° 78440). S'agissant des activités illicites ou du recours au travail dissimulé, l'administration fiscale peut utiliser les constats opérés par les agents d'autres administrations (notamment dans le cadre d'une enquête pénale) et dont elle a connaissance dans l'exercice de son droit de communication; pour les activités illicites, le procès-verbal est visé (voir toutefois n° 77865, précision e) par un agent ayant au moins le grade d'inspecteur divisionnaire (LPF art. R 16-0 BA-1).

b. Le **procès-verbal** de flagrance fiscale est signé par le contribuable, son représentant ou la personne recevant les agents des impôts, sauf en cas d'opposition à contrôle fiscal.

78335 **Conséquences** Dès la notification du procès-verbal de flagrance fiscale, le comptable public peut, sans accord préalable d'un juge, procéder à une ou plusieurs **mesures conservatoires** (saisies conservatoires et sûretés judiciaires), à hauteur d'un montant représentatif des impôts afférents à chaque année, exercice ou période concernés, ainsi que du montant de l'amende visée ci-après.

L'ensemble des faits constatés par le procès-verbal est sanctionné par l'application d'une **amende** (CGI art. 1740 B) égale à 5 000 €, mais dont le montant est porté à :

– 10 000 € si, à la date du constat de flagrance fiscale, le chiffre d'affaires hors taxe ou les recettes brutes excèdent les limites d'application du régime des micro-entreprises (nos 11200, 15500 et 13525) ou si, à cette même date, le revenu imposable établi dans les conditions visées n° 78395 (activités illicites) excède le seuil de la troisième tranche du barème de l'impôt sur le revenu (n° 2140) ;

– 20 000 € si, à la date du constat de flagrance fiscale, le chiffre d'affaires hors taxe ou les recettes brutes excèdent les limites d'application du régime simplifié de déclaration à la TVA (n° 53900) ou du régime simplifié d'imposition des exploitants agricoles (n° 15500), selon la nature de l'activité, ou si, à cette même date, le revenu imposable établi dans les conditions visées n° 78395 (activités illicites) excède le seuil de la quatrième tranche du barème de l'impôt sur le revenu (n° 2140) ;

– 30 000 € si, à la date du constat de flagrance fiscale, le revenu imposable établi dans les conditions visées n° 78395 (activités illicites) excède le seuil de la cinquième tranche du barème de l'impôt sur le revenu (n° 2140).

Les contribuables visés par le procès-verbal sont placés d'office sous le **régime réel normal d'imposition en matière de TVA** pour l'année ou l'exercice au cours duquel ce procès-verbal est établi (nos 53800 et 53910).

La mise en œuvre de la procédure de flagrance fiscale emporte enfin des conséquences sur le droit de contrôle de l'administration (allongement du délai de reprise : nos 77715, 77725 et 77735, dispense d'une mise en demeure préalable en cas de taxation d'office : n° 79070, a) et sur le bénéfice des garanties accordées aux contribuables en cas de contrôle (limitation de la durée des vérifications de comptabilité des PME : n° 79465, limitation du droit de reprise en cas d'ESFP : n° 79495 et non-renouvellement des vérifications de comptabilité : n° 79455).

> Précisions **a.** Les **mesures conservatoires** ne peuvent porter que sur les périodes d'obligations déclaratives non échues visées dans le procès-verbal, compte tenu du régime d'imposition résultant du contrôle et non pas de celui sous lequel le contribuable s'est placé à tort avant l'engagement de la procédure (CE 24-4-2019 n° 412390 : RJF 7/19 n° 679).

b. Le **paiement des impositions** dues au titre de l'exercice ou de la période comprenant celle couverte par le procès-verbal entraîne la mainlevée des mesures conservatoires (sauf en cas de non-sincérité des déclarations du contribuable au vu desquelles ce paiement est intervenu). S'agissant de la mainlevée par décision du juge, voir n° 78340.

c. Les **majorations de 80 %** applicables en cas d'exercice d'une **activité occulte** (n° 80085), en cas d'**abus de droit** (n° 79200) ou de **manœuvres frauduleuses** (n° 80040), et l'**amende pour infraction aux règles de facturation** (n° 80195) ne sont applicables aux faits de flagrance fiscale que si leur montant est supérieur à l'amende prévue à l'article 1740 B du CGI (auquel cas le montant de cette dernière s'impute sur celui des autres majorations et amendes appliquées).
Pour le cas où la **majoration pour activités illicites** est encourue, voir n° 78395 précision d.

Voies de recours Le contribuable peut saisir le **juge du référé administratif** pour qu'il soit mis fin à la procédure de flagrance fiscale ou, en cas d'urgence, à l'exécution des mesures conservatoires, lorsqu'il présente un moyen propre à créer, en l'état de l'instruction, un doute sérieux sur la régularité de la procédure. La décision du juge est susceptible d'appel devant le président de la cour administrative d'appel ou le magistrat désigné par lui qui se prononcent en urgence. L'arrêt rendu en appel peut être déféré au Conseil d'État par la voie du recours en cassation pour violation de la loi. **78340**

> Précisions **a.** La saisine du juge du référé doit intervenir dans un **délai** de 15 jours à compter, selon le cas, de la réception du procès-verbal de flagrance fiscale ou de la signification des saisies. Le juge du référé doit statuer dans les 15 jours. Le délai d'appel est de 8 jours. Il court à compter de la date de l'ordonnance de référé (BOI-CF-COM-20-30 n° 330).

b. La **décision** du juge du référé ou du juge d'appel constatant l'irrégularité de la procédure de flagrance entraîne l'annulation de l'ensemble des effets de cette dernière et la mainlevée immédiate des mesures conservatoires éventuellement effectuées. La décision constatant l'irrégularité des mesures conservatoires entraîne seulement la mainlevée de ces mesures.

DROIT D'ENQUÊTE

Les agents des finances publiques ayant au moins le grade de contrôleur disposent d'une procédure d'enquête administrative pour rechercher les manquements aux **règles de facturation** auxquelles sont soumis les assujettis à la **TVA** et, le cas échéant, contrôler les obligations liées à la facturation électronique. **78345** LPF art. L 80 F à L 80 J CF-IX-76500 s

Cette **procédure** permet d'intervenir de manière inopinée dans les locaux professionnels d'un assujetti ou, sur convocation dans les bureaux de l'administration, d'auditionner celui-ci.

Les interventions ou auditions sont conduites dans les conditions fixées par les articles L 80 F et L 80 G du LPF.

À l'issue de l'enquête, c'est-à-dire dans les 30 jours qui suivent la dernière intervention sur place ou la dernière convocation, l'administration établit un procès-verbal. L'assujetti dispose d'un délai de 30 jours pour faire valoir ses observations.

Quant aux **conséquences** de l'enquête, les constatations opérées au cours de celle-ci ne peuvent être opposées à l'assujetti, ainsi qu'aux tiers concernés, par la facturation que dans le cadre d'une procédure de vérification fiscale au regard des impositions de toute nature et de la procédure d'enquête. Elles peuvent cependant être utilisées pour la mise en œuvre des procédures de visite et de saisie ou de flagrance fiscale.

> Précisions **a.** La **mise en œuvre** du droit d'enquête ne peut donner lieu à l'application d'**amendes,** à l'exception des amendes sanctionnant les infractions relatives aux registres des biens ou des façonniers (CGI art. 1788 B : n° 52385) et des amendes spécifiques sanctionnant les infractions commises en matière de facturation (CGI art. 1737, I-1, 2 et 3 et II : n° 80195).

Cependant, le **refus** de laisser les enquêteurs accéder aux locaux ou de présenter les documents demandés constitue une opposition à fonction et, à ce titre, peut donner lieu à une amende de 25 000 € et à une peine d'emprisonnement en cas de récidive (n° 79100, précision e).

b. Les **agents des douanes** disposent du droit d'enquête pour la recherche des manquements aux règles de facturation portant sur les seules opérations intracommunautaires. Pour prévenir les manquements, ils peuvent également procéder au contrôle des moyens de transport à usage professionnel et de leur chargement, avec l'assistance éventuelle d'agents des finances publiques (LPF art. L 80 J). Le contrôle des moyens de transport s'exerce dans le cadre des articles 60 à 60-10 et 61 du Code des douanes.

c. Les agents des finances publiques ou des douanes peuvent exercer le droit d'enquête pour rechercher les manquements aux obligations et formalités auxquelles sont soumises les personnes autorisées à ouvrir un **entrepôt fiscal** (nos 50775 s.) ; l'opposition à contrôle, de même que le non-respect des obligations comptables, peut entraîner le retrait de l'autorisation d'entrepôt (LPF art. L 80 K et L 80 L).

d. Le comptable public peut procéder à la **saisie** à tiers débiteur de la créance dont le redevable est détenteur auprès du destinataire de la livraison lorsque le procès-verbal issu du droit d'enquête fait apparaître que la TVA est devenue exigible (CGI art. 269, 2) sans que soit échue l'obligation déclarative prévue à l'article 287 du CGI, que celle-ci dépasse la capacité économique habituelle de l'assujetti, dès lors qu'elle excède le montant total de la TVA comprise dans les factures émises durant les douze mois précédant la livraison de bien en cause et que des circonstances de fait sont susceptibles d'en menacer le recouvrement (LPF art. L 252 B, I bis).

DROIT D'AUDITION

78350 LPF art. L 10-0 AB CF-IX-81500 s

Pour la recherche des manquements aux règles relatives à la domiciliation en France (nos 485 s.), à la non-déductibilité des commissions à l'exportation versées aux agents publics (nos 8440, précision d) et à la répression de l'évasion fiscale internationale (nos 78260 s.), les agents des finances publiques ayant au moins le grade de contrôleur peuvent **entendre** toute personne, à l'exception du contribuable lui-même, susceptible de leur fournir des informations utiles à l'accomplissement de leur mission. Les éléments ainsi recueillis peuvent ensuite être **opposés au contribuable** dans les conditions de droit commun (n° 78777), à condition qu'ils soient corroborés par d'autres sources d'information (BOI-CF-COM-20-50 n° 130).

L'audition peut avoir lieu dans les locaux de l'administration ou dans tout autre endroit choisi par la personne entendue, à l'exception de son **domicile privé.** Au moins huit jours avant la date proposée pour l'audition, celle-ci doit avoir **reçu** une demande lui en précisant l'objet, la possibilité de refuser d'être entendue, ainsi que la possibilité de se faire assister par un interprète. Un procès-verbal des questions posées et des réponses obtenues, ainsi que de l'identité et de l'adresse de la personne entendue est dressé par l'agent de l'administration ayant procédé à l'audition. L'éventuel refus de la personne entendue de contresigner ce procès-verbal y est, le cas échéant, mentionné.

RECUEIL ET EXPLOITATION DE RENSEIGNEMENTS TRANSMIS PAR LES AVISEURS FISCAUX

78352 LPF art. L 10-0 AC

L'obtention par l'administration fiscale de renseignements émanant de personnes étrangères aux administrations publiques (« aviseurs fiscaux ») peut donner lieu à **indemnisation** des intéressés lorsque ces **informations** ont permis la mise au jour de **comportements frauduleux.** Les modalités de cette indemnisation sont fixées par l'arrêté CCPE2028472A du 25 janvier 2021 (repris à l'article A 10-0 AC-1 du LPF).

Sont concernés :
– les manquements constatés dans les domaines suivants : règles de domiciliation des personnes physiques et de territorialité de l'impôt sur les sociétés, non-déductibilité des commissions à l'exportation au profit d'un agent public (n° 8440, précision d), dispositifs destinés à lutter contre l'évasion fiscale internationale (nos 78265 s.), règles d'imposition à la TVA, obligations déclaratives afférentes aux avoirs détenus à l'étranger et à ceux détenus dans des trusts,
– ainsi que tous les autres agissements, manquements ou manœuvres tombant sous le coup des sanctions relatives aux activités occultes, aux insuffisances de déclarations, aux règles de facturation et aux transferts de fonds vers ou en provenance de l'étranger, lorsque le montant estimé des droits éludés est supérieur à 100 000 €.

L'administration peut recevoir et exploiter l'ensemble des renseignements obtenus dans le cadre des **procédures de contrôle** prévues par la loi. Toutefois, la mise en œuvre du droit de visite et de saisie (nos 78320 s.) est exclue lorsque les renseignements ont été irrégulièrement obtenus par la personne qui les a transmis.

4. DÉCLARATIONS SPÉCIALES

DÉCLARATION DES COMMISSIONS, HONORAIRES ET AUTRES RÉMUNÉRATIONS

Obligations Les personnes physiques ou morales qui, à l'occasion de l'exercice de leur profession, versent à des tiers faisant ou non partie de leur personnel salarié des commissions, courtages, ristournes rémunérant un service, vacations, honoraires, gratifications et autres rémunérations doivent **déclarer** chaque année ces sommes, même lorsque le bénéfice n'est pas imposable en France. La déclaration, transmise selon un procédé informatique, porte sur les sommes versées au cours de l'année civile précédente. Seules doivent être portées sur la déclaration les sommes supérieures à 1 200 € versées à un même bénéficiaire (BOI-BIC-DECLA-30-70-20 n° 140). **78355** CGI art. 240 DC-I-350 s

Par ailleurs, les personnes concernées doivent **tenir à la disposition des agents des finances publiques,** jusqu'à l'expiration du délai de six ans visé n° 78065, les documents comptables permettant de connaître les revenus qu'elles versent annuellement (LPF art. L 82 A).

› Précisions **a.** Le dépôt de la déclaration est opéré, au choix, au moyen de la **déclaration sociale nominative** (DSN), de la déclaration DADS-U (portail net.entreprises.fr) ou d'une déclaration salaires et/ou honoraires et/ou actionnariat salarié selon les modalités **EDI** ou **EFI** (BOI-BIC-DECLA-30-70-20 n° 360).
b. La déclaration doit, en principe, être souscrite dans le courant du mois de janvier de l'année qui suit celle où les rémunérations ont été payées aux bénéficiaires. Toutefois, lorsqu'elle est souscrite selon les modalités de la **DSN**, elle peut être transmise durant le mois d'avril de la même année. Lorsque la déclaration est souscrite selon les autres modalités, elle peut l'être en même temps que la déclaration de résultats (nos 10975 et 36390). Pour les contribuables non tenus à la souscription d'une déclaration de résultats, la date limite de dépôt de la déclaration est celle des déclarations de résultats des tiers déclarants non soumis à l'impôt sur le revenu, et au plus tard le deuxième jour ouvré suivant le 1er mai de l'année suivant celle du versement des sommes (BOI-BIC-DECLA-30-70-20 n° 400).
c. Le non-respect de l'obligation de déclaration par voie électronique est sanctionné par l'application de l'**amende** de 15 € par bénéficiaire visée n° 80200.

Sanctions Le défaut, même partiel, de déclaration des sommes versées dans le délai prescrit est sanctionné par une **amende** égale à **50 %** des sommes non déclarées (alors même, en principe, que les bénéficiaires les auraient comprises dans leurs propres déclarations). **78360** CGI art. 1736 DC-I-2080 s

L'amende n'est pas applicable en cas de **première infraction** commise au cours de l'année civile en cours et des trois années précédentes lorsque l'omission a été réparée avant la fin de l'année au cours de laquelle la déclaration devait être souscrite soit spontanément, soit à la première demande de l'administration.

L'entreprise peut **régulariser** les déclarations des trois années précédentes sans encourir cette amende lorsqu'elle présente une demande de régularisation pour la première fois, qu'elle justifie que le bénéficiaire des rémunérations a lui-même déclaré en temps utile les sommes perçues et que le service est en mesure de vérifier l'exactitude des justifications produites. Cette demande de régularisation peut intervenir en cours de contrôle fiscal.

Lorsque la déclaration comporte des **omissions** ou **inexactitudes** autres que celles relatives au montant des sommes versées, l'amende prévue à l'article 1729 B du CGI s'applique (n° 80190).

DÉCLARATION DES DROITS D'AUTEUR ET D'INVENTEUR

Les entreprises, sociétés ou associations qui procèdent à l'encaissement et au versement des droits d'auteur ou d'inventeur sont tenues de déclarer chaque année le montant des sommes **78365** CGI art. 241 DC-I-2800 s versées à leurs membres ou à leurs mandants au cours de l'année civile précédente. Seuls doivent être portés sur la déclaration les versements de plus de 1 200 € par bénéficiaire (BOI-BNC-SECT-20-10-60 n° 1).

Les organismes concernés doivent également conserver les **documents** comptables correspondants dans les conditions indiquées n° 78355.

La déclaration doit être souscrite selon les mêmes modalités et délais que la déclaration des commissions, courtages, honoraires, etc.

Le défaut de production ou la production tardive de la déclaration sont **sanctionnés** par une amende égale à 5 % des sommes non déclarées ou déclarées avec retard (CGI art. 1736, III). Les omissions ou inexactitudes relevées dans la déclaration donnent lieu à l'amende fiscale visée n° 80190.

DÉCLARATION DES PRÊTS SANS INTÉRÊT

78370 CGI art. 1649 A bis CF-IX-93200 s

Les personnes, administrations, établissements ou organismes qui octroient ou gèrent des avances remboursables ne portant pas intérêt (**prêts à taux zéro**) sont en principe tenus de déclarer au plus tard le 31 mars de chaque année les avances consenties au cours de l'année précédente. Toutefois, il est admis que les personnes visées conservent la déclaration à la disposition de l'administration (BOI-CF-INF-10-40-30 n° 70).

Toute contravention à l'obligation de déclaration est sanctionnée par une **amende** de 1 500 € par avance non déclarée (CGI art. 1736, IV-2).

À noter qu'il existe une **obligation plus générale** de déclaration des contrats de prêt (n°s 26920 s.).

DÉCLARATION, PAR CLIENT, DES VENTES AUTRES QUE LES VENTES AU DÉTAIL

78375 CGI art. 1649 bis A CF-IX-91000 s

Sur demande expresse de l'administration, les **commerçants, industriels et artisans** sont tenus de déclarer le montant total, par client, des ventes autres que les ventes au détail réalisées au cours de l'année civile ou de leur exercice comptable.

Le défaut ou retard de production de la déclaration ainsi que les omissions ou inexactitudes dans les documents produits sont sanctionnés par les amendes visées n° 80190.

Les périodes pour lesquelles les renseignements sont demandés ne peuvent excéder douze mois au total par client.

DÉCLARATIONS DES COMPAGNIES D'ASSURANCES

78380 CGI art. 805 ENR-X-30670 s

En cas de **décès du contractant,** les compagnies d'assurances sont tenues de porter à la connaissance de l'administration l'existence de contrats d'assurance contre le vol ou l'incendie portant sur des **bijoux, pierreries, objets d'art ou de collection.** Toute infraction à cette obligation est sanctionnée, suivant sa nature, par les amendes visées n° 80190.

Les assureurs doivent également déclarer à l'administration les **caractéristiques des contrats** d'assurance en cas de vie ou de décès : voir n° 68230, précision d.

DÉCLARATION DES ACHATS DE MÉTAUX AU DÉTAIL

78385 CGI art. 1649 bis CF-IX-94200 s

Toute **personne** physique ou morale **se livrant à titre habituel** à l'achat au détail de métaux ferreux et non ferreux doit remettre, au plus tard le 30 janvier de chaque année, à la direction départementale des finances publiques du lieu de son domicile ou du siège de l'établissement une déclaration faisant notamment apparaître l'identité et l'adresse des vendeurs et le cumul annuel des achats effectués auprès de chacun de ces derniers.

La déclaration doit être transmise selon un procédé informatique (CGI art. 89 A), sous peine de l'amende de 15 € par bénéficiaire visée n° 80200.

AUTRES DÉCLARATIONS

78390 Outre les formalités décrites ci-dessus, la loi prévoit différentes déclarations dont l'objet est essentiellement de permettre à l'administration de procéder à des recoupements. Citons par exemple la déclaration des salaires (n°s 22200), la déclaration des pensions et rentes viagères (n° 22585), ou encore la déclaration des opérations sur valeurs mobilières (n°s 26850 s.).

5. AUTRES MESURES PARTICULIÈRES DE CONTRÔLE

LUTTE CONTRE LES ACTIVITÉS ILLICITES

78393 Il existe deux dispositifs fiscaux particuliers de lutte contre les activités illicites. Ils consistent l'un et l'autre, selon des techniques différentes, à déterminer et à taxer les revenus censés être retirés de ces activités.

Présomption de revenus La loi institue une présomption de revenus pour les contribuables commettant certaines infractions. 78395 CGI art. 1649 quater-0 B bis CF-IX-87120 s

Cette présomption joue lorsqu'il résulte des constatations de fait opérées dans le cadre d'une procédure pénale (enquête de flagrance, enquête préliminaire ou information judiciaire) et que l'administration fiscale est informée dans le cadre de son droit de communication auprès des tribunaux ou de la police judiciaire qu'une personne a eu la **libre disposition d'un bien objet** d'une des **infractions** mentionnées ci-après, de biens meubles qui ont servi ou étaient destinés à les commettre ou d'une somme d'argent, produit direct d'une de ces infractions. Cette personne est présumée, sauf preuve contraire, avoir perçu un revenu imposable (à l'impôt sur le revenu et aux prélèvements sociaux) équivalant à la **valeur** vénale de ces biens ou égal au montant de cette somme au titre de l'année au cours de laquelle la détention a été constatée.

Les **infractions** considérées sont les suivantes : crimes et délits de trafic de stupéfiants, crimes en matière de fausse monnaie, crimes et délits en matière de législation sur les armes et portant sur des armes de la 1e à la 5e catégorie, délits à la réglementation sur les alcools et le tabac, délit de contrefaçon, certains délits en matière d'habitat indigne.

> Précisions **a.** La présomption peut être **combattue par tout moyen**, et notamment par la preuve de l'absence de libre disposition des biens ou des sommes, de la déclaration des revenus ayant permis l'acquisition des biens, de l'acquisition des biens à crédit, du caractère non imposable des sommes ou du fait qu'elles ont été imposées au titre d'une autre année.

b. L'imposition établie en vertu des dispositions ci-dessus est assortie d'une **majoration** de 80 % (CGI art. 1758), qui s'ajoute à l'intérêt de retard. Sur l'impossibilité d'imputer certains avantages fiscaux, voir n° 79880.

c. La décision de faire application de la base forfaitaire est prise par un **agent** ayant au moins le grade d'inspecteur divisionnaire, qui vise (voir toutefois n° 77865, précision e) à cet effet la proposition de rectification de la base d'imposition ou la notification de l'imposition d'office (LPF art. L 76 AA et R 76 AA-1).

d. Les activités illicites concernées peuvent donner lieu à un procès-verbal de **flagrance fiscale.** Dans cette hypothèse, la majoration de 80 % visée à la précision b n'est en pratique pas cumulée avec les sanctions prévues dans le cadre de la flagrance (n° 78335) (Rép. Moutchou : AN 21-11-2023 n° 8219).

Imposition forfaitaire d'après les « signes extérieurs » Ce régime constitue une application spécifique du système de taxation prévu, sur un plan général, par l'article 168 du CGI. Il s'inscrit, comme celui de l'article 1649 quater-0 B bis, dans le cadre de la lutte contre les activités lucratives non déclarées portant atteinte à l'ordre public et à la sécurité publique. 78398 CGI art. 1649 quater-0 B ter CF-IX-87750 s

Il permet à l'administration fiscale, lorsqu'elle est informée par la police judiciaire, par le ministère public ou par l'autorité judiciaire qu'un contribuable dispose de certains **éléments de train de vie** et qu'il existe une disproportion marquée entre son train de vie et ses revenus déclarés, de porter la base d'imposition à l'impôt sur le revenu (ainsi qu'aux prélèvements sociaux), selon la procédure de rectification contradictoire, à une somme forfaitaire déterminée par application d'un barème.

Comme pour l'article 168, ce **barème** retient :

– pour la résidence principale et les résidences secondaires, une base égale à cinq fois la valeur locative cadastrale ;

– pour les voitures automobiles destinées au transport des personnes et les motocyclettes de plus de 450 cm^3, la valeur à neuf avec abattement de 50 % après trois ans d'usage (pour les voitures prises en location : cinq fois le prix TTC de cette location).

Les autres éléments, différents du barème de l'article 168, sont les suivants :

– clubs de sports et de loisirs : le montant des dépenses ;

– voyages, séjours en hôtels, locations saisonnières et dépenses y afférentes : le montant des dépenses ;

– appareils électroménagers, équipements son, hi-fi, vidéo, matériels informatiques : la valeur du bien neuf, lorsque celle-ci est supérieure à 1 000 € ;

– articles de joaillerie et métaux précieux : la valeur vénale du bien.

La somme forfaitaire est **majorée** de 50 % lorsque le contribuable a disposé de plus de quatre éléments du train de vie figurant au barème. Chaque élément compte à cet égard pour un, sauf pour les quatre dernières catégories, où plusieurs éléments d'une même catégorie sont décomptés pour un.

> Précisions **a.** Les éléments à retenir sont ceux dont ont disposé, pendant l'année de l'imposition, les membres du **foyer fiscal.**

b. La **disproportion marquée** entre le train de vie et les revenus est établie lorsque la base forfaitaire, éventuellement majorée, est au moins égale au double du montant du revenu net global déclaré, y compris les revenus exonérés ou taxés selon un taux proportionnel ou soumis à un prélèvement libératoire.

c. Le contribuable peut apporter la **preuve** que ses revenus ou l'utilisation de son capital ou les emprunts qu'il a contractés lui ont permis d'assurer son train de vie.

d. La décision de faire application de la base forfaitaire est prise par un **agent** ayant au moins le grade d'inspecteur divisionnaire, qui vise (voir toutefois n° 77865, précision e) à cet effet la proposition de rectification de la base d'imposition (LPF art. L 63 et R 63-1).

LIMITATION DES PAIEMENTS EN ESPÈCES OU PAR MONNAIE ÉLECTRONIQUE

78401 C. mon. fin. art. L 112-6 à L 112-7 CGI art. 1840 J CF-IX-89000 s

Lorsque le débiteur **a son domicile fiscal en France ou agit pour les besoins d'une activité professionnelle,** il lui est interdit de payer toute dette supérieure à 1 000 € en espèces, ainsi que toute dette supérieure à 3 000 € au moyen de monnaies électroniques. Lorsqu'il **n'a pas son domicile fiscal en France et n'agit pas pour les besoins d'une activité professionnelle,** il lui est interdit de payer toute dette supérieure à 15 000 € en espèces ou au moyen de monnaies électroniques (plafond abaissé à 10 000 € pour les paiements effectués au profit d'une personne non assujettie aux obligations antiblanchiment).

De même, les paiements en espèces ou au moyen de monnaies électroniques propres aux opérations de **prêts sur gages** effectués par les **caisses de crédit municipal** ne peuvent excéder 3 000 €.

Par ailleurs, le paiement des **traitements et salaires** doit, au-delà d'un montant mensuel fixé à 1 500 €, être effectué par chèque barré ou par virement à un compte bancaire, postal ou à un compte tenu par un établissement de paiement ou un établissement de monnaie électronique fournissant des services de paiement.

Ces dispositions ne s'appliquent pas aux paiements effectués entre personnes physiques n'agissant pas pour des besoins professionnels, aux paiements réalisés par des personnes incapables de s'obliger par chèque ou par un autre moyen de paiement et par celles n'ayant pas de compte de dépôt, ainsi qu'aux paiements des dépenses des collectivités publiques. Elles ne s'appliquent pas non plus aux paiements réalisés en monnaie électronique dans le cadre du règlement européen sur le régime pilote de la technologie des registres distribués.

Enfin, les paiements effectués ou reçus par un **notaire** pour le compte des parties à un acte reçu en la forme authentique et donnant lieu à publicité foncière doivent être assurés par virement au-delà d'un montant fixé à 3 000 €.

Les infractions à l'ensemble de ces obligations sont punies d'une **amende** égale au maximum à 5 % des sommes payées selon des modalités non autorisées. Cette amende incombe au débiteur, mais le créancier est solidairement responsable du paiement.

> **Précisions** **a.** Les professionnels qui achètent des **métaux** à un particulier ou à un autre professionnel doivent effectuer le paiement par chèque barré ou par virement à un compte ouvert au nom du vendeur, quel que soit le montant de la transaction. Le non-respect de cette obligation est puni par une contravention de 5e classe (amende de 1 500 €).

b. La limitation des paiements en espèces ne s'applique qu'aux **règlements effectués en France** (CE 10-5-2012 n° 337573 : RJF 8-9/12 n° 836).

c. Sur la procédure spécifique de **contrôle** dont dispose l'administration, voir n° 78440.

CHÈQUES NON BARRÉS D'AVANCE

78405 CF-III-1300 s ENR-VIII-300 s

Ces formules de chèques font l'objet de dispositions **restrictives** qui tendent à en décourager l'usage : communication à l'administration fiscale, sur sa demande, de l'identité des bénéficiaires (LPF art. L 96) ; droit de timbre (CGI art. 916 A et 1723 ter-0 A).

Ce dispositif s'ajoute aux **autres moyens** de contrôle des comptes bancaires dont l'administration dispose : avis d'ouverture ou de clôture des comptes (n° 26940), comptes ouverts, utilisés ou clos à l'étranger (n° 78305), engagement des adhérents ou clients des organismes de gestion agréés ou des comptables conventionnés de faire libeller à leur ordre les chèques qu'ils reçoivent et de ne pas les endosser (nos 87820 et 87910).

CONTRÔLE SUR DEMANDE DES PME

78410 LPF art. L 13 C et L 13 CA CF-IV-5410 s

Les entreprises dont les bénéfices sont imposables à l'impôt sur le revenu dans la catégorie des bénéfices industriels et commerciaux, bénéfices non commerciaux et bénéfices agricoles, ou à l'impôt sur les sociétés peuvent, y compris pour la période ou l'exercice en cours, demander à l'administration d'effectuer un **contrôle sur les points** précisés dans la demande.

Cette faculté de solliciter un contrôle sur demande est en principe subordonnée à la **condition** que le **chiffre d'affaires** n'excède pas 1,5 M€, s'il s'agit d'entreprises dont l'activité principale est de vendre des marchandises, objets, fournitures et denrées à emporter ou à consommer sur place, ou de fournir le logement, ou 450 000 €, s'il s'agit d'autres entreprises. Le chiffre d'affaires à retenir est celui réalisé au titre de l'année ou de l'exercice précédant l'exercice au cours duquel la demande est formulée, c'est-à-dire celui mentionné sur la déclaration de résultats déposée au titre du dernier exercice clos ou, lorsque la date limite de dépôt de cette déclaration n'est pas encore intervenue, le chiffre d'affaires total résultant des déclarations mensuelles ou trimestrielles de TVA déposées par l'entreprise au titre de la période (BOI-CF-PGR-40-10 nº 40).

Cependant, lorsque la demande de contrôle porte sur le **crédit d'impôt recherche** ou le crédit d'impôt en faveur de la recherche collaborative, aucune condition relative au chiffre d'affaires n'est requise. Cette exception est étendue par l'administration aux **jeunes entreprises innovantes,** mais à raison des seules demandes portant sur l'éligibilité des dépenses de recherche au crédit d'impôt recherche pour l'application de la condition relative au volume minimal de dépenses de recherche (BOI-CF-PGR-40-10 nº 340).

L'administration n'est pas tenue de déférer à la demande de contrôle, mais, si elle y donne **suite,** elle doit informer le contribuable des résultats du contrôle sur chacun des points visés dans la demande, étant précisé que les opérations réalisées ne constituent pas une vérification de comptabilité. Si l'administration conclut à une absence d'anomalie, cette position peut lui être opposée dans les conditions indiquées nº 79560. Si au contraire le contrôle fait apparaître, sur les points concernés, des erreurs, inexactitudes, omissions ou insuffisances dans les déclarations souscrites, le contribuable peut procéder à une régularisation moyennant un intérêt de retard à taux réduit, dans les conditions décrites nº 79175. À défaut de régularisation, une procédure de rectification est engagée dans les conditions de droit commun.

OBLIGATIONS DES PLATEFORMES DE TRANSACTIONS EN LIGNE

Les entreprises ou organismes qui, en qualité d'opérateur de **plateforme numérique,** mettent en relation des personnes en vue d'effectuer, directement ou indirectement, des opérations de vente d'un bien, de fourniture d'un service par des personnes physiques, de location d'un mode de transport ou de location d'un bien immobilier de toute nature, sont soumises à une obligation déclarative auprès de l'administration fiscale et à des obligations d'information auprès des utilisateurs. 78412 CGI art. 242 bis et 1649 ter A à 1649 ter E DC-I-4100 s

Les informations recueillies par l'administration donnent lieu à un **échange automatique** avec les administrations des différents États membres de l'Union européenne.

Opérateurs concernés Sont concernés par l'obligation déclarative les opérateurs ayant la qualité de **résidents** fiscaux. 78413

Il en va de même des **non-résidents,** dès lors qu'ils sont constitués conformément à la législation française ou que leur siège se trouve en France où qu'ils y disposent d'un établissement stable. Toutefois, s'ils remplissent une de ces conditions dans un ou plusieurs autres États membres de l'Union européenne et s'y acquittent de leur obligation déclarative, les non-résidents sont dispensés en France de cette obligation.

Les **opérateurs situés hors de l'Union européenne** peuvent également être concernés, selon certaines conditions et modalités (CGI art. 1649 ter B, I -3º).

Formalités à accomplir La **déclaration** de l'opérateur doit être souscrite par voie électronique auprès de l'administration fiscale, au plus tard le 31 janvier de l'année qui suit celle de la réalisation des opérations. Elle doit faire apparaître les **éléments** suivants : éléments d'identification de l'opérateur et des vendeurs ou prestataires à déclarer (ainsi que les États ou territoires dont ces derniers sont résidents), montant trimestriel des contreparties perçues par les vendeurs ou prestataires, nombre d'opérations, frais et commissions éventuellement prélevés par l'opérateur, si elles sont connues de l'opérateur, coordonnées du compte bancaire de l'utilisateur sur lequel les sommes ont été versées, adresse des biens immobiliers loués ainsi que le nombre et le type de location de chaque lot (CGI art. 1649 ter A, II). L'opérateur doit mettre en œuvre, y compris au moyen de **traitements de données** à caractère personnel, les diligences nécessaires à l'identification des vendeurs ou prestataires et des détenteurs de comptes sur lesquels les produits sont versés le cas échéant (CGI art. 1649 ter D, I). 78414

Dans le même délai, l'opérateur doit adresser à chaque vendeur ou prestataire concerné un **document récapitulatif** des informations transmises à l'administration fiscale (en précisant que celles-ci peuvent être communiquées à des administrations étrangères). Par ailleurs, il doit fournir aux utilisateurs à l'occasion de **chaque transaction,** une information sur les **obligations fiscales et sociales** qui leur incombent, complétée par un **lien électronique** vers les sites des administrations permettant de se conformer à ces obligations (CGI art. 242 bis).

Le non-respect des obligations annuelles de déclaration et de transmission d'un récapitulatif, ainsi que de mise en œuvre d'un traitement de données, est sanctionné par une **amende** forfaitaire plafonnée à 50 000 € (CGI art. 1736, XI). L'application de cette amende fait l'objet d'une modulation selon la nature de l'infraction commise (BOI-INT-AEA-30-50 n° 50).

Une amende globale également égale à 50 000 € sanctionne l'absence de transmission des informations lors des transactions (CGI art. 1731 ter).

> Précisions **a.** Les **vendeurs ou prestataires** à déclarer sont ceux qui ont la qualité de résidents de France, d'un autre État membre de l'Union européenne ou ayant conclu avec la France une convention permettant un échange automatique d'informations. Toutefois, ne sont **pas à déclarer** : les entités publiques, celles dont les actions sont cotées sur un marché réglementé et celles qui leurs sont liées, les entités qui facilitent plus de 2 000 opérations de location par an pour un même lot immobilier (opérateur hôtelier par exemple) ainsi que les personnes qui effectuent sur une même plateforme au cours d'une année moins de 30 transactions pour un montant n'excédant pas 2000 €. L'administration peut toutefois demander **communication** des informations à l'opérateur (LPF art. L 82 AA).

b. L'absence de fourniture par les utilisateurs, après un second rappel, des éléments nécessaires à leur identification entraîne la **fermeture** de leur compte par l'opérateur dans un délai qui ne peut être inférieur à 60 jours. Un nouvel enregistrement sur la plateforme est possible sous réserve de la fourniture de garanties suffisantes du respect des obligations de transmission des informations.

c. Les **modalités de déclaration** et leur contenu sont fixés par les articles 344 G duodecies à 344 G vicies de l'annexe III au CGI, complétés par l'arrêté ECOE2235772A du 26 décembre 2022 (JO 28 @ texte n° 13) fixant les listes des États ou territoires concernés par les obligations déclaratives et les échanges d'informations.

d. Sur la possibilité pour l'administration fiscale de **publier** sur son site internet l'**identité des opérateurs non coopératifs,** voir n° 80330.

EXPLOITATION DES DONNÉES OUVERTES DES PLATEFORMES EN LIGNE

78415 Loi 2019-1479 du 28-12-2019 art. 154 CF-IX-84000 *

Afin de détecter certains comportements frauduleux, l'administration fiscale est autorisée, à titre expérimental, à **collecter et exploiter les contenus, librement accessibles,** publiés sur internet par les utilisateurs des opérateurs de plateforme en ligne (réseaux sociaux, applications de messagerie et sites de vente de biens et services).

Sont exclusivement recherchés les **manquements déclaratifs** liés à l'exercice d'une **activité occulte,** ainsi que les **insuffisances de déclaration** résultant du non-respect des règles de **domiciliation fiscale.**

Le recueil et l'exploitation des données sont effectués, par des **agents spécialement habilités,** au moyen de **traitements informatisés** et automatisés n'utilisant aucun système de reconnaissance faciale.

Les données sensibles ou manifestement sans lien avec les manquements recherchés doivent être détruites au plus tard cinq jours après leur collecte. Les autres **données** sont détruites dans les 30 jours, sauf si elles s'avèrent **utiles** à la constatation des infractions, auquel cas elles peuvent être conservées pendant un an au maximum. Toutefois, celles qui sont utilisées dans le cadre d'une procédure fiscale ou pénale peuvent être conservées jusqu'au terme de la procédure.

Pour opposer les renseignements recueillis à la personne suspectée des manquements, l'administration doit mettre en œuvre une **procédure de contrôle.**

> Précisions **a.** L'administration des **douanes** et des droits indirects est également concernée par l'expérimentation pour la recherche de certaines infractions (fabrication, vente et transport illicites de tabac, pratiques frauduleuses en matière d'alcool et de métaux précieux, délits douaniers).

b. L'**expérimentation** comporte deux **phases** : une phase d'apprentissage et de conception permettant à l'administration de se doter d'outils de collecte, de traitement et d'analyse des données auxquels elle a accès et une phase d'exploitation constituée par l'analyse des données pertinentes collectées et sélectionnées, suivie éventuellement de leur transmission au service des impôts territorialement compétent (Décret 2021-148 du 11-2-2021).

c. Initialement prévue pour une durée de trois ans, l'expérimentation menée selon les modalités et dans les conditions décrites plus haut est **prolongée** jusqu'au lendemain de la publication du **décret** attendu pour l'application du dispositif tel qu'il a été modifié par l'article 112, IV de la loi du 29 décembre 2023 (d. ci-après), et au plus tard jusqu'au 31 décembre 2024.

d. Le champ de l'expérimentation prévue par l'article 154 de la loi du 28 décembre 2019 sera élargi aux informations relatives aux **minorations ou dissimulations de recettes.** Par ailleurs, la collecte et l'exploitation des informations pourront viser les contenus manifestement rendus publics par leurs auteurs et **publiquement accessibles** sur les sites internet des plateformes en ligne, y compris lorsque l'accès à ces plateformes requiert une **inscription à un compte.** Le dispositif ainsi modifié prendra le relais du dispositif initial (c. ci-dessus) pendant une durée de deux ans à compter de la publication du décret d'application (Loi 2023-1322 du 29-12-23 art. 112, IV).

ENQUÊTES SOUS PSEUDONYME SUR INTERNET

Les agents des finances publiques peuvent, sans encourir de responsabilité pénale, réaliser des enquêtes sous pseudonyme sur des **sites internet, réseaux sociaux et applications de messagerie,** afin de rechercher et d'établir la preuve de **manquements déclaratifs** (liés à l'exercice d'une activité occulte ou à la détention de comptes ou de contrats d'assurance-vie à l'étranger ou de trusts), d'**insuffisances de déclaration** ou de la détention de biens ayant trait à une **activité illicite** donnant lieu à présomption de revenus. 78417 LPF art. L 10-0 AD CF-IX-83000 *

Les agents sont autorisés à prendre connaissance de toute **information publiquement accessible** sur les plateformes ou interfaces en ligne, y compris lorsqu'une **inscription à un compte** est nécessaire pour y accéder. Lorsqu'ils relèvent d'un service à compétence nationale (désigné par décret), ils peuvent, en outre, participer à des **échanges électroniques,** y compris avec les auteurs présumés des manquements recherchés (sans que les actes effectués puissent inciter ces derniers à commettre une infraction).

Enfin, ces mêmes agents peuvent extraire et **conserver les données** relatives aux personnes susceptibles de commettre les manquements, ainsi que tout élément de **preuve** obtenu dans le cadre de l'enquête.

› Précisions **a.** Institué par l'article 112, II de la loi 2023-1322 du 29 décembre 2023, le présent dispositif est applicable depuis le 1er janvier 2024. Le texte renvoie cependant à un **décret** le soin de fixer ses modalités d'application, notamment en ce qui concerne la durée de conservation des données recueillies.

b. Seuls les **agents** ayant au moins le grade de contrôleur **spécialement habilités** sont autorisés à procéder à l'enquête sous pseudonyme.

c. Sur l'**exploitation des données manifestement rendues publiques** des plateformes en ligne, voir n° 78415.

PUBLICITÉ DES IMPOSITIONS

Les **listes nominatives** des contribuables passibles de l'**impôt sur le revenu** ou de l'**impôt sur les sociétés** sont tenues, par les directions départementales des finances publiques, à la disposition des contribuables de leur ressort. Outre l'identité des personnes et le montant de l'impôt mis à leur charge, elles comportent l'indication, pour l'impôt sur le revenu, du nombre de parts du quotient familial et le montant du revenu imposable. 78420 LPF art. L 111 DC-VI-43600 s

Seuls les contribuables relevant de la compétence territoriale de la direction départementale des finances publiques peuvent **consulter** la liste tenue dans cette direction. Toutefois, par dérogation à cette règle, les créanciers et débiteurs de pensions alimentaires sont autorisés à consulter la liste détenue par la direction départementale des finances publiques dans le ressort de laquelle est établie l'imposition du débiteur ou du créancier, quel que soit le domicile de ces derniers.

La **publication** ou la diffusion des listes ou de toute indication s'y rapportant et visant des personnes nommément désignées est **interdite** sous peine d'une amende fiscale égale au montant des impôts divulgués (CGI art. 1762). Une amende pénale et une peine d'emprisonnement sont également prévues (CGI art. 1772, 1-5°).

CONTRÔLE DE LA DÉLIVRANCE DES REÇUS FISCAUX

Les agents de l'administration fiscale disposent d'une procédure spécifique (distincte de la vérification de comptabilité mais entourée de garanties) pour contrôler les reçus délivrés par les organismes bénéficiaires de dons ou versements ouvrant droit à réduction d'impôt sur le revenu, d'impôt sur les sociétés ou d'impôt sur la fortune immobilière. 78430 LPF art. L 14 A et L 14 B CF-IV-5100 s

Ce contrôle s'exerce **sur place,** c'est-à-dire dans les locaux de l'organisme vérifié. Toutefois, il peut également se tenir ou se poursuivre dans **tout autre lieu** déterminé en commun entre l'organisme et l'administration. Faute d'accord, cette dernière peut décider de procéder au contrôle dans ses propres locaux ((Loi 2023-1322 du 29-12-2023 art. 117, applicable aux contrôles en cours ou engagés à compter du 1-1-2024).

Il porte à la fois sur la **réalité des dons** (contrôle de concordance entre les montants perçus et ceux portés sur les reçus) et sur la **régularité de la délivrance des reçus,** c'est-à-dire sur le respect par l'organisme des conditions prévues pour l'octroi au contribuable des avantages fiscaux.

> **Précisions** **a.** L'organisme contrôlé est tenu de présenter aux agents habilités les **documents et pièces** de toute nature utiles au contrôle. Ces éléments doivent être conservés pendant six ans (LPF art. L 102 E).
> **b.** Les organismes contrôlés bénéficient des **garanties** suivantes : envoi préalable d'un avis de contrôle sur place mentionnant notamment la faculté d'assistance d'un conseil ; limitation de la durée du contrôle et information sur les résultats de celui-ci avec ouverture d'un délai de 30 jours pour formuler des observations si l'application de l'amende pour délivrance irrégulière de reçus fiscaux prévue par l'article 1740 A du CGI (nº 80205) est envisagée ; interdiction de renouveler le contrôle au titre d'une même période ; possibilité d'un recours hiérarchique dans le délai de 30 jours de la notification des résultats du contrôle.

CONTRÔLE DE L'ÉPARGNE RÉGLEMENTÉE ET DES MOYENS DE PAIEMENT

78440 LPF art. L 80 Q CF-IX-95500 s Les agents de l'administration fiscale peuvent **contrôler sur place** le respect des dispositions du Code monétaire et financier relatives à la limitation des **paiements en espèces** (nº 78401) et aux obligations des établissements de crédit en matière d'**épargne réglementée** (C. mon. fin. art. L 221-35).

Cette procédure (qui n'est pas une vérification de comptabilité) ne peut être engagée qu'après l'envoi ou la remise à la personne concernée d'un **avis** indiquant à la fois les années soumises à contrôle et la faculté d'assistance d'un conseil.

Les agents peuvent obtenir la **communication** (sans possibilité de se faire opposer le secret professionnel) de la comptabilité et des justificatifs se rapportant aux obligations sujettes au contrôle.

Les **infractions** sont constatées par procès-verbal et punies d'une amende fiscale. L'application de l'amende doit être motivée dans le procès-verbal, dans les conditions visées nº 80225.

> **Précisions** **a.** Si la comptabilité est tenue au moyen de **systèmes informatisés**, le contrôle porte sur l'ensemble des informations, données et traitements informatiques permettant de s'assurer du respect des règles légales. Les dispositions de l'article L 47 A du LPF (nº 78140) peuvent être appliquées.
> **b.** Aucune infraction ne peut être relevée lorsque l'établissement a appliqué une **interprétation** formellement admise par les services relevant des ministres chargés de l'économie et du budget (Direction générale des finances publiques et Direction générale du Trésor : BOI-CF-COM-20-70 nº 90).
> **c.** Après l'**achèvement** du contrôle, l'administration ne peut le renouveler sur la même période ni pour les mêmes obligations.

SECTION 3 PROCÉDURES DE RECTIFICATION

78480 Pour apporter des rectifications aux bases d'imposition et réclamer les compléments de droits qui lui paraissent exigibles, l'administration doit observer des règles de procédure qui varient suivant les situations.

A. Procédure de rectification contradictoire

78600 LPF art. L 55 s CF-VI-200 s Cette procédure constitue la **procédure normale** de rectification des bases d'imposition.

Les impositions supplémentaires correspondant aux rehaussements peuvent être assorties de **pénalités.**

1. CHAMP D'APPLICATION

78750 LPF art. L 55 et L 56 CF-VI-500 s *La procédure de rectification contradictoire* doit être suivie dans tous les cas où l'administration, ayant constaté une insuffisance, une inexactitude, une omission ou une dissimulation dans les éléments servant au calcul des impôts, désire apporter des rectifications aux **déclarations** des contribuables. Elle s'applique notamment lorsque – la comptabilité comportant de graves irrégularités ou n'ayant pas été présentée par le contribuable – l'administration procède à des rehaussements en reconstituant le montant du bénéfice ou du chiffre d'affaires déclaré.

La procédure de rectification contradictoire n'est, toutefois, pas applicable :

– dans les cas d'**imposition d'office** ;

– en matière d'**impôts directs locaux** perçus au profit des collectivités locales ou d'organismes divers, à l'exception de la cotisation sur la valeur ajoutée des entreprises et de la taxe d'aménagement (nos 31100 s.) ;

– pour la rectification des erreurs commises dans les **opérations de liquidation** de l'impôt (exemple : erreurs de l'administration dans l'application du quotient familial) (BOI-CF-IOR-10-10 nos 180 et 190) ; l'administration peut toutefois notifier au contribuable une proposition de rectification pour interrompre la prescription.

› Précisions Bien que la procédure de rectification contradictoire ne soit pas, sauf exception, légalement applicable en matière d'**impôts directs locaux**, le Conseil d'État a jugé que, lorsqu'une imposition locale est assise sur la base d'éléments qui doivent être déclarés par le redevable, l'administration ne peut établir, à la charge de celui-ci, des droits excédant le montant de ceux qui résulteraient des éléments qu'il a déclarés qu'après l'avoir, conformément au principe général des droits de la défense, mis à même de présenter ses observations (CE 5-6-2002 no 219840 : RJF 8-9/02 no 934, rendu à propos de l'ancienne taxe professionnelle, mais transposable à notre avis à la cotisation foncière des entreprises ; CE 29-6-2005 no 271893 : RJF 10/05 no 1038, rendu en matière de taxe foncière).

2. DÉROULEMENT DE LA PROCÉDURE

PROPOSITION DE RECTIFICATION

L'administration doit adresser au contribuable une proposition de rectification. Cette proposition doit être **motivée** de manière à permettre à l'intéressé de formuler ses observations ou de faire connaître son acceptation. **78775** LPF art. L 54 B et L 57, al. 1 et 3 CF-VI-3350 s

Elle doit indiquer, sous peine de nullité, que le contribuable a la faculté de se faire assister d'un **conseil** de son choix pour discuter la proposition de rectification ou pour y répondre. Elle doit également mentionner le **délai** ouvert au contribuable pour répondre (no 78795). Elle porte l'indication du grade et la signature de l'agent dont elle émane (les règles de compétences des agents sont exposées no 77865).

Lorsque la proposition de rectification fait suite à un ESFP, à une vérification de comptabilité ou un examen de comptabilité, l'administration est tenue d'indiquer non seulement le montant de la rectification (c'est-à-dire des bases d'imposition supplémentaires) et le **montant des droits, taxes et pénalités** en résultant (voir no 79425), mais également les points contrôlés ne donnant lieu à aucune rectification (nos 79372 et 79570). En cas de reconstitution des bases d'imposition à la suite du rejet de la comptabilité (ou en l'absence de présentation des documents comptables), la méthode suivie par l'administration doit être clairement et complètement exposée.

› Précisions **a.** Lorsqu'elle fait suite à la vérification ou à l'examen d'une **comptabilité informatisée,** la proposition précise la nature des traitements effectués. Pour le cas où une comptabilité informatisée est saisie lors d'une visite domiciliaire, voir no 78322.

b. En cas d'application automatique de la **déduction « en cascade »** des rappels de taxes sur le chiffre d'affaires, la proposition doit en faire état afin que le contribuable puisse éventuellement s'y opposer (no 79600).

c. En ce qui concerne l'obligation de **motiver les pénalités,** voir nos 80220 s.

Renseignements et documents obtenus de tiers Lorsqu'elle se fonde sur des renseignements et documents obtenus de tiers (notamment par l'exercice de son droit de communication) pour établir l'imposition faisant l'objet de la proposition de rectification (ou de la notification des bases imposées d'office), l'administration est tenue d'informer le contribuable de la teneur et de l'origine de ces renseignements et documents. **78777** LPF art. L76 B CF-I-390 s

Cette **obligation d'information** est normalement exécutée au stade de la proposition de rectification, mais elle peut, sans irrégularité, intervenir au cours de la procédure d'imposition. Si le contribuable en fait la demande, l'administration doit lui **communiquer,** avant la mise en recouvrement, une copie des documents en cause.

› Précisions **a.** Ces obligations concernent également tous les renseignements dont l'administration se prévaut dans la **réponse aux observations** du contribuable (CE 7-11-2008 no 300662 : RJF 1/09 no 55) ou devant la **commission** des impôts directs et des taxes sur le chiffre d'affaires (CE 6-10-2008 nos 299768 et 315233 : RJF 12/08 no 1364).

b. L'absence d'indication de l'origine des renseignements est sans incidence sur la **régularité de la procédure d'imposition** lorsque le contribuable a nécessairement connaissance de ces renseignements, eu égard à leur teneur (CE 17-3-2016 no 381908 : RJF 6/16 no 545). Toutefois, même si le contribuable a pu en avoir connaissance par ailleurs et qu'il en fait la demande, l'administration est tenue de lui adresser les documents qu'elle a obtenus de tiers et qu'elle a utilisés pour fonder les impositions. Il en va ainsi de ses relevés bancaires, le contribuable étant en droit d'en vérifier l'exactitude et l'authenticité (CE 30-1-2017 n° 391844 : RJF 7/17 n° 717). Par ailleurs, l'administration est dispensée de communiquer au contribuable les informations qu'elle a recueillies dans des documents librement accessibles au public, sauf si elles proviennent de sites internet ou de serveurs de données auxquels l'intéressé n'a pu avoir accès (CE 30-5-2012 n° 345418 : RJF 8-9/12 n° 844). Elle est également dispensée de communiquer les documents dont il est avéré qu'à la date à laquelle ils en demandent communication les contribuables occupent des fonctions qui leur permettent d'y avoir directement et effectivement accès (CE 27-6-2019 n° 421373 : RJF 10/19 n° 942). Enfin, l'obligation d'information ne s'étend en principe ni aux données fournies annuellement par des tiers à l'administration conformément aux dispositions du CGI, telles que les déclarations sur les traitements et salaires adressées par les employeurs, ni aux informations nécessairement détenues par les différents services de l'administration.

c. Les contribuables en situation d'**opposition à contrôle fiscal** et les associés des sociétés de personnes qui se sont elles-mêmes placées dans une telle situation sont exclus du bénéfice de l'obligation d'information (CE 6-10-2008 n°s 299933, 299934 et 299935 : RJF12/08 n° 1363 et CE (na) 20-12-2017 n° 407326 : RJF 4/18 n° 408).

d. Lorsqu'elle doit avoir lieu, la communication des documents peut se faire sous forme de **consultation** dans les locaux de l'administration si la nature et le volume de ces documents le nécessitent (CE 27-4-2011 n° 320551 : RJF 7/11 n° 852).

e. Les renseignements couverts par le **secret professionnel** ou l'un des secrets légalement protégés (secret de la vie privée, par exemple) ne peuvent être communiqués sans le consentement du tiers concerné, sauf si le contribuable est débiteur solidaire de l'impôt dû par ce tiers (Avis CE 21-12-2006 n° 293749 : RJF 3/07 n° 314).

78780 **Notification de la proposition de rectification** La notification de la proposition de rectification interrompt la **prescription** dans les conditions indiquées n° 77780.

La proposition est adressée au **contribuable** ou à son **représentant légal.**

Les procédures relatives à l'impôt dû à raison de l'ensemble des revenus du foyer peuvent être suivies par l'un ou l'autre des **époux** ou des **partenaires du Pacs.** En revanche, les procédures de fixation ou de rectification des revenus professionnels non salariaux doivent être suivies directement avec celui des époux ou des partenaires du Pacs qui en est titulaire (voir n° 335).

Lorsque la rectification concerne une **société,** le destinataire de la proposition est la société elle-même. Des propositions distinctes doivent en outre être adressées à titre personnel à chacun des **associés** pour ce qui le concerne, si la rectification comporte des conséquences sur sa propre situation fiscale.

78785 **› Précisions** **a.** Le contribuable peut désigner un **mandataire** habilité à recevoir l'ensemble des actes d'une procédure d'imposition, avant même l'engagement d'une telle procédure (CE 24-2-2021 n° 428745 : RJF 5/21 n° 491). Il en est de même, dans le cas particulier du mandat de représentation fiscale donné par un non-résident, pour lequel une désignation spontanée est valable (CE 30-11-2020 n° 438496 : RJF 2/21 n° 163).

Lorsque la désignation lui est opposable, l'administration est, en principe, tenue d'adresser au mandataire tous les actes de la procédure, et notamment la proposition de rectification.

Toutefois, l'expédition de tout ou partie des actes au domicile ou au siège du contribuable est réputée régulière si le pli de notification est effectivement retiré par le contribuable ou l'un de ses préposés (Avis CE 23-5-2003 n° 253223 : RJF 8-9/03 n° 1010 ; Cass. com. 6-12-2016 n° 15-18.718 : RJF 3/17 n° 282).

b. Les propositions adressées aux **associés** à la suite de la rectification des bases d'imposition de la société doivent indiquer les raisons de cette rectification (notamment CE 21-12-1990 n° 69153 : RJF 2/91 n° 208), sauf si elles sont faites aux associés de sociétés de personnes, auquel cas une **motivation** sommaire faisant simplement référence à la rectification des bases de la société suffit (notamment CE 2-11-1994 n° 126814 : RJF 12/94 n° 1356). Par ailleurs, au regard du délai de reprise, la notification envoyée à une société de personnes est interruptive de **prescription** à l'égard de tous les associés pour l'impôt sur le revenu afférent à leur quote-part de bénéfices (CE 8-4-1994 n° 60405-65876 : RJF 5/94 n° 579).

c. La proposition de rectification est généralement expédiée par **lettre recommandée avec accusé de réception.** Il appartient à l'administration, le cas échéant, d'établir que le pli est effectivement parvenu à son destinataire ou qu'il a été régulièrement mis en instance (notamment CE 3-12-1990 n° 50260 : RJF 2/91 n° 207).

La circonstance que le pli aurait été remis à une personne autre que le contribuable ou son fondé de pouvoir ne suffit pas à faire regarder la notification comme irrégulière dès lors que l'avis de réception a été retourné à l'administration (CE 7-10-1985 n° 44182 : RJF 12/85 n° 1549). Le contribuable a, toutefois, la faculté de démontrer que le tiers signataire n'avait pas avec lui des liens personnels ou professionnels suffisants pour que la notification soit régulière (CE 11-7-1988 n° 52642 : RJF 10/88 n° 1119).

DROIT DE RÉPONSE DU CONTRIBUABLE

Le contribuable dispose d'un **délai** de 30 jours pour répondre à la proposition de rectification. Ce délai est prorogé de 30 jours si l'intéressé en fait la demande dans le délai initial. **78795** LPF art. L 57, al. 2 et dernier al., R 57-1 et R 194-1, al. 1 CF-VI-13200 s

L'administration doit attendre l'expiration du délai de réponse pour mettre en recouvrement l'imposition, faute de quoi celle-ci serait irrégulière (CE 17-5-1989 n° 62199 : RJF 7/89 n° 860).

Dans ce délai, le redevable peut :

– soit accepter la rectification proposée, étant précisé que l'absence de réponse dans le délai imparti vaut acceptation tacite ;

– soit présenter des observations, lesquelles peuvent prendre la forme d'un refus pur et simple.

S'il **donne son accord,** l'imposition est établie sur la base notifiée. L'intéressé conserve néanmoins le droit de présenter une réclamation après la mise en recouvrement de l'imposition, mais il supporte alors la charge de prouver l'exagération de l'imposition.

Si le redevable **produit des observations** dans le délai légal, et si ses observations sont reconnues fondées, en tout ou partie, l'administration abandonne ou modifie son projet de rectification (si le vérificateur change le fondement légal du rehaussement, il doit en avertir le contribuable et lui laisser un nouveau délai de 30 jours pour répondre : CE 29-1-2003 n° 205636 : RJF 4/03 n° 470).

Si l'administration rejette les observations, elle doit en informer le contribuable par une réponse motivée (pour le délai, voir n° 78800). Par ailleurs, en cas de réclamation contentieuse ultérieure, c'est elle qui a la charge de prouver le bien-fondé de l'imposition, dans la mesure où celle-ci a été établie sur des bases supérieures au chiffre déclaré.

> Précisions **a.** Le **délai de réponse** du contribuable court à compter de la réception de la proposition de rectification. Il s'agit d'un délai franc qui se décompte abstraction faite du jour où l'intéressé a reçu la proposition de rectification et de celui où le délai expire (exemple : pour une proposition reçue le 2 avril, la réponse est faite dans les délais si elle est postée au plus tard le 3 mai). Lorsque le dernier jour tombe un samedi, un dimanche ou un jour férié, le délai est prorogé jusqu'au premier jour ouvrable suivant.

Lorsque le **contribuable** est **absent** lors de la réception de la lettre recommandée, le délai court à compter du jour où il est allé retirer le pli au bureau de poste si le retrait a été effectué dans le délai imparti par l'administration postale. Au contraire, si le pli n'a pas été retiré, le délai de réponse à la proposition court à compter du jour où le contribuable a été avisé que le pli était à sa disposition au bureau de poste.

b. Lorsque le délai de réponse est **prorogé** sur demande du contribuable, le délai de 60 jours est également un délai franc (CE 21-12-2022 n° 462224 : RJF 3/23 n° 239).

c. Dans sa réponse à la proposition de rectification (comme d'ailleurs au cours des opérations de contrôle ou même ultérieurement au stade de la procédure contentieuse), le contribuable peut formuler une demande de **compensation** entre la rectification proposée et une taxation excessive établie à son détriment ou une double imposition résultant de la rectification (nos 81940 s.). À noter que l'administration dispose également du droit de compensation.

d. Lorsque le contribuable est représenté par un **avocat,** celui-ci a qualité pour suivre la procédure d'imposition sans avoir à justifier du mandat qu'il a reçu (Avis CE 5-6-2002 n° 242862 : RJF 8-9/02 n° 980 ; CE 5-6-2002 n° 227373 : RJF 8-9/02 n° 980). En revanche, le **collaborateur** d'un avocat doit justifier d'un mandat exprès (CE 13-1-2010 n° 323163 : RJF 4/10 n° 390).

e. L'absence de réponse de l'administration aux observations du contribuable vérifié n'entraîne la décharge de l'imposition que si elle le prive de la **garantie** de motivation des rehaussements ou de la possibilité de saisir la commission des impôts directs et des taxes sur le chiffre d'affaires (CE 11-4-2014 n° 349719 : RJF 7/14 n° 707).

Réponse aux observations du contribuable Aucun **délai** n'est en principe imparti à l'**administration** pour répondre aux observations du contribuable. Toutefois, la loi impose à **78800** CF-VI-16500 s l'administration de répondre dans un délai de 60 jours à compter de la réception des observations lorsque la proposition de rectification fait suite à la vérification de comptabilité ou à l'examen de comptabilité d'une entreprise dont le chiffre d'affaires est inférieur à 1 526 000 € s'il s'agit d'une entreprise industrielle ou commerciale dont le commerce principal est de vendre des marchandises, objets, fournitures ou denrées à emporter ou à consommer sur place, ou de fournir le logement, ou à 460 000 € en ce qui concerne les autres entreprises industrielles ou commerciales (prestataires de services), ainsi que pour les personnes exerçant une activité non commerciale (LPF art. L 57 A). Par mesure de tempérament administrative, le délai de 60 jours s'applique également en cas de vérification d'une société civile immobilière de gestion ou encore d'une entreprise agricole dont le montant des recettes brutes n'excède pas 782 000 € (BOI-CF-IOR-10-50-30 nos 150 et 160).

Le chiffre d'affaires à retenir s'entend du chiffre d'affaires annuel hors taxe (TTC pour les entreprises agricoles) de l'exercice vérifié, après prise en compte des rectifications opérées et des observations du contribuable (BOI-CF-IOR-10-50-30 nos 290 et 300 et, sur la prise en compte des rectifications, CE 20-6-2023 n° 467042 : RJF 10/23 n° 754).

Le défaut de notification d'une réponse dans le délai de 60 jours équivaut à une acceptation des observations du contribuable.

› Précisions a. Le **délai de réponse de 60 jours** ne s'applique pas en cas de graves irrégularités privant la comptabilité de valeur probante ou en cas d'absence de comptabilité (CE 24-2-2017 n° 390467 : RJF 5/17 n° 409). Ne bénéficient pas, par ailleurs, de la garantie les personnes morales et les sociétés en participation à l'actif desquelles sont inscrits des titres de placement ou de participation pour un montant total d'au moins 7 600 000 €. Le délai ne s'applique pas non plus lorsque le chiffre d'affaires excède le seuil applicable au titre d'au moins un des exercices vérifiés et rectifiés (CE 20-6-2023 n° 467042 : RJF 10/23 n° 754).

b. En ce qui concerne le destinataire de la réponse de l'administration aux observations du contribuable lorsque celui-ci a désigné un **mandataire** pour le représenter au cours de la procédure d'imposition, voir n° 78785, a.

INTERVENTION DES COMMISSIONS OU DU COMITÉ CONSULTATIF

78810 LPF art. L 59 et R 59-1 **CF-VI-18300 s et 20000 s**

Lorsque l'administration n'accepte pas les observations du contribuable et que la rectification porte sur une question relevant de la compétence soit de la **commission des impôts directs** et des taxes sur le chiffre d'affaires (départementale ou nationale), soit de la **commission départementale de conciliation,** le désaccord peut être soumis, pour **avis,** à la commission. La commission peut être saisie par l'administration ou par le contribuable. Ce dernier dispose, à cette fin, d'un délai de 30 jours (délai franc) à compter de la réception de la réponse de l'administration rejetant ses observations. Il peut adresser sa **demande** soit à l'administration (qui doit obligatoirement y donner suite, sous peine d'irrégularité de la procédure), soit directement au secrétariat de la commission.

L'**avis** de la commission est **notifié** au redevable par l'administration, qui l'informe, en même temps, du chiffre qu'elle se propose de retenir comme base d'imposition (notification non interruptive de prescription). Ensuite, l'impôt est mis en recouvrement.

Lorsque le désaccord porte sur la réalité de l'affectation à la recherche des dépenses ouvrant droit au crédit d'impôt recherche, le contribuable ou l'administration peuvent saisir pour avis, dans les mêmes conditions, le **comité consultatif du crédit d'impôt pour dépenses de recherche** (n° 10505, précision c).

78815 LPF art. L 192 **CONT-II-25300 s**

Règles de preuve Dans l'hypothèse où, après la mise en recouvrement, le contribuable entend présenter une demande en décharge ou en réduction de l'imposition par voie de réclamation contentieuse, l'administration supporte la charge de la preuve, quel que soit l'avis rendu par la commission ou le comité. La charge de la preuve est donc, en **principe,** indépendante de l'avis.

Toutefois, par exception, la charge de la preuve incombe au contribuable dans les cas suivants :

– lorsque sa **comptabilité** comporte de **graves irrégularités,** si l'imposition a été établie conformément à l'avis de la commission ou du comité (dans le cas contraire, la charge de la preuve incombe à l'administration) ;

– lorsqu'il n'a **pas présenté de comptabilité** ou de pièces en tenant lieu ;

– lorsqu'il est **taxé d'office** à l'impôt sur le revenu **pour défaut de réponse à une demande d'éclaircissements ou de justifications** à la suite d'un examen contradictoire de la situation fiscale personnelle (voir n° 79090, précision b).

78820 **› Précisions a.** La **preuve de l'irrégularité de la comptabilité** incombe toujours à l'administration. Les erreurs, omissions, inexactitudes constatées dans la comptabilisation des opérations, ainsi que l'absence de pièces justificatives ou de documents en tenant lieu sont susceptibles de constituer de « graves irrégularités comptables ».

b. Dans l'hypothèse où la preuve est à sa charge, le contribuable doit apporter tous les **éléments,** comptables et autres, **de nature à permettre d'apprécier le chiffre qui doit effectivement être retenu comme base d'imposition.** S'il n'est pas en mesure de s'appuyer sur une comptabilité régulière et probante, il peut éventuellement, comme en matière d'imposition d'office soit critiquer la méthode d'évaluation suivie par l'administration pour démontrer que cette méthode aboutit à un résultat exagéré, soit proposer au juge une autre méthode permettant d'obtenir un résultat plus précis, soit encore essayer de démontrer que la méthode de reconstitution administrative est radicalement viciée dans son principe ou excessivement sommaire.

3. COMMISSIONS ADMINISTRATIVES DES IMPÔTS

COMMISSION SITUÉE DANS LE RESSORT DU TRIBUNAL ADMINISTRATIF

Compétence **a.** La commission des impôts directs et des taxes sur le chiffre d'affaires peut être amenée à intervenir dans le cadre de la **procédure de rectification contradictoire,** dans les **domaines** suivants : 78840 LPF art. L 59 A DC-VII-300 s

– montant du résultat industriel et commercial, non commercial, agricole ou du chiffre d'affaires, déterminé selon un mode réel d'imposition ;

– conditions d'application des régimes d'exonération ou d'allégements fiscaux en faveur des entreprises nouvelles, à l'exception de la qualification des dépenses de recherche et des dépenses de recherche collaborative ;

– rémunérations excessives ;

– valeur vénale servant de base à la TVA immobilière.

Dans ces domaines, la commission est compétente dans la mesure où le désaccord porte sur des **questions de fait** (exemples : appréciation du caractère normal d'une rémunération, caractère probant ou non d'une comptabilité), même si les faits sont susceptibles d'être pris en compte pour l'examen d'une question de droit. En revanche, elle ne peut pas se prononcer sur les **questions de droit** elles-mêmes (exemples : catégorie d'imposition à l'impôt sur le revenu, existence d'une société de fait), à l'exception des questions suivantes : caractère anormal d'un acte de gestion, principe et montant des amortissements et des provisions et, enfin, caractère de charge déductible ou d'immobilisation d'une opération.

Par ailleurs, la commission n'est pas compétente pour se prononcer dans des litiges qui portent sur les revenus fonciers et mobiliers, les plus-values des particuliers, les traitements et salaires, les charges déductibles du revenu global ou l'application des pénalités.

b. La commission est également appelée à intervenir :

– dans le cadre des **examens contradictoires de la situation fiscale personnelle** lorsque le contribuable est taxé d'office à l'impôt sur le revenu pour défaut de réponse à une demande d'éclaircissements ou de justifications (n° 79090, précision b) ;

– pour la fixation des **valeurs locatives cadastrales.**

Sur le **plan territorial,** la commission compétente est en principe celle du ressort du tribunal administratif où se trouve le lieu d'imposition (en matière de bénéfices industriels et commerciaux, de bénéfices agricoles et de bénéfices non commerciaux, il s'agit en fait du lieu où est souscrite la déclaration de résultats). 78845 DC-VII-4600 s

Toutefois, pour des motifs de **confidentialité,** le contribuable peut demander la saisine d'une autre commission située dans le ressort de la cour administrative d'appel territorialement compétente. Par ailleurs, lorsque des rehaussements fondés sur les mêmes motifs sont notifiés à des sociétés membres d'un **groupe intégré,** celles-ci peuvent demander la saisine de la commission compétente pour la société mère. Enfin, les contribuables imposés sur des **rémunérations excessives** peuvent demander la saisine de la commission compétente pour l'entreprise versante (CGI art. 1651 G).

Fonctionnement La commission est présidée par un magistrat du tribunal administratif ou de la cour administrative d'appel. 78850 CGI art. 1651 à 1651 F DC-VII-5300 s

Quel que soit le domaine dans lequel elle intervient, la commission comprend, outre le président, des représentants de l'administration et des représentants des contribuables. Leur nombre et leur qualité diffèrent selon la nature du litige soumis à l'appréciation de la commission (par exemple, deux représentants de l'administration de grade élevé et trois représentants des contribuables, dont, en principe, un expert-comptable, composent la commission lorsqu'elle intervient en matière de bénéfices professionnels et de chiffre d'affaires).

Le contribuable doit être **convoqué** 30 jours au moins avant la réunion de la commission, et il est invité à se faire entendre ou à présenter ses observations écrites. 78855 LPF art. L 60, R 60-1 à R 60-2 A DC-VII-8730 s

Pendant le délai de 30 jours avant la réunion, le contribuable a le droit de **consulter,** au secrétariat de la commission, le rapport de l'administration, ainsi que tous les documents dont celle-ci fait état pour appuyer sa thèse (sous réserve du respect du secret professionnel).

La commission peut faire appel à un **expert** extérieur, sur demande et aux frais du contribuable (CGI art. 1651 M).

Devant la commission, le contribuable peut se faire représenter par un mandataire ou assister par deux **conseils** de son choix.

La commission ne peut **délibérer** valablement que si la moitié du nombre des membres appelés à siéger est présente. En cas de partage égal des voix, la voix du président est prépondérante. Les agents de l'administration qui ont participé à l'instruction de l'affaire (le vérificateur ou l'agent qui a pris la décision d'appliquer les pénalités par exemple) ne peuvent assister aux délibérations (CE 3-10-2012 n° 338974 : RJF 12/12 n° 1147), mais ils peuvent être entendus par la commission.

78860 LPF art. R 60-3 DC-VII-11760 s

Avis L'avis émis par la commission dans le cadre de la procédure de rectification doit être **motivé.**

Lorsque l'avis est **irrégulier,** ou lorsque la commission a refusé à tort de se prononcer, la procédure d'imposition n'est pas viciée ; l'irrégularité a pour seul effet, en cas de graves irrégularités dans la comptabilité, de laisser la charge de la preuve à l'administration (Avis CE 23-4-1997 n° 183969 : RJF 6/97 n° 600). On notera à ce propos que seul un vice de forme ou de procédure (par exemple : absence de motivation, incompétence territoriale de la commission) peut entacher l'avis d'irrégularité. Une erreur de fait ou d'appréciation est sans incidence.

COMMISSION NATIONALE

78870 LPF art. L 59 C CGI art. 1651 H, 2 et 1651 L DC-VII-15100 s

Compétence La Commission nationale des impôts directs et des taxes sur le chiffre d'affaires est compétente à l'égard des **entreprises** qui exercent une **activité industrielle ou commerciale** et dont le **chiffre d'affaires** hors taxe **excède** 50 M€ s'il s'agit d'entreprises dont le commerce principal est de vendre des marchandises, objets, fournitures et denrées à emporter ou à consommer sur place, ou de fournir le logement, ou 25 M€ s'il s'agit d'autres entreprises. Pour ces entreprises, la Commission nationale intervient sur les désaccords en matière de bénéfices industriels et commerciaux et de taxes sur le chiffre d'affaires, dans les domaines et conditions décrits n° 78840, a.

Lorsque des rehaussements fondés sur les mêmes motifs sont notifiés à des sociétés membres d'un **groupe intégré,** chaque société peut demander la saisine de la Commission nationale si au moins une des sociétés concernées relève de sa compétence. Enfin, les contribuables imposés sur des **rémunérations excessives** peuvent demander la saisine de la Commission nationale si l'entreprise versante relève de sa compétence.

> **Précisions** La Commission nationale est compétente dès lors que le **chiffre d'affaires** de l'un des exercices vérifiés ou sur lequel porte la proposition de rectification excède le seuil fixé par la loi. Le chiffre d'affaires à prendre en considération s'entend de celui réalisé dans le cadre de l'activité normale et courante de l'entreprise, après prise en compte des régularisations effectuées dans le cadre de la procédure visée n° 79175 et des rectifications opérées par l'administration et arrêtées avant la saisine de la Commission. Son montant s'apprécie par exercice de 12 mois (BOI-CF-CMSS-30-10 n°s 40 à 70).

78875 CGI art. 1651 H, 1 à 1651 K DC-VII-15720 s

Fonctionnement La Commission nationale est présidée par un conseiller d'État, qui peut être suppléé par un magistrat administratif. Le président a voix prépondérante.

Quel que soit le domaine dans lequel elle intervient, la commission comprend, outre le président, des représentants de l'administration et des représentants des contribuables. Comme pour la commission située dans le ressort d'un tribunal administratif, leur nombre et leur qualité diffèrent selon la nature du litige soumis à l'appréciation de la commission.

Les règles relatives au fonctionnement et à l'avis de la commission située dans le ressort d'un tribunal administratif (n°s 78855 et 78860) sont applicables à la Commission nationale.

COMMISSION DÉPARTEMENTALE DE CONCILIATION

78885 CGI art. 667, 2 et 1653 B LPF art. L 59 B ENR-VII-1400 s

Compétence Lorsque l'administration relève une **insuffisance des prix ou des évaluations** d'après lesquels ont été liquidés les **droits d'enregistrement,** la taxe de publicité foncière ou l'impôt sur la fortune immobilière, le rehaussement qui en résulte est établi en suivant la procédure de rectification contradictoire.

À défaut d'accord amiable, le litige peut être soumis, dans le cadre de cette procédure, à la commission départementale de conciliation, à l'initiative de l'administration ou du contribuable.

L'intervention de la commission est possible lorsque l'**insuffisance** porte sur un immeuble, un fonds de commerce, une clientèle, un droit au bail (ou un transfert de droit à la jouissance d'immeuble), un navire ou un bateau, des titres de sociétés immobilières « transparentes » (sur cette notion, voir n°s 30770 s.), ainsi que sur des biens meubles corporels et des titres non cotés.

La commission **compétente** est celle dans le ressort de laquelle les biens sont situés (ou immatriculés s'il s'agit de navires ou de bateaux). À défaut (biens situés à l'étranger, essentiellement), la commission de Paris est compétente.

Fonctionnement ; avis La commission départementale de conciliation est présidée par un magistrat de l'ordre judiciaire et comprend, en outre, huit membres : quatre représentants de l'administration, un notaire et trois représentants des contribuables. 78890 CGI art. 1653 A et 1653 BA LPF art. R 59 B-1 ENR-VII-1320 s, 2100 s et 2220 s

Le contribuable doit être **convoqué** 30 jours au moins avant la réunion de la commission, et il est invité à se faire entendre ou à faire parvenir des observations écrites. Il peut se faire assister par une personne de son choix ou désigner un mandataire.

La commission peut faire appel à un **expert** extérieur, sur demande et aux frais du contribuable.

Elle ne peut **délibérer** valablement que si cinq membres au moins sont présents, y compris le président. L'avis est formulé à la majorité des voix : en cas de partage égal des voix, celle du président est prépondérante. L'**avis** émis par la commission doit être **motivé** à peine d'irrégularité de la procédure d'imposition.

B. Procédure d'imposition d'office

Par dérogation à l'emploi de la procédure normale, la loi donne dans certains cas à l'administration le pouvoir d'établir « d'office » les impositions supplémentaires. La caractéristique de la procédure d'imposition d'office est de ne **pas** être **contradictoire** : elle se déroule sans que le contribuable soit invité à exposer sa position et elle met la preuve à sa charge s'il conteste l'imposition devant les tribunaux. 78920

1. CAS D'IMPOSITION D'OFFICE

La procédure d'imposition d'office peut être mise en œuvre dans les situations suivantes, dont l'énumération est limitative : 79050 LPF art. L 65 à L 74 CF-VII-200 s

1° défaut ou retard de production de certaines déclarations ;

2° non-respect de certaines obligations incombant aux micro-entreprises ;

3° défaut de réponse aux demandes d'éclaircissements ou de justifications ;

4° opposition au contrôle fiscal ;

5° défaut de désignation d'un représentant en France par un non-résident (voir nos 4480, 4685, 36405, b et 72325).

DÉFAUT OU RETARD DE DÉCLARATION

L'imposition d'office sanctionne le défaut ou le retard dans le dépôt de déclarations destinées à l'assiette de l'impôt ou à l'évaluation des bases d'imposition. 79060 LPF art. L 66 et L 73, 1° et 2° CF-VII-400 s

Sous réserve de la faculté de régularisation décrite no 79065 s., le contribuable encourt ainsi la **taxation d'office** dans les cas suivants :

– défaut ou retard de production de la déclaration d'ensemble des revenus, de la déclaration des plus-values, des déclarations de chiffre d'affaires (régimes du réel, TVA immobilière), de la déclaration des bénéfices imposables à l'impôt sur les sociétés, des déclarations des taxe ou participation assises sur les salaires (taxe sur les salaires, contribution à la formation professionnelle), du bordereau de versement de la cotisation au titre de la participation à la construction (BOI-CF-IOR-50-10-20-10 no 100), ainsi que de la déclaration des éléments servant à l'établissement de la taxe d'aménagement ;

– défaut de déclaration ou de présentation d'un acte à la formalité dans le délai légal, en matière de droits d'enregistrement (voir précision a ci-après) ;

– défaut d'indication dans la déclaration d'ensemble des revenus ou ses annexes de la valeur nette taxable du patrimoine à l'impôt sur la fortune immobilière, ou défaut de production des mêmes annexes.

De la même façon (toujours sous réserve de la faculté de régularisation décrite nos 79065 s.), le contribuable encourt l'**évaluation d'office** de ses bénéfices lorsqu'il n'a pas produit dans les délais la déclaration spéciale des bénéfices industriels et commerciaux (régimes du réel), des bénéfices non commerciaux (régime de la déclaration contrôlée) ou des bénéfices agricoles réels.

> Précisions **a.** La procédure de taxation d'office en matière de **droits d'enregistrement** concerne l'ensemble de ces droits (perçus pour le compte de l'État ou des départements), les taxes additionnelles à ces droits (taxes départementale et communale), la taxe sur les conventions d'assurances, le prélèvement sur les profits immobiliers de caractère professionnel réalisés par les contribuables non domiciliés en France, la taxe de 3 % sur les immeubles de certaines sociétés. La taxation d'office ne s'applique pas en matière de droits de timbre et taxes assimilées. La taxe de publicité foncière sur les baux de plus de 12 ans, les donations, les inscriptions d'hypothèques et celle tenant lieu de droits d'enregistrement sont également exclues de cette procédure.

La taxation d'office ne s'applique pas lorsque la **déclaration** a été faite dans le délai légal, mais n'a **pas** été **enregistrée** en raison d'un **refus de l'administration** (Cass. com. 17-12-2002 n° 98-15.195 : RJF 4/03 n° 513, à propos du refus d'enregistrement par l'administration d'une déclaration de succession déposée dans le délai légal pour défaut de paiement préalable des droits).

b. Sur l'évaluation d'office des résultats des **micro-entreprises,** voir n° 79080.

79065 LPF art. L 67, L 68 et L 73, dernier al. CF-VII-2750 s

Mise en demeure L'administration ne peut procéder à une taxation ou évaluation d'office que si le contribuable n'a pas **régularisé** sa situation dans les 30 jours suivant la notification d'une **mise en demeure.**

Ce dispositif concerne toutes les déclarations visées n° 79060, sauf celles relatives aux taxes sur le chiffre d'affaires ou aux impôts contrôlés selon les mêmes procédures et sous les mêmes sanctions et garanties que ces taxes (BOI-CF-IOR-50-20 n° 20 ; en matière de TVA, voir toutefois n° 46556, précision b, en ce qui concerne les membres d'un assujetti unique constitué en application de l'article 256 C du CGI).

Si le contribuable dépose sa déclaration dans les 30 jours suivant la mise en demeure qui lui a été adressée, il ne peut pas faire l'objet d'une taxation ou évaluation d'office.

Néanmoins, il reste passible de la pénalité pour souscription hors délai d'une déclaration directement utilisée pour l'assiette de l'impôt (nos 80075 s.).

79070

> Précisions **a.** L'administration n'est **pas** tenue de procéder à une **mise en demeure** dans les situations suivantes :

– lorsque le contribuable change fréquemment de lieu de séjour ou de principal établissement, ou séjourne dans des locaux d'emprunt ou des locaux meublés ;

– si le contribuable a transféré son domicile fiscal ou son activité à l'étranger sans déposer sa déclaration ;

– si un contrôle fiscal n'a pu avoir lieu du fait du contribuable ou de tiers ;

– si le contribuable ne s'est pas fait connaître de l'organisme unique chargé des formalités des entreprises ;

– s'il s'est livré à une activité illicite ;

– lorsque l'administration a dressé un procès-verbal de flagrance fiscale, au titre de l'année ou de l'exercice au cours duquel le procès-verbal est établi.

Dans ces hypothèses, la procédure de taxation ou d'évaluation d'office peut donc être mise en œuvre du seul fait que la déclaration n'a pas été déposée dans les délais.

b. Lorsque l'administration **adresse au contribuable une mise en demeure** alors qu'elle n'y est **pas tenue,** elle peut régulièrement imposer d'office l'intéressé sans attendre l'expiration du délai de régularisation (CE 12-3-2014 n° 360299 : RJF 6/14 n° 599).

c. En matière d'**impôt sur la fortune immobilière,** l'administration relance d'abord le redevable défaillant par l'envoi d'une lettre amiable l'invitant à souscrire sa déclaration. Si le redevable défère à la demande, sa déclaration est contrôlée selon la procédure contradictoire. En l'absence de réponse à cette lettre amiable, l'administration adresse une mise en demeure de souscrire la déclaration dans un délai de 30 jours qui, si elle n'est pas suivie d'effet, aboutit à la taxation d'office (BOI-PAT-IFI-60-10 nos 130 à 160 ; ENR-XIII-36910 s.).

d. Le délai dont disposent les héritiers pour déposer la **déclaration de succession** après mise en demeure de l'administration sans encourir la taxation d'office pour défaut de déclaration est de 90 jours, au lieu de 30.

e. Lorsque l'administration ne respecte pas son obligation de mettre en demeure le contribuable n'ayant pas souscrit sa déclaration, ce dernier ne peut pas faire l'objet d'une taxation ou évaluation d'office. Une imposition est toutefois établie, mais dans le cadre de la procédure contradictoire.

INFRACTIONS COMMISES PAR LES MICRO-ENTREPRISES

79080 LPF art. L 73, 1° bis et 2° bis CF-VII-4400 s

Les résultats imposables selon le régime des micro-entreprises peuvent faire l'objet d'une **évaluation d'office** (sans mise en demeure) dans les cas suivants :

– défaut d'indication, sur la déclaration d'ensemble des revenus, du montant du chiffre d'affaires (ou des recettes) ou du montant des plus ou moins-values ;

– insuffisance du montant du chiffre d'affaires (ou des recettes) déclaré excédant 10 % de ce montant ;

– insuffisance du montant porté sur le registre des achats (micro-BIC) excédant 10 % de ce montant ;

– infractions aux dispositions interdisant le travail dissimulé et la publicité favorisant ce type de travail (C. trav. art. L 8221-1 : Mémento social nos 79040 s.).

DÉFAUT DE RÉPONSE À UNE DEMANDE D'ÉCLAIRCISSEMENTS OU DE JUSTIFICATIONS

Le contribuable qui s'est abstenu de répondre à une demande d'éclaircissements ou de justifications est taxé d'office à l'**impôt sur le revenu.** 79090 LPF art. L 69 CF-VII-4700 s

Compte tenu du déroulement de la procédure de demande d'éclaircissements ou de justifications, plusieurs hypothèses sont à envisager :

– le contribuable ne **répond pas,** se borne à faire une réponse orale, fournit une réponse invérifiable ou répond hors délai à la demande d'éclaircissements ou de justifications : dans ce cas, la taxation d'office est **directement applicable** ;

– le contribuable répond dans les délais et par écrit à la demande d'éclaircissements et de justifications, mais l'administration juge cette **réponse insuffisante** : dans ce cas, la taxation d'office ne peut être appliquée que si l'intéressé ne répond pas de manière satisfaisante, par écrit, à la **mise en demeure** qui lui est adressée de compléter sa première réponse.

> Précisions a. Nature des **justifications** à apporter par le contribuable : voir n° 78005, précision a.

b. En cas de taxation d'office à l'impôt sur le revenu pour défaut de réponse à une demande d'éclaircissements ou de justifications à l'issue d'un **examen contradictoire de la situation fiscale personnelle,** la **commission des impôts directs** et des taxes sur le chiffre d'affaires peut être saisie à l'initiative du contribuable ou de l'administration lorsque le désaccord persiste (LPF art. L 76, al. 1). Cette mesure implique que le contribuable doit être mis à même de discuter les bases d'imposition retenues. Celles-ci ne peuvent donc pas, simplement, être portées à sa connaissance, mais doivent faire l'objet d'une proposition de rectification et donner lieu à des échanges à caractère contradictoire avec le vérificateur (procédure décrite n°s 78775 s.) susceptibles d'aboutir, en cas de désaccord persistant, à la saisine de la commission (CE 11-6-2003 n° 223404 : RJF 10/03 n° 1148).

L'**avis** rendu par la commission doit être notifié au contribuable avant la mise en recouvrement de l'imposition (CE 13-11-1998 n° 164143 : RJF 1/99 n° 51). À noter que la saisine de la commission n'a aucune incidence sur la **charge de la preuve** en cas de contentieux, qui incombe, comme dans toutes les hypothèses d'imposition d'office, au contribuable.

c. Sur le cas particulier des demandes d'informations et justifications relatives aux **avoirs détenus à l'étranger** en cas de non-respect de l'obligation déclarative, voir n° 78305.

OPPOSITION AU CONTRÔLE FISCAL

Si le contrôle ne peut avoir lieu du fait du contribuable ou d'autres personnes (opposition individuelle ou collective), les bases d'imposition sont **évaluées d'office.** 79100 CGI art. 1732 LPF art. L 74 CF-VII-6600 s CF-VIII-19100 s, 29500 s, 29700 s et 58050 s

Dans ce cas, les droits rappelés et les créances de nature fiscale qui doivent être restituées à l'État sont assortis de l'**intérêt de retard** et d'une **majoration de 100 %.** En outre, l'intéressé est privé de la possibilité d'imputer certains **avantages fiscaux** (n° 79880). Enfin, il est exclu des travaux des commissions administratives des impôts.

> Précisions a. Ces dispositions sont susceptibles de s'appliquer à l'**ensemble des contrôles sur place** auxquels l'administration est en droit de procéder, et notamment au contrôle dont une société civile immobilière peut faire l'objet au titre de ses revenus fonciers (CE 5-11-2014 n°s 356148 et 357672 : RJF 2/15 n° 130).

b. Ces dispositions s'appliquent en cas d'opposition à l'accès ou au contrôle des **documents informatisés,** y compris distants, dans le cadre d'une vérification de comptabilité ou d'une visite domiciliaire.

c. La procédure d'**évaluation d'office** pour opposition au contrôle est mise en œuvre sans mise en demeure ou autre **formalité** préalable (CE 17-11-1997 n° 136114 : RJF 1/98 n° 70). Cependant, l'administration recommande à ses services de procéder à la « mise en garde » du contribuable lorsque l'opposition ne s'accompagne pas de violences graves (BOI-CF-IOR-40 n°s 210 et 220).

d. La **décision d'appliquer la majoration de 100 %** ne peut être prise que par un **agent** ayant au moins le grade d'inspecteur divisionnaire, qui vise (voir toutefois n° 77865, précision e) à cet effet le document comportant la motivation des pénalités (LPF art. L 80 E). La majoration ne peut être appliquée qu'aux personnes ayant effectivement participé à l'opposition au contrôle (CE 5-11-2014 n°s 356148 et 357672 : RJF 2/15 n° 130), mais, en vertu du principe de solidarité prévu à l'article 1691 du CGI (n° 77280, c), son paiement peut être demandé aux deux époux imposés en commun en application de l'article 6 du CGI, même si seul l'un d'entre eux a participé à l'opposition au contrôle (CAA Versailles 28-5-2015 n°s 14VE00794 et 14VE02166 : RJF 10/15 n° 810).

e. Outre les sanctions fiscales exposées ci-dessus, l'opposition au contrôle fiscal peut entraîner l'application de **sanctions pénales,** prononcées par le tribunal correctionnel. Ainsi, en cas d'**opposition individuelle,** le délinquant est passible d'une amende de 25 000 €, amende à laquelle peut s'ajouter, en cas de récidive, une peine d'emprisonnement de six mois (CGI art. 1746, 1). En cas d'**opposition collective,** chaque participant est passible d'une peine d'emprisonnement de six mois et d'une amende de 7 500 € (CGI art. 1746, 2). Dans les deux cas, l'administration peut saisir directement le procureur de la République.

La circonstance qu'une sanction pénale puisse ainsi être appliquée en sus de la majoration de 100 % prévue par l'article 1732 du CGI ne méconnaît pas le principe de nécessité et de proportionnalité des délits et des peines (Cons. const. 8-4-2022 n° 2022-988 QPC : RJF 6/22 n° 577).

f. Les personnes ayant participé à l'opposition au contrôle sont exclues de la procédure de passation des **marchés publics** : voir n° 80320.

2. CONSÉQUENCES DE L'IMPOSITION D'OFFICE

ÉTABLISSEMENT DES IMPOSITIONS

79125 LPF art. L 76 CF-VII-8500 s

Lorsqu'elle fixe d'office des bases d'imposition, l'administration fait une **évaluation** aussi exacte que possible de ces bases, à l'aide des éléments d'appréciation dont elle dispose.

Ces impositions peuvent être assorties de **pénalités,** qui varient en fonction des infractions relevées.

› Précisions a. En matière d'impôt sur le revenu, l'administration peut ainsi se référer aux **dépenses** du contribuable ou utiliser, à titre de simple mode d'évaluation, le **barème** des éléments du **train de vie** (notamment CE 25-3-1987 n° 57028 : RJF 6/87 n° 646).

b. En cas de taxation d'office dans les cas visés nos 79060 et 79090, l'administration peut retenir éventuellement l'**enrichissement** inexpliqué de l'intéressé, sans être tenue d'établir à quelle **catégorie** particulière de bénéfices ou **de revenus** se rattachent les sommes correspondantes, dès lors que leur origine exacte n'est pas connue (notamment CE 29-4-1985 n° 44347 : RJF 6/85 n° 829 et CE 27-1-1988 n° 46723 : RJF 3/88 n° 254).

c. En cas de taxation d'office à l'impôt sur le revenu pour défaut de réponse à une demande de justifications portant sur des **avoirs à l'étranger,** l'impôt est établi sur le produit du montant de ces avoirs par la moyenne annuelle des taux de rendement brut à l'émission des obligations des sociétés privées (CGI art. 151).

79130 **Procédure** L'imposition d'office a pour conséquence d'exclure la procédure normale de rectification à caractère contradictoire. En particulier, la commission des impôts directs et des taxes sur le chiffre d'affaires n'a pas à intervenir (voir toutefois n° 79090, précision b).

Cependant, l'administration est tenue de porter les bases ou les éléments de l'imposition d'office, ainsi que leurs modalités de détermination (méthode et calculs), à la connaissance du contribuable, 30 jours au moins avant la mise en recouvrement des impositions. Cette **notification** interrompt la prescription.

› Précisions a. La notification n'est pas obligatoire dans les **situations particulières** visées à l'article L 67, alinéa 2, du LPF (contribuables à résidence instable, transfert du domicile fiscal à l'étranger sans déclaration de revenus, opposition à contrôle fiscal).

b. L'information notifiée au contribuable n'a pas pour effet d'ouvrir un **dialogue** entre celui-ci et le vérificateur (notamment CE 29-7-1998 n° 172175 : RJF 10/98 n° 1145).

c. En cas d'application automatique de la **déduction « en cascade »** des rappels de taxes sur le chiffre d'affaires, la notification doit en faire état afin que le contribuable puisse éventuellement s'y opposer.

d. Obligation pour l'administration d'informer le contribuable de la teneur et de l'origine des **renseignements et documents obtenus de tiers** et utilisés pour établir l'imposition d'office : voir n° 78777.

e. En ce qui concerne le destinataire de la notification lorsque le contribuable a désigné un **mandataire** pour le représenter au cours de la procédure d'imposition, voir n° 78785, a.

CONTESTATION DES IMPOSITIONS

79140 LPF art. L 76 A, L 193 et R 193-1 CF-VII-12200 s

Une fois l'imposition mise en recouvrement (après observation par l'administration d'un délai minimum de 30 jours à compter de la notification), le contribuable peut présenter une **réclamation,** mais il ne peut obtenir une réduction ou la décharge de cette imposition qu'en apportant la preuve qu'elle est exagérée. L'imposition d'office a pour effet de mettre la **preuve** à la charge du contribuable.

› Précisions Bien que placé ainsi en situation défavorable, l'intéressé n'est cependant pas privé pour autant de tout **moyen devant le juge de l'impôt.** Pour apporter la preuve qui lui incombe, il peut, en premier lieu, établir le montant exact de ses résultats ou de son chiffre d'affaires à l'aide d'une comptabilité régulière et probante.

À défaut, il peut critiquer la méthode d'évaluation de l'administration pour démontrer qu'elle aboutit, au moins à certains égards, à une exagération des bases d'imposition ou proposer une autre méthode plus précise et mieux adaptée à la situation de fait.

Enfin, il peut démontrer que l'administration a commis une erreur de principe dans le choix de sa méthode (par exemple : évaluation à partir des recettes encaissées et des dépenses payées au lieu des créances acquises et des dépenses engagées) ou que sa méthode est excessivement sommaire. Dans cette dernière situation, il obtient, selon l'état du dossier, soit une réduction de son imposition, soit une mesure d'expertise ; mais il ne peut, en principe, prétendre de ce seul fait à la décharge de l'imposition (CE 10-2-1993 n° 61707 : RJF 4/93 n° 579).

Le contribuable peut aussi demander que les déficits constatés au cours de l'année considérée soient déduits de la base d'imposition ; il en est ainsi même si cette dernière a été évaluée par référence au barème des éléments du train de vie (notamment CE 26-7-1982 n° 14509 : RJF 10/82 n° 898). Quant à l'administration, elle doit pouvoir établir que le contribuable se trouvait bien dans le cas d'être imposé d'office, et elle doit être à même de faire connaître la méthode qu'elle a suivie pour arrêter les bases d'imposition (notamment CE 6-1-1984 n° 36632 : RJF 3/84 n° 264).

C. Procédures spéciales

1. PROCÉDURE DE RÉGULARISATION EN COURS DE CONTRÔLE

Les contribuables qui font l'objet d'une procédure de contrôle (contrôle sur pièces, vérification ou examen de comptabilité, examen contradictoire de situation fiscale personnelle) ont la possibilité, pour les impôts sur lesquels porte ce contrôle, de régulariser les erreurs, inexactitudes, omissions ou insuffisances commises dans les déclarations souscrites dans les délais, moyennant le paiement d'un **intérêt de retard au taux de 0,14 % par mois** (décompte : voir n° 80015). **79175** LPF art. L 62 CF-VI-25100 s

L'application de cette procédure suppose la réunion de plusieurs **conditions** :

a) Le contribuable doit en faire la **demande** sur un imprimé n° 3964-SD (ou EC) :

– en cas de contrôle sur pièces, dans un **délai** de 30 jours à compter de la réception d'une demande de renseignements, de justifications ou d'éclaircissements formulée en application des articles L 10, L 16 ou L 23 A du LPF, ou d'une proposition de rectification ;

– en cas de vérification de comptabilité ou d'examen de situation fiscale personnelle, avant toute proposition de rectification ;

– en cas d'examen de comptabilité, dans un délai de 30 jours à compter de la réception de la proposition de rectification.

b) La régularisation ne doit pas concerner une infraction exclusive de **bonne foi.**

c) Le contribuable doit déposer une **déclaration complémentaire** (établie sur un imprimé n° 3949-AMR ou 3949-EC (IR) selon les impôts ou taxes concernés), dans les 30 jours suivant sa demande, et acquitter l'intégralité des suppléments de droits simples et des intérêts de retard au moment du dépôt de la déclaration, ou à la date limite de **paiement** portée sur l'avis d'imposition en cas de mise en recouvrement par voie de rôle. À défaut de paiement dans les conditions précitées, le bénéfice de la réduction de l'intérêt de retard est conservé en cas d'acceptation par le comptable public d'un plan de règlement des droits simples.

> **Précisions** **a.** La faculté de régularisation est également ouverte aux **associés des sociétés translucides** faisant l'objet d'une vérification de comptabilité (CE 4-5-2016 n° 383135 : RJF 7/16 n° 638).
b. La condition relative à la **bonne foi** du contribuable est appréciée distinctement pour chaque régularisation (BOI-CF-IOR-20-10 n° 70).
c. La déclaration complémentaire interrompt la **prescription** dès sa remise, signée, au vérificateur ou, en cas d'envoi postal, à la date de réception par l'administration (BOI-CF-IOR-20-10 n° 320).
d. Application de la **tolérance légale** : voir n° 80030, précision b.

2. PROCÉDURE D'ABUS DE DROIT

CHAMP D'APPLICATION

La procédure d'abus de droit permet à l'administration d'écarter, comme ne lui étant pas opposables, les **actes** constitutifs d'un abus de droit afin d'en restituer le véritable caractère. Sont visés les actes ayant un **caractère fictif** (abus de droit par simulation), ainsi que les actes qui, recherchant le bénéfice d'une **application littérale des textes** ou de décisions **à l'encontre des objectifs** poursuivis par leurs auteurs, n'ont pu être inspirés par **aucun autre motif** que celui d'éluder ou d'atténuer les charges fiscales que l'intéressé, si ces actes n'avaient pas été passés ou réalisés, aurait normalement supportées, eu égard à sa situation ou à ses activités réelles (abus de droit par fraude à la loi). **79185** LPF art. L 64 et L 64 A CF-VI-28000 s

Les actes constitutifs d'une **fraude à la loi** peuvent, également, être écartés par l'administration au motif de leur **but principalement fiscal** (procédure dite de « mini-abus de droit » prévue par l'article L 64 A du LPF).

79190 **> Précisions** **a.** La procédure de l'abus de droit prévue aux articles L 64 et L 64 A du LPF s'applique exclusivement en cas de **rectifications** notifiées par l'administration. Elle ne peut pas être mise en œuvre à l'occasion de l'examen d'une réclamation (CE QPC 4-2-2022 n° 455278 : RJF 5/22 n° 485).

b. La procédure d'abus de droit est susceptible de s'appliquer à tous les **impôts.** Selon l'administration, toutefois, la procédure visée à l'article L 64 A ne s'applique pas en matière d'impôt sur les sociétés (BOI-CF-IOR-30-20 n° 20) pour laquelle une **clause anti-abus** de portée générale lui permet d'écarter les montages réalisés en fraude à la loi dans un but principalement fiscal (CGI art. 205 A : voir n° 35810).

c. La procédure d'abus de droit n'est pas applicable si l'acte conclu n'atténue pas la charge fiscale du contribuable (CE 5-3-2007 n° 284457 : RJF 5/87 n° 600). Dans le cas contraire l'acte peut être considéré comme abusif, alors même que le contribuable aurait pu parvenir au même résultat par d'**autres choix fiscaux** (CE 12-12-2023 nos 470038 et 470039 : RJF 3/24 n° 239).

d. La procédure peut être mise en œuvre afin d'écarter un acte passé dans un but exclusivement fiscal en appliquant littéralement une **convention fiscale** bilatérale ne prévoyant pas explicitement l'hypothèse de fraude à la loi (CE plén. 25-10-2017 n° 396954 : RJF 1/18 n° 70).

e. Sont visés les **actes écrits ou non,** unilatéraux, bilatéraux ou multilatéraux, qui produisent des effets de droit et manifestent l'intention de leurs auteurs (BOI-CF-IOR-30-10 n° 60 et BOI-CF-IOR-30-20 n° 40).

f. Les dispositions relatives à l'abus de droit, qui supposent une intention de dissimulation et sont destinées à déjouer des fraudes ou manœuvres, n'interdisent pas à un contribuable d'exercer une **option offerte** par la loi fiscale. Les conditions qui lui ont permis de se trouver en situation d'exercer cette option peuvent cependant être regardées comme abusives (BOI-CF-IOR-30-10 n° 50).

g. La procédure d'abus de droit n'est pas applicable lorsque le contribuable se prévaut d'une **doctrine administrative** sur le fondement de l'article L 80 A du LPF. Toutefois, en cas d'existence d'un **montage artificiel,** la possibilité de se prévaloir de la doctrine est exclue (CE ass. 28-10-2020 n° 428048 : RJF 1/21 n° 59).

h. La procédure d'abus de droit visée aux articles L 64 et L 64 A du LPF n'est pas applicable lorsque le contribuable, préalablement à la conclusion d'un ou plusieurs actes, a **consulté l'administration centrale** par écrit sur la validité de cette opération et que l'administration n'a pas répondu dans les six mois (LPF art. L 64 B).

DÉROULEMENT DE LA PROCÉDURE

79195 La procédure d'abus de droit est mise en œuvre sur décision d'un agent ayant au moins le grade d'inspecteur divisionnaire qui appose son visa sur la **proposition de rectification.**

CGI art. 1653 E
LPF art. R 64-1 et R 64-2
CF-VI-32300 s

En cas de désaccord entre l'administration et le contribuable sur les rectifications notifiées, le litige peut être soumis à l'**avis du comité de l'abus de droit fiscal,** à l'initiative soit de l'administration, soit du contribuable. Par suite, lorsque, à l'occasion d'une rectification, il y a désaccord entre le contribuable et l'administration sur l'appréciation du bien-fondé de l'application de la procédure d'abus de droit, l'administration doit, avant de mettre les impositions correspondantes en recouvrement, informer le contribuable de la persistance du désaccord et de la possibilité qui lui est offerte par la loi de demander – dans les 30 jours suivant la réception de la réponse de l'administration – la saisine, pour avis, du comité de l'abus de droit fiscal.

Lorsque le comité est saisi, le contribuable et l'administration sont invités par le président à présenter leurs **observations.** Les observations sont formulées dans le cadre d'un débat oral et contradictoire. Le contribuable a la possibilité de ne pas se présenter ou de se faire représenter (BOI-CF-IOR-30-30 n° 270).

En cas de **réclamation** du contribuable, l'administration supporte la charge de la **preuve,** quel que soit le sens de l'avis émis par le comité, ou si ce dernier n'a pas été consulté.

SANCTIONS

79200 L'abus de droit est sanctionné par l'application de l'**intérêt de retard.** S'y ajoute, en cas d'application de l'article L 64 du LPF (actes fictifs ou à but exclusivement fiscal), une **majoration** égale à 40 % des droits mis à la charge du **contribuable** qui est portée à 80 % lorsqu'il est établi que celui-ci a eu l'initiative principale des actes abusifs ou en a été le principal bénéficiaire. Cette majoration ne joue pas lorsque l'administration écarte, sur le terrain de l'article L 64 A, un acte accompli en fraude à la loi dans un but principalement fiscal, mais les pénalités de droit commun pour insuffisance de déclaration restent encourues (BOI-CF-IOR-30-20 n° 130).

CGI art. 1729, b et 1754, V-1
CF-VI-34200 s

Par ailleurs, toutes les parties à l'acte sont tenues **solidairement** avec le contribuable au paiement de l'intérêt de retard et de la majoration.

Enfin, le contribuable est privé de la possibilité d'imputer certains **avantages fiscaux** (n° 79880). Et, s'il s'agit d'une personne morale, la **sanction** peut être **rendue publique** (n° 80325).

> Précisions La notion de **bénéficiaire principal** ou d'**instigateur principal** concerne tous les contribuables qui ont pris une part active dans le montage considéré comme abusif par l'administration. Elle repose sur une appréciation qualitative des faits et ne se limite pas au seul critère mathématique (BOI-CF-INF-10-20-20 n° 80).

SECTION 4

DROITS ET GARANTIES DES CONTRIBUABLES

En contrepartie des pouvoirs étendus de contrôle et de rectification reconnus à l'administration fiscale, les contribuables bénéficient de droits et garanties. Certains d'entre eux sont de **portée générale,** comme le droit pour le contribuable de consulter l'administration sur sa situation fiscale (procédure de rescrit) ou la garantie contre les changements de doctrine administrative. D'autres, en nombre important, sont attachés à la mise en œuvre d'**opérations de contrôle approfondies** (vérification de comptabilité, examen de comptabilité, examen contradictoire de la situation fiscale personnelle). Les contribuables soumis à un simple contrôle sur pièces (ou à un contrôle sur leur propre demande) n'en bénéficient donc pas, même s'ils disposent de certains droits. **79280**
Enfin, les contribuables contrôlés peuvent éventuellement bénéficier de la « déduction en cascade » des rappels d'impôts.

A. Rescrit fiscal

Les contribuables ont la possibilité, d'une manière générale, d'interroger l'administration sur l'application des règles fiscales, et notamment sur leur situation au regard de ces règles. **79370**
Ces demandes de renseignements sont parfois prévues par les textes et les réponses susceptibles d'engager l'administration (procédure dite du « rescrit fiscal »).
Ainsi, l'administration peut être interrogée sur son **interprétation des textes** pour une application générale ou particulière. La position qu'elle exprime lui est alors opposable (LPF art. L 80 A : voir nos 79540 s.).

Elle peut être également saisie de demandes d'appréciation d'une **situation de fait** (LPF art. L 80 B et L 80 C : voir nos 79560 s.). Lorsqu'il s'agit d'une demande écrite, précise et complète formulée aux fins de **prise de position formelle** sur sa situation de fait par un contribuable de bonne foi, elle doit se prononcer dans un délai de trois mois (LPF art. L 80 B, 1°). Ce délai court à compter de la réception de la demande par le service compétent (ou, si l'administration a sollicité des renseignements complémentaires, à compter de la réception des compléments demandés). La réponse de l'administration lui est opposable, de même d'ailleurs que l'**accord tacite** qu'elle est réputée donner dans certaines situations si elle ne répond pas dans un délai déterminé (n° 79565).
En outre, lorsque l'administration a pris formellement position à la suite d'une demande écrite, précise et complète déposée par un contribuable de bonne foi sur sa situation de fait (y compris sur les situations visées n° 79565) ou dans le cadre de la procédure de « rescrit-valeur » (n° 79373), l'intéressé peut, dans un délai de deux mois, **solliciter un second examen** de sa demande, à condition de n'invoquer aucun élément nouveau. L'administration examine la demande de manière collégiale et y répond de façon définitive selon les mêmes règles et délais que ceux qui sont applicables à la demande initiale, décomptés à partir de la nouvelle saisine (LPF art. L 80 CB).

> **Précisions** **a.** L'administration peut être également consultée sur le terrain de l'**abus de droit** : voir n° 79190, h.
> **b.** Voir aussi n° 78250 (demandes de contrôle des **donations ou successions**), n° 8965 (demandes d'accord préalable sur la méthode de détermination des **prix de transfert** dans les opérations transfrontalières) et n° 78410 (demandes de contrôle présentées par les **PME**).

VOIES DE RECOURS

Les rescrits fiscaux ne peuvent pas, en principe, être contestés dans le cadre d'un **recours en excès de pouvoir.** Toutefois, l'auteur de la demande ou les tiers auxquels la décision fait grief peuvent former un recours contre le rescrit général ou les rescrits spéciaux (LPF art. L 80 B et L 80 C : nos 79560 s.). L'application du rescrit général (LPF art. L 80 B, 1°) doit entraîner des effets notables autres que fiscaux (par exemple, des obligations comptables susceptibles de peser sur une association assujettie aux impôts commerciaux ou la pénalisation économique d'une entreprise devant appliquer le taux de droit commun de TVA et non un taux réduit). Dans tous les cas, le recours n'est recevable que si le contribuable auteur de la demande de rescrit a sollicité un réexamen (dans les conditions prévues à l'article L 80 CB du LPF) de la position initiale de l'administration (CE sect. 2-12-2016 n° 387613 : RJF 2/17 n° 168). **79371** CF-V-23050

CAS PARTICULIERS

79372 LPF art. L 49, al. 2 et L 80 B, 10° CF-V-18420 s

Rescrit contrôle Les contribuables faisant l'objet d'une **vérification ou d'un examen de comptabilité** ont la possibilité de demander au vérificateur une prise de position formelle, opposable à l'administration, sur les points de droit ou de fait examinés au cours du contrôle et pour lesquels aucun rehaussement n'est proposé. La demande, précise et complète, doit être formulée par **écrit** avant l'envoi de la proposition de rectification et émaner d'un contribuable de bonne foi.

Les points contrôlés couverts par la garantie sont mentionnés sur la **proposition de rectification** ou sur l'avis d'absence de rectification.

› Précisions a. Sont concernés, en pratique, par le rescrit en cours de contrôle les points couverts par l'avis de vérification ou d'examen de comptabilité, mais qui n'ont pas fait l'objet d'un **échange** en cours de contrôle, entre le service vérificateur et le contribuable à l'initiative de l'administration (pas d'interrogation précise du service vérificateur à laquelle le contribuable aurait apporté une réponse permettant à l'administration de se prononcer en toute connaissance de cause) (BOI-CF-PGR-30-20 n° 60).

b. La demande doit être formulée au plus tard lors de la **réunion** de synthèse, dans le cas d'une vérification de comptabilité, ou lors du dernier point téléphonique ou du **dernier échange** dans les locaux de l'administration, dans le cas d'un examen de comptabilité (BOI-CF-PGR-30-20 n° 80).

c. La prise de position peut figurer sur une **annexe** jointe à la proposition de rectification ou à l'avis d'absence de rectification (BOI-CF-PGR-30-20 n° 120).

79373 LPF art. L 18 ENR-VII-2350 s

Rescrit-valeur Les **dirigeants** d'entreprises individuelles ou de sociétés autres que de gestion patrimoniale qui envisagent de faire **donation** de tout ou partie de l'entreprise ou des titres qu'ils possèdent sont autorisés à consulter l'administration sur la valeur vénale de ces biens. L'administration est tenue de répondre dans les six mois de la réception de la demande (ou des compléments d'information éventuellement demandés), qui doit comprendre le projet d'acte de donation et une proposition d'évaluation. Si la donation intervient dans les trois mois de la réponse de l'administration, l'évaluation retenue ne pourra plus être remise en cause.

B. Garanties prévues en cas de contrôle sur pièces

79380 LPF art. L 54 C CF-V-13800

Les contribuables qui, à l'issue d'un contrôle sur pièces, reçoivent une proposition de rectification dans le cadre de la **procédure de rectification contradictoire** peuvent former (par écrit ou courrier électronique) un **recours hiérarchique** contre cette proposition. Ce recours doit être exercé dans le **délai** imparti pour l'introduction d'un recours contentieux (n°s 81825 s.). Il suspend le cours de ce délai.

Sur le droit à l'assistance d'un **conseil** pour discuter la proposition de rectification, voir n° 78775.

› Précisions a. La faculté de recours hiérarchique ne s'applique pas aux rehaussements notifiés en matière d'**impôts directs locaux** (BOI-CF-PGR-30-10 n° 460).

b. La **proposition de rectification** doit mentionner la possibilité d'un recours hiérarchique et indiquer la personne qui en est chargée (BOI-CF-PGR-30-10 n° 480).

c. La **demande** de recours hiérarchique ne dispense pas le contribuable de répondre à la proposition de rectification. La **prise de position** du supérieur hiérarchique, qui doit être formulée par écrit sans nécessité d'un entretien, peut intervenir après la réponse de l'administration aux observations du contribuable (BOI-CF-PGR-30-10 n° 520).

C. Garanties prévues en cas de vérification

79400 CF-V-20 s

Quel que soit leur régime d'imposition, les contribuables faisant l'objet d'une vérification (**vérification de comptabilité, examen de comptabilité** ou **examen contradictoire de la situation fiscale personnelle,** en abrégé ESFP) bénéficient de garanties, pour la plupart prévues par la loi, et qui s'imposent donc strictement à l'administration. Certaines de ces garanties sont **communes** à l'ensemble de ces procédures, d'autres sont **spécifiques** à l'une ou l'autre de ces formes de contrôle.

79405 La **violation des garanties** prévues par la loi entache en principe d'irrégularité la procédure d'imposition. Il en est de même en cas d'absence de débat contradictoire au cours de la vérification (n°s 79470 et 79500).

La violation des garanties simplement prévues par les instructions administratives (comme les mesures visées n° 79475), de même que la non-communication du rapport de vérification (n° 79435) n'ont, en revanche, aucune incidence sur la régularité de la procédure. Pour le cas où une garantie d'origine administrative est mentionnée dans la charte du contribuable vérifié, voir toutefois n° 79415 et 79417.

> Précisions **a.** Le défaut d'information sur la faculté d'être assisté d'un conseil ou l'absence de débat oral et contradictoire lors d'une vérification de comptabilité sont susceptibles d'entraîner également la nullité de la procédure pénale pour fraude fiscale éventuellement engagée à l'encontre du contribuable (notamment Cass. crim. 28-2-1994 n° 93-81.252 : RJF 5/94 n° 650 ; Cass. crim. 23-11-1992 n° 90-86.657 : RJF 2/93 n° 290).

b. En ce qui concerne les **conséquences des irrégularités** ayant affecté la vérification, voir n° 78095, g (ESFP irrégulier), n° 78185 (vérification de comptabilité irrégulière) et n° 78000, précision d (demande d'éclaircissements ou de justifications faisant suite à une vérification de comptabilité irrégulière ou à un ESFP irrégulier).

1. GARANTIES COMMUNES

AVIS DE VÉRIFICATION (OU D'EXAMEN)

Un ESFP, une vérification de comptabilité ou un examen de comptabilité ne peut être engagé sans que le contribuable en ait été informé par l'envoi ou la remise d'un avis de vérification, ou par l'envoi d'un avis d'examen de comptabilité. Cet avis doit préciser les années soumises à vérification et mentionner expressément, sous peine de nullité de la procédure, que le contribuable a la faculté de se faire **assister par un conseil** au cours du contrôle. **79410** LPF art. L 47 CF-V-100 s

> Précisions **a.** L'administration doit **avertir le contribuable en temps utile** pour que celui-ci soit en mesure de faire appel, s'il le souhaite, à un conseil de son choix. Selon le Conseil d'État, le contribuable doit bénéficier d'au moins deux jours pleins entre la date de réception de l'avis de vérification et celle à laquelle commence effectivement le contrôle, étant précisé que les samedis, dimanches et jours fériés ne doivent pas être retenus dans le décompte du délai (notamment CE 14-3-1990 n° 65110 : RJF 5/90 n° 574 et CE 2-10-2002 n° 228436 : RJF 12/02 n° 1348).
La loi autorise toutefois les vérificateurs à effectuer, dans le cadre des vérifications de comptabilité, des **interventions inopinées** (n° 78120 et 78125, g). Sur les pouvoirs des vérificateurs relatifs à la production des **relevés de comptes** du contribuable en cas d'engagement d'un ESFP, voir n° 78095, c.

b. C'est à l'administration d'apporter la **preuve** que le contribuable a été informé de la possibilité de se faire assister d'un conseil (notamment CE 18-2-1985 n° 39467 : RJF 4/85 n° 600). Lorsque l'avis est expédié par **lettre recommandée avec accusé de réception,** l'administration peut à cet effet établir que le pli est effectivement parvenu à son destinataire ou qu'il a été régulièrement mis en instance.

c. Le contribuable est libre du choix de son **conseil** : il peut décider, par exemple, de se faire assister par le représentant d'un organisme consulaire. L'administration admet la présence de deux conseils si l'importance de l'entreprise le justifie (BOI-CF-PGR-20-20 n° 20).

d. Mention du nom des **supérieurs hiérarchiques** du vérificateur sur l'avis de vérification (ou l'avis d'examen de comptabilité) : voir n° 79417.

CHARTE DU CONTRIBUABLE VÉRIFIÉ

La charte des droits et obligations du contribuable vérifié a pour objet de résumer les principales règles applicables en matière de contrôle fiscal. Les dispositions qui y sont contenues sont **opposables** à l'administration. **79415** LPF art. L 10, al. 4 CF-V-3000 s

Les contribuables sont informés, dans l'avis de vérification ou l'avis d'examen de comptabilité, que ce document peut être consulté sur le **site internet** de l'administration fiscale ou lui être remis sur simple demande.

Par exception, en cas de **contrôle inopiné** (n° 78120), la charte doit être remise au contribuable, en même temps que l'avis de vérification ou l'avis d'examen de comptabilité, au début des opérations de contrôle matériel.

> Précisions Les **règles** qui figurent dans la charte et ont pour objet de garantir les droits du contribuable s'imposent au contrôleur même lorsqu'elles sont **d'origine administrative** et non légale. Dans ce cas, cependant, leur méconnaissance n'affecte la régularité du contrôle que si elle porte atteinte, de façon substantielle, aux droits et garanties reconnus par la charte (CE 10-11-2000 n° 204805 : RJF 2/01 n° 194).

RECOURS HIÉRARCHIQUES

La charte des droits et obligations du contribuable vérifié (n° 79415) lui accorde le bénéfice de recours hiérarchiques, en cas de **difficultés** au cours du contrôle ou de **désaccord** sur les rectifications envisagées. **79417** CF-V-5000 s

Un premier niveau de recours hiérarchique s'exerce auprès du **supérieur du vérificateur** (inspecteur principal ou divisionnaire). Un second, auprès de l'**interlocuteur** départemental ou régional. En pratique, l'administration indique les **nom et adresse** administrative des agents sur l'**avis** de vérification (BOI-CF-PGR-20-10 n° 350).

Lorsqu'elle intervient **en cours de contrôle** la demande de saisine (qui est possible quelle que soit la procédure d'imposition suivie) n'a pas pour effet d'interrompre le déroulement des opérations..

Lorsqu'elle fait suite à un **désaccord sur les rehaussements notifiés,** la demande de saisine du supérieur du vérificateur doit intervenir dans un **délai** de trente jours (délai franc) à compter de la réponse de l'administration aux observations du contribuable à la proposition de rectification (recours de premier niveau) ou du compte-rendu du recours hiérarchique (recours auprès de l'interlocuteur) (BOI-CF-PGR-20-10 n° 340).

L'abstention ou le refus de l'administration de donner suite à la demande méconnaît une formalité substantielle et entache la procédure d'**irrégularité** (CE 25-3-2021 n° 430593 : RJF 6/21 n° 620).

Sur le recours hiérarchique spécifique aux rectifications opérées à l'issue d'un **contrôle sur pièces,** voir n° 79380.

RÉSULTATS DE LA VÉRIFICATION

79420 LPF art. L 49 CF-V-3400 s Lorsqu'elle a procédé à un ESFP, à une vérification ou un examen de comptabilité, l'administration doit, même en l'**absence de rectification** (voir n°s 79372 et 79570), en porter les résultats à la connaissance du contribuable.

CONSÉQUENCES FINANCIÈRES DES RECTIFICATIONS

79425 LPF art. L 48 CF-V-3700 s Lorsque des rectifications sont envisagées à l'issue d'une vérification de comptabilité, d'un examen de comptabilité ou d'un ESFP, l'administration doit indiquer au contribuable le **montant des droits, taxes et pénalités résultant de ces rectifications.** Cette **information** est effectuée dans la proposition de rectification ou dans la notification des bases d'imposition d'office. Des règles particulières sont applicables à certains **groupes de sociétés** (n°s 40812 et 54225).

Lorsque l'administration envisage d'accorder un **échelonnement des mises en recouvrement** des rappels de droits et pénalités consécutifs aux rectifications ou une atténuation des pénalités par voie de **transaction** (n° 82270), elle doit en informer le contribuable dans les mêmes conditions.

79430 Lorsque, au cours de la procédure de rectification, l'administration **réduit les rehaussements** initialement notifiés pour tenir compte des observations et avis qu'elle a recueillis, elle doit renouveler l'information sur les conséquences financières des rectifications. Cette information doit être portée par écrit à la connaissance du contribuable avant la mise en recouvrement, qui peut alors intervenir sans délai.

RAPPORT DE VÉRIFICATION

79435 DC-VI-39180 s En application de l'article L 311-3 du Code des relations entre le public et l'administration (CRPA) relatif à l'accès aux documents administratifs, les contribuables ayant fait l'objet d'une vérification de comptabilité, d'un examen de comptabilité ou d'un ESFP peuvent se faire **communiquer** par l'administration le rapport de vérification.

> **Précisions** La **communication** peut être **refusée** (ou certains passages occultés) lorsque le rapport contient des éléments mettant en cause des secrets ou intérêts protégés par la loi, notamment s'il fait état d'éléments dont la divulgation porterait atteinte à la recherche des infractions fiscales (CE sect. 1-12-1989 n°s 58277 et 58896 : RJF 1/90 n° 45 ; CE 10-5-1993 n° 87728 : RJF 7/93 n° 1020).
> Par ailleurs, la **violation** des règles d'accès aux documents administratifs n'a pas d'incidence sur la régularité de la procédure d'imposition (notamment CE 15-2-1989 n° 71364 : RJF 4/89 n° 401).

2. GARANTIES EN MATIÈRE DE VÉRIFICATION DE COMPTABILITÉ

79445 CF-V-6500 s En plus des garanties de portée générale, les contribuables soumis à une vérification de comptabilité bénéficient de **garanties spécifiques** (prévues par la loi ou résultant de directives données par l'administration) qui ne trouvent application que dans le cadre de ce contrôle.

Les garanties propres aux vérifications des **comptabilités informatisées,** prévues par l'article L 47 A du LPF, sont étudiées n° 78140.

NON-RENOUVELLEMENT DE LA VÉRIFICATION

Lorsqu'une vérification de comptabilité, pour une période et un impôt déterminés, est achevée, l'administration ne peut pas procéder à une nouvelle vérification pour la même période et le même impôt. En cas de violation de cette règle, la deuxième vérification est irrégulière. 79450 LPF art. L 51 CF-V-6600 s

> Précisions a. Cette interdiction n'empêche pas le service des impôts de procéder successivement, pour une même période, à une vérification en matière d'impôt sur les sociétés, puis en matière de TVA, ou de procéder à une vérification de comptabilité « étendue », c'est-à-dire accompagnée d'un ESFP de l'exploitant ou des dirigeants.

D'une façon générale, elle ne prive pas l'administration du droit de réparer à tout moment, et dans la limite du délai de reprise, les erreurs ou omissions apparues dans l'assiette de l'impôt, dès lors que leur découverte ne résulte pas d'une nouvelle vérification mais provient, par exemple, de l'examen des documents figurant au dossier (notamment CE 27-2-1985 n° 41451 : RJF 4/85 n° 568) ou de renseignements communiqués par le service des douanes (CE 14-4-1982 n° 20415 : RJF 6/82 n° 578). Enfin, l'administration peut procéder à un **examen complémentaire** des documents comptables pour vérifier les éléments fournis par le contribuable en réponse à la proposition de rectification ou dans une réclamation, à condition qu'il n'en résulte aucune rectification supplémentaire (notamment CE 31-7-1992 n° 73622 : RJF 10/92 n° 1344).

b. L'administration considère qu'une **vérification est achevée** à la date de la dernière intervention sur place du vérificateur (BOI-CF-PGR-20-40 n° 10). Pour le Conseil d'État, une vérification est achevée à la date à laquelle le vérificateur indique au contribuable avoir terminé les opérations et, au plus tard, à la date à laquelle il lui notifie un avis d'absence de rectification ou une proposition de rectification (notamment CE 13-7-2011 n° 330851 : RJF 11/11 n° 1175). Mais une proposition de rectification portant sur une seule des années vérifiées et envoyée à titre conservatoire ne marque pas l'achèvement de la vérification (notamment CE 14-3-1990 n° 65110 : RJF 5/90 n° 574).

Exceptions Il est fait exception à l'interdiction de renouveler une vérification : 79455

- lorsque la vérification a été limitée à des **opérations déterminées** (par exemple, vérification n'ayant porté que sur une partie de l'activité du redevable) ;
- en cas d'**agissements frauduleux** donnant lieu à des poursuites judiciaires (n° 77760) ;
- en cas d'ouverture d'une **enquête judiciaire pour fraude fiscale** dans les conditions indiquées n° 77770 ;
- lorsque l'administration a dressé un procès-verbal de **flagrance fiscale** au titre d'une période postérieure à celle vérifiée ;
- en cas de vérification des sociétés mères ayant opté pour le régime d'**intégration fiscale** (voir n° 40810) ou de vérification du représentant ou d'un membre d'un assujetti unique constitué en application de l'article 256 C du CGI en matière de TVA (n° 46556) ;
- en cas de rectification de la **valeur d'actifs incorporels difficiles à évaluer** (AIDV) sur la base des résultats postérieurs à l'exercice au cour duquel a eu lieu la transaction (n° 78277) ;
- en matière de **taxes sur le chiffre d'affaires,** où l'administration peut, compte tenu du délai de reprise, contrôler, à chaque vérification, la période écoulée depuis la clôture du dernier exercice jusqu'à la date de la vérification, puis reprendre, lors de la vérification suivante, le contrôle de cette même période avec celui de l'exercice auquel elle se rattache ;
- après la **réponse** d'une **autorité étrangère** à une demande de renseignements formulée par l'administration dans les conditions indiquées n° 77765.

DURÉE DE LA VÉRIFICATION

Sous peine de nullité de l'imposition, la vérification sur place des livres ou documents comptables ne peut pas, sauf cas particuliers, s'étendre sur une durée supérieure à **trois mois** pour les contribuables dont le montant annuel hors taxe du chiffre d'affaires ou des recettes brutes n'excède pas la limite d'admission au régime simplifié d'imposition. Cette limite est, pour 2023, fixée à : 79460 LPF art. L 52 CF-V-8500 s

- 840 000 € s'il s'agit d'entreprises industrielles ou commerciales dont le commerce principal est de vendre des marchandises, objets, fournitures ou denrées à emporter ou à consommer sur place, ou de fournir le logement ;
- 254 000 € en ce qui concerne les autres entreprises industrielles ou commerciales (prestataires de services), ainsi que pour les personnes exerçant une activité non commerciale ;
- 391 000 € pour les entreprises agricoles.

> Précisions a. La limitation de la durée de la vérification ne s'applique pas aux entreprises exerçant exclusivement une **activité civile** (exemple : location de locaux nus). En revanche, une entreprise qui, en complément d'une activité industrielle, commerciale, non commerciale ou agricole répondant à la condition relative au montant du chiffre d'affaires ou des recettes, exerce une activité civile bénéficie de la garantie si cette dernière activité a un caractère accessoire (CE 12-3-2014 n° 358393 : RJF 6/14 n° 592).

Par ailleurs, les personnes morales et les sociétés en participation qui exercent une activité industrielle, commerciale, non commerciale ou agricole et à l'actif desquelles sont inscrits des **titres de placement ou de participation** pour un montant total d'**au moins 7 600 000 €** sont exclues de la garantie, même si le montant du chiffre d'affaires ou des recettes provenant de leur activité n'excède pas la limite d'admission au régime simplifié d'imposition (LPF art. L 52 A).

b. La durée de la vérification peut légalement excéder trois mois dès lors que le **chiffre d'affaires** d'un seul des exercices vérifiés dépasse la limite prévue (notamment CE 7-3-1990 n° 46361 : RJF 5/90 n° 624).

Dans le cas où le montant déclaré du chiffre d'affaires ou des recettes n'est inférieur aux limites prévues que par suite d'omissions ou d'**insuffisances,** le contribuable ne peut se prévaloir de la garantie (notamment CE 20-5-1998 n° 155738 : RJF 7/98 n° 826). Il en va de même lorsque, à l'issue du contrôle, le chiffre d'affaires s'avère **en réalité inférieur** aux limites prévues (Cass. com. 6-3-2007 n° 05-18.113 : RJF 7/07 n° 860).

c. Lorsqu'une entreprise industrielle ou commerciale se livre à la fois à des **ventes et à des prestations de services,** la limitation de durée ne s'applique qu'à la double condition que le chiffre d'affaires global n'excède pas la limite prévue pour les activités de vente et que le chiffre d'affaires afférent aux prestations de services n'excède pas lui-même la limite prévue pour ce type d'opérations (notamment CE 8-6-1983 n° 37983 : RJF 8-9/83 n° 996).

d. La **vérification** doit être regardée comme ayant **débuté** à la date à laquelle le vérificateur commence à contrôler sur place la sincérité des déclarations fiscales souscrites par le contribuable en les comparant avec les écritures comptables ou les pièces justificatives. Lorsque ce contrôle est précédé d'un contrôle inopiné (n° 78120), celui-ci n'a pas à être pris en considération pour apprécier la durée de la vérification (CE 5-2-2009 n° 305917 : RJF 5/09 n° 473).

La vérification doit être regardée comme **achevée** à la date de la dernière intervention sur place du vérificateur, et non à la date de la proposition de rectification consécutive au contrôle (notamment CE 28-7-2004 n° 248542 : RJF 11/04 n° 1166). Il n'y a pas lieu, pour apprécier la durée de la vérification, de tenir compte de l'exploitation, à l'issue de cette vérification, d'éléments recueillis à l'occasion de la vérification de comptabilité d'un tiers (un fournisseur, par exemple) (CE 20-5-2022 n° 446817 : RJF 8-9/22 n° 754).

79465 **Dérogations** L'expiration du délai de trois mois n'est pas opposable à l'administration :

– pour l'**instruction des observations** et des **réclamations** présentées par le contribuable ;

– pour l'examen, dans le cadre d'un ESFP, des comptes financiers utilisés à titre privé et professionnel (**comptes « mixtes »** : n° 78145) ;

– pour l'examen, dans le cadre d'une autre vérification de comptabilité, des comptes utilisés pour l'exercice d'**activités distinctes** ;

– en cas de **graves irrégularités** privant de valeur probante la **comptabilité.** Dans ce dernier cas, la durée de la vérification sur place ne peut excéder six mois ;

– pour la vérification de l'année ou de l'exercice au cours duquel elle a dressé un procès-verbal de **flagrance fiscale,** ainsi que pour la vérification des années antérieures ;

– lorsqu'à la date d'expiration du délai de trois mois une **enquête judiciaire** ou une information ouverte par l'autorité judiciaire dans les conditions indiquées n° 77770 est en cours ;

– en cas d'exercice d'une **activité occulte** au sens défini n° 77715.

Indépendamment de ces dérogations, le délai de trois mois peut, dans le cadre d'une **vérification de comptabilité informatisée,** être prorogé de la durée nécessaire à la préparation des traitements informatiques. Par ailleurs, le délai est suspendu jusqu'à la remise de la copie des fichiers des écritures comptables au vérificateur. Ces modalités de prorogation et de suspension s'appliquent également lorsque le délai a été porté à six mois en cas de graves irrégularités comptables.

> Précisions a. Lorsque le **contribuable remet spontanément** au vérificateur, dans les derniers jours de la période de trois mois, de **nouveaux documents comptables** destinés à justifier ses écritures, l'administration peut, pour procéder à l'examen de ces documents, **prolonger** d'une durée raisonnable la vérification au-delà du délai de trois mois (CE 11-2-2011 n° 318284 : RJF 5/11 n° 610).

b. Pour les vérifications de **comptabilités informatisées,** le délai de trois mois ne commence à courir que lorsque tous les fichiers des écritures comptables relatifs aux exercices vérifiés ont été remis et sont conformes (BOI-CF-IOR-60-40-10 n° 230).

DÉBAT ORAL ET CONTRADICTOIRE

79470 CF-V-10500 s Il résulte de la jurisprudence que le contribuable faisant l'objet d'une vérification de comptabilité doit avoir la possibilité d'un débat oral et contradictoire avec le vérificateur, sous peine d'irrégularité de la procédure (notamment CE 2-5-1990 n° 58215 : RJF 6/90 n° 721).

> **Précisions** Si le contribuable soutient avoir été privé d'un débat avec le vérificateur, il doit en apporter la **preuve.** Ce débat est présumé avoir eu lieu lorsque la vérification s'est déroulée soit dans les locaux de l'entreprise, soit, d'un commun accord entre le vérificateur et le contribuable, à l'endroit où se trouve la comptabilité (notamment CE 17-2-1997 n° 165573 : RJF 3/97 n° 238).

MESURES DIVERSES

Indépendamment des garanties présentées ci-dessus, l'**administration a adopté un certain nombre de mesures** destinées à améliorer ses relations avec les contribuables vérifiés et qui, pour l'essentiel, sont les suivantes. **79475**

a. Tout contribuable qui fait l'objet d'une vérification au titre des taxes sur le chiffre d'affaires a la faculté de demander que la vérification soit étendue à l'impôt sur le revenu ou à l'impôt sur les sociétés (et réciproquement). A priori insolite, cette faculté de **« demande de règlement d'ensemble »** peut, par exemple, présenter l'intérêt de permettre la déduction en cascade (n°s 79590 s.) (BOI-CF-PGR-20-50 n°s 1 à 90). CF-V-10200 s

b. Les vérifications de comptabilité des **petites et moyennes entreprises créancières de l'État** au titre de marchés publics et d'achats sur facture de travaux, fournitures et services peuvent être suspendues pendant 45 jours lorsque ces entreprises n'obtiennent pas le règlement des sommes qui leur sont dues malgré la mise en œuvre d'une procédure de relance (BOI-CF-DG-40-20 n°s 100 à 230). CF-IV-48000 s

c. Après une vérification, le contribuable peut demander une **mise en recouvrement échelonnée,** sur une durée maximale de 18 mois, des impositions supplémentaires lorsque celles-ci sont d'un montant élevé et portent sur plusieurs années successives (BOI-CF-IOR-10-50-10 n° 70). L'échelonnement peut s'étendre sur deux ans pour les **petites et moyennes entreprises nouvelles,** à l'égard des erreurs qu'elles ont commises de bonne foi pendant les quatre premières années de fonctionnement. Ces entreprises peuvent bénéficier en outre de délais de paiement après la mise en recouvrement des impositions et de larges remises des pénalités encourues (BOI-CF-PGR-20-50 n°s 160 à 210). CF-V-11400 s CF-VI-22620 s

3. GARANTIES EN MATIÈRE D'EXAMEN DE COMPTABILITÉ

L'essentiel des garanties propres aux vérifications de comptabilité s'applique aux examens de comptabilité. Le vérificateur doit ainsi offrir au contribuable la possibilité d'un débat oral et contradictoire. Il ne peut par ailleurs, pour une même période, procéder à un nouveau contrôle d'impôts et taxes. **79480** LPF art. L 47 AA, 4 à 6 CF-IV-49800

Deux garanties spécifiques sont prévues par ailleurs :

– au plus tard **six mois** après la réception de l'ensemble des copies des fichiers des écritures comptables (FEC), l'administration est tenue d'adresser au contribuable soit une **proposition de rectification,** mentionnant la nature et le résultat des traitements informatiques donnant lieu aux redressements, soit un avis d'absence de rectification ;

– les **fichiers** informatiques ne peuvent être conservés par l'administration à l'issue de l'examen, qui doit les **détruire** avant la mise en recouvrement ou avant d'informer le contribuable en l'absence de redressements.

La **procédure de régularisation en cours de contrôle** (n° 79175) peut être mise en œuvre dans le cadre d'un examen de comptabilité.

4. GARANTIES EN MATIÈRE D'ESFP

En plus des garanties de portée générale, les contribuables faisant l'objet d'un examen contradictoire de leur situation fiscale personnelle bénéficient de garanties spécifiques. **79485** CF-V-11700 s

DURÉE DE L'ESFP

Sous peine de nullité de l'imposition, l'ESFP ne peut s'étendre sur une période supérieure à **un an** à compter de la date de réception ou de remise au contribuable de l'avis de vérification. Cette durée est portée à **deux ans** en cas de découverte, en cours de contrôle, d'une activité occulte ou lorsque la procédure de communication par le ministère public ou l'autorité judiciaire de renseignements à l'administration fiscale (n°s 78040 s.) a été mise en œuvre dans le délai initial d'un an. **79490** LPF art. L 12, al. 3 et 5 à 8 CF-V-11800 s

> **Précisions** **a.** L'ESFP est considéré comme **achevé** à la date de notification au contribuable des conséquences du contrôle (voir n° 79495, précision a).
> **b.** La durée maximale s'applique distinctement pour **chacune des années** donnant lieu à une proposition de rectification (CE 23-6-2014 n° 355705 : RJF 10/14 n° 868).

79491 **Cas de prorogation du délai** La durée maximale d'un an (ou de deux ans) est prorogée :

– du délai supplémentaire accordé au contribuable, sur sa demande, pour répondre (au-delà des deux mois qui lui sont impartis) aux **demandes d'éclaircissements et de justifications** ;

– des 30 jours impartis par l'administration au contribuable pour apporter des **compléments de réponse** à la suite d'une réponse insuffisante à une demande d'éclaircissements et de justifications ;

– du délai nécessaire à l'administration pour obtenir des **renseignements** auprès des **autorités étrangères,** lorsque le contribuable a pu disposer de revenus à l'étranger ou en provenance directe de l'étranger ;

– enfin, des délais nécessaires à l'administration pour obtenir la liste et les **relevés des comptes** (compte bancaire, compte courant d'associé, compte d'épargne...) non mentionnés dans l'avis de vérification (nº 78095, c) lorsque le contribuable n'a pas usé de sa faculté de les produire dans un délai de 60 jours à compter de la demande de l'administration.

> **Précisions a.** Selon le Conseil d'État, les délais nécessaires à l'administration pour obtenir la liste et les relevés de compte ont pour **point de départ** le 61ᵉ jour suivant la demande. Toutefois, lorsque le contribuable a produit dans le délai de 60 jours les coordonnées exactes de l'intégralité de ses comptes, les délais ne courent qu'à compter de la date à laquelle l'administration demande les relevés aux établissements qui tiennent les comptes. La prorogation des délais cesse dans tous les cas à la date à laquelle l'administration reçoit l'intégralité des relevés de compte demandés (Avis CE 13-4-2005 nº 274897 : RJF 7/05 nº 659).
> **b.** Ces différents délais prolongeant la durée de l'ESFP se cumulent, abstraction faite du nombre de jours pendant lesquels ils se chevauchent (CE 11-10-2012 nº 346691 : RJF 1/13 nº 5).

LIMITATION DU DROIT DE REPRISE

79495 LPF art. L 50 CF-V-13000 s

Quand elle a procédé à l'examen de la situation fiscale personnelle d'un contribuable au regard de l'impôt sur le revenu, l'administration ne peut plus procéder à des rectifications, pour la **même période** et le **même impôt.**

Par **exception,** cette garantie n'est pas applicable :

– lorsque des faits nouveaux postérieurs à l'achèvement de l'ESFP permettent à l'administration d'établir le caractère inexact ou incomplet des éléments fournis par le contribuable au cours de la vérification ;

– en cas d'ouverture d'une enquête judiciaire pour fraude fiscale dans les conditions indiquées nº 77770 ;

– lorsque l'administration a dressé un procès-verbal de flagrance fiscale au titre d'une période postérieure à celle du contrôle ;

– en cas de demande par l'administration de renseignements à une autorité étrangère dans les conditions indiquées nº 77765.

> **Précisions a.** La garantie joue lorsque l'ESFP est considéré comme **achevé,** c'est-à-dire à partir de la date de notification au contribuable des conséquences du contrôle (notification d'une proposition de rectification, des bases d'imposition d'office ou de l'absence de rehaussement) (CE 28-9-1983 nº 37524 : RJF 11/83 nº 1261).
> **b.** La violation de la garantie entraîne l'**irrégularité** des rectifications supplémentaires, même si le contribuable est en situation de taxation d'office (CE 3-6-1992 nº 75309 : RJF 7/92 nº 935).

AUTRES GARANTIES

79500 CF-IV-53250 s

Débat contradictoire Le caractère contradictoire de l'ESFP implique que le vérificateur engage un débat avec le contribuable sur les points pour lesquels il envisage une rectification (CE 10-1-2001 nº 211967-212114 : RJF 4/01 nº 436). Il n'est toutefois pas tenu de soumettre au débat l'ensemble des éléments qu'il a rassemblés à cet effet (CE 18-7-2011 nº 336257 : RJF 11/11 nº 1124).

Quant à sa forme, le débat peut être oral ou écrit (CE 26-7-1991 nº 81253 : RJF 10/91 nº 1180), sans que le vérificateur soit obligé, si le contribuable se soustrait au débat oral, d'y substituer un débat écrit (CE 30-1-2013 nº 335191 : RJF 4/13 nº 381).

En cas de **décès** du contribuable, le débat engagé avec ce dernier doit se poursuivre avec ses ayants droit. Mais les diligences régulièrement accomplies avant le décès n'ont pas à être réitérées à leur égard (CE 26-4-2017 nº 384872 : RJF 7/17 nº 657).

79505 LPF art. L 103, al. 2 DC-VI-3600 s

Secret professionnel Pour les informations recueillies à l'occasion d'un ESFP, l'obligation du secret professionnel nécessaire au respect de la vie privée s'impose au vérificateur à l'égard de toutes personnes autres que celles ayant, par leurs fonctions, à connaître du dossier.

D. Garantie contre les changements de doctrine

Les contribuables peuvent se prévaloir de la doctrine que l'administration des finances publiques énonce pour l'interprétation des textes fiscaux ou de l'appréciation qu'elle porte sur des situations de fait. Cette règle résulte des articles L 80 A, L 80 B et L 80 C du LPF. 79530

1. OPPOSABILITÉ DE L'INTERPRÉTATION ADMINISTRATIVE DES TEXTES FISCAUX

L'article L 80 A du LPF interdit aux services fiscaux de procéder à des **rehaussements** d'impositions qui seraient **en contradiction avec la doctrine administrative en vigueur** au moment où il en a été fait application soit par l'administration (en mettant en recouvrement l'imposition primitive), soit par le contribuable (en souscrivant une déclaration ou en liquidant un impôt). Il en résulte que, lorsque l'administration modifie l'interprétation qu'elle avait précédemment donnée de textes fiscaux, la modification ne peut avoir d'effet que pour l'avenir. 79540 LPF art. L 80 A CF-V-15200 s

La doctrine ainsi opposable à l'administration est celle qui s'exprime :

– soit dans des **documents de portée générale** : instructions et circulaires publiées au Bulletin officiel des finances publiques-Impôts (base documentaire dite « Bofip » regroupant l'ensemble des commentaires administratifs, accessible sur le site impots.gouv.fr) et précisions doctrinales qui y sont intégrées, réponses ministérielles aux questions écrites des parlementaires, lettres aux organisations professionnelles ;

– soit par **décisions individuelles** : réponses aux demandes de renseignements des contribuables et, plus généralement, tous documents par lesquels l'administration prend formellement position sur une question fiscale (par exemple : abandon formel de rehaussement ; validation expresse de certains points contrôlés).

La doctrine administrative doit concerner l'**assiette de l'impôt.**

Lorsqu'elle est issue d'instructions ou de circulaires publiées, elle peut également porter sur l'application des **pénalités** et le **recouvrement** de l'impôt.

En revanche, les contribuables ne peuvent pas invoquer une doctrine concernant les **procédures d'imposition** ou d'**établissement des pénalités** (notamment CE 24-9-2014 n° 361330 : RJF 12/14 n° 1127).

› Précisions **a.** S'agissant des **documents de portée générale**, les contribuables peuvent se prévaloir de l'interprétation de la loi donnée dans la charte du contribuable vérifié. En revanche, ils ne peuvent invoquer les interventions du ministre lors des débats parlementaires (notamment CE 29-7-1983 n° 33640 : RJF 10/83 n° 1092). 79545

Par ailleurs, pour qu'une doctrine puisse être opposée à l'administration, il faut qu'elle règle une situation donnée – fût-ce à titre de « mesure de tempérament » –, ce qui exclut notamment les simples recommandations adressées aux services (par exemple CE 16-6-1986 n° 49301 : RJF 8-9/86 n° 794). Mais la circonstance qu'une instruction laisse un **pouvoir d'appréciation** à l'administration ne fait pas obstacle à ce que le contribuable puisse s'en prévaloir dès lors qu'elle énonce une règle d'interprétation de portée générale (CE 14-10-2020 n° 421028 : RJF 1/21 n° 5).

Enfin, les contribuables ne peuvent invoquer une doctrine que si leur situation est conforme aux prévisions de cette doctrine, appliquée littéralement (notamment Avis CE 20-10-2000 n° 222675 : RJF 1/01 n° 67).

b. Pour être opposables à l'administration, les **décisions individuelles** doivent exprimer formellement l'interprétation d'un texte. Le fait que, pour des années antérieures, lors d'une précédente vérification (voir toutefois n° 79570) ou encore en établissant l'imposition primitive, le service des impôts n'ait pas relevé d'irrégularités ne constitue pas une « interprétation formelle » qui soit opposable à l'administration (notamment CE 11-1-1988 n° 67074 : RJF 3/88 n° 247).

c. Dès lors que l'**avis de mise en recouvrement** est l'acte par lequel l'administration établit sa créance sur le contribuable et rend celle-ci exigible, sans pour autant constituer un acte de poursuite, une instruction portant sur les mentions devant figurer sur cet avis est relative à la procédure d'établissement de l'impôt, et non au recouvrement de l'impôt. Elle ne peut, par suite, être opposée à l'administration (CE 11-12-2020 n° 421084 : RJF 3/21 n° 287).

d. Les contribuables peuvent, sous certaines conditions, opposer à l'administration les réponses à leurs demandes qui leur sont adressées par **courriers électroniques** (BOI-SJ-RES-10-10-20 n° 310).

e. L'administration admet que le contribuable revendique a posteriori, dans le délai de réclamation, le bénéfice d'une doctrine dont il n'avait pas initialement fait application (BOI-SJ-RES-10-10-10 nos 450 et 460). Cependant, le Conseil d'État exige qu'il y ait eu **application de la doctrine** administrative : un contribuable qui a accompli ses obligations fiscales sans demander le bénéfice d'une doctrine ne peut pas ultérieurement, devant le juge de l'impôt, invoquer cette doctrine (CE 31-3-1993 n° 115511 : RJF 6/93 n° 809).

Par ailleurs, si le contribuable a utilisé une faculté (possibilité d'option, par exemple) prévue par une instruction mais non par la loi, il peut y renoncer à tout moment (CE 7-10-1987 n° 66210 : RJF 11/87 n° 1124).

f. Sur la possibilité de se prévaloir de la garantie contre les changements de doctrine en cas de **montage artificiel**, voir n° 79190, g.

g. En ce qui concerne les adhérents des **organismes de gestion agréés**, voir n° 87835.

RETRAIT OU CADUCITÉ DE LA DOCTRINE

79550 CF-V-21670 s La garantie s'applique tant que la doctrine n'est pas rapportée ou devenue caduque. Le retrait ou la caducité de la doctrine s'apprécie à la date du fait générateur de l'impôt (CE 18-3-1988 n° 73693 : RJF 5/88 n° 627) ou, en matière de plus-values soumises à l'impôt sur le revenu, à la date du fait générateur de la plus-value (date de la cession) (CE 10-2-2017 n° 386221 : RJF 5/17 n° 460).

La caducité de la doctrine peut résulter d'un changement de législation ou, dans le cas de décision individuelle, d'une modification de la situation du contribuable. En revanche, lorsque la doctrine exprimée est contredite par l'**évolution de la jurisprudence,** elle continue à produire ses effets jusqu'à ce que l'administration publie une nouvelle doctrine. Bien entendu, si la nouvelle jurisprudence lui est favorable, le contribuable peut s'en prévaloir.

> Précisions a. Les **doctrines antérieures** à la création de la base documentaire Bofip non reprises dans cette base doivent être regardées comme rapportées (CE 27-2-2013 n° 357537 : RJF 5/13 n° 520).

b. L'**annulation contentieuse** d'une doctrine par le juge de l'excès de pouvoir ne prive pas le contribuable du droit de se prévaloir de cette doctrine pour la période antérieure à son annulation. Elle ne l'empêche également pas, si l'interprétation administrative annulée subsiste en dépit de son illégalité dans un autre support doctrinal, d'en revendiquer le bénéfice tant que l'administration ne l'a pas rapportée. En revanche, l'annulation n'est pas susceptible de faire revivre une doctrine antérieure plus favorable (Avis CE 8-3-2013 n° 353782 : RJF 5/13 n° 518).

2. OPPOSABILITÉ DE L'APPRÉCIATION DES SITUATIONS DE FAIT

PRISES DE POSITION FORMELLES

79560 LPF art. L 80 B, 1° et 7° CF-V-23100 s Lorsque l'administration a formellement pris **position sur la situation de fait** du contribuable **au regard d'un texte** fiscal (par exemple sur la qualification de son activité), elle ne peut pas procéder à des rehaussements d'impositions antérieures qui seraient fondés sur une appréciation différente de cette situation. Elle ne peut modifier sa position que pour l'avenir, après en avoir avisé le contribuable (sauf changement de législation ou changement dans la situation de fait).

En principe, seul le contribuable dont la situation a fait l'objet d'une prise de position formelle peut invoquer son opposabilité. Toutefois, les contribuables qui ont **participé à l'acte ou à l'opération** qui ont donné naissance à cette situation bénéficient également de cette faculté (CE 28-1-2015 n° 370455 : RJF 4/15 n° 310), pour autant que cette participation soit **antérieure** à la date de la prise de position formelle (CE 19-6-2017 n° 396780 : RJF 10/17 n° 968).

La même garantie s'applique dans le cas où l'administration a pris position sur la méthode de détermination des **prix de transfert,** dans les conditions indiquées n° 8965.

> Précisions a. Le contribuable doit être de **bonne foi,** ce qui suppose selon l'administration que sa situation soit strictement identique à celle sur laquelle elle a pris position et qu'il se soit conformé à la solution retenue. En outre, la bonne foi du contribuable ne peut être retenue si celui-ci a saisi abusivement plusieurs services différents d'une même demande (simultanément ou successivement) sans que chacun en soit expressément informé (BOI-SJ-RES-10-20-10 nos 320 et 400).

b. Seule une **réponse expresse** à la demande du contribuable peut engager l'administration (BOI-SJ-RES-10-20-10 n° 350). En principe, seules les *prises de position formulées* **par écrit** peuvent être invoquées. Mais l'administration admet également, sous certaines conditions, les prises de position adressées par **courriers électroniques** (BOI-SJ-RES-10-10-20 nos 300 et 310).

c. Le contribuable est fondé à opposer à l'administration une prise de position formelle sur l'appréciation d'une situation de fait exprimée dans une **proposition de rectification** antérieure à la mise en recouvrement d'impositions primitives, par exemple une proposition de rectification en matière d'ISF prenant position sur le calcul d'une plus-value imposable à l'IR (CE 22-7-2016 n° 387191 : RJF 11/16 n° 991).

d. Voir aussi n° 79372, le cas du « **rescrit contrôle** ».

ACCORDS TACITES

79565 LPF art. L 80 B, 2° à 6°, 8° à 9° bis, 13 et L 80 C CF-V-26800 s et 29900 s L'administration est regardée comme ayant donné un accord tacite lorsqu'elle n'a pas répondu :

– dans un délai de six mois à un organisme qui a sollicité une habilitation à recevoir des **dons ouvrant droit à avantage fiscal** et à en délivrer reçu aux donateurs ;

– dans un délai de six mois à une entreprise qui l'a consultée sur le point de savoir si l'opération de **restructuration** projetée répond à des objectifs économiques valables et ne peut ainsi être exclue du bénéfice du régime spécial visé nos 39200 s. ;

– dans un délai de six mois à une entreprise qui a demandé, préalablement à la réalisation d'une opération et à partir d'une présentation écrite précise et complète de cette opération, la confirmation que la **clause anti-abus** prévue par l'article 205 A du CGI (no 35810) n'est pas applicable ;

– dans un délai de trois mois à une entreprise qui l'a consultée sur le bénéfice du **statut de « jeune entreprise innovante »** ou du régime des entreprises implantées dans les **pôles de compétitivité** ;

– dans un délai de trois mois à un contribuable qui lui a fait connaître son intention de bénéficier du régime d'**exonération des entreprises nouvelles** ou des entreprises implantées en **zone franche urbaine,** en **zone de revitalisation rurale,** dans un **bassin urbain à dynamiser,** dans une **zone de développement prioritaire** ou encore de certains **régimes d'amortissement exceptionnel** ;

– dans un délai de trois mois à un résident étranger qui lui a demandé l'assurance qu'il ne dispose pas d'un **établissement stable** ou d'une base fixe en **France** (nos 82760 s.) au sens de la convention fiscale applicable ;

– dans un délai de trois mois à un contribuable qui l'a consultée sur le bénéfice du **crédit d'impôt recherche** ou du crédit d'impôt en faveur de la recherche collaborative. Sur l'accord tacite susceptible de résulter d'une demande directement adressée au ministère de la recherche, voir no 10475 ;

– dans un délai de trois mois à un contribuable qui l'a consultée sur la **qualification** de son **activité professionnelle** au regard de l'impôt sur le revenu ;

– dans un délai de trois mois à une **société civile** qui l'a consultée sur l'**impôt applicable** à son activité ;

– dans un délai de trois mois à un redevable qui l'a consultée sur l'appréciation de sa situation au regard de la **taxe d'aménagement** (no 31160, f).

Si la situation décrite par le contribuable correspond à la situation réelle, cet accord fait obstacle à la remise en cause du régime fiscal appliqué, à moins que les conditions requises ne soient plus respectées.

> Précisions La demande du contribuable doit être formulée par écrit, suivant un modèle fixé par arrêté (ou sur papier libre lorsqu'elle porte sur la qualification de l'activité professionnelle au regard de l'impôt sur le revenu ou sur l'impôt applicable à l'activité d'une société civile). Elle doit comporter une présentation précise et complète de la situation de fait.

Le **délai de réponse** de l'administration court à compter de la réception de la demande par le service compétent (ou, si l'administration a sollicité des éléments complémentaires, à compter de la réception des compléments demandés).

ABSENCE DE RECTIFICATION À L'ISSUE DU CONTRÔLE

À l'issue d'un **examen** ou d'une **vérification de comptabilité** ou d'un **examen contradictoire de situation fiscale personnelle,** les points du contrôle qui ne donnent pas lieu à rectification sont réputés ne comporter ni insuffisance, ni inexactitude, ni omission, ni dissimulation dans les éléments servant de base au calcul des impôts et valent prises de position de l'administration sur la situation de fait du contribuable. **79570** LPF art. L 49, al. 2 et L 80 A, al. 2 CF-V-18690 s

Ces points sont opposables à l'administration à la condition que le vérificateur ait pu se prononcer **en toute connaissance de cause** et les ait **mentionnés** sur la proposition de rectification ou sur l'avis d'absence de rectification, et que le contribuable soit de **bonne foi.**

Aucun rehaussement d'imposition fondé sur une interprétation différente de celle résultant de ces prises de position ne peut être poursuivi aussi longtemps que la situation de fait du contribuable, les textes ou la doctrine administrative publiée n'ont subi de modification ou que l'administration n'a pas rapporté sa position pour une nouvelle période examinée ou vérifiée.

> Précisions a. La garantie concerne les points effectivement examinés dans le cadre du contrôle, c'est-à-dire ceux qui ont donné lieu à une **interrogation précise** de l'administration à l'attention du contribuable et à une réponse de ce dernier permettant au vérificateur de se prononcer en toute connaissance de cause au regard des faits constatés et du droit applicable (BOI-CF-PGR-30-25 no 80). Sur la possibilité pour le contribuable d'obtenir une prise de position sur un point inclus dans le champ de l'avis de vérification ou d'examen de comptabilité, mais qui n'a pas fait l'objet d'interrogation de l'administration, voir no 79372.

b. L'administration est seulement tenue d'**énumérer,** dans les pièces de procédure, les points du contrôle bénéficiant de la garantie, sans nécessité d'une prise de position explicite, précise et non équivoque (BOI-CF-PGR-30-25 no 150).

E. Déduction en cascade

79590 LPF art. L 77 et L 79 CF-V-34000 s
Les suppléments de **droits simples** résultant d'une vérification peuvent être **admis en déduction des rehaussements** apportés aux bases d'autres impôts également vérifiés. Ce système, dit de la « déduction en cascade », n'est en principe applicable qu'en cas de vérification de comptabilité (CE 8-10-1980 n° 12090 : RJF 12/80 n° 937). Toutefois, l'administration admet sa mise en œuvre en cas de contrôle sur pièces (BOI-CF-PGR-30-40-10 n° 80). Il offre deux possibilités.

CASCADE « SIMPLE »

79600 En cas de vérification simultanée des **taxes sur le chiffre d'affaires** et de l'impôt sur les bénéfices (impôt sur le revenu ou impôt sur les sociétés) ou, en cas de vérifications séparées, lorsque la vérification des taxes est achevée la première, le supplément de taxes sur le chiffre d'affaires est imputé **sur le bénéfice imposable du même exercice.**

Cette imputation est effectuée **automatiquement** par l'administration dans la proposition de rectification. Le contribuable a toutefois la possibilité de **renoncer** au bénéfice de la mesure en formulant une demande expresse en ce sens dans le délai imparti pour répondre à la proposition (n° 78795). Dans ce cas, la prescription est réputée interrompue (n° 77780) à hauteur des bases de l'impôt sur les bénéfices notifiées avant déduction du supplément de taxes sur le chiffre d'affaires.

> Précisions **a.** L'imputation est possible même si la vérification n'a **pas** abouti à une **rectification** du bénéfice (BOI-CF-PGR-30-40-10 n° 100).

b. Du fait de la comptabilisation hors taxe, la TVA éludée peut, dans certains cas, constituer pour l'entreprise un **« profit sur le Trésor »** que l'administration réintègre au préalable dans les résultats déclarés pour la détermination des bénéfices imposables. Il en est ainsi par exemple en cas de dissimulation de recettes (Avis CE 19-10-1990 n° 117924 : RJF 11/90 n° 1369). En revanche, il n'y a pas de profit sur le Trésor dans le cas où, par le jeu des écritures comptables, l'irrégularité commise en matière de TVA est restée sans effet sur la base d'imposition (cas par exemple de la TVA afférente à des frais généraux déductibles au regard des impôts sur les revenus, mais exclus du droit à récupération de la TVA, cette récupération étant compensée par une diminution d'égal montant des frais déductibles correspondants).

c. Par exception, les rappels de **TVA afférente à des opérations d'autoliquidation** ne peuvent pas être déduits des résultats de l'exercice vérifié (ni de ceux de l'exercice de mise en recouvrement). Corrélativement, ils ne donnent pas lieu à réintégration d'un profit sur le Trésor.

CASCADE « COMPLÈTE »

79610 Lorsqu'une société passible de l'impôt sur les sociétés fait l'objet de rehaussements de bénéfices et que ceux-ci sont considérés comme fiscalement distribués, le mécanisme de la déduction en cascade permet d'imputer le **rappel d'impôt sur les sociétés sur les bénéfices réputés distribués** – déjà diminués éventuellement des suppléments de taxes sur le chiffre d'affaires – pour l'assiette des impôts dus à raison de la distribution (impôt sur le revenu à la charge des bénéficiaires ou retenue à la source lorsque ceux-ci sont établis hors de France). Cette déduction est subordonnée, d'une part, à une **demande de la société** et, d'autre part, au **reversement** dans la caisse sociale, par les associés ou actionnaires, avant l'établissement de leur imposition personnelle, des sommes nécessaires au paiement des taxes sur le chiffre d'affaires, de l'impôt sur les sociétés et, le cas échéant, de la retenue à la source sur les revenus mobiliers afférents aux sommes qui leur ont été distribuées.

> Précisions **a.** La société doit demander le bénéfice de la cascade complète auprès de l'administration **au plus tard** dans les 30 jours suivant la réception de la réponse à ses observations (n°s 78795 s.), même si elle n'a pas été informée de la possibilité d'une telle demande (CE (na)27-7-2021 n° 443627 : RJF 11/21 n° 1048). Lorsque l'administration lui adresse un document spécifique l'invitant à formuler cette demande, elle doit le faire au plus tard dans les 30 jours suivant la réception de ce document. La demande ne peut être limitée à certains seulement des **exercices vérifiés** (BOI-CF-PGR-30-40-10 n° 270). La décision de **refus** de l'administration doit être contestée devant le juge de l'excès de pouvoir (CE 24-6-2013 n° 338417 : RJF 10/13 n° 936).

b. Si les associés **ne reversent pas** les sommes nécessaires, leur imposition personnelle est établie, comme si aucune cascade n'était permise, sur la totalité des sommes qu'ils ont appréhendées.

79615 **EXEMPLE**

Société passible de l'impôt sur les sociétés, faisant l'objet, au titre de l'exercice 2024, d'un rappel de TVA de 20 000 € et d'un rehaussement de bénéfices de 80 000 €, dont l'intégralité est réputée fiscalement distribuée aux associés domiciliés en France.

Sans la déduction en cascade, le supplément de TVA serait seulement déductible des résultats de l'exercice en cours lors de sa mise en recouvrement.

Avec la déduction en cascade, la situation sera la suivante :
– supplément d'impôt sur les sociétés (80 000 € – 20 000 €) × 25 % = 15 000 € (au lieu de 80 000 € × 25 % = 20 000 € sans déduction en cascade) ;
– supplément d'impôt sur le revenu à la charge des associés, dû sur le bénéfice réputé distribué retenu pour 125 % de son montant (n° 24760) et taxable par hypothèse (option pour le barème) au taux de 41 % : [(80 000 € × 125 %) – 20 000 € – 15 000 €] × 41 % = 26 650 € (au lieu de 80 000 € × 125 % × 41 % = 41 000 €) ;
– total des droits simples (c'est-à-dire abstraction faite des pénalités) : 20 000 € + 15 000 € + 26 650 € = 61 650 € (au lieu de 20 000 € + 20 000 € + 41 000 € = 81 000 €) ;
– calcul des pénalités proportionnelles sur ces droits simples ;
– montant à reverser par les associés dans la caisse de la société : 20 000 € + 15 000 € = 35 000 €.

SECTION 5

SANCTIONS

GÉNÉRALITÉS

Les sanctions applicables en matière fiscale se subdivisent en deux grandes catégories : 79700
– les sanctions fiscales, **sanctions pécuniaires appliquées par l'administration,** en vertu de la loi et sous le contrôle des tribunaux : elles sont principalement constituées par des majorations de droits et des amendes fiscales, auxquelles s'ajoute, le cas échéant, un intérêt de retard ;
– les sanctions pénales, consistant en des **peines correctionnelles** prononcées par les tribunaux de l'ordre judiciaire pour des infractions d'une gravité particulière.
Certaines infractions peuvent donner lieu à l'application cumulative de ces deux catégories de pénalités. Celles-ci, d'autre part, peuvent parfois s'accompagner de sanctions d'une nature particulière.

› Précisions **a.** Les **sanctions fiscales** à caractère répressif (à l'exclusion des intérêts de retard) peuvent constituer des « accusations en matière pénale » au sens de l'article 6 de la **convention européenne des droits de l'Homme,** relatif aux droits de la défense. Cependant, ces dispositions ne permettent, en principe, de critiquer que les procédures suivies devant les juridictions ; elles ne s'appliquent pas aux procédures d'établissement des pénalités par l'administration (Avis CE 31-3-1995 n° 164008, Méric : RJF 5/95 n° 623), sauf lorsque leur mise en œuvre risque d'emporter des conséquences de nature à porter atteinte de manière irréversible au caractère équitable d'une procédure engagée devant le juge de l'impôt (CE 26-5-2008 n° 288583 : RJF 8-9/08 n° 981). 79705
A cet égard, la Cour de cassation, en s'appuyant sur la convention, reconnaît au **juge** le pouvoir de se prononcer sur le **principe** et le **montant** de toute sanction ayant le caractère d'une punition (Cass. com. 29-4-1997 n° 95-20.001 : RJF 6/97 n° 641 ; Cass. com. 22-2-2000 n° 97-17.822 : RJF 5/00 n° 737). Mais, pour le Conseil d'État comme pour la Cour européenne des droits de l'Homme, aucun pouvoir de modération ne peut être reconnu au juge sur le fondement de la convention, tant dans les cas où la loi elle-même prévoit une modulation de la sanction applicable en fonction de la gravité de la faute commise (Avis CE 8-7-1998 n° 195664, Fatell : RJF 8-9/98 n° 970 ; CEDH 23-9-1998 aff. 68/1997/852/1059 : RJF 11/98 n° 1384) que lorsqu'il s'agit de pénalités à taux unique (CE 27-6-2008 n°s 301342 et 301343 : RJF 11/08 n° 1213 ; CEDH 7-6-2012 aff. 4837/06 : RJF 8-9/12 n° 888).
b. Le **cumul des sanctions fiscales et des sanctions pénales,** en cas de fraude fiscale particulièrement, est admis tant par le Conseil d'État que par la Cour de cassation, qui considèrent que ni le pacte international de New York relatif aux droits civils et politiques ni la convention européenne des droits de l'Homme n'y font obstacle (Avis CE 4-4-1997 n° 183658 : RJF 5/97 n° 469 ; Cass. crim. 6-11-1997 n° 96-86.127 : RJF 12/98 n° 1467). Cependant, le Conseil constitutionnel a jugé que, par application du principe de proportionnalité, le **montant global** des sanctions éventuellement prononcées ne doit pas dépasser le montant le plus élevé de l'une des sanctions encourues (Cons. const. 24-6-2016 n° 2016-545 QPC : RJF 10/16 n° 862), et il a limité l'application des sanctions pénales aux cas les plus graves (n° 80260). La Cour de cassation a précisé que pour l'appréciation de la proportionnalité des peines, il ne doit être tenu compte que des amendes pénales et majorations fiscales définitives (Cass. crim. 11-9-2019 n° 18-81.067 et 18-82.430 : RJF 12/19 n° 1197).
La Cour de justice de l'Union européenne, pour sa part, considère que la charte des droits fondamentaux de l'Union ne s'oppose pas au cumul de sanctions fiscales et pénales en cas de fraude à la TVA, sous réserve que la sanction fiscale ne présente pas un caractère pénal (CJUE 26-2-2013 aff. 617/10 : RJF 6/13 n° 681).
Enfin, la Cour européenne des droits de l'Homme admet l'application cumulée de sanctions fiscales et pénales dès lors qu'il existe entre les procédures fiscales et pénales un lien matériel et temporel justifiant qu'elles soient regardées comme formant une procédure mixte intégrée (CEDH 15-11-2016 aff. 24130/11 et 29758/11 : RJF 2/17 n° 210).

A. Pénalités fiscales

79850 CF-VIII-6000 s Nous avons déjà signalé quelques-unes des pénalités fiscales, en évoquant certaines infractions particulières (infractions au droit de communication, par exemple). Celles qui sont étudiées ici sont les **pénalités de caractère général,** qui correspondent aux principaux types d'infractions.

INTÉRÊT DE RETARD

79860 CGI art. 1727, I à III CF-VIII-6100 s Le régime des pénalités fiscales se caractérise par l'application généralisée d'un **intérêt de retard de 0,20 %** par mois, qui n'est pas considéré lui-même comme une sanction mais qui s'**ajoute** aux **majorations et amendes calculées sur le montant des droits éludés** par le contribuable (majoration prévue par l'article 1728 du CGI en cas de défaut ou de retard de déclaration par exemple). En revanche, l'intérêt de retard n'est pas réclamé lorsqu'il est fait application de majorations ou amendes qui se **substituent aux droits éludés** (pénalité prévue par l'article 1759 du CGI en matière de distributions occultes par exemple).

Il est à noter, en outre, que, par **exception,** l'intérêt de retard ne s'applique pas :

– en cas de mention expresse ;

– en cas de demande de renseignements restée sans réponse (n° 80020) ;

– en cas de rehaussement de la valeur locative de certains biens dû à une erreur de l'administration (n° 80025) ;

– en cas d'application de la tolérance légale (n° 80030) ;

– en cas d'application de la majoration pour défaut de paiement ou paiement tardif visée n° 80150.

Enfin, l'intérêt de retard peut s'appliquer à un **taux réduit** lorsque le contribuable régularise sa situation, de façon spontanée (nos 79867 s.) ou au cours d'un contrôle (nos 78410 et 79175).

> **Précisions** L'intérêt de retard vise à réparer le préjudice subi par l'État à raison du non-respect par les contribuables de leurs obligations de déclarer et payer l'impôt aux dates légales. Il ne constitue **pas une sanction** (Avis CE 12-4-2002 n° 239693 : RJF 6/02 n° 673 ; CE 22-7-2020 n° 438849 : RJF 11/20 n° 928 ; Cass. com. 27-9-2005 n° 03-14.636 : RJF 1/06 n° 103). Par conséquent, son application est indépendante de toute appréciation portée sur le comportement du contribuable (CE 4-4-1997 n° 144211 : RJF 5/97 n° 452) et n'a pas à être motivée (CE 27-7-2001 n° 211758 : RJF 11/01 n° 1416 ; Cass. com. 6-5-1996 n° 94-14.686 : RJF 8-9/96 n° 1088).

79865 **« Mention expresse »** L'intérêt de retard n'est pas applicable au titre des éléments d'imposition pour lesquels le contribuable fait connaître, par une indication expresse portée sur la déclaration ou l'acte, ou dans une note annexée, les **motifs de droit ou de fait** qui le conduisent à ne pas les mentionner en totalité ou en partie, ou à leur donner une qualification qui, si elle était fondée, entraînerait une taxation atténuée, ou fait état de déductions qui sont ultérieurement reconnues injustifiées.

La dispense d'intérêt de retard résultant d'une « mention expresse » ne fait pas obstacle à l'application des pénalités prévues en cas de manquement délibéré.

RECTIFICATION SPONTANÉE DES ERREURS OU MANQUEMENTS

79867 CGI art. 1727, V CF-VIII-9310 s Le montant dû au titre de l'intérêt de retard est réduit de 50 % lorsque le contribuable rectifie spontanément les erreurs, insuffisances ou omissions commises de **bonne foi** dans les déclarations souscrites dans les délais prescrits.

Cette réduction est subordonnée :

– au dépôt d'une **déclaration rectificative, indépendamment de tout contrôle** fiscal ou de toute demande expresse ou mise en demeure de l'administration. Cette déclaration doit intervenir avant l'expiration du délai de reprise (nos 77700 s.) ;

– au **paiement** des droits simples au moment du dépôt de la déclaration rectificative ou, s'il s'agit d'impôts recouvrés par voie de rôle, au plus tard à la date limite de paiement portée sur l'avis d'imposition. À défaut, le contribuable peut conserver le bénéfice de la réduction en s'engageant à acquitter les droits simples dans le cadre d'un **plan de règlement** accepté par le comptable public.

> **Précisions** **a.** Une déclaration rectificative déposée après un acte de l'administration est considérée comme spontanée lorsqu'elle porte sur un **impôt différent** de celui visé par l'acte en question (BOI-DAE-20-10 n° 30).
> **b.** En cas de **paiement partiel** des droits lors de la déclaration rectificative, l'intérêt de retard à taux réduit ne bénéficie qu'à la fraction acquittée (BOI-DAE-20-10 n° 80).
> **c.** En ce qui concerne l'application des **majorations** (de 10 % ou 5 %) pour retard de paiement, voir nos 80150, précision c, et 80165, précision b.

Mise en conformité fiscale des entreprises Les entreprises et leurs dirigeants ont la possibilité de régulariser spontanément certaines anomalies auprès du service de mise en conformité fiscale des **entreprises** (assuré par la Direction des grandes entreprises : nº 87410, précision d), à condition qu'**aucune procédure** fiscale, administrative ou judiciaire ne soit **en cours** (Circ. du 8-3-2021). 79869 CF-VI-26200 s

Les demandes peuvent concerner toutes les anomalies fiscales découvertes en cas de reprise d'une entreprise, certaines problématiques fiscales internationales (non-déclaration d'un établissement stable, montages impliquant des structures à l'étranger par exemple), certaines questions relatives à la fiscalité des **dirigeants** (non-assujettissement d'une plus-value de cession de titres, régime des impatriés par exemple), toutes les opérations dont la mise en conformité présente des difficultés liées au chiffrage des corrections, au droit de reprise ou au nombre de contribuables impliqués. Enfin, elles peuvent également concerner toutes les opérations susceptibles d'entraîner l'application d'une majoration de 80 % (ou même de la majoration de 40 % pour manquement délibéré, en ce qui concerne les seules entreprises relevant de plein droit de la Direction des grandes entreprises).

La régularisation s'accompagne d'une réduction, par voie de **transaction** (nºs 82270 s.), des **intérêts de retard et** des **pénalités fiscales,** suivant un barème préétabli.

SUPPRESSION D'AVANTAGES FISCAUX EN CAS DE MANQUEMENTS GRAVES

En matière d'**impôt sur le revenu,** les **déficits** et les **réductions d'impôt** ne peuvent pas s'imputer sur les rehaussements et droits donnant lieu à l'application de l'une des **majorations de 40 %, 50 %, 80 % ou 100 %** prévues pour les manquements ou infractions suivants : insuffisance de déclaration, défaut ou retard de déclaration, opposition au contrôle fiscal, abus de droit, non-respect des obligations déclaratives relatives aux transferts de fonds vers ou en provenance de l'étranger ainsi qu'aux avoirs détenus à l'étranger, trafic illicite de biens (nº 78395). 79880 CGI art. 1731 bis CF-VIII-28500 s

De même, en matière d'**impôt sur la fortune immobilière,** est exclue l'imputation de la **réduction d'impôt** visée nºs 72100 s. sur les droits donnant lieu à l'application de l'une des majorations susvisées pour insuffisance, défaut ou retard de déclaration, non-respect d'obligations déclaratives et pour opposition au contrôle fiscal, ou de la majoration de 40 % pour retard de déclaration visée nº 80115.

1. INSUFFISANCES DE DÉCLARATION

Les insuffisances de déclaration recouvrent deux **catégories d'infractions** : 80000 CGI art. 1729 CF-VIII-13300 s

– les **inexactitudes ou omissions** relevées **dans les déclarations** ou les actes comportant l'indication d'éléments à retenir pour l'**assiette ou** la **liquidation de l'impôt** et dont la réparation entraîne l'établissement d'un supplément d'impôt à la charge du contribuable (ces insuffisances doivent être distinguées de celles visées nº 80190 et qui affectent des documents servant, non à l'assiette, mais seulement au **contrôle de l'impôt**) ;

– l'**obtention indue** du versement d'**une créance** de nature fiscale (crédits d'impôt, créance née du report en arrière d'un déficit, remboursement de crédits de TVA...).

La nature des pénalités applicables varie suivant que le contribuable est considéré comme ayant agi de façon involontaire (bonne foi) ou délibérée (mauvaise foi). 80005

La règle en la matière est que les insuffisances sont présumées involontaires. Si l'administration entend appliquer les sanctions prévues en cas d'insuffisance volontaire, il lui appartient d'établir le **caractère délibéré** du manquement ou les **manœuvres frauduleuses** pour chaque chef d'insuffisance (LPF art. L 195 A).

La **décision** d'appliquer les sanctions pour manquement délibéré, manœuvres frauduleuses, dissimulation de prix ou abus de droit, ou encore absence de production ou production partielle de la documentation visée nº 8967, précision c, en matière de prix de transfert entre entreprises associées, ne peut être prise que par un agent ayant au moins le grade d'**inspecteur divisionnaire** (LPF art. L 80 E). En pratique, il s'agit le plus souvent du supérieur hiérarchique du vérificateur. Celui-ci matérialise sa décision en apposant un visa (voir toutefois le cas particulier visé nº 77865, précision e) sur le document qui indique au contribuable les motifs de l'application des sanctions (nºs 80220 s.). Le défaut de visa entraîne l'annulation des sanctions en cause.

> **Précisions** **a.** En l'absence de manœuvres frauduleuses, l'administration se fonde, pour soutenir qu'il y a **manquement délibéré,** sur l'importance, la nature et la fréquence des rehaussements, ou sur le fait que le contribuable ne pouvait normalement ignorer les insuffisances, inexactitudes ou omissions qui lui sont reprochées (BOI-CF-INF-10-20-20 nº 40). Le caractère délibéré d'une insuffisance de déclaration doit s'apprécier au moment de la

déclaration, l'administration ne pouvant se fonder sur le comportement du contribuable au cours des opérations de contrôle (CE 27-6-2012 n° 342991 : RJF 10/12 n° 932).

b. Les **manœuvres frauduleuses** sont définies par l'administration comme consistant dans la mise en œuvre de procédés ayant pour effet soit de faire disparaître ou de réduire la matière imposable, soit d'obtenir de l'État des remboursements injustifiés, lorsque ces procédés ne peuvent être considérés comme des erreurs excusables ou des omissions involontaires mais sont, au contraire, le résultat d'actes conscients et volontaires destinés à donner l'apparence de la sincérité à des déclarations en réalité inexactes et impliquant l'intention d'éluder tout ou partie de l'impôt (BOI-CF-INF-10-20-20 n°s 60 et 70).
De son côté, le Conseil d'État définit les manœuvres frauduleuses comme des agissements de nature à égarer ou à restreindre le pouvoir de contrôle de l'administration (notamment CE 3-5-1995 n° 77174 : RJF 6/95 n° 698). Par exemple constituent des manœuvres frauduleuses la pratique répétée d'achats et de ventes en espèces non comptabilisés (CE 27-9-1991 n° 64005 : RJF 11/91 n° 1411), la déduction de charges non supportées sur la base de factures fictives (CE 28-6-1991 n° 77150 : RJF 8-9/91 n° 1151), la falsification ou la destruction de pièces justificatives (CE 24-2-1986 n° 50433 : RJF 4/86 n° 424), etc. En revanche, le fait de souscrire sciemment des déclarations inexactes n'entraîne pas à lui seul l'application des pénalités pour manœuvres frauduleuses (CE 24-10-1979 n° 10143 : RJF 12/79 n° 735).

c. Pour l'application des sanctions prévues en cas de manœuvres frauduleuses, tout **achat** pour lequel il n'est pas représenté de **facture régulière** est réputé avoir été effectué en fraude des taxes sur le chiffre d'affaires, quelle que soit la qualité du vendeur au regard de celles-ci. En pareil cas, l'acheteur est soit personnellement, soit solidairement avec le vendeur, si celui-ci est connu, tenu de payer lesdites taxes sur le montant de cet achat, ainsi que les pénalités pour manœuvres frauduleuses (CGI art. 1786).

PÉNALITÉS APPLICABLES EN L'ABSENCE DE MANQUEMENT DÉLIBÉRÉ

80010 CF-VIII-13730 s
En l'absence de caractère délibéré, les inexactitudes ou omissions entraînent l'application de l'**intérêt de retard,** quelle que soit la nature de l'impôt concerné, sauf exonération résultant d'une mention expresse (n° 79865), d'une demande de renseignements restée sans réponse (n° 80020), d'un rehaussement de la valeur locative de certains biens dû à une erreur de l'administration (n° 80025) ou de la tolérance légale (n° 80030).
Par ailleurs, en matière d'impôt sur le revenu, une **majoration** est susceptible de s'appliquer (n° 80035).

80015 CGI art. 1727, IV-1, 4 et 6 CF-VIII-8920 s
Calcul de l'intérêt de retard L'intérêt de retard est calculé sur la **base** des droits mis à la charge du contribuable. Il n'est pas plafonné. Le **point de départ** de l'intérêt de retard est fixé, en principe, au premier jour du mois qui suit celui au cours duquel la somme concernée devait être acquittée. Toutefois, en matière d'**impôt sur le revenu** (exception faite des plus-values de cession d'immeubles et de biens meubles visées n°s 30525, 30535, 32000 s. et 32740 s.), le point de départ de l'intérêt de retard est fixé au 1er juillet de l'année qui suit celle au titre de laquelle l'imposition est établie. Par ailleurs, en matière d'**impôt sur la fortune immobilière,** le point de départ de l'intérêt de retard est le 1er juillet de l'année au titre de laquelle l'imposition est établie. Enfin, en cas de rectifications en matière de **taxes sur le chiffre d'affaires,** l'intérêt de retard dû sur les rectifications est décompté à partir du premier jour de l'exercice suivant celui sur lequel portent lesdites rectifications ; en ce qui concerne les rectifications afférentes à l'exercice au cours duquel la vérification est achevée, il est calculé à partir du début du mois suivant celui au cours duquel la dernière déclaration soumise à vérification a été ou aurait dû être déposée.
Le décompte de l'intérêt de retard a pour **point d'arrêt** le dernier jour du mois de la notification de la proposition de rectification. En cas d'échelonnement des impositions supplémentaires, le décompte est arrêté au dernier jour du mois au cours duquel le rôle est mis en recouvrement.

> Précisions **a.** Seule une proposition de rectification notifiant un **supplément d'impôt** est susceptible d'entraîner l'arrêt du décompte de l'intérêt de retard. Ainsi, la rectification d'un déficit, sans imposition supplémentaire, est dépourvue d'un tel effet (CE 5-11-2021 n° 431747 : RJF 1/22 n° 50).

b. Lorsque les **impositions** omises ont été **payées avant la notification de la proposition de rectification,** le décompte de l'intérêt de retard est arrêté au dernier jour du mois du paiement (CE 14-4-2023 n° 467622 : RJF 7/23 n° 558).

c. En cas d'application de la **procédure de régularisation en cours de contrôle** (n° 79175), le point d'arrêt de l'intérêt de retard est fixé au dernier jour du mois au cours duquel doit intervenir le dépôt de la déclaration complémentaire de régularisation (BOI-CF-INF-10-10-20 n° 120).
Par ailleurs, en cas de **demande de renseignements à une autorité étrangère** entraînant une prorogation du délai de reprise (n° 77765), le décompte de l'intérêt de retard est arrêté au dernier jour du mois de la proposition de rectification intervenue dans le délai initial de reprise ou, à défaut, au dernier jour de ce délai.

Demande de renseignements restée sans réponse L'intérêt de retard n'est pas applicable au titre des éléments d'imposition afférents à une déclaration souscrite dans les délais prescrits lorsque le principe ou les modalités de la déclaration de ces éléments se heurtent soit à une **difficulté d'interprétation d'une disposition fiscale nouvelle,** soit à une **difficulté de détermination des incidences fiscales d'une règle comptable** et que le contribuable de bonne foi a joint à sa déclaration la copie de la demande, déposée avant l'expiration du délai de déclaration, par laquelle il a sollicité de l'administration, de manière précise et complète, une prise de position sur la question sans obtenir de réponse ou que l'administration n'a pas formellement pris position sur la question avant l'expiration du délai de déclaration. **80020** CGI art. 1727, II-2 CF-VIII-7600 s

Rehaussement de la valeur locative de certains biens L'intérêt de retard n'est pas applicable si la cause du rehaussement est un différend sur la valeur locative de locaux d'habitation (n° 42090) ou de locaux professionnels (n° 42100) **autres que** des **établissements industriels** et s'il est démontré que le contribuable de bonne foi a acquitté l'imposition sur la base du rôle établi par l'administration et que le différend ne résulte **ni** d'un **défaut ni** d'une **inexactitude de déclaration.** **80025** CGI art. 1727, II-2 bis CF-VIII-8000

Tolérance légale En l'absence de manquement délibéré, l'intérêt de retard n'est pas applicable si l'insuffisance des chiffres déclarés n'excède pas un pourcentage de la **base d'imposition** retenue après rectification, qui varie selon les impôts concernés. **80030** CGI art. 1727, II-3 et 4 CF-VIII-8100 s

Le pourcentage de tolérance admis est égal :

– au **vingtième** de la base d'imposition en ce qui concerne l'**impôt sur le revenu,** l'**impôt sur les sociétés** et les impositions assimilées à ces impôts (CSG sur les revenus du patrimoine, contribution sociale sur l'impôt sur les sociétés par exemple) ;

– au **dixième** en matière de **droits d'enregistrement,** de **taxe de publicité foncière** et d'**impôt sur la fortune immobilière.**

La tolérance légale ne s'applique pas pour les impôts autres que ceux visés ci-dessus.

> **Précisions** **a.** Pour l'application de la tolérance du vingtième, un certain nombre de **dépenses** qui ouvrent droit à une réduction ou à un crédit d'impôt sont assimilées à une insuffisance de déclaration lorsqu'elles ne sont **pas justifiées.** Il s'agit de certaines dépenses afférentes à l'habitation principale (n°s 3045 s. et 3110 s.), des primes des contrats de rente-survie et d'épargne handicap (n°s 3345 s.), des dépenses de recherche (n°s 10470 s.) et des dépenses de tenue de comptabilité et d'adhésion à un centre de gestion ou à une association agréés (n°s 87990 s.). En revanche, les infractions portant sur des éléments servant à la **liquidation de l'impôt** sont hors du champ d'application de la tolérance légale (CE 13-4-2005 n° 252165 : RJF 7/05 n° 720). Il en va ainsi, par exemple, d'une irrégularité tenant au quotient familial (CAA Nancy 23-12-1993 n° 92-475 : RJF 7/94 n° 812) ou de l'imputation irrégulière d'un crédit d'impôt sur la base d'imposition du contribuable (CE 23-4-2008 n° 271853 : RJF 7/08 n° 863).
>
> **b.** Pour l'appréciation de la limite du vingtième en cas de mise en œuvre de la **procédure de régularisation en cours de contrôle** (n° 79175), il convient de faire masse des régularisations et des rectifications opérées indépendamment de cette procédure (BOI-CF-IOR-20-10 n° 300).
>
> **c.** En ce qui concerne les **droits d'enregistrement, la taxe de publicité foncière et l'impôt sur la fortune immobilière,** l'insuffisance s'apprécie bien par bien. La tolérance du dixième ne joue pas en cas d'omission d'un bien imposable dans une déclaration (Cass. com. 15-10-1996 n° 94-19.916 : RJF 2/97 n° 183).
>
> **d.** Les insuffisances ayant fait l'objet d'une « **mention expresse** » et qui sont par suite dispensées d'intérêt de retard ne sont pas prises en compte pour le calcul de l'insuffisance des chiffres déclarés dont il est tenu compte pour apprécier si la tolérance légale trouve à s'appliquer. Mais ces insuffisances doivent être comprises dans le montant de la base d'imposition retenue après rectification (BOI-CF-INF-10-10-10 n° 230).

Cas particulier : impôt sur le revenu Les insuffisances relevées dans les déclarations servant à l'établissement de l'impôt sur le revenu donnent lieu à l'application d'une **majoration de 10 %** qui s'ajoute à l'intérêt de retard. **80035** CGI art. 1758 A CF-VIII-13730 s

Cette majoration n'est toutefois pas due en cas de **régularisation** effectuée spontanément ou dans les 30 jours d'une demande de l'administration, ou encore lorsqu'il est fait application des majorations visées n° 79100 ou n° 80040.

PÉNALITÉS APPLICABLES EN CAS DE MANQUEMENT DÉLIBÉRÉ

Lorsque le caractère délibéré de l'infraction est établi, celle-ci entraîne l'application d'une **majoration** de **40 %.** Cette majoration est portée à **80 %** en cas de manœuvres frauduleuses (n° 80005) ou de dissimulation d'une partie du prix stipulé dans un contrat (n° 78245). **80040** CF-VIII-13900 s

Ces majorations sont calculées sur les droits mis à la charge du contribuable ou sur le montant de la créance de nature fiscale dont le reversement lui est demandé.

S'il s'agit d'omissions ou d'inexactitudes, les majorations s'ajoutent à l'intérêt de retard visé nos 80010 s.

> Précisions **a.** Lorsque le **caractère délibéré** n'est retenu que **pour partie, l'intérêt de retard** est dû sur la totalité des droits mis à la charge du contribuable. Les **majorations** sont, quant à elles, applicables à raison des droits résultant des infractions pour lesquelles le manquement délibéré, les manœuvres frauduleuses ou la dissimulation de prix sont établis. Pour le cas d'application concomitante de majorations à **taux différents,** voir n° 80050, a.

b. Sur la non-application de l'intérêt de retard en cas de « **mention expresse** », voir n° 79865.

c. En ce qui concerne les sanctions applicables en cas d'**abus de droit,** voir n° 79200.

d. S'agissant de l'impossibilité d'**imputer** certains **avantages fiscaux** en cas d'application des majorations de 40 % ou 80 %, voir n° 79880.

e. Sur la possibilité pour l'administration de **publier** les sanctions infligées aux **personnes morales,** voir n° 80325.

COMBINAISON DES PÉNALITÉS

80050 CGI art. 1729 A CF-VIII-14100 s et 17010 s

a. Lorsque des rehaussements opérés sur une déclaration souscrite dans les délais sont passibles de pénalités à **taux différents,** ces pénalités s'appliquent dans l'ordre décroissant de leur taux. Ainsi, lorsque certains rehaussements sont assortis de la majoration de 40 % pour manquement délibéré et d'autres de la majoration de 80 % pour manœuvres frauduleuses, on commence par appliquer la majoration de 80 % à la fraction de l'impôt supplémentaire correspondant avant d'appliquer la majoration de 40 % au solde de l'impôt supplémentaire.

La même règle s'applique lorsque des rehaussements réduisent un déficit ou un crédit et que des pénalités sont appliquées au titre de l'année ou de l'exercice d'imposition.

b. Par ailleurs, lorsque des **insuffisances** sont constatées **dans une déclaration tardive,** la majoration pour retard de déclaration visée n° 80085 s'applique à l'intégralité des droits, qu'ils résultent de la déclaration tardive ou des rehaussements apportés à la déclaration. Les majorations pour insuffisance visées n° 80040 ne sont pas applicables, sauf si leur taux est supérieur à la majoration pour retard, auquel cas elles s'y substituent sur la fraction des droits résultant des rehaussements.

2. DÉFAUT OU RETARD DE PRODUCTION DES DÉCLARATIONS

DOCUMENTS CONCERNÉS

80075 CGI art. 1728 CF-VIII-11500 s

Les infractions visées ici concernent les **déclarations et actes** comportant l'indication d'éléments à retenir pour l'**assiette ou** la **liquidation de l'impôt.** Font **notamment** partie de cette catégorie les déclarations suivantes :

– déclaration d'ensemble des revenus et déclarations de revenus ou bénéfices catégoriels (BIC, BNC ou BA, soumis à un régime réel, revenus fonciers et plus-values) ;
– déclaration relative à l'impôt sur les sociétés ;
– déclaration mensuelle, trimestrielle ou annuelle de chiffre d'affaires ;
– déclaration mensuelle sur les produits de placements à revenu fixe ;
– déclaration de succession et obligations déclaratives en matière d'impôt sur la fortune immobilière ;
– déclaration ou acte donnant ouverture aux droits d'enregistrement ;
– déclaration de la taxe d'aménagement (CGI art. 1635 quater A).

Ne sont pas concernés les déclarations et documents utilisés pour le **contrôle de l'impôt** dont le défaut ou retard de production est sanctionné comme indiqué n° 80190.

PÉNALITÉS APPLICABLES

80085 CGI art. 1728, 1 CF-VIII-8750 s et 11900 s

Le défaut ou le retard de production d'une déclaration entraîne l'application de l'**intérêt de retard** et d'une **majoration** dont le taux est de :

– **10 %** en l'absence de mise en demeure de déposer la déclaration ou de présenter l'acte à l'enregistrement ou lorsque le document a été déposé dans les 30 jours suivant la réception d'une mise en demeure (sauf dans le cas particulier des déclarations d'impôt sur le revenu vu n° 80100) ;
– **40 %** lorsque le document n'a pas été déposé dans les 30 jours suivant la réception d'une mise en demeure ;
– **80 %** en cas d'exercice d'une activité occulte, ou, s'agissant de la taxe d'aménagement (CGI art. 1635 quater A), en cas de construction sans autorisation.

Sur les pénalités applicables en cas d'**insuffisances** relevées dans une déclaration tardive, voir n° 80050, b.

> Précisions **a.** Lorsque l'administration adresse au contribuable, alors même qu'elle n'y est **pas tenue**, une **mise en demeure** de déposer sa déclaration de TVA avant de procéder à son imposition par voie de taxation d'office, la majoration des droits de 10 % est portée à 40 % si ce dernier n'obtempère pas dans les 30 jours suivant la réception de cette mise en demeure (CE 27-1-2010 n° 305291 : RJF 4/10 n° 400).
b. La **majoration de 80 %** est encourue sans que l'administration ait à établir le caractère intentionnel de la dissimulation, mais le contribuable peut écarter son application s'il prouve qu'il a commis une erreur justifiant qu'il ne se soit acquitté d'aucune de ses obligations déclaratives (CE plén. 7-12-2015 n° 368227. : RJF 2/16 n° 160).

Le **point de départ de l'intérêt de retard** est fixé en principe au premier jour du mois qui suit celui au cours duquel la somme concernée devait être acquittée. Toutefois, en matière d'**impôt sur le revenu** (exception faite des plus-values de cession d'immeubles et de biens meubles visées n°s 30525, 30535, 32000 s. et 32740 s.), il est fixé : **80090** CGI art. 1727, IV-1 et 3

- au 1er juillet de l'année qui suit celle au titre de laquelle l'imposition est établie ;
- au premier jour du quatrième mois qui suit celui au cours duquel devait être souscrite la déclaration des résultats en cas de cession, cessation ou de décès (n°s 4755 s.).

Par ailleurs, en matière d'**impôt sur la fortune immobilière,** le point de départ de l'intérêt de retard est le 1er juillet de l'année au titre de laquelle l'imposition est établie.

L'intérêt de retard est calculé jusqu'au **dernier jour** du mois :

- de la souscription ou de la présentation de la déclaration ou de l'acte (réparation spontanée de l'infraction) ;
- de la notification de la proposition de rectification ou des bases arrêtées d'office.

L'intérêt de retard et la majoration ont pour **base de calcul** le montant des droits mis à la charge du contribuable ou résultant de la déclaration déposée hors délai. **80095**

> Précisions L'administration admet de **déduire** de la base de calcul de l'intérêt de retard les **acomptes versés** dans les délais, ainsi que les acomptes versés tardivement lorsqu'ils ont donné lieu à l'application de l'intérêt de retard (BOI-CF-INF-10-10-20 n° 50). En revanche, elle refuse la déduction des acomptes de la base de calcul des majorations (BOI-CF-INF-10-20-10 n° 20) ; position confirmée par le Conseil d'État pour les acomptes versés en matière d'impôt sur le revenu (Avis CE 4-1-2024 n°s 488915 et 488916 : RJF 3/24 n° 233).

CAS PARTICULIERS

Déclarations d'impôt sur le revenu En cas de défaut ou de retard de production de déclarations, une **majoration de 10 %,** ou de **20 %** en cas de dépôt tardif effectué dans les 30 jours d'une mise en demeure, s'applique, à l'exclusion de la majoration de 10 % visée n° 80085. Cette majoration n'est pas due lorsqu'il est fait application des majorations de 40 % et 80 % visées n° 80085. **80100** CGI art. 1758 A **CF-VIII-12000 s**

Lorsque l'absence d'accomplissement de l'obligation déclarative traduit la **validation tacite** des informations transmises par l'administration, aucune majoration n'est due (n° 3690).

Lorsque le défaut ou le retard de souscription concerne à la fois la **déclaration d'ensemble** des revenus et une ou plusieurs **déclarations de revenus catégoriels,** et que plusieurs majorations de taux différents sont encourues, ces dernières sont appliquées à l'impôt sur le revenu réparti proportionnellement aux revenus représentatifs de chaque infraction. Toutefois, le taux de la majoration encourue au titre de la déclaration d'ensemble s'applique à la totalité de l'impôt lorsqu'il est supérieur à celui applicable au titre des autres déclarations. **80105** CGI art. 1728, 4 **CF-VIII-12600 s**

Certains **avantages fiscaux** ne peuvent être imputés sur les droits donnant lieu à l'application des majorations de **40 % ou 80 %** : voir n° 79880. **80107**

Déclarations de succession En cas de défaut ou de retard de production des déclarations de succession, la **majoration au taux de 10 %** n'est applicable qu'à partir du premier jour du septième mois suivant celui de l'expiration du délai de présentation de la déclaration (n° 68870). Il en résulte, s'agissant des déclarations de succession relevant du délai général, que les droits afférents aux déclarations présentées du septième au douzième mois inclus suivant le décès ne sont assortis que de l'intérêt de retard (BOI-CF-INF-10-20-10 n° 60). **80110** CGI art. 1728, 2 **CF-VIII-13000 s**

Par ailleurs, le délai de réponse accordé au contribuable pour **présenter la déclaration** à l'enregistrement **à l'issue d'une mise en demeure,** avant application de la majoration au taux de 40 %, est de 90 jours au lieu de 30.

Enfin, par mesure de tempérament administrative, la base de calcul de la **majoration de 10 %** est réduite du montant des acomptes versés dans les 12 mois (ou 30 mois dans le cas visé n° 68870, précision a) suivant le décès. Cette mesure n'est toutefois pas applicable pour la détermination de la base de calcul de la majoration de 40 % exigible lorsque la déclaration n'a pas été présentée à l'enregistrement dans les 90 jours de la mise en demeure (en cas de bonne foi, l'assiette de cette majoration peut, cependant, être diminuée des acomptes versés dans le délai légal de dépôt de la déclaration lorsque l'héritier en fait la demande gracieuse) (BOI-CF-INF-10-20-10 n° 60).

80115 CGI art. 1728, 5 ENR-XIII-38010 s

Obligations déclaratives en matière d'impôt sur la fortune immobilière

En cas de dépôt tardif de la déclaration de patrimoine (déclaration d'ensemble des revenus mentionnant le montant du patrimoine et ses annexes) par un redevable de l'impôt sur la fortune immobilière (IFI), la majoration de 10 % applicable en l'absence de mise en demeure ou en cas de dépôt dans les 30 jours d'une mise en demeure est portée à 40 % lorsque le **dépôt fait suite à la révélation d'avoirs à l'étranger** (comptes bancaires, contrats d'assurance-vie, biens ou droits placés dans un trust) qui n'ont pas fait l'objet des obligations déclaratives visées n°s 78305 et 78307.

À noter que les règles particulières prévues en matière de droits de succession (n° 80110) ne sont pas applicables à l'IFI.

80117 Pour le calcul de l'IFI, l'**avantage fiscal** prévu par l'article 978 du CGI ne peut être imputé sur les droits donnant lieu à l'application des majorations de **40 % ou 80 %** : voir n° 79880.

3. DÉFAUT OU RETARD DE PAIEMENT

80140 CF-VIII-9600 s Le défaut ou le retard de paiement des impôts entraîne l'application d'une majoration dont le taux diffère selon la nature des impôts en cause.

MAJORATION DE 10 %

80150 CGI art. 1730 CF-VIII-9700 s Le défaut de paiement ou le paiement tardif de l'impôt sur le revenu, des taxes foncières sur les propriétés bâties et non bâties, de la taxe d'habitation sur les résidences secondaires et autres locaux meublés non affectés à l'habitation principale, des contributions sociales sur les revenus du patrimoine ou de l'impôt sur la fortune immobilière entraînent l'application d'une **majoration de 10 %**.

Pour les sommes comprises dans un **rôle** ou mentionnées sur un **avis de mise en recouvrement,** cette majoration s'applique aux sommes qui n'ont pas été acquittées dans les 45 jours suivant la **date de mise en recouvrement** du rôle ou de la notification de l'avis de mise en recouvrement. Toutefois, aucune majoration n'est appliquée avant le 15 septembre pour les impôts établis au titre de l'**année en cours.**

L'**intérêt de retard** ne s'applique pas dès lors que la majoration de 10 % est applicable.

› Précisions **a.** En cas de paiement par **télérèglement** de certaines impositions dues par des **personnes physiques,** la date normale d'application de la majoration de 10 % est reportée dans les conditions indiquées n° 41560, b.
b. Le retard de versement et la modulation excessive à la baisse du **prélèvement à la source** de l'impôt sur le revenu sont sanctionnés par une majoration spécifique prévue par l'article 1729 G du CGI (voir n°s 3816, 3833 et 3850, précision b).
c. La majoration de 10 % n'est pas due en cas de paiement échelonné, conformément au plan de règlement accordé par le comptable public, d'une imposition établie par voie de rôle résultant de la **rectification spontanée d'une erreur** (n° 79867) par le contribuable (BOI-DAE-20-10 n° 110 ; BOI-CF-INF-10-30 n° 135).

MAJORATION DE 5 %

80160 CGI art. 1727, IV-1 et 5 et 1731 CF-VIII-10900 s En ce qui concerne les impôts autres que ceux visés n° 80150, c'est-à-dire notamment l'impôt sur les sociétés, la cotisation sur la valeur ajoutée des entreprises, la taxe sur les salaires, les taxes sur le chiffre d'affaires, les droits d'enregistrement ou de timbre – dont les droits de succession – le paiement tardif entraîne l'application de l'**intérêt de retard** et d'une **majoration de 5 %** du montant des sommes dont le paiement a été différé.

Il en va de même en cas de reversement tardif par le tiers collecteur du prélèvement à la source de l'impôt sur le revenu (n° 3847).

Le **point de départ de l'intérêt de retard** est fixé au premier jour du mois qui suit, soit :

– la date limite de dépôt de la déclaration ou de l'acte comportant reconnaissance par le contribuable de sa dette ;

– à défaut, la réception de l'avis de mise en recouvrement ;

– le mois au cours duquel le principal aurait dû être acquitté pour les sommes devant être acquittées sans déclaration préalable.

Le **point d'arrivée** du calcul de l'intérêt de retard est fixé au dernier jour du mois du paiement.

› Précisions a. La **base de calcul** de l'intérêt de retard est constituée par le montant des droits qui n'ont pas été acquittés dans les délais. Il s'agit donc : des droits restant dus à la date du dépôt de la déclaration (mais les droits acquittés par le contribuable entre la date limite de dépôt de la déclaration et le premier jour du mois suivant sont exclus de la base de calcul de l'intérêt de retard), des droits dus au jour où l'impôt devait être acquitté spontanément par le contribuable, des droits mis d'office à la charge du contribuable en cas de défaut de dépôt d'une déclaration ou d'un acte, des droits supplémentaires résultant d'une proposition de rectification et des sommes dues au premier jour du mois qui suit la réception d'un avis de mise en recouvrement faisant suite à un contrôle, sous déduction, le cas échéant, des droits acquittés par le contribuable entre le jour de la réception de l'avis et le premier jour du mois suivant (BOI-CF-INF-10-10-20 n° 30). 80165

b. La **majoration de 5 %** est due, en principe, dès lors que la somme concernée n'a pas été versée à la date légale de paiement. Toutefois, elle n'est pas due dans trois cas :

– lorsqu'une déclaration est déposée tardivement mais est accompagnée du **paiement total des droits** (CGI art. 1731, 2). Mais les pénalités visées n° 80085 sont, elles, applicables. La majoration de 5 % est, en revanche, applicable sur la totalité des sommes dues à la date légale de paiement si la déclaration tardive n'est accompagnée que d'un **paiement partiel** (dans cette hypothèse, la pénalité de recouvrement se cumule donc, en droit, avec les pénalités d'assiette au titre du dépôt tardif visées n° 80085) ;

– lorsque les impositions mises en recouvrement résultent d'un **contrôle** de la déclaration ou d'une taxation d'office pour défaut de déclaration (BOI-CF-INF-10-30 n° 190). Mais les pénalités visées nos 80040 et 80085 sont, le cas échéant, exigibles ;

– lorsque les droits acquittés, le cas échéant dans le respect d'un plan de règlement échelonné accepté par le comptable public, résultent de la **rectification spontanée d'une erreur** (n° 79867) par le contribuable (BOI-DAE-20-10 n° 100 ; BOI-CF-INF-10-30 n° 195).

c. En ce qui concerne la **cotisation sur la valeur ajoutée des entreprises,** la majoration de 5 % s'applique lorsque le contribuable a minoré ses **acomptes** et qu'il apparaît, lors de la liquidation définitive de la cotisation, que les versements effectués sont inexacts de plus du dixième (n° 44045 précision a), ou lorsqu'il a procédé à la **liquidation définitive** et que les versements effectués sont inexacts de plus du vingtième (BOI-CVAE-DECLA-20 n° 170).

Cotisation foncière des entreprises La majoration de 5 % s'applique : 80170 CGI art. 1731 B CET-II-192050 s

a) aux sommes mentionnées sur un rôle qui n'ont pas été acquittées dans les 45 jours suivant la date de **mise en recouvrement** de ce **rôle,** sans que cette majoration puisse être appliquée avant le 15 septembre pour les impôts établis au titre de l'année en cours. Ces dispositions ne s'appliquent pas aux acomptes déjà majorés en application du b ;

b) aux **acomptes** qui n'ont pas été versés le 15 du mois suivant celui au cours duquel ils sont devenus exigibles (n° 43775) ;

c) au montant de l'acompte que le contribuable s'est dispensé de payer lorsque, à la suite de la mise en recouvrement du rôle, les versements effectués sont inexacts de plus du dixième (n° 43775, précision a). Toutefois, aucune majoration n'est appliquée lorsque la différence constatée résulte d'une loi entrée en vigueur postérieurement à la date du dépôt de la déclaration ayant accompagné la réduction de l'acompte.

L'**intérêt de retard** s'applique également.

4. AUTRES INFRACTIONS

INFRACTIONS CONCERNANT LES DOCUMENTS À FOURNIR À L'ADMINISTRATION

Règles générales Les infractions visées ici concernent tous les **documents** qui doivent être remis à l'administration fiscale, **autres** que certains actes et déclarations comportant l'indication d'éléments à retenir pour l'assiette ou la liquidation de l'impôt (les infractions concernant ces déclarations et actes sont passibles des pénalités visées nos 80000 s. et 80075 s.). Il s'agit en pratique de documents **utilisés pour le contrôle de l'impôt,** tels qu'états ou relevés (relevé des amortissements par exemple), extraits, pièces ou copies (factures par exemple), déclarations ne donnant pas lieu à paiement de droits (déclaration négative de taxes sur le chiffre d'affaires par suite de l'absence de chiffre d'affaires réalisé ou de l'existence d'une situation créditrice par exemple), déclaration d'existence, etc. 80190 CGI art. 1729 B CF-VIII-17600 s

Le **défaut de production** ou la **production tardive** des documents à fournir à l'administration entraîne l'application d'une amende de 150 €. Cette amende est due autant de fois qu'il y a de documents non produits ou parvenus tardivement.

Quant aux **omissions ou inexactitudes** relevées dans les documents produits, elles sont sanctionnées (sauf cas de force majeure) par une amende de 15 € (150 € pour la déclaration visée n° 91880, précision b) par omission ou inexactitude, sans que le total des amendes applicables aux documents devant être produits simultanément puisse être inférieur à 60 € ni supérieur à 10 000 €.

Toutefois, qu'il s'agisse d'un défaut ou d'un retard de production, ou d'omissions ou d'inexactitudes, les amendes ne sont pas applicables en cas de **première infraction** commise au cours de l'année civile en cours et des trois années précédentes lorsque l'intéressé a **réparé** l'infraction soit spontanément, soit dans les 30 jours suivant une demande de l'administration.

Par ailleurs, les amendes ne s'appliquent pas aux **déclarations de changement de situation** du foyer fiscal susceptibles de modifier le taux du prélèvement à la source de l'impôt sur le revenu (n° 3820).

Cas particulier de la **déclaration pays par pays** : voir n° 8972.

80192 Refus de production de la liste des associés ou des filiales et participations

CGI art. 1763, IV CF-VIII-21300 s

Le **défaut de réponse ou** la **réponse partielle à une mise en demeure** de produire la liste des associés ou la liste des filiales et participations normalement jointes aux déclarations de résultats entraîne, pour chaque manquement constaté par personne ou groupement de personnes au titre d'un exercice, l'application d'une amende égale à 1 500 €, ou à 10 % des droits rappelés si ce dernier montant est plus élevé.

La majoration de 10 % est calculée sur le montant des droits rappelés, à raison des éléments retenus pour l'assiette ou la liquidation de l'impôt relatifs à ces personnes ou groupements de personnes, augmentés, le cas échéant, des contributions additionnelles (BOI-CF-INF-20-10-20 n° 167).

INFRACTIONS AUX RÈGLES DE FACTURATION

80195 CGI art. 1737, I-3 et V CF-VIII-19500 s

a. Défaut de facturation. Toute vente ou prestation réalisée sans facture et **non comptabilisée** est sanctionnée par une amende fiscale égale à 50 % du montant de la transaction, plafonnée à 375 000 € par exercice. Le client professionnel est solidairement tenu au paiement de cette amende. Lorsque la transaction a été **comptabilisée,** l'amende est réduite à 5 % du montant de la transaction, plafonnée à 37 500 € par exercice.

Les amendes de 50 % ou de 5 % ne sont pas dues en cas de première infraction commise au cours de l'année civile en cours et des trois années précédentes, lorsque l'infraction a été réparée spontanément ou dans les 30 jours d'une première demande de l'administration.

Le même régime est applicable en cas de défaut de délivrance de la note prévue à l'article 290 quinquies du CGI pour les travaux immobiliers fournis à des particuliers (n° 53565, précision d).

À noter que les ventes sans factures constituent, pour l'application des pénalités pour insuffisance de déclaration, une présomption de manœuvres frauduleuses (n° 80005, précision c).

CGI art. 1737, I-1 et 2 CF-VIII-19500 s

b. Factures de complaisance ou fictives. Les personnes qui, à l'occasion de l'exercice d'une activité professionnelle, **travestissent ou dissimulent l'identité ou l'adresse** de leurs fournisseurs ou de leurs clients, ou acceptent sciemment l'utilisation d'une identité fictive ou d'un prête-nom sont passibles d'une amende fiscale égale à 50 % des sommes versées ou reçues au titre des opérations concernées. Cette amende s'applique également aux personnes (assujetties à la TVA) qui commettent des infractions portant sur les éléments d'identification mentionnés tant sur les factures (n° 53625) que sur l'état récapitulatif des clients concernant les livraisons de biens (n° 49420).

En outre, les personnes qui délivrent une facture **ne correspondant pas à une livraison ou à une prestation de services réelle** sont redevables d'une amende fiscale égale à 50 % du montant de la facture.

Ces amendes ne s'appliquent pas dans le cas des ventes au détail et des prestations de services faites ou fournies à des particuliers.

Notons qu'une amende distincte est applicable à ceux qui délivrent des factures fausses ou de complaisance permettant à des tiers de bénéficier d'un **avantage fiscal** : voir n° 80205.

CGI art. 1737, II et V RIE-IV-2555 s

c. Omissions ou inexactitudes dans les factures. Toute omission ou inexactitude constatée dans les factures exigées en matière de TVA (n°s 53500 s.) donne lieu à l'application d'une amende de 15 € *par omission ou inexactitude*. Toutefois, le montant total des amendes dues au titre de chaque facture ou document ne peut excéder le quart du montant qui y est ou aurait dû y être mentionné.

L'amende n'est pas due en cas de première infraction commise au cours de l'année civile en cours et des trois années précédentes, lorsque l'infraction a été réparée spontanément ou dans les 30 jours d'une première demande de l'administration.

NON-RESPECT DES OBLIGATIONS DE DÉCLARATION OU PAIEMENT PAR VOIE ÉLECTRONIQUE

a. Déclaration. Sauf cas visés nº 3675, le non-respect de l'obligation de souscrire par voie électronique une déclaration et ses annexes (nºs 36385, 44035 s., 54100 et 87445) entraîne l'application d'une majoration de 0,2 % du montant des droits correspondant aux déclarations déposées selon un autre procédé. Le montant de la majoration ne peut être inférieur à 60 €. En l'**absence de droits,** le dépôt d'une déclaration ou de ses annexes selon un autre procédé que celui requis entraîne l'application d'une amende de 15 € par document, sans que le total des amendes applicables aux documents devant être produits simultanément puisse être inférieur à 60 € ni supérieur à 150 €. **80200** CGI art. 1738 **REC-III-700 s** **RIE-III-4200 s** **RIE-IV-12480 s**

Par ailleurs, le non-respect de l'obligation de souscrire selon un procédé électronique une déclaration de **sommes versées à un tiers** (nºs 26880, 78355, 78365 et 78385) est sanctionné par une amende de 15 € par bénéficiaire de ces sommes.

b. Paiement. Le non-respect de l'obligation de payer un impôt par virement, télérèglement ou prélèvement opéré à l'initiative du comptable public compétent (nº 76715) entraîne l'application d'une majoration de 0,2 % du montant des sommes dont le versement a été effectué selon un autre mode de paiement. Le montant de la majoration ne peut être inférieur à 60 €. Ce minimum est abaissé à 15 € en cas de non-respect de l'obligation de payer par prélèvement les impôts (autres que la CFE) recouvrés par voie de rôle.

Le non-respect de l'interdiction de payer un impôt par virement entraîne également l'application d'une majoration de 0,2 % du montant des sommes dont le versement a été effectué par ce mode de paiement (paiements de cotisation foncière des entreprises notamment : voir nº 43770). Cette majoration ne s'applique pas aux sommes déjà majorées de 0,2 % du fait du paiement de l'impôt par un moyen autre que ceux autorisés.

DÉLIVRANCE IRRÉGULIÈRE DE DOCUMENTS OUVRANT DROIT À AVANTAGE FISCAL

Le fait de délivrer sciemment des documents, tels que **certificats, reçus, états, factures ou attestations,** permettant à un contribuable d'obtenir indûment une **déduction** du revenu ou du bénéfice imposables, un **crédit d'impôt** ou une **réduction d'impôt,** est sanctionné par l'application d'une amende fiscale. Le **montant** de celle-ci est obtenu en appliquant le taux de la réduction ou du crédit d'impôt en cause aux sommes indûment mentionnées sur les documents délivrés au contribuable. Lorsque ces derniers ne mentionnent aucune somme ou lorsqu'ils portent sur une déduction du revenu ou du bénéfice, l'amende est égale au montant de l'avantage fiscal obtenu à tort. **80205** CGI art. 1740 A **CF-VIII-20700 s**

L'amende est également due par les organismes bénéficiaires de dons qui délivrent irrégulièrement aux **fonds de dotation** des documents attestant de leur éligibilité aux régimes de mécénat visés nºs 3170 s. et 10695 s.

Les **dirigeants** de droit ou de fait des personnes morales émettrices des documents concernés, qui étaient en fonction au moment de la délivrance de ces documents, sont solidairement responsables du paiement de l'amende (CGI art. 1754, V-2).

COMMERCIALISATION DE LOGICIELS OU DE SYSTÈMES DE CAISSE FRAUDULEUX

Les **entreprises ou les opérateurs qui conçoivent ou éditent** des logiciels de comptabilité ou de gestion ou des systèmes de caisse sont passibles d'une amende lorsqu'ils mettent à disposition des logiciels ou systèmes dont les caractéristiques ont permis, par une manœuvre destinée à égarer l'administration, la commission du délit d'**omission d'écritures ou de passation d'écritures inexactes ou fictives** au livre-journal (nº 80260) en modifiant, supprimant ou altérant de toute autre manière un enregistrement stocké ou conservé au moyen d'un dispositif électronique, sans préserver les données originales. **80210** CGI art. 1770 undecies **CF-VIII-21000 s**

Cette amende s'applique également :

– aux **entreprises ou opérateurs qui interviennent** techniquement sur les fonctionnalités des logiciels ou systèmes de caisse en question lorsque l'intervention opérée a permis, dans les mêmes conditions, la commission du délit susvisé ;

– aux **distributeurs** de ces produits qui savaient ou ne pouvaient ignorer qu'ils présentaient les caractéristiques énoncées ci-dessus.

L'amende est égale à 15 % du chiffre d'affaires hors taxe provenant de la commercialisation des logiciels ou systèmes de caisse concernés ou des prestations réalisées.

Les personnes susceptibles de faire l'objet de l'amende sont **solidairement responsables du paiement des droits** rappelés mis à la charge des entreprises qui se servent des logiciels et systèmes de caisse frauduleux dans le cadre de leur exploitation et correspondant à l'utilisation de ces produits.

CONSEILS SE RENDANT COMPLICES DE GRAVES MANQUEMENTS FISCAUX

80215 CGI art. 1740 A bis CF-VIII-21500 s Les professionnels du droit et du chiffre (**avocats** fiscalistes, **conseils juridiques, experts-comptables, notaires,** etc.) qui proposent à leurs clients des **montages frauduleux** peuvent être sanctionnés d'une amende fiscale.

Les prestations fournies doivent avoir directement permis au contribuable de se rendre coupable d'agissements pour lesquels une **majoration** égale à **80 %** des droits éludés a été prononcée (activité occulte, manœuvres frauduleuses, dissimulation de prix, abus de droit, insuffisances de déclarations d'avoirs situés à l'étranger ou d'actifs placés dans un trust).

L'**amende** est égale à 50 % des revenus perçus en contrepartie de la prestation fournie, avec un minimum de 10 000 €. Son application est subordonnée à l'accord (visa) d'un agent ayant au moins le grade d'inspecteur divisionnaire et intervient selon les modalités prévues à l'article L 80 D du LPF (nº 80220). Elle ne peut être infligée en cas d'engagement de poursuites pénales contre le professionnel pour **complicité de fraude fiscale** ou pour **mise à disposition d'instruments de facilitation de la fraude fiscale** (nº 80285).

> **Précisions** **a.** Le prononcé de l'amende n'est pas subordonné au carractère définitif de la majoration de 80 % appliquée au contribuable. Le professionnel peut, dans les mêmes conditions que ce dernier, **contester** la réalité des agissements incriminés. La décharge de la majoration au motif tiré de son bien-fondé entraîne celle de l'amende.
> **b.** L'intermédiaire sanctionné est frappé d'une interdiction de participer aux travaux des **commissions administratives** des impôts, du comité des abus de droit et du comité consultatif du crédit d'impôt-recherche.

5. MOTIVATION DES SANCTIONS

80220 LPF art. L 80 D CF-VIII-22410 s Les articles L 211-2 et L 211-3 du Code des relations entre le public et l'administration (CRPA) donnent à toute personne physique ou morale le droit d'être informée des décisions prises à son égard lorsque ces décisions lui sont défavorables ou dérogent à la règle générale.

L'obligation de motiver qui en résulte concerne notamment les décisions administratives individuelles qui infligent une sanction fiscale. Elle est de portée générale. Elle vise notamment l'application des majorations pour insuffisance de déclaration (quels que soient le type de contrôle et la procédure de rectification utilisés), des majorations pour défaut ou retard de déclaration ou pour retard de paiement, ou encore de la pénalité pour distributions occultes. Mais l'application de l'intérêt de retard, qui n'a pas le caractère d'une sanction, n'a pas à être motivée : voir nº 79860.

Le défaut (ou l'insuffisance) de motivation des pénalités est susceptible d'entraîner leur annulation (CE 22-2-1989 nº 70252 : RJF 4/89 nº 444).

80225 > **Précisions** La motivation doit être **écrite** et comporter l'énoncé clair et précis des considérations de fait et de droit qui constituent le fondement de la décision.
> Elle est obligatoirement portée à la connaissance du contribuable au moins **30 jours avant** la notification de l'avis de mise en recouvrement ou de l'avis d'imposition.
> Durant le délai de 30 jours, le contribuable peut présenter ses observations (le document portant motivation de la sanction doit l'informer de cette faculté).
> En pratique, la motivation est, en principe, effectuée dans la **proposition de rectification** ou dans la **notification des bases d'imposition d'office** (BOI-CF-INF-30-20 nºs 100 à 140). Lorsque les sanctions sont motivées dans la proposition de rectification et que le contribuable bénéficie, sur sa demande, d'une **prorogation du délai** de réponse à cette proposition (nº 78795), il dispose du même délai pour présenter ses **observations** sur les sanctions (BOI-CF-IOR-10-50-10 nº 230).
> Lorsqu'elle **modifie,** avant leur mise en recouvrement, la **base légale,** la **qualification** ou les **motifs des pénalités** qu'elle se propose d'appliquer au contribuable, l'administration est tenue de motiver une nouvelle fois ces pénalités en octroyant au contribuable un délai de 30 jours pour présenter ses observations (CE 6-4-2007 nº 269402 : RJF 6/07 nº 720).

B. Sanctions pénales

80250 Les sanctions pénales (**peines correctionnelles**) ont essentiellement pour objet, dans le domaine qui nous occupe, de réprimer le délit de fraude fiscale.

1. DÉLIT DE FRAUDE FISCALE

CGI art. 1741 s.
CF-VIII-40100 s

ÉLÉMENTS CONSTITUTIFS DU DÉLIT

Une personne est coupable du délit de fraude fiscale lorsqu'elle s'est frauduleusement soustraite ou a tenté de se soustraire frauduleusement à l'impôt. Peu importe la nature du **procédé** utilisé : il peut s'agir notamment de l'omission de déclaration, de la dissimulation de sommes sujettes à l'impôt, de l'organisation d'insolvabilité ou d'autres manœuvres mettant obstacle au recouvrement de l'impôt, d'irrégularités comptables (omission volontaire d'écritures ou passation d'écritures inexactes ou fictives au livre-journal). Mais l'infraction doit présenter un caractère frauduleux, ce qui suppose que son auteur ait été animé par une volonté de fraude. La **preuve du caractère intentionnel** incombe aux parties poursuivantes, ministère public et administration. **80260** CF-VIII-40150 s

> Précisions Les sanctions pénales ne peuvent pas s'appliquer au contribuable qui a été déchargé de l'impôt par une **décision juridictionnelle** devenue **définitive** pour un motif de fond. Elles ne peuvent s'appliquer, en tout état de cause, qu'aux **cas les plus graves** de dissimulation frauduleuse, eu égard au montant des droits fraudés, à la nature des agissements de la personne poursuivie ou aux circonstances de l'intervention (Cons. const. 24-6-2016 nos 2016-545 QPC et 2016-546 QPC : RJF 10/16 n° 862). Dès lors que la fraude fiscale est établie, le juge pénal doit vérifier, le cas échéant d'office, que les faits retenus présentent le degré de gravité de nature à justifier la sanction pénale, en complément de la répression fiscale. Il doit motiver sa décision sur ce point (Cass. crim. 11-9-2019 nos 18-81.067, 18-82.430 et 18-84.144 : RJF 12/19 n° 1197).

PEINES ENCOURUES

Le délinquant est passible, indépendamment des sanctions fiscales, d'une **amende** de 500 000 € et d'un **emprisonnement** de cinq ans. **80265** CF-VIII-47200 s.

Les peines sont portées à 3 M€ et sept ans d'emprisonnement lorsque la fraude a été commise avec des **circonstances aggravantes,** c'est-à-dire en bande organisée ou réalisée ou facilitée au moyen :

– soit de comptes ouverts ou de contrats souscrits auprès d'organismes établis à l'étranger ;
– soit de l'interposition de personnes physiques ou morales, ou de tout organisme, fiducie ou institution comparable (trusts ou fondations) établis à l'étranger ;
– soit de l'usage d'une fausse identité ou de faux documents, ou de toute autre falsification ;
– soit d'une domiciliation fiscale fictive ou artificielle à l'étranger ;
– soit d'un acte fictif ou artificiel, ou de l'interposition d'une entité fictive ou artificielle.

Par ailleurs, l'amende de 500 000 € (ou de 3 M€) peut être portée au **double du montant du produit tiré de l'infraction.**

En cas de **dissimulation,** ces peines ne sont applicables que si la dissimulation excède le dixième de la somme imposable ou le chiffre de 153 €.

La durée de la **peine d'emprisonnement** encourue par l'auteur ou le complice de la fraude est **réduite** de moitié si, ayant averti l'autorité administrative ou judiciaire, il a permis d'identifier les autres auteurs ou complices.

> Précisions **a.** À ces peines viennent s'ajouter :

– l'interdiction de participer aux **travaux des commissions** administratives des impôts, du comité des abus de droit et du comité consultatif du crédit d'impôt-recherche (application automatique ; CGI art. 1753) ;
– l'**affichage** et la **diffusion de la décision** de justice (prononcé obligatoire par le juge, sauf dérogation spécialement motivée en considération des circonstances de l'infraction et de la personnalité de son auteur) ;
– la **privation** de tout ou partie des **droits civiques, civils et de famille** énumérés à l'article 131-26 du Code pénal (prononcé facultatif par le juge ; obligatoire toutefois, sauf motivation spéciale, pour les fraudes commises en bande organisée ou facilitées à l'aide des moyens visés ci-dessus) ;
– l'**interdiction d'exercer** et la **suspension du permis de conduire** (prononcé facultatif : n° 80315) ;
– l'**exclusion** de la procédure de passation des **marchés publics** (application automatique : n° 80320).

b. En outre, pour les infractions commises à compter du 1er janvier 2024, la **privation du droit au bénéfice des réductions ou crédits d'impôt** sur le revenu ou d'impôt sur la fortune immobilière (à l'exclusion des crédits d'impôt conventionnels) peut être prononcée par le juge (pour une durée maximale de trois ans) pour les contribuables reconnus coupables du délit de fraude fiscale avec les **circonstances aggravantes** énumérées ci-dessus (Loi 2023-1322 du 29-12-2023 art. 114).

c. Pour les **personnes morales,** l'amende est, conformément à l'article 131-38 du Code pénal, égale au quintuple de celui prévu pour les personnes physiques (montant susceptible d'être porté au décuple en conséquence des dispositions de la loi fiscale).

80270 Les **auteurs** et les **complices** d'une même fraude sont **tenus solidairement au paiement des droits fraudés** et des pénalités dès lors qu'ils ont tous fait l'objet d'une condamnation pénale définitive et que la solidarité a été prononcée par le juge pénal (CGI art. 1745).

PROCÉDURE

80275 CGI art. 1741, 1741 A et LPF art. L 228 à L 231 CF-VIII-41000 s

Les conditions dans lesquelles des poursuites pénales peuvent être engagées contre le contribuable varient en fonction de la gravité des faits constitutifs de la fraude fiscale.

a. L'administration est tenue de **dénoncer au procureur de la République** tous les faits ayant abouti, sur des **droits excédant 100 000 €** (ou 50 000 € pour certains contribuables), à l'application de **pénalités** fiscales égales à 100 % (opposition à contrôle fiscal), 80 % (activité occulte, abus de droit, manœuvres frauduleuses, dissimulation de prix, activités illicites, non-déclaration d'avoirs à l'étranger) ou 40 % (défaut de déclaration dans les 30 jours d'une mise en demeure, manquement délibéré, abus de droit). Les rappels assortis de pénalités de 40 % ne donnent toutefois lieu à dénonciation que si, au cours des six années précédentes, le contribuable a déjà fait l'objet de pénalités de 100 %, 80 % ou 40 %, ou d'une plainte pour fraude fiscale (condition de réitération). Dans ces différents cas, l'initiative des poursuites appartient au parquet (qui est libre de les engager ou non), sans nécessité d'une plainte préalable de l'administration.

b. Pour les **cas autres** que ceux requérant une dénonciation au parquet, l'administration apprécie l'opportunité des poursuites. Celles-ci sont engagées sur une **plainte** du service chargé de l'assiette ou du recouvrement, ou du service spécialisé dans le contrôle, sous réserve que la **commission des infractions fiscales** ait émis un avis favorable. Toutefois, l'avis de cette commission n'est pas requis lorsqu'il existe des présomptions caractérisées qu'une infraction fiscale a été commise pour laquelle existe un risque de dépérissement des preuves.

La plainte peut être déposée, en règle générale, jusqu'à la fin de la sixième année qui suit celle au cours de laquelle l'infraction a été commise. Ce **délai** est suspendu pendant une durée maximum de six mois entre la date de saisine de la commission et celle à laquelle elle émet son avis (délai calculé en excluant le jour de saisine de la commission et le jour de son avis).

c. Lorsque des faits ont été dénoncés au parquet (cas a) ou ont donné lieu au dépôt d'une plainte (cas b), la découverte de **nouveaux faits** de fraude fiscale sur d'autres impôts ou sur une période différente commis par le même contribuable autorise le ministère public à engager directement des poursuites.

› Précisions **a.** Le caractère réitéré des manquements des contribuables faisant l'objet d'une majoration de 40 % ne peut être établi qu'à l'égard d'un même contribuable. Ainsi, au sein d'un **groupe fiscalement intégré,** au sein duquel chaque société demeure contribuable, ce critère est apprécié au niveau de chaque société (Cons. const. 27-9-2019 n°s 2019-804 QPC : RJF 12/19 n° 1176).

b. Le seuil de **50 000 €** concerne les contribuables soumis à l'obligation de déclarer leur situation patrimoniale (membres du Gouvernement, parlementaires...). Pour ces contribuables, la dénonciation au parquet s'applique sans condition de réitération d'un manquement fiscal, en cas d'application des majorations de 40 %.

c. Les **pénalités** susceptibles d'entraîner la transmission de l'affaire au parquet sont celles qui sont appliquées à la date de mise en recouvrement. Les remises postérieures sont sans incidence (BOI-CF-INF-40-10-10-15 n° 130).

d. Le risque de **dépérissement des preuves** peut résulter de l'utilisation de comptes ou de contrats souscrits auprès d'organismes établis à l'étranger, de l'interposition de personnes ou d'organismes, fiducies ou institutions comparables établis à l'étranger, de l'usage d'une fausse identité, de faux documents ou de toute autre falsification, d'une domiciliation fiscale fictive ou artificielle à l'étranger, ou de toute autre manœuvre destinée à égarer l'administration.

e. La **commission** des infractions fiscales n'a pas à intervenir en matière d'**escroquerie.** Elle donne en revanche son avis dans les cas où l'administration envisage de **rendre publiques les sanctions** administratives infligées à une personne morale (n° 80325) ou de **publier la liste des opérateurs de plateforme en ligne** non coopératifs (n° 80330).

f. La commission des infractions fiscales est **saisie** par le ministre chargé du budget ou son délégataire. Elle informe le contribuable de cette saisine et l'invite à lui communiquer dans un délai de 30 jours les informations qu'il jugerait nécessaires. Le contribuable n'est pas admis à présenter des observations orales. Les séances ne sont pas publiques. L'**avis** de la commission n'a pas à être motivé.

g. Incidence, sur la validité de la procédure pénale pour fraude fiscale, de la violation par l'administration des **garanties** dont disposent les contribuables vérifiés : voir n° 79405, précision a.

80277 **Procédures de transaction pénale** Les personnes poursuivies pour fraude fiscale peuvent bénéficier de la procédure de comparution sur reconnaissance préalable de culpabilité, dite procédure de « **plaider-coupable** » (CPP art. 495-7 à 495-16).

Par ailleurs, la conclusion d'une **convention judiciaire d'intérêt public** (CPP art. 41-1-2) peut être proposée par le procureur de la République aux personnes morales mises en cause.

2. AUTRES DÉLITS

DÉLIT DE MISE À DISPOSITION D'INSTRUMENTS DE FACILITATION DE LA FRAUDE FISCALE

Un **délit autonome** réprime la mise à disposition par des personnes physiques ou morales d'instruments de facilitation de la fraude fiscale. **80285** CGI art. 1744

Est visée la mise à disposition, à titre gratuit ou onéreux, d'un ou de plusieurs **moyens, services, actes ou instruments juridiques, fiscaux, comptables ou financiers** (tels que limitativement énumérés nº 80275, précision d.), dans le but de permettre à un ou plusieurs tiers d'échapper frauduleusement à tout ou partie de l'impôt.

Les personnes physiques reconnues coupables sont passibles d'une **amende** de 250 000 € et d'un **emprisonnement** de trois ans. Ces peines sont respectivement portées à 500 000 € et cinq ans lorsque la mise à disposition est commise en utilisant un **service de communication au public en ligne.** Pour les personnes morales déclarées responsables pénalement, l'amende est égale au quintuple de celle prévue pour les personnes physiques. Des peines complémentaires sont applicables (voir ci-dessous)

Les **poursuites** sont engagées par le procureur de la République, sans dépôt obligatoire d'une plainte de l'administration fiscale.

> **Précisions** **a.** Institué par l'article 113 de la loi 2023-1322 du 29 décembre 2023, le présent dispositif est applicable aux **infractions** commises à compter du 1er janvier 2024.
> **b.** Les **agents** habilités à mener une enquête judiciaire pour fraude fiscale sont compétents pour rechercher et constater la présente l'infraction.
> **c.** Les **peines complémentaires** visées nº 80265, précision a, alinéas 3 à 6 sont applicables aux personnes physiques. Pour les personnes morales ces peines sont celles prévues à l'article 131-39, 1° à 6°, 9° et 12° du Code pénal (par exemple, interdiction d'exercer l'activité dans le cadre de laquelle l'infraction a été commise).
> **d.** Sur l'**amende fiscale** applicable aux **professionnels** qui fournissent des prestations de services concourant à l'élaboration de montages frauduleux, voir nº 80215.

DIVERS

Comme indiqué nº 79100, précision e, l'**opposition individuelle ou collective au contrôle** fiscal expose notamment son ou ses auteurs à des peines correctionnelles. Il en est de même des infractions suivantes. **80290**

a. Refus collectif de l'impôt (CGI art. 1747 : CF-VIII-58700 s.). L'organisation, par voies de fait, menaces ou manœuvres concertées, du refus collectif de l'impôt est punie d'un emprisonnement de deux ans et d'une amende de 9 000 €. L'incitation du public au refus ou au retard de paiement de l'impôt est punie d'une amende de 3 750 € et d'un emprisonnement de six mois. Par ailleurs, le délinquant peut être exclu de la procédure de passation des marchés publics (nº 80320).

b. Escroquerie en matière de TVA (CF-VIII-54600 s.). Certaines fraudes relatives à la TVA, notamment celles qui tendent à constituer des crédits fictifs de taxe, relèvent de l'escroquerie et peuvent être poursuivies en application de l'article 313-1 du Code pénal.

c. Récidive en matière de taxes sur le chiffre d'affaires (CGI art. 1789 : CF-VIII-54300 s.). Le contribuable ayant effectivement fait l'objet depuis moins de trois ans de l'une des amendes ou majorations visées nos 78070, 80040 et 80190 peut, s'il commet intentionnellement une nouvelle infraction de même nature, être frappé d'une peine d'emprisonnement de six mois prononcée par les tribunaux répressifs.

d. Organisation de fausses comptabilités par un professionnel (CGI art. 1772, 1-1° : CF-VIII-53060 s.). Les agents d'affaires, experts, experts-comptables et professionnels assimilés encourent une amende pénale d'un montant de 4 500 € et/ou un emprisonnement de cinq ans, s'ils participent à l'établissement de documents comptables falsifiés.

e. Plusieurs **infractions,** autres que celles que nous avons déjà examinées, sont assorties de sanctions pénales par des **dispositions particulières** du Code général des impôts. C'est le cas, en matière d'impôts directs, de celles qui sont visées aux articles 1771 à 1783 B du CGI et dont la sanction, d'ailleurs, fait souvent double emploi avec la sanction du délit de fraude fiscale : défaut de déclaration séparée de revenus encaissés à l'étranger, encaissement de coupons revenant à des tiers, production de pièces fausses en vue d'obtenir un dégrèvement, etc. Autre exemple : les fausses affirmations de sincérité en matière de droits d'enregistrement (CGI art. 1837).

C. Sanctions particulières

80310 Les personnes coupables d'infractions fiscales peuvent être frappées de sanctions ne consistant ni dans le versement d'une somme d'argent ni dans une peine d'emprisonnement.

INTERDICTION D'EXERCER ET SUSPENSION DU PERMIS DE CONDUIRE

80315 CGI art. 1750 CF-VIII-47580 s

Pour les délits commis en matière fiscale, le tribunal peut prononcer deux types de peine complémentaire.

Il peut, d'une part, **interdire** au condamné **d'exercer,** directement ou indirectement, pour son propre compte ou pour le compte d'autrui, une profession libérale, commerciale ou industrielle, de diriger, d'administrer, de gérer ou de contrôler à un titre quelconque, directement ou indirectement, pour son propre compte ou pour le compte d'autrui, une entreprise commerciale ou industrielle ou une société commerciale. Cette interdiction est soit définitive, soit temporaire. Dans ce dernier cas, elle ne peut excéder une durée de 15 ans.

Si le contribuable **enfreint l'interdiction d'exercer,** il encourt une peine de prison de deux ans et une amende de 375 000 € (C. pén. art. 434-40-1).

Le tribunal peut, d'autre part, **suspendre** son **permis de conduire** un véhicule automobile pour une durée de trois ans au maximum (le double en cas de récidive). La peine peut être limitée à la conduite en dehors de l'activité professionnelle.

Si le contribuable **enfreint cette suspension,** il encourt une peine de prison de deux ans et une amende de 30 000 € (C. pén. art. 434-41).

Les deux sanctions peuvent être cumulées.

EXCLUSION DES MARCHÉS PUBLICS

80320 CF-VIII-29700 s et 47630

Sont exclues des marchés publics :

– les personnes qui ne sont **pas en situation régulière au regard de leurs impôts et des cotisations de sécurité sociale,** soit qu'elles n'aient pas souscrit leurs déclarations, soit qu'elles n'aient pas acquitté les sommes exigibles (liste des impôts et cotisations fixée par voie réglementaire) ;

– les personnes reconnues coupables du délit général de **fraude fiscale** ou de **délits assimilés** (nº 80260), des délits d'**opposition** individuelle ou collective à l'exercice du **contrôle fiscal** (nº 79100, précision e) et des délits de **refus collectif de l'impôt** (nº 80290, a). L'exclusion, d'une durée de cinq ans à compter de la condamnation (sauf prononcé d'une durée différente), s'applique que ces personnes soient auteurs principaux ou complices des faits incriminés, ou encore condamnées pour recel de telles infractions. Elle s'étend aux infractions équivalentes prévues par la législation d'un autre État membre de l'Union européenne.

PUBLICATION DES SANCTIONS INFLIGÉES AUX PERSONNES MORALES

80325 CGI art. 1729 A bis CF-VIII-27000 s

L'administration peut rendre publiques les sanctions fiscales appliquées aux personnes morales lorsque le **montant** des droits fraudés est au moins égal à 50 000 € et que les contribuables ont eu recours à des **manœuvres frauduleuses** ou à l'**abus de droit** pour échapper à l'impôt.

La publication est subordonnée à l'**accord** de la **commission des infractions fiscales** préalablement saisie par l'administration. Elle peut intervenir même si les sanctions fiscales peuvent encore être contestées et ne sont donc pas définitives (incidences d'un recours contentieux de la personne morale : voir précision c, ci-dessous).

La publication des sanctions est exclue lorsque les manquements ont fait l'objet d'une **plainte pour fraude fiscale** de la part de l'administration.

› Précisions **a.** La personne morale doit être avisée de la **saisine de la commission** des infractions fiscales. Elle dispose d'un délai de 30 jours pour présenter à la commission ses **observations** écrites. La **décision** de publication faisant suite à l'avis favorable (motivé) de la *commission doit lui être notifiée.* La publication ne peut intervenir avant l'expiration d'un **délai** de 60 jours à compter de cette notification.

b. La publication est effectuée sur le **site internet** de l'administration fiscale. Elle comporte la dénomination de la personne morale, la nature et le montant des droits éludés, ainsi que les sanctions infligées. Sa **durée,** fixée par l'administration, est au maximum d'un an.

c. La **contestation** des pénalités par la voie d'un recours contentieux avant l'expiration du délai de 60 jours suspend la publication. Elle entraîne son retrait si elle intervient après. L'administration doit rendre publique toute décision juridictionnelle donnant gain de cause au contribuable sur des sanctions ayant fait l'objet de la publicité.

PUBLICATION DE L'IDENTITÉ DES OPÉRATEURS DE PLATEFORME NON COOPÉRATIFS

L'administration peut publier une **liste** des opérateurs de plateforme numérique de transactions en ligne (n° 78412) qui se voient appliquer des sanctions faute d'avoir respecté leurs obligations. 80330 CGI art. 1740 D CF-VIII-27000 s

Sont visés les opérateurs pour lesquels l'administration a, en **moins de 12 mois,** mis en recouvrement à **deux reprises au moins** l'une des **impositions** ou **amendes** suivantes : TVA due solidairement avec les utilisateurs professionnels (n° 54060) ; amende pour refus de communication de documents ou renseignements (n° 78070) ; amende pour défaut de respect des obligations annuelles de déclaration et de transmission aux utilisateurs du récapitulatif des transactions (n° 78414) ; imposition résultant d'une taxation d'office à la TVA sur les ventes à distance (n°s 49820 s.) ; imposition résultant d'une taxation d'office à la taxe sur certains services numériques (n° 76150).

L'opérateur est **informé** du risque de publication de son identité dans les demandes, notifications ou mises en demeure propres aux mesures susvisées.

La publication est subordonnée à l'**accord** de la **commission des infractions fiscales** préalablement saisie par l'administration.

> Précisions **a.** Une copie de la **saisine de la commission** des infractions fiscales est adressée à l'opérateur, qui dispose d'un délai de 30 jours pour lui présenter ses **observations** écrites. La **décision** de publication (motivée) faisant suite à l'avis favorable de la commission doit être notifiée à l'opérateur. La publication ne peut intervenir avant l'expiration d'un **délai** de 60 jours à compter de cette notification, délai pendant lequel l'opérateur peut produire des observations.

b. La publication est effectuée sur une liste figurant sur le **site internet** de l'administration fiscale. Elle comporte la dénomination commerciale de l'opérateur de plateforme, ainsi que, le cas échéant, son activité professionnelle et son État ou territoire de résidence. Sa **durée,** fixée par l'administration, est au maximum d'un an. Le paiement de l'intégralité des impositions ou amendes ayant motivé la publication entraîne le retrait immédiat de celle-ci.

c. L'administration doit rendre publique sur son site internet toute **décision juridictionnelle** prononçant la décharge d'une imposition ou annulant une amende ayant fait l'objet de la publicité.

CHAPITRE 3

RECOURS DES CONTRIBUABLES

SOMMAIRE

I. Recours contentieux 81650
A. Réclamations préalables 81800
B. Saisine du juge de l'impôt 81990
1. Généralités 82065
2. Procédure devant les juridictions administratives 82100
3. Procédure devant les juridictions judiciaires 82195
II. Recours gracieux 82270
III. Dégrèvements et restitutions d'office 82310
IV. Modèles pratiques 82340

DIFFÉRENTS TYPES DE RECOURS POSSIBLES

81500 CONT-I-20 s

Les contribuables peuvent faire opposition aux poursuites en paiement dont ils sont l'objet (nos 77040 s.). Les recours exercés à cet effet constituent le **« contentieux du recouvrement ».**

Ils peuvent également introduire un recours pour obtenir la décharge ou la diminution du montant de l'impôt et des pénalités qui s'y rattachent : il s'agit du **« contentieux de l'assiette ».** Celui-ci recouvre deux types de recours :

– le « **recours contentieux** », qui consiste à contester le bien-fondé d'une imposition ou d'une pénalité, à demander la restitution d'un impôt payé en trop ou à demander le bénéfice d'une mesure à laquelle on estime avoir droit ;

– le « **recours gracieux** », qui consiste à solliciter la remise totale ou partielle d'une imposition ou d'une pénalité, sans faire valoir de motifs tenant à son bien-fondé.

De son côté, l'administration peut réparer, par voie de **dégrèvements d'office,** les erreurs d'imposition commises au préjudice des contribuables.

Sur les voies de recours ouvertes aux contribuables en cas de litige relatif à l'application d'une **convention fiscale internationale,** voir nos 83120 s.

I. RECOURS CONTENTIEUX

81650 LPF art. L 190, al. 1 CONT-I-60 s

Tout contribuable peut demander, par la voie contentieuse, une décharge ou une réduction d'impôt s'il s'estime imposé à tort ou surtaxé, s'il désire obtenir la restitution d'un impôt payé en trop ou encore s'il pense avoir droit au bénéfice d'une mesure.

La procédure de recours contentieux débute par le dépôt d'une **réclamation préalable** devant le service des impôts. Elle se poursuit, le cas échéant, par la **contestation** de la décision de l'administration **devant les juridictions compétentes.**

Il importe de respecter à chaque stade les règles de procédure pour ne pas risquer un rejet du recours pour vice de forme.

ATTENTION

Le dépôt d'une réclamation peut avoir pour effet dans certains cas de rouvrir le **délai de reprise** de l'administration (n° 77775). Par ailleurs, une **compensation** peut être opérée entre les dégrèvements reconnus justifiés et les insuffisances ou omissions qui viendraient à être constatées (nos 81940 s.). Enfin, l'administration peut maintenir les impositions contestées en procédant à une **substitution de base légale** (n° 81950).

A. Réclamations préalables

81800 LPF art. R 190-1 CONT-III-1 s

Adresser une réclamation à l'administration constitue une formalité que le contribuable doit obligatoirement accomplir. En effet, il ne peut saisir les tribunaux qu'en cas de rejet (total ou partiel) de sa demande par le service des impôts.

INTRODUCTION DE LA RÉCLAMATION

La réclamation contentieuse est normalement formulée par **écrit** et envoyée au service des impôts du lieu d'imposition. Toutefois, quand l'imposition est établie par un service autre que celui dont dépend le lieu d'imposition, la réclamation doit être adressée au directeur de ce service. Un **récépissé** doit être adressé au contribuable. Bien que ce ne soit pas obligatoire, il est prudent d'expédier la réclamation par **pli recommandé** avec accusé de réception afin d'être en mesure d'établir, s'il y a lieu, qu'elle a bien été présentée dans le délai imparti. **81810** CONT-III-9600 s

Par dérogation, l'administration permet aux particuliers de présenter leur réclamation **en ligne** ou de manière **verbale** (n° 81855, précision a).

> Précisions a. Selon la cour administrative d'appel de Toulouse, le contribuable peut envoyer une réclamation en **pièce jointe** d'un **courrier électronique,** toutes conditions de forme nécessaires pour sa régularité étant remplies par ailleurs (CAA Toulouse 9-2-2023 n° 20TL03803 : RJF 5/23 n° 411). Le contribuable doit s'assurer que l'administration **accuse réception** du courrier électronique afin de se ménager une preuve de la réception effective de ce dernier. **81815**

b. Les réclamations concernant les **acomptes ou versements provisionnels** doivent être adressées au comptable chargé du recouvrement et non au service d'assiette. Ces contestations sont soumises à la déchéance quadriennale des créances sur l'État.

c. En matière d'impôts directs, le **service du recouvrement** à qui est **adressée par erreur** une réclamation concernant l'assiette doit la transmettre au service d'assiette compétent. La **date d'enregistrement** de la réclamation est celle de la réception par le service du recouvrement. Le contribuable doit être informé de cette transmission (LPF art. R 190-2 ; CONT-III-2870 s.).

d. Sur la situation des entreprises relevant de la **direction des grandes entreprises,** voir n° 87475.

DÉLAI DE RÉCLAMATION

Délai général **a.** Pour les **impôts autres que les impôts directs locaux,** le délai imparti pour présenter une réclamation à l'administration expire le 31 décembre de la seconde année suivant, selon le cas, celle : **81825** LPF art. R 196-1, al. 1 à 4 et R 196-2, al. 1 à 3 et al. 6 CONT-III-4200 s

– de la mise en recouvrement du rôle (impôt sur le revenu, prélèvements sociaux sur les revenus du patrimoine, impôt sur la fortune immobilière, etc.) ;

– de la notification d'un avis de mise en recouvrement (TVA, impôt sur les sociétés, droits d'enregistrement, taxe sur les salaires, etc.) ;

– du versement de l'impôt contesté si celui-ci n'a pas donné lieu à l'établissement d'un rôle ou à la notification d'un avis de mise en recouvrement : demande en restitution de versements spontanés, notamment, de la TVA, des droits d'enregistrement et (sous réserve de ceux valant acomptes provisionnels) de l'impôt sur les sociétés et de la taxe sur les salaires ;

– de la réalisation de l'événement qui motive la réclamation, c'est-à-dire des faits ou circonstances de nature à exercer une influence sur le bien-fondé de l'impôt dans son principe ou son montant.

b. Pour les **impôts directs locaux** et taxes annexes, il expire le 31 décembre de l'année suivant celle de la mise en recouvrement du rôle, de la notification d'un avis de mise en recouvrement, du versement de l'impôt contesté, de la réalisation de l'événement (tel que défini au a) qui motive la réclamation ou de l'émission d'un titre de perception.

Délais spéciaux Lorsque le contribuable fait l'objet d'une **procédure de reprise ou de rectification** de la part de l'administration, il dispose, pour présenter ses réclamations, d'un délai égal à celui fixé à l'administration pour établir l'impôt, c'est-à-dire d'un délai expirant en règle générale le 31 décembre de la troisième année suivant celle de la notification de la proposition de rectification (nos 78775 s.) ou des bases imposées d'office (n° 79130). **81830** LPF art. R 196-1, al. 5 à 8 R 196-1-1, R 196-2, al. 4 et 5 et R 196-3 à R 196-5 CONT-III-6400 s et 7650 s

Le délai spécial permet de contester non seulement les **impositions complémentaires** établies à la suite d'une proposition de rectification, mais aussi les **impositions primitives** concernées par la procédure de rectification. En cas d'imposition d'office, le délai spécial s'applique même si cette imposition d'office ne concerne que des impositions primitives.

> Précisions a. En cas d'exercice d'une **activité occulte** autorisant l'application du délai dérogatoire de reprise de dix ans (n° 77715), le délai spécial de réclamation expire le 31 décembre de la dixième année suivant celle de la proposition de rectification, même si l'administration a mis en œuvre son droit de reprise dans le délai de droit commun de trois ans (CE 22-7-2022 n° 451206 : RJF 11/22 n° 997 ; CE 9-11-2023 n° 466960 : RJF 2/24 n° 169).

b. La notification n'ouvre le délai spécial de réclamation que si elle est effectuée dans des conditions **régulières,** de nature à interrompre la prescription (CE 21-7-1995 n° 129227 : RJF 10/95 n° 1175).

c. Le délai spécial, égal à celui dont dispose l'administration pour établir l'impôt, ne saurait être rallongé du fait d'**actes de procédures postérieurs** à la proposition de rectification (CE 26-1-2021 n° 437802 : RJF 4/21 n° 419).

d. Le contribuable peut réclamer dans le **délai général** si celui-ci vient à expiration après le délai spécial.

81835 Des délais spéciaux de réclamation s'appliquent également aux :

– **cotisations** d'impôts directs **établies à tort ou faisant double emploi** : 31 décembre de l'année suivant celle au cours de laquelle le contribuable a eu connaissance certaine de l'existence de ces cotisations ;

– cas d'envoi de **nouveaux avis d'imposition** (ou titres de perception) à la suite d'erreurs d'expédition : 31 décembre de l'année suivant celle au cours de laquelle le contribuable a reçu l'avis ou le titre rectifié ;

– **retenues à la source et prélèvements** autres que celui visé n° 81840 : 31 décembre de l'année qui suit celle du paiement des revenus amputés du montant de la retenue ou des produits amputés du prélèvement ;

– demandes de dégrèvement de **taxe foncière** pour **vacance de maison** ou **inexploitation d'immeuble à usage commercial ou industriel** : 31 décembre de l'année suivant celle au cours de laquelle la vacance ou l'inexploitation atteint la durée minimum exigée (trois mois : n° 42335) ;

– demandes de dégrèvement de **taxe foncière** pour **pertes de récoltes** : au choix des intéressés, soit dans les quinze jours du sinistre, soit quinze jours au moins avant la date où commence habituellement l'enlèvement des récoltes.

> Précisions Les réclamations contestant l'application de **retenues à la source** doivent être déposées dans le délai spécial visé ci-dessus, expirant le 31 décembre de l'année suivant celle au cours de laquelle ces retenues ont été pratiquées. Elles ne peuvent en principe pas relever du délai général visé n° 81825, qui expire le 31 décembre de la seconde année suivant celle du versement de l'impôt contesté. Toutefois, ce délai général peut s'appliquer aux contestations des retenues à la source prélevées sur les dividendes de source française perçues par une société non résidente, en vertu du principe d'équivalence garanti par le droit de l'Union européenne (CE 2-2-2022 n° 441511 : RJF 4/22 n° 394).

81840 Les réclamations relatives au **prélèvement à la source de l'impôt sur le revenu** exposé n°s 3740 s. doivent être présentées par le débiteur ou le bénéficiaire des revenus faisant l'objet de ce prélèvement au plus tard le dernier jour du mois de février de l'année suivant celle au cours de laquelle ces revenus ont été mis à disposition ou réalisés.

Ces dispositions ne font pas obstacle à la présentation par les contribuables, après la mise en recouvrement du rôle, d'une réclamation dans le délai indiqué n° 81825.

81845
CONT-III-3620 s
et 4240 s

Computation des délais

Le **point de départ** du délai général de réclamation est constitué par l'un des événements énumérés n° 81825 (date de mise en recouvrement du rôle, date de notification d'un avis de mise en recouvrement, etc.).

Les réclamations **présentées avant** le point de départ du délai sont rejetées comme prématurées, mais elles peuvent être régularisées par l'intervention de la mise en recouvrement de l'imposition contestée.

Pour être recevables, les réclamations doivent être **envoyées au plus tard** le jour de l'expiration du délai, le cachet de La Poste (ou de tout autre prestataire de services postaux autorisé) pour un envoi par correspondance ou, pour un envoi par voie électronique, la date figurant sur l'accusé de réception ou d'enregistrement adressé au contribuable par la même voie faisant foi.

> Précisions **a.** S'agissant des impôts recouvrés par voie de rôle, le délai général de réclamation court à compter de la date de mise en recouvrement du rôle, quelle que soit la date à laquelle le contribuable a reçu l'**avis d'imposition** correspondant (BOI-CTX-PREA-10-30 n° 20).

b. Les contribuables peuvent présenter une réclamation pour obtenir la réparation d'erreurs commises par l'administration dans la **détermination d'un résultat déficitaire ou d'un crédit de TVA déductible** au titre d'une période donnée, même lorsqu'elles n'entraînent pas la mise en recouvrement d'une imposition supplémentaire. Cette réclamation peut être formée à compter de la réception de la réponse de l'administration aux observations du contribuable sur la proposition de rectification ou à compter d'un délai de trente jours après la notification d'une imposition d'office ou, en cas de saisine de la commission des impôts directs et des taxes sur le chiffre d'affaires, à compter de la notification de l'avis rendu par cette commission (LPF art. L 190, al. 2). Elle est recevable jusqu'à l'expiration des délais de réclamation applicables aux impositions supplémentaires résultant des rectifications opérées par l'administration (CE avis 27-7-2005 n° 279063 : RJF 11/05 n° 1257).

c. Si l'**avis d'imposition** ou l'avis de mise en recouvrement **ne mentionne pas** l'exigence d'une réclamation préalable au recours juridictionnel et les **délais** dans lesquels cette réclamation doit être présentée, ou si la preuve n'est pas apportée qu'une telle information a été fournie au contribuable, le délai de réclamation est prolongé d'un délai égal, sauf circonstances particulières invoquées par le contribuable, à un an (« **délai raisonnable** ») et court à compter de l'année au cours de laquelle il est établi que le contribuable a eu connaissance de l'existence de l'imposition (CE sect. 31-3-2017 n° 389842 : RJF 6/17 n° 616).

Tant que le délai de réclamation n'est pas expiré, le contribuable a la faculté de présenter plusieurs **réclamations successives** relatives à la même imposition même s'il n'invoque pas de faits nouveaux et même si une précédente réclamation a déjà été rejetée. Il peut ainsi renouveler la procédure contentieuse lorsque, par exemple, il laisse expirer le délai de saisine du tribunal après rejet d'une première réclamation. **81850** CONT-III-4050 s

En revanche, une fois le **délai de réclamation expiré,** les réclamations sont irrecevables, et le contribuable ne pourra pas saisir les tribunaux de la question en litige. L'administration peut néanmoins lui donner satisfaction par la voie du dégrèvement d'office (n° 82310).

FORME ET CONTENU DES RÉCLAMATIONS

La réclamation à l'administration peut être faite sous la **forme** d'une simple lettre sur papier libre. **81855** LPF art. R 197-1 à R 197-5 CONT-III-9500 s

Elle doit **mentionner** l'imposition contestée, contenir l'exposé sommaire des faits, moyens et conclusions et porter la signature manuscrite de son auteur.

Le contribuable a la possibilité de demander le **sursis de paiement** des sommes en litige : voir nos 81885 s.

La réclamation doit être **accompagnée** :

– pour les impôts directs établis par voie de rôle : de l'avis d'imposition ou d'une copie de cet avis, ou encore d'un extrait du rôle ;

– pour les impôts ayant donné lieu à la notification d'un avis de mise en recouvrement : de cet avis lui-même ou d'une copie ;

– pour les impôts perçus par voie de retenue à la source ou versés sans établissement préalable d'un rôle ou d'un avis de mise en recouvrement : d'une pièce justifiant le montant de la retenue ou du versement. Dans le cas d'une retenue à la source, la nature de la pièce est indifférente pour peu que soient précisées la date à laquelle la retenue a été opérée et l'identité de l'établissement payeur (CE 26-1-2018 n° 408561 : RJF 4/18 n° 440).

Modèle de réclamation (à caractère indicatif) : voir n° 82340.

> Précisions a. Les **particuliers** (télédéclarants ou non) disposent de la faculté de présenter une **réclamation en ligne** via leur espace personnel sur le site impots.gouv.fr. Ils sont dispensés de fournir leur avis d'imposition, mais peuvent produire de manière dématérialisée un ou plusieurs documents à l'appui de leur demande. Un accusé de réception leur est délivré.

Ils peuvent également présenter **verbalement** leur réclamation lors d'une visite au service des impôts. La demande est consignée sur une fiche de visite, datée et signée par le contribuable. Cette fiche, dont un exemplaire est remis à l'intéressé, matérialise la réclamation.

b. Il doit être présenté une **demande distincte par commune** en matière **d'impôts directs locaux** (LPF art. R 197-2).

c. Les réclamations doivent être individuelles. Toutefois, peuvent présenter une **réclamation collective** les contribuables imposés collectivement (par exemple, les propriétaires indivis), les membres de sociétés de personnes pour les impôts à charge de la société, les maires en cas de pertes de récoltes (n° 42625), le preneur et le bailleur d'un bail rural en cas de calamité agricole (nos 42625 et 42635) et les bénéficiaires de revenus imposables suivant les règles applicables aux salaires, aux pensions ou aux rentes viagères à titre gratuit qui contestent le montant de la retenue à la source (n° 3755) opérée sur ces revenus par un même débiteur (LPF art. R 197-1).

d. Tout réclamant **domicilié hors de France** doit faire élection de domicile en France (LPF art. R 197-5).

Si la réclamation n'est pas signée par le contribuable lui-même mais par un **mandataire,** celui-ci doit, sauf dans certains cas (voir ci-après), justifier d'un mandat régulier. Le mandat est rédigé sur papier libre. Lorsqu'il est produit en même temps que la réclamation, le mandat est dispensé d'enregistrement ; lorsqu'il est présenté postérieurement, il doit être enregistré. **81857** CONT-II-6800 s

Sont **autorisées à réclamer sans mandat** les personnes qui tiennent de leurs fonctions ou de leur qualité le droit d'agir au nom du contribuable. Il en est ainsi notamment :

– des avocats ;

– des époux ou des partenaires d'un Pacs pour les impôts dus à raison de l'ensemble des revenus du foyer et pour l'impôt sur la fortune immobilière ;

– du gérant en exercice d'une SARL, du président-directeur général d'une société anonyme ;

– des personnes qui ont été mises en demeure d'acquitter les impositions établies au nom d'un tiers telles, notamment, les personnes solidairement responsables avec le contribuable des impositions établies à son nom (nos 77280 s.) et celles recherchées en paiement en exécution d'un engagement de caution souscrit auprès de l'administration fiscale (CE 17-12-2014 no 366882 : RJF 3/15 no 262).

Les officiers publics ou ministériels peuvent réclamer sans mandat contre les droits d'enregistrement qu'ils doivent acquitter en soumettant à la formalité les actes de leur ministère.

> **Précisions** Une **demande de restitution d'une retenue à la source sur des dividendes** signée tant par le bénéficiaire des versements que par l'établissement payeur vaut mandat donné à ce dernier pour présenter une réclamation à l'administration (CE 30-12-2015 no 378237 : RJF 3/16 no 286).

81860 CONT-III-12100 s

Le **non-respect des règles de forme et de contenu** entache la réclamation d'un vice de forme que le contribuable peut toujours régulariser en renouvelant sa demande dans des conditions régulières avant l'expiration du délai de réclamation (no 81850). En outre, les vices de forme résultant du défaut de mention de l'imposition contestée, de l'absence d'exposé des moyens et conclusions et de la non-production des documents à joindre peuvent être régularisés jusqu'à la décision de l'administration (BOI-CTX-PREA-10-50 no 320) ou, lorsqu'ils ont motivé le rejet de la réclamation, dans la demande au tribunal administratif (LPF art. R 200-2, al. 3) ou au tribunal judiciaire (BOI-CTX-JUD-10-20-30 no 260).

Lorsque le vice de forme résulte d'un **défaut de signature** (ou d'une signature irrégulière), l'administration doit inviter le contribuable à régulariser cette omission dans un délai de trente jours. À défaut, le vice de forme peut être couvert dans la demande adressée au tribunal administratif (LPF art. R 200-2, al. 4) ou au tribunal judiciaire (BOI-CTX-JUD précité), jusqu'à l'expiration du délai de recours. Il en va de même, selon la jurisprudence administrative, en cas de **signature par une personne n'ayant pas qualité pour agir sans mandat** au nom du contribuable (CE 7-12-2015 no 371406 : RJF 3/16 no 240).

> **Précisions** L'inobservation de la règle selon laquelle il doit être déposé une **demande distincte par commune** en matière d'**impôts directs locaux** ne rend la réclamation irrecevable que si l'intéressé a été invité à la régulariser (CE 25-6-1986 no 68326 : RJF 8-9/86 no 781). Il en est de même en cas de violation de la règle selon laquelle les **réclamations** doivent être, sauf exception, **individuelles** (CE 11-10-1978 no 8078 : RJF 11/78 no 503).

DÉCISION DE L'ADMINISTRATION

81870 LPF art. R 198-10 CONT-III-15500 s

Après instruction de la réclamation, le service des impôts notifie sa décision au contribuable et ordonnance, s'il y a lieu, les dégrèvements prononcés.

En cas de rejet total ou partiel, la décision doit être **motivée.** Elle doit également comporter la mention des voies et délais de **recours** (C. just. adm. art. R 421-5). Sur les conséquences de l'absence de cette mention, voir no 82115, précision c.

La décision doit intervenir dans un **délai** de six mois suivant la date de présentation de la réclamation. L'administration peut toutefois aviser le contribuable avant l'expiration de ce délai qu'un délai complémentaire – qui ne peut excéder trois mois – est nécessaire pour statuer.

Lorsque le service des impôts n'a, dans le délai de six mois, ni statué sur la réclamation ni avisé le contribuable de la nécessité d'un délai supplémentaire, il est considéré comme ayant **rejeté implicitement** la réclamation ; le contribuable peut alors soumettre le litige au tribunal compétent. Le tribunal peut d'ailleurs être saisi dès l'expiration du délai de six mois, même si le contribuable a été avisé de la nécessité d'un délai supplémentaire.

> **Précisions** Les contribuables qui ont formulé leur **réclamation en ligne** (no 81855, précision a) peuvent suivre le traitement de leur demande et connaître le sens de la décision de l'administration dans leur espace personnel sur le site impots.gouv.fr.

81875 LPF art. R 199-1, al. 3 et R 200-3 CONT-IV-1750 s

Remarque : L'administration peut ne pas statuer elle-même sur la réclamation et la **soumettre d'office au tribunal** compétent. Dans ce cas, elle doit en informer le contribuable. Sa réclamation vaut alors requête introductive d'instance.

SURSIS DE PAIEMENT

81885 LPF art. L 277, R 277-1 et R 277-7 CONT-III-21300 s et 22800 s

Conditions d'octroi et effets Le contribuable qui conteste le bien-fondé de son imposition n'est pas dispensé d'en acquitter l'intégralité (droits et pénalités) dans le délai légal. Cependant, dans sa réclamation ou du moins dans le délai légal de réclamation (mais en aucun cas directement devant le tribunal), il peut **demander expressément** à surseoir au paiement des sommes en litige, en indiquant le montant ou les bases du dégrèvement auquel il prétend.

Lorsque le **montant des droits contestés** (hors pénalités) est supérieur à 4 500 €, il doit en outre constituer des **garanties** propres à en assurer le recouvrement (caution bancaire, nantissement de fonds de commerce, etc.).

Dès la présentation de cette demande, l'**exigibilité** de l'impôt est **suspendue** et le comptable public ne peut en exiger le paiement. L'effet suspensif s'étend aux codébiteurs solidaires qui n'auraient pas eux-mêmes introduit une demande de sursis (CE 4-12-2017 n° 394903 : RJF 3/18 n° 322). Il demeure jusqu'à la décision définitive, c'est-à-dire jusqu'au jugement du tribunal statuant sur la réclamation ou, si le tribunal n'est pas saisi, jusqu'à l'expiration du délai dont disposait le contribuable pour le saisir. Il est également maintenu dans le cas où, n'ayant pas obtenu de décision du service des impôts dans le délai de six mois (n° 81870), le contribuable ne porte pas immédiatement le litige devant le tribunal.

> Précisions **a.** Les **frais de constitution des garanties** peuvent faire l'objet d'un remboursement lorsque le contribuable obtient le dégrèvement de l'impôt contesté (n° 81920).

b. Le contribuable qui n'a **pas demandé le sursis** de paiement peut, sans attendre que l'administration ait statué sur sa réclamation, demander au juge des référés de droit commun d'ordonner la suspension de la mise en recouvrement de l'imposition : n° 82125, b.

Lorsque le comptable public lui demande des garanties, le contribuable doit, dans les quinze jours de cette demande, faire connaître les garanties qu'il s'engage à constituer. **81890**

Lorsque le contribuable ne constitue **pas de garanties** ou qu'il présente des **garanties jugées insuffisantes** par le comptable public, ce dernier peut prendre des mesures conservatoires (saisies mobilières, sûretés judiciaires) jusqu'à ce qu'une décision définitive ait été prise sur la réclamation par l'administration ou le tribunal compétent.

Lorsque le comptable public juge insuffisantes les garanties offertes par le contribuable, il doit notifier sa **décision de refus** par pli recommandé avec demande d'avis de réception postal dans un délai de quarante-cinq jours à compter du dépôt de l'offre. À défaut, les garanties offertes sont réputées acceptées.

Le **refus** des garanties par le comptable public peut être **contesté** devant le juge du référé fiscal.

> Précisions Le contribuable qui souhaite **s'opposer à la prise de mesures conservatoires** par le comptable public peut demander au juge des référés de droit commun d'ordonner la suspension de la mise en recouvrement de l'imposition contestée : n° 82125, b.

Référé fiscal La décision de **refus des garanties** prise par le comptable public peut être contestée par le contribuable devant le juge du référé fiscal du tribunal administratif ou du tribunal judiciaire, suivant la nature de l'impôt contesté (n° 81990), dans les quinze jours de sa notification par lettre recommandée. **81895** LPF art. L 279 et L 279 A CONT-III-23700 s

La saisine du juge s'opère par simple **requête** présentée dans la forme ordinaire des requêtes introductives d'instance (nos 82120 et 82195). La requête n'est recevable que si le contribuable justifie qu'il a effectué, auprès du comptable public, la **consignation** à un compte d'attente d'un dixième des impôts contestés. Cette consignation peut être aussi constituée par une caution bancaire, un dépôt de valeurs mobilières cotées ou par les sommes déjà saisies par l'administration avant la demande de sursis (CE sect. 25-4-2001 n° 213460 : RJF 7/01 n° 1012). En revanche, la détention d'une créance sur l'État, correspondant à un crédit d'impôt restituable, ne vaut pas consignation (CE 5-6-2015 n° 386793 : RJF 10/15 n° 848).

Le juge du référé **se prononce** dans le délai d'un mois. S'il décide que les garanties initiales sont suffisantes, les sommes consignées sont restituées immédiatement ; dans le cas contraire, il demande des garanties complémentaires sur lesquelles sont imputées les sommes consignées.

Dans les huit jours (délai franc) de la notification de la décision du juge du référé, le contribuable et le comptable public peuvent saisir en **appel,** selon la nature de l'impôt contesté, le président de la cour administrative d'appel ou le tribunal judiciaire qui se prononce dans le délai d'un mois. La décision rendue en appel peut faire l'objet d'un pourvoi en **cassation** devant le Conseil d'État ou la Cour de cassation dans un délai de deux mois.

> Précisions Le contribuable peut également demander au juge du référé fiscal, sans limite de délai et sans aucune consignation, la **limitation** ou l'**abandon des saisies conservatoires** diligentées par le comptable public, si celles-ci comportent des conséquences difficilement réparables. La décision rendue est portée en appel devant le tribunal administratif ou le tribunal judiciaire selon la nature de l'impôt contesté (LPF art. L 277, al. 5).

Effets de la décision statuant sur la réclamation À la suite d'une **décision favorable** de l'administration ou du tribunal sur sa réclamation, le contribuable obtient la restitution des garanties éventuellement constituées, le cas échéant le remboursement total ou partiel des frais de constitution de ces garanties (n° 81920) et, si la procédure du référé fiscal a été **81900** CONT-III-25750 s mise en œuvre, le remboursement de l'éventuel reliquat des consignations augmenté d'intérêts moratoires (n° 81915).

En revanche, **si le contribuable n'obtient pas gain de cause** devant le tribunal, il doit acquitter le principal de l'impôt, les pénalités pour paiement tardif (nos 80140 s.) et, le cas échéant, les pénalités d'assiette. Dans certains cas, il doit en outre verser des intérêts moratoires (n° 81925).

› Précisions **a.** Lorsqu'il fait **appel** du jugement du tribunal administratif, le contribuable ne bénéficie plus du sursis de paiement, mais il peut demander la suspension du recouvrement de l'imposition dans les conditions exposées n° 82125, b. La situation est analogue en cas d'appel du jugement du tribunal judiciaire : l'exécution du jugement peut être arrêtée (n° 82205, précision a).
b. Lorsqu'il est compétent, le tribunal administratif qui estime que la demande de sursis de paiement a entraîné un **ajournement abusif** du paiement de l'impôt peut prononcer une majoration maximum de 1 % par mois écoulé entre la date d'enregistrement de la demande au greffe et celle du jugement ou celle du paiement si l'impôt est acquitté avant le jugement (LPF art. L 280). Sa décision est susceptible de recours dans les conditions de droit commun.

PAIEMENT D'INTÉRÊTS ET REMBOURSEMENTS DE FRAIS

81910 CONT-V-27800 s

Frais de procès

a. Dépens Lorsque le réclamant obtient gain de cause, en tout ou partie, les frais de signification et, le cas échéant, les frais d'enregistrement du mandat (n° 81857) lui sont remboursés. Les frais d'expertise sont supportés par les parties dans la mesure où elles succombent (LPF art. R 207-1).

b. Frais « irrépétibles » Dans toutes les instances, le juge condamne la partie tenue aux dépens ou, à défaut, la partie perdante à payer à l'autre partie la somme qu'il détermine, au titre des frais exposés et non compris dans les dépens (honoraires d'avocat, par exemple). Le juge tient compte de l'équité ou de la situation économique de la partie condamnée. Il peut, même d'office, pour des raisons tirées des mêmes considérations, dire qu'il n'y a pas lieu à cette condamnation (C. just. adm. art. L 761-1 ; CPC art. 700).

81915 LPF art. L 208, R 208-1 et R 208-2 CONT-II-17500 s CONT-III-26050 s

Versement d'intérêts moratoires au contribuable

Les contribuables ont droit à des intérêts moratoires lorsque :

– ils obtiennent un **dégrèvement d'impôt à l'issue d'une procédure contentieuse,** que le dégrèvement soit consécutif à une instance devant les tribunaux ou prononcé par l'administration à la suite d'une réclamation ;

– ils obtiennent, en raison de la décision de l'administration ou du juge de l'impôt, la **restitution de consignations** qu'ils avaient dû verser à l'occasion d'une réclamation contentieuse comportant un sursis de paiement ;

– ils obtiennent un dégrèvement prononcé **en dehors de toute réclamation contentieuse,** dès lors que ce dégrèvement vise à corriger une erreur commise par l'administration dans l'établissement de l'assiette ou le calcul des impositions (Loi 2023-1322 du 29-12-2023 art. 126).

Les intérêts sont **liquidés,** jour par jour, au taux de l'intérêt de retard (n° 79860) sur la totalité des sommes remboursées. Ils **courent** depuis la date du paiement de l'impôt ou, le cas échéant, depuis la date du versement des consignations jusqu'au jour soit du remboursement ou de la restitution des consignations soit, si le dégrèvement est affecté à l'apurement d'autres impôts, de l'exigibilité de ces impôts. Ils ne sont pas capitalisés.

En cas de dégrèvement, les intérêts ne peuvent courir au titre d'une période antérieure à l'établissement de l'impôt en cause, indépendamment de l'éventuel versement d'acomptes (CE 5-6-2023 n° 465559 : RJF 8-9/23 n° 670). Lorsque l'impôt dégrevé a donné lieu au **paiement d'acomptes,** le point de départ des intérêts moratoires se situe, au plus tôt, à la **date de liquidation du solde de l'impôt.** Il s'agit de la date de la mise en recouvrement du rôle pour les impôts recouvrés par voie de rôle et de la date limite de déclaration pour les impôts autoliquidés (BOI-CTX-DG-20-50-30 nos 60 s.).

Les intérêts moratoires sont **payés** d'office, sans demande spéciale du contribuable, en même temps que les sommes remboursées. S'ils sont versés tardivement, ils produisent eux-mêmes intérêts à compter du jour où le redevable en a demandé le versement par une sommation de payer (CE sect. 6-5-1983 nos 28850 et 30971 : RJF 6/83 n° 839).

› Précisions **a.** Les intérêts moratoires ne sont pas dus lorsque le **remboursement** est accordé **à titre gracieux** ou fait suite à un **dégrèvement** prononcé **d'office** par le service des impôts (sauf s'il est motivé par la correction d'une erreur commise par l'administration). Il en est ainsi par exemple des dégrèvements spéciaux prononcés d'office visés n° 82310 ou encore de ceux consécutifs à une erreur imputable au contribuable.
b. Les **restitutions d'excédents de versements** d'impôt opérées par les agents comptables

hors réclamation contentieuse (restitution de versements d'acomptes, par exemple) ne donnent pas lieu au versement d'intérêts moratoires, mais le contribuable peut obtenir, dans ce cas, des intérêts moratoires sur le fondement de l'article 1231-6 du Code civil (CE 30-6-2004 n° 242893 : RJF 10/04 n° 977).

c. Les **dégrèvements** ou **remboursements de crédits d'impôts** accordés **de droit** sur demande du contribuable donnent lieu au paiement d'intérêts moratoires à compter de la date de la demande de remboursement s'ils interviennent tardivement, après une première décision de rejet (BOI-CTX-DG-20-50-10 n°s 130 s.). Il en est ainsi pour le remboursement d'un **crédit de TVA** (voir n° 56650, précision c) ou d'un **crédit d'impôt recherche** (voir n° 10495, précision d) ou encore en matière de **dégrèvement de contribution économique territoriale** lié au plafonnement en fonction de la valeur ajoutée (voir n° 44100, précision e).

d. **Remboursement de la TVA** supportée en France par les **assujettis établis hors de France** : voir n° 50680.

e. En cas de **restitution d'une retenue à la source** versée à tort, les **intérêts** moratoires **courent** du jour où les revenus nets de cette retenue ont été versés par l'établissement payeur au bénéficiaire (CE 5-6-2015 n° 373858 : RJF 10/15 n° 853).

f. Lorsqu'elle **rétablit**, par une nouvelle décision, des **impositions dégrevées,** l'administration ne peut pas exiger du contribuable la restitution des intérêts moratoires qui lui ont été versés lors du dégrèvement (CE 22-10-2012 n° 348856 : RJF 1/13 n° 100).

g. Les intérêts moratoires ne sont en principe **pas imposables.** Toutefois, s'ils se rapportent à des dégrèvements obtenus dans le cadre d'une activité professionnelle et que les droits dégrevés sont eux-mêmes imposables (cas d'impositions antérieurement admises dans les charges déductibles : n° 8105), les intérêts sont imposables au même titre (BOI-CTX-DG-20-50-30 n°s 310 s. ; CE 28-1-2019 n° 406722 : RJF 4/19 n° 320).

Remboursements des frais exposés pour constituer des garanties Les contribuables qui obtiennent le **dégrèvement de l'impôt** contesté peuvent être remboursés des frais afférents aux garanties constituées pour bénéficier du **sursis de paiement.** Si le dégrèvement est seulement partiel, les frais proportionnels sont remboursés au prorata tandis que les frais fixes restent entièrement à leur charge. **81920** LPF art. L 208 et R 208-3 à R 208-5 CONT-III-26250 s

La **nature des frais** remboursables varie suivant celle des garanties constituées (frais d'acte, de banque, de magasinage, etc.). La rémunération de la caution est remboursée en fonction du temps écoulé entre sa constitution et sa mainlevée, dans la limite annuelle de 2 % du montant de l'impôt garanti (LPF art. A 208-1).

Pour obtenir le remboursement, le contribuable doit en faire la **demande,** appuyée de toutes justifications utiles, dans le délai d'un an à compter de la notification du dégrèvement. La demande est adressée au directeur départemental ou régional des finances publiques.

Paiement d'intérêts moratoires par le contribuable Les contribuables qui contestent une cotisation d'impôt direct établie à la suite d'une **rectification ou d'une taxation d'office** et pour laquelle ils avaient présenté une **réclamation** assortie d'une demande de **sursis de paiement** doivent payer des intérêts moratoires à l'État si le tribunal administratif rend une décision qui leur est défavorable ou s'ils se désistent de leur instance devant la juridiction saisie. **81925** LPF art. L 209 CONT-III-26740 s

Cette mesure concerne les réclamations visant des **impôts directs** dont le paiement tardif est sanctionné par la majoration de 10 % (n° 80150). Les intérêts s'appliquent concurremment avec cette majoration et, le cas échéant, la majoration pour suspension abusive du paiement de l'impôt (n° 81900, précision b).

Les intérêts sont **calculés** au taux de l'intérêt de retard (n° 79860) sur le montant de l'impôt (ou de la fraction de l'impôt) maintenu à la charge du contribuable. Ce montant s'entend de la cotisation elle-même et des pénalités d'assiette (CE 28-1-2004 n° 244632 : RJF 5/04 n° 539).

Les intérêts sont **décomptés** à partir du premier jour du treizième mois suivant celui de la date limite de paiement de l'impôt. Ils courent jusqu'au jour du paiement effectif de l'impôt.

> Précisions Les intérêts sont dus même si le **litige est soumis d'office** au tribunal par l'administration (n° 81875). En revanche, ils ne sont pas dus lorsque le litige n'a **pas dépassé le stade de la réclamation** devant l'administration.

De même, aucun intérêt n'est dû par le contribuable lorsque la demande contentieuse a été **accueillie en première instance,** même si la décision du tribunal est infirmée en appel.

Dans le cas inverse où la **juridiction d'appel** prononce le dégrèvement des impositions ayant fait l'objet d'un jugement défavorable au contribuable, les intérêts moratoires réclamés à l'issue de la procédure de première instance sont annulés ou remboursés.

Enfin, lorsque le contribuable conclut une **transaction** avec l'administration, cette transaction emporte désistement de toute instance concernant l'imposition en cause et, par conséquent, ne dispense pas l'intéressé d'acquitter les intérêts moratoires (BOI-CTX-DG-20-50-20 n°s 20 à 50).

COMPENSATION ET SUBSTITUTION DE BASE LÉGALE

81940 LPF art. L 80 et L 203 à L 205 CF-VI-20500 s CONT-II-10000 s **Compensation** Lorsqu'un contribuable a subi une taxation excessive et a bénéficié sur un autre point d'une taxation insuffisante, l'excédent et l'insuffisance d'imposition peuvent donner lieu à une compensation, à l'initiative de l'intéressé ou de l'administration.

La compensation peut s'exercer soit **au cours de la procédure de contrôle et de rectification,** soit après la mise en recouvrement de l'impôt, **au cours de la procédure contentieuse.**

Avant la mise en recouvrement de l'impôt, elle peut notamment être demandée par le **contribuable** à l'encontre duquel l'administration effectue une rectification s'il invoque une taxation excessive établie à son détriment ou si la rectification fait apparaître une double imposition.

De son côté, l'**administration** peut, lorsqu'un contribuable demande la décharge ou la réduction d'une imposition, opposer la compensation entre les dégrèvements reconnus justifiés et les omissions ou insuffisances de toute nature **constatées lors de l'instruction** de cette demande (exemples : compensation d'une réduction d'impôt pour application incorrecte du quotient familial avec une insuffisance d'imposition résultant de la déduction d'une charge que le contribuable avait pratiquée à tort sur son revenu ; compensation entre des intérêts de retard ou des droits en principal calculés sur une base excessive et une pénalité plus élevée normalement applicable). Cette faculté peut être exercée à tout moment de la procédure (soit au stade de la réclamation, soit devant les tribunaux) et **même si le délai de reprise est expiré.**

La compensation opposée par l'administration s'opère de plein droit sans notification préalable des sommes qui en font l'objet.

> **Précisions** L'administration peut opérer la compensation en prenant en compte l'**ensemble des éléments** à sa disposition au cours de l'instruction de la demande (laquelle court de l'examen de la réclamation jusqu'au terme du contentieux juridictionnel devant les juges du fond), y compris ceux provenant d'éléments recueillis à l'occasion de contrôles diligentés **postérieurement à la réclamation** et sans rapport avec l'instruction de celle-ci (CE 18-7-2018 n° 404226 : RJF 11/18 n° 1166).
> Si elle a déjà constaté l'insuffisance ou l'omission d'imposition **avant l'instruction de la réclamation** et qu'elle n'y a volontairement pas remédié, elle n'est plus fondée à opérer de compensation à raison des sommes en cause (CE plén. 28-6-1991 n° 63066 : RJF 8-9/91 n° 1073 ; Cass. com. 11-1-2017 n° 15-18.429 FS-PB : RJF 4/17 n° 385).

81945 Pour que la compensation soit possible, il faut que les excédents et les insuffisances d'imposition :

– se rapportent à une **même période d'imposition** (par exemple, en matière d'impôts directs il doit s'agir d'impositions établies au titre de la même année) ou, pour les taxes sur le chiffre d'affaires, à l'ensemble de la période en litige (et non année par année) ;

– concernent un **même contribuable.** Aucune compensation, par exemple, ne peut être opérée entre les impositions dues respectivement par une société et l'un de ses associés.

Il faut également qu'il s'agisse du **même impôt** : la compensation n'est pas possible, par exemple, entre la TVA et les autres taxes sur le chiffre d'affaires. Mais cette règle souffre des **dérogations** : la compensation est autorisée entre l'impôt sur le revenu, l'impôt sur les sociétés, la contribution sur les revenus locatifs, la taxe sur les salaires, la taxe d'apprentissage et la cotisation éventuellement perçue au titre de la participation-construction, de même qu'entre les droits d'enregistrement et les droits de timbre perçus au profit de l'État.

81950 CONT-II-14200 s **Substitution de base légale** À tout moment de la procédure, l'administration a le droit, pour justifier le bien-fondé de l'imposition, de procéder à une « substitution de base légale », c'est-à-dire de se fonder sur un **motif de droit différent** de celui qu'elle avait initialement invoqué (texte différent ou, au sein d'un même texte, condition différente : CE 20-6-2007 n° 290554 : RJF 10/07 n° 1131). Cette substitution n'est possible que si elle ne prive pas le contribuable des **garanties** de procédure dont il bénéficiait en application du motif substitué.

> **Précisions** En matière de **pénalités,** la mise en œuvre de la substitution de base légale est subordonnée à la **double condition** que le contribuable ne soit privé d'aucune garantie et que les faits faisant l'objet de la répression sur la nouvelle base légale soient identiques à ceux retenus pour motiver la sanction initialement appliquée (CE sect. 1-10-1999 n° 170598 : RJF 11/99 n° 1397). Elle n'est en revanche pas subordonnée à la condition que la pénalité substituée ait fait l'objet d'une motivation propre (CE 16-2-2000 n° 143839 : RJF 4/00 n° 515).

RECOURS FONDÉS SUR LA VIOLATION D'UNE RÈGLE DE DROIT SUPÉRIEURE

Les contribuables peuvent demander la **décharge** ou la **réduction** d'impositions, la **restitution** d'impositions indues ou l'exercice de **droits à déduction** en se fondant sur le fait que le texte dont il a été fait application (loi, texte réglementaire, par exemple) n'est pas conforme à une règle de droit supérieure, notamment à une règle du **droit de l'Union européenne.** 81960 LPF art. L 190, al. 3 à 5 et L 190 A CONT-I-32000 s EUR-I-5000 s

Un tel recours relève de la procédure contentieuse fiscale. À ce titre, il doit être précédé d'une réclamation devant l'administration selon les règles exposées n°s 81800 s.

Cette réclamation doit être présentée dans les **délais** de droit commun, décomptés à partir de la mise en recouvrement du rôle, de la notification d'un avis de mise en recouvrement (ou de l'émission d'un titre de perception), du versement de l'impôt contesté ou de la réalisation de l'événement qui motive la demande (n° 81825).

Lorsque la **non-conformité** à une règle de droit supérieure est **révélée par un arrêt ou un avis** rendu par le Conseil d'État ou la Cour de cassation, un arrêt du Tribunal des conflits ou une décision de la Cour de justice de l'Union européenne se prononçant sur un recours en annulation, sur une action en manquement ou sur une question préjudicielle, cette décision ou cet avis ne constitue pas un événement motivant la réclamation (LPF art. R 196-1, al. 4 et R 196-2, al. 3). Il en va de même des décisions par lesquelles le Conseil constitutionnel, statuant sur une question prioritaire de constitutionnalité (n° 82085), déclare inconstitutionnelle une disposition législative ou ne la déclare conforme à la Constitution que sous une réserve d'interprétation (CE avis 6-2-2019 n°s 425509 et 425511 : RJF 5/19 n° 479). En pareil cas, l'action en décharge, en réduction ou en restitution d'impositions, ou l'action en paiement de droits à déduction, doit être exercée dans les délais de réclamation de droit commun courant à partir de la date de la mise en recouvrement du rôle, de la notification d'un avis de mise en recouvrement (ou du titre de perception propre à certaine taxes), du versement de l'impôt contesté ou de la naissance du droit à déduction et se prescrit par deux ans à compter de cette date.

Les contribuables peuvent également demander la **réparation du préjudice** subi du fait de la non-conformité du texte dont il a été fait application à une règle de droit supérieure.

L'action en réparation ne peut porter que sur la **période** postérieure au 1er janvier de la deuxième année précédant celle au cours de laquelle l'existence de la créance a été révélée au demandeur.

> Précisions **a.** Les dispositions législatives nationales tenues pour **inapplicables** en vertu des **conventions fiscales bilatérales** ne peuvent être regardées comme non conformes à une règle de droit supérieure (CE 9-7-2010 n° 314406 : RJF 11/10 n° 1103). 81965

b. Selon la Cour de justice de l'Union européenne, le droit de l'Union n'interdit pas à un État membre qui n'a **pas correctement transposé une directive** d'opposer aux actions en remboursement de droits perçus en violation de cette directive un **délai national de prescription** qui court à compter de la date d'exigibilité des droits en cause dès lors qu'il n'est pas moins favorable que pour les recours fondés sur le droit interne et ne rend pas l'action en remboursement pratiquement impossible ou trop difficile (CJCE plén. 2-12-1997 aff. 188/95, Fantask : RJF 2/98 n° 211). Le délai de réclamation court donc sans attendre que la directive soit correctement transposée.

c. Devant le juge, le **moyen tiré de la non-conformité du droit interne** à une règle du droit de l'Union européenne doit être invoqué par le contribuable, car le juge ne s'autorise pas à le soulever d'office (CE sect. 11-1-1991 n° 90995 : RJF 2/91 n° 219 ; Cass. com. 3-5-1995 n° 92-10.869 D : RJF 7/95 n° 932).

d. Indépendamment des recours visés ci-dessus, ouverts auprès de l'administration et des juridictions nationales, le droit de l'Union européenne peut donner lieu à des **actions auprès des instances européennes** :
– plainte auprès de la Commission pour manquement au droit de l'Union européenne ;
– recours auprès du Tribunal de l'Union européenne contre les autorités ou les textes européens.

Les juridictions nationales peuvent par ailleurs, avant de statuer sur un litige, saisir la Cour de justice d'une question préjudicielle pour lui demander de se prononcer sur l'interprétation (renvoi en interprétation) ou la validité (renvoi en appréciation de validité) d'un texte européen (EUR-I-6000 s.).

e. Contestation des **sanctions** fiscales sur le fondement des dispositions de la **convention européenne des droits de l'Homme** : voir n° 79705.

B. Saisine du juge de l'impôt

Si la décision de l'administration sur leur réclamation ne leur donne pas entière satisfaction, ou si cette décision ne leur est pas parvenue dans les six mois de la réclamation, les contribuables peuvent saisir le juge de l'impôt. 81990

La **juridiction compétente** est différente suivant la nature de l'impôt contesté :
– les contestations relatives aux impôts directs ou aux taxes sur le chiffre d'affaires sont du ressort des juridictions administratives (tribunal administratif, cour administrative d'appel et Conseil d'État) ;
– celles qui concernent les droits d'enregistrement et de timbre et l'impôt sur la fortune immobilière sont de la compétence des juridictions judiciaires (tribunal judiciaire, cour d'appel et Cour de cassation).

> **Précisions** **a.** Indépendamment du contentieux fiscal relatif aux impôts directs et aux taxes sur le chiffre d'affaires, la juridiction administrative est compétente pour connaître des **recours pour excès de pouvoir** ainsi que des **demandes** tendant à obtenir de l'administration des **indemnités** ou des **dommages-intérêts** (CONT-VII-10000 s. et CONT-VII-21000 s.). Le recours pour excès de pouvoir consiste à demander l'annulation d'un acte administratif (décret, arrêté, réponse ministérielle opposable à l'administration, etc.) jugé illégal. Les demandes d'indemnités ou de dommages-intérêts supposent une faute, même simple, de l'administration et un lien direct entre la décision illégale constitutive de la faute et le préjudice du contribuable (CE sect. 21-3-2011 n° 306225 : RJF 6/11 n° 742).
> **b.** En cas de **recours abusif**, les juridictions administratives peuvent condamner le requérant à une amende qui peut atteindre 10 000 € (C. just. adm. art. R 741-12).

1. GÉNÉRALITÉS

CHARGE ET ADMINISTRATION DE LA PREUVE

82065 CONT-II-23000 s
La répartition de la **charge de la preuve** entre l'administration et le contribuable dépend étroitement de la procédure d'imposition :
– lorsque la **base d'imposition** est **conforme à la déclaration** du contribuable ou aux actes qu'il a présentés à l'enregistrement, c'est à lui de prouver que l'imposition est exagérée (LPF art. R 194-1, al. 2) ;
– lorsque la base d'imposition a été **modifiée suivant la procédure de rectification contradictoire,** la preuve de l'exagération incombe au contribuable s'il a accepté la rectification (LPF art. R 194-1, al. 1) ; dans le cas contraire, elle incombe à l'administration (n° 78795). Si le désaccord a été soumis à la **commission des impôts directs** et des taxes sur le chiffre d'affaires, à la **commission départementale de conciliation** ou au **comité consultatif du crédit d'impôt pour dépenses de recherche,** la preuve est à la charge de l'administration, quel que soit le sens de l'avis de la commission ou du comité, sauf exceptions (LPF art. L 192 : n°s 78815 s.) ;
– lorsque la base d'imposition a été **établie d'office,** il appartient au contribuable de démontrer qu'elle est exagérée (LPF art. L 193 et R 193-1 : n° 79140).

Ces règles générales ne résolvent pas cependant tous les problèmes d'attribution de la charge de la preuve qui peuvent se poser dans le déroulement des litiges. Il convient alors de se référer aux **solutions jurisprudentielles,** qui procèdent de l'idée que les parties doivent prouver ce qu'elles avancent. Ainsi, la charge de la preuve revient à l'administration lorsqu'elle invoque l'existence d'une activité imposable ou entend remettre en cause la portée ou la qualification d'un acte. Le contribuable, de son côté, doit notamment prouver l'accomplissement des formalités qui lui incombent ou le fait qu'il remplit les conditions d'application d'un régime dont il demande le bénéfice. Il doit, par ailleurs, justifier de l'exactitude de ses écritures comptables (par une facture régulière s'agissant des écritures de charges : CE 21-5-2007 n° 284719 : RJF 8-9/07 n° 953), même si la charge de la preuve du bien-fondé des rectifications incombe à l'administration en raison du déroulement de la procédure d'imposition (CE sect. 20-6-2003 n° 232832 : RJF 10/03 n° 1140).

Celui qui supporte la charge de la preuve peut faire appel à tous les **modes de preuve** de droit commun, sous réserve de respecter le caractère écrit de la procédure. Sont donc exclus les recours au serment et, sauf exceptions limitativement prévues par le LPF, à la preuve testimoniale.

QUESTION PRIORITAIRE DE CONSTITUTIONNALITÉ

82085 CONT-I-25800 s
Les contribuables peuvent, au cours d'une instance contentieuse, soulever la question de l'atteinte portée par une loi fiscale aux droits et libertés garantis par la Constitution (« question *prioritaire de constitutionnalité* »).

La question peut être **présentée** à tout moment de la procédure, y compris pour la première fois devant le juge de cassation. Sous peine d'irrecevabilité, elle doit faire l'objet d'un écrit distinct et motivé.

Lorsque l'inconstitutionnalité est invoquée devant les juges de première instance ou d'appel, la question est **transmise,** s'il y a lieu, au Conseil d'État ou à la Cour de cassation. La juridiction concernée dispose alors d'un délai de trois mois pour en apprécier le caractère sérieux ou nouveau et, si tel est le cas, saisir le Conseil constitutionnel qui devra lui-même se prononcer dans les trois mois.

2. PROCÉDURE DEVANT LES JURIDICTIONS ADMINISTRATIVES

La juridiction administrative connaît des litiges portant sur les **impôts directs** et les **taxes sur le chiffre d'affaires.** Les recours dirigés contre les décisions rendues par l'administration sur les réclamations sont portés en première instance devant le **tribunal administratif** puis, en appel, devant la **cour administrative d'appel** (sous réserve des exceptions exposées nº 82105). Enfin le **Conseil d'État** statue sur les pourvois en cassation. 82100

Par **exception** sont susceptibles non d'un appel, mais seulement d'un pourvoi en cassation devant le Conseil d'État, les jugements rendus par les tribunaux administratifs dans les domaines suivants : impôts locaux (autres que la contribution économique territoriale), contestation des décisions prises sur les demandes de remise gracieuse, actions indemnitaires (lorsque le montant des sommes demandées n'excède pas 10 000 €), litiges en matière de consultation et de communication de documents administratifs, recours sur renvoi de l'autorité judiciaire et questions préjudicielles soulevées par cette autorité (C. just. adm. art. R 811-1). 82105 CONT-V-2720 s

› Précisions L'appel reste ouvert :
– contre les jugements rendus en matière de **taxe foncière** lorsqu'ils se prononcent également sur des conclusions relatives à la cotisation foncière des entreprises, à la demande du même contribuable, et que les deux impositions reposent, en tout ou partie, sur la valeur des mêmes biens appréciée la même année. Il en est ainsi que les demandes relatives à la taxe foncière et à la cotisation foncière des entreprises aient été introduites ou non par des requêtes distinctes (CE avis 27-7-2005 nº 280560 : RJF 11/05 nº 1260) ;
– contre les décisions rendues dans un **contentieux indemnitaire** en cas de connexité avec un litige susceptible d'appel.

INSTANCES DEVANT LE TRIBUNAL ADMINISTRATIF

Présentation de la demande La demande au tribunal administratif peut être présentée par le **contribuable** lui-même, par un **avocat,** ou par tout autre **mandataire** de son choix, les règles applicables dans ce dernier cas étant les mêmes que pour les réclamations devant l'administration (nº 81857). 82110 LPF art. L 199, al. 1 et R 200-2, al. 1 CONT-IV-200 s et 1500 s

Sur le plan territorial, le **tribunal compétent** est, en règle générale, celui du lieu d'imposition (C. just. adm. art. R 312-1).

L'intéressé dispose d'un **délai** de deux mois pour saisir le tribunal. Ce délai court **à partir du jour** où le contribuable a reçu notification de la décision de l'administration. 82115 LPF art. R 199-1, al. 1 et 2 CONT-IV-2700 s

La demande doit **parvenir au tribunal** avant l'expiration du délai légal, sauf, lorsqu'elle est adressée par voie postale, retard dû à un fonctionnement anormal des services postaux. Les demandes tardives sont rejetées.

Le délai de saisine du tribunal est un **délai franc** qui ne prend pas en compte le jour de la notification de la décision de l'administration (exemples : si la notification de la décision a été reçue le 18 mai, le délai de deux mois expire le 19 juillet à minuit ; si elle a été reçue le 30 décembre, le délai expire le 1er mars à minuit). Si le dernier jour est un samedi, un dimanche ou un jour férié, le délai est prolongé jusqu'au premier jour ouvrable suivant.

› Précisions **a.** Lorsque la demande est portée devant une juridiction qui a son siège en France métropolitaine, le délai de recours est augmenté d'un mois pour les personnes demeurant dans les départements ou collectivités territoriales d'**outre-mer.** Inversement, lorsque la demande est présentée devant un tribunal siégeant dans un département ou une collectivité territoriale d'outre-mer, le délai est augmenté d'un mois pour les personnes qui ne demeurent pas dans la collectivité dans le ressort de laquelle le tribunal a son siège. Enfin, le délai est augmenté de deux mois pour les personnes qui demeurent à l'**étranger** (C. just. adm. art. R 421-7).

b. Lorsque la décision de l'administration est notifiée par **courrier recommandé,** le jour où le contribuable est réputé avoir reçu cette notification est celui où la lettre recommandée lui est remise.

En cas d'**absence** du contribuable au moment de la présentation du courrier, le délai de saisine court du jour où il retire celui-ci au bureau de poste si le retrait est effectué dans le délai imparti par l'administration postale. Si le contribuable ne retire pas le pli recommandé, le délai court du jour où il est avisé que la lettre est à sa disposition au bureau de poste (jour de l'avis de passage). Selon la jurisprudence, le réclamant ne peut pas se prévaloir de son absence pour retarder le point de départ du délai. Il lui appartient de prendre les dispositions nécessaires pour la réception ou la transmission de son courrier. De même, le fait que la lettre portant notification soit réceptionnée par un tiers n'empêche pas le délai de courir dès lors que l'avis de réception est retourné à l'administration, à moins que l'intéressé démontre que cet avis a été signé par une personne sans qualité pour recevoir la lettre (CE sect. 11-7-1988 nos 52639 à 52642 : RJF 10/88 n° 1119).

En revanche, lorsque le contribuable a **changé d'adresse** sans en avoir avisé l'administration fiscale mais en ayant pris les dispositions nécessaires auprès des services postaux pour faire suivre son courrier à sa nouvelle adresse, la présentation d'un pli contenant la décision de l'administration à l'ancienne adresse du contribuable, du fait d'une défaillance des services postaux, ne fait pas courir le délai de saisine du tribunal (CE 18-3-2005 n° 254040 : RJF 6/05 n° 603).

c. Lorsque la **décision expresse de rejet** de la réclamation **ne mentionne pas les voies et délais de recours,** le contribuable dispose, pour saisir le tribunal, d'un délai ne pouvant excéder, sauf circonstance exceptionnelle, un an (**« délai raisonnable »**) à compter de la date à laquelle il a eu connaissance de la décision (CE avis 21-10-2020 n° 443327 : RJF 1/21 n° 83).

82117 CONT-IV-3280 s

Dans l'hypothèse où **l'administration ne s'est pas prononcée dans les six mois** de la date de présentation de la réclamation (n° 81870), le réclamant a la possibilité de porter le litige devant le tribunal administratif. Aucun délai ne lui est alors imparti (CE avis 21-10-2020 n° 443327 : RJF 1/21 n° 83) et, dans le cas où il a demandé le bénéfice du sursis de paiement, le comptable public ne peut pas lui demander le paiement des sommes en sursis (n° 81885). Mais si la décision de l'administration intervient avant qu'il ait saisi le tribunal, il ne dispose alors plus que du délai normal de deux mois.

82120 CONT-IV-4950 s et 7300 s

Forme et contenu de la demande Lorsque le contribuable est **représenté par un avocat,** la demande doit obligatoirement être adressée au tribunal par voie électronique via l'application « Télérecours » (C. just. adm. art. R 414-1).

Lorsqu'il n'est **pas représenté par un avocat,** la demande peut être établie sous forme d'une simple lettre adressée au greffe du tribunal administratif. Elle peut également être adressée par voie électronique via l'application « Télérecours citoyens » (C. just. adm. art. R 414-2).

La demande doit contenir l'**exposé des faits, moyens et conclusions** du réclamant et être accompagnée de la **décision de l'administration** lorsque celle-ci a été notifiée avant la requête au tribunal.

Sauf lorsqu'elle est transmise par voie électronique, la demande doit comporter la **signature** manuscrite du contribuable ou de son mandataire et être accompagnée d'une **copie.**

L'inobservation de l'une ou l'autre des conditions de forme ci-dessus peut entraîner l'irrecevabilité et le rejet de la demande. Cependant, le défaut de production de la décision de l'administration, le défaut de signature de la requête ou la signature de celle-ci par une personne n'ayant pas qualité pour agir sans mandat au nom du contribuable et l'absence de copie de la requête peuvent être régularisés en cours d'instance, même après l'expiration du délai de saisine du tribunal. Le défaut d'exposé des faits, moyens et conclusions ne peut en revanche être régularisé que jusqu'à l'expiration de ce délai.

Modèle de requête (à caractère indicatif) : voir n° 82345.

82125

› Précisions **a.** Le réclamant ne peut pas contester d'autres impositions que celles qui étaient visées dans sa réclamation ni demander un dégrèvement supérieur à celui qu'il avait sollicité à l'origine (interdiction des **demandes nouvelles** : LPF art. R 200-2, al. 2). Mais, dans ces limites, il peut présenter tout **moyen nouveau** à tout moment de la procédure, c'est-à-dire devant le tribunal administratif ou devant la cour administrative d'appel jusqu'à la clôture de l'instruction (LPF art. L 199 C). Sur la possibilité de présenter une **question prioritaire de constitutionnalité,** voir n° 82085.

b. Le contribuable qui n'a pas sollicité le sursis de paiement (nos 81885 s.) peut demander au **juge des référés,** dans une requête distincte de la requête principale, d'ordonner la **suspension** de l'exécution de la décision d'imposition (suspension de la mise en recouvrement) (CE sect. 25-4-2001 n° 230166-230345 : RJF 7/01 n° 1016), même s'il avait déjà présenté une telle demande avant le rejet de sa réclamation (CE 28-5-2004 n° 261289 : RJF 8-9/04 n° 938). Cette même voie de recours est ouverte au contribuable qui, ayant demandé le sursis de paiement sans constituer de garanties suffisantes, souhaite s'opposer à la prise de mesures conservatoires par le comptable public (CE 30-7-2003 n° 254905 : RJF 11/03 n° 1311).

Le juge des référés ne peut prononcer la suspension que si l'urgence le justifie et s'il est fait état d'un moyen propre à créer un doute sérieux sur la régularité de la procédure d'imposition ou sur le bien-fondé de l'imposition (CE sect. 25-4-2001 n° 230166-230345 précité).

82130 CONT-IV-12000 s, 37500 s et 65000 s

Instruction et jugement Le greffe du tribunal administratif enregistre la requête, en conserve un exemplaire et en communique un autre à l'administration. Celle-ci établit un **mémoire en défense,** auquel le contribuable peut répondre par un **mémoire en réplique.** La procédure peut ensuite se poursuivre par échanges de mémoires. Chaque mémoire est adressé au greffe du tribunal qui, après l'avoir enregistré, se charge de communiquer à la partie adverse et en conserve un exemplaire.

S'il l'estime utile, le tribunal peut ordonner une **expertise** soit d'office, soit à la demande du contribuable ou de l'administration. En ce qui concerne les frais d'expertise, voir n° 81910, a.

Le contribuable est **averti** du jour où l'affaire sera appelée à l'**audience.** Il peut présenter, en personne ou par un avocat, des **observations orales** devant le tribunal. 82135

Le **jugement** rendu par le tribunal est **notifié** au contribuable par le greffe.

Les parties qui veulent obtenir la révision du jugement doivent faire **appel** (sauf lorsque ce jugement a été rendu en premier et dernier ressort, auquel cas seul le recours en cassation est ouvert : n° 82105).

En revanche, si une difficulté s'élève sur l'interprétation du jugement, un **recours en interprétation** peut être porté devant le tribunal qui a rendu la décision.

De même, toute personne peut, devant le tribunal ayant rendu la décision, former **tierce opposition** à un jugement qui préjudicie à ses droits dès lors que ni elle ni ceux qu'elle représente n'ont été présents ou régulièrement appelés dans l'instance ayant abouti à ce jugement.

APPELS DES JUGEMENTS DU TRIBUNAL ADMINISTRATIF

Le contribuable peut faire appel des jugements devant la **cour administrative d'appel** dans le ressort de laquelle le tribunal ayant rendu la décision a son siège. 82145 LPF art. R 199-2 CONT-V-1 s

L'appel doit être formé dans le **délai** de deux mois (augmenté, le cas échéant, du délai supplémentaire de distance visé n° 82115, précision a) à compter de la notification du jugement. Le délai est décompté comme pour les instances au tribunal administratif (n° 82115).

La requête d'appel doit obligatoirement être présentée par un **avocat.** Elle doit être adressée par **voie électronique** via l'application « Télérecours » (C. just. adm. art. R 414-1 et R 811-13).

Elle doit contenir l'**exposé des faits, moyens et conclusions** du requérant.

L'arrêt rendu par la cour administrative d'appel peut faire l'objet d'un **pourvoi en cassation** devant le Conseil d'État. Par ailleurs, il peut faire l'objet, devant la cour administrative d'appel elle-même, d'un **recours en interprétation,** d'un **recours en rectification d'erreur matérielle** et d'une **tierce opposition.**

> Précisions **a.** Le ministre du budget a la possibilité de faire appel des jugements du tribunal administratif. Le délai de deux mois dont il dispose pour saisir la cour administrative d'appel a pour point de départ soit la date d'expiration du délai (de deux mois) imparti au directeur du service qui a suivi l'affaire pour transmettre le jugement et le dossier au ministre, soit la date à laquelle le contribuable fait signifier au ministre, par un commissaire de justice, le jugement (LPF art. R 200-18). 82150

b. L'appel n'a **pas d'effet suspensif,** mais le contribuable peut demander que l'exécution de la décision d'imposition soit suspendue dans les conditions exposées n° 82125, b (procédure de **référé-suspension**).

c. Dans la limite du dégrèvement ou de la restitution sollicité, le contribuable peut faire valoir tout **moyen nouveau** jusqu'à la clôture de l'instruction (LPF art. L 199 C). Cette possibilité lui est offerte devant la cour administrative initialement saisie de l'appel et, également, devant la cour statuant sur renvoi après cassation. Sur la possibilité de présenter une **question prioritaire de constitutionnalité,** voir n° 82085.

d. En ce qui concerne l'**expertise** et la présentation d'**observations orales** au cours de l'audience, les règles applicables sont les mêmes que pour les instances au tribunal administratif (nos 82130 et 82135).

POURVOIS EN CASSATION

Les contribuables, comme le ministre du budget, peuvent déférer au **Conseil d'État,** par la voie du recours en cassation, les décisions qui leur sont défavorables (arrêts des cours, jugements rendus en premier et dernier ressort). 82160 CONT-VI-1 s

Le recours en cassation n'est ouvert que dans l'un des **cas** suivants : incompétence du juge, vice de forme, violation de la règle de droit.

Il doit être introduit dans le **délai** de deux mois (augmenté, le cas échéant, du délai supplémentaire de distance visé n° 82115, précision a) à compter de la notification de la décision attaquée.

Le contribuable est tenu de se faire représenter par un **avocat** au Conseil d'État et à la Cour de cassation, y compris en cas de pourvoi formé contre une ordonnance du juge des référés (CE (na) 9-3-2001 n° 230201 : RJF 5/01 n° 694).

Le pourvoi en cassation doit être adressé par **voie électronique** via l'application « Télérecours » (C. just. adm. art. R 414-1 et R 821-6).

Il doit contenir l'**exposé des faits, moyens et conclusions** du requérant.

Le pourvoi fait l'objet d'une **procédure préalable d'admission.** S'il est irrecevable ou n'est fondé sur aucun moyen sérieux, l'admission est refusée par une décision juridictionnelle insusceptible de recours (sauf recours en révision ou en rectification d'erreur matérielle).

›Précisions a. Le recours en cassation n'a **pas d'effet suspensif,** mais le Conseil d'État peut, à la demande du requérant, ordonner le sursis à exécution de la décision attaquée.
b. Sur la possibilité de présenter une **question prioritaire de constitutionnalité,** voir n° 82085.

82165 Le Conseil d'État peut soit rejeter le pourvoi, soit annuler – totalement ou partiellement – la décision attaquée. S'il prononce l'**annulation,** il peut soit renvoyer l'affaire devant la même juridiction statuant, sauf impossibilité tenant à la nature de la juridiction, dans une autre formation, soit renvoyer l'affaire devant une autre juridiction, soit régler l'affaire au fond si l'intérêt d'une bonne administration de la justice le justifie. Lorsque l'affaire fait l'objet d'un **second pourvoi en cassation,** le Conseil d'État statue définitivement sur cette affaire.

3. PROCÉDURE DEVANT LES JURIDICTIONS JUDICIAIRES

INSTANCES DEVANT LE TRIBUNAL JUDICIAIRE

82195 LPF art. L 199, al. 2, R 199-1, al. 1 et 2, R 202-1 à R 202-4 ENR-VII-16500 s

En matière de **droits d'enregistrement et de timbre** et d'**impôt sur la fortune immobilière,** le contribuable qui entend contester la décision rendue par l'administration sur sa réclamation doit porter le litige devant le tribunal judiciaire. Il doit pour cela se faire représenter par un **avocat.**

Le **tribunal** territorialement **compétent** est celui dont dépend le service chargé du recouvrement des impositions contestées. Toutefois, en matière de droits d'enregistrement et de taxe de publicité foncière, les litiges relatifs à la valeur vénale des biens concernés relèvent du tribunal du lieu de situation des biens ou d'immatriculation des navires et bateaux.

La procédure est engagée par voie d'**assignation** signifiée par commissaire de justice dans le **délai** de deux mois à compter du jour de la réception de l'avis portant notification de la décision du service des impôts. En l'absence de décision du service des impôts dans les six mois de la date de présentation de la réclamation (n° 81870) et jusqu'à l'intervention de cette décision, le contribuable peut saisir le tribunal sans qu'aucun délai lui soit imparti (BOI-CTX-JUD-10-20-20 n° 10). Mais, si une telle décision intervient, le délai normal de deux mois redevient applicable (Cass. com. 5-5-1998 n° 991 D : RJF 7/98 n° 878).

Le jugement peut faire l'objet de certains **recours** devant le tribunal lui-même : opposition (jugement rendu par défaut), tierce opposition, recours en révision, prise à partie.

›Précisions a. Lorsque la demande est portée devant une juridiction qui a son siège en France métropolitaine, le **délai** de recours est augmenté d'un mois pour les personnes demeurant dans les départements ou collectivités **d'outre-mer.** Inversement, lorsque la demande est présentée devant un tribunal siégeant dans un département ou une collectivité d'outre-mer, le délai est augmenté d'un mois pour les personnes qui ne demeurent pas dans la collectivité dans le ressort de laquelle le tribunal a son siège. Enfin, le délai est augmenté de deux mois pour les personnes qui demeurent à l'**étranger** (CPC art. 643 et 644).

b. Dans la limite du dégrèvement ou de la restitution sollicité, le contribuable peut faire valoir tout **moyen nouveau,** jusqu'à la clôture de l'instruction (LPF art. L 199 C). Sur la possibilité de présenter une **question prioritaire de constitutionnalité,** voir n° 82085.

c. Si le contribuable ou l'administration le demande, l'**expertise** est de droit en matière de droits d'enregistrement et impôts assimilés pour la **détermination de la valeur vénale réelle** des immeubles, fonds de commerce, clientèle, navires et bateaux, droit au bail ou promesse de bail d'immeuble.

d. Les parties ont la faculté de présenter des **observations orales** à l'audience.

APPELS DES JUGEMENTS DU TRIBUNAL JUDICIAIRE

82205 LPF art. L 199, al. 2 et R 202-6 ENR-VII-23800 s

Les jugements des tribunaux judiciaires peuvent faire l'objet d'un appel devant la **cour d'appel** dans le ressort de laquelle le tribunal a son siège.

L'appel est formé dans le **délai** d'un mois (augmenté, le cas échéant, du délai supplémentaire de distance visé n° 82195, précision a) à compter de la notification du jugement. La déclaration d'appel doit être présentée par un **avocat** par **voie électronique** via le portail « e-barreau ». Elle doit être accompagnée d'une copie de la décision attaquée et vaut demande d'inscription au rôle (CPC art. 901).

Les **conclusions** de l'appelant doivent être transmises au greffe dans les trois mois de la déclaration d'appel (CPC art. 908).

L'**arrêt** de la cour d'appel est notifié aux avocats avant d'être signifié aux parties (CPC art. 678). Cette signification est effectuée à leur seule diligence, le greffe de la cour d'appel n'intervenant pas dans cette procédure. L'arrêt peut faire l'objet d'un pourvoi en cassation.

› **Précisions** **a.** L'appel n'est **pas suspensif.** À moins que la décision du tribunal n'en dispose autrement, la décision est de droit exécutoire à titre provisoire (CPC art. 514). L'exécution peut toutefois être arrêtée par le premier président de la cour d'appel statuant en référé lorsqu'il existe un moyen sérieux d'annulation ou de réformation de la décision et que l'exécution risque d'entraîner des conséquences manifestement excessives (CPC art. 514-3 et 514-6).

b. Dans la limite du dégrèvement ou de la restitution sollicité, le contribuable peut faire valoir tout **moyen nouveau,** jusqu'à la clôture de l'instruction (LPF art. L 199 C). Sur la possibilité de présenter une **question prioritaire de constitutionnalité,** voir n° 82085.

c. **L'expertise** pour la détermination de la **valeur vénale réelle** des biens n'est accordée de droit en appel à une des parties que si l'autre l'avait demandée au tribunal (LPF art. R 202-3, al. 2).

d. Les parties à l'instance d'appel doivent le **droit fixe d'appel** visé n° 76060.

POURVOI EN CASSATION

Le pourvoi en cassation doit être présenté par un **avocat** au Conseil d'État et à la Cour de cassation. La déclaration de pourvoi est transmise par **voie électronique** au greffe de la Cour de cassation dans le **délai** de deux mois (augmenté, le cas échéant, du délai supplémentaire de distance visé n° 82195, précision a) à compter du jour de la notification de la décision. **82215** ENR-VII-25700 s

Le pourvoi en cassation fait l'objet d'une **procédure préalable d'admission.** L'admission est refusée si le pourvoi est irrecevable ou n'est fondé sur aucun moyen sérieux. La décision de refus d'admission du pourvoi est insusceptible de recours.

Le pourvoi en cassation n'a **pas d'effet suspensif.**

Sur la possibilité de présenter une **question prioritaire de constitutionnalité,** voir n° 82085.

II. RECOURS GRACIEUX

Constituent des recours gracieux les demandes qui tendent à obtenir de l'administration la remise ou la modération d'impositions ou de pénalités sans faire état de motifs relatifs à leur bien-fondé. **82270** LPF art. L 247 et L 251 CONT-IX-1 s

Les **droits en principal** afférents à des **impôts directs** régulièrement établis peuvent faire l'objet d'une remise ou d'une modération lorsque le contribuable rencontre des difficultés financières le mettant dans l'impossibilité de se libérer de sa dette envers le Trésor.

Les **pénalités** (majorations de droits et amendes fiscales), quant à elles, peuvent faire l'objet soit d'une transaction, soit d'une remise ou d'une modération. Il en est de même de l'intérêt de retard.

La **transaction** est une convention portant atténuation de pénalités, qui peut intervenir entre l'administration et le contribuable lorsque ces pénalités – et, le cas échéant, les impositions principales – ne sont pas définitives (c'est-à-dire lorsqu'elles peuvent encore être contestées suivant la procédure contentieuse). Les transactions exécutées par les contribuables et approuvées par l'autorité compétente sont définitives, tant en ce qui concerne les droits que les pénalités, et font obstacle à toute introduction ou reprise d'une procédure contentieuse. Dans le cas où le contribuable, refusant la transaction proposée par l'administration, porte le litige devant le tribunal compétent, celui-ci fixe le taux des majorations ou pénalités, en même temps que la base de l'impôt.

Les **remises ou modérations** de pénalités trouvent à s'appliquer, d'une part, à l'égard des pénalités définitives, d'autre part, à l'égard des pénalités pour lesquelles la transaction est exclue, même si elles ne sont pas définitives dès lors que les droits en principal correspondants ne sont pas contestés.

› **Précisions** **a.** Aucune **remise de droits d'enregistrement,** d'impôt sur la fortune immobilière, de taxe de publicité foncière, de droits de timbre, de taxes sur l'immatriculation des véhicules, de **taxes sur le chiffre d'affaires** et de taxes assimilées à ces droits et taxes ne peut, en principe, être accordée. Par dérogation, l'administration peut accorder une remise totale ou partielle des rappels de TVA résultant de la caractérisation d'un **établissement stable** en France d'une entreprise étrangère, sous réserve que le montant de la taxe rappelé ait été acquitté au titre des mêmes opérations par le preneur des biens et services fournis et n'ait pas été contesté par celui-ci dans le délai imparti pour l'introduction d'un recours contentieux.

b. Les **difficultés financières** à l'origine de la demande de remise ou de modération d'impôts directs (appréciées à la date à laquelle l'administration se prononce) ne doivent pas être imputables à l'organisation volontaire par le contribuable de son insolvabilité (CE 31-7-2009 n° 298973 : RJF 12/09 n° 1165). Le choix de l'intéressé de rembourser prioritairement des dettes autres que sa dette fiscale ne caractérise pas une telle organisation (CE 7-3-2019 n° 419907 : RJF 6/19 n° 578).

c. La conclusion d'une **transaction** n'est pas possible lorsque le contribuable met en œuvre des **manœuvres dilatoires** visant à nuire au bon déroulement du contrôle fiscal.

d. Sans contester en droit le principe ou la quotité de leur obligation, les **tiers mis en cause** pour le paiement d'impôts non établis à leur nom (cessionnaires d'entreprises, propriétaires de fonds de commerce, etc. : nos 77275 s.) peuvent demander à en être dispensés, quelle que soit la nature de l'impôt sur lequel porte leur obligation.

82275 Les recours gracieux sont adressés au **service des impôts** du lieu d'imposition. Ils ne sont soumis à aucune condition de **délai.** Ils sont rédigés sous **forme** de simple lettre et doivent contenir les indications nécessaires à l'identification de l'affaire à laquelle ils se rapportent.

Au sein de l'administration fiscale, les **autorités compétentes pour statuer sur le recours** diffèrent selon l'importance de la somme faisant l'objet de la demande.

Ainsi, lorsque la demande porte sur une **somme n'excédant pas 200 000 €** par année d'imposition, la décision appartient au directeur départemental des finances publiques ou, le cas échéant, au directeur chargé d'un service à compétence nationale ou d'une direction spécialisée. Les décisions de ces directeurs peuvent être attaquées devant le ministre chargé du budget qui statue en dernier ressort. Aucun recours hiérarchique n'est possible contre les décisions du ministre. Toutefois, en cas de faits nouveaux, une requête peut être à nouveau présentée devant la même autorité.

Lorsque la demande porte sur une **somme excédant 200 000 €,** la décision est prise par le ministre chargé du budget après avis du comité du contentieux fiscal, douanier et des changes. Saisi par l'administration, ce comité invite le contribuable à produire des observations écrites dans un délai de trente jours. Le contribuable peut également présenter des observations orales. Il a le droit de se faire assister ou représenter par un conseil ou un représentant de son choix.

82280 Lorsque l'autorité administrative n'a pas statué sur une demande gracieuse dans le **délai** de deux mois, elle est réputée avoir rejeté celle-ci. Ce délai est porté à quatre mois en cas de demande de transaction ou de demande en remise particulièrement complexe, à condition, dans ce dernier cas, d'en avoir informé le contribuable avant l'expiration d'un délai de deux mois (Décret 2001-907 du 3-10-2001 art. 2).

Les décisions de rejet des demandes gracieuses peuvent être contestées par la voie du **recours pour excès de pouvoir.**

III. DÉGRÈVEMENTS ET RESTITUTIONS D'OFFICE

82310 LPF art. R 211-1 et R 211-2 CONT-VIII-1 s De sa propre initiative, ou à la suite de démarches verbales ou écrites, l'administration a la possibilité de rectifier par voie de dégrèvement d'office, malgré la déchéance pour inobservation des délais, les **erreurs commises au préjudice des contribuables.** Il en va de même à l'égard de **certains dégrèvements spéciaux** : remboursement de crédits de taxe sur le chiffre d'affaires, remboursement forfaitaire accordé aux exploitants agricoles non assujettis à la TVA, restitution de crédits d'impôt représentatifs de la retenue à la source opérée lors du versement de certaines sommes.

La faculté de dégrèvement d'office peut être **exercée jusqu'au** 31 décembre de la quatrième année suivant celle de l'expiration du délai de réclamation ou, en cas d'instance, celle de la notification de la décision juridictionnelle (exemple : si le délai de réclamation a expiré le 31 décembre 2023, l'administration pourra dégrever d'office jusqu'au 31 décembre 2027). Cette prescription peut toutefois être interrompue par une demande ou une démarche du contribuable ou d'un tiers agissant pour son compte (même sans mandat).

IV. MODÈLES PRATIQUES

82340

MODÈLE

Modèle de réclamation contentieuse devant l'administration

Nom, prénoms (*ou* dénomination sociale) du contribuable

Adresse

À..., le...

Lettre recommandée avec demande d'avis de réception *(facultatif)*

Objet : recours administratif contentieux

Madame, Monsieur,

(En cas de recours contre une imposition primitive)

(Imposition établie par voie de rôle). J'ai été assujetti(e) à... *(nature de l'impôt)* au titre de l'année... (*ou* de la période du... au...) sous l'article numéro... du rôle de la ville (*ou* commune) de... pour un montant de... € en principal et *(éventuellement)* de... € pour majorations (*ou* pénalités).

(Imposition établie par voie d'avis de mise en recouvrement). J'ai été assujetti(e) à... *(nature de l'impôt)* au titre de l'année... (*ou* de la période du... au...) suivant avis de mise en recouvrement en date du... pour un montant de... € en principal et *(éventuellement)* de... € pour majorations (*ou* pénalités).

Vous voudrez bien trouver ci-joint photocopie de l'avis d'imposition (*ou* extrait de rôle, *ou* avis de mise en recouvrement) relatif à cette imposition.

(En cas de recours contre une imposition supplémentaire consécutive à un contrôle fiscal)

À la suite... (*préciser la nature du contrôle*) qui s'est déroulé(e) du... au... (*facultatif*), j'ai fait l'objet de rectifications ayant conduit à la mise en recouvrement des impositions complémentaires suivantes :

... *(à énumérer avec précision, en mentionnant la nature des impositions principales, l'année de rattachement ou la période, le montant en principal des impositions complémentaires exigées, éventuellement celui des majorations ou pénalités).*

Je joins photocopie de l'avis d'imposition (*ou* extrait de rôle, *ou* avis de mise en recouvrement) relatif à cette imposition complémentaire.

Je conteste le bien-fondé de cette (*ou* ces) imposition(s) pour les raisons suivantes :

... *(exposé des faits, arguments et pièces justificatives sur lesquels s'appuie la contestation).*

Je vous serais obligé(e), pour les raisons exposées ci-dessus, de bien vouloir prononcer les dégrèvements correspondants, tant en droit qu'en pénalités.

(Si l'imposition n'a pas encore été réglée)

Conformément à l'article L 277 du LPF, je demande le sursis de paiement de la (*ou* des) cotisation(s) contestée(s).

Je vous prie d'agréer, Madame, Monsieur, l'assurance de ma considération distinguée.

Signature

Pièces jointes :

(*à énumérer* : photocopie de l'avis d'imposition, *ou* de l'avis de mise en recouvrement, *s'il y a lieu* : mandat, pièces justificatives évoquées à l'appui de la contestation, etc.).

82345

MODÈLE

Modèle de requête au tribunal administratif

Nom, prénoms (*ou* dénomination sociale)

Adresse

Monsieur (*ou* Madame) le Président du tribunal administratif de...

Adresse

À... le...

Lettre recommandée avec demande d'avis de réception *(facultatif)*

Objet : requête introductive d'instance

Monsieur (*ou* Madame) le Président,

82345 (suite) Par décision en date du..., notifiée le..., l'administration fiscale a rejeté en totalité (*ou* en partie, à hauteur de... €) la réclamation que je lui avais adressée le..., en vue de la décharge (*ou* de la réduction *ou* de la restitution) de l'imposition contestée.

Celle-ci est constituée de... *(préciser la nature de l'imposition, l'année, le lieu...)* ainsi que *(éventuellement)* des sanctions ou pénalités y afférentes *(à préciser)*.

Le montant de la somme qui m'est réclamée s'élève à... €, se décomposant comme suit :

... *(donner le détail)*.

Vous trouverez ci-joint la décision prise par l'administration sur ma réclamation.

Je conteste le bien-fondé de cette décision et porte le litige devant votre juridiction.

DISCUSSION

Pour rejeter les moyens exposés dans ma réclamation, l'administration développe l'argumentation suivante :

... *(donner un résumé de cette argumentation)*

Je ne partage pas ce point de vue.

En effet... *(réfuter chacun des moyens avancés par l'administration, en produisant, si besoin est, les textes, décisions de jurisprudence ou pièces justificatives sur lesquels on entend s'appuyer)*.

(Éventuellement). En outre, je tiens à faire valoir les moyens suivants :

... *(à développer en produisant, si besoin est, les textes, décisions de jurisprudence ou pièces justificatives sur lesquels on entend s'appuyer)*.

(Si l'on souhaite une expertise)

Il me paraît indispensable, dès à présent, que le tribunal ordonne une expertise, afin d'établir... *(indiquer avec précision les faits sur lesquels on désire que porte l'expertise et indiquer les éléments que l'on est en mesure de communiquer à l'expert)*.

CONCLUSIONS

Par les moyens exposés ci-dessus et tous ceux que je pourrais développer en cours d'instance, je demande au tribunal de faire droit à ma requête et de prononcer en ma faveur la décharge (*ou* la réduction *ou* la restitution) de l'imposition (*ou* de la quote-part d'imposition) contestée.

(Si l'on a demandé le sursis de paiement)

(Demande formulée dans la réclamation préalable). Je rappelle que ma réclamation préalable était assortie d'une demande de sursis de paiement des sommes contestées.

(Si l'imposition en cause a déjà fait l'objet d'un paiement total ou partiel)

Je demande donc que me soient restituées les sommes indûment perçues par le service des impôts, assorties des intérêts moratoires *(joindre les reçus ou justificatifs des versements effectués)*.

(Si l'on souhaite obtenir le remboursement des frais d'instance)

Conformément à l'article L 761-1 du Code de justice administrative, je demande également que l'administration soit condamnée à me rembourser les frais irrépétibles que j'ai été, ou serai, amené*(e)* à exposer au cours de cette instance. Le montant de ceux-ci sera indiqué au tribunal à l'issue de l'instruction.

Je joins à la présente requête les pièces suivantes, numérotées comme suit :

... *(faire l'inventaire de toutes les pièces jointes* : décision de l'administration, copie de la requête, mandat *s'il y a lieu, etc.)*.

Je vous prie d'agréer, Monsieur (*ou* Madame) le Président, l'assurance de ma haute considération.

Signature

CHAPITRE 4

CONVENTIONS FISCALES INTERNATIONALES

SOMMAIRE

A. Lecture des conventions 82600

B. Contenu des conventions 82700

1. Conventions concernant le revenu et la fortune 82710
   a. Champ d'application 82710
   b. Définitions 82720
   c. Imposition des revenus 82800
   d. Imposition de la fortune 83000
   e. Élimination des doubles impositions 83050
   f. Dispositions spéciales des conventions 83100
2. Conventions concernant les successions et donations, droits d'enregistrement et de timbre 83200

C. Annexe : Tableaux pratiques 83300

1. Conventions fiscales liant la France 83300
2. Retenue à la source sur les revenus mobiliers de source française 83310
3. Crédit d'impôt sur les revenus mobiliers de source étrangère 83320
4. Retenue à la source et crédit d'impôt sur les redevances 83340
5. Retenue à la source sur les bénéfices réalisés en France par des sociétés étrangères 83350

CARACTÉRISTIQUES GÉNÉRALES

Les conventions fiscales internationales sont des **traités bilatéraux** à objet exclusivement fiscal destinées à régler les relations entre les deux États signataires pour tout ce qui concerne les impôts sur le revenu et sur la fortune et parfois les droits de succession, de donation et de timbre. Sauf exception, elles ne traitent ni des taxes sur le chiffre d'affaires ni des droits indirects dès lors que l'application de ces impôts est normalement limitée au territoire national. **82500** INT-GENA-3000 s

Le texte des conventions est souvent accompagné de documents annexes tels que protocoles, échanges de lettres, arrangements ou notes interprétatives qui s'ajoutent généralement à ce texte.

Les conventions fiscales signées par la France s'inspirent pour la plupart du **modèle** de convention établi par l'**OCDE** concernant le revenu et la fortune, mis à jour en dernier lieu le 21 novembre 2017 afin d'intégrer diverses modifications résultant des travaux relatifs à la lutte contre l'érosion de l'assiette imposable et les transferts de bénéfices (« Beps »). Sur l'incidence de la convention multilatérale pour la mise en œuvre du plan « anti-Beps » (« CML »), voir nº 82550.

Certaines conventions fiscales, relativement peu nombreuses, s'inspirent du **modèle** proposé par l'**ONU** « concernant les doubles impositions entre pays développés et pays en développement ». Ce modèle a également été révisé en 2017.

Quant aux droits de succession, de donation, d'enregistrement et de timbre, ils font généralement l'objet de conventions distinctes, qui s'appuient sur le modèle OCDE concernant les successions et donations adopté le 3 juin 1982.

La **liste** des conventions conclues par la France figure nº 83300.

Des dispositions fiscales peuvent également être incluses dans des **traités spécifiques** (INT-GENA-36000 s.). Certains de ces accords spéciaux comportent une clause de non-discrimination fiscale ou d'égalité de traitement (conventions d'établissement, conventions de protection des investissements, accords commerciaux ou consulaires, conventions sur le statut des réfugiés et apatrides) ; d'autres incluent des dispositions fiscales particulières dont la portée est strictement limitée à l'objet de l'accord (accords de coopération culturelle, scientifique et technique, accords relatifs aux transports internationaux, accords spéciaux avec les pays frontaliers, accords relatifs aux organisations internationales, conventions consulaires, etc.). **82510**

RÔLE DES CONVENTIONS

82520 INT-GENA-3300 s

Élimination de la double imposition Les conventions ont pour objet essentiel d'éliminer la double imposition entre l'État de la source (celui de l'origine du revenu ou de situation des biens) et l'État de résidence (celui dans lequel le bénéficiaire du revenu ou le propriétaire des biens est domicilié : sur cette notion, voir n°s 82730 s.).

Pour y parvenir, elles définissent les règles de répartition du droit d'imposer entre les États contractants et prévoient des méthodes correctrices en cas de double imposition (n°s 83050 s.).

> Précisions Les doubles impositions internationales peuvent être classées en deux catégories (INT-GENA-12100 s.) :
– la **double imposition juridique,** définie comme l'imposition d'un même contribuable dans deux États au titre d'un même revenu ou d'un même élément de fortune. Elle résulte essentiellement d'un conflit de double résidence ou d'un conflit entre l'État de la résidence et l'État de la source. C'est ce type de double imposition dont l'élimination est le principal objectif des conventions ;
– la **double imposition économique,** définie comme la situation dans laquelle deux personnes différentes sont imposables au titre d'un même revenu ou d'un même élément de fortune au sein de deux États différents ou d'un même État (par exemple : deux sociétés, mère et filiale, d'États différents se versent des revenus imposés dans les deux États et le pays de la société versante refuse la déduction des sommes payées alors que le pays de la société bénéficiaire les inclut dans la base d'imposition).
Pour tenter de résoudre les cas de double imposition, les conventions prévoient généralement la mise en œuvre, à la demande du contribuable, d'une procédure amiable entre les deux États (une procédure de règlement des différends fiscaux dans l'Union européenne est également prévue ; voir n°s 83120 s.).

82530

Protection des contribuables En fixant le **régime fiscal applicable** à une transaction, à une opération ou à un investissement déterminés, les conventions permettent aux contribuables de connaître à l'avance le régime fiscal et donc les conséquences financières de leurs activités.

Ce rôle de protection est encore renforcé par les **clauses de non-discrimination** qui visent à protéger les nationaux d'un État contre les discriminations fiscales qu'ils pourraient subir dans l'autre État du fait de leur nationalité.

82540

Lutte contre la fraude et l'évasion fiscale Les conventions comportent des règles de coopération entre les États afin de leur permettre de lutter contre l'évasion et la fraude fiscales internationales. En général, elles prévoient un **échange de renseignements** et, moins fréquemment, une **assistance au recouvrement** (n°s 83150 s.).

Cet objectif ressort également du titre et du préambule du modèle OCDE (et de l'article 6 de la CML) qui précisent que les conventions ont non seulement pour objet d'éliminer la double imposition mais également d'éviter les cas de non-imposition ou d'imposition réduite résultant de pratiques d'évasion ou de fraude fiscales.

82550 INT-GENA-26100 s

La Convention multilatérale de l'OCDE (CML)

La Convention multilatérale pour la mise en œuvre des mesures relatives aux conventions fiscales pour prévenir l'érosion de la base d'imposition et le transfert de bénéfices (dénommée « CML ») a pour objet de modifier les conventions fiscales bilatérales en matière d'impôt sur le revenu et d'impôt sur la fortune afin d'y insérer les mesures adoptées dans le cadre du plan Beps, visant à prévenir l'utilisation abusive des conventions tout en améliorant la procédure de règlement des différends.

La CML n'implique ni avenant ni renégociation. Elle se superpose aux conventions bilatérales. En France, elle a été signée le 7 juin 2017, ratifiée par la loi 2018-604 du 12 juillet 2018 et est **entrée en vigueur** le 1er janvier 2019.

Contenu de la CML

La CML contient des mesures **obligatoires** pour tous les signataires (« standards minimums ») qui portent sur la modification de l'objet des conventions fiscales prévu dans le préambule, l'introduction d'une clause anti-abus de portée générale et la modernisation de la procédure de règlement des différends.

Les autres stipulations de la CML sont **optionnelles** et, à ce titre, assorties de diverses facultés de réserves.

Articulation de la CML avec les conventions fiscales

La CML s'applique aux conventions fiscales par le jeu de **clauses de compatibilité.**

Chaque État signataire de la CML notifie à l'OCDE ses **conventions fiscales « couvertes »,** c'est-à-dire celles qu'il souhaite voir modifiées. La CML s'applique à l'égard d'une convention bilatérale liant deux États signataires lorsqu'ils ont réciproquement notifié cette convention

(par exemple, la France notifie la convention franco-allemande de 1959, et l'Allemagne fait de même. La CML peut donc s'appliquer à cette convention).
Chaque État notifie également sa position sur les mesures de la CML. Pour chaque article de la CML, il indique s'il entend appliquer la mesure ou formule une **réserve** (dans la limite permise par la CML) qui peut porter sur l'ensemble de la mesure ou seulement certains points et peut concerner l'intégralité des conventions couvertes ou seulement certaines d'entre elles. Si l'article propose des **options** de mise en œuvre, l'État notifie son choix.
En cas de réserve, elle s'impose à l'autre État, même s'il ne l'a pas lui-même formulée. La mesure ne s'applique alors pas.
En l'absence de réserve, la mesure peut s'appliquer, à condition que les deux États s'accordent sur la stipulation de la convention fiscale à modifier et l'option retenue, le cas échéant.
De manière générale, **deux situations** doivent être distinguées (BOI-INT-DG-20-25 n° 60) :
– si la convention couverte ne contient pas de stipulation analogue à celle de la CML, la stipulation de la CML est ajoutée à cette convention ;
– si la convention couverte contient une stipulation analogue, celle-ci est, en principe, remplacée par celle de la CML, à moins qu'elle ne soit considérée comme équivalente et que les États décident de la conserver.
Exemple : Compatibilité de l'article 12 de la CML, portant redéfinition de l'agent dépendant constitutif d'un établissement stable, avec l'article 5, 5 de la convention franco-russe du 26 novembre 1996.
La France et la Russie ont réciproquement notifié la convention qui les lie.
Aucun de ces deux États ne formule de réserve sur l'article 12. Celui-ci peut donc s'appliquer.
Ils notifient tous les deux l'article 5, 5 de la convention franco-russe comme étant la stipulation qui doit être modifiée par l'article 12 de la CML. L'article 12 remplace donc l'article 5, 5 les textes de ces deux dispositions ne pouvant être considérés comme équivalents (l'agent dépendant n'y est pas défini dans les mêmes termes).
Remarque :
Le texte de la CML ainsi qu'une **version consolidée** des **conventions fiscales** couvertes est disponible dans l'espace abonnés, bloc Fiscalité internationale. À noter que les versions consolidées ne sont pas opposables à l'administration sur le fondement de l'article L 80 A du LPF.

A. Lecture des conventions

Les conventions fiscales sont toutes différentes et néanmoins régies par des **principes communs** de lecture et d'interprétation. 82600

PRIMAUTÉ DES CONVENTIONS SUR LE DROIT INTERNE

Aux termes de l'article 55 de la Constitution, les traités internationaux ont une autorité supérieure à celle des lois internes. Il s'ensuit que, dès leur publication, les conventions fiscales sont intégrées dans l'ordre juridique interne, et celles de leurs dispositions qui pourraient être contraires à la loi interne l'emportent sur celle-ci. Autrement dit, en cas de conflit entre les dispositions de la convention et la loi interne, les dispositions de la convention doivent prévaloir. 82610 INT-GENA-600 s et INT-GENA-1840 s

Pour le **Conseil d'État,** les conventions ont toutefois un **caractère subsidiaire** par rapport au droit interne, c'est-à-dire qu'elles ne peuvent pas, à elles seules, fonder l'imposition en France (CE 19-12-1975 n°s 84774 et 91895 : RJF 2/76 n° 77 ; CE 17-3-1993 n° 85894 : RJF 5/93 n° 612 ; CE 11-4-2008 n° 285583 : RJF 7/08 n° 769 ; CE 20-9-2017 n° 392231 : RJF 12/17 n° 1231).

En pratique, selon le Conseil d'État, lorsque le **juge de l'impôt** est saisi d'une contestation relative à une convention, il doit d'abord se placer sur le terrain de la loi fiscale nationale pour rechercher si l'imposition contestée a été valablement établie et, dans l'affirmative, sur le fondement de quelle qualification. Il lui appartient ensuite, le cas échéant, en rapprochant cette qualification des stipulations de la convention, de déterminer si cette convention fait ou non obstacle à l'application de l'imposition (CE ass. 28-6-2002 n° 232276 : RJF 10/02 n° 1080 ; CE 15-7-2004 n° 249801 : RJF 11/04 n° 1089 ; CE 28-3-2008 n° 271366 : RJF 6/08 n° 629 ; CE 11-4-2008 n° 285583 : RJF 7/08 n° 769). Il appartient néanmoins au juge, pour la mise en œuvre des stipulations d'une convention qui sont relatives, non à la répartition du pouvoir d'imposer entre les deux États, mais aux modalités d'élimination des doubles impositions, de faire directement application de ces stipulations dès lors qu'elles sont claires (CE 31-5-2022 n° 461519 : RJF 8-9/22 n° 772).

Contrairement au Conseil d'État, la **Cour de cassation** applique directement le principe de primauté des conventions fiscales sur la loi fiscale nationale (Cass. ass. plén. 2-10-2015 n° 14-14.256 : RJF 12/15 n° 1066).

ATTENTION

Les articles 4 bis, 2°, 165 bis en matière d'impôt sur le revenu et 209, I du CGI en matière d'impôt sur les sociétés prévoient que, nonobstant toute disposition contraire du CGI, les contribuables (français ou étrangers, domiciliés en France ou à l'étranger) qui recueillent des bénéfices ou des revenus dont l'imposition est attribuée à la France par une convention sont passibles de l'impôt en France.

INTERPRÉTATION DES CONVENTIONS

82620 En principe, les conventions fiscales sont d'interprétation **stricte et littérale** (CE 24-5-2000 n°s 209699 et 209891 : RJF 7-8/00 n° 974 ; CE 26-7-2006 n° 284930 : RJF 11/06 n° 1421). Le Conseil d'État se réserve toutefois la possibilité de prendre en considération l'**objet et** le **but** des conventions conformément à la convention de Vienne du 23 mai 1959 (CE plén. 11-4-2014 n° 362237 : RJF 7/17 n° 718 ; CE 9-11-2015 n° 370054 : RJF 2/16 n° 178 et n° 371132 : RJF 2/16 n° 138).

82640 Chaque État est par ailleurs autonome dans son interprétation de la **qualification fiscale** donnée à un revenu ou à une activité (CE 26-2-1992 n° 83461 : RJF 4/92 n° 534 ; CE 31-3-2017 n° 383129 : RJF 6/17 n° 539). La nature juridique d'une opération au regard du droit étranger peut néanmoins être prise en compte en tant qu'élément de fait permettant de déterminer la qualification à retenir en droit fiscal français (CE plén. 24-11-2014 n° 363556 : RJF 2/15 n° 102 ; CE 8-11-2019 n° 430543 : RJF 2/20 n° 148).

82650 Les **commentaires de l'OCDE** du modèle de convention fiscale peuvent servir à interpréter les conventions. Les commentaires postérieurs à l'adoption d'une convention sont généralement écartés (CE 30-12-2003 n° 233894 : RJF 3/04 n° 238 ; CE 9-11-2015 n° 370974 : RJF 2/16 n° 121).

> **Précisions** Le juge de l'impôt peut toutefois se référer aux commentaires les plus récents, postérieurs à la convention litigieuse, lorsque ces commentaires confortent la solution (CE plén. 11-12-2020 n° 420174 : RJF 2/21 n° 196 ; CE 20-5-2022 n° 444451 : RJF 8-9/22 n° 771).

B. Contenu des conventions

82700 Les conventions fiscales reprennent généralement le contenu du **modèle OCDE.** Toutefois, chaque convention est unique. Il est donc nécessaire de se référer à son contenu spécifique, qui peut comporter des variantes, des suppressions ou des additions au modèle.

1. CONVENTIONS CONCERNANT LE REVENU ET LA FORTUNE

a. Champ d'application

82710 INT-GENA-4400 s Les conventions fiscales ne s'appliquent qu'aux personnes qui sont des **résidents** d'un État ou des deux États (sur cette notion, voir n°s 82730 s.). Ainsi, une convention ne s'applique pas à une personne qui est ressortissant d'un État sans en être résident (sauf stipulation contraire ou clause de non-discrimination).

Les **impôts** auxquels s'appliquent les conventions sont expressément listés. Généralement, les impôts de nature identique ou analogue qui seraient établis après la date de signature de la convention et qui s'ajouteraient aux impôts existants ou qui les remplaceraient sont également visés.

Les **territoires** des États concernés sont définis par les conventions.

> **Précisions** **a.** Certaines conventions ne concernent que l'impôt sur le revenu, à l'**exclusion** de l'impôt de la fortune.
> **b.** Les conventions ne s'appliquent pas dans les **collectivités d'outre-mer.**
> **c.** Pour l'application des conventions antérieures à leur institution, les **prélèvements sociaux** assis sur les revenus soumis en France à l'impôt sur le revenu constituent des impôts de nature analogue s'ajoutant à cet impôt (CE 14-4-2022 n° 455943 : RJF 7/22 n° 614).

b. Définitions

82720 Les conventions fiscales définissent généralement les termes qu'elles utilisent. Dans le cas contraire, elles prévoient de se référer au **droit interne** des États. En cas de désaccord, la procédure amiable peut s'appliquer.

> **Précisions** L'article 3 du modèle OCDE prévoit que tout terme ou expression qui n'est pas défini dans la convention a le sens que lui attribue le droit de cet État (le **droit fiscal** prévalant sur les autres branches du droit), sauf si le contexte exige une interprétation différente ou que les États conviennent d'un sens différent dans le cadre d'une procédure amiable de règlement des différends.

DÉFINITION DU RÉSIDENT

La résidence fiscale est un critère déterminant d'application de la convention (n° 82710). La notion de « résident » commande également la **répartition de l'imposition** entre les deux États, selon la nature du revenu ou de la fortune (nos 82800 s. et 83000 s.). 82730 INT-GENA-5500 s

Les conventions conclues par la France retiennent, pour la plupart, la définition prévue par le modèle OCDE (art. 4).

Condition d'assujettissement à l'impôt Pour qu'une personne soit considérée comme résidente d'un État (au sens du modèle OCDE), elle doit y être assujettie à l'impôt en raison d'un **lien personnel** avec cet État (domicile, résidence...) et ne pas y être assujettie seulement pour les revenus de sources situées dans cet État ou pour la fortune qui y est située. Sont ainsi exclues de la qualité de résident d'un État les personnes qui ne sont assujetties à l'impôt dans cet État que pour les revenus de sources situées dans ce même État et pour des raisons étrangères à l'existence d'un lien personnel avec cet État (CAA Toulouse 13-10-2022 n° 20TL22832 : RJF 1/23 n° 53). 82740

D'une manière générale, les **personnes exonérées** dans un État ne sont pas considérées comme assujetties à l'impôt dans cet État et ne peuvent donc pas être qualifiées de résidentes au sens des conventions fiscales (BOI-INT-CVB-DZA-10 n° 40 commentant la convention fiscale franco-algérienne, qui reprend, sur ce point, le modèle OCDE).

ILLUSTRATIONS

Personnes physiques Une personne ne peut pas se prévaloir de la qualité de résident d'un État dans lequel elle n'est assujettie qu'à un impôt religieux distinct de l'impôt sur le revenu (CE 21-10-2011 n° 333898 : RJF 1/12 n° 2).

Personnes morales Une société exonérée d'impôt dans un État contractant à raison de son statut ou de son activité (exonération structurelle) ne peut pas être regardée comme assujettie à l'impôt au sens conventionnel et ne peut donc pas être considérée comme résidente de cet État (CE 9-11-2015 n° 370054 : RJF 2/16 n° 178 ; CE 9-11-2015 n° 371132 : RJF 2/16 n° 138). Il en va de même d'une personne soumise à une imposition forfaitaire qui n'est pas de nature identique ou analogue aux impositions sur le revenu auxquelles la convention s'applique (CE sect. 20-5-2016 n° 389994 : RJF 8-9/16 n° 753). En revanche, une société assujettie dans un État à un impôt sur les revenus à un taux réduit, même bien inférieur au taux normal, doit être regardée comme résidente fiscale de cet État (CAA Paris 7-11-2019 n° 18PA02195 : RJF 2/20 n° 171). De même, une société qui n'est exonérée dans un État que sur ses bénéfices d'exportation peut être considérée comme résidente de cet État, alors même qu'elle n'a pas réalisé de bénéfices sur le marché local (CE 2-2-2022 nos 443018 et 446664 : RJF 4/22 n° 388).

Critères de résidence fiscale La résidence est d'abord déterminée sur le fondement de la législation fiscale de chacun des deux États (nos 485 s. pour les personnes physiques et nos 35720 s. pour les personnes morales). Ce n'est que lorsqu'une même personne est considérée comme domiciliée dans chacun des États par application de chacune des législations internes (situation de **conflit de résidence**) que les critères conventionnels de résidence sont utilisés. 82750

Les critères retenus pour les **personnes physiques** sont le foyer d'habitation permanent, le centre des intérêts vitaux (liens personnels et économiques), le séjour habituel et la nationalité. Ils sont d'application successive, c'est-à-dire qu'ils doivent être examinés dans l'ordre prévu par la convention (CE 29-10-2012 n° 346641 : RJF 1/13 n° 83).

Pour les **personnes morales,** le critère généralement utilisé est le siège de la direction effective de l'entreprise, qui s'entend du lieu où les personnes exerçant les fonctions les plus élevées prennent les décisions stratégiques qui déterminent la conduite des affaires de l'entreprise dans son ensemble (CE 16-4-2012 n° 323592 : RJF 7/12 n° 674). Toutefois, si le lieu où se tiennent les conseils d'administration d'une société peut constituer un indice pour l'identification d'un siège de direction, ce seul élément ne saurait, confronté aux autres éléments du dossier, suffire à le déterminer (CE 7-3-2016 n° 371435 : RJF 6/16 n° 555).

> Précisions **a.** En matière d'**impôt sur la fortune,** le recours aux critères conventionnels de la résidence est admis même si la convention ne concerne que les impôts sur le revenu (BOI-INT-DG-20-20-80 n° 20).

b. Les **sociétés de personnes françaises** sont traditionnellement considérées comme des résidents de France pour l'application des conventions (CE 11-7-2011 n° 317024 : RJF 10/11 n° 1063 ; CE 13-02-2013 n° 342085 : RJF 5/13 n° 506).

c. Lorsque les critères fixés par la convention permettent de définir où se trouve la résidence fiscale d'une personne physique, un **accord particulier conclu entre les administrations** des deux pays pour déterminer autrement le pays habilité à percevoir l'impôt doit être regardé comme passé à tort. Il est donc inopposable au contribuable et au juge de l'impôt (CE sect. 13-5-1983, n° 28831 : RJF 7/83 n° 848).

DÉFINITION DE L'ÉTABLISSEMENT STABLE

82760
INT-GENA-7500 s
La notion d'établissement stable (Modèle OCDE art. 5) permet de déterminer si une activité (industrielle, commerciale ou libérale) est imposable dans l'État d'exercice de cette activité ou seulement dans l'État de résidence de l'entreprise. Un État contractant ne peut, en effet, normalement imposer les bénéfices d'un résident de l'autre État contractant que si ce non-résident exerce ses activités par l'intermédiaire d'un établissement stable situé dans le premier État.

> Précisions **a.** Sur l'articulation de la notion d'établissement stable avec celle d'**entreprise exploitée en France**, voir nos 35740 s.

b. Les sociétés étrangères qui réalisent des activités en France peuvent demander à l'administration de prendre position sur leur situation au regard de l'existence en France d'un établissement stable (procédure de **rescrit** ; voir n° 79565).

82770 **Installation fixe d'affaires** L'expression « établissement stable » désigne une installation fixe d'affaires par l'intermédiaire de laquelle une entreprise exerce tout ou partie de son activité. Cette définition implique la réunion de plusieurs **critères** :

– l'existence d'une installation d'affaires, c'est-à-dire d'une installation telle que des locaux, des machines, un outillage, etc. ;

– cette installation d'affaires doit être fixe, c'est-à-dire établie en un lieu précis avec un certain degré de permanence ;

– l'exercice des activités de l'entreprise par l'intermédiaire de cette installation fixe.

Le modèle OCDE donne une liste non limitative d'établissements stables généralement retenus dans les conventions : siège de direction, succursale, bureau, usine, atelier, lieu d'extraction de ressources naturelles, chantier de construction.

Par **exception,** les installations fixes d'affaires utilisées pour l'exercice d'**activités préparatoires ou auxiliaires** ne sont pas considérées comme des établissements stables. Une **liste** de ces activités figure généralement dans les conventions. Ainsi ne constituent pas un établissement stable les installations utilisées uniquement pour stocker, exposer ou livrer des marchandises appartenant à l'entreprise ou des installations utilisées uniquement pour acheter des marchandises ou recueillir des informations pour l'entreprise.

> Précisions **a.** L'indépendance vis-à-vis de l'entreprise n'est pas un critère pertinent pour qualifier l'existence d'un établissement stable. Ainsi, il importe peu que l'installation ne dispose pas d'une **autonomie de gestion** (CE 18-10-2018 n° 405468 : RJF 1/19 n° 19).

b. S'agissant des **chantiers de construction,** la durée de l'activité conditionne la qualification d'établissement stable. Le modèle OCDE retient cette qualification pour un chantier dont la durée excède douze mois. Certaines conventions prévoient une durée différente (par exemple, la convention avec le Nigeria prévoit trois mois, celles avec la plupart des pays d'Amérique latine, six mois, celle avec la Hongrie, dix-huit mois).

c. En application de la **règle** dite d'« **anti-fragmentation d'activités** » (Modèle art. 5, 4.1 ; CML art. 13, 4), une installation fixe d'affaires en France est considérée comme un établissement stable si l'entreprise qui la détient ou une entreprise qui lui est étroitement liée exerce, dans la même installation ou dans une autre installation située en France, d'autres **activités complémentaires** qui s'inscrivent dans un ensemble cohérent d'activités dès lors que, soit l'une de ces installations constitue déjà un établissement stable en France, soit l'**activité d'ensemble** résultant du cumul de ces activités ne revêt pas un caractère auxiliaire ou préparatoire (BOI-INT-DG-20-25 n° 320).

82780 **Agent dépendant** En l'**absence d'installation fixe d'affaires,** la plupart des conventions suivant le modèle OCDE retiennent qu'une entreprise d'un État peut avoir un établissement stable dans l'autre État lorsqu'elle y est représentée par un agent dépendant.

L'agent dépendant, personne physique ou morale, est celui qui (Modèle OCDE art. 5, 5 ; CML art. 12) :

– agit pour le compte de l'entreprise résidente de l'autre État ;

– et conclut habituellement des contrats ou joue habituellement le rôle principal menant à la conclusion de contrats qui, de façon routinière, sont conclus sans modification importante par l'entreprise. Les contrats sont conclus au nom de l'entreprise ou prévoient le transfert de la propriété (*ou la concession* du droit d'utiliser) des biens appartenant à cette entreprise ou des biens que l'entreprise a le droit d'utiliser, ou concernent la fourniture de services par cette entreprise.

Les activités de la personne ne se limitent pas aux opérations de caractère préparatoire ou auxiliaire expressément exclues des activités susceptibles de caractériser l'établissement stable (par exemple, achats de marchandises pour l'entreprise étrangère).

Il n'y a en revanche pas d'établissement stable lorsque la personne exerce une activité d'entreprise comme **agent indépendant** (courtier, commissionnaire, etc.) et agit pour l'entreprise dans le cadre ordinaire de cette activité.

> Précisions a. Le statut d'agent indépendant n'est pas reconnu à une personne **agissant exclusivement ou quasi exclusivement** pour des entreprises qui lui sont étroitement liées.

b. Une **filiale** ne constitue pas nécessairement un établissement stable. Sa situation au regard de la notion d'établissement stable s'apprécie par application des règles générales (CE 20-6-2003 n° 224407 : RJF 10/03 n° 1147 ; CE 12-3-2010 n° 307235 : RJF 5/10 n° 465 ; CE 31-3-2010 n° 304715 : RJF 6/10 n° 568).

c. Imposition des revenus

La majorité des conventions conclues par la France suivent la **classification** des revenus prévue par le modèle OCDE. 82800

REVENUS DE BIENS IMMOBILIERS

Toutes les conventions fiscales conclues par la France prévoient que les revenus de biens immobiliers (y compris les bénéfices des exploitations commerciales et forestières) sont imposables dans l'État de **situation des immeubles.** Cette règle s'applique non seulement pour les biens des particuliers mais aussi pour ceux des entreprises et pour ceux servant à l'exercice d'une profession indépendante. 82810 INT-GEN-8550 s

Certaines conventions attribuent un droit d'imposer concurrent à l'État de résidence du bénéficiaire des revenus, mais avec obligation pour cet État d'éliminer la double imposition.

> Précisions a. Le **mode d'exploitation** du bien immobilier est indifférent (location nue ou meublée, exploitation directe, affermage, etc.).

b. Les revenus immobiliers sont imposables en tant que bénéfices des entreprises lorsqu'ils sont réalisés par l'intermédiaire d'un **établissement stable** établi dans l'État de situation des biens immobiliers et exerçant une autre activité génératrice de bénéfices (CE 5-4-2013 nos 349741, 349742 et 349743 : RJF 7/13 n° 751).

BÉNÉFICES DES ENTREPRISES

Les conventions suivent généralement le modèle OCDE (art. 7) qui prévoit que les bénéfices d'une entreprise (passible de l'impôt sur le revenu ou de l'impôt sur les sociétés) résidente d'un État ne sont imposables que dans cet État à moins qu'elle n'exerce son activité dans l'autre État par l'intermédiaire d'un **établissement stable** (tel que défini nos 82760 s.). 82820 INT-GEN-8650 s

Les seuls bénéfices imposables dans l'autre État sont ceux qui sont imputables à l'activité de l'établissement stable dans cet État.

> Précisions a. Les bénéfices d'une **société étrangère** réalisés par l'intermédiaire d'un établissement stable situé en France sont en principe soumis à la retenue à la source prévue à l'article 115 quinquies du CGI (nos 24895 s.). Toutefois, en vertu des conventions, cette retenue à la source peut être soit réduite, du fait d'une limitation de la base de calcul et (ou) d'un abaissement du taux applicable, soit supprimée par exclusion expresse ou implicite (voir le tableau figurant n° 83350). Par ailleurs, elle peut être rendue inapplicable, notamment par la clause relative aux « revenus non dénommés » (CE 31-1-2001 n° 199543 : RJF 4/01 n° 489).

b. Des règles spécifiques sont applicables aux **entreprises de navigation maritime et aérienne internationale** (Modèle OCDE art. 8).

c. Les conventions peuvent prévoir un mécanisme d'**ajustement corrélatif de bénéfices** destiné à corriger les situations de double imposition économique des entreprises associées (Modèle OCDE art. 9 ; CML art. 17). Ces situations se présentent essentiellement en matière de **prix de transfert** lorsqu'à la suite d'un redressement effectué dans un État des bénéfices ont été réintégrés alors qu'ils avaient été inclus dans les bénéfices de l'entreprise associée de l'autre État (pour l'application de cette règle, deux entreprises sont considérées comme associées lorsque l'une participe directement ou indirectement à la direction, au contrôle ou au capital de l'autre ou que les mêmes personnes participent directement ou indirectement à la direction, au contrôle ou au capital des deux entreprises).

REVENUS DE CAPITAUX MOBILIERS

Dans les conventions suivant le modèle OCDE, les revenus de capitaux mobiliers relèvent des articles consacrés aux dividendes (Modèle OCDE art. 10) et aux intérêts (Modèle OCDE art. 11). En ce qui concerne les tantièmes et jetons de présence, voir n° 82870. 82830

D'une manière générale, les conventions prévoient que chaque État (État de la source et État de la résidence) a le droit d'imposer les revenus de capitaux mobiliers (à condition que son droit interne le prévoie). Elles affectent ainsi, d'une part, la retenue à la source appliquée en France aux revenus versés à des non-résidents et, d'autre part, l'imposition des résidents français sur leurs revenus de source étrangère.

82840 INT-GEN-14200 s **Revenus mobiliers de source française** Les **dividendes** et les sommes fiscalement réputées distribuées par une société résidente de France font en principe l'objet de la retenue à la source prévue par l'article 119 bis, 2 du CGI lorsque le domicile fiscal ou le siège des bénéficiaires est situé hors de France (nos 24845 s.). Cette retenue peut toutefois être réduite, voire supprimée, en application des conventions (voir tableau des taux applicables par convention no 83310).

La plupart des conventions prévoient également une réduction ou une suppression du prélèvement en matière de **produits de placements à revenu fixe** (produits d'obligations négociables ou intérêts de créances) de source française versés à des non-résidents (étant précisé que ce prélèvement ne s'applique plus en droit interne que lorsque les produits sont versés dans un État ou territoire non coopératif (**ETNC**) : voir nos 25445).

› Précisions **a.** La France applique les taux de retenue à la source conventionnels sur les revenus passifs de source française (dividendes, intérêts, redevances) perçus par un non-résident via une **société de personnes étrangère** (dotée de la transparence fiscale) interposée. L'associé non résident est considéré, à cet effet, comme le bénéficiaire des revenus de source française. Aucune retenue à la source ou prélèvement n'est par ailleurs effectué sur la fraction de revenus mobiliers de source française transitant par une société de personnes étrangère et revenant à un associé résident de France (BOI-INT-DG-20-20-20-10 nos 80 s. ; BOI-INT-DG-20-20-30 nos 120 s.).
Le bénéfice de ce régime est subordonné, à la condition que l'associé soit résident de France ou d'un État avec lequel la France a conclu une convention fiscale comportant une clause d'assistance administrative en vue de lutter contre la fraude et l'évasion fiscales (INT-GENA-7130 s.).
b. Pour bénéficier des taux réduits, voire nuls, de retenue à la source, le bénéficiaire de revenus mobiliers de source française (personne physique ou morale) doit justifier de sa qualité de résident de l'autre État. Généralement, il présente à l'administration, avant la mise en paiement des revenus, une **attestation de résidence** (formulaire no 5000) visée par l'administration de l'autre État (INT-GEN-16700 s.). À défaut, la preuve de la résidence fiscale peut être rapportée par tous moyens (Rép. Deromedi : Sén. 8-10-2020 no 14775).

82850 INT-GEN-18500 s **Revenus mobiliers de source étrangère** La plupart des conventions signées par la France prévoient que les bénéficiaires de revenus de valeurs mobilières étrangères, qui ont en France leur domicile fiscal ou leur siège, peuvent imputer sur l'impôt français (impôt sur le revenu ou impôt sur les sociétés) exigible à raison de ces revenus un **crédit d'impôt** correspondant à l'impôt étranger perçu dans l'État de la source (méthode dite de l'imputation partielle : no 83080).

Le crédit d'impôt est déterminé :

– pour les contribuables soumis à l'**impôt sur le revenu,** en appliquant au montant net des produits (donc après prélèvement de l'impôt étranger) les taux conventionnels indiqués dans le tableau figurant no 83320 ;

– pour les personnes morales passibles de l'**impôt sur les sociétés,** en appliquant au montant brut des produits encaissés les taux conventionnels indiqués dans le tableau figurant no 83330.

Certains États peuvent toutefois, en application de leur législation interne, appliquer des **taux inférieurs** aux taux conventionnels, voire exonérer ces revenus. En pareil cas, le crédit d'impôt correspond à la retenue effectivement prélevée à la source, les revenus ne supportant pas de retenue n'ouvrant droit, en principe, à aucun crédit d'impôt en France.

› Précisions **a.** Quelques rares conventions (dont la convention avec l'Inde) prévoient un **crédit d'impôt forfaitaire** dont le taux est expressément fixé par la convention quel que soit le montant du prélèvement effectif dans l'État étranger ou même en l'absence de tout prélèvement dans cet État (voir tableaux figurant nos 83320 et 83330).
b. Certaines conventions fiscales contiennent une **clause de la nation la plus favorisée** permettant de revendiquer l'application de taux de retenue à la source inférieurs à ceux prévus dans la convention lorsque l'État partenaire a accepté d'appliquer des taux plus faibles à des pays tiers (conventions avec l'Inde, la Lituanie, le Mexique, l'Arabie saoudite). Selon les cas, l'application du taux plus faible est automatique ou suppose un accord entre les États.

82860 Le crédit d'impôt s'ajoute au produit encaissé pour former le **revenu imposable** et vient ensuite en déduction de l'impôt (l'impôt sur le revenu ou l'impôt sur les sociétés selon le cas).

Lorsque les produits sont encaissés en France, leur montant est mentionné sur le certificat de crédit d'impôt remis par l'établissement payeur (CGI ann. II art. 77, 2-c). Lorsqu'ils sont encaissés à l'étranger ou reçus directement de l'étranger, le bénéficiaire doit calculer lui-même le montant du crédit d'impôt à l'aide du **formulaire** no 2047 à joindre à la déclaration des revenus (impôt sur le revenu) ou du formulaire no 2066-SD à joindre à la déclaration de résultat (impôt sur les sociétés).

> Précisions **a.** Sur les règles d'imputation des crédits d'impôt sur **l'impôt sur les sociétés** et la **contribution sociale,** voir nos 36140 s. et 36730.
b. En ce qui concerne les **intérêts de créances non négociables** (et les **redevances** : n° 82940), l'administration admet l'imputation des crédits d'impôt dès l'exercice de leur comptabilisation, même si l'impôt étranger n'a pas encore été prélevé à la clôture de l'exercice en cause (cas, par exemple, des intérêts courus et non échus). Une régularisation doit être effectuée lorsque le crédit d'impôt imputé est en définitive injustifié, excessif ou insuffisant (Rép. Sordel : Sén. 8-9-1983 n° 11833 ; BOI-IS-RICI-30-10-20-10 n° 200).

TANTIÈMES ET JETONS DE PRÉSENCE

Les conventions conclues par la France reprennent en général la règle prévue par l'article 16 du modèle OCDE selon laquelle les tantièmes, jetons de présence et autres rétributions similaires qu'un résident d'un État reçoit en sa qualité de membre du conseil d'administration ou de surveillance d'une société résidente de l'autre État sont imposables dans cet autre État. Par conséquent, lorsqu'elles sont **versées par une société française,** ces rémunérations sont soumises à la retenue à la source de l'article 119 bis, 2 du CGI (nos 24845 s.) aux taux prévus aux tableaux figurant nos 83320 et 83330. 82870 INT-GEN-9250 s

TRAITEMENTS ET SALAIRES

Traitements et salaires privés Dans les conventions qui reprennent le modèle OCDE (art. 15), le droit d'imposer les traitements, salaires et autres rémunérations similaires est attribué à l'État où l'activité est exercée. Par suite, les salaires versés à un non-résident en rémunération d'une **activité exercée en France** sont soumis à la retenue à la source prévue à l'article 182 A du CGI (nos 4595 s.). 82880 INT-GEN-8990 s et INT-GEN-17850 s

Par exception, les salaires versés à un non-résident en rémunération d'une **mission temporaire** en France ne sont imposables que dans l'État de résidence si les trois conditions suivantes sont réunies :

– le bénéficiaire séjourne en France pendant une période ou des périodes n'excédant pas 183 jours au cours de douze mois consécutifs (certaines conventions retiennent l'année fiscale) ;

– la rémunération est payée par un employeur ou pour le compte d'un employeur qui n'est pas résident de France ;

– la charge de cette rémunération n'est pas supportée par un établissement stable (sur cette notion, voir nos 82760 s.) que l'employeur aurait en France.

> Précisions **a.** Aucune retenue n'est à effectuer sur les salaires versés aux **travailleurs frontaliers** ayant leur domicile fiscal en Allemagne, en Belgique, en Suisse (hors canton de Genève), en Espagne ou en Italie. En effet, les conventions fiscales conclues avec ces pays prévoient que les travailleurs frontaliers ne sont imposables que dans l'État de leur domicile.
b. Quelques rares conventions (cas des conventions avec l'Allemagne et le Royaume-Uni) prévoient que les dispositions concernant les traitements et salaires s'appliquent aux **rémunérations des dirigeants** visées à l'article 62 du CGI (nos 23605 s.). Cette solution semble également être retenue par l'administration dans les cas – les plus nombreux – où la convention est muette sur ce point.
c. Les rémunérations versées aux **enseignants et chercheurs** ainsi qu'aux employés exerçant à bord de **navires ou aéronefs** font l'objet de règles particulières, voire d'accords particuliers.
d. Le modèle OCDE (art. 20) prévoit des règles spécifiques applicables aux sommes versées aux **étudiants.** Ces règles figurent dans un grand nombre de conventions (par exemple, conventions avec l'Allemagne, le Canada, le Royaume-Uni).

Traitements et salaires publics Les conventions qui suivent le modèle OCDE (art. 19) prévoient que les traitements, salaires et autres rémunérations similaires payés par un État (ou l'une de ses subdivisions politiques ou collectivités locales) au titre de services rendus à cet État sont imposables dans cet État. Les **rémunérations payées par l'État français** (une collectivité ou un établissement public français) à ses agents (fonctionnaires ou contractuels) en service à l'étranger sont donc, en principe, imposables en France. 82890

Par **exception,** les conventions prévoient que les rémunérations publiques ne sont imposables que dans l'État où les services sont rendus si l'agent est un résident de cet État et en possède la **nationalité** (même en cas de double nationalité) ou en était déjà résident avant de rendre les services à cet État. Les rémunérations payées par la France à des ressortissants ou à des résidents permanents de l'autre État pour des services rendus dans cet autre État (employé dans une ambassade par exemple) ne sont donc imposables que dans ce dernier. La retenue à la source française n'est donc, le plus souvent, pas applicable.

> Précisions **a.** L'imposition des rémunérations publiques payées par la France peut s'effectuer par voie de **retenue à la source** si l'activité est exercée en France et l'agent est domicilié hors de France, ou par **voie de rôle** si l'activité est exercée hors de France (quel que soit l'État de résidence de l'agent). Dans le premier cas, l'État de résidence élimine la double imposition. Dans le second cas, l'État d'exercice de l'activité (qui peut être l'État de résidence de l'agent ou non) peut également imposer la rémunération. La France et l'autre État doivent alors en principe s'entendre pour éliminer la double imposition (Rép. Habib : AN 27-7-2021 n° 36043 à propos de l'application de la convention franco-grecque aux enseignants français détachés au lycée franco-hellénique d'Athènes).

b. Certaines conventions ne contiennent pas de règles spécifiques aux traitements et salaires publics. Dans ce cas, les **règles générales** prévues pour les traitements et salaires s'appliquent.

PENSIONS ET RENTES VIAGÈRES

82900 INT-GEN-9100 s et INT-GEN-18000 s

Les conventions attribuent généralement le droit d'imposer les **pensions et rentes privées** à l'État de résidence de leur bénéficiaire (Modèle OCDE art. 18). Ainsi, en règle générale, la retenue à la source prévue à l'article 182 A du CGI (nos 4595 s.) n'est pas applicable aux pensions et rentes de source française servies à un résident d'un autre État.

Par exception, certaines conventions prévoient une imposition dans l'État de la source des pensions (notamment conventions avec l'Argentine, le Canada, les États-Unis). Les pensions de source française peuvent alors être soumises à retenue à la source.

82910 La plupart des conventions comportant des règles relatives aux **pensions et rentes publiques** prévoient leur imposition exclusive dans l'État qui les paye (Modèle OCDE art. 19). Ainsi, les pensions versées par l'État français (ou l'une de ses subdivisions politiques ou collectivités locales) à un résident d'un autre État sont en général soumises à la retenue à la source prévue à l'article 182 A du CGI (nos 4595 s.).

Par exception, les pensions publiques sont imposables dans l'État de résidence de leur bénéficiaire lorsque ce dernier en est également **ressortissant.** Ainsi, lorsqu'un non-résident, ressortissant de son État de résidence, perçoit des pensions de l'État français, celles-ci ne sont normalement pas soumises à la retenue à la source.

> **Précisions** **a.** En ce qui concerne les conventions prévoyant l'application de la retenue à la source, voir le **tableau** figurant à INT-GEN-18400.
> **b.** En l'absence de règles spécifiques aux pensions publiques, ce sont les règles retenues pour les pensions privées qui s'appliquent.

REVENUS NON SALARIAUX

82920 INT-GEN-9180 s et INT-GEN-16200 s

Dans les conventions les plus récentes, les revenus tirés de l'exercice de **professions libérales ou** d'**autres activités de caractère indépendant** sont traités par référence à l'article relatif aux bénéfices des entreprises (n° 82820).

Mais la plupart des conventions actuellement en vigueur comportent un article spécifique proche de l'ancien article 14 du modèle OCDE dans sa rédaction antérieure à la révision du 29 avril 2000, qui attribue l'imposition des revenus tirés de l'exercice d'une profession libérale ou d'autres activités de caractère indépendant (autres qu'industrielles ou commerciales) à l'État de résidence du bénéficiaire de ces revenus, à moins que ce dernier ne dispose habituellement pour l'exercice de ses activités d'une **base fixe** (ou installation professionnelle permanente) dans l'autre État. Dans ce dernier cas, les revenus sont imposables dans l'autre État, mais uniquement dans la mesure où ils sont imputables à cette base fixe. Ainsi (sauf dans le cas des artistes et sportifs exposé n° 82930), la retenue à la source prévue à l'article 182 B du CGI (nos 4560 s.) n'est pas applicable aux revenus perçus par des personnes domiciliées hors de France au titre de l'exercice d'une activité indépendante **en France.** Lorsque ces revenus sont imputables à une base fixe (ou installation professionnelle permanente) située en France, ils sont imposés en France par voie de rôle.

82930 INT-GEN-18100 s

Cas particulier des artistes et sportifs De nombreuses conventions fiscales comportent une **clause ou un article spécifique** (Modèle OCDE art. 17) concernant le droit d'imposer les rémunérations que les artistes et les sportifs tirent de leurs activités personnelles (conventions avec l'Afrique du Sud, l'Algérie, l'Allemagne, les États-Unis ; liste complète : INT-GEN-18150).

Cette clause prévoit que les revenus qu'un résident d'un État tire de ses activités exercées dans l'autre État (**État de la source**) en tant qu'artiste ou sportif sont imposables dans cet autre État. *Ainsi, en cas d'exercice* de l'activité en France, les rémunérations versées à un sportif ou un artiste résident de l'autre État sont en principe soumises à la retenue à la source de l'article 182 B ou 182 A bis du CGI (nos 4560 s. et 4640 s.).

Cependant, plusieurs conventions attribuent le droit d'imposer à l'**État de résidence,** auquel cas aucune retenue à la source n'est à prélever en France (par exemple, la convention avec les États-Unis lorsque le montant des recettes n'excède pas un certain montant).

Enfin, certaines conventions contiennent une disposition spéciale lorsque les rémunérations dues pour les prestations fournies par un artiste ou un sportif sont versées à un tiers résident d'un autre État, par exemple à une « **société d'artistes** ». Dans ce cas également, la rémunération correspondant à l'activité de l'artiste ou du sportif en France est, sous réserve de quelques exceptions, imposable en France.

En l'**absence de clause spécifique** (conventions avec la Belgique, les Émirats arabes unis notamment), les rémunérations perçues par les artistes et les sportifs à raison d'une activité personnelle relèvent, selon le cas, de l'article de la convention concernant les traitements et salaires (nº 82880) ou de l'article relatif aux professions indépendantes (nº 82920) (précisions sur la situation fiscale des artistes ou sportifs exerçant en France sous couvert d'une personne morale résidente du même État que l'artiste ou le sportif : INT-GEN-18210).

> Précisions **a.** La France considère que les revenus qu'un artiste ou un sportif tire de l'**exploitation de son nom** sont indissociables de son activité professionnelle et doivent, en conséquence, être imposés dans l'État de la source de ces revenus (BOI-INT-DG-20-20-70 nº 30). Il en est de même des revenus tirés de l'exploitation **de son image** (BOI-INT-CVB-ITA-10-20 nº 820 à propos de la convention franco-italienne).

b. Lorsque la prestation est réalisée en France et la **rémunération versée à un tiers non résident**, la circonstance que la convention ne reprenne pas les principes exposés ci-dessus n'empêche pas la France d'imposer cette rémunération sur le fondement de son droit interne (CE 29-3-2008 nº 271366 : RJF 6/08 nº 629).

REDEVANCES

Le modèle OCDE (art. 12), repris par de nombreuses conventions, définit les redevances comme les **rémunérations de toute nature** payées pour l'usage ou la concession de l'usage : 82940 INT-GEN-9200 s et INT-GEN-16300 s

– d'un droit d'auteur sur une œuvre littéraire, artistique ou scientifique, y compris les films cinématographiques ;

– d'un brevet, d'une marque de fabrique ou de commerce, d'un dessin ou d'un modèle, d'un plan, d'une formule ou d'un procédé secrets ;

– d'informations ayant trait à une expérience acquise dans le domaine industriel, commercial ou scientifique.

Le droit d'imposer les redevances varie selon les conventions et parfois selon les catégories de redevances. Certaines conventions prévoient une **imposition exclusive** des redevances, quelle que soit leur nature, dans l'État de résidence de leur bénéficiaire (par exemple, conventions avec l'Allemagne, l'Autriche, la Belgique). D'autres conventions prévoient un **partage d'imposition** entre l'État de la résidence et l'État de la source, quelle que soit la nature des redevances (par exemple, conventions avec l'Australie, la Suisse). Enfin, plusieurs conventions distinguent selon la nature des redevances, prévoyant soit une imposition exclusive dans l'État de résidence, soit un partage d'imposition entre l'État de la résidence et l'État de la source (par exemple, conventions avec le Cameroun, le Canada).

> Précisions **a.** Lorsque les redevances se rattachent à un **établissement stable** (sur cette notion, voir nºs 82760 s.), ce sont les dispositions relatives aux bénéfices des entreprises visées nº 82820 (ou celles relatives aux revenus des professions indépendantes visées nº 82920) qui sont applicables.

b. Les sommes perçues par une société d'édition et de distribution de logiciels en contrepartie de **prestations de maintenance** ne constituent pas des redevances. Elles relèvent de la catégorie des bénéfices des entreprises visée nº 82820 (CE 18-6-2021 nº 433315 : RJF 10/21 nº 962).

c. Sur l'incidence de la **clause de la nation la plus favorisée** éventuellement contenue dans la convention, voir nº 82850, précision b.

Imposition en France des redevances de source française Les redevances payées par un débiteur qui exerce une activité en France à un non-résident (qui n'a pas d'établissement stable en France : voir nº 82940, précision a) sont en principe soumises à la **retenue à la source** prévue à l'article 182 B du CGI (nºs 4560 s.). Elles sont toutefois, le plus souvent, en application des dispositions conventionnelles exonérées d'impôt en France ou imposées à un taux réduit. 82950

Le tableau figurant nº 83340 (2e col.) indique, pour chaque État ayant conclu une convention fiscale avec la France, le taux de la retenue à la source applicable au montant brut des redevances.

> Précisions **a.** Redevances versées par des sociétés françaises à des sociétés résidentes d'États membres de l'UE (CGI art. 182 B bis), voir nº 35755, b.

b. Redevances perçues par un non-résident via une **société de personnes étrangère interposée** : voir nº 82840, précision a.

82960 INT-GEN-18500 s **Imposition en France des redevances de source étrangère** Comme les revenus mobiliers (n° 82850), la plupart des conventions signées par la France prévoient que les bénéficiaires de redevances de source étrangère, qui ont en France leur domicile fiscal ou leur siège, peuvent imputer sur l'impôt français (impôt sur le revenu ou impôt sur les sociétés) exigible à raison de ces revenus un **crédit d'impôt** correspondant à l'impôt étranger perçu dans l'État de la source.

Le montant du crédit d'impôt est déterminé en appliquant le taux conventionnel au montant brut des produits. Les taux applicables par convention sont indiqués dans la 3e colonne du tableau figurant n° 83340.

Les **modalités d'imputation** des crédits d'impôt sont décrites n° 82860.

GAINS EN CAPITAL

82970 INT-GEN-9300 s Les conventions prévoient généralement (Modèle OCDE art. 13) que :

– les gains tirés de l'aliénation de **biens immobiliers** (y compris les titres de certaines sociétés immobilières) suivent le même régime que les revenus procurés par ces biens : imposition au lieu de situation de l'immeuble (n° 82810).

Dans certains cas, les gains tirés de l'aliénation de **parts de société à prépondérance immobilière** sont imposés dans l'État de situation de l'immobilier détenu par cette société (cas des conventions avec l'Allemagne, le Royaume-Uni et les Émirats arabes unis, par exemple). Ainsi, lorsqu'un non-résident détient des parts dans une société dont l'actif est principalement constitué d'immeubles situés en France (généralement plus de 50 %), la clause de prépondérance immobilière permet à la France d'imposer le gain provenant de la cession de ces parts au prélèvement prévu à l'article 244 bis A du CGI (nos 32625 s.) ;

– les gains qui proviennent de l'aliénation de **biens mobiliers** faisant partie de l'actif d'un **établissement stable** sont imposables dans l'État où cette installation est située ;

– les gains provenant de l'aliénation de **navires** ou d'**aéronefs** sont imposables dans l'État où le siège de direction effective de l'entreprise qui exploite les navires ou aéronefs est situé ;

– et les gains provenant de l'aliénation de tous les **autres biens** (par exemple actions ou obligations détenues par des particuliers) ne sont imposables que dans l'État de résidence du cédant. Toutefois, certaines conventions (avec l'Espagne et les Pays-Bas par exemple) prévoient que les gains tirés de la cession d'une **participation substantielle** sont imposés dans l'État de résidence de la société dont les titres sont cédés. En conséquence, lorsqu'un non-résident détient une participation substantielle dans le capital d'une société française (généralement plus de 25 %), la clause de participation substantielle permet à la France d'imposer le gain provenant de la cession de cette participation au prélèvement prévu à l'article 244 bis B du CGI (n° 32945).

> **Précisions a.** Le **seuil** conventionnel de **prépondérance immobilière** n'est pas toujours fixé à 50 % (par exemple, la convention entre la France et les Émirats arabes unis prévoit un seuil de 80 %).
> **b.** Certaines conventions peuvent prévoir des **conditions** à l'application de la **clause de participation substantielle** (par exemple, la convention avec le Luxembourg prévoit que la clause ne s'applique qu'aux gains réalisés par les résidents du Luxembourg qui ont été résidents de France à un moment quelconque au cours des cinq années précédant la cession de parts).

AUTRES REVENUS

82980 INT-GEN-9350 s Les conventions suivant le modèle OCDE (art. 21) retiennent généralement que les autres revenus sont imposables dans l'**État de résidence** de leur bénéficiaire.

Si ces revenus sont rattachables à une activité d'entreprise exercée dans l'autre État par l'intermédiaire d'un **établissement stable** (sur cette notion, voir nos 82760 s.) qui y est situé, ce sont les stipulations relatives aux bénéfices des entreprises qui s'appliquent (n° 82820).

De rares conventions ne contiennent pas d'article « Autres revenus » (par exemple, convention avec le Brésil). Dans ce cas, chaque État applique son droit interne sans limitation.

d. Imposition de la fortune

83000 INT-GEN-9380 s Un certain nombre de conventions signées par la France comportent des dispositions en matière d'impôt sur la fortune (voir le tableau figurant n° 83300). À l'exception de la nouvelle convention franco-belge signée le 9 novembre 2021 (non encore entrée en vigueur), aucune de ces conventions ne vise l'impôt sur la fortune immobilière (**IFI**).

Si l'administration a précisé que les principes guidant l'interprétation des dispositions des conventions fiscales utilisées pour les besoins de l'ancien impôt de solidarité sur la fortune (**ex-ISF**) sont repris en matière d'IFI, il n'en demeure pas moins qu'une convention applicable à l'ISF ne l'est pas nécessairement à l'IFI, un **examen au cas par cas** des stipulations conventionnelles étant nécessaire (BOI-PAT-IFI-10 n° 30).

> Précisions **a.** Sur l'application des dispositions conventionnelles pour la détermination du **domicile fiscal** des redevables, voir n° 82750, précision a.

b. L'administration a précisé que l'IFI entre dans le champ d'application de la **convention franco-luxembourgeoise** du 20 mars 2018, alors qu'il n'est pas visé par celle-ci (BOI-INT-CVB-LUX-10 n° 280).

Elle a par ailleurs précisé, au sujet de la **convention franco-saoudienne,** que la convention qui vise l'impôt sur la fortune et les impôts de nature identique ou analogue qui s'y ajouteraient ou les remplaceraient et qui seraient établis après la date de sa signature, s'applique à l'IFI (Rép. Joyandet : Sén. 19-7-2018 n° 3325).

83010 Les conventions suivent généralement le modèle OCDE (art. 22) qui prévoit que la fortune constituée par des **biens immobiliers** est imposable dans les deux États. L'État du lieu de situation de l'immeuble impose en premier, conformément à sa législation interne. L'État du lieu de résidence du propriétaire impose en second et élimine la double imposition en accordant un crédit d'impôt (cas d'application du crédit d'impôt : INT-GEN-9830 s.). Dans les cas exceptionnels où l'imposition est réservée à l'État de situation des biens, ceux-ci sont exonérés dans l'État de résidence, avec application éventuelle de la méthode du taux effectif (n° 83060).

> Précisions **a.** Diverses conventions (notamment avec l'Allemagne, les États-Unis, l'Italie) permettent d'imposer les **parts de sociétés à prépondérance immobilière** selon le régime des biens immobiliers (pour leur fraction représentative de tels biens).

b. Certaines conventions prévoient que les **nouveaux résidents de France,** ressortissants de l'autre État sans avoir la nationalité française sont exonérés d'IFI sur leurs biens immobiliers situés hors de France pendant les cinq années suivant celle de leur installation en France (conventions avec l'Allemagne, l'Espagne, l'Italie, les États-Unis).

e. Élimination des doubles impositions

83050 INT-GENA-12400 s Certaines impositions sont attribuées de façon exclusive à l'État de résidence. D'autres le sont à l'État de la source, de façon non exclusive ou, plus rarement en matière de revenus, de façon exclusive.

Lorsqu'un État dispose du **droit exclusif** d'imposition d'un revenu ou d'un élément de fortune, le risque de double imposition est en principe inexistant, l'autre État n'ayant pas la possibilité d'imposer le même revenu ou la même opération. En revanche, le risque existe lorsque les deux États ont **concurremment** le droit d'imposer. Un mécanisme d'élimination de la double imposition est alors nécessaire.

À cet effet, deux **méthodes** sont prévues par le modèle OCDE : la méthode de l'exonération (art. 23 A) et celle de l'imputation (art. 23 B). Les conventions fiscales conclues par la France peuvent prévoir une **combinaison** de ces deux méthodes selon la nature des revenus (méthode du crédit d'impôt généralisé : n° 83080, c).

ATTENTION

La **France** utilise traditionnellement la méthode de l'exonération avec taux effectif (n° 83060) pour tous les revenus provenant de l'autre État et qui, en vertu de la convention, sont imposables dans cet État et retient la méthode de l'imputation (n°s 83070 s.) pour les revenus qui font l'objet d'une imposition limitée à la source (dividendes, intérêts et redevances, sauf exonérations spécifiques). La méthode de l'imputation est également utilisée lorsque l'on veut éviter que certains revenus ne bénéficient indûment, en droit ou en fait, d'une absence d'imposition (artistes et sportifs, rémunérations des administrateurs de sociétés notamment).

Dans les **conventions les plus récentes** toutefois, c'est la méthode de l'imputation sous la forme d'un crédit d'impôt généralisé (n° 83080, c) qui est le plus souvent retenue et qui est généralisée à tous les revenus. Tel est le cas notamment des conventions avec la Chine, le Royaume-Uni, l'Allemagne et l'Italie.

MÉTHODE DE L'EXONÉRATION

83060 INT-GENA-12460 s La méthode d'exonération (ou d'exemption) consiste à exonérer les revenus de source étrangère (ou les biens situés à l'étranger) dans l'État de résidence de leur bénéficiaire (ou de leur propriétaire).

L'exonération peut être **totale,** l'un des deux États n'ayant pas le droit d'imposer.

Plus généralement, l'exonération se combine avec la **règle du taux effectif** qui permet de maintenir la **progressivité** de l'impôt dans l'État de résidence alors que la méthode de l'exonération totale limite cette progressivité. Lorsque la France est l'État de résidence, le calcul de l'impôt est le suivant :

– une première cotisation d'impôt théorique est calculée sur une assiette constituée de l'ensemble des revenus nets (ou de la fortune nette) du contribuable, de source française et étrangère (après déduction de l'impôt étranger). Il en résulte un taux d'imposition, dit « taux effectif » ;

– l'impôt brut (avant réductions et crédits d'impôt) est ensuite déterminé en appliquant ce taux effectif à une assiette constituée des seuls revenus nets (ou de la seule fortune nette) de source française. Cet impôt brut est enfin réduit des réductions et crédits d'impôt pour constituer l'impôt exigible.

La méthode d'exonération avec taux effectif peut également s'appliquer en matière de droits de succession et, éventuellement, de donation.

MÉTHODE DE L'IMPUTATION (CRÉDIT D'IMPÔT)

83070 INT-GENA-12520 s La méthode de l'imputation consiste à autoriser les deux États à percevoir un impôt sur les revenus (ou les éléments de fortune) considérés, mais en permettant au contribuable d'imputer sur l'impôt dû dans son État de résidence (R) un crédit d'impôt représentatif de tout ou partie de l'**impôt payé dans l'État de la source (S).**

› Précisions **a.** Pour l'application des conventions, la CSG et la CRDS sont assimilées à l'impôt sur le revenu. Elles sont donc couvertes par les dispositions conventionnelles visant à éliminer la double imposition, à moins que leur rédaction particulière ne les exclue. Par suite, les personnes physiques domiciliées fiscalement hors de France qui perçoivent des revenus qui sont soumis à la CSG et à la CRDS peuvent être fondées à demander à leur État de résidence, dans les conditions prévues par la convention fiscale applicable, d'imputer sur l'impôt acquitté localement le montant correspondant à ces prélèvements sociaux (BOI-INT-DG-20-20-100 nos 110 et 120).

b. **L'impôt étranger prélevé en contrariété avec la convention** n'ouvre pas droit au crédit d'impôt conventionnel (CE 19-12-2018 n° 413033 : RJF 3/19 n° 265).

c. Sur les conséquences de l'**imputation partielle** du crédit d'impôt conventionnel sur l'impôt sur les sociétés (crédit d'impôt supérieur au montant de l'impôt) **ou de l'absence d'imputation** (exercice déficitaire), voir n° 36160.

83080 Il existe plusieurs modalités d'application de la méthode de l'imputation.

a. Dans la méthode de l'**imputation partielle,** l'impôt est calculé sur le montant total des revenus (et des éléments de fortune) reçus (ou possédés) dans les deux États (à condition pour ceux qui proviennent de l'État S d'y avoir été imposés). Le crédit d'impôt imputable dans l'État R est plafonné au montant de l'impôt dû dans cet État sur les revenus (ou les éléments de fortune) reçus (ou possédés) dans l'État S.

b. Dans la méthode de l'**imputation intégrale** (rarement utilisée en pratique), l'État R calcule l'impôt sur une assiette identique, mais le crédit d'impôt correspond à l'impôt payé dans l'État S, quel que soit son montant.

c. Dans la méthode du **crédit d'impôt généralisé,** le revenu étranger est pris en compte pour son montant brut (sans déduction de l'impôt étranger), et le crédit d'impôt imputable est égal non pas à l'impôt perçu dans l'État S mais à celui perçu dans l'État R (c'est-à-dire l'impôt français pour les résidents de France). Tout comme la méthode du taux effectif (n° 83060), cette méthode permet de maintenir la progressivité de l'impôt.

› Précisions **a.** Lorsqu'elle est prévue par la convention, la méthode du crédit d'impôt généralisé est exclusive de la méthode du **taux effectif** (CAA Douai 6-4-2004 n° 99-1494 : RJF 3/05 n° 259).
b. Sur les clauses de **crédit d'impôt fictif** (ou **forfaitaire**) qui peuvent être incluses dans certaines conventions, voir n° 82850, précision a.

83090 EXEMPLE

Un contribuable, domicilié fiscalement en France et marié avec deux enfants à charge, a disposé en 2023 des revenus suivants :
– salaires de source française : 80 000 € après abattement pour frais professionnels ;
– revenus fonciers nets de charges provenant de la location d'un appartement au Portugal : 12 000 €. L'impôt portugais correspondant à ces revenus fonciers s'élève à 2 400 €.
Le contribuable verse une pension de 5 000 € par an à son fils majeur et a droit, par ailleurs, à une réduction d'impôt de 1 000 €.

Méthode du taux effectif

Calcul de la cotisation d'impôt théorique
Revenu net global = 80 000 + 12 000 – 2 400 – 5 000 = 84 600 €.
Impôt correspondant en application du barème progressif de l'impôt = 8 434 €.

Taux effectif = 8 434/ 84 600 = 9,96 %.
Calcul de l'impôt exigible
Revenu imposable en France = 80 000 − 5 000 = 75 000 €.
Impôt brut = 75 000 × 9,96 % = 7 470 €.
Impôt exigible = 7 470 − 1 000 = 6 470 €.
Méthode du crédit d'impôt
Calcul de l'impôt brut
Revenu net global = 80 000 + 12 000 − 5 000 = 87 000 € (l'impôt portugais n'est pas déductible).
Impôt correspondant en application du barème progressif de l'impôt = 9 154 €.
Calcul de l'impôt exigible
Montant de l'impôt français correspondant aux revenus de source étrangère = 1 263 €.
Impôt exigible = 9 154 − 1 263 − 1 000 = 6 891 €.

f. Dispositions spéciales des conventions

Les clauses présentées ci-après ne sont pas toutes incluses dans les conventions fiscales signées par la France. Elles peuvent également y avoir une portée plus limitée (par exemple, clause d'assistance au recouvrement). 83100

NON-DISCRIMINATION

La plupart des conventions signées par la France contiennent une clause de non-discrimination qui suit généralement le modèle OCDE (art. 24). Cette clause a pour objectif d'interdire les discriminations fiscales fondées sur la **nationalité** d'une personne physique ou morale. 83110 INT-GENA-15500 s

Elle prévoit ainsi, sous condition de réciprocité, que les nationaux d'un État ne doivent pas, à situation égale, être traités moins favorablement dans l'autre État que les propres nationaux de cet autre État. Par exemple, un Britannique résident de France ne peut pas être traité plus sévèrement, sur le plan fiscal, qu'un Français résident de France (convention franco-britannique du 19-6-2008 art. 25).

En revanche, la clause de non-discrimination n'interdit pas à un État de traiter différemment des résidents et des non-résidents.

> Précisions **a.** La clause de non-discrimination peut également figurer dans un **accord particulier** (convention d'établissement ou convention de protection des investissements, par exemple).
b. Dans le cas des **personnes physiques,** la clause de non-discrimination conduit, par exemple, à appliquer à tous les résidents de France, étrangers comme français, les avantages prévus en matière de quotient familial. En revanche, la portée de la clause est réduite en ce qui concerne les déductions et abattements personnels.
c. Dans le cas des **personnes morales** – dont la nationalité dépend du pays où elles ont été enregistrées et où elles ont leur siège statutaire, la clause de non-discrimination permet d'accorder aux établissements stables que les sociétés étrangères possèdent en France le bénéfice du régime des sociétés mères à hauteur des dividendes provenant des titres figurant à leur actif, dans les mêmes conditions que les sociétés résidentes de France.
d. Le cas échéant, la clause de non-discrimination prévue par les conventions fiscales doit être combinée avec le principe de non-discrimination dans le cadre du **droit de l'UE** (notamment CE 12-5-2015 n° 366420 : RJF 8-9/15 n° 744).

PROCÉDURE AMIABLE

La quasi-totalité des conventions signées par la France contiennent des dispositions relatives à la procédure amiable (Modèle OCDE art. 25 ; CML art. 16). 83120 INT-GENA-21050 s

La procédure amiable est non juridictionnelle et indépendante des voies de recours de droit interne (nos 81500 s.). Elle porte sur les impôts expressément visés par la convention et concerne à la fois les cas de **double imposition** juridique et de double imposition économique (sur ces notions, voir n° 82520, Précisions). Elle trouve aussi à s'appliquer en l'absence de toute double imposition contraire à la convention dès l'instant où l'imposition litigieuse contrevient directement à une règle de la convention (par exemple, lorsqu'un État impose un revenu alors que la convention attribue pour ce revenu un droit exclusif d'imposition à l'autre État).

Elle permet au contribuable (personne physique ou morale) de saisir l'État de sa résidence pour lui demander d'examiner son cas en se rapprochant de l'autre État.

La procédure amiable n'implique qu'une **obligation de moyens.** Les États ne sont pas tenus d'aboutir à une solution assurant une élimination totale de la double imposition mais doivent seulement s'efforcer de l'éliminer.

En cas de désaccord persistant, la situation fiscale du contribuable est alors réglée par chaque État.

> Précisions a. La plupart des conventions qui reprennent le modèle OCDE prévoient un **délai de saisine** de trois ans à compter de la première notification de la mesure qui entraîne une imposition non conforme à la convention.
b. Lorsque deux États membres de l'UE ont un différend sur l'interprétation de la convention, ils peuvent décider, par compromis, de saisir la **CJUE,** qui se reconnaît compétente, sur le fondement de l'article 273 du TFUE (CJUE gr. ch. 12-9-2017 aff. 648/15 : RJF 2/18 n° 233).

83130 INT-GENA-22200 s **Arbitrage** En cas d'échec de la procédure amiable, une procédure d'arbitrage peut être mise en œuvre si la convention le prévoit (par exemple, conventions avec l'Allemagne, les États-Unis et le Royaume-Uni).

La procédure d'arbitrage, telle que prévue par le modèle OCDE (art. 25, 5) et par la CML (art. 18 à 26), doit être initiée par le contribuable sur demande écrite adressée à l'une des autorités compétentes ou aux deux, qui peut intervenir à tout moment à partir du terme de la procédure amiable. L'autorisation préalable des États n'est pas requise.

Les États restent maîtres de la décision sur le fondement de la solution apportée par une **commission d'arbitrage.** Cette décision lie les deux États.

> Précisions La solution d'arbitrage ne vaut que pour le cas soumis à l'arbitrage. Les États peuvent toutefois l'utiliser pour régler des **cas similaires.**

83140 LPF art. L 251 B à L 251 ZH INT-GENA-23000 s **Articulation avec la procédure de règlement des différends fiscaux dans l'UE** Tout contribuable, personne physique ou morale, résident d'un État membre de l'UE, peut recourir à la procédure de règlement des différends fiscaux dans l'UE. L'**objet** de cette procédure est de régler les différends entre les administrations fiscales des États membres de l'UE relatifs à l'interprétation et à l'application des conventions qui prévoient l'élimination de la double imposition du revenu et, le cas échéant, de la fortune et aboutissant à une imposition non conforme. La demande d'ouverture de la procédure (qui doit être introduite dans les trois ans de la première mesure administrative pouvant entraîner une imposition) met fin à toute autre procédure amiable ou de règlement des différends fondée sur une convention fiscale ou tout autre accord conclu entre États membres de l'UE.

Cette procédure prévoit :

– une **procédure amiable,** d'une durée maximale de trois ans, dont les caractéristiques sont similaires à celles de la procédure amiable conventionnelle. L'accord trouvé par les administrations est contraignant pour elles et exécutoire pour le contribuable, à condition qu'il l'accepte et renonce à tout recours ;

– la saisine d'une **commission consultative** en cas de rejet de la demande d'ouverture de la procédure amiable ou en l'absence d'accord amiable. La commission, qui dispose d'un délai maximal de neuf mois pour se prononcer, rend un avis fondé sur les conventions fiscales et toute règle nationale qui sont applicables au cas d'espèce. Cet avis ne lie les administrations fiscales des États membres concernés qu'en l'absence d'accord. La décision définitive prend effet à condition que le contribuable l'accepte et renonce à tout recours.

> Précisions a. Les administrations fiscales concernées peuvent constituer une **commission de règlement alternatif des différends** à la place de la commission consultative. Elles peuvent convenir que cette commission est autorisée à fonder sa décision sur d'autres éléments que ceux sur lesquels se fonde la commission consultative.
b. Il est mis fin à la procédure si une **décision de justice définitive** est rendue avant que la commission consultative ou la commission de règlement alternatif des différends ait rendu son avis.
c. En matière de **prix de transfert** entre entreprises associées situées dans différents États membres de l'Union européenne et à raison de la correction des bénéfices opérés dans l'un de ces États, la « convention européenne d'arbitrage » du 23 juillet 1990 instaure également une procédure amiable et une procédure d'arbitrage, à défaut d'accord amiable (INT-GENA-23600 s.).

ASSISTANCE ADMINISTRATIVE

83150 INT-GENA-17550 s L'assistance administrative est une forme de **coopération** entre deux (ou plusieurs) États en vue de permettre une application correcte des dispositions régissant l'assiette, le contrôle et le recouvrement des impôts de chacun de ces États.

Elle comprend d'une part, l'échange de renseignements en vue d'établir l'assiette et d'assurer le contrôle des impôts (Modèle OCDE art. 26), d'autre part, l'assistance au recouvrement des impôts (Modèle OCDE art. 27).

Si la clause d'échange de renseignements est souvent reprise dans les conventions conclues par la France, la clause d'assistance au recouvrement est moins fréquente.

Échange de renseignements L'article 26 du modèle OCDE prévoit que les autorités compétentes des États contractants échangent les « **renseignements vraisemblablement pertinents** » pour appliquer les dispositions de la convention ou celles de la législation interne relative aux impôts de toute nature ou dénomination. 83160

Les conventions contiennent cependant souvent des **restrictions** à l'échange de renseignements. Il est ainsi généralement précisé que les États ne sont pas tenus d'aller au-delà des limites prescrites par leur législation interne et leur pratique administrative. Chacun des États peut également se réserver le droit de ne pas transmettre les renseignements qui révéleraient un **secret** commercial, industriel ou professionnel, ou les renseignements dont la communication serait contraire à l'ordre public. En revanche, il est possible d'écarter l'opposabilité du secret bancaire ou assimilé, ce qui est fréquent dans les conventions ou avenants conclus par la France.

La plupart des conventions stipulent que les renseignements communiqués doivent être eux-mêmes tenus secrets, ce qui peut avoir une incidence sur la possibilité pour le contribuable d'obtenir communication des informations recueillies.

Sur la **liste** des conventions incluant une clause d'échange de renseignements, voir le tableau figurant nº 83300.

> **Précisions** **a.** Le principe de l'échange de renseignements avec les collectivités d'outre-mer et avec les États ayant conclu avec la France une convention d'assistance administrative en vue de lutter contre la fraude et l'évasion fiscales est consacré en **droit interne** par l'article L 114 du LPF et avec les États membres de l'UE par l'article L 114 A du LPF.
>
> **b.** Le respect du **principe de « pertinence vraisemblable »** a pour but d'assurer un échange de renseignements en matière fiscale le plus large possible en indiquant que les États ne peuvent pas aller « à la pêche aux renseignements » ou demander des renseignements peu pertinents au regard de la situation fiscale du contribuable (BOI-INT-DG-20-60 nº 30).

L'échange de renseignements peut également résulter d'accords particuliers ou de dispositions multilatérales, telles que : 83170

– au sein de l'**Union européenne,** la directive 2011/16/UE du 15-2-2011, dite « DAC 1 », sur la coopération administrative dans le domaine fiscal (DCAF), modifiée par la directive 2014/107/UE du 9-12-2014, dite « DAC 2 », mettant en œuvre le standard international concernant les revenus de l'épargne, la directive 2015/2376/UE du 8-12-2015, dite « DAC 3 », relative à l'échange des décisions fiscales anticipées (« rulings ») transfrontalières, la directive 2016/881/UE du 25-5-2016, dite « DAC 4 », sur l'échange automatique des documentations « pays par pays », la directive 2016/2258/UE du 6-12-2016, dite « DAC 5 », concernant l'accès des autorités fiscales aux informations relatives à la lutte contre le blanchiment de capitaux, la directive 2018/822/UE du 25-5-2018, dite « DAC 6 », relative à l'échange automatique d'informations en rapport avec les dispositifs transfrontières devant faire l'objet d'une déclaration, la directive 2021/514/UE du 22-3-2021, dite « DAC 7 », étendant les règles de transparence fiscale aux plateformes numériques et la directive 2023/2226/UE du 17-10-2023, dite "DAC 8", sur l'échange automatique d'informations sur les revenus tirés de transactions sur cryptoactifs et sur les décisions fiscales anticipées concernant les personnes physiques fortunées ;

– au sein de l'**OCDE,** la convention concernant l'assistance administrative mutuelle en matière fiscale entre les pays membres de l'OCDE et les États membres du Conseil de l'Europe du 25 janvier 1988 amendée en 2010 et ratifiée par la France le 14 mars 2005, l'accord multilatéral entre autorités compétentes concernant l'échange automatique de renseignements relatifs aux comptes financiers signé par la France le 29 octobre 2014 ou encore l'accord multilatéral entre autorités compétentes portant sur l'échange automatique des déclarations « pays par pays » signé par la France le 27 janvier 2016.

Sur la mise en œuvre en France des différents accords relatifs à l'échange automatique de renseignements relatifs aux comptes financiers, voir nº 26960.

Assistance au recouvrement La clause d'assistance au recouvrement (Modèle OCDE art. 27) permet à un État (État requérant) dans lequel un impôt est définitivement dû d'obtenir d'un autre État (État requis), sous certaines conditions, qu'il recouvre cet impôt (y compris les intérêts, pénalités, coûts de recouvrement ou de conservation afférents à cet impôt) comme s'il s'agissait de ses propres créances fiscales. L'État requis procède au recouvrement des créances fiscales de l'État requérant suivant sa réglementation interne. 83180

L'assistance au recouvrement peut être mise en œuvre à l'encontre des **résidents** des deux États parties à la convention ou d'États tiers. Beaucoup de conventions en limitent l'application aux **impôts** visés par la convention. Du côté français, seules les créances fiscales pour lesquelles le contribuable a épuisé toutes les voies de recours interne pour en contester l'exigibilité peuvent faire l'objet d'une assistance au recouvrement.

Certaines conventions prévoient des **restrictions** à la mise en œuvre de l'assistance. Par exemple, la convention franco-suisse prévoit que l'assistance au recouvrement s'entend de la notification des actes et documents relatifs au recouvrement des impôts sans prévoir un recouvrement effectif par l'État requis pour le compte de l'État requérant.

Les conventions incluant une clause d'assistance au recouvrement sont répertoriées dans le **tableau** figurant n° 83300.

> Précisions Les articles L 283 A à L 283 F du LPF transposant la **directive européenne** 2010/24/UE du 16 mars 2010 prévoient les modalités pratiques de l'assistance au recouvrement entre États membres.

ANTI-ABUS

83190 INT-GENA-20000 s La plupart des conventions fiscales contiennent des dispositions destinées à éviter qu'il en soit fait un usage abusif.

Les États sont libres de retenir des dispositifs spécifiques anti-abus et/ou une règle générale anti-abus (Modèle OCDE art. 29 ; CML art. 7).

Les **clauses anti-abus spécifiques** limitent les avantages de la convention à certaines personnes dites « admissibles » aux avantages conventionnels ou prévoient des conditions tenant aux revenus (par exemple, dispositions restreignant la notion de résident, dispositions réservant l'avantage conventionnel au « bénéficiaire effectif des revenus » afin d'écarter les bénéficiaires qui ne seraient qu'apparents, dispositions visant les « entreprises associées » afin de contrer les abus liés notamment aux prix de transfert).

La **clause générale anti-abus** permet aux États de refuser un avantage conventionnel au titre d'un élément de revenu ou de fortune s'il est raisonnable de conclure, compte tenu de l'ensemble des faits et circonstances propres à la situation, que l'octroi de cet avantage était l'**un des objets principaux** d'un montage ou d'une transaction ayant permis, directement ou indirectement, de l'obtenir.

Une personne qui se verrait refuser un avantage conventionnel dispose de la possibilité de démontrer que l'octroi de cet avantage, dans les circonstances propres au cas d'espèce, serait conforme à l'objet et au but des stipulations pertinentes de la convention (exclusion, en principe, du cas d'un montage inextricablement lié à une activité commerciale essentielle).

> Précisions **a.** La notion d'**avantage** recouvre l'ensemble des bénéfices retirés de l'usage d'une convention, notamment la limitation de l'imposition (réduction, exonération, report, remboursement d'impôt, etc.), l'élimination de la double imposition ou le bénéfice de la clause de non-discrimination.

b. Il y a lieu de contrôler la qualité de « **bénéficiaire** » d'un non-résident, même en l'absence de stipulation conventionnelle précise (CE 13-10-1999 n° 191191 : RJF 12/99 n° 1492 ; CE 23-11-2016 n° 383838 : RJF 2/17 n° 130).

c. L'expression « **montage ou transaction** » désigne tout accord, entente, mécanisme, transaction ou série de transactions, qu'ils aient ou non force exécutoire (BOI-INT-DG-20-25 n° 170).

d. La notion d'objet principal est plus large que la notion de **but exclusivement fiscal** prévue à l'article L 64 du LPF (n°s 79185 s.) qui définit la procédure de l'abus de droit (BOI-INT-DG-20-25 n° 170).

e. Le Conseil d'État a jugé qu'en l'absence de clause anti-abus, l'application d'une convention fiscale à l'encontre de ses objectifs constitue un **abus de droit.** Il reconnaît à l'administration le droit de mettre en œuvre le dispositif de l'abus de droit fiscal prévu à l'article L 64 du LPF lorsqu'un contribuable applique littéralement une convention fiscale dans un but exclusivement fiscal (CE plén. 25-10-2017 n° 396954 : RJF 1/18 n° 70).

2. CONVENTIONS CONCERNANT LES SUCCESSIONS ET DONATIONS, DROITS D'ENREGISTREMENT ET DE TIMBRE

83200 INT-GENA-25000 s La France a conclu avec un certain nombre de pays (**liste** : voir n° 83300) des conventions pour éviter la double imposition en matière d'impôts sur les successions et, éventuellement, de droits sur les donations et autres droits d'enregistrement et de timbre.

Les dispositions pour éviter cette double imposition figurent soit dans une **convention générale** à côté des dispositions relatives à l'impôt sur le revenu (cas notamment pour les anciennes conventions conclues avec les pays d'Afrique), soit dans des **conventions particulières,** qui couvrent toutes les impôts sur les successions, mais plus rarement les droits de donation et les autres droits d'enregistrement.

DÉTERMINATION DU DOMICILE FISCAL

83210 Les règles de détermination du domicile sont en principe identiques à celles retenues par les conventions fiscales concernant **le revenu** et **la fortune.** En particulier, les conventions règlent les conflits de domicile par référence aux critères successifs visés nº 82750.

RÉPARTITION DE L'IMPOSITION

83220 Le droit d'imposer est le plus souvent réparti en fonction de l'État de **résidence** du défunt (ou du donateur) et le **lieu de situation des biens** transmis, sans prendre en compte la situation du domicile des héritiers (ou donataires) ou légataires.

D'une manière générale, les **biens immobiliers** sont imposables dans l'État dans lequel ces biens sont situés. De la même manière, les biens mobiliers appartenant à un **établissement stable** (sur cette notion, voir nºs 82760 s.), et les navires, bateaux et aéronefs sont imposables dans l'État de situation de l'établissement stable ou du siège de direction effective de l'entreprise exploitante. Quant aux **autres biens,** ils sont imposables dans l'État du domicile du défunt (ou du donateur).

› Précisions **a.** Les **parts de sociétés à prépondérance immobilière** sont, en l'absence de stipulations conventionnelles contraires, des biens de nature mobilière pour l'application des conventions fiscales relatives aux droits de succession et de donation. Elles entrent ainsi dans la catégorie des « autres biens » imposables dans l'État de domicile du défunt (Cass. ass. plén. 2-10-2015 nº 14-14.256 : RJF 12/15 nº 1066).
Certaines conventions précisent néanmoins que l'expression « biens immobiliers » inclut les actions, parts ou autres participations dans une société à prépondérance immobilière. Le seuil de prépondérance immobilière est généralement fixé à 50 % (conventions avec les États-Unis, l'Allemagne).
b. Les conventions peuvent également prévoir des règles de répartition du **passif successoral.**

ÉLIMINATION DE LA DOUBLE IMPOSITION

83230 Les règles prévues en matière d'élimination de la double imposition concernant les successions et les donations sont les mêmes qu'en matière d'impôt sur le revenu : voir nºs 83060 s.

› Précisions Les conventions conclues par la France retiennent traditionnellement la méthode de l'**exonération avec taux effectif** (conventions avec la Finlande, l'Espagne).
Les plus récentes retiennent cependant la méthode de l'**imputation partielle** (conventions avec les États-Unis, le Royaume-Uni).

AUTRES DISPOSITIONS

83240 Les conventions fiscales peuvent contenir une clause de **non-discrimination.**

Elles incluent généralement une **procédure amiable,** plus rarement une procédure d'**arbitrage** (convention avec l'Allemagne).

Certaines conventions comportent un **droit de suite** qui permet de lutter contre les délocalisations abusives (conventions avec la Suède, les États-Unis, l'Allemagne).

C. Annexe : Tableaux pratiques

1. CONVENTIONS FISCALES LIANT LA FRANCE

83300 Le tableau ci-après dresse la liste des pays qui ont conclu avec la France une convention fiscale, leur date de signature (et éventuellement de l'avenant qui la modifie) et la référence du Journal officiel dans lequel la convention a été publiée.

Cette liste est complétée par l'indication des impôts auxquels s'applique chaque convention.

L'avant-dernière colonne signale les conventions qui comportent une clause d'assistance administrative (nºs 83150 s.) et la dernière colonne celles couvertes ou non par la Convention multilatérale (avec indication, le cas échéant, de la date d'entrée en vigueur).

› Précisions **Signification des abréviations** A : Avenant ; Arr. : Arrangement ; DE : Droits d'enregistrement ; DO : Droits sur les donations ; IF : Impôt sur la fortune ; IR : Impôts sur les revenus, y compris les revenus mobiliers ; RCM : Revenus des capitaux mobiliers uniquement ; S : Droits sur les successions.
Pour l'avant-dernière colonne : ER : Échange de renseignements : limité à l'application de la convention (ER1) ; étendu à l'application du droit interne (ER2) ; incluant la levée du secret bancaire (ER3) ; AR : assistance au recouvrement.

83300 (suite)

Pays	Date de la convention (et le cas échéant de l'avenant)	Impôts visés	Assistance administrative	Conventions couvertes par la CML
Afrique du Sud	8 novembre 1993 (JO du 23-11-95)	IR – IF	ER3	oui (1-1-2023)
Albanie	24 décembre 2002 (JO du 21-10-05)	IR – IF	ER3 – AR	oui (1-1-2021)
Algérie	17 octobre 1999 (JO du 26-12-02)	IR – IF – S	ER3 – AR	non
Allemagne	21 juillet 1959 (JO du 8-11-61)	IR – IF	ER3 – AR	oui (1-4-2021)
	A du 9 juin 1969 (JO du 22-11-70)			
	A du 28 septembre 1989 (JO du 7-11-90)			
	A du 20 décembre 2001 (JO du 20-9-03)			
	A du 31 mars 2015 (JO du 24-1-16)			
	12 octobre 2006 (JO du 2-5-09)	S – DO		
Andorre	2 avril 2013 (JO du 19-7-15) [10]	IR		oui (1-1-2022)
Arabie saoudite	18 février 1982 (JO du 6-7-83)	IR – IF – S		oui (1-5-2020)
	A du 18 février 2011 (JO du 10-7-12)		ER3	
	A du 2 octobre 1991 (JO du 3-9-95)	IF		
Argentine	4 avril 1979 (JO du 10-3-81)	IR – IF	ER3	oui
	A du 15 août 2001 (JO du 12-10-07)			
	A du 6 décembre 2019 (non entré en vigueur)			
Arménie	9 décembre 1997 (JO du 31-5-01)	IR – IF	ER3 – AR	oui (1-1-2024)
Australie	20 juin 2006 (JO du 21-6-09)	IR	ER3 – AR	oui (1-1-2019)
Autriche	26 mars 1993 (JO du 14-12-94)	IR – IF	ER2 – AR	oui (1-1-2019)
	A du 23 mai 2011 (JO du 27-6-12)		ER3	
	26 mars 1993 (JO du 20-12-94)	S – DO		
Azerbaïdjan	20 décembre 2001 (JO du 21-10-05)	IR – IF	ER3 – AR	oui
Bahreïn (Royaume de)	10 mai 1993 (JO du 6-8-94)	IR – IF – S	ER2	oui (1-6-2022)
	A du 7 mai 2009 (JO du 28-12-10)			
Bangladesh	9 mars 1987 (JO du 30-8-88)	IR	ER3	non
Belgique	10 mars 1964 (JO du 15-8-65)	IR	AR	oui (1-10-2019)
	A du 15 février 1971 (JO du 6-12-73)			
	A du 8 février 1999 (JO du 24-6-00)			
	A du 12 décembre 2008 (JO du 13-1-10)			
	A du 7 juillet 2009 (JO du 3-10-13)		ER3	
	9 novembre 2021 (non entrée en vigueur)	IR – IF	ER3 – AR	
	20 janvier 1959 (JO du 19-8-60)	S – DE		
Bénin	27 février 1975 (JO du 10-1-78)	IR – S – DE	ER3 – AR	non
Biélorussie	4 octobre 1985 (JO du 28-5-87) [5]	IR	ER1	
Bolivie	15 décembre 1994 (JO du 30-11-96)	IR – IF	ER1	non
Bosnie-Herzégovine	28 mars 1974 (JO du 13-9-75) [7]	IR	ER2	oui (1-1-2021)
Botswana	15 avril 1999 (JO du 12-6-03)	IR	ER1	non
	A du 27 juillet 2017 (JO du 29-9-21)		ER3	
Brésil	10 septembre 1971 (JO du 28-11-72)	IR	ER3	non
Bulgarie	14 mars 1987 (JO du 19-4-88)	IR	ER3 – AR	oui (1-1-2023)
Burkina	11 août 1965 (JO du 1-6-67)	IR – S – DE	ER3 – AR	oui (1-2-2021)
	A du 3 juin 1971 (JO du 17-5-75)			
Cameroun	21 octobre 1976 (JO du 11-9-79)	IR – S – DE	ER3 – AR	oui (1-8-2022)
	A du 31 mars 1994 (JO du 26-1-97)			
	A du 28 octobre 1999 (JO du 11-1-03)			
Canada	2 mai 1975 (JO du 10-10-76)	IR – IF	ER3	oui (1-12-2019)
	A du 16 janvier 1987 (JO du 13-10-88)			
	A du 30 novembre 1995 (JO du 16-9-98)			
	A du 2 février 2010 (JO du 15-1-14)		ER3	

83300 (suite)

Pays	Date de la convention (et le cas échéant de l'avenant)	Impôts visés	Assistance administrative	Conventions couvertes par la CML
Centrafricaine (République)	13 décembre 1969 (JO du 25-5-71)	IR – S – DE	ER3 – AR	non
Chili	7 juin 2004 (JO du 3-9-06)	IR – IF	ER3	oui (1-3-2021)
Chine	26 novembre 2013 (JO des 3 et 17-1-15 et 28-2-2015)	IR	ER3	oui (1-9-2022)
Chypre	18 décembre 1981 (JO du 30-3-83)	IR – IF	ER3 – AR	oui (1-5-2020)
	11 décembre 2023 (non entrée en vigueur)	IR	ER3	
Colombie	25 juin 2015 (JO du 23-1-22)	IR – IF	ER3 – AR	oui
Congo	27 novembre 1987 (JO du 15-9-89)	IR – S – DE	ER3 – AR	non
Corée du Sud	19 juin 1979 (JO du 6-2-81)	IR	ER3	oui (1-9-2020)
	A du 9 avril 1991 (JO du 3-6-92)			
Côte d'Ivoire	6 avril 1966 (JO du 22-1-69)	IR – S – DE	ER3 – AR	oui (1-1-2024)
	A du 25 février 1985 (JO du 25-2-89)			
	A du 19 octobre 1993 (JO du 6-5-95)	IF		
Croatie	13 juin 2003 (JO du 21-10-05)	IR	ER3	oui (1-6-2021)
Danemark	4 février 2022 (JO du 7-1-24)	IR	ER3 – AR	
Égypte	19 juin 1980 (JO du 25-1-83)	IR – IF	ER3	oui (1-1-2021)
	A du 1er mai 1999 (JO du 22-5-04)			
Émirats arabes unis	19 juillet 1989 (JO du 19-7-90)	IR – IF – S	ER3	oui (1-9-2019)
	A du 6 décembre 1993 (JO du 21-6-95)			
Équateur	16 mars 1989 (JO du 8-5-92)	IR	ER3	non
Espagne	10 octobre 1995 (JO du 11-7-97)	IR – IF	ER3 – AR	oui (1-1-2022)
	8 janvier 1963 (JO des 6 et 7-1-64)	S		
Estonie	28 octobre 1997 (JO du 31-5-01)	IR – IF	ER3 – AR	oui (1-5-2021)
États-Unis	31 août 1994 (JO du 22-3-96)	IR – IF	ER3 – AR	non
	A du 8 décembre 2004 (JO du 24-1-07)			
	A du 13 janvier 2009 (JO du 10-1-10)			
	24 novembre 1978 (JO du 1-10-80)	S – DO		
	A du 8 décembre 2004 (JO du 24-1-07)			
Éthiopie	15 juin 2006 (JO du 31-7-08)	IR	ER3	non
Finlande	11 septembre 1970 (JO du 22-4-72)	IR – IF	ER3 – AR	oui (1-6-2019)
	4 avril 2023 (non entrée en vigueur)	IR	ER3 – AR	
	25 août 1958 (JO du 27-8-59)	S		
Gabon	20 septembre 1995 (JO du 23-3-08)	IF–IR–S–DE	ER3 – AR	oui
Géorgie	7 mars 2007 (JO du 3-6-10)	IR – IF	ER2	oui (1-7-2019)
Ghana	5 avril 1993 (JO du 14-5-97)	IR	ER3	non
Grèce	11 mai 2022 (JO du 10-1-24)	IR	ER3 – AR	
Guinée	15 février 1999 (JO du 26-9-04)	IR–IF–S–DO	ER3 – AR	non
Hong Kong	21 octobre 2010 (JO du 7-12-11)	IR – IF	ER3	oui (1-9-2022)
Hongrie	28 avril 1980 (JO du 6-1-82)	IR – IF	ER3 – AR	oui (1-7-2021)
Île Maurice	11 décembre 1980 (JO du 27-10-82)	IR – IF	ER2	oui (1-2-2020)
	A du 23 juin 2011 (JO du 27-6-12)		ER3	
Inde	29 septembre 1992 (JO du 6-8-94)	IR – IF	ER3	oui (1-10-2019)
Indonésie	14 septembre 1979 (JO du 14-4-81)	IR – IF	ER3	oui (1-8-2020)
Iran	7 novembre 1973 (JO du 30-4-75)	IR	ER3	non
Irlande	21 mars 1968 (JO du 10-9-71)	IR	ER3 – AR	oui (1-5-2019)
Islande	29 août 1990 (JO du 23-6-92)	IR	ER3	oui (1-1-2020)
Israël	31 juillet 1995 (JO du 18-9-96)	IR – IF	ER3	oui (1-1-2019)
Italie	5 octobre 1989 (JO du 8-5-92)	IR – IF	ER3 – AR	oui
	20 décembre 1990 (JO du 4-4-95)	S – DO		
Jamaïque	9 août 1995 (JO du 9-10-98)	IR	ER3	oui
Japon	3 mars 1995 (JO du 16-5-96)	IR	ER3 – AR	oui (1-1-2019)
	A du 11 janvier 2007 (JO du 29-11-07)			

83300 (suite)

Pays	Date de la convention (et le cas échéant de l'avenant)	Impôts visés	Assistance administrative	Conventions couvertes par la CML
Jordanie	28 mai 1984 (JO du 10-4-85)	IR	ER3	oui (1-1-2021)
Kazakhstan	3 février 1998 (JO du 12-10-00)	IR – IF	ER3	oui (1-10-2020)
Kenya	4 décembre 2007 (JO du 14-11-10)		ER2	oui
Kirghizistan	4 octobre 1985 (JO du 28-5-87)[5]	IR	ER1	
Kosovo	28 mars 1974 (JO du 13-9-75)[7]	IR	ER2	
Koweït	7 février 1982 (JO du 15-9-83)	IR – S	ER3	oui
	A du 27 septembre 1989 (JO du 26-9-91)			
	A du 27 janvier 1994 (JO du 10-3-95)	IF		
Lettonie	14 avril 1997 (JO du 30-5-01)	IR – IF	ER3 – AR	oui (1-2-2020)
Liban	24 juillet 1962 (JO du 8-1-64)	IR – S	ER3 – AR	non
Libye	22 décembre 2005 (JO du 19-9-08)	IR	ER3	non
Lituanie	7 juillet 1997 (JO du 11-5-01)	IR – IF	ER3 – AR	oui (1-1-2019)
Luxembourg	20 mars 2018 (JO du 4-12-19)	IR – IF	ER3 – AR	non
	A du 10 octobre 2019 (JO du 27-3-21)			
	A du 7 novembre 2022 (non entré en vigueur)			
Macédoine	10 février 1999 (JO du 3-7-04)	IR – IF	ER3	oui
Madagascar	22 juillet 1983 (JO du 11-12-84)	IR	ER1 – AR	non
Malaisie	24 avril 1975 (JO du 24-4-77)	IR	ER2	oui (1-6-2021)
	A du 12 novembre 2009 (JO du 11-1-11)			
	A du 31 janvier 1991 (JO du 23-6-92)			
Malawi	14 décembre 1950 (JO des 20 et 21-8-51)[2]	IR	ER3	non
Mali	22 septembre 1972 (JO du 17-5-75)	IR – S – DE	ER3 – AR	non
Malte	25 juillet 1977 (JO du 16-11-79)	IR – IF	ER3 – AR	oui (1-4-2019)
	A du 8 juillet 1994 (JO du 25-9-97)			
	A du 29 août 2008 (JO du 4-6-10)			
Maroc	29 mai 1970 (JO du 24-12-71)	IR – S – DE	ER3 – AR	oui
	A du 18 août 1989 (JO du 22-12-90)			
Mauritanie	15 novembre 1967 (JO du 27-4-69)	IR – S – DE	ER3 – AR	non
Mexique	7 novembre 1991 (JO du 6-3-93)	IR	ER3	oui (1-7-2023)
Moldavie	15 juin 2022 (non entrée en vigueur)	IR	ER3 – AR	
Monaco[3]	18 mai 1963 (JO du 27-9-63)		ER3 – AR	oui (1-5-2019)
	A du 25 juin 1969 (JO du 25-12-69)			
	A du 26 mai 2003 (JO du 1-9-05)			
	1er avril 1950 (JO du 10-6-53)	S		
Mongolie	18 avril 1996 (JO du 1-1-99)	IR – IF	ER3	oui
Monténégro	28 mars 1974 (JO du 13-9-75)[7]	IR	ER2	
Namibie	29 mai 1996 (JO du 29-5-99)	IR – IF	ER3	oui
Niger	1er juin 1965 (JO du 1-12-66)	IR – S – DE	ER3 – AR	non
	A du 16 février 1973 (JO du 13-3-77)			
Nigeria	27 février 1990 (JO du 19-7-91)	IR	ER3	oui
Norvège	19 décembre 1980 (JO du 25-10-81)	IR	ER3 – AR	non
	A du 14 novembre 1984 (JO du 27-10-85)	IR – IF		
	A du 7 avril 1995 (JO du 17-10-96)			
	A du 16 septembre 1999 (JO du 20-2-03)			
Nouvelle-Calédonie	31 mars et 5 mai 1983 (JO des 27-7 et 6-10-83)	IR-S-DE-DO	ER3	non
Nouvelle-Zélande	30 novembre 1979 (JO du 16-5-81)	IR	ER3	oui (1-1-2019)
Oman	1er juin 1989 (JO du 1-8-90)	IR – S		oui (1-11-2020)
	A du 22 octobre 1996 (JO du 30-4-04)	IF		
	A du 8 avril 2012 (JO du 20-3-13)		ER3	
Ouzbékistan	22 avril 1996 (JO du 16-10-03)	IR – IF	ER3 – AR	non

83300 (suite)

Pays	Date de la convention (et le cas échéant de l'avenant)	Impôts visés	Assistance administrative	Conventions couvertes par la CML
Pakistan	15 juin 1994 (JO du 18-10-96)	IR	ER3	oui (1-4-2021)
Panama	30 juin 2011 (JO du 4-2-12)	IR	ER3	oui (1-3-2021)
Pays-Bas	16 mars 1973 (JO du 21-4-74)	IR – IF	ER3 – AR	oui (1-7-2019)
	A du 7 avril 2004 (JO du 1-9-05)			
Philippines	9 janvier 1976 (JO du 4-10-78)	IR		non
	A du 26 juin 1995 (JO du 26-6-98)			
	A du 25 novembre 2011 (JO 10-2-13)		ER3	
Pologne	20 juin 1975 (JO du 1-12-76)	IR – IF	ER3 – AR	oui (1-1-2019)
Polynésie française ..	28 mars et 28 mai 1957 (JO du 15-8-57)	RCM	ER2 – AR	non
Portugal	14 janvier 1971 (JO du 4-1-73)	IR	ER3 – AR	oui (1-6-2020)
	A du 25 août 2016 (JO du 6-1-18)			
Qatar	4 décembre 1990 (JO du 22-12-94)	IR – IF – S		oui (1-4-2020)
	A du 14 janvier 2008 (JO du 31-7-09)		ER3	
Québec [4]	1er septembre 1987 (JO du 29-10-88)	IR – IF		
	A du 3 septembre 2002 (JO du 1-9-05)		ER3	
Roumanie	27 septembre 1974 (JO du 21-10-75)	IR – IF	ER3 – AR	oui (1-6-2022)
Royaume-Uni	19 juin 2008 (JO du 9-1-10)	IR	ER3 – AR	oui (1-1-2019)
	21 juin 1963 (JO du 1-8-64)	S		
Russie	26 novembre 1996 (JO du 29-5-99)	IR – IF	ER3	oui (1-10-2019)
Rwanda	22 juin 2023 (non entrée en vigueur)	IR	ER3 – AR	
Saint-Martin	21 décembre 2010 (JO du 19-4-11)	IR		non
Saint-Pierre-et-Miquelon	30 mai 1988 (JO du 14-1-89)	IR-S-DE-DO	ER3	non
Sénégal	29 mars 1974 (JO des 29 et 30-11-76 et 11-5-78)	IR – S – DE	ER3 – AR	oui (1-9-2022)
	A du 16 juillet 1984 (JO du 25-2-86)			
	A du 10 janvier 1991 (JO du 27-2-93)			
Serbie	28 mars 1974 (JO du 13-9-75) [7]	IR	ER2	oui (1-1-2019)
Singapour	15 janvier 2015 (JO du 2-7-16)	IR	ER3	oui (1-4-2019)
Slovaquie	1er juin 1973 (JO du 2-10-75) [6]	IR – IF	ER3 – AR	oui (1-1-2019)
Slovénie	7 avril 2004 (JO du 22-3-07)	IR – IF	ER3 – AR	oui (1-1-2019)
Sri Lanka	17 septembre 1981 (JO du 30-1-83)	IR	ER3	non
Suède	27 novembre 1990 (JO du 8-4-92)	IR – IF	ER3 – AR	non
	8 juin 1994 (JO du 16-3-96)	S – DO		
	A du 22 mai 2023 (non entré en vigueur)			
Suisse	9 septembre 1966 (JO du 10-10-67)	IR – IF		non
	A du 3 décembre 1969 (JO du 2-11-70)			
	Accord « frontaliers » du 11 avril 1983 (JO du 25-2-87)	IR		
	A du 22 juillet 1997 (JO du 27-8-98)			
	A du 27 août 2009 (JO du 12-12-10)	IR – IF	ER3	
	A du 25 juin 2014 (JO du 3-5-16)			
	A du 27 juin 2023 (non entré en vigueur)			
	Convention du 31 décembre 1953 (JO du 29-3-55) dénoncée depuis le 1-1-2015 [9]	S	ER1	
Syrie	17 juillet 1998 (JO du 3-7-09)	IR	ER2	non
Taïwan [8]		IR	ER3 – AR	non
Tchèque (République) [1]	28 avril 2003 (JO du 3-8-05)	IR – IF	ER3 – AR	oui (1-9-2020)
Thaïlande	27 décembre 1974 (JO du 21-11-75)	IR	ER3	oui (1-7-2022)
Togo	24 novembre 1971 (JO du 6-8-75)	IR – S – DE	ER3 – AR	non
Trinité-et-Tobago ...	5 août 1987 (JO du 18-4-89)	IR	ER3	non
Tunisie	28 mai 1973 (JO du 13-11-75)	IR – S – DE	ER3	oui (1-11-2023)
Turkménistan	4 octobre 1985 (JO du 28-5-87) [5]	IR	ER1	non
Turquie	18 février 1987 (JO du 6-7-89)	IR	ER3	oui

Pays	Date de la convention (et le cas échéant de l'avenant)	Impôts visés	Assistance administrative	Conventions couvertes par la CML
Ukraine	31 janvier 1997 (JO du 9-12-99)	IR – IF	ER3 – AR	oui (1-12-2019)
Venezuela	7 mai 1992 (JO du 12-1-94)	IR	ER3	non
Vietnam	10 février 1993 (JO du 20-12-94)	IR – IF	ER3	oui (1-9-2023)
Zambie	14 décembre 1950 (JO des 20 et 21-8-51) [2]	IR	ER3	non
Zimbabwe	15 décembre 1993 (JO du 16-3-97)	IR – IF	ER3	non

1. Les directives européennes sont applicables dans le cadre des relations de la France avec ce pays.
2. Il s'agit de l'ancienne convention franco-britannique, qui continue à produire ses effets dans les relations de la France avec le Malawi et la Zambie.
3. Convention fiscale de nature particulière.
4. Entente fiscale entre la France et la province du Québec.
5. La convention signée avec l'ex-URSS demeure provisoirement applicable à la Biélorussie (république du Bélarus), au Kirghizistan et au Turkménistan.
6. La convention du 1er juin 1973 signée avec l'ex-Tchécoslovaquie demeure applicable à la Slovaquie.
7. La convention signée avec l'ex-Yougoslavie demeure applicable à la Bosnie-Herzégovine, à la Serbie, au Monténégro et au Kosovo.
8. Les relations fiscales avec Taïwan sont régies par les dispositions de droit interne issues de l'article 77 de la loi 2010-1658 du 29 décembre 2010, assimilables à une « quasi-convention ».
9. La convention a été dénoncée par la France le 17 juin 2014. Elle a cessé d'être applicable pour les successions des personnes décédées depuis le 1er janvier 2015.
10. L'accord du 22 septembre 2009 relatif à l'échange de renseignements entre la France et Andorre demeure en vigueur pour l'application du droit interne et de la convention du 2 avril 2013.

2. RETENUE À LA SOURCE SUR LES REVENUS MOBILIERS DE SOURCE FRANÇAISE

83310 Le tableau ci-après récapitule les **taux conventionnels** de retenue à la source applicables aux revenus distribués de source française à des non-résidents (sont concernés les taux des conventions bilatérales entrées en vigueur pour chacune des parties signataires de la Convention multilatérale).

> **Précisions** Ces taux constituent des **taux maximaux** fixés par les conventions fiscales. Lorsque le droit interne français prévoit un taux inférieur ou une exonération de retenue à la source, le contribuable bénéficie bien entendu de ce taux ou de cette exonération (voir nos 24845 s.).

NB : Signification des abréviations. DC = Droit commun : taux de 12,8 % (personnes physiques) ou 25 % (personnes morales).

Pays du bénéficiaire des revenus	Revenus payés à une société [1] qui détient une participation substantielle du capital (C) ou des droits de vote (DV) de la société distributrice		Revenus payés à un autre associé ou actionnaire de la société distributrice
	Minimum de participation	Taux de la retenue	Taux de la retenue
Afrique du Sud	10 % C [8]	5 %	15 %
Albanie	25 % C [8]	5 %	15 %
Algérie	10 % C	5 %	15 %
Allemagne	10 % C [8]	0	15 %
Andorre	10 % C	5 %	15 %
Arabie saoudite	-	0	0
Argentine	-	15 %	15 %
Arménie	10 % C [8]	5 %	15 %
Australie	10 % C [8]	5 % ou 0 %	15 %
Autriche	10 % C	0	15 %
Azerbaïdjan	-	10 %	10 %
Bahreïn	-	0	0
Bangladesh	10 % C	10 %	15 %
Belgique	10 % C [8]	10 %	15 %
Bénin	-	DC	DC
Biélorussie	-	15 %	15 %

83310
(suite)

Pays du bénéficiaire des revenus	Revenus payés à une société[1] qui détient une participation substantielle du capital (C) ou des droits de vote (DV) de la société distributrice		Revenus payés à un autre associé ou actionnaire de la société distributrice
	Minimum de participation	Taux de la retenue	Taux de la retenue
Bolivie	25 % C	10 %	15 %
Bosnie-Herzégovine	25 % C	5 %	15 %
Botswana	25 % C	5 %	12 %
Brésil	-	15 %	15 %
Bulgarie	15 % C	5 %	15 %
Burkina	-	DC	DC
Cameroun	-	15 %	15 %
Canada	10 % C[8]	5 %	15 %
Centrafricaine (République)	-	DC	DC
Chili	-	15 %	15 %
Chine	25 % C[8]	5 %	10 %
Chypre	10 % C	10 %	15 %
Colombie	20 % C[8]	5 %	15 %
Congo	10 % C	15 %	20 %
Corée du Sud	10 % C	10 %	15 %
Côte d'Ivoire	-	15 %	15 %
Croatie	10 % C	0	15 %
Danemark	10 % C[8]	0	15 %
Égypte	-	0	0
Émirats arabes unis	-	0	0
Équateur	-	15 %	15 %
Espagne	10 % C[8]	0	15 %
Estonie	10 % C	5 %	15 %
États-Unis	10 % C	5 %[5]	15 %
Éthiopie	-	10 %	10 %
Finlande	-	0	0
Gabon	-	15 %	15 %
Géorgie	50 % C[6]	0	10 %
	10 % C[7]	5 %	-
Ghana	10 % C	5 %	15 %
Grèce	5 % C[9]	0	15 %
Guinée	-	15 %	15 %
Hong Kong	-	10 %	10 %
Hongrie	25 % C	5 %	15 %
Île Maurice	10 % C	5 %	15 %
Inde	10 % C	5 %	10 %
Indonésie	25 % C[8]	10 %	15 %
Iran	25 % C	15 %	20 %
Irlande	50 % C[8]	10 %	15 %
Islande	10 % C	5 % ou 15 %	15 %
Israël	10 % C[8]	5 %	15 %
Italie	10 % C	5 %	15 %
Jamaïque	10 % DV[8]	10 %	15 %
Japon	10 % C	5 %[4]	10 %
Jordanie	10 % C[8]	5 %	15 %
Kazakhstan	10 % C[8]	5 %	15 %
Kenya	25 % C	8 %	10 %
Kirghizistan	-	15 %	15 %
Kosovo	25 % C	5 %	15 %
Koweït	-	0	0
Lettonie	10 % C	5 %	15 %
Liban	-	0	0
Libye	10 % C	5 %	10 %
Lituanie	10 % C	5 %	15 %

83310 (suite)

Pays du bénéficiaire des revenus	Revenus payés à une société[1] qui détient une participation substantielle du capital (C) ou des droits de vote (DV) de la société distributrice		Revenus payés à un autre associé ou actionnaire de la société distributrice
	Minimum de participation	Taux de la retenue	Taux de la retenue
Luxembourg	5 % C[8]	0	15 %
Macédoine	10 % C[8]	0	15 %
Madagascar	25 % C	15 %	25 %
Malaisie	10 % C	5 %	15 %
Malawi	50 % C	10 %	DC
Mali	-	DC	DC
Malte	10 % C	0	15 %
Maroc	-	0 ou 15 %	0 ou 15 %
Mauritanie	-	DC	DC
Mexique	10 % C[8]	0 % ou 5 %	15 %
Monaco	-	DC	DC
Mongolie	10 % C[8]	5 %	15 %
Monténégro	25 % C	5 %	15 %
Namibie	10 % C[8]	5 %	15 %
Niger	-	DC	DC
Nigeria	10 % C	12,5 %	15 %
Norvège	10 % C	0	15 %
Nouvelle-Calédonie	-	5 %	5 % ou 15 %
Nouvelle-Zélande	-	15 %	15 %
Oman	-	0	0
Ouzbékistan	10 % C	5 %	8 %
Pakistan	10 % C	10 %	15 %
Panama	10 % C	5 %	15 %
Pays-Bas	25 % C[8]	5 %	15 %
Philippines	10 % DV	10 %	15 %
Pologne	10 % C[8]	5 %	15 %
Polynésie française	-	DC	DC
Portugal	-	15 %	15 %
Qatar	-	0	0
Québec	10 % C	5 %	15 %
Roumanie	-	10 %	10 %
Royaume-Uni	10 % C	0	15 %
Russie	76 225 €[8]	5 %	10 %
Saint-Martin	10 % C	0	15 %
Saint-Pierre-et-Miquelon	-	5 %	5 % ou 15 %[3]
Sénégal	-	15 %	15 %
Serbie	25 % C[8]	5 %	15 %
Singapour	10 % C	5 %	15 %
Slovaquie	-	10 %	10 %
Slovénie	20 % C[8]	0	15 %
Sri Lanka	-	DC	DC
Suède	10 % C	0	15 %
Suisse	10 % C	0 % ou 15 %	15 %
Syrie	10 % C	0	15 %
Taïwan	-	10 %	10 %
Tchèque (République)	25 % C	0	10 %
Thaïlande	25 % C	15 ou 20 %	DC
Togo	-	DC	DC
Trinité-et-Tobago	10 % C	10 %	15 %
Tunisie	-	DC	DC
Turkménistan	-	15 %	15 %
Turquie	10 % C	15 %	20 %
Ukraine	10 % C	5 %	15 %
	50 % C[2]	0	-

Pays du bénéficiaire des revenus	Revenus payés à une société[1] qui détient une participation substantielle du capital (C) ou des droits de vote (DV) de la société distributrice		Revenus payés à un autre associé ou actionnaire de la société distributrice
	Minimum de participation	Taux de la retenue	Taux de la retenue
Venezuela	10 % C	0	5 %
Vietnam	10 % C	5 %	15 %
Zambie	50 % C	10 %	DC
Zimbabwe	25 % C	10 %	15 %

Notes
1. En principe autre qu'une société de personnes.
2. Participation au moins égale à 762 245 €.
3. Le taux de 5 % s'applique si le bénéficiaire effectif est une société (autre qu'une société de personnes).
4. Pas de retenue si la société bénéficiaire détient au moins 15 % du capital de la société française distributrice.
5. Pas de retenue si la société bénéficiaire a détenu au moins 80 % du capital de la société française distributrice pendant les douze mois consécutifs précédant la date de détermination des droits à dividendes, sous certaines conditions.
6. La société bénéficiaire doit également, en plus du seuil de détention du capital, avoir investi au moins 3 millions d'euros dans le capital de la société distributrice.
7. La société bénéficiaire doit également, en plus du seuil de détention du capital, avoir investi au moins 100 000 € dans le capital de la société distributrice.
8. La société bénéficiaire doit détenir sa participation minimum dans le capital de la société distributrice pendant au moins 365 jours, incluant le jour de paiement du dividende.
9. La société bénéficiaire doit détenir directement sa participation minimum dans le capital de la société distributrice tout au long d'une période de 24 mois incluant le jour de paiement des dividendes.

3. CRÉDIT D'IMPÔT SUR LES REVENUS MOBILIERS DE SOURCE ÉTRANGÈRE

BÉNÉFICIAIRE SOUMIS À L'IMPÔT SUR LE REVENU

Le crédit d'impôt est déterminé en appliquant au **montant net** des produits (donc après prélèvement de l'impôt étranger) les pourcentages indiqués ci-après. 83320

Les taux et renvois portés dans la colonne « **Intérêts** » concernent (sauf pour les pays africains) aussi bien les intérêts d'obligations négociables que les intérêts de créances ordinaires perçus par les personnes physiques.

Pays d'émission des valeurs	Dividendes	Intérêts	Tantièmes et jetons de présence
Afrique du Sud	**17,7**	**0**	[1]
Albanie	**17,7**	**11,2**	[1]
Algérie	**17,7**	**13,7**	[1]
Allemagne	**17,7**	**0**	[1]
Andorre	**17,7**	**5,3**	[1]
Arabie saoudite	**0**	**0**	**0**
Argentine	**17,7**	**25**	[1]
Arménie	**17,7**	**11,2**	[1]
Australie	**17,7**	**11,2**	[1]
Autriche	**17,7**	**0**	[1]
Azerbaïdjan	**11,2**	**11,2**	[1]
Bahreïn	**0**	**0**	[1]
Bangladesh	[4,5]	[3,5]	**0**
Belgique	**17,7**	**17,7**	**0** [10]
Bénin	**33,33**	[1]	[1]
Biélorussie	**17,7**	**11,2**	**0**
Bolivie	**17,7**	**17,7**	[1]
Bosnie-Herzégovine	**17,7**	**0**	[1]
Botswana	**13,7**	**11,2**	[1]
Brésil	[1]	[1]	[1]
Bulgarie	**17,7**	**0**	[3]
Burkina Faso	[1]	**19,1**	**13,7** [2]

83320
(suite)

Pays d'émission des valeurs	Dividendes	Intérêts	Tantièmes et jetons de présence
Cameroun	17,7	17,7	[1]
Canada	17,7	11,2	[1]
Centrafricaine (République)	33,33 [2]	13,7 [2]	13,7 [2]
Chili	17,7 [15]	11,2 ou 5,3 ou 4,2	[1]
Chine	11,2	11,2	[1]
Chypre	17,7	11,2	[1]
Colombie	17,7	11,2	0
Congo	25	0	[3]
Corée du Sud	17,7	11,2	[1]
Côte d'Ivoire	17,7 [12]	22 ou 17,7	[1]
Croatie	17,7	0	[1]
Danemark	17,7	0	[1]
Égypte	0	17,7 ou 0	[1]
Émirats arabes unis	0	0	0
Équateur	17,7	17,7 ou 11,2	[1]
Espagne	17,7	11,2 [4]	[1]
Estonie	17,7	11,2	[1]
États-Unis	17,7 [7]	0	[1]
Éthiopie	11,2	5,3	[1]
Finlande	0	11,2	[1]
Gabon	17,7	11,2	[1]
Géorgie	11,2	0	[1]
Ghana	17,7	14,3	[2]
Grèce	17,7	5,3	0 [1]
Guinée	17,7	11,2	[1]
Hong Kong	11,2	11,2	[1]
Hongrie	17,7	0	[1]
Inde	11,2 [5]	11,2 [2,5]	[1]
Indonésie	17,7 ou 11,2	17,7 ou 11,2	[1]
Iran	25	17,7	[1]
Irlande	0	0	0
Islande	17,7	0	[1]
Israël	17,7	11,2 ou 5,3 ou 0	0
Italie	17,7	11,2	[1]
Jamaïque	17,7 [2]	11,2 [2]	[1]
Japon	11,2	11,2 [2]	0
Jordanie	17,7 [5]	17,7 [5]	[1]
Kazakhstan	17,7	11,2	[1]
Kenya	11,2	13,7	[1]
Kirghizistan	17,7	11,2	0
Kosovo	17,7	0	[1]
Koweït	0	0	0
Lettonie	17,7	11,2	[1]
Liban	0	0	[1]
Libye	11,2	0	[1]
Lituanie	17,7	11,2 ou 0	[1]
Luxembourg	17,7	0	
Macédoine	17,7	0	[1]
Madagascar	33,33	17,7	[1]
Malaisie	0	17,7 [5]	[1]
Malawi	0	0	0
Mali	33,33 [2]	13,7 [2]	13,7 [2]
Malte	17,7 [13]	5,3 [13]	[1]
Maroc	17,7	17,7 ou 11,2 [8]	0 [10]
Maurice	[2]	[1]	[1]
Mauritanie	33,33 [2]	13,7 [2]	13,7 [2]
Mexique	17,7	11,2 ou 5,3	[1]
Mongolie	17,7 [5]	11,2 [5]	[1]
Monténégro	17,7	0	[1]
Namibie	17,7	11,2	[1]
Niger	[1]	[1] ou 19,1	13,7 [2]
Nigeria	17,7 [5]	14,3 [5]	[1]

83320 (suite)

Pays d'émission des valeurs	Dividendes	Intérêts	Tantièmes et jetons de présence
Norvège	**17,7**	**0**	[1]
Nouvelle-Calédonie	**17,7**	**0**	[1]
Nouvelle-Zélande	**17,7**	**11,2**	[1]
Oman	**0**	**0** [3]	**0**
Ouzbékistan	**8,7**	**5,3**	[1]
Pakistan	**17,7** [5]	**11,2** [5]	[1]
Panama	**17,7**	**5,3**	[1]
Pays-Bas	**17,7**	[6]	[1]
Philippines	**17,7**	**17,7**	[1]
Pologne	**17,7**	**0**	[1]
Polynésie française			**0**
Portugal	**17,7**	[11]	[1]
Qatar	**0**	**0**	**0**
Roumanie	**11,2**	**11,2**	[1]
Royaume-Uni	**17,7**	**0**	[1]
Russie	**17,7** [14]	**0**	[1]
Saint-Martin	**17,7**	**11,2**	[1]
Saint-Pierre-et-Miquelon	**17,7**	**0**	**0**
Sénégal	**17,7**	**17,7**	[1]
Serbie	**17,7**	**0**	[1]
Singapour	**17,7**	**11,2**	[1]
Slovaquie	**11,2**	**0**	[1]
Slovénie	**17,7** [16]	**5,3**	[1]
Sri Lanka	[9]	[9]	[1]
Suède	**17,7**	**0**	[1]
Suisse	**17,7**	**0**	[1]
Syrie	**17,7**	**11,2**	[1]
Taïwan	**11,2**	**11,2**	[1]
Tchèque (République)	**11,2**	**0**	[1]
Thaïlande	**33,33**	**0**	[1]
Togo	**33,33** [2]	**13,7** [2]	**13,7** [2]
Trinité-et-Tobago	**17,7** [2]	**11,2** [2]	[1]
Tunisie	[3]	**13,7**	[1]
Turkménistan	**17,7**	**11,2**	**0**
Turquie	**25**	**17,7**	[1]
Ukraine	**17,7**	**11,2**	[1]
Venezuela	**5,3**	**5,3**	[1]
Vietnam	**11,2** [5]	**0**	[1]
Zambie	**0**	**0**	**0**
Zimbabwe	**25**	**11,2**	[1]

Notes

1. Crédit égal au montant de l'impôt étranger dont il appartient au bénéficiaire de justifier.
2. Crédit forfaitaire, limité ou inexistant selon les pays.
3. Lorsqu'ils sont imposables à l'étranger, crédit égal au montant de l'impôt français correspondant.
4. Crédit égal au montant de l'impôt étranger majoré dans certaines conditions.
5. Possibilité d'application d'un crédit d'impôt pour certains produits exonérés en tout ou partie dans l'État de la source.
6. Crédit égal à 10 % du montant brut pour les intérêts d'obligations participatives de source néerlandaise.
7. Cas des Américains domiciliés en France qui bénéficient d'un crédit d'impôt égal à l'impôt français.
8. Crédit d'impôt égal à 10 % du montant brut pour les intérêts d'emprunts exonérés au Maroc émis par certains organismes spécialisés ou à 15 % du montant brut pour les intérêts des dépôts à terme et bons de caisse.
9. Crédit forfaitaire calculé sur le montant brut des produits de : 25 % pour les dividendes ; 15 % pour les intérêts de source sri-lankaise ayant supporté un impôt inférieur.
10. Les tantièmes et jetons de présence ne sont pas imposables en France.
11. En ce qui concerne les intérêts de source portugaise, des règles particulières sont prévues.
12. Crédit d'impôt de 22 % correspondant à une retenue brute ivoirienne de 18 % lorsque la société distributrice est exonérée d'impôt sur les bénéfices en Côte d'Ivoire ou acquitte cet impôt à un taux inférieur au taux de droit commun.
13. Suppression du crédit d'impôt si la personne morale versante bénéficie à Malte d'un régime fiscal privilégié.
14. Crédit de 10 % du montant brut des dividendes lorsque l'actionnaire détient une participation égale ou supérieure à 76 225 €.
15. Crédit égal à la plus petite des sommes suivantes : soit le montant de l'impôt additionnel payé au Chili, soit 15 % du montant brut des dividendes avant le calcul de l'impôt additionnel.
16. Exonération lorsque le bénéficiaire effectif est une société qui détient directement au moins 20 % du capital de la société distributrice.

BÉNÉFICIAIRE RELEVANT DE L'IMPÔT SUR LES SOCIÉTÉS

83330 Le crédit d'impôt est déterminé en appliquant au **montant brut** des produits encaissés (donc avant prélèvement de l'impôt étranger) les pourcentages indiqués ci-après.

Pays	Taux du crédit d'impôt			
	Dividendes	Intérêts de créances		Tantièmes et jetons de présence
		négociables	non négociables	
Afrique du Sud	**15** [1]	**0**	**0**	[2]
Albanie	**15** [1]	**10**	**10**	[2]
Algérie	**15** [1]	**12**	**12**	[2]
Allemagne	**15** ou **0** [1]	**0**	**0**	[2]
Andorre	**15** [1]	**5**	**5**	[2]
Arabie saoudite	**0**	**0**	**0**	**0**
Argentine	**15**	**20**	**20**	[2]
Arménie	**15** [1]	**10**	**10** [5]	[2]
Australie	**15** [1]	**10**	**10**	[2]
Autriche	**15** ou **0** [1]	**0**	**0**	[2]
Azerbaïdjan	**10**	**10**	**10**	[2]
Bahreïn	**0**	**0**	**0**	[2]
Bangladesh	[2]	[2]	[2]	**0**
Belgique	**15** [1]	**15**	**15**	[2]
Bénin	[7]	[2]	[2]	[2]
Biélorussie	**15**	**10**	**10** [5]	**0**
Bolivie	**15** [1]	**15**	**15**	[2]
Bosnie-Herzégovine	**15** [1]		**0**	[2]
Botswana	**12** [1]	**10**	**10**	[2]
Brésil	**0**	**20**	**20**	[7]
Bulgarie	**15** [1]	**0**	**0**	[3]
Burkina Faso	[7]	[7]	**16**	[3]
Cameroun	**15**	[7]	[7]	[7]
Canada	**15** [1]	**10**	**10** [5]	[2]
Centrafricaine (République)	**25**	**12**	[2]	**12**
Chili	**15**	**10, 5** ou **4**	**10, 5** ou **4**	[2]
Chine	**10** [1]	**10**	**10**	[2]
Chypre	**15** [1]	**10** [5]	**10** [5]	[2]
Colombie	**15**	**10**	**10**	**0**
Congo	**20** [1]	**0**	**0**	[3]
Corée du Sud	**15** [1]	**10**	**10** [5]	[2]
Côte d'Ivoire	**15** [5]	**15**	**15** [5]	[2]
Croatie	**15** ou **0** [1]	**0**	**0**	[2]
Danemark	**15**	**0**	**0**	[7]
Égypte	**0**	**15**	**15** ou **0**	[2]
Émirats arabes unis	**0**	**0**	**0**	**0**
Équateur	**15**	**10** ou **15** [5]	**10** ou **15** [5]	[2]
Espagne	**15** ou **0** [1]	**10**	**10** [5]	[2]
Estonie	**15** [1]	**10** [5]	**10** [5]	[2]
États-Unis	**15** [1]	**0** ou **15**	**0** ou **15**	[2]
Éthiopie	**10**	**5**	**5**	[2]
Finlande	**0**	**10**	**10** [5]	[2]
Gabon	**15**	**10**	**10**	[2]
Géorgie	**10, 5** ou **0** [1]	**0**	**0**	[2]
Ghana	**15** [1]	**12,5**	**12,5** [5]	[2]
Grèce	**15** ou **5** [1]	**5**	**5**	[2]
Guinée	**15**	**10**	**10**	[2]
Hong Kong	**10**	**10**	**10**	[2]
Hongrie	**15** [1]		**0**	[2]
Inde	**10** [1]	**10**	**10** [5]	[2]

83330 (suite)

Pays	Taux du crédit d'impôt			
	Dividendes	Intérêts de créances		Tantièmes et jetons de présence
		négociables	non négociables	
Indonésie	**15** [1,5]	**15** [5]	**15** [5]	[2]
Iran	**20** [1]	**15**	**15**	[2]
Irlande	**0**		**0**	
Islande	**15** [1]	**0**	**0**	[2]
Israël	**5, 10** [1] ou **15**	**10, 5** ou **0**	**10** ou **5** [5]	
Italie	**15** [1]	**10**	**10** [5]	[2]
Jamaïque	**15** [1]	**10**	**10** [5]	[2]
Japon	**10** [1]	**10**	**10** [5]	[2]
Jordanie	**15** [1]	**15** [5]	**15** ou **0** [5]	[2]
Kazakhstan	**15** [1]	**10** [1]	**10** [5]	[2]
Kenya	**10** [1]	**12**	**12** [7]	[2]
Kirghizistan	**15**	**10**	**10** [5]	**0**
Kosovo	**15** [1]		**0**	[2]
Koweït	**0**	**0**	**0**	
Lettonie	**15** [1]	**10** [1]	**10**	[2]
Liban	**0**	**0**	**0**	[2]
Libye	**10** [1]	**0**	**0**	[7]
Lituanie	**15** [1]	**10**	**10** ou **0**	[2]
Luxembourg	**15** [1]	**0**	**0**	
Macédoine	**15** ou **0** [1]	**0**	**0**	[2]
Madagascar	**25** [1]	**15**	**15** [5]	[2]
Malaisie	**0**	**15**	**15**	
Malawi			**0**	[2]
Mali	**25**	**12**	[2]	**12**
Malte	**15** ou **0** [1]	**5**	**5** ou **0**	[3]
Maroc	**25**	**10**	**10** [5]	
Maurice	**25**	[7]	[7]	[7]
Mauritanie	**25**	**12**	**16**	**12**
Mexique	**5** ou **15**	**5** ou **10**	**10**	[2]
Mongolie	**15** [1]	**10** [5]	**10** [5]	[7]
Monténégro	**15** [1]		**0**	[2]
Namibie	**15** [1]	**10**	**10** [5]	[2]
Niger	[7]	[7]	**16**	[3]
Nigeria	**15** [1,5]	**12,5** [5]	**12,5**	[3]
Norvège	**15** ou **0** [1]	**0**	**0**	[2]
Nouvelle-Calédonie	**5**	**0**	**0**	[7]
Nouvelle-Zélande	**15**	**10**	**10** [5]	[2]
Oman	**0** [1]	**0**	**0**	
Ouzbékistan	**8** [1]	**5**	**5**	[2]
Pakistan	**10** ou **15** [7]	**10** [5]	**10** [5]	[7]
Panama	**5** ou **15**	**5**	**5**	[2]
Pays-Bas	**15** [1]	**0** [5]	**10** [5]	[2]
Philippines	**15** [1]	**15**	**15**	[7]
Pologne	**15** [1]	**0**	**0**	[2]
Polynésie française		**12**	**0**	**0**
Portugal	**15**	[6]	**12**	[2]
Qatar	**0**	**0**	**0**	
Roumanie	**10**	**10**	**10** [5]	[2]
Royaume-Uni	**15** ou **0** [1]	**0**	**0**	[2]
Russie	**15** [5]	**0**	**0**	[2]
Saint-Martin	**15** ou **0** [1]	**10**	**10**	[2]
Saint-Pierre-et-Miquelon	**15** ou **0** [1]	**0**	**0**	[7]
Sénégal	**15**	**15**	**15** [5]	[2]
Serbie	**15** [1]		**0**	[2]

Pays	Taux du crédit d'impôt			
	Dividendes	Intérêts de créances		Tantièmes et jetons de présence
		négociables	non négociables	
Singapour	**0**	**10**[5]	**10**	[2]
Slovaquie	**10**	**0**	**0**	[2]
Slovénie	**15** ou **0**[1,2]	**5**	**5**[5]	[2]
Sri Lanka	**25**	**15**	**15**[5]	[7]
Suède	**15** ou **0**[1]	**0**	**0**	[2]
Suisse	**15** ou **0**[1]	**0**	**0**	[2]
Syrie	**15** ou **0**[1]	**10**	**10**	[2]
Taïwan	**10**	**10**	**10**	[2]
Tchèque (République)	**10** ou **0**[1]	**0**	**0**	[2]
Thaïlande	**25**[1]	[7]	[7]	[7]
Togo	[4]	**12**	**12**[4]	**12**[4]
Trinité-et-Tobago	**15**[1]	**10**	**10**[5]	[2]
Tunisie	**0**	**12**	**12**	[2]
Turkménistan	**15**	**10**	**10**[5]	**0**
Turquie	**20**[1]	**15**	**15**	[2]
Ukraine	**15, 5** ou **0**[1]	**10**	**10**	[2]
Venezuela	**5** ou **0**[1]	**5**	**5**[5]	[2]
Vietnam	**10**[1]	**0**	**0**	[2]
Zambie	**0**	**0**	**0**	[2]
Zimbabwe	**20**[1]	**10**	**10**[5]	[2]

Notes
1. Des limitations particulières sont applicables aux crédits d'impôt attachés aux dividendes qui rémunèrent une participation importante dans le capital ou les droits de vote de la société distributrice.
2. Crédit égal au montant de l'impôt étranger. Ce crédit est majoré dans certaines conditions pour les dividendes et intérêts de source bengalaise.
3. Crédit égal au montant de l'impôt français correspondant aux revenus en cause.
4. Ou le montant de l'impôt étranger s'il est supérieur.
5. Taux différent (ou aucun crédit) dans certains cas.
6. Crédit égal au montant de l'impôt portugais sur le montant des intérêts d'obligations dans la limite de 12 % du montant brut si ledit impôt est prélevé à un taux supérieur à 10 %.
7. Crédit égal au montant de l'impôt étranger plafonné au montant de l'impôt français correspondant.

4. RETENUE À LA SOURCE ET CRÉDIT D'IMPÔT SUR LES REDEVANCES

83340 Le tableau ci-après récapitule, d'une part, le taux de retenue à la source applicable, par pays, aux redevances et produits assimilés, versés de source française aux résidents des pays et des territoires conventionnés, d'autre part, le taux du crédit d'impôt applicable en France aux redevances de source étrangère.

Ce crédit d'impôt est déterminé en appliquant au **montant brut** des produits encaissés (donc avant prélèvement de l'impôt étranger) les pourcentages indiqués.

Pays	Redevances de source française	Redevances de source étrangère	Pays	Redevances de source française	Redevances de source étrangère
	Retenue à la source Taux	Crédit d'impôt Taux		Retenue à la source Taux	Crédit d'impôt Taux
Afrique du Sud	**0**	**0**	Arménie	**5-10**	**5-10**
Albanie	**5**	**5**	Australie	**5**	**5**
Algérie	**5-10**	**5-12**	Autriche	**0**	**0**
Allemagne	**0**	**0**	Azerbaïdjan	**5-10**	**5-10**
Andorre	**5**	**5**	Bahreïn	**0**	**0**
Arabie saoudite	**0**	**0**	Bangladesh	**10**	[7]
Argentine	**18**	**18**[6]	Belgique	**0**	**0**

83340 (suite)

Pays	Redevances de source française – Retenue à la source Taux	Redevances de source étrangère – Crédit d'impôt Taux
Bénin	**0**	**0**
Biélorussie	**0**	**0**
Bolivie	**15** [1]	**15** [12]
Bosnie-Herzégovine	**0**	**0**
Botswana	**10**	**10**
Brésil	**10-15-25**	[8]
Bulgarie	**5**	**5**
Burkina Faso	**0**	**0**
Cameroun	**7,5-15** [1]	[9]
Canada	**10** [2]	**0-10**
Centrafricaine (République)	**0**	**0**
Chili	**2-10**	**2-10**
Chine	**10**	**10**
Chypre	**0-5**	**0** [10]
Colombie	**10**	**10**
Congo	**15**	**15**
Corée du Sud	**10**	**10**
Côte d'Ivoire	**0-10**	**0-10**
Croatie	**0**	**0**
Danemark	**0**	**0**
Égypte	**10-15**	**15**
Émirats arabes unis	**0**	**0**
Équateur	**15**	**15**
Espagne	**0-5**	**0-5**
Estonie	**0**	**0**
États-Unis	**0**	**0** [11]
Éthiopie	**7,5**	**7,5**
Finlande	**0**	**0**
Gabon	**10** [1]	**10** [12]
Géorgie	**0**	**0**
Ghana	**10**	**12,5**
Grèce	**5**	**5**
Guinée	**10** [1]	**10**
Hong Kong	**10**	**0**
Hongrie	**0**	**0**
Inde	**0**	**10** [15]
Indonésie	**10**	**10**
Iran	**10** [1]	**10** [12]
Irlande	**0**	**0**
Islande	**0**	**0**
Israël	**10** [1]	**0-10**
Italie	**0-5**	**0-5**
Jamaïque	**10**	**10**
Japon	**0**	**0**
Jordanie	**5-15-25**	[9]
Kazakhstan	**10**	**10**
Kenya	**10**	**10** [9]
Kirghizistan	**0**	**0**
Kosovo	**0**	**0**
Koweït	**0**	**0**
Lettonie	**5-10**	**5-10**
Liban	**33 1/3**	[9]
Libye	**0**	**0**
Lituanie	**0-5-10**	**0-5-10**
Luxembourg	**5**	**5**
Macédoine	**0**	**0**
Madagascar	**15-10**	[9]
Malaisie	**10-33 1/3**	**10** [6]
Malawi	**0**	**0**
Mali	**0**	**0**
Malte	**10** [1]	**10** [12]
Maroc	**5-10**	**10** [6]
Maurice	**15** [1]	**15** [12]
Mauritanie	**0**	**0**
Mexique	**0-10**	**0-10**
Mongolie	**5** [1]	**5**
Monténégro	**0**	**0**
Namibie	**10** [1]	**10** [12]
Niger	**0**	**0**
Nigeria	**12,5**	**12,5**
Norvège	**0**	**0**
Nouvelle-Calédonie	**10** [1]	**10** [12]
Nouvelle-Zélande	**10**	**10**
Oman	**7**	**7**
Ouzbékistan	**0**	**0**
Pakistan	**10**	**10**
Panama	**5**	**5**
Pays-Bas	**0**	**0**
Philippines	**15**	**20** [13]
Pologne	**10** [1]	**10** [12]
Polynésie française	**10**	**0**
Portugal	**5**	**5**
Qatar	**0**	**0**
Roumanie	**10**	**10**
Royaume-Uni	**0**	**0**
Russie	**0**	**0**
Saint-Martin	**0**	**0**
Saint-Pierre-et-Miquelon	**10** [1]	[9]
Sénégal	**0**	[9] [12]
Serbie	**0**	**0**
Singapour	**0-33 1/3**	[9] [14]
Slovaquie	**5** [1]	**5** [12]
Slovénie	**0-5**	**0-5**
Sri Lanka	**10** [1-3]	**20** [12]
Suède	**0**	**0**
Suisse	**5** [4]	**5**
Syrie	**15**	**15**

Pays	Redevances de source française	Redevances de source étrangère	Pays	Redevances de source française	Redevances de source étrangère
	Retenue à la source Taux	Crédit d'impôt Taux		Retenue à la source Taux	Crédit d'impôt Taux
Taïwan	**10**	**10**	Turkménistan	**0**	**0**
Tchèque (République)	**0-5-10**	**5-10**	Turquie	**10**	**10**
			Ukraine	**0-10**	**0-10**
Thaïlande	**0-5-15**	**15** [6]	Venezuela	**5**	**5**
Togo	**0**	**0**	Vietnam	**5-10**	**5-10**
Trinité-et-Tobago	**0-10**	**0-10**	Zambie	**0** [5]	**0**
Tunisie	**0-5-15-20**	**5-15-20**	Zimbabwe	**10**	**10**

Notes
1. Pas de retenue pour les redevances provenant de droits d'auteur sur des œuvres littéraires, artistiques ou scientifiques.
2. Pour certaines redevances (art. 12, § 3 et 4 de la Convention).
3. Lorsque la redevance devient exigible pour la première fois après l'entrée en vigueur de la Convention ; dans le cas contraire, l'impôt établi dans l'État de la source est diminué de moitié.
4. Clause anti-abus (voir art. 14 de la Convention).
5. Seulement si le bénéficiaire est effectivement assujetti à l'impôt sur les redevances en cause dans le pays dont il est le résident.
6. Taux différent (ou aucun crédit) dans certains cas.
7. Impôt prélevé à la source, majoré de 10 % du montant brut du revenu sans pouvoir excéder 20 % du montant brut de ce revenu. En l'absence de retenue à la source, le taux du crédit d'impôt est de 10 %.
8. Crédit égal au montant de l'impôt étranger plafonné à 10 % ou 25 %, ou crédit forfaitaire égal à 20 % du revenu brut.
9. Crédit égal au montant de l'impôt étranger plafonné au montant de l'impôt français correspondant.
10. Crédit de 5 % pour les redevances sur des films, y compris films et bandes magnétiques audio utilisés pour la télévision.
11. Cas des Américains domiciliés en France.
12. Aucun crédit d'impôt pour les redevances de droits d'auteur sur des œuvres littéraires, artistiques ou scientifiques.
13. Ou le montant de l'impôt étranger s'il est supérieur.
14. Crédit d'impôt de 10 %, pour certaines redevances exonérées à Singapour.
15. Aucun crédit d'impôt pour les redevances sur les films ou bandes utilisés pour des émissions de radio ou de télévision.

5. RETENUE À LA SOURCE SUR LES BÉNÉFICES RÉALISÉS EN FRANCE PAR DES SOCIÉTÉS ÉTRANGÈRES

83350 Le tableau ci-après résume l'incidence des conventions sur la retenue à la source prévue par l'article 115 quinquies du CGI à l'égard des sociétés étrangères exerçant une activité en France.

a. Conventions qui maintiennent la retenue à la source	
1. Dans les conditions du droit interne	
Arabie saoudite Bahreïn Biélorussie (ex-URSS) Bosnie-Herzégovine (ex-Yougoslavie (art. 10, § 6) Grèce* Irlande* (art. 8, § 1) Kirghizistan (ex-URSS) Kosovo (ex-Yougoslavie art. 10, § 6) Koweït	Liban (art. 14, § 1) Madagascar Monténégro (ex-Yougoslavie art. 10, § 6) Oman Pologne* Serbie (ex-Yougoslavie art. 10, § 6) Sri Lanka Thaïlande (art. 10, § 6) Turkménistan (ex-URSS)
2. Dans des conditions différentes de celles du droit interne	
États concernés	**Taux (%) et base** [1]
Argentine (art. 10, § 7)	5 – DI
Arménie (art. 10, § 6)	5 – DI
Bangladesh (art. 10, § 7)	15 – DI
Belgique* (art. 17, § 1)	10 – 1/2 DI
Bénin (art. 15, § 1 et 2)	30 – DI [2]
Botswana (art. 10, § 7)	5 – DI
Brésil (art. 10, § 8, a)	15 – 2/3 DI
Bulgarie* (art. 8, § 7)	5 – DI
Burkina (art. 15, § 1 et 2)	30 – DI [2]

83350 (suite)

Cameroun (art. 14)	15 – [3]
Canada (art. 10, § 8)	5 – DI
Centrafricaine (République) (art. 15, § 1 et 2)	30 – DI [4]
Chypre* (art. 10, § 7)	10 – DI
Congo (art. 10, § 7)	15 – DI
Corée (art. 10, § 7)	5 – DI
Équateur (art. 10, § 6)	15 – DI
États-Unis (art. 10, § 8-a)	5 – DI [4]
Finlande* (art. 10, § 7)	15 – 2/3 DI
Hongrie* (art. 10, § 7)	5 – DI
Indonésie (art. 10, § 6)	10 – DI
Iran (art. 10, § 6)	15 – 2/3 DI
Islande* (art. 10, § 8)	5 – DI
Israël (art. 10, § 8)	5 ou 10 – DI
Jamaïque (art. 10, § 7)	10 – DI
Jordanie (art. 10, § 6)	5 – DI
Kazakhstan (art. 10, § 7)	5 – DI [5]
Malaisie (art. 10, § 5)	15 – 2/3 DI
Malawi (art. 6 de l'ancienne convention franco-britannique du 14-12-1950)	10 – DI
Mali (art. 15, § 1 et 2)	30 – DI [2]
Malte* (art. 10, § 7)	10 – DI
Maurice (protocole, art. 1, § 4)	15 – DI
Mauritanie (art. 15, § 1 et 2)	30 – DI [2]
Niger (art. 15, § 1 et 2)	30 – DI [2]
Nouvelle-Calédonie (art. 9, § 8)	10 – DI
Nouvelle-Zélande (art. 10, § 8)	15 – 2/3 DI
Philippines (art. 10, § 6)	10 – DI
Portugal* (art. 10, § 1)	15 – DI
Roumanie* (art. 10, § 6)	10 – DI
Saint-Pierre-et-Miquelon (art. 9, § 8)	10 – DI
Singapour (art. 10, § 7)	5 – DI
Slovaquie* (ex-Tchécoslovaquie) (art. 11)	10 – 2/3 DI
Trinité-et-Tobago (art. 10, § 6)	10 – DI
Tunisie (art. 15, § 1 et 2)	30 – DI [2]
Turquie (art. 10, § 5)	7,5 – DI
Zambie (art. 6 de l'ancienne convention franco-britannique du 14-12-1950)	10 – DI
b. Conventions qui suppriment la retenue à la source	
Afrique du Sud (art. 10, § 6)	Gabon (art. 10, § 7)
Albanie (art. 10, § 6)	Libye (art. 11, § 5)
Algérie (art. 10, § 6)	Lituanie* (art. 10, § 7)
Allemagne* (art. 8)	Luxembourg* (art. 10, § 5)
Andorre (art. 10, § 5)	Macédoine (art. 10, § 6)
Australie (art. 10, § 5)	Maroc (art. 13, § 1 et 25-3-a)
Autriche* (art. 10, § 10)	Mexique (art. 10, § 8)
Azerbaïdjan (art. 10, § 6)	Mongolie (art. 10, § 6)
Bolivie (art. 10, § 6)	Namibie (art. 10, § 7)
Chili (art. 10, § 6)	Nigeria (art. 10, § 4)
Colombie (art. 10, § 5)	Norvège* (art. 10, § 7)
Chine (art. 10, § 5)	Ouzbékistan (art. 10, § 6)
Côte d'Ivoire (art. 13, § 8)	Pakistan (protocole, point 6)
Croatie* (art. 10, § 6)	Panama (art. 10, § 5)
Danemark* (art. 10, § 5)	Pays-Bas* (protocole, point 3)
Égypte (art. 10, § 5)	Qatar (art. 8, § 6)
Émirats arabes unis (art. 8, § 6)	Royaume-Uni (art. 11, § 4)
Espagne* (art. 10, § 6)	Russie (art. 10, § 5)
Estonie* (art. 10, § 6)	Saint-Martin (art. 10, § 5)
Éthiopie (art. 10, § 5)	Sénégal (art. 13, § 7)

83350 (suite)

Slovénie* (art. 10, § 6) Géorgie (art. 10, § 5) Ghana (art. 10, § 7) Guinée (art. 10, § 6) Hong Kong (art. 10, § 5) Inde (art. 11, § 7) Italie* (art. 10, § 10) Japon (art. 10, § 7) Kenya (art. 10, § 6)	Lettonie* (art. 10, § 7) Suède* (art. 10, § 7) Suisse (art. 11, § 7) Syrie (art. 10, § 7) Taïwan (art. X § 4) Tchèque (République)* (art. 10, § 6) Venezuela (art. 10, § 7) Vietnam (art. 10, § 6) Zimbabwe (art. 10, § 6)

Notes

* Pour les sociétés ayant leur siège dans un des **pays membres de l'UE,** ou partie à l'accord sur l'Espace économique européen, la retenue à la source est supprimée à certaines conditions (voir nº 24895).

1. DI = Droit interne.
2. Ou rapport entre bénéfice de l'établissement stable et bénéfice global de la société.
3. Rapport entre le CA de l'établissement stable et le CA total de la société.
4. Cas d'exonération toutefois prévus à l'article 10, § 9 et 10.
5. Après déduction des réinvestissements dans l'établissement stable.

PARTIE 9

Régimes spéciaux

Nous envisageons dans cette partie différents régimes spéciaux et situations particulières qui méritent une étude séparée dans la mesure où ils intéressent plusieurs catégories de contribuables ou plusieurs impôts. Il s'agit : 85000
- du régime de l'auto-entrepreneur (nos 85100 s.) ;
- du régime des entrepreneurs individuels (nos 87200 s.) ;
- de la Direction des grandes entreprises (nos 87400 s.) ;
- des organismes de gestion agréés (nos 87700 s.) ;
- du guichet unique électronique des formalités d'entreprises (no 88200) ;
- des régimes de participation des salariés (nos 88400 s.) ;
- du régime des associations et organismes sans but lucratif (nos 89200 s.).

Un dernier chapitre regroupe les autres régimes spéciaux : agréments fiscaux (nos 90200 s.), locations meublées (nos 90420 s.), fiducie (nos 90780 s.), outre-mer (nos 91280 s.), Corse (nos 92140 s.), aménagement du territoire (nos 92540 s.) et aides d'État (nos 92605 s.).

CHAPITRE 1

RÉGIME DE L'AUTO-ENTREPRENEUR

ÉCONOMIE DU RÉGIME

Les entrepreneurs individuels placés sous le régime micro-BIC ou micro-BNC peuvent, sous certaines conditions, opter pour le dispositif de **versement forfaitaire libératoire,** dénommé ci-après « régime de l'auto-entrepreneur ». Les entrepreneurs qui optent pour ce régime s'acquittent, auprès d'un seul interlocuteur, de l'impôt sur le revenu et de l'ensemble des cotisations et contributions de sécurité sociale par des versements libératoires mensuels ou trimestriels égaux à un pourcentage du chiffre d'affaires ou des recettes réalisés au cours de la période considérée. 85100 CGI art. 151-0 RIE-I-12900 s

ATTENTION

La question de savoir si le régime de l'auto-entrepreneur permet de réaliser une **économie d'impôt** par rapport à l'application du régime micro-BIC ou micro-BNC dépend de la situation propre de chaque contribuable. Il appartient au contribuable de comparer le taux du versement dont il relève en fonction de son activité (n° 85200) au taux moyen d'imposition auquel il est soumis s'il renonce audit versement.

CONTRIBUABLES CONCERNÉS

Le régime de l'auto-entrepreneur est ouvert sur option aux exploitants individuels, y compris aux non-résidents (BOI-BIC-DECLA-10-40-10 n° 1), qui respectent les trois conditions suivantes. 85150 CGI art. 151-0, I RIE-I-12570 s

a. L'entrepreneur est **soumis** au régime **micro-BIC** prévu à l'article 50-0 du CGI (nos 11190 s.) ou au régime **micro-BNC** prévu à l'article 102 ter du CGI (nos 13520 s.). Selon l'administration, les contribuables placés sous un régime d'exonération totale ou partielle d'impôt sur les bénéfices, au titre, par exemple, de leur implantation dans certaines zones du territoire, ne peuvent opter pour le régime de l'auto-entrepreneur qu'à l'issue de la période d'exonération (BOI-BIC-DECLA-10-40-20 nos 130 à 150).

b. Lorsque l'option est exercée au titre de l'année N, le **montant des revenus nets du foyer fiscal** perçus en N – 2 est inférieur ou égal, pour une part du quotient familial, à la limite supérieure de la deuxième tranche du barème de l'impôt sur le revenu de l'année N – 1, soit 28 797 € pour les revenus de 2023. Cette limite est majorée de 50 % ou 25 % par demi-part ou par quart de part supplémentaire. Le nombre de parts à retenir correspond à la situation du foyer fiscal au titre de N – 2 (BOI-BIC-DECLA-10-40-10 n° 50).

Les revenus nets du foyer fiscal s'entendent de ceux définis à l'article 1417, IV du CGI. Ils correspondent au revenu fiscal de référence (voir n° 42332) qui figure sur l'avis d'imposition à l'impôt sur le revenu. Pour les non-résidents, seuls sont retenus les revenus de source française du foyer fiscal (BOI-BIC-DECLA-10-40-10 n° 30).

EXEMPLE

Un entrepreneur individuel souhaite opter pour le régime de l'auto-entrepreneur à compter de l'exercice ouvert le 1er janvier 2025. Il doit donc comparer, pour une part de quotient familial, le montant des revenus afférents au revenu fiscal de référence de 2023 à la limite supérieure de la deuxième tranche du barème 2024 de l'impôt sur le revenu.

Les revenus nets de 2023 de son foyer fiscal (couple sans enfant ouvrant droit à deux parts) s'élèvent à 45 000 € (chiffre figurant sur l'avis d'imposition relatif aux revenus 2023, reçu en 2024). Ce montant est à comparer à la limite supérieure de la deuxième tranche du barème 2024 (applicable aux revenus 2023), soit 28 797 €, majorée de 50 % par demi-part supplémentaire. Par conséquent, le montant des revenus du foyer fiscal ne doit pas être supérieur à :

28 797 × 2 = 57 594 €.

L'exploitant est en dessous de cette limite et peut donc bénéficier en 2025 de ce dispositif s'il en respecte les autres conditions.

c. L'entrepreneur individuel est soumis au régime, dit **« micro-social »,** prévu à l'article L 613-7 du CSS (Mémento social nos 80830 s.).

OPTION POUR LE RÉGIME

L'option pour le régime de l'auto-entrepreneur doit en principe être exercée au plus tard le **30 septembre** de l'année qui précède celle au titre de laquelle elle s'applique, ou le dernier jour du troisième mois qui suit celui de la **création** de l'entreprise. En pratique, sauf en cas de 85180 CGI art. 151-0, IV RIE-I-12940 s création d'entreprise, l'option pour le régime de l'auto-entrepreneur au titre de 2025 doit être exercée au plus tard le 30 septembre 2024.

L'option doit être exercée auprès des organismes sociaux compétents. Par exception, en cas de création d'entreprise, cette option peut être formulée auprès du guichet unique électronique (voir nº 88200) (BOI-BIC-DECLA-10-40-20 nº 40).

L'option produit ses effets jusqu'à sa **dénonciation** par le contribuable. Cette dénonciation s'effectue auprès des organismes sociaux compétents au plus tard le 30 septembre de l'année précédant celle au titre de laquelle ce régime ne s'applique plus. En pratique, elle n'a pas à être effectuée lorsque le contribuable opte pour un régime réel d'imposition ou ne remplit plus les conditions pour bénéficier du régime de l'auto-entrepreneur.

MONTANT DU VERSEMENT LIBÉRATOIRE

85200 CGI art. 151-0, II RIE-II-4480 s

Le versement libératoire est calculé en appliquant au montant du chiffre d'affaires hors taxe un taux qui varie selon la nature de l'activité. Ce taux est de :

– 1 % pour les entreprises ayant une **activité de vente** de marchandises, objets, fournitures et denrées à emporter ou à consommer sur place ou de fourniture de logement (à l'exception des locations meublées autres que les meublés de tourisme classés et chambres d'hôtes) ; au 1er février 2024, aucun taux n'est prévu pour l'activité de location de meublés de tourisme non classés ;

– 1,7 % pour les entreprises ayant une activité de **prestations de services** ;

– 2,2 % pour les contribuables titulaires de **bénéfices non commerciaux.**

Pour ce calcul, l'exploitant peut retenir les **encaissements** (et non les créances acquises) sous réserve de ne pas changer de méthode (BOI-BIC-DECLA-10-40-20 nº 90).

EXEMPLE

Un entrepreneur individuel qui remplit les conditions d'application du régime et exerce une activité de ventes réalise au titre de l'année 2024 un chiffre d'affaires hors taxe de 60 000 € réparti de la manière suivante :

Janv.	Févr.	Mars	Avril	Mai	Juin
2 000 €	5 000 €	6 000 €	4 000 €	10 000 €	12 000 €
Juil.	**Août**	**Sept.**	**Oct.**	**Nov.**	**Déc.**
3 000 €	0 €	5 000 €	8 000 €	4 000 €	1 000 €

Ce contribuable, qui est célibataire et sans personne à charge, a opté pour le régime du versement libératoire forfaitaire avec des échéances trimestrielles. Compte tenu de l'activité exercée, le taux applicable à son chiffre d'affaires hors taxe est de 1 %.

Au titre du premier trimestre, il acquittera, en même temps que le paiement de ses prélèvements sociaux, un versement forfaitaire libératoire de 130 € [(2 000 € + 5 000 € + 6 000 €) × 1 %]. Par application du même calcul, il devra verser au titre des trois trimestres suivants respectivement les sommes de 260 €, 80 € et 130 €, soit un total de 600 €.

À titre de comparaison, selon le régime micro-BIC, le revenu net de l'exploitant aurait été de 60 000 € × 29 % = 17 400 € (après application de l'abattement pour charges de 71 %). L'impôt sur le revenu établi selon le barème applicable aux revenus de 2023 se serait élevé à 672 €.

INCIDENCE SUR L'IMPÔT SUR LE REVENU

85210 RIE-II-4580 s

Imposition des revenus professionnels Les versements mensuels ou trimestriels effectués par le contribuable sont libératoires de l'impôt sur le revenu dû au titre de l'année de réalisation du chiffre d'affaires ou des recettes. Les contribuables qui s'acquittent du versement libératoire ne sont donc pas redevables de l'**acompte** prévu dans le cadre du **prélèvement à la source** au titre des revenus soumis à ce versement.

Par exception, les **plus-values ou moins-values** relatives aux biens affectés par nature à l'exploitation demeurent imposables séparément, selon les règles prévues pour les plus-values professionnelles, comme dans les régimes micro-BIC (nº 11310) ou micro-BNC (nº 13605). Toutefois, dans de nombreuses situations, les contribuables peuvent se prévaloir de régimes d'exonération *de ces plus-values* (voir nºs 18140 s.).

85220 **Imposition des autres revenus du foyer fiscal** Le versement libère le contribuable de l'impôt sur le revenu dû à raison des seuls bénéfices générés par son activité soumise au régime micro. L'impôt dû à raison des autres revenus du foyer fiscal est calculé par application de la **règle du taux effectif** (nº 83060) afin de préserver sa progressivité.

Ainsi, l'impôt est dans un premier temps calculé sur la base de la totalité des revenus du foyer fiscal, mais il n'est effectivement dû que pour la part correspondant aux revenus non soumis au versement libératoire.

MODALITÉS DE DÉCLARATION ET DE PAIEMENT

Déclaration et paiement Les **versements mensuels ou trimestriels,** accompagnés d'une **déclaration** spéciale, sont effectués auprès de l'organisme chargé de l'encaissement des cotisations et contributions sociales dues à titre personnel par les exploitants individuels, en pratique l'Urssaf, le cas échéant par internet (www.auto-entrepreneur.urssaf.fr), sous les mêmes règles, garanties et sanctions que celles applicables au recouvrement des cotisations et contributions de sécurité sociale visées à l'article L 613-7 du CSS (voir Mémento social nos 80830 s.). 85230 RIE-II-4720 s

Déclaration de revenus Le contribuable doit porter le montant de son chiffre d'affaires ou des recettes annuelles ainsi que le montant des plus ou moins-values réalisées ou subies au cours de la même année dans les rubriques prévues à cet effet de la **déclaration n° 2042 C Pro.** Ces informations permettent notamment à l'administration de tenir compte du revenu professionnel commercial ou non commercial pour la détermination du revenu fiscal de référence du foyer fiscal (n° 42332). 85235 RIE-II-4790

En cas de **cessation d'activité,** l'entrepreneur doit déclarer la cessation sous quarante-cinq jours (BIC) ou soixante jours (BNC) et souscrire dans un délai de soixante jours une déclaration de revenus n° 2042 C Pro mentionnant le chiffre d'affaires ou les recettes réalisées depuis le 1er janvier ainsi que les éventuelles plus-values. Les plus-values non encore taxées sont immédiatement imposables (BOI-BIC-DECLA-10-40-30 nos 200 à 220). 85240

CONTRÔLE ET CONTENTIEUX

Le contrôle des versements et le recouvrement des impositions supplémentaires éventuelles sont réalisés selon les règles applicables en matière d'impôt sur le revenu. Le contentieux relatif à l'assiette des versements libératoires de l'impôt sur le revenu relève par conséquent de la juridiction administrative. 85245 RIE-II-4810 s

SORTIE DU RÉGIME

La sortie du régime peut résulter d'une dénonciation de l'option (n° 85180) ou du non-respect de l'une des conditions énumérées au n° 85150. 85255 RIE-II-4980 s

Le changement de régime intervient au 1er janvier de l'année suivante.

> **Précisions** Les auto-entrepreneurs ont la possibilité d'opter pour le **régime simplifié** lorsqu'ils exercent une activité commerciale ou pour le régime de la **déclaration contrôlée** lorsque leur activité est non commerciale. Ces options, qui présentent les mêmes avantages que celles exercées par les exploitants relevant du régime micro-BIC ou micro-BNC (voir nos 10800 et 13480), entraînent l'exclusion du régime micro-social (Mémento social n° 80870) et de celui du versement libératoire. Dans le cas où un **auto-entrepreneur relevant des BNC** souscrit une déclaration n° 2035-SD, les versements forfaitaires déjà effectués ne sont plus libératoires de l'impôt sur le revenu, mais sont imputés sur le montant dû, calculé dans les conditions de droit commun (BOI-BIC-DECLA-10-40-30 n° 130). Il en est de même dans le cas où un auto-entrepreneur relevant des **BIC** opte pour un régime réel d'imposition au titre de l'année en cours.

CHAPITRE 2

ENTREPRENEURS INDIVIDUELS : STATUT ET OPTION POUR L'IS

SOMMAIRE

1. Statut juridique unique de l'exploitant individuel 87200
2. Option de l'exploitant pour l'assimilation à une EURL ou une EARL 87250
3. Régime des opérations réalisées par l'exploitant soumis à l'IS 87280
4. Exploitants placés sous le statut de l'EIRL 87350

1. STATUT JURIDIQUE UNIQUE DE L'EXPLOITANT INDIVIDUEL

87200 La loi 2022-172 du 14 février 2022 en faveur de l'activité professionnelle indépendante a créé un **statut unique protecteur** pour l'entrepreneur individuel (C. com. art. L 526-22 s.) qui est **entré en vigueur** le 15 mai 2022.

Ces dispositions définissent l'entreprise individuelle, fixent le statut unique de l'exploitant et posent le principe de la séparation des patrimoines professionnel et personnel.

L'entrepreneur individuel soumis au statut spécial est défini comme une personne physique qui exerce en son nom propre une ou plusieurs activités professionnelles indépendantes. Cette **définition,** qui est indépendante de la nature et du régime d'imposition des revenus, vise les commerçants, les artisans, les agriculteurs et les professions libérales, même réglementées.

Les exploitants individuels ont en outre la faculté d'exercer une **option pour leur assimilation à une EURL** ou une **EARL** qui emporte l'option pour leur assujettissement à l'impôt sur les sociétés (nos 87250 s.).

SÉPARATION DES PATRIMOINES PROFESSIONNEL ET PRIVÉ

87210 DC-IX-30000 s Tout exploitant individuel bénéficie automatiquement, dès son début d'activité, de la séparation de ses patrimoines personnel et professionnel, sans création d'une personne juridique distincte, et sans qu'il soit nécessaire de produire une déclaration spécifique.

Le **gage des créanciers** de l'entrepreneur individuel dont les droits sont nés depuis le 15 mai 2022 à l'occasion de l'exercice de son activité professionnelle est limité à son seul patrimoine professionnel, sauf **sûretés conventionnelles** ou **renonciation** pour un engagement et un créancier spécifique dans les conditions prévues par la loi (C. com art. L 526-25 et D 526-28).

Par exception, **l'administration fiscale et les organismes de sécurité sociale** peuvent exercer leur droit de gage sur l'ensemble du patrimoine de l'entrepreneur individuel pour le recouvrement de certains impôts (notamment taxe foncière, impôt sur le revenu et prélèvements sociaux dus par l'entrepreneur et son foyer fiscal), ou en cas de manœuvres frauduleuses ou de violations graves et répétées de ses obligations fiscales ou sociales.

Seul le **patrimoine personnel** de l'entrepreneur individuel constitue le gage général des créanciers dont les droits ne seront pas nés à l'occasion de son exercice professionnel. Toutefois, quand le patrimoine personnel est insuffisant, ce droit de gage peut s'exercer sur le patrimoine professionnel, dans la limite du montant du bénéfice réalisé lors du dernier exercice clos.

COMPOSITION DU PATRIMOINE PROFESSIONNEL

87220 DC-IX-30700 s Le ***patrimoine professionnel*** de l'entrepreneur individuel est constitué des **biens, droits, obligations et sûretés utiles** à ses activités professionnelles, c'est-à-dire ceux qui, par **nature,** par **destination** ou **en fonction de leur objet,** servent à celle-ci (C. com. art. L 526-22, al. 2 et R 526-26).

L'article R 526-26 du Code de commerce comporte une **liste** non exhaustive de biens appartenant au patrimoine professionnel, qui vise le fonds de commerce, le fonds artisanal, le fonds agricole, tous les biens corporels ou incorporels qui les constituent et les droits y afférents, le droit de présentation de la clientèle d'un professionnel libéral, les biens meubles servant à l'exercice de l'activité (marchandises, matériels et outillages, matériels agricoles, véhicules utilisés pour les activités itinérantes), les immeubles servant à l'activité y compris la partie de la résidence principale utilisée pour un usage professionnel, les biens incorporels tels que les données relatives aux clients, les marques, les droits de la propriété industrielle et intellectuelle, ainsi que les fonds de caisse, toute somme en numéraire conservée sur le lieu d'exercice de l'activité professionnelle, les sommes inscrites aux comptes bancaires dédiés à cette activité, ainsi que les sommes destinées à pourvoir aux dépenses courantes relatives à cette même activité.

Lorsque l'entrepreneur est tenu à des **obligations comptables,** les biens inscrits au bilan ou au registre des immobilisations sont présumés appartenir au patrimoine professionnel, sous réserve que ces documents soient réguliers et sincères. Les exploitants soumis à un régime micro étant dispensés de l'établissement d'un bilan, ils ne sont pas soumis à cette présomption.

> Précisions a. Les **biens à usage mixte,** qui sont utilisés en partie à titre professionnel et en partie à titre personnel, appartiennent au patrimoine professionnel (BOI-BIC-CHAMP-70-10 n° 450).
b. Les **actions ou parts de sociétés** qui ont pour activité principale de **mettre à la disposition** de l'exploitant individuel des **immeubles** utilisés pour l'activité font partie du patrimoine professionnel (C. com. art. R 526-26).
c. S'agissant des **biens indivis,** seule la part indivise dont l'entrepreneur individuel est titulaire est comprise dans son patrimoine professionnel (BOI-BIC-CHAMP-70-10 n° 220).
d. Le statut de l'entrepreneur individuel ne crée **pas d'obligation comptable spécifique** (BOI-BICCHAMP-70-10 n° 310). Les dispositions de droit commun s'appliquent, concernant notamment l'obligation de tenue d'une comptabilité par les exploitants ayant la qualité de commerçant (C. com. art. L 123-12 : Mémento comptable n°s 7000 s.).

Le principe de séparation des patrimoines professionnel et personnel s'applique quelle que soit la **catégorie d'imposition des revenus** (BIC, BNC ou BA) et le **régime d'imposition** de l'exploitant, régime réel ou régime micro. **87230**

Les dispositions du Code de commerce qui définissent les éléments appartenant au patrimoine professionnel sur le plan juridique n'affectent pas les **règles fixées sur le plan fiscal** pour la définition de l'**actif professionnel** des exploitants individuels, en fonction de leur catégorie d'imposition. En particulier, les **titulaires de BIC et de BA** soumis à un régime réel d'imposition restent soumis au principe de liberté d'inscription à l'actif du bilan des éléments de leur patrimoine, étant précisé que les biens affectés par nature à l'exploitation font obligatoirement partie de l'actif professionnel (n°s 7455 s. et 15895 s.). Mais les décisions de l'exploitant d'inscrire certains biens au bilan peuvent prendre en considération la présomption d'appartenance au patrimoine professionnel qui en résulte pour les biens concernés (n° 87220).

> Précisions a. L'application du principe de séparation des patrimoines devrait limiter les situations dans lesquelles un exploitant titulaire de BIC ou de BA inscrit à l'actif de son bilan des **biens non affectés à l'exercice de l'activité.** Dès lors, les règles prévues à l'article 155, II du CGI qui prévoient la neutralisation des conséquences d'une telle inscription (n° 7345 et n° 15905) devraient à notre avis avoir une portée réduite.
b. La définition du patrimoine professionnel issue de l'article L 526-22 du Code de commerce n'affecte pas à notre avis la faculté des **titulaires de BA** d'opter pour le **maintien des terres dans le patrimoine privé** conformément à l'article 39 sexdecies D du CGI.

INCIDENCES FISCALES DU STATUT DE L'EXPLOITANT EN CAS D'IMPOSITION À L'IR

Le statut de l'exploitant individuel et le principe de séparation des patrimoines personnel et professionnel n'emportent par eux-mêmes aucune conséquence fiscale directe sur l'imposition des résultats réalisés. **87240** DC-IX-31100 s

Si ces règles juridiques conduisent l'exploitant à opérer des **transferts entre le patrimoine privé et le patrimoine professionnel,** ces opérations sont soumises aux règles de droit commun d'imposition des plus-values.

Le **retrait** de biens dans le patrimoine privé entraîne l'imposition d'une plus-value professionnelle. Toutefois, dans l'hypothèse où la mise en œuvre du principe de séparation des patrimoines conduirait l'exploitant à retirer dans son patrimoine privé un bien qui figurait à l'actif professionnel mais n'était pas utilisé pour l'activité, la plus-value dégagée relève du régime des plus-values privées conformément à l'article 155, II du CGI (n°s 18460 s.).

L'**inscription au bilan** de l'entreprise d'un bien figurant jusqu'alors dans le patrimoine privé n'entraîne aucune imposition. La cession ultérieure de ce bien conduira à la double détermination d'une plus-value privée et d'une plus-value professionnelle en application du régime des **biens migrants** (n°s 18470 s.).

La **cessation d'activité** de l'exploitant individuel soumis à l'impôt sur le revenu entraîne la réunion du patrimoine personnel et professionnel, et il convient de tirer toutes les conséquences de la cessation d'entreprise.

2. OPTION DE L'EXPLOITANT POUR L'ASSIMILATION À UNE EURL OU UNE EARL

87250 CGI art. 1655 sexies, 1 et 3 DC-IX-31400 s

L'exploitant individuel a la possibilité d'exercer l'option pour son assimilation à une EURL ou une EARL dont il tient lieu d'associé unique. Cette option vaut option pour l'assujettissement à l'impôt sur les sociétés.

MODALITÉS D'EXERCICE DE L'OPTION

87260 CGI ann. III art. 350 bis

L'option pour l'assimilation de l'entreprise individuelle à une EURL ou à une EARL n'est pas subordonnée à l'exercice préalable d'une option pour un régime réel d'imposition (BOI-BIC-CHAMP-70-10 n° 320). Une fois exercée, l'option est irrévocable. Mais l'entrepreneur individuel peut **renoncer** à son assujettissement à l'IS jusqu'au cinquième exercice suivant celui au titre duquel l'option pour l'assimilation a été exercée. Passé ce délai, l'assujettissement à l'IS devient définitif.

> Précisions **a.** L'option prend la forme d'une **notification** mentionnant la dénomination et l'adresse de l'entreprise individuelle ainsi que les nom, prénom, adresse et signature de l'entrepreneur. Elle est **adressée** au service des impôts du lieu du principal établissement avant la fin du troisième mois de l'exercice au titre duquel l'entrepreneur souhaite bénéficier de cette assimilation (CGI ann. III art. 350 bis).

b. La **renonciation** à l'assujettissement à l'IS est notifiée au service des impôts auprès duquel l'entrepreneur individuel souscrit sa déclaration de résultats avant la fin du mois précédent la date limite de versement du premier acompte d'IS de l'exercice au titre duquel elle s'applique (CGI ann. III art. 350 bis, II). Cette renonciation constitue un **changement de régime fiscal** et entraîne les conséquences de la cessation d'entreprise exposées n°s 38770 s. L'entreprise est ensuite assimilée à une EURL ou à une EARL soumise au régime des sociétés de personnes relevant de l'IR (BOI-BIC-CHAMP-70-10 n° 400).

CONSÉQUENCES DE L'OPTION

87265 DC-IX-31600 s

L'option de l'entrepreneur individuel pour l'assimilation de son entreprise à une EURL ou à une EARL entraîne la **création d'une personnalité fiscale** distincte (BOI-BIC-CHAMP-70-10 n° 360) soumise à l'impôt sur les sociétés et produit ses conséquences à l'égard de l'ensemble des dispositions du CGI et de ses annexes. En particulier, l'exploitant est obligatoirement soumis à un régime réel d'imposition. Lorsque l'option est exercée **après une période d'activité** de l'exploitant, elle entraîne :

– la **cessation fiscale** de l'entreprise individuelle, puisque ses activités sont désormais exercées par l'entreprise assimilée à une EURL ou à une EARL ;

– et le **transfert des biens** du patrimoine de l'entreprise individuelle à celui de l'entreprise assimilée à une EURL ou à une EARL.

La cessation de l'entreprise individuelle emporte les conséquences exposées n°s 11400 s.

Le transfert de biens inscrits au patrimoine professionnel de l'entreprise à celui de l'entreprise assimilée à une EURL ou à une EARL s'apparente fiscalement à l'**apport d'une entreprise individuelle** à une société (EURL ou EARL). L'entrepreneur individuel a le choix entre :

– l'application du régime de droit commun qui se caractérise notamment par l'imposition immédiate des plus-values dégagées au titre de l'apport avec possibilité de bénéficier, si les conditions sont remplies, des exonérations et abattements mentionnés aux articles 151 septies (n°s 18200 s.) et 151 septies B du CGI (n°s 18095 s.) ;

– et l'option pour le régime prévu à l'article 151 octies du CGI (n°s 19710 s.) permettant de placer les plus-values d'apport en report d'imposition (BOI précité n° 440).

Pour les critères de choix de l'un ou l'autre de ces régimes, voir n°s 95550 s.

> Précisions **a.** Le transfert des biens utiles à l'activité depuis le patrimoine personnel vers le patrimoine professionnel bénéficie du régime des **biens migrants** : n°s 18470 s.

b. Les exploitants ayant exercé l'option pour leur assimilation à une EURL ou une EARL soumise à l'impôt sur les sociétés sont soumis aux dispositions de l'article L 522-22 du Code de commerce relatives à la séparation du patrimoine professionnel et du patrimoine personnel (n° 87210). En revanche, les **règles spécifiques aux BIC, BNC ou BA** qui encadrent la définition de l'actif professionnel pour la détermination de ces revenus catégoriels des exploitants soumis à l'impôt sur le revenu ne sont pas applicables. L'exploitant dispose d'une liberté pour la **constitution de l'actif social** de l'EURL ou de l'EARL à laquelle l'entreprise est assimilée.

c. L'exercice de l'option en cours d'activité de l'exploitant nécessite en pratique l'établissement d'un **bilan de clôture** de l'entreprise soumise à l'impôt sur le revenu et d'un **bilan d'ouverture** de l'exploitation assimilée à une EURL ou une EARL soumise à l'IS (voir Mémento comptable n° 60330).

d. Les **immobilisations** sont inscrites au bilan de l'entreprise individuelle assimilée à une EURL ou à une EARL pour leur **valeur réelle** à la date de l'option. (BOI-BIC-CHAMP-70-10 n° 470).

e. Par exception à l'application des dispositions du CGI relatives aux sociétés, les entreprises individuelles ayant exercé l'option pour l'assimilation à une EURL ou une EARL ne sont pas soumises aux **formalités d'enregistrement** prévues en cas de formation ou de transformation de société ou d'augmentation de capital (n° 66670).

3. RÉGIME DES OPÉRATIONS RÉALISÉES PAR L'EXPLOITANT SOUMIS À L'IS

RÉMUNÉRATION DE L'EXPLOITANT

Dès lors que l'entreprise individuelle est assimilée à une EURL ou une EARL, la rémunération de l'exploitant suit le régime des rémunérations allouées aux **gérants majoritaires de sociétés à responsabilité limitée.** Elle est donc déductible du **résultat imposable de l'entreprise,** sous réserve qu'elle corresponde à un **travail effectif** et que son montant global n'excède pas la rétribution normale des fonctions exercées (CGI art. 211). **87280** CGIart. 211, et 62 DC-IX-31950 s

Cette rémunération est imposable à l'**impôt sur le revenu** dans la catégorie des revenus de gérants majoritaires de SARL, ce qui permet notamment l'application de la déduction forfaitaire de 10 % pour frais professionnels (CGI art. 62 : n° 23615).

DÉTERMINATION DU RÉSULTAT IMPOSABLE DE L'ENTREPRISE

En raison de l'option de l'exploitant individuel pour son assujettissement à l'IS, le résultat de l'entreprise est déterminé en faisant application de l'ensemble des **règles d'assiette de l'impôt sur les sociétés,** quelle que soit la nature de l'activité exercée, commerciale, non commerciale ou agricole. **87290** DC-IX-32050 s

ATTENTION

L'**amortissement** des immobilisations est calculé en fonction de leur durée probable d'utilisation appréciée à la date d'exercice de l'option pour l'assimilation à une EURL ou une EARL (BOI-BIC-CHAMP-70-10 n° 470). Lorsque cette option est exercée postérieurement au début d'activité, l'exploitant peut donc être conduit à reconsidérer les plans d'amortissement établis lors de l'inscription des biens à l'actif du bilan de l'entreprise soumise à l'impôt sur le revenu.

Les **déficits** subis dans le cadre de l'entreprise assimilée à une EURL ou une EARL sont reportables en avant sans limitation de durée sur ses bénéfices ultérieurs. L'exploitant peut opter pour leur report en arrière sur les bénéfices de l'exercice précédent (n°s 35890 s.).

Dans l'hypothèse où des **titres de participation** sont inscrits au bilan, l'exploitant peut bénéficier du régime des sociétés mères et filiales prévoyant l'exonération des dividendes, sous réserve de l'imposition d'une quote-part de frais et charges (n°s 40850 s.).

Seules les cessions de titres de participation peuvent bénéficier du **régime du long terme,** lorsqu'ils sont détenus par l'exploitant depuis au moins deux ans. Les plus-values réalisées bénéficient alors de la taxation réduite à une quote-part de frais et charges (n° 18865). **87295**

Les **cessions de biens autres que les titres** de participation sont exclues du régime des plus et moins-values à long terme et l'exploitant soumis à l'IS ne peut pas se prévaloir du régime d'exonération des plus-values en fonction des recettes (CGI art. 151 septies : n°s 18200 s.), ni de l'abattement sur les plus-values immobilières à long terme (CGI art. 151 septies B : n°s 18095 s.).

Le **retrait dans le patrimoine privé** de biens figurant au bilan de l'exploitation individuelle soumise à l'IS constitue le fait générateur d'une plus-value imposable.

En cas de cession ou de retrait d'un **bien qui a précédemment appartenu au patrimoine privé** de l'exploitant, le régime des biens migrants s'applique (CGI art. 1655 sexies). Il convient alors de déterminer d'une part une plus-value privée, d'autre part une plus-value professionnelle en fonction de la période de détention du bien au sein du patrimoine privé et au sein du patrimoine professionnel (CGI art. 151 sexies : n° 18475).

> Précisions La cession ou le retrait d'un bien qui avait préalablement figuré au bilan de l'exploitant individuel soumis à l'impôt sur le revenu met fin au **report d'imposition,** prévu à l'article 151 octies du CGI qui a pu être appliqué à la plus-value constatée à raison de ce bien lors de l'option pour l'assimilation à une EURL ou une EARL (n° 87265).

IMPOSITION À L'IS DES RÉSULTATS DE L'EXPLOITANT

87300 L'exploitant soumis à l'impôt sur les sociétés peut bénéficier du **taux réduit d'IS** de 15 % applicable aux **PME** jusqu'à un seuil de bénéfices de 42 500 €, dès lors que son chiffre d'affaires n'excède pas 10 M€. La fraction des bénéfices qui dépasse ce seuil est soumise au taux normal de l'IS de 25 % (nos 35990 s.).

Pour l'établissement de l'impôt sur les sociétés, il souscrit une **déclaration de résultat** no 2065-SD accompagnée d'une annexe no 2065 bis-SD et des tableaux comptables et fiscaux composant la liasse fiscale, qui diffèrent suivant qu'il relève du **régime réel normal** ou du **régime réel simplifié.**

IMPOSITIONS AUTRES QUE L'IS DUES PAR L'ENTREPRISE

87305 L'entreprise individuelle assimilée fiscalement à une EURL ou à une EARL est soumise à la **CFE.** Si son chiffre d'affaires est supérieur ou égal à 500 000 € elle est également redevable de la **CVAE** (nos 43850 s.).

Les **véhicules de tourisme** qu'elle utilise en France, quel que soit l'État dans lequel ils sont immatriculés, ou qu'elle possède et qui sont immatriculés en France, rendent exigibles les **taxes sur l'affectation des véhicules à des fins économiques** prévues à l'article L 421-94 du CIBS.

RÉGIME DES PRÉLÈVEMENTS DE L'EXPLOITANT

87310
DC-IX-32300 s

L'exploitant individuel tient lieu d'**associé unique** de l'EURL ou de l'EARL à laquelle son entreprise est assimilée du fait de l'option exercée (CGI art. 1655 sexies). Il en résulte que les sommes qu'il prélève sur les bénéfices de son entreprise sont soumises au régime des **revenus distribués** et sont donc imposées dans la catégorie des **revenus de capitaux mobiliers.** La mise en paiement de ces revenus entraîne l'exigibilité du **prélèvement forfaitaire à la source non libératoire** (CGI art. 117 quater : nos 24570 s.), majoré des prélèvements sociaux.

› Précisions **a.** Dès lors que l'entreprise assimilée à une EURL ou à une EARL n'a pas de personnalité juridique distincte de l'exploitant, la mise en paiement des distributions ne repose sur aucun acte juridique. Les **écritures comptables** permettent d'assurer la justification et le suivi de ces « **distributions** » de bénéfices (voir Mémento comptable no 54110).

b. Aucune imposition n'est établie au nom de l'exploitant au titre des revenus distribués si le prélèvement effectué présente le caractère d'un **remboursement d'apport** au sens de l'article 112 du CGI, ce qui suppose que l'intégralité des bénéfices ait déjà été prélevée (no 24465).

c. Le **retrait dans le patrimoine privé** de l'exploitant d'un bien inscrit au bilan de l'entreprise assujettie à l'IS entraîne la constatation d'un revenu distribué à concurrence de sa valeur réelle, sauf s'il peut être qualifié comme un remboursement d'apport (BOI-BIC-CHAMP-70-10 nos 500). En outre, l'opération met fin, le cas échéant, au report d'imposition de la plus-value d'apport constatée lors de l'exercice de l'option en application de l'article 151 octies du CGI (BOI-BIC-CHAMP-70-10 no 510).

d. Le montant des « distributions » qui excède 10 % du bénéfice net imposable de l'exercice précédant leur mise en paiement est soumis aux **cotisations sociales** : voir Mémento Social no 80180.

LIQUIDATION DE L'EXPLOITATION INDIVIDUELLE SOUMISE À L'IS

87315
DC-IX-32500 s

La liquidation de l'entreprise individuelle soumise à l'IS peut notamment résulter de la **cessation** d'activité de l'exploitant ou d'un changement d'activité au sens de l'article 221,5 du CGI. L'administration a indiqué qu'en cas de **décès** de l'exploitant, les conséquences de la cessation fiscale de l'entreprise ne sont tirées qu'en l'absence d'héritier poursuivant l'activité (BOI-BIC-CHAMP-70-10 no 530).

Les conséquences de la cessation de l'entreprise individuelle soumise à l'IS consistent :

– d'une part en l'**imposition immédiate des résultats** et plus-values non encore imposées ;

– et d'autre part en l'imposition personnelle de l'exploitant dans la catégorie des revenus de capitaux mobiliers au titre du « **boni de liquidation** », défini comme la différence entre l'actif net réel de l'entreprise individuelle et les sommes correspondant, par assimilation, à des apports (BOI-BIC-CHAMP-70-10 no 530). Les sommes ayant la nature de **remboursement d'apport** au sens de l'article 112 du CGI n'ont pas le caractère de revenu distribué (no 24465).

› Précisions La cessation fiscale de l'exploitation met fin au **report d'imposition,** prévu à l'*article 151 octies du CGI* qui a pu être appliqué à la plus-value constatée à la date d'exercice de l'option pour l'assimilation à une EURL ou une EARL soumise à l'IS (no 87265).

CESSION DE L'EXPLOITATION INDIVIDUELLE SOUMISE À L'IS

87320
DC-IX-32650 s.

En matière de **droits d'enregistrement** la cession de l'entreprise individuelle assimilée à une EURL ou une EARL est soumise au régime des **cessions de droits sociaux** (CGI art. 726, I bis). Cette disposition tire les conséquences de la personnalité fiscale de l'entreprise, distincte de celle de l'exploitant du fait de l'exercice de l'option pour l'assimilation à une EURL ou une EARL, et du statut d'associé unique conféré à l'entrepreneur. En matière d'impôts directs, cette situation de l'exploitant devrait à notre avis conduire à l'application du régime des **plus-values privées** prévu à l'article 150-0 A du CGI et non au régime des plus-values professionnelles. En indiquant que la transmission de l'entreprise est réputée porter sur des parts d'une EURL ou d'une EARL imposable à l'IS, l'administration paraît se rallier à cette position (BOI-BIC-CHAMP-70-10 n° 600).

4. EXPLOITANTS PLACÉS SOUS LE STATUT DE L'EIRL

Le statut d'entreprise individuelle à responsabilité limitée (EIRL) concerne les exploitants qui ont décidé d'exercer leur activité dans ce cadre avant le 16 février 2022. Depuis cette date, il n'est plus possible de créer de nouvelles EIRL ni d'opter pour ce statut. **87350** CGI art. 1655 sexies, 2

FONCTIONNEMENT DE L'EIRL

Les résultats de l'EIRL sont, sauf option contraire, soumis à l'**impôt sur le revenu** selon les règles de droit commun applicables en fonction de la nature de son activité (commerciale, non commerciale, agricole). Les entrepreneurs relevant du régime des **micro-entreprises,** y compris les auto-entrepreneurs, sont obligatoirement imposés à l'IR. **87360** CGI art. 1655 sexies, 2 **DC-IX-35100 s**

En cas d'exercice de **différentes activités** au sein de la même EIRL, il est fait application des règles prévues pour les revenus accessoires (nos 7925, 13170, b et 15200).

L'EIRL soumise à un régime réel d'imposition peut exercer une option pour son assimilation à une EURL ou à une EARL, qui emporte de plein droit l'option pour l'assujettissement à l'**impôt sur les sociétés.** Cette option doit être notifiée avant la fin du troisième mois de l'exercice au titre duquel l'entrepreneur souhaite l'assimilation (CGI ann. III art. 350 bis, I dernier al. ; BOI-BIC-CHAMP-70-30 n° 170). Elle est en principe irrévocable.

ATTENTION

L'exploitant d'une EIRL soumise à l'IS est soumis au statut de gérant majoritaire de SARL. Sa rémunération est déductible du résultat et imposée dans les conditions prévues à l'article 62 du CGI (n° 23615).

Le statut de l'EIRL repose sur la **constitution d'un patrimoine d'affectation,** matérialisée par une **déclaration,** qui comprend obligatoirement l'ensemble des **biens,** droits, obligations ou sûretés dont l'entrepreneur est titulaire, qui sont **nécessaires à l'exercice de l'activité** professionnelle. L'exploitant peut également y inclure les **biens,** droits, obligations ou sûretés **utilisés** pour les besoins de l'activité. Depuis le 16 février 2022, l'entrepreneur ne peut plus constituer de patrimoine affecté mais il demeure possible d'affecter ou de retirer des éléments à un patrimoine affecté déjà constitué. **87365**

Le **transfert de biens** du patrimoine privé de l'exploitant au patrimoine de l'EIRL assimilée à une EURL ou à une EARL, qui sont inscrits au patrimoine d'affectation pour leur valeur vénale ou leur valeur d'utilité à la date du transfert, n'entraîne aucune imposition. Mais les biens concernés sont soumis au régime des **biens migrants** (nos 18470 s.).

Le **retrait dans le patrimoine privé** de biens figurant au patrimoine d'affectation nécessite de déterminer une plus ou une moins-value imposable selon le régime des plus-values professionnelles si ces biens étaient utilisés dans le cadre de l'activité.

Les EIRL doivent tenir une **comptabilité** commerciale, quelle que soit la nature de leur activité (C. com. art. L 526-13). **87370**

Les contribuables qui relèvent du régime micro sont soumis à des **obligations comptables simplifiées** : ils doivent simplement tenir un livre des recettes et, le cas échéant, un registre des achats, ainsi que, le 31 décembre de chaque année, un relevé actualisant en valeur et en nature *le patrimoine affecté* (C. com. art. R 526-10-1).

LIQUIDATION DE L'EIRL

La liquidation de l'EIRL peut découler de la cessation de l'activité de l'exploitant, d'un changement d'activité au sens de l'article 221, 5 du CGI ou d'une renonciation à l'affectation de son patrimoine ou du décès de l'entrepreneur individuel. **87380** **DC-IX-37450 s**

À défaut d'option pour l'assimilation à une EURL ou EARL, elle emporte les mêmes conséquences que la cessation fiscale d'une entreprise individuelle (nos 11400 s.).

Si la liquidation concerne une **EIRL assimilée à une EURL ou à une EARL,** elle emporte les mêmes conséquences fiscales que la cessation d'entreprise et l'annulation des droits sociaux d'une EURL ou d'une EARL : imposition des résultats non encore imposés à la date de cette cessation, y compris les éventuelles plus-values latentes, à l'IS ou à l'IR (selon le régime fiscal de l'EIRL) et, lorsque l'EIRL n'a pas renoncé à son option pour l'assujettissement à l'IS, l'imposition entre les mains de l'entrepreneur individuel, dans la catégorie des revenus mobiliers, du boni de liquidation déterminé par différence entre l'actif net réel à la date de la liquidation et les sommes correspondant à des apports (BOI-BIC-CHAMP-70-30 n° 350).

CESSION DE L'EIRL

87390 La **cession à titre onéreux ou à titre gratuit** de la **totalité du patrimoine affecté** entraîne également, en principe, la liquidation de l'EIRL et les conséquences de la cessation fiscale (nos 11400 s.).

La cession à titre onéreux de l'entreprise ayant opté pour son assimilation à une EURL ou à une EARL devrait à notre avis pouvoir être assimilée à une cession de parts sociales pour l'imposition des plus-values, comme c'est le cas pour l'assiette et la liquidation des droits d'enregistrement (voir n° 67135). La plus-value dégagée devrait donc être imposée au nom de l'exploitant selon les règles des plus-values de cession de parts sociales prévues aux articles 150-0 A et suivants du CGI.

CHAPITRE 3

DIRECTION DES GRANDES ENTREPRISES

COMPÉTENCE

La Direction des grandes entreprises (DGE) est un service de la DGFiP à compétence nationale chargé notamment d'assurer sur l'ensemble du territoire national l'**assiette,** le **recouvrement** et le **contrôle** de tous les impôts, droits et taxes dus par les personnes physiques ou morales qui relèvent de son champ de compétence. **87400** DC-IX-10000 s

ENTREPRISES CONCERNÉES

Relèvent de la DGE : **87410** CGI ann. III art. 344-0 A

– les personnes physiques ou morales ou groupements de personnes de droit ou de fait dont, à la clôture de l'exercice, le **chiffre d'affaires hors taxe** ou le **total de l'actif brut du bilan** est supérieur ou égal à 400 M€ ;

– les personnes physiques ou morales ou les groupements de personnes de droit ou de fait qui, à la clôture de l'exercice, **détiennent directement ou indirectement** plus de 50 % du capital ou des droits de vote d'une des entreprises visées ci-dessus (ou d'une entreprise de taille intermédiaire visée ci-après), ainsi que toutes les personnes morales ou tous les groupements de droit ou de fait dont la majorité du capital ou des droits de vote est détenue par de telles entreprises ;

– les sociétés **membres d'un groupe fiscalement intégré** lorsque au moins une des sociétés qui le compose répond à l'un des critères précédents ;

– les **assujettis uniques** relevant de l'article 256 C du CGI (groupe TVA) dont le représentant remplit les conditions pour être rattaché à la DGE.

Peuvent opter pour leur rattachement à la DGE les **entreprises de taille intermédiaire** (ETI) au sens de l'article 3 du décret 2008-1354 du 18 décembre 2008 qui ont conclu un protocole de partenariat fiscal avec ce service.

Peuvent également opter pour leur rattachement les entreprises qui ont bénéficié de la **transmission de patrimoine** (dans le cadre d'une fusion, scission ou confusion de patrimoine) d'une entreprise relevant de ce service en raison du montant de son chiffre d'affaires ou de son actif brut.

> Précisions a. Seul le chiffre d'affaires issu d'**opérations imposables en France** est retenu pour apprécier le seuil de 400 M€. Les opérations soumises à l'IS en application de l'article 209 B du CGI ne sont pas prises en considération.

b. Les **établissements stables** de sociétés étrangères relèvent de la DGE s'ils réalisent un chiffre d'affaires supérieur ou égal à 400 M€ ou si le total de leur actif brut atteint ce seuil. Il en est de même pour les filiales détenues à 50 % au moins par la société étrangère dont les titres figurent à l'actif de l'établissement.

c. Une **société détenue à parité** par deux entreprises appartenant au périmètre de la DGE peut, elle aussi, demander à relever de la compétence de cette direction (BOI-IS-DECLA-30-10 n° 237).

d. La DGE assure l'ensemble des opérations nécessaires à l'assiette et au recouvrement des impositions, intérêts de retard et pénalités résultant des demandes de **mise en conformité fiscale** déposées par les entreprises (voir n° 79869), y compris pour celles qui ne relèvent pas de son champ de compétence. Cette mesure ne s'applique ni à la contribution foncière des entreprises due par celles qui ne relèvent pas de la DGE ni aux taxes foncières dues par ces entreprises ou par celles n'ayant pas opté pour leur paiement auprès de la DGE.

PÉRIODE DE RATTACHEMENT À LA DGE

En principe, dès lors qu'une entreprise satisfait à l'une des conditions énoncées ci-dessus à la clôture d'un exercice, elle doit **souscrire ses déclarations** fiscales auprès de la DGE à compter du 1er février de la deuxième année suivante. Ainsi, une entreprise dont le **chiffre d'affaires** de l'exercice 2023 (coïncidant avec l'année civile) dépasse 400 M€ relèvera de la DGE pour les déclarations souscrites à compter du 1er février 2025, notamment en ce qui concerne la liasse fiscale de l'exercice 2024. De même, lorsque le rattachement à la DGE résulte de la **détention du capital** de la société, il devient effectif à compter du 1er février de la deuxième année suivant celle à la clôture de laquelle le seuil de détention de 50 % a été franchi. **87415** CGI ann. III art. 344-0 C

Une société qui entre dans un **groupe fiscal intégré** dont les membres relèvent de la DGE doit cependant souscrire ses propres déclarations auprès de ce service à compter du 1er février de l'année suivant celle de son entrée dans le groupe.

S'agissant de l'**assujetti unique** (groupe TVA), les déclarations doivent être déposées auprès de la DGE à compter du 1er janvier de l'année suivant celle au cours de laquelle le représentant a été désigné.

L'option pour le rattachement à la DGE des entreprises qui ont bénéficié d'une **transmission de patrimoine** produit un effet immédiat à l'égard de la société bénéficiaire de la transmission. Par application des règles de droit commun, les filiales de l'entreprise transmise continuent à relever de la DGE, alors que celles de l'entreprise bénéficiaire ne sont rattachées à cette direction qu'à compter du 1er février de la deuxième année suivante.

En cas d'option pour le rattachement à la DGE, les **ETI** déposent leurs déclarations auprès de ce service à compter du 1er février de la première année suivant celle de la signature du protocole de partenariat lorsque celle-ci est intervenue entre le 1er janvier et le 31 octobre ou, à compter du 1er février de la deuxième année suivant cette signature lorsqu'elle est intervenue entre le 1er novembre et le 31 décembre.

Les entreprises **continuent à relever de la DGE** jusqu'au 31 janvier de la quatrième année suivant celle au cours de laquelle les conditions de rattachement à cette direction cessent d'être remplies.

> Précisions **a.** S'agissant des **assujettis uniques** (groupe TVA), le rattachement à la DGE continue jusqu'au 31 janvier de la quatrième année suivant :

– la clôture de l'exercice au cours duquel son représentant ne relève plus de ce service ;
– la fin du protocole signé par une ETI ;
– l'année au cours de laquelle l'opération de fusion, de scission ou de confusion de patrimoine a eu lieu.

Dans le cas où un nouveau représentant ne remplissant plus les conditions légales de rattachement à la DGE a été désigné, l'assujetti unique souscrit ses déclarations auprès de ce service jusqu'au 31 janvier de la première année suivant celle de cette désignation.

b. L'option pour le rattachement exercée par les ETI s'applique jusqu'au 31 janvier de la quatrième année qui suit la fin du protocole.

c. L'option exercée par les entreprises qui ont bénéficié d'une **transmission de patrimoine** s'applique jusqu'au 31 janvier de la quatrième année suivant celle au cours de laquelle l'opération de restructuration a eu lieu. Si une société ayant opté entre de plein droit dans le périmètre de compétence de la DGE au cours de la période de validité de l'option, le rattachement de droit se substitue, dès le début de l'exercice suivant, au rattachement sur option.

ORGANIGRAMME DES GROUPES

87425 CGI ann. III art. 41-00 A DC-IX-12100 s

Les personnes morales ou groupements de droit ou de fait dont le chiffre d'affaires hors taxe ou le total de l'actif brut du bilan, apprécié à la clôture du dernier exercice, est supérieur ou égal à 400 M€ doivent fournir les listes des entreprises avec lesquelles ils ont des **liens de participation,** ascendants ou descendants, directs ou indirects. Ces renseignements doivent être produits par voie électronique lors du dépôt de la déclaration de résultat.

> Précisions **a.** S'agissant d'**entreprises liées directement**, la production des déclarations nos 2059-F-SD et 2059-G-SD qui doivent être jointes par toutes les entreprises imposées dans la catégorie des BIC ou passibles de l'IS en annexe à leur déclaration de résultat est suffisante (BOI-IS-DECLA-30-20 n° 140).

b. S'agissant des liens de **détention indirecte,** les entreprises sont dispensées d'indiquer l'identité des personnes interposées dans la chaîne des participations. Elles déposent uniquement la liste des personnes détenant, ou dont elles détiennent, à la clôture de l'exercice, indirectement, plus de la moitié du capital ou des droits de vote en produisant les déclarations nos 2059-H-SD et 2059-I-SD (BOI-IS-DECLA-30-20 n° 110).

DÉCLARATIONS CONCERNÉES

87435 CGI ann. III art. 344-0 B DC-IX-12600 s

Les entreprises relevant de la DGE doivent souscrire auprès de celle-ci leurs déclarations de résultat et l'ensemble des documents annexes, ainsi que les déclarations de TVA et taxes assimilées, y compris les demandes d'achat en franchise (BOI-TVA-CHAMP-30-30-50-10 n° 240) et les déclarations se rapportant aux taxes, contributions et redevances assises et contrôlées comme en matière de TVA.

Elles doivent également déposer, le cas échéant, les déclarations suivantes :

– les déclarations afférentes à la taxe sur les salaires (en revanche, la déclaration annuelle des salaires et la déclaration des honoraires pour les entreprises ne relevant pas de la déclaration sociale nominative ne sont pas adressées à la DGE) ;

– la déclaration de cotisation sur la valeur ajoutée des entreprises ;
– la déclaration de taxe sur les excédents de provisions des entreprises d'assurance de dommages ;
– la déclaration de taxe sur la valeur vénale des immeubles possédés en France par certaines personnes morales ;
– la déclaration de contribution au fonds commun des accidents du travail agricole ;
– la déclaration de taxe sur les conventions d'assurance ;
– la déclaration récapitulative des réductions et crédits d'impôt nº 2069-RCI-SD ;
– la déclaration concernant la taxe sur les transactions financières (CGI ann. III art. 58 R) ;
– la déclaration concernant les sociétés ayant une filiale dans un pays à fiscalité privilégiée qui relève du champ d'application de l'article 209 B du CGI ;
– la déclaration relative à la taxe générale sur les activités polluantes ;
– la déclaration concernant les accises sur l'électricité, les charbons et le gaz naturel.

Les sociétés civiles immobilières relevant de la DGE déposent auprès de ce service la déclaration de résultat nº 2072-S-SD.

> Précisions **a.** La déclaration de **cotisation foncière des entreprises** doit être souscrite auprès du service local des impôts des entreprises dont relèvent les établissements concernés et non auprès de la DGE.
b. Les actes et déclarations (par exemple, ceux portant cession de fonds de commerce, de droit au bail ou les cessions de parts sociales) concernant les entreprises tenues de souscrire leurs déclarations de résultat auprès de la DGE doivent obligatoirement être souscrits auprès du service de l'**enregistrement** de la DGFiP territorialement compétent.
c. En cas d'option pour le paiement des taxes foncières auprès de la DGE, les déclarations des **taxes annuelles sur les bureaux** en Île-de-France et en Provence-Côte d'Azur (Décret 2024-66 du 1-2-2024) et de **taxe additionnelle sur les surfaces de stationnement** en Île-de-France (nºs 31380 s.) sont souscrites auprès de ce même service.
d. Les entreprises relevant de la DGE doivent déposer auprès de ce service la déclaration prévue à l'article 87-0 A du CGI dans le cadre du **prélèvement à la source** de l'impôt sur le revenu.
e. À compter du 1er janvier 2025, la déclaration de **taxe** incitative relative à l'utilisation d'**énergie renouvelable** dans les transports prévue par l'article 266 quindecies du Code des douanes et les déclarations relatives aux **accises sur le carburant** et le combustible visées aux 1° et 2° de l'article L 312-2 du CIBS devront également être souscrites auprès de la DGE.

MODALITÉS DE SOUSCRIPTION

Comme toutes les entreprises, les entreprises relevant de la DGE doivent obligatoirement **télétransmettre** la plupart de leurs déclarations. Sont notamment concernées leurs déclarations de résultat (IS, BIC, BNC, BA) et leurs annexes (y compris pour les sociétés immobilières non soumises à l'IS), leurs déclarations de TVA et de taxes assimilées aux taxes sur le chiffre d'affaires et leurs annexes (ainsi que les demandes de remboursement de crédits de TVA), et leurs déclarations afférentes à la taxe sur les salaires (nº 73550) et leurs déclarations de CVAE (nºs 44035 s.). **87445** CGI art. 1649 quater B quater

ATTENTION

Le **non-respect** de l'obligation de transmission électronique des déclarations est sanctionné par une majoration de 0,2 % du montant des droits correspondant à la déclaration déposée selon un autre procédé, qui ne peut être inférieure à 60 € (CGI art. 1738). Toutefois, en cas de **dépôt tardif** d'une déclaration selon un autre procédé que celui requis, seule la pénalité prévue à l'article 1728 du CGI est exigible en sus de l'intérêt de retard (BOI-CF-INF-10-40-50 nº 37).

PAIEMENT DES IMPOSITIONS

La TVA et les taxes assimilées, l'IS et ses contributions additionnelles, la contribution sur les revenus locatifs, la contribution économique territoriale (CFE et CVAE), la taxe sur les transactions financières, les accises sur les alcools et tabacs (à compter du 1er janvier 2024) et tous les impôts et taxes se rapportant aux déclarations visées nº 87435 doivent être payés par les entreprises relevant de la DGE auprès du comptable de ce service (BOI-IS-DECLA-30-20 nº 560). **87455** CGI ann. III art. 406 terdecies

Cette obligation s'applique au règlement des impôts à paiement spontané dont la **date limite** de paiement (acompte ou solde) est postérieure au rattachement de l'entreprise à la DGE. Toutefois, pour l'**IS** et les contributions assimilées, elle concerne les versements dont la date d'exigibilité intervient à compter du rattachement à la DGE. Pour les impôts recouvrés **par voie de rôle,** l'avis d'imposition fait état de l'obligation d'adresser le paiement à la DGE (BOI-IS-DECLA-30-20 nº 520).

Les entreprises relevant de la DGE doivent acquitter auprès de ce service la **retenue à la source** de l'impôt sur le revenu (nºs 3840 s.).

› Précisions **a.** Entre également dans la compétence du comptable de la DGE le recouvrement des **amendes** prévues par les articles 1731 ter, 1736, III et 1736, XI du CGI en cas de non-respect de certaines obligations d'information ou de déclaration applicables aux opérateurs de **plateformes** électroniques (Décret 2023-467 du 15-6-2023 art. 2).

b. À compter du 1er janvier 2025, sera également recouvrée par le comptable de la DGE la taxe incitative relative à l'utilisation d'**énergie renouvelable** dans les transports et les **accises sur le carburant** et le combustible visées aux 1° et 2° de l'article L 312-2 du CIBS (Décret précité art. 1er)

c. Impositions résultant des demandes de **mise en conformité** : voir n° 87410, précision d.

87460 CGI art. 1681 septies et 1695 quater

Doivent **obligatoirement** être acquittés par voie de **télérèglement** la TVA et les taxes assimilées, l'IS et ses contributions additionnelles, la contribution sur les revenus locatifs, la CFE, la CVAE et la taxe sur les salaires.

Toutes les impositions autres que celles énumérées ci-dessus se rapportant aux déclarations à souscrire auprès de la DGE (n° 87435) sont acquittées auprès du **comptable** de ce service, en principe, par les moyens habituels (nos 76720 s.).

S'agissant du règlement de la **taxe sur les salaires,** l'entreprise effectue un télépaiement global pour l'ensemble de ses établissements (BOI-TPS-TS-40 n° 80).

ATTENTION

Le **non-respect** de l'obligation de **paiement par télérèglement** ou par **virement** entraîne l'application d'une majoration de 0,2 % du montant des sommes dont le versement a été effectué selon un autre mode, qui ne peut être inférieure à 60 € (CGI art. 1738). Toutefois, en cas de **paiement tardif** effectué selon un autre moyen que celui requis, seuls sont appliqués la majoration pour paiement tardif et l'intérêt de retard des articles 1730 ou 1731 du CGI (BOI-CF-INF-10-40-50 n° 37).

87465 Certaines impositions peuvent être acquittées sur **option** auprès de la DGE. Tel est notamment le cas des taxes foncières sur les propriétés bâties et non bâties, et de leurs taxes annexes et additionnelles recouvrées dans les mêmes conditions. Cette option s'applique à l'ensemble des impositions dues à ce titre. Si elle est exercée, le télérèglement est obligatoire (BOI-REC-PRO-20-20 nos 20 s.).

› Précisions Formulée avant le 30 novembre d'une année, l'option prend effet le 1er janvier de l'année suivante, pour une durée de cinq ans, renouvelable par tacite reconduction à défaut de **dénonciation,** trente jours au moins avant l'expiration de la période quinquennale. Toutefois, en cas d'opération d'absorption, l'option prend fin le 31 décembre de la deuxième année qui suit celle au cours de laquelle l'entreprise a été absorbée (CGI ann. III art. 406 terdecies).

CONTENTIEUX

87475 Les entreprises qui relèvent de la DGE adressent à ce service l'ensemble des **réclamations** portant sur les impôts qui sont de sa compétence, quelle que soit la période sur laquelle portent ces réclamations. Toutefois, les réclamations portant sur une imposition dont l'assiette a été établie à l'initiative d'une direction départementale ou, le cas échéant, régionale des finances publiques, d'une direction spécialisée ou d'un autre service à compétence nationale sont adressées à cette direction ou à ce service (LPF art. R* 190-1, al. 5).

Le service compétent pour statuer sur une réclamation étant celui auquel elle doit être adressée (LPF art. R* 198-10, al. 1), la DGE statue sur les réclamations relevant de sa compétence en tant que destinataire.

S'agissant du contentieux du **recouvrement,** les contestations relatives aux créances prises en charge par le comptable de la DGE sont adressées à ce service.

La détermination du tribunal compétent pour recevoir les **recours juridictionnels** des entreprises rattachées à la DGE est effectuée par application des règles de droit commun (nos 82110 s. et 77040 s.). En pratique, s'agissant des recours relatifs à l'assiette des impôts directs mis en recouvrement par la DGE (autres que les impôts directs locaux), c'est le tribunal administratif de Montreuil qui est compétent (BOI-CTX-ADM-10-10-20 n° 1).

ATTENTION

Les réclamations relatives aux **demandes de plafonnement** de la contribution économique territoriale (CET) en fonction de la valeur ajoutée (CGI art. 1647 B sexies) et **de dégrèvement** pour diminution des bases d'imposition à la CFE (CGI art. 1647 bis) sont à adresser à la DGE (*LPF art. R* 190-1, al. 5*). Les réclamations relatives à la taxe foncière et à la CET ou à la CFE autres que celles susvisées doivent être adressées au service local qui a établi l'imposition (BOI-CTX-PREA-10-10 n° 30). Il en est de même des réclamations portant sur un impôt acquitté auprès d'un autre service que la DGE (droits d'enregistrement, par exemple).

CHAPITRE 4

ORGANISMES DE GESTION AGRÉÉS

SOMMAIRE

A. Centres de gestion agréés 87765

B. Associations agréées 87865

C. Organismes mixtes de gestion agréés 87920

D. Avantages fiscaux liés à l'adhésion à un organisme de gestion agréé 87990

Les **centres de gestion** agréés ont pour objet de fournir aux entreprises industrielles, commerciales, artisanales et agricoles une aide technique en matière de gestion, de formation, ainsi que dans le domaine fiscal. 87700 DC-II-1 s

Un rôle analogue est dévolu, à l'égard des professions libérales et des titulaires de charges et offices, aux **associations** agréées, qui ont en particulier pour mission de développer l'usage de la comptabilité au sein de ces catégories professionnelles et de faciliter leurs obligations fiscales.

Les adhérents relevant des centres de gestion ou des associations agréés peuvent être regroupés au sein d'un **organisme mixte de gestion** qui doit également être agréé.

Un ou plusieurs agents de l'administration apportent leur assistance aux organismes de gestion agréés et un corps de contrôleurs de qualité en assure la surveillance. À cet égard, une **charte de bonnes pratiques** des organismes agréés a été élaborée après concertation avec l'administration.

L'adhésion à ces organismes ouvre droit, sous certaines conditions, à des **avantages fiscaux.**

A. Centres de gestion agréés

CONDITIONS D'ADHÉSION

Les centres de gestion agréés s'adressent à toutes les **entreprises** (individuelles ou personnes morales) **industrielles, commerciales, artisanales et agricoles,** qu'elles relèvent de l'impôt sur le revenu ou de l'impôt sur les sociétés et quel que soit leur régime d'imposition. Toutefois, les avantages fiscaux sont réservés aux adhérents relevant de l'impôt sur le revenu et soumis, en principe, à un régime de bénéfice réel. Peuvent également adhérer les contribuables qui exercent à titre **non professionnel** une activité relevant des bénéfices industriels et commerciaux imposée selon un régime réel. 87765 CGI art. 1649 quater C à 1649 quater E bis DC-II-11000 s

Les centres peuvent limiter leur accès à une profession ou à une catégorie professionnelle particulière (agriculteur, par exemple) ou aux personnes exerçant dans un département ou une région déterminé. Sous cette réserve, les entreprises ont toute liberté pour adhérer au centre de leur **choix,** quel que soit le lieu où le centre a son siège.

Dans les **sociétés de personnes,** c'est la société (ou le groupement assimilé) qui a la qualité d'adhérent. L'adhésion peut émaner de l'un quelconque des associés et n'a pas besoin d'être contresignée par les autres dès lors qu'elle est formulée au nom de la société. Elle ne produit ses effets que sur les résultats sociaux et ne couvre pas les activités individuelles que peuvent exercer par ailleurs les associés. À l'inverse, l'adhésion personnelle d'un exploitant individuel également membre d'une société de personnes ne vaut que pour son activité individuelle.

› Précisions a. L'adhésion couvre l'ensemble des **activités** de même nature exercées à titre individuel par un contribuable, ainsi que les **activités connexes** relevant de l'article 155 du CGI. En revanche, pour les **activités non connexes** (activités imposables distinctement), une adhésion par catégorie de revenus est requise (BOI-DJC-OA-20-30-10-10 n°s 465 et 467).

b. Les titulaires de **revenus professionnels de source étrangère** provenant d'un État de l'Union européenne, de la Norvège, de l'Islande ou du Liechtenstein imposables à l'impôt sur le revenu en France, ou exonérés mais pris en compte pour le calcul du taux effectif, peuvent adhérer à un organisme agréé (BOI précité n° 460).

c. Les **adhésions en ligne** sont autorisées sous réserve du recours à une signature électronique de l'adhérent (BOI précité n° 1).

d. Le **montant de la cotisation** est identique pour l'ensemble des adhérents, quels que soient leur qualité, leur statut juridique, leur régime d'imposition ou la complexité de leur dossier, mais ce principe d'unicité ne s'applique qu'aux membres adhérents et non aux membres associés (BOI-DJC-OA-20-20-10 n° 20).

e. Aucun **droit d'entrée** ne peut être exigé des nouveaux membres en sus de la cotisation annuelle (BOI précité n° 100).

ORGANISATION ET RÉGIME FISCAL

87775 DC-II-150 s Les centres sont des **associations** créées à l'initiative soit d'experts-comptables ou de sociétés membres de l'ordre, soit de chambres de commerce et d'industrie territoriales, de chambres de métiers et de l'artisanat ou de chambres d'agriculture, soit d'organisations professionnelles légalement constituées d'industriels, de commerçants, d'artisans ou d'agriculteurs (CGI ann. II art. 371 A).

Ils sont agréés par le directeur régional des finances publiques (CGI ann. II art. 371 G).

Tous les centres doivent justifier d'un **effectif minimal** : 500 adhérents lors de l'agrément initial et 1 000 lors du renouvellement de l'agrément dans un délai de trois ans à compter de la date de l'agrément. Aucune condition d'effectif n'est exigée pour les centres établis en Corse et dans les DOM (CGI ann. II art. 371 B).

Chaque membre du **conseil d'administration** dispose d'une voix (CGI ann. II art. 371 E).

87780 DC-II-2900 s Les centres de gestion sont passibles de l'**impôt sur les sociétés** dans les conditions de droit commun. Les cotisations des adhérents sont prises en compte dans le résultat imposable au fur et à mesure de l'exécution des prestations (BOI-BIC-BASE-20-10 n° 170).

Les centres sont assujettis de plein droit à la **TVA.** Toutefois, les actions de caractère collectif destinées à la formation ou à l'information des adhérents (bulletins, réunions, etc.) peuvent être exonérées de TVA si elles sont facturées et suivies distinctement en comptabilité. De même, les droits d'entrée peuvent, sous certaines conditions, bénéficier d'une exonération au titre des trois premières années d'existence de l'organisme (BOI-TVA-CHAMP-10-10-60-50 n°s 90 et 100).

Les centres sont par ailleurs redevables de la **contribution économique territoriale** suivant le régime prévu pour les professions industrielles et commerciales ainsi que des **taxes** et participations assises sur les salaires.

RÔLE DES CENTRES

87790 DC-II-3450 s Les centres ont pour mission d'apporter une assistance à leurs adhérents en matière de **gestion** et dans le **domaine fiscal.** Ils n'agissent pas en tant que **mandataires** de leurs membres, sauf pour la transmission électronique des déclarations fiscales. En outre, ils fournissent une analyse des informations en matière de prévention des difficultés des entreprises.

87795 **Assistance des adhérents** **a.** Les centres fournissent tous les ans à chaque adhérent imposé d'après le bénéfice réel, dans un délai de deux mois suivant la date de réception de la déclaration de résultats et, au plus tard, de neuf mois suivant la clôture de l'exercice lorsqu'il ne coïncide pas avec l'année civile, un **dossier de gestion** : ratios caractérisant la situation économique et financière de l'entreprise assortis de commentaires ; tableau de financement ; analyse comparative des bilans et des comptes de résultat, analyse des informations économiques, comptables et financières (CGI ann. II art. 371 E, 1°).

b. Ils établissent les **déclarations fiscales** des adhérents placés sous un régime de bénéfice réel qui en font la demande (CGI ann. II art. 371 E, 2°), puis les dématérialisent et les **télétransmettent** lorsqu'ils ont été mandatés par leurs adhérents (CGI art. 1649 quater E). Cette dernière prestation constitue une obligation de moyens et non de résultats (BOI-DJC-OA-20-10-40 n° 60).

c. Les centres doivent fournir à leurs adhérents des services en matière de **formation** et d'information ayant trait au droit, à la fiscalité, à la comptabilité ou à la gestion (CGI ann. II art. 371 A).

87805 CGI art. 1649 quater E DC-II-4350 s **Surveillance des engagements pris par les adhérents** Les centres ont aussi *pour mission de veiller* à ce que les adhérents respectent leurs engagements et, notamment, de s'assurer de la sincérité des résultats qu'ils déclarent afin de déceler et prévenir les anomalies d'ordre fiscal. Ils doivent demander aux adhérents tous renseignements et documents utiles afin de procéder chaque année à un **examen** en la forme des **déclarations** de résultats, de taxes sur le chiffre d'affaires, de cotisation sur la valeur ajoutée des entreprises et, le cas échéant, des revenus encaissés à l'étranger. Ils contrôlent ensuite leur cohérence, leur vraisemblance et leur concordance. Les centres doivent également procéder à un **examen périodique de sincérité** des pièces justificatives. Cet examen ne constitue pas le début d'un contrôle fiscal (examen contradictoire de la situation fiscale personnelle ou vérification de comptabilité).

À l'issue de ces opérations, un **compte-rendu de mission** est établi, dont une copie est adressée à l'administration. Si l'organisme n'est pas en possession d'une des déclarations utiles au contrôle, il établit un compte-rendu de mission négatif (BOI-DJC-OA-20-10-30 n° 60).

> **Précisions a.** L'examen de sincérité est réalisé tous les six ans si les comptes sont tenus par un professionnel de l'expertise comptable ou tous les trois ans au moins dans le cas contraire. L'adhérent doit remettre un document fournissant une vision exhaustive des opérations comptables de l'entreprise qui ne peut être délivré en aucun cas à l'administration (CGI ann. II art. 371 E, 4°). Pour les adhérents ayant demandé la réalisation de l'**examen de conformité fiscale** au titre d'un exercice, les centres sont dispensés de l'examen de sincérité au titre de ce même exercice (Arrêtés ECFE1631269A du 9-1-2017 ; ECOE2122040A du 21-7-2021).
> **b.** L'administration a dressé une **liste des diligences** à effectuer en vue de la délivrance du compte rendu de mission (BOI-ANNX-000411).
> **c.** Les centres doivent effectuer un contrôle de **validité des fichiers** des écritures comptables (CGI ann. II art. 371 E, 6°).

Prévention des difficultés des entreprises Les centres fournissent à leurs adhérents une analyse des **informations économiques, comptables et financières** en matière de prévention des difficultés économiques et financières. Ils ne peuvent toutefois réaliser aucun traitement de ces éventuelles difficultés. **87810** CGI art. 1649 quater C DC-II-3750 s

Prestations facultatives Les centres peuvent fournir à toute **entreprise,** qu'elle soit **adhérente ou non,** notamment les prestations de services suivantes : dématérialisation et télétransmission des déclarations fiscales, formation et information ayant trait au droit, à la fiscalité, à la comptabilité ou à la gestion, restitution de statistiques, examen de conformité fiscale, audit technique lié à l'activité et, s'agissant des **micro-entreprises,** aide à la création et accompagnement en matière commerciale ainsi que dans les domaines de la communication et de la transition numérique. **87815** CGI ann. II art. 371 A bis

Les statuts des centres peuvent prévoir l'existence d'une **catégorie spécifique de membres** adhérents pour lesquels le centre effectue exclusivement des prestations facultatives. Ces adhérents ne sont pas comptabilisés dans les effectifs minimaux prévus par la réglementation et ne bénéficient pas des avantages fiscaux liés à l'adhésion (BOI-DJC-OA-20-10-70 n°s 43 et 45).

ATTENTION

Ces prestations facultatives, qui font l'objet d'une tarification distincte, ne sont autorisées que dans la mesure où elles ne relèvent pas d'une prérogative d'exercice d'une **profession réglementée** ou n'interfèrent pas avec des missions spécifiquement confiées à un autre organisme, telles que le **conseil juridique,** l'assistance à la **comptabilité** ou les travaux de saisie comptable (BOI précité n°s 1 et 5).

OBLIGATIONS DES ADHÉRENTS

Les adhérents doivent s'engager à **communiquer au centre** le bilan, le compte de résultat de leur exploitation, tous documents annexes, ainsi que tout document sollicité par le centre dans le cadre des contrôles qu'il doit réaliser (CGI ann. II art. 371 E, 3°-c). **87820** DC-II-15420 s

Ils ont également l'obligation d'accepter les **règlements par chèque** ou **par carte bancaire.** Ils doivent faire libeller les chèques à leur ordre et ne pas les endosser, sauf pour remise directe à l'encaissement (CGI art. 1649 quater E bis). La clientèle doit être informée de cette obligation par une mention dans la correspondance et sur les documents professionnels, précisant le nom de l'organisme de gestion agréé, ainsi que par l'apposition d'une affichette dans les locaux professionnels (CGI ann. II art. 371 LB).

Sanctions Les **manquements** graves ou répétés des adhérents à leurs engagements ou obligations entraînent leur exclusion du centre. La décision d'**exclusion** est prise par le centre, qui doit au préalable permettre à l'adhérent de présenter sa défense. Ce dernier doit donc être informé des faits qui lui sont reprochés et de la possibilité de consulter, dans un délai déterminé, les pièces de son dossier. **87830** CGI ann. II art. 371 E, 3°-e et 371 LE DC-II-16200 s

L'**administration fiscale** doit communiquer aux présidents des organismes agréés les renseignements nécessaires pour prononcer l'exclusion des adhérents ne respectant pas les obligations leur incombant. Ces renseignements peuvent porter sur la nature et le montant des rectifications dont l'adhérent a fait l'objet (LPF art. L 166).

RÔLE DE L'ADMINISTRATION

87835 CGI art. 1649 quater E DC-II-8100 s

Un ou plusieurs agents de l'administration apportent une **assistance technique** aux centres de gestion agréés. Ils ont pour mission de répondre aux **questions fiscales** relatives aux impositions dues par les adhérents placés sous un régime réel d'imposition. Les réponses écrites, signées par ces agents, engagent l'administration à l'égard des adhérents dont la situation est évoquée (application de l'article L 80 A du LPF : voir nos 79540 s.).

Les agents peuvent également prêter leur concours à l'organisme lorsqu'il organise pour ses adhérents des **réunions d'information** et de formation sur la réglementation fiscale.

Les modalités d'assistance et de contrôle des centres de gestion agréés par l'administration fiscale sont précisées dans une **convention** conforme à un modèle fixé par un arrêté (Arrêté ECFE1622351A du 22-11-2016).

ATTENTION

Les organismes agréés doivent se soumettre à un **contrôle spécifique** de l'administration fiscale, qui ne constitue, ni à leur égard ni à l'égard de leurs adhérents, le début d'un contrôle fiscal (CGI art. 1649 quater K quater).

B. Associations agréées

CONDITIONS D'ADHÉSION

87865 CGI art. 1649 quater F à 1649 quater H DC-II-11250 s

Les associations agréées sont, pour les professions libérales et les titulaires de charges et offices, l'équivalent des centres de gestion agréés pour les professions commerciales ou agricoles. L'accès est ouvert :

– aux personnes qui exercent à titre habituel et constant une **activité professionnelle** dont les résultats sont soumis à l'impôt sur le revenu dans la catégorie des **bénéfices non commerciaux,** qui relèvent d'un ordre ou d'une organisation professionnelle ayant pris l'engagement d'améliorer la connaissance des revenus de leurs membres et qui souscrivent, à titre individuel, à cet engagement ;

– aux contribuables qui disposent de **revenus non professionnels** imposés dans la catégorie des bénéfices non commerciaux selon le régime de la déclaration contrôlée et ayant souscrit un engagement d'amélioration de la connaissance des revenus.

Les **sociétés et groupements** de personnes exerçant une activité libérale peuvent adhérer à une association agréée lorsqu'ils sont soumis à l'impôt sur le revenu. Leur adhésion s'effectue dans les mêmes conditions que pour les centres (no 87765). Les personnes morales passibles de l'impôt sur les sociétés (notamment les sociétés d'exercice libéral) sont en revanche exclues des associations ; elles peuvent adhérer à un centre de gestion agréé mais leurs membres ne bénéficient pas pour autant des avantages fiscaux.

Contribuables exerçant une **activité connexe** au sens de l'article 155 du CGI : voir no 87765, précision a.

Titulaires de **revenus de source étrangère** : voir no 87765, précision b.

> Précisions **a.** Ne peuvent adhérer à une association agréée les groupements qui ont pour objet de mettre en commun tout ou partie des dépenses professionnelles mais qui permettent à leurs membres d'appréhender individuellement les recettes procurées par leur activité professionnelle (**sociétés civiles de moyens**) (BOI-DJC-OA-20-30-10-10 no 60).

b. Les **exploitations lucratives** et autres **sources de profits** imposables dans la catégorie des BNC peuvent permettre à leurs titulaires d'adhérer à une association agréée (BOI précité no 315).

ORGANISATION ET RÉGIME FISCAL

87875 DC-II-150 s

Les associations doivent avoir pour **membres fondateurs** soit des ordres ou des organisations professionnelles de membres de professions libérales ou de titulaires de charges et offices, soit des experts-comptables ou des sociétés inscrites à l'ordre des experts-comptables (CGI ann. II art. 371 M).

Elles doivent, comme les centres de gestion, revêtir la **forme** d'une association légalement constituée et être agréées par l'administration fiscale. Toutes les associations doivent justifier du même **effectif minimal** que les centres de gestion (voir no 87775), étant précisé qu'aucune condition d'effectif n'est exigée pour les associations établies en Corse et dans les DOM (CGI ann. II art. 371 N).

Leur **régime fiscal** est identique à celui des centres (no 87780).

Les missions exercées par l'**administration** auprès des associations agréées sont identiques à celles qu'elle assure auprès des centres de gestion. Une **convention** doit être conclue avec l'administration (n° 87835).

RÔLE DES ASSOCIATIONS

Les associations agréées sont investies de missions d'assistance, de surveillance et d'information. Elles doivent notamment faciliter l'accomplissement des **obligations administratives** et fiscales de leurs membres. Elles ne peuvent pas agir comme **mandataires** de leurs adhérents, sauf pour la transmission électronique des déclarations fiscales. 87885 DC-II-6600 s

Assistance des adhérents **a.** Les associations agréées ont pour objet de développer chez leurs membres l'usage de la **comptabilité,** de leur faciliter l'accomplissement de leurs obligations administratives et fiscales et de leur fournir une assistance en matière de **gestion.** Si l'adhérent tient lui-même sa comptabilité, les associations doivent s'assurer que celle-ci est conforme à la nomenclature comptable ou au plan comptable général. En présence d'une attestation de conformité fournie par l'expert-comptable tenant la comptabilité, ce contrôle formel est facultatif (BOI-DJC-OA-20-10-20-20 n°s 100 et 150). 87890 CGI ann. II art. 371 M

b. Les associations peuvent aussi établir les **déclarations fiscales** des adhérents placés sous le régime de la déclaration contrôlée qui en font la demande. Lorsqu'elles sont mandatées par leurs adhérents, elles ont l'obligation de dématérialiser et **télétransmettre** les déclarations fiscales les concernant.

c. Les associations doivent fournir à leurs adhérents des services en matière de **formation** et d'information ayant trait au droit, à la fiscalité, à la comptabilité ou à la gestion.

Surveillance des engagements pris par les adhérents Les associations doivent veiller au respect des engagements souscrits par leurs adhérents et déceler les erreurs et anomalies d'ordre fiscal. Elles doivent leur demander, chaque année, tous **renseignements** et **documents** utiles afin d'établir la concordance, la cohérence et la vraisemblance entre, d'une part, les résultats fiscaux et la comptabilité et, d'autre part, les déclarations de résultats, de taxes sur le chiffre d'affaires, de cotisation sur la valeur ajoutée des entreprises et, le cas échéant, des revenus encaissés à l'étranger. Elles procèdent également à un **examen périodique de sincérité** des pièces justificatives (sur les modalités de réalisation de cet examen : voir n° 87805, précision a). Cet examen ne constitue pas le début d'un contrôle fiscal (examen contradictoire de la situation fiscale personnelle ou vérification de comptabilité). 87895 CGI art. 1649 quater H DC-II-7100 s

À l'issue des opérations de contrôle, elles établissent un **compte-rendu de mission,** dont une copie est adressée à l'administration (voir n° 87805, précision b).

Les associations doivent effectuer un contrôle de **validité des fichiers** des écritures comptables (CGI ann. II art. 371 Q, 6°).

Prévention des difficultés économiques et financières Les associations fournissent à leurs adhérents, dans un délai de deux mois suivant la date de réception de la déclaration de résultats, une **analyse des informations économiques, comptables et financières** en matière de prévention des difficultés des entreprises et leur indiquent, le cas échéant, les démarches à accomplir pour régler ces difficultés (CGI ann. II art. 371 Q, 1°). Elles ne peuvent toutefois réaliser aucun traitement de ces éventuelles difficultés. 87900 CGI art. 1649 quater F DC-II-6800 s

Prestations facultatives Les associations peuvent fournir à tout **professionnel** exerçant une profession libérale ou titulaire de charges et offices, qu'il soit **adhérent ou non,** les prestations facultatives énumérées n° 87815. 87905 CGI ann. II art. 371 M bis

OBLIGATIONS DES ADHÉRENTS

Les adhérents doivent prendre l'engagement : 87910 DC-II-15800 s

– de se conformer aux recommandations qui leur sont faites en matière de tenue des **documents comptables** par les ordres ou organisations professionnelles dont ils relèvent ;

– de fournir les éléments nécessaires à l'établissement de **déclarations** sincères et complètes lorsqu'elles sont élaborées par l'association, ainsi que tout document qu'elle sollicite dans le cadre de ses contrôles ou, si l'association n'élabore pas la déclaration, de lui communiquer le montant de leur résultat imposable et l'ensemble des données utilisées pour la détermination de ce résultat (CGI ann. II art. 371 Q, 3°).

Les adhérents ont également l'obligation d'accepter les **règlements par chèque** ou par **carte bancaire** dans les mêmes conditions que les membres des centres de gestion (CGI ann. II art. 371 Y, 3° et 4°) (voir n° 87820).

Les **manquements** graves ou répétés des adhérents à leurs engagements ou obligations entraînent leur exclusion de l'association (nº 87830).

› Précisions a. Les adhérents doivent tenir leurs **documents comptables** (livre-journal et registre des immobilisations et des amortissements dans le régime de la déclaration contrôlée ; document journalier des recettes dans celui du « micro ») conformément à la réglementation comptable.
Les documents de **recettes** doivent comporter, quelle que soit la profession exercée, l'identité du client ainsi que le montant, la date et la forme du versement des honoraires (en ce qui concerne la mention de l'identité des clients des adhérents astreints au **secret professionnel,** voir toutefois nº 13490, précision c). Les adhérents non soumis au secret professionnel indiquent, en outre, la nature des prestations fournies.
En cas de **comptabilisation globale des recettes** en fin de journée, ou de totalisation de bordereaux de remises de chèques (nº 13490, précision b), les adhérents n'ont pas à indiquer, au regard de l'écriture globale, l'identité des clients concernés, celle-ci ne devant figurer que sur les pièces justificatives (BOI-CF-IOR-60-10 nº 260).
b. Les membres des **professions de santé** doivent inscrire sur les feuilles de maladie ou de soins l'intégralité des honoraires effectivement perçus, même s'ils ne sont que partiellement remboursés aux assurés (CGI ann. II art. 371 Y, 5º).

C. Organismes mixtes de gestion agréés

87920 CGI art. 1649 quater K ter DC-II-11300 Les contribuables relevant des bénéfices industriels et commerciaux, des bénéfices agricoles et des bénéfices non commerciaux peuvent être regroupés au sein d'un même organisme, dénommé « organisme mixte de gestion », qui doit faire l'objet d'un **agrément spécifique** délivré par le directeur régional des finances publiques (CGI ann. II art. 371 Z quater et 371 Z nonies).
Selon que les **adhérents relèvent des centres de gestion ou des associations agréés,** ces organismes réalisent, dans les mêmes conditions, les services et missions spécifiques qui leur sont habituellement dévolus.

ATTENTION
À la différence des centres de gestion et des associations agréés (nº 87815), les organismes mixtes de gestion agréés ne sont pas autorisés à réaliser des **prestations de services facultatives** aux non-adhérents.

Les adhérents de ces organismes sont soumis aux **obligations** qui leur incomberaient en cas d'adhésion à une association ou un centre de gestion agréé.

› Précisions a. Une **convention** est conclue avec l'administration afin de préciser l'assistance technique qu'elle apporte à l'organisme (nº 87835).
b. Les adhérents doivent accepter les règlements par **chèque** ou par **carte bancaire** (nº 87820).
c. S'agissant des obligations concernant le **nombre d'adhérents** et le **conseil d'administration,** voir nº 87775.

D. Avantages fiscaux liés à l'adhésion à un organisme de gestion agréé

RÉDUCTION D'IMPÔT POUR FRAIS DE COMPTABILITÉ ET D'ADHÉSION

87990 CGI art. 199 quater B DC-II-13000 s **Bénéficiaires** Les adhérents des centres de gestion, des associations ou des organismes mixtes de gestion agréés (BOI-IR-RICI-10 nº 10) peuvent bénéficier d'une réduction d'**impôt sur le revenu** au titre des frais occasionnés par la tenue de leur comptabilité et leur adhésion à l'organisme de gestion agréé, à condition :

– de réaliser un **chiffre d'affaires** n'excédant pas les limites du régime micro-BA (nºs 15500 s.), du régime micro-BIC (nºs 11200 s.) ou du régime micro-BNC (nºs 13525 s.) ;
– et d'être imposés sur **option** à un **régime réel** BIC-BA ou à la **déclaration contrôlée** BNC.

Ces conditions s'apprécient au titre de l'**année** d'application de la réduction d'impôt.

› Précisions a. Pour bénéficier de la réduction d'impôt, le contribuable doit être **adhérent** pendant **toute** la durée de **l'année** ou de l'exercice.
Cette condition n'est toutefois pas exigée :
– en cas de **première adhésion** si l'adhésion intervient dans les cinq mois du début de l'année ou de l'exercice (ou du début d'activité) ;
– en cas d'**adhésion antérieure à l'agrément** de l'organisme de gestion agréé, pour l'imposition de l'exercice ouvert depuis moins de trois mois à la date de l'agrément ;
– en cas de **retrait d'agrément** de l'organisme de gestion agréé, pour l'imposition du bénéfice de l'année ou de l'exercice en cours (BOI précité nºs 40 à 60).

b. Quel que soit le montant de leur chiffre d'affaires ou de leurs recettes, les contribuables qui relèvent **à titre obligatoire** d'un régime de **bénéfice réel** ou de la **déclaration contrôlée,** en raison de la nature de leur activité (titulaires de charges et offices, par exemple) ou de leur forme juridique, ne peuvent pas bénéficier de la réduction d'impôt (BOI précité n° 80). Par exception, les **exploitants agricoles** bénéficient de la réduction d'impôt pour la première année d'application de plein droit du régime réel normal ou simplifié.

Montant Le **montant** de la réduction est égal aux deux tiers des dépenses exposées pour la tenue de la comptabilité et pour l'adhésion à l'organisme de gestion agréé, dans la double **limite** de 915 € par an et du montant de l'impôt sur le revenu dû pour une année donnée. La réduction d'impôt s'impute après la décote mais avant imputation des crédits d'impôt et des prélèvements ou retenues non libératoires (CGI art. 197, I-5). Elle n'est pas restituable lorsque la cotisation d'impôt lui est inférieure. 87995 DC-II-13200 s

Les dépenses prises en compte au titre de la réduction d'impôt ne sont pas admises dans les **charges** déductibles (CGI art. 39, 7).

> Précisions **a.** En cas de **pluralité d'activités** relevant de catégories d'imposition distinctes, la réduction d'impôt est appliquée et plafonnée au niveau de chaque catégorie de revenus. En revanche, un contribuable exerçant plusieurs activités relevant de la même catégorie d'imposition dans plusieurs établissements est regardé comme exploitant une seule entreprise (BOI-IR-RICI-10 nos 250 à 280).

b. Dans les **Gaec,** la réduction d'impôt est plafonnée au niveau du groupement, puis répartie entre les associés. Si l'associé exerce une activité à titre individuel, la réduction est calculée au niveau de l'associé et plafonnée à 915 € (BOI précité nos 300 et 310).

Remise en cause La réduction d'impôt est remise en cause lorsqu'une rectification fait apparaître un dépassement du chiffre d'affaires limite. 88000 DC-II-13350 s

DISPENSE DE PÉNALITÉS POUR LES NOUVEAUX ADHÉRENTS

Les personnes qui adhèrent à un organisme de gestion agréé sont dispensées de toutes majorations fiscales, de quelque nature qu'elles soient, si elles **révèlent spontanément,** par lettre recommandée, les **insuffisances, inexactitudes ou omissions** que comportent leurs déclarations professionnelles (impôt sur le revenu, contribution économique territoriale, TVA, etc.). L'octroi de cet avantage est subordonné aux **conditions** suivantes : 88010 CGI art. 1755 DC-II-13700 s

– les infractions doivent être signalées à l'administration dans un délai de trois mois suivant l'adhésion à l'organisme de gestion agréé ;

– elles ne doivent ni procéder de manœuvres frauduleuses ni avoir donné lieu à une proposition de rectification ou à une procédure administrative ou judiciaire ;

– le supplément d'impôt correspondant doit être acquitté dans les délais impartis.

CHAPITRE 5

GUICHET UNIQUE ÉLECTRONIQUE DES FORMALITÉS D'ENTREPRISES

RÔLE DU GUICHET UNIQUE

88200 Le guichet unique électronique des formalités d'entreprises (site formalites.entreprises.gouv.fr) permet aux entreprises d'établir un **dossier unique** nécessaire à leur création, à la modification de leur situation ou à la cessation de leur activité et de le transmettre aux administrations et organismes compétents (C. com. art. L 123-33 et R 123-2).

La liste des **destinataires** des formalités des entreprises est fixée à l'article A 123-5 du Code de commerce. Les **déclarations** devant être déposées par les entreprises, personnes physiques et morales, auprès du guichet unique sont énumérées à l'article A 123-6 du même Code. Sont ainsi notamment concernés les services des impôts au titre de la déclaration d'existence de l'entreprise et du choix de son régime d'imposition, de ses options et de ses obligations fiscales. S'agissant plus spécifiquement du rôle du guichet lors de l'immatriculation d'une société, voir Mémento sociétés commerciales n°s 3130 s.

CHAPITRE 6

PARTICIPATION FINANCIÈRE ET ACTIONNARIAT DES SALARIÉS

SOMMAIRE

1. Participation aux résultats de l'entreprise 88550
a. Modalités de calcul 88560
b. Avantages fiscaux 88610
2. Plans d'épargne salariale 88680
3. Intéressement 88730
4. Options sur actions 88780
5. Bons de souscription de parts de créateur d'entreprise 88800
6. Attributions gratuites d'actions aux salariés et mandataires sociaux 88820

Plusieurs dispositifs sont prévus par la loi pour associer les salariés aux résultats de leur entreprise ou favoriser l'actionnariat du personnel. 88400

Rien n'interdit aux entreprises de pratiquer d'autres systèmes qui leur paraîtraient mieux adaptés, mais, d'une part, ils ne dispensent pas celles qui ont au moins cinquante salariés d'appliquer le régime légal de participation des salariés et, d'autre part, ils n'ouvrent droit à aucun avantage fiscal ou social.

> Précisions En ce qui concerne la prime de partage de la valeur, voir n° 21735. Les dispositifs de partage en cas d'augmentation exceptionnelle du bénéfice, de partage de la valeur des petites entreprises et de plan de partage de la valorisation de l'entreprise sont étudiés dans notre Mémento social n°s 34900, 34950 et 35000 s.

1. PARTICIPATION AUX RÉSULTATS DE L'ENTREPRISE

Le régime légal de participation des salariés aux résultats de l'entreprise, codifié aux articles L 3322-1 s. du Code du travail, reconnaît aux salariés un droit sur une fraction des bénéfices. 88550

Il est obligatoire pour les entreprises d'au moins 50 salariés et facultatif pour les autres (concernant les entreprises nouvelles, voir Mémento social n° 33735). Règles de calcul de l'effectif et conséquences du franchissement du seuil de 50 salariés : voir n°s 74320 s.

Sont étudiés ci-après les modalités de calcul de la participation ainsi que les avantages fiscaux qui y sont attachés, tant pour l'employeur que pour les salariés. Les règles de répartition de la participation entre les salariés sont exposées dans notre Mémento social n°s 33910 s.

a. Modalités de calcul

FORMULE DE CALCUL

Les entreprises soumises à la participation doivent constituer, exercice par exercice, une **réserve spéciale de participation.** 88560 C. trav. art. L 3324-1 TS-VII-8000 s

Son montant est calculé, au titre de chaque **exercice,** après l'arrêté des comptes et sur la base des données propres audit exercice.

Dans les **accords de droit commun** – les accords dérogatoires (Mémento social n°s 33770 s.) pouvant éventuellement comporter des dispositions différentes – le montant de la réserve de participation (R) s'obtient en appliquant la formule ci-après :

$$R = 1 / 2 (B - 5 C / 100) \times (S / VA)$$

dans laquelle B représente le bénéfice net de l'entreprise, C ses capitaux propres, S les salaires et VA la valeur ajoutée de l'entreprise.

Il ressort notamment de cette formule que la réserve peut être constituée au titre d'un exercice sous réserve que cet exercice se traduise par un bénéfice supérieur à 5 % des capitaux propres. Sur la possibilité d'accorder un **supplément de réserve,** voir Mémento social n° 33870.

> **Précisions** Chaque société membre du groupe d'**intégration fiscale** (nos 40150 s.) calcule sa propre participation comme si elle était imposée séparément en utilisant l'imprimé 2058 A bis (CGI art. 223 L). Groupes liés par des accords de groupe : voir Mémento social n° 33820.

ÉLÉMENTS DE CALCUL

88570 C. trav. art. L 3324-1, L 3324-3, R 3324-7, D 3324-8 et D 3324-9 TS-VII-8600 s

Bénéfice net Le montant du bénéfice net ressort d'une **attestation** établie par l'inspecteur des finances publiques ou le commissaire aux comptes, voir Mémento social nos 33865 s.

Il s'agit du **bénéfice fiscal** réalisé en France métropolitaine et en Guadeloupe, en Guyane, en Martinique, à Mayotte, à La Réunion, à Saint-Barthélemy et à Saint-Martin, imposable à l'impôt sur les sociétés – au taux de droit commun (CGI art. 219, I-2e al.) ou au taux réduit de 15 % en faveur des PME (CGI art. 219, I-b) – ou à l'impôt sur le revenu. Ce bénéfice est majoré des bénéfices exonérés en application des dispositions des articles 44 sexies (entreprises nouvelles : nos 10260 s.), 44 sexies A (jeunes entreprises innovantes : nos 10400 s.), 44 octies A (zones franches urbaines – territoires entrepreneurs : nos 10335 s.) et 208 C (SII cotées : nos 30930 s.).

Ce bénéfice est **diminué de l'impôt** correspondant. Pour les entreprises relevant de l'impôt sur les sociétés, il s'agit de l'impôt au taux de droit commun, déterminé avant imputation des crédits d'impôt (CE 20-3-2013 n° 347633 : RJF 6/13 n° 609 et BOI-BIC-PTP-10-10-20-10 n° 200).

Dans les entreprises individuelles et les sociétés de personnes, le calcul de l'impôt à déduire obéit à des règles particulières.

> **Précisions** **a.** Les **entreprises relevant de l'impôt sur le revenu** peuvent déduire la « rémunération normale » du chef d'entreprise, dès lors que celle-ci est afférente à l'année au titre de laquelle la participation est calculée (TA Paris 28-3-2006 n° 00-4543 : RJF 11/06 n° 1351). Elles peuvent également déduire les résultats déficitaires des cinq années antérieures, lorsque ceux-ci ont été imputés sur des revenus d'une autre nature, mais n'ont pas été pris en compte pour le calcul de la participation afférente aux exercices précédents.
> **b.** Lorsque les **associés d'une société de personnes** sont eux-mêmes assujettis à la participation, le bénéfice servant au calcul de la réserve ne tient compte ni de leur quote-part du résultat (bénéfice ou déficit) de la société de personnes ni de l'impôt correspondant.
> **c.** En cas de réalisation d'une opération de **fusion, de scission ou d'apport partiel d'actif** en cours d'exercice comptable, mais **avec effet rétroactif** au début de l'exercice, la société bénéficiaire des apports doit calculer la réserve de participation sur l'ensemble des résultats pris en compte par elle du fait de l'apport, y compris ceux de l'activité apportée constatés à compter de la date d'effet de l'opération (BOI-IS-FUS-40-30 n° 20). Elle peut par ailleurs imputer les déficits qui lui ont été transférés sur agrément lors d'une opération placée sous le régime spécial des fusions (n° 39570) (BOI-BIC-PTP-10-10-20-10 n° 40). Les droits à participation des salariés de la société absorbée sont déterminés d'après les salaires qu'ils ont perçus durant toute l'année au cours de laquelle l'opération est intervenue, même si la société absorbée n'était pas elle-même assujettie à la participation (Cass. soc. 23-2-1983 n° 81-16.106).
> **d.** Le dispositif fiscal de **report en arrière des déficits** (entreprises relevant de l'impôt sur les sociétés : nos 35925 s.) ne remet pas en cause la participation calculée au titre de l'exercice antérieur concerné. La créance sur l'État résultant de l'option a seulement pour effet de majorer les capitaux propres des exercices suivants si elle figure en report à nouveau.

88580 C. trav. art. D 3324-4 TS-VII-10000 s

Capitaux propres Les capitaux propres comprennent le capital, les primes liées au capital social, les réserves, le report à nouveau, les provisions qui ont supporté l'impôt ainsi que les provisions réglementées constituées en franchise d'impôts. Comme le bénéfice net, leur montant est établi par une attestation délivrée par l'inspecteur des finances publiques ou le commissaire aux comptes (voir Mémento social n° 33865). Le bénéfice net est diminué de la rémunération, au taux de 5 %, du montant ainsi défini.

> **Précisions** **a.** Les éléments composant les capitaux propres sont retenus d'après les valeurs figurant au bilan de clôture de l'exercice au titre duquel la réserve spéciale de participation est calculée. Toutefois, en cas de **variation du capital** au cours de l'exercice, le montant du capital et des primes liées au capital social est pris en compte prorata temporis, le décompte des périodes s'effectuant en nombre de jours.
> **b.** L'administration considère le **taux de 5 %** comme un taux annuel susceptible de varier en fonction de la durée de l'exercice comptable (BOI-BIC-PTP-10-10-20).
> **c.** Selon la cour d'appel de Versailles, les **provisions pour dépréciation de titres de participation** constituent des « provisions ayant supporté l'impôt » qui doivent être prises en compte dans la détermination des capitaux propres pour le calcul de la réserve spéciale de participation (CA Versailles 1-3-2016 n° 15/00869 : RJF 7/16 n° 616). L'administration retient la solution contraire (Guide épargne salariale juillet 2014 p. 77).

Salaires Les salaires à retenir pour le calcul de la participation sont les **revenus d'activité** tels qu'ils sont pris en compte pour la détermination de l'assiette des cotisations définies à l'article L 242-1 du CSS (voir Mémento social n° 33855), qu'ils soient ou non assujettis à cotisations sociales (Cass. soc. 29-10-2013 n° 12-23.866 : RJS 1/14 n° 64). 88585 C. trav. art. D 3324-1 TS-VII-10800 s

› Précisions **a.** S'ajoutent aux salaires les indemnités de congés payés versées par les **caisses de congés payés.** À titre pratique, les employeurs peuvent majorer forfaitairement les salaires qu'ils versent du taux de la cotisation due à la caisse (Guide épargne salariale juillet 2014).
b. Les rémunérations des **dirigeants** et de leurs **conjoints collaborateurs ou associés** qui bénéficient de la participation dans les conditions visées n° 88610, précision c ne sont pas prises en compte. Il en est de même des salaires des personnels qui ne sont pas sous la **subordination** effective de l'employeur (Cass. soc. 10-2-2021 n° 19-50.016 : RJS 4/21 n° 230).
c. L'entreprise peut déduire les **frais professionnels** des rémunérations, dans les conditions et limites réglementaires, même si elle a déclaré le montant brut de ces rémunérations à l'administration fiscale. En revanche, elle ne peut pas contester l'intégration de sommes déclarées à l'administration comme salaires (Cass. soc. 17-5-2011 n° 10-10.957 : RJS 8-9/11 n° 718).

Valeur ajoutée La valeur ajoutée s'obtient en faisant le total des postes suivants du **compte de résultat** (pour autant qu'ils concourent à la formation d'un bénéfice réalisé en France métropolitaine et dans les départements d'outre-mer) : 88590 C. trav. art. D 3324-2 et D 3324-3 TS-VII-11000 s

- charges de personnel ;
- impôts, taxes et versements assimilés, à l'exclusion des taxes sur le chiffre d'affaires ;
- charges financières ;
- dotations de l'exercice aux amortissements ;
- dotations de l'exercice aux provisions, à l'exclusion des dotations figurant dans les charges exceptionnelles ;
- résultat courant avant impôts. Celui-ci correspond à la somme algébrique du résultat d'exploitation et du résultat financier, à l'exclusion du résultat exceptionnel (ce qui exclut, bien entendu, la participation des salariés de la masse représentant la valeur ajoutée).

Des règles particulières sont prévues pour la détermination de la valeur ajoutée dans les **banques et assurances** : voir TS-VII-11320 s.

b. Avantages fiscaux

Les sommes portées à la réserve spéciale de participation sont déductibles du bénéfice imposable. Elles sont en outre exonérées d'impôt pour les salariés qui n'en ont pas demandé le versement immédiat. 88610

Ces avantages fiscaux sont subordonnés :

- à la **conformité du régime** appliqué dans l'entreprise aux textes légaux régissant la participation, en particulier au caractère aléatoire et collectif de la participation et au respect de la période d'indisponibilité des droits des salariés ;
- au **dépôt de l'accord** de participation auprès du ministère du travail, sur la plateforme de téléprocédure TéléAccords (C. trav. art. L 3323-4 et D 3323-1).

› Précisions **a.** Si elle est **calculée selon une formule dérogatoire** à la formule légale, la participation ouvre droit aux avantages fiscaux prévus pour les entreprises et les salariés si elle ne dépasse pas l'un des quatre **plafonds** suivants, au choix des parties : 50 % du bénéfice net comptable ; bénéfice net fiscal ou bénéfice net comptable, diminués de 5 % des capitaux propres ; 50 % du bénéfice net fiscal (C. trav. art. L 3324-2).
b. Les **dirigeants** ainsi que les **conjoints** ou **partenaires de Pacs collaborateurs ou associés** peuvent, sous certaines conditions, bénéficier de la participation (C. trav. art. L 3323-6 et L 3324-2). L'entreprise doit être **volontairement assujettie** à la participation ou, à condition d'employer au moins un et moins de 250 salariés (sur les modalités de calcul de l'effectif et les conséquences du franchissement du seuil de 250 salariés, voir nos 74320 s.), avoir conclu un **accord dérogatoire.** Dans ce dernier cas, seule la part de la réserve de participation excédant le montant qui résulterait de l'application de la formule de calcul de droit commun peut être répartie entre les salariés et ces dirigeants et conjoints (ou partenaires).

SOMMES DÉDUCTIBLES DES RÉSULTATS DE L'ENTREPRISE

Les **sommes portées à la réserve spéciale** sont déductibles du bénéfice de l'exercice suivant celui dont les résultats ont servi de base au calcul de la participation. 88615 CGI art. 237 bis A TS-VII-22770 s

Par exemple, la participation afférente à l'exercice clos le 31 décembre 2023, normalement portée à la réserve spéciale au cours de l'exercice 2024, vient en diminution du bénéfice imposable de 2024.

> Précisions a. La **fraction** de la participation qui, compte tenu des modalités de répartition et notamment de la limitation des attributions revenant à chaque salarié, n'a **pas** été **attribuée** au cours de l'exercice est de plein droit immédiatement répartie entre les salariés auxquels a été versée au titre de leur participation une somme inférieure au plafond des droits individuels et déduite des résultats de ce même exercice. Si un reliquat subsiste alors que tous les bénéficiaires ont atteint le plafond des droits individuels, il demeure dans la réserve pour être réparti au cours des exercices ultérieurs, lesquels peuvent ne pas être bénéficiaires (CE 15-2-2016 n° 367752 : RJF 5/16 n° 434).

b. Lorsque la déclaration des résultats d'un exercice est rectifiée par l'administration ou par le juge de l'impôt, le montant de la participation des salariés au bénéfice de cet exercice fait l'objet d'un **nouveau calcul** tenant compte des rectifications apportées. Le montant de la réserve est modifié en conséquence au cours de l'exercice pendant lequel les rectifications opérées ont été formellement acceptées par l'entreprise ou sont devenues **définitives** (C. trav. art. L 3326-1-1 issu de loi 2023-1107 du 29-11-2023 art. 13).

Le complément de participation résultant des rectifications est déductible des résultats en même temps que la réserve spéciale de participation à laquelle il s'ajoute. Seuls les salariés présents au cours de l'exercice concerné peuvent prétendre à la répartition de cette réserve (Cass. soc. 10-3-1998 n° 96-16.473 : RJS 4/98 n° 504).

c. Les **sociétés coopératives de production** (Scop), y compris les Scop d'amorçage et les Scop membres d'un groupement de Scop, peuvent constituer en franchise d'impôt une **provision pour investissement** dont le montant est au plus égal à celui des sommes portées à la réserve spéciale au titre du même exercice, voir TS-VII-23120 s. et TS-VII-29600 s.

EXONÉRATION D'IMPÔT POUR LES SALARIÉS

88645 CGI art. 157, 16° bis et 163 bis AA TS-VII-23800 s

Le régime applicable aux droits à participation dépend du **choix du salarié** de disposer immédiatement ou non des sommes correspondantes. Lorsque le salarié opte pour le versement immédiat de ses droits à participation, ces sommes sont assujetties à l'impôt sur le revenu dans la catégorie des traitements et salaires au titre de l'année de leur versement. Il en est de même des droits de faible montant n'excédant pas 80 € par personne (voir Mémento social n° 33920, précision c) versés à l'initiative de l'entreprise (BOI-RSA-ES-10-20 n° 40). À ce titre, les droits à participation supportent la retenue à la source dans les conditions décrites n°s 3755, 3770 et 3840 s. À l'inverse, ces sommes sont exonérées d'**impôt sur le revenu** en cas d'option pour leur indisponibilité pour une période fixée en principe à cinq ans ou d'affectation à un plan d'épargne retraite d'entreprise (obligatoire ou collectif). Cette exonération est subordonnée aux conditions indiquées n° 88610.

Pour les accords conclus avant le 20 février 2001 qui ont ramené la durée d'**indisponibilité à trois ans,** l'exonération d'impôt sur le revenu applicable est réduite de moitié, sauf pour les salariés adhérant à un plan d'épargne salariale qui demandent l'affectation de leur participation à ce plan, où elle reste alors indisponible pendant 5 ans.

Les **revenus** provenant du placement de la participation au cours de la période d'indisponibilité sont également exonérés d'impôt sur le revenu à la condition qu'ils soient réemployés de la même façon que les sommes dont ils sont le produit et qu'ils demeurent indisponibles pendant le même délai.

88650 **> Précisions a.** L'exonération, totale ou de moitié, des **revenus acquis pendant la période d'indisponibilité** n'est pas rétroactivement remise en cause lorsque les salariés se font verser leurs droits, au terme de l'indisponibilité ou en cas de **déblocage** anticipé prévu par l'article R 3324-22 du Code du travail (voir Mémento social n° 33935).

Elle s'étend aux revenus reçus **après la fin de l'indisponibilité**, aussi longtemps que les salariés ne réclament pas leurs droits et à condition que ces revenus soient investis suivant les mêmes modalités. Cette exonération n'est pas rétroactivement remise en cause lorsque les salariés se font verser leurs droits.

b. Les sommes portées à la réserve spéciale de participation sont exonérées en totalité des taxes assises sur les salaires dont l'assiette est alignée sur celle des **cotisations sociales** (taxe d'apprentissage, contribution formation professionnelle...). Elles sont en revanche assujetties à la **CSG** (sans application de l'abattement pour frais professionnels), à la **CRDS** et, le cas échéant, à la **taxe sur les salaires.** Elles sont également en principe soumises au forfait social (voir Mémento social n° 33985). Les revenus tirés de la participation sont, quant à eux, soumis aux prélèvements sociaux sur revenus du capital (voir n° 34620).

c. Les **plus-values** réalisées lors de la cession des titres acquis dans le cadre de la participation des salariés aux résultats de l'entreprise, des plans d'épargne salariale et des régimes légaux d'actionnariat des salariés (à l'exception des options de souscription ou d'achat, des BSPCE et des actions gratuites : voir n°s 88780 s.) sont exonérées d'impôt, à condition que les titres revêtent la forme nominative et comportent la mention d'origine (c'est-à-dire qu'ils portent une indication précisant bien qu'ils ont été acquis dans le cadre des législations ci-dessus). Sont également exonérées les plus-values réalisées par les **fonds communs de placement** constitués dans le cadre de la participation et des plans d'épargne d'entreprise et celles constatées lors du rachat des parts de ces fonds (CGI art. 150-0 A, III-3 et 4).

Pour la participation et le plan d'épargne, les plus-values sont soumises à la CSG et aux autres prélèvements sociaux lors du retrait des fonds par leurs titulaires : voir nº 34620.

d. Les **dirigeants** ainsi que les **conjoints ou partenaires de Pacs collaborateurs ou associés** autorisés à bénéficier de la participation (voir nº 88610, précision c) ont droit à une exonération d'impôt sur le revenu dans les mêmes conditions que les salariés (C. trav. art. L 3323-6 et L 3324-2).

2. PLANS D'ÉPARGNE SALARIALE

88680 CGI art. 163 bis B et 237 ter TS-VII-31000 s

Les plans d'épargne salariale sont des systèmes d'épargne collectifs facultatifs permettant aux salariés, avec l'aide de l'entreprise, de constituer un portefeuille de valeurs mobilières. Ils peuvent prendre la forme soit d'un plan d'épargne d'entreprise (PEE), soit d'un plan d'épargne interentreprises (PEI). Il est également possible d'instituer un plan d'épargne retraite d'entreprise collectif (Pereco). L'entreprise peut, enfin, être dotée d'un plan d'épargne pour la retraite collectif (Perco) mis en place avant le 1er octobre 2020. Pour plus de détails sur le régime juridique de ces différents plans d'épargne, voir Mémento social nos 34400 s.

Des exonérations fiscales sont prévues, tant pour l'entreprise que pour les salariés, subordonnées au respect des textes qui régissent les dispositifs (C. trav. art. L 3332-1 s.).

> Précisions Pour la **contribution sociale généralisée** et les autres prélèvements sociaux, voir nos 34620 et 34655, précision c concernant le PEE, le PEI et le Perco, et nos 96640 et 96650 s'agissant des Pereco.

PLAN D'ÉPARGNE D'ENTREPRISE (PEE)

88690 Le PEE est alimenté par les versements facultatifs de l'adhérent (versements volontaires, prime d'intéressement, participation, prime de partage de la valeur, etc.) auxquels s'ajoute, le cas échéant, un abondement de l'entreprise. Sous certaines conditions, les entreprises peuvent également effectuer des versements unilatéraux (en dehors de tout versement par l'adhérent) pour l'acquisition d'actions ou de certificats d'investissement émis par l'entreprise ou par une entreprise incluse dans le même périmètre de consolidation ou de combinaison des comptes. Enfin, l'entreprise peut aussi effectuer des versements dans le cadre du dispositif de partage de la plus-value (voir précision c ci-après).

a. Les sommes versées par les entreprises qui ont constitué un PEE sont déductibles des **bénéfices imposables** et échappent aux **cotisations sociales** et aux **taxes ou participations sur les salaires** (à l'exclusion cependant de la taxe sur les salaires). Elles sont en revanche soumises à la CSG et à la CRDS et, en principe, au forfait social (Mémento social nos 34485 s.). Ces versements doivent respecter certaines limites. Ainsi, les versements correspondant à l'abondement sont limités, par bénéficiaire et par an, à 8 % du plafond annuel de la sécurité sociale (nº 97260) sans pouvoir excéder le triple de la contribution du bénéficiaire (les versements peuvent être majorés en cas d'acquisition par le bénéficiaire d'actions ou de certificats d'investissement de son entreprise ou d'entreprises appartenant au même groupe). Les versements unilatéraux pour l'acquisition d'actions ou de certificats d'investissements sont plafonnés à 2 % du plafond annuel de la sécurité sociale et sont pris en compte pour apprécier le respect du plafond d'abondement visé ci-avant. Les versements effectués dans le cadre du contrat de partage de plus-value avec les salariés ne peuvent quant à eux excéder, par bénéficiaire et par an, 30 % du plafond annuel de la sécurité sociale et ne sont pas pris en compte pour apprécier le respect du plafond d'abondement.

b. Ces sommes sont exonérées, dans les limites ci-dessus, de l'**impôt sur le revenu** établi au nom du bénéficiaire, à condition d'être maintenues, sauf exceptions autorisées, dans le plan d'épargne pendant au moins cinq ans. Il en est de même pour les revenus des titres qui composent le portefeuille collectif s'ils sont réemployés dans le plan d'épargne et frappés de la même indisponibilité que les titres auxquels ils se rattachent ; cette exonération est maintenue au-delà de cinq ans tant que les bénéficiaires ne demandent pas la remise des titres acquis pour leur compte. Les versements volontaires des salariés ne sont pas déductibles des revenus de ces derniers.

> Précisions **a.** Pour les PEE établis depuis le 20 février 2001, le bénéfice de ces exonérations est subordonné au **dépôt du règlement** du plan d'épargne sur la plateforme de téléprocédure TéléAccords.

b. Les sociétés qui, autorisées par assemblée générale extraordinaire, émettent des actions pour les attribuer à l'ensemble de leurs salariés dans le cadre d'une **augmentation de capital réservée aux adhérents du PEE** peuvent, sous certaines conditions, pratiquer une déduction extra-comptable égale à la différence entre la valeur des titres à la date de l'augmentation de capital et leur prix de souscription par les salariés (CGI art. 217 quinquies, II).

c. Le dispositif dit de « **partage des plus-values de cession de titres avec les salariés de sociétés** » (C. com. art. L 23-11-1 à L 23-11-4) permet à tout détenteur de titres d'une société de prendre, vis-à-vis de l'ensemble des salariés de celle-ci (et, le cas échéant, des sociétés la contrôlant ou contrôlées par elle), l'engagement de partager avec eux une partie de la plus-value de cession ou de rachat de ses titres au jour où il en cédera ou rachètera tout ou partie. L'engagement peut également être pris par plusieurs détenteurs de titres, qui sont soit parties à un même contrat de partage des plus-values, soit à des contrats de partage distincts. Sur le régime juridique de ce dispositif, voir Mémento Paie n°s 50231 s.

S'agissant des **bénéficiaires,** les versements sur le PEE au titre du partage des plus-values de cession de titres sont, dans la limite particulière, par salarié, de 30 % du montant annuel du plafond de la sécurité sociale, soumis au régime fiscal de l'abondement de l'employeur au PEE, comme indiqué ci-dessus. Les montants excédant ce plafond sont versés directement au bénéficiaire et constituent un revenu d'activité au sens de l'article L 136-1-1 du CSS, imposable à l'impôt sur le revenu selon les règles applicables aux traitements et salaires (C. trav. art. L 3332-11, 2° ; CGI art. 80 sexdecies).

Pour l'associé **cédant,** la fraction de la plus-value due en application de l'engagement de partage est exonérée d'impôt sur le revenu (CGI art. 150-0 A, III-7). Lorsque les titres font partie des éléments de l'actif immobilisé d'une entreprise, dont la cession relève à ce titre du régime des plus-values professionnelles, le montant de la plus-value professionnelle est minoré du montant résultant de l'engagement de partage (CGI art. 39 duodecies, 11). Les versements faits par le cédant à l'entreprise sont exonérés de droits de mutation à titre gratuit (CGI art. 797 A).

La fraction de la plus-value versée en application de l'engagement de partage est prise en compte pour la détermination du **revenu fiscal de référence** du bénéficiaire (CGI art. 1417, IV-1°-c) et de celui du cédant (CGI art. 1417, IV-1°-d).

d. En ce qui concerne la taxation des **plus-values** de titres acquis dans le cadre du PEE : voir n° 88650, précision c.

PLAN D'ÉPARGNE INTERENTREPRISES (PEI)

88695 Le régime fiscal et social du PEI est celui du PEE (n° 88690), celui du Perco (n° 88700) ou celui du Pereco (n° 88715) selon que le PEI est constitué sous la forme d'un PEE, d'un Perco ou d'un Pereco.

PLAN D'ÉPARGNE POUR LA RETRAITE COLLECTIF (PERCO)

88700 TS-VII-38800 s Le régime fiscal et social de ce plan est identique à celui du PEE (n° 88690) sous réserve des **particularités** suivantes :

– l'**abondement maximal** annuel de l'entreprise par salarié est fixé à 16 % du plafond annuel de la sécurité sociale (n° 97260), soit un montant double de celui du PEE ;

– l'abondement vient en principe minorer le montant maximum déductible en matière d'impôt sur le revenu des **cotisations de retraite** supplémentaire (n° 21915) ou, pour les entrepreneurs individuels, la limite de déduction des cotisations d'assurance vieillesse facultative (n° 8695, précision d) ;

– le **terme** du plan est le départ en retraite de l'adhérent, sauf cas de déblocage anticipé prévus par décret (C. trav. art. R 3334-4) ;

– la **délivrance** des sommes ou valeurs inscrites au compte des participants s'effectue sous forme de rente viagère acquise à titre onéreux (n° 22550). Toutefois, l'accord instituant le plan peut prévoir des modalités de délivrance en capital et de conversion en rente desdites sommes ou valeurs ainsi que les conditions de choix des participants. Le capital est exonéré d'impôt sur le revenu.

› Précisions **a.** En ce qui concerne le régime fiscal des sommes issues d'un compte épargne-temps ou de jours de repos non pris versées à un Perco, voir n° 21630.

b. La possibilité de déduction extra-comptable en cas d'augmentation de capital réservée aux adhérents du PEE (n° 88690, précision b) ne s'applique pas dans le cas d'un Perco.

c. Aucun Perco ne peut plus être mis en place depuis le 1er octobre 2020 mais les Perco existant à cette date peuvent être maintenus et accueillir de nouveaux bénéficiaires (Ord. 2019-766 du 24-7-2019 art. 8-II et 9-II ; Décret 2019-807 du 30-7-2019 art. 9-III).

Depuis cette même date, les droits individuels en cours de constitution sur un Perco sont transférables sur un plan d'épargne retraite, notamment un Pereco. Ils sont alors assimilés à des versements issus d'abondements de l'entreprise à l'épargne salariale.

PLAN D'ÉPARGNE RETRAITE D'ENTREPRISE COLLECTIF (PERECO)

88715 Les entreprises peuvent mettre en place un plan d'épargne retraite d'entreprise collectif (Pereco), destiné à succéder au Perco (C. mon. fin. art. L 224-1 s.).

Les règles relatives au PEE sont en principe applicables au Pereco. Toutefois ne sont pas applicables les règles relatives au plafond des versements des bénéficiaires, aux augmentations de capital réservées aux adhérents d'un PEE, aux conditions de disponibilité des droits du PEE et au régime social et fiscal des versements des entreprises au PEE (C. mon. fin. art. L 224-13).

Le Pereco est l'un des trois types de plan d'épargne retraite qui bénéficient du régime fiscal harmonisé étudié nos 96580 s.

3. INTÉRESSEMENT

88730 CGI art. 81, 18° bis, 158, 5-b, 237 ter A TS-VII-45200 s

Le régime légal d'intéressement régi par les articles L 3311-1 s. du Code du travail permet d'associer les salariés aux résultats ou aux performances de l'entreprise. Il s'agit d'un régime facultatif mis en place par accord d'entreprise ou de groupe, ou par décision unilatérale dans certains cas, qui se caractérise par son caractère collectif et aléatoire. Il se traduit par le versement de sommes d'argent, généralement appelées « primes d'intéressement » (voir Mémento social nos 34100 s.).

L'intéressement bénéficie, sous certaines conditions, d'exonérations, tant pour les entreprises que pour les salariés. Ces exonérations sont subordonnées au respect des textes régissant le régime et, en particulier, au respect de la règle de non-substitution de l'intéressement au salaire. En outre, l'accord ou la décision unilatérale d'intéressement doit avoir été déposé sur la plateforme de téléprocédure TéléAccords dans les 15 jours suivant la date limite de conclusion. L'accord déposé hors délai n'ouvre droit aux exonérations que pour les exercices ouverts après son dépôt.

> **Précisions** Dans les entreprises employant habituellement entre 1 et moins de 250 salariés (sur les modalités de calcul de l'effectif et les conséquences du franchissement du seuil de 250 salariés, voir no 74320 s.), les **chefs d'entreprise** et leur conjoint (ou partenaire de Pacs) ayant le statut de conjoint collaborateur ou associé ainsi que **certains dirigeants** sociaux (présidents, directeurs généraux, gérants ou membres du directoire) peuvent, sans être titulaires d'un contrat de travail, bénéficier de l'intéressement, si l'accord d'intéressement le prévoit ou si un avenant à l'accord déjà en vigueur dans l'entreprise est conclu dans ce sens.

DÉDUCTION DES RÉSULTATS DE L'ENTREPRISE

Les entreprises peuvent déduire de leurs résultats les sommes versées en espèces, en application d'un accord d'intéressement, à leurs salariés ainsi que celles versées à leurs dirigeants lorsqu'elles sont soumises à l'impôt sur les sociétés. L'intéressement versé à d'autres bénéficiaires non salariés (exploitant individuel, associé d'une société de personnes n'ayant pas opté pour l'impôt sur les sociétés, conjoint collaborateur ou associé) peut également être déduit, dans la limite annuelle des trois quarts du plafond annuel moyen de sécurité sociale (no 97260) lorsque ces derniers affectent les sommes correspondantes à un plan d'épargne salariale auquel ils ont adhéré (nos 88680 s.) (C. trav. art. L 3315-3). 88740

Les sommes réparties sont déductibles au titre de l'exercice de réalisation des résultats ou des gains de productivité pris en compte pour déterminer le montant de l'intéressement (BOI-BIC-PTP-20-10 no 290).

Les sommes versées sont exonérées de **cotisations sociales** et des **taxes et participations sur les salaires,** à l'exclusion toutefois de la taxe sur les salaires.

RÉGIME FISCAL DES BÉNÉFICIAIRES

88760 TS-VII-53520 s

Les sommes attribuées aux **salariés** ainsi qu'aux dirigeants des personnes morales passibles de l'impôt sur les sociétés dans le cadre de l'intéressement sont considérées comme des salaires imposables à l'impôt sur le revenu dans les conditions de droit commun. Comme tels, elles supportent donc la retenue à la source de l'impôt sur le revenu (nos 3755, 3770 et 3840 s.). Toutefois, les salariés et dirigeants adhérant à un **plan d'épargne** salariale (nos 88680 s.) ou à un plan d'épargne retraite d'entreprise (collectif ou obligatoire) qui affectent à ce plan tout ou partie de leur intéressement au plus tard 15 jours après l'avoir perçu bénéficient, à due concurrence, d'une exonération d'impôt sur le revenu, dans la limite, chaque année, d'un montant fixé aux trois quarts du plafond annuel moyen de sécurité sociale (sur ce plafond, voir no 97260). Les **droits** à intéressement sont **affectés par défaut** au plan d'épargne d'entreprise si le bénéficiaire n'en demande pas en tout ou partie le versement ou l'affectation à un tel plan (C. trav. art. L 3315-2).

Les sommes attribuées aux personnes **non salariées** (exploitants individuels, associés de sociétés de personnes n'ayant pas opté pour l'impôt sur les sociétés, conjoints collaborateurs ou associés) au titre de l'intéressement ne sont pas imposées à l'impôt sur le revenu.

L'intéressement est assujetti à la CSG (sans application de l'abattement pour frais professionnels) et à la CRDS (voir no 34370), ainsi que, dans certains cas, au forfait social (voir Mémento social no 34295).

4. OPTIONS SUR ACTIONS

RÉGIME FISCAL DE LA SOCIÉTÉ ÉMETTRICE

88780 CGI art. 80 bis, 150-0 D, 8 TS-VII-57000 s

Le régime d'options de souscription ou d'achat d'actions permet à des salariés ou dirigeants de souscrire ou d'acheter, à des conditions avantageuses, des actions de la société qui les emploie ou d'autres sociétés du même groupe (Mémento sociétés commerciales n° 69410).

La **société émettrice** des actions peut déduire de son **résultat imposable** les **charges** exposées du fait de la levée des options de souscription ou d'achat d'actions, ainsi que, s'il s'agit de levée d'options d'achat, les **moins-values** subies à cette occasion (CGI art. 217 quinquies ; CE 16-1-2006 n° 260150 : RJF 4/06 n° 361). Lorsque les options sont consenties au profit de salariés de sociétés liées, cette déduction est subordonnée à la facturation des sommes en cause à la société concernée dont les salariés bénéficient des options (BOI-BIC-PTP-20-60 n° 80). Une **filiale** peut déduire de son résultat imposable la **provision** comptabilisée pour faire face à la charge ou moins-value refacturée par la société mère. La **société qui attribue les options** d'achat déduit, quant à elle, les provisions comptabilisées à raison de son propre personnel bénéficiaire, ainsi que celles constatées à raison du personnel salarié d'entités liées, sous réserve que la convention de refacturation entraîne la comptabilisation de produits à recevoir de même montant que la provision correspondant aux actions gratuites ou d'options d'achat attribuées aux bénéficiaires de sociétés liées (BOI-BIC-PROV-30-20-30 n° 110).

Dans le cas où l'exercice des options d'achat n'est pas subordonné à la **présence des salariés** dans l'entreprise à l'issue du plan, la provision est déductible du résultat de l'exercice de décision d'attribution des options. Dans le cas contraire, elle est étalée linéairement sur la période d'acquisition des droits (BOI précité n° 30).

En cas de levée d'options de souscription, l'entreprise peut pratiquer une déduction extra-comptable égale à la différence entre la valeur des titres à la date de l'augmentation de capital et leur prix de souscription par les salariés, lorsque l'émission d'actions nouvelles a été autorisée par une assemblée générale extraordinaire (CGI art. 217 quinquies, II).

La société est soumise, par ailleurs, à une **contribution sociale patronale spécifique** à raison des options attribuées : voir Mémento social n° 34680. Cette contribution est **déductible** fiscalement.

RÉGIME FISCAL DES BÉNÉFICIAIRES

88785 **Bénéficiaires fiscalement domiciliés en France** Le régime pour le **bénéficiaire de l'option** est résumé dans le tableau figurant ci-après, étant précisé que, pour les rabais obtenus et les gains tirés de la levée des options réalisés par les personnes non domiciliées en France, l'imposition est opérée par la voie d'une retenue à la source (voir n° 88790).

a. Pour les **options attribuées avant le 28 septembre 2012,** le régime d'imposition fiscal et social spécifique du gain de levée d'options était subordonné au respect d'une condition de **forme nominative** et de **durée de détention** (ou condition d'indisponibilité) des titres. Eu égard aux dates d'attribution des options et au délai requis (quatre ou cinq ans selon la date d'attribution), cette condition est désormais nécessairement respectée s'agissant de cessions intervenues depuis 2017.

Si les actions sont cédées pour un prix inférieur à leur valeur réelle à la date de levée d'option, cette moins-value de cession est déductible du montant brut du gain de levée d'option et dans la limite de ce montant.

b. Pour les **options attribuées à compter du 28 septembre 2012,** le respect de la condition d'indisponibilité n'est plus requis en matière fiscale, dès lors que le seul régime applicable à la plus-value d'acquisition est celui des traitements et salaires. Il en va de même en matière de cotisations de sécurité sociale, alors même que l'exonération est maintenue ; celle-ci est toutefois soumise au respect d'une condition de notification à l'Urssaf (voir précision 11 du tableau).

Si les actions sont cédées pour un prix inférieur à leur valeur réelle à la date de levée d'option, cette moins-value de cession est déductible du montant brut du gain de levée d'option et dans la limite de ce montant.

> Précisions **1.** Les titres acquis au moyen des options sont exclus du plan d'épargne en actions (PEA) : voir nos 26155 s.

2. Le régime particulier fiscal et social est également applicable aux options consenties au personnel des sociétés françaises par leur mère ou filiale dont le siège est à l'**étranger,** sous réserve que ces options soient offertes dans le cadre de plans conformes à la législation française sur les options de souscription ou d'achat d'actions.

3. Pour les **options attribuées avant le 20 juin 2007,** lorsque les titres issus d'une

88785 (suite)

levée d'options ont fait l'objet d'une **donation** avec réserve d'usufruit **après le délai d'indisponibilité** fiscale **puis** sont **cédés** en pleine propriété avec remploi du prix de vente, seul l'avantage tiré de la levée d'options afférent à l'usufruit est taxé, le redevable de l'impôt étant le nu-propriétaire en ce qui concerne tant cet avantage (imposable au taux particulier) que la plus-value de cession ; cette dernière est déterminée en retenant comme prix d'acquisition le prix de souscription ou d'achat des actions, majoré de l'accroissement de valeur du droit transmis constaté entre la date d'acquisition ou de souscription et celle du démembrement (BOI-RSA-ES-20-10-20-20 n° 160 ; CE 17-4-2015 n° 371551 : RJF 7/15 n° 594). Lorsque les titres font l'objet d'une donation en pleine propriété après le délai d'indisponibilité fiscale, l'avantage tiré de la levée d'options est donc intégralement purgé.

Pour les **options attribuées à compter du 20 juin 2007,** la donation des titres (ainsi que toute autre cession à titre gratuit) entraîne l'imposition de l'avantage tiré de la levée d'options entre les mains du donateur.

4. En cas de **mobilité internationale** des bénéficiaires, les gains de levée d'options sont imposables dans le ou les États dans lesquels l'activité récompensée par l'attribution de l'option a été exercée. Pour connaître la part du gain de levée d'options imposable dans chaque État, il faut donc déterminer l'**activité** en contrepartie de laquelle les options ont été attribuées (« **période de référence** » ou « vesting ») et définir le ou les États sur le territoire desquels cette activité a été exercée. Lorsque, pendant la période de référence, le salarié a exercé cette activité dans plusieurs États et que les rémunérations correspondantes y sont imposables, l'imposition du gain de levée d'option est répartie entre eux au **prorata du nombre de jours** pendant lesquels les services auxquels se rapportent les options ont été fournis dans chacun d'eux (BOI-RSA-ES-20-10-20-60).

5. L'**indemnité** perçue par le bénéficiaire en contrepartie de la **renonciation à la levée des options** qui lui ont été consenties ou de l'engagement de différer cette levée d'options doit être soumise à l'impôt sur le revenu selon les règles applicables aux traitements et salaires (CE 23-7-2010 n° 313445 : RJF 11/10 n° 1016 ; CE 17-4-2015 n° 362212 : RJF 7/15 n° 591).

88785 (suite)

	Impôt sur le revenu	Cotisations de sécurité sociale [2] et contribution salariale spécifique [10]	CSG et CRDS	Prélèvement de solidarité [8]
Rabais excédentaire [1]	a) option attribuée avant le 1-1-1990 : même régime que l'avantage tiré de l'option	a) option levée avant le 1-1-1995 : [3] non assujetti	a) option levée avant le 1-1-1995 : non assujetti	non assujetti
	b) option attribuée depuis le 1-1-1990 : imposable comme salaire dès la levée de l'option [3]	b) option levée depuis le 1-1-1995 : [3] assujetti comme salaire dès la levée de l'option	b) option levée depuis le 1-1-1995 : assujetti comme salaire dès la levée de l'option	non assujetti
Avantage tiré de la levée de l'option [4] *Options attribuées avant le 28-9-2012* [5]				
	a) options attribuées avant le 20-9-1995 : avantage imposable au titre de l'année de cession des actions comme plus-value sur valeurs mobilières (n°s 32805 s.) [6]	non assujetti	assujetti en tant que revenu du patrimoine au titre de l'année de cession des actions [6]	assujetti au titre de l'année de cession des actions [6]
	b) options attribuées du 20-9-1995 au 26-4-2000 : avantage imposable au titre de l'année de cession des actions comme plus-value sur valeurs mobilières au taux spécifique de 30 % ou, sur option, comme salaire sans application du système du quotient	non assujetti	assujetti en tant que revenu du patrimoine au titre de l'année de cession des actions	assujetti au titre de l'année de cession des actions
	c) options attribuées depuis le 27-4-2000 : – cession, location ou conversion dès la fin de la période d'indisponibilité : [9] avantage imposable au titre de l'année de cession des actions aux taux spécifiques de 30 % pour la fraction de l'avantage n'excédant pas 152 500 € et 41 % pour la fraction excédant ce montant ou, sur option, comme salaire sans application du système du quotient – cession, location ou conversion après un délai supplémentaire de portage de deux ans : [9] avantage imposable au titre de l'année de cession des actions aux taux spécifiques de 18 % pour la fraction de l'avantage n'excédant pas 152 500 € et 30 % pour la fraction excédant ce montant ou, sur option, comme salaire sans application du système du quotient	options attribuées avant le 16-10-2007 : non assujetti options attribuées à partir du 16-10-2007 jusqu'au 27-9-2012 : non assujetti aux cotisations de sécurité sociale mais assujetti à la contribution salariale spécifique [10]	assujetti en tant que revenu du patrimoine au titre de l'année de cession des actions	assujetti au titre de l'année de cession des actions
Options attribuées à compter du 28-9-2012				

88785 (suite)

	Impôt sur le revenu	Cotisations de sécurité sociale [2] et contribution salariale spécifique [10]	CSG et CRDS	Prélèvement de solidarité [8]
	avantage imposable au titre de l'année de cession des actions comme un salaire	non assujetti aux cotisations de sécurité sociale [11] mais assujetti à la contribution salariale spécifique	assujetti en tant que salaire [12] au titre de l'année de cession des actions [13]	non assujetti
Plus-value [7]	imposition comme plus-value sur valeurs mobilières	non assujettie	assujettie en tant que revenu du patrimoine au titre de l'année de cession des actions	assujettie au titre de l'année de cession des actions

1. Part du rabais excédant 5 % (10 % pour les options attribuées avant le 1-7-1993). Le rabais est la différence entre la valeur de l'action au moment où l'option est attribuée et le prix de souscription ou d'achat.
2. Et cotisations alignées : Assédic, Agirc, Arrco, taxe sur les salaires (options attribuées avant le 28-9-2012), taxe d'apprentissage et contribution additionnelle, contribution formation et participation-construction. En ce qui concerne la cotisation sociale patronale spécifique, voir n° 88780.
3. Le 1-1-1996 pour les cotisations de retraite complémentaire Arrco et Agirc, la taxe d'apprentissage, la contribution à la formation professionnelle et la participation-construction.
4. Différence entre la valeur du titre à la date de levée de l'option et le prix de souscription ou d'achat. Du montant ainsi obtenu, déduire, s'il y a lieu, le rabais excédentaire. Si les titres sont cédés pour un prix inférieur à leur valeur à la date de levée de l'option, la différence vient en déduction de cet avantage.
5. Pour les cessions, conversions au porteur ou locations qui sont intervenues depuis 2017, le délai d'indisponibilité fiscale (5 ans pour les options attribuées avant le 27-4-2000 ; 4 ans pour les options attribuées depuis cette date jusqu'au 27-9-2012) est nécessairement respecté.
6. Par exception, l'avantage est exonéré pour les actions provenant d'options levées avant le 1-1-1990.
7. Différence entre le prix de cession des titres et leur valeur à la date de levée de l'option.
8. Sur ce prélèvement, voir n°s 34430 s.
9. Les opérations d'échange sans soulte d'actions résultant d'une opération d'offre publique, de fusion, de scission, de division ou de regroupement ou de l'apport à une société créée pour le rachat d'une entreprise par ses salariés ne sont pas considérées comme une cession. La condition d'indisponibilité continue alors à être applicable aux actions reçues en échange.
10. La contribution sociale salariale spécifique est versée au profit de la Caisse nationale des allocations familiales (Mémento social n° 34685). En ce qui concerne la contribution sociale patronale spécifique, voir n° 88780 et Mémento social n° 34680.
11. Sous réserve de notifier à l'Urssaf l'identité des salariés ou mandataires sociaux bénéficiaires, ainsi que le nombre ou la valeur des options attribuées à chacun d'eux (Mémento social n° 34690).
12. Mais exonéré de taxe sur les salaires.
13. Ces contributions sont cependant recouvrées dans les conditions et suivant les modalités applicables aux revenus du patrimoine (CSS art. L 136-5). En conséquence, la CSG est déductible au titre de l'année de son paiement (n° 34400, précision b).

88790 CGI art. 182 A ter **Bénéficiaires fiscalement domiciliés hors de France** Les **gains,** de source française, tirés de la **levée des options** donnent lieu à l'application d'une **retenue à la source** lors de la cession des titres correspondants lorsqu'ils sont réalisés par des **personnes** qui ne sont **pas fiscalement domiciliées en France** au titre de l'année de ladite cession. Sont également soumis à la retenue à la source, lors de la levée des options, les **rabais excédentaires,** de source française, consentis aux personnes qui ne sont pas fiscalement domiciliées en France au titre de l'année de ladite levée.

La retenue est calculée de la façon suivante :

– pour les rabais, la base de la retenue est constituée par le montant net du rabais déterminé selon les règles applicables aux traitements et salaires (à l'exclusion de celles relatives à la déduction des frais professionnels réels) ; à cette base doivent être appliqués le barème et les règles de régularisation prévus pour la retenue à la source sur les traitements, salaires, pensions et rentes viagères (nos 4610 et 4630) ;

– pour les gains tirés de la levée des options, la retenue est assise sur le montant de ces gains. S'agissant des options attribuées avant le 28 septembre 2012, la retenue est calculée selon les taux forfaitaires mentionnés n° 88785, puis prise en compte pour le calcul de l'impôt sur le revenu et, enfin, imputable sur le montant de ce dernier, lorsque les conditions tenant à l'indisponibilité et à la forme nominative des titres ont été respectées (ce qui est nécessairement le cas s'agissant des cessions, conversions au porteur ou locations intervenues depuis 2017) et que le bénéficiaire n'a pas opté pour les règles des traitements et salaires ; dans le cas d'une telle option, la retenue doit être calculée et régularisée selon les règles applicables aux rabais (voir ci-dessus 1er tiret). S'agissant des options attribuées à compter du 28 septembre 2012, la retenue est toujours calculée et régularisée selon les règles applicables aux rabais.

La retenue afférente aux rabais doit être **acquittée** par la personne qui constate le rabais et celle afférente aux gains tirés de la levée des options, par la personne qui verse les sommes issues de la cession des titres. Les **obligations** du redevable de la retenue (et les sanctions correspondantes) sont les mêmes que celles prévues pour la retenue à la source sur les salaires, pensions et rentes viagères (voir nos 4580 s.).

> **Précisions** **a.** La retenue à la source s'applique également aux avantages salariaux, de source française, prenant la forme d'attribution de titres à des conditions préférentielles, notamment d'options sur titres ou d'attribution d'actions gratuites, qui ne respectent pas les conditions prévues par le Code de commerce **(plans dits « non qualifiants »)** et qui sont servis à des personnes non fiscalement domiciliées en France au titre de l'année de la remise des titres. Dans cette hypothèse, la retenue s'applique au montant net des avantages accordés dans les mêmes conditions que pour les rabais des plans « qualifiants » (1er tiret ci-dessus). La retenue est acquittée au moment de la remise des titres par la personne qui effectue cette remise, les modalités déclaratives et les sanctions étant celles indiquées ci-dessus.
> **b.** Qu'il s'agisse de plans « qualifiants » ou « non qualifiants », le taux de la retenue à la source est porté à 75 % lorsque le bénéficiaire est domicilié dans un **État ou territoire non coopératif** tel que visé n° 78310, 1° et 2° (sauf si le débiteur apporte la preuve que les avantages ou gains correspondent à des opérations réelles qui ont principalement un objet et un effet autres que de permettre leur localisation dans un tel État ou territoire). Lorsque le taux de 75 % s'applique, la retenue est alors libératoire de l'impôt sur le revenu et n'est pas remboursable.

5. BONS DE SOUSCRIPTION DE PARTS DE CRÉATEUR D'ENTREPRISE

CHAMP D'APPLICATION DU DISPOSITIF

88800 CGI art. 163 bis G TS-VII-85000 s Certaines **sociétés par actions** passibles de l'impôt sur les sociétés en France sont autorisées à créer des bons de souscription de parts de créateur d'entreprise (BSPCE) destinés à leurs salariés ou à leurs dirigeants soumis au régime fiscal des salariés et aux membres de leur conseil d'administration et de leur conseil de surveillance ou, dans les sociétés par actions simplifiées, aux membres de tout organe statutaire équivalent. Sous certaines conditions (voir précision a ci-après), des bons peuvent également être attribués aux membres du personnel salarié et aux dirigeants des sociétés filiales. Les sociétés dont le siège est établi dans un État de l'UE ou dans un État ou territoire ayant conclu avec la France une convention fiscale contenant une clause d'assistance administrative en vue de lutter contre la fraude ou l'évasion fiscale et soumises, dans cet État, à un impôt équivalent à l'impôt sur les sociétés peuvent également attribuer des bons à leurs employés en France.

L'émission de ces bons est réservée aux sociétés **non cotées** et aux sociétés **cotées sur un marché d'instruments financiers réglementé** ou organisé d'un État partie à l'accord sur l'Espace économique européen et dont la **capitalisation boursière est inférieure à 150 millions d'euros.** Si ce seuil est dépassé, les sociétés peuvent continuer à attribuer des bons pendant les trois ans suivant ce dépassement sous réserve de remplir l'ensemble des autres conditions précitées.

Le dispositif des BSPCE est réservé aux sociétés immatriculées depuis moins de 15 ans au Registre du commerce et des sociétés (ou à un registre équivalent pour les sociétés étrangères ; à défaut d'un tel registre, la société doit pouvoir fournir les éléments de preuve pertinents sur sa date de création) qui n'ont pas été créées dans le cadre d'une concentration, d'une restructuration ou d'une extension d'activité préexistante, hors essaimage (voir toutefois précision b ci-après). Le capital de la société émettrice des bons doit être détenu directement pour 25 % au moins par des personnes physiques ou par des personnes morales elles-mêmes directement détenues pour 75 % au moins de leur capital par des personnes physiques.

> Précisions **a.** Les sociétés éligibles peuvent attribuer des BSPCE aux membres du **personnel salarié** et aux dirigeants soumis au régime fiscal des salariés **des sociétés filiales** sous réserve que les **conditions** suivantes soient remplies : la société attributrice doit détenir au moins 75 % du capital ou des droits de vote de la filiale au personnel de laquelle elle attribue des bons ; la filiale remplit les conditions exposées ci-dessus, sous réserve de celle relative à la détention du capital et étant précisé que le respect du plafond de capitalisation boursière de la société attributrice des BSPCE doit être apprécié en faisant masse de sa propre capitalisation et de celle de ses filiales dont le personnel a bénéficié de distributions au cours des 12 derniers mois.

b. Les **sociétés issues d'une concentration, d'une restructuration, d'une extension ou d'une reprise d'activités préexistantes** peuvent émettre des bons, sous réserve du respect des conditions suivantes : toutes les sociétés prenant part à l'opération doivent répondre aux conditions ci-dessus (imposition à l'IS, détention du capital, absence de cotation ou petite capitalisation boursière, âge, sociétés non issues elles-mêmes d'opérations de restructuration hors essaimage) ; le respect de la capitalisation boursière à la suite de l'opération est apprécié en faisant masse de la capitalisation de l'ensemble des sociétés issues de l'opération ; l'âge de la ou des sociétés issues de l'opération est apprécié en tenant compte de la date la plus ancienne des sociétés ayant pris part à l'opération (l'opération n'efface donc pas l'ancienneté des sociétés participantes).

RÉGIME FISCAL DES BÉNÉFICIAIRES

Le **gain** net réalisé par le bénéficiaire des bons lors de la cession des titres souscrits en exercice de ces bons est imposé à l'**impôt sur le revenu** comme plus-value de cession de valeurs mobilières selon la distinction et dans les conditions suivantes : 88805

– bons attribués à compter du 1er janvier 2018 : taux forfaitaire de 12,8 %, ou, sur option, barème de droit commun de l'impôt sur le revenu, avec application, le cas échéant, de l'abattement fixe « dirigeants » prévu par l'article 150-0 D ter du CGI (nos 33106 s.) ; lorsque le bénéficiaire exerce son activité dans la société depuis moins de trois ans à la date de la cession, taux de 30 %, sans possibilité de bénéficier de l'abattement fixe « dirigeants » et sans possibilité d'option pour le barème de droit commun ;

– bons attribués jusqu'au 31 décembre 2017 : taux de 19 %, ou taux de 30 % lorsque le bénéficiaire exerce son activité dans la société depuis moins de trois ans à la date de la cession. Ce gain ne peut bénéficier ni de l'abattement fixe ni d'aucun abattement pour durée de détention.

Le gain net est, dans tous les cas, soumis aux **prélèvements sociaux** sur les revenus du patrimoine (nos 34515 s. et 34550 s.).

> Précisions **a.** Pour l'**appréciation** de la **durée d'exercice de l'activité** des bénéficiaires, il est tenu compte, pour un bénéficiaire employé par la société attributrice, de la période d'activité éventuellement effectuée au sein d'une filiale et, pour un bénéficiaire employé par une filiale, de la période d'activité éventuellement effectuée au sein de la société mère.

b. Les gains nets de source française donnent lieu à l'application d'une **retenue à la source** lors de la cession des titres correspondants lorsque les bénéficiaires sont des **personnes** qui ne sont **pas fiscalement domiciliées en France** au titre de l'année de ladite cession (CGI art. 182 A ter). Cette retenue, calculée aux taux prévus ci-dessus, doit être acquittée par la personne qui effectue le versement des sommes issues de la cession des titres, selon les modalités décrites nos 4580 s. Elle est libératoire de l'impôt sur le revenu.

La retenue à la source est également applicable, selon les modalités visées no 88790, précision a, aux avantages salariaux, de source française, servis aux mêmes personnes sous forme d'attribution de titres dans des conditions préférentielles ne remplissant pas les conditions du no 88800.

Lorsque le bénéficiaire est domicilié dans un État ou territoire non coopératif tel que défini n° 78310, 1° et 2°, la règle exposée n° 88790, précision b s'applique.

c. En cas d'**apport de titres souscrits en exercice de bons,** le gain résultant de cet apport ne peut pas bénéficier du mécanisme du sursis d'imposition prévu par l'article 150-0 B du CGI (n° 33300) mais doit être imposé au titre de l'année de l'apport selon les dispositions prévues ci-dessus (BOI-RES-RSA-000127).

6. ATTRIBUTIONS GRATUITES D'ACTIONS AUX SALARIÉS ET MANDATAIRES SOCIAUX

RÉGIME FISCAL DE LA SOCIÉTÉ ATTRIBUTRICE

88820 TS-VII-75000 s Conformément aux articles L 225-197-1 à L 225-197-3 et L 22-10-59 du Code de commerce, les sociétés par actions, cotées ou non cotées, peuvent procéder à des attributions gratuites d'actions au profit de tout ou partie de leur personnel.

La **société émettrice** peut déduire de son résultat imposable les charges qu'elle subit du fait de l'attribution gratuite ainsi que la moins-value résultant du rachat de ses actions. Lorsque l'attribution des actions aux salariés n'est pas subordonnée à leur présence dans l'entreprise pendant une période future déterminée, la provision est déductible du résultat de l'exercice de la décision d'attribution des actions. Dans la situation inverse, elle est étalée linéairement sur la période de présence exigée (BOI-BIC-PROV-30-20-30 n° 30). Lorsque l'attribution porte sur des actions nouvelles (après émission autorisée par l'assemblée générale extraordinaire), la société peut pratiquer une déduction extra-comptable égale à la différence entre la valeur des titres à la date de l'augmentation de capital et leur prix de souscription par les salariés (CGI art. 217 quinquies, II).

Lorsque les **actions** sont **attribuées gratuitement par une société mère aux salariés de filiales,** voir n° 88780.

RÉGIME FISCAL DES BÉNÉFICIAIRES

88825 CGI art. 80 quaterdecies Lorsque les actions ont été attribuées dans les conditions définies aux articles L 225-197-1 à L 225-197-5, L 22-10-59 et L 22-10-60 du Code de commerce, les modalités d'**imposition** de l'**avantage tiré de l'attribution gratuite des actions,** égal à la valeur des titres au jour de l'acquisition (nette, le cas échéant, de la valeur symbolique exigée de l'attributaire), sont les suivantes :

– s'agissant des **actions attribuées en vertu d'une autorisation de l'assemblée générale extraordinaire (AGE) intervenue depuis le 1er janvier 2018** : l'avantage (ou la fraction de l'avantage) qui n'excède pas une limite annuelle de 300 000 € est imposé selon le barème progressif de l'impôt sur le revenu après application d'un abattement de 50 % ou, le cas échéant, de l'abattement fixe « dirigeants » prévu à l'article 150-0 D ter du CGI (nos 33106 s.) et, pour le surplus, d'un abattement de 50 % (lorsqu'il s'applique, l'abattement fixe s'impute en priorité sur la plus-value de cession puis, pour le reliquat éventuel, sur la plus-value d'acquisition), et soumis aux prélèvements sociaux sur revenus du patrimoine (nos 34515 s. et 34550 s.) ; la fraction de l'avantage qui excède la limite de 300 000 € est imposée comme un salaire, selon le barème progressif de l'impôt sur le revenu, sans application d'aucun abattement pour durée de détention, et soumise aux prélèvements sociaux sur revenus d'activité (nos 34350 s.) ;

– s'agissant des **actions attribuées en vertu d'une autorisation de l'AGE intervenue depuis le 31 décembre 2016 jusqu'au 31 décembre 2017** : l'avantage (ou la fraction de l'avantage) qui n'excède pas une limite annuelle de 300 000 € est imposé selon le barème progressif de l'impôt sur le revenu après application, le cas échéant, des abattements pour durée de détention prévus pour l'imposition des plus-values sur valeurs mobilières tels que prévus avant leur modification par la loi de finances pour 2018 (voir cependant précision c ci-après), et soumis aux prélèvements sociaux sur revenus du patrimoine (nos 34515 s. et 34550 s.) ; la fraction de l'avantage qui excède cette limite est imposée comme un salaire, selon le barème progressif de l'impôt sur le revenu, sans application d'aucun abattement pour durée de détention, et soumise aux prélèvements sociaux sur revenus d'activité (nos 34350 s.) ;

– s'agissant des **actions attribuées en vertu d'une autorisation de l'AGE intervenue depuis le 8 août 2015 jusqu'au 30 décembre 2016,** l'avantage est imposé en totalité selon le barème progressif de l'impôt sur le revenu après application, le cas échéant, des abattements pour durée de détention prévus pour l'imposition des plus-values sur valeurs mobilières tels que prévus avant leur modification par la loi de finances pour 2018 (voir précision c ci-après), et soumis aux prélèvements sociaux sur revenus du patrimoine (nos 34515 s. et 34550 s.) ;

– s'agissant des **actions attribuées à compter du 28 septembre 2012 et en vertu d'une autorisation de l'AGE antérieure au 8 août 2015,** l'avantage est soumis à l'impôt sur le revenu dans la catégorie des traitements et salaires et aux prélèvements sociaux sur revenus d'activité (nos 34350 s.) ;

– s'agissant des **actions attribuées avant le 28 septembre 2012,** lorsqu'elles sont demeurées indisponibles, sans être données en location, pendant une période minimale de deux ans à compter de leur attribution définitive, l'avantage est imposé au taux de 30 % (auquel s'ajoutent les prélèvements sociaux sur les revenus du patrimoine : nos 34515 s.), sauf option par l'attributaire des actions pour l'imposition à l'impôt sur le revenu selon les règles applicables aux traitements et salaires (étant précisé qu'en cas d'option les prélèvements sociaux sur les revenus du patrimoine restent néanmoins dus).

Le fait générateur de l'imposition de l'avantage est la cession des actions, à titre onéreux ou à titre gratuit. Lorsque le bénéficiaire n'est pas domicilié en France, l'imposition de l'avantage tiré de l'attribution gratuite des actions est opérée par voie de retenue à la source (no 88830).

La **plus-value de cession,** égale à la différence entre le prix de cession et la valeur des actions au jour de l'acquisition, est imposée dans les conditions prévues à l'article 150-0 A du CGI (nos 32805 s.), quelle que soit la date d'attribution des options. S'ajoutent à cette imposition les prélèvements sociaux sur revenus du patrimoine (nos 34515 s. et 34550 s.). La moins-value éventuelle est déduite du montant de l'avantage tiré de l'attribution des actions.

> Précisions **a.** Le régime fiscal décrit ci-dessus s'applique également aux attributions d'actions gratuites par des sociétés dont le **siège** est situé à l'**étranger** aux salariés ou mandataires sociaux qui exercent leur activité dans des entreprises dont elles sont mères ou filiales, dès lors que l'attribution s'effectue dans les mêmes conditions que celles prévues ci-dessus.

b. L'**échange** d'actions sans soulte qui résulte d'une opération d'offre publique, de fusion, de scission, de division ou de regroupement ne fait pas perdre le bénéfice du régime fiscal de faveur des actions attribuées avant le 28 septembre 2012.

c. Le gain d'acquisition d'**actions gratuites dont l'attribution a été autorisée par une décision de l'AGE prise entre le 8 août 2015 et le 31 décembre 2017** peut, le cas échéant, bénéficier (pour la totalité, s'agissant des actions attribuées en vertu d'une autorisation accordée entre le 8-8-2015 et le 30-12-2016 ; pour la fraction n'excédant pas 300 000 €, s'agissant des actions attribuées en vertu d'une autorisation accordée entre le 31-12-2016 et le 31-12-2017) du « nouvel » **abattement** fixe « dirigeants » de l'article 150-0 D ter du CGI, tel que modifié par la loi de finances pour 2018 (nos 33106 s.). Dans ce cas, l'application de cet abattement fixe est exclusive de celle de l'abattement proportionnel de droit commun ou renforcé de l'ancien article 150-0 D du CGI. Ce dernier abattement peut toutefois s'appliquer lorsque le contribuable renonce à l'application de l'abattement fixe « nouveau ». Lorsque le « nouvel » abattement fixe s'applique, il s'impute en priorité sur la plus-value de cession et, pour le surplus, sur la plus-value d'acquisition (Loi 2017-1837 du 30-12-2017 art. 28).

d. En ce qui concerne le **régime social** applicable aux attributions d'actions gratuites, voir Mémento social nos 34745 s.

Les **avantages** de source française **tirés de l'attribution gratuite d'actions** donnent lieu à l'application d'une **retenue à la source** lors de la cession des titres correspondants lorsqu'ils sont réalisés par des **personnes** qui ne sont **pas fiscalement domiciliées en France** au titre de l'année de ladite cession. S'agissant des actions attribuées à compter du 28 septembre 2012, la retenue est calculée en appliquant au montant net de l'avantage, déterminé selon les règles applicables aux traitements et salaires (à l'exclusion de celles relatives à la déduction des frais professionnels réels), le barème et les règles de régularisation prévus pour la retenue à la source sur les traitements, salaires, pensions et rentes viagères (nos 4610 et 4630). S'agissant des actions attribuées avant le 28 septembre 2012, la retenue est **calculée** au taux forfaitaire prévu no 88825 ci-dessus (appliqué au montant de l'avantage) et est libératoire de l'impôt sur le revenu, lorsque la condition tenant à l'indisponibilité des titres est respectée et que le bénéficiaire n'a pas opté pour l'imposition selon les règles des traitements et salaires ; dans le cas inverse, la retenue est calculée selon les règles applicables aux traitements et salaires. **88830** CGI art. 182 A ter

La retenue doit être **acquittée** par la personne qui effectue le versement des sommes issues de la cession des titres. Les **obligations** du redevable de la retenue (et les sanctions correspondantes) sont les mêmes que celles prévues pour la retenue à la source sur les salaires, pensions et rentes viagères (voir nos 4580 s.).

> Précisions **a.** Pour les plans qui ne respectent pas les conditions prévues par le Code de commerce (**plans dits « non qualifiants »**), voir no 88790, précision a.
Lorsque le bénéficiaire est domicilié dans un **État ou territoire non coopératif** défini no 78310, 1° et 2°, la règle exposée no 88790, précision b s'applique.

b. Les abattements pour durée de détention (nos 33070 s.) sont, le cas échéant, pris en compte pour déterminer la base de la retenue pour les avantages tirés d'actions attribuées en vertu d'une autorisation de l'AGE intervenue depuis le 8 août 2015 (BOI-IR-DOMIC-10-20-20-30 no 375).

CHAPITRE 7

ASSOCIATIONS ET ORGANISMES SANS BUT LUCRATIF

SOMMAIRE

A. Cas d'exonération des impôts commerciaux 89400

1. Respect des critères de non-lucrativité 89400
2. Franchise des activités lucratives accessoires 89460
3. Exonérations propres à chaque impôt 89510

B. Modalités d'imposition des activités lucratives 89615

C. Imposition des revenus patrimoniaux 89700

89200 À condition de ne pas sortir du cadre de la non-lucrativité, les associations et, plus généralement, les organismes réputés sans but lucratif (fondations, fonds de dotation, congrégations religieuses, syndicats professionnels, etc.) ne sont pas soumis aux **impôts commerciaux** : TVA, impôt sur les sociétés (IS) et contribution économique territoriale (CET) (nos 89400 s.). Certains d'entre eux peuvent également bénéficier d'une franchise pour leurs opérations commerciales accessoires (nos 89460 s.) ou d'exonérations spécifiques à chaque impôt (nos 89510 s.).

Lorsqu'ils se livrent à des activités lucratives de manière accessoire sans pouvoir prétendre à aucun des dispositifs d'exonération prévus en leur faveur, les organismes sans but lucratif peuvent échapper à l'IS pour leurs opérations non lucratives en sectorisant ou en filialisant leurs activités lucratives (nos 89640 s.).

Enfin, même s'ils n'exercent pas d'activité lucrative, ces organismes sont redevables de l'IS, à taux réduit, sur les revenus de leur patrimoine (nos 89700 s.).

89205 Les **autres particularités** du régime fiscal des organismes sans but lucratif sont récapitulées dans le tableau ci-après.

Régime des **dons**	nos 3170 s.
Taxe foncière	
– exonération des logements sociaux à usage locatif	nos 41995 s.
– exonération des associations foncières d'aménagement foncier agricole et forestier	no 42520
– dégrèvement des associations foncières pastorales	no 42645
Taxe d'habitation	
– exonération des associations et fondations d'intérêt général ou d'utilité publique	no 43080
– dégrèvement pour les logements sous-loués à des personnes défavorisées	no 43090
Taxe sur les salaires : abattement	no 73500
Exonération de **taxe d'apprentissage** (et de CSA)	Mémento social no 38670
Contribution sur les revenus locatifs (exonération de certaines locations)	no 74815
Taxes sur les véhicules de tourisme (exonération des véhicules affectés aux activités exonérées de TVA)	no 75115
Taxe sur la publicité diffusée au moyen de documents imprimés (exonération)	no 76170
Apports et transferts de biens entre organismes	nos 39255 et 66350
Apports immobiliers	no 67220

A. Cas d'exonération des impôts commerciaux

1. RESPECT DES CRITÈRES DE NON-LUCRATIVITÉ

Un organisme est considéré comme non lucratif sur le plan fiscal et échappe en principe aux impôts commerciaux (IS, TVA et CET), lorsqu'il remplit les conditions suivantes : **89400** CGI art. 261, 7-1°-b IS-I-9200 s TVA-V-980 s

– sa gestion doit être désintéressée ;

– son activité ne doit pas concurrencer le secteur commercial ou, s'il y a concurrence, doit s'exercer dans des conditions différentes de celles du secteur marchand ;

– l'organisme ne doit pas entretenir de relations privilégiées avec des entreprises.

Ces critères sont communs aux différents impôts commerciaux. Ils permettent de déterminer le régime fiscal des **associations** régies par la loi de 1901, des **congrégations** religieuses, des associations régies par la loi locale des départements du Bas-Rhin, du Haut-Rhin et de la Moselle, des **fondations** reconnues d'utilité publique, des fondations d'entreprise, des **fonds de dotation** et des **syndicats** professionnels.

Les organismes qui ont un doute sur leur régime fiscal peuvent s'adresser au **correspondant « associations »** de la direction départementale des finances publiques de leur siège. Les positions prises par l'administration lui sont opposables, sous réserve du caractère complet et sincère des informations fournies et sauf changement ultérieur de la situation de l'organisme.

> **Précisions** a. Un **organisme** sans but lucratif peut être **soumis à la TVA** à titre obligatoire pour certaines activités non lucratives (publications de presse ; restauration collective) sans que cela entraîne son assujettissement à l'IS ou à la contribution économique territoriale (BOI-TVA-CHAMP-30-10-30-10 n°s 310 et 320).
b. Un organisme sans but lucratif qui donne en **location** ou en sous-location des **immeubles nus à usage professionnel** est assujetti à la cotisation foncière des entreprises (CFE) dès lors qu'il en retire des recettes au moins égales à 100 000 € (n° 43527) et, corrélativement, à la cotisation sur la valeur ajoutée des entreprises (CVAE) si le montant des recettes est supérieur à 152 500 € (n° 43860).
c. Les **radios associatives** éligibles au fonds de soutien à l'expression radiophonique répondent, par principe, aux critères de non-lucrativité, ce qui leur permet de bénéficier, pour leurs activités de diffusion radiophonique, de l'exonération des impôts commerciaux, sous réserve que leur gestion soit désintéressée (BOI-TVA-CHAMP-10-10-70 n°s 70 et 80).
d. Exonération de TVA des **musées et monuments historiques** gérés par des organismes sans but lucratif : voir n° 47217, 1.

GESTION DÉSINTÉRESSÉE

Pour qu'il y ait gestion désintéressée, il faut que les conditions suivantes soient réunies : **89410** CGI art. 261, 7-1°-d

– l'organisme doit être géré et administré à titre bénévole par des personnes n'ayant elles-mêmes, ou par personne interposée, aucun intérêt direct ou indirect dans les résultats de l'exploitation, ce qui n'interdit toutefois pas aux dirigeants de percevoir une rémunération sous certaines conditions ;

– l'organisme ne doit procéder à aucune distribution directe ou indirecte de bénéfices, sous quelque forme que ce soit. La recherche systématique d'excédents n'est pas interdite, dès lors que l'organisme les affecte par la suite à l'exécution de ses prestations ou à des projets entrant dans le champ de l'objet non lucratif (CE 21-11-2007 n° 291375 : RJF 2/08 n° 132 ; BOI-IS-CHAMP-10-50-10-20 n° 630) ;

– les membres de l'organisme et leurs ayants droit ne peuvent pas être déclarés attributaires d'une part quelconque de l'actif, sous réserve du droit de reprise des apports.

Rémunération des dirigeants L'administration autorise tous les organismes sans but lucratif à rémunérer leurs dirigeants, de droit ou de fait, pour un montant brut mensuel (hors remboursement des frais réels) n'excédant pas les **3/4 du Smic** (BOI-IS-CHAMP-10-50-10-20 n° 100), soit 1 325 € par mois à partir du 1er janvier 2024. Quel que soit son montant, cette rémunération est imposable dans la catégorie des bénéfices non commerciaux. **89415** IS-I-9430 s

Un dispositif légal, exclusif de la tolérance administrative, permet par ailleurs aux **associations et fondations dont les ressources** financières, **hors financements publics, dépassent** une moyenne de **200 000 €** sur trois exercices de rémunérer certains de leurs dirigeants pour un montant supérieur, sans que le caractère désintéressé de leur gestion soit remis en cause (dispositif également applicable selon l'administration aux organismes syndicaux relevant de la loi de 1884 : BOI-IS-CHAMP-30-70 n° 220). En fonction du montant de leurs ressources propres et de celles des organismes qui leur sont affiliés, ces organismes peuvent, sous certaines conditions précisées à l'article 242 C de l'annexe II au CGI, rémunérer de un à trois dirigeants de droit, chacun à hauteur de **trois fois le plafond de la sécurité sociale,** soit 11 592 € bruts par mois en 2024. Les rémunérations versées dans ce cadre sont imposées dans la catégorie des traitements et salaires, étant précisé que les allocations et remboursements forfaitaires pour frais sont toujours imposables (CGI art. 80 et 80 terdecies).

> Précisions **a.** Lorsqu'un dirigeant exerce dans l'organisme des **fonctions autres** que de direction, l'ensemble des rémunérations perçues doit être pris en compte pour l'application du plafonnement, tant administratif que légal (BOI-IS-CHAMP-10-50-10-20 nos 230 et 420). S'il dirige plusieurs organismes, il convient par ailleurs de tenir compte pour l'appréciation du plafond légal de toutes les rémunérations versées par les **différents organismes** (BOI précité no 240).

b. La condition d'**exclusion** des **financements publics** pour apprécier le montant des ressources de l'organisme n'est **pas applicable** aux associations de jeunesse et d'éducation populaire ayant fait l'objet d'un agrément national dont l'instance dirigeante est composée de membres dont la moyenne d'âge est inférieure à 30 ans et qui décident de rémunérer, **dans la limite du plafond** de la sécurité sociale (soit 3864 € en 2024), leurs dirigeants âgés de moins de 30 ans à la date de leur élection, pour une durée maximale de trois ans renouvelable une fois.

ABSENCE DE CONCURRENCE AVEC LE SECTEUR COMMERCIAL

89425 IS-I-9250 s IS-I-9980 s Même lorsqu'il est géré de façon désintéressée, un organisme peut présenter un caractère lucratif s'il concurrence des entreprises commerciales en recourant à des méthodes de gestion analogues à celles du secteur marchand. La **forme juridique** de ces entreprises commerciales importe peu : il peut s'agir, par exemple, d'établissements publics ou d'associations (CE 4-10-2021 no 453368 : RJF 12/21 no 1118).

Pour qu'il y ait concurrence, il faut, selon le Conseil d'État, qu'une entreprise commerciale exerce effectivement une **activité** identique à celle de l'organisme, dans la même **zone géographique** d'attraction et en s'adressant au même public. Lorsqu'il entre ainsi en concurrence avec une entreprise, l'organisme peut toutefois échapper à la taxation s'il exerce son activité dans des **conditions différentes** de celles des entreprises commerciales, soit en répondant à certains besoins insuffisamment satisfaits par le marché, soit en s'adressant à un public ne pouvant accéder au marché, notamment en pratiquant des prix inférieurs ou en modulant ses tarifs, à la condition de ne pas recourir à des procédés publicitaires excédant les besoins de l'information du public sur les services offerts (CE sect. 1-10-1999 no 170289 : RJF 11/99 no 1354 ; CE 1-3-2000 no 197584 : RJF 4/00 no 465 ; CE 13-2-2013 no 342953 : RJF 5/13 no 472).

Pour apprécier si l'organisme exerce son activité dans des conditions similaires à celles d'une entreprise, l'administration applique la **règle dite des « 4 P ».** Elle examine successivement 4 critères, selon la méthode du faisceau d'indices, dans un ordre d'importance décroissante :

– **produit** proposé et **public** visé représentatifs de l'utilité sociale de l'activité qui doit tendre à satisfaire un besoin non pris en compte par le marché, ou de façon insuffisante ;

– **prix** pratiqués inférieurs à ceux du secteur lucratif (cette condition étant réputée remplie lorsque les tarifs sont homologués par une autorité publique) ;

– **publicité** commerciale, indice de lucrativité (BOI-IS-CHAMP-10-50-10-20 nos 570 à 710).

> Précisions **a.** Le fait qu'une association dispose d'un **site d'informations sur Internet** ne doit pas conduire à considérer que cette association recourt à des méthodes commerciales analogues à celles des entreprises du secteur concurrentiel (BOI précité no 670).

b. Les organismes non lucratifs qui, lorsqu'ils perçoivent des **dons d'entreprises,** associent le nom des entreprises versantes aux opérations qu'ils réalisent ne doivent pas effectuer de ce fait de véritables **prestations publicitaires** relevant du parrainage, sous peine d'être assujettis aux impôts commerciaux (BOI-BIC-RICI-20-30-10-20 nos 130 et 140).

ABSENCE DE RELATIONS PRIVILÉGIÉES AVEC DES ENTREPRISES

89435 IS-I-10300 s Même s'ils remplissent l'ensemble des critères de non-lucrativité, les organismes dont l'objet consiste à fournir des services à des entreprises qui en retirent un avantage concurrentiel sont soumis dans tous les cas aux impôts commerciaux (BOI-IS-CHAMP-10-50-10-30 nos 10 et 30 ; CE 13-11-2019 no 433632 : RJF 4/20 no 308).

ILLUSTRATIONS

Association composée de professionnels du secteur du bâtiment offrant à ses adhérents des services de formation (CE 15-4-1991 no 77075-77076 : RJF 6/91 no 804).

Associations interentreprises de médecine du travail qui ont pour objet de faciliter aux entreprises adhérentes l'exécution de l'obligation que la loi leur impose en matière de surveillance médicale des salariés (CE 6-11-1995 no 147388 : RJF 1/96 no 23).

Association ayant une activité principale d'initiation des enfants au ski, pour laquelle elle fait appel à ses membres moniteurs de l'ESF exerçant leur activité à titre commercial (CE 17-10-2022 no 453019 : RJF 1/23 no 13).

En revanche, les organismes ayant un rôle fédératif, ceux assurant la défense collective des intérêts moraux ou matériels des membres autres que des professionnels et ceux rendant à leurs membres des services pour leur activité non lucrative ne sont pas réputés procurer un avantage concurrentiel à leurs membres (BOI précité n° 60).

Sur les exonérations spécifiques dont bénéficient les **syndicats** professionnels : voir n°s 89535 s. et 89565 s.

2. FRANCHISE DES ACTIVITÉS LUCRATIVES ACCESSOIRES

ORGANISMES BÉNÉFICIAIRES

Les **associations, fondations, fonds de dotation** et **congrégations** définis n° 89400 échappent aux impôts commerciaux (IS, TVA et CET) lorsque leurs activités lucratives accessoires n'excèdent pas une certaine limite. Il en va de même pour les **syndicats** professionnels régis par les articles L 2131-1 et suivants du Code du travail dont l'activité principale est non lucrative et, selon l'administration, pour les **comités d'entreprise** (BOI-IS-CHAMP-10-50-20-20 n° 20), dont les attributions ont progressivement été transférées aux comités sociaux et économiques (CSE). **89460** CGI art. 206, 1 bis, 261, 7-1°-b et 1447, II **IS-I-14000 s**

Pour bénéficier de cette franchise, les organismes concernés doivent remplir les trois **conditions** cumulatives suivantes :

– leur **gestion** doit être **désintéressée** (voir n°s 89410 s.) ;

– leurs **activités non lucratives** doivent rester significativement **prépondérantes** (voir n° 89645) ;

– le **montant des recettes** provenant des **activités lucratives** encaissées au cours de l'année civile ne doit pas excéder une limite indexée, chaque année, sur la prévision de l'indice des prix à la consommation, hors tabac, retenue dans le projet de loi de finances de l'année.

La franchise s'applique obligatoirement lorsque ses conditions d'application sont réunies. Il n'est pas nécessaire que l'activité lucrative soit sectorisée pour en bénéficier. Il n'est pas possible non plus d'y renoncer, notamment en matière de TVA.

LIMITE DE LA FRANCHISE

Les recettes tirées des activités lucratives ne doivent pas excéder une limite fixée à 78 596 € hors TVA pour 2024 (elle était de 76 679 € en 2023). Cette limite s'apprécie en prenant en compte les recettes encaissées au cours de l'année civile 2023. **89470** **IS-I-14040 s**

En pratique, si la limite de 78 596 € est respectée en 2023, la franchise s'applique, en matière d'**IS,** aux exercices clos à compter du 31 décembre 2023 et en matière de **CET** aux impositions établies au titre de l'année 2024. En matière de **TVA,** la franchise s'applique aux recettes lucratives accessoires encaissées à compter du 1er janvier 2024 et tant que la limite de 78 596 € n'est pas franchie en 2024 (voir n° 89485).

Ne sont pas pris en compte pour l'**appréciation de la limite** de la franchise : les recettes d'exploitation retirées des activités non lucratives, les revenus patrimoniaux (n°s 89700 s.), les résultats des activités financières lucratives et des participations financières soumis à l'IS de droit commun (n° 89480), les opérations immobilières non exonérées de TVA (n° 89485), les recettes exceptionnelles et, enfin, les recettes des six manifestations annuelles de bienfaisance ou de soutien (définies n° 89530) qui bénéficient d'une exonération spécifique cumulable avec la franchise. **89475**

En revanche, les recettes susceptibles de bénéficier d'une autre mesure d'exonération doivent être prises en compte pour l'appréciation de la limite dès lors qu'elles relèvent d'une activité lucrative.

> **Précisions** **a.** Les **syndicats professionnels** qui développent, conformément à leur objet, de manière prépondérante des activités syndicales lucratives non imposables en application des articles 207, 1-1° bis et 1461, 7° du CGI (n°s 89565 s.) peuvent, selon l'administration, néanmoins bénéficier de la franchise d'IS et de CET, sous réserve de conserver une gestion désintéressée. Le seuil de la limite de la franchise s'apprécie dans ce cas en fonction des seules recettes lucratives imposables accessoires (BOI-IS-CHAMP-30-70 n° 500).
> **b.** Sont réputées lucratives les activités de gestion et de capitalisation, par les **fonds de dotation,** de dons, droits et legs dont les fruits sont versés à des organismes publics pour l'exercice d'activités lucratives ou à des organismes autres que ceux mentionnés à l'article 206, 1 bis du CGI.

MODALITÉS D'APPLICATION

Impôt sur les sociétés En principe exonérés d'IS, les organismes bénéficiaires de la franchise restent toutefois soumis, le cas échéant : **89480** **IS-I-14060 s, 14135 s**

– à l'IS au taux réduit sur leurs **revenus patrimoniaux** (n°s 89700 s.) ;

– à l'IS au taux de droit commun au titre des résultats de leurs **activités financières** lucratives et de leurs participations.

La **franchise** prend **fin** et l'organisme devient passible de l'IS dans les conditions de droit commun à partir du 1er janvier de l'année au cours de laquelle l'une des conditions requises cesse d'être remplie (pour la dispense d'acomptes d'IS, voir n° 89620). L'imposition porte sur l'ensemble des activités si la gestion n'est plus désintéressée ou si l'activité non lucrative cesse d'être significativement prépondérante. Lorsque seule la limite de la franchise est dépassée, l'imposition ne concerne que les recettes des activités lucratives si celles-ci sont isolées dans un secteur distinct (nos 89640 s.).

> **Précisions** **a.** Par « **activités financières lucratives** », il convient d'entendre principalement la gestion active d'une ou de plusieurs filiales et, par « résultats de participations », les résultats imposables tirés de la participation dans un organisme soumis au régime fiscal des sociétés de personnes qui exerce une activité lucrative. Les participations dans des sociétés civiles non soumises à l'IS ne sont pas concernées (BOI-IS-CHAMP-10-50-20-20 nos 190 à 270).
>
> **b.** Les organismes bénéficiaires de la franchise sont toutefois exonérés d'IS (ainsi que de CFE et, corrélativement, de CVAE) au titre de leurs **participations dans** les **établissements d'enseignement supérieur consulaire** mentionnés à l'article L 711-17 du Code de commerce ou au titre du financement des activités de formation professionnelle et de recherche de ces établissements (CGI art. 207, 1-13° et art. 1460, 1° bis).

89485 IS-I-14110 s, 14150 s

TVA Les organismes exonérés de TVA au titre de leurs activités accessoires lucratives ne peuvent pratiquer aucune déduction de la TVA grevant les biens ou services acquis dans le cadre des opérations ainsi exonérées.

Sont notamment exclues du régime d'exonération les **opérations immobilières** mentionnées à l'article 257, I du CGI (nos 58700 s.) et les opérations donnant lieu à la perception de **revenus patrimoniaux** soumis à l'IS au taux réduit.

La franchise prévue en faveur des activités lucratives accessoires et la **franchise en base** de TVA ne peuvent pas s'appliquer simultanément.

En cas de **franchissement de la limite** en cours d'année, les organismes perdent le bénéfice de l'exonération à compter du premier jour du mois suivant celui au cours duquel la limite est dépassée. Mais ils peuvent, le cas échéant, bénéficier de la franchise en base de TVA (BOI-TVA-CHAMP-30-10-30-10 nos 380 à 400).

Si les conditions de gestion désintéressée ou de prépondérance de l'activité non lucrative ne sont plus remplies, c'est l'ensemble du régime d'exonération des organismes sans but lucratif qui cesse de s'appliquer au titre de l'année en cause (BOI précité n° 420).

> **Précisions** Les organismes bénéficiaires de la franchise ne sont pas assujettis aux **obligations comptables** des entreprises, mais ils doivent, d'une part, tenir un **livre** aux pages numérotées sur lequel est inscrite, jour par jour, chacune de leurs opérations (n° 53450), d'autre part, suivre distinctement les recettes retirées de leurs opérations accessoires lucratives de façon à pouvoir apprécier si celles-ci excèdent ou non le seuil d'application de la franchise.

89490 CGI art. 1478, VI IS-I-14115 s, 14170 s

Contribution économique territoriale Les organismes qui remplissent les conditions d'application de la franchise sont exonérés de CFE (et corrélativement de CVAE).

Lorsqu'un **organisme imposé** à la CFE **remplit** au cours d'une année les **conditions requises** pour être exonéré alors qu'il ne les remplissait pas l'année précédente, il bénéficie de la franchise à partir de l'année suivante.

Si l'**une des conditions** d'application de la franchise **cesse d'être respectée,** l'organisme entre immédiatement dans le champ d'application de la cotisation. Mais il n'est effectivement imposé qu'à compter de l'année suivante, cette situation étant assimilée à une création d'établissement. La perte du bénéfice de la franchise entraîne l'imposition des seuls établissements où s'exerce une activité lucrative.

Pour la première année d'imposition et l'année suivante, les bases d'imposition de la cotisation foncière sont appréciées au 31 décembre de l'année au cours de laquelle les conditions d'exonération ont cessé d'être remplies. La réduction de 50 % des bases prévue pour la première année d'imposition des établissements nouvellement créés n'est pas applicable dès lors que l'organisme se livrait auparavant à une activité lucrative (BOI-IF-CFE-10-20-20-20 nos 40 à 120).

3. EXONÉRATIONS PROPRES À CHAQUE IMPÔT

Dès lors qu'un organisme exerce au moins une activité lucrative, il entre dans le champ des trois impôts commerciaux, sauf application de la franchise (nos 89460 s.). Cependant, il existe des exonérations légales qui permettent aux organismes d'échapper à tel ou tel de ces impôts. Dans ces situations, il n'y a pas de lien systématique entre les trois impôts commerciaux. 89510

TVA

Il existe plusieurs exonérations de TVA spécifiques aux organismes sans but lucratif. 89520
D'autres exonérations sont de portée générale et s'appliquent par conséquent sans considération de l'objet lucratif ou désintéressé des organismes. C'est le cas des exonérations prévues notamment pour les activités d'enseignement, y compris la formation professionnelle continue (nos 47030 s.) ou pour les établissements de santé (nos 47170 s.).

Organismes sportifs, culturels ou socio-éducatifs Les organismes légalement constitués agissant sans but lucratif et dont la gestion est désintéressée sont exonérés de TVA sur certaines **opérations** réalisées **au profit de leurs membres.** Pour ces organismes (dits « fermés »), l'exonération porte : 89525 CGI art. 261, 7-1°-a TVA-V-300 s

– d'une part, sur les services à caractère social, éducatif (y compris la formation professionnelle), culturel ou sportif, rendus à leurs membres ;

– d'autre part, dans la limite de 10 % de leurs recettes totales, sur les ventes d'objets divers consenties à leurs membres.

> Précisions a. Selon l'administration, ces organismes sont exonérés pour les services et les ventes d'objets visés ci-dessus dès lors que leur **gestion** est **désintéressée** (au sens défini nos 89410 s.) et qu'ils n'ont pas recours à des **pratiques commerciales.** Mais si ces organismes rendent des services à des tiers, il convient d'utiliser les critères généraux de non-lucrativité exposés nos 89400 s. pour apprécier si ces services sont exonérés (BOI-TVA-CHAMP-30-10-30-10 nos 40 et 160).

b. La qualité de **membre** suppose, selon l'administration, une adhésion personnelle à l'organisme et que cette adhésion présente un caractère de permanence. N'ont pas la qualité de membres : les ayants droit des membres (conjoints, par exemple), les personnes qui adhèrent (ou cotisent) pour une durée a priori limitée et inférieure à l'année, les personnes morales adhérentes (sous réserve des associations fédérées par des unions d'associations, qui sont considérées ainsi que leurs membres comme des membres de l'union) (BOI précité nos 70 à 120).

c. Demeurent soumises à la taxe (sauf application éventuelle des exonérations visées nos 89400 s., 89530 et 90615 s., ou de la franchise examinée nos 89460 s.) les opérations d'**hébergement** et de **restauration** ainsi que l'exploitation des **bars** et **buvettes.**

d. Lorsqu'elles ne peuvent bénéficier de l'exonération générale des impôts commerciaux (nos 89400 s.), les **associations sportives** peuvent être exonérées de TVA (et d'IS) pour les prestations fournies à leurs membres, ainsi que pour les services rendus occasionnellement aux licenciés de la fédération, sous réserve du respect des conditions rappelées au a ci-dessus (BOI-IS-CHAMP-10-50-30-10 n° 110).

Manifestations de soutien ou de bienfaisance Les organismes visés nos 89400 et 89525, ainsi que les organismes permanents à caractère social des collectivités locales (caisses des écoles, comités des fêtes, etc.) et des entreprises, sont exonérés de TVA pour les recettes de six manifestations de bienfaisance ou de soutien (bal, kermesse, spectacle, vente de charité, tombola, baptêmes de l'air, etc.) organisées dans l'année à leur profit exclusif. 89530 CGI art. 261, 7-1°-c TVA-V-1500 s

L'exonération porte tant sur le prix d'entrée à la manifestation que sur l'**ensemble des recettes** perçues à cette occasion (BOI-TVA-CHAMP-30-10-30-10 n° 630).

EXEMPLE

Buffet, buvette, location de stands, ventes de programmes, de confiserie, recettes publicitaires, etc.

L'exonération s'applique aux recettes encaissées auprès du public mais également, le cas échéant, aux **subventions** versées par une commune pour assurer l'équilibre financier de la manifestation (en ce sens, BOI précité n° 620).

> Précisions a. Pour les **organismes représentés sur diverses parties du territoire** (organismes non lucratifs à caractère national, départemental, régional ou intercommunal, clubs omnisports, associations locales à activités multiples), l'exonération est accordée à chaque section locale (ou spécialisée) à condition que le nombre des manifestations organisées dans la même commune au cours d'une année par les différentes sections locales (ou spécialisées) et l'organisme central ne soit pas supérieur à six (BOI précité nos 590 à 610).

b. Les salaires versés lors des manifestations de bienfaisance sont exonérés de **taxe sur les salaires** (nos 73470).

89535 CGI art. 261, 4-9° TVA-V-3900 s

Organismes philosophiques, religieux, politiques, patriotiques, civiques ou syndicaux Une exonération spécifique est prévue au profit des organismes **légalement constitués,** agissant **sans but lucratif et gérés de manière désintéressée,** au sens défini nos 89410 s., qui poursuivent un objectif de nature philosophique, religieuse, politique, patriotique, civique ou syndicale.

Cette exonération peut concerner non seulement les associations, les congrégations et les fondations, mais aussi les syndicats ouvriers, les organisations patronales, les associations ou unions de commerçants (voir n° 47345) et les organismes professionnels des professions libérales. En revanche, selon l'administration, les sociétés civiles ou commerciales, les personnes physiques, les simples groupements de fait ne peuvent pas se prévaloir de l'exonération.

> **Précisions** Les organismes en cause peuvent également bénéficier, le cas échéant, des **autres exonérations** prévues pour :
> – les services à caractère social, éducatif, culturel ou sportif rendus à leurs membres (n° 89525) ;
> – les recettes de six manifestations de bienfaisance annuelles (n° 89530) ;
> – les services rendus à leurs membres pour leur activité professionnelle (nos 47280 s.).

89540 **Remarque** : Certaines **opérations** réalisées par les organismes en cause, et plus particulièrement les groupements et syndicats professionnels, sont susceptibles d'être placées **hors du champ d'application de la TVA** lorsque le « lien direct » défini n° 46490 fait défaut.

Selon l'administration, les activités menées dans le cadre d'une **mission d'intérêt général** dévolue par les pouvoirs publics doivent être considérées comme placées hors du champ d'application de la TVA. Il en est ainsi des opérations réalisées en vertu de missions de réglementation professionnelle (dévolues aux ordres professionnels, par exemple) ou de mise en œuvre de la politique économique ou sociale (par exemple, missions d'organisation et de régulation des marchés dévolues aux organisations interprofessionnelles reconnues dont les accords ont été étendus par les pouvoirs publics).

De même ne sont pas imposables à la TVA les **prestations** et les **ventes** réalisées par l'organisme au profit de ses **membres** lorsqu'il n'existe pas de lien direct entre ces opérations et une contrepartie financière (cotisation, rémunération spécifique, etc.) du bénéficiaire (BOI-TVA-CHAMP-30-10-30-30 n° 30).

89545 TVA-V-4255 s

Les opérations susceptibles d'être exonérées doivent remplir quatre **conditions.**

1. Il doit s'agir de **prestations de services** ou de **livraisons de biens** étroitement liées à ces prestations, qui sont fournies **aux adhérents** de l'organisme. Sont donc exclues de l'exonération les opérations réalisées au profit de tiers non adhérents et les livraisons de biens qui n'ont pas de lien direct avec les services rendus aux adhérents ou qui représentent une part prépondérante de l'activité de l'organisme.

2. Il doit s'agir d'opérations exclusivement rémunérées par la perception d'une **cotisation statutaire.**

3. Les opérations exonérées doivent se **rattacher directement** à la **défense collective des intérêts** moraux ou matériels **des membres.**

> EXEMPLES
> Représentation collective auprès des pouvoirs publics ou d'autres organisations syndicales ; participation à l'élaboration de textes législatifs ou réglementaires, de conventions collectives, d'accords professionnels ; représentation en justice ; études, recherches, documentation technique pouvant concerner l'ensemble ou une très large majorité des adhérents et ne se situant pas dans le prolongement direct de leur activité économique.

4. Les opérations ne doivent pas être susceptibles de provoquer des **distorsions de concurrence** (condition non prévue par l'article 261, 4-9° du CGI mais résultant de l'article 132, 1-l de la directive 2006/112/CE).

Lorsque les **droits d'adhésion** ou les cotisations perçus par un organisme constituent à la fois la **contrepartie d'opérations exonérées** (ou hors champ) **et d'opérations taxables,** il appartient à l'organisme concerné d'évaluer, sous sa propre responsabilité et sous réserve du droit de contrôle du service des impôts, la part des droits d'adhésion ou des cotisations qu'il y a lieu de soumettre à la TVA, faute de quoi la totalité de ces sommes donnerait lieu à imposition (BOI-TVA-CHAMP-30-10-30-30 n° 190 ; sur ce point, voir toutefois nos 46478 s.).

> **Précisions** **a.** Les opérations sans rapport direct **avec la défense collective des intérêts** moraux ou matériels des adhérents ou qui relèvent de la protection individuelle de tels intérêts ne sauraient bénéficier de l'exonération, même si elles sont « couvertes » par la perception

de cotisations (tenue de comptabilités, établissement de factures ou de déclarations fiscales, conseils personnalisés, etc.). Il en est de même des prestations qui, par nature, sont rendues aux entreprises membres dans un **but directement économique** telles que les prestations de publicité, même collectives (BOI précité nos 160 et 170).

b. Les actions de **formation** dispensées aux **militants politiques ou syndicaux** sont exonérées lorsqu'elles sont consenties contre le paiement de la cotisation. L'exonération couvre également les livraisons de matériels et documents pédagogiques accessoires aux actions de formation (BOI précité n° 220).

Autres cas d'exonération **a.** Les **associations intermédiaires** conventionnées, visées à l'article L 5132-7 du Code du travail, dont la gestion est désintéressée sont exonérées de TVA (CGI art. 261, 7-1° bis). 89555

b. Les associations de **services aux personnes** agréées en application de l'article L 7232-1 du Code du travail ou autorisées en application de l'article L 313-1 du CASF, qui assurent leur activité dans les conditions prévues aux 2° et 3° de l'article L 7232-6 du Code du travail et dont la gestion est désintéressée, sont exonérées de la TVA, en application de l'article 261, 7-1° ter du CGI, au titre des prestations de services visées nos 53015 et 53260 réalisées au profit de personnes physiques ou de familles en situation de fragilité ou de dépendance (BOI-TVA-CHAMP-30-10-30-20 nos 380 à 410). Celles qui réalisent leur activité en application du 1° de l'article L 7232-6 susvisé (mode « mandataire ») ne sont en revanche pas éligibles à cette exonération (BOI précité n° 385 ; CE 22-11-2019 n° 432648 : RJF 2/20 n° 108). TVA-V-3690 s

c. Les organismes sans but lucratif dont la gestion est désintéressée sont autorisés à acquérir ou importer en **franchise** de la TVA les **biens** qu'ils destinent à l'**exportation** dans le cadre de leur activité humanitaire, charitable ou éducative, sous réserve qu'ils adressent à leurs fournisseurs l'attestation mentionnée n° 50575 (CGI art. 275, II). La solution vaut, à notre avis, quel que soit le pays dans lequel ces biens sont expédiés (y compris les États de l'Union européenne). TVA-IV-37530

En outre, les entreprises qui consentent des **dons** d'invendus alimentaires et non alimentaires neufs aux **associations reconnues d'utilité publique** (y compris les fondations) présentant un intérêt général de caractère humanitaire, éducatif, social ou charitable sont dispensées de **régularisation** de la TVA initialement déduite au titre des biens en cause (CGI art. 273 septies D). La dispense s'applique sous réserve que l'organisme bénéficiaire du don adresse aux assujettis donateurs une **attestation** dans les conditions fixées à l'article 84 B de l'annexe III au CGI. Sous réserve du respect de cette condition formelle sont également admis au bénéfice de cette dispense les dons portant sur des biens autres que des invendus (biens acquis ou fabriqués en vue de leur donation ; biens utilisés par le donateur pour son exploitation) ainsi que les dons de biens effectués par les assujettis au profit des « **banques alimentaires** » et des associations ou fondations sans but lucratif dont la gestion est désintéressée qui les exportent dans le cadre de leurs activités humanitaires, éducatives, sociales ou charitables (BOI-TVA-DED-60-30 n° 70). Le bénéfice de cette dispense de régularisation vaut également dispense de taxation de la **livraison à soi-même** desdits biens (BOI-TVA-CHAMP-10-20-20 n° 130). TVA-II-23400 s

IMPÔT SUR LES SOCIÉTÉS

Sont exonérés de l'IS (exception faite des revenus patrimoniaux visés nos 89700 s.) : 89565

a. Les associations sans but lucratif de la loi de 1901 organisant, avec le concours des communes ou départements, des foires, expositions, réunions sportives et autres **manifestations publiques** présentant un **intérêt économique** certain **pour la commune ou la région** (CGI art. 207, 1-5° : IS-IV-30700 s.) ;

b. Les **organismes** sans but lucratif visés nos 89400 et 89525, pour les opérations à raison desquelles ils sont **exonérés de la TVA.** Cette exonération s'applique aux services de caractère social, éducatif, culturel ou sportif rendus à leurs membres (n° 89525) et aux six manifestations de soutien ou de bienfaisance visées n° 89530 (CGI art. 207, 1-5° bis : IS-IV-30410 s.) ;

c. Les organismes de **jardins familiaux** (CGI art. 208, 5° : IS-IV-31000 s.) ;

d. Les **associations intermédiaires conventionnées** et les associations agréées ou autorisées de services aux personnes (CGI art. 206, 5 bis : IS-I-12450 s. et IS-I-12580 s.) ;

e. Les **syndicats professionnels** et leurs unions ainsi que, selon l'administration, les ordres professionnels (BOI-IS-CHAMP-30-70 n° 300), pour leurs activités portant sur l'étude et la défense des droits et des intérêts collectifs matériels ou moraux de leurs membres ou des personnes qu'ils représentent, à condition qu'ils fonctionnent conformément aux dispositions qui les régissent (CGI art. 207, 1-1° bis : IS-IV-30020 s.).

L'administration admet, sous certaines conditions, que les **groupements de moyens** formés pour des nécessités de gestion entre des organismes syndicaux dont le caractère non lucratif d'ensemble n'est pas contesté n'exercent pas, en principe, une activité lucrative et ne sont pas soumis à l'IS (et à la CET) (BOI précité nos 520 à 560) ;

f. Les **communautés professionnelles territoriales de santé** dont le projet de santé est validé dans les conditions prévues à l'article L 1434-12 du Code de la santé publique, pour les ressources perçues au titre de leurs missions de service public en application de la convention prévue à l'article L 1434-12-2 du même Code (CGI art. 207, 1-17° : IS-IV-31100*).

CONTRIBUTION ÉCONOMIQUE TERRITORIALE

89575 Sont exonérés de CFE (et, le cas échéant, corrélativement de CVAE) :

– les organismes de **jardins familiaux** (CGI art. 1461, 5° : CET-II-56700) ;

– les **syndicats professionnels** et leurs unions ainsi que, selon l'administration, les ordres professionnels (BOI-IS-CHAMP-30-70 n° 300) pour leurs activités portant sur l'étude et la défense des droits et des intérêts collectifs matériels ou moraux de leurs membres ou des personnes qu'ils représentent, à condition qu'ils fonctionnent conformément aux dispositions qui les régissent (CGI art. 1461, 7° : CET-II-56900 s.). Pour les syndicats professionnels **agricoles,** cette exonération se cumule avec celle prévue à l'article 1451, I-3° du CGI (voir n° 43552). En ce qui concerne les **groupements de moyens** formés entre organismes syndicaux, voir n° 89565, e ;

– les organismes sans but lucratif au titre des **six manifestations annuelles de bienfaisance ou de soutien** autorisées (BOI-IF-CFE-10-20-20-20 n° 70) et au titre de leurs **participations dans** les **établissements d'enseignement supérieur consulaire** (n° 89480, précision b) ;

– les biens affectés à des missions de service public des **communautés professionnelles territoriales de santé,** lorsque leur projet de santé est validé dans les conditions prévues à l'article L 1434-12 du Code de la santé publique et qu'elles ont conclu la convention prévue à l'article L 1434-12-2 du même Code (CGI art. 1461 A : CET-II-57320 s.).

Remarque : Les associations sont également susceptibles de bénéficier des exonérations générales de CFE applicables à l'ensemble des assujettis, par exemple celles prévues en faveur des **établissements d'enseignement** privés ou des **entreprises de spectacles** (voir nos 43540 s. pour les exonérations applicables de plein droit, nos 43580 s. pour les exonérations facultatives et nos 43870 s. pour les incidences de ces exonérations sur la CVAE).

B. Modalités d'imposition des activités lucratives

PRINCIPES

89615 Un organisme qui réalise des opérations lucratives ne bénéficiant ni de la franchise (nos 89460 s.) ni des dispositifs spéciaux d'exonération (nos 89510 s.) ne perd pas son caractère non lucratif si les opérations lucratives sont dissociables de l'activité non lucrative et si celle-ci demeure significativement prépondérante. Le traitement fiscal de l'activité lucrative accessoire varie alors en fonction de l'impôt considéré : IS, TVA et CET.

Si les **activités lucratives** devenaient **prépondérantes,** toutes les activités de l'organisme seraient assujetties à l'IS et à la TVA (sauf exonération spécifique). Mais seules les activités lucratives seraient soumises à la CET.

89620 CGI art. 206, 1 et 1668, 1 **IS-I-13540 s** **Impôt sur les sociétés** Un organisme sans but lucratif peut, sous certaines conditions, constituer un secteur dit « lucratif » qui sera seul soumis à l'IS (nos 89640 s.). Il peut aussi, dans le même but, filialiser ses activités lucratives (nos 89670 s.).

À défaut, tous les revenus de l'organisme (y compris les revenus patrimoniaux, dons, cotisations et subventions perçus) sont soumis à l'IS dans les conditions de droit commun, qu'il s'agisse de l'assiette, du calcul, de l'établissement ou du paiement de l'impôt.

Les associations, fondations, fonds de dotation et congrégations visés n° 89400, ainsi que les syndicats professionnels régis par les articles L 2131-1 s. du Code du travail sont toutefois dispensés du versement des **acomptes** d'IS lorsque le chiffre d'affaires du dernier exercice clos est inférieur à 84 000 €.

> **Précisions** **a.** Les associations, congrégations et fondations sont dispensées d'acomptes au cours des douze **premiers mois d'assujettissement à l'IS** (BOI-IS-CHAMP-10-50-20-10 nos 490 et 510).
> **b.** Les organismes soumis à l'IS sont assujettis, le cas échéant, à la **contribution sociale de 3,3 %** (nos 36690 s.).
> **c.** Les associations qui exercent une **activité lucrative nouvelle** peuvent bénéficier du régime d'exonération des entreprises nouvelles si elles remplissent les conditions requises (nos 10260 s.). L'exercice simultané d'une activité non lucrative n'y fait pas obstacle (BOI-BIC-CHAMP-80-10-10-10 nos 50 et 100).

TVA Lorsqu'elles ne peuvent pas bénéficier des exonérations prévues par la loi, les opérations relevant d'une activité économique réalisées par les organismes sans but lucratif sont soumises à la TVA selon les règles générales, sous réserve cependant de quelques particularités. 89625 TVA-V-1900 s

a. Quel que soit le montant de leurs recettes, ces organismes sont obligatoirement placés sous le régime du chiffre d'affaires **réel normal** (CGI art. 261, 7-1°-d-dernier al. ; dans le même sens, BOI-TVA-DECLA-20-30-20-10 n° 60). Ils peuvent cependant bénéficier de la **franchise en base** (n° 54350) dans les mêmes conditions que les autres redevables.

b. En matière de **déclarations,** ces organismes souscrivent une déclaration CA3 de façon périodique (tous les mois ou tous les trimestres en fonction du montant de l'impôt annuel dû : n°s 54160 s.) ou occasionnelle (souscrite dans les 30 jours de la réalisation de l'opération taxable). Les ventes accessoires consenties aux membres sont déclarées globalement en fin d'année sur la déclaration CA3 souscrite au titre du dernier mois ou du dernier trimestre. Quant aux opérations réalisées à l'occasion de manifestations de bienfaisance ou de soutien taxables, elles sont déclarées en tant qu'opérations occasionnelles sur une CA3 dans les 30 jours qui suivent la fin de la manifestation (BOI précité n°s 90 à 130).

c. En matière de **droits à déduction,** les organismes qui exercent concurremment des activités taxées et des activités exonérées doivent constituer deux ou plusieurs **secteurs d'activité distincts** : un secteur regroupant les activités exonérées ainsi que les ventes taxables excédant la limite de 10 % ; un secteur spécifique pour chacune des activités au titre desquelles la création d'un secteur distinct est obligatoire, par exemple pour chacune des manifestations de bienfaisance taxables ; un secteur regroupant les autres activités taxables. Dans le cadre de ces différents secteurs, les droits à déduction s'exercent selon les règles de droit commun (voir n°s 55000 s. et, en particulier, n°s 56060 s.).

Contribution économique territoriale Un organisme qui exerce une activité lucrative est assujetti à la contribution (sous réserve de la franchise visée n° 89460) sur cette seule activité, que son activité non lucrative soit prépondérante ou non. Il peut, s'il le souhaite, sectoriser ses activités lucratives dans les conditions exposées n°s 89640 s. (BOI-IF-CFE-10-20-20-20 n°s 150 et 160). 89630 CET-II-8400 s

SECTORISATION DES ACTIVITÉS LUCRATIVES

La création d'un secteur au sein duquel sont regroupées toutes les activités lucratives permet de limiter l'application de l'**IS** à ce seul secteur. Il s'agit d'une simple faculté accordée par l'administration. En matière de **CET,** les activités non lucratives sont exonérées, que les activités lucratives soient sectorisées ou non (BOI-IF-CFE-10-20-20-20 n° 140). 89640 IS-I-14200 s

Cette sectorisation est indépendante des règles relatives à la constitution de secteurs distincts en matière de **TVA,** qui est imposée par les textes pour l'exercice des droits à déduction et obéit à des règles spécifiques (voir n°s 56030 s.).

Conditions Les **opérations lucratives** doivent être **dissociables,** par nature, de l'activité non lucrative. Elles doivent donc correspondre à des prestations différentes de l'activité principale de l'organisme, mais peuvent être complémentaires de celle-ci. 89645 IS-I-14320 s

EXEMPLES

Exploitation d'un bar ou d'une buvette ; vente d'articles divers ou d'un journal (même si le thème de ce journal correspond à l'objet social de l'organisme) ; location de salles, etc.

En matière d'IS, la possibilité offerte aux organismes de sectoriser leurs activités lucratives est réservée aux situations où les **activités non lucratives** sont significativement **prépondérantes.** L'appréciation de la prépondérance s'effectue en général en fonction de la part des recettes commerciales dans l'ensemble des moyens de financement de l'organisme. Mais d'autres critères peuvent s'avérer plus pertinents, comme la part respective des effectifs et des moyens consacrés à chacune des activités. Quel que soit le critère retenu, la comparaison peut être effectuée sur plusieurs années, de façon à lisser les effets de situations exceptionnelles.

Modalités Les **moyens d'exploitation** (locaux, matériels, salariés, etc.) propres à chaque secteur doivent être spécifiquement affectés au secteur considéré. Les moyens d'exploitation communs sont répartis au prorata du temps d'utilisation. 89650 IS-I-14450 s

Un **bilan fiscal d'entrée,** spécifique au secteur lucratif, doit être établi au premier jour du premier exercice soumis aux impôts commerciaux. Les éléments d'actif et de passif affectés aux opérations lucratives y sont inscrits pour leur valeur réelle à la date d'établissement du bilan.

S'agissant des immobilisations (**immeubles et biens mobiliers**), l'association peut à son choix inscrire ou non à l'actif la fraction affectée à l'activité lucrative. Ce choix emporte des conséquences en matière d'IS (charges déductibles ou non ; plus-values de cession imposables ou non).

Les biens mobiliers peuvent aussi être inscrits pour leur valeur totale au bilan du secteur lucratif, les charges correspondantes étant réparties, exercice par exercice, entre les deux secteurs.

89655 IS-I-14600 s **Effets** En matière d'**IS,** seul le résultat du secteur lucratif est déterminé et soumis à l'IS dans les conditions de droit commun (l'organisme doit bien entendu procéder à une exacte répartition des charges entre son activité lucrative et son activité non lucrative). L'impôt est en principe dû au taux normal (n° 36065) ou, lorsque le chiffre d'affaires du secteur lucratif est inférieur à un certain montant, au taux réduit de 15 % pour la fraction du bénéfice n'excédant pas 42 500 € (voir n° 36085 s.).

La dispense légale de versement des **acomptes** d'IS s'applique lorsque le chiffre d'affaires du dernier exercice clos provenant du secteur lucratif sectorisé est inférieur à 84 000 €. L'administration dispense également les associations, congrégations et fondations d'acomptes au cours des douze **premiers mois d'assujettissement à l'IS** (n° 89620).

Les **revenus patrimoniaux** sont présumés non lucratifs et restent donc taxables aux taux réduits de 10 %, 15 % ou 24 % (n° 89700 s.), sauf si l'administration établit que les immeubles loués, les exploitations agricoles ou les placements mobiliers sont en réalité affectés à la réalisation d'opérations lucratives.

> **Précisions** La **compensation** des **résultats** du secteur lucratif et des revenus patrimoniaux est possible : les organismes peuvent demander à compenser le déficit subi dans l'exploitation lucrative avec des revenus patrimoniaux et réciproquement. Bien entendu, le déficit ainsi compensé ne peut plus être reporté pour l'établissement de l'impôt dû au titre des exercices suivants (BOI-IS-CHAMP-10-50-20-10 n° 460).

89660 CET-II-8450 s En ce qui concerne la **CET,** seuls les moyens affectés à l'exploitation du secteur lucratif sont pris en compte pour le calcul de la base d'imposition à la cotisation foncière. Les moyens communs aux deux secteurs doivent être répartis au prorata du temps d'utilisation.

S'agissant de la CVAE, les éléments afférents à l'activité non lucrative doivent être exclus du calcul de la valeur ajoutée.

FILIALISATION DES ACTIVITÉS LUCRATIVES

89670 IS-I-14900 s L'organisme qui ne souhaite pas ou qui ne peut pas sectoriser tout ou partie de ses activités lucratives peut les filialiser au sein d'une structure juridiquement distincte.

Cette filialisation revêt la forme d'un **apport partiel d'actif** à une société nouvelle ou préexistante et entraîne, au regard du secteur lucratif de l'organisme apporteur, cessation totale ou partielle d'entreprise. L'opération peut être placée sous le **régime** de faveur **des fusions** et opérations assimilées (n° 39200 s.) lorsque la société bénéficiaire de l'apport est soumise à l'IS, à condition que les titres reçus en échange soient localisés dans un secteur lucratif (BOI-IS-CHAMP-10-50-20-10 n° 590).

En matière de **CFE,** si la filialisation s'effectue sous forme de création d'une société nouvelle, l'opération s'analyse en une création d'établissement ou un changement d'exploitant, selon le cas (n° 43746 et 43748). En cas d'apport à une société préexistante, l'apport constitue un changement d'exploitant (BOI-IF-CFE-10-20-20-20 n° 220 et 230).

89675 La **filiale** créée est soumise aux impôts commerciaux dans les conditions de droit commun.

L'**organisme mère** conserve son caractère non lucratif s'il se cantonne dans un rôle d'actionnaire passif. S'il intervient dans la gestion de sa filiale, il est considéré comme ayant une activité lucrative de gestion de titres mais peut sectoriser cette activité dans les conditions exposées n° 89640 s. Dans ce cas, les dividendes perçus sont taxables dans les conditions de droit commun, sous réserve de l'application du régime mère-fille (n° 40850 s.) (BOI-IS-CHAMP-10-50-20-10 n° 580 à 630).

Enfin, la prise de participation dans une société peut entraîner la lucrativité de l'ensemble de l'activité de l'association en cas de complémentarité économique de l'association et de la société (BOI précité n° 640 et 650).

C. Imposition des revenus patrimoniaux

RÈGLES GÉNÉRALES

89700 CGI art. 206, 5, et 219 bis IS-I-15500 s Les organismes sans but lucratif sont en principe redevables de l'**impôt sur les sociétés** sur les revenus patrimoniaux qui ne se rattachent pas à leurs activités lucratives, au taux réduit de 24 %, 15 % ou 10 % selon la nature des revenus en cause (étant précisé que l'IS est dû même si l'organisme ne se livre à aucune activité lucrative). Ils ne supportent pas en revanche la **contribution sociale** de 3,3 %.

Sont toutefois exonérés de l'imposition de leurs revenus patrimoniaux les **fondations reconnues d'utilité publique** ainsi que les **fonds de dotation** dont les statuts ne prévoient pas la possibilité de consommer leur dotation en capital.

Remarques : **1.** Même s'ils entrent dans les prévisions de l'article 206, 5 du CGI, les **revenus** dont la perception est **indissociable de l'activité non lucrative** de l'organisme ne sont pas imposables.

ILLUSTRATIONS

Locations à prix minoré à des associations ayant une activité sociale complémentaire de celle de l'organisme propriétaire (CE 24-2-1986 n° 54683 : RJF 4/86 n° 354).

Produits financiers perçus par les caisses autonomes des règlements pécuniaires des avocats (Carpa) dans le cadre de leur mission de conservation des fonds déposés par les avocats, inhérents à la réalisation même de leur objet social (CE 4-7-2014 n° 361316 : RJF 10/14 n° 879). Sont en revanche imposables les produits perçus par les ordres d'avocats pour le placement de leurs fonds propres qu'ils décident d'affecter à des missions désintéressées (CE 19-7-2017 n° 402732 : RJF 11/17 n° 1028).

2. Tous les **revenus autres** que ceux visés à l'article 206, 5 du CGI échappent à l'impôt (cotisations, dons et subventions, plus-values immobilières ou mobilières, etc.).

Tirant les conséquences de la jurisprudence du Conseil d'État (CE 13-2-2009 n° 298108 : RJF 5/09 n° 525), l'administration a indiqué que, sauf stipulations conventionnelles ou dispositions de droit interne équivalentes ou plus favorables, les **organismes à but non lucratif dont le siège est situé dans un autre État** membre **de l'Union européenne, en Norvège, en Islande ou au Liechtenstein** doivent être soumis, au titre de leurs revenus de source française, au même régime fiscal que les organismes à but non lucratif dont le siège est en France. Pour bénéficier de ce régime, qui se traduit notamment par l'exonération des plus-values réalisées en France ou par l'application d'une retenue à la source au taux de 15 % sur les dividendes de source française (n° 24860), ces organismes doivent obtenir de l'administration française une attestation selon laquelle ils satisferaient aux conditions requises pour bénéficier des dispositions de l'article 206, 5 du CGI si leur siège était situé en France (BOI-RPPM-RCM-30-30-10-70 nos 130 à 170). **89701** IS-I-18400 s

> Précisions Peuvent par ailleurs bénéficier de l'**exonération** prévue pour les **fondations reconnues d'utilité publique** :

– une fondation étrangère établie en Suisse si elle démontre qu'elle pourrait bénéficier de cette exonération si elle était établie en France (CE 7-6-2017 n° 389927 : RJF 10/17 n° 914) ;

– un organisme étranger (en l'occurrence, un « charitable trust » britannique) si, compte tenu des règles spécifiques auxquelles il est soumis dans son État de résidence, il satisfait aux conditions posées en droit interne pour obtenir la reconnaissance d'utilité publique s'agissant de l'irrévocabilité de l'affectation des biens, de leur dévolution en cas de dissolution, de l'étendue des obligations comptables et de transparence financière et du pouvoir dont dispose l'autorité de tutelle (CAA Versailles 19-5-2016 n° 14VE01214 : RJF 8-9/16 n° 711).

REVENUS IMPOSABLES

Locations d'immeubles Sont soumis à l'impôt sur les sociétés au taux de 24 % les revenus provenant de la location des immeubles bâtis et non bâtis dont les organismes sont propriétaires (ou auxquels ils ont vocation en qualité de membre d'une société de copropriété « transparente »). **89705** IS-I-16500 s

Le revenu imposable est un revenu net, égal à la différence entre les recettes et le montant réel des charges, amortissements compris, exposées au cours de la période d'imposition.

> Précisions **a.** Échappent à l'impôt les revenus des immeubles bénéficiant d'une **exemption permanente de taxe foncière** (nos 41940 s. et 42520 s.).

b. Seules les charges afférentes aux immeubles loués peuvent normalement être déduites du revenu brut. Cependant, les charges foncières afférentes aux **immeubles historiques et assimilés,** définis n° 28350, dont l'organisme se réserve la jouissance peuvent être déduites de sa base globale d'imposition (dans les conditions et limites prévues aux articles 41 F à 41 J de l'annexe III au CGI).

Bénéfices agricoles ou forestiers Les bénéfices agricoles ou forestiers doivent, en principe, être retenus pour leur **montant réel** et imposés au taux de 24 %. Cependant, l'administration admet l'application (BOI-IS-DECLA-10-10-30 n° 60) : **89710** IS-I-17000 s

– du régime **micro-BA** pour les exploitations agricoles dont les recettes n'excèdent pas la limite d'application de ce régime, lorsqu'elles n'en sont pas expressément exclues et n'optent pas pour un régime réel d'imposition (voir nos 15500 s. et 15710 s.) ;

– du régime du forfait prévu à l'article 76 du CGI pour les **exploitations forestières,** en ce qui concerne le bénéfice provenant de coupes de bois (voir n° 16365).

89715 IS-I-17200 s **Revenus mobiliers** Les revenus de capitaux mobiliers perçus par les collectivités sans but lucratif ne sont pas tous imposables. Sont **exonérés** :

– les produits des **obligations** et autres **titres** d'emprunt **négociables** (y compris les emprunts d'État) **émis avant le 1er janvier 1987** ;

– les produits des **bons de caisse** soumis à retenue à la source ;

– les intérêts des **livrets A,** ainsi que les intérêts de certains emprunts non négociables contractés par des collectivités locales, organismes d'HLM ou organismes concessionnaires de l'aménagement de zones (CGI art. 208 ter) ;

– les intérêts des **livrets « Bleus » du Crédit mutuel** ouverts avant le 1er janvier 2009 ;

– les intérêts des fonds déposés à la **Caisse des dépôts** et consignations par les sociétés mutualistes.

> **Précisions** **a.** Les plus-values de cession de titres ne sont pas soumises à l'IS, même s'il s'agit de titres générateurs de revenus imposables.
> **b.** Les organismes sans but lucratif ne sont pas soumis à la règle de prise en compte des écarts d'évaluation annuels constatés sur les titres d'OPCVM **de capitalisation** (n° 19005). Seuls les organismes exerçant plusieurs activités dont l'une est soumise à l'IS dans les conditions de droit commun doivent se conformer à cette règle à raison des titres d'OPCVM directement rattachables à l'activité soumise à l'IS ou proportionnellement aux opérations afférentes à cette activité (BOI-IS-BASE-10-20-10 nos 60 et 70).
> **c.** Les **crédits d'impôt** étrangers éventuellement attachés aux revenus exonérés ne peuvent pas être utilisés.

89720 Les **revenus** mobiliers **imposables** pour leur **montant brut** sont les suivants :

a. Produits taxables au taux de 24 %. Il s'agit essentiellement :

– des produits de **créances non négociables,** dépôts, cautionnements et comptes courants (nos 25630 s.) qui ne font pas partie des produits exonérés ou des revenus taxables au taux de 10 % ;

– des produits des **bons** ou contrats **de capitalisation** ;

– des revenus de **valeurs** mobilières **étrangères** autres que les dividendes, encaissés en France ou à l'étranger, sous réserve de l'application des conventions internationales (nos 26505 s.) ;

– des **avances,** prêts ou acomptes reçus en qualité d'**associés** de sociétés de capitaux (nos 24810 s.) ;

b. Produits taxables au taux de 10 %. Il s'agit :

– des revenus d'**obligations** et titres assimilés (emprunts d'État compris) **émis depuis 1987** ;

– des produits des **titres de créances négociables** sur un marché réglementé (voir nos 25695 s.) ;

– des **primes de remboursement** attachées à certains titres ou contrats (voir n° 7970) ;

– des produits des parts de **fonds communs de créances ou de titrisation** ;

c. Produits taxables au taux de 15 %. Tous les **dividendes** de source française ou étrangère sont imposables au taux de 15 %.

> **Précisions** Lorsqu'elles sont imposables à raison des revenus de valeurs mobilières d'origine étrangère qu'elles perçoivent, les collectivités sans but lucratif peuvent, s'il y a lieu, imputer sur l'IS dû au taux de 15 % ou de 24 % les **crédits d'impôt** éventuellement attachés à ces revenus (formulaire 2066-SD : voir n° 82860).

ÉTABLISSEMENT ET PAIEMENT DE L'IMPÔT

89730 La **base taxable** à l'impôt sur les sociétés au taux réduit est constituée par la somme algébrique des trois catégories de revenus patrimoniaux imposables.

Les **déficits** fonciers (ou ceux provenant des exploitations agricoles ou forestières) peuvent s'imputer sur les revenus mobiliers taxés au taux de 10 % ou 24 % perçus au cours du même exercice. S'il subsiste un déficit, ce dernier est reportable sur les revenus des années suivantes.

Les organismes sans but lucratif doivent souscrire chaque année, dans les trois mois de la clôture de l'exercice ou, pour les exercices clos le 31 décembre (ou si aucun exercice n'a été clos au cours d'une année), au plus tard le deuxième jour ouvré suivant le 1er mai (soit le 3 mai, pour les déclarations à souscrire en 2024), la **déclaration** de leurs revenus imposables sur un formulaire spécial **2070-SD** (nous publions tous les ans, dans notre « Feuillet rapide », un guide *spécialement consacré* à l'établissement de cette déclaration).

L'impôt calculé au taux de 24 %, 15 % ou 10 % doit être acquitté spontanément au service des impôts lors de la souscription de la déclaration (CGI ann. III art. 362). Il ne donne lieu à aucun versement d'acomptes. La **contribution sur les revenus locatifs** (nos 74800 s.) est, le cas échéant, versée selon les mêmes modalités (CGI art. 234 quaterdecies).

CHAPITRE 8 AUTRES RÉGIMES

SOMMAIRE

SECTION 1
AGRÉMENTS FISCAUX 90200
Liste des principaux agréments 90350

SECTION 2
LOCATION EN MEUBLÉ 90420
A. Impôts directs 90485
1. Loueurs professionnels 90520
2. Loueurs non professionnels 90560
B. TVA 90615
C. Autres impôts 90670

SECTION 3
FIDUCIE 90780
A. Impôt sur le revenu et impôt sur les sociétés 90800
1. Constituant exerçant une activité professionnelle 90800
2. Constituant agissant dans le cadre de son patrimoine privé 90900
B. Droits d'enregistrement et IFI 90920
C. TVA 91045
D. Impôts directs locaux 91140
E. Contrôle fiscal 91180

SECTION 4
OUTRE-MER 91280
A. Régime fiscal 91450
1. Départements d'outre-mer 91450
2. Nouvelle-Calédonie et autres collectivités d'outre-mer 91680
B. Investissements outre-mer 91710
1. Investissements des entreprises 91850
a. Réduction d'impôt en faveur des entreprises relevant de l'IR 91850
b. Déduction en faveur des sociétés passibles de l'IS 91930
c. Réduction d'impôt en faveur des sociétés passibles de l'IS 91970
d. Crédit d'impôt pour investissements productifs 91995
2. Investissements des particuliers 92010
a. Travaux de réhabilitation et de confortation de logements anciens 92010
b. Investissements « Duflot », « Pinel » et « Denormandie ancien » outre-mer 92065
c. Dispositif « Loc'Avantages » 92067
d. Investissements « Scellier » outre-mer 92070
e. Souscription de parts de FIP 92075
3. Investissements dans le secteur locatif social 92080
a. Réduction d'impôt sur le revenu 92080
b. Crédit d'impôt pour investissement dans le logement social 92085
c. TVA « immobilière » 92100

SECTION 5
CORSE 92140
A. Impôts directs 92260
1. Imposition des bénéfices des entreprises 92260
2. Impôts directs locaux 92300
3. Imposition des plus-values immobilières 92330
B. TVA 92360
C. Droits d'enregistrement 92430

SECTION 6
AMÉNAGEMENT DU TERRITOIRE (ZONES PRIORITAIRES) 92540

SECTION 7
RÉGLEMENTATION EUROPÉENNE DES AIDES D'ÉTAT 92605

SECTION 1 AGRÉMENTS FISCAUX

DÉFINITION

En vue de faciliter la réalisation de certaines opérations considérées comme dignes d'intérêt sur le plan économique ou social, des exonérations ou **avantages fiscaux** sont accordés par voie d'agrément administratif ou en vertu d'une convention passée avec l'État. 90200 CGI art. 1649 nonies DC-III-1 s

DÉLIVRANCE DES AGRÉMENTS

Sauf disposition expresse contraire, l'agrément est subordonné au dépôt d'une **demande préalable.** 90202 DC-III-1300 s

Établie d'après un modèle fourni par l'administration, cette demande doit être adressée à l'autorité compétente pour délivrer l'agrément. Pour les agréments relevant directement de la compétence du ministre chargé du budget, elle doit être déposée à la Direction générale des finances publiques (Bureau SJCF 3 A, Télédoc 957, 86-92, allée de Bercy, 75574 Paris Cedex 12). Le destinataire de la demande est tenu d'en accuser réception. S'il n'est pas nécessaire que la demande d'agrément indique tous les renseignements et soit accompagnée de toutes les pièces nécessaires à son instruction, elle doit néanmoins préciser l'identité complète du demandeur, la nature de l'opération prévue et l'avantage fiscal demandé. Le service destinataire doit alors procéder à une première instruction et mettre le demandeur en situation de compléter sa demande (BOI-SJ-AGR-10 n° 30).

L'agrément est **délivré,** en principe, par le ministre du budget, qui a cependant la faculté de déléguer le pouvoir de décision aux agents de l'administration ayant au moins le grade d'administrateurs des finances publiques. L'échelon de déconcentration retenu est une direction régionale ou départementale des finances publiques (BOI précité n° 100). Des délégations de compétence sont ainsi prévues, dans certaines limites et pour certains agréments, au profit du directeur départemental ou régional des finances publiques du département au chef-lieu duquel est localisée la direction du contrôle fiscal dans le ressort de laquelle est situé le siège de l'entreprise ou l'établissement concerné par l'opération (CGI ann. IV art. 170 quinquies à 170 decies). Pour plus de précisions concernant les agréments relatifs aux **investissements outre-mer,** voir n° 91870, précision b.

En cas de décision de refus d'agrément, le demandeur garde la possibilité de demander à l'administration de reconsidérer sa position par la voie d'un recours gracieux ou hiérarchique ou de l'attaquer par la voie d'un **recours pour excès de pouvoir.**

Les principaux agréments sont récapitulés dans le **tableau** du n° 90350.

› Précisions **a.** La jurisprudence distingue les **agréments de droit** – qui ont pour seul objet de vérifier si les conditions posées par le législateur sont remplies – des agréments ayant pour objet de conférer à l'administration un pouvoir **discrétionnaire.** Le juge de l'impôt apprécie, au cas par cas, à quelle catégorie appartient un agrément.

Si l'agrément est de droit, la décision de refus, qui ne peut être fondée sur des motifs autres que ceux prévus par la loi (CE 7-3-2012 n° 337529 : RJF 6/12 n° 574), doit être motivée (CRPA art. L 211-2). À défaut, elle serait irrégulière et le pétitionnaire aurait droit à l'obtention de l'agrément s'il remplissait les conditions requises. En revanche, les décisions de refus d'agrément discrétionnaire n'ont pas à être motivées ; leur annulation, lorsqu'elles sont entachées d'illégalité, ne vaut pas par elle-même décision d'agrément.

b. Saisi d'une demande d'exécution du jugement ayant annulé le refus d'agrément, le Conseil d'État peut fixer un **délai** au ministre pour réexaminer la demande d'agrément (CE 29-11-2000 n° 197319 : RJF 2/01 n° 162).

c. L'absence de réponse de l'administration dans un délai déterminé vaut **accord tacite** pour les demandes d'agrément préalable qui doivent être obligatoirement déposées afin de pouvoir bénéficier du régime de défiscalisation prévu en faveur de certains investissements outre-mer (n° 91870, précision b).

d. **L'annulation** contentieuse **de la décision de rejet** d'une demande d'agrément ne vaut pas agrément tacite en l'absence de renouvellement de la demande d'agrément (CE (na) 24-7-2019 n°s 428105 et 428108 : RJF 11/19 n° 1002).

RETRAIT ET DÉCHÉANCE DES AGRÉMENTS

90205 CGI art. 1649 nonies A DC-III-3500 s

L'octroi et le maintien des avantages fiscaux accordés par agrément sont subordonnés à l'**exécution des engagements** souscrits par les bénéficiaires ainsi qu'au respect des conditions édictées par les textes applicables en la matière ou insérées dans les décisions d'agrément ou les conventions. Le non-respect de ces engagements ou conditions entraîne le retrait de l'agrément et la déchéance des avantages fiscaux qui y étaient attachés. La totalité des droits dont le redevable avait été dispensé du fait de l'agrément, assortis d'un intérêt de retard de 0,20 % par mois, est en outre immédiatement exigible.

La possibilité de procéder à un retrait n'est enfermée dans aucun **délai** particulier courant à compter de la date d'agrément (CAA Paris 23-9-2015 n° 13PA03809 : RJF 6/16 n° 561). Avant de procéder au retrait, l'administration doit mettre le contribuable en mesure de présenter ses observations. La **décision de retrait** doit dans tous les cas être motivée. En cas de retrait d'agrément, le **droit de reprise** de l'administration sur le montant des impositions dues par le contribuable doit respecter le délai général de reprise de six ans prévu à l'article L 186 du LPF qui court à partir de la date du fait générateur de l'impôt au titre duquel l'avantage fiscal a été obtenu (CE 4-4-2012 n° 326760 : RJF 6/12 n° 629). Les **effets** de la déchéance peuvent être **limités** à une fraction des avantages qui avaient été accordés. En ce qui concerne le délai applicable en cas de retrait d'un agrément relatif aux dispositifs de **défiscalisation outre-mer,** voir n° 91870, précision d.

La déchéance des avantages accordés du fait d'un agrément administratif ou d'une convention passée avec l'État est également encourue lorsque, postérieurement à la date de l'agrément ou de la signature de la convention, le contribuable se rend coupable d'**infractions fiscales** reconnues **frauduleuses** par une décision judiciaire ayant autorité de chose jugée.

Sanction applicable en cas d'agrément pour **investissement outre-mer** indûment obtenu : nº 91710, précision a.

ILLUSTRATIONS

Un retrait d'agrément peut être fondé sur la fourniture de **renseignements inexacts** quant au montant de l'investissement à réaliser (CE 16-4-2010 nº 322260 : RJF 7/10 nº 660). Mais les irrégularités commises par la société bénéficiaire et son dirigeant ne peuvent entraîner ce retrait dès lors que les **investissements** prévus ont été **réalisés** (CAA Marseille 10-6-2010 nº 07-3352 : RJF 5/11 nº 543).

La décision de retrait d'un agrément peut être contestée de deux manières : par voie de **recours pour excès de pouvoir** et, après expiration du délai de recours pour excès de pouvoir, par voie d'**exception d'illégalité,** à l'appui d'une demande en décharge des impositions qui en découlent (BOI-SJ-AGR-10 nº 280). **90207**

À l'occasion d'un recours dirigé contre le retrait d'une décision d'agrément, le juge contrôle la **légalité** des conditions posées par l'administration lors de l'octroi dudit agrément (CE 21-4-2000 nº 182106 : RJF 6/00 nº 763).

En cas d'**annulation** de la **décision de justice** ayant conduit à la **délivrance d'un agrément,** l'administration peut **abroger** cet agrément à tout moment avec pour conséquence l'exigibilité de l'imposition due dans des conditions identiques à celles qui auraient prévalu en l'absence d'agrément (CE 19-12-2014 nº 384144 : RJF 3/15 nº 257).

LISTE DES PRINCIPAUX AGRÉMENTS

Les numéros sont ceux des paragraphes du Mémento où les agréments sont examinés. **90350**

Rénovation des structures des entreprises (agréments financiers)	nos
Absorption, scission, prise de contrôle de la société mère ou scission partielle et constitution d'un nouveau groupe	40750 s.
Apports partiels d'actif : application du régime des fusions	39265
Transfert des déficits antérieurs à des fusions	39570
Aide à l'aménagement du territoire	
Exonération temporaire de contribution économique territoriale	43584
Développement économique de l'outre-mer	
Investissements dans certains secteurs ou excédant un certain montant	91870, 91940, 91977, 91997 précision f et 92081
Protection du patrimoine artistique et culturel	
Dons d'œuvres d'art et remises d'immeubles à l'État	68920 et 68195
Divers	
Organismes de gestion agréés	87775, 87875 et 87920

SECTION 2

LOCATION EN MEUBLÉ

Les personnes qui donnent en location des locaux meublés sont normalement imposables à raison des revenus qu'elles retirent de cette activité ; elles relèvent également, en principe, de la contribution économique territoriale, mais nombre d'entre elles sont exonérées de TVA. Le régime fiscal auquel elles sont soumises comporte un certain nombre de particularités, examinées ci-après, étant précisé que seule est étudiée la location en meublé ou en garni, à l'exclusion (sauf pour la TVA) de l'activité hôtelière. **90420**

A. Impôts directs

CATÉGORIE D'IMPOSITION

90485 BIC-II-10900 s La location en meublé de chambres ou d'appartements est une activité commerciale qui relève, au regard de l'impôt sur le revenu, de la catégorie des **BIC** (et non de celle des revenus fonciers), que l'**activité** soit **exercée à titre habituel** ou à titre **occasionnel.** Si le propriétaire est une société passible de l'impôt sur les sociétés, c'est cet impôt qui est applicable.

> Précisions a. La taxation au titre des BIC concerne notamment les particuliers qui assurent l'**hébergement** et le service du **petit déjeuner** (« bed and breakfast ») et les personnes qui, louant des locaux nus destinés à être loués meublés, **participent aux résultats** de la location en meublé.
b. Le régime de la location en meublé s'applique également aux personnes physiques qui détiennent des parts de fonds de placement immobilier (**FPI**) dont les actifs immobiliers sont donnés en location meublée (voir n°s 30515 s.).

CAS D'EXONÉRATION

90495 CGI art. 35 bis, I BIC-II-11340 s Les personnes qui louent ou sous-louent en meublé, jusqu'au 31 décembre 2026 (Loi 2023-1322 du 29-12-2023 art. 38), une partie de leur **habitation principale** sont exonérées pour la **totalité** des produits retirés de la location lorsque les pièces louées constituent pour le locataire en meublé sa **résidence principale** ou sa **résidence temporaire,** s'il est salarié saisonnier (ce dernier doit justifier d'un contrat de travail visé à l'article L 1242-2, 3° du Code du travail), et que le prix de location est fixé dans des limites raisonnables.

ATTENTION

Il résulte de la doctrine administrative que cette condition est réputée remplie si le loyer annuel par mètre carré de surface habitable (charges non comprises) n'excède pas un certain **plafond** dont le montant diffère selon la région et est réévalué chaque année en fonction de l'indice de référence des loyers du deuxième trimestre de l'année précédente (BOI-BIC-CHAMP-40-20 n° 160). Pour 2024, ces plafonds, qui n'ont selon nous qu'un caractère indicatif, sont fixés à 206 € pour l'Île-de-France et à 152 € pour les autres régions.

90500 CGI art. 35 bis, II BIC-II-11560 s Sont exonérées, jusqu'au 31 décembre 2026 (Loi 2023-1322 du 29-12-2023 art. 38), les personnes qui louent ou sous-louent une partie de leur résidence principale, lorsque le loyer ne dépasse pas **760** € par an en ce qui concerne les produits de la location habituelle (à la journée, à la semaine ou au mois) à des personnes n'y élisant pas domicile (**chambres d'hôtes**).

> Précisions La limite de 760 € s'entend taxes comprises et s'applique au total des recettes provenant de la location et de prestations particulières : téléphone, petit déjeuner (BOI-BIC-CHAMP-40-20 n° 220). Si des prestations annexes présentent un caractère substantiel, l'opération est constitutive d'un louage de services n'ouvrant pas droit à l'exonération (CAA Nantes 11-4-2000 n° 97-663 : RJF 9-10/00 n° 1045).

RÉGIME D'IMPOSITION

90510 RIE-I-1800 s Lorsque les produits sont imposables, le régime d'imposition (micro-BIC, auto-entrepreneur, régime simplifié ou régime réel normal) est déterminé d'après les critères de droit commun (n° 11370). Pour l'appréciation du régime **micro-BIC,** à compter de l'imposition des revenus de 2023, il convient de retenir :

– le seuil de 188 700 € pour les **meublés de tourisme classés** au sens de l'article L 324-1 du Code du tourisme et les **chambres d'hôtes** au sens de l'article L 324-3 du même Code. L'abattement forfaitaire pour frais est égal à 71 % ;

– le seuil de 15 000 € pour les **meublés de tourisme non classés,** l'abattement forfaitaire pour frais étant alors égal à 30 % (Loi 2023-1322 du 29-12-2023 art. 45) ;

– le seuil de 77 700 € pour les **autres activités** de location meublée. L'abattement forfaitaire pour frais est égal dans ce cas à 50 %.

ATTENTION

Le Gouvernement a annoncé que les **règles** d'imposition des loueurs de **meublés de tourisme,** issues de la loi de finances pour 2024 précitée, ont été adoptées par « erreur ». Les règles présentées ici devraient donc évoluer.

Lorsque les contribuables relèvent d'un **régime réel** d'imposition, de plein droit ou sur option, des règles particulières s'appliquent selon qu'ils revêtent la qualité de loueur professionnel ou non professionnel (voir n°s 90520 s.).

> Précisions **a.** Les entreprises qui appliquent un abattement de 71 % pour le chiffre d'affaires provenant de la location de **meublés de tourisme classés** bénéficient d'un abattement supplémentaire de 21 % lorsque :
– ces meublés ne sont pas situés dans des zones géographiques se caractérisant par un déséquilibre important entre l'offre et la demande de logements ;
– et si le chiffre d'affaires hors taxe, ajusté le cas échéant prorata temporis, afférent à l'ensemble des activités de location de locaux meublés n'excède pas 15 000 € au cours de l'année civile précédente (Loi précitée du 29-12-2023 art. 45).
Cette mesure est soumise au respect de la réglemention de minimis (n° 92660).
b. Dans le cas où un contribuable exerce des **activités relevant des trois limites** d'application du régime micro-BIC (n° 11200), celui-ci s'applique de plein droit au titre d'une année si, l'année précédente ou l'avant-dernière année, le chiffre d'affaires global n'excède pas 188 700 € et si :
– le chiffre d'affaires afférent aux activités de location de meublés de tourisme non classés n'excède pas 15 000 € ;
– et le chiffre d'affaires afférent aux autres activités de prestations de services n'excède pas 77 700 € (Loi précitée du 29-12-2023 art. 45).

1. LOUEURS PROFESSIONNELS

DÉFINITION

La qualité de loueur professionnel est reconnue aux personnes qui remplissent les **conditions cumulatives** suivantes : **90520** CGI art. 155, IV BIC-XIV-18700 s
– les recettes annuelles tirées de cette activité par l'ensemble des membres du foyer fiscal sont supérieures à 23 000 € ;
– ces recettes excèdent les revenus professionnels du foyer fiscal soumis à l'impôt sur le revenu.
Sont donc considérées comme non professionnelles les personnes qui ne respectent pas l'une de ces conditions.

Recettes annuelles Pour l'appréciation des limites, l'administration considère que les recettes brutes à comparer au montant de 23 000 € s'entendent du total des **loyers courus charges comprises,** augmenté le cas échéant des **indemnités d'assurance** perçues en cas de défaillance du locataire (BOI-BIC-CHAMP-40-10 n° 110). **90530**

Le seuil de recettes s'apprécie en retenant le total des recettes réalisées par les membres d'un même foyer fiscal. Dans les **sociétés de personnes** ou groupements, on retient les recettes revenant à chaque associé au prorata de ses droits dans les bénéfices sociaux (CE 27-7-2006 n° 272397 : RJF 12/06 n° 1493 ; BOI précité n° 140).

En cas de **commencement d'activité** en cours d'année, le montant des recettes doit être ajusté, prorata temporis, distinctement pour chaque immeuble loué, l'année de la mise en location.

ATTENTION

Selon l'administration, le point de départ est fixé à la date d'acquisition ou d'achèvement de l'immeuble (BOI précité n° 170). Mais le Conseil d'État considère que la date de début d'activité est celle de la signature du bail qui correspond à la première opération d'exploitation de l'entreprise (CE 5-10-2007 n° 293475 : RJF 12/07 n° 1378).

Le montant des recettes doit également être ajusté prorata temporis en cas de **cessation** totale de l'activité de location meublée en cours d'année. Dans ce cas, la comparaison avec les autres revenus professionnels du foyer fiscal devrait pouvoir être faite par rapport aux revenus de l'année précédente lorsque le contribuable ne peut fournir l'estimation exacte du montant de ses revenus jusqu'à la date de cessation.

> Précisions **a.** Ces règles sont applicables aux **personnes qui louent, directement ou indirectement** (c'est-à-dire par l'intermédiaire de sociétés ou de personnes apparentées : société de gestion, par exemple), des locaux d'habitation meublés, ainsi que des locaux nus destinés à être loués en meublé, lorsque la location nue présente un caractère commercial en raison des modalités prévues par le contrat de bail (n° 7025, b).
b. Ne sont pas considérées comme des locations meublées les conventions d'hébergement qui, en raison des **services fournis ou proposés,** dépassent la simple jouissance du bien (dans le cadre, par exemple, de maisons de retraite, de résidences pour étudiants ou de tourisme). Il s'agit d'opérations de **louage de services.**
c. La circonstance qu'une location en meublé soit **consentie** au **profit d'un organisme de gestion hôtelière** ou **parahôtelière** ne fait pas obstacle à l'application du régime fiscal des loueurs en meublé dès lors que le bailleur n'assume aucun des risques liés à l'exploitation

(CE 16-10-2009 n° 301235 : RJF 1/10 n° 6). Tel est le cas s'il n'est pas associé aux résultats de son locataire exploitant (BOI-BIC-CHAMP-40-10 n° 20).

d. Le seuil de recettes s'apprécie en tenant compte de l'ensemble des loyers acquis par le contribuable quel que soit le **lieu de situation des immeubles,** y compris pour les non-résidents (BOI précité n° 115).

90535 **Revenus d'activités du foyer fiscal** Les recettes annuelles retirées de la location en meublé doivent excéder le total des revenus nets professionnels du foyer fiscal (avant déduction des charges du revenu global). Il s'agit en pratique des traitements et salaires, pensions et rentes viagères, bénéfices industriels et commerciaux, autres que ceux tirés de la location en meublé, bénéfices agricoles, bénéfices non commerciaux et revenus des gérants et associés mentionnés à l'article 62 du CGI.

> **Précisions** **a.** La comparaison des recettes issues de la location meublée avec les revenus du foyer est effectuée en prenant en compte les **déficits** subis au titre de l'année considérée à hauteur de leur montant imputable sur le revenu global. En revanche, dès lors que le caractère prépondérant de l'activité de location meublée s'apprécie annuellement, les **déficits des années antérieures** ne peuvent pas être pris en compte (CE 24-10-2014 n° 375358 : RJF 1/15 n° 4 ; BOI-BIC-CHAMP-40-10 n° 160).
>
> **b.** Pour apprécier le caractère professionnel d'une activité de loueur en meublé par une SARL non soumise à l'IS, il n'y a pas lieu de tenir compte des **loyers inscrits au débit des comptes courants des associés** de la SARL qui exploite les biens, en l'absence de contrat de location, de décompte précis des périodes louées et de versement de la taxe de séjour (CAA Paris 9-11-2018 n° 18PA03047 ; CE (na) 3-6-2019 n° 426943 : RJF 8-9/19 n° 743).
>
> **c.** Pour les **non-résidents,** seuls les revenus du foyer fiscal imposables en France sont pris en compte (BOI précité n° 165).

RÉGIME FISCAL

90545 Les **déficits** retirés de l'activité de location meublée exercée à titre professionnel sont imputables sur le revenu global du contribuable sans limitation, sous réserve que ces déficits ne proviennent pas d'amortissements exclus des charges déductibles (voir nos 9560 s.).

En outre, les déficits non imputés provenant des **charges engagées avant le commencement de la location** (notamment les charges financières) peuvent être imputés par tiers sur le revenu global des trois premières années de location. Cette possibilité est réservée aux contribuables qui accèdent au statut de loueur professionnel dès la mise en location de l'immeuble et conservent cette qualité durant les trois années en cause (BOI-BIC-CHAMP-40-20 nos 350 à 390 ; BOI-BIC-DEF-20-20 nos 60 à 100).

90550
BIC-VII-25835 s

Sous réserve que l'activité soit exercée depuis au moins cinq ans, les **plus-values** des loueurs professionnels peuvent être exonérées lorsque la **moyenne des recettes** tirées de la location au titre des exercices clos au cours des deux années civiles qui précèdent la date de clôture de l'exercice de réalisation de la plus-value n'excède pas 90 000 € HT (exonération totale) ou est comprise entre 90 000 € HT et 126 000 € HT (exonération partielle) (n° 18240). Si l'une de ces conditions n'est pas satisfaite, elles sont soumises au régime des plus et moins-values professionnelles à court ou à long terme, mais lorsqu'ils en remplissent les conditions, les loueurs professionnels peuvent bénéficier des dispositifs en faveur des **apports en société d'une entreprise individuelle** (voir nos 19710 s.) ou des **transmissions à titre gratuit** (voir nos 19810 s.).

Abattement pour durée de détention : voir n° 18095, précision b.

> **Précisions** Lorsque l'activité a été **alternativement** exercée **à titre professionnel et non professionnel,** la plus-value de cession de l'immeuble loué est soumise au régime d'imposition qui correspond au statut du contribuable lors de la transaction (plus-values professionnelles ou plus-values privées) (BOI-BIC-CHAMP-40-20 n° 460).

2. LOUEURS NON PROFESSIONNELS

RÉGIME FISCAL

90560
CGI art. 151 septies, VII et 156, I-1° ter
BIC-XIV-19200 s

Les **déficits** subis par les loueurs en meublé non professionnels ne sont imputables que sur les revenus provenant d'une telle activité au cours de celles des dix années suivantes pendant lesquelles l'activité n'est pas exercée à titre professionnel.

Les ***plus-values et moins-values*** réalisées par les loueurs non professionnels relèvent du régime des plus-values privées (nos 32000 s.). Il en résulte notamment qu'en cas de mutation à titre gratuit la plus-value n'est pas imposable (BOI-BIC-CHAMP-40-20 n° 290).

Cas où l'activité a été **alternativement** exercée **à titre professionnel et non professionnel,** voir n° 90550, Précisions.

Le montant de l'amortissement déductible obéit aux règles exposées nos 9560 s.

Les contribuables non professionnels peuvent, pour certains investissements, bénéficier d'une réduction d'impôt décrite nos 90575 s. En contrepartie de cette réduction d'impôt, seule pourra faire l'objet d'**amortissements déductibles** la fraction du prix de revient des immeubles qui excède le montant retenu pour le calcul de la réduction d'impôt. Ainsi, pour un logement dont le prix de revient est de 350 000 €, seule la fraction de ce prix qui excède 300 000 €, soit 50 000 €, fera l'objet d'un amortissement (CGI art. 39 G). Cette limite n'a toutefois de portée que pour la seule détermination du résultat fiscal, la base amortissable en comptabilité restant inchangée. **90565**

RÉDUCTION D'IMPÔT

Une réduction d'impôt sur le revenu est accordée aux **personnes physiques** fiscalement domiciliées en France au sens de l'article 4 B du CGI qui ont acquis directement **au plus tard le 31 décembre 2022,** au sein de certaines structures, un **logement neuf** ou en l'état futur d'achèvement ou un logement **achevé** depuis au **moins quinze ans** ayant fait l'objet ou faisant l'objet de **travaux** de réhabilitation ou de rénovation, en vue de sa **location meublée** (dispositif dit « LMNP » ou « Censi-Bouvard »). **90575** CGI art. 199 sexvicies IRPP-IV-78000 s

L'**achèvement** du logement ou des travaux de réhabilitation ou de rénovation doit intervenir **au plus tard le 1er juillet 2025.** S'il s'agit d'un logement acquis en l'état futur d'achèvement après le 1er juillet 2021, il doit être achevé dans un délai de quatre ans à compter de l'acquisition (Loi 2023-1322 du 29-12-2023 art. 110).

La réduction d'impôt est réservée aux contribuables qui ont la qualité de **loueurs en meublé non professionnels** lors de l'acquisition du logement, même s'ils exercent par la suite cette activité à titre professionnel. Les revenus doivent être imposés dans la catégorie des **bénéfices industriels et commerciaux,** en tant que produits de location meublée, pendant toute la durée de l'engagement de location (BOI-IR-RICI-220-20 nos 190 et 200).

› Précisions **a.** Quelle que soit la nature de l'investissement réalisé, la **date d'acquisition** du logement s'entend de la date de signature de l'acte authentique d'achat (BOI-IR-RICI-220-10-10 nos 50, 80, 140 et 200).

b. Les **travaux** de réhabilitation ou de rénovation doivent permettre, après leur réalisation, de satisfaire à l'ensemble des **performances techniques** prévues à l'article 4 de l'arrêté BUDF0320070A du 19 décembre 2003, qu'ils soient réalisés avant ou après l'acquisition. Dans ce dernier cas, s'ils sont **réalisés** par le **vendeur**, un contrat de **vente d'immeubles à rénover** doit être conclu (CCH art. L 262-1).

c. La réduction d'impôt ne s'applique pas aux acquisitions réalisées par l'intermédiaire d'une **société** (BOI-IR-RICI-220-10-10 n° 370). Elle ne s'applique pas non plus aux immeubles dont le **droit de propriété** est **démembré** (voir toutefois n° 90585, Précisions).

d. En contrepartie de la réduction d'impôt, l'**amortissement** déductible est pratiqué sur la fraction du prix de revient des immeubles qui excède le montant retenu pour le calcul de la réduction d'impôt (n° 90565).

Investissements concernés Ouvrent droit à la réduction d'impôt les acquisitions de logements situés dans l'une des structures suivantes : **90580**

– **établissement social ou médico-social** accueillant des **personnes âgées** (CASF art. L 312-1, I-6° : Ehpa, Ehpad, résidences autonomie et petites unités de vie) ou des **adultes handicapés** (CASF art. L 312-1, I-7° : foyers de vie ou foyers occupationnels, foyers d'accueil médicalisés et maisons d'accueil spécialisées) ;

– **résidence avec services pour personnes âgées ou handicapées** ayant obtenu (au plus tard dans les douze mois de la mise en exploitation effective) l'**agrément « qualité »** visé à l'article L 7232-1 du Code du travail ou, pour les investissements réalisés à compter du 1er janvier 2019, l'**autorisation** prévue par l'article L 313-1 du CASF ;

– ensemble de logements affectés à l'**accueil familial salarié** de personnes âgées ou handicapées, géré par un groupement de coopération sociale ou médico-sociale (CASF art. L 444-1 à L 444-9) ;

– **résidence avec services pour étudiants.** Celle-ci doit être occupée à hauteur de 70 % (pourcentage apprécié au cours du quatrième trimestre de chaque année de la période d'engagement de location) par des étudiants ou des apprentis munis d'un contrat de travail et proposer trois au moins des prestations suivantes : petit déjeuner, nettoyage régulier des locaux, fourniture de linge de maison, réception, même non personnalisée, de la clientèle (BOI-IR-RICI-220-10-20 nos 120 à 150) ;

– **établissement** de **santé** (visé à l'article L 6143-5 du Code de la santé publique) comportant un hébergement et dispensant des **soins de longue durée** à des personnes n'ayant pas leur autonomie de vie et dont l'état nécessite une surveillance médicale constante et des traitements d'entretien.

Ouvrent également droit à l'avantage fiscal les acquisitions de logements situés dans des **résidences de tourisme classées** effectuées jusqu'au 31 décembre 2016, ou jusqu'au 31 mars 2017 à la condition qu'un engagement d'acquisition ait été pris au plus tard le 31 décembre

2016 (signature d'une promesse d'achat ou promesse synallagmatique de vente ou, pour les acquisitions en l'état futur d'achèvement, dépôt chez un notaire ou enregistrement au service des impôts d'un contrat préliminaire de réservation) (Loi 2016-1917 du 29-12-2016 art. 69).

90585 **Affectation du logement à la location** Le propriétaire doit **s'engager à louer,** de manière effective et continue, le logement meublé pendant au moins neuf ans **à l'exploitant** de l'établissement ou de la résidence. Cette **location** doit **prendre effet** dans le mois qui suit, selon le cas, la date d'acquisition du logement ou la date d'achèvement de l'immeuble ou des travaux. La durée de neuf ans, décomptée de date à date, court à compter de la prise d'effet du bail initial.

En cas de **changement d'exploitant** au cours de la période couverte par l'engagement, le logement doit, en principe, être loué au nouvel exploitant (jusqu'au terme de la période) dans un délai d'un mois. Une période de vacance d'un an est toutefois admise dans certains cas de défaillance de l'exploitant précédent (liquidation judiciaire, résiliation ou cession du bail commercial, mise en œuvre par le propriétaire de la clause de résiliation unilatérale en cas de défaut de paiement du loyer) (BOI-IR-RICI-220-20 nos 40 à 130).

Pour les logements situés dans une **résidence de tourisme classée,** l'engagement de location ne prive pas les propriétaires de la faculté, moyennant certaines conditions, d'occuper temporairement le logement : voir n° 90600.

> Précisions En cas de **démembrement du droit de propriété** du logement dû au **décès** de l'un des membres d'un couple, soumis à imposition commune, le conjoint ou le partenaire survivant, attributaire du bien en pleine propriété ou titulaire de son usufruit, peut reprendre l'engagement de location à sa charge pour la période restant à courir et bénéficier de la réduction d'impôt dans les mêmes conditions et selon les mêmes modalités.
De même, en cas de **modification du foyer fiscal** (mariage, divorce, séparation, conclusion ou rupture d'un Pacs, etc.), l'attributaire du bien ayant ouvert droit à la réduction d'impôt peut demander la reprise de l'engagement de location et le maintien du dispositif à son profit (BOI-IR-RICI-220-20 n° 20).

90590 **Montant de la réduction d'impôt** La réduction d'impôt est calculée sur le **prix de revient** des logements (c'est-à-dire le prix d'acquisition majoré des frais afférents à l'opération : honoraires de notaire, commissions versées aux intermédiaires, TVA, taxe de publicité foncière, etc.). Pour les logements achevés depuis au moins quinze ans et faisant (ou ayant fait) l'objet de **travaux de réhabilitation,** ce prix tient compte également du montant de ces travaux.

Le montant des investissements tels que définis ci-dessus est retenu dans la **limite globale** de 300 000 € par an (quel que soit le nombre de logements acquis).

Le **taux** de la réduction d'impôt est fixé à 25 % pour les **logements acquis en 2009 et 2010.** Pour les **logements acquis en 2011,** le taux de l'avantage fiscal s'établit à 18 % (20 % dans le cas particulier visé précision b ci-après). Pour les **logements acquis à compter de 2012,** le taux de la réduction d'impôt est ramené à 11 % (sauf cas particulier visé précision c ci-après).

> Précisions **a.** La **date d'acquisition du logement** à retenir pour l'appréciation du taux applicable est la date de signature de l'acte authentique d'achat (BOI-IR-RICI-220-30 n° 130).
b. Par exception, pour les **investissements réalisés en 2011** qui résultent d'un **engagement** pris par le contribuable **avant** le **31 décembre 2010,** la réduction d'impôt est calculée au taux de 20 % (cas notamment des contrats de réservation enregistrés chez un notaire ou au service des impôts avant le 31 décembre 2010 et ayant donné lieu à la signature d'un acte authentique avant le 31 mars 2011 : Loi 2010-1657 du 29-12-2010 art. 105, IX).
c. Par exception également, pour les **acquisitions réalisées en 2012** qui résultent d'un **engagement** pris par le contribuable **au plus tard le 31 décembre 2011,** le taux de la réduction d'impôt reste fixé à 18 % (cas notamment des contrats de réservation enregistrés chez un notaire ou au service des impôts avant le 31 décembre 2011 et ayant donné lieu à la signature d'un acte authentique au plus tard le 31 mars 2012).
d. Lorsque le logement est détenu en **indivision,** chaque indivisaire bénéficie de la réduction d'impôt dans la limite de la quote-part du prix de revient de ce logement correspondant à ses droits dans l'indivision.
e. Lorsque l'acquisition du logement ou les dépenses de travaux de réhabilitation sont **subventionnées,** la base de la réduction d'impôt doit être diminuée du montant total de la subvention.

90595 **Imputation de la réduction d'impôt** La réduction d'impôt est accordée au titre des revenus :

– de l'année d'achèvement (sur cette notion, voir n° 41966, précision a) du logement (ou de celle de son acquisition si elle est postérieure) pour les logements acquis neufs, en l'état futur d'achèvement ou réhabilités ;

– ou de l'année d'achèvement des travaux de réhabilitation pour les logements faisant l'objet de tels travaux.

Elle est **répartie** sur neuf années, à raison d'un neuvième de son montant chaque année. Lorsque la fraction imputable au titre d'une année d'imposition excède l'impôt dû par le contribuable au titre de cette même année, le solde peut être imputé sur l'impôt sur le revenu dû au titre des années suivantes, jusqu'à la sixième année inclusivement. Les fractions ainsi **reportées** s'imputent en priorité en retenant d'abord les plus anciennes (BOI-IR-RICI-220-30 n° 320).

La fraction de réduction d'impôt imputée chaque année (selon les modalités définies n° 2255) prise en compte dans le calcul du **plafonnement global** des avantages fiscaux (n°s 4840 s.).

> **Précisions** Un contribuable ne peut pas, pour un même logement, bénéficier à la fois de la présente réduction d'impôt et de celles prévues en faveur des investissements locatifs réalisés outre-mer (n°s 91850 s. et 92010 s.).

Obligations des investisseurs La déclaration d'ensemble des revenus de l'année au titre de laquelle le bénéfice de la réduction d'impôt est demandé **pour la première fois** doit comporter l'engagement de location visé n° 90585 (engagement souscrit directement dans la déclaration). Le contribuable doit, par ailleurs, joindre à cette déclaration, lorsqu'elle est souscrite sur support papier (n° 3675), la copie du bail et celle de l'acte authentique d'acquisition du logement. D'autres documents, spécifiques à la nature de l'investissement réalisé, doivent, le cas échéant, être produits soit en même temps que la déclaration sur support « papier », soit (s'ils ont été établis par des tiers : n° 3675, précision b) sur demande de l'administration. 90598

En cas de **changement d'exploitant** au cours de la période couverte par l'engagement de location, le contribuable doit joindre à sa déclaration des revenus de l'année au cours de laquelle ce changement intervient une copie du bail conclu avec le nouvel exploitant (CGI ann. III art. 46 AZA nonies).

Reprise de la réduction d'impôt La réduction d'impôt fait l'objet d'une reprise (selon les modalités décrites n° 2280, a) en cas de non-respect de l'une des conditions auxquelles est subordonnée son application, notamment en cas de rupture de l'engagement de location ou de cession du logement pendant la période d'engagement de location. 90600

Toutefois, aucune reprise n'est opérée lorsque la rupture de l'engagement de location ou la cession du logement résultent de l'**invalidité** (classée en 2e ou 3e catégorie), du **licenciement** ou du **décès** du contribuable ou de l'un des membres du couple soumis à imposition commune ou encore de l'**expropriation pour cause d'utilité publique** de l'établissement ou de la résidence dans lequel se situe le logement.

Il est, par ailleurs, admis que les logements situés dans une **résidence de tourisme classée** peuvent être **occupés par leur propriétaire** sans que cela remette en cause le bénéfice de l'avantage fiscal. Cette occupation doit donner lieu au versement à l'exploitant de la résidence d'un loyer au moins égal à 75 % du prix public. Lorsque le règlement s'opère par compensation avec les loyers que l'exploitant doit pour sa part au propriétaire, la durée des séjours ne doit pas excéder huit semaines par an et ne pas entraîner une minoration du revenu foncier déclaré (BOI-IR-RICI-220-10-20 n° 110).

> **Précisions** La **modification du foyer fiscal** (mariage, divorce, séparation, conclusion ou rupture d'un Pacs, etc.) entraîne la reprise de la réduction d'impôt, sauf si le nouvel attributaire du bien reprend l'engagement de location (n° 90585, Précisions) ou si, en cas de **divorce**, les ex-époux conservent en **indivision** le bien acquis au cours de leur mariage (BOI-IR-RICI-220-20 n° 20).

B. TVA

CHAMP D'APPLICATION

Les locations occasionnelles, permanentes ou saisonnières de logements meublés ou garnis à usage d'habitation sont en **principe** exonérées de TVA. 90615 CGI art. 261 D, 4° TVA-XV-32750 s

Locations imposables Seules sont imposables les catégories d'opérations suivantes. 90620

a. Les prestations d'hébergement fournies dans le cadre du **secteur hôtelier ou** de secteurs ayant une fonction **similaire** (**hôtel, auberge, résidence de tourisme, gîtes ruraux, meublés de tourisme,** etc.), si elles remplissent les conditions cumulatives suivantes :

– elles sont offertes au client pour une durée n'excédant pas 30 nuitées (sans préjudice de la possibilité, pour le professionnel, de proposer au client de réserver sur une durée plus longue) ;

– elles comprennent au moins trois des prestations parmi le petit déjeuner, le nettoyage régulier des locaux, la fourniture de linge de maison et la réception, même non personnalisée, de la clientèle (voir également les précisions ci-dessous).

b. Les locations de logements meublés à **usage résidentiel** dans le cadre de secteurs autres que le secteur hôtelier ou similaire (**résidences étudiants, résidences seniors, etc.**) dès lors qu'elles sont assorties de trois des prestations mentionnées ci-dessus.

c. Les **locations de locaux** (nus, meublés ou garnis) consenties **à l'exploitant d'un établissement d'hébergement** entrant dans l'une des deux catégories ci-dessus, à l'exclusion de celles consenties à des exploitants de **logements-foyers** mentionnés à l'article L 633-1 du Code de la construction et de l'habitation dont l'activité n'ouvre pas droit à déduction.

› Précisions **a.** Les règles de taxation des locations meublées à usage d'habitation ont été redéfinies par l'article 84 de la loi 2023-1322 du 29 décembre 2023, à compter du **1er janvier 2024,** à la suite d'un avis du **Conseil d'État** qui a considéré que les anciennes dispositions de l'article 261 D, 4° du CGI étaient partiellement incompatibles avec les objectifs de l'article 135 de la directive TVA (CE avis 5-7-2023 n° 471877 : RJF 10/23 n° 709). Elles distinguent désormais le secteur hôtelier ou similaire du secteur résidentiel, étant précisé que les prestations d'hébergement dans le **secteur hôtelier (ou assimilé)** qui ne comprennent pas trois des prestations mentionnées ci-dessus (et qui sont, donc, en principe exonérées) devraient pouvoir être soumises à la TVA en s'appuyant sur cet avis du Conseil d'État, sous réserve d'établir que ces prestations sont assimilables à des prestations d'hébergement hôtelier.

b. Les dispositions ci-dessus ne remettent pas en cause l'exonération de TVA prévue à l'article 261, 7-1°-b du CGI qui s'applique de plein droit aux **associations** et organismes sans but lucratif exerçant une activité d'hébergement lorsque les critères de non-lucrativité décrits nos 89400 s. sont satisfaits.

90625 **Locations exonérées** L'énumération faite n° 90620 étant limitative, les personnes physiques ou morales qui ne peuvent être rattachées à aucun des cas d'imposition mentionnés se trouvent obligatoirement exonérées **sans** possibilité d'**option.**

Il en est ainsi tout spécialement des particuliers qui louent en meublé, de manière occasionnelle ou permanente, une résidence secondaire, un logement touristique ou une partie de leur résidence principale, sans offrir a minima un ensemble de services (n° 90620, a et b).

› Précisions **a.** Les personnes qui fournissent des **prestations annexes** (mais qui, par hypothèse, n'entrent pas dans les prévisions des a et b du n° 90620) restent taxables à ce titre (petit déjeuner, nettoyage régulier des locaux, etc.) et au taux propre à ces prestations, sauf à bénéficier de la franchise en base (nos 53780 s.) (BOI-TVA-CHAMP-30-10-50 n° 120 ; sur les critères prévus par l'article 257 ter du CGI permettant de déterminer si l'on est en présence d'une opération unique ou d'opérations dissociables, voir nos 46478 s.).

b. L'exonération de TVA n'emporte aucune conséquence en matière d'**impôts directs.**

c. En revanche, elle emporte, le cas échéant, soumission du prix de location à la **contribution sur les revenus locatifs** (n° 90690).

d. S'agissant de la mise à disposition de **caravanes,** tentes, **mobil-homes** ou habitations légères de loisirs, voir n° 90645.

RÈGLES D'IMPOSITION

90635 Qu'elles procèdent à une **location** en meublé « **directe** » (cas, par exemple, d'un exploitant hôtelier) ou « **indirecte** » (cas des **investisseurs** procédant à la location de locaux meublés ou nus dont la destination finale est le logement meublé que, pour l'application de la TVA, l'article 260 D du CGI assimile aux loueurs en meublé « directs »), les personnes visées n° 90620 suivent les mêmes règles d'imposition.

Les locations en meublé sont **imposables en France,** comme les autres opérations d'hébergement, dès lors que les immeubles y sont situés, y compris donc si elles sont faites au profit de personnes ne résidant pas en France (n° 49970). Pour le taux applicable à ces opérations, voir nos 90640 s.

Les loueurs en meublé peuvent **déduire** dans les conditions de droit commun la taxe ayant grevé leurs acquisitions de biens et services. Autrement dit, ils peuvent soit imputer cette taxe, soit en demander le remboursement.

Les obligations **déclaratives et comptables** des loueurs en meublé sont, à titre général, les mêmes que celles des autres assujettis à la TVA et dépendent du régime d'imposition dont ils relèvent.

› Précisions **a.** S'agissant des **limites** à retenir par ces loueurs en meublé pour l'application de la **franchise** en base et du **régime simplifié**, voir n° 53750.

b. Le **service des impôts** dont dépendent les **loueurs en meublé** est normalement celui du lieu du meublé (en cas de pluralité de meublés, le service compétent est soit celui du lieu de résidence du redevable, soit celui du lieu de situation du meublé le plus important). Les loueurs en meublé qui exercent une autre activité taxable relèvent du service compétent pour cette autre activité.

Taux Le **taux intermédiaire** de 10 % est en principe applicable aux prestations relatives à la fourniture d'hébergement dans le cadre du secteur hôtelier ou de secteurs ayant une fonction similaire et aux locations meublées à usage résidentiel imposables (n° 90620). Toutefois, la fourniture de logement dans certains établissements sociaux et médico-sociaux bénéficie du taux réduit de 5,5 % (voir n° 90650). **90640** CGI art. 279, a TVA-XV-33495 s

Le taux intermédiaire s'applique aux opérations taxables de **crédit-bail** portant sur des locaux d'hébergement passibles de ce taux.

> Précisions **a.** Sont passibles du taux normal les prestations d'hébergement fournies par des établissements qui n'ont pas pour **objet principal** la fourniture du logement (BOI-TVA-LIQ-20-20 n° 230 ; doctrine confortée par CE 22-5-2002 n° 226954 : RJF 8-9/02 n° 922 ; CAA Versailles 17-12-2019 n°s 18VE00863 et 18VE02573 : RJF 6/20 n° 527).

b. Tous les **services annexes facturés en sus** (petit déjeuner dans les établissements d'hébergement, téléphone, garage, blanchissage, soins esthétiques, etc.), toutes les **ventes** (cartes postales, bibelots) ainsi que les **recettes annexes** (publicité, locations de vitrines, de salles) doivent être imposés au taux qui leur est propre (BOI-TVA-LIQ-30-20-10-10 n° 50).

Toutefois, des **prestations annexes** comprises dans le prix du séjour peuvent être considérées comme **accessoires** à l'hébergement et soumises, comme celui-ci, au taux intermédiaire. Ainsi jugé à propos de l'accès à un complexe aquatique situé dans un **village de vacances** (CE 24-6-2015 n° 365849 : RJF 10/15 n° 779) et de l'accès à des équipements sportifs, des espaces de détente et des mini-clubs proposés par un club de vacances (CAA Versailles 5-4-2011 n° 09VE04193 : RJF 10/11 n° 1040).

c. Sur le taux applicable en **Corse**, voir n° 92380.

d. En ce qui concerne le taux applicable aux services de **restauration** proposés par certains établissements d'hébergement, voir n° 53195.

La fourniture de **caravanes,** tentes, **mobil-homes** ou habitations légères de loisirs assimilés à des installations fixes, **spécialement aménagés** et exclusivement réservés à l'habitation, est considérée comme une fourniture de logement soumise de plein droit à la TVA au taux normal. Cette activité peut toutefois être soumise au taux intermédiaire lorsque la fourniture de logement est effectuée dans des **terrains de camping classés** (BOI-TVA-LIQ-30-20-10-30 n° 10). **90645** TVA-XV-33650 s

> Précisions Les **locations de matériels ou biens meubles** tels que caravanes automotrices ou non, roulottes hippomobiles, house-boats (bateaux de plaisance habitables affectés à la navigation en rivière) relèvent en revanche obligatoirement du taux normal (BOI-TVA-LIQ-20-20 n° 230).

Dans les **maisons de retraite** et les **établissements accueillant des personnes handicapées,** le **taux réduit** de 5,5 % s'applique à la fourniture du logement et de la nourriture, ainsi qu'aux prestations exclusivement liées, d'une part, à l'état de dépendance des personnes âgées et, d'autre part, aux besoins d'aide des personnes handicapées, hébergées dans ces établissements et qui sont dans l'incapacité d'accomplir les gestes essentiels de la vie quotidienne. Les forfaits soins dans les maisons de retraite sont exonérés (n° 47175). **90650** CGI art. 278-0 bis, C TVA-XV-33900 s

De même, bénéficie du taux réduit la fourniture de logement et de nourriture dans les **logements-foyers,** les **établissements** de réadaptation, de préorientation et de **rééducation professionnelle,** les **centres d'accueil** visés à l'article L 312-1, I-8° du CASF (centres d'accueil d'urgence, notamment) et les **foyers de jeunes travailleurs.**

Le taux de 5,5 % s'applique également aux prestations d'hébergement et d'accompagnement social rendues dans les **résidences hôtelières à vocation sociale** mentionnées à l'article L 631-11 du Code de la construction et de l'habitation **s'engageant à réserver** plus de 80 % de leurs **logements** à des personnes désignées par le représentant de l'État dans le département ou à des **publics particulièrement fragiles** (personnes aux revenus faibles, sans-abri ou en détresse ; demandeurs d'asile) mentionnés au troisième alinéa de l'article L 631-11 précité. Les prestations de restauration fournies par ces résidences et les prestations d'hébergement et de restauration rendues par les résidences hôtelières à vocation sociale qui ne prennent pas un tel engagement demeurent soumises au taux intermédiaire.

> Précisions **a.** En ce qui concerne les **maisons de retraite**, l'**administration** considère que seuls les établissements hébergeant des personnes âgées qui ont été dûment autorisés en application de l'article L 312-1 du CASF peuvent bénéficier du taux réduit de 5,5 % (BOI-TVA-LIQ-30-20-10-10 n° 110). Le **Conseil d'État** considère, quant à lui, indépendamment de toute question de délivrance ou non d'une autorisation, que les maisons de retraite s'entendent des établissements sociaux ou médico-sociaux destinés à l'hébergement des personnes âgées et mentionnés au 6° de l'article L 312-1, I du CASF et qui sont régis par les dispositions de ce Code (CE 18-3-2019 n° 409652 : RJF 6/19 n° 532).

b. S'agissant des établissements visés ci-dessus bénéficiant du taux réduit pour la fourniture de nourriture, ce taux s'applique non seulement aux **repas fournis aux pensionnaires,** mais également aux **prestations** de restauration rendues par les **sociétés de restauration collective** à ces établissements (BOI précité n° 30).

C. Autres impôts

IMPÔTS DIRECTS LOCAUX

90670 CGI art. 1459 CET-II-46800 s

Contribution économique territoriale La location de locaux meublés constitue une activité professionnelle imposable à la cotisation foncière des entreprises (et, corrélativement, jusqu'en 2026, à la cotisation sur la valeur ajoutée des entreprises pour les redevables dont le chiffre d'affaires excède la limite indiquée n° 43860).

Échappent, toutefois, à l'imposition en vertu de dispositions expresses de la loi :

a. Les personnes louant **accidentellement** en meublé (et sans aucun caractère périodique) une partie de leur **habitation personnelle** ;

b. Les personnes louant ou sous-louant en meublé une **partie** de leur **habitation principale** (même à titre habituel), à condition que le prix de la location demeure fixé dans des limites raisonnables et que les pièces louées constituent **pour le locataire** sa **résidence principale** ;

c. Les personnes qui louent des locaux faisant partie de leur **habitation personnelle** et classés **« meublés de tourisme »** au sens de l'article L 324-1 du Code du tourisme ;

d. Les **personnes autres** que celles visées ci-dessus qui louent ou sous-louent en meublé tout ou partie de leur **habitation personnelle,** par exemple, les propriétaires qui donnent en location leur résidence secondaire quelques semaines par an ou ceux qui louent des chambres d'hôtes dépendant de leur résidence personnelle (Rép. Prat : AN 16-4-2013 n° 8234).

> Précisions **a.** Par « habitation personnelle », on entend l'habitation, principale ou secondaire, dont le contribuable se réserve la jouissance ou la disposition en dehors de la période de location. Le simple classement de tout ou partie de l'habitation personnelle en chambres d'hôtes ne suffit pas à faire entrer les locaux dans le champ de l'exonération (CE 9-10-2019 n° 417676 : RJF 1/20 n° 35).

b. Dans les cas visés aux a et b ci-dessus, l'exonération s'applique **de plein droit** à la CFE comme à la CVAE (voir n° 43870). Dans les cas visés aux c et d, l'exonération de CFE s'applique **sauf délibération contraire** des collectivités bénéficiaires de la cotisation. L'exonération est susceptible de s'appliquer également à la CVAE, sur demande du redevable, sauf délibération contraire des collectivités concernées prise avant le 1er janvier 2024 (voir n° 43875). Dans tous les cas, la décision de la collectivité – qui ne porte que sur la part de cotisation qui lui revient et peut concerner une ou plusieurs des catégories de loueurs en meublé en cause – doit intervenir avant le 1er octobre d'une année pour s'appliquer à compter du 1er janvier de l'année suivante.

90675 CGI art. 1407 HAB-I-6200 s et HAB-II-1500 s

Taxe d'habitation Les propriétaires et principaux locataires ne sont pas redevables de la taxe d'habitation sur les résidences secondaires et autres locaux meublés non affectés à l'habitation principale pour les locaux qu'ils louent ou sous-louent en meublé lorsque ces **locaux** ne constituent **pas leur habitation personnelle** et, étant **spécialement aménagés pour la location,** sont en principe imposables à la cotisation foncière des entreprises (n° 90670).

Dans les autres cas, les propriétaires ou principaux locataires qui louent ou sous-louent des locaux en meublé sont imposables à la taxe suivant les règles générales (nos 43020 s.), c'est-à-dire lorsqu'ils conservent la disposition ou la jouissance des locaux et que ces derniers ne constituent pas leur habitation principale. Toutefois, les communes ont la faculté d'exonérer totalement de la taxe les locaux classés **« meublés de tourisme »** au sens de l'article L 324-1 du Code du tourisme et les **chambres d'hôtes** au sens de l'article L 324-3 du même Code situés dans les **zones de revitalisation rurale** (ZRR : n° 92540), ou dans les **zones France ruralités revalorisation** (ZFRR : n° 92540) pour les impositions établies à compter de 2025 (Loi 2023-1322 du 29-12-2023 art. 73).

> Précisions **a.** Le **propriétaire** ou le principal locataire qui donne en location ou en sous-location un local meublé une partie de l'année (**location saisonnière**) est imposable à la taxe d'habitation sur les résidences secondaires et autres locaux meublés non affectés à l'habitation principale, même s'il est assujetti à la cotisation foncière des entreprises, dès lors qu'il entend, au 1er janvier de l'année d'imposition, se réserver la disposition du local, pour lui-même ou pour ses proches, l'autre partie de l'année (CE 2-7-2014 n° 369073 : RJF 10/14 n° 905).

b. Les **locataires** ou sous-locataires de logements loués en meublé qu'ils occupent de manière permanente et exclusive à un autre titre que l'habitation principale, et dont ils conservent la disposition même pendant leurs absences, sont normalement imposables à la taxe d'habitation sur les résidences secondaires et autres locaux meublés non affectés à l'habitation principale suivant les règles générales. Il en est ainsi alors même que le loueur est passible de la cotisation foncière des entreprises à raison de la location. Mais lorsque l'occupation n'est que temporaire ou en cas de séjours limités, aucune taxe d'habitation n'est due par les locataires.

c. Pour bénéficier de l'exonération en faveur des locaux situés en ZRR ou en ZFRR, le redevable de la taxe doit produire au service des impôts, avant le 1er janvier de chaque année, une **déclaration** accompagnée de tous les éléments justifiant de l'affectation des locaux.

Taxe foncière sur les propriétés bâties Les exonérations de longue durée prévues en faveur des constructions neuves de **logements sociaux** (nos 41995 s.) et des logements sociaux acquis à usage locatif avec le concours financier de l'État ou avec une subvention de l'Agence nationale pour la rénovation urbaine (n° 42000) ne sont pas susceptibles de s'appliquer aux logements destinés à être loués en meublé (sous réserve du cas des logements-foyers). **90680** FB-II-22980, FB-II-24170 et FB-II-27510

Les communes et les établissements publics de coopération intercommunale peuvent exonérer totalement de la taxe les **hôtels** (pour les locaux affectés exclusivement à une activité d'hébergement), les locaux classés **« meublés de tourisme »** au sens de l'article L 324-1 du Code du tourisme et les **chambres d'hôtes** au sens de l'article L 324-3 du même Code situés dans les **zones de revitalisation rurale** (ZRR : n° 92540), ou dans les **zones France ruralités revalorisation** (ZFRR : n° 92540) pour les impositions établies à compter de 2025 (Loi 2023-1322 du 29-12-2023 art. 73). Le bénéfice de l'exonération est subordonné au respect des règles européennes concernant les aides « de minimis » (nos 92660 s.). **90685** CGI art. 1383 E bis FB-II-50000 s

› Précisions L'exonération susvisée est subordonnée à une **déclaration** annuelle (n° 90675, précision c).
Dans les départements d'outre-mer, elle ne peut **pas** se **cumuler** avec l'abattement visé n° 91530, c. Le cas échéant, l'entreprise doit opter.

CONTRIBUTION SUR LES REVENUS LOCATIFS

Lorsqu'ils sont exonérés de TVA (nos 90615 s.) ou lorsqu'ils bénéficient de la franchise en base (n° 90635, précision a), les loueurs en meublé sont, en principe, redevables de la contribution sur les revenus locatifs (CRL), s'il s'agit des **personnes morales** énumérées n° 74805 et si les locaux sont situés dans des immeubles achevés depuis quinze ans au moins (nos 74800 s.). **90690** IMMO-VI-400, 4330 et 4335

› Précisions a. Les locations effectivement soumises à la TVA sont **exonérées** de la contribution.
Autres exonérations : voir n° 74815.
b. La contribution est due sur la **totalité du loyer** (y compris ce qui correspond au prix des meubles).
Pour les **locations saisonnières,** ce sont les loyers stipulés pour la seule période de location (en faisant masse des différents contrats afférents au même logement) qui sont pris en compte pour apprécier si le seuil d'application de la contribution est ou non franchi.

IMPÔT SUR LA FORTUNE IMMOBILIÈRE

Les locaux d'habitation loués meublés ou destinés à être loués meublés entrent dans le champ d'application de l'impôt sur la fortune immobilière (IFI). **90700** CGI art. 975, V-1° ENR-XIII-8730 et ENR-XIII-14600 s

Ils peuvent toutefois être considérés comme des **actifs professionnels** exonérés d'IFI (nos 72650 s.) dans les conditions suivantes.

Si l'activité de location meublée est exercée par une **personne physique,** l'activité doit être exercée à titre principal et le redevable doit réaliser plus de 23 000 € de recettes annuelles et retirer de cette activité plus de 50 % de ses revenus. L'appréciation du seuil de 50 % s'effectue par rapport à l'ensemble des revenus professionnels du foyer fiscal (TS, BIC, BNC, BA, revenus des gérants majoritaires visés à l'article 62 du CGI).

Si l'activité de location meublée est exercée par une **société,** l'exonération au titre des actifs professionnels est subordonnée au respect des conditions visées n° 72800 (société de personnes dans laquelle le redevable exerce son activité professionnelle principale) et nos 72810 s. (société IS dirigée par le redevable). Les **immeubles** (ou droits immobiliers) détenus par le redevable et **affectés à l'activité** de location meublée de la société sont alors exonérés à hauteur de la participation de l'intéressé dans cette société. Lorsque les immeubles appartiennent à la société, les titres détenus par le redevable sont exonérés à hauteur de la fraction de leur valeur représentative des immeubles en cause.

› Précisions a. Selon l'administration, lorsqu'un loueur en meublé professionnel exerce une **activité salariée** ou une **autre profession à plein temps,** l'activité de location ne peut pas en général être considérée comme la profession principale, même si elle procure des revenus supérieurs aux autres revenus de l'intéressé (BOI-PAT-IFI-30-10-10-30 n° 20).
b. Le redevable peut également prétendre à l'exonération lorsque les **immeubles** affectés à la location meublée (que l'activité soit exercée en nom propre ou au sein d'une société) sont **détenus au travers d'une société** (une SCI par exemple). Les parts ou actions représentatives de ces biens sont exonérées sous les mêmes conditions que les biens eux-mêmes.
c. Pour apprécier le **seuil de 50 %,** il convient de retenir, non les recettes brutes tirées de l'activité de location meublée professionnelle, mais le bénéfice industriel et commercial net annuel dégagé par cette activité (Cass. com. 20-12-2023 n° 22-17.612 F-B).

PRÉLÈVEMENTS SOCIAUX

90710 TD-XVI-4880 s Les loueurs en meublé répondant aux critères d'assujettissement aux cotisations de sécurité sociale (voir Mémento social n° 79925) sont soumis à la CSG et à la CRDS au titre des revenus d'activité (nos 34350 s.).

Ceux qui ne répondent pas à ces critères sont assujettis à la CSG, à la CRDS et au prélèvement de solidarité au titre des revenus du patrimoine et assimilés (nos 34550 s.).

SECTION 3 FIDUCIE

GÉNÉRALITÉS

90780 DC-IX-50000 s Introduite en droit français par la loi 2007-211 du 19-2-2007, la fiducie est l'opération par laquelle un ou plusieurs constituants transfèrent la propriété de biens, de droits ou de sûretés leur appartenant à un ou plusieurs fiduciaires qui sont chargés de les gérer dans un but déterminé en les tenant séparés de leur patrimoine propre et de les restituer à une date donnée (C. civ. art. 2011 à 2030).

En pratique, la fiducie peut être utilisée afin de **garantir une créance** (fiducie-sûreté), comme instrument de **gestion d'un patrimoine** (fiducie gestion) ou pour **transmettre un patrimoine** à **titre onéreux** (fiducie transmission). En revanche, l'utilisation de la fiducie par les particuliers en vue de la transmission d'un patrimoine à titre gratuit (fiducie libéralité) est interdite.

La faculté de recourir à une fiducie à des fins de garantie ou de gestion est ouverte aux **personnes morales soumises à l'impôt sur les sociétés** ainsi qu'aux **personnes physiques** et aux **personnes morales non soumises à l'impôt sur les sociétés.**

Par ailleurs, la loi réserve l'exercice de la **fonction de fiduciaire** à certains organismes réglementés (tels que les établissements de crédit, les entreprises d'investissement et les entreprises d'assurance) et aux avocats, étant précisé que les sommes perçues par ces derniers en qualité de fiduciaire relèvent de la catégorie des bénéfices non commerciaux (n° 13210).

Un **registre national** des fiducies centralise les informations relatives aux contrats conclus (Décret 2010-219 du 2-3-2010 modifié par le décret 2020-118 du 12-2-2020).

A. Impôt sur le revenu et impôt sur les sociétés

1. CONSTITUANT EXERÇANT UNE ACTIVITÉ PROFESSIONNELLE

90800 Le transfert de biens en fiducie sous le régime de faveur de neutralité fiscale peut concerner aussi bien les sociétés soumises à l'impôt sur les sociétés que les entreprises relevant de l'impôt sur le revenu. Ce régime de neutralité s'applique dans des conditions identiques à toutes les entreprises, sous réserve de certaines particularités propres à l'impôt sur le revenu.

Le transfert dans un patrimoine fiduciaire de l'**ensemble des éléments** d'actif et de passif d'**une entreprise individuelle** peut être placé sous le régime de neutralité prévu à l'article 238 quater B du CGI, de même que le transfert de **parts de sociétés de personnes** détenues par des associés professionnels au sens de l'article 151 nonies du CGI (n° 37675).

CONSTITUTION DE LA FIDUCIE

90845 CGI art. 238 quater B DC-IX-51250 s **Conditions et modalités d'application du régime spécial** Les **plus-values** constatées à l'occasion du transfert des actifs dans le patrimoine fiduciaire sont neutralisées selon des modalités calquées sur le régime spécial des fusions, sous réserve du respect des **conditions** suivantes :

– le constituant exerce une activité industrielle, commerciale ou artisanale (au sens des articles 34 et 35 du CGI), sans distinguer selon qu'elle est exercée à titre professionnel ou non, une activité agricole (au sens de l'article 63 du CGI), une activité professionnelle non commerciale (au sens de l'article 92, 1 du CGI) ou une activité civile soumise à l'impôt sur les sociétés ;

– les biens ou droits transférés en fiducie doivent être inscrits à l'actif du bilan du constituant (ou au registre des immobilisations) ;

– le constituant est désigné comme le ou l'un des bénéficiaires dans le contrat de fiducie ;
– le fiduciaire doit respecter un certain nombre d'engagements (voir nos 90860 s.) qui, pour être opposables à l'administration, doivent impérativement être pris dans le contrat de fiducie.

Lorsque ces conditions sont satisfaites, le constituant est exonéré à raison des **plus-values** ou profits afférents aux éléments d'actif transférés au sein de la fiducie. Dans le cas où le transfert des éléments d'actifs dégage une **moins-value** nette ou une perte nette, celle-ci n'est pas comprise dans le résultat imposable du constituant. 90850

Les **provisions** afférentes aux éléments d'actif transférés qui conservent leur objet échappent également à l'impôt. Elles doivent être reprises dans les comptes du fiduciaire (no 90860).

> Précisions **a.** Les droits afférents à un **contrat de crédit-bail** sont assimilés à des éléments de l'actif immobilisé dont la plus-value se trouve exonérée lors du transfert en fiducie. L'imposition de cette plus-value est reportée sur le résultat du patrimoine fiduciaire dans les conditions propres aux éléments amortissables ou non amortissables selon que les biens objet du contrat sont eux-mêmes amortissables ou non.

b. Les **reports d'imposition** antérieurs prévus en matière d'**impôt sur le revenu** sont maintenus en cas de transfert en fiducie jusqu'à la date de cession des biens ou droits transférés ou jusqu'à la fin du contrat de fiducie (CGI art. 238 quater D). Sont concernées les plus-values constatées en cas d'apport en société d'une entreprise individuelle (CGI art. 151 octies : nos 19710 s.), d'apport en société de droits de la propriété industrielle et assimilés (CGI art. 93 quater, I ter : no 13805), de restructuration d'une SCP (CGI art. 151 octies A : no 13875), de transmission à titre gratuit d'une entreprise individuelle (CGI art. 41 : nos 19810 s.), d'apport en société de titres inscrits à l'actif d'une entreprise individuelle (CGI art. 151 octies B : nos 18410 s.) et les plus-values de cession de parts de sociétés de personnes bénéficiant des régimes de report d'imposition prévus aux articles 151 nonies, II à IV bis du CGI (nos 37720 s.).

c. L'**exonération des plus-values** prévue à l'article 151 septies du CGI n'est pas applicable aux plus-values réalisées lors d'un transfert en fiducie, y compris lorsque le régime de faveur ne s'applique pas (CGI art. 151 septies, VIII : nos 18200 s.).

d. Le transfert à une fiducie de titres qui ont permis au constituant de bénéficier de l'exonération prévue par le **régime mère-fille** (voir nos 40850 s.) à raison des dividendes reçus n'entraîne pas la rupture de l'**obligation de conservation** des titres prévue pour l'application de ce régime (CGI art. 145, 1-c).

Règles de transcription des actifs inscrits dans le patrimoine fiduciaire 90855 DC-IX-51170 s

Les actifs transférés dans le patrimoine fiduciaire doivent être transcrits dans les comptes de la fiducie d'après leurs **valeurs comptables** dans les écritures du constituant lorsque ce dernier conserve le contrôle de la fiducie. La transcription s'effectue aux **valeurs réelles** dans le cas contraire.

Le **contrôle** est établi lorsque le constituant satisfait deux des trois critères suivants : pouvoir de décision sur les biens transférés, capacité de bénéficier de la majorité des avantages économiques de la fiducie et prise en charge de la majorité des risques (PCG art. 623-7 : Mémento comptable no 74470). Le constituant est notamment présumé conserver le contrôle de la fiducie lorsqu'il en est l'unique bénéficiaire ou lorsque le contrat est conclu avec plusieurs constituants, chacun d'eux conservant la quasi-totalité des risques et avantages relatifs aux éléments transférés. Énoncé à propos des entreprises soumises à l'**impôt sur les sociétés,** ce critère du contrôle pourrait également être retenu à l'égard des entreprises relevant de l'**impôt sur le revenu.**

Les éléments de l'**actif circulant** doivent être transférés dans le patrimoine fiduciaire pour leur valeur fiscale dans les écritures du constituant. Le non-respect de cette obligation entraîne l'imposition des écarts de réévaluation au nom du constituant au titre de l'**exercice de sortie** des actifs.

Quel que soit le mode de transcription des actifs dans les comptes de la fiducie, le fiduciaire doit reprendre au passif du bilan de la fiducie les **provisions** afférentes aux actifs transférés qui, à la date du transfert en fiducie, ont conservé leur objet. Il devra inclure le moment venu le profit né de leur reprise dans le résultat de la fiducie. 90860

Par ailleurs, en cas de **cession** des **éléments d'actif immobilisés non amortissables,** le fiduciaire devra calculer les plus-values d'après la valeur fiscale de ces biens au bilan du constituant. Sont assimilés à des éléments non amortissables de l'actif immobilisé les **titres du portefeuille** exclus du régime des plus et moins-values à long terme (no 18800).

Lorsque le transfert des actifs en fiducie est transcrit aux **valeurs comptables,** aucune plus-value n'est dégagée dans les comptes de la fiducie. Le fiduciaire doit inscrire dans les comptes de la fiducie les biens ou droits transférés pour la valeur qu'ils avaient dans les comptes du constituant ainsi que les amortissements et provisions pour dépréciation constatés par ce dernier. Le fiduciaire poursuit le plan d'amortissement technique établi par le constituant et amortit les 90865 éléments reçus sur la période restant à courir à la date du transfert, à moins que les nouvelles conditions d'utilisation d'un élément ne justifient une modification de ce plan. Il est en principe tenu par les modalités de décomposition des éléments d'actif mises en œuvre par le constituant.

90870 En cas de transcription des actifs aux **valeurs réelles,** le fiduciaire doit **réintégrer** au résultat imposable au taux plein de la fiducie les plus-values constatées sur **éléments d'actif amortissables** selon des modalités analogues à celles prévues pour le régime des fusions (n° 39510), étant précisé que la période de réintégration ne peut excéder la durée initiale du contrat de fiducie. En contrepartie, le fiduciaire peut calculer pour le compte de la fiducie les amortissements et plus-values ultérieurs d'après les valeurs réévaluées.

> Précisions **a.** La **règle particulière** de réintégration de la plus-value sur la durée moyenne pondérée d'amortissement des biens prévue dans le cadre du **régime des fusions** ne s'applique pas à la fiducie.
b. La **cession** d'un bien amortissable par le fiduciaire entraîne la réintégration immédiate de la plus-value afférente à ce bien non encore soumise à l'impôt.
c. Les **amortissements** sont calculés sur une période déterminée d'après l'utilisation des biens prévue par le fiduciaire à la date de l'opération. Celui-ci n'est pas tenu par les modalités de décomposition retenues par le constituant.
d. Pour les **entreprises relevant de l'impôt sur le revenu,** la renonciation au régime de faveur peut présenter un intérêt en présence de plus-values à long terme. Elles peuvent ainsi bénéficier d'une taxation au taux réduit au titre de l'exercice de réalisation du transfert.

DÉROULEMENT DE LA FIDUCIE

90880 CGI art. 238 quater F DC-IX-52000 s L'imposition du **résultat** de la fiducie est établie selon les modalités applicables aux sociétés de personnes. Ce résultat est déterminé selon les règles applicables au bénéfice réalisé par le constituant. Il est imposé directement au nom du constituant et s'agrège à son résultat propre.
En cas de **pluralité de constituants,** ce résultat est réparti proportionnellement entre eux en fonction de la valeur réelle des biens ou droits mis en fiducie par chacun.

CGI art. 238 quater G En cas de perte de valeur des actifs transférés en fiducie, les droits correspondants inscrits à l'actif du bilan du constituant ne peuvent pas donner lieu à la déduction d'une **provision.**

> Précisions **a.** Pour l'application des différents régimes fixant un **seuil maximal de chiffre d'affaires** (régime d'exonération en faveur des entreprises nouvelles, etc.), il convient d'additionner le chiffre d'affaires propre du constituant et celui de la fiducie. Cette règle concerne également l'appréciation du régime d'imposition du constituant et l'application du taux réduit de l'IS (CGI art. 238 quater H).
b. Les entreprises relevant de l'**impôt sur le revenu** dont tout ou partie des biens affectés à l'exploitation sont compris dans un patrimoine fiduciaire en application d'une opération de fiducie sont exclues des régimes de micro-entreprises (nos 11210, 13530 et 15590).
c. Les titres transférés dans un patrimoine fiduciaire dans les conditions mentionnées nos 90845 s. sont pris en compte pour l'appréciation du seuil de détention du capital prévu pour l'application du **régime mère-fille** (nos 40850 s.) à condition, pour les titres assortis de droit de vote, que le constituant conserve l'exercice des droits de vote attachés aux titres transférés ou que le fiduciaire exerce ces droits dans le sens déterminé par le constituant (CGI art. 145, 1-c). La part de bénéfice du constituant correspondant aux produits nets des titres de participation bénéficie du régime des sociétés mères.
d. Pour l'application du régime d'**intégration fiscale** (nos 40150 s.), les titres transférés dans un patrimoine fiduciaire sont pris en compte pour l'**appréciation du seuil** de détention du capital à condition qu'ils soient assortis de droits à dividendes et de droits de vote et que le constituant conserve l'exercice des droits de vote ou que le fiduciaire exerce ces droits dans le sens déterminé par le constituant (CGI art. 223 A, I-al. 6). Le résultat de la fiducie revenant au constituant est déterminé en faisant application des règles spécifiques à l'intégration comme si les titres étaient directement détenus par le constituant.
e. Les **plus-values nettes à long terme** réalisées par une fiducie peuvent bénéficier du régime des plus-values à long terme (n° 18865), que les titres aient été acquis par la fiducie ou transférés dans son patrimoine. Sont également éligibles les titres qui n'ont pas le caractère de titre de participation au sens comptable, mais qui bénéficient de la **présomption fiscale** pour le ou les constituants. Le **transfert des titres de participation** dans le patrimoine fiduciaire et leur retour dans le patrimoine du constituant revêtent le caractère d'opérations intercalaires. Ils n'interrompent pas le délai de conservation de deux ans, sous réserve que ces opérations soient réalisées sous les régimes de neutralité fiscale prévus aux articles 238 quater B et 238 quater K du CGI et transcrites à leur valeur comptable (BOI-IS-BASE-20-20-10-20 nos 154 à 158).

90885 CGI art. 238 quater L et 238 quater M DC-IX-52300 s **Obligations déclaratives** Le fiduciaire doit souscrire une **déclaration d'existence** de la fiducie dans les quinze jours de sa création auprès du service des impôts de son lieu d'établissement ou de son siège (CGI ann. III art. 344 M). Il est astreint pour chaque patrimoine fiduciaire à la tenue d'un bilan, d'un compte de résultat et d'une annexe (C. com. art. L 123-12 à L 123-15).

Le fiduciaire dépose au service des impôts dont il dépend une **déclaration n° 2031-SD** récapitulant le **résultat de la fiducie.**

Il doit en outre tenir, le cas échéant, un **registre** relatif aux **plus-values en report d'imposition** sur biens non amortissables (CGI art. 54 septies, II). Le non-respect de cette obligation entraîne l'exigibilité d'une amende fixée à 5 % des sommes omises (CGI art. 1763). Non-application de l'amende en cas de régularisation : voir n° 9055, a.

FIN DE LA FIDUCIE

Lorsque le contrat de fiducie prend fin, le fiduciaire et le constituant sont tenus de tirer à l'égard du patrimoine fiduciaire les conséquences fiscales d'une cessation d'entreprise prévue à l'article 201 du CGI. La fin du contrat de fiducie se traduit donc par l'**imposition immédiate** de l'ensemble des bénéfices non encore taxés, y compris les plus-values constatées lors de la cessation de la fiducie et les provisions non encore réintégrées. **90895** CGI art. 238 quater I et 238 quater J DC-IX-52600 s

Le patrimoine fiduciaire doit également être fiscalement liquidé en cas de cessation ou de **dissolution du constituant** ou en cas de **cession des droits** détenus au titre du contrat de fiducie.

Un **régime de neutralité** s'applique toutefois en cas de retour des biens dans le patrimoine du constituant si les deux conditions suivantes sont réunies : CGI art. 238 quater K

– le contrat de fiducie prend fin sans liquidation du patrimoine fiduciaire ;

– le constituant respecte un certain nombre d'engagements qui sont les mêmes que ceux exigés du fiduciaire pour l'application de la neutralité lors du transfert des actifs en fiducie (n°s 90860 s.).

Les **valeurs de transcription** des actifs qui doivent être retenues lors de la cessation du contrat de fiducie sont les mêmes valeurs que celles qui ont été retenues lors de l'entrée des biens dans le patrimoine fiduciaire.

Le fiduciaire doit souscrire une **déclaration de résultats** dans un délai de soixante jours qui court à compter de la date de l'événement mettant fin au contrat de fiducie.

> Précisions **a.** En cas d'application du régime de neutralité, le fiduciaire et le constituant doivent produire un **état de suivi** des plus-values en sursis d'imposition (CGI art. 54 septies, I).
b. La **restructuration** du constituant soumis à l'IS réalisée sous le **régime spécial** des fusions de l'article 210 A du CGI n'entraîne pas cessation. Il en va de même des opérations suivantes pour les constituants relevant de l'impôt sur le revenu : **transmission à titre gratuit** d'une entreprise individuelle (CGI art. 41), **apport en société** d'une entreprise individuelle (CGI art. 151 octies) et **restructuration d'une SCP** placée sous le régime de l'article 151 octies A du CGI.
c. Le **changement de régime fiscal** du constituant n'entraîne pas cessation à la double condition qu'aucune modification ne soit apportée aux écritures comptables relatives aux droits dans la fiducie et que l'imposition des profits et des plus-values neutralisés demeure possible sous le nouveau régime fiscal applicable au constituant.
d. L'écart de **variation** de la **valeur des droits du constituant** constaté lors de la cessation de la fiducie n'a pas d'incidence sur son résultat imposable.

2. CONSTITUANT AGISSANT DANS LE CADRE DE SON PATRIMOINE PRIVÉ

Il s'agit essentiellement du cas où la fiducie a pour activité la **gestion d'un patrimoine mobilier ou immobilier.** **90900** DC-IX-53000 s

CONSTITUTION DE LA FIDUCIE

Le transfert de biens ou droits dans un patrimoine fiduciaire par un constituant n'agissant pas dans le cadre d'une activité professionnelle n'est pas un fait générateur d'impôt sur le revenu si les **conditions** suivantes sont réunies : **90901** CGI art. 238 quater N

– le constituant est désigné comme le ou l'un des bénéficiaires dans le contrat de fiducie ;

– le fiduciaire inscrit, dans les écritures du patrimoine fiduciaire, les biens ou droits transférés pour leur prix ou valeur d'acquisition par le constituant.

Les **plus-values** constatées sur les biens transférés ne sont donc pas imposables. Elles le sont (selon le régime d'imposition des plus-values des particuliers applicable aux biens transférés) si l'une des conditions n'est pas remplie.

En ce qui concerne la **déclaration d'existence** de la fiducie par le fiduciaire, voir n° 90885.

IMPOSITION DES RÉSULTATS DE LA FIDUCIE

90905 CGI art. 238 quater O Le résultat de la fiducie, **déterminé** au niveau de la fiducie, est **imposé** au nom du constituant. Les règles de détermination et d'imposition sont celles correspondant à la nature de l'activité de la fiducie. Il s'agit donc selon le cas des règles d'imposition des revenus fonciers, des revenus mobiliers ou encore des plus-values immobilières ou sur valeurs mobilières des particuliers.

En cas de **pluralité de constituants,** chacun est imposé pour la part de résultat correspondant à ses droits représentatifs des biens ou droits transférés dans le patrimoine fiduciaire, proportionnellement à leur valeur vénale à la date du transfert dans ce patrimoine. Comme dans le cadre d'une société de personnes, le résultat est imposable au titre de l'année de sa réalisation même s'il n'a pas été appréhendé par le constituant.

›Précisions a. Les **plus-values** de cession de biens ou droits du patrimoine fiduciaire sont déterminées en fonction de la date et du prix d'acquisition des biens ou droits par le constituant, lorsque ce dernier les a transférés en fiducie sous le régime de neutralité fiscale (voir nº 90901) et en fonction de la date du transfert et de la valeur à cette date (ou du prix et de la date d'acquisition par la fiducie) dans le cas contraire.
b. Le fiduciaire est soumis aux **obligations déclaratives** des sociétés de personnes (CGI art. 238 quater M).

CESSATION TOTALE OU PARTIELLE DE LA FIDUCIE

90910 CGI art. 238 quater P La transmission à titre onéreux de tout ou partie des droits du constituant dans le patrimoine fiduciaire entraîne la cessation fiscale (totale ou partielle) de la fiducie et l'**imposition au nom du constituant des résultats déterminés à la date de la cessation** dans les conditions prévues aux articles 201 et suivants du CGI.
La même règle s'applique en cas de décès du constituant, de résiliation ou d'annulation de l'opération de fiducie ou lorsque cette dernière prend fin.

90911 CGI art. 238 quater Q Par exception à ce principe, le **retour des biens ou droits du patrimoine fiduciaire dans le patrimoine du constituant** n'est pas un fait générateur d'impôt sur le revenu lorsque l'opération de fiducie prend fin sans liquidation du patrimoine fiduciaire et que le constituant prend, dans l'acte constatant le transfert, l'engagement de déterminer, en cas de cession ultérieure des biens ou droits concernés, les plus ou moins-values et, plus généralement, les gains ou pertes par référence :
– s'il s'agit du constituant initial, au prix ou à la valeur d'acquisition par ce dernier des biens ou droits, lorsque ces biens ou droits ont fait l'objet d'un transfert dans le patrimoine fiduciaire sous le régime de neutralité fiscale (voir nº 90901), et au prix d'acquisition du ou des biens ou droits par la fiducie pour les autres biens ou droits ;
– s'il ne s'agit pas du constituant initial, à la valeur des biens ou droits à la date d'acquisition de ses droits au titre de la fiducie ou, pour les biens ou droits qui sont entrés dans le patrimoine fiduciaire après l'acquisition de ses droits, au prix d'acquisition de ces biens ou droits par la fiducie.

B. Droits d'enregistrement et IFI

90920 ENR-IX-16000 s L'article 2019 du Code civil institue une **obligation d'enregistrement** des actes constatant la formation, la modification ou l'extinction d'un contrat de fiducie. À défaut, ces actes sont nuls de plein droit.

CONSTITUTION DE LA FIDUCIE

90930 CGI art. 635, 1-8° et 1133 quater Les **actes** constatant la formation d'un contrat de fiducie n'emportant pas transfert de propriété au patrimoine fiduciaire d'immeubles ou de droits réels immobiliers doivent être enregistrés, dans un délai d'un mois à compter de leur date, au service des impôts du siège du fiduciaire (service des impôts des non-résidents s'il n'est pas domicilié en France). Cet enregistrement donne lieu à la perception d'un droit fixe de 125 €.
En présence d'**immeubles** ou de **droits réels immobiliers,** l'acte constitutif doit être enregistré dans un délai d'un mois au service de la publicité foncière (CGI art. 647, III ; voir nº 63750). La formalité fusionnée emporte perception de la taxe de publicité foncière sur la valeur des biens ou droits réels immobiliers, au taux de 0,70 %, à laquelle s'ajoute le prélèvement pour frais d'assiette et de recouvrement de 2,14 % calculé sur le montant de la taxe de publicité foncière (voir nº 66230).

DÉROULEMENT

90940 Les actes constatant la **modification du contrat** de fiducie doivent être enregistrés dans les mêmes conditions et donnent lieu à la perception des mêmes droits et taxes que les actes ayant constaté sa formation (voir n° 90930). Il en est de même des actes constatant le **transfert de biens ou droits supplémentaires au fiduciaire.**

En ce qui concerne les actes constatant le **retour au constituant** de tout ou partie du patrimoine fiduciaire, voir n° 90960.

Application de la taxe annuelle de 3 % visée à l'article 990 D du CGI aux **immeubles** possédés par une fiducie : voir n°s 75965 s.

Gestion du patrimoine fiduciaire En cas de **transmission à titre onéreux** de biens ou droits composant le patrimoine fiduciaire à un tiers ou à un bénéficiaire du contrat de fiducie autre que le constituant, les **droits de mutation** sont exigibles selon la nature des biens et droits transmis dans les conditions de droit commun. 90945

En ce qui concerne les biens acquis par le constituant sous le régime des achats en vue de la revente (CGI art. 1115), voir n°s 66275 s.

En cas de **transmission dans une intention libérale** de biens ou droits faisant l'objet d'un contrat de fiducie ou des fruits tirés de leur exploitation, les droits de mutation à titre gratuit s'appliquent au taux de 60 % (assortis d'une majoration de 80 % conformément à l'article 1729, c du CGI). L'intention libérale est caractérisée : CGI art. 792 bis

– lorsque la transmission est dénuée de contrepartie réelle ;

– ou lorsque l'avantage en nature ou résultant d'une minoration du prix de cession est accordé à un tiers par le fiduciaire dans le cadre de la gestion du patrimoine fiduciaire.

Cession de ses droits par le constituant Les droits du constituant résultant du contrat de fiducie sont réputés porter sur les biens formant le patrimoine fiduciaire. Lors de la transmission de ces droits, les **droits de mutation** sont exigibles selon la nature des biens et droits transmis. Ils sont calculés sur la valeur vénale réelle nette des biens mis en fiducie ou des biens acquis en remploi, à la date du fait générateur de l'impôt. 90950 CGI art. 668 bis et 668 ter

Situation du constituant au regard de l'IFI Les actifs immobiliers définis n°s 71140 s. transférés dans un patrimoine fiduciaire ou ceux éventuellement acquis en remploi sont compris dans le patrimoine imposable à l'IFI du constituant pour leur valeur vénale nette au 1er janvier de l'année d'imposition. 90955 CGI art. 969

> **Précisions** **a.** Lorsqu'ils sont redevables de l'IFI, les **associés** personnes physiques **d'une société constituante** sont également tenus d'inclure dans leur patrimoine la valeur vénale des parts sociales de cette société à hauteur de la fraction de leur valeur représentative des actifs immobiliers imposables.
> **b.** La **détermination des actifs imposables** s'apprécie comme si le redevable ou les membres du foyer fiscal détenaient les actifs directement hors convention de fiducie (BOI-PAT-IFI-20-20-30-30 n° 230).
> Les actifs composant le patrimoine fiduciaire peuvent, le cas échéant, bénéficier des **exonérations** prévues en faveur de certaines catégories de biens (voir n°s 71400 s.). De même, la mise en fiducie de la résidence principale n'empêche pas d'appliquer l'**abattement de 30 %** sur sa valeur (n° 71760).

FIN DE LA FIDUCIE

Actes constatant l'extinction de la fiducie Les actes constatant l'extinction du contrat au bénéfice du constituant (ou du cessionnaire de ses droits) doivent être enregistrés dans les mêmes conditions et donnent lieu à perception des mêmes droits et taxes que les actes constatant la formation du contrat de fiducie (voir n° 90930). Par exception, les actes constatant (au cours ou à l'extinction du contrat) le **retour de tout ou partie du patrimoine fiduciaire** au constituant (ou au titulaire secondaire de ses droits) ne donnent pas lieu à la perception de la taxe de publicité foncière sur les biens et droits immobiliers. 90960 CGI art. 635, 1-8° et 1133 quater

En cas de transfert des biens **au bénéfice d'un tiers,** les droits de mutation de droit commun sont exigibles, même en l'absence d'acte.

Décès du constituant Le contrat de fiducie prend fin, en principe, par le décès du constituant (C. civ. art. 2029). Le **patrimoine fiduciaire** fait alors de plein droit **retour à la succession** du constituant (C. civ. art. 2030). 90965 CGI art. 766 bis

Pour la liquidation des **droits de mutation par décès,** les biens ou droits transférés dans un patrimoine fiduciaire ou ceux éventuellement acquis en remploi, ainsi que les fruits tirés de l'exploitation de ces biens ou droits, qui font de plein droit retour à la succession du constituant, sont compris dans son patrimoine pour leur valeur vénale nette à la date du décès.

› Précisions Par exception, lorsque la fiducie est constituée à titre de garantie (**fiducie-sûreté**), le décès du constituant ne met pas fin au contrat de fiducie (C. civ. art. 2372-1 et 2488-1). Les droits du constituant sont transmis à ses héritiers ou légataires. Pour la liquidation des droits de succession, il convient d'appliquer la règle générale d'évaluation de l'article 668 bis du CGI (n° 90950).

C. TVA

CONSTITUTION DE LA FIDUCIE

91045 DC-IX-54105 s La mise en fiducie emporte le transfert, au profit du fiduciaire, du pouvoir de disposer de biens, corporels ou incorporels, comme un propriétaire.

Lorsque le **constituant** n'est **pas assujetti à la TVA,** le transfert d'un bien en fiducie n'entraîne aucune conséquence particulière dès lors que le bien n'est pas entré dans un cycle de régularisation.

Lorsque le **constituant** est **assujetti à la TVA,** la mise en fiducie doit, en principe, être traitée comme une cession, entraînant un assujettissement à la TVA des biens transmis. Toutefois, le dispositif de non-livraison prévu en matière de TVA en faveur des **transmissions d'universalités totales ou partielles de biens** trouve à s'appliquer aux transferts en fiducie lorsque les actifs transférés constituent une universalité totale ou partielle de biens (n° 47520).

DÉROULEMENT DE LA FIDUCIE

91055 Seront examinées ci-après les règles applicables aux prestations de gestion du fiduciaire (n° 91060) et celles applicables aux opérations réalisées pour le compte de la fiducie (nos 91065 s.).

En ce qui concerne la cession de ses droits par le constituant dans une fiducie dont l'actif est constitué de biens ou droits immobiliers, voir n° 58810.

91060 CGI art. 256, IV-1° DC-IX-54150 s **Prestations de gestion du fiduciaire** Les prestations qu'assure le fiduciaire au titre de ses obligations légales ou contractuelles de gestion du patrimoine fiduciaire sont considérées comme des **prestations de services** entrant dans le champ de la TVA. Le fiduciaire est donc redevable de la TVA sur sa rémunération dès lors qu'il effectue ces prestations de gestion à titre onéreux.

La TVA est **assise** sur la rémunération versée par le constituant et/ou retenue par le fiduciaire sur les recettes d'exploitation des droits ou biens du patrimoine fiduciaire conformément aux clauses contractuelles de la fiducie.

Le fiduciaire doit, au titre de sa prestation de gestion, délivrer au constituant une **facture** dans les conditions prévues nos 53500 s. La facture étant établie pour son propre compte et non pour celui de la fiducie, il doit faire figurer sur celle-ci son propre numéro d'identification à la TVA.

Le **constituant** pourra, le cas échéant, opérer sur sa déclaration de chiffre d'affaires la **déduction** de la taxe facturée à cette occasion dans les conditions de droit commun (nos 55000 s.).

91065 CGI art. 285 A DC-IX-54170 s **Opérations réalisées pour le compte de la fiducie** Sous réserve des précisions ci-après, les opérations réalisées par le fiduciaire pour le compte de la fiducie (acquisition ou vente de meubles ou d'immeubles, perception de loyers, etc.) sont soumises à la TVA dans les conditions de droit commun.

91067 DC-IX-54215 s Lorsque le fiduciaire réalise une **livraison** d'un **terrain à bâtir ou** d'un **immeuble bâti imposée** à la TVA **sur la marge** (nos 58870 s.), la marge brute qui constitue l'assiette de la TVA se calcule par différence entre le prix de cession du bien par le fiduciaire et le prix d'acquisition par le constituant (CGI art. 268, 2e-dernier al.).

91070 Le **redevable** de la TVA au titre des opérations réalisées dans le patrimoine fiduciaire est le fiduciaire. Il est considéré comme un redevable distinct pour chaque contrat de fiducie.

Autrement dit, la TVA exigible doit être calculée et liquidée au sein de chaque patrimoine fiduciaire dont le fiduciaire assure la gestion.

Cette qualité de redevable distinct impose au fiduciaire de souscrire une **déclaration** pour chaque patrimoine fiduciaire dont il assure la gestion.

› Précisions **a.** Lorsque **plusieurs fiduciaires** ont été désignés **pour un même contrat de fiducie** (C. civ. art. 2011), il y a lieu de prévoir dans le contrat lequel d'entre eux est chargé des obligations déclaratives de la TVA.

b. Si le redevable de la TVA au titre des opérations réalisées dans le patrimoine fiduciaire est le fiduciaire, c'est, en revanche, la **fiducie** en tant que telle qui a la qualité d'assujetti à la TVA au titre desdites opérations.

Un **numéro d'identification** à la TVA sera donc attribué à la fiducie, lequel devra figurer sur les **factures** établies par le fiduciaire pour le compte de la fiducie au titre de ces opérations, et, le cas échéant, sur les factures qui lui sont adressées.

Pour connaître l'étendue et les modalités des obligations déclaratives du fiduciaire, il y a lieu de déterminer le **régime d'imposition ou** de **franchise** qui est applicable à la fiducie. 91075

Pour l'**appréciation des limites** des régimes d'imposition ou de la franchise en base de TVA, il y a lieu de cumuler les chiffres d'affaires réalisés dans les **différents patrimoines fiduciaires** constitués par le **même constituant.**

Ainsi, le régime applicable au fiduciaire pour une fiducie donnée dépendra non seulement du chiffre d'affaires réalisé par cette fiducie, mais également de celui des autres fiducies dont il assure la gestion pour un même constituant.

EXEMPLE

Un fiduciaire gère trois fiducies de gestion d'immeubles aménagés à usage professionnel (F1, F2 et F3) : les fiducies F1 et F2 sont gérées pour le compte d'un même constituant C, la fiducie F3 est gérée pour le compte d'un constituant D. Les limites des régimes d'imposition applicables dans cette hypothèse sont celles prévues pour les autres prestations de services.

Chiffre d'affaires réalisé par F1 : 25 550 €.

Chiffre d'affaires réalisé par F2 : 137 640 €.

Chiffre d'affaires réalisé par F3 : 318 200 €.

Pour déterminer le régime d'imposition applicable à F1 et à F2, il y a lieu de cumuler les chiffres d'affaires des deux fiducies : 25 550 € + 137 640 € = 163 190 €.

Le fiduciaire doit ainsi respecter, à la fois pour F1 et pour F2, les obligations du régime simplifié de déclaration (nos 54260 s.), la fiducie F1 ne pouvant donc pas bénéficier du régime de la franchise en base de TVA.

Pour la fiducie F3, ce sont les règles du régime réel normal d'imposition qui devront être respectées (nos 54160 s.).

Ce cumul de chiffres d'affaires ne s'applique que dans le cas où un même constituant aurait plusieurs contrats de fiducie gérés par un même fiduciaire. Le cumul ne s'applique pas, en revanche, en cas de fiducies constituées par un **même constituant** auprès de **fiduciaires différents.**

En outre, le **chiffre d'affaires** réalisé en **propre** par le **constituant** n'est en aucun cas cumulable avec celui ou ceux réalisés en fiducie.

De même, aucun cumul ne doit être réalisé au titre des fiducies gérées par un **même fiduciaire** mais **relevant de constituants différents.**

FIN DE LA FIDUCIE

À la fin du contrat de fiducie, le patrimoine fiduciaire est, en principe, transféré au(x) bénéficiaire(s). En l'absence de bénéficiaire(s), les droits, biens ou sûretés présents dans le patrimoine fiduciaire font de plein droit retour au constituant. 91085 DC-IX-54105 s et 54250 s

a. Retour du patrimoine fiduciaire au constituant. Les indications relatives à la mise en fiducie des biens présentées n° 91045 sont en principe transposables au cas de retour des biens dans le patrimoine fiduciaire du constituant.

b. Transfert du patrimoine fiduciaire à un ou plusieurs bénéficiaires autres que le constituant. Lorsque le transfert porte sur des actifs répondant à la définition d'une **universalité de biens,** il bénéficie du dispositif de non-livraison exposé n° 47520. Lorsque le transfert porte sur un **actif isolé** ou sur plusieurs actifs ne répondant pas à la définition d'une universalité de biens ou encore lorsque les conditions nécessaires à l'application du régime spécifique des transmissions d'universalité de biens ne sont pas réunies, il y a lieu d'appliquer le droit commun de la TVA.

D. Impôts directs locaux

Les impôts locaux s'appliquent dans les conditions de droit commun, sous réserve des aménagements décrits ci-après. 91140

CONTRIBUTION ÉCONOMIQUE TERRITORIALE

Opérations réalisées pour le compte de la fiducie Les opérations réalisées par le fiduciaire pour le compte de la fiducie, dans le cadre du contrat de fiducie, sont imposables à la **cotisation foncière des entreprises** lorsqu'elles remplissent les conditions indiquées 91145 DC-IX-54480 s n°s 43525 s. Dans ce cas, la cotisation est établie au nom du **fiduciaire** (CGI art. 1447 et 1476). Celui-ci est donc soumis aux **obligations déclaratives** incombant au redevable de la contribution (voir n°s 43755 s.).

Les **bases d'imposition** correspondant à l'activité exercée en fiducie sont déterminées dans les conditions de droit commun (n°s 43660 s.). Toutefois, les **transferts** et transmissions résultant de l'exécution du contrat de fiducie sont sans incidence sur la **valeur locative** des biens concernés (CGI art. 1518 C).

> **Précisions** L'année de **constitution de la fiducie**, les règles relatives aux changements d'exploitant sont applicables (si le contrat est conclu en cours d'année, la taxe reste donc établie au nom du constituant). Pour les deux années suivantes, le fiduciaire est imposé selon les modalités indiquées n° 43746. Les déclarations visées n°s 43756 et 43757 doivent être souscrites respectivement par le fiduciaire et par le constituant.

91147 L'imposition à la cotisation foncière des entreprises entraîne l'imposition à la **cotisation sur la valeur ajoutée des entreprises,** dès lors que le chiffre d'affaires excède la limite indiquée n° 43860 (CGI art. 1586 ter).

Cette cotisation est établie selon les règles de droit commun (n°s 43850 s.).

91150 DC-IX-54440 **Activité de gestion de la fiducie** Comme toute activité de gestion des biens d'autrui, l'activité de gestion des biens mis en fiducie constitue par nature une activité imposable à la **cotisation foncière des entreprises** (et, corrélativement, à la **cotisation sur la valeur ajoutée des entreprises,** pour les redevables dont le chiffre d'affaires excède la limite indiquée n° 43860). Pour cette activité, le **fiduciaire** est imposable dans les conditions de droit commun.

TAXES FONCIÈRES

91160 CGI art. 1400, IV DC-IX-54560 s Lorsqu'un immeuble a été transféré en application d'un contrat de fiducie, la taxe foncière (sur les propriétés bâties ou non bâties) est établie au nom du **fiduciaire.** Sur la **valeur locative** des biens concernés, voir n° 91145.

> **Précisions** En application du principe de l'annualité de l'impôt (n° 41680), l'**année de constitution de la fiducie,** la taxe foncière reste établie au nom du constituant, si celui-ci était propriétaire (ou usufruitier) au 1er janvier des biens transférés. Elle n'est établie au nom du fiduciaire que si le transfert a lieu le 1er janvier.

E. Contrôle fiscal

91180 Le contrôle fiscal s'exerce, en matière de fiducie, selon les règles de droit commun (n°s 77500 s.), sous réserve des dispositions spécifiques examinées ci-après.

MODALITÉS DE CONTRÔLE

91190 DC-IX-54720 s **a.** Le fiduciaire, le constituant, le bénéficiaire ou toute personne physique ou morale exerçant par quelque moyen un pouvoir de décision direct ou indirect sur la fiducie sont soumis au **droit de communication** (n°s 78030 s.). Ces personnes doivent communiquer sur sa demande à l'administration fiscale tout document relatif au contrat de fiducie, sans pouvoir lui opposer l'obligation au secret professionnel auquel elles sont éventuellement tenues (LPF art. L 96 F).

b. Les fiducies peuvent faire l'objet d'une **vérification de comptabilité,** dans les conditions indiquées n°s 78110 s., en la personne de leur fiduciaire (LPF art. L 13, V). De façon générale, toute procédure de vérification des déclarations déposées par le fiduciaire pour le compte de la fiducie est suivie entre l'administration et le fiduciaire (LPF art. L 53, al. 2).

c. Lorsqu'un **examen de la situation personnelle** (ESFP : n°s 78090 s.) est mis en œuvre à l'égard d'un contribuable qui est partie à un contrat de fiducie ou en tient des droits, la **durée** maximale du contrôle (n° 79490) est prorogée si le contrat ou les actes le modifiant n'ont pas été enregistrés dans les conditions prévues à l'article 2019 du Code civil ou si ces mêmes actes n'ont pas été révélés à l'administration avant l'engagement de l'ESFP. La prorogation est égale au délai écoulé entre la date de réception de l'avis de vérification et l'enregistrement ou la révélation de l'information (LPF art. L 12, al. 5).

IMPOSITION D'OFFICE

91200 DC-IX-54850 s Lorsque la déclaration annuelle du **résultat de la fiducie** (n° 90885) n'est pas déposée dans le délai légal par le fiduciaire, le bénéfice imposable de la fiducie peut faire l'objet d'une procédure d'**évaluation d'office** (LPF art. L 73, 1° ter), sans mise en demeure préalable.

De même, s'agissant de la procédure de **taxation d'office pour défaut de déclaration en matière d'impôt sur les sociétés** ou de taxes assises sur les salaires, l'administration est dispensée de mise en demeure préalable dans le cas où les actes constatant la formation, la modification ou l'extinction d'un contrat de fiducie ainsi que le transfert de biens ou droits supplémentaires n'ont pas été enregistrés dans les conditions indiquées nos 90920 s. (LPF art. L 68, 5°).

CAS DES FIDUCIES LIBÉRALITÉS

Lorsqu'un contrat de fiducie est consenti dans une intention libérale au sens indiqué n° 90945 et conduit à une **minoration des droits** au titre de tous impôts et taxes dus par l'une quelconque des personnes parties au contrat ou en tenant des droits, l'administration est en droit d'écarter le contrat et de restituer son véritable caractère à l'opération litigieuse. 91210 LPF art. L 64 C DC-IX-54950 s

Cette remise en cause s'effectue dans le cadre de la procédure de rectification contradictoire (nos 78600 s.). Elle s'applique sans préjudice de la sanction de nullité prévue à l'article 2013 du Code civil et entraîne les conséquences indiquées n° 90945.

SECTION 4 OUTRE-MER

Les collectivités publiques d'outre-mer se répartissent en plusieurs catégories : les départements d'outre-mer (DOM), la Nouvelle-Calédonie et les autres collectivités d'outre-mer. Leur régime fiscal varie selon le statut qui les régit (nos 91450 s.). Cependant, un dispositif d'incitation à l'investissement a été instauré pour favoriser leur développement économique et social (nos 91710 s.). 91280 DC-IV-1 s

A. Régime fiscal

1. DÉPARTEMENTS D'OUTRE-MER

La Guadeloupe, la Martinique, Mayotte, La Réunion et la Guyane sont, sauf dispositions dérogatoires, assimilés aux départements métropolitains. 91450 DC-IV-1200 s

Ces territoires sont désignés dans les développements qui suivent par le terme « départements d'outre-mer » (ou « DOM »).

IMPÔT SUR LE REVENU

Sous réserve des particularités que nous examinerons ci-après, les DOM sont soumis au régime de droit commun de l'impôt sur le revenu des contribuables domiciliés en France avec notamment imposition de l'ensemble des revenus (voir nos 485 s.). 91460

Détermination des revenus imposables Les revenus et bénéfices perçus ou réalisés dans les DOM sont, d'une manière générale, déterminés dans les mêmes conditions qu'en métropole. Les règles exposées à propos des différentes catégories de revenus leur sont donc applicables. 91465

Une règle spéciale est, toutefois, retenue pour la détermination du bénéfice imposable afférent aux **exploitations agricoles** situées dans les DOM : pendant les dix premières années suivant celle de leur mise en exploitation, il est fait abstraction des bénéfices provenant de l'exploitation des terrains en friche dont la première affectation à des cultures agréées a été réalisée avant le 30 juin 2020 (CGI art. 76 bis : DC-IV-2425 s.).

Calcul de l'impôt sur le revenu Le calcul de **l'impôt progressif** des contribuables domiciliés dans les DOM s'effectue suivant les règles prévues en métropole et exposées nos 1600 s. L'impôt brut est déterminé en appliquant le même barème. Il fait, toutefois, l'objet d'une **réduction** de 30 %, plafonnée à 2 450 €, pour les contribuables domiciliés en Guadeloupe, en 91470 CGI art. 197, I-3 DC-IV-1250 s

Martinique ou à La Réunion et de 40 %, plafonnée à 4 050 €, pour les contribuables domiciliés en Guyane ou à Mayotte.

Cette réduction est également applicable à la **taxation proportionnelle** dont font l'objet les plus-values professionnelles à long terme (nº 18100).

› Précisions **a.** Les réfactions de 30 % et 40 % sont réservées aux **contribuables dont le lieu d'imposition est situé dans l'un des DOM** visés ci-dessus au 31 décembre de l'année d'imposition. Elles s'appliquent sur l'impôt afférent à l'ensemble des bénéfices qu'ils réalisent et des revenus qu'ils perçoivent tant dans la métropole que dans le département considéré (s'il y a eu transfert en cours d'année d'un DOM vers un autre DOM dans lequel le taux de réfaction est différent, le taux du département de domiciliation au 31 décembre de l'année d'imposition s'applique pour l'année entière : BOI-IR-LIQ-20-30-10 nº 140).

Les contribuables **domiciliés en métropole** sont imposés au taux métropolitain, y compris sur les revenus et bénéfices perçus ou réalisés dans les DOM. Toutefois, en cas de **transfert en cours d'année du domicile** de l'un des DOM visés ci-dessus vers la métropole, la réduction de 30 % ou 40 % reste applicable à l'impôt afférent aux revenus perçus ou réalisés pendant la période de domiciliation dans le DOM. La répartition des revenus s'effectue en tenant compte de la mise à disposition effective des revenus ou de la date de réalisation de la plus-value (BOI-IR-LIQ-20-30-10 nºs 110 et 120).

b. La réduction s'applique après le **plafonnement** des effets du **quotient** familial et avant la **décote.** Elle n'entre pas en compte dans le calcul du plafonnement global des avantages fiscaux (nºs 4840 s.).

91480 Les **taux minima d'imposition** de 20 % et 30 % applicables aux revenus de source française perçus par les **contribuables domiciliés hors de France** (nº 4410) sont réduits respectivement à 14,4 % et 20 % pour les revenus provenant des DOM.

De même, les taux de 12 % et 20 % de la **retenue à la source** sur les traitements, salaires, pensions et rentes viagères versés à des **personnes domiciliées hors de France** (nºs 4595 s.) sont réduits respectivement à 8 % et 14,4 % (si l'activité est exercée dans un DOM ou si le paiement des arrérages y est effectué). Aucune réduction n'est prévue pour les revenus non salariaux et les revenus des artistes : nºs 4565 et 4640.

91485 **Réductions et crédits d'impôt** Voir nºs 91850 s., 91995 s., 92010 s. et 92080 s. les allégements d'impôt sur le revenu attachés à certains **investissements réalisés outre-mer.**

91487 **Prélèvement à la source de l'impôt** Pour les contribuables domiciliés dans un département d'outre-mer à la date du versement du revenu soumis au prélèvement à la source (BOI-IR-PAS-20-20-30-10 nº 130), le **taux par défaut** (ou taux neutre) éventuellement applicable (nºs 3810 s.) est déterminé au moyen de grilles propres à l'outre-mer (voir nº 97110 les grilles applicables à compter du 1er janvier 2024).

IMPÔT SUR LES BÉNÉFICES

91490 Un dispositif réservé aux entreprises implantées dans les zones franches des DOM leur permet sous certaines conditions de bénéficier d'un abattement sur l'impôt sur les bénéfices.

› Précisions **a.** Les entreprises ultramarines sont exclues des **exonérations** prévues dans les **ZFU-TE** (voir nº 10335, précision c).

b. Les exploitations situées dans les DOM bénéficient de certains **avantages spécifiques** : le taux du **crédit d'impôt recherche** (nº 10492) est fixé à 50 % pour les dépenses de recherche et à 60 % pour les dépenses d'innovation des PME ; le **crédit d'impôt pour la compétitivité et l'emploi** est maintenu à Mayotte à un taux fixé à 9 %. Le bénéfice de ces avantages est toutefois subordonné au respect de l'article 15 du règlement 651/2014 (RGEC) du 17-6-2014.

91491 CGI art. 44 quaterdecies DC-IV-2650 s **Zones franches d'activité** Les **entreprises** relevant de l'impôt sur le revenu selon un régime réel ou micro ou soumises à l'IS, qui emploient moins de 250 salariés, réalisent un chiffre d'affaires annuel inférieur à 50 M€ et disposent d'implantations situées en Guadeloupe, en Guyane, à Mayotte, en Martinique ou à La Réunion peuvent bénéficier d'un dispositif d'abattement sur le bénéfice imposable (dénommé zones franches d'activité nouvelle génération ou ZFANG). L'**activité principale** de l'exploitation doit relever de l'un des secteurs d'activité éligibles à la réduction d'impôt prévue à l'article 199 undecies B du CGI (voir nºs 91850 s.).

› Précisions **a.** L'abattement s'applique également aux bénéfices tirés d'une **activité non éligible** au dispositif si elle présente un caractère **accessoire** (chiffre d'affaires procuré par cette activité inférieur à 50 % du chiffre d'affaires global) (BOI-BIC-CHAMP-80-10-85 nº 90).

b. Les entreprises exerçant leur activité dans le secteur de l'**énergie photovoltaïque** sont éligibles au dispositif, à l'exception toutefois de celles dont l'activité principale réside dans l'achat-revente (BOI-BIC-CHAMP-80-10-85 n° 60).

c. Les **entreprises en difficulté** sont éligibles au dispositif dans les conditions de droit commun.

d. Lorsque l'entreprise est **également éligible** à l'un des **dispositifs d'exonération** mentionnés n°s 10260 s. (entreprises nouvelles), n°s 10380 s. (zones de restructuration de la défense), n° 10375 (bassins urbains à dynamiser), n°s 16225 s. (jeunes agriculteurs), elle dispose d'un délai de six mois à compter de son début d'activité pour **opter** définitivement pour le régime des zones franches d'activité. À défaut d'option expresse, le bénéfice de l'exonération peut toutefois être demandé par voie de **réclamation** (BOI-BIC-CHAMP-80-10-85 n° 350).

e. Les entreprises qui bénéficient de l'abattement peuvent appartenir à un **groupe fiscal** : voir n° 40225.

f. L'abattement ne s'applique pas lorsque l'entreprise ne transmet pas ses **déclarations** de chiffre d'affaires **dans les délais** et qu'il s'agit de la deuxième omission successive (CGI art. 302 nonies). De même, il n'est pas applicable aux bénéfices non déclarés dans les **délais légaux** (CAA Bordeaux 21-10-2021 n° 20BX00360 ; CE (na) 3-6-2022 n° 459998 : RJF 8-9/22 n° 709). CGI ann. III art. 49 ZB, II

Montant de l'avantage Le **taux normal** de l'abattement est fixé à 50 %. Un **taux majoré** de 80 % est prévu pour les bénéfices provenant soit d'exploitations situées en Guyane ou à Mayotte, quelle que soit leur activité, soit d'exploitations situées en Guadeloupe, en Martinique ou à La Réunion et dont l'activité relève de **certains secteurs** prioritaires limitativement énumérés. **91492**

Pour un exercice ou une période d'imposition de douze mois, le montant du bénéfice exonéré est **plafonné** à 150 000 € dans le régime de droit commun et à 300 000 € lorsqu'il ouvre droit à l'abattement majoré. Les **règles européennes** de plafonnement en matière d'aides d'État issues du règlement 651/2014 (RGEC) du 17-6-2014 s'appliquent en complément (n° 92607, précision d).

Des avantages fiscaux sont également prévus en matière d'**impôts locaux** (voir n°s 91530, c, 91540 et 91545).

> **Précisions** **a.** L'abattement sur les bénéfices et plus-values s'applique après déduction des **déficits reportables** (BOI-BIC-CHAMP-80-10-85 n° 280).
>
> **b.** S'agissant des exploitations situées en Guadeloupe, en Martinique ou à La Réunion, l'**abattement** et le **plafond majorés** s'appliquent à celles qui exercent leur activité principale dans un des secteurs suivants : recherche et développement, technologies de l'information et de la communication, tourisme, y compris les activités de loisirs et de nautisme s'y rapportant, agro-nutrition, environnement, énergies renouvelables, bâtiments et travaux publics, transformation de produits destinés à la construction et production cosmétique et pharmaceutique. Pour les exercices ouverts **à compter du 1er janvier 2024,** sont également concernés les secteurs de l'industrie, de la réparation et maintenance navale et de l'édition des jeux électroniques (Loi 2023-1322 du 29-12-2023 art. 74). Peuvent également bénéficier de l'avantage majoré les entreprises qui bénéficient du régime de perfectionnement actif défini à l'article 44 quaterdecies, III-4° du CGI.
>
> **c.** Lorsque l'entreprise réalise des bénéfices soumis à des **taux d'abattement différents,** l'abattement total ne peut excéder 300 000 €, dont 150 000 € au plus pour les bénéfices éligibles à l'abattement de droit commun (BOI-BIC-CHAMP-80-10-85 n° 140).
>
> **d.** Pour les **entreprises soumises à l'impôt sur les sociétés,** la déduction pour investissement prévue à l'article 217 undecies du CGI (n°s 91930 s.) s'applique le cas échéant après l'abattement.
>
> **e.** Les **trois plafonds** en pourcentage fixés par l'article 15 du règlement UE 651/2014 (**RGEC**) du 17-6-2014 s'apprécient alternativement et non cumulativement (BOI-BIC-CHAMP-80-10-85 n° 300).

IMPÔTS DIRECTS LOCAUX

Les particularités par rapport à la métropole (n°s 41500 s.) portent essentiellement sur les points indiqués ci-après. **91525** CGI ann. II art. 329 à 333 J

Taxe foncière sur les propriétés bâties

Taxe foncière sur les propriétés bâties Plusieurs mesures spécifiques sont prévues en matière de taxe foncière sur les propriétés bâties. **91530** DC-IV-5900 s

a. Les logements occupés à titre d'**habitation principale** par leurs propriétaires sont exonérés lorsque leur valeur locative n'excède pas 40 % de la valeur locative moyenne des locaux d'habitation de la commune, ce seuil d'exonération pouvant être porté à 50 % par le conseil municipal.

b. Des **plafonds de revenus** particuliers sont fixés pour l'octroi de l'exonération et du dégrèvement prévus en faveur des personnes âgées ou invalides de condition modeste (n°s 42315 s.) et du plafonnement en fonction du revenu (n°s 42330 s.) : voir n° 91535.

c. Sauf délibération contraire des collectivités bénéficiaires, la base d'imposition des immeubles ou parties d'immeubles rattachés à compter du 1er janvier 2009 à un établissement réunissant les conditions requises pour bénéficier de l'abattement de cotisation foncière des entreprises exposé n° 91545 fait l'objet d'un **abattement** au titre des **zones franches d'activité.**

Le taux de cet abattement en principe égal à 50 % est porté à 80 % pour les immeubles ou parties d'immeubles qui sont situés en Guyane ou à Mayotte ou qui sont rattachés à un établissement d'une entreprise visée nº 91492, précision b (CGI art. 1388 quinquies).

L'abattement s'applique à compter du 1er janvier de l'année qui suit celle où l'immeuble ou les parties d'immeubles sont rattachés à un établissement remplissant les conditions requises. Il cesse de s'appliquer à compter du 1er janvier de l'année suivant celle où les immeubles ou parties d'immeubles ne sont plus rattachés à un établissement réunissant les conditions requises.
Le bénéfice de l'abattement est subordonné au respect du règlement européen 651/2014 (RGEC) du 17 juin 2014 (nº 92607, précision d).

d. À Mayotte, la base d'imposition des **propriétés cédées** jusqu'au 31 décembre 2025 par une collectivité publique aux **occupants irréguliers** des constructions affectées à leur habitation principale sises sur ces propriétés fait l'objet, sauf délibération contraire des collectivités bénéficiaires, d'un **abattement** les trois années suivant celle de la cession à concurrence de 100 % la première année, 70 % la deuxième année et 30 % la troisième année. L'abattement s'applique, le cas échéant, après celui exposé au c ci-dessus. Il cesse de s'appliquer en cas de changement de redevable au cours des trois années concernées (CGI art. 1388 sexies).

Dans ce même département, un **abattement** de 60 % s'applique sur la valeur locative des **locaux d'habitation** ou servant à l'exercice d'une activité salariée à domicile (CGI art. 1496, II bis).

91535 Les montants spécifiques à retenir pour l'octroi en 2024 des divers allégements de taxe liés à une **condition de revenus** sont indiqués dans le tableau figurant ci-après.

	Parts de quotient familial [1]				
	1e part	1e 1/2 part	2e 1/2 part	3e 1/2 part	1/2 parts suivantes
1. Exonération et dégrèvement de **taxe foncière** sur les propriétés bâties en faveur des personnes âgées ou invalides de condition modeste (CGI art. 1391et 1391 B : nos 42315 s.)					
• Plafonds des **revenus du contribuable** (année 2023) (CGI art. 1417, I) [2] :					
Guyane et Mayotte	15 409 €	4 241 €	3 326 €	3 326 €	3 326 €
Autres DOM	14 739 €	3 520 €	3 326 €	3 326 €	3 326 €
2. Plafonnement de taxe foncière sur les propriétés bâties **en fonction du revenu** (CGI art. 1391 B ter : nos 42330 s.)					
• Plafonds de **revenus** (année 2023) (CGI art. 1417, II) :					
Guyane et Mayotte	38 790 €	7 508 €	7 508 €	6 392 €	5 387 €
Autres DOM	35 395 €	7 508 €	7 159 €	5 387 €	5 387 €

1. Les montants indiqués pour les demi-parts supplémentaires sont divisés par deux pour les quarts de part.
2. Pour les redevables âgées de plus de 75 ans ayant bénéficié en 2014 du maintien exceptionnel d'une exonération de taxe d'habitation (nº 42325, f), le plafond de revenu est fixé pour la première part à 19 652 € (Guyane et Mayotte) et 18 260 € (autres DOM). Pour chaque demi-part supplémentaire, il est fixé uniformément à 3 326 € (CGI art. 1417, I bis).

91540 DC-IV-6850 s

Taxe foncière sur les propriétés non bâties En matière de taxe foncière sur les propriétés non bâties, il existe également plusieurs mesures spécifiques :

– les redevables sont exonérés lorsque la valeur locative totale des parcelles qu'ils possèdent dans la commune n'excède pas 30 % de la valeur locative d'un hectare de terre de la meilleure catégorie existant dans la commune ;

– les ***propriétés agricoles*** (telles que définies nº 42525) non concernées par la mesure énoncée ci-dessus sont exonérées à concurrence de 80 % (CGI art. 1395 H). Le bénéfice de cette exonération est subordonné au respect du règlement européen 651/2014 (RGEC) du 17 juin 2014 (nº 92607, précision d) ;

– les propriétés domaniales de **Guyane** qui ne sont ni concédées ni exploitées ne supportent pas la taxe ;

– la **taxe additionnelle** à la taxe foncière sur les propriétés non bâties exposée n° 45515 n'est pas applicable à **Mayotte** (CGI art. 1519 I, VI). Par ailleurs, dans ce département, la base imposable à la taxe foncière des **terrains cédés** jusqu'au 31 décembre 2025 par une personne publique à des **occupants irréguliers** fait l'objet, sauf délibération contraire des collectivités bénéficiaires, d'un abattement les trois années suivant celle de la cession à concurrence de 100 % la première année, 70 % la deuxième année et 30 % la troisième année. L'abattement cesse de s'appliquer en cas de changement de redevable au cours de ces trois années (CGI art. 1396 bis).

Contribution économique territoriale Sauf délibération contraire des collectivités bénéficiaires, un **abattement** s'applique à la base nette d'imposition à la **cotisation foncière des entreprises** (CFE) des établissements existant au 1er janvier 2009 en Guadeloupe, en Guyane, en Martinique, à La Réunion ou à Mayotte ou faisant l'objet à compter de cette date d'une création ou d'une extension dans ces départements et exploités par des entreprises remplissant, au cours de la période de référence (n° 43665), les conditions requises pour bénéficier de l'abattement sur les bénéfices au titre des **zones franches d'activité** exposé nos 91491 s. 91545 CGI art. 1466 F DC-IV-7950 s

Le **taux** de l'abattement est en principe égal à 80 %. Il est porté à 100 % pour les établissements qui sont situés en Guyane ou à Mayotte ou qui relèvent d'une entreprise visée n° 91492, précision b.

Le **montant** de l'abattement est **limité** à 150 000 € par année d'imposition et par établissement en bénéficiant (BOI-IF-CFE-10-30-30-70 n° 120). Son application est subordonnée au respect du règlement européen 651/2014 (RGEC) du 17 juin 2014 (n° 92607, précision d).

L'abattement s'applique à la **cotisation minimum** de CFE exposée n° 43715 (BOI-IF-CFE-10-30-30-70 n° 180). À noter que le montant de celle-ci est réduit à Mayotte (CGI art. 1647 D, I bis).

Pour la détermination de la **cotisation sur la valeur ajoutée des entreprises,** la valeur ajoutée des établissements bénéficiant, au 1er janvier 2024 (Loi 2023-1322 du 29-12-2023 art. 79), de l'abattement de CFE fait l'objet, à la demande de l'entreprise, d'un abattement de même taux, dans la **limite** de 2 000 000 € de valeur ajoutée (CGI art. 1586 nonies, IV).

Taxes spéciales d'équipement Des taxes spéciales d'équipement sont perçues : 91550 ASS-I-13000 s

– en Guyane et à Mayotte au profit de l'établissement public foncier et d'aménagement de chacun de ces départements (CGI art. 1609 B) ;

– en Guadeloupe et en Martinique au profit de l'Agence pour la mise en valeur des espaces urbains de la zone dite des cinquante pas géométriques (CGI art. 1609 C et 1609 D).

Ces taxes sont dues par toutes les personnes physiques ou morales assujetties aux principaux impôts directs locaux dans les communes comprises dans la zone de compétence de ces organismes. Les propriétés agricoles visées n° 42525 en sont exonérées (CGI art. 1607 A).

TVA

La TVA est **applicable** dans les départements de la **Martinique,** de la **Guadeloupe** et de **La Réunion,** dans les mêmes conditions qu'en France continentale. En revanche, elle n'est provisoirement **pas applicable** en Guyane ni à Mayotte. 91560 CGI art. 294 à 296 quater TVA-III-20000 s

Les **relations entre la métropole et les DOM** et ces départements entre eux sont toutefois réglées de façon particulière (nos 91565 s.). Des **dispositions spécifiques** aux DOM sont par ailleurs prévues, essentiellement en matière d'exonération et de taux (nos 91590 s.).

> **Précisions** **a.** Les entreprises établies dans les DOM doivent, comme les entreprises établies en métropole, souscrire leurs **déclarations de TVA** par voie électronique (télédéclaration) et s'acquitter, par la même voie, du paiement de la taxe due (télérèglement) (n° 54100). Pour les entreprises qui exercent des activités imposables soit en métropole et dans les DOM où la TVA est applicable, soit dans plusieurs de ces départements, la déclaration de TVA doit, en principe, regrouper l'ensemble de leurs opérations réalisées en métropole et dans les DOM.
> **b.** Le régime des **déductions** obéit dans les DOM aux règles applicables en métropole (nos 55000 s.). À noter toutefois que les assujettis établis à la Martinique, à la Guadeloupe ou à La Réunion ne sont pas considérés comme des « étrangers » au regard de la **procédure spéciale de remboursement** exposée nos 50675 s. En revanche, les « assujettis » établis en Guyane ou à Mayotte peuvent être concernés par cette procédure.

Territorialité Pour l'application de la TVA, les départements d'outre-mer sont considérés comme des **territoires d'exportation** par rapport à la France métropolitaine et par rapport aux autres États membres de l'UE ou aux pays tiers. Les départements d'outre-mer constituent également des territoires d'exportation les uns par rapport aux autres, **sauf** en ce qui concerne les relations entre la Guadeloupe et la Martinique (ces deux derniers départements constituant un marché unique). 91565 CGI art. 294 TVA-III-20200 s

91570 **Livraisons de biens** Bénéficient de l'exonération prévue en matière d'**exportation** de biens (exonération avec droit à déduction) :

– l'expédition ou le transport d'un bien de la métropole à destination d'un DOM ;

– l'expédition ou le transport d'un bien de la Guadeloupe ou de la Martinique à destination de la métropole, d'un autre État membre de l'UE ou d'un pays tiers, des départements de la Guyane, de Mayotte ou de La Réunion ;

– l'expédition ou le transport d'un bien de La Réunion à destination de la métropole, d'un autre État membre de l'UE ou d'un pays tiers, des départements de la Guadeloupe, de la Guyane, de Mayotte ou de la Martinique.

Est considérée comme **importation d'un bien** :

– l'entrée en métropole d'un bien originaire ou en provenance des DOM ;

– l'entrée en Guadeloupe ou en Martinique d'un bien originaire ou en provenance de la métropole, d'un autre État membre de l'UE ou d'un pays tiers, des départements de la Guyane, de Mayotte ou de La Réunion ;

– l'entrée à La Réunion d'un bien originaire ou en provenance de la métropole, d'un autre État membre de l'UE ou d'un pays tiers, des départements de la Guadeloupe, de la Guyane, de Mayotte ou de la Martinique.

La TVA due à l'importation par les assujettis et les non-assujettis identifiés à la TVA est perçue par la DGFiP à l'entrée en métropole ou dans le département d'outre-mer concerné (sauf en Guyane et à Mayotte). Elle est perçue par la DGDDI lorsque le redevable est une personne non assujettie et non identifiée, ainsi que pour certaines importations détaillées n° 49600, précision a. Sur les règles applicables à ces opérations, voir nos 49600 s.

91575 **› Précisions** **a.** Les dispositions relatives aux **échanges intracommunautaires,** y compris celles relatives aux VAD-IC et au guichet unique « OSS-UE », ne sont pas applicables dans les échanges entre les DOM et la France métropolitaine ou les autres États membres de l'UE (BOI-TVA-GEO-20 n° 30).

À noter que les assujettis redevables de la TVA pour des **importations** en France métropolitaine doivent être **identifiés** par un numéro individuel (n° 53420).

b. Une livraison de biens au départ de métropole, d'un autre État membre de l'UE ou encore d'un pays ou territoire tiers à l'UE et à destination d'une personne non assujettie dans l'un de ces départements n'est pas qualifiée de **vente à distance de biens.** En outre, les règles de redevabilité spécifiques aux interfaces électroniques (nos 49825 s.) ne sont pas applicables aux livraisons de biens localisées dans ces collectivités. Conformément à l'article 296 quater du CGI, ne sont pas non plus applicables en Guadeloupe, à La Réunion et en Martinique les dispositions relatives au guichet unique « IOSS ». En revanche, une livraison de biens en partance de l'un de ces territoires (y compris d'un territoire où la TVA ne s'applique pas) et à destination d'un consommateur final situé en métropole est susceptible d'être qualifiée de VAD-BI (nos 49800 s.) si elle en respecte les conditions (BOI-TVA-GEO-20-40 nos 67 et 69).

c. Une solution particulière s'applique aux **publications** en provenance ou à destination des DOM, respectivement vendues au numéro. Pour ces publications, la taxe est due par l'éditeur (au taux en vigueur dans le pays de destination) sur le prix de vente au public. Pour les publications acheminées par avion, si le montant exact des ventes à déclarer n'est pas connu lors du dépôt des déclarations, l'éditeur peut liquider provisoirement la taxe due sur la base du prix de vente pratiqué au 31 décembre de l'année précédente. Il y a lieu de procéder à la liquidation définitive dès que cela est possible et au plus tard en avril de l'année suivante (Doc. fiscale TVA-XV-25730 s.).

91580 **Prestations de services** L'administration applique les règles suivantes pour la détermination du lieu d'imposition (et en conséquence du taux applicable) des services rendus entre la métropole et les DOM (BOI-TVA-GEO-20-40 nos 110 s.), sous réserve des exonérations prévues notamment par l'article 262 du CGI (nos 50110 s. et 50450 s.).

1. Prestations fournies à un assujetti (**relations « B to B »**).

a. Les prestations relevant de la **règle générale** « B to B » (n° 49870) sont :

– imposables aux taux visés n° 91610 lorsque le preneur assujetti est établi en Martinique, en Guadeloupe ou à La Réunion, quel que soit le lieu d'établissement du prestataire (métropole ou DOM, *y compris* la Guyane et Mayotte) ;

– imposables aux taux métropolitains lorsque le preneur assujetti est établi en métropole, quel que soit le DOM où est établi le prestataire (Martinique, Guadeloupe, La Réunion, Guyane ou Mayotte) ;

– non imposables lorsque le preneur assujetti est établi en Guyane ou à Mayotte, quel que soit le lieu d'établissement du prestataire (métropole ou DOM).

Par mesure de **tolérance,** certaines prestations de services peuvent toutefois être soumises à la TVA au taux applicable au lieu de leur exécution, et non pas au lieu d'établissement du preneur, lorsque les prestataires et preneurs assujettis sont établis en France (en métropole ou dans les DOM). Sont limitativement concernés : le transport de biens autre qu'intracommunautaire ; les prestations accessoires aux transports autres que les transports intracommunautaires de biens, telles que chargement, déchargement, manutention et activités similaires ; les travaux et expertises sur biens meubles corporels (BOI précité n° 140). **91580** (suite)

Quel que soit le lieu d'imposition (métropole ou DOM), la taxe doit être acquittée par le prestataire.

Pour les prestations relevant de la règle générale « B to B », le régime d'imposition se résume comme indiqué dans le tableau figurant ci-dessous :

Lieu d'établissement du preneur	Lieu d'établissement du prestataire		
	Métropole	Martinique, Guadeloupe, La Réunion	Guyane, Mayotte
Métropole	Taux métropolitains 1 et 2	Taux métropolitains 1 et 2	Taux métropolitains 1 et 2
Martinique, Guadeloupe, La Réunion	Taux prévus par l'article 296, 1° du CGI 2	Taux prévus par l'article 296, 1° du CGI 2	Taux prévus par l'article 296, 1° du CGI 2
Guyane, Mayotte	Pas d'imposition	Pas d'imposition	Pas d'imposition

1. Taux prévus par l'article 296, 1° du CGI s'il s'agit d'un transport de biens autre qu'intracommunautaire, de prestations accessoires audit transport ou de travaux et expertises sur biens meubles corporels dont le lieu d'exécution est en Martinique, en Guadeloupe ou à La Réunion.
2. Pas d'imposition s'il s'agit d'un transport de biens autre qu'intracommunautaire, de prestations accessoires audit transport ou de travaux et expertises sur biens meubles corporels dont le lieu d'exécution est en Guyane ou à Mayotte.

b. Les prestations relevant des **règles particulières** de territorialité décrites nos 49955 s. et 49985 sont soumises aux taux métropolitains ou aux taux visés n° 91610 selon que le lieu de la prestation, déterminé selon ces règles particulières, se situe en métropole ou dans un DOM. Dans le cas où la prestation se situe en Guyane ou à Mayotte, la TVA n'est pas applicable.

2. Prestations fournies à un non-assujetti (**relations « B to C »**).

a. Les prestations relevant de la **règle générale** « B to C » (n° 49895) sont :

– imposables aux taux visés n° 91610 lorsque le prestataire est établi en Martinique, en Guadeloupe ou à La Réunion, quel que soit le lieu d'établissement du preneur non assujetti (métropole ou DOM, y compris la Guyane et Mayotte) ;

– imposables aux taux métropolitains lorsque le prestataire est établi en métropole, quel que soit le lieu d'établissement du preneur non assujetti (métropole ou DOM, y compris la Guyane et Mayotte) ;

– non imposables lorsque le prestataire est établi en Guyane ou à Mayotte, quel que soit le lieu d'établissement du preneur non assujetti (métropole ou DOM).

Pour les prestations relevant de la règle générale « B to C », le régime d'imposition se résume comme indiqué dans le tableau figurant ci-dessous :

Lieu d'établissement du preneur	Lieu d'établissement du prestataire		
	Métropole	Martinique, Guadeloupe, La Réunion	Guyane, Mayotte
Métropole	Taux métropolitains	Taux prévus par l'article 296, 1° du CGI	Pas d'imposition
Martinique, Guadeloupe, La Réunion	Taux métropolitains	Taux prévus par l'article 296, 1° du CGI	Pas d'imposition
Guyane, Mayotte	Taux métropolitains	Taux prévus par l'article 296, 1° du CGI	Pas d'imposition

b. Les prestations relevant des **règles particulières** de territorialité décrites nos 49955 s. et 49990 s. sont soumises aux taux métropolitains ou aux taux visés n° 91610 selon que le lieu de la prestation, déterminé selon ces règles particulières, se situe en métropole ou dans un DOM. Dans le cas où la prestation se situe en Guyane ou à Mayotte, la TVA n'est pas applicable.

Toutefois, pour les prestations de services listées à l'article 259 B du CGI (prestations « immatérielles », lesquelles sont en principe imposées au lieu du prestataire : nos 50020 s.), une mesure de **tolérance** est prévue : ces prestations peuvent être imposées au taux applicable du lieu d'établissement ou de résidence du preneur non assujetti en métropole ou dans un DOM lorsqu'elles sont fournies par des prestataires établis en France. Lorsque ce lieu est situé en Guyane ou à Mayotte, la prestation n'est pas soumise à la taxe (BOI précité n° 220).

3. En ce qui concerne les **agents de voyages** organisant des voyages à destination des DOM, voir n° 61530, Précisions.

Remarque : En ce qui concerne les **relations** entre les **DOM** et les **autres États membres** de l'UE ou les **pays tiers,** le lieu des prestations de services est déterminé dans les mêmes conditions que dans les relations entre la métropole et ces autres États membres ou pays tiers.

91590 CGI art. 295 TVA-III-22700 s

Exonérations Les opérations suivantes réalisées dans les DOM font l'objet d'une exonération spéciale :

– **transports maritimes** de personnes et de marchandises effectués dans les limites de chacun des départements de la Guadeloupe, de la Martinique et de La Réunion (CGI art. 295, 1-1°) ;

– livraisons, importations, services d'intermédiation et prestations de travail à façon portant sur les **produits énergétiques et assimilés,** autres que les charbons et les gaz naturels, et réalisés en Guadeloupe, en Martinique ou à La Réunion (CGI art. 295, 1-6°) ;

– **importations** en Guadeloupe, à La Réunion ou en Martinique de biens compris dans un envoi d'une valeur intrinsèque **n'excédant pas 22 €** (CGI ann. IV art. 50 octies, 5°), importations de matières premières et produits figurant aux articles 50 undecies (matériels d'équipement destinés à l'industrie hôtelière et touristique) et 50 duodecies de l'annexe IV au CGI (produits, matériaux de construction, engrais et outillages industriels et agricoles), **livraisons en l'état** de ces matières premières ou produits, **ventes et livraisons à soi-même** de produits de **fabrication locale analogues** (CGI art. 295, 1-5°) ;

– ventes et importations de **riz** à La Réunion (CGI art. 295, 1-2°) ;

– affrètements et **locations de courte durée** (au sens défini n° 49960, précision b) de **navires de grande plaisance** (c'est-à-dire ceux qui sont d'une longueur de coque supérieure à 24 mètres et dont la jauge brute est inférieure à trois mille) **mis à disposition** à partir du territoire de la **Guadeloupe ou** de la **Martinique** en vue de réaliser des voyages d'agrément en dehors des eaux territoriales (CGI art. 295, 1-7° ; BOI-TVA-GEO-20-20 n° 240).

› Précisions **a.** Les **transports** en provenance ou à destination de la métropole, ou des autres DOM ou des collectivités d'outre-mer, sont exonérés comme les transports internationaux (nos 50180 s.). Dans le cadre du marché unique des Antilles, les transports aériens de marchandises entre la Guadeloupe et la Martinique sont taxables pour la distance parcourue dans ces départements ; les transports maritimes de marchandises effectués entre ces deux départements sont en revanche exonérés (BOI précité n° 140). Les **croisières et excursions maritimes** réalisées dans les DOM peuvent bénéficier dans leur globalité de l'exonération prévue à l'article 295, 1-1° du CGI (Rép. Manscour : AN 2-11-2004 n° 45095, non reprise au Bofip).

b. Les **producteurs et importateurs de matières premières et de produits** visés à l'article 295, 1-5° du CGI qui **en assurent l'installation** sont imposables sur l'ensemble du prix facturé si l'installation constitue un travail immobilier (CE 27-7-2001 n° 216193 : RJF 11/01 n° 1371 ; CE 12-1-2018 n° 384395 : RJF 4/18 n° 363).

91595 En ce qui concerne les **tabacs manufacturés,** la TVA est applicable à tous les stades de la commercialisation. Cependant, les marges commerciales postérieures à l'importation ou à la fabrication demeurent exclues de la taxe (CGI art. 298 sexdecies). Cette exclusion constituant une exclusion de l'assiette taxable et non une exclusion du champ d'application de la TVA, les négociants peuvent déduire la taxe ayant grevé les biens et services ayant concouru à la réalisation de leurs opérations (CE 6-11-2002 n° 212630 : RJF 1/03 n° 30).

› Précisions Il résulte notamment de ces dispositions que l'**assiette** de la TVA afférente aux ventes de tabacs manufacturés par les importateurs de tabacs aux distributeurs locaux est constituée par le prix de revient à l'importation des tabacs revendus. Par suite, la fraction perçue en outre-mer de l'**accise sur les tabacs** mentionnée à l'article L 314-1 du CIBS, exigible à l'importation, doit être incluse dans l'assiette de la TVA (n° 49620) (CE (na) 28-3-2022 n° 455197 : RJF 6/22 n° 537).

91600 Sont également exonérées de TVA les **livraisons de biens au détail** réalisées par des vendeurs autorisés par l'administration, dans les communes de **Guadeloupe ou** de **Martinique** disposant d'un port d'accueil de navires de croisière touristique, auprès de **particuliers** n'ayant pas leur domicile ou leur résidence habituelle dans ces mêmes départements et effectuant une

croisière touristique maritime, qui emportent ces biens dans leurs **bagages personnels** hors de ces départements.

Cette **exonération** n'est toutefois **pas** applicable aux livraisons de tabacs manufacturés, aux livraisons de biens pour lesquels la sortie du territoire de Guadeloupe ou de Martinique est prohibée et aux livraisons qui, compte tenu de la nature des biens ou des quantités livrées, ne sont pas destinées aux besoins propres d'un particulier (Loi 2004-639 du 2-7-2004 art. 41 bis et 41 septies dans sa rédaction issue de la loi 2019-1479 du 28-12-2019 art. 78).

> **Précisions** **a.** Bien qu'exonérées, ces opérations ouvrent **droit à déduction** (n° 55550).
> **b.** Aux termes de l'article 41 nonies de la loi 2004-639 précitée, le bénéfice de cette exonération est, dans l'attente de la réponse de la Commission européenne permettant de considérer ce dispositif conforme au droit de l'UE en matière d'aides d'État, subordonné au respect du règlement UE/2023/2831 du 13 décembre 2023 relatif aux **aides de minimis** (n°s 92660 s.). Cette exonération s'applique **jusqu'au 31 décembre 2026** (Loi 2023-1322 du 29-12-2023 art. 154).

Assiette et taux Les **taux** applicables dans les DOM et les coefficients de conversion correspondants (coefficients à utiliser pour obtenir le chiffre d'affaires hors taxe à partir du chiffre d'affaires taxe comprise) s'établissent comme suit : 91610 CGI art. 296, 296 bis et 298 septies TVA-III-21450 s

	Taux	Coefficient de conversion
Taux normal	8,5 %	0,921
Taux réduit	2,1 %	0,979
Publications de presse et presse en ligne (n°s 61585 s.)	1,05 %	0,989
140 premières représentations théâtrales ou de cirque (n° 61785)	1,05 %	0,989
Ventes d'animaux de boucherie et de charcuterie à des non-redevables (n° 59835)	1,75 %	0,982

Remarques. 1. Le taux réduit de 2,1 % s'applique à tous les produits et services relevant en métropole du taux réduit de 5,5 % ou du taux intermédiaire de 10 %.
2. En ce qui concerne l'application du taux réduit de 2,1 % à certains investissements locatifs sociaux, voir n° 92100.

Ces taux s'appliquent à des **bases d'imposition** hors TVA et octroi de mer (n° 52300).

DROITS D'ENREGISTREMENT

D'une manière générale, les droits d'enregistrement s'appliquent dans les mêmes conditions qu'en métropole. Quelques allégements sont toutefois à noter. 91630

a. La **taxe de publicité foncière ou le droit d'enregistrement** est dû au taux réduit de 0,70 % (plus le prélèvement pour frais d'assiette et de recouvrement visé n° 66230) pour les opérations suivantes : ENR-V-18050, ENR-V-29500, ENR-I-13540 et ENR-V-29520

– ventes de terres incultes ou insuffisamment exploitées (CGI art. 1594-0 F sexies, modifié par l'article 21 de la loi 2023-1322 du 29-12-2023) ;

– acquisitions de terrains compris dans le périmètre de lotissements agréés (CGI art. 1594 F quinquies, K).

En **Guyane,** les tarifs des droits d'enregistrement et de la taxe de publicité foncière sont réduits de moitié, sauf lorsque ces droits et taxe sont perçus au taux prévu pour les ventes d'immeubles relevant du régime de droit commun (n°s 66220 s.) (CGI art. 1043 A).

À **Mayotte,** les cessions effectuées par une personne publique ainsi que les actes de notoriété et les décisions judiciaires constatant l'usucapion sont, jusqu'au 31 décembre 2025, exonérés de droit d'enregistrement ou de taxe de publicité foncière lorsqu'ils sont réalisés au profit de propriétaires irréguliers de biens immobiliers. L'inscription au livre foncier de Mayotte des actes de notoriété acquisitive portant sur des immeubles sans titre de propriété est par ailleurs exonérée de frais d'inscription (CGI art. 1043 B).

b. Les actes de **partage de succession** et les **licitations** de biens héréditaires répondant aux conditions prévues à l'article 750, II du CGI (voir n° 70455, a), établis jusqu'au 31 décembre 2028, sont exonérés du droit de partage de 2,50 % à hauteur de la valeur des immeubles situés en outre-mer (CGI art. 750 bis C). Cette exonération s'applique également dans les collectivités de Saint-Barthélemy, de Saint-Martin et de Saint-Pierre-et-Miquelon. ENR-II-4840 s

c. Le délai imparti pour le dépôt des **déclarations de succession** est de six mois lorsque la personne dont on recueille la succession est décédée dans le département où se situait son domicile et d'un an dans le cas contraire, ce délai étant porté, sous certaines conditions, à deux ans à La Réunion et à Mayotte (CGI art. 642). ENR-X-28260 s

d. Les immeubles et droits immobiliers situés à **Mayotte** sont exonérés de **droits de succession et de donation,** lors de la première transmission postérieure à la reconstitution des titres de ENR-X-49730 propriété y afférents, sous réserve que ces titres de propriété aient été constatés par un acte régulièrement transcrit ou publié entre le 1er janvier 2018 et le 31 décembre 2025 (CGI art. 1135 ter).

> Précisions Sur délibération des conseils départementaux, peuvent être **exonérées** de taxe de publicité foncière ou de droits d'enregistrement :
– les acquisitions d'immeubles destinés à une **exploitation hôtelière** (CGI art. 1594 I bis ; ENR-V-28620 s.). Cette exonération a été instituée en Guadeloupe ;
– les cessions de parts de copropriété hôtelière acquises sous le régime de la « loi Pons » (CGI art. 1594 I ter ; ENR-V-28900 s.). Jusqu'à présent, cette exonération n'a jamais été instituée.

TAXE SUR LES CONVENTIONS D'ASSURANCE

91635 ENR-XI-23020 À l'exception des primes afférentes à des risques passés en **Guyane** (BOI-TCAS-ASSUR-30-10 n° 1) ou à **Mayotte** (CGI art. 1001, dernier al.), pour lesquelles le tarif est réduit de moitié, les conventions d'assurances passées dans les DOM sont soumises au même tarif qu'en France métropolitaine : voir n° 76010.

TAXE SUR LES SALAIRES

91640 DC-IV-5020 s Plusieurs mesures particulières s'appliquent dans les DOM en matière de taxe sur les salaires.

a. Bien que la TVA ne soit pas actuellement applicable en **Guyane et à Mayotte,** les employeurs établis dans ces départements sont totalement ou partiellement exonérés de taxe sur les salaires dans la mesure où ils réalisent des opérations qui seraient soumises à la TVA si cette taxe était applicable.

Dans les départements de **Guadeloupe,** de **Martinique** et de **La Réunion,** certaines opérations bénéficiant d'exonérations spéciales de TVA (voir nos 91590 s.) sont néanmoins considérées comme ayant été soumises à cette taxe pour le calcul du rapport d'assujettissement à la taxe sur les salaires (n° 73385) (BOI-TPS-TS-20-30 n° 65).

b. Les **taux** majorés de la taxe sur les salaires ne s'appliquent pas dans les DOM (CGI art. 231, 2 bis-al. 2). D'autre part, le taux normal est ramené :
– à 2,95 % dans les départements de la Guadeloupe, de la Martinique et de La Réunion ;
– à 2,55 % dans les départements de la Guyane et de Mayotte (CGI art. 231, 5).

c. Les organismes professionnels et autres **employeurs agricoles** établis dans les DOM ne sont en aucun cas assujettis à la taxe sur les salaires (voir nos 73405 s.).

2. NOUVELLE-CALÉDONIE ET AUTRES COLLECTIVITÉS D'OUTRE-MER

91680 La **Nouvelle-Calédonie** est une collectivité territoriale d'outre-mer à statut spécifique (Lois 99-209 et 99-210 du 19-3-1999). Les territoires de la **Polynésie française,** des **îles Wallis-et-Futuna,** des **Terres australes et antarctiques françaises,** de **Saint-Pierre-et-Miquelon, Saint-Martin** et **Saint-Barthélemy** sont des collectivités d'outre-mer (COM) régies par l'article 74 de la Constitution, bénéficiant chacune d'un statut spécifique. Elles sont traitées, sur le plan fiscal, comme des territoires indépendants. Sauf mention expresse, la législation française ne leur est pas applicable.

B. Investissements outre-mer

91710 Plusieurs formes de défiscalisation sont prévues en faveur des investissements réalisés dans les DOM, en Nouvelle-Calédonie, à Saint-Pierre-et-Miquelon, en Polynésie française, à Saint-Martin, à Saint-Barthélemy, dans les îles Wallis-et-Futuna et les Terres australes et antarctiques françaises (dispositif dit « loi Girardin ») :
– une réduction d'impôt au profit des personnes physiques qui réalisent des investissements productifs dans le cadre d'**entreprises relevant de l'impôt sur le revenu** et exerçant leur activité dans certains secteurs d'activité (CGI art. 199 undecies B : nos 91850 s.) ;
– la déduction des résultats des **entreprises soumises à l'IS** des investissements productifs réalisés dans les mêmes secteurs, de certains investissements immobiliers locatifs, ainsi que des souscriptions au capital de certaines sociétés (CGI art. 217 undecies : nos 91930 s.) ;
– une réduction d'impôt au profit des **entreprises soumises à l'IS** qui réalisent certains investissements dans les COM et en Nouvelle-Calédonie (CGI art. 244 quater Y : nos 91970 s.) ;
– une réduction d'impôt au titre des sommes investies par les **particuliers** pour la réalisation de certains travaux immobiliers (CGI art. 199 undecies A : nos 92010 s.) ;

– un dispositif spécifique d'aide fiscale à l'investissement dans le **secteur locatif social** ouvert aux investisseurs **particuliers** et aux **entreprises** (CGI art. 199 undecies C : nos 92080 s.).

Notons par ailleurs que plusieurs dispositifs de réduction d'impôt dont peuvent bénéficier les **particuliers propriétaires bailleurs de logements** sont applicables en outre-mer selon des modalités particulières (nos 92065, 92067 et 92070 s.).

En outre, les **particuliers** peuvent bénéficier d'une réduction d'impôt au titre des souscriptions de parts de **fonds d'investissement de proximité** investis outre-mer (no 92075).

Enfin, **deux crédits d'impôt** spécifiquement destinés aux **DOM,** l'un pour investissements productifs (no 91995) et l'autre pour investissements dans le secteur locatif social (no 92085) sont également applicables.

> Précisions **a.** Lorsque les dispositifs de défiscalisation sont soumis à la délivrance d'un agrément, la fourniture de **fausses informations** ou le **non-respect** volontaire **des engagements** pris envers l'administration entraîne le paiement d'une amende égale au montant de l'aide indûment obtenue. La même sanction s'applique aux personnes qui, par leurs agissements, manœuvres ou dissimulations, ont permis à un contribuable d'obtenir un **avantage fiscal injustifié** (soumis ou non à agrément) qui a fait l'objet d'une reprise par l'administration (CGI art. 1740). La fourniture, en connaissance de cause, de **renseignements inexacts** en vue d'obtenir l'agrément est en outre passible des peines prévues pour le délit de fraude fiscale (CGI art. 1743, 3°).

b. Les **cabinets de défiscalisation** des investissements outre-mer doivent s'inscrire sur un registre public tenu par le représentant de l'État dans les départements et collectivités désignés par l'arrêté CPAE 1909269A du 3-5-2019. Cette inscription est valable pour une durée de trois ans renouvelable. Ces organismes doivent notamment déclarer les opérations réalisées, les noms et adresses des investisseurs, ainsi que le montant des commissions perçues (CGI art. 242 septies). À défaut, ils sont passibles d'une amende dont le montant ne peut excéder 50 000 € mais qui, à certaines conditions, n'est pas due en cas de première infraction (CGI art. 1740-00 AB).

1. INVESTISSEMENTS DES ENTREPRISES

a. Réduction d'impôt en faveur des entreprises relevant de l'IR

Les contribuables personnes physiques domiciliés en France au sens de l'article 4 B du CGI peuvent bénéficier d'une réduction d'impôt lorsqu'ils réalisent outre-mer **jusqu'au 31 décembre 2029** en Guadeloupe, en Martinique, en Guyane, à La Réunion, à Mayotte, à Saint-Martin, à Saint-Barthélemy, à Saint-Pierre-et-Miquelon, en Nouvelle-Calédonie, en Polynésie française, dans les îles Wallis-et-Futuna et les Terres australes et antarctiques françaises certains investissements productifs dans le cadre d'une entreprise relevant de l'impôt sur le revenu. Les entreprises exerçant leur activité dans les **DOM** sont toutefois exclues du dispositif lorsqu'elles ont réalisé un **chiffre d'affaires** d'au moins 10 M€ au titre du dernier exercice clos. Ces entreprises peuvent, le cas échéant, bénéficier du crédit d'impôt visé no 91995. Les **entreprises en difficulté** sont également exclues du bénéfice de l'aide lorsqu'elles exercent leur activité dans un DOM ou à Saint-Martin. 91850 CGI art. 199 undecies B

L'article 75 de la **loi 2023-1322 du 29 décembre 2023** a apporté plusieurs **aménagements** au dispositif. Certains vont dans le sens de l'extension des possibilités de défiscalisation (éligibilité des friches hôtelières ou industrielles et de certaines installations de production d'électricité solaire et, légalisation de la doctrine administrative portant sur la réhabilitation lourde d'immeubles). En revanche, d'autres vont dans le sens de la restriction des possibilités d'investissement (limitation des investissements portant sur les véhicules de tourisme, exclusion des meublés de tourisme et des investissements utilisés par les particuliers et les syndicats de copropriété). Ces aménagements qui sont exposés ci-après nos 91855 s. s'appliquent également aux autres dispositifs en faveur de l'investissement productif ultramarin.

> Précisions **a.** L'entreprise qui réalise l'investissement peut être une entreprise individuelle ou une société de personnes (à l'exclusion des sociétés en participation) dont les parts doivent alors être détenues directement par le contribuable ou par l'intermédiaire d'une entreprise unipersonnelle à responsabilité limitée.

b. Pour l'appréciation du **seuil de 10 M€**, le chiffre d'affaires s'entend des sommes retirées de l'activité normale et courante de l'entreprise. Ce montant est le cas échéant corrigé pour correspondre à une période de douze mois. Lorsque l'entreprise n'a clôturé aucun exercice, son chiffre d'affaires est réputé nul. Est pris en compte le chiffre d'affaires de l'entreprise augmenté de celui des entreprises qui lui sont liées au sens de l'article 39, 12 du CGI. Dans le cadre de schémas locatifs (no 91885), ce seuil est apprécié au niveau de l'exploitant.

c. Au regard de la **réglementation européenne** des aides d'État, le dispositif est placé sous le régime du règlement 651/2014

(RGEC) du 17-6-2014 (n° 92607, précision d), lorsque l'activité est exercée dans un DOM ou à Saint-Martin.

d. La notion d'**entreprise en difficulté** s'apprécie à la date de mise en service de l'investissement ouvrant droit à la réduction d'impôt (ou à la date d'achèvement des fondations des immeubles ou des travaux de rénovation) et non pas de manière continue sur la durée d'exploitation des investissements (BOI-BIC-RICI-20-10-10-10 n° 390).

e. Les **restrictions** apportées au champ d'application du dispositif par l'article 75 de la loi 2023-1322 du 29 décembre 2023 sont applicables aux investissements réalisés **à compter du 1er janvier 2024.** Toutefois, les dispositions antérieures restent applicables pour les **investissements en cours,** à savoir :
– les investissements agréés au plus tard le 31 décembre 2023 ;
– les investissements pour l'agrément desquels une demande est parvenue à l'administration au plus tard le 31 décembre 2023, et pour lesquels des acomptes au moins égaux à 50 % de leur prix ont été versés à cette date ;
– les acquisitions de biens meubles corporels qui font l'objet d'une commande au plus tard le 31 décembre 2023, et pour lesquels des acomptes au moins égaux à 50 % de leur prix ont été versés à cette date ;
– les constructions d'immeubles ayant fait l'objet d'une déclaration d'ouverture de chantier déposée au plus tard le 31 décembre 2023, dès lors que ces investissements sont achevés au plus tard le 31 décembre 2025 (Loi 2023-1322 du 29-12-2023 art. 75, V-A).

f. Les **extensions** apportées au champ d'application du dispositif par l'article 75 de la loi 2023-1322 du 29 décembre 2023 sont applicables aux investissements réalisés **à compter du 1er janvier 2024** dans les **collectivités d'outre-mer** et en Nouvelle-Calédonie et, à compter d'une date fixée par décret qui interviendra après l'accord de la Commission européenne s'agissant des investissements réalisés dans les **DOM** et à Saint-Martin (Loi 2023-1322 du 29-12-2023 art. 75, V-B).

INVESTISSEMENT OUVRANT DROIT À L'AIDE FISCALE

91855 DC-IV-9800 s

Secteurs d'activité

Sont concernés les investissements productifs neufs réalisés dans le cadre d'une entreprise relevant de l'impôt sur le revenu qui exerce une **activité industrielle, commerciale ou artisanale** relevant de l'article 34 du CGI ou une activité **agricole,** à l'**exception** toutefois de ceux réalisés dans les secteurs d'activité énumérés par l'article 199 undecies B du CGI (voir précision b), ainsi que dans les secteurs exclus du champ d'application du règlement 651/2014 (RGEC) du 17-6-2014 (n° 92615) lorsque l'activité est exercée dans un DOM ou à Saint-Martin.

La réduction d'impôt s'applique également aux investissements productifs réalisés par une **société soumise à l'IS** dont les actions sont détenues intégralement par des personnes physiques, lorsque les investissements sont donnés en location dans le cadre d'un **schéma locatif** (n° 91885).

› Précisions **a.** Sont **expressément exclus du dispositif** les investissements effectués dans les **secteurs** suivants : commerce ; restauration (sauf restaurants dont le dirigeant ou un salarié est titulaire du titre de maître restaurateur ou restaurants de tourisme classés avant le 24-7-2009), cafés, débits de tabac et débits de boissons ; éducation, santé et action sociale ; banque, finance et assurance ; immobilier (notamment promotion, activités des marchands de biens, activités de location) ; navigation de croisière (sauf dérogation visée précision e) et locations sans opérateur (autres que les locations directes de navires de plaisance) ; réparation automobile ; conseils ou expertises ; services fournis aux entreprises (autres que la maintenance, les activités de nettoyage et de conditionnement à façon et les centres d'appel) ; activités de loisirs, sportives et culturelles (autres que celles qui s'intègrent directement et à titre principal à une activité hôtelière ou touristique ou que la production et la diffusion audiovisuelles et cinématographiques) ; activités associatives et activités postales ; production d'électricité utilisant l'énergie radiative du soleil (sauf dérogation visée précision b).

Investissements donnés en location ou mis à disposition de **ménages** et **syndicats de copropriétaires** : voir n° 91865, précision c.

b. Par dérogation avec l'exclusion de principe mentionnée ci-dessus, les investissements portant sur la production d'**électricité** utilisant l'**énergie radiative du soleil** peuvent bénéficier du dispositif si la production est affectée pour au moins 80 % à l'autoconsommation par l'exploitant et si le prix de revient hors taxe est supérieur à 250 000 € (sur l'entrée en vigueur de la mesure, voir n° 91850, précision f). Cette dernière condition n'est toutefois pas applicable aux investissements portant sur des immeubles autres que ceux à usage d'habitation visés au n° 91865 incluant de telles installations (Loi 2023-1322 du 29-12-2023 art. 75).

c. Les activités de location de **meublés de tourisme** au sens de l'article L 324-1-1 du Code de tourisme sont exclues du dispositif (sur l'entrée en vigueur de la mesure, voir n° 91850, précision e). Ne sont toutefois pas concernés les meublés de tourisme classés avec prestations de services et les chambres d'hôtes (Loi 2023-1322 du 29-12-2023 art. 75).

d. Les investissements réalisés dans les **secteurs des transports et du haut débit** mis en service à compter du 1er janvier 2024 (ou dont l'agrément est délivré à compter de cette date) doivent être autorisés par la Commission européenne lorsqu'ils sont situés **dans les DOM** et à Saint-Martin (Loi 2023-1322 du 29-12-2023 art. 75, V-C).

e. Par dérogation à l'exclusion des investissements réalisés dans le secteur de la navigation de croisière, peuvent bénéficier de l'avantage fiscal, sous réserve du respect de certaines conditions, et notamment de l'obtention d'un agrément préalable, les acquisitions de **navires de croisière** neufs d'une capacité maximum de 400 personnes dont le volume annuel d'opérations comprend au moins 90 % des têtes de ligne et 75 % des escales dans des ports ultramarins (CGI art. 199 undecies B, I quater).

f. L'administration admet l'application du dispositif au titulaire d'un **contrat de partenariat public-privé** lorsque celui-ci réalise des investissements sur des terrains dont il a la disposition (BOI-BIC-RICI-20-10-10-20 n° 280).

g. Sous réserve de la précision d, les équipements et opérations de pose de **câbles sous-marins de communication** desservant pour la première fois les collectivités ultra-marines ouvrent droit au dispositif (CGI art. 199 undecies B, I ter).

Nature des investissements Seuls ouvrent droit, en principe, à l'aide fiscale les **investissements productifs neufs** définis comme les acquisitions ou créations d'immobilisations corporelles, neuves et amortissables (CGI ann. II art. 95 K). Pour les investissements réalisés à compter du 1er janvier 2024 (voir n° 91850, précision e), la réduction d'impôt s'applique aux **véhicules de tourisme** définis à l'article L 421-2 du CIBS qui sont strictement indispensables à l'exercice d'une activité aquacole, agricole, sylvicole ou minière. Elle s'applique également à ceux exploités dans le cadre de l'activité de location de véhicules ou de transport public de voyageurs émettant une quantité de dioxyde de carbone inférieure ou égale à 117 grammes par kilomètre (Loi 2023-1322 du 29-12-2023 art. 75). Pour les investissements antérieurs, seuls étaient exclus les véhicules non strictement indispensables à l'activité de l'exploitant. **91865** DC-IV-11200 s

Seuls les **logiciels** nécessaires à l'utilisation des investissements éligibles qui constituent des éléments de l'actif immobilisé peuvent bénéficier du régime. En pratique, ne sont admis que les logiciels incorporés aux investissements éligibles.

Les **travaux de rénovation** ou de **réhabilitation d'hôtel,** de résidence de tourisme et de village de vacances classés qui constituent un élément de l'actif immobilisé ouvrent également droit à l'aide fiscale. Sont notamment concernées à ce titre les dépenses constitutives du coût de revient de ces travaux (frais de démolition, coût des travaux immobiliers et des équipements incorporés à l'immeuble). Les travaux précités ouvrent également droit à l'aide fiscale sous certaines conditions lorsqu'ils sont effectués en vue d'obtenir le classement de l'établissement, y compris lorsque celui-ci a cessé d'être exploité depuis moins de deux ans (BOI-BIC-RICI-20-10-10-20 n° 90). Sont également éligibles au dispositif les **travaux de réhabilitation** lourde **d'immeubles** autres que ceux à usage d'habitation (Loi 2023-1322 du 29-12-2023 art. 75).

Les acquisitions de **friches hôtelières ou industrielles** faisant l'objet de travaux de réhabilitation lourde ouvrent également droit au dispositif (sur l'entrée en vigueur, voir n° 91850, précision f) sous réserve des conditions suivantes : abandon des immeubles depuis au moins deux ans à la date d'acquisition, production d'un immeuble neuf, exploitation des investissements dans le cadre d'une activité hôtelière ou industrielle après les travaux et absence de lien d'intérêt entre le cédant de la friche et les acquéreurs et exploitants (Loi 2023-1322 du 29-12-2023 art. 75).

Enfin, ouvrent droit à la réduction d'impôt les investissements effectués dans les secteurs éligibles dans le cadre d'une **concession de service public local** à caractère industriel et commercial.

Les investissements ouvrant droit au régime de faveur doivent être **affectés** à l'exploitation d'établissements appartenant à l'un des secteurs éligibles et en principe maintenus pendant cinq ans (sept, dix ou quinze ans pour certains d'entre eux) dans cette affectation (voir n° 91915). En cas d'**activité mixte,** les immobilisations sont retenues au prorata de leur affectation aux secteurs admis au bénéfice de l'aide fiscale.

> Précisions **a.** Bien que le dispositif ne concerne en principe que les biens amortissables, l'administration admet la prise en compte du prix de revient des **terrains d'assiette** des bâtiments dans le prix de revient des constructions ouvrant droit à l'aide.

b. Les **biens dits de « retour »** sont admis au dispositif dès lors qu'ils sont créés ou acquis par le concessionnaire, inscrits à l'actif de ce dernier et amortis par lui (BOI-BIC-RICI-20-10-10-20 n° 310).

c. Les **investissements** réalisés à compter du 1er janvier 2024 (voir n° 91850, précision e) ne sont pas éligibles lorsqu'ils sont donnés en location ou **mis à la disposition de ménages** ou de syndicats de **copropriétaires,** y compris dans le cadre de contrats incluant la fourniture de prestation de services (Loi 2023-1322 du 29-12-2023 art. 75).

d. Ouvrent également droit à la réduction d'impôt les **navires de pêche** exploités **à La Réunion** dont la longueur hors tout est comprise entre douze et quarante mètres. Ces dispositions s'appliqueront à une date fixée par décret qui interviendra après l'accord de la Commission européenne (CGI art. 199 undecies B, I quinquies).

e. Un **décret d'application** doit fixer les modalités d'application du dispositif concernant les **friches** hôtelières ou industrielles.

91870 DC-IV-12200 s **Agrément préalable** L'application du régime de faveur est subordonnée à l'octroi d'un agrément préalable lorsque les investissements sont réalisés dans certains **secteurs,** et ce quel que soit leur montant. Ces secteurs sont les suivants : transports, navigation de plaisance, agriculture, pêche maritime et aquaculture, industrie charbonnière et sidérurgie, construction navale, fibres synthétiques, industrie automobile, rénovation et réhabilitation d'hôtel, de résidence de tourisme et de village de vacances classés. Un agrément est également requis pour les investissements concernant les entreprises en difficulté (lorsqu'elles sont installées en dehors des DOM ou de Saint-Martin : voir n° 91850) ou qui sont nécessaires à l'exploitation d'une concession de service public local à caractère industriel ou commercial.

Les entreprises exerçant outre-mer dans ces secteurs dits « sensibles » depuis deux ans au moins sont toutefois **dispensées** d'agrément (voir n° 91940, Précisions) pour les investissements n'excédant pas 250 000 € hors TVA déductible par programme. Cette dispense ne s'applique pas au secteur des transports, sauf pour certains investissements spécifiques.

Lorsqu'ils ne sont pas réalisés dans un des secteurs « sensibles » énumérés ci-dessus, les investissements doivent être préalablement agréés si leur **montant excède** 1 M€ par programme. Ce seuil est abaissé à 250 000 € pour les investissements réalisés, directement ou indirectement, par des personnes physiques agissant à titre **non professionnel** au sens de l'article 156, I-1° bis du CGI (voir n° 1025, précision a). Le seuil de 250 000 € s'apprécie au niveau de l'entreprise, société ou groupement qui inscrit l'investissement à l'actif de son bilan ou qui en est locataire lorsqu'il est pris en crédit-bail.

Quel que soit leur montant, les investissements réalisés par une **société soumise à l'IS** dans le cadre d'un **schéma locatif** (n° 91885), ainsi que les **navires de croisière** et les équipements et opérations de pose de **câbles sous-marins** de communication doivent être préalablement agréés.

› Précisions **a.** L'**agrément** est **accordé** si le programme présente un intérêt économique pour le département, s'il s'intègre dans la politique d'aménagement du territoire et de l'environnement et s'il garantit la protection des investisseurs et des tiers. En outre, l'un des buts principaux de l'investissement doit être la création ou le maintien d'emplois dans le département où il est réalisé. En revanche, l'administration ne peut subordonner l'octroi de l'agrément à la condition supplémentaire tenant au caractère incitatif de l'aide fiscale sollicitée (CE 7-3-2012 n° 337529 : RJF 6/12 n° 574) ni même refuser l'agrément sous prétexte qu'il s'agit d'un véhicule de remplacement (CE 10-6-2021 n° 443838 : RJF 10/21 n° 899).

b. Les agréments sont **délivrés** par le directeur départemental ou le directeur régional des finances publiques du département lorsque le programme d'investissement est réalisé dans un DOM et n'excède pas 10 M€. Dans le secteur du logement, l'agrément est délivré par les mêmes personnes lorsque le montant total du programme immobilier est inférieur ou égal à 20 M€. Les autres agréments sont délivrés par le ministre du budget (CGI ann. IV art. 170 decies).
Sauf demande de compléments d'information, l'octroi de l'agrément est tacite à défaut de réponse dans un délai de trois mois ou de deux mois lorsque le dossier est examiné par l'un des directeurs des finances publiques des DOM. Si l'administration envisage de refuser l'agrément, elle doit en informer le contribuable qui peut saisir une commission consultative dont la composition et les modalités de fonctionnement sont fixées par les articles 46 quaterdecies V et suivants de l'annexe III au CGI.

c. Lorsque le contribuable ne participe pas à l'exploitation du bien investi, c'est au seul niveau de l'entreprise qui a inscrit l'investissement à l'actif de son bilan qu'il convient d'apprécier le **montant d'investissement** au-delà duquel un agrément est exigé (CE 30-12-2014 n° 369101 : RJF 3/15 n° 188). C'est également au niveau de l'entreprise qui inscrit le bien à son bilan qu'il convient d'apprécier le **critère** relatif à la participation directe et continue à l'exploitation (CE 7-11-2018 n° 408101 : RJF 2/19 n° 123).

d. Le retrait de l'un des agréments prévus aux articles 199 undecies B, 199 undecies C, 217 undecies, 217 duodecies, 244 quater W et 244 quater Y du CGI et la **reprise des avantages** fiscaux en application de l'article 1649 nonies A, 1 du CGI peuvent intervenir jusqu'à la fin de la troisième année qui suit celle de la rupture de l'engagement souscrit en vue d'obtenir l'agrément ou celle du non-respect des conditions auxquelles l'octroi de ce dernier a été subordonné (LPF art. L 169, dernier alinéa).

e. Les **projets** d'investissement **supérieurs** à **100 M€** doivent être notifiés à la Commission européenne. Dans ce cas, l'octroi de l'agrément est subordonné à son avis favorable (BOI-SJ-AGR-40 n° 305).

MÉCANISME DE L'AIDE FISCALE

91880 DC-IV-13000 s Les investissements définis ci-dessus (voir nos 91855 s.) ouvrent droit à une **réduction d'impôt** calculée en principe au taux de **38,25 %.** La **base** de la réduction est égale au montant des investissements, hors taxe et hors frais de toute nature (notamment les commissions d'acquisition), diminué de la fraction de leur prix de revient financée par une aide publique obtenue ou demandée. Les frais de transport, d'installation et de mise en service amortissables sont compris dans la base éligible. Lorsque l'investissement a pour objet de **remplacer un investissement** ayant bénéficié d'un dispositif de défiscalisation, la valeur réelle de l'investissement remplacé doit être ôtée. 91880 (suite)

S'agissant des seuls **véhicules de tourisme** exploités dans le cadre d'une activité de location de véhicules ou de transport public de voyageurs (nº 91865), la base de l'avantage fiscal est retenue dans la limite d'un montant fixé par décret qui ne peut excéder 30 000 € par véhicule (Loi 2023-1322 du 29-12-2023 art. 75).

Les projets d'investissement comportant l'acquisition, l'installation ou l'exploitation d'équipements de production d'énergie renouvelable ne sont pris en compte pour le calcul de l'avantage fiscal que dans la limite d'un montant par watt installé fixé par arrêté. Toutefois, en l'absence de parution de cet arrêté, cette limite est inapplicable (Avis CE 23-6-2016 nº 397845 : RJF 10/16 nº 794).

Le taux de la réduction d'impôt est porté à **45,9 %** pour les investissements réalisés en **Guyane** et à **Mayotte** (dans les limites définies par les règles communautaires relatives aux aides d'État), à **Saint-Pierre-et-Miquelon** ou à **Wallis-et-Futuna.**

Pour les investissements réalisés dans le secteur de la **production d'énergie renouvelable,** les taux de 38,25 % et de 45,9 % sont respectivement portés à 45,9 % et 53,55 %.

S'agissant des **travaux de rénovation et de réhabilitation d'hôtel,** de résidence de tourisme et de village de vacances classés, le taux de la réduction d'impôt est fixé à 53,55 % s'ils sont réalisés dans les **DOM** (ce taux bénéficie également à l'exploitant non propriétaire qui prend en charge les travaux) et à 45,9 % s'ils sont réalisés en **Polynésie française,** à **Saint-Martin,** dans les îles Wallis-et-Futuna, à Saint-Pierre-et-Miquelon, en Nouvelle-Calédonie et dans les Terres australes et antarctiques françaises.

Pour les équipements et opérations de pose de **câbles sous-marins,** le taux de la réduction d'impôt fixé à 38 % s'applique sur une base égale à la moitié du coût de revient tel que défini ci-dessus, ou au quart de ce coût s'agissant des câbles de secours.

Enfin, pour les acquisitions de **navires de croisière,** la réduction d'impôt est calculée au taux de 35 % sur une base fixée à 20 % du coût de revient.

Taux de la réduction d'impôt applicable dans le cas où l'investissement est donné en location dans le cadre d'un **schéma locatif** : voir nº 91885.

Plafonnement de la réduction d'impôt : voir nº 91895.

› Précisions **a.** Les **aides publiques** ou subventions qui financent plusieurs immobilisations (ou secteurs d'activité), dont certaines n'ouvrent pas droit à l'aide fiscale, sont réparties entre les immobilisations proportionnellement à leur prix de revient lorsque la décision d'octroi ne fixe aucune répartition. Elles comprennent notamment la TVA décomptée fictivement sur les acquisitions de biens spécialement exonérés de cette taxe dans les DOM en application de l'article 295, 1-5º du CGI, qui est récupérable (BOI-BIC-RICI-20-10-20-10 nº 20). C'est l'ensemble des **aides publiques** octroyées dans le cadre d'un investissement (telles que par exemple, les primes versées par EDF dans le cadre d'un investissement réalisé dans le secteur de l'énergie) qui doit être défalqué de la base de calcul de la réduction d'impôt, et non pas seulement les subventions publiques. Les aides octroyées par la Nouvelle-Calédonie, la Polynésie française, Wallis-et-Futuna, Saint-Pierre-et-Miquelon, Saint-Barthélemy et Saint-Martin dans le cadre de leur compétence fiscale propre au titre de projets d'investissements n'ont pas à être déduites (CGI art. 199 undecies B, III). En revanche, doivent être défalquées de la base du calcul de la réduction d'impôt les aides versées par l'État pour la rénovation hôtelière à Saint-Martin et à Saint-Pierre-et-Miquelon (BOI-BIC-RICI-20-10-20-10 nº 60).

b. L'octroi de l'avantage fiscal est subordonné au respect par les entreprises qui réalisent l'investissement (et le cas échéant par les entreprises exploitantes) de leurs **obligations fiscales et sociales** à la date de l'investissement et de leur obligation de **dépôt des comptes annuels.** Le respect de ces obligations s'apprécie à la date du fait générateur de la réduction d'impôt (CE 19-3-2018 nº 401896 : RJF 6/18 nº 576). S'agissant de l'obligation de dépôt des comptes annuels, l'administration estime que son respect s'apprécie au regard des cinq derniers exercices clos à la date de réalisation de l'investissement (BOI-BIC-RICI-20-10-20-50 nº 200).

En outre, les personnes qui bénéficient d'un des régimes de défiscalisation outre-mer doivent fournir sur support informatique des **informations** relatives à ces **investissements** (y compris s'ils sont réalisés en vue d'être donnés en location) dans les conditions prévues par l'article 46 quaterdecies Y de l'annexe III au CGI (CGI art. 242 sexies). Le non-respect de cette obligation entraîne le paiement d'une **amende** égale à la moitié de l'avantage fiscal obtenu (CGI art. 1740-0 A).

c. Pour les **navires de croisière,** la base de la réduction d'impôt est égale à 20 % du coût de revient, hors taxe et hors frais de toute nature, notamment les commissions d'acquisition et les frais de transport de ces navires, diminuée du montant des subventions publiques accordées.

d. S'agissant des **navires de pêche** exploités à **La Réunion** (nº 91865, précision d), le taux est égal à 38,25 % pour les navires d'une longueur hors tout supérieure ou égale à douze mètres et inférieure à vingt-quatre mètres et, à 25 % pour ceux d'une longueur hors tout supérieure ou égale à vingt-quatre mètres et inférieure ou égale à quarante mètres.

e. S'agissant des acquisitions de **friches hôtelières ou industrielles** (n° 91865), la réduction d'impôt est assise sur, d'une part, le prix de revient, hors taxe, frais et commissions de toute nature, du terrain d'assiette, des constructions qui y sont édifiées et des terrains formant une dépendance immédiate et nécessaire de ces constructions et, d'autre part, sur le montant des travaux, hors taxe et hors frais de toute nature, diminués du montant des aides publiques accordées pour leur financement (Loi 2023-1322 du 29-12-2023 art. 75).

91885 DC-IV-11800 s Lorsque les **immobilisations** sont **données** en **location** dans le cadre d'un contrat d'une durée au moins égale à cinq ans (ou à la durée normale d'utilisation du bien loué si elle est inférieure), le propriétaire non utilisateur peut bénéficier de la réduction d'impôt sous réserve du respect de certaines conditions, parmi lesquelles une obligation de **rétrocession** d'une partie de la réduction d'impôt à l'entreprise locataire sous forme de diminution du loyer et du prix de cession du bien. Le taux de la rétrocession est fixé à **66 %.** Le taux de la réduction d'impôt en principe égal à 38,25 % ou 45,9 % (voir n° 91880) est alors fixé à 45,3 % ou 54,36 %. Pour les investissements réalisés dans le secteur de la production d'énergie renouvelable, le taux de la réduction d'impôt en principe égal à 45,9 % ou 53,55 % est fixé à 54,36 % ou 63,42 %. Pour les investissements dont le montant par programme est inférieur à 300 000 € par exploitant, le taux de rétrocession est ramené à **56 %.** Le taux de la réduction d'impôt en principe égal à 38,25 % ou 45,9 % est alors fixé à 44,12 % ou 52,95 % et le taux de la réduction d'impôt applicable aux investissements réalisés dans le secteur de la production d'énergie renouvelable, en principe égal à 45,9 % ou 53,55 %, est fixé à 52,95 % ou 61,77 %.

Pour les **investissements hôteliers** réalisés dans les **DOM,** le taux de la réduction d'impôt est fixé à 63,42 % ou 61,77 % selon que la rétrocession à l'entreprise locataire porte sur 66 % ou 56 % de l'avantage fiscal. Pour ceux d'entre eux réalisés dans les **COM** et en Nouvelle-Calédonie, le taux est fixé à 54,36 % ou 52,95 % selon que la rétrocession porte sur 66 % ou 56 % de l'avantage fiscal.

Les investissements donnés en location peuvent être réalisés par une **société soumise de plein droit à l'IS** dont les actions sont détenues intégralement et directement par des personnes physiques domiciliées en France au sens de l'article 4 B du CGI. La réduction d'impôt doit être rétrocédée à l'entreprise locataire à hauteur de **66 %,** sous forme de diminution du loyer et du prix de cession. Sort de la moins-value constatée à cette occasion : voir n° 33065, précision b. Le taux de la réduction d'impôt applicable à de tels schémas locatifs est alors majoré comme indiqué ci-dessus pour le taux de rétrocession de 66 %. La réduction d'impôt est pratiquée par les associés dans une proportion correspondant à leurs droits dans la société.

Cette réduction d'impôt est **exclusive** de celles prévues aux articles 199 undecies A (nos 92010 s.), 199 terdecies-0 A (nos 2600 s.) et 199 terdecies-0 AB (nos 2685 s.) du CGI et ne peut pas non plus se cumuler avec le dispositif « compte PME innovation » (nos 26210 s.). La société qui investit pour louer ne peut pas bénéficier de la déduction pour investissement outre-mer (nos 91930 s.).

Si dans le délai de cinq ans de la mise à disposition du bien (ou pendant sa durée normale d'utilisation si elle est inférieure), l'**investissement cesse d'être donné en location,** la réduction d'impôt fait en principe l'objet d'une reprise, sauf en cas de défaillance de l'entreprise locataire, à condition alors qu'un nouveau locataire s'engage à maintenir les investissements dans leur affectation initiale pour le délai restant à courir.

Lorsque la **durée normale d'utilisation du bien** donné en location est **égale ou supérieure à sept ans,** l'aide fiscale est applicable à condition que le locataire prenne l'engagement d'utiliser et maintenir le bien dans son affectation initiale pendant au moins sept ans. Ce délai est porté à quinze ans pour les investissements consistant en la construction, la rénovation ou la réhabilitation d'**hôtels,** de résidences de tourisme ou de village de vacances, la construction ou la réhabilitation lourde de **bâtiments autres que ceux à usage d'habitation** (n° 91865) et l'acquisition d'immeubles exploités dans le cadre de **locations touristiques** (n° 91855, précision c). Il est fixé à dix ans pour les **navires** de croisière (n° 91855, précision e).

Le non-respect de l'**engagement pris par le locataire** entraîne en principe le paiement, à la charge de cette entreprise, d'une amende égale à 60 % du montant de la rétrocession obtenue diminué d'un abattement (CGI art. 1740-00 A).

PLAFONNEMENT DE LA RÉDUCTION D'IMPÔT

91895 CGI art. 199 undecies D DC-IV-14300 s Le montant **total des réductions d'impôt** obtenues au titre des investissements outre-mer (nos 91850 s., 92010 s. et 92080 s.) et des reports de ces réductions d'impôt que le contribuable peut imputer sur son impôt sur le revenu est en principe limité à 40 000 €, comprenant dans l'ordre d'imputation suivant :

– la somme de la réduction d'impôt obtenue à raison des investissements dans le logement locatif social (nos 92080 s.) et des reports de cette réduction d'impôt, dans la limite de 40 000 € ;

– la somme des réductions d'impôt obtenues soit à raison des investissements productifs réalisés dans le cadre d'une entreprise relevant de l'impôt sur le revenu (nos 91850 s.), soit à raison d'investissements effectués à titre privé dans le secteur du logement (nos 92010 s.), dans la limite de 30 600 € (diminuée du montant imputé à raison des investissements dans le secteur du logement social).

Ce plafond est toutefois majoré dans les cas suivants.

Lorsque l'investissement productif est réalisé par un **exploitant agissant à titre professionnel** au sens de l'article 156, I-1° bis du CGI au sein de sa propre entreprise, le montant total de la réduction d'impôt et des reports résultant de cet investissement, dont l'imputation est admise au titre d'une même année d'imposition, ne peut excéder 76 500 € ou un montant de 229 500 € par période de trois ans.

Par ailleurs, si l'investissement productif est donné en location à une entreprise exploitante dans le cadre d'un **schéma locatif** (n° 91885), le plafond est fixé en pratique à 90 000 € ou 69 545 € selon que le taux de rétrocession est égal à 66 % ou 56 % de la réduction d'impôt.

Application du plafonnement en cas d'investissement dans le **secteur locatif social** : voir n° 92083.

Le contribuable peut écarter ces plafonds fixés en valeur absolue et opter (lors du dépôt de la déclaration de revenus ou par voie de réclamation contentieuse) pour un plafonnement égal à 15 % du revenu net global du foyer, qui s'applique dans l'ordre d'imputation suivant :

– à la somme de la réduction d'impôt obtenue à raison des investissements dans le logement locatif social et des reports de cette réduction d'impôt, dans la limite de 15 % du revenu de l'année considérée ;

– à la somme des réductions d'impôt obtenues en application des articles 199 undecies B et 199 undecies A du CGI, dans la limite de 11 % du revenu de l'année considérée, diminuée du montant imputé à raison des investissements dans le secteur du logement social.

La réduction d'impôt à comparer à ce plafond est alors la réduction théorique à laquelle ouvre droit l'investissement, même si une fraction est rétrocédée à l'entreprise locataire exploitante.

Après l'application du plafonnement propre aux investissements outre-mer, l'avantage est soumis au **plafonnement global** des avantages fiscaux (nos 4840 s.).

› Précisions a. Pour les **investissements visés aux articles 199 undecies B et 199 undecies C du CGI**, dans le cas où la cotisation d'impôt sur le revenu due par le contribuable au titre de l'année N de réalisation de l'investissement est inférieure au montant de la réduction d'impôt théorique, il convient d'abord de déterminer la fraction de la réduction d'impôt à reporter sur l'impôt sur le revenu des années suivantes. Le plafonnement s'applique sur la partie de la réduction d'impôt non reportée. Si celle-ci est supérieure au plafond, l'excédent est définitivement perdu. En année N + 1, le report de la réduction d'impôt acquise au titre de l'année N est lui-même soumis au plafonnement (BOI-IR-RICI-80-20-20 n° 50). Pour les **investissements visés à l'article 199 undecies A du CGI,** la réduction d'impôt à prendre en compte pour apprécier le plafonnement au titre d'une année est celle obtenue par application du taux de réduction d'impôt à la base annuelle (égale à 20 % des sommes versées : voir n° 92050), et non pas le montant total de la réduction d'impôt (BOI-IR-RICI-80-20-20 n° 180). Si la cotisation d'impôt sur le revenu due par le contribuable au titre de l'année de réalisation de l'investissement est inférieure à la réduction d'impôt à prendre en compte au titre de cette année, l'excédent ne peut donner lieu ni à remboursement ni à report.

b. En présence d'investissements échelonnés dans le temps, l'application des plafonds de réduction d'impôt s'effectue selon l'**ordre d'imputation** des reports (CE 19-6-2020 n° 421146 : RJF 10/20 n° 758).

c. Plafonnement lié à la **réglementation européenne** : voir n° 92635.

Modalités d'imputation La réduction d'impôt est imputable sur l'impôt sur le revenu dû par le contribuable au titre de l'année au cours de laquelle l'investissement est **mis en service** ou, en cas d'acquisition d'un immeuble à construire ou de construction d'immeuble, au titre de l'année au cours de laquelle les **fondations** sont **achevées.** S'agissant des **rénovations** ou réhabilitations **hôtelières** et des réhabilitations lourdes d'**immeubles** autres que ceux à usage d'habitation, la réduction est pratiquée au titre de l'année d'achèvement des travaux. **91900** DC-IV-13900 s

L'**imputation** est **limitée** compte tenu du montant de la cotisation d'impôt sur le revenu due au titre de l'année en cause et du montant du plafond mentionné n° 91895. Si le montant de la réduction d'impôt excède l'impôt dû, le solde peut être reporté, dans les mêmes conditions, sur l'impôt sur le revenu des années suivantes jusqu'à la cinquième inclusivement, avec application du plafonnement au titre de chacune de ces années. La fraction non utilisée à l'expiration de cette période est perdue. En cas d'**investissements successifs,** la réduction d'impôt liée à l'investissement effectué au cours d'une année s'impute en priorité sur l'impôt dû au titre de ladite année, avant prise en compte des reports antérieurs liés à des investissements effectués au cours d'années précédentes (BOI-BIC-RICI-20-10-20-40 n° 30).

Les **investisseurs professionnels** peuvent toutefois demander que la fraction non utilisée leur soit remboursée à compter de la troisième année, dans la limite de 100 000 € par an ou de 300 000 € par période de trois ans. Ces deux limites sont cumulatives (BOI-BIC-RICI-20-10-20-40 n° 50). Cette fraction constitue une créance sur l'État d'égal montant, qui peut être cédée dans les conditions prévues par les articles L 313-23 à L 313-35 du Code monétaire et financier.

› Précisions Si, l'année au cours de laquelle les **fondations sont achevées,** le montant de la base éligible n'est pas connu avec certitude, les contribuables peuvent procéder à des régularisations du montant de la réduction dont ils sont en droit de bénéficier, sous réserve de justifier du montant supplémentaire de réduction d'impôt à pratiquer (BOI-BIC-RICI-20-10-20-30 n° 30).

91905 EXEMPLE

Un exploitant réalise en 2023, dans le cadre de son entreprise soumise à l'impôt sur le revenu, un investissement éligible de 600 000 € ouvrant droit à une réduction d'impôt au taux de 38,25 %, soit 229 500 €. Son impôt dû au titre des années 2023 à 2028 est de 35 000 €. On suppose qu'il ne bénéficie d'aucune autre réduction d'impôt pour investissement outre-mer. Sous réserve de l'application du plafonnement global (n°s 4840 s.), il peut bénéficier d'une imputation sur l'impôt dû au titre de chacune des années 2023 à 2028 d'une réduction d'impôt d'un montant de 35 000 € (montant du plafond spécifique applicable à un tel investissement : voir n° 91895). L'excédent de réduction d'impôt non imputé, soit 19 500 €, est perdu. S'il le souhaite, le contribuable peut choisir, lors de la réception en 2027 de l'avis d'imposition relatif à l'impôt sur le revenu 2026, de demander le remboursement de la fraction non imputée de sa réduction d'impôt, soit 89 500 € (au cours des deux années suivantes, les éventuelles autres demandes de remboursement seront limitées à 210 500 €).

91915 DC-IV-16500 s

Obligations des investisseurs

L'entreprise qui procède aux investissements est tenue, en principe, de **conserver** et de maintenir dans leur affectation les **biens acquis,** pendant une durée au moins égale à cinq ans, ou pendant leur durée normale d'utilisation si elle est inférieure, ou pendant sept ans au moins lorsque leur durée normale d'utilisation est égale ou supérieure à sept ans. En ce qui concerne les **biens donnés en location** dont la durée normale d'utilisation est égale ou supérieure à sept ans, voir n° 91885.

S'agissant des investissements consistant en la **construction,** la rénovation ou la réhabilitation **d'hôtels,** de résidences de tourisme ou de villages de vacances, le délai de conservation et d'affectation des biens concernés est fixé à quinze ans. Il en est de même des constructions ou réhabilitations lourdes d'**immeubles autres** que ceux **à usage d'habitation** (n° 91865) et des acquisitions ou constructions d'immeubles exploités dans le cadre de **locations meublées** touristiques (n° 91855, précision c).

En ce qui concerne les investissements portant sur des **navires de croisière,** ce délai est fixé à dix ans.

En outre, dans le cas où l'investissement est réalisé par l'intermédiaire d'une société soumise au régime des sociétés de personnes ou par l'intermédiaire d'une société soumise à l'IS qui le donne en **location** (n° 91885), l'associé personne physique qui a bénéficié de l'aide fiscale doit conserver les **parts ou actions de la société** pendant un délai de cinq ans à compter de la réalisation de l'investissement ou pendant la durée normale d'utilisation de l'investissement si celle-ci est inférieure.

› Précisions a. En cas de **non-respect** de l'une de ces obligations, la réduction d'impôt pratiquée est reprise au titre de l'année au cours de laquelle interviennent la cession, le changement d'affectation de l'investissement, la cessation de l'activité éligible ou la cession des parts. Il n'y a toutefois pas remise en cause de l'aide fiscale lorsque les **biens** sont transmis dans le cadre de l'un des **régimes spéciaux de transmission à titre gratuit** (n°s 19810 s.), d'**apport en société** d'une entreprise individuelle (n°s 19710 s.), de **fusion** prévu à l'article 151 octies A, I du CGI (n° 13875) ou du régime spécial des fusions prévu aux articles 210 A et 210 B du CGI (n°s 39000 s.), si l'entreprise bénéficiaire de la transmission s'engage à conserver ces biens et à maintenir leur affectation initiale pendant la fraction du délai restant à courir. Le **décès du contribuable** avant l'expiration du délai de conservation des **parts** n'entraîne pas non plus la reprise de la réduction d'impôt (BOI-BIC-RICI-20-10-20-50 n° 170).

b. Lorsque l'investissement porte sur un **immeuble** à construire ou la construction d'un immeuble, ce dernier doit être achevé dans les deux ans de l'achèvement des fondations. À défaut, la réduction d'impôt fait l'objet d'une reprise au titre de l'année au cours de laquelle intervient le terme de ce délai.

b. Déduction en faveur des sociétés passibles de l'IS

Les sociétés passibles de l'IS peuvent **déduire de leur résultat** les investissements directs productifs ainsi que certains investissements immobiliers qu'elles effectuent jusqu'au 31 décembre 2029 en Guadeloupe, en Guyane, en Martinique, à Mayotte et à La Réunion. Il en est de même des souscriptions au capital de certaines sociétés. En matière de **réglementation européenne** des aides d'État, l'application de ce régime est subordonnée au respect du règlement 651/2014 (RGEC) du 17-6-2014 (n° 92607, précision d). En outre, la déduction est réservée aux sociétés ayant réalisé un **chiffre d'affaires** inférieur à 20 M€ au titre du dernier exercice clos. Les sociétés exclues peuvent bénéficier du crédit d'impôt visé n° 91995. 91930 CGI art. 217 undecies DC-IV-20000 s

Investissements réalisés à compter du 1er janvier 2024 dans les secteurs des **transports** et du **haut débit,** voir n° 91855, précision d.

INVESTISSEMENTS DIRECTS

Investissements ouvrant droit à déduction Comme ceux effectués dans le cadre des entreprises relevant de l'impôt sur le revenu, les **investissements productifs** neufs réalisés dans certains secteurs d'activité ouvrent droit à déduction fiscale (voir nos 91855 s.). 91935

La déduction s'applique également aux investissements réalisés par l'**intermédiaire d'une société de personnes** soumise au régime fiscal prévu à l'article 8 du CGI (à l'exclusion des sociétés en participation) ou d'un groupement d'intérêt économique (GIE ou GEIE), dont les parts sont détenues directement par l'entreprise soumise à l'IS.

Sont également concernées par le dispositif les acquisitions ou constructions de **logements neufs à usage locatif** situés dans les DOM sous réserve du respect des conditions suivantes : 91936

– engagement de louer l'immeuble nu, dans les douze mois de son achèvement ou de son acquisition si elle est postérieure, pendant au moins cinq ans à des personnes qui en font leur résidence principale ;

– respect de plafonds concernant les ressources du locataire et le montant des loyers fixés par décret (CGI ann. III art. 46 AG duodecies).

La déduction ne s'applique pas aux logements éligibles au **crédit d'impôt** en faveur du logement social (n° 92085).

Le dispositif s'applique également aux **acquisitions** ou **constructions de logements neufs** dans les DOM, à condition que ces logements soient loués, dans les douze mois de leur achèvement ou de leur acquisition si elle est postérieure, à des personnes physiques dans le cadre d'un **contrat de location-accession** conclu dans les conditions prévues par la loi 84-595 du 12 juillet 1984. L'acquisition ou la construction de ces logements doit avoir été financée au moyen d'un prêt conventionné pour les opérations de location-accession visé à l'article R 331-76-5-1 du CCH et les trois quarts de l'avantage fiscal procuré par cette déduction doivent être **rétrocédés** aux personnes physiques signataires des contrats. 91937

La **comptabilisation** des logements concernés **en stock** (et non en immobilisation) ne fait pas obstacle au bénéfice de la déduction (BOI-IS-GEO-10-30-10-20 n° 15).

Les investissements réalisés dans les secteurs « sensibles » ainsi que ceux portant sur des navires de croisière ou sur des câbles sous-marins de communication sont soumis à la même condition d'**agrément** que ceux des entreprises relevant de l'impôt sur le revenu (voir n° 91870). 91940

Les autres investissements, à l'exception des logements destinés à faire l'objet de contrats de location-accession, sont soumis à agrément lorsque leur montant excède 1 M€ par programme, ou 250 000 € lorsqu'ils sont effectués par l'intermédiaire de sociétés relevant du régime des sociétés de personnes.

> **Précisions** Les investissements dans les secteurs « sensibles » dont le montant total n'excède pas 250 000 € par programme sont **dispensés de la procédure d'agrément** préalable lorsqu'ils sont réalisés par une entreprise qui exerce son activité depuis au moins deux ans dans les DOM dans l'un des secteurs d'activités concernés.

Mécanisme de la déduction La déduction pratiquée est égale au **montant des investissements** défini dans les mêmes conditions que la base de la réduction d'impôt des 91945 DC-IV-21000 s entreprises relevant de l'IR (voir n° 91880). La déduction est opérée sur les résultats de l'**exercice** au cours duquel l'investissement est mis en service, avant tout autre abattement ou toute autre déduction. Toutefois, en cas d'acquisition d'un **immeuble** à construire ou de construction d'immeuble, la déduction est pratiquée au titre de l'année au cours de laquelle les fondations sont achevées. S'agissant des **réhabilitations** hôtelières ou des réhabilitations lourdes d'**immeubles** autres que ceux à usage d'habitation (n° 91865), la déduction est accordée au titre de l'année d'achèvement des travaux.

La déduction est en principe pratiquée par l'entreprise propriétaire qui **exploite** effectivement l'investissement. Toutefois, le **propriétaire non utilisateur** peut pratiquer la déduction lorsque le bien est donné en **location** sous certaines conditions pendant au moins cinq ans (ou pendant la durée normale d'utilisation du bien si elle est inférieure) à une entreprise utilisatrice. Le propriétaire doit notamment rétrocéder à l'utilisateur au moins 77 % de l'avantage en impôt procuré, d'une part, par la déduction pratiquée au titre de son investissement et, d'autre part, par l'imputation du déficit provenant de la location du bien et de la moins-value subie lors de la cession de ce bien ou des titres de la société bailleresse. En cas de **crédit-bail,** c'est l'entreprise locataire qui pratique la déduction.

> Précisions **a.** Aucune déduction ne peut être pratiquée par la société qui investit dans le cadre d'un **schéma locatif** lorsqu'elle est **intégralement détenue par des personnes physiques** bénéficiant de la réduction d'impôt mentionnée n° 91885.
Cas où la **durée normale des investissements** donnés en location est **au moins égale à sept ans** : voir n° 91885.
Défaillance du locataire exploitant : voir n° 91885.
b. Lorsque l'investissement est opéré par l'intermédiaire d'une **société de personnes,** la déduction est pratiquée par chacun des membres en proportion de ses droits dans le résultat au titre de l'exercice au cours duquel l'investissement est mis en service.
c. La **provision** destinée à anticiper la **moins-value sur la cession des parts** de la société de portage n'est pas déductible (BOI-RES-IS-000093).
d. Une société ne peut déduire ses investissements directs qu'à hauteur du prix de revient des immobilisations qui excède le montant des apports en capital ouvrant droit à **déduction** ou à **réduction d'impôt** au profit de ses **associés** et le montant total des **financements** octroyés par une **Sofiom** (par souscription au capital ou prêts participatifs).
e. La déduction est opérée, le cas échéant, après le calcul de l'abattement prévu en faveur des entreprises implantées dans les **zones franches d'activité** (n°s 91491 s.).

91950 **Obligations des investisseurs** Les investissements directs réalisés par les sociétés passibles de l'IS sont soumis aux mêmes obligations de **conservation** et d'**affectation** que celles qui incombent aux entreprises relevant de l'impôt sur le revenu : voir n° 91915. De même, lorsque l'investissement porte sur un **immeuble** à construire ou la construction d'un immeuble, ce dernier doit être achevé dans les deux ans de l'achèvement des fondations. À défaut, la déduction fait l'objet d'une reprise au titre de l'exercice au cours duquel intervient le terme de ce délai.

> Précisions Le non-respect de l'obligation de conservation ne remet pas en cause la déduction fiscale lorsque les biens sont **transmis** dans le cadre d'une **fusion** ou d'un **apport partiel d'actif** relevant des articles 210 A ou 210 B du CGI (n°s 39000 s.), sous la condition visée n° 91915, précision a.

SOUSCRIPTIONS AU CAPITAL DE SOCIÉTÉS

91960
DC-IV-24000 s **Souscriptions ouvrant droit à déduction** Les entreprises soumises à l'IS peuvent également déduire de leurs résultats l'intégralité des souscriptions en numéraire réalisées à l'occasion de la constitution ou d'une augmentation de capital des sociétés suivantes :

– sociétés de développement régional des DOM ;

– sociétés dont l'activité, exercée exclusivement dans les DOM, relève d'un secteur bénéficiaire de l'aide (n° 91855) ;

– sociétés ayant pour objet exclusif l'acquisition ou la construction de logements neufs destinés à un usage locatif dans les conditions précisées n° 91936.

Les **sociétés bénéficiaires** (autres que les SDR) doivent être passibles de l'IS et détenir des éléments d'actifs affectés, à concurrence de 90 % au moins de la valeur brute totale des actifs, à l'exercice d'activités relevant de secteurs compris dans le champ d'application de la déduction.

Un **agrément** préalable est nécessaire pour les souscriptions au capital des sociétés concessionnaires de service public, de celles acquérant un navire de croisière et de celles exerçant l'activité de pose de câbles sous-marins de communication, ainsi que pour l'ensemble des constitutions ou augmentations de capital d'un montant supérieur à 1 M€ (sur les conditions de l'agrément : voir n° 91870).

Comme pour les schémas locatifs, la déduction ne s'applique aux souscriptions en capital que sous réserve de la rétrocession de 77 % de l'avantage à l'exploitant. Les modalités d'appréciation du taux de **rétrocession** sont fixées par l'article 140 quaterdecies de l'annexe II au CGI.

> Précisions S'agissant des travaux de **rénovation et de réhabilitation d'hôtel,** de résidence de tourisme et de village de vacances classés, l'avantage fiscal s'applique aux souscriptions au capital des sociétés qui exploitent ces établissements, lorsque ces travaux constituent des éléments de l'actif immobilisé.

Mécanisme de la déduction La déduction, égale aux sommes versées par le souscripteur (y compris, le cas échéant, le montant de la prime d'émission), s'opère au titre de l'**exercice** du (ou des) versement(s) sur le résultat imposable avant tout autre abattement ou déduction. Pour bénéficier de la déduction, les entreprises doivent joindre à leur déclaration de résultat de l'exercice au cours duquel la déduction est pratiquée une **attestation** délivrée par la société bénéficiaire des apports. **91963** DC-IV-25500 s

Obligations des souscripteurs et des sociétés bénéficiaires Les **entreprises bénéficiaires de la déduction** doivent conserver les titres souscrits pendant cinq ans, décomptés à partir de la date de réalisation de l'investissement, ou pendant sa durée normale d'utilisation si elle est inférieure. En cas de non-respect de cette obligation, les sommes déduites doivent être rapportées aux résultats imposables de l'exercice de cession dans la limite de la totalité du prix de cession. **91965** DC-IV-26000 s

Les **sociétés bénéficiaires de la souscription** doivent procéder à la réalisation des investissements, dans les douze mois de la clôture de la souscription, étant précisé que cette obligation est considérée comme satisfaite lorsqu'à l'issue de cette période l'entreprise a pris des engagements fermes et définitifs assortis de versements d'acomptes (BOI-IS-GEO-10-30-20-20 n° 230). S'il s'agit de construction d'**immeubles,** la société doit s'engager à achever les fondations dans les deux ans et à achever l'immeuble dans les deux ans de l'achèvement des fondations. Les sociétés bénéficiaires des souscriptions doivent par ailleurs s'engager à maintenir l'affectation des biens acquis dans les mêmes conditions que les entreprises qui investissent directement : voir n° 91915.

> Précisions a. Non-respect de l'obligation de conservation des titres lorsque les titres sont **transmis** dans le cadre d'une **fusion** ou d'un apport partiel d'actif : voir n° 91950, Précisions.
b. En ce qui concerne l'obligation de **déclarer les investissements** et la condition tenant au **respect des obligations fiscales et sociales** pour pouvoir bénéficier de l'aide fiscale, voir n° 91880, précision b.
c. En cas de **non-respect** par la société bénéficiaire des souscriptions **des délais de réalisation des investissements,** l'aide fiscale du souscripteur n'est remise en cause qu'au prorata des engagements non tenus (BOI-IS-GEO-10-30-20-20 n° 230). En revanche, si une **fraction des investissements cesse** d'être **affectée** à l'activité éligible, les sommes déduites sont réintégrées pour leur montant total (BOI précité n° 130).
d. En cas de **défaut de réalisation des investissements** par la société bénéficiaire dans les douze mois suivant la clôture de la souscription, les sommes déduites par l'investisseur sont rapportées à ses résultats imposables au titre de l'exercice au cours duquel le délai précité arrive à son terme (CE 30-12-2010 n° 324234 : RJF 5/11 n° 559).

c. Réduction d'impôt en faveur des sociétés passibles de l'IS

CHAMP D'APPLICATION

Les sociétés passibles de l'IS peuvent bénéficier d'une réduction d'impôt pour leurs investissements réalisés **dans les COM** (Saint-Pierre-et-Miquelon, Polynésie française, Saint-Martin, Saint-Barthélemy, îles Wallis-et-Futuna et Terres australes et antarctiques françaises) **et en Nouvelle-Calédonie** jusqu'au 31 décembre 2029 dans le cadre d'un **schéma locatif.** **91970** CGI art. 244 quater Y DC-IV-35000 s

> Précisions a. La réduction d'impôt peut s'appliquer aux investissements réalisés par l'intermédiaire d'une **société de personnes** soumise au régime fiscal prévu à l'article 8 du CGI (à l'exclusion des sociétés en participation) ou d'un groupement d'intérêt économique (GIE ou GEIE), dont les parts sont détenues directement par l'entreprise soumise à l'IS.
b. L'**entreprise propriétaire** de l'investissement doit être exploitée en France métropolitaine ou dans un DOM. Cette condition n'emporte pas de conséquence sur le lieu d'imposition des revenus de l'activité de location (BOI-IS-RICI-20-40-20-10 n° 150).
c. L'**activité** éligible doit être **exclusivement** exercée **dans une COM** ou en Nouvelle-Calédonie. Par suite, les souscriptions au capital de sociétés dont le siège administratif serait établi en France métropolitaine, dans un DOM ou à l'étranger sont exclues du dispositif même si les installations de production sont situées dans une COM ou en Nouvelle-Calédonie (BOI-IS-RICI-20-40-20-30 n° 60).

91972 Comme pour ceux effectués dans le cadre des entreprises relevant de l'impôt sur le revenu, la réduction d'impôt s'applique aux **investissements productifs** neufs réalisés dans certains secteurs d'activité (voir nos 91855 s.).

Ouvrent également droit à l'avantage fiscal les **souscriptions en numéraire** au capital de certaines sociétés qui sont, hormis le lieu de situation, identiques à celles prévues pour la déduction des sociétés soumises à l'IS (no 91960).

De même, sont concernées par le dispositif les acquisitions ou constructions de **logements neufs à usage locatif** dans les conditions précisées no 91936. Enfin, peuvent bénéficier de la réduction d'impôt les acquisitions ou constructions de logements neufs faisant l'objet d'un **contrat de location-accession** dans les conditions analogues à celles figurant no 91937.

> Précisions **a.** La réduction d'impôt s'applique également aux investissements portant sur des **navires de croisière** neufs d'une capacité maximum de 400 personnes et aux équipements et opérations de pose de **câbles sous-marins.** Il en est de même des investissements portant sur l'acquisition de **friches hôtelières ou industrielles** faisant l'objet de travaux de réhabilitation lourde (voir no 91865).

b. Le dispositif concerne également les **travaux de démolition** préalables à la construction de nouveaux logements lorsque l'achèvement des fondations de l'immeuble intervient dans un délai de deux ans suivant la date de fin des travaux de démolition.

c. Investissements réalisés à Saint-Martin à compter du 1er janvier 2024 dans les secteurs des **transports** et du **haut débit,** voir no 91855, précision d.

91974 Les investissements sont obligatoirement réalisés dans le cadre d'un **schéma locatif** avec un taux de **rétrocession** de l'avantage fiscal de 80 %.

La mise à disposition s'effectue dans le cadre d'un **contrat de location** revêtant un caractère commercial et conclu pour une durée au moins égale à cinq ans ou pour la durée normale d'utilisation du bien loué si elle est inférieure.

Le **montant de l'avantage rétrocédé** est déterminé à partir de la réduction d'impôt pratiquée au titre de l'investissement et de l'imputation du déficit provenant de la location du bien acquis et de la moins-value réalisée lors de la cession de ce bien ou des titres de la société bailleresse.

> Précisions **a.** La rétrocession s'effectue en principe sous forme de **diminution de loyer** et du **prix de cession** du bien à l'exploitant (ou le cas échéant à la personne physique signataire du contrat de location-accession). La **rétrocession** ne peut être considérée comme **définitivement acquise** à l'exploitant que par le rachat du bien loué au terme de la période de location et au plus tôt au terme de la cinquième année échue de location ou de la durée normale d'utilisation du bien si elle est inférieure (BOI-IS-RICI-20-40-20-10 no 160).

b. Les modalités de **calcul de la rétrocession** sont fixées par l'article 49 septies ZZY ter de l'annexe III au CGI.

91977 Les investissements réalisés dans les secteurs « sensibles » ainsi que ceux portant sur des navires de croisière ou sur des câbles sous-marins de communication sont soumis à la même condition d'**agrément** que ceux des entreprises relevant de l'impôt sur le revenu (voir no 91870).

Les autres investissements sont soumis à agrément lorsque leur montant excède 1 M€ par programme, ou 250 000 € lorsqu'ils sont effectués par l'intermédiaire de sociétés relevant du régime des sociétés de personnes.

MÉCANISME DE LA RÉDUCTION D'IMPÔT

91980 DC-IV-36300 s La **base de la réduction d'impôt** est constituée par le montant de l'investissement hors taxe et hors frais de toute nature, notamment les commissions d'acquisition, à l'exception des frais de transport, d'installation et de mise en service amortissables, diminué de la fraction du prix de l'investissement financée par une aide publique (voir no 91880).

La réduction d'impôt est calculée à partir d'un **taux** fixé à 35 %, quel que soit le type d'investissement. Elle est accordée en principe au titre de l'**exercice** au cours duquel l'investissement est mis en service. Toutefois, en cas d'acquisition d'un **immeuble** à construire ou de construction d'immeuble, la réduction d'impôt est pratiquée au titre de l'année au cours de laquelle les fondations sont achevées. S'agissant des réhabilitations hôtelières ou d'immeubles autres que ceux à usage d'habitation (no 91865), la réduction est accordée au titre de l'année d'achèvement des travaux. Les **souscriptions** ouvrent droit à l'avantage fiscal au titre de l'exercice de versement des fonds. Enfin, pour les travaux de **démolition,** la réduction est accordée, pour ces seuls travaux, au titre de l'exercice de leur achèvement.

> Précisions **a.** Les **aides octroyées** par la Nouvelle-Calédonie, la Polynésie française, Wallis-et-Futuna, Saint-Martin, Saint-Barthélemy et Saint-Pierre-et-Miquelon dans le cadre de leur **compétence fiscale propre** n'ont pas à être déduites de l'assiette de la réduction d'impôt à l'exception de celles concernant les investissements portant sur les câbles sous-marins. Ne sont pas concernées les aides versées par l'État ou les subventions publiques, qui n'ont pas la nature d'aide fiscale, versées par ces collectivités (BOI-IS-RICI-20-40-30 n° 40).

b. S'agissant des **investissements de remplacement** (à l'exception toutefois des navires de croisière, des travaux immobiliers et du secteur locatif), la base de la réduction est minorée de la valeur réelle du bien remplacé. Pour les investissements réalisés à **Saint-Martin**, cette règle ne trouve à s'appliquer que dans le cas particulier où l'investissement éligible vient remplacer un investissement précédent (BOI précité n° 50).

c. La réduction d'impôt est imputée sur l'**impôt sur les sociétés** dû au titre de l'exercice au cours duquel le fait générateur est intervenu. L'**excédent** éventuel est utilisé pour le paiement de l'IS dû au titre des cinq exercices suivant celui au titre duquel elle est constatée (CGI art. 220 Z sexies).

d. S'agissant de l'assiette de la réduction d'impôt des **friches hôtelières ou industrielles**, voir n° 91880, précision e.

OBLIGATIONS DES INVESTISSEURS

91985 DC-IV-37300 s

Les **investissements directs** sont soumis aux mêmes obligations de conservation et d'affectation que celles qui incombent aux entreprises relevant de l'impôt sur le revenu : voir n° 91915.

S'agissant des **souscriptions** au capital de sociétés, les sociétés bénéficiaires de la souscription doivent procéder à la réalisation des investissements dans les douze mois de la clôture de la souscription. Elles doivent par ailleurs maintenir l'affectation des biens acquis ou créés dans les mêmes conditions que celles mentionnées n° 91915.

Pour les investissements relatifs à la **construction d'un immeuble** ou à l'acquisition d'un immeuble à construire, l'immeuble doit être achevé dans les deux ans suivant l'achèvement des fondations.

En outre, dans le cas où l'investissement est réalisé par l'intermédiaire d'une société soumise au régime des **sociétés de personnes** (n° 91970, précision a), ses associés ou ses membres doivent conserver les parts ou titres de la société pendant un délai de cinq ans à compter de la réalisation de l'investissement (ou pendant la durée normale d'utilisation de l'investissement si elle est inférieure). Pour les investissements réalisés dans le **secteur locatif** intermédiaire ou social, les associés ou membres des sociétés de personnes doivent conserver leurs parts ou titres jusqu'au terme de la période légale de location.

> Précisions a. En cas de **non-respect** de ces obligations, la réduction d'impôt est reprise au titre de l'exercice au cours duquel interviennent notamment la cession, le changement d'affectation de l'investissement, la cessation de l'activité ou la cession des parts. Le non-respect de l'obligation de conservation ne remet pas en cause l'avantage fiscal lorsque les titres sont transmis dans le cadre d'une **fusion** ou d'un apport partiel d'actif relevant des articles 210 A ou 210 B du CGI (nos 39000 s.), sous la condition visée n° 91915, précision a.

b. En ce qui concerne l'obligation de **déclarer les investissements** et la condition tenant au respect des **obligations fiscales et sociales** pour pouvoir bénéficier de l'aide fiscale, voir n° 91880, précision b.

c. Non-respect des conditions d'affectation de l'investissement par l'**entreprise locataire** ou par l'entreprise bénéficiaire de la souscription, voir n° 91885.

d. Crédit d'impôt pour investissements productifs

CHAMP D'APPLICATION

91995 CGI art. 244 quater W DC-IV-32000 s

Les entreprises imposées selon un **régime de bénéfice réel** normal ou simplifié qui exercent une activité industrielle, commerciale, artisanale ou agricole et ne sont pas en difficulté au sens du règlement 651/2014 (RGEC) du 17-6-2014 peuvent bénéficier d'un crédit d'impôt pour leurs investissements mis en service **dans un DOM** (à l'exclusion des COM et de la Nouvelle-Calédonie) jusqu'au 31 décembre 2029, pour l'exercice d'une activité éligible au sens de l'article 199 undecies B du CGI.

Le dispositif s'applique aux **investissements productifs neufs** réalisés dans certains secteurs d'activité (voir nos 91855 s.). Pour les sociétés soumises à l'IS exerçant dans le département de situation du bien et les organismes de logement social, il s'applique en outre aux acquisitions ou constructions de **logements neufs à usage locatif** (à l'exception toutefois de ceux relevant des dispositions du crédit d'impôt figurant n° 92085), aux logements neufs à usage locatif mis à leur disposition dans le cadre d'un contrat de crédit-bail conclu pour une durée au moins égale à cinq ans, ainsi qu'aux acquisitions ou constructions de logements neufs destinés à faire l'objet d'un **contrat de location-accession** dans des conditions analogues à celles figurant n° 91937.

Lorsque l'entreprise réalise un **chiffre d'affaires inférieur à 10 M€** (entreprise relevant de l'IR : voir n° 91850) **ou 20 M€** (entreprises soumises à l'IS : voir n° 91930), le crédit d'impôt est subordonné à une **option.** Celle-ci vaut renonciation aux autres dispositifs d'aide et s'applique à l'ensemble des investissements d'un même programme (BOI-BIC-RICI-10-160-10 n° 110).

> Précisions **a.** Les équipements et opérations de pose de **câbles sous-marins** ne sont pas éligibles au crédit d'impôt.
b. Seuls les **logiciels** strictement nécessaires à l'utilisation des investissements éligibles peuvent bénéficier du crédit d'impôt (BOI-BIC-RICI-10-160-10 n° 210).
c. Le crédit d'impôt s'applique également aux acquisitions de certains **navires de croisière** (voir n° 91855, précision e), à certains **navires de pêche** exploités à La Réunion (voir n° 91865, précision d) et aux acquisitions de **friches hôtelières ou industrielles** (voir n° 91865).
d. Investissements réalisés à compter du 1er janvier 2024 dans les secteurs des **transports,** voir n° 91855, précision d.

MÉCANISME DU CRÉDIT D'IMPÔT

91997 CGI art. 199 ter U et 220 Z quater

La **base du crédit d'impôt** est calculée sur le montant des investissements réalisés, diminué de la fraction du prix financée par une aide publique (voir n° 91880). Le **taux** est fixé à 38,25 % de ces dépenses pour les entreprises relevant de l'IR et 35 % pour les entreprises soumises à l'IS (voir précision b pour les navires de pêche).

L'avantage fiscal est accordé au titre de l'**année** au cours de laquelle l'investissement est mis en service (ou mis à disposition en cas de crédit-bail ou de location avec option d'achat). Lorsque son montant est supérieur à celui de l'impôt dû, l'**excédent** est immédiatement restitué. Il ne peut s'imputer sur l'impôt sur le revenu résultant de la reprise des crédits d'impôt ou réductions d'impôt antérieurement obtenus. Un dispositif de **préfinancement** est prévu afin de permettre à l'exploitant de disposer du crédit d'impôt avant même la date de liquidation de l'impôt. La créance en germe peut ainsi être cédée à titre d'escompte ou à titre de garantie auprès d'un établissement de crédit (BOI-BIC-RICI-10-160-30 n° 140).

> Précisions **a.** Le **taux** de 38,25 % est porté à 45,9 % pour les investissements réalisés en **Guyane** et à **Mayotte** (à l'exception des navires de croisière), dans les limites fixées par les règles européennes relatives aux aides d'État.
b. Pour les investissements portant sur un **navire de pêche** (n° 91865, précision d) d'une longueur hors tout comprise entre vingt-quatre et quarante mètres, le taux est réduit à 25 %.
c. Pour les acquisitions de **navires de croisière,** l'assiette du crédit d'impôt est égale à 20 % du coût de revient (n° 91880, précision c).
d. Lorsque l'investissement est réalisé par une **société de personnes,** le crédit d'impôt est accordé aux associés proportionnellement à leurs droits dans cette entité.
e. En cas d'acquisition d'un **immeuble à construire** ou de **construction d'immeuble,** le crédit d'impôt est calculé sur le montant prévisionnel du prix de revient et accordé pour 70 % au titre de l'année d'achèvement des fondations, 20 % au titre de l'année de mise hors d'eau, le solde étant alloué sur la base du prix de revient définitif au titre de l'année de livraison de l'immeuble. L'administration admet que cette règle s'applique également en cas de **location avec option d'achat** ou de **crédit-bail** portant sur un immeuble à construire (BOI-BIC-RICI-10-160-20 n° 170).
f. Le bénéfice du crédit d'impôt est subordonné à la même **condition d'agrément** que pour la réduction d'impôt des entreprises relevant de l'IR lorsque le montant total par programme d'investissement est supérieur aux seuils fixés par l'article 217 undecies du CGI (n° 91940). Toutefois, lorsque l'investissement est réalisé dans l'un des secteurs « sensibles », il doit faire l'objet d'un agrément, quel que soit son montant (BOI-BIC-RICI-10-160-40 n° 90). Il en est de même des navires de croisière. En revanche, les programmes en faveur de l'accession sociale à la propriété réalisés par les organismes de logement social sont dispensés d'agrément.
g. S'agissant de l'assiette du crédit d'impôt des **friches hôtelières ou industrielles,** voir n° 91880, précision e.

OBLIGATIONS DES INVESTISSEURS

92000 DC-IV-34200 s

L'entreprise qui bénéficie du crédit d'impôt est soumise aux mêmes obligations de **conservation** et d'affectation que celles prévues pour la réduction d'impôt des entreprises relevant de l'impôt sur le revenu : voir n° 91915. En cas de **non-respect** de ces obligations, le crédit d'impôt fait l'objet d'une reprise. Il n'en est autrement qu'en cas de cession dans le cadre d'une opération mentionnée aux articles 41, 151 octies, 151 octies A, I al. 2, 210 A et 210 B du CGI, sous réserve d'un engagement du bénéficiaire de la transmission, ou en cas de défaillance de l'exploitant, si les biens sont repris par une autre entreprise qui s'engage à respecter ces conditions.

S'agissant de l'acquisition d'un **immeuble** à construire ou de la construction d'un immeuble dont les fondations sont achevées depuis le 1er janvier 2021, ce dernier doit être **achevé** dans les trois ans suivant la date à laquelle les fondations sont achevées (Loi 2023-1322 du 29-12-2023 art. 71, III-8°). Pour la construction ou l'acquisition d'un logement à usage locatif, les conditions relatives à la **location** du logement (n° 91936) doivent être remplies.

> **Précisions** **a.** Lorsque l'investissement est réalisé par l'intermédiaire d'une **société de personnes,** ses associés ou membres doivent conserver les parts ou actions pendant cinq ans ou pendant la durée normale d'utilisation du bien si elle est inférieure.
> **b.** L'entreprise bénéficiaire du crédit d'impôt doit respecter ses **obligations fiscales et sociales** et **déclarer les investissements** réalisés (voir n° 91880, précision b).

2. INVESTISSEMENTS DES PARTICULIERS

a. Travaux de réhabilitation et de confortation de logements anciens

Les personnes physiques ayant en France leur domicile fiscal au sens de l'article 4 B du CGI peuvent bénéficier d'une **réduction d'impôt** lorsqu'elles réalisent outre-mer, **jusqu'au 31 décembre 2029,** des investissements portant sur des travaux de réhabilitation et de confortation de logements anciens. 92010 CGI art. 199 undecies A DC-IV-40100 s

INVESTISSEMENTS CONCERNÉS

La réduction d'impôt concerne les **travaux de réhabilitation ou de confortation** contre le risque sismique ou cyclonique réalisés par une entreprise, à l'exclusion de ceux qui constituent des charges déductibles des revenus fonciers en application de l'article 31 du CGI (nos 27340 s.). 92015 DC-IV-40400 s

Ces travaux doivent porter sur un **logement** achevé depuis plus de vingt ans que le contribuable prend l'engagement, pour une durée de cinq ans, soit d'affecter dès l'achèvement des travaux à son habitation principale, soit de louer nu dans les six mois de la date d'achèvement à un locataire qui y fixe son habitation principale, étant toutefois précisé que cette dernière condition s'apprécie à la date de prise d'effet du bail (CE 13-6-2016 n° 386645 : RJF 10/16 n° 793).

> **Précisions** En ce qui concerne l'obligation de **déclarer les investissements,** voir n° 91880, précision b. Les documents à joindre à la déclaration de revenus pour pouvoir bénéficier de la réduction d'impôt sont précisés par l'article 46 AG quaterdecies de l'annexe III au CGI. S'agissant des travaux de confortation contre le **risque sismique ou cyclonique,** une étude technique de confortement réalisée par un cabinet d'architecte ou un bureau d'étude technique doit être jointe à la déclaration (BOI-IR-RICI-80-30 nos 150 s.).

MÉCANISME DE LA RÉDUCTION

La **base** de la réduction d'impôt est égale à la somme du coût des matériaux ou équipements utilisés pour les travaux et de la main-d'œuvre correspondante, tels qu'ils figurent sur la facture délivrée par l'entreprise (BOI-IR-RICI-80-20-10 n° 80). Pour les investissements réalisés en 2023, la base de la réduction d'impôt est **plafonnée** à 2 910 € hors taxe par mètre carré de surface habitable, quel que soit le lieu de l'investissement. Cette limite doit, le cas échéant, être majorée de la TVA applicable puis multipliée par le nombre de mètres carrés de surface habitable. 92050 DC-IV-41000 s

L'assiette de la réduction d'impôt est **répartie** sur cinq ans. La base annuelle est donc égale à 20 % des sommes effectivement payées au 31 décembre de l'année au cours de laquelle le droit à réduction d'impôt est né.

Le **taux** de la réduction d'impôt est égal à 18 % (22 % si des équipements de production d'énergie utilisant une source d'énergie renouvelable, visés à l'article 18-0 bis de l'annexe IV au CGI, sont installés dans le logement ; 26 % si le logement est situé dans un quartier prioritaire de la politique de la ville défini n° 92540, b).

La réduction d'impôt annuelle est soumise au **plafonnement** mentionné n° 91895.

Elle est pratiquée pour la première fois sur l'impôt correspondant aux revenus de l'**année** d'achèvement des travaux.

> **Précisions** **a.** La réduction s'impute sur le montant de l'**impôt** sur le revenu dans les conditions exposées n° 2255.
> **b.** Les investissements ouvrant droit à la réduction d'impôt sont exclus d'**autres réductions ou déductions** : réduction d'impôt sur le revenu pour souscriptions au capital de certaines PME (nos 2600 s.), dispositif Scellier (n° 2890), dispositifs Duflot et Pinel (nos 2805 s.), dispositif Denormandie (nos 2820 s.), dispositif « Loc'Avantages » (nos 2830 s.), réduction d'impôt pour investissement outre-mer dans le logement locatif social (nos 92080 s.) ; dispositif « compte PME innovation » (nos 26210 s.). En outre, la réduction d'impôt ne peut pas être cumulée avec le dispositif relatif à l'imputation des déficits fonciers sur le revenu global (nos 27530 s.).
> **c.** Pour une même dépense, la réduction d'impôt est exclusive d'une **déduction** de charge pour la détermination **des revenus catégoriels** (CGI art. 199 undecies A, 9).

92060 DC-IV-45800 s **Remise en cause de la réduction d'impôt** La réduction est remise en cause si l'un des **événements** suivants survient : non-respect des engagements pris par le contribuable, cession de l'immeuble avant l'expiration du délai prévu, démembrement du droit de propriété du logement au cours de la période d'engagement, sauf cas de démembrement par décès d'un des époux soumis à une imposition commune (CGI art. 199 undecies A, 3).

En cas de **rupture d'engagement,** le **délai de reprise** prévu à l'article L 169 du LPF court à compter de l'année où survient la méconnaissance de l'engagement et non de celle au titre de laquelle a déjà été utilisée, pour le calcul de l'impôt dû, une fraction de la réduction d'impôt (CE 27-7-2015 n° 372001 : RJF 11/15 n° 935). Les réductions d'impôt dont a bénéficié le contribuable l'**année de rupture et les années antérieures** font l'objet d'une reprise globale au titre de l'année de rupture. Celles pratiquées au titre des **années postérieures** font l'objet d'une reprise annuelle au titre de chacune des années concernées (CE 8-6-2015 n° 376861 : RJF 10/15 n° 755).

Lorsque le contribuable n'a **pas souscrit d'engagement,** les réductions d'impôt font l'objet d'une reprise annuelle jusqu'au 31 décembre de la troisième année suivant chacune de celles au titre de laquelle il a bénéficié de l'avantage fiscal (CE 8-6-2015 n° 376861 précité).

> **Précisions** Lorsque le **bénéficiaire** de la réduction d'impôt est **remboursé** dans un délai de cinq ans de tout ou partie des dépenses ayant ouvert droit à l'avantage fiscal, il fait l'objet d'une reprise égale au montant de l'avantage fiscal accordé à raison de la somme remboursée. Toutefois, aucune reprise n'est pratiquée lorsque le remboursement fait suite à un **sinistre** survenu après le paiement des dépenses (CGI art. 199 undecies A, 8).

b. Investissements « Duflot », « Pinel » et « Denormandie ancien » outre-mer

92065 CGI art. 199 novovicies, XII IRPP-IV-111000 s et 124000 s Les dispositifs de réduction d'impôt « Duflot », « Pinel » (n° 2805 s.) et « Denormandie ancien » (n° 2820 s.) sont applicables aux investissements réalisés dans les DOM, à Saint-Barthélemy, Saint-Martin, Saint-Pierre-et-Miquelon, en Nouvelle-Calédonie, en Polynésie française et dans les îles Wallis-et-Futuna.

Les particularités par rapport à la métropole portent sur les points suivants.

a. Le **taux de la réduction d'impôt** est fixé à 29 % pour les investissements « Duflot ». Pour les investissements « Pinel », les taux applicables, qui varient selon la durée initiale de l'engagement et la date de l'investissement, sont les suivants :

	Investissements réalisés jusqu'au 31/12/2022			Investissements réalisés en 2023			Investissements réalisés en 2024		
	Période initiale	1e prorogation triennale	2nde prorogation triennale	Période initiale	1e prorogation triennale	2nde prorogation triennale	Période initiale	1e prorogation triennale	2nde prorogation triennale
Engagement initial de 6 ans	23 %	6 %	3 %	21,5 %	4,5 %	2,5 %	20 %	3 %	2 %
Engagement initial de 9 ans	29 %	3 %	N/A	26 %	2,5 %	N/A	23 %	2 %	N/A

ATTENTION

Les taux 2022 restent applicables aux investissements réalisés en 2023 et 2024 lorsqu'ils portent sur des logements situés dans un quartier prioritaire de la politique de la ville ou qui respectent un niveau de qualité, en particulier en matière de performance énergétique et environnementale, supérieur à la réglementation, dont les critères sont définis par le décret 2022-1691 du 28 décembre 2022 (**dispositif « Pinel + »**).

Pour les investissements « Denormandie ancien », le taux est de 23 % ou 29 % selon que l'engagement initial de location est pris pour une durée de six ou neuf ans (Loi 2023-1322 du 29-12-2023 art. 72 pour les investissements réalisés via une SCPI). En cas de prorogation de l'engagement, le taux est de 6 % pour la première période triennale et 3 % pour la seconde période triennale si l'engagement initial est de six ans, ou de 3 % pour la période triennale si l'engagement initial est de neuf ans.

b. Les logements doivent répondre au **niveau de performance énergétique globale** fixé par l'article 46 AZA octies-0 AA de l'annexe III au CGI. Cette écocondition n'est pas applicable à Mayotte. Des critères particuliers sont prévus pour le bénéfice du dispositif **« Pinel + »** (voir a).

c. Les **plafonds de loyer mensuel** par mètre carré, charges non comprises, sont, pour les baux conclus ou renouvelés en **2023** fixés à (CGI ann. III art. 2 terdecies F, I) :

– 11,19 € pour l'ensemble des DOM, Saint-Martin et Saint-Pierre-et-Miquelon ;

– 13,56 € en Nouvelle-Calédonie, en Polynésie française et dans les îles Wallis-et-Futuna.

À ces plafonds de loyer, il est appliqué le coefficient multiplicateur visé nº 2811.

d. Les **plafonds annuels de ressources** des locataires sont, pour les baux conclus ou renouvelés en **2023,** les suivants (CGI ann. III art. 2 terdecies F, II) :

Composition du foyer du locataire	Lieu de situation du logement	
	DOM, Saint-Martin, Saint-Pierre-et-Miquelon	Nouvelle-Calédonie, Polynésie française, îles Wallis-et-Futuna
Personne seule	30 338 €	32 872 €
Couple	40 516 €	43 896 €
Personne seule ou couple ayant une personne à charge [1]	48 722 €	52 788 €
Personne seule ou couple ayant deux personnes à charge [1]	58 818 €	63 727 €
Personne seule ou couple ayant trois personnes à charge [1]	69 192 €	74 966 €
Personne seule ou couple ayant quatre personnes à charge [1]	77 978 €	84 485 €
Majoration par personne à charge [1] supplémentaire à partir de la cinquième	+ 8 704 €	+ 9 429 €

1. Au sens des articles 196 à 196 B du CGI (nºˢ 1850 s. et 1960).

e. La réduction d'impôt est prise en compte pour le calcul du **plafonnement global** des avantages fiscaux, avec l'application d'un plafond majoré pour les investissements « Pinel » et « Denormandie ancien » outre-mer (nº 4860).

› Précisions **a.** La **surface** prise en compte pour les plafonds de loyers est la surface habitable augmentée de la surface des varangues dans la limite maximale de 14 mètres carrés.
b. Les conditions d'application du dispositif à **Saint-Barthélemy** n'ont pas été fixées.

c. Dispositif « Loc'Avantages »

Le dispositif de réduction d'impôt « Loc'Avantages » (nºˢ 2830 s.) est applicable en **Guadeloupe,** en **Guyane,** en **Martinique,** à **La Réunion** et à **Mayotte** dans les mêmes conditions qu'en métropole sous réserve des particularités suivantes. **92067** CGI art. 199 tricies IRPP-IV-159000

a. Le logement doit respecter les exigences d'améliorations de la **performance énergétique** mentionnées nº 27850 pour l'application du dispositif de déduction « Cosse » en outre-mer (CGI ann. IV art. 18-0 bis F, I).

b. À **Mayotte,** les **plafonds de loyer mensuel** par mètre carré, charges non comprises, sont, pour les baux conclus ou renouvelés en **2023,** fixés à (CGI ann. III art. 2 terdecies H) :

– 11,12 € pour les logements donnés en location dans le cadre d'une convention à loyer intermédiaire ;

– 8,45 € pour les logements donnés en location dans le cadre d'une convention à loyer social ;

– 6,59 € pour les logements donnés en location dans le cadre d'une convention à loyer très social.

À ces plafonds de loyer, il est appliqué le coefficient multiplicateur visé nº 2861.

La **surface** prise en compte s'entend de la surface habitable augmentée de la surface des varangues dans la limite maximale de 14 mètres carrés.

Remarque : Pour **2024**, ces plafonds sont respectivement fixés à 11,40 €, 8,66 € et 6,75 €.

c. Pour les logements donnés en location dans le cadre d'une convention à loyer intermédiaire (Loc 1), les **plafonds annuels de ressources** des locataires sont égaux à ceux qui sont mentionnés nº 92065, d (CGI ann. III art. 2 terdecies H, I).

Pour les logements donnés en location dans le cadre d'une convention à loyer social (Loc 2) ou très social (Loc 3), les plafonds annuels de ressources sont fixés à l'article 2 terdecies H, II-2 de l'annexe III au CGI.

d. Investissements « Scellier » outre-mer

92070 CGI art. 199 septvicies, XI IRPP-IV-103200 s.

Le dispositif de réduction d'impôt « Scellier » (n° 2890) est applicable aux investissements réalisés dans les **DOM** et dans les **collectivités territoriales** suivantes : Saint-Barthélemy, Saint-Martin, Saint-Pierre-et-Miquelon, Nouvelle-Calédonie, Polynésie française et îles Wallis-et-Futuna. Les particularités par rapport à la métropole portent sur les points suivants.

a. Écocondition non applicable.

b. Réduction d'impôt répartie, par parts égales, **sur cinq années** au lieu de neuf, pour les logements acquis ou construits et pour les souscriptions réalisées depuis le 1er janvier 2011 en Nouvelle-Calédonie, en Polynésie française et dans les îles Wallis-et-Futuna, du fait d'une durée minimale de location elle-même ramenée à cinq ans.

c. Plafond de prix de revient par mètre carré de surface habitable, applicable à la base de calcul de la réduction d'impôt pour les logements, fixé à 4 000 €. La surface habitable à prendre en compte est celle prévue à l'article 46 AG terdecies, III de l'annexe III au CGI (n° 92065, a).

d. Taux de la réduction d'impôt égal à :

– 40 % pour les logements acquis ou construits et pour les souscriptions réalisées **entre le 27 mai 2009 et le 31 décembre 2010** ;

– 36 % pour les logements acquis ou construits et pour les souscriptions réalisées **en 2011** ou 40 % si un contrat de réservation a été signé devant notaire ou enregistré au plus tard le 31 décembre 2010 et si l'acte authentique a été signé entre le 1er janvier et le 31 mars 2011 ;

– 24 % pour les logements acquis ou construits et pour les souscriptions réalisées **en 2012** ou 36 % si un contrat de réservation a été signé devant notaire ou enregistré au plus tard le 31 décembre 2011 et si l'acte authentique a été signé entre le 1er janvier et le 31 mars 2012 ;

– 24 % pour les logements acquis au cours du **premier trimestre 2013** lorsque le contribuable justifie qu'il avait pris, au plus tard le 31 décembre 2012, l'engagement de réaliser l'investissement immobilier.

e. Plafonds mensuels **de loyer** par mètre carré, charges non comprises, fixés comme suit pour **2023** en secteur libre (BOI-BAREME-000017 n° 140) :

– dans les DOM, à Saint-Barthélemy et à Saint-Martin : 14,39 € ;

– en Polynésie française, en Nouvelle-Calédonie, à Saint-Pierre-et-Miquelon et dans les îles Wallis-et-Futuna : 17,99 €.

92071 CGI ann. III art. 2 terdecies C, a-dernier al. et b

En cas de **location dans le secteur intermédiaire,** le contribuable est susceptible de bénéficier des avantages fiscaux complémentaires visés en colonne de droite du tableau du n° 2890 (déduction spécifique et complément de réduction d'impôt) sous réserve que le loyer et les ressources des locataires n'excèdent pas certains plafonds.

Les **plafonds** mensuels **de loyer** par mètre carré, charges non comprises, sont fixés pour **2023** comme suit (BOI-BAREME-000017 n° 140) :

– dans les DOM, à Saint-Barthélemy et à Saint-Martin : 11,65 € ;

– en Polynésie française, en Nouvelle-Calédonie, à Saint-Pierre-et-Miquelon et dans les îles Wallis-et-Futuna : 15,00 €.

Les **plafonds de ressources** des locataires sont, pour les baux conclus, reconduits ou renouvelés en **2023,** les suivants (BOI-BAREME-000017 n° 260) :

Composition du foyer du locataire	Lieu de location	
	DOM Saint-Martin, Saint-Barthélemy	Polynésie française Nouvelle-Calédonie, Saint-Pierre-et-Miquelon, îles Wallis-et-Futuna
Personne seule	31 372 €	26 847 €
Couple	41 892 €	49 647 €
Personne seule ou couple ayant une personne à charge [1]	50 378 €	52 516 €
Personne seule ou couple ayant deux personnes à charge [1]	60 810 €	55 387 €

Composition du foyer du locataire	Lieu de location	
	DOM Saint-Martin, Saint-Barthélemy	Polynésie française Nouvelle-Calédonie, Saint-Pierre-et-Miquelon, îles Wallis-et-Futuna
Personne seule ou couple ayant trois personnes à charge [1]	71 540 €	59 224 €
Personne seule ou couple ayant quatre personnes à charge [1]	80 624 €	63 064 €
Majoration par personne à charge [1] supplémentaire à partir de la cinquième	+ 9 000 €	+ 4 033 €

1. Au sens des articles 196 à 196 B du CGI (nos 1850 s. et 1960).

e. Souscription de parts de FIP

92075 CGI art. 199 terdecies-0 A, VI ter A DC-IV-55000 s

Les personnes physiques ayant leur domicile fiscal en France au sens de l'article 4 B du CGI peuvent bénéficier d'une réduction d'impôt sur le revenu spécifique au titre des versements effectués pour la souscription de parts de **fonds d'investissement de proximité** investis **outre-mer** (plus précisément dans les départements et collectivités suivantes : Guadeloupe, Guyane, Martinique, La Réunion, Mayotte, Saint-Barthélemy, Saint-Martin, Saint-Pierre-et-Miquelon, Nouvelle-Calédonie, Polynésie française et îles Wallis-et-Futuna).

Les **conditions et modalités d'application** de cette réduction d'impôt sont identiques à celles prévues pour la réduction d'impôt de droit commun concernant les souscriptions de parts de FIP (nos 2660 s.), à l'exception du **taux** de la réduction d'impôt qui est fixé à 30 %.

3. INVESTISSEMENTS DANS LE SECTEUR LOCATIF SOCIAL

a. Réduction d'impôt sur le revenu

92080 CGI art. 199 undecies C DC-IV-60100 s

Les **personnes physiques** domiciliées en France au sens de l'article 4 B du CGI peuvent bénéficier d'une réduction d'impôt au titre des investissements qu'elles réalisent directement jusqu'au 31 décembre 2029 dans le **logement** social situé **dans les COM** et en **Nouvelle-Calédonie** (à l'exclusion des DOM). Les investissements peuvent également être réalisés par l'intermédiaire d'une **société civile de placement immobilier,** d'une **société de personnes** établie en France (à l'exclusion des sociétés en participation) ou d'une **société soumise à l'IS** ayant pour objet exclusif l'acquisition, la construction et la location de logements éligibles, à condition notamment que 95 % du montant de la souscription soit affecté à la réalisation de l'investissement dans les dix-huit mois suivant sa clôture.

> Précisions Lorsque l'investissement est effectué par l'intermédiaire d'une **société soumise à** l'IS, cette dernière ne peut bénéficier des dispositions de l'article 217 undecies du CGI (no 91930).

Investissements éligibles Ouvrent droit à la réduction d'impôt les **acquisitions** ou les **constructions de logements neufs,** ainsi que les acquisitions de **logements achevés depuis plus de vingt ans** faisant l'objet de travaux de réhabilitation visés à l'article 46 AG terdecies A de l'annexe III au CGI, permettant aux logements soit d'acquérir des performances techniques voisines de celles des logements neufs, soit de réaliser leur confortation contre le risque sismique ou cyclonique. 92081

Le dispositif s'applique également aux **travaux de rénovation et de réhabilitation** sur des logements de plus de vingt ans, quelle que soit leur localisation au sein des COM et de la Nouvelle-Calédonie lorsqu'une déclaration préalable ou une demande de permis de construire est déposée à compter du 1er janvier 2024 (Loi 2023-1322 du 29-12-2023 art. 78).

Enfin, sont éligibles les **travaux de démolition** préalables à la construction de nouveaux logements, lorsque l'achèvement des fondations de l'immeuble intervient dans un délai de deux ans suivant la date de fin des travaux de démolition.

Lorsque le prix de revient d'un ensemble d'investissements est supérieur à 2 M€, une fraction du prix de revient des logements (fixée par l'article 46 AG sexdecies, IV de l'annexe III au CGI) doit correspondre à des dépenses supportées au titre de l'acquisition d'équipements de production d'**énergie**

renouvelable, d'appareils utilisant une source d'énergie renouvelable ou de matériaux d'isolation (dépenses éligibles précisées par l'article 18 quater de l'annexe IV au CGI).

Le bénéfice de l'aide fiscale est subordonné à l'obtention d'un **agrément** préalable du ministre chargé du budget dans des conditions identiques à celles prévues pour la réduction d'impôt pour investissements productifs (n° 91870) pour les programmes immobiliers excédant 2 M€ ou pour ceux réalisés, quel qu'en soit le montant, par l'intermédiaire d'une société soumise à l'IS.

> **Précisions** **a.** Les **logements** bénéficiant des **prêts conventionnés** (PLS) définis à l'article R 372-21 du CCH doivent recevoir un agrément préalable du représentant de l'État.
> **b.** S'agissant de l'**acquisition de logements anciens** réhabilités, l'administration exclut les travaux ayant pour objet l'aménagement à usage d'habitation de locaux préalablement affectés à un autre usage ou ayant pour effet d'accroître le volume ou la surface habitable de locaux existants (BOI-IR-RICI-380-10-10 n° 60). En revanche, elle admet les travaux de désamiantage (BOI précité n° 100).

92082 **Conditions de location et de cession** Les logements doivent être donnés en **location** nue, pour une durée en principe au moins égale à cinq ans, **à un des organismes** suivants : organisme de HLM mentionné à l'article L 411-2 du CCH ; société d'économie mixte exerçant une activité immobilière outre-mer ; organisme mentionné à l'article L 365-1 du CCH ; ou tout organisme de logement social agréé conformément à la réglementation locale par l'autorité publique compétente. La mise en location doit intervenir dans les douze mois de leur achèvement ou de leur acquisition si elle est postérieure. L'opération peut prendre la forme d'un **crédit-bail** immobilier.

Les organismes précités doivent **sous-louer** les logements (nus ou en meublé) **à des personnes physiques** qui en font leur résidence principale. Le bénéfice de la réduction d'impôt est subordonné au respect de plafonds de ressources du sous-locataire ainsi qu'à certaines limites de loyer fixés à l'article 46 AG sexdecies de l'annexe III au CGI (BOI-BAREME-000019).

Au terme de la période de location de cinq ans, les **logements** (ou les parts de la société propriétaire du logement) doivent être **cédés** à l'organisme de logement social locataire ou à des personnes physiques désignées par cet organisme et respectant les conditions de ressources requises pour bénéficier d'opérations de location-accession. Le prix de cession doit être fixé par une convention conclue entre les investisseurs et l'organisme au plus tard à la date de signature du bail.

> **Précisions** **a.** Lorsque l'investissement est réalisé par l'intermédiaire d'une **société** et qu'il revêt la forme de la **construction** d'un immeuble ou de l'acquisition d'un immeuble à construire, la réduction d'impôt ne s'applique que si la société qui réalise l'investissement s'engage à achever les **fondations** de l'immeuble dans les deux ans qui suivent la clôture de la souscription et à achever l'immeuble dans les deux ans qui suivent la date d'achèvement des fondations.
> **b.** Les logements peuvent être occupés de manière effective et habituelle par un **étudiant** durant toute l'année scolaire ou universitaire (BOI-IR-RICI-380-10-20 n° 70).

92083 **Avantage fiscal** La **réduction d'impôt** est **égale** à 50 % du prix de revient des logements minoré des taxes et des commissions d'acquisition versées, ainsi que des aides publiques reçues. Cette base est **plafonnée,** pour 2023, à 2 910 € par mètre carré habitable. S'agissant des **travaux de rénovation** et de réhabilitation et des opérations de **démolition,** la réduction d'impôt est égale à 50 % du prix de revient des travaux, minoré des taxes et des aides publiques, retenu dans les limites respectives de 50 000 € et 25 000 € par logement.

La réduction d'impôt doit être **rétrocédée** pour au moins 70 % de son montant à l'organisme de logement social, sous la forme d'une diminution des loyers et du prix de cession à l'organisme locataire ou, le cas échéant, à la personne physique choisie par l'organisme.

La réduction d'impôt est accordée **au titre de l'année** d'achèvement du logement ou de son acquisition si elle est postérieure ou, le cas échéant, d'achèvement des travaux. Elle s'impute sur le montant de l'**impôt** sur le revenu résultant de l'application du **barème progressif,** après application éventuelle de la décote, mais avant les crédits d'impôt et les prélèvements ou retenues *non libératoires*. Le solde éventuel est reportable et imputable sur les cinq années suivantes. Le montant non imputé à l'issue de cette période est perdu.

L'avantage fiscal est soumis au **plafonnement** spécifique prévu par l'article 199 undecies D du CGI (voir n° 91895). Compte tenu de la rétrocession de 70 % de la réduction d'impôt, ce plafond est fixé à 133 333 €. L'aide fiscale est par ailleurs soumise au plafonnement global (voir nos 4840 s.).

> Précisions **a.** Les **aides octroyées** par les COM dans le cadre de leur compétence fiscale propre au titre de projets d'investissement sont sans incidence sur la base de la réduction d'impôt (BOI-IR-RICI-380-20 n° 1).
b. Pour les **travaux de rénovation** et de réhabilitation, le plafond s'apprécie par logement existant avant le commencement des travaux, y compris dans le cas où les travaux conduiraient à diviser ou réunir un ou plusieurs logements (BOI-IR-RICI-380-20 n° 85).
c. Pour le calcul du **plafonnement de la base,** il est tenu compte de la surface de la quote-part des parties communes afférentes à chaque logement pour les résidences avec services pour les personnes âgées ou handicapées (BOI-IR RICI-380-20 n°s 60 s.).
d. La réduction d'impôt est **exclusive** de celles prévues par les articles 199 undecies A du CGI (n°s 92010 s.), 199 tervicies (n°s 2900 s.) et 199 septvicies (n° 2890). Les dépenses de travaux éligibles au dispositif ne sont pas déductibles du revenu foncier du contribuable.

Remise en cause de la réduction d'impôt La réduction d'impôt fait l'objet d'une reprise si, pendant la période de location du logement, les **conditions** et engagements mentionnés n°s 92080 et 92082 ne sont **plus respectés** (plafonds de loyer, conservation des parts, rétrocession, absence d'achèvement des fondations dans les deux ans, etc.). Il en est de même en cas de cession des logements ou des parts ou en cas de démembrement. **92084** DC-IV-62200 s

> Précisions Lorsque le démembrement ou la cession résulte du **décès du contribuable** ou de l'un des époux soumis à imposition commune, la réduction d'impôt ne fait pas l'objet d'une reprise si le bénéficiaire (attributaire ou usufruitier) reprend les engagements pour la durée de location restant à courir. Il en est de même en cas de **changement de situation** matrimoniale (BOI-IR-RICI-380-30 n° 40).

b. Crédit d'impôt pour investissement dans le logement social

92085 CGI art. 244 quater X DC-IV-65000 s

Certains organismes de logement social peuvent bénéficier d'un crédit d'impôt à raison de l'acquisition, de la construction, ou de la prise en crédit-bail, jusqu'au 31 décembre 2029, de **logements neufs** dans les **DOM** (à l'exclusion des COM et de la Nouvelle-Calédonie), ainsi que de l'acquisition de **logements** achevés depuis **plus de vingt ans** faisant l'objet de travaux de réhabilitation leur permettant d'acquérir des performances techniques, énergétiques et environnementales définies par décret voisines de celles du neuf ou de confortation contre le risque sismique ou cyclonique (Loi 2023-1322 du 29-12-2023 art. 71, III-9°). Le dispositif s'applique également aux **travaux de rénovation et de réhabilitation** sur des logements de plus de vingt ans, quelle que soit leur localisation au sein des DOM lorsqu'une déclaration préalable ou une demande de permis de construire est déposée à compter du 1er janvier 2024 (Loi 2023-1322 du 29-12-2023 art. 71, III-9°). De même, sont admises les opérations de **démolition** en vue de la construction de nouveaux logements sociaux.

Enfin, sont également éligibles au crédit d'impôt, sous certaines conditions, les **entreprises soumises à l'IS** qui acquièrent ou construisent des logements bénéficiant des prêts conventionnés (**PLS**) définis à l'article D 372-21 du CCH.

Sous réserve de leur implantation exclusive dans les DOM, les **caractéristiques des logements** acquis, construits ou réhabilités **et des travaux** de réhabilitation ou de démolition doivent être identiques à celles requises pour l'application de la réduction d'impôt prévue par l'article 199 undecies C du CGI (n° 92081). Ils doivent en outre être **donnés en location** pour une durée au moins égale à cinq ans, à des personnes physiques qui en font leur résidence principale, sous réserve du respect de plafonds de ressources du locataire et de limites de loyer identiques à ceux fixés pour l'application de l'article 199 undecies C du CGI (n° 92082). La mise en location doit intervenir dans les douze mois de leur achèvement ou de leur acquisition si elle est postérieure. Au regard de la **réglementation européenne,** le crédit d'impôt est placé sous le régime des services d'intérêt économique général (SIEG) défini dans la décision 2012/21 de la Commission du 20-12-2011 (voir n° 92720).

> Précisions **a.** Sont **éligibles** au crédit d'impôt les **organismes** suivants dès lors qu'ils sont établis dans un DOM : organismes de HLM mentionnés à l'article L 411-2 du CCH, sociétés d'économie mixte exerçant une activité immobilière outre-mer et organismes mentionnés à l'article L 365-1 du CCH. L'**exercice** d'une activité **dans un autre département** français ou une COM entraîne l'exclusion du dispositif (BOI-IS-RICI-10-70-10 n° 30).
b. Le crédit d'impôt s'applique, d'une part, aux appartements confiés en gestion à un Crous pour le **logement d'étudiants** bénéficiaires de la bourse d'enseignement supérieur sur critères sociaux et, d'autre part, aux constructions de **logements-foyers** au sens de l'article L 633-1 du CCH. Dans ce dernier cas, l'obligation de location peut être remplie par un gestionnaire avec lequel l'organisme ou la société bénéficiaire du crédit d'impôt a signé une convention (BOI-IS-RICI-10-70-10 n°s 140 et 155).
c. S'agissant des opérations de **démolition,** l'achèvement des fondations de l'immeuble reconstruit doit intervenir dans un délai de deux ans suivant la date de fin des travaux de démolition. Les travaux de désamiantage constituent des travaux éligibles (BOI-IS-RICI-10-70-10 n° 128).

MÉCANISME DU CRÉDIT D'IMPÔT

92086 CGI art. 220 Z quinquies

Le **montant du crédit d'impôt** est en principe fixé à 40 % du prix de revient des logements minoré des taxes et des commissions d'acquisition versées, ainsi que des aides publiques reçues. Ce montant est retenu dans la limite d'un **plafond** mentionné nº 92083. Pour les **travaux de réhabilitation** et les opérations de **démolition,** le crédit d'impôt est égal à 40 % du prix de revient des travaux, minoré des taxes et des aides publiques, retenu dans les limites respectives de 50 000 € et 25 000 € par logement.

Il est accordé au titre de l'**exercice** au cours duquel l'immeuble est acquis ou, le cas échéant, les travaux pour les réhabilitations d'immeubles (voir toutefois précision a) et les opérations de démolition sont achevés. Si le montant du crédit d'impôt excède l'impôt dû, l'**excédent** est restitué. Le crédit d'impôt est susceptible de faire l'objet d'un **préfinancement** (CGI ann. III art. 49 septies ZZW).

> **Précisions** **a.** En cas de construction ou d'acquisition d'**immeuble à construire,** le crédit d'impôt est calculé sur le montant prévisionnel du prix de revient et accordé pour 70 % au titre de l'exercice au cours duquel les fondations sont achevées, 20 % au titre de l'exercice de mise hors d'eau, le solde étant alloué sur la base du prix de revient définitif au titre de l'exercice de livraison de l'immeuble (BOI-IS-RICI-10-70-20 nº 70). S'agissant des immeubles pris en **crédit-bail,** il est en principe accordé au titre de l'exercice au cours duquel le bien est mis à la disposition du crédit-preneur, mais l'administration admet que ce dernier bénéficie de l'avantage fiscal selon le même calendrier que celui applicable en cas d'investissement en direct (BOI-IS-RICI-10-70-20 nº 90).
> **b.** Les **meubles** autres que les équipements et aménagements nécessaires à l'usage des locaux ne sont pas inclus dans l'assiette du crédit d'impôt (BOI-IS-RICI-10-70-20 nº 1).

REMISE EN CAUSE DU CRÉDIT D'IMPÔT

92087 Le crédit d'impôt fait l'objet d'une reprise au titre de l'année au cours de laquelle les **conditions** relatives aux caractéristiques et à la destination des logements ne sont **pas respectées,** ou en cas de cession durant le délai de cinq ans mentionné ci-dessus. S'agissant de l'acquisition d'un **immeuble à construire** ou de la construction d'un immeuble dont les fondations sont achevées depuis le 1er janvier 2021, l'avantage fiscal est repris si l'immeuble n'est pas achevé dans les trois ans suivant la date à laquelle les fondations sont achevées (Loi 2023-1322 du 29-12-2023 art. 71, III-10º). En cas d'opération de **démolition,** la reprise intervient au titre de l'année au cours de laquelle intervient le terme du délai de deux ans mentionné ci-dessus nº 92085, précision c.

c. TVA « immobilière »

92100 CGI art. 296 ter IMMO-I-19100 s

Dans les départements de la Guadeloupe, de la Martinique et de La Réunion, la TVA est perçue au **taux réduit** de 2,1 % (voir nº 91610) pour :

– les travaux de construction et les ventes de logements évolutifs sociaux ;

– les livraisons à soi-même ainsi que les ventes et apports de terrains à bâtir et de logements neufs lorsque ces opérations sont financées à l'aide d'un prêt aidé ou d'une subvention de l'État accordés dans les conditions prévues par les articles R 372-1 et D 372-20 à D 372-24 du CCH, ou dans les conditions fixées à l'article 244 quater X du CGI (voir nos 92085 s.).

SECTION 5 CORSE

La réglementation fiscale s'applique en principe en Corse dans les mêmes conditions qu'en France continentale. Certaines dispositions dérogatoires, exposées ci-après, sont cependant prévues. Elles sont pour l'essentiel destinées à atténuer les inconvénients de l'insularité et à favoriser le développement de l'activité économique de l'île. 92140

À ces dispositions dérogatoires s'ajoute le régime des **zones de développement prioritaire,** qui concerne en pratique les communes situées en Corse (voir nos 92540 s.).

A. Impôts directs

1. IMPOSITION DES BÉNÉFICES DES ENTREPRISES

CRÉDIT D'IMPÔT POUR INVESTISSEMENT

Une aide fiscale est instituée en faveur de certaines PME pour leurs investissements exploités en Corse et réalisés jusqu'au 31 décembre 2027. 92260

Entreprises concernées Le crédit d'impôt pour investissement s'applique, sur option, aux entreprises répondant à la définition européenne des **PME** (n° 92650) qui exercent une activité industrielle, commerciale, artisanale, libérale ou agricole et sont soumises à un régime réel d'imposition. 92265 CGI art. 244 quater E BIC-XVIII-20560 s

Les PME en difficulté bénéficient de cette aide sous réserve de l'octroi d'un agrément préalable (BOI-BIC-RICI-10-60-17 nos 50 s.).

ATTENTION

L'option pour le bénéfice de ce crédit d'impôt emporte renonciation irrévocable à l'application des régimes de faveur prévus aux articles suivants : 44 sexies (nos 10260 s.), 44 sexies A (nos 10400 s.), 44 quindecies (nos 10365 s.), 44 quindecies A (nos 10360 s.), 44 sexdecies (n° 10375), 44 septdecies (n° 10395) du CGI.

Activités et investissements concernés Sont susceptibles d'ouvrir droit au crédit d'impôt les investissements autres que de remplacement financés sans aide publique pour 25 % au moins de leur montant qui sont réalisés, jusqu'au 31 décembre 2027, pour les besoins de toute **activité** commerciale, industrielle, artisanale, libérale ou agricole. 92270 BIC-XVIII-21070 s

Sont toutefois **exclues** les activités de gestion et de location de meublés de tourisme situés en Corse, au sens de l'article L 324-1-1 du Code du tourisme (BOI-BIC-RICI-10-60-15-10 n° 275). Les entreprises exerçant une activité de gestion d'immeubles (administrateurs de biens, syndics) ou de location d'immeubles (agences immobilières) ne sont éligibles que si les prestations qu'elles réalisent portent exclusivement sur des biens situés en Corse.

Sont également exclues les activités suivantes : production ou transformation de houille et de lignite, sidérurgie, fibres et fils synthétiques, pêche, construction et réparation de navires d'au moins 100 tonnes de jauge brute, construction automobile, jeux de hasard et d'argent (casinos, etc.). Il en est de même des activités de transport, à l'exception des investissements exploités pour les besoins des transports aériens visant à assurer les évacuations sanitaires urgentes faisant l'objet d'un marché public avec les centres hospitaliers d'Ajaccio et de Bastia.

Les entreprises relevant du secteur agricole et sylvicole ou exerçant une activité de transformation ou de commercialisation de produits agricoles et sylvicoles ne sont éligibles que si elles peuvent bénéficier des aides européennes au développement rural.

Les **investissements** ouvrant droit à crédit d'impôt sont les suivants : biens d'équipement amortissables selon le mode dégressif acquis ou créés à l'état neuf ou pris en crédit-bail (voir toutefois précision c) ; agencements et installations de locaux commerciaux habituellement ouverts à la clientèle (y compris les dépendances réservées à la clientèle telles que les parkings, les terrasses et les piscines de restaurant), acquis, créés ou loués dans les mêmes conditions ; logiciels qui constituent des éléments de l'actif immobilisé et sont nécessaires à l'utilisation des biens (hors sites internet), agencements et installations visés ci-dessus ; travaux de rénovation d'hôtel (consistant en des travaux de modification ou de remise en état du gros œuvre, des travaux d'aménagement interne et des travaux d'amélioration qui leur sont indissociables ainsi que les travaux de mise aux normes qui conditionnent la poursuite de l'activité et sont immobilisés : Loi 2023-1322 du 29-12-2023 art. 64) ; travaux de construction ou de rénovation (mêmes travaux que pour les hôtels) des établissements de santé privés réalisés pour l'exercice de l'activité mentionnée à l'article L 6111-1 du Code de la santé publique.

> Précisions **a.** Les investissements doivent être considérés comme des **investissements initiaux** au sens de l'article 2 du règlement 651/2014 (prorogé et modifié par le règlement 2023/1315). Lorsque le **remplacement d'un bien** permet d'augmenter et de diversifier la production (investissement mixte), seule la quote-part assimilable à un investissement initial est éligible au crédit d'impôt (BOI-BIC-RICI-10-60-15-10 n° 405).

b. Ne sont pas visés par la mesure d'exclusion des meublés de tourisme les **établissements de tourisme** gérés par un exploitant unique, comportant des bâtiments d'habitation individuels ou collectifs dotés d'un minimum d'équipements et de services communs et regroupant, en un ensemble homogène, des locaux à usage collectif et des locaux d'habitation meublés loués à une clientèle touristique qui n'y élit pas domicile. Pour les établissements de tourisme répondant à ces conditions, aucun critère relatif au nombre minimal de lits n'est requis. De même, ne sont pas concernées par cette exclusion les **chambres meublées** situées dans un immeuble à usage de résidence principale et louées par l'habitant à des touristes pour une ou plusieurs nuitées assorties de prestations hôtelières (BOI précité n° 276).

c. Les **exploitants de camping** peuvent bénéficier du crédit d'impôt pour les investissements réalisés au titre des agencements et installations de locaux commerciaux. De même, les **mobil-homes** sont éligibles sous réserve que des prestations accessoires de nature hôtelière y soient effectivement fournies (BOI précité n° 62).

d. Les travaux portant sur les **établissements de soins** privés doivent respecter les critères d'un investissement initial (BOI précité n° 195). Par ailleurs, l'administration admet que les travaux relatifs aux locaux indispensables à l'exercice de l'activité de soins (locaux administratifs, cantines, etc.) ouvrent droit au crédit d'impôt (BOI précité n° 193).

92275 CGI art. 244 quater E, I, 3° et 3° bis, BIC-XVIII-21555 s

Montant du crédit d'impôt Quel que soit le secteur d'activité concerné, le crédit d'impôt est égal à **20 %** du prix de revient hors taxe des investissements réalisés, diminué de la fraction de leur montant financée par des subventions. Ce taux est porté à **30 %** pour les très petites entreprises qui réalisent des investissements éligibles.

> Précisions Sont concernées par le taux à 30 % les **très petites entreprises** qui emploient moins de onze salariés, décompté conformément aux règles prévues à l'article L 130-1, I du CSS (voir nos 74320 s.) et qui réalisent un chiffre d'affaires inférieur à 2 M€ au cours de l'exercice ou de la période d'imposition ou dont le total de bilan n'excède pas ce même montant. Le capital des sociétés bénéficiaires doit être entièrement libéré et être détenu de manière continue, pour 75 % au moins, par des personnes physiques ou par une ou plusieurs sociétés répondant à la définition précitée des très petites entreprises et aux mêmes conditions de libération et de détention de capital (BOI-BIC-RICI-10-60-10 nos 231 s.). En cas de **dépassement du seuil d'effectif**, le bénéfice du crédit d'impôt au taux majoré au titre de l'exercice au cours duquel les investissements éligibles sont réalisés n'est pas perdu.

92280 CGI art. 199 ter D et 220 D BIC-XVIII-21650 s

Utilisation du crédit d'impôt Le crédit d'impôt est **imputé** sur l'impôt sur le revenu ou l'impôt sur les sociétés dû au titre de l'année de réalisation de l'investissement. L'excédent éventuel est reportable au titre des neuf années suivantes.

À l'issue de la période d'imputation de 10 ans, le solde du crédit d'impôt non utilisé est remboursé au contribuable dans la double limite de 50 % du montant du crédit d'impôt et de 300 000 €. Toutefois, le contribuable peut demander la restitution du crédit d'impôt à compter de la cinquième année d'imputation, dans la limite de 35 % du crédit d'impôt et de 300 000 €. La portée de ces règles d'imputation est toutefois limitée pour les investissements réalisés au titre des exercices clos depuis le 31 décembre 2019 dès lors que les PME au sens du droit de l'Union européenne, qui bénéficient du remboursement immédiat de leur créance de crédit d'impôt, sont depuis ces exercices les seules à être éligibles au crédit d'impôt. Il en résulte que le remboursement immédiat de la créance bénéficie à l'**ensemble des entreprises** (BOI-BIC-RICI-10-60-20-10 n° 50).

Le bénéfice du crédit d'impôt est subordonné au respect de la **réglementation européenne** relative aux aides à l'investissement à finalité régionale (nos 92625 s.).

Le crédit d'impôt est **repris** ou **supprimé** si l'investissement réalisé est cédé ou reçoit une autre affectation que celle prévue dans le délai de cinq ans suivant sa réalisation ou au cours de sa durée normale d'utilisation si elle est inférieure. Le crédit d'impôt n'est toutefois pas remis en cause lorsque le **bien** est **remplacé** au cours de l'année précédant l'expiration du délai de cinq ans (ou de la durée normale d'utilisation) **par un nouveau bien** qui permet d'accroître ou de diversifier la production, qui demeure inscrit à l'actif pendant la durée résiduelle et qui est affecté à la même activité que le bien remplacé ou à une autre activité éligible (BOI-BIC-RICI-10-60-20-20 n° 35).

CRÉDIT D'IMPÔT RECHERCHE

Le taux du crédit d'impôt (nº 10492) pour les **dépenses d'innovation** des PME implantées en Corse qui répondent à la définition européenne (nº 92650) est fixé à 35 % pour les moyennes entreprises et à 40 % pour les petites entreprises. 92285 CGI art. 244 quater B, I IS-IX-5600 s

2. IMPÔTS DIRECTS LOCAUX

En matière d'impôts directs locaux, les particularités concernent la taxe foncière sur les propriétés non bâties et la cotisation foncière des entreprises. 92300

TAXE FONCIÈRE SUR LES PROPRIÉTÉS NON BÂTIES

Les **propriétés agricoles** visées nº 42525 qui sont situées en Corse sont **totalement exonérées** de cette taxe (CGI art. 1394 B). 92310 FNB-II-4450 s

COTISATION FONCIÈRE DES ENTREPRISES

Les bases de la cotisation foncière des entreprises (CFE) due par les établissements situés en Corse au profit des communes et des établissements publics de coopération intercommunale font l'objet d'un **abattement de 25 %** (CGI art. 1472 A ter). 92320 CET-II-157200 s

3. IMPOSITION DES PLUS-VALUES IMMOBILIÈRES

L'**exonération** des plus-values réalisées lors de la **cession d'immeubles à un organisme chargé du logement social** n'est pas applicable aux immeubles situés en Corse : voir nº 32185, précision e. 92330

Pour les immeubles situés dans les **zones soumises à la « surspéculation » immobilière** (définies par l'Assemblée de Corse sur proposition du président de l'office foncier de Corse et après consultation des communes concernées et du préfet), une majoration de la **taxe sur les plus-values immobilières élevées** prévue à l'article 1609 nonies G du CGI (nºs 32710 s.) peut être instaurée par le Gouvernement. 92340 Loi 2022-1726 du 30-12-2022 art. 28 IMMO-II-198000

Les plus-values imposables sont alors soumises à la taxe sur leur montant total, selon le **barème** suivant :

Montant de la plus-value imposable (€)	Montant de la taxe (€)
De 50 001 à 60 000	10 % PV - [(60 000 - PV) x 1/20]
De 60 001 à 100 000	10 % PV
De 100 001 à 110 000	15 % PV - [(110 000 – PV) x 1/10]
De 110 001 à 150 000	15 % PV
De 150 001 à 160 000	20 % PV - [(160 000 - PV) x 15/100]
De 160 001 à 200 000	20 % PV
De 200 001 à 210 000	25 % PV - [(210 000 - PV) x 20/100]
De 210 001 à 250 000	25 % PV
De 250 001 à 260 000	30 % PV - [(260 000 - PV) x 25/100]
Supérieur à 260 000	30 % PV
PV = montant de la plus-value imposable	

Remarque : Lorsque l'**immeuble** est **détenu depuis plus de vingt-deux ans,** la majoration ne s'applique pas.

B. TVA

En matière de TVA, deux mesures prévoient pour la Corse : 92360 TVA-III-24500 s
– un **allégement de l'imposition** de **certains produits ou services** ;
– une exonération des **transports** entre la France continentale et la Corse.

ALLÉGEMENT D'IMPOSITION

Certains **produits livrés** en Corse et certains **services exécutés** en Corse bénéficient d'un allégement d'imposition du fait de l'application de **taux légaux spécifiques,** au nombre de quatre, allant de 0,9 % à 13 %. 92370 TVA-III-24650 s

Ces taux s'appliquent également aux **importations** et **acquisitions intracommunautaires** en Corse ainsi qu'aux **expéditions** des produits concernés de France continentale à destination de la Corse.

Nous indiquons nos 92375 s. le champ d'application de chacun de ces taux (dans leur ordre croissant). Les coefficients de conversion correspondants figurent no 92395.

Bien entendu, les taux en vigueur en France continentale trouvent à s'appliquer aux biens livrés et aux services exécutés en Corse qui ne bénéficient pas de tels allégements.

92375 CGI art. 297, I-1-1°

Taux de 0,9 % Le taux de 0,9 % s'applique aux opérations suivantes :

a. Ventes d'**animaux vivants de boucherie et de charcuterie** à des non-redevables (no 59835).

b. Premières représentations de certains spectacles (no 61785).

92380 CGI art. 297, I-1-2°

Taux de 2,1 % Le taux de 2,1 % s'applique aux opérations passibles sur le continent du taux réduit de 5,5 % ou du taux intermédiaire de 10 %, **à l'exception** pour l'essentiel des opérations suivantes (qui sont soumises au même taux que sur le continent) : opérations portant sur les appareillages et les équipements pour handicapés, les médicaments non remboursables, les préservatifs et les produits de protection hygiénique féminine, les œuvres d'art ; travaux portant sur des locaux d'habitation achevés depuis plus de deux ans (y compris travaux d'amélioration de la qualité énergétique de ces locaux) ; travaux portant sur des infrastructures de recharge pour véhicules électriques installées dans des locaux d'habitation ; cessions de droits d'auteur (autres que celles portant sur les œuvres cinématographiques représentées au cours de séances à caractère non commercial ou dans le cadre de festivals de cinéma, qui relèvent du taux de 2,1 %) ; ventes et apports de terrains destinés au logement social ; ventes (et certains apports) ainsi que livraisons à soi-même de logements sociaux et de certains travaux de réhabilitation et d'entretien portant sur ces logements.

Relèvent **notamment** du taux de 2,1 % les ventes de denrées alimentaires destinées à la consommation humaine (autres que celles visées no 92385) ou à la consommation des animaux producteurs de denrées alimentaires elles-mêmes destinées à la consommation humaine, de produits destinés à être utilisés dans la préparation de ces denrées ou normalement utilisés pour les remplacer ou les compléter, de produits d'origine agricole, de la pêche, de la pisciculture ou de l'aviculture d'un type normalement destiné à être utilisé dans la production agricole, de produits de l'horticulture et de la floriculture d'ornement n'ayant subi aucune transformation, et d'engrais, les ventes de livres ainsi que certaines prestations de services (transports de voyageurs ; fourniture de logement ; fourniture de repas dans les cantines scolaires et, si les conditions des articles 279, a bis du CGI et 85 bis de l'annexe III au CGI sont respectées, dans les cantines d'entreprise à l'exclusion des boissons alcooliques ; droits d'entrée dans les salles de cinéma ; abonnements relatifs aux livraisons d'électricité d'une puissance maximale inférieure ou égale à 36 kVA, d'énergie calorifique et de gaz naturel combustible, distribués par réseaux ; etc.).

> **Précisions** Le taux de 2,1 % s'applique aussi aux médicaments remboursables ou soumis à une autorisation ou un cadre de prescription compassionnelle et aux publications de presse et à la presse en ligne, mais cela n'est pas propre à la Corse (voir, respectivement, nos 53065 s. et 61600).

92385 CGI art. 297, I-1-5°

Taux de 10 % Outre les opérations relevant comme sur le continent du taux intermédiaire (no 92380), bénéficient en Corse du taux de 10 % les opérations suivantes :

a. Travaux immobiliers (autres que les travaux d'amélioration de la qualité énergétique des locaux d'habitation, qui bénéficient comme sur le continent du taux de 5,5 % : no 92380), opérations immobilières soumises à la TVA (nos 58770 s.) (à l'exception de celles qui bénéficient du taux réduit de 5,5 % : nos 58895, 59060 et 59120) et opérations de **construction** dans le secteur du **logement locatif intermédiaire** (mais cela n'est pas propre à la Corse puisque ces opérations bénéficient également sur le continent du taux intermédiaire : nos 58897 et 59060).

Remarque : Bénéficient également du taux de 10 % les ventes de **matériaux de construction** aux entrepreneurs de travaux immobiliers et négociants installés en Corse et justifiant de l'impossibilité d'imputer en totalité la TVA déductible (BOI-TVA-GEO-10-10 nos 140 à 170).

b. Ventes de **matériels agricoles** dont la liste est fixée par l'article 50 duodecies A de l'annexe IV au CGI (tracteurs agricoles, matériels à traction pour la préparation des surfaces cultivées, la fertilisation, les semis et plantations, etc.).

c. Ventes à consommer sur place de boissons alcooliques effectuées par les débitants de boissons, restaurateurs, etc.

d. Ventes d'**électricité** effectuées en **basse tension,** y compris la partie « abonnement » des factures relatives aux livraisons d'électricité d'une puissance maximale supérieure à 36 kVA (la partie « abonnement » des factures relatives aux livraisons d'électricité d'une puissance maximale n'excédant pas 36 kVA bénéficie du taux de 2,1 % : no 92380).

> Précisions Les ventes à consommer sur place de **produits alimentaires et/ou de boissons non alcooliques** réalisées en Corse bénéficient, comme sur le continent, du taux intermédiaire de 10 % en application de l'article 279, m du CGI (BOI précité n° 100). Il en va de même des **ventes à emporter** ou à livrer de **produits alimentaires préparés en vue d'une consommation immédiate** réalisées en Corse, à l'exclusion de celles relatives aux boissons alcooliques (qui relèvent du taux normal) (CGI art. 279, n). Il est rappelé que la fourniture de repas dans les **cantines scolaires** et, sous condition, dans les **cantines d'entreprise** bénéficie en Corse du taux de 2,1 % (n° 92380), à l'exclusion des boissons alcooliques, qui relèvent du taux de 10 %.

Taux de 13 % Le taux de 13 % s'applique aux ventes de **produits pétroliers** (n°s 61340 s.) livrés en Corse. **92390** CGI art. 297, I-1-6°

Coefficients de conversion Les coefficients de conversion des taux spécifiques applicables en Corse sont les suivants : **92395**

- taux de 0,9 % : 0,991 ;
- taux de 13 % : 0,884.

Pour les coefficients de conversion des taux applicables en Corse et en France continentale (2,1 %, 5,5 %, 10 % et 20 %), voir n° 52785, a.

TRANSPORTS ENTRE LA FRANCE CONTINENTALE ET LA CORSE

Les transports, de **marchandises** ou de **voyageurs,** entre la France continentale et la Corse ne sont passibles de la TVA que pour la partie du trajet effectuée sur le **territoire continental.** **92405** CGI art. 262, II-11° TVA-III-25400 s

Ainsi, les transports **maritimes** échappent totalement à la TVA et les transports **aériens** ne sont imposables que pour la fraction effectuée au-dessus du continent.

Pour la **partie** du trajet effectuée **en dehors du territoire continental,** ces transports ne sont pas imposables à la TVA, mais ouvrent droit à **déduction,** par imputation ou remboursement.

92410 **> Précisions** **a.** Les **déménagements** en provenance ou à destination de la Corse suivent le même régime que celui prévu pour les transports entre la France continentale et la Corse (BOI-TVA-GEO-10-20 n° 40).

b. Le trafic ferroviaire des **colis postaux** entre la France continentale et la Corse, qui est considéré comme trafic international au regard de la réglementation postale, est exonéré de la TVA (BOI précité n° 50 ; BOI-TVA-CHAMP-20-60-20 n° 260).

c. Les **prestations de services** effectuées pour les **besoins directs** des bateaux ou des aéronefs désignés aux 2° et 4° de l'article 262, II du CGI (soit, notamment, des navires de commerce maritime affectés à la navigation en haute mer) sont exonérées de TVA, mais ouvrent droit à déduction (n°s 50450 s.). Ce régime est susceptible de s'appliquer aux prestations rendues dans les ports pour les besoins des **transports maritimes entre la France continentale et la Corse** (BOI-TVA-GEO-10-20 n° 60).

d. Les **transports aériens et maritimes de voyageurs** en provenance ou à destination de la Corse sont soumis à des taxations spécifiques (CIBS art. L 422-29 et L 423-57 s.).

C. Droits d'enregistrement

ACTES DE NOTORIÉTÉ ACQUISITIVE

Les actes notariés de notoriété acquisitive portant sur les immeubles situés en Corse et dressés avant le 31 décembre 2027 sont exonérés de **taxe de publicité foncière.** **92430** Loi 2022-1726 du 30-12-2022 art. 66 ENR-V-29550

PARTAGES ET LICITATIONS

Les **actes de partage** de succession et les licitations de biens héréditaires établis jusqu'au 31 décembre 2027 sont exonérés du droit de partage visé n° 70425 à hauteur de la valeur des **immeubles situés en Corse.** **92440** CGI art. 750 bis B ENR-II-4800 s

Ce régime de faveur s'applique également aux **cessions de droits successifs.**

DROITS DE SUCCESSION

Pour les successions ouvertes jusqu'au 31 décembre 2027, les **immeubles et droits immobiliers** situés en Corse, autres que ceux acquis à titre onéreux depuis le 23 janvier 2002 (Loi 2002-92 du 22-1-2002 art. 51, C ; BOI-ENR-DMTG-10-20-30-120 n° 20), sont **exonérés** de droits de mutation par décès à concurrence de la **moitié de leur valeur.** **92450** CGI art. 1135 bis, 1840 G ter, II ENR-X-49650 s

Lorsque le droit de propriété du défunt n'a pas été constaté antérieurement à son décès par un acte régulièrement transcrit ou publié, l'exonération n'est applicable qu'à la

condition que les attestations notariées relatives à ces biens soient publiées dans les deux ans du décès.

Sur le **délai de déclaration** des successions comportant de tels immeubles, voir nº 68870.

› Précisions **À défaut d'établissement de l'attestation notariée** dans les deux ans du décès, les héritiers, donataires ou légataires ou leurs ayants cause à titre gratuit sont tenus d'acquitter, dans le mois suivant l'expiration du délai de deux ans, le complément de droits majoré de l'intérêt de retard visé nº 79860 auquel s'ajoute un droit supplémentaire de 1 %.

SECTION 6

AMÉNAGEMENT DU TERRITOIRE (ZONES PRIORITAIRES)

92540 La politique en faveur de l'aménagement du territoire se traduit – notamment – par des mesures fiscales (et sociales) dérogatoires applicables dans certaines **zones géographiques** considérées comme **prioritaires.**

En 2024, ces zones sont les suivantes :

DC-IX-6680 s **a. Zones d'aide à finalité régionale** (**ZAFR**) et **zones d'aide à l'investissement des petites et moyennes entreprises.** Il s'agit de zones liées à la mise en œuvre de la réglementation européenne concernant les aides d'État (nºs 92605 s.). Pour la période 2022-2027, ces zones sont définies par le décret 2022-968 du 30 juin 2022 modifié par le décret 2023-1286 du 26 décembre 2023.

CET-II-123250 s **b. Quartiers prioritaires de la politique de la ville** (**QPPV**) définis par l'article 5 de la loi 2014-173 du 21 février 2014. Il s'agit de quartiers d'au moins 1 000 habitants, situés dans des unités urbaines d'au moins 10 000 habitants et caractérisés par un écart de revenu des habitants du quartier par rapport, d'une part, au territoire national et, d'autre part, à l'unité urbaine (Décret 2014-767 du 3-7-2014 modifié par décret 2023-1312 du 28-12-2023), ces critères généraux étant complétés par des critères propres aux départements et collectivités d'outre-mer (Décret 2014-1575 du 22-12-2014).

La liste de ces quartiers est établie par décret et doit en principe être actualisée dans l'année du renouvellement général des conseils municipaux (ou éventuellement tous les trois ans dans les départements et collectivités d'outre-mer).

Pour les départements métropolitains, la liste des QPPV, initialement fixée par le décret 2014-1750 du 30 décembre 2014, est établie, au 1er janvier 2024, par le décret 2023-1314 du 28 décembre 2023.

Pour les départements et collectivités d'outre-mer, la liste des QPPV est fixée par le décret 2014-1751 du 30 décembre 2014 et sera actualisée au 1er janvier 2025 (Loi 2014-173 du 21-2-2014 art. 30 modifié par loi 2023-1322 du 29-12-2023 art. 219).

CET-II-128050 s **c. Zones franches urbaines-territoires entrepreneurs** (**ZFU-TE**) visées à l'article 42, 3 de la loi 95-115 du 4 février 1995. Ces zones correspondent à des quartiers de plus de 8 500 ou 10 000 habitants particulièrement défavorisés. Il existe trois catégories de ZFU-TE.

La première comprend les zones instituées par la loi 96-987 du 14 novembre 1996 (ZFU-TE dites « de première génération »), dont la liste figure au I de l'annexe à cette loi. La délimitation précise de ces zones est donnée par le décret 96-1154 du 26 décembre 1996 pour la France métropolitaine et par le décret 96-1155 du 26 décembre 1996 pour les départements d'outre-mer.

La deuxième catégorie comprend les zones créées par la loi 2003-710 du 1er août 2003 (ZFU-TE dites « de deuxième génération »). La liste de ces zones est fixée par le I bis de l'annexe à la loi du 14 novembre 1996, et leur délimitation précise est donnée par le décret 2004-219 du 12 mars 2004.

La troisième catégorie comprend les zones créées par la loi 2006-396 du 31 mars 2006 (ZFU-TE dites « de troisième génération »). La liste de ces zones est fixée par le décret 2006-930 du 28 juillet 2006, et leur délimitation précise est donnée par le décret 2006-1623 du 19 décembre 2006.

CET-II-116200 s **d. Zones de revitalisation rurale** (**ZRR**) définies par l'article 1465 A, II du CGI applicable jusqu'au 30 juin 2024.

Ce zonage regroupe deux sortes de communes :

– les communes membres d'un établissement public de coopération intercommunale (EPCI) à fiscalité propre satisfaisant aux critères applicables **depuis le 1er juillet 2017** ;

– les communes bénéficiant de l'**ancien classement,** dont les effets ont été prolongés (Loi 2016-1888 du 28-12-2016 art. 7 pour les communes de montagne et loi 2017-1837 du 30-12-2017 art. 27 pour les autres communes, modifiés par loi 2023-1322 du 29-12-2023 art. 73).

La **liste** de l'ensemble des communes bénéficiant du classement en ZRR est fixée par les arrêtés ARCR1705918A du 16 mars 2017 (JO 29-3) et TERR1801781A du 22 février 2018 (JO 31-3).

À compter du 1er juillet 2024, ce dispositif est remplacé par le dispositif France ruralités revitalisation (Loi 2023-1322 du 29-12-2023 art. 73).

e. Zones France ruralités revitalisation définies par l'article 44 quindecies A, II, III et IV du CGI, applicables à compter du 1er juillet 2024. Le dispositif France ruralités revitalisation, créé par l'article 73 de la loi 2023-1322 du 29 décembre 2023, comporte deux catégories de zones : BIC-XVIII-55000

– les **ZFRR,** constituées, pour l'essentiel, de communes de moins de 30 000 habitants qui appartiennent à un EPCI à fiscalité propre, à un département ou à un bassin de vie répondant à certains critères de densité et de revenu de la population ;

– les **ZFRR « plus »,** constituées de communes de la première catégorie membres d'un EPCI à fiscalité propre confronté depuis au moins dix ans à des difficultés particulières, appréciées en fonction d'un indice synthétique établi selon des modalités fixées par décret.

Le classement des communes en ZFRR et en ZFRR « plus » est établi par arrêté et révisé tous les six ans.

f. Bassins d'emploi à redynamiser (**BER**) définis par l'article 42, 3 bis de la loi 95-115 du 4 février 1995. Ces zones, caractérisées par un taux de chômage élevé et une déperdition de population et d'emploi, sont délimitées par le décret 2007-228 du 20 février 2007. Elles comprennent la zone d'emploi de la vallée de la Meuse et celle de Lavelanet. CET-II-132150 s

g. Zones de restructuration de la défense (ZRD) définies par l'article 42, 3 ter de la loi 95-115 du 4 février 1995. Ces zones se répartissent en deux catégories. La **première catégorie** est constituée de zones d'emploi incluant une ou plusieurs communes de la deuxième catégorie et répondant à un critère statistique supplémentaire. La **deuxième catégorie** comprend des communes caractérisées par une perte d'emplois liée à la réorganisation de la défense et dont le territoire est couvert par un contrat de redynamisation de site de défense. CET-II-138060 s

Les ZRD sont délimitées par l'arrêté EATM0918160A du 1er septembre 2009 (JO 17), complété par l'arrêté ETLC1237090A du 1er février 2013 (JO 14), par l'arrêté ETLR1501628A du 28 mai 2015 (JO 30), par l'arrêté ETLR1528679A du 8 février 2016 (JO 12), par l'arrêté ARCR1622070A du 2 novembre 2016 (JO 11) et par l'arrêté TERB2121679A du 20 août 2021 (JO 5-9).

h. Bassins urbains à dynamiser (**BUD**) définis par l'article 44 sexdecies, II du CGI. Il s'agit d'ensembles d'établissements publics de coopération intercommunale regroupant au moins un million d'habitants et répondant à des critères liés à la densité et au revenu de la population, ainsi qu'au taux de chômage. Depuis le 1er janvier 2019, le classement s'étend aux communes limitrophes répondant aux mêmes critères. BIC-XVIII-60800 s

La liste des communes classées dans les BUD au 1er janvier 2018 est établie par l'arrêté TERR1802127A du 14 février 2018. La liste des communes limitrophes classées dans ces bassins au 1er janvier 2019 est établie par l'arrêté COTV1902479A du 11 avril 2019.

i. Zones de développement prioritaire (**ZDP**) définies par l'article 44 septdecies, II du CGI. Il s'agit de zones de niveau régional, définies par des critères de taux de pauvreté, de densité de population et d'insertion des jeunes. BIC-XVIII-65800 s

La liste des communes classées dans ces zones est établie au 1er janvier 2019 par l'arrêté COTV1903182A du 11 mars 2019. Toutes les communes visées par cet arrêté sont situées en Corse.

j. Zones de revitalisation des centres-villes (ZRCV) définies par l'article 1464 F, II du CGI. Il s'agit de secteurs situés dans des communes qui ont conclu une convention d'opération de revitalisation de territoire et qui, si elles sont situées en métropole, disposent d'un revenu fiscal inférieur à la médiane nationale. CET-II-89150 s

La liste des communes classées dans ces zones est établie par l'arrêté TERB2021924A du 31 décembre 2020, modifié par l'arrêté TERB2132846A du 3 décembre 2021, par l'arrêté TREB2232777A du 14 décembre 2022 et par l'arrêté TREB2332748A du 22 décembre 2023.

k. Zones de revitalisation des commerces en milieu rural (Zorcomir) définies par l'article 1464 G, III du CGI, applicable jusqu'en 2024. Il s'agit des communes de moins de 3 500 habitants, n'appartenant pas à une aire urbaine de plus de 10 000 emplois et comprenant au plus dix commerces. CET-II-87610 s

La liste des communes classées dans ces zones est établie par l'arrêté TERB2006893A du 16 octobre 2020.

À compter de 2025, ce dispositif est remplacé par le dispositif France ruralités revitalisation (Loi 2023-1322 du 29-12-2023 art. 73).

92545 Le **tableau** suivant récapitule les **mesures fiscales dérogatoires** applicables en **2024** dans les zones prioritaires définies n° 92540, avec la référence aux numéros correspondants de ce Mémento. En ce qui concerne les mesures **sociales** applicables dans certaines de ces zones (exonérations de cotisations patronales de sécurité sociale, etc.), on se reportera au tableau du Mémento social n° 2500.

> Précisions **Remarque** : Les règles fiscales spécifiques à la **Corse,** qui sont étudiées nos 92140 s., ne sont pas mentionnées dans le tableau (à l'exception des règles concernant les zones de développement prioritaire). Il en va de même des règles propres aux départements d'**outre-mer,** qui font l'objet d'une étude d'ensemble nos 91280 s.

Zones concernées	Mesures d'allègement
Zones d'aide à finalité régionale (ZAFR)	• Exonération d'impôt sur les bénéfices, de taxe foncière et de contribution économique territoriale [1] en faveur des entreprises nouvelles : nos 10260 s., 41975 et 43595 • Exonération de contribution économique territoriale [1] liée à l'aménagement du territoire [2] : nos 43582 s. • Avantages accordés aux preneurs de contrats de crédit-bail : n° 19350
Quartiers prioritaires de la politique de la ville (QPPV)	• Exonération de contribution économique territoriale [1] en faveur des PME : n° 43610 • Exonération de taxe foncière et de contribution économique territoriale [1] en faveur des petites entreprises exerçant une activité commerciale : nos 41985 et 43612 • Abattement sur la valeur locative de certains logements ayant bénéficié d'une exonération de taxe foncière de longue durée : n° 42030, précision a • Abattement sur la valeur locative des logements issus de la transformation de locaux industriels ou professionnels : n° 42030, précision b • Exonération de taxe annuelle sur les bureaux en Provence-Côte d'Azur : n° 31420
Zones franches urbaines-territoires entrepreneurs (ZFU-TE)	• Exonération d'impôt sur les bénéfices et de contribution économique territoriale [1, 3] : nos 10335 s. et 43615 • Réduction des droits de mutation pour les acquisitions de fonds de commerce et de clientèle : n° 65530 • Exonération de taxe pour la création de bureaux en Île-de-France : n° 31315 • Exonération de taxe annuelle sur les bureaux en Île-de-France : n° 31395 • Exonération de taxe additionnelle sur les surfaces de stationnement en Île-de-France : n° 31415 • Exonération de taxe annuelle sur les bureaux en Provence-Côte d'Azur : n° 31420
Zones de revitalisation rurale (ZRR), jusqu'au 30-6-2024	• Exonération d'impôt sur les bénéfices, de taxe foncière et de contribution économique territoriale [1] en faveur des entreprises créées ou reprises : nos 10260 s. [4], 10365 s., 41975 et 43595 • Exonération de contribution économique territoriale liée à l'aménagement du territoire [1] : n° 43590 • Exonération de contribution économique territoriale en faveur des médecins et auxiliaires médicaux [1] : n° 43630 • Exonération de taxe foncière des logements locatifs acquis et améliorés avec l'aide de l'Anah : n° 42000 • Exonération de taxe foncière des hôtels et divers locaux meublés de tourisme : n° 90685 • Exonération de taxe d'habitation sur les résidences secondaires et autres locaux meublés non affectés à l'habitation principale en faveur de divers locaux meublés de tourisme : n° 90675 • Avantages accordés aux preneurs de contrats de crédit-bail : n° 19350 • Réduction des droits de mutation pour les acquisitions de fonds de commerce et de clientèle : n° 65530 • Abattement sur l'assiette des droits de mutation pour les acquisitions d'immeubles d'habitation et de garages : n° 66355 • Taux réduit du droit de vente sur une fraction du prix d'acquisition d'immeubles ruraux exploités par les jeunes agriculteurs : n° 66335 • « Scellier ZRR » et « Robien ZRR », déduction spécifique sur les revenus fonciers : nos 2890 et 28270

Zones concernées	Mesures d'allégement
Zones France ruralités revitalisation (ZFRR et ZFRR « plus »), à compter du 1-7-2024	• Exonération d'impôt sur les bénéfices, de taxe foncière et de cotisation foncière des entreprises en faveur des entreprises (ou activités en ZFRR « plus ») créées ou reprises : nos 10360 s., 41990, e et 43593 • Exonération de cotisation foncière des entreprises en faveur des médecins et auxiliaires médicaux : n° 43630 • Exonération de taxe foncière des logements locatifs acquis et améliorés avec l'aide de l'Anah : n° 42000 • Exonération de taxe foncière des hôtels et divers locaux meublés de tourisme : n° 90685 • Exonération de taxe d'habitation sur les résidences secondaires et autres locaux meublés non affectés à l'habitation principale en faveur de divers locaux meublés de tourisme : n° 90675 • Réduction des droits de mutation pour les acquisitions de fonds de commerce et de clientèle : n° 65530 • Abattement sur l'assiette des droits de mutation pour les acquisitions d'immeubles d'habitation et de garages : n° 66355 • Taux réduit du droit de vente sur une fraction du prix d'acquisition d'immeubles ruraux exploités par les jeunes agriculteurs : n° 66335
Bassins d'emploi à redynamiser (BER)	• Exonération d'impôt sur les bénéfices, de taxe foncière et de contribution économique territoriale [1] : nos 10370, 41990, b et 43620 [5]
Zones de restructuration de la défense (ZRD)	• Exonération d'impôt sur les bénéfices, de taxe foncière et de contribution économique territoriale [1] : nos 10380 s., 41990, c et 43625
Bassins urbains à dynamiser (BUD)	• Exonération d'impôt sur les bénéfices, de taxe foncière et de contribution économique territoriale [1] : nos 10375, 41990, a et 43565
Zones de développement prioritaire (ZDP)	• Exonération d'impôt sur les bénéfices, de taxe foncière et de contribution économique territoriale [1] : nos 10395, 41990, d et 43567
Zones de revitalisation des centres-villes (ZRCV)	• Exonération de taxe foncière et de contribution économique territoriale [1] : nos 42018 et 43614 • Exonération de taxe annuelle sur les bureaux en Provence-Côte d'Azur : n° 31420
Zones de revitalisation des commerces en milieu rural (Zorcomir)	• Exonération de taxe foncière et de contribution économique territoriale [1] : nos 42018 et 43592 • Exonération de taxe annuelle sur les bureaux en Provence-Côte d'Azur : n° 31420

1. L'exonération, prévue pour la cotisation foncière des entreprises, est susceptible de s'appliquer également à la cotisation sur la valeur ajoutée des entreprises dans les conditions indiquées nos 43870 s.
2. Pour les PME, l'exonération s'applique également dans les zones d'aide à l'investissement des PME.
3. Pour les opérations réalisées jusqu'au 31 décembre 2014.
4. Pour les entreprises créées jusqu'au 31 décembre 2010.
5. Pour les opérations réalisées jusqu'au 30 juin 2024.

SECTION 7

RÉGLEMENTATION EUROPÉENNE DES AIDES D'ÉTAT

PRINCIPES GÉNÉRAUX

L'article 107 du TFUE interdit par principe les aides octroyées par les personnes publiques aux entreprises. Une aide peut être qualifiée d'aide d'État lorsque les 4 critères suivants sont remplis : avantage au profit d'une ou de plusieurs entreprises ; financement par des ressources publiques ; mesure sélective ; affectation de la concurrence et des échanges entre États membres. **92605** DC-IX-5000 s

Les allégements fiscaux sélectifs prévus en faveur de certaines entreprises (exonérations d'impôt sur les bénéfices, de droits ou taxes, allégements de base imposable, réductions ou crédits d'impôt) constituent des **aides d'État.** Leur compatibilité avec les règles européennes de concurrence dépend des conditions dans lesquelles ils sont accordés par l'État : en effet, le TFUE prévoit des dérogations au principe d'incompatibilité et permet dans certains cas l'octroi d'aides d'État, en confiant à la Commission européenne la compétence pour vérifier leur compatibilité avec le marché intérieur (n° 92607).

Sont seules soumises à cette réglementation les **entreprises,** c'est-à-dire toute entité exerçant une activité économique (offrir des biens ou des services sur un marché donné), indépendamment de son statut juridique et de son mode de financement (CJCE 3-3-2005 aff. 172/03 : RJF 5/05 n° 514). Toutes les entités **contrôlées** (en droit ou en fait) par la même entité doivent être considérées comme une seule et même entreprise (CJCE 13-6-2002 aff. 382/99 ; décision rendue pour l'appréciation du seuil de minimis).

Le **bénéficiaire** d'une aide est l'entreprise qui dispose effectivement d'un avantage ou d'un allégement de sa charge fiscale.

Les **particuliers** ne sont pas concernés, y compris lorsqu'ils bénéficient d'une réduction d'impôt en faveur de certains investissements dans des entreprises, mais ces dernières, bénéficiaires des fonds, sont tenues au respect de la réglementation des aides d'État.

> **Précisions a.** Les allégements fiscaux applicables **à toutes les entreprises** sans discrimination (critère de non-sélectivité) ne constituent **pas des aides d'État** : tel est le cas des mesures de pure **technique fiscale** (par exemple, fixation des taux d'imposition, règles de dépréciation et d'amortissement, reports de pertes, dispositions destinées à éviter la double taxation ou l'évasion fiscale), sauf si elles opèrent, en fait, une discrimination entre des entreprises se trouvant dans des situations comparables au regard de l'objectif poursuivi par le régime fiscal concerné (CJUE 19-12-2018 aff. 374/17 : RJF 4/19 n° 403 ; CJUE 6-10-2021 aff. 51/19 P et 64/19 P : RJF 3/22 n° 326) ; il en est de même des mesures poursuivant un objectif de **politique économique** générale en réduisant la charge fiscale liée à certains coûts de production (par exemple, recherche et développement, environnement, formation, emploi). Entre par exemple dans ce cas le crédit d'impôt recherche prévu à l'article 244 quater B du CGI (CE 5-3-2018 n° 416836 : RJF 6/18 n° 663).
>
> **b.** Sont visées les **aides directes ou indirectes,** c'est-à-dire celles qui comportent un **transfert** direct ou indirect de **ressources d'État** vers certaines entreprises ou certaines productions (avantage sélectif) : le fait pour un État de renoncer à des recettes fiscales (régimes d'incitation fiscale à la souscription au capital d'entreprises, notamment) peut constituer une aide indirecte en faveur d'opérateurs autres que ceux auxquels l'avantage fiscal est accordé (voir par exemple n° 92680).
> Toutefois, un avantage fiscal qui ne comporte pas un transfert de ressources d'État peut constituer une aide d'État s'il place les bénéficiaires dans une situation financière plus favorable que celle des autres contribuables et est susceptible de leur procurer un avantage sélectif (CJUE 19-12-2018 aff. 374/17, précité).
> Une **taxe fiscale finançant un régime d'aide** bénéficiant uniquement aux entreprises nationales peut constituer une aide incompatible si elle fait partie intégrante de l'aide. Pour qu'une taxe puisse être considérée comme faisant partie intégrante d'une mesure d'aide, il doit exister un lien d'affectation contraignant entre la taxe et l'aide : le produit de la taxe est nécessairement affecté au financement de l'aide et le montant de la taxe influence directement le niveau de l'aide (CJCE 22-12-2008 aff. 333/07 : RJF 3/09 n° 303). Ne fait pas partie de l'aide une contribution fiscale qui n'influence pas directement le montant des aides accordées (Avis CE sect. 22-7-2015 n° 388853 : RJF11/15 n° 968 ; CE 12-4-2019 n° 376193 : RJF 6/19 n° 607).
>
> **c.** Un **rescrit** fiscal ou un **accord préalable** en matière de **prix de transfert** peut constituer un avantage sélectif (TPIUE 24-9-2019 aff. T-755/15 et T-759/15 : RJF 12/19 n° 1205 ; TPIUE 24-9-2019 aff.T-760/15 et T-636/16 : RJF 12/19 n° 1206).
>
> **d.** L'administration fiscale peut rendre publiques des informations relatives aux bénéficiaires de certaines aides d'État (LPF art. L 112 B et A 112 B-1).

92607 **Encadrement européen des aides** Si les aides d'État doivent en principe être autorisées par la Commission européenne, cette dernière a élaboré un cadre réglementaire (lignes directrices, règlements d'exemption de notification, règlements de minimis) fixant les conditions de compatibilité des allégements fiscaux avec le droit de l'UE, notamment de plafonnement, ce qui conduit à distinguer :

– les allégements fiscaux qui, en raison de leur faible montant, relèvent d'un règlement **de minimis** et peuvent être accordés **sans autorisation** ;

– ceux qui répondent aux conditions fixées par un **règlement d'exemption** et qui peuvent donc être accordés **sans autorisation** de la Commission ;

– ceux qui ne peuvent être accordés qu'**après autorisation** de la Commission (qui doivent donc lui être notifiés avant leur mise en œuvre) : ce sont les allégements non visés par un règlement d'exemption, mais qui répondent aux conditions fixées par les lignes directrices spécifiques au secteur ou à la nature de l'aide concernée ou ceux excédant les plafonds d'aide d'un règlement d'exemption ;

– ceux qui peuvent constituer des aides à **caractère social** octroyées aux consommateurs individuels, compatibles sans autorisation à condition d'être accordés sans discrimination liée à l'origine des produits (TFUE art. 107, 2-a).

En revanche sont **interdites** les aides à l'exportation (par exemple, exonération des bénéfices provenant d'exportations, etc.) et les aides subordonnées à l'utilisation de produits nationaux ou au recours à des prestations de services effectuées depuis le territoire national.

> Précisions a. Les **règlements** et **lignes directrices** définissent les objectifs, les catégories de bénéficiaires ainsi que les modalités de calcul et les plafonds d'aides, les conditions de cumul des aides ainsi que leurs conditions de contrôle. Ils constituent un cadre maximum de compatibilité des aides d'État avec le droit de l'UE : le CGI peut donc prévoir des conditions plus strictes ou exclure certaines catégories d'entreprises des allégements fiscaux.

b. Lorsqu'un allégement fiscal est soumis à un **règlement d'exemption** ou à un règlement **de minimis,** la loi doit y faire expressément référence. En outre, toutes les règles prévues par le règlement (entreprises et activités concernées, plafonnement des aides, règles de cumul, etc.) s'imposent, même si elles ne sont pas précisées par le CGI. Toutefois, le plafond des aides de minimis doit être respecté même si la législation nationale ne se réfère pas expressément au règlement de minimis (CE 5-11-2021 n° 434036 : RJF 2/22 n° 157).

Lorsque les **allégements** ont été **autorisés** par la Commission européenne, le CGI doit mentionner les conditions et plafonds autorisés par la Commission et/ou fixés par les lignes directrices dont ils relèvent.

c. La **décision de la Commission** déclarant une aide compatible (y compris ses conditions) ou incompatible avec le droit de l'UE est directement applicable et s'impose à l'État membre tant que la juridiction européenne n'a pas constaté son invalidité (CE 28-12-2012 n° 335552 : RJF 3/13 n° 270 ; CE 13-4-2016 nos 368336 et 368330 : RJF 7/16 n° 592).

d. Le **règlement 651/2014 (RGEC)** du 17 juin 2014 (modifié par les règlements 2017/1084 du 14-6-2017, 2020/972 du 2-7-2020, 2021/452 du 15-3-2021, 2021/1237 du 23-7-2021, 2023/917 du 4-5-2023 et 2023/1315 du 23-6-2023) prévoit les conditions d'octroi et de cumul de plusieurs catégories d'aides sans notification préalable à la Commission. Certaines d'entre elles encadrent des allégements fiscaux ou sont susceptibles de les encadrer, notamment : aides à l'investissement à finalité régionale (AFR), aides au fonctionnement à finalité régionale, aides à l'investissement en faveur des PME, aides au financement des risques en faveur des PME, aides à la recherche, au développement et à l'innovation, aides en faveur de la culture et de la conservation du patrimoine. Ce règlement a été prorogé jusqu'au 31 décembre 2026.

e. Le **règlement 2022/2472** du 14 décembre 2022 prévoit les conditions d'octroi et de cumul de plusieurs catégories d'aides dans le **secteur agricole et forestier** et dans les **zones rurales** sans notification préalable à la Commission. L'abattement en faveur des jeunes agriculteurs relève de ce règlement (n° 16230).

Ce règlement remplace, pour les aides accordées à compter du 1er janvier 2023, le règlement 702/2014 du 25 juin 2014 (modifié par les règlements 2017/1084 du 14-6-2017, 2019/289 du 19-2-2019 et 2020/2008 du 8-12-2020).

Certaines catégories d'aides relèvent, par exception, du RGEC (voir tableau n° 92615).

f. Le **règlement 2022/2473** du 14 décembre 2022 (modifié par les règlements 2023/1315 du 23-6-2023 et 2023/2603 du 22-11-2023) prévoit les conditions d'octroi et de cumul de plusieurs catégories d'aides aux entreprises actives dans la production, la transformation et la commercialisation des produits de la **pêche** et de l'**aquaculture,** sans notification préalable à la Commission.

Ce règlement remplace, pour les aides accordées depuis le 1er janvier 2023, le règlement 1388/2014 du 16 décembre 2014.

Certaines catégories d'aides relèvent, par exception, du RGEC (voir tableau n° 92615). En dernier lieu, les réductions et exonérations de taxes environnementales pour la pêche dans les eaux intérieures et les travaux piscicoles accordées en application de la directive 2003/96 relèvent, depuis le 1er juillet 2023, du RGEC.

g. Sur les règlements de minimis, voir nos 92660 s.

h. Sur les mesures **Covid-19,** voir Mémento fiscal 2023 nos 92800 s.

Modalités de plafonnement des aides fiscales Les **plafonds** des aides fiscales sont calculés soit en pourcentage de coûts admissibles (aides à l'investissement et à l'emploi, aides à la recherche, au développement et à l'innovation), soit en montants maximaux d'aides (aides de minimis) ou de versements (financement des risques). 92610

Le **montant** d'une aide fiscale est égal à l'avantage fiscal obtenu (différence entre le montant de l'impôt dû par l'entreprise après prise en compte de la mesure d'aide et l'impôt qui aurait été dû en son absence, montant d'une réduction d'impôt, etc.). Le montant de l'aide est nul si elle ne procure aucune économie d'impôt (par exemple, réduction d'un déficit). Lorsque les aides consistent en un **avantage en trésorerie** (déduction d'un amortissement exceptionnel ou d'une provision spéciale, par exemple), le montant de l'avantage est calculé, au titre de l'année de l'octroi de la mesure, en appliquant le taux d'actualisation fixé pour la récupération des aides d'État.

La **date d'octroi de l'aide** est celle à laquelle le droit légal de la recevoir est conféré à l'entreprise, c'est-à-dire la date de son fait générateur (CE 10-10-2014 n° 355995 : RJF 1/15 n° 29), et, s'il s'agit d'une aide de minimis, quelle que soit sa date de versement : date de clôture de l'exercice au cours duquel ont été réalisés les bénéfices exonérés (CAA Paris 15-6-2016 n° 15PA00034 : RJF 11/16 n° 1037, à propos de l'exonération en zone de recherche et développement d'un pôle de compétitivité ; CAA Bordeaux 1-6-2017 n° 15BX02669 : RJF 1/18 n° 120, à propos de l'exonération en faveur des entreprises nouvellement créées dans les zones de revitalisation rurales ou les zones d'aides à finalité régionale), 1er janvier de l'année s'agissant d'un crédit d'impôt calculé sur la base du nombre de salariés au 1er janvier (CE 10-10-2014 précité), 31 décembre de l'année pour les dépenses exposées au cours de l'année civile ouvrant droit au crédit d'impôt recherche-habillement (TA Strasbourg 16-6-2015 n° 1105742 : RJF 5/16 n° 497). Lorsqu'il s'agit d'une aide au financement des risques, la date de l'aide est celle du versement des fonds au bénéficiaire (n° 92680).

En cas de **dépassement du plafond** d'aides, seule la fraction excédentaire fait l'objet d'une reprise (pour une application aux aides de minimis, CE 4-7-2018 n° 404083 : RJF 10/18 n° 976 ; pour une application à la fraction du crédit d'impôt audiovisuel autorisé par la Commission, CE 15-3-2023 n° 452317 : RJF 6/23 n° 444).

92612 Conséquences d'une illégalité ou d'une incompatibilité d'une aide d'État

Les **aides incompatibles** doivent donner lieu à restitution intégrale, sauf impossibilité absolue de récupération par l'État ou difficultés imprévues et imprévisibles (CJCE 2-7-2002 aff. 499/33), et ce même si les entreprises bénéficiaires ont été vendues ou reprises (CJCE 29-4-2004 aff. 277/00 ; CJCE 13-11-2008 aff. 214/07 : RJF 2/09 n° 182). Dans ce dernier cas, le **remboursement** de l'aide illégale peut être réclamé à la société bénéficiaire de l'aide qui conserve, nonobstant son rachat, sa personnalité juridique et continue d'exercer les activités subventionnées par l'aide (CE 24-11-2017 n° 403183 : RJF 2/18 n° 235 ; CE 26-7-2018 n° 416508 : RJF 1/19 n° 113) ou à la société qui a repris les actifs de la société bénéficiaire initiale de l'aide (CE 22-7-2015 n° 367567 : RJF 11/15 n° 976). Des **intérêts,** calculés à compter de la date à laquelle l'aide illégale a été mise à la disposition du bénéficiaire jusqu'à celle de sa récupération, sont dus par l'entreprise (Règl. 2015/1589 du 13-7-2015 art. 16), sans réduction de leur montant si l'État a tardé à récupérer l'aide (CE 22-7-2015 précité).

Les aides compatibles avec le droit de l'UE mais accordées avant autorisation de la Commission (aides **illégales**) donnent lieu au versement d'intérêts en raison du paiement anticipé de l'aide (CJCE 12-2-2008 aff. 199/06). Les **intérêts** courent à compter de la date du versement de l'aide jusqu'à la date de la décision de la Commission l'autorisant (CE 15-4-2016 n° 393721 : RJF 7/16 n° 675).

> Précisions a. Le **concurrent** d'une entité ayant bénéficié d'une aide d'État peut contester la décision de la Commission autorisant une aide ou renonçant à sa restitution (CJUE gde ch. 6-11-2018 aff. 622/16 à 624/16 : RJF 1/19 n° 114).

b. La **récupération** d'aides incompatibles et des intérêts communautaires n'est pas un **préjudice** indemnisable par l'État (CE 11-10-2017 n° 393179 : RJF 1/18 n° 119), même en cas de récupération tardive par l'État (CE 7-6-2017 n° 386627 : RJF 10/17 n° 1007).

c. Le **délai de prescription** pour la **récupération** des aides d'État relève exclusivement de la réglementation européenne et non des règles fixées par le LPF (CE 24-2-2017 n° 395844 : RJF 5/17 n° 517) : ce délai est de **dix ans** à compter du jour où l'aide illégale est accordée au bénéficiaire ; toute mesure prise par la Commission ou un État membre interrompt ce délai et fait courir un nouveau délai de dix ans ; ce délai est suspendu aussi longtemps que la décision de la Commission fait l'objet d'une procédure devant la CJUE (Règl. 2015/1589 du 13-7-2015 art. 17). Un nouveau délai de dix ans commence à courir à compter de l'intervention de l'arrêt de la CJUE (CE 22-7-2015 n° 367567 précité). La récupération se déroule selon les procédures du droit national.

d. La **récupération** d'une aide fiscale est **impossible** lorsque la Commission constate que deux conditions cumulatives sont remplies : la réalité des difficultés invoquées par l'État membre concerné et l'absence de modalités alternatives de récupération (CJUE gde ch. 6-11-2018 aff. 622/16 à 624/16 : RJF 1/19 n° 114). La Commission n'exige pas la récupération de l'aide si, ce faisant, elle allait à l'encontre d'un principe général du droit de l'Union (Règl. 2015/1589 du 13-7-2015 art. 16).

ACTIVITÉS EXCLUES DES AIDES AFR, PME, DE MINIMIS, FINANCEMENT DES RISQUES ET RDI

Sont expressément exclus les entreprises et secteurs d'activités suivants : 92615

	AFR (art. 14 et 15) [1] et [8]	Investissement des PME (art. 17) [1] et [8]	De minimis [2]	Financement des risques des PME (art. 21) [1] et [8]	RDI [1] et [8]
Production primaire de produits de la pêche et de l'aquaculture définis à l'article 5, a et b, du règlement 1379/2013 [3] et [9]	X	X	X		
Transformation et commercialisation de produits de la pêche et de l'aquaculture [3] et [9]	X	X			
Charbon, lignite, acier [4]	X				
Transports et infrastructures correspondantes	X				
Production et distribution d'énergie, infrastructures énergétiques [9]	X				
Régimes ciblant un nombre limité de secteurs d'activité économique particuliers [5]	X				
Production primaire des produits agricoles visés à l'annexe I du TFUE [6] et [9]	X	X	X		
Transformation et commercialisation à des professionnels de produits agricoles par le producteur et aides liées à la production [6] et [9]	X	X	X	X	X
Entreprises en difficulté [7] [8]	X	X		X	X
Entreprises n'ayant pas exécuté une décision de reversement d'aides	X	X		X	X

1. Règles issues du RGEC 651/2014 du 17-6-2014, art. 1 et 13.
2. Règles issues du règlement de minimis 2023/2831 du 13-12-2023.
3. Aides soumises sauf exceptions au règlement 2022/2473 du 14-12-2022 (secteur de la pêche et de l'aquaculture) ou au règlement de minimis 717/2014 du 27-6-2014.
4. Secteur exclu du RGEC pour les aides AFR ; aides à la fermeture des mines de charbon exclues du RGEC.
5. Les régimes ciblant les activités touristiques (définies à l'article 2, 47 du RGEC) et la commercialisation de produits agricoles peuvent bénéficier d'aides à finalité régionale (RGEC art. 13, c).
6. Aides soumises au règlement 2022/2472 du 14-12-2022 (aides dans le secteur agricole et forestier et dans les zones rurales) ou au règlement de minimis agricole 1408/2013 du 18-12-2013.
7. Entreprises définies par l'article 2, 18 du RGEC 651/2014. L'exclusion de ces entreprises ne vise pas les aides accordées pour compenser les calamités naturelles (RGEC art. 50) ainsi que les régimes d'aides au fonctionnement à finalité régionale (RGEC art. 1, 4).
8. Les entreprises qui n'étaient pas en difficulté au 31-12-2019 mais qui ont connu ou commencé à connaître des difficultés par la suite en raison de la flambée de Covid-19 peuvent bénéficier de ces aides.
9. Ces entreprises peuvent bénéficier d'aides à l'investissement à finalité régionale dans les régions ultrapériphériques et d'aides au fonctionnement à finalité régionale.

AIDES À L'INVESTISSEMENT À FINALITÉ RÉGIONALE

Les aides régionales à l'**investissement initial** en faveur de certains secteurs d'activités (secteurs et entreprises exclus : n° 92615) sont autorisées sous condition de situation géographique et « d'intensité d'aide » (Règl. 651/2014 art. 14). En zone c (n° 92635), les aides aux grandes entreprises ne peuvent être accordées qu'à raison d'un investissement initial créant de nouvelles activités économiques. 92625 DC-IX-6600 s

› Précisions **a.** Pour la période **2022-2027,** le **champ d'application** géographique et les **plafonds** d'aides autorisés pour chaque région sont définis par des lignes directrices publiées au JOUE 2021/C 153/01. La **carte française** des zones d'aides à finalité régionale (ZAFR) a été approuvée par la Commission (Note IP/22/427 du 21-1-2022, modifiée pour la période 2024-2027 par la décision C (2023) 7766 final du 20-11-2023) et transposée par le décret 2022-968 du 30-6-2022, modifié en dernier lieu par le décret 2023-1286 du 26 décembre 2023. Sur les allégements fiscaux concernés, voir n° 92545.

b. Les entreprises du secteur de la **production agricole primaire** et du secteur de la **pêche** et de l'**aquaculture** peuvent, depuis le 1er août

2021, bénéficier des aides à l'investissement à finalité régionale dans les régions ultrapériphériques (RGEC art. 1, 3 issu du règl. 2021/1237).

c. Sont notamment soumis au plafonnement AFR, le cas échéant, sur option, certains investissements en Corse (nos 92260 s.), les exonérations en faveur des opérations réalisées dans un bassin d'emploi à redynamiser (no 10370, no 41990, no 43620 et no 43875), dans les zones de restructuration de la défense (nos 10380 s., no 41990, no 43625 et no 43875), dans les bassins urbains à dynamiser (no 10375, no 41990 et no 43565) ou dans les zones de développement prioritaire (no 10395, no 41990, d et no 43567).

92630 **Modalités de plafonnement des aides à l'investissement** La **somme des allégements** (fiscaux, sociaux ou autres) soumis au même encadrement européen pour les mêmes investissements, quelle que soit la durée d'application des différents régimes de faveur, est plafonnée : le **plafond** est calculé en appliquant aux coûts éligibles un taux d'intensité d'aide qui diffère selon la taille de l'entreprise, la nature et la localisation de l'investissement (voir tableau no 92635).

L'**intensité de l'aide** ne doit pas excéder l'intensité d'aide maximale fixée dans la carte des aides à finalité régionale en vigueur au moment de l'octroi de l'aide dans la zone concernée.

Les **exonérations cessent** de s'appliquer dès que le plafond est atteint.

> Précisions a. Les **coûts éligibles** s'entendent :

– du **montant des investissements** réalisés au cours d'une période de trois ans suivant le début des opérations ou la création d'entreprise (immobilisations incorporelles [retenues pour 50 % de leur coût dans le cas des grandes entreprises] ou corporelles amortissables, sous condition d'un financement en fonds propres à hauteur d'au moins 25 % sauf dans les régions ultrapériphériques),

– des **coûts salariaux** liés à la création d'emplois à la suite d'un investissement initial (deux annuités des salaires bruts avant impôt et contributions sociales obligatoires afférents aux emplois directement créés par l'investissement, dans les trois ans suivant son achèvement),

– ou d'une **combinaison des deux,** à condition que l'aide ne dépasse pas le montant le plus favorable résultant de l'une ou l'autre des méthodes de calcul.

Chaque **emploi** créé grâce à l'investissement est **maintenu** dans la zone considérée pendant une période minimale de 5 ans à compter de la date à laquelle le poste a été pourvu pour la première fois, ou de 3 ans dans le cas des PME, sauf si l'emploi a été perdu entre le 1er janvier 2020 et le 30 juin 2021.

Les **investissements** corporels doivent être maintenus dans la zone concernée pendant un minimum de 5 ans (3 ans dans le cas des PME) et les **actifs incorporels** inclus dans les actifs de l'entreprise bénéficiaire de l'aide et rester associés au projet pour lequel l'aide est octroyée pendant au moins 5 ans (3 ans pour les PME).

b. Les **grands projets d'investissement excédant 50 M€** sont plafonnés comme suit :

– 100 % du plafond général pour la fraction des coûts éligibles inférieure ou égale à 50 M€;

– 50 % du même plafond pour la fraction supérieure à 50 M€ et inférieure ou égale à 100 M€;

– pour la fraction supérieure à 100 M€ :

• 34 % du même plafond pour le régime notifié sur la base des lignes directrices de la communication de la Commission du 29 avril 2021;

• 0 % du même plafond pour le régime notifié sur la base du régime exempté du règlement général d'exemption par catégorie du 17 juin 2014.

Les **PME** ne peuvent bénéficier des taux d'aides majorées lorsque l'aide porte sur un projet d'investissement dont les coûts éligibles sont supérieurs à 50 M€. Elles se voient, dans ces cas, appliquer les mêmes intensités d'aides que celles appliquées aux grandes entreprises dans la zone considérée.

Les **seuils de notification** des aides à finalité régionale dépendent du taux des intensités d'aide aux grandes entreprises selon les zones : 8,25 M€ dans les zones à 10 %; 12,38 M€ dans les zones à 15 %; 33 M€ dans les zones à 40 %; 41,25 M€ dans les zones à 50 %; 49,5 M€ dans les zones à 60 %; 57,75 M€ dans les zones à 70 % (période 2024-2027).

c. L'entreprise devrait fournir un **état prévisionnel** des dépenses envisagées sur la période, afin de fixer provisoirement le montant de ses coûts éligibles et donc celui des allégements auxquels elle peut prétendre (sur le calcul de l'aide, voir no 92610), ainsi qu'un **état récapitulatif** des aides perçues.

À l'issue de la période de trois ans visée ci-dessus en précision a, le **plafond définitif** est déterminé à partir des dépenses engagées et comptabilisées, en retenant, le cas échéant, des coûts éligibles différents s'ils permettent d'obtenir un montant d'aides supérieur.

Pour la France, les **taux d'intensité d'aide** sur la période 2024-2027 sont les suivants (Décret 2023-1286 du 26-12-2023) : 92635

Type de zones	Collectivités	Taux applicables aux coûts éligibles [1]		
		Grandes entreprises	Moyennes entreprises	Petites entreprises
Zones a [2]	Mayotte, Guyane	70 %	80 %	90 %
	Saint-Martin	60 %	70 %	80 %
	Guadeloupe, La Réunion, Martinique	50 %	60 %	70 %
Zones c [3]	Communes listées en annexe 1 situées dans les départements d'Île-et-Vilaine (35), Savoie (73) et Yvelines (78)	10 %	20 %	30 %
	Toutes les autres communes listées en annexe 1	15 %	25 %	35 %

1. Taux applicables aux investissements de **moins de 50 M€**. Investissements d'un montant supérieur, voir nº 92630, précision b.
2. Aides pour un **investissement initial,** quelle que soit la taille du bénéficiaire.
3. Aides aux **PME** : investissement initial, quelle qu'en soit la forme.
Aides aux **grandes entreprises** : investissement initial en faveur d'une nouvelle activité économique dans la zone concernée.

AIDES AU FONCTIONNEMENT À FINALITÉ RÉGIONALE

Les aides au fonctionnement à finalité régionale peuvent être mises en place en Guadeloupe, en Guyane, à La Réunion, en Martinique, à Mayotte et à Saint-Martin (**régions ultrapériphériques** mentionnées à l'article 349 du TFUE) ou dans toute **zone à faible ou très faible densité de population,** telle que définie dans la carte des aides à finalité régionale approuvée pour l'État membre concerné (Règl. 651/2014 art. 15). 92640

Ces aides sont destinées à compenser :

– dans les zones à **faible densité de population,** les **surcoûts** liés au **transport des marchandises** produites dans les zones admissibles au bénéfice des aides au fonctionnement, ainsi que les surcoûts liés au transport des marchandises transformées dans ces zones ;

– les **surcoûts de fonctionnement** autres que les coûts liés au transport supportés dans les **régions ultrapériphériques** et qui sont la conséquence directe d'un ou de plusieurs des handicaps permanents visés à l'article 349 du Traité précité.

Dans les zones à **faible ou très faible densité de population,** les régimes d'aides au fonctionnement à finalité régionale servent à **empêcher** ou à réduire le **dépeuplement** à condition que les bénéficiaires exercent leur activité économique dans la zone concernée et que montant annuel de l'aide par bénéficiaire octroyé au titre de tous les régimes d'aides au fonctionnement n'excède pas 20 % des coûts annuels du travail supportés par le bénéficiaire dans la zone concernée.

› Précisions **a.** Sont **exclues** du bénéfice des aides au fonctionnement à finalité régionale les entreprises exerçant une **activité financière ou d'assurance** ainsi que celles qui exercent des **activités intragroupe** (siège social ou conseils pour les affaires et autres conseils de gestion).

Les **entreprises en difficulté** peuvent depuis le 1er août 2021 bénéficier des régimes d'aide au fonctionnement à finalité régionale (RGEC art. 1, 4 issu du règl. 2021/1237). Il en est de même des entreprises du secteur de la **production** primaire de **produits agricoles** et des entreprises du secteur de la **pêche** et de l'**aquaculture.**

b. Les **aides au fonctionnement** correspondent à toute aide visant à réduire les **dépenses courantes** de l'entreprise l couvrant des catégories de coûts tels que les coûts liés au personnel, aux matériaux, aux services contractés, aux communications, à l'énergie, à la maintenance, aux locations, à l'administration, mais pas les charges d'amortissement ni les coûts de financement lié à un investissement ayant bénéficié d'une aide à l'investissement.

Les **conditions** suivantes doivent être remplies :

– les **bénéficiaires** exercent leur activité économique dans une région ultrapériphérique ;

– le **montant d'aide annuel** par bénéficiaire au titre de tous les régimes d'aides au fonctionnement n'excède pas :

● 35 % de la valeur ajoutée brute créée chaque année par le bénéficiaire dans la région ultrapériphérique concernée, ou

● 40 % des coûts annuels du travail supportés par le bénéficiaire dans la région ultrapériphérique concernée, ou

- 30 % du chiffre d'affaires annuel réalisé par le bénéficiaire dans la région ultrapériphérique concernée.

c. Les aides destinées à compenser les **surcoûts liés au transport des marchandises** doivent être quantifiables à l'avance. L'**intensité de l'aide** ne peut excéder 100 % des surcoûts liés au transport. Le **surcoût** est calculé sur la base du trajet parcouru par les marchandises à l'intérieur des frontières de l'État membre concerné, en utilisant le moyen de transport qui présente le coût le plus faible pour le bénéficiaire. L'État membre peut imposer des normes environnementales à respecter par le mode de transport choisi et, si ces normes sont imposées au bénéficiaire, il peut baser le calcul des surcoûts liés au transport sur le coût le plus bas pour respecter ces normes environnementales.

AIDES À L'INVESTISSEMENT EN FAVEUR DES PME

92645 DC-IX-6900 s Des allègements fiscaux peuvent être accordés aux PME relevant de certains secteurs d'activité (secteurs et entreprises exclus : n° 92615) en faveur de l'**investissement** et de la **création d'emplois,** sans condition de localisation, à condition de respecter des **plafonds** calculés en appliquant à des coûts éligibles un taux d'intensité d'aide (Règl. 651/2014 art. 17).

> Précisions a. Le **taux** d'intensité brute de l'aide est fixé à 20 % des coûts éligibles pour les petites entreprises et à 10 % pour les moyennes entreprises.

b. Les **coûts éligibles** sont l'un ou l'autre des types de coûts suivants, ou les deux à la fois :
– coûts des **investissements** dans des actifs corporels et incorporels amortissables (y compris les coûts ponctuels non amortissables directement liés à l'investissement et à sa mise en place initiale), maintenus au bilan pendant trois ans ;
– coûts salariaux estimés des **emplois directement créés** par le projet d'investissement, calculés sur une période de deux ans. Les emplois doivent être créés dans un délai de trois ans à compter de l'achèvement de l'investissement et maintenus pendant au moins trois ans à compter de la création de postes.

En ce qui concerne les règles de **calcul** du plafonnement, voir n° 92630.

c. Les **aides** d'un montant brut total supérieur à **8,25 M€** par entreprise et par projet d'investissement doivent être notifiées à la Commission.

d. Sont notamment soumis à cet encadrement l'exonération de contribution économique territoriale visée à l'article 1465 B du CGI (n°s 43582) et le régime prévu en faveur des PME titulaires d'un contrat de crédit-bail immobilier (n° 19350).

92650 DC-IX-7960 **Définition des PME** Les seuils permettant de qualifier une PME sont les suivants (Règl. 651/2014 ann. I) :

– **moyennes entreprises** : moins de 250 salariés et chiffre d'affaires annuel n'excédant pas 50 M€ ou total du bilan annuel n'excédant pas 43 M€ ;

– **petites entreprises** : moins de 50 salariés et chiffre d'affaires annuel ou total du bilan annuel n'excédant pas 10 M€ ;

– **micro-entreprises** : moins de 10 salariés et chiffre d'affaires annuel ou total du bilan annuel n'excédant pas 2 M€.

> Précisions a. Les **seuils financiers et d'effectifs à retenir** sont ceux de l'entreprise si elle est **autonome** (entreprise totalement indépendante ou entreprise dont les liens de participation avec une ou plusieurs entreprises non liées, en amont et/ou en aval, sont inférieurs à 25 %).

Si elle est une PME **partenaire** (entre 25 % et moins de 50 % de participation en amont ou en aval), il y a lieu d'agréger les données relatives à l'effectif, au chiffre d'affaires et au total de bilan des entreprises. Cette agrégation est proportionnelle au pourcentage de détention du capital ou des droits de vote par l'entreprise située en amont ou en aval. Par exemple, une entreprise A détient 33 % de B et 48 % de C, tandis que D possède une participation de 25 % dans A. Les données à prendre en compte par A sont : 100 % de A + 33 % de B + 48 % de C + 25 % de D.

À partir de 50 % de participation, les entreprises sont considérées comme **liées.** Dans ce cas, les effectifs et les montants financiers à prendre en compte sont ceux de l'entreprise et 100 % des données des entreprises qui lui sont « liées » directement. Par exemple, lorsqu'une entreprise (A) est partenaire d'une entreprise (B) elle-même liée à plus de 50 % à une autre entreprise (C), la totalité des données de l'entreprise C est ajoutée aux données de l'entreprise B : le résultat ainsi obtenu est alors ajouté aux chiffres de l'entreprise A en proportion du pourcentage de participation avec l'entreprise B.

Pour l'appréciation des seuils dans les groupes, les entreprises **partenaires de second rang** ne sont pas à prendre en compte (CAA Paris 20-12-2019 n° 18PA02265 : RJF 10/21 n° 989).

Une entreprise ne répondant pas aux conditions de seuils financiers visées ci-dessus pourrait être considérée comme une **entreprise liée** si elle fait partie d'une **entité économique unique** (CJUE 27-2-2014 aff. 110/13 ; CAA Paris 20-12-2019 précitée).

b. Les **données retenues** pour le calcul de l'effectif et des montants financiers sont celles afférentes au **dernier exercice clos** et sont calculées sur une base annuelle.

Lorsqu'une entreprise, à la date de clôture des comptes, constate un dépassement dans un sens ou dans un autre et sur une base annuelle, des seuils de l'effectif ou des seuils financiers, cette circonstance ne lui fait acquérir ou perdre la qualité de moyenne, petite ou micro-entreprise que si ce dépassement se produit pour **deux exercices consécutifs.**

Dans le cas d'une **entreprise nouvelle** dont les comptes n'ont pas encore été clos, les données à considérer font l'objet d'une estimation de bonne foi en cours d'exercice.

AIDES DE MINIMIS

Le règlement de minimis 2023/2831 du 13 décembre 2023 autorise (dans les secteurs et entreprises non exclus : n° 92615) les allégements fiscaux, appréciés en termes d'avantage en impôts, dont le montant total accordé à une entreprise unique n'excède pas **300 000 €** sur une période « glissante » de **trois ans.** Ce plafond s'applique quels que soient la forme et l'objectif des allégements. 92660 DC-IX-5300 s

> Précisions a. Le règlement de minimis 2023/2831 remplace, pour les aides accordées depuis le 1er janvier 2024, le règlement de minimis 1407/2013 (modifié par les règlements 2020/972 du 2-7-2020 et 2023/2391 du 4-10-2023). Le plafond d'aides était fixé à **200 000 €,** apprécié sur une période glissante de trois exercices fiscaux. Toutefois, le plafond était fixé à **100 000 €** pour les entreprises de transport routier de marchandises pour le compte d'autrui (hors achat de véhicules).

b. Les entreprises exerçant des activités dans le secteur de la **production primaire de produits agricoles,** relèvent, sauf exceptions, du règlement de minimis 1408/2013 du 18 décembre 2013 (modifié par les règlements 2019/316 du 21-2-2019, 2022/2046 du 24-10-2022 et 2023/2391 du 4-10-2023) : il autorise les aides à une entreprise unique dans la limite d'un plafond fixé à **20 000 €,** apprécié sur une période glissante de trois exercices fiscaux. Ce plafond s'applique quels que soient la forme et l'objectif des aides.

Relèvent notamment de ce règlement les crédits d'impôt en faveur des dépenses de remplacement pour congés (n° 16350), en faveur de l'agriculture biologique (n° 16355), en faveur des exploitations agricoles certifiées de haute valeur environnementale (n° 16360), et en faveur des entreprises agricoles n'utilisant pas de glyphosate (n° 16362), la déduction pour épargne de précaution (nos 16250 s.), l'option pour le blocage de la valeur des stocks à rotation lente (n° 15950), la déduction pour augmentation de la valeur du stock de vaches (n° 15952) ou encore l'étalement de l'impôt sur le revenu en cas de passage à l'IS (nos 16340 s.).

Les entreprises exerçant une activité de **transformation** et de **commercialisation** des **produits agricoles** relèvent, sauf exceptions, du règlement de minimis 2023/2831 visé ci-dessus (et, avant le 1-1-2024, de l'ancien règlement de minimis 1407/2013).

c. Les entreprises exerçant une activité de **production primaire** de produits de la **pêche** et de l'**aquaculture** relèvent du règlement de minimis 717/2014 du 27 juin 2014 (modifié par les règlements 2020/2008 du 8-12-2020, 2022/2514 du 14-12-2022 et 2023/2391 du 4-10-2023). Le plafond d'aides à une entreprise unique est fixé à **30 000 €,** apprécié sur une période glissante de trois exercices fiscaux.

Les entreprises exerçant une activité de **transformation** et de **commercialisation** des produits de la **pêche** et de l'**aquaculture** relèvent, sauf exceptions, depuis le 1er janvier 2024, du règlement de minimis 2023/2831 visé ci-dessus (et de l'ancien règlement de minimis 1407/2013 depuis le 25-10-2023, date d'entrée en vigueur du règlement 2023/2391 précité).

d. Lorsque une **entreprise** exerce des activités **relevant de deux ou des trois règlements de minimis,** le bénéfice de l'aide est subordonné à la condition qu'elle garantisse par des moyens appropriés, tels que la tenue d'une comptabilité séparée, que l'aide accordée au titre de chacune des activités soit placée sous le règlement dont cette activité relève. À défaut, l'aide est soumise au plafond le plus faible.

Modalités de plafonnement des aides de minimis Le **respect du plafond** d'aides de minimis **s'apprécie** à la date d'octroi de l'aide, quelle que soit sa date de versement, en totalisant l'ensemble des aides de minimis (même financées par des ressources communautaires) accordées à une entreprise unique au cours de l'année concernée et des deux années précédentes (appréciation sur trois exercices pour les aides de minimis des secteurs agricoles et de la pêche et aquaculture). 92665

Si le **montant total** des aides accordées **excède le plafond,** seul le montant excédentaire fait l'objet d'une reprise (CE 4-7-2018 n° 404083 : RJF 10/18 n° 976).

Les règlements de minimis n'interdisant pas le fractionnement des aides de minimis, l'entreprise peut **moduler** elle-même le montant des allégements fiscaux afin de respecter le plafond autorisé (par exemple pour les crédits d'impôt calculés par elle), en optant, **avant** l'octroi d'une **nouvelle aide** de minimis, pour sa réduction ou pour la renonciation aux aides déjà versées (CJUE 28-10-2020 aff. 608/19 : RJF 2/21 n° 221).

> Précisions a. En ce qui concerne le **calcul** de l'aide et sa **date d'octroi,** voir n° 92610.

b. Les **sociétés de personnes** sont bénéficiaires des allégements d'impôts locaux, de subventions ou d'allégements de charges sociales tandis que leurs associés sont bénéficiaires des allégements d'impôt sur les bénéfices : chacun d'eux dispose donc d'un plafond propre.

En revanche, les crédits d'impôt sont, en vertu de dispositions légales spéciales, soumis à un double plafonnement : respect du plafond de minimis au niveau de chaque associé et au niveau de la société de personnes.

c. Constituent une « **entreprise unique** » toutes les entreprises qui entretiennent entre elles au moins l'une des relations suivantes : a) une entreprise a la majorité des droits de vote des actionnaires ou associés d'une autre entreprise ; b) une entreprise a le droit de nommer ou de révoquer la majorité des membres de l'organe d'administration, de direction ou de surveillance d'une autre entreprise ; c) une entreprise a le droit d'exercer une influence dominante sur une autre entreprise en vertu d'un contrat conclu avec celle-ci ou en vertu d'une clause des statuts de celle-ci ; d) une entreprise actionnaire ou associée d'une autre entreprise contrôle seule, en vertu d'un accord conclu avec d'autres actionnaires ou associés de cette autre entreprise, la majorité des droits de vote des actionnaires ou associés de celle-ci. Les entreprises qui entretiennent au moins une des relations visées aux points a) à d) à travers une ou plusieurs autres entreprises sont également considérées comme une entreprise unique.

d. Le respect du plafond implique pour les entreprises et les groupes de sociétés qui constituent une entreprise unique un **suivi** exact des allégements fiscaux et, à chaque nouvelle aide accordée, une vérification du montant des avantages déjà obtenus au cours des exercices précédents et de l'exercice en cours. Les entreprises devront fournir une **déclaration** des aides de minimis dont elles bénéficient.

e. L'administration doit **rectifier** le montant d'une exonération d'impôt qui excède le plafond de minimis, sans que l'entreprise puisse invoquer une espérance légitime au maintien de l'exonération ou l'existence d'une prise de position formelle de l'administration (CE 21-6-2019 n° 418356 : RJF 10/10 n° 926).

f. Lorsque l'aide est une mesure de **capital investissement** soumise au plafond de minimis, une double limite doit être respectée par l'entreprise qui recueille les fonds : le montant des **souscriptions** ne doit pas excéder le plafond des aides de minimis (300 000 €, 20 000 € ou 30 000 € selon l'activité de l'entreprise) ; l'**aide indirecte** reçue, égale à l'avantage fiscal obtenu par le souscripteur, est retenue pour apprécier le respect du plafond des aides de minimis applicable à l'entreprise. L'octroi de cet avantage intervient à la date de versement des fonds (DC-IX-6000 s., 7470 s.).

La réduction d'impôt sur le revenu pour souscription au capital d'entreprises de presse est soumise à cet encadrement (n°s 2700 s.), ainsi que la réduction d'IFI au titre des dons à certains organismes (n°s 72100 s.).

AIDES AU FINANCEMENT DES RISQUES EN FAVEUR DES PME

92680 DC-IX-7120 s Le RGEC 651/2014, dans sa rédaction issue du règlement 2023/1315 du 23 juin 2023, prévoit deux catégories d'aides au financement des risques en faveur des PME :

– les **contributions publiques** à des **intermédiaires financiers** qui réalisent des investissements en faveur du financement des risques dans des PME : investissements en fonds propres ou quasi-fonds propres, prêts, garanties ou combinaison de ces instruments (art. 21) ;

– les aides au financement des risques en faveur des PME sous forme d'**incitations fiscales** destinées à des investisseurs **personnes physiques** (art. 21 bis).

Les aides sous forme d'incitations fiscales en faveur de personnes physiques doivent répondre notamment aux conditions suivantes (Règl. 651/2014 art. 21 et 21 bis) :

– le **financement** de l'entreprise « cible » ne doit pas excéder un plafond fixé à 16,5 M€ par entreprise, quelle que soit la mesure (financement en fonds propres ou quasi-fonds propres, prêts, garanties et incitations fiscales en faveur de personnes physiques) ;

– l'aide doit être attribuée à une **PME non cotée** répondant à des conditions liées à son développement ;

– les investissements peuvent consister en l'acquisition d'actions ou de parts de fonds d'investissements, qui fournissent à leur tour des investissements à la PME. Aucune incitation fiscale ne peut être accordée pour des services fournis par l'intermédiaire financier ou ses gestionnaires ;

– en cas d'investissement direct dans une PME, l'investisseur doit acquérir des actions nouvelles « ordinaires à risque élevé » et les conserver pendant au moins trois ans.

› Précisions **a.** La PME bénéficiaire doit répondre, au moment de l'investissement initial en faveur du financement des risques, au moins à l'une des conditions suivantes :

– n'exercer son activité sur aucun marché ; l'allégement d'impôt ne doit pas excéder 50 % de l'investissement admissible ;

– ou exercer son activité sur un marché, quel qu'il soit, après moins de 10 ans après leur enregistrement ou moins de sept ans après sa première vente commerciale ; l'allégement d'impôt ne doit pas excéder 35 % de l'investissement admissible ;

– avoir besoin d'un investissement initial en faveur du financement des risques qui, sur la base d'un plan d'entreprise établi en vue d'une nouvelle activité économique, est supérieur à 50 % de son chiffre d'affaires annuel moyen

des cinq années précédentes. Par dérogation, ce seuil est limité à 30 % en ce qui concerne certains investissements considérés comme des investissements initiaux dans une nouvelle activité économique : notamment investissements améliorant sensiblement la performance environnementale de l'activité ou durables sur le plan environnemental. L'allégement d'impôt ne doit pas excéder 20 % de l'investissement admissible.
Ces seuils sont portés respectivement à 65 %, 50 % et 35 % lorsque les investissements sont réalisés dans les zones AFR.
En cas d'investissement par l'intermédiaire de fonds d'investissement, l'avantage en impôt maximal cumulé de toutes les incitations fiscales combinées ne peut pas excéder 30 % de l'investissement (50 % dans les zones AFR) dans les PME admissibles.
Pour les versements effectués à compter du 1er janvier 2024, la réduction d'impôt au titre de la souscription au capital de PME est soumise à l'encadrement de l'article 21 bis du RGEC. Pour les versements antérieurs, le bénéfice de la réduction d'impôt était soumis au respect de l'article 21 du RGEC, dans sa rédaction antérieure au règlement 2023/1315 précité (nos 2600 s.).
b. Les aides qui n'entrent pas dans le champ du règlement 651/2014 peuvent être autorisées au regard des **lignes directrices** relatives aux aides d'État visant à promouvoir les investissements en faveur du financement des risques (JOUE 2021/C 508/01 pour les aides accordées depuis 1-1-2022) ; pour les aides accordées sur la période 2014-2021, JOUE 2014/C 19/04 et JOUE 2020/C 224/2, avec un plafond de 15 M€.
L'amortissement des **titres de PME innovantes** prévu à l'article 217 octies du CGI a été autorisé sur le fondement de ces lignes directrices (n° 9520).

AIDES À LA RECHERCHE, AU DÉVELOPPEMENT ET À L'INNOVATION

Les allégements fiscaux en faveur de la recherche, du développement et de l'innovation (RDI), lorsqu'ils constituent des aides fiscales (n° 92605) peuvent être accordés sans autorisation de la Commission lorsqu'ils répondent aux conditions fixées par les articles 25 et suivants du RGEC 651/2014 définissant, par catégorie d'aide, les coûts éligibles et les taux d'intensité d'aide. Pour les aides à la **recherche et au développement,** le **montant** maximum d'avantage fiscal est fixé à (RGEC art. 25, 4) : **92710** DC-IX-7150 s

- 100 % des coûts admissibles pour la recherche fondamentale ;
- 50 % des coûts admissibles pour la recherche industrielle ;
- 25 % des coûts admissibles pour le développement expérimental ;
- 50 % des coûts admissibles pour les études de faisabilité.

Ces montants peuvent être **majorés** notamment lorsque l'aide est accordée à une **PME** ou concerne la recherche industrielle ou le développement expérimental.

Le RGEC (art. 28 et 29) autorise également l'octroi d'**aides à l'innovation** en faveur des **PME** (plafonnées à 50 % des coûts admissibles), ainsi que des aides en faveur de l'**innovation de procédé et d'organisation** (plafonnées à 15 % des coûts admissibles pour les grandes entreprises et à 50 % des coûts admissibles pour les PME).

Des aides à la **recherche** et au développement dans les secteurs de l'**agriculture** et de la **pêche** peuvent être accordées directement à l'organisme de recherche (RGEC art. 30), dans la limite de 100 % des coûts admissibles (voir précision a).

Les États ne peuvent pas limiter la possibilité, pour les bénéficiaires, d'exploiter les résultats des activités de recherche, de développement et d'innovation dans les autres États membres.

› Précisions a. Pour les aides à la **recherche et au développement** (RGEC art. 25), les **coûts éligibles** sont les frais de personnel (chercheurs, techniciens et autres personnels d'appui s'ils sont employés pour le projet de recherche), les coûts des instruments, du matériel, des bâtiments et des terrains, dans la mesure où et aussi longtemps qu'ils sont utilisés pour le projet de recherche (à défaut, les coûts d'amortissement correspondant à la durée du projet), les coûts de la recherche contractuelle, des connaissances et des brevets achetés ou pris sous licence auprès de sources extérieures à des conditions de pleine concurrence, ainsi que les coûts des services de conseil et des services équivalents utilisés exclusivement aux fins du projet, les frais généraux additionnels et les autres frais d'exploitation, notamment les coûts des matériaux, fournitures et produits similaires, supportés directement du fait du projet. Les coûts admissibles pour les études de faisabilité correspondent aux coûts de l'étude.
b. Pour les aides à l'**innovation des PME** (RGEC art. 28), les **coûts** admissibles sont les coûts d'obtention, de validation et de défense de brevets et autres actifs incorporels, les coûts liés au détachement de personnel hautement qualifié provenant d'un organisme de recherche ou de diffusion des connaissances ou d'une grande entreprise, qui effectue des tâches de RDI dans le cadre d'une fonction nouvellement créée dans l'entreprise bénéficiaire, sans remplacer d'autres membres du personnel et les coûts liés aux services de conseil et d'appui en matière d'innovation, y compris les services fournis par les organismes de diffusion des recherches et

des connaissances, les infrastructures de recherche, les infrastructures d'essai et d'expérimentation ou les pôles d'innovation.

c. Pour les aides en faveur de l'**innovation de procédé et d'organisation** (RGEC art. 29), les coûts admissibles sont les frais de personnel, les coûts des instruments, du matériel, des bâtiments et des terrains dans la mesure où et aussi longtemps qu'ils sont utilisés pour le projet, les coûts de la recherche contractuelle, des connaissances et des brevets achetés ou pris sous licence auprès de sources extérieures dans des conditions de pleine concurrence et les frais généraux additionnels et les autres frais d'exploitation, notamment les coûts des matériaux, fournitures et produits similaires, supportés directement du fait du projet.

d. Le **crédit d'impôt innovation** (nos 10490 s.) est soumis au respect des articles 2, 25 et 30 et des 1, a du 2 et 3 de l'article 28 du RGEC.

L'abattement sur la valeur locative des **bâtiments affectés à la recherche,** applicable à la taxe foncière sur les propriétés bâties (nº 42135, c) et à la CET (nº 43686), est soumis à l'encadrement prévu par l'article 25 du RGEC.

e. Les aides excédant les seuils visés aux i, l, m de l'article 4, 1 du RGEC doivent être notifiées à la Commission. Leur examen est effectué au regard des **lignes directrices** relatives à l'encadrement des aides d'État à la recherche, au développement et à l'innovation (JOUE (2022/C 414/01).

SERVICES D'INTÉRÊT ÉCONOMIQUE GÉNÉRAL

92720 Les entreprises chargées de la gestion de services d'intérêt économique général perçoivent de l'État des **compensations de service public** qui doivent être compatibles avec les règles du TFUE (TFUE art. 106, 2).

La **CJUE** a considéré que les compensations de service public ne constituent pas des aides d'État au sens de l'article 107 du TFUE si quatre critères cumulatifs sont remplis (CJCE 24-7-2003 aff. 280/00) : l'entreprise bénéficiaire doit effectivement être chargée de l'exécution d'obligations de service public et ces obligations doivent être clairement définies ; les paramètres sur la base desquels est calculée la compensation doivent être préalablement établis de façon objective et transparente ; la compensation ne doit pas dépasser ce qui est nécessaire pour couvrir tout ou partie des coûts occasionnés par l'exécution des obligations de service public, en tenant compte des recettes y relatives ainsi que d'un bénéfice raisonnable ; lorsque le choix de l'entreprise à se charger de l'exécution d'obligations de service public, dans un cas concret, n'est pas effectué dans le cadre d'une procédure de marché public permettant de sélectionner le candidat capable de fournir ces services au moindre coût pour la collectivité, le niveau de la compensation nécessaire doit être déterminé sur la base d'une analyse des coûts qu'une entreprise moyenne, bien gérée et adéquatement équipée aurait encourus.

Lorsque l'un de ces critères n'est pas respecté, la compensation de service public constitue une aide d'État. Elle peut toutefois être compatible avec l'article 106 du TFUE et exemptée de la notification soit au titre du **règlement de minimis 2023/2832** du 13 décembre 2023, soit au titre de la **décision de la Commission 2012/21** du 20 décembre 2011 (JOUE 2012/ L 7/3). Elle peut également être autorisée par la Commission après notification par l'État.

Les **critères** de compatibilité des compensations de service public ont été fixés par la **décision de la Commission 2012/21,** qui précise notamment les règles de calcul de cette compensation afin qu'elle ne soit pas considérée comme une aide d'État. Toute surcompensation doit faire l'objet d'un reversement à l'État.

Cette décision s'applique notamment aux compensations ne dépassant pas un montant annuel de 15 M€ pour la prestation de services d'intérêt économique général dans des domaines autres que le transport et les infrastructures de transport et aux compensations octroyées au secteur social ou de la santé. Ces compensations doivent être accordées à une entreprise titulaire d'un mandat fixant notamment la nature et la durée de ses obligations, le mécanisme de compensation et les modalités de récupération de la surcompensation.

› Précisions **a.** Selon la **décision** 2012/21, le **montant de la compensation** ne doit pas excéder ce qui est nécessaire pour couvrir les coûts nets occasionnés par l'exécution des obligations de service public, y compris un bénéfice raisonnable.

Le **coût net** peut être calculé sur la base de la différence entre les coûts afférents au SIEG, et les recettes tirées du SIEG, qu'elles soient considérées comme des aides d'État ou non. Il peut également être calculé sur la base de la différence entre le coût net pour l'entreprise assurant l'obligation de service public et le coût net ou bénéfice de la même entreprise n'assurant pas l'obligation de service public.

Le **« bénéfice raisonnable »,** au-delà duquel il y a **surcompensation** interdite, s'entend du taux de rendement du capital qu'exigerait une entreprise moyenne s'interrogeant sur l'opportunité de fournir le SIEG pendant toute la durée du mandat, en tenant compte du niveau de risque. Le taux de rendement du capital est défini comme le taux de rendement interne que l'entreprise obtient sur son capital investi pendant la durée du mandat. Le niveau de risque dépend du secteur concerné, du type de service et des caractéristiques de la compensation. Les États peuvent introduire des critères incitatifs, liés notamment à la qualité du service fourni et aux gains d'efficience productive. Ces gains d'efficience ne réduisent pas la qualité du service fourni. Tout avantage lié aux gains d'efficience productive est fixé à un niveau qui permette une répartition équilibrée des gains réalisés entre l'entreprise et l'État et/ou les utilisateurs.

b. Le **règlement de minimis 2023/2832** du 13 décembre 2023 fixe le plafond d'aides à **750 000 €** sur une période glissante de trois ans.

Ce règlement remplace le règlement de minimis 360/2012 du 25 avril 2012 (modifié par les règlements 2018/1923 du 7-12-2018 et 2020/1474 du 13-10-2020) qui fixait le plafond des aides à 500 000 € sur une période de trois exercices fiscaux et excluait expressément le fractionnement des aides.

Sont **exclues** les entreprises exerçant leur activité dans les secteurs de la production primaire de produits agricoles et des produits de la pêche et de l'aquaculture. L'ancien règlement de minimis excluait également les entreprises du transport de marchandises par route, le secteur houiller, les entreprises en difficulté au sens des lignes directrices communautaires concernant les aides d'État au sauvetage et à la restructuration d'entreprises en difficulté (sauf celles qui n'étaient pas en difficulté au 31-12-2019 et qui ont connu ou commencé à connaître des difficultés à cause de la flambée de Covid-19).

c. La Commission a publié le 29 avril 2013 un **guide** relatif à l'application aux SIEG des règles relatives aux aides d'État (document SWD/2013/53).

d. L'aide fiscale à l'**investissement dans le logement social à Saint-Martin,** prévue à l'article 199 undecies C du CGI (nos 92080 s.), ainsi que la réduction d'impôt sur le revenu pour **souscription au capital de sociétés foncières solidaires** (CGI art. 199 terdecies-0 AB : nos 2685 s.) sont placées sous le régime défini par la décision 2012/21 précitée.

AIDES EN FAVEUR DE LA CULTURE ET DE LA CONSERVATION DU PATRIMOINE

L'article 53 du RGEC autorise un certain nombre d'aides en faveur de la culture et de la conservation du patrimoine qu'il définit précisément. Les aides peuvent prendre la forme d'**aides à l'investissement,** notamment d'aides à la construction ou à la modernisation d'infrastructures culturelles ou d'**aides au fonctionnement.** Les coûts éligibles et le plafond d'aides dépendent de la catégorie d'aide concernée. 92730

> Précisions a. Pour les **aides à l'investissement,** les **coûts admissibles** sont les coûts des investissements dans des actifs corporels et incorporels (notamment, coûts d'acquisition, ce qui inclut la location-vente, le transfert de possession ou le déplacement physique du patrimoine culturel ; coûts de sauvegarde, de préservation, de restauration et de réhabilitation du patrimoine culturel matériel et immatériel, ce qui inclut les coûts supplémentaires générés par le stockage dans des conditions appropriées et l'utilisation d'outils et de matériaux spéciaux ainsi que les coûts de documentation, de recherche, de numérisation et de publication, etc.).

Pour les **aides au fonctionnement,** les **coûts admissibles** sont notamment :

– les coûts supportés pour améliorer l'accès du public aux sites et activités des institutions culturelles ou du patrimoine, notamment les coûts de numérisation et d'utilisation des nouvelles technologies, ainsi que les coûts supportés pour améliorer l'accessibilité pour les personnes handicapées ;

– les coûts de fonctionnement directement liés au projet ou à l'activité culturels (coûts de location simple ou avec option d'achat de biens immobiliers et de lieux culturels, frais de voyage, équipements et fournitures directement liés au projet ou à l'activité culturels, prêts, location avec option d'achat et l'amortissement des instruments, des logiciels et des équipements, coûts liés aux droits d'accès aux œuvres protégées par des droits d'auteur et à d'autres contenus protégés par des droits de propriété intellectuelle, coûts de promotion et coûts supportés directement du fait du projet ou de l'activité) ; les charges d'amortissement et les coûts de financement ne sont admissibles que s'ils n'ont pas été couverts par une aide à l'investissement ; sont également admis les coûts du personnel travaillant pour l'institution culturelle ou le site du patrimoine ou pour un projet ;

– les coûts des services de conseil et de soutien fournis par des consultants et prestataires de services extérieurs, supportés directement du fait du projet.

b. Les aides sont **plafonnées** selon les règles suivantes :

– **aides à l'investissement** : le montant de l'aide ne doit pas excéder la différence entre les coûts admissibles et la marge d'exploitation de l'investissement. La marge d'exploitation est déduite des coûts admissibles ex ante, sur la base de projections raisonnables, ou au moyen d'un mécanisme de récupération. L'opérateur de l'infrastructure est autorisé à conserver un bénéfice raisonnable sur la période concernée ;

– **aides au fonctionnement** : le montant de l'aide ne doit pas excéder ce qui est nécessaire pour couvrir les pertes d'exploitation et un bénéfice raisonnable sur la période concernée. Le calcul correspondant est effectué ex ante, sur la base de projections raisonnables, ou au moyen d'un mécanisme de récupération ;

– **aides n'excédant pas 2,2 M€** : le montant maximal de l'aide peut également être fixé, sans tenir compte de la méthode visée aux deux alinéas ci-dessus, à 80 % des coûts admissibles ;

– **publication d'œuvres musicales et littéraires** : le montant maximal de l'aide n'excède

92730 (suite) pas soit la différence entre les coûts admissibles et les revenus actualisés du projet, soit 70 % des coûts admissibles. Les revenus sont déduits des coûts admissibles ex ante ou au moyen d'un mécanisme de récupération. Les coûts admissibles sont les coûts de publication d'œuvres musicales et littéraires, y compris la rémunération des auteurs (coûts de droits d'auteur), la rémunération des traducteurs, la rémunération des éditeurs, d'autres coûts d'édition (relecture d'épreuves, correction, révision), les coûts de mise en page et de prépresse et les coûts d'impression ou de publication en ligne.

c. Le **crédit d'impôt phonographique** (nº 10575), le crédit d'impôt pour les **entrepreneurs de spectacles vivants** (nº 10580), l'exonération de CFE en faveur des librairies (nºs 43640 et 43642), la réduction d'impôt au titre des versements affectés au financement des activités des **formations musicales de Radio France** (nº 10695) et le crédit d'impôt en faveur des entreprises **d'édition musicale** (nº 10577) relèvent notamment de cet encadrement.

PARTIE 10

Dossiers thématiques

Les « dossiers thématiques » qui composent cette dixième partie de l'ouvrage sont consacrés aux **questions fiscales** qui se posent aux **principaux stades de la vie d'une entreprise** : 95000

- Création d'une entreprise : .... n°s 95010 s.
- Achat d'une entreprise individuelle : .... n°s 95500 s.
- Mise en société d'une entreprise individuelle : .... n°s 95550 s.
- Création de succursales ou de filiales : .... n°s 95800 s.
- Location-gérance d'une entreprise : .... n°s 95950 s.
- Transmission d'une entreprise : .... n°s 96150 s.
- Vente d'une entreprise individuelle : .... n°s 96450 s.
- Plans d'épargne retraite : .... n°s 96580 s.

En vue, notamment, de faciliter les décisions des chefs d'entreprise, ces dossiers récapitulent, sous une forme synthétique, les principales **conséquences fiscales de chaque opération envisagée,** ainsi que les **avantages et les inconvénients des options** offertes par la loi. Bien entendu, de nombreux renvois aux précédentes parties de l'ouvrage permettent de se reporter aux commentaires détaillés consacrés à chaque question lors de l'étude des impôts ou taxes concernés.

CRÉATION D'UNE ENTREPRISE

95010 Le présent dossier envisage le cas d'une personne qui crée une entreprise industrielle, commerciale ou artisanale sans acheter une exploitation existante.

Nous privilégierons dans cet exposé le cas des entreprises qui choisissent de se placer dès leur création sous un régime de bénéfice réel (régime simplifié d'imposition ou régime réel normal).

En ce qui concerne les options offertes aux petites entreprises qui souhaitent bénéficier :
- du régime micro-BIC : voir nos 11200 s. ;
- de la franchise de TVA : voir nos 53780 s. ;
- du statut fiscal et social des auto-entrepreneurs : voir nos 85100 s.

A. Choix de la forme de l'entreprise

95020 Sauf lorsque la forme sociale s'impose d'elle-même (affaire créée « à plusieurs », entreprises nécessitant des capitaux importants et donc susceptibles de s'ouvrir à de nouveaux associés...), le créateur d'entreprise doit comparer les **avantages de l'exploitation individuelle** (nos 95028 s.) et de la **mise en société** (nos 95050 s.). Son choix pourra se porter sur la **société unipersonnelle** si, tout en créant une société, il souhaite rester le seul maître de son entreprise (nos 95180 s.).

Nous supposerons, pour ne pas alourdir l'exposé, que le créateur de l'entreprise n'inscrit à l'actif de celle-ci que des biens utilisés pour l'exercice de l'activité, sous réserve de la tolérance de 5 %. On rappelle, en effet, que les produits et les charges afférents aux **biens étrangers à l'activité professionnelle** donnent lieu, pour les entreprises relevant de l'impôt sur le revenu, à la détermination d'un résultat distinct dans la catégorie de revenus (revenus fonciers, revenus mobiliers...) correspondant à leur nature. Ces produits sont toutefois rattachés au bénéfice professionnel, sur option expresse de l'exploitant, lorsqu'ils n'excèdent pas 5 % de l'ensemble des produits de l'exploitation, ce seuil étant porté à 10 % si la condition de 5 % était satisfaite au titre de l'exercice précédent. Mais, même lorsque ces seuils sont respectés, les charges ne sont déductibles du résultat professionnel qu'à concurrence du montant des produits générés par les mêmes biens (CGI art. 155, II ; nos 7345 et 18460). Compte tenu du principe de séparation des patrimoines professionnel et personnel de l'exploitant qui est posé sur le plan juridique par le Code de commerce (no 87210), ce dispositif devrait à notre avis avoir une portée limitée.

> **Précisions** **a.** Seuls les **aspects fiscaux** de ce choix sont envisagés dans le présent dossier. En ce qui concerne les **autres critères** à prendre en compte (responsabilité financière, protection sociale des entrepreneurs individuels et des associés, etc.), on se reportera aux Mémentos pratiques (Social, Sociétés commerciales...) concernés.
> **b.** Les principaux **crédits ou réductions d'impôt** à visée économique ou sociale (crédit d'impôt recherche, crédit d'impôt recherche collaborative, crédit d'impôt pour la rénovation énergétique des locaux professionnels, nouveau crédit d'impôt pour investissements dans l'industrie verte, crédit d'impôt pour la formation du chef d'entreprise, crédit d'impôt famille, crédit d'impôt métiers d'art, etc.) bénéficient à l'ensemble des entreprises soumises à un régime de bénéfice réel, quelle que soit leur forme, individuelle ou sociale (nos 10470 s.).
> Par exception, certains avantages spécifiques, tels les crédits d'impôt en faveur de la production d'œuvres phonographiques ou de l'édition musicale, le crédit d'impôt pour les entrepreneurs de spectacles vivants, le crédit d'impôt théâtre et cirque, le crédit d'impôt en faveur du rachat d'une entreprise par ses salariés ou la réduction d'impôt pour mise à disposition d'une flotte de vélos, sont réservés aux entreprises soumises à l'IS.

1. AVANTAGES DE L'ENTREPRISE INDIVIDUELLE

95028 L'entrepreneur qui ne souhaite pas créer une société avait, jusqu'à une date récente, le choix entre la création d'une entreprise individuelle sous sa forme classique et la création d'une *entreprise individuelle* à responsabilité limitée (EIRL) qui lui permettait de maintenir son patrimoine personnel à l'abri des créanciers professionnels.

En créant le **nouveau statut de l'entrepreneur individuel** fondé sur la séparation des patrimoines personnel et professionnel la loi 2022-172 du 14 février 2022 a condamné le régime de l'EIRL qui ne subsiste plus que pour les exploitants qui l'ont adopté avant le 15 février 2022 (nos 87200 s.).

Afin d'atténuer les conséquences fiscales de cette réforme, l'article 1655 sexies, 1 du CGI permet aux entrepreneurs individuels relevant d'un régime réel d'imposition d'opter pour leur **assimilation à une EURL** (ou, s'agissant des exploitants agricoles, à une EARL), cette option entraînant leur assujettissement de plein droit à l'impôt sur les sociétés (nº 95035).

En ce qui concerne le **régime juridique** de l'entrepreneur individuel et la composition des patrimoines personnel et professionnel de l'exploitant, voir les précisions données nº 87210).

ENTREPRISE INDIVIDUELLE RELEVANT DE L'IMPÔT SUR LE REVENU

La création d'une entreprise individuelle relevant du régime de droit commun (c'est-à-dire non assimilée sur option à une EURL ou à une EARL) présente, indépendamment des nouvelles garanties patrimoniales instituées par la loi du 14 février 2022 (nº 95028), les avantages suivants sur le plan fiscal. **95030**

a. Les **intérêts des emprunts** contractés pour l'acquisition des éléments corporels ou incorporels du fonds sont admis en déduction des bénéfices industriels et commerciaux déclarés par l'exploitant individuel.

Les associés dirigeants (ou salariés) d'une société passible de l'IS peuvent pour leur part déduire des rémunérations qu'ils perçoivent, dans les conditions exposées nº 23620, les intérêts et autres frais (frais de dossier, cotisations d'assurance...) des prêts conclus pour l'acquisition ou la souscription de leurs droits sociaux. Cette déduction est également admise pour les associés de sociétés de personnes qui exercent leur activité professionnelle au sein de la société, les intérêts s'imputant dans ce cas sur la quote-part de bénéfice leur revenant (nº 37680).

b. Dans une entreprise individuelle, les **bénéfices de l'exploitation** viennent s'ajouter au revenu global de l'entrepreneur soumis à l'impôt progressif, alors que les déficits s'imputent sur ce même revenu. Le créateur d'une entreprise individuelle peut ainsi **compenser les déficits** subis pendant la période de démarrage de l'affaire avec les autres revenus de son foyer fiscal. Pour leur part, les associés de sociétés soumises à l'impôt sur les sociétés ne sont personnellement imposables que sur les sommes qui leur sont versées à titre de dividende ou de rémunération (à l'exclusion des bénéfices non distribués). Mais, en contrepartie, les déficits sociaux ne peuvent s'imputer que sur les bénéfices sociaux des années ultérieures, sauf option pour le report en arrière (« carry-back ») ; voir nºs 35890 s.

c. L'**exonération temporaire** suivie d'un abattement dégressif en faveur des entreprises qui se créent dans certaines **zones prioritaires** (notamment ZAFR, ZFU-TE, BER, BUD, ZDP et ZRR jusqu'à leur remplacement, à compter du 1er juillet 2024, par le nouveau zonage « France ruralités revitalisation » : voir nºs 10260 s. et 95032, a) s'applique au bénéfice total imposable (sous réserve de l'exclusion expresse de certains produits) dans le cas d'une entreprise individuelle, comme dans celui d'une société de personnes.

Dans le cas d'une entreprise soumise à l'impôt sur les sociétés, la base de l'exonération est constituée par le bénéfice net obtenu après déduction des **rémunérations allouées aux associés.** Il peut donc être préférable, pour optimiser les avantages accordés aux entreprises nouvelles, d'exercer au moins provisoirement en tant qu'exploitant individuel ou en tant qu'associé d'une société soumise, de plein droit ou sur option, au régime des sociétés de personnes.

d. L'exploitant individuel peut bénéficier du **régime micro-BIC** et/ou de la **franchise** en base **de TVA** pendant la période de démarrage de l'entreprise (en pratique, tant que le chiffre d'affaires ne dépasse pas les limites fixées par l'article 50-0, 1 ou l'article 293 B du CGI : voir nºs 11200 s. et 53780 s.). Les exploitants soumis au régime micro peuvent également opter, sous certaines conditions, pour le **régime de l'auto-entrepreneur,** qui leur permet de se libérer de l'impôt sur le revenu au moyen de prélèvements forfaitaires calculés en pourcentage du chiffre d'affaires.

Les **sociétés** sont normalement exclues du régime micro (mais non de la franchise de TVA) ainsi que du versement forfaitaire libératoire, ce qui peut présenter un caractère dissuasif pour les plus petites entreprises (nº 11210). Toutefois, les **EURL** dont l'**associé** unique est une **personne physique** dirigeant cette société échappent à cette exclusion, sous réserve, bien entendu, de remplir les conditions d'application du régime micro et notamment celle liée au chiffre d'affaires (CGI art. 50-0, 2-c).

e. Les **plus-values professionnelles à long terme** réalisées par les entreprises individuelles et les sociétés non soumises à l'IS sont en principe taxées au taux de 12,8 %, plus les prélèvements sociaux : voir nºs 18000 s. En revanche, les plus-values réalisées par les **entreprises soumises à l'IS** sont soumises au taux normal de cet impôt (25 %, réduit à 15 %, dans une limite de bénéfice de 42 500 €, si le chiffre d'affaires de la société n'excède pas 10 M€), sous réserve des exceptions, concernant notamment les produits tirés de la cession de titres de participation (nºs 18735 s.).

f. Les **obligations comptables** des petits commerçants et artisans individuels sont allégées s'ils relèvent du régime des micro-entreprises ou du régime simplifié d'imposition (nos 11330 et 11120 s.). Contrairement aux exploitants individuels, les sociétés relevant du régime simplifié sont exclues du régime de la comptabilité super-simplifiée. En revanche, elles peuvent opter pour la tenue d'une **comptabilité de trésorerie.** Elles ont par ailleurs la possibilité, comme les commerçants personnes physiques, d'adopter une **présentation simplifiée** (système abrégé) de leurs comptes annuels tant qu'elles respectent certains seuils concernant leur chiffre d'affaires, le total de leur bilan et leur effectif salarié (C. com. art. L 123-16 et D 123-200 ; voir no 11130).

95032 **> Précisions a.** Arrivés à échéance au 31 décembre 2023, les régimes des zones de revitalisation rurales (ZRR) et des zones de revitalisation des commerces en milieu rural (Zorcomir) ont été prorogés respectivement jusqu'au 30 juin 2024 et jusqu'aux impositions établies au titre de 2024. Ils seront remplacés, à compter du 1er juillet 2024, par un nouveau dispositif **France Ruralités Revitalisation** (ZFRR et ZFRR « plus ») qui ouvre droit à des allégements fiscaux simplifiés (Loi 2023-1322 du 29-12-2023 art. 73 : voir nos 10360 s, 41990, e et 43593).

b. L'exonération d'impôt sur les bénéfices dont bénéficiaient les **jeunes entreprises innovantes** (JEI) n'est plus applicable aux entreprises créées à compter du 1er janvier 2024. En revanche, les exonérations temporaires de taxe foncière sur les propriétés bâties et de contribution économique territoriale prévues aux articles 1383 D et 1466 D du CGI demeurent applicables aux JEI créées en 2024 et 2025 et sont étendues aux entreprises bénéficiant du nouveau statut de **jeune entreprise de croissance** (JEC) institué par l'article 44 de la loi 2023-1322 du 29 décembre 2023 (nos 10400 s. et 43600).

Afin d'encourager le financement de l'innovation, les souscriptions au capital des jeunes entreprises innovantes et des jeunes entreprises de croissance réalisées entre le 1er janvier 2024 et le 31 décembre 2028 ouvrent droit à la **réduction d'impôt Madelin** dans des conditions plus avantageuses précisées no 2620, précision e.

ENTREPRISE INDIVIDUELLE ASSIMILÉE SUR OPTION À UNE EURL

95035 Jusqu'à l'entrée en vigueur du nouveau statut de l'entrepreneur individuel visé no 95028 les exploitants individuels qui souhaitaient éviter la confusion de leurs patrimoines personnel et professionnel pouvaient opter pour le régime de l'entreprise individuelle à responsabilité limitée (EIRL). Cette faculté est supprimée pour les nouveaux exploitants, le statut de l'EIRL ne subsistant que pour les entreprises créées avant le 15 février 2022.

La loi tempère toutefois les conséquences fiscales de cette mesure en permettant aux nouveaux exploitants individuels soumis à un régime réel (normal ou simplifié) d'opter pour leur assimilation à une EURL soumise de plein droit à l'impôt sur les sociétés. L'option doit être notifiée avant la fin du troisième mois de l'exercice au titre duquel l'entrepreneur individuel souhaite que son entreprise individuelle soit assimilée à une EURL.

Cette **option** est en principe irrévocable, mais il est possible d'y renoncer jusqu'au cinquième exercice suivant celui au titre duquel elle a été exercée (CGI art. 1655 sexies : voir nos 87250 s.).

95036 La possibilité offerte aux entreprises individuelles d'opter pour leur assimilation à une EURL soumise à l'impôt sur les sociétés permet à l'exploitant de **déduire** sa **rémunération** du bénéfice imposable. De plus, le taux de l'IS (25 % réduit à 15 % jusqu'à 42 500 € de bénéfices) est sensiblement inférieur au taux marginal de l'impôt sur le revenu qui peut atteindre 45 % (no 2140). L'option pour l'impôt sur les sociétés peut ainsi tenter les entrepreneurs individuels souhaitant réinvestir dans leur entreprise une fraction importante de leurs bénéfices.

Les exploitants concernés doivent cependant avoir conscience des conséquences potentiellement défavorables de leur choix, notamment en fin d'exploitation.

En effet, l'exploitant individuel amené à liquider son affaire ne pourra pas échapper aux **conséquences fiscales d'une dissolution** entraînant notamment l'imposition à l'IS des résultats et des plus-values latentes non encore taxés. La liquidation engendrera également l'imposition du **boni de liquidation** dans la catégorie des revenus de capitaux mobiliers en sus des prélèvements sociaux. Outre les cas où la cessation fiscale de l'entreprise individuelle intervient du fait de sa disparition sur le plan juridique, la cessation fiscale peut également intervenir pour des motifs purement fiscaux : cessation totale ou partielle de l'activité, changement réel d'activité, changement de régime d'imposition.

Les avantages résultant de l'option pour l'IS pourront donc être « repris » en fin d'exploitation sans que l'exploitant (ou ses héritiers) puisse se prévaloir des assouplissements prévus en faveur des associés d'EURL. Il convient ainsi de noter que si l'EURL continue de plein droit avec les héritiers en cas de **décès** de l'associé unique (C. com. art. L 223-41, al. 2), le **décès de l'exploitant** de l'entreprise individuelle assimilée à une EURL entraîne la dissolution et la cessation fiscale de l'entreprise individuelle (BOI-BIC-CHAMP-70-10 no 530).

Faute de dispositions pouvant faciliter la transmission de l'entreprise individuelle ayant opté pour l'IS, la création d'une véritable EURL pourrait, malgré un formalisme accru, être considérée comme un meilleur choix.

> **Précisions** Lorsque l'**option** de l'entrepreneur pour l'assimilation de son entreprise à une EURL est **exercée après une période d'activité**, elle entraîne la cession fiscale de l'entreprise individuelle et le transfert des biens de cette entreprise dans le patrimoine de l'entreprise individuelle assimilée à une EURL. Ce transfert peut être soumis sur option au régime de l'article 151 octies du CGI permettant de différer l'imposition des plus-values d'apport (voir nº 87265).

2. AVANTAGES DE LA MISE EN SOCIÉTÉ

S'il est souvent illusoire d'en attendre un moindre engagement financier (les banques exigeant fréquemment un engagement personnel des associés), la création d'une société permet de bénéficier de différents avantages fiscaux (nºs 95060 s.). 95050

RÉDUCTION D'IMPÔT POUR SOUSCRIPTION AU CAPITAL DE PME

Les **contribuables qui souscrivent au capital initial** ou aux augmentations de capital de sociétés non cotées ou assimilées bénéficient, sous réserve des régimes particuliers mentionnés en Précisions ci-dessous, d'une réduction d'impôt (dite **réduction Madelin**) égale à 18 % des versements effectués, retenus dans une limite annuelle de 50 000 € pour les personnes seules et de 100 000 € pour les contribuables mariés ou liés par un Pacs. 95060

Pour ouvrir droit à la réduction, la société bénéficiaire des souscriptions doit répondre à la définition européenne des PME, être active depuis moins de sept ans et exercer une activité commerciale, industrielle ou artisanale, à l'exclusion des activités financières et immobilières. En revanche, il importe peu qu'elle relève de l'impôt sur le revenu ou de l'impôt sur les sociétés. Elle doit compter, en règle générale, au moins deux salariés, mais aucun effectif minimum n'est exigé s'il s'agit d'une holding pure (nºs 2600 s.).

La réduction d'impôt ne peut pas se cumuler avec d'autres avantages fiscaux tels que la déduction des intérêts d'emprunts contractés pour la souscription des titres sociaux (nº 23620). Elle est également inapplicable lorsque les parts ou actions sont déposées sur un plan d'épargne en actions (nºs 26155 s.), un compte PME innovation (nºs 26210 s.), un plan d'épargne avenir climat (nºs 26190 s.), un plan d'épargne salariale (nºs 88680 s.) ou un plan d'épargne retraite (nºs 96580 s.). En outre, l'avantage obtenu au titre de la réduction Madelin s'impute sur le prix d'acquisition à retenir pour le calcul de la plus-value imposable lors de la cession ultérieure des titres (nº 33040, précision c).

Le créateur d'entreprise doit donc choisir le régime le mieux adapté à sa situation propre, compte tenu notamment de l'importance de la souscription, des emprunts contractés et des perspectives de transmission de son affaire. On notera enfin que, pour pouvoir bénéficier de nouvelles réductions d'impôt Madelin en cas d'**augmentations** ultérieures **du capital** de la société bénéficiaire, le souscripteur, devenu associé ou actionnaire, devra veiller à ce que ces investissements de suivi soient expressément prévus dans le plan d'entreprise de la société (CGI art. 199 terdecies-0 A, I-A).

> **Précisions** Afin d'encourager l'innovation, le taux de la réduction Madelin est porté à 30 % et les limites de versements sont portées à 75 000 € (personnes seules) ou 150 000 € (personnes mariées ou pacsées) pour les souscriptions au capital de **jeunes entreprises innovantes** ou de **jeunes entreprises de croissance** réalisées entre le 1er janvier 2024 et le 31 décembre 2028.
> Le taux de la réduction est porté à 50 % et les limites de versement sont fixées à 50 000 € (personnes seules) ou 100 000 € (personnes mariées ou pacsées) pour les souscriptions au capital d'**entreprises particulièrement innovantes** (celles dont les dépenses de recherche représentent au moins 30 % de leurs charges fiscalement déductibles) (CGI art. 199 terdecies-0 A bis : voir nº 2620, précision e).

RÉMUNÉRATION DU CHEF D'ENTREPRISE ET DE SON CONJOINT

La possibilité de déduire la rémunération du chef d'entreprise du bénéfice social constitue l'un des arguments traditionnellement avancés en faveur de la création d'une société soumise à l'impôt sur les sociétés (SA, SARL ou SNC ayant opté pour l'IS). 95070

En revanche, les exploitants individuels (dans la mesure où ils n'ont pas opté pour leur assimilation à une EURL) et les associés de sociétés de personnes relevant de l'IR ne peuvent déduire des bénéfices imposables les sommes qu'ils s'allouent en rémunération de leur travail personnel.

L'exploitant individuel peut déduire de son bénéfice imposable la totalité du salaire versé à son conjoint. Cette déduction totale s'applique également aux salaires versés aux conjoints d'associés de **sociétés de personnes** (y compris EURL, EARL et sociétés civiles professionnelles). 95075

Le régime de déduction des rémunérations versées aux conjoints des exploitants individuels et associés de sociétés de personnes est ainsi aligné sur celui des conjoints salariés des **associés ou dirigeants de sociétés soumises à l'impôt sur les sociétés.**

RÉMUNÉRATION DES CAPITAUX ENGAGÉS

95085 À l'inverse de l'exploitant individuel, qui ne peut pas déduire de son bénéfice imposable une somme correspondant aux intérêts des capitaux engagés dans l'entreprise, la société qui bénéficie d'**avances en comptes courants** de ses associés peut déduire les intérêts rémunérant ces avances dans la limite du taux maximal fixé à l'article 39, 1-3° du CGI (n°s 8810 s.). S'agissant d'une société nouvellement créée, on supposera qu'elle n'est pas concernée par la limitation des charges financières nettes prévue à l'article 212 bis du CGI (n° 35840).

Les intérêts des comptes courants d'associés constituent pour leurs bénéficiaires des revenus de capitaux mobiliers soumis, sauf option globale pour l'imposition au barème progressif, au **prélèvement forfaitaire unique** de 12,8 % (30 % compte tenu des prélèvements sociaux) (n°s 25100 s.).

TRANSMISSION DE L'ENTREPRISE

95095 Le souci de favoriser la transmission ultérieure de l'affaire peut également conduire à privilégier la forme sociale :

– d'une part, la **transmission des droits sociaux** peut être échelonnée de manière à ménager les étapes nécessaires au remplacement du chef d'entreprise ;

– d'autre part, la **cession ou** la **donation de titres** donne lieu, dans certains cas, à des prélèvements fiscaux moins importants que la transmission d'une entreprise individuelle. Ces régimes favorables sont cependant soumis à des conditions d'application strictes, ce qui doit conduire à une analyse approfondie de chaque situation particulière.

95100 **a. Plus-values** Selon que le chef d'entreprise envisage de transmettre l'exploitation à titre onéreux ou à titre gratuit, le régime des plus-values sera le suivant.

95102 **Cession à titre onéreux 1.** La vente d'une **exploitation individuelle** donne lieu, en principe, à l'imposition des plus-values afférentes aux éléments de l'actif immobilisé selon le régime des plus-values professionnelles (voir n°s 96470 s. et 18070 s.) caractérisée par la taxation au taux de 12,8 % (30 % avec les prélèvements sociaux) des « plus-values à long terme » et par la taxation au taux plein des « plus-values à court terme ».

L'exploitant qui cède une entreprise individuelle peut toutefois échapper, en tout ou partie, à l'imposition des plus-values correspondantes :

– lorsque la **moyenne des recettes** hors taxe réalisées au titre des exercices clos au cours des deux années civiles qui précèdent la date de clôture de l'exercice de réalisation de la plus-value n'excède pas une limite fixée à 250 000 € (exonération totale) ou 350 000 € (exonération partielle) pour les entreprises de vente ou de fourniture du logement, à l'exception des locations meublées, et à 90 000 € (exonération totale) ou à 126 000 € (exonération partielle) pour les autres entreprises (CGI art. 151 septies : n°s 18200 s.) ;

– lorsque la **valeur du fonds** n'excède pas 500 000 € (pour l'exonération totale) ou 1 M€ (pour l'exonération partielle) (CGI art. 238 quindecies : n°s 19650 s.) ;

– lorsque la cession intervient à l'occasion du **départ à la retraite** de l'exploitant (exonération totale) (CGI art. 151 septies A : n°s 19890 s.).

À la différence de celles liées au montant des recettes (CGI art. 151 septies) ou à la valeur du fonds (CGI art. 238 quindecies), l'exonération prévue en cas de départ à la retraite (CGI art. 151 septies A) ne s'étend pas aux prélèvements sociaux. L'exploitant qui cède son affaire pour prendre sa retraite peut donc avoir intérêt à cumuler ces régimes de manière à être totalement exonéré d'impôt sur le revenu en application de l'article 151 septies A et partiellement exonéré des prélèvements sociaux en application de l'article 151 septies ou de l'article 238 quindecies du CGI.

2. La plus-value réalisée lors de la **cession de ses titres** par le dirigeant qui cède sa société est en principe soumise au **prélèvement forfaitaire unique** de 12,8 % (30 % compte tenu des prélèvements sociaux) (n°s 33220 s.). Toutefois, le contribuable qui estime y avoir intérêt peut renoncer au PFU en optant, de manière expresse et irrévocable, pour l'imposition au **barème progressif** de l'IR de l'ensemble de ses plus-values et revenus mobiliers (n°s 33240 s.).

Contrairement au PFU qui exclut l'application des abattements proportionnels, l'option pour le barème permet à l'exploitant de continuer à bénéficier, pour les plus-values de cession de **titres acquis avant le 1er janvier 2018** :

– de l'abattement de droit commun pour durée de détention de 50 % (titres détenus depuis au moins deux ans et moins de huit ans) ou de 65 % (titres détenus depuis au moins huit ans) (CGI art. 150-0 D, 1 ter) ;

– ou de l'abattement renforcé (50 %, 65 % ou 85 % selon la durée de détention) prévu pour les titres de PME acquis ou souscrits dans les dix ans de sa création (CGI art. 150-0 D, 1 quater : nos 33100 s.).

En outre, quel que soit le mode d'imposition des plus-values (PFU ou barème progressif), l'exploitant qui cède ses titres à l'occasion de son **départ à la retraite** peut bénéficier, sous certaines conditions, d'un abattement fixe de 500 000 € (CGI art. 150-0 D ter). Mais cet abattement ne peut pas se cumuler avec un abattement proportionnel. Le contribuable qui remplit les conditions des deux abattements doit donc effectuer un choix (voir n° 33106).

Par ailleurs, si le dirigeant souhaite réinvestir le produit de la vente dans de nouvelles sociétés, la loi lui permet de bénéficier d'un **report d'imposition** des plus-values soit en procédant à un « apport-cession » placé sous le régime de l'article 150-0 B ter du CGI (nos 33310 s.), soit en déposant ses titres sur un compte PME innovation (nos 26210 s.). Les atouts et les limites de ces dispositifs sont analysés dans le dossier « Transmission d'entreprise » nos 96400 s.

3. Lorsque la **société relève du régime des sociétés de personnes,** la plus-value est imposée au taux de 12,8 %, selon le régime des **plus-values professionnelles,** dès lors que les parts constituent un actif professionnel de l'associé.

La cession des parts peut être exonérée, en tout ou partie, dans des conditions analogues à celles prévues pour les exploitants individuels, c'est-à-dire :

– lorsque la quote-part des recettes sociales hors taxe, augmentée le cas échéant des recettes individuelles de l'associé, n'excède pas une limite fixée à 250 000 € ou 350 000 € pour les entreprises d'achat-vente et les hôteliers, et à 90 000 € ou 126 000 € pour les autres entreprises (CGI art. 151 septies) ;

– ou lorsque la valeur des parts transmises n'excède pas 500 000 € ou 1 M€ (CGI art. 238 quindecies) ou, en dernier lieu, lorsque la cession des parts intervient à l'occasion du départ à la retraite du cédant (CGI art. 151 septies A) (nos 37715 s.).

Mutation à titre gratuit La transmission à titre gratuit d'une **exploitation individuelle** ou de **parts de sociétés de personnes** peut bénéficier d'une exonération totale ou partielle des plus-values constatées à l'occasion de cette transmission dans les mêmes conditions et limites que la cession à titre onéreux de ces biens ou droits (nos 18200 s. et 19650 s.). 95103

S'il ne remplit pas les conditions exigées pour bénéficier d'une exonération totale, ou s'il ne se satisfait pas d'une exonération partielle, l'exploitant individuel qui transmet gratuitement son affaire peut bénéficier d'un **report d'imposition** des plus-values jusqu'à la date de cession ou cessation de l'entreprise ou jusqu'à la date de cession de l'un des éléments d'actif si elle est antérieure. Ces plus-values en report sont totalement exonérées si l'activité est poursuivie pendant au moins cinq ans par l'un des bénéficiaires de la transmission (nos 19810 s.). Un régime analogue de report d'imposition et d'exonération définitive à l'issue d'un délai de cinq ans s'applique en cas de transmission à titre gratuit de parts de sociétés de personnes (nos 37720 s.). Ces régimes, généralement favorables, présentent néanmoins l'inconvénient de reporter l'imposition des plus-values sur les nouveaux exploitants lorsque ceux-ci se trouvent contraints de céder tout ou partie des biens reçus dans un délai inférieur à cinq ans. Le créateur d'entreprise qui souhaite pouvoir transmettre son exploitation, le moment venu, en franchise d'impôt sur les plus-values pourra donc choisir de créer une **société de capitaux.** En effet, sauf en cas de donation de titres cotés ouvrant droit à réduction d'IFI (CGI art. 978 ; n° 72130), les plus-values constatées lors de la transmission à titre gratuit des titres d'une société passible de l'impôt sur les sociétés échappent définitivement à l'impôt sur le revenu, quels que soient la valeur de l'actif et le chiffre d'affaires de la société (n° 32900, précision c).

b. Droit de mutation

1. La **vente** d'une **entreprise individuelle** et la **cession de titres sociaux** donnent ouverture à des droits de mutation sensiblement identiques. Ainsi, le taux du droit de mutation sur les fonds de commerce est fixé à 3 % pour la fraction du prix comprise entre 23 000 € et 200 000 €, et à 5 % pour celle excédant 200 000 €, la fraction jusqu'à 23 000 € étant non imposable (nos 65520 s.). Le taux de 3 %, qui concerne la majorité des cessions de fonds, est identique à celui qui est applicable aux **cessions** de **parts sociales** 95105 (après application de l'abattement visé n° 67150) dans les sociétés dont le capital n'est pas divisé en actions (SARL, sociétés civiles...). Enfin, les **cessions d'actions** sont soumises en principe à une taxation proportionnelle de 0,1 %, sans plafonnement (n° 67145).

Le **droit exigible** sur les cessions de fonds de commerce est calculé en principe sur le prix du fonds de commerce augmenté des charges ou sur sa valeur vénale si elle est supérieure. Toutefois, la cession d'un fonds de commerce (ou de parts ou actions représentatives d'un tel fonds) à un proche du cédant (conjoint, partenaire de Pacs, ascendant ou descendant, frère ou sœur) ou à des salariés bénéficie d'un abattement d'assiette de 500 000 € sous réserve que les acquéreurs s'engagent à poursuivre l'activité professionnelle pendant au moins cinq ans (CGI art. 732 ter modifié par loi 2023-1322 du 29-12-2023 art. 22 qui a porté le montant de l'abattement de 300 000 € à 500 000 € à compter du 1er janvier 2024 : voir n° 65535).

En ce qui concerne les **réductions de droits** prévues en faveur des acquéreurs de fonds de commerce situés dans certaines zones urbaines ou rurales prioritaires : voir n° 65530.

2. En cas de **transmission à titre gratuit** (par succession ou donation), le montant des droits dus est en principe indépendant de la nature des biens transmis (nos 96210 s.). On notera que les droits acquittés par l'héritier ou le légataire sont déductibles de ses revenus professionnels lorsque la transmission porte sur une **entreprise individuelle** (Rép. Grau : AN 3-11-2020 n° 28659) ou sur les **parts d'une société de personnes** dans laquelle l'intéressé exerce son activité professionnelle (en ce sens, BOI-BNC-BASE-40-40 n° 30).

3. AVANTAGES DE LA SOCIÉTÉ UNIPERSONNELLE

95180 L'entrepreneur qui souhaite exploiter son entreprise dans le cadre d'une société dont il est le créateur et l'unique « associé » peut décider de créer soit une entreprise unipersonnelle à responsabilité limitée (ou **EURL**), soit une société par actions simplifiée unipersonnelle (ou **Sasu**).

La **constitution d'une société unipersonnelle** présente les avantages suivants.

a. L'associé unique d'une EURL ou d'une Sasu bénéficie de la **limitation de responsabilité** au montant de ses apports (dans la mesure où il peut éviter de fournir des garanties personnelles). Observons toutefois que l'entrepreneur individuel bénéficie d'une protection comparable en application de la loi 2022-172 du 14 février 2022 qui a généralisé la séparation des patrimoines personnel et professionnel de l'exploitant individuel (voir n° 95028).

b. La création d'une société conduit à distinguer le patrimoine de la personne morale de celui de l'associé, ce qui permet une **rationalisation de la gestion** comptable et fiscale de l'entreprise (la comptabilité de l'entreprise ne se confond plus avec celle de l'exploitant).

c. L'exploitation en EURL ou en Sasu permet d'associer ultérieurement un ou plusieurs partenaires à l'entreprise, par une simple augmentation du capital, sans avoir à supporter à cette occasion les impositions générées par la mise en société d'une entreprise individuelle (voir nos 95550 s.). En sens inverse, elle peut faciliter le retrait progressif de l'associé unique par des cessions ou donations successives de parts sociales.

Il reste que le fonctionnement d'une société est plus contraignant que celui d'une entreprise individuelle de sorte que la création d'une société, fût-elle unipersonnelle, ne doit s'envisager qu'avec prudence. Une solution intermédiaire peut consister, pour l'exploitant individuel, à opter pour l'assimilation de son entreprise à une EURL, cette option entraînant son assujettissement de plein droit à l'impôt sur les sociétés. Mais s'il permet d'échapper au formalisme imposé par la création et le fonctionnement d'une société, ce choix, comme on l'a vu n° 95036, peut présenter d'autres conséquences défavorables, notamment en fin d'exploitation.

95185 Le choix entre la forme de l'EURL et celle de la Sasu repose essentiellement sur des critères d'ordre juridique (cadre « préétabli » pour l'EURL, liberté des statuts pour la Sasu...).

Sur le **plan fiscal,** la constitution d'une EURL permet à l'associé unique de garder le même **régime d'imposition** (impôt sur le revenu) que l'exploitant en nom, sauf option expresse pour l'impôt sur les sociétés.

La Sasu ne bénéficie pas de la même liberté de choix puisque, relevant de l'impôt sur les sociétés, elle peut seulement opter pour le régime fiscal des sociétés de personnes pour une période de cinq exercices (nos 36980 s.).

Sur le plan de la **sécurité sociale,** l'associé unique de l'EURL relève du même statut que l'entrepreneur individuel : assurance vieillesse et assurance maladie des non-salariés, allocations familiales des employeurs et travailleurs indépendants (Mémento Social n° 28470). En revanche, l'associé unique d'une Sasu bénéficie du régime général de la sécurité sociale (Mémento Social n° 28435).

B. Création d'une entreprise individuelle (ou d'une société unipersonnelle)

1. FORMALITÉS ET OBLIGATIONS FISCALES INCOMBANT AU NOUVEL EXPLOITANT

DÉCLARATIONS FISCALES

Au tout **début de l'exploitation,** la seule formalité fiscale exigée de l'entreprise (qu'elle soit exploitée en nom ou sous la forme d'une société unipersonnelle) consiste en la souscription d'une **déclaration de création d'entreprise ou d'activité** dans les quinze jours du commencement des opérations (nos 53385 s.). 95205

Cette déclaration doit être effectuée en ligne en utilisant le **guichet unique électronique** géré par l'Inpi (site formalites.entreprises.gouv.fr) qui remplace les centres de formalités des entreprises (CFE) depuis le 1er janvier 2023 (no 88200).

Bien entendu, si l'entreprise souhaite se placer sous un régime fiscal autre que celui dont elle relève de plein droit, elle devra notifier ses options à l'administration dans les conditions et délais mentionnés, notamment, nos 10910 s. et 11090 s. (choix du régime d'imposition des petites entreprises), no 95035 (option des entreprises individuelles pour leur assimilation à une EURL, aux nos 37575 s. (option des sociétés de personnes pour l'impôt sur les sociétés) ou nos 36965 et 36985 (option des sociétés de capitaux pour le régime des sociétés de personnes). Ensuite viennent à échéance les **obligations fiscales répétitives** incombant à toute entreprise, à savoir notamment :

– les **déclarations** mensuelles, trimestrielles ou annuelles des affaires soumises à la **TVA** et le paiement de cette taxe (nos 53700 s. et 54290 s.). Ces déclarations doivent être souscrites, et la TVA, acquittée par voie électronique (no 54100) ;

– la **déclaration sociale nominative** (DSN), qui permet de déclarer les salaires et sert également de support aux informations nécessaires à la mise en œuvre du prélèvement à la source de l'impôt sur le revenu. Elle doit être souscrite, suivant les cas, le 5 ou le 15 du mois suivant le paiement des salaires, via le site www.net-entreprises.fr (no 22200) ;

– la **déclaration annuelle des résultats** ou, si aucun exercice n'est clos au cours de l'année de création de l'affaire, de la période d'imposition ayant pris fin le 31 décembre de ladite année (déclaration à fournir au plus tard le deuxième jour ouvré suivant le 1er mai de l'année suivante, auquel l'administration ajoute un délai calendaire de 15 jours : nos 10975 et 11145). S'agissant des règles particulières applicables aux entreprises nouvelles passibles de l'impôt sur les sociétés, voir les précisions apportées no 36390.

ADHÉSION À UN ORGANISME DE GESTION AGRÉÉ

Pour pouvoir bénéficier immédiatement de la réduction d'impôt pour frais de comptabilité réservée aux adhérents d'un organisme de gestion agréé, le nouvel exploitant doit adhérer à un tel organisme dans les cinq mois de la création de son entreprise (no 87990). Le nouvel adhérent peut également bénéficier d'une dispense de pénalité s'il révèle spontanément certaines omissions dans les trois mois de l'adhésion (no 88010). 95215

CONTRIBUTION ÉCONOMIQUE TERRITORIALE

Les entreprises nouvelles ne sont soumises à cette contribution composée de la cotisation foncière des entreprises (CFE) et, si leur chiffre d'affaires est supérieur ou égal à 500 000 €, de la cotisation sur la valeur ajoutée des entreprises (CVAE) qu'à partir de l'année suivant celle de leur création. La suppression de la CVAE, qui devait intervenir en 2024, a été repoussée à 2027, sauf pour les redevables de la cotisation minimum (ceux dont la cotisation normalement due n'excède pas 63 €). D'ici là, le taux d'imposition et celui du plafonnement en fonction de la valeur ajoutée seront réduits progressivement. 95225

Les entreprises nouvelles doivent obligatoirement souscrire, au plus tard le 31 décembre de l'année de leur création, une **déclaration** de leurs bases d'imposition qui servira au calcul de la CFE établie l'année suivante (no 43756). Selon la nature de leurs activités et leur lieu d'implantation, les entreprises nouvelles créées à compter du 1er janvier 2024 peuvent bénéficier de l'une des **exonérations** temporaires facultatives suivantes :

– exonération des entreprises nouvelles (CGI art. 1464 B et 1464 C) : voir no 43595 ;

– exonération des jeunes entreprises innovantes étendue, à compter de 2024, aux jeunes entreprises de croissance (CGI art. 1466 D) : voir no 43600 ;

– exonérations applicables dans certaines zones du territoire (zones d'aide à finalité régionale, zones d'aide à l'investissement des PME, quartiers prioritaires de la politique de la ville, zones de revitalisation des centres-villes, zones de restructuration de la défense, bassins urbains à dynamiser, zones de développement prioritaire... : nos 43582 s.). À noter que les exonérations applicables dans les zones de revitalisation rurale, les bassins d'emploi à redynamiser et les zones de revitalisation des commerces en milieu rural sont prorogées jusqu'au 30 juin 2024 avant d'être unifiées au sein du nouveau dispositif France Ruralités Revitalisation (no 43593).

Les exonérations de CFE sont susceptibles d'entraîner l'exonération de CVAE dans les conditions indiquées no 43875.

En ce qui concerne l'exonération facultative de CFE (et de CVAE) d'une durée de trois ans prévue en faveur des créations et extensions d'établissements, voir nos 43749 et 43751.

> **Précisions** La CFE et la CVAE n'étant pas dues au titre de l'année de création de l'activité, les **entreprises créées en 2024** seront redevables pour la première fois en 2025 de la CFE et, si leur chiffre d'affaires est supérieur ou égal à 500 000 €, de la CVAE. La CVAE sera supprimée pour l'ensemble des entreprises à compter de 2027 (no 43850).

TAXE SUR LA VALEUR AJOUTÉE

95235 Outre les obligations déclaratives rappelées no 95205 ci-dessus, les entreprises nouvelles sont soumises à l'**ensemble des obligations** prévues en matière de TVA (facturation, obligations d'ordre comptable, paiement de l'impôt, nos 53320 s.).

Par ailleurs, les nouveaux redevables sont soumis à des règles particulières concernant :

– l'utilisation d'un **coefficient de déduction provisoire** au début de leur activité, leurs coefficients d'assujettissement et de taxation étant définitivement arrêtés le 31 décembre de l'année suivante (no 55365) ;

– la déduction d'un « **crédit de départ** » de TVA pour les biens devenant utilisés à des opérations ouvrant droit à déduction (nos 57365 s.).

2. RÉGIME FISCAL DE CERTAINES OPÉRATIONS LIÉES À LA CRÉATION DE L'ENTREPRISE

ACHAT DE LOCAUX

95265 Le créateur d'une EURL a le choix entre l'achat de l'immeuble par la société qu'il a formée et l'achat de celui-ci en son nom personnel. L'exploitant individuel est placé devant un choix du même ordre : inscrire l'immeuble à l'actif de son bilan commercial ou ne pas comptabiliser cet achat et conserver ainsi l'immeuble dans son « patrimoine privé ».

CAS OÙ L'IMMEUBLE EST ACQUIS PAR L'EURL OU PORTÉ À L'ACTIF DU BILAN DE L'EXPLOITATION INDIVIDUELLE

95275 Dans ce cas, les choses se présentent comme suit.

a. En cas d'acquisition d'un **local neuf** (édifié depuis moins de cinq ans) auprès d'un assujetti à la TVA, le prix est grevé de la TVA au taux normal, et l'acquéreur n'est redevable que d'un droit de 0,715 % (droit départemental de 0,70 % majoré d'un prélèvement pour frais d'assiette et de recouvrement égal à 2,14 % du montant de ce droit). L'immeuble doit être inscrit en comptabilité pour son prix TVA récupérable déduite.

Si l'achat porte sur un **local achevé depuis plus de cinq ans** (en l'absence d'option du vendeur pour la TVA : no 58830), ou s'il est effectué auprès d'un vendeur non assujetti à la TVA, l'acquéreur est redevable des droits d'enregistrement. Ceux-ci constituent, au choix du contribuable, une charge immédiatement déductible des bénéfices imposables ou un élément du prix d'acquisition amortissable sur la durée d'utilisation de l'immeuble (no 7570).

b. Les **frais notariés** peuvent être, comme les droits d'enregistrement, passés immédiatement en charges ou rattachés au coût d'acquisition de l'immeuble.

c. Le prix de revient des locaux (à l'exclusion de la partie du prix réputée correspondre au terrain) fera l'objet d'**amortissements** déductibles des bénéfices imposables. Mais, en cas de vente ultérieure des locaux, la différence entre le prix de cession et la valeur nette comptable (*amortissements déduits*) constituera une plus-value soumise au régime des « plus-values professionnelles » (nos 17870 s.).

Bien entendu, la plus-value de cession du local sera exonérée en tout ou partie si les recettes hors taxe de l'entreprise n'atteignent pas 250 000 € ou 90 000 € (pour l'exonération totale) ou 350 000 € ou 126 000 € (pour l'exonération partielle) selon la nature de l'exploitation et si l'activité est exercée depuis cinq ans au moins (nos 18200 s.). En outre, la vente des locaux pourra ouvrir droit, sous certaines conditions, à un abattement pour durée de détention de 10 % par année de détention au-delà de la cinquième, soit une exonération totale au bout de quinze ans (CGI art. 151 septies B : voir nos 18095 s.).

d. Les **intérêts des emprunts** contractés pour financer l'achat de l'immeuble viennent en déduction des bénéfices imposables (nos 8740 s.).

CAS OÙ L'IMMEUBLE N'EST PAS INSCRIT À L'ACTIF DU BILAN DE L'EURL OU DE L'ENTREPRISE INDIVIDUELLE

Dans ce cas, le bénéfice d'exploitation ne peut être diminué ni des frais et charges financières liés à l'acquisition de l'immeuble, ni de l'amortissement de celui-ci. 95285

- L'immeuble acheté en son nom propre par le **créateur de l'EURL** devra être donné en location à la société, ce qui aura pour conséquences :

– la déduction fiscale par celle-ci du loyer qui lui est demandé ;

– et l'imposition du loyer, à titre de revenu foncier, entre les mains de l'associé qui, s'il y a lieu, portera en charges les intérêts de l'emprunt souscrit pour acquérir l'immeuble.

Si l'immeuble est une construction neuve grevée de la TVA, l'associé pourra avoir avantage à soumettre volontairement les loyers à la TVA en vue d'obtenir la récupération de la taxe incluse dans le prix de revient de cet immeuble (nos 46875 s.).

- De son côté, l'**exploitant individuel** qui conserve dans son patrimoine privé l'immeuble qu'il utilise dans son exploitation peut comprendre dans les charges de son entreprise une somme égale au loyer qu'il serait en droit d'exiger d'un tiers, ce qui, en contrepartie, le conduit à déclarer cette somme en tant que revenu foncier imposable (n° 8345, précision d).

Par ailleurs, si l'immeuble est une construction neuve grevée de la TVA, le fait de ne pas inscrire cet immeuble à l'actif du bilan ne s'oppose pas à la déduction de cette taxe.

- Enfin, la **plus-value** réalisée à l'occasion de la vente de l'immeuble figurant dans le patrimoine personnel de l'associé de l'EURL ou maintenu dans le patrimoine privé de l'exploitant individuel relèvera du régime des « plus-values des particuliers » (nos 32000 s.) au lieu du régime des « plus-values professionnelles » (nos 17500 s.).

PRISE À BAIL DE LOCAUX

a. Déduction du loyer Le loyer constitue une charge déductible du bénéfice imposable. 95295

Si le loyer est grevé de la TVA (cas où le propriétaire a opté pour le paiement de cette taxe), la taxe correspondante est déductible, par l'entreprise locataire, de la TVA due sur ses propres opérations.

b. Droit d'entrée Lorsque le locataire **traite directement avec le propriétaire,** ce dernier exige 95300
en général, en sus du loyer, le versement d'un droit d'entrée. À l'égard de l'entreprise versante, le droit d'entrée constitue (n° 8350) :

– soit un **supplément de loyer déductible** des résultats pour l'assiette de l'impôt si son montant augmenté du loyer stipulé n'excède pas la valeur locative réelle de l'immeuble (CE 25-7-1980 n° 18189 : RJF 11/80 n° 862). La déduction doit être opérée par fractions échelonnées sur toute la durée du bail ;

– soit un **investissement** dans la mesure où cette dépense peut être considérée comme ayant pour contrepartie l'entrée d'un élément incorporel dans l'actif de l'entreprise ;

– soit, **pour partie,** un **supplément de loyer** déductible et, pour le reste, un **investissement** non déductible.

Selon le Conseil d'État, le droit d'entrée versé par le preneur d'un bail commercial peut toutefois être amorti lorsqu'il a pour contrepartie un avantage (droit de préférence en cas de cession des locaux, droit au renouvellement du bail dans des conditions identiques ; possibilité de sous-location des locaux...) indépendant du caractère renouvelable du contrat et dont les effets bénéfiques sur l'exploitation cesseront à une date prévisible (CE 15-4-2016 n° 375796 : RJF 7/16 n° 597 ; CE 27-1-2017 n° 391817 : RJF 4/17 n° 298).

En cas d'option du bailleur pour le paiement de la **TVA,** le droit d'entrée versé par le preneur constitue, avec le loyer, la contrepartie d'une **opération unique de location** soumise à la taxe au même titre que le loyer. La seule circonstance que le bail commercial se traduise par la création d'un élément d'actif pour le preneur, compte tenu du droit au renouvellement du bail, ne permet pas de regarder le droit d'entrée comme une indemnité destinée à dédommager le bailleur d'un préjudice résultant de la dépréciation de son patrimoine (CE 15-2-2019 n° 410796 : RJF 5/19 n° 424).

Lorsque le locataire **achète à un précédent locataire son droit au bail** (« pas-de-porte »), la somme qu'il lui verse est considérée dans tous les cas comme le prix d'une immobilisation non amortissable à faire figurer à l'actif du bilan. Mais le droit d'enregistrement payé à cette occasion (nº 65620) peut, de même que le loyer versé au propriétaire, être inclus dans les charges déductibles.

ATTENTION

Lorsque la location est conclue directement avec le propriétaire, sans rachat d'un droit au bail auprès du précédent locataire, le nouvel exploitant d'un local commercial risque néanmoins de se voir réclamer le droit de mutation sur la valeur vénale du pas-de-porte si les circonstances accréditent l'hypothèse d'une transmission de l'ancien au nouveau locataire (nº 65635).

FRAIS D'INSTALLATION ET D'AGENCEMENT DES LOCAUX

95310 En règle générale, ces dépenses ne peuvent pas être comprises dans les charges immédiatement déductibles des bénéfices imposables. En effet, elles constituent en principe des investissements amortissables en fonction de leur durée d'utilisation. Il en est ainsi même lorsque les investissements sont effectués dans les locaux pris en location (nº 9585) ou faisant partie du patrimoine privé de l'exploitant.

ACHAT DE MATÉRIEL ET D'OUTILLAGE

95320 Ces éléments doivent être inscrits à l'actif du bilan pour leur prix de revient diminué de la TVA que l'entreprise peut déduire de celle dont elle est redevable à raison de ses opérations. Les annuités d'amortissement de ces biens seront déductibles pour la détermination des bénéfices annuels imposables.

On rappelle toutefois que, par mesure de simplification, les matériels et outillages ainsi que les matériels et mobiliers de bureau et les logiciels dont le prix unitaire n'excède pas 500 € HT peuvent être inscrits à un compte de frais généraux (nº 7540).

C. Création d'une société

95350 Nous supposons à présent que le nouvel exploitant a décidé de s'associer avec d'autres partenaires pour créer une société (il ne pourra donc pas s'agir d'une EURL ou d'une Sasu).

Comme dans les hypothèses précédentes, nous envisageons le cas d'une personne qui n'était pas déjà exploitante. Les questions soulevées par la mise en société d'une entreprise individuelle font l'objet d'un dossier distinct : voir nºs 95550 s. ci-après.

1. QUELLE FORME DE SOCIÉTÉ CHOISIR ?

95360 Le choix à exercer dépend d'abord, bien entendu, de considérations tenant aux particularités juridiques des différentes formes de sociétés possibles (voir, à cet égard, le Mémento Sociétés commerciales).

Mais il est aussi étroitement lié au statut fiscal de ces sociétés ainsi qu'à celui de leurs membres. Voici les principaux éléments d'appréciation à prendre en considération à cet égard.

SOCIÉTÉ EN NOM COLLECTIF

95370 Le **bénéfice** réalisé par une société de personnes (et donc notamment par une société en nom collectif) est normalement imposable au nom de ses associés, chacun pour sa part, de la même manière que si ceux-ci exploitaient individuellement la fraction de l'affaire correspondant à leurs droits (nºs 37600 s.). Le choix de créer une société de personnes emporte, par suite, l'assujettissement de la totalité du bénéfice social au **barème progressif** de l'impôt sur le revenu. Si la SNC subit un **déficit,** celui-ci peut être compensé, sous certaines conditions, avec les autres revenus des associés ou ceux des autres membres de leur foyer fiscal (nº 37645), alors que les déficits des sociétés de capitaux ne sont reportables que sur les bénéfices ultérieurs (report en avant) ou sur le bénéfice de l'exercice précédent (report en arrière ou « carry-back ») de la société (voir nºs 35890 s.).

La possibilité offerte aux SNC de bénéficier des avantages fiscaux liés à l'adhésion à **un centre de gestion agréé** complète l'identité de leur régime fiscal avec celui des exploitants individuels (nºs 87990 s.).

Les SNC sont toutefois autorisées à **opter pour l'IS** (nºs 37575 s.). Dans ce cas, les associés en nom ne sont imposés, dans la catégorie des revenus de capitaux mobiliers, que sur les **bénéfices distribués.** Quant aux **rémunérations** qui leur sont allouées, elles sont soumises aux règles applicables aux gérants majoritaires de SARL (nº 23650).

On notera également que les **souscriptions au capital** de sociétés de personnes ouvrent droit, indépendamment de leur régime fiscal, à la réduction d'impôt pour souscription au capital de PME (réduction Madelin) prévue à l'article 199 terdecies-0 A du CGI (nos 2600 s.). Cette réduction est majorée pour les souscriptions au capital de jeunes entreprises innovantes réalisées entre le 1er janvier 2024 et le 31 décembre 2028 (Loi 2023-1322 du 29-12-2023 art. 48 : voir n° 95060).

La SNC convient particulièrement aux **petites entreprises** en raison de la simplicité de ses règles de constitution et de fonctionnement. Cela étant, la création d'une société de personnes présente deux séries d'**inconvénients** sur le **plan juridique** : 95375
– les associés sont indéfiniment et solidairement responsables des dettes sociales ;
– la cession des parts est relativement difficile car elle suppose l'accord de tous les associés. En contrepartie, chaque associé peut s'opposer à l'entrée dans la société d'un nouveau membre jugé indésirable.

Enfin, sur le **plan social,** les associés des sociétés en nom collectif sont des commerçants et, à ce titre, relèvent du régime des non-salariés.

SOCIÉTÉS DE CAPITAUX

Bien que soumise à une **réglementation complexe,** la société anonyme (ou, dans certains cas, la société en commandite par actions) s'impose pour les grandes entreprises dont les besoins en capitaux sont importants ou sont appelés à le devenir (Mémento Sociétés commerciales n° 37010). La SAS (assimilée à une SA fiscalement) peut être une forme de société attrayante pour les PME en raison de la souplesse de son fonctionnement (Mémento Sociétés commerciales nos 60000 s.). 95385

Ce choix peut également être facilité par des **considérations fiscales.** En effet, les sociétés de capitaux sont passibles de l'**impôt sur les sociétés** dont le taux normal est fixé à 25 %, les entreprises dont le chiffre d'affaires n'excède pas 10 M€ bénéficiant d'un taux réduit de 15 % jusqu'à 42 500 € de bénéfice (nos 36065 s.). En outre, le bénéfice soumis à l'IS s'entend après **déduction des sommes versées aux associés à titre de rémunération** normale des fonctions (de direction, ou autres) qu'ils exercent dans l'affaire. Ainsi, contrairement aux sociétés de personnes, l'impôt n'est pas dû sur les bénéfices servant à l'autofinancement. 95390

De leur côté, les associés ne sont personnellement imposables que sur les sommes qui leur sont versées à titre de **dividendes** ou à titre de rémunération. Ils peuvent ainsi bénéficier, pour l'imposition de leurs dividendes et plus-values mobilières, du prélèvement forfaitaire unique de 12,8 % (30 % avec les prélèvements sociaux), ce qui leur garantit une **taxation** relativement modérée (dans la moyenne des États européens) et surtout **prévisible** (les ressauts liés à l'imposition au barème dégressif sont éliminés). D'autre part, les rémunérations bénéficient dans un certain nombre de cas du régime d'imposition des **salaires** (n° 95405). Enfin, la souscription au capital d'une société non cotée permet de bénéficier, sous certaines conditions, de la réduction d'impôt pour souscription au capital de PME (nos 2600 s.).

Si le régime fiscal des sociétés de capitaux présente de nombreux avantages, les associés de ces sociétés n'ont pas la possibilité d'appréhender immédiatement les **déficits sociaux,** au prorata de leurs droits dans la société. Afin d'obvier à cet inconvénient, l'article 239 bis AB du CGI permet aux petites sociétés de capitaux nouvellement créées d'opter pour le régime des sociétés de personnes pour une période de cinq exercices, sans renouvellement possible (nos 36980 s.). Cette option doit être exercée dans les trois premiers mois du premier exercice auquel elle s'applique. L'entreprise peut ensuite y renoncer dans les trois premiers mois de chaque exercice couvert par l'option.

SARL OU SOCIÉTÉ ANONYME ?

La **réglementation juridique** de la SARL est beaucoup moins contraignante que celle de la société anonyme et s'adapte donc mieux, en règle générale, à la situation des entreprises qui n'atteignent pas une certaine importance. La forme de la SA convient mieux en revanche aux grandes entreprises exigeant des capitaux importants obtenus, le plus souvent, par appel au public. 95400

Sur le **plan fiscal,** la seule différence tient au régime des **rémunérations des dirigeants,** étant observé que, dans les sociétés anonymes, les dirigeants ont toujours la qualité fiscale de salariés, quelle que soit l'importance de la fraction de capital qu'ils détiennent, tandis que, dans les SARL, les « gérants majoritaires » n'ont pas cette qualité. 95405

Mais cette différence a peu de portée pratique. En effet, le montant imposable des rémunérations des **gérants majoritaires** de SARL est déterminé selon les règles prévues pour les salariés (ce qui permet notamment aux intéressés de pratiquer la déduction forfaitaire de 10 % pour frais professionnels) (n° 23615).

95410 En définitive, l'aspect fiscal n'étant pas déterminant, c'est plutôt le régime de **sécurité sociale** qui peut influencer le choix entre SA et SARL, étant donné que tout gérant majoritaire de SARL (y compris ceux appartenant à un collège de gérance majoritaire) relève du régime des « travailleurs indépendants », alors que les présidents-directeurs et directeurs généraux de sociétés anonymes sont, quelle que soit l'importance de leur participation, obligatoirement soumis au régime général de la sécurité sociale, c'est-à-dire au régime des salariés.

2. DÉCLARATIONS ET FORMALITÉS

95430 Les formalités préalables et les obligations déclaratives incombant aux sociétés nouvelles sont analogues à celles des entrepreneurs individuels (nos 95205 s.).

3. RÉGIME FISCAL DE CERTAINES OPÉRATIONS LIÉES À LA CRÉATION DE L'ENTREPRISE

95450 Les règles exposées nos 95265 s. ci-dessus sont également applicables en cas de création d'une société, à l'exception toutefois de la possibilité de déduire la TVA grevant une construction neuve non inscrite à l'actif du bilan mentionnée no 95285.

ACHAT D'UNE ENTREPRISE INDIVIDUELLE

95500 La situation examinée dans ce dossier est celle de l'acquéreur d'une entreprise industrielle ou commerciale **existante et exploitée sous la forme individuelle** (les rachats d'entreprises exploitées en société sont abordés nos 95800 s. dans le dossier relatif aux prises de participation).
En principe, les **indications** données à propos des **créations d'entreprises** individuelles (nos 95010 s.) sont également applicables en cas d'acquisition d'un fonds, étant toutefois précisé qu'une telle acquisition ne peut ouvrir droit, en règle générale, aux exonérations temporaires de bénéfices (nos 10260 s.) ou de contribution économique territoriale (nos 43595 et 43875) prévues en faveur des entreprises nouvelles. Il convient en outre de signaler ici un certain nombre de **particularités** qui intéressent principalement les droits de mutation et la contribution économique territoriale.
Ces précisions concernent tout acquéreur, qu'il ait lui-même le statut d'exploitant individuel ou de société, et sans qu'il y ait lieu de distinguer dans ce dernier cas suivant que la société préexistait ou a été constituée spécialement en vue de la reprise.

DROITS D'ENREGISTREMENT

95510 L'acquisition d'un fonds de commerce entraîne, en principe, l'exigibilité de droits d'enregistrement, qui sont à la **charge de l'acquéreur,** sauf stipulation contraire du contrat. Ces droits sont calculés par application du **tarif** mentionné no 65520 (taux de 3 % sur la fraction du prix comprise entre 23 000 € et 200 000 € et de 5 % sur la fraction excédant 200 000 €) au prix stipulé pour les éléments incorporels, le matériel et l'outillage, ou à la valeur vénale de ces biens si elle est supérieure au prix. La transmission des immeubles et des droits sociaux affectés à l'entreprise individuelle relève du régime propre à ces biens.

Par exception, la cession à compter du 1er janvier 2023 d'une **entreprise individuelle ayant opté pour son assimilation à une EURL** (ou d'une EIRL subsistante) est soumise au droit de cession de parts sociales de 3 % prévu à l'article 726 du CGI (Loi 2022-1726 du 30-12-2022 art. 23). Ce droit s'applique au prix global (ou à la valeur vénale si elle est supérieure) de l'entreprise diminué d'un abattement de 23 000 € et non au prix (ou à la valeur vénale) du seul fonds de commerce (voir no 67130 s.).

On rappelle par ailleurs que la cession d'un fonds de commerce (ou de parts ou actions représentative d'un tel fonds) à un proche du cédant (conjoint, partenaire de Pacs, ascendant ou descendant, frère ou sœur) ou à des salariés bénéficie d'un **abattement d'assiette** de 500 000 € pour les cessions intervenant à compter du 1er janvier 2024 (CGI art. 732 ter modifié par loi 2023-1322 du 29-12-2023 art. 22 : voir nos 95105 et 65535).

En ce qui concerne les **réductions de droits** prévues en faveur des acquéreurs de fonds de commerce situés dans certaines zones urbaines ou rurales prioritaires : voir n° 65530.

L'acquisition des **marchandises** échappe en règle générale à tout droit d'enregistrement (n° 65510).

CONTRIBUTION ÉCONOMIQUE TERRITORIALE

En cas d'achat d'une entreprise individuelle qui, du cédant ou de l'acquéreur, est redevable de la contribution économique territoriale (CET) ? **95520**

– Si la cession prend effet le **1er janvier,** l'acquéreur est soumis à la **cotisation foncière des entreprises** (CFE) dès la première année (d'après les bases de son prédécesseur).

– Si la cession intervient **en cours d'année,** le cédant reste redevable de la CFE pour l'année entière, et le nouvel exploitant ne sera imposable pour la première fois qu'au titre de l'année suivante (mais les parties peuvent prévoir dans l'acte de vente que le nouvel exploitant remboursera au cédant la fraction de la cotisation se rapportant à la période postérieure à la cession) (n° 43746).

– Si, compte tenu de sa taille, l'entreprise est également soumise à la **cotisation sur la valeur ajoutée des entreprises** (CVAE), celle-ci est due par le redevable qui exerce l'activité au 1er janvier de l'année d'imposition, donc par le cédant lorsque l'achat intervient en cours d'année. Dans ce cas, la cotisation est due également par l'acquéreur si celui-ci n'exerçait aucune activité imposable au 1er janvier (n° 44030). La suppression de la CVAE qui devait intervenir à compter du 1er janvier 2024 ayant été reportée de trois ans, sauf pour les redevables de la cotisation minimum, ces dispositions demeurent applicables aux cessions réalisées jusqu'au 31 décembre 2026 (Loi 2023-1322 du 29-12-2023 art. 79).

FONDS COMMERCIAL ET DÉPENSES D'INSTALLATION

Le matériel, l'outillage, les agencements, les brevets constituent des **actifs amortissables** (voir **95530**
n° 95320).

En revanche, la loi interdit en principe toute déduction fiscale de l'amortissement du **fonds commercial** (constitué par les éléments incorporels du fonds de commerce – tels la clientèle, l'enseigne, le nom commercial et les parts de marché – qui ne peuvent figurer à d'autres postes du bilan) (CGI art. 39, 1-2°).

Cette **interdiction générale de déduction** comporte toutefois une **dérogation temporaire.**

En pratique, les entreprises peuvent déduire de leur résultat imposable l'amortissement constaté en comptabilité au titre des **fonds commerciaux acquis entre le 1er janvier 2022 et le 31 décembre 2025** (n° 9175). Cette mesure concerne :

– d'une part, les amortissements échelonnés sur dix ans des fonds commerciaux acquis par les **petites entreprises** définies à l'article L 123-16 du Code de commerce (entreprises ne dépassant pas deux des trois seuils suivants : chiffre d'affaires inférieur ou égal à 12 M€, total du bilan inférieur ou égal à 6 M€ et nombre moyen de salariés inférieur ou égal à 50) ;

– d'autre part, les amortissements pratiqués par **toute entreprise, quelle que soit sa taille,** qui justifie d'une limite prévisible à l'exploitation du fonds (cas par exemple d'une entreprise exploitée dans le cadre d'un contrat de concession).

Afin de prévenir certains abus, la loi écarte toutefois la possibilité de déduire l'amortissement comptable d'un fonds commercial en présence de **liens entre l'acquéreur et le cédant.** Cette exclusion s'applique notamment lorsqu'une entreprise acquiert un fonds commercial auprès d'une **entreprise liée** au sens de l'article 39, 12 du CGI (notamment lorsque l'une détient directement ou par personne interposée la majorité du capital social de l'autre ou y exerce en fait le pouvoir de décision : n° 10425, précision a) ou auprès d'une entreprise, y compris une entreprise individuelle, contrôlée par la même personne physique que l'entreprise qui acquiert le fonds (sur les règles applicables en cas d'**apport d'une entreprise individuelle** voir n° 95590).

Si la valeur du fonds commercial dont l'amortissement est admis en déduction s'abaisse en deçà de sa valeur nette comptable, la **provision pour dépréciation** constituée doit être rapportée aux résultats imposables mais cette réintégration est compensée par un amortissement dérogatoire (n° 9802).

En dehors des situations susvisées, l'amortissement des fonds commerciaux acquis depuis le 1er janvier 2022 ne peut être admis en déduction.

95535 Les **frais d'achat** (frais d'acte, droits d'enregistrement) peuvent, au choix du contribuable, être inclus dans les charges déductibles ou être rattachés au prix d'acquisition des immobilisations (nº 7570).

De même sont déductibles des résultats les frais et **intérêts d'un emprunt** contracté pour l'achat du fonds (nº 8740).

RESPONSABILITÉ DE L'ACQUÉREUR DU FONDS

95545 L'acquéreur du fonds peut être rendu solidairement responsable avec le cédant, dans la limite du prix du fonds, du paiement de l'impôt dû par celui-ci au titre des bénéfices réalisés pendant l'exercice de la cession et, dans certains cas, l'exercice antérieur (nº 77280, a).

La responsabilité de l'acquéreur peut être engagée dans un délai de 90 jours à compter du dépôt de la déclaration du bénéfice de l'exercice de cession ou, si cette déclaration n'a pas été produite en temps utile, du dernier jour du délai légal de déclaration. Le délai de 90 jours est réduit à 30 jours pour les cessions de fonds de commerce lorsque le cédant a régulièrement avisé l'administration de la cession, a souscrit la déclaration de résultat dans le délai légal et est à jour de ses obligations déclaratives et de paiement en matière fiscale (CGI art. 1684, I).

MISE EN SOCIÉTÉ D'UNE ENTREPRISE INDIVIDUELLE

95550 La croissance de l'entreprise ou le souci de préparer sa transmission peuvent conduire un exploitant individuel à envisager la « mise en société » de son exploitation.

Les questions que cette opération soulève sur le **plan social et juridique** se posent pratiquement dans les mêmes termes qu'au moment de la création de l'entreprise (nºs 95350 s.). En revanche, sur le plan **fiscal,** apparaît un élément nouveau : le coût de l'opération d'apport.

Il convient donc, avant toute décision définitive, de dresser un inventaire précis des incidences fiscales de l'opération envisagée :

– d'une part, au moment de la **réalisation de l'apport** ;

– d'autre part, en cas de **cession** ou de **donation ultérieure des titres** de la société nouvelle.

En ce qui concerne les avantages et inconvénients respectifs de l'**exploitation individuelle** ou de l'exploitation en **société,** on se reportera au dossier consacré à la création d'une entreprise (nºs 95010 s.).

A. Incidences fiscales de l'opération d'apport

1. IMPÔT SUR LE REVENU

TAXATION DES BÉNÉFICES ET PLUS-VALUES

95560 Un **choix** est possible, sous certaines conditions, entre le régime de droit commun et un régime optionnel permettant l'exonération provisoire (ou l'étalement de l'imposition) des plus-values d'apport et des profits sur stocks. Ce régime optionnel permet de faciliter la mise en société lorsque l'exploitant ne remplit pas les conditions prévues pour bénéficier de l'exonération des plus-values d'apport.

95565 **Régime de droit commun** L'apport en société d'une entreprise individuelle est assimilé *à une **cession** de cette entreprise*, ce qui déclenche normalement l'**imposition immédiate** au nom de l'ancien exploitant (nºs 11400 s.) :

– des bénéfices d'exploitation non encore taxés ;

– des plus-values latentes de l'actif immobilisé. La taxation s'effectue au taux de 12,8 % pour les plus-values à long terme et au taux marginal de l'impôt sur le revenu pour les plus-values à court terme ;

– et, le cas échéant, des bénéfices et plus-values en sursis d'imposition (plus-values à court terme en cours d'étalement, provisions...).

Toutefois, la plus-value correspondant à l'apport d'une exploitation individuelle dont la valeur n'excède pas 1 M€ bénéficie, sous certaines conditions, d'une exonération totale (jusqu'à 500 000 €) ou dégressive (entre 500 000 € et 1 M€) en application de l'article 238 quindecies du CGI (n°s 19650 s.). Mais cette mesure n'est pas applicable lorsque l'apporteur exerce, en droit ou en fait, la direction effective de la société bénéficiaire, ce qui est généralement le cas lors de la mise en société d'une entreprise individuelle.

Le montant des impositions dues dans le cadre du régime de droit commun est le même en cas d'apport à une société de personnes qu'en cas d'apport à une société de capitaux. Mais le **coût fiscal réel** de l'opération peut varier dans de fortes proportions non seulement, comme nous venons de le voir, en fonction de la valeur du fonds apporté (n° 95565), mais également en considération des données suivantes. 95570

a. Consistance de l'actif apporté et importance relative des plus-values afférentes, respectivement, aux éléments amortissables et aux éléments non amortissables.

En effet, tandis que la taxation des plus-values sur éléments amortissables se traduit par l'apparition de nouvelles marges d'amortissement fiscalement déductibles, la contrepartie des plus-values sur éléments non amortissables (consistant en l'augmentation du « prix de revient fiscal » de ces éléments) ne produira ses effets que lors de la cession de ces biens (événement qui peut être à échéance lointaine).

b. Durée d'utilisation restante des éléments amortissables apportés.

Plus cette durée est brève, plus la « récupération » de l'impôt acquitté lors de l'apport s'opère rapidement.

c. Montant des recettes annuelles de l'entreprise.

Lorsque les recettes annuelles hors taxe de l'entreprise apportée excèdent 250 000 € ou 90 000 €, selon la nature de l'activité, les plus-values sont soumises au régime des « plus-values professionnelles » caractérisé par la taxation au taux plein des plus-values à court terme et la taxation au taux réduit des plus-values à long terme. Les exploitants dont les recettes excèdent ces seuils, sans dépasser respectivement 350 000 € ou 126 000 €, bénéficient toutefois d'une exonération partielle.

Lorsque, au contraire, les recettes annuelles hors taxe de l'entreprise ne sont pas supérieures à 250 000 € ou 90 000 €, les plus-values ne sont taxables, sauf exception, que si l'entreprise est exploitée depuis moins de cinq ans (n°s 18200 s.). En cas d'activités multiples, la durée de l'activité s'apprécie au regard de l'activité cédée, c'est-à-dire celle dans le cadre de laquelle la plus-value a été réalisée (CE 4-10-2023 n°s 462030 et 464969 : RJF 12/23 n° 887).

d. Existence d'un **déficit d'exploitation** fiscalement déductible.

Ce déficit est imputable sur les provisions en sursis d'imposition ainsi que sur les plus-values affectant les éléments d'actif, ce qui a pour effet d'atténuer plus ou moins fortement les conséquences de l'apport en matière d'impôt sur le revenu.

Régime optionnel Les personnes qui font apport d'une entreprise individuelle à une société peuvent opter pour l'application d'un régime de **report d'imposition** des plus-values et des profits sur stocks (CGI art. 151 octies). Ce régime, dont les caractéristiques sont exposées n°s 19710 s., permet notamment à l'apporteur : 95575

– d'éviter l'imposition des plus-values dégagées sur les **éléments amortissables** ; ces plus-values seront réintégrées dans le résultat imposable de la société sur une période maximale de cinq ans (quinze ans pour les immeubles) ; toutefois, l'apporteur peut opter pour l'imposition immédiate au taux réduit de la plus-value à long terme globale afférente aux éléments apportés ;

– de différer la taxation des plus-values afférentes aux **éléments non amortissables** jusqu'à la cession, le rachat ou l'annulation des droits sociaux reçus en rémunération de l'apport ou la cession, par la société, des biens apportés.

Le **report** d'imposition des plus-values obtenu en application de l'article 151 octies du CGI peut être **maintenu** lorsque l'apporteur réalise une **nouvelle opération** ouvrant droit à un report ou à un sursis d'imposition (voir n° 19755).

En revanche, lorsque l'apport en report d'imposition est suivi à brève échéance d'une **réduction du capital** de la société bénéficiaire, l'opération peut être constitutive d'un abus de droit si elle tend à attribuer à l'apporteur tout ou partie de la valeur des biens transmis en liquidités, en évitant l'imposition des plus-values (CE 8-10-2010 n° 321361 : n° 19745).

RETRAIT DES IMMEUBLES DANS LE PATRIMOINE PRIVÉ DE L'EXPLOITANT

95585 L'exploitant qui met son entreprise en société peut transférer dans son patrimoine privé les immeubles qui figuraient à l'actif de l'exploitation, à condition de les mettre à la disposition de la société par un bail d'au moins neuf ans (nº 19730).

Ce retrait donne lieu à la taxation immédiate, selon le régime des plus-values professionnelles, des **plus-values acquises** par ces **immeubles.** En revanche, l'apport de l'ensemble des autres éléments de l'actif immobilisé peut bénéficier du **report d'imposition** visé ci-dessus (nº 95575).

L'apporteur peut ainsi, en donnant les immeubles en **location à la société,** se ménager une source régulière de revenus (imposables dans la catégorie des revenus fonciers).

Cette décision est normalement sans incidence au regard de l'**impôt sur la fortune immobilière** (IFI). En effet, l'article 975 du CGI exonère de l'IFI, à hauteur de sa participation dans la société, les immeubles qu'un associé met à la disposition d'une société de personnes dans laquelle il exerce son activité principale ou d'une société de capitaux dont il détient au moins 25 % des droits et dans laquelle il exerce une fonction de direction (nºs 72730 s.).

AMORTISSEMENT DU FONDS COMMERCIAL

95590 Le régime temporaire de **déductibilité** fiscale **de l'amortissement comptable** exposé nº 95530 ne peut s'appliquer lorsqu'une personne physique apporte son entreprise individuelle à une société qu'elle contrôle ou qu'elle est amenée à contrôler à la suite de l'apport (CGI art. 39, 1-2º). Lorsque l'apport concerné par cette **mesure anti-abus** est réalisé sous le régime de l'article 151 octies du CGI (nº 95575), le fonds commercial est considéré comme une immobilisation non amortissable, même s'il fait l'objet d'un amortissement en comptabilité. La plus-value correspondante est donc placée en report d'imposition jusqu'à la cession à titre onéreux des titres reçus en contrepartie de l'apport ou jusqu'à la date de cession du fonds par la société si elle est antérieure.

RÉMUNÉRATION DES ASSOCIÉS

95595 L'apport de son fonds de commerce à une **société de personnes** ne change rien, en principe, au régime fiscal de l'**ancien exploitant.** Celui-ci continue de supporter l'impôt sur le revenu, au taux progressif, sur sa part des bénéfices sociaux, sans qu'il soit possible d'en retrancher la fraction qui, le cas échéant, restera investie dans l'affaire (bénéfice mis en réserve).

95600 En revanche, la création de la société entraînera un changement dans la situation des **autres associés** chaque fois que, précédemment, ceux-ci occupaient un emploi salarié dans l'entreprise. En effet, ils deviendront imposables au titre des bénéfices industriels et commerciaux sur leur part de bénéfice, appointements compris.

Cette modification du régime fiscal s'accompagnera en matière de **sécurité sociale** de la perte du statut de salarié et du passage sous celui des commerçants. Ces perspectives peuvent rendre moins attrayant le choix de la forme en nom collectif.

95605 À la différence de la constitution d'une société de personnes, l'apport du fonds à une **société de capitaux** peut permettre à l'exploitant individuel devenu dirigeant de la société de bénéficier d'un régime fiscal plus favorable :

– les **rémunérations** allouées aux dirigeants de sociétés de capitaux sont, en effet, normalement déductibles du bénéfice social soumis à l'IS (nºs 23500 s.) ;

– ces rémunérations relèvent, dans la généralité des cas, du **régime fiscal des salaires** (Président du conseil d'administration, membres du directoire de sociétés anonymes, gérants minoritaires de SARL...) ou du régime de l'article 62 du CGI (gérants majoritaires de SARL...) et bénéficient ainsi des avantages propres à ces régimes (nºs 23550 s.) ;

– les **dividendes** attribués aux associés bénéficient du **prélèvement forfaitaire unique** (PFU) de 12,8 % (30 % compte tenu des prélèvements sociaux) (nºs 24540 s.), sauf option expresse et irrévocable pour l'imposition au taux progressif (nºs 24190 s.). En l'absence d'option, la charge fiscale pesant sur les bénéfices distribués aux associés échappe donc aux ressauts liés à l'imposition au barème progressif.

Par ailleurs, les présidents-directeurs et directeurs généraux de sociétés anonymes bénéficient du régime général de la **sécurité sociale,** c'est-à-dire du régime des salariés (nº 95410).

2. DROITS D'ENREGISTREMENT

95630 La mise en société d'une entreprise individuelle est **enregistrée gratuitement** si l'opération est réalisée lors de la constitution de la société et, si la société nouvelle est passible de l'IS, à condition que l'apporteur s'engage à conserver pendant au moins trois ans les titres reçus en contrepartie de son apport (n° 66870). Cet enregistrement gratis est également applicable, sous réserve du même engagement, lorsque la société nouvelle bénéficiaire de l'apport prend en charge le passif incombant à l'apporteur (n° 66940).

À défaut d'engagement de conservation des titres, l'opération donne ouverture à un droit proportionnel de :

– 3 % sur la fraction de la valeur vénale du fonds de commerce comprise entre 23 000 € et 200 000 €, la fraction jusqu'à 23 000 € étant non imposable et celle supérieure à 200 000 € étant taxée au taux de 5 % ;

– 5 % sur la valeur des éléments immobiliers compris dans l'opération d'apport (voir n° 66880).

> **Précisions** **a.** L'apport « **pur et simple** » (c'est-à-dire rémunéré par l'attribution de droits sociaux) **à une société nouvelle non passible de l'IS** est dispensé de droit d'apport sans condition d'engagement sur la durée de détention des titres.
> **b.** Les **apports à titre onéreux** d'immeubles ou de droits immobiliers sont soumis à un droit proportionnel de 5 % sans engagement particulier (les apports à titre onéreux de fonds de commerce étant soumis, pour leur part, au régime des cessions de fonds de commerce).

3. AUTRES IMPÔTS ET TAXES

L'apport en société d'une entreprise individuelle comporte, sous réserve des précisions qui précèdent, les **mêmes conséquences** fiscales que la **vente de l'entreprise** : déclaration de cessation (nos 11490 s.) ; régularisation éventuelle des déductions en matière de TVA (nos 57295 s.) ; déclaration des salaires versés jusqu'à la date de l'apport (n° 22200). 95650

On pourra se reporter, sur ces différents points, au dossier consacré à la vente d'une entreprise individuelle (voir nos 96450 s.).

B. Incidences fiscales de la cession ou de la transmission ultérieure des titres

Dans de nombreux cas, la création d'une société a pour but de faciliter la cession ou la donation ultérieure de l'affaire. Il convient donc d'apporter une attention particulière, lors du choix de la forme de la société, au régime fiscal applicable en cas de transmission des droits sociaux correspondants. 95680

1. PREMIER CAS : CESSION À TITRE ONÉREUX

PLUS-VALUES

La cession des titres de la société entraîne, en premier lieu, le paiement de l'impôt en sursis grevant les **plus-values dégagées lors de l'apport** des éléments non amortissables (n° 19750), sauf application de l'exonération prévue en cas de départ en retraite (nos 19935 s.). Bien entendu, aucun impôt n'est dû lorsque ces plus-values ont bénéficié d'une exonération totale ou partielle, en application de l'article 151 septies (recettes inférieures à un certain seuil) ou de l'article 238 quindecies du CGI (exonération liée à la valeur de l'exploitation) (nos 19650 s.). 95700

Quant à la **plus-value** éventuellement **acquise par les titres** détenus par le dirigeant depuis la création de la société, elle est normalement imposable :

– si la ***société relève de l'impôt sur le revenu*** : au taux de 12,8 % (majoré des prélèvements sociaux) applicable aux plus-values professionnelles à long terme (nos 37715 s.), étant précisé que la plus-value réalisée peut bénéficier, le cas échéant, d'une exonération totale ou partielle en application de l'article 151 septies du CGI (régime des petites entreprises), ou des articles 238 quindecies (exonération liée à la valeur des droits transmis) ou 151 septies A (cession intervenant à l'occasion du départ à la retraite) du même Code ;

– si la **société relève de l'impôt sur les sociétés** : au prélèvement forfaitaire unique (**PFU**) de 12,8 % (30 % compte tenu des prélèvements sociaux) (nos 33220 s.). L'exploitant peut bénéficier, le cas échéant, d'un abattement d'assiette de 500 000 € (applicable aux cessions et rachats réalisés jusqu'au 31 décembre 2024) s'il cède ses titres à l'occasion de son départ à la retraite (CGI art. 150-0 D ter).

Toutefois, si l'exploitant **opte pour l'imposition** de l'ensemble de ses plus-values et revenus mobiliers **au barème progressif** de l'impôt sur le revenu, la cession de titres acquis ou souscrits avant le 1er janvier 2018 lui ouvre droit :

– à un **abattement pour durée de détention** fixé en principe à 50 % entre deux ans et huit ans de détention et à 65 % au-delà (CGI art. 150-0 D, 1 ter) (nos 33075 s.) ;

– ou à un **abattement renforcé** de 50 %, 65 % ou 85 %, selon la durée de détention, en cas de cession de titres d'une PME acquis ou souscrits dans les dix ans de sa création (nos 33100 s.).

L'exploitant qui opte pour l'imposition au barème progressif peut également bénéficier de l'abattement fixe de 500 000 € en cas de départ à la retraite, cet abattement étant indépendant du régime d'imposition des plus-values (PFU ou barème progressif). Mais cet abattement ne peut se cumuler avec un abattement proportionnel. Le contribuable qui remplit les conditions pour bénéficier d'un abattement fixe et d'un abattement proportionnel doit effectuer un choix entre ces deux avantages.

Les abattements s'appliquent après imputation, le cas échéant, des **moins-values** enregistrées la même année ou au cours des dix années précédentes.

Ces mesures peuvent favoriser la création d'une société de capitaux lorsque l'entreprise est appelée à dépasser les **limites d'exonération** des plus-values. La création d'une société de capitaux s'avérera également opportune si le dirigeant souhaite réinvestir ultérieurement le produit de la vente de son entreprise dans de nouvelles sociétés. Cette opération pourra en effet ouvrir droit à un **report d'imposition** des plus-values si les titres destinés à être cédés sont préalablement apportés à une société holding dans le cadre d'un apport-cession (CGI art. 150-0 B ter : nos 33310 s.) ou déposés sur un compte PME innovation (CGI art. 150-0 B quinquies : nos 26210 s.). Les conditions d'application et les avantages comparés de ces dispositifs sont présentés dans le dossier « Transmission d'entreprise » nos 96400 s.

DROITS DE MUTATION

95710 Les cessions de droits sociaux sont soumises à un droit d'enregistrement à la charge de l'acquéreur égal à :

– 0,1 %, sans plafonnement, pour les **cessions d'actions** de sociétés non cotées et titres assimilés constatées ou non par un acte ;

– 3 % pour les **cessions de parts** sociales dans les sociétés dont le capital n'est pas divisé en actions (SNC, SARL, EURL...), l'assiette de ce droit étant diminuée d'un abattement égal, pour chaque part sociale, au rapport entre 23 000 € et le nombre total de parts de la société ;

– 5 %, pour les cessions de participations dans des **sociétés à prépondérance immobilière** (no 67145).

Toutefois, lorsqu'elles interviennent **dans les trois ans** suivant la réalisation définitive de l'apport, les cessions de parts de sociétés non soumises à l'impôt sur les sociétés (SNC essentiellement) sont assujetties aux droits de vente correspondant à la nature des biens apportés (no 67160).

Par ailleurs, lorsque l'apport avait bénéficié d'une exonération totale moyennant l'**engagement de conserver les titres pendant trois ans** (no 95630 ci-dessus), le non-respect de cet engagement entraîne l'exigibilité immédiate du droit de mutation. Toutefois, la reprise n'est pas effectuée en cas de **décès** ou, en cas de **donation**, si le donataire reprend l'engagement à son compte.

Il s'ensuit que la mise en société d'une entreprise individuelle préalablement à sa cession peut présenter un intérêt pour les acquéreurs qui évitent ainsi l'application du droit de 5 % normalement applicable à la fraction de la valeur du fonds qui excède 200 000 €.

> **› Précisions** Lorsque les **droits sociaux** sont **cédés** soit **aux salariés ou** apprentis de la société, soit **à un proche du cédant**, la fraction de la valeur des titres représentative du fonds ou de la clientèle fait l'objet d'un abattement d'assiette de 500 000 € sous réserve que l'acquéreur s'engage à poursuivre l'activité pendant au moins cinq ans (CGI art. 732 ter modifié par loi 2023-1382 du 29-12-2023 art. 22 : no 65535).

2. SECOND CAS : TRANSMISSION À TITRE GRATUIT

95730 Il arrive fréquemment qu'un exploitant individuel constitue une société en vue de préparer son retrait (progressif ou non) de l'affaire qu'il envisage de transmettre gratuitement à plusieurs donataires ou héritiers.

Là encore, le régime des plus-values et des droits de mutation peut être déterminant.

PLUS-VALUES

95740 À la différence d'une vente, la donation des titres ne remet pas en cause le **report d'imposition des plus-values d'apport** constatées lors de la création de la société, dès lors que les bénéficiaires acceptent de se substituer au donateur dans ses obligations (nº 19755).

Si la société est placée sous le régime des **sociétés de personnes,** la plus-value acquise par les parts transmises depuis la création de la société est en principe imposable au taux de 12,8 % (majoré des prélèvements sociaux). Mais le donateur peut notamment bénéficier, sous certaines conditions, d'une exonération totale ou partielle, lorsque la donation porte sur l'intégralité de ses droits ou de ses parts dans la société et n'excède pas les seuils fixés à l'article 238 quindecies du CGI (nºs 19650 s.). À défaut, il peut opter pour un report d'imposition de la plus-value jusqu'à la date de cession ou de transmission ultérieure des parts. Ce report se transforme en exonération définitive lorsque l'activité professionnelle est poursuivie pendant au moins cinq ans par l'un des donataires (CGI art. 151 nonies, II : nºs 37720 s.).

Si la société est soumise à l'**impôt sur les sociétés,** la donation des titres n'entraîne aucune taxation des plus-values acquises depuis la constitution de la société (l'article 150-0 A du CGI ne visant que les cessions à titre onéreux : nº 32900).

DROITS DE MUTATION À TITRE GRATUIT

95750 Les droits de donation dépendent, en principe, du lien de parenté (ou de l'absence d'un tel lien) existant entre le donateur et le donataire, et non de la nature des biens transmis.

Toutefois, la loi autorise sous certaines conditions, la **déduction des dettes du donateur mises à la charge du donataire** (CGI art. 776 bis : nº 69235).

95755 La **mise en société** d'une entreprise individuelle peut faciliter la poursuite de l'affaire dans l'hypothèse où l'exploitant viendrait à décéder sans avoir d'héritier susceptible de prendre sa suite. En souscrivant un **engagement de conservation des titres** (dit « pacte Dutreil ») seul ou avec un ou plusieurs associés pouvant lui succéder en qualité de dirigeant, il pourra en effet permettre à ses héritiers, ou à ses donataires s'il choisit de donner tout ou partie de ses titres de son vivant, de bénéficier de l'exonération de 75 % de l'assiette des droits de mutation à titre gratuit prévue par l'article 787 B du CGI. En cas de décès de l'exploitant, si cet engagement de conservation n'a pas été déjà souscrit, et s'il ne peut être réputé acquis dans les conditions exposées nº 68095, il pourra encore être conclu par ses héritiers, éventuellement avec d'autres associés, dans les six mois du décès (nºs 68090 s.).

La **transmission** à titre gratuit **d'une entreprise individuelle** peut également ouvrir droit à une exonération partielle de 75 %, mais c'est à la condition expresse que l'un des héritiers ou légataires (ou donataires) poursuive pendant trois ans l'exploitation de l'entreprise (CGI art. 787 C : nº 68105). Cette disposition implique, selon l'administration, qu'il y exerce son activité à titre principal et habituel, mais cette exigence a été jugée infondée par la cour d'appel de Grenoble (CA Grenoble 8-9-2015 nº 13/00609 : RJF 4/16 nº 384).

On soulignera enfin que les **donations en pleine propriété** de titres sociaux ou d'entreprises individuelles qui remplissent les conditions de l'exonération partielle attachée aux pactes Dutreil bénéficient d'une réduction des droits de 50 % si le donateur a moins de 70 ans (CGI art. 790 : nº 69320).

CRÉATION DE SUCCURSALES OU DE FILIALES

95800 La société qui lance une nouvelle activité ou étend son activité sur le plan géographique peut :

– soit se contenter de créer un nouvel établissement à la tête duquel elle place un de ses salariés ; il s'agit alors d'une simple **succursale** ;

– soit constituer une société chargée d'exploiter l'activité nouvelle ou étendue, société qui sera la **filiale** de la précédente.

Le choix entre ces deux modalités d'investissement est avant tout fonction de considérations juridiques, économiques, financières et commerciales, mais nous nous en tiendrons ici à l'aspect fiscal du problème.

S'agissant des règles particulières applicables en cas de **transfert à l'étranger** du siège ou d'un établissement d'une entreprise, voir les précisions données nos 11420 s.

> **Précisions** La société qui crée une filiale dont elle entend garder le contrôle ne peut pas bénéficier de l'amortissement exceptionnel sur cinq ans des titres de **PME innovantes** prévu par l'article 217 octies du CGI. Ce dispositif est en effet réservé aux prises de participations minoritaires (20 % maximum) au capital de sociétés innovantes (no 9520).

A. Règles générales

DROITS D'ENREGISTREMENT DUS LORS DE LA CRÉATION DE LA SUCCURSALE OU DE LA FILIALE

95810 La création d'une **succursale** donne lieu à des opérations patrimoniales (achat de biens immobiliers, de clientèle, prise à bail de locaux, etc.) qui entraînent l'exigibilité des droits d'enregistrement correspondants.

Les mêmes droits sont exigibles, bien entendu, lorsque ces opérations sont faites au nom d'une société **filiale** créée pour exploiter le nouvel établissement (mais la formation de cette société n'entraîne elle-même aucune perception).

Les droits d'enregistrement n'ont donc pas d'incidence notable sur la décision de créer une filiale ou une simple succursale.

IMPÔTS ET TAXES DUS EN COURS D'EXPLOITATION

95820 Au regard des différents impôts liés à l'existence et au fonctionnement de l'établissement (impôt sur les bénéfices, TVA notamment), la situation varie radicalement suivant que cet établissement est une succursale ou une filiale de la société qui l'a créé.

a. La **succursale,** qui n'a pas d'autonomie juridique, n'a pas davantage d'autonomie fiscale vis-à-vis de la « maison mère ». Même si la comptabilité permet de distinguer les résultats de son exploitation, ceux-ci viennent se fondre dans le **résultat général** de la société et sont imposables au nom de celle-ci (sous réserve, s'il y a lieu, de l'application de la règle de « territorialité » de l'impôt sur les sociétés prévoyant la non-imposition en France des bénéfices, ou la non-déduction des déficits, d'un établissement situé à l'étranger : no 35725). De manière analogue, aucune transaction juridique ne pouvant avoir lieu entre maison mère et succursale, la **TVA** n'est en principe pas due sur les livraisons faites par une maison mère à sa succursale (en ce sens, CJUE 23-3-2006 aff. 210/04 : RJF 6/06 no 806 ; BOI-TVA-CHAMP-10-10-20 no 280) sous réserve, là encore, des particularités liées à l'implantation de la succursale dans un pays autre que celui de la maison mère. C'est ainsi que, du seul fait du franchissement de la frontière, les marchandises allant de l'une à l'autre peuvent subir la TVA dans le pays d'arrivée (nos 49280 s. et 49600 s.). La TVA est également due sur les prestations de services fournies par un siège à sa succursale (ou inversement), établis dans des États différents, lorsque l'une de ces entités (ou les deux) est membre d'un **assujetti unique** (groupe TVA) dans son État membre d'établissement (voir no 46535, e).

b. La **filiale,** en revanche, a une personnalité fiscale propre. Quelle que soit sa forme juridique (société par actions ou société de personnes), c'est elle qui est redevable de la **TVA** sur ses ventes de biens ou de services. De même, la société mère ne peut pas se dispenser d'acquitter la TVA sur les livraisons de biens ou de services qu'elle lui fait, celles-ci procédant d'une véritable vente.

La faculté, instituée en France depuis le 1er janvier 2023, de constituer un assujetti unique (groupe TVA) atténue la rigueur de ces règles pour les entités établies en France présentant des liens étroits sur les plans financier, économique et organisationnel (CGI art. 256 C). Les opérations réalisées entre les membres d'un **assujetti unique** constituent en effet des opérations internes sans incidence pour l'application de la TVA (voir nos 46545 s.).

Au regard de l'**imposition des bénéfices,** le principe est le même : en particulier, les **transactions** réalisées entre la société mère et sa filiale doivent être conformes à l'intérêt propre de chacune d'elles sans que l'intérêt du groupe puisse être pris en considération. La jurisprudence admet néanmoins que la société mère puisse facturer les **services rendus** à ses filiales à prix coûtant, sans marge bénéficiaire (no 8930).

La filiale seule a la qualité de contribuable à raison de ses propres résultats. Mais ce principe souffre deux **dérogations** importantes :

1. Lorsque la filiale est une **société soumise à l'impôt sur les sociétés** détenue à 95 % au moins par sa société mère, son résultat (positif ou négatif) vient se fondre dans le résultat dégagé par la société mère si celle-ci a décidé de former un **groupe** comprenant ladite filiale (nos 40000 s.) ;

2. Si la filiale a le statut de **société de personnes** (société en nom collectif), la quote-part de ses résultats qui correspond aux droits de la société mère doit, pour l'assiette de l'impôt, être ajoutée par cette dernière à ses propres résultats (nos 37600 s.).

En ce qui concerne les intérêts rémunérant les **avances consenties entre sociétés liées,** ils sont déductibles par l'entreprise emprunteuse dans la limite du taux maximum servi aux associés (CGI art. 39, I-3° : n° 8830) ou, s'il est supérieur, du taux du marché (CGI art. 212, I : n° 35827). Ces intérêts sont également pris en compte pour l'application du **plafond de déduction des charges financières** fixé à 3 M€ par exercice ou, si ce montant est plus élevé, à 30 % de l'Ebitda fiscal, étant précisé que les sociétés liées ne peuvent pas bénéficier de la déduction supplémentaire de 75 % prévue en faveur des sociétés autonomes. Toutefois, une déduction supplémentaire de même montant peut s'appliquer si elles font partie d'un groupe consolidé (CGI art. 212 bis : nos 35830 s.). 95825

Dans les **situations transfrontalières** (la société prêteuse ou la société emprunteuse est établie à l'étranger), la déduction des frais financiers peut également se heurter à l'application des mécanismes de lutte contre les « **dispositifs hybrides** » susceptibles de produire des effets fiscaux asymétriques (par exemple déduction des intérêts en France non corrélée à une imposition dans l'État de l'entreprise bénéficiaire) (CGI art. 205 B à 205 D : voir nos 35815 s.).

Sur les règles particulières applicables en cas de **sous-capitalisation** de la société emprunteuse ou d'**intégration fiscale,** voir nos 35845 s. et 40495 s.

B. Situations particulières

1. DISTRIBUTION DE BÉNÉFICES PAR LA FILIALE

a. Si la filiale est une **société de personnes** (société en nom collectif…), le fait qu'elle distribue ou ne distribue pas ses bénéfices est sans influence sur la situation fiscale de la société mère, celle-ci devant, comme on vient de le voir, inclure dans ses résultats sa quote-part des bénéfices de la filiale dès la réalisation de ceux-ci (qu'ils soient distribués ou non). 95830

b. La situation est la même si la filiale est une **société de capitaux** (SA, SAS, SARL…) dont le résultat vient s'intégrer dans celui de sa société mère en application du régime des **groupes.** La neutralisation fiscale des **distributions internes** à un groupe d'intégration fiscale n'est cependant pas totale. Sous réserve que la filiale concernée appartienne au groupe depuis plus d'un exercice, les distributions éligibles au régime mère-fille sont en effet soumises à la taxation d'une quote-part des frais et charges fixée à 1 % de leur montant (au lieu de 5 %, en règle générale, dans le régime de droit commun) (CGI art. 216, I modifié par loi 2023-1322 du 29-12-2023 art. 52 : voir nos 40970). Sur le mécanisme particulier de neutralisation applicable aux **distributions inéligibles au régime mère-fille,** voir nos 40520 s.

c. Si la filiale est une **société** de capitaux demeurée **imposable séparément,** la société mère ne doit comprendre dans ses résultats que les seuls bénéfices qui lui sont distribués par la filiale. Mais, lorsque les conditions d'application du régime spécial des sociétés mères et filiales sont remplies (nos 40900 s.), la société mère peut, pour le calcul de son bénéfice imposable, retrancher de son bénéfice les dividendes reçus de ses filiales après imputation d'une quote-part de frais et charges fixée forfaitairement à 5 % du produit des participations, crédit d'impôt compris. Ce taux est toutefois ramené à 1 %, sous certaines conditions, pour les **produits de participation versés par une filiale étrangère** (voir n° 40970).

2. ABANDONS DE CRÉANCES (OU SUBVENTIONS) ENTRE MÈRE ET FILIALE

La société qui crée une filiale pour développer une activité nouvelle pourra être amenée, si cette filiale traverse une situation difficile, à lui consentir une aide sous forme, par exemple, d'abandon de créance ou de subvention. 95850

Ces aides sont soumises au régime fiscal exposé nos 95860 s.

IMPOSITION DES BÉNÉFICES

L'abandon de créance consenti par une société à une filiale en difficulté est soumis à un régime différent selon que cet abandon est consenti pour des raisons commerciales (par exemple pour conserver les débouchés que lui assure sa filiale) ou pour des raisons financières (nos 8920 s.). 95860

a. Dans le premier cas (**opération commerciale**), la remise de dette consentie par la société mère constitue une charge déductible de son résultat imposable et un profit pour la filiale (n° 8935).

Le Conseil d'État a jugé, à cet égard, que des services aux filiales peuvent caractériser des relations commerciales même en l'absence de toute activité d'achat-revente de la société holding (CE 7-2-2018 nº 398676 : RJF 5/18 nº 468). De même, une **aide** motivée par le développement d'une activité **qui n'a pas encore généré de chiffre d'affaires** peut revêtir un caractère commercial si les perspectives de développement n'apparaissent pas purement éventuelles (CE 26-7-2023 nº 463846 : RJF 11/23 nº 795).

La déduction est subordonnée au respect des conditions fixées par la jurisprudence concernant une gestion normale et l'intérêt propre de l'entreprise versante. Ainsi, il ne suffit pas qu'une renonciation à recettes soit conforme à l'objet social pour relever d'une gestion normale (CE 22-7-2022 nº 444942 : RJF 11/22 nº 934). Toutefois, l'article 39, 1-8º du CGI pose une présomption de normalité des abandons de créance à caractère commercial consentis ou supportés dans le cadre d'un plan de sauvegarde ou de redressement ou d'un accord de conciliation (nº 8945).

b. En revanche, si l'opération ne revêt pas un caractère commercial, l'abandon de créance n'est déductible que si la **filiale** est **en difficulté financière** (CGI art. 39, 13). Sont essentiellement visées à ce titre les aides accordées dans le cadre d'une procédure de sauvegarde, de redressement ou de liquidation judiciaire, de conciliation ou d'insolvabilité (BOI-BIC-BASE-50-20-10 nº 63). Cependant, la cour administrative d'appel de Nantes a jugé que l'abandon par une société holding de créances correspondant à des **services administratifs** rendus à ses filiales relève également du régime des abandons de créances à caractère financier (CAA Nantes 23-9-2022 nº 20NT00524 : RJF 1/23 nº 8 ; arrêt devenu définitif le pourvoi formé à son encontre n'ayant pas été admis : CE (na) 30-6-2023 nº 469132). La déduction est admise à hauteur seulement de la **situation nette négative** de l'entreprise bénéficiaire et, pour le montant excédant cette situation nette négative, à proportion des participations détenues par d'autres personnes que l'entreprise qui consent l'aide (voir exemple nº 8952). L'excédent est considéré comme un supplément du prix de revient de la participation.

La fraction de l'abandon de créance non déductible chez la mère ne constitue pas un profit imposable pour la filiale si cette dernière s'engage à augmenter son capital, à due concurrence, au profit de la société mère, avant la clôture du deuxième exercice suivant.

Précisons que la déduction de l'aide consentie par une société à sa filiale en difficulté est indépendante des modalités d'octroi de cette aide qui peut donc prendre la forme d'une **subvention** ou de **renonciation à recettes** : prêts ou avances sans intérêts, ventes ou services gratuits ou à prix préférentiels… (nº 8950, précision d).

En définitive, l'ouverture d'une succursale, au lieu d'une filiale, permet normalement d'imputer la totalité des charges générées par l'activité nouvelle sur le résultat global de l'entreprise (nº 95820). La situation est toutefois différente, compte tenu des règles de territorialité, lorsque la succursale est exploitée à l'étranger (nº 95900).

95870 Selon l'administration fiscale, les **aides** versées par une entreprise à une autre entreprise (subventions, abandons de créances, dons…) doivent être soumises à la TVA (nºs 46920 s.) :

– lorsqu'elles constituent la rémunération d'une prestation de services individualisée rendue par l'entreprise bénéficiaire à la société versante ;

– ou lorsqu'elles complètent le prix d'une opération imposable.

Dans les autres cas, l'aide échappe à la TVA et n'est pas prise en compte, en principe, dans le calcul du coefficient de taxation de l'entreprise bénéficiaire (nºs 55790 s.).

3. CRÉATION D'UNE ACTIVITÉ À L'ÉTRANGER PAR UNE ENTREPRISE FRANÇAISE

95890 Au regard des impôts français, la circonstance qu'une entreprise opte pour la création d'une filiale ou d'une succursale à l'étranger n'a pas d'incidence au moment où elle fait son investissement.

La situation est différente en cours ou en fin d'exploitation dès lors que l'entreprise doit tenir compte des particularités découlant du principe de la territorialité de l'impôt sur les sociétés (nºs 35720 s.). Il en résulte les conséquences suivantes.

EXPLOITATION ÉTRANGÈRE ASSURÉE PAR UNE SUCCURSALE

95900 L'entreprise française qui ouvre une succursale à l'étranger n'est pas imposable en France sur les **profits** de cette succursale et, corrélativement, ne peut déduire de son résultat fiscal les **pertes** subies par celle-ci (voir toutefois nº 35725 l'exception concernant les pertes définitives).

Elle se trouve ainsi vis-à-vis de sa succursale étrangère dans une situation analogue à celle d'une société mère par rapport à sa filiale. Elle ne peut donc enregistrer fiscalement les **livraisons effectuées à sa succursale** pour un prix inférieur à leur prix de revient réel, sauf à voir réintégrer la perte correspondante dans son résultat imposable.

EXPLOITATION ÉTRANGÈRE ASSURÉE PAR UNE FILIALE

Les bénéfices réalisés et les pertes subies par une filiale étrangère n'exercent aucune influence directe sur le résultat imposable en France de la société mère. Mais la personnalité juridique distincte des deux sociétés entraîne indirectement les conséquences suivantes. 95910

a. Si la filiale étrangère verse des **dividendes** relevant du régime mère-fille, ceux-ci entrent dans les profits financiers de la société mère mais bénéficient en fait d'une exonération, sous réserve d'une réintégration égale en principe à 5 % du dividende, crédit d'impôt compris (nos 40850 s.). Ce taux est toutefois aligné sur celui applicable aux distributions intragroupe, et donc ramené à 1 % (no 95830, b), lorsque la filiale distributrice est soumise à un impôt équivalent à l'IS dans un État membre de l'UE, en Islande, en Norvège ou au Liechtenstein, sous réserve que ces sociétés aient rempli, depuis plus d'un exercice, les conditions pour appartenir à un groupe fiscalement intégré si la filiale était établie en France (CGI art. 216 modifié par loi 2023-1322 du 29-12-2023 art. 52). En vue de se conformer à la jurisprudence de la Cour de justice de l'Union européenne (CJUE 11-5-2023 aff. 407/22 et 408/22), l'article 216 ainsi modifié supprime, pour les exercices clos à compter du 31 décembre 2023, la disposition qui excluait l'application du taux réduit lorsque la non-appartenance de la société française à un groupe était uniquement due à l'absence des options et des accords à formuler pour le régime de l'intégration fiscale. Sur le mécanisme particulier de neutralisation applicable aux **distributions inéligibles au régime mère-fille,** voir nos 40520 s.

b. En jugeant que la réintégration d'une quote-part de frais et charges sur les revenus de filiales conduit à imposer la société mère sur une fraction de ces revenus, le Conseil d'État a mis en échec la doctrine administrative (BOI-IS-BASE-10-10-20 no 100) refusant toute imputation des **crédits d'impôt étrangers** sur l'impôt sur les sociétés (CE 5-7-2022 no 463021 : RJF 10/22 no 830). Dans l'hypothèse où le **montant des frais réellement exposés** pour l'acquisition ou la conservation des dividendes est **inférieur à la quote-part forfaitaire** de 1 ou 5 %, l'impôt français dans la limite duquel est imputé le crédit d'impôt étranger est égal au produit du taux de l'impôt français et de la différence entre la quote-part forfaitaire et le montant des frais réellement exposés (CE 7-4-2023 no 462709 : RJF 6/23 no 441). Amenée à se prononcer sur la **justification des frais réellement exposés,** la cour administrative d'appel de Paris a jugé que cette justification n'est pas apportée par la production d'une simple liste des charges établie par la société mère pour les besoins de la cause (CAA Paris 11-10-2023 no 21PA05034 : no 40970).

c. En cas de **pertes de la filiale étrangère,** celles-ci peuvent justifier la constitution par la société mère d'une provision destinée à tenir compte de la dépréciation de sa participation, étant entendu que la charge correspondante ne peut donner lieu à aucune déduction (no 18835). Par ailleurs, le régime de déduction des **aides – commerciales ou financières** – consenties à une filiale est identique, qu'il s'agisse d'une filiale française ou étrangère (voir nos 8930 s.). Selon le Conseil d'État, la qualification juridique de l'opération donnée par le droit étranger peut être prise en compte pour apprécier le caractère normal de l'aide (CE 7-9-2009 no 303560 : RJF 12/09 no 1068). Mais les règles de droit applicables localement constituent seulement un élément d'appréciation : il appartient au juge de se prononcer sur la **nature réelle de l'opération** en cause pour fixer son régime fiscal (CE 13-4-2018 no 398271 : RJF 7/18 no 727 ; CE 31-3-2017 no 383129 : RJF 6/17 no 539).

d. Toujours en raison de leur personnalité juridique distincte, la société mère française et sa filiale étrangère ont entre elles des **relations de fournisseur à client** donnant naissance à des créances et à des dettes susceptibles d'entraîner des charges fiscalement déductibles pour la société française (cas où celle-ci est conduite à constater par voie de provision la dépréciation d'une créance sur sa filiale ou à lui consentir pour des raisons commerciales une aide financière sous forme de remise de dettes, par exemple).

> Précisions a. Dans la **fixation du prix des opérations** qu'elle traite avec sa filiale (fournitures de biens ou services, avances, licence d'exploitation de ses marques ou brevets), la société française doit veiller à respecter les tarifs normaux du marché. En effet, les **aides à une filiale étrangère** entrent dans le champ d'application de la présomption d'anormalité édictée par l'article 57 du CGI tendant à réprimer les transferts de bénéfices à l'étranger (nos 78265 s.). La loi étend l'application de cette présomption simple, pour les exercices ouverts à compter du 1er janvier 2024, lorsque la méthode de fixation des prix de transfert suivie par l'entreprise s'écarte de celle définie dans la documentation (visée au b. ci-dessous) qu'elle a établie à l'intention de l'administration (Loi 2023-1322 du 29-12-2023 art. 116). Le cas échéant, les entreprises peuvent se référer aux principes directeurs établis par l'OCDE pour la définition des prix de pleine concurrence ou solliciter l'application de la procédure simplifiée d'**accord préalable** sur les prix de transfert (no 8965).

b. Les **entreprises les plus importantes** (celles dont le chiffre d'affaires annuel hors taxe ou l'actif brut du bilan est supérieur ou égal à un seuil réduit de 400 à 150 M€ pour les exercices ouverts à compter de la même date par l'article 116 de la loi 2023-1322 du 29-12-2023) doivent tenir une **documentation** permettant de justifier la politique des prix de transfert pratiqués avec des entreprises associées. Cette documentation, qui doit être tenue à la disposition de l'administration sous un format électronique, se compose d'un **fichier principal** qui permet d'avoir une vision d'ensemble des activités du groupe, de la politique globale en matière de prix de transfert et de la répartition des bénéfices au niveau mondial, et d'un **fichier local** qui présente des informations précises sur l'activité de chaque entreprise et sur les transactions intragroupe (Décret 2018-554 du 29-6-2018). Les entreprises dont le chiffre d'affaires annuel hors taxe ou l'actif brut du bilan est supérieur ou égal à 50 M€ et dont le montant des **transactions avec des entités étrangères** associées excède 100 000 € par nature de transaction doivent fournir une version allégée de cette documentation à l'administration sur un formulaire 2257-SD dans le délai de six mois suivant la date limite de dépôt de la déclaration de résultat de l'exercice. Dans le cas des **groupes fiscaux**, c'est la mère intégrante qui est tenue de souscrire la déclaration pour elle-même et pour chacune des filiales concernées (BOI-BIC-BASE-80-10-30 n°s 170 s.). Les **groupes internationaux** les plus importants doivent souscrire une déclaration spéciale (n° 2258-SD) comportant des informations précises sur les différentes entités du groupe et sur la répartition par pays de leurs résultats (CGI art. 223 quinquies C : n° 8972).

LIQUIDATION DE L'INVESTISSEMENT À L'ÉTRANGER

95915 Lorsqu'une entreprise française met fin à l'activité d'une filiale implantée hors de France, une distinction doit être faite selon qu'elle cède sa participation ou réalise les actifs de sa filiale.

Si la société **cède sa participation** dans la filiale, elle réalise une plus-value ou subit une moins-value soumise au régime des plus-values (ou moins-values) professionnelles, étant précisé :

– que les plus-values sur **titres** de participation **détenus depuis au moins deux ans** (autres que les titres de sociétés à prépondérance immobilière ou financière) réalisées par les entreprises soumises à l'impôt sur les sociétés sont exonérées, à l'exception d'une **quote-part de frais et charges** de 12 %, calculée sur le montant brut de ces plus-values qui est comprise dans le résultat ordinaire, à condition toutefois que l'entreprise réalise une plus-value nette à long terme au cours de l'exercice de cession (n° 18865) ;

– et qu'en contrepartie de l'exonération des plus-values les moins-values constatées sur les mêmes titres ne sont pas déductibles du résultat imposable.

En cas de cession de titres détenus depuis **moins de deux ans,** le gain réalisé est imposable au taux de droit commun. En revanche, la moins-value subie lors d'une telle cession fait l'objet d'un report de déduction lorsqu'il existe des liens de dépendance entre l'entreprise cédante et la cessionnaire (n° 19075).

Si la **filiale** à l'étranger se liquide par la **vente de ses actifs** et la répartition entre ses associés du produit de cette liquidation, la situation de la société mère française varie suivant que la somme qu'elle perçoit est supérieure ou inférieure au montant de ses apports. En effet, dans le premier cas, elle réalise un revenu mobilier exonéré d'impôt sur les sociétés (après défalcation d'une quote-part de frais et charges) en tant que produit de filiale alors que, dans le second cas, elle subit une perte de liquidation qui est fiscalement considérée comme une « moins-value » de cession (n° 19102).

> Précisions Certaines **conventions fiscales** attribuent le pouvoir de taxer les plus-values de cession de titres de participation à la fois à la France et à l'État dans lequel se situe la société dont les titres sont cédés et prévoient l'**élimination de la double imposition** correspondante par voie d'imputation de l'impôt prélevé à l'étranger sur l'impôt sur les sociétés acquitté en France au titre de la même opération, dans la limite du montant de l'impôt français correspondant à ces revenus (règle du butoir). Infirmant la doctrine administrative, le Conseil d'État a jugé que l'impôt acquitté à l'étranger peut s'imputer sur l'impôt résultant de la taxation en France de la **quote-part de frais et charges** calculée sur le montant brut de la plus-value (CE 15-11-2021 n° 454105 : voir n° 18865, précision c).

4. CRÉATION D'UNE ACTIVITÉ EN FRANCE PAR UNE SOCIÉTÉ ÉTRANGÈRE

95940 Que les bénéfices soient réalisés par l'intermédiaire d'une succursale ou d'une filiale, ils sont passibles de l'impôt sur les sociétés du moment que la société étrangère est une société de capitaux (ou que la filiale française a cette forme).

La **retenue à la source** (25 % en principe pour les revenus distribués en 2024 lorsque le bénéficiaire est une personne morale) qui frappe les distributions à des non-résidents s'applique aux dividendes versés à la société mère étrangère par sa filiale et aux bénéfices réalisés par la succursale, lesquels sont présumés distribués à des non-résidents, sauf preuve contraire (voir nos 24895 s.). Mais les conventions internationales prévoient fréquemment la réduction ou la suppression de cette retenue et la loi elle-même en écarte l'application :

– d'une part, sur les **dividendes versés à une société mère** établie dans un autre État membre de l'Union européenne, en Islande, en Norvège ou au Liechtenstein lorsque celle-ci détient au moins 10 % du capital de la filiale française distributrice (nos 24875 s.). Le taux de participation est ramené à 5 % lorsque la société mère détient des participations satisfaisant aux conditions du régime mère-fille (nos 40910 et 41000) et qu'elle ne peut pas imputer la retenue à la source dans son État de résidence (CGI art. 119 ter I-c ; no 24875) ;

– d'autre part, sur les **bénéfices réalisés en France** par les sociétés ayant leur siège dans un État membre de l'Union européenne, en Islande, en Norvège ou au Liechtenstein. Les sociétés européennes non passibles de l'impôt sur les sociétés dans l'État où elles ont leur siège ne bénéficient pas de cette dispense, mais elles peuvent demander la restitution de la retenue à la source calculée sur des bénéfices qui n'ont pas été désinvestis hors de France (CGI art. 115 quinquies : nos 24895 s.).

Lorsqu'elle est due, la retenue à la source est calculée sur le **montant brut des dividendes** distribués, mais elle peut faire l'objet d'une restitution à hauteur de la différence entre cette imposition et celle calculée sur une **base nette des charges** supportées pour l'acquisition et la conservation des produits concernés (CGI art. 235 quinquies).

Les **sociétés étrangères déficitaires** peuvent obtenir, sur demande, la restitution temporaire des retenues à la source pratiquée sur les revenus qui leur ont été distribués. Cette restitution est assortie d'une imposition en report qui devient exigible, notamment en cas de retour à meilleure fortune de la société (CGI art. 235 quater : nos 24889 s.).

En conclusion, on peut dire que la fiscalité française traite de manière à peu près équivalente les succursales et les filiales de sociétés étrangères en ce qui concerne l'imposition de leurs **bénéfices.** Cela est particulièrement vrai dans le cas des sociétés ayant leur siège dans un pays lié à la France par une **convention fiscale** prévoyant l'égalité de traitement avec les sociétés françaises des succursales en France de ces sociétés étrangères. En effet, les règles suivantes s'appliquent dans ce cas à la succursale en France qui détient à son actif fiscal des actions de sociétés françaises :

1. S'il s'agit d'actions représentant une **participation de 5 %** au moins, les dividendes perçus par la succursale sont exonérés (sous réserve de la taxation d'une quote-part de frais et charges), la succursale étant alors traitée de la même manière qu'une **société mère** ayant son siège en France (voir nos 40850 s.) ;

2. Si les actions détenues par la succursale ne représentent pas une participation suffisante pour lui donner droit au régime « mère-filiale », les dividendes provenant de sociétés françaises supportent l'impôt sur les sociétés sur leur montant plein.

LOCATION-GÉRANCE D'UNE ENTREPRISE

La location-gérance (ou gérance libre) d'un fonds de commerce ou d'un fonds artisanal s'entend de toute convention par laquelle le propriétaire du fonds en concède la location à un gérant qui l'exploite à ses risques et périls (C. com. art. L 144-1). 95950

Cette formule est couramment utilisée à titre de mesure préparatoire à la cession du fonds lui-même (ou à une cession de capital de la société exploitante), étant précisé que le plus souvent la gérance est confiée à une **société d'exploitation** spécialement créée par les candidats à la reprise de l'affaire.

Cette manière de procéder offre en effet aux repreneurs la possibilité de tester le potentiel de l'entreprise à racheter avant de s'engager définitivement. On peut également avoir recours à la location-gérance dans les groupes de sociétés, par exemple pour éprouver l'efficacité du regroupement des activités de deux filiales avant de décider de les fusionner.

La création d'une société de location-gérance peut de même constituer une solution adaptée à la transmission d'une **entreprise individuelle** permettant d'associer immédiatement à la marche de l'entreprise (et moyennant un effort financier moins important que s'il s'agissait d'une acquisition directe) la ou les personnes intéressées par sa reprise.

La gérance libre présente sur le plan fiscal les principales particularités suivantes.

A. Conséquences fiscales de la mise en gérance

95960 Les conséquences fiscales de la mise en gérance concernent, d'une part, le régime d'imposition des bénéfices du bailleur et, d'autre part, l'assujettissement des redevances à la TVA.

RÉGIME D'IMPOSITION DU BAILLEUR

95970 Selon une jurisprudence bien établie, l'exploitant n'est pas considéré, au regard de l'**imposition des bénéfices,** comme cédant ou cessant son entreprise ; l'opération s'analyse en un simple changement dans le mode d'exploitation de celle-ci. Il s'ensuit notamment que la mise en gérance n'entraîne pas l'imposition des **plus-values** affectant les éléments d'actif de l'entreprise, et il n'est pas procédé à l'imposition immédiate des **bénéfices** réalisés jusqu'au jour de la mise en gérance (nº 11400).

Cette solution s'applique aussi bien lorsque le fonds est mis en location-gérance par un exploitant relevant de l'impôt sur le revenu que par une société (ou une entreprise individuelle ayant opté pour son assimilation à une EURL) soumise à l'IS. En effet, la mise en location-gérance d'un fonds de commerce n'est pas de nature à caractériser un changement d'activité au sens de l'article 221, 5 du CGI (BOI-IS-CESS-10-20-30 nº 100) (nº 38720, précision b).

TVA

95985 La mise en gérance libre d'un fonds de commerce donne lieu au paiement de la TVA sur le montant des **redevances** (nº 96010). En conséquence, la contribution sur les revenus locatifs n'est pas exigible, même si le bailleur est une société soumise à l'IS (nº 74815).

La cession au gérant libre des **marchandises** en stock entraîne, comme toute transaction commerciale, l'exigibilité de la TVA, taxe que le gérant libre déduira ensuite de celle dont il sera redevable à raison de ses propres opérations.

B. Régime fiscal applicable pendant la gérance

1. SITUATION DU BAILLEUR

IMPOSITION DES REDEVANCES

96000 Les profits que le bailleur retire de la location de son fonds constituent des bénéfices d'exploitation taxables dans les conditions de droit commun.

Ces **profits** sont imposables dans la catégorie des BIC lorsque le bailleur est une personne physique soumise à l'impôt sur le revenu (nº 7025, f). À noter toutefois que, selon l'administration fiscale, l'activité de location-gérance ne présente pas un caractère professionnel au sens de l'article 156, I-1° bis du CGI (BOI-BIC-DEF-10 nº 290) : les **déficits** éventuellement subis par le bailleur ne peuvent donc pas être imputés sur son revenu global (nº 1025).

Par ailleurs, les **redevances** perçues par des personnes physiques au titre de la location-gérance d'un fonds de commerce sont assimilées, en règle générale, à des **revenus du patrimoine** pour l'application de la CSG et des autres prélèvements sociaux (nº 34556). Toutefois, ces redevances constituent des **revenus d'activité,** et non des revenus du patrimoine, lorsque le bailleur qui les perçoit réalise des actes de commerce au titre de l'entreprise louée ou y exerce une activité. Il n'est pas nécessaire que cette activité soit déterminante pour l'entreprise louée ni que le propriétaire du fonds prolonge au travers de la location son activité dans l'entreprise louée (Cass. 2e civ. 4-2-2010 nº 09-13.003 F-PB : RJS 4/10 nº 376 ; 1-7-2010 nº 09-14.379 FS-PB : RJS 11/10 nº 881 ; CAA Nantes 8-10-2015 nº 14NT01415 : RJF 1/16 nº 97).

> **Précisions** Si la location-gérance est consentie par une **entreprise individuelle ayant opté pour son assimilation à une EURL**, les redevances relèvent de l'IS à moins, bien entendu, que l'exploitant ne renonce à son assujettissement à cet impôt dans les conditions exposées nº 95035.

TVA

Le bailleur est passible de la TVA sur le montant des redevances qu'il perçoit. La taxe doit être calculée sur le montant total des sommes auxquelles le bailleur peut prétendre en vertu du contrat de location, même lorsqu'une partie de ces sommes ne lui revient pas en propre. Ainsi, si le **gérant** libre **paie directement au propriétaire** de l'immeuble **le loyer** du local dans lequel est exploité le fonds, le montant de ce loyer doit s'ajouter, pour le calcul de la TVA, à la redevance effectivement reçue par le bailleur du fonds (nº 47500). 96010

Lorsque le **bailleur** d'un fonds de commerce est **également propriétaire des murs,** il peut, si l'immeuble n'est pas inscrit au bilan de l'entreprise, le donner en location au gérant libre par bail civil, distinct de celui portant sur le fonds. Dans ce cas, les loyers correspondant à la location des murs sont imposables entre les mains du bailleur dans la catégorie des revenus fonciers et, sauf option du bailleur (nºs 46875 s.), ils échappent à la TVA (CE 18-6-1990 nºs 61022 et 61023 : RJF 8-9/90 nº 1028).

CONTRIBUTION ÉCONOMIQUE TERRITORIALE (CET)

Le propriétaire d'un fonds de commerce donné en location-gérance est regardé comme poursuivant son activité professionnelle antérieure. Il demeure donc soumis à la cotisation foncière des entreprises pendant la période de location (CE 9-3-2016 nº 374893 : RJF 5/16 nº 438). Mais, compte tenu des modalités particulières de calcul de cette cotisation, il ne doit, en principe, que la « cotisation minimum » visée à l'article 1647 D du CGI (nº 43715). Du fait des seuils d'imposition en vigueur, le bailleur échappe également, sauf cas exceptionnels, à la CVAE (étant rappelé que cette cotisation sera définitivement supprimée à compter de 2027 : nº 43850). 96020

> Précisions Lorsque l'activité mise en location-gérance après avoir été exploitée par le propriétaire est une activité exonérée, le propriétaire peut continuer à bénéficier de l'exonération (CE 9-3-2016 nº 374893 précité).

RESPONSABILITÉ DU PROPRIÉTAIRE DU FONDS

Le propriétaire d'un fonds de commerce mis en location-gérance est, jusqu'à la publication du contrat de location, solidairement responsable avec le gérant libre des **dettes** contractées par celui-ci à l'occasion de l'exploitation du fonds (C. com. art. L 144-7). 96030

Par ailleurs, l'article 1684, 3 du CGI dispose que le propriétaire d'un fonds de commerce est, pendant la même durée, solidairement responsable, avec l'exploitant de cette entreprise, des **impôts directs** établis à raison de l'exploitation de ce fonds. Toutefois, l'article 26 de la loi 2016-1918 du 29 décembre 2016 a sensiblement restreint la portée de cette mesure en en réservant l'application au cas où les impositions ont fait l'objet de majorations de 40 % ou 80 % pour des manquements (retard ou insuffisance de déclaration) connus du propriétaire (ou qu'il ne pouvait ignorer).

2. SITUATION DU GÉRANT LIBRE

DÉDUCTION DES REDEVANCES

Le gérant libre est imposable sur le bénéfice net qu'il réalise, déterminé après déduction de la redevance (nº 8355). Cette imposition est établie au titre des bénéfices industriels et commerciaux lorsque le gérant libre est une personne physique (sauf option pour l'IS dans les conditions exposées nº 95035). 96055

Toutefois, l'administration peut s'opposer, en tout ou partie, à la déduction de la redevance si elle est en mesure d'établir :

– que le bail dissimule en réalité une **cession déguisée** du fonds de commerce (sur le fondement de l'abus de droit : voir nºs 79185 s., ou de la clause générale anti-abus en matière d'impôt sur les sociétés : voir nº 35810) ;

– ou que le gérant libre a accepté de payer une **redevance excessive** (acte de gestion anormal).

EXONÉRATION TEMPORAIRE DES BÉNÉFICES

En principe, le gérant libre ne peut pas bénéficier des exonérations prévues par l'article 44 sexies du CGI en cas de **création d'une activité réellement nouvelle** dans une zone dite « d'aides à finalité régionale » (nºs 10260 s.). Toutefois, l'application du régime de faveur a été admise dans une situation particulière où cette reprise avait été suivie d'une réorientation de l'activité initiale dès lors que l'entreprise nouvellement créée s'adressait en définitive à une clientèle entièrement nouvelle (CAA Nancy 18-12-1997 nº 93-961). 96065

S'agissant, enfin, des **entreprises implantées en zone franche urbaine – territoire entrepreneur,** l'exploitant devenu bailleur d'un fonds de commerce mis en location-gérance peut continuer à bénéficier des allégements applicables dans ces zones, et le preneur qui reprend l'activité est également éligible (nº 10350, précision b).

TVA

96075 La TVA facturée au locataire sur le montant des redevances est déductible par celui-ci du montant de la taxe dont il est lui-même redevable à raison de l'exploitation du fonds.

CONTRIBUTION ÉCONOMIQUE TERRITORIALE (CET)

96085 Le gérant libre est assujetti à la cotisation foncière des entreprises sur la valeur locative des terrains et des locaux qu'il utilise pour les besoins de son exploitation, y compris, le cas échéant, ceux qui appartiennent au bailleur.

Dans le cas d'une entreprise importante, le gérant peut également être assujetti à la CVAE mais on rappelle que cette cotisation sera réduite progressivement de 2024 à 2026 et définitivement supprimée à compter de 2027 (nºs 43850 s.).

C. Situation à l'expiration de la gérance

96120 La gérance peut prendre fin de différentes manières. Rien n'interdit au propriétaire de reprendre son fonds pour l'exploiter à nouveau lui-même ou de le donner en location à un nouveau gérant. Mais le plus souvent la gérance cessera par rachat du fonds, ou du capital de la société bailleresse, par la société qui en a assuré la gérance, ou encore par voie d'absorption de la société bailleresse.

96125 Le **rachat du fonds** par le gérant est soumis au régime des plus-values professionnelles, mais il n'ouvre pas droit à l'exonération prévue par l'article 151 septies du CGI en faveur des prestataires de services dont les recettes annuelles n'excèdent pas certains seuils. Cette exonération est en effet réservée aux activités exercées à titre professionnel, ce qui exclut les propriétaires bailleurs (CE 29-7-2020 nº 438485 : RJF 11/20 nº 858 ; nº 18205).

En revanche, la **cession** d'un fonds en location-gérance peut bénéficier de l'exonération totale ou partielle des plus-values instituée par l'article 238 quindecies du CGI, si la valeur du fonds transmis n'excède pas 500 000 € pour l'exonération totale ou 1 M€ pour l'exonération partielle et si l'activité a été exercée pendant au moins cinq ans avant la mise en location-gérance du fonds. Il en est ainsi même si le **fonds** est **cédé à une personne autre que le locataire** sous réserve que la cession (ou la transmission) porte sur l'intégralité des éléments concourant à l'exploitation et que la transmission s'effectue dans le respect du contrat de location-gérance (nº 19680). La loi n'impose pas au nouvel acquéreur de poursuivre effectivement l'exploitation, ce qui devrait lui permettre, le cas échéant, de donner à son tour le fonds en location-gérance.

Le Conseil d'État a jugé que ces **conditions propres à la location-gérance** se cumulent avec les conditions générales d'application de l'article 238 quindecies du CGI, notamment l'interdiction faite au cédant de détenir la majorité des droits de vote de la société cessionnaire ou d'en être le dirigeant de droit ou de fait (CE 16-10-2013 nº 346063 : RJF 1/14 nº 7). L'exonération ne peut donc pas s'appliquer lorsque, en vue de la transmission de son entreprise, l'exploitant la donne en location-gérance à une société qu'il contrôle, à moins que la cession ne porte simultanément sur le fonds et sur les droits détenus dans la société locataire. Il a été jugé, en revanche, que seules les **conditions générales d'application du régime** (et non les conditions spécifiques prévues en cas de location-gérance) s'appliquent si le contrat de location-gérance a été résilié avant la cession (CAA Versailles 23-10-2014 nº 12VE00905 ; CAA Douai 21-11-2019 nº 17DA01771 : voir nº 19680).

Dans l'hypothèse où le bailleur cède le fonds donné en location-gérance à l'occasion de son **départ à la retraite,** il peut, à certaines conditions, prétendre à l'exonération totale instituée par l'article 151 septies A du CGI en faveur des entreprises qui répondent à la définition communautaire des PME (nºs 19890 s.). À la différence du régime de l'article 238 quindecies, cette exonération s'applique indépendamment de la valeur du fonds (qui peut donc excéder 1 M€), mais les contributions sociales restent dues. Les deux régimes peuvent être cumulés.

96130 Le même régime s'applique lorsque, le fonds appartenant à une société relevant du régime des sociétés de personnes, la gérance prend fin par **rachat des parts** de cette société (nºs 37715 s.).

La plus-value est soumise en revanche au régime d'imposition des plus-values sur valeurs mobilières et droits sociaux (PFU de 12,8 %, hors prélèvements sociaux, sauf option pour l'imposition au barème progressif) si la **société** propriétaire relève de l'**impôt sur les sociétés**

(CGI art. 150-0 A : nos 32805 s.). L'associé qui cède ses parts peut bénéficier de l'abattement fixe spécifique de 500 000 € applicable en cas de départ à la retraite d'un associé dirigeant (nos 33106 s.). Dans le cas où il remplit également les conditions pour bénéficier de l'abattement proportionnel majoré (no 33100), il devra effectuer un choix entre ces deux abattements car ils ne sont pas cumulables.

À noter que, lorsque la **transmission** est **effectuée par une société soumise à l'impôt sur les sociétés** répondant à la définition des PME (nos 19890 s.), le bénéfice de l'exonération prévue à l'article 238 quindecies du CGI est subordonné au respect de la réglementation européenne relative aux aides de minimis (nos 92660 s.).

Enfin, en cas d'**absorption de la société bailleresse,** les dispositions applicables sont celles des fusions de sociétés (nos 39000 s.).

TRANSMISSION D'UNE ENTREPRISE, COMMENT LA PRÉPARER ? QUELLES CONSÉQUENCES FISCALES ?

Nous examinons ci-après les solutions offertes, sur le plan fiscal, à l'exploitant d'une entreprise industrielle ou commerciale soucieux d'organiser la transmission de celle-ci d'une manière qui en assure la continuité. 96150

Les dispositions à prendre et les conséquences fiscales qui en résultent diffèrent selon qu'il s'agit d'une entreprise individuelle ou en société et selon que l'exploitant souhaite, ou non, conserver provisoirement un rôle dirigeant ou des intérêts dans l'affaire.

A. Transmission d'une entreprise individuelle

1. L'EXPLOITANT DÉCIDE DE SE RETIRER IMMÉDIATEMENT (EN DONNANT SON AFFAIRE OU EN LA VENDANT)

a. Donation de l'entreprise

Si les candidats à la reprise sont ses **héritiers,** l'exploitant peut opérer la transmission de son entreprise par voie de donation (solution qui ne lui interdit pas, en vue de se ménager une source de revenus, de conserver la propriété des **immeubles** affectés à l'exploitation qu'il donnera en location à son ou ses successeurs). Cette solution peut également être envisagée au profit des salariés de l'entreprise. 96180

Les conséquences fiscales de la donation sont les suivantes.

IMPÔT SUR LE REVENU

Une distinction est à opérer selon que l'exploitant choisit de faire une donation directe de l'entreprise ou de constituer une société, avant de faire donation des titres correspondants. 96190

Donation directe La donation en l'état de l'entreprise individuelle déclenche en principe les mêmes impositions que la vente de l'entreprise (**taxation immédiate** des bénéfices et plus-values : voir nos 11400 s.), y compris pour les immeubles construits par l'exploitant mais qui, à cette occasion, font retour dans son patrimoine privé. On rappellera toutefois que la donation peut bénéficier de l'exonération des plus-values prévue par l'article 238 quindecies du CGI lorsque la valeur du fonds n'excède pas **500 000 €** pour l'exonération totale et **1 M€** pour l'exonération partielle (nos 19650 s.). 96195

Si les conditions d'application de cette exonération ne sont pas réunies, les plus-values dégagées par la donation peuvent néanmoins échapper en tout ou partie à l'impôt lorsque les recettes hors taxe de l'exploitation n'excèdent pas les limites fixées à l'article 151 septies du CGI (250 000 € ou 90 000 € pour l'exonération totale et 350 000 € ou 126 000 € pour l'exonération partielle) (voir nos 18200 s.).

Enfin, si l'exploitant ne peut pas prétendre à une exonération totale, ou à une exonération partielle suffisante, les bénéficiaires de la transmission peuvent, en application de l'article 41 du CGI, demander le **report d'imposition** des plus-values constatées à l'occasion de la transmission, jusqu'à la date de cession ou cessation de l'entreprise ou jusqu'à la date de cession de l'un des éléments d'actif si elle est antérieure. Ces plus-values en report seront totalement **exonérées** si l'activité est poursuivie pendant au moins cinq ans par l'un des donataires (nos 19810 s.).

L'exonération sera également maintenue si les donataires décident de former une société dans les conditions prévues à l'article 151 octies du CGI, sous réserve qu'ils s'engagent à acquitter les impôts en report qui deviendraient exigibles avant la fin du délai de cinq ans suivant la donation (no 19850).

96200 **Apport en société suivi de la donation des titres** Afin, notamment, d'éviter une indivision entre les donataires, l'exploitant peut préférer à la donation directe de l'entreprise la solution qui consiste, après apport de celle-ci à une société, à faire porter la donation sur les titres créés à cette occasion. Dès lors qu'il va détenir, au moins provisoirement, le contrôle de la société, l'exploitant ne pourra pas bénéficier de l'exonération de plus-value instituée par l'article 238 quindecies du CGI en faveur des cessions ou apports de fonds dont la valeur n'excède pas 500 000 € pour l'exonération totale et 1 M€ pour l'exonération partielle (nos 19650 s.).

En revanche, il pourra opter pour le régime fiscal particulier prévu à l'article 151 octies du CGI en cas d'apport en société d'une entreprise individuelle (voir nos 19710 s.), ce qui lui permettra :

– d'une part, d'éviter l'imposition des plus-values dégagées sur les **éléments amortissables** : ces plus-values seront réintégrées dans le résultat imposable de la société sur une période maximale de cinq ans (quinze ans en principe pour les immeubles) ; toutefois, l'apporteur peut opter pour l'imposition immédiate au taux réduit de la plus-value à long terme sur les éléments apportés ;

– d'autre part, de transmettre aux bénéficiaires de la donation l'obligation de supporter l'imposition des plus-values afférentes aux **éléments non amortissables,** momentanément placées en report (no 19755).

Mais, comme on l'a vu no 96195, la solution consistant à faire d'abord donation de l'entreprise individuelle, en laissant aux donataires le soin de constituer une société, peut être plus avantageuse puisqu'elle permet aux bénéficiaires d'échapper à toute imposition sur les plus-values, y compris sur les immobilisations non amortissables, en application de l'article 41 du CGI.

DROITS D'ENREGISTREMENT

96210 La donation d'une entreprise donne lieu, dans tous les cas, à l'application des **droits de mutation à titre gratuit.** Mais, lorsque l'entreprise est mise en société dans la perspective d'une donation des titres, il convient, en outre, de tenir compte des droits susceptibles de grever l'**opération d'apport.**

96215 **Droits de donation** Le montant des droits de mutation dus à raison d'une donation est en principe indépendant de la nature des biens transmis puisqu'il ne varie, abstraction faite des réductions de droits ou abattements visés no 96220, qu'en fonction du montant de la donation et du **degré de parenté** (ou de l'absence de parenté) entre le bénéficiaire et le donateur.

La loi autorise toutefois, sous certaines conditions, la déduction de l'assiette des droits de donation des **dettes contractées par le donateur** pour l'acquisition ou dans l'intérêt des biens donnés qui sont mises à la charge du donataire avec l'accord du créancier (no 69235).

96220 La **donation** d'**une entreprise** individuelle **ou de parts et actions** d'une société bénéficie, sous certaines conditions :

– d'une exonération à concurrence de 75 % de la valeur des biens transmis lorsque le ou les donataires prennent l'**engagement** (dit Pacte Dutreil) **de conserver les biens** affectés à l'exploitation ou les droits sociaux et que l'un d'entre eux **poursuit l'exploitation** ou exerce son activité principale ou une fonction de direction dans la société pendant une certaine durée (CGI art. 787 B et 787 C : nos 68090 s. et 68105 s.) ; cette exonération peut se cumuler, le cas échéant, avec la réduction de 50 % des droits liée à l'âge du donateur (no 69320) ;

– d'un abattement de 500 000 € sur la valeur du fonds ou sur la fraction de la valeur des titres représentative du fonds lorsqu'elle est faite **au profit de salariés** qui poursuivent l'exploitation pendant cinq ans au moins (CGI art. 790 A modifié par loi 2023-1322 du 29-12-2023 art. 22). Cet abattement était fixé à 300 000 € pour les donations antérieures au 1er janvier 2024.

Les abattements de 75 %, 50 % et 500 000 € peuvent se cumuler (CGI art. 790 A : n° 69290, Précisions).

> **Précisions** a. Le montant effectif des droits de donation se trouve sensiblement atténué lorsque le **donateur décide de prendre en charge les frais et droits** de l'opération (n° 69360, a).
> b. Des possibilités de **paiement différé** et **fractionné** des droits de donation sont prévues pour les transmissions d'entreprises (nos 68945 s. et 69360, b).
> c. Les dirigeants ont la possibilité de consulter l'administration sur la **valeur de l'entreprise** ou des droits qu'ils projettent de donner en vue de se prémunir contre une remise en cause ultérieure de l'assiette des droits de donation (n° 79373).
> d. Les droits de mutation à titre gratuit acquittés par le donataire (ou l'héritier) d'une exploitation individuelle ou des parts d'une société de personnes sont déductibles de ses revenus professionnels lorsque les éléments transmis ont le caractère d'actif professionnel (Rép. Grau : AN 3-11-2020 n° 28659 : n° 95105, 2).

Droits dus, le cas échéant, sur l'apport en société L'apport net réalisé lors de la constitution d'une **société non passible de l'impôt sur les sociétés** (société en nom collectif, par exemple) ne donne lieu à aucune perception (n° 66860). 96225

Si la société qui reçoit l'apport est **passible de l'impôt sur les sociétés,** la taxation est en principe de 5 % pour les immeubles et le fonds de commerce (taux réduit à 3 % pour la fraction de la valeur du fonds comprise entre 23 000 € et 200 000 €, la fraction en dessous de 23 000 € étant non imposable), mais l'opération est enregistrée gratuitement si l'apporteur s'engage à conserver pendant trois ans les titres reçus en contrepartie de l'apport et si, en cas de donation, les bénéficiaires acceptent de reprendre l'engagement en cours (nos 66870 s.).

En ce qui concerne « **l'apport à titre onéreux** » résultant de l'existence d'un **passif** grevant l'entreprise apportée, tout dépend en principe de la consistance de l'actif brut et de la présence ou non dans cet actif d'éléments dont la cession puisse échapper aux droits d'enregistrement (créances et marchandises notamment) et sur lesquels il soit possible d'« imputer » le passif (n° 66900). 96230

Cependant, ces droits sont évités eux aussi si l'apporteur s'engage à conserver pendant trois ans les titres reçus en contrepartie de l'apport et si, en cas de donation, les bénéficiaires acceptent de reprendre l'engagement en cours (n° 66940).

Les droits applicables en cas d'apport en société sont à la charge de la société bénéficiaire de l'apport et, à ce titre, **déductibles** de son résultat imposable (n° 8527). 96235

TVA

L'article 257 bis du CGI prévoit qu'aucune livraison de biens ou prestation de services n'est réputée intervenir lors de la **transmission à titre gratuit** d'un fonds de commerce ou d'une partie autonome d'une entreprise (regardée comme la transmission d'une universalité de biens réalisée entre redevables de la TVA). Cette absence de taxation (et de régularisation de la taxe antérieurement déduite par le cédant) concerne tant les **biens mobiliers d'investissement** (matériel, outillage, mobilier de bureau...) que les **immeubles,** les **marchandises** ou les biens mobiliers incorporels (brevets, licences, marques...) (n° 47520). En contrepartie, le bénéficiaire de la transmission est réputé continuer la personne du cédant et sera donc tenu, le cas échéant, aux régularisations de la taxe déduite par ce dernier comme s'il avait continué à utiliser les biens transmis. 96240

Ce dispositif s'applique également en cas d'**apport en société.**

b. Vente de l'entreprise

La transmission de l'entreprise à des tiers ou à des héritiers que l'exploitant ne désire pas gratifier dans l'immédiat peut s'opérer de différentes manières. 96260

VENTE DU FONDS

La vente pure et simple du fonds et des éléments qui lui sont affectés déclenche l'**imposition immédiate** des bénéfices non encore taxés et de l'ensemble des plus-values de cession, sauf s'il s'agit d'une petite entreprise (voir le dossier « Vente d'une entreprise individuelle » nos 96450 s.). 96270

Cette opération met en outre à la charge des acquéreurs, ou de la société qu'ils auront constituée pour opérer le rachat, le droit de cession de fonds de commerce au taux de 3 % sur la fraction du prix comprise entre 23 000 € et 200 000 € et de 5 % sur la fraction excédant 200 000 € (n° 65520). Si le fonds est cédé à un proche du cédant ou à un salarié, le droit est calculé sous déduction d'un abattement d'assiette porté de 300 000 € à 500 000 € à compter du 1er janvier 2024 (CGI art. 732 ter modifié par loi 2023-1322 du 29-12-2023 art. 22 : voir nos 95105 et 65535).

Par exception, lorsque l'entreprise cédée était soumise à l'impôt sur les sociétés en raison de son assimilation à une EURL, la transmission est réputée porter sur les « parts » de l'EURL et relève, à ce titre, du droit de cession des droits sociaux (nos 67130 s.).

CESSION DES TITRES APRÈS MISE EN SOCIÉTÉ DE L'ENTREPRISE INDIVIDUELLE

96280 La décision de mettre l'entreprise individuelle en société en vue d'en céder les titres présente un intérêt appréciable en raison de la possibilité qu'elle offre à l'exploitant, en optant pour le régime de l'article 151 octies du CGI, de transférer chez la société nouvellement créée l'imposition des **plus-values à court terme** dégagées par l'apport des **éléments amortissables.**

En effet, alors que ces plus-values seraient passibles entre les mains du cédant d'une imposition dont le taux maximal atteint 45 %, la société nouvelle, du moment qu'elle est soumise à l'impôt sur les sociétés, supportera cette imposition au taux normal de 25 % ou, dans les PME, 15 % pour une fraction des bénéfices (nos 35990 s.), et cela en principe en cinq fractions annuelles (régime de l'article 151 octies du CGI examiné nos 19710 s.). Mais cet avantage est contrebalancé par la soumission à ces mêmes taux des **plus-values à long terme** dégagées par l'apport de ces éléments, à moins que l'apporteur n'opte pour l'imposition immédiate au taux réduit (12,8 %, majoré des prélèvements sociaux) de la plus-value nette à long terme globale afférente aux éléments amortissables apportés.

96285 Sous l'angle des **droits d'enregistrement,** la mise en société de l'entreprise individuelle à vendre n'entraîne en principe aucun surcoût car l'apport effectué lors de la formation de la société :

– est enregistré gratuitement, si la société créée n'est pas soumise à l'impôt sur les sociétés (no 66860) ;

– est soumis à un droit de mutation de 5 % pour les immeubles et le fonds de commerce (taux réduit à 3 % pour la fraction du prix du fonds comprise entre 23 000 € et 200 000 €, la fraction jusqu'à 23 000 € étant non imposable) si la société est passible de l'impôt sur les sociétés, mais on rappelle que ces apports sont enregistrés gratuitement si l'apporteur s'engage à conserver pendant trois ans les titres reçus en contrepartie de l'apport (no 66870).

Quant à la **cession ultérieure** des titres, elle sera soumise soit à un droit de 3 % (société dont le capital n'est pas divisé en actions), soit à un droit de 0,1 % (sociétés par actions), soit à un droit de 5 % (société à prépondérance immobilière) (no 67145).

LOCATION-GÉRANCE

96295 Une solution parfois utilisée pour faciliter la transmission d'une entreprise consiste à donner le fonds en location-gérance aux personnes intéressées par sa reprise avec la promesse de le leur céder à terme.

Cette opération n'entraîne pas l'imposition immédiate des plus-values affectant les éléments d'actif de l'entreprise et, au moment de la **cession du fonds** (si l'activité a été exercée pendant au moins cinq ans au moment de la mise en location), l'exploitant sera définitivement affranchi de cette imposition dès l'instant que la valeur du fonds n'excède pas 500 000 € (nos 19650 s.) ou que la cession intervient dans le cadre du départ à la retraite de l'exploitant (nos 19890 s.). En revanche, l'exonération des plus-values prévue en faveur des entreprises dont les recettes n'excèdent pas certains seuils n'est pas applicable en cas de cession d'un fonds donné en location-gérance.

Bien entendu, les locataires-gérants – qui auront eu intérêt à constituer une société pour exploiter l'affaire – n'éviteront pas le droit de cession de fonds de commerce de 3 % (pour la fraction du prix comprise entre 23 000 € et 200 000 €) ou 5 % (pour la fraction excédant 200 000 €) lors de l'achat des éléments de l'actif.

Voir, pour plus de détails, le dossier spécial « Location-gérance » nos 95950 s.

2. L'EXPLOITANT NE SOUHAITE SE DÉGAGER QUE PROGRESSIVEMENT DE SON AFFAIRE

96330 Nous nous plaçons ici dans l'hypothèse où l'exploitant individuel dispose de plusieurs années pour préparer le cadre juridique favorable à la continuation de son entreprise, ce qui n'exclut pas qu'il ait déjà des vues précises sur l'identité de ses successeurs et sur les conditions (donation ou vente) de leur entrée dans l'affaire.

Comme dans le cas du retrait immédiat, sa première décision devra porter sur le périmètre du patrimoine professionnel à transmettre. Doit-il y inclure, ou non, les locaux d'exploitation dont il est propriétaire ? La marque sous laquelle il exploite ? Les droits de propriété industrielle dont il est titulaire ? En effet, l'entreprise peut fort bien continuer en disposant sur ces biens d'un simple droit d'usage (bail, concession), et le fait de dissocier ces éléments facilitera la transmission en cas de vente du fonds.

Se posera ensuite la question de la forme d'exploitation la plus apte à favoriser l'entrée des successeurs dans l'affaire. Deux possibilités se présentent à cet égard : la mise en société immédiate de l'entreprise ou la formation d'une société de location-gérance.

APPORT EN SOCIÉTÉ DE L'ENTREPRISE INDIVIDUELLE

Afin d'optimiser les conséquences fiscales de la cessation de son entreprise, l'exploitant peut décider de constituer une société et profiter ainsi du report de taxation prévu par l'article 151 octies du CGI (nos 19710 s.). Le coût fiscal de la mise en société se résume alors dans l'obligation pour la société de soumettre à l'impôt, sur une période maximale fixée en principe à cinq ans, les plus-values dégagées par l'apport des éléments amortissables qui figuraient à l'actif de l'exploitation individuelle, à moins que l'apporteur n'opte pour l'imposition immédiate au taux réduit de la plus-value nette à long terme globale afférente à ces éléments. 96340

La **transmission de l'entreprise** pourra ensuite s'opérer par une cession ou une donation de titres, ou encore par la voie d'une augmentation de capital de la société nouvelle réservée aux repreneurs. 96345

a. Cession de titres Cette opération entraînera d'abord le paiement de l'impôt en sursis grevant les plus-values dégagées lors de l'apport des éléments non amortissables (à condition, bien entendu, que l'opération d'apport ait été placée sous le régime de l'article 151 octies du CGI : n° 19750) et, s'il y a lieu, des droits d'apport évités lors de la création de la société (nos 66870 et 66940). En outre, dans la mesure où elle sera consentie pour un prix supérieur à la valeur que comportaient les titres de la société nouvelle au moment de sa création, cette vente dégagera en principe une **plus-value imposable** au taux de 12,8 % (société relevant de l'IR) ou au PFU, également de 12,8 %, (société passible de l'IS) plus les prélèvements sociaux. Selon les cas, le cédant pourra toutefois bénéficier :

– si la société est une **société de personnes** relevant de l'IR, de l'une ou l'autre des **exonérations** prévues par les articles 151 septies (régime des petites entreprises : nos 18200 s.), 238 quindecies (entreprises dont la valeur n'excède pas 1 M€ : nos 19650 s.), ou 151 septies A du CGI (départ à la retraite du cédant : n° 19890) ;

– si la société est **soumise à l'IS** :

• soit de l'**abattement fixe** de 500 000 € applicable en cas de départ à la retraite de l'exploitant, quel que soit le mode d'imposition de la plus-value (PFU ou barème progressif) mais non cumulable avec un abattement proportionnel (nos 33106 s.),

• soit, en cas d'option du cédant pour l'imposition des plus-values et revenus mobiliers au barème progressif de l'IR, des **abattements proportionnels** pour durée de détention maintenus pour les titres acquis ou souscrits avant le 1er janvier 2018. Il pourra donc s'agir soit de l'abattement de droit commun de 50 % ou 65 % visé à l'article 150-0 D, 1 ter du CGI (nos 33075 s.), soit de l'abattement dit « renforcé » (50 %, 65 % ou 85 %) applicable lorsque les titres ont été acquis ou souscrits dans les premières années de la société (CGI art. 150-0 D, 1 quater) (nos 33100 s.).

De leur côté, les acquéreurs éviteront à raison de l'achat de leurs titres le droit de mutation de 3 % ou 5 % qui frappe les cessions de fonds de commerce (n° 65520). Le droit exigible sera néanmoins :

– de 3 % s'il s'agit de **parts sociales** (parts de SARL ou de sociétés de personnes) ;

– de 0,1 % s'il s'agit d'**actions** ;

– ou de 5 % si la société est à **prépondérance immobilière,** quelle que soit sa forme (nos 67130 s.).

b. Donation de titres Dans ce cas, le report d'imposition dont ont pu bénéficier les plus-values d'apport sur éléments non amortissables sera maintenu dès lors que les bénéficiaires accepteront de se substituer au donateur dans ses obligations (n° 19755).

Le prélèvement fiscal le plus lourd sera alors représenté par les droits de donation, payables sur une période de dix ans après un différé de paiement de cinq ans (voir nos 68945 s.).

c. Augmentation de capital S'il désire rester associé aux risques et à la marche de l'entreprise alors que celle-ci a des besoins de financement complémentaires, le fondateur de la société nouvelle pourra avoir intérêt à faire entrer un repreneur dans le capital de celle-ci par la voie d'une augmentation de capital qui lui sera réservée.

Cette formule présente l'avantage de n'entraîner aucune imposition (n° 66975). En outre, le repreneur pourra, sous certaines conditions, bénéficier de la réduction d'impôt prévue par l'article 199 terdecies-0 A du CGI en cas de souscription au capital d'une PME (nos 2600 s.), à moins qu'il ne préfère opter pour la déduction des frais d'acquisition de ses titres (intérêts et frais annexes) s'il exerce son activité principale en qualité de salarié ou de gérant majoritaire de la société (nº 23620).

Dans les différentes hypothèses envisagées, l'ancien exploitant pourra, tout en restant associé de l'entreprise qu'il a créée, éviter une dispersion excessive de son capital en souscrivant un **engagement collectif de conservation des titres,** dit Pacte Dutreil, seul ou avec d'autres associés. À son décès, ou à la date qu'il aura choisie pour faire donation de ses titres, ses héritiers ou donataires pourront ainsi bénéficier d'une **exonération de droit de mutation à titre gratuit** à concurrence de 75 % de la valeur des titres transmis, à condition de prendre à leur tour l'engagement de conserver durablement ces titres et, pour au moins l'un d'entre eux ou des associés ayant souscrit l'engagement de conservation initial, d'exercer dans la société son activité principale (société de personnes) ou des fonctions de direction (société soumise à l'IS) (CGI art. 787 B : voir nºs 68090 s.). On notera que l'ancien exploitant peut continuer à assurer la direction de la société même après avoir transmis la totalité de ses titres sous engagement (BOI-ENR-DMTG-10-20-40-10 nº 390 : nº 68095).

LOCATION-GÉRANCE

96355 La mise en gérance libre du fonds peut constituer une étape utile lorsque l'exploitant a déjà fait le choix de son ou de ses successeurs qu'il peut ainsi associer d'emblée dans la société constituée en vue de prendre le fonds en location. Il convient alors que la société nouvelle détienne une promesse de vente du fonds consentie par l'exploitant et que celui-ci s'engage à vendre sa participation dans la société d'exploitation à ceux de ses coassociés qui ne sont pas ses héritiers.

Cette solution présente l'avantage de ne déclencher **dans l'immédiat** aucune imposition. Ce n'est en effet que lors de la **cessation de la location-gérance** que, d'une part, seront taxables éventuellement (si les conditions d'exonération indiquées nº 96125 ne sont pas remplies) les plus-values dégagées par la vente du fonds et que, d'autre part, deviendra exigible le droit de mutation de 3 % ou 5 %.

Quant aux impositions entraînées par la **cession ultérieure des titres** de la société nouvelle, elles se limiteront en règle générale à l'impôt sur le revenu au taux de 12,8 % (société passible de l'impôt sur le revenu) ou au PFU, également de 12,8 %, sauf option pour le barème progressif (société passible de l'IS), plus les prélèvements sociaux, et, pour les acquéreurs, au droit de mutation (nºs 67130 s.).

En cas de **donation** des titres, les conséquences seront celles examinées nº 96345, b (essentiellement paiement des droits de donation).

Voir également, pour une étude plus complète du régime de la location-gérance, le dossier spécial figurant nºs 95950 s.

B. Transmission d'une entreprise exploitée en société

96390 Avant d'indiquer les mesures qu'il peut être utile de prendre pour préparer la transmission d'une entreprise exploitée en société, arrêtons-nous aux conséquences fiscales de la cession du contrôle d'une société dans l'hypothèse, la plus fréquente, où celle-ci a la forme d'une société anonyme ou d'une SARL.

1. RÉGIME FISCAL DES CESSIONS OU DONATIONS DE TITRES

96400 Nous avons vu dans le dossier consacré à la mise en société d'une exploitation individuelle les conséquences fiscales de la cession à titre onéreux ou à titre gratuit de titres sociaux (voir nºs 95710 et 95750).

Sans revenir en détail sur ces dispositions, nous nous bornerons à rappeler ici que la cession des titres d'une **société passible de l'impôt sur les sociétés** entraîne l'assujettissement de la plus-value réalisée au prélèvement forfaitaire unique (PFU) de 12,8 %, auquel s'ajoutent les prélèvements sociaux (CGI art. 200 A, 2 : nº 33220). S'il estime y avoir intérêt, le cédant peut toutefois opter pour l'imposition au barème progressif de l'IR de l'ensemble de ses plus-values et revenus mobiliers, ce qui lui permet de conserver, dans les conditions et limites exposées nºs 33075 s., le bénéfice des abattements proportionnels pour durée de détention en vigueur avant 2018.

Dans le cas où l'entrepreneur souhaite réinvestir tout ou partie du produit de la cession dans l'**acquisition de nouveaux titres,** il peut bénéficier d'un report d'imposition des plus-values :

– soit en faisant préalablement apport des titres destinés à la vente à une société holding (nº 96402) ;

– soit en déposant ces mêmes titres sur un compte PME innovation (nº 96407).

Signalons également que les titres de capital ou les parts sociales d'une société peuvent être apportés à titre gratuit et irrévocable à un **fonds de pérennité** ou à une **fondation reconnue d'utilité publique.** La plus-value réalisée lors de cette transmission peut bénéficier, sous certaines conditions, d'un sursis ou d'un report d'imposition (voir nºs 19110 s.).

INTERPOSITION D'UNE SOCIÉTÉ HOLDING

En cas d'**apport** de la participation **à une société** de capitaux **contrôlée par l'apporteur,** la plus-value résultant de l'échange des titres fait l'objet d'un report d'imposition appelé à prendre fin lors de la cession à titre onéreux, du rachat, du remboursement ou de l'annulation soit des titres reçus en rémunération de l'apport, soit des titres apportés à la société bénéficiaire si la cession de ces titres intervient dans les trois ans de l'apport. 96402

Néanmoins, le **report d'imposition** est **maintenu** lorsque la société bénéficiaire de l'apport cède les titres dans un délai de trois ans à compter de la date de l'apport mais prend l'engagement de réinvestir dans une activité commerciale au moins 60 % du produit de leur cession dans un délai de deux ans. Il en est de même lorsque la société bénéficiaire de l'apport réinvestit, dans des conditions précisées nºs 33314 s., ce produit dans certaines structures de capital investissement qui ont vocation à investir elles-mêmes à hauteur de 75 % au moins de leur actif dans des PME opérationnelles. Enfin, le report d'imposition est maintenu en cas d'**échanges successifs** placés sous un régime de report ou de sursis, y compris lorsque les titres apportés sont placés sous un des anciens régimes de report optionnels mentionnés aux nºs 33310 s. (CGI art. 150-0 B ter).

En cas de **donation des titres** reçus en rémunération de l'apport, la plus-value en report est imposée au nom du donataire en cas de cession, d'apport, de remboursement ou d'annulation des titres dans un délai de cinq ans (porté à dix ans lorsque les titres apportés ont été cédés par la société bénéficiaire et ont fait l'objet d'un réinvestissement indirect) à compter de la donation, sauf cas de licenciement, d'invalidité ou de décès du donataire ou de son conjoint ou partenaire de Pacs soumis à une imposition commune. La plus-value en report est également imposée au nom de ce même donataire lorsque la société bénéficiaire de l'apport cède les titres apportés dans les trois ans à compter de l'apport sans procéder à un réinvestissement économique du produit de la cession (nºs 33318 s.).

Dans l'hypothèse où la **société** bénéficiaire de l'apport n'est **pas contrôlée par l'apporteur,** l'imposition de la plus-value résultant de l'« échange » des titres corrélatif à l'opération sera automatiquement reportée à la date où s'opérera la cession, le rachat, le remboursement ou l'annulation des nouveaux titres (nºs 33300 s.). Ce sursis d'imposition se transformera en exonération définitive si les titres reçus lors de l'échange sont transmis par succession ou donation (sauf s'il s'agit de dons ouvrant droit à la réduction IFI-dons : nºs 72100 s.). 96405

DÉPÔT DES TITRES SUR UN CPI

Le compte PME innovation (CPI) permet aux entrepreneurs qui cèdent leurs titres en vue de réinvestir le produit de la vente dans de jeunes PME de bénéficier d'un **report d'imposition global** de leurs plus-values nettes, après imputation des moins-values (CGI art. 150-0 B quinquies). Les plus-values ou moins-values réalisées dans le compte sont prises en compte lors du retrait de tout ou partie des liquidités. 96407

Ce dispositif est soumis à des conditions d'application très strictes qui concernent à la fois la société dont les titres sont inscrits sur le CPI (il doit s'agir d'une PME créée depuis moins de dix ans), le titulaire du compte (il devait détenir une participation d'au moins 25 % dans la société ou y exercer une fonction de direction) et les PME susceptibles d'être financées (en principe, des PME créées depuis moins de sept ans satisfaisant aux conditions d'éligibilité à la réduction Madelin). La loi impose en outre au titulaire du compte d'accompagner ces PME dans leur développement (nºs 26210 s.).

Comme les autres gains en capital, le gain net imposable est soumis au **PFU** ou, sur option globale, au **barème progressif** (CGI art. 150-0 B quinquies).

Le régime du CPI présente deux **avantages** principaux par rapport au dispositif d'apport-cession de l'article 150-0 B ter du CGI : 96409

– il permet d'éviter les coûts de création et les frais de fonctionnement d'une société holding ;

– il autorise une compensation globale des plus-values et moins-values à la date de retrait des liquidités du CPI, alors que le régime de droit commun ne permet d'imputer les moins-values que sur des plus-values de la même année ou des dix années suivantes.

En revanche, le CPI permet uniquement de reporter la taxation des plus-values alors que le report d'imposition prévu par l'article 150-0 B ter du CGI concerne aussi les prélèvements sociaux.

Cette différence de traitement, autant que la complexité du dispositif, expliquent sans doute la faible utilisation constatée du compte PME innovation.

2. PRÉPARATION DE LA TRANSMISSION

96420 Ce qui détermine un dirigeant à préparer la transmission de son entreprise est généralement, avant tout, la volonté d'obtenir que, malgré la division du capital entre ses héritiers, la société puisse conserver une unité de direction sous la conduite de la ou des personnes désignées pour lui succéder. L'examen des mesures à prendre à cet effet peut en outre révéler l'opportunité, si la société est parvenue à un certain degré de diversification, de constituer des entités distinctes pour l'exploitation des différents secteurs concernés. Il existe des solutions pour concilier ces deux objectifs.

CRÉATION D'UNE SOCIÉTÉ HOLDING DE CONTRÔLE

96430 **a.** L'opération qui consiste à apporter une participation majoritaire à une entité nouvelle créée pour détenir cette participation (société holding) a pour effet de transférer le pouvoir à cette nouvelle entité et, par voie de conséquence, aux associés majoritaires de celle-ci, ce qui vient **réduire** sensiblement le **montant des capitaux exigés** pour assurer le contrôle de la société concernée.

Cela peut se révéler fort utile dans l'éventualité où, au décès du dirigeant, des héritiers viendraient à céder tout ou partie des titres recueillis par succession. Supposons en effet que la société holding ait été constituée par des apports de participations représentant au total une participation largement majoritaire (80 %, par exemple) dans le capital de la société d'origine. Pour que le contrôle de la société d'origine soit maintenu au profit des héritiers continuateurs au sein du holding, il suffit que ceux-ci conservent plus de 50 % des droits dans ce holding bien que leur participation indirecte dans la société d'origine soit alors tout juste supérieure à 40 % (80 % × 50 %).

Afin de faciliter le maintien d'une participation familiale forte dans la société holding (ou dans la société d'origine en l'absence de holding), le créateur de l'affaire pourra souscrire, seul ou avec d'autres associés, un **engagement collectif de conservation** des titres dans les conditions prévues à l'article 787 B du CGI. À condition de respecter les conditions prévues par ce texte, ses héritiers ou ses donataires pourront ainsi bénéficier, le moment venu, d'un abattement de 75 % de la valeur des titres transmis pour le calcul des droits de mutation à titre gratuit (voir nos 68090 s.).

b. La constitution d'une société holding présente sur le plan juridique une seconde particularité favorable, liée à la possibilité de lui faire adopter la forme d'une société civile ou d'une société en nom collectif en vue d'inclure dans ses statuts une **clause d'agrément des futurs associés.** C'est un moyen pour les dirigeants de conserver le contrôle d'une société dont ils ont introduit les titres en bourse. L'actionnaire d'origine à 80 % peut en effet sans risque mettre sur le marché jusqu'à 29 % du capital de sa société si la participation familiale restante (51 %) est à l'abri au sein du holding familial.

c. À condition de placer la société holding, sur option, sous le régime de l'impôt sur les sociétés, ses associés bénéficient de substantiels **avantages fiscaux.**

D'abord, le régime d'exonération attaché à la qualité de société mère permet à la société holding de recueillir les dividendes qui lui sont versés sans autre charge fiscale que celle résultant de la réintégration d'une quote-part de frais et charges fixée à 5 % (ou à 1 % en cas de distributions intragroupe ou assimilées) du montant brut de ces dividendes (voir no 40970).

Ensuite, les fondateurs de la société holding ont, du fait du statut fiscal de celle-ci, la possibilité d'échapper à l'imposition de la plus-value dégagée par l'apport de leurs titres aussi longtemps qu'ils conserveront la participation reçue en échange (nos 33300 s.). Ce sursis d'imposition peut également être maintenu, sous certaines conditions, en cas de cession par la société holding elle-même de tout ou partie de la participation reçue par elle en apport (voir nos 96402 s.).

SÉPARATION DES ACTIVITÉS

96440 Avec ou sans l'appoint d'une structure de contrôle, la décision de fractionner les activités exercées par la société existante peut constituer une utile mesure préparatoire à sa transmission (autant qu'une solution opportune sur le plan de l'organisation et du fonctionnement).

Des unités de petite dimension constituent en effet des cibles plus accessibles pour un candidat à la reprise qu'un ensemble de taille importante.

Le régime des **apports partiels d'actif** (régime examiné nos 39235 s.) permet de réaliser la filialisation des activités moyennant une neutralité fiscale satisfaisante, bien qu'imparfaite. On regrettera en particulier que la loi laisse subsister une double imposition économique de la plus-value d'apport au niveau de la société bénéficiaire des apports puis de la société apporteuse (voir no 39457).

D'autre part, grâce au **régime des groupes** prévu par les articles 223 A et suivants du CGI, la société existante conserve la possibilité de compenser les résultats bénéficiaires et déficitaires des sociétés qu'elle a créées et dont par hypothèse elle détient 95 % au moins du capital (voir nos 40000 s.).

VENTE D'UNE ENTREPRISE INDIVIDUELLE

Quelle que soit la qualité de l'acheteur (société, exploitant individuel), la vente d'un fonds de commerce exploité à titre individuel entraîne les conséquences fiscales ci-après pour le cédant. 96450

A. Impôt sur le revenu

DÉCLARATION DE CESSATION

Pour permettre l'établissement immédiat de l'imposition afférente aux bénéfices non encore taxés, le cédant doit adresser au **guichet unique électronique** visé no 88200 une déclaration spéciale dans un délai de 45 jours calculé à partir de la publication de la cession dans un journal habilité à recevoir les annonces judiciaires et légales, publication qui doit elle-même être faite dans les 15 jours de la cession (CGI art. 201, 1 : no 11495). 96460

En ce qui concerne les **autres obligations** liées à la cession de l'entreprise : voir no 96560 ci-après.

IMPOSITION IMMÉDIATE DES BÉNÉFICES ET DES PLUS-VALUES

L'imposition porte non seulement sur les bénéfices de l'exercice en cours à la date de la cession et sur les bénéfices en sursis d'imposition, mais encore, s'il y a lieu, sur les plus-values résultant de la cession des éléments de l'actif immobilisé (locaux, clientèle, matériel, outillage, etc.) (nos 11400 s.). 96470

Toutefois, l'exploitant qui cède son entreprise peut bénéficier soit de l'exonération totale des plus-values prévue par l'article 151 septies A du CGI si la cession intervient à l'occasion de son départ à la retraite (nos 19890 s.), soit de l'exonération prévue par l'article 238 quindecies du même Code si la valeur du fonds transmis n'excède pas 500 000 € (pour l'exonération totale) ou 1 M€ (pour l'exonération partielle) (nos 19650 s.).

Ces exonérations ne s'étendent pas aux biens immobiliers bâtis ou non bâtis cédés en même temps que l'entreprise individuelle, mais les plus-values dégagées par la vente de ces biens sont imposées après application d'un abattement de 10 % par année de détention au-delà de la cinquième, ce qui aboutit à leur exonération totale au bout de quinze ans (nos 18095 s.).

ATTENTION

Contrairement à celles liées au montant des recettes (CGI art. 151 septies) ou à la valeur de l'exploitation (CGI art. 238 quindecies), l'exonération prévue par l'article 151 septies A du CGI en cas de départ à la retraite de l'exploitant ne s'étend pas aux prélèvements sociaux. L'exploitant concerné peut néanmoins échapper en tout ou partie à ces prélèvements en cumulant les régimes d'exonération dans les conditions exposées no 95102, 1.

Lorsque la cession n'ouvre pas droit aux exonérations prévues par les articles 238 quindecies ou 151 septies A du CGI (no 96470), la situation du cédant varie suivant que la moyenne des recettes, appréciées hors taxe, réalisées au titre des exercices clos au cours des deux années civiles qui précèdent la date de clôture de l'exercice de réalisation de la plus-value, excède ou non la limite d'exonération, c'est-à-dire 250 000 € pour les entreprises de vente ou de fourniture de logement autres que les loueurs en meublé et 90 000 € pour les autres entreprises (no 18240). 96475

a. Si la **moyenne des recettes excède la limite d'exonération,** l'intéressé est soumis au régime des « plus-values professionnelles » pour les cessions des éléments d'actif immobilisé figurant à son bilan : taxation au taux de 12,8 % des plus-values à long terme (avec possibilité, en cas d'octroi d'un crédit-vendeur, de bénéficier du régime d'étalement de l'impôt : n° 18110) et taxation au taux normal des plus-values à court terme (sans possibilité d'étalement sur trois ans puisqu'il s'agit ici par hypothèse d'une vente en fin d'exploitation, mais le système du quotient prévu à l'article 163-0 A du CGI est éventuellement applicable : n° 18075, précision b). On rappelle néanmoins que le cédant peut bénéficier d'une exonération partielle lorsque son chiffre d'affaires excède les seuils de 250 000 € ou 90 000 €, mais sans dépasser respectivement 350 000 € ou 126 000 €.

b. Si la **moyenne des recettes n'a pas dépassé la limite d'exonération des plus-values** (250 000 € ou 90 000 €), il est nécessaire de faire la distinction suivante :

1. La plus-value de cession porte sur un **terrain à bâtir** (ou immeuble assimilé). Dès lors que le terrain vendu figurait au bilan de l'entreprise cédante, la plus-value de cession est en principe imposable selon les règles des plus-values professionnelles, quel que soit le montant des recettes (voir n° 18235) ;

2. La plus-value de cession porte sur **d'autres éléments de l'actif immobilisé** (fonds de commerce ainsi que locaux professionnels non conservés dans le « patrimoine privé »). Dans ce cas, la plus-value est exonérée si l'activité professionnelle (ou, en cas d'activités distinctes, l'activité cédée : voir n° 18210) est exercée depuis cinq ans au moins à la date de la cession. Si cette condition n'est pas remplie, elle est taxée suivant le régime des « plus-values professionnelles » (voir n°s 18230 s.) avec, le cas échéant, application aux plus-values à court terme du système du quotient prévu à l'article 163-0 A du CGI (n°s 4150 s.).

Des règles particulières s'appliquent aux cessions de **biens** inscrits à l'actif de l'entreprise qui ne sont **pas utilisés pour l'activité** professionnelle (n°s 18460 s.).

B. TVA

96500 L'article 257 bis du CGI prévoit qu'aucune livraison de biens ou prestation de services n'est réputée intervenir lors de la transmission entre redevables de la TVA d'un fonds de commerce (regardée comme la transmission d'une universalité de biens). Cette absence de taxation concerne tant les **biens mobiliers d'investissement** (matériel, outillage, mobilier de bureau...) que les **immeubles,** les **marchandises** ou les biens mobiliers incorporels (brevets, licences, marques...) (n° 47520). En contrepartie, le bénéficiaire de la transmission est réputé continuer la personne du cédant et sera donc tenu, le cas échéant, aux régularisations de la taxe déduite par ce dernier comme s'il avait continué à utiliser les biens transmis.

C. Droits d'enregistrement

96520 Les droits d'enregistrement étant légalement dus par l'acquéreur, le cédant ne doit supporter ces droits que si le contrat les a mis expressément à sa charge (n° 64080), ce qui n'est pas usuel.

D. Impôts directs locaux

96540 En cas de vente d'une entreprise individuelle en cours d'année, la **taxe foncière** reste due, pour l'année entière, par le vendeur, à raison des locaux et des terrains cédés au nouvel exploitant. Mais le cédant et l'acquéreur peuvent, bien entendu, prévoir dans l'acte de vente un partage différent de la taxe foncière (n° 41680).

96545 La **cotisation foncière des entreprises** (CFE) reste due pour l'année entière par le redevable qui exerce l'activité au 1er janvier. Mais les parties peuvent convenir, dans l'acte de cession, que le nouvel exploitant supportera une partie de la cotisation de son prédécesseur (n° 43746).

La ***cotisation sur la valeur ajoutée des entreprises*** (CVAE) est due, le cas échéant, par le redevable qui exerce l'activité au 1er janvier de l'année d'imposition, donc par le **cédant** lorsque la vente du fonds intervient en cours d'année. Dans ce cas, la CVAE est due également par l'acquéreur si celui-ci n'exerçait aucune activité imposable au 1er janvier (n° 44030). Ces dispositions s'appliqueront pour la dernière fois aux cessions réalisées en 2026, la CVAE étant définitivement supprimée à compter de 2027 (n°s 43850 s.).

E. Formalités fiscales diverses

Les **entreprises qui cèdent** ou qui cessent **leur activité** doivent en informer l'administration fiscale dans un délai fixé à 45 jours par l'article 201, 1 du CGI (nº 96460). Elles bénéficient par ailleurs d'un délai de 60 jours, porté à 6 mois en cas de décès, pour souscrire la **déclaration des bénéfices** de l'exercice de la cession (nº 11495). 96560

Le service des **taxes sur le chiffre d'affaires** doit être informé de la cession dans les 30 jours de cet événement (nº 53390). La déclaration de TVA doit également être souscrite dans les 30 jours de la cession, ce délai étant porté à 60 jours pour les entreprises placées sous le régime simplifié d'imposition (nº 54290).

En ce qui concerne la **déclaration sociale nominative** (DSN) des salaires payés depuis le 1er janvier de l'année de la cession et, s'il y a lieu, la déclaration annuelle de liquidation et de régularisation de la taxe sur les salaires (modèle 2502-SD) accompagnée du télérèglement de cette taxe, voir nos 22200 et 73550.

PLANS D'ÉPARGNE RETRAITE (PER)

Les plans d'épargne retraite (PER) sont un produit d'épargne retraite permettant aux personnes physiques de se constituer des droits à retraite supplémentaire sous forme de rente ou de versement en capital. 96580

Une des principales caractéristiques des PER est de généraliser la possibilité de déduire les versements de l'assiette de l'impôt sur le revenu. Cette déductibilité, qui est plafonnée, s'opère, selon les cas, au niveau du revenu catégoriel ou à celui du revenu global. Pour les versements volontaires, il est cependant possible de renoncer à cette déduction, ce qui permet, en contrepartie, d'obtenir une fiscalité atténuée à la sortie.

Les PER ont été créés par l'article 71 de la loi Pacte 2019-486 du 22 mai 2019 (JO 20) et ses textes d'application. Ils ont pu être mis en place à compter du 1er octobre 2019. Ils ont vocation à remplacer progressivement les **produits antérieurs** : régimes de retraite supplémentaire d'entreprise ou de branche « article 83 », Perco, contrats « Madelin », Perp et produits assimilés. Ces produits ne peuvent plus être commercialisés, mais ceux qui étaient déjà en place au 1er octobre 2020 peuvent continuer à fonctionner sans limitation de durée. Les produits collectifs (Perco et régimes « article 83 ») peuvent continuer à accueillir de nouveaux participants, même après le 1er octobre 2020 et ce, sans limitation de durée. En revanche, les produits individuels (Perp et assimilés et contrats « Madelin ») ne peuvent plus recevoir de nouvelles souscriptions ou adhésions depuis le 1er octobre 2020 : depuis cette date, ceux-ci fonctionnent donc désormais en groupe fermé (sauf s'ils ont été modifiés afin d'être mis en conformité avec les caractéristiques des PER), mais leurs adhérents peuvent continuer à les alimenter.

Caractéristiques du PER

Trois types de PER Deux d'entre eux sont institués dans le cadre collectif de l'entreprise (ou dans un cadre interentreprises) : il s'agit du PER d'entreprise collectif (Pereco) et du PER d'entreprise obligatoire (Pero). Le troisième est en revanche mis en place en dehors de tout cadre professionnel : il s'agit du PER individuel, ouvert à toute personne, avec ou sans activité professionnelle. Tous ces plans peuvent être proposés indifféremment par un assureur ou un gestionnaire d'actifs.

La mise en place d'un PER dans l'**entreprise** n'est pas obligatoire. Celles qui souhaitent y recourir ont le **choix** de créer les deux formes de PER (Pereco et Pero), ou seulement l'un d'entre eux, sachant que, si le Pero est à adhésion obligatoire pour tout le personnel ou une ou plusieurs catégories de personnels, le Pereco est à adhésion facultative pour les salariés et doit être ouvert à l'ensemble du personnel. Le Pereco a vocation à remplacer le Perco, alors que le Pero est appelé à prendre la succession des contrats de retraite supplémentaire « article 83 ». Elles ont également la possibilité de regrouper ces deux types de plans en mettant

96580 (suite) en place un Pereco à compartiment obligatoire. Ce compartiment est destiné à recevoir les versements obligatoires de l'entreprise et des salariés, alors que le compartiment facultatif est alimenté par les versements volontaires des salariés et des versements de l'entreprise. Il est également possible de transformer le Pero en un Pereco comprenant des versements obligatoires.

À noter qu'un plan d'épargne retraite a été mis en place au **niveau européen.** Ce plan, dénommé « produit paneuropéen d'épargne retraite individuelle (**PEPP**) », est organisé en sous-comptes nationaux étanches permettant aux résidents de l'UE d'épargner dans un produit unique. Les règles de fonctionnement du sous-compte français du PEPP, pouvant être ouvert depuis le 17 juillet 2023, de même que son régime fiscal, sont alignés sur ceux du PER individuel (C. mon. fin. art. L 225-1 à L 225-4 et R 225-1 à R 225-4).

À côté du PER, a été créé, à compter d'une date à fixer par décret et au plus tard au 1er juillet 2024, un plan d'épargne avenir climat (PEAC) réservé aux personnes physiques de moins de 21 ans et résidant en France à titre habituel. Ce plan est régi par les articles L 221-34-1 à 4 du Code monétaire et financier, issus de l'article 34 de la loi 2023-973 du 23 octobre 2023. En conséquence, les PER dont le titulaire a moins de 18 ans ne peuvent plus recevoir de versements volontaires (C. mon. fin. art. L 224-2) et les personnes de moins de 18 ans ne peuvent plus ouvrir de PER individuel (C. mon. fin. art. L 224-28). Le PEAC est doté d'un régime fiscal spécifique (Loi 2023-1322 du 29-12-2023 art. 3).

Dénouement du PER Le PER se dénoue au plus tôt à la date de liquidation par le titulaire de sa pension dans un régime obligatoire d'assurance vieillesse ou à l'âge mentionné à l'article L 161-17-2 du CSS. L'intéressé a alors le choix de faire liquider ses droits soit par sortie en **rente** viagère, éventuellement réversible sur un bénéficiaire désigné, soit par sortie en **capital,** libéré en une fois ou de manière fractionnée. La sortie en capital est cependant exclue pour les droits correspondant aux versements obligatoires des salariés et de l'employeur aux PER d'entreprise à affiliation obligatoire et pour les titulaires ayant opté expressément et irrévocablement pour la liquidation de tout ou partie de leurs droits en rente viagère à compter de l'ouverture du PER (C. mon. fin. art. L 224-1 et L 224-5).

La liquidation ou le rachat **avant l'échéance** des droits constitués dans les PER est possible (par versement unique portant sur tout ou partie des droits) dans des situations dites d'« accidents de la vie » (qui sont limitativement fixées par le I de l'article L 224-4 du Code monétaire et financier) et pour acquisition de la résidence principale (sauf pour les droits correspondant à des versements obligatoires).

Le **décès** du participant avant l'échéance entraîne la clôture de son PER (C. mon. fin. art. L 224-4, II). Pour les PER ouverts sous forme de comptes-titres, les sommes sont intégrées à l'actif successoral. Pour les PER dits « assurantiels » (ayant donné lieu à adhésion à un contrat d'assurance de groupe), on distingue selon l'âge du titulaire du plan au moment de son décès : voir n° 68235 (décès avant 70 ans) ou n° 68230 (décès après 70 ans).

Transferts d'épargne vers un PER Il est possible de transférer sur un PER les droits en cours d'acquisition détenus dans un autre produit d'épargne retraite selon les modalités fixées par l'article L 224-40 du Code monétaire et financier ou les avoirs d'un contrat d'assurance-vie.

Revenus et plus-values constatés pendant la période d'épargne. Les revenus produits pendant la période d'épargne par les titres détenus dans les PER sont exonérés d'impôt sur le revenu dès lors qu'ils sont réemployés dans le plan et frappés de la même indisponibilité que les titres auxquels ils se rattachent ; ils échappent, en conséquence, au prélèvement forfaitaire non libératoire (BOI-RPPM-RCM-30-20-10 n° 250). Les crédits d'impôt attachés à ces revenus sont restituables. Ils sont exonérés dans les mêmes conditions que ces revenus (CGI art. 163 bis B, II bis et II ter). Sont également exonérées d'impôt sur le revenu les plus-values sur valeurs mobilières réalisées dans le cadre de leur gestion par les gestionnaires des PER (CGI art. 150-0 A, III-4 bis). Ces exonérations d'impôt sur le revenu concernent également, aux mêmes conditions, les contributions sociales sur les revenus du capital.

Impôt sur le fortune immobilière (IFI). Durant la phase d'épargne, les PER ouverts sous la forme de compte-titres sont imposables à l'IFI à hauteur de la fraction de leur valeur correspondant à des actifs immobiliers imposables. Les PER dits « assurantiels » sont taxables uniquement si le contrat est rachetable (dans la limite précisée n° 71285). Selon l'administration, le contrat est réputé rachetable lorsque l'assuré a atteint l'âge requis pour demander la liquidation du plan ou lorsque survient un événement permettant le déblocage anticipé (Rép. Malhuret : Sén. 9-2-2023 n° 1956).

Revenu fiscal de référence. Sont ajoutées au revenu fiscal de référence défini à l'article 1417 du CGI les sommes suivantes qui sont exonérées d'impôt sur le revenu en cas d'affectation à un Pereco ou à un Pero : droits inscrits sur un compte épargne-temps provenant d'un abondement en temps ou en argent de l'employeur ou, dans la limite de 10 jours par an, d'autres sources et, en l'absence de compte épargne-temps dans l'entreprise, sommes correspondant à des jours de repos non pris, dans la limite de 10 jours par an.

A. Sommes versées « à l'entrée »

1. VERSEMENTS OBLIGATOIRES AUX PER D'ENTREPRISE

CGI art. 83, 2°

DÉDUCTIBILITÉ POUR LES SALARIÉS

96585 DC-VIII-43350

Les versements obligatoires des entreprises à un PER d'entreprise (Pero ou Pereco) ne constituent pas, pour les bénéficiaires, un complément de salaire imposable et ceux des salariés sont déductibles de leur salaire imposable. Toutefois, cet avantage fiscal ne joue que dans la limite d'un **plafond.**

Il n'est pas possible de **renoncer** à cette déduction « à l'entrée » afin d'obtenir un traitement plus favorable des rentes ou capitaux obtenus du plan « à la sortie ». Cette option, en effet, n'est ouverte que pour les versements volontaires.

> Précisions a. Le **plafond de déduction** s'applique au montant cumulé des versements obligatoires de l'entreprise et du salarié. Il est identique à celui des versements aux régimes supplémentaires de retraite dits « article 83 » : voir n° 21915.

Le cas échéant, les **versements d'épargne retraite exonérés** par l'article 81, 18° du CGI sont également pris en compte pour l'application de ce plafond. Il s'agit de certains versements au Perco (versements de l'entreprise ou affectation par le salarié de sommes issues d'un compte épargne-temps provenant d'un abondement de l'entreprise en temps ou en argent ou, dans la limite de 10 jours par an, qui ne sont pas issues d'un tel abondement ou, en l'absence de compte épargne-temps dans l'entreprise, dans la même limite de 10 jours par an, de jours de repos non pris) et de certains versements à un Pero ou à un Pereco (versements volontaires de l'entreprise au plan ou affectation par le salarié au plan de sommes issues d'un compte épargne-temps provenant d'un abondement de l'entreprise en temps ou en argent ou, dans la limite de 10 jours par an, qui ne sont pas issues d'un tel abondement ou, en l'absence de compte épargne-temps dans l'entreprise, dans la même limite de 10 jours par an, de jours de repos non pris).

b. La déductibilité ne joue pas pour la part des versements aux PER finançant la **garantie de la valeur de rachat** de tout ou partie du contrat à l'échéance ou en cas de décès de l'assuré (CGI art. 163 quinvicies).

c. La déduction s'opère sur le **salaire** brut imposable, c'est-à-dire avant déduction des frais professionnels. Il n'est pas possible de déduire les versements obligatoires aux PER du **revenu global,** même à titre subsidiaire en l'absence de salaire imposable ou en cas d'insuffisance de celui-ci, une telle déduction étant réservée par l'article 156, II-4° du CGI aux seules cotisations à des régimes légalement obligatoires.

d. Lorsque les versements obligatoires aux PER dépassent le plafond de déduction, l'**excédent** est ajouté à la rémunération, selon les modalités exposées n° 21915.

SITUATION DE L'ENTREPRISE

96590 DC-VIII-43650

Pour l'entreprise, les versements obligatoires aux PER d'entreprise constituent, même en l'absence de texte exprès, une **charge de personnel** déductible du résultat imposable dans les conditions de droit commun de déduction des charges prévues à l'article 39, 1 du CGI (n° 8570).

La **déclaration** sociale nominative (DSN) doit mentionner, pour chaque salarié concerné, le montant des versements obligatoires du salarié et de l'employeur aux PER d'entreprise auxquels le salarié est affilié à titre obligatoire et qui sont fiscalement déductibles (CGI ann. III art. 39, 2°-d). Cette information doit être communiquée à chaque salarié concerné par l'employeur au plus tard le 31 janvier de chaque année (CGI ann. III art. 39-0A).

2. VERSEMENTS VOLONTAIRES DES INDÉPENDANTS

CGI art. 154 bis, 154 bis-0A et 163 quatervicies

96600 DC-VIII-43800

Pour les titulaires de BIC ou de BNC, les chefs d'entreprises ou d'exploitations agricoles et les dirigeants « article 62 », les versements volontaires aux PER individuels et aux Pereco sont **déductibles** du revenu imposable dans la limite d'un **plafond,** qui s'applique chaque année aux versements effectués au cours de cette même année. Il est cependant possible de **renoncer** à cette déduction « à l'entrée » afin d'obtenir un traitement plus favorable des rentes ou capitaux obtenus du plan « à la sortie » (n° 96630).

> Précisions a. Les indépendants dont il s'agit sont les **entrepreneurs individuels** et leurs **conjoints collaborateurs,** les associés des sociétés de personnes n'ayant pas opté pour l'IS et les dirigeants imposés selon les règles de l'**article 62** du CGI. Les entrepreneurs individuels ayant opté pour l'assimilation à une EURL ou à une EARL sans avoir renoncéà l'assujettissement à l'IS sont également concernés.

b. La déductibilité n'est pas admise pour la part des versements aux PER correspondant aux **garanties complémentaires** suivantes : pour les titulaires de BIC ou de BNC et les dirigeants « article 62 » : garantie de la valeur de rachat de tout ou partie du contrat à la date de la retraite ou en cas de décès de l'assuré ; pour les chefs d'exploitations ou d'entreprises agricoles : garanties complémentaires visées à l'article L 142-3, I-4° à 6° du Code des assurances (garanties prévoyant le versement de prestations de prévoyance complémentaire, de prestations en cas de perte d'emploi subie ; garantie de la valeur de rachat de tout ou partie du contrat à la date de la retraite ou en cas de décès de l'assuré).

c. Les versements volontaires sont déductibles, dans la limite d'un plafond, du **bénéfice imposable** aux BIC ou aux BNC, ou du revenu professionnel imposable des chefs d'exploitation ou d'entreprise agricole. Ceux qui n'auraient pu être déduits des revenus professionnels peuvent être imputés sur le **revenu global.** Dans cette hypothèse, le plafond de déduction applicable est bien entendu celui de l'article 163 quatervicies du CGI (n° 96610).

d. Les **plafonds de déduction du bénéfice imposable** sont les mêmes que ceux indiqués n° 8695 pour la déduction des cotisations Madelin ou Madelin agricole et dépendent, comme ces derniers, du risque assuré : retraite, et, pour les titulaires de BIC ou de BNC, prévoyance et perte d'emploi subie. Ces plafonds sont, le cas échéant, diminués des versements d'épargne retraite exonérés d'impôt en application des a et a bis du 18° de l'article 81 du CGI (sommes versées par l'entreprise au Perco ou au Pereco). Le bénéfice à retenir pour le calcul des plafonds de déduction est celui indiqué n° 8695 pour les BIC et BNC et n° 15985 pour les bénéfices agricoles.

e. Dans les entreprises employant au moins un et moins de 250 salariés, les chefs d'entreprise et dirigeants peuvent bénéficier de **versements de l'entreprise au Pereco.** Ces versements sont exonérés d'impôt sur le revenu pour les dirigeants « article 62 » (CGI art. 81, 18° a bis). Pour les autres bénéficiaires, la solution est moins certaine, bien que l'administration ait admis pour eux l'exonération des versements des entreprises aux plans d'épargne salariale (Circ. intermin. du 14-9-2005, dossier PEE, fiche n° 7) et qu'il serait logique que cette solution soit étendue aux Pereco.

f. Les organismes gestionnaires des PER doivent déclarer chaque année à l'administration fiscale dans la déclaration des revenus de capitaux mobiliers (**IFU**) le montant par souscripteur des versements volontaires réalisés au cours de l'année précédente par les indépendants aux PER individuels ou aux Pereco qui sont fiscalement déductibles (CGI ann. III art. 41 ZZ quinquies). Les versements pour lesquels le souscripteur a exercé l'option pour la non-déductibilité du revenu imposable ne sont pas concernés par cette obligation déclarative.

CGI art. 163 quatervicies

3. AUTRES VERSEMENTS VOLONTAIRES

SITUATION DES PARTICIPANTS

96610 DC-VIII-44200 Pour les titulaires de PER autres que ceux-cités n° 96600, leurs versements volontaires aux PER individuels, aux Pereco et aux Pero sont **déductibles du revenu imposable global** (et non du revenu catégoriel) dans la limite d'un **plafond** qui s'applique chaque année aux versements effectués au cours de cette même année. Pour ces versements, la déduction du revenu global est la règle, et cette règle ne comporte pas d'exception.

Il est cependant possible de **renoncer** à cette déduction « à l'entrée » afin d'obtenir un traitement plus favorable des rentes ou capitaux obtenus du plan « à la sortie » (n° 96630).

Les versements de l'**entreprise** au Pereco étant, pour leurs bénéficiaires, exonérés d'impôt sur le revenu dans la limite indiquée au 1 du n° 96615 (CGI art. 81, 18° a bis), ceux-ci ne peuvent pas les déduire de leur revenu imposable.

› Précisions **a.** Le plafond de déduction des versements des titulaires est celui indiqué n° 1380. Afin d'éviter un cumul d'avantages fiscaux pour les mêmes sommes, il est, le cas échéant, diminué des **autres versements d'épargne retraite** de l'année précédente qui sont déductibles ou exonérés d'impôt : voir n° 1380 et n° 96615, 1 à 3. Le revenu imposable à retenir pour le calcul des plafonds de déduction est celui indiqué n° 1385.

b. Le plafond de déduction est individuel et, en cas de dépassement, l'**excédent** n'est pas déductible (sauf usage de la faculté de mutualisation entre conjoints et partenaires de Pacs : n° 1385, b) et ne peut être reporté sur les années suivantes.

c. Lorsque les versements volontaires aux PER d'une année sont inférieurs à la limite de déduction de cette année, l'**espace de déduction non utilisé** peut être utilisé au cours de l'une des 3 années suivantes, selon le même mécanisme de report que pour le Perp (n° 1385).

d. Les **nouveaux résidents en France** bénéficient des mêmes dispositions avantageuses pour la détermination du plafond de déduction que celles déjà appliquées aux versements Perp (n° 1390).

e. Les versements volontaires doivent être **déclarés** annuellement aux services fiscaux par les organismes gestionnaires des PER dans les mêmes conditions que ceux des indépendants : voir n° 96600, g. Cette information doit également être transmise aux souscripteurs avant le 1er mars (CGI ann. III art. 41 ZZ quater).

96615 Certaines sommes, normalement imposables, sont exonérées d'impôt sur le revenu si elles sont volontairement affectées par leur bénéficiaire à un PER d'entreprise (Pero ou Pereco).

Tel est le cas des sommes attribuées au titre de la **participation** lorsque celle-ci est versée immédiatement (nº 88645) ainsi que, dans la limite d'un plafond, des primes **intéressement** (nº 88760) et de partage de la valeur (PPV) prévues par l'article 1er de la loi 2022-1158 du 16 août 2022 modifiée qui n'auraient pas été exonérées en l'absence de cette affectation.

Sont également exonérées :

1. Les sommes versées par l'employeur à un Pereco et celles des sommes versées par les salariés à un Pereco qui proviennent d'un abondement de l'employeur en temps ou en argent à un **compte épargne-temps** : cette exonération joue dans la limite de 16 % du plafond annuel de sécurité sociale et est éventuellement diminuée des versements de l'entreprise aux plans d'épargne salariale (CGI art. 81, 18° a bis ; C. mon. fin. art. D 224-10) ;

2. Les sommes versées par les salariés au Pero qui proviennent d'un abondement de l'employeur en temps ou en argent à un compte épargne-temps : cette exonération joue dans la limite de déduction des contributions aux régimes supplémentaires de retraite indiqué nº 21915 (CGI art. 81, 18° a ter) ;

3. Dans la limite de 10 jours par an, les sommes affectées par les salariés au Pereco ou au Pero provenant d'un compte épargne-temps qui ne sont pas issues d'un abondement de l'employeur en temps ou en argent à ce compte ou, en l'absence de compte épargne-temps dans l'entreprise, les sommes correspondant à des **jours de repos non pris** (CGI art. 81, 18° b bis).

› Précisions a. Ces exonérations ne valent que pour les versements aux PER qui sont faits en vue de la retraite ; les versements faits au titre des garanties complémentaires de **prévoyance** n'y ouvrent donc pas droit (CGI art. 163 quinvicies).

b. En contrepartie de leur exonération en cas d'affectation à un Pereco ou à un Pero, les sommes mentionnées aux 1 à 3 ci-dessus viennent en diminution du **plafond de déduction des autres versements volontaires** à ces plans (CGI art. 163 quatervicies).

SITUATION DE L'ENTREPRISE

Pour l'entreprise, les versements volontaires aux Pereco constituent, même en l'absence de texte exprès, une **charge de personnel** déductible du résultat imposable dans les conditions de droit commun de déduction des charges prévues à l'article 39, 1 du CGI (nº 8570). **96620** DC-VIII-43650

4. RENONCIATION À LA DÉDUCTION « À L'ENTRÉE »

C. mon. fin. art. L 224-20, al. 2

La loi donne aux titulaires de PER la faculté de renoncer à la déduction fiscale « à l'entrée » de leurs versements volontaires, en échange d'une fiscalité atténuée à la sortie. Cette possibilité est expressément prévue par le Code monétaire et financier à l'article L 224-20, al. 2 pour le Pereco et par renvoi à ce texte par les articles L 224-25, 1° pour le Pero et L 224-28 pour le PER individuel. **96630** DC-VIII-44550

L'option est exercée pour **chaque versement.** Elle doit être faite au plus tard lors de ce versement auprès du gestionnaire du PER et elle est **irrévocable.**

L'exercice de l'option permet d'atténuer la **fiscalité « à la sortie ».** Dans ce cas, en effet, la part des rentes ou capitaux servis au titre des PER qui correspond aux versements individuels volontaires ayant donné lieu à l'exercice de l'option ne sera soumise à l'impôt sur le revenu et aux prélèvements sociaux que pour sa fraction provenant des revenus produits par ces versements pendant la période d'épargne. Cette imposition limitée s'effectue par application du barème des rentes viagères à titre onéreux en cas de sortie en rente et du PFU sur les revenus produits pendant la période d'épargne en cas de sortie en capital.

› Précisions a. Cette option présente un **intérêt** évident pour ceux des participants qui ne sont pas imposables à l'impôt sur le revenu : ils ne perdent rien dans l'immédiat et acquièrent le droit à une fiscalité atténuée au dénouement du plan s'ils le sont devenus entre-temps. Elle peut aussi intéresser les titulaires de PER effectuant des versements au-delà du disponible fiscal.

b. Les **versements concernés par l'option** sont tous les versements individuels volontaires à un Pereco, à un Pero ou à un PER individuel, y compris la part correspondant aux garanties complémentaires de prévoyance qui seraient normalement déductibles en l'absence d'option. Elle ne concerne pas, en revanche, les versements obligatoires aux Pereco ou aux Pero.

B. Régime fiscal « à la sortie »

SORTIE EN RENTE

96640 La part de la rente provenant de versements volontaires ayant donné lieu à déduction fiscale « à l'entrée » ou de versements obligatoires est soumise à l'impôt sur le revenu dans la catégorie des **pensions** de retraite, avec application de l'abattement de 10 % propre à cette catégorie de revenus, et donne lieu à prélèvement à la source de l'impôt sur le revenu (CGI art. 158, 6).

La part de la rente provenant d'autres sources est imposable selon le régime des **rentes viagères à titre onéreux.** Tel est le cas de la part provenant de versements volontaires non déduits de l'impôt sur option du participant, des versements de l'entreprise aux Pereco qui sont exonérés pour leurs bénéficiaires ou de l'affectation au PER de sommes exonérées au titre de l'épargne salariale (participation ou intéressement) ou de sommes issues d'un compte épargne-temps ou, en l'absence de compte épargne-temps dans l'entreprise, de sommes correspondant à la monétisation, dans la limite de 10 jours par an, de jours de repos non pris (CGI art. 158, 6). Cette modalité d'imposition permet en pratique de ne soumettre à l'impôt que la fraction de la rente qui est représentative des revenus produits par les versements tout au long de la période d'épargne.

› Précisions a. Ce régime d'imposition vaut pour toutes les sorties en rente, y compris celles perçues par les **indépendants.** Pour ceux-ci, il s'applique aussi aux sommes reçues pour perte d'emploi subie (CGI art. 158, 5 b bis et 154 bis A).

b. La part des rentes provenant de versements obligatoires au Pero ou au Pereco est passible en totalité de la **CRDS et de la CSG sur revenus de remplacement** (CSS art. L 136-1-2, I) et, corrélativement, les contributions sociales sur produits de placement ou revenus du patrimoine ne sont pas dues.

c. La part des rentes provenant d'autres sources n'est pas soumise à la CSG et à la CRDS sur revenus de remplacement, même si, issue de versements volontaires ayant donné lieu à déduction fiscale « à l'entrée », elle est imposable dans la catégorie des pensions (CSS art. L 136-1-2, II-11°). Qu'elle soit imposable comme pension ou comme rente viagère à titre onéreux, cette part est en revanche passible des **contributions sociales sur produits de placement** lorsqu'elle provient de versements volontaires ayant donné lieu à déduction fiscale « à l'entrée » (CSS art. L 136-7, I-3°) et à celles sur les revenus du **patrimoine** dans les autres cas (CSS art. L 136-6), mais elles ne portent, en tout état de cause, que sur une assiette déterminée par application du barème d'imposition des rentes viagères à titre onéreux.

SORTIE EN CAPITAL

96650 La fiscalité des versements en capital dépend de l'origine des sommes ayant alimenté le PER et opère une distinction entre la fraction correspondant au cumul des versements opérés pendant la période d'épargne et celle provenant des produits générés par ces versements pendant cette période.

a. La part du capital correspondant au cumul des **versements volontaires ayant donné lieu à déduction fiscale « à l'entrée »** est imposable selon les règles applicables aux pensions de retraite, mais sans application de l'abattement de 10 % propre à cette catégorie de revenus et sans possibilité d'opter pour le prélèvement libératoire de 7,5 % mentionné n° 22460. Il en va de même, y compris lorsqu'ils proviennent de versements obligatoires, des capitaux reçus en application du rachat des rentes de faible montant (CGI art. 158, 5 b quinquies). Ces sommes sont soumises au prélèvement à la source de l'impôt sur le revenu.

b. La part du capital correspondant au cumul des **versements volontaires n'ayant pas donné lieu à déduction fiscale « à l'entrée »** sur option du participant est exonérée d'impôt sur le revenu (CGI art. 81, 4 bis c).

c. La part du capital correspondant au cumul des versements volontaires provenant de **sommes exonérées** est elle-même exonérée d'impôt sur le revenu (CGI art. 81, 4 bis b).

d. La part du capital correspondant aux **produits** réalisés pendant la durée du PER est imposable à l'impôt sur le revenu comme revenus de capitaux mobiliers. Par exception, les produits des sommes que leur affectation à un PER d'entreprise a exonérées d'impôt sur le revenu (n° 96615) sont eux-mêmes exonérés d'impôt sur le revenu.

Lorsqu'elle est imposable, la part du capital correspondant aux produits réalisés pendant la durée du plan est soumise (sauf option pour l'imposition au barème de l'impôt sur le revenu) au prélèvement forfaitaire unique (PFU) de 12,8 % prévu à l'article 200 A du CGI. Le prélèvement prévu au I de l'article 125 A (ou, le cas échéant, le prélèvement forfaitaire libératoire prévu au III du même article) s'applique à ces produits (CGI art. 158, 5-b quinquies). Ceux des bénéficiaires qui souhaitent être dispensés du prélèvement forfaitaire non libératoire en application du dernier alinéa du I de l'article 125 A du CGI doivent en faire la demande au plus tard lors de l'encaissement des sommes retirées du PER (CGI art. 242 quater). **96650** (suite)

Cette part est également assujettie aux contributions sociales sur les produits de placement par l'effet des principes généraux d'assujettissement à ces contributions des revenus de capitaux mobiliers (CSS art. L 136-7, I). Concrètement, cet assujettissement s'effectue dans le cas général par application de la « flat tax » de 30 %. S'agissant du cas particulier des capitaux provenant de sommes exonérées d'impôt sur le revenu en application des a et b du 4° bis de l'article 81 du CGI, il est prévu qu'ils sont assujettis à ces contributions sur la différence entre le montant de ces capitaux et celui des sommes versées dans le plan (CSS art. L 136-7, II-7° bis) : il s'agit, d'une part, des sommes affectées aux Pereco et aux Pero qui proviennent de la participation ou de l'intéressement, des versements des entreprises aux Pereco des droits inscrits au compte épargne-temps (ou, en l'absence de compte épargne-temps dans l'entreprise, de sommes correspondant à des jours de repos non pris, dans la limite de 10 jours par an) et, d'autre part, des capitaux retirés du PER par anticipation en cas d'accident de la vie.

> Précisions **a.** Les capitaux versés **avant le dénouement** du PER sont soumis aux règles ci-dessus, sauf versement anticipé pour accident de la vie. Dans cette dernière situation, en effet, les capitaux sont exonérés d'impôt sur le revenu (CGI art. 81, 4 bis a), mais la part du rachat correspondant aux produits des versements est assujettie aux contributions sociales sur produits de placement : voir ci-dessus, d.

b. La demande de **dispense de prélèvement forfaitaire non libératoire,** faite sur papier libre, comporte l'identité et l'adresse du contribuable. La conservation par l'établissement payeur des demandes de dispense sous forme électronique (réception par mail d'un document scanné, scannage d'un document papier, enregistrement électronique d'une demande formulée en ligne) est admise. Un modèle de demande de dispense est reproduit au BOI-LETTRE-000214 (BOI-RPPM-RCM-30-20-10 n° 60).

c. La part des capitaux provenant du cumul des versements volontaires aux PER ayant donné lieu à déduction fiscale est expressément exonérée de **CSG et de CRDS** sur revenus d'activité et de remplacement, bien qu'elle soit imposable dans la catégorie des pensions (CSS art. L 136-1-2, II-11°).

ANNEXES

Barèmes
Renseignements chiffrés et divers

Plan des annexes

Nos

97100 Tableaux pratiques de calcul de l'impôt (revenus 2023)
97110 Prélèvement à la source de l'impôt sur le revenu
97120 Cours des monnaies étrangères
97140 Intérêts déductibles des comptes d'associés
97165 Barèmes des frais de carburant
97200 Barèmes kilométriques
97220 Avantage en nature logement
97230 Taux d'abattements sur les plus-values immobilières des particuliers
97240 Taux horaire du Smic
97260 Plafond de calcul des cotisations de sécurité sociale
97280 Médecins conventionnés
97290 Droits départementaux de vente d'immeubles
97300 Abattement sur l'assiette du droit de vente d'immeubles d'habitation
97320 Exonérations facultatives de droits d'enregistrement
97350 Contribution de sécurité immobilière
97370 Tarifs réglementés des notaires (extrait)
97430 Majoration des rentes viagères
97470 Tableau des coefficients de réévaluation des immobilisations
97490 Régime fiscal et social des salaires et retraites
97510 Règles générales d'arrondissement pour la liquidation des impôts et taxes
97550 Tableau récapitulatif des impôts, droits et taxes
97560 Tableau des déclarations fiscales

Tableaux pratiques de calcul de l'impôt (revenus 2023)

97100 Dans le tableau correspondant à sa **situation de famille,** le contribuable doit repérer dans la colonne verticale correspondant à son quotient familial la case qui mentionne la tranche de revenu dans laquelle se situe son revenu net global. Il lui suffit tout d'abord d'appliquer la formule figurant horizontalement dans la colonne gauche du tableau, à savoir (taux de la tranche × revenu imposable) et de déduire ensuite le chiffre en gras mentionné dans la case correspondant à son revenu imposable.

Au chiffre obtenu (arrondi à l'euro le plus proche, les fractions d'euro égales à 0,50 € étant arrondies à 1 €), il reste ensuite à appliquer les diverses corrections visées aux lignes 2 à 8 de la liste du n° 2185.

EXEMPLE

Soit un contribuable marié ayant à charge exclusive deux enfants dont l'un est invalide (3,5 parts). Son revenu imposable s'élève à 110 000 €.

L'intéressé doit se reporter au deuxième tableau pratique dans la colonne « 3,5 parts » à la case comportant la tranche de revenu « de 84 787 à 164 682 » et qui fait face horizontalement au taux de 30 %.

Le montant exact de l'impôt brut à sa charge se calcule comme suit : (0,30 × 110 000 €) − 20 457,54 € (chiffre en gras) = 12 542 €.

Le contribuable peut par ailleurs constater que la tranche la plus élevée de son revenu est de 25 213 € (soit 110 000 € − 84 787 €) et que le taux applicable à cette tranche est de 30 %.

Contribuables mariés ou pacsés soumis à une imposition commune
Veufs et veuves dont le conjoint ou le partenaire du Pacs est décédé en 2023

Aucune demi-part invalidité ou ancien combattant

Formule	Nombre de parts					
	2 parts	2,5 parts	3 parts	4 parts	5 parts	6 parts
0,00 × **R**	De 0 à 22 588 **0**	De 0 à 28 235 **0**	De 0 à 33 882 **0**	De 0 à 45 176 **0**	De 0 à 56 470 **0**	De 0 à 67 764 **0**
0,11 × **R**	De 22 589 à 57 594 **- 2 484,68**	De 28 236 à 63 583 **- 3 105,85**	De 33 883 à 69 573 **- 3 727,02**	De 45 177 à 81 550 **- 4 969,36**	De 56 471 à 93 526 **- 6 211,70**	De 67 765 à 105 503 **- 7 454,04**
0,30 × **R**	De 57 595 à 164 682 **- 13 427,54**	De 63 584 à 164 682 **- 15 186,54**	De 69 574 à 164 682 **- 16 945,54**	De 81 551 à 164 682 **- 20 463,54**	De 93 527 à 164 682 **- 23 981,54**	De 105 504 à 164 682 **- 27 499,54**
0,41 × **R**	De 164 683 à 354 212 **- 31 542,56**	De 164 683 à 354 212 **- 33 301,56**	De 164 683 à 354 212 **- 35 060,56**	De 164 683 à 354 212 **- 38 578,56**	De 164 683 à 354 212 **- 42 096,56**	De 164 683 à 354 212 **- 45 614,56**
0,45 × **R**	Supérieur à 354 212 **- 45 711,04**	Supérieur à 354 212 **- 47 470,04**	Supérieur à 354 212 **- 49 229,04**	Supérieur à 354 212 **- 52 747,04**	Supérieur à 354 212 **- 56 265,04**	Supérieur à 354 212 **- 59 783,04**

97100 (suite)

Contribuables mariés ou pacsés soumis à une imposition commune
Veufs et veuves dont le conjoint ou le partenaire du Pacs est décédé en 2023

Une demi-part invalidité ou ancien combattant

Formule	Nombre de parts				
	2,5 parts	3 parts	3,5 parts	4,5 parts	5,5 parts
0,00 x R	De 0 à 28 235 **0**	De 0 à 33 882 **0**	De 0 à 39 529 **0**	De 0 à 50 823 **0**	De 0 à 62 117 **0**
0,11 x R	De 28 236 à 71 993 **- 3 105,85**	De 33 883 à 78 800 **- 3 727,02**	De 39 530 à 84 786 **- 4 348,19**	De 50 824 à 96 763 **- 5 590,53**	De 62 118 à 108 743 **- 6 832,87**
0,30 x R	De 71 994 à 166 095 **- 16 784,43**	De 78 801 à 164 682 **- 18 698,54**	De 84 787 à 164 682 **- 20 457,54**	De 96 764 à 164 682 **- 23 975,54**	De 108 744 à 164 682 **- 27 493,54**
0,41 x R	De 166 096 à 354 212 **- 35 054,56**	De 164 683 à 354 212 **- 36 813,56**	De 164 683 à 354 212 **- 38 572,56**	De 164 683 à 354 212 **- 42 090,56**	De 164 683 à 354 212 **- 45 608,56**
0,45 x R	Supérieur à 354 212 **- 49 223,04**	Supérieur à 354 212 **- 50 982,04**	Supérieur à 354 212 **- 52 741,04**	Supérieur à 354 212 **- 56 259,04**	Supérieur à 354 212 **- 59 777,04**

Contribuables mariés ou pacsés soumis à une imposition commune
Veufs et veuves dont le conjoint ou le partenaire du Pacs est décédé en 2023

Deux demi-parts invalidité ou ancien combattant (ou une demi-part ancien combattant d'un parent et une demi-part invalidité d'une personne à charge)

Formule	Nombre de parts				
	3 parts	3,5 parts	4 parts	5 parts	6 parts
0,00 x R	De 0 à 33 882 **0**	De 0 à 39 529 **0**	De 0 à 45 176 **0**	De 0 à 56 470 **0**	De 0 à 67 764 **0**
0,11 x R	De 33 883 à 86 391 **- 3 727,02**	De 39 530 à 94 013 **- 4 348,19**	De 45 177 à 100 003 **- 4 969,36**	De 56 471 à 111 979 **- 6 211,70**	De 67 765 à 123 957 **- 7 454,04**
0,30 x R	De 86 392 à 167 505 **- 20 141,31**	De 94 014 à 164 682 **- 22 210,54**	De 100 004 à 164 682 **- 23 969,54**	De 111 980 à 164 682 **- 27 487,54**	De 123 958 à 164 682 **- 31 005,54**
0,41 x R	De 167 506 à 354 212 **- 38 566,56**	De 164 683 à 354 212 **- 40 325,56**	De 164 683 à 354 212 **- 42 084,56**	De 164 683 à 354 212 **- 45 602,56**	De 164 683 à 354 212 **- 49 120,56**
0,45 x R	Supérieur à 354 212 **- 52 735,04**	Supérieur à 354 212 **- 54 494,04**	Supérieur à 354 212 **- 56 253,04**	Supérieur à 354 212 **- 59 771,04**	Supérieur à 354 212 **- 63 289,04**

97100
(suite)

Célibataires (ou assimilés) [1], divorcés, séparés, veufs et veuves [2] sans enfants ou personnes à charge Célibataires (ou assimilés) [1], divorcés, séparés vivant en couple et ayant au moins un enfant à charge

Aucune demi-part invalidité ou ancien combattant

Formule	Nombre de parts							
	1 part	1,5 part [3] a	1,5 part [3] b	2 parts	3 parts	4 parts	5 parts	6 parts
0,00 × R	De 0 à 11 294 **0**	De 0 à 16 941 **0**	De 0 à 16 941 **0**	De 0 à 22 588 **0**	De 0 à 33 882 **0**	De 0 à 45 176 **0**	De 0 à 56 470 **0**	De 0 à 67 764 **0**
0,11 × R	De 11 295 à 28 797 **- 1 242,34**	De 16 942 à 34 787 **- 1 863,51**	De 16 942 à 31 057 **- 1 863,51**	De 22 589 à 40 777 **- 2 484,68**	De 33 883 à 52 754 **- 3 727,02**	De 45 177 à 64 730 **- 4 969,36**	De 56 471 à 76 707 **- 6 211,70**	De 67 765 à 86 357 **- 7 454,04**
0,30 × R	De 28 798 à 82 341 **- 6 713,77**	De 34 788 à 82 341 **- 8 472,77**	De 31 058 à 82 341 **- 7 763,77**	De 40 778 à 82 341 **- 10 231,77**	De 52 755 à 82 341 **- 13 749,77**	De 64 731 à 82 341 **- 17 267,77**	De 76 708 à 82 341 **- 20 785,77**	
0,41 × R	De 82 342 à 177 106 **- 15 771,28**	De 82 342 à 177 106 **- 17 530,28**	De 82 342 à 177 106 **- 16 821,28**	De 82 342 à 177 106 **- 19 289,28**	De 82 342 à 177 106 **- 22 807,28**	De 82 342 à 177 106 **- 26 325,28**	De 82 342 à 177 106 **- 29 843,28**	De 86 358 à 177 106 **- 33 361,28**
0,45 × R	Supérieur à 177 106 **- 22 855,52**	Supérieur à 177 106 **- 24 614,52**	Supérieur à 177 106 **- 23 905,52**	Supérieur à 177 106 **- 26 373,52**	Supérieur à 177 106 **- 29 891,52**	Supérieur à 177 106 **- 33 409,52**	Supérieur à 177 106 **- 36 927,52**	Supérieur à 177 106 **- 40 445,52**

(1) Contribuables qui se sont mariés au cours de l'année 2023 et qui optent pour l'imposition séparée de leurs revenus (IRPP-I-7930 s. ; MF n° 370).
(2) Sauf les veufs ou les veuves dont le décès du conjoint ou du partenaire du Pacs est intervenu en 2023.
(3) La colonne « a » doit être utilisée par les contribuables célibataires, divorcés, séparés, vivant en couple et ayant un enfant à charge. La colonne « b » doit être utilisée par les contribuables célibataires, divorcés, séparés, veufs ou veuves, sans personne à charge, vivant seuls et ayant supporté à titre exclusif ou principal la charge d'un enfant pendant au moins cinq années au cours desquelles ils vivaient seuls (IRPP-III-8820 s. ; MF n° 2030).

Célibataires (ou assimilés) [1], divorcés ou séparés vivant en couple et ayant au moins un enfant à charge Célibataires (ou assimilés) [1], divorcés, séparés (vivant en couple ou non) et n'ayant à leur charge qu'une personne (autre qu'un enfant) invalide Célibataires (ou assimilés) [1], divorcés, séparés, veufs et veuves [2] sans enfants ou personnes à charge, invalides ou anciens combattants (QF 1,5 part)

Une demi-part invalidité (ou ancien combattant pour 1,5 part seulement)

Formule	Nombre de parts								
	1,5 part	2 parts	2,5 parts	3 parts	3,5 parts	4 parts	4,5 parts	5 parts	5,5 parts
0,00 × R	De 0 à 16 941 **0**	De 0 à 22 588 **0**	De 0 à 28 235 **0**	De 0 à 33 882 **0**	De 0 à 39 529 **0**	De 0 à 45 176 **0**	De 0 à 50 823 **0**	De 0 à 56 470 **0**	De 0 à 62 117 **0**
0,11 × R	De 16 942 à 43 196 **- 1 863,51**	De 22 589 à 50 000 **- 2 484,68**	De 28 236 à 55 990 **- 3 105,85**	De 33 883 à 61 980 **- 3 727,02**	De 39 530 à 67 967 **- 4 348,19**	De 45 177 à 73 957 **- 4 969,36**	De 50 824 à 79 944 **- 5 590,53**	De 56 471 à 84 616 **- 6 211,70**	De 62 118 à 88 409 **- 6 832,87**
0,30 × R	De 43 197 à 83 755 **- 10 070,66**	De 50 001 à 82 341 **- 11 984,77**	De 55 991 à 82 341 **- 13 743,77**	De 61 981 à 82 341 **- 15 502,77**	De 67 968 à 82 341 **- 17 261,77**	De 73 958 à 82 341 **- 19 020,77**	De 79 945 à 82 341 **- 20 779,77**		
0,41 × R	De 83 756 à 177 106 **- 19 283,28**	De 82 342 à 177 106 **- 21 042,28**	De 82 342 à 177 106 **- 22 801,28**	De 82 342 à 177 106 **- 24 560,28**	De 82 342 à 177 106 **- 26 319,28**	De 82 342 à 177 106 **- 28 078,28**	De 82 342 à 177 106 **- 29 837,28**	84 617 177 106 **- 31 596,28**	88 410 177 106 **- 33 355,28**
0,45 × R	Supérieur à 177 106 **- 26 367,52**	Supérieur à 177 106 **- 28 126,52**	Supérieur à 177 106 **- 29 885,52**	Supérieur à 177 106 **- 31 644,52**	Supérieur à 177 106 **- 33 403,52**	Supérieur à 177 106 **- 35 162,52**	Supérieur à 177 106 **- 36 921,52**	Supérieur à 177 106 **- 38 680,52**	Supérieur à 177 106 **- 40 439,52**

(1) Contribuables qui se sont mariés au cours de l'année 2023 et qui optent pour l'imposition séparée de leurs revenus (IRPP-I-7930 s. ; MF n° 370).
(2) Sauf les veufs ou les veuves dont le conjoint ou le partenaire du Pacs est décédé en 2023.

97100 (suite)

Célibataires (ou assimilés) [1], divorcés ou séparés vivant en couple et ayant au moins un enfant à charge Célibataires (ou assimilés) [1], divorcés, séparés (vivant en couple ou non) et ayant à charge deux personnes (autres que des enfants) invalides ou seulement une s'ils sont eux-mêmes invalides

Deux demi-parts invalidité

Formule	Nombre de parts							
	2,5 parts	3 parts	3,5 parts	4 parts	4,5 parts	5 parts	5,5 parts	6 parts
0,00 × R	De 0 à 28 235 **0**	De 0 à 33 882 **0**	De 0 à 39 529 **0**	De 0 à 45 176 **0**	De 0 à 50 823 **0**	De 0 à 56 470 **0**	De 0 à 62 117 **0**	De 0 à 67 764 **0**
0,11 × R	De 28 236 à 65 217 **- 3 105,85**	De 33 883 à 71 207 **- 3 727,02**	De 39 530 à 77 194 **- 4 348,19**	De 45 177 à 82 875 **- 4 969,36**	De 50 824 à 86 667 **- 5 590,53**	De 56 471 à 90 460 **- 6 211,70**	De 62 118 à 94 253 **- 6 832,87**	De 67 765 à 98 045 **- 7 454,04**
0,30 × R	De 65 218 à 82 341 **- 15 496,77**	De 71 208 à 82 341 **- 17 255,77**	De 77 195 à 82 341 **- 19 014,77**					
0,41 × R	De 82 342 à 177 106 **- 24 554,28**	De 82 342 à 177 106 **- 26 313,28**	De 82 342 à 177 106 **- 28 072,28**	De 82 876 à 177 106 **- 29 831,28**	De 86 668 à 177 106 **- 31 590,28**	De 90 461 à 177 106 **- 33 349,28**	De 94 254 à 177 106 **- 35 108,28**	De 98 046 à 177 106 **- 36 867,28**
0,45 × R	Supérieur à 177 106 **- 31 638,52**	Supérieur à 177 106 **- 33 397,52**	Supérieur à 177 106 **- 35 156,52**	Supérieur à 177 106 **- 36 915,52**	Supérieur à 177 106 **- 38 674,52**	Supérieur à 177 106 **- 40 433,52**	Supérieur à 177 106 **- 42 192,52**	Supérieur à 177 106 **- 43 951,52**

[1] Contribuables qui se sont mariés au cours de l'année 2023 et qui optent pour l'imposition séparée de leurs revenus (IRPP-I-7930 ; MF n° 370).

Célibataires (ou assimilés) [1], divorcés ou séparés vivant seuls et ayant au moins un enfant à charge

Aucune demi-part invalidité ou ancien combattant

Formule	Nombre de parts				
	2 parts	2,5 parts	3,5 parts	4,5 parts	5,5 parts
0,00 × R	De 0 à 22 588 **0**	De 0 à 28 235 **0**	De 0 à 39 529 **0**	De 0 à 50 823 **0**	De 0 à 62 117 **0**
0,11 × R	De 22 589 à 44 097 **- 2 484,68**	De 28 236 à 50 087 **- 3 105,85**	De 39 530 à 62 064 **- 4 348,19**	De 50 824 à 74 040 **- 5 590,53**	De 62 118 à 84 670 **- 6 832,87**
0,30 × R	De 44 098 à 82 341 **- 10 862,77**	De 50 088 à 82 341 **- 12 621,77**	De 62 065 à 82 341 **- 16 139,77**	De 74 041 à 82 341 **- 19 657,77**	
0,41 × R	De 82 342 à 177 106 **- 19 920,28**	De 82 342 à 177 106 **- 21 679,28**	De 82 342 à 177 106 **- 25 197,28**	82 342 177 106 **- 28 715,28**	De 84 671 à 177 106 **- 32 233,28**
0,45 × R	Supérieur à 177 106 **- 27 004,52**	Supérieur à 177 106 **- 28 763,52**	Supérieur à 177 106 **- 32 281,52**	Supérieur à 177 106 **- 35 799,52**	Supérieur à 177 106 **- 39 317,52**

[1] Contribuables qui se sont mariés au cours de l'année 2023 et qui optent pour l'imposition séparée de leurs revenus (IRPP-I-7930 s. ; MF n° 370).

97100 (suite)

Célibataires (ou assimilés) [1], divorcés ou séparés vivant seuls et ayant au moins un enfant à charge [2]

Une demi-part invalidité ou ancien combattant

Formule	Nombre de parts				
	2,5 parts	3 parts	4 parts	5 parts	6 parts
0,00 × R	De 0 à 28 235 **0**	De 0 à 33 882 **0**	De 0 à 45 176 **0**	De 0 à 56 470 **0**	De 0 à 67 764 **0**
0,11 × R	De 28 236 à 59 314 **- 3 105,85**	De 33 883 à 65 300 **- 3 727,02**	De 45 177 à 77 277 **- 4 969,36**	De 56 471 à 86 718 **- 6 211,70**	De 67 765 à 94 306 **- 7 454,04**
0,30 × R	De 59 315 à 82 341 **- 14 374,77**	De 65 301 à 82 341 **- 16 133,77**	De 77 278 à 82 341 **- 19 651,77**		
0,41 × R	De 82 342 à 177 106 **- 23 432,28**	De 82 342 à 177 106 **- 25 191,28**	De 82 342 à 177 106 **- 28 709,28**	De 86 719 à 177 106 **- 32 227,28**	De 94 307 à 177 106 **- 35 745,28**
0,45 × R	Supérieur à 177 106 **- 30 516,52**	Supérieur à 177 106 **- 32 275,52**	Supérieur à 177 106 **- 35 793,52**	Supérieur à 177 106 **- 39 311,52**	Supérieur à 177 106 **- 42 829,52**

[1] Contribuables qui se sont mariés au cours de l'année 2023 et qui optent pour l'imposition séparée de leurs revenus (IRPP-I-7930 s. ; MF n° 370).
[2] Les célibataires (ou assimilés), divorcés ou séparés vivant seuls et n'ayant à leur charge que des personnes (autres que des enfants) invalides doivent utiliser, selon le cas, les tableaux n°s 5 ou 6.

Célibataires (ou assimilés) [1], divorcés ou séparés vivant seuls et ayant au moins un enfant à charge [2]

Deux demi-parts invalidité

Formule	Nombre de parts			
	3 parts	3,5 parts	4,5 parts	5,5 parts
0,00 × R	De 0 à 33 882 **0**	De 0 à 39 529 **0**	De 0 à 50 823 **0**	De 0 à 62 117 **0**
0,11 × R	De 33 883 à 74 527 **- 3 727,02**	De 39 530 à 80 514 **- 4 348,19**	De 50 824 à 88 770 **- 5 590,53**	De 62 118 à 96 355 **- 6 832,87**
0,30 × R	De 74 528 à 82 341 **- 17 886,77**	De 80 515 à 82 341 **- 19 645,77**		
0,41 × R	De 82 342 à 177 106 **- 26 944,28**	De 82 342 à 177 106 **- 28 703,28**	De 88 771 à 177 106 **- 32 221,28**	De 96 356 à 177 106 **- 35 739,28**
0,45 × R	Supérieur à 177 106 **- 34 028,52**	Supérieur à 177 106 **- 35 787,52**	Supérieur à 177 106 **- 39 305,52**	Supérieur à 177 106 **- 42 823,52**

[1] Contribuables qui se sont mariés au cours de l'année 2023 et qui optent pour l'imposition séparée de leurs revenus (IRPP-I-7930 s. ; MF n° 370).
[2] Les célibataires (ou assimilés), divorcés ou séparés vivant seuls et n'ayant à leur charge que des personnes (autres que des enfants) invalides doivent utiliser, selon le cas, les tableaux n°s 5 ou 6.

97100 (suite)

Veufs et veuves dont le conjoint ou le partenaire de Pacs est décédé avant 2023 et ayant au moins un enfant à charge

Aucune demi-part invalidité ou ancien combattant

Formule	Nombre de parts				
	2,5 parts	3 parts	4 parts	5 parts	6 parts
0,00 × **R**	De 0 à 28 235 **0**	De 0 à 33 882 **0**	De 0 à 45 176 **0**	De 0 à 56 470 **0**	De 0 à 67 764 **0**
0,11 × **R**	De 28 236 à 57 070 **- 3 105,85**	De 33 883 à 63 057 **- 3 727,02**	De 45 177 à 75 034 **- 4 969,36**	De 56 471 à 85 299 **- 6 211,70**	De 67 765 à 92 884 **- 7 454,04**
0,30 × **R**	De 57 071 à 82 341 **- 13 948,77**	De 63 058 à 82 341 **- 15 707,77**	De 75 035 à 82 341 **- 19 225,77**		
0,41 × **R**	De 82 342 à 177 106 **- 23 006,28**	De 82 342 à 177 106 **- 24 765,28**	De 82 342 à 177 106 **- 28 283,28**	De 85 300 à 177 106 **- 31 801,28**	De 92 885 à 177 106 **- 35 319,28**
0,45 × **R**	Supérieur à 177 106 **- 30 090,52**	Supérieur à 177 106 **- 31 849,52**	Supérieur à 177 106 **- 35 367,52**	Supérieur à 177 106 **- 38 885,52**	Supérieur à 177 106 **- 42 403,52**

Veufs et veuves dont le conjoint ou le partenaire de Pacs est décédé avant 2023 et ayant à charge au moins un enfant ou une personne (autre qu'un enfant) invalide

Une demi-part invalidité ou ancien combattant

Formule	Nombre de parts			
	3 parts	3,5 parts	4,5 parts	5,5 parts
0,00 × **R**	De 0 à 33 882 **0**	De 0 à 39 529 **0**	De 0 à 50 823 **0**	De 0 à 62 117 **0**
0,11 × **R**	De 33 883 à 72 284 **- 3 727,02**	De 39 530 à 78 274 **- 4 348,19**	De 50 824 à 87 350 **- 5 590,53**	De 62 118 à 94 936 **- 6 832,87**
0,30 × **R**	De 72 285 à 82 341 **- 17 460,77**	De 78 275 à 82 341 **- 19 219,77**		
0,41 × **R**	De 82 342 à 177 106 **- 26 518,28**	De 82 342 à 177 106 **- 28 277,28**	De 87 351 à 177 106 **- 31 795,28**	De 94 937 à 177 106 **- 35 313,28**
0,45 × **R**	Supérieur à 177 106 **- 33 602,52**	Supérieur à 177 106 **- 35 361,52**	Supérieur à 177 106 **- 38 879,52**	Supérieur à 177 106 **- 42 397,52**

97100
(suite)

Veufs et veuves dont le conjoint ou le partenaire de Pacs est décédé avant 2023 et ayant à charge au moins un enfant ou une personne (autre qu'un enfant) invalide Deux demi-parts invalidité (ou une demi-part ancien combattant du parent et une demi-part invalidité d'un enfant ou d'une personne à charge)				
Formule	Nombre de parts			
	3,5 parts	4 parts	5 parts	6 parts
0,00 x R	De 0 à 39 529 **0**	De 0 à 45 176 **0**	De 0 à 56 470 **0**	De 0 à 67 764 **0**
0,11 x R	De 39 530 à 85 609 **- 4 348,19**	De 45 177 à 89 401 **- 4 969,36**	De 56 471 à 96 987 **- 6 211,70**	De 67 765 à 104 572 **- 7 454,04**
0,30 x R				
0,41 x R	De 85 610 à 177 106 **- 30 030,28**	De 89 402 à 177 106 **- 31 789,28**	De 96 988 à 177 106 **- 35 307,28**	De 104 573 à 177 106 **- 38 825,28**
0,45 x R	Supérieur à 177 106 **- 37 114,52**	Supérieur à 177 106 **- 38 873,52**	Supérieur à 177 106 **- 42 391,52**	Supérieur à 177 106 **- 45 909,52**

Prélèvement à la source de l'impôt sur le revenu

GRILLES DE TAUX PAR DÉFAUT APPLICABLES AU 1ER JANVIER 2024

Les trois grilles ci-dessous exposent les taux par défaut (ou taux neutres) applicables dans le cadre du prélèvement à la source de l'impôt sur le revenu (voir nos 3740 s.), suivant la domiciliation du contribuable et par tranches de revenu. L'**application** du taux par défaut est **obligatoire** dans certains cas mais peut aussi résulter d'une **option** du contribuable (voir nos 3810 s.) (CGI art. 204 H). 97110

Contribuables domiciliés en métropole :

Base mensuelle de prélèvement (B)	Taux proportionnel
B < 1 591 €	0 %
1 591 € ⩽ B < 1 653 €	0,5 %
1 653 € ⩽ B < 1 759 €	1,3 %
1 759 € ⩽ B < 1 877 €	2,1 %
1 877 € ⩽ B < 2 006 €	2,9 %
2 006 € ⩽ B < 2 113 €	3,5 %
2 113 € ⩽ B < 2 253 €	4,1 %
2 253 € ⩽ B < 2 666 €	5,3 %
2 666 € ⩽ B < 3 052 €	7,5 %
3 052 € ⩽ B < 3 476 €	9,9 %
3 476 € ⩽ B < 3 913 €	11,9 %
3 913 € ⩽ B < 4 566 €	13,8 %
4 566 € ⩽ B < 5 475 €	15,8 %
5 475 € ⩽ B < 6 851 €	17,9 %
6 851 € ⩽ B < 8 557 €	20 %
8 557 € ⩽ B < 11 877 €	24 %
11 877 € ⩽ B < 16 086 €	28 %
16 086 € ⩽ B < 25 251 €	33 %
25 251 € ⩽ B < 54 088 €	38 %
B ⩾ 54 088 €	43 %

Contribuables domiciliés en Guadeloupe, à La Réunion et en Martinique :

Base mensuelle de prélèvement (B)	Taux proportionnel
B < 1 825 €	0 %
1 825 € ⩽ B < 1 936 €	0,5 %
1 936 € ⩽ B < 2 133 €	1,3 %
2 133 € ⩽ B < 2 329 €	2,1 %
2 329 € ⩽ B < 2 572 €	2,9 %
2 572 € ⩽ B < 2 712 €	3,5 %
2 712 € ⩽ B < 2 805 €	4,1 %
2 805 € ⩽ B < 3 086 €	5,3 %
3 086 € ⩽ B < 3 816 €	7,5 %
3 816 € ⩽ B < 4 883 €	9,9 %
4 883 € ⩽ B < 5 546 €	11,9 %
5 546 € ⩽ B < 6 424 €	13,8 %
6 424 € ⩽ B < 7 697 €	15,8 %
7 697 € ⩽ B < 8 557 €	17,9 %
8 557 € ⩽ B < 9 725 €	20 %
9 725 € ⩽ B < 13 374 €	24 %
13 374 € ⩽ B < 17 770 €	28 %
17 770 € ⩽ B < 27 122 €	33 %
27 122 € ⩽ B < 59 283 €	38 %
B ⩾ 59 283 €	43 %

97110 (suite)

Contribuables domiciliés en Guyane et à Mayotte :

Base mensuelle de prélèvement (B)	Taux proportionnel
B < 1 955 €	0 %
1 955 € ⩽ B < 2 113 €	0,5 %
2 113 € ⩽ B < 2 356 €	1,3 %
2 356 € ⩽ B < 2 656 €	2,1 %
2 656 € ⩽ B < 2 758 €	2,9 %
2 758 € ⩽ B < 2 853 €	3,5 %
2 853 € ⩽ B < 2 946 €	4,1 %
2 946 € ⩽ B < 3 273 €	5,3 %
3 273 € ⩽ B < 4 517 €	7,5 %
4 517 € ⩽ B < 5 846 €	9,9 %
5 846 € ⩽ B < 6 593 €	11,9 %
6 593 € ⩽ B < 7 650 €	13,8 %
7 650 € ⩽ B < 8 416 €	15,8 %
8 416 € ⩽ B < 9 324 €	17,9 %
9 324 € ⩽ B < 10 821 €	20 %
10 821 € ⩽ B < 14 558 €	24 %
14 558 € ⩽ B < 18 517 €	28 %
18 517 € ⩽ B < 29 676 €	33 %
29 676 € ⩽ B < 62 639 €	38 %
B ⩾ 62 639 €	43 %

Cours des monnaies étrangères

DERNIERS COURS DES MONNAIES ÉTRANGÈRES

Cours au 31 décembre 2023

Le tableau ci-dessous présente, pour les principaux pays n'appartenant pas à la **zone euro,** 97120
l'unité de monnaie et son cours de change au 31 décembre 2023 communiqué par la Banque de France. Il convient de noter que celle-ci publie le taux de conversion de chaque devise contre un euro (euro contre devises). Il nous a paru également intéressant de mentionner ci-dessous le cours de ces devises pour leur montant unitaire en euros (devise contre euros).

En ce qui concerne l'utilisation de ces cours pour l'évaluation des avoirs et dettes en monnaies étrangères au 31 décembre 2023 : voir nº 7370.

Pays	Euro contre devises	Devise contre euros
Afrique du Sud	20,3477 ZAR	0,049145604
Australie	1,6263 AUD	0,614892701
Brésil	5,3618 BRL	0,186504532
Bulgarie	1,9558 BGN	0,511299724
Canada	1,4642 CAD	0,682966808
Chine	7,8509 CNY	0,127373932
Corée du Sud	1433,6600 KRW	0,000697515
Danemark	7,4529 DKK	0,134175958
États-Unis	1,1050 USD	0,904977376
Grande-Bretagne	0,8691 GBP	1,150615579
Hong-Kong	8,6314 HKD	0,115856060
Hongrie	382,8000 HUF	0,002612330
Inde	91,9045 INR	0,010880860
Indonésie	17 079,7100 IDR	0,000058549
Islande	150,5000 ISK	0,006644518
Israël	3,9993 ILS	0,250043758
Japon	156,3300 JPY	0,006396725
Malaisie	5,0775 MYR	0,196947317
Mexique	18,7231 MXN	0,053409959
Norvège	11,2405 NOK	0,088964014
Nouvelle-Zélande	1,7504 NZD	0,571297989
Philippines	61,2830 PHP	0,016317739
Pologne	4,3395 PLN	0,230441295
République tchèque	24,7240 CZK	0,040446530
Roumanie	4,9756 RON	0,200980786
Russie	Non communiqué	
Singapour	1,4591 SGD	0,685353985
Suède	11,0960 SEK	0,090122567
Suisse	0,9260 CHF	1,079913607
Thaïlande	37,9730 THB	0,026334501
Turquie	32,6531 TRY	0,030624964

Intérêts déductibles des comptes d'associés

97140 Les intérêts des sommes que les associés ou actionnaires laissent à la disposition de la société en compte courant sont déductibles dans la **limite** de la moyenne annuelle des taux effectifs moyens pratiqués par les établissements de crédit pour des prêts à taux variable aux entreprises d'une durée initiale supérieure à deux ans.

La **moyenne annuelle** des taux effectifs est déterminée à partir des moyennes trimestrielles publiées dans le courant du dernier mois de chaque trimestre civil au Journal officiel.

Pour les **exercices ne coïncidant pas avec l'année civile,** la moyenne annuelle est donnée par la formule suivante :

$1/12 \times [(M_1 \times t_1) + (3 \times t_2) + (3 \times t_3) + (M_2 \times t_4)]$

– M_1 correspond au nombre de mois entiers du premier trimestre civil compris dans l'exercice comptable. Si l'ouverture de l'exercice ne coïncide pas avec le premier jour du mois dans lequel elle est comprise, le mois considéré doit néanmoins être compté pour un mois entier ;

– M_2 correspond au nombre de mois entiers écoulés depuis le début du quatrième trimestre civil compris dans l'exercice jusqu'à la clôture du même exercice. Si la clôture de cet exercice ne coïncide pas avec le dernier jour du mois dans lequel elle est comprise, le mois considéré n'est pas à comprendre dans M_2. En pratique, M_2 est égal à 3, 4 ou 5 ;

– t_1 à t_4 correspondent respectivement au taux moyen des quatre trimestres civils compris dans l'exercice (BOI-BIC-CHG-50-50-30 n° 70).

La formule est adaptée lorsque la durée de l'exercice est différente de douze mois.

Les entreprises peuvent appliquer une **formule alternative.** Ainsi, lorsque les délais de publication au Journal officiel des taux effectifs le permettent, les entreprises peuvent utiliser ces taux pour les fractions de trimestre civils comprises dans leur exercice (BOI-BIC-CHG-50-50-30 n° 40).

ATTENTION

Un arrêté du 26 janvier 2023, modifié par un arrêté du 27 juin 2023, a autorisé la **publication mensuelle,** pour une durée de douze mois, des taux effectifs moyens pratiqués au cours des trois mois précédents (Arrêté ECOT230233A du 26-1-2023 et ECOT2317592A du 27-6-2023).

Le tableau ci-après retrace l'évolution du taux maximum d'intérêt déductible au cours de ces dernières années (compte tenu de la formule alternative), pour les entreprises clôturant des **exercices de douze mois.**

Clôture de l'exercice	Taux maximum	Clôture de l'exercice	Taux maximum
Au 31-12-2015	**2,15**	**Au 31-12-2019**	**1,32**
Au 31-12-2016	**2,03**	**Au 31-12-2020**	**1,18**
Au 31-12-2017	**1,67**	**Au 31-12-2021**	**1,17**
Au 31-12-2018	**1,47**	**Au 31-12-2022**	**2,27**
2023		31-8	4,65
31-1	2,55	30-9	4,95
28-2	2,85	31-10	5,18
31-3	3,17	30-11	5,39
30-4	3,46	**31-12**	5,57
31-5	3,76	**2024**	
30-6	4,07	31-1	5,70
31-7	4,36	29-2	5,81

Les **taux trimestriels retenus comme base de calcul des taux** ci-dessus sont les suivants. **2015** : 2,26 %, 2,11 %, 2,11 %, 2,12 %. **2016** : 2,19 %, 2,08 %, 1,98 %, 1,85 %. **2017** : 1,82 %, 1,67 %, 1,59 %, 1,59 %. **2018** : 1,53 %, 1,52 %, 1,47 %, 1,36 %. **2019** : 1,34 % ; 1,36 % ; 1,32 % ; 1,27 %. **2020** : 1,21 % ; 1,16 % ; 1,17 % ; 1,17 %. **2021** : 1,23 % ; 1,16 % ; 1,13 % ; 1,15 %. **2022** : 1,15 % ; 1,96 % ; 2,38 % ; 3,36 %. **2023** : 3,56 % (pour la période incluant les mois de novembre 2022, décembre 2022 et janvier 2023 : avis du 27-1-2023) ; 3,90 % (pour la période incluant les mois de décembre 2022, janvier 2023 et février 2023 : avis du 25-2-2023) ; 4,48 % (pour la période incluant les mois de janvier à mars 2023 : avis du 28-3-2023) ; 4,76 % (pour la période incluant les mois de février à avril 2023 : avis du 27-4-2023) ; 5 % (pour la période incluant les mois de mars à mai 2023 : avis du 26-5-2023) ; 5,44 % (pour la période incluant les mois d'avril à juin 2023 : avis du 27-6-2023) ; 5,54 % (pour la période incluant les mois de mai à juillet 2023 : avis du 24-7-2023) ; 5,69 % (pour la période incluant les mois de juin à août 2023 : avis du 24-8-2023) ; 5,82 % (pour la période incluant les mois de juillet à septembre 2023 : avis du 28-9-2023) ; 5,89 % (pour la période incluant les mois d'août à octobre 2023 : avis du 25-10-2023) ; 5,98 (pour la période incluant les mois de septembre à novembre 2023 : avis du 27-11-2023) ; 6,08 % (pour la période incluant les mois d'octobre à décembre 2023 : avis du 26-12-2023).

Barèmes des frais de carburant

VÉHICULES AUTOMOBILES

Au 1er février 2024, l'administration n'avait pas encore publié le tableau fixant le prix de revient kilométrique du carburant consommé en 2023 par les véhicules automobiles en fonction de leur puissance fiscale qui peut être utilisé pour l'évaluation forfaitaire des frais de carburant exposés lors des déplacements professionnels des exploitants individuels tenant une **comptabilité super-simplifiée** (n° 11135), ainsi que des **exploitants agricoles** exerçant leur activité à titre individuel soumis au régime simplifié d'imposition (n° 16040). 97165

La mesure de simplification vise essentiellement les frais de carburant afférents aux **véhicules** affectés à un **usage mixte** (professionnel et personnel), compte tenu de la difficulté pratique à évaluer la part de chacun des usages (professionnel et personnel) dans l'utilisation du véhicule. Par suite sont exclus du bénéfice de cette mesure les frais de carburant qui concernent les véhicules uniquement affectés à un usage professionnel tels que les véhicules utilitaires ainsi que les véhicules utilisés par les entreprises qui ont pour objet le transport de personnes ou de marchandises (taxis, transporteurs, etc.) (BOI-BIC-CHG-10-20-20 n° 150).

Ce barème peut également être utilisé par les titulaires de **revenus non commerciaux** pour l'évaluation des frais de carburant des véhicules pris en location simple, en crédit-bail ou en leasing (n° 13370), par les **associés de sociétés de personnes** qui exercent leur activité professionnelle au sein de la société pour l'évaluation des frais de carburant exposés pour se rendre de leur domicile à leur lieu de travail (n° 37685), ainsi que par les **salariés** (n° 22115).

DEUX-ROUES

Au 1er février 2024, l'administration n'avait pas encore publié le tableau fixant le prix de revient kilométrique du carburant consommé en 2023 par les deux-roues motorisés en fonction de leur cylindrée qui peut être utilisé pour l'évaluation forfaitaire des frais de carburant exposés lors des déplacements professionnels des exploitants tenant une **comptabilité super-simplifiée** (n° 11135), ainsi que des **exploitants agricoles** exerçant leur activité à titre individuel soumis au régime simplifié d'imposition (n° 16040). Ce barème peut également être utilisé par les titulaires de **bénéfices non commerciaux** à raison des deux-roues pris en location, crédit-bail ou leasing (n° 13370), par les **associés de sociétés de personnes** qui exercent leur activité professionnelle au sein de la société pour l'évaluation des frais de carburant exposés pour se rendre de leur domicile à leur lieu de travail (n° 37685), ainsi que par les **salariés** (n° 22115). 97175

À l'instar des véhicules automobiles, la mesure de simplification vise essentiellement les frais de carburant afférents aux deux-roues affectés à un **usage mixte,** à l'exclusion de ceux concernant des deux-roues uniquement affectés à un usage professionnel (livraison de pizzas, etc.).

Barèmes kilométriques

97200 TS-V-14880 s Nous donnons ci-après les barèmes forfaitaires pour l'évaluation de certains **frais de déplacement des salariés** applicables pour l'imposition des revenus de 2022, les barèmes 2023 n'étant pas encore connus. Pour les **véhicules électriques,** le montant des frais calculés à partir de ces barèmes est majoré de 20 % (n° 22115) (CGI ann. IV art. 6 B, modifié en dernier lieu par l'arrêté ECOE2307260A du 27-3-2023).

Automobiles

Puissance administrative	Jusqu'à 5 000 km	De 5 001 à 20 000 km	Au-delà de 20 000 km
3 CV et moins	d × 0,529	(d × 0,316) + 1 065	d × 0,370
4 CV	d × 0,606	(d × 0,340) + 1 330	d × 0,407
5 CV	d × 0,636	(d × 0,357) + 1 395	d × 0,427
6 CV	d × 0,665	(d × 0,374) + 1 457	d × 0,447
7 CV et plus	d × 0,697	(d × 0,394) + 1 515	d × 0,470
d représente la distance annuelle parcourue			

Cyclomoteurs, vélomoteurs, scooters (cylindrée inférieure à 50 CC)

Jusqu'à 3 000 km	De 3 001 à 6 000 km	Au-delà de 6 000 km
d × 0,315	(d × 0,079) + 711	d × 0,198
d représente la distance annuelle parcourue		

Motocyclettes (cylindrée supérieure à 50 CC)

Puissance administrative	Jusqu'à 3 000 km	De 3 001 à 6 000 km	Au-delà de 6 000 km
1 ou 2 CV	d × 0,395	(d × 0,099) + 891	d × 0,248
3, 4 ou 5 CV	d × 0,468	(d × 0,082) + 1 158	d × 0,275
Plus de 5 CV	d × 0,606	(d × 0,079) + 1 583	d × 0,343
d représente la distance annuelle parcourue			

EXEMPLE

Pour 6 000 km parcourus à titre professionnel avec un **véhicule électrique** de 5 CV, il est possible de faire état d'un montant de frais réels égal à : (6 000 km × 0,357) + 1 395 = 3 537. Ce montant est majoré de 20 %, soit 4 244 €.

Avantage en nature logement

Le tableau ci-après indique, pour les années 2023 et 2024, **l'évaluation forfaitaire mensuelle** de l'avantage en nature « logement » accordé aux salariés (nº 21560). 97220 TS-II-9000 s

Le montant de cet avantage est déterminé en fonction de la rémunération du bénéficiaire et du nombre de pièces du logement concerné.

Rémunération brute mensuelle (R) en espèces et nombre de pièces	Montant de l'avantage logement (en euros) 2023	2024
R < 0,5 P		
Logement de 1 pièce principale	75,40	77,30
Autres logements (par pièce principale)	40,40	41,40
0,5 P ⩽ R < 0,6 P		
Logement de 1 pièce principale	88,00	90,20
Autres logements (par pièce principale)	56,50	57,90
0,6 P ⩽ R < 0,7 P		
Logement de 1 pièce principale	100,40	102,90
Autres logements (par pièce principale)	75,40	77,30
0,7 P ⩽ R < 0,9 P		
Logement de 1 pièce principale	113,00	115,80
Autres logements (par pièce principale)	94,10	96,50
0,9 P ⩽ R < 1,1 P		
Logement de 1 pièce principale	138,40	141,90
Autres logements (par pièce principale)	119,30	122,30
1,1 P ⩽ R < 1,3 P		
Logement de 1 pièce principale	163,30	167,40
Autres logements (par pièce principale)	144,10	147,70
1,3 P ⩽ R < 1,5 P		
Logement de 1 pièce principale	188,60	193,30
Autres logements (par pièce principale)	175,70	180,10
1,5 P ⩽ R		
Logement de 1 pièce principale	213,50	218,80
Autres logements (par pièce principale)	200,90	205,90
P = plafond mensuel de la sécurité sociale, soit 3 666 € pour 2023 et 3 864 € pour 2024.		

EXEMPLE

Un logement de trois pièces fourni gratuitement par l'employeur à un salarié dont la rémunération brute en espèces s'élève à 2 500 € par mois (soit entre 0,6 et 0,7 fois le plafond de la sécurité sociale) doit en 2024 être évalué à 77,30 € × 3 = 231,90 € par mois, soit 2 783 € pour l'année.

Taux d'abattements sur les plus-values immobilières des particuliers

97230 Les tableaux ci-après donnent le pourcentage de réduction à appliquer à la plus-value pour la détermination de l'assiette imposable à l'impôt sur le revenu et aux prélèvements sociaux selon la durée de détention de l'immeuble cédé (n° 32245).

Durée de détention de l'immeuble	Impôt sur le revenu (19 %)	Prélèvements sociaux (17,2 %)	Durée de détention de l'immeuble	Impôt sur le revenu (19 %)	Prélèvements sociaux (17,2 %)
	Taux de l'abattement	Taux de l'abattement		Taux de l'abattement	Taux de l'abattement
Moins de 6 ans	Pas d'abattement	Pas d'abattement	Entre 18 et 19 ans	78 %	21,45 %
Entre 6 et 7 ans	6 %	1,65 %	19 et 20 ans	84 %	23,10 %
7 et 8 ans	12 %	3,30 %	20 et 21 ans	90 %	24,75 %
8 et 9 ans	18 %	4,95 %	21 et 22 ans	96 %	26,40 %
9 et 10 ans	24 %	6,60 %	22 et 23 ans	Exonération	28 %
10 et 11 ans	30 %	8,25 %	23 et 24 ans	Exonération	37 %
11 et 12 ans	36 %	9,90 %	24 et 25 ans	Exonération	46 %
12 et 13 ans	42 %	11,55 %	25 et 26 ans	Exonération	55 %
13 et 14 ans	48 %	13,20 %	26 et 27 ans	Exonération	64 %
14 et 15 ans	54 %	14,85 %	27 et 28 ans	Exonération	73 %
15 et 16 ans	60 %	16,50 %	28 et 29 ans	Exonération	82 %
16 et 17 ans	66 %	18,15 %	29 et 30 ans	Exonération	91 %
17 et 18 ans	72 %	19,80 %	Plus de 30 ans	Exonération	Exonération

Cessions bénéficiant d'un abattement exceptionnel de 60 %, 75 % ou de 85 % [1]						
Durée de détention du bien	Impôt sur le revenu (19 %)			Prélèvements sociaux (17,2 %)		
	Taux global d'abattement [2]			Taux global d'abattement [2]		
	Abattement « zones tendues » (60 %)	Abattement opérations d'aménagement complexe (75 %)	Abattement majoré (85 %)	Abattement « zones tendues » (60 %)	Abattement opérations d'aménagement complexe (75 %)	Abattement majoré (85 %)
Moins de 6 ans	60,0 %	75,0 %	85,0 %	60, 0 %	75,0 %	85,0 %
Entre 6 et 7 ans	62,4 %	76,5 %	85,9 %	60,66 %	75,413 %	85,2475 %
7 et 8 ans	64,8 %	78,0 %	86,8 %	61,32 %	75,825 %	85,495 %
8 et 9 ans	67,2 %	79,5 %	87,7 %	61,98 %	76,238 %	85,7425 %
9 et 10 ans	69,6 %	81,0 %	88,6 %	62,64 %	76,65 %	85,99 %
10 et 11 ans	72,0 %	82,5 %	89,5 %	63,3 %	77,063 %	86,2375 %
11 et 12 ans	74,4 %	84,0 %	90,4 %	63,96 %	77,475 %	86,485 %
12 et 13 ans	76,8 %	85,5 %	91,3 %	64,62 %	77,888 %	86,7325 %
13 et 14 ans	79,2 %	87,0 %	92,2 %	65,28 %	78,3 %	86,98 %
14 et 15 ans	81,6 %	88,5 %	93,1 %	65,94 %	78,713 %	87,2275 %
15 et 16 ans	84,0 %	90,0 %	94,0 %	66,6 %	79,125 %	87,475 %
16 et 17 ans	86,4 %	91,5 %	94,9 %	67,26 %	79,538 %	87,7225 %
17 et 18 ans	88,8 %	93,0 %	95,8 %	67,92 %	79,95 %	87,97 %
18 et 19 ans	91,2 %	94,5 %	96,7 %	68,58 %	80,363 %	88,2175 %
19 et 20 ans	93,6 %	96,0 %	97,6 %	69,24 %	80,775 %	88,465 %
20 et 21 ans	96,0 %	97,5 %	98,5 %	69,9 %	81,188 %	88,7125 %
21 et 22 ans	98,4 %	99,0 %	99,4 %	70,56 %	81,60 %	88,96 %

Cessions bénéficiant d'un abattement exceptionnel de 60 %, 75 % ou de 85 % [1]						
Durée de détention du bien	Impôt sur le revenu (19 %)			Prélèvements sociaux (17,2 %)		
	Taux global d'abattement [2]			Taux global d'abattement [2]		
	Abattement « zones tendues » (60 %)	Abattement opérations d'aménagement complexe (75 %)	Abattement majoré (85 %)	Abattement « zones tendues » (60 %)	Abattement opérations d'aménagement complexe (75 %)	Abattement majoré (85 %)
22 et 23 ans	Exonération	Exonération	Exonération	71,2 %	82,0 %	89,2 %
23 et 24 ans	Exonération	Exonération	Exonération	74,8 %	84,25 %	90,55 %
24 et 25 ans	Exonération	Exonération	Exonération	78,4 %	86,5 %	91,9 %
25 et 26 ans	Exonération	Exonération	Exonération	82,0 %	88,75 %	93,25 %
26 et 27 ans	Exonération	Exonération	Exonération	85,6 %	91,0 %	94,6 %
27 et 28 ans	Exonération	Exonération	Exonération	89,2 %	93,25 %	95,95 %
28 et 29 ans	Exonération	Exonération	Exonération	92,8 %	95,5 %	97,3 %
29 et 30 ans	Exonération	Exonération	Exonération	96,4 %	97,75 %	98,65 %
Plus de 30 ans	Exonération	Exonération	Exonération	Exonération	Exonération	Exonération

1. Abattement applicable aux cessions :
– de biens immobiliers bâtis ou de droits relatifs à ces mêmes biens situés pour tout ou partie de leur surface dans le périmètre d'une grande opération d'urbanisme (GOU), dans celui d'une opération de revitalisation du territoire (ORT), ou dans celui des opérations d'intérêt national (OIN) ;
– de terrains à bâtir ou de biens immobiliers bâtis ou de droits relatifs à ces mêmes biens situés pour tout ou partie de leur surface dans des communes classées en zones A, A bis ou B1.
La cession doit être précédée d'une promesse de vente ayant acquis date certaine entre le 1er janvier 2024 et le 31 décembre 2025 et intervenir au plus tard le 31 décembre de la deuxième année suivante, sous conditions de construction d'habitats collectifs (voir nos 32250 s.).
2. Abattement pour durée de détention + abattement temporaire de 60 ou 75 %, selon la situation de l'immeuble majoré à 85 % si l'acquéreur s'engage à ce que la surface habitable des logements ainsi réalisés soit affectée, dès leur achèvement, pour au moins 50 % de la surface totale des constructions du programme immobilier à du logement social, à du logement faisant l'objet d'un bail réel solidaire ou à du logement intermédiaire.

Taux horaire du Smic

97240

Date d'effet	Smic horaire	Date d'effet	Smic horaire
Au 1-1-2013	9,43 €	Au 1-1-2021	10,25 €
Au 1-1-2014	9,53 €	Au 1-10-2021	10,48 €
Au 1-1-2015	9,61 €	Au 1-1-2022	10,57 €
Au 1-1-2016	9,67 €	Au 1-5-2022	10,85 €
Au 1-1-2017	9,76 €	Au 1-8-2022	11,07 €
Au 1-1-2018	9,88 €	Au 1-1-2023	11,27 €
Au 1-1-2019	10,03 €	Au 1-5-2023	11,52 €
Au 1-1-2020	10,15 €	Au 1-1-2024	11,65 €

> Précisions Ces chiffres sont également applicables en Guadeloupe, en Guyane, en Martinique, à La Réunion, à Saint-Barthélemy, à Saint-Martin et à Saint-Pierre-et-Miquelon. À Mayotte, le Smic horaire est de 8,80 € à compter du 1er janvier 2024.

Plafond de calcul des cotisations de sécurité sociale

97260 Le plafond annuel a été successivement fixé à :

- 37 032 € pour 2013
- 37 548 € pour 2014
- 38 040 € pour 2015
- 38 616 € pour 2016
- 39 228 € pour 2017
- 39 732 € pour 2018
- 40 524 € pour 2019
- 41 136 € pour 2020
- 41 136 € pour 2021
- 41 136 € pour 2022
- 43 992 € pour 2023
- 46 368 € pour 2024

Pour **2024,** les plafonds périodiques sont les suivants :

Périodicité du paiement de la rémunération	Plafond 2024 en euros
Trimestre	11 592
Mois	**3 864**
Quinzaine	1 932
Semaine	892
Jour	213
Heure	29

Médecins conventionnés

Pour le calcul de l'abattement forfaitaire, seuls les honoraires conventionnels (avant déduction des sommes rétrocédées à des remplaçants) doivent être en principe pris en compte. 97280 BNC-IV-17800 s

Il faut ajouter aux honoraires conventionnels les sommes perçues au titre de soins donnés aux invalides de guerre. En revanche, les honoraires libres doivent être exclus, même si leur taux n'excède pas celui du tarif conventionnel. Ne doivent donc pas être pris en compte les honoraires de dépassement, les sommes versées par des confrères, les sommes perçues au titre de frais de justice par les médecins experts auprès des tribunaux. Doivent être également exclues les sommes reçues des compagnies d'assurances à la suite d'expertises sur accidents ou lors de la souscription d'assurance-vie et les sommes versées par les administrations aux médecins assermentés ou par les non-assurés sociaux.

Catégorie de médecins	Total des recettes provenant d'honoraires conventionnels	Montant de la déduction en euros
Omnipraticiens	N'excédant pas 9 100 €	770 €
	Compris entre 9 100 € et 12 150 €	920 €
	Compris entre 12 150 € et 15 200 €	1 220 €
	Compris entre 15 200 € et 18 250 €	1 530 €
	Compris entre 18 250 € et 21 300 €	1 830 €
	Compris entre 21 300 € et 24 350 €	2 140 €
	Compris entre 24 350 € et 27 400 €	2 440 €
	Compris entre 27 400 € et 30 450 €	2 750 €
	Supérieur à 30 450 €	3 050 €
Spécialistes médicaux	N'excédant pas 9 100 €	770 €
	Compris entre 9 100 € et 12 150 €	920 €
	Compris entre 12 150 € et 16 750 €	1 220 €
	Compris entre 16 750 € et 19 800 €	1 530 €
	Compris entre 19 800 € et 22 850 €	1 830 €
	Compris entre 22 850 € et 25 900 €	2 140 €
	Compris entre 25 900 € et 28 950 €	2 440 €
	Compris entre 28 950 € et 32 000 €	2 750 €
	Supérieur à 32 000 €	3 050 €
Chirurgiens et spécialistes médicaux	N'excédant pas 9 100 €	770 €
	Compris entre 9 100 € et 15 200 €	920 €
	Compris entre 15 200 € et 18 250 €	1 220 €
	Compris entre 18 250 € et 22 850 €	1 530 €
	Compris entre 22 850 € et 27 400 €	1 830 €
	Compris entre 27 400 € et 30 450 €	2 140 €
	Compris entre 30 450 € et 33 500 €	2 440 €
	Compris entre 33 500 € et 36 550 €	2 750 €
	Supérieur à 36 550 €	3 050 €
Électroradiologistes qualifiés	N'excédant pas 15 200 €	770 €
	Compris entre 15 200 € et 24 350 €	920 €
	Compris entre 24 350 € et 33 500 €	1 220 €
	Compris entre 33 500 € et 41 150 €	1 530 €
	Compris entre 41 150 € et 48 750 €	1 830 €
	Compris entre 48 750 € et 51 800 €	2 140 €
	Compris entre 51 800 € et 57 900 €	2 440 €
	Compris entre 57 900 € et 64 000 €	2 750 €
	Supérieur à 64 000 €	3 050 €

Droits départementaux de vente d'immeubles

Pour la période 1er juin 2023-31 mai 2024, le taux du droit départemental s'élève à 4,50 % dans l'ensemble des départements et dans la collectivité européenne d'Alsace, sauf dans l'Indre, le Morbihan et Mayotte, dans lesquels le taux est fixé à 3,80 %. 97290 ENR-V-50100

Abattement sur l'assiette du droit de vente d'immeubles d'habitation

97300 ENR-V-50150 On trouvera ci-après la liste des départements dans lesquels les ventes réalisées du 1er juin 2023 au 31 mai 2024 peuvent bénéficier de l'abattement réservé aux immeubles situés dans les **zones de revitalisation rurale** (voir nº 92540).

14 – Calvados	46 000 €	51 – Marne	7 600 €
38 – Isère	46 000 €	71 – Saône-et-Loire	30 400 €

Exonérations facultatives de droits d'enregistrement

97320 ENR-V-51700 s ENR-III-7500 s Le tableau ci-après indique les **départements** ayant institué pour la période 1er juin 2023-31 mai 2024 une ou plusieurs des exonérations suivantes :

– **colonne 1** : exonération de droit départemental des cessions de logements par les organismes d'HLM ou par les sociétés d'économie mixte (SEM) à leurs locataires (CGI art. 1594 G) ; voir nº 66260 ;

– **colonne 2** : exonération de droit départemental des rachats de certains logements par les organismes d'HLM ou par les SEM (CGI art. 1594 H) ; voir nº 66260 ;

– **colonne 3** : exonération de droit départemental des acquisitions de logements par les organismes d'HLM dans le cadre de la mise en œuvre d'une garantie de rachat (CGI art. 1594 H-0 bis) ; voir nº 66260 ;

– **colonne 4** : exonération de droit départemental des acquisitions par les mutuelles d'anciens combattants (CGI art. 1594 I) ; voir nº 66260 ;

– **colonne 5** : exonération de taxe de publicité foncière des baux à réhabilitation (CGI art. 1594 J) ; voir nº 65160 ;

– **colonne 6** : exonération de taxe de publicité foncière des baux de plus de douze ans portant sur des résidences de tourisme classées (CGI art. 1594 J bis) ; voir nº 65160.

Départements	Exonérations					
	1	2	3	4	5	6
02. Aisne	X	X		X	X	
04. Alpes-de-Haute-Provence	X					
05. Hautes-Alpes	X					
11. Aude	X	X				
14. Calvados	X	X			X	
15. Cantal	X					
17. Charente-Maritime	X	X		X	X	
18. Cher	X	X				
19. Corrèze	X	X				
21. Côte-d'Or	X	X	X			
22. Côtes-d'Armor	X	X	X	X		
23. Creuse	X					
24. Dordogne	X	X				
25. Doubs		X			X	
26. Drôme	X					
27. Eure	X	X				
29. Finistère	X	X				
31. Garonne (Haute-)	X			X	X	
33. Gironde	X	X				
34. Hérault	X					X
35. Ille-et-Vilaine	X	X				
36. Indre	X					
37. Indre-et-Loire		X				
38. Isère	X					
39. Jura				X		
40. Landes	X	X			X	
41. Loir-et-Cher	X		X			
42. Loire	X					
43. Loire (Haute-)	X	X		X	X	
44. Loire-Atlantique	X	X		X	X	
46. Lot	X				X	
47. Lot-et-Garonne	X				X	

Départements	Exonérations					
	1	2	3	4	5	6
51. Marne	X	X				
54. Meurthe-et-Moselle	X	X		X		
55. Meuse	X					
56. Morbihan	X	X				
60. Oise	X				X	
61. Orne	X					
62. Pas-de-Calais	X	X			X	
63. Puy-de-Dôme				X		
64. Pyrénées-Atlantiques	X	X				
65. Pyrénées (Hautes-)	X	X	X	X	X	X
67-68. Collectivité européenne d'Alsace	X	X		X	X	
71. Saône-et-Loire	X	X			X	
72. Sarthe	X	X		X	X	
75. Paris				X		
76. Seine-Maritime	X	X				
77. Seine-et-Marne	X	X	X	X		
78. Yvelines	X					
79. Sèvres (Deux-)	X	X				
80. Somme	X	X				
81. Tarn	X	X				
83. Var	X	X	X		X	
84. Vaucluse	X	X	X			
85. Vendée	X					
86. Vienne	X	X				
87. Vienne (Haute-)	X	X				
89. Yonne	X	X		X	X	
91. Essonne	X			X	X	
92. Hauts-de-Seine	X			X	X	
94. Val-de-Marne	X			X		
971. Guadeloupe	X					
972. Martinique	X					

S'agissant des exonérations facultatives des **acquisitions** d'immeubles destinés à une exploitation **hôtelière** ou touristique dans les **départements et régions d'outre-mer** et des cessions de parts de **copropriétés hôtelières loi « Pons »,** voir n° 91630, Précisions.

Contribution de sécurité immobilière

La « contribution de sécurité immobilière » est due pour chaque **formalité réalisée par le service de publicité foncière** : publications (ventes d'immeubles, donations immobilières...), inscriptions (d'hypothèques ou de privilèges) et délivrance de renseignements ou de copies d'actes. Elle est également due sur les mentions portées en marge des publications ou des inscriptions (radiation d'inscriptions d'hypothèques notamment). Elle doit être payée d'avance au service chargé de la publicité foncière. 97350 ENR-XI-5200 s

a. Contribution sur les publications : tarif proportionnel fixé au taux unique de **0,10 %** qui s'applique au prix ou à l'évaluation des immeubles ou des droits immobiliers faisant l'objet de la publication (CGI art. 881 K).

Le tarif de 0,10 % s'applique aux radiations d'inscriptions d'hypothèques (taux réduit de 0,05 % pour les radiations simplifiées) (CGI art. 881 J).

Tarif minimum : 15 € par radiation ou par publication (CGI art. 881 M, b).

b. Contribution sur les inscriptions : taux proportionnel de **0,05 %,** liquidé sur le montant des sommes ou valeurs énoncées au bordereau d'inscription des privilèges immobiliers ou des hypothèques (CGI art. 881 H), y compris pour les bordereaux d'inscription d'une hypothèque conventionnelle rechargeable (CGI art. 881 I).

Le **même tarif** s'applique aux déclarations de cession d'antériorité, de subrogation, ou de subrogation et de changement de domicile par le même acte (CGI art. 881 I).

Tarif minimum : 8 € par inscription, par déclaration de cession d'antériorité ou de subrogation ou par convention de rechargement (CGI art. 881 M, a).

c. Tarif réduit : la contribution proportionnelle est réduite de moitié pour certaines formalités (inscriptions d'hypothèques intéressant les HLM, formalités se rapportant au paiement fractionné ou différé notamment) (CGI art. 881 L).

> **> Précisions** Les contrats créant une **obligation réelle environnementale** signés avec une collectivité publique, un établissement public ou une personne morale de droit privé sont exonérés de la contribution de sécurité immobilière (Code de l'environnement art. L 132-3, al. 4).

Tarifs réglementés des notaires (extrait)

En plus des droits d'enregistrement fixes, proportionnels ou progressifs (nos 63500 s.), les actes rédigés ou reçus par les notaires donnent lieu au paiement d'**honoraires** (ou d'émoluments). 97370 ENR-I-30000 s

Ces honoraires sont constitués, selon le cas, soit par des **émoluments proportionnels** ou dégressifs, soit par des **émoluments fixes,** applicables acte par acte, étant rappelé que le montant de ces honoraires est majoré de la TVA au taux normal.

Les tarifs des notaires sont réglementés (C. com. art. R 444-59 s. et A 444-53 s.). Sont toutefois exclus de la tarification les actes concernant le secteur concurrentiel. Relèvent ainsi du **secteur libre** (honoraires fixés par accord des parties) les actes reçus par les notaires, notamment en matière de **sociétés, de ventes de fonds de commerce et de baux commerciaux.** Lorsque ces actes « détarifés » comportent une convention soumise à publicité foncière (par exemple les actes portant sur des immeubles), des émoluments sont dus, outre les honoraires fixés librement, sur les biens soumis à publicité.

Remarques générales

a. En **cas de négociation,** le notaire a droit à un émolument supérieur qui est à la charge de la partie supportant les frais de l'acte, sauf stipulation contraire. Il y a négociation lorsque le notaire, agissant en vertu d'un mandat écrit que lui a donné à cette fin l'une des parties, recherche un cocontractant, le découvre et le met en relation avec son mandant, soit directement, soit par l'intermédiaire du représentant de ce cocontractant, reçoit l'acte ou participe à sa réception.

b. Les émoluments sont majorés de 25 % dans les îles Wallis-et-Futuna et dans les départements de la Guadeloupe et de la Martinique, de 23 % dans le département de la Guyane et de 37 % dans les départements de La Réunion et de Mayotte (C. com. art. A 444-53).

c. L'intervention de **plusieurs notaires** dans la rédaction ou la réception d'un acte n'en augmente pas l'émolument, sauf si l'acte est rétribué en fonction du nombre d'heures passées. Le partage des émoluments, hors remises, est fixé par les règlements relatifs au statut du notariat (C. com. art. R 444-63).

d. S'agissant de l'acte de **mutation immobilière** (et des formalités liées à son accomplissement), un système d'**écrêtement** est prévu : l'émolument est plafonné à 10 % de la valeur du bien ou du droit faisant l'objet de la mutation, avec un minimum de rémunération de 90 € (C. com. art. A 444-175).

e. Des **remises d'honoraires** peuvent être consenties, identiques pour tous les clients de l'étude, sur les **émoluments proportionnels** (notamment pour les transactions immobilières), dans la limite d'un maximum de 20 % applicable à la part d'émolument calculée sur les tranches d'assiette supérieures ou égales à 100 000 € (40 % pour certains actes d'un montant supérieur ou égal à 10 000 000 €, dont les pactes « Dutreil »). En outre, pour certaines prestations, le notaire et son client peuvent convenir de remises pour la part d'émoluments excédant 200 000 € (C. com. art. A 444-174).

97385 **Tarification des principaux actes ou conventions**

Nous donnons ci-après les tarifs des actes les plus courants (applicables du 1-3-2022 au 29-2-2024) concernant soit les actes relatifs principalement à la famille, soit les actes relatifs principalement aux biens immobiliers et fonciers.

Attestation notariée destinée à constater la transmission par décès ou convention matrimoniale d'immeubles ou de droits réels immobiliers (C. com. art. A 444-59).

De 0 à 6 500 €	1,935 %
De 6 500 € à 17 000 €	1,064 %
De 17 000 € à 30 000 €	0,726 %
Plus de 30 000 €	0,532 %

Bail

1. Bail de gré à gré ou sous-bail (C. com. art. A 444-103, 1°)

D'habitation ou professionnel et d'habitation : un demi-mois de loyer.

2. À ferme, à nourriture, à métayage (C. com. art. A 444-103, 2°)

a. Premier bail :

Sur le montant cumulé des loyers des trois premières années augmenté des charges et de la moitié des loyers des années suivantes augmentée des charges

De 0 à 6 500 €	1,645 %
De 6 500 € à 17 000 €	0,905 %
De 17 000 € à 30 000 €	0,617 %
Plus de 30 000 €	0,452 %

b. Renouvellement ou prorogation (émoluments fixes) : 56,60 €.

c. Bail à long terme :

Sur le montant total des loyers dus pour la durée du bail augmenté des charges

De 0 à 6 500 €	1,645 %
De 6 500 € à 17 000 €	0,905 %
De 17 000 € à 30 000 €	0,617 %
Plus de 30 000 €	0,452 %

d. Bail cessible en dehors du cadre familial (C. com. art. A 444-103, 2°) :

Établissement :

Sur le montant des loyers dus pour la durée du bail augmenté des charges

De 0 à 6 500 €	1,645 %
De 6 500 € à 17 000 €	0,905 %
De 17 000 € à 30 000 €	0,617 %
Plus de 30 000 €	0,452 %

Cession :

De 0 à 6 500 €	3,870 %
De 6 500 € à 17 000 €	1,596 %
De 17 000 € à 60 000 €	1,064 %
Plus de 60 000 €	0,799 %

3. À cheptel (C. com. art. A 444-103, 3°) : 97385 (suite)

Sur la somme servant de base à la perception des droits d'enregistrement ou, à défaut, sur l'évaluation des parties

De 0 à 6 500 €	3,289 %
De 6 500 € à 17 000 €	1,809 %
De 17 000 € à 30 000 €	1,234 %
Plus de 30 000 €	0,905 %

4. À vie, à durée illimitée ou emphytéotique (C. com. art. A 444-103, 4°) :

Sur la somme retenue pour les besoins de la publicité foncière

De 0 à 6 500 €	3,289 %
De 6 500 € à 17 000 €	1,809 %
De 17 000 € à 30 000 €	1,234 %
Plus de 30 000 €	0,905 %

Dépôt de la **convention de divorce par consentement mutuel** sans juge (C. civ. art. 229-1 ; C. com. art. A 444-173-1) : émolument fixe de 41,20 €.

Déclaration d'insaisissabilité des droits de l'entrepreneur individuel sur tout bien foncier, bâti ou non bâti, mentionnés au 2e alinéa de l'article L 526-1 du Code de commerce (C. com. art. A 444-145) : émolument fixe de 113,20 €.

Déclaration de succession (sur l'actif brut total), y compris les biens dépendant d'une communauté, d'une participation ou société aux acquêts (C. com. art. A 444-63)

De 0 à 6 500 €	1,548 %
De 6 500 € à 17 000 €	0,851 %
De 17 000 € à 30 000 €	0,580 %
Plus de 30 000 €	0,426 %

Donation entre vifs : sur la valeur en pleine propriété (y compris en cas de réserve d'usufruit) des biens donnés par chaque donateur

1. Acceptée sans distinction de ligne (C. com. art. A 444-67, 1°)

De 0 à 6 500 €	4,837 %
De 6 500 € à 17 000 €	1,995 %
De 17 000 € à 60 000 €	1,330 %
Plus de 60 000 €	0,998 %

2. Non acceptée (C. com. art. A 444-67, 2°)

De 0 à 6 500 €	3,483 %
De 6 500 € à 17 000 €	1,437 %
De 17 000 € à 60 000 €	0,957 %
Plus de 60 000 €	0,718 %

3. Acceptation de la donation entre vifs (C. com. art. A 444-67, 3°)

De 0 à 6 500 €	1,355 %
De 6 500 € à 17 000 €	0,559 %
De 17 000 € à 60 000 €	0,373 %
Plus de 60 000 €	0,280 %

4. Donation entre vifs portant uniquement sur des créances, espèces ou des valeurs mobilières cotées (C. com. art. A 444-67, 4°)

De 0 à 6 500 €	2,322 %
De 6 500 € à 17 000 €	0,958 %
De 17 000 € à 60 000 €	0,639 %
Plus de 60 000 €	0,479 %

Donation-partage (donation-partage conjonctive, donation-partage par une seule personne) (C. com. art. A 444-68, 1° et 2°)

De 0 à 6 500 €	4,837 %
De 6 500 € à 17 000 €	1,995 %
De 17 000 € à 60 000 €	1,330 %
Plus de 60 000 €	0,998 %

Donations entre époux (pendant le mariage) (C. com. art. A 444-69) : émolument fixe de 113,20 €.

97385 (suite) **Échange** (C. com. art. A 444-117)

a. Bilatéral : sur la valeur du plus fort des deux lots échangés

De 0 à 6 500 €	3,870 %
De 6 500 € à 17 000 €	1,596 %
De 17 000 € à 60 000 €	1,064 %
Plus de 60 000 €	0,799 %

b. Multilatéral : sur la valeur globale des biens échangés

De 0 à 6 500 €	2,580 %
De 6 500 € à 17 000 €	1,064 %
De 17 000 € à 60 000 €	0,709 %
Plus de 60 000 €	0,532 %

Mandat posthume et **mandat de protection future** (C. com. art. A 444-79 et A 444-79-1) (émoluments fixes)

Établissement du mandat : 113,20 €

Acceptation par acte séparé : 56,59 €

Révocation par le mandant : 56,59 €

Renonciation par le mandataire : 56,59 €

Mainlevée d'inscription hypothécaire, de privilège, de nantissement, de gage (C. com. art. A 444-141, 2°-a)

De 0 à 677 090 €	78 €
Plus de 77 090 €	150 €

Notoriété

1. Après décès, constatant la **dévolution successorale** (C. com. art. A 444-66, 1°) : émolument fixe de 56,60 €.

2. Constatant la prescription acquisitive (C. com. art. A 444-66, 2°)

De 0 à 6 500 €	0,774 %
De 6 500 € à 17 000 €	0,426 %
De 17 000 € à 30 000 €	0,290 %
Plus de 30 000 €	0,213 %

3. Dans tous les autres cas que ceux prévus aux 1 et 2 (C. com. art. A 444-66, 3°) : émolument fixe de 56,60 €.

Pacte civil de solidarité initial ou modificatif (C. com. art. A 444-81) : émolument fixe de 84,51 €.

Partage

1. Partage volontaire ou judiciaire avec ou sans liquidation de communauté, de succession, de société (sauf sociétés de construction) ou d'association (C. com. art. A 444-121, 1° et 2°).

a. Sur l'actif brut, déduction faite seulement des legs particuliers

De 0 à 6 500 €	4,837 %
De 6 500 € à 17 000 €	1,995 %
De 17 000 € à 60 000 €	1,330 %
Plus de 60 000 €	0,998 %

b. Sur les reprises en nature : émolument proportionnel non dégressif de 0,484 %.

2. Partage de sociétés de construction (C. com. art. A 444-120)

De 0 à 6 500 €	0,967 %
De 6 500 € à 17 000 €	0,532 %
De 17 000 € à 30 000 €	0,363 %
Plus de 30 000 €	0,266 %

En cas de partage partiel, le montant des émoluments supportés par chaque copartageant sortant de la société ne pourra être supérieur au montant de ceux dont il aurait été redevable si le partage avait été total.

3. Partage de biens indivis dans les cas autres que ceux prévus au 1 ci-dessus (C. com. art. A 444-122)

De 0 à 6 500 €	2,580 %
De 6 500 € à 17 000 €	1,064 %
De 17 000 € à 60 000 €	0,709 %
Plus de 60 000 €	0,532 %

97385 (suite)

Liquidation sans partage (C. com. art. A 444-123)

De 0 à 6 500 €	1,935 %
De 6 500 € à 17 000 €	0,799 %
De 17 000 € à 60 000 €	0,532 %
Plus de 60 000 €	0,399 %

4. Rémunération du notaire désigné pour élaborer un projet de liquidation du régime matrimonial prévu à l'article 255, 10° du Code civil (C. com. art. A 444-83)

De 0 à 6 500 €	2,515 %
De 6 500 € à 17 000 €	1,038 %
De 17 000 € à 60 000 €	0,692 %
Plus de 60 000 €	0,519 %

Prêt, obligation avec ou sans garantie, reconnaissance de dette, ouverture de crédit (C. com. art. A 444-143)

De 0 à 6 500 €	1,290 %
De 6 500 € à 17 000 €	0,532 %
De 17 000 € à 60 000 €	0,355 %
Plus de 60 000 €	0,266 %

Prêt hypothécaire destiné à financer une **activité professionnelle** (C. com. art. A 444-139)

De 0 à 6 500 €	2,128 %
De 6 500 € à 17 000 €	0,878 %
De 17 000 € à 60 000 €	0,585 %
Plus de 60 000 €	0,439 %

Convention de **rechargement** d'une **hypothèque** (C. com. art. A 444-138, 1°)

De 0 à 6 500 €	0,774 %
De 6 500 € à 17 000 €	0,426 %
De 17 000 € à 30 000 €	0,290 %
Plus de 30 000 €	0,213 %

Avenant de **transformation** d'une dernière **hypothèque conventionnelle en hypothèque rechargeable** (C. com. art. A 444-138, 2°)

De 0 à 6 500 €	0,484 %
De 6 500 € à 17 000 €	0,264 %
De 17 000 € à 30 000 €	0,180 %
Plus de 30 000 €	0,133 %

Règlements de copropriété ou descriptif en volume (C. com. art. A 444-116)

Pour l'établissement de l'acte (émoluments fixes) : 377,31 €.

En outre, pour l'établissement du descriptif : 11,32 € par lot (émoluments fixes).

Sur la mise en conformité du règlement ou du descriptif aux dispositions légales ou leur modification pour prendre en compte la volonté des copropriétaires ou parties (émoluments fixes) : 188,66 € ; en outre, 5,66 € par lot pour le descriptif.

Sociétés (C. com. art. A 444-158) : sur la valeur des biens soumis à publicité foncière, outre les honoraires

De 0 à 6 500 €	1,935 %
De 6 500 € à 17 000 €	0,798 %
De 17 000 € à 60 000 €	0,532 %
Plus de 60 000 €	0,399 %

Ventes (ou cessions) amiables

A. De tous biens et droits quelconques mobiliers ou immobiliers, corporels ou incorporels (notamment d'**immeubles** autres que les locaux neufs d'habitation, appartements ou maisons individuelles) (C. com. art. A 444-91)

De 0 à 6 500 €	3,870 %
De 6 500 € à 17 000 €	1,596 %
De 17 000 € à 60 000 €	1,064 %
Plus de 60 000 €	0,799 %

B. De locaux d'habitation neufs dans des immeubles **autres que les HLM,** appartements ou maisons individuelles :

a. Première vente d'un local d'habitation en l'état futur d'achèvement ou achevé, compris dans un immeuble ou dans un ensemble immobilier ayant fait l'objet d'un même permis de construire (C. com. art. A 444-95).

Si le permis de construire concerne :

– au plus 10 unités principales d'habitation

De 0 à 6 500 €	3,870 %
De 6 500 € à 17 000 €	1,596 %
De 17 000 € à 60 000 €	1,064 %
Plus de 60 000 €	0,799 %

– plus de 10 et moins de 25 unités principales d'habitation

De 0 à 6 500 €	3,096 %
De 6 500 € à 17 000 €	1,277 %
De 17 000 € à 60 000 €	0,851 %
Plus de 60 000 €	0,639 %

– 25 ou plus de 25 et moins de 100 unités principales d'habitation

De 0 à 6 500 €	2,580 %
De 6 500 € à 17 000 €	1,064 %
De 17 000 € à 60 000 €	0,709 %
Plus de 60 000 €	0,532 %

– 100 ou plus de 100 et moins de 250 unités principales d'habitation

De 0 à 6 500 €	1,935 %
De 6 500 € à 17 000 €	0,798 %
De 17 000 € à 60 000 €	0,532 %
Plus de 60 000 €	0,399 %

– 250 ou plus de 250 et moins de 500 unités principales d'habitation

De 0 à 6 500 €	1,548 %
De 6 500 € à 17 000 €	0,639 %
De 17 000 € à 60 000 €	0,426 %
Plus de 60 000 €	0,319 %

– 500 ou plus de 500 unités principales d'habitation

De 0 à 6 500 €	1,290 %
De 6 500 € à 17 000 €	0,532 %
De 17 000 € à 60 000 €	0,355 %
Plus de 60 000 €	0,266 %

b. Une tarification spéciale est prévue pour la 1e vente à terme ainsi que pour la revente des immeubles visés au a ci-dessus.

C. De fonds de commerce (éléments de fonds de commerce, unités de production, branches d'activités d'entreprise) (C. com. art. A 444-101) : sur la valeur des biens soumis à publicité, outre les honoraires

De 0 à 6 500 €	3,870 %
De 6 500 € à 17 000 €	1,596 %
De 17 000 € à 60 000 €	1,064 %
Plus de 60 000 €	0,799 %

97390 L'application des différents barèmes peut être illustrée au moyen des deux exemples suivants (ces tarifs étant calculés sans application d'une remise partielle des honoraires sur les tranches excédant 100 000 €).

Exemple 1

Vente de gré à gré d'un bien immobilier. Soit la vente d'une maison individuelle, le 2 février 2024, pour un prix de 500 000 €. Le tarif donné par le tableau du no 97385 s'applique comme suit (montant hors taxe) :

De 0 à 6 500 € (soit sur 6 500 € à 3,870 %)	251,55 €
De 6 500 € à 17 000 € (soit sur 10 500 € à 1,596 %)	167,58 €
De 17 000 € à 60 000 € (soit sur 43 000 € à 1,064 %)	457,52 €
De 60 000 € à 500 000 € (soit sur 440 000 € à 0,799 %)	3 515,60 €
Total	4 392,25 €

À ces émoluments proportionnels sont ajoutés, le cas échéant, les émoluments fixes pour les diverses formalités accomplies par le notaire.

Exemple 2

Donation-partage par une seule personne. Soit une donation-partage, le 24 février 2024, d'un père à ses deux enfants, son fils et sa fille, d'un immeuble de rapport en pleine propriété évalué à 6 000 000 €. Le tarif donné par le tableau du n° 97385 s'applique comme suit (montant hors taxe) :

De 0 à 6 500 € (soit sur 6 500 € à 4,837 %)	314,40 €
De 6 500 € à 17 000 € (soit sur 10 500 € à 1,995 %)	209,47 €
De 17 000 € à 60 000 € (soit sur 43 000 € à 1,330 %)	571,90 €
De 60 000 € à 6 000 000 € (soit sur 5 940 000 € à 0,998 %)	59 281,20 €
Total	60 376,97 €

Majoration des rentes viagères

L'article 126 de la loi 99-1172 du 30 décembre 1999 a instauré un mécanisme d'indexation automatique de la majoration légale des arrérages de rentes viagères constituées entre particuliers, de rentes servies en réparation d'un préjudice et de rentes servies aux anciens combattants. Cette indexation intervient chaque année par arrêté. 97430

Pour les rentes servies en **2024,** la revalorisation des taux de majoration est de 4,8 % (Arrêté ECOB2333224A du 18-12-2023 : JO 20 texte n° 8). Les taux de majoration légale applicables en 2024 sont donc les suivants :

Période au cours de laquelle est née la rente originaire	Taux de la majoration (en pourcentage)
Avant le 1er août 1914	124 058,40
Du 1er août 1914 au 31 décembre 1918	70 850,40
Du 1er janvier 1919 au 31 décembre 1925	29 779,50
Du 1er janvier 1926 au 31 décembre 1938	18 226,20
Du 1er janvier 1939 au 31 août 1940	13 128,00
Du 1er septembre 1940 au 31 août 1944	7 953,50
Du 1er septembre 1944 au 31 décembre 1945	3 875,70
Années 1946, 1947 et 1948	1 820,70
Années 1949, 1950 et 1951	996,30
Années 1952 à 1958 incluse	729,60
Années 1959 à 1963 incluse	592,20
Années 1964 et 1965	555,10
Années 1966, 1967 et 1968	524,20
Années 1969 et 1970	490,50
Années 1971, 1972 et 1973	427,40
Année 1974	303,00
Année 1975	281,10
Années 1976 et 1977	248,30
Année 1978	223,50
Année 1979	194,90
Année 1980	161,80
Année 1981	132,00
Année 1982	115,40
Année 1983	104,90
Année 1984	95,70
Année 1985	90,30
Année 1986	87,30
Année 1987	82,70

Période au cours de laquelle est née la rente originaire	Taux de la majoration (en pourcentage)
Année 1988	78,70
Année 1989	74,20
Année 1990	69,70
Année 1991	65,60
Année 1992	61,30
Année 1993	58,20
Année 1994	55,60
Année 1995	52,50
Année 1996	50,20
Année 1997	48,50
Année 1998	46,70
Année 1999	46,10
Année 2000	44,10
Année 2001	41,90
Année 2002	39,10
Année 2003	37,10
Année 2004	35,00
Année 2005	32,50
Année 2006	30,00
Année 2007	28,00
Année 2008	26,10
Année 2009	24,60
Année 2010	22,70
Année 2011	20,70
Année 2012	18,50
Année 2013	17,10
Année 2014	16,50
Année 2015	16,40
Année 2016	16,30
Année 2017	15,10
Année 2018	13,30
Année 2019	12,20
Année 2020	12,00
Année 2021	10,50
Année 2022	4,80

Calcul de la rente Les **majorations s'ajoutent à la rente originaire.** Ainsi, une rente mensuelle de 200 € constituée en 1976 se calcule comme suit au 1er janvier 2024 :

200 + [(200 × 248,30) / 100] = 696,60 €.

Tableau des coefficients de réévaluation des immobilisations

97470 CGI ann. III art. 21

On trouvera ci-dessous le tableau des coefficients employés pour le calcul de la valeur locative des établissements industriels à retenir pour l'assiette de la taxe foncière et de la cotisation foncière des entreprises (voir n° 42115).

Années 1914 et ant. .	243	Année 1930	44,6	Année 1946	5,1
Année 1915	170,1	Année 1931	48,6	Année 1947	4
Année 1916	129,6	Année 1932	56,8	Année 1948	2,3
Année 1917	89,1	Année 1933	62,4	Année 1949	1,9
Année 1918	72,9	Année 1934	64,8	Année 1950	1,6
Année 1919	70,4	Année 1935	72,9	Année 1951	1,25
Année 1920	48,6	Année 1936	60,8	Année 1952	1,15
Année 1921	72,9	Année 1937	43	Année 1953	1,20
Année 1922	78,5	Année 1938	38	Année 1954	1,25
Année 1923	60,8	Année 1939	36,5	Année 1955	1,25
Année 1924	51,8	Année 1940	29,3	Année 1956	1,20
Année 1925	46,1	Année 1941	26,8	Année 1957	1,15
Année 1926	35,5	Année 1942	24,3	Année 1958	1,05
Année 1927	38,9	Année 1943	17,8	Année 1959	1
Année 1928	38,9	Année 1944	16,3		
Année 1929	39,6	Année 1945	8,1		

Régime fiscal et social des salaires et retraites

Les solutions applicables en matière de cotisations de sécurité sociale valent également pour la CSG et la CRDS, sauf indication expresse contraire. 97490
Par ailleurs, l'assiette des contributions d'assurance chômage, des cotisations Fnal, du versement mobilités, de la contribution solidarité-autonomie, des cotisations Agirc-Arrco et AGFF, des contributions à la formation professionnelle et à l'alternance (contributions formation, taxe d'apprentissage, contribution supplémentaire à l'apprentissage), ainsi que de la participation-construction est alignée sur celle des cotisations de sécurité sociale.

L'assiette de la **taxe sur les salaires** est alignée sur celle de la CSG applicable aux revenus d'activité (sauf prestations de sécurité sociale versées par subrogation de l'employeur et gains de levée d'options sur actions et d'attributions gratuites d'actions).

	Cotisations de sécurité sociale, CSG et CRDS	Impôt sur le revenu
Salaires (y compris avantages en nature, indemnités de congés payés, heures de récupération, etc.)	assujettis	salaire
Heures supplémentaires	assujetties, avec déduction de cotisations patronales dans les entreprises de moins de 250 salariés et réduction de cotisations salariales (voir Mémento social n°s 41300 s.)	exonérées jusqu'à 7 500 € par an voir n° 21615 ; salaire au-delà
Pourboires [1]	assujettis (forfait ou réel)	salaire (réel)
Indemnités pour frais professionnels	exonérés, sauf application d'une déduction forfaitaire spécifique [2]	exonérés, sauf application des frais réels
– Contribution patronale aux titres-restaurant	exonérée dans certaines limites	exonérée dans certaines limites (voir n° 21735)
– Prime légale de transport	exonérée	exonérée
– Prise en charge facultative par l'employeur des frais de carburant (ou d'alimentation des véhicules électriques) et forfait mobilités durables	exonérée dans certaines limites	exonérée dans certaines limites (voir n° 21735)
– Allocations forfaitaires aux dirigeants	assujetties (à l'exception des indemnités forfaitaires kilométriques versées à certains dirigeants : Mémento social n° 28520)	salaire
Maladie, maternité, accident du travail		
– sécurité sociale : indemnités journalières maladie et maternité	exonérées de cotisations sécurité sociale, assujetties CSG et CRDS	salaire
– Accident du travail	exonérées de cotisations sécurité sociale, assujetties CSG et CRDS	exonérées à hauteur de 50 % (voir n° 21645)
– Indemnités différentielles [3]	assujetties	salaire
Indemnités de rupture		
– Indemnité de licenciement (hors PSE)	voir Mémento social n° 90050	exonérée dans certaines limites (voir n° 21665)
– Indemnité de licenciement dans le cadre d'un PSE	voir Mémento social n° 90050	exonérée (voir n° 21685)
– Indemnité de rupture dans le cadre d'un congé de mobilité ou d'une rupture conventionnelle collective [4]	voir Mémento social n°s 22860 et 25145	exonérée (voir n° 21687)
– Indemnité de rupture conventionnelle homologuée	voir Mémento social n°s 22855 et 25150	exonérée dans certaines limites (voir n° 21690)

	Cotisations de sécurité sociale, CSG et CRDS	Impôt sur le revenu
– Indemnité de départ volontaire	voir Mémento social nos 22850 s. et 25145	salaire 5
– Indemnité compensatrice de préavis	assujettie	salaire
– Indemnité compensatrice de congés payés	assujettie	salaire
– Indemnité de départ volontaire en retraite	voir Mémento social nos 22870 et 25145	salaire 5
– Indemnité de mise à la retraite par l'employeur	voir Mémento social nos 22870 et 25140 s.	exonérée dans certaines limites (voir n° 21675)
Chômage total ou partiel (indemnité d'activité partielle et indemnité APLD)	6	salaire
Préretraites (préretraite-amiante, préretraite d'entreprise)	6	salaire
Retraite (sécurité sociale et autres avantages de retraite)	6	pension

1. Les pourboires remis volontairement au cours des années 2022 et 2023 au personnel en contact avec la clientèle dont la rémunération mensuelle est inférieure à 1,6 Smic sont exonérés de certaines cotisations et contributions sociales (Mémento social n° 22442) et d'impôt sur le revenu (voir n° 21735).
2. Les déductions forfaitaires spécifiques ne s'appliquent ni à la CSG ni à la CRDS, dont la base est diminuée d'une déduction pour frais de 1,75 %, applicable à tous les salariés (sauf application d'une base forfaitaire) et chômeurs (Mémento social n° 25110).
3. Il en est de même des indemnités d'accompagnement et de reclassement externe versées dans le cadre d'une rupture conventionnelle collective.
4. Les primes versées par le comité social et économique constituent un salaire, à moins d'avoir un caractère de secours. Selon l'administration doivent également échapper aux cotisations de sécurité sociale les avantages attribués par le comité qui se rattachent directement à ses activités sociales et culturelles (Mémento social nos 22410 s.). La part des indemnités correspondant à des versements du salarié est exonérée.
5. Intégralement exonérée si le départ intervient dans le cadre d'un PSE. Les indemnités de départ volontaire suivent le même régime que les indemnités de licenciement lorsque le départ a été provoqué par l'employeur (n° 21695).
6. Assujetties à CSG et CRDS, sauf exonérations (Mémento social nos 25260 s.). Pas de cotisations sur salaires, mais une cotisation spéciale maladie et une contribution additionnelle de solidarité pour autonomie dans certains cas : voir Mémento social nos 1460 (indemnité d'activité partielle), 1580 (indemnité APLD), 6680-b (chômage), 23055 (préretraite), 68355 s. (avantages de retraite). Toutefois, certaines prestations servies par un plan d'épargne retraite font l'objet d'exonérations : voir Mémento social n° 59400.

Règles générales d'arrondissement pour la liquidation des impôts et taxes

97510 CGI art. 1649 undecies et 1724 DC-IX-1000 s

Une **règle unique d'arrondissement** s'applique à l'ensemble des impôts et taxes.

Les **bases** et **cotisations** fiscales sont arrondies **à l'euro le plus proche** :
- la part des bases et cotisations inférieure strictement à 0,50 € est négligée ;
- la part des bases et cotisations égale ou supérieure à 0,50 € est arrondie à l'unité supérieure.

Tout élément venant modifier les bases (abattements par exemple) ou les cotisations (décotes, crédits d'impôt, réductions d'impôt, etc.) est arrondi à l'unité la plus proche.

Cette règle s'apprécie impôt par impôt.

La règle d'arrondissement exposée ci-dessus concerne également les acomptes provisionnels d'**impôt sur les sociétés** (CGI art. 1668, 1) et l'acompte de **cotisation foncière des entreprises** (CGI art. 1679 quinquies, al. 3).

Elle ne concerne pas, en revanche, l'élaboration des **tableaux comptables** annexés aux déclarations de résultat.

Tableau récapitulatif des impôts, droits et taxes

Le tableau ci-après récapitule, en les regroupant par catégories, les différents impôts, droits, taxes, prélèvements, etc. **dont il est traité dans le Mémento.** 97550

	N^os^
I. Impôts directs	
Impôt sur le revenu (IR)	10 s.
Contribution exceptionnelle sur les hauts revenus	5100 s.
Prélèvements sociaux (CSG, CRDS et prélèvement de solidarité)	34200 s.
Impôt sur les sociétés (IS)	35550 s.
Contribution sociale	36690 s.
Taxes foncières	41650 s.
– sur les propriétés bâties	41900 s.
– sur les propriétés non bâties	42500 s.
Taxe d'habitation sur les résidences secondaires et autres locaux meublés non affectés à l'habitation principale	43000 s.
Contribution économique territoriale	43500 s.
Contribution sur les revenus locatifs	74800 s.
II. Impôts indirects	
Taxe sur la valeur ajoutée (TVA)	46000 s.
III. Droits d'enregistrement	
Droits sur les cessions de fonds de commerce et opérations assimilées	65400 s.
Droits sur les ventes d'immeubles	66000 s.
Droits sur les sociétés	66500 s.
Droits sur les cessions de droits sociaux	67130 s.
Droits de succession et de donation	67500 s.
Droit de partage	70400 s.
Droits fixes	64030 s.
Contribution de sécurité immobilière	97350
IV. Impôt sur la fortune immobilière (IFI)	71000 s.
V. Taxes et participations assises sur les salaires	
Taxe sur les salaires	73350 s.
Participation-construction	74300 s.
VI. Prélèvements et retenues à la source	
Prélèvement à la source de l'impôt sur le revenu	3740 s.
Prélèvement à la source obligatoire sur les dividendes et distributions assimilées	24570 s.
Prélèvement à la source obligatoire sur les produits de placements à revenu fixe	25100 s.
Prélèvement forfaitaire unique (PFU)	24170 s.
Prélèvement sur les profits immobiliers réalisés par des contribuables non domiciliés en France :	
– profits occasionnels	32625 s.
– profits de caractère professionnel	30155
Prélèvement sur les capitaux décès	68235
Retenue à la source sur les rémunérations versées à des personnes non domiciliées en France	4560 s., 4595 s. et 4640 s.
Retenue à la source sur les gains retirés d'options sur actions, d'actions gratuites et de BSPCE par des personnes non domiciliées en France	88790, 88805, précision b et 88830
Retenue à la source sur les dividendes distribués à des non-résidents ou payés dans des États non coopératifs	24845 s.
Retenue à la source sur les revenus d'obligations et autres emprunts émis avant 1987	25610
Retenue à la source sur les bénéfices réalisés en France par les sociétés étrangères	24895 s.
Retenue à la source de la TVA sur les droits d'auteur	61705 s.
VII. Taxes et redevances de nature immobilière	
Taxe sur les plus-values immobilières supérieures à 50 000 €	32710 s.
Taxe d'aménagement	31100 s.
Taxe pour création de bureaux et locaux assimilés en Île-de-France	31315 s.

97550 (suite)

Taxe et redevance d'archéologie préventive	31340 s.
Taxe annuelle sur les bureaux et locaux assimilés en Île-de-France	31390 s.
Taxe annuelle sur les bureaux et locaux assimilés en Provence Côte d'Azur	31420 s.
Taxes sur la cession de terrains devenus constructibles	31430 s.
Taxe annuelle de 3 % sur les immeubles	75965 s.
Taxe sur les logements vacants	75980 s.
VIII. Taxes assimilées aux impôts directs locaux	
Taxes spéciales d'équipement	45510 et 91550
Taxe additionnelle à la taxe foncière sur les propriétés non bâties	45515
Taxe spéciale au profit de la région Île-de-France	45517
Taxe d'enlèvement des ordures ménagères	45520
Taxe pour frais de chambres d'agriculture, de commerce et d'industrie ou de métiers	45525 s.
Taxe sur les friches commerciales	45540
Taxe pour la gestion des milieux aquatiques et la prévention des inondations	45545
Redevances communale et départementale des mines	45500
Redevances communale et régionale géothermique	45500
Imposition des pylônes électriques et des éoliennes maritimes	45500
IX. Autres taxes, droits ou redevances	
Prélèvement spécifique sur les trusts	75977
Contribution sociale de solidarité des sociétés	75000 s.
Impôt complémentaire des groupes (« Pilier 2 »)	41100 s.
Taxe sur les véhicules de tourisme affectés à des fins économiques	75100 s.
Taxes sur l'immatriculation des véhicules (cartes grises)	76035 s.
Taxe sur les surfaces commerciales	75900 s.
Taxes sur les transactions financières	76021 s.
Taxe pour le financement du fonds de soutien aux collectivités territoriales	76024
Taxe sur la publicité diffusée au moyen de documents imprimés	76170
Taxe générale sur les activités polluantes	75200 s.
Taxe sur le chiffre d'affaires des exploitants agricoles	75910
Contributions sur les boissons non alcooliques	76110 s.
Taxe pour le développement de la formation professionnelle dans la réparation automobile	76120
Taxe forfaitaire sur les métaux et objets précieux	75915 s.
Redevances sanitaires d'abattage et de découpage	76065 s. et 76070
Redevances sanitaires sur les produits de la pêche et de l'aquaculture	76080
Redevance pour l'agrément des établissements du secteur de l'alimentation animale	76082
Redevance sanitaire sur le lait cru et les ovoproduits	76075
Taxe sur les conventions d'assurances	76000 s.
Taxe sur les excédents de provisions des assurances	76020
Taxe sur les services de communications électroniques	76135
Taxe sur certains services numériques	76150
Taxe sur les vidéogrammes	76130
Taxe sur les services d'accès à des contenus audiovisuels à la demande	76140
Taxe sur la publicité diffusée au moyen de services d'accès à des contenus audiovisuels à la demande	76160
Taxe sur la cession de droits d'exploitation audiovisuelle des manifestations sportives	76180
Taxe sur les locations de phonogrammes et de vidéomusiques	76190
Droits sur les jeux de hasard	76025
Contribution pour la justice économique	76055
Droit fixe d'appel	76060
Droits de timbre afférents à certains documents	76030
Taxe sur les exploitants de plateforme de mise en relation par voie électronique en vue de fournir certaines prestations de transport	76145

Tableau des déclarations fiscales

Le tableau ci-après récapitule les **principales déclarations** à souscrire en matière fiscale (en renvoyant aux numéros du Mémento). Les déclarations annuelles font pour la plupart l'objet d'un **guide** spécial dans nos **« Feuillets rapides ».** 97560

	Nos
I. Déclarations périodiques	
Déclaration d'ensemble annuelle des revenus n° 2042 et déclarations annexes :	
Contribuables domiciliés en France	3670 s.
Contribuables domiciliés à l'étranger	4460
Impôt sur la fortune immobilière (IFI)	72300
Revenus encaissés hors de France (n° 2047)	3680
Revenus fonciers (n° 2044 ou n° 2044 spéciale)	27585
Plus-values sur valeurs mobilières et droits sociaux et profits assimilés (n° 2074)	33260
Plus-values de cession d'actifs numériques (n° 2086)	33620
Déclarations spéciales de bénéfices professionnels et déclarations annexes :	
BIC : régime du réel normal et simplifié (n° 2031)	10965 et 11145
BNC : régime de déclaration contrôlée (n° 2035)	13495
Exploitants agricoles : régime du réel normal (n° 2143) ou simplifié (n° 2139)	16050
Déclarations des sociétés et autres personnes morales :	
Sociétés passibles de l'IS (n° 2065)	36385 s.
– revenus mobiliers perçus à l'étranger (n° 2066)	36125
– report en arrière des déficits (n° 2039)	35925
Prix de transfert (n° 2257)	8970
Reporting pays par pays	8972
Sociétés civiles de moyens (n° 2036)	13895
Sociétés de moyens (n° 2036 bis)	11000, précision b
Sociétés de pluripropriété (n° 2038)	31000
Sociétés immobilières de copropriété transparentes (n° 2071)	30805
Sociétés immobilières relevant de l'impôt sur le revenu (n° 2072)	30740
Sociétés étrangères ayant un établissement en France (n° 2777)	24896
Sociétés et entités détenant des immeubles en France (n° 2746)	75975
Collectivités sans but lucratif (n° 2070)	89730
Déclarations de TVA :	
Décl. mensuelle (ou trimestrielle) de chiffre d'affaires, régime normal (CA3)	54160 s.
Redevables au régime simplifié renonçant aux formalités spécifiques à ce régime	54310
Redevables au RSA renonçant aux formalités spécifiques à ce régime	59895
Décl. annuelle (ou par exercice) de chiffre d'affaires, régime simplifié (CA12 ou CA12 E)	54290 s.
Décl. trimestrielle (bulletin d'échéance n° 3525 bis-SD) de TVA agricole	59890
Décl. annuelle (ou par exercice) de TVA agricole (CA12 A ou CA12 AE)	59890 s.
État récapitulatif des clients (ancienne DEB)	49420 s.
Décl. mensuelle européenne des services (DES)	49890
Décl. mensuelle (ou trimestrielle) de chiffre d'affaires via un guichet unique	50850 s.
Déclarations annuelles pour la contribution économique territoriale :	
Décl. pour la cotisation foncière des entreprises (n° 1447 M)	43755
Décl. pour la cotisation sur la valeur ajoutée des entreprises (n° 1330-CVAE)	44035 s.
Déclarations des rémunérations versées :	
Décl. annuelle des salaires (DSN mensuelle)	22200
Décl. annuelle des pensions et rentes viagères (n° 2466)	22585
Décl. annuelle des commissions, courtages, honoraires (DADS ou n° 2460 ou DAS 2)	78355 s.
Décl. annuelle des droits d'auteur ou d'inventeur	78365
Décl. trimestrielle des salaires, pensions et rémunérations non commerciales et assimilées, versés à des non-domiciliés en France (retenue à la source) (n° 2494)	4580
Déclarations liées au paiement de revenus mobiliers et déclarations destinées au contrôle :	
Produits d'actions ou parts sociales distribués à des non-domiciliés en France (retenue à la source) (n° 2777)	24865

97560 (suite)

Prélèvement et contributions sociales sur les dividendes et les produits de placements à revenu fixe (nos 2777, 2778 et 2778-DIV)	24590 et 25385 s.
IFU : paiement de revenus mobiliers (et opérations concernant les valeurs mobilières) (nº 2561)	26850 s.
Échange automatique d'informations	26960
Ouvertures et clôtures de comptes	26940
Contrats de prêts (nº 2062)	26920 s.
Prêts sans intérêts	78370
Achats au détail de métaux précieux	78385
Déclarations des taxes et participations assises sur les salaires :	
Taxe sur les salaires (nos 2501 et 2502)	73540 s.
Autres déclarations périodiques :	
Déclaration des sommes prélevées au titre de la retenue à la source de l'impôt sur le revenu	3845 s.
Contribution sociale de solidarité des sociétés	75050
Taxe sur les véhicules de tourisme affectés à des fins économiques	75170
Taxe sur les bureaux et locaux assimilés en Île-de-France (nos 6705 B et 6705 TS)	31410 et 31415
Taxe sur les bureaux et locaux assimilés en Provence Côte d'Azur	31425
Décl. des loyers des locaux professionnels (Decloyer)	42100, précision b
Décl. des occupants des locaux d'habitation	43210
II. Déclarations non périodiques	
Déclarations d'existence :	
Décl. d'existence, de modifications du pacte social et des conditions d'exercice des sociétés	36405 a
Décl. de création d'entreprise ou d'activité des redevables de la TVA	53385 s.
Décl. d'existence des sociétés immobilières relevant de l'impôt sur le revenu	30735
Décl. d'existence des sociétés immobilières de copropriété	30785
Déclarations en cas de cession ou cessation d'entreprise (ou décès de l'exploitant) :	
Impôt sur les bénéfices	11490 s.
TVA	53390
Contribution économique territoriale (cotisation foncière) (nº 1447 C)	43756 et 43757
Déclarations en cas de décès du contribuable :	
Impôt sur le revenu	4765 s.
Décl. de succession (nos 2705-SD, 2705-A-SD et 2709-SD)	68860
Décl. des contrats d'assurance	68230, précision d et 78380
Déclarations en matière d'impôts locaux :	
Constructions nouvelles, changements de consistance ou d'affectation (propriétés bâties et non bâties) et changements d'utilisation ou de méthode d'évaluation des locaux professionnels	42170 s. et 42580
Contribution économique territoriale (cotisation foncière) :	
– création d'établissement ou changement d'exploitant (nº 1447 C)	43756
– cession	43757
Déclarations en matière de taxes d'urbanisme :	
Taxe d'aménagement et taxe d'archéologie préventive	31155 et 31350
Taxe pour création de bureaux et locaux assimilés en Île-de-France	31325
Déclarations en matière de TVA :	
Exportations	49705
Acquisitions de moyens de transport en provenance d'un autre État de l'Union européenne	49355
Livraison à soi-même d'immeubles neufs	59040 et 59070
Autres déclarations non périodiques :	
Plus-values des particuliers sur biens meubles et immeubles (nos 2048-M, 2048-IMM et 2048-TAB)	32420, 32550 et 32780
Profits immobiliers réalisés par les non-domiciliés	
– profits occasionnels (imprimé nº 2048 IMM ou nº 2048 M)	32685
– profits habituels (imprimé nº 3005)	30155
Transferts de fonds vers ou en provenance de l'étranger et des avoirs détenus à l'étranger	78300 et 78305

Table alphabétique

Les chiffres renvoient aux paragraphes. La mention « s. » signifie que l'étude de la question se prolonge sur le ou les numéros suivants.
Pour diriger les recherches, les références sont accompagnées, lorsque c'est utile, soit d'une mention explicite, soit d'une abréviation désignant l'impôt ou la catégorie de revenus dont il est question. On trouvera ci-dessous le sens de ces abréviations.

AA	Association agréée
BA	Bénéfices agricoles
BIC	Bénéfices industriels et commerciaux
BNC	Bénéfices non commerciaux
CET	Contribution économique territoriale
CFE	Cotisation foncière des entreprises
CGA	Centre de gestion agréé
CRDS	Contribution au remboursement de la dette sociale
CRL	Contribution sur les revenus locatifs
CSG	Contribution sociale généralisée
CVAE	Cotisation sur la valeur ajoutée des entreprises
DIR	Rémunérations des dirigeants de sociétés
ENR	Enregistrement
ESFP	Examen contradictoire de la situation fiscale personnelle
FB, FNB	Taxe foncière sur les propriétés bâties, sur les propriétés non bâties
FONC	Revenus fonciers
HAB	Taxe d'habitation sur les résidences secondaires et autres locaux meublés non affectés à l'habitation principale
IFI	Impôt sur la fortune immobilière
IMMO	Fiscalité immobilière
INT	Conventions internationales
IR	Impôt sur le revenu (des personnes physiques)
IS	Impôt sur les sociétés
LOC	Impôts directs locaux
MV	Moins-value
OGA	Organisme de gestion agréé
PV	Plus-value
RM	Revenus des capitaux mobiliers
SCI	Société civile immobilière
SCM	Société civile de moyens
SCP	Société civile professionnelle
TGAP	Taxe générale sur les activités polluantes
TS	Traitements, salaires, pensions et rentes viagères

A

Abandon

Abandon de créance ou de recette : 8095 (BIC : débiteur) ; 8920 s. (BIC : créancier) ; 13385 (BNC : créancier) ; 40530 s. (intégration fiscale) ; 46920 s. (TVA).

Abandon du domicile conjugal : 355 (IR).

Abattement

Cotisation foncière des entreprises : 43612 (QPPV) ; 43615 (ZFU) ; 43680, 43684 (abattement sur la valeur locative) ; 91545 (DOM) ; 92320 (Corse).

Cotisation sur la valeur ajoutée des entreprises : 91545 (DOM).

Droits d'enregistrement

Droits de donation : 69270 s. (calcul).

Droits de succession : 68560 s. (calcul).

Droit de vente : 65535 (cession d'entreprise aux salariés ou aux proches) ; 66355 (immeubles d'habitation et de garage : régime facultatif) ; 66360 (logements acquis neufs entre le 1-6-93 et le 31-12-94).

Impôt sur les bénéfices des entreprises

BA : 16225 s. (jeune agriculteur).

BIC/IS : 10260 s. (entreprise nouvelle et entreprise implantée en zone défiscalisée) ; 10400 s. (jeune entreprise innovante) ; 91491 (DOM).

BIC : 11280 (micro-BIC).

BNC : 10335 s. (activité implantée en ZFU) ; 13775 (médecin conventionné) ; 13795 (inventeur) ; 13590 s. (micro-BNC).

PV immobilière à long terme : 18095 (abattement pour durée de détention).

Impôt sur le revenu

Pensions, retraites et rentes viagères : 22535 s.

Plus-value immobilière : 32245 (abattement pour durée de détention) ; 32250 s. (abattement exceptionnel) ; 32290 s. (abattement pour durée de détention : démembrement de propriété).

Plus-value sur biens meubles : 32760.

Plus-value sur valeurs mobilières et droits sociaux : 33070 s. (abattements pour durée de détention).

Revenu global : 1905 s. (enfant marié, pacsé ou chargé de famille) ; 1500 (personne âgée ou invalide de situation modeste).

Revenus fonciers : 27475 (micro-foncier).

Revenus mobiliers : 24635 s. (dividendes et autres distributions) ; 26040, 26050 s. (bons et contrats de capitalisation ou d'assurance-vie).

Salaires : 22050 (déduction forfaitaire pour frais).

Taxes foncières : 42030, 91530 (FB) ; 42560, 91540 (FNB).

AUTRES RUBRIQUES : Déduction, Réduction d'impôt.

Abattoir

Abattoir public : 43570, 43870 (CET) ; 47235 (TVA).

Redevances sanitaires : 76065 s.

Abonnement

– *à un club de golf* : *4240, 78398 (IR : élément du train de vie).*

– à l'électricité, au gaz... : 53035 (TVA : taux).

– à des offres comprenant des services numériques : 52392 (TVA : base d'imposition).

– à des publications spécialisées : voir Documentation.

Abonnement (suite)

– aux télévisions privées : 61825 s. (TVA : taux).

Contrat d'abonnement : 7895 (BIC : date de rattachement des produits) ; 52620 (TVA : exigibilité).

Abus

Abus de droit : 79185 s. (étude d'ensemble) ; 80000 s. (sanctions).

Abus du régime mère-fille : 40855.

Clause anti-abus : 35810 (IS) ; 39202 (régime des fusions) ; 83190 (INT).

Mention abusive de la TVA sur les factures : 53650 s.

Recours abusif : 81900 (sursis de paiement) ; 81990 (contentieux).

Accessoire

Activité accessoire

Activité agricole ou non commerciale accessoire à une activité commerciale : 7925.

Activité commerciale ou non commerciale accessoire à une activité agricole : 15200 s. (BA) ; 41945 (FNB) ; 59955 s. (TVA).

Activité commerciale accessoire à une activité libérale : 13170, 13195.

Activité commerciale accessoire des organismes sans but lucratif : 89460 s.

Activité financière accessoire : 55760 s. (TVA).

Activité immobilière accessoire : 55780 (TVA : coefficient de taxation forfaitaire).

Frais accessoires d'achat : 7580 (BIC : immobilisations) ; 7700 (BIC : stocks) ; 8320 (BIC : charges) ; 52250 s. (TVA : assiette).

Produits accessoires d'exploitation : 7910 (BIC).

Opération accessoire dans le cadre d'une opération complexe : 46478 s. (TVA).

Accident

Accident du travail : 15962 (BA) ; 21645 (prestations sociales) ; 22470 (indemnités et rentes).

Rente ou indemnité servie aux victimes d'accidents : 22490 (TS) ; 68190 (ENR : succession).

Accises (régime des produits concernés) : 49775, 50885 (TVA).

Accord

– international : voir Convention internationale.

– de réciprocité (non-discrimination) : 83110 (INT).

Accroissement (clause d'accroissement ou tontine) : 68250 (ENR) ; 71300 (IFI).

Achat

Achat au détail de métaux : 78385 (déclaration) ; 78401 (moyens de paiement).

Achat en franchise de TVA par les exportateurs : 50550 s.

Achat sans facture ou avec fausse facture : 8320 (BIC) ; 80195 (sanctions).

Achats professionnels : 8320 (BIC) ; 13335 (BNC) ; 15980 (BA) ; 55000 s., 56820 (TVA : déduction).

Frais accessoires d'achat : 7580 (BIC : immobilisations) ; 7700 (BIC : stocks) ; 8320 (BIC : achats) ; 52250 s. (TVA : assiette).

Voir aussi le mot correspondant à la nature du bien acheté (par ex. : Fonds de commerce, Immeuble...).

AUTRE RUBRIQUE : Acquisition intracommunautaire.

Achèvement d'un immeuble
Définition : 41966 (FB) ; 58800, 59040 (TVA).
Immeuble acheté en l'état futur d'achèvement : 2807 (dispositif Duflot-Pinel) ; 58880 (TVA : exigibilité).
Justification de l'achèvement : 66290 s. (ENR : achat assorti d'un engagement de construire).
Vente d'immeuble inachevé : 58790 (TVA) ; 66290 s. (ENR : achat assorti d'un engagement de construire).

Acompte
Acompte d'impôt ou taxe : 3740 s. (impôt sur le revenu) ; 25385 (RM) ; 36525 s. (IS) ; 36730 s. (contribution sociale) ; 40595, 40770 (intégration fiscale) ; 43775 (CFE) ; 44045 (CVAE) ; 54185 s. (TVA : régime réel normal) ; 59885 s. (TVA agricole) ; 74855 s. (CRL) ; 75290 (TGAP) ; 54270 s. (TVA : régime simplifié) ; 89620, 89655, 89730 (IS : organisme sans but lucratif).
Acompte perçu des clients : 7870 s. (BIC : date de prise en compte) ; 13250 (BNC : date de prise en compte) ; 46975 (TVA : assiette) ; 52590, 52655 (TVA : exigibilité) ; 61540 (TVA : marge).
Acompte sur dividende : 24455 (RM).
Acompte versé à un associé : 8590 (BIC : déduction) ; 24810 s. (RM : présomption de distribution).
Acompte perçu sur réductions et crédits d'impôt : 2280 (reprise) ; 3805 (modalités).

Acquisition intracommunautaire (TVA) : 49150 s. (notion et principes) ; 49005 (lieu de l'acquisition) ; 52800 (taux) ; 59800 (agriculteur au RSA) ; 60885 (bien d'occasion et œuvre d'art) ; 92370 (Corse).

Acte
Acte de dépôt : 64100 (ENR : tarif).
Acte de gestion normal ou anormal : 78150 (bénéfices : contrôle) ; 46895 (TVA : location à prix très faible).
Acte innomé : 64035 (ENR).
Acte de notoriété : 64100 (ENR : tarif).
Droit d'acte : 64000 (ENR).
Frais d'acte : 7570 (BIC : achat d'immobilisation) ; 32220 s. (PV immobilière) ; 33030 s. (PV mobilière) ; 37680 (achat de titres de sociétés de personnes).

Acteur : voir Artiste.

Actif
Actif immobilisé : voir Immobilisation.
Actif net : 7340 (BIC).
Actif numérique (cession) : 33600 s. (PV des particuliers).
Actif professionnel (composition) : 7455 s. (BIC) ; 13270 s. (BNC) ; 15895 s. (BA) ; 11300 (micro-BIC) ; 13600 (micro-BNC) ; 72500 s. (IFI).
Inscription à l'actif d'un bien du patrimoine privé : 7460 (conséquences) ; 18470 s. (PV réalisée lors de la cession ultérieure du bien) ; 32085 (neutralité fiscale de l'inscription).
Retrait d'actif (PV professionnelle) : 17730, 17755 (principe de taxation) ; 17765 (retrait dans le patrimoine privé de la partie de l'habitation principale affectée à une activité libérale) ; 17810 (calcul) ; 87310 (entreprise assimilée à une EURL ou EARL).
Séparation des patrimoines professionnel et personnel de l'exploitant individuel : 87200 s.
Transfert d'actif hors de France : 78275, 78277.
Transfert des biens de l'exploitation individuelle à l'entreprise assimilée à une EURL ou une EARL : 87265.

Action, actionnaire : voir Associé, Titre de société.

Activité : voir le mot correspondant à la nature de l'activité (par ex. : Accessoire, Illicite, Libérale, Occulte, etc.).

Acupuncteur : 47120 s. (TVA).
AUTRE RUBRIQUE : Profession libérale ou non commerciale.

Additif alimentaire : 52947, 52984 (TVA : taux).

Adjudication : voir Enchères (vente aux).

Administrateur
– de biens : 27390 (FONC : déduction des honoraires).
– judiciaire : 46990 (TVA : imposition) ; 52350 (TVA : base d'imposition).
– de société : voir Dirigeant (dirigeant de société).

Adoption
Congé d'adoption : 21645 (TS : indemnités journalières).
Enfant adoptif : 1205 (IR : pension alimentaire) ; 2030 s. (IR : quotient familial) ; 68565 (ENR : succession et donation).

Aéronautique : voir Avion.

Aéroport
Comptoir de vente : 49735 (TVA : exportations touristiques) ; 50755 (TVA : régime suspensif) ; 52435 (TVA : vente de tabac).
Services aéroportuaires : 47220, 50510 (TVA).
Valeur locative : 42135 (FB) ; 43685 (CFE).

Affacturage : 52655 (TVA : exigibilité) ; 54420 (TVA : impayés) ; 60330, 60390 (TVA : régime du prestataire).

Affectation
Affectation en France d'un bien de l'entreprise : 49205 (TVA intracommunautaire).
Biens affectés à une activité professionnelle : voir Actif.
Changement d'affectation d'une propriété : 42160 s. (FB) ; 42580 (FNB).
Principe de l'affectation en matière de TVA : 55500 s. (coefficient d'assujettissement) ; 55540 s. (coefficient de taxation).

Affichage, affiche
Droit d'affichage (location) : 15185, 15535 (BA) ; 27080, 27600, 28380, 28610 (FONC) ; 46860 (TVA).
Jugement de fraude fiscale : 80265.
Terrain utilisé pour l'affichage : 41915 (FB).

Affrètement de navires et aéronefs : 50460 s., 50495 s. (TVA).

Agence, agent
Agence de presse : 43560, 43870 (CET) ; 61625 (TVA).
Agence de voyages : 7015 (BIC) ; 61520 s. (TVA).
Agent d'affaires : 7015 (BIC) ; 80290 (infractions) ; 82780 (INT).
Agent d'assurances : 13715 s. (BNC) ; 47460 s. (TVA) ; 65580 s. (ENR : convention de successeur) ; 72660 (IFI : actifs professionnels) ; 78045 (droit de communication de l'administration).
Agent commercial : 8610 (BIC/charges : indemnité de rupture) ; 13205 (catégorie d'imposition) ; 46990 (TVA : imposition) ; 46980 (TVA : indemnité de rupture) ; 78045 (droit de communication de l'administration).
Agent diplomatique et consulaire : voir Ambassade et consulat.

Agence, agent (suite)

Agent immobilier : 7015 (BIC : catégorie d'imposition) ; 10270 (BIC : entreprise nouvelle) ; 30300 s. (IMMO : profits immobiliers) ; 49970 (TVA).

Agent public : voir Fonctionnaire.

Agent en publicité : 7015 (BIC : catégorie d'imposition).

AUTRE RUBRIQUE : Intermédiaire.

Agence nationale de l'habitat (Anah) : 2830 (IR : Loc'Avantages) ; 27285 (FONC : subventions) ; 27850 (FONC : Cosse) ; 28260 (FONC : Borloo) ; 42000 (FB : logements subventionnés) ; 74815 (CRL : logements subventionnés).

Agencement : 8370 (BIC : charges) ; 9210 (BIC : amortissements) ; 56815 (TVA : déduction).

Agence nationale pour la rénovation urbaine : 42000 (FB).

Agios : voir Intérêt.

Agrandissement : voir Construction.

Agrément fiscal : 90200 s. (étude d'ensemble).

Agriculteur

Associé d'exploitation : 15980 (BA) ; 21735, 22270 (TS).

Bénéfices agricoles : 15000 s.

Cession d'un fonds agricole : 65585 (ENR).

Déficits agricoles : 1000 (IR).

Droit de communication de l'administration : 78040, 78045.

Entraide agricole : 15535 (BA) ; 21735 (TS) ; 59715, 59800 (TVA).

Fiscalité locale : 41945 s. (FB : bâtiment agricole) ; 42525, 42540 (FNB : exonération) ; 42615 s. (FNB : dégrèvements spéciaux) ; 43050 (HAB) ; 43550 s., 43870 (CET) ; 45525 s. (taxe pour frais de chambres d'agriculture).

IFI (actifs professionnels) : 72690.

Jeune agriculteur : 15962, 16225 s. (BA) ; 28605 (FONC : avance sur fermage/revenu imposable du bailleur) ; 42655 (FNB) ; 66335 (ENR : acquisition d'immeubles en ZRR ou ZFRR).

Taxe sur le chiffre d'affaires des exploitants agricoles : 75910.

Taxes assises sur les salaires : 73405 s. (taxe sur les salaires) ; 74310 (investissement construction).

TVA : 59420 s. (règles d'imposition) ; 58720 (cession de terres) ; 59860 (transmission d'une universalité de biens) ; 60040 s. (remboursement forfaitaire).

Aide

Aide à la création d'entreprise : voir Création d'entreprise ou d'activité.

Aide à la personne : 3230 s. (IR : crédit d'impôt) ; 21735 (TS : aide financière de l'employeur) ; 53015, 53260 (TVA : taux).

Aide d'État : 92605 s. (réglementation européenne).

Aide interentreprises : 8920 s. (BIC/déduction : étude d'ensemble) ; 35765 (IS : succursale étrangère) ; 40530 s. (intégration fiscale) ; 46920 s. (TVA).

Aide juridictionnelle : 13305 (BNC : indemnité perçue par les avocats).

Voir aussi le mot correspondant à la nature de l'aide, par ex. : Abandon (de créance), Subvention.

Alcool : voir Boisson.

Aliment

Aliments pour animaux : 52982 s. (TVA : taux) ; 59860 (TVA : déduction) ; 76082 (redevance sanitaire).

Produits alimentaires : 52945 s. (TVA : taux).

Repas (frais de) : voir Repas.

AUTRES RUBRIQUES : Autoconsommation, Avantage en nature.

Allocation

Allocations de chômage : 8685 s. (indépendants non agricoles) ; 21705 (salariés) ; 34370 (CSG et CRDS) ; 73470 (taxe sur les salaires).

Allocations familiales : 8605, 8685 (BIC-BNC : déduction des cotisations) ; 21650 (TS : prestations).

Allocations pour frais versées aux salariés ou dirigeants : 8570 s. (BIC : charges) ; 21585 s. (TS) ; 23710 s. (DIR).

Allocations de sécurité sociale (et allocations complémentaires) : 8080, 8685 s. (BIC) ; 11280 (micro-BIC) ; 13310 (BNC) ; 21645 (TS).

Allocations sociales diverses (IR)

Allocation d'activité partielle : 21705 (TS).

Allocations aux adultes handicapés : 21650 (TS).

Allocation logement : 3360 (IR) ; 21650 (TS).

Allocation personnalisée d'autonomie : 3230 s., 3360 (IR) ; 21650 (TS).

Allocation de solidarité aux personnes âgées et allocation supplémentaire d'invalidité : 22470 (TS) ; 42315 s. (FB).

Allocations temporaires dégressives : 21715 (TS).

Alpes-Maritimes : 31380 s. (taxe annuelle sur les bureaux et autres surfaces).

Ambassade et consulat

Diplomate en service à l'étranger : 4685 (IR).

Diplomate étranger : 4690 (IR) ; 43060 (HAB).

Locaux diplomatiques et consulaires : 41955 (FB).

Taxe sur les salaires : 73435.

Ambulance : 9020 (BIC : amortissement) ; 43546, 43870 (CET) ; 47160 (TVA : champ d'application) ; 55915 (TVA : déduction).

AUTRE RUBRIQUE : Véhicule.

Amélioration

– foncière : 15910, 15990 (BA).

– résultant des pratiques culturales : 16110 (BA).

Travaux d'amélioration : voir Travaux (travaux immobiliers).

Aménagement

Taxe d'aménagement : 31100 s.

Travaux d'aménagement : voir Travaux (travaux immobiliers).

Aménagement foncier : 32145 (PV privée).

Aménagement du territoire : 92540 s. (tableau récapitulatif des mesures prévues dans les zones prioritaires).

Amende : voir Sanction.

Amendement : 15945 (BA) ; 53135 (TVA : amendements calcaires).

Américain (résident de France) : 83070 s. (INT).

Amiante
Frais de recherche et d'élimination : 8375 (BIC) ; 27340, 27350 (FONC).
Salariés exposés à l'amiante (indemnité de cessation anticipée) : 21675 (TS).
TGAP : 75210.
Victimes de l'amiante (indemnisation) : 22470 (TS).

Amortissement
Amortissement de l'actif professionnel
Étude d'ensemble : 9090 s. (BIC) ; 13395 s. (BNC) ; 15990 (BA).
Amortissement dégressif : 9320 s. (BIC) ; 13395 (BNC).
Amortissement dérogatoire : 9430 s. (BIC).
Amortissement différé : 9465 s. (BIC).
Amortissement excessif : 9230 (BIC) ; 24760 (RM).
Amortissement linéaire : 9300 s. (BIC).
Amortissement minimal : 9455 (BIC).
Amortissement exceptionnel : 9500 s. (étude d'ensemble).
Biens acquis par fusion ou opération assimilée : 39530.
Biens comptabilisés à tort en charges : 9425 (BIC).
Biens donnés en location ou crédit-bail : 9550 s.
Biens réévalués : 19410 s.
Constructions et aménagements sur sol d'autrui : 9585.
Registre des immobilisations et des amortissements : 13490 (BNC).
Relevé des amortissements : 9445 (BIC).
Voitures (plafonnement de l'amortissement) : 9000 s.
Amortissement du capital social : 24495 (RM) ; 66995 (ENR).
Amortissement des immeubles donnés en location (FONC) : 28270 (Robien) ; 28280 (Borloo) ; 28310 (Besson).

Anah
(Agence nationale de l'habitat) : 2830 (IR : Loc'Avantages) ; 27285 (FONC : subventions) ; 27850 (FONC : Cosse) ; 28260 (FONC : Borloo) ; 42000 (FB : logements subventionnés) ; 74815 (CRL : logements subventionnés).

Analyse
Activité et travaux d'analyse : 49870 s., 50005 (TVA : territorialité).
Laboratoire d'analyses médicales : voir Laboratoire.

Ancien combattant
Droits de mutation à titre gratuit dus par les mutilés de guerre : 68630 (succession) ; 69315 (donation).
Quotient familial : 2030 s., 2045, 2220.
Retraite mutualiste du combattant : 1425 (IR : déduction des cotisations) ; 22470 (TS : exonération).

Ancienneté
(prime) : 21530 (TS).

Andorre
: 48525 (TVA) ; 83300 (convention).

Animal
Aliments pour animaux : 52982 s. (TVA : taux) ; 59860 (TVA : déduction) ; 76082 (redevance sanitaire).
Animal de boucherie et de charcuterie (TVA agricole) : 59740 (définition) ; 59760 s. (conditions de l'option) ; 59790 s. (régime d'imposition) ; 59835 (taux) ; 60060 (remboursement forfaitaire).

Animal (suite)
Animal reproducteur : 15915 (BA : immobilisation) ; 60080 (remboursement forfaitaire).
Dresseur d'animaux : 15175 (BA : dresseur de chevaux) ; 46990 (TVA : champ d'application) ; 60010 (TVA agricole : dresseur de chevaux) ; 73410 (taxe sur les salaires).
Éleveur : voir Élevage, éleveur.
Inscription en immobilisations des équidés et bovidés : 15915 (BA).
Location d'animaux : 15165 (BA) ; 46810, 60010 (TVA).
Négociant en bestiaux : 7925 (BIC : activité agricole accessoire) ; 15600 (BA : négociant également agriculteur) ; 59995 (TVA : règles générales) ; 59740 (TVA : négociant également agriculteur).
Pension d'animaux : 15165 (BA), 15175 (BA : chevaux) ; 59920, 59925, 59955 s., 60010 (TVA agricole).
Pertes de bétail : 15530, 16305 s. (BA : indemnités) ; 42635 (FNB : dégrèvement) ; 59715 (TVA : indemnités).
Redevances sanitaires d'abattage et de découpage : 76065 s.
Taux de la TVA : 52982 s., 52986.

Anneau d'amarrage
(actions ou parts de jouissance) : 31000 (IR/IS) ; 47315 (TVA) ; 67195 (ENR : cession).

Annulation
– de titres de sociétés : 19100 s. (PV/MV professionnelle) ; 33067 (MV privée) ; 37740 s. (dissolution-confusion de sociétés de personnes : PV d'annulation des parts) ; 39540 s. (annulation après fusion) ; 41005 (régime mère-fille).
– d'une vente : 17775 (PV professionnelle) ; 33225 (PV privée) ; 54400 s. (TVA : récupération) ; 66165 (ENR : immeubles).
Principe de non-rétroactivité : 7390 (BIC).

Antiquité
(objet d'antiquité) : 60540 s. (TVA) ; 68430 (ENR : succession) ; 68195 (ENR : don à l'État) ; 68920, 69360 (ENR : remise en paiement) ; 75915 s. (taxe sur les objets et métaux précieux).

Apatride
: 1710 (IR : quotient familial).

Apiculteur
: 15165 (BA) ; 59425 (TVA).
AUTRE RUBRIQUE : Agriculteur.

Appareil
Appareil automatique
Appareil de distribution de produits alimentaires : 53207 (TVA : taux).
Appareil de jeux : 61800 (TVA).
AUTRE RUBRIQUE : Matériel et outillage.

Appareillage et équipement pour handicapé
: 3110 s. (crédit d'impôt pour équipements spéciaux dans l'habitation principale) ; 52990 s. (TVA : taux).

Appartement
: voir Habitation, Immeuble.

Apport de l'exploitant
: 7340, 8095 (BIC : incidence sur le résultat) ; 7460, 18470 s., 32085 (BIC/PV : transfert d'un bien privé dans le patrimoine professionnel).

Apport en société
Apport à une société en difficulté : 19078 (MV professionnelle : cession des titres reçus en rémunération de l'apport).

Apport en société (suite)

Apport de brevet : 13805 (PV professionnelle).

Apport d'une créance d'earn out : 33140 s. (PV privée).

Apport d'une créance rachetée à une valeur décotée : 8095 (BIC).

Apport d'une entreprise individuelle : 13665 (BNC : sort des créances acquises) ; 19710 s. (PV professionnelle) ; 66940 (ENR).

Apport à un Gaec : 16426.

Apport en jouissance d'une clientèle : 13650.

Apport de parts sociales : 7625 (contrôle des valeurs d'inscription) ; 18410 s. (PV professionnelle) ; 37722 s. (société de personnes).

Droits d'enregistrement sur les apports : 66710 s. (création de la société) ; 66975 s. (augmentation de capital).

Frais exposés pour la réalisation des apports : 8300 (BIC) ; 55250 (TVA : déduction).

Impôts locaux : 42135 (FB) ; 43695 (CFE) ; 44006, 44030 (CVAE).

Partage des biens précédemment apportés : 67090 s. (ENR).

Plus-value d'apport

Plus-value privée : 30795, 32485 (PV immobilière : taxation) ; 32900 (PV sur titres : taxation) ; 33300 s. (PV sur titres : sursis ou report d'imposition) ; 34570 (prélèvements sociaux).

Plus-value professionnelle : 17730, 17755 (principe de taxation) ; 17810 (calcul) ; 13805 (brevet : report d'imposition) ; 19710 s. (entreprise individuelle : report d'imposition) ; 19440 (terrain à bâtir : report d'imposition).

Prime d'apport : 66975 (ENR).

Remboursement d'apport : 24465, 24510 s. (RM) ; 66995 (ENR).

TVA sur les apports : 47520 (transmission d'universalité) ; 57295 s., 57335 s. (règles générales) ; 58775 (immeubles).

Dossier thématique « Mise en société d'une entreprise individuelle » : 95550 s.

Apport partiel d'actif

Étude d'ensemble : 39000 s.

Apport de faible valeur : 19650 s. (exonération des plus-values).

Apport impliquant des sociétés étrangères : 39260.

Apport réalisé par une SCP : 13875.

Apport réalisé par une société civile agricole : 16500.

Attribution des titres représentatifs de l'apport : 39600.

Incidence sur les régimes de groupe : 40700, 40710 s. (intégration fiscale) ; 41005 (régime mère-fille).

Rémunération des apports : 39235.

TVA : 47520 (transmission d'universalité) ; 57295 s. (régularisation) ; 58775 (immeubles).

Valorisation des apports : 39490 s.

Apprenti, apprentissage

Centre d'apprentissage : 47050 (TVA).

Enfant en apprentissage : 3325 (IR : réduction d'impôt pour frais de scolarité).

Logements affectés exclusivement aux apprentis : 42030 (FB).

Salaire des apprentis : 21550 (avantages en nature) ; 21735 (exonération).

Aquaculture : voir Pisciculteur.

Arbre

Arbre fruitier : 15910 (BA : actif) ; 15990 (BA : amortissement) ; 42525, 42540 (FNB).

Arbre truffier : 42540 (FNB).

AUTRE RUBRIQUE : Forêt.

Archéologie : 7587 (BIC : frais d'études et d'opérations archéologiques) ; 31340 s. (taxe et redevance d'archéologie préventive).

Architecte, architecture

Droit de communication de l'administration : 78045.

Droits d'auteur : 13735 s. (catégorie d'imposition).

Honoraires : 7587 (BIC : déduction) ; 13160 s. (BNC : imposition).

TVA : 46990 (champ d'application) ; 49970 (territorialité).

AUTRE RUBRIQUE : Profession libérale ou non commerciale.

Ardoisière : voir Carrière.

Argent : 75915 s. (taxe sur les objets et métaux précieux).

Armateur : voir Bateau, Pêche, pêcheur.

Arrhes : voir Acompte.

Arriérés de fumures : 16110 (BA).

Arrondissement

– des bases d'imposition et des impositions : 97510.

– des coefficients de déduction, d'assujettissement, de taxation et d'admission (TVA) : 55360.

– du rapport d'assujettissement à la taxe sur les salaires : 73385.

Arsenal : 37095 (IS) ; 43570, 43870 (CET).

Artisan

– d'art : 10535 (crédit d'impôt) ; 60575 (TVA).

– pêcheur : voir Pêche et pêcheur.

– rural : 73410 (taxe sur les salaires).

Régime d'imposition des artisans : 7015 (BIC) ; 42018, 42110 (taxe foncière) ; 43545 s., 43614, 43687, 43688, 43870 (CET) ; 45540 (taxe pour frais de chambres des métiers).

Artiste

Artiste du spectacle (acteur, musicien interprète, artiste lyrique...) : 4640 s., 82930 (IR : artiste domicilié hors de France) ; 13750 s. (IR : régime du bénéfice moyen) ; 21515 (TS : champ d'application) ; 22075 (TS : frais professionnels) ; 34556 (prélèvements sociaux : redevances) ; 43555, 43870 (CET) ; 49985, 50002 (TVA : territorialité) ; 61680 s. (TVA : régime d'ensemble) ; 53860 (TVA : franchise).

Artiste de la création plastique : 13760 (IR : abattement sur le bénéfice).

Auteur d'œuvres de l'esprit (écrivain, compositeur, artiste-peintre, sculpteur...) : voir Auteur.

Ascendant

Ascendant à charge : 1960 (IR).

Donation aux enfants, petits-enfants ou arrière-petits-enfants : 69270 s. (abattements) ; 69300 s. (tarif).

Droits de succession : 68565 (abattements) ; 68605 (tarif).

Ascendant (suite)

Pension alimentaire versée à un ascendant : 1205 s. (IR : déduction) ; 22480 (imposition).

Pension alimentaire versée aux descendants : 1205 s. (IR : déduction) ; 22480 (imposition).

Ascenseur

Ascenseur pour handicapé : 53005 (TVA : taux).

Entretien : 53280 (TVA : taux).

Installation ou remplacement : 27350 (FONC).

Assainissement

– de l'air (dispositif antipollution) : 9330 (BIC : amortissement) ; 42135 (FB) ; 43685 (CFE).

– de l'eau : 9330 (BIC : amortissement) ; 42135 (FB) ; 43685 (CFE) ; 47235 (TVA : option des collectivités publiques) ; 53215 (TVA : taux).

Assiette de l'impôt : se reporter à l'étude concernant chaque impôt, droit ou taxe (par ex. : pour l'IR, 700 s. ; pour la TVA, 52200 s.).

Assistance administrative (convention d') : 83150 s.

Assistant maternel

Catégorie d'imposition : 21505.

Emploi d'un assistant maternel : 1400 (cotisations sociales) ; 3315 (crédit d'impôt pour frais de garde) ; 22200 (déclaration annuelle des salaires) ; 73430 (taxe sur les salaires).

Association

Dispositions générales : 89200 s. (étude d'ensemble : IS/TVA/CET) ; 40900 (régime mère-fille) ; 43020, 43080 (HAB) ; 61585 (TVA : périodiques) ; 73470, 73500 (taxe sur les salaires) ; 75115 (taxes sur l'affectation des véhicules de tourisme à des fins économiques) ; 76170 (taxe sur certaines dépenses de publicité).

Opérations intéressant les associations

Achats pour l'exportation : 89555 (TVA).

Apport à une association : 67220 (ENR).

Apport partiel d'actif entre associations : 39255.

Dons aux associations et fondations : 3170 s. (IR) ; 10695 s. (BIC) ; 13375 (BNC) ; 68190, 68590 (ENR) ; 72100 s. (IFI) ; 89555 (TVA).

Fusions entre associations : 39290.

Transfert de biens sans contrepartie à certaines associations : 66350 (ENR).

Transformation : 38660 s. (IS).

Associations particulières

Association d'avocats : 37815 (modalités d'imposition) ; 38665 (transformation).

Association de commerçants : 47345, 55905, 89535 (TVA).

Association foncière d'aménagement foncier agricole et forestier : 42520 (FNB) ; 43552, 43870 (CET).

Association foncière logement : 32185 (cession d'immeubles : PV privée) ; 41995 s. (FB).

Association foncière pastorale : 42645 (FNB) ; 43552, 43870 (CET).

Association foncière urbaine de restauration : 2903 (IR).

Association de gestion agréée : 87700 s.

Association intermédiaire : 73500 (taxe sur les salaires) ; 89555 (TVA) ; 89565 (IS).

Association propriétaire ou locataire de logements sociaux : 42000 (FB) ; 43090 (HAB).

Association de services aux particuliers : 89555 (TVA) ; 89565 (IS).

Association (suite)

Association syndicale agricole : 43552, 43870 (CET).

Association syndicale autorisée : 3430 (IR : réduction d'impôt) ; 52950, 53250 (TVA : taux).

Association agréée : 87700 s.

Associé

Actionnariat des salariés : 88400 s. (étude d'ensemble).

Associé d'exploitation agricole : 15980 (BA) ; 21735, 22270 (TS).

Avance, prêt ou acompte versé aux associés : 8755 (société relevant de l'IR : incidence sur la déduction des charges financières) ; 24810 s. (société relevant de l'IS : présomption de distribution).

Compte d'associé : voir Compte (compte courant d'associé).

Décès d'un associé : 11415 (BIC/IS) ; 37660 s. (société de personnes : répartition du résultat) ; 37720 s. (société de personnes : PV professionnelle sur parts) ; 37845 (société de fait) ; 68090 s. (droits de succession : pacte Dutreil).

Distributions aux associés : 7955 s. (BIC/IS) ; 24265 s. (RM) ; 35870 (IS) ; 55760 s., 60300 s. (TVA) ; 82830 s. (INT).

Rémunération des associés dirigeants : voir Dirigeant.

Retrait d'un associé : 11415 (BIC/IS) ; 37660 s. (société de personnes : répartition du résultat) ; 32510 (SCI : PV privée).

AUTRES RUBRIQUES : Société, Titre de société.

Assujetti à la TVA : 46510 s. (qualité) ; 46545 s. (assujetti unique : étude d'ensemble) ; 49855 (territorialité : preuve et intérêt de cette qualité) ; 55225 (déduction) ; 58720 (opérations immobilières).

Assurance

Assurance automobile : 21564 s., 22115 (TS : frais déductibles).

Assurance chômage : voir Chômage, chômeur.

Assurance « homme-clé » : 8075 (régime des indemnités) ; 8390 (déduction des primes).

Assurance pour loyers impayés : 27400 (FONC).

Assurance maladie-maternité : voir Maladie, Maternité.

Assurance « retraite et prévoyance » : voir Prévoyance, Retraite.

Assurance-vie (en cas de vie et de décès) : 3345 s. (IR : contrats de « rente survie » ou d'« épargne handicap » : réduction d'impôt) ; 8390 (BIC : garantie d'un emprunt, assurance « homme-clé ») ; 26000 s. (RM) ; 26950 (déclaration des contrats par les entreprises d'assurance) ; 68225 s. (ENR : succession) ; 71285 (IFI) ; 78305 (déclaration des contrats souscrits à l'étranger).

Cotisations et primes d'assurances déductibles des revenus catégoriels : 8385 s. (BIC) ; 13360 (BNC) ; 21564 s., 22115 (TS : assurance automobile) ; 21870 s. (TS : retraite et prévoyance) ; 27400 (FONC : règles générales) ; 27420 (FONC : garantie d'un emprunt) ; 28385 (FONC : immeubles historiques).

Déclaration de certains contrats d'assurances : 78305 (contrats d'assurance-vie souscrits à l'étranger) ; 78380 (déclaration par les compagnies d'assurances lors du décès du contractant).

Fonds d'assurance formation : 8985 (BIC : déduction des versements).

Assurance (suite)

Frais accessoires d'assurances facturés aux clients : 8320 (BIC : charges) ; 52255 (TVA : assiette).

Indemnité d'assurances (taxation) : 8070 s. (BIC) ; 13310 (BNC) ; 15530 (BA) ; 19285 s. (PV professionnelle) ; 27285 (FONC) ; 32175 (PV privée) ; 46980 (TVA).

Professions de l'assurance

Agent d'assurances : 13715 s. (catégorie d'imposition) ; 47460 s. (TVA) ; 65580 s. (ENR : convention de successeur) ; 72660 (IFI : actifs professionnels) ; 78045 (droit de communication de l'administration).

Courtier d'assurances : 7015 (BIC : catégorie d'imposition) ; 47460 s. (TVA).

Expert d'assurances : 46990 (TVA).

Société d'assurance ou de réassurance : 10030 (BIC : provisions spéciales) ; 19090 (portefeuille-titres) ; 43965 s. (CVAE) ; 47460 s. (TVA) ; 75000 s. (contribution sociale de solidarité des sociétés) ; 76020 (taxe sur les excédents de provisions) ; 78040 (droit de communication de l'administration fiscale).

Taxe sur les conventions d'assurance : 76000 s. (étude d'ensemble) ; 55750 (TVA : coefficient de taxation).

Attestation

– de complaisance (sanction) : 80205.

– notariée (ENR) : 64100 (tarif).

Attribution d'actions gratuites : 39600 (attribution après fusion) ; 88820 s. (attribution aux dirigeants ou salariés).

Audiovisuel

Abonnements à des offres comprenant des services numériques : 52392 (TVA : base d'imposition).

Abonnements aux télévisions privées : 61825 s. (TVA).

Investissement dans l'audiovisuel (Sofica) : 2730 (IR : réduction d'impôt) ; 60340 (TVA).

Matériel audiovisuel : 9340 (BIC : amortissement).

Œuvres audiovisuelles : 10585 (IS : crédit d'impôt) ; 21515 (TS : sommes perçues par les artistes) ; 43555 (CET : coauteurs) ; 76140 (taxe sur les services d'accès à des contenus audiovisuels à la demande).

Augmentation du capital

Apports nouveaux : 66975 (ENR).

Capitalisation de réserves, bénéfices... 24500 (RM) ; 66985 (ENR).

Coup d'accordéon : 8095.

Frais d'augmentation de capital : 8300 (BIC) ; 55250 (TVA).

Formalités : 66670.

Auteur (écrivain, compositeur, peintre, sculpteur...)

Contribution économique territoriale : 43555, 43870.

Imposition à l'IR : 4560 s., 82940 s. (droits versés à l'étranger) ; 4730 (impatriés) ; 13160, 13210, 13735 s. (catégorie d'imposition) ; 13750 s. (régime du bénéfice moyen).

Titulaires de droits d'auteur soumis au droit de communication de l'administration (peintre, sculpteur...) : 78045.

TVA : 49870, 50025 s. (territorialité) ; 61680 s. (retenue à la source) ; 53860 (franchise).

Auteur (suite)

Versement de droits d'auteur (déclaration) : 78365.

Rémunérations de l'exploitation de droits d'auteur versées à l'étranger : 78290 (mesures anti-évasion)

Autobus, autocar : voir Véhicule.

Autoconsommation (de l'exploitant et de sa famille) : 8320 (BIC) ; 15535, 15730 (micro-BA) ; 15965 (BA : réel) ; 57540 (TVA) ; 59715, 59970 s. (TVA agricole).

Auto-école

Leçons : 47045 (TVA).

Véhicule d'auto-école : 9020 (BIC : amortissement) ; 13275, 13370 (BNC) ; 55935 (TVA : déduction) ; 75115 (taxe sur l'affectation des véhicules de tourisme à des fins économiques).

Auto-entrepreneur (régime de l') : 85100 s. (étude d'ensemble).

Autoliquidation de la TVA

– par le client : 50690 s., 54050 (cas d'application) ; 53625 (mentions sur les factures) ; 56290 (déduction et amende de 5 %).

– de la TVA supportée à l'importation par un assujetti à la TVA : 49636.

Automobile : voir Véhicule.

Autorisation de mise sur le marché : voir Propriété industrielle.

Autoroute : 42135 (FB).

Avance

Avance aux associés : 8755 (société relevant de l'IR : incidence sur la déduction des charges financières) ; 24810 s. (société relevant de l'IS : présomption de distribution).

Avance aux salariés : 8590 (BIC : déduction).

Avance consentie par les associés : voir Compte (compte courant d'associé).

Avance interentreprises : 8920 s. (BIC/déduction : étude d'ensemble) ; 35765 (IS : succursale étrangère) ; 40530 s. (intégration fiscale).

Avance perçue des clients : voir Acompte.

Avance sur fermage : 28605 (FONC).

Avance sur loyer : 27265 (FONC).

AUTRES RUBRIQUES : Intérêt, Prêt.

Avances aux cultures : 15945 (BA).

Avantage en nature : 8570 s., 10950 (BIC) ; 13345 (BNC) ; 21550 s., 21735, 22455 (TS) ; 23740 (DIR) ; 24755 (RM) ; 27260 (FONC) ; 57540 (TVA).

Avertissement (avis d'imposition) : 3705 (IR) ; 41555 (LOC).

Aviation : voir Avion.

Aviculteur : 15165 (catégorie d'imposition) ; 15990 (BA : amortissement des poulaillers) ; 52984, 52986 (TVA : taux) ; 59425 (TVA agricole) ; 60090 (remboursement forfaitaire agricole) ; 76075 (redevance sanitaire).

AUTRE RUBRIQUE : Agriculteur.

Avion

Affrètement : 50495 s. (TVA).

Avitaillement : 50525 (TVA).

Cession : 82970 (INT).

Déduction de la TVA : 55900 s.

Avion (suite)
Élément du train de vie : 4240 (IR : taxation d'après les signes extérieurs de richesse).
Expertise d'assurance sur les aéronefs et leur cargaison : 50510 (TVA).
Exploitants aéroportuaires : 9635 (BIC : suramortissement).
Industrie aéronautique (construction, réparation, transformation, équipement, entretien) : 7900 (BIC : date de rattachement des produits) ; 9225 (BIC : amortissement) ; 49715, 50150, 50495 s. (TVA).
Leçons de pilotage : 47045 (TVA).
Location d'avion : 49960 s., 50495 s. (TVA).
Services aéroportuaires : 47220, 50510 (TVA).
AUTRE RUBRIQUE : Transport.

Avis
– d'enquête : 78345.
– d'examen de comptabilité : 79410.
– d'imposition : 3705 (IR) ; 41555 (LOC).
– de mise en recouvrement : 76519, 76775 s.
– de situation déclarative (non-imposition) : 3670.
– de passage : 78060 (droit de communication).
– de vérification : 79410.

Aviseur fiscal : 78352 (exploitation des renseignements par l'administration fiscale).

Avitaillement des bateaux et aéronefs : 50525 (TVA).

Avocat
Régime fiscal
Règles générales : 13160 s. (catégorie d'imposition) ; 13305 (BNC : recettes) ; 37815 (associations d'avocats) ; 43555, 43870 (CET : exonération temporaire) ; 46990 s. (TVA : imposition) ; 49870, 50025 s. (TVA : territorialité) ; 52225, 52350 (TVA : assiette) ; 53630 (TVA : obligations) ; 53860 (TVA : franchise) ; 72660 (IFI : actifs professionnels).
Règles spécifiques aux avocats aux conseils : 13195 (catégorie d'imposition) ; 13275, 13395 (BNC : finance de l'office) ; 13500 (BNC : contrôle) ; 52305 (TVA : assiette) ; 65665 s. (ENR : cession de charge) ; 77280 (responsabilité de l'acquéreur de la charge).
Rôle fiscal
Assistance du contribuable dans la procédure contentieuse : 81857 (réclamation) ; 82110, 82145, 82160 (procédure devant la juridiction administrative) ; 82195 s. (procédure devant le juge judiciaire).
Assistance du contribuable dans la procédure de contrôle : 78060 (droit de communication) ; 79410 (vérification de comptabilité, examen de comptabilité ou ESFP) ; 78775, 78795 (discussion des rectifications) ; 78855 (commission des impôts).
Droit de communication de l'administration : 78045.
Obligation de déclaration des dispositifs transfrontières : 78308.
Sanction fiscale encourue en cas de complicité de fraude : 80215.

Avoué : 13295 (indemnité pour perte du droit de présentation).

B

Bail
Bail à construction : 31030 s. (étude d'ensemble) ; 41670 (taxe foncière).
Bail emphytéotique : 41670 (taxe foncière) ; 65215 (ENR).
Bail à long terme ou bail cessible de biens ruraux : 68140 s. (ENR : succession) ; 69170 (ENR : donation) ; 71440 s. (IFI).
Bail à réhabilitation : 27275 (FONC) ; 41670, 42010 (taxe foncière) ; 65160 (ENR).
Bail réel solidaire : 41670, 42030 (taxe foncière) ; 58895, 59120 (TVA), 65160 (ENR).
Cession, subrogation, rétrocession, résiliation de bail : 65150 (ENR).
Droit au bail : 7455 (BIC : actif) ; 9171 (BIC : amortissement) ; 9802 (BIC : provision pour dépréciation) ; 13275 (BNC : actif) ; 15895 (BA : actif) ; 65610 s. (ENR : cession) ; 66870 (ENR : apport en société) ; 66975 (ENR : augmentation de capital).
Indemnité de déspécialisation : 8350 (BIC : charges) ; 27285 (FONC).
Indemnité de résiliation : 8085 (BIC : indemnité perçue) ; 8500-d (BIC : indemnité versée) ; 27285 (FONC : indemnité perçue) ; 27380 (FONC : indemnité versée).
AUTRE RUBRIQUE : Location.

Balance de trésorerie : 78090 (contrôle fiscal).

Balayage
Prestation de balayage des caniveaux et voies publiques : 53225 (TVA : taux).
Taxe de balayage : 27410 (FONC).

Banque (et établissement de crédit)
Compte bancaire : voir Compte.
Droit de communication de l'administration fiscale : 78040, 78045.
Obligation de déclaration des dispositifs transfrontières : 78308 (CF).
Règles spécifiques aux banques : 10630 s. (crédits et réduction d'impôt pour prêts à taux zéro) ; 19090 (portefeuille-titres) ; (opérations de trésorerie entre banques françaises et étrangères) ; 37025 (banques populaires) ; 40915 (groupes mutualistes : régime mère-fille) ; 43650, 43875 (CET : crédit municipal) ; 43950 s. (CVAE) ; 60300 s. (TVA : étude d'ensemble) ; 75000 s. (contribution sociale de solidarité des sociétés) ; 76024 (taxe pour le financement du fonds de soutien aux collectivités territoriales).

Bar : voir Débit de boissons.

Barème
Barème d'évaluation de l'usufruit et de la nue-propriété : 68460.
Barème de frais des médecins conventionnés : 97280.
Barème des impôts : 2140 (IR) ; 44000 s. (CVAE) ; 65520 (droit de mutation de fonds de commerce) ; 68600 s., 69300 s. (droits de mutation à titre gratuit) ; 71950 (IFI).
Barème des notaires : 97370 s.
Barème de taxation d'après les signes extérieurs : 4240, 78398.
Barèmes kilométriques : 8475 (BIC) ; 13370 (BNC) ; 16040 (BA) ; 21564 s., 21605, 22115 (TS) ; 23715 (DIR) ; 97165 s., 97200 (tableaux).

Base d'imposition : se reporter à l'étude concernant chaque impôt, droit ou taxe (par ex. : pour l'IR, 700 s. ; pour la TVA, 52200 s.).

Bas-Rhin : 3175, 3180 (IR : dons aux associations) ; 45540 (taxe pour frais de chambres de métiers) ; 63740 (formalité de l'enregistrement et de la publicité foncière).

Bassin
- **d'emploi à redynamiser :** 92540 s.
- **urbain à dynamiser :** 92540 s.

Bateau

Affrètement : 10450 (IS) ; 50460 s. (TVA).
Amortissement : 9340 (BIC), 9630 (BIC : suramortissement).
Armateur : 10450 (IS) ; 73435 (taxe sur les salaires).
Avitaillement : 50525 (TVA).
Bateau aménagé utilisé en un point fixe : 32130 (PV privée) ; 41915 (FB).
Bateau de plaisance
Cession par un particulier : 32750 (PV).
Dépenses somptuaires : 9000 s. (BIC).
Élément du train de vie : 4240 (IR : taxation d'après les signes extérieurs).
Équipement, réparation et entretien : 49715, 50150 (TVA).
Location : 49960 s., 90645 (TVA) ; 91590 (TVA : DOM).
Partage des frais de sorties en mer : 732 (IR).
Société de pluripropriété : 31000 (IMMO) ; 47315 (TVA).
Cession de navire : 19470 (navire de transport fluvial de marchandises : PV) ; 65585 (navire de pêche : ENR) ; 82970 (INT).
Copropriétaire de navire : 37870 (régime fiscal).
Déduction de la TVA : 55900 s.
Expertises d'assurances sur les bateaux et leur cargaison : 50480 (TVA).
Industrie navale (construction, réparation, transformation, équipement, entretien) : 7900 (BIC : date de rattachement des produits) ; 49715, 50150, 50460 s. (TVA).
Investissements outre-mer : 91855 s.
Leçons de pilotage : 47045 (TVA).
Location de bateau : 49960 s. (TVA : territorialité) ; 90645 (TVA : taux sur location meublée) ; 91590 (TVA : DOM).
Services portuaires : 47220, 50480 (TVA).
AUTRE RUBRIQUE : Transport.
Taxe (examen et permis) : 76030.

Bâtiment

Bâtiment public : 41940, 41955 s. (FB) ; 43020 (HAB).
Bâtiment rural : 15895 s. (BA : actif) ; 15990 (BA : amortissement) ; 28615 (FONC) ; 31105 (taxe d'aménagement) ; 41945 s. (FB) ; 43050 (HAB) ; 46830, 46885 (TVA : location).
Édifice du culte : 41955 (FB).
Entreprise du bâtiment : 7900 (BIC : date de rattachement des produits) ; 7925 (BIC : activité non commerciale accessoire) ; 8605 (BIC : congés payés) ; 9635 (BIC : suramortissement) ; 11245 (limites du micro et du régime simplifié) ; 53048, 53270 s. (TVA : travaux dans les locaux d'habitation) ; 54050 (TVA : autoliquidation en cas de sous-traitance) ; 53910 (TVA : régime simplifié).
Salarié du bâtiment : 21605 (TS).
AUTRE RUBRIQUE : Immeuble.

Beaux-enfants : 1205 (IR : pensions alimentaires) ; 1905 s. (IR : rattachement aux beaux-parents).

Beaux-parents : voir Ascendant.

Bénéfice
- **agricole :** 15000 s. (étude d'ensemble) ; 7925 (accessoire d'une exploitation commerciale) ; 89700 s. (organisme sans but lucratif).
- **industriel et commercial :** 7000 s. (étude d'ensemble) ; 13170, 13195 (accessoire d'une activité libérale) ; 15200 s. (accessoire d'une exploitation agricole) ; 82820 (INT).
- **non commercial :** 13000 s. (étude d'ensemble) ; 7925 (accessoire d'une exploitation commerciale) ; 15200 s. (accessoire d'une exploitation agricole) ; 82920 (INT).
- **provenant de l'étranger :** 7050 (BIC) ; 13220 (BNC) ; 15230 (BA) ; 35775 (IS) ; 78280 (IS : société ou établissement établi dans un paradis fiscal) ; 78285 (RM : structure financière établie dans un paradis fiscal).

Distribution de bénéfices : voir Distribution, Dividende.
Incorporation de bénéfices au capital : 24500 (RM) ; 66985 (ENR).
Transfert de bénéfices à l'étranger : 35815 s. (IS : dispositif anti-hybride) ; 78265 s.
AUTRES RUBRIQUES : Plus-value, Revenu.

Besson (investissement locatif) : 28310 (FONC).

Bétail : voir Animal.

Bibliothèque publique : 47217 (TVA : champ d'application).

Bicyclette : voir Vélo.

Bien
- **« migrant » :** 18470 s. (PV).
- **d'occasion :** 9210 (BIC : taux d'amortissement) ; 9330 s. (BIC : amortissement dégressif) ; 60540 s. (TVA).
- **professionnel :** voir Actif.

Bijoux : 68430 (succession : évaluation) ; 75915 s. (taxe sur les objets et métaux précieux) ; 78380 (déclaration, en cas de décès, des contrats d'assurances).

Bilan

Corrections symétriques et opposabilité du premier bilan non prescrit : 78160 s.
Réévaluation des bilans : 19390 s. (étude d'ensemble) ; 40390 (intégration fiscale).
AUTRE RUBRIQUE : Actif.

Biomasse : 15160 (BA).

Bitcoin : 33600 s. ; 60335 (TVA).

Bois

Bois de chauffage : 53110 (TVA : taux).
AUTRE RUBRIQUE : Forêt.

Boisson

Dépenses de publicité : 8450 (BIC) ; 56005 (TVA).
Eau minérale : 52960, 53195, 53205 s. (TVA : taux) ; 76110 s., 76115 (contributions sur les boissons non alcooliques).
TVA : 49725 s. (exportation) ; 52950, 52960, 53195, 53205 s. (taux) ; 56005 (publicité).
Vente de vin et eau-de-vie : 32750 (PV privée).
AUTRE RUBRIQUE : Débit de boissons.

Bon

Bon à usage unique ou à usages multiples : 47470 s. (TVA).
Bon anonyme (avant 2018) : 78005 (contrôle).
Bon de caisse : 7960 s. (BIC) ; 25730 s. (RM).
Bon de capitalisation : 26000 s. (RM) ; 26950 (déclaration par les entreprises d'assurance) ; 71285 (IFI) ; 78005 (contrôle).
Bon de réduction ou de remboursement : 9950 (BIC : provisions) ; 52325 (TVA).
Bon de souscription de parts de créateur d'entreprise : 88800 s.
Bon de souscription de titres (actions, obligations) : 7340 (émission) ; 19040 s. (PV professionnelle) ; 32890 (PV privée : principe) ; 33060 (PV privée : calcul de la PV).
Bon du Trésor : 7960, 7985 (BIC : bon détenu par une entreprise).

Boni de liquidation

: 19102 (entreprise associée) ; 24510 s. (associé personne physique) ; 87315 (entreprise individuelle soumise à l'IS).

Bonification

(pour livraison rapide) : 52255 (TVA : assiette) ; 52440 (TVA : travaux immobiliers).

Bordereau de vente

: 49725 s. (TVA : exportation touristique).

Borloo

(investissement locatif) : 28260 (FONC).

Borne de recharge électrique

: voir Électricité.

Bouches-du-Rhône

: 31380 s. (taxe annuelle sur les bureaux et autres surfaces).

Boucherie

(ou charcuterie)
Animal de boucherie et de charcuterie (TVA agricole) : 59740 (définition) ; 59760 s. (conditions de l'option) ; 59790 s. (régime d'imposition) ; 59835 (taux) ; 60060 (remboursement forfaitaire).
Boucher ou charcutier ayant également une activité agricole : 7925 (BIC) ; 15600 (BA) ; 59740 (TVA).
Viandes : 52984 (TVA : taux) ; 76065 s. (redevances sanitaires).

Bourse

Bourse de commerce : 47560 (TVA).
Bourse de valeurs : 32810 (opérations de bourse réalisées à titre habituel) ; 32805 s. (PV privée) ; 60340, 60390 (TVA) ; 72660 (IFI).
Étudiant boursier : 3325 (IR : réduction d'impôt pour frais de scolarité).
Prestataires de services d'investissement (sociétés de bourse) : 60300 s. (TVA).

Box

: voir Garage.

Branche complète d'activité

Apport partiel d'actif : 19710 s. (apport en société par une personne physique) ; 39245 s. (régime des fusions) ; 47520 (TVA : transmission d'universalité).
Cession d'une branche d'activité de faible valeur : 19650 s. (exonération des plus-values).
Transmission à titre gratuit : 19810 s. (PV professionnelle).

Brasserie

: voir Débit de boissons.

Brevet d'invention

: voir Propriété industrielle.

Bulletin

– d'achat : 60105 (TVA agricole : remboursement forfaitaire).

Bulletin (suite)

– d'échéance joint au paiement des acomptes : 59890 (TVA agricole).
– de paie : 22190 (obligations des employeurs).

Bureau

Bureau d'études : 46990 (TVA : champ d'application) ; 49970, 50025 s. (TVA : territorialité).
Bureau de représentation : 49860 (TVA : territorialité).
Fournitures et frais de bureau : 8495 (BIC) ; 13375 (BNC).
Immeuble de bureaux en Provence-Côte d'Azur
Taxe annuelle : 31380 s. (étude d'ensemble) ; 71812 (IFI : passif déductible).
Immeubles de bureaux en Île-de-France
Crédit-bail immobilier : 19340 s.
Taxe pour création : 31315 s. (étude d'ensemble) ; 8527 (BIC : déduction) ; 27410 (FONC : déduction).
Taxe additionnelle au droit de vente : 66240.
Taxe annuelle : 31380 s. (étude d'ensemble) ; 8527 (BIC : déduction) ; 27410 (FONC : déduction) ; 71812 (IFI : passif déductible).
Location de bureaux : voir Location.
Machines et matériel de bureau : 7540 (BIC : charges) ; 9210, 9330 (BIC : amortissement) ; 13330 (BNC).
Transformation de bureaux en logements : 2807 (réduction d'impôt Duflot-Pinel) ; 2822 (réduction d'impôt Denormandie ancien) ; 2902 (réduction d'impôt Malraux) ; 42015 (FB : exonération).

C

Cabaret

: 43635, 43875 (CET) ; 61770 (TVA).

Cabinet

– de défiscalisation : 91710 (investissements outre-mer).
– de groupe : 13180 (BNC : modalités d'imposition) ; 47120 s. (TVA : redevance de collaboration) ; 47325 (TVA : convention d'exercice conjoint).
– médical, dentaire... : voir Médecin, Dentiste...
Cession de cabinet : voir Cessation ou cession d'entreprise ou d'activité.

Cacao

(beurre, poudre...) : 52975 (TVA : taux).

Cadastre

: 42265 (LOC : consultation des documents cadastraux).

Cadeau

– aux clients : 8460, 9950 (BIC) ; 16040 (BA) ; 21595 (TS) ; 47400 (TVA : livraison à soi-même) ; 55970 (TVA : déduction).
– aux salariés : 21550 (TS).
Coffret-cadeau : 47470 s. (TVA).
AUTRE RUBRIQUE : Don, donation.

Café

– concert : 43635, 43875 (CET) ; 61770, 61810 (TVA).
– théâtre : 61810 (TVA).
AUTRE RUBRIQUE : Débit de boissons.

Caisse

Caisse de crédit
Caisse d'épargne : 40915 (régime mère-fille).
Crédit agricole : 40915 (régime mère-fille).

Caisse (suite)
Crédit municipal : 43650, 43875 (CET) ; 78401 (limitation des paiements en espèces ou en monnaies électroniques).
Crédit mutuel : 40915 (régime mère-fille).
AUTRE RUBRIQUE : Banque.
Caisse des écoles : 73415 (taxe sur les salaires).

Calamités agricoles : 15530 (limites BA : prise en compte des indemnités) ; 42625, 42635 (FNB : dégrèvement) ; 59715 (TVA : seuil d'assujettissement obligatoire) ; 59810 (TVA : aide de l'État).

Camion et camionnette : voir Véhicule.

Camping
Camping-car : 55905 (TVA : déduction).
Terrain de camping : 45520 (redevance spéciale) ; 47217 (TVA : champ d'application) ; 53175 (TVA : taux) ; 90645 (TVA : fourniture de logement).

Canalisation
Remise en état de canalisations : 27340 (FONC).
Travaux de raccordement aux réseaux publics (eau, gaz, égouts...) : 7587 (BIC) ; 27350 (FONC) ; 32235 (PV privée) ; 53280 (TVA).

Cantine : 53025, 53195, 92380 (TVA : taux et exonération) ; 73435 (taxe sur les salaires).

Cantonnement (d'une libéralité) : 68660 (droits de succession).

Capital
Capital décès : voir Assurance (assurance-vie).
Capital retraite : 22460 (TS).
Capital social
Amortissement : 24495 (RM) ; 66995 (ENR).
Apport : voir Apport en société.
Augmentation : 8300 (BIC : déduction des frais) ; 18865 (BIC/IS : titres détenus par une entreprise) ; 24500 (RM : capitalisation de réserves ou bénéfices) ; 55250 (TVA/frais : déduction) ; 66975 s. (ENR).
Augmentation suivie de réduction (coup d'accordéon) : 8095.
Intérêts du capital : 8800 (BIC).
Réduction : 19100 (BIC/IS : titres détenus par une entreprise) ; 24465 (RM : titres détenus par un particulier) ; 66995 s. (ENR).
Gains en capital : 82970 (INT).

Capitalisation
Bons et contrats de capitalisation : 26000 s. (RM) ; 26950 (déclaration par les entreprises d'assurance) ; 60330, 60390 (TVA) ; 71285 (IFI) ; 78005 (contrôle).
Incorporation au capital de réserves ou de bénéfices : 24500 (RM) ; 66985 (ENR).
Organismes de capitalisation (OPCVM) : voir FCP, Sicav.

Caravane
Caravane affectée à l'habitation en permanence : 43020 (HAB).
Location de caravane : 49960 s. (TVA : territorialité) ; 90645 (TVA : imposition).

Carburant
Frais de carburant : 3250 (IR : emploi d'une aide à domicile) ; 8475 (BIC) ; 13365 s. (BNC) ; 21564 s. (TS : véhicule de fonction) ; 21735 (TS : prime de carburant) ; 22115 (TS : déduction) ; 61390 s. (TVA : déduction) ; 97165 (barème kilométrique).

Carburant (suite)
Prime de carburant : 21735 (TS).
Régime d'imposition à la TVA des produits pétroliers : 61340 s.
Taxe sur les surfaces commerciales : 75901.

Carried interest (parts ou actions) : 26160 (PEA) ; 26415 (SCR) ; 26440 s. (RM et PV).

Carrière (et assimilées : ardoisière, sablière, tourbière...)
Concession du droit d'exploitation : 15185, 15535 (BA) ; 27080, 27325 (FONC) ; 47530 (TVA).
Exploitation : 7015 (BIC : principe de l'imposition) ; 7520 (BIC : amortissement) ; 9905 (BIC : provisions) ; 47530 (TVA) ; 75250 (TGAP).
Terrain de carrière : 41915 (FB) ; 42500, 45515(FNB).

« Carrousel » (fraude à la TVA) : 49275 (livraisons intracommunautaires) ; 54055 (solidarité en paiement) ; 55270 (déduction).

Carry-back : 35925 s.

Carte
– de combattant : voir Ancien combattant.
– grise : 7565 (BIC : charges) ; 76035 s. (taxes sur l'immatriculation).
– d'identité : 76030 (timbre).
– de paiement ou de crédit : 7890 (BIC : date de rattachement des produits) ; 60330, 60365 (TVA : établissement émetteur) ; 87820 (adhérent de CGA) ; 87910 (adhérent d'associations agréées) ; 87920 (adhérent d'organismes mixtes de gestion).
– prépayée : 47470 s. (TVA : régime des bons) ; 78300 s. (déclaration des transferts à l'étranger).

Cascade (déduction en) : 79590 s. (étude d'ensemble) ; 8540 (BIC : renonciation à la cascade et rappel de TVA).

Casino : voir Jeu.

Catastrophe (catastrophe naturelle, incendie, inondation...)
Déduction des pertes : 8880 (BIC).
Dégrèvement de taxe foncière : 42615 s.
Délais supplémentaires de paiement des impôts : 76670.
Prévention des incendies de forêt : 3430 (IR : réduction d'impôt).
Prévention des inondations : 45550 (LOC : taxe Gemapi).
Régime des calamités agricoles : voir Calamités agricoles.
TVA (dispense de régularisation) : 57430 s., 57510 s.

Caution, cautionnement
Caution bancaire : 7890 (BIC : date de rattachement des produits) ; 81885 s., 81920 (réclamation fiscale : garantie de paiement et remboursement des frais).
Engagement de caution (charges résultant de l'engagement) : 8920 (BIC) ; 13385 (BNC) ; 23760 s. (DIR).
Régimes de TVA liés à la fourniture d'une caution : 49355 (échanges intracommunautaires de moyens de transport) ; 50580 (achats en franchise par exportateurs) ; 56655 (remboursement de crédits) ; 61250 (opérations en suspension de taxe).
Société de caution mutuelle : 37025 (IS : répartition des bénéfices entre les adhérents).
AUTRE RUBRIQUE : Dépôt (dépôt de garantie).

Caviar : 52980 (TVA : taux).

Cédérom : 53040 (TVA : taux) ; 61600 (TVA : produits de presse composites).

Célibataire : 1985 s. (IR : quotient familial).

Censi-Bouvard (investissement locatif) : 90575 s.

Centrale
- **d'achat (commissions versées) :** 7700 (BIC : stocks).
- **de trésorerie :** (RM : intérêts versés hors de France).

Centre
- **d'action sociale :** 73415 (taxe sur les salaires) ; 53195 (TVA : restaurants).
- **de coordination de recherche et de développement :** 35775 (IS).
- **équestre :** 15175 (BA) ; 60010 (TVA).
- **de formation des apprentis :** 47050 (TVA) ; 73470 (taxe sur les salaires).
- **de formation des personnels communaux :** 73415 (taxe sur les salaires).
- **de gestion agréé :** 87700 s.
- **de logistique des groupes multinationaux :** 35775 (IS).
- **de loisirs :** 3315 (IR : crédit d'impôt pour frais de garde).
- **des œuvres universitaires et scolaires :** 43570, 43870 (CET).
- **national d'enseignement à distance :** 3325 (IR : réduction d'impôt pour frais de scolarité).
- **technique industriel :** 73425 (taxe sur les salaires).

Cercle de jeu : voir Jeu.

Certificat
- **de complaisance :** 80205 (sanction).
- **de garantie de capacité (électricité) :** 54050 (TVA : redevable).
- **de garantie d'origine (électricité, gaz, biogaz, hydrogène) :** 54050 (TVA : redevable).
- **d'immatriculation :** 76035 s. (taxes).
- **d'investissement :** 18760 (PV/IS) ; 32890 (PV privée) ; 40955 (régime mère-fille).
- **d'obtention végétale :** 10420 s. (IS/BIC) ; 13790 s. (BNC) ; 15160 (BA) ; 59955 s. (TVA).
- **de production de biogaz :** 54050 (TVA : redevable).

Cessation ou cession d'entreprise ou d'activité

Conditions d'imposition

Bénéfices et plus-values : 11400 s. (BIC/IS) ; 11520 (micro-BIC) ; 13640 s. (BNC) ; 13680 (micro-BNC) ; 13725 (BNC : agent d'assurance) ; 15720 (micro-BA) ; 16065 (BA) ; 16340 s. (BA : étalement de l'IR en cas d'assujettissement à l'IS) ; 37721 s. (PV : cessation d'activité d'un associé de société de personnes) ; 87320 (entreprise individuelle soumise à l'IS).

Contribution économique territoriale : 43746, 43753 (CFE : établissement) ; 43756 s. (CFE : déclaration) ; 44006 (CVAE : taux d'imposition) ; 44030 (CVAE : annualité) ; 44036 (CVAE : déclaration de valeur ajoutée) ; 44120 (plafonnement en fonction de la valeur ajoutée).

Taxes diverses : 73550 (taxe sur les salaires) ; 74395 (investissement construction) ; 75050 (contribution sociale de solidarité des sociétés) ; 75290 (TGAP).

Cessation ou cession d'entreprise ou d'activité (suite)

TVA : 47520 (transmission d'universalité) ; 52520 (exigibilité : redevable sur encaissements) ; 53390, 54175 (déclaration) ; 54290 (régime simplifié) ; 56690 (remboursement) ; 57295 s., 57400 s. (régularisation) ; 59820, 59860 (TVA agricole).

Exigibilité immédiate des impôts : 76660.

Imputation des déficits : 960 (IR).

Responsabilité fiscale de l'acquéreur : 77280.

Salaires (déclaration annuelle) : 22200.

Transmission à titre gratuit de l'entreprise : voir Décès, Don, donation.

Dossiers thématiques : 96150 s. (transmission d'une entreprise) ; 96450 s. (vente d'une entreprise individuelle).

Cession : voir le mot correspondant à la nature du bien cédé (par ex. : Immeuble, Fonds de commerce, Titre de société...). Pour le cas de cession d'entreprise, voir aussi Cessation ou cession d'entreprise ou d'activité.

Chaleur (livraison de) : 46460 (TVA : champ d'application) ; 48990 (TVA : territorialité) ; 53035 (TVA : taux).

Chambre (organisme)

Chambre d'agriculture, chambre de commerce et d'industrie, chambre de métiers : 21690, 22280 (TS : indemnités versées aux membres) ; 37095 (IS) ; 43552, 43870 (CET : exonération des chambres d'agriculture) ; 45525 s. (taxes pour frais de chambres) ; 47070 (TVA : opérations de formation continue).

Chambre syndicale de profession libérale : 89535 s. (TVA).

Chambre d'hôtes : 90485 s. (IR) ; 90620 (TVA) ; 90670 (CET) ; 90675 (HAB) ; 90685 (FB).

Champignonnière : 15160 (BA).

Change

Bénéfice ou perte de change : 7370 (BIC) ; 17835 (PV professionnelle) ; 40970 (dividendes soumis au régime des sociétés mères et filiales).

Couverture de change : 8005 s. (BIC).

Opération de change : 60300 s. (TVA).

Changement
- **d'activité :** 13650 (BNC) ; 38715 s. (BIC/IS) ; 38735 (ENR : sociétés) ; 40705 (intégration fiscale) ; 43746 (CFE).
- **d'affectation (TVA) :** 47400 (livraison à soi-même) ; 50485 (bateau) ; 50515 (aéronef) ; 57365 s., 57390 s. (régularisation).
- **d'exploitant :** 11400 (BIC) ; 43746 (CFE : imposition) ; 43756 s. (CFE : déclaration).
- **de lieu d'activité :** 11400 (BIC/IS) ; 13650 (BNC).
- **de régime d'imposition :** 10910 s., 11090 s. (BIC) ; 13475 s. (BNC) ; 15500 s., 16100 s. (BA) ; 53820 s., 53940 s. (TVA).
- **de régime fiscal d'une société :** 38755 s. (étude d'ensemble) ; 37721 s. (société de personnes : plus-values sur les parts).
- **de réglementation en matière de droit à déduction de TVA :** 57350 s. (régularisation).
- **de résidence :** 3650 (IR : lieu d'imposition) ; 4735 (IR : transfert du domicile en France ou à l'étranger) ; 22155 (TS : frais) ; 33360 s. (exit tax) ; 43100 (HAB : retour d'urgence de l'étranger) ; 43190 (HAB : règles générales) ; 76660 (exigibilité immédiate de l'impôt).

Changement (suite)

– de situation de famille en cours d'année : 365 s. (IR : imposition des revenus de l'année du changement) ; 3820 s. (IR : taux du prélèvement à la source) ; 5120, 5145 (contribution sur les hauts revenus).

Changement motivant une révision des évaluations foncières : 42160 s. (FB) ; 42580 (FNB).

Déclaration des modifications des conditions d'exercice de l'activité : 36405 (IS) ; 53390 (TVA).

Garantie contre les changements de doctrine : 79530 s.

AUTRES RUBRIQUES : Transfert, Transformation.

Chantier : 35745 (IS : chantier à l'étranger) ; 41915 (FB : terrain de chantier) ; 49860 (TVA : établissement stable en France) ; 72690 (IFI : actifs professionnels) ; 82770 (INT : établissement stable).

Charasse (amendement) : 40510 s., 40545 (intégration fiscale).

Charcuterie : voir Boucherie.

Chargement et déchargement

– de marchandises sur véhicules de transport : 49870 s., 50000, 50135, 50755 (TVA).

– de navires et aéronefs : 50480, 50510 (TVA).

Charges

Charges déductibles des bénéfices et revenus imposables : voir Frais et charges.

Charges de famille : 370, 375, 1700 s. (IR : quotient familial) ; 22455 (TS : majoration de pension).

Charges locatives répercutées sur les locataires par les propriétaires : 52355 (TVA : base d'imposition).

Charges et offices publics ou ministériels : voir le mot correspondant à la profession, par ex. : Avocat (avocat aux Conseils), Notaire.

Charte du contribuable vérifié : 79415.

Chasse

Dépenses de chasse d'une entreprise : 9000 s.

Droit de chasse

Élément du train de vie : 4240 (IR : taxation forfaitaire d'après les signes extérieurs).

Location du droit de chasse : 15185, 15535 (BA) ; 27080, 28610 (FONC) ; 46860 (TVA) ; 65265 (ENR).

Terrain de chasse dont le propriétaire se réserve la jouissance : 28625 (FONC).

Garde-chasse : 27390 (FONC) ; 73410 (taxe sur les salaires).

Permis de chasse : 76030 (timbre).

Château

Château d'eau : 41955 (FB).

Château historique : 3175 (IR : dons) ; 9010 (BIC : charges) ; 28350 s. (FONC : charges) ; 47217 (TVA : champ d'application) ; 61775, 61810 (TVA : droits d'entrée) ; 68185 (ENR : succession) ; 69170 (ENR : donation) ; 71760 (IFI).

Chaudière : 27340 (FONC) ; 41970 (FB) ; 53048 (TVA : taux).

Chauffage

Contrat d'entretien : 7890 (BIC : date de rattachement des produits).

Équipements pour économiser le chauffage : 10525 (BIC : crédit d'impôt) ; 41970 (FB).

Chauffage (suite)

Fourniture de chauffage : 47220, 52620 (TVA).

Frais de chauffage : 13360 (BNC) ; 22145 (TS).

Installation du chauffage : 9330 s. (BIC : amortissement) ; 27350 (FONC) ; 42160 (FB) ; 53048 (TVA : taux).

Remise en état ou remplacement d'une installation de chauffage : 27340 (FONC) ; 53048 (TVA : taux).

Cheptel : voir Animal.

Chèque

Chèque bancaire (paiement par) : 745 (IR : disponibilité du revenu) ; 13250, 13490 (BNC) ; 52655 (TVA : exigibilité) ; 54420 (TVA : impayés) ; 76720 (paiement des impôts) ; 78401, 78405 (mesures de contrôle des transactions) ; 87820 (adhérent de CGA) ; 87910 (adhérents d'associations agréées) ; 87920 (adhérents d'organismes mixtes agréés).

Chèque-cadeau : 9950 (BIC : provision) ; 47470 s. (TVA).

Chèque-conseil (aides) : 46950 (TVA).

Chèque emploi-service universel : 3240 (crédit d'impôt pour emploi d'un salarié à domicile) ; 3315 (crédit d'impôt pour frais de garde) ; 10555 (BIC : crédit d'impôt famille) ; 21735 (TS : aide financière des employeurs publics).

Chèque-restaurant : 21735 (TS) ; 60330, 60390 (TVA).

Chèque-vacances : 21735 (TS : contribution patronale) ; 60330 (TVA).

Cheval

Centre équestre : 15175 (BA) ; 60010 (TVA).

Élément du train de vie : 4240 (IR : taxation d'après les signes extérieurs).

Élevage : 15175, 15915 (BA) ; 60010 (TVA).

Enseignement de l'équitation : 60010 (TVA).

Entraîneur de chevaux de course : 15175 (BA) ; 60010 (TVA) ; 73410 (taxe sur les salaires).

Gains aux courses (ou concours) : 13205 (IR) ; 60010 (TVA).

Prise en pension de chevaux : 15175 (BA) ; 60010 (TVA).

Propriétaire ou copropriétaire de cheval de course ou d'étalon : 16485 s. (catégorie d'imposition) ; 32750 (PV privée) ; 60010 (TVA) ; 72660 (IFI).

AUTRES RUBRIQUES : Animal, Course de chevaux.

Véhicules aménagés pour le transport d'équidés : 55942 (TVA).

Chien (de traîneau) : 15160 (BA).

Chiffre d'affaires

Chiffres limites d'application des régimes d'imposition : 10780 s. (BIC) ; 13460 s. (BNC) ; 15500 s. (BA) ; 43860, 44000 s. (CVAE) ; 53750 (TVA).

Taxes sur le chiffre d'affaires : 46000 s.

Chiropracteur : 47120 s. (TVA).

Chirurgien : voir Médecin.

Chirurgien-dentiste : 13160 (catégorie d'imposition) ; 13395 (BNC : amortissement du matériel) ; 43630, 43875 (CET : exonération facultative) ; 47120 s. (TVA).

AUTRE RUBRIQUE : Profession libérale ou non commerciale.

Chocolat : 52975 (TVA : taux).

Chômage, chômeur

Allocations de chômage : 8685 s. (indépendants non agricoles) ; 21705 (salariés) ; 34370 (CSG et CRDS) ; 73470 (taxe sur les salaires).

Cotisations d'assurance chômage (déduction) : 8605 (BIC) ; 8680 s. (indépendants non agricoles) ; 21935 (TS).

Cimetière : 47565 (TVA : travaux portant sur cimetières) ; 65255 (ENR : concession).

Cinéma

Aide au cinéma : 8055 (BIC).

Crédit d'impôt cinéma : 10585.

Droits d'auteur : 61680 s. (TVA) ; 53860 (TVA : franchise).

Film cinématographique

Cession de droits sur films : 61770 (TVA).

Film pornographique ou violent : 61795 (TVA : taux).

Production et tournage en France : 10585 (crédit d'impôt).

Investissement dans la production cinématographique (Sofica) : 2730 (IR : réduction d'impôt) ; 60340 (TVA).

Offre numérique comprenant un abonnement au cinéma : 52392 (TVA : base d'imposition).

Salle de cinéma : 8055 (BIC : aide) ; 9340 (BIC : amortissement du matériel de projection et de sonorisation) ; 43635, 43875 (CET) ; 47217 (TVA : imposition) ; 61730 s. (TVA : règles spéciales).

Cirque : 10582 (IS : crédit d'impôt) ; 43635, 43875 (CET) ; 61770, 61785 (TVA).

Clientèle

Achat : 13330 (BNC).

Amortissement : 9172 (BIC) ; 13395 (BNC).

Appartenance à l'actif : 7455 (BIC) ; 13275 (BNC).

Apport en société : 19710 s. (PV : report d'imposition) ; 66870 (ENR) ; 66975 (ENR : augmentation de capital).

Cession : 13650 (BNC) ; 17500 s. (PV) ; 47505 (TVA) ; 65485 s. (ENR).

Évaluation : 78235 (ENR : règles générales) ; 68410 (succession).

Fichier de clientèle : 9172 (BIC : amortissement) ; 9802 (BIC : provision pour dépréciation).

Frais de relation avec la clientèle (VRP) : 22075 (TS : déduction).

Indemnité de clientèle : 8610 (BIC : charges) ; 21665 (TS : VRP).

Location de clientèle : 13650 (BNC).

Clinique

Exonération de TVA : 47170.

Frais de séjour des personnes dépendantes : 3360 (IR : réduction d'impôt).

Parts de clinique détenues par les médecins : 13280 (BNC).

Personnel chargé des repas : 73435 (taxe sur les salaires).

AUTRE RUBRIQUE : Hôpital.

Club d'investissement : 26620 s. (RM).

Coefficient

– d'actualisation des valeurs locatives foncières : 42230 (FB) ; 42570 (FNB).

– d'admission : 55860 s. (TVA).

Coefficient (suite)

– d'assujettissement : 55500 s. (TVA : étude d'ensemble) ; 57205 s. (TVA : régularisation en cas de variation).

– de conversion pour obtenir un prix hors TVA : 52785 (France continentale) ; 92395 (Corse) ; 91610 (DOM).

– de déduction : 55360 s. (TVA).

– de référence : 57140 s. (TVA).

– de taxation : 55540 s. (TVA : étude d'ensemble) ; 55740 s. (coefficient de taxation forfaitaire) ; 55805 (secteurs distincts) ; 57205 s. (régularisation en cas de variation).

Coffre-fort : 26940 (RM : déclaration des locations) ; 60365 (TVA : location) ; 68030 (droits de succession : coffre-fort loué par plusieurs personnes) ; 78125 (contrôle).

Colis postal (TVA) : 52255 (assiette) ; 92410 (Corse).

Collaboration (contrat de collaboration dans les professions libérales) : 13180 (BNC) ; 47120 s. (TVA).

Collection

Frais de collection (création de modèles) : 7710 (BIC : stocks) ; 8165 (BIC : charges) ; 10485 (crédit d'impôt recherche).

Objet de collection : 60540 s. (TVA) ; 68195 (ENR : don à l'État) ; 68430 (ENR : succession) ; 68920, 69360 (ENR : remise en paiement) ; 75915 s. (taxe sur les objets et métaux précieux) ; 78380 (déclaration, en cas de décès, des contrats d'assurances).

Collectivité d'outre-mer : 91680.

Collectivité publique (État, commune, département, région, établissement public)

Achat d'immeubles : 32185 (PV privée).

Droits d'enregistrement : 65555 (achat de fonds de commerce) ; 66260 (achat d'immeubles) ; 68190, 68590 (dons et legs).

Impôt sur les sociétés : 37090 s.

Impôts locaux : 41940 (FB) ; 42520 (FNB) ; 43020 (HAB) ; 43570, 43870 (CET) ; 45510 (taxes spéciales d'équipement).

Indemnités de fonction des élus locaux : 22280.

Participation-construction : 74310.

Taxe sur certaines dépenses de publicité : 76170.

Taxes sur les cessions de terrains devenus constructibles : 31430 s.

Taxe sur les salaires : 73415 (principe) ; 73540 (paiement).

TVA : 47200 s. (cas d'imposition : étude d'ensemble) ; 46895 (locations immobilières à prix réduit) ; 47070 (opérations de formation continue) ; 47285 (groupements de moyens) ; 53225 (balayage et déneigement des voies publiques) ; 53030 s., 53235 (collecte, tri, traitement des déchets ménagers) ; 54100 (télédéclaration) ; 58720 (opérations immobilières) ; 59425 (exploitation agricole).

Collège : voir Enseignement.

Combattant : voir Ancien combattant.

Comblement de passif : 23785 (déduction des sommes versées par le dirigeant).

Comité

Comité consultatif des crédits d'impôt pour dépenses de recherche : 10505.

Comité de l'abus de droit fiscal : 79195.

Comité (suite)
Comité du contentieux fiscal : 82275.
Comité social et économique (anciennement comité d'entreprise)
Consultation : 74340 (participation-construction).
Versements de l'entreprise au comité : 8645 (BIC : charges).
Versements du comité aux salariés : 3315 (crédit d'impôt pour frais de garde) ; 21730 (TS).
Command (déclaration de) : 64100, 66160 (ENR).
Commandement de payer : 77020 (recouvrement forcé de l'impôt).
Commandite (société en)
Commandite simple : 37775 (IR/IS) ; 40900 (régime mère-fille).
Commandite par actions : 23635 (DIR) ; 35665 (IS).
Commerce de proximité (exonération d'impôts locaux) : 42018 (FB) ; 43592, 43614 (CFE).
Commissaire
Commissaire aux comptes : 13160 (BNC) ; 49870, 50025 s. (TVA : territorialité) ; 78045 (droit de communication de l'administration).
Commissaire de justice : 13195 (catégorie d'imposition) ; 13275, 13395 (BNC : finance de l'office) ; 13485 (BNC : comptabilité) ; 13500 (BNC : contrôle) ; 46990 s., 60955 (TVA : imposition) ; 52305, 52350 (TVA : assiette) ; 65665 s. (ENR : cession de charge) ; 72660 (IFI) ; 77280 (responsabilité de l'acquéreur de la charge) ; 78045 (droit de communication de l'administration).
Commissaire-priseur judiciaire : voir Commissaire de justice.
Commission (organisme)
– des chefs des services financiers : 76675.
– départementale de conciliation : 78810 (saisine) ; 78885 s. (compétence et fonctionnement).
– des impôts : 78810 (saisine) ; 78840 s. (compétence et fonctionnement).
– des infractions fiscales : 80275.
Commission (rémunération)
Commission perçue : 7885 (BIC : date de rattachement) ; 7910 (BIC : produit accessoire) ; 13205 (BNC : acte isolé d'entremise).
Commission versée : 7570 (BIC : coût de revient des immobilisations) ; 7700 (BIC : coût de revient des stocks) ; 8440 (BIC : charges) ; 13360 (BNC : dépenses) ; 17810 (PV professionnelle : calcul) ; 27390 (FONC : déduction) ; 32210, 33030 s. (PV privée : calcul) ; 37680 (achat de titres de société de personnes) ; 66205 (ENR : vente d'immeuble).
Déclaration des commissions versées : 78355 s.
Salarié payé à la commission : 21530 (TS).
TVA : 53165, 61765 (taux) ; 60300 s. (commission sur opération financière).
Commissionnaire
Règles générales : 7015 (BIC : catégorie d'imposition) ; 7885 (BIC : date de rattachement des commissions) ; 43915 (CVAE) ; 61440 s. (TVA : étude d'ensemble).
Types particuliers de commissionnaires
Commissionnaire en bestiaux : 59995 (TVA : base d'imposition).
Représentant en douane : 49634 (TVA : importation) ; 49705, 50135 (TVA : exportations) ; 50755 (TVA : régimes douaniers de report des importations et entrepôts fiscaux) ; 54400 (TVA : impayés).
Commissionnaire (suite)
Commissionnaire exportateur : 61495 s. (TVA).
Commissionnaire de transport : 53165 (TVA : taux).
Vente de produits agricoles par l'entremise d'un commissionnaire : 15185 (BA) ; 60075 (TVA : remboursement forfaitaire).
Communauté conjugale (partage) : 32090 (PV privée) ; 32330 (PV privée : cession d'immeuble acquis lors du partage) ; 37860 (PV professionnelle) ; 70425 (ENR).
Commune : voir Collectivité publique.
Communication (droit de communication de l'administration) : 78030 s.
Compensation : 49636, 49812 (TVA à l'importation) ; 76730, 76740 (paiement de l'impôt) ; 81940 s. (excédents et insuffisances d'imposition).
Compétitivité : 91490 (crédit d'impôt à Mayotte).
Complément
– alimentaire : 52946, 52984 (TVA : taux).
– de prix : 18850 (PV professionnelle) ; 32395, 33140 s. (PV privée).
Complice de fraude fiscale : 77280, 80215, 80270, 80285.
Composant
Amortissement par composants : 9185, 9320 (BIC) ; 13395 (BNC).
Cession de biens décomposés : 17830 (PV).
Remplacement : 8365 s., 9215 (BIC) ; 17730 (MV).
Compositeur : voir Auteur.
Comptabilité
Adhérent des organismes de gestion agréés : 87795 s. (CGA) ; 87890 (AA) ; 87990 (réduction d'impôt pour frais de comptabilité).
Documents comptables à joindre à la déclaration : 10985 s. (BIC : régime normal) ; 11145 (BIC : régime simplifié) ; 16050 (BA : régime réel) ; 80192 (sanctions).
Écarts comptables inexpliqués sur comptes clients : 8895 (BIC : déduction).
Examen de comptabilité : 78190 s.
Obligations comptables
Entreprise industrielle et commerciale : 10950 (BIC : régime normal) ; 53440 s. (TVA) ; 11330 (micro-BIC) ; 11120 s. (régime simplifié).
Exploitant agricole : 16030 s. (régimes réels) ; 59905 (TVA : règles générales) ; 59925 (TVA : comptabilité matières).
Profession non commerciale : 13485 s. (déclaration contrôlée) ; 13610 (micro-BNC).
Obligation de conservation des documents comptables : 78065.
Organisation de fausses comptabilités : 80290 (sanctions).
Vérification de comptabilité : 78110 s. (étude d'ensemble) ; 40810 s. (vérification d'un groupe intégré) ; 78175 (rejet de la comptabilité) ; 79400 s. (garanties des contribuables).
Compte
Compte à terme : 25630 s. (RM).
Compte bancaire
Comptes inactifs : 24160 (RM) ; 32900 (PV privée).
Comptes mixtes (privé et professionnel) : 78145, 79465 (contrôle).

Compte (suite)

Déclaration d'ouverture et de clôture de comptes : 26940 (RM) ; 78305 (compte à l'étranger).

Demande des relevés de comptes : 78095 (ESFP).

Droit de communication de l'administration sur les comptes bancaires : 78040, 78045.

Droits de succession : 68030 (présomption de propriété du titulaire du compte).

Inscription en compte (disponibilité du revenu) : 745 (IR).

Saisie pour le recouvrement des impôts : 77000.

Compte courant d'associé

Compte débiteur dans une société relevant de l'IR : 8755 (BIC : incidence sur la déduction des charges financières).

Rémunération : 8810 s. (BIC) ; 25630 s. (RM) ; 35827 (IS) ; 60330 (TVA : exonération) ; 97140 (taux d'intérêt maximal).

Sommes portées au crédit d'un compte courant d'associé : 745 (IR : disponibilité du revenu).

Compte épargne-logement : 25685 (RM).

Compte épargne-temps : 9875 (BIC : provisions) ; 21630 (TS).

Compte de l'exploitant individuel débiteur : 8755 (BIC : charges financières).

Compte d'investissement forestier et d'assurance (Cifa) : 68167 (ENR : succession) ; 69170 (ENR : donation).

Compte PME innovation (CPI) : 26210 s. (étude d'ensemble) ; 34570, 34615, 34640, 34655 (prélèvements sociaux).

Comptes sociaux : voir Comptabilité.

Virement (bancaire, postal, en compte courant) : voir Virement.

Comptoir de vente (aéroport, port) : 49735 (TVA : exportations touristiques) ; 50755 (TVA : régime suspensif) ; 52435 (TVA : vente de tabac).

Concert : 43635, 43875 (CET) ; 49985, 50002, 61770 (TVA).

Concession, concessionnaire

Concessionnaire de service public : 9590 (BIC : amortissement) ; 9910 s. (BIC : provisions) ; 24495 (RM : amortissement du capital) ; 91865 (investissement outre-mer)

Exonération des entreprises nouvelles : 10280 s. (BIC).

Société concessionnaire de port de plaisance ou de parking : 31000 (IR/IS) ; 47315 (TVA) ; 67195 (ENR : cession de titres).

Voir aussi le mot correspondant à chaque nature de concession, par exemple : Carrière, Propriété industrielle, Véhicule (pour concession de marque automobile).

Conchyliculteur : voir Ostréiculteur.

Concierge : 21560 (TS : logement de fonction) ; 27390 (FONC : rémunération) ; 55890 (TVA : dépenses de logement).

Conciliation (indemnité forfaitaire de conciliation) : 21665 (TS).

Concours (prix obtenus à l'occasion de concours)

Concours agricole : 15535 (BA) ; 59810 (TVA).

Concours hippique : 60010 (TVA).

Concubinage

Impôt sur le revenu : 340 (imposition séparée) ; 1985, 2000 (quotient familial) ; 1240 (pensions alimentaires) ; 13205 (versements entre concubins).

Concubinage (suite)

IFI : 71090 (imposition commune).

Plus-value : 32090 (partage d'indivision).

Concurrence (indemnité de non-concurrence) : 7532 (BIC : distinction charge-immobilisation) ; 21695 (TS).

Condition (achat ou vente sous condition suspensive ou résolutoire) : 7880 (BIC : produits) ; 32395 (PV privée) ; 52585 (TVA : exigibilité) ; 66165 (ENR) ; 71145 (IFI).

Confiserie : 52970 (TVA : taux).

Congé d'adoption : 21645 (TS : indemnités journalières).

Congés payés

Chèque-vacances : 21735 (TS : contribution patronale) ; 60330 (TVA).

Cotisations de congés payés des entreprises du bâtiment : 8605 (BIC).

Indemnité de congés payés : 21530 (TS).

Indemnité compensatrice de congés payés : 21695 (TS).

Paiement de certains impôts pendant la période de congés payés : 73540 (taxe sur salaires) ; 54165 (TVA).

Provision pour congés payés : 9885 (BIC).

Congrégation : voir Association.

Congrès

Frais de congrès : 13375 (BNC).

Immeubles destinés à des congrès : 9330 (amortissement).

Prestations de services délivrées à l'occasion de congrès : 49985, 50002 (TVA : territorialité).

Conjoint

Activité professionnelle personnelle du conjoint : 335 (IR) ; 15520 (BA : régime d'imposition) ; 11235 (BIC : régime d'imposition) ; 53810 (TVA : franchise) ; 13545 (BNC : régime d'imposition).

Conjoint collaborateur : 8685 s. (BIC : cotisations sociales).

Conjoint salarié : 8660 (BIC) ; 13345 (BNC) ; 15980 (BA) ; 21505 (TS).

Conjoint survivant

Droits de succession : 68070 (exonération) ; 68470 (résidence principale : droit d'habitation et d'usage).

IFI : 71280 (usufruit légal du conjoint survivant).

IR : 970 (sort des déficits subis avant le décès du conjoint) ; 1985 s., 2225 (quotient familial des veufs) ; 3820 s. (taux du prélèvement à la source) ; 4770 (imposition des revenus de l'année du décès) ; 8625 (BIC : pension servie à la veuve d'un ancien dirigeant) ; 22460 (allocation de veuvage).

Contribution sur les hauts revenus : 5120, 5145.

Donation entre époux : 69275 (droits de donation : abattement) ; 69300 s. (droits de donation : tarif).

Imposition du foyer fiscal : 325 s. (IR) ; 1985 s. (quotient familial) ; 71090 (IFI).

Imposition séparée des conjoints : 355, 370 (IR : cas) ; 1865 s. (IR : enfants à charge) ; 2010 (IR : quotient familial) ; 71090 (IFI).

Solidarité des époux pour le paiement de l'impôt : 72335 (IFI) ; 77280 (IR/HAB).

Conseil

Activité de conseil : 13160 (BNC) ; 46990 (TVA : champ d'application) ; 49870, 50025 s. (TVA : territorialité) ; 78045 (droit de communication de l'administration).

Conseil (suite)

Assistance du contribuable en cas de contrôle fiscal : 78060 (droit de communication) ; 78775, 78795 (discussion des rectifications) ; 78855 (commission des impôts) ; 79410 (vérification de comptabilité, examen de comptabilité ou ESFP).

Conseil d'administration et de surveillance (rémunération des membres) : 23570 s. (étude d'ensemble) ; 23605 (SARL) ; 82870 (INT).

Conseil économique, social et environnemental (et conseils régionaux) : 22280 (TS : indemnités versées aux membres).

Conseil juridique et fiscal : voir Avocat.

Conseil d'État (contentieux fiscal) : 82160 s.

Conservation des documents comptables : 78065.

Consignation

Consignation d'emballages : 7910 (BIC) ; 61030 s. (TVA).

Consignation de sommes en garantie : voir Dépôt (dépôt de garantie).

Vente en consignation : voir Stock (stocks sous contrat de dépôt).

Consommation

Consommation familiale : 8320 (BIC) ; 15535, 15965 (BA) ; 57540 (TVA) ; 59715, 59970 s. (TVA agricole).

Prêt de consommation : 46465, 52585, 60315 (TVA).

Constitution de société : voir Apport en société, Création d'entreprise ou d'activité.

Construction

Bail à construction : 31030 s. (étude d'ensemble) ; 41670 (taxe foncière).

Construction et aménagement sur sol d'autrui : 7915 (BIC : produits) ; 9585 (BIC : amortissement) ; 27266 (FONC : avantage en fin de bail) ; 27325 (FONC : redevance) ; 32350 (PV privée).

Construction nouvelle : 2805 s. (réduction d'impôt Duflot-Pinel) ; 2890 (réduction d'impôt Scellier) ; 42160 s. (FB : déclaration) ; 41965 s., 41995 s. (FB : exonérations).

Opérations de construction : 30390 s. (profits de construction habituels) ; 32340 (profits occasionnels) ; 58700 s. (TVA) ; 66290 s. (ENR : achat assorti d'un engagement de construire).

Opérations de création de logements collectifs dans le périmètre d'opérations d'aménagement complexes ou en zones tendues : 32250 s. (PV privée : abattement exceptionnel).

Participation-construction : 74300 s. (étude d'ensemble) ; 9860 (BIC : provision).

Société civile de construction-vente : 30420 s.

Travaux de construction, reconstruction ou agrandissement

Frais d'aménagement de terrain : 9180 (BIC).

Travaux effectués par les particuliers : 2807 (réduction d'impôt Duflot-Pinel) ; 2822 (réduction d'impôt Denormandie ancien) ; 2903 (réduction d'impôt Malraux) ; 27355 (FONC : immeuble urbain) ; 28270 (FONC : amortissement Robien) ; 28310 (FONC : Besson) ; 28615 (FONC : immeuble rural) ; 32230 s. (PV privée : calcul) 71812 (IFI = passif déductible).

TVA : 49970 (TVA : territorialité) ; 52440 (TVA : base d'imposition) ; 52680 s. (TVA : exigibilité) ; 53565 (TVA : facturation) ; 54050 (redevable) ; 92385 (TVA : Corse).

Construction (suite)

Valeur locative cadastrale : 42030 s. (FB) ; 43680 (CFE).

AUTRE RUBRIQUE : Immeuble.

Consulat : voir Ambassade et consulat.

Conteneur : 49960 (TVA : location).

Contentieux

Contentieux fiscal : 77040 s. (contentieux du recouvrement) ; 81500 s. (contentieux de l'assiette) ; 83120 s. (INT).

Frais de contentieux : 8885 (BIC : charges) ; 9930 (BIC : provision) ; 13795 (BNC : frais engagés par les inventeurs) ; 22530 (TS : frais engagés pour obtenir ou revaloriser une pension) ; 27390 (FONC) ; 46970 s., 55750 (TVA : remboursement des frais) ; 81910 s. (frais de procédure fiscale).

Provision pour créance litigieuse : 9815.

AUTRE RUBRIQUE : Tribunal.

Contingent d'achat en franchise des exportateurs : 50565 (TVA).

Contrat

– de collaboration (profession libérale) : 13180 (BNC) ; 47120 s. (TVA).

– « DSK » ou « Sarkozy » : 26100 (RM : assurance-vie).

– d'entreprise : 46525 (TVA : champ d'application).

– à exécution successive : 7895 (BIC : date de rattachement des produits) ; 52620 (TVA : exigibilité).

– d'exercice conjoint (profession libérale) : 13180 (BNC) ; 47325 (TVA).

– d'exercice à frais communs (profession libérale) : 13180

– de fortage : 7535 (BIC).

– d'intégration : 15550 (BA : limites des régimes d'imposition).

– de mariage : 64100 (ENR : tarif).

– de partenariat public-privé : 91855 (investissements outre-mer).

– de portage : 8745 (BIC : intérêts d'emprunt) ; 10290 (BIC : entreprise nouvelle).

– « Madelin » : 8680 s. (étude d'ensemble) ; 71285 (IFI).

– à terme : 8005 s. (BIC : opération financière) ; 33400 s. (PV privée) ; 47560 (TVA : contrats sur marchandises) ; 60330 (TVA : opérations financières).

– de travail à durée déterminée : 21695 (TS : indemnité de fin ou de rupture).

Voir aussi le mot correspondant à la nature du contrat (par ex. : Apprentissage, Assurance, Prêt).

Contribution : voir Impôt.

Contrôle fiscal

Étude d'ensemble : 77500 s.

Contrôle des déclarations : 11010 (BIC) ; 13500 (BNC) ; 26700 s. (RM) ; 27595 (FONC) ; 36400 (IS) ; 72310 s. (IFI).

Contrôle de la délivrance des reçus fiscaux : 78430.

Contrôle sur demande du contribuable : 78410 (PME) ; 78250 (donations et successions).

Contrôle des frais et charges : 8990 s. (BIC).

Contrôle inopiné dans les entreprises : 78120 s. (règles générales) ; 78140 (comptabilité informatisée).

Contrôle fiscal (suite)

Contrôle des opérations internationales : 83150 s. (INT).

Contrôle du prix de revient des immobilisations : 7625 (BIC).

Contrôle des sociétés intégrées : 40810 s.

Contrôle sur pièces : 79380 (garanties).

Opposition à contrôle fiscal : 79100.

Convention

– AME-entreprise : 21715 (allocations : TS).

– d'intégration fiscale : 40615 s.

– de successeur : 65580 s. (ENR).

– judiciaire d'intérêt public : 80277 (poursuites correctionnelles).

AUTRE RUBRIQUE : Contrat.

Convention internationale

Étude d'ensemble : 82500 s.

Droits de donation : 69160, 83200 s.

Droits de succession : 68015, 83200 s.

Impôt sur la fortune : 71115, 83000.

Liste des pays liés à la France par convention : 83300.

Conversion de titres
: 19055 s. (PV professionnelle) ; 33300 (PV privée).

Convoyage, convoyeur
: 50135, 50755 (TVA : convoyage de moyens de transport).

Coopérative
(société)

Règles générales : 37010 s. (IS) ; 40225 (intégration fiscale) ; 47260 (TVA) ; 75000 s. (contribution sociale de solidarité des sociétés).

Types particuliers de coopératives

Coopérative agricole : 16265 s. (BA : acquisition de parts) ; 37035 s. (IS) ; 43551, 43688, 43870 (CET) ; 41945 (FB) ; 59970 s. (TVA : règles générales) ; 59985 (TVA : coopérative d'insémination artificielle) ; 59995 (TVA : négoce de bestiaux) ; 60075 s. (TVA : remboursement forfaitaire) ; 66260 (ENR : opérations immobilières des coopératives de céréales ou d'insémination artificielle) ; 73405 (taxe sur salaires) ; 75005 (contribution sociale de solidarité des sociétés) ; 78045 (droit de communication de l'administration).

Coopérative artisanale ou de patrons bateliers : 37045 (IS) ; 43546, 43688, 43870 (CET) ; 75005 (contribution sociale de solidarité des sociétés).

Coopérative de construction : 37045, 37110 (IS).

Coopérative d'intérêt collectif (SCIC) : 37070 (IS).

Coopérative maritime : 37045 (IS) ; 43546, 43688, 43870 (CET) ; 75005 (contribution sociale de solidarité des sociétés).

Coopérative de production : 21970 (TS) ; 37020 (IS) ; 43546, 43870 (CET).

Coopérative d'utilisation de matériel agricole (Cuma) : 37035 (IS) ; 59985 (TVA) ; 66260 (ENR : opérations immobilières).

Copropriété

Copropriété de cheval de course ou d'étalon : 16485 s. (BA) ; 32750 (PV privée) ; 60010 (TVA agricole) ; 72660 (IFI).

Copropriété d'immeuble bâti : 27370 s. (FONC : déduction des charges).

Copropriété de navire : 37870.

Société immobilière de copropriété : voir Société immobilière.

Copropriété (suite)

Syndic de copropriété : 27390 (FONC : frais de gérance) ; 46535 (TVA : champ d'application).

Syndicat de copropriétaires : 46520 (TVA : champ d'application).

Correction

– d'une erreur comptable : 8155 (BIC).

– extra-comptable : 7395 (BIC).

– symétrique des bilans : 78160 s.

Correspondance
(frais de) : 8495 (BIC) ; 13375 (BNC) ; 27390 (FONC) ; 52255 (TVA).

Correspondant local de presse
: 43560, 43870 (CET) ; 61620 (TVA).

Corse

Allégement de cotisation foncière des entreprises : 92320.

Crédit d'impôt pour investissement : 92260 s. (IR/IS).

Crédit d'impôt recherche : 92285 (IR/IS).

Droits d'enregistrement : 92430 s.

Exonération de taxe foncière sur les propriétés non bâties : 92310.

Fonds d'investissement de proximité : 2660 s. (IR : réduction d'impôt).

Régime spécial de TVA : 92360 s.

Taxe spéciale d'équipement de la Corse : 45510.

Zone de développement prioritaire : 92540 s.

Cosse
(investissement locatif) : 2830 (IR : réduction d'impôt) ; 27850 (FONC).

Cotisation

Cotisation à un parti politique : 3185, 3200 s. (IR : réduction d'impôt).

Cotisation syndicale ou professionnelle : 3370 (IR : crédit d'impôt) ; 8495 (BIC : charges) ; 13375 (BNC : dépenses) ; 22155 (TS : frais réels) ; 89535 s. (TVA).

Cotisation versée à une association : 3182, 3430 (IR : réduction d'impôt) ; 89620 (IS : association imposable).

Cotisations sociales

Déduction des revenus imposables : 1370 s. (IR : revenu global) ; 8605 (BIC : cotisations sur salaires) ; 8660 (BIC : cotisations du conjoint salarié) ; 8680 s. (BIC : cotisations personnelles de l'exploitant et du conjoint collaborateur) ; 13345 (BNC) ; 15985 (BA réel) ; 21870 s. (TS) ; 22530 (pensions et rentes) ; 23615 (gérant majoritaire de SARL) ; 37685 (associé de sociétés de personnes).

Part patronale des cotisations : 21735 (TS).

Plafond de sécurité sociale : 97260.

Salaires et retraites (éléments soumis à cotisation) : 97490.

Voir également le mot correspondant à la nature de la cotisation (par ex. : Assurance ; Chômage, chômeur ; Retraite...).

Coup d'accordéon
: 8095 (BIC) ; 19100 (IS) ; 33060 (PV).

Cour
(juridiction) : voir Contentieux, Tribunal.

Cours

– du jour : 7690 s. (BIC : évaluation des stocks).

– des monnaies étrangères : 97120.

Fluctuation des cours (réserve spéciale) : 10035 (BIC) ; 39500 (fusion ou opération assimilée).

Course de chevaux

Gain aux courses : 13205 (IR) ; 60010 (TVA agricole).

PMU : 47575 (TVA) ; 76025 (prélèvements sur les jeux et paris).

Société de courses : 43552, 43870 (CET).

AUTRE RUBRIQUE : Cheval.

Courtage, courtier

Déclaration des commissions de courtage versées : 78355 s.

Frais de courtage : 8440 (BIC : charges).

Régime des courtiers

Règles générales : 7015 (BIC : catégorie d'imposition) ; 7885 (BIC : date de rattachement des commissions) ; 61440 s. (TVA : étude d'ensemble).

Courtier d'assurances : 47460 s. (TVA).

Courtier interprète et conducteur de navires : voir Officier public et ministériel.

AUTRE RUBRIQUE : Commission (rémunération).

Couverture (opération de) : 8010 (BIC).

Covoiturage : 732 (IR) ; 8475 (BIC) ; 21735, 22105 (TS).

« Coworking » (espaces de) : 31390 (taxes annuelles sur les bureaux et autres surfaces).

CPI (compte PME innovation) : voir Compte.

CRDS (contribution au remboursement de la dette sociale) : 34200 s. (étude d'ensemble) ; 82710 (INT).

Créance

– à terme : 7365 (BIC : provision sur créance à long terme).

– de carry-back : 35950 s.

– douteuse (provision) : 9815 (BIC) ; 13255 (BNC).

– d'earn out (cession ou apport) : 33140 s. (PV privée).

– irrécouvrable : 8895 (BIC) ; 54400 s. (TVA).

– sur l'État : 76680 (délais de paiement des impôts) ; 80000 s. (obtention indue d'une créance fiscale ; sanctions).

Abandon de créance (ou remise de dette) : 8095 (BIC : débiteur) ; 8920 s. (BIC : créancier) ; 13385 (BNC) ; 40530 s. (intégration fiscale) ; 46920 s. (TVA).

Affacturage : 52655 (TVA : exigibilité) ; 54420 (TVA : impayés) ; 60330, 60390 (TVA : régime du prestataire).

Évaluation des créances : 7365 s. (BIC) ; 68450 (succession) ; 97120 (cours des devises).

Exercice de rattachement (créance acquise) : 7355 s. (BIC) ; 13255 (BNC) ; 15860 (BA).

Fonds commun de créances ou de titrisation : 7985 (BIC) ; 18800 (PV professionnelle) ; 25780 s. (RM/PV) ; 52655, 54420, 60345, 60390 (TVA).

Intérêts des créances : voir Intérêt.

Opérations sur créances : 13205 (BNC) ; 25630 s. (RM : cession) ; 52655, 60330, 60360 (TVA).

Titre de créance négociable : 7985 (BIC) ; 19090 (PV : banques et assurances) ; 25695 s. (RM/PV privée).

Création d'entreprise ou d'activité

Avantages et incitations fiscales

Abattement ou exonération d'impôt sur les bénéfices des entreprises nouvelles : 10260 s. (BIC-BNC : dispositif général) ; 10335 s. (BIC-BNC : ZFU) ; 10360 s. (BIC-BNC : ZFRR et ZFRR « plus ») ; 10365 s. (BIC-BNC : ZRR) ; 10370 (BER) ; 10375 (BUD) ; 10380 s. (ZRD) ; 10395 (ZDP) ; 10400 s. (jeune entreprise innovante) ; 16225 s. (BA : jeune agriculteur) ; 89620 (association : activité lucrative nouvelle) ; 91491 s. (DOM).

Exonération d'impôts locaux : 41975 (FB : dispositif général) ; 41980 (FB : jeune entreprise innovante) ; 41985 (FB : QPPV) ; 41990 (FB : BER, ZRD, BUD, ZDP, ZFRR) ; 42655 (FNB : jeune agriculteur) ; 43555 (CFE : jeunes avocats) ; 43565, 43627 (CFE : BUD) ; 43567, 43628 (CFE : ZDP) ; 43582 s. (CFE : ZAFR et zones d'aide à l'investissement des PME) ; 43590 (CFE : ZRR) ; 43593 (CFE : ZFRR) ; 43595 (CFE : dispositif général) ; 43600 (CFE : jeune entreprise innovante) ; 43610 s. (CFE : QPPV) ; 43615 (CFE : ZFU) ; 43620 (CFE : BER) ; 43625 (CFE : ZRD) ; 43870 s. (CVAE).

Organismes agréés pour le financement d'entreprises (régime des dons) : 3175 (IR) ; 10695 s. (BIC).

Provision pour prêt d'installation à un salarié : 10030.

Souscription au capital de sociétés nouvelles : 2600 s. (réduction d'impôt Madelin) ; 2685 s. (réduction d'impôt : sociétés foncières solidaires ; 21970 (TS : déduction des intérêts d'emprunts) ; 88800 s. (bons de souscription de parts de créateur d'entreprise).

Déclaration d'existence (ou de modification d'activité) : 36405 (IS) ; 53390 (TVA).

Règles spécifiques au début d'activité

Acomptes d'impôt sur les sociétés : 36570.

Contribution sociale : 36730.

Cotisation foncière des entreprises de l'année de création d'un établissement : 43748 (exonération) ; 43756 (déclarations).

Crédit de TVA : 57365 s., 57500 (régularisation : montant) ; 56695 (remboursement).

Droits d'enregistrement : 65530 (acquisition de fonds de commerce) ; 66710 s. (formation de société).

Frais d'établissement : 8300 (BIC) ; 13340 (BNC).

Implantation d'une activité libérale à l'étranger : 13220 (BNC : charges).

Première période d'imposition : 7330 (BIC-IS).

Régime d'imposition : 15500 (BA) ; 11220 (BIC), 13535 (BNC), 53785 (franchise de TVA) ; 54275 (régime simplifié TVA : acomptes).

Taxes diverses : 73380 (taxe sur les salaires).

Dossiers thématiques

Achat d'une entreprise industrielle : 95500 s.

Création d'une entreprise : 95010 s.

Création de succursales ou de filiales : 95800 s.

Crèche

Frais de crèche : 3315 (IR : crédit d'impôt) ; 10555 (BIC : crédit d'impôt famille).

TVA : 47580.

Crédit

– gratuit : 10630 s. (crédits et réduction d'impôt pour prêts à taux zéro) ; 41966, 41996 (FB : exonérations) ; 52220 (TVA : base d'imposition).

– vendeur : 18110 (PV professionnelle), 33225 (PV privée).

Établissement de crédit : voir Banque, Caisse.

Crédit-bail

Régime du preneur

Acquisition du bien à l'échéance : 13275 (BNC : actif professionnel) ; 19330 (BIC/BNC/BA : crédit-bail mobilier) ; 19350 (BIC/BNC/BA : crédit-bail

Crédit-bail (suite)
immobilier) ; 19365 (crédit-bail sur fonds de commerce ou sur titres) ; 65240 (ENR : crédit-bail mobilier) ; 65245 (ENR : crédit-bail sur fonds de commerce) ; 66345 (ENR : crédit-bail immobilier).
Cession d'un bien acquis en crédit-bail (PV) : 19330 (crédit-bail mobilier) ; 19355 (crédit-bail immobilier) ; 33060 (titres de sociétés).
Contrat de crédit-bail : 13275 (BNC : actif professionnel) ; 19330 (PV de cession : crédit-bail mobilier) ; 19345 (PV de cession : crédit-bail immobilier) ; 65235 (ENR : crédit-bail immobilier) ; 71290 (IFI : crédit-bail immobilier).
Cotisation foncière des entreprises : 43675 (redevable).
Loyers déductibles : 9035 (BIC : cas des voitures) ; 19330 (BIC/BNC/BA : crédit-bail mobilier) ; 19340 (BIC/BNC/BA : crédit-bail immobilier) ; 19365 (crédit-bail sur fonds de commerce ou sur titres) ; 22115 (TS : véhicule pris en crédit-bail).
Sous-location d'immeubles : 19360.
Subvention d'investissement : 8040 (BIC).
Taxe foncière : 42135 (valeur locative).
Régime du bailleur
Amortissements et provisions : 9555 (règles générales) ; 9020 (voitures).
Cession-bail : 66345 (ENR).
Cotisation foncière des entreprises : 43675.
PV de cession : 18015.
Subvention d'investissement : 8040 (BIC).
TVA : 46970 (assujettissement) ; 47520 (transmission d'universalité) ; 49870, 49960 s., 50025 (territorialité) ; 46970 s. (indemnité de rupture) ; 52610 (exigibilité) ; 57100 (déduction).

Crédit d'impôt
Crédits d'impôt en faveur des particuliers et des exploitants individuels : 2300 s. (liste et imputation) ; 2280 (reprise).
Crédits d'impôt en faveur des entreprises : 10470 s. (crédits accordés au titre de dépenses diverses : recherche, rénovation énergétique...) ; 16350 (BA : remplacement pour congés) ; 16355 (agriculture biologique) ; 16360 (entreprises agricoles certifiées de haute valeur environnementale) ; 16362 (entreprises agricoles n'utilisant pas le glyphosate) ; 36115 s. (revenus mobiliers) ; 91995 (investissements productifs outre-mer) ; 92085 s. (logement social outre-mer) ; 92260 s. (investissement en Corse) ; 40600 (utilisation des crédits d'impôt dans les groupes intégrés).
Crédits d'impôt sur les revenus de source étrangère : 2255 (imputation) ; 83070 s. (INT).
Crédit de TVA : 56620 s. (remboursement ou restitution : étude d'ensemble) ; 57365 s., 57500 (biens transférés à des opérations ouvrant droit à déduction) ; 80290 (constitution de crédits fictifs).
Obtention indue d'un crédit d'impôt : 80000 s. (sanctions).
Privation du droit à crédit d'impôt : 80265 (fraude fiscale : peine complémentaire).
AUTRE RUBRIQUE : Réduction d'impôt.

Crématorium : 47217 (TVA : régie municipale).

CSG (contribution sociale généralisée) : 34200 s. (étude d'ensemble) ; 82710 (INT).

Cuir (et peaux) : 61265 (TVA : régime suspensif).

Culte : 3175, 3180 (dons).

Cultivateur : voir Agriculteur.

Cuma (coopérative d'utilisation de matériel agricole) : 37035 (IS) ; 59985 (TVA) ; 66260 (ENR : opérations immobilières).

« Data Center » (locaux hébergeant des serveurs informatiques) : 31390 (taxes annuelles sur les bureaux et autres surfaces).

D

DAU (document administratif unique) : 49705 (exonération de TVA des exportations).

Débit (paiement de la TVA sur les débits) : 52665.

Débit de boissons
Activité saisonnière : 43689 (CFE).
Cadeaux des brasseurs : 55985 (TVA : déduction).
Cession de licence de débit de boissons : 65580 s. (ENR : convention de successeur).
Contrats d'approvisionnement : 7890 (BIC : date de rattachement des produits).
Exploitation par un organisme sans but lucratif : 89525.
TVA : 46475 (champ d'application) ; 49980 (territorialité) ; 52290 (assiette) ; 52650 (fait générateur) ; 53205 s., 53195 (taux) ; 92385 (Corse).
AUTRE RUBRIQUE : Boisson.

Débit de tabac : 13210 (BNC) ; 52435 (TVA).

Débours : 13315 (BNC) ; 13540 (BNC : limite micro) ; 52335 s. (TVA : étude d'ensemble) ; 55750 (TVA : coefficient de taxation) ; 53810 (TVA : franchise).

Début d'activité : voir Création d'entreprise ou d'activité.

Décès
Assurance décès : voir Assurance (assurance-vie : en cas de vie et de décès).
Décès d'un associé : 11415 (BIC/IS) ; 19650 s. (société de personnes : PV professionnelle sur parts) ; 37720 s. (société de personnes : PV professionnelle sur parts) ; 37660 s. (société de personnes : répartition du résultat) ; 37845 (société de fait) ; 68090 s. (droits de succession : pacte Dutreil).
Décès du contribuable ou de son conjoint (ou partenaire de Pacs) : 4765 s. (IR : imposition des revenus de l'année du décès) ; 970 (IR : sort des déficits subis avant le décès) ; 3820 s. (IR : taux du prélèvement à la source de l'IR) ; 5120, 5145 (contribution sur les hauts revenus) ; 44036 (déclaration CVAE) ; 76660 (exigibilité immédiate des impôts).
Décès d'un enfant l'année même de sa naissance : 1705 (IR : quotient familial).
Décès d'un exploitant individuel
Conséquences de la cessation d'activité : voir Cessation ou cession d'entreprise ou d'activité.
Exonération des plus-values : 19650 s. (entreprise de faible valeur).
Poursuite de l'activité par les héritiers ou légataires 960 (IR : sort des déficits) ; 8530 (BIC : déduction des droits et charges de succession) ; 13355 (BNC : déduction des droits de succession) ; 19810 s. (PV professionnelle : exonération) ; 47400 (TVA) ; 68105 s. (droits de succession : exonération partielle) ; 68945 s. (droits de succession : paiement différé et fractionné) ; 87315 (entreprise assimilée à une EURL ou EARL).
Droits de succession : 67700 s. (étude d'ensemble) ; 82870 (INT) ; 91630 (DOM) ; 92450 (Corse).

Décès (suite)

Responsabilité solidaire pour le paiement des impôts du défunt : 77280.

AUTRE RUBRIQUE : Succession.

Déchet

Déchet ménager (collecte, tri, traitement ou valorisation) : 45520 (taxe d'enlèvement des ordures ménagères) ; 49870 s., 50005 (TVA : territorialité) ; 52305 (TVA : base d'imposition) ; 53030 s., 53235 (TVA : taux) ; 54050 (TVA : matières de récupération).

Déchet neuf d'industrie et matière de récupération (livraison) : 54050 (TVA).

Stock de déchets des entreprises : 7675 s. (BIC) ; 15925 (BA).

Stockage et traitement de déchets : 42110 (FB) ; 75210 (TGAP).

Décision de gestion (et erreur comptable) : 78155.

Déclaration

Déclaration de créations d'entreprise ou d'activité (ou de modification d'activité) : 36405 (IS) ; 53390 (TVA) ; 59875 (TVA agricole).

Déclaration des revenus : 3670 s. (étude d'ensemble).

Déclaration sociale nominative (DSN) : 22200 (TS).

Déclaration automatique : 3672 (IR).

Défaut ou retard de déclaration : 76660 (recouvrement accéléré de l'impôt) ; 78920 s. (imposition d'office) ; 80075 s. (sanctions).

Insuffisance de déclaration : 76660 (recouvrement accéléré de l'impôt) ; 79080 (évaluation d'office des micro-entreprises) ; 80000 s. (sanctions).

Tableau des principales déclarations fiscales : 97560.

Télédéclaration : 3675 (IR) ; 10970 (BIC) ; 13495 (BNC) ; 16050 (BA) ; 22200, 22585 (TS) ; 26055, 26880 (RM) ; 26925 (déclaration des contrats de prêt) ; 36385 (IS) ; 44035 s. (CVAE) ; 54100 (TVA) ; 73550 (taxe sur les salaires) ; 78355 (commissions, honoraires...) ; 80200 (sanctions) ; 87445 (DGE).

Déclaration contrôlée (BNC) : 13485 s. (obligations) ; 13470 (champ d'application) ; 13475 (option).

Décote

– d'impôt sur le revenu : 2235.

– de taxe sur les salaires : 73380 (taux d'assujettissement) ; 73510 (petits redevables).

Dédouanement : voir Douane.

Déduction

– en cascade : 79590 s. (étude d'ensemble) ; 8540 (BIC : renonciation à la cascade et rappel de TVA).

– extra-comptable : 7395.

– pour aléas : 16285 s. (BA).

– pour investissement : 16265 s. (BA).

Déduction de la TVA : 55000 s. (étude d'ensemble) ; 58910 s. (acquisition d'immeuble) ; 59080 s. (construction d'immeuble).

AUTRES RUBRIQUES : Abattement, Réduction d'impôt.

Voir également le mot correspondant à la nature des sommes déduites (par ex. : Frais et charges ; Déficit ; Intérêt...).

Déficit (imputation ou report)

Contribuable relevant de l'IR

Étude d'ensemble : 800 s.

Amortissement différé : 9470 (BIC).

Déficit (suite)

Associé de société de personnes : 37645.

Bailleur d'immeuble (déficit foncier) : 27530 s. (étude d'ensemble) ; 32230 (PV : prise en compte d'un déficit dû à des dépenses d'amélioration).

Inventeur : 13800.

Loueur en meublé ou assimilé : 90545 s.

Imputation sur les rehaussements résultant de manquements graves : 79880.

Contribuable relevant de l'IS

Étude d'ensemble : 35890 s.

Association et organisme sans but lucratif : 89655, 89730.

Associé de société de personnes : 37645.

Société membre d'un groupe fiscal : 40385 s. (déficits des sociétés) ; 40555 s. (déficit d'ensemble) ; 40660 s. (cessation de groupe) ; 40750 s. (constitution d'un nouveau groupe).

Sort des déficits en cas de restructuration : 39555 s.

Délai de vérification des déficits reportés : 77700.

Dégressif (amortissement) : 9320 s. (BIC) ; 13395 (BNC).

Dégrèvement

Dégrèvement d'impôts locaux : 41535 (prise en charge par l'État) ; 42315 s., 91530 s. (FB) ; 42615 s. (FNB) ; 43090, 43100 (HAB) ; 43720 (CFE) ; 44010 (CVAE) ; 44100 s. (CET).

Dégrèvement d'office : 82310.

Demande de dégrèvement : 81650 s. (recours contentieux) ; 82270 s. (recours gracieux).

Imposition des dégrèvements : 8105 (BIC) ; 13310 (BNC).

Délai

Délai de déclaration : 97560 (tableau des déclarations).

Délai d'exercice du droit à déduction de la TVA : 56320.

Délai des formalités d'enregistrement : 63750 (formalité fusionnée) ; 63795 (formalité autonome de l'enregistrement) ; 63815 (publicité foncière).

Délai de paiement des impôts : 76650 s. (étude d'ensemble) ; 76670 s. (délais supplémentaires) ; 76770 s. (délai avant poursuites).

Délai de péremption du droit à déduction de la TVA : 56340.

Délai de prescription de l'action de l'administration : 76530 s. (recouvrement de l'impôt) ; 77700 s. (établissement de l'impôt : délai de reprise).

Délai de réclamation : 77045 (contentieux du recouvrement) ; 81825 s. (contentieux de l'assiette).

Délai de recours juridictionnel : 82115 s., 82145 s., 82160 (juridiction administrative) ; 82195, 82205, 82215 (juridiction judiciaire).

Se reporter également à l'étude correspondant à la nature de l'obligation ou de la formalité (par ex. : Option).

Délit fiscal : 80250 s. (sanctions pénales).

Délocalisation : 92540 s. (tableau des mesures d'allègement prises pour l'aménagement du territoire).

Demande

– de contrôle fiscal : 78410 (PME) ; 78250 (donations et successions).

– d'éclaircissements ou de justifications de l'administration : 78000 s., 78305, 79090, 79125 (règles générales) ; 72320 (IFI).

Demande (suite)
– de règlement d'ensemble : 79475 (contrôle fiscal).
– de renseignements restée sans réponse : 80020 (sanction).
Voir également le mot correspondant à l'objet de la demande (par ex. : Dommages-intérêts ; Remise).

Démantèlement (coûts) : 7590 (BIC : prix de revient des immobilisations).

Démarque inconnue : 7680 (BIC) ; 57515 (TVA : déduction).

Démembrement de propriété : voir Usufruit.

Déménagement
Exigibilité immédiate de l'impôt : 76660.
Frais de déménagement : 21595, 22155 (TS).
Lieu d'imposition : 3650.
Taxe d'habitation : 43100 (retour d'urgence de l'étranger) ; 43190 (règles générales).

Démission (indemnités) : 21685, 21695 (TS).

Démolition
Frais de démolition : 32230 (PV privée sur terrain à bâtir).
Immeuble démoli en vue de reconstruction : 7587 (BIC : prix de revient) ; 41995 s. (FB) ; 58790 (TVA).

Démonstration (matériel et véhicule) : 7520 (BIC : stock) ; 61060 (TVA).

Déneigement : 53225 (prestation de déneigement des voies publiques : TVA).

Dénonciation : 78352 (exploitation des renseignements par l'administration fiscale).

Denormandie ancien (investissement locatif) : 2820 s. (IR).

Dentiste : 13160 (catégorie d'imposition) ; 13395 (BNC : amortissement du matériel) ; 47120 s. (TVA) ; 43630, 43875 (CET : exonération facultative).
AUTRE RUBRIQUE : Profession libérale ou non commerciale.

Départ
Départ à la retraite ou en préretraite
Indemnité de départ : 8635 (BIC : charges) ; 21675 s. (TS : indemnité).
Cession d'entreprise : 13725 (agent d'assurance) ; 19890 s. ; 19940 (PV professionnelle) ; 33106 s. (PV privée).
Départ volontaire ou négocié du salarié : 21685 s. (TS : indemnité).

Département : voir Collectivité publique.

Département d'outre-mer : 91280 s. (étude d'ensemble) ; 91710 s. (investissements outre-mer : défiscalisation).

Dépendance (d'immeuble d'habitation) : 32135 (PV privée : résidence principale) ; 32140 (PV privée : logement autre que la résidence principale) ; 43020 (HAB) ; 53275, 53280 (TVA : taux sur les travaux dans le logement) ; 66295 (ENR : achat assorti d'un engagement de construire).

Dépense : voir Frais et charges ou le mot correspondant à la nature de la dépense (par ex. : Cotisation, Réparation, Voyage).

Déplacement : voir Transport, Voyage.

Dépositaire de presse : 43560, 43870 (CET) ; 61650 (TVA).

Dépôt
Dépôt de fonds des clients : 13315 (BNC).
Dépôt de garantie
Contrat de location : 8345 (BIC) ; 27260 (FONC) ; 52255 (TVA).
Sursis de paiement : 81885 s.
Vente immobilière précédée d'un contrat de réservation : 46975.
Frais de dépôt de brevets et marques : 7600 (BIC).
Intérêts de dépôts : voir Intérêt.
Stocks sous contrat de dépôt : 49390 (TVA intracommunautaire).

Dépréciation (provision pour) : 9780 s. (BIC : étude d'ensemble) ; 7690 s. (BIC : stocks) ; 13250, 13255 (BNC) ; 16005 (BA).
AUTRE RUBRIQUE : Amortissement.

Député : 22280 (TS : indemnité parlementaire).

Dérogatoire (amortissement) : 9430 s. (BIC).

DES (déclaration européenne des services) : 49890.

Descendant : voir Enfant.

Désherbant : 53135 (TVA : taux).

Déspécialisation (indemnité) : 8350 (BIC : charges) ; 27285 (FONC).

Dessin (dessins et modèles) : voir Propriété industrielle.

Destruction d'un bien : 17730, 17755 (MV professionnelle) ; 57430 s., 57515 (TVA : régularisation).

Détachement (à l'étranger) : voir Étranger.

Détournement (de fonds ou de biens) : 8885 (BIC : charges) ; 13205 (revenu imposable) ; 13385 (BNC : pertes) ; 57430 s., 57515 (TVA : régularisation).

Dette
Déduction des dettes : 68495 s. (droits de succession : passif successoral) ; 69235 s. (droits de donation : passif mis à la charge du bénéficiaire) ; 71770 s. (IFI : évaluation de titres de sociétés) ; 71810 s. (IFI : règles générales).
Évaluation des dettes : 7365 s. (BIC) ; 97120 (cours des devises).
Paiement des dettes sociales par le dirigeant : 23760 s. (déduction).
Prise en charge du passif grevant un apport en société : 66900 (ENR : règles générales) ; 39630 (ENR : fusions).
Remboursement de dette : 8095 (BIC).
Remise de dette (abandon de créance) : 8095 (BIC : débiteur) ; 8920 s. (BIC : créancier) ; 13385 (BNC) ; 40530 s. (intégration fiscale) ; 46920 s. (TVA).
AUTRE RUBRIQUE : Emprunt.

Devise (monnaie étrangère)
Revenus encaissés hors de France : 730 (IR).
Avoirs et dettes en devises (évaluation) : 7370, 97120 (BIC).
Bien acquis en devises (prix de revient) : 7592 (BIC : immobilisations) ; 7700 (BIC : stocks).
Contrat international libellé en devises : 52400 (TVA).
Couverture de change : 8005 s. (BIC).

Devise (suite)

Intérêts de dépôts en devises : (RM).

Opérations portant sur les devises : 49645, 60300 s. (TVA).

Vente en devises : 7860 (BIC).

DGE (Direction des grandes entreprises) : 87400 s.

Diététique

Diététicien : 43630, 43875 (CET) ; 47120 s. (TVA).

Produits diététiques : 52946 (TVA : taux).

Difficultés

Contribuables ayant des difficultés pour payer leurs impôts : 76670 s. (délais supplémentaires) ; 82270 s. (demande de remise ou de modération).

Remise de dette obtenue par une entreprise en difficulté : 8095,8945 s. (BIC) ; 46920 (TVA).

Reprise d'entreprises ou d'établissements en difficulté : 41975 (FB : exonération) ; 43582 s., 43590, 43595, 43875 (CET : exonération) ; 43695 (CFE : assiette) ; 65410 (ENR : paiement fractionné).

AUTRE RUBRIQUE : Redressement ou liquidation judiciaire.

Diplomate

– étranger : 4690 (IR) ; 43060 (HAB).

– en service à l'étranger : 4685 (IR).

Directoire (membre du) : voir Dirigeant (dirigeant de société).

Dirigeant

Dirigeant d'association ou d'organisme sans but lucratif : 89415 (rémunération).

Dirigeant de société

Cautionnement et paiement des dettes sociales : 23760 s. (déduction).

Cession des titres de la société : 33106 s. (dirigeant de PME partant à la retraite : PV privée) ; 37715 s. (société de personnes relevant de l'IR : PV professionnelle).

Compte courant dans la société : voir Compte (compte courant d'associé).

IFI (actifs professionnels) : 72730 s.

Rémunération : 23500 s. (étude d'ensemble) ; 23665 (tableau récapitulatif) ; 4715 s. (activité temporaire en France : exonération de certains éléments de rémunération) ; 21670 (indemnité de rupture du mandat social) ; 23710 s. (indemnités et remboursements de frais) ; 23740 (avantages en nature) ; 46530 (TVA) ; 73465 (taxe sur les salaires) ; 82880 (INT) ; 88780 s. (stock-options, bons de souscription de parts de créateur d'entreprise, attribution gratuite d'actions).

Responsabilité fiscale : 77275.

Discothèque : 43689 (CFE : établissement saisonnier) ; 61770 (spectacles de disc-jockeys : TVA) ; 61775, 61810 (TVA).

Disposition du revenu : 745 s. (IR : notion de mise à disposition).

Disque, disquaire

Crédit d'impôt en faveur des éditeurs d'œuvres musicales : 10577.

Crédit d'impôt pour production d'œuvres phonographiques : 10575.

Distribution de spécimens : 47400 (TVA : livraison à soi-même et déduction).

Exonération de CET en faveur des disquaires indépendants : 43645, 43875.

Disque, disquaire (suite)

Produits de presse composites : 61600 (TVA).

Rémunération pour copie privée : 61680 s. (TVA : droits d'auteur).

Dissimulation

– d'activité (activité occulte) : 77715, 77725, 77735 (délai de reprise de l'administration) ; 78145 (activité découverte en ESFP) ; 80085 (sanctions).

– de chiffre d'affaires ou de recettes : 79080 (micro-entreprise : évaluation d'office) ; 80000 s. (sanctions).

– de prix : 17815 (PV professionnelle) ; 32210, 32220 (PV privée) ; 78245, 80000 s. (ENR).

Dissolution de société : 11415 (BIC/IS) ; 19102 (entreprise associée : boni de liquidation) ; 24510 s. (personne physique associée : boni de liquidation) ; 30815 (société transparente : PV privée) ; 32510 (SCI : PV privée) ; 33067 (personne physique associée : perte sur titres) ; 37740 s. (dissolution-confusion de société de personnes : PV d'annulation des parts) ; 39210, 39470 (dissolution-confusion : régime des fusions) ; 42135, 43695, 44006, 44030, 44036 (dissolution-transmission universelle du patrimoine : FB/CET) ; 47520 (TVA : transmission d'universalité) ; 56690 (dissolution-confusion : transfert de crédit de TVA) ; 66670, 67070 (ENR).

Distribution

– de bénéfices ou de réserves : 24265 s. (RM) ; 39620 (après fusion ou opération assimilée) ; 87310 (entreprise individuelle soumise à l'IS).

– de dividendes : voir Dividende.

– de plus-values par les OPCVM et placements collectifs : 32900 (PV privée).

– indirecte : 24800 (RM).

– occulte : 24770 s. (RM).

Contrat de distribution : 7535 (BIC : actif).

Dividende

Imposition des dividendes (règles générales) : 7955 s. (BIC/IS) ; 24265 s. (RM) ; 35870 (IS) ; 82830 s. (INT) ; 89700 s. (organismes sans but lucratif).

Dispositif anti-arbitrage des dividendes : 24888 (RM).

Groupe de sociétés : 40520 s. (intégration fiscale : ajustements) ; 40850 s. (régime mère-fille).

Non-déductibilité des dividendes : 8800.

Paiement de dividendes en actions : 24455 (RM) ; 67137 (ENR).

TVA : 55760 s., 60455 (incidence de la perception de dividendes sur le droit à déduction).

Divorce

Dissolution de la communauté conjugale (partage) : 32090 (PV privée) ; 32330 (PV privée : cession d'immeuble acquis lors du partage) ; 37860 (PV professionnelle) ; 70425 (ENR).

Imposition à l'IR (conséquences) : 355 (imposition distincte des époux en instance de divorce) ; 365, 375 s. (imposition des revenus de l'année du divorce) ; 970 (déficits) ; 1865 s. (enfants à charge) ; 1985 s. (quotient familial) ; 3820 s. (taux du prélèvement à la source).

Imposition à la contribution sur les hauts revenus (conséquences) : 5120, 5145.

Pension alimentaire et prestation compensatoire : 1275 s. (IR : déduction) ; 3335 (versement en capital : réduction d'impôt) ; 22480 (imposition) ; 69400 s. (ENR : versement en capital).

Versement de dommages-intérêts : 1300 (IR).

Doctrine administrative (opposabilité) : 79530 s.

Documentation

Documentation à fournir à l'administration : 8967, 78270 (justification des prix de transfert).

Frais de documentation : 8495 (BIC) ; 21590, 22155 (TS) ; 13375 (BNC) ; 24195 (RM) ; 56820 (TVA : déduction).

DOM (département d'outre-mer) : 91280 s. (étude d'ensemble) ; 91710 s. (investissements outre-mer : défiscalisation).

Domicile fiscal

Définition : 495 s. (IR) ; 49860 (TVA) ; 71110 (IFI).

Contribuable domicilié en France : 485 s. (IR) ; 1710 (IR : quotient familial) ; 34380 (CSG et CRDS) ; 68010 (succession) ; 69160 (donation) ; 71100 (IFI).

Contribuable domicilié hors de France : 4280 s. (IR) ; 34550, 34600 (prélèvements sociaux) ; 37645 (résident étranger associé d'une société de personnes) ; 68010 (succession) ; 69160 (donation) ; 83200 s. (INT : succession et donation) ; 71105 (IFI).

Domiciliation fiscale : 36350 (BIC/IS) ; 43715 (CFE).

Transfert de domicile de France à l'étranger : 4735 (IR) ; 33360 s. (exit tax) ; 76660 (exigibilité immédiate de l'impôt).

Transfert de domicile de l'étranger en France : 4735 (IR) ; 43100 (HAB : retour d'urgence).

Dommages-intérêts

Demande de dommages-intérêts en matière fiscale : 81990 (règles générales) ; 81960 s. (violation du droit de l'Union européenne).

Perception de dommages-intérêts (règles d'imposition) : 8065 s. (BIC/IS) ; 13310 (BNC) ; 22290 (TS : préjudice moral) ; 22490 (rente viagère) ; 46970 s. (TVA) ;

Versement de dommages-intérêts (déduction) : 1300 (IR : divorce ou séparation) ; 8885 (BIC).

Don, donation

Droits de donation : 69040 s. (étude d'ensemble) ; 83200 s. (INT).

Contrôle sur demande du contribuable : 78250 (ENR).

Don effectué par une entreprise : 47400 (TVA : livraison à soi-même).

Don manuel : 69190 s. (ENR).

Don aux œuvres et associations

Contrôle de la délivrance des reçus fiscaux : 78430.

Droits de succession : 68190 (exonération) ; 68590 (abattement).

Réduction d'impôt : 3170 s. (IR) ; 10695 s. (BIC) ; 13375 (BNC) ; 40600 (intégration fiscale) ; 72100 s. (IFI).

TVA : 89555 (dispense de régularisation et livraison à soi-même).

Don d'œuvres d'art à l'État : 68195 (ENR).

Don aux partis politiques : 3185, 3200 s. (IR : réduction d'impôt).

Don au personnel : 8645 (BIC) ; 13375 (BNC) ; 47400 (TVA : livraison à soi-même) ; 55970 s. (TVA : déduction) ; 69290 (ENR : titres de société ou fonds de commerce).

Don familial de somme d'argent : 69175 (ENR).

Don reçu par une entreprise : 8105 (BIC) ; 46920 s. (TVA).

Donation après retour dans le patrimoine du donateur : 69425 (ENR).

Donation d'entreprise (entreprise individuelle ou titres de société)

Don, donation (suite)

Conséquences générales de la cessation d'activité du donateur : voir Cessation ou cession d'entreprise ou d'activité.

Conséquences spécifiques aux donations : 19650 s., 19810 s. (PV professionnelle : entreprise individuelle) ; 37720 s. (PV sur parts de société de personnes) ; 47520 (TVA).

Droits de donation : 68090 s. (exonération partielle) ; 68945 s. (ENR : paiement fractionné et différé) ; 69290 (donation aux salariés) ; 69320 (réduction de droits) ; 79373 (évaluation : consultation préalable de l'administration).

Droits et charges acquittés par le donataire poursuivant l'activité : 8530 (BIC : déduction) ; 13355 (BNC : déduction).

Donation-partage : 1450 (IR) ; 32090, 32330 (PV) ; 69150 (ENR).

Donation temporaire d'usufruit : 71280 (IFI).

Libéralités graduelles et résiduelles : 69415 (ENR).

Dotation d'installation (jeunes agriculteurs) : 15962 (BA).

Douane

Biens placés sous régime douanier de report des importations ou entrepôt fiscal : 50740 s. (TVA : étude d'ensemble) ; 49600 (TVA à l'importation) ; 49630 (TVA : assiette) ; 49640 (TVA : exonération) ; 78345 (droit d'enquête).

Droits de douane : 7555 (BIC : prix de revient des immobilisations) ; 8320 (BIC : achats).

Services rendus avant dédouanement : 50120 (TVA).

Double imposition : 82520 (INT : définition) ; 83050 s. (élimination de la double imposition).

Double résidence (frais) : 21595, 22135 (TS).

Dresseur d'animaux : 15175 (BA : dresseur de chevaux) ; 46990 (TVA : champ d'application) ; 60010 (TVA agricole : dresseur de chevaux) ; 73410 (taxe sur les salaires).

Droit

Droit d'accès : 52392 (TVA : base d'imposition des services numériques).

Droit d'affichage (location) : 27080, 27600, 28380, 28610 (FONC) ; 46860 (TVA).

Droit d'auteur : 4560 s. (droits versés à l'étranger) ; 4730 (impatriés) ; 13210, 13735 s. (catégorie d'imposition) ; 13750 s. (IR : régime du bénéfice moyen) ; 49870, 50025 s. (TVA : territorialité) ; 55750 (TVA : coefficient de taxation forfaitaire des éditeurs) ; 61680 s. (TVA : retenue à la source) ; 78290 (mesures anti-évasion) ; 78365 (déclaration des droits) ; 82960 (INT) ; 53860 (TVA : franchise).

Droit au bail : voir Bail.

Droit de chasse ou de pêche (location) : 27080, 28610 (FONC) ; 46860 (TVA) ; 65265 (ENR).

Droit de commercialité : 7587 (BIC).

Droit communal (adjudicataire, concessionnaire ou fermier) : 7020 (BIC) ; 52430 (TVA).

Droit d'exploitation audiovisuelle de manifestations sportives (contribution) : 76180.

Droit d'entrée (pas-de-porte) : 7915 (BIC : taxation) ; 8350 (BIC : déduction) ; 9171 (BIC : amortissement) ; 27285 (FONC) ; 52255 (TVA) ; 65610 s. (ENR).

Droit (suite)

Droit d'entrée (monument, spectacle, piscine, bibliothèque...) : 28380 (FONC) ; 47217 (TVA : champ d'application) ; 61730 s. (TVA : régime spécial).

Droit fixe d'appel : 76060.

Droit à paiement de base : 15160 (location) ; 15865 (imposition) ; 15895 (inscription à l'actif).

Droit de propriété industrielle : voir Propriété industrielle.

Droit de souscription et d'attribution de titres : 19040 s. (PV professionnelle) ; 32890 (PV privée : principe) ; 33060 (PV privée : calcul).

Droit de surélévation : 32180 (PV privée).

Droit d'usage ou d'habitation : 41670 (FB) ; 68470 (ENR : évaluation) ; 71275 (IFI).

Droit de délaissement : 32570 s. (PV privée : régime spécial en cas d'expropriation ou d'exercice du droit de délaissement).

Droit successif (cession) : 70465 (ENR).

Droits d'enregistrement : 63500 s. (étude d'ensemble) ; 8527 s. (BIC : déduction) ; 13355 (BNC : déduction) ; 78210 s. (contrôle) ; 83200 s. (INT) ; 91630 (DOM) ; 92430 s. (Corse).

Droits de l'administration : 78030 s. (droit de communication) ; 78320 s. (droit de visite et de saisie) ; 78345 (droit d'enquête) ; 78350 (droit d'audition) ; 78480 s. (droit de reprise).

Droits sociaux : voir Titre de société.

Duflot-Pinel (investissement locatif) : 2805 s. (IR).

Dutreil (pacte) : 68090 s., 69320 (ENR).

E

EARL (exploitation agricole à responsabilité limitée) : 16255 (BA : déduction pour épargne de précaution) ; 16435 (imposition des bénéfices) ; 16500 (restructuration) ; 59425 (TVA) ; 67215 (ENR).

Earn out (clause) : 18850 (PV professionnelle) ; 33140 s. (PV privée).

Eau

– distillée ou déminéralisée : 52950 (TVA : taux).

– minérale : 52960 (TVA : taux) ; 76115 (contribution sur les eaux minérales).

Consommation d'eau : 13360 (BNC).

Distribution, fourniture d'eau : 47220, 47235 (TVA : collectivités publiques) ; 52620 (TVA : exigibilité) ; 52950, 53215 (TVA : taux) ; 42135, 41955 (FB).

Épuration de l'eau : 9330 (BIC : amortissement) ; 42135 (FB) ; 43685 (CFE) ; 47235 (TVA : option des collectivités publiques) ; 53215 (TVA : taux).

Raccordement au réseau public : 7587 (BIC) ; 27350 (FONC) ; 53280 (TVA).

Écarts comptables (sur comptes clients) : 8895 (BIC : déduction).

Échange

Échange d'immeubles : 17730 (PV professionnelle : principe de taxation) ; 17810 (PV professionnelle : calcul) ; 18300 (PV professionnelle : remembrement) ; 19444 (PV professionnelle : échange avec une collectivité ou un établissement public) ; 32085 (PV privée : principe de taxation) ; 32210 (PV privée : prix de cession) ; 32145 (PV privée : remembrement) ; 58775 (TVA) ; 66160, 70500 s. (ENR).

Échange (suite)

Échange intracommunautaire : 49030 s. (TVA).

Échange de marchandises ou de services : 52230 s., 52585 (TVA : règles générales) ; 59800 (TVA agricole).

Échange de meubles contre des immeubles : 70515 (ENR).

Échange de renseignements : 26960 (RM : déclaration au titre de l'échange automatique d'informations) ; 77765, 83160, 83170 (assistance administrative internationale).

Échange de terres agricoles : 19460 (PV professionnelle).

Échange de titres : 13295 (BNC : titres faisant partie de l'actif professionnel) ; 13875 (SCP : restructuration) ; 16500 (société civile agricole : restructuration) ; 17730 (PV professionnelle : principe de taxation) ; 17810 (PV professionnelle : calcul) ; 19055 s. (PV professionnelle : sursis d'imposition) ; 32535 (PV privée : société immobilière) ; 32900 (PV privée : principe de taxation) ; 33300 s. (PV privée : sursis d'imposition) ; 33310 s. (PV privée : report d'imposition) ; 70500 s. (ENR).

Échange standard : 8370 (BIC) ; 52230 (TVA).

Échantillon : 8460 (BIC) ; 47400 (TVA : livraison à soi-même et déduction) ; 78139 (contrôle : prélèvements d'échantillons à fin d'expertise).

Éclaircissement (demande d'éclaircissements de l'administration) : 78000 s., 78305, 79090, 79125 (règles générales) ; 72320 (IFI).

École : voir Enseignement.

Économie collaborative : 732 (IR).

Économie d'énergie (matériels destinés à économiser l'énergie) : 41970 (FB) ; 43685 (CFE) ; 53048 (TVA : travaux de rénovation des logements).

Écrivain : voir Auteur.

Éditeur : 7725 (BIC : stocks) ; 53040 s. (TVA : taux) ; 55750 (TVA : coefficient de taxation forfaitaire) ; 61705 s. (TVA : retenue à la source sur droits d'auteur) ; 78365 (déclaration des droits d'auteur).

AUTRE RUBRIQUE : Presse.

Effet de commerce

Frais d'escompte : 8750 (BIC : déduction).

Opération sur effet de commerce (change, crédit, escompte, encaissement) : 60330, 60390 (TVA).

Paiement par traite : 52655 (TVA : exigibilité).

Égout (raccordement à l') : 7587 (BIC) ; 27350 (FONC) ; 53280 (TVA sur travaux dans le logement).

EIRL (entreprise individuelle à responsabilité limitée) : 87350 s.

Électricité

Borne de recharge électrique : 3045 s. (IR : crédit d'impôt spécifique) ; 21568 (TS : mise à disposition d'une borne par l'employeur) ; 53046 (TVA : taux).

Certificats de garantie d'origine : 54050 (TVA).

Consommation : 13360 (BNC : déduction) ; 55260 (TVA : critère physique de déduction) ; 55945 (TVA : électricité consommée par véhicules terrestres frappés d'exclusion : déduction).

Garanties de capacité d'électricité : 54050 (TVA).

Installation ou remise en état : 27340 (FONC : charges) ; 53048, 53280 (TVA sur travaux dans le logement).

Électricité (suite)

Production et distribution : 7015 (BIC : électricité produite par des particuliers) ; 15160 (BA) ; 41655, 41958 (FB : ouvrage hydroélectrique) ; 41940, 41945, 41955 (FB : électricité photovoltaïque) ; 41955 (FB : méthanisation agricole) ; 42135 (FB : évaluation foncière) ; 43553, 43870 (CET : méthanisation agricole) ; 43670 (CFE : électricité photovoltaïque) ; 43740 (CFE : ouvrage hydroélectrique) ; 45500 (LOC : imposition forfaitaire) ; 46460, 47220 (TVA : imposition) ; 48990, 49870, 50025 (TVA : territorialité) ; 52620 (TVA : fait générateur et exigibilité) ; 53035 (TVA : taux) ; 59955 s. (TVA : électricité produite par agriculteurs) ; 92385 (TVA : Corse).

Raccordement au réseau public : 7587 (BIC) ; 27350 (FONC) ; 53280 (TVA sur travaux dans le logement).

Titres de sociétés d'approvisionnement en électricité : 9530 (BIC : amortissement).

Véhicule électrique : voir Véhicule.

Élevage, éleveur : 7925 (BIC : activité accessoire d'élevage) ; 15165 (catégorie d'imposition) ; 15545 (limites BA réel : élevage industriel) ; 15550 (limites BA réel : opérations à façon) ; 15600 (limites BA réel : éleveur également négociant ou boucher) ; 15915 (BA : stocks) ; 43550, 43870 (CET) ; 52984, 52986 (TVA : taux) ; 59420 s. (TVA agricole) ; 60040 s. (TVA : remboursement forfaitaire) ; 73410 (taxe sur les salaires).

AUTRE RUBRIQUE : Agriculteur.

Emballage

Collecte et tri sélectif des emballages : 53030 s., 53235 (TVA : taux).

Entreprise utilisatrice

Nature des emballages (stock-immobilisation) : 7520 (BIC) ; 15925 (BA).

Profits de consignation : 7910 (BIC) ; 61030 s. (TVA).

Régime de TVA : 61025 s. (étude d'ensemble).

Frais d'emballage : 52255 (TVA : assiette).

Opérations d'emballage : 50135, 50140 (TVA : export) ; 50755 (TVA : régimes douaniers de report des importations et entrepôts fiscaux).

Employé de maison

Cotisations sociales : 1400 (IR).

Crédit d'impôt : 3230 s.

Élément du train de vie : 4240 (IR : taxation d'après les signes extérieurs).

Obligations déclaratives : 22200.

Taxe sur les salaires : 73430.

Emprunt

Emprunt contracté à l'étranger par une personne morale française : 26550 (RM).

Emprunt émis en France par un organisme étranger ou international : 26545 (RM).

Emprunt d'État : 25550 s. (RM).

Emprunt familial : 71820 (IFI).

Emprunt « in fine » : 71785, 71815 (IFI).

Emprunt sans terme : 71785, 71815 (IFI).

Frais d'émission : 8780 (BIC).

Intérêts (et frais) d'emprunt : voir Intérêt.

Primes d'émission ou de remboursement d'emprunts : 7970 s., 8765 (BIC) ; 25585 s. (RM).

AUTRES RUBRIQUES : Dette, Prêt.

Encaissement (date d'encaissement des recettes) : 13250 (BNC) ; 52645 s. (TVA : exigibilité) ; 58880 (TVA : vente d'immeubles).

Enchères (vente aux) : 60955 (TVA : objet d'occasion et œuvre d'art) ; 66160 (ENR : immeuble) ; 64100 (ENR : meuble) ; 76660 (exigibilité immédiate des impôts).

En-cours de production : 7675 s. (BIC) ; 15925 (BA).

AUTRE RUBRIQUE : Stock.

Énergie

Équipement ou installation de production d'énergie : 9330 (BIC : amortissement) ; 41955, 41970 (FB) ; 42345 (FB) ; 43553, 43685, 43870 (CET) ; 45500 (LOC : imposition forfaitaire).

Matériel destiné à économiser l'énergie : 41970 (FB) ; 43685 (CFE).

Production d'énergie : voir Électricité.

Travaux de rénovation énergétique des logements : 2808 (IR : réduction d'impôt Duflot-Pinel) ; 2823 (IR : réduction d'impôt Denormandie ancien) ; 2852 (IR : Loc'Avantages) ; 10525 (BIC : crédit d'impôt) ; 42002 (FB : exonération) ; 53048 (TVA : taux).

Vente d'énergie : 7015 (BIC).

Enfant

– à charge : 1850 s., 1985 s. (IR : quotient familial) ; 3325 (IR : réduction d'impôt pour frais de scolarité) ; 3820 s. (incidence d'une naissance sur le prélèvement à la source de l'IR).

– adoptif : 1205 (IR : pension alimentaire) ; 2030 s. (IR : quotient familial) ; 3820 s. (incidence de l'adoption sur le prélèvement à la source de l'IR) ; 68565 (ENR : succession).

– handicapé : 1935, 2025, 2220 (IR : quotient familial) ; 3345 s. (IR : primes d'assurances ouvrant droit à réduction d'impôt).

– naturel : 1225 (IR : pension alimentaire).

– recueilli : 1850, 1880 s., 1935 (IR : quotient familial) ; 3820 s. (incidence du recueil sur le prélèvement à la source de l'IR).

Biens des enfants mineurs : 71090, 72670 (IFI).

Donation aux enfants (ENR) : 69175 (don de somme d'argent) ; 69270 (abattement) ; 69300 s. (tarif).

Donation aux petits-enfants (ENR) : 69280 s. (abattement).

Donation aux arrière-petits-enfants (ENR) : 69285 (abattement).

Garde des enfants

Divorce ou séparation : 1865, 1925, 2000, 2025 (IR).

Frais de garde : 3230 s., 3315 (IR : crédit d'impôt).

Garde d'enfants par entreprises agréées ou déclarées : 3230 s. (IR : crédit d'impôt) ; 47580 (TVA : crèche et halte-garderie) ; 53260 (TVA : taux).

Gardienne d'enfants : voir Assistante maternelle.

Prestation d'accueil du jeune enfant : 21650 (TS).

Imposition distincte d'enfants mineurs : 345 (IR).

Pension alimentaire versée aux descendants : 1205 s. (déduction) ; 22480 (imposition).

Rattachement des enfants majeurs, mariés, pacsés ou chargés de famille : 1880 s., 1905 s., 4770 (IR : quotient familial).

Succession (ENR) : 68565 (abattements) ; 68605 (tarif).

Engrais

Avances aux cultures : 15945 (BA).

TVA : 53135 (TVA : taux) ; 59860 (TVA agricole).

Enquête (droit d'enquête de l'administration) : 77770, 78345, 80275.

Enregistrement

– d'une substance chimique : 7535 (BIC : actif).

Droits d'enregistrement : 63500 s. (étude d'ensemble) ; 8527 s. (BIC : déduction) ; 13355 (BNC : déduction) ; 78215 s. (contrôle) ; 83200 s. (INT).

Formalité de l'enregistrement : 63550 s. (étude d'ensemble).

Enrichissement du contribuable (base de taxation) : 78090 (ESFP) ; 78175 (rejet de comptabilité) ; 79125 (imposition d'office).

Enseignement

Activité d'enseignement : 13165 (catégorie d'imposition) ; 43555, 43870 (CET : exonération) ; 47030 s. (TVA/champ d'application : étude d'ensemble) ; 49870, 50055 s. (TVA/territorialité : enseignement via internet) ; 60010 (TVA agricole : leçons d'équitation).

Caisse des écoles : 73415 (taxe sur les salaires).

Dons aux établissements d'enseignement supérieur (réduction d'impôt) : 3170 s. (IR) ; 10695 s. (BIC) ; 72100 s. (IFI).

Enseignement par correspondance : 3325 (IR : réduction d'impôt pour frais de scolarité).

Établissement d'enseignement : 7895 (BIC : date de rattachement des produits de cours par correspondance) ; 35695 (IS : établissement d'enseignement supérieur consulaire) ; 43050 (HAB : logement des élèves) ; 43060 (HAB : établissement public) ; 43556, 43870 (CET : établissement privé) ; 43570, 43650, 43870 s. (CET : établissement public) ; 47030 s. (TVA/champ d'application : étude d'ensemble) ; 49870, 50055 s. (TVA/territorialité : enseignement via internet) ; 53025, 53195 (TVA/taux : fourniture de repas) ; 73420 (taxe sur les salaires : établissements d'enseignement supérieur).

Soutien scolaire par entreprise agréée ou déclarée : 3230 s. (IR : crédit d'impôt pour emploi d'un salarié à domicile) ; 47045 (TVA : champ) ; 53260 (TVA : taux).

AUTRES RUBRIQUES : Études, étudiant, Formation.

Ensemblier industriel : 7900 (BIC : date de rattachement des produits de livraison d'usines clés en main) ; 9740 (BIC : provision).

Entraide agricole : 15535 (BA) ; 21735 (TS) ; 59715, 59800 (TVA agricole).

Entraîneur : 34556 (prélèvements sociaux : redevances).

Entraîneur de chevaux : 15175 (BA) ; 60010 (TVA agricole) ; 73410 (taxe sur les salaires).

Entremise (opérations d') : voir Intermédiaire.

Entrepôt douanier ou fiscal : 50740 s. (TVA : étude d'ensemble) ; 49600 (TVA à l'importation) ; 49630 (TVA : assiette) ; 49640 (TVA : exonération) ; 78040, 78045 (droit de communication de l'administration) ; 78345 (droit d'enquête).

Entreprise

– en difficulté : voir Difficultés.

– étrangère : voir Étranger.

– individuelle à responsabilité limitée : voir EIRL.

– individuelle assimilée à une EURL (ou EARL) : 87200 s.

– individuelle soumise à l'IS : 87200 s.

Entreprise (suite)

– nouvelle : voir Création d'entreprise ou d'activité.

– saisonnière : voir Saisonnier.

– solidaire d'utilité sociale : 2610 (réduction d'impôt Madelin) ; 2685 s. (réduction d'impôt : investissement dans des sociétés foncières solidaires).

Bénéfices des entreprises : voir Bénéfice.

Petite et moyenne entreprise : voir PME.

Voir également le mot correspondant à la nature de l'activité (ex. : Pêche, pêcheur, Transport, Travaux : travaux publics).

Dossiers thématiques consacrés aux principales questions intéressant les entreprises (achat, création, mise en société, location-gérance, transmission...) : 95000 s.

Entretien

Dépenses d'entretien : 8365 s. (BIC) ; 13360 (BNC) ; 21564 s., 22115 (TS : voiture) ; 27340 (FONC) ; 71812 (IFI).

Opérations d'entretien : 7890 s. (BIC : rattachement des produits des contrats d'entretien) ; 49870 s., 50005 (TVA : territorialité) ; 50150 (TVA : résidents étrangers) ; 50450 s. (TVA : navires/aéronefs) ; 53270 s. (entretien de logements : taux de TVA).

Provision pour gros entretien : 9905 (BIC).

Environnement (protection de l'environnement)

Contrat créant une obligation réelle environnementale avec une collectivité publique : 64100, 97350 (ENR).

Constructions sur terrains pollués : 31100, 31115 (taxe d'aménagement).

Installation antipollution : 9330 (BIC/BA : amortissement) ; 28615 (FONC : bâtiment d'exploitation rurale), 42030, 42135 (FB) ; 43685 (CFE).

Revenus des actions réalisées en faveur des écosystèmes : 15160 (BA).

Taxe générale sur les activités polluantes : 75200 s. (étude d'ensemble) ; 52305 (TVA : assiette).

Véhicule non polluant : 76035 s. (carte grise) ; 75115 (taxes sur l'affectation des véhicules de tourisme à des fins économiques).

Éolienne : 10520 (BIC : crédit d'impôt).

Éoliennes maritimes : 45500 (LOC).

Éoliennes terrestres et hydroliennes : 45500 (Ifer).

Mâts des éoliennes : 41955 (FB).

Épargne

Compte épargne-temps : 9875 (BIC : provision) ; 21630 (TS).

Contrat « épargne-handicap » : 3345 s. (IR : réduction d'impôt attachée aux primes).

Contrôle de l'épargne réglementée : 78440 (obligation des organismes de crédit).

Déduction pour épargne de précaution : 16250 s. (BA).

Épargne-logement et livrets d'épargne : 25665 (RM : livret A, livret d'épargne populaire, livret jeune, compte d'épargne-logement, plan d'épargne-logement, livret de développement durable et solidaire) ; 25685 (RM : plan d'épargne-logement) ; 34620 (CSG et autres contributions sociales).

Épargne solidaire : 25440 (RM : produit de placement à revenu fixe).

Plan d'épargne en actions : 26155 s. (RM).

Plan d'épargne avenir climat (Péac) : 26190 s. (RM).

Épargne (suite)

Plan d'épargne populaire : 25665 (RM).

Plan d'épargne retraite d'entreprise collectif (Pereco) : 96580 s. (étude d'ensemble) ; 8680 s. (versements volontaires déductibles) ; 21915 (TS) ; 71285 (IFI).

Plan d'épargne retraite d'entreprise obligatoire (Pero) : 96580 s. (étude d'ensemble) ; 1375 s. (IR) ; 21915 (TS).

Plan d'épargne retraite individuel : 96580 s. (étude d'ensemble) ; 1375 s. (IR) ; 8680 s. (BIC) ; 71285 (IFI).

Plan d'épargne pour la retraite collectif (Perco) : 88700 (étude générale) ; 21915 (TS).

Plan d'épargne retraite populaire (Perp) : 1375 s. (IR) ; 71285 (IFI).

Plan d'épargne salariale (PEE, PEI) : 88680 s.

Dossier thématique « Plan d'épargne retraite » : 96580 s.

Épizootie : 15530 (limites BA : prise en compte des indemnités) ; 16305 (BA réel : imposition étalée des indemnités) ; 42635 (FNB : dégrèvement) ; 59715 (TVA : seuil d'assujettissement obligatoire) ; 59810 (TVA : aide de l'État).

Époux : voir Conjoint.

Épuration des eaux : voir Assainissement.

Équipement

Biens d'équipement professionnels : voir Matériel et outillage.

Dépenses d'équipement des locaux d'habitation : 53046, 53048, 53280 (TVA sur les travaux).

Dépenses d'équipement public financées par une entreprise : 7587 (BIC).

Équipement d'automobiles, bateaux de plaisance, etc., de résidents étrangers : 49715 (TVA : territorialité).

Équipement mobilier (vente d'immeubles équipés) : 30426 (profits de construction).

Équipement de navires et aéronefs : 50475, 50505 (TVA : territorialité).

Équipements spéciaux pour handicapé : 3110 s. (IR : crédit d'impôt) ; 52990 s. (TVA : taux).

Installation d'équipements : 48995 (TVA : biens livrés après installation).

Subvention et prime d'équipement : 8040 s. (BIC : étalement) ; 13310 (BNC) ; 15962, 16135 (BA) ; 46950 (TVA).

Taxes spéciales d'équipement : 45510 (LOC : taxes additionnelles) ; 91550 (DOM).

Équivalence (évaluation par équivalence des titres de participation) : 18840.

Erreur

Contrôle et rectification des erreurs : 78155.

Erreur de comptabilisation d'une charge : 8155 (BIC).

Erreur de facturation : 53655 s. (TVA).

Escompte

– de caisse : 7860 (BIC) ; 52315 s., 54410 (TVA).

– d'effet de commerce : 8750 (BIC : frais d'escompte) ; 60330, 60390 (TVA).

– de règlement : 7555, 8320 (BIC).

Escroquerie : 80290 (escroquerie au préjudice du Trésor).

AUTRE RUBRIQUE : Détournement (de fonds ou de biens).

ESFP (examen contradictoire de la situation fiscale personnelle) : 78090 s. (étude d'ensemble) ; 79400 s. (garanties des contribuables).

Essence (carburant) : voir Carburant.

Établissement

Cession d'établissement : 42135 (FB : valeur locative) ; 43695 (CFE : valeur locative).

Établissement d'enseignement : voir Enseignement.

Établissement en difficulté : voir Difficultés.

Établissement financier : voir Banque, Caisse.

Établissement industriel : 42110 s., 41955, 42200 (FB) ; 43670, 43680 (CFE).

Établissement de jeu : 43689 (CFE : établissements saisonniers) ; 78040 (droit de communication de l'administration).

Établissement payeur (revenus mobiliers) : 24590 s. (prélèvement forfaitaire sur les dividendes) ; 25385 s. (prélèvement forfaitaire sur les produits de placement à revenu fixe) ; 26700 s. (déclaration).

Établissement public : voir Collectivité publique.

Établissement stable (ou succursale)

Définition : 35750 (IS) ; 49860 (TVA) ; 82760 s. (INT).

Établissement stable à l'étranger d'une société française : 35720 s. (IS) ; 49870, 49895 (TVA : territorialité).

Établissement stable en France d'une société étrangère : 24895 s. (retenue à la source) ; 35720 s. (IS) ; 39260 (régime des fusions) ; 40900 (régime mère-fille) ; 49870, 49895 (TVA : territorialité) ; 50675 (TVA : déduction) ; 73385 (taxe sur les salaires).

Établissement stable en France participant à la réalisation d'une opération : 50692 (TVA : redevable).

Établissement de santé : 42315 (FB : ancienne résidence) ; 43060 (HAB : établissements publics ou sans but lucratif) ; 43070 (HAB : ancienne résidence principale) ; 90575 s. (réduction d'impôt pour investissements locatifs non professionnels).

Établissement thermal : 43689 (CFE) ; 47180 (TVA).

Établissement et service d'aide par le travail (Ésat) : 47170 (TVA).

Extension d'établissement : 43700 (CET).

Fermeture d'établissement : voir Cessation ou cession d'entreprise ou d'activité.

Frais d'établissement : 8300 (BIC) ; 13340 (BNC).

Ouverture d'établissement : voir Création d'entreprise ou d'activité.

Étalement

Étalement du paiement des impôts : voir Paiement des impôts.

Étalement des revenus ou des plus-values : 16300 s. (BA exceptionnel) ; 18075 (IR : PV professionnelle) ; 19285 (PV professionnelle : indemnité d'assurance).

Étalon : voir Cheval.

État : voir Collectivité publique.

État ou territoire non coopératif (mesures anti-évasion) : 18800 (titres du portefeuille) ; 40965 (régime mère-fille) ; 78310.

État récapitulatif des clients : 49420 s. (TVA : territorialité).

États-Unis

Américain domicilié en France : 82710 (INT) ; 83300 (convention).

Étranger

Bénéfices ou revenus de source étrangère : 730, 785, 3680 (IR) ; 7050 (BIC) ; 13220 (BNC) ; 15230 (BA) ; 21010 (TS) ; 26110, 26505 s. (RM) ; 27100 (FONC) ; 34390 (CSG et CRDS) ; 35720 s. (IS) ; 83050 s. (INT : élimination des doubles impositions) ; 82850 s. (INT : revenus mobiliers).

Biens situés à l'étranger

- **Conventions internationales :** 82970 (régime des gains en capital).
- **Droits de succession ou de donation :** 68010 s., 83200 s. (succession) ; 69160, 83200 s. (donation).
- **IFI :** 71100 (imposition) ; 71755 (évaluation des biens situés à l'étranger) ; 72210 (impôt acquitté hors de France) ; 72690 (actifs professionnels).
- **Vente d'immeuble situé à l'étranger :** 32100 (PV privée) ; 66175 (ENR).

Compte bancaire ouvert à l'étranger : 78305 (déclaration).

Contribuable domicilié à l'étranger

- **Imposition des revenus de source française (IR) :** 4280 s. (cas d'imposition) ; 4540 s. (retenues à la source et prélèvements) ; 21010 (TS) ; 24845 s. (RM : dividendes) ; 25445 (RM : intérêts) ; 26120 (RM : produits des contrats de capitalisation et d'assurance-vie) ; 27100 (FONC) ; 37645 (participation dans une société de personnes) ; 82840 (INT).
- **CET :** 43755 (lieu de déclaration) ; 43715, 44036 (lieu d'imposition).
- **IFI :** 71105 (cas d'imposition) ; 72325 (désignation d'un représentant).
- **Plus-value réalisée en France :** 30155 (profits immobiliers habituels) ; 32625 s. (plus-value immobilière) ; 32750 (plus-value sur bien meuble) ; 32940 s. (plus-value sur valeurs mobilières) ; 82970 (INT).
- **Succession et donation (ENR) :** 68010 s., 83200 s. (succession) ; 69160, 83200 s. (donation).

Conventions internationales : 82500 s.

Détachement à l'étranger

- **Fonctionnaire français en service à l'étranger :** 4685 (IR) ; 82890 (INT).
- **Salarié détaché à l'étranger :** 4695 s. (IR) ; 34380 (CSG et CRDS) ; 73370 (taxe sur les salaires).
- **Salarié d'une entreprise étrangère en mission en France :** 4595 s., 82880 (IR : retenue à la source) ; 4715 s. (IR : exonération de certains éléments de rémunération et revenus patrimoniaux) ; 21885, 21900 (déduction des cotisations).

Établissement ou succursale à l'étranger : voir Établissement.

Étranger domicilié en France : 485 s. (IR) ; 1710 (quotient familial) ; 34380 (CSG et CRDS) ; 71100 (IFI) ; 76030 (titre de séjour : timbre).

Groupes fiscaux

- **Entité mère non résidente :** 40265 s., 40535 s., 40710 s. (*intégration fiscale*).
- **Société intermédiaire :** 40250, 40535 s. (intégration fiscale).
- **Société ou entreprise étrangère :** 40265 s., 40535 s., 40710 s. (intégration fiscale).
- **Dividendes de source étrangère :** 40970 (régime mère-fille).

Étranger (suite)

Impatriés : 4715 s. (exonérations d'IR) ; 21885, 21900 (TS : cotisations) ; 34558, 34620 (CSG et autres contributions sociales : revenus de source étrangère) ; 71100 (IFI).

Imposition minimale mondiale : 41100 s.

Opérations faites à l'étranger ou avec l'étranger : 10695 s. (BIC : dons) ; 35815 s. (IS : dispositif anti-hybride) ; 48500 s. (TVA : étude d'ensemble des règles de territorialité) ; 49715 s. (TVA : vente en France à des voyageurs étrangers) ; 50150 (TVA : réparation, entretien pour le compte d'étrangers) ; 53630 (facturation d'une TVA étrangère).

Organismes sans but lucratif étrangers : 89701 (revenus de source française).

Répression de l'évasion fiscale internationale : 78260 s. (étude d'ensemble) ; 78000, 79125 (demandes de justifications sur les avoirs ou revenus d'avoirs à l'étranger) ; 78045, 78070 (droit de communication de l'administration auprès des banques) ; 78095 (ESFP) ; 78308 (déclaration des dispositifs transfrontières).

Société ou entreprise étrangère

- **Activité exercée en France :** 24895 s. (RM) ; 35720 s. (IS) ; 75005 (contribution sociale de solidarité) ; 83350 (INT).
- **Apport à une société étrangère :** 39260 (IS) ; 66670 (ENR).
- **Cession de droits sociaux d'une société étrangère :** 18865 (IS : PV) ; 67140 (ENR).
- **Filiale ou succursale étrangère :** 8940 (régime des aides).
- **Fusion (ou opération assimilée) impliquant une société étrangère :** 39260.
- **Immeubles situés en France :** 30155 (profits immobiliers habituels) ; 32625 s. (profits immobiliers occasionnels) ; 35755 (IS : location) ; 43715, 43755, 44036 (CET) ; 75965 s. (taxe de 3 % sur les immeubles).
- **Participation dans une société de personnes française :** 37645 (IS).
- **Produits financiers de source française :** 24845 s. (dividendes) ; 25445 (intérêts).
- **Société déficitaire :** 24889 s. (restitution ou exonération des retenues à la source).
- **TVA** (régime des entreprises étrangères) : 50600 s., 50675.

Transfert d'actif à l'étranger : 11425 (IS).

Transfert du domicile de France à l'étranger : 4735 (IR) ; 33360 s. (exit tax) ; 76660 (exigibilité immédiate de l'impôt).

Transfert du domicile de l'étranger en France : 4735 (IR) ; 43100 (HAB : retour d'urgence).

Transfert de fonds à l'étranger : 78045, 78070 (droit de communication) ; 78300 s. (déclaration).

Transfert du siège d'une société à l'étranger (et inversement) : 11420 (IS) ; 67020 (ENR).

Travailleurs immigrés : 76030 (titre de séjour : timbre).

Dossier thématique « Création de succursales ou de filiales » : 95890 s.

Études

(frais et travaux d'-) : 7587 (BIC : frais d'études archéologiques) ; 27340 (FONC) ; 46990 (TVA : champ d'application) ; 49870, 49970, 50025 s. (TVA : territorialité) ; 56820 (TVA : déduction).

Études, étudiant

Logement d'un étudiant : 2810 (dispositifs Duflot-Pinel et Denormandie ancien) ; 43020, 43050 (HAB) ; 90485 s. (BIC : location meublée).

Études, étudiant (suite)

Rattachement au foyer fiscal d'un enfant étudiant : 1880 s., 1905 s. (IR : quotient familial) ; 3325 (IR : réduction d'impôt pour frais de scolarité).

Rémunérations et indemnités de stage : 21520 (TS).

Résidence-services pour étudiants : 90530 (BIC : location meublée) ; 90575 s. (réduction d'impôt pour investissements locatifs) ; 92082, 92085 s. (investissements outre-mer).

AUTRE RUBRIQUE : Enseignement.

EURL (entreprise unipersonnelle à responsabilité limitée) : 37825 (impôt sur les bénéfices) ; 11210 (micro-BIC) ; 13472 (micro-BNC).

Évaluation (règles fiscales d')

Droits d'enregistrement : 78215 s. (règles générales) ; 68400 s. (succession) ; 69225 (donation).

IFI : 71750 s.

Impôt sur le revenu

Évaluation des avantages en nature : 21550 s. (TS).

Évaluation des frais d'automobile et de motocyclette : 22115 (TS : frais réels) ; 97200 (barèmes kilométriques).

Impôts sur les bénéfices (BIC/IS)

Évaluation des créances et dettes : 7365 s. (BIC).

Évaluation du portefeuille-titres : 18390 (IR) ; 18835 s. (IS : titres de participation) ; 18895 s. (IS : titres de sociétés à prépondérance immobilière) ; 18945 (IS : titres de capital-risque) ; 18985 s. (IS : autres titres).

Évaluation des stocks et productions en cours : 7675 s. (BIC) ; 15935 s. (BA) ; 15950 (stocks à rotation lente : BA).

Impôts locaux : 42030 s., 42560 s., 80025 (évaluation foncière).

Évaluation d'office : 78920 s.

Évasion fiscale internationale : 35815 s. (IS : dispositif anti-hybride) ; 78260 s. (dispositifs « anti-évasion ») ; 78308 (déclaration des dispositifs transfrontières) ; 82540 s. (conventions internationales).

Éviction (indemnité)

Perception : 8085 (BIC).

Versement : 8500, d (BIC) ; 27380 (FONC).

Examen de comptabilité : 78190 s. (étude d'ensemble) ; 79400 s. et 79480 (garanties des contribuables).

Examen contradictoire de la situation fiscale personnelle (ESFP) : 78090 s. (étude d'ensemble) ; 79400 s. (garanties des contribuables).

Excédent de versement (impôt payé en trop) : 3860 (IR : prélèvement à la source) ; 36620 (IS) ; 43790 (CFE) ; 44050 (CVAE) ; 74335, 74395 (investissement construction : excédent de dépenses libératoires) ; 81915 (intérêts moratoires) ; 82310 (restitution d'office) ; 54280 (TVA : régime simplifié).

Excès de pouvoir (recours pour) : 81990.

Exercice comptable

Règles générales de fixation et de durée : 7325 s. (BIC) ; 13245 (BNC) ; 15850 (BA) ; 40295 (intégration fiscale : principes) ; 40745 (intégration fiscale : constitution d'un nouveau groupe).

Clôture en cours d'année : 11097 (passage du RSI au micro-BIC) ; 54295 (régime simplifié : déclaration annuelle de TVA).

Exercice conjoint (convention en usage dans les professions libérales) : 13180 (BNC) ; 47325 (TVA).

Exigibilité de la TVA : 52500 s.

Exit tax : 33360 s.

Exonération d'impôt

Droits de donation : 69170 s.

Droits d'enregistrement sur les ventes d'immeubles : 66260.

Droits de succession : 68060 s.

Impôt sur le revenu : 4690 (personnes exonérées) ; 10260 s. (entreprises exonérées : étude d'ensemble).

Impôt sur les sociétés : 35695 (sociétés et établissements divers exonérés : tableau récapitulatif) ; 89565 (organismes sans but lucratif).

Impôts locaux : 41930 s., 42315 s., 91530 s. (FB) ; 42520 s., 42540, 91540 (FNB) ; 43050 s. (HAB) ; 43540 s., 43580 s. (CFE) ; 43870 s. (CVAE) ; 89575 (CET : organismes sans but lucratif).

IFI : 72500 s. (actifs professionnels) ; 71400 s. (autres exonérations).

Plus-value privée : 32120 s. (PV immobilière).

Plus-value professionnelle : 18140 s. (IR) ; 19470 (cession de navire de transport fluvial de marchandises) ; 19490 s. (transmission d'entreprise).

Taxes assises sur les salaires : 73400 s. (taxe sur les salaires) ; 74310 (participation-construction).

TVA : 46580 (tableau récapitulatif).

Expatriation : voir Étranger.

Expert, expertise

Expert assistant les vérificateurs : 78135.

Expert auprès des tribunaux : 82130, 82150, 82195, 82205.

Expert auprès des commissions (des impôts ou de conciliation) : 78855, 78890.

Travaux d'expertise (régime de TVA) : 46990, 47120 s. (champ d'application) ; 49870, 49970, 50005, 50025 s. (territorialité) ; 59955 s. (TVA agricole).

Expert-comptable : 7895 (BIC : exercice de rattachement des produits) ; 13160 s. (catégorie d'imposition) ; 46990, 49870, 50025 s. (TVA) ; 78045 (droit de communication de l'administration) ; 78308 (obligation de déclaration des dispositifs transfrontières) ; 80215 (complicité de fraude fiscale) ; 80290 (infractions spéciales).

AUTRE RUBRIQUE : Profession libérale ou non commerciale.

Exploitant agricole : voir Agriculteur.

Exploitant forestier : voir Forêt.

Exportateur, exportation

Commission à l'exportation : 8440 (BIC : déduction).

Exportation de métaux précieux ou d'objets de valeur, de collection ou d'antiquité : 75915 s. (taxe sur les objets et métaux précieux).

Régime de TVA

Achats en franchise : 50550 s.

Dispense de régularisation : 57295.

Exonération de TVA : 49690 s.

Financement d'exportations : 60390, 60450.

Régime douanier de report des importations ou entrepôt fiscal : 50740 s.

Exportateur, exportation (suite)
Services liés aux exportations : 50135 s.
Vente en France à des personnes résidant à l'étranger : 49715 s.
AUTRE RUBRIQUE (TVA) : Livraison (livraison intracommunautaire).

Exposition : 9330 (amortissement des immeubles destinés à des expositions) ; 47217, 47220 (TVA : exposition organisée par un organisme public) ; 61775 (TVA : taux).

Expropriation : 8085 (BIC : principes d'imposition des indemnités) ; 18210 (PV professionnelle : exonération des PME) ; 19285 s. (PV professionnelle : étalement) ; 32570 s. (PV privée : régime spécial) ; 58775 (TVA : immeubles) ; 66260 (ENR : exonération).

Extension d'activité : 10282 (BIC : entreprise nouvelle) ; 43582 s., 43700 (CET) ; 43751 (CFE : annualité) ; 65530 (ENR : réduction des droits sur les achats de fonds de commerce dans certaines zones).

F

Fabrication (procédés ou techniques de) : voir Propriété industrielle.

Façon, façonnier : 15550 (BA) ; 43545, 43870 (CET) ; 46475 (TVA : imposition) ; 49870 s., 50005 (TVA : territorialité) ; 50135, 50140 (TVA : exportation) ; 52380 s. (TVA : assiette, registre) ; 52650 (TVA : fait générateur et exigibilité) ; 52800 (TVA : taux) ; 54050 (TVA : déchets neufs d'industrie et matières de récupération) ; 59800 (TVA agricole).

Factoring : 52655 (TVA : exigibilité) ; 54420 (TVA : impayés) ; 60330, 60390 (TVA : régime du prestataire).

Facture
– de complaisance (ou fictive) : 8320 (BIC) ; 53670, 56275 (TVA) ; 80195, 80205 (sanctions).
– rectificative : 52225, 54410, 56262 (TVA).
Achat et vente sans facture : 8320 (BIC) ; 80195 (sanctions).
Conservation des factures : 53595 (TVA) ; 78065.
Établissement des factures : 53500 s. (TVA) ; 59910 (TVA agricole) ; 61800 (TVA : appareils automatiques).
Majoration de prix pour « faible facture » : 52255 (TVA).
Mentions sur les factures (TVA) : 53625 s. (obligations du fournisseur) ; 53650 s. (mention abusive de la taxe) ; 56260 s. (conditions du droit à déduction) ; 57305 s. (transmission du droit à déduction).
Omission ou inexactitude dans les factures : 80195 (sanctions).
Recherche des infractions : 78330 s. (flagrance fiscale) ; 78320 s. (droit de visite) ; 78345 (droit d'enquête).
Transmission des factures par voie électronique : 53595.
AUTRE RUBRIQUE : Comptabilité.

Faillite : voir Redressement ou liquidation judiciaire.

Fait générateur : se reporter à l'étude concernant chaque impôt ou taxe (par exemple pour la TVA : 52500 s.).

Famille
Charges de famille : 370, 375, 1700 s. (IR : quotient familial) ; 22455 (TS : majoration de pension).
Crédit d'impôt famille : 10555 (BIC).
Entreprise familiale
Rémunération des membres de la famille : 8660 s. (BIC : déduction) ; 22270 (associé d'exploitation agricole).
SARL de famille : 36950 s. (option pour l'IR).
Foyer fiscal : 325 s. (IR : imposition du foyer) : 1985 s. (IR : nombre de parts) ; 71090 (IFI) ; 71820 (IFI : passif déductible).
Groupe familial : 71820 (IFI : passif déductible) ; 72835 (IFI : actifs professionnels).
AUTRES RUBRIQUES : voir le mot qui correspond au lien de parenté (ex. : Conjoint, Enfant, Frère, sœur, Neveu, nièce).

FCP (fonds commun de placement)
Gestion de FCP (TVA) : 60345 (exonération) ; 60390 (option).
Parts de FCP : 71220 (IFI : exclusion des participations minoritaires).
Produits et cessions de parts de FCP : 18435, 18955 s., 19005 (parts détenues par une entreprise) ; 26245 s. (parts détenues par un particulier) ; 32900 (FCP à compartiments : passage d'un compartiment à l'autre).
Restructuration de FCP (fusion, scission)
Aperçu d'ensemble des conséquences fiscales : 26250.
Plus-value d'échange de parts (sursis d'imposition) : 19070 (PV professionnelle) ; 33300 (PV privée).
Souscription, rachat et autres opérations sur parts (ENR) : 67225 (règles spéciales) ; 68440 (transmission successorale des parts : obligations).
Types particuliers de FCP
FCPI (fonds commun de placement dans l'innovation) : 2660 s. (réduction d'impôt) ; 26305 s. (RM et PV : parts détenues par un particulier) ; 60345 (TVA : exonération).
FCPR (fonds commun de placement à risques et fonds professionnels de capital investissement) : 18440, 18790, 18955 s., 19005 (parts détenues par une entreprise) ; 26305 s. (parts détenues par un particulier) ; 60345 (TVA : exonération) ; 67225 (ENR : cession de parts).

Femme : voir Conjoint.

Femme de ménage : voir Employé de maison.

Fermage, fermier
Droits d'enregistrement : 66325 s. (acquisition d'immeubles ruraux par les fermiers).
Impôts locaux : 41665 (taxes foncières : débiteur de la taxe) ; 42615 s. (dégrèvements spéciaux).
IR : 15155 s., 15220 (catégorie d'imposition du fermier et du bailleur) ; 15980 (BA : déduction des fermages) ; 28605 s. (FONC : revenu imposable du bailleur).
TVA : 46830 (exonération du bailleur) ; 46885, 59860 (option du bailleur, intérêt de l'option) ; 59420 s. (TVA agricole : étude d'ensemble) ; 59715 (seuil de taxation du fermier : fermages en nature) ; 59810 (base d'imposition : fermages en nature).

Fermeture d'établissement : voir Cessation ou cession d'entreprise ou d'activité.

Fichier de clientèle : 9172 (BIC : amortissement) ; 9802 (BIC : provision pour dépréciation).

Fiduciaire : 13210 (BNC).

Fiducie : 90780 s. (étude d'ensemble) ; 75965 s. (taxe de 3 % sur les immeubles).

Filiale

- **Régimes de groupe** (études d'ensemble)
  - **Intégration fiscale :** 40150 s. (IS) ; 44003 (CVAE).
  - **Régime des sociétés mères et filiales :** 40850 s.
- **Imposition minimale mondiale :** 41100 s.
- **Aides entre sociétés mères et filiales** (abandon de créance, subvention, renonciation à recettes) : 8930 (BIC : aides à caractère commercial) ; 8945 s. (filiales en difficulté) ; 8960 (aides à caractère financier) ; 40530 s. (intégration fiscale) ; 46920 s. (TVA).
- **Avances aux filiales :** 8810 s., 35827 (régime des comptes courants d'associés).
- **Cession de biens entre sociétés mères et filiales :** 43695 (FB/CFE : valeur locative) ; 44006 (CVAE).
- **Cession et concession de droits de propriété industrielle ou de logiciels à une filiale :** 10420 s.
- **Cession de titres entre sociétés du même groupe :** 19075 (PV professionnelle) ; 67155 (ENR).
- **Filialisation des activités lucratives des organismes sans but lucratif :** 89670 s.
- **IFI** (actifs professionnels) : 72835 (seuil de 25 %).
- **Paiement consolidé de la TVA au niveau du groupe :** 54200 s.
- **Transfert indirect de bénéfices à l'étranger entre sociétés mères et filiales :** 35815 s. (IS : dispositif anti-hybride) ; 78265 s.

Dossier thématique « Création de succursales ou de filiales » : 95800 s.

Film

- **Crédit d'impôt audiovisuel :** 10585.
- **Crédit d'impôt cinéma :** 10585.
- **Droits d'auteur :** 61680 s. (TVA) ; 53860 (TVA : franchise).
- **Film cinématographique**
  - **Cession de droits sur films :** 61770 (TVA).
  - **Film pornographique ou violent :** 61795 (TVA : taux).
  - **Production et tournage en France :** 10585 (crédit d'impôt).
- **Film publicitaire :** 8450 (BIC : frais de réalisation).
- **Investissement dans la production cinématographique (Sofica) :** 2730 (IR : réduction d'impôt) ; 60340 (TVA).

Financement participatif : 25655 (RM : non-remboursement).

Fioul : 61340 s. (TVA).

FIP (fonds d'investissement de proximité) : 2660 s., 92075 (IR : réduction d'impôt).

Flagrance fiscale : 78330 s. (étude d'ensemble).

Fleur : 53095 (TVA : taux).

Fluctuation des cours (réserve spéciale) : 10035 (BIC) ; 39500 (fusion ou opération assimilée).

Foire

- **Prix décerné dans une foire-exposition :** 15535 (BA) ; 59810 (TVA agricole).
- **TVA :** 49985, 50002 (territorialité) ; 61775 (taux).

Fonctionnaire

- **Catégorie d'imposition :** 21200.
- **Commission à l'exportation et rémunérations occultes versées à des fonctionnaires étrangers :** 8440 (BIC).
- **Cotisations d'épargne retraite (Préfon, Corem, CRH) :** 1375 s. (IR).
- **Fonctionnaire en service à l'étranger :** 4685 (IR).
- **Fonctionnaire international :** 21010 (TS) ; 43060 (HAB).
- **Orphelin de fonctionnaire :** 21650 (pension temporaire).

Fondation : 19115 (apport de titres).

AUTRE RUBRIQUE : Association.

Fonds

- **Fonds agricole :** 15895 (BA : actif) ; 15990 (BA : amortissement).
- **Fonds d'assurance-formation** (et autres organismes de formation) : 8985 (BIC : déduction des versements).
- **Fonds commercial :** 9175 (BIC : amortissement).
- **Fonds commun de créances** (FCC) ou de titrisation
  - **Cession de créances à un FCC ou à un fonds commun de titrisation :** 52655 (TVA : exigibilité) ; 54420 (TVA : impayé).
  - **Gestion du fonds** (TVA) : 60345 (exonération) ; 60390 (option).
  - **Produits et cessions de parts :** 7985, 18800 (parts détenues par une entreprise) ; 25780 s. (parts détenues par un particulier).
- **Fonds communs de placement** (FCP, FCPR, FCPI, fonds professionnels de capital investissement) : voir FCP (fonds communs de placement).
- **Fonds de dotation :** 3175 (IR : dons) ; 10695 (BIC : dons) ; 68190 (ENR : dons et legs) ; 89200 s. (régime fiscal des fonds).
- **Fonds de pérennité** (apport de titres) : 19110 (PV professionnelles) ; 68090 (ENR).
- **Fonds de placement immobilier :** voir FPI.
- **Fonds d'investissement de proximité :** 2660 s., 92075 (IR : réduction d'impôt) ; 60345 (TVA : exonération).
- **Transfert de fonds à l'étranger :** 78045, 78070 (droit de communication de l'administration auprès des banques) ; 78300 s. (déclaration des transferts matériels).

Fonds de commerce

- **Amortissement :** 9172 s.
- **Appartenance à l'actif :** 7455 s. (BIC).
- **Apport en société :** 19710 s. (PV : report d'imposition) ; 57295 s. (TVA) ; 66870 (ENR) ; 66975 (ENR : augmentation de capital).

Dossier thématique « Mise en société d'une entreprise individuelle » : 95550 s.

- **Cession**
  - **Droits d'enregistrement :** 65400 s. (étude d'ensemble) ; 65555 (achat par une collectivité publique) ; 66275 s. (achat assorti d'un engagement de revendre) ; 78235 (règles d'évaluation).
  - **Plus-value de cession :** 17500 s. (règles générales) ; 18200 s. (exonération des PME) ; 19650 s. (fonds de faible valeur) ; 19890 s. (départ en retraite).
  - **Solidarité (vendeur et acheteur) pour le paiement des impôts :** 77280.

Fonds de commerce (suite)

TVA : 47505 (règles générales) ; 47520 (transmission d'universalité) ; 55245 (TVA facturée par l'intermédiaire).

AUTRE RUBRIQUE concernant le cas de vente ou d'apport du fonds : Cessation ou cession d'entreprise ou d'activité.

Crédit-bail : 19365 (régime du preneur : étude d'ensemble) ; 65245 (ENR).

Donation : voir Don, donation (donation d'entreprise).

Évaluation : 78235 (ENR : règles générales) ; 68410 (ENR : succession).

Location-gérance : voir Location-gérance (de fonds de commerce).

Dossier thématique « Location-gérance d'une entreprise » : 95950 s.

Provision pour dépréciation : 9802.

Saisie-vente : 77020 (recouvrement forcé de l'impôt).

Transmission par décès : voir Décès (décès d'un exploitant individuel).

Forain : 43635, 43875 (CET : exonération facultative) ; 43715 (CFE : lieu d'imposition) ; 61775 (TVA : taux).

Forêt

Assurance contre la tempête et l'incendie : 2950 (IR : crédit d'impôt).

Communes ou organismes de gestion forestière : 3175 (IR : dons des particuliers, réduction d'impôt).

Entreprise de première transformation du bois : 9360 (BIC : amortissement).

Entreprise de travaux forestiers : 18215 (PV : exonération des PME) ; 53250 (TVA : taux) ; 73410 (taxe sur les salaires).

Exploitant forestier (sylviculteur) : 7520 (BIC : stock) ; 15160 (catégorie d'imposition) ; 16365 (BA) ; 53110 (TVA : taux) ; 59420 s. (TVA : étude d'ensemble) ; 59715 (TVA/seuil d'imposition : bois sinistrés et commune forestière) ; 73410 (taxe sur les salaires) ; 89700 s. (organisme sans but lucratif).

Garde forestier : 73410 (taxe sur les salaires).

Investissement dans le secteur forestier : 2930 s. (IR : crédit d'impôt).

Prévention des incendies de forêt : 3430 (IR : réduction d'impôt).

Propriétaire de bois et forêts

Droits d'enregistrement : 68120 (succession) ; 69170 (donation).

Impôts locaux : 42525, 42540 (FNB).

IFI : 71430.

Plus-value de cession de peuplements forestiers ou de parts de groupements forestiers : 32410, 32545 (abattement spécial).

Sociétés et groupements forestiers

Groupement forestier : 2935 s. (IR : acquisition de parts) ; 3175 (IR : dons des particuliers, réduction d'impôt) ; 16455 s. (BA) ; 67215 (ENR : droits sur les sociétés) ; 68130 (ENR : succession) ; 69170 (ENR : donation) ; 71430 (IFI).

Société d'épargne forestière : 2935 s. (IR : acquisition de parts) ; 67215 (ENR : droits sur les sociétés) ; 68130 (ENR : succession) ; 69170 (ENR : donation) ; 71430 (IFI).

Travaux forestiers : 2940 s. (IR : crédit d'impôt).

Forfait mobilités durables : voir Véhicule.

Formalité de l'enregistrement : 63550 s.

Formation (professionnelle, continue...)

Conseil en formation : 46990 (TVA).

Crédit d'impôt pour la formation du chef d'entreprise : 10545.

Dépenses de formation professionnelle : 8645, 8985 (BIC) ; 13375 (BNC) ; 21590, 22155 (TS).

Organisme de formation professionnelle : 47065 s. (TVA).

Rémunération des stagiaires : 21505, 21520 (TS).

Taxe pour le développement de la formation professionnelle dans la réparation automobile : 76120.

AUTRE RUBRIQUE : Enseignement.

Formule de fabrication : voir Propriété industrielle.

Foyer d'hébergement collectif : 41995 s. (FB) ; 43090 (HAB) ; 53275 (TVA : taux sur les travaux dans les logements) ; 90615 s. (TVA : location en meublé).

Foyer fiscal : 325 s. (IR : imposition du foyer) ; 1985 s. (IR : nombre de parts) ; 71090 (IFI) ; 71820 (IFI : passif déductible).

FPI (fonds de placement immobilier) : 30515 s. (étude d'ensemble) ; 18015, 18800, 19070 (PV professionnelle) ; 60345 (TVA : exonération) ; 67225 (ENR) ; 74805 (CRL) ; 75970 (taxe de 3 % sur les immeubles : exonération).

Frais et charges

Frais et charges déductibles des revenus du patrimoine : 24195, 25650 (RM) ; 27325 s. (FONC : régime réel) ; 27475 (FONC : régime micro).

Frais et charges déductibles du revenu global : 1075 s. (étude d'ensemble).

Frais et charges pris en compte pour le calcul des PV : 17810 (PV professionnelle) ; 32210 s. (PV privée immobilière) ; 33030 s. (PV privée mobilière).

Frais et charges au profit de résidents de paradis fiscaux : 78295 (IR, IS).

Frais professionnels

Associés de sociétés de personnes : 37670 s.

BA : 15980 s. (règles générales) ; 16040 (régime simplifié : règles spéciales).

BIC : 8140 s. (étude d'ensemble) ; 7530 s. (distinction frais généraux/immobilisation) ; 8165 (exercice de déduction : charge constatée d'avance, charge à payer) ; 8880 s. (charges exceptionnelles) ; 8990 s. (contrôle et justification des frais) ; 9050 s. (relevé de frais généraux) ; 9850 (distinction charge à payer/provision) ; 11470 (charges postérieures à la cessation d'activité) ; 11280 (micro-BIC).

BNC : 13325 s. (déclaration contrôlée) ; 13770 s. (médecin conventionné) ; 97280 (barème forfaitaire des médecins conventionnés) ; 13590 (micro-BNC).

TS : 21870 s. (cotisations sociales) ; 21970 (intérêts d'emprunt) ; 22000 s. (déduction forfaitaire et frais réels) ; 21600, 22080 (TS : contrôle et justification).

Partage de frais (covoiturage) : 732 (IR) ; 8475 (BIC) ; 22105 (TS).

Provision pour charges : 9720 s. (BIC : étude d'ensemble) ; 13250 (BNC).

Relevé de charges à payer : 9850 (BIC).

Relevé de frais généraux : 9050 s. (BIC).

Remboursement de frais (allocations et indemnités)

Frais professionnels des associés de sociétés de personnes : 37685 s.

Frais et charges (suite)

Frais professionnels des dirigeants : 23710 s.

Frais professionnels des salariés : 8570 s. (BIC : déduction) ; 21585 s. (TS).

Frais professionnels des titulaires de BNC : 13305 (recettes) ; 53860 (franchise de TVA : seuil limite).

TVA : 46500 (champ d'application : remboursement de frais) ; 52250 s. (assiette : frais acquittés par les clients) ; 52335 s. (assiette : remboursement de débours) ; 55000 s. (déduction de la TVA sur biens et services).

Types particuliers de frais et charges

Charges financières : voir Intérêt.

Charges « somptuaires » : 9000 s. (BIC) ; 24785 (RM).

Frais administratifs : 7565 (BIC : prix de revient des immobilisations) ; 7715 (BIC : coût de revient des stocks).

Frais de contentieux fiscal : 81910 s.

Frais d'établissement : 8300 (BIC) ; 13340 (BNC).

Frais de gestion de la fiscalité locale : 41535.

Frais de poursuites : 77025 (recouvrement forcé de l'impôt).

Voir également le mot correspondant à la nature de chaque charge (par ex. : Cotisation ; Salaire, salarié ; Transport...).

France (territorialité de l'impôt) : 420 s., 4280 s. (IR) ; 7050 (BIC) ; 13220 (BNC) ; 15230 (BA) ; 32100 (PV privée/immeuble) ; 32935 s. (PV privée : valeurs mobilières) ; 35720 s. (IS) ; 43525 (CET) ; 48500 s. (TVA) ; 58730 (TVA : opérations immobilières) ; 66175 (ENR : vente d'immeubles) ; 66670, 67020 (ENR : sociétés) ; 67140 (ENR : cession de droits sociaux) ; 68010 s. (droits de succession) ; 69160 (droits de donation) ; 71100 s. (IFI) ; 73370 (taxe sur les salaires) ; 82500 s. (conventions internationales).

AUTRE RUBRIQUE : Étranger.

Franchise, franchisé : 10282 (BIC : entreprise nouvelle).

Franchise fiscale

Achat en franchise de TVA par les exportateurs : 50550 s.

Association et organisme sans but lucratif : 89460 s. (activités commerciales accessoires).

Franchise en base de TVA (et taxes assimilées) : 53780 s., 54350 s.

Franchise de taxe sur les salaires : 73510.

Non-recouvrement des impositions de faible montant : 76522 (impôts directs : règle générale) ; 2335 (IR) ; 4580 (retenue à la source sur certains revenus non salariaux versés à l'étranger) ; 4625 (retenue à la source sur les salaires versés à l'étranger) ; 4640 (retenue à la source sur les revenus des artistes versés à l'étranger) ; 44015 (CVAE) ; 34580 (CSG et autres contributions sociales) ; 74865, 74870, 74880 (CRL).

AUTRE RUBRIQUE : Exonération.

Fraude fiscale

Contrôle fiscal : 77500 s. (étude d'ensemble).

Contrôle des opérations internationales : 83150 s. (INT).

Fraude à la TVA : 49275 (territorialité) ; 54055 (solidarité en paiement) ; 55270 (déduction).

Sanctions : 79700 s.

Frère, sœur

Droits de donation : 69270 (abattement) ; 69300 s. (tarif).

Droits de succession : 68080 (exonération) ; 68570 (abattement) ; 68610 (tarif).

Impôt sur le revenu : 1205 (pension alimentaire versée à un frère) ; 1350 (frais d'accueil à domicile) ; 1960 (personne à charge : frère invalide).

Friche : 45545 (taxe sur les friches commerciales) ; 91465 (DOM : mise en valeur de terrains en friche) ; 91865 (investissements outre-mer : friches hôtelières et industrielles).

Froid (fourniture de) : 46460 (TVA : champ d'application) ; 48990 (TVA : territorialité).

Frontalier : 34380 (CSG, CRDS) ; 73370 (taxe sur les salaires) ; 82880 (IR : dispense de retenue à la source).

Fuel (fioul) : 61340 s. (TVA).

Fusion de sociétés

Étude d'ensemble : 39000 s.

Fusion de SCP et de SEL : 13665 (BNC : sort des créances acquises) ; 13875 (reports d'imposition).

Fusion de Sicav et FCP : 26365.

Fusion de sociétés civiles agricoles : 16500.

Fusion par confusion de patrimoine : 39210 (admission au régime spécial) ; 39470 (rétroactivité).

Fusion dans un groupe intégré : 40700 (étude d'ensemble) ; 40710 s. (absorption de la tête de groupe).

Fusion sans échange de titres : 18865 (PV) ; 39210 (régime spécial) ; 39490 (transcription des apports) ; 39500 (obligations de la société bénéficiaire) ; 39620 (distribution) ; 41005 (régime mère-fille).

Fusion impliquant une société étrangère : 39260.

Impôts locaux

Cotisation foncière des entreprises : (annualité) : 43746.

Valeur locative des biens acquis par fusion : 42135 (FB) ; 43695 (CFE).

Incidence sur le régime mère-fille : 41005.

Maintien du report d'imposition accordé lors d'un apport en société : 19755.

Plus-value d'échange de titres : 13295 (BNC : titres faisant partie de l'actif professionnel) ; 13875 (SCP) ; 19070 (PV professionnelle : sursis d'imposition) ; 32535 (PV privée : société immobilière) ; 33300 (PV privée : sursis d'imposition).

Rémunération des apports : 39210.

TVA : 47520 (transmission d'universalité) ; 55250 (frais exposés pour la réalisation de la fusion) ; 56690 (transfert de crédit) ; 57295 s. (régularisation) ; 58775 (TVA sur immeubles).

Valorisation des apports : 39490 s.

G

Gaec (groupement agricole d'exploitation en commun)

BA : 16425 s. (étude d'ensemble) ; 15555 (régime d'imposition) ; 16255 (déduction pour épargne de précaution) ; 16500 (restructuration).

Contribution économique territoriale : 43552, 43870 (exonération).

Droit de communication de l'administration : 78045.

Droits d'enregistrement (apport, cession de parts...) : 67215.

TVA : 59700 (seuil d'assujettissement obligatoire).

Galerie d'art : 60750 s. (TVA).

Garage (et stationnement)

Emplacements de stationnement mis à la disposition des clients ou des salariés : 55995 (TVA : déduction).

Frais de garage : 22115 (TS).

Location de garage : 27075 (FONC) ; 46845 (TVA) ; 54100 (TVA : obligations).

Société de « pluripropriété » : 31000 (IMMO) ; 47315 (TVA) ; 67195 (ENR : cession de titres).

Taxe annuelle sur les surfaces de stationnement en Île-de-France et taxe additionnelle : 31380 s. (étude d'ensemble) ; 27410 (FONC : déduction).

Taxe annuelle sur les surfaces de stationnement en Provence-Côte d'Azur : 31380 s. (étude d'ensemble) ; 27410 (FONC : déduction).

Taxe foncière : 41915 (emplacements de parking).

Taxe d'habitation : 43020 (dépendance de l'habitation).

Travaux : 53275 (TVA : taux).

Vente de garage : 32135 (PV : dépendance de l'habitation) ; 66355 (ENR : abattement facultatif).

Garantie

Contrat de garantie et service après-vente : 7890 (BIC : date de rattachement des produits) ; 9910 s., 9940 (BIC : provision) ; 52415 (TVA).

Dépôt de garantie

Contrat de location : 8345 (BIC) ; 27260 (FONC) ; 52255 (TVA).

Sursis de paiement : 81885 s.

Vente immobilière précédée d'un contrat de réservation : 46975 (TVA).

Garantie de capacité (électricité) : 54050 (TVA : redevable).

Garantie de loyers (vente d'immeuble avec) : 30426 (SCI de construction-vente).

Garantie d'origine (électricité, gaz, biogaz, hydrogène) : 54050 (TVA : redevable).

Garantie de passif : 7555 (BIC : imposition) ; 18850 (PV professionnelle) ; 33145 (PV privée).

Garantie décennale : 9940 (BIC : provision).

Garanties des contribuables : 79370 s. (rescrit fiscal) ; 79400 s. (en cas de vérification fiscale) ; 79530 s. (garantie contre les changements de doctrine).

Garanties financières

Engagement de caution : voir Caution, cautionnement.

Garanties en cas de sursis de paiement des impôts : 81885 s.

Remise de titres en garantie : 19085 (PV professionnelle) ; 40910 (incidence sur le régime mère-fille).

Retenue de garantie : 7900 (BIC : travaux d'entreprise) ; 52440 (TVA : travaux immobiliers).

Garde et gardiennage

Garde-chasse, pêche, forestier : 27390 (FONC) ; 73410 (taxe sur les salaires).

Garde des enfants

Divorce ou séparation : 1865, 1925, 2000, 2025 (IR).

Frais de garde : 3230 s., 3315 (IR : crédit d'impôt).

Garde d'enfants par entreprises agréées ou déclarées : 3230 s. (IR : crédit d'impôt) ; 47580 (TVA : crèche et halte-garderie) ; 53260 (TVA : taux).

Garde et gardiennage (suite)

Gardienne d'enfants : voir Assistante maternelle.

Prestation d'accueil du jeune enfant : 21650 (TS).

Garde-malades : 3230 s. (IR : réduction ou crédit d'impôt pour emploi d'un salarié à domicile) ; 43555, 43870 (CET) ; 53015 (TVA : taux).

Garde de personnes âgées dépendantes ou handicapées par entreprise agréée ou déclarée : 53015 (TVA : taux).

Gardiennage d'animaux : 15165 (BA) ; 59920, 59925, 59955 s. (TVA agricole).

Gardiennage de marchandises (TVA) : 49870, 49970, 50000 (territorialité) ; 50135 (export) ; 50755 (régimes douaniers de report des importations et entrepôts fiscaux) ; 50480, 50510 (dans ports et aéroports).

Personnel de gardiennage : 3240 (IR : réduction ou crédit d'impôt pour emploi d'un salarié à domicile) ; 27390 (FONC) ; 21560 (TS) ; 55890 (TVA : logement).

Gaz

Certificat de garantie d'origine (gaz renouvelable, biogaz, hydrogène) : 54050 (TVA : redevable).

Certificat de production (biogaz) : 54050 (TVA : redevable).

Exploration : 7020 (BIC) ; 43560, 43870 (CET).

Gaz à effet de serre : 7675 (quotas d'émission) ; 54050 (quotas d'émission, TVA).

Production et distribution de gaz : 41955, 42135 (FB) ; 43553, 43870 (CET) ; 45500 (LOC : imposition forfaitaire) ; 46460, 47220 (TVA : imposition) ; 48990, 49870, 50025 (territorialité) ; 52620 (TVA : fait générateur et exigibilité) ; 53035 (TVA : taux réduit sur abonnement) ; 61340 s. (TVA : régime des produits pétroliers).

Raccordement au réseau public : 7587 (BIC) ; 53280 (TVA sur travaux dans le logement).

Gazole (gas-oil) : voir Carburant.

Gazomètre : 41915 (FB).

GEIE (groupement européen d'intérêt économique) : 37835 (imposition des bénéfices, transformations) ; 67210 (ENR) ; 75000 s. (contribution sociale de solidarité des sociétés).

Gelée : voir Calamités agricoles.

Gendre : 1205 (IR : pension alimentaire) ; 1905 s. (IR : rattachement aux beaux-parents).

Géomètre expert : 13160 (catégorie d'imposition) ; 13395 (BNC : amortissement du matériel) ; 46990, 49970 (TVA) ; 78045 (droit de communication de l'administration).

Géothermie

Production d'électricité : 45500 (LOC : imposition forfaitaire).

Gérance, gérant

Gérance d'immeubles : 27390 (FONC : déduction des frais de gérance) ; 46535 (TVA : champ d'application).

Gérance libre de fonds de commerce : voir Location-gérance (de fonds de commerce).

Dossier thématique « Location-gérance d'une entreprise » : 95950 s.

Gérant de société

IFI (actifs professionnels) : 72730 s.

Gérance, gérant (suite)

Rémunération : 23605 s. (gérant de SARL) ; 23625 (gérant de fait) ; 23635 (gérant de société en commandite par actions) ; 23645 s. (gérant de société relevant de l'IR : SNC, société civile...) ; 23655 (gérant de société civile de construction-vente).

AUTRE RUBRIQUE : Dirigeant (dirigeant de société).

Gérant de succursale ou de coopérative de consommation : 13205 (BNC) ; 22270 (TS).

Gestion

Acte de gestion (normal ou anormal) : 78150 (contrôle) ; 46895 (TVA : locations).

Centre de gestion agréé : 87700 s. (étude d'ensemble).

Décision de gestion et erreur comptable : 78155 (contrôle).

Frais de gestion : 8340 s. (BIC) ; 13375 (BNC) ; 27390 (FONC).

Gestion d'immeubles : voir Gérance, gérant.

Gibier : 27080 (FONC : vente du gibier par le bailleur) ; 76065 s. (redevances sanitaires d'abattage et de découpage).

AUTRE RUBRIQUE : Animal.

GIE (groupement d'intérêt économique)

Amortissement des biens donnés en location par un GIE : 9565 s.

Bénéfice du GIE : 37835 (modalités d'imposition).

Contribution sociale de solidarité des sociétés : 75000 s.

Droits d'enregistrement : 67210.

GIE constitués entre exploitations agricoles : 41945 (FB) ; 43552, 43870 (CET).

Transformation de sociétés en GIE, et inversement : 37835.

TVA : 46535, 47285.

Gisement : voir Carrière, Mine.

Gîte rural : 90620 (TVA : imposition).

AUTRE RUBRIQUE : Résidence (de tourisme).

Golf : 4240, 78398 (IR : élément de train de vie) ; 42500 (FNB) ; 47217 (TVA).

Gracieux (recours) : 82270 s.

Graisse végétale : 52965 (TVA).

Grands-parents

Ascendant à charge : 1960 (IR).

Donation aux petits-enfants ou arrière-petits-enfants : 69175 (ENR : dons de sommes d'argent) ; 69280 s. (ENR : abattement).

Pension alimentaire au bénéfice des petits-enfants : 1205 s. (IR : déduction).

Pension alimentaire versée aux ascendants : 1205 s. (IR : déduction) ; 22480 (imposition).

Grange

Taxe foncière : 41945.

Transformation en logement : 2807 (dispositif Duflot-Pinel) ; 2822 (dispositif Denormandie ancien).

Greffier des tribunaux de commerce : 13195 (catégorie d'imposition) ; 13275, 13395 (BNC : finance de l'office) ; 13500 (BNC : contrôle) ; 46990 s. (TVA : imposition) ; 50480 (TVA : journal et rapport de mer des bateaux) ; 52305, 52350 (TVA : assiette) ; 65665 s.

Greffier des tribunaux de commerce (suite)

(ENR : cession de charge) ; 72660 (IFI : actifs professionnels) ; 77280 (responsabilité de l'acheteur de la charge) ; 78045 (droit de communication de l'administration).

Grêle : voir Calamités agricoles.

Groupage à l'exportation : 49705 (TVA).

Groupe de sociétés

Aides intra-groupe : 8925 s. (BIC : règles générales) ; 35765 (IS : succursale étrangère) ; 40530 s. (intégration fiscale) ; 46920 s. (TVA).

Cession et concession de droits de propriété industrielle ou de logiciels au sein du groupe : 10420 s., 40485 (intégration fiscale).

Cession de titres entre sociétés du même groupe : 19075 (PV professionnelle) ; 67155 (ENR).

IFI : 71160 s. (biens imposables) ; 72835 (actifs professionnels : seuil de 25 %) ; 72885 (actifs professionnels : titres de holding).

Imposition minimale mondiale : 41100 s.

Intérêts versés entre sociétés du groupe : 35827 (IS : régime général) ; 40495 s. (intégration fiscale).

Opérations de cession ou de restructuration entre sociétés membres d'un groupe : 43695 (CFE : valeur locative) ; 44006 (CVAE : taux d'imposition).

Paiement consolidé de la TVA : 54200 s.

Prix de transfert : 8965 s.

Régimes de groupe (intégration fiscale, sociétés mères et filiales) : 40000 s. (IS) ; 44003 (CVAE).

Régime optionnel de groupe TVA (assujetti unique) : 46545 s. (étude d'ensemble) ; 73385 (taxe sur les salaires).

Transfert indirect de bénéfices à l'étranger entre sociétés du même groupe : 35815 s. (IS : dispositif anti-hybride) ; 78265 s.

Groupement

– d'achat en commun : 47260 (TVA).

– de commerçants : 47345, 55905 (TVA).

– de coopération sanitaire : 37565 (imposition des bénéfices) ; 41940, 41958 (taxe foncière) ; 73500 (taxe sur les salaires).

– de coopération sociale et médico-sociale : 37565 (imposition des bénéfices) ; 73500 (taxe sur les salaires).

– d'employeurs : 8500 (BIC : déduction forfaitaire) ; 43552, 43870 (employeurs agricoles : CET).

– européen d'intérêt économique : voir GEIE.

– d'intérêt économique : voir GIE.

– d'intérêt public : 37565 (imposition des bénéfices) ; 67210 (ENR).

– de moyens : 47280 s. (TVA).

– de producteurs : 59995 (TVA).

Groupements agricoles

Règles générales : 15520 s. (BA : régime d'imposition) ; 16425 s. (impôt sur les bénéfices) ; 41945 (FB) ; 43551, 43552, 43870 (CET) ; 67215 (ENR) ; 78045 (droit de communication de l'administration).

Groupement agricole d'exploitation en commun : voir Gaec.

Groupement foncier agricole (GFA) : 16445 (impôt sur les bénéfices) ; 16500 (restructuration) ; 67215 (ENR) ; 68140 s. (succession) ; 69170 (donation) ; 71440 s. (IFI) ; 78045 (droit de communication de l'administration).

Groupement (suite)

Groupement foncier rural (GFR) : 16475 (imposition des bénéfices) ; 16500 (restructuration) ; 67215 (ENR) ; 68165 (ENR : succession) ; 69170 (ENR : donation) ; 71455 (IFI) ; 78045 (droit de communication de l'administration).

Groupements forestiers : 2935 s. (souscription ou acquisition de parts) ; 16455 s. (bénéfices) ; 67215 (ENR) ; 68130 (succession) ; 69170 (donation) ; 71430 (IFI).

Groupements syndicaux : voir Syndicat.

Groupements TVA (assujetti unique) : 46545 s. (étude d'ensemble) ; 73385 (taxe sur les salaires).

Guadeloupe : 91280 s. (étude générale) ; 91710 s. (investissements outre-mer : défiscalisation).

Guérisseur : 13205 (BNC) ; 47120 s. (TVA).

Guerre

Biens culturels menacés par la guerre : 3175 (dons aux organismes de protection).

Victimes de guerre

Droits de mutation à titre gratuit dus par les mutilés de guerre : 68630 (succession) ; 69315 (donation).

Droits de succession : 68190 (ENR : exonération).

Impôt sur le revenu : 1500 (IR : abattement spécial) ; 2030 s., 2035, 2040, 2045, 2220 (quotient familial).

AUTRE RUBRIQUE : Ancien combattant.

Guichet unique : 50850 s. (TVA) ; 88200 (formalités des entreprises).

Guide (de montagne) : 47055 (TVA).

Guyane : 91280 s. (étude générale) ; 91710 s. (investissements outre-mer : défiscalisation).

H

Habitation

Résidence principale : 3045 s. (IR : crédit d'impôt système de charge des véhicules électriques) ; 4240, 78398 (IR : signe extérieur de richesse) ; 13360 (BNC : logement utilisé pour la profession) ; 32130 s., 32652 s. (PV de cession) ; 68420 (droits de succession : évaluation) ; 69225 (droits de donation : évaluation) ; 71760 (IFI : évaluation) ; 71810 (IFI : déduction des dettes) ; 90485 s. (location en meublé) ; 92010 s. (outre-mer : réduction d'impôt).

Résidence secondaire, de plaisance ou d'agrément : 3045 s. (IR : crédit d'impôt système de charge des véhicules électriques) ; 4240, 78398 (IR : signe extérieur de richesse) ; 9000 s. (BIC : dépenses somptuaires) ; 32140 (PV de cession) ; 43000 s. (HAB : étude d'ensemble) ; 43150 (HAB : majoration) ; 90625 (TVA : exonération des locations).

Changement de résidence : voir Déménagement.

Droit d'habitation : 68470 (ENR : évaluation) ; 71275 (IFI).

Frais de double résidence : 21595, 22135 (TS) ; 43020 (HAB).

Locaux appartenant à l'actif professionnel : 7920 (BIC : inscription à l'actif) ; 9210 (BIC : amortissement des maisons) ; 13275 s. (BNC) ; 15900 (BA).

Logement de fonction : 21550, 21560 (TS : avantage en nature) ; 22455 (maintien après retraite) ; 43020 (HAB).

Habitation (suite)

Logement du personnel (situation de l'employeur) : 15900 (BA) ; 55885 s. (TVA : déduction) ; 72690 (IFI).

Logement mis gratuitement à disposition : 21550, 21560 (TS : avantage en nature) ; 27090 (FONC) ; 30720 (SCI).

Logement occupé par le propriétaire : 27090 (FONC).

Logement social : 2685 s. (réduction d'impôt : investissement dans des sociétés foncières solidaires) ; 32185 (PV privée) ; 41995 s., 42030, 42335, 42345 (FB) ; 43090 (HAB) ; 58700, 59060 (TVA : livraison à soi-même d'immeubles) ; 58895 s. (TVA : vente d'immeuble) ; 59120 s. (TVA : livraison à soi-même de travaux) ; 66260 (ENR : droit de vente).

Logement vacant : 41560 (HAB : paiement) ; 42335 (FB : exonération) ; 43020, 43030 (HAB : règles générales) ; 75980 s. (taxe spéciale).

Succession et donation (droits) : 68175, 69170 (exonération partielle) ; 68250 (logement acheté en tontine) ; 68420 (succession : règles d'évaluation) ; 69225 (donation : règles d'évaluation).

Taxe d'habitation sur les résidences secondaires et autres locaux meublés non affectés à l'habitation principale : 43000 s. (étude d'ensemble).

Travaux dans les locaux d'habitation : voir Travaux (travaux immobiliers).

Vente d'immeuble d'habitation : 32000 s. (PV : étude d'ensemble) ; 66355 (ENR : abattement facultatif) ; 66360 (ENR : logements acquis neufs entre le 1-6-93 et le 31-12-94).

Vente de logement équipé : 30426 (SCI de construction-vente).

AUTRES RUBRIQUES : Immeuble, Résidence.

Handicapé

Mesures en faveur des handicapés

Droits de donation : 69270 (abattement) ; 69315 (mutilés de guerre : réduction de droits).

Droits de succession : 68080 (exonération de la part recueillie par un frère ou une sœur invalide) ; 68580 (abattement général) ; 68630 (réduction de droits pour les mutilés de guerre).

Impôt sur le revenu : 1500 (invalide à faible revenu : abattement) ; 2030 s., 2035, 2040, 2045, 2220 (quotient familial) ; 3110 s. (crédit d'impôt pour équipements spéciaux dans l'habitation principale) ; 3230 s. (crédit d'impôt pour emploi d'un salarié à domicile) ; 3345 s. (réduction d'impôt au titre des contrats « épargne handicap ») ; 21650 (allocation : exonération) ; 22465 s. (pension et rente d'invalidité) ; 32165 s. (PV immobilière : exonération).

Taxe foncière : 42315 s. (exonération des handicapés à faible revenu).

Taxe sur les salaires : 73430 (employé de maison) ; 73435 (accueil à domicile agréé).

TVA : 52990 s. (taux réduit sur appareillages et équipements spéciaux pour handicapés).

Mesures en faveur des personnes ayant à charge des handicapés : 1935, 1960, 2025, 2035, 2220 (quotient familial) ; 3110 s. (crédit d'impôt pour équipements spéciaux dans l'habitation principale) ; 3345 s. (réduction d'impôt au titre des contrats de rente-survie).

Structures d'accueil ou d'aide aux handicapés

Établissement pour personnes handicapées : 90650 (TVA : taux).

Handicapé (suite)

Investissements locatifs dans des résidences-services pour personnes handicapées : 90575 s. (réduction d'impôt).

Services d'aide au maintien à domicile (entreprises agréées) : 53015 (TVA : taux).

Travaux d'accessibilité ou d'équipements des logements : 3110 s. (IR : crédit d'impôt) ; 27350 (FONC : dépenses déductibles) ; 42345 (FB : dégrèvement pour dépenses d'adaptation des logements sociaux) ; 53270 s. (TVA sur travaux).

Hangar

Taxe foncière : 41915 (cas général) ; 41945 (hangar agricole).

Transformation en logement : 2807 (dispositif Duflot-Pinel) ; 2822 (dispositif Denormandie ancien).

Harkis : 22470 (TS : allocations).

Hausse des prix (provision pour) : 10000 s. (BIC) ; 16005 (BA).

Haut-Rhin : 3175, 3180 (IR : dons aux associations) ; 45540 (taxe pour frais de chambres de métiers) ; 63740 (formalité de l'enregistrement et de la publicité foncière).

Hélicoptère : 47160 (TVA : transports sanitaires) ; 49960 s. (TVA : location) ; 55900 s. (TVA : déduction).

AUTRE RUBRIQUE : Avion.

Héritier : voir Décès, Succession.

Heures supplémentaires : 21615 (TS : exonération).

HLM (habitations à loyer modéré) : 32185 (cession d'immeubles : PV privée) ; 37110 (IS) ; 41995 s., 42000, 42002, 42030, 42335, 42345 (FB) ; 43575, 43870 (CET) ; 58895 s. (TVA : vente d'immeuble) ; 59060 (TVA : construction d'immeuble) ; 59120 s. (TVA : livraison à soi-même de travaux) ; 66260 (ENR) ; 74345 (collecte de la participation-construction).

Holding : 46520 (TVA : refacturation de frais) ; 55250 s., 55760 s. (TVA : déduction) ; 68090 s., 69320 (ENR : titres faisant l'objet d'un engagement de conservation) ; 71170 (IFI : biens imposables) ; 72885 (IFI : actifs professionnels) ; 78800 (délai de réponse de l'administration aux observations de l'entreprise) ; 79460 (vérification de comptabilité : durée).

AUTRE RUBRIQUE : Groupe de sociétés.

Honoraires

Déclaration des honoraires : 78355 s.

Imposition des honoraires : 13305 (BNC) ; 46990 s. (TVA) ; 47130 (TVA : honoraires de transmission des laboratoires d'analyses).

Rétrocession d'honoraires : 13305 (BNC) ; 47120 s. (TVA : champ d'application) ; 52225 (TVA : assiette) ; 55750 (TVA : déduction) ; 13540 (micro-BNC : seuil limite) ; 53810 (franchise de TVA : limite).

Tarif des honoraires de notaires : 97370 s.

Versement d'honoraires : 7570 (BIC : achat d'immobilisations) ; 8440 (BIC : charges) ; 8530 (BIC : transmission à titre gratuit d'une entreprise individuelle) ; 13360 (BNC : charges) ; 17810 (PV professionnelle : calcul) ; 27390 (FONC : déduction) ; 32220 s. (PV privée immobilière : calcul) ; 37680 (achat de titres de sociétés de personnes).

Hôpital

Régime fiscal des hôpitaux : 37095 (IS : hôpital public) ; 41940, 41958 (FB : hôpital public) ; 43570, 43870 (CET : hôpital public) ; 47170 (TVA : hôpital privé) ; 47217 (TVA : hôpital public) ; 73435 (taxe sur les salaires : personnel chargé des repas).

Fourniture de repas dans les hôpitaux : 53195 (TVA : taux).

Frais de séjour des personnes dépendantes : 3360 (IR : réduction d'impôt).

Horticulteur : 53095 (TVA : taux) ; 59420 s. (TVA agricole).

AUTRE RUBRIQUE : Agriculteur.

Hôtel, hôtellerie

Amortissement des immeubles et du matériel : 9330 s. (BIC).

Catégorie d'imposition : 7015 (BIC).

Frais d'hôtel : 8470 s. (BIC) ; 13365 s. (BNC) ; 21595, 22110 (TS) ; 52255 (TVA : assiette) ; 55885 s. (TVA : déduction).

Hôtel de tourisme saisonnier : 43689 (CFE).

Limites des régimes d'imposition : 11200.

Règles d'imposition à la TVA : 90615 s. (étude d'ensemble) ; 49970 (territorialité).

Résidence hôtelière : 2810 (dispositifs Duflot-Pinel et Denormandie ancien) ; 90615 s. (TVA) ; 90685 (FB) ; 91865, 91880 (outre-mer).

Huile

Huile non alimentaire : 52965 (TVA : taux).

Huile pétrolière : 61340 s. (TVA).

Huissier de justice : voir Commissaire de justice.

Hybride

Dispositif anti-hybride : 35815 s. (IS) ; 40965 (dividendes).

Véhicule hybride : 21564 s., 21568, 21735 (TS) ; 75117 (taxes sur l'affectation des véhicules de tourisme à des fins économiques).

Hydrolienne : 45500 (LOC : imposition forfaitaire).

Hypothèque

Contribution de sécurité immobilière : 97350.

Hypothèque légale du Trésor : 77250.

Inscription et mainlevée d'hypothèque : 64100 (ENR : tarif).

I

Identification : 53420 s. (TVA intracommunautaire : numéro individuel d'identification) ; 59920 (TVA agricole : identification des animaux de boucherie).

IFI (impôt sur la fortune immobilière) : 71000 s. (étude d'ensemble) ; 83000 (INT).

Île-de-France : 31315 s. (taxe pour création de bureaux et autres surfaces) ; 31380 s. (taxe annuelle sur les bureaux et autres surfaces) ; 31415 (taxe additionnelle sur les surfaces de stationnement) ; 45510 (taxe spéciale d'équipement des grands projets) ; 45517 (taxe additionnelle à la taxe foncière et à la CFE) ; 66240 (taxe additionnelle sur les ventes de bureaux et locaux assimilés).

Illicite (répression des activités illicites) : 77715, 77725, 77735 (délai de reprise de l'administration) ; 78395 (présomption de revenus) ; 78398 (imposition forfaitaire d'après les signes extérieurs) ; 78330 s. (flagrance fiscale).

Immatriculation : 76035 s. (taxes : étude d'ensemble).

Immeuble

Achèvement : voir Achèvement.

Amortissement : 9090 s. (BIC : étude d'ensemble) ; 9205 (BIC : immeuble de placement) ; 9345 (BIC : bâtiment industriel) ; 9550 s. (BIC : immeubles donnés en location) ; 9585 (BIC : construction sur sol d'autrui) ; 13395 s. (BNC) ; 15990 (BA : étude d'ensemble) ; 28270 (FONC : Robien) ; 28280 (FONC : Borloo) ; 28310 (FONC : Besson).

Cession et apport en société

Contribution économique territoriale : 43715, 43755, 44036 (immeuble cédé en France par un redevable domicilié à l'étranger).

Droits d'enregistrement : 66000 s. (ENR : vente) ; 66670, 66870 (ENR : apport) ; 66975 (ENR : augmentation de capital).

Plus-value de cession : 17500 s. (PV professionnelle : étude d'ensemble) ; 18060 (PV professionnelle : calcul) ; 18095 (PV professionnelle : calcul) ; 18095 (PV professionnelle : abattement pour durée de détention) ; 19447 s. (PV professionnelle : cession à une société immobilière) ; 32000 s. (PV privée : étude d'ensemble) ; 32360 (PV privée : immeuble acquis par fractions successives) ; 82970 (INT).

Profits des marchands de biens : 30300 s.

Taxe foncière : 41680 (redevable).

TVA : 58700 s. (étude d'ensemble) ; 57100 (régularisation).

Construction : voir Construction.

Définition : 46815 (TVA) ; 71150 (IFI).

Démolition : voir Démolition.

Échange : 17730, 17810, 18300, 19444 (PV professionnelle) ; 32085, 32145, 32210 (PV privée) ; 58775 (TVA) ; 70505 s. (ENR).

Évaluation : 78230 (ENR : règles générales) ; 68420 (succession) ; 71760 (IFI).

Immeuble dont le titre de propriété a été reconstitué : 68182 (succession et donation : exonération partielle) ; 69240 (donation : frais de reconstitution).

Immeuble historique : voir Monument.

Inscription à l'actif professionnel : 7455 s. (BIC) ; 13275 s. (BNC) ; 15895 s. (BA).

Location : voir Location.

Provision pour dépréciation des immeubles de placement : 9805 (BIC).

Remise en paiement de droits de succession ou de donation : 68920, 69360.

Réservation d'immeuble à construire (contrat préliminaire) : 63835 (ENR).

Revenus de biens immobiliers : 82810 (INT).

Taxe annuelle sur les locaux commerciaux en Île-de-France : 31380 s. (étude d'ensemble) ; 71812 (IFI : passif déductible).

Taxe annuelle sur les locaux commerciaux en Provence-Côte d'Azur : 31380 s. (étude d'ensemble) ; 71812 (IFI : passif déductible).

Taxe pour création de locaux commerciaux en Île-de-France : 31315 s.

Taxe sur les immeubles des sociétés : 75965 s.

Taxe sur les logements vacants : 75980 s., 71812 (IFI : passif déductible).

Taxe sur les plus-values supérieures à 50 000 € : 32710 s.

Transformation : voir Transformation.

Travaux immobiliers : voir Travaux.

AUTRES RUBRIQUES : Bâtiment, Habitation, Terrain, terre.

Immobilisation

Actif immobilisé (composition) : 7495 s. (BIC) ; 13275 s. (BNC) ; 15895 s. (BA) ; 11300 (micro-BIC) ; 13600 (micro-BNC).

Cotisation foncière des entreprises : 43660 s. (modalités d'imposition).

Plus-value de cession : 17500 s. (règles générales) ; 17835 (gains ou pertes de change) ; 40440 s. (cession au sein d'un groupe intégré).

TVA : 56815 s. (TVA : définition) ; 56950 s. (TVA : régularisation) ; 59855 (TVA agricole) ; 60985 s. (TVA : biens d'occasion) ; 54280 (TVA déductible : régime simplifié).

Impatrié : 4715 s. (exonérations d'IR) ; 21885, 21900 (TS : cotisations) ; 34558, 34620 (CSG et autres contributions sociales : revenus de source étrangère) ; 71100 (IFI) ; 73470 (exonération de taxe sur les salaires).

Impayé

Loyers impayés (assurance) : 27400 (FONC : déduction des primes).

Opérations impayées : 8895 (BIC : perte) ; 9815 (BIC : provision) ; 13255 (BNC : provision) ; 54400 s. (TVA : récupération) ; 60065 (remboursement forfaitaire agricole).

Implantation

– d'une activité libérale à l'étranger : 13220 (BNC).

– d'entreprise dans certaines zones du territoire : voir Zone.

AUTRE RUBRIQUE : Création d'entreprise ou d'activité.

Importation

Droits de douane : 7555 (BIC : prix de revient des immobilisations) ; 8320 (BIC : achats).

TVA

Étude d'ensemble : 49600 s.

Biens placés sous régime douanier de report des importations ou entrepôt fiscal : 50740 s. (étude d'ensemble) ; 49600 (perception à l'importation) ; 49630 (assiette) ; 49640 (exonération) ; 78345 (droit d'enquête).

Corse : 92370.

Déduction : 49635.

Services à l'importation : 50120.

Taux : 52800.

Vente à distance de biens importés : 49800 s.

Imposition d'office : 78920 s. (étude d'ensemble).

Impôt

Liste récapitulative des différents impôts, droits et taxes : 97550.

Impôts à comprendre dans la base imposable : 52300 s. (TVA) ; 75025 (contribution sociale de solidarité des sociétés).

Impôts acquittés à l'étranger : 8525 (BIC).

Impôts déductibles ou non : 1085 (IR : revenu global) ; 8527 s. (BIC) ; 13355 (BNC) ; 27410 (FONC) ; 68500 (ENR : droits de succession) ; 71812 (calcul de l'IFI).

Provisions pour impôts et taxes : 9860 (BIC).

Imprimerie

Imprimerie nationale : 43570, 43870 (CET).

Publication de presse : 61635 s. (TVA).

Publication périodique : 43560, 43870 (CET).

Imputation : voir Déduction.

Incapacité physique : voir Handicapé.

Incendie : voir Catastrophe.

Indemnité

Études d'ensemble : 8065 s. (BIC/IS) ; 13310 (BNC) ; 21530 s. (TS).

Indemnisation des contribuables : 81915 (intérêts moratoires) ; 81960 s. (violation du droit de l'Union européenne) ; 81990 (recours).

Indemnité de fonction des élus locaux : 22280 (TS).

Indemnité versée aux membres des chambres consulaires : 21690 (TS : rupture conventionnelle) ; 22280 (TS : indemnité de fonction).

Indemnité de frais : 3315 (assistantes maternelles) ; 8570 s. (BIC) ; 13305 (BNC : produits) ; 21585 s., 21610 (TS) ; 23710 s. (DIR) ; 37685 (associé de société de personnes).

Indemnité inflation : 8105 (exploitants individuels), 21735 (TS).

Indemnité kilométrique : 8475 (BIC) ; 13370 (BNC) ; 21564 s., 21605, 22115 (TS) ; 23715 (DIR) ; 97200 (barèmes).

Indemnité pour préjudice moral : 22290 (TS).

Indemnité de retard : voir Sanction.

TVA : 46970 s. (base d'imposition : règles générales) ; 52440 (base d'imposition : travaux immobiliers) ; 58775 (expropriation d'immeuble).

Voir également le mot correspondant à la nature de l'indemnité (p. ex. : Assurance, Congés payés, Expropriation, Licenciement, Résiliation...).

Indexation

Pension alimentaire avec clause d'indexation : 1275, 1290 (IR).

Prix indexé : 7592 (BIC : prix de revient des immobilisations) ; 17820 (PV professionnelle) ; 66195 (ENR : vente d'immeuble).

Produit des clauses d'indexation : 8790 (BIC).

Rentes viagères : 97430 (taux de majoration).

Indivision

Entreprise indivise : 37860 (IR) ; 11210 (micro-BIC).

Immeuble en indivision : 2600, 2640 (réduction d'impôt Madelin) ; 2685, 2693 (réduction d'impôt : sociétés foncières solidaires) ; 2806, 2813 (réductions d'impôt Duflot-Pinel et Denormandie ancien) ; 2850 (réduction d'impôt : Loc'Avantages) ; 2901 (réduction d'impôt Malraux) ; 27070 (FONC : location) ; 42325 (FB : exonération liée au montant des revenus) ; 43030 (HAB : redevable) ; 46875 (TVA : location) ; 58810 (TVA : cession de droits indivis) ; 90590, 90600 (réduction d'impôt pour investissements locatifs dans des résidences meublées).

Partage d'indivision : voir Partage.

Inexploitation (d'immeuble professionnel) : 42335 (FB) ; 45545 (LOC).

Infirmier, infirmière : 9020 (BIC : amortissement des véhicules) ; 43630, 43875 (CET : exonération facultative) ; 47120 s. (TVA).

AUTRE RUBRIQUE : Profession libérale ou non commerciale.

Informatique

Assistance informatique à domicile : 3240, 3250 (IR : crédit d'impôt).

Comptabilité informatisée : 78065 (archivage : droit de communication) ; 78140, 79465 (vérification) ; 78322 (saisie).

Informatique (suite)

Conseil en informatique : 46990, 49870, 50025 s. (TVA).

Fourniture et hébergement de sites informatiques : 31390 (taxes annuelles sur les bureaux et autres surfaces) ; 49870, 50055 s. (TVA : territorialité).

Logiciel

Achat (déduction ou amortissement) : 7540, 9180 (BIC) ; 13330 (BNC) ; 22070 (TS).

Cession et concession : 10420 s. (régime spécial).

Conception : 8420 (BIC : règles générales).

Créateur indépendant : 13160 (catégorie d'imposition) ; 13735 s. (droits d'auteur) ; 13790 (cessions de droits).

Logiciel de comptabilité, de gestion, de facturation ou de caisse : 53485 (TVA : obligation de logiciels sécurisés) ; 78040, 78045, 78070 (droit de communication auprès des concepteurs et éditeurs) ; 78330(procédure de flagrance fiscale en cas d'utilisation de logiciels frauduleux) ; 80210 (sanctions pour diffusion de logiciels frauduleux).

TVA : 47540, 49870, 50055 s., 53485.

Matériel informatique : 9210, 9340 (BIC : amortissement) ; 21570, 22070 (TS) ; 28385 (FONC : monuments historiques).

Saisie de documents informatiques : 78322 (visites domiciliaires).

Traitement de données et fourniture d'information : 49870, 50025 (TVA : territorialité) ; 60365 (TVA : activités financières).

Infraction

Commission des infractions fiscales : 80275.

Recherche des infractions : 78320 s. (droit de visite) ; 78330 s. (flagrance fiscale) ; 78345 (facturation) ; 78350 (droit d'audition).

Sanctions : 79700 s.

Ingénieur-conseil : 13160 (BNC) ; 46990 (TVA : champ d'application) ; 49870, 50025 s. (TVA : territorialité).

Innovation

Compte PME innovation (CPI) : 26210 s. (étude d'ensemble) ; 34570, 34615, 34640, 34655 (prélèvements sociaux).

Dépenses d'innovation : 10490 s. (crédit d'impôt recherche).

Fonds commun de placement dans l'innovation : 2660 s. (IR : réduction d'impôt) ; 26305 s. (RM et PV : parts détenues par un particulier).

Invention brevetable : voir Propriété industrielle.

Investissement dans des PME innovantes : 9520 (IS : amortissement).

Jeune entreprise innovante (ou universitaire) : 2610 (IR : réduction d'impôt Madelin) ; 10400 s. (exonération des bénéfices) ; 41980 (FB) ; 43600, 43875 (CET) ; 78410 (contrôle sur demande).

Titres des sociétés financières d'innovation : 9520 (BIC : amortissement).

Inondation : voir Catastrophe.

Insémination (coopérative d') : voir Coopérative (coopérative agricole).

Installation

Installation classée : 75220 (TGAP).

Installation classée Seveso : 41958 (FB : exonération des immeubles situés à proximité).

Installation de matériels ou d'équipements : 7560 (BIC : charges) ; 48995 (TVA : biens livrés après installation).

Installation (suite)

Installation de sécurité : voir Sécurité.

Installations et agencements professionnels : 8370 (BIC : charges) ; 9210 (BIC : amortissement) ; 56815 (TVA).

Installations sportives : 61790 (utilisation : taux de TVA applicable).

Instance : voir Contentieux, Tribunal.

Instruments financiers à terme : 33400 s. (PV).

Insuffisance

– de déclaration : 80000 s. (sanctions : étude d'ensemble) ; 76660 (recouvrement accéléré de l'impôt) ; 79080 (évaluation d'office des micro-entreprises).

– d'imposition : 81940 s. (compensation).

– de prix ou d'évaluation : 8920 s. (BIC : acte anormal de gestion) ; 17815 (PV professionnelle) ; 32210 (PV privée) ; 46495, 46895 (TVA) ; 78215 s. (ENR).

Intégration

Contrat d'intégration : 15550 (BA : limites des régimes d'imposition).

Intégration fiscale : 40150 s. (étude d'ensemble) ; 40265 s. (intégration horizontale) ; 40615 s. (convention d'intégration) ; 44003 (CVAE) ; 67155 (ENR : cession de titres entre sociétés du même groupe).

Interdiction d'exercer : 80315 (sanctions).

Intéressement des salariés : 88730 s. (étude d'ensemble) ; 7710 (BIC : coût de revient des stocks).

Intérêt

Déclaration des intérêts versés : 26850 s.

Imposition des intérêts perçus : 7890 (BIC : exercice de rattachement) ; 7960, 7985 (BIC) ; 13310 (BNC) ; 15960 (BA) ; 24980 s. (RM : étude d'ensemble) ; 25445, 82840 (RM : intérêts versés à des non-résidents) ; 52265 s. (TVA : intérêts réclamés aux clients) ; 60300 s. (TVA : opérations bancaires) ; 55760 s. (TVA : coefficient de taxation forfaitaire) ; 82850 s. (INT : intérêts de source étrangère) ; 89700 s. (IS : associations et organismes sans but lucratif).

Intérêts de compte courant d'associé : 8810 s. (BIC) ; 25630 s. (RM) ; 35827, 40960 (IS) ; 60330 (TVA : exonération) ; 97140 (taux d'intérêt maximal).

Intérêts et frais d'emprunt

Déduction : 1435 (IR : rapatriés) ; 7580 (BIC : actif) ; 7715 (BIC : stocks) ; 8740 s. (BIC : charges) ; 13380 (BNC) ; 21970 (TS : souscription au capital de sociétés) ; 22115 (TS : achat d'un véhicule) ; 22145 (TS : achat de locaux) ; 23620 (TS, DIR : achat de titres de sociétés) ; 24195 (RM) ; 27420 s. (FONC) ; 32220 (PV privée : calcul) ; 35827, 35830 s. (IS : charges) ; 40495 s. (IS : intégration fiscale).

Dispense ou réduction : 8745 (BIC : situation du débiteur) ; 8920 s. (situation du créancier) ; 40530 s. (intégration fiscale).

Emprunt contracté pour la reprise d'une PME : 2770 s. (IR : réduction d'impôt).

Intérêts moratoires : 7995 (BIC : intérêts prévus par le Code des marchés publics) ; 25635 (nature *des revenus) ; 52275 (TVA : base d'imposition)* ; 81915 (intérêts perçus en cas de dégrèvement ou d'excédent de versement) ; 81925 (intérêts dus en cas d'échec du recours contentieux).

Intérêts de retard : voir Sanction.

Intérêts et versements assimilés au profit de résidents de paradis fiscaux : 78295 (IR, IS).

Intérêt (suite)

Intérêts versés au Trésor en cas de paiement différé ou fractionné des droits de succession : 68930 s. (étude d'ensemble) ; 8530 (BIC : déduction en cas de transmission à titre gratuit de l'entreprise).

Interlocuteur départemental ou principal (intervention dans le contrôle fiscal) : 79417.

Intermédiaire

Règles générales

Revenu imposable : 7015 (BIC : catégorie d'imposition) ; 7885 (BIC : date de rattachement des commissions).

Régimes d'imposition (appréciation des seuils) : 11225.

TVA : 61440 s. (TVA : étude d'ensemble) ; 49705, 49870, 50010, 50125, 50160 (intermédiaires transparents : territorialité) ; 50885 (« IOSS »).

Activité occasionnelle d'intermédiaire : 13205 (BNC).

Intermédiaire financier ou en opérations de banque : 13165 (catégorie d'imposition) ; 60350 (TVA).

Intermédiaire immobilier : 7015 (BIC : catégorie d'imposition) ; 10270 (BIC : entreprise nouvelle) ; 30300 s. (IMMO : profits immobiliers) ; 49970 (TVA : territorialité).

Voir aussi les rubriques correspondant à chaque catégorie d'intermédiaires (p. ex. : Commissionnaire ; Courtage, courtier).

Internet

Abonnements à des offres comprenant des services numériques : 52392 (TVA : base d'imposition).

Assistance internet à domicile : 3240, 3250 (IR : crédit d'impôt).

Déclaration par internet : 3675 (IR) ; 10970 (BIC) ; 13495 (BNC) ; 16050 (BA) ; 22200, 22585 (TS) ; 26055 (RM) ; 36385 (IS) ; 44035 s. (CVAE) ; 54100 (TVA) ; 73550 (taxe sur les salaires) ; 78355 (commissions, honoraires...) ; 80200 (sanctions) ; 87445 (DGE).

Dépenses de création et de développement d'un site internet : 8430 (BIC).

Droit de communication de l'administration : 78040 (exercice auprès des opérateurs d'internet) ; 78060 (exercice par internet).

Introduction des requêtes par internet : 82120, 82145, 82160 (juridiction administrative) ; 82205, 82215 (juridiction judiciaire).

Mise à disposition des salariés d'un accès à internet : 21570 (TS).

Nom de domaine : 7535, 8430 (BIC).

Opérations réalisées via internet : 732 (IR) ; 47050, 49870, 50055 s. (TVA) ; 76180 (taxe sur la cession de droits d'exploitation audiovisuelle des manifestations sportives).

Paiement par internet : 26055 (RM) ; 36525, 36610 (IS) ; 36730 (contribution sociale) ; 43770 (CFE) ; 44040 (CVAE) ; 54100 (TVA) ; 72330 (IFI) ; 73530 (taxe sur les salaires) ; 76715 s. (règles générales) ; 80200 (sanctions) ; 87460 (DGE).

Plateformes en ligne :

Contrôle fiscal : 78040 (droit de communication de l'administration) ; 78412 s. (obligations particulières) ; 78415 (exploitation des données ouvertes par l'administration fiscale) ; 78417 (enquêtes sous

Internet (suite)
pseudonyme de l'administration fiscale) ; 80330 (publication de l'identité des opérateurs non coopératifs).
Taxe sur les exploitants de plateformes de mise en relation par voie électronique en vue de fournir certaines prestations de transport : 76145.
Taxe sur certains services numériques : 76150.
TVA : 49820 s. (vente à distance de biens) ; 53565 (facturation) ; 54060 (solidarité en paiement).
Réclamation contentieuse par internet : 81855.
Services de presse en ligne : 43560, 43870 (CET) ; 61570 s. (TVA).
Taxe sur les services d'accès à des contenus audiovisuels à la demande : 76140.
Taxe sur les services de communications électroniques : 76135.

Interprète : 49870, 50025 (TVA : territorialité).

Invalide : voir Handicapé.

Invendu : 61605 (TVA : presse).

Inventaire
– d'animaux : 59925 (TVA agricole).
– des marchandises en stock : 7680 (BIC).

Inventeur : voir Propriété industrielle.

Investissement
Aide fiscale à l'investissement : 16265 s. (BA).
Investissement obligatoire dans la construction : 74300 s.
Investissements ouvrant droit à avantage fiscal
Assurance-vie : 26000 s. (IR) ; 68225 s. (droits de succession).
Investissement en actions : 26155 s. (PEA) ; 26190 s. (Péac) ; 88400 s. (épargne salariale).
Investissement dans l'industrie verte : 10520 (BIC).
Investissement dans le logement locatif (IR) : 2805 s. (régime Duflot-Pinel) ; 2820 s. (Denormandie ancien) ; 2890 (régime Scellier) ; 2830 s. (dispositif Loc'Avantages) ; 2900 s. (dispositif Malraux) ; 27850 (déduction Cosse) ; 28260 (Borloo) ; 28270 (amortissement Robien) ; 28310 (Besson) ; 90420 s. (location meublée) ; 92010 s. (outre-mer).
Investissement dans les entreprises de presse : 2700 s. (IR : réduction d'impôt) ; 10720 (IS : réduction d'impôt).
Investissement dans les PME : 2600 s., 2770 s. (IR : réduction d'impôt) ; 9520 (PME innovantes : IS amortissement) ; 33100 s. (PV privée : abattement).
Investissement dans les sociétés foncières solidaires : 2685 s.
Investissement dans les Sofica : 2730 (IR : réduction d'impôt) ; 60340 (TVA).
Investissement forestier : 2930 s. (IR : crédit d'impôt) ; 67215, 68130 (ENR) ; 71430 (IFI).
Investissement en parts de FCPI : 2660 s. (IR : réduction d'impôt) ; 26305 s. (RM).
Investissement en parts de FCPR : voir FCP (fonds commun de placement).
Investissement en parts de FIP : 2660 s., 92075 (IR : réduction d'impôt).
Investissements outre-mer : 91710 s. (étude d'ensemble) ; 92010 s. (investissements des particuliers) ; 92080 s. (investissements dans le secteur locatif social).
Prestataire de services d'investissement : 60300 s. (TVA).

Investissement (suite)
Sociétés d'investissement : voir Société, Société immobilière.

Invitation (frais d') : 8485, 9050 s. (BIC) ; 13375 (BNC) ; 21585, 21595 (TS).

Irrigation : 43670 (CFE : immobilisations pour irrigation) ; 52950 (TVA : taux).

Isolation thermique : 10525 (BIC) ; 41970 (FB) ; 53048 (TVA : travaux dans le logement).

J

Jardin
Entrepreneur de jardins : 7925 (BIC) ; 73410 (taxe sur les salaires).
Jardin autre que d'agrément : 42525 (FNB).
Jardin botanique : 47217, 61775 (TVA : droits d'entrée).
Organisme de jardins familiaux : 89565 (IS) ; 89575 (CET).
Petits travaux de jardinage : 3240, 3250 (IR : crédit d'impôt).

JEI, JEU (jeune entreprise innovante ou universitaire) : 2610 (IR : réduction d'impôt Madelin) ; 10400 s. (exonération des bénéfices) ; 41980 (FB) ; 43600, 43875 (CET) ; 78410 (contrôle sur demande).

Jetons de présence : 23570 s. (DIR : étude générale) ; 40525 (intégration fiscale : correction du résultat d'ensemble) ; 40965 (régime mère-fille) ; 82870 (INT).

Jeu
Établissement de jeux : 43689 (CFE : établissements saisonniers) ; 78040 (droit de communication de l'administration).
Gains aux jeux de hasard : 13205 (IR).
Jeux vidéo : 10615 (crédit d'impôt) ; 61770 (compétitions : taux de TVA).
Prélèvements sociaux (CSG et CRDS) : 34205.
TVA : 61730 s. (étude d'ensemble) ; 61770 (compétitions de jeux vidéo) ; 61775 (jeux et manèges).
AUTRE RUBRIQUE : Course de chevaux.

Jouissance
– gratuite d'un appartement par un associé ou un tiers : 30720 (IMMO).
– gratuite d'un appartement d'une société de pluripropriété : 31000 (IMMO).
Locaux dont le propriétaire se réserve la jouissance : 27090 (FONC).
Terrain de chasse dont le propriétaire se réserve la jouissance : 28625 (FONC).

Journal : voir Presse.

Journaliste : 21505 (catégorie d'imposition) ; 21585 (TS : frais professionnels) ; 21665 (TS : indemnité de licenciement) ; 46530 (TVA : champ d'application).

Jugement : 64100 (ENR : tarif) ; 80265 (fraude fiscale : publication).
AUTRE RUBRIQUE : Tribunal.

Juridiction : voir Tribunal.

Justification (demande de justifications de l'administration) : 78000 s., 78305, 79090, 79125 (règles générales) ; 72320 (IFI).

K

Kinésithérapeute : 13160 (BNC) ; 43630, 43875 (CET : exonération facultative) ; 47120 s. (TVA).

AUTRE RUBRIQUE : Profession libérale ou non commerciale.

L

Laboratoire

Laboratoire d'analyses médicales

Amortissement du matériel : 13395.

Catégorie d'imposition : 7925 (BIC : laboratoire annexe à une pharmacie) ; 13165 (BNC).

TVA : 47130.

Laboratoire de recherche : voir Recherche.

Lait

Opérations portant sur le lait humain (TVA) : 47150 (exonération) ; 49190 (exonération des acquisitions intracommunautaires) ; 49645 (exonération à l'importation).

Opérations portant sur le lait des animaux : 60090 (TVA : remboursement forfaitaire) ; 76075 (redevance sanitaire sur le lait cru et les ovoproduits).

Lease-back, leasing : 19370 (PV professionnelle) ; 66345 (ENR).

AUTRE RUBRIQUE : Crédit-bail.

Légion d'honneur : 22470 (TS).

Legs : voir Don, donation, Succession.

Lessive (préparation pour) : 75240 (TGAP).

Lettre de change

Opérations (change, crédit, escompte, encaissement) portant sur les effets de commerce : 60330, 60390 (TVA).

Paiement par traite : 52655 (TVA : exigibilité).

Lettre de relance : 76782 (recouvrement de l'impôt).

Libérale (activité ou profession) : 13000 s. (BNC) ; 43555, 43870 (CET) ; 46990 s. (TVA) ; 65580 s. (ENR : convention de successeur) ; 72650 s. (IFI : actifs professionnels) ; 78040 s. (droit de communication de l'administration) ; 82920 (INT).

Libéralité : voir Don, donation.

Libraire, librairie : 7725 (provision forfaitaire des libraires) ; 43640 s., 43875 (CET : exonération facultative) ; 53040 s. (TVA : taux sur les livres).

AUTRE RUBRIQUE : Livre.

Licence (de brevet, marque...) : voir Propriété industrielle.

Licenciement

Indemnité de licenciement : 8610 (BIC : charges) ; 21665 (TS).

Provision pour licenciement : 9890 (BIC).

Licitation : 32085, 32330 (PV) ; 70455 (ENR).

Lien direct (TVA) : 46490 s., 55235 s.

Lieu d'imposition : 3650 (IR) ; 4440 (IR : non-résidents) ; 4685 (IR : fonctionnaires en service à l'étranger) ; 36350 (IS) ; 41655 (FB, FNB) ; 43190 (HAB) ; 43715, 43740 (CFE) ; 48500 s. (TVA : critères de territorialité) ; 54100 (TVA : lieu de paiement).

Lieux de vie et d'accueil : 47170, 47177 (TVA : champ d'application).

Liquidation

– d'entreprise : voir Cessation ou cession d'entreprise ou d'activité.

– d'entreprise individuelle assimilée à une EURL ou à une EARL : 87315.

– de société : 11415 (BIC/IS) ; 19102 (entreprise associée : boni de liquidation, perte sur titres) ; 24510 s. (particulier associé : boni de liquidation) ; 32510 (SCI : PV privée) ; 33067 (particulier associé : pertes sur titres) ; 67080 (ENR).

– judiciaire : voir Redressement ou liquidation judiciaire.

Litige : voir Contentieux, Procédure, procès.

Livraison (régime de TVA)

– de biens : 46450 s. (notion) ; 48955 s. (territorialité) ; 52220 s. (base d'imposition) ; 52585 s. (fait générateur et exigibilité) ; 52930, 53050 (taux) ; 58700 s. (cas des immeubles).

– à bord d'un moyen de transport : 48985, 49210, 49285.

– aux coopératives et entreprises de transformation : 59800, 59805 (TVA agricole).

– par les coopératives et groupements d'achats : 47260.

– en franchise aux exportateurs : 50550 s.

– intracommunautaire : 49260 s. (principes) ; 59800 (agriculteur au RSA) ; 60390 (financement) ; 60875 (bien d'occasion et œuvre d'art).

– à soi-même : 47370 s. (règles générales) ; 53048, 53270 s. (travaux dans les logements) ; 59000 s. (immeubles neufs) ; 59120 s. (travaux dans les logements sociaux) ; 59810 (TVA agricole).

Option pour paiement sur livraisons : 52680 s. (travaux immobiliers).

Livre

Fabrication, édition, vente...

Droits d'auteur : voir Droit (droit d'auteur).

Librairies : 43640 s., 43875 (CET : exonération facultative).

Provision forfaitaire des libraires : 7725.

TVA sur les livres : 52392 (offres d'abonnement numérique) ; 53040 s. (taux).

Livre de paie : 22190 (TS : obligation des employeurs) ; 22580 (TS : obligation des débirentiers).

Livres comptables : voir Comptabilité (obligations comptables).

Livret (comptes sur livret) : 25665 (RM : livret A, livret d'épargne populaire, livret jeune, livret de développement durable et solidaire) ; 34620 (CSG et autres contributions sociales).

Loc'Avantages : 2830 s. (réduction d'impôt).

Local : voir Immeuble.

Location

Biens donnés en location

Abandon de loyer : voir Abandon (abandon de créance ou de recette).

Amortissement des biens donnés en location : 9550 s. (BIC) ; 28270 (FONC : Robien) ; 28280 (FONC : Borloo) ; 28310 (FONC : Besson).

Biens destinés à la location mais non loués : 42335 (FB : dégrèvement) ; 75980 s. (taxe sur les logements vacants).

Coffre-fort : 26940 (RM : déclaration des locations).

Location (suite)

Contribution économique territoriale : 43527, 43670 s., 43715, 43755 (CFE) ; 43855, 44036 (CVAE) ; 89400 (organisme sans but lucratif).

Distinction immobilisations-stocks : 7515 (BIC).

Établissement industriel ou commercial : 7025 (BIC) ; 46825 (TVA : champ d'application) ; 46835 (TVA : exonération) ; 46875 s. (TVA : option).

IFI : 71170 (biens imposables) ; 71440 s. (biens ruraux) ; 72660, 72690, 72880 (actifs professionnels).

Immeuble locatif acquis entre le 1-8-95 et le 31-12-96 : 68180 (droits de succession : abattement) ; 69170 (droits de donation : abattement).

Immeuble destiné à la vente, notamment « queue de programme » : 30430 (SCI de construction-vente) ; 58915 (TVA).

Imposition des revenus (loyers, redevances...) : 7025, 7915 (BIC) ; 27000 s. (FONC) ; 30430 (SCI de construction-vente) ; 35755 (IS : immeuble appartenant à une entreprise étrangère) ; 74800 s. (contribution sur les revenus locatifs) ; 89700 s. (IS : organisme sans but lucratif).

Inscription à l'actif : 7495 (BIC).

Loyer anormalement bas : 27260 (FONC) ; 46895 (TVA).

Loyer impayé : 9815 (BIC : provision) ; 27400 (FONC : déduction des primes d'assurances).

Taxe foncière : 42112 (biens industriels) ; 42135 (reprise après cession) ; 71812 (IFI : passif déductible).

Taxe d'habitation : 43030 (redevable) ; 77280 (responsabilité solidaire du propriétaire et du locataire).

Taxes sur l'affectation des véhicules de tourisme à des fins économiques : 75115.

TVA : 46800 s. (champ d'application) ; 49870, 49960 s. 49970, 50025 s. (territorialité) ; 52255, 52355 (assiette) ; 52650 (exigibilité) ; 53185 (taux : aires de stationnement des gens du voyage) ; 54100 (lieu d'imposition).

Biens pris en location

Charges de loyers : 8345 s. (BIC) ; 9035 s. (BIC : voiture particulière) ; 13360 (BNC), 15980 (BA).

Construction sur sol d'autrui : voir Construction.

Cotisation foncière des entreprises : 43675 (immobilisations imposables) ; 77280 (responsabilité solidaire du propriétaire et du locataire).

Droits d'enregistrement : 65000 s. (ENR).

Provisions des entreprises locataires : 9910 s. (BIC).

Taxe d'habitation : 43030 (redevable) ; 77280 (responsabilité solidaire du propriétaire et du locataire).

Taxes sur l'affectation des véhicules de tourisme à des fins économiques : 75105, 75115.

Travaux immobiliers effectués par le locataire : 7915 (BIC : imposition du bailleur) ; 8372 (BIC : charges) ; 9585 (BIC : amortissement) ; 27266, 27275 (FONC : incidence sur le revenu taxable).

TVA sur les loyers : 55995, 56820 (déduction).

Location de clientèle : 13650 (BNC).

Location meublée : 90420 s. (étude d'ensemble) ; 71170 (IFI : biens imposables) ; 77280 (responsabilité fiscale du bailleur de bureaux meublés).

Location de parts ou actions : 18485 (BIC) ; 24645 (RM).

Location-vente : 7890 (BIC : produits) ; 18015 (PV) ; 31060 (IMMO : bail à construction) ; 52605 s. (TVA : exigibilité) ; 55995 (TVA : déduction) ; 65225 (ENR).

Location (suite)

Sous-location : 13205, 27075 (imposition des revenus) ; 19360 (immeubles pris en crédit-bail) ; 74810 (CRL).

Vente d'immeubles avec garantie de loyer : 30426 (IMMO).

AUTRES RUBRIQUES : Bail, Location-gérance. Voir aussi le mot correspondant à la nature du bien loué.

Location-gérance (de fonds de commerce)

Bail du fonds (ENR) : 65000 s.

Cession du fonds (PV) : 18205 (exonération des PME) ; 19680 (fonds de faible valeur) ; 19925 (départ en retraite).

Régime du bailleur : 7025 (catégorie d'imposition) ; 11210 (BIC : régime micro) ; 11400, 42335 (absence de cessation d'activité) ; 18205, 19680 (PV : cession du fonds) ; 34556 (prélèvements sociaux) ; 47500 s. (TVA) ; 11210 (BIC : régime micro).

Régime du locataire : 8355 (déduction des redevances).

Solidarité (propriétaire et exploitant) pour le paiement des impôts : 77280.

Dossier thématique « Location-gérance d'une entreprise » : 95950 s.

Logement : voir Habitation.

Logiciel : voir Informatique.

Loterie et loto : 13205 (IR) ; 47575 (TVA) ; 34205 (CSG et CRDS) ; 76025 (prélèvements en faveur du centre national pour le développement du sport).

Lotissement

Profits de lotissement : 7015 (catégorie d'imposition) ; 30350 s. (étude d'ensemble) ; 37045 (lotissement par société d'économie mixte, coopérative de construction ou établissement public).

TVA sur opérations de lotissement : 58700 s. (étude d'ensemble) ; 58910 s. (déduction).

Loyer : voir Location.

M

Machine : voir Matériel et outillage.

Madelin

Contrats Madelin : 8680 s. (étude d'ensemble) ; 71285 (IFI).

Réduction IR pour souscription au capital de PME : 2600 s.

Magasinage

Installation de magasinage : 9330 s. (BIC : amortissement) ; 41915 (FB).

Opérations de magasinage

BIC : 7015.

TVA : 49870 s., 50000 (à l'occasion de transports) ; 50135 (export) ; 50755 (régimes douaniers de report des importations et entrepôts fiscaux) ; 50480, 50510 (dans ports et aéroports).

Mainlevée d'hypothèque : 64100 (ENR : tarif).

Maire (indemnité de fonction) : 22280 (TS).

Maison

– d'habitation : voir Habitation.

– de jeu : voir Jeu.

– de retraite : 2810 (dispositifs Duflot-Pinel et Denormandie ancien) ; 42315 (FB : ancienne résidence principale) ; 43060 (HAB : établissements sans but lucratif) ; 43070 (HAB : ancienne résidence

Maison (suite)
principale) ; 43570, 43870 (CET) ; 47170, 47175, 47217, 90620 (TVA : champ d'application) ; 53195, 53275, 90650 (TVA : taux) ; 73435 (taxe sur les salaires : personnel affecté aux repas).
– de santé pluridisciplinaire : 41958 (FB).

Majoration de 10 % pour défaut, insuffisance ou retard de paiement : 80100, 80150.

AUTRE RUBRIQUE : Sanction.

Maladie
Cotisation d'assurance maladie : voir Cotisation (cotisations sociales).
Indemnités journalières et rentes : 8080, 8685 s. (BIC) ; 13310 (BNC) ; 15962 (BA) ; 21645, 22465 (TS) ; 11280 (micro-BIC).
Maladies radio-induites : 22470 (TS : indemnités).
Rentes ou indemnités versées en réparation de dommages corporels liés à une maladie : 68190 (ENR : succession).

Mali de fusion : 39540 s.

Malraux (restauration immobilière) : 2900 s. (réduction d'impôt).

Malus automobile (taxes sur l'immatriculation) : 8527 (BIC) ; 76042 s. (« malus CO2 » et « malus au poids »).

Mandat, mandataire
Droits d'enregistrement sur mandat et procuration : 64100.
Intervention dans le contentieux fiscal : 81857 s. (réclamation) ; 82110 (instance au tribunal administratif).
Mandataire de société d'assurances : 13715.
Mandataire judiciaire à la protection des majeurs : 47590 (TVA).
Mandataire de presse : 43560, 43870 (CET) ; 61650, 61655 (TVA).
TVA : 47590 (mandataire judiciaire à la protection des majeurs) ; 50635 s. (mandataire fiscal d'une entreprise étrangère établie dans l'UE) ; 52350 (mandataire-liquidateur) ; 52335 s., 61440 s. (base d'imposition) ; 53215 (gestion service de l'eau) ; 53575 (mandat de facturation).

AUTRES RUBRIQUES : Commission, Commissionnaire, Intermédiaire.

Manège
Centre équestre : 15175 (BA) ; 60010 (TVA).
Manège (jeux et attractions) : 61775 (TVA).

Manifestation
– culturelle, sportive, scientifique, éducative, de divertissement ou similaire : 49985, 50002 (TVA : territorialité) ; 61770, 61775 (TVA : taux) ; 89565 (IS : organisme sans but lucratif).
– organisée par des organismes sans but lucratif (manifestation de bienfaisance ou de soutien) : 73470 (taxe sur les salaires) ; 89530 (TVA) ; 89565 (IS) ; 89575 (CET).

Manœuvres frauduleuses : 80000 s. (sanctions *fiscales*) ; *80250 s. (sanctions pénales)*.

Manufacture nationale : 37095 (IS) ; 43570, 43870 (CET) ; 47220 (TVA).

Manutention
Amortissement du matériel de manutention : 9330 (BIC).

Manutention (suite)
Entreprise de manutention : 7015 (BIC) ; 42135 (FB) ; 43684 (CFE).
Frais de manutention : 8320 (BIC).
TVA : 49870 s., 50000, 50135, 50755 (accessoire aux transports).

Marais salants : 15160 (BA) ; 42500, 42525 (FNB).

Marchand
– ambulant : 43715 (CFE : lieu d'imposition).
– forain : voir Forain.

Marchand de biens : 7015 (catégorie d'imposition) ; 10270 (entreprise nouvelle) ; 30300 s. (profits : étude d'ensemble) ; 40965 (régime mère-fille) ; 58700 s. (TVA) ; 66275 s. (ENR : achat assorti d'un engagement de revendre).

Marchandise : voir Achat, Stock, Vente.

Marché
– d'intérêt national : 7530 (BIC) ; 47235 (TVA : option collectivités publiques).
– public : 80320 (exclusion à titre de sanction).
– à terme d'instruments financiers : 8005 s. (BIC) ; 33400 s. (PV privée) ; 60340 (TVA).
– à terme de marchandises : 47560 (TVA).

Margarine : 52965 (TVA : taux).

Mari : voir Conjoint.

Mariage
– en cours d'année : 365 s. (IR : imposition des revenus de l'année du mariage) ; 970 (IR : déficits) ; 3820 s. (IR : taux du prélèvement à la source) ; 5120, 5145 (contribution sur les hauts revenus).
– des partenaires d'un Pacs : 370 (IR).
– rattachement des enfants majeurs mariés : 1240 s. (IR).
Contrat de mariage : 64100 (ENR : tarif).

Marin, marine : voir Bateau, Pêche, pêcheur.

Marque de produits et de services : 7600 (BIC : frais de dépôt, de renouvellement et de surveillance) ; 7535, 8495 (BIC : redevances de concession) ; 9170 (BIC : amortissement) ; 13795 (BNC : cession et concession par des personnes physiques) ; 47505 (TVA : cession de marque) ; 52650 (TVA : exigibilité) ; 65550 (ENR : cession et concession de marque).

AUTRE RUBRIQUE : Propriété industrielle.

Martinique : 91280 s. (étude générale) ; 91710 s. (investissements outre-mer : défiscalisation).

Masseur-kinésithérapeute : 13160 (BNC) ; 43630, 43875 (CET : exonération facultative) ; 47120 s. (TVA).

AUTRE RUBRIQUE : Profession libérale ou non commerciale.

Matériel et outillage
Amortissement : 9090 s. (BIC) ; 13395 s. (BNC) ; 15990 (BA).
Cotisation foncière des entreprises : 43670 (matériels industriels).
Frais d'entretien et de réparation : 8365 s. (BIC) ; 13360 (BNC).
Frais professionnels des salariés : 21585, 22070 (TS).
Installation : 48995 (TVA : biens livrés après installation).
Location : voir Location.

Matériel et outillage (suite)
Matériel et outillage de faible valeur : 7540 (BIC) ; 13330 (BNC) ; 21585, 22070 (TS) ; 56815 (TVA).
Provision pour renouvellement : 9910 s. (BIC).
Taxe foncière sur les propriétés bâties : 41955.
Vente de matériel agricole : 92385 (TVA : Corse).

Maternité (indemnités journalières) : 8080 (BIC) ; 13310 (BNC) ; 21645 (TS).

Matières de récupération : 54050 (TVA).

Matières premières
BA : 15925 (stocks).
BIC : 7675 s. (stocks).
TVA : 56820 (déduction) ; 61265 (textiles) ; 61630 (publications de presse).

Mayotte : 91280 s. (étude générale) ; 91710 s. (investissements outre-mer : défiscalisation).

Mécanique (amortissement des industries mécaniques) : 9225 (BIC).

Mécénat : voir Don, donation.

Médaille
– d'honneur du travail ou assimilée : 9875 (BIC) ; 21735 (TS) ; 55975 (TVA).
– militaire : 22470 (TS).
Collection de médailles : voir Collection.

Médecin (et auxiliaires médicaux)
Règles générales : 13160 s. (catégorie imposition) ; 13395 (BNC : amortissement du matériel) ; 43630, 43740, 43875 (CET) ; 47120 s. (TVA).
Cabinet de groupe : 13180 (BNC : modalités d'imposition) ; 47120 s. (TVA : redevance de collaboration) ; 47325 (TVA : convention d'exercice conjoint).
Médecin conventionné : 13770 s. (BNC) ; 97280 (barème forfaitaire des frais).
AUTRE RUBRIQUE : Profession libérale ou non commerciale.

Médicament
Appareil de stockage automatique (amortissement) : 9340 (BIC).
Frais d'autorisation de mise sur le marché : 7600 (BIC).
TVA : 47170 (médicament fourni dans clinique) ; 53065 s., 52984 (taux).
Vente en gros : 75020 (contribution sociale de solidarité des sociétés).

Médico-social : 9330 (BIC : amortissement des installations).

Mensualisation de l'impôt : 41555 s. ; 43790 (impôts locaux).

Mention expresse (dans les actes ou déclarations) : 79865 (sanctions).

Mère (parent) : voir Ascendant.

Mère (société mère) : voir Filiale, Holding.

Métal précieux : 68430 (succession : évaluation des bijoux) ; 75915 s. (taxe sur les objets et métaux précieux).
AUTRE RUBRIQUE : Or.

Métayage
Bénéfices agricoles : 15155 s., 15520.
Taxe foncière : 41665, 42615 s.
TVA agricole : 59425 (notion d'exploitant) ; 59700 (imposition obligatoire) ; 59760 s. (option) ; 59845 (déductions) ; 59910 (mentions sur factures).

Méthanisation agricole : 41955 (FB) ; 43553, 43870 (CET).

Métier d'art : 10535 (crédit d'impôt).

Meuble
Amortissement : 9090 s. (BIC) ; 13395 s. (BNC).
Dépenses de petit mobilier : 7540 (BIC) ; 13330 (BNC) ; 22070 (TS) ; 56815 (TVA).
Échange de meubles contre des immeubles : 70515 (ENR).
Évaluation : 68430 (succession).
Location : voir Location.
Plus-value : 32740 s. (PV privée) ; 82970 (INT).

Meublé (location en meublé) : 90420 s. (étude d'ensemble) ; 90575 s. (IR : réduction d'impôt pour investissement locatif) ; 77280 (responsabilité fiscale du bailleur de bureaux meublés).

Micro (régime d'imposition simplifié)
Micro-BA
Champ d'application : 15500 s.
Modalités d'imposition : 15700 s.
Micro-BIC
Champ d'application : 11190 s.
Modalités d'imposition : 11280 s. (étude d'ensemble) ; 79080 (évaluation d'office des résultats).
Option pour le régime de l'auto-entrepreneur : 85100 s. (étude d'ensemble).
Micro-BNC
Champ d'application : 13525 s.
Modalités d'imposition : 13590 s. ; 79080 (évaluation d'office des résultats).
Option pour le régime de l'auto-entrepreneur : 85100 s. (étude d'ensemble).
Micro-foncier : 27450 s.
Modalités d'imposition à la CET des micro-entreprises : 43940, 44130.

Militaire
– blessé ou décédé dans le cadre d'opérations extérieures ou d'opérations mobilisant des capacités militaires : 4775 s. (IR) ; 68190 (succession) ; 69187 (dons).
Cotisations aux associations professionnelles nationales : 3370 (IR : crédit d'impôt).
Indemnités versées au titre d'opération « Sentinelle » : 21735 (TS).
Pension militaire : 1500 (IR : abattement spécial) ; 2030 s., 2035, 2040, 2045, 2220 (IR : quotient familial) ; 22470 (pensions militaires et pensions de guerre exonérées).
AUTRE RUBRIQUE : Guerre.

Mine
Contribution économique territoriale : 43560, 43870 (exonération).
Exploitation : 7015, 7020 (catégorie d'imposition) ; 47530 (TVA).
Redevances communale et départementale : 45500.
Terrain occupé par des mines : 41915 (FB) ; 42500 (FNB).

Minibon : 25655 (RM : non-remboursement).

Minimis (aides de minimis) : 92660.

Mise à la consommation : 49600 s. (TVA : importation) ; 49630, 49640 (TVA : en suite de régime douanier) ; 61370 (TVA : produits pétroliers).

Mise en demeure
- **de payer :** 76784, 77020.
- **de répondre à une demande de justifications :** 27595 (FONC) ; 78005 (IR) ; 78305 (ENR).
- **de souscrire la déclaration :** 79065 s.

Mission
Frais de mission : 8470 (BIC) ; 22110 (TS) ; 52255 (TVA : assiette) ; 55955 (TVA : déduction).
Indemnités de déplacement : 21595, 21605 (TS).
Indemnités de fin de mission : 21695 (TS).
Salariés domiciliés à l'étranger en mission en France : 4595 s., 82880 (IR : retenue à la source).
Salariés en mission à l'étranger : 4695 s. (IR) ; 34380 (CSG et CRDS) ; 73370 (taxe sur les salaires).
Salariés en mission en France : 4715 s. (supplément de rémunération) ; 21885, 21900 (TS : cotisations).

Mobilier : voir Meuble.

Mobilité
Forfait mobilités durables : 21735 (TS).
Prime de mobilité : 21730 (TS).
Taxe à la charge des exploitants des plateformes de mise en relation par voie électronique en vue de fournir certaines prestations de transports : 76145.

Modèle
Amortissement : 9170 (BIC).
Création de modèles de collection : 7710 (BIC : coût de revient des stocks) ; 8165 (BIC : charges) ; 10485 (crédit d'impôt recherche).
AUTRE RUBRIQUE : Propriété industrielle.

Modification : voir Changement.

Moins-value
Imputation des moins-values
Moins-values des particuliers : 32265 (immeubles) ; 33065 s. (valeurs mobilières et droits sociaux).
Moins-values professionnelles : 17500 s. (étude d'ensemble).
Moins-values réalisées par les sociétés membres d'un groupe intégré : 40440 s. (ajustements) ; 40570 (moins-value à long terme : résultat d'ensemble) ; 40385 s. (moins-value à long terme : résultats des sociétés).
AUTRE RUBRIQUE : Plus-value.

Monaco : 48520 (TVA : territorialité) ; 83300 (convention).

Monnaie
- **électronique :** 78401 (limitation des paiements en monnaie électronique).
- **espèces :** 78401 (limitation des paiements en espèces).
- **étrangère :** voir Devise.
- **en métal précieux :** 75915 s. (taxe sur les objets et métaux précieux).
Administration de la Monnaie de Paris : 37095 (IS) ; 43570, 43870 (CET).
Collection de monnaies : voir Collection.
Opérations portant sur les monnaies : 49645, 60300 s. (TVA).
AUTRE RUBRIQUE : Bitcoin.

Montage
Biens livrés après montage ou installation : 48995 (TVA).
Frais de montage : 7560 (BIC).

Monument
- **historique :** 28350 s. (FONC : charges) ; 2807 (IR : réductions d'impôt Duflot-Pinel et Denormandie ancien) ; 2850 (IR : Loc'Avantages) ; 3175 (IR : dons) ; 3440 (IR : objets mobiliers) ; 9010 (BIC : charges) ; 47217 (TVA : champ d'application) ; 61775, 61810 (TVA : droits d'entrée) ; 68185 (ENR : succession) ; 69170 (ENR : donation) ; 71760 (IFI : évaluation).
- **aux morts :** 47565 (TVA).

Moselle : 3175, 3180 (IR : dons aux associations) ; 45540 (taxe pour frais de chambres de métiers) ; 63740 (formalité de l'enregistrement et de la publicité foncière).

Moto (et autres cycles à moteur)
Élément du train de vie : 4240 (IR : taxation d'après les signes extérieurs) ; 78398 (en matière d'activités illicites).
Évaluation forfaitaire des frais : 8475 (BIC) ; 13370 (BNC) ; 16040 (BA) ; 22115 (TS) ; 97165 s., 97200 (barème kilométrique).
Taxes sur les cartes grises : 76035 s.
TVA : 49340 s. (TVA intracommunautaire : véhicule neuf) ; 52255 (dépôt de garantie dans crédit-bail) ; 52995 (scooter médical) ; 55900 s. (déduction).
AUTRE RUBRIQUE : Véhicule.

Moyenne (imposition sur un résultat moyen pluriannuel) : 13750 s. (BNC) ; 16325 s. (BA : moyenne triennale).

Multipropriété : voir Pluripropriété.

Musée : 10695 s. (BIC : mécénat d'entreprise) ; 43570, 43870 (CET) ; 47217 (TVA : champ d'application) ; 61775, 61810 (TVA : droits d'entrée).

Musicien : voir Artiste.

Mutation
Mutation à titre gratuit : voir Succession, Don, donation.
Mutation à titre onéreux : voir le mot correspondant à la nature de l'opération (par ex. : Apport en société ; Cessation ou cession d'entreprise ou d'activité ; Échange ; Vente).
Prime de mutation ou de mobilité : 21730 (TS).

Mutuelle
Cotisations versées à une mutuelle : voir Prévoyance.
Régime fiscal des mutuelles : 35695 (IS) ; 39290 (fusion) ; 43965 s. (CVAE) ; 66260 (ENR : achat d'immeubles par les mutuelles de retraite des anciens combattants) ; 73500 (taxe sur les salaires) ; 75000 s. (contribution sociale de solidarité des sociétés).
AUTRE RUBRIQUE : Assurance.

N

Nantissement : 64100 (ENR : tarif).

Nationalisation : 33300 (PV privée).

Navigation aérienne : voir Avion.

Navigation maritime : voir Bateau.

Navire : voir Bateau.

Négociant : voir le mot correspondant à la nature de l'activité (ex. : Animal ; Objet d'occasion...).

Neveu, nièce
Dons de sommes d'argent : 69175 (ENR : exonération).
Droits de succession et de donation entre oncle et neveu : 68575 (succession : abattement) ; 68615 (tarif) ; 69270 (donation : abattement).
Pension alimentaire versée aux neveux ou nièces : 1205 (IR).

Non-discrimination : 83110 (INT : clause de non-discrimination).

Non-résident : voir Étranger.

Normes (mise aux normes) : 8375 (BIC : charges).

Notaire : 13195 (catégorie d'imposition) ; 13275, 13395 (BNC : finance de l'office) ; 13485 (BNC : comptabilité) ; 13500 (BNC : contrôle) ; 46990 s. (TVA : imposition) ; 52225, 52305, 52350 (TVA : assiette) ; 64100 (attestation notariée : ENR) ; 65665 s. (ENR : cession de charge) ; 72660 (IFI : actifs professionnels) ; 77280 (responsabilité de l'acheteur de la charge) ; 78045 (droit de communication de l'administration) ; 78401 (modalités des paiements effectués ou reçus par un notaire) ; 80215 (complicité de fraude fiscale) ; 97370 s. (tarif des notaires).

Notification de rectification : 78775 s. (procédure contradictoire) ; 79130 (imposition d'office).

Nourrice : voir Assistante maternelle.

Nourriture : voir Aliment, Repas.

Nouvelle-Calédonie : 83300 (convention) ; 91680 (statut spécial).

Nucléaire (centrale) : 45500 (LOC : imposition forfaitaire).

Nue-propriété : voir Usufruit.

O

Objet
– d'antiquité : voir Antiquité.
– d'art : voir Œuvre d'art.
– classé monument historique : 3440 (IR : réduction d'impôt).
– de collection : voir Collection.
– d'occasion : 9210 (BIC : taux d'amortissement) ; 9330 s. (BIC : amortissement dégressif) ; 60540 s. (TVA).
– publicitaire : 9050 s. (BIC : relevé frais généraux) ; 55985, 56005 (TVA : déduction).

Objet (changement d'objet) : 38715 s. (BIC/IS) ; 38735 (ENR) ; 40705 (intégration fiscale) ; 43746 (CFE).

Obligation alimentaire (pension) : 1205 s. (IR : déduction) ; 22480 (TS).

Obligations (titres)
Cession d'obligations : 18800 (PV professionnelle) ; 32805 s. (PV privée) ; 40440 s. (intégration fiscale) ; 55760 s., 60300 s. (TVA) ; 67145 (ENR).
Charges d'emprunt obligataire : 8765 (BIC).
Conversion ou échange (obligation convertible, échangeable ou participante) : 19055 s. (PV professionnelle) ; 33300 (PV privée) ; 67137 (ENR : droit de vente).
Évaluation des obligations : 18390 (entreprise IR) ; 18985 s. (entreprise IS) ; 68440 (succession) ; 69225 (donation).
Frais d'acquisition : 24195 (RM).
Provision pour dépréciation : 18390 (entreprise IR) ; 18985 s. (entreprise IS).

Obligations (suite)
Remise en garantie : 19085 (PV professionnelle).
Revenus d'obligations : 7960 (BIC/IS) ; 25445, 82840 (bénéficiaires non résidents) ; 25550 s. (RM) ; 26505 s. (obligations étrangères) ; 55760 s., 60300 s. (TVA) ; 82850 s. (INT : revenu de source étrangère).
Transmission à titre gratuit
Droits de donation : 69225 (règles d'évaluation).
Droits de succession : 68010 (obligations étrangères) ; 68030 (présomption de propriété) ; 68440 (règles d'évaluation).
AUTRE RUBRIQUE : Intérêt.

Obtenteur (de nouvelles variétés végétales) : 15160 (BA) ; 43550, 43870 (CET) ; 59955 s. (TVA).

Occasion (bien d') : 9210 (BIC : taux d'amortissement) ; 9330 s. (BIC : amortissement dégressif) ; 60540 s. (TVA).

Occulte
Activité occulte : 77715, 77725, 77735 (délai de reprise de l'administration) ; 78145 (activité découverte en ESFP) ; 78330 s. (flagrance fiscale) ; 79465 (vérification de comptabilité : durée) ; 80085 (sanctions).
Rémunération et avantage ou distribution occulte : 24770 s. (RM).
AUTRE RUBRIQUE : Dissimulation.

Octroi de mer : 49620, 52300 (TVA : base d'imposition).

Œuvre d'art
Acquisition d'œuvres d'art par l'État : 10710 (BIC).
Acquisition d'œuvres d'art par une entreprise : 10705 s. (BIC).
Déclaration, en cas de décès, des contrats d'assurances : 78380.
Don à l'État : 68195 (ENR).
Évaluation dans les successions : 68430 (ENR).
Provision pour dépréciation : 9800 (BIC).
Remise en paiement de droits de succession ou de donation : 68920, 69360 (ENR).
Souscription nationale pour le financement d'œuvres d'art : 3170 (IR).
Taxe sur les objets et métaux précieux : 75915 s.
TVA : 60540 s.

Œuvre d'intérêt général : voir Organisme.

Officier public et ministériel (charges et offices) : voir le mot correspondant à la profession, par ex. : Avocat (avocat aux conseils), Avoué, Notaire.

Offre publique d'échange (actions) : 18735 s., 19060 s. (PV professionnelle) ; 33300 (PV privée) ; 41005 (régime mère-fille).

OPCI (organisme de placement collectif immobilier) : voir FPI et Sppicav.

OPCVM (organisme de placement collectif en valeurs mobilières) : voir FCP et Sicav.

Opposabilité
– du bilan du premier exercice non prescrit (contrôle fiscal) : 78160 s.
– de la doctrine ou des prises de position de l'administration : 79530 s.

Opposition au contrôle fiscal : 79100.

Opticien-lunetier : 43630 (CET).

Option
Options fiscales
Option des conjoints ou partenaires pour l'imposition séparée l'année du mariage ou de la conclusion du Pacs : 370 (IR).
Option pour l'assimilation à une EURL : 87210 (entreprises individuelles).
Option pour l'imposition distincte d'enfants mineurs : 345 (IR).
Option pour l'impôt sur les sociétés : 13865 (SCP) ; 37575 s. (sociétés de personnes) ; 87210 (entreprises individuelles).
Option pour le prélèvement libératoire sur les produits des bons ou contrats de capitalisation : 26050 s.
Option pour le régime d'intégration fiscale : 40280 s.
Option pour le régime réel d'imposition : 15640 s. (BA) ; 11090 s. (simplifié BIC) ; 10910 s. (réel normal BIC) ; 13475 (déclaration contrôlée).
Option des sociétés de capitaux pour le régime des sociétés de personnes : 36950 s.
Option pour la TVA : 46600 (opérations concernées) ; 56690, 57390 s. (renonciation : conséquences) ; 73380 (conséquences en matière de taxe sur les salaires) ; 53820 s. (bénéficiaires de la franchise en base).
Option pour la création d'un assujetti unique (groupe TVA) : 46545 s. (étude d'ensemble) ; 73385 (taxe sur les salaires).
Option pour le régime de l'auto-entrepreneur : 85100 s. (étude d'ensemble).
Stock-options : 88780 s.

Or
Évaluation en cas de succession : 68430.
Inopposabilité des cessions : 78005 (demande de justifications).
Taxe sur les objets et métaux précieux : 75915 s.
Transfert d'or à l'étranger : 78300 (déclaration).
TVA : 61850 s. (opérations portant sur l'or) ; 49745, 60450 (livraison aux instituts d'émission).

Ordinateur : voir Informatique.

Ordre professionnel : 13375 (BNC : cotisations) ; 89535 s. (TVA) ; 89565 (IS) ; 89575 (CET).

Ordures ménagères
Collecte, tri, traitement et valorisation des déchets ménagers : 53030 s., 53235 (TVA : taux) ; 54050 (TVA : matières de récupération).
Service d'enlèvement : 47235 (TVA : option).
Taxe d'enlèvement des ordures ménagères : 45520 (étude d'ensemble) ; 27410 (FONC).
Taxe générale sur les activités polluantes : 75210

Orfèvrerie : 68430 (succession : évaluation) ; 75915 s. (taxe sur les objets et métaux précieux) ; 78380 (déclaration, en cas de décès, des contrats d'assurances).

Organe humain (opérations portant sur les organes) : 47150, 49190, 49645 (TVA).

Organisme
Dons à certains organismes ou œuvres d'intérêt général : 3170 s. (IR : réduction d'impôt) ; 8645 (BIC : dons au comité social et économique et aux œuvres sociales) ; 10695 s. (BIC : mécénat d'entreprise) ; 68190, 68590 (ENR) ; 72100 s. (IFI : réduction d'impôt) ; 89555 (TVA).

Organisme (suite)
Organisme international : 21010 (TS : fonctionnaire) ; 24855, 26540 s. (RM) ; 43060 (HAB : fonctionnaire) ; 46580, 50040 (TVA) ; 73435 (taxe sur les salaires).
Organisme mixte de gestion agréé : 87920.
Organisme philosophique, religieux, politique, patriotique, civique ou syndical : 73500 (taxe sur les salaires) ; 76170 (taxe sur certaines dépenses de publicité) ; 89535 s. (TVA).
Organisme de placement collectif immobilier (OPCI) : voir FPI et Sppicav.
Organisme public : voir Collectivité publique.
Organisme sans but lucratif : 89200 s. (étude d'ensemble : IS/TVA/CET) ; 31395 (taxe annuelle sur les bureaux en Île-de-France) ; 40900 (régime mère-fille) ; 42000 (FB) ; 43020, 43080, 43090 (HAB) ; 61585 (TVA : périodiques) ; 73470, 73500 (taxe sur les salaires) ; 76170 (taxe sur certaines dépenses de publicité).
Organisme reconnu d'utilité publique : 66350 (ENR : transfert de biens).
AUTRES RUBRIQUES : Caisse, Groupement.

Orphelin
Enfant orphelin recueilli : 1880 s. (IR).
Pension et rente d'orphelin : 21650, 22470, 22490 (TS).

Ostéopathe : 47120 s. (TVA).

Ostréiculteur : 15165 (catégorie d'imposition) ; 15530 (limites BA : indemnités d'éradication) ; 52984, 52986 (TVA : taux) ; 59425 (TVA agricole) ; 73410 (taxe sur les salaires).

Outillage : voir Matériel et outillage.

Outre-mer : 91280 s. (étude d'ensemble) ; 91710 s. (investissements outre-mer : défiscalisation).

Ouverture
– de compte (déclaration) : 26940 (RM) ; 78305 (compte à l'étranger).
– d'établissement : voir Création d'entreprise ou d'activité.

Ouvrage hydroélectrique : 41655, 41958 (FB) ; 43740 (CFE) ; 45500 (LOC : imposition forfaitaire).

P

Pacs (pacte civil de solidarité) : 330 (IR : imposition commune des pacsés) ; 355, 365, 1865 s., 1985 s. (IR : imposition séparée des pacsés) ; 970 (IR : déficits) ; 1225 (IR : pension versée aux enfants après rupture) ; 1240 s. (IR : enfants majeurs pacsés) ; 1865, 1905 s. (IR : enfants à charge) ; 1985 s. (IR : quotient familial) ; 3820 s. (IR : taux du prélèvement à la source) ; 5120, 5145 (conclusion ou rupture du Pacs : contribution sur les hauts revenus) ; 4770 (IR : décès du partenaire) ; 32090, 32330 (PV privée : partage) ; 68070, 68420 (succession) ; 69275, 69300 s. (donation) ; 71090, 72335 (IFI) ; 77280 (paiement IR et HAB).

Pacte « Dutreil » : 68090 s., 69320 (ENR).

Paie
Bulletin de paie : 22190 (TS : obligation des employeurs).
Livre de paie : 22580 (TS : obligation des débirentiers).

Paiement des impôts

Étude d'ensemble des règles de paiement et de recouvrement forcé : 76510 s.

Délais et modalités de paiement

Principaux impôts : 3740 s. (IR) ; 36460 s. (IS) ; 36730 s. (contribution sociale) ; 40590 s. (IS : intégration fiscale) ; 41555 s. (FB, FNB, HAB) ; 43770 s. (CFE) ; 44040 s. (CVAE) ; 53700 s. (TVA).

Télérèglement : 26055 (RM : prélèvement libératoire sur produits d'assurance-vie) ; 36525, 36610 (IS) ; 36730 (contribution sociale) ; 41555 s. (FB, FNB, HAB) ; 43770 (CFE) ; 44040 (CVAE) ; 54100 (TVA) ; 72330 (IFI) ; 73530 (taxe sur les salaires) ; 76715 s. (règles générales) ; 80200 (sanctions) ; 87460 (DGE).

Excédent de versement : 3860 (IR : prélèvement à la source) ; 36620 (IS) ; 36730 (contribution sociale) ; 43790 (CFE) ; 44050 (CVAE) ; 74335, 74395 (investissement construction : excédent de dépenses libératoires) ; 81915 (intérêts moratoires) ; 82310 (restitution d'office) ; 54280 (TVA : régime simplifié).

Paiement différé, fractionné ou échelonné : 13665 (BNC) ; 18110, 19295 (PV professionnelle) ; 65410 (ENR : cessions de fonds de commerce) ; 66880 (ENR : apports) ; 68930 s. (ENR : droits de succession et de donation) ; 79425, 79475 (imposition supplémentaire après vérification).

AUTRES RUBRIQUES : Étalement (des revenus ou plus-values), Report.

Responsabilité solidaire : 77275 s. (dirigeants et autres cas).

Retard ou défaut de paiement : 76770 s. (procédures de relance) ; 76760 s. (poursuites) ; 80140 s. (pénalités) ; 76660 (défaut ou retard de paiement d'un acompte d'impôt sur le revenu).

Sursis de paiement en cas de réclamation : 81885 s.

Papier

Pâte à papier : 9225 (amortissement dans l'industrie de la).

TVA : 53045 (taux) ; 61630, 61640 (papier de presse).

Paradis fiscaux : 78260 s. (mesures anti-évasion).

Parc

– d'attraction : 43689 (CFE) ; 47217, 61775 (TVA).

– de stationnement : voir Garage.

Entrepreneur de parcs et jardins : 7925 (BIC) ; 73410 (taxe sur les salaires).

Parent : voir Ascendant, Famille.

Parfumerie (échantillon) : 8460 (BIC) ; 47400 (TVA : livraison à soi-même et déduction).

Paris : 31315 s. (taxe pour création de bureaux et autres surfaces) ; 31380 s. (taxe annuelle sur les bureaux et autres surfaces) ; 45510 (taxe spéciale d'équipement des grands projets).

Parking : voir Garage.

Parrainage : 8455 (BIC : charges) ; 9950 (bons de parrainage : provision) ; 46920 (TVA : champ d'application) ; 47010 (TVA : parrainage de sportifs) ; 76160 (taxe sur la publicité diffusée au moyen de services d'accès à des contenus audiovisuels à la demande).

Part

Part de fondateur ou bénéficiaire (rachat) : 24490 (RM).

Part (suite)

Part de quotient familial : 1985 s. (IR).

Part sociale : voir Titre de société.

Partage

Donation-partage : 1450 (IR) ; 69150 (ENR).

Frais de partage : 32225 (PV privée : calcul).

Partage d'indivision (communauté conjugale, succession…) : 17730 (PV professionnelle) ; 32090, 32900 (PV privée) ; 32330 (PV privée : cession d'immeuble acquis lors du partage) ; 37860 (PV professionnelle) ; 70400 s. (ENR) ; 71145 (IFI : conséquence d'un partage avec effet rétroactif) ; 91630 (ENR : DOM) ; 92440 (ENR : Corse).

Partage de plus-value avec les salariés : 88690 (étude d'ensemble).

Partage de société : 19102 (entreprise associée : boni de liquidation) ; 24510 s. (associé personne physique : boni de liquidation) ; 67090 s. (ENR).

Parti politique (don et cotisation) : 3200 s. (IR : réduction d'impôt).

Participation

– à l'effort de construction : 74300 s. (étude d'ensemble) ; 9860 (provision).

Participation des salariés aux résultats de l'entreprise

Régimes légaux de participation et d'intéressement : 88400 s. (étude d'ensemble).

Société en participation : 37800 s. (IR / IS) ; 43530 (CFE) ; 47325 (TVA) ; 67205 (ENR).

Titres de participation : 18735 s. (définition) ; 18390, 18835 s. (évaluation portefeuille IS/IR) ; 18850 s. (PV professionnelle) ; 55250 (TVA : frais exposés pour l'acquisition).

AUTRE RUBRIQUE : Titre de société.

Titres participatifs : 18800 (PV/IS) ; (titres détenus par des non-résidents) ; 25550 s. (RM) ; 32890 (PV privées).

Pas-de-porte

Droit d'entrée reçu : 7915 (BIC) ; 27285 (FONC) ; 52255 (TVA) ; 65610 s. (ENR).

Droit d'entrée versé : 8350 (BIC).

Passeport, titre de voyage : 76030 (timbre).

Passif : voir Dette.

Pâte à papier : 9225 (amortissement dans l'industrie de la).

Patinoire publique : 47217 (TVA : champ d'application).

Patrimoine privé et professionnel : voir Actif.

Paysagiste : 7925 (BIC) ; 73410 (taxe sur les salaires) ; 78045 (droit de communication de l'administration).

PBRD (personne bénéficiant du régime dérogatoire) : 49225 s. (TVA : étude d'ensemble) ; 49340 s. (TVA : livraisons et acquisitions de moyens de transport neufs) ; 53390, 53420 s. (TVA : obligations).

PDG (président-directeur général) : voir Dirigeant.

PEA (plan d'épargne en actions) : 26155 s. (étude d'ensemble).

Péac (plan d'épargne avenir climat) : 26190 s. (étude d'ensemble).

Pêche, pêcheur

Imposition (règles générales) : 7015 (BIC/TS) ; 43546, 43870 (CET) ; 47555 (TVA) ; 73435 (taxe sur les salaires).

Pêche, pêcheur (suite)
Dépenses somptuaires des entreprises : 9000 s.
Filet de pêche : 50475 (TVA : exonération).
Garde-pêche : 73410 (taxe sur les salaires).
Lacs ou étangs pour la pêche
Location du droit de pêche : 15185, 15535 (BA) ; 27080, 28610 (FONC) ; 46860 (TVA) ; 65265 (ENR).
Propriétaire s'en réservant la jouissance : 28625 (FONC).
Navires de pêche (investissement outre-mer) : 91865, 91995.
Redevances sanitaires sur les produits de la pêche et de l'aquaculture : 76080.

Pédicure : 43630, 43875 (CET : exonération facultative) ; 47120 s. (TVA).
AUTRE RUBRIQUE : Profession libérale ou non commerciale.

PEE (plan d'épargne d'entreprise) : 88690.

PEI (plan d'épargne interentreprises) : 88695.

Peintre (artiste-peintre)
Contribution économique territoriale : 43555, 43870.
Droit de communication de l'administration : 78045.
Imposition à l'IR : 13160 (catégorie d'imposition) ; 13735 s. (droits d'auteur) ; 13750 s. (régime du bénéfice moyen).
TVA : 60540 s. (vente de tableaux) ; 61680 s. (retenue à la source) ; 53860 (franchise).
AUTRE RUBRIQUE : Droit (droits d'auteur).

Peinture (travaux de) : 8370 (BIC) ; 27340 (FONC).

Pénalité : voir Sanction.

Pension
Pension et rente viagère
Étude d'ensemble : 22340 s.
Abattement sur les pensions : 22535 s.
Collecte du prélèvement à la source de l'IR sur les pensions et rentes : 3840 s.
Déclaration des pensions et rentes : 22585.
Majoration de pensions pour assistance d'une tierce personne : 22470 (TS).
Majoration de pensions pour charges de famille : 22455.
Obligations déclaratives des débirentiers : 3845 s. ; 22580 s.
Pension alimentaire : 1200 s. (IR : déduction) ; 22480 (TS : imposition) ; 78420 (créancier de pension alimentaire : connaissance des revenus du débiteur).
Pension d'invalidité : 1500 (IR : abattement spécial) ; 2030 s., 2035, 2040, 2045, 2220 (IR : quotient familial) ; 22465 s. (TS).
Pension militaire : voir Militaire.
Pension d'orphelin : 21650 (TS).
Pension de retraite : voir Retraite.
Pension versée à des non-résidents : 4595 s., 82900 s. (IR : retenue à la source).
Pension de titres : 19080 (PV professionnelle) ; 40910 (régime mère-fille) ; 60320 (TVA) ; 67155 (ENR).
Prise en pension d'animaux
Règles générales : 15165 (BA) ; 59920, 59925, 59955 s., 60010 (TVA).
Chevaux : 15175 (BA) ; 60010 (TVA agricole).

PEP (plan d'épargne populaire) : 25665 (RM).

Pépinière : 42525 (FNB).

Peps (règle « premier entré, premier sorti ») : 7695 (BIC : stocks) ; 18855 (PV professionnelle : portefeuille-titres).

PER (plan d'épargne retraite) : 96580 s. (étude d'ensemble).

Perco (plan d'épargne pour la retraite collectif) : voir plan d'épargne.

Pereco (plan d'épargne retraite d'entreprise collectif) : voir plan d'épargne.

Père : voir Ascendant.

Performance énergétique : 2808, 2814 (IR : réduction d'impôt « Duflot » et « Pinel ») ; 2823 (IR : réduction d'impôt « Denormandie ancien ») ; 2852 (IR : réduction d'impôt « Loc'Avantages ») ; 10525 (BIC : crédit d'impôt pour la rénovation énergétique des locaux professionnels) ; 10637 (crédit d'impôt PAMTZ) ; 27546 (FONC : imputation du déficit foncier sur le revenu global) ; 27850 (FONC : Cosse) ; 41970, 42002 (FB : exonération) ; 53048 (taux de TVA).

Période d'imposition : 740 (IR) ; 7325 s. (BIC) ; 13245 (BNC) ; 15850 (BA : régime réel) ; 21850 (TS) ; 40295, 40745 (intégration fiscale) ; 41680 (FB, FNB) ; 43190 (HAB) ; 43745 s. (CFE) ; 44030 (CVAE) ; 53700 s. (TVA) ; 59885 s. (TVA agricole).

Permis
– de chasse : 76030 (timbre).
– de conduire : 76030 (taxe en cas de renouvellement) ; 80315 (suspension du permis).
– de navigation : 76030 (taxe).

Perp (plan d'épargne retraite populaire) : 1375 s. (IR : déduction des cotisations) ; 71285 (IFI).

Perquisition : 78320 s.

Personne
Personne âgée
Avantages fiscaux en faveur des personnes âgées : 1500 (IR : abattement spécial) ; 3110 s. (IR : crédit d'impôt pour dépenses d'équipements de l'habitation principale) ; 3230 s. (IR : crédit d'impôt pour emploi d'un salarié à domicile) ; 3360 (IR : réduction d'impôt pour frais de séjour en établissement pour personnes dépendantes) ; 42315 s., 43070 (impôts locaux : exonérations) ; 53015 (TVA : aide au maintien à domicile par entreprises agréées ou déclarées) ; 73435 (taxe sur les salaires : accueil agréé).
Avantages fiscaux en faveur des personnes hébergeant des personnes âgées : 1215 (IR : frais d'accueil ou d'hospitalisation des parents) ; 1350 (IR : frais d'accueil de tiers) ; 90575 s. (réduction d'impôt pour investissements dans des résidences-services).
Personne à charge : 370, 375, 1700 s. (IR : quotient familial) ; 22455 (TS : majoration de pension).
Personne morale : voir Société.

Personnel : voir Salaire, salarié.

Perte
Perte de bétail ou de récolte : 15530 (limites BA : prise en compte des indemnités) ; 15865 (BA réel : imposition des indemnités d'assurance) ; 16305 s. (BA réel : imposition étalée de certaines indemnités) ; 42625, 42635 (FNB : dégrèvement) ; 59715 (TVA : seuil d'assujettissement obligatoire) ; 59810 (TVA : aide de l'État).

Perte (suite)

Perte d'un bien (TVA) : 57430 s., 57510 s. (régularisation).

Perte en capital subie par les associés (déduction) : 19100 (MV professionnelle) ; 33065 s. (MV privée).

Pertes subies par une entreprise (BIC) : 7370 (perte de change) ; 8880 s. (perte d'exploitation) ; 9960 (perte sur opérations en cours) ; 9960 s. (provision pour pertes) ; 17500 s. (perte d'élément d'actif).

Pertes subies dans une profession non commerciale : 13385 (BNC).

AUTRES RUBRIQUES : Déficit, Moins-value.

Pétrole

Exploration : 7020 (BIC) ; 43560, 43870 (CET).

Oléoduc : 45500 (LOC : imposition forfaitaire).

Organisme de stockage du pétrole : 35695 (IS).

Régime de TVA : 61340 s.

AUTRE RUBRIQUE : Carburant.

PFU (prélèvement forfaitaire unique) : 24170 s. (RM) ; 33220 (PV).

Pharmacie (et produits pharmaceutiques)

Pharmacien : 7925 (BIC : laboratoire d'analyses annexe) ; 9340 (BIC : amortissement des appareils de stockage automatique) ; 43630 (CET : exonération facultative) ; 47120 s. (TVA).

Propharmacien : 43630 (CET : exonération facultative) ; 47120 s. (TVA).

TVA sur les médicaments et produits pharmaceutiques : 53065 s. (TVA : taux).

Vente en gros de produits pharmaceutiques : 75020 (contribution sociale de solidarité des sociétés).

Photographe, photographie : 13735 s. (droits d'auteur) ; 21585 (TS) ; 43555, 43870 (CET : exonération) ; 60575 (TVA : définition des œuvres d'art) ; 61680 s. (TVA : champ d'application) ; 53860 (TVA : franchise).

AUTRE RUBRIQUE : Droit (droit d'auteur).

Pièce

– détachée (fourniture) : 52370 (TVA : prestation de service).

– de rechange : 7520 (BIC).

Pierre précieuse : 68430 (succession : évaluation) ; 75915 s. (taxe sur les objets et métaux précieux) ; 78380 (déclaration, en cas de décès, des contrats d'assurances).

Pilotage, pilote

Leçons de pilotage : 47045 (TVA).

Services portuaires : 50480 (TVA).

Pipe-line : 45500 (LOC : imposition forfaitaire) ; 61360 s. (TVA).

Pisciculteur : 15165 (BA) ; 52984, 52986 (TVA : taux) ; 59425 (TVA agricole) ; 73410 (taxe sur les salaires) ; 76080 (redevances sanitaires).

Piscine publique : 47217 (TVA : champ d'application).

Placement

Placement en report : 25635 (RM) ; 32900 (PV privées : exonération).

Produits de placements : voir Intérêt, Titre de société.

Placement (suite)

Titres de placement : 18800 (définition) ; 18390, 18985 s. (évaluation portefeuille IS/IR) ; 19015 (PV professionnelle).

AUTRE RUBRIQUE : Investissement.

Plafonnement

– des avantages fiscaux : 2315, 4840 s. (IR : plafonnement global) ; 91895, 92083 (investissements outre-mer) ; 92605 s. (entreprises : encadrement européen).

– de la contribution économique territoriale en fonction de la valeur ajoutée : 44100 s. (étude d'ensemble) ; 43775, 43780, 43790 (incidence sur le paiement de la CFE).

– de l'IFI : 72150 s.

– des effets du quotient familial : 2200 s. (IR).

– des provisions pour dépréciation de titres de sociétés à prépondérance immobilière : 18900.

– de la taxe foncière sur les propriétés bâties : 42330, 91530 s.

Plan

Plan d'amortissement : 9220, 9430 s. (BIC).

Plan comptable général : 10950 (BIC) ; 16030 (BA).

Plan de sauvegarde des emplois : 21685 (TS : indemnités perçues dans le cadre d'un plan).

Plan d'épargne

Plan d'épargne en actions (PEA) : 26155 s. (RM).

Plan d'épargne avenir climat (Péac) : 26190 s. (RM).

Plan d'épargne-logement : 25685 (RM).

Plan d'épargne populaire : 25665 (RM).

Plan d'épargne retraite d'entreprise collectif (Pereco) : 96580 s. (étude d'ensemble) ; 8680 s. (versements volontaires déductibles) ; 21915 (TS) ; 71285 (IFI).

Plan d'épargne retraite d'entreprise obligatoire (Pero) : 96580 s. (étude d'ensemble) ; 1375 s. (IR) ; 21915 (TS).

Plan d'épargne pour la retraite collectif (Perco) : 88700 (étude générale) ; 21915 (TS).

Plan d'épargne retraite individuel : 96580 s. (étude d'ensemble) ; 1375 s. (IR) ; 8680 s. (BIC) ; 71285 (IFI).

Plan d'épargne retraite populaire (Perp) : 1375 s. (IR) ; 71285 (IFI).

Plan d'épargne salariale (PEE, PEI) : 88680 s.

Dossier thématique « plan d'épargne retraite » : 96580 s.

Plantation : 15910 (BA : actif professionnel) ; 15990 (BA : amortissement) ; 42525, 42540 (FNB) ; 59855 (TVA agricole : régime des déductions).

AUTRE RUBRIQUE : Forêt.

Plante : 53095 (TVA : taux).

Plastique (industrie du) : 9225 (BIC : taux spéciaux d'amortissement).

Plateau continental : 48520 (TVA : territorialité).

Plateforme en ligne :

Contrôle fiscal : 78040 (droit de communication de l'administration) ; 78412 s. (obligations particulières) ; 78415 (exploitation des données ouvertes par l'administration fiscale) ; 78417 (enquêtes sous pseudonyme de l'administration fiscale) ; 80330 (publication de l'identité des opérateurs non coopératifs).

Plateforme en ligne (suite)

Taxe sur les exploitants de plateformes de mise en relation par voie électronique en vue de fournir certaines prestations de transport : 76145.

Taxe sur certains services numériques : 76150.

TVA : 49820 s. (vente à distance de biens) ; 50860 (guichet unique) ; 53565 (facturation) ; 54060 (solidarité en paiement).

Platine : 75915 s. (taxe sur les objets et métaux précieux).

Pluripropriété

Résidence de tourisme placée sous le régime de la pluripropriété : 41670 (FB) ; 43030 (HAB) ; 90620 (TVA).

Société de « pluripropriété » (ou « multipropriété ») : 31000 (IMMO) ; 47315 (TVA) ; 67195 (ENR : cession de titres).

Plus-value

Plus-value (ou moins-value) privée

Étude d'ensemble : 32000 s.

Cession d'usufruit temporaire : 4780 s.

Partage PV avec les salariés : 88690.

PV immobilières : 32000 s.

PV sur cession de valeurs mobilières et droits sociaux : 32805 s. (étude d'ensemble) ; 82970 (INT).

PV sur biens meubles (autres que les valeurs mobilières et droits sociaux) : 32740 s. (étude d'ensemble) ; 82970 (INT).

Plus-value (ou moins-value) professionnelle

Étude d'ensemble : 17500 s.

Gains ou pertes de change : 17835.

Partage PV avec les salariés : 88690.

PV d'apport : 18410 s., 37722 s. (apport de parts sociales) ; 13805 (apport en société d'un brevet) ; 19710 s. (apport en société d'une entreprise individuelle).

PV à court ou à long terme : 17870 s. (IR) ; 18650 s. (IS).

PV des PME : 18200 s. (régime général) ; 19650 s. (transmission de fonds de faible valeur) ; 19890 s. (cession d'entreprise dans le cadre d'un départ en retraite) ; 11310 (régime micro-BIC) ; 13605 (régime micro-BNC).

PV réalisées dans un groupe intégré : 40440 s. (ajustements) ; 40570 (PV long terme : imposition).

PV de fusion ou opération assimilée : 39455 (société apporteuse) ; 39500 (réserve PVLT) ; 39510 s., 39535 (société bénéficiaire des apports) ; 39595 (RM : PV d'échange de titres).

Réserve spéciale des PV à long terme : 18685 (IS).

Transmission à titre gratuit d'une entreprise individuelle : 19650 s. (entreprise de faible valeur) ; 19810 s. (poursuite de l'activité par les héritiers ou légataires).

Plus-value « mixte » (biens ayant appartenu au patrimoine privé et professionnel) : 18470 s.

Plus-value réalisée par les sociétés de personnes et groupements assimilés : 37620 s., 37631.

Plus-value réalisée par les membres des sociétés de personnes et groupements assimilés : 37715 s. (droits sociaux).

Plus-value réalisée par les contribuables non domiciliés en France : 32625 s. (immeubles et biens assimilés) ; 32940 s. (valeurs mobilières et droits sociaux) ; 82970 (INT).

Plus-value (suite)

Plus-value réalisée par les loueurs en meublé : 90550 s.

Plus-value réalisée par une SC : 30725 (IMMO).

Plus-value de réévaluation des bilans : 19390 s.

Profits de construction : 30390 s.

Régime des gains en capital dans les conventions internationales : 82970.

PME (petites et moyennes entreprises)

Compte PME innovation : 26210 s. (étude d'ensemble) ; 34570, 34615, 34640, 34655 (prélèvements sociaux).

Définition européenne : 92650.

Franchise en base de TVA : 53780 s. ; 54350 s.

Immobilisations non décomposables (amortissement) : 9205.

Impôt sur les sociétés : 36085 s. (taux réduit) ; 36705 (contribution sociale) ; 40900 (régime mère-fille).

Modalités d'imposition (régimes micro et régime simplifié) : 11050 s. (BIC) ; 13520 s. (BNC) ; 79080 (régime micro : évaluation d'office) ; 43940, 44130 (CET).

PEA « PME-ETI » : 26155 s. (étude d'ensemble).

Plus-values : 11310 (régime micro-BIC) ; 13605 (régime micro-BNC) ; 18200 s. (exonération) ; 19650 s. (exonération en cas de transmission) ; 19890 s. (exonération en cas de départ à la retraite) ; 33100 s. (abattement en cas de cession de titres dans les dix ans de la création de la PME) ; 33106 s. (abattement en cas de départ en retraite) ; 11310 (régime micro-BIC) ; 13605 (régime micro-BNC).

Souscription au capital de PME : 2600 s., 2770 s. (IR : réductions d'impôt) ; 9520 (PME innovantes : IS amortissement).

Suspension du contrôle et du recouvrement pour les PME créancières de l'État : 76680, 79475.

Vérification : 78410 (contrôle sur demande de l'entreprise) ; 78800 (réponse de l'administration aux observations de l'entreprise) ; 79460 s. (vérification de comptabilité : durée).

PMU : 13205 (gains aux courses) ; 47575 (TVA) ; 76025 (prélèvements sur les jeux et paris).

Pôle de compétitivité (allégements fiscaux) : 43580 (FB/CET).

Pôle métropolitain : 41940 (FB).

Policier : 4775 s. (IR) ; 68190 (succession) ; 69187 (dons).

Pollution : voir Environnement.

Polynésie : 83300 (convention) ; 91680 (statut spécial).

Pompe à chaleur : 10520 (BIC : crédit d'impôt) ; 41970 (FB).

Pompes funèbres : 47217 (TVA : régie municipale) ; 53165 (TVA : taux) ; 55915 (TVA sur corbillard : déduction).

Pompier

– blessé ou décédé dans le cadre d'opérations de secours : 4775 s. (IR) ; 68190 (succession) ; 69187 (dons).

– volontaire : 21735 (TS : vacations horaires) ; 22470 (TS : allocation de vétérance).

Pornographie
Œuvres audiovisuelles et spectacles pornographiques : 53045, 61795 (TVA : taux).
Sex-shops : 61795 (TVA : taux).

Port
Anneau d'amarrage (actions ou parts de jouissance) : 31000 (IR/IS) ; 47315 (TVA) ; 67195 (ENR : cession).
Comptoir de vente : 49735 (TVA : exportations touristiques) ; 50755 (TVA : régime suspensif) ; 52435 (TVA : vente de tabac).
Entreprise de manutention portuaire : 42135 (FB) ; 43684 (CFE).
Évaluation foncière : 42135 (FB).
Organisme concessionnaire ou gestionnaire : 41960 (FB) ; 42520 (FNB) ; 43570, 43870 (CET) ; 47220 (TVA : champ d'application).
Services portuaires : 47220 (TVA : champ d'application) ; 50480 (TVA : territorialité).

Portage (convention) : 8745 (BIC : intérêts d'emprunt) ; 10290 (BIC : entreprise nouvelle).

Portefeuille-titres : voir Obligations, Titre de société.

Position symétrique : 8010 (BIC).

Poste
Colis postal (TVA) : 49705 (exportation) ; 52255 (assiette) ; 92410 (Corse).
Frais de poste : 8495 (BIC) ; 13375 (BNC) ; 27390 (FONC) ; 52255 (TVA).
Paquet-poste (TVA) : 49705 (exportation) ; 52255 (assiette).
Service universel postal : 47585 (TVA).

Pourboire : 7860, 8460 (BIC) ; 21730 s. (salaires) ; 52290 (TVA : base imposable).

Poursuite
– correctionnelle : 80275.
– en recouvrement : 76765 s.
Frais de poursuite : voir Procédure, procès.

Pourvoi : voir Recours.

Préavis (indemnité) : 21695 (TS).

Préfon : 1375 s. (IR : déduction des cotisations).

Prélèvement
– de l'exploitant et des associés : 7340, 8755 (BIC) ; 47400 (TVA) ; 87310 (entreprise individuelle soumise à l'IS).
– de produits pour la consommation de l'exploitant, de sa famille ou de son personnel : 8320 (BIC) ; 15530 s., 15965 (BA) ; 57540 s. (TVA) ; 59715, 59970 s. (TVA agricole).
Paiement de l'impôt par prélèvements sur comptes bancaires : 76715 s., 80200.
Prélèvements fiscaux : 97550 (liste récapitulative).
Prélèvement à la source de l'impôt sur le revenu : 3740 s. (étude d'ensemble) ; 34580 (CSG et prélèvements sociaux).

Prépondérance immobilière (société à) :
Cession des titres
Droit de mutation : 67145 s.
Plus-value privée : 32520 s.
Plus-value professionnelle : 18095 (IR : abattement) ; 18780, 18800, 18915 (IS).
Provision pour dépréciation des titres : 18390 (IR) ; 18895 s. (IS : titres de participation) ; 18985 s. (IS : titres exclus du long terme).
Taxe de 3 % sur les immeubles : 75965 s.

Préretraite
Allocations de préretraite : 9895 (BIC : provision) ; 21710 (TS).
Indemnités de départ en préretraite : 8635 (BIC) ; 21675 s. (TS).

Prescription
– de l'action en recouvrement : 76530 s.
– de l'action en reprise de l'administration : 77700 s.
Opposabilité du bilan d'ouverture du premier exercice non prescrit : 78160 s.

Présentoir publicitaire : 55985 (TVA : déduction).

Préservatif : 53080 (TVA : taux).

Président-directeur général : voir Dirigeant (dirigeant de société).

Presse
Agence de presse : 43560, 43870 (CET) ; 61625 (TVA).
Associations en faveur du pluralisme de la presse : 3175 (IR : dons).
Correspondant local de presse : 43560, 43870 (CET) ; 61620 (TVA).
Dons en faveur de la presse : 3180 (réduction d'impôt).
Éditeur de presse en ligne : 10030 (provision spéciale).
Entreprise de presse : 2700 s. (IR : souscription au capital d'entreprises de presse) ; 10030 (provision spéciale) ; 10720 (IS : souscription au capital d'entreprises de presse) 43560, 43870 (CET) ; 52392 (TVA sur offres d'abonnement numérique) ; 61570 s. (TVA).
Imprimerie (matières premières, travaux de composition et d'impression) : 43560, 43870 (CET) ; 61630 s. (TVA).
Intermédiaires à la vente (dépositaires, coopératives de groupage de presse) : 43560, 43870 (CET) ; 61650, 61655 (TVA).
Journalistes, rédacteurs, pigistes, directeurs de journaux : 21505, 21585 (TS) ; 46530 (TVA).
Publications de presse : 61585 s. (définition) ; 61600 (TVA : taux) ; 53045 (TVA : taux sur les publications licencieuses).
Recettes publicitaires : 61605 (TVA).
Routage et transport : 61645 (TVA).
Services de presse en ligne : 43560, 43870 (CET) ; 52392 (TVA sur offres d'abonnement numérique) ; 61570 s. (TVA).

Prestation
Prestation compensatoire (divorce) : 1295 (IR : déduction) ; 3335 (IR : réduction d'impôt) ; 22480 (imposition) ; 32085 (PV : versement en capital) ; 69405 (ENR : versement en capital).
Prestations de services
Bénéfice imposable : 7860 s. (BIC : exercice de rattachement des produits) ; 8340 s. (BIC : charges).
Limites des régimes d'imposition : 11060 s., 11200 s. (BIC) ; 53780 s., 53900 (TVA).
Prestations fournies par des non-résidents : 4560 s. (IR) ; 78290 (contrôle) ; 78295 (IR, IS : résidents de paradis fiscaux) ; 82920 s. (INT).
Services d'aide à la personne : 3230 s. (IR : crédit d'impôt) ; 21735 (TS : aide financière de l'employeur) ; 53015, 53260 (TVA taux).
Services après-vente : 7890 (BIC : date de rattachement des produits) ; 9910 s., 9940 (BIC : provision pour garantie) ; 52415 (TVA).

Prestation (suite)

TVA : 46450 s. (champ d'application) ; 49840 s. (territorialité) ; 50110 s. (services liés aux échanges extracommunautaires de biens) ; 52220 s. (base d'imposition) ; 52645 s. (fait générateur et exigibilité) ; 52930, 53050 (taux) ; 55000 s. (déduction) ; 56820 (services immobilisés).

Prestations sociales (allocations familiales, indemnités journalières, allocations chômage...) 3230 s., 3360 (IR) ; 8080, 8685 s. (BIC) ; 13310 (BNC) ; 21645 s. (TS) ; 11280 (régime micro-BIC).

Voir également le mot correspondant à la nature de la prestation (par ex. : Chômage, chômeur ; Retraite...).

Prêt

– aux associés : 8755 (société relevant de l'IR : incidence sur la déduction des charges financières) ; 24810 s. (société relevant de l'IS : présomption de distribution).

– de consommation : 46465, 52585, 60315 (TVA).

– sur gage : 78401 (limitation des paiements en espèces et par monnaies électroniques).

– immobilier sans intérêt : 10630 s. (crédits et réduction d'impôt) ; 41966, 41996 (FB : exonérations).

– indexé : 8790 (BIC).

– aux salariés : 10030 (BIC : provision pour prêt d'installation) ; 74350 (investissement construction).

– de titres : 19085 (PV professionnelle) ; 32900 (PV privée) ; 40910 (régime mère-fille) ; 60320 (TVA).

– sans intérêt pour l'achat d'un véhicule propre : (réduction d'impôt).

Déclaration des contrats de prêts : 26920 s. (cas général) ; 78370 (prêts sans intérêt).

Intérêts de prêts : voir Intérêt.

AUTRES RUBRIQUES : Créance, Crédit, Emprunt.

Preuve en cas de réclamation : 82065 (étude d'ensemble) ; 78150 (acte anormal de gestion).

Prévoyance (cotisations déductibles) : 1400 (IR) ; 8605, 8680 s. (BIC) ; 8680 s., 13345 (BNC) ; 15985 (BA) ; 21870 s. (TS).

Prime

– d'activité : 21715 (TS).

– d'apport : 66975 (ENR).

– d'émission d'actions : 24465 (RM).

– d'émission ou de remboursement d'emprunts : 7970 s., 8765 (BIC) ; 25585 s. (RM).

– en nature : 52235 (TVA).

– de partage de la valeur : 21735 (TS).

– de capture de carte bancaire : 46975 (TVA).

– de « volume » ou d'« objectifs » : 52325 (TVA).

AUTRE RUBRIQUE : voir le mot correspondant à la nature de la prime (par ex. : Ancienneté ; Assurance ; Équipement ; Remboursement).

Privatisation : 19055 (PV professionnelle) ; 33300 (PV privée : différé d'imposition).

Privilège du Trésor : 77200 s.

Prix

– académique, littéraire, scientifique : 13310 (BNC) ; 61695 (TVA).

– de concours et de courses : 15535 (BA) ; 59810 (TVA agricole).

Prix (suite)

– sportif : 47010 (TVA).

– de transfert : 8965 s.

Complément de prix (« earn out ») : 18850 (PV professionnelle) ; 33140 s. (PV privée).

Insuffisance et dissimulation de prix : 8920 s. (BIC : acte anormal de gestion) ; 17815 (PV professionnelle) ; 24755, 24770 (RM : libéralité) ; 32210 s., 32220 s. (PV privée) ; 40965 (régime mère-fille) ; 46495, 46895 (TVA : libéralité) ; 78215 s. (ENR).

Notion de prix imposable à la TVA : 52220 s.

Opération à prix coûtant : 46500 (TVA).

Paiement à terme : 17820 (PV professionnelle) ; 32395 (PV privée) ; 52270, 52600 (TVA) ; 66195 (ENR : vente d'immeuble).

Prix excessif : 8920 s. (BIC : acte anormal de gestion) ; 24755, 24770 (RM : libéralité).

Prix fixé de façon provisoire : 7360 (BIC : créance acquise).

Provision pour hausse des prix : 10000 s.

Révision du prix : 7555 (BIC : prix de revient des immobilisations) ; 17775, 18850 (PV professionnelle) ; 33140 s. (PV privée : valeurs mobilières et droits sociaux).

AUTRES RUBRIQUES : Réduction, Remise.

Procédé de fabrication : voir Propriété industrielle.

Procédure, procès

Procédure amiable : 8967 (BIC : prix de transfert) ; 83120 s. (INT : règlement des différends relatifs aux conventions fiscales).

Procédure contentieuse : 77040 s. (contentieux du recouvrement) ; 81500 s. (contentieux de l'assiette) ; 83120 s. (INT).

AUTRE RUBRIQUE : Tribunal.

Procédure d'arbitrage : 83130 (INT : règlement des différends relatifs aux conventions fiscales).

Procédure de rectification : 78480 s.

Procédure de recouvrement forcé : 76765 s.

Frais de procès : 8885 (BIC : charges) ; 9930 (BIC : provision) ; 13795 (BNC : inventeur) ; 22530 (TS) ; 27390 (FONC : déduction) ; 55750 (TVA : remboursement des frais) ; 81910 s. (procédure fiscale).

Indemnité conventionnelle pour mettre fin à un litige : 7532 (BIC).

Indemnité pour inobservation de la procédure légale de licenciement : 21665 (TS).

Provision pour créance litigieuse : 9815 (BIC).

Procuration : voir Mandat, mandataire.

Production en cours : 7675 s. (BIC) ; 15925 (BA).

Produits : voir le mot correspondant à la nature du produit, par ex. : Accessoire pour les produits accessoires ; Dividende, Intérêt pour les produits financiers ; Carburant, Pétrole pour les produits pétroliers ; Stock pour les produits finis, intermédiaires ou résiduels.

Professeur

Cours particuliers : 47055 (TVA).

Professeur n'exerçant pas dans un établissement ouvert au public : 43555, 43870 (CET).

Profession libérale ou non commerciale : 13000 s. (BNC) ; 43555, 43870 (CET) ; 46990 s. (TVA) ; 65580 s. (ENR : convention de successeur) ; 72650 s. (IFI : actifs professionnels) ; 78040 s. (droit de communication de l'administration) ; 82920 (INT).

Promesse de vente ou d'achat : 58810 (TVA : immeuble) ; 63835 (ENR) ; 66165 (ENR : immeubles).

Promoteur : voir Construction.

Prophylaxie : 43630, 43875 (CET : vétérinaire) ; 47015 (TVA : vétérinaire) ; 59810 (TVA agricole : aides).

Propriété industrielle (brevets, procédés, marques, autorisations de mise sur le marché...)

Achat de brevet : 7592 (BIC : prix de revient de brevet acquis moyennant redevances) ; 7625 (BIC : contrôle du coût de revient) ; 56815 (TVA : déduction).

Amortissement des brevets et autres droits : 9170 (principe) ; 9210 (taux) ; 9565 s. (brevet donné en location).

Appartenance à l'actif des droits de propriété industrielle : 7455 (BIC).

Conseil en brevets : 46990 (TVA) ; 49870, 50030 (TVA : territorialité).

Déclaration des droits d'inventeur : 78365.

Frais de dépôt et de renouvellement de brevets et marques : 7600 (BIC).

Frais de recherche : voir Recherche.

Imposition des produits de la propriété industrielle (cession, concession, apport en société : règles générales)

Étude d'ensemble (IS/IR) : 10420 s.

ENR : 65540 s.

Intégration fiscale : 40485.

Produits en provenance de l'étranger : 4730 (impatriés) ; 35745 (IS) ; 82960 (crédit d'impôt).

Produits versés à l'étranger : 4560 s. (IR : retenue à la source) ; 35755, 6 (produits perçus par des sociétés étrangères) ; 82950 (retenue à la source).

TVA : 47505, 47510 (champ d'application) ; 49870, 50025 s. (territorialité) ; 52255 (base d'imposition) ; 52650 (exigibilité).

Inventeur personne physique (règles particulières) : 13790 s. (cession et concession) ; 13800 (déficit) ; 13805 (PV d'apport en société de brevet).

Redevances de concession versées par une entreprise : 7535 (distinction frais généraux-immobilisation) ; 7710 (coût de revient des stocks) ; 8495 s. ; 10435 (charges déductibles).

Redevances versées à des résidents de paradis fiscaux : 78295 (IR, IS).

Rémunérations de l'exploitation de droits de propriété industrielle versées à l'étranger : 78290 (mesures anti-évasion).

Prorogation de société : 66670, 66970 (ENR).

Prospection (frais de prospection) : 8300 (BIC).

Prospectus : 76170 (taxe sur certaines dépenses de publicité).

Prothèse

Exonération de TVA des frais de traitement dans hôpitaux : 47170.

Prothèse dentaire : 47120 s., 47140, 47170, 49190, 49645 (TVA : exonération).

Prothèse pour handicapé : 52990 (TVA : taux).

Prototype : 10485 (crédit d'impôt recherche).

Provence-Côte d'Azur : 31380 s. (taxe annuelle sur les bureaux et autres surfaces).

Provision

Provisions constituées par les entreprises

Règles générales : 9660 s. (BIC) ; 13250, 13255 (BNC) ; 16005 (BA : régime réel) ; 40420 (intégration fiscale).

Capitalisation des provisions : 66985 (ENR).

Entreprises concessionnaires, locataires... : 9910 s.

Provision (suite)

Provision pour dépréciation : 9780 s. (BIC : règles générales) ; 7690 s. (BIC : stocks) ; 18390 (IR : portefeuille-titres) ; 18835 s. (IS : titres de participation) ; 18895 s. (IS : titres de sociétés à prépondérance immobilière) ; 18945 (IS : titres de capital-risque) ; 18985 s. (autres titres).

Provision pour investissement (Scop) : 88615.

Provision pour risques et charges : 9850 s.

Provision réglementée : 9990 s.

Provision sans objet : 9755 (BIC) ; 24760 (RM).

Relevé des provisions : 9745.

Sort des provisions en cas de fusion et opération assimilée : 39460, 39517.

Provisions pour charges de copropriété : 27370 s. (FONC).

Provisions perçues (avances) : 13540 (BNC) ; 52655 (TVA : exigibilité).

Psychanalyste, psychologue, psychothérapeute, psychomotricien : 47120 s. (TVA).

AUTRE RUBRIQUE : Profession libérale ou non commerciale.

Publication de presse : voir Presse.

Publicité

– foncière : 63550 s.

– des impositions : 78420.

– des jugements pour fraude fiscale : 80265.

– des sanctions infligées aux personnes morales : 80325.

Agent en publicité : 7015 (BIC).

Conseil en publicité : 46990 (TVA).

Frais de publicité : 8300, 8450 s. (BIC) ; 27390 (FONC : règles générales) ; 28385 (FONC : monument historique) ; 55985, 56005 (TVA : déduction).

Location d'emplacement publicitaire : 27080, 27600, 28380, 28610 (FONC) ; 46860 (TVA).

Publication de l'identité des opérateurs de plateforme non coopératifs : 80330 (sanctions).

Recettes de publicité : 61605 (TVA : presse).

Taxe sur la publicité diffusée au moyen de documents imprimés : 76170 (étude d'ensemble).

Taxe sur la publicité diffusée au moyen de services à des contenus audiovisuels à la demande : 76160.

Terrain utilisé pour la publicité : 41915 (FB).

Territorialité des prestations de publicité : 49870, 50025 s. (TVA).

Pupille de l'État : 68565 (droits de succession ou de donation).

Pylône : 41915 (FB) ; 45500 (LOC : imposition forfaitaire).

Q

Quad : 55905 (TVA).

Quartiers

Quartiers généraux des groupes multinationaux : 4727 (IR : impatriés) ; 35775 (IS).

Quartiers prioritaires de la politique de la ville : 58895, 58897 (TVA) ; 92540 s.

Question prioritaire de constitutionnalité (QPC) : 82085 (CONT).

Quota d'émission de gaz à effet de serre : 7675 (BIC) ; 54050 (TVA).

Quote-part de frais et charges
Cession de titres de participation : 18865 (étude d'ensemble) ; 11420 (transfert de siège) ; 39457 (fusions) ; 40447, 40477, 40540 (intégration fiscale).
Dividendes : 40970 (régime des sociétés mères et filiales).

Quotient (imposition selon le système du)
Bénéfice agricole exceptionnel : 16300 s.
Revenu exceptionnel ou différé : 4150 s. (IR) ; 5135 s. (contribution sur les hauts revenus).
Stock-options : 88785.

Quotient familial : 370, 375, 1700 s. (IR) ; 2200 s. (plafonnement).

R

Rabais : 7555 (BIC : prix de revient des immobilisations) ; 7860 (BIC : vendeur) ; 8320 (BIC : acheteur) ; 52315 s. (TVA : assiette) ; 54400 s. (TVA : obligations).

Rachat
Rachat d'assurance-vie : 26000 s. (RM : imposition des rachats).
Rachat de cotisations de retraite (déduction) : 1400 (IR) ; 8680 s. (indépendants non agricoles) ; 21885 (TS).
Rachat d'entreprise par les salariés : 10620 (crédit d'impôt) ; 67225 (ENR).
Rachat par une société de ses propres titres : 17730, 19105 (PV professionnelle) ; 24470 (RM) ; 32900, 33060 (PV privée) ; 67000, 67155 (ENR).
Vente avec faculté de rachat : 7880 (BIC) ; 64100 (ENR : tarif).

Raccordement aux réseaux publics (eau, gaz, électricité, égout...) : 7587 (BIC) ; 27350 (FONC) ; 32235 (PV privée) ; 53280 (TVA sur travaux dans le logement).

Radio
Émetteur radio : 9340 (BIC : amortissement) ; 42135 (FB : valeur locative des installations d'émetteur).
Radio associative : 89400.
Radio locale privée : 46930 (TVA).
Radiodiffusion : 45500 (LOC : imposition forfaitaire) ; 49870, 50050 s. (TVA : territorialité) ; 52392 (TVA sur offres d'abonnement numérique).
Radio-taxi : 53165 (TVA).

Raffineur : 61340 s. (TVA).

Rapatrié
Droits d'enregistrement : 65410 (droits de mutation) ; 68920 (droits de succession).
Intérêts des titres d'indemnisation : 25665 (RM).
Prêt de réinstallation ou de reconversion : 1435 (IR).

Rappel de salaire ou de pension : 4170 (IR) ; *8590 (BIC) ; 21850 (TS).*

Rapport
Rapport des dons et legs en cas de succession : 68640 (ENR).
Rapport de vérification : 79435 (communication au contribuable).

Rattachement des enfants majeurs, mariés, pacsés ou chargés de famille au foyer fiscal de leurs parents : 1880 s., 1905 s., 4770 (IR : quotient familial).

Ravalement : 27340 (FONC : dépenses déductibles) ; 53280 (TVA sur travaux).

Rayonnage (agencement) : 9210 (BIC : amortissement) ; 56815 (TVA : déduction).

Réassurance : voir Assurance.

Rebut : 7675 s. (BIC) ; 15925 (BA) ; 54050 (TVA : déchets neufs d'industrie et matières de récupération).

Réception (frais de) : 8485, 9050 s. (BIC) ; 13375 (BNC) ; 21585, 21595 (TS).

Recettes
– d'exploitation : 7850 s. (BIC) ; 13250 s. (BNC) ; 15960 (BA).
Abandon de recettes ou renonciation à recettes : 8920 s. (BIC) ; 40530 s. (intégration fiscale).
Dissimulation de recettes : 79080 (évaluation d'office des micro-entreprises) ; 80000 s. (sanctions).

Recherche
Activité de recherche implantée dans certaines zones : 43582 s., 43590, 43875 (CET).
Aides publiques à la recherche : 8055 (BIC) ; 46930 (TVA).
Crédit d'impôt : 10470 s. (étude d'ensemble) ; 10515 (recherche collaborative) ; 78410 (contrôle sur demande) ; 91490 (outre-mer) ; 92285 (Corse).
Entreprise implantée dans une zone de recherche d'un pôle de compétitivité : 43580 (FB/CET).
Exonération des établissements scientifiques : 43060 (HAB).
Frais de recherche : 7715 (BIC : stocks) ; 8405 s. (BIC : charges) ; 10420 s. (« approche Nexus ») ; 10470 s. (crédit d'impôt) ; 56820 (TVA : déduction) ; 78410 (contrôle sur demande).
Immobilisations affectées à la recherche : 9360 (BIC : amortissement) ; 42135, 43686 (FB/CFE : valeur locative).
Jeune entreprise innovante ou universitaire : 10400 s. (exonération des bénéfices) ; 41980 (FB) ; 43600, 43875 (CET) ; 78410 (contrôle sur demande).
Recherche biomédicale : 21735 (TS : indemnité versée aux personnes prêtant leur concours).
Revenus provenant de la recherche scientifique : 13750 s., 13820 (BNC).
Versements aux sociétés ou organismes de recherche : 10695 s. (BIC) ; 72100 s. (IFI).

Récidive : 80290 (TVA).

Réclamation fiscale
Règles générales : 81650 s. (étude d'ensemble) ; 81855 (réclamation par internet) ; 82340 (modèle).
Omissions ou insuffisances révélées par une réclamation : 77775 (délai de reprise).
Réclamation concernant les conventions internationales : 83120 s.
Réclamation contre les évaluations foncières : 42265 (FB) ; 42590 (FNB).
Réclamation contre les poursuites : 77040 s.
Réclamation contre la taxation forfaitaire d'après les signes extérieurs : 4255 (IR).

Récolte
Perte de récolte : voir Perte.
Récolte en stock : 15925 (BA).
TVA agricole : 59420 s.

Reconstruction : voir Construction.

Reconversion
– **d'activité :** 43582 s., 43590, 43875 (CET).
Plus-values provenant d'opérations de reconversion : 18075 (PV professionnelle).

Recours
– **amiable :** 83120 s. (INT : règlement des différends relatifs aux conventions fiscales).
– **contentieux :** 77040 s. (contentieux du recouvrement) ; 77775 (révélation d'omissions ou d'insuffisances d'imposition : délai de reprise) ; 81650 s. (contentieux de l'assiette) ; 83120 s. (INT).
– **gracieux :** 82270 s.
– **hiérarchiques en cours de contrôle fiscal :** 79417.
– **pour excès de pouvoir :** 81990.
AUTRE RUBRIQUE : Réclamation fiscale.

Recouvrement
– **de créances :** 13205 (BNC) ; 60360 (TVA).
– **des impôts :** voir Paiement des impôts.
Assistance au recouvrement : 83180 (INT).
Frais de recouvrement des impôts locaux : 41535.
Pénalités de recouvrement : 8905 (BIC).

Rectification
– **extra-comptable :** 7395 (BIC).
– **de factures** (TVA) : 52225, 52320 (base d'imposition) ; 54410 (récupération) ; 56262 s., 56340 (déduction).
– **fiscale :** 78480 s. (procédures de rectification) ; 78775 s. (proposition de rectification) ; 79130 (notification des bases d'imposition d'office) ; 79867 s. (rectification spontanée des erreurs ou manquements).
– **des opérations intragroupe :** 40410 s. (intégration fiscale).
Théorie des corrections symétriques : 78160 s.
AUTRE RUBRIQUE : Rehaussement.

Récupération
Matières de récupération : 54050 (TVA).
Récupération de la TVA : 56480 s. (étude générale) ; 54400 s. (opérations résiliées ou impayées) ; 53655 s., 56275 (taxe facturée à tort).

Redevable de la TVA (notion) : 54050.

Redevance
Redevances à caractère fiscal
Liste récapitulative : 97550.
Redevances déductibles ou non : 8527 s. (BIC) ; 27410 (FONC).
Redevances incluses ou non dans base d'imposition : 52300 s. (TVA).
Redevances de brevets, marques, procédés... : voir Propriété industrielle.
Redevances pour construction sur sol d'autrui : 27325 (FONC).
Redevances en provenance de l'étranger : 35745 (IS) ; 82960 (crédit d'impôt).
Redevances tréfoncières : 27080 (FONC).
Redevances versées à l'étranger : 4560 s. (IR : retenue à la source) ; 35755, b (redevances perçues par des sociétés étrangères) ; 82950 (retenue à la source).
Vente (ou achat) d'un bien moyennant redevances : 7592 (BIC : prix de revient) ; 17820 (PV professionnelle : calcul).

Redressement fiscal : voir Rectification, Rehaussement.

Redressement ou liquidation judiciaire
Déclarations de CVAE : 44036.
Dettes sociales mises à la charge du dirigeant : 23760 s. (déduction).
Distributions à une société étrangère en liquidation judiciaire : 24892 (RM).
Établissement de l'impôt au nom de l'entreprise : 36350 (BIC/IS).
Impayés (récupération de la TVA par les créanciers) : 54420.
Mandataire-liquidateur : 46990 (TVA : champ d'application) ; 52350 (TVA : base d'imposition).
Pertes en capital (déduction) : 19102 (MV professionnelle sur titres) ; 33067 (moins-value privée sur titres).
Remboursement de la créance de carry-back : 35960.
Remise de dette obtenue : 8095, 8945 s. (BIC) ; 46920 (TVA).
Reprise d'entreprise ou d'établissement : 41975 (FB : exonération) ; 43582 s., 43590, 43595, 43875 (CET : exonération) ; 43695 (CFE : assiette) ; 65410 (ENR : paiement fractionné) ; 67155 (ENR : acquisition de droits sociaux de sociétés en redressement judiciaire).
Société membre d'un groupe fiscal : 40675, 40790.
Taxe foncière : 41670.

Réduction
– **d'activité :** 43720 (CFE : dégrèvement).
– **de capital :** 19100 (PV professionnelle) ; 24465 (RM) ; 66995 s. (ENR).
– **de prix :** 7555 (BIC : prix de revient des immobilisations) ; 7860 (BIC : vendeur) ; 8320 (BIC : acheteur) ; 17775 (PV professionnelle) ; 52315 s. (TVA : assiette) ; 54400 s. (TVA : obligations).

Réduction d'impôt
Droits de donation : 69315 s.
Droits de succession : 68630.
IFI : 72100 s.
Impôt sur le revenu : 2500 s. (étude d'ensemble) ; 2255, 79880 (imputation) ; 2260 (liste) ; 2280 (reprise de réductions d'impôt).
Impôt sur les sociétés : 10695 s. (mécénat d'entreprise) ; 10720 (Souscription au capital des entreprises de presse) ; 10715 (mise à disposition d'une flotte de vélos).
Impôts locaux : 42315 s. (FB) ; 43720 (CFE) ; 44010 (CVAE) ; 44100 s. (CET).
Investissements locatifs non professionnels dans des résidences meublées : 90575 s.
Investissements outre-mer : 91710 s. ; 91970 s. (COM et Nouvelle-Calédonie).
Non-imputation sur les rehaussements en cas de manquements graves : 79880 (sanctions fiscales).
Privation du droit à réduction d'impôt : 80265 (fraude fiscale : peine complémentaire).

Réel (régime d'imposition)
Champ d'application : 15500 s. (BA) ; 10850 s. (BIC).
Modalités d'imposition
Réel normal : 10850 s. (BIC) ; 15790 s. (BA) ; 53320 s. (TVA).
Réel simplifié : 15790 s. (BA) ; 59790 s. (TVA agricole) ; 11110 s. (BIC).

Réel (suite)
Option pour le réel normal : 15640 s. (BA) ; 18275 (PV) ; 10910 s. (BIC).
Option pour le réel simplifié : 15640 s. (BA) ; 18275 (PV) ; 11090 s. (BIC).
Régime réel BNC : voir Déclaration contrôlée.

Réévaluation des bilans
Étude d'ensemble : 19390 s.
Réévaluation antérieure à l'intégration fiscale : 40390.

Réfection : voir Rénovation, Réparation.

Référé fiscal : 78340 (flagrance fiscale) ; 81895 (sursis de paiement).

Réfugié (quotient familial) : 1710 (IR).

Refus
– collectif de l'impôt : 80290.
– de la formalité de l'enregistrement : 63760, 63795 (ENR).

Régie
– municipale et départementale : 43570, 43870 (CET) ; 47200 s. (TVA).
– de service public : 37090 (IS).
– de transport : 47225 (TVA : champ d'application).
Travaux en régie : 52425 (TVA).

Régime d'imposition des entreprises : 10780 s. (BIC) ; 13450 s. (BNC) ; 15300 s. (BA) ; 53700 s. (TVA) ; 59790 s. (TVA agricole).

Régime matrimonial
Changement de régime : 64100 (ENR : tarif).
Incidence fiscale du régime : 330, 355 (IR) ; 8660 (BIC : déduction du salaire du conjoint) ; 71090 (IFI).

Région : voir Collectivité publique.

Région parisienne : 31315 s. (taxe pour création de bureaux et autres surfaces) ; 31380 s. (taxe annuelle sur les bureaux et autres surfaces) ; 45510 (taxe spéciale d'équipement des grands projets) ; 45517 (taxe additionnelle à la taxe foncière et à la CFE).

Registre
– des biens expédiés : 49285 (TVA intracommunautaire).
– des biens introduits pour travaux et expertises : 49870 (TVA : territorialité).
– des biens sous entrepôt fiscal : 50775 (TVA).
– des façonniers : 52385 (TVA).
– des immobilisations et amortissements : 13275 s., 13490 (BNC).
– des opérations relevant d'un guichet unique : 50865, 50895, 50905 (TVA).
– des plus-values professionnelles en report ou sursis d'imposition : 11000.
– des stocks sous contrat de dépôt : 49390 (TVA).

Règlement d'ensemble (contrôle fiscal) : 79475.

Régularisation
– *des déductions de TVA* : 56800 s. (TVA : règles générales) ; 17835 (conséquences en matière de PV) ; 59855 s. (TVA agricole).
– de la taxe sur les salaires : 73550.
– spontanée des infractions : 78269 (transferts indirects de bénéfices à l'étranger) ; 78295 (paiements à des résidents étrangers) ; 78305 (avoirs à

Régularisation (suite)
l'étranger) ; 78410 (contrôle sur demande) ; 79175 (vérification de comptabilité) ; 79867 s. (réduction des pénalités) ; 88010 (adhérents d'organismes de gestion agréés).

Réhabilitation immobilière : voir Rénovation.

Rehaussement
– de bénéfices : 8540 (BIC) ; 24760 (RM).
– de TVA : 52395 (base d'imposition) ; 56340 (déduction).

Rejet
– de comptabilité : 78175.
– de la formalité de publicité foncière : 63765.

Relevé
– d'acompte et relevé de solde : 36525, 36610 (IS) ; 36730 (contribution sociale) ;
– des acquisitions intracommunautaires de moyens de transport : 49355 (TVA).
– des amortissements et des provisions : 9445, 9745 (BIC).
– des charges à payer : 9850 (BIC).
– de comptes bancaires : 78095 (contrôle).
– de frais généraux : 9050 s. (BIC).
– de recettes : 61810 (TVA / spectacles).
– de sécurité sociale (relevé individuel des praticiens) : 78045 (droit de communication de l'administration).

Remboursement
Prime de remboursement d'emprunts : 7970 s., 8765 (BIC) ; 25585 s. (RM).
Remboursement de dette : 8095 (BIC).
Remboursement de frais
Frais de contentieux fiscal : 81910 (frais de procédure) ; 81920 (frais de constitution de garanties en cas de sursis de paiement).
Frais professionnels des associés de sociétés de personnes : 37685 s.
Frais professionnels des dirigeants : 23710 s.
Frais professionnels des salariés : 8570 s. (BIC : déduction) ; 21585 s. (TS).
Frais professionnels des titulaires de BNC : 13305 (recettes) ; 53860 (franchise de TVA : limite).
TVA : 46500 (opérations à prix coûtant) ; 47280 s. (groupement de moyens) ; 52335 (assiette : remboursement de débours).
Remboursement de TVA
Procédure générale : 56620 s.
Opérations résiliées, annulées ou impayées : 54400 s.
Remboursement forfaitaire agricole : 60040 s. (étude d'ensemble) ; 15875 (incidence sur les BA).
Taxe facturée à des entreprises étrangères non établies en France : 50675.
Taxe facturée à tort : 53660.
Restitution aux sociétés étrangères du prélèvement sur leurs plus-values sur valeurs mobilières : 32945.
Restitution de retenues à la source : 24889 s. (sociétés étrangères déficitaires) ; 24893 (restitution partielle au titre des charges).
Restitution d'office des impôts acquittés à tort : 82310.
Sommes indûment versées par l'État : 80000 s. (sanctions).

Remembrement : 18300 (PV professionnelle) ; 32145 (PV privée) ; 66260, 70510 (ENR).

Remise

Remise de dette (abandon de créance) : 8095 (BIC : débiteur) ; 8920 s. (BIC : créancier) ; 13385 (BNC) ; 40530 s. (intégration fiscale) ; 46920 s. (TVA).

Remise des frais de poursuites (recouvrement de l'impôt) : 77025.

Remise d'impôt ou de pénalités : 8105 (BIC : imposition des dégrèvements) ; 13310 (BNC : imposition des dégrèvements) ; 82270 s. (demande de remise).

Remise sur le prix : 7555 (BIC : prix de revient des immobilisations) ; 7860 (BIC : vendeur) ; 8320 (BIC : acheteur) ; 52315 s. (TVA : assiette) ; 54400 s. (TVA : obligations).

Remontée mécanique

: 9340 (BIC : amortissement) ; 9635 (suramortissement) ; 47225 (TVA : régie de transport) ; 53165 (TVA : taux) ; 55905, 55940 (TVA : déduction) ; 75110 (taxes sur l'affectation des véhicules de tourisme à des fins économiques).

Remplacement

– de composant : 8365 s., 9215 (BIC) ; 17730 (MV).

Activités de remplacement : 43740 (CFE).

Remploi

Indemnité de remploi (expropriation) : 8085 (BIC) ; 32570 s. (PV privée).

Plus-value privée immobilière : 32140 (exonération sous condition de remploi en cas de cession d'un logement autre que la résidence principale) ; 32600 (exonération sous condition de remploi en cas d'expropriation).

Plus-value privée sur titres : 33340 (report et exonération sous condition de remploi).

Rémunération

– de l'exploitant : 8655 (BIC) ; 87280 (entreprise individuelle soumise à l'IS).

– des dirigeants : voir Dirigeant.

– des salariés : voir Salaire, salarié.

– excessive : 8580 (BIC) ; 23700 s. (DIR).

– occulte : 24770 s. (RM).

Renonciation

– à créance ou recette : 8095 (BIC : débiteur) ; 8920 s. (BIC : créancier) ; 13310 (BNC : créancier) ; 40530 s. (intégration fiscale) ; 46920 s. (TVA).

– à l'exercice d'un droit ou d'une activité : 49870, 50025 (TVA).

– à une option : voir Option.

– à succession, legs, communauté conjugale : 68655 (ENR).

Renouvellement

– d'équipements : 9910 s. (BIC/provisions : entreprise concessionnaire, locataire...).

– d'une réclamation : 81850.

– de vérification (interdiction) : 79450 s. (vérification ou examen de comptabilité) ; 79495 (ESFP).

Rénovation

Avantages fiscaux en faveur de la rénovation immobilière : 2807 (IR : dispositif Duflot-Pinel) ; 2822 (IR : dispositif Denormandie ancien) ; 2900 s. (IR : dispositif Malraux) ; 3175, 3198 (IR : dons) ; 10525 (crédit d'impôt : bâtiments à usage tertiaire) ; 32250 s. (PV privée : abattement exceptionnel pour création de logements collectifs dans le périmètre d'opérations d'aménagement complexes ou en zones tendues) ; 41966, 41995 s. 42000, 42002, 42010, 42335 (FB) ; 53048, 53270 s. (TVA : taux des travaux dans le logement) ; 66260 (ENR : rénovation urbaine) ; 90575 s. (investissements dans des résidences meublées) ; 92015 s. (investissements outre-mer).

Bail à réhabilitation : 27275 (FONC) ; 41670, 42010 (FB).

Frais de rénovation immobilière : 27340 (FONC) ; 32230 s. (PV privée : calcul).

Révision des évaluations foncières : 42160 s. (FB).

Travaux de restauration d'objets classés : 3440 (IR : réduction d'impôt).

Vente d'immeubles anciens restaurés ou à restaurer : 30405 (profits de construction) ; 58800 (TVA).

Rente, rente viagère

Rente perçue

Imposition (règles générales) : 22490 (principe) ; 22530 s. (montant imposable) ; 82900 s. (INT) ; 96580 s. (épargne retraite).

Rente d'invalidité et rente d'orphelin : 21650, 22470, 22490 (IR).

Rente versée

Déduction (IR) : 1445 s. (règles générales) ; 1295 (prestation compensatoire versée sous forme de rente en cas de divorce).

IFI : 71810 (passif déductible).

Obligations comptables et déclaratives des débirentiers : 22580 s.

Rente « survie » et « épargne-handicap » (contrat de) : 3345 s. (IR : réduction d'impôt).

Réversion de rente viagère : 68195 (droits de succession).

Tarif des rentes viagères : 97430.

Vente (ou achat) de biens contre rente viagère : 7592 (BIC : prix de revient des biens) ; 17820 (PV professionnelle : calcul) ; 32320 (PV privée immobilière : calcul) ; 66195 (ENR : immeuble).

AUTRE RUBRIQUE : Pension.

Réparation

Frais de réparation : 7565 (BIC : biens d'occasion) ; 8365 s. (BIC : charges) ; 13360 (BNC : dépenses déductibles) ; 27340 (FONC : dépenses déductibles) ; 22115 (TS : frais de véhicule) ; 71812 (IFI : passif déductible).

Provision pour réparation : 9905 (BIC).

Travaux de réparation (TVA : situation du prestataire) : 49870 s., 50005 (territorialité) ; 50150 (pour résidents étrangers) ; 50450 s. (navires/aéronefs) ; 52375 (assiette) ; 53270 s. (taux des travaux dans le logement).

Repas

Fourniture de repas

Avantage en nature : 21555 (TS : imposition).

Cantine : 53025, 53195, 92380 (TVA : taux) ; 73435 (taxe sur les salaires).

Traiteur : 53195, 53205 s. (TVA : taux).

Frais de repas : 8485, 9050 s. (BIC) ; 13375 (BNC) ; 21590 s., 22125 (TS) ; 37685 (associé de société de personnes) ; 57545 (TVA : déduction).

Co-cooking (organisation de repas) : 732 (IR).

AUTRES RUBRIQUES : Autoconsommation, Avantage en nature.

Répertoire des métiers

: 43687 (CFE) ; 45530 s. (taxe pour frais de chambres de commerce) ; 45540 (taxe pour frais de chambres de métiers).

Report

Placement en report : 25635 (RM) ; 32900 (PV privée : exonération).

Report des déficits : voir Déficit.

Report ou sursis de taxation

PV privée : 33142 (créance d'earn out) ; 33310 s. (échange de titres) ; 33340 (PV sur titres : report sous condition de remploi).

PV professionnelle : 13805 (inventeur : apport en société de brevet) ; 13875 (SCP : restructuration) ; 16500 (société civile agricole : restructuration) ; 18410 s. (apport de titres) ; 19055 s. (échange de titres) ; 19075 (cession de titres détenus depuis moins de deux ans à une entreprise liée) ; 19440 (terrain à bâtir) ; 19444 (échange d'immeuble avec une collectivité publique) ; 19460 (échange de terres agricoles par une société soumise à l'IS ou une Safer) ; 19710 s. (apport en société d'une entreprise individuelle) ; 19810 s. (transmission à titre gratuit d'entreprise) ; 19935 s. (exonération des PV en report en cas de départ en retraite) ; 37720 s. (parts de sociétés de personnes : transmission à titre gratuit, changement de régime fiscal de la société, apport...).

AUTRES RUBRIQUES : Étalement (des revenus ou plus-values), Paiement des impôts.

Représentant de commerce (VRP)

Cession de carte de VRP : 65580 s. (ENR : convention de successeur).

Contribution économique territoriale : 43525, 43855.

Droit de communication de l'administration : 78045.

Indemnité de clientèle : 8610 (BIC : déduction) ; 21665 (TS : imposition).

Rémunération des représentants : 21510 (TS : imposition) ; 22075 (TS : justification des frais réels).

TVA : 46530.

Véhicule de VRP : 9020 (BIC : amortissement).

Représentant fiscal

Contribuable domicilié à l'étranger : 4480 (IR) ; 32687 (PV) ; 36405 (IS) ; 72325 (IFI).

Entreprise étrangère : 3840 (prélèvement à la source de l'IR) ; 50645 s., 50680 (TVA : désignation) ; 53575 (TVA : facturation) ; 75290 (TGAP).

Fonctionnaires en service à l'étranger : 4685 (IR).

Représentant en douane : 49634 (TVA : importation) ; 49705 (TVA : exportations) ; 50755 (TVA : régimes douaniers de report des importations et entrepôts fiscaux) ; 54400 (TVA : impayés).

Représentation (frais de) : 8485 (BIC) ; 13375 (BNC).

Reprise

Droit de reprise de l'administration : 77700 s. (délai) ; 78480 s. (contrôle).

Reprise d'entreprise

Emprunt contracté pour la reprise d'une PME : 2770 s. (IR : réduction d'impôt).

Reprise d'entreprise ou d'établissement en difficulté : 41975 (FB : exonération) ; 43582 s., 43590, 43595, 43875 (CET : exonération) ; 43695 (CFE : assiette) ; 65410 (ENR : paiement fractionné).

Reprise d'entreprise ou d'activité en ZFRR ou ZFRR « plus » : 10360 s.

Reprise d'entreprise ou d'établissement en ZRR : 10365 s. (BIC-BNC : exonération) ; 41975 (FB : exonération) ; 43590, 43595, 43875 (CET : exonération).

Reprise (suite)

Reprise de produits périmés : 54410 (TVA).

Reprise de réduction ou de crédit d'impôt : 2280 (IR).

Vente avec reprise (véhicule) : 52230 (TVA).

Requête : voir Contentieux, Tribunal.

RES (rachat d'une société par ses salariés) : 10620 (crédit d'impôt) ; 67225 (ENR).

Rescrit fiscal : 79370 s.

Réserve

Capitalisation de réserves : 24500 (RM) ; 66985 (ENR).

Distribution de réserves antérieurement capitalisées : 24465 (RM).

Réserve de propriété (vente avec réserve) : 7875 (BIC) ; 52615 (TVA).

Réserve sanitaire : 43555, 43870 (CET : exonération).

Réserve spéciale de participation : 88550 s. (BIC).

Réserve spéciale des plus-values à long terme : 18685 (prélèvements) ; 39500 (fusion ou opération assimilée).

Réserve spéciale pour fluctuation des cours : 10035 (BIC) ; 39500 (fusion ou opération assimilée).

Réservoir : 9340 (BIC : amortissement) ; 41915, 41955 (FB).

Résidence

– des enfants (parents séparés ou divorcés) : 1865, 1880 s., 2000, 2025 (IR : rattachement).

– hôtelière : 2810 (IR : dispositifs Duflot-Pinel et Denormandie ancien) ; 90530 (BIC : location meublée) ; 90615 s. (TVA) ; 91865, 91880 (outre-mer).

– hôtelière à vocation sociale : 90620, 90650 (TVA).

– du troisième âge : 3230 (IR : crédit d'impôt pour emploi d'un salarié à domicile).

– meublée : 90575 s. (IR : réduction d'impôt pour investissement).

– de tourisme : 90575 s. (IR : réduction d'impôt pour investissements locatifs) ; 41670 (FB : résidence placée sous le régime de la pluripropriété) ; 41966 (FB : exonérations) ; 43030 (HAB : résidence placée sous le régime de la pluripropriété) ; 90530 (BIC : location meublée) ; 90615 s. (TVA : location en meublé) ; 90670, 90675, 90685 (location en meublé) ; 91865, 91880 (investissement outre-mer).

– services : 3230 (IR : crédit d'impôt pour emploi d'un salarié à domicile) ; 90575 s. (IR : réduction d'impôt pour investissements locatifs non professionnels) ; 90615 s. (TVA).

– sociale : 43090 (HAB).

– universitaire : 43020, 43050 (HAB).

Résident d'un État contractant (INT) : 82730 s. (définition).

AUTRES RUBRIQUES : Domicile fiscal, Habitation.

Résiliation

– de bail : 31065 (bail à construction) ; 65150 (ENR).

– d'un contrat générateur d'actif : 17730 (MV).

Indemnité de résiliation ou de rupture

Contrat d'association : 13330 (BNC).

Résiliation (suite)

Contrat de bail : 8085 (BIC : indemnité perçue) ; 8500-d (BIC : indemnité versée) ; 27285 (FONC : indemnité perçue) ; 27380 (FONC : indemnité versée).

Contrat de distribution ou de concession : 7535 (BIC).

Contrat de travail : 8610 (BIC : déduction) ; 21660 s. (TS : imposition).

TVA : 46970 s.

Récupération de la TVA sur les opérations résiliées : 54400 s.

Résolution

– d'une vente : 17775 (PV professionnelle) ; 32395, 33225 (PV privée) ; 54400 s. (TVA : récupération) ; 66165 (ENR).

Principe de non-rétroactivité : 7390 (BIC).

Vente sous condition résolutoire : 7880 (BIC) ; 52585 (TVA : exigibilité) ; 58775 (TVA : opérations immobilières) ; 66165 (ENR) ; 71145 (IFI).

Responsabilité fiscale : 77275 s. (tiers responsables du paiement des impôts).

Restaurant

Amortissement des immeubles et du matériel (hôtels-restaurants) : 9330 s. (BIC).

Catégorie d'imposition : 7015.

Exploitation saisonnière : 43689 (CFE).

Frais de restaurant : 8485, 9050 s. (BIC) ; 13375 (BNC) ; 21590 s., 22125 (TS) ; 37685 (associé de société de personnes).

TVA : 49980 (territorialité) ; 53195, 53205 s. (taux) ; 52650 (fait générateur et exigibilité) ; 92385 (Corse).

Restauration immobilière

Opération de restauration immobilière : 2900 s. (IR : réduction d'impôt Malraux) ; 3175, 3198 (IR : dons).

AUTRES RUBRIQUES : Rénovation, Travaux (travaux immobiliers).

Restitution : voir Remboursement.

Restructuration d'entreprise : voir Apport partiel d'actif, Fusion de sociétés, Scission de société.

Retard

– de déclaration : 76660 (recouvrement accéléré de l'impôt) ; 78920 s. (imposition d'office) ; 80075 s. (sanctions).

– de paiement des impôts : 76660 (recouvrement accéléré) ; 76780 s. (procédures de relance) ; 76765 s. (poursuites) ; 80140 s. (pénalités).

Retenue

– à la source : 97550 (voir à ce numéro la liste *récapitulative des différentes retenues à la source*) ; 2300 s. (imputation sur l'IR) ; 3740 s. (IR).

– de garantie : 7900 (BIC : travaux d'entreprise) ; 52440 (TVA : travaux immobiliers).

– sur salaire : 76990 (recouvrement de l'impôt).

Retrait

– d'actif : 17730, 17755 (PV professionnelle : principe de taxation) ; 17765 (PV professionnelle : retrait dans le patrimoine privé de la partie de l'habitation principale affectée à une activité libérale) ; 17810 (PV professionnelle : calcul).

– d'agrément : 90205.

Retrait (suite)

– d'un associé : 11415 (BIC/IS) ; 32510 (SCI : PV privée) ; 37660 s. (société de personnes : répartition du résultat).

– provisoire du permis de conduire : 80315.

Retraite

Cession d'entreprise en cas de départ en retraite : 13725 (agent d'assurance) ; 19890 s. (PV professionnelle) ; 33106 s. (PV privée).

Cotisations de retraite déductibles : 1375 s. (IR) ; 8615 (BIC : cotisations sur salaires) ; 8680 s. (cotisations personnelles de l'exploitant et du conjoint collaborateur) ; 13345 (BNC) ; 15985 (BA réel) ; 21870 s. (TS) ; 23615 (gérants majoritaires de SARL) ; 37685 (associé de société de personnes).

Indemnité de départ en retraite ou en préretraite : 8635 (BIC : charges) ; 21675 s. (TS).

Maison de retraite : 2810 (IR : dispositifs Duflot-Pinel et Denormandie ancien) ; 42315 (FB : ancienne résidence principale) ; 43060 (HAB : établissements sans but lucratif) ; 43070 (HAB : ancienne résidence principale) ; 43570, 43870 (CET) ; 47170, 47175, 47217, 90620 (TVA : champ d'application) ; 53195, 53275, 90650 (TVA : taux) ; 73435 (taxe sur les salaires : personnel affecté aux repas) ; 90530 (BIC : location meublée).

Pensions et retraites : 8615 s. (BIC : charges) ; 9895 (BIC : provisions) ; 21710 (TS : préretraite) ; 22455 s., 22530 s. (TS : imposition) ; 22580 s. (TS : obligations des débirentiers) ; 34350 s. (CSG et CRDS).

Plan d'épargne retraite d'entreprise collectif (Pereco) : 96580 s. (étude d'ensemble) ; 8680 s. (versements volontaires déductibles) ; 21915 (TS) ; 71285 (IFI).

Plan d'épargne retraite d'entreprise obligatoire (Pero) : 96580 s. (étude d'ensemble) ; 1375 s. (IR) ; 21915 (TS).

Plan d'épargne pour la retraite collectif (Perco) : 88700 (étude générale) ; 21915 (TS).

Plan d'épargne retraite individuel : 96580 s. (étude d'ensemble) ; 1375 s. (IR) ; 8680 s. (BIC) ; 71285 (IFI).

Plan d'épargne retraite populaire (Perp) : 1375 s. (IR) ; 71285 (IFI).

Plus-values immobilières réalisées par les retraités : 32165 s.

Retraite du combattant : 1425 (IR) ; 22470 (TS).

Tableau récapitulatif du régime fiscal et social des salaires et retraites : 97490.

Dossier thématique « Plan d'épargne retraite » : 96580 s.

Rétroactivité

– des actes ou conventions : 7380 (BIC).

– des fusions et opérations assimilées : 39470 s.

Rétrocession

– de bail : 65150 (ENR).

– d'honoraires : 13305 (BNC) ; 47120 s. (TVA : champ d'application) ; 52225 (TVA : assiette) ; 55750 (TVA : déduction) ; 13540 (micro-BNC : limite) ; 53810 (franchise de TVA : limite).

– d'informations (presse) : 61605 (TVA).

– de produits agricoles aux exploitants par les coopératives agricoles et entreprises de transformation : 59970 s. (TVA agricole).

Réunion (département d'outre-mer) : 91280 s. (étude générale) ; 91710 s. (investissements outre-mer : défiscalisation).

Revenu
Revenu accessoire : voir Accessoire.
Revenu cadastral : 41515, 42030 s., 42560 s. (LOC).
Revenu exceptionnel ou différé : 4150 s. (IR) ; 5135 s. (contribution sur les hauts revenus).
Revenu fiscal de référence : 42332 (définition générale) ; 5100 s. (contribution sur les hauts revenus).
Revenu foncier : voir Location.
Revenu mobilier : 24000 s. (IR : étude d'ensemble) ; 82830 s. (INT) ; 89700 s. (organisme sans but lucratif).
Voir aussi le mot correspondant à la nature du revenu (par ex. : Dividende, Intérêt).
Revenu de source étrangère et revenu versé à l'étranger : voir Étranger.
AUTRES RUBRIQUES : Bénéfice, Plus-value.

Reversement de la TVA (régularisation des déductions) : 17835 (conséquences en matière de PV) ; 56800 s. (TVA) ; 59855 s. (TVA agricole).

Révision
– des bilans : voir Réévaluation.
– des évaluations foncières : 41515 (révision générale) ; 42090 (locaux d'habitation) ; 42100 (locaux professionnels) ; 42160 s., 42580 (constatation annuelle des changements) ; 42225 s., 42570 (actualisations périodiques).
– des pensions alimentaires : 1275, 1290.

Revue : voir Presse.

Rhin (départements du Bas-Rhin et du Haut-Rhin) : 45540 (taxe pour frais de chambres de métiers).

Risques
Immeubles situés dans le périmètre d'un plan de prévention des risques technologiques : 3135 (IR : crédit d'impôt) ; 41958, 42345 (FB : exonérations).
Immeubles situés dans le périmètre d'un plan de prévention des risques miniers : 41958 (FB : exonérations).
Immeubles situés à proximité d'installations classées Seveso : 41958 (FB : exonérations).
Provisions pour risques : 9850 s. (étude d'ensemble).

Ristourne : 7555 (BIC : prix de revient des immobilisations) ; 7860 (BIC : vendeur) ; 8320 (BIC : acheteur) ; 37020 s. (IS : coopératives et organismes similaires) ; 52315 s. (TVA : assiette) ; 54400 s. (TVA : obligations) ; 78355 s. (déclaration des ristournes).

Robien (investissement locatif) : 28270 (FONC).

Rôle
Recouvrement par voie de rôle : 76515 s. (principes).
Rôles particuliers ou supplémentaires d'impôts directs locaux : 42175, 42275 (FB) ; 42580, 42590 (FNB) ; 43250 (HAB) ; 43800 (CFE).

Routage : 61645 (TVA : presse).

Route : 42520 (FNB).

Rupture : voir Départ (départ volontaire ou négocié du salarié), Résiliation.

S

Sablière : voir Carrière.

Sage-femme : 13160 (BNC) ; 43555, 43630, 43870 (CET) ; 47120 s. (TVA).

Saillie : 16485 s. (copropriété d'étalon) ; 60010(TVA : taux) ; 59800, 60010 (TVA agricole).

Saint-Pierre-et-Miquelon : 83300 (convention) ; 91680 (statut spécial).

Saisie
Droit de saisie : 78320 s. (recherche des infractions).
Flagrance fiscale : 78330 s. (recherche des infractions).
Recouvrement forcé de l'impôt : 76980 s. (saisie de sommes d'argent chez des tiers) ; 77020 (autres saisies).

Saisonnier (activité saisonnière) : 42030 (FB) ; 43689 (CFE) ; 54160 (TVA : paiement) ; 11220 (micro-BIC et régime simplifié : limites) ; 13535 (micro-BNC et déclaration contrôlée : limite).

Salaire, salarié
Régime de l'employeur
Charges de personnel (déduction) : 8560 s., 9875 s. (BIC) ; 13345 (BNC).
Collecte du prélèvement à la source de l'IR : 3840 s.
Modalités de paiement des salaires : 78401.
Obligations déclaratives : 3845 s. ; 22180 s.
Provision pour prêt d'installation aux salariés : 10030 (BIC).
Crédit d'impôt pour emploi d'un salarié à domicile : 3230 s.
Subventions allouées aux salariés : 8645 (BIC).
Régime du salarié
Imposition des salaires : 21000 s. (étude d'ensemble) ; 4595 s. (retenue à la source sur les salaires versés à des non-résidents) ; 23500 s. (dirigeants « salariés » : étude d'ensemble) ; 34350 s. (CSG et CRDS) ; 89415 (dirigeants d'organismes sans but lucratif) ; 97490 (tableau récapitulatif du régime fiscal et social des salaires).
Imposition des salariés détachés à l'étranger et des salariés étrangers en mission en France : voir Étranger (détachement à l'étranger).
Acquisition d'une entreprise ou de parts sociales : 65535 (ENR : abattement).
Contribution économique territoriale (CET) : 43525, 43855 (exonération).
Reversement de salaires antérieurement perçus : 21850 (TS).
TVA : 46530 (non-assujettissement).
Versement de cotisations syndicales et professionnelles : 3370 (crédit d'impôt) ; 22155 (TS : frais réels).
Régimes de participation et d'actionnariat des salariés (intéressement, plans d'épargne, stock-options...) : 88400 s. (étude d'ensemble).
Saisie sur salaire : 76990.
Salaire minimum de croissance (Smic) : 97240 (taux).
Taxes assises sur les salaires
Investissement obligatoire dans la construction : 74300 s.
Taxe sur les salaires : 73350 s. (étude d'ensemble) ; 91640 (DOM).
AUTRE RUBRIQUE : Travail, travailleur.

Salon (exposition) : 8165 (BIC : charges) ; 49985, 50002 (TVA : territorialité) ; 61775 (TVA : taux).

Sanction

Déduction des pénalités et amendes : 8905 (BIC) ; 13355 (BNC).

Pénalités contractuelles pour retard de livraison : 46980 (TVA : champ d'application).

Pénalités pour paiement tardif : 7995 (BIC : règles de prise en compte dans le résultat).

Sanctions fiscales et pénales

Étude d'ensemble : 79700 s.

Amende pour défaut d'autoliquidation de la TVA : 56290.

Délais de paiement après vérification : 79425, 79475.

Demande en remise ou modération : 82270 s.

Majoration ou amende pour recours abusif : 81900 (sursis de paiement) ; 81990 (contentieux).

Majoration de 10 % : 80100, 80150.

Publication des sanctions : 80325 (sanctions fiscales infligées aux personnes morales) ; 80265 (condamnation pour fraude fiscale).

Recouvrement des pénalités : 80100, 76522.

Réduction ou dispense en cas de régularisation spontanée : 78305 (avoirs à l'étranger) ; 78410 (contrôle sur demande) ; 79175 (vérification de comptabilité) ; 88010 (adhérent des OGA).

Sang (opérations portant sur le sang humain : TVA) : 47150 (exonération du sang) ; 49190 (exonération des acquisitions intracommunautaires) ; 49645 (exonération à l'importation du sang) ; 53075 (autres produits sanguins : taux).

Sapeur-pompier

– blessé ou décédé dans le cadre d'opérations de secours : 4775 s. (IR) ; 68190 (succession) ; 69187 (dons).

– volontaire : 21735 (TS : vacations horaires) ; 22470 (TS : allocation de vétérance).

Satellite de communication : 35745 (IS : territorialité).

Scellier (investissement locatif) : 2890.

Scission de société

Étude d'ensemble : 39000 s.

Impôts locaux

Établissement de la CFE (annualité) : 43746.

Modalités d'imposition à la CVAE : 44006 (taux d'imposition) ; 44030 (annualité).

Valeur locative des biens transférés : 42135 (FB) ; 43695 (CFE).

Incidence sur le régime mère-fille : 41005.

Maintien du report d'imposition accordé lors d'un apport en société : 19755.

Plus-value d'échange de titres : 13295 (BNC : titres faisant partie de l'actif professionnel) ; 13875 (SCP) ; 19070 (PV professionnelle : sursis d'imposition) ; 32535 (PV privée : société immobilière) ; 33300 (PV privée : sursis d'imposition).

Rémunération des apports : 39220.

Scission de SCP : 13665 (BNC : sort des créances acquises) ; 13875 (report d'imposition).

Scission de Sicav et FCP : 26365.

Scission de sociétés civiles agricoles : 16500.

Scission de société membre d'un groupe intégré : 40700 (étude d'ensemble) ; 40710 s. (scission de la tête de groupe) ; 40725 (scission partielle).

Scission faisant intervenir une société étrangère : 39260.

Scission de société (suite)

Scission partielle : 39220 (régime des fusions) ; 40725 (intégration fiscale).

Scission sans échange de titres : 18865 (PV) ; 39220 (régime spécial) ; 39490 (transcription des apports) ; 39500 (obligations de la société bénéficiaire) ; 39620 (distributions) ; 41005 (régime mère-fille).

TVA : 47520 (transmission d'universalité) ; 55250 (frais exposés pour la réalisation de la scission) ; 56690 (transfert de crédit) ; 57295 s. (régularisation) ; 58775 (immeubles).

Valorisation des apports : 39490 s.

Scolarité (frais de) : 3325 (IR : réduction et crédit d'impôt) ; 21595 (TS).

Scooter : voir Moto.

Scop (coopérative de production) : 21970 (TS : souscription au capital financée par emprunt) ; 37020 (IS) ; 37065 (transformation en Scop) ; 43546, 43870 (CET) ; 88615 (provision pour investissement).

Sculpteur

Contribution économique territoriale : 43555, 43870.

Droit de communication de l'administration : 78045.

Imposition à l'IR : 13160 (catégorie d'imposition) ; 13735 s. (droits d'auteur) ; 13750 s. (régime du bénéfice moyen).

TVA : 60540 s. (vente de sculptures) ; 61680 s. (retenue à la source) ; 53860 (franchise).

AUTRE RUBRIQUE : Auteur.

Sécheresse : voir Calamités agricoles.

Secret

– bancaire : 83160 (INT).

– professionnel : 13490 (BNC : livre-journal) ; 78045, 78137 (droit de contrôle de l'administration) ; 78030 (agents de l'administration) ; 79505 (renseignements recueillis dans le cadre d'un ESFP) ; 87910 (organisme de gestion agréé).

Secteur distinct d'activité : 56030 s. (TVA) ; 73390 (taxe sur les salaires) ; 89625 (TVA : organisme sans but lucratif) ; 89640 s. (IS/CET : organisme sans but lucratif).

Secteur d'informations sur les sols (SIS) : 31100, 31115 (taxe d'aménagement).

Sécurité

Dispositifs de sécurité

Dispositifs contre le vol : 9340 (BIC : amortissement) ; 27350 (FONC : dépenses d'amélioration) ; 53280 (TVA : taux des travaux dans les locaux d'habitation).

Sécurité des travailleurs : 8375 (BIC : frais de mise aux normes) ; 9330 (BIC : amortissement).

Surveillance des locaux : 8495 (BIC : charges).

Personnel de sécurité : 21560 (TS : logement de fonction).

Pièces de sécurité : 7520 (BIC : amortissement).

Sécurité sociale

Acquisition d'immeubles : 66260 (ENR).

Communication de renseignements à l'administration fiscale : 78040, 78045 (relevé individuel des praticiens).

Cotisations de sécurité sociale : voir Cotisation.

Sécurité sociale (suite)
Pénalités de sécurité sociale : 8905 (BIC : charges).
Prestations de sécurité sociale (imposition) : 8080, 8685 s. (BIC) ; 13310 (BNC) ; 21645 (TS) ; 11280 (micro-BIC).
Semence : 15945 (BA : avances aux cultures) ; 43550, 43870 (CET : producteur) ; 59860 (TVA agricole).
Sénateur : 22280 (TS : indemnité parlementaire).
Séparation des époux ou partenaires d'un Pacs : 355 (imposition séparée) ; 365, 375 s. (imposition des revenus de l'année de la séparation) ; 970 (sort des déficits) ; 1275 s. (pension alimentaire) ; 1300 (versement de dommages-intérêts) ; 1865 s. (enfants à charge) ; 1985 s. (quotient familial) ; 3820 s. (taux de prélèvement à la source de l'IR) ; 5120, 5145 (contribution sur les hauts revenus) ; 72335 (paiement de l'IFI).
Serre : 31105, 31115 (taxe d'aménagement) ; 41945 (FB) ; 42500 (FNB) ; 43020 (HAB).
Serveurs informatiques (locaux hébergeant des) : 31390 (taxes annuelles sur les bureaux et autres surfaces).
Service
Consommation de services : 8340 s. (BIC : charges) ; 55000 s. (TVA : déduction).
Pourboire : 7860, 8460 (BIC) ; 21730 s. (salaires) ; 52290 (TVA : base imposable).
Prestations de services : voir Prestation (prestations de services).
Service après-vente : 7890 (BIC : date de rattachement des produits) ; 9910 s., 9940 (BIC : provision pour garantie) ; 52415 (TVA).
Service civique : 21735 (TS).
Service électronique : 49870, 50055 s. (TVA : territorialité) ; 52392 (TVA sur offres d'abonnement numérique) ; 76150 (taxe sur certains services numériques).
Services d'aide à la personne : 3230 s. (IR : crédit d'impôt) ; 21735 (TS : aide financière de l'employeur) ; 53015, 53260 (TVA : taux).
Services d'intérêt économique général : 2610 (réduction d'impôt Madelin) ; 2685 s. (réduction d'impôt : investissement dans des sociétés foncières solidaires) ; 92720 (réglementation européenne des aides d'État).
Servitude (cession de) : 32075 (PV) ; 58810 (TVA).
Sex-shops : 61795 (TVA : taux).
Sicav
Gestion de Sicav (TVA) : 60345 (exonération) ; 60390 (possibilités d'option).
Produits et cessions de parts de Sicav : 18800, 19005 (parts détenues par une entreprise) ; 26365 (parts détenues par un particulier) ; 32900 (Sicav à compartiments : passage d'un compartiment à l'autre).
Restructuration de Sicav (fusion, scission)
Régime de l'opération : 26365, 39290.
Plus-value d'échange de parts (sursis d'imposition) : 19070 (PV professionnelle) ; 33300 (PV privée).
Transformation en Sicav : 38690.
Signes extérieurs de richesse : 4220 s. (IR : taxation forfaitaire) ; 78398 (en matière d'activités illicites).
Silo : 41915 (FB).
Smic (taux) : 97240.
SNCF : 42135 (FB) ; 43570, 43870 (CET).
Société
Imposition du résultat des sociétés (règles générales)
Sociétés de capitaux (SA, SAS, SARL, commandite par actions) : 35550 s. (IS : étude d'ensemble).
Société de financement spécialisé : 19090 (titres du portefeuille).
Sociétés de personnes (sté en nom collectif, sté civile, commandite simple...) : 37500 s. (étude d'ensemble) ; 37575 s. (option pour l'IS) ; 87765, 87865 (OGA).
Société d'exercice libéral (SEL) : 13885 (IS).
Société exerçant dans les DOM : 40525 (intégration fiscale) ; 91490 s. (IS).
Société exerçant une activité relevant des BIC ou des BNC (régime d'imposition) : 11210, 13472 (exclusion du micro) ; 11060 (régime simplifié).
Société nouvelle : voir Création d'entreprise ou d'activité.
Groupe de sociétés : voir Groupe de sociétés.
Opérations intéressant la vie des sociétés : voir le mot correspondant à la nature de l'opération (par exemple : Apport en société, Dissolution de société, Fusion de sociétés, Transformation).
Société agricole : 15210 (BA : recettes accessoires non agricoles) ; 16425 s. (BA : étude d'ensemble) ; 15520 s. (BA : limites d'application des régimes) ; 59425 (TVA agricole) ; 67215 (ENR).
AUTRE RUBRIQUE : Groupement (groupements agricoles).
Société d'aménagement foncier et d'établissement rural (Safer) : 19460 (PV professionnelles : échange de terres) ; 66340 (ENR).
Société anonyme coopérative d'intérêt collectif pour l'accession à la propriété (Sacicap) : 40915 (régime mère-fille).
Société d'approvisionnement en électricité : 9530 (BIC : amortissement des titres).
Société d'artistes non résidente de France : 82930 (rémunérations perçues à raison de prestations en France).
Société d'assurances, de capitalisation : 10030 (BIC : provisions) ; 19090 (titres du portefeuille) ; 43965 s. (CVAE) ; 47460 s. (TVA) ; 78040 (droit de communication de l'administration).
Société de capital-risque (SCR) : 26380 s. (étude d'ensemble) ; 18790, 18955 s. (IS : PV de cession de titres et distributions) ; 40225 (intégration fiscale) ; 40965 (distributions) ; 60345 (TVA : exonération).
Société de caution mutuelle : 37025 (IS : répartition de bénéfices entre les adhérents).
Société civile
Règles générales d'imposition des résultats : 37785
Droit de communication de l'administration : 78040, 78045.
Société civile de moyens (SCM) : 13895 s. (bénéfices) ; 43675 (CFE) ; 47285 (TVA).
Société civile professionnelle : 13855 s. (BNC) ; 13875 (fusion).
AUTRE RUBRIQUE : Société immobilière.
Société en commandite simple : voir Commandite (société en)
Société concessionnaire : voir Concession, concessionnaire.
Société coopérative : voir Coopérative.

Société (suite)

Société coopérative de groupage de presse : 43560, 43870 (CET) ; 61650, 61655 (TVA).

Société d'économie mixte (SEM) : 32185 (achat d'immeubles : PV privée) ; 37045 (IS) ; 41995 s., 42030, 42335, 42345 (FB) ; 66260 (ENR : droit de vente d'immeubles) ; 67225 (ENR : acquisition d'actions).

Société d'exercice libéral : 13280 (régime des parts) ; 13885 (BNC : imposition des rémunérations des associés).

Société étrangère : voir Étranger.

Société de fait : 37845 s. (IR) ; 37850 (transformation en société de droit) ; 43530 (CFE) ; 47325 (TVA) ; 67205 (ENR).

Société d'HLM : voir HLM.

Société immobilière : voir Société immobilière.

Société d'intérêt collectif agricole (Sica) : 37040 (IS) ; 43551, 43688, 43870 (CET) ; 59995 (TVA agricole).

Société interprofessionnelle de soins ambulatoires (Sisa) : 37840 (étude générale).

Société d'investissement et de financement

Société d'épargne forestière : 2935 s. (IR : acquisition de parts) ; 60345 (TVA : exonération) ; 67215, 68130 (ENR) ; 71430 (IFI).

Société de financement : 43950 s., 43960 s. (CET).

Société de financement de l'industrie cinématographique ou audiovisuelle (Sofica) : 2730 (IR : réduction d'impôt) ; 60340 (TVA).

Société de financement des télécommunications : 35695 (IS) ; 40965 (distributions).

Société d'investissement à capital fixe : 24640, 26370 (RM) ; 60345 (TVA : exonération) ; 71220 (IFI).

Société d'investissement à capital variable : voir Sicav.

Société d'investissement en valeurs mobilières : 26360 (RM).

Société mixte d'intérêt agricole : 37040 (IS) ; 43551, 43870 (CET).

Société en participation : 37800 s. (IR/IS) ; 13715 s. (BNC : agents d'assurances) ; 37805 (transformation en société de droit) ; 43530 (CFE) ; 47325 (TVA) ; 67205 (ENR).

Société de pêche artisanale : 7015 (BIC/TS).

Société de pluripropriété (ou multipropriété) : 31000 (IMMO) ; 47315 (TVA) ; 67195 (ENR : cession de titres).

Société pluriprofessionnelle d'exercice : 13180.

Société unipersonnelle

EARL – EURL : voir EARL, EURL

Société immobilière

Société civile (et sté relevant de l'IR) de location : 30700 s. (étude d'ensemble) ; 32475 s. (PV de cession des titres ou des immeubles : associés personnes physiques) ; 79100 (opposition à contrôle fiscal : évaluation d'office) ; 79460 (vérification de comptabilité : durée).

Société civile de placement immobilier (SCPI) : 2805 s. (IR : réduction d'impôt Duflot-Pinel) ; 2820 s. (réduction d'impôt Denormandie ancien) ; 2890 (IR : réduction d'impôt Scellier) ; 2900 s. (IR : réduction d'impôt Malraux) ; 30750 (étude générale) ; 28270 (FONC : amortissement Robien) ; 60345 (TVA : exonération).

Société civile de lotissement : 30350 s. (profits).

Société civile immobilière d'accession progressive à la propriété : 30800 (FONC) ; 67200 (ENR).

Société immobilière (suite)

Société de construction-vente : 30420 s. (profits de construction).

Société immobilière de copropriété transparente : 30770 s. (étude d'ensemble) ; 58810 (TVA : cession de titres) ; 59010 (TVA : construction d'immeuble) ; 67195 (ENR : cession de titres).

Société d'investissements immobiliers cotée (SIIC) : 30930 s. (étude d'ensemble) ; 71230 (IFI).

Sociétés de placement à prépondérance immobilière à capital variable : voir Sppicav.

Société de pluripropriété (ou multipropriété) : 31000 (IS/IR) ; 47315 (TVA) ; 67195 (ENR : cession de titres).

Société à prépondérance immobilière : 18095 (IR : PV professionnelle de cession des titres) ; 18390 (IR : provision pour dépréciation des titres) ; 18780, 18800, 18915 (IS : PV de cession des titres) ; 18895 s., 18985 s. (IS : provision pour dépréciation des titres) ; 32520 s. (PV privée de cession des titres) ; 67145 s. (ENR : cession des titres) ; 75965 s. (taxe de 3 % sur les immeubles).

Sœur : voir Frère, sœur.

Sofica

Avantages fiscaux pour acquisition de parts de Sofica : 2730 (IR : réduction d'impôt).

Concours financiers des Sofica : 60340 (TVA).

Solidarité

Contribution sociale de solidarité des sociétés : 9860 (BIC) ; 75000 s. (étude d'ensemble).

Solidarité pour le paiement des impôts : 77275 s.

Somptuaire (dépense) : 9000 s. (BIC) ; 24785 (RM).

Soulte

Soulte d'échange : 32085 (PV privée : immeubles) ; 32535 (PV privée : sociétés immobilières) ; 33305, 33310 (PV privée : valeurs mobilières et droits sociaux) ; 18300, 19060 s. (PV professionnelle) ; 52230 (TVA) ; 66160, 70500 s. (ENR).

Soulte de partage : 33030 s. (PV privée) ; 66160, 70420 s. (ENR).

Sous-capitalisation : 35845 s. (IS : régime général) ; 40495 s. (IS : groupe).

Sous-location : 13205, 27075 (imposition des revenus) ; 19360 (immeubles pris en crédit-bail) ; 74810 (CRL).

Sous-traitant : 7015 (BIC) ; 53280, 53575 (TVA).

Spécialité pharmaceutique : voir Médicament.

Spécimen : 47400 (TVA : livraison à soi-même et déduction).

Spectacle

Entreprise et établissement de spectacle : 10580 (crédit d'impôt : spectacles vivants) ; 10582 (crédit d'impôt : théâtre et cirque) ; 43635, 43875 (CET : exonération facultative) ; 43689 (CFE : activité saisonnière) ; 47217 (TVA : champ d'application) ; 49985, 50002 (TVA : territorialité) ; 61730 s. (TVA : régime spécial).

Frais de spectacle : 9050 s. (BIC).

Rémunérations versées à l'étranger : 78290 (mesures anti-évasion).

AUTRE RUBRIQUE : Artiste.

Sponsoring : 8455 (BIC : charges) ; 46920 (TVA : champ d'application) ; 47010 (TVA : parrainage de sportifs).

Sport, sportif
Association sportive : voir Association.
Taxe sur la cession de droits d'exploitation audiovisuelle des manifestations sportives : 76180.
Enseignement du sport : 47045 (TVA).
Paris sur les compétitions sportives : 47575 (TVA).
Redevances : 34556 (prélèvements sociaux).
Régime d'imposition des sportifs : 4560 s. (IR : sportif domicilié hors de France) ; 13375 (BNC : frais de reconversion) ; 13750 s. (régime du revenu moyen) ; 43555, 43870 (CET : exonération) ; 47010 (TVA : champ d'application) ; 49985, 50002 (TVA : territorialité) ; 82930 (IR : sportif domicilié hors de France).
Rémunérations versées à l'étranger : 4560 s. (retenue à la source) ; 78290 (mesures anti-évasion).
Réunion sportive : 61770 (TVA).
Utilisation d'installations sportives : 61790 (TVA : taux).

Sppicav (société de placement à prépondérance immobilière à capital variable) : 30490 s. (étude d'ensemble) ; 18800, 19070 (PV professionnelle) ; 60345 (TVA : exonération) ; 67225 (ENR) ; 75970 (taxe de 3 % sur les immeubles : exonération).

Stage : 3325 (IR : réduction d'impôt pour frais de scolarité) ; 21505, 21520 (TS : indemnité de stage).

Stationnement : voir Garage.

Station-service
TVA sur produits pétroliers : 61385 s.
AUTRE RUBRIQUE : Carburant.

Statistique (calcul) : 7725 (BIC : calcul des dépréciations des stocks) ; 7910 (BIC : calcul des emballages consignés perdus) ; 9740 (BIC : provision fondée sur des calculs statistiques) ; 61030 (TVA : calcul des emballages consignés perdus).

Statuts de société (modification) : 36405 (obligations déclaratives).

Stock
Apport en société : 19710 s. (PV) ; 57535 (TVA).
Composition et évaluation : 7675 s. (BIC) ; 15925 s. (BA).
Déduction de la TVA : 55000 s. (étude d'ensemble) ; 57500 (nouveaux redevables).
Déduction pour augmentation de la valeur du stock de vaches laitières : 15952 (BA).
Stocks sous contrat de dépôt : 49390 (TVA intracommunautaire).

Stockage
Installation de stockage : 9330, 9340 (BIC : amortissement) ; 41915, 41955 (FB).
Local de stockage en Île-de-France :
Taxe additionnelle au droit de vente : 66240.
Taxe annuelle : 31380 s. (étude d'ensemble) ; 8527 (BIC : déduction) ; 27410 (FONC : déduction) ; 71812 (IFI : passif déductible).
Taxe pour création : 31315 s. (étude d'ensemble) ; 8527 (BIC : déduction) ; 27410 (FONC : déduction).
Local de stockage en Provence-Côte d'Azur : 31380 s. (taxe annuelle : étude d'ensemble).
Organisme de stockage du pétrole : 35695 (IS).
Prestation de services de stockage : 49970 (TVA : territorialité).

Stock-options : 88780 s.

Substitution de base légale : 81950 (contentieux).

Subvention
Règles générales
Subventions perçues : 8035 s. (BIC) ; 13310 (BNC) ; 15960 (BA) ; 27285 (FONC) ; 46920 s. (TVA : champ d'application) ; 55790 s. (TVA : calcul du coefficient de taxation forfaitaire).
Subventions versées : 8645, 8920 s. (BIC) ; 13375 (BNC).
Subvention aux associations et œuvres d'intérêt général : voir Don, donation.
Subvention d'équipement : 8040 s. (BIC : imposition) ; 13310 (BNC) ; 15535 (BA : calcul des limites) ; 15960 s. (BA : imposition) ; 16135 (BA : passage au micro) ; 46950 (TVA).
Subvention intragroupe (intégration fiscale) : 40530 s.
Subventions déductibles de taxes assises sur les salaires : 74345 (investissement construction).
Subventions pour l'amélioration de l'habitat : 27285 (FONC) ; 42000 (FB) ; 74815 (CRL).

Succession
Contrôle sur demande du contribuable : 78250 (ENR).
Droits de succession : 67700 s. (étude d'ensemble) ; 83200 s. (INT) ; 91630 (DOM) ; 92450 (Corse).
Partage de succession : 32090, 32330 (PV privée) ; 70425 (ENR) ; 91630 (DOM) ; 92440 (Corse).
Renonciation à succession : 68655 (ENR).
Testament : 64100 (ENR : tarif).
Transmission d'entreprise individuelle : voir Décès (décès d'un exploitant individuel).
Transmission de titres de sociétés : 37720 s. (société de personnes : PV professionnelle sur parts) ; 68090 s. (ENR : pacte Dutreil).
Dossier thématique « Transmission d'une entreprise » : 96150 s.

Succursale
Entreprise à succursales multiples : 52420 (TVA).
AUTRE RUBRIQUE : Établissement.
Services entre siège et succursale : 46535 (TVA) ; 55750 (TVA : déductions).
Transfert indirect de bénéfices à l'étranger entre une société et ses succursales : 35815 s. (IS : dispositif anti-hybride) ; 78265 s.
Dossier thématique « Création de succursales ou de filiales » : 95800 s.

Suppression d'activité : voir Cessation ou cession d'entreprise ou d'activité.

Suramortissement : 9600 s. (BIC).

Surélévation (d'immeuble) : 32180 (PV privée : cession de droits de surélévation) ; 58800 (TVA immobilière) ; 58810 (TVA : cession de droits de surélévation).
AUTRE RUBRIQUE : Construction.

Sursis
– à exécution : 82125 (tribunal administratif) ; 82150 (cour administrative d'appel) ; 82160 (Conseil d'État) ; 82205 (cour d'appel).
– d'imposition : voir Report.
– de paiement en cas de réclamation : 81885 s. (étude d'ensemble).

Suspension de TVA (régime de la) : 61250 s.

Sylviculture : voir Forêt.

Syndic de copropriété : 27390 (FONC : frais de gérance) ; 46535 (TVA : champ d'application).

Syndicat

Cotisation syndicale : 3370 (IR : crédit d'impôt) ; 8495 (BIC : charges) ; 13375 (BNC : dépenses) ; 22155 (TS : frais réels) ; 89535 s. (TVA).

Frais d'activité syndicale : 8500 (BIC).

Syndicat de communes : voir Collectivité publique.

Syndicat de copropriétaires : 46520 (TVA) ; 91885 (investissements outre-mer).

Syndicat d'employeurs et de salariés : 73500 (taxe sur les salaires).

Syndicat mixte de gestion forestière : 16465 (IS).

Syndicat professionnel : 89200 s. (IS) ; 89535 s. (TVA) ; 89565 (IS) ; 89575 (CET) ; 67220 (ENR).

T

Tabac

Gérant de débit de tabac : 13210 (BNC) ; 52435 (TVA).

TVA : 52435, 54400.

Tableau : voir Œuvre d'art.

Tannerie : voir Cuir.

Tantièmes : 82870 (INT).

Tarif

– des impôts : voir Taux.

– des notaires : 97370 s.

Taux

Méthode du taux effectif : 83060 s. (IR : conventions internationales).

Taux d'amortissement : 9210 s. (linéaire) ; 9360 s. (dégressif) ; 19410 s. (après réévaluation libre).

Taux des impôts, droits, taxes : 2140, 4410, 4420, 91480 (IR) ; 36065 s. (IS) ; 36715 (contribution sociale) ; 41525, 41535, 44000 s. (LOC) ; 52760 s. (TVA) ; 53470 s. (TVA : ventilation des affaires par taux) ; 64030 s. (ENR : droits fixes) ; 65520 (ENR : vente de fonds de commerce) ; 66220 s. (ENR : vente d'immeuble) ; 67240 (ENR : sociétés) ; 68600 s. (ENR : succession) ; 69300 s. (ENR : donation) ; 71950 (IFI).

Voir aussi les études consacrées aux différents impôts, droits et taxes.

Taux de prélèvement à la source de l'IR : 3790 s. ; 3820 s. (actualisation du taux) ; 97110.

Taux d'intérêt en matière fiscale : 68930 s. (octroi de délais de paiement des droits de succession) ; 79700 s. (intérêt de retard pour défaut, insuffisance ou retard de déclaration ou de paiement) ; 97140 (compte courant d'associé).

Taux de majoration des rentes viagères : 97430.

AUTRES RUBRIQUES : Barème, Coefficient.

Taxation d'après les signes extérieurs de richesse : 4220 s. (étude d'ensemble) ; 78398 (activités illicites).

Taxation d'office : 78920 s. (étude d'ensemble).

Taxe

Liste récapitulative des différents impôts, droits et taxes : 97550.

Provisions pour impôts et taxes : 9860 (BIC).

Taxe (suite)

Taxes à comprendre dans la base imposable : 52300 s. (TVA) ; 75025 s. (contribution sociale de solidarité des sociétés).

Taxes déductibles ou non : 1085 (IR : revenu global) ; 8527 s. (BIC) ; 13355 (BNC) ; 27410 (FONC) ; 68500 (ENR : droits de succession) ; 71812 (calcul de l'IFI).

Taxi : 9020 (BIC : amortissement) ; 21500 (catégorie d'imposition) ; 43546, 43870 (CET) ; 53165 (TVA : taux) ; 55915 (TVA : déduction) ; 65580 s. (ENR : convention de successeur) ; 75115 (taxes sur l'affectation des véhicules de tourisme à des fins économiques).

AUTRE RUBRIQUE : Véhicule.

Télécommunications

Sociétés agréées pour le financement des télécommunications : 35695 (IS).

Taxe sur les services de communications électroniques : 76135.

TVA : 47220 (imposition) ; 49870, 50050 s. (territorialité) ; 52392 (offres d'abonnement numérique).

Télédéclaration : voir Déclaration.

Télématique : 9340 (BIC : amortissement du matériel) ; 60365 (TVA : banque).

Téléphérique : voir Remontée mécanique.

Téléphone

Frais de téléphone : 8495 (BIC) ; 13375 (BNC) ; 27390 (FONC).

Installation et raccordement au réseau : 7587 (BIC) ; 27350 (FONC).

Prestations de télécommunication (TVA) : 47220 (imposition) ; 49870, 50050 s. (territorialité) ; 52392 (offres d'abonnement numérique).

Répondeur-enregistreur, autocommutateur, intercommutateur, standard téléphonique numérique : 9340 (amortissement).

Taxe sur les services de communications électroniques : 76135.

Téléphone mobile mis à la disposition des salariés : 21570 (TS).

Télérecours : 82120, 82145, 82160 (introduction des requêtes devant les juridictions administratives).

Télérèglement : voir Paiement des impôts.

Télétravail : 22105 (TS : frais de transport).

Télévision

Équipements de commutation du réseau téléphonique : 45500 (LOC : imposition forfaitaire).

Installation d'une antenne : 27350 (FONC : déduction des dépenses) ; 53280 (TVA : taux).

Publicité télévisée (taxes) : 76160.

Sociétés nationales de programme : 10695 s. (BIC : dons).

Taxe sur les services de communications électroniques : 76135.

TVA : 61825 s. (TVA sur redevance et abonnements) ; 49870, 50050 s. (territorialité) ; 52392 (offres d'abonnement numériques).

Valeur locative des installations : 42135 (FB).

Terrain, terre

– à bâtir

Apport à une société de construction-vente ou transparente : 19440 (PV professionnelle).

Terrain, terre (suite)

Cession : 18235 (PV professionnelle : PME) ; 19440 (PV professionnelle : report) ; 19447 s. (PV professionnelle : taux réduit) ; 58770 s. (TVA) ; 66270 (ENR : droit de vente) ; 66290 s. (ENR : achat assorti d'un engagement de construire).

Détermination de la valeur locative : 42570 (FNB).

Évaluation : 78230 (ENR).

– agricole

Bénéfices d'exploitation : 15000 s. (BA) ; 91465 (DOM).

Cession : 66325 s. (ENR : acquisition par les fermiers) ; 66335 (ENR : acquisition par les jeunes agriculteurs).

Échange : 19460 (PV professionnelles).

Évaluation : 78230 (ENR).

Inscription à l'actif : 15895 s. (BA).

Location : 28600 s. (FONC) ; 46830, 46885 (TVA).

Taxe foncière sur les propriétés non bâties : 42560 s. (valeur locative) ; 42525, 42645, 91540, 92310 (exonérations).

Terrain donné par bail à long terme ou bail cessible : 68140 s. (ENR : succession) ; 69170 (ENR : donation) ; 71440 s. (IFI).

– de camping : 45520 (redevance spéciale) ; 47217 (TVA : champ d'application) ; 53175 (TVA : taux) ; 90645 (TVA : fourniture de logement).

– de golf : voir Golf.

– forestier : voir Forêt.

– inclus dans des espaces naturels protégés : 42540 (FNB) ; 68170 (ENR : succession) ; 69170 (ENR : donation).

– inculte ou sous-exploité : 41670 (FNB abandon) ; 42570 (FNB : évaluation).

– de passage des gens du voyage : 53185 (TVA : taux).

– pollué : 31100, 31115 (taxe d'aménagement).

– utilisé pour la publicité : 41915 (FB).

Amortissement : 9180 (BIC).

Cession de terrains : 18060 (terrain recouvert de constructions à démolir : PV professionnelle) ; 58700 s. (TVA).

Dépendance d'immeuble d'habitation : 32135 (PV privée : résidence principale) ; 43020 (HAB) ; 53280 (TVA : taux sur les travaux dans le logement) ; 66295 (ENR : achat assorti d'un engagement de construire).

Frais d'aménagement de terrain : 9180 (BIC).

Taxes sur les cessions de terrains devenus constructibles : 31430 s.

Taxes foncières : 41915 (FB) ; 42500 s., 45515 (FNB).

Territorialité de l'impôt : 420 s., 4280 s. (IR) ; 7050 (BIC) ; 13220 (BNC) ; 15230 (BA) ; 21010 (TS) ; 32100 (PV privée : immeuble) ; 32935 s. (PV privée : valeurs mobilières) ; 35720 s. (IS) ; 43525 (CET) ; 48500 s. (TVA) ; 58730 (TVA : opérations immobilières) ; 66175 (ENR : vente d'immeubles) ; 66670, 67020 (ENR : sociétés) ; 67140 (ENR : cession de droits sociaux) ; 68010 s. (droits de succession) ; 69160 (droits de donation) ; 71100 s. (IFI) ; 73370 (taxe sur les salaires) ; 74310 (participation-construction) ; 82500 s. (conventionsinternationales).

AUTRE RUBRIQUE : Étranger.

Terrorisme (victime du) : 4775 s. (IR) ; 68190 (succession) ; 69187 (dons).

Testament : voir Succession.

Textile

Amortissement dans l'industrie du textile : 9225 (BIC).

Matières premières textiles : 61265 (régime suspensif de TVA).

Thalassothérapie : 47180 (TVA).

Théâtre : 10582 (IS : crédit d'impôt) ; 22075 (TS : frais des artistes et régisseurs) ; 43635, 43875 (CET : exonération facultative) ; 61730 s. (TVA : régime spécial).

AUTRES RUBRIQUES : Artiste, Spectacle.

Ticket-restaurant : 21735 (TS) ; 60330, 60390 (TVA).

Timbre

Droits de timbre : 76030 (délivrance de documents) ; 83200 s. (INT).

Timbre de collection : 60540 s. (TVA).

Vente de timbre (fiscal ou postal) : 47570 (TVA).

Tirage à part : 61605 (TVA : presse).

Titre

Titre de créance négociable : 7985 (BIC) ; 19090 (PV : banques et assurances) ; 25695 s. (RM/PV privée).

Titre participatif

Revenus : 7960 (BIC/IS) ; (titres détenus par des non-résidents) ; 25550 s. (RM).

Cession : 18800 (PV professionnelle) ; 32890 (PV privée).

Titre-restaurant : 21735 (TS) ; 60330, 60390 (TVA).

Titre de séjour des étrangers : 76030 (timbre).

Titre de société (action et part sociale)

Actions d'autocontrôle : 18760 (PV professionnelle : titres de participation) ; 40955 (régime mère-fille).

Actions de préférence : 18760 (PV professionnelle : titres de participation) ; 19060 s. (PV professionnelle : échange de titres) ; 40955 (régime mère-fille).

Actions propres : 18760 (PV professionnelle : titres de participation), 19100 (PV professionnelle : annulation), 39210 (régime des fusions).

Annulation de titres : 19100 s. (MV professionnelle) ; 33067 (MV privée) ; 37740 s. (dissolution-confusion de société de personnes : PV d'annulation des parts) ; 39540 s. (annulation après fusion) ; 41005 (régime mère-fille).

Apport de titres (PV professionnelle) : 18410 s. (apport en société : exploitant individuel) ; 19110 (apport à un fonds de pérennité) ; 19115 (apport à une fondation) ; 37722 s. (apport en société des titres d'une société de personnes).

Attribution gratuite de titres : 39600 (après fusion ou opération assimilée) ; 88820 s. (attribution aux salariés et mandataires sociaux).

Cession de titres

Cession massive : 11400 (BIC/IS) ; 67165 (ENR).

Droits d'enregistrement : 67130 s. (étude d'ensemble).

Plus-value de cession : 18400, 18710 s. (PV professionnelle) ; 32805 s. (PV privée : étude d'ensemble) ; 19650 s., 33060, 37715 s. (parts de sociétés de personnes) ; 40440 s. (intégration fiscale) ; 82970 (INT).

Titres de sociétés immobilières : 30300 s. (marchand de biens : BIC) ; 30800 (PV privée : société transparente) ; 32520 s. (PV privée : société à

Titre de société (suite)
prépondérance immobilière) ; 58810 (TVA) ; 66275 s. (ENR : achat assorti d'un engagement de revendre) ; 67145 s. (ENR : société à prépondérance immobilière) ; 67195 (ENR : société transparente) ; 67200 (ENR : SCI d'accession progressive à la propriété).
TVA : 55250 s., 55760 s., 60300 s.
Conversion de titres : 19060 s. (PV professionnelle) ; 33300 (PV privée).
Crédit-bail : 19365 (BIC/IS) ; 33060 (PV privée).
Division d'actions : 19107 (PV professionnelle) ; 41000 (régime mère-fille).
Échange de titres : 13295 (BNC : titres faisant partie de l'actif professionnel) ; 13875 (SCP : restructuration) ; 16500 (société civile agricole : restructuration) ; 17730 (PV professionnelle : principe de taxation) ; 17810 (PV professionnelle : calcul) ; 19055 s. (PV professionnelle : sursis d'imposition) ; 32535 (PV privée : société immobilière) ; 32900 (PV privée : principe de taxation) ; 33300 s. (PV privée : sursis d'imposition) ; 33310 s. (PV privée : report d'imposition) ; 70500 s. (ENR).
Évaluation des titres : 18390 (IR) ; 18835 s. (IS : titres de participation) ; 18895 s. (IS : titres de sociétés à prépondérance immobilière) ; 18945 (IS : titres de capital-risque), 18985 s. (IS : autres titres) ; 68440 (succession) ; 69225 (donation) ; 71770 s. (IFI) ; 78240 (ENR : titres non cotés) ; 79373 (donation d'entreprise : procédure de rescrit).
Frais d'acquisition des titres : 7570 s. (BIC) ; 18850 (PV professionnelle) ; 21970, 22155 (TS) ; 24195 (RM) ; 37680 (parts de sociétés de personnes) ; 55250 (TVA).
IFI : 71105 (détention par des non-résidents) ; 71160 s. (patrimoine imposable) ; 71280 (location de titres) ; 71770 s. (évaluation) ; 72730 s. (actifs professionnels).
Inscription des titres à l'actif : 7455 (BIC) ; 13280 (BNC).
Location de titres : 18485 (BIC) ; 24645 (RM) ; 71280 (IFI).
Pension de titres : 19080 (PV professionnelle) ; 40910 (régime mère-fille) ; 60320 (TVA) ; 67155 (ENR).
Prêt de titres : 19085 (PV professionnelle) ; 40910, 41000 (régime mère-fille) ; 60320 (TVA).
Provision pour dépréciation des titres : 18390 (IR) ; 18985 s. (IS) ; 40430 (intégration fiscale).
Rachat par une société de ses propres titres : 24470 (RM) ; 67000, 67155 (ENR).
Regroupement d'actions : 19107 (PV professionnelle) ; 41000 (régime mère-fille).
Remise de titres en garantie : 19085 (PV professionnelle) ; 40910 (régime mère-fille).
Réunion des parts ou actions d'une société en une seule main : 67170 (ENR).
Revenus des titres
Dividendes et produits assimilés : 7955 s. (BIC/IS) ; 24265 s. (RM) ; 35870 (IS) ; 82830 s. (INT).
Revenus de titres étrangers : 26505 s. (RM : règles générales) ; 82870 (crédit d'impôt).
TVA : 55760 s., 60300 s.
Stock-options : 88780 s.
Taxe sur les acquisitions de titres : 76021 s.
Titres assimilés à une branche complète d'activité : 39250 (régime des fusions).
Transfert de titres de compte à compte : 18810 s. (IS).
Transmission à titre gratuit de titres de société

Titre de société (suite)
Droits de donation : 68090 s. (exonération Dutreil) ; 69290 (donation aux salariés) ; 69225 (règles d'évaluation des titres) ; 69320 (réduction de droits) ; 79373 (évaluation : procédure de rescrit) ; 68945 s. (paiement fractionné et différé).
Droits de succession : 68010 (titres de sociétés étrangères) ; 68030 (présomption de propriété) ; 68090 s. (exonération Dutreil) ; 68440 (règles d'évaluation des titres) ; 68945 s. (paiement fractionné et différé).
Plus-value sur titres de sociétés de personnes : 37720 s. (report d'imposition).
Dossier thématique « Transmission d'une entreprise » : 96150 s.

Titrisation (fonds commun de) : 25780 s. (RM/PV) ; 52655, 54420, 60345, 60390 (TVA).

Tolérance légale : 80030 (sanctions).

Tontine : 68250 (ENR) ; 71300 (IFI).

Tourbière : voir Carrière.

Tourisme
Agence de voyages : 7015 (BIC) ; 61520 s. (TVA).
Organisateur de circuits touristiques : 61520 s. (TVA).
Résidence de tourisme : voir Résidence.
Touriste étranger : 49650, 49715 s. (TVA : exonération).
Village de vacances ou résidentiel de tourisme : 90615 s. (TVA).
Visite touristique (château, site, parc...) ; 61775, 61810 (TVA).
AUTRE RUBRIQUE : Hôtel, hôtellerie.

Tracteur : 15990 (BA : amortissement) ; 92385 (TVA : Corse).
AUTRE RUBRIQUE : Véhicule.

Traducteur : 46990, 49870, 50025 (TVA).

Train de vie : 4220 s. (taxation d'après les signes extérieurs de richesse) ; 78090 (examen de situation fiscale personnelle) ; 78398 (taxation des activités illicites).

Traite
Opérations (change, crédit, escompte, encaissement) portant sur les effets de commerce : 60330, 60390 (TVA).
Paiement par traite : 52655 (TVA : exigibilité).

Traitements : voir Salaire, salarié.

Traiteur : 53195, 53205 s. (TVA : taux).

Transaction
– financière : 76021 s. (taxe sur les transactions financières) ;
– fiscale : 82270 s. (étude d'ensemble) ; 79425 (information du contribuable).
– pénale : 80277.

Transfert
– d'actifs à l'étranger : 11425 (IS) ; 78275 (imposition des produits).
– de bénéfices à l'étranger : 35815 s. (IS : dispositif anti-hybride) ; 78265 s.
– de biens dans le patrimoine privé : voir Actif (retrait d'actif).
– de biens dans le patrimoine professionnel : 7592 (BIC).
– de biens de l'entreprise dans l'Union européenne : 49280 s. (TVA).

Transfert (suite)
– de biens entre secteurs d'activité : 57320 s. (TVA).
– de déchets à l'étranger : 75210 (TGAP).
– de domicile de France à l'étranger : 4735 (IR) ; 33360 s. (exit tax) ; 76660 (exigibilité immédiate de l'impôt).
– de domicile de l'étranger en France : 1390, 4735 (IR) ; 43100 (HAB : retour d'urgence).
– d'épargne : 96580 s. (plan d'épargne retraite).
– d'excédents de dépenses libératoires : 74395 (investissement construction).
– de fonds à l'étranger : 78045 (droit de communication) ; 78300 s. (déclaration).
– de lieu d'activité : 11400 (BIC/IS) ; 13650 (BNC).
– du siège d'une société : 11420 s. (IS) ; 67020 (ENR).
– de titres de compte à compte : 18810 s. (PV professionnelle).

Transformation
Transformation d'immeuble : 2807 (IR : dispositif Duflot-Pinel) ; 2822 (IR : dispositif Denormandie ancien) ; 2902 (IR : dispositif Malraux) ; 19447 s. (PV professionnelle : cession de locaux ou de terrains à bâtir destinés à être transformés en logements) ; 31315 s. (taxe pour création de bureaux et autres surfaces en Île-de-France) ; 42015 (FB : exonération des bureaux transformés en logements) ; 42030, 42160 s. (FB : évaluations foncières).
AUTRE RUBRIQUE : Rénovation.
Transformation de sociétés
Étude d'ensemble : 38500 s.
Transformation de SCP en association d'avocats : 38665.
Transformation de SCP en SEL : 13870.
Transformation de société de fait : 37850.
Transformation de société en participation : 37805.
Transformation de société en GIE, ou inversement : 37835.
Transformation en société coopérative de production : 37065.
Transformation en société transparente : 30815 (IMMO) ; 67195 (ENR).
Transformation en Sppicav : 30490 (IMMO).

Transit
Transit de déchets ménagers : 53030 s., 53235 (TVA).
Transport en transit : 50190 (TVA).

Transition énergétique : voir Énergie.

Transmission
– à titre gratuit : voir Don, donation, Succession.
– à titre onéreux : voir Apport en société, Cessation ou cession d'entreprise ou d'activité, Échange, Vente.
Dossiers thématiques
« Transmission d'une entreprise » : 96150 s.
« Vente d'une entreprise individuelle » : 96450 s.

Transparence fiscale (société transparente) : 30770 s. (étude d'ensemble) ; 23660 (DIR) ; 67195 (ENR).

Transport
Entreprise de transport
Catégorie d'imposition : 7015.
Situation au regard de la CVAE : 43885, 44036.
Transport aérien : 82820 (INT) ; 91855 (investissements outre-mer).
Transport de voyageurs : 45500 (LOC : imposition forfaitaire) ; 75115 (taxes sur l'affectation des véhicules de tourisme à des fins économiques).
Transport maritime : 10450 (imposition forfaitaire à l'IS) ; 82820 (INT).
Frais de transport : 3250 (IR : emploi d'une aide à domicile) ; 7560 s. (BIC : prix de revient des immobilisations) ; 7700 (BIC : prix de revient des stocks) ; 8470 s. (BIC : déduction) ; 13365 s. (BNC) ; 21590 s. (TS : déductions forfaitaires) ; 22100 s. (TS : frais réels) ; 37690 (associé de sociétés de personnes).
TVA
Assujettissement : 46475 (règle générale) ; 47160 (transport sanitaire) ; 47220, 47225 (organisme public) ; 55930 (transport des travailleurs assuré par l'employeur).
Base d'imposition : 52285.
Convoyage de moyens de transport : 50135, 50755.
Déduction : 55955 s. (transport de personnes).
Fait générateur et exigibilité : 52650.
Taux : 53165 (voyageurs) ; 53030 s., 53235 (déchets ménagers) ; 61645 (presse).
Territorialité : 49870 s., 49975, 49995 s., 50120.
Transporteur routier organisant des voyages : 61540.
Transport international : 50180 s.
Transport entre le continent et la Corse : 92405 s.
AUTRE RUBRIQUE : Véhicule.

Travail, travailleur
Accident du travail : 21645 (prestations sociales) ; 22470 (indemnités et rentes).
Travail à façon : voir Façon, façonnier.
Travailleur à domicile : 21505 (TS) ; 46530 (TVA : champ d'application).
Travailleur à temps partiel : 22050 (TS : déduction forfaitaire pour frais).
Travail dissimulé : 77280 (responsabilité pour le paiement des impôts fraudés) ; 78330 s. (flagrance fiscale) ; 79080 (évaluation d'office des micro-entreprises).
Travail de nuit (prime) : 21530 (TS).
Travail posté (prime) : 21530 (TS).
Travail saisonnier : voir Saisonnier (entreprise saisonnière).
Travailleur frontalier : 34380 (CSG, CRDS) ; 73370 (taxe sur les salaires) ; 82880 (IR : dispense de retenue à la source).
Travailleur immigré : 76030 (titre de séjour : timbre).
AUTRE RUBRIQUE : Salaire, salarié.

Travaux
Travaux agricoles et/ou forestiers : 2940 s. (IR : crédit d'impôt) ; 18215 (PV : exonération des PME) ; 53250 (TVA : taux) ; 73410 (taxe sur les salaires).
Travaux de conservation et de restauration d'objets mobiliers : 3440 (IR : réduction d'impôt).
Travaux en cours : 7675 s. (BIC).
Travaux d'entreprise : 7900 (BIC : date de rattachement des produits).
Travaux en régie : 52425 (TVA).
Travaux immobiliers (amélioration, aménagement, agencement)

Travaux (suite)

Travaux dans les locaux d'habitation : 2807 (IR : réduction d'impôt Duflot-Pinel) ; 2822 (IR : réduction d'impôt Denormandie ancien) ; 2903 (IR : réduction d'impôt Malraux) ; 27350 (FONC : dépenses déductibles) ; 28270 (FONC : amortissement Robien) ; 28280 (FONC : Borloo) ; 28310 (FONC : Besson) ; 32230 s. (PV privée : calcul) ; 53046, 53048, 53270 s. (TVA : taux) ; 59120 s. (TVA : logement social) ; 92010 s., 92081, 92085 s. (investissements outre-mer).

Travaux dans les locaux professionnels : 8370 (BIC : distinction charges/immobilisations) ; 9905 (BIC : provision) ; 10525 (crédit d'impôt) ; 27350 (FONC : dépenses déductibles) ; 32230 s. (PV privée : calcul).

Travaux dans les propriétés rurales : 28615 (FONC).

Travaux effectués par le locataire : 7915 (BIC : imposition du bailleur) ; 9585 (BIC : amortissement) ; 13275 (BNC) ; 27266, 27275 (FONC : incidence sur le revenu taxable).

IFI : 71812 (passif déductible).

TVA : 49970 (territorialité) ; 52440 (base d'imposition) ; 52680 s. (exigibilité) ; 53046, 53048, 53270 s. (taux : travaux dans le logement) ; 53565 (facturation) ; 54050 (redevable) ; 92385 (Corse).

Travaux immobiliers (construction) : voir Construction.

Travaux publics (entreprise de) : 7900 (BIC : date de rattachement des produits).

Voir aussi le mot correspondant à la nature des travaux (par ex. : Entretien, Réparation, etc.).

Tribunal (juridiction)

Droit de communication de l'administration auprès des tribunaux : 78040, 78045.

Instance contentieuse en décharge ou réduction de l'impôt : 82100 s. (instance devant le juge administratif) ; 82195 s. (instance devant le juge judiciaire).

Jugements : 64100 (ENR : tarif) ; 80265 (publication et affichage des jugements pour fraude fiscale).

Requête enregistrée auprès des juridictions administratives : 82345 (modèle de requête au tribunal administratif).

AUTRE RUBRIQUE : Contentieux.

Trust
: 26505 (RM) ; 55765 (TVA : trust caritatif) ; 68670 (ENR : droits de succession et de donation) ; 71310 (IFI) ; 75965 s. (taxe de 3 % sur les immeubles) ; 75977 (prélèvement spécifique sur le patrimoine) ; 78275 (transferts d'actifs hors de France) ; 78307 (déclarations à souscrire par l'administrateur).

TVA
: 46000 s. (étude d'ensemble) ; 7415 (comptabilisation : incidence sur les BIC) ; 13260 (incidence sur les BNC) ; 15875 (incidence sur les BA) ; 27295 (incidence sur les revenus fonciers).

U

Union commerciale
: 47345, 55905 (TVA).

Union européenne

Directives européennes : 24875 (directive mère-fille) ; 39002 (directive fusions) ; 46025 (directives TVA).

Dividendes versés par une filiale européenne : 40970 (régime mère-fille).

Recours fondé sur le droit de l'Union européenne : 81960 s.

Union européenne (suite)

Réglementation des aides d'État : 92605 s.

Sommes versées à une société mère (ou sœur) européenne : 24875 (dividendes : retenue à la source) ; 26550 (intérêts : prélèvement) ; 35755, b (redevances : retenue à la source).

Sortie du Royaume-Uni de l'Union européenne : 26110 (bons et contrats de capitalisation ou d'assurance-vie) ; 26310 (FCP) ; 26440 s. (parts de carried interest) ; 40670 (intégration fiscale) ; 40970 (régime mère-fille) ; 48530 (TVA).

TVA intracommunautaire : 48500 s.

Union libre
: voir Concubinage.

Usage

Droit d'habitation et d'usage : 41670 (FB) ; 68470 (ENR : évaluation).

Droit d'usage : 71275 (IFI).

Usage professionnel : 9210 (BIC : amortissement).

Usine

Construction d'usine clés en main : 7900 (BIC : date de rattachement des produits) ; 9740 (BIC : provision pour obligation de résultat).

Impôts locaux : 42110 s., 42200 (FB : valeur locative) ; 41915 (FB : cheminée d'usine) ; 42335 (FB : usine inexploitée) ; 43670, 43680 (CFE).

Livraison d'usine à l'étranger : 35745 (IS : territorialité).

Usufruit (et nue-propriété)

Amortissement de l'usufruit : 9180 (BIC).

Droits d'enregistrement : 66190 (vente de l'usufruit ou de la nue-propriété d'un immeuble) ; 68000 (succession : extinction naturelle de l'usufruit) ; 68030 (succession : présomption de propriété de l'usufruitier) ; 68260 (succession : réversion d'usufruit) ; 68460 (évaluation des biens transmis en nue-propriété ou en usufruit) ; 68930 s. (paiement différé des droits de succession sur la nue-propriété) ; 69385 (conversion d'usufruit en rente viagère).

Évaluation : 7625 (usufruit de titres non cotés).

IFI : 71275 s. (règles générales) ; 72670 (actifs professionnels).

Imposition des revenus

- **Dividendes :** 40910 (régime mère-fille).
- **Parts de sociétés de personnes démembrées :** 30715, 37650 (répartition du résultat).
- **Rente de conversion de l'usufruit du conjoint survivant :** 1450 (IR).
- **Revenus fonciers :** 27750 (règles générales) ; 27420 (intérêts d'emprunt).

Plus-values

- **Cession d'usufruit temporaire :** 4780 s.
- **Vente d'actifs professionnels par le nu-propriétaire :** 18205.
- **Vente d'immeuble ayant fait l'objet d'un démembrement :** 32290 s.
- **Vente de titres dont la propriété est (ou a été) démembrée :** 33155.
- **Vente de l'usufruit ou de la nue-propriété :** 32075, 32300 s. (PV privée : immeubles) ; 32890 (PV privée : valeurs mobilières et droits sociaux).

Quasi-usufruit : 33155 (PV privée : valeurs mobilières et droits sociaux) ; 37650 (sociétés de personnes) ; 68518 (successions).

Réduction d'impôt

– **Duflot-Pinel-Denormandie ancien :** 2806 (IR).

– **Malraux :** 2901 (IR).

Usufruit (suite)
– pour investissements locatifs dans des résidences meublées : 90575, 90585 (IR).
Renonciation de l'usufruitier à son droit de jouissance : 7340 (BIC).
Taxe foncière : 41670 (redevable).
TVA : 46875 (location d'immeuble démembré) ; 58810 (démembrement de propriété d'un immeuble).

V

Vacance (immeuble ou logement vacant) : 27360 (FONC) ; 42335 (FB) ; 41560, 43020, 43030 (HAB) ; 45545 (LOC) ; 75980 s. (taxe spéciale).

Vaches : 15952 (BA : déduction pour augmentation de la valeur du stock de vaches).

Valeur
– ajoutée (CET) : 43850 s., 91545 (CVAE) ; 44100 s. (plafonnement).
– locative cadastrale : 41515, 42030 s., 42560 s. (LOC).
– locative imposable : 42030 s. (FB) ; 42560 s. (FNB) ; 43120 (HAB) ; 43660 s. (CFE).
AUTRES RUBRIQUES : Évaluation (règles fiscales d'évaluation), Prix.

Valeur mobilière : voir FCP, Obligations, Sicav, Titre de société (action et part sociale).

Vapeur : 9330 (BIC : amortissement des installations productrices de vapeur).

Var : 31380 s. (taxe annuelle sur les bureaux et autres surfaces).

Véhicule
– agricole : 75115 (taxes sur l'affectation des véhicules de tourisme à des fins économiques).
– d'auto-école : 9020 (BIC : amortissement) ; 13275, 13370 (BNC) ; 55935 (TVA : déduction) ; 75115 (taxes sur l'affectation des véhicules de tourisme à des fins économiques).
– électrique : 3045 s. (IR : crédit d'impôt système de charge des véhicules électriques) ; 21564 s., 21568, 21735, 22115 (TS) ; 75117 (taxes sur l'affectation des véhicules de tourisme à des fins économiques) ; 76035 s. (carte grise).
– de fonction : 21564 s., 21568 (TS).
– hybride : 21564 s., 21568, 21735 (TS) ; 75117 (taxes sur l'affectation des véhicules de tourisme à des fins économiques) ; 76035 s. (carte grise).
– hydrogène : 21564 s., 21735 (TS) ; 75117 (taxes sur l'affectation des véhicules de tourisme à des fins économiques) ; 76035 s. (carte grise).
– d'occasion : 61050 s. (TVA).
– non polluant : 9620 (suramortissement) ; 76035 s. (carte grise).
Amortissement des véhicules : 9210 s. (linéaire) ; 9330 s. (dégressif) ; 9000 s. (voiture particulière) ; 9560 s. (véhicule donné en location) ; 13400, c (BNC).
Borne de recharge électrique : 3045 s. (IR : crédit d'impôt pour installation) ; 21568 (TS : avantage en nature) ; 53046 (TVA : taux).
Concessionnaire de marque automobile
Admission au régime d'exonération des entreprises nouvelles : 10280.
Fourniture gratuite d'articles : 55975 (TVA : déduction).

Véhicule (suite)
Prêt de véhicule pour dépannage : 75115 (taxes sur l'affectation des véhicules de tourisme à des fins économiques).
Véhicules de démonstration : 7520 (BIC) ; 61060 (TVA).
Vente d'un véhicule avec reprise : 52230 (TVA).
Covoiturage : 732 (IR) ; 8475 (BIC) ; 21735, 22105 (TS).
Déduction de la TVA : 55900 s. (étude d'ensemble) ; 59855 (TVA agricole).
Échanges intracommunautaires de véhicules neufs : 49340 s. (TVA).
Élément du train de vie : 4240 (IR : taxation d'après les signes extérieurs) ; 78398 (en matière d'activités illicites).
Équipement de véhicules de résidents étrangers : 49715 (TVA).
Forfait mobilités durables : 21735 (TS).
Frais accessoires d'acquisition : 7565 (BIC).
Frais de véhicule (utilisation, entretien, réparation)
Déduction : 8475 (BIC) ; 13365 s. (BNC) ; 22115 (TS) ; 37690 (associé de société de personnes).
Évaluation forfaitaire des frais d'automobiles : 8475 (BIC) ; 13370 (BNC) ; 16040 (BA) ; 21564 s., 22115 (TS) ; 23715 (DIR) ; 97165 s., 97200 (barèmes kilométriques).
TVA : 50150 (véhicule de résident étranger) ; 55925, 55995 (déductions).
Location
Amortissement des véhicules en location : 9560 s. (BIC).
Déduction des loyers : 9035 s. (voiture particulière).
Loyers impayés : 9815 (BIC : provision).
Taxes sur l'affectation des véhicules de tourisme à des fins économiques : 75105, 75115.
TVA : 46810 (assujettissement) ; 49960 s. (territorialité) ; 50135 (pour transports à l'export) ; 50755 (pour transports de biens sous régime d'entrepôt) ; 52255 (frais d'assurance/dépôts de garantie) ; 53165 (location avec chauffeur : taux) ; 55900 s., 55995 (déduction).
Obligation déclarative des entreprises : 11000 (affectation des véhicules de tourisme).
Plus-value de cession : 9025 (BIC) ; 32750 (particuliers).
Taxes diverses sur les véhicules
Taxes sur l'affectation des véhicules de tourisme à des fins économiques : 75100 s.
Taxe pour le développement de la formation professionnelle dans la réparation automobile : 76120 (régime).
Taxes sur l'immatriculation : 76035 s. (étude d'ensemble) ; 7565 (BIC : déduction).
Taxe sur le renouvellement du permis de conduire : 76030.
AUTRES RUBRIQUES : Garage, Transport.

Vélo : 10715 (mise à disposition des salariés : réduction d'impôt) ; 21735 (TS : usage pour les trajets domicile-travail) ; 55900 s. (TVA : déduction).

Vélomoteur : voir Moto.

Vente
– à consommer sur place (TVA) : 46475 (imposition) ; 49980 (territorialité) ; 52290 (assiette) ; 53195 (taux) ; 52650 (fait générateur et exigibilité) ; 92385 (Corse).

Vente (suite)
– à emporter destinée à une consommation immédiate (TVA) : 53205 s. (taux) ; 92385 (Corse).
– par correspondance : 9815 (BIC : provision) ; 49760 s. (TVA intracommunautaire) ; 49800 s. (TVA : biens importés) ; 52255 (TVA : base d'imposition).
– à la découpe : 66260 (ENR) ; 66275 (ENR : achat assorti d'un engagement de revendre).
– à distance : 49760 s. (TVA intracommunautaire) ; 49800 s. (TVA : biens importés).
– à domicile : 43546, 43870 (CET) ; 52235 (TVA).
– à l'essai : 49395 (TVA intracommunautaire).
– à l'exportation : voir Exportateur, exportation.
– à perte : 8930 (BIC : relations mère-fille).
– à réméré (ou faculté de rachat) : 7880 (BIC) ; 64100 (ENR : tarif) ; 66160 (ENR : droit de vente d'immeuble).
– à terme ou à tempérament : 32395 (PV privée) ; 17820 (PV professionnelle) ; 52270, 52600 (TVA) ; 66195 (ENR : immeuble).
– au détail : 42030 (taxe foncière) ; 75900 s. (taxe sur les surfaces commerciales).
– aux enchères : voir Enchères (vente aux).
– avec réserve de propriété : 7875 (BIC) ; 52615 (TVA).
– en dépôt ou en consignation : voir Stock (stocks sous contrat de dépôt).
– sans facture ou avec fausse facture : 80195 (sanctions).
– sous condition : 7880 (BIC : produits) ; 32395 (PV privée) ; 66165 (ENR : immeubles) ; 71145 (IFI).
Annulation ou résolution d'une vente : 17775 (PV professionnelle) ; 33225 (PV privée) ; 54400 s. (TVA : récupération) ; 66165 (ENR : immeubles).
Déclaration par les commerçants, industriels et artisans, sur demande de l'administration, du total des ventes par client : 78375.
Imposition des plus-values : voir Plus-value.
Promesse de vente : 58810 (TVA) ; 63835, 66165 (ENR).
Règles de prise en compte des ventes dans les bénéfices : 7860 s. (BIC).
TVA (régime général des ventes) : 46465 (principe d'imposition) ; 52220 s. (base d'imposition) ; 52585 s. (fait générateur et exigibilité).
Dossiers thématiques
« Transmission d'une entreprise » : 96150 s.
« Vente d'une entreprise individuelle » : 96450 s.

Verger : 15910 (BA : actif professionnel) ; 15990 (BA : amortissement) ; 42525, 42540 (FNB).

Vérification fiscale
Examen de comptabilité : 78190 s.
Examen de la situation fiscale personnelle : 78090 s. (étude d'ensemble) ; 79400 s. (garanties des contribuables).
Rapport de vérification : 79435 (communication au contribuable).
Vérification de comptabilité : 78110 s. (étude d'ensemble) ; 40810 s. (vérification d'un groupe intégré) ; 78175 (rejet de la comptabilité) ; 79400 s. (garanties des contribuables).
AUTRE RUBRIQUE : Contrôle fiscal.

Vêtement
Frais de conception et de réalisation : 7710 (BIC : stocks) ; 8165 (frais de création de modèles) ; 10485 (crédit d'impôt recherche).

Vêtement (suite)
Vêtements professionnels : 13375 (BNC : dépenses professionnelles) ; 22155 (TS : frais professionnels) ; 50475 (TVA : vêtements de pêche) ; 53012 (TVA : tenue de protection contre la Covid-19).

Vétérinaire : 13160, 13170 (catégorie d'imposition) ; 43630, 43875 (CET : exonération facultative) ; 47015 (TVA : champ d'application).
AUTRE RUBRIQUE : Profession libérale ou non commerciale.

Veuf, veuve : voir Conjoint (conjoint survivant).

Vidéogramme (DVD, Blu-ray, etc.).
Distribution de spécimens : 47400 (TVA : livraison à soi-même et déduction).
Location et vente : 76130 (taxe sur les vidéogrammes).
Œuvre pornographique : 61795 (TVA : taux).

Vigne, vignoble : voir Viticulteur.

Village de vacances ou de tourisme : voir Tourisme.

Vin : voir Boisson, Viticulteur.

Virement (paiement par virement) : 13250 (BNC : date d'encaissement) ; 52655 (TVA : exigibilité) ; 76715 s. (paiement des impôts : étude d'ensemble) ; 78401 (contrôle des transactions) ; 80200 (sanctions).

Virement interne (entre services des collectivités publiques) : 47225 (TVA).

Visite
– domiciliaire : 78320 s. (IR / IS / TVA).
– touristique (château, site, grotte, parc...) : 61775, 61810 (TVA).

Vitamine : 52946, 52984 (TVA : taux).

Viticulteur
Évaluation des stocks : 15940 s. (BA).
Plantations de vignes : 15910 (BA : actif professionnel) ; 15990 (BA : amortissement) ; 42525, 42540 (FNB).
Prime d'arrachage, de reconversion ou de restructuration de vignobles : 15962 (BA) ; 59810 (TVA agricole).
Vinification : 59735 (TVA agricole) ; 43551, 43870 (CET : coopérative).
Vins distribués pendant les vendanges : 59970 (TVA).
AUTRES RUBRIQUES : Agriculteur, Boisson.

Voie de communication : 41915 (FB) ; 42520 (FNB).

Voirie (dépenses de) : 32235 (PV privée) ; 41665 (taxe foncière).

Voiture : voir Véhicule.

Vol
Dispositif de protection contre le vol : 9340 (BIC : amortissement) ; 27350 (FONC : dépenses d'amélioration) ; 53280 (TVA : taux des travaux dans des locaux d'habitation).
Vol commis dans une entreprise : 8880 s. (BIC : perte déductible) ; 57430 s., 57515 (TVA : régularisation).
AUTRE RUBRIQUE : Détournement (de fonds ou de biens).

Volontaire, volontariat (associatif, civil...) : 8570 (BIC : charges) ; 21735 (TS).

Voyage

Agence de voyages : 7015 (BIC : catégorie d'imposition) ; 61520 s. (TVA).

Frais de voyage : 8470 s. (BIC) ; 13365 s. (BNC) ; 22110 (TS) ; 52255 (TVA : assiette) ; 55955 (TVA : déductions).

Indemnités de déplacement versées aux salariés : 21595, 21605.

Organisateur de circuits touristiques : 61520 s. (TVA).

Voyageur quittant la France ou entrant en France : 49650, 49715 s. (TVA).

AUTRE RUBRIQUE : Transport.

VRP : voir Représentant de commerce.

W

Wagon

Location : 49960 s. (TVA).

Wagon à céréales : 15990 (BA : amortissement).

Y

Yacht : voir Bateau.

Z

Zone

Allégements fiscaux prévus dans les zones ou quartiers prioritaires (zones d'aide à finalité régionale, quartiers prioritaires de la politique de la ville, zones franches urbaines...) : 92540 s. (tableau récapitulatif).

Opérations d'aménagement de zones : 55975 (remise gratuite de travaux de superstructure à commune) ; 58700 s. (TVA : étude d'ensemble) ; 66260 (ENR : acquisitions par les collectivités publiques) ; 66275 s. (ENR : achat assorti d'un engagement de revendre).

Zone d'activités économiques (ZAE) : 43740 (CFE : implantation partielle en ZAE).

Zone franche d'activité : 91491 s. (BIC/IS) ; 91530 (FB) ; 91545 (CET).

Zoo : 47217 (TVA : exploitation par une personne publique) ; 61770 (TVA : taux) ; 61810 (TVA : obligations).

PEFC
PEFC/18-31-280

Certifié PEFC

Ce produit est issu de forêts gérées durablement, de sources recyclées et contrôlées

www.pefc-france.org

Composé par Maury

36893-681 (I) - PrL 31 g - MY (LCO)
Achevé d'imprimer en février 2024
Imprimé en Italie par L.E.G.O.SpA
Dépôt légal : mars 2024